Notre innovation, c'est vous.
DALLOZ AVOCATS

123e édition

CODE CIVIL

Annoté

LES CODES DALLOZ

Lefebvre Dalloz

DALLOZ

123e édition

Avec le concours de

Guy VENANDET
Maître de conférences honoraire
à la Faculté de droit
de Nancy - Université de Lorraine

Xavier HENRY
Professeur
à la Faculté de droit
de Nancy - Université de Lorraine

Estelle NAUDIN
Professeure
à l'Université de Strasbourg

Alice TISSERAND-MARTIN
Professeure
à l'Université de Strasbourg

Nicolas DAMAS
Professeur
à la Faculté de droit
de Nancy - Université de Lorraine

Pascal ANCEL
Professeur émérite
de l'Université du Luxembourg
Professeur émérite
de l'Université Jean Monnet - Saint-Étienne

Pascale GUIOMARD
Rédactrice

Lefebvre Dalloz

DALLOZ

ÉDITIONS DALLOZ
Tour Lefebvre Dalloz - 10, place des Vosges
92072 Paris La Défense Cedex - CS 90358

ISBN 978-2-247-22281-0
ISBN 978-2-247-22282-7

Avant-propos

Comme les autres volumes de la collection des Codes Dalloz, créée en 1902, le Code civil Dalloz est un ouvrage hautement élaboré. Loin de se borner à reproduire purement et simplement la codification officielle, il donne de celle-ci un texte mis à jour de ses modifications, un texte enrichi de notes de rédaction, un texte annoté de plus de 30 000 arrêts de jurisprudence et de bibliographies, et un texte augmenté de textes complémentaires indispensables.

L'édition 2024 intègre notamment l'ordonnance du 5 octobre 2022 réformant l'adoption, le décret du 3 février 2023 relatif à la nationalité ainsi que le décret du 14 février 2023 relatif à la publicité du gage portant sur un véhicule terrestre à moteur ou une remorque immatriculés.

Les dispositions sur l'adoption ont été entièrement refondues pour la présente édition.

Des centaines de nouveaux arrêts viennent enrichir cette édition, en particulier en matière de vie privée, successions, responsabilité civile, vente et garanties, prescription…

Comme l'année précédente, les articles 1101 à 1386-18 dans leur version antérieure à l'ordonnance du 10 février 2016 figurent dans le code avec la mention « Ancien art. », à la suite des articles 1100 à 1386-1 issus de cette ordonnance. De nombreux renvois sont mentionnés des nouveaux articles vers les anciens, et inversement, et la table de renvois figure toujours au début des tables à la fin de l'ouvrage.

Cinq tables complètent le code (sur pages roses) :

En début d'ouvrage :

— une table des matières reproduit le plan du code civil.

En fin d'ouvrage :

— une table de renvois des textes antérieurs à la réforme du droit des obligations vers les textes nouveaux ;

— une table de concordance des textes antérieurs à la réforme du droit des sûretés vers les textes nouveaux, et inversement ;

— une table chronologique générale qui, permettant de se reporter à un texte à partir de sa date, recense les textes qui ont modifié le code et les textes complémentaires ;

– une table alphabétique, très détaillée, qui analyse aussi bien les textes que la jurisprudence.

A compter du 1er janvier 2020, dans toutes les dispositions législatives et réglementaires en vigueur, les mots : « tribunal de grande instance » sont remplacés par les mots : « tribunal judiciaire », les mots : « tribunaux de grande instance » sont remplacés par les mots : « tribunaux judiciaires », les mots : « tribunal d'instance » sont remplacés par les mots : « tribunal judiciaire », les mots : « tribunaux d'instance» sont remplacés par les mots : « tribunaux judiciaires », les mots : « juge d'instance » sont remplacés par les mots : « juge du tribunal judiciaire », les mots : « juges d'instance » sont remplacés par les mots : « juges du tribunal judiciaire », les mots : « juge du tribunal d'instance » sont remplacés par les mots : « juge du tribunal judiciaire » et les mots : « tribunaux de grande instance et d'instance » sont remplacés par les mots : « tribunaux judiciaires » (Ord. n° 2019-964 du 18 sept. 2019 prise en application de la loi n° 2019-222 du 23 mars 2019 de programmation 2018-2022 et de réforme pour la justice, art. 35 et 36 ; Décr. n° 2019-966 du 18 sept. 2019 portant substitution du tribunal judiciaire au tribunal de grande instance et au tribunal d'instance en application de l'article 95 de la loi n° 2019-222 du 23 mars 2019 de programmation 2018-2022 et de réforme pour la justice et diverses dispositions relatives à l'organisation judiciaire et modifiant l'annexe du décret n° 2019-913 du 30 août 2019 pris en application de l'article 95 de la loi n° 2019-222 du 23 mars 2019 de programmation (2018-2022) et de réforme pour la justice, art. 8, en vigueur le 1er janv. 2020).

Liste des abréviations

⛨	Hyperlien vers la décision intégrale accessible sur le Code en ligne
✎	Hyperlien vers un article de revue accessible sur le Code en ligne
🏛	Hyperlien vers un texte complémentaire accessible sur le Code en ligne
Actu	Actualités
Adde	Ajouter
Administrer	Revue Administrer
AEMO	Assistance éducative en milieu ouvert
AJ	Actualité jurisprudentielle du Recueil Dalloz
AJCA	Actualité juridique contrats d'affaires (Dalloz)
AJ contrat	Actualité juridique contrat (Dalloz)
AJDA	Actualité juridique Droit administratif (Dalloz)
AJDI	Actualité juridique Droit immobilier (Dalloz)
AJ fam.	Actualité juridique famille (Dalloz)
Al.	Alinéa
ALD	Actualité législative Dalloz (à partir de 1993)
Anc.	Ancien
Ann. loyers	Annales des loyers
Archives Phil. dr.	Archives de la Philosophie du droit (Dalloz)
arg.	Argument
Arr.	Arrêté
Art.	Article
Ass.	Assemblée
Ass. plén.	Assemblée plénière de la Cour de cassation
aud. sol.	Audience solennelle
B	Arrêt publié au bulletin civil (depuis mi-juin 2021) ou au bulletin criminel (depuis fin juin 2021) de la Cour de cassation
Banque	Revue Banque
Banque et Dr.	*Revue* Banque et Droit
BIBL.	Bibliographie
BIBL. GÉN.	Bibliographie générale
BICC	Bulletin d'information de la Cour de cassation
BJS	Bulletin Joly Sociétés
BLD	Bulletin législatif Dalloz
BOCCRF	Bulletin officiel de la concurrence, de la consommation et de la répression des fraudes
BTL	Bulletin des transports et de la logistique
Bull. ass. plén.	Bulletin des arrêts de l'assemblée plénière de la Cour de cassation

Bull. civ.	Bulletin des arrêts des chambres civiles de la Cour de cassation
Bull. crim.	Bulletin des arrêts de la chambre criminelle de la Cour de cassation

C.	Code
c/	Contre
CAA	Cour administrative d'appel
Cah. dr. entr.	Cahiers de droit de l'entreprise
Cah. dr. eur.	Cahiers de droit européen
CASF	Code de l'action sociale et des familles Dalloz
Cass.	Cour de cassation
C. assoc.	Code des associations et fondations Dalloz
C. assur.	Code des assurances Dalloz
C. baux	Code des baux Dalloz
CCC	Contrats Concurrence Consommation
CCE	Communication Commerce électronique
CCH	Code de la construction et de l'habitation Dalloz
C. civ.	Code civil Dalloz
C. com.	Code de commerce Dalloz
C. communic.	Code la communication Dalloz
C. consom.	Code de la consommation Dalloz
C. const.	Code constitutionnel et des droits fondamentaux Dalloz
C. copr.	Code de la copropriété Dalloz
CCP	Code de la commande publique Dalloz
C. données personnelles	Code de la protection des données personnelles Dalloz
CE	Conseil d'État
CEDH	Cour européenne des droits de l'homme
C. éduc.	Code de l'éducation Dalloz
C. élect.	Code électoral Dalloz
C. énergie	Code de l'énergie Dalloz
C. envir.	Code de l'environnement Dalloz
CESEDA	Code de l'entrée et du séjour des étrangers et du droit d'asile Dalloz
C. ét. civ.	Code de l'état civil Dalloz
C. fam.	Code de la famille et de l'aide sociale
C. for.	Code forestier
CGCT	Code général des collectivités territoriales Dalloz
CGI	Code général des impôts Dalloz
ch.	Chambre
chap.	Chapitre
Ch. mixte	Chambre mixte de la Cour de cassation
Ch. réun.	Chambres réunies de la Cour de cassation
Chron.	Chronique
Chron. C. cass.	Chronique de jurisprudence de la Cour de cassation du *Recueil Dalloz*
CIDE	Convention internationale sur les droits de l'enfant
Circ.	Circulaire
Civ.	Chambre civile de la Cour de cassation
CJA	Code de justice administrative Dalloz
CJCE	Cour de justice des Communautés européennes

CJEG	Cahiers juridiques de l'électricité et du gaz
CJI	Cour de justice internationale
CJPM	Code de la justice pénale des mineurs Dalloz
CJUE	Cour de justice de l'Union européenne
C. marchés	Code des marchés publics (Dalloz ; jusqu'en 2019 ; devenu Code de la commande publique)
C. mon. fin.	Code monétaire et financier Dalloz
C. nat.	Code de la nationalité
CNIL	Commission nationale de l'informatique et des libertés
COB	Commission des opérations de bourse
COJ	Code de l'organisation judiciaire
Com.	Chambre commerciale de la Cour de cassation
Comm.	Commentaire
Comm. EDH	Commission européenne des droits de l'homme
Comm. 1re inst. séc. soc.	Commission de première instance de la sécurité sociale
Comp.	Comparer
concl.	Conclusions
conf.	Solution conforme
Cons. const.	Conseil constitutionnel
Contra	Solution contraire
Conv. EDH	Convention européenne de sauvegarde des droits de l'homme et des libertés fondamentales
C. patr.	Code du patrimoine Dalloz
CPCE	Code des postes et communications électroniques
C. pén.	Code pénal Dalloz
CPI	Code de la propriété intellectuelle Dalloz
C. pr. civ.	Code de procédure civile Dalloz
C. pr. exéc.	Code des procédures civiles d'exécution Dalloz
C. pr. fisc.	Code de procédure fiscale Dalloz
C. pr. pén.	Code de procédure pénale Dalloz
CRDP Nancy 2	Centre de recherche de droit privé, Université de Nancy 2
Crim.	Chambre criminelle de la Cour de cassation
C. rur.	Code rural et de la pêche maritime Dalloz
C. rur.	Code rural et Code forestier
C. sociétés	Code des sociétés Dalloz
CSP	Code de la santé publique Dalloz
C. sport	Code du sport Dalloz
CSS	Code de la sécurité sociale Dalloz
C. transp.	Code des transports Dalloz
C. trav.	Code du travail Dalloz
C. urb.	Code de l'urbanisme Dalloz

D.	Recueil Dalloz
DA	Recueil analytique de jurisprudence et de législation Dalloz *(années 1941 à 1944)*
D. actu.	Dalloz actualité
D. Affaires	Dalloz Affaires *(de 1995 à 1999)*
Dalloz IP/IT	Dalloz IP/IT – Droit de la propriété intellectuelle et du numérique (Dalloz)
Dalloz jurisprudence	Base de jurisprudence sur dalloz.fr

DC	Recueil critique de jurisprudence et de législation Dalloz *(années 1941 à 1944)*
Décis.	Décision
Décr.	Décret
Décr.-L.	Décret-Loi
Defrénois	Répertoire du notariat Defrénois
DH	Recueil hebdomadaire de jurisprudence Dalloz *(années antérieures à 1941)*
DIP	Droit international privé
Dir.	Directive
Doctr.	Doctrine
DP	Recueil périodique et critique mensuel Dalloz *(années antérieures à 1941)*
Dr. et patr.	Droit et patrimoine
Dr. et pr.	Droit et procédures
Dr. fam.	Droit de la famille
Droits	Droits (Revue française de théorie juridique)
Dr. soc.	Droit social
Dr. sociétés	Droit des sociétés

EIRL	Entreprise individuelle à responsabilité limitée
eod. loc.	Au même endroit
eod. v^{o}, *eisd.* v^{is}	Même(s) mot(s) que celui (ceux) qui vient (viennent) d'être cité(s)
Err.	Erratum
esp.	Espèce

FIV	Fécondation *in vitro*

GADIP	Grands arrêts de la jurisprudence française de droit international privé (Dalloz)
GAJA	Grands arrêts de la jurisprudence administrative (Dalloz)
GAJC	Grands arrêts de la jurisprudence civile (Dalloz)
Gaz. Pal.	Gazette du Palais
GPA	Gestation pour autrui

ibid.	Au même endroit
infra	Ci-dessous
Instr.	Instruction
IR	Informations rapides du Recueil Dalloz
IVG	Interruption volontaire de grossesse

J.	Jurisprudence
JAF	Juge aux affaires familiales
JAM	Juge aux affaires matrimoniales
JCP	Juris-Classeur périodique (Semaine juridique), édition générale
JCP E	Juris-Classeur périodique, édition Entreprise
JCP N	Juris-Classeur périodique, édition Notariale

JCP S	Juris-Classeur périodique, édition Sociale
JDI	Journal de droit international (Clunet)
JEX	Juge de l'exécution
JME	Juge de la mise en état
JO	Journal officiel
JOCE	Journal officiel des Communautés européennes
JONC	Journal officiel, numéro complémentaire
JOUE	Journal officiel de l'Union européenne
Journ. not.	Journal des notaires et des avocats
Jur. CEDH	Jurisprudence de la Cour européenne des droits de l'homme
Jur. gén.	Jurisprudence générale Dalloz, Répertoire alphabétique de législation, de doctrine et de jurisprudence (1845-1870)
Juris-Data	Décision de jurisprudence extraite des bases de données Juris-Data, dont le texte intégral est disponible sur Lexis-Nexis.fr
Jurispr. auto	Jurisprudence automobile
Just. et cass.	Justice et cassation (Dalloz)
L.	Loi
Lebon	Recueil des décisions du Conseil d'État (Dalloz)
Lebon T.	Recueil des décisions du Conseil d'État (Dalloz), Tables
Liv.	Livre
Loyers et copr.	Loyers et copropriété
LPA	LPA
LPF	Livre des procédures fiscales
Mod.	Modifié
n°	Numéro
NCPC	Nouveau code de procédure civile (devenu Code de procédure civile - L. n° 2007-1787 du 20 déc. 2007, art. 26-III)
Nouv.	Nouveau
obs.	Observations
ONC	Ordonnance de non-conciliation
Ord.	Ordonnance
P	*Arrêt* publié au bulletin civil (avant mi-juin 2021) ou au bulletin criminel (avant fin juin 2021) de la Cour de cassation
p.	Page
PACS	Pacte civil de solidarité
Pan.	Panorama
PMA	Procréation médicalement assistée
préc.	Précité
PU	Presses universitaires
QPC	Question prioritaire de constitutionnalité

Quot. jur.	Quotidien juridique
R.	Rapport de la Cour de cassation
rapp.	Rapport
Rappr.	Rapprocher
RCA	Responsabilité civile et assurances
RDBF	Revue de droit bancaire et financier
RDC	Revue des contrats
RDI	Revue de droit immobilier (Dalloz)
RD rur.	Revue de droit rural
RDSS	Revue de droit sanitaire et social (Dalloz)
RDT	Revue de droit du travail (Dalloz)
Rec. CJI	Recueil des arrêts de la Cour internationale de justice
Rect.	Rectificatif
réd.	Rédaction
réf.	Référé
Règl.	Règlement
Rép.	Réponse
RÉP. CIV.	Répertoire de droit civil Dalloz
RÉP. COM.	Répertoire de droit commercial Dalloz
RÉP. INTERNAT.	Répertoire de droit international Dalloz
Rép. min.	Réponse ministérielle
RÉP. PÉN.	Répertoire de droit pénal et de procédure pénale Dalloz
RÉP. PR. CIV.	Répertoire de procédure civile Dalloz
RÉP. SOCIÉTÉS	Répertoire des sociétés Dalloz
RÉP. TRAV.	Répertoire de droit du travail Dalloz
Req.	Chambre des requêtes de la Cour de cassation
req.	Requête
réquis.	Réquisitions
Rev. crit. DIP	Revue critique de droit international privé (Dalloz)
Rev. loyers	Revue des loyers
Rev. sociétés	Revue des sociétés (Dalloz)
RFDA	Revue française de droit administratif (Dalloz)
RGAT	Revue générale des assurances terrestres (de 1930 à 1995) ; devenue RGDA en 1996
RGDA	Revue générale du droit des assurances
RGDIP	Revue générale de droit international public
RID comp.	Revue internationale de droit comparé
RID pén.	Revue internationale de droit pénal
RJ com.	Revue de jurisprudence commerciale
RJDA	Revue de jurisprudence de droit des affaires
RJPF	Revue juridique personnes et famille
RJS	Revue de jurisprudence sociale
RLDC	Revue Lamy droit civil
RRJ	Revue de la recherche juridique - Droit prospectif
RSC	*Revue de science criminelle* (Dalloz)
RTD civ.	Revue trimestrielle de droit civil (Dalloz)
RTD com.	Revue trimestrielle de droit commercial (Dalloz)
RTD eur.	Revue trimestrielle de droit européen (Dalloz)
S.	Recueil Sirey

s.	Et suivants
Sect.	Section
Soc.	Chambre sociale de la Cour de cassation
sol. impl.	Solution implicite
Somm.	Sommaires
ss.	Sous
supra	Ci-dessus

t.	Tome
TA	Tribunal administratif
TASS	Tribunal des affaires de sécurité sociale
T. civ.	Tribunal, chambre civile
T. com.	Tribunal de commerce
T. confl.	Tribunal des conflits
T. corr.	Tribunal, chambre correctionnelle
TGI	Tribunal de grande instance
TI	Tribunal d'instance
Tit.	Titre
T. pol.	Tribunal de police
Trav. Com. fr. DIP	Travaux du Comité français de droit international privé
TJ	Tribunal judiciaire

V.	Voir
v° ou v^is	Mot ou mots

TABLE DES MATIÈRES

CODE CIVIL

LIVRE II

DES BIENS ET DES DIFFÉRENTES MODIFICATIONS DE LA PROPRIÉTÉ

LIVRE IV
DES SÛRETÉS

APPENDICE

CODE CIVIL

TITRE PRÉLIMINAIRE DE LA PUBLICATION, DES EFFETS ET DE L'APPLICATION DES LOIS EN GÉNÉRAL

Art. 1er *(Ord. nº 2004-164 du 20 févr. 2004, art. 1er)* **Les lois et, lorsqu'ils sont publiés au *Journal officiel* de la République française, les actes administratifs entrent en vigueur à la date qu'ils fixent ou, à défaut, le lendemain de leur publication. Toutefois, l'entrée en vigueur de celles de leurs dispositions dont l'exécution nécessite des mesures d'application est reportée à la date d'entrée en vigueur de ces mesures.**

En cas d'urgence, entrent en vigueur dès leur publication les lois dont le décret de promulgation le prescrit et les actes administratifs pour lesquels le Gouvernement l'ordonne par une disposition spéciale.

Les dispositions du présent article ne sont pas applicables aux actes individuels. – *Pour l'entrée en vigueur de ces dispositions, V. Ord. nº 2004-164 du 20 févr. 2004, art. 7.*

RÉP. CIV. vº *Loi et règlement*, par LASSERRE.

BIBL. ▸ **Ord. du 20 févr. 2004 :** BLÉRY, *RLDC 2004/5, nº 204.* – DEUMIER, *obs. RTD civ. 2004. 585*. – J. HUET, *Mél. le Tourneau, Dalloz, 2008, p. 439.*

▸ DE MATOS, *RLDC 2004/7, nº 296* (ancien et nouvel art. 1er).

▸ **Sources du droit :** *Archives Phil. dr., t. 27, 1982.* – DEBET, *Mél. Payet, Dalloz, 2011, p. 129* (encadrement juridique du commerce électronique). – DUONG, *D. 2010. Chron. 783* (sources du droit d'internet). – MABAKA, *RRJ 2001/2. 691* (Constitution et droit européen, conflit de primauté). – MALAURIE, *JCP 2002. I. 143* (Conv. EDH et droit civil). – LAROUER, les codes de conduite, sources du droit, *Dalloz 2018.* – THIBIERGE, *Mél. Jestaz, Dalloz, 2006, p. 519* (sources du droit, sources de droit). – ZENATI, *D. 2002. Chron. 15* (évolution dans les pays de droit civil).

▸ **Loi :** *Archives Phil dr., t. 25, 1980.* – *RRJ 1997/4, Cahier de méthodologie nº 12* (la législation par référence – renvoi d'un texte à l'autre). – ATIAS, *RRJ 1982/2. 219* (textes non normatifs). – BOISSON, *RTD civ. 2019. 243* (la difficile détermination de la date de la loi). – COUDERC, *D. 1975. Chron. 249 ; 1977. Chron. 183* (travaux préparatoires, méthode législative). – DEUMIER, *LPA 6 mars 2000* (publication et connaissance de la loi). – DUBOIS, *Mél. Jestaz, Dalloz, 2006, p. 135* (intelligibilité de la loi). – FELDMAN, *D. 2005. Chron. 399* (renforcer l'autorité de la loi ?). – FRÉJAVILLE, *JCP 1948. I. 677 (errata).* – GUILLIEN, *Mél. Roubier, Dalloz/Sirey, 1961, t. 1, p. 39* (nul n'est censé ignorer la loi). – SARGOS, *JCP 2017, nº 922* (risque de l'absurde).

▸ **Accès au droit, connaissance de la loi, codification :** FRISON-ROCHE et BARANÈS, *D. 2000. Chron. 361* (principe constitutionnel de l'accessibilité et de l'intelligibilité de la loi). – LARRALDE, *LPA 19 nov. 2002* (intelligibilité de la loi et accès au droit). – LASSERRE-KIESOW, *D. 2002. Chron. 1157* (compréhensibilité des lois). – J. MOREAU et F. TERRÉ, *Études Béguin, Litec, 2005, p. 533* (la simplification du droit). – MOLFESSIS, *RTD civ. 2000. 662* ; *ibid. 2002. 592* (codification à droit constant) ; *ibid. 2004. 155* et *159* (simplification du droit ; codification « dynamique »). – MOYSAN, *AJDA 2001. 428* ; *JCP 2002. I. 147* (codification à droit constant et consolidation) ; *JCP 2014, nº 470* (écriture du droit). – OUTIN-ADAM et REITA-TRAN, *D. 2006. Chron. 2919* (excès et dérives dans l'art de légiférer). – ROCHFELD, *RTD civ. 2000. 656*. – TAORMINA, *RRJ 2002/1. 21* (la codification est-elle encore utile ?). – TERRÉ et OUTIN-ADAM, *D. 2004. Chron. 12* (l'année d'un bicentenaire). – Colloque LERAD 6-7 avr. 2006, Univ. François-Rabelais Tours, *LPA 24 mai 2007* (simplification du droit).

▸ **Proposition de réforme de la publication des lois et décrets :** *R. 1993, p. 23.*

▸ **Principes :** SARGOS, *JCP 2001. I. 306* (principes généraux du droit privé dans la jurisprudence de la Cour de cassation) ; *ibid. 2015, nº 34* (les piliers de la sagesse du droit). – GRIDEL, *D. 2002. Chron. 228 et 345* (principes généraux du droit). – MORVAN, *LPA 8 juin 2005* (visas de principes dans la jurisprudence de la Cour de cassation). – TESTU, *RTD civ. 2020. 245* (la devise de la République française : I/ Liberté).

▶ **Code civil :** Univ. Paris-II, *1804-2004 Le code civil, Dalloz, 2004.* – Beignier, *D. 2019. 713* (pour un nouveau code civil) ; *ibid. 2019. 1408* (réponse à Th. Revet). – Bergel, *RRJ 1986/4. 29* (typologie des définitions dans le code civil). – Bloquet, *RTD civ. 2015. 59* (science du droit et positivisme). – Bonassies, *Mél. Béguet, Univ. Toulon, 1985, p. 27* (sources et idéologie). – R. Cabrillac, *Études P. Catala, Litec, 2001, p. 73* (le code civil à la fin du XXe siècle) ; *D. 2019. 2149* (un nouveau code civil ?). – Carbonnier, *RRJ 1981/3. 327* (phénomène sociologique). – Catala, *Études Béguin, Litec, 2005, p. 61* (actualité du code civil). – Cornu, *Mél. R. Savatier, Dalloz, 1965, p. 157* (la lettre du code à l'épreuve du temps). – Deumier, *RTD civ. 2014. 597* (le code civil, la loi et l'ordonnance). – Desrayaud, *RTD civ. 2012. 677* (de la sûreté à la citoyenneté : l'accessibilité du code civil de 1804). – Niort, *RTD civ. 2005. 257* (deux siècles de lecture du code civil). – Rémy, *RRJ 1982/2. 254* (éloge de l'exégèse) ; *Droits, 1997/26. 3* (recodification civile). – Revet, *D. 2019. 1011* (à propos de l'article de Bernard Beignier « Pour un nouveau code civil »). – Terré, *Mél. Payet, Dalloz, 2011, p. 505.*

▶ **Interprétation de la loi :** *Archives Phil. dr., t. 17, 1972. – RRJ 1995/4, Cahier de méthodologie no 10.* – Genevois, *RFDA 2002. 877* (le Conseil d'État et l'interprétation de la loi). – Rieg, *Trav. Assoc. Capitant, XXIX-1978, p. 70* (interprétation par le juge).

▶ **Coutume :** Jeanclos, *Mél. Wiederkehr, Dalloz, 2009, p. 429.* – Fulchiron, *D. 2019. 316* (de l'application de la charia en Europe, en général, et de certains statuts coutumiers en France, en particulier). – Oppetit, *Droits, 1986/3. 3.* – Zenati-Castaing, *Mél. Jestaz, Dalloz, 2006, p. 607* (le code civil et la coutume).

Plan des annotations

I. CONDITIONS D'APPLICATION DE LA LOI

1. ***Intelligibilité et accessibilité de la loi – Sécurité juridique.*** L'objectif de valeur constitutionnelle d'intelligibilité et d'accessibilité de la loi, qui découle des art. 4, 5, 6 et 16 de la Déclaration de 1789, impose au législateur d'adopter des dispositions suffisamment précises et des formules non équivoques. • Cons. const. 17 mai 2013, no 2013-669 DC : *cité note 1 ss. art. 143.* ♦ La méconnaissance de l'objectif de valeur constitutionnelle d'intelligibilité et d'accessibilité de la loi ne peut, en elle-même, être invoquée à l'appui d'une question prioritaire de constitutionnalité sur le fondement de l'art. 61-1 de la Constitution. • Soc. 24 mars 2016, no 16-40.010 P. ♦ Malgré des renvois multiples et un langage très technique, satisfait à l'exigence constitutionnelle de clarté et de précision l'art. L. 541-40, I, C. envir., qui renvoie au contenu entier du Règl. no 1013/2006, dont le caractère technique est inhérent à son objet. • Crim. 22 mars 2016, no 15-80.944 P : *D. 2016. 787* ; *RSC 2016. 288, obs. Robert* .

Il résulte de l'art. 6, § 1, Conv. EDH que le principe de sécurité juridique implique que de nouvelles règles, prises dans leur ensemble, soient accessibles et prévisibles et n'affectent pas le droit à l'accès effectif au juge, dans sa substance même. • Civ. 2e, 19 mars 2020, no 18-23.923 P : *D. 2020. 658* ; *D. avocats 2020. 210* ; *RTD civ. 2020. 453, obs. Cayrol* (abrogation d'un art. d'un Décr. relatif à l'aide juridictionnelle, le sens et la portée de ces modifications ne pouvant que susciter un doute sérieux et créer une situation d'incertitude juridique) • 19 mars 2020, no 19-12.990 P *D. avocats 2020. 210* ; *RTD civ. 2020. 453, obs. Cayrol* (idem).

2. ***Interprétation de la loi – Loi claire mais d'application absurde.*** La recherche de la volonté du législateur par voie d'interprétation est interdite au juge, lorsque le sens de la loi, tel qu'il résulte de sa rédaction, n'est ni obscur ni ambigu, et doit par conséquent être tenu pour certain, sauf si l'application du texte aboutit à quelque absurdité. • Civ. 1re, 11 mai 2017, no 16-15.549 P : *D. 2018. 87, obs. Wickers* ; *D. avocats 2017. 286, obs. Pitcho* ; *RTD civ. 2018. 61, obs. Deumier* (application de l'art. 6 Décr. 27 nov. 1991 relatif à l'élection du bâtonnier).

3. ***Méthodes d'interprétation de la loi.*** Une convention collective, si elle manque de clarté, doit être interprétée comme la loi, c'est-à-dire d'abord en respectant la lettre du texte, ensuite en tenant compte d'un éventuel texte législatif ayant le même objet et, en dernier recours, en utilisant la méthode téléologique consistant à rechercher l'objectif social du texte. • Soc. 8 juin 2022, n° 20-20.100 B • 14 déc. 2022, n° 21-15.805 B.

4. Ubi lex non distinguit. Il n'y a pas lieu de distinguer là où la loi ne distingue pas. Les dispositions des art. L. 7112-3 et L. 7112-4 C. trav. sont applicables aux journalistes professionnels au service d'une entreprise de presse quelle qu'elle soit. • Soc. 30 sept. 2020, n° 19-12.885 P.

5. Loi normative et loi mémorielle. Si la loi du 21 mai 2001 tend à la reconnaissance de la traite et de l'esclavage en tant que crime contre l'humanité, une telle disposition législative, ayant pour seul objet de reconnaître une infraction de cette nature, ne saurait être revêtue de la portée normative attachée à la loi et caractériser l'un des éléments constitutifs du délit d'apologie de crime contre l'humanité. • Crim. 5 févr. 2013 : *D. 2013. 805, note Egéa* . ♦ La loi a pour vocation d'énoncer des règles et doit, par suite, être revêtue d'une portée normative ; si la L. du 21 mai 2001 tend à la reconnaissance de la traite et de l'esclavage en tant que crime contre l'humanité, une telle disposition, ayant pour seul objet de reconnaître une infraction de cette nature, ne saurait être revêtue de la portée normative attachée à la loi, de sorte qu'elle ne peut être utilement arguée d'inconstitutionnalité. • Civ. 1re, 8 nov. 2018, n° 18-13.894 P : *D. 2019. 187, note Picard* .

A. PROMULGATION

6. Définition. La promulgation est l'acte par lequel le chef de l'État atteste l'existence de la loi et donne l'ordre aux autorités publiques d'observer et de faire observer cette loi. Cet acte n'a d'autre date que celle de sa signature, bien qu'il ne prenne effet, comme la loi elle-même, qu'après avoir été publié dans les conditions fixées par les lois et règlements. • CE 8 févr. 1974, *Cne de Montory : JCP 1974. II. 17703 (2e esp.), note Liet-Veaux.* ♦ V. aussi note 40.

7. Recours. Les décrets de promulgation des lois ne peuvent faire l'objet d'un recours contentieux devant le Conseil d'État. • CE 3 nov. 1933, *Desreumeaux : S. 1934. 3. 9, note crit. Alibert.*

B. PUBLICATION

8. Notion de publication. La publication, condition nécessaire pour que la loi devienne obligatoire, comprend l'ensemble des faits ayant pour objet de porter à la connaissance du public le texte nouveau et l'écoulement du délai de publicité. • Civ. 26 janv. 1938 : *DH 1938. 147.* ♦ V. aussi • Civ. 3e, 1er juin 1994, n° 92-13.418 P (la mention dans la loi – art. 3, L. 13 janv. 1989 : étalement de la hausse de loyer – de sa date de publication doit s'entendre comme visant le jour de son entrée en vigueur et non le jour de sa parution au *JO*). ♦ Compatibilité du système avec la Constitution et la Convention européenne de sauvegarde des droits de l'homme et des libertés fondamentales : • Crim. 17 oct. 1991, n° 90-86.408 P : *Gaz. Pal. 1992. 1. Chron. dr. crim. p. 89* (entrée en vigueur du Décr. du 29 déc. 1989 élevant le maximum de la peine applicable aux contraventions de la 4e classe). ♦ Sur la publication des décrets, V. • CE 12 avr. 1972 (deux arrêts), *Brier et Benasse : D. 1973. 228, note Delvolvé* • Civ. 1re, 31 janv. 1989 : *Bull. civ. I, n° 50.*

9. Traité international. Nécessité d'autoriser par une loi l'approbation d'un traité ou d'un accord international relevant de l'art. 53 de la Constitution pour pouvoir procéder à sa publication. • CE 23 févr. 2000 : *JDI 2001. 81, note Dehaussy.*

10. JO électronique. Légalité des dispositions (Ord. 20 févr. 2004, art. 5, ci-dessous, avec son décret d'application) prévoyant que, pour certaines catégories d'actes administratifs, la publication au JO électronique suffit à assurer l'entrée en vigueur. • CE 9 nov. 2005 : *D. 2006. IR 179* ; *RFDA 2006. 535, concl. Donnat* .

11. Urgence. *(Jurisprudence antérieure à l'Ord. du 20 févr. 2004).* Sur la publication d'urgence, V. • Civ. 4 mars 1931 : *DH 1931. 201* • CE 19 juin 1959, *Cazes : D. 1959. 370, concl. Braibant.* ♦ Un acte qui détermine lui-même la date de son entrée en vigueur n'est applicable à cette date que si les conditions de sa publication le permettent effectivement. Les mesures prévues par ce texte (Arr. 29 nov. 1996 relatif à l'interdiction de circulation de véhicules de transport de marchandises et de transport de matières dangereuses) ayant été rendues publiques par un communiqué de presse sont néanmoins opposables, eu égard à l'urgence et à l'objet de son contenu. • CE 24 févr. 1999 : *D. 1999. IR 97.*

C. DATE D'APPLICATION

12. Date d'application de la loi. Principe. Une disposition légale se suffisant à elle-même est applicable sans attendre la publication d'un décret, à la date d'entrée en vigueur de cette loi. • Civ. 3e, 2 déc. 1981, n° 80-14.325 P • 4 nov. 1987 : *Gaz. Pal. 1988. 1. 394.* – Même sens : • Civ. 1re, 12 mai 2016, n° 15-12.120 P (application immédiate de dispositions législatives précises ne comportant pas l'exigence de mesure d'application) • Amiens, 28 mars 1968 : *JCP 1968. II. 15663, note P. L.* • Crim. 1er mars 1990, n° 89-81.244 P • 18 sept. 1990, n° 89-85.717 P • 9 juill. 2003, n° 03-82.119 P.

13. ... Limites. Mais il en va autrement si, en l'absence de décrets, les dispositions de la loi ne peuvent recevoir application. • Soc. 22 mars

1989, n° 85-13.496 P • Civ. 2e, 7 oct. 2004, n° 02-50.049 P • Civ. 1re, 3 juin 2015, n° 14-16.424 P • Civ. 2e, 11 juill. 2019, n° 17-27.540 P. ♦ Si une loi est immédiatement applicable, il n'en est pas ainsi lorsque sa mise en application est subordonnée à la publication d'un acte réglementaire ultérieur. • Soc. 5 nov. 1981, n° 79-42.515 P. ♦ Sur l'obligation, pour le Premier ministre, chargé d'assurer l'exécution des lois (art. 21 de la Const. de 1958), de prendre dans un délai raisonnable les mesures qu'implique nécessairement l'application de la loi, V. • CE 28 juill. 2000, n° 204024 : *AJDA 2000. 959* ; *LPA 17 nov. 2000, note Laquièze* • 28 juin 2002, n° 220361 : *D. 2002. IR 2236* ; *AJ fam. 2002. 304, obs. S. D.-B.* ; *RFDA 2002. 723, concl. Boissard* ; *RTD civ. 2002. 785, obs. Hauser* • 7 juill. 2004, n° 250688 : *D. 2004. IR 2196* • 27 juill. 2005, n° 261694 B.

14. ... Report de l'entrée en vigueur. L'entrée en vigueur des dispositions d'une loi dont l'exécution nécessite des mesures d'application est reportée à la date d'entrée en vigueur de ces mesures. • Soc. 10 oct. 2018, n° 17-10.248 P (application à l'art. L. 433-1 CASF, texte entrant dans le domaine du droit à la santé et au repos, figurant au nombre des exigences constitutionnelles). ♦ Sur les dispositions d'un texte prévoyant une date d'entrée en vigueur différée, V. • CE 9 juill. 1993, *Assoc. Collectif pour la défense du droit et des libertés*, n° 139445 : *Lebon 590* (absence d'erreur manifeste d'appréciation dans un cas où la date d'entrée en vigueur d'un décret – portant interdiction de fumer dans certains lieux – a été fixée au premier jour du sixième mois suivant sa publication au *Journal officiel*).

15. Règlements : publicité appropriée. Un acte administratif réglementaire n'est opposable que s'il a fait l'objet d'une publicité appropriée. • Soc. 12 déc. 2000, n° 98-45.308 P. ♦ Les actes réglementaires pris par l'autorité préfectorale ne deviennent obligatoires qu'après avoir été portés à la connaissance des personnes qu'ils concernent ; la seule insertion de l'arrêté au recueil des actes administratifs du département n'établit pas que cet acte ait été porté à la connaissance des intéressés. • Crim. 5 mars 1991, n° 90-80.344 P. ♦ V. aussi • Soc. 12 déc. 2000 : *préc.* (la notification individuelle aux personnes concernées peut constituer la publicité appropriée).

16. ... Délai de publication. Sauf circonstances particulières contrôlées par le juge, l'autorité administrative est tenue de publier dans un délai raisonnable les règlements qu'elle édicte. • CE 12 déc. 2003 : *Lebon 506* ; *AJDA 2004. 442, note H. M.* ♦ V. aussi note 14.

17. Conventions internationales – Dispositions rétroactives. Les conventions internationales, une fois publiées, doivent être appliquées dans toutes leurs dispositions, y compris celles qui leur confèrent un caractère rétroactif (substitution à compter du 11 mai 1986 de la convention européenne d'extradition, publiée seulement au *JO* du 15 mai, à la convention franco-italienne du 12 mai 1870 jusque-là en vigueur). • CE 8 avr. 1987 : *AJDA 1987. 472, concl. Schrameck.* ♦ Sur la même question et dans le même sens, V. • Crim. 5 nov. 1986 : *Bull. crim. n° 325.*

D. CODIFICATION

18. Codification à droit constant. BIBL. Molfessis, *RTD civ. 2000. 186* (les illusions de la codification à droit constant et la sécurité juridique). ♦ Sur le principe de codification à droit constant, V. L. n° 2000-321 du 12 avr. 2000, art. 3. ♦ Caractère facultatif du principe de codification à droit constant sous réserve pour le Gouvernement de respecter le formalisme imposé à l'édiction de nouvelles normes qu'il adopte. • CE 12 févr. 2007, n° 285464 : *AJDA 2007. AJ 398, obs. S. B.* ♦ Sauf dispositions expresses contraires, la recodification du code du travail s'est effectuée à droit constant. • Soc. 27 janv. 2010, n° 08-44.376 P • 28 oct. 2015, n° 14-12.598 P. ♦ ... Il en résulte que le déplacement de l'anc. art. L. 320-2 C. trav. dans le chapitre relatif à la négociation obligatoire ne peut avoir eu pour effet de lui rendre applicable les dispositions prévues pour la négociation annuelle obligatoire. • Soc. 26 oct. 2016, n° 14-26.935 P : *D. 2016. 2219*.

Refus justifié des juges du fond de tenir compte d'une erreur affectant la codification par une ordonnance de plusieurs dispositions législatives dès lors que ces juges, avant la ratification de ladite ordonnance par le législateur, tenaient de l'art. 111-5 C. pén. la faculté de vérifier si la codification était intervenue à droit constant et que la L. du 2 juill. 2003 « habilitant le Gouvernement à simplifier le droit », entrée en vigueur au cours de l'instance d'appel, a ratifié cette ordonnance compte tenu des modifications portant rectification de l'erreur commise par l'autorité réglementaire. • Crim. 13 janv. 2015, n° 13-88.183 P.

19. ... Codification et abrogation. L'abrogation d'une loi à la suite de sa codification à droit constant ne modifie ni la teneur des dispositions transférées ni leur portée. • Civ. 1re, 27 févr. 2001, n° 99-04.169 P : *D. 2001. AJ 1025, obs. A. Lienhard* ; *CCC 2001, n° 130, note Raymond* (art. 5 L. 13 juill. 1979 sur le crédit immobilier, devenu art. L. 313-25 s. C. consom.) • Civ. 3e, 19 mars 2003, n° 02-10.537 P (art. 23-6 Décr. 30 sept. 1953 sur les baux commerciaux, devenu art. L. 145-34 C. com.) • Crim. 19 oct. 2004, n° 04-82.485 P : *D. 2004. IR 3115* (art. 21 L. 3 janv. 1992 sur l'eau, devenu art. L. 216-5 C. envir.) • Com. 4 avr. 2006, n° 05-10.403 P (art. 8 L. 20 mars 1956 sur la location-gérance, devenu art. L. 144-7 C. com.). ♦ Déjà en ce sens :

• Crim. 4 mai 1995, n° 94-83.077 P : *D. 1995. IR 181* (L. 1er août 1905 sur les fraudes) • 16 oct. 1996, n° 95-84.755 P : *D. 1997. IR 24* (art. 5 L. 23 juin 1989 sur les loteries publicitaires) • Com. 13 mai 1997, n° 95-14.046 P.

E. RECTIFICATION

20. Errata – Erreurs matérielles et omissions. La rectification par voie d'erratum des dispositions législatives ou réglementaires insérées au *Journal officiel* est valable lorsque, s'agissant de réparer une simple erreur matérielle, l'existence d'une telle erreur est, eu égard aux circonstances, assez apparente pour qu'il convienne de faire prévaloir, sur le texte primitivement publié, le texte ainsi rectifié. • Civ. 3e, 12 juill. 1976, n° 75-10.898 P. ♦ Au contraire, est sans valeur légale un rectificatif qui apparaît, non pas comme destiné à réparer une simple erreur matérielle ou une omission évidente, mais comme une disposition nouvelle ayant pour but de restreindre considérablement la portée du texte primitif publié au *Journal officiel*. • Cass., ch. réun., 5 févr. 1947 : *D. 1947. 177.* ♦ Sur la discussion, Voirin, notes *DP 1930. 1. 101* et *DP 1934. 1. 17.*

La rectification d'une erreur purement matérielle s'incorpore à la rédaction du texte rectifié et a force obligatoire dès la date de mise en vigueur du texte primitif. • Soc. 8 mars 1989 : *Bull. civ. V, n° 187* (taux de cotisation d'accidents du travail erroné et rectifié par la publication d'un erratum). – V. déjà en ce sens • Com. 5 avr. 1960 : *Bull. civ. III, n° 141.*

F. ABROGATION

21. Abrogation expresse ou implicite (oui). Les lois et règlements ne sont abrogés que si l'abrogation est expresse ou si elle résulte implicitement et nécessairement de dispositions nouvelles inconciliables avec les dispositions anciennes. • Crim. 28 mai 1964, n° 62-92.740 P. – Même sens : • Crim. 22 juin 1992, n° 89-86.952 P. ♦ En n'examinant pas d'office si les textes de loi permettant aux agents de l'administration des impôts d'intervenir sans formalités préalables dans les locaux professionnels d'une personne soumise à la législation sur les contributions indirectes n'avaient pas été implicitement abrogés par l'art. 66 de la Constitution du 4 oct. 1958, les juges du fond n'ont fait que se conformer au principe selon lequel il n'appartient pas aux tribunaux judiciaires de relever l'inconstitutionnalité des lois quelle que soit la date de leur promulgation. • Crim. 18 nov. 1985 : *Bull. crim. n° 359.* ♦ Il appartient au juge administratif de constater l'abrogation, fût-elle implicite, de dispositions législatives qui découle de ce que leur contenu est inconciliable avec un texte postérieur. • CE, ass., 16 déc. 2005 : *JCP 2006. I. 120, n° 16, obs. Ondoua ; RFDA 2006. 41, concl. Stahl ; AJDA 2006. 357, chron. Landais et Lénica ; RTD civ. 2006. 75, obs. Deumier*, et *601, obs. Théry*. ♦ Les arrêtés et règlements légalement pris revêtent un caractère de permanence qui les fait survivre aux lois dont ils procèdent, tant qu'ils n'ont pas été rapportés ou tant qu'ils ne sont pas devenus inconciliables avec les règles fixées par la législation postérieure. • Crim. 9 juill. 2003 : *préc. note 12* (sol. impl.).

22. Illégalité constatée par le juge administratif. Toute déclaration d'illégalité d'un texte réglementaire par le juge administratif, même décidée à l'occasion d'une autre instance, s'impose au juge civil qui ne peut faire application d'un texte illégal. • Civ. 1re, 11 mai 2022, n° 21-16.689 B.

23. Désuétude (non). Les lois et règlements ne peuvent tomber en désuétude par suite d'une tolérance plus ou moins prolongée. • Crim. 12 mai 1960 : *JCP 1960. II. 11765, note R. Rodière.*

24. Abrogation par suite d'une codification. V. note 19.

25. Abrogation après question prioritaire de constitutionnalité. Une disposition déclarée inconstitutionnelle sur le fondement de l'art. 61-1 de la Constitution est abrogée à compter de la publication de la décision du Conseil constitutionnel ou d'une date ultérieure fixée par cette décision. • Civ. 2e, 9 déc. 2010, n° 10-60.206 P : *D. 2011. Actu. 14* • Crim. 12 oct. 2011, n° 10-88.885 P : *D. 2011. 2729* • 20 mai 2015, n° 13-83.489 P. ♦ Lorsque la déclaration d'inconstitutionnalité est rendue sur une question prioritaire de constitutionnalité, la disposition déclarée contraire à la Constitution ne peut être appliquée dans les instances en cours à la date de la publication de la décision du Conseil constitutionnel, dès lors que celui-ci n'a pas usé du pouvoir de fixer la date de l'abrogation, et de reporter dans le temps ses effets ou de prévoir la remise en cause des effets que la disposition a produits avant l'intervention de cette déclaration. • Civ. 1re, 27 sept. 2017, n° 16-17.198 P : *D. 2017. 2185, note Guillaumé ; ibid. 2310, note Fulchiron ; AJ fam. 2017. 510, obs. Boiché ; ibid. 598, obs. Lagarde, Meier-Bourdeau, Savouré et Kessler ; RTD civ. 2017. 833, obs. Usunier ; Defrénois 2017/22, p. 23, obs. Goré ; JCP 2017, n° 1236, note Nourissat et Revillard.* ♦ Lorsque le Conseil constitutionnel, après avoir abrogé une disposition déclarée inconstitutionnelle, use du pouvoir, soit de déterminer lui-même les conditions et limites dans lesquelles les effets que la disposition a produits sont susceptibles d'être remis en cause, soit de décider que le législateur aura à prévoir une application aux instances en cours des dispositions qu'il aura prises pour remédier à l'inconstitutionnalité constatée, il appartient au juge, saisi d'un litige relatif aux effets produits par la disposition déclarée inconstitutionnelle, de les remettre en cause en écartant, pour la solution de ce litige, le cas échéant d'office, cette disposition, dans les conditions et limites fixées par le Conseil constitutionnel ou le législateur. • CE 13 mai 2011, n° 316734 : *AJDA 2011. 1136, chron. Domino et Bretonneau ; D. 2011. 1422 .* ♦ La déclaration d'inconstitutionnalité de l'art. L. 912-1 CSS n'est pas applicable aux contrats pris sur ce fondement, en cours lors de la publication de la décision, ce qui est le cas de l'accord collectif pris en application dudit texte et étendu par arrêté, en cours lors de la publication de la décision du Conseil constitutionnel (décision non rendue dans le cadre d'une QPC). • Soc. 1er juin 2016, n° 15-12.796 P : *D. 2016. 1261 .*

26. Abrogation différée. L'entrée en vigueur de la loi qui abroge une sanction (contrainte Pôle emploi) et nécessite des mesures d'application est reportée à la date d'entrée en vigueur de ces mesures. • Soc. 3 févr. 2016, n° 14-23.633 P. – V. également note 14. ♦ Mais lorsqu'une loi abroge une incrimination et prévoit que cette abrogation ne prendra effet qu'après publication d'un décret à intervenir dans un délai déterminé, l'abrogation, à défaut de décret, devient effective à l'expiration dudit délai. • Crim. 3 oct. 1994, n° 93-80.767 P. – V. conf. • Crim. 16 janv. 2002, n° 01-81.829 P : *D. 2002. 1225, note Dobkine .*

27. Abrogation et maintien de conventions. L'abrogation d'un dispositif législatif prévoyant en faveur des salariés de certaines entreprises une prime obligatoire de participation ne rend pas caduc de plein droit un accord collectif instaurant cette prime dans l'entreprise. • Soc. 26 juin 2019, n° 17-28.287 P.

28. Abrogation de l'abrogation. Une loi ayant été implicitement abrogée par une loi postérieure, les règles différentes édictées par ces textes ne pouvant recevoir simultanément application, les dispositions abrogées ne peuvent, en principe et à défaut de stipulation législative particulière, redevenir en vigueur du seul fait de la modification ou de l'abrogation ultérieure des textes qui les avaient remplacées... • Soc. 16 mai 1979, n° 77-12.855 P. ♦ ... Sauf si une disposition a pour seul objet d'abroger une disposition qui n'avait elle-même pas eu d'autre objet que d'abroger ou de modifier un texte et si la volonté de l'autorité compétente de remettre en vigueur le texte ou la disposition concerné dans sa version initiale ne fait pas de doute. • Crim. 11 avr. 2018, n° 17-86.237 P.

G. TERRITORIALITÉ

29. Territoires d'outre-mer. Le principe de la spécialité de la législation applicable à la Polynésie française s'oppose à ce qu'un texte soit de plein droit applicable sur ce territoire à moins qu'il y ait été déclaré expressément applicable, qu'il ait fait l'objet d'un arrêté de promulgation par le haut-commissaire et qu'il ait été publié au *Journal officiel* de la Polynésie française. • Civ. 2e, 8 févr. 2006, n° 04-18.379 P. ♦ Ne sont pas applicables dans un territoire d'outre-mer des dispositions législatives modifiant une loi applicable dans ce territoire si elles n'ont pas été elles-mêmes étendues à ce territoire d'outre-mer par une disposition expresse. • CE, ass., 9 févr. 1990, *Élections municipales de Lifou : Lebon 28 .*

30. Droit local d'Alsace-Moselle. Conformité à la Constitution du régime de droit local. • Soc. 10 juill. 2013, n° 13-40.028 P (art. 616 C. civ. local, devenu art. L. 1226-23 C. trav.).

H. TRAITÉ

31. Réserve. Selon le droit des traités, l'expression « réserve » s'entend d'une déclaration unilatérale faite par un État quand il signe, ratifie, accepte ou approuve un traité ou y adhère, par laquelle il vise à exclure ou à modifier l'effet juridique de certaines dispositions du traité dans leur application à l'État. • Civ. 1re, 11 juill. 2006, n° 02-20.389 P.

32. Ratification du traité. La France n'ayant pas ratifié la Convention européenne sur la computation des délais conclue à Bâle le 16 mai 1972, ses juridictions ne peuvent l'appliquer. • Civ. 2e, 7 avr. 2016, n° 15-12.960 P. ♦ La Convention de Vienne du 11 avr. 1980 n'intègre pas la Convention de New York du 14 juin 1974 sur la prescription en matière de vente internationale de marchandises, non signée par la France et l'Allemagne. • Com. 26 juin 2016, n° 14-25.359 P : *D. 2016. 1431 ; AJ contrat 2016. 431, note Sindres ; RTD com. 2016. 583, obs. Delebecque .*

I. CONVENTIONS INTERNATIONALES ET DROITS DÉRIVÉS

33. Il résulte de la lettre de l'art. 3, § 1, de la Conv. de Rome, de l'intention de ses rédacteurs et de la lecture qui en est faite par les institutions de l'Union qu'une convention internationale et, partant, le droit dérivé d'une convention, tel le statut ou le règlement du personnel d'une organisation internationale, ne constituent pas une loi au sens de cette disposition. • Soc. 13 janv. 2021, n° 19-17.157 P : *D. 2021. 923, obs. Clavel et Jault-Seseke ; Dr. soc. 2021. 470, obs. Jault-Seseke ; RTD civ. 2021. 376, obs. Usunier ; RDC 2021/3. 49, note Haftel.*

J. CIRCULAIRES

34. Absence de valeur normative. Caractère non obligatoire d'une circulaire, qui ne s'impose pas au juge. • Civ. 3e, 26 mai 1992, n° 90-18.391 P • Civ. 2e, 7 mai 2015, n° 14-14.956 P • 9 juill. 2015, n° 14-18.686 P (une circulaire administrative, dépourvue de toute portée normative, ne constitue pas un changement dans les circonstances de droit, de nature à rendre inopposable à l'organisme de recouvrement l'appréciation qu'il a effectuée lors d'un précédent contrôle, sur l'application de la règle concernée) • Civ. 2e, 21 sept. 2017, n° 16-20.580 P (référence surabondante à une circulaire dépourvue de toute portée normative). – Déjà en ce sens : • Civ., sect. com., 23 oct. 1950, *Préfet du Nord c/ Mélis*, n° 1.024 P : *GAJC, 12e éd., n° 12 ; D. 1951. 4.* ♦ Comp. • Civ. 2e, 14 févr. 2013, n° 12-13.339 P : *D. 2013. 514* (opposabilité d'une circulaire par un cotisant aux organismes de recouvrement de cotisations de sécurité sociale, fondée sur une interprétation différente, par application de l'art. L. 243-6-3 CSS) • Com. 10 avr. 2019, n° 16-28.327 P (la doctrine formellement admise par l'administration, lorsqu'elle est invoquée à son bénéfice par le contribuable, ne peut être appliquée que selon ses termes et teneur en vigueur à l'époque des impositions litigieuses). ♦ ... Par suite, inopposabilité de la circulaire invoquée à l'appui d'une demande d'annulation d'observations pour l'avenir de l'URSSAF comme n'entrant pas dans les prévisions de l'art. L. 243-6 CSS : • Civ. 2e, 24 mai 2017, n° 16-15.724 P. ♦ Sur l'opposabilité à l'administration d'un bulletin officiel, V. note 58.

K. TRAVAUX PARLEMENTAIRES

35. *Primauté d'une disposition légale claire.* Le terme de « majorité », se suffisant à lui-même, implique au moins la moitié des voix plus une. • Soc. 10 juill. 2013, n° 12-16.210 P : *D. 2013. 1840* (cassation, au visa de l'art. L. 2232-12 C. trav., de l'arrêt estimant que la majorité peut se limiter à la moitié des voix, en se fondant sur les travaux parlementaires et la position commune adoptée par des négociateurs sociaux).

36. *Publication.* Absence de faute de l'URSSAF qui n'a pas publié une lettre ministérielle et une circulaire, la publication incombant aux administrations centrales et aux établissements publics dont elles émanent. • Civ. 2e, 31 mars 2016, n° 15-17.060 P : *D. 2016. Chron. C. cass. 1886, obs. Hénon et Palle* ; *Dr. soc. 2016. 665, chron. Salomon* .

L. CONVENTIONS COLLECTIVES

37. *Application des conventions collectives.* Les règles d'application des conventions collectives étant fixées par des normes légales et impératives tendant à protéger les salariés, l'application du droit français emporte celle des conventions qu'il rend obligatoires (application du droit français aux termes des art. 3 et 6 Conv. Rome du 18 juin 1980). • Soc. 8 déc. 2021, n° 20-11.738 B : *RDT 2022. 321, obs. Lafuma* .

II. HIÉRARCHIE DES NORMES

BIBL. Beignier et Mouton, *D. 2001. Chron. 1636* (Constitution et traité). – Dubouis, *Mél. Boulouis, Dalloz, 1991* (le juge français et le conflit entre norme constitutionnelle et norme européenne). – L. François, *D. 2002. Chron. 2958* (conventions bilatérales reconnaissant les répudiations musulmanes et Conv. EDH). – Granet, *Études P. Catala, Litec, 2001, p. 41* (perturbations dans la hiérarchie des normes). – K. Michelet, *RFDA 2003. 23* (la loi inconventionnelle). – Puig, *RTD civ. 2001. 749* . – Sabiani, *Mél. Hébraud, Univ. Toulouse, 1981, p. 777* (le juge français et l'extinction ou la suspension des conventions internationales). – Soyer, *Mél. Jean Foyer, PUF, 1997, p. 125* (loi nationale et Conv. EDH). – Touffait, *Études M. Ancel, Pédone, 1975, t. 1, p. 379* (traité et loi postérieure). – *BICC 15 mars 2003, p. 42 s.* (le contrôle constitutionnel et les normes internationales : études par J.-C. Colliard, J.-M. Delarue, F. Desportes et L. Truchot).

38. *Juge judiciaire et Constitution.* Hors la procédure de question prioritaire de constitutionnalité, un moyen tiré de la non-conformité d'une norme de nature législative à la Constitution ne peut être utilement invoqué devant le juge judiciaire. • Soc. 26 nov. 2013, n° 12-22.208 P. ♦ V. sur la question prioritaire de constitutionnalité, Ord. n° 58-1067 du 7 nov. 1958, art. 23-1 s. – **C. pr. civ. ; C. const.** – *Adde* : D. Simon, *Rev. crit. DIP 2011. 111* (les juges et la priorité de la question prioritaire de constitutionnalité). ♦ Les juridictions judiciaires n'ont pas le pouvoir d'écarter l'application d'un texte législatif pour non-conformité à la Constitution. • Civ. 1re, 12 mai 2004, n° 01-14.931 P : *JCP 2005. II. 10030, note Légier.* ♦ Comp. pour l'interprétation de dispositions transitoires à la lumière des art. 6 et 8 du Préambule de la Constitution du 27 oct. 1946 : • Soc. 10 mars 2010, n° 09-60.065 P : *RDT 2010. 308, obs. Borenfreund* • 10 mars 2010, n° 09-60.246 P : *RDT 2010. 308, obs. Borenfreund* • 10 mars 2010, n° 09-60.282 P • 31 mars 2010, n° 09-60.115 P. ♦ La décision du Conseil constitutionnel déclarant un texte législatif contraire à la Constitution prive de fondement juridique un arrêt non jugé définitivement à la date de sa publication. • Soc. 24 sept. 2014, n° 13-24.851 • Civ. 3e, 11 févr. 2015, n° 14-10.266 P : *D. 2015. 2094, obs. Brémond* ; *AJDI 2015. 444, obs. Prigent* . ♦ V. également notes 24 s. ss. art. 5. ♦ V. aussi, refusant la transmission d'une QPC au motif, notamment, que la disposition ne met en cause aucune règle ni aucun principe inhérent à l'identité constitutionnelle de la France, • Soc. 7 juill. 2015, n° 15-12.417 P. ♦ Sur la question prioritaire de constitutionnalité et la portée des décisions du Conseil constitutionnel, V. note 27 ss. art. 5.

39. Traité et loi constitutionnelle. Il n'appartient pas au Conseil constitutionnel, saisi en application de l'art. 61 de la Constitution, d'examiner la compatibilité d'une loi avec les engagements internationaux de la France. • Cons. const. 17 mai 2013, n° 2013-669 DC : *cité note 1 ss. art. 143* (V. notamment consid. n° 57, pour la CIDE). ♦ La question posée du défaut de compatibilité d'une disposition législative aux engagements européens de la France ne saurait être regardée comme invoquant un grief d'inconstitutionnalité, l'examen d'un tel grief, fondé sur les traités ou le droit de l'Union européenne, relevant de la compétence des juridictions judiciaires, et non d'une QPC. • Soc. 8 juill. 2015, n° 15-40.023 P. ♦ En l'absence de mise en cause d'une règle ou d'un principe inhérent à l'identité constitutionnelle de la France, le Conseil constitutionnel n'est pas compétent pour contrôler la conformité à la Constitution de dispositions législatives qui se bornent à tirer les conséquences nécessaires de dispositions inconditionnelles et précises d'une directive de l'Union européenne. • Cons. const. 13 mars 2014, n° 2014-690 DC (contrôle devant être assuré par la CJUE).

La suprématie conférée aux engagements internationaux ne s'applique pas dans l'ordre interne aux dispositions de valeur constitutionnelle. • Cass., ass. plén., 2 juin 2000, *Dlle Fraisse*, n° 99-60.274 P : *R., p. 316 ; GAJC, 12e éd., n° 1 ; GADIP, 5e éd., n° 86 ; D. 2000. 865, note Mathieu et Verpeaux ; D. 2001. Chron. 1636, par Beignier et Mouton ; JCP 2001. II. 10453, note de Foucauld ; Gaz. Pal. 2000. 2. 2464, note Flauss ; LPA 9 oct. 2000, note de Lamy et Deumier ; ibid. 11 déc. 2000, note Jan ; RJPF 2000-10/14, obs. Putman ; RD publ. 2000. 1037, note Prétot ; RTD civ. 2000. 672, obs. Libchaber*. – V. aussi • CE, ass., 30 oct. 1998, *Sarran : Lebon 368 ; GADIP, 5e éd., n° 85 ; D. 2000. 152, note Aubin ; RFDA 1998. 1081, concl. Maugüé, note Alland ; ibid. 1999. 57, notes Dubouis, Mathieu et Verpeaux, Gohin* • CE, ass., 8 févr. 2007, *Sté Arcelor*, n° 287110 : *D. 2007. 2272, note Verpeaux ; JCP 2007. II. 10049, note Cassia ; AJDA 2007. 577, chron. Lénica et Boucher ; RFDA 2007. 384, concl. Guyomar, et 578, étude Magnon ; RTD civ. 2007. 299, obs. Rémy-Corlay*. ♦ Comp. : impossibilité pour le dispositif de QPC de faire obstacle au jeu normal des questions préjudicielles. • CJUE 22 juin 2010, nos C-188/10 et C-189/10 : *BICC 1er nov. 2010, n° 1517*. ♦ V. note 25.

40. Traité et loi : primauté du traité. Principe et fondements. Le traité de Rome du 25 mars 1957 instituant la Communauté économique européenne qui, en vertu de l'art. 55 Const., a une autorité supérieure à celle des lois, institue un ordre juridique propre intégré à celui des États membres ; en raison de cette spécificité, l'ordre juridique qu'il a créé est directement applicable aux ressortissants de ces États et s'impose à leurs juridictions ; dès lors, les dispositions du traité doivent prévaloir sur la loi interne, fût-elle postérieure. • Cass., ch. mixte, 24 mai 1975, *Cafés Jacques Vabre*, n° 73-13.556 P : *R., p. 93 ; GAJC, 12e éd., n° 3 ; D. 1975. 497, concl. Touffait ; JCP 1975. II. 18180 bis, concl. Touffait ; Gaz. Pal. 1975. 2. 470, concl. Touffait ; Rev. crit. DIP 1976. 347, note Jacques Foyer et D. Holleaux ; JDI 1975. 801, note Ruzié.*

Dispositions visées. Les États adhérant à la Conv. EDH sont tenus de respecter les décisions de la CEDH, sans attendre d'être attaqués devant elle ni d'avoir modifié leur législation. • Cass., ass. plén., 15 avr. 2011, n° 10-30.316 P : *R., n° 391 ; D. 2011. 1128, note Roujou de Boubée ; ibid. 1713, obs. Bernaud et Gay ; Constitutions 2011. 326, obs. Levade ; RSC 2011. 410, obs. Giudicelli ; RTD civ. 2011. 725, obs. Marguénaud* • 15 avr. 2011 : *eod. loc.* • Soc. 31 mai 2017, n° 16-16.949 P : *D. 2017. 1130 ; Dr. soc. 2017. 784, obs. Mouly*. ♦ La Charte des droits fondamentaux de l'Union européenne a la même valeur juridique que les traités. • Soc. 30 mai 2013, n° 13-40.010 P. ♦ Sur le principe de la primauté de la convention de l'OIT sur une disposition légale, V. • Soc. 1er juill. 2008, n° 07-44.124 P (disposition légale écartant la procédure de protection des salariés licenciés) • 10 mai 2012, n° 10-28.512 P (durée de la période d'essai) • 26 mars 2013 : *cité note 79 ss. art. 3 (idem)*.

41. ... Application dans le temps de la Conv. EDH. La conformité à la Conv. EDH du dispositif interne de conservation des empreintes génétiques ne peut être appréciée en prenant en considération un texte postérieur au refus de l'intéressé de s'y soumettre. • Crim. 8 déc. 2021, n° 20-84.201 B : *D. 2022. 808, obs. Galloux et Gaumont-Prat ; AJ pénal 2022. 42, obs. Chapelle*. ♦ Compétence de la CEDH pour traiter les requêtes dirigées contre un État concernant les actions et omissions susceptibles de constituer une violation de la Conv. EDH qui surviendraient jusqu'à la date de l'exclusion de cet État du Conseil de l'Europe (Russie). • Crim. 13 déc. 2022, n° 22-80.610 B (caducité des engagements pris par les autorités russes envers une personne extradée).

42. ... Primauté du droit de l'Union européenne – Assurance. Le droit communautaire prime sur le droit national, telles les dispositions de l'art. R. 211-3 C. assur. (inopposabilité à la victime de la nullité du contrat d'assurance pour fausse déclaration intentionnelle de l'assuré à son assureur). • Crim. 8 sept. 2020, n° 19-84.983 P.

43. ... Principe d'effectivité des traités de l'Union – Rôle du juge – Office. Le principe d'effectivité résultant des traités de l'Union européenne impose au juge national d'en assurer le plein effet en laissant au besoin inappliquée, de sa propre autorité, toute disposition contraire. • Soc. 30 sept. 2013, n° 12-14.752 P : *D. 2013.*

2345 (retraite et discrimination) • Civ. 1re, 7 oct. 2015, nº 14-20.370 P (obligation pour le juge des libertés et de la détention de faire application du droit de l'Union) • Soc. 7 mars 2017, nº 14-23.193 P : *D. 2017. Chron. C. cass. 1551, obs. Sabotier* (arrêté d'extension à un secteur professionnel d'un régime de remboursement complémentaire obligatoire de frais de santé). ♦ Obligation pour le juge national de faire application des règles d'ordre public issues du droit de l'Union européenne, telle la responsabilité du fait des produits défectueux, même si le demandeur ne les a pas invoquées. • Cass., ch. mixte, 7 juill. 2017, nº 15-25.651 P : *V. note 1 ss. art. 1245-1.* ♦ En cas de difficulté d'interprétation de ces normes, il peut en saisir la Cour de justice à titre préjudiciel ou, lorsqu'il s'estime en état de le faire, appliquer le droit de l'Union, sans être tenu de saisir au préalable la juridiction administrative d'une question préjudicielle, dans le cas où serait en cause devant lui, à titre incident, la conformité d'un acte administratif au droit de l'Union européenne. • Soc. 30 sept. 2013 : *préc.* • 7 mars 2017 : *préc.* ♦ Mais incompétence du juge judiciaire pour déclarer inopposable *erga omnes* une disposition de nature réglementaire, quand bien même il est allégué que cette disposition est incompatible avec une directive de l'Union européenne, une telle action relevant de la juridiction administrative chargée d'appliquer, dans le cadre de sa compétence, les dispositions du droit de l'Union européenne. • Soc. 16 févr. 2022, nº 20-21.758 B (action du syndicat ne se référant à aucune situation précontractuelle ou contractuelle précise).

44. ... *Absence d'effet direct.* Les dispositions de l'art. 24 de la Charte sociale européenne révisée ne sont pas d'effet direct en droit interne dans un litige entre particuliers. • Cass., avis, 17 juill. 2019, nos 19-70.010 et 19-70.011 • Soc. 11 mai 2022, nº 21-15.247 B : *D. 2022. 952, obs. Lokiec* ; *ibid. 1280, obs. Vernac et Ferkane* ; *ibid. 2275, note Sachs* ; *Dr. soc. 2022. 473, obs. Radé* ; *RTD civ. 2022. 575, obs. Deumier* ; *ibid. 861, obs. Marchadier* (l'invocation de l'art. 24 ne peut pas conduire à écarter l'application des dispositions de l'art. L. 1235-3 C. trav.). ♦ Même solution pour l'art. 10 de la Conv. nº 158 de l'OIT. • Soc. 11 mai 2022, nº 21-14.490 B : *eod. loc.*

45. Conv. EDH et droit de l'Union européenne. S'il peut être présumé que la France a respecté les exigences de la Conv. EDH dès lors qu'elle n'a fait qu'exécuter ses obligations résultant de son appartenance à l'Union européenne, puisqu'il est établi que celle-ci accorde aux droits fondamentaux une protection équivalente à celle assurée par la Convention (« présomption de protection équivalente »), cette présomption ne joue plus lorsqu'il s'agit d'une directive, qui laisse une marge de manœuvre lors de son introduction en droit interne, et lorsque les juridictions nationales (en l'occurrence CE 23 juill. 2010) n'ont pas sollicité de question préjudicielle, alors que la question n'avait pas été déjà posée à la CJUE. • CEDH, sect. V, 6 déc. 2012, *M. c/ France*, nº 12323/11.

46. QPC : recevabilité. Sur l'irrecevabilité d'une question prioritaire de constitutionnalité qui ne concerne pas des dispositions législatives mais tend, en réalité, à contester un principe jurisprudentiel, V. note 25 ss. art. 5. ♦ Caractère non sérieux d'une question prioritaire de constitutionnalité portant sur la conformité de l'art. 673 C. civ. à la Charte de l'environnement au motif que ces dispositions n'instituent pas de droit ou de liberté que la Constitution garantit et que le texte attaqué, de caractère supplétif, n'a pas de conséquences sur l'environnement. • Civ. 3e, 3 mars 2015, nº 14-40.051 P : *V. art. 673.* ♦ Le grief tiré du défaut de compatibilité d'une disposition législative avec les engagements internationaux de la France ne constitue pas un grief d'inconstitutionnalité. • Soc. 15 déc. 2021, nº 21-40.021 B. ♦ Des dispositions, de nature réglementaire, ne peuvent faire l'objet d'une question prioritaire de constitutionnalité (CCH, art. R. 633-3). • Civ. 3e, 7 oct. 2015, nº 15-40.032 P. ♦ Même solution pour des dispositions conventionnelles. • Soc. 20 avr. 2017, nº 17-40.002 P (convention collective).

47. Compatibilité du droit interne : Office du juge. Il est de l'office du juge du fond de statuer sur la compatibilité d'une disposition de droit interne avec les dispositions de la Conv. EDH (inapplicabilité de la procédure de demande d'avis à la Cour de cassation). • Cass., avis, 16 déc. 2002, nº 00-20.008 P • Soc. 12 juill. 2017, nº 17-70.009 P : *RTD civ. 2018. 66, obs. Deumier* (compatibilité du droit interne avec une convention de l'OIT). ♦ Il lui appartient de se prononcer sur la compatibilité des dispositions du règlement des retraites du personnel de la RATP avec les dispositions de l'art. 141 du traité CE sur l'égalité de traitement en matière de rémunération entre hommes et femmes. • Civ. 2e, 20 déc. 2007, nº 06-20.563 P (impossibilité, faute de saisine du juge administratif, de considérer que le règlement s'impose à lui). ♦ Rappr. • Soc. 18 déc. 2007, nº 06-45.132 P.

Dans l'exercice du contrôle de conformité des lois à la Constitution qui lui incombe, le Conseil constitutionnel a le pouvoir d'abroger les dispositions législatives contraires à la Constitution ; les juridictions administratives et judiciaires, à qui incombe le contrôle de la compatibilité des lois avec le droit de l'Union européenne ou les engagements internationaux de la France, peuvent déclarer que des dispositions législatives incompatibles avec le droit de l'Union ou ces engagements sont inapplicables au litige qu'elles ont à trancher ; il appartient, par suite, au juge du litige, s'il n'a pas fait droit à l'ensemble des conclusions du requérant en tirant les conséquences de la déclaration d'inconstitutionnalité d'une disposition législative prononcée par le Conseil constitutionnel, d'examiner, dans l'hypothèse où un moyen en ce sens est soulevé devant lui, s'il doit, pour statuer sur les conclusions qu'il n'a pas déjà accueillies, écarter la disposition législative en cause du fait de son incompatibilité avec une stipulation conventionnelle ou, le cas échéant, une règle du droit de l'Union européenne dont la méconnaissance n'aurait pas été préalablement sanctionnée. • CE13 mai 2011, n° 316734 : *préc. note 25.*

Le droit communautaire n'impose pas aux juridictions nationales de soulever d'office un moyen tiré de la violation de dispositions communautaires, lorsque l'examen de ce moyen les obligerait à renoncer à la passivité qui leur incombe, en sortant des limites du litige tel qu'il a été circonscrit par les parties et en se fondant sur d'autres faits et circonstances que ceux sur lesquels la partie qui a intérêt à l'application desdites dispositions a fondé sa demande. • CJCE 14 déc. 1995, n° C430/93, C431/93 (Aff. jointes) • Com. 9 juin 2015, n° 14-15.074 P.

Est irrecevable le moyen, mélangé de fait et de droit, et donc nouveau, qui invoque, pour la première fois devant la Cour de cassation, la méconnaissance des art. 11 et 14 Conv. EDH. • Crim. 21 mai 2014, n° 13-83.758 P : *D. 2014. 1205* .

48. ... Application immédiate d'une directive. Il résulte de la jurisprudence de la Cour de justice que les principes généraux du droit tels que précisés par une directive de l'Union européenne peuvent être invoqués dans un litige entre particuliers. • Soc. 11 avr. 2012, n° 11-21.609 P : *R. 479 ; D. 2012. 1068* • CJCE 22 nov. 2005, n° C-144/04. ♦ Une directive ne peut pas, par elle-même, créer d'obligations dans le chef d'un particulier et ne peut donc être invoquée en tant que telle à son encontre. • Civ. 2e, 26 sept. 2013, n° 12-24.940 P : *D. 2013. 2280* (tarification des avoués) • Com. 19 oct. 2022, n° 21-19.197 B. ♦ Possibilité d'invoquer, à l'expiration du délai de transposition, des dispositions claires et précises d'une directive non transposée en droit interne. • Civ. 1re, 1er févr. 2012 : *AJDA 2012. 245* ; *D. 2012. 441* .

49. ... Transposition de la directive. Par ailleurs, selon une jurisprudence constante du Conseil d'État (• CE, ass., 3 févr. 1989, *Cie Alitalia*, n° 74052), il ressort clairement des stipulations de l'art. 189 du traité du 25 mars 1957 que les directives du Conseil des Communautés économiques européennes lient les États membres « quant au résultat à atteindre » ; si, pour atteindre ce résultat, les autorités nationales qui sont tenues d'adapter leur législation et leur réglementation aux directives qui leur sont destinées, restent seules compétentes pour décider de la forme à donner à l'exécution de ces directives et pour fixer elles-mêmes, sous le contrôle des juridictions nationales, les moyens propres à leur faire produire leurs effets en droit interne, ces autorités ne peuvent légalement, après l'expiration des délais impartis, ni laisser subsister des dispositions réglementaires qui ne seraient plus compatibles avec les objectifs définis par les directives dont s'agit, ni édicter des dispositions réglementaires qui seraient contraires à ces objectifs. • Soc. 16 févr. 2022, n° 20-21.758 B : *cité note 43.*

50. ... Directive non transposée. Interprétation du droit interne. Les dispositions d'une directive apparaissant comme étant, du point de vue de leur contenu, inconditionnelles et suffisamment précises, peuvent être invoquées, à défaut de mesures d'application prises dans les délais, à l'encontre de toute disposition nationale non conforme à la directive, ou encore en tant qu'elles sont de nature à définir des droits que les particuliers sont en mesure de faire valoir à l'égard de l'État. • Soc. 22 juin 2016, n° 15-20.111 P : *D. 2016. 1437* ; *Dr. soc. 2016. 782, obs. Mouly* ; *RDT 2016. 712, obs. Véricel* . ♦ En cas de transposition tardive d'une directive et en l'absence d'effet direct de ses dispositions pertinentes, les juridictions nationales sont tenues, dans toute la mesure du possible, d'interpréter le droit interne, à partir de l'expiration du délai de transposition, à la lumière du texte et de la finalité de la directive en cause aux fins d'atteindre les résultats poursuivis par cette dernière, en privilégiant l'interprétation des règles nationales la plus conforme à cette finalité pour aboutir ainsi à une solution compatible avec les dispositions de ladite directive. • CJUE 4 juill. 2006, *Adelener*, C-212-04.

51. Limites. Faute d'avoir été transposée en droit interne, la Dir. n° 2001/23/CE du 12 mars 2001 ne saurait permettre, sous couvert d'interprétation, dans un litige entre particuliers, d'écarter les effets d'une disposition du droit national contraire. • Soc. 17 déc. 2013, n° 12-13.503 P : *D. 2014. 24* . ♦ ... Et imposer à la charge de l'employeur l'obligation d'information prévue par l'art. 7, § 6, de cette directive. • Même arrêt. ♦ Les directives ne peuvent produire un effet direct à l'encontre des particuliers. • Crim. 3 févr. 2016, n° 14-85.198 P (infraction douanière). ♦ L'obligation pour le juge national de se référer au contenu d'une directive lorsqu'il interprète et applique les règles pertinentes du droit interne trouve ses limites dans les principes généraux du droit, notamment les principes de sécurité juridique ainsi que de non-rétroactivité, et cette obligation ne peut pas servir de fondement à une interprétation *contra legem* du droit national. • Civ. 1re, 15 mai 2015, n° 14-13.151 P : *D. 2015. 1156* ; *RTD civ. 2015. 635, obs. Jourdain* ; *JCP 2015, n° 881, note Borghetti* (non-application de l'art. 10 de la directive 85/374/CEE du Conseil du 25 juill. 1985 à une action exercée après l'expiration du délai de transposition de la directive, mais avant la date d'entrée en vigueur de la loi du 19 mai 1998 transposant cette directive). ♦ Si une juridiction nationale, saisie d'un litige opposant exclusivement des particuliers et relevant du champ d'application d'une directive, est tenue, lorsqu'elle applique les dispositions du droit interne, de prendre en considération l'ensemble des règles du droit national et de les interpréter, dans toute la mesure du possible, à la lumière de cette directive, ainsi que de sa finalité, pour aboutir à une solution conforme à l'objectif qu'elle poursuit, ce principe d'interprétation conforme ne peut pas servir de fondement à une interprétation *contra legem* du droit national et ne lui permet pas d'écarter une norme nationale contraire. • Civ. 1re, 10 nov. 2021, n° 19-14.438 B : *D. 2021. 2085 ; Légipresse 2021. 623, note Alleaume ; JCP 2022, n° 12, note Xenon* • CJUE 24 juin 2019, n° C-573/17, *Poplawski.* ♦ Selon la jurisprudence de la CJUE (22 juin 2022, *Volvo AB et DAK Trucks NV c/ RM,* n° C-267/20, pt 77), si, dans un litige entre particuliers la juridiction nationale est tenue, le cas échéant, d'interpréter le droit national, dès l'expiration du délai de transposition d'une directive non transposée, de façon à rendre la situation en cause immédiatement compatible avec les dispositions de cette directive, elle ne peut toutefois procéder à une interprétation *contra legem* du droit national. • Com. 19 oct. 2022, n° 21-19.197 B : *préc. note 48.* ♦ Sur le refus d'appliquer rétroactivement une loi de transposition d'une directive à la date d'expiration du délai de transposition de cette directive, V. art. 2, note 17.

52. Transposition irrégulière d'une directive. Le juge du fond ne peut déduire de l'illégalité d'un texte transposant irrégulièrement une directive l'illégalité d'un arrêté d'application de ce texte sans vérifier *in concreto* l'arrêté au regard des objectifs de cette directive. • CE 22 oct. 2018, n° 406746.

53. ... Contrôle de la ratification. Il appartient au juge de vérifier la régularité de la ratification des traités internationaux. • Civ. 1re, *29 mai 2001, n° 99-16.673 P : R., p. 579 ; Gaz. Pal. 2001. Somm. 2023, obs. Niboyet.* ♦ Comp. • CE 8 juill. 2002 : *JCP 2003. II. 10021, note Ondoua* (contrôle de constitutionnalité et contrôle de conventionnalité).

54. ... Responsabilité de l'État. Peut être recherchée la responsabilité de l'État du fait de la méconnaissance de l'obligation pour le législateur d'assurer le respect des conventions internationales, faute d'avoir transposé dans les délais prescrits les Directives communautaires (compétence des juridictions administratives). • Com. 8 juill. 2008, n° 04-16.794 P.

55. Légalité d'un acte administratif – Office du juge. L'appréciation de la légalité d'un acte administratif échappe à la compétence du juge judiciaire. • Soc. 20 avr. 2017, n° 15-19.979 P : *Dr. soc. 2017. 665, note Mouly ; ibid. 843, note Tournaux .* ♦ En cas de contestation sérieuse portant sur la légalité d'un acte administratif, les tribunaux de l'ordre judiciaire statuant en matière civile doivent surseoir à statuer jusqu'à ce que la question préjudicielle de la légalité de cet acte soit tranchée par la juridiction administrative, sauf s'il apparaît manifestement, au vu d'une jurisprudence établie, que la contestation peut être accueillie par le juge saisi au principal. • Civ. 1re, 9 déc. 2015, n° 14-16.548 P. ♦ Comp. • Soc. 5 juin 2019, n° 17-17.477 P (... absence de sursis à statuer s'il apparaît manifestement, au vu d'une jurisprudence établie, que la contestation ne peut être accueillie par le juge saisi au principal). ♦ Cassation de la décision du juge pénal ayant procédé à une interprétation inexacte d'un texte réglementaire (art. D. 150, **C. pr. pén.**), laquelle, au surplus, ne saurait avoir pour effet de déroger à une règle de nature législative. • Crim. 11 janv. 2017, n° 16-81.133 P. ♦ Sur la compétence des juridictions pénales pour interpréter les actes administratifs, réglementaires ou individuels et pour en apprécier la légalité lorsque, de cet examen, dépend la solution du procès pénal qui leur est soumis, V. C. pén., art. 111-5.

56. ... Interprétation judiciaire d'un acte administratif. Compétence du juge judiciaire pour interpréter un acte administratif réglementaire, étant observé qu'en l'absence de contestation sérieuse de la légalité de la disposition critiquée, il n'y avait pas lieu de saisir la juridiction administrative par voie de question préjudicielle. • Civ. 1re, 23 mars 2017, n° 16-10.277 P. ♦ Compétence de juridictions pénales pour interpréter les actes administratifs, réglementaires ou individuels et pour en apprécier la légalité lorsque, de cet examen, dépend la solution du procès pénal qui leur est soumis. • Crim. 29 janv. 2019, n° 17-84.366 P.

57. Loi et règlement d'application. L'interprétation des règlements, permise au juge judiciaire, doit rechercher le sens le plus conforme aux lois pour l'application desquelles ils ont été pris. • Civ. 1re, 20 mars 2007, n° 05-20.546 P.

58. Opposabilité d'un bulletin officiel. Le bulletin officiel des douanes du 10 nov. 1999, interprétant le décret du 3 août 1999, est opposable à l'administration (mode de preuve de consommation de gazole par les véhicules d'une entreprise). • Com. 7 oct. 2014, n° 12-26.075 P.

Code des relations entre le public et l'administration

(Ord. n° 2015-1341 du 23 oct. 2015, en vigueur le 1er janv. 2016)

BIBL. ▶ Dossier *RFDA 2016.* 1.

TITRE II. L'ENTRÉE EN VIGUEUR DES ACTES ADMINISTRATIFS
(Ord. n° 2015-1341 du 23 oct. 2015, en vigueur le 1er janv. 2016)

CHAPITRE I. *RÈGLES GÉNÉRALES*

Art. L. 221-1 Le présent chapitre est applicable, outre aux administrations mentionnées au 1° de l'article L. 100-3, aux organismes et personnes chargées *[chargés]* d'une mission de service public industriel et commercial, pour les actes qu'ils prennent au titre de cette mission.

SECTION 1. *Règles d'entrée en vigueur et modalités d'application dans le temps*

SOUS-SECTION 1. *Actes réglementaires*

Art. L. 221-2 L'entrée en vigueur d'un acte réglementaire est subordonnée à l'accomplissement de formalités adéquates de publicité, notamment par la voie, selon les cas, d'une publication ou d'un affichage, sauf dispositions législatives ou réglementaires contraires ou instituant d'autres formalités préalables.

Un acte réglementaire entre en vigueur le lendemain du jour de l'accomplissement des formalités prévues au premier alinéa, sauf à ce qu'il en soit disposé autrement par la loi, par l'acte réglementaire lui-même ou par un autre règlement. Toutefois, l'entrée en vigueur de celles de ses dispositions dont l'exécution nécessite des mesures d'application est reportée à la date d'entrée en vigueur de ces mesures.

Art. L. 221-3 Lorsque les actes mentionnés à l'article L. 221-2 sont publiés au *Journal officiel* de la République française, ils entrent en vigueur, dans les conditions prévues à l'article 1er du code civil, à la date qu'ils fixent ou, à défaut, le lendemain de leur publication. Il en va différemment, ainsi que le prévoit ce même article, en cas d'urgence ou lorsque des mesures d'application sont nécessaires à l'exécution du texte.

Art. L. 221-4 Sauf s'il en est disposé autrement par la loi, une nouvelle réglementation ne s'applique pas aux situations juridiques définitivement constituées avant son entrée en vigueur ou aux contrats formés avant cette date.

Art. L. 221-5 L'autorité administrative investie du pouvoir réglementaire est tenue, dans la limite de ses compétences, d'édicter des mesures transitoires dans les conditions prévues à l'article L. 221-6 lorsque l'application immédiate d'une nouvelle réglementation est impossible ou qu'elle entraîne, au regard de l'objet et des effets de ses dispositions, une atteinte excessive aux intérêts publics ou privés en cause.

Elle peut également y avoir recours, sous les mêmes réserves et dans les mêmes conditions, afin d'accompagner un changement de réglementation.

Art. L. 221-6 Les mesures transitoires mentionnées à l'article L. 221-5 peuvent consister à :

1° Prévoir une date d'entrée en vigueur différée des règles édictées ;

2° Préciser, pour les situations en cours, les conditions d'application de la nouvelle réglementation ;

3° Énoncer des règles particulières pour régir la transition entre l'ancienne et la nouvelle réglementation.

SOUS-SECTION 2. *Décisions ni réglementaires ni individuelles*

Art. L. 221-7 L'entrée en vigueur des décisions ni réglementaires ni individuelles est régie par les dispositions des articles L. 221-2 et L. 221-3.

SOUS-SECTION 3. *Décisions individuelles*

Art. L. 221-8 Sauf dispositions législatives ou réglementaires contraires ou instituant d'autres formalités préalables, une décision individuelle expresse est opposable à la personne qui en fait l'objet au moment où elle est notifiée.

SECTION 2. *Règles particulières de publication*

SOUS-SECTION 1. *Règles particulières de publication au Journal officiel de la République française*

Art. L. 221-9 Sont publiés au *Journal officiel* de la République française les lois, les ordonnances accompagnées d'un rapport de présentation, les décrets et, lorsqu'une loi ou un décret le prévoit, les autres actes administratifs.

Art. L. 221-10 La publication des actes mentionnés à l'article L. 221-9 est assurée *(L. n° 2015-1713 du 22 déc. 2015, en vigueur le 1er janv. 2016)* « sous forme électronique », dans des conditions de nature à garantir leur authenticité. Le *Journal officiel* de la République française est mis à la disposition du public sous forme électronique de manière permanente et gratuite. *(L. n° 2015-1713 du 22 déc. 2015, en vigueur le 1er janv. 2016)* « Lorsqu'une personne demande à obtenir sur papier un acte publié au *Journal officiel* de la République française, l'administration lui communique l'extrait correspondant. L'administration n'est pas tenue de donner suite aux demandes abusives, en particulier par leur nombre ou par leur caractère répétitif ou systématique. »

Art. L. 221-11 *Abrogé par L. n° 2015-1713 du 22 déc. 2015, à compter du 1er janv. 2016.*

....

Art. L. 221-14 Certains actes individuels, notamment relatifs à l'état et à la nationalité des personnes, *(L. n° 2015-1713 du 22 déc. 2015, en vigueur le 1er janv. 2016)* « doivent être publiés dans des conditions garantissant qu'ils ne font pas l'objet d'une indexation par des moteurs de recherche ». Ils sont définis par décret en Conseil d'État, pris après avis de la Commission nationale de l'informatique et des libertés.

Constitution de la République du 4 octobre 1958 Art. 10 Le président de la République promulgue les lois dans les quinze jours qui suivent la transmission au Gouvernement de la loi définitivement adoptée.

Il peut, avant l'expiration de ce délai, demander au Parlement une nouvelle délibération de la loi ou de certains de ses articles. Cette nouvelle délibération ne peut être refusée. – *En ce qui concerne les formes de la promulgation, V. Décr. n° 59-635 du 19 mai 1959 (D. 1959. 497 ; BLD 1959. 900), mod. par Décr. n° 90-218 du 8 mars 1990 (D. et ALD 1990. 180).*

Art. 2 La loi ne dispose que pour l'avenir ; elle n'a point d'effet rétroactif.

Sur l'application dans le temps des lois relatives à la nationalité, V. art. 17-1 et 17-2.

RÉP. CIV. v° *Conflits de lois dans le temps*, par BACH.

BIBL. ▶ AKKARAPHIMARIN, *Études J.-A. Mazières, Lexis-Nexis 2009* (non-rétroactivité) ; *RRJ 1999, n° spéc., Cahier de méthodologie n° 14* (dispositions transitoires). – ATIAS, *D. 2015. 167* (coûteuse insécurité juridique). – BACH, *RTD civ. 1969. 405*. – BAREÏT, *RTD civ. 2015. 551* (codification du droit transitoire) ; *ibid. 2021. 345* (en relisant Le droit transitoire de Paul Roubier). – CASU, *ibid. 2019. 785* (faut-il encore enseigner Roubier ? méthode scientifique et méthode pragmatique en matière d'application de la loi nouvelle aux contrats en cours). – CESARO, *Dr. soc. 2021. 803* (rétroactivité en droit social). – C. GRIMALDI, *D. 2019. 2045* (les juridictions trompées par Legifrance ?). – HÉBRAUD, *Mél. Kayser, PU Aix-Marseille, 1979, t. 2, p. 1* (notion et rôle du temps en droit civil). – HÉRON, *RTD civ. 1985. 277* (étude structurale). – JÉGOU et QUIROGA-GALDO, *AJDI 2018. 11* (droit immobilier et application de la loi dans le temps). – LOUIS-LUCAS, *Mél. Roubier, Dalloz-Sirey, 1961, t. 1, p. 323* (rapports entre conflits de lois dans le temps et dans l'espace). – MALINVAUD, *1804-2004 Le code civil, Dalloz, 2004, p. 671* (contrôle du juge sur les lois rétroactives). – MARAIS, *Mél. Payet, Dalloz, 2011, p. 384*. – MOUTOUH, *JCP 1999. I. 102* (rétroactivité des lois fiscales). – PÉROZ, *Mél. Héron, LGDJ, 2009, p. 411* (articulation art. 1er et 2 C. civ.). – PONSARD, *Mél. Roubier, préc., t. 1, p. 385* (droit transitoire et nom des personnes). – ROUBIER, *Mél. Maury, Dalloz, 1960, t. 2, p. 513* (effets des lois nouvelles sur les procès en cours).

PLAN DES ANNOTATIONS

I. PRINCIPE GÉNÉRAL DE NON-RÉTROACTIVITÉ DES LOIS

1. *Caractère d'ordre public.* La règle de non-rétroactivité des lois est d'ordre public et peut être soulevée d'office par le juge. • Civ. 3e, 21 janv. 1971 : *JCP 1971. II. 16776, note Level.* ♦ Il est loisible aux parties de soumettre leurs conventions aux dispositions d'une loi déjà publiée mais non entrée en vigueur. • Civ. 3e, 23 mars 1977 : *D. 1978. 163, note Agostini.*

2. *Validation des lois rétroactives.* Ce principe n'a valeur constitutionnelle qu'en matière répressive. • Cons. const. 7 nov. 1997 : *D. 1999. Somm. 235, obs. Mélin-Soucramanien ; AJDA 1997. 969, note Schoettl.* ♦ En matière civile, le législateur n'est pas lié par le principe de non-rétroactivité des lois. • Civ. 1re, 20 juin 2000, no 97-22.394 P : *D. 2000. 699, note Niboyet.* ♦ Exigence d'une mention expresse de la rétroactivité : • Civ. 1re, 9 déc. 2009 : *cité note 1 ss. art. 1099.* ♦ V. déjà • Paris, 21 mai 1971 : *D. 1973. 93, note Ph. M.* (exigence d'une mention non équivoque).

3. *... Conformité à la Conv. EDH.* Le législateur peut, en matière civile, lorsque cette intervention est justifiée par d'impérieux motifs d'intérêt général, adopter des dispositions rétroactives, sans que le principe de prééminence du droit et la notion de procès équitable consacrés par l'art. 6 Conv. EDH s'y opposent. • Com. 14 déc. 2004, no 01-10.780 P : *R., p. 430 ; D. 2005. AJ 146, obs. A. Lienhard* (à propos de la L. du 15 mai 2001 ayant rétabli à l'art. L. 411-4 [ancien] COJ les dispositions sur la compétence des tribunaux de commerce de l'ancien art. 631 C. com., abrogé et non remplacé en 1991 à la suite d'une maladresse législative) • Soc. 28 mars 2006, no 04-16.558 P (rétroactivité de la contribution dite « Delalande ») • Civ. 1re, 27 juin 2018, no 17-21.850 P (non-rétroactivité, la L. 13 oct. 2014 validant les cotisations mises en recouvrement auprès des producteurs non-membres par les associations d'organisations de producteurs reconnues dans le secteur des fruits et légumes). ♦ V. aussi note 1 ss. CSP, art. L. 1142-1, ss. art. 1242.

4. *... Loi fiscale.* L'art. 1er du premier Prot. add. à la Conv. EDH n'interdit pas, en tant que tel, l'application rétroactive d'une loi fiscale. • Com. 12 mai 2021, no 20-14.596.

5. *... Fait générateur antérieur.* C'est à la date du fait générateur que doivent être appréciées les conditions légales de l'assujettissement à une contribution. • Civ. 2e, 9 oct. 2014, no 13-25.200 P. ♦ Validité d'une loi fiscale rétroactive sans caractère exceptionnel, constituant une mesure rétrospective dès lors que le fait générateur de l'imposition est la situation du contribuable à la date de l'entrée en vigueur de la loi de finances rectificative. • Com. 2 déc. 2020, no 18-26.480 P. ♦ Mais l'assujettissement à une contribution nouvelle d'un fait générateur antérieur ne confère pas à la loi un caractère rétroactif. • Civ. 2e, 9 juill. 2015, no 14-23.556 P.

6. *Textes visés. – Ordonnances.* Dès lors que sa ratification est opérée par le législateur, une ordonnance prise sur le fondement de l'art. 38 de la Constitution de 1958 acquiert valeur législative à compter de sa signature et sa légalité ne peut plus en principe être utilement contestée devant la juridiction administrative. • CE 8 déc. 2000 : *Lebon 584 ; D. 2001. IR 830 ; RFDA 2001. 454, concl. Maugüé* • 17 mai 2002 : *RFDA 2002. 917, concl. Maugüé.* ♦ La ratification de tout ou partie des dispositions d'une ordonnance prise sur le fondement de l'art. 38 de la Constitution peut résulter d'une loi qui, sans avoir cette ratification pour objet direct, l'implique nécessairement. • CE 17 mai 2002 : *préc.* • T. confl. 19 mars 2007, no 07-03.622 P.

7. *... Autres textes.* Application aux conventions internationales : V. note 14 ss. art. 1er. ♦ ... Mais non aux règlements : le Décr. du 30 janv. 1992, relatif aux marques de fabrique, de commerce ou de service, n'est applicable qu'à partir de sa publication (31 janv. 1992) nonobstant l'art. 51 de ce texte disposant qu'il s'applique à compter du 28 déc. 1991. • Com. 13 déc. 1994 : *D. 1995. 372, note Agostini.* ♦ Application au règlement de classement tarifaire n° 51/2009/CE de la Commission européenne. • Civ. 1re, 27 juin 2018, n° 17-17.796 P.

II. APPLICATION IMMÉDIATE DE LA LOI NOUVELLE

A. PRINCIPE

8. *Application immédiate aux situations juridiques non contractuelles.* Toute loi nouvelle s'applique immédiatement aux effets à venir des situations juridiques non contractuelles en cours au moment où elle entre en vigueur. • Civ. 3e, 13 nov. 1984, n° 83-14.566 P • 8 févr. 1989 : *Bull. civ. III, n° 33* • Soc. 8 nov. 1990, n° 82-16.560 P • Civ. 3e, 3 avr. 1997, n° 82-16.560 P • Civ. 2e, 8 juill. 2004, n° 03-13.644 P (L. du 8 août 1994 modifiant l'assiette du recours subrogatoire de l'assureur) • Civ. 3e, 4 mars 2009, n° 07-20.578 P : *D. 2009. AJ 813, obs. Vincent* (Ord. du 15 déc. 2005 relative à la lutte contre l'habitat insalubre) • Com. 9 juin 2009, n° 08-12.904 P (application immédiate de l'art. R. 20-44-45 CPCE) • Civ. 1re, 15 janv. 2014, n° 12-28.378 P (application immédiate de l'art. 815-5-1 C. civ., dans sa rédaction issue de la L. n° 2009-526 du 12 mai 2009) • Civ. 3e, 18 févr. 2015, n° 13-27.184 P (L. du 23 févr. 2005 relative au développement des territoires ruraux) • Civ. 2e, 26 mars 2015, n° 13-25.046 P (application non rétroactive de la L. n° 2013-711 du 5 août 2013 modifiant l'art. 706-3 C. pr. pén. relatif à l'indemnisation des victimes d'infractions) • Civ. 1re, 17 févr. 2016, n° 15-12.805 P : *D. 2016. 1779, obs. Neyret ; ibid. 2187, obs. Bacache, Guégan-Lécuyer et Porchy-Simon ; JCP 2016, n° 396, note Knetsch* (L. n° 2008-1330 du 17 déc. 2008, art. 67-IV, et L. n° 2012-1404 du 17 déc. 2012, art. 72-II : recours récursoires de l'ONIAM). ♦ ... Même lorsqu'une semblable situation fait l'objet d'une instance judiciaire ; les dispositions nouvelles doivent donc recevoir immédiatement application dans l'instance d'appel au cours de laquelle elles sont intervenues. • Soc. 7 mai 1981 : *Bull. civ. V, n° 406* • Civ. 2e, 7 mai 2003, n° 01-16.554 P : *JCP 2003. II. 10135, note Desgorces* • Civ. 3e, 23 mars 2017, n° 16-11.081 P : *D. 2017. 762 ; RSC 2017. 322, obs. Robert* (L. 6 août 2015, modifiant art. L. 480-13, C. urb.) • Civ. 2e, 26 nov. 2020, n° 19-11.501 P (application immédiate de l'art. 80 de la L. 1er août 2003, relatif à la garantie de l'assureur). ♦ Ainsi, les dispositions du Décr. n° 2018-928 du 29 oct. 2018 abrogeant l'art. R. 144-10 CSS sont d'application immédiate aux instances en cours et ne contreviennent pas au principe de non-rétroactivité des actes réglementaires. • Civ. 2e, 3 juin 2021, n° 19-25.571 P (respect du droit des requérants à un procès équitable) • 17 mars 2022, n° 20-17.903 B. ♦ L'application immédiate d'un texte ne signifie pas sa rétroactivité et n'implique aucune exception à la règle posée par l'art. 2 C. civ. • Soc. 18 janv. 1979 : *Bull. civ. V, n° 55.* ♦ La loi et le règlement s'appliquent, en principe, immédiatement aux situations existant lors de leur entrée en vigueur. • Civ. 1re, 3 avr. 1984 : *Bull. civ. I, n° 126* • 14 mars 2000, n° 97-17.782 P : *D. 2002. Somm. 857, obs. Blanchard* (secret professionnel des avocats applicable aux correspondances échangées avant l'entrée en vigueur de la loi).

9. *... Responsabilité extracontractuelle.* La responsabilité extracontractuelle est soumise à la loi en vigueur au jour du fait générateur de responsabilité. • Com. 12 mai 2021, n° 20-12.670 P : *D. 2021. 958 ; Rev. sociétés 2021. 522, note Bonneau* .

10. *Limites : droits acquis, obligations nées.* V. notes 39 s.

11. *Mesures transitoires : dispositions nouvelles.* Les mesures transitoires d'une loi ne pouvant viser que les dispositions nouvelles de cette loi, il n'est pas possible d'étendre ces mesures en les appliquant à un texte existant qui n'a reçu aucune modification (régime d'indemnisation des victimes d'infractions). • Civ. 2e, 22 avr. 1992, n° 91-21.302 P. ♦ Application immédiate à la mise en conformité d'un réseau d'eau de tous les articles d'un arrêté ministériel, visés ou non dans les dispositions transitoires du texte. • Civ. 1re, 12 déc. 2006, n° 05-20.782 P. ♦ Application des dispositions transitoires reportant l'application de la loi à l'entrée en vigueur d'un décret d'application. • Civ. 2e, 2 févr. 2017, n° 16-12.997 P : *D. 2017. 1213, obs.. Noguéro ; JCP 2017, n° 338, note Noguéro.* ♦ Volonté du législateur, ne posant pas de dispositions transitoires, de donner compétence au juge judiciaire, à la demande des autorités administratives, pour l'exploitation des données saisies dans le cadre d'une perquisition effectuée sous le régime antérieur, dès l'entrée en vigueur de nouvelles dispositions. • Crim. 14 nov. 2018, n° 18-80.507 P.

12. *... Limite : règles de conflit.* Un texte posant seulement des règles transitoires spéciales de la loi interne ne régit pas la règle de conflits de lois, laquelle demeure déterminée par les principes généraux du droit transitoire qui commandent l'application immédiate de la règle de conflit unilatéral exprimée dans la loi. • Civ. 1re, 13 janv. 1982 : *cité note 23 ss. art. 309.*

B. APPLICATIONS

1° PREUVE ET PRESCRIPTION

13. *Droit de la preuve.* Si, en général, les règles gouvernant les modes de preuve sont celles en vigueur au jour où le juge statue, il en est autrement en ce qui concerne les preuves préconstituées, qui sont soumises aux règles en vigueur au jour de l'acte qu'il s'agit de prouver. • Civ. 1re, 28 avr. 1986 : *Bull. civ. I, no 106.* ♦ V. notes 39 s.

14. Les règles relatives à la charge de la preuve ne constituent pas des règles de procédure applicables aux instances en cours, mais touchent le fond du droit. • Com. 7 nov. 1989, no 88-15.282 P • Soc. 13 déc. 2007, no 06-44.080 P • 19 déc. 2018, no 17-18.190 P. ♦ Comp. : • Civ. 1re, 5 avr. 2005, no 03-12.930 P (application immédiate quelle qu'en soit l'incidence sur le fond).

15. ... Effet suspensif d'une mesure d'instruction. Les dispositions de l'art. 2239, issues de la L. du 17 juin 2008, qui attachent à une décision ordonnant une mesure d'instruction avant tout procès un effet suspensif de la prescription jusqu'au jour où la mesure a été exécutée, s'appliquent aux décisions rendues après l'entrée en vigueur de cette loi. • Civ. 3e, 6 juill. 2017, no 16-17.151 P : *AJDI 2017. 839, obs. Blatter*.

16. Prescription : modification légale d'un délai de prescription. En l'absence d'une volonté contraire expressément affirmée, lorsque le législateur modifie le délai d'une prescription, cette loi n'a pas d'effet sur la prescription définitivement acquise. • Civ. 1re, 27 sept. 1983, no 82-13.035 P. – Même sens : • Soc. 15 févr. 1973 : *D. 1973. 518, note Saint-Jours* • Civ. 1re, 12 févr. 2002, no 98-23.014 P : *RGDA 2002. 438, note Kullmann.* ♦ Dans les mêmes termes pour la modification d'un délai de régularisation : • Com. 7 juin 2011, no 10-17.732 P : *D. 2011. 1681, obs. A. Lienhard*. ♦ Dès lors qu'une action n'était pas prescrite à la date d'entrée en vigueur de la loi nouvelle allongeant le délai de prescription, cet allongement lui est applicable. • Com. 30 nov. 1999 : *RCA 2000. Comm. 42, obs. Groutel.*

En l'absence de dispositions transitoires qui lui soient applicables, le délai butoir prévu à l'art. 2332, créé par la L. du 17 juin 2008, relève, pour son application dans le temps, du principe de non-rétroactivité de la loi nouvelle et n'est pas applicable à une situation où le droit est né avant l'entrée en vigueur de la loi. • Civ. 3e, 1er oct. 2020, no 19-16.986 P : *D. 2020. 2154, avis Brun ; ibid. 2157, note Gautier ; ibid. 2021. 186, obs. Andreu ; JCP 2020, no 1168, note Pellier ; ibid. N 2021, no 1107, note Leveneur ; CCC 2021, no 20, note Leveneur ; RDC 2021/1. 45, note Borghetti ; ibid. 2021/3. 8, note Latina.*

17. ... Incidence d'une directive européenne. *Si le droit national exclut l'application* rétroactive d'une loi à défaut d'indication contraire claire, le juge national ne donne effet rétroactif à une loi de transposition d'une directive à la date d'expiration du délai de transposition de celle-ci que s'il existe, dans ce droit national, une indication susceptible de conférer aux dispositions de cette loi un tel effet rétroactif. • CJUE 15 avr. 2008, *Impact,* no C-268/06.

18. ... Réduction d'une durée de prescription. Lorsque la loi réduit la durée d'une prescription, la prescription réduite commence à courir, sauf disposition contraire, du jour de l'entrée en vigueur de la loi nouvelle, sans que la durée totale puisse excéder le délai prévu par la loi antérieure. • Civ. 1re, 28 nov. 1973 : *D. 1974. 112, note Massip.* – Même sens : • Civ. 1re, 12 juill. 1972 : *D. 1973. 361, note Chauveau* • Com. 13 juin 1995, no 93-21.403 P (application en matière fiscale) • Soc. 22 nov. 2001, no 99-21.403 P • Civ. 3e, 22 oct. 2008, no 07-15.583 P : *Gaz. Pal. 2009. 501, note Schultz* • 13 nov. 2008, no 07-16.221 P : *D. 2008. AJ 2939, obs. Forest ; RLDC 2009/56, no 3249, obs. Maugeri.* – V. aussi • Civ. 1re, 5 mai 2004, no 01-15.925 P : *D. 2005. Pan. 334, obs. Julien et Fricero ; JCP 2005. I. 112, no 14, obs. R. Martin.* – V. art. 2222 • Civ. 1re, 18 oct. 2017, no 16-17.184 P : *D. 2017. 2151 ; AJ contrat 2017. 546, obs. Piette ; RTD civ. 2018. 107, obs. Barbier* (délai de prescription résultant de la L. du 17 juin 2008).

2o PROCÉDURE

19. Lois de procédure. BIBL. Normand, *Mél. Raynaud, Dalloz, 1985, p. 555.* – Roujou de Boubée, *RTD civ. 1968. 479.* ♦ Selon les principes généraux du droit transitoire, en l'absence de disposition spéciale, les lois relatives à la procédure et aux voies d'exécution sont d'application immédiate ; cependant, si elles sont applicables aux instances en cours, elles n'ont pas pour conséquence de priver d'effet les actes qui ont été régulièrement accomplis sous l'empire de la loi ancienne. • Cass., avis, 22 mars 1999, no 99-90.001 P (2 avis) • Civ. 2e, 30 avr. 2003, no 00-14.333 P (actes antérieurs à l'entrée en vigueur du décret sur les conclusions récapitulatives) • Com. 15 mai 2012 : *cité note 41.* ♦ Déjà en ce sens : • Civ. 2e, 4 juin 1980 : *Bull. civ. II, no 133* • Civ. 1re, 23 mars 1965 : *JCP 1965. II. 14344, note Bulté* (recevabilité des demandes régulièrement introduites avant la loi nouvelle) • Civ. 2e, 18 déc. 2014, no 13-24.449 P (en tant qu'acte de procédure saisissant un tribunal, la demande en justice est régie par la loi sous l'empire de laquelle elle est formée). ♦ Les dispositions de la L. no 2014-344 du 17 mars 2014 introduisant une action de groupe en droit français sont relatives à la procédure par laquelle la responsabilité d'un professionnel à l'égard de consommateurs peut être judiciairement constatée ; ne modifiant pas les règles de fond qui définissent les conditions de cette responsabilité, leur application immédiate ne leur confère pas un caractère rétroactif. • Cons. const. 13 mars 2014, no 2014-690 DC. ♦ De son caractère de loi de procédure, régissant les affaires en cours, il se déduit qu'une disposition législative ne constitue pas une immixtion injustifiée du pouvoir législatif dans l'administration de la justice dans le but d'influer sur le dénouement d'un litige. • Civ. 1re, 25 avr. 2007, n° 05-19.153 P : *RTD civ. 2007. 636, obs. Perrot*. ♦ Sur l'application de l'art. R. 13-49 C. expr. (Décr. du 13 mai 2005) aux instances en cours : • Civ. 3e, 20 mai 2007, n° 06-14.471 P. ♦ ... De l'art. R. 162-42-10 CSS (Décr. du 16 mars 2006) : • Civ. 2e, 8 juill. 2010, n° 09-68.715 P. ♦ ... De l'art. L. 462-7 C. com. (Ord. du 13 nov. 2008) : • Com. 18 févr. 2014, n° 12-27.697. ♦ ... Des dispositions de la L. du 18 nov. 2016, donnant qualité au maire ou à l'Agence nationale de l'habitat pour saisir le président du TGI en cas de violation des règles sur le changement d'usage des locaux destinés à l'habitation : • Civ. 3e, 16 mai 2019, n° 17-24.474 P.

20. Modification légale de la compétence territoriale. Les textes modifiant la compétence territoriale des juridictions ne sont pas applicables aux instances dans lesquelles est intervenue une décision au fond. • Civ. 2e, 16 déc. 1982 : *Bull. civ. II, n° 165.*

21. Péremption d'instance. Selon l'art. 2, la loi nouvelle ne peut remettre en cause une situation juridique régulièrement constituée à la date de son entrée en vigueur. Si les dispositions de l'art. 386 C. pr. civ. étaient applicables dans le contentieux de la sécurité sociale dès le 1er janv. 2019, le juge ne pouvait fixer le point de départ du délai de péremption dans les conditions qu'elles prévoient à une date antérieure, correspondant à la période durant laquelle le délai ne pouvait courir en l'absence de diligences expressément mises à la charge des parties par la juridiction. • Civ. 2e, 18 févr. 2021, n° 20-12.013 P.

22. Unicité de l'instance. Cassation de l'arrêt qui déclare une action prud'homale recevable pour une période antérieure à une action précédente : si le principe de l'unicité de l'instance a été abrogé par l'art. 8 du Décr. du 20 mai 2016 pour les instances introduites devant les conseils de prud'hommes à compter du 1er août 2016, cette abrogation ne peut aboutir à rendre recevables des demandes qui, au jour de l'entrée en vigueur dudit décret, étaient irrecevables. • *Soc. 29 sept. 2021,* *n° 20-10.634 B.*

23. Appel : régime. Les voies de recours dont un jugement est susceptible sont régies par la loi en vigueur au jour de celui-ci. • Com. 3 oct. 2006, n° 02-13.829 P : *D. 2006. AJ 2602, obs. A. Lienhard* (taux de compétence en dernier ressort du tribunal de commerce). ♦ La faculté d'interjeter appel, qui tient au fond du droit, est régie par la loi en vigueur à la date du prononcé du jugement entrepris. • Civ. 3e, 22 janv. 1975 : *Bull. civ. III, n° 23.*

24. ... Délai. Le nouveau délai institué par un texte de procédure d'application immédiate est applicable à l'appel formé après l'entrée en vigueur de ce texte d'un jugement signifié après cette date. • Soc. 7 déc. 1977, n° 75-40.982 P.

25. ... Application des textes en vigueur en appel. Une cour d'appel statuant comme juge du second degré ne peut appliquer d'autres textes que ceux en vigueur à la date de son arrêt. • Civ. 2e, 6 févr. 1975, n° 74-10.921 P. – Même sens : • Civ. 1re, 7 mai 1980 : *Bull. civ. I, n° 140.*

26. Cassation. Les dispositions d'une loi applicable aux instances en cours ne peuvent être invoquées devant la Cour de cassation, dès lors que l'instance suivie devant la cour d'appel a cessé d'être en cours à la date de l'arrêt attaqué, antérieur à cette loi. • Com. 23 nov. 1976, n° 75-12.025 P. – Même sens : • Com. 16 déc. 1975 : *JCP 1976. II. 18248, note A. S.*

27. Voies de recours : autres illustrations. Les voies de recours dont une décision est susceptible sont déterminées par la loi en vigueur au jour où elle a été rendue. • Com. 12 avr. 2016, n° 14-17.439 P : *D. 2016. 893* ; *Dalloz IP/IT 2016. 365, obs. Pollaud-Dulian* (recours en restauration prévu par l'art. L. 613-22, 2, CPI).

3° AUTRES APPLICATIONS DIVERSES

28. Autorité parentale. La nouvelle mesure d'aide à la gestion du budget familial instituée par l'art. 375-9-1 C. civ. est immédiatement applicable mais demeure régie, jusqu'au 1er janv. 2009, date d'entrée en vigueur des dispositions réglementaires, par les règles fixées par les dispositions du CSS relatives à la tutelle aux prestations sociales. • Civ. 1re, 20 oct. 2010 : *cité ss. art. 375-9-1.*

29. Avantages matrimoniaux. Les époux ayant consenti des avantages matrimoniaux sous l'empire du droit antérieur à la L. du 26 mai 2004 ne pouvaient légitimement s'attendre à ce que ne s'appliquent pas aux divorces prononcés après l'entrée en vigueur de cette loi les nouvelles règles légales relatives à la révocation des avantages en cas de divorce. • Cons. const. 29 janv. 2021, n° 2020-880 QPC (conformité à la Const. de certaines dispositions de l'art. 33-I, L. 26 mai 2004).

30. Droit social. L'ordre public social impose l'application immédiate aux contrats de travail en cours et conclus avant leur entrée en vigueur des lois nouvelles ayant pour objet d'améliorer la condition ou la protection des salariés. • Soc. 12 juill. 2000, n° 98-43.541 P. – V. aussi • Soc. 22 févr. 2006, n° 05-13.460 P. ♦ V. note 19.

31. État et capacité. Les lois modifiant l'état et la capacité des personnes ou instituant des procédures en vue de telles modifications par justice s'appliquent immédiatement aux situations existantes et il importe peu que ces situations résultent de faits ou d'actes volontaires intervenus antérieurement à l'entrée en vigueur de la loi nouvelle. • Paris, 26 nov. 1968 : *Gaz. Pal. 1969. 1. 72* (délégation des droits de puissance paternelle) • Dijon, 11 mars 1993 : *BICC 1er oct. 1993, n° 1120* (légitimation des enfants, y compris des enfants décédés). ♦ V. aussi G. Holleaux, note *D. 1960. 429.*

32. Formation scolaire. Le principe général de non-rétroactivité des lois et des règlements ne fait pas obstacle à l'application immédiate, même aux élèves engagés dans un cycle de formation sanctionné par un diplôme, des dispositions réglementaires relatives à la formation qui leur est dispensée et, notamment, à la durée de la scolarité. • CE 19 déc. 1980 : *D. 1981. 398, concl. Genevois.*

33. Nationalité. Ce n'est faire découler aucune rétroactivité d'un texte relatif à l'acquisition d'une nationalité que constater qu'il est applicable aux personnes nées avant son entrée en vigueur, mais sans que cela implique que la nationalité qu'il confère remonte avant cette entrée en vigueur. • Civ. 1re, 20 avr. 1982 : *Bull. civ. I, n° 135.* ♦ Sur le principe de non-rétroactivité d'un décret de naturalisation, V. art. 22, note 1.

34. Pensions. Il résulte des règles qui déterminent l'attribution des pensions que celles-ci ne peuvent prendre effet avant le premier jour du mois qui suit le mois au cours duquel l'assuré atteint l'âge d'ouverture des droits, de sorte que les dispositions applicables s'apprécient à cette date d'effet. • Civ. 2e, 31 mai 2012, n° 11-14.706 P.

35. Procédures collectives. Cassation de l'arrêt qui a refusé de faire application à une profession libérale des art. L. 631-2 et L. 640-2 C. com. issus de la L. du 26 juill. 2005 de sauvegarde des entreprises applicable au jour où doit se placer le juge pour apprécier si un débiteur relève d'une des procédures collectives • Com. 30 sept. 2008, n° 07-15.446 P. ♦ ... Ou d'appliquer la L. du 1er août 2003 sur le rétablissement personnel, non encore applicable au jour de l'audience, alors que cette loi était entrée en vigueur au jour où la Cour a statué. • Civ. 2e, 8 déc. 2005, n° 04-04.068 P : *D. 2006. AJ 227, obs. Avena-Robardet.*

Le caractère facultatif de la condamnation du dirigeant à supporter, en tout ou partie, l'insuffisance d'actif de la société exclut tout droit acquis du liquidateur à la réparation du préjudice auquel le dirigeant a contribué par sa faute de gestion ; en l'absence de disposition contraire, la L. du 9 déc. 2016, qui écarte, en cas de simple négligence dans la gestion de la société, la *responsabilité du dirigeant* au titre de l'insuffisance d'actif, est applicable immédiatement aux procédures collectives en cours et aux instances en responsabilité en cours. • Com. 5 sept. 2018, n° 17-15.031 P : *D. 2018. 1693, obs. Lienhard ; ibid. 2019. 1903, obs. Lucas et Cagnoli ; Rev. sociétés 2019. 543, note Dodou.*

36. Propriété littéraire et artistique. En matière de droits d'auteur, la loi qui a vocation à s'appliquer est celle qui est en vigueur à la date de l'acte qui provoque la mise en œuvre de la protection légale. • Civ. 1re, 18 juill. 2000, n° 98-15.275 P : *D. 2000. 821, note Gautier ; JCP E 2001. Chron. 1379, n° 1 et 8, obs. H.-J. Lucas ; LPA 7 nov. 2000, note Derieux ; CCE 2000, n° 124, obs. Caron ; RTD com. 2001. 439, obs. Françon.*

37. Rentes viagères. Les créanciers de rentes viagères fixées sous l'empire du droit antérieur à la loi du 30 juin 2000 ne pouvaient légitimement s'attendre à ce que ne s'appliquent pas à eux, pour l'avenir, les nouvelles règles de révision des prestations compensatoires destinées à remédier à de tels déséquilibres. • Cons. const. 15 janv. 2021, n° 2020-871 QPC : *D. 2021. 499, obs. Douchy-Oudot ; Dr. fam. 2021, n° 34, note Dumas-Lavenac.*

38. Quasi-contrats. Lorsqu'une instance a été introduite après l'entrée en vigueur de l'Ord. n° 2016-131 du 10 févr. 2016, selon le droit commun des règles de conflit de lois dans le temps, si la loi applicable aux conditions d'existence de l'enrichissement injustifié est celle du fait juridique qui en est la source, la loi nouvelle s'applique immédiatement à la détermination et au calcul de l'indemnité. L'indemnisation de la personne appauvrie est déterminée en se référant aux dispositions de l'art. 1303, dans sa rédaction issue de l'Ord. susvisée, lequel n'a fait que reprendre la règle de droit antérieure. • Civ. 1re, 3 mars 2021, n° 19-19.000 P : *cité note 1 ss. art. 1303.*

C. LIMITE : RESPECT DES DROITS ACQUIS ET DES SITUATIONS JURIDIQUES DÉFINITIVEMENT ÉTABLIES

39. Principes. Une loi qui a consacré un principe nouveau n'est applicable aux situations et aux rapports juridiques établis ou formés avant sa promulgation qu'autant qu'il n'en doit pas résulter la lésion de droits acquis. • Civ. 3e, 29 janv. 1980, n° 78-14.598 P. ♦ La disposition d'une loi qui exprime la vocation de ce texte à régir les effets à venir des situations juridiques préexistantes ne permet pas de méconnaître des droits antérieurement acquis (en l'espèce, application de la L. du 31 déc. 1976 aux indivisions en cours). • Civ. 1re, 17 juin 1981 : *Bull. civ. I, n° 224.* – Même sens : • Civ. 1re, 9 janv. 1980 : *D. 1980. 293, note Breton ; RTD civ. 1981. 666, obs. Patarin* • Com. 9 juin 2009 : *préc. note 3* (application immédiate de l'art. R. 20-44-45 CPCE à l'enregistrement d'un nom de domaine internet antérieur à son entrée en vigueur). ♦ Sur les effets des lois de codification à droit constant, V. art. 1er, note 18.

40. ... Condition de régularité des droits et situations acquis. La loi nouvelle, ne disposant que pour l'avenir, ne peut modifier les effets légaux d'une situation juridique définitivement réalisée lors de son entrée en vigueur. • Civ. 3e, 3 juin 2021, n° 20-12.353 P (caractère non interprétatif des dispositions de l'art. L. 441-3 CCH, résultant de la L. du 23 nov. 2018). ♦ Si la loi nouvelle s'applique immédiatement aux effets à venir des situations juridiques non contractuelles en cours au moment où elle entre en vigueur, elle ne peut remettre en cause la validité d'une situation régulièrement constituée à cette date. • Com. 9 juin 2009, n° 08-12.904 P : *D. 2009. AJ 1599, note Manara* (réglementation sur l'attribution des noms de domaine) • Civ. 3e, 18 juin 2014, n° 13-10.404 : *RDI 2014. 519, note Bergel* (emprise irrégulière d'installations situées sur une propriété privée). ♦ ... Ni remettre en cause des obligations régulièrement nées à cette date. • Com. 7 juin 2011, n° 10-18.860 P • 3 mai 2012, n° 11-14.820 P (1er arrêt).

41. Applications : actes de procédure. Si une loi nouvelle est d'application immédiate, elle ne peut, sans rétroactivité, atteindre les effets de la situation juridique définitivement réalisée antérieurement. • Com. 9 oct. 1984, n° 83-13.795 P. – Même sens : • Crim. 18 juin 1975 : *Gaz. Pal. 1975. 2. 661.* ♦ L'application immédiate d'une loi nouvelle est sans effet sur la validité des actes de procédure accomplis selon la loi alors en vigueur. • Com. 27 janv. 1998, n° 94-15.063 P • Com. 15 mai 2012, n° 11-18.507 P.

42. ... Divorce. Application de l'art. 283, al. 2, à une action en suppression de la pension alimentaire due au titre du devoir de secours, même si celle-ci a été introduite postérieurement à l'entrée en vigueur de la L. n° 2004-439 du 26 mai 2004. • Civ. 1re, 1er juill. 2009, n° 08-16.636 P : *D. 2010. Pan. 1243, obs. Williatte-Pellitteri ; AJ fam. 2009. 349, obs. Gallmeister ; Defrénois 2009. 2189, obs. Massip ; Dr. fam. 2009, n° 102, note Larribau-Terneyre ; RLDC 2009/64, n° 3582, obs. Pouliquen ; RTD civ. 2009. 702, obs. Hauser* .

43. ... Indemnisation. Dans le cas où un texte légal fixe le montant de l'indemnité due pour la réparation d'un préjudice, c'est la loi en vigueur à la date de l'accident qui seule doit être appliquée. • *Civ. 2e, 18 juill. 1967 : D. 1968. 297, note Chauveau.* ♦ C'est la loi en vigueur au jour du fait générateur (accident), et non l'actuel art. 1857 C. civ., qui doit être appliquée pour fixer le montant de la dette de responsabilité extracontractuelle de l'associé d'une SCI constituée avant la L. du 4 janv. 1978. • Civ. 3e, 23 janv. 2002, n° 00-12.081 P : *D. 2002. AJ 647, obs. A. Lienhard ; AJDI 2002. 714, note Porcheron ; RTD com. 2002. 332, obs. Monsèrié-Bon* • Civ. 2e, 25 juin 2009, n° 08-16.910 P (non-application de la L. n° 2003-706 à un sinistre survenu avant son entrée en vigueur ayant donné lieu à des demandes successives d'indemnisation). ♦ Mais possibilité pour un fonds d'indemnisation d'exercer les actions en responsabilité existant à la date de l'entrée en vigueur de la loi alors qu'il résulte des termes de celle-ci que le législateur a entendu conférer le droit d'agir à ce fonds. • Com. 6 déc. 2005, n° 03-11.858 P.

Une disposition légale créatrice de droits nouveaux, en l'espèce la faculté pour l'employeur d'assurer sa faute inexcusable, ne peut s'appliquer à des fautes antérieures à l'entrée en vigueur de ce texte, qui ne contient aucune dérogation expresse au principe de non-rétroactivité de la loi. • Civ. 2e, 14 juin 2006, n° 05-13.090 P.

44. ... Mariage. Sur la reconnaissance et la transcription du mariage entre personnes de même sexe contracté avant l'entrée en vigueur de la loi ouvrant le mariage aux personnes de même sexe, V. L. n° 2013-404 du 17 mai 2013, art. 21.

45. ... Successions. En l'absence d'une disposition formelle de la loi nouvelle la déclarant applicable aux successions ouvertes avant son entrée en vigueur, les conditions d'une attribution préférentielle doivent être appréciées en fonction de la législation en vigueur au jour de l'ouverture de la succession. • Civ. 1re, 13 juin 1984 : *D. 1985. 42, note A. B.* ♦ Le droit des héritiers réservataires est fixé et délimité par la loi qui lui donne naissance, c'est-à-dire la loi en vigueur à la date de l'ouverture de la succession. • Civ. 1re, 14 déc. 1971 : *D. 1972. 117.*

46. Droit communautaire. Le principe de sécurité juridique s'oppose à ce qu'un règlement soit appliqué rétroactivement à des faits nés sous le régime antérieur, indépendamment des effets éventuellement favorables pour l'intéressé, sauf indication contraire résultant clairement des termes ou des objectifs du texte. • Com. 22 oct. 2002, n° 00-10.715 P.

47. Le principe du respect de la confiance légitime a pour objet de protéger les ressortissants communautaires contre les changements exagérément brutaux de la réglementation économique. • Com. 22 oct. 2002 : *préc. note 46.* ♦ Il ne saurait faire obstacle au fait que les décisions de la CJCE s'imposent à la juridiction nationale. • Com. 22 oct. 2002, n° 01-01.960 P.

D. ACTES JURIDIQUES : SURVIE DE LA LOI ANCIENNE

1° NON-RÉTROACTIVITÉ DE LA LOI NOUVELLE

48. Principe général. La loi nouvelle ne s'applique pas, sauf rétroactivité expressément décidée par le législateur, aux actes juridiques conclus antérieurement à son entrée en vigueur. • Civ. 1re, 12 juin 2013, n° 12-15.688 P : *D. 2013. 1875, note Marais et Noguero ; AJ fam. 2013. 507, obs. Raoul-Cormeil ; RTD civ. 2013. 577, obs. Hauser* (testament). ♦ Impossibilité d'appliquer l'art. L. 116-4 CASF prohibant certains legs à un testament établi avant son entrée en vigueur. • Civ. 1re, 23 mars 2022, n° 20-17.663 B : *D. 2022. 1027, note Tani ; ibid. 1174, obs. Lemouland et Noguéro ; ibid. 2023. 254, obs. Boffa et Mekki ; RTD civ. 2022. 440, obs. Grimaldi ; Dr. fam. 2022, n° 89, obs. Nicod.* ♦ La loi nouvelle ne peut, sauf rétroactivité expressément stipulée par le législateur, remettre en cause la validité d'une clause contractuelle régie par les dispositions en vigueur à la date où le contrat a été passé. • Com. 16 févr. 2022, n° 20-20.429 B : *D. 2022. Chron. C. cass. 1022, obs. Bellino ; ibid. 2023. 254, obs. R. Boffa et M. Mekki*. ♦ Une nouvelle réglementation ne s'applique pas, à défaut d'une disposition expresse, aux actes juridiques conclus antérieurement et, quand bien même serait-elle d'ordre public, ne peut avoir pour effet de rendre caducs les actes passés avant son entrée en vigueur. • Com. 26 févr. 1991, n° 89-12.497 P. ♦ L'art. L. 341-4 C. consom. issu de la L. du 1er août 2006 n'est pas applicable aux cautionnements souscrits avant son entrée en vigueur : V. note ss. art. L. 332-1 C. consom., ss. art. 2298. ♦ Non-application d'une loi nouvelle, relative à la dénomination sociale des SCP, à un accord conclu antérieurement à celle-ci conformément aux dispositions antérieures. • Civ. 1re, 6 sept. 2017, n° 16-15.941 P : *D. 2017. 1761 ; ibid. 2018. 87, obs. Wickers*. ♦ Impossibilité d'appliquer l'art. L. 116-4 CASF prohibant certains legs à un testament établi avant son entrée en vigueur. • Civ. 1re, 23 mars 2022, n° 20-17.663 B.

49. Application de la loi d'origine aux conditions de l'acte. BIBL. Mestre et Fages, *RTD civ. 2002. 507*. ♦ Les conditions de validité d'un contrat et les conséquences de sa nullité sont régies par la loi en vigueur au jour où il a été passé. • Civ. 3e, 7 oct. 1980 : *Bull. civ. III, n° 152*. – V. aussi • Civ. 1re, 1er juin 1999, n° 97-14.492 P • Soc. 21 sept. 2016, n° 13-24.437 P : *D. 2016. 1935* (un plan d'épargne d'entreprise résultant d'un accord conforme aux conditions légales en vigueur au moment de sa conclusion, non dénoncé, ne peut être contesté au regard de dispositions légales postérieures qui ne sont pas d'ordre public absolu). ♦ ... Sauf volonté contraire du législateur, et sous réserve d'impératives considérations d'ordre public, absentes en ce qui concerne le contrat d'édition. • Civ. 1re, 4 déc. 2001, n° 98-18.411 P.

50. ... Incidence de l'ordre public. La loi nouvelle ne s'applique pas, sauf rétroactivité expressément stipulée par le législateur, aux conditions de l'acte juridique conclu antérieurement. Même si elle intéressait l'ordre public, cette loi ne pourrait frapper de nullité les actes valablement passés avant sa promulgation. • Civ. 3e, 7 nov. 1968 : *JCP 1969. II. 15771, note P. L.* • Com. 11 oct. 1988 : *Bull. civ. IV, n° 274 ; RTD civ. 1989. 296, obs. Mestre* • Civ. 3e, 17 févr. 1993, n° 91-10.942 P • Civ. 1re, 17 mars 1998, n° 96-12.183 P : *RTD civ. 1999. 378, obs. Mestre* (solution applicable, sauf dispositions spéciales, même lorsque la loi est d'ordre public). ♦ Viole l'art. 2 l'arrêt qui fait application à un contrat d'assurance reconduit en 1994 de l'art. L. 132-1 C. consom. sur les clauses abusives dans sa rédaction issue de la loi de 1995. • Civ. 2e, 5 juill. 2006, n° 04-10.273 P.

Limites. Pour la reconnaissance de considérations d'ordre public particulièrement impérieuses justifiant l'application immédiate aux contrats en cours, V. • Com. 3 mars 2009, n° 07-16.527 P : *CCC 2009, n° 156, obs. Leveneur* (L. du 15 mai 2001 modifiant l'art. L. 441-6 C. com.). ♦ Rappr. : l'obligation d'information en matière de crédit à la consommation résultant, pour le prêteur, de la L. du 31 déc. 1989 s'impose pour les renouvellements ou reconductions, intervenus après la date d'entrée en vigueur de la loi, des ouvertures de crédit souscrites avant cette loi. • Civ. 1re, 13 mai 2003, n° 00-12.215 P. – Déjà en ce sens : • Cass., avis, 4 oct. 1996, n° 09-60.005 P.

51. Application de la loi d'origine aux effets du contrat. Les effets des contrats conclus antérieurement à la loi nouvelle, même s'ils continuent à se réaliser postérieurement à cette loi, demeurent régis par les dispositions sous l'empire desquelles ils ont été passés. • Civ. 3e, 3 juill. 1979, n° 77-15.552 P : *R., p. 58 ; JCP 1980. II. 19384, note Dekeuwer-Défossez*. – Même sens : • Civ. 3e, 20 juin 1968 : *D. 1968. 749, note Lesage-Catel* • Civ. 1re, 4 mai 1982 : *Bull. civ. I, n° 156* • 18 avr. 1989 : *JCP 1990. II. 21523, note H. T.* • 30 janv. 2001, n° 98-15.178 P : *RGDA 2001. 349, note Kullmann* (application en matière d'assurance de groupe).

52. ... Baux. Ainsi, les dispositions nouvelles relatives au contrat de bail d'un local affecté à un usage exclusivement professionnel (art. 57 A introduit dans la L. du 23 déc. 1986 par celle du 6 juill. 1989) ne sont pas applicables aux situations juridiques en cours et le locataire, titulaire d'un bail antérieur à la loi, ne peut prétendre bénéficier de ces dispositions après qu'un congé lui ait été donné postérieurement à l'entrée en vigueur de la loi. • Civ. 3e, 5 juill. 1995, n° 93-11.370 P. ♦ En l'absence de dispositions transitoires s'appliquant aux baux venant à expiration plus de trois mois et moins de six mois après la publication de la L. du 6 juill. 1989, est valable le congé donné par le bailleur le 19 juill. 1989, dans le délai que lui ouvrait la loi selon laquelle le bail avait été contracté en respectant la durée de préavis prescrite par la loi nouvelle. • Civ. 3e, 1er juin 1994, n° 91-19.078 P. ♦ L'art. L. 145-15 C. com., dans sa rédaction issue de la L. n° 2014-626 du 18 juin 2014, qui a substitué à la nullité des clauses ayant pour effet de faire échec aux dispositions des art. L. 145-37 à L. 145-41 du même code leur caractère réputé non écrit, est applicable aux baux en cours lors de l'entrée en vigueur de cette loi. • Civ. 3e, 12 janv. 2022, n° 21-11.169 B : *D. 2022. 1375, obs. Dumont* ; *AJDI 2022. 200, obs. Blatter*.

53. Retraite. L'art. 8 de l'arrêté du 23 sept. 2008, en ce qu'il remet en cause l'acquisition, à titre gratuit, par les assurés ayant sollicité la liquidation de leur pension de retraite complémentaire postérieurement au 1er janv. 2009, de points de retraite au titre des périodes de chômage effectuées entre le 1er août 1977 et le 1er janv. 2009, présente un caractère rétroactif et comme tel méconnaît le principe de non-rétroactivité des actes réglementaires ; en revanche, la modification, à compter de l'entrée en vigueur de la réforme, des règles d'attribution des points de retraite au titre des périodes de chômage, ne présente pas de caractère rétroactif. • Civ. 2e, 6 janv. 2022, n° 19-24.501 B : *D. 2022. Chron. C. cass. 864, obs. Vigneras et Dudit* ; *RDSS 2022. 362, note Riancho*.

54. ... Validation d'un acte antérieur à la loi (non). Une convention portant un prix illicite ne peut être validée en se fondant sur un arrêté postérieur qui soustrait de telles conventions à la taxation. • Civ. 3e, 6 déc. 1977 : *Bull. civ. III, n° 429*. ♦ Absence d'influence d'une loi d'amnistie sur les faits fautifs mentionnés dans une lettre de licenciement envoyée antérieurement à l'entrée en vigueur de ladite loi. • Soc. 1er déc. 2005, n° 04-42.163 P.

2° EXCEPTIONS

55. Effets légaux du contrat. Principe : application immédiate de la loi nouvelle. Les effets légaux d'un contrat sont régis par la loi en vigueur au moment où ils se produisent. • Civ. 3e, 18 févr. 2009, n° 08-13.143 P : *D. 2009. 1450, note Lardeux* (application de la loi MURCEF à la révision d'un loyer commercial) • Civ. 3e, 3 juill. 2013, n° 12-21.541 P : *D. 2013. 1742, obs. Rouquet* (date de notification du congé en matière de baux commerciaux) • Civ. 3e, 9 févr. 2017, n° 16-10.350 P : *D. 2017. 1107, note Casu* ; *ibid. 1572, obs. Dumont-Lefrand* ; *AJDI 2017. 432, obs. Antoniutti* ; *RTD com. 2017. 46, obs. Monéger* ; *RDC 2017. 227, note Laithier* (application de l'art. L. 145-7-1 C. com., issu de la L. du 22 juill. 2009, aux baux en cours) • Civ. 3e, 9 févr. 2022, n° 21-10.388 B : *D. 2022. 1007, obs. Damas* ; *ibid. 2023. 254, obs. Boffa et Mekki* ; *AJDI 2022. 527, obs. Damas* (application de l'art. 15 de la L. du 6 juill. 1989, dans sa rédaction issue de la L. du 24 mars 2014, relatif à l'examen du caractère réel et sérieux du motif de reprise par le propriétaire, à la contestation du congé délivré après l'entrée en vigueur de cette loi, même si le bail a été conclu antérieurement à celle-ci). ♦ L'action directe instituée par la L. du 31 déc. 1975 en matière de sous-traitance trouve son fondement dans la volonté du législateur et non dans les contrats conclus entre les parties. L'art. 2 C. civ. ne faisant pas obstacle à l'application immédiate des lois nouvelles aux situations juridiques établies avant leur promulgation si elles n'ont pas encore été définitivement réalisées, l'action directe est ouverte au sous-traitant dès l'entrée en vigueur de la loi, bien que le contrat de sous-traitance ait été conclu antérieurement. • Cass., ch. mixte, 13 mars 1981, n° 80-12.125 P : *R., p. 38* ; *GAJC, 11e éd., n° 261* ; *D. 1981. 309 (1re esp.), note Bénabent* ; *JCP 1981. II. 19568 (1re esp.), concl. Toubas, note Flécheux*. ♦ Même sens, à propos de la L. du 10 juin 1994 sur la garantie de paiement de l'entrepreneur (C. civ., art. 1799-1) : • Civ. 3e, 26 mars 2003, n° 01-01.281 P : *RDI 2003. 261, obs. B. B.* ♦ ... A propos de la majoration prévue par l'art. 22 de la L. du 6 juill. 1989, modifié par la L. n° 2014-366 du 24 mars 2014, qui s'applique à la demande de restitution formée après l'entrée en vigueur de cette dernière loi. • Civ. 3e, 17 nov. 2016, n° 15-24.552 P. ♦ ... A propos de l'obligation de proposer un relogement aux locataires âgés résultant de l'art. 15-III de la L. du 6 juill. 1989, dans sa rédaction issue de la L. du 24 mars 2014. • Civ. 3e, 23 nov. 2017, n° 16-20.475 P : *D. 2018. 1117, obs. Damas* ; *AJDI 2018. 281, obs. Damas* ; *RDC 2018. 50, note Boffa*. ♦ ... A propos de la L. du 12 mai 1980 sur la clause de réserve de propriété, consacrant un effet légal indépendant de la volonté des parties : • Com. 7 mars 1983 : *Bull. civ. IV, n° 95*. ♦ V. aussi, à propos de la L. du 16 juill. 1992 modifiant l'art. L. 132-23 C. assur. : • Soc. 8 févr. 2001, n° 99-15.905 P. ♦ V. pour l'application immédiate d'un contrat type, institué sur le fondement de l'art. 8 de la L. du 30 déc. 1982, d'orientation des transports intérieurs, dès l'entrée en vigueur du décret qui l'établit, aux rapports que les parties n'ont pas définis au contrat de transport qui les lie. • Com. 22 janv. 2008, n° 06-19.440 P (exclusion de l'art. L. 442-6-I-5° C. com.) • 22 sept. 2015, n° 13-27.726 P : *idem*. ♦ V., en sens contraire, décidant que la L. du 6 févr. 1998 sur l'action directe du voiturier ne s'applique pas aux contrats conclus avant son entrée en vigueur : • Com. 10 mai 2005, n° 03-17.618 P.

56. ... Le droit au renouvellement d'un bail commercial ayant, à défaut d'accord entre les parties, sa source dans la loi, même acquis dans son principe, il se trouve, dans ses modalités demeurant à définir, affecté par la loi nouvelle, laquelle régit immédiatement les effets des situations juridiques ayant pris naissance avant son entrée en vigueur et non définitivement réalisées. • Civ. 3e, 22 mars 1989 : *Bull. civ. III, n° 69* • 13 déc. 1989 : *ibid. III, n° 237* • 30 mai 1990, n° 89-10.803 : *Gaz. Pal. 1990. 2. 419, note Barbier* • 15 mai 1991, n° 89-21.492 P.

57. ... Limite : Situation juridique réalisée. En application de l'art. 2, la loi nouvelle ne peut modifier les effets légaux d'une situation juridique définitivement réalisée lors de son entrée en vigueur. • Cass., ch. mixte, 13 mars 1981, n° 80-12.125 P : *préc. note 54* • Soc. 29 sept. 2021, n° 20-10.634 B. ♦ La loi nouvelle régissant immédiatement les effets légaux des situations juridiques ayant pris naissance avant son entrée en vigueur et non définitivement réalisées, il en résulte que la majoration prévue par l'art. 22 de la L. du 6 juill. 1989 modifié par la L. du 24 mars 2014 s'applique à la demande de restitution formée après l'entrée en vigueur de cette dernière loi. • Civ. 3e, 17 nov. 2016, n° 15-24.552 P : *D. 2017. 1149, obs. Damas ; AJ contrat 2017. 47, obs. Forti ; AJDI 2017. 157, obs. de La Vaissière ; RTD civ. 2017. 118, obs. Barbier ; RDC 2017. 67, note Seube.*

58. Effets futurs du contrat – Dérogation législative expresse. La loi nouvelle qui enjoint expressément aux communes de mettre fin, à compter du 1er janv. 2008, aux stipulations contraires à l'obligation de facturation de la fourniture d'eau qu'elle édicte, s'applique aux effets futurs des contrats conclus antérieurement à son entrée en vigueur. • Civ. 1re, 8 nov. 2017, n° 16-18.859 P : *D. 2018. 497, note Mars ; JCP 2018, n° 9, note Leveneur ; CCC 2018, n° 39, note Leveneur.*

59. Conséquences de la réforme du droit des obligations. L'évolution du droit des obligations, résultant de l'Ord. n° 2016-131 du 10 févr. 2016, conduit à apprécier différemment, dans les relations de travail, la portée des offres et promesses de contrat de travail. • Soc. 21 sept. 2017, n° 16-20.103 P : *D. 2017. 2289, note Bauduin et Dubarry ; ibid. 2007, note Mazeaud ; AJ contrat 2017. 480, obs. Bucher ; RDT 2017. 715, obs. Bento de Carvalho ; RTD civ. 2017. 837, obs. Barbier ; JCP 2017, n° 1238, note Molfessis ; Gaz. Pal. 2017. 2662, obs. Latina.*

60. ... Bail – Sanction. L'art. L. 145-15 C. com., dans sa rédaction issue de la L. du 18 juin 2014, qui a substitué à la nullité des clauses ayant pour effet de faire échec aux dispositions des art. L. 145-37 à L. 145-41 C. com. leur caractère réputé non écrit, est applicable aux baux en cours lors de l'entrée en vigueur de cette loi. • Civ. 3e, 19 nov. 2020, n° 19-20.405 • 30 juin 2021, n° 19-23.038 P : *D. 2021. Chron. C. cass. 2251, obs. Schmitt ; AJDI 2022. 119, obs. Blatter ; RTD civ. 2021. 635, obs. Barbier ; RTD com. 2021. 771, obs. Kendérian ; JCP 2021, n° 986, note Gaudemet ; RDC 2021/1. 22, note Latina ; ibid. 2021/4. 8, note Latina ; ibid. 72, note Seube ; CCC 2021, n° 146, note Leveneur.*

61. Faculté de résiliation annuelle des contrats d'assurance de groupe. Sur la *constitutionnalité de l'application de la faculté* de résiliation annuelle des contrats d'assurance de groupe « emprunteurs », prévue par la L. du 21 févr. 2017 aux contrats conclus avant son entrée en vigueur, après 2017. • Cons. const. 12 janv. 2018, n° 2017-685 QPC : *D. 2018. 1299, note Bros.*

62. Exception conventionnelle. Application anticipée d'une loi par la convention : V. note 1.

III. RÉTROACTIVITÉ ET CONTRÔLE DES LOIS INTERPRÉTATIVES ET DES LOIS DE VALIDATION

A. LOIS INTERPRÉTATIVES

63. Notion de loi interprétative. BIBL. Molfessis, *obs. RTD civ. 2002. 599.* ♦ Une loi ne peut être considérée comme interprétative qu'autant qu'elle se borne à reconnaître, sans rien innover, un état de droit préexistant qu'une définition imparfaite a rendu susceptible de controverses. • Civ. 3e, 27 févr. 2002, n° 00-17.902 P : *GAJC, 12e éd., n° 9 ; D. 2002. AJ 1142, obs. Rouquet ; JCP E 2002. 678, note Sainturat ; LPA 10 oct. 2002, étude Friocourt et Mongin ; RTD civ. 2002. 599, obs. Molfessis ; RTD com. 2002. 269, obs. J. Monéger.* – Déjà en ce sens : • Soc. 13 mai 1985, n° 84-60.728 P. ♦ Même sens : • Com. 2 oct. 2001, n° 98-19.681 P : *R., p. 389 ; D. 2001. AJ 3044, obs. A. Lienhard ; RTD com. 2002. 162, obs. Martin-Serf* (absence de caractère interprétatif de la L. du 1er juill. 1996, art. 19, sur l'opposabilité des clauses de réserve de propriété). ♦ V. aussi, à propos de la nouvelle rédaction donnée à l'art. 2 de la L. du 10 janv. 1978 par l'art. 2-1 de la L. n° 89-421 du 23 juin 1989 (ancien art. L. 311-2 C. consom.), • Civ. 1re, 7 mars 1995, n° 92-17.623 P (caractère interprétatif du texte en ce qu'il a trait au cautionnement). ♦ Ainsi, l'art. 47-III de la L. du 23 juin 2006, qui énonce que les donations de biens présents faites entre époux avant le 1er janv. 2005 demeurent révocables dans les conditions prévues par l'art. 1096 C. civ. dans sa rédaction antérieure à cette date, présente un caractère interprétatif pour l'application de la L. n° 2004-439 du 26 mai 2004 relative au divorce ; cet article se borne à clarifier les règles d'application dans le temps de cette loi nouvelle, conformément aux principes généraux de droit transitoire, pour mettre fin aux incertitudes juridiques nées du silence de la loi sur ce point et ne porte atteinte à aucune situation légalement acquise. • Civ. 1re, 13 sept. 2017, n° 17-13.389 P : *AJ fam. 2017. 548, obs. Levillain.* ♦ Mais une loi n'a pas un caractère interprétatif dès lors qu'elle tend à substituer de nouvelles conditions d'imposition à celles résultant du texte prétendument interprété. • Com. 7 avr. 1992, n° 89-20.418 P : *R., p. 320 ; JCP 1992. II. 21939, note David ; Defrénois 1992. 1274, note Chappert.* ♦ Absence de caractère interprétatif d'un texte adopté pour tenir compte de l'évolution des données scientifiques en la matière. • Com. 22 oct. 2002, n° 00-10.715 P. ♦ ... D'un texte dont il ne résulte pas des débats parlementaires que le législateur ait entendu lui conférer un caractère interprétatif et rétroactif, faute de disposition expresse en ce sens, et compte tenu des prévisions de son décret d'application. • Civ. 3e, 19 mars 2008 : *D. 2008. AJ 988, obs. Rouquet* (L. du 13 juill. 2006). ♦ ... D'un texte portant innovation dans la définition des astreintes. • Soc. 8 juin 2011, n° 09-67.051 P : *D. 2011. Actu. 1693* . ♦ Caractère interprétatif expressément reconnu par la loi de ratification de l'Ord. n° 2016-131 du 10 févr. 2016 aux modifications qu'elle apporte aux art. 1112, 1143, 1165, 1216-3, 1217, 1221, 1304-4, 1305-5, 1327-1, 1328-1, 1347-6 et 1352-4 C. civ. : V. obs. ss. les art. mod.

64. Rétroactivité de la loi interprétative. En déclarant qu'un texte a un caractère interprétatif, le législateur a nécessairement donné un caractère rétroactif à cette disposition. • Civ. 3e, 1er févr. 1984 : *Bull. civ. III, n° 25.*

65. ... Application aux instances en cours. Une loi interprétative est applicable aux instances en cours. • Civ. 3e, 27 févr. 2002 : *préc. note 63.* ♦ ... Y compris celles pendantes devant la Cour de cassation. • Soc. 21 févr. 1991 (2 arrêts), n° 88-17.480 P. ♦ Le législateur, en déclarant qu'un texte a un caractère interprétatif, a expressément formulé sa volonté de soumettre à la règle ainsi explicitée toutes les situations contentieuses non encore résolues par une décision ayant acquis force de chose jugée. • Civ. 3e, 22 juin 1983, n° 81-15.211 P. ♦ Mais une loi de caractère interprétatif exprès ne peut préjudicier à la partie dont les droits ont été reconnus par une décision de justice passée en force de chose jugée. • Cass., ass. plén., 21 déc. 1990, n° 88-15.744 P : *R., p. 354 ; JCP 1991. II. 21640, concl. Dontenwille.* ♦ Sur les problèmes posés par la restauration de la compétence générale du tribunal de commerce par la loi NRE du 15 mai 2001, V. Normand, *RTD civ. 2002. 840.*

66. ... Limites tenant à l'intérêt général. **BIBL.** Canivet, *Just. et cass. 2005. 290* (à propos de Cass., ass. plén., 23 janv. 2004). ♦ Si le législateur peut adopter, en matière civile, des dispositions rétroactives, le principe de prééminence du droit et la notion de procès équitable (Conv. EDH, art. 6) s'opposent, sauf pour d'impérieux motifs d'intérêt général, à l'ingérence du pouvoir législatif dans l'administration de la justice dans le but d'influer sur le dénouement judiciaire des litiges. Cette règle générale s'applique quelle que soit la qualification formelle donnée à la loi et même lorsque l'État n'est pas partie au procès. • Cass., ass. plén., 23 janv. 2004, n° 03-13.617 P : *R., p. 199 et 429 ; BICC 15 mars 2004, rapp. Favre, concl. de Gouttes ; D. 2004. 1108, note Gautier ; JCP 2004. II. 10030, note Billiau ; JCP E 2004. 514, note Monéger ; Defrénois 2004. 525, obs. Ruet ; AJDI 2004. 201, note Blatter ; ibid. 175, étude Lassner ; LPA 28 avr. 2005, note Mecarelli ; ibid. 22 juill. 2005, note Chassagnard ; RTD civ. 2004. 341, obs. Théry, et 371, obs. Raynard ; ibid. 598 et 603, obs. Deumier ; RTD com. 2004. 74, obs. Monéger ; RDC 2004. 699, obs. Lardeux, et 791, obs. Marais ; RFDA 2004. 224, étude Mathieu ; RJS 2004. Chron. 343, par Prétot* (la loi « MURCEF » du 11 déc. 2001, art. 26, en ce qu'elle revient sur la jurisprudence de la Cour de cassation relative à la fixation des loyers commerciaux, ne répond pas à un motif d'intérêt général et n'est donc pas applicable aux procédures en cours : rejet du pourvoi contre • Versailles, 6 févr. 2003 : *D. 2003. 720, note Gautier ; ibid. AJ 832, obs. Rouquet ; Rev. loyers 2003. 227, obs. Quément ; RTD civ. 2003. 766, obs. Raynard*). – Même sens : • Civ. 3e, 7 avr. 2004, n° 02-20.401 P : *D. 2004. AJ 1310 ; Defrénois 2005. 243, obs. Ruet* • Civ. 2e, 18 déc. 2014, n° 13-26.350 P (la loi du 29 déc. 2012, art. 50, qui valide les délibérations de syndicats mixtes instituant le versement transport, obéit à d'impérieux motifs d'intérêt général). ♦ *Contra* postérieurement à l'arrêt d'assemblée plénière du 23 janv. 2004 : • Versailles, 29 janv. 2004 : *AJDI 2004. 960, étude Morin* (caractère interprétatif de la loi MURCEF, art. L. 145-38, C. com., déclarée applicable aux instances en cours). ♦ *Adde*, sur cette question, note 22 ss. art. 5.

V. aussi notes 3 et 68.

B. LOIS DE VALIDATION

BIBL. Alexis et Roux, *CCC 2001. Chron. 12* (droit de la consommation). – Camby, *RD publ. 2000. 611.* – Deumier, *RTD civ. 2014. 604* . – Drapier, *LPA 9 févr. 2001* (matière contractuelle). – Malinvaud, *1804-2004 Le code civil, Dalloz, 2004, p. 671* (contrôle du juge sur les lois rétroactives). – Mathieu, *RFDA 2000. 289* (validations législatives et CEDH). – Milano, *RFDA 2006. 447* . – Molfessis, *RTD civ. 2000. 670* (arrêts du 20 juin 2000). – Libchaber, *RTD civ. 2000. 676* (*idem*). – Normand, *RTD civ. 2002. 843* (*idem* : le cas de la restitution aux tribunaux de commerce de leur compétence générale).

67. Principe de non-ingérence du législateur dans un litige judiciaire. Le principe de prééminence du droit et la notion de procès équitable (Conv. EDH, art. 6) s'opposent, sauf pour d'impérieux motifs d'intérêt général, à l'ingérence du pouvoir législatif dans l'administration de la justice dans le but d'influer sur le dénouement judiciaire d'un litige dans le sens d'une issue favorable à l'État (en l'espèce, à des organismes de sécurité sociale, exerçant une mission de service public sous la tutelle de l'État). • CEDH 28 oct. 1999, *Zielinski c/ France : D. 2000. Somm. 184, obs. Fricero ; LPA 8 juin 2000, note Boujeka ; RFDA 2000. 1254, étude Bolle ; AJDA 2000. 533, obs. Flauss ; RTD civ. 2000. 436, obs. Marguénaud ; ibid. 629, obs. Perrot* . – V. déjà • CEDH 9 déc. 1994, *Raffineries grecques Stran et Stratis Andreatis c/ Grèce : série A, n° 301-B ; AJDA 1994. 26, obs. Flauss* • CEDH, sect. V, 23 juill. 2009, *Joubert c/ France*, n° 30345/05 (validation *a posteriori* des pouvoirs de contrôle de la direction des vérifications nationales et internationales) • CEDH, sect. II, 14 févr. 2012, *Arras et a. c/ Italie*, n° 17972/07. – Dans le même sens : • CE, ass., avis, 5 déc. 1997 : *Lebon 464, concl. Touvet ; AJDA 1998. 97, chron. Girardot et Raynaud* • CE 28 juill. 2000 : *AJDA 2000. 796, chron. Guyomar et Collin*. – V. aussi • Cons. const. 21 déc. 1999, n° 99-422 DC : *JO 21 déc. 1999 ; D. 2000. Somm. 426, obs. Ribes* • Soc. 8 juin 2000, n° 99-11.471 P • 24 avr. 2001, n° 00-44.148 P : *BICC 1er juin 2001, concl. Kehrig ; D. 2001. 2445, note Kibalo-Adom ; RFDA 2001. 1055, note Frouin et Mathieu ; RDSS 2002. 98, étude Poinsot* • Civ. 2e, 6 avr. 2004, n° 02-30.698 P : *D. 2004. IR 1640* (ces principes ne s'appliquent qu'aux instances judiciaires pendantes, non aux recours gracieux). ♦ Rappr. • Cass., ass. plén., 23 janv. 2004 : *préc. note 66*. ♦ Pour une appréciation *in concreto* de l'inconventionnalité d'une loi de validation : • CE 10 nov. 2010, n° 314449 : *AJDA 2010. 2183 ; ibid. 2416, chron. Botteghi et Lallet ; D. 2010. 2842, obs. Grand ; AJCT 2010. 163, obs. Dreyfus ; RFDA 2011. 124, concl. Boulouis ; Constitutions 2011. 81, obs. de Baecke ; RTD civ. 2011. 501, obs. Deumier*. ♦ V. aussi note 66 *in fine*.

68. Première exception : loi relative à une jurisprudence. Mais tel n'est pas le cas d'une intervention du législateur qui n'a eu pour objet que de limiter, pour l'avenir, la portée d'une interprétation jurisprudentielle et non de trancher un litige dans lequel l'État aurait été partie (L. du 12 avr. 1996, art. 87-1, validant des offres de crédit immobilier irrégulières – affaire du « tableau d'amortissement »). • Civ. 1re, 20 juin 2000, n° 98-19.319 P : *D. 2000. AJ 341, obs. Rondey ; RFDA 2000. 1189, concl. Sainte-Rose, note Mathieu ; LPA 5 mars 2001, note Thioye ; RTD civ. 2000. 933, obs. Marguénaud* (cassant • Dijon, 28 mai 1998 : *D. Affaires 1998. 1436, obs. C. R.*) • Civ. 1re, 20 juin 2000, n° 97-22.394 P : *D. 2000. 699, note Niboyet ; JCP 2001. II. 10454, note Gourio (sous les 2 arrêts du 20 juin) ; JCP E 2000. 1663, note S. Piedelièvre ; RFDA, eod. loc. ; LPA, eod. loc. ; RTD civ., eod. loc.* • Civ. 1re, 13 nov. 2002, n° 00-11.415 P. ♦ Rappr. note 69, *in fine*. ♦ Dans le même sens : • Civ. 1re, 22 févr. 2000, n° 97-22.459 P : *Rev. crit. DIP 2000. 681, note Fulchiron* (interprétation de l'art. 78 C. nat. par la L. du 22 juill. 1993).

Contra : dans les circonstances de l'espèce, l'art. 87 de la L. du 12 avr. 1996 (affaire du « tableau d'amortissement ») a définitivement réglé le fond du litige en donnant raison à l'une des parties, privant les requérants d'une valeur patrimoniale préexistante et faisant partie de leurs biens, au sens de l'art. 1er du Protocole n° 1, dont ils pouvaient légitimement espérer obtenir le remboursement (violation de l'art. 1er du Protocole n° 1). • CEDH 14 févr. 2006, *Lecarpentier c/ France : D. 2006. AJ 717, obs. Rondey ; JCP 2006. II. 10171, note Thioye ; ibid. I. 164, nos 4 et 13, obs. Sudre ; JCP E 2006. 2062, note J. Raynaud ; ibid. 2364, étude S. Piedelièvre ; Defrénois 2006. 1102, étude Rouzet ; LPA 3 mai 2006, note Garaud ; RDC 2006. 879, obs. Debet ; RTD civ. 2006. 261, obs. Marguénaud*. ♦ V. également : • Soc. 5 juin 2008, n° 06-46.295 P : *R., p. 258 ; D. 2008. AJ 1772*.

69. Seconde exception : motif impérieux d'intérêt général. Obéit à d'impérieux motifs d'intérêt général l'intervention du législateur (L. du 12 avr. 1996, art. 87-1) destinée à aménager les effets d'une jurisprudence de nature à compromettre la pérennité des activités bancaires dans le domaine du crédit immobilier. • Civ. 1re, 29 avr. 2003, n° 00-20.062 P : *D. 2003. AJ 1435, obs. Avena-Robardet ; Defrénois 2003. 1183, obs. Savaux ; RTD com. 2003. 554, obs. D. L. ; RDC 2004. 453, obs. Debet* • 9 juill. 2003 : *JCP 2004. II. 10016, note Prétot ; Gaz. Pal. 2003. 3151, concl. Sainte-Rose (3 arrêts)*. ♦ *Contra* : outre qu'en principe un motif financier ne permet pas à lui seul de justifier une intervention législative rétroactive, en l'espèce aucun élément ne vient étayer l'argument selon lequel l'équilibre du secteur bancaire et l'activité économique en général auraient été mis en péril. • CEDH 14 févr. 2006 : *préc. note 68 in fine* • CEDH 12 juin 2007, n° 40191/02 : *D. 2007. AJ 2030 ; CCC 2007, n° 288, note Raymond*. ♦ Dans le même sens (motif financier insuffisant) : • CEDH, sect. III, 21 juin 2007, n° 12106/03 (sécurité sociale ; décision contredisant plusieurs arrêts inédits de la chambre sociale du 26 sept. 2002) • CEDH, sect. II, 3 sept. 2013, *M. C. c/ Italie*, n° 5376/11 (texte introduit en cours de procédure permettant l'absence de réévaluation d'une indemnité : la préservation des intérêts financiers de l'État ne saurait correspondre à un « impérieux motif d'intérêt général »). ♦ Comp. : obéit à d'impérieux motifs d'intérêt général l'intervention du législateur qui, sans régler le fond du litige ni priver le débiteur de la contribution du droit de contester le bien-fondé d'un redressement URSSAF, est destinée à éviter le développement d'un contentieux de nature à mettre en péril le recouvrement des cotisations de sécurité sociale et par suite la pérennité du système de protection sociale (L. n° 2003-1199 du 18 déc. 2003, art. 73). • Civ. 2e, 8 nov. 2006, n° 04-30.838 P : *D. 2007. Point de vue 877, par Voxeur et Ngo Ky*. ♦ Absence de violation pour la diminution rétroactive du taux des intérêts moratoires dans les marchés publics, pour tenir compte des circonstances économiques extérieures et dans un souci légitime et d'harmonisation. • CEDH, sect. V, 11 févr. 2010, *Sud Parisienne de construction c/ France*, n° 33704/04. ♦ Rappr. notes 3, 65 et 67. ♦ Répond à d'impérieux motifs d'intérêt général l'application en cours d'instances des textes (L. du 17 déc. 2008, art. 67, et L. du 17 déc. 2012, art. 72) faisant bénéficier l'ONIAM des contrats d'assurance souscrits par les structures responsables de contaminations transfusionnelles. • Civ. 1re, 18 juin 2014, n° 13-13.471 P : *D. 2014. 1375* ; *JCP 2014, n° 1061, note Byk.*

En revanche, une cour d'appel écarte à bon droit, en application de l'art. 6 (§ 1) Conv. EDH, l'art. 29 de la L. du 19 janv. 2000 en ce qu'il remet en cause sans motif impérieux d'intérêt général une jurisprudence favorable aux salariés d'un organisme public en matière d'heures d'équivalence. • Soc. 24 avr. 2001 : *préc. note 67.* ♦ *Contra*, dans la même affaire : • Cass., ass. plén., 24 janv. 2003, n° 01-41.757 P : *R., p. 331 et 568 ; BICC 1er avr. 2003, concl. Burgelin, rapp. Merlin ; GAJC, 12e éd., n° 8 ; D. 2003. 1648, note Paricard-Pioux* ; *RDSS 2003. 306, étude Boulmier* (validation rétroactive justifiée par d'impérieux motifs d'intérêt général tirés de la pérennité du service public de la santé et de la protection sociale) • 24 janv. 2003, n° 01-40.967 P : *D. eod. loc.* (*idem*) • Soc. 18 mars 2003, n° 01-40.911 P : *D. 2003. IR 1482* . ♦ Même sens : • Soc. 20 oct. 2004, n° 03-42.628 P : *D. 2004. IR 2892* . ♦ *Contra* : • CEDH, sect. II, 9 janv. 2007, *Arnolin c/ France*, n° 20127/03 : *D. 2007. AJ 580, obs. Cortot* ; *JCP E 2007. 1919, note Raynaud ; RDT 2007. 179, obs. Aubert-Monpeyssen* ; *RDSS 2007. 315, obs. Boulmier* (absence d'impérieux motifs d'intérêt général : violation de l'art. 6 § 1) • Soc. 13 juin 2007, n° 05-45.694 P : *R., p. 375 ; BICC 15 oct. 2007, n° 2051, et la note ; D. 2007. 2439, note Pérès (1re esp.)* ; *RDSS 2007. 730, obs. Boulmier* (*1re esp.*) ; *RTD civ. 2007. 536, obs. Deumier* (*idem*).

70. ... Validation en conformité au droit communautaire. Ne violent par l'art. 6 (§ 1) Conv. EDH les juges du fond qui font application d'une loi nouvelle rétroactive entrée en vigueur au cours de l'instance, dès lors qu'elle n'avait pour objet que de valider une réglementation antérieure conforme au droit communautaire. • Cass., ass. plén., 14 juin 1996, n° 93-21.710 P : *R., p. 325 et 443 ; BICC 1er août 1996, concl. Monnet, rapp. Ransac ; JCP 1996. II. 22692, concl. Monnet.*

71. ... Litige postérieur à la validation législative. Une validation législative influant sur un litige futur dont les juridictions ne sont pas encore saisies à la date de l'adoption de la loi n'est pas susceptible d'être critiquée au regard de l'art. 6, § 1, Conv. EDH. • Civ. 1re, 14 nov. 2018, n° 17-14.317 P.

Art. 3 Les lois de police et de sûreté obligent tous ceux qui habitent le territoire.

Les immeubles, même ceux possédés par des étrangers, sont régis par la loi française.

Les lois concernant l'état et la capacité des personnes régissent les Français, même résidant en pays étrangers.

BIBL. ▸ DROZ, *Rec. cours de l'Académie de dr. internat., t. 229, 1991-IV* (cours général). – FRANCESCAKIS, *Trav. Com. fr. DIP 1962-1964. 291.* – KHOLER, *Rev. crit. DIP 1995. 1*

▸ **Application du DIP par le juge national :** ANCEL, *Mél. Gaudemet-Tallon, Dalloz, 2008, p. 3* (invocation d'un droit étranger et contrôle de la Cour de cassation). – BATIFFOL, *Mél. Hébraud, Univ. Toulouse, 1981, p. 29.* – BOLARD, *Études Ponsard, Litec, 2003, p. 103* (la loi étrangère devant le juge français). – BOLZE, *D. 2001. Chron. 1818* (application de la loi étrangère). – FAUVARQUE-COSSON, *D. 2000. Chron. 125* (le juge français et le droit étranger) ; *Mél. Gaudemet-Tallon, Dalloz, 2008, p. 43* (droit international privé et droit comparé). – GAUDEMET-TALLON, *Mél. Drai, Dalloz, 2000, p. 573* (les sources internationales du DIP devant le juge français). – GAVIN-MILLAN, *RRJ 2003/1. 121* (notion d'internationalité). – GOLDSTEIN, *Rev. crit. DIP 2018. 3* (exception de prévisibilité). – LEMONTEY et RÉMERY, *R. 1993, p. 81* (la loi étrangère dans la jurisprudence de la Cour de cassation). – NICOD, *Mél. Jestaz, Dalloz, 2006, p. 417* (la loi étrangère désignée par la règle de conflit). – PERREAU-SAUSSINE, *JCP N 2018, n° 1248* (ordre public international).

▸ ANCEL, *Mél. Gaudemet-Tallon, Dalloz, 2008, p. 133* (jugements étrangers et règle de conflit de lois). – ANCEL et MUIR WATT, *Mél. Héron, LGDJ, 2009, p. 1* (conflits de lois différentes dans des États différents). – AVASILENCEI, *Rev. crit.* DIP 2012. 247 (codification des conflits de lois dans le code civil roumain). – BATIFFOL, *Archives Phil. dr., t. 3, 1957, p. 71* (rôle de la volonté en DIP) ; *Mél. Roubier, Dalloz/Sirey, 1961, t. 1, p. 39* (conflits mobiles et droit transitoire). – BOURDELOIS, *Mél. Malaurie, Defrénois, 2005, p. 106* (traitement des relations précontractuelles en DIP). – BUREAU, *Mél. Terré, Dalloz/PUF/J.-Cl., 1999, p. 285* (l'influence de la volonté individuelle sur les conflits de lois). – CARRASCOSA GONZÁLEZ, *Rev. crit. DIP 2012. 521* (règle de conflit et théorie économique). – J. FOYER, *Clés pour le siècle, Dalloz, 2000, p. 149* (vicissitudes de la règle de conflit de lois) ; *Études Malinvaud, Litec, 2007, p. 211* (vente d'un immeuble en France et DIP) ; *Mél. Gaudemet-Tallon, Dalloz, 2008, p. 57* (diversité des droits et méthodes des conflits de loi) ; *Mél. Guinchard, Dalloz, 2010, p. 267* (ordre public international). – GANNAGÉ, *Mél. Roubier, préc., t. 1, p. 229* (conflits internes et conflits internationaux de lois) ; *Mél. Chavanne, Litec, 1990, p. 3* (limites à l'application de la loi du for). – GAUDEMET-TALLON, *Mél. Loussouarn, Dalloz, 1994, p. 181* (l'utilisation de règles de conflit à caractère substantiel dans les conventions internationales) ; *1804-2004 Le code civil, Dalloz, 2004, p. 749* (DIP et code civil). – GUIL-

LAUME, *D. 2014. 2121* (l'ordre public international selon le rapport 2013 de la Cour de cassation). – HEUZÉ, *Droits 1998/28. 113* (la volonté en DIP). – JACQUET, *Mél. Gaudemet-Tallon, Dalloz, 2008, p. 727* (principe d'autonomie, consolidation et évolution). – LARDEUX, *D. 2003. Chron. 1513* (statut de règle de droit de la règle de conflit de lois). – LEMAIRE, *RRJ 2001/3. 1431* (le choix de la loi du contrat en droit interne) ; *D. 2007. Chron. 2322* (le juge judiciaire et le contrôle de la réciprocité des traités). – LEQUETTE, *Mél. Gaudemet-Tallon, Dalloz, 2008, p. 503* (compétence communautaire en matière de droit international privé) ; *Mél. Holleaux, Litec, 1999, p. 249* (renvoi de qualifications) ; *Mél. Loussouarn, préc., p. 245* (utilitarisme dans le DIP conventionnel de la famille). – LOUIS-LUCAS, *Mél. Roubier, préc., t. 1, p. 323* (rapports entre conflits de lois dans le temps et dans l'espace). – P. MAYER, *Droits, 1985/2. 129* (mouvement des idées dans le droit des conflits de lois) ; *ibid., 1992/16. 33* (l'État et le DIP) ; *Mél. Loussouarn, préc., p. 275* (l'application par l'arbitre des conventions de DIP). – MUIR WATT, *Droits, 1998/27. 149* (codification en DIP). – NIBOYET-HOEGY, *Mél. Perrot, Dalloz, 1996, p. 313* (incidences du droit des traités sur les pouvoirs du juge national). – NORD, *Mél. Wiederkehr, Dalloz, 2009, p. 581* (ordre public international et appréciation de la proximité par le juge). – OPPETIT, *Archives Phil. dr., t. 32, 1987* (les principes généraux en DIP). – PANET, *Rev. crit. DIP 2015. 837* (statut personnel en droit international privé européen). – RIGAUX, *Mél. Loussouarn, préc., p. 341* (DIP et droit communautaire). – VERDOT, *D. 2006. Chron. 260* (applicabilité de la règle de conflit de lois d'origine conventionnelle).

PLAN DES ANNOTATIONS

I. CONDITIONS D'APPLICATION D'UNE LOI ÉTRANGÈRE DÉSIGNÉE PAR LA RÈGLE DE CONFLIT

A. AUTORITÉ DE LA LOI ÉTRANGÈRE – OFFICE DU JUGE

BIBL. Application du DIP par le juge national : J.-P. Ancel, *Mél. Gaudemet-Tallon, Dalloz, 2008, p. 3* (invocation d'un droit étranger et contrôle de la Cour de cassation) ; *R. 1997, p. 33.* – Bureau, *JDI 1990. 317.* – Jorge, *LPA 26 juill. 2000.* – Lequette, *Rev. crit. DIP 1989. 277.* – Mayer, *Rev. suisse dr. internat. et eur. 1991. 481.* – Ponsard, *R. 1989, p. 11 ; Rev. crit. DIP 1990. 607* .

1. Recherche d'office de la loi applicable : droits indisponibles. Principe d'autorité de la loi étrangère pour le juge. Violation de l'art. 3 C. civ., de l'art. 12 C. pr. civ. et des principes du droit international privé pour n'avoir pas recherché d'office quelle suite devait être donnée à l'action en application de la loi étrangère désignée par la règle de conflit. • Civ. 1re, 18 oct. 1988, n° 86-16.631 P : *GADIP, 5e éd., n° 75 ; JCP 1989. II. 21259, note Prévault ; JDI 1989. 349, note Alexandre* (abandon de la solution de • Civ. 1re, 12 mai 1959, *Bisbal : D. 1960. 611, note Malaurie ; GADIP, 5e éd., n° 32).* ♦ Même solution à propos d'une action en recherche de paternité soumise à la loi algérienne, loi personnelle de la mère : • Civ. 1re, 11 oct. 1988 : *Bull. civ. I, n° 278 ; GADIP, 5e éd., n° 74 ; JCP 1989. II. 21327, note Courbe ; Gaz. Pal. 1989. 1. 388, note E. S. de La Marnierre ; Defrénois 1989. 310 (1re esp.), obs. Massip ; JDI 1989. 349, note Alexandre* • 24 mai 2018, n° 16-21.163 P : *AJ fam. 2018. 548, obs. Boiché ; Gaz. Pal. 2018. 1988, note Meilhac-Perri.* ♦ Nécessité de rechercher, d'après les règles américaines de conflits internes, de quel État fédéré la loi était applicable et le contenu de celle-ci. • Civ. 1re, 20 avr. 2017, n° 16-14.349 P : *D. 2018. 966, obs. Clavel et Jault-Seseke ; ibid. 2017. 918 ; AJ fam. 2017. 416, obs. Boiché ; Rev. crit. DIP 2018. 329, note Parisot* (filiation maternelle). – Dans le même sens : • Civ. 1re, 26 mai 1999, n° 97-16.684 P : *GADIP, 5e éd., n° 78 ; JCP 1999. II. 10192, note Mélin ; Defrénois 1999. 1261, obs. Massip ; Dr. fam. 2000. Chron. 5, étude Fulchiron ; Rev. crit. DIP 1999. 707, note Muir Watt (2e esp.)* (obligation pour le juge de mettre en application la règle de conflit de lois et de rechercher, pour les droits indisponibles, le droit étranger compétent) • 22 nov. 2005, n° 04-20.059 P : *AJ fam. 2006. 30, obs. S. David (2 esp.) ; Dr. fam. 2006, n° 41, note Larribau-Terneyre* (même solution, en matière de divorce d'époux marocains) • 11 mars 2009, n° 08-15.348 P : *D. 2010. Pan. 1243, obs. Williatte-Pellitteri ; ibid. 1585, obs. Jault-Seseke ; AJ fam. 2009. 220, obs. Boiché ; RJPF 2009-6/29, obs. Garé ; Dr. fam. 2009, n° 81, obs. Farge ; Defrénois 2009. 1857, obs. Massip (idem)* • 22 nov. 2005, n° 04-20.365 P : *eod. loc. (idem)* • 18 janv. 2007, n° 05-20.529 P : *D. 2007. AJ 381 ; AJ fam. 2007. 145, obs. Pécaut-Rivolier ; Dr. fam. 2007, n° 70, note Fossier* (même solution, en matière de tutelle) • 23 nov. 2011 : *D. 2012. Chron. C. cass. 635, obs. Vassallo ; AJ fam. 2012. 49, obs. Boiché ; Dr. fam. 2012, n° 18, obs. Abadie* (divorce). ♦ V. aussi, en matière contractuelle : • Civ. 1re, 4 oct. 1989 : *Bull. civ. I, n° 304 ; Rev. crit. DIP 1990. 316, note P. Lagarde* • 18 déc. 1990 : *JCP 1992. II. 21824, note Ammar.* ♦ ... En matière successorale : • Civ. 1re, 21 mars 2000, n° 98-15.650 P : *R., p. 328 ; D. 2000. 539, note F. Boulanger ; JCP 2000. II. 10443, note Vignal ; Defrénois 2000. 1157, note Revillard ; Gaz. Pal. 2000. 2. 1467, note Drapier ; ibid. Doctr. 1727, étude Brière ; Dr. fam. 2000, n° 70, note Fongaro ; LPA 28 août 2000, note Drapier ; Rev. crit. DIP 2000. 399, note B. Ancel* (il appartient aux juges du fond, dans l'usage de la règle française de conflit de lois, d'appliquer, au besoin d'office, la loi étrangère de conflit ainsi désignée et donc la loi à laquelle celle-ci fait renvoi, en l'occurrence la loi nationale du défunt, et d'établir, à cette fin, la nationalité de ce dernier). ♦ En matière de droits indisponibles, il incombe au juge français de mettre en œuvre, même d'office, la règle de conflits de lois, de rechercher la teneur du droit étranger et de l'appliquer sous réserve qu'il ne soit pas contraire à l'ordre public international français. • Civ. 1re, 6 déc. 2005, n° 03-16.675 P : *D. 2006. Pan. 1497, obs. Courbe ; Defrénois 2006. 1054, obs. Massip ; Dr. fam. 2006, n° 41, note Larribau-Terneyre.* – V. aussi • Civ. 1re, 7 juin 2006, n° 04-17.225 P : *AJ fam. 2006. 376, obs. Boiché (1re esp.)* • 20 juin 2006, n° 04-19.636 P : *AJ fam. 2006. 376, obs. Boiché (2e esp.) ; Dr. fam. 2006, n° 176, note Farge* • 19 nov. 2008 : *cité note 19 ss. art. 309.* ♦ Sur l'exception d'équivalence, V. note 5.

2. ... Force obligatoire de la loi à l'égard des parties – Droits disponibles. Il ne peut être reproché aux juges du fond d'avoir tranché un litige relatif à un contrat comportant des éléments d'extranéité sans préciser en considération de quel droit ils statuaient dès lors que les parties n'ont pas invoqué d'autres lois que celles du droit français en une matière qui n'était soumise à aucune convention internationale et où elles avaient la libre disposition de leurs droits. • Civ. 1re, 10 déc. 1991, n° 90-11.520 P : *Rev. crit. DIP 1992. 314, note Muir Watt (2e esp.)* • Soc. 16 déc. 1992, n° 89-44.187 P. – V. également • Civ. 1re, 14 mai 1996, n° 94-10.946 P • 11 juin 1996 : *JDI 1996. 941, note Bureau* • 28 nov. 2006, n° 05-19.838 P : *LPA 31 juill. 2007, obs. Jault-Seseke.* ♦ Mais faculté offerte aux parties, pour les droits dont elles ont la libre disposition, de s'accorder pour demander l'application de la loi française du for malgré l'existence d'une convention internationale désignant la loi compétente. • Civ. 1re, 1er juill. 1997 : *D. 1997. IR 174 ; Rev. crit. DIP 1998. 60, note Mayer (2e esp.)* • 26 mai 1999, *Mutuelles du Mans*, n° 96-16.361 P : *GADIP, 5e éd., n° 77 ; Gaz Pal. 1er-2 mars 2000, Somm., obs. Niboyet (2e esp.) ; Rev. crit. DIP 1999. 707, note Muir Watt (1re esp.)* • 11 mars 2009, n° 08-13.431 P : *D. 2009. 2084, note Devers ; ibid. 2010. 1585, obs. Jault-Seseke ; JCP 2009, n° 36, p. 13, note Boulanger ; RJPF 2009-6/29, obs. Garé ; Dr. fam. 2009, n° 81, obs. Farge ; RLDC 2009/60, n° 3429, obs. Pouliquen ; Defrénois 2009. 1857, obs. Massip* • 10 févr. 2021, n° 19-17.028 P : *D. 2021. 923, obs. Clavel et Jault-Seseke ; AJ fam. 2021. 246, obs. Boiché ; Rev. crit. DIP 2021. 837, note Fulli-Lemaire ; JCP 2021, n° 403, note Fongaro ; Dr. fam. 2021, n° 85, obs. Devers* (constatation d'un accord procédural désignant la loi française applicable au régime matrimonial). ♦ V. note 71. ♦ S'agissant de droits disponibles, les parties n'ayant pas invoqué la Convention de La Haye de 1973 sur la responsabilité du fait des produits de 1973, le juge du fond n'était pas tenu de changer le fondement juridique des demandes formées par les parties. • Civ. 3e, 16 janv. 2013 : *Rev. crit. DIP 2013. 620, note Bureau*. ♦ Il incombe au juge qui fait application de la loi étrangère de s'expliquer sur les motifs conduisant à l'application de cette loi. • Civ. 1re, 31 janv. 2006, n° 03-12.731 P : *D. 2006. IR 466*.

3. Limites : puissance publique. De la combinaison de l'art. 3 et des règles régissant les relations entre États résulte le défaut de pouvoir des juridictions françaises de connaître, en principe, des demandes d'un État étranger ou d'un organisme public étranger, fondées sur des dispositions de droit public, dans la mesure où, du point de vue de la loi française, leur objet est lié à l'exercice de la puissance publique. • Civ. 1re, 29 mai 1990, n° 88-13.737 P : *R., p. 433.*

4. ... Respect du contradictoire. Le juge français ne peut faire application d'un texte de loi étranger qu'il a invoqué d'office qu'après avoir invité les parties à s'expliquer contradictoirement sur son application et son interprétation. • Civ. 1re, 4 avr. 1978 : *Rev. crit. DIP 1979. 88, 2e esp., note Hébraud. RTD civ. 1979. 419, obs. Normand.*

5. ... Équivalence. La décision qui fait application d'une loi autre que la loi compétente peut être justifiée par l'équivalence entre la loi appliquée et celle désignée par la règle de conflit (responsabilité civile du fait d'un animal en droits français et belge). • Civ. 1re, 13 avr. 1999, n° 96-22.487 P : *D. 2000. 268, note Agostini ; JCP 2000. II. 10261, note Legier ; Gaz. Pal. 2000. Somm. 803, obs. Niboyet ; Rev. crit. DIP 1999. 698, note B. Ancel et Muir Watt*. ♦ V. aussi • Civ. 1re, 3 avr. 2001, n° 99-17.649 P : *Gaz. Pal. 2001. Doctr. 1943, étude Habu Groud ; Rev. crit. DIP 2001. 513, obs. Muir Watt* (équivalence des droits espagnol et français sur l'obligation faite au notaire d'assurer la régularité des actes qu'il rédige) • Civ. 1re, 11 janv. 2005, n° 01-02.473 P : *D. 2005. 2924, note Mahinga ; JCP 2005. I. 169, nos 8 s., obs. Delpy ; Gaz. Pal. 2006. Somm. 536, obs. Niboyet ; Defrénois 2005. 1064, obs. Massip ; Dr. fam. 2005, n° 197, note Farge ; Dr. et patr. 4/2005. 102, obs. F. Monéger ; Rev. crit. DIP 2006. 85, note Scherer ; JDI 2006. 955, note Godechot-Patris* (équivalence des lois allemande et française sur la protection des incapables) • 14 nov. 2006, n° 05-12.353 P : *AJ fam. 2007. 39, obs. Pécaut-Rivolier ; Dr. fam. 2007, n° 70, note Fossier ; RJPF 2007-3/15, obs. Casey (idem)*. ♦ Exigences probatoires en matière d'équivalence des lois française et allemande sur la responsabilité bancaire : V. • Civ. 1re, 23 janv. 2007, n° 03-13.422 P : *D. 2007. 1244, note Bouche ; ibid. 2008. Pan. 876, obs. Synvet ; Rev. crit. DIP 2007. 760, note Boskovic*. ♦ L'exception d'équivalence s'applique que les droits des parties soient disponibles ou indisponibles. • Civ. 1re, 11 juill. 1988 : *Rev. crit. DIP 1989. 81, note Gautier* • 16 févr. 1994 : *Rev. crit. DIP 1994. 341, note Muir Watt*.

B. CONTENU ET PREUVE DE LA LOI ÉTRANGÈRE

BIBL. J.-P. Ancel, *R. 1997, p. 33.* – Jobard-Bachellier, *Gaz. Pal. 2003. Doctr. 1625* (répartition des tâches entre juge et parties). – P. Mayer, *Études Ghestin, LGDJ, 2001, p. 617* (procédés de preuve). – Rega et Lecomte, *Defrénois 14 mars 2019. 15* (certificat de coutume, *legal opinion*).

6. Office du juge. Il incombe au juge français qui reconnaît applicable un droit étranger d'en rechercher, soit d'office, soit à la demande d'une partie qui l'invoque, la teneur, avec le concours des parties et personnellement s'il y a lieu, et de donner à la question litigieuse une solution conforme au droit positif étranger. • Civ. 1re, 28 juin 2005, n° 00-15.734 P : *R., p. 406 ; BICC 15 oct. 2005, n° 1997, et la note ; D. 2005. 2853, note Bouche ; D. 2006. Pan. 1495 et 1498, obs. Courbe ; Gaz. Pal. 2006. Doctr. 300, étude Groud ; LPA 28 déc. 2005, note Mahinga ; Rev. crit. DIP 2005. 645, note B. Ancel et Muir Watt* (sté Aubin – loi déterminant la force probante d'un acte notarié) • Com. 28 juin 2005, n° 02-14.686 P : *R., p. 406 et 410 ; BICC 15 oct. 2005, n° 1941, et la note ; GADIP, 5e éd., n° 83 ; D. 2005. Pan. 2755, obs. Kenfack ; D. 2006. Pan. 1495, obs. Courbe ; LPA 28 déc. 2005, note Mahinga ; Rev. crit. DIP 2005. 645, note B. Ancel et Muir Watt* (sté Itraco – détermination de la loi applicable à une vente) • Civ. 1re, 22 nov. 2005, n° 02-20.122 P (recherche et mise en œuvre du droit applicable à un immeuble en trust) • 6 déc. 2005, n° 03-12.342 P : *Dr. et patr. 12/2006. 74, obs. M.-E. Ancel* (loi applicable à une cession de droit d'auteur) • 23 janv. 2007, n° 04-16.018 P : *D. 2007. AJ 512 ; RTD com. 2007. 625, obs. Delebecque* (responsabilité contractuelle – recherche de la teneur de la loi) • Crim. 1er déc. 2015, n° 14-80.394 P. • 14 févr. 2006, n° 05-11.914 P (obligation pour le juge du fond d'indiquer les règles du droit étranger sur lesquelles il se fonde) • 6 févr. 2007, n° 05-19.333 P *(idem)* • Civ. 1re, 11 févr. 2009, n° 07-13.088 P : *D. 2009. AJ 565, obs. Égéa ; JCP 2009. II. 10065, note Mahinga* • 1er juin 2016, n° 15-13.221 P : *D. 2017. 74, obs. Wickers* (admission aux débats judiciaires des correspondances échangées entre des avocats inscrits à des barreaux américains et canadiens) • Com. 18 mai 2022, n° 18-23.222 B (loi relative aux normes mexicaines sur les documents de déchargement de marchandises dangereuses).

Recherche nécessaire du contenu – Rôle du juge. Obligation pour le juge de préciser les dispositions de la loi étrangère sur laquelle il se fonde et de s'expliquer sur la loi dont il fait application. • Civ. 1re, 20 févr. 2008, n° 06-19.936 P : *Dr. et patr. 12/2008. 90, obs. Ancel* (accident de circulation – loi fédérale suisse). ♦ Antérieurement déjà : • Civ. 1re, 13 nov. 2003 : *Rev. crit.*

DIP 2004, p. 95, note Ancel ; JDI 2004, p. 520, note Melin (il incombe au juge français qui déclare une loi étrangère applicable de rechercher par tous moyens, au besoin par lui-même, la solution donnée à la question litigieuse par le droit de l'État concerné). ♦ Obligation pour le juge de procéder personnellement à cette recherche. • 30 janv. 2007, n° 03-12.354 P : *D. 2007. AJ 666 ; Rev. crit. DIP 2007. 769, note Azzi* (appréciation souveraine par le juge français de la valeur probante d'un certificat de coutume). ♦ ... Et, lorsqu'il met en œuvre la loi étrangère applicable en vertu d'une convention internationale, d'inviter les parties, qui n'avaient pas invoqué cette convention, à s'expliquer sur son application au litige (visa de l'art. 16 C. pr. civ.). • Civ. 1re, 6 déc. 2005, n° 03-10.274 P : *Dr. et patr. 12/2006. 79, obs. M.-E. Ancel* (loi applicable à une vente mobilière). ♦ Cassation de l'arrêt qui rejette une demande après avoir relevé que les pièces soumises à la cour d'appel, dont la traduction diffère selon qu'elles sont produites par l'une ou l'autre des parties, ne permettent pas de connaître précisément le contenu de la loi étrangère. • Com. 24 juin 2014, n° 10-27.648 P : *D. 2014. 2202, obs. Lecaroz ; ibid. 2015. 1056, obs. Gaudemet-Tallon*. ♦ Application d'office de la loi étrangère revendiquée par l'une des parties, sans égard à l'accord conclu par d'autres parties pour l'application de la loi française. • Civ. 1re, 22 févr. 2005, n° 02-17.585 P : *D. 2005. IR 794 ; Rev. crit. DIP 2005. 300, note Lagarde-Lardeux ; D. 2003. Chron. 1513* (détermination du contenu au besoin avec l'aide des parties). – V. aussi • Civ. 1re, 1er juill. 1997, n° 95-17.925 P : *D. 1999. 275, note Massip ; Rev. crit. DIP 1998. 60, note Meyer ; JDI 1998. 98, note Barrière-Brousse* (divorce – application de la convention franco-marocaine). ♦ Mais application par le juge du fond du droit étranger compétent selon la règle de conflit invoquée devant lui sans avoir à rechercher d'office si cette loi est contraire à la conception française de l'ordre public international. • Civ. 1re, 14 juin 2005, n° 03-10.192 P : *D. 2006. Pan. 1496, obs. Courbe* (recherche de la loi étrangère et office du juge en matière d'ordre public international).

7. *... Connaissance impossible du contenu de la loi étrangère.* Si le juge français qui reconnaît applicable une loi étrangère se heurte à l'impossibilité d'obtenir la preuve de son contenu, il peut, même en matière de droits indisponibles, faire application de la loi française, à titre subsidiaire. • Civ. 1re, 21 nov. 2006, n° 05-22.002 P : *D. 2007. Pan. 1751, obs. Courbe ; Defrénois 2007. 788, obs. Massip ; AJ fam. 2007. 184, obs. Boiché ; RJPF 2007-2/27, obs. Garé ; Dr. fam. 2007, n° 135, note Farge ; Rev. crit. DIP 2007. 575, note Muir Watt* (action en recherche de paternité naturelle ; loi biélorusse). ♦ Comp. déjà, antérieurement aux arrêts Sté Aubin et Sté Itraco, du 28 juin 2005, *préc. note 4*. ♦ S'il est exact que la charge de la preuve de la loi étrangère pèse sur la partie dont la prétention est soumise à cette loi, il n'en résulte pas que cette partie doit être déboutée de sa demande en cas d'impossibilité d'établir la teneur de cette loi ; il y a lieu, en effet, à appliquer la loi française du for, dont la vocation est subsidiaire, et c'est au défendeur, qui invoque spécialement comme moyen de défense une disposition particulière de la loi étrangère de la prouver. • Civ. 1re, 8 janv. 1991, n° 89-16.207 P : *Rev. crit. DIP 1991. 569, note Muir Watt* • 11 juin 1996 : *Rev. crit. DIP 1997. 65, note Lagarde*.

8. *Interprétation du contenu de la loi étrangère – Limite : dénaturation de la loi.* Les juges du fond interprètent souverainement le contenu de la loi étrangère. – Jurisprudence constante ; par exemple : • Civ. 1re, 15 juin 1982 : *D. 1983. 431, note Agostini* • 10 juill. 1990, n° 87-17.082 P • 23 mars 1994 : *Rev. crit. DIP 1994. 545, note Bureau* • Crim. 12 nov. 1997, n° 93-85.278 P : *D. 1998. IR 48* • Civ. 1re, 14 nov. 2006, n° 05-12.201 P. ♦ Sauf dénaturation, l'application et l'interprétation de la loi étrangère sont souveraines. • Civ. 1re, 20 déc. 2000, n° 98-23.099 P • 3 juin 2003, n° 01-00.859 P : *D. 2003. IR 1666 ; Gaz. Pal. 2003. Somm. 3928, note Niboyet ; Dr. et patr. 10/2003. 95, obs. F. Monéger (2e esp.)* • 16 nov. 2004, n° 01-10.702 P • 14 févr. 2006, n° 03-11.604 P : *Rev. crit. DIP 2006. 833, note Bollée* (dénaturation de la loi monégasque). ♦ La Cour de cassation n'a pas à procéder au contrôle d'une décision au regard des prescriptions de fond d'une loi étrangère. • Com. 26 févr. 1991, n° 89-15.462 P. – V. aussi • Civ. 1re, 13 janv. 1993, n° 91-14.415 P : *Rev. crit. DIP 1994. 78, note Ancel* • 17 mai 1993 : *Rev. crit. DIP 1994. 505, note Légier* • 16 juin 1993 : *eod. loc.* • 24 oct. 1995, n° 93-19.353 P. ♦ Comp. • Crim. 17 mai 1989 : *Rev. crit. DIP 1989. 511, note Ancel*, qui casse un arrêt pour méconnaissance du sens et de la portée de la loi suisse.

Dénaturation de la loi étrangère L'application du droit étranger par le juge échappe, sauf dénaturation, au contrôle de la Cour de cassation. • Civ. 1re, 16 mars 1999, n° 96-19.143 P : *D. 1999. IR 100 ; Rev. crit. DIP 1999. 713, note Muir Watt* • Soc. 13 déc. 2017, n° 15-13.098 P : *D. 2018. 966, obs. Clavel et Jault-Seseke*. ♦ Ne peut donc être reproché à une cour d'appel qui statue sur les conséquences de la résiliation d'un contrat, par application de la loi belge, de ne pas tenir compte de la jurisprudence belge sur la durée du préavis. • Civ. 1re, 16 mars 1999 : *préc.* ♦ Mais dénature les termes clairs et précis d'un texte législatif étranger la cour d'appel qui en méconnaît le sens littéral, sans faire état d'aucune autre source du droit positif étranger donnant à la disposition litigieuse le sens qu'elle lui attribue. • Civ. 1re, 2 févr. 1982, n° 79-17.064 P : *R., p. 85 ; Rev. crit.*

DIP 1982. 706, note Mayer • 1er juill. 1997, n° 95-15.262 P : *D. 1998. 104, note Menjucq* ; *JCP 1998. II. 10170, note Fillion-Dufouleur* ; *Rev. crit. DIP 1998. 292, note Muir Watt* ; *JDI 1998. 98, note Barrière-Brousse.* ♦ V. aussi : • Civ. 1re, 21 nov. 1961 : *D. 1963. 37, note Ph. F.*, et, sur cet arrêt, Francescakis, *D. 1963. Chron. 7* ; *GADIP, 5e éd., n° 36* • Soc. 10 mai 1972 : *Bull. civ. V, n° 338* ; *Rev. crit. DIP 1974. 321, note Marraud* • Civ. 1re, 19 mars 1991, n° 89-19.967 P (dénaturation des termes clairs et précis de la loi israélienne sur les successions, tels qu'ils résultent de la traduction française établie par deux traducteurs assermentés) • Civ. 1re, 22 oct. 2008, n° 07-14.934 P : *D. 2008. AJ 2869, obs. Égéa* ; *AJ fam. 2009. 83, obs. Boiché* ; *Dr. fam. 2009, n° 49, obs. Galichet* ; *RJPF 2009-1/37, note Garé* ; *Rev. crit. DIP 2009. 52, obs. Muir Watt* (dénaturation de la loi béninoise et du droit coutumier dahoméen applicables à l'établissement de la filiation).

9. ... Contrôle des motifs du juge. Sur l'obligation pour le juge de justifier l'interprétation de la loi qu'il retient y compris en l'absence de contestation • Civ. 1re, 10 oct. 1978 : *Rev. crit. DIP 1979. 775, note Courbe* (affidavit d'un solicitor). ♦ Comp. • Civ. 1re, 21 mars 2000 : *Bull. civ. I, n° 268* ; *JDI 2002. 171, note Raïmon.*

10. Modification de la loi étrangère. En cas de modification de la loi étrangère désignée, c'est à cette loi qu'il appartient de résoudre les conflits dans le temps. • Civ. 1re, 17 déc. 2008, n° 07-18.851 P : *D. 2009. AJ 167, obs. Gallmeister* ; *ibid. Pan. 1557, obs. Courbe* ; *AJ fam. 2009. 129, obs. S. David* ; *Dr. fam. 2009, comm. n° 21, obs. Farge* ; *Rev. crit. DIP 2009. 59, obs. Sindres* (à propos de l'entrée en vigueur du nouveau code marocain de la famille). ♦ Principe posé dans l'arrêt Leppert. • Civ. 1re, 3 mars 1987 : *Rev. crit. DIP 1988, 695, note Simon-Depitre* ; *JCP 1989. II. 21209, note Agostini* ; *GADIP, 5e éd., n° 73.*

11. Moyens de preuve. La preuve de la teneur de la loi étrangère peut être faite par tous moyens, notamment par un certificat de l'autorité religieuse compétente au regard du droit confessionnel qui a été appliqué. • Civ. 1re, 21 juill. 1987 : *Rev. crit. DIP 1988. 329, note Ancel.* ♦ ... Par un « affidavit », certificat de coutume, dont le sérieux a été apprécié par le juge du fond. • Civ. 1re, 30 janv. 2007, n° 03-12.354 P : *D. 2007. AJ 666* ; *Rev. crit. DIP 2007. 769, note Azzi* . ♦ Sur la limite tenant au contrôle de la motivation judiciaire, • Civ. 1re, 10 oct. 1978 : *préc. note 9.*

C. FRAUDE À LA LOI

BIBL. Viangalli, *RRJ 2000/3. 1141* (fraude à la loi en DIP des contrats).

12. Notion de fraude. Il importe peu que la règle de conflit soit unitaire ou complexe pour qu'il y ait fraude à la loi. Il suffit que cette règle de conflit soit volontairement utilisée en modifiant un élément de rattachement à seule fin d'éluder l'application d'une loi compétente. • Civ. 18 mars 1878 : *S. 1878. 1. 193, note Labbé* ; *D. 1878.1. 201, concl. Charrins* ; *JDI 1878. 505* ; *GADIP, 5e éd., n° 6* (Princesse de Bauffremont). ♦ Il en est ainsi d'une manipulation modifiant la nature immobilière du bien situé en France, devenu bien meuble afin d'écarter l'application de la loi successorale française prévoyant une réserve. • Civ. 1re, 17 mai 1983 : *Rev. crit. DIP 1985. 366, note Ancel* • 20 mars 1985, n° 82-15.033 P : *Rev. crit. DIP 1986. 66, note Lequette.*

Est inopérant le moyen tiré d'une fraude à la loi française déduite d'opérations qualifiées de « donation-achat » d'immeubles lorsque ces opérations ne sont pas indivisibles et que les donations en deniers alléguées ont servi à payer les acquisitions immobilières seulement en partie, dès lors que, selon la loi française sur la réserve héréditaire, au cas où les deniers donnés ont servi à l'acquisition d'un bien immobilier, le rapport n'est dû que de sa valeur, de sorte qu'il s'agit d'une dette de valeur qui présente un caractère mobilier. • Civ. 1re, 18 mai 2005, n° 02-15.425 P : *RTD civ. 2005. 813, obs. Grimaldi* ; *Rev. crit. DIP 2005. 639, note B. Ancel* .

Absence de fraude alors que le litige entre deux époux présente des liens caractérisés avec Israël du fait de la double nationalité française et israélienne de l'époux et que ce dernier n'a pas saisi la juridiction étrangère pour faire échec à une décision ou à une procédure engagée en France. • Civ. 1re, 4 mai 2017, n° 16-13.645 P : *D. 2017. 1283, note Sindres* ; *Rev. crit. DIP 2017. 457, note Bureau et Muir Watt* .

13. Sanction de la fraude. Cette fraude peut être sanctionnée directement par l'application de la loi du for. • Civ. 1re, 15 juin 1982 : *D. 1983. IR 151, obs. Audit.* ♦ V. aussi, pour la fraude à la loi étrangère : • Paris, 18 juin 1964 : *JDI 1964. 810, note Bredin* ; *Rev. crit. DIP 1967. 340* • Civ. 1re, 11 juill. 1977 : *Bull. civ. I, n° 320* • 2 oct. 1984 : *JDI 1985. 495, note Audit* • Paris, 19 sept. 1995 : *Rev. crit. DIP 1996. 112, note Muir Watt.* ♦ Sur la sanction de la fraude à la loi étrangère dans le cadre de l'*exequatur,* V. C. civ., art. 2412 et C. pr. civ., art. 509.

D. ORDRE PUBLIC INTERNATIONAL

BIBL. Devers, *Dr. fam. 2015, dossier, n° 47* (les manifestations de l'ordre public). – Gautier, *Mél. Gaudemet-Tallon, Dalloz, 2008, p. 435* (contrariété à l'ordre public d'une décision étrangère). – Légier, *RRJ 1999/2. 293* (rapports familiaux et ordre public). – Renchon, *Dr. fam. 2015, dossier, n° 46* (causes des mutations de l'ordre public). – Sana-Chaillé de Néré, *Dr. fam. 2015, dossier, n° 45* (le concept d'ordre public et ses mutations). – Struycken, *Mél. Gaudemet-Tallon,*

Dalloz, 2008, p. 617 (ordre public de la Communauté européenne). – Dossier, *JCP N 2018, n°s 1247 s.* (difficultés en droit international privé français de la réception des droits musulmans).

14. Principes et sanction de l'ordre public. La contrariété à l'ordre public international s'entend d'une violation manifeste d'une règle de droit considérée comme essentielle dans l'ordre juridique de l'Union et donc dans celui de l'État membre requis ou d'un droit reconnu comme fondamental dans ces ordres juridiques. • CJUE 6 juill. 2015, n° C-681/13 • Civ. 1re, 7 déc. 2022, n° 21-17.492 B. ♦ Les dispositions de la loi étrangère normalement compétente qui sont contraires à la conception française de l'ordre public international ne sauraient avoir d'efficacité en France. – Jurisprudence constante ; par exemple : • Civ. 1re, 23 janv. 1979, n° 77-12.825 P. ♦ L'ordre public consiste dans la substitution de la loi française à la loi normalement compétente. • Civ. 1re, 15 juill. 1963 : *Rev. crit. DIP 1964. 732 ; ibid. 1967. 728, note Bourel ; D. 1967. 629, note Malaurie ; JDI 1967. 622, note B. G.* ♦ Sur l'incidence de l'ordre public de proximité, V. notes 55 et 12 ss. art. 311-14. ♦ L'existence de dispositions impératives constitutives de lois de police applicables au fond du litige ne fait pas obstacle à la mise en œuvre d'une clause attributive de juridiction contenue dans un contrat. • Civ. 1re, 22 oct. 2008 : *cité note 19 ss. art. 14.*

15. ... Effet atténué – Ordre public et droit acquis à l'étranger. Mais la réaction à l'encontre d'une disposition de la loi étrangère contraire à la conception française de l'ordre public n'est pas la même suivant qu'il s'agit de mettre obstacle à l'acquisition d'un droit en France ou de laisser se produire en France les effets d'un droit acquis sans fraude à l'étranger et en conformité de la loi ayant compétence en vertu du droit international privé français. • Civ. 1re, 3 janv. 1980, n° 78-13.762 P : *R., p. 38 ; D. 1980. 549, note Poisson-Drocourt ; Rev. crit. DIP 1980. 331, note Batiffol ; JDI 1980. 327, note Simon-Depitre ; GADIP, 5e éd., n° 61* • 3 nov. 1983, n° 81-15.745 P : *R., p. 91 ; GADIP, 5e éd., n° 63 ; JCP 1984. II. 20131, concl. Gulphe.* – V. aussi • Civ. 1re, 14 févr. 2007 : *Dr. fam. 2007, n° 99, note Devers ; JDI 2007. 933, note Bourdelois* (droit à réversion de la veuve d'un époux polygame) • Civ. 2e, 2 mai 2007 : *Dr. fam. 2007, n° 182, note Devers* (*idem*) • 1er déc. 2011 : *Rev. crit. DIP 2012. 339, note Lagarde* (refus d'une pension de réversion opposé à la seconde épouse d'un étranger polygame). ♦ V. aussi note 2 ss. art. 202-1. ♦ Est contraire à la conception française de l'ordre public international la reconnaissance d'une décision étrangère non motivée lorsque ne sont pas produits des documents de nature à servir d'équivalents à la motivation défaillante ; il incombe au demandeur de produire ces documents, même lorsqu'il s'agit d'une décision bénéficiant d'une reconnaissance de plein droit, dès lors qu'il doit produire une expédition de la décision, conformément à l'art. 46 de la convention de Bruxelles du 27 sept. 1968. • Civ. 1re, 9 oct. 1991, n° 90-13.449 P : *Rev. crit. DIP 1992. 516 (1re esp.), note Kessedjian* • 20 nov. 1990, n° 88-18.460 P • 5 avr. 1993, n° 91-13.619 P (refus de recevoir en France un acte de naissance établi à l'étranger et mentionnant sciemment un lieu de naissance inexact) • 22 oct. 2008 : *D. 2009. 59, note Motte-Suraniti ; JCP 2008. Actu. 651, obs. Cornut* (insuffisance, comme équivalent, de l'acte d'assignation et de ses annexes) • 9 sept. 2015, n° 14-13.641 P (décision étrangère non conforme à la conception française de l'ordre public international de procédure). ♦ Pour d'autres applications de l'ordre public atténué lorsqu'il s'agit de reconnaître des droits acquis à l'étranger, V. C. civ., art. 2412.

16. Illustrations : non-conformité à l'ordre public. Sur l'éviction de la loi étrangère par l'exception d'ordre public, nombreuses applications. Par exemple : l'ordre public français s'oppose aux obstacles de nature religieuse qu'une loi étrangère (loi marocaine) établit à l'encontre de la liberté matrimoniale. • Paris, 9 juin 1995 : *D. 1996. Somm. 171, obs. Audit*. ♦ La loi marocaine qui ne permet pas d'allouer à l'épouse une allocation suffisante après le divorce est contraire à l'ordre public international français. • Civ. 1re, 28 nov. 2006, n° 04-11.520 P : *D. 2007. 280, note Devers ; ibid. Pan. 1752, obs. Courbe ; AJ fam. 2007. 86, obs. Boiché ; Rev. crit. DIP 2007. 584, note Joubert*. – Comp. • 4 nov. 2009, n° 08-20-355 P : *D. 2010. 543, note Lardeux ; JCP 2009, 477, obs. Devers* (obligation pour le juge du fond de rechercher les droits accordés à l'épouse dans les termes du nouveau code marocain de la famille adopté en 2004). ♦ Ordre public et filiation, V. note 55. ♦ Sur le caractère d'ordre public et leur application à une convention d'arbitrage soumise à une loi étrangère des principes de l'arrêt des poursuites individuelles des créanciers, de dessaisissement du débiteur et d'interruption de l'instance en cas de faillite : • Civ. 1re, 5 févr. 1991, n° 89-14.382 P • 6 mai 2009, n° 08-10.281 P (principe de suspension des poursuites individuelles en matière de faillite).

17. Répudiations – Conventions internationales. BIBL. Devers, *Dr. fam. 2006. Étude 15* (divorce d'époux marocains ou franco-marocains). – Monéger, *Rev. crit. DIP 2014. 247* (le Code de la famille marocain de 2004 devant la Cour de cassation). – Dossier, *Dr. fam. 2015, n°s 38 s.* (réception réciproque des institutions familiales entre l'Europe et le Maghreb). ♦ Même si elle résulte d'une procédure loyale et contradictoire, une décision constatant une répudiation unilatérale du mari sans donner d'effet juridique à l'opposition éventuelle de la femme, et en privant l'autorité compétente de tout pouvoir autre que celui d'aménager les conséquences financières de cette rupture du lien matrimonial, est contraire au principe d'égalité des époux lors de la dissolution du mariage reconnu par l'art. 5 du protocole du 22 nov. 1984, n° 7, additionnel à la Conv. EDH, que la France s'est engagée à garantir à toute personne relevant de sa juridiction, et donc à l'ordre public international réservé par la convention franco-algérienne du 27 août 1964, dès lors que les deux époux sont domiciliés sur le territoire français. • Civ. 1re, 17 févr. 2004, n° 01-11.549 P : *R., p. 431 ; BICC 1er mai 2004, n° 659, et la note ; GADIP, 5e éd., n° 64 ; D. 2004. 824, concl. Cavarroc ; ibid. Chron. 815, par Courbe ; D. 2005. Pan. 1266, obs. Chanteloup ; JCP 2004. II. 10128, note Fulchiron ; Defrénois 2004. 812, note Massip ; Gaz. Pal. 2004. 567, note Niboyet ; AJ fam. 2004. 140, obs. S. David ; Dr. fam. 2004. Chron. 9, par Prigent ; Dr. et patr. 4/2004. 124, obs. Monéger ; RJPF 2004-5/11, note Meyzeaud-Garaud ; LPA 5 août 2004, note Péroz ; RTD civ. 2004. 367, obs. Marguénaud ; Rev. crit. DIP 2004. 423, note Hammje* • 17 févr. 2004, n° 02-11.618 P • Civ. 1re, 23 oct. 2013 : *D. 2013. 2518 ; AJ fam. 2013. 709, obs. Boiché ; RTD civ. 2014. 94, obs. Hauser* (peu importe que l'épouse ait été convoquée à la procédure étrangère et dispose à l'étranger de voies d'action). – Même sens (convention franco-marocaine) : • 4 nov. 2009, n° 08-20.574 P : *D. 2010. 543, note Lardeux ; ibid. Pan. 1243, obs. Williatte-Pellitteri ; AJ fam. 2010. 86, obs. Boiché ; Dr. fam. 2010. 13, obs. Abadie ; RJPF 2010-2/27, obs. Garé ; RLDC 2010/67, n° 3688, obs. Pouliquen ; Rev. crit. DIP 2010. 313, étude Zaher* (dans le cadre du nouveau code marocain de la famille adopté en 2004). ♦ Lorsqu'une décision de divorce a été prononcée à l'étranger en application d'une loi qui n'accorde pas à l'un des époux, en raison de son appartenance à l'un ou l'autre sexe, une égalité d'accès au divorce, sa reconnaissance ne heurte pas l'ordre public international, dès lors qu'elle est invoquée par celui des époux à l'égard duquel sont prévues les règles les moins favorables, que la procédure suivie n'a pas été entachée de fraude et que l'autre époux a pu faire valoir ses droits. • Civ. 1re, 17 mars 2021, n° 20-14.506 P : *D. 2021. 631 ; AJ fam. 2021. 303, obs. Boiché ; Rev. crit. DIP 2021. 662, note Niboyet ; JCP 2021, n° 463, note Farge ; Dr. fam. 2021, n° 86, obs. Farge* (non-assimilation du divorce par compensation prévu à l'art. 54 du code de la famille algérien à la répudiation prévue à l'art. 48 du même code, dès lors que le premier, prononcé à l'initiative de l'épouse, est subordonné au paiement d'une somme d'argent, tandis que la seconde procède de la seule volonté de l'époux, lequel ne peut être tenu à une réparation pécuniaire qu'en cas de reconnaissance par le juge d'un abus de droit). ♦ Un divorce algérien valant répudiation ne met pas fin au devoir de secours de l'époux et il est fait droit à la demande en divorce postérieure de l'épouse aux torts du mari. • Civ. 1re, 14 mai 2014, n° 13-17.124 P : *D. 2015. 1068, obs. Jault-Seseke*. ♦ V. déjà, sur le refus de reconnaissance en France d'une répudiation, en application de la convention franco-marocaine du 10 août 1981, en contrariété avec l'ordre public : • Civ. 2e, 14 mars 2002, n° 99-21.639 P : *D. 2002. IR 1177 ; JCP 2002. II. 10095, note Fulchiron ; ibid. 2003. I. 107, n° 3, obs. Poillot-Peruzzetto ; JDI 2002. 1062, note Kahn ; LPA 24 juill. 2002, note Garé ; Dr. fam. 2002. Chron. 17, par Farge* (contrariété à l'ordre public français de la répudiation de l'épouse en dehors des cas prévus à l'art. 13 de la Convention franco-marocaine du 10 août 1981) • Civ. 1re, 23 oct. 2013 : *D. 2013. 2518 ; AJ fam. 2013. 709 ; RTD civ. 2014. 94, obs. Hauser ; Dr. fam. 2014, n° 31, obs. Farge, RLDC 2014/114, n° 5387, obs. Thevenet-Montfrond.* ♦ Comp. • Civ. 1re, 3 juill. 2001, n° 00-11.968 P : *D. 2001. 3378, note Niboyet ; JCP 2002. II. 10039, note Vignal ; RJPF 2001-11/23, note Meyzeaud-Garaud ; Dr. fam. 2002. Chron. 17, par Farge ; Rev. crit. DIP 2001. 704, note Gannagé ; JDI 2002. 121, note Kahn*, estimant que n'est pas contraire à la conception française de l'ordre public international la reconnaissance en France d'un divorce étranger par répudiation unilatérale par le mari dès lors que le choix du tribunal n'a pas été frauduleux, que la procédure a permis à chaque partie de faire valoir ses prétentions et ses défenses et que le jugement (algérien) a garanti des avantages financiers à l'épouse. ♦ Le juge peut, sans reconnaître le jugement marocain, lui accorder un effet de fait, s'agissant de la séparation des époux ainsi que, pour l'appréciation de l'existence d'une disparité, du versement d'un somme d'argent à l'épouse. • Civ. 1re, 4 mai 2011, n° 10-14.142 P : *D. 2011. Actu. 1347 ; AJ fam. 2011. 322, obs. Boiché ; Dr. fam. 2011, n° 120, obs. Abadie.* ♦ Sur la question des répudiations, V. aussi note 48 ; L. François, *D. 2002. Chron. 2958* (conventions bilatérales reconnaissant les répudiations musulmanes et Conv. EDH) ; F. Oudin, *RJPF 2002-12/11* (principe d'égalité et ordre public international) ; sur les arrêts du 17 févr. 2004 : P. Courbe, *D. 2004. Chron. 815* ; Lardeux, *RLDC 2004/6, n° 241* ; Niboyet, *Gaz. Pal. 2004. Doctr. 2814* ; Prigent, *Dr. fam. 2004. Chron. 9.*

18. ... *Conformité à l'ordre public.* Pour accorder l'*exequatur* en l'absence de convention internationale, le juge français doit s'assurer que trois conditions sont remplies, à savoir la compétence indirecte du juge étranger fondée sur le rattachement du litige au juge saisi, la conformité à l'ordre public international de fond et de procédure ainsi que l'absence de fraude. • Civ. 1re, 30 janv. 2013, n° 11-10.588 P : *D. 2013. 371*. ♦ Le principe d'égalité des parents dans l'exercice de l'autorité parentale relève de l'ordre public international français, mais la circonstance qu'une décision étrangère réserve à l'un des parents le soin de prendre seul certaines décisions relatives aux enfants ne peut constituer un motif de non-reconnaissance qu'autant qu'elle heurte de manière concrète les principes essentiels du droit français. • Civ. 1re, 2 déc. 2020, n° 18-20.691 P : *D. 2020. 2457 ; AJ fam. 2021. 134, obs. Boiché ; Rev. crit. DIP 2021. 887, note Usunier*. ♦ N'est pas contraire à la conception française de l'ordre public international : l'exclusion de l'adoption par le droit marocain dès lors que ce droit met en place une protection de remplacement de l'enfant. • Paris, 19 juin 1992 : *D. 1993. Somm. 120, obs. Bottiau* • Civ. 1re, 19 oct. 1999, n° 97-20.345 P : *D. 1999. IR 257 ; Defrénois 2000. 660, obs. Massip ; ibid. 699, note Revillard ; Dr. fam. 2000, n° 85, note Murat.* ♦ ... Ni la soumission à un bref délai, par la loi étrangère (allemande), de l'action en contestation de reconnaissance. • Civ. 1re, 6 juill. 1999, n° 97-19.453 P : *D. 1999. 483, concl. Sainte-Rose ; D. 2000. Somm. 162, obs. Bottiau ; JCP 2000. II. 10353, note Vignal ; Defrénois 2000. 109, obs. Massip ; Dr. fam. 2000, n° 55, note Fulchiron.* ♦ ... Ni la clause de « maher » d'un mariage indien, convention établissant le consentement des époux assorti du versement d'une dot. • Civ. 1re, 22 nov. 2005, n° 03-14.961 P : *JCP 2006. I. 141, n° 8, obs. Wiederkehr ; Defrénois 2006. 873, étude Revillard ; Dr. fam. 2006, n° 20, note Larribau-Terneyre ; RJPF 2006-3/22, note Oudin ; JDI 2006. 1365, note Najm.* ♦ ... Ni l'exclusion par la loi étrangère compétente de la réparation intégrale du préjudice, et notamment celle d'un préjudice moral. • Crim. 16 juin 1993, n° 92-82.509 P. ♦ ... Ni l'exclusion par la loi allemande de l'action directe du sous-traitant contre le maître de l'ouvrage. • Civ. 1re, 23 janv. 2007, n° 04-10.897 P : *D. 2007. 2008, note Borysewicz et Loncle ; ibid. AJ 503, obs. Gallmeister ; ibid. Pan. 2568, obs. Bollée ; LPA 21 août 2007, note Mahinga ; Banque et Dr. 7-8/2007. 3, étude Bessis ; RDI 2007. 418, obs. Boubli et Périnet-Marquet ; RDC 2007. 879, obs. Deumier ; RTD com. 2007. 631, obs. Delebecque*. – Comp. • Cass., ch. mixte, 30 nov. 2007 : *cité note 32.* ♦ ... Ni l'*exequatur* d'une décision étrangère ouvrant une procédure collective à l'égard d'un non-commerçant. • Com. 18 janv. 2000, n° 97-11.906 P : *JCP E 2000. 611, note Chaput ; Rev. crit. DIP 2000. 442, note Bureau ; JDI 2001. 539, note Poillot-Peruzzetto.* ♦ ... Ni l'absence d'extinction, selon la loi belge, de la créance pour défaut de déclaration à la procédure collective du débiteur. • Com. 16 oct. 2007, n° 06-14.681 P. ♦ ... Ni l'*exequatur* accordé à un jugement étranger (espagnol) fixant à vingt-trois mois la durée de la période suspecte, dès lors que le résultat est admissible au regard de la sécurité du commerce et du crédit du débiteur. • Com. 5 févr. 2002, n° 98-22.683 P : *D. 2002. AJ 957, obs. A. Lienhard ; JCP 2002. I. 153, n° 10, obs. Fabries ; JCP E 2003. 854, note Raimon (1re esp.).* ♦ ... Ni la reconnaissance en France de l'injonction Mareva du droit anglais. • Civ. 1re, 30 juin 2004, n° 01-03.248 P : *D. 2004. 2743, note Bouche ; D. 2005. Pan. 1267, obs. Chanteloup ; JCP 2004. II. 10198, concl. Sainte-Rose ; ibid. 2005. I. 135, n° 13, obs. Delebecque ; RTD civ. 2004. 549, obs. Théry ; Rev. crit. DIP 2004. 815, note Muir Watt ; Gaz. Pal. 14-15 janv. 2005, note Niboyet.* ♦ ... Ni « l'*anti suit injunction* » dont, hors champ d'application de conventions ou du droit communautaire, l'objet consiste seulement, comme en l'espèce, à sanctionner la violation d'une obligation contractuelle préexistante. • Civ. 1re, 14 oct. 2009 : *cité note 2 ss. art. 14.* ♦ V. pour le caractère rétroactif des effets de la faillite en droit espagnol : • Com. 5 févr. 2002, n° 98-22.682 P : *JCP E 2003. 854, note Raimon (2e esp.).* ♦ ... La méconnaissance par le juge étranger de l'art. L. 341-4 [L. 332-1] C. consom. • Civ. 1re, 30 janv. 2013 : *préc.* ♦ La capacité d'agir en justice ne relève pas de l'ordre public international. • Civ. 1re, 1er déc. 1999, n° 97-22.211 P : *JCP 2000. II. 10436, note Menjucq.*

La conception de la cause des obligations contractuelles retenue par le droit français n'est pas, dans tous ses aspects, d'ordre public international. • Com. 13 sept. 2011, nos 10-25.533 P, 10-25.731 P, 10-25.908 P.

Les applications de l'exception d'ordre public sont citées dans chacun des domaines de conflits de lois ci-après : V. not. notes 56, 55 et 105 s. ; V. égal. son application dans la conception des lois de police et de sûreté, notes 21 s.

19. Ordre public international et Conv. EDH. Sur la conformité à la conception française de l'ordre public international, aux dispositions de la convention européenne de sauvegarde des droits de l'homme et des libertés fondamentales, et à celles du pacte des Nations Unies relatif aux droits civils et politiques d'une loi qui prohibe l'adoption d'un enfant en la forme plénière par un étranger ne résidant pas dans le pays : • Civ. 1re, 31 janv. 1990 : *GADIP, 5e éd., n° 68 ; D. 1991. 105, note F. Boulanger ; JCP 1991. II. 21635, note Muir Watt ; Gaz. Pal. 1990. 2. 481, note Sturlese ; Defrénois 1990. 961, obs. Massip* (ancienne loi brésilienne). ♦ Sur la portée en France de l'art. 6 Conv. EDH relatif aux garanties procédurales d'ordre public, V. par exemple : • Crim. 26 avr. 1990, n° 88-84.586 P.

La matière des droits de l'homme est d'ordre public et la protection de ces droits doit être assurée tant à l'égard des nationaux qu'à l'égard des ressortissants des États non parties à la Convention européenne de sauvegarde des droits de l'homme et des libertés fondamentales, s'ils sont domiciliés sur le territoire national. Doit donc être déclarée recevable l'action d'un transsexuel en vue d'une nouvelle désignation du sexe dans les documents officiels, sans considération du statut personnel de l'intéressé. L'application de la loi nationale du sujet, ignorant le syndrome du transsexualisme, conduirait à une décision constituant en elle-même la violation d'un droit de l'homme. • Paris, 14 juin 1994 : *Rev. crit. DIP 1995. 308, note Lequette*. ♦ L'ordre public international s'oppose à ce qu'un employeur puisse se prévaloir des règles de conflit de juridictions et de lois pour décliner la compétence des juridictions nationales et évincer l'application de la loi française dans un différend qui présente un rattachement avec la France et qui a été élevé par un salarié placé à son service sans manifestation personnelle de sa volonté et employé dans des conditions ayant méconnu sa liberté individuelle. • Soc. 10 mai 2006, n° 03-46.593 P : *D. 2006. IR 1400, obs. P. Guiomard ; D. 2007. Pan. 1752, obs. Courbe ; JCP 2006. II. 10121, note Bollée ; RDC 2006. 1260, obs. Deumier ; Rev. crit. DIP 2006. 856, note Pataut et Hammje*. ♦ V. aussi, • Civ. 1re, 17 févr. 2004 : *préc. note 17.*

20. Règle de compétence contenue dans un traité international. Si l'ordre public peut être invoqué pour faire obstacle à l'application d'une loi étrangère contraire à des conceptions fondamentales du droit français, tel n'est pas le cas lorsque le caractère d'ordre public de la loi de fond ne commande pas d'écarter une règle de compétence contenue dans un traité international dont l'autorité est supérieure à celle de la loi interne. • Cass., ass. plén., 14 oct. 1977, n° 75-11.844 P : *R. 1976-1977, p. 144 ; D. 1978. 417, note P. Lagarde.*

II. DÉTERMINATION DES LOIS DE POLICE ET DE SÛRETÉ

BIBL. Courbe, *Études Mercadal, éd. F. Lefebvre, 2002* (ordre public et lois de police en droit des contrats). – Heuzé, *Rev. crit. DIP 2020. 31* (un avatar du pragmatisme juridique : la théorie des lois de police). – Nuyts, *Rev. crit. DIP 1999. 31*. – De Vareilles-Sommières, *D. 2006. Chron. 2464* (application des lois de police en droit des contrats internationaux de consommation) ; *Rev. crit. DIP 2011. 207* (lois de police et politiques législatives).

21. Définition et identification de la loi de police et de sûreté. L'art. 9 du Régl. Rome I n° 593/2008 du 17 juin 2008, applicable aux obligations contractuelles (substitué à l'art. 7, Conv. Rome du 19 juin 1980), qualifie de loi de police « *une disposition impérative dont le respect est* jugé crucial par un pays pour la sauvegarde de ses intérêts publics, tels que son organisation politique, sociale ou économique, au point d'en exiger l'application à toute situation entrant dans son champ d'application, quelle que soit par ailleurs la loi applicable au contrat d'après le présent règlement ». ♦ Pour un exemple de qualification de loi de police par le législateur, V. C. consom., art. L. 711-2. ♦ A défaut, il revient au juge de qualifier une règle de loi de police et d'en déterminer le domaine d'application. V. illustrations notes 25 s.

22. Sens de la loi de police en droit communautaire. Constitue, au sens du droit communautaire, une loi de police la disposition nationale dont l'observation est jugée cruciale pour la sauvegarde de l'organisation politique, sociale ou économique de l'État au point d'en imposer le respect à toute personne se trouvant sur le territoire ou à tout rapport juridique localisé dans celui-ci... • CJCE 23 nov. 1999 : *Rev. crit. DIP 2000. 710, note Fallon ; JDI 2000. 493, obs. Luby.* ♦ ... Ou dont l'observation est nécessaire pour la sauvegarde de l'organisation politique, sociale et économique du pays au point de régir impérativement la situation, quelle que soit la loi applicable. • Civ. 1re, 16 sept. 2015, n° 14-10.373 P : *D. 2015. 2356, note Abadie et Lasserre Capdeville ; ibid. 2016. 1045, obs. Gaudemet-Tallon et Jault-Seseke ; ibid. 1955, obs. Crocq ; ibid. 2025, obs. d'Avout et Bollée ; Rev. crit. DIP 2016. 132, note Bureau et Muir Watt ; RTD com. 2016. 590, obs. Delebecque ; RDC 2016. 80, note Laazouzi.*

23. Incidence des lois de police étrangères. Pour l'application éventuelle de la loi de police étrangère par le juge du for, V. Règl. Rome I n° 593/2008 du 17 juin 2008, applicable aux obligations contractuelles, art. 9 (substitué à l'art. 7, Conv. Rome du 19 juin 1980), avec effet des dispositions d'une loi de police étrangère d'un pays si les obligations nées du contrat doivent être ou ont été exécutées dans ce pays, et sous réserve que les lois de police de ce pays rendent l'exécution du contrat illégale : « Pour décider si effet doit être donné à ces lois de police, il est tenu compte de leur nature et de leur objet, ainsi que des conséquences de leur application ou de leur non-application. »

24. Loi de police et arbitrage. Le recours à l'arbitrage n'est pas exclu du seul fait que des dispositions impératives, fussent-elles constitutives d'une loi de police, sont applicables. • Civ. 1re, 8 juill. 2010, n° 09-67.013 P : *D. 2010. 2884, note Audit et Cuperlier ; ibid. 2540, obs. Serra ; ibid. 2933, obs. Clay ; Rev. crit. DIP 2010. 743, note Bureau et Muir Watt*.

25. Illustrations – Assistance à l'enfance. Les dispositions sur l'assistance à l'enfance en danger sont applicables sur le territoire français à tous les mineurs qui s'y trouvent, quelle que soit leur nationalité ou celle de leurs parents. • Civ. 1re, 27 oct. 1964 : *D. 1965. 81* • 16 janv. 1979, n° 78-80.002 P : *JDI 1981. 66, note Jacques Foyer* • Crim. 4 nov. 1992, n° 91-86.938 P : *R., p. 430 ; D. 1994. 11, note F. Boulanger*. ♦ Inversement, les lois sur l'assistance éducative étant d'application territoriale, les juridictions françaises sont incompétentes pour prendre des mesures d'assistance éducative à l'égard de mineurs résidant à l'étranger. • Civ. 1re, 6 avr. 1994, n° 93-05.024 P : *R., p. 276 ; Defrénois 1994. 1099, obs. Massip.*

26. ... *Droit du travail.* Les lois relatives à la représentation des salariés et à la défense de leurs droits et intérêts sont des lois de police s'imposant à toutes les entreprises et organismes assimilés qui exercent leur activité en France. • Soc. 3 mars 1988 : *Bull. civ. V, n° 164 ; Rev. crit. DIP 1989. 63, note Lyon-Caen ; JDI 1989. 78, note Moreau-Bourlès* (en l'espèce, pour un délégué syndical central) • Cass., ass. plén., 10 juill. 1992, n° 88-40.672 P : *JCP 1993. II. 22063, note P. Rodière ; Rev. crit. DIP 1994. 69, note Audit, 2 arrêts* (licenciement de salariés protégés). ♦ Rappr. • Soc. 14 janv. 2004, n° 02-60.119 P : *Rev. sociétés 2005. 209, note Audit* (incidence du droit communautaire). ♦ V. déjà, pour l'application de la loi française, loi territoriale, en matière de comités d'entreprise, à des entreprises d'au moins cinquante salariés et ayant leur siège social à l'étranger, • CE 29 juin 1973 : *Rev. crit. DIP 1974. 344, concl. Questiaux ; JDI 1975. 538, note Simon-Depitre ; GADIP, 5e éd., n° 53.* ♦ ... De statut des VRP, règle d'ordre public, • Soc. 9 déc. 1960 : *JCP 1961. II. 12029, note Simon-Depitre.* ♦ ... De statut des journalistes, dispositions impératives de la loi française. • Soc. 31 janv. 2007, n° 05-44.203 P : *RDC 2007. 879, obs. Deumier.* ♦ En dehors des situations de détachement de travailleurs sur le territoire français, relevant de la Dir. 96/71/CE du 16 déc. 1996, la législation française sur la durée du travail ne constitue pas une loi de police mais relève des dispositions auxquelles il ne peut être dérogé par accord au sens de l'art. 8, § 1 du Règl. n° 593/2008. • Soc. 8 déc. 2021, n° 20-14.178 B : *D. 2022. 915, obs. Clavel et Jault-Seseke ; Dr. soc. 2022. 162, obs. Lacoste-Mary.*

27. ... *Funérailles, succession.* La réglementation des funérailles touche au premier chef à l'ordre public et doit demeurer résolue suivant les dispositions du droit français (L. du 15 nov. 1887), loi territoriale. • Civ. 1re, 12 févr. 1957 : *D. 1959. 47, note Malaurie.* ♦ Comp. • Civ. 1re, 17 févr. 1982 : *Rev. crit. DIP 1984. 451, note Labrusse-Riou.* ♦ La liberté d'organiser ses funérailles ne relève pas de l'état des personnes mais des libertés individuelles ; la L. du 15 nov. 1887, qui en garantit l'exercice, est une loi de police applicable aux funérailles de toute personne qui décède sur le territoire français. • Civ. 1re, 19 sept. 2018, n° 18-20.693 P : *D. 2018. 2280, note Bahurel ; ibid. 2384, obs. Godechot-Patris et Grare-Didier ; AJ fam. 2019. 167, obs. Houssier ; Rev. crit. DIP 2019. 224, note Gallant ; JCP 2018, n° 1142, note Péroz ; Dr. fam. 2018, n° 281, note Carayon.* ♦ Les règles relatives à l'attribution préférentielle d'une exploitation agricole sont, en raison de leur destination économique et sociale, des lois de police de sorte qu'ont vocation à s'appliquer celles que fixe la loi du lieu de situation de l'immeuble. • Civ. 1re, 10 oct. 2012, n° 11-18.345 P : *D. 2012. 2449 ; AJ fam. 2012. 624, obs. Boiché ; JCP 2012, n° 1368, note Perreau-Saussine.*

Une loi étrangère désignée par la règle de conflit qui ignore la réserve héréditaire n'est pas en soi contraire à l'ordre public international français et ne peut être écartée que si son application concrète, au cas d'espèce, conduit à une situation incompatible avec les principes du droit français considérés comme essentiels. • Civ. 1re, 27 sept. 2017, n° 16-13.151 P : *D. 2017. 2185, note Guillaumé ; ibid. 2310, note Fulchiron ; AJ fam. 2017. 595, obs. Boiché ; RTD civ. 2017. 833, obs. Usunier ; ibid. 2018. 189, obs. Grimaldi ; Rev. crit. DIP 2018. 87, note B. Ancel ; RTD com. 2018. 110, obs. Pollaud-Dulian ; Defrénois 2017/22, p. 23, obs. Goré ; JCP 2017, n° 1236, note Nourissat et Revillard.*

La dévolution successorale de biens immobiliers situés en France, soumis à ce titre à la loi française, doit tenir compte des règles de la réserve héréditaire, laquelle, d'ordre public interne, ne peut être écartée par des dispositions testamentaires établies selon la loi du domicile du défunt et régissant son statut personnel. • Civ. 1re, 4 juill. 2018, n° 17-16.515 P : *D. 2018. 1490 ; AJ fam. 2019. 103, obs. Boiché ; Dr. fam. 2018, n° 243, obs. Tani.*

28. ... *Monnaie.* Lorsqu'un bail, conclu entre Français et portant sur des biens situés en Algérie, prévoit le paiement du loyer en monnaie française, le locataire est valablement libéré par un paiement en monnaie algérienne, dès lors que le paiement en monnaie française est incompatible avec les lois de police algériennes auxquelles le preneur se trouve soumis. • Civ. 3e, 14 déc. 1977, n° 76-12.282 P. – V. aussi • Paris, 10 juin 1967 : *D. 1969. 221, concl. Granjon* • 15 mai 1975 : *Rev. crit. DIP 1976. 690, note Batiffol.* – Mayer, *JDI 1981. 277* (lois de police étrangères).

29. ... *Propriété littéraire et artistique.* Sont d'application impérative les règles relatives à la protection de l'intégrité d'une œuvre littéraire ou artistique, quel que soit l'État sur le territoire duquel cette œuvre a été divulguée pour la première fois, et celles selon lesquelles la personne qui en est l'auteur du seul fait de sa création est investie du droit moral (à propos de la « colorisation » de film). • Civ. 1re, 28 mai 1991 : *D. 1993. 197, note Raynard ; JCP 1991. II. 21731, note Françon ; Rev. crit. DIP 1991. 752, note Gautier,* cassant • Paris, 6 juill. 1989 : *D. 1990. 152, note Audit ; D. 1990. Somm. 285, obs. Hassler ; JCP 1990. II. 21410, note Françon ; JDI 1989. 979, note Edelman ; Rev. crit. DIP 1989. 706, note Gautier.*

30. ... *Protection du consommateur.* Sont d'application territoriale les règles impératives de protection du consommateur : V. C. consom., art. L. 135-1 [L. 232-1] et Conv. Rome du 19 juin 1980 relative à la loi applicable aux obligations contractuelles. – V. aussi • Civ. 1re, 19 oct. 1999, n° 97-17.650 P : *D. 2000. 765, note Audit ; Rev. crit. DIP 2000. 29, note Lagarde ; JDI 2000. 339, note Racine* (les dispositions sur le crédit à la consommation sont d'application impérative pour le juge français) • 23 mai 2006, n° 03-15.637 P : *R., p. 465 ; D. 2006. 2798, note Audit ; D. 2006. AJ 1597, obs. Avena-Robardet ; D. 2007. Pan. 1754, obs. Courbe , et 2567, obs. Bollée ; CCE 2006, n° 143, note Chabert ; Dr. et patr. 12/2006. 80, obs. Ancel ; RDC 2006. 1253, obs. Deumier ; Rev. crit. DIP 2007. 85, note Cocteau-Senn* (*idem*). – V. encore • Civ. 1re, 10 juill. 2001, n° 00-04.104 P : *D. 2001. AJ 2412, obs. Rondey ; CCC 2001, n° 167, obs. Raymond* (les dispositions sur le surendettement des particuliers s'imposent au même titre aux créanciers nationaux et aux créanciers étrangers).

31. ... Sous-traitance. Est également d'application territoriale, la L. du 31 déc. 1975 sur la sous-traitance, en ses dispositions protectrices du sous-traitant, s'agissant de la construction d'un immeuble en France. • Cass., ch. mixte, 30 nov. 2007, n° 06-14.006 P : *R., p. 481 ; BICC 1er avr. 2008, p. 29, rapp. Monéger et avis Guérin ; D. 2008. AJ 5, obs. Delpech ; ibid. 2008. 753, note Boyault et Lemaire ; ibid. Pan. 1508, obs. Courbe ; ibid. Pan. 2560, obs. Bollée ; JCP 2008. II. 10000, note d'Avout ; ibid. I. 161, n° 1, obs. Lecourt ; JCP E 2008. 1201, note Berlioz ; Gaz. Pal. 21-22 mars 2008, obs. Niboyet ; LPA 16 avr. 2008, note Lardeux ; CCC 2008, n° 94, obs. Leveneur ; RDI 2007. 511, avis Guérin ; ibid. 2008. 38, obs. Charbonneau ; Dr. et patr. 3/2008. 82, obs. Mattout et Prüm ; ibid. p. 86, obs. Mallet-Bricout ; ibid. déc. 2008, p. 93, obs. Ancel ; RLDC 2008/55, n° 3241, note Niggemann et Jonglet de Ligne* • Civ. 3e, 30 janv. 2008, n° 06-14.641 P : *D. 2008. AJ 478, obs. Delpech ; RDI 2008. 272, obs. Périnet-Marquet ; RLDC 2008/55, n° 3241, note Niggemann et Jonglet de Ligne* • 25 févr. 2009, n° 07-20.096 P (modernisation d'un immeuble). ♦ Mais, en dehors du cadre de la sous-traitance immobilière : • Com. 27 avr. 2011, n° 09-13.524 P : *D. 2011. 1277, obs. Delpech ; ibid. 2011. 1654, note Le Bos ; ibid. 2011 Pan. 2438, obs. d'Avout ; RDI 2011. 618, obs. Périnet-Marquet ; Rev. crit. DIP 2011. 624, rapp. Maîtrepierre ; ibid. 659, note Ancel ; Gaz. Pal. 2011. 2182, note Guerchoun ; RDC 2011. 1294, note Racine* (nécessité de caractériser l'existence d'un lien de rattachement de l'opération avec la France au regard de l'objectif de protection des sous-traitants poursuivi par le texte). • Com. 20 avr. 2017, n° 15-16.922 P : *D. 2017. 2054, obs. d'Avout et Bollée ; AJ contrat 2017. 289, obs. Pironon* (par application de l'art. 7 anc. Conv. Rome, en l'absence de lien de rattachement à la France lié à l'objectif poursuivi, tel que le lieu d'établissement du sous traitant, le lieu d'exécution de la prestation ou la destination finale des produits sous-traités, est exclue l'application immédiate à l'opération litigieuse des dispositions de la L. 31 déc. 1975).

32. ... Autres applications. Sont encore d'application territoriale : les dispositions relatives aux droits et devoirs des époux résultant des art. 212 s. C. civ. • Civ. 1re, 20 oct. 1987, n° 85-18.877 P : *R., p. 259 ; Rev. crit. DIP 1988. 540, note Lequette ; JDI 1988. 446, note Huet.* ♦ Comp. : • Paris, 3 déc. 1980 : *Rev. crit. DIP 1981. 501, note Gaudemet-Tallon ; Journ. not. 1981. 739, note Droz* (dans le sens de l'indivisibilité du régime matrimonial). ♦ ... L'art. L. 132-8 C. com. conférant au transporteur routier une action en paiement de ses prestations à l'encontre de l'expéditeur et du destinataire institués garants du paiement du prix du transport. • Com. 13 juill. 2010, n° 10-12.154 P : *R., p. 389 ; D. 2010. 2339, note V. Da Silva ; ibid. 2323, obs. d'Avout et Bollée ; ibid. 2011. 1374, obs. Jault-Seseke ; ibid. 1445, obs. Kenfack ; RDC 2011.217, obs. Deumier ; RTD com. 2010. 779, obs. Bouloc.* ♦ ... L'art. 10 de la L. du 3 janv. 1967 relatif à la propriété des navires francisés. • Com. 14 janv. 2004, n° 00-17.978 P : *D. 2005. Pan. 1193, obs. Courbe ; RTD civ. 2004. 353, obs. Perrot ; RTD com. 2004. 845, obs. Delebecque ; RJ com. 2004. 302, note Poillot-Peruzzetto.* ♦ ... Le régime d'indemnisation des victimes d'infractions par les CIVI. • Civ. 2e, 3 juin 2004, n° 02-12.989 P : *D. 2005. Pan. 1194, obs. Courbe ; Rev. crit. DIP 2004. 750, note Bureau.* ♦ ... La prescription de trois mois de l'art. 65 de la L. du 29 juill. 1881, loi de police d'application immédiate. • Civ. 1re, 19 oct. 2004, n° 02-15.680 P : *D. 2005. 878, note Montfort ; ibid. Pan. 1194, obs. Courbe.* ♦ La L. du 25 juin 1991 sur les agents commerciaux (C. com., art. L. 134-1 s.), loi protectrice d'ordre public interne, n'est pas une loi de police applicable dans l'ordre international. • Com. 28 nov. 2000, n° 98-11.335 P : *R., p. 367 ; D. 2001. AJ 305, obs. Chevrier ; JCP 2001. II. 10527, note Bernardeau ; LPA 22 juin 2001, note Nourissat ; JDI 2001. 511, note Jacquet.* – Raynard, *Cah. dr. entr. 2001, n° 2, p. 12.* ♦ Comp. • CJCE 9 nov. 2000, *Ingmar*, n° C-381/98 : *Rec. CJCE-I. 9305 ; LPA 22 juin 2001, note Nourissat ; JDI 2001. 511, note Jacquet.* – Bernardeau, *JCP 2001. I. 328.*

III. LOI APPLICABLE AUX BIENS

33. Immeubles – Lex rei sitae. La loi française est applicable aux immeubles situés en France, sous réserve de l'intervention de la loi du régime matrimonial déterminant les effets du mariage sur la composition du patrimoine des époux. • Civ. 1re, 12 avr. 1967, n° 65-12.482 P. ♦ Le droit au partage établi par l'art. 815, al. 1er, est applicable à un immeuble sis en France indivis entre époux étrangers soumis à un régime de séparation de biens. • Civ. 1re, 22 oct. 1985, n° 84-11.468 P. ♦ Une sûreté immobilière destinée à garantir une créance soumise à la loi d'autonomie est soumise à la loi de situation des biens. • Civ. 1re, 19 janv. 1999, n° 96-17.269 P : *D. 1999. Somm. 292, obs. Audit ; D. Affaires 1999. 371, obs. X. D. ; JCP 2000. II. 10248, note Vignal ; ibid. I. 209, n° 11, obs. Delebecque ; Defrénois 1999. 523, note Revillard.* ♦ V. également note 93. ♦ L'hypothèque judiciaire provisoire est soumise à la seule loi de situation de l'immeuble. • Civ. 1re, 17 nov. 1999, n° 97-20.624 P : *D. 2000. 547, concl. Sainte-Rose, note Khairallah ; Rev. crit. DIP 2000. 433, note Rémery ; JDI 2001. 851, note Bonnet.* ♦ La prescription acquisitive est soumise à la loi du lieu de situation de l'immeuble. • Civ. 1re, 25 mai 2016, n° 15-16.935 P : *D. 2016. 1199 ; AJ fam. 2016. 499, obs. Boiché ; RTD civ. 2016. 672, obs. Grimaldi ; JCP 2016, n° 850, note Perreau-Saussine.* ♦ V. note 132.

Si, en dehors de toute concurrence d'une autre loi, la loi de la situation de l'immeuble est compétente pour déterminer les prérogatives du titulaire du droit réel, l'acquisition qui résulte d'un acte juridique est, en principe, soumise à la loi choisie par les parties. • Civ. 1re, 21 juill. 1987 : *Bull. civ. I, n° 239.* ♦ Pour une application dans le cadre de la convention de Bruxelles du 27 sept. 1968, V. • Civ. 1re, 3 juill. 1996, n° 94-12.428 P : *D. 1998. Somm. 283, obs. Audit ; Rev. crit. DIP 1997. 97, note Gaudemet-Tallon ; JDI 1997. 1016, note A. Huet.* ♦ Refus de renvoyer une QPC sur la règle de conflit applicable aux immeubles car bien qu'elle déroge à la loi étrangère désignée par la règle de conflit de lois française, en cas de décès à l'étranger d'une personne y ayant son dernier domicile, la règle de l'art. 3, al. 2, qui est en rapport direct avec l'objet de la loi, dès lors que, s'agissant de la dévolution d'immeubles situés en France, le règlement successoral s'exécutera et produira ses effets sur son territoire, n'introduit aucune différence de traitement entre les successibles, soumis, quelle que soit leur nationalité, à la loi française pour la dévolution desdits biens et est fondée sur un critère de rattachement réel déterminable avec certitude. • Civ. 1re, 11 avr. 2018, n° 17-21.869 P : *AJ fam. 2018. 408, obs. Boiché ; Rev. crit. DIP 2018. 877, note B. Ancel.*

34. Meubles – Lex rei sitae. La loi qui s'applique aux meubles est, comme pour les immeubles, celle du lieu de situation du bien. • Req. 24 mai 1933 : *DH 1933. 378.*

En l'état d'une vente de matériel, les conditions d'acquisition de la propriété du matériel sont régies par la loi du contrat et la protection de ce droit de propriété (possession, bonne foi) est régie par la loi de la situation actuelle de ce matériel. • Civ. 1re, 9 déc. 1974, n° 73-10.795 P : *Rev. crit. DIP 1975. 504, note Mezger ; JDI 1975. 534, note Ponsard.*

35. Gage. La loi française est seule applicable aux droits réels dont sont l'objet les biens mobiliers situés en France. Il en est ainsi pour les effets d'un contrat de gage lorsque l'objet gagé se trouve actuellement en France. • Civ. 1re, 8 juill. 1969 : *JCP 1970. II. 16182, note Gaudemet-Tallon ; JDI 1970. 916, note Derruppé ; GADIP, 5e éd., n° 48.* – V. aussi • Civ. 1re, 3 mai 1973 : *Bull. civ. I, n° 143 ; Rev. crit. DIP 1974. 100, note Mezger ; JDI 1975. 74, note Fouchard* • Com. 11 mai 1982 : *D. 1983. 271, note Witz.*

36. Revendication – Rétention. BIBL. Loussouarn, *Études Houin, Dalloz, 1985, p. 275* (réserve de propriété). ♦ Application de la loi de situation du bien à l'exercice du droit de rétention sur des marchandises. • Com. 2 mars 1999, n° 97-12.577 P : *Rev. crit. DIP 1999. 305, rapp. Rémery .* ♦ ... A la revendication de biens, application de la présomption édictée à l'art. 2279 [ancien]. • Civ. 1re, 3 févr. 2010 : *D. 2010. AJ 443, obs. Gallmeister ; ibid. 2011. Pan. 1374, obs. Jault-Seseke ; JCP 2010, n° 176, obs. Cornut ; ibid. n° 284, note D'Avout ; ibid. n° 336, § 7, obs. Périnet-Marquet ; Dr. et patr. 7-8/2010. 38, note Attal.* ♦ Les conditions auxquelles peuvent être revendiquées des marchandises vendues avec réserve de propriété sont, en cas de redressement judiciaire de l'acheteur, déterminées par la loi de la procédure collective, quelle que soit la loi régissant la validité et l'opposabilité, en général, de la clause de réserve de propriété. • Civ. 1re, 8 janv. 1991 : *D. 1991. 276, note Rémery ; D. 1993. Somm. 286, obs. Pérochon ; JDI 1991. 993, note Jacquemont.* – V. aussi • Com. 8 janv. 2002 : *LPA 28 oct. 2003, note Chanteloup ; RTD com. 2002. 729, obs. Martin-Serf .*

37. Droits intellectuels. BIBL. Bergé, *Rev. crit. DIP 2000. 357.* ♦ La règle de conflit de lois applicable à la détermination du titulaire initial des droits d'artiste-interprète désigne la loi du pays où la protection est réclamée. • Civ. 1re, 19 juin 2013, n° 12-18.032 P : *D. 2013. 2006, note Azzi* • 18 févr. 2015, n° 11-11.054 P. ♦ La protection civile contre les atteintes portées en France au droit privatif dont un auteur a la jouissance en vertu de la législation du pays d'origine des œuvres litigieuses doit être exercée par application de la loi française. • Civ. 1re, 22 déc. 1959 : *D. 1960. 93, note G. Holleaux ; Rev. crit. DIP 1960. 361, note Terré ; JDI 1961. 420, note Goldman.* ♦ L'utilisation de la prestation d'un artiste, dès lors qu'elle a été faite en France, est soumise à la loi française et non à la loi étrangère d'origine de l'œuvre. • Civ. 1re, 9 déc. 2003, n° 01-10.264 P : *JCP 2004. II. 10133, note A. et H.-J. Lucas ; Rev. crit. DIP 2004. 595, note Azzi .* ♦ Viole l'art. 3 la décision qui déclare la loi espagnole applicable au contrat de cession de ses droits d'auteur par Salvador Dali à une société hollandaise et la dit recevable à agir en contrefaçon, sans que les juges du fond procèdent à la mise en œuvre de la loi étrangère applicable, l'État espagnol ayant reconnu à cette société la qualité de cessionnaire des droits. • Civ. 1re, 5 oct. 1994, n° 91-21.073 P. ♦ Sur la protection du droit moral de l'auteur (à propos de la « colorisation » de film), V. note 29. ♦ Pour l'application de la convention de Berne du 9 sept. 1886 : • Civ. 1re, 7 avr. 1998 : *Rev. crit. DIP 1999. 76, note Bergé* • 30 janv. 2007, n° 03-12.354 P : *D. 2007. AJ 666 ; CCE 2008, Chron. n° 8, note Ancel ; Rev. crit. DIP 2007. 769, note Azzi* • 10 avr. 2013, n° 11-12.508 P : *D. 2013. 2004, note Azzi ; ibid. 1973, chron. Vivant ; JCP 2013, n° 701, obs. Treppoz* (la détermination du titulaire initial des droits d'auteur sur une œuvre de l'esprit est soumise à la règle de conflit de lois édictée par l'art. 5-2, qui désigne la loi du pays où la protection est réclamée) • Com. 7 oct. 2014, n° 12-16.844 P : *D. 2015. 1056, obs. Gaudemet-Tallon et Jault-Seseke ; JCP 2015, n° 484, note Binctin* (Conv. de Berne, art. 5-2, jouissance et exercice des droits de l'auteur de indépendants de l'existence de la protection dans le pays d'origine et étendue de la protection réglée par la législation du pays où la protection est réclamée).

38. Marque de fabrique. Le droit à la marque de fabrique se trouve localisé dans le pays dont la législation lui a donné naissance et assure sa protection. • Com. 15 mars 1966 : *Bull. civ. III, n° 147 ; JDI 1966. 622, note Le Tarnec.*

IV. ÉTAT ET CAPACITÉ DES PERSONNES

BIBL. Dionisi-Peyrusse, *AJ fam. 2011. 250* (reconnaissance en France des situations familiales créées à l'étranger). – Gannagé, *Rev. crit. DIP 2001. 1* (DIP de la famille et hiérarchie des normes). – Lequette, *Trav. Assoc. Capitant, XXXIX-1988, p. 467* (évolution récente du DIP de la famille). – F. Monéger, *Mél. Gebler, PU Nancy, 1998, p. 169* (droit international des relations familiales). – Dossier, *AJ fam. 6/2008* (internationalité du litige familial). – *BICC 1er oct. 2010* (le droit international privé dans le contentieux familial). – Dossier, *AJ fam. 2014. 339* (conventions bilatérales et droit de la famille).

A. MARIAGE

BIBL. Bischoff, *Trav. Com. fr. DIP 1980-1981. II. 91.* – Mestre, *Rev. crit. DIP 1977. 659.* – Revillard, *Defrénois 1981. 785 ; ibid. 1992. 1473.* – Mestre, *ibid. 1977. 659.* – *F. Monéger, JCP 1990. I. 3460* (polygamie). ♦ Concubinages et DIP : *Études Rubellin-Devichi, Litec, 2002.* – Fongaro, *Dr. fam. 2005, n° 255* (effets en France d'un mariage homosexuel célébré dans un pays de l'Union européenne : obs. sur Rép. min. n° 41533, *JOAN Q 26 juill. 2005*). – Gautier, *Rev. crit. DIP 1991. 525* (couples internationaux de concubins). – Fulchiron, *D. 2001. Point de vue. 1628* (mariage homosexuel hollandais). – M. Schmitt, *JCP N 2004. 1006* (mariages homosexuels belge et hollandais : incidence en France).

39. Règles de fond. Loi personnelle des époux. Application aux qualités et conditions requises pour contracter mariage de la loi personnelle de chaque époux et validité du mariage de deux personnes de même sexe au regard soit de la loi personnelle, soit de celle de l'État sur le territoire duquel l'une d'elle a son domicile ou sa résidence. V. art. 202-1 issu de la L. n° 2013-404 du 17 mai 2013. ♦ Jurisprudence antérieure en application de l'art. 3 : V. art. 202-1, notes 1 à 2.

40. ... Monogamie et polygamie. V. art. 202-1, notes 2 et 2.

41. Règles de forme – Application de la loi du lieu de célébration. V. art. 202-2.

42. Preuve. V. art. 202-2, note 2.

43. Loi applicable aux effets du mariage. La loi française régit les effets du mariage d'époux de nationalité différente ayant leur domicile commun en France (en l'espèce, révocation des donations entre époux). • Civ. 1re, 12 juin 1979, n° 76-11.091 P : *Rev. crit. DIP 1980. 322, note Légier ; JDI 1980. 644, note Wiederkehr* ; V. aussi note 144. ♦ Dans le même sens : • Civ. 1re, 19 févr. 1963 : *JCP 1963. II. 13112 ; Rev. crit. DIP 1963. 559, note G. H. ; GADIP, 5e éd., n° 31* (droit aux aliments) • 22 oct. 1985, n° 84-11.468 P : *JDI 1986. 1005, note Wiederkehr* (statut matrimonial de base ou « régime primaire »).

Les règles relatives aux devoirs et droits respectifs des époux, énoncées aux art. 212 s., sont d'application territoriale. • Civ. 1re, 20 oct. 1987 : *préc. note 32.* ♦ La loi des effets du mariage est compétente pour régir la transmission du nom aux enfants légitimes. • Civ. 1re, 7 oct. 1997, n° 95-16.933 P : *D. 1999. 229, note Massip ; D. 1998. Somm. 299, obs. Bottiau ; Rev. crit. DIP 1998. 72, note Hammje* .

44. Obligation alimentaire – Convention de La Haye. Aux termes de l'art. 4 de la convention de La Haye du 2 oct. 1973 sur la loi applicable aux obligations alimentaires, entrée en vigueur le 1er oct. 1977, la loi qui régit les obligations alimentaires découlant des relations du mariage est la loi interne de la résidence du créancier d'aliments ; est dès lors justifiée la décision qui applique l'art. 214 C. civ. pour faire droit à la demande de l'épouse, de nationalité étrangère comme son mari, mais dont la résidence était située en France. • Civ. 1re, 6 nov. 1990, n° 88-15.496 P : *Rev. crit. DIP 1991. 348, note Simon-Depitre* . – Même sens : • Civ. 1re, 23 janv. 2007, n° 05-21.898 P : *D. 2007. AJ 511, obs. Delaporte-Carré ; AJ fam. 2007. 314, obs. Boiché ; RJPF 2007-3/44, obs. Valory ; JCP 2007.*

I. 142, n° 12, obs. Wiederkehr ; Rev. crit. DIP 2007. 402, note Lagarde .

45. *Mariage putatif.* La loi qui annule le mariage a compétence pour régler les conséquences de la nullité et, notamment, le tempérament de la putativité qu'il y a lieu de lui apporter. • Civ. 1re, 16 juill. 1998, n° 96-14.503 P : *JDI 1999. 125, note Courbe ; D. 1999. 51, note Fauvarque-Cosson ; D. 1999. Somm. 196, obs. Granet ; ibid. 294, obs. Audit ; Rev. crit. DIP 1999. 509, note Lequette ; JCP 1999. II. 10032, note Muir Watt ; Dr. fam. 1999, n° 10, note Fulchiron (2e esp.).* – Déjà dans le même sens : • Civ. 1re, 6 mars 1956 : *D. 1958. 709, note Batiffol ; JCP 1956. II. 9549, note Weill ; Rev. crit. DIP 1956. 305, note Francescakis* • Paris, 14 juin 1995 : *préc. note 39* • Paris, 23 févr. 1996 : *préc. note 41.* ♦ Mais la liquidation du régime matrimonial est régie par la loi d'autonomie : V. note 126. ♦ Est de bonne foi l'époux qui, selon une pratique courante et admise de sa loi nationale, se soustrait à l'indissolubilité du mariage catholique et adhère à une confession qui permet la polygamie. • Paris, 14 juin 1995 : *préc. note 39.*

B. DIVORCE, SÉPARATION DE CORPS

BIBL. El Husseini, *Rev. crit. DIP 1999. 427* (répudiations) – Meyzeaud-Garaud, *Dr. fam. 1998. Chron. 13* (l'égalité entre époux : un principe de la CEDH pour neutraliser les répudiations marocaines). – Sturlese, *JCP 2001. I. 292* (règlement CE n° 1347/2000). – Dossier *Dr. et patr. 5/2009. 59* (séparation des couples internationaux, aspects patrimoniaux).

46. *Loi applicable et conformité à l'ordre public international.* La conception française actuelle de l'ordre public international impose la faculté, pour un Français domicilié en France, de demander le divorce. • Civ. 1re, 1er avr. 1981, n° 79-13.959 P : *JDI 1981. 313, note Alexandre.* ♦ V. aussi art. 309, relatif au domaine d'application de la loi française au divorce et également Règl. UE n° 1259/2010 (Rome III) du Conseil, du 20 déc. 2010 applicable au 21 juin 2012, sur la coopération renforcée dans le domaine de la loi applicable au divorce et à la séparation de corps. ♦ N'est pas contraire à la conception française de l'ordre public international : l'application des lois étrangères qui ne connaissent que l'une des deux institutions (divorce ou séparation de corps) offertes par le droit interne français aux époux qui demandent qu'il soit mis fin à la vie commune. • Civ. 1re, 8 nov. 1977, n° 76-12.287 P : *Rev. crit. DIP 1979. 395, note Loussouarn ; JDI 1978. 587, note Alexandre.* ♦ ... Le divorce prononcé à l'étranger (Suisse) sur le fondement d'une loi qui n'exige pas la démonstration d'une faute imputée à l'un des époux, de même que l'homologation d'une convention réglant les conséquences du divorce avant le prononcé de celui-ci. • Civ. 1re, 3 févr. 1982 : *Bull. civ. I, n° 59.* ♦ ... Le prononcé du divorce, selon la loi étrangère applicable (Canada), au seul constat de la cessation de toute cohabitation entre les époux pendant plus d'un an, par une décision se référant à des affidavits. • Civ. 1re, 10 mai 2006, n° 04-19.988 P. ♦ Viole l'ordre public international français la décision étrangère qui prononce le divorce des époux sur requête conjointe, par application de la loi française, malgré l'opposition de la femme. • Civ. 1re, 20 janv. 1987 : *Bull. civ. I, n° 17.*

47. ... *Nécessité d'une décision judiciaire.* Il ne peut y avoir en France de divorce sans décision judiciaire. Les actes des autorités religieuses y sont en la matière dénués d'effet civil. • Civ. 1re, 15 juin 1982 : *D. 1983. 431, note Agostini ; Rev. crit. DIP 1983. 300, note Bischoff.* ♦ Comp. • Versailles, 25 mars 2010 : *Dr. fam. 2010, 173, note Farge.* ♦ Ordre public et divorce, V. note 17.

48. ... *Conventions franco-marocaine et franco-algérienne – Respect du contradictoire et répudiations musulmanes, divorce.* **BIBL.** P. Courbe, *D. 2004. Chron. 815* (les arrêts du 17 févr. 2004). – Lardeux, *RLDC 2004/6, n° 241* (*idem*). – Niboyet, *Gaz. Pal. 2004. Doctr. 2814* (*idem*). – Prigent, *Dr. fam. 2004. Chron. 9* (*idem*). – Devers, *Dr. fam. 2006. Étude 15* (divorce d'époux marocains ou franco-marocains). – L. François, *D. 2002. Chron. 2958* (conventions bilatérales reconnaissant les répudiations musulmanes et Conv. EDH). – F. Oudin, *RJPF 2002-12/11* (principe d'égalité et ordre public international). ♦ V. aussi, désormais, sur la contrariété à l'ordre public international des répudiations : • Civ. 1re, 17 févr. 2004 : *préc. note 17.* ♦ Selon l'art. 13 de la convention franco-marocaine du 10 août 1981, effet en France des actes constatant la dissolution du lien conjugal homologués par un juge au Maroc entre conjoints de nationalité marocaine dans les formes prévues par leur loi nationale. Il en serait autrement si l'épouse n'avait pas été appelée à la procédure. • Civ. 1re, 1er juin 1994, n° 92-13.523 P : *R., p. 479 ; D. 1995. 263, note Massip ; Rev. crit. DIP 1995. 103, note Deprez* (application de la convention franco-marocaine et de l'art. 5 du protocole du 22 nov. 1984, n° 7, additionnel à la Conv. EDH) • 19 déc. 1995, n° 93-19.950 P • 5 janv. 1999, n° 96-14.535 P : *D. 1999. 671, note Agostini ; JCP 2001. I. 293, n° 4, obs. Farge ; Dr. fam. 2000. n° 54, note Fulchiron.* ♦ Dès lors que deux époux sont domiciliés en France, leur nationalité algérienne commune ne suffit pas à rattacher le litige d'une manière caractérisée à l'Algérie, et le juge algérien n'était pas compétent pour prononcer leur divorce. • Civ. 1re, 17 févr. 2004, n° 02-17.479 P : *R., p. 431 ; BICC 1er mai 2004, n° 658, et la note ; D. 2004. IR 606 ; ibid. Chron. 815, par Courbe ; JCP 2004. II. 10128, note Fulchiron ; Gaz. Pal. 3-4 sept. 2004, obs. Niboyet ; Defrénois 2004. 812, note Massip ; AJ fam. 2004. 141, obs. S. David ; Dr. fam. 2004. Chron. 9, par Prigent ; Dr. et patr. 4/2004. 125, obs. F. Monéger ;*

LPA 5 août 2004, note Péroz ; Rev. crit. DIP 2004. 423, note Hammje . ♦ Aux termes des conventions franco-marocaines de 1957 et 1981, les décisions marocaines constatant ou prononçant la dissolution du lien conjugal ne produisent effet en France que si la partie défenderesse a été légalement citée ou représentée et si elles sont passées en force de chose jugée et susceptibles d'exécution ; cassation de l'arrêt de la cour d'appel qui n'a pas vérifié, comme elle eût dû le faire d'office, le respect de ces conditions. • Civ. 1re, 17 févr. 2004, n° 02-15.766 P : *R., p. 431 ; BICC 1er mai 2004, n° 662, et la note ; D. 2004. IR 606* ; *ibid. Chron. 815, par Courbe* ; *Gaz. Pal. 2004. 569, note Niboyet ; AJ fam. 2004. 141, obs. S. David* ; *Dr. fam. 2004. Chron. 9, par Prigent.* ♦ Dans le même sens : • Civ. 1re, 25 oct. 2005, n° 03-17.893 P (défenderesse ni légalement citée, ni légalement déclarée défaillante ; application de la convention franco-algérienne). • Civ. 1re, 31 mars 2016, n° 15-12.379 P : *AJ fam. 2016. 259, obs. Boiché* (inversement, reconnaissance de l'autorité de la chose jugée pour une décision marocaine de divorce dans la mesure où l'épouse avait comparu, assistée d'un conseil, devant les juridictions marocaines où elle avait conclu au fond, et où les pièces pertinentes permettaient de retenir que les décisions rendues par les juridictions marocaines ne l'avaient pas été en fraude des droits de l'épouse).

49. Nationalités différentes des époux – Loi applicable. Le divorce d'époux de nationalité différente, soumis à la loi de leur domicile commun s'ils sont tous deux intégrés au milieu local par un établissement effectif dans le même pays, est, en revanche, s'ils habitent séparément en des pays différents, régi par la seule loi du for régulièrement saisi du divorce. • Civ. 1re, 15 mai 1961 : *D. 1961. 437 (3e esp.), note G. Holleaux ; JDI 1961. 734 (2e esp.), note Goldman.* ♦ V. aussi • Paris, 27 nov. 1981 : *D. 1983. 142, note Paire,* et notes ss. art. 310. ♦ La nationalité des époux s'apprécie à la date de la requête en divorce. • Civ. 1re, 12 janv. 2011 : *cité note 2 ss. art. 309.* ♦ L'application à des époux de nationalité différente de la loi de leur domicile commun, qui ignore le divorce sans interdire tout moyen de mettre fin à la vie commune, n'est pas contraire à la conception française de l'ordre public international. • Civ. 1re, 10 juill. 1979 : *Bull. civ. I, n° 204 ; Rev. crit. DIP 1980. 91, note Gaudemet-Tallon ; JDI 1980. 310, note Audit.*

50. Contenu inconnu de la loi étrangère. Lorsque, selon la règle de conflit applicable, le divorce d'époux étrangers doit être régi par leur loi nationale commune, les juges du fond peuvent décider qu'en l'absence de tous renseignements sur le contenu de la loi étrangère, il y a lieu de faire application de la loi interne française, seule invoquée par la femme. • Civ. 1re, 22 oct. 1980, n° 79-14.169 P.

51. Conséquences pécuniaires de la rupture du mariage. Il résulte de l'art. 8 de la convention de La Haye du 2 oct. 1973 sur la loi applicable aux obligations alimentaires que la loi appliquée au divorce régit les conséquences pécuniaires de la rupture du mariage. • Civ. 1re, 16 juill. 1992 : *D. 1993. 476, note Saïdi* ; *JCP 1993. II. 22138, note Déprez ; Rev. crit. DIP 1993. 269, note Courbe* ; *Defrénois 1993. 292, obs. Massip* • 7 nov. 1995, n° 94-10.447 P : *D. 1996. Somm. 170, obs. Audit* . ♦ Contrariété à l'ordre public français d'une convention matrimoniale de droit allemand fixant les obligations du mari après le prononcé du divorce. • Paris, 21 mars 2007 : *JCP N 2007. 1257, étude Chalas et Butruille-Cardew.* ♦ Rappr., pour une convention matrimoniale excluant toute prestation compensatoire selon le droit allemand : • Civ. 1re, 8 juill. 2015, n° 14-17.880 P : *D. 2015. 1539* ; *AJ fam. 2015. 492, obs. Boiché* ; *Rev. crit. DIP 2016. 126, note Peter Gruber* ; *JCP 2015, n° 1024, note Fongaro.* ♦ La Conv. EDH oblige le juge français à écarter les dispositions de la loi suisse, en principe applicable à la liquidation et au partage d'une union matrimoniale, en ce qu'elles en répartissent le bénéfice en contrariété avec le principe d'égalité entre époux. • Civ. 1re, 24 févr. 1998, n° 95-18.646 P : *D. 1999. 309, note Thierry* ; *D. 1999. Somm. 290, obs. Audit* ; *JCP 1998. II. 10175, note Vignal ; Defrénois 1999. 1173, note Crône ; RTD civ. 1998. 347, obs. Hauser* ; *ibid. 458, obs. Vareille* ; *ibid. 520, obs. Marguénaud* . ♦ Rappr. • Civ. 1re, 17 mars 2021, n° 20-14.506 P : *préc. note 17* (conformité à l'ordre public international du divorce algérien par compensation lorsque l'égalité entre époux est respectée). ♦ Sur le refus d'autorité de chose jugée d'un jugement étranger de divorce constituant une fraude au jugement dans le but de faire échec à l'exécution d'une décision française : • Civ. 1re, 20 juin 2012 : *cité note 13 ss. art. 1355.*

52. ... Pension alimentaire et ordre public. N'est pas contraire à la conception française de l'ordre public international, par comparaison avec les conséquences pécuniaires du divorce en droit français, le paiement d'une pension alimentaire après divorce. • Civ. 1re, 20 nov. 1990, n° 88-18.460 P. ♦ Mais est incompatible avec l'ordre public français et doit être écartée au profit de la loi française la loi étrangère (marocaine) qui ne prévoit ni prestation compensatoire, ni pension alimentaire, ni dommages-intérêts pour l'épouse en cas de divorce. • Civ. 1re, 16 juill. 1992 : *préc. notes 51 s.* – V. également : • Aix-en-Provence, 10 mai 1998 : *JDI 1999. 136, note Bencheneb* • Civ. 1re, 28 nov. 2006 : *préc. note 16.* ♦ ... Contrariété également à l'ordre public international de la décision administrative fixant une pension alimentaire sans débats ni comparution. • Civ. 1re, 20 nov. 1990 : *Bull. civ. I, n° 249.* ♦ ... De la loi étrangère fixant une pension alimentaire insuffisante. • Civ. 1re, 28 nov. 2006, nº 04-11.520 P : *D. 2007. 280, note Devers ; ibid. Somm. 1752, obs. Courbe* • 8 juill. 2015 : *préc. note 51.* ♦ Comp. • 4 nov. 2009 : *préc. note 16.* ♦ V. aussi note 62.

53. Séparation de corps et demande en divorce. Une décision étrangère de séparation de corps n'entraînant pas rupture du lien conjugal ne fait pas obstacle à ce que soit engagée et poursuivie une procédure de divorce devant les tribunaux français qui devront déterminer la loi applicable au moment où ils sont appelés à se prononcer. • Civ. 1re, 11 juill. 1977 : *D. 1978. 673, note Galia-Beauchesne ; Rev. crit. DIP 1979. 395 (2e esp.), note Loussouarn.* ♦ Sur l'application du Règl. Rome III, V. note 46.

Si, en règle générale, la partie qui a demandé et obtenu la séparation de corps ne peut, en se prévalant des mêmes faits, demander le divorce, il en est autrement lorsque, devant la juridiction (étrangère) appelée à connaître de la séparation de corps, cette partie ne pouvait demander le divorce. • Civ. 1re, 1er avr. 1981, nº 79-13.959 P.

C. FILIATION

BIBL. Batiffol et Lagarde, *Rev. crit. DIP 1972. 1.* – Barrière-Brousse, *JDI 1996. 843.* – Boiché, *AJ fam. 2008. 240* . – Guiho, *Mél. Breton/Derrida, Dalloz, 1991, p. 145* (ordre public international français). – Hage-Chahine, *JDI 1990. 73.* – Ponsard, *JDI 1972. 765.* – Revillard, *Defrénois 1981. 1105.* ♦ Adoption internationale : Bischoff, *RID comp. 1985. 799.* – Gaudemet-Tallon, *RID comp. 1990. 567.* – Josselin-Gall, *JCP N 2000. 1319* (projet de réforme). – Meyer-Fabre, *Rev. crit. DIP 1994. 259.* – Muir Watt, *ibid. 1999. 469* . – Poisson-Drocourt, *Rev. crit. DIP 1987. 673 ; Rev. crit. DIP 1999. 707 ; D. 1995. Chron. 147* . – Sturlese, *JCP 1993. I. 3710.*

54. Loi applicable. Sur la loi applicable à l'établissement de la filiation, V. art. 311-14 s. ♦ Transmission du nom à l'enfant légitime : V. note 43 *in fine.*

55. Ordre public international français. Sur l'appréciation des exigences de l'ordre public concernant l'établissement de la filiation, V. • Civ. 1re, 3 mars 1981 : *D. 1982. 285, note F. Boulanger* • 9 oct. 1984 : *Gaz. Pal. 1985. 2. 593, note J. M. ; Rev. crit. DIP 1985. 643, note Jacques Foyer* • 12 mars 1985, nº 83-17.293 P : *R., p. 156.* ♦ Le juge de l'exequatur doit d'office vérifier et constater, sans la réviser au fond, que la décision étrangère ne contient rien de contraire à l'ordre public international français, lequel inclut les droits reconnus par la Conv. EDH que la France s'est engagée à garantir à toute personne relevant de sa juridiction. • Civ. 1re, 15 janv. 2020, nº 18-24.261 P : *D. 2020. 699, note Guillaumé ; AJ fam. 2020. 179, obs. Salvage-Gerest ; JCP 2020, nº 584, note Nord ; Dr. fam. 2020, nº 63, note Devers.* ♦ En application des art. 3 et 311-14 C. civ., si la filiation est en principe régie par la loi personnelle de la mère au jour de la naissance de l'enfant, la loi étrangère qui ne permet pas l'établissement d'une filiation hors mariage doit être écartée comme contraire à l'ordre public international lorsqu'elle a pour effet de priver un enfant mineur du droit d'établir sa filiation. • Civ. 1re, 16 déc. 2020, nº 19-20.948 P : *RTD civ. 2021. 111, obs. Leroyer ; Dr. fam. 2021, nº 54, note Bonifay ; D. actu. 25 janv. 2021, note Panet* • 10 févr. 1993, nº 89-21.997 P : *R., p. 239 ; D. 1994. 66, note Massip ; D. 1994. Somm. 32, obs. Kerckhove ; JCP 1993. I. 3688, nº 10 s., obs. Fulchiron ; Rev. crit. DIP 1993. 620, note Jacques Foyer ; JDI 1994. 124 (1re esp.), note Barrière-Brousse* • Paris, 13 janv. 2000 : *D. 2000. 898, note S. Aubert* . ♦ Contrariété à l'ordre public international de la loi étrangère (yougoslave) qui énonce un principe d'irrévocabilité de la reconnaissance d'enfant naturel, disposition qui a pour effet d'interdire le rétablissement de la filiation véritable. • Paris, 5 déc. 1991 : *D. 1992. 290, note Boulanger* . ♦ ... Ou de la loi camerounaise, aux termes de laquelle l'action en recherche de paternité est irrecevable lorsque, pendant la période légale de conception, la mère a été d'une inconduite notoire ou si elle a eu commerce avec un autre homme, ces dispositions privant l'enfant de son droit d'établir sa filiation paternelle. • Civ. 1re, 27 sept. 2017, nº 16-19.654 P : *D. 2017. 2518, note Guillaumé ; AJ fam. 2018. 41, obs. Dionisi-Peyrusse ; Rev. crit. DIP 2018. 882, note Boden ; JCP 2017, nº 1311, note Gallant ; LPA 2018/23.12, note Niel et Morin ; Dr. fam. 2017, nº 234, note Farge.* ♦ Les dispositions de la L. du 3 janv. 1972 traduisent une conception actuelle fondamentale au sens de l'ordre public international français, lequel s'oppose à l'application d'une loi étrangère déclarant imprescriptibles les actions en contestation d'état. • Civ. 1re, 13 nov. 1979 : *Bull. civ. I, nº 277.* ♦ V. conf., pour la légitimation par mariage des enfants naturels, • Civ. 1re, 12 mai 1987, nº 84-14.472 P : *R., p. 260 ; D. 1987. IR 130 ; JDI 1988. 101, note Niboyet-Hoegy.* ♦ V. aussi note 12 ss. art. 311-14.

56. Mode de preuve. Dans une action alimentaire engagée au nom d'un enfant naturel, la question de savoir si les relations sexuelles pouvaient ou non être prouvées par une déclaration sous serment de la mère est soumise à la loi française, loi du juge saisi. • Civ. 1re, 16 juill. 1974 : *Bull. civ. I, nº 231.*

Prise en compte de la loi marocaine pour déterminer les modes de preuve à examiner pour établir une filiation. • Civ. 1re, 4 janv. 2017, nº 16-10.754 P.

57. Adoption – Diversité des situations. Les conditions de l'adoption de l'enfant devenu français sont régies par la loi française conformément à l'art. 3, C. civ. • Civ. 1re, 4 déc. 2013, nº 12-26.161 P. ♦ Sur les conflits de lois relatifs à la filiation adoptive, V. art. 370-3 résultant de la L. n° 2001-111 du 6 févr. 2001.

La disposition de l'art. 353-1 subordonnant l'adoption d'un enfant étranger à un agrément ne consacre pas un principe essentiel du droit français. • Civ. 1re, 15 janv. 2020, n° 18-24.261 P : *D. 2020. 699, note Guillaumé ; AJ fam. 2020. 179, obs. Salvage-Gerest ; JCP 2020, n° 584, note Nord ; Dr. fam. 2020, n° 63, note Devers.*

58. ... Reconnaissance de plein droit de la décision étrangère. Dupin, *Dr. fam. 2019. Étude* 5 (refus d'*exequatur* de jugements étrangers ayant prononcé des adoptions intrafamiliales). ♦ L'adoption plénière d'un enfant de nationalité étrangère par un jugement émanant des autorités judiciaires du pays d'origine est reconnue de plein droit en France sans *exequatur* préalable ; la filiation de l'enfant se trouvant dès lors établie à l'égard de ses deux parents, ceux-ci ne peuvent prétendre au bénéfice de l'allocation de soutien familial. • Soc. 11 juill. 1991, n° 89-19.760 P. – V. aussi : Arseguel, *Gaz. Pal. 1992. 1. Doctr. 147.* ♦ Mais un jugement étranger ne produit de plein droit ses effets en France que s'il n'est en rien contraire à l'ordre public français. Tel n'est pas le cas d'un jugement étranger (polonais) prononçant une adoption sans faire aucune référence au consentement à l'adoption du père de l'enfant, dont pourtant il indique le nom. • Civ. 1re, 18 juill. 2000, n° 99-10.848 P : *JCP 2001. II. 10588, note Moreno ; Rev. crit. DIP 2001. 349, note Muir Watt.* ♦ Irrévocabilité en France d'une adoption plénière prononcée en Roumanie, compte tenu de la portée internationale de l'adoption reconnue dans les conditions de la Convention de La Haye du 29 mai 1993, et bien que la Roumanie connaisse la révocabilité de l'adoption plénière dans l'intérêt supérieur de l'enfant. • Civ. 1re, 18 mai 2005, n° 02-21.075 P : *D. 2006. Pan. 1497, obs. Courbe ; JCP 2005. I. 199, n° 6, obs. Favier ; Defrénois 2005. 1854, obs. Massip ; RJPF 2005-10/38, note Le Boursicot ; LPA 3 avr. 2006, note Brière ; Rev. crit. DIP 2005. 483, note Muir Watt ; JDI 2006. 162, note Jault-Seseke.* ♦ En présence d'une décision de justice ayant suppléé le consentement du père, la « conversion » opérée par cette loi, d'une adoption produisant les effets d'une adoption simple en une adoption produisant les effets d'une adoption plénière, n'est pas contraire à l'ordre public international français. • Civ. 1re, 6 nov. 2019, n° 18-17.111 P : *D. 2020. 130, note Guillaumé ; Rev. crit. DIP 2020. 487, note Lagarde ; Dr. fam. 2020, n° 22, note Farge ; JCP 2020, n° 157, note Godechot-Patris.* ♦ Cassation de l'arrêt qui a rejeté une demande d'*exequatur* en relevant que l'adoption plénière par la tante des enfants de son frère, qui conduirait à l'établissement d'un acte de naissance d'enfants nés d'une relation incestueuse, comme nés de l'union d'un frère et d'une soeur, est contraire aux art. 162 et 310-2 C. civ. et méconnaît par conséquent la conception française de l'ordre public international, l'adoption intrafamiliale étant possible en droit français. • Civ. 1re, 16 déc. 2020, n° 19-22.101 P : *D. 2021. 430, obs. Batteur et Gosselin-Gorand.*

Les adoptants ne sont pas recevables à invoquer l'inopposabilité en France d'une décision judiciaire étrangère rendue sur leur propre demande. • Civ. 1re, 14 févr. 1990, n° 88-16.395 P : *Rev. crit. DIP 1991. 129, note Poisson-Drocourt.*

D. EFFETS DE LA PARENTÉ ET DE L'ALLIANCE

59. Principes. Application de la Conv. de La Haye du 15 oct. 1996 concernant la compétence, la loi applicable, la reconnaissance, l'exécution et la coopération en matière de responsabilité parentale et de mesures de protection des enfants, entrée en vigueur le 1er févr. 2011, V. art. 373-2-1, note 37. ♦ Sur l'application de la Conv. de La Haye du 25 oct. 1980, art. 3, relatif au déplacement d'un enfant en violation du droit de garde attribué légalement : • Civ. 1re, 7 juin 1995, n° 93-18.360 P. ♦ ... Et sur le domaine d'application de cette convention : • Civ. 1re, 17 janv. 2019, n° 18-23.849 : *D. actu. 12 févr. 2019, obs. Mélinle ; D. 2019. 1016, obs. Clavel et Jault-Seseke ; AJ fam. 2019. 294, obs. Boiché.* ♦ Plus généralement, sur les aspects internationaux de l'autorité parentale et de la protection de l'enfant, V. art. 373-2-1, notes 21 s. ♦ Application résiduelle du droit commun, l'attribution de l'autorité parentale (puissance paternelle, dans l'arrêt cité) est régie par la loi nationale des parents. • Civ. 13 janv. 1873 : *DP 1873. 1. 297.* ♦ ... Et, pour les enfants naturels, par la loi personnelle de l'enfant. • Paris, 28 nov. 1968 : *Rev. crit. DIP 1969. 266, note Bischoff* • Paris, 3 mars 1981 : *ibid. 1981. 496, note Lequette.*

60. Le gardien d'un enfant, désigné par l'autorité compétente de l'État dont le mineur est ressortissant, est investi de plein droit de cette qualité en France. • Civ. 1re, 25 juin 1991, n° 90-05.006 P : *R., p. 249 ; D. 1992. 51, note Massip ; JCP 1992. II. 21798, note Muir Watt ; JDI 1991. 975, note Gaudemet-Tallon.*

61. ... Ordre public. Si le principe d'égalité des parents dans l'exercice de l'autorité parentale relève de l'ordre public international français, la circonstance qu'une décision étrangère réserve à l'un des parents le soin de prendre seul certaines décisions relatives aux enfants ne peut constituer un motif de non-reconnaissance qu'autant qu'elle heurte de manière concrète les principes essentiels du droit français. • Civ. 1re, 2 déc. 2020, n° 18-20.691 P : *D. 2020. 2457 ; AJ fam. 2021. 134, obs. Boiché ; Rev. crit. DIP 2021. 887, note Usunier.*

62. Obligation alimentaire : régime. L'obligation alimentaire est soumise à la loi du lien de famille, sous réserve de l'ordre public français, lequel peut intervenir pour assurer le minimum d'assistance de la loi française. • Civ. 1re, 19 oct. 1971, n° 70-14.042 P : *R. 1971-1972, p. 12 ; D. 1972. 633 (2e esp.), note Malaurie.* ♦ Sur l'application de la convention de La Haye du 2 oct. 1973, V. note 44. ♦ V. Règl. (CE) n° 4/2009 du Conseil du 18 déc. 2008 relatif à la compétence, la loi applicable, la reconnaissance et l'exécution des décisions et la coopération en matière d'obligations alimentaires, JOUE L 7 du 10.1.2009, p. 1-79.

63. ... Prescription. Le litige né de l'exécution en France d'une décision étrangère (condamnation par un tribunal allemand au versement d'une pension alimentaire) est soumis quant à la prescription à la loi française. • Civ. 1re, 19 mars 1991, n° 89-18.337 P.

E. CAPACITÉ

BIBL. Droz, *JDI 1973. 3.* – Dutoit, *Rev. crit. DIP 1967. 466.* – Foyer, *Rev. crit. DIP 1965. 39.* – Revillard, *Defrénois 1981. 1185 ; ibid. 2008. 1533* (mandat de protection future).

64. Principe – Application de la loi personnelle. Les lois sur l'état et la capacité sont attachées aux personnes. Non seulement elles les régissent dans le pays de leur nationalité, mais encore elles les suivent en dehors de ce pays. • Civ. 1re, 6 juin 1990, n° 88-16.909 P. – V. déjà : • Civ. 1re, 13 avr. 1932 : *DP 1932. 1. 89, concl. Matter, note Basdevant ; S. 1932. I. 361, note Audinet ; GADIP, 5e éd., n° 14* (capacité de procéder à un partage amiable) • 25 juin 1957 : *Bull. civ. I, n° 298 ; Rev. crit. DIP 1957. 680, note Batiffol ; GADIP, 5e éd., n° 29* (nullité d'actes pour insanité d'esprit). ♦ Sur l'application au contrat de mariage, V. note 129. ♦ Les règles relatives à l'attribution du nom relèvent du statut personnel de l'intéressé. • TGI Paris, 9 nov. 1982 : *Rev. crit. DIP 1983. 99, note Huet.* ♦ Mais la loi des effets du mariage est compétente pour régir la transmission du nom aux enfants légitimes. • Civ. 1re, 7 oct. 1997 : *préc. note 43.*

65. ... Conv. de La Haye du 13 janv. 2000 sur la protection internationale des adultes. Selon l'art. 15 Conv. 13 janv. 2000, « l'existence, l'étendue, la modification et l'extinction des pouvoirs de représentation conférés par un adulte, soit par un accord soit par un acte unilatéral, pour être exercés lorsque cet adulte sera hors d'état de pourvoir à ses intérêts, sont régies par la loi de l'État de la résidence habituelle de l'adulte au moment de l'accord ou de l'acte unilatéral, à moins qu'une des lois mentionnées au § 2 ait été désignée expressément par écrit » et « les modalités d'exercice de ces pouvoirs de représentation sont régies par la loi de l'État où ils sont exercés. » ; il en résulte que si la mise en œuvre en France d'un mandat qui désigne une loi étrangère, ou qui a été fait dans un État étranger où le mandant avait précédemment sa résidence habituelle, peut être soumise, au titre des modalités d'exercice des pouvoirs de représentation, à une procédure de visa destinée à vérifier que l'altération des facultés du mandant a été médicalement constatée et à fixer la date de prise d'effet du mandat, cette mise en œuvre ne saurait être subordonnée à des conditions propres au droit français, telles que l'exigence d'une prévision expresse, dans le mandat, de modalités de contrôle du mandataire que n'impose pas la loi applicable à cet acte. Cassation de l'arrêt ayant conditionné la mise en œuvre en France d'un mandat d'inaptitude suisse à une condition de validité que n'impose pas la loi suisse. • Civ. 1re, 27 janv. 2021, n° 19-15.059 P : *D. 2021. 923, obs. Clavel et Jault-Seseke ; ibid. 1257, obs. Lemouland et Noguéro ; AJ fam. 2021. 308, obs. Montourcy ; Rev. crit. DIP 2021. 693, note Revillard ; JCP 2021, n° 350, note Raoul-Cormeil et Gosselin-Gorand ; Defrénois 2021/16. 19, note Minois.*

66. Applications : incapables. La désignation d'un tuteur relève de la loi personnelle de l'intéressé. • Civ. 1re, 18 janv. 2007 : *préc. note 1* • Nancy, 23 oct. 1989 : *Rev. crit. DIP 1990. 723, note Lequette ; JDI 1991. 398, note F. Monéger.* ♦ Sur l'application de la convention franco-marocaine du 10 août 1981, V. • Civ. 1re, 6 juin 1990, n° 88-46.909 P (âge de la majorité). ♦ Mais inopposabilité de l'incapacité établie par la loi personnelle au contractant français qui a agi sans imprudence ni légèreté et avec bonne foi. • Req. 16 janv. 1861, *Lizardi : DP 1861. 1. 193 ; S. 1861. I. 305, note Massé ; GADIP, 5e éd., n° 5.* ♦ Application de la loi française, désignée par la règle de conflit, à la mise sous tutelle d'un ressortissant canadien résidant en France. • Civ. 1re, 21 sept. 2005, n° 04-10.217 P : *D. 2006. 1726, note Morisset ; AJ fam. 2005. 450, obs. C. Grimaldi ; Dr. fam. 2005, n° 282, note Farge ; RJPF 2006-2/13, note Boiché ; Rev. crit. DIP 2006. 100, note H. M. W.* ♦ Application dans le temps de la Convention de La Haye sur la protection des adultes, entrée en vigueur le 1er janvier 2009 : • Civ. 1re, 3 mars 2010, n° 09-13.949 P : *D. 2010. AJ 709, obs. Gallmeister ; ibid. Pan. 2115, obs. Plazy ; AJ fam. 2010. 186, note Pécaut-Rivolier ; Defrénois 2010. 974, note Revillard.* ♦ Conventions internationales – protection des enfants, V. note ss. 8 et art. 388-1, notes 12 s.

67. La loi nationale des pupilles a vocation, en vertu des règles françaises de conflit, à régir la tutelle et notamment l'aliénation d'immeubles, même sis en territoire français. • Civ. 1re, 13 juin 1960 : *D. 1960. 597, note Malaurie.* ♦ Pour l'application des dispositions relatives à l'assistance éducative, V. note 25.

68. ... Personnes morales, pouvoirs des dirigeants. L'appréciation des pouvoirs des dirigeants d'une société relève de la loi nationale de cette société. • Com. 9 avr. 1991, n° 89-

15.362 P. – V. aussi • Com. 19 mai 1992 : *JDI 1992. 954, note Kahn* • 9 mars 1993, nº 91-11.003 P • Civ. 1re, 8 déc. 1998, nº 96-19.514 P : *Rev. sociétés 1999. 93, note Guyon* ; *Rev. crit. DIP 1999. 284, note Menjucq* .

V. OBLIGATIONS

A. CONTRATS

BIBL. Jacquet, *JDI 1994. 5* ; *Mél. L. Boyer, PU Toulouse, 1996, p. 283* (la loi de l'État contractant). – le Tourneau, *Gaz. Pal. 1996. 1. Doctr. 8.* – Radicati di Brozolo, *Rev. crit. DIP 1993. 401* . – Sinay-Cytermann, *ibid. 1992. 35* . – Tomaszewski, *ibid. 1972. 567.* – Viangalli, *RRJ 2000/3. 1141* (fraude à la loi). – Wengler, *ibid. 1982. 467.* ♦ Convention Rome du 19 juin 1980 (loi applicable aux obligations contractuelles) : Foyer, *JDI 1991. 601.* – Gaudemet-Tallon, *RTD eur. 1981. 215.* – Lagarde, *Rev. crit. DIP 1991. 287.* – Rigaux, *Cah. dr. eur. 1988. 306.* – Ryssen, *Defrénois 1992. 481.* – De Vareilles-Sommières, *Mél. Malaurie, Defrénois, 2005, p. 393* (ordre public). ♦ Contrats bancaires et sûretés personnelles : Bonelli, *Journ. dr. aff. internat. 1985. 389.* – Gavalda, *Trav. Com. fr. DIP 1988-1990. 59.* – Pélichet, *Journ. dr. aff. internat. 1990. 335.* – Sousi-Roubi, *D. 1993. Chron. 183.* ♦ Procédures collectives : Béguin, *Mél. Loussouarn, Dalloz, 1994, p. 31.* – Boureghda, *JCP 2002. Act. 545* (entrée en vigueur du règlement communautaire 1326/2000). ♦ Contrat de travail : Lyon-Caen, *Dr. soc. 1981. 747.* – Moreau-Bourlès, *Dr. soc. 1986. 23.* – Jault-Seseke, *Rev. crit. DIP 2005. 253* (office du juge dans l'application de la règle de conflit de lois). ♦ Contrat de vente d'immeuble : Revillard, *JCP N 1992. I. 375.*

1º GÉNÉRALITÉS

69. Loi applicable – Notion de contrat international. Tout contrat international est nécessairement rattaché à la loi d'un État. • Civ. 21 juin 1950 : *D. 1951. 749, note Hamel* ; *JCP 1950. II. 5812, note Lévy* ; *GADIP, 5e éd., nº 22.* ♦ Un contrat passé entre Français domiciliés en France, qui soumet au droit français les rapports des parties entre elles, n'a pas, même si l'un des contractants est appelé à s'expatrier, le caractère d'un contrat international. • Civ. 1re, 7 oct. 1980 : *Bull. civ. I, nº 242.* ♦ Sur la notion de contrat international au point de vue monétaire, V. concl. Matter, *DP 1931. 1. 11* ; notes R. Savatier, *DP 1931. 1. 5 et 137.* ♦ Application de ces principes à un accord d'entreprise soumis à la loi régissant les conditions de sa conclusion. • *Soc. 25 nov.* 1997, nº 95-20.204 P : *D. 1998. IR 5* . ♦ Comp. Conv. Rome 11 juin 1980 applicable aux obligations contractuelles, dans les situations comportant un conflit de loi, art. 1er, ci-dessous. ♦ Présente un caractère international le contrat dont les parties sont domiciliées sur le territoire d'États différents [application de l'art. 23 du Règl. (CE) nº 44/2001 du 22 déc. 2000 (Bruxelles I)]. • Com. 23 sept. 2014, nº 12-26.585 P : *D. 2014. 2196, obs. Lecaroz* ; *ibid. 2015. 1056, obs. Gaudemet-Tallon et Jault-Seseke* ; *AJCA 2014. 377, obs. Jault-Seseke* ; *Rev. sociétés 2015. 128, note Menjucq* .

70. Compétence juridictionnelle. La détermination de la loi applicable au contrat et celle de la juridiction compétente ne sont pas liées. • Soc. 29 nov. 1978 : *Bull. civ. V, nº 804.* ♦ V. cependant • CJCE 9 janv. 1997 : *cité note 75.* ♦ V. aussi C. civ. art. 14 et 15.

2º DÉTERMINATION DE LA LOI APPLICABLE – PRINCIPES DE LA CONVENTION DE ROME

71. Caractère universel de la convention de Rome – Règlement Rome I. BIBL. Azzi, *Mél. Gaudemet-Tallon, Dalloz, 2008, p. 647* (office du juge dans l'application de la Conv. de Rome). – Lagarde, *Rev. crit. DIP 1991. 287.* ♦ V. Conv. Rome, art. 2 (application de la loi désignée par la convention y compris celle d'un État non contractant). ♦ Application dans le temps de la convention de Rome aux contrats conclus à compter du 1er avr. 1991 (art. 17 de la convention), V. • Com. 12 oct. 1999 : *Rev. crit. DIP 1999. 720, note Rémery* (en l'espèce, contrat antérieur au 1er avr. 1991). ♦ Le règlement (CE) nº 593/2008 du Parlement européen et du Conseil du 17 juin 2008 sur la loi applicable aux obligations contractuelles (Rome I) remplace la Conv. de Rome du 19 juin 1980 pour les contrats conclus après le 17 déc. 2009. ♦ Comp. • Soc. 8 févr. 2012, nº 10-28.537 P : *D. 2012. 560* (application de la convention de Rome à un contrat antérieur au 1er avr. 1991, à un salarié ayant demandé cette application dans ses conclusions). ♦ Sur les matières exclues de la Conv. Rome, V. art. 1-2 de la convention (devenu art. 1er, Règl. Rome I).

Viole les art. 3 et 4 Conv. Rome l'arrêt qui, pour rechercher la loi que les parties ont entendu adopter, se réfère aux critères de rattachement découlant de l'ensemble des relations existant entre les parties, ce qui constitue des motifs inopérants, au lieu de se référer à la Convention de Rome, applicable au contrat. • Civ. 1re, 9 déc. 2003, nº 00-12.872 P : *RDC 2004. 769, obs. Bureau.* – Même sens : • Civ. 1re, 31 mai 2005, nº 03-11.136 P : *D. 2006. Pan. 1496, obs. Courbe* ; *Rev. crit. DIP 2005. 465, note P. L.*

72. Choix d'une loi – Principe d'autonomie. Sur le principe de liberté de choix de la loi, V. Conv. Rome, art. 3.1, devenu art. 3.1, Règl. Rome I (choix par les parties de la loi applicable, expressément ou résultant des dispositions du contrat ou des circonstances de la cause). ♦ Sur la nécessité d'un accord explicite et non équivoque au changement de la loi initialement choisie, V. • Civ. 1re, 30 mai 2000, nº 98-16.104 P.

♦ La référence au droit international ne peut valoir choix d'une loi pour régir les relations contractuelles. • Civ. 1re, 17 mai 2017, nº 15-28.767 : *Rev. crit. DIP 2017. 431, note Sindres*. ♦ Sur l'effet d'une clause attributive de juridiction à l'égard du tiers porteur d'un connaissement : • Com. 16 déc. 2008 : *cité note 24 ss. art. 14.* ♦ Sur le changement de loi applicable aux obligations contractuelles, V. Conv. Rome, art. 3-3, devenu art. 3.3, Règl. Rome I. ♦ Pour un exemple de changement de loi applicable au contrat établi par les circonstances de la cause (rupture d'un contrat de travail soumis au droit allemand, selon les règles du droit français) : • Soc. 4 déc. 2012 : *D. 2012. 2971*. ♦ Application au contrat de travail des lois étrangères choisies alors même que la salariée avait exécuté habituellement ses contrats de travail en France. • Soc. 7 nov. 2018, nº 16-27.692 P.

Il résulte de la lettre de l'art. 3, § 1, de la Conv. de Rome, de l'intention de ses rédacteurs et de la lecture qui en est faite par les institutions de l'Union qu'une convention internationale et, partant, le droit dérivé d'une convention, tel le statut ou le règlement du personnel d'une organisation internationale, ne constituent pas une loi au sens de cette disposition. • Soc. 13 janv. 2021, nº 19-17.157 P : *D. 2021. 923, obs. Clavel et Jault-Seseke* ; *Dr. soc. 2021. 470, obs. Jault-Seseke* ; *RTD civ. 2021. 376, obs. Usunier* ; *RDC 2021/3. 49, note Haftel.* ♦ De même, les principes généraux applicables aux contrats internationaux, tels que ceux qui ont été élaborés par l'Institut international pour l'unification du droit privé (Unidroit), ne constituent pas une loi pouvant être choisie par les parties au sens de cette disposition. • Com. 16 nov. 2022, nº 21-17.338 B.

Jurisprudence hors du domaine de la convention de Rome : La loi applicable aux contrats, soit en ce qui concerne leur formation, soit quant à leurs effets et conditions, est celle que les parties ont adoptée. • Civ. 31 mai 1932 : *DP 1933. 1. 169, note Crémieu.* ♦ La loi du lieu où le contrat est intervenu et doit être exécuté est, en principe, celle à laquelle il faut s'attacher, à moins que ne se dégage une intention contraire soit de la convention, soit des circonstances de la cause. • Même arrêt. ♦ L'arrêt, qui vise les dispositions du C. civ. ainsi que celles du C. mon. fin. et du règlement général de l'AMF prises pour son application, se réfère expressément aux dispositions du droit français, loi du pays d'implantation du marché, pour apprécier la portée des obligations contractées par les parties, ainsi que le prévoit l'art. 7 de la convention d'admission au marché Euronext applicable à une cession d'actions. • Com. 13 déc. 2011, nº 10-10.103 P : *D. 2012. 92, obs. Delpech*. ♦ Les parties peuvent demander l'application de la loi française du for pour des droits dont elles ont la libre disposition, malgré l'existence d'une convention internationale désignant la loi compétente. L'accord des parties peut résulter de leurs conclusions invoquant une loi autre que celle désignée par le traité. • Civ. 1re, 1er juill. 1997 : *préc. note 2.*

73. Absence de choix d'une loi. Application de la convention de Rome, art. 4 (recherche du pays avec lequel le contrat présente les liens les plus étroits et de la prestation caractéristique du contrat, modifié par art. 4, Règl. Rome I). • Civ. 1re, 18 juill. 2000, nº 98-19.602 P : *D. 2002. Somm. 1391, obs. Audit* ; *JDI 2001. 97, note Loquin et Simon* ; *Dr. et patr. 12/2001. 114, obs. Mainguy* (application de la loi de la résidence de l'intermédiaire ayant négocié le transfert d'un sportif) • 15 mai 2001, nº 99-17.132 P : *D. 2002. 198, note Diloy* ; *ibid. Somm. 1397, obs. Audit* ; *JCP 2001. II. 10634, note Raynard* ; *Rev. crit. DIP 2002. 86, note Lagarde* ; *JDI 2001. 1121, note A. Huet* (contrat de distribution, loi du pays du siège du fournisseur du produit) • Com. 16 nov. 2022, nº 21-17.338 B (contrat de promotion commerciale, prestation caractéristique fournie par le distributeur) • Com. 4 mars 2003, nº 01-01.043 P : *JCP 2004. II. 10071, note Cinay-Cytermann* (transport maritime de marchandises ; liens les plus étroits avec le pays de livraison) • Civ. 1re, 25 nov. 2003, nº 01-01.414 P : *D. 2004. 495, note Kenfack* ; *JCP 2004. II. 10046, note Raynard* ; *CCC 2004, nº 17* ; *Dr. et patr. 4/2004. 126, obs. Mainguy et Mousseron* ; *RDC 2004. 770, obs. Bureau* (pour un contrat de distribution, la fourniture du produit est la prestation caractéristique) • Com. 10 févr. 2015, nº 12-13.052 P (application de l'art. 4, § 4, dernière phrase, Conv. Rome, à un contrat de commission de transport uniquement lorsque l'objet principal du contrat consiste dans le transport proprement dit de la marchandise concernée, ce qu'il appartient à la juridiction de renvoi de vérifier) • Com. 19 déc. 2006, nº 05-19.723 P : *D. 2007. Pan. 1755, obs. Courbe*, *et 2566, obs. Bollée* ; *LPA 30 juill. 2007, obs. Jault-Seseke* ; *RDC 2007. 467, obs. Deumier* ; *Rev. crit. DIP 2007. 592, note Lagarde* ; *RTD com. 2007. 628, obs. Delebecque* (comparaison des liens entre le contrat et, d'une part, le pays de résidence du débiteur de la prestation caractéristique, de l'autre, le pays en cause). ♦ V. aussi • Civ. 1re, 22 mai 2007 : *Rev. crit. DIP 2007. 592, note Lagarde* (application de la loi de l'Ile de Man, siège de la compagnie d'assurances, débitrice de la prestation caractéristique, à un contrat d'assurance vie souscrit par deux Français domiciliés aux États-Unis). ♦ Sur l'application de l'art. 4-2 Conv. Rome (contrat conclu par une personne morale, recherche de l'établissement du débiteur de la prestation caractéristique), V. • Paris, 15 juin 1994 : *JDI 1994. 1011, note Jacquemont* (prêt bancaire). ♦ ... Ou encore de l'art. 4-2 Conv. Rome (application de la loi du pays présentant des liens étroits avec un contrat de transport), V. • CJCE 6 oct. 2009, nº C-133/08 : *D. 2010. 236,* *note Jault-Seseke* ; *JCP 2009. 550, note D'Avout et Perreau-Saussine* ; *Dr. transports, 2009, n° 11, p. 15, obs. Grard.* ♦ … Ou aussi de l'art. 4-4 Conv. Rome (application de la loi du pays dans lequel le transporteur a son établissement principal si ce pays coïncide également avec le lieu de déchargement de la marchandise). V. • Com. 18 sept. 2012, n° 11-20.789 P : *D. 2012. 2930, note Haftel* ; *RTD com. 2012. 842, obs. Bouloc* .

Pour l'application des art. L. 121-24, L. 121-32, L. 135-1 et L. 211-18 C. consom., le lien étroit avec le territoire d'un État membre est réputé établi selon les conditions de l'art. L. 139-1 C. consom. (issu de L. n° 2014-344 du 17 mars 2014 relative à la consommation, *JO 18 mars 2014, p. 5400*).

S'agissant de rechercher, par application de l'art. 6 de la Conv. de Rome du 19 juin 1980 relative aux obligations contractuelles, la loi qui aurait été applicable à défaut de choix exercé en application de l'art. 3, c'est à celui qui prétend écarter la loi du lieu d'accomplissement habituel du travail de rapporter la preuve que le contrat présente des liens plus étroits avec un autre pays. • Soc. 29 sept. 2010, n° 09-68.851 P : *D. 2011. Pan. 1374, obs. Jault-Seseke* ; *RDT 2010. 619, obs. A. L.-C.* ; *Dr. soc. 2011. 209, obs. Chaumette* .

Dès lors que le salarié n'est pas privé du droit d'accès au juge, les règles de procédure aménageant les délais de saisine des juridictions du travail ne portent pas atteinte aux dispositions impératives de la loi française qui auraient été applicables en l'absence de choix d'une loi étrangère applicable au contrat de travail. • Soc. 12 juill. 2010, n° 07-44.655 P : *D. 2011. Pan. 1374, obs. Jault-Seseke* ; *Rev. crit. DIP 2011. 72, note Jault-Seseke* .

74. Localisation (jurisprudence hors Conv. Rome). Si la localisation d'un contrat dépend de la volonté des parties, c'est au juge qu'il appartient, après avoir déterminé leur intention commune quant à cette localisation, de déduire de celle-ci la loi applicable. • Civ. 1re, 15 juin 1982, n° 81-13.771 P. – Même sens : • Civ. 1re, 25 mars 1980 : *Bull. civ. I, n° 101* ; *Rev. crit. DIP 1980. 576, note Batiffol* • Soc. 16 nov. 1993, n° 90-16.030 P. ♦ Les juges du fond apprécient souverainement la localisation du rapport contractuel. • Soc. 8 janv. 1981 : *Bull. civ. V, n° 10* • Com. 8 juill. 1981 : *ibid. IV, n° 311* • Civ. 1re, 4 nov. 1981 : *ibid. I, n° 326.* ♦ Sur le rôle du lieu d'exécution du contrat pour sa localisation, V. • Civ. 1re, 22 juill. 1986 : *Rev. crit. DIP 1988. 56, note Batiffol.* ♦ Sur la nécessité, pour les juges du fond, de prendre en compte l'ensemble des relations contractuelles entre les parties pour déterminer la localisation du rapport contractuel, V. • Civ. 1re, 12 janv. 1994, n° 91-20.158 P : *JDI 1995. 134, note Dion-Loye.*

75. Contrat de travail : lieu d'exécution. **BIBL.** Amauger-Lattes, *Dr. soc. 2003. 1103* . – Deprez, *Mél. H. Blaise, Economica, 1995, p. 165.* ♦ V. Conv. Rome, art. 6, devenu art. 6, Règl. Rome I (choix de la loi par les parties sous réserve des dispositions impératives protectrices du travailleur). ♦ A défaut de choix par les parties de la loi applicable, le contrat de travail est régi, sauf s'il présente des liens plus étroits avec un autre pays, par la loi du pays où le salarié en exécution du contrat accomplit habituellement son travail • Soc. 3 mars 2015, n° 13-24.194 P (après avoir travaillé au Maroc, lors de la rupture du contrat, le salarié était depuis trente-cinq ans en France, où il avait fixé le centre de ses intérêts de manière stable). ♦ En l'absence de désignation par les parties d'une loi applicable, le contrat de travail est régi par la loi du pays du lieu d'exécution du contrat (V. Conv. Rome, art. 6-2) : • Soc. 8 févr. 2012 : *préc. note 71* (contrat de travail du salarié régi par la loi de l'État de New York en tant que loi du lieu d'exécution habituel du travail).

76. … Clause d'exception – Critère de proximité. Lorsqu'un contrat est relié de façon plus étroite à un État autre que celui de l'accomplissement habituel du travail, le juge doit écarter la loi de l'État d'accomplissement du travail et appliquer celle de cet autre État ; à cette fin, il doit tenir compte de l'ensemble des éléments qui caractérisent la relation de travail et apprécier celui ou ceux qui, selon lui, sont les plus significatifs, sans cependant automatiquement déduire que la règle de compétence de la loi du lieu d'exécution doit être écartée du seul fait que, par leur nombre, les autres circonstances pertinentes, en dehors du lieu de travail effectif, désignent un autre pays. • Soc. 13 oct. 2016, n° 15-16.872 P : *D. 2016. 2219* ; *RDT 2017. 66, obs. F. Jault-Seseke* . ♦ V. également, pour l'application de la loi du pays avec lequel le contrat présente les liens les plus étroits (Conv. Rome, art. 6-2, *in fine*). • Paris, 4 juill. 1996 : *D. 1998. Somm. 281, obs. Audit* (application de la Convention de Rome du 19 juin 1980 ; contrat exécuté dans plusieurs pays) • Soc. 14 mars 2006, n° 04-43.119 P : *RDC 2006. 867, obs. Deumier* • Soc. 25 janv. 2012, n° 11-11.374 P : *D. 2012. 444* (exercice du travail dans des pays différents sous la subordination de la société mère française, malgré des contrats de travail propres à chaque mission à l'étranger). ♦ Les éléments caractérisant les relations entre les parties, mais résultant de l'application d'une loi choisie par elles, ne pouvant être retenus pour rattacher le contrat à une loi autre que celle de son lieu d'exécution. • Soc. 29 sept. 2010 : *préc. note 73.*

77. … Fraude au détachement de salariés. Une condamnation pour travail dissimulé de l'employeur en raison d'une fraude au détachement requiert que la validité du certificat d'affiliation au régime de sécurité sociale délivré par l'État d'envoi soit contestée dans les formes prescrites par le droit de l'Union. • CJCE 10 févr. 2000,

C-202/97 : *D. 2000. 64* ; *Dr. soc. 2003. 859, note Van Raepenbusch* ; *RTD eur. 2003. 529, note Rodière*. ♦ Solution appliquée à des contrats de travail exécutés en France et soumis à une loi étrangère, avec la référence à la Conv. de Rome : • Crim. 18 sept. 2018, n° 13-88.632 P : *RTD eur. 2017. 336 -17, obs. Thellier de Poncheville* • 18 sept. 2018, n° 11-88.040 P • 18 sept. 2018, n° 15-81.316 P : *RTD eur. 2017. 336 -17, obs. Thellier de Poncheville* (fraude non retenue : *D. actu. 3 oct. 2018, note Fucini*).

78. ... Lieu d'exécution (décisions hors Conv. Rome). Sur le principe que le contrat de travail est régi par la loi du pays du lieu d'exécution du contrat, en l'absence de désignation par les parties d'une loi applicable. • Soc. 13 janv. 1998, n° 93-44.339 P (décision hors Conv. Rome). – Dans le même sens : • Soc. 18 mai 1999, n° 97-40.531 P (décision hors Conv. Rome) • 9 oct. 2001, n° 00-41.452 P : *D. 2002. Somm. 766, obs. Lafuma* ; *LPA 4 déc. 2002, note Jault (1re esp.)* (décision hors Conv. Rome) • 7 mai 2002, n° 99-46.083 P : *LPA 4 déc. 2002, note Jault (2e esp.)* (décision hors Conv. Rome) • 15 oct. 2002, n° 00-40.671 P (décision hors Conv. Rome) • 21 janv. 2004, n° 01-45.182 P (décision hors Conv. Rome). ♦ Application de la loi française à des salariés sous la subordination de deux sociétés, l'une étrangère, l'autre française dirigeant la première, recrutant ces salariés, les rémunérant, les affiliant à l'assurance chômage française, en raison de la volonté des parties de soumettre le contrat à la loi française. • Soc. 10 févr. 1998 : *JDI 1999. 144, note Dion Loye* (décision hors Conv. Rome). ♦ Est soumis à la loi ivoirienne le contrat de travail conclu entre un pilote et une compagnie aérienne, dès lors que le salarié n'assumait aucune fonction au sol sur le territoire français, que sa prestation de travail était exclusivement fournie à bord d'avions ayant la nationalité ivoirienne et que le contrat, portant mention qu'il était fait à Abidjan, faisait référence à un code du travail qui ne pouvait être que le code du travail ivoirien, l'ensemble de ces constatations établissant que le contrat de travail était exécuté en Côte d'Ivoire. • Cass., ch. mixte, 28 févr. 1986, n° 84-93.287 P : *R., p. 148* ; *D. 1987. 173 (3e esp.), concl. P. Franck* ; *Rev. crit. DIP 1986. 501 (2e esp.), note P. Lagarde* ; *JDI 1986. 699 (1re esp.), note A. Lyon-Caen* ; *Dr. soc. 1986. 406, étude Gaudemet-Tallon* (affaire Air Afrique) (décision hors Conv. Rome). ♦ Pour une application dans le cadre de la convention de Bruxelles, V. par ex. : • CJCE 9 janv. 1997 : *D. 1997. IR 43* (exercice habituel du travail dans un pays).

79. ... Limite au choix. Le choix par les parties de la loi applicable au contrat de travail ne peut avoir pour effet de priver le salarié de la protection que lui assurent les dispositions impératives de la loi qui serait applicable à défaut de choix, ces dispositions étant celles auxquelles la loi ne permet pas de déroger par contrat. • Soc. 12 nov. 2002, n° 99-45.821 P : *D. 2004. 661, note Mahinga* ; *Rev. crit. DIP 2003. 446, note Jault* ; *RDC 2003. 206, obs. Deumier* • 9 juill. 2015, n° 14-13.497 P. ♦ Application à un contrat de travail exécuté en France, de la convention n° 158 de l'OIT excluant une période d'essai d'une durée déraisonnable. • Soc. 26 mars 2013, n° 11-25.580 P : *D. 2013. 926* ; *Dr. soc. 2013. 457, obs. Mouly*. ♦ Les règles d'application des conventions collectives étant fixées par des normes légales et impératives tendant à protéger les salariés, l'application du droit français emporte celle des conventions qu'il rend obligatoires. • Soc. 29 sept. 2010 : *préc. note 73* • 8 déc. 2021, n° 20-11.738 B : *RDT 2022. 321, obs. Lafuma* (application du droit français aux termes des art. 3 et 6 Conv. Rome du 18 juin 1980).

Hors Conv. Rome : ayant constaté qu'au moment de la rupture le lieu d'exécution du contrat d'un salarié, d'abord recruté en France puis détaché à l'étranger, se trouvait au Brésil, une cour d'appel qui n'a pas relevé que les parties étaient convenues de rester soumises à la loi française ne peut déclarer la loi française applicable. • Soc. 30 juin 1993 : *D. 1994. 83, note E. Moreau*. ♦ Mais les parties à un contrat de travail peuvent entendre se référer à la réglementation française dans la mesure où elle est plus avantageuse pour le salarié que la loi étrangère, même si celle-ci aurait pu être normalement applicable. • Soc. 25 janv. 1984 : *Bull. civ. V, n° 34*. – V. aussi • Soc. 25 mai 1977 : *Rev. crit. DIP 1978. 701, note A. Lyon-Caen* • Soc. 31 mars 1978 : *ibid.* ♦ Sur la loi applicable à un accord d'entreprise, V. note 69.

80. ... Ordre public. Application de la Conv. Rome, art. 7, (devenu art. 9, Règl. Rome I) relatif aux lois de police soit du pays présentant un lien étroit avec la situation, soit du for. ♦ N'est pas une loi de police régissant impérativement la situation au sens de l'art. 7-2 de la Convention de Rome l'art. 12 de la L. du 31 déc. 1975 qui accorde au sous-traitant une action directe contre le maître de l'ouvrage. • Civ. 1re, 23 janv. 2007 : *préc. note 18. – Contra* : • Cass., ch. mixte, 30 nov. 2007 : *préc. note 32.* ♦ Mais la clause d'un contrat de travail soumettant les relations entre les parties à une loi étrangère ne peut être opposée aux organismes d'assurance chômage dans le cas où ils seraient tenus d'indemniser les salariés licenciés bénéficiant des dispositions impératives et plus favorables de la loi française. • Soc. 29 sept. 2010 : *préc. note 73.*

Jurisprudence hors Conv. Rome : inopposabilité de la clause compromissoire insérée dans un contrat de travail international au salarié ayant régulièrement saisi la juridiction française compétente, peu important la loi régissant le contrat de travail. • Soc. 16 févr. 1999, n° 96-40.643 P : *JCP E 1999. 1685, note Coursier* ; *Gaz. Pal. 2000. Somm. 699, obs. Niboyet* ; *LPA 14 janv. 2000, note*

Mahinga ; Rev. crit. DIP 1999. 745, note Jault-Seseke (1re *esp.*) • 4 mai 1999, n° 97-41.860 P : *D. 1999. IR 140 ; JCP 2000. II. 10337, note Ammar ; Rev. crit. DIP 1999. 745, note Jault-Seseke (2e esp.)*. ♦ Toutefois le contrat de travail de droit étranger est soumis à l'occasion de son exécution en France aux règles légales françaises d'ordre public et à la convention collective applicable sans que cela entraîne, sauf clause contraire, novation du contrat. • Soc. 9 déc. 1998 : *Rev. crit. DIP 1999. 759, note Lhuillier* • Paris, 13 avr. 1995 : *ibid.* ♦ Comp. • Soc. 21 janv. 2004, n° 01-44.215 P : *Rev. crit. DIP 2004. 644, note Jault-Seseke* (opposabilité au salarié, après son affectation en France, de la clause maintenant attribution de compétence à la juridiction étrangère). ♦ Validité d'une clause attributive de juridiction désignant une juridiction étrangère, des dispositions constitutives de lois de police fussent-elles applicables au fond du litige. • Com. 22 oct. 2008 : *cité note 19 ss. art. 14* • Soc. 29 sept. 2010 : *préc. note 73.*

81. *Procédure collective.* Si la loi du pays d'ouverture d'une procédure collective détermine l'admission des créanciers, celle du lieu de lieu de situation des immeubles compris dans l'actif régit les privilèges et droits de préférence dont ceux-ci sont grevés ; les difficultés relatives à leur concours et à leur classement dans la procédure d'ordre devaient être tranchées par application de la loi de situation des immeubles (application de la convention franco-italienne du 3 juin 1930). • Com. 12 mars 2013, n° 11-27.748 P • Civ. 1re, 11 juill. 2019, n° 18-16.277 P. ♦ Compétence de la loi du lieu d'ouverture de la procédure pour déterminer les règles relatives à la nullité, à l'annulation ou à l'inopposabilité des actes préjudiciables à l'ensemble des créanciers. • Com. 16 févr. 2016, n° 14-10.378 : *D. 2016. 1045, obs. Gaudemet-Tallon et Jault-Seseke ; RTD civ. 2016. 444, obs. Théry* (application du Règl. n° 1346/2000 du 29 mai 2000). ♦ Par application de la convention franco-monégasque du 13 sept. 1950, art. 5, la production et la vérification des créances nées du failli ou du débiteur en liquidation judiciaire sont régies par la loi du tribunal qui a déclaré la faillite ou la liquidation judiciaire. • Soc. 14 oct. 2015, n° 14-17.622 P. ♦ Revendication de marchandises vendues avec réserve de propriété : V. note 36. ♦ Dans une procédure collective, l'opposition aux créanciers de la compensation ne peut s'apprécier que selon la loi applicable à la procédure collective. • Civ. 1re, 6 juin 1990 : *D. 1991. 137, note Rémery ; Rev. crit. DIP 1993. 425, note Jobard-Bachellier (décision hors Conv. Rome).* ♦ *L'extension* d'une procédure d'insolvabilité d'une société, soumise à la loi d'un État où cette société a le centre de ses intérêts principaux, à une autre société ayant son siège dans un autre État suppose d'établir qu'elle a le centre de ses intérêts principaux dans ce premier État, ce qui ne peut être déduit de la seule constatation de la confusion de patrimoines de ces deux sociétés. • Com. 10 mai 2012, n° 09-12.642 P. ♦ En droit international privé commun, l'action qu'exercent les organes d'une procédure collective en annulation, révocation ou inopposabilité d'actes passés par le débiteur avant l'ouverture de celle-ci et estimés préjudiciables aux créanciers est, en raison de son lien avec la procédure, soumise au droit applicable à celle-ci, y compris en ce qui concerne les délais pour agir. • Com. 2 oct. 2012 : *cité ss. art. 2221* • 2 oct. 2012, n° 11-14.406 P : *D. 2012. 2386, obs. Lienhard (idem).*

82. ... *Règlement – Insolvabilité.* Application de la loi du contrat, cause de paiements attaqués en nullité dans une procédure collective réalisés par une société en faillite, par application du Règl. Insolvabilité du 2 mai 2000 (1346/2000), paiements par préférence à la loi du lieu de la procédure. • CJUE, 5e ch., 8 juin 2017, n° C-54/16 : *D. 2017. 2073, note Dammann et Huchot ; Rev. crit. DIP 2017. 594, note Jault-Seseke ; JCP 2017. 947, note d'Avout.*

La possibilité, prévue par le Règl., de refuser de reconnaître une procédure d'insolvabilité ouverte dans un autre État membre ou d'exécuter une décision prise dans le cadre d'une telle procédure lorsque cette reconnaissance ou cette exécution produirait des effets manifestement contraires à son ordre public, en particulier à ses principes fondamentaux ou aux droits et aux libertés individuelles garantis par sa constitution, ne doit jouer que dans des cas exceptionnels. • CJUE, 1re ch., 21 janv. 2010, n° C-444/07. ♦ Ainsi, la règle du transfert au syndic de la propriété des biens du débiteur, personne physique, mis en liquidation judiciaire, résultant de la loi anglaise, ne produit pas des effets manifestement contraires à la conception française de l'ordre public international. • Com. 16 juill. 2020, n° 17-16.200 P : *D. 2020. 1814, note Jault-Seseke et Robine ; Rev. sociétés 2020. 514, obs. L. C. Henry* (droit d'agir du syndic en partage de l'indivision sur un bien situé sur le territoire français comme étant une conséquence de la reconnaissance de l'ouverture en Angleterre de la procédure d'insolvabilité).

3° *DÉTERMINATION DE LA LOI APPLICABLE – SOLUTIONS PARTICULIÈRES*

83. *Conventions de La Haye.* Aux termes de l'art. 3 de la convention de La Haye du 15 juin 1955 applicable aux ventes à caractère international d'objets mobiliers corporels, à défaut de loi déclarée applicable par les parties, la vente est régie par la loi interne du pays où le vendeur a sa résidence habituelle au moment où il reçoit la commande ; si la commande est reçue par un établissement du vendeur, la vente est régie par la loi interne du pays où est situé cet établissement ; toutefois, la vente est régie par la loi interne du pays où l'acheteur a sa résidence habituelle, ou dans lequel il possède l'établissement qui a passé la commande, si c'est dans ce pays que la commande a été reçue, soit par le vendeur, soit par son représentant, agent ou commis-voyageur ; dès lors que le vendeur fabricant avait sa résidence habituelle en Italie, le juge ne pouvait faire application de l'art. 1184 anc. C. civ. sans se prononcer, au besoin d'office, sur la loi compétente pour régir l'action en résolution de la vente pour livraison non conforme à la commande, ni rechercher la teneur de cette loi. • Civ. 1re, 18 déc. 1990 : *JCP 1992. II. 21824, note Ammar.* ♦ Application, au regard de l'art. 3, al. 1er, de la convention de La Haye du 15 juin 1955, de la loi allemande au contrat conclu avec une société reçue au siège allemand du vendeur qui en a accusé réception. • Civ. 1re, 11 avr. 1995, no 93-12.538 P : *Gaz. Pal. 1995. 2. Pan. 247.* – Également : • Civ. 1re, 10 oct. 1995, no 93-17.359 P : *D. 1996. Somm. 171, obs. Audit.* ♦ V. aussi, à propos de la garantie due par le vendeur, • Com. 4 juin 1991, no 89-11.127 P. ♦ Sur la faculté pour les parties d'exclure, dans un contrat international de vente de marchandises, l'application de la convention des Nations Unies, signée à Vienne le 11 avr. 1980 : • Civ. 1re, 25 oct. 2005 : *Rev. crit. DIP 2006. 374, note Bureau* • Com. 17 déc. 1996 : *Rev. crit. DIP 1997. 72, note Rémery.* – Également : • Civ. 1re, 10 oct. 1995 : *Rev. crit. DIP 1996. 332, note Heuzé.*

84. Assurances. Application à un contrat d'assurance, selon l'art. L. 181-2, C. assur., de la loi du pays avec lequel il présente les liens les plus étroits, en l'absence de choix d'une loi par les parties. • Paris, 19 sept. 1997 : *Rev. crit. DIP 1998. 413, note Poillot-Peruzzetto.* ♦ La personne lésée peut, en matière de responsabilité contractuelle, agir directement contre l'assureur de la personne devant réparation, si la loi applicable à l'obligation contractuelle ou la loi applicable au contrat d'assurance le prévoit (Règl. CE no 44/2001, 22 déc. 2000, art. 9, 10 et 11 et C. civ., art. 3). • Civ. 1re, 9 sept. 2015, no 14-22.794 P.

85. Clause compromissoire. En vertu d'une règle matérielle du droit de l'arbitrage international, la clause compromissoire est indépendante juridiquement du contrat principal qui la contient directement ou par référence et son existence et son efficacité s'apprécient, sous réserve des règles impératives du droit français et de l'ordre public international, d'après la commune volonté des parties, sans qu'il soit nécessaire de se référer à une loi étatique, à moins que les parties aient expressément soumis la validité et les effets de la convention d'arbitrage elle-même à une telle loi. • Civ. 1re, 28 sept. 2022, no 20-20.260 B : *D. 2023. 157, note Mainguy ; ibid. 2022. 2330, obs. Clay.*

86. Contrat électronique. BIBL. Bureau, *obs. RDC 2005. 450.* – Courbe, *obs. D. 2005. Pan. 1195.* – Passa, *CCE 2005. Étude 17.* ♦ Application au contrat électronique de la loi du pays d'établissement du prestataire de commerce électronique : L. no 2004-575 du 21 juin 2004, art. 14 et 17 *(JO 22 juin).* – **C. com. ; C. consom.**

4o DOMAINE DE LA LOI DU CONTRAT

a. Dispositions générales

87. Exclusion du renvoi. (Conv. Rome, art. 15 : non-application des règles de droit international privé du pays de la loi applicable au contrat, devenu art. 20, Règl. Rome I). ♦ La mise en œuvre de la loi d'autonomie de la volonté étant exclusive de tout renvoi, est soumise à la loi désignée par les parties la prescription extinctive de l'action fondée sur le contrat. • Civ. 1re, 11 mars 1997, no 94-19.322 P : *R., p. 251 ; D. 1998. 406, note Agostini ; Rev. crit. DIP 1997. 702, note Ancel ; JDI 1997. 789, note Santa-Croce* (décision hors Conv. Rome, contrat antérieur au 1er avr. 1991).

88. Prescription, résiliation, résolution. (Conv. Rome, art. 10 devenu art. 12, Règl. Rome I : application par principe de la loi du contrat). ♦ L'acte de résiliation ou de résolution d'un contrat est, sauf indication contraire des parties, soumis à la loi qui régit ce contrat. • Civ. 1re, 25 mai 1992, no 90-19.969 P : *Rev. crit. DIP 1992. 689, note Jarrosson* (décision hors Conv. Rome).

89. Lésion. Jurisprudence hors Conv. Rome : quelle que soit la nature juridique de la lésion, elle demeure dans la catégorie des règles d'ordre contractuel, de sorte que l'action est soumise à la loi du contrat et qu'en la matière se trouve applicable la loi d'autonomie. • Toulouse, 24 sept. 1985 : *Rev. crit. DIP 1986. 322.*

90. Vente. La loi applicable à la vente régit la validité et la portée des clauses d'exclusion de garantie. • Civ. 1re, 4 oct. 1989 : *Bull. civ. I, no 304 ; D. 1990. Somm. 266, obs. Audit ; Rev. crit. DIP 1990. 316, note Lagarde ; JDI 1990. 415 (1re esp.), note Kahn* (application de la Convention de La Haye du 15 juin 1955).

b. Acte subséquent

91. Illustrations : cautionnement ; garanties. Pour l'application au contrat de cautionnement de la convention de Rome du 19 juin 1980, V. • Paris, 21 mai 1999 : *JCP E 1999. Pan. 1750* • Versailles, 6 févr. 1991 : *D. 1992. 174, note Mondolini ; JCP 1992. II. 21972, note Osman.* ♦ Lorsque les parties à une lettre de garantie liée à un contrat de travail, conclu par un acteur, ont entendu soumettre cet engagement à la loi de la résidence du créancier et du lieu d'exécution de cet engagement, la loi du contrat principal ne s'applique pas à la garantie. • Civ. 1re, 13 oct. 1993 : *Rev. crit. DIP 1997. 685, note Jobard-Bachellier* (décision hors Conv. Rome). ♦ Comp. jurisprudence antérieure à la Conv.

Rome : En matière de conflits de lois, si le contrat de cautionnement est soumis à sa loi propre, il y a lieu de présumer, dans le silence de la convention à cet égard, qu'il est régi par la loi de l'obligation garantie. • Civ. 1re, 3 déc. 1996 : *JCP 1997. II. 22827, note Muir Watt ; D. 1997. IR 28*.

92. ... *Cession de créance.* L'art. 14 du Règl. Rome I ne désigne pas, de manière directe ou par analogie, la loi applicable concernant l'opposabilité aux tiers d'une cession de créance en cas de cessions multiples d'une créance par le même créancier à des cessionnaires successifs. • CJUE 9 oct. 2019, n° C-548/18. ♦ Application de la Conv. Rome, art. 12, devenu art. 14, Règl. Rome I (application aux obligations cédant-cessionnaire de la loi du contrat qui les lie). ♦ Hors Conv. Rome : les rapports entre les parties qui ont conclu la cession d'une créance sur un tiers sont soumis à la loi qui régit cette convention, mais les droits et obligations du débiteur cédé, qui ne sauraient être modifiés par un acte auquel il n'est pas intervenu, sont nécessairement déterminés par la loi sous l'empire de laquelle la dette a pris naissance. • Paris, 11 févr. 1969 : *D. 1970. 522, note Larroumet ; Rev. crit. DIP 1970. 459, note Dayant.* ♦ Conformément aux règles françaises de conflits de lois, la loi applicable aux mesures de publicité relative à une cession de créance est, dans l'intérêt du crédit public, la loi du domicile du débiteur cédé. • Paris, 27 sept. 1984 : *JDI 1985. 664, note Diener.*

93. ... *Sûreté réelle immobilière.* BIBL. Batiffol, *Études Houin, Dalloz, 1985, p. 233.* – Trémosa, *Dr. et patr. 6/2001. 77* (prêts immobiliers). – Vignal, *Mél. Cabrillac, Litec, 1999, p. 545* (crédit immobilier). ♦ Dans le cadre de la Conv. Rome, V. art. 4-3 de la convention : présomption de liens les plus étroits avec le pays du lieu de situation de l'immeuble. ♦ Hors Conv. Rome : en l'état d'un prêt conclu en Suisse et stipulant l'application du droit suisse, l'acte notarié établi en France ayant pour seul objet de constituer les garanties hypothécaires sur des immeubles situés en France, une cour d'appel a, dès lors, justement décidé que la créance du prêteur était soumise à la loi d'autonomie, loi de la source du droit litigieux, tandis que la sûreté immobilière destinée à garantir cette créance était soumise à la loi de la situation des biens. • Civ. 1re, 19 janv. 1999, n° 96-17.269 P : *D. 1999. Somm. 292, obs. Audit ; D. Affaires 1999. 371, obs. X. D. ; JCP 2000. II. 10248, note Vignal ; ibid. I. 209, n° 11, obs. Delebecque ; Defrénois 1999. 523, note Revillard.*

c. Forme du contrat

94. *Limites : règles de forme.* Solutions alternatives de la Conv. Rome, V. art. 9 de la convention : loi de la conclusion ou du fond, compte tenu en outre du lieu de situation des contractants, devenu art. 11, Règl. Rome I. ♦ Hors Conv. Rome : *locus regit actum* : les dispositions de la loi française qui constituent des règles de forme (en l'espèce, rédaction des cessions amiables de fonds de commerce) sont applicables à tout contrat passé en France lorsque n'est pas établie la volonté des parties de soumettre la forme de leur contrat à la loi qui régit au fond celui-ci ou à leur loi nationale. • Civ. 1re, 10 déc. 1974, n° 73-11.238 P : *R. 1975, p. 91 ; D. 1975. 480 ; Rev. crit. DIP 1975. 474, note A.P. ; JDI 1975. 542, note Kahn* • 28 mai 1963 : *Rev. crit. 1964. 513, note Loussouarn ; JDI 1963. 1004, note Goldman ; D. 1963. 677, Rec. Gén. Lois. 1963, note Droz ; JCP 1963. II. 13347, note Malaurie ; GADIP, 5e éd., n° 40.* ♦ Nullité d'une donation faite en France par acte sous seing privé même si les biens donnés sont déposés en Suisse. • Civ. 1re, 23 janv. 2001, n° 97-20.618 P : *JCP 2001. II. 10620, note Légier ; Defrénois 2001. 626, note Crône ; Dr. fam. 2002, n° 27, note Fongaro ; Rev. crit. DIP 2002. 80, note B. Ancel ; JDI 2001. 1113, note Vignal.*

La règle selon laquelle la forme des actes est réglée par la loi du lieu dans lequel ils ont été faits ou passés n'a pas de caractère impératif. • Civ. 1re, 12 juin 2013, n° 12-15.467 P : *D. 2013. 1540, obs. Ravel d'Esclapon*.

B. OBLIGATIONS EXTRACONTRACTUELLES

BIBL. Bourel, *Mél. Loussouarn, Dalloz, 1994, p. 93* (dommages causés à l'environnement). – Doucet, *Mél. Levasseur, Litec/Gaz. Pal., 1992, p. 89* (loi applicable à l'action civile). – Legier, *Mél. Béguet, Univ. Toulon, 1985, p. 167* (enrichissement sans cause). ▸ Règl. CE n° 864/2007 du 11 juill. 2007, dit « Rome II » : Guerchoun et S. Piedelièvre, *Gaz. Pal. 2007. Doctr. 3106.* – Légier, *JCP 2007. I. 207.*

1° QUASI-CONTRATS

95. *Loi applicable.* En vertu du Règl. Rome II 864/2007 du 11 juill. 2007 sur la loi applicable aux obligations non contractuelles, pour la détermination de la loi applicable à l'action en répétition de l'indu, la relation existante entre les parties à une obligation extracontractuelle ne peut résulter d'un contrat conclu par l'une d'elles avec un tiers, ni de l'exécution par elle des obligations qu'attachait à ce contrat la loi qui lui était applicable (art. 10, § 2, du Règl.). La loi applicable doit être recherchée avec les critères de rattachement subsidiaires exposés par les § 2 à 4 de l'art. 10 du Règl. Rome II. • Civ. 1re, 9 févr. 2022, n° 20-19.625 : *D. 2022. 980, note Minois ; ibid. 915, obs. Clavel et Jault-Seseke ; JDI 2022, n° 13, note Barba.*

2° RESPONSABILITÉ

96. *Lex loci delicti – Domaine.* V. Règl. CE n° 864/2007 du 11 juill. 2007, dit « Rome II », sur la loi applicable aux obligations non contractuelles *(JOUE L 199 du 31 juill. 2007)*, applicable à partir du 11 janv. 2009, *D. 2008. Pan. 1508, obs.* Courbe. ♦ Sauf conventions internationales contraires, les obligations extracontractuelles sont régies par la loi du lieu où est survenu le fait qui leur a donné naissance. • Civ. 1re, 1er juin 1976 : *D. 1977. 257, note Monéger* • 16 avr. 1985 : *Bull. civ. I, n° 114*. – V. aussi, dans le même sens : • Civ. 25 mai 1948 : *D. 1948. 357, note P. L. P. ; JCP 1948. II. 4542, note Vasseur ; GADIP, 5e éd., n° 19* • Civ. 1re, 30 mai 1967 : *D. 1967. 629, note Malaurie* • 28 oct. 2003, n° 00-18.794 P : *R., p. 477 ; D. 2004. 233, note Delebecque ; JCP 2004. II. 10006, note Lardeux ; Defrénois 2004. 383, obs. Libchaber ; CCC 2004, n° 1, note Leveneur ; RCA 2004, n° 30, note Groutel ; Dr. et patr. 4/2004. 113, obs. Chabas, et p. 121, obs. F. Monéger ; RLDC 2004/2, n° 49, note Josselin-Gall ; LPA 23 déc. 2003, note P. Ancel ; ibid. 8 juin 2004, note Chanteloup ; ibid. 4 août 2004, note Azavant ; RTD civ. 2004. 96, obs. Jourdain*. ♦ Comp. • Paris, 16 janv. 1997 : *JDI 1997. 987, note Légier* (référence au lieu où s'est produit le dommage et où les intérêts en cause ont été rompus). ♦ De même, est régie par la loi du lieu du fait dommageable l'action directe de la victime contre l'assureur du responsable, quelles que soient les dispositions de la loi étrangère applicable au contrat d'assurance. • Com. 18 oct. 1994, n° 92-19.070 P. ♦ Si, en application du Règl. (CE) n° 864/2007 (« Rome II »), en matière non contractuelle, la victime peut agir directement contre l'assureur du responsable, si la loi applicable à l'obligation non contractuelle ou au contrat d'assurance le prévoit, le régime juridique de l'assurance est soumis à la loi de ce contrat. • Civ. 1re, 18 déc. 2019, n° 18-14.827 P : *D. 2020. 9 ; AJ contrat 2020. 148, obs. Perdrix*. ♦ Mais le régime juridique de l'assurance est soumis à la loi du contrat, notamment en ce qui concerne les exceptions opposables par l'assureur. • Civ. 1re, 20 déc. 2000, n° 98-16.103 P : *Rev. crit. DIP 2001. 682, note Heuzé*. ♦ Et l'action subrogatoire obéit à sa loi propre, celle qui régit le paiement opérant subrogation. • Paris, 13 mai 1998 : *D. 1998. IR 200*. ♦ Obligation de rechercher, avant d'appliquer la *lex loci delicti* française, si la clause de choix de loi du contrat de distribution exclusive, qui désignait la loi étrangère, n'était pas rédigée *en des termes suffisamment* larges pour s'appliquer au litige. • Com. 21 juin 2017, n° 16-11.828 : *D. 2017. 2054, obs. d'Avout ; JCP E 2018, n° 11, p. 32, obs. Mainguy* (arrêt *Bugaboo*, fait dommageable antérieur à l'entrée en vigueur du Règl. Rome II). ♦ Caractère impératif de l'art. 6 du Règl. « Rome II » prévoyant que la loi applicable à une obligation non contractuelle résultant d'un acte de concurrence déloyale est celle du pays sur le territoire duquel les relations de concurrence ou les intérêts collectifs des consommateurs sont affectés ou susceptibles de l'être. • Civ. 1re, 26 mai 2021, n° 19-15.102 P : *D. 2021. 1522, note Guillaumé ; Rev. crit. DIP 2021. 850, note Gaudemet-Tallon ; RTD civ. 2021. 854, obs. Usunier ; RTD com. 2021. 800, obs. Passa ; JCP 2021, n° 733, note d'Avout.*

S'agissant du préjudice moral subi par les victimes par ricochet d'un accident de voyage survenu à l'étranger, la loi applicable à sa réparation est celle du lieu où ce dommage s'est réalisé (loi cambodgienne), et non celle du lieu où ce préjudice moral est subi. • Civ. 1re, 28 oct. 2003 : *préc.*

97. ... Détermination du lieu du fait générateur du dommage. En matière de chèque litigieux : V. • Civ. 1re, 23 janv. 2007, n° 03-13.422 P : *D. 2007. AJ 504*. ♦ En cas de délit complexe, le lieu où le fait dommageable s'est produit s'entend aussi bien de celui du fait générateur du dommage que du lieu de réalisation du dommage ; lorsque le lieu de réalisation du dommage est fortuit, il convient de rechercher le lieu du fait générateur. • Civ. 1re, 27 mars 2007, n° 05-10.480 P : *D. 2007. AJ 1074, obs. Gallmeister ; ibid. 2008. Pan. 1245, obs. Kenfack ; ibid. Pan. 1510, obs. Courbe ; JCP E 2007. 2204, nos 29 s., obs. Legros ; Rev. crit. DIP 2007. 405, note Bureau ; JDI 2007. 949, note Légier ; RTD com. 2007. 633, obs. Delebecque* • Com. 25 mars 2014, n° 12-29.534 P : *D. 2014. 820*. ♦ Recherche du pays présentant les liens les plus étroits avec le fait dommageable en cas de délit complexe : V. • Civ. 1re, 11 mai 1999, n° 97-13.972 P : *D. 1999. Somm. 295, obs. Audit ; JCP 1999. II. 10183, note Muir Watt ; ibid. 2000. I. 197, nos 1 s., obs. Viney ; Rev. crit. DIP 2000. 199, note Bischoff ; JDI 1999. 1048, note Légier* (naufrage d'une plate-forme de forage pétrolier) • 5 mars 2002, n° 99-20.755 P : *D. 2002. 2999, note Bouche ; D. 2003. 58, note Josselin-Gall ; JCP 2002. II. 10082, note Muir Watt ; JCP E 2003. 278, n° 10, obs. H. J. Lucas ; Rev. crit. DIP 2003. 440, note Bischoff* (contrefaçon de logiciels : en présence de la pluralité des lieux de commission des délits, la loi française, en tant que loi du lieu du préjudice, n'a pas vocation exclusive à régir l'ensemble du litige en l'absence d'un rattachement plus étroit, non démontré, avec la France) • Com. 25 mars 2014, n° 12-29.534 P : *préc.* (contrat conclu à Paris, en désignant le droit français comme loi applicable et le tribunal de commerce de Paris comme juridiction compétente). • Civ. 1re, 10 oct. 2018, n° 17-14.401 P : *RDSS 2018. 1105, obs. Peigné* (Affaire PIP, dommage survenu dans les usines de la société où des implants mammaires défectueux avaient été fabriqués et les inspections réalisées, application du Règl. Rome II aux seuls faits récents). ♦ Le lieu où le fait dommageable s'est produit s'entend aussi bien de celui du fait générateur du dommage que du lieu de réalisation de ce dernier. Doit être appliquée la loi française à l'action en concurrence déloyale exercée pour obtenir réparation du dommage subi en France par la diffusion d'articles scientifiques, alors même qu'ils ont été publiés aux États-Unis d'Amérique. • Civ. 1re, 14 janv. 1997 : *D. 1997. 177, note Santa-Croce ; JCP 1997. II. 22903, note Muir Watt ; Rev. crit. DIP 1997. 504, note Bischoff*. ♦ Aux termes de l'art. 3 et du Règl. (CE) n° 864/2007, art. 4, application à une obligation non contractuelle résultant d'un fait dommageable de la loi du pays où le dommage se produit ; le dommage étant survenu dans les usines où des implants mammaires défectueux avaient été fabriqués et les inspections réalisées, il présentait également, au sens du Règl. art. 4, les liens les plus étroits avec la France (application, au visa de l'art. 4, §. 3, Règl. de la loi française). • Civ. 1re, 2 oct. 2018, n° 15-26.093 P.

98. Accidents de la circulation – Convention de La Haye. La convention conclue à La Haye le 4 mai 1971 sur la loi applicable en matière d'accidents de la circulation routière est en vigueur en France depuis le 3 juin 1975. Il résulte de l'art. 9 de cette convention que les personnes lésées ont toujours le droit d'agir contre l'assureur du responsable, si ce droit est admis par la loi du contrat d'assurance. Tel est le cas de la victime espagnole d'un accident causé en Espagne par un Français, le contrat d'assurance liant le responsable de l'accident à son assureur étant régi par la loi française. • Civ. 1re, 2 oct. 1984, n° 83-15.175 P : *Rev. crit. DIP 1986. 59, note P. Lagarde ; JDI 1985. 674, note Dayant.* ♦ L'art. 28, al. 1er, du Règl. n° 864/2007 du 11 juill. 2007, dit Rome II, prévoit que ce règlement n'affecte pas l'application des conventions internationales auxquelles un ou plusieurs États membres sont parties lors de son adoption et qui règlent les conflits de lois en matière d'obligations non contractuelles ; la Conv. de La Haye du 4 mai 1971 sur la loi applicable aux accidents de la circulation routière ayant été ratifiée par la France, la cour d'appel est tenue, même statuant en référé, d'en faire application pour déterminer la loi applicable au litige. • Civ. 1re, 18 nov. 2020, n° 19-17.924 P : *D. 2021. 923, obs. Clavel et Jault-Seseke ; Rev. crit. DIP 2021. 435, note Cuniberti ; D. actu. 9 déc. 2020, note Melinle.* ♦ La Convention de La Haye n'ayant pas été conclue exclusivement entre des États membres de l'Union européenne, mais également par des États tiers, le Règl. n° 864/2007 ne prévaut pas sur celle-ci. • Civ. 1re, 30 avr. 2014 : *D. 2014. 1040 ; JCP 2014, n° 696, obs. Corneloup.*

99. Selon l'art. 4 de la convention de La Haye du 4 mai 1971, l'application de la loi de l'État sur le territoire duquel l'accident s'est produit est écartée au profit de la loi française si tous les véhicules impliqués matériellement dans l'accident sont immatriculés en France. • Civ. 1re, 22 janv. 1991, n° 89-16.808 P • 30 sept. 2003, n° 00-21.121 P : *JCP 2004. I. 111, n° 3, obs. Delpy ; RGDA 2004. 270, note Heuzé (2e esp.).* ♦ En cas de collision de véhicules, les juges du fond ne peuvent considérer que seul l'un des véhicules, immatriculé en France, est impliqué dans l'accident. • Civ. 1re, 22 janv. 1991 : *préc.* ♦ La circonstance que le conducteur de l'un d'entre eux n'ait pas été attrait dans la procédure n'a aucune incidence sur la réalité de cette implication. • Civ. 1re, 4 avr. 1991, n° 89-15.064 P : *JDI 1991. 981, note Légier.* ♦ Un accord procédural entre les parties pour l'application de la loi française n'est pas opposable à l'assureur revendiquant l'application de la loi étrangère compétente. • Civ. 1re, 22 févr. 2005, n° 02-17.587 P : *D. 2005. IR 794 ; Rev. crit. DIP 2005. 300, note Lagarde*.

100. Défaut de base légale de la décision qui, au regard des art. 3 et 10 de la Conv. de La Haye du 4 mai 1971 sur la loi applicable en matière d'accidents de la circulation routière, écarte l'application de la loi espagnole, seule applicable en la cause, sans rechercher en quoi cette loi était manifestement incompatible avec l'ordre public entendu au sens international. • Civ. 1re, 6 juin 1990, n° 88-17.553 P : *D. 1990. Somm. 265, obs. Audit*. ♦ Le caractère impératif de la L. du 5 juill. 1985 sur les accidents de la circulation ne doit pas être confondu avec l'ordre public international au sens de l'art. 10 de la Conv. de La Haye du 4 mai 1971, laquelle détermine tant la loi applicable à la responsabilité que celle applicable à la réparation, dès lors que le fondement en est extracontractuel. • Civ. 1re, 4 févr. 1992 : *D. 1993. 13, note Légier* • 30 sept. 2003, n° 00-22.294 P : *JCP 2004. I. 111, n° 3, obs. Delpy ; RGDA 2004. 270, note Heuzé (3e esp.).* – V. aussi • Civ. 1re, 12 juill. 2001, n° 99-10.889 P : *D. 2001. IR 2363 ; RGDA 2001. 963, note Landel ; Rev. crit. DIP 2002. 541, note Boskovic*.

101. Cassation de l'arrêt ayant appliqué la L. du 5 juill. 1985 à une action dirigée contre l'assureur de responsabilité de l'un des deux véhicules, immatriculés dans des pays différents et impliqués dans un accident de la circulation survenu en Tunisie, au motif que le lieu de survenance de l'accident ne pouvait modifier l'étendue de la garantie contractuellement prévue, en l'espèce l'application du droit français à l'indemnisation du tiers lésé, alors que la Conv. de La Haye du 4 mai 1971 conduit à appliquer la loi tunisienne à la prescription de l'action en responsabilité délictuelle et à la détermination des conditions de cette responsabilité. • Civ. 1re, 15 juin 2022, n° 21-13.306 B.

102. Le recours entre coresponsables d'un accident de la circulation est exclu du domaine de la Conv. de La Haye du 4 mai 1971, selon ses termes mêmes, et relève de la règle de conflit de droit commun. • Civ. 1re, 24 févr. 1993 : *Rev. crit. DIP 1993. 444, note Bourel* ♦ La loi du lieu de l'accident définit l'assiette du recours de l'organisme d'assurance sociale qui indemnise la victime de cet accident. • Civ. 1re, 24 juin 2015, n° 13-21.468 P.

103. Responsabilité du fabricant. Application de l'art. 5 de la convention de La Haye du 3 oct. 1973 à la responsabilité du fabricant pour produit défectueux (loi interne de la résidence de la personne lésée). • Civ. 1re, 6 févr. 2008, n° 07-12.672 P : *RTD com. 2008. 899, obs. Delebecque ; Dr. et patr. 12/2008. 90, obs. Ancel.*

104. Dommages et intérêts punitifs. Le principe d'une condamnation à des dommages-intérêts punitifs n'est pas, en soi, contraire à l'ordre public ; mais il en est autrement lorsque le montant alloué est disproportionné au regard du préjudice subi et des manquements aux obligations contractuelles du débiteur. • Civ. 1re, 1er déc. 2010 : *D. 2011. 423, note Licari ; JCP 2011, n° 140, note Juvénal ; ibid. n° 158, § 12, obs. Nourissat ; Rev. crit. DIP 2011. 93, note Gaudemet-Tallon ; RTD civ. 2011. 122, obs. Fages ; ibid. 317, obs. Remy-Corlay .*

105. Ordre public atténué. Si elle n'est pas conforme aux règles internes impératives sur l'indemnisation des victimes d'accidents de la circulation, la disposition de la loi fédérale suisse selon laquelle le juge tient compte de la faute de la victime même non conductrice pour fixer l'indemnité qui lui est due n'est pas contraire à l'ordre public international et n'est donc pas de nature à faire écarter la loi étrangère désignée par la règle de conflit. • Crim. 26 avr. 1990, n° 88-84.586 P.

106. Les dispositions de la loi yougoslave sur les accidents de la circulation routière, fondée sur l'idée de responsabilité pour faute, ne sont pas contraires à la conception française de l'ordre public international ; l'application de cette loi, désignée comme loi compétente par l'art. 3 de la convention de La Haye du 4 mai 1971, ne peut donc être écartée et la décision déclarant la loi française applicable a violé l'art. 10 de la convention, qui réserve le cas où la loi compétente serait manifestement incompatible avec l'ordre public au sens international. • Civ. 1re, 4 avr. 1991, n° 89-15.064 P : *JDI 1991. 981, note Légier.* ♦ Même sens pour la loi allemande, moins favorable que la loi française en raison de la brièveté du délai de prescription. • Civ. 1re, 15 mai 1994 : *JDI 1995. 122, note Légier.* ♦ Dans le même sens : • Civ. 1re, 5 janv. 1999 : *Rev. crit. DIP 1999. 297, note P. L.* (loi turque) • 30 sept. 2003 : *préc. note 100* (loi italienne).

107. Exceptions – Rôle subsidiaire de la loi du for. Lorsqu'un droit étranger applicable admet une responsabilité pour faute et que la définition de cette faute ne peut être connue, il appartient à la juridiction du fond, s'agissant d'une règle de portée générale et non pas d'une disposition spécifique de la loi étrangère, de rechercher dans la loi du for les éléments permettant de décider si l'auteur du dommage avait commis une faute. • Civ. 1re, 2 févr. 1988, n° 86-10.704 P : *Rev. crit. DIP 1989. 55, note Ancel ; JDI 1988. 741, note Alexandre.* ♦ Recherche du contenu de la loi étrangère, V. notes 6 s.

108. Loi nationale commune. Malgré l'existence d'une convention internationale désignant la loi compétente, les parties peuvent réclamer, pour les droits dont elles ont la libre disposition, l'application de leur loi nationale commune (application de la loi française à la responsabilité extracontractuelle après un accident d'automobile survenu à l'étranger lorsque les deux parties françaises ont demandé l'application de leur loi nationale). • Civ. 1re, 19 avr. 1988, n° 85-18.715 P : *D. 1988. Somm. 345, obs. Audit ; Rev. crit. DIP 1989. 68, note Batiffol.* – Rappr. • Civ. 1re, 24 mars 1987, n° 85-13.961 P : *R., p. 258.* ♦ Sur l'autorité de la loi étrangère pour les parties, V. note 2.

109. Sécurité sociale – Référence à la résidence habituelle. Une caisse de sécurité sociale est en droit d'obtenir le remboursement de ses débours dans la limite de l'indemnité forfaitaire allouée à la victime lorsque cette dernière, en raison de sa résidence habituelle en France, est restée soumise au régime français de sécurité sociale, peu important à cet égard le lieu de l'accident et la législation applicable en ce qui concerne les responsabilités. • Soc. 9 juill. 1980 : *Bull. civ. V, n° 639.* – V. aussi • Versailles, 30 janv. 1989 : *D. 1989. Somm. 258, obs. Audit.*

110. Monnaie de compte. La monnaie de compte, qui détermine seulement le montant de l'obligation extracontractuelle et ne concerne ni les modalités et l'étendue de la responsabilité, ni l'existence et la nature des dommages susceptibles de réparation selon l'art. 8 de la convention de La Haye du 4 mai 1971 sur la loi applicable en matière d'accident de la circulation routière, et qui ne met pas en cause les principes monétaires du for, est, en principe, celle de l'État sur le territoire duquel la victime a son domicile ou sa résidence habituelle au moment où le dommage est subi, sauf le cas, notamment, où il y a lieu de rembourser des frais ou dépenses faits dans une autre monnaie. • Civ. 1re, 4 déc. 1990, n° 88-11.949 P : *R., p. 433 ; Rev. crit. DIP 1992. 292, note Putman .*

C. INSTRUMENTS DE PAIEMENT

111. Chèques – Effets de commerce. Absence de règles de conflit désignant la loi compétente en matière de responsabilité bancaire dans la Conv. de Genève du 19 mars 1931, dont l'art. 7-5°, renvoyant à la loi du pays où le chèque est payable pour déterminer si celui-ci peut être barré ainsi que les effets de ce barrement, ne porte pas sur la négociabilité du chèque. • Com. 4 nov. 2014, n° 12-27.072 P : *D. 2015. 1056, obs. Gaudemet-Tallon et Jault-Seseke ; JCP 2015, n° 19, note Abadie et Lasserre Capdeville.* ♦ Sur les conflits de lois en matière de lettre de change et de billet à ordre, Conv. de Genève du 7 juin 1930.

D. RÉGIME DES OBLIGATIONS ; PROCÉDURE, PRESCRIPTION

BIBL. Cadiet, *Mél. Gaudemet-Tallon, Dalloz, 2008, p. 209* (sources internationales de la procédure civile française). – Chatin, *Rev. crit. DIP 1977. 610.* – Hage-Chahine, *Études Weill, Dalloz/Litec, 1983, p. 303* (prescription). – Monin-Hersant et Nicod, *JDI 1989. 969.* – M.L. Niboyet, *Mél. Gaudemet-Tallon, Dalloz, 2008, p. 363* (contre le dogme de la *lex fori*). – Rigaux, *Rev. crit. DIP 1961. 1.*

112. Procédure – Loi du for. La procédure est soumise à la loi du for. L'exigence d'un intérêt né et actuel est donc commandée, en raison de son caractère procédural, par cette loi. • Civ. 1re, 4 déc. 1990, n° 89-14.285 P : *R., p. 434 ; GADIP, 5e éd., n° 76.* ♦ Application de la loi du for à une demande de saisie conservatoire portant sur des meubles dépendant d'une succession. • Civ. 1re, 16 avr. 1996, n° 94-15.531 P.

113. Intérêt à agir d'une association. La qualité à agir d'une association pour la défense d'un intérêt collectif en vue d'obtenir une mesure d'instruction sur le fondement de l'art. 145 C. pr. civ. s'apprécie, non au regard de la loi étrangère applicable à l'action au fond, mais selon la loi du for en ce qui concerne les conditions d'exercice de l'action et selon la loi du groupement en ce qui concerne les limites de l'objet social dans lesquelles celle-ci est exercée. • Civ. 1re, 9 mars 2022, n° 20-22.444 B : *D. 2022. 915, obs. Clavel et Jault-Seseke ; ibid. 963, obs. Monteillet et Leray ; Rev. sociétés 2022. 510, note Menjucq ; Rev. crit. DIP 2022. 251, obs. Guillard ; ibid. 305, note Muir Watt ; RTD civ. 2022. 698, obs. Théry .*

114. Prescription – Loi de l'obligation. En droit international privé français, sauf convention internationale contraire, la prescription extinctive d'une obligation est soumise à la loi qui régit celle-ci. • Civ. 1re, 8 févr. 1983, n° 81-14.573 P. – V. aussi • Civ. 1re, 21 avr. 1971 (deux arrêts) : *JCP 1971. II. 16825, note Level ; Rev. crit. DIP 1972. 74, note P. Lagarde* • Paris, 3 mars 1994 : *JCP 1995. II. 22367, note Muir Watt ; Rev. crit. DIP 1994. 532, note Ancel ; JDI 1995. 607, note Légier ; D. 1994. Somm. 355, obs. Audit* • 5 nov. 1996 : *Rev. crit. 1998. 596, note Bourdelois.* ♦ V. également note 88.

115. La loi étrangère qui prévoit que l'action en réparation d'un dommage doit être exercée dans le délai qu'elle fixe ne peut, conformément à la conception française de l'ordre public international, s'appliquer à l'encontre de la règle générale fixée par l'art. 2252 [ancien], selon laquelle la prescription ne court pas contre les mineurs non émancipés. • Civ. 1re, 21 mars 1979, n° 77-13.556 P.

VI. DROIT PATRIMONIAL DE LA FAMILLE

BIBL. Courbe, *Mél. Gaudemet-Tallon, Dalloz, 2008, p. 703* (réformes du droit de la famille et DIP). – Revillard, *Mél. Gaudemet-Tallon, Dalloz, 2008, p. 789* (harmonisation internationale du DIP et pratique notariale).

A. RÉGIMES MATRIMONIAUX

BIBL. Convention de La Haye du 14 mars 1978 sur les régimes matrimoniaux : D. Boulanger, *ALD 1993. 11* (entrée en vigueur). – Arseguel-Meunier, *AJ fam. 2008. 236 .* – Droz, *Rev. crit. DIP 1992. 631* (entrée en vigueur). – Gaudemet-Tallon, *Trav. Com. fr. DIP 1969-1971. 197.* – Loussouarn, *JDI 1979. 5.* – E. S. de La Marnierre, *D. 1993. Chron. 169 .* – Leuck, *JCP N 1992. I. 275.* – Revillard, *Defrénois 1981. 865 ; 1992. 257 et 1473.*

116. Il faut se placer au moment du mariage pour déterminer la loi applicable au régime matrimonial. • Civ. 1re, 20 mars 1979 : *Bull. civ. I, n° 97.*

1° DÉTERMINATION DE LA LOI APPLICABLE

117. Contrat de mariage. Une décision rendue par une juridiction étrangère qui, par application de sa loi nationale, refuse de donner effet à un contrat de mariage reçu en France, n'est pas en soi contraire à l'ordre public international français de fond et ne peut être écartée que si elle consacre de manière concrète, au cas d'espèce, une situation incompatible avec les principes du droit français considérés comme essentiels. • Civ. 1re, 2 déc. 2020, n° 18-20.691 P : *D. 2020. 2457 ; AJ fam. 2021. 134, obs. Boiché ; Rev. crit. DIP 2021. 887, note Usunier .*

a. Mariage célébré depuis le 1er sept. 1992 – Convention de La Haye

118. Caractère universel de la convention. Application de la convention à tous les mariages célébrés après le 1er septembre 1992 même si la nationalité, la résidence habituelle des époux ou la loi applicable en vertu de cette convention ne sont pas celles d'un État contractant. • Civ. 1re, 12 nov. 2009, n° 08-18.343 P : *D. 2009. AJ 2808, obs. Gallmeister ; JCP 2009. 478, note Farge ; ibid. 2010, n° 487, § 7, obs. Wiederkehr ; JCP N 2010, n° 1006, note Boulanger ; AJ fam. 2009. 498, obs. Boiché ; Dr. fam. 2009, n° 165, obs. Farge ; Defrénois 2010. 324, note Callé.*

119. Désignation de la loi applicable par les époux. Le changement de loi volontaire, autorisé par l'art. 6 de la Conv. de La Haye du 14 mars 1978 doit faire l'objet d'une stipulation expresse requise par l'art. 11 de cette Conv. • Civ. 1re, 13 déc. 2017, n° 16-27.216 : *D. 2018. 339, note Farge ; AJ fam. 2018. 129,* *obs. Boiché* ; *Dr. fam. 2018. Comm. 49, obs. Farge* ; *Defrenois 2018. 20, note Revillard* ; *JCP 2018. 73, note Wiederkehr* (insuffisance de la déclaration réalisée dans un acte d'achat immobilier et dans une donation entre époux) • 19 déc. 2012, n° 12-16.633 P : *D. 2013. 86, obs. Gallmeister* ; *ibid. 2013. Chron. C. cass. 591, obs. Capitaine* ; *Dr. fam. 2013, n° 47, obs. Abadie* (interprétation d'un acte qualifié de « contrat de mariage » alors qu'il ne fait que désigner l'autorité religieuse ayant célébré le mariage, sans aucune mention expresse et indubitable faisant référence au contrat qui en découlerait ni ne désignant la loi à laquelle il serait soumis).

b. Mariage célébré avant le 1er sept. 1992 – Loi d'autonomie

120. Volonté des époux – Premier domicile. BIBL. D. Boulanger, *JCP N 2001. 1306.* ♦ Il appartient aux juges du fond de déterminer souverainement, d'après les circonstances concomitantes ou postérieures au mariage, et en tenant compte notamment du premier domicile des époux après la célébration de leur union, le lieu où les époux ont eu, lors du mariage, la volonté de localiser leurs intérêts pécuniaires et dont la loi régira ces intérêts. • Civ. 1re, 12 janv. 1982 : *Bull. civ. I, n° 13* ; *Defrénois 1984. 242, note Revillard* • 9 oct. 1991, n° 90-14.203 P : *JCP 1992. II. 21873, note Kerckhove* ; *Defrénois 1992. 35, note Revillard* ; *Rev. crit. DIP 1992. 479, note Khairallah* • 3 déc. 1991 : *JCP 1992. II. 21948, note Kerckhove* (importance du premier domicile conjugal) • 13 déc. 1994, n° 93-15.337 P : *Rev. crit. DIP 1995. 319, note Revillard* (prise en compte de circonstances postérieures au mariage) • Civ. 1re, 5 nov. 1996, n° 94-21.603 P : *D. 1998. IR 287, obs. Audit* • 12 déc. 2000 : *Dr. fam. 2001, n° 82, note Fongaro* • 31 janv. 2006, n° 02-18.297 P : *D. 2006. IR 601* ; *Defrénois 2006. 873, étude Revillard* ; *JDI 2006. 970, note Barrière-Brousse* (importance du premier établissement, stable et durable) • 14 nov. 2006, n° 05-12.253 P : *LPA 25 juin 2007, note Meyzeaud-Garaud* (volonté des époux, au jour du mariage, de localiser en France leurs intérêts pécuniaires) • 22 mai 2007, n° 05-20.953 P : *D. 2007. AJ 1666* ; *ibid. 2008. Pan. 1511, obs. Courbe* ; *AJ fam. 2007. 321, obs. Hilt* ; (*idem*) • 19 sept. 2007, n° 06-15.295 P : *D. 2007. AJ 2476* ; *JCP N 2008. 1168, note Mahinga* ; *AJ fam. 2008. 125, obs. Boiché* ; *Defrénois 2008. 1204, note Revillard* ; *Dr. et patr. 12/2008. 96, obs. Ancel* ; *JDI 2008. 507, note Bourdelois* (la loi applicable au régime matrimonial d'époux mariés sans contrat est déterminée principalement en considération de la fixation de leur premier domicile matrimonial). • 22 oct. 2008 : *JCP N 2008. 1363, note Boulanger.* ♦ Volonté expresse des époux quant à la détermination de leur régime matrimonial résultant de l'adoption, lors du mariage, d'un régime de séparation de biens conforme à la loi musulmane, après échange des consentements en français : • Civ. 1re, 2 déc. 1997 : *Rev. crit. 1998. 632, note Gannagé* ; *JCP 1998. I. 135, obs. Wiederkehr* ; *D. 1998. Somm. 289, obs. Audit* . – Rappr. • Civ. 1re, 22 nov. 2005, n° 03-12.224 P : *Defrénois 2006. 873, étude Revillard, et 1046, note Farge* ; *Dr. et patr. 12/2006. 81, obs. M.-E. Ancel* ; *JDI 2006. 970, note Barrière-Brousse.* ♦ L'annexion d'un certificat de coutume à un acte de mariage établi en France répond à une simple prescription administrative et ne peut, à elle seule et à défaut d'une manifestation expresse de volonté, caractériser l'intention des époux d'adopter un régime matrimonial étranger. • Civ. 1re, 13 déc. 1994, n° 93-15.337 P : *Gaz. Pal. 1995 1. Pan. 83.* ♦ Mais la volonté présumée des époux ne doit être recherchée, pour la détermination de leur régime matrimonial, que s'il n'existe pas de choix exprès des conjoints. • Civ. 1re, 6 juill. 1988, n° 86-16.499 P : *Rev. crit. DIP 1989. 360, note Khairallah* ; *JDI 1989. 715, note Wiederkehr* • 7 avr. 1998, n° 96-13.973 P : *D. 1998. Somm. 287, obs. Audit* ; *Rev. crit. DIP 1998. 644, note Annoussamy* (nécessité de rechercher si les stipulations de l'acte de mariage établi à l'étranger n'emportent pas adoption d'un régime matrimonial particulier).

121. ... Modification de la loi applicable. Un changement dans l'élément essentiel de rattachement (expatriation) peut traduire la volonté expresse des époux de modifier leur choix de la loi applicable à leur régime matrimonial. • Paris, 5 juill. 1990 : *Defrénois 1991. 557 (2e esp.), note Revillard.* Sur l'incidence du bénéfice du statut de réfugié et de l'acquisition ultérieure d'une nouvelle nationalité, V. • Civ. 1re, 18 sept. 2002, n° 00-18.608 P : *D. 2003. 1251, note Khairallah* ; *JCP 2003. I. 111, n° 8, obs. Wiederkehr* ; *JCP N 2003. 1533, étude Josselin-Gall* ; *Defrénois 2003. 24, note Revillard* ; *Dr. fam. 2003, n° 10, note Cadet* ; *Dr. et patr. 1/2003. 118, obs. F. Monéger* ; *LPA 7 juin 2004, note Courbe* ; *Rev. crit. DIP 2003. 92, note Droz* . ♦ *Adde*, dans la même affaire : • Civ. 1re, 28 nov. 2006, n° 04-20.621 P : *D. 2007. Pan. 1754, obs. Courbe* ; *JCP 2007. I. 142, n° 14, obs. Wiederkehr* ; *AJ fam. 2007. 91, obs. Hilt* ; *Rev. crit. DIP 2007. 397, note Lagarde* (les lois nouvelles du pays d'origine sont sans incidence sur le régime matrimonial d'époux qui, ayant eu le statut de réfugiés, ont ensuite acquis une autre nationalité).

S'agissant d'époux mariés avant l'entrée en vigueur de la Conv. de La Haye du 14 mars 1978 sur la loi applicable aux régimes matrimoniaux, le rattachement du régime matrimonial légal ou conventionnel à la loi choisie par les époux à la date de leur union est permanent ; un changement de leur nationalité est sans effet à cet égard. • Civ. 1re, 12 mai 2010 : *Dr. fam. 2010, n° 136, obs. Farge.*

Sur l'exclusion du renvoi en matière de régime matrimonial, V. • Civ. 1re, 1er févr. 1972 : *JCP 1972. II. 17096, concl. Gégout ; Rev. crit. DIP 1972. 644, note Wiederkehr ; JDI 1972. 594, note Kahn ; GADIP, 5e éd., n° 51* • 24 janv. 1984 : *Bull. civ. I, n° 34 ; Rev. crit. DIP 1984. 631, note Ancel* • Paris, 31 oct. 1991 : *JDI 1992. 373, note Idot.*

122. L'application, par une juridiction étrangère, de sa règle de conflit désignant la loi compétente ne porte pas directement atteinte à l'unité de rattachement du régime matrimonial dès lors que la loi appliquée prévoit que le régime qu'elle détermine gouverne les rapports patrimoniaux des époux depuis le jour de leur mariage. • Civ. 1re, 6 juill. 1988 : *Bull. civ. I, n° 223.*

123. Ayant exactement énoncé que la loi française était applicable en raison de l'établissement en France du domicile conjugal dès la célébration du mariage, une cour d'appel, qui a retenu que l'absence de contrat préalable au mariage n'avait pas privé le couple du choix conventionnel de la séparation de biens, a violé les art. 1393 et 1394 C. civ., dès lors qu'il résulte de ces textes qu'à défaut de convention matrimoniale le régime de communauté forme le droit commun de la France. • Civ. 1re, 8 janv. 2002, n° 99-13.725 P : *D. 2002. Somm. 2446, obs. Revel ; AJ fam. 2002. 69, et les obs. ; RTD civ. 2003. 136, obs. Vareille .*

2° DOMAINE DE LA LOI APPLICABLE

124. Applications. La réponse à la question de savoir si les biens communs répondent de la dette délictuelle de la femme ne peut être donnée que par la loi du régime matrimonial et non par le droit des saisies relevant, au titre des voies d'exécution, du lieu de la saisie. • Civ. 1re, 16 juin 1992 : *Rev. crit. DIP 1993. 34, note Ameli .*

125. Liquidation et partage. La liquidation et le partage des biens d'époux étrangers ayant eu leur premier domicile conjugal à l'étranger doivent se faire selon les règles de fond et de preuve qui régissent leur régime matrimonial, sans qu'il y ait à distinguer entre les meubles et les immeubles, même situés en France. • Civ. 1re, 12 juin 1979 : *D. 1980. 202, note F. Boulanger ; Rev. crit. DIP 1981. 491, note Batiffol.* ♦ ... Sous réserve des dispositions du statut matrimonial de base (« régime primaire ») qui relèvent de la loi française des effets du mariage en raison du domicile des époux en France. • Civ. 1re, 22 oct. 1985, n° 84-11.468 P : *JDI 1986. 1005, note Wiederkehr.*

126. ... Convention contraire. La loi du régime matrimonial détermine selon quelles règles s'effectue la liquidation de ce régime, sauf dans le cas où les époux, maîtres de leurs droits, sont convenus, dans leurs rapports réciproques, d'une liquidation sur des bases différentes. • Civ. 1re, 3 janv. 1985 : *Bull. civ. I, n° 3 ; D. 1986. 57, note Rémery ; Rev. crit. DIP 1985. 652, note Batiffol* • 25 janv. 2005, n° 02-15.648 P : *D. 2005. 1210, note Bouche ; D. 2006. Pan. 1499, obs. Courbe ; JCP N 2005. 1450, étude D. Boulanger ; Defrénois 2005. 1040, note Revillard ; Dr. fam. 2005, n° 231, note Fongaro ; RJPF 2005-4/18, note Oudin ; Rev. crit. DIP 2005. 300, note B. Ancel* • 23 mai 2006, n° 05-18.385 P : *D. 2006. IR 1633 ; Dr. et patr. 12/2006. 82, obs. M.-E. Ancel ; Rev. crit. DIP 2006. 841, note Revillard .*

127. ... Accord procédural. Pour les droits dont elles ont la libre disposition, les parties peuvent, par un accord procédural qui peut résulter de conclusions concordantes sur ce point, choisir, pour régir une situation juridique déterminée, la loi française du for et évincer celle désignée par la règle de conflit applicable. Les époux ayant, au cours de la procédure tendant à la liquidation et au partage de leurs intérêts patrimoniaux, chacun assisté par un avocat, tous deux conclu au regard des codes civil et de procédure civile français. Il en déduit que les deux parties ont entendu soumettre la détermination et la liquidation de leur régime matrimonial à la loi française. • Civ. 1re, 10 févr. 2021, n° 19-17.028 P : *D. 2021. 923, obs. Clavel et Jault-Seseke ; AJ fam. 2021. 246, obs. Boiché ; Rev. crit. DIP 2021. 837, note Fulli-Lemaire ; JCP 2021, n° 403, note Fongaro ; Dr. fam. 2021, n° 85, obs. Devers.*

128. Modification du régime. La loi applicable au régime matrimonial détermine la possibilité de modifier ce régime. • Req. 4 juin 1935 : *DP 1936. 1. 7, rapport Pilon, note R. Savatier ; GADIP, 5e éd., n° 15.* ♦ ... Ainsi que les règles de changement du régime. • Civ. 1re, 19 mars 2008, n° 06-19.103 P : *D. 2009. Pan. 1557, obs. Courbe ; JCP N 2008. 1288, note Mahinga ; Defrénois 2008. 1580, obs. Revillard ; Dr. et patr. 12/2008. 97, obs. Ancel.* ♦ V. cependant, le refus d'appliquer l'art. 1397 à des époux ayant manifesté leur volonté de fixer à l'étranger le centre des intérêts de la famille, sans esprit de retour : • Paris, 29 juin 1968 : *JCP 1969. II. 15845, concl. Souleau ; Rev. crit. DIP 1970. 298, note Ponsard.* – V. aussi Malaurie, note *Defrénois 1971. 1251.* ♦ Sur la possibilité pour des époux d'origine étrangère de changer de régime matrimonial par application de la loi française, V. • Paris, 13 oct. 1988 : *Defrénois 1991. 557, note Revillard* • Paris, 5 juill. 1990 : *eod. loc.*

129. Mineur – Application de la loi personnelle. Les règles habilitant un mineur à la conclusion d'un contrat de mariage ne constituent qu'une simple modalité de son incapacité générale de contracter et ressortissent à sa loi personnelle à la date du contrat. • Civ. 1re, 15 mai 1963 : *JCP 1963. II. 13366, note Motulsky ; Rev. crit. DIP 1964. 506, note P. Lagarde ; JDI 1963. 996, note Malaurie ; GADIP, 5e éd., n° 39.* – V. aussi • Civ. 1re, 16 juill. 1971 : *D. 1972. 633 (1re esp.), note Malaurie ; JDI 1972. 287, note Lehmann.*

130. Donations entre époux. La loi applicable aux donations entre époux est distincte de celle qui gouverne le régime matrimonial. • Civ. 1re, 12 oct. 1982, n° 81-13.830 P. ♦ V. aussi note 144.

B. SUCCESSIONS, LIBÉRALITÉS

V. Règl. (UE) n° 650/2012 du 4 juill. 2012 ss. art. 720.

BIBL. Arséguel-Meunier, *AJ fam. 2008. 284*. – Caram-Pietrini, *Defrénois 2007. 1498* (successions internationales : harmonisation communautaire des règles de conflit de lois). – Casey, *RJPF 2001-2/12* (protection de la réserve héréditaire) ; *Dr. et patr. 7-8/2008. 25*. – Droz, *Rev. crit. DIP 1970. 163* (saisine, administration de la succession). – L. François, *JCP N 2003. 1476* (dévolution successorale et autonomie de la volonté) ; *D. 2003. Chron. 2391* (unité successorale). – M. Goré, *Mél. Loussouarn, Dalloz, 1994, p. 193* (successions). – Grimaldi, *Defrénois 2012. 755* (ordre public et réserve héréditaire). – Gulphe, *Mél. Breton/Derrida, Dalloz, 1991, p. 159* (trust à la française). – Kohler et Buschbaum, *Rev. crit. DIP 2010. 629* (reconnaissance des actes authentiques prévue pour les successions transfrontalières). – Lancin, *Gaz. Pal. 1994. 2. Doctr. 916*. – Légier, *JCP N 2001. 92*. – Loussouarn, *JDI 1970. 251* (administration des successions). – Revillard, *Rev. crit. DIP 1978. 251 ; Defrénois 1981. 1505 et 1585 ; ibid. 1992. 1473*. ♦ Convention de La Haye du 1er août 1989 : Droz, *Journ. not. 1989, art. 59717*. – Lagarde, *Rev. crit. DIP 1989. 249*.

131. Règl. n° 650/2012. Le Règl. n° 650/2012 du Parlement européen et du Conseil du 4 juill. 2012 relatif à la compétence, la loi applicable, la reconnaissance et l'exécution des décisions, et l'acceptation et l'exécution des actes authentiques en matière de successions et à la création d'un certificat successoral européen s'applique aux successions des personnes décédées à compter du 17 août 2015. Il prévoit notamment qu'en principe, la loi applicable à l'ensemble d'une succession est celle de l'État dans lequel le défunt avait sa résidence habituelle au moment de son décès (art. 21). – V. ss. art. 720. ♦ Pour une application du Règl. (UE) n° 650/2012 du 4 juill. 2012. • CJUE, 2e ch., 12 oct. 2017, n° C-218/16, *Kubicka : D. 2017. 2101 ; Europe 2017. Comm. 495, obs. Idot ; JCP N 2017, n° 43-44, p. 5, note Boulanger* (application de la loi successorale choisie à un legs particulier non reconnu dans l'État du lieu de situation de l'immeuble).

Selon l'art. 10, § 1, du Règl. (UE) n° 650/2012, lorsque la résidence habituelle du défunt au moment du décès n'est pas située dans un État membre, les juridictions de l'État membre dans lequel sont situés des biens successoraux sont néanmoins compétentes pour statuer sur l'ensemble de la succession dans la mesure où le défunt possédait la nationalité de cet État membre au moment du décès ; ce texte doit être interprété en ce sens qu'une juridiction d'un État membre doit relever d'office sa compétence au titre de la règle de compétence subsidiaire prévue à cette disposition lorsque, ayant été saisie sur le fondement de la règle de compétence générale établie à l'art. 4, elle constate qu'elle n'est pas compétente au titre de cette dernière disposition. • CJUE 7 avr. 2022, n° C-645/20. ♦ Sur la transmission d'une question préjudicielle : • Civ. 1re, 18 nov. 2020, n° 19-15.438 P. *D. 2021. 2064, obs. Godechot-Patris ; Rev. crit. DIP 2021. 616, note Chalas*. ♦ Application à un défunt résidant au Royaume-Uni mais ayant la nationalité française et possédant des biens situés en France : • Civ. 1re, 21 sept. 2022, n° 19-15.438 B : *D. actu. 11 oct. 2022, obs. Delvallée ; AJ fam. 2022. 562*.

132. Successions hors Règl. n° 650/2012 : Successions ab intestat – Immeubles – Portée de la lex reis sitae. Les successions immobilières sont régies par la loi de la situation des immeubles. • Civ. 5 juill. 1933 : *DP 1934. 1. 133, note Silz* • Civ. 1re, 14 mars 1961 : *Rev. crit. DIP 1961. 774, note Batiffol* • 21 mars 2000 : *préc. note 1*. ♦ La dévolution successorale de biens immobiliers situés en France, soumis à ce titre à la loi française, doit tenir compte des règles de la réserve héréditaire, laquelle, d'ordre public interne, ne peut être écartée par des dispositions testamentaires établies selon la loi du domicile du défunt et régissant son statut personnel. • Civ. 1re, 4 juill. 2018, n° 17-16.515 P : *D. 2018. 1490 ; AJ fam. 2019. 103, obs. Boiché ; Dr. fam. 2018, n° 243, obs. Tani*. ♦ Le règlement d'une indemnité d'occupation d'un immeuble indivis relève des opérations de partage soumises à la loi de situation du bien. • Civ. 1re, 23 janv. 2007, n° 06-11.037 P : *Dr. fam. 2007, n° 68, note Beignier (1re esp.) ; RTD civ. 2007. 602, obs. Grimaldi*. ♦ Toutefois, en application de l'art. 819 dans sa rédaction antérieure à la L. du 23 mars 2006, un partage intervenu à l'étranger, concernant des biens situés notamment en France, est valable lorsque tous les héritiers sont présents et capables au moment de l'établissement de cet acte de partage. • Civ. 1re, 19 nov. 2008, n° 05-16.203 P : *RLDC 2009/56, n° 3276, obs. Evenat ; Defrénois 2009. 429, note Revillard ; RTD civ. 2009. 155, obs. Grimaldi ; Rev. crit. DIP 2009. 265, note B. A.* ♦ Mais la dévolution des biens meubles est régie par la loi du dernier domicile du défunt. • Civ. 1re, 22 déc. 1970 : *Bull. civ. I, n° 338 ; Rev. crit. DIP 1972. 467, note A. P.* • 18 oct. 1988 : *GADIP, 5e éd., n° 75 ; JCP 1989. II. 21259, note Prévault*.

Obligation pour le juge d'appliquer, au besoin d'office, ladite règle de conflit. • Civ. 1re, 20 juin 2006, n° 05-14.281 P : *D. 2007. 1710, note Courbe ; Dr. et patr. 12/2006. 83, obs. Ancel ; LPA 31 juill. 2007, obs. Brière ; Rev. crit. DIP 2007. 383, note Ancel*. ♦ V. également note 1.

133. … Compétence. Selon les principes régissant les successions internationales applicables aux successions ouvertes avant le 17 août 2015, les tribunaux français sont compétents pour statuer sur une succession mobilière lorsque le défunt avait son domicile en France ; ils sont compétents pour statuer sur une succession immobilière pour les immeubles situés en France ; la nature de l'action successorale est déterminée selon la loi du for. • Civ. 1re, 14 avr. 2021, n° 19-24.773 P : *D. 2021. 2064, obs. Godechot-Patris ; Rev. crit. DIP 2021. 904, note Fongaro ; Dr. fam. 2021, n° 100, obs. Nicod* (cassation de l'arrêt ayant retenu la compétence de la juridiction française, au motif que que l'action en réduction est soumise à la loi de situation de l'immeuble donné, que la loi française est donc applicable et que le juge français a, dès lors, compétence pour connaître du litige, alors que la détermination de la juridiction compétente ne dépend pas de la loi applicable au litige, mais de la nature de l'action successorale).

134. … Loi successorale et charia. La différence de traitement subie par la bénéficiaire d'un testament établi conformément au code civil hellène par un testateur de confession musulmane, par rapport à une bénéficiaire d'un testament établi conformément au code civil hellène par un testateur n'étant pas de confession musulmane, n'a pas de justification objective et raisonnable. • CEDH 19 déc. 2018, n° 20452/14 : *AJDA 2019. 169, note Burgorgue-Larsen ; D. 2019. 316, obs. Fulchiron ; AJ fam. 2019. 158, obs. Houssier ; RTD civ. 2019. 281, obs. Marguénaud* (non application de la charia au testament d'un Grec membre de la communauté musulmane de Thrace). ♦ Dans la même affaire : • CEDH, gr. ch., 18 juin 2020, *Molla Sali c/ Grèce*, n° 20452/14.

135. … Immeubles – Limites au renvoi. En matière de succession immobilière, le renvoi opéré par la loi de situation de l'immeuble ne peut être admis que s'il assure l'unité successorale et l'application d'une même loi aux meubles et aux immeubles. • Civ. 1re, 11 févr. 2009, n° 06-12.140 P : *BICC 15 juin 2009, n° 819 et la note ; D. 2009. AJ 562, obs. Égéa ; ibid. 1658, note Lardeux ; JCP 2009. II. 10068, obs. Boulanger ; Gaz. Pal. 2009. 1281, note Sindres ; AJ fam. 2009. 356, obs. Boiché ; JCP N 2009. 1196, note Gorand ; Dr. fam. 2009. 62, obs. Fongaro ; RLDC 2009/59, n° 3401, obs. Pouliquen ; ibid. 3474, note Le Gallou ; Defrénois 2009. 1380, obs. Revillard ; ibid. 1704, obs. Meyzeaud-Garaud ; Rev. crit. DIP 2010. 512, note Ancel*. ♦ Lorsqu'une succession comporte des immeubles situés dans l'un et l'autre de deux pays dont le défunt a la nationalité, le renvoi opéré par la loi du lieu de situation de l'immeuble impose que le critère de rattachement à la loi nationale du défunt soit apprécié selon les règles de conflit de lois prévues par la loi du pays renvoyant ; cassation de l'arrêt qui a fait prévaloir la loi française à l'égard d'un binational, alors que la loi nationale de rattachement, au sens du code civil espagnol, devait être déterminée selon les dispositions de la loi étrangère telles qu'interprétées par son droit positif. • Civ. 1re, 15 mai 2018, n° 17-11.571 P : *D. 2018. 2384, obs. Godechot-Patris et Grare-Didier ; ibid. 1072 ; ibid. 2019. 1016, obs. Clavel et Jault-Seseke ; Rev. crit. DIP 2019. 527, note Lagarde ; AJ fam. 2018. 408 ; JCP 2018, n° 789, note Vignal*. ♦ Les juridictions françaises étant compétentes pour connaître partiellement des opérations de liquidation et partage de la succession, tant mobilière en vertu de l'art. 14 du C.civ., qu'immobilière en raison de la situation d'un immeuble en France, et de la loi espagnole applicable aux dites opérations relatives aux meubles et à l'immeuble situés en Espagne, renvoyant à la loi française, loi nationale du défunt, les juridictions françaises étaient, par l'effet de ce renvoi, compétentes pour régler l'ensemble de la succession à l'exception des opérations juridiques et matérielles découlant de la loi réelle de situation de l'immeuble en Espagne. • Civ. 1re, 23 juin 2010, n° 09-11.901 P : *D. 2010. 2955, note d'Avout ; ibid. 2011. 1374, obs. Jault-Seseke ; AJ fam. 2010. 401, obs. Boiché ; Rev. crit. DIP 2011. 53, note Ancel*. ♦ Également : • Civ. 1re, 25 mai 2016, n° 15-16.935 P : *D. 2016. 1199 ; AJ fam. 2016. 499, obs. Boiché ; RTD civ. 2016. 672, obs. Grimaldi ; JCP 2016, n° 850, note Perreau-Saussine* (application de la loi de la succession à la prescription acquisitive de l'immeuble en cause).

136. … Meubles – Loi du dernier domicile. Les meubles héréditaires sont réputés exister au lieu d'ouverture de la succession et en conséquence leur dévolution est régie par la loi du dernier domicile du défunt. • Civ. 19 juin 1939 : *DP 1939. 1. 97, note L. P. ; GADIP, 5e éd., n° 18* • Civ. 1re, 22 déc. 1970 : *préc. note 132* • 19 juill. 1976 : *Bull. civ. I, n° 264* • 3 juin 1998, n° 96-11.206 P • 20 oct. 2010, n° 08-17.033 P : *D. actu. 8 nov. 2010, obs. Burda ; D. 2011. 1664, note Agostini ; JCP N 2011, n° 1211, note Godechot-Patris ; RDC 2011. 415 note Savaux ; Rev. crit. DIP 2011. 53, note Ancel*. – V. aussi • Civ. 1re, 7 mars 2000 : *Rev. crit. DIP 2000. 458, note B. Ancel* • 12 déc. 2000 : *Dr. fam. 2002, n° 39, note Fongaro ; Rev. crit. DIP 2001. 131, note B. Ancel* • 7 déc. 2005, n° 02-15.418 P : *D. 2006. 1217, note Mahinga ; ibid. IR 16, obs. Gallmeister ; JCP 2006. II. 10050, note F. Boulanger ; Defrénois 2006. 562, note Revillard ; Dr. fam. 2006, n° 117, obs. Farge ; LPA 3 mai 2006, note Vareille ; Rev. crit. DIP 2006. 583, note Godechot-Patris* • 30 oct. 2006 : *Rev. crit. DIP 2007. 573, note B. Ancel ; Defrénois 2008. 777, note Crône* (pouvoir souverain des juges du fond dans la détermination du dernier domicile).

Justifie sa décision la cour d'appel qui qualifie, par application de la loi du for, les parts sociales d'une société immobilière de biens mobiliers, leur situation à l'étranger étant sans incidence sur leur dévolution conformément à la loi française du lieu d'ouverture de la succession. • Civ. 1re, 20 oct. 2010 : *préc.* ♦ V. également note 132.

137. Dévolution successorale – Rôle et limites de la loi successorale. S'il appartient à la loi successorale de désigner les personnes appelées à la succession et de dire notamment si le conjoint figure parmi elles et pour quelle part, il ne lui appartient pas de dire si une personne a la qualité de conjoint ni de définir selon quelle loi doit être appréciée cette qualité. • Civ. 1re, 22 avr. 1986, n° 85-11.666 P : *JCP 1987. II. 20878, note Agostini.* – V. aussi • Civ. 1re, 3 janv. 1980 : *préc. note 14* • Paris, 8 nov. 1983 : *préc. note 40.* ♦ Sur l'étendue des pouvoirs d'un exécuteur testamentaire sur un immeuble successoral : • Civ. 1re, 4 déc. 1990, n° 89-11.352 P : *JDI 1991. 398, note Revillard.* ♦ Sur les limites résultant de l'exercice du droit de prélèvement : • Civ. 1re, 7 déc. 2005 : *préc. note 136* (non-application au conjoint survivant légataire de la quotité disponible).

138. Libéralités et réserve – Loi successorale. BIBL. Grimaldi, *Defrénois 2012. 755* (ordre public et réserve héréditaire). ♦ Les libéralités entre vifs sont soumises à la loi successorale pour tout ce qui concerne les règles protectrices des droits des héritiers, spécialement celles relatives à la réserve héréditaire et les successions mobilières sont régies par la loi du dernier domicile du défunt. • Civ. 1re, 18 oct. 1988 : *JCP 1989. II. 21259, note Prévault.* ♦ Il résulte de la combinaison des principes régissant les successions internationales et de l'art. 924 C. civ. que l'action en réduction exercée par les héritiers réservataires contre le donataire d'un immeuble, qui ne tend pas à la restitution en nature de l'immeuble mais au paiement d'une indemnité de réduction et présente, dès lors, un caractère mobilier, relève de la compétence des tribunaux du pays où le défunt avait son dernier domicile. • Civ. 1re, 14 avr. 2021, n° 19-24.773 P : *cité note 133.*

La réserve se calculant, dans les successions internationales, sur chaque masse de biens soumise à une loi différente, les héritiers réservataires peuvent retenir toute la réserve que leur *donne la loi française* de la situation des immeubles. • Civ. 1re, 4 déc. 1990, n° 89-11.352 P : *JDI 1991. 398, note Revillard ; Defrénois 1991. 1006, note Revillard* • 17 juin 2009, n° 07-21.718 P : *JCP N 2009. 1310, note Fongaro ; Dr. fam. 2009, n° 119, note Fongaro ; Defrénois 2010. 328, obs. Revillard ; RJPF 2009-9/45, obs. Casey ; RLDC 2009/63, n° 3551, obs. Pouliquen ; Rev. crit. DIP 2010. 129, note B. A.* ♦ Atteinte à la réserve par la constitution d'un trust dans lequel le constituant se dépouille d'un capital, réalisant ainsi une donation indirecte. • Civ. 1re, 20 févr. 1996, n° 93-19.855 P : *R., p. 238 ; D. 1996. 390 ; ibid. Chron. 231, par Lequette ; JCP 1996. II. 22647, note Béhar-Touchais ; Defrénois 1997. 26, note Vignal ; RTD civ. 1996. 454, obs. Patarin ; Rev. crit. DIP 1996. 692, note Droz.* ♦ Le droit de prélèvement des héritiers français, instauré par la L. du 14 juill. 1819, art. 2, ne peut être exercé que dans les successions d'où ils sont exclus. • Civ. 1re, 24 févr. 1998, n° 96-12.375 P : *Rev. crit. DIP 1998. 445, note Gaudemet-Tallon.* ♦ Réserve héréditaire et fraude à la loi dans une opération qualifiée de « donation-achat » d'immeuble : V. • Civ. 1re, 18 mai 2005 : *préc. note 12.* ♦ V. également l'incidence du Règl. n° 650/2012, ss. art. 720.

139. Testaments : concurrence entre la loi successorale et la loi d'autonomie. Au point de vue de la dévolution et du partage des biens, les successions testamentaires obéissent aux règles des successions *ab intestat.* • Besançon, 10 avr. 1933 : *DP 1934. 2. 89, note Nast.* ♦ V. application : • Civ. 1re, 14 mars 1961 : *Bull. civ. I, n° 162 ; Rev. crit. DIP 1961. 774, note Batiffol.* ♦ Même sens, pour l'institution contractuelle : • Paris, 26 févr. 1964 : *Rev. crit. DIP 1965. 334, note Le Bris.* ♦ Cependant, c'est à la loi d'autonomie qu'il convient de se référer lorsque la matière est abandonnée à la volonté du testateur par la loi successorale. • Paris, 16 mai 1960 : *JCP 1960. II. 11763, note Gavalda ; JDI 1961. 762, note Sialelli* • Paris, 23 janv. 1990 : *JCP 1991. II. 21637, note Béhar-Touchais.* ♦ Sur la loi applicable au « trust », V. note Malaurie, *D. 1972. 122 ;* V. aussi note 142. ♦ Sur la convention de La Haye du 1er juill. 1985 : Revillard, *Defrénois 1986. 689 ;* Gaillard et Trautman, *Rev. crit. DIP 1986. 1.*

140. … Conditions de validité. Les conditions de validité d'un testament rédigé à New York sont régies par la loi de l'État de New York. Mais si, selon l'interprétation de la loi de cet État par les juges du fond, il résulte qu'une formalité est une procédure propre destinée à donner effet dans cet État aux actes portant testament, cette formalité n'est pas nécessaire pour l'exécution en France du testament litigieux. • Civ. 1re, 29 janv. 1976 : *Bull. civ. I, n° 42.* ♦ Selon l'art. 1er de la Convention de La Haye du 5 oct. 1961 sur les conflits de lois en matière de forme des dispositions testamentaires, une disposition testamentaire est valable quant à la forme si celle-ci répond à la loi interne du lieu dans lequel le testateur avait son domicile, ou sa résidence habituelle, soit au moment du testament soit au moment du décès, et la question de savoir si le testateur avait son domicile dans un lieu déterminé est régie par la loi de ce même lieu ; cassation de l'arrêt qui n'a pas recherché si, au regard du droit canadien, le testateur n'était pas domicilié au Canada au moment de la signature du testament. • Civ. 1re, 14 nov. 2007, n° 06-16.636 P : *D. 2008. Chron. C. cass. 640, obs. Chauvin ; ibid. Pan. 1512, obs. Courbe ; JCP 2008. II. 10088, note Mahinga ; AJ fam. 2007. 479, obs. Boiché ; Dr. fam. 2008, n° 16, note*

Beignier; Defrénois 2008. 1326, obs. Revillard; ibid. 2009. 1711, obs. Meyzaud-Garaud; Dr. et patr. 12/2008. 98, obs. Ancel; RLDC 2007/44, n° 2792, note Leandri. ♦ La prohibition du testament conjonctif relève des conditions de forme soumises, selon l'art. 1er de la Convention de La Haye, à la loi du lieu de rédaction. • TGI Paris, 24 avr. 1980 : *Rev. crit. DIP 1982. 684, note Batiffol.* ♦ Respect des conditions de validité d'un testament international : • Civ. 1re, 10 oct. 2012 : *cité note 1 ss. art. 969* • 25 nov. 2015, n° 14-21.287 P : *D. 2015. 2502 ; AJ fam. 2016. 56, obs. Casey*.

141. ... Immeubles. La loi applicable aux immeubles dans les successions testamentaires est la loi de la situation de l'immeuble, laquelle régit également les pouvoirs de l'exécuteur testamentaire. • Civ. 1re, 4 déc. 1990 : *préc. note 137.*

142. Trust. Suivant la règle de conflit française, la désignation et les pouvoirs des exécuteurs testamentaires, voire d'un trust à cause de mort, relèvent de la loi américaine à laquelle est soumise la succession mobilière d'un *de cujus* décédé domicilié à New York. La décision étrangère qui confère ou qui homologue le testament conférant aux personnes désignées les pouvoirs d'administration en matière successorale produit ses effets en France indépendamment de toute déclaration d'*exequatur,* dès lors qu'elle ne doit pas donner lieu à des actes d'exécution forcée en France. • Civ. 1re, 3 nov. 1983 : *Defrénois 1984. 787, note Revillard; JDI 1985. 115, note B. Ancel.* ♦ Obligation pour le juge qui rejette la demande d'un héritier réservataire fondée sur le droit de prélèvement relative à un trust constitué à l'étranger de rechercher si les stipulations contractuelles applicables au trust ne portent pas atteinte à la réserve du demandeur. • Civ. 1re, 7 déc. 2005 : *préc. note 136.* – V. Le Grand de Belleroche, *RLDC 2008/52, n° 3123.*

143. Donations – Règles de fond et de forme. En matière de libéralités entre vifs, si la loi successorale s'applique pour la protection des héritiers (V. note 138), la loi d'autonomie régissant le contrat est compétente quant à l'objet et la cause de la donation, ainsi que sur le consentement. • Paris, 23 janv. 1990 : *JCP 1991. II. 21637, note Béhar-Touchais; Rev. crit. DIP 1991. 92, note Lequette; JDI 1990. 994, note Niboyet-Hoegy.* ♦ V. notes 71 s.

La forme des donations est, à défaut de volonté contraire exprimée par les parties, régie par la loi du lieu où elles sont conclues. • Civ. 1re, 31 janv. 1967, n° 64-13.527 P. ♦ Relève de la loi du contrat l'action en nullité d'une donation, fondée sur l'*undue influence,* notion propre au droit américain caractérisant une altération grave du consentement du donateur par l'effet des manœuvres de captation du donataire. • Paris, 23 janv. 1990 : *JCP 1991. II. 21637, note Béhar-Touchais.*

144. Donations entre époux. BIBL. D. Vincent, *Defrénois 2008. 378* (loi applicable aux donations entre époux). ♦ La loi d'autonomie ne saurait s'appliquer aux donations entre époux, eu égard aux règles particulières auxquelles elles obéissent. Une donation d'objets mobiliers entre époux de nationalité différente dont le domicile commun se trouvait en France au moment de la libéralité est soumise à la loi française, loi du domicile commun, régissant les effets personnels du mariage. • Civ. 1re, 15 févr. 1966 : *D. 1966. 370, note Malaurie; GADIP, 5e éd., n° 42* • 3 avr. 1990, n° 88-18.784 P : *Rev. crit. DIP 1991. 104, note B. A.* ♦ V. aussi notes 43 et 130.

Règlement (CE) n° 864/2007 du Parlement européen et du Conseil du 11 juillet 2007,

Sur la loi applicable aux obligations non contractuelles (« Rome II »).

Ce règlement, ainsi que son préambule et les déclarations de la commission annexées, sont publiés au JOUE du 31 juill. 2007. Sur l'entrée en vigueur, V. art. 31 et 32.

BIBL. ▶ Kadner-Graziano, *Rev. crit. DIP 2008. 445.* – Dossier, *D. 2009. 1619*.

CHAPITRE I. *CHAMP D'APPLICATION*

Art. 1er *Champ d'application.* 1. Le présent règlement s'applique, dans les situations comportant un conflit de lois, aux obligations non contractuelles relevant de la matière civile et commerciale. Il ne s'applique pas, en particulier, aux matières fiscales, douanières et administratives, ni à la responsabilité encourue par l'État pour les actes et omissions commis dans l'exercice de la puissance publique (*"acta iure imperii"*).

2. Sont exclues du champ d'application du présent règlement :

a) les obligations non contractuelles découlant de relations de famille ou de relations qui, selon la loi qui leur est applicable, ont des effets comparables, y compris les obligations alimentaires ;

b) les obligations non contractuelles découlant des régimes matrimoniaux, des régimes patrimoniaux relatifs aux relations qui, selon la loi qui leur est applicable, ont des effets comparables au mariage et aux successions ;

c) les obligations non contractuelles nées de lettres de change, de chèques, de billets à ordre ainsi que d'autres instruments négociables, dans la mesure où les obligations nées de ces autres instruments dérivent de leur caractère négociable ;

d) les obligations non contractuelles découlant du droit des sociétés, des associations et des personnes morales concernant des matières telles que la constitution, par enregistrement ou autrement, la capacité juridique, le fonctionnement interne et la dissolution des sociétés, des associations et des personnes morales, de la responsabilité personnelle des associés et des organes pour les dettes de la société, de l'association ou de la personne morale et de la responsabilité personnelle des auditeurs vis-à-vis de la société ou vis-à-vis de ses organes chargés du contrôle légal des documents comptables ;

e) les obligations non contractuelles découlant des relations entre les constituants, les trustees et les bénéficiaires d'un trust créé volontairement ;

f) les obligations non contractuelles découlant d'un dommage nucléaire ;

g) les obligations non contractuelles découlant d'atteintes à la vie privée et aux droits de la personnalité, y compris la diffamation.

3. Le présent règlement ne s'applique pas à la preuve et à la procédure, sans préjudice des articles 21 et 22.

4. Aux fins du présent règlement, on entend par "État membre ", tous les États membres, à l'exception du Danemark.

Art. 2 *Obligations non contractuelles.* 1. Aux fins du présent règlement, le dommage vise toute atteinte résultant d'un fait dommageable, d'un enrichissement sans cause, d'une gestion d'affaires ou d'une *"culpa in contrahendo"*.

2. Le présent règlement s'applique également aux obligations non contractuelles susceptibles de survenir.

3. Toute mention dans le présent règlement :

a) d'un fait générateur de dommage concerne également le fait générateur du dommage susceptible de se produire ; et

b) d'un dommage concerne également le dommage susceptible de survenir.

Art. 3 *Caractère universel.* La loi désignée par le présent règlement s'applique, même si cette loi n'est pas celle d'un État membre.

CHAPITRE II. *FAITS DOMMAGEABLES*

Art. 4 *Règle générale.* 1. Sauf dispositions contraires du présent règlement, la loi applicable à une obligation non contractuelle résultant d'un fait dommageable est celle du pays où le dommage survient, quel que soit le pays où le fait générateur du dommage se produit et quels que soient le ou les pays dans lesquels des conséquences indirectes de ce fait surviennent.

2. Toutefois, lorsque la personne dont la responsabilité est invoquée et la personne lésée ont leur résidence habituelle dans le même pays au moment de la survenance du dommage, la loi de ce pays s'applique.

3. S'il résulte de l'ensemble des circonstances que le fait dommageable présente des liens manifestement plus étroits avec un pays autre que celui visé aux paragraphes 1 ou 2, la loi de cet autre pays s'applique. Un lien manifestement plus étroit avec un autre pays pourrait se fonder, notamment, sur une relation préexistante entre les parties, telle qu'un contrat, présentant un lien étroit avec le fait dommageable en question.

Art. 5 *Responsabilité du fait des produits.* 1. Sans préjudice de l'article 4, paragraphe 2, la loi applicable à une obligation non contractuelle découlant d'un dommage causé par un produit est :

a) la loi du pays dans lequel la personne lésée avait sa résidence habituelle au jour du dommage, si le produit a été commercialisé dans ce pays ; ou à défaut

b) la loi du pays dans lequel le produit a été acheté, si le produit a été commercialisé dans ce pays ; ou à défaut

c) la loi du pays dans lequel le dommage est survenu, si le produit a été commercialisé dans ce pays.

Toutefois, la loi applicable est celle du pays dans lequel la personne dont la responsabilité est invoquée a sa résidence habituelle, si cette personne ne pouvait raisonnablement pas prévoir la commercialisation du produit ou d'un produit du même type dans le pays dont la loi est applicable en vertu des points a), b) ou c).

2. S'il résulte de toutes les circonstances que le fait dommageable présente des liens manifestement plus étroits avec un pays autre que celui visé au paragraphe 1, la loi de cet autre pays s'applique. Un lien manifestement plus étroit avec un autre pays pourrait se fonder, notamment, sur une relation préexistante entre les parties, telle qu'un contrat, présentant un lien étroit avec le fait dommageable en question.

Art. 6 *Concurrence déloyale et actes restreignant la libre concurrence.* 1. La loi applicable à une obligation non contractuelle résultant d'un acte de concurrence déloyale est celle du pays sur le territoire duquel les relations de concurrence ou les intérêts collectifs des consommateurs sont affectés ou susceptibles de l'être.

2. Lorsqu'un acte de concurrence déloyale affecte exclusivement les intérêts d'un concurrent déterminé, l'article 4 est applicable.

3. a) La loi applicable à une obligation non contractuelle résultant d'un acte restreignant la concurrence est celle du pays dans lequel le marché est affecté ou susceptible de l'être.

b) Lorsque le marché est affecté ou susceptible de l'être dans plus d'un pays, le demandeur en réparation qui intente l'action devant la juridiction du domicile du défendeur peut choisir de fonder sa demande sur la loi de la juridiction saisie, pourvu que le marché de cet État membre compte parmi ceux qui sont affectés de manière directe et substantielle par la restriction du jeu de la concurrence dont résulte l'obligation non contractuelle sur laquelle la demande est fondée. Lorsque le demandeur, conformément aux règles applicables en matière de compétence judiciaire, cite plusieurs défendeurs devant cette juridiction, il peut uniquement choisir de fonder sa demande sur la loi de cette juridiction si l'acte restreignant la concurrence auquel se rapporte l'action intentée contre chacun de ces défendeurs affecte également de manière directe et substantielle le marché de l'État membre de cette juridiction.

4. Il ne peut être dérogé à la loi applicable en vertu du présent article par un accord tel que mentionné à l'article 14.

Art. 7 *Atteinte à l'environnement.* La loi applicable à une obligation non contractuelle découlant d'un dommage environnemental ou de dommages subséquents subis par des personnes ou causés à des biens est celle qui résulte de l'application de l'article 4, paragraphe 1, à moins que le demandeur en réparation n'ait choisi de fonder ses prétentions sur la loi du pays dans lequel le fait générateur du dommage s'est produit.

Art. 8 *Atteinte aux droits de propriété intellectuelle.* 1. La loi applicable à une obligation non contractuelle résultant d'une atteinte à un droit de propriété intellectuelle est celle du pays pour lequel la protection est revendiquée.

2. En cas d'obligation non contractuelle résultant d'une atteinte à un droit de propriété intellectuelle communautaire à caractère unitaire, la loi applicable à toute question qui n'est pas régie par l'instrument communautaire pertinent est la loi du pays dans lequel il a été porté atteinte à ce droit.

3. Il ne peut être dérogé à la loi applicable en vertu du présent article par un accord tel que mentionné à l'article 14.

Art. 9 *Responsabilité du fait de grève ou de lock out.* Sans préjudice de l'article 4, paragraphe 2, la loi applicable à l'obligation non contractuelle relative à la responsabilité d'une personne agissant en qualité de travailleur ou d'employeur ou celle d'une organisation représentant les intérêts professionnels des personnes susvisées du fait des dommages causés par une grève ou un lock-out en cours ou terminé est la loi du pays dans lequel cette grève ou ce lock-out est ou a été engagé.

CHAPITRE III. *ENRICHISSEMENT SANS CAUSE, GESTION D'AFFAIRES ET "CULPA IN CONTRAHENDO"*

Art. 10 *Enrichissement sans cause.* 1. Lorsqu'une obligation non contractuelle découlant d'un enrichissement sans cause, y compris un paiement indu, se rattache à une relation existante entre les parties, telle qu'une obligation découlant d'un contrat ou d'un fait dommageable présentant un lien étroit avec cet enrichissement sans cause, la loi applicable est celle qui régit cette relation.

2. Si la loi applicable ne peut être déterminée sur la base du paragraphe 1 et que les parties ont leur résidence habituelle dans le même pays au moment où le fait donnant lieu à l'enrichissement sans cause survient, la loi applicable est celle de ce pays.

3. Si la loi applicable ne peut être déterminée sur la base des paragraphes 1 ou 2, la loi applicable est celle du pays dans lequel l'enrichissement sans cause s'est produit.

4. S'il résulte de toutes les circonstances que l'obligation non contractuelle découlant d'un enrichissement sans cause présente des liens manifestement plus étroits avec un pays autre que celui visé aux paragraphes 1, 2 et 3, la loi de cet autre pays s'applique.

Art. 11 *Gestion d'affaires.* 1. Lorsqu'une obligation non contractuelle découlant d'une gestion d'affaires se rattache à une relation existante entre les parties, telle qu'une obligation découlant d'un contrat ou d'un fait dommageable présentant un lien étroit avec cette obligation non contractuelle, la loi applicable est celle qui régit cette relation.

2. Si la loi applicable ne peut être déterminée sur la base du paragraphe 1 et que les parties ont leur résidence habituelle dans le même pays au moment où le fait donnant lieu au dommage survient, la loi applicable est celle de ce pays.

3. Si la loi applicable ne peut être déterminée sur la base des paragraphes 1 ou 2, la loi applicable est celle du pays dans lequel la gestion d'affaires s'est produite.

4. S'il résulte de toutes les circonstances que l'obligation non contractuelle découlant d'une gestion d'affaires présente des liens manifestement plus étroits avec un pays autre que celui visé aux paragraphes 1, 2 et 3, la loi de cet autre pays s'applique.

Art. 12 *« Culpa in contrahendo ».* 1. La loi applicable à une obligation non contractuelle découlant de tractations menées avant la conclusion d'un contrat est, que le contrat soit effectivement conclu ou non, la loi qui s'applique au contrat ou qui aurait été applicable si le contrat avait été conclu.

2. Si la loi applicable ne peut être déterminée sur la base du paragraphe 1, la loi applicable est :

a) celle du pays dans lequel le dommage survient, quel que soit le pays où le fait générateur du dommage se produit et quels que soient le ou les pays dans le(s)quel(s) des conséquences indirectes de ce fait surviennent ; ou

b) lorsque les parties ont leur résidence habituelle dans le même pays au moment où le fait générateur du dommage se produit, la loi de ce pays ; ou

c) s'il résulte de toutes les circonstances que l'obligation non contractuelle découlant de tractations menées avant la conclusion d'un contrat présente des liens manifestement plus étroits avec un pays autre que celui visé aux points a) et b), la loi de cet autre pays.

Art. 13 *Applicabilité de l'article 8.* Aux fins du présent chapitre, l'article 8 s'applique aux obligations non contractuelles résultant d'une atteinte à un droit de propriété intellectuelle.

CHAPITRE IV. *LIBERTÉ DE CHOIX*

Art. 14 *Liberté de choix.* 1. Les parties peuvent choisir la loi applicable à l'obligation non contractuelle :

a) par un accord postérieur à la survenance du fait générateur du dommage ; ou

b) lorsqu'elles exercent toutes une activité commerciale, par un accord librement négocié avant la survenance du fait générateur du dommage.

Ce choix est exprès ou résulte de façon certaine des circonstances et ne porte pas préjudice aux droits des tiers.

2. Lorsque tous les éléments de la situation étaient, au moment de la survenance du fait générateur du dommage, localisés dans un pays autre que celui dont la loi a été choisie, le choix d'une loi par les parties ne peut porter atteinte à l'application des dispositions auxquelles la loi de cet autre pays ne permet pas de déroger par accord.

3. Lorsque tous les éléments de la situation étaient, au moment de la survenance du fait générateur du dommage, localisés dans un ou plusieurs États membres, le choix par les parties de la loi d'un pays tiers ne peut, le cas échéant, porter atteinte à l'application des dispositions du droit communautaire auxquelles il ne peut être dérogé par un accord, et telles qu'elles ont été mises en œuvre dans l'État membre du for.

CHAPITRE V. *RÈGLES COMMUNES*

Art. 15 *Portée de la loi applicable.* La loi applicable à une obligation non contractuelle en vertu du présent règlement régit notamment :

a) les conditions et l'étendue de la responsabilité, y compris la détermination des personnes susceptibles d'être déclarées responsables des actes qu'elles commettent ;

b) les causes d'exonération, de limitation et de partage de responsabilité ;

c) l'existence, la nature et l'évaluation des dommages, ou la réparation demandée ;

d) dans les limites des pouvoirs conférés au tribunal par le droit procédural de l'État dont il relève, les mesures que ce tribunal peut prendre pour assurer la prévention, la cessation du dommage ou sa réparation ;

e) la transmissibilité du droit à réparation, y compris par succession ;

f) les personnes ayant droit à réparation du dommage qu'elles ont personnellement subi ;

g) la responsabilité du fait d'autrui ;

h) le mode d'extinction des obligations ainsi que les règles de prescription et de déchéance fondées sur l'expiration d'un délai, y compris les règles relatives au point de départ, à l'interruption et à la suspension d'un délai de prescription ou de déchéance.

Art. 16 *Dispositions impératives dérogatoires.* Les dispositions du présent règlement ne portent pas atteinte à l'application des dispositions de la loi du for qui régissent impérativement la situation, quelle que soit la loi applicable à l'obligation non contractuelle.

Art. 17 *Règles de sécurité et de comportement.* Pour évaluer le comportement de la personne dont la responsabilité est invoquée, il est tenu compte, en tant qu'élément de fait et pour autant que de besoin des règles de sécurité et de comportement en vigueur au lieu et au jour de la survenance du fait qui a entraîné la responsabilité.

Art. 18 *Action directe contre l'assureur du responsable.* La personne lésée peut agir directement contre l'assureur de la personne devant réparation si la loi applicable à l'obligation non contractuelle ou la loi applicable au contrat d'assurance le prévoit.

Art. 19 *Subrogation.* Lorsqu'en vertu d'une obligation non contractuelle, une personne ("le créancier") a des droits à l'égard d'une autre personne ("le débiteur") et qu'un tiers a l'obligation de désintéresser le créancier ou encore que le tiers a désintéressé le créancier en exécution de cette obligation, la loi applicable à cette obligation du tiers détermine si et dans quelle mesure celui-ci peut exercer les droits détenus par le créancier contre le débiteur selon la loi régissant leurs relations.

Art. 20 *Responsabilité multiple.* Si un créancier a des droits à l'égard de plusieurs débiteurs responsables au titre de la même obligation et que l'un de ceux-ci l'a désintéressé en totalité ou en partie, le droit qu'a ce dernier d'exiger une compensation de la part des autres débiteurs est régi par la loi applicable à son obligation non contractuelle envers le créancier.

Art. 21 *Validité formelle.* Un acte juridique unilatéral relatif à une obligation non contractuelle est valable quant à la forme s'il satisfait aux conditions de forme de la loi qui régit l'obligation non contractuelle en question ou de la loi du pays dans lequel cet acte est intervenu.

Art. 22 *Charge de la preuve.* 1. La loi régissant l'obligation non contractuelle en vertu du présent règlement s'applique dans la mesure où, en matière d'obligations non contractuelles, elle établit des présomptions légales ou répartit la charge de la preuve.

2. Les actes juridiques peuvent être prouvés par tout mode de preuve admis soit par la loi du for, soit par l'une des lois visées par l'article 21, selon laquelle l'acte est valable quant à la forme, pour autant que la preuve puisse être administrée selon ce mode devant le tribunal saisi.

CHAPITRE VI. *AUTRES DISPOSITIONS*

Art. 23 *Résidence habituelle.* 1. Aux fins du présent règlement, la résidence habituelle d'une société, association ou personne morale est le lieu où elle a établi son administration centrale.

Lorsque le fait générateur a été commis ou que le dommage a été subi dans le cadre de l'exploitation d'une succursale, d'une agence ou de tout autre établissement, le lieu où est situé cette succursale, cette agence ou tout autre établissement est traité comme résidence habituelle.

2. Aux fins du présent règlement, la résidence habituelle d'une personne physique agissant dans l'exercice de son activité professionnelle est le lieu où cette personne a son établissement principal.

Art. 24 *Exclusion du renvoi.* Lorsque le présent règlement prescrit l'application de la loi d'un pays, il entend les règles de droit en vigueur dans ce pays, à l'exclusion des règles de droit international privé.

Art. 25 *Systèmes non unifiés.* 1. Lorsqu'un État comprend plusieurs unités territoriales dont chacune a ses propres règles de droit en matière d'obligations non contractuelles, chaque unité territoriale est considérée comme un pays aux fins de la détermination de la loi applicable selon le présent règlement.

2. Un État membre dans lequel différentes unités territoriales ont leurs propres règles de droit en matière d'obligations non contractuelles ne sera pas tenu d'appliquer le présent règlement aux conflits de lois concernant uniquement ces unités territoriales.

Art. 26 *Ordre public du for.* L'application d'une disposition de la loi d'un pays désignée par le présent règlement ne peut être écartée que si cette application est manifestement incompatible avec l'ordre public du for.

Art. 27 *Relation avec d'autres dispositions du droit communautaire.* Le présent règlement n'affecte pas l'application des dispositions de droit communautaire qui, dans des matières particulières, règlent les conflits de lois en matière d'obligations non contractuelles.

Art. 28 *Relation avec des conventions internationales existantes.* 1. Le présent règlement n'affecte pas l'application des conventions internationales auxquelles un ou plusieurs États membres sont parties lors de l'adoption du présent règlement et qui règlent les conflits de lois en matière d'obligations non contractuelles.

2. Toutefois, le présent règlement prévaut entre les États membres sur les conventions conclues exclusivement entre deux ou plusieurs d'entre eux dans la mesure où elles concernent des matières réglées par le présent règlement.

CHAPITRE VII. *DISPOSITIONS FINALES*

....

Art. 31 *Application dans le temps.* Le présent règlement s'applique aux faits générateurs de dommages survenus après son entrée en vigueur.

Art. 32 *Date d'application.* Le présent règlement est applicable à partir du 11 janvier 2009, à l'exception de l'article 29, lequel est applicable à partir du 11 juillet 2008.

Le présent règlement est obligatoire dans tous ses éléments et directement applicable dans les États membres, conformément au traité instituant la Communauté européenne.

Règlement (CE) n° 593/2008 du Parlement européen et du Conseil du 17 juin 2008,

Sur la loi applicable aux obligations contractuelles (Rome I).

Ce règlement, ainsi que son préambule, sont publiés au JOUE 4 juill. 2008 (Rect. JOUE 24 nov. 2009). Sur l'entrée en vigueur, V. art. 28 et 29. Sur le rapport avec la Convention de Rome du 19 juin 1980, V. art. 24.

Le texte de cette convention figure dans l'édition 2011 du présent code civil.

BIBL. ▶ ANCEL, *RLDC 2008/53, n° 3133 ; Rev. crit. DIP 2009. 561* ✎ (contrats de distribution). – N. CATALA et NERET, *Mél. Jeantet, Litec 2010* (règlement Rome 1). – CORNELOUP, *JCP 2008. I. 205.* – DEUMIER et RACINE, *RDC 2008. 1309.* – FERRARI, *Rev. crit. DIP 2009. 459* ✎. – KENFACK, *D. 2009. Pan. 972* ✎ (transports). – LEMAIRE, *AJDA 2008. 2042* ✎ (contrats internationaux de l'administration). – NOURISSAT, *Defrénois 2009. 2017.* – SÉNÉCHAL, *RDI 2008. 524* ✎ (construction immobilière).

CHAPITRE I. *CHAMP D'APPLICATION*

Art. 1er *Champ d'application matériel.* 1. Le présent règlement s'applique, dans des situations comportant un conflit de lois, aux obligations contractuelles relevant de la matière civile et commerciale.

Il ne s'applique pas, notamment, aux matières fiscales, douanières et administratives.

2. Sont exclus du champ d'application du présent règlement :

a) l'état et la capacité juridique des personnes physiques, sous réserve de l'article 13 ;

b) les obligations découlant des relations de famille ou des relations réputées avoir, en vertu de la loi applicable, des effets comparables, y compris les obligations alimentaires ;

c) les obligations découlant des régimes matrimoniaux, des régimes patrimoniaux relatifs aux relations qui, selon la loi qui leur est applicable, ont des effets comparables au mariage et aux successions ;

d) les obligations nées des lettres de change, chèques, billets à ordre ainsi que d'autres instruments négociables, dans la mesure où les obligations nées de ces autres instruments négociables dérivent de leur caractère négociable ;

e) les conventions d'arbitrage et d'élection de for ;

f) les questions relevant du droit des sociétés, associations et personnes morales, telles que la constitution, par enregistrement ou autrement, la capacité juridique, le fonctionnement interne et la dissolution des sociétés, associations et personnes morales, ainsi que la responsabilité personnelle légale des associés et des agents pour les dettes de la société, association ou personne morale ;

g) la question de savoir si un représentant peut engager, envers les tiers, la personne pour le compte de laquelle il prétend agir ou si un organe d'une société, d'une association ou d'une personne morale peut engager, envers les tiers, cette société, association ou personne morale ;

h) la constitution des trusts et les relations qu'ils créent entre les constituants, les trustees et les bénéficiaires ;

i) les obligations découlant de tractations menées avant la conclusion d'un contrat ;

j) les contrats d'assurance découlant des activités menées par des organismes autres que les entreprises visées à l'article 2 de la directive 2002/83/CE du Parlement européen et du Conseil du 5 novembre 2002 concernant l'assurance directe sur la vie, ayant pour objet de verser des prestations à des personnes salariées ou à des personnes indépendantes faisant partie d'une entreprise ou d'un groupe d'entreprises, en cas de décès, en cas de vie, en cas de cessation ou de réduction d'activités, en cas de maladie professionnelle ou d'accident du travail.

3. Le présent règlement ne s'applique pas à la preuve et à la procédure, sans préjudice de l'article 18.

4. Dans le présent règlement, on entend par "État membre" tous les États membres auxquels le présent règlement s'applique. Toutefois, à l'article 3, paragraphe 4, ainsi qu'à l'article 7, ce terme désigne tous les États membres.

Art. 2 *Caractère universel.* La loi désignée par le présent règlement s'applique même si cette loi n'est pas celle d'un État membre.

CHAPITRE II. *RÈGLES UNIFORMES*

Art. 3 *Liberté de choix.* 1. Le contrat est régi par la loi choisie par les parties. Le choix est exprès ou résulte de façon certaine des dispositions du contrat ou des circonstances de la cause. Par ce choix, les parties peuvent désigner la loi applicable à la totalité ou à une partie seulement de leur contrat.

2. Les parties peuvent convenir, à tout moment, de faire régir le contrat par une loi autre que celle qui le régissait auparavant soit en vertu d'un choix antérieur selon le présent article, soit en vertu d'autres dispositions du présent règlement. Toute modification quant à la détermination de la loi applicable, intervenue postérieurement à la conclusion du contrat, n'affecte pas la validité formelle du contrat au sens de l'article 11 et ne porte pas atteinte aux droits des tiers.

3. Lorsque tous les autres éléments de la situation sont localisés, au moment de ce choix, dans un pays autre que celui dont la loi est choisie, le choix des parties ne porte pas atteinte à l'application des dispositions auxquelles la loi de cet autre pays ne permet pas de déroger par accord.

4. Lorsque tous les autres éléments de la situation sont localisés, au moment de ce choix, dans un ou plusieurs États membres, le choix par les parties d'une autre loi applicable que celle d'un État membre ne porte pas atteinte, le cas échéant, à l'application des dispositions du droit communautaire auxquelles il n'est pas permis de déroger par accord, et telles que mises en œuvre par l'État membre du for.

5. L'existence et la validité du consentement des parties quant au choix de la loi applicable sont régies par les dispositions établies aux articles 10, 11 et 13.

Art. 4 *Loi applicable à défaut de choix.* 1. A défaut de choix exercé conformément à l'article 3 et sans préjudice des articles 5 à 8, la loi applicable au contrat suivant est déterminée comme suit :

a) le contrat de vente de biens est régi par la loi du pays dans lequel le vendeur a sa résidence habituelle ;

b) le contrat de prestation de services est régi par la loi du pays dans lequel le prestataire de services a sa résidence habituelle ;

c) le contrat ayant pour objet un droit réel immobilier ou un bail d'immeuble est régi par la loi du pays dans lequel est situé l'immeuble ;

d) nonobstant le point c), le bail d'immeuble conclu en vue de l'usage personnel temporaire pour une période maximale de six mois consécutifs est régi par la loi du pays dans lequel le propriétaire a sa résidence habituelle, à condition que le locataire soit une personne physique et qu'il ait sa résidence habituelle dans ce même pays ;

e) le contrat de franchise est régi par la loi du pays dans lequel le franchisé a sa résidence habituelle ;

f) le contrat de distribution est régi par la loi du pays dans lequel le distributeur a sa résidence habituelle ;

g) le contrat de vente de biens aux enchères est régi par la loi du pays où la vente aux enchères a lieu, si ce lieu peut être déterminé ;

h) le contrat conclu au sein d'un système multilatéral qui assure ou facilite la rencontre de multiples intérêts acheteurs et vendeurs exprimés par des tiers pour des instruments financiers, au sens de l'article 4, paragraphe 1, point 17), de la directive 2004/39/CE, selon des règles non discrétionnaires et qui est régi par la loi d'un seul pays, est régi par cette loi.

2. Lorsque le contrat n'est pas couvert par le paragraphe 1 ou que les éléments du contrat sont couverts par plusieurs des points a) à h) du paragraphe 1, le contrat est régi par la loi du pays dans lequel la partie qui doit fournir la prestation caractéristique a sa résidence habituelle.

3. Lorsqu'il résulte de l'ensemble des circonstances de la cause que le contrat présente des liens manifestement plus étroits avec un pays autre que celui visé au paragraphe 1 ou 2, la loi de cet autre pays s'applique.

4. Lorsque la loi applicable ne peut être déterminée sur la base du paragraphe 1 ou 2, le contrat est régi par la loi du pays avec lequel il présente les liens les plus étroits.

Art. 5 *Contrats de transport.* 1. A défaut de choix exercé conformément à l'article 3, la loi applicable au contrat de transport de marchandises est la loi du pays dans lequel le transporteur a sa résidence habituelle, pourvu que le lieu de chargement ou le lieu de livraison ou encore la résidence habituelle de l'expéditeur se situe aussi dans ce pays. Si ces conditions ne sont pas satisfaites, la loi du pays dans lequel se situe le lieu de livraison convenu par les parties s'applique.

2. A défaut de choix exercé conformément au deuxième alinéa du présent paragraphe, la loi applicable au contrat de transport de passagers est la loi du pays dans lequel le passager a sa résidence habituelle, pourvu que le lieu de départ ou le lieu d'arrivée se situe dans ce pays. Si ces conditions ne sont pas satisfaites, la loi du pays dans lequel le transporteur a sa résidence habituelle s'applique.

Les parties ne peuvent choisir comme loi applicable au contrat de transport de passagers, conformément à l'article 3, que la loi du pays dans lequel :

a) le passager a sa résidence habituelle, ou

b) le transporteur a sa résidence habituelle, ou

c) le transporteur a son lieu d'administration centrale, ou

d) le lieu de départ est situé, ou

e) le lieu de destination est situé.

3. S'il résulte de l'ensemble des circonstances de la cause que le contrat présente des liens manifestement plus étroits avec un pays autre que celui visé au paragraphe 1 ou 2, la loi de cet autre pays s'applique.

Art. 6 *Contrats de consommation.* 1. Sans préjudice des articles 5 et 7, un contrat conclu par une personne physique (ci-après "le consommateur"), pour un usage pouvant être considéré comme étranger à son activité professionnelle, avec une autre personne (ci-après "le professionnel"), agissant dans l'exercice de son activité professionnelle, est régi par la loi du pays où le consommateur a sa résidence habituelle, à condition que le professionnel :

a) exerce son activité professionnelle dans le pays dans lequel le consommateur a sa résidence habituelle, ou

b) par tout moyen, dirige cette activité vers ce pays ou vers plusieurs pays, dont celui-ci, et que le contrat rentre dans le cadre de cette activité.

2. Nonobstant les dispositions du paragraphe 1, les parties peuvent choisir la loi applicable à un contrat satisfaisant aux conditions du paragraphe 1, conformément à l'article 3. Ce choix ne peut cependant avoir pour résultat de priver le consommateur de la protection que lui assurent les dispositions auxquelles il ne peut être dérogé par accord en vertu de la loi qui aurait été applicable, en l'absence de choix, sur la base du paragraphe 1.

3. Si les conditions établies au paragraphe 1, point a) ou b), ne sont pas remplies, la loi applicable à un contrat entre un consommateur et un professionnel est déterminée conformément aux articles 3 et 4.

4. Les paragraphes 1 et 2 ne s'appliquent pas :

a) au contrat de fourniture de services lorsque les services dus au consommateur doivent être fournis exclusivement dans un pays autre que celui dans lequel il a sa résidence habituelle ;

b) au contrat de transport autre qu'un contrat portant sur un voyage à forfait au sens de la directive 90/314/CEE du Conseil du 13 juin 1990 concernant les voyages, vacances et circuits à forfait ;

c) au contrat ayant pour objet un droit réel immobilier ou un bail d'immeuble autre qu'un contrat ayant pour objet un droit d'utilisation à temps partiel de biens immobiliers au sens de la directive 94/47/CE ;

d) aux droits et obligations qui constituent des instruments financiers, et aux droits et obligations qui constituent les modalités et conditions qui régissent l'émission ou l'offre au public et les offres publiques d'achat de valeurs mobilières, et la souscription et le remboursement de parts d'organismes de placement collectif, dans la mesure où ces activités ne constituent pas la fourniture d'un service financier ;

e) au contrat conclu dans le cadre du type de système relevant du champ d'application de l'article 4, paragraphe 1, point h).

Art. 7 *Contrats d'assurance.* 1. Le présent article s'applique aux contrats visés au paragraphe 2, que le risque couvert soit situé ou non dans un État membre, et à tous les autres contrats d'assurance couvrant des risques situés à l'intérieur du territoire des États membres. Il ne s'applique pas aux contrats de réassurance.

2. Les contrats d'assurance couvrant des grands risques, tels que définis à l'article 5, point d), de la première directive 73/239/CEE du Conseil du 24 juillet 1973, portant coordination des dispositions législatives, réglementaires et administratives concernant l'accès à l'activité de l'assurance directe autre que l'assurance sur la vie, et son exercice sont régis par la loi choisie par les parties conformément à l'article 3 du présent règlement.

A défaut de choix par les parties de la loi applicable, le contrat d'assurance est régi par la loi du pays où l'assureur a sa résidence habituelle. S'il résulte de l'ensemble des circonstances que le contrat présente des liens manifestement plus étroits avec un autre pays, la loi de cet autre pays s'applique.

3. Dans le cas d'un contrat d'assurance autre qu'un contrat relevant du paragraphe 2, les parties peuvent uniquement choisir comme loi applicable conformément à l'article 3 :

a) la loi de tout État membre où le risque est situé au moment de la conclusion du contrat ;

b) la loi du pays dans lequel le preneur d'assurance a sa résidence habituelle ;

c) dans le cas d'un contrat d'assurance vie, la loi de l'État membre dont le preneur d'assurance est ressortissant ;

d) dans le cas d'un contrat d'assurance couvrant des risques limités à des sinistres survenant dans un État membre autre que celui où le risque est situé, la loi de l'État membre de survenance ;

e) lorsque le titulaire d'un contrat d'assurance relevant du présent paragraphe exerce une activité commerciale, industrielle ou libérale et que le contrat d'assurance couvre deux ou plusieurs risques relatifs à ces activités et situés dans différents États membres, la loi de l'un des États membres concernés ou la loi du pays de résidence habituelle du preneur d'assurance.

Lorsque, dans les cas visés aux points a), b) ou e), les États membres mentionnés accordent une plus large liberté de choix de la loi applicable au contrat d'assurance, les parties peuvent faire usage de cette liberté.

A défaut de choix par les parties de la loi applicable conformément au présent paragraphe, le contrat est régi par la loi de l'État membre où le risque est situé au moment de la conclusion du contrat.

4. Les règles supplémentaires suivantes s'appliquent aux contrats d'assurance couvrant des risques pour lesquels un État membre impose l'obligation de souscrire une assurance :

a) le contrat d'assurance ne satisfait à l'obligation de souscrire une assurance que s'il est conforme aux dispositions spécifiques relatives à cette assurance prévues par l'État membre qui impose l'obligation. Lorsqu'il y a contradiction entre la loi de l'État membre où le risque est situé et celle de l'État membre qui impose l'obligation de souscrire une assurance, cette dernière prévaut ;

b) par dérogation aux paragraphes 2 et 3, un État membre peut disposer que le contrat d'assurance est régi par la loi de l'État membre qui impose l'obligation de souscrire une assurance.

5. Aux fins du paragraphe 3, troisième alinéa, et du paragraphe 4, lorsque le contrat couvre des risques situés dans plus d'un État membre, le contrat est considéré comme constituant plusieurs contrats dont chacun ne se rapporte qu'à un seul État membre.

6. Aux fins du présent article, le pays où le risque est situé est déterminé conformément à l'article 2, point d), de la deuxième directive 88/357/CEE du Conseil du 22 juin 1988 portant coordination des dispositions législatives, réglementaires et administratives concernant l'assurance directe autre que l'assurance vie et fixant les dispositions destinées à faciliter l'exercice effectif de la libre prestation de services et, dans le cas de l'assurance vie, le pays où le risque est situé est le pays de l'engagement, au sens de l'article 1er, paragraphe 1, point g), de la directive 2002/83/CE.

Art. 8 *Contrats individuels de travail.* 1. Le contrat individuel de travail est régi par la loi choisie par les parties conformément à l'article 3. Ce choix ne peut toutefois avoir pour résultat de priver le travailleur de la protection que lui assurent les dispositions auxquelles il ne peut être dérogé par accord en vertu de la loi qui, à défaut de choix, aurait été applicable selon les paragraphes 2, 3 et 4 du présent article.

2. A défaut de choix exercé par les parties, le contrat individuel de travail est régi par la loi du pays dans lequel ou, à défaut, à partir duquel le travailleur, en exécution du contrat, accomplit habituellement son travail. Le pays dans lequel le travail est habituellement accompli n'est pas réputé changer lorsque le travailleur accomplit son travail de façon temporaire dans un autre pays.

3. Si la loi applicable ne peut être déterminée sur la base du paragraphe 2, le contrat est régi par la loi du pays dans lequel est situé l'établissement qui a embauché le travailleur.

4. S'il résulte de l'ensemble des circonstances que le contrat présente des liens plus étroits avec un autre pays que celui visé au paragraphe 2 ou 3, la loi de cet autre pays s'applique.

Art. 9 *Lois de police.* 1. Une loi de police est une disposition impérative dont le respect est jugé crucial par un pays pour la sauvegarde de ses intérêts publics, tels que son organisation politique, sociale ou économique, au point d'en exiger l'application à toute situation entrant dans son champ d'application, quelle que soit par ailleurs la loi applicable au contrat d'après le présent règlement.

2. Les dispositions du présent règlement ne pourront porter atteinte à l'application des lois de police du juge saisi.

3. Il pourra également être donné effet aux lois de police du pays dans lequel les obligations découlant du contrat doivent être ou ont été exécutées, dans la mesure où lesdites lois de police rendent l'exécution du contrat illégale. Pour décider si effet doit être donné à ces lois de police, il est tenu compte de leur nature et de leur objet, ainsi que des conséquences de leur application ou de leur non-application.

Art. 10 *Consentement et validité au fond.* 1. L'existence et la validité du contrat ou d'une disposition de celui-ci sont soumises à la loi qui serait applicable en vertu du présent règlement si le contrat ou la disposition étaient valables.

2. Toutefois, pour établir qu'elle n'a pas consenti, une partie peut se référer à la loi du pays dans lequel elle a sa résidence habituelle s'il résulte des circonstances qu'il ne serait pas raisonnable de déterminer l'effet du comportement de cette partie d'après la loi prévue au paragraphe 1.

Art. 11 *Validité formelle.* 1. Un contrat conclu entre des personnes ou leurs représentants, qui se trouvent dans le même pays au moment de sa conclusion, est valable quant à la forme s'il satisfait aux conditions de forme de la loi qui le régit au fond en vertu du présent règlement ou de la loi du pays dans lequel il a été conclu.

2. Un contrat conclu entre des personnes ou leurs représentants, qui se trouvent dans des pays différents au moment de sa conclusion, est valable quant à la forme s'il satisfait aux conditions de forme de la loi qui le régit au fond en vertu du présent règlement ou de la loi d'un des pays dans lequel se trouve l'une ou l'autre des parties ou son représentant au moment de sa conclusion ou de la loi du pays dans lequel l'une ou l'autre des parties avait sa résidence habituelle à ce moment-là.

3. Un acte juridique unilatéral relatif à un contrat conclu ou à conclure est valable quant à la forme s'il satisfait aux conditions de forme de la loi qui régit ou régirait au fond le contrat en vertu du présent règlement ou de la loi du pays dans lequel cet acte est intervenu ou de la loi du pays dans lequel la personne qui l'a accompli avait sa résidence habituelle à ce moment.

4. Les dispositions des paragraphes 1, 2 et 3 du présent article ne s'appliquent pas aux contrats qui entrent dans le champ d'application de l'article 6. La forme de ces contrats est régie par la loi du pays dans lequel le consommateur a sa résidence habituelle.

5. Nonobstant les dispositions des paragraphes 1 à 4, tout contrat ayant pour objet un droit réel immobilier ou un bail d'immeuble est soumis aux règles de forme de la loi du pays où l'immeuble est situé, pour autant que, selon cette loi :

a) ces règles s'appliquent quels que soient le lieu de conclusion du contrat et la loi le régissant au fond, et

b) ne peut être dérogé à ces règles par accord.

Art. 12 *Domaine de la loi du contrat.* 1. La loi applicable au contrat en vertu du présent règlement régit notamment :

a) son interprétation ;

b) l'exécution des obligations qu'il engendre ;

c) dans les limites des pouvoirs attribués à la juridiction saisie par son droit procédural, les conséquences de l'inexécution totale ou partielle de ces obligations, y compris l'évaluation du dommage dans la mesure où des règles de droit la gouvernent ;

d) les divers modes d'extinction des obligations, ainsi que les prescriptions et déchéances fondées sur l'expiration d'un délai ;

e) les conséquences de la nullité du contrat.

2. En ce qui concerne les modalités d'exécution et les mesures à prendre par le créancier en cas de défaut dans l'exécution, on aura égard à la loi du pays où l'exécution a lieu.

Art. 13 *Incapacité.* Dans un contrat conclu entre personnes se trouvant dans un même pays, une personne physique qui serait capable selon la loi de ce pays ne peut invoquer son incapacité résultant de la loi d'un autre pays que si, au moment de la conclusion du contrat, le cocontractant a connu cette incapacité ou ne l'a ignorée qu'en raison d'une imprudence de sa part.

Art. 14 *Cession de créances et subrogation conventionnelle.* 1. Les relations entre le cédant et le cessionnaire ou entre le subrogeant et le subrogé se rapportant à une créance détenue envers un tiers ("le débiteur") sont régies par la loi qui, en vertu du présent règlement, s'applique au contrat qui les lie.

2. La loi qui régit la créance faisant l'objet de la cession ou de la subrogation détermine le caractère cessible de celle-ci, les rapports entre cessionnaire ou subrogé et débiteur, les conditions d'opposabilité de la cession ou subrogation au débiteur et le caractère libératoire de la prestation faite par le débiteur.

3. La notion de cession au sens du présent article inclut les transferts de créances purs et simples ou à titre de garantie, ainsi que les nantissements ou autres sûretés sur les créances.

Art. 15 *Subrogation légale.* Lorsqu'en vertu d'un contrat une personne ("le créancier") a des droits à l'égard d'une autre personne ("le débiteur") et qu'un tiers a l'obligation de désintéresser le créancier ou encore que le tiers a désintéressé le créancier en exécution de cette obligation, la loi applicable à cette obligation du tiers détermine si et dans quelle mesure celui-ci peut exercer les droits détenus par le créancier contre le débiteur selon la loi régissant leurs relations.

Art. 16 *Pluralité de débiteurs.* Lorsqu'un créancier a des droits à l'égard de plusieurs débiteurs qui sont tenus à la même obligation et que l'un d'entre eux l'a déjà désintéressé en totalité ou en partie, la loi applicable à l'obligation de ce débiteur envers le créancier régit également le droit du débiteur d'exercer une action récursoire contre les autres débiteurs. Les autres débiteurs peuvent faire valoir les droits dont ils disposaient à l'égard du créancier dans la mesure prévue par la loi régissant leurs obligations envers le créancier.

Art. 17 *Compensation légale.* A défaut d'accord entre les parties sur la possibilité de procéder à une compensation, la compensation est régie par la loi applicable à l'obligation contre laquelle elle est invoquée.

Art. 18 *Charge de la preuve.* 1. La loi régissant l'obligation contractuelle en vertu du présent règlement s'applique dans la mesure où, en matière d'obligations contractuelles, elle établit des présomptions légales ou répartit la charge de la preuve.

2. Les actes juridiques peuvent être prouvés par tout mode de preuve admis soit par la loi du for, soit par l'une des lois visées à l'article 11, selon laquelle l'acte est valable quant à la forme, pour autant que la preuve puisse être administrée selon ce mode devant la juridiction saisie.

CHAPITRE III. *AUTRES DISPOSITIONS*

Art. 19 *Résidence habituelle.* 1. Aux fins du présent règlement, la résidence habituelle d'une société, association ou personne morale est le lieu où elle a établi son administration centrale.

La résidence habituelle d'une personne physique agissant dans l'exercice de son activité professionnelle est le lieu où cette personne a son établissement principal.

2. Lorsque le contrat est conclu dans le cadre de l'exploitation d'une succursale, d'une agence ou de tout autre établissement, ou si, selon le contrat, la prestation doit être fournie par lesdits succursale, agence ou autre établissement, le lieu où est situé cette succursale, cette agence ou tout autre établissement est traité comme résidence habituelle.

3. La résidence habituelle est déterminée au moment de la conclusion du contrat.

Art. 20 *Exclusion du renvoi.* Lorsque le présent règlement prescrit l'application de la loi d'un pays, elle entend les règles de droit matériel en vigueur dans ce pays à l'exclusion des règles de droit international privé, sauf disposition contraire du présent règlement.

Art. 21 *Ordre public du for.* L'application d'une disposition de la loi désignée par le présent règlement ne peut être écartée que si cette application est manifestement incompatible avec l'ordre public du for.

Art. 22 *Systèmes non unifiés.* 1. Lorsqu'un État comprend plusieurs unités territoriales dont chacune a ses propres règles en matière d'obligations contractuelles, chaque unité territoriale est considérée comme un pays aux fins de la détermination de la loi applicable selon le présent règlement.

2. Un État membre dans lequel différentes unités territoriales ont leurs propres règles juridiques en matière d'obligations contractuelles n'est pas tenu d'appliquer le présent règlement aux conflits concernant uniquement les lois de ces unités.

Art. 23 *Relation avec d'autres dispositions du droit communautaire.* A l'exception de l'article 7, le présent règlement n'affecte pas l'application des dispositions de droit communautaire qui, dans des domaines particuliers, règlent les conflits de lois en matière d'obligations contractuelles.

Art. 24 *Relation avec la Convention de Rome.* 1. Le présent règlement remplace, entre les États membres, la convention de Rome, sauf en ce qui concerne les territoires des États membres qui entrent dans le champ d'application territorial de cette convention et qui sont exclus du présent règlement en vertu de l'article 299 du traité.

2. Dans la mesure où le présent règlement remplace entre les États membres les dispositions de la convention de Rome, toute référence faite à celle-ci s'entend comme faite au présent règlement.

Art. 25 *Relation avec des conventions internationales existantes.* 1. Le présent règlement n'affecte pas l'application des conventions internationales auxquelles un ou plusieurs États membres sont parties lors de l'adoption du présent règlement et qui règlent les conflits de lois en matière d'obligations contractuelles.

2. Toutefois, le présent règlement prévaut entre les États membres sur les conventions conclues exclusivement entre deux ou plusieurs d'entre eux dans la mesure où elles concernent des matières réglées par le présent règlement.

Art. 26 *Liste des conventions.* 1. Au plus tard le 17 juin 2009, les États membres communiquent à la Commission les conventions visées à l'article 25, paragraphe 1. Après cette date, les États membres communiquent à la Commission toute dénonciation de ces conventions.

2. Dans un délai de six mois après réception des communications visées au paragraphe 1, la Commission publie au *Journal officiel de l'Union européenne* :

a) la liste des conventions visées au paragraphe 1 ;

b) les dénonciations visées au paragraphe 1.

Art. 27 *Clause de réexamen.* 1. Au plus tard le 17 juin 2013, la Commission présente au Parlement européen, au Conseil et au Comité économique et social européen un rapport relatif à l'application du présent règlement. Ce rapport est accompagné, le cas échéant, de propositions visant à modifier le présent règlement. Il comprend :

a) une étude sur la loi applicable aux contrats d'assurance et une évaluation de l'impact des dispositions à introduire, le cas échéant, et

b) une évaluation de l'application de l'article 6, en particulier en ce qui concerne la cohérence du droit communautaire dans le domaine de la protection des consommateurs.

2. Au plus tard le 17 juin 2010, la Commission présente au Parlement européen, au Conseil et au Comité économique et social européen un rapport relatif à la question de l'opposabilité d'une cession ou subrogation aux tiers, ainsi que du rang de la créance faisant l'objet de ladite cession ou subrogation par rapport aux droits détenus par d'autres personnes. Ce rapport est accompagné, le cas échéant, d'une proposition de modification du présent règlement et d'une évaluation de l'impact des dispositions à introduire.

Art. 28 *Application dans le temps.* Le présent règlement s'applique aux contrats conclus à compter du 17 décembre 2009.

CHAPITRE IV. *DISPOSITIONS FINALES*

Art. 29 *Entrée en vigueur et application.* Le présent règlement entre en vigueur le vingtième jour suivant celui de sa publication au *Journal officiel de l'Union européenne*.

Il est applicable à partir du 17 décembre 2009, à l'exception de l'article 26, qui s'applique à partir du 17 juin 2009.

Le présent règlement est obligatoire dans tous ses éléments et directement applicable dans tout État membre conformément au traité instituant la Communauté européenne.

Art. 4 Le juge qui refusera de juger, sous prétexte du silence, de l'obscurité ou de l'insuffisance de la loi, pourra être poursuivi comme coupable de déni de justice.

RÉP. CIV. v° *Jurisprudence*, par DEUMIER.

BIBL. ▶ L. BORÉ, *Mél. Boré, Dalloz, 2007, p. 27* (l'obscurité de la loi). – FAVOREU, *Études J. Waline, Dalloz, 2002* (déni de justice et droit au juge). – MOURY, *RTD civ. 2009. 665* (quête en matière de preuve).

A. DÉNI EN MATIÈRE CIVILE

1. Notion. Il faut entendre par déni de justice non seulement le refus de répondre aux requêtes ou le fait de négliger de juger les affaires en état de l'être, mais aussi, plus largement, tout manquement de l'État à son devoir de protection juridictionnelle de l'individu (fixation de la date des plaidoiries par le conseiller de la mise en état près de trois ans après l'enregistrement de la déclaration d'appel). • TGI Paris, 6 juill. 1994 : *Gaz. Pal. 1994. 2. 589, note Petit.*

2. Impossibilité d'accéder au juge. L'impossibilité pour une partie d'accéder au juge chargé de se prononcer sur sa prétention et d'exercer un droit qui relève de l'ordre public international constitue un déni de justice fondant la compétence de la juridiction française lorsqu'il existe un rattachement avec la France ; la seule détention par une société française d'une partie du capital d'une société étrangère ne constitue pas un lien de rattachement au titre du déni de justice. • Soc. 14 sept. 2017, n° 15-26.737 P.

3. Défaut de preuve ou de fondement. Le juge ne peut refuser de statuer en se fondant sur l'insuffisance des preuves qui lui sont fournies par les parties. • Civ. 2e, 21 janv. 1993, n° 92-60.610 P (contestation relative au contenu de listes électorales) • 28 juin 2006, n° 04-17.224 P : *RTD civ. 2006. 821, obs. Perrot* (décompte d'intérêts d'une pension alimentaire) • 5 avr. 2007, n° 05-14.964 P (évaluation d'un dommage) • 2 juill. 2020, n° 19-16.100 P (évaluation d'un préjudice) • Civ. 3e, 29 juin 2022, n° 21-15.741 B : *D. 2022. 1310 ; AJDI 2022. 766, obs. Hamel* (*idem*). ♦ ... Ni rejeter la demande aux motifs que son fondement juridique n'est pas précisé sans méconnaître les dispositions de l'art. 12 C. pr. civ. et se rendre coupable d'un déni de justice. • Paris, 25 avr. 1986 : *Gaz. Pal. 1987. 2. 800.*

4. Déni par renvoi à un tiers. Déni dans la délégation à un notaire liquidateur de l'évaluation de la contribution respective des époux séparés de biens à la dette fiscale : • Civ. 1re, 26 oct. 2011, n° 10-24.214 P : *D. 2012. 971, obs. Lemouland et Vigneau ; AJ fam. 2012. 111, obs. Hilt ; RTD civ. 2012. 102, obs. Hauser*. ♦ Rappr. : • Civ. 1re, 23 mai 2012, n° 11-12.813 P : *D. 2012. 1403*. ♦ Viole l'art. 4 le juge qui renvoie à un notaire la fixation d'une créance due par une indivision à un coïndivisaire (remboursement de taxe foncière). • Civ. 1re, 24 sept. 2014, n° 13-21.005 P : *AJ fam. 2014. 641, obs. Hilt ; RTD civ. 2015. 106, obs. Hauser*.

Cassation de l'arrêt qui renvoie les parties, au motif que la cour n'a vocation ni à remplir l'office de comptable ni à suppléer la carence des parties, devant les services administratifs et comptables d'une caisse de retraite afin de déterminer un indu de prestations. • Civ. 2e, 26 nov. 2020, n° 19-19.520 P : *CCC 2021, n° 37, note Leveneur.*

Cassation de l'arrêt d'une cour d'appel s'étant déclarée incompétente au profit de la commission de recours amiable de la caisse primaire d'assurance maladie à l'occasion du recours d'un employeur contre la décision d'une caisse de refus d'inscription des coûts moyens d'une maladie professionnelle au compte spécial prévu, alors que cette compétence est prévue par les art. L. 311-16 et D. 311-12 COJ. • Civ. 2e, 17 mars 2022, n° 20-20.878 B.

5. … Dans le refus d'évaluer une récompense. Cassation de l'arrêt qui évalue à la dépense faite la récompense due par l'époux à la communauté sans calculer le profit subsistant, au motif qu'un rapport d'expertise ne peut fournir la valeur du bien. • Civ. 1re, 14 oct. 2020, n° 19-13.702 P : *D. 2020. 2065 ; AJ fam. 2021. 63, obs. Levillain ; JCP 2020, n° 1448, note Casey ; JCP N 2021, n° 1132, note Casey ; Dr. fam. 2020, n° 162, note Torricelli-Chrifi.*

6. … Dans le refus d'évaluer un dommage. En refusant d'évaluer le montant d'un dommage dont elle constatait l'existence dans son principe, une cour d'appel a violé l'anc. art. 1382 [1240] C. civ. • Civ. 2e, 17 mars 1993, n° 91-17.345 P. – Dans le même sens : • Civ. 3e, 6 févr. 2002, n° 00-10.543 P : *JCP 2003. II. 10014, note Moulin ; RDI 2002. 152, obs. Malinvaud* (violation de l'art. 4) • Com. 28 juin 2005, n° 04-11.543 P • Civ. 2e, 4 janv. 2006, n° 04-15.280 P : *D. 2006. IR 176* • 5 avr. 2007 : *préc. note 3* • Civ. 1re, 15 oct. 2014, n° 13-20.851 P : *cité note 52 ss. art. 1231-1.* (refus de déterminer la durée de remplacement d'une prothèse, qui faisait l'objet d'appréciations différentes) • Com. 4 nov. 2014, n° 13-18.024 P : *D. 2014. 2340* (la cour d'appel, ayant constaté que l'agent commercial avait apporté des clients à son mandant, lequel n'avait pas exécuté loyalement ses engagements, ce dont il résultait que le mandataire avait accompli des opérations pour lesquelles il avait droit à une commission et que la réalité de son préjudice était établie, ne pouvait refuser d'en évaluer le montant) • Civ. 3e, 4 oct. 2018, n° 17-23.190 P : *D. 2018. chron. C. cass. 2435, obs. Georget ; RGDA 2018. 508, note Karila.*

7. … Dans l'absence de demande de précisions à un expert. Il appartient à la cour d'appel qui constate l'existence d'une créance dans son principe mais estime que le rapport de l'expert ne permet pas d'en déterminer le montant d'interroger celui-ci ou d'ordonner en tant que de besoin un complément ou une nouvelle expertise. • Civ. 3e, 9 mars 2023, n° 21-13.646 B.

8. Autres applications. En se refusant à examiner des problèmes scientifiques dont elle ne déniait pas l'importance et sur lesquels elle pouvait consulter des experts, une cour d'appel ne donne pas de base légale à sa décision. • Civ. 1re, 13 oct. 1981, n° 80-14.334 P. ♦ Déni : dans le refus d'annuler d'office une décision administrative ayant refusé d'appliquer un accord collectif et d'interpréter cet accord collectif afin de procéder ensuite à la répartition du personnel et des sièges entre les collèges électoraux au sein d'établissements distincts, par une décision se substituant à celle de l'autorité administrative. • Soc. 14 déc. 2022, n° 21-19.551 B. ♦ … Dans le refus de déterminer le montant d'une somme sur lequel les parties étaient en désaccord : • Civ. 3e, 10 déc. 2008, n° 07-19.320 P. ♦ … Dans le refus de procéder à la rectification d'avis d'échéances valant quittances, alors que les parties sont en désaccord sur les sommes mentionnées et, partant, sur la régularité de ces documents. • Civ. 3e, 28 juin 2018, n° 17-20.409 P : *D. 2018. 1384 ; AJ fam. 2018. 623, obs. Casey*. ♦ En matière de vente en l'état futur d'achèvement, la clause prévoyant le recours à l'avis d'une personne qualifiée, à défaut d'accord des parties sur l'achèvement, ne fait pas obstacle à ce que le juge vérifie la conformité de cet avis aux critères d'achèvement définis par l'art. R. 261-1 CCH. • Civ. 3e, 30 nov. 2017, n° 16-19.073 P : *D. 2017. 2479 ; RDI 2018. 99, obs. Tricoire et Tournafond*. (cassation de l'arrêt ayant considéré que, eu égard au cadre spécifique de la désignation de la personne qualifiée et aux conséquences attachées par les actes de vente à l'avis émis par celle-ci, le juge ne pouvait se substituer à cette dernière). ♦ Viole l'art. 4 le juge qui, en présence d'un texte qu'il estime obscur ou insuffisant, fonde sa solution sur l'apparence du droit, alors qu'il lui appartenait d'interpréter le texte. • Soc. 11 oct. 2005 : *D. 2006. 214, note Waquet*.

9. Les juges ne peuvent, pour rejeter une demande en paiement, se borner à énoncer que le montant des créances tel qu'il résulte des titres produits ne correspond pas à la somme mentionnée dans les conclusions, alors qu'il leur incombe de vérifier, au vu des documents produits, le montant des créances alléguées dont l'existence leur paraît justifiée. • Civ. 1re, 17 mai 1983 : *Bull. civ. I, n° 149.* ♦ Lorsque seul le montant de la créance du poursuivant demeure à fixer, le juge est tenu de déterminer ce montant et, à cette fin, de faire, s'il y a lieu, les comptes entre les parties, sans pouvoir s'y refuser en se fondant sur l'insuffisance des preuves qui lui sont fournies. • Civ. 2e, 11 mai 2017, n° 16-16.106 P. ♦ Rappr., cassant un arrêt ayant rejeté la demande d'un avocat en fixation de son honoraire de résultat, alors que cet honoraire était fondé en son principe, et que le premier président devait en fixer le montant. • Civ. 2e, 8 févr. 2018, n° 16-28.632 P. ♦ En revanche, il y a lieu de tirer toutes les conséquences de la carence répétée des maîtres de l'ouvrage dans l'administration de la preuve leur incombant, et rejeter leur demande en paiement, faute d'éléments suffisants pour apprécier l'étendue du préjudice subi malgré de nombreuses sollicitations de l'expert. • Civ. 3e, 2 juin 2016, n° 15-18.836 P : *RDI 2016. 480, obs. Garcia*. ♦ Un acte notarié, bien que constituant un titre exécutoire, ne revêt pas les attributs d'un jugement et aucune disposition légale ne fait obstacle à ce qu'un créancier dispose de deux titres exécutoires pour la même créance, de sorte que la titularité d'un acte notarié n'est pas en soi de nature à priver la banque de son intérêt à agir à fin de condamnation de son débiteur en paiement de la créance constatée dans cet acte. • Civ. 2e, 18 févr. 2016, n° 15-13.991 P : *D. 2016. 1279, obs. Leborgne* ; *RTD civ. 2016. 442, obs. Théry* ; *JCP 2016, n° 127, note Piedelièvre* ; *RDC 2016. 456, note Libchaber* (cassation de l'arrêt qui a rejeté la demande de la banque au motif qu'elle avait déjà un titre exécutoire) • 18 févr. 2016, n° 15-15.778 P : *D. 2016. 1279, obs. Leborgne* ; *JCP 2016, n° 127, note Piedelièvre* ; *JCP 2016, n° 58, note Cayrol* ; *RDC 2016. 456, note Libchaber (idem)* • 18 févr. 2016, n° 15-13.945 P : *D. 2016. 1279, obs. Leborgne* ; *JCP 2016, n° 127, note Piedelièvre* ; *ibid. n° 58, note Cayrol* ; *RDC 2016. 456, note Libchaber (idem)*. ♦ Dans le même sens, cassation de l'arrêt ayant refusé de statuer sur une demande en paiement au motif que le demandeur disposait déjà d'un titre exécutoire pour ce montant établi par huissier de justice. • Civ. 1re, 1er mars 2023, n° 21-22.091 B.

10. Revendication d'immeuble – Rejet des prétentions réciproques. Lorsque deux personnes revendiquent l'une contre l'autre la propriété d'un immeuble, le juge, qui reconnaît que ce bien appartient nécessairement à l'un ou à l'autre de ces deux revendiquants, ne peut rejeter les deux revendications sous prétexte qu'aucune des parties n'a prouvé la supériorité de son droit et que les données de l'expertise ne permettent pas d'appliquer les titres sur le terrain. • Civ. 3e, 16 avr. 1970, n° 69-10.840 P : *R. 1969-1970, p. 68* ; *D. 1970. 474, note Contamine-Raynaud* ; *JCP 1970. II. 16459*. ♦ Mais s'il ne résulte pas de l'arrêt que la parcelle revendiquée ne pouvait appartenir qu'à l'une ou l'autre des parties, une cour d'appel peut les débouter l'une et l'autre en relevant que les titres produits par l'une n'établissent pas sa propriété et que l'autre ne justifie pas d'une possession lui ayant permis de devenir propriétaire de cette parcelle par usucapion. • Civ. 3e, 3 déc. 1980 : *Gaz. Pal. 1981. 2. 481, note Piedelièvre*.

11. Sur le manquement d'un arbitre à son obligation d'apprécier le bien-fondé de la demande dont il était saisi, V. • Civ. 2e, 28 févr. 1990, n° 88-16.831 P.

B. DÉNI EN MATIÈRE PÉNALE

12. Loi obscure ou incertaine. Le juge pénal ne peut accorder au prévenu le bénéfice du doute au motif que la loi visée par la prévention est obscure ou que son interprétation est incertaine, sans violer l'art. 4 C. civ. • Crim. 12 mars 1984 : *D. 1985. 1, note Warembourg-Auque*.

13. Sursis à statuer. Les juges répressifs ne sauraient, sans interrompre le cours de la justice, ordonner un sursis à statuer d'une durée indéterminée. • Crim. 26 juin 1991, n° 90-80.422 P • 1er déc. 1999, n° 98-83.509 P.

14. Classement sans suite. Une décision de classement sans suite du procureur de la République ne saurait constituer le délit de déni de justice prévu par l'art. 185 C. pén. (ancien) et ne peut comporter aucune sanction pénale. • Crim. 6 juill. 1982 : *Gaz. Pal. 1983. 1. 32, note Doucet*.

C. CONTRARIÉTÉ DE DÉCISIONS

15. Contrariété de décisions, émanant l'une du juge pénal et l'autre du juge civil, aboutissant à un déni de justice : V. • Cass., ass. plén., 29 nov. 1996, n° 93-20.799 P : *R., p. 350* ; *BICC 15 janv. 1997, concl. Monnet, note Mme Aubert* (recevabilité du pourvoi, annulation des deux décisions et renvoi) • Cass., ch. mixte, 11 déc. 2009, n° 08-86.304 P (recevabilité du pourvoi dirigé contre deux décisions, l'une civile, et l'autre pénale et annulation de la décision civile, la décision rendue par la juridiction pénale compétente étant conforme à la doctrine de la Cour de cassation). ♦ Contrariété de décisions, aboutissant à un déni de justice, entre deux cours d'appel, déclarant dans la même affaire, l'une, que la L. du 5 juill. 1985 était applicable, l'autre, qu'elle ne l'était pas. • Civ. 2e, 22 janv. 2004, n° 01-11.665 P : *Dr. et patr. 4/2004. 114, obs. Chabas* ; *RTD civ. 2004. 519, obs. Jourdain* (annulation de la première décision). ♦ Le pourvoi dirigé contre deux décisions, dont l'une émane du juge pénal et l'autre du juge civil, est recevable lorsque, même non rendues en dernier ressort et alors qu'aucune d'elles n'est susceptible d'un recours ordinaire, elles sont inconciliables et aboutissent à un déni de justice. • Cass., ass. plén., 3 juill. 2015, n° 14-13.205 P.

16. Risque de contradiction entre deux décisions des juridictions administratives pouvant conduire à un déni de justice, V. • CE 12 févr. 1990, Cne de Bain-de-Bretagne : *Gaz. Pal. 1990. 1. 263*.

17. Sur la notion de déni au sens de la L. du 20 avr. 1932, en cas d'appréciations inconciliables entre une décision administrative et une décision judiciaire, V. • T. confl. 5 mai 2008, n° 08-03.613 P.

Art. 5 Il est défendu aux juges de prononcer par voie de disposition générale et réglementaire sur les causes qui leur sont soumises.

Sur la saisine pour avis de la Cour de cassation, V. COJ, art. L. 441-1 s. — ***C. pr. civ.***

Sur la question prioritaire de constitutionnalité applicable lorsqu'une disposition législative porte atteinte aux droits et libertés garantis par la Constitution, V. Ord. n° 58-1067 du 7 nov. 1958, art. 23-1 s. — ***C. pr. civ., C. const.***

RÉP. CIV. v° *Jurisprudence*, par DEUMIER.

BIBL. ▶ **Jurisprudence :** *Archives Phil. dr., t. 30, 1985. - RRJ 1993/4, Cahier de méthodologie n° 8* (nature et rôle de la jurisprudence). - ANDREU, *D. 2021. 581* ✎ (précédents jurisprudentiels imaginaires). - ATIAS, *RTD civ. 2007. 23* ✎. - BACH, *Mél. Héron, LGDJ, 2009, p. 47* (jurisprudence source de droit). - BONNEAU, *Mél. Gobert, Economica, 2004, p. 127*. - FORRAY, *RTD civ. 2009. 463* ✎. - FRISON-ROCHE et BORIES, *D. 1993. Chron. 287* ✎ (la jurisprudence massive). - GOBERT, *RTD civ. 1992. 344* ✎ (une source du droit triomphante mais menacée). - X. HENRY, *RRJ 1999/3. 631 et 1999/4. 979* (la jurisprudence accessible. Mégacode civil : théorie d'une pratique) ; *BICC, 1er juin 2004, n° 599* (chaînage des arrêts dans le Bulletin civil) ; *Mél. Goubeaux, Dalloz-LGDJ, 2009, p. 249* (réflexions méthodologiques sur l'annotation du code civil). - REVET, *Mél. Malaurie, Defrénois, 2005, p. 377* (la légisprudence). - P. MORVAN, *RRJ 2001/1. 77* (la jurisprudence est une source du droit). - RIPOCHE, *RTD civ. 2022. 25* (les divergences de jurisprudence devant la Cour européenne des droits de l'homme : l'émergence d'un droit à une jurisprudence équitable). - VIGNEAU, *D. 2017. 123* ✎ (contrôle de proportionnalité). - Dossier, *D. 2022. 1919* (l'impact des algorithmes sur la décision de justice).

▶ ATIAS, *JCP 1984. I. 3145* (arrêts de principe) ; *D. 2008. Chron. 177* ✎ (« façons de parler » de la Cour de cassation) ; *D. 2009. Chron. 2654* ✎ (condition ajoutée à la loi par le juge) ; *D. 2010. Chron. 221* ✎ (« simple affirmation » du juge). - BEIGNIER, *Droits, 1989/9. 45* (arrêts de règlement). - POILLOT PERUZZETTO, *D. 2020. 997* ✎ (le processus d'uniformisation des jurisprudences par les cours européennes et les juges nationaux). - BOLARD, *JCP 2008. I. 156* (office du juge et rôle des parties). - CANIVET, *Études Malinvaud, Litec, 2007, p. 133* (comparaison des droits et élaboration de la jurisprudence). - CANIVET et MOLFESSIS, *Mél. Boré, Dalloz, 2007, p. 79* (la politique jurisprudentielle). - CASTILLO-WYSZOGRODZKA, *D. 2014. 1838* ✎ (motivation des décisions de justice, perspective comparatiste). - CROZE, *JCP 2017, n° 101* (factualisation du droit). - DEUMIER, *obs. RTD civ. 2006. 521* ✎ (la formation de la jurisprudence vue par elle-même). - DONDERO, *D. 2017. 533* ✎ (justice prédictive) ; *D. 2020. 292* ✎ (pour un droit plus systématique : vers la fin des notes de jurisprudence ?). - GARAPON, *JCP 2017, n° 31* (justice prédictive). - GAUTIER, *D. 2003. Chron. 2839* ✎ (influence de la doctrine sur la jurisprudence). - GUENZOUI, *RTD civ. 2014. 275* ✎ (doctrine universitaire *versus* doctrine de la Cour de cassation). - X. HENRY, *D. 2011. 2609* ✎ (accès aux arrêts civils des cours d'appel). - HOUTCIEFF, *D. 2020. 662* ✎ (motivation enrichie des arrêts de la Cour de cassation). - JESTAZ, MARGUENAUD et JAMIN, *D. 2014. 2061* ✎ (la Cour de cassation et la Convention européenne des droits de l'homme : vers une appréciation des faits ?). - LAFAIX, *Mél. Fatôme, Dalloz 2011, p. 191* (atteintes aux biens découlant d'un revirement). - LEMONTEY, *Mél. B. Gross, PU Nancy, 2009, p. 577* (de la Cour de cassation considérée comme une Cour suprême). - LIBCHABER, *obs. RTD civ. 1998. 784* ✎ (arrêts de règlement). - LINDON, *JCP 1967. I. 2081* (pour une interprétation unifiée des contrats d'adhésion). - MALAURIE, *Defrénois 2005. 1205* (jurisprudence et loi). - MAINGUY, *JCP 2011. 997* (interprétation de l'interprétation). - PELLETIER, *Mél. Jestaz, Dalloz, 2006, p. 429* (quinze ans après : l'efficacité des avis de la Cour de cassation). - ROUVIÈRE, *D. 2017. 118* ✎ (apologie de la casuistique juridique) ; *ibid. 2021. 587* (dix problèmes épistémologiques sur la justice prédictive). - SABARD, *RLDC 2009/65, n° 3622* (hiérarchisation de la jurisprudence). - SARGOS, *JCP 2009. 442* (*le principe du raisonnable*). - SÉRIAUX, Mél. Mouly, Litec, 1998, t. 1, p. 171. - SINAY, *D. 1958. Chron. 85*. - TOURNAFOND, *Mél. Jestaz, Dalloz, 2006, p. 547* (les nouveaux arrêts de règlement). - TRAULLÉ, *D. 2022. 1567* (motivation des arrêts de la Cour de la cassation : réflexions à partir du droit de la responsabilité civile). - VUITTON, *JCP 2014, n° 218* (art. 6, § 1, Conv. EDH et pouvoir discrétionnaire du juge civil).

▶ **Doctrine de la Cour de cassation :** DEUMIER, *obs. RTD civ. 2006. 73* ✎ ; *ibid. 510* ✎ (communiqués de la Cour de cassation) ; *obs. RTD civ. 2007. 61* ✎ (notes au BICC) ; *obs. RTD civ. 2011. 87* ✎ (arrêts non publiés et jurisprudence) ; *Mél. Burgelin, Dalloz 2008, p. 125* (motifs des motifs). - ETIENNEY DE SAINTE MARIE, *D. 2020. 2405* ✎ (contrôle de proportionnalité et motivation : quelle leçon la Cour de cassation offre-t-elle aux juges du fond ?). - MOLFESSIS, *obs. RTD civ. 2003. 567* ✎ ; *D. 2007. Chron. 37* ✎ (les avis spontanés de la Cour de cassation). - F. GUIOMARD, *RDT 2006. 222* ✎ (communiqués de la Chambre sociale). - TOURNAUX, *RTD civ. 2011. 45* ✎ (*obiter dictum* de la Cour de cassation).

▸ **Rétroactivité des revirements de jurisprudence :** Canivet et Molfessis, *JCP 2004. I. 189* (entretien sur la question). – Deumier, *obs. RTD civ. 2007. 72* (pouvoir de modulation du juge). – Deumier et Encinas de Munagorri, *obs. RTD civ. 2005. 83*. – Dross, *D. 2006. Chron. 472*. – Drouot, *Thèse, LGDJ 2014*. – Heuzé, *JCP 2005. I. 130*. – X. Lagarde, *D. 2006. Chron. 678* (jurisprudence et insécurité juridique). – Morvan, *D. 2005. Chron. 247*. – Radé, *D. 2005. Chron. 988* ; *RTD civ. 2005. 293* (réflexions de divers auteurs). – Dossier, *JCP 2013, suppl. n° 27* (sécurité juridique).

▸ **Question prioritaire de constitutionnalité :** Alberton, *AJDA 2008. 967* (exception d'inconstitutionnalité et exception d'inconventionnalité). – Burgogne-Larsen, *RFDA 2009. 787* (question préjudicielle de constitutionnalité et contrôle de conventionnalité). – De Lamy, *D. 2009. 177*. – Deumier, *RTD civ. 2010. 67* (la QPC : prioritaire mais pas première...) ; *RTD civ. 2011. 90*. – Drago, *JCP 2008. I. 217* (prolégomènes d'une pratique contentieuse) ; *JCP 2010. 2* (une Constitution proche du citoyen) ; *Mél. S. Guinchard, Dalloz 2010, p. 439* (quels principes directeurs pour le procès constitutionnel ?). – Dubrulle, *AJDA 2007. 127* (un contrôle de constitutionnalité ?). – Larribau-Terneyre, *Dr. fam. 2010. Étude 13*. – D. Mazeaud et Revet, *RDC 2009. 1313* (influences du dispositif quant aux relations contractuelles). – Mathieu, *JCP 2009. 602* (question prioritaire de constitutionnalité). – Peres, *RDC 2010. 539* (la QPC et le contrat).

1° ARRÊTS DE RÈGLEMENT

1. Prohibition des arrêts de principe. La référence à une décision rendue dans un litige différent de celui soumis à une juridiction ne saurait, en toute hypothèse, servir de fondement à la décision de cette dernière. • Soc. 27 févr. 1991, n° 88-42.705 P. – Même sens : • Civ. 3e, 27 mars 1991, n° 89-20.149 P • Civ. 2e, 4 févr. 2010 : *RTD civ. 2010. 375, obs. Perrot*. ♦ Une cour d'appel ne peut statuer par un arrêt de principe relatif à l'ensemble d'une profession pour décider de l'assujettissement à une caisse de retraite, alors qu'elle aurait dû rechercher les conditions dans lesquelles chaque contrat avait été exécuté. • Soc. 12 mai 1965 : *D. 1965. 583.*

Le juge judiciaire n'est pas compétent pour déclarer inopposable *erga omnes* une disposition de nature réglementaire, quand bien même il est allégué que cette disposition est incompatible avec une directive de l'Union européenne, une telle action relevant de la juridiction administrative chargée d'appliquer, dans le cadre de sa compétence, les dispositions du droit de l'Union européenne. • Soc. 16 févr. 2022, n° 20-21.758 B (action du syndicat ne se référant à aucune situation précontractuelle ou contractuelle précise).

2. Limites à la prohibition. Mais les juges du fond ne se prononcent pas par voie de dispositions générales et réglementaires lorsque, après avoir décrit l'activité exercée par des travailleurs, ils statuent sur leur assujettissement à la sécurité sociale sans avoir à examiner le cas particulier de chacun d'eux, dès lors qu'il n'est pas soutenu que certains d'entre eux soient soumis à des conditions particulières de travail. • Soc. 23 avr. 1975, n° 74-12.439 P. ♦ Comp. assimilant à une décision arbitraire et un déni de justice le fait pour une Cour suprême de ne pas appliquer sa jurisprudence antérieure. • CEDH, sect. II, 27 mai 2010, *Saghinadze c/ Géorgie*, n° 18768/05. ♦ Un conseil de prud'hommes qui autorise l'affichage de son jugement au motif qu'il s'agissait d'une question de principe qui doit être réglée pour le cas où une circonstance analogue se reproduirait n'a pas statué par voie de dispositions générales et réglementaires, se bornant à constater l'opportunité de l'affichage du jugement. • Soc. 23 mai 1979 : *Bull. civ. V, n° 451.*

3. Motifs établis sur formulaire. Aucun texte ne prohibe la pratique des motifs établis à l'avance sur un formulaire. • Civ. 2e, 31 janv. 1985 : *Bull. civ. II, n° 26* • 14 févr. 1990, n° 88-12.648 P.

4. Arrêts de principe – Illustrations. En interdisant de faire mention dans une publication, non seulement du nom de la spécialité pharmaceutique du demandeur, mais aussi du nom d'un produit fabriqué et mis en vente par l'un quelconque des membres de la chambre syndicale des produits pharmaceutiques, une cour d'appel viole l'art. 5, en statuant par voie de disposition générale sur des litiges éventuels concernant d'autres produits ou d'autres fabricants. • Com. 13 janv. 1971 : *JCP 1971. II. 16932, note C. Hauser.* ♦ En énonçant que le fait pour un visiteur médical d'établir sciemment un rapport de visite inexact constitue une faute grave, une cour d'appel statue par un motif d'ordre général et viole l'art. 5 C. civ. • Soc. 4 avr. 1991, n° 89-44.626 P.

5. ... Réparation d'un préjudice. Pour fixer l'indemnité due à une victime, les juges ne sauraient se référer, dans une espèce déterminée, à des règles établies à l'avance pour justifier leur décision. • Crim. 4 févr. 1970 : *D. 1970. 333.* ♦ De même, pour rejeter la demande en réparation du préjudice moral invoqué par les neveux et petits-neveux de la victime d'une infraction, une cour d'appel ne peut se borner à faire une simple référence à sa jurisprudence habituelle, selon laquelle elle n'accorde en pareil cas réparation qu'à l'époux (l'épouse), les enfants, les grands-parents, les frères et sœurs du défunt. • Crim. 20 janv. 1987 : *Bull. crim. n° 25.*

6. Office du juge. Cas d'un moyen, tiré de l'obligation de témoigner, soulevé d'office pour être ensuite rejeté : V. • Crim. 4 nov. 1971 : *Gaz. Pal. 1972. 1. 138.*

2° AUTORITÉ DE LA JURISPRUDENCE

a. Généralités

7. Caractère normatif. Sur l'affirmation du caractère normatif de la jurisprudence (cas d'un revirement de jurisprudence en cours d'instance) : • Cass., ass. plén., 3 avr. 2021, n° 19-18.814 P : *V. note 22.*

8. Autorité de l'interprétation de la CJCE. Si l'art. 177 du traité de Rome oblige les juridictions nationales dont les décisions ne sont pas susceptibles d'un recours de droit interne à soumettre à la Cour de justice des communautés européennes toute question d'interprétation soulevée devant elles, l'autorité de l'interprétation déjà donnée par celle-ci dans une espèce analogue peut priver cette obligation de sa cause et la vider de son contenu. • Crim. 29 juin 1966 : *D. 1966. 595, rapport Mazard.* – V. aussi note Jeantet, *JCP 1973. II. 17497.*

9. Jurisprudences inconciliables. Sur la notion de déni au sens de la L. du 20 avr. 1932, en cas d'appréciations inconciliables entre une décision administrative et une décision judiciaire, V. • T. confl. 5 mai 2008, n° 08-03.613 P.

10. ... Instances successives. Ne constitue pas une atteinte aux impératifs de sécurité juridique le fait que deux affaires identiques puissent être jugées différemment sur les appels successifs de victimes d'un même processus dommageable, ce qui n'est que la conséquence des effets conjugués de l'autonomie de chaque recours, de la relativité de la chose jugée et de l'office du juge dans l'application du droit. • Civ. 1re, 14 nov. 2013, n° 12-22.033 P : *D. 2013. 2695*.

11. Rétroactivité – Simple interprétation jurisprudentielle. Le principe de non-rétroactivité ne s'applique pas à une simple interprétation jurisprudentielle. • Crim. 30 janv. 2002, n° 01-82.593 P. – V. aussi • Com. 8 févr. 2005, n° 04-13.104 P. ♦ Comp. en matière pénale : violation de l'art. 7 Conv. EDH, en cas d'application immédiate d'une nouvelle interprétation de *la loi pénale aboutissant* à modifier au détriment du condamné la portée de la peine infligée. • CEDH, gr. ch., 21 oct. 2013, *Del Río Prada c/ Espagne*, n° 42750/09.

12. Méconnaissance d'une jurisprudence. Le seul énoncé d'une interprétation abandonnée de la loi ne suffit pas à caractériser une violation de celle-ci, dès lors qu'il n'en a pas été fait une application erronée. • Civ. 1re, 6 mai 2003, n° 01-02.543 P (définition de la faute lourde engageant la responsabilité de l'État : art. L. 781-1 [L. 141-1 s.] COJ) • 16 nov. 2004, n° 01-00.579 P (*idem*). ♦ Comp. note 15 ss. art. 4.

13. ... Ou d'une règle de procédure. Au regard de l'art. 6, § 1, Conv. EDH, l'application immédiate d'une règle de procédure, résultant d'une interprétation nouvelle de la Cour de cassation, non prévisible pour la partie civile, doit être écartée dès lors qu'elle aboutit à la priver d'un procès équitable, en lui interdisant l'accès au juge. • Crim. 15 févr. 2022, n° 20-86.486 B : *D. 2022. 355 ; AJ pénal 2022. 213, obs. Fucini*.

14. Jurisprudence locale. N'est pas suffisamment justifié au regard du principe de réparation intégrale des préjudices moraux l'arrêt qui retient que les sommes allouées par le tribunal sont conformes à la jurisprudence habituelle de la cour d'appel. • Civ. 2e, 7 avr. 2011, n° 10-15.918 P : *D. 2011. Actu. 1148* • Soc. 3 juill. 2014, n° 14-40.026 P : *D. 2014. 1504 ; RTD civ. 2015. 84, obs. Deumier*. ♦ Comp. sur l'autorité d'une jurisprudence locale, dans le cadre de l'appréciation de la responsabilité de professionnels du droit, V. • Civ. 1re, 7 mars 2006 : *cité note 173 ss. art. 1231-1.*

15. Jurisprudence incertaine. Une juridiction suprême a pour rôle de régler les contradictions dans l'interprétation des dispositions juridiques en vigueur. En présence de divergences au sein même d'une telle juridiction sur l'autorité compétente pour faire valoir un droit, il est disproportionné de faire peser sur les demandeurs l'obligation de trouver cette autorité compétente, sous peine de perte de leur droit à indemnisation. • CEDH, sect. IV, 7 juill. 2009, *Plechanow c/ Pologne*, n° 22279/04 • Soc. 20 févr. 2014, n° 13-40.074 P (appréciation du texte en fonction de son interprétation par la Cour de cassation, en le corrélant à la jurisprudence du Conseil d'État).

b. Revirements de jurisprudence

16. Revirements de jurisprudence – Absence de droit acquis. L'interprétation jurisprudentielle d'une même norme à un moment donné ne peut être différente selon l'époque des faits considérés et nul ne peut se prévaloir d'un droit acquis à une jurisprudence figée. • Civ. 1re, 9 oct. 2001, n° 00-14.564 P : *R., p. 421 ; GAJC, 12e éd., n° 11 ; D. 2001. 3470, rapp. Sargos, note Thouvenin ; JCP 2002. II. 10045, note Cachard ; CCC 2002, n° 22, note Leveneur (1re esp.) ; RRJ 2002/4. 2061, note Viennois ; RTD civ. 2002. 176, obs. Libchaber ; Gaz. Pal. 2001. 1818, note Guigue ; ibid. 2003. 479, note Perdriau ; RJPF 2002-1/34, note Chabas ; LPA 6 déc. 2001, note Clément ; ibid. 13 mars 2002, note Marmoz* (application d'un revirement de jurisprudence à des faits antérieurs, en matière d'obligation d'information du médecin). ♦ Une décision de la Cour de cassation ne constitue pas un revirement de jurisprudence en l'absence d'arrêt de cette juridiction ayant précédemment tranché le même point de droit. • Civ. 2e, 24 nov. 2022, n° 20-22.100 B : *RGDA 2023/1-2. 27, note Landel.*

17. ... Application immédiate. L'évolution de la jurisprudence s'applique immédiatement aux contrats en cours, en l'absence de droit acquis à une jurisprudence figée et de privation d'un droit d'accès au juge (les personnes non médecins pratiquant l'épilation à la lumière pulsée ne peuvent être légalement condamnées pour exercice illégal de la médecine). • Civ. 1re, 19 mai 2021, n° 19-25.749 P : *RDC 2021/3. 13, note Dournaux ; CCC 2021, n° 128 note Leveneur.* ♦ Rappr. antérieurement : L'exigence d'une contrepartie financière à la clause de non-concurrence répond à l'impérieuse nécessité d'assurer l'effectivité de la liberté fondamentale d'exercer une activité professionnelle ; en conséquence, cette exigence est d'application immédiate. • Soc. 17 déc. 2004, n° 03-40.008 P : *R., p. 213 ; D. 2005. IR 110, obs. Guiomard ; ibid. Pan. 2457, obs. Bugada ; CCC 2005, n° 44, obs. Malaurie-Vignal ; JCP 2005. I. 166, n° 11, obs. Morvan ; LPA 16 mai 2005, obs. Pignarre ; RTD civ. 2005. 159, obs. Gautier, et 625, obs. Théry ; RDC 2005. 871, obs. Debet* (annulation d'une clause de non-concurrence figurant dans un contrat antérieur au revirement de jurisprudence). ♦ ... Et pour une application immédiate compte tenu de la possibilité pour le plaideur de connaître la décision de revirement avant la date d'expiration du délai de prescription de son action : • Civ. 1re, 2 oct. 2007, n° 05-20.731 : *RJPF 2008-1/13, obs. Putman.* ♦ Rappr. • CEDH 26 mai 2011, n° 23228/08 : *JCP 2011. 1213, obs. Picheral ; ibid. 2011. 1238, note Marais.*

18. ... Limites tenant à la sécurité juridique – Accès au juge – Prévisibilité. L'application immédiate d'un revirement de jurisprudence par lequel la chambre commerciale de la Cour de cassation suit le revirement déjà opéré par la troisième chambre sur la rétractation du promettant dans une promesse unilatérale de vente soumise au droit antérieur à la réforme du droit des obligations de 2016 ne porte pas une atteinte injustifiée et disproportionnée au principe de sécurité juridique ainsi qu'au droit à un procès équitable et au droit au respect des biens, tels que garantis par l'art. 6, § 1, de la Conv. EDH et par l'art. 1er du Prot. n° 1 à cette Conv. La solution, souhaitée par la doctrine et qui n'était pas imprévisible au jour où la société plaignante a formé son pourvoi, a, en outre, des conséquences non disproportionnées pour cette société qui ne peut se prévaloir d'un droit définitivement acquis à une jurisprudence. • Com. 15 mars 2023, *n° 21-20.399 B : D. actu, 21 mars 2023, obs. Hélaine.* ♦ Si la jurisprudence nouvelle s'applique de plein droit à tout ce qui a été fait sur la base et sur la foi de la jurisprudence ancienne, il en va différemment si la mise en œuvre de ce principe affecte irrémédiablement la situation des parties ayant agi de bonne foi en se conformant à l'état du droit applicable à la date de leur action. • Civ. 1re, 19 mai 2021, n° 20-12.520 P : *D. 2021. 1854, note Ménard ; ibid. Chron. C. cass. 1784, obs. Robin-Raschel ; RTD civ. 2021. 645, obs. Barbier ; CCC 2021, n° 113, note Leveneur* • 21 sept. 2022, n° 21-50.042 B : *D. 2022. 2134, note Barba et Millerioux ; RTD civ. 2022. 877, obs. Leroyer ; Dr. fam. 2022, n° 167, obs. Le Boursicot* (inapplication de la jurisprudence sur les proches auxquels peut être délégué l'autorité parentale aux situations des enfants pour lesquels une instance est en cours compte tenu de la bonne foi des parents et des délégataires dans un contexte de carence réglementaire). ♦ La sécurité juridique, invoquée sur le fondement du droit à un procès équitable garanti par l'art. 6, § 1, CEDH, pour contester l'application immédiate d'une solution nouvelle résultant d'une évolution de la jurisprudence, ne saurait consacrer un droit acquis à une jurisprudence figée, dès lors que la partie qui s'en prévaut n'est pas privée du droit à l'accès au juge. • Civ. 2e, 18 avr. 2019, n° 17-21.189 P • Civ. 1re, 3 févr. 2021, n° 19-10.669 P : *D. 2019. 1891 ; RTD civ. 2019. 927, obs. Théry*. ♦ Comp., violation de l'art. 6, § 1, Conv. EDH lorsqu'un revirement de jurisprudence entraîne l'imprévisibilité d'une condition procédurale nécessaire pour intenter une action et affecte de manière rétroactive la procédure pendante, restreignant ainsi le droit d'accès du requérant à un tribunal d'une manière telle que son essence même s'en est trouvée altérée. • CEDH, sect. IV, 19 févr. 2013, *Petko Petkov c/ Bulgarie*, n° 2834/06 (héritier ne pouvant faire jouer sa qualité de réservataire, dès lors qu'il n'avait pas respecté l'obligation préalable de fournir un inventaire de la succession qui, selon une interprétation de 1964, abandonnée en 2005, n'était pas exigée lors de son action en 2003 ; arrêt notant que la décision de 2005 ne contient aucune disposition concernant les instances pendantes). ♦ Mais absence de violation du même texte, dès lors qu'en cours d'instance, une partie invoque à son profit l'arrêt d'Assemblée plénière du 7 juill. 2006 (concentration des moyens) pour justifier l'exercice d'une voie de recours contre une décision non définitive. • CEDH, sect. V, 26 mai 2011, *Legrand c/ France*, n° 23228/08 (arrêt de la Cour de cassation n'ayant pas eu pour effet de priver, même rétroactivement, les requérants de leur droit d'accès à un tribunal). ♦ V. aussi : • CEDH, sect. IV, 12 avr. 2011, *Hoare c/ Royaume-Uni*, n° 16261/08 (revirement entraînant le paiement de frais de justice, dans une situation où l'évolution du droit était raisonnablement prévisible) • Civ. 2e, 1er juill. 2021, n° 20-10.694 B : *AJ fam. 2021. 505, obs. Casey ; RDC 2021/4. 21, note Pellet* (cassation d'un arrêt ayant fait application de la solution dégagée par la cour de cassation le 17 sept. 2020 quant à l'application dans le temps de la réforme de la procédure d'appel avec représentation obligatoire de mai 2017, cette solution n'étant pas prévisible pour les parties à la date à laquelle il a été relevé appel, en 2018, l'application de cette règle de procédure dans l'instance en cours aboutissant à priver le requérant d'un procès équitable au sens de l'art. 6, § 1, Conv. EDH).

19. ... Absence de droit acquis à une jurisprudence constante. Les exigences de sécurité juridique et la protection de la confiance légitime ne sauraient consacrer un droit acquis à une jurisprudence constante, l'évolution de la jurisprudence relevant de l'office du juge dans l'application du droit. • Com. 15 mars 2023, n° 21-20.399 B : *cité note 18* • Civ. 2e, 8 juill. 2004, n° 03-14.717 P : *RGDA 2004. 933, note Kullmann* • Civ. 1re, 12 nov. 2020, n° 19-16.964 P : *D. 2020. 2284 ; RDI 2021. 143, obs. Heugas-Darraspen*. – Déjà en ce sens : • Civ. 1re, 21 mars 2000, n° 98-11.982 P : *D. 2000. 593, note Atias ; CCC 2000, n° 126, note Leveneur ; RTD civ. 2000. 592, obs. Gautier ; ibid. 666, obs. Molfessis* • Civ. 3e, 2 oct. 2002, n° 01-02.073 P : *D. 2003. 513, note Atias* • Soc. 7 janv. 2003 : *Gaz. Pal. 2003. 479, note Perdriau ; RDC 2003. 145, obs. Radé* • 25 juin 2003, n° 01-46.479 P : *D. 2004. 1761, note M. Julien*. ♦ Rappr. : la sécurité juridique, invoquée sur le fondement du droit à un procès équitable, pour contester l'application immédiate d'une solution nouvelle résultant d'une évolution de la jurisprudence, ne saurait consacrer un droit acquis à une jurisprudence figée, dès lors que la partie qui s'en prévaut n'est pas privée du droit à l'accès au juge. • Civ. 1re, 11 juin 2009, n° 07-14.932 P : *D. 2009. AJ 1757, obs. Gallmeister ; ibid. Chron. C. cass. 2058, obs. Creton ; ibid. Chron. 2567, note Molfessis ; JCP 2009, n° 38, p. 18, note Lagarde ; Gaz. Pal. 2009. 2626, avis Domingo ; CCC 2009, n° 240, obs. Leveneur ; LPA 9 oct. 2009, note Kaczmarek ; RJPF 2009-11/13, note Putman ; RLDC 2009/64, n° 3569, obs. Bugnicourt ; RCA 2009, n° 259, obs. Radé ; RDC 2009. 1371, obs. Carval ; RTD civ. 2009. 495, obs. Deumier* (rétroactivité d'un revirement de jurisprudence en matière d'infection nosocomiale). ♦ V. égal. note 22, *in fine*.

20. ... Souveraineté des États – Cohérence et sécurité juridique. Compte tenu de l'impérieuse nécessité, dans un domaine touchant à la souveraineté des États et à la préservation de leurs représentations diplomatiques, de traiter de manière identique des situations similaires, l'objectif de cohérence et de sécurité juridique impose d'écarter la doctrine d'un arrêt isolé, contredite par une loi nouvelle non applicable en l'espèce, pour revenir à la jurisprudence antérieure confortée par cette nouvelle loi. • Civ. 1re, 10 janv. 2018, n° 16-22.494 P : *D. 2018. 541, note Haftel ; ibid. 966, obs. Clavel et Jault-Seseke ; ibid. 1223, obs. Leborgne ; ibid. 1934, obs. d'Avout et Bollée ; Rev. crit. DIP 2018. 315, note Alland ; RTD civ. 2018. 353, obs. Usunier et Deumier ; ibid. 474, obs. Théry* (immunité d'exécution des États).

21. ... Raisons substantielles du revirement. Lorsqu'il existe une jurisprudence bien établie sur une question en jeu, la juridiction suprême a l'obligation de donner des raisons substantielles pour expliquer son revirement de jurisprudence, faute de quoi seraient violés les droits du justiciable d'obtenir une décision suffisamment motivée. • CEDH 9 sept. 2011, *Boumaraf c/ France : D. 2011. Actu. 2283*.

22. ... Revirement en cours d'instance – Application rétroactive. La jurisprudence nouvelle s'applique de plein droit à tout ce qui a été fait sur la base et sur la foi de la jurisprudence ancienne (visa de l'art. 6-1, Conv. EDH). • Civ. 1re, 19 mai 2021, n° 20-12.520 P : *D. 2021. 1854, note Ménard ; ibid. Chron. C. cass. 1784, obs. Robin-Raschel ; RTD civ. 2021. 645, obs. Barbier ; CCC 2021, n° 113, note Leveneur*. – V. note 18 et la limite posée à ce principe. ♦ Comp. l'obligation de motivation applicable aux décisions rendues en matière contraventionnelle (prononcé d'une peine d'amende) par la Décis. n° 2017-694 QPC du 2 mars 2018, s'agissant de textes de procédure, compte tenu de l'objectif, reconnu par le Conseil constitutionnel, d'une bonne administration de la justice, ne s'applique qu'aux décisions prononcées à compter du présent arrêt : • Crim. 30 mai 2018, n° 16-85.777 P : *AJ pénal 2018. 407, note Perrier*. ♦ Le moyen qui reproche à la juridiction de renvoi d'avoir statué conformément à l'arrêt de cassation qui la saisissait est irrecevable, peu important que, postérieurement à l'arrêt qui saisissait la juridiction de renvoi, l'assemblée plénière de la Cour de cassation ait rendu, dans une autre instance, un arrêt revenant sur la solution exprimée par l'arrêt saisissant la juridiction de renvoi. • Cass., ass. plén., 21 déc. 2006, n° 05-17.690 P : *R., p. 422 ; BICC 1er mars 2007, rapp. Loriferne, avis de Gouttes ; D. 2007. AJ 160, obs. Avena-Robardet (2e esp.) ; JCP 2007. II. 10016, note Guyader (2e esp.) ; JCP E 2007. 1529, note Fleury-Le Gros (2e esp.) ; Gaz. Pal. 2007. 405, avis de Gouttes ; Defrénois 2007. 363, note C. et L. Ruet ; Dr. et pr. 2007. 158, note Desdevises* (l'arrêt de cassation saisissant la juridiction de renvoi, en l'espèce, avait admis, antérieurement à l'arrêt d'assemblée plénière du 23 janv. 2004, l'application rétroactive de l'art. 26 de la loi « MURCEF » : V. note 66 ss. art. 2).

23. ... Réserve de l'office du juge. Cependant, la prise en considération d'un changement de norme, tel un revirement de jurisprudence, tant qu'une décision irrévocable n'a pas mis un terme au litige, relève de l'office du juge auquel il incombe alors de réexaminer la situation à l'occasion de l'exercice d'une voie de recours. L'exigence de sécurité juridique ne consacre pas un droit acquis à une jurisprudence figée, et un revirement de jurisprudence, dès lors qu'il donne lieu à une motivation renforcée, satisfait à l'impératif de prévisibilité de la norme. Cette prise en considération de la norme nouvelle ou modifiée participe de l'effectivité de l'accès au juge et assure une égalité de traitement entre des justiciables placés dans une situation équivalente en permettant à une partie à un litige qui n'a pas été tranché par une décision irrévocable de bénéficier de ce changement. Enfin, elle contribue tant à la cohérence juridique qu'à l'unité de la jurisprudence. Dès lors, par exception, est recevable le moyen critiquant la décision par laquelle la juridiction s'est conformée à la doctrine de l'arrêt de cassation qui l'avait saisie, lorsqu'est invoqué un changement de norme intervenu postérieurement à cet arrêt, et aussi longtemps qu'un recours est ouvert contre la décision sur renvoi. • Cass., ass. plén., 3 avr. 2021, n° 19-18.814 P : *D. 2021. 1164, note Haftel ; AJ fam. 2021. 312, obs. Houssier ; RTD civ. 2021. 607, obs. Deumier ; RCA 2021. Étude 9, note Leduc ; D. actu. 9 avr. 2021, note Hélaine.*

3° QUESTION PRIORITAIRE DE CONSTITUTIONNALITÉ

24. Jurisprudence et QPC – Interprétation constante. En posant une question prioritaire de constitutionnalité, tout justiciable a le droit de contester la constitutionnalité de la portée effective qu'une interprétation jurisprudentielle constante confère à la disposition législative contestée. • Cons. const. 6 mai 2011, n° 2011-127 QPC : *D. 2012. 901, obs. Lokiec et Porta ; Dr. soc. 2011. 862, obs. Chaumette* • Civ. 3e, 20 mars 2014, n° 13-24.439 P (application de l'art. L. 145-1 C. com.). ♦ ... Sous réserve, toutefois, d'établir la preuve de jurisprudence constante de la Cour de cassation invoquée dans la QPC. • Soc. 10 sept. 2019, n° 19-12.025 P. ♦ Le fait que la jurisprudence constante critiquée soit applicable à une obligation créée par une réserve d'interprétation transitoire émise par le Cons. const., réserve qui fait corps avec le texte législatif, n'est pas de nature à faire échec à la transmission d'une QPC. • Crim. 5 avr. 2022, n° 22-80.434 B. ♦ Dans le même sens : tout justiciable a le droit de contester la constitutionnalité de la portée effective qu'une interprétation jurisprudentielle constante confère à une disposition législative, sous la réserve que cette jurisprudence ait été soumise à la cour suprême compétente. • Com. 10 juill. 2012, n° 12-40.042 • Soc. 20 avr. 2017, n° 17-40.002 P. ♦ Également : • Soc. 15 avr. 2015, *n° 15-40.003* P (contrôle de l'interprétation jurisprudentielle des dispositions de l'art. L. 3141 C. trav.). ♦ Recevabilité de la demande s'appuyant sur un texte et la portée effective qui lui est donnée par la jurisprudence : • Civ. 3e, 10 janv. 2013, n° 12-40.084 P : *D. 2013. 178* (non-lieu à QPC) • Soc. 12 sept. 2013, n° 13-12.200 P : *D. 2013. 2599, obs. Lokiec et Porta* (comité de groupe, non-lieu à renvoi au Cons. const.) • 10 juill. 2014, n° 14-40.024 P • 10 juill. 2014, n° 14-40.030 • 13 juill. 2016, n° 16-10.459 P. ♦ Mais refus de QPC dès lors que la question prête à l'interprétation jurisprudentielle une portée qu'elle n'a pas. • Soc. 7 juill. 2015, n° 15-40.019 P (l'art. L. 7112-5-1° C. trav. ne déroge pas au règles de droit commun relatives à la prescription extinctive).

Si une interprétation jurisprudentielle constante d'une disposition législative déclarée conforme à la Constitution peut constituer un changement des circonstances de droit, ouvrant la possibilité d'en saisir à nouveau le Cons. const., c'est à la condition que cette interprétation jurisprudentielle soit intervenue postérieurement à la déclaration de conformité. • Crim. 5 avr. 2022, n° 22-80.434 B : *préc.*

25. ... Irrecevabilité. Si tout justiciable a le droit de contester la constitutionnalité de la portée effective qu'une interprétation jurisprudentielle constante confère à une disposition législative, sous la réserve que cette jurisprudence ait été soumise à la juridiction suprême compétente, il résulte tant des dispositions de l'art. 61-1 de la Constitution et de l'art. 23-5 de l'Ord. n° 58-1067 du 7 nov. 1958 modifiée que des décisions du Conseil constitutionnel, que la contestation doit concerner la portée que donne à une disposition législative précise l'interprétation qu'en fait la juridiction suprême de l'un ou l'autre ordre. • Civ. 1re, 14 mars 2019, n° 18-21.567 P (irrecevabilité de la question qui porte exclusivement sur la règle jurisprudentielle, énoncée au visa des art. 1907 C. civ., L. 313-2 C. consom., dans sa rédaction issue de l'Ord. n° 2006-346 du 23 mars 2006, et L. 313-4 C. mon. fin., dans sa rédaction issue de la L. n° 2010-737 du 1er juill. 2010). ♦ ... Et irrecevabilité d'une QPC en l'absence d'interprétation jurisprudentielle constante relative à cette question. • Soc. 5 juin 2019, n° 18-22.556 P (pouvoir du CHSCT d'une entreprise de travail temporaire de diligenter une expertise au sein d'une entreprise utilisatrice, C. trav., art. L. 4614-12). ♦ Déjà : irrecevabilité d'une question prioritaire de constitutionnalité : qui ne concerne pas des dispositions législatives mais tend, en réalité, à contester un principe jurisprudentiel. • Civ. 3e, 15 févr. 2018, n° 17-40.069 : *JCP 2018, n° 386, note Monéger* (remise en cause du principe jurisprudentiel suivant lequel est nulle une clause d'indexation qui exclut la réciprocité de la variation et stipule que le loyer ne peut être révisé qu'à la hausse) • Soc. 9 mai 2018, n° 18-40.007 P (indemnité de licenciement des journalistes). ♦ ... Ou qui ne met en cause aucune règle ni aucun principe inhérent à l'identité constitutionnelle de la France. • Soc. 7 juill. 2015, n° 15-12.417 P. ♦ ... Ou qui, en application de l'art. 61-1 Const., ne vise aucune disposition législative et se borne à contester une règle jurisprudentielle sans préciser le texte législatif portant atteinte à un principe constitutionnel. • Civ. 1re, 27 sept. 2011, n° 11-13.488 P : *D. 2011. 2707, note Levade ; ibid. 2012. 244, obs. Fricero ; AJDI 2011. 880*. ♦ ... Ou qui conteste une disposition de nature réglementaire (accord collectif de location). • Civ. 3e, 17 juin 2015, n° 15-40.009 P. ♦ ... Ou encore posée sans dénoncer de dispositions précises ou en déplorant la portée insuffisamment étendue de textes sans contester leur constitutionnalité. • Civ. 1re, 8 déc. 2011, n° 11-40.070 P : *D. 2012. 765, obs. Dreyer ; RTD civ. 2012. 89, obs. Hauser*. ♦ ... Ou qui vise une disposition ayant pour seul objet de reconnaître une infraction et dépourvue de la portée normative attachée à la loi. • Civ. 1re, 8 nov. 2018, n° 18-13.894 P : *D. 2019. 187, note Picard* (L. du 21 mai 2001 tendant à la reconnaissance de la traite et de l'esclavage en tant que crime contre l'humanité). ♦ Irrecevabilité de la QPC qui se borne à invoquer une violation du principe de la séparation des pouvoirs, sans préciser quel droit ou liberté constitutionnellement protégé serait atteint. • Civ. 3e, 4 févr. 2016, n° 15-21.381 P : *D. 2016. 1818 ; ibid. 135, note Danos ; RDC 2017. 65, note Seube*. ♦ Comp. : est irrecevable, en application de l'art. 61-1 Const., la QPC qui ne conteste pas une disposition législative portant atteinte aux droits et libertés que la Constitution garantit, mais se borne à critiquer des décisions de la Cour de cassation. • Crim. 26 sept. 2012, n° 12.84.796 • Soc. 28 nov. 2012, n° 11-17.941 P : *D. 2012. 2899*. ♦ Comp. admettant d'examiner la demande s'appuyant sur un texte et la portée effective qui lui est donnée par la jurisprudence : • Civ. 3e, 10 janv. 2013, n° 12-40.084 P : *D. 2013. 178* (non-lieu à QPC). ♦ Sur les autres cas d'irrecevabilité des QPC, V. note 38 ss.art. 1er.

26. Refus de renvoyer une QPC portant sur la conformité, au regard du droit de propriété, de l'interprétation constante par la Cour de cassation de l'art. 544, en ce qu'elle admet la validité de la vente d'un bien immobilier par un propriétaire apparent, si l'acquéreur est de bonne foi et victime de l'erreur commune, et admet donc la perte de son bien par le véritable propriétaire, cette contestation visant en réalité la construction jurisprudentielle de la théorie de l'apparence en ce qu'elle est appliquée dans le domaine de la propriété immobilière. • Civ. 3e, 30 mars 2017, n° 16-22.058 P : *D. 2017. 1344, note Lakssimi*.

27. Portée des décisions du Conseil constitutionnel. **BIBL.** Dutheillet de Lamothe, *JCP 2017, n° 89*. ♦ Obligation, d'une part, pour les juridictions de surseoir à statuer jusqu'à l'entrée en vigueur de la nouvelle loi ou, au plus tard, jusqu'à la date d'effet de la déclaration d'inconstitutionnalité dans les instances dont l'issue dépend de l'application des dispositions déclarées inconstitutionnelles, d'autre part, pour le législateur de prévoir une application des nouvelles dispositions à ces instances en cours à la date de la décision du Cons. const. • Civ. 1re, 28 janv. 2015, n° 13-20.701 P. ♦ Les décisions du Cons. const. s'imposant aux pouvoirs publics et à toutes les autorités administratives et juridictionnelles en vertu de l'art. 62 de la Constitution, les déclarations de non-conformité ou les réserves d'interprétation qu'elles contiennent et qui ont pour effet qu'une infraction cesse, dans les délais, conditions et limites qu'elles fixent, d'être incriminée doivent être regardées comme des lois pour l'application de l'art. 112-4, al. 2, C. pén. (conséquences d'une loi nouvelle sur une infraction). • Crim. 9 nov. 2021, n° 20-87.078 B : *D. 2021. 2045 ; AJ pénal 2022. 38, obs. Mesa*. ♦ Autorité absolue de toute décision du Cons. const. attachée non seulement à son dispositif mais aussi à ses motifs, dès lors que ceux-ci en sont le support nécessaire. • Civ. 2e, 7 févr. 2019, n° 17-27.099 P. ♦ Sur l'autorité des décisions du Cons. const., V. note 120 ss. art. 1355. ♦ Sur l'application non rétroactive de l'obligation de motivation de décisions rendues en matière contraventionnelle par suite d'une décision QPC du Cons. const., V. note 22.

Art. 6 On ne peut déroger, par des conventions particulières, aux lois qui intéressent l'ordre public et les bonnes mœurs.

RÉP. CIV. v° *Ordre public et bonnes mœurs*, par Lemouland, Piette et Hauser.

BIBL. ► *Droits, 1994/19* (droit et mœurs).

► Brunetti-Pons, *Études Malinvaud, Litec, 2007, p. 103* (conformité des actes juridiques à l'ordre public). – Bureau, *Mél. Malaurie, Defrénois, 2005, p. 125* (extension conventionnelle d'un statut impératif). – Couturier, *Études Flour, Defrénois, 1979, p. 95* (ordre public de protection). – Danis-Fatôme, *AJ contrat 2019. 366* (ordre public et protection des données à caractère personnel). – Dorsner-Dolivet et Bonneau, *D. 1986. Chron. 59* (procédure). – Fauvarque-Cosson, *1804-2004 Le code civil, Dalloz, 2004, p. 473* (l'ordre public). – Fenouillet, *Études P. Catala, Litec, 2001, p. 487* (la fin des bonnes mœurs et l'ordre public philanthropique). – Houtcieff, *RTD civ. 2021. 757* (pour un retour aux bonnes mœurs contractuelles). – Jacques Foyer, *1804-2004 Le code civil, Dalloz, 2004, p. 495* (les bonnes mœurs). – JIANG, *Études J.-A. Mazières, Lexis-Nexis 2009* (droit et amour – variations sur la moralité). – Ghestin, *Mél. Gavalda, Dalloz, 2001, p. 123* (effets pervers de l'ordre public). – Lachaud, *Gaz. Pal. 1981. 1. Doctr. 303* (baux ruraux). – X. Lagarde, *D. 2000. Chron. 217* (transaction et ordre public) ; *JCP 2001. I.*

312 (office du juge et ordre public de protection). – Luby, *CCC 2001. Chron. 3* (sanctions de la violation de l'ordre public). – Mercadal, *Mél. Breton/Derrida, Dalloz, 1991, p. 241* (exception d'ordre public). – Meulders-Klein, *Mél. Cornu, PUF, 1994, p. 317* (état des personnes et ordre public). – Nguyen Thanh-Bourgeais, *D. 1984. Chron. 91* (protection des consommateurs). – Pena, *RRJ 1992/1. 499* (origines historiques de l'art. 6). – Poillot-Peruzzetto, *D. 1993. Chron. 177* (droit communautaire). – Poissonnier, *D. 2008. 1285* (office du juge en droit de la consommation) ; *CCC 2009. Étude 5* (relevé d'office en droit de la consommation). – Revel, *JCP 1982. I. 3055* (domaine matrimonial). – R. Savatier, *D. 1965. Chron. 37* (ordre public économique). – Seube, *Études Calais-Auloy, Dalloz, 2004, p. 1009* (l'*electio juris* en droit interne). – Tunc, *Mél. R. Savatier, Dalloz, 1965, p. 883* (contrats en droits français et anglais). – *R. 2013, p. 89* (l'ordre public).

I. MATIÈRES D'ORDRE PUBLIC

A. APPLICATIONS DIVERSES

1. *Personne humaine.* Il appartient à l'autorité investie du pouvoir de police municipale de prendre toute mesure pour prévenir une atteinte à l'ordre public, dont le respect de la dignité de la personne humaine est une des composantes ; il s'ensuit qu'est justifiée, même en l'absence de circonstances locales particulières, l'interdiction de l'attraction dite de « lancer de nain », qui par son objet même porte atteinte à la dignité de la personne humaine alors même que serait assurée la sécurité de la personne en cause et que celle-ci se prêterait librement à cette exhibition, contre rémunération. • CE 27 oct. 1995, *Ville d'Aix-en-Provence : D. 1996. 177, note Lebreton ; JCP 1996. II. 22630 (2e esp.), note F. Hamon.* ♦ V. aussi notes 15 s. ss. art. 1162.

2. *État civil – Rôle du procureur.* Le procureur de la République n'a pas la libre disposition des droits relatifs à l'état civil, qui relèvent de l'ordre public, et ne peut donc procéder à un acquiescement, au sens de l'art. 408 C. pr. civ., lequel n'est admis que pour les droits dont une partie a la libre disposition. • Civ. 2e, 2 févr. 2023, n° 21-18.942 B.

3. *Liberté matrimoniale.* Le droit au mariage est un droit individuel d'ordre public qui ne peut se limiter ni s'aliéner. A moins de raison impérieuse évidente, une clause de non-convol doit être déclarée nulle. • Paris, 30 avr. 1963 : *D. 1963. 428, note Rouast.* ♦ V. aussi, sur les clauses de célibat, • Soc. 27 avr. 1964 : *D. 1965. 214, note Rouast ; JCP 1964. II. 13807, note Morellet* • 7 févr. 1968 : *D. 1968. 429* • 10 juin 1982 : *JCP 1984. II. 20230, note Hennion-Moreau.* – Voirin, *D. 1963. Chron. 247.* – A. Huet, *RTD civ. 1967. 45.* – Coiret, *ibid. 1985. 63.*

4. *Bigamie.* Le ministère public peut, en considération de l'atteinte à l'ordre public international causée par le mariage d'un Français à l'étranger sans que sa précédente union n'ait été dissoute, s'opposer à la demande de transcription de cet acte sur les registres consulaires français. • Civ. 1re, 19 oct. 2016, n° 15-50.098 P : *D. 2016. 2168, obs. Gallmeister ; ibid. 2549, note Sindres ; AJ fam. 2016. 546, obs. Boiché ; RTD civ. 2017. 102, obs. Hauser ; JCP 2016, n° 1275, note Bureau ; Rev. crit. DIP 2017. 535, note Gallant* (cassation de l'arrêt ayant accueilli la demande de transcription au motif que l'action en nullité était prescrite).

5. *Liberté d'association.* V. note 4 ss. art. 1102. – V. également note 42 ss. art. 544.

6. *Droits des copropriétaires.* Dans une copropriété par appartements, chaque copropriétaire dispose et jouit librement de son lot sous la condition de ne pas porter atteinte à la destination de l'immeuble ni aux droits des autres copropriétaires. Est donc nulle une clause de non-concurrence insérée dans un règlement de copropriété. • Civ. 3e, 11 mars 1971 : *JCP 1971. II. 16722, concl. Paucot, note Guillot ; Defrénois 1972. 274, note Dunes.*

7. *Droits des locataires.* Lors du décès du locataire, le contrat de location est transféré aux descendants qui vivaient avec lui depuis au moins un an à la date du décès, ces dispositions sont applicables aux logements appartenant aux organismes d'habitations à loyer modéré à la condition que le bénéficiaire du transfert du contrat remplisse les conditions d'attribution dudit logement ; ces dispositions, d'ordre public, ne sont pas destinées à assurer la seule protection des preneurs. • Civ. 3e, 1er oct. 2008, n° 07-13.008 P : *AJDI 2009. 303 obs. Forest ; RDC 2009. 165, obs. Seube ; RTD civ. 2009. 150, obs. Grimaldi .*

8. *Bail à ferme.* Les dispositions des art. L. 411-11 et L. 411-14 C. rur. relatives à la fixation des prix du fermage sont d'ordre public. • Civ. 3e, 21 janv. 2009, n° 07-20.233 P. ♦ Dans le même sens, pour l'art. L. 411-15 imposant au bailleur, personne morale de droit public, de réserver une priorité aux exploitants agricoles lorsqu'elle donne en location des biens ruraux : • Civ. 3e, 10 juin 2009, n° 08-15.533 P (nullité du bail).

9. *Limitation des clauses d'exclusivité.* Les dispositions de la L. du 14 oct. 1943 (C. com., art. L. 330-1) limitant à dix ans la durée maximum d'une clause de fourniture exclusive sont d'ordre public et leur application peut être demandée par toute personne y ayant intérêt (en l'espèce, le fournisseur exclusif). • Com. 25 mars 1974 : *JCP 1976. II. 18378, note Simler.* ♦ Les clauses d'exclusivité consenties par un établissement hospitalier aux médecins exerçant en son sein doivent se concilier avec le droit du malade au libre choix de son praticien et de son établissement de santé, principe impératif posé à l'art. L. 1110-8 du code de la santé publique. • Civ. 1re, 19 sept. 2007, n° 05-20.564 P.

10. Clientèles civiles. V. notes ss. art. 1162.

11. Clauses monétaires. V. notes ss. art. 1343.

12. Arbitrage. Le principe de l'égalité des parties dans la désignation des arbitres est d'ordre public et on ne peut y renoncer qu'après la naissance du litige. • Civ. 1re, 7 janv. 1992, n° 89-18.708 P. ♦ Contrariété à l'ordre public d'une fraude à l'arbitrage résultant d'un simulacre de procédure mis en place par une partie pour favoriser ses intérêts. • Civ. 1re, 4 nov. 2015, n° 14-22.630 P.

13. Régime de la sécurité sociale. Il n'est pas permis d'échapper à l'affiliation à la sécurité sociale au nom du principe de liberté des conventions. Est frauduleux tout contrat destiné à permettre à une partie de se soustraire à la réglementation de la sécurité sociale. • Cass., ass. plén., 18 juin 1976 : *D. 1977. 173, note Jeammaud ; JCP 1977. II. 18659, note Saint-Jours.* ♦ V. aussi • Soc. 9 avr. 1998, n° 96-18.706 P. ♦ Le statut social d'une personne, en l'espèce l'affiliation, par suite d'un redressement, d'une société au régime général d'un organisme de sécurité sociale, est d'ordre public et s'impose de plein droit dès lors que sont réunies les conditions fixées pour son application. • Civ. 2e, 17 déc. 2015, n° 14-25.905 P.

14. Prévoyance. Viole l'art. 6 le tribunal qui dénie aux partenaires sociaux la liberté contractuelle de conclure un accord organisant un système de mutualisation du financement et de la gestion de certaines prestations de prévoyance, aucune disposition d'ordre public n'interdisant à des organisations syndicales et patronales représentatives dans le champ de l'accord de prévoir, par accord collectif, un système de mutualisation du financement et de la gestion de certaines prestations de prévoyance sociale non obligatoires même en l'absence de dispositions légales en ce sens. • Soc. 9 oct. 2019, n° 18-13.314 P.

15. Partage après adjudication. Lors de la demande d'homologation 'un projet de distribution amiable du prix de ente après enchères, le paiement partiel du prix le vente par compensation n'est pas contraire l'ordre public. • Civ. 2e, 17 sept. 2020, n°)-10.366 P : *D. 2020. 1844 ; RTD civ. 2020. 95 obs. Cayrol .*

16. Redressement e liquidation judiciaires. Caractère illicite l'une clause par laquelle un liquidateur accee, dans l'acte authentique de vente, de ne pervoir que la moitié du prix de vente d'un bie cette clause étant contraire à la règle d'ord public de répartition du prix de vente. • Com. janv. 2016, n° 14-13.851 P : *D. 2016. 1894, c. Le Corre et Lucas .* (C. com., art. L. 622-16 ar.

B. RELATIONS DE TRAVAIL

17. Liberté du travail et d'établissement : clause de non-concurrence. Une clause de non-concurrence n'est licite que si elle est indispensable à la protection des intérêts légitimes de l'entreprise, limitée dans le temps et dans l'espace, qu'elle tient compte des spécificités de l'emploi du salarié et comporte l'obligation pour l'employeur de verser au salarié une contrepartie financière, ces conditions étant cumulatives. • Soc. 10 juill. 2002, n° 99-43.334 P : *R., p. 349 ; BICC 15 sept. 2002, concl. Kehrig ; D. 2002. 2491, note Serra (deux arrêts) ; ibid. Somm. 3111, obs. Pélissier ; D. 2003. Somm. 1222, obs. Thullier ; JCP 2002. II. 10162, note F. Petit ; JCP E 2002. 1511, note Corrignan-Carsin ; ibid. 2003. 585, n° 11, obs. Masquefa ; Gaz. Pal. 2002. 1769, concl. Kehrig ; Defrénois 2002. 1619, obs. Libchaber ; LPA 31 janv. 2003, note Damas ; RTD civ. 2003. 58, obs. Hauser ; RDC 2003. 17, obs. Rochfeld ; ibid. 142 et 148, obs. Radé.* ♦ Ne peut déroger à la loi la convention collective qui interdit au salarié soumis à une clause de non-concurrence de bénéficier d'une contrepartie financière. • Soc. 4 juin 2008, n° 04-40.609 P. ♦ V. aussi notes 22 s. ss. anc. art. 1133.

18. Clause d'exclusivité. V. note 40 ss. anc. art. 1133.

19. Clause d'objectif. V. note 46 ss. anc. art. 1133.

20. Transaction. V. notes ss. art. 2044 et 2046.

21. Déontologie. Les règles de déontologie, dont l'objet est de fixer les devoirs des membres de la profession, ne sont assorties que de sanctions disciplinaires et n'entraînent pas à elles seules la nullité des contrats conclus en infraction à leurs dispositions. • Civ. 1re, 5 nov. 1991, n° 89-15.179 P. ♦ V. aussi note 13 ss. anc. art. 1133.

22. Convention ou accord collectif. Tout salarié qui y a intérêt est recevable à invoquer le caractère illicite d'une clause d'une convention collective qui lui est applicable. • Soc. 24 sept. 2008, n° 06-46.179 P : *D. 2009. 1393, note Boillot .*

23. … Ordre public absolu. Certaines dispositions légales étant qualifiées d'ordre public absolu, les partenaires sociaux ne peuvent les négocier. Ainsi, en instaurant le contrat à durée indéterminée intérimaire permettant aux entreprises de travail temporaire d'engager, pour une durée indéterminée, certains travailleurs intérimaires, un accord collectif a dérogé aux règles d'ordre public absolu qui régissent le contrat de travail à durée indéterminée et le contrat de mission, et fixé des règles qui relèvent de la loi. • Soc. 12 juill. 2018, n° 16-26.844 P. ♦ Les salariés de l'entreprise étant seuls électeurs et éligibles, un accord collectif ne peut déroger à cette règle d'ordre public absolu en étendant la capacité électorale à des travailleurs handicapés usagers des centres d'aide par le travail. • Soc. 24 juin 1998, n° 97-60.077 P. ♦ Les dispositions de l'art. L. 2324 C. trav., subordonnant le droit de désigner un représentant syndical au comité d'entreprise par une organisation syndicale à ce que celle-ci dispose d'élus au comité d'entreprise, sont d'ordre public absolu et font ainsi obstacle à l'application d'un accord collectif reconnaissant ce droit à une organisation ne satisfaisant pas à cette condition, alors même que l'accord aurait été conclu avant l'entrée en vigueur de la loi. • Soc. 24 oct. 2012, n° 11-22.087 P : *D. 2012. 2612* ; *Dr. soc. 2013. 76, obs. Petit* .

24. Élections professionnelles. L'employeur et les organisations syndicales ne peuvent conclure un accord pour se faire juge de la validité des élections professionnelles, matière intéressant l'ordre public. • Soc 19 déc. 2018, n° 18-60.067 P : *RDT 2019. 123, obs. F. Guiomard* .

II. CONSÉQUENCES DU CARACTÈRE D'ORDRE PUBLIC DE LA RÈGLE

25. Interdiction de déroger aux règles d'ordre public. Il ne peut être dérogé, ni par voie d'usage ni par des conventions particulières, aux règles qui intéressent l'ordre public (L. 26 juill. 1957 modifiant le statut des travailleurs à domicile). • Com. 17 oct. 1995, n° 92-20.625 P • Soc. 8 déc. 2021, n° 20-11.738 B : *RDT 2022. 321, obs. Lafuma* (interdiction de déroger par contrat aux dispositions de la loi française en matière de rupture du contrat de travail). ♦ V. aussi • Civ. 3e, 2 juin 1999, n° 97-17.373 P : *D. 2000. 733, note Beaugendre (1re esp.)* (illicéité du choix fait par les parties à un bail d'habitation du statut le plus protecteur du locataire – loi de 1948 plutôt que loi de 1986 – alors que le statut d'ordre public de la loi de 1986 n'est pas destiné à assurer la seule protection du preneur). – Dans le même sens : • Civ. 3e, 19 mars 2003, n° 01-12.529 P : *AJDI 2003. 418, obs. Rouquet* . ♦ Pour d'autres illustrations, V. note 1 ss. art. 203 (obligation alimentaire) et notes ss. art. 544 (droit de propriété). ♦ Les conventions conclues par les époux ne peuvent les dispenser de leur obligation d'ordre public de contribuer aux charges du mariage : V. note 1 ss. art. 214.

26. Nullité des conventions contraires. La nullité d'une convention contraire aux bonnes mœurs peut être soulevée d'office par le tribunal en vertu de la mission de salubrité sociale impartie au juge par l'art. 6. • TGI Paris, 8 nov. 1973 : *D. 1975. 401, note Puech.* ♦ Nullité invoquée par tout intéressé : l'application de dispositions d'ordre public peut être demandée par toute personne y ayant intérêt. • Com. 1er mars 1983, n° 81-14.640 P. ♦ V. aussi note 9. ♦ Mais la nullité qui peut affecter une clause de non-concurrence n'étant instaurée qu'au seul profit du salarié, l'employeur n'est pas recevable à s'en prévaloir dans le but d'échapper aux conséquences pécuniaires de l'interdiction imposée par lui au salarié (cas d'une convention collective prévoyant une indemnité compensatrice en cas de stipulation d'une clause de non-concurrence dans le contrat de travail). • Soc. 3 mai 1989 : *Bull. civ. V, n° 324.* ♦ La méconnaissance des dispositions d'ordre public du code de la consommation peut être relevée d'office par le juge. • Civ. 1re, 22 janv. 2009, n° 05-20.176 P : *D. 2009. AJ 365, obs. Avena-Robardet* ; *ibid. 908, note Piedelièvre* ; *JCP 2009. II. 10037, note Lagarde ; Dr. et pr. 2009. 159, note Bazin ; CCC 2009, n° 88, obs. Raymond ; Defrénois 2009. 663, obs. Savaux ; LPA 8 avr. 2009, note Poissonnier ; Dr. et patr. 9/2009. 90, obs. Mattout et Prüm ; RDC 2009. 1078, obs. Fenouillet.* ♦ *Contra* précédemment : la méconnaissance de dispositions légales, même d'ordre public (ancien art. L. 311-8 s. C. consom.), ne peut être opposée qu'à la demande de la personne que ces dispositions ont pour objet de protéger, et non soulevée d'office par le juge. • Civ. 1re, 10 juill. 2002, n° 00-22.199 P : *D. 2003. 549, note Gout* . – Déjà en ce sens : • Civ. 1re, 15 févr. 2000, n° 98-12.713 P : *D. 2000. AJ 275, obs. Rondey* ; *JCP 2001. II. 10477, note Gout ; CCC 2000, n° 116, obs. Raymond.* ♦ ... Sauf si cette personne a manifesté son intention de se prévaloir de la nullité de l'acte, fût-ce sur un autre fondement. • Civ. 1re, 18 déc. 2002, n° 99-21.121 P : *RDC 2003. 86, obs. Fenouillet ; RTD civ. 2003. 704, obs. Mestre et Fages* . ♦ V. **C. consom.**, art. L. 121-4, réd. issue L. n° 2008-3 du 3 janv. 2008 [L. 132-4].

27. La nullité du contrat ne saurait être écartée par le juge au motif que la disposition d'ordre public serait assortie d'une sanction pénale. • Civ. 1re, 7 oct. 1998, n° 96-17.829 P : *JCP 1999. II. 10039, note Gervais ; RTD civ. 1999. 383, obs. Mestre* (infraction aux règles du démarchage à domicile). ♦ Dans le même sens : • Civ. 1re, 7 déc. 2004, n° 01-11.823 P : *R., p. 337 ; D. 2005. AJ 75, obs. Rondey* ; *JCP 2005. II. 10160, note Rzepeck ; ibid. I. 141, n° 19 s., obs. Constantin ; Dr. et patr. 3/2005. 85, obs. Chauvel ; RDC 2005. 323, obs. Fenouillet ; LPA 7 sept. 2005, note Bazin ; RTD civ. 2005. 389, obs. Mestre et Fages* (infractions aux règles sur l'information des consommateurs). ♦ Mais inversement, elle ne saurait résulter du seul manquement aux exigences d'un texte assorti d'une sanction pénale. • Civ. 1re, 15 déc. 1998, n° 96-19.898 P : *RTD civ. 1999. 383, obs. Mestre* (infraction aux règles d'information des consommateurs sur les prix). ♦ Rappr. • Ch. ass. plén., 4 mars 2005, n° 03-11.725 P : *R., p. 316 ; BICC 15 juin 2005, rapp. Paloque, concl. de Gouttes ; D. 2005. AJ 836, obs. Delpech ; D. 2006. Pan. 156, obs. Synvet* ; *JCP 2005. II. 10062, concl. de Gouttes ; JCP E 2005. 690, note Bonneau ; Gaz. Pal. 2005. Somm. 2137, obs. S. Piedelièvre ; LPA 8 juin 2005,* *note Veverka ; RTD civ. 2005. 388, obs. Mestre et Fages ; RTD com. 2005. 400, obs. D. Legeais ; RDC 2005. 1046, obs. Frison-Roche, et 1197, obs. Bergé* (la seule méconnaissance par un établissement de crédit de l'exigence d'agrément n'est pas de nature à entraîner la nullité des contrats qu'il a conclus) • Com. 7 juin 2005, n° 04-13.303 P (idem) • 28 nov. 2006, n° 04-19.244 P : *D. 2007. AJ 13, obs. Avena-Robardet ; ibid. Pan. 755, obs. Synvet* (idem) • 3 juill. 2007, n° 06-17.963 P : *D. 2007. AJ 2029, obs. Avena-Robardet ; ibid. 2008. Pan. 873, obs. Synvet ; RTD civ. 2008. 66, obs. Jacques ; RTD com. 2007. 814, obs. Legeais*. ♦ Sur la répétition de sommes versées en exécution d'un titre exécutoire constatant une conciliation illicite. • Civ. 3e, 6 juin 2019, n° 17-19.486 P : *V. note 29 ss. art. 1302-1.*

28. *Non-exécution par équivalent.* Lorsque l'exécution en nature d'une obligation est prohibée par une disposition d'ordre public (réglementation des changes), l'exécution par équivalent sous forme de paiement de dommages-intérêts tombe sous le coup de la même prohibition lorsqu'elle préjudicie aux mêmes intérêts publics. • Rouen, 16 mars 1965 : *Gaz. Pal. 1965. 2. 244.* ♦ Mais une demande de dommages-intérêts formée par une partie ne peut être rejetée au motif qu'il lui appartenait de ne pas accepter les clauses qui n'étaient pas en harmonie avec la législation en vigueur (construction de maison individuelle), alors qu'il fallait rechercher si l'infraction à des textes qui tendent à protéger l'acquéreur n'avait pas directement causé un préjudice au demandeur. • Civ. 3e, 1er mars 1983 : *Bull. civ. III, n° 58.* ♦ Sur la règle *Nemo auditur,* V. notes ss. anc. art. 1131.

29. *Prohibition des renonciations anticipées.* L'action en révocation des donations pour cause d'ingratitude intéressant l'ordre public, le donateur ne peut y renoncer avant que le fait constitutif d'ingratitude se soit produit. • Civ. 1re, 22 nov. 1977 : *Bull. civ. I, n° 431.* ♦ La renonciation anticipée au bénéfice d'une loi impérative n'est pas valable. • Civ. 1re, 3 avr. 1979, n° 78-11.103 P (révision des rentes viagères). ♦ Ainsi n'est pas possible la renonciation au bénéfice des dispositions d'ordre public de l'art. 9 (devenu art. L. 313-36 C. consom.) de la L. du 13 juill. 1979, relative à l'information et à la protection des emprunteurs dans le domaine immobilier. • Civ. 1re, 27 juin 1995 : *JCP N 1996. II. 469, note S. Piedelièvre.* ♦ De même, les salariés protégés ne peuvent renoncer par avance aux dispositions d'ordre public instituées pour protéger leur mandat. • Soc. 16 mars 1999, n° 96-44.551 P. ♦ Dans le même sens pour un statut réglementaire d'ordre public dont relève un salarié : • Soc. 8 avr. 2009, n° 08-40.547 P. ♦ Nullité d'un protocole d'accord prévoyant la renonciation du salarié à poursuivre l'employeur pour faute inexcusable (CSS, art. L. 482-4). • Civ. 2e, 1er juin 2011, n° 10-20.178 P. ♦ Une disposition conventionnelle prohibée par la loi, atteinte d'une nullité absolue, n'est susceptible ni de confirmation ni de ratification. • Com. 3 nov. 1988 : *D. 1989. 93, note Malaurie.*

30. *Renonciation aux effets acquis.* Une partie peut toujours, après la naissance de son droit, renoncer à l'application d'une loi, fût-elle d'ordre public. • Civ. 3e, 27 oct. 1975 : *Bull. civ. III, n° 310* • 31 mai 2007, n° 06-15.263 P (illicéité de la renonciation, dans l'acte même de cession, par le bénéficiaire d'une cession de bail à ferme à son droit personnel au renouvellement). ♦ S'il est interdit de renoncer par avance aux règles de protection établies par la loi sous le sceau de l'ordre public, il est en revanche permis de renoncer aux effets acquis de telles règles. • Civ. 1re, 17 mars 1998, n° 96-13.972 P : *JCP 1998. II. 10148, note S. Piedelièvre ; Defrénois 1998. 749, obs. Aubert ; CCC 1998, n° 86, note Leveneur ; RTD civ. 1998. 670, obs. Mestre*. ♦ L'exproprié peut renoncer au droit de rétrocession, qui relève de l'ordre public de protection, une fois celui-ci acquis. • Civ. 3e, 19 janv. 2022, n° 20-19.351 B : *D. 2022. 168 ; AJDI 2022. 368, obs. Hamel ; RDI 2022. 149, obs. Hostiou*. ♦ Une société locataire qui savait que la clause d'indexation du loyer commercial était atteinte de nullité et a réglé les loyers en connaissance de cause, se mettant sciemment hors du champ d'application des mesures législatives, ne peut obtenir répétition des sommes versées. • Civ. 3e, 12 juin 1979 : *JCP 1981. II. 19494 (2e esp.), note Boyer.* ♦ V. aussi notes ss. art. 1343.

31. *Préjudice résultant de l'annulation d'une clause illégale.* L'art. L. 420-3 C. com. déclare nul tout engagement, convention ou clause contractuelle se rapportant à une pratique prohibée par l'art. L. 420-1 C. com. Il n'est pas exclu que l'application, le cas échéant, d'une telle clause, serait-elle nulle de plein droit, ait pu causer un préjudice aux cocontractants. • Com. 28 sept. 2022, n° 21-20.731 B. ♦ V. note 66 ss. art. 1241.

32. *Interprétation d'un traité.* Si les dispositions d'un traité diplomatique soumises à leur interprétation mettent en jeu l'ordre public monétaire tel qu'il résulte des accords internationaux en vigueur, les juges du fond doivent se conformer à l'interprétation officielle qui en est donnée par l'autorité gouvernementale qu'ils doivent solliciter. • Com. 7 mars 1983 : *JCP 1984. II. 20213, note Vialard.*

33. *Soumission conventionnelle à une législation d'ordre public.* En cas de soumission conventionnelle au Décr. du 30 sept. 1953 relatif au bail commercial (C. com., art. L. 145-1 s.), sont nulles les clauses contraires aux dispositions impératives de ce texte relatives à la forme du congé. • Cass., ass. plén., 17 mai 2002, n° 00-11.664 P : *R., p. 436 ; D. 2002. AJ 2053, obs.*

Rouquet ; *D. 2003. 333, note Becqué-Ickowicz* ; *JCP 2002. II. 10131, note J. Monéger* ; *RTD civ. 2003. 85, obs. Mestre et Fages* ; *RDC 2003. 127, obs. Seube.* ♦ Mais les parties, en renouvelant un crédit par un nouveau contrat, peuvent en modifier les conditions impératives auxquelles elles s'étaient auparavant volontairement soumises. • Com. 18 mai 2005, n° 03-10.508 P : *Defrénois 2005. 1425, note S. Piedelièvre.*

34. *Règle d'ordre public et droit transitoire.* V. notes ss. art. 2.

Art. 6-1 *(L. n° 2013-404 du 17 mai 2013, art. 13)* **Le mariage et la filiation adoptive emportent les mêmes effets, droits et obligations reconnus par les lois, à l'exclusion de ceux prévus** *(L. n° 2021-1017 du 2 août 2021, art. 6)* **« aux chapitres I à IV du » titre VII du livre I du présent code, que les époux ou les parents soient de sexe différent ou de même sexe.**

BIBL. ▶ PÉRÈS, *D. 2013. Chron. 1370* .

V. Circ. 29 mai 2013 de présentation de la loi ouvrant le mariage aux couples de personnes de même sexe (dispositions du code civil),

1. *Conformité à la Constitution : principe du texte.* A l'exception des dispositions du titre VII du livre I du code civil, les règles de droit civil, notamment celles relatives à l'autorité parentale, au mariage, aux régimes matrimoniaux et aux successions, ne prévoient pas de différence entre l'homme et la femme s'agissant des relations du mariage, des conséquences qui en résultent et des conséquences relatives à l'établissement d'un lien de filiation ; par suite, en prévoyant que le mariage et la filiation emportent les mêmes effets, droits et obligations reconnus par les lois, que les époux ou les parents soient de sexe différent ou de même sexe, sans supprimer les références qui, dans ces textes, désignent les « père » et « mère » ou « le mari et la femme », l'art. 6-1 C. civ. ne rend pas ces règles inintelligibles. • Cons. const. 17 mai 2013, n° 2013-669 DC : *cité note 1 ss. art. 143* (consid. n° 43). ♦ En prévoyant, à titre de mesure générale de coordination, que la filiation adoptive emporte les mêmes effets, droits et obligations reconnus par les lois, à l'exclusion de ceux prévus au titre VII du livre I, que les époux ou les parents soient de sexe différent ou de même sexe, les dispositions de l'art. 6-1 C. civ. n'ont pas entendu faire obstacle à l'application de la règle selon laquelle les enfants adoptés, que leurs parents soient de même sexe ou de sexe différent, bénéficieront des mêmes droits que ceux dont la filiation est légalement établie en application de ce titre VII. • Même décision (consid. n° 41).

2. ... *Harmonisation par ordonnance.* Si les dispositions de coordination, introduites dans le titre préliminaire du C. civ. à l'art. 6-1 par la L. n° 2013-404 du 17 mai 2013, sont d'application générale, est conforme à la Constitution l'habilitation du Gouvernement à prendre par ordonnance les mesures nécessaires pour adapter l'ensemble des dispositions législatives en vigueur, à l'exception de celles du C. civ., dans le but de modifier la rédaction de certaines dispositions législatives pour tirer, de manière expresse et exhaustive, les conséquences de l'ouverture du mariage et de l'adoption aux couples de personnes de même sexe et, ainsi, d'améliorer la qualité de la loi. • Cons. const. 17 mai 2013, n° 2013-669 DC : *préc.* (consid. n°s 76 s.).

3. *Exclusion de la filiation.* En ouvrant le mariage aux couples de même sexe, la L. n° 2013-404 du 17 mai 2013 a expressément exclu qu'un lien de filiation puisse être établi à l'égard de deux personnes de même sexe, si ce n'est par l'adoption ; l'art. 6-1, issu de ce texte, dispose que le mariage et la filiation adoptive emportent les mêmes effets, droits et obligations reconnus par les lois, à l'exclusion de ceux prévus au titre VII du livre I du présent code, que les époux ou les parents soient de sexe différent ou de même sexe ; les modes d'établissement du lien de filiation prévus au titre VII du livre I du code civil, tels que la reconnaissance ou la présomption de paternité, ou encore la possession d'état, n'ont donc pas été ouverts aux époux de même sexe, *a fortiori* aux concubins de même sexe. • Civ. 1re, 7 mars 2018, n° 17-70.039 P : *D. 2018. 983, note Fulchiron* ; *AJ fam. 2018. 233, obs. Salvage-Gerest* (impossibilité d'établir un lien de filiation par la possession d'état, à l'égard du concubin de même sexe que le parent envers lequel la filiation est déjà établie).

Art. 6-2 *(L. n° 2021-1017 du 2 août 2021, art. 6)* **Tous les enfants dont la filiation est légalement établie ont, dans leurs rapports avec leurs parents, les mêmes droits et les mêmes devoirs, sous réserve des dispositions** *(Ord. n° 2022-1292 du 5 oct. 2022, art. 1er, en vigueur le 1er janv. 2023)* **« propres à l'adoption simple** *[ancienne rédaction : particulières du chapitre II du titre VIII du livre I]* **». La filiation fait entrer l'enfant dans la famille de chacun de ses parents.**

V. notes ss. anc. art. 310.

Loi du 30 ventôse an XII, *contenant la réunion des lois civiles en un seul corps de lois, sous le titre de code civil des Français.* **Art. 7** A compter du jour où ces lois sont exécutoires, les lois romaines, les ordonnances, les coutumes générales ou locales, les statuts, les règlements, cessent d'avoir force de loi générale ou particulière dans les matières qui sont l'objet desdites lois composant le présent code.

LIVRE I DES PERSONNES

TITRE I DES DROITS CIVILS *(L. n° 94-653 du 29 juill. 1994).*

Les divisions du titre I en chapitres et sections ont été supprimées par la L. n° 93-933 du 22 juill. 1993, qui a institué le titre I bis. — Par la suite, la L. n° 94-653 du 29 juill. 1994 a rétabli dans le titre I des chapitres II et III, mais sans y rétablir de chapitre I. Enfin, la L. n° 2011-814 du 7 juill. 2011 y a inséré un chapitre IV.

BIBL. ▶ Gailliard, *D. 2018. 2422* (sacraliser la nature plutôt que la personnifier). - Loiseau, *JCP 2018, n° 597* (personnalité juridique des robots). - Quézel-Ambrunaz, *RTD civ. 2012. 251* (la responsabilité civile et les droits du titre I du livre I du code civil). - Dossier, *RDBF 2018. Dossiers 35 s.* (le droit bancaire et financier à la lumière des droits fondamentaux).

Art. 7 *(L. 26 juin 1889)* **L'exercice des droits civils est indépendant de l'exercice des droits politiques, lesquels s'acquièrent et se conservent conformément aux lois constitutionnelles et électorales.**

Art. 8 *(L. 26 juin 1889)* **Tout Français jouira des droits civils.**

Al. 2 s. abrogés par L. 10 août 1927, art. 13.

BIBL. ▶ Flauss (ss. la dir.), *LPA 25 mai 2000, n° spécial* (la France et le Pacte de New York relatif aux droits civils et politiques). - Fricero, *RJPF 2008-1/10* (Convention européenne sur l'exercice des droits des enfants). - Maria, *JCP 2009. I. 149* (distinction entre jouissance et exercice des droits).

V. Convention européenne du 4 nov. 1950 de sauvegarde des droits de l'homme et des libertés fondamentales, publiée par Décr. n° 74-360 du 3 mai 1974, avec ses protocoles additionnels.

V. Pacte international de New York du 19 déc. 1966 relatif aux droits civils et politiques, publié par Décr. n° 81-76 du 29 janv. 1981 (D. et BLD 1981. 79) ; ... Premier protocole facultatif, publié par Décr. n° 84-418 du 25 mai 1984 (JO 5 juin) ; ... Deuxième protocole facultatif fait à New York le 15 déc. 1989, visant à abolir la peine de mort, publié par Décr. n° 2008-37 du 10 janv. 2008 (JO 12 janv.). — Sur la levée d'une réserve française, V. Décr. n° 88-818 du 13 juill. 1988 (D. et ALD 1988. 384).

V. Convention de New York du 26 janv. 1990 relative aux droits de l'enfant, publiée par Décr. n° 90-917 du 8 oct. 1990 ; ... Protocole facultatif à cette convention, fait à New York le 25 mai 2000, concernant la vente d'enfants, la prostitution des enfants et la pornographie mettant en scène des enfants, publié par Décr. n° 2003-372 du 15 avr. 2003 (JO 24 avr.) ; ... Protocole facultatif à cette convention, fait à New York le 25 mai 2000, concernant l'implication d'enfants dans les conflits armés, publié par Décr. n° 2003-373 du 15 avr. 2003 (JO 24 avr.) ; ... Amendement au § 2 de l'art. 43 de la convention, adopté à New York le 12 déc. 1995, publié par Décr. n° 2007-1035 du 15 juin 2007 (JO 19 juin). — V. Convention européenne de Strasbourg du 25 janv. 1996 sur l'exercice des droits des enfants, publiée par Décr. n° 2008-36 du 10 janv. 2008 (JO 12 janv.). — Sur le droit de l'enfant à l'instruction, V. C. éduc., art. L. 111-2 et L. 122-1. — ***C. éduc.***

Statut civil coutumier. Les personnes de statut civil coutumier étant régies, pour l'ensemble du droit civil, par leurs coutumes, des époux ne sont pas soumis à un régime matrimonial dès lors que, le mari et la femme n'ayant pas de véritable autonomie à l'égard de leurs clans respectifs, une telle notion est inconnue du droit coutumier. • Civ. 1re, 10 juin 2015, n° 14-14.599 P : *D. 2016. 1045, obs. Gaudemet-Tallon et Jault-Seseke* ; *AJ fam. 2015. 544, obs. Casey* ; *Rev. crit. DIP 2016. 506, note Parisot* (Nouvelle-Calédonie).

Art. 9 *(L. n° 70-643 du 17 juill. 1970)* **Chacun a droit au respect de sa vie privée.**

Les juges peuvent, sans préjudice de la réparation du dommage subi, prescrire toutes mesures, telles que séquestre, saisie et autres, propres à empêcher ou faire cesser une atteinte à l'intimité de la vie privée : ces mesures peuvent, s'il y a urgence, être ordonnées en référé.

Sur la protection de la vie privée par la Convention de sauvegarde des droits de l'homme et des libertés fondamentales du 4 nov. 1950, dite Convention européenne des droits de l'homme, V. Conv. EDH, art. 8.

Sur la protection pénale de la vie privée, V. C. pén., art. 226-1 et 226-8. — ***C. pén.***

Sur la question prioritaire de constitutionnalité applicable lorsqu'une disposition législative porte atteinte aux droits et libertés garantis par la Constitution, V. Ord. n° 58-1067 du 7 nov. 1958, art. 23-1 s. — ***C. pr. civ., C. const.***

Sur le droit au respect de la vie privée des personnes prises en charge par le système de santé, V. CSP, art. L. 1110-4, ss. art. 16-9.

Sur les droits des détenus en matière d'utilisation de leur image, V. L. n° 2009-1436 du 24 nov. 2009, art. 41. — ***C. pr. pén.***

L'informatique ne doit porter atteinte ni à l'identité humaine, ni aux droits de l'homme, ni à la vie privée, ni aux libertés individuelles ou publiques. Les droits des personnes de décider et de contrôler les usages qui sont faits des données à caractère personnel les concernant et les obligations incombant aux personnes qui traitent ces données s'exercent dans le cadre du Règl. (UE) 2016/679 du Parlement européen et du Conseil du 27 avr. 2016, de la Dir. (UE) 2016/680 du Parlement européen et du Conseil du 27 avr. 2016 et de la L. n° 78-17 du 6 janv. 1978, art. 1er. — V. Règl. (UE) 2016/679 du Parlement européen et du Conseil du 27 avr. 2016) relatif à la protection des personnes physiques à l'égard du traitement des données à caractère personnel et à la libre circulation de ces données, et abrogeant la directive 95/46/CE (règlement général sur la protection des données). — ***C. données personnelles.***

Sur les renseignements que le commissaire de justice, porteur d'un titre exécutoire, peut obtenir des administrations et entreprises contrôlées par l'État, ou des établissements tenant des comptes de dépôt, sans pouvoir se voir opposer le secret professionnel, V. C. pr. exéc., art. L. 152-1 s. — ***C. pr. exéc.***

Sur le Défenseur des droits, V. L. org. n° 2011-333 du 29 mars 2011. — ***C. const.***

RÉP. CIV. v° *Droits de la personnalité,* par A. Lepage.

BIBL. ▶ J.-P. Ancel, *R. 2000, p. 55* (jurisprudence récente de la Cour de cassation). – Andriantsimbazovina, *D. 2020. 940* (*people* et Cour européenne des droits de l'homme). – Beignier, *Archives Phil. dr., t. 41, 1997, p. 163* (vie privée et vie publique). – Bonneau, *RDBF 2018, Dossier 39* (l'accès aux données bancaires au regard du respect de la vie privée). – Brenner, *Dr. et patr. 3/2002. 65* (secret de la vie privée). – Bruguière, *Mél. Cabrillac, Litec, 1999, p. 69* (rumeur et responsabilité) ; *D. 2011. Chron. 28* (droits de la personnalité) ; *RTD civ. 2016. 1* (droits patrimoniaux de la personnalité). – Charlin, *Dr. et patr. 5/2010. 27* (vie privée et praticien). – Clapié, *Mél. Mouly, Litec, 1998, t. 1, p. 267* (droit de mener une vie familiale normale). – Couret, *D. 2022. 2170* (droit des personnes morales à la vie privée : aléas d'une fondamentalisation). – Debet, *CCE 2005. Étude 40* (internet, vie privée et personnes mineures). – Deboissy et Saint-Pau, *D. 2000. Chron. 267* (divulgation d'une information patrimoniale). – Dreyer, *CCE 2005. Étude 18* (respect de la vie privée, objet d'un droit fondamental). – Dumoulin, *Rev. sociétés 2006. 1* (droits de la personnalité des personnes morales). – Dupuis, *RJPF 2001-12/10* (vie privée et internet) ; *RLDC 2013/102, n° 5015* (vie privée et réseaux sociaux). – Frayssinet, *Dr. et patr. 5/2001. 76* (traçabilité des personnes sur internet). – Gaumont-Prat, obs. *D. 1999. Somm. 344* (confidentialité des informations collectées à l'occasion des prélèvements de tissus humains) ; obs. *D. 2001. Somm. 1432* (informatisation des données de santé). – Gauvin, *CCE 2004. Chron. 8* (sanctions des droits de la personnalité). – De Givry, *R. 2000, p. 93* (anonymisation des décisions de justice). – Hassler, *LPA 7 déc. 2004* (droits de la personnalité : crise d'identité). – De Lamy, *Dr. fam. 1998. Chron. 8* (vie familiale des étrangers). – Lasserre-Kiesow, *D. 2010. Chron. 907* (vérité et droit civil). – A. Lepage, *CCE 1999. Chron. 5* (célébrité et vie privée) ; *Dr. et patr. 3/2002. 61* (secret de la vie privée). – Marino, *JCP 2012, suppl. n° 47, p. 14*. – Mathey, *RTD civ. 2008. 205* (droits et libertés fondamentaux des personnes morales). – Moulière, *D. 2012. Chron. 571* (droit des affaires et vie privée). – Pascual, *RRJ 1998/3. 899* (patrimoine et vie privée). – Pollaud-Dulian, *JCP 1994. I. 3780* (droit moral de l'auteur). – Pousson-Petit, *Mél. L. Boyer, PU Toulouse, 1996, p. 595* (le droit à l'anonymat). – Ribs, *Mél. Gavalda, Dalloz, 2001, p. 263* (commerce électronique et protection de la vie privée). – Ringel, *RRJ 1999/4. 1049* (homosexualité, transsexualisme et art. 8 Conv. EDH). – D. Roman, *D. 2005. Chron. 1508* (liberté sexuelle). – Serna, *CCC 1999. Chron. 9* (la voix et le contrat). – Sigot, *Dalloz IP/IT 2018. 342 (revenge porn)*. – Soyer, *Mél. Terré, Dalloz/PUF/Juris-Classeur, 1999, p. 343* (l'avenir de la vie privée). – Tois, *R. 2001, p. 207* (internet et libertés). – Van Muylder, *RFDA 2001. 797* (vie privée des étrangers). – Wester-Ouisse, *JCP 2009. I. 121* (jurisprudence et personne morale). – *Légicom, n° 20, 1999/4* ; *Gaz. Pal. 2007. Doctr. 1459*, n° spécial Droits de la personnalité (actes du colloque du 13 nov. 2006) ; *JCP 2022, n° 1322* (rapport annuel de la Défenseure des droits – La vie privée, un droit pour l'enfant). – Dossier, *AJ fam. 2008. 184 (famille, communication et médias).*

▶ **Vie privée et liberté d'expression :** Burgaud, *D. 2015. 939* (équilibre au regard de la Conv. EDH). – Douaoui, *D. 2001. Chron. 1333* (réparation du trouble médiatique). – Gridel, *BICC 15 mars 2003, p. 11* (vie privée et liberté d'expression : le fond du droit) ; *D. 2005. Chron. 391* (liberté de la presse et droits de la personnalité) ; *Mél. Aubert, Dalloz, 2005, p. 441* (sur les arrêts CEDH des 18 et 24 juin 2004) ; *BICC 15 juin 2010* (vie privée et droit de la presse). – Gridel et Lacabarats, *Gaz. Pal. 2002. Doctr. 1632* (vie privée et liberté d'expression).

– Lacabarats, *BICC 15 mars 2003, p. 18* (vie privée et liberté d'expression : les actions en justice). – Lacabarats et Calvez, *Gaz. Pal. 2007. Doctr. 3034* (personnes exerçant des activités publiques). – Mallet-Poujol, *D. 2002. Chron. 2420* (droit à l'information). – Ravanas, *D. 2000. Chron. 459* (liberté d'expression et protection des droits de la personnalité).

▸ **Droit à l'image :** Auvret, *JCP 2005. I. 123* (utilisation de la personnalité d'autrui ; exemples de presse). – De Bellescize, *LPA 2 oct. 2001* (droit à l'image et attentats). – Bienvenu, *LPA 15 nov. 2002* (panorama des contentieux). – Cottet-Bretonnier, *LPA 11 févr. 2002* (le sportif face à l'exploitation commerciale de son image). – Derieux, *LPA 11 et 12 avr. 2000* (droit à l'image et droit de l'image). – L. Drai, *LPA 16 sept. 2005* (fin du droit absolu à l'image ?). – Dupuis, *RLDC 2004/11, n° 459* (droit à l'image et droit d'informer). – Dupuy-Busson, *Gaz. Pal. 2008. 3678.* – Hassler, *D. 2004. Chron. 1611* (liberté de l'image et jurisprudence récente) ; *LPA 18 mai 2004* (image d'une personne dans un lieu public) ; *D. 2005. Chron. 739* (jurisprudence récente), *AJ fam. 2008. 188* (image d'un mineur) ; *LPA 18 déc. 2008* (image d'une personne dans sa vie professionnelle) ; *Mél. B. Gross, PU Nancy, 2009, 545* (l'image banale d'une personne). – Hauser, *D. 2010. Chron. 214* (droit à l'image de l'enfant). – Lienhard, *D. 1999, n° 38, p. V* (les victimes et le choc des photos). – Marino, *CCE 2003. Chron. 7 ; Err. avr. 2003, p. 9* (contrats portant sur l'image des personnes). – Ravanas, *D. 2002. Chron. 1502.* – Rizzo, *Dr. et patr. 9/2003. 38* (l'image du sportif). – Serna, *CCC 1998. Chron. 12* (l'image et le contrat) ; *R. 2010. 65* (le droit de savoir).

▸ **Données personnelles.** Dossier, *AJ contrat 2019. 365* (contrat et protection des données à caractère personnel – aspects généraux) ; *ibid. 411* (aspects particuliers).

Plan des annotations

I. CONDITIONS DE LA PROTECTION DE LA VIE PRIVÉE

A. CARACTÈRES GÉNÉRAUX DE LA PROTECTION

1. *Nature de la protection civile de la vie privée.* Aux termes de l'art. 2 DDH : « Le but de toute association politique est la conservation des droits naturels et imprescriptibles de l'homme. Ces droits sont la liberté, la propriété, la sûreté et la résistance à l'oppression » ; la liberté proclamée par cet art. implique le respect de la vie privée. • Cons. const. 23 juill. 1999, n° 99-416 DC : *JO 28 juill. ; D. 2000. Somm. 265, obs. Marino ; ibid. 422, obs. Fatin-Rouge ; CCE 1999, n° 52, note Desgorges ; RTD civ. 1999. 725, obs. Molfessis* • 9 nov. 1999, n° 99-419 DC : *JO 16 nov.* • 17 mai 2013, n° 2013-669 DC : *cité note 1 ss. art. 143* • 13 mars 2014, n° 2014-690 DC. ♦ Jugé que le droit de chacun au respect de la vie privée, proclamé par l'art. 9, ne fait pas partie de ceux concernant l'état des personnes. • Crim. 16 avr. 1980 : *D. 1981. 68, note Mestre.* ♦ V. également Conv. EDH, art. 8. « Toute personne a droit au respect de sa vie privée et familiale, de son domicile et de sa correspondance. 2. Il ne peut y avoir ingérence d'une autorité publique dans l'exercice de ce droit que pour autant que cette ingérence est prévue par la loi et qu'elle constitue une mesure qui, dans une société démocratique, est nécessaire à la sécurité nationale, à la sûreté publique, au bien-être économique du pays, à la défense de l'ordre et à la prévention des infractions pénales, à la protection de la santé ou de la morale, ou à la protection des droits et libertés d'autrui. »

2. *Spécificité de la protection résultant de l'art. 9.* Le droit moral de l'auteur d'œuvres littéraires est seulement celui de faire respecter soit l'intégrité de ses œuvres, soit son nom et sa qualité en tant qu'auteur de celles-ci, mais il est entièrement étranger à la défense des autres droits de la personnalité protégés par la loi. • Civ. 1re, 10 mars 1993 : *D. 1994. 78, note Françon ; JCP 1993. II. 22161, note Raynard.* ♦ Indépendance de l'art. 9 C. civ. au regard de l'art. 53 de la L. du 29 juill. 1881 sur la presse : V. • Civ. 2e, 24 avr. 2003, n° 01-01.186 P : *D. 2003. IR 1411* .

3. *Autonomie de la protection résultant de l'art. 9.* Selon l'art. 9 C. civ., la seule constatation de l'atteinte à la vie privée ouvre droit à réparation. • Civ. 1re, 5 nov. 1996, n° 94-14.798 P : *GAJC, 12e éd., n° 20 ; D. 1997. 403, note Laulom ; D. 1997. Somm. 289, obs. Jourdain ; JCP 1997. II. 22805, note Ravanas ; JCP 1997. I. 4025, nos 1 s., obs. Viney ; RTD civ. 1997. 632, obs. Hauser* • 25 févr. 1997, n° 95-13.545 P : *JCP 1997. II. 22873, note Ravanas* • 6 oct. 1998 : *cité note 25* • Civ. 3e, 25 févr. 2004 : *cité note 36* • Civ. 2e, 18 mars 2004 : *cité note 91* • 18 mars 2004 : *cité note 91.* ♦ V. cependant, note 104.

4. *Personnes tenues au respect de la vie privée – Généralités.* Obligation pour l'employeur de respecter la vie privée de ses salariés et de s'abstenir de toute immixtion arbitraire ou de divulgations s'y rapportant. V. notes 62 s. ♦ Obligation pour le législateur de se conformer aux principes de l'art. 8 de la Conv. EDH., mais aussi d'en assurer le respect. • CEDH 24 juin 2004, *Von Hannover c/ Allemagne*, n° 59320/00 : *D. 2004. 3538, obs. J.-F. Renucci ; D. 2005. 340 ; JCP 2004 G.I. 161, obs. Sudre ; RTD civ. 2004. 802, obs. Marguénaud .* ♦ V. notes 7 *in fine*.

B. PERSONNES AYANT DROIT AU RESPECT DE LEUR VIE PRIVÉE

5. *Personnes physiques – Vie publique – Principe.* Toute personne, quel que soit son rang, sa naissance, sa fortune, ses fonctions présentes ou à venir, a droit au respect de sa vie privée. • Civ. 1re, 23 oct. 1990, n° 89-13.163 P • 27 févr. 2007, n° 06-10.393 P : *D. 2007. AJ 804, obs. Delaporte-Carré ; Gaz. Pal. 2007. Somm. 3518, obs. Guerder ; CCE 2007, n° 97, note A. Lepage ; RTD civ. 2007. 309, obs. Hauser .* – Jurisprudence constante. ♦ Droit au respect de la vie privée du détenu : • CEDH 28 nov. 2002 : *JCP 2003. I. 109, n° 18, obs. Sudre.* ♦ ... De l'étranger sous le coup d'une mesure d'éloignement : • CEDH 11 juill. 2002 : *JCP 2003. I. 109, n° 19, obs. Sudre.* ♦ Pour le droit à l'image, V. note 86.

Limite. Le fait d'exercer une fonction publique ou de prétendre à un rôle politique expose nécessairement à l'attention du public, y compris dans des domaines relevant de la vie privée, de sorte que certains actes privés de personnes publiques peuvent ne pas être considérées comme tels, en raison de l'impact qu'ils peuvent avoir, eu égard au rôle de ces personnes sur la scène politique ou sociale et de l'intérêt que le public peut avoir, en conséquence, à en prendre connaissance. • CEDH 10 nov. 2015, n° 40454/07, *Hachette Filipacchi Associés (Sté), France : cité note 27.* ♦ Sur cette limite, V. notes 108 s.

6. *... Mineurs.* En considérant que la divulgation de faits relatifs à la vie privée d'un mineur est soumise à l'autorisation de la personne ayant autorité sur lui, les juges du fond se bornent à appliquer les dispositions légales protectrices de sa personne et de ses biens. • Civ. 1re, 18 mai 1972, n° 70-13.377 P : *R. 1971-1972, p. 16 ; JCP 1972. II. 17209, concl. Lindon.* ♦ Sur les modalités du consentement des parents, V. • Versailles, 16 févr. 2006 : *D. 2006. Pan. 2704, obs. Lepage* • Paris, 14 févr. 2002 : *D. 2002. 2004, note Ravanas ; RTD civ. 2002. 487, obs. Hauser* (école Montessori), pourvoi rejeté par • Civ. 2e, 3 juin 2004, n° 02-16.903 P. ♦ Violation de l'art. 8 Conv. EDH en cas de photographie, sans l'accord préalable des parents, d'un nourrisson placé dans un milieu stérile et, après leur action en justice, dans le refus de restitution des négatifs par le photographe. • CEDH, sect. I, 15 janv. 2009, *R. et D. c/ Grèce*, n° 1234/05 : *RTD civ. 2009. 283, obs. Marguénaud*. ♦ Il résulte de l'art. 10, § 2, Conv. EDH que l'exercice de la liberté d'expression peut être soumis à des restrictions prévues par la loi et justifiées, notamment, par la nécessité d'assurer la protection des droits d'autrui, comme l'interdiction de diffuser, sans l'autorisation des titulaires de l'autorité parentale, une émission à laquelle participe un mineur en situation difficile dans sa vie privée, même dans les cas où l'identité du mineur serait dissimulée ; ceci ne constitue pas, au regard de la nécessité de la protection de l'enfance et de l'adolescence, une atteinte disproportionnée à la liberté d'expression en l'absence d'un motif d'intérêt général susceptible de justifier que l'autorisation des titulaires de l'autorité parentale ne soit pas recueillie. • CE 16 mars 2011 : *D. 2011. 2012, note Afroukh*. ♦ V. aussi note 3 ss. art. 458. ♦ Sur le préjudice propre du titulaire de l'autorité parentale, V. note 147.

Le droit de chacun au respect de sa vie privée et familiale s'oppose à ce que l'animateur d'une émission radiophonique, même à dessein satirique, utilise la personne de l'enfant et exploite sa filiation pour lui faire tenir des propos imaginaires et caricaturaux à l'encontre de son grand-père ou de sa mère, fussent-ils l'un et l'autre des personnalités notoires et dès lors légitimement exposées à la libre critique et à la caricature incisive ; en l'espèce, si les noms du grand-père et de sa mère n'étaient pas cités, l'enfant était identifiable en raison de la référence à son âge, à son prénom exact, à celui de sa mère, Marine, et d'un tic de langage de son grand-père. • Civ. 1re, 20 mars 2014, n° 13-16.829 P : *D. 2015. 342, obs. Dreyer* ; *ibid. 649, obs. Douchy-Oudot* ; *AJ fam. 2014. 380, obs. Le Gouvello* ; *RTD civ. 2014. 334, obs. Hauser* ; *JCP 2014, n° 579, obs. Latil ; ibid. n° 417, note Bakouche ; ibid. n° 1163, note Antippas ; Dr. fam. 2014, n° 93, obs. Dissaux.*

7. ... Majeurs protégés. La reproduction d'images représentant des handicapés mentaux dans l'intimité de leur existence quotidienne dans l'établissement où ils vivent et ce, sans l'autorisation de leurs représentants légaux, constitue, à elle seule, une atteinte illicite à l'intimité de leur vie privée. • Civ. 1re, 24 févr. 1993, n° 91-13.587 P : *R., p. 241 ; D. 1993. 614, note Verheyde* ; *Defrénois 1993. 1000, obs. Massip ; JCP 1994. II. 22319 (2e esp.), note Fossier ; RTD civ. 1993. 326, obs. Hauser*. ♦ Le tuteur auquel a été confiée une mission de représentation du majeur pour les actes relatifs à sa personne est recevable à saisir le juge des tutelles, sur le fondement de l'art. 459, d'une demande relative à une décision ayant pour effet de porter gravement atteinte à l'intégrité corporelle de la personne protégée ou à l'intimité de sa vie privée. • Civ. 1re, 13 déc. 2017, n° 17-18.437 P : *D. 2018. 333, note Peterka* ; *AJ fam. 2018. 6, obs. Dionisi-Peyrusse* ; *ibid. 124, obs. Pecqueur* (choix d'un établissement de santé). ♦ Il peut être donné mission au mandataire spécial d'un majeur placé sous sauvegarde de justice de recevoir le courrier de l'intéressé, la gestion du patrimoine exigeant des réponses rapides à toute correspondance administrative ou d'affaires et les pouvoirs conférés au mandataire spécial impliquant qu'il n'exerce pas de contrôle sur le courrier personnel. • Civ. 1re, 11 juin 1991, n° 89-20.517 P : *Defrénois 1991. 1257, obs. Massip.* ♦ Atteinte à la vie privée, au sens de l'art. 8 Conv. EDH, dans les cas exceptionnels où le défaut pour un État de permettre l'accès d'une personne handicapée à un établissement ne constituerait pas simplement une perturbation de sa vie quotidienne mais porterait atteinte au droit de cette dernière à un développement personnel et à son droit d'établir des rapports avec d'autres êtres humains et le monde extérieur. • CEDH, sect. II, 14 mai 2002, *Zehnalova et Zehnal c/ Rép. tchèque*, n° 38621/97. ♦ Pour le droit à l'image, V. note 86.

8. Transmissibilité du droit. Le droit d'agir pour le respect de la vie privée s'éteint au décès de la personne concernée, seule titulaire de ce droit. • Civ. 1re, 14 déc. 1999, n° 97-15.756 P : *D. 2000. 372, note Beignier (1re esp.)* ; *D. 2000. Somm. 266, obs. Caron* ; *JCP 2000. II. 10241, concl. Petit ; CCE 2000, n° 39, note A. Lepage ; LPA 22 mai 2000, note S. Prieur ; RTD civ. 2000. 291, obs. Hauser* • 15 févr. 2005, n° 03-18.302 P : *D. 2005. IR 597* ; *ibid. Pan. 2644, obs. A. Lepage* ; *RJPF 2005-6/14, note Putman.* ♦ ... Qui n'est pas transmis à ses héritiers. • Civ. 2e, 8 juill. 2004, n° 03-13.260 P : *R., p. 205 ; D. 2004. IR 2088* ; *D. 2005. Pan. 2644, obs. A. Lepage*. ♦ Déjà en ce sens : • Paris, 6 mai 1997 : *D. 1997. 596, note Beignier* (2e esp.) ; *D. 1998. Somm. 87, obs. Bigot* (2e esp.) ; *RTD civ. 1998. 71, obs. Hauser* • 27 mai 1997 : *D. 1998. Somm. 85, obs. Massis* ; *JCP 1997. II. 22894, note Dérieux ; LPA 9 juill. 1997, note Derieux et note Gras* • Metz, 12 avr. 2000 : *D. 2000. 817, note Hocquet-Berg* • Civ. 2e, 20 nov. 2003, n° 02-12.297 P (les héritiers ne bénéficient pas du droit d'agir au nom de la personne décédée) • Paris, 28 avr. 2003 : *Gaz. Pal. 2004. Somm. 1388, obs. Martinet* (acteur de cinéma : distinction d'avec le droit spécifique des artistes-interprètes). ♦ Rappr. : les droits tirés de l'art. 8 Conv. EDH ne sont par nature pas transférables et ne peuvent donc être revendiqués par un parent proche ou par un autre héritier de la victime immédiate. • CEDH, sect. V, 19 juill. 2012, *Koch c/ Allemagne*, n° 497/09. ♦ Même solution : le droit à l'image, attribut de la personnalité, s'éteint au décès de son titulaire et n'est pas transmissible à ses héritiers. • Civ. 1re, 31 janv. 2018, n° 16-23.591 : *Dalloz IP/IT 2018. 500, obs. Lefranc ; RTD civ. 2018. 364, obs. Mazeaud .* ♦ Mais jugé que le droit à l'image a un caractère moral et patrimonial, et que le droit patrimonial qui permet de monnayer l'exploitation commerciale de l'image n'est pas purement personnel et se transmet aux héritiers. • TGI Aix-en-Provence, 24 nov. 1988 : *JCP 1989. II. 21329, note Henderycksen ; RTD civ. 1990. 126, obs. Patarin* • Paris, 10 sept. 1996 : *D. 1998. Somm. 87, obs. Bigot (3e esp.)* . ♦ Comp. • Crim. 21 oct. 1980 : *D. 1981. 72 (1re esp.), note Lindon* (publication de la photographie d'un acteur sur son lit de mort ; recevabilité de l'action des ayants droit pour atteinte à la vie privée). ♦ Rappr. • Civ. 1re, 30 mai 2006, n° 04-17.102 P (intransmissibilité de l'action en réparation d'une atteinte à l'honneur ou à la considération d'une personne morale, une telle action, attachée à la personne même du titulaire de ce droit, étant hors commerce).

9. Protection du défunt – Image. La fixation de l'image d'une personne, vivante ou morte, sans autorisation préalable des personnes ayant pouvoir de l'accorder est prohibée. • Crim. 20 oct. 1998, n° 97-84.621 P : *R., p. 319 ; D. 1999. 106, note Beignier ; JCP 1999. II. 10044, note Loiseau.* – V. déjà, dans la même affaire : • TGI Paris, 13 janv. 1997 : *D. 1997. 255, note Beignier ; ibid. 1998. Somm. 87, obs. Bigot (1re esp.) ; JCP 1997. II. 22845, note Serna ; LPA 9 juill. 1997, note Derieux et note Gras*, et en appel, • Paris, 2 juill. 1997 : *D. 1997. 596, note Beignier (1re esp.).* ♦ La publication dans la presse de la photographie du cadavre d'une personne assassinée, au cours de la période de deuil des proches parents de cette personne, constitue, dès lors qu'elle n'a pas reçu l'assentiment de ceux-ci, une profonde atteinte à leur sentiment d'affliction, partant, à l'intimité de leur vie privée. • Paris, 24 févr. 1998 : *D. 1998. 225, note Beignier ; D. 1999. Somm. 123, obs. Hassler et Lapp ; ibid. 167, obs. Massis .* – Pourvoi rejeté par • Civ. 1re, 20 déc. 2000, n° 98-13.875 P : *D. 2001. 885 ; ibid. 872, étude Gridel ; ibid. Somm. 1990, obs. A. Lepage ; JCP 2001. II. 10488, concl. Sainte-Rose, note Ravanas ; LPA 7 mars 2001, note Derieux (5e esp.) ; RTD civ. 2001. 329, obs. Hauser .* – Même sens : • Versailles, 17 juin 1999 : *D. 2000. 372, note Beignier (2e esp.) ; CCE 2000, n° 15, note Desgorges.* ♦ V. note 92 (surveillance de lieux publics par un circuit de télévision). ♦ Si les proches d'une personne peuvent s'opposer à la *reproduction de son image après son décès, c'est* à la condition d'en éprouver un préjudice personnel établi, déduit le cas échéant d'une atteinte à la mémoire ou au respect dû au mort. • Civ. 1re, 22 oct. 2009, n° 08-10.557 P : *D. 2009. AJ 2612 ; Dr. fam. 2010, n° 106, obs. Assimopoulos ; CCE 2010, n° 7, obs. Lepage ; RJPF 2010-1/20, obs. Putman ; RTD civ. 2010. 79, obs. Hauser* • 1er juill. 2010, n° 09-15.479 P : *D. 2010. Actu. 1870 ; D. actu. 8 juill. 2010, obs. Lavric ; D. 2010. 2044, note Delage ; ibid. 2011. Pan. 780, obs. Dreyer ; JCP 2010, n° 942, note Loiseau ; CCE 2010, n° 126, obs. Lepage ; RTD civ. 2010. 526, obs. Hauser .* – *Adde* : Antippas, *RLDC 2011/78, n° 4096.* ♦ Conformité à l'art. 10 Conv. EDH de l'interdiction de publier la photographie d'une personne aux mains de ses ravisseurs, et décédée ensuite. • CEDH 26 févr. 2016, n° 4683/11 : *RTD civ. 2016. 297, obs. Marguénaud ; Gaz. Pal. 2016. 913, obs. Mazouz.* – V. également, note 147. ♦ Un prélèvement d'ADN après exhumation ne porte pas atteinte à la vie privée du défunt. • CEDH, sect. III, 13 juill. 2006, *Jäggi c/ Suisse*, n° 58757/00 : *cité note 1 ss. art. 310-3.* ♦ Sur l'obligation au secret bancaire incombant à l'établissement de crédit après le décès du titulaire du compte, V. note 6 ss. art. 10.

10. Personnes morales. Si les personnes morales disposent, notamment, d'un droit à la protection de leur nom, de leur domicile, de leurs correspondances et de leur réputation, seules les personnes physiques peuvent se prévaloir d'une atteinte à la vie privée au sens de l'art. 9. • Civ. 1re, 17 mars 2016, n° 15-14.072 P : *D. 2016. 1116, note Loiseau ; ibid. 2017. 181, obs. Dreyer ; Rev. sociétés 2016. 594, note Dumoulin ; Dalloz IP/IT 2016. 309, obs. Gisclard ; RTD civ. 2016. 321, obs. Hauser .* ♦ Une société civile immobilière n'a pas qualité pour invoquer une atteinte au droit à la vie privée et au respect du domicile de ses associés. • Crim. 16 janv. 2019, n° 17-83.006 P. ♦ Une association, personne morale, peut se prétendre victime au sens de l'art. 34 Conv. EDH et solliciter le bénéfice de l'art. 8 pour la protection du secret des ses correspondances. • CEDH, sect. V, 28 juin 2007, n° 62540/00 (système de surveillance insuffisamment « prévu par la loi »). ♦ Pour un arrêt affirmant que les personnes morales sont susceptibles de subir une atteinte à leur vie privée : • Aix-en-Provence, 10 mai 2001 : *D. 2002. Somm. 2299, obs. A. Lepage .* ♦ V. note 107. ♦ V. aussi note 19 ss. art. 102.

11. ... Jurisprudence administrative contraire. Le Conseil d'État reconnaît, en revanche, le droit à la protection de la vie privée des personnes morales de droit privé. • CE 7 oct. 2022, n° 443826 : *D. 2022. 2208, note Cirotteau ; RTD com. 2022. 777, obs. Lecourt* (les comptes annuels d'une fondation d'entreprise n'ayant reçu aucune subvention publique *n'ont* pas à être communiqués à un tiers par l'administration).

12. État. Rejet du pourvoi, sur le fondement de l'art. 9, contre un arrêt ayant retenu que le nom de domaine « france.com » utilisé par une société heurtait les droits de l'État sur son nom, sur son identité et sur sa souveraineté et portait atteinte à l'appellation « France », qui constitue un élément de son identité. • Com. 6 avr. 2022, n° 17-28.116 B : *D. 2022. Chron. C. cass. 1419, obs. Bellino ; Dalloz IP/IT 2022. 509, obs. Benassar et Goutorbe ; RTD com. 2022. 245, obs. Passa ; ibid. 253, obs. Passa ; JCP 2022. 710, note Basire.*

C. PRINCIPE DE RESPECT DE LA VIE PRIVÉE

1° INTERDICTION DES IMMIXTIONS ET DES DIVULGATIONS

13. *Principe d'interdiction.* Est illicite toute immixtion arbitraire dans la vie privée d'autrui. • Civ. 1re, 6 mars 1996 : *D. 1997. 7, note Ravanas* • Civ. 2e, 3 juin 2004, n° 02-19.886 P : *D. 2004. 2069, note Ravanas ; D. 2005. Pan. 2651, obs. Marino ; Dr. fam. 2004, n° 172, note Larribau-Terneyre ; RTD civ. 2004. 489, obs. Hauser .* ♦ V. note 36. ♦ L'atteinte à la vie privée est indépendante du mode compassionnel, bienveillant ou désobligeant sur lequel elle est opérée. • Civ. 1re, 23 avr. 2003, n° 01-01.851 P : *D. 2003. 1854, note C. Bigot (2e esp.) ; ibid. Somm. 1539, obs. A. Lepage ; JCP 2003. II. 10085, note Ravanas ; Gaz. Pal. 2003. 2403, note Amson.* ♦ Caractérise une immixtion illicite dans la vie privée d'une personne le fait de la faire épier, surveiller et suivre. • Civ. 1re, 25 janv. 2000, n° 97-21.846 P : *D. 2000. Somm. 267, obs. A. Lepage* • Civ. 2e, 3 juin 2004 : *préc.* ♦ Une condamnation pénale ne constitue pas en elle-même une atteinte au respect de la vie privée. • CEDH, gr. ch., 3 avr. 2012, *Gillberg c/ Suède*, n° 41723/06. ♦ Sur l'admission de moyens de preuve illicites au regard de la loi Informatique et Libertés, V. note 127.

2° TEMPÉRAMENT – LIBERTÉ D'EXPRESSION ET DROIT À L'INFORMATION

14. *Vie privée et liberté d'expression – Recherche d'un équilibre.* BIBL. Soulard, *D. 2020. 504* (articulation entre la liberté d'expression et le droit au respect de la vie privée). ♦ Le droit au respect de l'intimité de la vie privée peut se heurter aux droits d'information du public et de la liberté d'expression garantis par l'art. 10 Conv. EDH ; dans un tel cas il revient au juge de dégager un équilibre entre ces droits antagonistes qui ne sont ni absolus, ni hiérarchisés entre eux, étant d'égale valeur dans une société démocratique. • Paris, 19 déc. 2013, n° 13/23969 : *D. 2014. 79, obs. Mésa* (prise en compte de l'importance politique respective des deux personnes dont l'orientation sexuelle est divulguée). ♦ Égal. : • Civ. 1re, 23 avr. 2003, n° 01-01.851 : *préc. note 14.* ♦ Les droits au respect de la vie privée et à la liberté d'expression, revêtant, eu égard aux art. 8 et 10 Conv. EDH et 9 C. civ., une identique valeur normative, font ainsi devoir au juge saisi de rechercher leur équilibre et, le cas échéant, de privilégier la solution la plus protectrice de l'intérêt le plus légitime. • Civ. 1re, 9 juill. 2003, n° 00-20.289 : *JCP 2003. II. 10139, note Ravanas ; Gaz. Pal. 2003. 3112, note Amson ; CCE 2003, n° 115, note A. Lepage.* ♦ V. aussi notes 91 s.

Le principe de la liberté d'expression consacré par le § 1 de l'art. 10 Conv. EDH peut comporter, ainsi qu'il résulte de son § 2, des restrictions et des sanctions nécessaires, dans une société démocratique, à la protection de la réputation ou des droits d'autrui ; tel est l'objet de l'art. 9 C. civ., qui donne au juge, par des dispositions précises, le pouvoir d'ordonner toute mesure propre à empêcher ou à faire cesser les atteintes au droit au respect de la vie privée ainsi qu'à réparer le préjudice qui en résulte. • Civ. 1re, 30 sept. 2015, n° 14-16.273 P : *D. 2015. 2189, chron. Gautier ; ibid. 2016. 277, obs. Dreyer ; JCP 2015, n° 1385, note Ducoulombier.* ♦ Le droit au respect de la vie privée, prévu par les art. 8 de la Conv. EDH et 9 C. civ., et le droit à la liberté d'expression, régi par l'art. 10 Conv. EDH, ont la même valeur normative ; il appartient au juge saisi de rechercher un équilibre entre ces droits et, le cas échéant, de privilégier la solution la plus protectrice de l'intérêt le plus légitime. • Même arrêt. ♦ V. également • Cass., ass. plén., 25 oct. 2019, n° 17-86.605 P : *cité note 45* • Civ. 1re, 11 mars 2020, n° 19-13.716 P : *D. 2020. 603 ; Dalloz IP/IT 2020. 325, obs. Dreyer ; RTD civ. 2020. 352, obs. Leroyer .*

15. *... Éléments déterminant cet équilibre.* Pour procéder à la mise en balance des droits en présence, il y a lieu de prendre en considération la contribution de la publication incriminée à un débat d'intérêt général, la notoriété de la personne visée, l'objet du reportage, le comportement antérieur de la personne concernée, le contenu, la forme et les répercussions de ladite publication, ainsi que, le cas échéant, les circonstances de la prise des photographies. • CEDH 10 nov. 2015, n° 40454/07 : *cité note 27.*

16. *... Divulgation nourrissant un débat public.* Mais même si le sujet à l'origine d'un article de presse relève de l'intérêt général, il faut au surplus que le contenu de l'article soit de nature à nourrir le débat public sur le sujet en cause. • CEDH 29 mars 2016, n° 56925/08 • Civ. 1re, 17 févr. 2021, n° 19-24.780 P : *D. 2021. Chron. C. cass. 1784, obs. Serrier ; RTD civ. 2021. 383, obs. Leroyer ; JCP 2021, n° 487, note Legoherel ; ibid. n° 488, note Loiseau* (publication de condamnations pénales et de l'activité professionnelle de la personne, ainsi que de l'indication de l'accès au faire-part du décès de son père). ♦ V. égal. notes 24, 104 et 108. ♦ Le juge doit procéder, de façon concrète, à l'examen de chacun de ces critères. • Civ. 1re, 21 mars 2018, n° 16-28.741 : *cité note 27.*

17. *Sanction des abus de la liberté d'expression.* Les abus de la liberté d'expression qui portent atteinte à la vie privée peuvent être réparés sur le fondement de l'art. 9 C. civ. • Civ. 1re, 7 févr. 2006, n° 04-10.941 P : *D. 2006. IR 605* ; *JCP 2006. II. 10041, note Loiseau ; Gaz. Pal. 2006. 1912, avis Sainte-Rose ; ibid. 2007. Somm. 1378, obs. Marino ; RTD civ. 2006. 279, obs. Hauser* .

18. Limites à la liberté de l'information. L'art. 10 Conv. EDH dispose que la liberté de recevoir et de communiquer des informations peut être soumise à des restrictions prévues par la loi et nécessaires, dans une société démocratique, à la protection des droits d'autrui afin d'empêcher la divulgation d'informations confidentielles, et il en va particulièrement ainsi du droit au respect de la vie privée, lui-même expressément affirmé par l'art. 8 de la même Conv., lequel, en outre, étend sa protection au domicile de chacun ; le recours à des enregistrements au domicile d'une personne, sanctionné par la loi pénale, puis leur diffusion constituent un trouble manifestement illicite, que ne sauraient justifier la liberté de la presse ou sa contribution alléguée à un débat d'intérêt général, ni la préoccupation de crédibiliser particulièrement une information, au demeurant susceptible d'être établie par un travail d'investigation et d'analyse couvert par le secret des sources journalistiques. • Civ. 1re, 2 juill. 2014, n° 13-21.929 P : *D. 2014. 1497* . ♦ V. égal. notes 104 s.

3° DIVERSITÉ DES FORMES D'ATTEINTE

19. Enquêtes d'assurance – Proportionnalité. Les opérations de surveillance et de filature menées par les enquêteurs mandatés par l'assureur étant, par elles-mêmes, de nature à porter atteinte à la vie privée de l'assuré, il convient d'apprécier si une telle atteinte est proportionnée au regard des intérêts en présence, l'assureur ayant l'obligation d'agir dans l'intérêt de la collectivité des assurés et, pour ce faire, de vérifier si la demande en réparation de la victime était fondée. • Civ. 1re, 22 sept. 2016, n° 15-24.015 P : *D. 2017. 490, note Beignier et Ben Hadj Yahia* ; *RTD civ. 2016. 821, obs. Hauser* ; *JCP 2016, n° 1136, note Lardeux.* ♦ ... Excèdent les nécessités de l'enquête privée et créent des atteintes disproportionnées au regard du but poursuivi des opérations de surveillance de l'intérieur du domicile avec description physique et tentative d'identification des personnes s'y présentant, les déplacements de l'assuré ayant été précisément rapportés. • Même arrêt. ♦ Les atteintes portées à la vie privée d'un assuré, suivi *et filmé sur la voie publique ou dans des lieux* ouverts au public, sans provocation aucune à s'y rendre, et relatives aux seules mobilité et autonomie de l'intéressé, ne sont pas disproportionnées au regard de la nécessaire et légitime préservation des droits de l'assureur et des intérêts de la collectivité des assurés. • Civ. 1re, 31 oct. 2012, n° 11-17.476 P : *D. 2013. 227, note Dupont* ; *ibid. 457, obs. Dreyer* ; *RTD civ. 2013. 86, obs. Hauser* ; *ibid. 117, obs. Fages* (assuré suivi et filmé par un huissier pour faire la preuve de son autonomie à l'occasion d'une demande d'indemnisation pour perte d'autonomie). ♦ Également : • CEDH 4 févr. 2019, n° 17331/11 : *D. actu. 4 févr. 2019, obs. Nalepale* (absence d'ingérence dans la vie privée du requérant, victime d'un accident, et de son épouse, au sens de l'art. 8 Conv. EDH, les investigations de l'assureur, effectuées à partir du domaine public et limitées à la constatation de la mobilité du requérant, visant uniquement à préserver les droits patrimoniaux de l'assurance, les informations éparses, recueillies sur la requérante, par hasard et sans aucune pertinence pour l'investigation, étant loin de constituer une collecte systématique ou permanente). ♦ Dans le même sens : si le récit d'activités, observées à partir de la voie publique, notamment en direction du balcon de l'intéressé, constitue une atteinte à sa vie privée, une telle atteinte n'est pas disproportionnée lorsque, eu égard au droit à la preuve de toute partie au procès, elle se réduit, à la simple constatation de l'absence de port de lunettes lors de la conduite d'un véhicule ou lors du ménage et du rangement d'un balcon. • Civ. 1re, 10 sept. 2014, n° 13-22.612 P : *D. actu. 22 sept. 2014, obs. Mésa ; D. 2015. 342, obs. Dreyer* ; *ibid. 2016. 167, obs. Aynès* ; *RTD civ. 2014. 856, obs. Hauser* (et absence d'atteinte au droit de chacun sur son image, la mauvaise qualité de celle-ci rendant impossible l'identification de la personne représentée). ♦ Rappr., pour établir la nullité d'un contrat d'assurance : • Civ. 1re, 5 févr. 2014 : *D. 2014. 856, note Lardeux* ; *RTD civ. 2014. 375, obs. Barbier* ; *RGDA 2014. 218, note Schulz* • CEDH 27 mai 2014, n° 10764/09 : *RGDA 2014. 409, obs. Schulz.*

20. Autres formes d'enquêtes. Une enquête effectuée au sein d'une entreprise, confiée par l'employeur à un organisme extérieur, à la suite de la dénonciation de faits de harcèlement moral n'est pas soumise aux dispositions de l'art. L. 1222-4 C. trav. et ne constitue pas une preuve déloyale comme issue d'un procédé clandestin de surveillance de l'activité du salarié. • Soc. 17 mars 2021, n° 18-25.597 P : *D. 2021. 1152, obs. Vernac et Ferkane* ; *Dr. soc. 2021. 657, obs. Mouly* ; *RDT 2021. 454, obs. Mazaud* . ♦ Est illicite le fait de faire épier, surveiller et suivre une personne (contrôle d'un salarié soumis à une clause de non-concurrence). • Civ. 1re, 25 janv. 2000 : *préc. note 13.* ♦ Sur le pouvoir de contrôle de l'employeur sur ses salariés, V. notes 19 et 69 s. ♦ ... Sans que l'existence d'une procédure de divorce et la nécessité d'établir devant le JAF la réalité des revenus de chaque partie puisse justifier cette immixtion disproportionnée. • Civ. 2e, 3 juin 2004 : *préc. note 13* – Crédeville, *R. 2004, p. 51.* ♦ Sur la surveillance de lieux publics par un circuit de télévision, V. note 92. ♦ Sur l'utilisation par la police d'un endoscope pour surveiller un garage, V. note 133. ♦ Sur la géolocalisation comme mesure judiciaire, V. note 21. ♦ ... Ou encore sur les filatures, V. note 75.

21. Géolocalisation. Sur la nécessité de l'autorisation d'un juge pour pouvoir utiliser une mesure de « géolocalisation » en temps réel d'une personne, d'un véhicule ou d'un autre objet dans le cadre d'une enquête : V. C. pr. pén., art. 230-32 à 230-44, et C. douanes, art. 67 *bis*-2, issus de la L. n° 2014-372 du 28 mars 2014 relative à la géolocalisation. ♦ V. • Crim. 18 juin 2019, n° 18-86.421 P : *V. note 133.* ♦ Antérieurement déjà : • Crim. 6 janv. 2015, n° 14-84.694 : *D. 2015. 160 ; JCP 2015, n° 295, note Décima* (prise en compte de la durée limitée de la géolocalisation au regard de l'art. 8, Conv. EDH) • 19 nov. 2013 : *D. 2013. 2779* • Crim. 22 oct. 2013 : *D. 2014. 115, note Matsopoulou ; AJ pénal 2013. 668, note Ascensi ; D. avocats 2014. 24, obs. Danet ; JCP 2013, n° 1378, note Fourment. – Adde*, Pradel, *JCP 2014, n° 77.* ♦ Absence de violation pour l'installation d'un GPS dans un véhicule pour suivre les déplacements d'une personne suspectée d'infractions graves. • CEDH, sect. V, 2 sept. 2010, *Uzun c/ Allemagne*, n° 35623/05 (mesure limitée dans le temps et utilisée après l'échec des autres modes de surveillance). ♦ En dehors du recours, par les autorités publiques, à un procédé déloyal, un mis en examen est irrecevable à contester la régularité de la géolocalisation en temps réel d'un véhicule volé et faussement immatriculé sur lequel il ne peut se prévaloir d'aucun droit, les dispositions conventionnelles et légales invoquées ne trouvant pas à s'appliquer (notamment art. 6 et 8, Conv. EDH et principe de loyauté des preuves) • Crim. 2 nov. 2016, n° 16-81.716 P : *D. 2017. 279, note Lennon*. ♦ Pour des ex. de géolocalisation sanctionnée concernant un salarié : • Dijon, 14 sept. 2010 : *CCE 2011, n° 7, obs. Lepage* (géolocalisation des véhicules). ♦ Prise en compte de l'existence d'une application utilisant la géolocalisation d'un livreur pour caractériser un lien de subordination. • Soc. 28 nov. 2018, n° 17-20.079 P : *D. 2019. 17, note Escande-Varniol ; ibid. 2019. 169, avis Courcol-Bouchard ; AJ contrat 2019. 46, obs. Gamet ; RDT 2019. 36, obs. Peyronnet ; JCP 2019, n° 46, note Roche ; RDC 3/2019. 40, note Huet.* ♦ Selon l'art. L. 1121-1 C. trav., nul ne peut apporter aux droits des personnes et aux libertés individuelles et collectives des restrictions qui ne seraient pas justifiées par la nature de la tâche à accomplir ni proportionnées au but recherché ; l'utilisation d'un système de géolocalisation pour assurer le contrôle de la durée du travail, laquelle n'est licite que lorsque ce contrôle ne peut pas être fait par un autre moyen, n'est pas justifiée lorsque le salarié dispose d'une liberté dans l'organisation de son travail. • Soc. 3 nov. 2011 : *R., p. 415 ; D. 2012. 901, obs. Lokiec et Porta ; RDT 2012. 156, obs. Bossu et Morgenroth* • 19 déc. 2018, n° 17-14.631 P (vendeur salarié libre de s'organiser en respectant un programme). ♦ Sur la surveillance vidéo et le droit à l'image, V. note 92.

L'obligation de localisation imposée à des sportifs ciblés en vue de la réalisation de contrôles antidopage inopinés ne viole pas l'art. 8 Conv. EDH. • CEDH 18 janv. 2018, n° 48151/11 : *D. 2018. 171, obs. Vialla ; ibid. 1424, note Renucci ; JCP 2018, n° 225, note Sudre* (C. sport, art. L. 232-5 et L. 232-15). ♦ V. déjà : • CE 24 févr. 2011, n° 340122 : *D. 2012. 704, obs. Dudognon et Collomb* • 29 mai 2013, n° 364839 • 18 déc. 2013, n° 364839 : *D. 2014. 396, obs. Dudognon* • Civ. 1re, 16 oct. 2013, n° 13-15.146 : *D. 2013. 2750, note Brignon ; ibid. 2014. 396, obs. Dudognon* (refus de transmettre une QPC).

22. Tenue de fichiers – Fichiers publics. Dès lors qu'elles sont systématiquement recueillies et conservées dans des fichiers tenus par les autorités, les informations publiques peuvent relever de la vie privée. • CEDH, sect. II, 18 nov. 2008, *C. c/ Turquie*, n° 22427/04 (fichier de condamnations pénales ; violation admise dès lors que les informations étaient incomplètes et inexactes, faute de mentionner les acquittement et abandon de poursuite). ♦ Sur l'encadrement des fichiers génétiques, V. note 14 ss. art. 16-11. ♦ Les obligations positives pesant sur l'État au titre de l'art. 8 Conv. EDH imposent aux autorités d'offrir aux intéressés une procédure leur permettant d'accéder à toutes les informations recueillies, de façon effective. • CEDH, sect. III, 27 oct. 2009, *H. c/ Roumanie*, n° 21737/03 (fichiers de la *Securitate* roumaine : un délai de six ans ne remplit pas la condition d'effectivité). ♦ ... Et la possibilité d'obtenir une copie du dossier concerné, sauf justification d'un motif impérieux. • CEDH, sect. IV, 28 avr. 2009, *K. H. c/ Slovaquie*, n° 32881/04 (dossier médical). ♦ Violation de l'art. 8 Conv. EDH dans le refus des autorités d'effacer du casier judiciaire des condamnations prononcées sur le fondement d'un texte jugé inconstitutionnel et discriminatoire. • CEDH, sect. I, 7 nov. 2013, *E. B. c/ Autriche*, n° 31913/07. ♦ ... Dans le refus d'effacer les données enregistrées dans le fichier des empreintes génétiques, alors que l'affaire a été classée sans suite et que le motif invoqué par le procureur, protéger l'intéressé contre d'éventuelles usurpations d'identité, ne peut être retenu puisqu'il permettrait de ficher toute la population. • CEDH, sect. V, 18 avr. 2013, *M. K. c/ France*, n° 19522/09.

23. Collecte d'informations. La collecte, l'enregistrement, la conservation, la consultation et la communication de données à caractère personnel doivent être justifiés par un motif d'intérêt général et mis en œuvre de manière adéquate et proportionnée à cet objectif. • Cons. const. 13 mars 2014, n° 2014-690 DC. ♦ La création du registre national des crédits aux particuliers porte au droit au respect de la vie privée une atteinte qui n'est pas proportionnée au motif d'intérêt général de prévention des situations de surendettement, compte tenu de la nature des données enregistrées, de l'ampleur du traitement, de la fréquence de son utilisation, du grand nombre de personnes susceptibles d'y avoir accès et de l'insuffisance des garanties relatives à l'accès au registre. • Même décision. ♦ Sur les limites de l'utilisation par l'employeur d'un logiciel espion destiné au contrôle d'une messagerie instantanée, V. note 70.

II. DOMAINE DE LA VIE PRIVÉE PROTÉGÉE

24. Débat d'intérêt général. La divulgation d'informations relevant de la vie privée d'une personne peut être justifiée comme relevant d'un débat d'intérêt général. Pour exemple, ne viole pas les art. 8 et 10 Conv. EDH, et l'art. 9 la révélation, dans un ouvrage, de l'homosexualité du dirigeant et membre influent d'un parti politique, alors que les interrogations de l'auteur de cet ouvrage sur l'évolution de la doctrine d'un parti politique, présenté comme plutôt homophobe à l'origine, et l'influence que pourrait exercer, à ce titre, l'orientation sexuelle de plusieurs de ses membres dirigeants, relevaient d'un débat d'intérêt général. • Civ. 1re, 11 juill. 2018, n° 17-22.381 P : *D. 2018. 1551 ; RTD civ. 2018. 864, obs. Leroyer*. ♦ V. égal. note 25. ♦ Sur l'incidence de l'intérêt général sur la protection de la vie privée, V. notamment les notes 14, 25, 27, 115 s. et 120 ou, dans le domaine du droit à l'information, notes 108 s.

A. ÉLÉMENTS D'ORDRE PERSONNEL

1° VIE AFFECTIVE, VIE SENTIMENTALE

25. Vie sentimentale, vie sexuelle. La vie sentimentale d'une personne présente un caractère strictement privé et l'art. 9 interdit de porter à la connaissance du public les liaisons, véritables ou imaginaires, qui lui sont prêtées. • TGI Paris, 2 juin 1976 : *D. 1977. 364 (2e esp.), note Lindon*. – Jurisprudence abondante, V. par ex. • TGI Paris, 4 mars 1987 et • Paris, 26 mars 1987 : *JCP 1987. II. 20904, note Agostini* • Civ. 1re, 6 oct. 1998, n° 96-13.600 P : *D. 1999. Somm. 376, obs. Lemouland ; RTD civ. 1999. 62, obs. Hauser* (diffusion large d'une lettre portant la mention *« confidentielle »* ayant pour objet de révéler une situation de concubinage). ♦ *La divulgation des relations entretenues par une jeune femme avec un sportif de renom constitue une violation du droit au respect de la vie privée.* • Civ. 2e, 24 avr. 2003, n° 01-01.186 P : *D. 2003. IR 1411 ; Dr. et patr. 7-8/2003. 86, obs. Loiseau.* ♦ ... La publication d'un ouvrage relatant la liaison d'une journaliste avec un personnage public. • TGI Paris, 26 févr. 2013 : *cité note 114.* ♦ Porte atteinte aux principes essentiels fondés sur le respect de la vie privée et familiale le jugement étranger relatif à l'exercice de l'autorité parentale, interdisant notamment au père que sa maîtresse se trouve en présence des enfants sauf s'il se marie avec elle, ou interdisant à toute personne du sexe opposé de passer la nuit à son domicile lorsqu'il reçoit les enfants. • Civ. 1re, 4 nov. 2010 : *cité note 18 ss. art. 309.*

Limites – Liberté d'expression et droit à l'information. Justifie légalement sa décision l'arrêt qui constate la révélation de l'orientation sexuelle du secrétaire général d'un parti politique et l'atteinte portée à sa vie privée, mais retient que l'évocation de cette orientation figure dans un ouvrage portant sur un sujet d'intérêt général, dès lors qu'il se rapporte à l'évolution d'un parti politique qui a montré des signes d'ouverture à l'égard des homosexuels à l'occasion de l'adoption de la loi relative au mariage des personnes de même sexe, la cour d'appel ayant ainsi apprécié le rapport raisonnable de proportionnalité existant entre le but légitime poursuivi par l'auteur, libre de s'exprimer et de faire état de l'information critiquée, et la protection de la vie privée. • Civ. 1re, 9 avr. 2015, n° 14-14.146 P : *D. 2016. 277, obs. Dreyer ; RTD civ. 2015. 583, obs. Hauser ; Gaz. Pal. 2015. 985, obs. Sudre* • Paris, 19 déc. 2013 : *D. 2014. 79, obs. Mésa* (mise en balance du droit au respect de la vie privée et du droit d'information du public et de la liberté d'expression). ♦ Se rapporte à une question d'intérêt général la relation sentimentale existant entre deux personnes, l'évocation des liens personnels les unissant se trouvant justifiée par la nécessaire information du public au sujet des motivations et comportements de dirigeants de sociétés commerciales impliqués dans une affaire financière ayant abouti à la spoliation de l'épargne publique et paraissant avoir agi en contradiction avec la loi. • Civ. 1re, 1er mars 2017, n° 15-22.946 P : *D. 2017. Chron. C. cass. 1859, obs. Canas ; RTD civ. 2017. 352, obs. Hauser ; JCP 2017, n° 372, note Hauser.* – V. note 108.

Inversement : bien que la démission conjointe de deux ministres faisant l'objet d'un article relatif à leur vie sentimentale constitue un sujet d'intérêt général, l'article litigieux est consacré à la seule révélation de leur relation amoureuse et à leur séjour aux États-Unis, de sorte qu'il n'est pas de nature à nourrir le débat public sur ce sujet, l'article portant ainsi atteinte au droit au respect de la vie privée et de l'image. • Civ. 1re, 11 mars 2020, n° 19-13.716 P : D. 2020. 603 ; Dalloz *IP/IT 2020. 325, obs. Dreyer ; RTD civ. 2020. 35[illegible] obs. Leroyer*.

26. Vie conjugale. La relation dans un livre ou un film de la mésentente conjugale d'une personne, de son abandon du domicile conjugal et du placement de l'enfant du couple porte atteinte à l'intimité de la vie privée de cette personne. • Civ. 1re, 16 oct. 1984, n° 83-11.786 P : *R., p. 62.* – V. aussi • Civ. 1re, 3 avr. 1984, n° 82-15.849 P • 13 févr. 1985 : *D. 1985. 488 (1re esp.), note Edelman* • TGI Paris, 17 déc. 1986 : *Gaz. Pal. 1987. 1. 238.* – Même sens : • Civ. 1re, 9 juill. 2003 : *cités note 104, 114 et 124.* ♦ La divulgation du projet de divorce de deux époux constitue de la part d'un organe de presse une atteinte à l'intimité de leur vie privée. • Paris, 7 oct. 1981 : *D. 1983. 403, note Lindon.* ♦ Dans le même sens pour l'attribution d'une liaison à une personne publique, cette information pouvant intéresser le public mais n'ayant pas été vérifiée. • TGI Paris, 16 avr. 2010 : *D. 2011. Pan. 781, obs. Dreyer.* ♦ Il en va autrement si la rupture constitue un fait public : V. note 111.

27. Maternité, paternité. La décision d'avoir ou de ne pas avoir un enfant relève de la vie privée au sens de l'art. 8 Conv. EDH. • CEDH, sect. III, 2 oct. 2012, *Knecht c/ Roumanie,* n° 10048/10 • CEDH, sect. IV, 30 oct. 2012, *P. et S. c/ Pologne,* n° 57375/08 (violation en cas de révélation de l'identité d'une mineure souhaitant interrompre une grossesse par les autorités de l'hôpital, portant atteinte au surplus au secret médical, et non justifiée par le débat général existant sur cette question dans le pays). ♦ La maternité est un des aspects de la vie privée. • Civ. 2e, 5 janv. 1983, n° 81-13.374 P (rejet du pourvoi contre • Paris, 27 févr. 1981 : *D. 1981. 457, note Lindon*). – Même sens : • Civ. 2e, 8 juill. 1981 : *Bull. civ. II, n° 152.* ♦ Constitue une atteinte à la vie privée la divulgation de l'existence, inconnue du public, de l'enfant d'un prince, en l'absence de tout fait d'actualité ou débat d'intérêt général de nature à justifier la publication. • Civ. 1re, 27 févr. 2007 : *préc. note 5.* ♦ Dans la même affaire : eu égard à la nature de l'information en cause, la publication pouvait être reconnue comme ayant contribué à un débat d'intérêt général ; elle touchait certes au domaine de la vie privée du prince, mais l'élément essentiel de l'information – l'existence de l'enfant – dépassait le cadre de la vie privée, compte tenu du caractère héréditaire des fonctions du chef de l'État visé. • CEDH 10 nov. 2015, n° 40454/07, *Hachette Filipacchi Associés (Sté), France : D. 2016. 116, note Renucci ; AJDA 2014. 1763, note Burgorgue-Larsen ; RTD civ. 2016. 81, obs. Hauser ; ibid. 297, obs. Marguénaud.* ♦ Cassation d'un arrêt ayant retenu l'atteinte à la vie privée d'un couple par un article relatant leur mariage religieux et le baptême de leur fils, sans procéder, de façon concrète, à l'examen de chacun des critères posés par la CEDH – contribution de la publication incriminée à un débat d'intérêt général, notoriété de la personne visée, objet du reportage, le comportement antérieur de la personne concernée, contenu, forme et répercussions de la publication, circonstances de la prise des photographies – et sans rechercher si le public avait un intérêt légitime à être informé du mariage religieux d'un membre d'une monarchie héréditaire et du baptême de son fils. • Civ. 1re, 21 mars 2018, n° 16-28.741 P : *D. 2018. Chron. C. cass. 2039, obs. Canas ; Dalloz IP/IT 2018. 380, obs. Dreyer ; RTD civ. 2018. 362, obs. Mazeaud.*

28. Interruption de grossesse. Une législation qui réglemente l'interruption de grossesse touche à la sphère de la vie privée. • CEDH, sect. IV, 20 mars 2007, *Tysiac c/ Pologne,* n° 5410/03 : *D. 2007. 2648, note Hennion-Jacquet ; RTD civ. 2007. 292, obs. Marguénaud.* ♦ Au titre de son obligation positive de garantir un respect effectif de la vie privée, un État doit assurer un accès effectif à des informations fiables sur les conditions dans lesquelles un avortement est légalement autorisé et sur les procédures correspondantes. • CEDH, sect. IV, 30 oct. 2012, *P. et S. c/ Pologne,* n° 57375/08 • CEDH, sect. IV, 26 mai 2011, *R.R. c/ Pologne,* n° 27617/04. ♦ Dès lors que le législateur décide d'autoriser l'interruption médicale de grossesse, il ne doit pas l'encadrer dans des limites juridiques qui en compromettent l'exercice effectif et il doit mettre en place des procédures garantissant l'indépendance et la rapidité des décisions. • Même arrêt (violation, en l'espèce, de l'art. 8 Conv. EDH). ♦ Mais l'art. 8, Conv. EDH, ne saurait s'interpréter comme consacrant un droit à l'avortement. • CEDH 16 déc. 2010, n° 25579/05 : *D. 2011. 1360, chron. Hennette-Vauchez ; RTD civ. 2011. 303, obs. Marguénaud ; RDSS 2011. 293, note Roman ; Constitutions 2011. 213, obs. Dubout.*

29. Victime d'une agression sexuelle. V. note 143.

2° INTIMITÉ CORPORELLE

30. État de santé. **BIBL.** Bergoignan-Esper, *D. 2008. Chron. 1918* (secret médical). – Byk, *JCP 1991. I. 3541* (SIDA et protection des droits individuels). – Coelho, *AJ fam. 2008. 204* (communication d'informations de santé). – Couturier, *RDSS 2009. 277* (secret médical et troubles psychiques). – Laurent-Merle, note *D. 2000. 521* (secret des données médicales et vie privée). – Sarcelet, *D. 2008. Chron. 1921* (rôle du juge et secret médical). – Dossier, *D. 2009. 2615* (secret médical). ♦ Toute personne prise en charge par un professionnel participant à la prévention et aux soins a droit au respect de sa vie privée et du secret des informations la concernant (CSP, art. 1110-4). • Crim. 13 oct. 2020, n° 19-87.341 P : *D. 2020. 2010 ; AJ pénal 2020. 591, obs. Py.* ♦ Constitue, au sens de l'art. L. 3212-1, II, 2°, al. 2, CSP, une difficulté particulière dispensant le directeur d'établissement d'informer la famille, le fait, pour la personne qui fait l'objet de soins psychiatriques sans consentement, de refuser que sa famille soit informée de cette mesure dès lors qu'en application de l'art. L. 1110-4 CSP, la personne a droit au respect du secret des informations la concernant. • Civ. 1re, 26 oct. 2022, n° 20-23.333 B. ♦ Une personne est en droit de s'opposer à ce que son état de santé soit commenté dans un article destiné à susciter la curiosité du public et à exploiter à des fins commerciales sa vie privée. • Paris, 9 juill. 1980 : *D. 1981. 72 (2e esp.), note Lindon* • TGI Paris, 6 juin 1988 : *Gaz. Pal. 1989. 1. 30.* ♦ V. aussi • Civ. 1re, 6 juin 1987 : *Bull. civ. I, n° 191* (photographie d'une comédienne à sa sortie d'hôpital). ♦ La révélation dans un livre de faits couverts par le secret médical et concernant une personne décédée constitue pour l'épouse et les enfants de l'intéressé une atteinte manifestement illicite à l'intimité de leur vie privée. • Paris, réf., 13 mars 1996 : *JCP 1996. II. 22632, note Derieux ; RTD civ. 1997. 499, obs. Normand*. – Massis, *D. 1997. Chron. 291.* – Mémeteau, *Gaz. Pal. 1996. 2. Doctr. 754.* ♦ V. conf., dans la même affaire, • TGI Paris, 23 oct. 1996 : *D. 1998. Somm. 85, obs. Massis ; JCP 1997. II. 22844, note Derieux.* ♦ Constitue une violation de la vie privée la divulgation d'informations confidentielles sur la santé mentale d'une personne lors d'une audience publique. • CEDH 29 juin 2006, n° 11901/02. ♦ Comp. note 137. ♦ Absence de violation de la décision condamnant un journal ayant révélé, non seulement qu'un mannequin se droguait, contrairement à ses affirmations, mais aussi les détails de sa thérapie, en assortissant l'article de photos prises clandestinement. • CEDH, sect. IV, 18 janv. 2011, *MGN Limited c/ Royaume-Uni*, n° 39401/04. ♦ Lorsqu'une décision de justice oblige une des parties à faire état de sa séropositivité, en l'espèce pour faire jouer une assurance, la protection de la vie privée au titre de l'art. 8 Conv. EDH peut justifier que la décision de justice ne mentionne pas son nom en toutes lettres. • CEDH, sect. III, 6 oct. 2009, *C.C. c/ Espagne*, n° 1425/06.

Les dispositions de l'art. 35 C. déont. méd. (CSP, art. R. 4127-35) qui prévoient, sous certaines réserves, que le médecin prévient les proches d'un malade d'un diagnostic fatal, ne sont pas contraires à l'art. 9 C. civ., ni à l'art. 8 Conv. EDH. • CE 30 avr. 1997 : *Lebon 171*. ♦ En ce qui concerne la question des expertises médicales, V. notes 122 et 132. ♦ Sur la protection des données médicales, V. aussi note 5 ss. art. 16-1. ♦ Sur le droit pour un patient d'obtenir copie du dossier médical, V. note 22.

31. Le dossier médical d'un salarié, couvert par le secret médical qui s'impose au médecin qui le tient, ne peut en aucun cas être communiqué à l'employeur. • Soc. 10 juill. 2002, n° 00-40.209 P. ♦ Un comité d'entreprise, qui n'est pas une autorité publique au sens de l'art. 8 Conv. EDH, n'est pas en droit d'obtenir de l'employeur les déclarations prévues par l'art. L. 323-8-5 [L. 5212-5 nouv.] **C. trav.** relatives aux emplois occupés par les travailleurs handicapés qui comportent des indications relatives à l'état de santé relevant de la vie privée des intéressés. • Civ. 2e, 10 juin 2004, n° 02-12.926 P : *D. 2005. 469, note Mouly et Marguénaud ; JCP E 2005. 660, note Raynaud.* ♦ Ni l'accord de la victime ni son absence d'opposition à la levée du secret médical ne peuvent résulter de la simple sollicitation de prestations. • Civ. 2e, 13 nov. 2008, n° 07-18.364 P : *Dr. fam. 2009, n° 128, note Beignier ; RDSS 2009. 185, obs. Tauran*. ♦ Des informations couvertes par le secret médical ne peuvent être communiquées à un tiers sans que soit constaté l'accord de la victime ou son absence d'opposition à la levée du secret. • Civ. 2e, 19 févr. 2009, n° 08-11.959 P : *RDSS 2009. 379, obs. Tauran*. ♦ Violation des art. 8 et 14 Conv. EDH en cas de licenciement d'un salarié, sous la pression de ses collègues, en raison de sa contamination par le VIH. • CEDH, sect. I, 3 oct. 2013, *I.B. c/ Grèce*, n° 552/10 (arrêt critiquant la décision interne évoquant le caractère contagieux du salarié). ♦ Droit de la personne hospitalisée dans un établissement de santé au respect de sa vie privée et au secret des informations la concernant (CSP, art. L. 1110-4), ce secret s'imposant au personnel de l'établissement et aux professionnels intervenant dans le système de santé mais pas à l'expert mandaté par un CHSCT. • Soc. 20 avr. 2017, nos 15-27.927 P, 15-27.955 P. *D. 2017. 2270, obs. Lokiec et Porta*. ♦ V. également : • Civ. 1re, 26 oct. 2022, n° 20-23.333 B : *cité note 30.* ♦ Expertise médicale et intimité de la vie privée, V. note 135.

32. Examens osseux. Les dispositions de l'art. 388 C. civ., qui permettent uniquement la réalisation d'examens radiologiques osseux en vue de la détermination de son âge avec l'accord de la personne, ne contreviennent pas au droit au respect de la vie privée. • Cons. const. 21 mars 2019, n° 2018-768 QPC : *AJDA 2019. 1448, note Escach-Dubourg ; D. 2019. 742, note Parinet ; ibid. 709, note Fulchiron ; RDSS 2019. 453, note Caire ; Rev. crit. DIP 2019. 972, note Jault-Seseke ; AJ fam. 2019. 222, obs. Bouix ; Dr. fam. 2019, n° 107, note Fulchiron ; ibid., n° 135, note Bonfils.*

33. Voix. BIBL. Huet-Weiller, *RTD civ. 1982. 497.* – Serna, *CCC 1999. Chron. 9* (contrat sur la voix). ♦ La voix constitue l'un des attributs de la personnalité et peut bénéficier de la protection instituée par l'art. 9 dans la mesure où une voix caractéristique peut être rattachée à une personne identifiable. • Pau, 22 janv. 2001 : *BICC 15 avr. 2002, n° 396 ; D. 2002. Somm. 2375, obs. A. Lepage*. ♦ Une personne ne peut prétendre, sur le fondement de l'art. 9 C. civ., à la protection de sa voix, considérée comme l'un des attributs de sa personnalité, que si la reproduction incriminée constitue une atteinte à sa vie privée. • Paris, 12 janv. 2005 : *D. 2005. Pan. 2644, obs. A. Lepage ; CCE 2005, n° 92, note A. Le-*

page. ♦ Toute personne est en droit d'interdire que l'on imite sa voix dans des conditions susceptibles de créer une confusion de personnes ou de lui causer tout autre préjudice. • TGI Paris, 3 déc. 1975 : *JCP 1978. II. 19002, note Bécourt.* – Dans le même sens : • TGI Paris, 19 déc. 1984 : *Gaz. Pal. 1985. 2. Somm. 406.* ♦ Condamnation d'un animateur de radio et de la station de radio pour avoir fait tenir des propos imaginaires et caricaturaux à la petite fille et fille de personnalités politiques connues, l'enfant étant identifiable. • Civ. 1re, 20 mars 2014, n° 13-16.829 P : *D. 2014. 776*. ♦ V. également note 89.

3° HABITATION – DOMICILE DE LA PERSONNE

34. Domicile – Adresse. La publication dans la presse de la photographie de la résidence d'une personne, accompagnée du nom du propriétaire et de la localisation précise, constitue une atteinte au respect de la vie privée. • Civ. 2e, 5 juin 2003, n° 02-12.853 P : *D. 2003. 2461, note Dreyer ; Defrénois 2003. 1577, obs. Aubert ; Gaz. Pal. 2004. Somm. 1387, obs. Vray ; Dr. et patr. 10/2003. 83, obs. Loiseau ; RJPF 2003-11/13, note Putman ; CCE 2003, n° 91, note Caron ; LPA 25-26 déc. 2003, note Derieux ; RTD civ. 2003. 681, obs. Hauser*. ♦ Déjà en ce sens : • TGI Paris, 2 juin 1976 : *D. 1977. 364 (3e esp.), note Lindon* (divulgation dans la presse de l'adresse du domicile d'une personne sans le consentement de celle-ci). – V. aussi • Paris, 15 mai 1970 : *cité note 39.* ♦ V. aussi : • CEDH, sect. II, 9 oct. 2012, *Alkaya c/ Turquie*, n° 42811/06 (actrice victime d'un cambriolage : violation de l'art. 8 Conv. EDH dans la divulgation non nécessaire de son adresse). ♦ Mais il n'y a pas atteinte illicite à la vie privée dans l'application du code des postes et des communications électroniques (art. D. 359) imposant à l'abonné de payer une redevance pour que son nom ne figure pas sur l'annuaire téléphonique. • CE 30 déc. 1998 : *JCP 1999. IV. 1759.* ♦ Au sens de la Conv. EDH, la notion de domicile ne saurait être étendue aux terres sur lesquelles un propriétaire autorise ou organise la pratique de la chasse à courre. • CEDH, sect. IV, 24 nov. 2009, *Friend et a. c/ Royaume-Uni*, nos 16072/06 et 27809/08 (décision estimant par ailleurs que la chasse n'entre pas dans la vie privée au sens de l'art. 8 Conv. EDH et constitue une activité publique). ♦ Surveillance de parkings, V. note 133. ♦ V. également note 20 ss. art. 102.

Sur la mise en balance du droit au respect de la vie privée et du droit à la liberté d'expression, droits ayant la même valeur normative, nécessitant de privilégier la solution la plus protectrice de l'intérêt le plus légitime, à propos de la possibilité, dans un reportage, de localiser le domicile d'un chef d'entreprise, en mettant en parallèle la crise de son secteur d'activité et son patrimoine immobilier dans le département concerné de sorte que ces informations s'inscrivent dans le débat d'intérêt général abordé par l'émission, le journaliste n'ayant pas pénétré sur la proriété. • Civ. 1re, 10 oct. 2019, n° 18-21.871 P : *D. 2019. 1991 ; Dalloz IP/IT 2020. 73, obs. Dreyer ; JCP 2019, n° 1255, note de Korodi.*

35. ... Divulgation licite de l'adresse. Si toute personne est en droit de refuser de faire connaître le lieu de son domicile ou de sa résidence, il en va autrement lorsque cette dissimulation lui est dictée par le seul dessein illégitime de se dérober à l'exécution de ses obligations et de faire échec aux droits de ses créanciers ; le juge des référés peut alors ordonner sous astreinte à l'employeur de communiquer aux créanciers ce renseignement. • Civ. 1re, 19 mars 1991 : *D. 1991. 568, note Velardocchio ; RTD civ. 1991. 499, obs. Hauser* • 30 juin 1992 : *D. 1993. 421, note Guiho ; JCP 1993. II. 22001, note Daverat.* ♦ V. aussi : • Paris, 6 oct. 2000 : *D. 2001. Somm. 2080, obs. A. Lepage* (estimant que, s'agissant d'un débiteur de mauvaise foi, la divulgation, loin de présenter un caractère fautif, constitue une obligation au regard de l'art. 10 C. civ.). ♦ Sur la divulgation illicite de l'adresse du salarié par son employeur, V. note 65. ♦ Sur la conformité à la Conv. EDH de l'obligation des auteurs d'infractions sexuelles de justifier pendant une longue période de leur adresse et de son éventuel changement. • CEDH, sect. V, 17 déc. 2009, *X. c/ France*, n° 16428/05.

36. ... Respect du domicile. Constitue une atteinte à la vie privée, ouvrant droit à réparation, le fait pour un bailleur de faire visiter les locaux loués sans avertir le locataire. • Civ. 3e, 25 févr. 2004, n° 02-18.081 P : *D. 2004. Somm. 1631, obs. Caron ; D. 2005. Pan. 753, obs. Damas ; Defrénois 2004. 1721, obs. Aubert ; RJPF 2004-5/12, note Garaud ; AJDI 2004. 370, obs. Rouquet ; RTD civ. 2004. 482, obs. Hauser ; ibid. 729, obs. Mestre et Fages ; RDC 2004. 988, obs. Seube.* ♦ Rappr. : droit de visite des bâtiments. Le droit de visite de l'art. L. 461 C. urb., s'il est exercé sans l'accord préalable de l'intéressé, porte atteinte au droit au respect de la vie privée. Cette disposition législative est disproportionnée au but recherché en violation de l'art. 8 Conv. EDH (recevabilité de la demande portant sur une résidence secondaire). • CEDH 16 mai 2019, n° 66554/14 : *D. actu. 14 juin 2019, obs. Mikalef-Toudicle.* ♦ Le droit de chacun au respect de sa vie privée s'étend à la présentation interne des locaux constituant le cadre de son habitat. • Civ. 1re, 7 nov. 2006, n° 05-12.788 P : *D. 2007. 700, note Bruguière ; ibid. Pan. 2773, obs. A. Lepage ; AJDI 2007. 299, obs. de La Vaissière ; RTD civ. 2007. 87, obs. Hauser* (photos de l'intérieur d'un logement prises par des ouvriers et produites ultérieurement par le bailleur pour établir l'état de désordre des lieux loués). ♦ Constitue une immixtion arbitraire dans la vie privée la vérification de l'adresse d'une personne aux fins d'établissement d'une attestation dès lors qu'elle s'est accompagnée d'investigations sur les conditions dans lesquelles cette personne occupait un logement. • Civ. 1re, 6 mars 1996 : *D. 1997. 7, note Ravanas*. ♦ Protection particulière du salarié, V. n° 56. ♦ Sur la protection du domicile, élément de l'état de la personne, V. également note 20 ss. art. 102.

37. *... Surveillance du domicile.* Les travaux d'installation du système de vidéosurveillance des copropriétaires, en dehors de tout consentement donné par les copropriétaires, compromettent de manière intolérable les droits détenus par chacun d'eux dans leur libre exercice de leurs droits sur les parties communes. • Civ. 3e, 11 mai 2011 : *D. 2011. 1416, obs. Rouquet*.

38. *Domicile d'une personne morale.* Se rendent coupables de violation de domicile un photographe et un journaliste qui se sont introduits dans le centre d'essai d'un constructeur automobile pour y photographier les nouveaux modèles de la marque. • Crim. 23 mai 1995, n° 94-81.141 P : *R., p. 390 ; RTD civ. 1996. 130, obs. Hauser*. ♦ V. notes 19 et 22 ss. art. 102, et ci-dessus, note 10.

4° IDENTITÉ ET IDENTIFICATION DE LA PERSONNE

39. *Téléphone, numéro de sécurité sociale, profil internet.* La divulgation d'un numéro de téléphone a pour effet de porter atteinte à l'intimité de la vie privée de son titulaire. • T. corr. Briey, 15 sept. 1992, *Gaz. Pal. 1993. 1. 201*. V. également : • Paris, 15 mai 1970 : *D. 1970. 466, concl. Cabannes*. ♦ Le numéro de sécurité sociale et les références bancaires ressortissent à la vie privée à l'encontre de toute personne dépourvue de motif légitime à en connaître. • Civ. 1re, 9 déc. 2003, n° 01-11.587 P : *Gaz. Pal. 2005. Somm. 1399, obs. Guerder ; RTD civ. 2004. 264, obs. Hauser*.

40. *Profil Facebook – Indexation internet.* Atteinte à la vie privée et au droit à l'image d'une personne dont l'identité a été utilisée pour créer un faux profil Facebook. • TGI Paris, 24 nov. 2010 : *CCE 2011, n° 28, note Lepage*. ♦ Le choix du nom d'une personne physique comme mot-clé destiné à faciliter le référencement par les moteurs de recherche sur internet des pages qui le supportent n'est pas fautif lorsqu'il n'est associé à aucune autre donnée personnelle, et ne le devient, le cas échéant, que lorsque est répréhensible le contenu de la page à laquelle ce mot-clé est associé. • Civ. 1re, 10 sept. 2014, n° 13-12.464 P : *D. 2015. 342, obs. Dreyer ; RTD civ. 2014. 856, obs. Hauser ; Defrénois 2015. 490, obs. Cabrillac*. ♦ Messagerie internet, V. note 56. ♦ Déréférencement, droit à l'oubli et droit à l'information. • Civ. 1re, 14 févr. 2018, n° 17-10.499 P : *D. 2018. 1033, obs. Fauvarque-Cosson et Maxwell ; Dalloz IP/IT 2018. 250, obs. Derieux*. – V. note 106.

41. *Dissimulation du visage.* Est conforme aux restrictions prévues à l'art. 9 Conv. EDH la loi interdisant la dissimulation intégrale du visage dans l'espace public en ce qu'elle vise à protéger l'ordre et la sécurité publics et à garantir les conditions du « vivre ensemble » en imposant à toute personne circulant dans un espace public de montrer son visage. • Crim. 9 déc. 2014, n° 14-80.873 P : *D. 2015. 12*. ♦ Pour la CEDH : la question de l'acceptation ou non du port du voile intégral dans l'espace public constitue un choix de société ; en l'absence de consensus européen sur ce point et compte tenu de la large marge d'appréciation des États membres, l'interdiction posée par la L. du 11 oct. 2010 peut passer pour proportionnée au but poursuivi, à savoir la préservation des conditions du « vivre ensemble » en tant qu'élément de la « protection des droits et libertés d'autrui » et « nécessaire dans une société démocratique » au regard des art. 8 et 9 Conv. EDH. • CEDH, gr. ch., 1er juill. 2014, *S.A.S. c/ France*, n° 43835/11 (arrêt jugeant par ailleurs qu'une restriction générale n'est pas nécessaire sous l'angle de la sécurité publique, écartant l'atteinte à la dignité et ne s'avouant pas convaincu que l'objectif avancé du « respect du socle minimal des valeurs d'une société démocratique et ouverte » puisse concerner le respect de l'égalité entre les hommes et les femmes, un État partie ne pouvant invoquer l'égalité des sexes pour interdire une pratique que des femmes revendiquent, sauf à admettre que l'on puisse à ce titre prétendre protéger des individus contre l'exercice de leurs propres droits et libertés fondamentaux). ♦ Dans le même sens pour la loi belge : • CEDH, sect. II, 11 juill. 2017, *D. c/ Belgique*, n° 4619/12 (absence de violation des art. 8 et 9, la Cour constitutionnelle belge ayant précisé que les « lieux accessibles au public » n'incluaient pas les lieux de culte et la possibilité d'une peine de prison de sept jours étant limitée au cas de récidive et soumise à une appréciation individuelle du principe de proportionnalité).

42. *Salariés.* V. notes 61 s.

43. *État civil.* BIBL. Casorla et Pailhès, *D. 2009. Chron. 2375* (atteinte au nom et liberté d'expression). ♦ Le nom patronymique échappe par sa nature à la sphère de la vie privée. • Paris, 30 oct. 1998 : *D. 1998. IR 259 ; RTD civ. 1999. 61, obs. Hauser* (nom attribué à des personnages de bande dessinée). ♦ Comp. • CEDH 22 févr. 1994, *Burghartz c/ Suisse : Série A, n° 280-B ; Jur. CEDH, 5e éd., n° 123, obs. Berger ; D. 1995. 5, note Marguénaud* (le nom d'une personne, en tant que moyen d'identification personnelle et de rattachement à une famille, concerne la vie privée et familiale de cette personne) • 24 oct. 1996, *Guillot c/ France : RTD civ. 1997. 551, obs. Marguénaud* (même solution pour le prénom) • 28 oct. 1999, *Pilar de la Cierva et a. c/ Espagne :*

Dr. fam. 2001, n° 90, note de Lamy (solution contraire pour les titres nobiliaires) • 21 oct. 2008, *G. E. c/ Turquie*, n° 37483/02 (l'art. 8 Conv. EDH est applicable aux contestations concernant les noms et prénoms). ♦ L'ancienne identité de celui qui a légalement fait changer son nom est un élément de sa vie privée. • Civ. 1re, 7 mai 2008, n° 07-10.864 P : *D. 2008. AJ 1481* ; *RTD civ. 2008. 449, obs. Hauser.* ♦ Constitue une immixtion illicite dans la vie privée d'un artiste la révélation au public de son patronyme véritable, accompagnée de précisions sur l'adresse de son domicile, son numéro de téléphone, la localité où se trouve sa maison de campagne. • Paris, 15 mai 1970 : *préc. note 39.* ♦ Relève de la vie privée le droit de connaître son ascendance. • CEDH, sect. III, 13 juill. 2006, *Jäggi c/ Suisse*, n° 58757/00 : *cité note 1 ss. art. 310-3.* ♦ Transsexualisme et vie privée : V. notes 12 s. ss. art. 99.

44. ... Registres. Si les registres de naissance de l'état civil constituent, à l'expiration d'un délai de soixante-quinze ans à compter de leur clôture, des archives publiques communicables de plein droit à toute personne qui en fait la demande (art. L. 213-2, I, 4°, e C. patr.), certaines des informations qu'ils contiennent et, notamment, celles portant sur les modalités d'établissement de la filiation relèvent de la sphère de la vie privée et bénéficient, comme telles, de la protection édictée par les art. 9 C. civ. et 8 Conv. EDH. • Civ. 1re, 18 oct. 2017, n° 16-19.740 P : *D. 2017. 2098* ; *AJ fam. 2017. 651, obs. Salvage-Gerest* ; *RTD civ. 2018. 80, obs. Mazeaud* ; *RLDC 2018/155. 21, note Marignol.*

45. Réputation. Le droit à la réputation figure parmi les droits garantis par l'art. 8 Conv. EDH, en tant qu'élément du droit au respect de la vie privée. • CEDH 30 mars 2004, n° 53984/00 • 14 oct. 2008, n° 78060/01 : *JCP 2009. I. 104, n° 9, obs. Sudre* ; *RTD civ. 2008. 648, obs. Marguénaud* . ♦ La réputation d'une personne, même lorsque celle-ci est critiquée au cours d'un débat public, fait partie de son identité personnelle et de son intégrité morale et, dès lors, relève de sa vie privée au sens de l'art. 8 Conv. EDH. • CEDH 15 nov. 2007, *Pfeifer c/ Autriche*, n° 12556/03. ♦ Sur l'équilibre entre le droit au respect de la vie privée et le droit à la liberté *d'expression, ces droits ayant* la même valeur normative, *V. note 14.* ♦ Pour une application en matière d'illustration dans un journal satirique : • Cass., ass. plén., 25 oct. 2019, n° 17-86.605 P : *D. 2020. 195, note Afroukh et Marguénaud* ; *ibid. 2020. 78, obs. Leroyer* ; *AJ pénal 2020. 32, obs. Verly* ; *RTD civ. 2019. 819, obs. Marguénaud* ; *CCE 2020, Étude 4, note Raschel.*

5° RELIGIONS, OPINIONS PHILOSOPHIQUES, SYNDICATS, SECTES

46. Vie publique et liberté d'expression. La participation à la vie politique, en particulier l'exercice d'un mandat parlementaire, relève essentiellement de la vie publique, domaine dans lequel l'art. 8 conv. EDH ne peut s'appliquer que de manière limitée lorsque sont en jeu des aspects strictement liés à la vie privée ou familiale. • CEDH, sect. IV, 16 oct. 2012, *Misick c/ Royaume-Uni*, n° 10781/10 (parlementaire d'un territoire britannique d'outre-mer se plaignant de la dissolution de l'assemblée locale). ♦ La révélation de l'exercice de fonctions de responsabilité au titre d'une appartenance politique, religieuse ou philosophique ne constitue pas une atteinte à la vie privée. • Civ. 1re, 12 juill. 2005, n° 04-11.732 P : *D. 2005. Pan. 2647, obs. C. Bigot* ; *Gaz. Pal. 2006. Somm. 4138, obs. Guerder* ; *CCE 2005, n° 163, note A. Lepage* (franc-maçonnerie, en l'espèce). ♦ V. également, pour la révélation de l'appartenance à la franc-maçonnerie justifiée par l'information du public sur un débat d'intérêt général : • Civ. 1re, 24 oct. 2006, n° 04-16.706 P : *D. 2006. IR 2754* ; *Gaz. Pal. 2007. Somm. 3421, obs. Guerder* , cassant • Paris, 10 juin 2004 : *Gaz. Pal. 2004. 3818, note J.-G. M.* ♦ Comp. : constitue une discrimination l'obligation faite aux seuls membres d'associations d'obédience maçonnique de déclarer leur appartenance pour accéder à certaines candidatures à des fonctions régionales, alors que les raisons de sécurité nationale et de défense de l'ordre invoquées sont susceptibles de concerner aussi d'autres groupements. • CEDH, sect. I, 31 mai 2007, n° 26740/02 : *AJDA 2007. 1918, obs. Flauss* . ♦ V. cep. : • CEDH, sect. II, 3 juin 2008, *S. et Ch. c/ Italie*, n° 13148/04 (absence de violation de l'art. 11 Conv. EDH dans la seule obligation pour des fonctionnaires de révéler l'appartenance à une association susceptible d'être à l'origine de conflits d'intérêts, dans un souci de transparence et sans que cette appartenance soit, en elle-même, un motif de révocation).

47. Religion. La participation publique aux manifestations et aux pratiques religieuses d'un culte autorisé et protégé par la loi ne peut, si elle vient à être révélée, constituer une atteinte fautive à la vie privée, dès lors que cette révélation n'est pas inspirée par une volonté évidente de nuire ou de susciter des attitudes discriminatoires ou agressives. • Paris, 11 févr. 1987 : *Gaz. Pal. 1987. 1. 138* ; *RTD civ. 1988. 93, obs. Rubellin-Devichi.* ♦ Mais la révélation publique de la pratique religieuse d'une personne, en vue de la déconsidérer et de susciter des attitudes discriminatoires, constitue une atteinte au respect dû à sa vie privée. • Civ. 1re, 6 mars 2001, n° 99-10.928 P : *D. 2002. 248, note Duvert* ; *Dr. et patr. 6/2001. 95, obs. Loiseau.* ♦ La consultation du registre qui porte mention du baptême n'est ouverte, l'intéressé mis à part, qu'aux ministres du culte, eux-mêmes tenus au secret ; la seule publicité donnée à cet événement et à son reniement émanant de l'intéressé, il ne peut invoquer aucune atteinte au droit au respect de sa vie privée. • Civ. 1re, 19 nov. 2014, n° 13-25.156 P : *D. 2015. 850, note Dieu ; ibid. 2016. 167, obs. Bretzner ; RTD civ. 2015. 101, obs. Hauser ; LPA, 11 févr. 2015, p. 11, note Ménabé ; CCE 2015, n° 25, note Debet* (refus d'une demande d'effacement complet des registres, le baptême constituant un fait dont la réalité historique ne peut être contestée), confirmant • Caen, 10 sept. 2013 : *D. 2013. 2611, note Libchaber*. ♦ Sur l'obligation pour le juge de rechercher, le cas échéant, un équilibre entre le droit au respect de l'intimité de la vie privée et les droits d'information du public et de la liberté d'expression garantis par l'art. 10 Conv. EDH (cas de révélation du baptême du fils d'un membre d'une monarchie héréditaire) : • Civ. 1re, 21 mars 2018, n° 16-28.741 P : *cité note 27.* ♦ Sur l'application dans le temps de la Conv. EDH, V. note 41 ss. art. 1er. ♦ Refus d'annuler la disposition du règlement intérieur d'un barreau qui, en l'absence de disposition législative spécifique et à défaut de disposition réglementaire édictée par le CNB, pouvait réglementer l'usage du costume de sa profession en interdisant le port de toute décoration ou signe manifestant ostensiblement une appartenance ou une opinion religieuse, philosophique, communautaire ou politique, cette mesure étant nécessaire, afin de parvenir au but légitime de protéger l'indépendance de l'avocat et d'assurer le droit à un procès équitable, et, hors toute discrimination, adéquate et proportionnée à l'objectif recherché. • Civ. 1re, 2 mars 2022, n° 20-20.185 B.

48. ... Aspect pénal. Ne constitue pas le délit pénal de l'art. 226-1-2° C. pén. la publication de photographies prises à l'insu des plaignants pendant la cérémonie de leur mariage dans une synagogue en raison du caractère public des cérémonies imposé par la L. du 9 déc. 1905 pour la célébration d'un culte tenu dans les locaux appartenant à une association cultuelle ou mis à sa disposition. • Crim. 25 oct. 2011, n° 11-80.266 P : *D. 2012. Pan. 765, obs. Dreyer ; RTD civ. 2012. 89, obs. Hauser*.

49. Secte. L'interdiction faite par le juge à une mère de mettre ses enfants en contact avec une secte dont elle est membre n'est pas contraire aux art. de la Conv. EDH relatifs à la liberté de religion et au respect de la vie privée, dès lors que ces art. autorisent des limitations, commandées, en l'espèce, par le seul intérêt des enfants. • Civ. 1re, 22 févr. 2000, n° 98-12.328 P : *D. 2001. 422, note Courtin ; D. 2000. Somm. 273, obs. A. Lepage ; RJPF 2000-6/28, note Nys ; LPA 4 avr. 2001, note Belloir-Caux ; RTD civ. 2000. 558, obs. Hauser.*

50. Syndicat. L'adhésion du salarié à un syndicat relève de sa vie personnelle et ne peut être divulguée sans son accord. • Soc. 8 juill. 2009, n° 09-60.011 P : *D. 2009. 2393, note Loiseau ; ibid. 2010, note Mouly ; RDT 2009. 729, obs. Grévy ; RTD civ. 2010. 75, obs. Hauser*. ♦ Mais pour une révélation justifiée par la liberté syndicale. V. • Aix-en-Provence, 16 mars 2010 : *RLDC 2011/79, obs. Siffrein-Blanc.*

B. ÉLÉMENTS D'ORDRE MATÉRIEL

1° PATRIMOINE, SITUATION DE FORTUNE, BIENS PERSONNELS

BIBL. Spinosi, *Dr. et patr. 2/2014. 26* (secret du patrimoine et secret des affaires face aux droits et libertés individuels).

51. Informations purement patrimoniales et vie publique. Les questions patrimoniales concernant une personne menant une vie publique, tel un dirigeant d'une grande entreprise, ne relèvent pas du domaine de la vie privée. • CEDH 21 janv. 1999, *Fressoz c/ France : D. 1999. Somm. 272, obs. Fricero (2e esp.) ; JCP 1999. II. 10120, note Derieux ; ibid. I. 149, n° 5, obs. Teyssié ; Gaz. Pal. 1999. 2. 477, note Lambert ; LPA 4 août 1999, note Marie ; RTD civ. 1999. 359, obs. Hauser ; ibid. 909, obs. Marguénaud*. ♦ Comp. : • CEDH 23 juill. 2009, n° 12268/03 : *RTD civ. 2010. 79, obs. Hauser*. ♦ N'est pas contraire à l'art. 8 Conv. EDH une législation qui, dans un souci de transparence et de lutte contre la corruption, impose à des élus la publication de renseignement patrimoniaux. • CEDH, sect. IV, 25 oct. 2005, *Wypych c/ Pologne*, n° 2428/05 (la mise en ligne sur Internet de ces informations est licite). ♦ Le respect dû à la vie privée de chacun n'est pas atteint par la publication de renseignements d'ordre purement patrimonial, ne comportant aucune allusion à la vie et à la personnalité de l'intéressé. • Civ. 1re, 28 mai 1991 : *GAJC, 12e éd., n° 21 ; D. 1992. 213, note Kayser ; JCP 1992. II. 21845, note Ringel.* ♦ Dans le même sens : • Civ. 1re, 20 nov. 1990, n° 89-13.049 P, rejetant le pourvoi contre • Paris, 23 janv. 1989 : *D. 1989. 471, note Lindon* • Civ. 1re, 20 oct. 1993 : *D. 1994. 595, note Picod ; RTD civ. 1994. 77, obs. Hauser* (publication de la liste des « cent Français les plus riches »). ♦ V. conf., sur renvoi dans la même affaire : • Versailles, 17 mai 1995 : *D. 1996. 409, note Ravanas*. ♦ Solution inverse dans le cas contraire : • Civ. 1re, 30 mai 2000, n° 98-14.610 P : *D. 2001. Somm. 1989, obs. Marino ; JCP 2001. II. 10524, note Montels ; CCE 2000, n° 107, note A. Lepage ; LPA 9 févr. 2001, note Ringel ; ibid. 20 avr. 2001, note S. Morvan ; RTD civ. 2000. 801, obs. Hauser*. ♦ Comp. : le salaire de celui qui n'est pas une personne publique et ne jouit d'aucune notoriété particulière ressortit à sa vie privée. • Civ. 1re, 15 mai 2007, n° 06-18.488 P : *D. 2007. AJ 1603, obs. Delaporte-Carré ; ibid. Pan. 2773, obs. Bigot ; JCP 2007. II. 10155, note Lasserre Capdeville ; Gaz. Pal. 2007. Somm. 3515, obs. Guerder ; RJPF 2007-9/14, obs. Putman ; CCE 2007, n° 127, note A. Lepage ; LPA 22 août 2007, note Brusorio-*

Aillaud ; RTD civ. 2007. 546, obs. Hauser (qui ajoute que, cependant, sa publication nominative dans la presse au sein d'une liste de gains comparés, à propos des difficultés financières notoires d'une entreprise, dans un contexte polémique et médiatique, participe de l'actualité et du droit du public à être informé).

52. ... Et informations commerciales. S'il résulte de la jurisprudence de la CEDH (*Satakunnan Markkinapörssi Oy et Satamedia Oy c.Finlande*, gr. ch., 27 juin 2017, n° 931/13) que les données portant sur le patrimoine d'une personne physique relèvent de sa vie privée, les comptes annuels d'une société par actions simplifiée unipersonnelle ne constituent, toutefois, qu'un des éléments nécessaires à la détermination de la valeur des actions que possède son associé unique, dont le patrimoine, distinct de celui de la société, n'est qu'indirectement et partiellement révélé. L'atteinte portée au droit à la protection des données à caractère personnel de cet associé pour la publication de ces comptes est donc proportionnée au but légitime de détection et de prévention des difficultés des entreprises, poursuivi par les dispositions de l'art. L. 611-2, II C. com. • Com. 24 juin 2020, n° 19-14.098 P : *Rev. sociétés 2020. 609, note Martial-Braz*.

53. Informations portant atteinte à la vie privée. La juridiction des référés ne peut autoriser une publication limitée concernant la fortune d'une personne sans rechercher, comme l'y invitaient les conclusions qui lui demandaient de faire application de l'art. 9, si cette publication portait ou non atteinte à l'intimité de la vie privée de cette personne. • Civ. 1re, 31 mai 1988, n° 87-11.772 P , cassant • Paris, 15 janv. 1987 : *D. 1987. 231 (2e esp.), note Lindon ; RTD civ. 1988. 94, obs. Rubellin-Devichi.* ♦ Comp. • TGI Paris, réf., 28 sept. 1989 : *Gaz. Pal. 1989. 2. 789, comm. Bertin, ibid. Doctr. 549.* ♦ L'exigence comme condition d'attribution d'une prime par un comité d'entreprise de la communication de la déclaration des revenus constitue l'atteinte visée par l'art. 9, dès lors qu la déclaration de revenus contient des renseinements tels que situation de famille légitime u illégitime, situation de fortune, existence de c ttes. • Civ. 1re, 29 mai 1984, n° 82-12.232 P *R., p. 62.* ♦ Porte une atteinte à la vie privée de son locataire le bailleur qui écrit à l'employeur du locataire en faisant état de loyers impayés alors que le différend avec le locataire concerit des charges locatives sur une courte période. Civ. 1re, 12 oct. 1976 : *JCP 1978. II. 18989, not Richevaux.* ♦ Sur l'atteinte à l'intimité de la privée résultant d'un questionnaire adressé p un organisme de retraite à la mairie du domicile de son adhérent à l'effet d'obtenir des reignements sur l'identité de celui-ci et de so onjoint, ainsi que sur la situation patrimonial t professionnelle du ménage, V. • Civ. 1re, 1 c. 1995 : *D. 1997. 158, note Ravanas ; RTD civ. 1996. 360, obs. Hauser*. ♦ V. aussi note 22.

54. Vie privée et bien abandonné. La saisie par les enquêteurs, dans le but de rechercher les auteurs d'une infraction, d'un objet découvert abandonné sur la voie publique ou dans un conteneur collectif d'ordures ménagères ne constitue pas une atteinte à la vie privée, au sens de l'art. 8 Conv. EDH, nécessitant une autorisation judiciaire préalable à l'exploitation de son contenu. • Crim. 6 avr. 2022, n° 21-84.092 B : *D. 2022. 1487, obs. Perrier ; AJ pénal 2022. 323, obs. Coste ; RSC 2022. 399, obs. Valat*.

55. Image des biens. **BIBL.** De Grandmaison, *LPA 27 mars 1998.* – Kayser, *D. 1995. Chron. 291*. – kenderian, *D. 2002. Chron. 1161* ; *D. 2004. Chron. 1470* (fondement de la protection de l'image des biens). – Ravanas, *D. 2000. Chron. 19.* – Tarlet, *AJDA 2017. 2069* (image des biens publics). – Zenati, *D. 2004. Chron. 962.* ♦ La publication de la photographie de la résidence secondaire d'une personne ne peut être sanctionnée en vertu de l'art. 9 sans que soit précisé en quoi la publication de cette photographie porte atteinte à la vie privée de cette personne par la révélation de faits ayant le caractère d'intimité prévu par le texte. • Civ. 2e, 29 juin 1988 : *Bull. civ. II, n° 160.* ♦ Sur l'image des biens, V. notes 98 s. ss. art. 544.

2° SECRET DE LA CORRESPONDANCE – MESSAGERIE – INTERNET – FICHIERS

56. Internet. Constitue une ingérence dans la vie privée la réception de communications indésirables ou choquantes, mais faculté pour les utilisateurs des systèmes d'échanges de courriers électroniques de réduire ces inconvénients par des filtres. • CEDH, sect. II, 13 nov. 2007, n° 31358/03. ♦ Violation de l'art. 8 Conv. EDH dans le cas où l'identité de l'auteur d'une annonce sur un site Internet, présentant à son insu un adolescent, clairement identifiable, comme à la recherche de relations pédophiles, n'a pas été dévoilée, alors que le respect de la vie privée de l'enfant rendait nécessaire l'identification et la poursuite en justice de l'auteur de l'annonce, y compris pour obtenir une réparation pécuniaire du préjudice subi. • CEDH, sect. IV, 2 déc. 2008, *K. U. c/ Finlande*, n° 2872/02 : *RLDC 2009/59, n° 3405, obs. Favreau.* ♦ Sur la condamnation partielle du système britannique de surveillance électronique de masse : • CEDH, sect. I, 13 sept. 2018, *Big Brother Watch c/ Royaume-Uni*, n° 58170/13 (arrêt estimant, notamment, insuffisant le contrôle du processus de sélection des messages extraits de la masse pour examen et condamnant la possibilité d'accès de certaines autorités publiques aux données, mais ne remettant pas en cause l'échange de données entre services de renseignement).

57. Autres atteintes. Absence d'atteinte

disproportionnée au droit au secret des correspondances, au droit à la vie privée de l'avocat dans l'exercice de sa profession et au secret professionnel des avocats de l'obligation qui leur est faite de déclarer à la cellule de renseignement financier nationale (Tracfin) les sommes d'argent de leurs clients dont ils soupçonnent qu'elles proviennent d'une infraction pénale telle que le blanchiment d'argent. • CEDH, sect. V, 6 déc. 2012, *M. c/ France*, nº 12323/11 (solution adoptée notamment compte tenu des garanties prévues).

V. C. pén., art. 226-15 et 432-9. – **C. pén.** ♦ En ce qui concerne les salariés, V. note 70. ♦ ... Les majeurs protégés, V. note 6. ♦ Pour une écoute par retransmission directe sans garantie procédurale. • CEDH, gr. ch., 10 mars 2009, *Bykov c/ Russie*, nº 4378/02 (micro caché et porté par une personne ayant été invitée par le requérant à entrer dans son domicile).

58. Fichiers. V. notes 22 et 23.

3º COMPÉTENCES PROFESSIONNELLES

59. Activités professionnelles et vie privée. Aucune raison de principe ne permet d'exclure les activités professionnelles ou commerciales de la notion de vie privée. • CEDH 4 mai 2000 : *D. 2001. Somm. 1988, obs. A. Lepage* ; *AJDA 2000. 1012, obs. Flauss* (données de la vie privée systématiquement recueillies et mémorisées dans des fichiers tenus par les pouvoirs publics). ♦ L'art. 8 Conv. EDH ne peut être invoqué pour se plaindre d'une atteinte à la réputation qui résulterait de manière prévisible des propres actions de la personne, telle une infraction pénale, mais la mention dans une publication des condamnations pénales dont une personne a fait l'objet, y compris à l'occasion de son activité professionnelle, porte atteinte à son droit au respect dû à sa vie privée. • CEDH, sect. V, 28 juin 2018, nºs 60798/10 et 65599/10 : *D. 2019. 1673, obs. Maxwell et Zolynski* • Civ. 1re, 17 févr. 2021, nº 19-24.780 : *D. 2021. Chron. C. cass. 1784, obs. Serrier* ; *RTD civ. 2021. 383, obs. Leroyer* ; *JCP 2021, nº 487, note Legoherel ; ibid. nº 488, note Loiseau* (publication de condamnations pénales et de l'activité professionnelle de la personne, ainsi que de l'indication de l'accès au faire-part du décès de son père). ♦ Sur la possibilité pour des éléments de la vie professionnelle de relever de l'art. 8 Conv. EDH. • CEDH, sect. II, 28 mai 2009, *Biageva c/ Grèce*, nº 26713/05 (si la Convention ne garantit par la liberté d'exercer une profession et si le droit national peut définir les conditions d'inscription au barreau, le fait d'avoir autorisé une ressortissante russe à suivre le stage réglementaire tout en lui refusant de participer aux examens viole son art. 8). ♦ Étude spécifique de la protection de la vie privée du salarié, V. notes 61 s.

60. Officiers ministériels : discipline professionnelle. S'agissant des officiers publics et ministériels, la discipline professionnelle n'exclut pas la prise en considération d'éléments de vie privée, eu égard à la portée sociale et d'intérêt public des fonctions qu'ils exercent. • Civ. 1re, 9 mai 2001, nº 00-16.319 P • 10 juill. 2002, nº 99-20.485 P : *D. 2003. Somm. 1540, obs. A. Lepage* ; *RJPF 2002-11/13, obs. Putman ; Dr. et patr. 1/2003. 117, obs. Loiseau ; RTD civ. 2003. 57, obs. Hauser*.

C. ÉLÉMENTS D'ORDRE PROFESSIONNEL – VIE PRIVÉE DU SALARIÉ

BIBL. *Dr. soc., janv. 2004, nº spécial* (vie professionnelle et vie personnelle). – C. Béguin, *LPA 9 juin 2004* (cybersurveillance du salarié et liberté de la preuve). – Dabosville, *RDT 2018. 826* (utilisation à des fins personnelles des outils de communication de l'entreprise). – Fenoll-Trousseau, *JCP E 2007. 1878* (cybersurveillance). – Marguénaud et Mouly, *RDT 2008. 16* (incursions de la CEDH en droit du travail). – Pignarre, *LPA 7 mars 2006* (vie personnelle et contrat de travail). – Radé, *Dr. soc. 2021. 4* (l'entreprise et la vie privée du salarié). – Richard De La Tour, *R. 1999, p. 191* (la vie personnelle du salarié).

1º ÉTENDUE DE LA PROTECTION

61. Principe de respect de la vie privée du salarié. **BIBL.** A. Jeammaud, *Hommages à H. Sinay, Peter Lang, 1994, p. 347* (le salarié individu). – Kernaleguen, *Mél. H. Blaise, Economica, 1995, p. 269* (vie privée du salarié). ♦ Les activités professionnelles ou commerciales ne sont pas exclues par principe de la notion de vie privée. • CEDH 4 mai 2000 : *préc. note 59* (données de la vie privée systématiquement recueillies et mémorisées dans des fichiers tenus par les pouvoirs publics). ♦ Le salarié a droit, même au temps et au lieu de travail, au respect de l'intimité de sa vie privée. • Soc. 2 oct. 2001 : *cité note 70.* ♦ Ne porte pas atteinte à la vie privée de son salarié, ingénieur-système, l'employeur qui demande à celui-ci de se rendre à son lieu de travail un jour non ouvré, pour la mise en service d'un ensemble informatique, après l'avoir averti de cette mission plusieurs mois à l'avance. • Soc. 27 nov. 1991 : *D. 1992. 296, note Picod*. ♦ Rappr. Lyon, 21 mars 2002 : *D. 2003. Somm. 535, obs. Marino* (compatibilité d'un système d'astreinte avec la vie privée du salarié). ♦ Sur la divulgation de l'adresse du salarié, V. note 65. ♦ ... De son salaire, V. note 51. ♦ Sur le dossier médical du salarié, V. note 31. ♦ Sur licenciement et la vie privée, V. notes 80 s. ♦ Sur l'appréciation du caractère privé de fa[its], V. note 83.

62. Limite : mes[ures] d'instruction in futurum. Le respect de [la] vie personnelle du salarié ne constitue pas en[-]même un obstacle à l'application des dispositions de l'art. 145 C. pr. civ. dès lors que le juge constate que les mesures qu'il ordonne procèdent d'un motif légitime et sont nécessaires à la protection des droits de la partie qui les a sollicitées. • Soc. 23 mai 2007, n° 05-17.818 P : *R., p. 374 ; D. 2007. AJ 1590, obs. Fabre ; JCP E 2007. 2228, note Raynaud ; CCC 2007, n° 213, note Malaurie-Vignal ; Dr. et pr. 2007. 277, note Hugon ; RJPF 2007-10/12, note Putman ; RDT 2007. 590, obs. de Quenaudon ; RTD civ. 2007. 637, obs. Perrot* (ouverture par huissier de l'ordinateur du salarié, soupçonné d'actes de concurrence déloyale, en la présence de celui-ci) • 10 juin 2008, n° 06-19.229 P : *CCC 2008. n° 212, obs. Malaurie-Vignal ; CCE 2008, n° 128, obs. Lepage* • 13 mai 2009, n° 08-41.826 P : *CCE 2009, n° 70, obs. Lepage* (communication d'un relevé de carrière détenu par le salarié pour la mise en œuvre d'une retraite anticipée autorisée par la convention collective). • 19 déc. 2012, n° 10-20.526 P : *D. 2013. 92* (communication par l'employeur de différents éléments d'information concernant d'autres salariés, contrats de travail et bulletins de paie, susceptibles d'établir une discrimination). ♦ Mais pour caractériser le motif légitime d'ordonner une mesure d'instruction avant tout procès, la cour d'appel ne saurait se fonder sur un moyen de preuve illicite utilisé par l'employeur, en l'espèce des filatures du salarié. • Civ. 2e, 17 mars 2016, n° 15-11.412 P. ♦ Sur l'admission de moyens de preuve illicites au regard de la loi Informatique et Libertés, V. note 127.

63. *Limite : affichages autorisés.* Le respect de la vie personnelle d'un salarié n'est pas en lui-même un obstacle à l'application de l'art. L. 2315-15 C. trav. relatif aux affichages par le CSE, nonobstant l'obligation de discrétion à laquelle sont tenus les représentants du personnel à l'égard des informations revêtant un caractère confidentiel, dès lors que l'affichage par un membre de la délégation du personnel du CSE d'informations relevant de la vie personnelle d'un salarié est indispensable à la défense du droit à la protection de la santé et de la sécurité des travailleurs, lequel participe des missions du CSE et que l'atteinte ainsi portée à la vie personnelle est proportionnée au but poursuivi. • Soc. 16 févr. 2022, n° 20-14.416 B : *Dr. soc. 2022. 422, obs. François* (preuve non rapportée en l'espèce).

2° APPLICATIONS

64. *Domicile du salarié : choix du domicile et du lieu de travail.* En application de l'art. 8 de la Conv. EDH, une restriction au libre choix du domicile personnel et familial du salarié par l'employeur n'est valable qu'à la condition d'être indispensable à la protection des intérêts légitimes de l'entreprise et proportionnée, compte tenu de l'emploi occupé et du travail demandé, au but recherché. • Soc. 12 janv. 1999, n° 96-40.755 P : *R., p. 314 ; D. 1999. 645, note J. Mouly ; JCP 1999. I. 149, n° 3, obs. Teyssié ; ibid. 181, n° 3, obs. Lahalle ; LPA 31 mars 1999, note Gauriau ; RTD civ. 1999. 358, obs. Hauser ; ibid. 395, obs. Mestre* (attaché commercial). – Même sens : • Soc. 13 avr. 2005, n° 03-42.965 P : *R., p. 228 ; Dr. et patr. 7-8/2005. 94, obs. Loiseau ; RTD civ. 2005. 572, obs. Hauser ; RDC 2005. 1107, obs. Radé* (employé d'immeuble) • 12 juill. 2005, n° 04-13.342 P : *R., p. 228 ; D. 2006. Pan. 30, obs. Escande-Varniol ; ibid. 2006. Pan. 2708, obs. Marino ; JCP 2005. II. 10135, note Verkindt ; JCP E 2005. 1711, note Auzero ; RTD civ. 2006. 109, obs. Mestre et Fages* (avocat salarié) • Civ. 1re, 7 févr. 2006, n° 05-12.113 P : *D. 2006. IR 527 ; JCP 2006. I. 188, obs. R. Martin ; RTD civ. 2006. 280, obs. Hauser* (idem) • 26 sept. 2006 : *RJPF 2006-12/13, obs. Putman.* • Soc. 28 févr. 2012, n° 10-18.308 P : *D. 2012. 744 ; RDT 2012. 225, obs. Varin ; JCP 2012, n° 561, § 2, obs. Mekki* (gouvernante assistant des majeurs protégés). ♦ Pour un refus de mutation constitutif d'une atteinte disproportionnée à la liberté de choix du domicile du salarié : • Soc. 24 janv. 2007 : *D. 2007. 1480, note Loiseau ; JCP 2007. II. 10110, note J. Mouly ; RDC 2007. 1220, obs. Radé.* ♦ ... Ou le refus d'une mission sans rechercher si la mise en jeu de la clause de mobilité ne portait pas atteinte au droit du salarié à une vie personnelle et familiale et était justifiée et proportionnée au but recherché. • Soc. 14 oct. 2008, n° 07-40.523 P : *D. 2008. AJ 2672, obs. Perrin ; ibid. 2009. Pan. 590, obs. Fabre ; ibid. 1429, note Lokiec ; JCP 2008. II. 10201, note Corrignan-Carsin ; LPA 3 avr. 2009, note Fraissinier-Amiot ; RDT 2008. 731, obs. Auzero ; RDC 2009. 642, obs. Neau-Leduc* • 13 janv. 2009, n° 06-45.562 P : *D. 2009. 1799, note Escande-Varniol ; RDC 2009. 1126, obs. Neau-Leduc.* ♦ L'obligation de résidence imposée au salarié, distincte de la mise en œuvre de la clause de mobilité, constitue une modification du contrat de travail que le salarié est fondé à refuser. • Soc. 15 mai 2007, n° 06-41.277 P : *D. 2007. AJ 1600 ; RDT 2007. 449, obs. Bonnin.* ♦ N'est pas justifiée par la nature du travail à accomplir ni proportionnée au but recherché la demande de déménagement formulée par l'employeur, suite aux agressions dont le salarié avait été victime à son domicile, ce déménagement étant une condition imposée à l'employeur par son assureur, refusant de garantir les sinistres dans certains départements, sauf si le salarié n'y était plus domicilié. • Soc. 23 sept. 2009, n° 08-40.434 P : *D. 2009. AJ 2431 ; JCP 2009. 574, n° 4, obs. Mekki ; RDT 2010. 37, obs. Gardin ; RTD civ. 2010. 75, obs. Hauser.*

65. *... Divulgation de l'adresse du salarié.* Dès lors que n'est pas en cause la sauvegarde d'un droit légalement reconnu ou judiciairement constaté, la divulgation du domicile d'un salarié par l'employeur sans son accord constituerait une atteinte à la vie privée. • Civ. 1re, 6 nov. 1990 : *D. 1991. 353, note Prévault*. ♦ L'indication de l'adresse des salariés n'a pas à figurer sur la liste électorale établie en vue des élections des représentants du personnel. • Soc. 20 mars 2002, n° 00-60.315 P : *JCP 2002. II. 10093, note Corrignan-Carsin* • 20 mars 2002, n° 00-60.176 P.

66. ... *Usage du domicile du salarié.* Si l'usage fait par le salarié de son domicile relève de sa vie privée, des restrictions sont susceptibles de lui être apportées par l'employeur à condition qu'elles soient justifiées par la nature du travail à accomplir et qu'elles soient proportionnées au but recherché ; tel est le cas de l'interdiction faite aux membres du personnel éducatif d'un établissement spécialisé dans l'accueil des mineurs en difficulté, posée dans le règlement intérieur, de recevoir à leur domicile des mineurs placés dans l'établissement. • Soc. 13 janv. 2009, n° 07-43.282 P : *R., p. 326 ; BICC 15 mai 2009, n° 669 ; D. 2009. AJ 375, obs. Perrin ; ibid. 1316, note Mouly ; JCP 2009. II. 10066, note Bossu ; RTD civ. 2009. 504, obs. Hauser*. ♦ L'occupation, à la demande de l'employeur, du domicile du salarié à des fins professionnelles constitue une immixtion dans la vie privée de celui-ci et n'entre pas dans l'économie générale du contrat de travail. • Soc. 7 avr. 2010, n° 08-44.865 P : *D. 2010. Pan. 2030, obs. Aubert-Monpeyssen ; RDT 2010. 517, note Bossu ; RLDC 2010/75, n° 3894, obs. Perruchot-Triboulet* • 27 mars 2019, n° 17-21.014 P : *D. 2019. 705 ; Dr. soc. 2019. 571, obs. Mouly ; RDT 2019. 725, obs. Fouvet*. ♦ Si le salarié, qui n'est tenu ni d'accepter de travailler à son domicile, ni d'y installer ses dossiers et ses instruments de travail, accède à la demande de son employeur, ce dernier doit l'indemniser de cette sujétion particulière ainsi que des frais engendrés par l'occupation à titre professionnel du domicile. • Même arrêt. ♦ L'employeur ne peut, sans porter atteinte à la vie privée du salarié, imposer à celui-ci de travailler à son domicile. • Soc. 2 oct. 2001, n° 99-42.727 P : *R., p. 352 ; D. 2002. Somm. 768, obs. Mercat-Bruns ; ibid. 2297, obs. A. Lepage ; JCP 2002. II. 10035, note Corrignan-Carsin ; Gaz. Pal. 2002. 31, note Puigelier ; RTD civ. 2002. 72, obs. Hauser*.

67. *Vie familiale.* Ne porte pas atteinte au droit à la vie familiale du salarié l'art. L. 3212.19, C. trav. [L. 3123-19], en tant qu'il impose l'application du régime des heures complémentaires et *peut rendre impossible le recours au temps de* travail choisi. • Crim. 14 avr. 2015, n° 14-86.347 P.

68. Dossiers personnels – Fichiers informatisés. Sauf risque ou événement particulier, l'employeur ne peut ouvrir les fichiers identifiés par le salarié comme personnels contenus sur le disque dur de son ordinateur professionnel qu'en présence de ce dernier ou celui-ci dûment appelé. • Soc. 17 mai 2005, n° 03-40.017 P : *R., p. 277 ; D. 2005. Pan. 2649, obs. Marino ; D. 2006. Pan. 30, obs. Escande-Varniol ; JCP E 2005. 1880, note Raynaud ; CCE 2005, n° 121, note Lepage ; Dr. et patr. 9/2005. 122, obs. Masquefa-Neau-Leduc. – De Quenaudon, D. 2005. Tribune 1873* • 17 juin 2009, n° 08-40.274 P : *JCP 2009, n° 104, note Léger ; D. 2009. AJ 1832, obs. Maillard ; RDT 2009. 483, obs. Guiomard ; ibid. 591, obs. Marino ; CCC 2009, n° 106, note Caprioli ; RTD civ. 2010. 75, obs. Hauser*. ♦ La seule conservation sur son poste informatique de trois fichiers contenant des photos à caractère pornographique sans caractère délictueux ne constitue pas, en l'absence de constatation d'un usage abusif affectant son travail, un manquement du salarié aux obligations résultant de son contrat susceptible de justifier son licenciement. • Soc. 8 déc. 2009 : *CCE 2010, n° 31, obs. Caprioli*. ♦ Rappr. note 62. ♦ Sur le contrôle de messageries instantanées par un logiciel espion mis en place par l'employeur, V. note 70. ♦ Sur l'admission de moyens de preuve illicites au regard de la loi Informatique et Libertés, V. note 127.

Caractère personnel des documents. Les documents détenus par le salarié dans le bureau de l'entreprise mis à sa disposition sont, sauf lorsqu'il les identifie comme étant personnels, présumés avoir un caractère professionnel, en sorte que l'employeur peut y avoir accès hors sa présence. • Soc. 18 oct. 2006, n° 04-47.400 P : *R., p. 304 ; D. 2007. Pan. 691, obs. F. Guiomard ; RDT 2006. 395, obs. de Quenaudon ; CCE 2007, n° 61, note A. Lepage*. ♦ Une clé USB, dès lors qu'elle est connectée à un outil informatique mis à la disposition du salarié par l'employeur pour l'exécution du contrat de travail, est présumée utilisée à des fins professionnelles, et l'employeur peut avoir accès aux fichiers non identifiés comme personnels qu'elle contient, hors la présence du salarié. • Soc. 12 févr. 2013, n° 11-28.649 P : *D. 2013. 1026, obs. Lokiec et Porta ; RDT 2013. 339, obs. Nord-Wagner ; RTD civ. 2013. 574, obs. Hauser*. ♦ Les fichiers créés par le salarié à l'aide de l'outil informatique mis à sa disposition par l'employeur pour les besoins de son travail sont présumés avoir un caractère professionnel, sauf si le salarié les identifie comme étant personnels, en sorte que l'employeur est en droit de les ouvrir hors la présence de l'intéressé. • Soc. 21 oct. 2009, n° 07-43.877 P : *RDT 2010. 172, obs. Guyader ; JCP 2009. 574, n° 2, obs. Mekki ; CCE 2010, n° 9, obs. Caprioli ; Dr. et pr. 1/2010. 22, obs. Choquet* (insuffisance de l'indication des initiales du salarié dans le nom du répertoire) • 15 déc. 2009, n° 07-44.264 P : *R, p. 331 ; BICC 1er juin 2010, n° 757, et les obs. ; JCP 2010, n° 57, note Léger* • 10 mai 2012, n° 11-13.884 P : *D. 2013. 1026, obs. Lokiec et Porta ; RDT 2012. 428, obs. Keim-Bagot* (insuffisance de la seule dénomination « Mes documents » donnée à un fichier) • 19 juin 2013, n° 12-12.138 P : *D. 2013. 1629 ; RDT 2013. 708, obs. Nord-Wagner* (des courriels et fichiers intégrés dans le disque dur de l'ordinateur mis à disposition du salarié par l'employeur ne sont pas identifiés comme personnels du seul fait qu'ils émanent initialement de la messagerie électronique personnelle du salarié). ♦ Dans le même sens pour les connexions établies par le salarié : • Soc. 9 févr. 2010 : *CCE 2010, n° 69, obs. Caprioli* (insuffisance de l'inscription du site sur la liste des favoris). ♦ V. sur cette question, l'incidence éventuelle de l'arrêt • CEDH 5 sept. 2017, *Barbulescu : cité note 70.* ♦ Si des données non professionnelles, identifiées comme étant privées et stockées par un employé sur un ordinateur mis à sa disposition par son employeur pour l'accomplissement de ses fonctions, peuvent relever de sa vie privée, l'ouverture par l'employeur, en dehors de la présence du salarié, des fichiers indiqués « personnels » figurant sur le disque dur de son ordinateur professionnel ne constitue pas une atteinte à sa vie privée dès lors que la charte de l'utilisateur pour l'usage du système d'information de l'employeur (SNCF, entreprise ne relevant pas strictement du secteur privé) indique spécifiquement que les informations à caractère privé doivent être clairement identifiées comme telles. Il est, en outre, observé que le requérant avait utilisé une partie importante des capacités de son ordinateur professionnel pour stocker les fichiers litigieux. • CEDH 22 févr. 2018, n° 588/13, *Libert c/ France : D 2018. 1291, note Marguénaud et Mouly ; Dr. soc. 2018. 455, obs. Dabosville ; Dalloz IP/IT 2018. 511, obs. Péronne et Daoud*.

69. État de santé. V. note 30.

70. Messagerie, correspondance électronique. BIBL. Bitan, *CCE 2004. Étude 15* (contrôle de la messagerie électronique de l'entreprise). – Gasnier et Favaro, *Dr. et patr. 4/2002. 46* (cybersurveillance et secret des correspondances). – A. Lepage, *CCE 2001. Chron. 2* (secret des correspondances immatérielles). ♦ Sur le respect par l'employeur du secret de la correspondance adressée aux salariés sur le lieu de travail, V. note Waquet ss. : • Cass., avis, 24 janv. 1994 : *Gaz. Pal. 1994. 1. 155.* ♦ Si au regard de l'art. 8 de la Conv. EDH, un État dispose d'une marge d'appréciation étendue pour régir les conditions dans lesquelles un employeur peut adopter une politique encadrant les communications non professionnelles, électroniques ou autres, de ses salariés sur leur lieu de travail, ces dispositions doivent être appréciées en tenant compte de six facteurs : 1° le salarié doit avoir reçu une information claire et préalable à la mise en place de la surveillance, 2° il y a lieu de distinguer selon que le contrôle porte sur les flux ou sur le contenu des communications, sa durée et les personnes ayant accès à ses résultats, 3° le contrôle doit reposer sur des motifs légitimes, 4° L'employeur ne doit pas disposer d'un autre moyen moins intrusif de contrôle, 5° Il doit être pris en compte les conséquences de la surveillance pour le salarié, 6° Celui-ci doit enfin disposer de garanties notamment être informé préalablement de l'accès aux informations recueilles par l'employeur. • CEDH 5 sept. 2017, *Barbulescu*, n° 61496/08 : *AJDA 2017. 1639, obs. Pastor ; D. 2017. 1709, obs. Peyronnet ; Dalloz IP/IT 2017. 548, obs. Derieux ; JCP 2017, n° 1169, note Marguénaud et Mouly ; Gaz. Pal. 2017. 2655, obs. Le Maigat ; ibid. 3299, note Colonna et Renaux-Personnic* (recours injustifié à un logiciel espion de contrôle de l'usage de messageries instantanées). ♦ Le salarié a droit, même au temps et au lieu de travail, au respect de l'intimité de sa vie privée ; celle-ci implique en particulier le secret des correspondances ; l'employeur ne peut dès lors, sans violation de cette liberté fondamentale, prendre connaissance des messages personnels émis par le salarié et reçus par lui grâce à un outil informatique mis à sa disposition pour son travail et ceci même au cas où l'employeur aurait interdit une utilisation non professionnelle de l'ordinateur. • Soc. 2 oct. 2001, *Sté Nikon France*, n° 99-42.942 P : *R., p. 351 ; BICC 1er nov. 2001, concl. Kehrig ; D. 2001. 3148, note Gautier ; D. 2002. Somm. 2296, obs. Caron ; JCP E 2001. 1918, note Puigelier ; Gaz. Pal. 2002. 377, note Bridenne ; Defrénois 2002. 1407, obs. Raynouard ; LPA 22 nov. 2001, note Piot et Heslaut ; ibid. 10 déc. 2001, note Picca ; ibid. 19 mars 2002, note F. Petit ; RJPF 2002-1/12, note Bossu ; CCE 2001, n° 120, note A. Lepage ; ibid. Chron. 24, obs. Devèze et Vivant ; RTD civ. 2002. 72, obs. Hauser* • 12 oct. 2004, n° 02-40-392 P. ♦ De même, l'employeur ne peut, sans méconnaître le respect dû à la vie privée du salarié, se fonder sur le contenu d'une correspondance privée, même reçue au lieu de travail, pour sanctionner son destinataire. • Cass., ch. mixte, 18 mai 2007, n° 05-40.803 P : *R., p. 341 ; BICC 1er août 2007, rapp. Gridel, avis Mathon ; D. 2007. 2137, note J. Mouly ; ibid. AJ 1503, obs. Astaix ; ibid. Pan. 3036, obs. Géniaut ; JCP 2007. II. 10129, note Loiseau ; JCP E 2007. 1844, note Puigelier ; Gaz. Pal. 2007. 2576, note Polère ; ibid. Somm. 2809, obs. Barbry et Rouillé-Mirza ; RJPF 2007-10/12, note Putman ; RDT 2007. 527, obs. Aubert-Monpeyssen ; CCE 2007, n° 98, note A. Lepage.* ♦ La réception de courriers électroniques de nature pornographique, non sollicités et non enregistrés sur l'ordinateur, ne saurait légitimer un licenciement disciplinaire. • Soc. 14 avr. 2010, n° 08-43.258 : *CCE 2010, n° 92, obs. Caprioli.* ♦ La production en justice par l'employeur de messages électroniques provenant de la messagerie personnelle du salarié, distincte de la messagerie professionnelle dont il dispose pour les besoins de son activité, doit être écartée en ce qu'elle porte atteinte au secret des correspondances. • Soc. 26 janv. 2016, n° 14-19.002 P :

D. 2016. 807, obs. Lokiec et Porta ⌀. ♦ Mais l'absence de déclaration simplifiée d'un système de messagerie électronique professionnelle non pourvu d'un contrôle individuel de l'activité des salariés, qui n'est dès lors pas susceptible de porter atteinte à la vie privée ou aux libertés au sens de l'art. 24 de la loi « informatique et libertés », ne rend pas illicite la production en justice des courriels adressés par l'employeur ou par le salarié dont l'auteur ne peut ignorer qu'ils sont enregistrés et conservés par le système informatique. • Soc. 1er juin 2017, n° 15-23.522 P : *D. 2017. Chron. C. cass. 1551, obs. Salomon* ⌀ *; ibid. 2018. 138, obs. Renucci* ⌀ *; ibid. 259, obs. Bretzner et Aynès* ⌀ *; Dalloz IP/IT 2017. 602, obs. Adam* ⌀ *; RDC 2018. 49, note Huet.* ♦ Sur l'admission de la production en justice d'éléments du compte Facebook du salarié portant atteinte à sa vie privée mais justifiée par le droit à la preuve. • Soc. 30 sept. 2020, n° 19-12.058 : *cité note 122.* ♦ Sur l'admission de moyens de preuve illicites au regard de la loi Informatique et Libertés, V. note 127.

Jurisprudence antérieure à l'arrêt CEDH 5 sept. 2017, Barbulescu, ci-dessus. Présomptions. Les connexions établies par un salarié sur des sites internet pendant son temps de travail, grâce à l'outil informatique mis à sa disposition par son employeur pour l'exécution de son travail, sont présumées avoir un caractère professionnel de sorte que l'employeur peut les rechercher aux fins de les identifier, hors de sa présence. • Soc. 9 juill. 2008, n° 06-45.800 P : *D. 2008. AJ 2228, obs. Ines* ⌀ *; ibid. 2009. Pan. 191, obs. Khodri-Benamrouche* ⌀ *; CCE 2008. 128, obs. Lepage ; ibid. 131, obs. Caprioli.* ♦ Les courriels adressés ou reçus par le salarié à l'aide de l'outil informatique mis à sa disposition par l'employeur pour les besoins de son travail sont présumés avoir un caractère professionnel en sorte que l'employeur est en droit de les ouvrir hors la présence de l'intéressé, sauf s'ils sont identifiés comme personnels. • Soc. 26 juin 2012, n° 11-15.310 P : *D. 2012. 1829* ⌀ *; RDT 2012. 562, obs. de Quenaudon* ⌀ (le règlement intérieur peut contenir des dispositions restreignant le pouvoir de consultation de l'employeur, en le soumettant à d'autres conditions, comme en l'espèce l'exigence d'une consultation en présence du salarié). ♦ Les SMS envoyés ou reçus par le salarié au moyen du téléphone, mis à la disposition par l'employeur pour les besoins de son travail, sont présumés à caractère professionnel, sauf s'ils sont identifiés comme étant personnels. • Com. 10 févr. 2015, n° 13-14.779 P : *D. 2015. 959, note Lasserre Capdeville* ⌀ *; ibid. 2016. 167, obs. Bretzner* ⌀ *; RDT 2015. 191, obs. Adam* ⌀ *; D. avocats 2015. 158, obs. Taquet* ⌀ *; JCP 2015, n° 407, note Bossu.* ♦ Comp. pour un manquement à la délicatesse, contraire au Règlement intérieur national des avocats, d'un employeur qui consulte sans leur accord, au moyen de leur ordinateur professionnel, et produit en justice le contenu de la messagerie personnelle de ses salariés, laissée ouverte en leur absence mais conservant un caractère privé. • Civ. 1re, 17 mars 2016, n° 15-14.557 P.

71. ... Situations ne relevant pas de la vie personnelle. Sur les conditions de communication par l'employeur des bulletins de salaires de collègues masculins de la plaignante qui invoque en justice l'égalité de traitement entre hommes et femmes en matière d'emploi et de travail, V. • Soc. 8 mars 2023, n° 21-12.492 B : *cité note 122.* ♦ Les propos à caractère sexuel et les attitudes déplacées du salarié à l'égard de personnes avec lesquelles l'intéressé était en contact en raison de son travail ne relèvent pas de sa vie personnelle. • Soc. 19 oct. 2011, n° 09-72.672 P : *D. 2012. 901, obs. Lokiec et Porta* ⌀ *; JCP 2011, n° 1392, note Corrignan-Carsin ; Gaz. Pal. 2011. 3425, note Deharo* (concernant l'envoi de messages électroniques hors du temps et du lieu de travail ou lors de soirées organisées après le travail). ♦ N'ont pas un caractère privé, et peuvent être retenues au soutien d'une procédure disciplinaire, les correspondances adressées au président de la chambre des notaires, à la caisse de retraite et de prévoyance et à l'URSSAF pour dénoncer le comportement de l'employeur dans la gestion d'une étude. • Soc. 15 déc. 2009, n° 07-44.264 P : *préc. note 68.*

72. Rémunération du salarié. Obligation pour l'employeur d'expurger des éléments confidentiels, notamment relatifs à la rémunération des salariés, du contenu des déclarations annuelles des données sociales qu'il communique aux syndicats participant à une négociation préélectorale. • Soc. 6 janv. 2016, n° 15-10.975 P : *D. 2016. 132* ⌀ *; RDT 2016. 284, obs. C. Nicod* ⌀.

73. Surveillance du salarié avec information préalable. L'employeur a le droit de contrôler et de surveiller l'activité de ses salariés pendant le temps de travail, seul l'emploi de procédé clandestin de surveillance étant illicite ; constituent un mode de preuve valable des écoutes téléphoniques dont les salariés ont été dûment avertis. • Soc. 14 mars 2000, n° 98-42.090 P : *JCP 2001. II. 10472, note Puigelier ; RTD civ. 2000. 801, obs. Hauser* ⌀. ♦ V. également note 126 pour l'enregistrement de conversations téléphoniques. • Soc. 15 mai 2001, n° 99-42.219 P : *D. 2001. Somm. 3015, obs. Aubert-Monpeyssen* ⌀ (recours, à l'insu des salariés, à une société de surveillance) • 23 nov. 2005, n° 03-41.401 P (recours, à l'insu du salarié, à un détective privé). ♦ Ce principe de transparence des moyens de surveillance a été notamment appliqué à la vidéosurveillance. • Soc. 10 janv. 2012, n° 10-23.482 P : *D. 2012. 290* ⌀ (recours à un système de vidéo surveillance installé sur le site d'une société cliente, alors que la lettre informant les salariés de ce système ne précise pas qu'il permet de contrôler leurs heures d'arrivée et de départ sur le lieu du travail)

• 20 nov. 1991, n° 88-43.120 P : *D. 1992. 73, concl. Chauvy* (enregistrement par une caméra du comportement et des paroles d'une salariée, à son insu, violation de l'art. L. 2323-32 C. trav.) • 7 juin 2006, n° 04-43.866 P (vidéosurveillance de la clientèle utilisée pour contrôler les salariés, violation de l'art. L. 2323-32 C. trav., relatif à l'information et la consultation préalable du comité d'entreprise sur les procédés de contrôle de l'activité du salarié). ♦ Le moyen de preuve tiré des enregistrements d'une salariée par l'employeur est illicite si ce dernier n'informe pas ses salariés et ne consulte pas le comité d'entreprise sur l'utilisation d'un système de vidéosurveillance aux fins de recueillir et d'exploiter des informations concernant les salariés. • Soc. 10 nov. 2021, n° 20-12.263 B : *D. 2021. 2093* ; *Dr. soc. 2022. 81, obs. Adam* (exploitation d'informations concernant personnellement la salariée, en vue de son licenciement). ♦ Également : • Soc. 11 déc. 2019, n° 18-11.792 P. ♦ Sur les limites posées à l'utilisation par l'employeur d'un logiciel espion de contrôle d'une messagerie instantanée, V. note 70. ♦ Ne constitue pas un élément de preuve obtenu par un moyen illicite l'audit de vérification de pièces comptables : si le salarié n'avait pas été préalablement informé de la mission confiée par l'employeur à une société d'expertise comptable et de commissariat aux comptes, il n'avait pas été tenu à l'écart des travaux réalisés dans les locaux de l'entreprise. • Soc. 26 janv. 2016, n° 14-19.002 P. ♦ Sur la géolocalisation des personnes, notamment des salariés, V. note 21.

74. ... Information préalable non requise. L'information préalable du salarié n'est pas requise dans certains cas. Au regard des art. 6 et 8 de la Conv. EDH, l'information donnée à la personne faisant l'objet d'une surveillance et son ampleur ne sont que l'un des critères à prendre en compte pour apprécier la proportionnalité d'une telle mesure dans un cas donné. L'existence de soupçons raisonnables que des irrégularités graves ont été commises et l'ampleur des manques constatés peuvent apparaître comme des justifications sérieuses à la mise en place d'une vidéosurveillance sans information préalable des salariés par l'employeur (absence d'atteinte au droit au respect de la vie privée des salariées et de leur droit à un procès équitable par la mise en place par l'employeur d'un système de vidéo surveillance de caissières soupçonnées de vol). • CEDH 17 oct. 2019, n° 1874/13 : *RTD civ. 2019. 815, note Marguénaud* . ♦ Rappr. en matière de messagerie, *aff. Barbulescu*, V. note 70. ♦ Une enquête effectuée au sein d'une entreprise, confiée par l'employeur à un organisme extérieur, à la suite de la dénonciation de faits de harcèlement moral n'est pas soumise aux dispositions de l'art. L. 122-4 C. trav. et ne constitue pas une preuve déloyale comme issue d'un procédé clandestin de surveillance de l'activité du salarié. • Soc. 17 mars 2021, n° 18-25.597 P : *D. 2021. 1152, obs. Vernac et Ferkane* ; *Dr. soc. 2021. 657, obs. Mouly* ; *RDT 2021. 454, obs. Mazaud* . ♦ Ensuite, ne constitue pas en soi un mode de preuve illicite la simple surveillance d'un salarié faite sur les lieux du travail par son supérieur hiérarchique. • Soc. 26 avr. 2006, n° 04-43.582 P. ♦ ... Ou le contrôle de l'activité d'un salarié, au temps et au lieu de travail, par un service interne à l'entreprise chargé de cette mission, même en l'absence d'information préalable du salarié. • Soc. 5 nov. 2014, n° 13-18.427 P : *D. 2014. 2308* . ♦ Ensuite, cette information n'est pas requise lorsque le salarié ne peut ignorer l'existence d'un moyen de contrôle, V. en ce sens pour des messages laissés sur un répondeur. • Soc. 6 févr. 2013, n° 11-23.738 P : *D. 2013. 439, obs. Siro* ; *ibid. Chron. C. cass. 1768, note Sommé* ; *Dr. soc. 2013. 626, note Salomon* ; *RTD civ. 2013. 380, obs. Barbier* . ♦ ... Ou pour des SMS. • Soc. 23 mai 2007, n° 06-43.209 P : *D. 2007. 2284, note Castets-Renard* ; *ibid. AJ 1598, obs. Fabre* ; *JCP 2007. II. 10140, note L. Weiller* ; *JCP E 2007. 2072, note Golhen* ; *Defrénois 2007. 1614, note Quétant* ; *RDT 2007. 530, obs. de Quenaudon* ; *Dr. et pr. 2007. 339, obs. Bobant* ; *RTD civ. 2007. 776, obs. Fages* . ♦ Enfin, l'employeur est libre de mettre en place des procédés de surveillance de locaux dans lesquels les salariés n'ont pas accès (licéité des preuves recueillies contre les salariés). • Soc. 31 janv. 2001, n° 98-44.290 P : *D. 2001. Somm. 2169, obs. Paulin* ; *JCP E 2001. 1145, note Puigelier* (vidéosurveillance d'un entrepôt) • 19 avr. 2005, n° 02-46.295 P : *D. 2005. IR 1248, obs. Astaix* ; *RTD civ. 2005. 572, obs. Hauser* (surveillance vidéo d'un local auquel les salariés n'avaient pas accès : mode de preuve licite). ♦ V. aussi note 128. ♦ V. égal. art. 16-3, note 16, pour des procédés de contrôle corporel du salarié par l'employeur.

75. ... Stratagèmes – Filatures. Si l'employeur a le pouvoir de contrôler et de surveiller l'activité de son personnel pendant le temps de travail, il ne peut mettre en œuvre un dispositif de surveillance clandestin et à ce titre déloyal, procédant d'un stratagème. • Soc. 18 mars 2008, n° 06-45.093 P : *D. 2008. AJ 992, obs. Ines* ; *JCP 2008. Actu. 234* (représentants de l'employeur allant anonymement prendre des repas dans le restaurant de l'épouse du salarié où travaillait ce dernier en contrariété avec son statut professionnel) • Soc. 4 juill. 2012, n° 11-30.266 P : *D. 2012. 1894* (utilisation de lettres piégées à l'insu du personnel de La Poste pour mettre fin à des ouvertures de courriers par certains employés). ♦ Constituent ainsi un stratagème des vérifications clandestines et déloyales opérées par des salariés mandatés par le chef de centre pour se rendre dans l'établissement tenu par l'épouse de l'intéressé en se présentant comme de simples clients, sans révéler leurs qualités et le but de leur visite, pour vérifier l'activité du salarié. • Même arrêt. ♦ Si un constat d'huissier ne constitue pas un procédé clandestin de surveillance nécessitant l'information préalable du salarié, en revanche il est interdit à cet officier ministériel d'avoir recours à un stratagème pour recueillir une preuve. • Soc. 18 mars 2008, n° 06-40.852 P : *D. 2008. Pan. 2306, obs. Desbarats* ; *JCP 2008. Actu. 233, obs. Dauxerre.* ♦ V. aussi note 124 (enregistrement illicite de salariés). ♦ Une filature organisée par l'employeur pour surveiller l'activité d'un salarié constitue un moyen de preuve illicite dès lors qu'elle implique une atteinte à la vie privée, insusceptible d'être justifiée, eu égard à son caractère disproportionné. • Soc. 26 nov. 2002, n° 00-42.401 P : *R., p. 359 ; D. 2003. 1858, note Bruguière* ; *ibid. Somm. 394, obs. Fabre* ; *ibid. 1536, obs. A. Lepage* ; *ibid. Chron. 1305, par Ravanas* ; *JCP 2003. I. 156, n° 5, obs. Cesaro ; RTD civ. 2003. 58, obs. Hauser*. ♦ Dans le même sens : • Soc. 22 mai 1995, n° 93-44.078 P : *RTD civ. 1995. 862, obs. Hauser* ; *ibid. 1996. 197, obs. Gautier* (détective privé opérant à l'insu du salarié) • 4 févr. 1998, n° 95-43.421 P. ♦ Comp. : absence de violation de l'art. 8 Conv. EDH pour une surveillance de deux salariés, à leur insu, dès lors que la mesure, limitée dans le temps et à la zone de caisse accessible au public, a été décidée à la suite de découverte de pertes qui ne pouvaient qu'être de leur fait. • CEDH, sect. V, 5 oct. 2010, *K. c/ Allemagne*, n° 420/07. ♦ V. notes 124 s. sur les procédés d'enregistrement illicites et note 127 sur l'admission de moyens de preuve illicites au regard de la loi Informatique et Libertés.

76. Tenue vestimentaire du salarié. **BIBL.** Boisgibault de Bryas, *JCP E 2003. 851.* – Gimalac, *LPA 20 déc. 2002.* ♦ La restriction apportée par l'employeur à la liberté individuelle de se vêtir doit être justifiée par la tâche à accomplir et proportionnée au but recherché. • Soc. 18 févr. 1998, n° 95-43.491 P : *JCP 1998. I. 161, n° 7, obs. Alliot* (cassation de l'arrêt qui déclare justifié le licenciement d'un salarié ayant refusé d'appliquer une consigne générale sur le port d'une blouse de travail sans avoir effectué cette recherche) • 16 janv. 2001, n° 98-44.252 P (restriction injustifiée aux libertés individuelles par un contrat de travail imposant le port d'un uniforme, en contrariété avec la convention collective) • 6 nov. 2001, n° 99-43.988 P : *D. 2001. IR 3397* ; *JCP E 2002. 1732, note Lachaise ; RTD civ. 2002. 72, obs. Hauser* (l'employeur peut *interdire à une salariée en* contact avec la clientèle de se présenter au travail en survêtement) • 28 mai 2003, n° 02-40.273 P : *R., p. 308 ; D. 2003. 2718, note F. Guiomard* ; *D. 2004. Somm. 176, obs. Pousson* ; *JCP 2003. II. 10128, note Corrignan-Carsin ; JCP 2004. I. 145, n° 2, obs. Cesaro ; JCP E 2004. 334, n° 2, obs. Raynaud ; Gaz. Pal. 2003. 1761, note Pansier ; RJPF 2003-9/12, obs. Bossu ; RTD civ. 2003. 680, obs. Hauser* (tenue vestimentaire du salarié – bermuda – incompatible avec ses fonctions et ses conditions de travail, la liberté de se vêtir à sa guise au temps et au lieu du travail n'entrant pas dans la catégorie des libertés fondamentales). ♦ Caractère discriminatoire du licenciement d'un homme, en contact avec la clientèle, motivé par le port de boucles d'oreilles, l'employeur ne justifiant pas sa décision de lui imposer d'enlever celles-ci par des éléments objectifs étrangers à toute discrimination. • Soc. 11 janv. 2012, n° 10-28.213 P : *D. 2012. 290* ; *RDT 2012. 159, obs. Moizard* ; *Dr. soc. 2012. 346, note Lhernould* ; *RTD civ. 2012. 288, obs. Hauser* ; *JCP 2012, n° 281, obs. Mercat-Bruns ; Gaz. Pal. 2012. 766, avis Aldigé, note Piau.*

77. Principe de laïcité. Dabosville, *Dr. soc. 2021. 679* (expression religieuse et relation de travail : les juges français et allemands au défi du droit de l'Union). ♦ Les principes de neutralité et de laïcité du service public sont applicables à l'ensemble des services publics, y compris lorsque ceux-ci sont assurés par des organismes de droit privé, ce qui interdit aux agents notamment de manifester leurs croyances religieuses par des signes extérieurs, en particulier vestimentaires. • Soc. 19 mars 2013, n° 12-11.690 P : *AJDA 2013. 597* ; *D. 2013. 1026, obs. Lokiec et Porta* ; *Dr. soc. 2013. 388, note Dockès* (validité de la restriction instaurée par le règlement intérieur d'une caisse primaire d'assurance maladie nécessaire à la mise en œuvre du principe de laïcité de nature à assurer aux yeux des usagers la neutralité du service public, application au port du voile).

78. … Secteur de droit privé. Inversement le principe de laïcité n'est pas applicable aux salariés des employeurs de droit privé qui ne gèrent pas un service public ; les restrictions apportées par l'employeur à la liberté religieuse doivent être justifiées par la nature de la tâche à accomplir, répondre à une exigence professionnelle essentielle et déterminante et proportionnées au but recherché. • Soc. 19 mars 2013, n° 11-28.845 P : *D. 2013. 956, avis Aldigé* ; *ibid. 963, note Mouly* ; *ibid. 1026, obs. Lokiec et Porta* ; *Dr. soc. 2013. 388, note Dockès* ; *ibid. 2014. 100, note Laronze* ; *AJCT 2013. 306, obs. Ficara* ; *RDT 2013. 385, note Adam* ; *ibid. 2014. 94, note Calvès* ; *JCP 2013, n° 542, note Corrignan-Carsin* (la clause du règlement intérieur instaurant une restriction générale et imprécise, le licenciement, prononcé pour un motif discriminatoire, est nul). ♦ Mais sur renvoi, déclarant le licenciement fondé : • Paris, 27 nov. 2013 : *D. 2014. 65, note Mouly* ; *AJCT 2014. 63, obs. Dreyfus* ; *Dr. soc. 2014. 4, note [illegible]ay* ; *ibid. 100, note Laronze* ; *Gaz. Pal. 2014. 217, obs. Colonna et Renaux-Personnic,* confirmé par • Cass., ass. plén., 25 juin 2014, n° 13-28.369

P : *AJDA 2014. 1842, note Mouton et Lamarche* ; *D. 2014. 1386* ; *AJCT 2014. 511, obs. de la Morena* ; *Dr. soc. 2014. 811, note Mouly* ; *RDT 2014. 607, note Adam* ; *RTD civ. 2014. 620, obs. Hauser* ; *JCP 2014, n° 902, avis Marin ; ibid., n° 903, note Corrignan-Carsin* (affaire *Baby-Loup*). – *Adde* : Mbongo, *JCP 2013, n° 750* (entreprises de tendances et droit au respect des croyances religieuses). ♦ L'employeur, investi de la mission de faire respecter au sein de la communauté de travail l'ensemble des libertés et droits fondamentaux de chaque salarié, peut prévoir dans le règlement intérieur de l'entreprise ou dans une note de service soumise aux mêmes dispositions que le règlement intérieur, en application de l'art. L. 1321-5 C. trav., une clause de neutralité interdisant le port visible de tout signe politique, philosophique ou religieux sur le lieu de travail, dès lors que cette clause générale et indifférenciée n'est appliquée qu'aux salariés se trouvant en contact avec les clients ; en présence du refus d'une salariée de se conformer à une telle clause dans l'exercice de ses activités professionnelles auprès des clients de l'entreprise, il appartient à l'employeur de rechercher si, tout en tenant compte des contraintes inhérentes à l'entreprise et sans que celle-ci ait à subir une charge supplémentaire, il lui est possible de proposer à la salariée un poste de travail n'impliquant pas de contact visuel avec les clients, plutôt que de procéder à son licenciement. • Soc. 22 nov. 2017, n° 13-19.855 P : *D. 2018. 218, note Mouly* ; *ibid. Chron. C. cass. 190, obs. Salomon* ; *RDT 2017. 797, obs. Miné* ; *Gaz. Pal. 2017. 3296, note Le Maigat.* ♦ La seule proximité ou appartenance, réelle ou supposée, à un mouvement religieux ne saurait constituer un motif suffisant en soi pour prendre une mesure défavorable, en l'espèce la mutation d'un préfet en raison de ses convictions religieuses et du fait que son épouse portait le voile, dès lors qu'il n'a pas été clairement démontré que celui-ci n'agissait pas de manière impartiale ou qu'il appartenait à un mouvement fondamentaliste représentant véritablement un danger pour la sécurité nationale. • CEDH, sect. II, 2 févr. 2016, *S. c/ Turquie*, n° 18650/05. ♦ Si l'employeur considère la façon dont le salarié porte sa barbe comme une provocation politique et religieuse, il doit préciser la justification objective de cette appréciation, et quelle façon de tailler la barbe serait admissible au regard des impératifs de sécurité avancés pour justifier le licenciement prononcé. • Soc. 8 juill. 2020, n° 18-23.743 P : *D. 2020. 2312, obs. Vernac et Ferkane* ; *RDT 2020. 620, obs. Willocx* ; *AJCT 2021. 45, obs. Bahouala* ; *RDT 2020. 620, obs. Willocx* ; *RTD civ. 2020. 858, obs. Leroyer* ; *JCP 2020, n° 1041, note Hennion* (la décision de l'employeur ne pouvant couvrir des considérations subjectives, telles que sa volonté de tenir compte des souhaits particuliers du client). ♦ L'attente alléguée des clients sur l'apparence physique des vendeuses d'un commerce de détail d'habillement ne saurait constituer une exigence professionnelle essentielle et déterminante. • Soc. 14 avr. 2021, n° 19-24.079 P : *Dr. soc. 2021. 742, obs. Radé* ; *RDT 2021. 390, obs. Meiffret* .

79. Simple pouvoir de direction. Sauf atteinte excessive au droit du salarié au respect de sa vie personnelle et familiale ou à son droit au repos, l'instauration d'une nouvelle répartition du travail sur la journée relève du pouvoir de direction de l'employeur. • Soc. 3 nov. 2011 : *D. 2012. 67, note Lokiec* .

3° DISCIPLINE – LICENCIEMENT ET VIE PRIVÉE

80. Principe. Ne peut constituer une faute du salarié un fait relevant de sa vie personnelle. • Soc. 16 déc. 1997, n° 95-41.326 P : *JCP 1998. II. 10101, note Escande-Varniol* ; *Defrénois 1998. 890, obs. Quétant* (à propos du licenciement pour faute grave d'un clerc de notaire pénalement condamné pour aide au séjour irrégulier d'étranger) • 21 oct. 2003, n° 00-45.291 P : *R., p. 304* ; *JCP E 2004. 696, note Puigelier* (secrétaire médicale se livrant à une activité annexe de « voyante tarologue », en l'absence de manquements à l'obligation de confidentialité) • 23 juin 2009, n° 07-45.256 P : *JCP 2009, n° 38, p. 28, note Corrignan-Carsin* (détournement de fonds au détriment d'une association ayant son siège dans les locaux d'une société et dont la salariée assurait la trésorerie sur les lieux et au temps de travail). ♦ Un motif tiré de la vie personnelle du salarié ne peut, en principe, justifier un licenciement disciplinaire, sauf s'il constitue un manquement de l'intéressé à une obligation découlant de son contrat de travail. • Soc. 3 mai 2011 : *cité note 83* • 27 mars 2012, n° 10-19.915 P : *D. 2012. 1065, obs. Poissonnier* ; *Dr. soc. 2012. 525, obs. Mouly* (personnel de sécurité avant consommé des drogues dures pendant des escales entre deux vols et sous l'influence de produits stupéfiants pendant l'exercice de ses fonctions).

Le licenciement d'un salarié en référence à des faits commis hors du temps de travail et hors de l'entreprise est possible, si ces faits se rattachent à la vie de l'entreprise. • Soc. 10 déc. 2008, n° 07-41.820 P : *D. 2009. AJ 104, obs. Inès* ; *RDT 2009*. 668, obs. de Quenaudon (propos injurieux tenus par le salarié lors d'une foire, au cours d'un arrêt maladie, mais concernant sa supérieure hiérarchique et devant trois adultes qu'il était chargé d'encadrer). ♦ Relèvent de la vie de l'entreprise des agissements agressifs commis par un salarié envers des collègues et supérieurs au cours d'un séjour de récompense du personnel organisé par l'employeur. • Soc. 8 oct. 2014, n° 13-16.793 P : *D. 2014. 2056* (licenciement justifié). ♦ Les propos à caractère sexuel et les attitudes déplacées du salarié à l'égard de personnes avec lesquelles l'intéressé était en contact en raison de son travail ne relèvent pas de sa vie personnelle. • Soc. 19 oct. 2011 : *préc. note 70.*

Le non-renouvellement d'un contrat de travail d'un prêtre par une institution religieuse, qui affecte sa possibilité d'exercer une activité professionnelle et qui a des conséquences sur la jouissance de son droit à la vie privée, relève de l'art. 8 Conv. EDH. • CEDH, sect. III, 15 mai 2012, *Fernández Martínez c/ Espagne,* n° 56030/07 (absence de violation pour un refus motivé par un manquement aux obligations de loyauté et de réserve). ♦ V. aussi : • CEDH, sect. IV, 24 juill. 2012, *D.M.T. et D.K.I. c/ Bulgarie,* n° 29476/06 (atteinte excessive dans l'interdiction quasi totale de travailler à l'encontre d'un fonctionnaire pendant une instance ayant duré six ans).

81. Trouble objectif porté à l'entreprise. BIBL. Waquet, *RDT 2006. 304.* ♦ Un trouble objectif dans le fonctionnement de l'entreprise ne permet pas en lui-même de prononcer une sanction disciplinaire à l'encontre de celui par lequel il est survenu. • Cass., ch. mixte, 18 mai 2007 : *préc. note 70.* ♦ Il ne peut être procédé à un licenciement pour une cause tirée de la vie privée du salarié que si le comportement de celui-ci, compte tenu de la nature de ses fonctions et de la finalité propre de l'entreprise, a créé un trouble caractérisé au sein de cette dernière ; est sans cause réelle et sérieuse le licenciement d'un sacristain, fondé seulement sur les mœurs de ce salarié, sans que soient constatés des agissements de celui-ci ayant créé un trouble caractérisé au sein de l'association religieuse qui l'employait. • Soc. 17 avr. 1991, n° 90-42.636 P : *R., p. 266 ; JCP 1991. II. 21724, note Sériaux.* ♦ Licenciement fondé sur des motifs liés aux convictions religieuses d'une salariée, portant atteinte à l'art. 9 Conv. EDH. • CEDH 12 avr. 2007, n° 52435/99 (appartenance à la communauté Verbe de Vie). ♦ Absence de violation de l'art. 8 Conv. EDH après le licenciement d'un directeur de l'Église mormone ayant reconnu une relation adultère, la nature particulière des exigences professionnelles imposées, établies par un employeur dont l'éthique est fondée sur la religion ou les convictions justifiant les obligations de loyauté imposées au requérant, acceptables en ce qu'elles avaient pour but de préserver la crédibilité de l'Église mormone. • CEDH 23 sept. 2010 : *D. 2011. 1637, note Marguénaud et Mouly ; RDT 2011. 45, obs. Couard.* ♦ Mais violation de l'art. 8 avec le licenciement d'un organiste et chef de chœur dans une paroisse catholique prononcé après la révélation d'une liaison extraconjugale devant aboutir à la naissance d'un enfant adultérin, les juges nationaux n'ayant pas suffisamment mis en balance la vie privée du salarié et les intérêts de l'église employeur. • CEDH, 5e sect., 23 sept. 2010 : *eod. loc.* ♦ Absence de violation de l'art. 8 Conv. EDH en cas de licenciement d'un agent de probation, en charge de délinquants sexuels, qui organise des soirées sado-masochistes et gère un site en diffusant certaines images. • CEDH, sect. IV, 16 sept. 2008, *P. c/ Royaume-Uni : D. 2009. 1861, note Marguénaud et Mouly.*

82. ... Réalité du trouble. Dans sa vie privée, le salarié est libre d'acheter les biens, produits ou marchandises de son choix, et le simple achat d'un véhicule d'une autre marque que celle vendue par son employeur, sans que soit relevé le moindre trouble objectif apporté à l'entreprise par un tel comportement, ne saurait constituer une cause réelle et sérieuse de licenciement. • Soc. 22 janv. 1992, n° 90-42.517 P. ♦ Le seul risque d'un conflit d'intérêts pouvant résulter de l'activité professionnelle de la personne que le salarié vient d'épouser ne constitue pas l'élément objectif imputable au salarié de nature à justifier son licenciement. • Soc. 21 sept. 2006, n° 05-41.155 P : *R., p. 303 ; D. 2006. 2901, note Gaba ; RTD civ. 2007. 114, obs. Mestre et Fages.* ♦ Est abusif le licenciement pour perte de confiance d'un employé de banque qui avait souscrit des emprunts le rendant insolvable en violation de l'engagement qu'il avait pris vis-à-vis de son employeur de ne plus en souscrire sans son consentement formel en raison de sa situation financière critique, les motifs allégués étant tirés de la vie personnelle du salarié et aucun trouble objectif caractérisé apporté à l'entreprise par le comportement de son salarié n'étant établi. • Soc. 16 déc. 1998, n° 96-43.540 P : *D. 1999. IR 19.* ♦ En revanche, constituent un trouble objectif caractérisé porté à l'entreprise le comportement violent d'un salarié vis-à-vis de sa concubine, également salariée de l'entreprise. • Soc. 9 juill. 2002 : *RJPF 2003-2/13, note Bossu ; Dr. fam. 2003, n° 22, note Fadeuilhe.* ♦ ... Le vol, même minime, commis par un salarié en dehors de son activité professionnelle au préjudice d'un client de son employeur, justifiant son licenciement pour faute grave. • Soc. 3 déc. 2002, n° 00-44.321 P : *JCP E 2003. 1076, note Puigelier.* ♦ ... Des poursuites pour délits d'atteinte à la propriété d'autrui contre un salarié, cadre commercial de banque. • Soc. 25 janv. 2006, n° 04-44.918 P : *D. 2006. Pan. 2709, obs. Lepage ; JCP 2006. II. 10049, note Bossu ; JCP E 2006. 1507, note Puigelier.*

83. Fait relevant de la vie professionnelle – Délinquance. Ne relèvent pas de la vie personnelle du salarié, mais de sa vie professionnelle, des faits assimilables à une escroquerie, lorsqu'il a utilisé, pour les commettre, les services de la banque qui l'employait. • Soc. 24 juin 1998, n° 96-40.150 P. ♦ Dans le même sens, pour des faits d'attentat à la pudeur, même commis hors du lieu de travail, de la part d'un salarié chargé de la direction d'un établissement d'accueil de personnes protégées. • Soc. 21 mai 2002 : *JCP 2002. II. 10192, note Puigelier.* ♦ Le fait pour un salarié qui utilise un véhicule dans l'exercice de ses fonctions de commettre, dans le cadre de sa vie personnelle, une infraction entraînant la suspension ou le retrait de son permis de conduire ne saurait être regardé comme une méconnaissance par l'intéressé de ses obligations découlant de son contrat de travail. • Soc. 3 mai 2011, n° 09-67.464 P : *D. 2011. 1568, note Loiseau ; JCP 2011. 1265, note Mouly.* ♦ Rappr. • CE 15 déc. 2010, n° 316856 : *JCP 2011, n° 353, note Mouly.* ♦ *Contra* : • Soc. 2 déc. 2003, n° 01-43.227 P : *R., p. 303 ; D. 2004. 2462, note Boudias ; JCP 2004. II. 10025, note Corrignan-Carsin ; ibid. I. 177, n° 7, obs. Cesaro ; RJPF 2004-4/15, obs. Putman ; RTD civ. 2004. 263, obs. Hauser.* ♦ V. également • Soc. 10 déc. 2008 : cité note 80. ♦ V. également note 81 *in fine.*

D. IMAGE DE LA PERSONNE

1° CARACTÈRES GÉNÉRAUX

84. Droit à l'image – Liberté contractuelle. Les dispositions de l'art. 9 ne font pas obstacle à la liberté contractuelle dès lors que les parties ont stipulé de façon suffisamment claire les limites de l'autorisation donnée pour la reproduction d'une image quant à sa durée, son domaine géographique, la nature des supports, et l'exclusion de certains contextes. • Civ. 1re, 11 déc. 2008, n° 07-19.494 P : *D. 2009. AJ 100 ; JCP 2009. II. 10025, note Loiseau ; CCC 2009. n° 68, obs. Leveneur ; RLDC 2009/58, n° 3340, obs. Pouliquen ; RTD civ. 2009. 295, obs. Hauser ; ibid. 342, obs. Revet ; RTD com. 2009. 141, obs. Pollaud-Dulian ; RDC 2009. 477, obs. Laithier.* ♦ ... Et il s'en déduit que la méconnaissance de l'art. 9 ne peut être invoquée qu'à la condition que la diffusion litigieuse ne se rattache pas à l'exécution du contrat ; présente donc un caractère contractuel l'action qui se rattache à une séquence entrant dans les prévisions contractuelles. • Civ. 1re, 20 oct. 2021, n° 20-16.343 : *D. 2022. 189, obs. Dreyer ; RTD civ. 2022. 104, obs. Leroyer.* – V. note 138.

85. Spécificité du droit à l'image. Constituent des droits distincts le respect dû à la vie privée et celui dû à l'image. • Civ. 1re, 10 mai 2005, n° 02-14.730 P : *D. 2005. Pan. 2643, obs. A. Lepage ; Gaz. Pal. 2006. Somm. 4137, obs. Guerder ; RTD civ. 2005. 572, obs. Hauser.* ♦ Absence d'atteinte à la vie privée dans la production en justice d'un cliché ne révélant rien de la vie privée du sujet. • Paris, 6 juill. 2011 : *Dr. fam. 2011, n° 175, obs. Strickler.* ♦ Le seul fait de produire une photographie en justice ne constitue pas en soi une atteinte à la vie privée. • Même arrêt. ♦ V. aussi note 151. ♦ Sur le caractère patrimonial et transmissible du droit à l'image, V. note 8.

86. Titulaire du droit à l'image. Le droit au respect de la vie privée permet à toute personne, fût-elle artiste du spectacle, de s'opposer à la diffusion, sans son autorisation expresse, de son image, attribut de sa personnalité. • Paris, 25 oct. 1982 : *D. 1983. 363, note Lindon* • TGI Paris, réf., 24 janv. 1997 : *LPA 26 mars 1997, note Serna.* – Nombreuses décisions en ce sens. ♦ V. aussi notes 5 à 7. ♦ Un monarque a, comme toute autre personne, droit au respect de sa vie privée et peut s'opposer à toute diffusion de son image dès lors qu'elle ne le représente pas dans l'exercice de la vie publique. • Civ. 1re, 13 avr. 1988 : *JCP 1989. II. 21320, note Putman.* ♦ V., pour un film saisissant des handicapés mentaux dans l'intimité de leur vie privée, • Toulouse, 15 janv. 1991 : *D. 1991. 600, note Ravanas*, et, rejetant le pourvoi, • Civ. 1re, 24 févr. 1993, n° 91-13.587 P : *R., p. 241 ; D. 1993. 614, note Verheyde ; Defrénois 1993. 1000, obs. Massip ; JCP 1994. II. 22319 (2e esp.), note Fossier ; RTD civ. 1993. 326, obs. Hauser.* ♦ V. note 7. ♦ Protection de l'image du défunt, V. note 9.

Enregistrement audiovisuel d'un procès (Touvier) en application de la L. du 11 juill. 1985 (constitution d'archives de la justice), V. • Crim. 16 mars 1994 : *JCP 1995. II. 22547, note Ravanas.*

87. Attributs du droit à l'image. Le droit dont la personne dispose sur son image porte sur sa captation, sa conservation, sa reproduction et son utilisation ; la seule constatation d'une atteinte ouvre droit à réparation. Selon la jurisprudence de la CEDH, la maîtrise par l'individu de son image implique dans la plupart des cas la possibilité de refuser la diffusion de son image et comprend en même temps le droit pour lui de s'opposer à la captation, la conservation et la reproduction de celle-ci par autrui. • CEDH 15 janv. 2009, *Reklos et Davourlis c/ Grèce*, n° 1234/05, § 40 • 27 mai 2014, *de la Flor Cabrera c/ Espagne*, n° 10764/09, § 31. ♦ Cassation de l'arrêt ayant exclu la faute du diffuseur faute de preuve de commercialisation. • Civ. 1re, 2 juin 2021, n° 20-13.753 P : *D. 2021. 1080 ; RTD civ. 2021. 624, obs. Leroyer ; JCP 2021, n° 981, note Latil.* ♦ L'image étant l'une des caractéristiques attachées à la personnalité de chacun, sa protection effective présuppose, en principe, le consentement de l'individu dès sa captation et non pas seulement au moment de son éventuelle diffusion au public. • Même arrêt.

88. Identification nécessaire de la personne. A défaut de possibilité d'identification de la personne représentée, l'atteinte à la vie privée et à l'image n'est pas constituée. • Civ. 1re, 21 mars 2006, n° 05-16.817 P : *D. 2006. Pan. 2702, obs. A. Lepage ; RTD civ. 2006. 535, obs. Hauser* (photographie d'une personne déshabillée avec masquage du visage) • 5 avr. 2012 : *D. 2012. 1062* (image sur un morceau de sucre, d'une taille très réduite et d'une mauvaise définition) • 9 avr. 2014, n° 12-29.588 P : *D. 2014. 929* (orteil de nourrisson) • 10 sept. 2014, n° 13-22.612 P : *D. actu. 22 sept. 2014, obs. Mésa* (image de mauvaise qualité rendant impossible l'identification de la personne représentée). ♦ Inversement, • Civ. 1re, 29 mars

2017, n° 15-28.813 P : *D. 2017. 761* ; *RTD civ. 2017. 609, obs. Hauser* (médecin filmé en caméra cachée, identifiable même si le visage était masqué et la voix déformée). ♦ Autres illustrations sur la nécessité, pour la personne invoquant une atteinte à son droit à l'image, d'être identifiable, V. • Aix-en-Provence, 21 oct. 2004 : *CCE 2005, n° 142, note Lepage* • Paris, 15 avr. 2005 : *ibid.* ♦ Comp. : un mannequin (homme), qui fait profession de la présentation de son corps, subit un préjudice du fait de l'exploitation irrégulière de son image, peu important que son buste, seul reproduit, n'ait pas été identifiable pour les tiers. • Paris, 8 nov. 1999 : *Gaz. Pal. 2000. 1. Somm. 1389, obs. Saya-Salvador.*

89. Image dévalorisante, caricature. L'utilisation dans un sens volontairement dévalorisant de l'image d'une personne justifie que soient prises par le juge toutes mesures propres à faire cesser l'atteinte ainsi portée aux droits de la personne. • Civ. 1re, 16 juill. 1998, n° 96-15.610 P : *D. 1999. 541, note Saint-Pau*, rejetant le pourvoi contre • Versailles, 8 mars 1996 : *Gaz. Pal. 1996. 1. 213, concl. Duplat* (personnage public dont l'image est utilisée de façon déplaisante dans un jeu vidéo à finalité politique). ♦ Atteinte à la vie privée d'un acteur, incarnant un personnage parodié dans des bandes dessinées donnant à cet acteur une image ridicule et dévalorisante, suffisamment réparée par l'allocation de dommages-intérêts et la mention sur les ouvrages offerts à la vente (mais absence d'atteinte à l'art. L. 211-3-4°, CPI). • Civ. 1re, 10 sept. 2014, n° 13-14.629 P : *D. 2014. 1823*. ♦ Caractère justifié d'un licenciement : • CEDH 12 sept. 2011, n° 28955/06 : *JCP 2011. 1758, obs. Gonzalez.* ♦ Sur la forme de la représentation de la personne, V. aussi • Versailles, 30 juin 1994 : *D. 1995. 645, note Ravanas* (santon). ♦ La reproduction de l'image d'une personne sous forme de caricature n'est licite, selon les lois du genre, que pour assurer le plein exercice de la liberté d'expression mais n'implique pas le droit de commercialiser cette reproduction. • Civ. 1re, 13 janv. 1998, n° 95-13.694 P : *D. 1999. 120, note Ravanas* ; *D. 1999. Somm. 167, obs. Bigot* ; *D. Affaires 1998. 240, obs. J. F.* ; *JCP 1998. II. 10082, note Loiseau* ; *RTD civ. 1998. 341, obs. Hauser*. ♦ La caricature et la satire, même délibérément provocantes ou grossières, participent à la liberté d'expression et de la communication des opinions. Si la « poupée Vaudou » à l'effigie du Président de la République vendue avec un livre et des épingles n'est pas un produit commercial mais une caricature-objet non critiquable en soi, le fait d'inciter le lecteur à piquer et *à faire mal à l'intéressé, même symboliquement,* constitue une atteinte à la dignité de cette personne. • Paris, 28 nov. 2008 : *D. 2009. 610, note Edelman* ; *RLDC 2009/56, n° 3263, note Larrieu* ; *RTD civ. 2009. 93, obs. Hauser*, et sur les mesures prises, V. note 156. ♦ V. aussi note 66 ss. art. 16.

90. Image dans un lieu privé. Porte atteinte à l'intimité de la vie privée d'une personne la publication dans la presse, sans son accord, d'une photographie d'amateur la représentant, prise dans une réunion privée et accompagnée d'une légende révélant son identité. • Civ. 2e, 5 mars 1997, n° 95-14.503 P : *D. 1998. 474, note Ravanas*. ♦ ... D'une photographie la représentant à son domicile, alors que ce domicile n'avait rien à voir avec le lieu où s'étaient déroulés les faits en rapport avec l'actualité judiciaire. • Paris, 20 oct. 2010 : *D. 2011. Pan. 780, obs. Dreyer*. ♦ L'utilisation de photographies de locaux constituant le cadre de la vie privée d'une personne est soumise à l'autorisation de celle-ci. • Civ. 1re, 7 nov. 2006 : *préc. note 36.* ♦ Protection du domicile, V. n° 31.

91. ... Dans un lieu public. Peu importe que la personne se trouve dans un lieu public, dès lors qu'elle apparaît isolément grâce au cadrage réalisé par le photographe. • Civ. 1re, 12 déc. 2000, n° 98-21.311 P : *D. 2001. 2064, note Ravanas* ; *ibid. Somm. 2077, obs. Caron* ; *JCP 2001. II. 10572, obs. Abravanel-Jolly* ; *Dr. et patr. 6/2001. 94, obs. Loiseau* ; *LPA 2 févr. 2001, note Derieux (3e esp.)* • Civ. 2e, 10 mars 2004, n° 01-15.322 P : *Gaz. Pal. 2006. Somm. 572, obs. Guerder.* ♦ Porte atteinte à la vie privée la publication de photographies de personnes prises lors de manifestations officielles, mais détournées de leur contexte pour illustrer un article traitant de faits relevant de la vie privée des intéressés. • Civ. 2e, 18 mars 2004, n° 02-13.529 P. – Dans le même sens : • Civ. 2e, 18 mars 2004, n° 02-12.743 P.

Limites tenant à la liberté d'expression. Inversement, la publication de clichés représentant une personne seule, pris lors d'autres manifestations publiques, ne porte pas atteinte à son droit à l'image lorsqu'ils sont en relation pertinente avec les propos contenus dans l'article, de nature anodine, sur sa vie sentimentale. • Civ. 1re, 13 mai 2014, n° 13-15.819 P : *D. 2015. 342, obs. Dreyer*. ♦ La protection des droits d'autrui et la liberté d'expression artistique revêtent une identique valeur et il convient de rechercher leur équilibre et de privilégier une solution protectrice de l'intérêt le plus légitime ; le droit à l'image doit céder devant la liberté d'expression chaque fois que l'exercice du premier aurait pour effet de faire arbitrairement obstacle à la liberté de recevoir ou de communiquer des idées qui s'expriment spécialement dans le travail d'un artiste, sauf dans le cas d'une publication contraire à la dignité de la personne ou revêtant pour elle des conséquences d'une particulière gravité. • *Paris,* 5 nov. 2008 : *D. 2009. 470, note Bigot* (publication, au sein d'un ouvrage, d'un cliché pris dans un lieu public, sans autorisation).

92. Surveillance vidéo de lieux publics. La surveillance des faits et gestes d'un individu dans un lieu public par un équipement photographique sans enregistrement ne constitue pas une atteinte à sa vie privée, au sens de l'art. 8 Conv. EDH, mais l'enregistrement de données, notamment systématique ou permanent, peut justifier une conclusion contraire. La divulgation directe de clichés montrant au public la tentative de suicide de l'intéressé sans son consentement ou sans le rendre méconnaissable constitue une atteinte disproportionnée à sa vie privée. • CEDH, sect. IV, 28 janv. 2003, *Peck c/ Royaume-Uni ; JCP 2003. I. 160, n° 9, obs. Sudre.* ♦ Comp. • CEDH 1er juin 2004, n° 8704/03 (légalité du placement d'un détenu sous surveillance vidéo permanente). ♦ Pouvoir du juge d'instruction de faire procéder, sous son contrôle effectif et selon les modalités qu'il a autorisées, à une vidéosurveillance sur la voie publique aux fins de rechercher des preuves des infractions dont il est saisi, à l'encontre des personnes soupçonnées de les avoir commises, une telle ingérence dans la vie privée ayant un caractère limité et étant proportionnée au regard de l'objectif poursuivi. • Crim. 11 déc. 2018, n° 18-82.365 P : *D. 2019. 15 ; AJ pénal 2019. 101, obs. de Combles de Nayves* (visa art. 8, Conv. EDH) • 18 juin 2019, n° 18-86.421 P : *cité note 133* • 8 déc. 2020, n° 20-83.885 P. ♦ Sur la protection du domicile, V. notes 15 s. ss. art. 102.

2° IMAGE ET LIBERTÉ DE LA PRESSE

93. Principe – Renvoi. La liberté de communication des informations autorise la publication d'images de personnes impliquées dans un événement, sous la seule réserve du respect de la dignité de la personne humaine. V. notes 104 s.

III. ATTEINTES JUSTIFIÉES À LA VIE PRIVÉE

A. ACCORD DE LA PERSONNE

BIBL. Petit, *RRJ 1997/1. 17* (la mémoire en droit privé).

1° PRINCIPES

94. Divulgation volontaire des faits. Sur le principe posé pour le droit à l'image : les dispositions de l'art. 9 ne font pas obstacle à la liberté contractuelle dès lors que les parties ont stipulé de façon suffisamment claire les limites de l'autorisation donnée pour la reproduction d'une *image quant à sa durée*, son domaine géographique, la nature des supports, et l'exclusion de certains contextes. • Civ. 1re, 11 déc. 2008, n° 07-19.494 P : *cité note 84.* ♦ Le fait qu'une personne ait elle-même livré au public des renseignements relatifs à sa vie privée n'autorise pas l'éditeur d'un périodique à décider de son chef la redivulgation de certains de ces faits et à déterminer lui-même les conditions dans lesquelles il les présente. • Civ. 2e, 14 nov. 1975 : *D. 1976. 421, note Edelman.* ♦ V. note 96. ♦ La collaboration avec la presse d'une personne impliquée dans une affaire pénale ne saurait justifier la suppression de toute protection de son image. • CEDH, sect. I, 16 avr. 2009, *E. et H. c/ Norvège*, n° 34438/04 (V. note 37 ss. art. 16 pour l'hypothèse). ♦ L'adaptation d'un livre à l'écran constitue une atteinte à la vie privée distincte de celle éventuellement portée par le livre, et d'une particulière gravité en raison du retentissement d'un film, et l'abstention de la victime lors de la publication du livre ne peut lui interdire d'agir en défense de ses droits devant l'atteinte résultant du film. • Civ. 1re, 16 oct. 1984, n° 83-11.786 P : *R., p. 62.*

95. Expression du consentement. En ce sens que le consentement peut être tacite : • Civ. 1re, 7 mars 2006, n° 04-20.715 P : *D. 2006. Pan. 2702, obs. Marino* • 13 nov. 2008, n° 06-16.278 P : *D. 2008. AJ 3009 ; RLDC 2009/56, n° 3252, obs. Bugnicourt ; RTD com. 2009. 128, obs. Pollaud-Dulian* (participation de l'intéressé à un documentaire dont il n'ignorait pas l'objet commercial, aux différentes opérations de promotion du film, dont diverses interviews).

96. Redivulgation des faits. La redivulgation de renseignements relatifs à la vie privée est soumise à autorisation spéciale de l'intéressé. • Paris, 27 janv. 1989 : *JCP 1989. II. 21325 (1re esp.), note Agostini.* ♦ Mais une personne qui a elle-même divulgué des faits relatifs à sa vie privée n'a pas en toutes circonstances un pouvoir discrétionnaire pour s'opposer à la redivulgation des mêmes faits et un journaliste ne commet ni faute ni abus dès lors que la publication de ces faits est justifiée par un intérêt légitime. • TGI Paris, 4 févr. 1988 : *JCP 1988. II. 21107, note Agostini.* – V. aussi, en ce sens, • Toulouse, 10 déc. 2002 : *JCP 2003. I. 126, n° 11, obs. Tricoire.* ♦ Comp. • Paris, 6 mars 2003 : *CCE 2004, n° 47, note A. Lepage* (la redivulgation non justifiée par un événement nouveau et public constitue une ingérence dans la vie privée). ♦ Sur l'affaiblissement de la protection pouvant résulter de divulgations volontaires antérieures. • CEDH, sect. V, 23 juill. 2009, *Hachette Filipacchi c/ France*, n° 12268/03.

2° ACCORD ET DROIT À L'IMAGE

97. Cession du droit à l'image – Principe de liberté contractuelle. Les dispositions de l'art. 9, seules applicables en matière de cession de droit à l'image, à l'exclusion notamment du code de la propriété intellectuelle, relèvent de la liberté contractuelle. • Civ. 1re, 11 déc. 2008 : *préc. note 94.* ♦ Dès lors que le droit à l'image revêt les caractéristiques essentielles des attributs d'ordre patrimonial, il peut valablement donner lieu à l'établissement de contrats, soumis au régime général des obligations, entre le cédant, qui dispose de la maîtrise juridique sur son image, et le cessionnaire, qui devient titulaire des prérogatives attachées à ce droit. • Versailles, 22 sept. 2005 : *CCE 2006, n° 4, note Caron.*

98. Image et accord de la personne. Principe de l'autorisation, articulation avec vie privée et liberté d'expression. L'utilisation de l'image d'une personne pour en promouvoir les œuvres doit avoir été autorisée par celle-ci ; la reproduction de la première, au soutien de la vente des secondes, n'est pas une « information » à laquelle le public aurait nécessairement droit au titre de la liberté d'expression, peu important l'absence d'atteinte à la vie privée de l'intéressé. • Civ. 1re, 9 juill. 2009, n° 07-19.758 P : *D. 2009. AJ 2110 ; JCP 2009. 441, n° 11, obs. Dreyer ; RTD civ. 2009. 695, obs. Hauser* (photographie illustrant un coffret de disques). ♦ La reproduction de la photographie de l'artiste sur la jaquette d'une compilation, qui constitue un acte d'exploitation commerciale et non l'exercice de la liberté d'expression, est soumise à autorisation préalable. • Civ. 1re, 24 sept. 2009, n° 08-11.112 P. ♦ Les dispositions de l'art. 9 ne font pas obstacle à la liberté contractuelle dès lors que les parties ont stipulé de façon suffisamment claire les limites de l'autorisation donnée pour la reproduction d'une image quant à sa durée, son domaine géographique, la nature des supports et l'exclusion de certains contextes. • Civ. 1re, 11 déc. 2008 : *préc. note 94.* – V., pour un mannequin professionnel (présomption d'autorisation et d'utilisation conforme) : • Civ. 2e, 4 nov. 2004, n° 06-10.305 P : *D. 2005. Pan. 2645, obs. Lepage.* ♦ ... Pour un modèle ayant accepté de poser pour un auteur-photographe (rémunération non prévue par les usages ou les accords initiaux) : • Civ. 1re, 20 mars 2007, n° 06-10.305 P.

99. ... Respect de l'accord. Si une personne a consenti à une utilisation déterminée de son image, une violation de l'art. 9 C. civ. peut être la conséquence de l'inapplication du contrat. • Nîmes, 7 janv. 1988 : *JCP 1988. II. 21059, note Pansier* • Civ. 1re, 12 juin 1990, n° 89-11.485 P • TGI Bobigny, 14 mai 1996 : *Gaz. Pal. 1996. 2. 560, note Pansier* • Versailles, 7 mai 1998 : *BICC 1er déc. 1998, n° 1329* (diffusion ultérieure d'un cliché, en dehors du contexte dans lequel l'autorisation primitive avait été donnée) • Versailles, 4 nov. 1999 : *D. 2000. 347, note Ravanas (idem)* • Soc. 10 juill. 2002, n° 99-44.224 P : *JCP 2003. II. 10000, note Caron* (utilisation d'une photo d'un chanteur, sans son autorisation, pour illustrer une compilation de ses enregistrements). ♦ Comp. • Paris, 6 juin 2007 : *LPA 11 déc. 2007, note Niboyet* • Civ. 1re, 15 nov. 2005, n° 02-21.366 P (inversement, absence d'atteinte dans la publication contractuellement autorisée de photos anciennes) • 28 janv. 2010 : *D. 2011. Pan. 780, obs. Dreyer ; RTD civ. 2010. 299, obs. Hauser ; RLDC 2010/69, n° 3748, obs. Pouliquen* (appréciation d'un accord qui n'était pas illimité, autorisant une utilisation ultérieure). – Même sens : • Civ. 1re, 30 oct. 2007 : *CCE 2008, n° 13, note Lepage.* ♦ ... Et pour un accord tacite donné par le personnage d'un documentaire pour la diffusion de son image sous quelque forme que ce soit dès lors que cette diffusion était directement rattachée au film auquel il avait participé : • Civ. 1re, 13 nov. 2008 : *préc. note 95.* ♦ L'accord donné par une personne pour la diffusion de son image ne peut valoir accord pour la divulgation de ses nom et grade. • Civ. 1re, 4 nov. 2011 : *D. 2012. Pan. 765, obs. Dreyer ; RTD civ. 2012. 90, obs. Hauser ; JCP 2012, n° 71, note Loiseau.* ♦ Absence de violation de l'art. 10 Conv. EDH en cas de condamnation pour contrefaçon de photographes dépassant leur accréditation en mettant en ligne en vue de leur commercialisation des photos d'un défilé de mode. • CEDH, sect. V, 10 janv. 2013, *Ashby Donald et a. c/ France*, n° 36769/08. ♦ L'implication du demandeur dans un débat d'idées d'intérêt général sur un ouvrage qu'il avait publié dans sa revue justifie d'illustrer son témoignage télévisé par la diffusion de son image, qui n'avait pas été détournée du contexte dans lequel elle avait été fixée, sans qu'il y ait lieu de recueillir son autorisation et en méconnaissance même des stipulations de la lettre d'autorisation d'utilisation d'image qu'il invoque. • Civ. 1re, 9 avr. 2015, n° 14-13.519 P.

100. Respect de la finalité. Constitue une atteinte à la vie privée la publication de photographies ne respectant pas la finalité visée dans l'autorisation donnée par l'intéressé. • Civ. 1re, 30 mai 2000 : *préc. note 51.* ♦ V. cependant dans la même affaire jugeant que la condamnation de l'éditeur a porté atteinte à l'art. 10 Conv. EDH, compte tenu du caractère publicitaire des photographies rediffusées. • CEDH, sect. V, 23 juill. 2009, *Hachette Filipacchi c/ France*, n° 12268/03. ♦ L'utilisation de l'image dans un contexte différent de celui pour lequel elle a été réalisée exige un consentement spécial. • Civ. 1re, 14 juin 2007, n° 06-13.601 P : *D. 2007. AJ 1879, obs. Delaporte-Carré ; JCP 2007. II. 10158, note Brusorio-Aillaud ; LPA 2 oct. 2007, note Hassler ; RTD civ. 2007. 753, obs. Hauser .*

101. Non-respect légitime. Est légitime l'opposition d'une salariée à la diffusion d'une séquence portant sur ses relations personnelles avec son employeur et excédant l'activité professionnelle constitutive de la finalité du reportage initialement autorisé. • Civ. 1re, 24 oct. 2006, n° 04-17.560 P : *Gaz. Pal. 2007. Somm. 3520, obs. Guerder.* ♦ Mais n'est pas légitime le retrait du consentement avant diffusion des images, sans justification réelle d'un manquement à la finalité autorisée. • Civ. 2e, 10 mars 2004, n° 02-16.354 P : *Dr. et patr. 6/2004. 96, obs. Loiseau.*

102. Utilisation publicitaire de l'image. Sur l'utilisation de l'image à des fins publicitaires : • TGI Lyon, 17 déc. 1980 : *D. 1981. 202, note Lindon et Amson* • TGI Aix-en-Provence, 24 nov. 1988 : *JCP 1989. II. 21329, note Henderycksen ; RTD civ. 1990. 126, obs. Patarin* • Paris, 11 mai 1994 : *D. 1995. 185, note Ravanas* • Dijon, 4 avr.

1995 : *JCP 1996. IV. 1528.* ♦ Une actrice ayant accepté de poser nue pour la publicité d'un produit cosmétique est fondée à poursuivre pour atteinte à l'intimité de la vie privée, au sens de l'art. 9 C. civ., un périodique spécialisé dans le nu qui reproduit sa nudité à des fins étrangères à toute promotion publicitaire dès lors qu'une telle diffusion contrarie un choix intime et privé de l'intéressée. • Versailles, 11 mars 1998 : *BICC 15 oct. 1998, n° 1091 ; JCP 1999. I. 149, n° 7, obs. Teyssié.*

103. ... Portée de l'accord au sens de la loi pénale. L'art. 226-1 C. pén. étant d'interprétation stricte, n'est pas pénalement réprimé le fait de diffuser, sans son accord, l'image d'une personne réalisée dans un lieu privé avec son consentement. • Crim. 16 mars 2016, n° 15-82.676 P : *D. 2016. 935, note Serinet ; ibid. Chron. C. cass. 1597, obs. Laurent ; AJ pénal 2016. 268, obs. Thierry ; RSC 2016. 96, obs. Francillon ; JCP 2016, n° 658, note Saint-Pau* (diffusion sur internet par son ancien compagnon d'une photographie prise par lui, à l'époque de leur vie commune, représentant sa compagne nue alors qu'elle était enceinte).

B. LIBERTÉ D'EXPRESSION – DROIT À L'INFORMATION

1° PRINCIPES

104. Vie privée et liberté d'expression – Recherche d'un équilibre. Le droit au respect de l'intimité de la vie privée peut se heurter aux droits d'information du public et de la liberté d'expression garantis par l'art. 10 Conv. EDH ; dans un tel cas il revient au juge de dégager un équilibre entre ces droits antagonistes qui ne sont ni absolus, ni hiérarchisés entre eux, étant d'égale valeur dans une société démocratique. • Paris, 19 déc. 2013, n° 13/23969 : *cité note 14.* ♦ Alors, même si le sujet à l'origine d'un article de presse relève de l'intérêt général, il faut au surplus que le contenu de l'article soit de nature à nourrir le débat public sur le sujet en cause • CEDH 29 mars 2016, n° 56925/08 • Civ. 1re, 17 févr. 2021, n° 19-24.780 : *D. 2021. Chron. C. cass. 1784, obs. Serrier ; RTD civ. 2021. 383, obs. Leroyer ; JCP 2021, n° 487, note Legoherel ; ibid. n° 488, note Loiseau* (publication de condamnations pénales et de l'activité professionnelle de la personne, ainsi que de l'indication de l'accès au faire-part du décès de son père). ♦ Le juge doit procéder, de façon concrète, à l'examen de chacun de ces critères • Civ. 1re, 21 mars 2018, n° 16-28.741 : *cité note 27.* ♦ Sur le principe et ses limites, V. notes 14 à 18. ♦ Égal., sur la recherche d'un équilibre entre liberté d'expression et protection de la dignité et de la vie privée de la victime d'infraction sexuelle : • Crim. 7 févr. 2023, n° 22-81.057 B : *cité note 143.*

105. Obligation d'information avant la révélation (non). Même si la divulgation d'informations sur la vie privée des personnes publiques poursuit généralement un but de divertissement et non d'éducation, elle bénéficie incontestablement de la protection de l'art. 10 Conv. EDH ; refus d'admettre une violation de l'art. 8 Conv. EDH dans le fait qu'une personne n'a pas été avertie préalablement de la divulgation d'informations pouvant concerner sa vie privée, compte tenu de la marge d'appréciation de l'État en la matière et des conséquences négatives qu'une telle obligation pourrait faire peser sur la liberté protégée par l'art. 10. • CEDH, sect. IV, 10 mai 2011, *Mosley c/ Royaume-Uni*, n° 48009/08.

106. Droit d'effacement – Droit à l'oubli et droit à l'information. BIBL. Desgens-Pasanau, *CCC 2020. Étude 3* (droit au déréférencement). ♦ Lorsqu'une juridiction est saisie d'une demande de déréférencement portant sur un lien vers une page internet sur laquelle des données à caractère personnel relatives aux infractions, condamnations et mesures de sûreté sont publiées, elle doit, pour porter une appréciation sur son bien-fondé, vérifier, de façon concrète, si l'inclusion du lien litigieux dans la liste des résultats, affichée à la suite d'une recherche effectuée à partir du nom d'une personne, répond à un motif d'intérêt public important, tel que le droit à l'information du public, et si elle est strictement nécessaire pour assurer la préservation de cet intérêt. • Civ. 1re, 27 nov. 2019, n° 18-14.675 P : *D. 2019. 2298 ; ibid. 2020. Chron. C. cass. 1058, obs. Canas.* ♦ La juridiction saisie d'une demande de déréférencement doit en apprécier le bien-fondé et procéder à la mise en balance des intérêts en présence, de sorte qu'elle ne peut ordonner une mesure d'injonction d'ordre général conférant un caractère automatique à la suppression de la liste de résultats, affichée à la suite d'une recherche effectuée à partir du nom d'une personne, des liens vers des pages internet contenant des informations relatives à cette personne. • Civ. 1re, 14 févr. 2018, n° 17-10.499 P : *D. 2018. 1033, obs. Fauvarque-Cosson et Maxwell ; Dalloz IP/IT 2018. 250, obs. Derieux.*

107. Vie privée et informations relatives à une entreprise. Sur la demande de retrait et d'interdiction, au regard de l'art. 10 Conv. EDH, d'articles de presse divulguant des informations confidentielles sur les difficultés d'un groupe de sociétés, appréciée au regard du droit d'informer le public sur une question d'intérêt général. • Com. 13 févr. 2019, n° 17-18.049 P.

2° APPLICATIONS

108. Liberté de l'information. – Intérêt général. Pour vérifier qu'une publication portant sur la vie privée d'autrui ne tend pas uniquement à satisfaire la curiosité d'un certain lectorat mais constitue également une information d'importance générale, il faut apprécier la totalité de la publication et rechercher si celle-ci, prise dans son ensemble et au regard du contexte dans lequel elle s'inscrit se rapporte à une question d'intérêt général. • CEDH 10 nov. 2015, n° 40454/07 : *préc. note 27.* • Civ. 1re, 1er mars 2017, n° 15-22.946 P : *préc. note 25.* ♦ Il faut en outre que le contenu de la publication soit de nature à nourrir le débat public sur le sujet en cause. V. notes 14 et 104. ♦ Ont trait à l'intérêt général les questions qui touchent le public dans une mesure telle qu'il peut légitimement s'y intéresser, qui éveillent son attention ou le préoccupent sensiblement, notamment parce qu'elles concernent le bien-être des citoyens ou la vie de la collectivité. • Même arrêt. ♦ Pour l'appréciation distributive d'un article de presse au regard de la liberté d'information et de la protection de la vie privée : • Civ. 1re, 12 juill. 2005, n° 04-11.068 P : *D. 2005. Pan. 2646, obs. C. Bigot ; Gaz. Pal. 2006. Somm. 4137, obs. Guerder ; RJPF 2005-12/13, note Putman.* – Rappr. • Civ. 1re, 16 mai 2006, n° 04-10.359 P : *D. 2006. Pan. 2707, obs. Bigot ; Gaz. Pal. 2007. Somm. 3521, obs. Lasfargeas ; RTD civ. 2006. 535, obs. Hauser.* ♦ Pour l'illustration d'un thème général, V. note 120. ♦ Liberté de la presse et protection des mineurs, V. note 6.

109. ... Lien avec un événement d'actualité. Le traitement journalistique d'un événement d'actualité dont un organe de presse peut légitimement rendre compte peut constituer une extrapolation non nécessaire à l'information du public et un détournement de l'objectif d'information. • Civ. 1re, 23 avr. 2003 : *préc. note 13.* ♦ Ainsi, porte atteinte à la vie privée un article de presse centré sur le fils d'une personnalité, qui n'est pas concerné par l'événement d'actualité, une remise de décoration, accessoirement relaté. • Civ. 1re, 12 juill. 2006, n° 05-14.831 P : *D. 2006. Pan. 2707, obs. Bigot ; JCP 2006. I. 190, obs. Roussineau ; Gaz. Pal. 2006. 3294, avis Sainte-Rose ; ibid. 2007. Somm. 3523, obs. Guerder.* ♦ ... La divulgation de l'existence, inconnue du public, de l'enfant d'un prince, en l'absence de tout fait d'actualité ou débat d'intérêt général de nature à justifier la publication. • Civ. 1re, 27 févr. 2007 : *préc. note 5.* ♦ ... La divulgation ne présentant aucun lien avec l'information judiciaire dont le journaliste prétendait rendre compte. • Civ. 1re, 30 mai 2006, n° 05-14.930 P : *Gaz. Pal. 2007. Somm. 3516, obs. Guerder.* ♦ La divulgation par titre de presse d'un fait présenté comme relevant de la vie privée porte atteinte à celle-ci, peu important que le contenu réel de l'article soit tout autre. • Civ. 1re, 7 mars 2006, n° 05-10.488 P : *D. 2006. IR 813 ; Gaz. Pal. 2006. 2607, note Brusorio ; ibid. 2007. Somm. 3517, obs. Lasfargeas.*

Mais ne porte pas atteinte à la vie privée de l'épouse et des enfants un article de journal relatant les circonstances du décès de leur mari et père et ne faisant que répondre au besoin d'information du public relativement à un fait divers. • Civ. 2e, 20 nov. 2003, n° 02-12.297 P : *Gaz. Pal. 2005. 1224, note Guerder.* ♦ ... Ni à la vie privée d'un fonctionnaire de police la révélation de son nom dans un article de presse relatant son inculpation. • Civ. 2e, 29 avr. 2004, n° 02-19.432 P : *D. 2004. IR 1430 ; Gaz. Pal. 2006. Somm. 572, obs. Guerder.* ♦ V. également, pour le droit à l'image, notes 115 s.

110. ... Personne publique – Famille royale. La publication d'un article exclusivement consacré à la vie privée d'une jeune fille de treize ans appartenant à une famille princière, dépourvue de toute fonction officielle et non impliquée dans un événement d'actualité, porte atteinte au respect de sa vie privée. • Civ. 2e, 25 nov. 2004, n° 03-10.954 P : *D. 2004. IR 3197 ; D. 2005. Pan. 2647, obs. C. Bigot.* ♦ V. également note 109 *in fine.* ♦ Mais pour une solution inverse, à propos de l'état de santé d'un souverain : • CEDH 7 févr. 2012, n° 40660/08 : *D. 2012. 1040, note Renucci ; AJDA 2012. 1726, Chron. Burgorgue-Larsen ; RTD civ. 2012. 279, obs. Marguénaud ; JCP 2012, n° 650, note Afroukh.* ♦ ... Ou pour la légitimité de l'information relative à la vie privée d'un membre d'une monarchie héréditaire, V. note 27.

111. Proportionnalité de l'atteinte – Révélation de faits anodins ou connus. Il n'y a pas atteinte à la vie privée lorsque les prétendues révélations ne sont que la relation de faits publics ou ne présentent qu'un caractère anodin. • Civ. 1re, 3 avr. 2002, n° 99-19.852 P : *D. 2002. 3164, note C. Bigot ; D. 2003. Somm. 1543, obs. Caron ; JCP 2003. I. 126, n° 11, obs. Tricoire ; Gaz. Pal. 2003. 1040, note Toucas et Juillard ; LPA 6 mai 2002, note Derieux ; CCE 2002, n° 158, note A. Lepage ; Dr. et patr. 1/2003. 115, obs. Loiseau* • 23 avr. 2003 : *D. 2003. 1854, note C. Bigot (1re esp.)* (fait d'actualité, officiel et notoire) • Civ. 2e, 19 févr. 2004, n° 02-11.122 P : *D. 2004. 2596, note C. Bigot (3e esp.) ; ibid. Somm. 1633, obs. Caron ; Gaz. Pal. 2005. 1231, note Guerder* (détails anodins au sujet d'une naissance princière), et (sur renvoi après cassation : • Paris, 25 janv. 2006 : *D. 2006. Pan. 2706, obs. Bigot*) • Civ. 2e, 3 juin 2004, n° 03-11.533 P : *Gaz. Pal. 2005. Somm. 2263, et les obs.* (faits publics déjà divulgués) • 8 juill. 2004, n° 02-17.458 P : *D. 2004. IR 2694* (commentaires anodins sur le futur mariage d'une personnalité) • 8 juill. 2004, n° 02-19.440 P (*idem*), et (sur renvoi après cassation : • Paris, 25 janv. 2006 : *D. 2006. Pan. 2706, obs. Bigot*) • Civ. 1re, 13 mai 2014, n° 13-15.819 *P : préc. note 91* (intéressés ayant à plusieurs reprises posé enlacés dans des manifestations publiques et ainsi officialisé leur relation sentimentale, commentaires anodins). ♦ Mais la seule circonstance qu'un faire-part de décès du père du demandeur a été publié par la famille sur un site internet, accessible à tout internaute, y compris plusieurs années après le décès, et que ce demandeur ne pouvait l'ignorer, ne permet pas d'écarter l'existence d'une atteinte à la vie privée consécutive à l'utilisation du faire-part dans une publication. • Civ. 1re, 17 févr. 2021, n° 19-24.780 : *D. 2021. Chron. C. cass. 1784, obs. Serrier ; RTD civ. 2021. 383, obs. Leroyer ; JCP 2021, n° 487, note Legoherel ; ibid. n° 488, note Loiseau* (publication de condamnations pénales et de l'activité professionnelle de la personne, ainsi que de l'indication de l'accès au faire-part du décès de son père). ♦ La réitération de propos publics faisant état de l'homosexualité de leur auteur prive l'intéressé de la protection de l'art. 9. • TGI Paris, 5 avr. 2006 : *D. 2006. Pan. 2704, obs. Marino.* ♦ La révélation antérieure par l'intéressé lui-même des informations litigieuses est un élément essentiel de l'analyse de l'immixtion reprochée à la société de presse dans certains aspects de la vie privée ; les informations, une fois portées à la connaissance du public par l'intéressé lui-même, cessent d'être secrètes et deviennent librement disponibles. • CEDH 23 juill. 2009, n° 12268/03 : *cité note 51.* ♦ V. aussi notes 7 ou 94 (simple perturbation insuffisante).

112. *Divulgation judiciaire ou disciplinaire.* Des faits touchant à la vie privée d'une personne ayant été livrés, en leur temps, à la connaissance du public par des comptes rendus de débats judiciaires, ils ont été licitement révélés et, partant, échappent à sa vie privée, la personne ne pouvant se prévaloir d'un droit à l'oubli pour empêcher qu'il en soit à nouveau fait état. • Civ. 1re, 20 nov. 1990, n° 89-12.580 P : *R., p. 260 ; JCP 1992. II. 21908, note Ravanas* • Civ. 2e, 3 juin 2004, n° 03-11.533 P : *D. 2005. Pan. 2647, obs. C. Bigot ; Gaz. Pal. 2005. Somm. 2263, et les obs.* (adaptation à l'écran d'un fait divers ancien). – V. aussi • Paris, 13 sept. 2000 : *D. 2001. 24, note Rassat et Caron ; ibid. Somm. 2079, obs. A. Lepage*. ♦ Rappr., dans le cadre du droit à l'image : violation de l'art. 10 Conv. EDH dans l'interdiction de diffusion de l'image d'un ancien dirigeant de mouvement néo-nazi lors de sa libération conditionnelle : • CEDH, sect. I, 7 déc. 2006, *Ö. c/ Autriche*, n° 35841/02 (critères pertinents de l'appréciation de la proportionnalité de la mesure : degré de notoriété, durée séparant la diffusion de la condamnation et de la libération, nature de l'infraction, lien entre le contenu du reportage et l'image diffusée, caractère exhaustif et exact de l'information donnée). ♦ Ne viole pas l'art. 9, l'avocat qui communique aux autorités ordinales un courrier adressé à son associé contenant des éléments constituant un manquement déontologique. • Civ. 1re, 16 oct. 2008, n° 07-11.810 P : *D. 2008. AJ 2727 ; JCP 2009. II. 10022, note Marino.* ♦ Mais violation de l'art. 8 pour la divulgation à une compagnie d'assurance de l'imputation policière à une personne d'une infraction de violence volontaire, alors qu'aucune procédure pénale n'a été engagée. • CEDH, sect. IV, 18 janv. 2011, *M. c/ Slovaquie*, n° 4479/03 (compagnie se fondant sur cette décision pour réclamer le remboursement des soins apportés à la victime). ♦ Sur la publication, entre autres éléments, de condamnations pénales et de l'activité professionnelle de la personne : • Civ. 1re, 17 févr. 2021, n° 19-24.780 : *D. 2021. Chron. C. cass. 1784, obs. Serrier ; RTD civ. 2021. 383, obs. Leroyer ; JCP 2021, n° 487, note Legoherel ; ibid. n° 488, note Loiseau.* ♦ V. note 104.

113. *... Procédure judiciaire et vie privée.* Sur la conciliation entre le respect de la vie privée et le caractère public des procédures judiciaires (compte rendu de presse), V. • Limoges, 13 juin 1994 : *BICC 1er août 1994, n° 859 ; RTD civ. 1994. 832, obs. Hauser*. ♦ Sur la nécessité de rendre anonyme une décision de justice pour préserver la vie privée d'une des parties, nécessairement exposée dans la décision, V. note 30. ♦ Maintien d'un juste équilibre en cas de révélation de l'arrestation et de la condamnation d'un acteur, suffisamment connu pour être qualifié de personnage public, pour usage de drogue à la fête de la bière, sans autre révélation sur sa vie privée, les articles portant sur des faits judiciaires publics présentant un certain intérêt général. • CEDH, gr. ch., 7 févr. 2012, *Axel Springer AG c/ Allemagne*, n° 39954/08.

114. *... Limite – Œuvre de fiction.* Le respect de la vie privée peut s'imposer avec davantage de force à l'auteur d'une œuvre romanesque qu'à un journaliste remplissant sa mission d'information. • Civ. 1re, 9 juill. 2003, n° 00-20.289 P : *D. 2004. Somm. 1633, obs. Caron ; Gaz. Pal. 2003. 3853, note Guerder ; Dr. et patr. 1/2004. 90, obs. Loiseau* (feuilleton consacré à la disparition d'un couple et de ses enfants : interdiction en référé). ♦ Comp. : un roman est une forme d'expression artistique protégée par l'art. 10 Conv. EDH qui peut comporter une part d'exagération ou recourir à des images colorées et expressives et la liberté dont jouissent les auteurs d'ouvrages littéraires bénéficie d'une protection élevée à ce titre. • CEDH, sect. V, 11 mars 2014, *Jelševar et a. c/ Slovénie*, n° 47318/07 (absence de violation en l'espèce, les juridictions internes ayant mis en balance le droit des auteurs et le droit à la vie privée, pour considérer que l'histoire racontée ne pouvait pas être considérée comme correspondant à la réalité par un lecteur moyen, que les passages controversés ne pouvaient passer pour offensants, et que le ton et les expressions employés n'étaient pas non plus insultants ou péjoratifs). ♦ Une œuvre de fiction appuyée sur des faits réels, si elle utilise des éléments de l'existence d'autrui, ne peut leur en adjoindre d'autres qui, fussent-ils imaginaires, portent atteinte au respect dû à la vie privée. • Civ. 1re, 7 févr. 2006 : *préc. note 104.* ♦ Une œuvre de fiction qui ne constitue ni un documentaire ni une émission d'information peut certes s'inspirer de faits réels et mettre en scène des personnages vivants, mais ne saurait, sans l'accord de ceux-ci, empiéter sur leur vie privée dès lors qu'elle ne présente pas clairement les éléments ressortant de celle-ci comme totalement fictifs. • Civ. 1re, 30 sept. 2015, n° 14-16.273 P : *cité note 104* (limitation du droit à la liberté d'expression justifiée pour un programme de fiction dans lequel une personne s'était reconnue et avait été largement reconnue). ♦ Condamnation d'un éditeur pour atteinte à l'intimité de la vie privée d'un personnage public dont la liaison avec une journaliste fait l'objet d'un ouvrage et de la publication de bonnes feuilles dans un magazine, également condamné, précisant explicitement l'identité de cette personne, ces atteintes n'étant pas justifiées par le droit à l'information. • TGI Paris, 26 févr. 2013 : *D. 2013. 569, obs. Mbongo*. ♦ Condamnation d'un animateur de radio et de la station de radio pour avoir fait tenir des propos imaginaires et caricaturaux à la petite-fille et fille de personnalités politiques connues, l'enfant étant identifiable. • Civ. 1re, 20 mars 2014, n° 13-16.829 P : *D. 2014. 776*.

C. IMAGE ET LIBERTÉ DE LA PRESSE

115. Information du public : personnes impliquées dans un fait d'actualité. La liberté de communication des informations autorise la publication d'images de personnes impliquées dans un événement, sous la seule réserve du respect de la dignité de la personne humaine. • Civ. 1re, 20 févr. 2001, n° 98-23.471 P : *D. 2001. 1199, note Gridel (1re esp.) ; ibid. Somm. 1990, obs. A. Lepage ; JCP 2001. II. 10533, note Ravanas ; Gaz. Pal. 2002. 641, concl. Sainte-Rose ; LPA 5 avr. 2001, note Derieux (2e esp.) ; Dr. et patr. 6/2001. 96, obs. Loiseau ; RTD civ. 2001. 329, obs. Hauser* (caractère licite de la publication de la photographie de la victime d'un attentat, en l'absence de toute recherche du sensationnel et de toute indécence) • 16 mai 2006 : *préc. note 108* (photographies d'un comédien célèbre victime d'un accident de santé, l'accident constituant un événement d'actualité dont la presse peut légitimement rendre compte). ♦ Comp. la liberté de la presse et le droit à l'information du public autorisent la diffusion de l'image de personnes impliquées dans un événement d'actualité ou illustrant avec pertinence un débat d'intérêt général, dans une forme librement choisie, sous la seule réserve du respect de la dignité de la personne humaine. • Civ. 1re, 29 mars 2017, n° 15-28.813 P : *D. 2017. 761 ; RTD civ. 2017. 609, obs. Hauser* (atteinte à l'image d'un médecin filmé en caméra cachée et malgré tout identifiable, mais sans atteinte à sa dignité, les propos des journalistes relevant de la loi de 1881).

Illustrations. De même, a un caractère licite la publication de la photographie d'une personne pour l'illustration d'un article relatif à sa mise en examen. • Civ. 1re, 12 juill. 2001, n° 98-21.337 P : *D. 2002. 1380, note C. Bigot ; ibid. Somm. 2298, obs. Marino ; JCP 2002. II. 10152, note Ravanas ; CCE 2001, n° 117, note A. Lepage ; RJPF 2001-11/12, note Garaud ; RTD civ. 2001. 852, obs. Hauser*. ♦ ... La publication de la photographie très partielle de la victime d'un accident de la circulation. • Civ. 2e, 8 avr. 2004, n° 03-10.959 P : *Gaz. Pal. 2006. Somm. 573, obs. Lasfargeas*. ♦ ... La publication de clichés d'un couple dans sa vie privée, au soutien d'un article relatant le procès pénal où ce couple est accusé de violences envers son enfant. • Civ. 2e, 25 nov. 2004, n° 02-20.424 P : *D. 2005. Pan. 2647, obs. C. Bigot ; Gaz. Pal. 2006. 412, note Guerder*. – V. aussi • Civ. 2e, 30 juin 2004, n° 02-19.599 P : *D. 2004. IR 2478 ; D. 2005. Pan. 2648, obs. C. Bigot ; JCP 2004. II. 10160, note Bakouche (1re esp.)*. ♦ Comp. • CEDH, sect. I, 23 oct. 2008, *Khoujine c/ Russie*, n° 13470/02 (violation de l'art. 8 Conv. EDH en cas de communication par les autorités à la presse de la photographie d'une personne en détention provisoire). ♦ V. aussi : • CEDH, sect. IV, 15 sept. 2015, *H.-Ł. c/ Pologne*, n° 14781/07 (absence de violation de la convention au titre de l'atteinte à la vie privée, à l'image ou à la présomption d'innocence, dans le traitement médiatique d'un procès criminel qui permettait d'aborder pour la première fois en Pologne la question des risques pouvant être associés aux rendez-vous avec des personnes rencontrées sur internet).

116. ... Relation directe entre la publication et le fait d'actualité. Licéité de la publication de la photo d'une veuve lors des obsèques de son mari, policier tué en service, pour l'illustration d'un article d'actualité consacré aux policiers victimes de violences, avec lequel elle est en lien direct. • Civ 1re, 7 mars 2006, n° 05-16.059 P : *D. 2006. Pan. 2708, obs. Bigot ; JCP 2006. I. 190, obs. Roussineau ; Gaz. Pal. 2007. Somm. 3522, obs. Guerder*. ♦ V. déjà, décidant que n'est pas victime d'une atteinte à sa vie privée l'individu figurant avec d'autres sur une photographie prise au seuil d'un bâtiment public, non centrée sur sa personne mais sur un événement de l'actualité policière auquel il a été mêlé fortuitement en raison de circonstances tenant à sa vie professionnelle : • Civ. 1re, 25 janv. 2000, n° 97-15.163 P : *D. 2000 Somm. 270, obs. Caron ; ibid. 409, obs. Bigot (2e esp.) ; JCP 2000. II. 10257, concl. Sainte-Rose*. – Dans le même sens : • Civ. 1re, 10 mai 2005 : *préc. note 85*. ♦ De même, est légitime la publication d'un tract comportant la photographie d'un policier dans l'exercice de ses fonctions lors d'une expulsion, dès lors que, diffusé quelques jours après l'événement, il est en relation directe avec celui-ci. • Civ. 1re, 20 févr. 2001, n° 99-15.970 P : *D. 2001. 1199, note Gridel (2e esp.) ; ibid. Somm. 1992, obs. Caron ; LPA 5 avr. 2001, note*

Derieux (3e esp.) ; RTD civ. 2001. 329, obs. Hauser . ♦ ... La publication de la photographie d'un policier procédant à des constatations après une attaque de véhicule, pour illustrer un article sur ce fait divers. • Civ. 1re, 5 juill. 2005, n° 04-10.607 P : *D. 2005. Pan. 2648, obs. C. Bigot ; JCP 2005. II. 10123, note Bakouche ; RTD civ. 2005. 755, obs. Hauser* . ♦ Sur l'exigence d'un lien direct entre les photographies publiées et l'article qu'elles illustrent : V. aussi • Civ. 2e, 19 févr. 2004, n° 02-11.122 P : *D. 2004. 2596, note C. Bigot (3e esp.) ; ibid. Somm. 1633, obs. Caron* (lien établi : absence d'atteinte à la vie privée) • 19 févr. 2004, n° 02-12.742 P : *D. 2004. 2596, note C. Bigot (2e esp.) ; Gaz. Pal. 2006. Somm. 571, obs. Bourg* (utilisation détournée de l'image) • 30 juin 2004, n° 03-13.416 P : *D. 2004. IR 2350 ; D. 2005. Pan. 2648, obs. C. Bigot ; JCP 2004. II. 10160, note Bakouche (2e esp.) (idem)* • 8 juill. 2004, n° 02-17.458 P : *D. 2004. IR 2694 ; D. 2005. Pan. 2646, obs. C. Bigot* (lien direct) • 8 juill. 2004, n° 02-19.440 P (lien direct) • Civ. 1re, 5 juill. 2005, n° 03-13.913 P : *D. 2006. 1020, note Viangalli ; Gaz. Pal. 2006. 3946, note Guerder ; RTD civ. 2005. 755, obs. Hauser* (absence de lien : atteinte au droit à l'image) • 30 oct. 2007 : *CCE 2008, n° 13, note A. Lepage* (utilisation détournée de l'image : absence de lien direct). ♦ Possibilité d'illustrer un documentaire par l'image d'une personne qui n'a pas été filmée à son insu et a accepté de répondre aux questions de la réalisatrice, cet entretien s'inscrivant dans un débat d'idées d'intérêt général, son implication dans ce débat justifiant d'illustrer son témoignage par la diffusion de son image, qui n'avait pas été détournée du contexte dans lequel elle avait été fixée, sans qu'il y ait lieu de recueillir son autorisation et peu important, dès lors, que les stipulations de la « lettre d'autorisation d'utilisation d'image » aient été méconnues. • Civ. 1re, 9 avr. 2015, n° 14-13.519 P : *D. 2015. 864* (débat sur le négationnisme). – V. aussi note 91. ♦ Un contrôle fiscal, pratique courante, n'est pas un événement d'actualité pouvant justifier que le visage du fonctionnaire de l'administration des impôts qui y procède soit diffusé et soumis à la curiosité du public, sans son consentement. • Civ. 1re, 15 janv. 2015, n° 13-25.634 P : *D. 2016. 277, obs. Dreyer ; RTD civ. 2015. 351, obs. Hauser* . ♦ Sur la non-application d'une convention relative à l'image d'une personne impliquée dans un débat d'idées d'intérêt général, V. note 99.

117. ... Illustrations d'atteintes à la vie privée. Mais porte atteinte au droit au respect de l'image d'une personne la publication d'une photographie d'elle sans que cette publication soit justifiée par l'implication de cette personne dans un événement dont l'importance rende légitime cette divulgation pour l'information du public. • Civ. 2e, 24 avr. 2003 : *préc. note 25.* – Même sens : • Civ. 2e, 30 juin 2004 : *préc.* • Civ. 1re, 21 févr. 2006, n° 03-19.994 P : *D. 2006. IR 677* • Civ. 1re, 5 juill. 2006, n° 05-14.738 P : *Gaz. Pal. 2007. Somm. 3519, obs. Guerder* (nécessité d'éviter que la personne tiers à l'événement soit reconnaissable lors de la projection d'un reportage) • Civ. 1re, 16 janv. 2013, n° 12-15.547 P : *D. 2013. 555, note Dreyer* (photographie réalisée sans autorisation, en dehors de tout événement d'actualité concernant la personne photographiée). ♦ Interdiction, au regard de la L. du 29 juill. 1881, de tout enregistrement, fixation ou transmission de la parole ou de l'image après l'ouverture de l'audience des juridictions administratives ou judiciaires, et de leur cession ou de leur publication, afin de garantir la sérénité et la sincérité des débats judiciaires. • Crim. 24 mars 2020, n° 19-81.769 P : *D. 2020. 1643, obs. Pradel* . ♦ Illustrant un article portant atteinte au respect de la vie privée, la publication de photographies sans le consentement de l'intéressé porte nécessairement atteinte au droit au respect de son image. • Civ. 2e, 25 nov. 2004 : *préc. note 110* • Civ. 1re, 7 mars 2006 : *préc. note 109* • 27 févr. 2007 : *préc. note 5.*

118. Image et vie publique. Absence de violation de l'art. 10 Conv. EDH dans la publication d'une photographie d'un homme politique pour illustrer un article concernant, non sa vie privée, mais l'origine de ses revenus (cumul d'un salaire d'enseignant avec des indemnités de député). La qualité d'homme politique fait entrer celui qui l'assume dans la sphère de la vie publique, avec les conséquences que cela comporte. • CEDH, sect. III, 26 févr. 2002, *Krone Verlag c/ Austria*, n° 34315 (une photographie était disponible sur le site internet du parlement). ♦ La reproduction d'une photographie représentant la future épouse du président de la République dénudée sur un site Internet excède la simple relation de l'événement d'actualité constitué par la rumeur de son mariage et ne répond par conséquent pas au droit du public à l'information mais à l'exploitation d'une œuvre photographique. • TGI Paris, 6 juin 2008 : *D. 2009. 542, note Geiger* .

119. Curiosité du public – Recherche de sensationnel. L'intérêt du public pour la façon dont se comporte, d'une manière générale, dans sa vie privée une personnalité connue et l'intérêt commercial des magazines qui publient photos et articles doivent s'effacer devant le droit de l'intéressée à la protection effective de sa vie privée. • CEDH 24 juin 2004 : *D. 2004. Somm. 2538, obs. Renucci ; D. 2005. 340, note Halpérin ; JCP 2004. I. 161, n° 8, obs. Sudre ; Gaz. Pal. 2005. Doctr. 879, étude Auvret ; CCE 2004, n° 147, note A. Lepage ; LPA 6 janv. 2005, note Derieux ; RTD civ. 2004. 802, obs. Marguénaud* . ♦ Pour la suite de l'affaire : • CEDH, gr. ch., 7 févr. 2012, n°s 40660/08 et 60641/08 (absence de violation de l'art. 8 dans la décision d'interdire deux photographies et d'en autoriser une troisième, au motif qu'elle illustrait un débat d'intérêt général, en l'espèce l'état de santé du prince, père de la requérante). ♦ La publication sans autorisation de la photographie de la victime d'un crime dans des circonstances suggérant la torture, dénotant une recherche de sensationnel, n'est nullement justifiée par les nécessités de l'information ; cette publication, contraire à la dignité humaine, constitue une atteinte à la mémoire ou au respect dû au mort et dès lors à la vie privée des proches, et justifie que soit apporté et une restriction à la liberté d'expression et d'information par l'interdiction de cette publication. • Civ. 1re, 1er juill. 2010 : *préc. note 9.* ♦ Sur les règles applicables dans les reportages en caméra cachée : l'usage d'une technique aussi intrusive et attentatoire à la vie privée que celle de la caméra cachée doit en principe être restreint et n'être utilisé que dans le respect des règles déontologiques, en faisant preuve de retenue ; si un reportage concernant le prosélytisme religieux est, à l'évidence, un sujet d'intérêt général, un juste équilibre n'a pas été ménagé lorsque la diffusion ne s'est pas accompagnée de floutage, alors que le reportage était critique et accompagné de termes offensants tels que « marchand de religion ». • CEDH, sect. II, 13 oct. 2015, *B. c/ Turquie*, n° 37428/06 (requérant, relaxé au titre du délit d'insulte envers Dieu et l'islam, ayant vu son action en responsabilité contre la chaîne et les journalistes rejetée).

120. Illustration d'un thème général. Le principe de la liberté de la presse implique le libre choix des illustrations d'un débat général de phénomène de société sous la seule réserve du respect de la dignité de la personne humaine. • Civ. 2e, 4 nov. 2004, n° 03-15.397 P : *D. 2005. 696, note Corpart ; ibid. Pan. 539, obs. Gaumont-Prat , et 2648, obs. C. Bigot ; JCP 2004. II. 10186, note Bakouche ; ibid. 2005. I. 143, n° 12, obs. E. T. ; Gaz. Pal. 2005. 4154, note Lasfargeas ; CCE 2005, n° 33, note A. Lepage ; RTD civ. 2005. 363, obs. Hauser* (publication de la photo d'un accidenté de la route pour illustrer un article sur l'insécurité routière). ♦ Déjà jugé que ne constitue pas une atteinte au droit à l'image la publication de photographies illustrant une affaire criminelle célèbre. • Civ. 1re, 13 nov. 2003, n° 00-19.403 P : *D. 2004. Somm. 1634, obs. A. Lepage ; Gaz. Pal. 2005. 1223, note Guerder ; LPA 29 juill. 2004, note Paulik.* ♦ ... La publication de la photographie de personnes prise au cours d'une manifestation anti-PACS et accompagnée d'une légende en relation directe avec l'événement, pour illustrer un article sur le PACS. • Civ. 2e, 11 déc. 2003, n° 01-17.623 P : *D. 2004. 2596, note C. Bigot (1re esp.) ; Gaz. Pal. 2005. Somm. 1400, obs. Guerder ; RJPF 2004-3/15, obs. Putman ; CCE 2004, n° 36, note A. Lepage ; LPA 27 sept. 2004, obs. Daverat.* ♦ Comp. : constitue une atteinte à la vie privée la publication dans un journal de la photographie en gros plan de personnes participant à la « Gay-pride », plus de dix mois après l'événement, pour illustrer un article sur le PACS. • Versailles, 31 janv. 2002 : *BICC 1er oct. 2002, n° 983 ; D. 2003. Somm. 1533, obs. Caron .* ♦ Rien ne justifie que le visage du fonctionnaire de l'administration des impôts procédant à un contrôle fiscal soit diffusé et soumis à la curiosité du public, sans son consentement, hors les cas où il viendrait illustrer avec pertinence soit un événement d'actualité, ce que n'est pas un contrôle fiscal, qui procède d'une pratique courante, soit un débat d'intérêt général, dans la définition duquel n'entre pas l'opposition d'un contribuable à sa réalisation. • Civ. 1re, 15 janv. 2015, n° 13-25.634 P : *D. 2015. 207 .*

L'illustration d'une étude d'intérêt général, qui dispense du consentement spécial des personnes représentées, n'implique pas nécessairement que celles-ci soient identifiables. • Civ. 1re, 14 juin 2007 : *préc. note 99.*

121. Sur l'atteinte à la vie privée et la liberté de l'information, V. aussi notes 104 s. ♦ Sur la liberté de création, V. • Paris, 5 nov. 2008 : *préc. note 91.*

D. DROIT À LA PREUVE

122. Preuve et vie privée. Si La captation, la fixation, la transmission, l'enregistrement et le stockage d'images prises au domicile d'une personne, sans le consentement de cette dernière, constituent une ingérence active dans les droits à la protection de la vie privée et familiale et du domicile, au sens de l'art. 8, Conv. EDH, la prévention des infractions pénales et la recherche de leurs auteurs constituent des objectifs conformes à ces exigences. • Crim. 15 nov. 2022, n° 22-80.097 B (C. pr. pén., art. 706-96, conditions jugées remplies en l'espèce pour la surveillance d'une maison par une caméra aéroportée). ♦ Le juge saisi d'une demande de communication de pièces sur le fondement de l'art. 145 C. pr. civ. doit d'abord rechercher si cette communication n'est pas nécessaire à l'exercice du droit à la preuve et proportionnée au but poursuivi, et s'il existe ainsi un motif légitime de conserver ou d'établir avant tout procès la preuve de faits dont pourrait dépendre la solution d'un litige, ensuite, si les éléments dont la communication est demandée sont de nature à porter atteinte à la vie personnelle d'autres salariés, vérifier quelles mesures sont indispensables à l'exercice du droit à la preuve et proportionnées au but poursuivi, au besoin en cantonnant le périmètre de la production de pièces sollicitée. • Soc. 8 mars 2023, n° 21-12.492 B (communication de bulletin de salaires de collègues masculins de la demanderesse dans une action pour inégalité de traitement entre salariés). ♦ Le droit à la preuve ne peut justifier la production d'éléments portant atteinte à la vie privée qu'à la condition que cette production soit indispensable à l'exercice de ce droit et que l'atteinte soit proportionnée au but poursuivi. • Civ. 1re, 25 févr. 2016, n° 15-12.403 P : *D. 2016. 884, note Saint-Pau ; AJ pénal 2016. 326, obs. Aubert ; RTD civ. 2016. 320, obs. Hauser ; ibid. 371, obs. Barbier ; JCP 2016, n° 583, note A. Aynès.* (en l'espèce, caractère disproportionné pour des investigations qui s'étaient déroulées sur plusieurs années, avaient eu une durée allant de quelques jours à près de deux mois et avaient consisté en des vérifications administratives, un recueil d'informations auprès de nombreux tiers, ainsi qu'en la mise en place d'opérations de filature et de surveillance à proximité du domicile de l'intéressé et lors de ses déplacements). ♦ Le droit à la preuve peut, au regard des art. 6 et 8 Conv. EDH, de l'art. 9 C. civ. et de l'art. 9 C. pr. civ., justifier la production en justice d'éléments extraits du compte privé Facebook d'un salarié portant atteinte à sa vie privée, à la condition que cette production soit indispensable à l'exercice de ce droit et que l'atteinte soit proportionnée au but poursuivi. • Soc. 30 sept. 2020, n° 19-12.058 P : *D. 2020. 2383, note Golhen ; ibid. 2312, obs. Vernac et Ferkane ; ibid. 2021. 207, obs. J. Bretzner et A. Aynès ; Dr. soc. 2021. 14, note Adam ; RDT 2020. 753, obs. Kahn dit Cohen ; ibid. 764, obs. Lhomond ; Dalloz IP/IT 2021. 56, obs. Haas et Torelli ; JCP 2020, n° 1226, note Loiseau.* ♦ Principe appliqué à la production en justice par un syndicat de documents dont le code du travail lui autorise la consultation pour contrôler la durée du travail et le repos dominical (à la condition que cette production soit « nécessaire » à l'exercice de son droit à la preuve) : la production de ces documents ne portait pas une atteinte disproportionnée au droit au respect de la vie personnelle des salariés concernés au regard du but poursuivi. • Soc. 9 nov. 2016, n° 15-10.203 P : *D. 2017. 37, note Lardeux ; Dr. soc. 2017. 89, obs. Mouly.* ♦ ... A la production de moyens de preuve illicites au regard de la loi Informatique et Libertés, portant atteinte à la vie personnelle d'un salarié à la condition que cette production soit indispensable à l'exercice du droit de la preuve et que l'atteinte à la vie personnelle soit strictement proportionnée au but poursuivi. • Soc. 25 nov. 2020, n° 17-19.523 P : *V. note 127.* ♦ ... A la recherche, par un huissier, sur un ordinateur mis à disposition d'un avocat collaborateur, des éléments relatifs à sa clientèle personnelle : nécessité de rechercher si la production litigieuse n'était pas indispensable à l'exercice du droit à la preuve et proportionnée aux intérêts antinomiques en présence. • Civ. 1re, 5 juill. 2017, n° 16-22.183 P : *D. 2017. 1479 ; D. avocats 2017. 321, obs. Naftalski et Mohajri.* ♦ Rappr. Une enquête effectuée au sein d'une entreprise, confiée par l'employeur à un organisme extérieur, à la suite de la dénonciation de faits de harcèlement moral n'est pas soumise aux dispositions de l'art. L. 1222-4 C. trav. et ne constitue pas une preuve déloyale comme issue d'un procédé clandestin de surveillance de l'activité du salarié. • Soc. 17 mars 2021, n° 18-25.597 P : *D. 2021. 1152, obs. Vernac et Ferkane ; Dr. soc. 2021. 657, obs. Mouly ; RDT 2021. 454, obs. Mazaud.*

1° RECHERCHE DE PREUVES

123. Preuve illicite. V. note 120. ♦ En présence d'une preuve illicite, le juge doit d'abord s'interroger sur la légitimité du contrôle opéré par l'employeur et vérifier s'il existait des raisons concrètes qui justifiaient le recours à la surveillance et l'ampleur de celle-ci. Il doit ensuite rechercher si l'employeur ne pouvait pas atteindre un résultat identique en utilisant d'autres moyens plus respectueux de la vie personnelle du salarié. Enfin le juge doit apprécier le caractère proportionné de l'atteinte ainsi portée à la vie personnelle au regard du but poursuivi. • Soc. 8 mars 2023, n° 21-17.802 B (production des enregistrements litigieux en l'espèce non indispensables à l'exercice du droit à la preuve de l'employeur, celui-ci disposant d'un autre moyen de preuve qu'il n'avait pas versé aux débats). ♦ Si l'illicéité d'un moyen de preuve n'entraîne pas nécessairement son rejet des débats, il n'en est pas ainsi lorsqu'un employeur, de manière déloyale et en méconnaissance de ses propres engagements résultant de la charte de la vidéoprotection en vigueur dans l'entreprise, communique un procès-verbal de police obtenu dans le cadre informel des relations qu'il entretenait pour les besoins de son activité avec les autorités de police. • Soc. 8 mars 2023, n° 20-21.848 B.

124. Enregistrement illicite : dispositifs cachés. Constitue un mode de preuve illicite tout enregistrement, quels qu'en soient les motifs, d'images ou de paroles à l'insu des salariés, pendant le temps de travail. • Soc. 20 nov. 1991 : *préc. note 73.* ♦ ... Sauf information et consultation préalable du comité d'entreprise. • Soc. 7 juin 2006 : *préc. note 73.* ♦ Dans le même sens : • Soc. 22 mai 1995 : *préc. note 75* (détective privé opérant à l'insu du salarié) • 4 févr. 1998 : *préc. note 75.* ♦ L'employeur, qui a le droit de contrôler et de surveiller l'activité de ses salariés pendant le temps de travail, ne peut être autorisé à utiliser comme mode de preuve les enregistrements d'un système de vidéosurveillance installé sur le site d'une société cliente permettant le contrôle de leur activité dont les intéressés n'ont pas été préalablement informés de l'existence ; insuffisance à ce titre d'une lettre qui les informe de l'existence de cette vidéosurveillance sans préciser que ce dispositif permet de contrôler leurs heures d'arrivée et de départ sur le lieu du travail. • Soc. 10 janv. 2012 : *préc. note 73.* ♦ V. cependant : • Soc. 19 avr. 2005 : *préc. note 73* (surveillance vidéo d'un local auquel les salariés n'avaient pas accès : mode de preuve licite). ♦ V. aussi note 19 (récit d'activités, observées à partir de la voie publique, notamment en direction du balcon de l'intéressé, justifié, en fonction des circonstances, eu égard au droit à la preuve de toute partie au procès).

125. ... Dispositifs excessifs. Il résulte de l'art. L. 1121-1 C. trav. que nul ne peut apporter aux droits des personnes et aux libertés individuelles et collectives de restrictions qui ne seraient pas justifiées par la nature de la tâche à accomplir ni proportionnées au but recherché ; refus de prendre en compte des enregistrements vidéo obtenus alors que le salarié, qui exerçait seul son activité en cuisine, était soumis à la surveillance constante de la caméra qui y était installée, les enregistrements issus de ce dispositif de surveillance étant attentatoires à la vie personnelle du salarié et disproportionnés au but allégué par l'employeur de sécurité des personnes et des biens. • Soc. 23 juin 2021, n° 19-13.856 B. *D. 2021. 1290 ; Dr. soc. 2021. 843, obs. Adam*

126. ... Communications téléphoniques. L'enregistrement de conversations téléphoniques privées, à l'insu de l'auteur des propos, est un procédé déloyal rendant irrecevable en justice la preuve ainsi obtenue. • Civ. 2e, 7 oct. 2004, n° 03-12.653 P : *D. 2005. 122, note Bonfils ; ibid. Pan. 2652, obs. Marino ; JCP 2005. II. 10025, note Léger ; Gaz. Pal. 2005. 340, note de Belval ; CCE 2005, n° 11, note Stoffel-Munck ; RDC 2005. 472, obs. Debet ; RTD civ. 2005. 135, obs. Mestre et Fages*. – Crédeville, *R. 2004, p. 51*. ♦ ... Sauf lorsque leur auteur ne peut ignorer que ses propos sont enregistrés par l'appareil récepteur. V. en ce sens pour des messages laissés sur un répondeur. • Soc. 6 févr. 2013 : *préc. note 73*. ♦ ... Pour des SMS. • Soc. 23 mai 2007 : *préc. note 73*. ♦ ... Où lorsque les SMS sont envoyés ou reçus par le salarié au moyen du téléphone mis à la disposition du salarié par l'employeur pour les besoins de son travail, présumés à caractère professionnel, sauf s'ils sont identifiés comme étant personnels. • Com. 10 févr. 2015, n° 13-14.779 P : *D. 2015. 428*.

127. Contrôle par un système de traitement automatisé non déclaré à la CNIL. Au regard des art. 6 et 8 Conv. EDH, l'illicéité d'un moyen de preuve, au regard de la loi Informatique et Libertés (antérieurement à l'entrée en vigueur du Règlement général sur la protection des données), n'entraîne pas nécessairement son rejet des débats, le juge devant apprécier si l'utilisation de cette preuve a porté atteinte au caractère équitable de la procédure dans son ensemble, en mettant en balance le droit au respect de la vie personnelle du salarié et le droit à la preuve, lequel peut justifier la production d'éléments portant atteinte à la vie personnelle d'un salarié à la condition que cette production soit indispensable à l'exercice de ce droit et que l'atteinte soit strictement proportionnée au but poursuivi. • Soc. 25 nov. 2020, n° 17-19.523 P : *D. 2021. 117, note Loiseau ; ibid. 1152, obs. Vernac et Ferkane ; Dr. soc. 2021. 21, obs. Trassoudaine-Verger ; ibid. 170, obs. Salomon ; Dalloz IP/IT 2020. 655, obs. Crichton ; JCP 2021, n° 159, note Bossu* (exploitation par l'employeur de fichiers de journalisation et d'adresses IP non déclarés à la CNIL). ♦ Égal. : • Soc. 8 mars 2023, n° 21-17.802 B : *cité note 123*.

128. ... Procédé de contrôle légal et connu du salarié. L'employeur étant tenu, sous peine de sanctions pénales, d'assurer la mise en place et l'utilisation d'un chronotachygraphe pour ses salariés conducteurs routiers, une absence de déclaration à la CNIL de l'emploi de cet appareil ne saurait le priver de la possibilité de se prévaloir, à l'égard du salarié, des informations fournies par ce matériel de contrôle, dont le salarié ne peut ignorer l'existence. • Soc. 14 janv. 2014, n° 12-16.218 P : *D. 2014. 2478, obs. Bretzner ; RDC 2014. 440, note Pelletier*. ♦ La vérification par l'employeur du relevé de communications téléphoniques d'un salarié fourni par France Télécom ne constitue pas un procédé de surveillance illicite. • Soc. 15 mai 2001, n° 99-42.937 P : *D. 2002. 2292, note Planque*. ♦ V. également note 73.

2° DEMANDE DE PREUVE ET PREUVES JUDICIAIRES

129. Constat d'adultère. Le président du tribunal de grande instance est en droit d'autoriser un constat en vue de préconstituer la preuve de l'adultère d'un époux au domicile de la personne coauteur de sa faute. Ce constat ne saurait constituer une atteinte illicite à l'intimité de la vie privée. • Civ. 1re, 6 févr. 1979 : *JCP 1980. II. 19290, note Lindon* • 18 nov. 1992, n° 90-19.368 P. ♦ Même sens, pour un constat au domicile de l'époux : • Civ. 2e, 5 juin 1985, n° 83-14.268 P. ♦ V. aussi notes ss. art. 259-2. ♦ Mais un tel constat, destiné à démontrer le concubinage notoire afin de mettre fin au paiement d'une rente servie à titre de prestation compensatoire, supposant l'accès à l'intérieur du domicile, constituerait une immixtion intolérable dans la vie privée d'un ex-époux dégagé du devoir de fidélité. • Paris, 5 nov. 1981 : *D. 1982. 342, note Massip*.

130. Procédure religieuse. Un archevêque ne peut être condamné sous astreinte à remettre, pour les besoins d'une procédure en divorce, les pièces d'une procédure ecclésiastique en annulation du mariage, alors qu'elles se rapportent à des faits concernant la vie privée du mari que l'autorité religieuse n'en a eu connaissance qu'à raison de la confiance qui lui a été accordée. • Civ. 2e, 29 mars 1989 : *D. 1990. 45, note Robine ; JCP 1990. II. 21586, note Bousca.*

Gaz. Pal. 1990. 1. 3, note Échappé. ♦ V. aussi notes ss. art. 259-1.

131. Fins de non-recevoir. Le respect dû à la vie privée ne s'oppose en rien à ce que puisse être administrée par ceux qui en ont la charge la preuve de l'une des fins de non-recevoir prévues au 1° de l'art. 340-1 (ancien) C. civ. • Civ. 1re, 26 janv. 1982 : *Bull. civ. I, n° 41.*

132. Preuve judiciaire – Atteintes licites à la vie privée. Sur le caractère indispensable à la preuve judiciaire et proportionné au but poursuivi de la production d'éléments portant atteinte à la vie privé, V. note 122. ♦ Une prise de photographies et d'empreintes digitales intervenue dans le cadre d'une enquête judiciaire ne constitue pas une atteinte au respect de la vie privée, dès lors que ces éléments sont conservés par les services de police et ne servent qu'à leurs enquêtes. • Civ. 2e, 18 déc. 2003, n° 02-10.237 P : *D. 2004. Somm. 1635, obs. A. Lepage*. – V. déjà • TGI Marseille, 23 mars 1995 : *D. 1996. 40, note Frayssinet*. ♦ Ne porte pas atteinte au droit au respect de la vie privée de l'épouse la production par son mari, dans une procédure de divorce, de messages électroniques qu'elle échange sur un site de rencontres si cette production intervient dans le cadre de procédures dont l'accès est limité. • CEDH 7 sept. 2021, n° 27516/14 : *D. actu. 27 sept. 2021, note Golhen.* ♦ La production en justice, dans le cadre d'un litige sur la succession à la tête d'une société, à la suite du décès de son dirigeant, d'une note « touchant incontestablement à la vie privée de ses enfants », et mettant en doute leurs compétences professionnelles doit être nécessaire quant aux besoins de la défense et proportionnée au but recherché. • Civ. 1re, 16 oct. 2008, n° 07-15.778 P : *D. 2008. AJ 2726 ; CCE 2009, n° 70, obs. Lepage ; RTD civ. 2009. 167, obs. Perrot*. ♦ De même, cassation de l'arrêt ayant refusé de prendre en compte une lettre trouvée par un héritier dans les papiers de son père, et établissant une donation, pour atteinte au secret des correspondances, sans rechercher si la production litigieuse n'était pas indispensable à l'exercice du droit à la preuve, et proportionnée aux intérêts antinomiques en présence. • Civ. 1re, 5 avr. 2012, n° 11-14.177 P : *D. 2012. 1596, note Lardeux ; RTD civ. 2012. 506, obs. Hauser*. ♦ L'art. 9 n'interdit nullement qu'une photographie d'un individu soit prise à l'insu de celui-ci sans son consentement. Ce texte prohibe seulement la reproduction, l'exposition ou la publication du cliché sans le consentement de l'intéressé. La photographie annexe à un procès-verbal pour excès de vitesse n'est donc entachée d'aucune irrégularité. • T. pol. Paris, 25 mai 1984 : *JCP 1985. II. 20531, note Taquet ; RTD civ. 1988. 91, obs. Rubellin-Devichi.* – Même sens : • TGI Lyon, 29 août 1980 : *D. 1981. 507, note Lindon.* ♦ Pour la conformité du procédé à l'art. 8 de la Conv. EDH, V. • Crim. 7 mai 1996, n° 95-85.674 P. ♦ ... Et en ce qui concerne les enregistrements téléphoniques par des services de renseignement, dès lors qu'ils ne constituent pas le seul moyen de preuve soumis à l'appréciation souveraine des juges. • CEDH 26 avr. 2007, n° 71525/01. ♦ Comp., pour l'utilisation dans un procès civil ou pénal d'enregistrements réalisés à l'insu de l'intéressé, les décisions citées note 10 ss. art. 1382.

133. ... Contrôle d'un parking, d'un véhicule. L'atteinte à la vie privée et au domicile résultant de l'utilisation par la police d'un endoscope, dans un parc privé et non clos de garages, pour visualiser le contenu d'un box fermé ne saurait être invoquée par les demandeurs ne revendiquant aucun droit sur le box et le véhicule en cause. • Crim. 23 janv. 2013 : *D. 2013. 1045, note Potaszkin ; AJ pénal 2013. 227, obs. Pronier*. ♦ V. aussi : • Crim. 23 oct. 2013, n° 13-82.762 (absence d'atteinte à l'intimité de la vie privée, dans le seul fait pour des policiers, dans le cadre d'une enquête préliminaire, d'accéder au parking souterrain d'un immeuble avec l'accord, en connaissance de cause, d'une personne titulaire d'un droit d'accès, et d'y procéder à de simples constatations visuelles sur les véhicules en stationnement) • 18 déc. 2013, n° 13-85.375 P (absence d'atteinte au droit au respect du domicile ou de la vie privée dans le fait d'identifier un véhicule volé, alors que l'intéressé n'était titulaire d'aucun droit sur le parking extérieur où stationnait le véhicule volé). ♦ Également : • Crim. 18 juin 2019, n° 18-86.421 P : *D. 2019. Chron. C. cass. 1568, obs. de Lamarzelle ; JCP 2019, n° 947, note Jeanne* (ni les espaces de circulation, ni les emplacements de stationnement, ni les boxes fermés du parking souterrain d'un immeuble collectif d'habitation ne constituent des lieux d'habitation au sens des art. 230-34 et 706-96-1 C. pr. pén.). ♦ V. cependant : la pose d'un procédé de géolocalisation à l'extérieur d'un véhicule volé et faussement immatriculé est étrangère aux prévisions de l'art. 8, § 2, Conv. EDH. • Crim. 15 oct. 2014, n° 12-82.391 P.

134. Expertise médicale ordonnée judiciairement. Aucune des dispositions du code civil n'autorise le juge aux affaires familiales à contraindre les conjoints à se soumettre à une expertise psychologique ou médico-psychologique relative à leurs relations conjugales réciproques, une telle mesure d'investigation constituant une immixtion dans la vie privée des époux, contraire aux dispositions de l'art. 9. • Paris, 3 mai 1979 : *D. 1979. 504, note Massip.* ♦ Mais lorsque l'un des époux a demandé au juge aux affaires familiales d'ordonner une mesure d'instruction consistant notamment en des investigations à caractère psychologique et psychiatrique et que, n'ignorant pas la nature des examens, il s'y est prêté sans opposition, il a par là même accepté des atteintes à sa vie privée dont il n'est plus en droit de se plaindre. • Civ. 1re, 5 mai 1987 : *D. 1988. 77, note Massip.*

135. L'entretien personnel que l'expert a avec une personne soumise à un examen mental revêt par sa nature même un caractère intime. Il n'est donc pas tenu d'admettre les conseillers médicaux de l'une des parties à assister à l'examen clinique du malade. • Civ. 1re, 25 avr. 1989 : *Gaz. Pal. 1989. 2. 764, note Massip.* ♦ Rappr. Le prévenu de violences ne peut prétendre être présent lors de l'examen médical de la victime par l'expert, compte tenu de son caractère intime. • Crim. 27 juin 2017, n° 17-80.411 P : *D. 2018. Chron. C. cass. 196, obs. Guého.*

E. EXISTENCE DE CERTAINS INTÉRÊTS SUPÉRIEURS

136. Intérêt supérieur de l'enfant. Le respect dû à la vie privée ne fait pas obstacle à ce que le juge intervienne conformément aux pouvoirs que lui donne la loi, pour protéger l'enfant d'un péril. • Civ. 1re, 19 déc. 2000, n° 99-14.620 P : *D. 2001. IR 410* (suppression du droit de visite et d'hébergement du père). ♦ V. aussi note 49. ♦ De même, le respect de la vie privée ne limite pas le pouvoir conféré au juge par l'art. 11 C. pr. civ. dès lors que la mesure d'instruction (expertise sanguine pour l'établissement de la filiation) s'avère nécessaire à la protection des droits de l'enfant, dont l'intérêt est supérieur à toute autre considération. • Reims, 6 avr. 2000 : *D. 2001. Somm. 2080, obs. A. Lepage.* ♦ Sur l'atteinte à la vie privée et familiale (Conv. EDH, art. 8) par l'impossibilité de faire établir un lien de filiation paternelle, justifiée par la stabilité du lien de filiation et la protection des enfants. V. note 3 ss. art. 9.

137. Droits de la défense. Toute atteinte à la vie privée n'est pas interdite, et une telle atteinte peut être justifiée par l'exigence de la protection d'autres intérêts, dont celle des droits de la défense, si elle reste proportionnée au regard des intérêts antinomiques en présence. • Com. 15 mai 2007, n° 06-10.606 P : *D. 2007. AJ 1605 ; ibid. Pan. 2775, obs. A. Lepage ; Dr. fam. 2007, n° 154, note Fossier ; RJPF 2007-11/12, note Putman ; RTD civ. 2007. 637, obs. Perrot ibid. 753, obs. Hauser* (production en justice de pièces relatives à l'état de santé d'un dirigeant social justifiée par la défense des intérêts de la société et des actionnaires). ♦ Comp. • Crim. 24 avr. 2007, n° 06-88.051 P : *Gaz. Pal. 2007. 2558, note Benillouche* (obligation pour le juge de procéder à un contrôle de nécessité et de proportionnalité).

138. Remise d'une personne à une autorité étrangère. Au regard de l'art. 8 Conv. EDH, la remise aux autorités judiciaires allemandes d'une personne ayant sa vie familiale en France, en exécution d'un mandat d'arrêt européen, ne porte pas une atteinte disproportionnée au droit au respect de sa vie privée et familiale, en raison de la peine encourue, de l'importance du préjudice causé et aux antécédents de la personne recherchée, notamment sur le territoire allemand, lesquels établissent sa mobilité géographique. • Crim. 20 oct. 2021, n° 21-85.583 B : *AJ pénal 2021. 594, obs. Chetard.*

139. Prévention des infractions pénales et recherche de leurs auteurs. La captation, la fixation, la transmission, l'enregistrement et le stockage d'images prises au domicile d'une personne, sans le consentement de cette dernière, constituent une ingérence active dans les droits à la protection de la vie privée et familiale et du domicile ; la prévention des infractions pénales et la recherche de leurs auteurs constituent des objectifs conformes à ces exigences. • Crim. 15 nov. 2022, n° 22-80.097 B (C. pr. pén., art. 706-96, conditions jugées remplies en l'espèce pour la surveillance d'une maison par une caméra aéroportée).

140. Confiscation pénale. Appréciation par le juge de la nécessité et de la proportionnalité de l'atteinte au droit de propriété et au droit au respect de la vie privée et familiale du prévenu résultant de la confiscation d'un bien constituant le produit d'une infraction, dans le cadre de l'art. 131-1, al. 3, C. pén. • Crim. 22 mars 2017, n° 16-82.051 P.

IV. MISE EN ŒUVRE DE LA PROTECTION

A. ACTION EN JUSTICE

141. Loi applicable. BIBL. Mestre, *Mél. Kayser, PU Aix-Marseille, 1979, t. 2, p. 239.* ♦ Les conséquences de l'atteinte à la vie privée ou de la violation du droit sur l'image relèvent de la loi du lieu où les faits ont été commis. • Civ. 1re, 13 avr. 1988 : *JCP 1989. II. 21320, note Putman.* ♦ V. note 96 ss. art. 3.

142. Compétence. La juridiction administrative est compétente lorsqu'une atteinte à la vie privée ou au droit d'auteur est imputée à une personne publique. • CE 27 avr. 2011, n° 314577 : *AJDA 2011. 873 ; D. 2011. 1945, note Lécuyer ; JCP 2011. 1435, note Antippas.*

143. ... Victime d'une agression sexuelle. L'art. 39 *quinquies* de la L. du 29 juill. 1881 interdit de diffuser des renseignements concernant l'identité d'une victime d'une agression ou d'une atteinte sexuelles ou l'image de cette victime lorsqu'elle est identifiable, sauf accord de la victime (délit de presse se prescrivant en 3 mois). Il résulte de la combinaison de ce texte avec l'art. 9 que, si la diffusion de l'identité d'une personne et de la nature sexuelle des crimes ou délits dont elle a été victime est poursuivie sur le fondement de l'art. 39 *quinquies*, la divulgation, sans le consentement de l'intéressée, d'informations relatives aux circonstances précises dans lesquelles ces infractions ont été commises est un fait distinct constitutif d'une atteinte à sa vie privée, qui peut être sanctionné sur le fondement de l'art. 9 C. civ. • Civ. 1re, 9 sept. 2020, n° 19-16.415 P : *D. 2021. 197, obs. Dreyer ; AJ pénal 2020. 586, obs. Thierry ; RTD civ. 2020. 857, obs. Leroyer* (révélation d'informations précises et de détails sordides sur les circonstances des crimes commis). ♦ L'art. 39 *quinquies* susvisé poursuit un objectif d'intérêt général, soit la protection de la dignité et de la vie privée de la victime d'infraction sexuelle, protection qui est également de nature à éviter des pressions sur celle-ci. Cette disposition, qui ne présente pas un caractère général et absolu, assure une conciliation, qui n'est pas manifestement disproportionnée, entre la protection des victimes et le principe de la liberté d'expression (rejet QPC). • Crim. 10 août 2022, n° 22-81.057 B : *D. actu. 9 sept. 2022, obs. Slimani ; AJ pénal 2022. 478, obs. Thierry*. ♦ Le droit au respect de la vie privée et le droit à la liberté d'expression ayant la même valeur normative, le juge saisi doit rechercher, en cas de conflit, un juste équilibre entre la liberté d'expression et la protection de la dignité et de la vie privée de la victime d'infraction sexuelle. Pour ce faire, il doit examiner si la diffusion de l'identité de la victime d'infraction sexuelle contribue à un débat d'intérêt général, tenant compte de l'éventuelle notoriété de la personne visée et de son comportement avant la diffusion, de l'objet de cette dernière, son contenu, sa forme et ses répercussions. • Crim. 7 févr. 2023, n° 22-81.057 B : *préc. note 104*.

144. L. du 29 juill. 1881 : prescription. Une demande en réparation fondée sur une atteinte au respect dû à la vie privée échappe à la prescription de trois mois instituée par l'art. 65 de la L. du 29 juill. 1881 sur la presse. • Civ. 2e, 26 nov. 1975 : *D. 1977. 33 (1re esp.), note R. L.* • 9 juill. 1980 : *Bull. civ. II, n° 179* • Paris, 5 déc. 1997 : *Gaz. Pal. 1998. Somm. 30*. ♦ *A contrario*, application du délai de prescription en l'absence de faute distincte : • Civ. 2e, 13 oct. 1993, n° 92-10.617 P : *Gaz. Pal. 1994. 1. Pan. 44*. ♦ Constitue seulement une atteinte au droit exclusif de la personne sur l'utilisation de son image et non une diffamation, dont l'action serait prescrite, la publication d'un article relatant une agression illustré de la photographie d'une personne présentée comme un malfaiteur sans allégation ou imputation contraire à son honneur et sans que son nom soit mentionné. • Civ. 2e, 11 févr. 1999, n° 97-10.465 P : *D. 1999. IR 62*.

145. ... Lien avec l'art. 9. Il appartient au juge saisi d'une action civile fondée sur l'art. 9 de restituer aux faits allégués par le demandeur leur exacte qualification en diffamation sans s'arrêter à la dénomination retenue par les parties. • TGI Nanterre, 8 juin 1999 : *Légipresse, déc. 1999. III, p. 172, obs. Ader* (action pour atteinte au droit à l'image prescrite dans le délai de l'art. 65 de la loi de 1881) • TGI Nanterre, 10 févr. 1999, *Pontabry c/ Sté de Conception Presse : Légipresse n° 160, I, p. 44* (sous réserve d'opérer une distinction entres les divers faits). ♦ V. aussi en ce sens : • Civ. 1re, 31 mai 2007, n° 06-10.747 P : *D. 2007. AJ 1734 ; ibid. 2902, obs. Jourdain ; CCE 2007, n° 138, note A Lepage* (reproduction de l'image d'une personne ne faisant qu'illustrer des propos estimés diffamatoires : non-application des art. 9 et anc. 1382 [1240]). ♦ L'action engagée en réparation du préjudice résultant de la diffusion de l'image d'une personne présentée comme alcoolique ne relève pas de la L. du 29 juill. 1881 mais de l'art. 9 C. civ. • Civ. 1re, 21 févr. 2006, n° 03-19.994 P : *CCE 2006, n° 68, note A. Lepage (2e esp.)*. ♦ Inversement, le fait que le nom et la profession d'une personne aient été données dans la presse en pâture sans condamnation préalable et de façon très négative est constitutif de diffamation, et non d'une atteinte à la vie privée (obligation de respecter dans l'assignation les formalités de la L. du 29 juill. 1881, art. 53). • Civ. 1re, 8 nov. 2017, n° 16-23.779 P : *D. 2018. 208, obs. Dreyer*. ♦ V. aussi note 2. ♦ Impossibilité pour le demandeur d'échapper à la prescription de trois mois de l'art. 65 lorsque l'atteinte à sa vie privée est aussi constitutive de diffamation ou entre dans sa définition. • Paris, 28 mai 1999 : *préc.* • TGI Nanterre, 8 juin 1999, *Depardieu c/ Hachette Filipacchi Associés : Légipresse n° 167, III, p. 172, obs. Ader.*

146. ... Régime procédural. ♦ L'action engagée pour atteinte à la réputation d'une société par l'utilisation de son image est soumise aux conditions dérogatoires du droit de la presse. • Civ. 1re, 30 mai 2006, n° 04-18.520 P : *Gaz. Pal. 2007. Somm. 3416, obs. Lasfargeas ; RTD civ. 2007. 354, obs. Jourdain*. ♦ V. aussi note 16 ss. art. 1241. ♦ Nullité de l'assignation qui retient pour les mêmes faits une double qualification fondée sur la L. du 29 juill. 1881 et sur l'art. 9 C. civ. • Civ. 1re, 4 févr. 2015, n° 13-16.263 P : *D. 2015. 379*. ♦ Irrecevabilité de la question prioritaire de constitutionnalité portant sur la soumission jurisprudentielle au droit civil commun procédural des actions auxquelles l'art. 9 donne lieu sans dénoncer de dispositions précises régissant leur délai de prescription ou la rédaction de la citation et sur la non-application corrélative des art. 65 et 53 de la L. du 29 juill. 1881 dont la constitutionnalité n'est pas contestée. • Civ. 1re, 8 déc. 2011, n° 11-40.070 P : *D. 2012. Pan. 765, obs. Dreyer ; RTD civ. 2012. 89, obs. Hauser*.

147. Intérêt à agir. L'atteinte à la vie privée suppose l'existence d'une référence ou d'une allusion à la vie de la personne qui entend se prévaloir de cette atteinte. • Civ. 2e, 22 mai 1996, n° 93-13.448 P. ♦ L'action fondée sur l'atteinte à la vie privée de l'adhérent d'un syndicat n'est pas ouverte au syndicat, chargé de la défense des intérêts de la profession. • Civ. 1re, 19 déc. 1995, n° 93-18.939 P. ♦ Mais le parent dont l'autorisation n'a pas été sollicitée pour publier les photographies de son enfant peut obtenir l'indemnisation de son propre préjudice moral tiré de la méconnaissance de ses prérogatives d'autorité parentale. • Civ. 1re, 27 févr. 2007, n° 06-14.273 P : *CCE 2007, n° 63, note A. Lepage ; Dr. fam. 2007, n° 124, note Murat ; RTD civ. 2007. 327, obs. Hauser, et 571, obs. Jourdain*. ♦ La protection résultant de l'art. 9 C. civ. présente un caractère individuel et vise les seules atteintes subies personnellement par le titulaire du droit concerné (campagne publicitaire Benetton ; personnes figurant sur les affiches désignées comme séro-positives, mais non identifiables). • TGI Paris, 1er févr. 1995 : *D. 1995. 569, note Edelman ; D. 1997. Somm. 89, obs. Hassler*. – V., en appel : • Paris, 28 mai 1996 : *D. 1996. 617, note Edelman*. ♦ Le secret médical étant un droit propre au patient, son médecin n'est pas recevable à se constituer partie civile du chef de violation du secret professionnel, dans l'intérêt de celui-ci. • Crim. 13 oct. 2020, n° 19-87.341 P : *D. 2020. 2010 ; AJ pénal 2020. 591, obs. Py*. ♦ Sur le droit des héritiers et des proches d'invoquer l'art. 9, V. note 9.

148. Défendeur : site internet d'hébergement. En hébergeant de façon anonyme sur le site internet qu'il gère toute personne qui en fait la demande aux fins de mise à la disposition du public de signaux de toute nature n'ayant pas le caractère de correspondance privée, le fournisseur d'hébergement doit assumer les conséquences de son activité à l'égard des tiers aux droits desquels il serait ainsi porté atteinte. • Paris, 10 févr. 1999 : *D. 1999. 389, note Mallet-Poujol ; JCP 1999. II. 10101, note Olivier et Barbry ; Gaz. Pal. 2000. 1. 637, note Caron* (atteinte à la vie privée par diffusion de photos de nu). ♦ Comp., dans une espèce similaire : il ne peut être reproché à la société, en tant qu'hébergeur grand public, de n'avoir pas procédé spontanément au contrôle du contenu du site litigieux qui a pu légitimement, en l'occurrence, lui rester inconnu, dès lors qu'elle ne saurait être investie, sans risque pour la liberté d'expression, de communication ou de création, d'une mission qui la conduirait à s'intégrer systématiquement dans les rapports de droit entre particuliers. • Versailles, 8 juin 2000 : *D. 2000. IR 270 ; JCP E 2000. 1858, obs. Mallet-Poujol et Vivant ; Gaz. Pal. 2000. 2. Somm. 2326, obs. Barbry ; CCE 2000, n° 81, obs. Galloux*, infirmant • TGI Nanterre, 8 déc. 1999 : *D. 2000. Somm. 274, obs. Caron ; JCP 2000. II. 10279, note Olivier et Barbry ; JCP E 2000. 657, note Gallot Le Lorier et Varet ; Gaz. Pal. 2000. 1. 88, note Bitan ; CCE 2000, n° 40, note A. Lepage*.

149. ... Pluralité de défendeurs, obligation in solidum. L'atteinte aux droits consacrés par l'art. 9, rapportée à ses auteurs, est un fait indivisible générant entre eux une obligation *in solidum* à réparation. • Civ. 1re, 30 oct. 2007 : *CCE 2008, n° 27, note A. Lepage* (peu importe, cependant, l'erreur terminologique commise par l'arrêt d'appel ayant condamné « solidairement » les auteurs).

150. Contrôle de la Cour de cassation. Les constatations des juges du fond doivent permettre à la Cour de cassation d'exercer son contrôle sur l'application de l'art. 9 quant à l'existence d'une atteinte à l'intimité de la vie privée. • Civ. 2e, 14 nov. 1975 : *D. 1976. 421, note Edelman* • 15 mars 1978 : *Bull. civ. II, n° 83* • Civ. 1re, 3 déc. 1980 : *D. 1981. 221, note Edelman ; JCP 1982. II. 19742 (2e esp.), note Bécourt*. ♦ Irrecevabilité du moyen, nouveau et mélangé de fait, en ce qu'il invoque pour la première fois devant la Cour de cassation le caractère disproportionné de l'atteinte spécifique portée au droit de l'intéressée au respect de sa vie privée et familiale par la mesure d'interdiction de gérer prononcée par le tribunal correctionnel et confirmée par la cour d'appel, en violation de l'art. 8 Conv. EDH. • Crim. 20 juin 2017, n° 16-80.982 P : *D. 2017. 1877, obs. Mascala ; Rev. sociétés 2017. 651, note Matsopoulou*.

B. RÉPARATIONS

1° DOMMAGES-INTÉRÊTS

151. Préjudices distincts. L'atteinte au respect dû à la vie privée et l'atteinte au droit de chacun sur son image constituent des sources de préjudice distinctes ouvrant droit à des réparations distinctes. • Civ. 1re, 12 déc. 2000, n° 98-21.161 P : *D. 2001. 2434, note Saint-Pau ; ibid. Somm. 1987, obs. Caron ; LPA 2 févr. 2001, note Derieux ; CCE 2001, n° 94, obs. A. Lepage*.

152. Allocation judiciaire de dommages-intérêts. Si le trouble causé par une publication et le dommage en découlant se trouvent définitivement consommés dès lors que l'hebdomadaire en cause a été mis en vente depuis plusieurs jours, le dommage subi ne peut plus être réparé de manière efficace que par l'allocation de dommages-intérêts. • Paris, 19 juin 1987 : *JCP 1988. II. 20957, note Auvret*. ♦ Est contraire à l'art. 8 Conv. EDH une législation limitant sévèrement le montant des dommages et intérêts pouvant être accordés pour le préjudice moral causé par un abus flagrant de la liberté de la presse, qui prive les victimes de la protection de leur vie privée qu'elles pouvaient espérer et qui ne dissuade pas la répétition de tels abus • CEDH, sect. II, 25 nov. 2008, *A. et B. c/ Lituanie*, n° 36919/02 et n° 23373/03 (révélation de la séropositivité d'un couple, vivant dans un village ; limitation légale de la réparation à 2 900 euros en vertu d'un texte ultérieurement abrogé). ♦ Les très nombreuses déclarations qu'un artiste de variétés a accordées à des journaux à propos de sa vie sentimentale apparaissent de nature à atténuer considérablement l'atteinte qu'il affirme avoir subie du fait de la publication dans un magazine d'un texte concernant sa vie privée, ainsi que l'étendue de son préjudice. • Paris, 28 févr. 1989 : *JCP 1989. II. 21325 (2e esp.), note Agostini.* ♦ Rappr. • TGI Paris, 1er juin 2011 : *JCP 2011. 1466, obs. G. Kessler.* ♦ V. aussi • TGI Paris, 3 déc. 1997 : *JCP 1998. II. 10067, note Serna* (le rédacteur en chef d'un magazine résolument « people », victime d'atteintes à sa vie privée, ne peut établir un préjudice résultant de faits qu'il considère par ailleurs comme légitimes). ♦ Comp., pour la reprise, dans un ouvrage historique, de révélations faites par la personne elle-même, de son vivant, sur certains aspects de sa vie intime : • Civ. 1re, 10 oct. 1995 : *JCP 1997. II. 22765, note Ravanas ; Err. 22794 bis.*

2o AUTRES MESURES

a. Diversité des mesures

153. Mesures conservatoires. Il résulte de l'art. 9 qu'indépendamment du préjudice subi, les juges peuvent prescrire toute mesure propre à faire cesser une atteinte à l'intimité de la vie privée. • Civ. 1re, 17 nov. 1987, no 86-13.413 P. ♦ Les juges du fond estiment souverainement que la mesure conservatoire d'interdiction de poursuivre la diffusion d'un livre, prise à titre provisoire dans l'attente d'une décision sur le fond, est seule de nature à faire cesser le trouble manifestement illicite. • Civ. 1re, 16 juill. 1997, no 96-12.762 P : *JCP 1997. II. 22964, note Derieux (1re esp.),* rejetant le pourvoi contre • Paris, réf., 13 mars 1996 : *préc. note 38.* – Massis, *D. 1997. Chron. 291.* ♦ V. aussi • TGI Paris, réf., 13 oct. 1997 : *Gaz. Pal. 1997. 2. 590, note J.-G. M.* • TGI Paris, réf., 28 oct. 1997 : *JCP 1997. II. 22964, note Derieux (2e et 3e esp.)* (suspension immédiate de la diffusion d'un livre en raison de la gravité du fait imputé au demandeur, identifiable de façon certaine ; incapacité des défendeurs d'apporter, à une nouvelle audience, la preuve de leurs allégations : occultation des passages litigieux du livre). ♦ V. également note 62 (mesures d'instruction *in futurum* envers un salarié).

154. Communiqués – Avertissements. N'est pas contraire à la Conv. EDH la restriction à la liberté d'expression consistant, pour le juge, à ordonner la publication d'un communiqué faisant état de la condamnation de l'organe de presse jugé responsable d'une atteinte à la vie privée. • Civ. 1re, 30 mai 2000, no 98-20.633 P : *D. 2001. 1571, note Ravanas ; Gaz. Pal. 2001. 411, concl. Sainte-Rose ; CCE 2000, no 96, note A. Lepage.* – Dans le même sens : • Civ. 1re, 12 déc. 2000 : *préc. note 151* (2e arrêt). – V. aussi • CEDH 1er juill. 2003 : *JCP 2005. I. 143, no 9, obs. de Lamy* • 14 juin 2007, *Hachette Filipacchi c/ France : JCP 2007. II. 10164, note Derieux ; Gaz. Pal. 2007. Doctr. 2843, étude L. François ; RTD civ. 2007. 732, obs. Marguénaud.* ♦ Les juges du fond peuvent ordonner cumulativement une indemnité provisionnelle et la publication judiciaire. • Civ. 1re, 2 oct. 2007 : *RJPF 2007-12/11, note Putman ; RTD civ. 2008. 79, obs. Hauser.* ♦ Condamnation à publication judiciaire d'un communiqué, assortie de l'exécution provisoire, exécutée, puis partiellement réformée en appel : V. • Paris, 16 janv. 2007 : *D. 2007. Pan. 2774, obs. A. Lepage.* ♦ ... Ou encore à l'apposition sur un coffret mis en vente d'un bandeau indiquant que le produit porte atteinte à la dignité de la personne (« poupée Vaudou » à l'effigie du Président de la République), l'interdiction de la vente de l'ouvrage étant une mesure disproportionnée et attentatoire à la liberté d'expression. • Paris, 28 nov. 2008 : *préc. note 89.* ♦ En revanche l'art. 8 Conv. EDH n'impose pas aux médias d'avertir à l'avance les personnes au sujet desquelles ils entendent publier des informations. • CEDH 10 mai 2011, no 48009/08, *Mosley c/ Royaume-Uni : D. 2011. 1487.*

155. Remise de document sous astreinte. N'a pas méconnu les exigences des art. 10 Conv. EDH et 9 C. civ. l'arrêt qui, outre la condamnation à dommages-intérêts, a ordonné, sous astreinte, la remise à la victime du négatif de la photographie litigieuse. • Civ. 2e, 18 déc. 2003, no 00-22.249 P : *D. 2004. IR 251.* ♦ V. aussi pour la restitution de négatifs. • CEDH, sect. I, 15 janv. 2009, *R. et D. c/ Grèce,* no 1234/05.

b. Adéquation des mesures

156. Adéquation à la gravité de l'atteinte. Le séquestre, la saisie ou la suppression de certains passages d'une publication, assimilables à une véritable censure, ne se justifient que si les descriptions ou divulgations incriminées revêtent, en raison de leur gravité, un caractère intolérable. • Paris, 14 mai 1975 : *D. 1975. 687, note Lindon* • TGI Paris, 15 avr. 1987 : *D. 1987. 551, note Hassler.* ♦ De même, ne peut être retenue comme atteinte à la vie privée la seule communication à un éditeur d'un synopsis, ébauche d'un ouvrage en gestation devant constituer la biographie d'une personnalité connue ; dès lors, le principe de la liberté d'expression s'oppose à ce que le tribunal interdise la mise en vente d'un ouvrage non encore écrit dont la teneur demeure incertaine. • TGI Paris, 18 nov. 1998 : D. 1999. 462, note Rebut. ♦ V. aussi, estimant que l'interdiction, même temporaire, en référé de l'ouvrage « Cécilia » relatif à l'ex-femme du président de la République serait manifestement disproportionnée : • TGI Paris, réf., 11 janv. 2008 : *CCE 2008, no 44, note A. Lepage.*

157. Adéquation au but poursuivi. Le maintien de l'interdiction générale de diffusion d'un livre enfreignant le secret médical, prononcé dans l'instance au fond plus de neuf mois après le décès de la personne concernée, ne répond plus à un besoin social impérieux et porte à la liberté d'expression une atteinte disproportionnée. • CEDH 18 mai 2004, *Sté Plon c/ France : D. 2004. 1838, note Guedj ; ibid. Somm. 2539, obs. Fricero ; JCP 2004. I. 161, n° 12, obs. Sudre ; CCE 2004, n° 96, note A. Lepage ; RTD civ. 2004. 483, obs. Hauser*. ♦ La saisie provisoire d'un livre, destinée à protéger des personnes établies dans le département des Hautes-Pyrénées, ne peut être étendue à l'intégralité du territoire français sans que les juges caractérisent l'adéquation de cette mesure au but poursuivi et, partant, sa nécessité (décision rendue au visa de l'art. 10 Conv. EDH). • Civ. 1re, 31 janv. 1989, n° 87-15.139 P : *R., p. 343.* ♦ Mais possibilité d'interdire la publication de l'autobiographie d'un condamné, décrivant dans le détail les atrocités commises, ce qui serait contraire à la dignité humaine. • CEDH, sect. IV, 9 mars 2010, *N. c/ Royaume-Uni*, n° 36882/05. ♦ Une cour d'appel apprécie souverainement que le retrait du magazine contenant les photos attentatoires à la vie privée, ne pouvant prendre effet que trois jours avant la fin de la parution du numéro concerné, déjà abondamment vendu, était une mesure impropre à faire cesser un trouble largement consommé. • Civ. 1re, 5 déc. 2006, n° 06-13.350 P : *JCP 2007. II. 10064, note Brusorio.* – Même sens : • TGI Paris, réf., 11 janv. 2008 : *préc. note 156.* ♦ La publication de communiqués judiciaires est l'une des modalités de la réparation des préjudices causés par voie de presse ; si cette mesure est sollicitée par la victime, la juridiction saisie n'a pas à s'assurer si la publicité donnée à sa décision est appropriée à la nature du fait dommageable et ne risque pas d'en aggraver la portée, dès lors que la mesure demandée et ordonnée est proportionnée au préjudice subi. • Paris, 28 nov. 1988 : *D. 1989. 410, note Aubert.*

c. Référé

158. *Nécessité d'une atteinte à l'intimité de la vie privée.* Les mesures prévues par l'art. 9, al. 2, ne peuvent être ordonnées en référé que dans le seul cas d'atteinte à l'intimité de la vie privée ; il n'en est pas ainsi de la publication de renseignements d'ordre purement patrimonial, exclusifs de toute allusion à la vie et à la personnalité des intéressés. • Civ. 1re, 4 oct. 1989, n° 87-19.658 P. ♦ Mais sont justifiées la saisie totale et l'interdiction de la vente et de la diffusion d'un livre contenant le récit de la vie conjugale, du divorce et des rapports après divorce d'un couple, l'atteinte grave et insupportable à l'intimité de la vie privée se poursuivant tout au long de l'ouvrage. • Civ. 1re, 3 avr. 1984, n° 82-15.849 P. ♦ V. aussi • Civ. 1re, 9 juill. 2003 : *préc. notes 26 et 104* (interdiction justifiée, en référé, de la poursuite de la publication d'un feuilleton dans un hebdomadaire) • 2 juill. 2014, n° 13-21.929 P : *préc. note 18* (retrait d'un site d'information et interdiction ultérieure de publication d'écoutes contraires au droit au respect de la vie privée sanctionné par la loi pénale).

159. *Urgence.* La seule constatation de l'atteinte aux droits de la personne caractérise l'urgence au sens de l'art. 9, al. 2. • Civ. 1re, 12 déc. 2000 : *préc. note 151* • 20 déc. 2000 : *préc. note 9.*

Art. 9-1 *(L. n° 2000-516 du 15 juin 2000, art. 91)* **Chacun a droit au respect de la présomption d'innocence.**

Lorsqu'une personne est, avant toute condamnation, présentée publiquement comme coupable de faits faisant l'objet d'une enquête ou d'une instruction judiciaire, le juge peut, même en référé, sans préjudice de la réparation du dommage subi, prescrire toutes mesures, telles que l'insertion d'une rectification ou la diffusion d'un communiqué, aux fins de faire cesser l'atteinte à la présomption d'innocence, et ce aux frais de la personne, physique ou morale, responsable de cette atteinte.

Les actions fondées sur une atteinte au respect de la présomption d'innocence [C. civ., art. 9-1] commise par l'un des moyens visés à l'art. 23 se prescriront après trois mois révolus à compter du jour de l'acte de publicité (L. 29 juill. 1881, art. 65-1). — **C. pén.**

BIBL. ▶ Auvret, *JCP 1994. I. 3802 ; Gaz. Pal. 1995. 2. Doctr. 1053.* – Ch. Bigot, *Gaz. Pal. 1993. 2. Doctr. 1066.* – Bureau, *JCP 1998. I. 166* (cinq ans d'application). – Derieux, *JCP 1997. I. 4053* (référé et liberté d'expression).

1. *Définition de la présomption.* L'atteinte à la présomption d'innocence visée à l'art. 9-1 consiste à présenter publiquement comme coupable, avant condamnation, une personne poursuivie pénalement. • Civ. 1re, 6 mars 1996, n° 93-20.478 P : *D. 1997. Somm. 72, obs. Dupeux*.

2. *Droit constituant une liberté fondamentale.* La présomption d'innocence, qui concourt à la liberté de la défense, constitue une liberté fondamentale. • CE, réf., 14 mars 2005 : *AJDA 2005. 576.*

3. *... Limites tenant à la liberté d'expression.* Le droit à la présomption d'innocence et le droit à la liberté d'expression ayant la même valeur normative, il appartient au juge saisi de mettre ces droits en balance en fonction des intérêts en jeu et de privilégier la solution la plus protectrice de l'intérêt le plus légitime. Cette mise en balance doit être effectuée en considération, notamment, de la teneur de l'expression litigieuse, sa contribution à un débat d'intérêt général, l'influence qu'elle peut avoir sur la conduite de la procédure pénale et la proportionnalité de la mesure demandée. • CEDH 29 mars 2016, *Bédat c/ Suisse – GC*, n° 56925/08 : *RSC 2016. 592, obs. Marguénaud*. ♦ La suspension de la diffusion d'un film qui fait l'objet d'une procédure pénale en cours, jusqu'à ce qu'une décision définitive sur la culpabilité du demandeur soit rendue, constitue une mesure disproportionnée aux intérêts en présence, dès lors que le juge du fond a procédé à la mise en balance du droit à la présomption d'innocence et du droit à la liberté d'expression en fonction de ces intérêts, et apprécié l'impact de l'œuvre et des avertissements donnés aux spectateurs au regard de cette procédure. • Civ. 1re, 6 janv. 2021, n° 19-21.718 P : *D. 2021. 780, note Detraz ; Légipresse 2021. 91, étude Bigot ; D. actu. 18 janv. 2021, obs. Lavric* (film analysé comme une œuvre de fiction et non pas un documentaire, s'inscrivant dans une actualité portant sur la dénonciation d'actes de pédophilie au sein de l'Église catholique et dans un débat d'intérêt général qui justifiait que la liberté d'expression fût respectée). ♦ V. égal., sur la conciliation du respect de la présomption d'innocence et du droit à l'information, • CEDH 3 oct. 2000 : *D. 2000. IR 257* (d'autres mécanismes protecteurs, notamment l'art. 9-1 C. civ., rendent non nécessaire l'interdiction absolue prévue par la L. du 2 juill. 1931, art. 2, de publier, avant décision judiciaire, toute information relative à des constitutions de partie civile). ♦ V. notes 12 s.

A. CONDITIONS D'APPLICATION

4. *Culpabilité imputée à une personne.* Le respect de la présomption d'innocence, affirmé par l'art. 6 Conv. EDH, interdit que le président de la Commission des opérations de bourse en exercice déclare une personne coupable d'une infraction avant que les juges compétents ne se soient prononcés. • Com. 1er déc. 1998, n° 96-20.189 P : *JCP E 1999. 372, note Garaud*. • Civ. 2e, 29 avr. 1998, n° 94-17.486 P • Civ. 1re, 10 avr. 2013, n° 11-28.406 P : *D. 2013. 1003, obs. Lavric* (affichage d'un jugement frappé d'appel et tronqué dans un cabinet médical). ♦ Sur l'immunité des comptes rendus judiciaires, V. notes 12 s.

5. *... Présomption d'innocence et sanction du salarié.* La présomption d'innocence n'interdit pas le licenciement d'un salarié mis en examen lorsque ce licenciement ne se fonde pas sur cette seule mise en examen, mais sur le fait qu'elle avait été cachée à l'employeur alors qu'elle était en rapport avec les fonctions professionnelles du salarié et de nature à en affecter le bon exercice, caractérisant ainsi un manquement de l'intéressé à ses obligations professionnelles. • Soc. 29 sept. 2014, n° 13-13.661 P (médecin conseil mis en examen pour escroquerie au préjudice de la sécurité sociale). ♦ De même, le droit à la présomption n'a pas pour effet d'interdire à un employeur de se prévaloir de faits dont il a régulièrement eu connaissance au cours d'une procédure pénale à l'appui d'un licenciement à l'encontre d'un salarié qui n'a pas été poursuivi pénalement ; la procédure disciplinaire est indépendante de la procédure pénale, de sorte que l'exercice par l'employeur de son pouvoir disciplinaire ne méconnaît pas le principe de la présomption d'innocence lorsque l'employeur prononce une sanction pour des faits identiques à ceux visés par la procédure pénale. • Soc. 13 déc. 2017, n° 16-17.193 P : *D. 2018. 813, obs. Lokiec et Porta ; Dr. soc. 2018. 299, obs. Mouly ; RDT 2018. 278, obs. Mathieu*.

6. *... Imputation avant toute condamnation pénale.* Seule une condamnation pénale devenue irrévocable fait disparaître, relativement aux faits sanctionnés, la présomption d'innocence dont l'art. 9-1 assure le respect. • Civ. 1re, 12 nov. 1998, n° 96-17.147 P : *D. 1999. Somm. 165, obs. Dupeux ; RTD civ. 1999. 62, obs. Hauser* (commentaire d'une décision de condamnation frappée d'appel) • Paris, 2 juin 1999 : *D. 2000. Somm. 409, obs. Bigot*. ♦ Une personne condamnée, dont la culpabilité a été légalement établie au sens de l'art. 6, § 2, Conv. EDH, ne peut plus se prévaloir de la présomption d'innocence. • Crim., révis., 20 nov. 2002, n° 01-85.386 P. ♦ V. note 1.

7. *Conditions indifférentes.* L'art. 9-1 ne distingue pas selon la qualité de l'auteur des propos publiquement diffusés. • Paris, 7 oct. 2003 : *D. 2003. IR 2732 ; Gaz. Pal. 2003. 3147 ; CCE 2003, n° 125, note A. Lepage* (mère de la victime, en l'espèce). ♦ La mauvaise foi n'est pas une condition d'application de l'art. 9-1, justifiée seulement par la constatation d'une atteinte publique à la présomption d'innocence. • Cass., ass. plén., 21 déc. 2006, n° 00-20.493 P : *R., p. 246 ; BICC 1er mars 2007, rapp. Lacabarats, avis Legoux ; D. 2007. 835, note Morvan ; JCP 2007. II. 10040, note Dreyer ; ibid. 10111, note X. Lagarde ; Gaz. Pal. 2007. 428, avis Legoux, et 3270, note Guerder ; RJPF 2007-4/12, note Putman ; RTD civ. 2007. 168, obs. Théry* (article de presse contenant des conclusions définitives tenant pour acquise la culpabilité).

B. RÉGIME DE L'ACTION ET SANCTIONS

a. Fondement de la demande – Demandeurs

8. *Exclusion de l'anc. art. 1382 [1240] C. civ.* Les abus de la liberté d'expression prévus par l'art. 9-1 ne peuvent être poursuivis sur le fondement de l'anc. art. 1382 [1240]. • Civ. 2e, 8 mars 2001 : *D. 2001. IR 1076 ; LPA 18 mai 2001, note Derieux ; Gaz. Pal. 2001. 831, note Guerder* • 21 juin 2001 : *LPA 29 août 2001, note Derieux.*

9. *Action fondée sur l'art. 9.* V. note 16.

10. … Articulation avec la L. du 29 juill. 1881. Les abus de la liberté d'expression qui sont prévus par la L. du 29 juill. 1881 et qui portent atteinte à la présomption d'innocence peuvent être réparés sur le fondement unique de l'art. 9-1 C. civ. • Civ. 2e, 8 juill. 2004, n° 01-10.426 P : *R., p. 374 ; D. 2004. 2956, note Bigot ; JCP 2005. I. 143, n° 7, obs. Tavieaux-Moro ; Gaz. Pal. 2004. 2508, note P.L.G. ; RTD civ. 2005. 176, obs. Théry* • Civ. 1re, 8 nov. 2017, n° 16-23.779 P : *D. 2018. 208, obs. Dreyer* (conséquence : les règles de forme prévues par la L. du 29 juill. 1881 ne s'appliquent pas à l'assignation visant une telle atteinte). ♦ Comp. : l'auteur de l'action civile fondée sur le délit de diffamation et exercée devant le juge pénal ne peut plus agir devant le juge civil en raison des mêmes faits sur le fondement de l'art. 9-1 C. civ. • Civ. 1re, 28 juin 2007, n° 06-14.185 P : *D. 2007. AJ 2039 ; Gaz. Pal. 2008. 2539, obs. Lasfargeas ; CCE 2007, n° 138, note A. Lepage.* ♦ Nullité de l'assignation qui retient pour les mêmes faits une double qualification fondée sur la L. du 29 juill. 1881 et sur l'art. 9-1 C. civ. • Civ. 1re, 4 févr. 2015, n° 13-19.455 P.

11. Droits des héritiers. L'art. 9-1 (rédaction antérieure à la L. du 24 août 1993) ne peut être invoqué par les héritiers à l'appui d'une demande en réparation du préjudice résultant de l'atteinte qui aurait été portée à la présomption d'innocence de leur auteur. • Paris, 21 sept. 1993 : *D. 1993. IR 224 ; RTD civ. 1994. 75, obs. Hauser* .

b. Immunité des comptes rendus de presse

12. Droits de la presse – Immunité des comptes rendus de débats judiciaires. L'affichage d'une décision de justice ne peut s'assimiler à l'immunité propre dont bénéficie celui qui se livre au compte rendu de débats judiciaires, une telle activité devant du reste être menée avec fidélité et bonne foi, conditions que démentent les expurgations opérées sur la pièce affichée. • Civ. 1re, 10 avr. 2013 : *préc. note 4* (affichage d'une décision judiciaire en omettant le passage où la relaxe était plaidée et l'indication d'une procédure d'appel). ♦ Le fait de divulguer le nom d'une personne majeure inculpée ou mise en examen n'est interdit par aucun texte et il est permis de rendre compte des affaires judiciaires en cours d'instruction dès lors que les journalistes n'assortissent la relation des faits d'aucun commentaire de nature à révéler un préjugé de leur part quant à la culpabilité de la personne en cause. • TGI Paris, 7 juill. 1993 : *JCP 1994. II. 22306 (1re esp.), note Bigot et Dupeux ; RTD civ. 1995. 325, obs. Hauser* • Rouen, 20 sept. 1993 : *ibid. (2e esp.)* , conf. par • Civ. 1re, 6 mars 1996 : *préc. note 1.* ♦ Il n'y a pas atteinte à la présomption d'innocence lorsque l'écrit litigieux ne contient pas de conclusions définitives manifestant un préjugé tenant pour acquise la culpabilité. • Civ. 1re, 19 oct. 1999, n° 97-15.802 P : *D. 2000. 737, note Dubernat ; Gaz. Pal. 2001. Somm. 982, obs. Guerder* • Paris, 24 mars 2000 : *Légipresse 2000, III, p. 121, note Ader* (reprise d'informations policières) • Civ. 1re, 12 juill. 2001, n° 98-21.337 P : *D. 2002. 1380, note C. Bigot ; JCP 2002. II. 10152, note Ravanas ; CCE 2001, n° 117, note A. Lepage ; RJPF 2001-11/12, note Garaud ; RTD civ. 2001. 852, obs. Hauser* (article duquel se dégage une impression de culpabilité) • Civ. 2e, 20 juin 2002, n° 00-11.916 P : *JCP 2003. II. 10101, note Garaud ; ibid. I. 126, n° 12, obs. Beignier ; Dr. et patr. 1/2003. 116, obs. Loiseau* (reportage télévisé de caractère purement analytique et dépourvu de préjugé) • 13 nov. 2003, n° 01-11.236 P (l'expression « fiché au grand banditisme » ne comporte de la part du journaliste aucune déclaration prématurée de culpabilité) • Civ. 1re, 21 févr. 2006 : *préc. note 10* • 20 mars 2007, n° 05-21.929 P : *D. 2007. AJ 1023 ; JCP 2007. II. 10141, note Derieux (2e esp.) ; RCA 2007, n° 175, et Repère 6, par Groutel (2e esp.).* ♦ Sur la diffusion d'un film en cours de procédure pénale, V. note 3.

13. … Atteintes à la présomption. • Civ. 1re, 2 mai 2001, n° 99-13.545 P : *D. 2001. IR 1672 ; RJPF 2001-7-8/13, note Villa-Nys* • Civ. 2e, 8 juill. 2004 : *préc. note 10* (information de nature à ne laisser aucun doute à l'auditeur sur la culpabilité de l'intéressé) • Cass., ass. plén., 21 déc. 2006 : *préc. note 7* • Civ. 1re, 20 mars 2007, n° 05-21.541 P : *D. 2007. AJ 1023 ; ibid. Pan. 2902, obs. Jourdain ; JCP 2007. II. 10141, note Derieux (1re esp.) ; RCA 2007, n° 175, et Repère 6, par Groutel (1re esp.) (idem).* – V. aussi • CEDH, sect. V, 18 mars 2010, *Kouzmin c/ Russie*, n° 58939/00 (allégations de responsables publics, à un stade précoce de la procédure et avant toute mise en accusation, présentant le requérant comme coupable) • Toulouse, 5 juill. 1993 : *D. 1994. 382, note Ravanas* .

c. Règles de procédure

14. Règles de forme. Les règles de forme prévues par la L. du 29 juill. 1881 ne s'appliquent pas à l'assignation fondée sur l'art. 9-1 C. civ. • Civ. 1re, 21 févr. 2006, n° 04-11.731 P : *Gaz. Pal. 2007. Somm. 3420, obs. Guerder ; CCE 2006, n° 68, note A. Lepage (1re esp.)* • 20 mars 2007 : *préc. note 13.*

15. Prescription. Selon l'art. 65-1 de la L. du 29 juill. 1881, les actions civiles fondées sur une atteinte par voie de presse au respect de la présomption d'innocence se prescrivent par 3 mois à compter du jour de l'acte de publicité ; ces dispositions spéciales, d'ordre public, dérogeant au droit commun, le délai de 3 mois court de nouveau à compter de chaque acte interruptif de la prescription abrégée prévue par ce texte. • Civ. 2e, 8 juill. 2004 : *préc. note 10.* ♦ … Aussi, saisi de l'absence de signature des conclusions de première instance, le juge d'appel a-t-il le devoir de vérifier l'exactitude de l'allégation. • Civ. 1re, 30 avr. 2009, n° 07-19.879 P : *RTD civ. 2009. 505, obs. Hauser*. ♦ Pour le refus de censurer un arrêt ayant méconnu cette nouvelle interprétation jurisprudentielle (obligation d'accomplir tous les 3 mois un acte interruptif de prescription), dès lors que l'application immédiate de cette règle de prescription dans une instance en cours aboutirait à priver la victime d'un procès équitable, V. • Cass., ass. plén., 21 déc. 2006 : *préc. note 7.*

16. ... Articulation avec l'art. 9 C. civ. La prescription de l'action fondée sur l'art. 9-1 laisse ouverte l'action fondée sur l'art. 9 C. civ. • Civ. 2e, 29 avr. 2004, n° 02-19.432 P.

d. Mesures de réparation

17. Suspension. V. note 3.

18. Réparation. La publication d'un communiqué judiciaire ordonnée en référé ne prive pas la victime du droit d'agir devant les juges du fond pour obtenir des dommages-intérêts. • Cass., ass. plén., 21 déc. 2006 : *préc. note 7.* ♦ V. aussi • Paris, 7 oct. 2003 : *préc. note 7*, ordonnant l'insertion d'un encart rappelant la présomption d'innocence dans le livre incriminé.

Art. 10 *(L. n° 72-626 du 5 juill. 1972)* **Chacun est tenu d'apporter son concours à la justice en vue de la manifestation de la vérité.**

Celui qui, sans motif légitime, se soustrait à cette obligation lorsqu'il en a été légalement requis, peut être contraint d'y satisfaire, au besoin à peine d'astreinte ou d'amende civile, sans préjudice de dommages et intérêts.

RÉP. CIV. vis *Preuve : modes de preuve*, par G. LARDEUX, *Preuve : règles de preuve*, par G. LARDEUX.

BIBL. ▶ BOITARD et BOQUET, *Gaz. Pal. 1976. 2. Doctr. 639.* – DAIGRE, *JCP 1981. I. 3020.* – F. GUIOMARD, *RDT 2018. 614* (clauses d'interdiction de témoigner). – LASSERRE-KIESOW, *D. 2010. Chron. 907* (vérité et droit civil). – MESTRE, obs. *RTD civ. 1996. 166*. ▶ **Droits français et anglais :** JOLOWICZ, *Mél. Perrot, Dalloz, 1996, p. 167.*

A. DOMAINE

1. Concours à apporter à une autorité judiciaire. Le concours visé par l'art. 10 C. civ. est celui qui doit être apporté, non aux particuliers, mais à l'autorité judiciaire, en vue de la manifestation de la vérité (cassation de la décision ayant condamné un médecin à des dommages-intérêts au profit de la personne à laquelle il avait refusé de délivrer une attestation relative au caractère prématuré des obsèques d'un parent décédé accidentellement). • Civ. 1re, 25 oct. 1994, n° 92-15.020 P.

2. Mesure sollicitée nécessaire à la sauvegarde d'un droit. L'art. 10 C. civ. et les art. 138 à 141 C. pr. civ. ne sont pas applicables lorsque la mesure sollicitée n'a pas pour but la sauvegarde d'un droit légalement reconnu ou judiciairement constaté. • Civ. 1re, 6 nov. 1990 : *D. 1991. 353, note Prévault*.

3. Application aux personnes publiques. L'obligation d'apporter son concours à la justice pour la manifestation de la vérité s'impose aussi bien aux personnes publiques qu'aux personnes privées et le juge civil, dès lors qu'il est compétent pour connaître du litige peut, sans méconnaître le principe de la séparation des pouvoirs, ordonner à une personne publique la production d'un élément de preuve (communication du nom et de l'adresse d'un abonné au téléphone figurant sur la « liste rouge »). • Civ. 1re, 21 juill. 1987, n° 85-16.436 P : *R., p. 235 ; Gaz. Pal. 1988. 1. 322, note Renard ; Defrénois 1987. 1253, rapp. Sargos ; RTD civ. 1988. 393, obs. Perrot.* ♦ Dans le même sens : • Civ. 1re, 20 déc. 1993, n° 92-12.819 P (ordonnance du juge des référés sous astreinte). ♦ Sur l'injonction faite à l'administration ou à l'employeur d'avoir à communiquer l'adresse d'un agent ou d'un salarié, V. aussi note 64 s. ss. art. 9. ♦ Solution identique pour la communication de renseignements permettant d'identifier le bénéficiaire du solde créditeur d'un compte courant postal dont le titulaire est décédé. • Civ. 1re, 31 janv. 1990, n° 88-16.877 P.

B. POUVOIRS DU JUGE

4. Principe – Production de documents et de renseignements. Le juge civil a le pouvoir d'ordonner à un tiers de produire tout document qu'il estime utile à la manifestation de la vérité ; ce pouvoir n'est limité que par l'existence d'un motif légitime tenant soit au respect de la vie privée, sauf si la mesure s'avère nécessaire à la protection des droits et libertés d'autrui, soit au secret professionnel. • Civ. 1re, 21 juill. 1987 : *préc. note 3.* ♦ Comp. : • Civ. 1re, 20 juill. 1994, n° 92-21.615 P : *Defrénois 1995. 403, note Rouzet ; JCP N 1996. II. 1216, obs. Senséau.* ♦ Rappr. : il résulte de la combinaison des art. 10 C. civ., 11 et 145 C. pr. civ. qu'il peut être ordonné à des tiers, sur requête ou en référé, de produire tous documents qu'ils détiennent, s'il existe un motif légitime de conserver ou d'établir avant tout procès la preuve de faits dont pourrait dépendre la solution d'un litige et si aucun empêchement légitime ne s'oppose à cette production par le tiers détenteur. • Civ. 2e, 26 mai 2011, n° 10-20.048 P : *D. 2011. Actu. 1494*. ♦ ... Y compris dans le cadre de l'art. 145

C. pr. civ. • Civ. 1re, 31 mai 1988 : *Bull. civ. I, n° 168* (production par une caisse primaire d'assurance maladie de renseignements relatifs au nombre de clients visités par un médecin dans un périmètre où celui-ci s'était contractuellement obligé à ne pas se rétablir).

S'agissant de pièces détenues par une partie et non par un tiers, le juge peut discrétionnairement et sans violer les art. 10 C. civ. et 6.1 Conv. EDH refuser de faire droit à la demande de communication. • Civ. 1re, 27 janv. 2004, n° 01-13.976 P.

5. Limites : incidences du secret professionnel. BIBL. Gavaudan et Abeille, *RDSS 2011. hors série. 59* (avocat, secret professionnel et secret médical). ♦ Sur la protection du secret des affaires, V. C. com., art. L. 151-1 s. ♦ Le principe de respect du secret professionnel en cours de procès n'est pas un principe ou un droit garanti par la Constitution. • Com. 13 avr. 2012 : *D. 2012. 1116, obs. Delpech* (non-lieu à QPC). ♦ Le secret professionnel est institué dans l'intérêt des patients (CSP, art. L. 1110-4 et R. 4127-4). Il s'agit d'un droit propre au patient instauré dans le but de protéger sa vie privée et le secret des informations le concernant. Un salarié professionnel de santé, participant à la transmission de données couvertes par le secret, ne peut se prévaloir, à l'égard de son employeur, d'une violation du secret médical pour contester le licenciement fondé sur des manquements à ses obligations ayant des conséquences sur la santé des patients. • Soc. 15 juin 2022, n° 20-21.090 B. ♦ Le secret médical ayant été institué dans l'intérêt du patient et non pas dans celui du médecin, la violation du secret professionnel ne porte directement préjudice qu'à l'intérêt général et à l'auteur de ces confidences. • Crim. 13 oct. 2020, n° 19-87.341 P : *D. 2020. 2010* ; *AJ pénal 2020. 591, obs. Py*. ♦ Cassation de l'arrêt qui refuse une expertise dont la contestation repose sur le respect du secret des affaires, sans rechercher si cette mesure d'instruction, confiée à un tiers soumis au secret professionnel, n'était pas proportionnée au droit des sociétés d'assurance concernées d'établir la preuve d'actes de concurrence interdite ou déloyale attribués à l'agent général et à la préservation des secrets d'affaires. • Civ. 1re, 22 juin 2017, n° 15-27.845 P : *D. 2017. 2444 et les obs.* ; *Dalloz IP/IT 2017. 543, obs. de Maison Rouge* ; *RTD civ. 2017. 661, obs. Barbier*. ♦ Jugé toutefois que nul ne peut être contraint à produire en justice des documents relatifs à des faits dont il a eu connaissance dans l'exercice de ses fonctions et touchant à l'intimité de la vie privée des personnes (éléments d'une procédure en annulation de mariage devant la juridiction ecclésiastique). • Civ. 2e, 29 mars 1989 : *D. 1990. 45, note Robine* ; *JCP 1990. II. 21586, note Bouscau* ; *Gaz. Pal. 1990. I. 3, note Échappé*. ♦ Toutefois, le principe de respect du secret professionnel en cours de procès n'est pas un principe ou un droit garanti par la Constitution. • Com. 13 avr. 2012 : *D. 2012. 1116, obs. Delpech* (non-lieu à QPC). ♦ La procédure de production forcée ne peut être utilisée lorsque la correspondance dont il est demandé communication est détenue par un notaire, lequel est fondé à invoquer l'obligation au secret professionnel qui s'impose à lui et à opposer l'existence d'un empêchement légitime. • Orléans, 4 mars 1992 : *JCP N 1992. II. 341, note Sanséau*. ♦ Le secret professionnel s'impose au notaire qui ne peut, sans une ordonnance du président du TGI (devenu tribunal judiciaire), délivrer expédition ni donner connaissance des actes qu'il a établis à d'autres qu'aux personnes intéressées en nom direct, héritiers ou ayants droit, en application de l'art. 23 de la L. du 25 ventôse an XI. • Civ. 1re, 20 avr. 2022, n° 20-23.160 B : *D. 2022. 798* ; *AJ fam. 2022. 345, obs. Ferre-André* (cassation de l'arrêt ayant ordonné la communication d'une adresse ne figurant dans aucun acte) • 11 janv. 2023, n° 20-23.679 B (nécessité de rechercher si une ordonnance du président du TGI avait délié le notaire du secret professionnel, s'agissant d'une information contenue dans un acte qu'il avait établi). ♦ Comp. : • Civ. 1re, 20 juill. 1994 : *préc. note 4* (dissimulation illégitime de l'adresse de son client par un notaire).

6. ... Secret bancaire. Le secret professionnel auquel est tenu un établissement de crédit constitue un empêchement légitime opposable au juge civil. • Com. 13 juin 1995, n° 93-16.317 P : *RTD civ. 1996. 166, spéc. 169, obs. Mestre* • 25 févr. 2003, n° 00-21.184 P : *R., p. 414* ; *RTD civ. 2003. 477, obs. Hauser* (le secret bancaire ne cesse pas avec la disparition de la personne qui en bénéficie) • 8 juill. 2003, n° 00-11.993 P : *R., p. 415* ; *JCP 2004. II. 10068, note Gibirila* ; *RTD com. 2003. 783, obs. M.C*. • 25 janv. 2005, n° 03-14.693 P : *R., p. 324* ; *D. 2005. AJ 485, obs. Avena-Robardet* ; *JCP E 2005. 1676, nos 6 s., obs. A. S.* ; *RTD civ. 2005. 384, obs. Mestre et Fages* ; *RTD com. 2005. 395, obs. D. Legeais* (le secret bancaire ne cesse pas du seul fait que le banquier est partie au procès intenté contre lui). ♦ L'empêchement légitime résultant du secret bancaire ne cesse pas du seul fait que l'établissement financier est partie à un procès, dès lors que son contradicteur n'est pas le bénéficiaire du secret auquel le client n'a pas lui-même renoncé. • Com. 10 févr. 2015, n° 13-14.779 P : *D. 2015. 959, note Lasserre Capdeville* ; *RDT 2015. 191, obs. Adam* ; *D. avocats 2015. 158, obs. Taquet*. ♦ V. cependant, sur le droit pour une caution d'obtenir des informations sur l'existence et le montant de la créance dont la banque réclame le paiement à la caution, sans que puisse lui être opposé le secret bancaire. • Com. 16 déc. 2008, n° 07-19.777 P : *D. 2009. AJ 163, obs. Avena-Robardet* ; *ibid. 2009. 784, note Lasserre-Capdeville* ; *LPA 29 mai 2009, note Chabot* ; *Banque et Dr. 1-2/2009. 44, obs.*

Rontchevsky ; RLDC 2009/57, n° 3299, obs. Marraud des Grottes ; Dr. et pr. 2009. 171, note Picod ; RTD civ. 2009. 147, obs. Crocq. ♦ Cassation de l'arrêt ayant refusé d'ordonner à une banque de produire le verso de chèques émis par le demandeur au motif qu'en produisant les pièces demandées, la banque divulguerait les informations figurant au verso des chèques et porterait ainsi atteinte au secret dont sont titulaires les bénéficiaires desdits chèques, sans rechercher si la communication de ces informations n'était pas indispensable à l'exercice de leur droit à la preuve, pour rechercher l'éventuelle responsabilité de la banque lors de l'encaissement desdits chèques, et proportionnée aux intérêts antinomiques en présence, incluant la protection du secret dû aux bénéficiaires de ces chèques. • Com. 15 mai 2019, n° 18-10.491 P : *D. 2019. 1595, note H. Michelin-Brachet ; JCP 2019, n° 642, note Bonneau.*

7. ... Secret médical – Accord de l'intéressé. Les juges ne peuvent ordonner la communication d'une pièce qui, aux termes d'un texte, doit demeurer secrète (rapport établi par un membre du conseil de l'ordre des médecins dans une procédure disciplinaire). • Civ. 1re, 21 juin 1988, n° 86-19.658 P. ♦ Sans l'accord de l'intéressé, le secret médical constitue un empêchement légitime qu'un établissement de santé a la faculté d'invoquer ; il appartient au juge d'apprécier si le désaccord de l'intéressé tend à faire respecter un intérêt légitime ou à faire écarter un élément de preuve. • Civ. 1re, 7 déc. 2004, n° 02-12.539 P : *D. 2005. Pan. 403, obs. Penneau ; RGDA 2005. 105, note Kullmann* (en matière d'assurances de personnes). – Également en ce sens : • Civ. 1re, 15 juin 2004, n° 01-02.338 P : *D. 2004. 2682, note Duval-Arnould ; D. 2005. Pan. 1323, obs. Groutel ; RGDA 2004. 1020, note Kullmann ; RTD civ. 2005. 99, obs. Hauser* • Civ. 2e, 2 juin 2005, n° 04-13.509 P : *D. 2005. IR 1732 ; RDSS 2005. 673, obs. Hennion-Jacquet ; RGDA 2005. 693, note Kullmann* • Civ. 1re, 26 sept. 2006 : *D. 2006. IR 2414* • 11 juin 2009, n° 08-12.742 P : *D. 2009. AJ 1760 ; Dr. fam. 2009, n° 128, note. Beignier ; RLDC 2009/64, n° 3572, obs. Bugnicourt ; RTD civ. 2009. 695, obs. Hauser* (obligation pour le juge civil qui ordonne une expertise judiciaire dont la mission porte atteinte au secret médical de subordonner cette expertise à l'autorisation préalable du patient, sauf à tirer les conséquences d'un refus illégitime). – Cauchy et Dionisi-Peyrusse, *D. 2005. Chron. 1313*. ♦ Toute pièce couverte par le secret médical ne peut être communiquée qu'à la demande du patient intéressé. • Civ. 1re, 25 nov. 2010, n° 09-69.721 P : *D. 2010. 2916*.

Limite. Selon les art. L. 1110-4, dans sa rédaction issue de la L. n° 2016-41 du 26 janv. 2016 et R. 4127-4 CSP, l'assureur ne peut produire des documents couverts par le secret médical intéressant le litige à défaut d'accord des personnes légalement autorisées à y accéder ; en cas de difficulté, appréciation par le juge, au besoin après une mesure d'instruction, pour déterminer si l'opposition desdites personnes tend à faire respecter un intérêt légitime ou à faire écarter un élément de preuve pour en tirer toutes les conséquences quant à l'exécution du contrat d'assurance. • Civ. 2e, 5 juill. 2018, n° 17-20.244 P : *RGDA 2018. 420, note Mayaux*. ♦ Le secret médical ne saurait être opposé à un médecin-expert, lui-même tenu au secret médical, à propos d'une expertise médicale susceptible d'influencer l'appréciation des juges, le rapport de ce médecin ne révélant que les éléments de nature à apporter la réponse aux questions posées et excluant la communication des documents médicaux examinés. • Civ. 2e, 22 nov. 2007, n° 06-18.250 P : *D. 2008. Pan. 510, obs. Penneau*.

V. aussi notes 30 s. ss. art. 9. – *Adde*, Secret médical et preuve judiciaire : Davenas, *D. 2009. 2642* ; Crédeville, *D. 2009. 2645*.

8. ... Production de données personnelles. Cassation, au visa de l'art. 6, § 1, Conv. EDH, de l'arrêt ayant débouté un salarié de sa demande tendant à faire liquider une astreinte liée à la production de documents par l'employeur, l'arrêt retenant que la société était légitime, préalablement à toute communication de leurs données personnelles, à rechercher l'autorisation des salariés concernés, alors que la cour d'appel aurait dû rechercher, ainsi qu'elle y était invitée, si la communication des informations non anonymisées n'était pas nécessaire à l'exercice du droit à la preuve de la discrimination alléguée et proportionnée au but poursuivi. • Soc. 16 mars 2021, n° 19-21.063 P : *D. 2021. 1152, obs. Vernac et Ferkane ; Dr. soc. 2021. 645, étude Adam*. ♦ ... Le juge saisi d'une demande de communication de pièces sur le fondement de l'art. 145 C. pr. civ. doit d'abord rechercher si cette communication n'est pas nécessaire à l'exercice du droit à la preuve de la discrimination alléguée et proportionnée au but poursuivi et s'il existe ainsi un motif légitime de conserver ou d'établir avant tout procès la preuve de faits dont pourrait dépendre la solution d'un litige, et, ensuite, si les éléments dont la communication est demandée sont de nature à porter atteinte à la vie personnelle d'autres salariés, vérifier quelles mesures sont indispensables à l'exercice du droit à la preuve et proportionnées au but poursuivi, au besoin en cantonnant le périmètre de la production de pièces sollicitées. • Soc. 22 sept. 2021, n° 19-26.144 B : *D. 2022. 132, obs. Vernac et Ferkane ; ibid. 431, obs. Bretzner et A. Aynès ; RTD civ. 2021. 887, obs. Barbier*.

9. ... Astreinte – Respect du corps humain. Le principe fondamental de l'inviolabilité du corps humain s'oppose à ce que le juge civil recoure à une mesure de coercition, même d'ordre pécuniaire, afin de contraindre un individu à subir une atteinte directe à son corps (expertise sanguine demandée dans une action en recherche de paternité). L'art. 10, malgré les termes généraux qu'il emploie, ne vise que les cas où la condamnation à une astreinte est légalement admissible, non ceux dans lesquels une telle mesure de contrainte aboutirait à la violation d'un principe essentiel de notre droit. • Paris, 24 nov. 1981 : *D. 1982. 355, note Massip ; RTD civ. 1982. 203, obs. Perrot.* ♦ Comp. • Reims, 6 avr. 2000 : *cité note 136 ss. art. 9.* ♦ Mais l'expertise biologique est de droit en matière de filiation : V. note 3 ss. art. 310-3.

C. SITUATION DU TIERS REQUIS

10. L'obligation qui peut éventuellement incomber à une personne d'apporter son concours à la justice en vue de la manifestation de la vérité en vertu de l'art. 10 n'a pas pour conséquence d'en faire un véritable défendeur au sens de l'art. 59, al. 4, anc. C. pr. civ. (devenu art. 42, al. 2, C. pr. civ.). • Civ. 2e, 16 juill. 1975 : *JCP 1976. II. 18313, note Daigre.*

11. Protection du salarié. En raison de l'atteinte qu'il porte à la liberté fondamentale de témoigner, garantie d'une bonne justice, le licenciement prononcé en raison du contenu d'une attestation délivrée par un salarié au bénéfice d'un autre est atteint de nullité, sauf en cas de mauvaise foi de son auteur. • Soc. 29 oct. 2013, n° 12-22.447 P : *D. 2014. Chron. C. cass. 302, obs. Contamine ; Dr. soc. 2014. 81, obs. Mouly.*

Art. 11 **L'étranger jouira en France des mêmes droits civils que ceux qui sont ou seront accordés aux Français par les traités de la nation à laquelle cet étranger appartiendra.**

Sur les conditions d'entrée et de séjour en France des étrangers, V. ***CESEDA.***

RÉP. INTERNAT. v° *Étranger*, par JAULT-SESEKE.

BIBL. ▶ FABRE-ALIBERT, *RTDH 1994. 519 ; RD publ. 1994. 1165.* – FULCHIRON, *JDI 1999. 5.* – GUIMEZANES, *JDI 1993. 5 ; JCP 1994. I. 3728 ; Rev. crit. DIP 1996. 275 ; JCP 1997. I. 4040 ; AJDA 1994. 83.* – MALLOL, *D. 1997. Chron. 79.* – ROUAULT, *ALD 1993. 225 ; ibid. 1994. 101 et 113.* – SAINT-ROSE et MUCCHIELLI, *Gaz. Pal. 1996. 2. Doctr. 689.* – TURPIN, *Rev. crit. DIP 1994. 1 ; LPA 30 nov. 1994.*

▶ FOURNALÈS, *JDI 2001. 447* (protection de la vie privée en droit des étrangers). – GROSCLAUDE, *RLDC 2004/6, n° 253* (mariage de l'étranger). – JEAN-PIERRE, *D. 1999. Chron. 98* (liberté d'expression politique des étrangers en France). – MOUTOUH, *D. 1999. Chron. 419* (la préférence nationale en droit français). – VAN MUYLDER, *RFDA 2001. 797* (vie privée des étrangers).

1. Principe de jouissance des droits privés. Les étrangers jouissent en France de tous les droits privés qui ne leur sont pas refusés par une disposition expresse de la loi. Ainsi, aucune disposition ne leur interdit de se porter adjudicataire d'un immeuble situé en France. • Civ. 1re, 25 févr. 1981, n° 79-15.850 P : *Gaz. Pal. 1981. 2. Pan. 254* • 27 juill. 1948 : *GADIP, 5e éd., n° 20 ; D. 1948. 535 ; Rev. crit. DIP 1949. 75. note Batiffol.* ♦ De plus, le juge national peut toujours prendre en application de la loi française les mesures urgentes qui lui paraissent nécessaires à la sauvegarde des intérêts en cause, pourvu que ces mesures soient provisoires. En conséquence, une épouse étrangère peut être autorisée à prendre une inscription d'hypothèque conservatoire sur un immeuble sis en France et appartenant à son mari français, en attente des résultats d'une instance en divorce. • Civ. 1re, 31 janv. 1984 : *JCP 1985. II. 20362, note F. Boulanger ; Rev. crit. DIP 1984. 638, note Lequette ; JDI 1985. 444, note Légier.*

2. Une loi refusant certains droits aux étrangers réserve nécessairement le cas où l'étranger peut invoquer une convention internationale. • Soc. 11 juill. 1947 : *D. 1947. 396.* ♦ Faculté pour les ressortissants algériens d'exercer les fonctions de membre d'un comité d'entreprise, reconnue par l'art. 7 de la déclaration de principe du 19 mars 1962, relative à la coopération économique et financière entre la France et l'Algérie. • Soc. 18 mai 1971 : *JCP 1971. II. 16887 (1re esp.), note Simon-Depitre.*

3. En l'absence d'initiative du Gouvernement pour dénoncer une convention ou pour en suspendre l'application, il n'appartient pas aux juges d'apprécier la condition de réciprocité édictée par l'art. 55 de la Constitution. • Civ. 1re, 16 févr. 1994, n° 92-10.397 P : *Rev. crit. DIP 1995. 51, note Lagarde.*

4. Cas particuliers. Il subsiste toutefois quelques difficultés, notamment en matière de baux et de propriétés incorporelles. – Baux. Admission du droit de reprise du propriétaire étranger en matière de baux ruraux : • Soc. 30 juill. 1948 : *JCP 1948. II. 4650 bis.* ♦ Droit d'auteur. Aucune atteinte ne peut être portée en France à l'intégrité d'une œuvre littéraire ou artistique, quel *que soit* l'État sur le territoire duquel cette œuvre a été divulguée pour la première fois ; la personne qui en est l'auteur du seul fait de sa création est investie du droit moral institué à son bénéfice par l'art. 6 de la L. du 11 mars 1957 [CPI, art. L. 121-1], texte d'application impérative. • Civ. 1re, 28 mai 1991, n° 89-19.522 P.

5. Conv. EDH. Les États signataires de la Conv. EDH (art. 14) et du protocole n° 1 (art. 1er) de cette convention reconnaissent et assurent à toute personne relevant de leur juridiction la jouissance des droits et libertés reconnus par la convention sans distinction fondée notamment sur l'origine nationale. • Soc. 31 oct. 2000 : *JDI 2001. 1107, note Guimezanes.* ♦ L'art. L. 145-13 C. com., en ce qu'il subordonne, sans justification d'un motif d'intérêt général, le droit au renouvellement du bail commercial, protégé par l'art. 1er du 1er Prot. add. de la Conv. EDH, à une condition de nationalité, constitue une discrimination prohibée par l'art. 14 de cette même Conv. • Civ. 3e, 9 nov. 2011 : *R., p. 460 ; D. 2011. 2791, obs. Rouquet ; ibid. 2012. 532, note Monéger ; ibid. Chron. C. cass. 2012. 1209, obs. Monge ; ibid. 1844, obs. Dumont-Lefrand ; ibid. 2331, obs. d'Avout et Bollée ; Rev. crit. DIP 2012. 568, note Jault-Seseke ; AJDI 2012. 111, obs. Dumont-Lefrand ; JCP 2012, n° 53, note Kenfack ; JCP N 2012, n° 1116, note R. Pierre ; Defrénois 2012. 15, note Ruet ; RDC 2012. 373, obs. Rochfeld ; ibid. 513, obs. Seube.*

V. Décr. n° 71-284 du 29 mars 1971 (D. et BLD 1971. 175) portant publication de la Convention de Vienne sur les relations diplomatiques. — V. aussi Décr. n° 71-288 du 29 mars 1971 (D. et BLD 1971. 180) portant publication de la Convention de Vienne sur les relations consulaires.

Art. 12 et 13 *Abrogés par L. 10 août 1927, art. 13.*

Art. 14 L'étranger, même non résidant en France, pourra être cité devant les tribunaux français, pour l'exécution des obligations par lui contractées en France avec un Français ; il pourra être traduit devant les tribunaux de France, pour les obligations par lui contractées en pays étranger envers des Français.

Sur la compétence judiciaire dans l'Union européenne, V. C. pr. civ., App., v° Droit européen et international. — ***C. pr. civ.***

BIBL. ▸ BRIDGE, *RLDC 2011/79, n° 4151* (fin d'un privilège de juridiction généralisé). – CACHARD, *Mél. Gaudemet-Tallon, Dalloz, 2008, p. 189* (clauses relatives à la compétence internationale et transport maritime). – DROZ, *Rev. crit. DIP 1975. 1* (pour une réforme des art. 14 et 15 C. civ.). – GAUDEMET-TALLON, *Clés pour le siècle, Dalloz, 2000, p. 123* (compétence judiciaire internationale directe, tendances). – A. HUET, *Mél. Huet-Weiller, PU Strasbourg/LGDJ, 1994, p. 243* (droit de la famille et conflits de juridictions). – JUENGER, *ibid. 1983. 37* (la Convention de Bruxelles et la courtoisie internationale). – STURLESE, *JCP 1998. I. 145* (signature de la Convention de « Bruxelles 2 »).

1. Ordre public (non). V. note 11.

2. Caractère facultatif. L'art. 14 n'ouvre au demandeur français qu'une simple faculté et n'édicte pas à son profit une compétence impérative, exclusive de la compétence indirecte d'un tribunal étranger déjà saisi et dont le choix n'est pas frauduleux. • Civ. 1re, 22 mai 2007, n° 04-14.716 P : *D. 2007. AJ 1596, obs. Gallmeister ; JCP 2007. Actu. 258, obs. Chabert ; Gaz. Pal. 2007. 1918, note Niboyet ; Rev. crit. DIP 2007. 610, note Gaudemet-Tallon ; JDI 2007. 956, note B. Ancel et Muir Watt* • Soc. 5 déc. 2018, n° 17-19.820 P (compétence non exclusive du juge français, admission possible de l'exception de connexité internationale). – Audit, *D. 2007. Chron. 2548*. ♦ Dans le même sens, dans l'hypothèse où la juridiction étrangère a été saisie *postérieurement à la juridiction française* : • Civ. 1re, 30 sept. 2009, n° 08-18.769 P : *Dr. fam. 2009, n° 166, note Abadie* • 16 déc. 2009, n° 08-20.305 P : *JCP 2010, n° 217, note Devers ; AJ fam. 2010. 84, obs. Nord ; Dr. fam. 2010, n° 53, note Farge ; RJPF 2010-3/25, note Meyzeaud-Garaud ; RLDC 2010/68, n° 3720, obs. Pouliquen ; Rev. crit. DIP 2010. 164, note Muir Watt*. ♦ Rappr. : • Civ. 1re, 14 oct. 2009, n° 08-16.369 P : *D. 2009. AJ 2556, note Delpech ; JCP 2009, n° 416, obs. Cornut ; ibid., n° 505, obs. Legros ; RLDC 2010/71, n° 3796, note Cuniberti ; Rev. crit. DIP 2010. 158, note Muir Watt* (saisine de la juridiction étrangère prévue par une clause attributive de compétence).

I. DOMAINE DU PRIVILÈGE DE JURIDICTION DE L'ART. 14

A. BÉNÉFICIAIRES DU PRIVILÈGE DE L'ART. 14

3. Privilège fondé sur la nationalité des parties. La compétence internationale des tribunaux français en vertu de l'art. 14 est fondée, non sur les droits nés des faits litigieux, mais sur la nationalité des parties, indépendamment de la nationalité de celui dont le plaideur tient ses droits. • Civ. 1re, 21 mars 1966 : *D. 1966. 429, note Malaurie ; Rev. crit. DIP 1966. 670, note Ponsard ; GADIP 5e éd., n° 43* (cas d'un assureur français, ayant cause d'un étranger) • 16 janv. 1973 : *Gaz. Pal. 1973. 1. 371* • 31 janv. 1995 : *D. 1995. 471, note Courbe ; RTD civ. 1996. 162, obs. Mestre* (action oblique exercée par un créancier français contre le débiteur étranger de son débiteur étranger) • 14 déc. 2004, n° 01-03.285 P : *D. 2005. IR 736* (sauf preuve d'une fraude). ♦ En l'absence de traité international ou de règlement communautaire applicable, comme en l'absence de renonciation, la nationalité française du demandeur suffit à fonder la compétence des juridictions françaises. • Civ. 1re, 26 oct.

2011, nº 10-23.567 P : *D. 2011. 2656* ; *Rev. crit. DIP 2013. 173, note Heymann* . ♦ Mais pour le cas où le contrat initial renferme une clause attributive de juridiction, V. note 19. ♦ Sur les difficultés d'application de l'art. 14 au mandataire d'une société française, V. • Civ. 1re, 28 juin 1989 : *Bull. civ. I, nº 255.* ♦ Peu importe la nationalité du défendeur. • Paris, 29 avr. 1958 : *Gaz. Pal. 1958. 2. 27.*

4. Privilège non exclu par les règles internes de compétence. L'art. 14 ayant pour seul fondement la nationalité française du demandeur qui l'invoque, les règles de compétence interne ne peuvent faire obstacle à son application. • Civ. 1re, 13 juin 1978, nº 77-11.610 P • 31 janv. 1995, nº 92-20.224 P. ♦ Le privilège de juridiction édicté par l'art. 14 ne peut être tenu en échec par les règles générales de compétence territoriale lorsque celles-ci ne donnent pas compétence aux tribunaux français. • Civ. 1re, 6 déc. 1988 : *D. 1989. Somm. 257, obs. Audit ; Gaz. Pal. 1989. 2. 624, note Massip.* ♦ Sur le caractère subsidiaire du privilège de juridiction, V. note 13.

5. Date d'appréciation de la nationalité. Pour l'application de l'art. 14, qui est une loi de procédure, il suffit de rechercher quelle était la qualité des parties au moment où l'action a été introduite. Il importe peu que le demandeur ne soit devenu Français que postérieurement à la naissance de l'obligation dont il poursuit l'exécution. • Paris, 7 juin 1928 : *DP 1929. 2. 120, note Plassard.* ♦ Possibilité, pour celui dont la nationalité française est établie et justifiant d'un intérêt à exercer l'action en son nom propre, d'invoquer le privilège de l'art. 14 sans qu'il y ait lieu de tenir compte de la nationalité des autres parties demanderesses. • Civ. 1re, 3 déc. 1996, nº 94-17.863 P : *D. 1997. IR 10* • 22 févr. 2005, nº 02-10.481 P (absence d'intérêt personnel et direct, en l'espèce). ♦ Impossibilité pour une société française agissant en qualité de mandataire d'un groupement de sociétés ayant leur siège à l'étranger d'invoquer le privilège de l'art. 14. • Civ. 1re, 7 avr. 1998 : *Rev. crit. DIP 1998. 459, note Muir Watt* .

6. Extension aux étrangers par le Règl. Bruxelles I bis. L'art. 6, § 2, du Règl. Bruxelles I *bis* permet à l'étranger de se prévaloir de l'art. 14 C. civ. sous la seule condition qu'il soit domicilié en France et que le défendeur le soit en dehors d'un État membre de l'UE. • Civ. 1re, 29 juin 2022, nº 21-10.106 B (application à un réfugié résidant en France) • 29 juin 2022, nº 21-11.722 B (*idem*) • 14 déc. 2022, nº 21-13.976 B.

7. Immunités. BIBL. *De Gouttes, R. 2003, p. 249 ; D. 2006. Chron. 606* . – Synvet, *JDI 1985. 865.* ♦ L'immunité de juridiction des États étrangers, bien qu'étant de principe, n'est que relative et connaît des exceptions ; la juridiction devant laquelle elle est invoquée doit en apprécier le bien-fondé au regard du fond du litige. • Civ. 1re, 16 déc. 2003, nº 02-45.961 P. ♦ Sur les immunités de juridiction et d'exécution, V. • Civ. 1re, 14 mars 1984, nº 82-12.462 P : *R., p. 127 ; GADIP 5e éd., nº 65 ; Rev. crit. DIP 1984. 644, note Bischoff* • 1er oct. 1985, nº 84-13.605 P : *R., p. 154 ; GADIP 5e éd., nº 66 ; JCP 1986. II. 20566, concl. Gulphe ; Rev. crit. DIP 1986. 527, note Audit ; JDI 1986. 170, note Oppetit* • 14 nov. 1995, nº 90-18.199 P : *R., p. 418 ; Rev. crit. DIP 1996. 337, note Muir Watt* ; *ibid. Somm. 788 ; Gaz. Pal. 1996. 2. Pan. 183* • 11 févr. 1997, nº 94-41.871 P : *Rev. crit. DIP 1997. 332, note Muir Watt* • Soc. 10 nov. 1998, nº 96-41.534 P : *D. 1999. 157, note Menjucq* • Civ. 1re, 28 mai 2002 : *Rev. crit. DIP 2003. 296, note H. M. W.* • Cass., ch. mixte, 20 juin 2003, nº 00-45.629 P : *R., p. 573 ; BICC 1er oct. 2003, concl. de Gouttes, rapp. Pluyette ; D. 2003. IR 1805* ; *JCP 2004. II. 10010, note Mahinga ; Rev. crit. DIP 2003. 647, note Muir Watt* (refus de l'immunité pour un acte de gestion) • Civ. 1re, 20 sept. 2006, nº 05-14.199 P (*idem*) • 19 nov. 2008, nº 07-10.570 P : *D. 2008. AJ 3012, obs. Gallmeister* ; *JCP 2009. II. 10002, note d'Avout et Perreau-Saussine* (*idem*) • Soc. 28 févr. 2012, nº 11-18.952 P : *Rev. crit. DIP 2013. 179, note d'Avout* (idem, refus de l'immunité pour la déclaration d'un salarié à un régime de protection sociale français, considéré comme un acte de gestion administrative) • Civ. 1re, 12 juill. 2017, nº 15-29.334 (participation à un contrat de lobbying). ♦ V. également • Civ. 1re, 27 avr. 2004, nº 01-12.442 P : *Rev. crit. DIP 2005. 75, note Muir Watt* (bénéfice de l'immunité pour les actes accomplis dans l'intérêt d'un service public) • 14 déc. 2004, nº 01-15.471 P : *D. 2005. Pan. 1197, obs. Chanteloup* ; *Rev. crit. DIP 2005. 468, note Pingel (2e esp.)* (bénéfice de l'immunité à une agence agissant en vertu d'une délégation de service public consentie par un État étranger) • 25 janv. 2005, nº 03-18.176 P : *D. 2005. 616, concl. Sainte-Rose* ; *Gaz. Pal. 27-28 mai 2005, note Lespour ; Rev. crit. DIP 2006. 123, note H. M. W.* (refus de l'immunité d'exécution sur un bien se rattachant, non à l'exercice d'une activité de souveraineté, mais à une opération relevant du droit privé). ♦ V. encore : • Civ. 1re, 2 juin 2004, nº 03-41.851 P : *D. 2005. Pan. 1198, obs. Chanteloup* ; *Rev. crit. DIP 2005. 75, note Muir Watt* (évolution dans le temps de l'État bénéficiaire). ♦ L'*exequatur* d'un jugement étranger n'est pas, en lui même, un acte d'exécution pouvant exclure l'immunité d'exécution d'une organisation internationale. • Civ. 1re, 14 oct. 2009, nº 08-14.978 P (interprétation d'une convention limitant la saisie des biens d'une organisation aux conséquences de certains actes, les créanciers disposant d'autres voies pour faire exécuter la condamnation). ♦ L'immunité de juridiction est un privilège qui ne peut être invoqué que par l'État qui se croit fondé à s'en prévaloir. • Paris, 14 juin 1995 : *JDI 1996. 102, note Byk.* ♦ Immunité des organisations internationales : V. • Soc. 30 sept. 2003, n° 01-40.763 P : *JCP 2004. II. 10102, note Mahinga* • Civ. 1re, 28 oct. 2003, n° 01-16.927 P : *JCP eod. loc. ; Gaz. Pal. 2004. 1174, note Pingel (1re esp.) ; Rev. crit. DIP 2004. 773, note Clavel* • Soc. 25 janv. 2005, n° 04-41.012 P : *R., p. 275 ; D. 2005. 1540, note Viangalli ; ibid. 2006. Pan. 1503, obs. Jault-Seseke ; JCP 2005. II. 10185, note Moissinac Massénat ; Rev. crit. DIP 2005. 477, note Pingel* (l'immunité est écartée lorsqu'elle débouche sur un déni de justice) • Civ. 1re, 14 oct. 2009 : *préc.*

B. ACTIONS SOUMISES À L'ART. 14

8. Portée générale. Les art. 14 et 15 C. civ., qui permettent au plaideur français d'attraire un étranger devant les juridictions françaises et au plaideur français ou étranger d'y attraire un Français, ont une portée générale s'étendant à toutes les matières, à la seule exclusion des actions réelles immobilières et des demandes en partage portant sur des immeubles situés à l'étranger, ainsi que des demandes relatives à des voies d'exécution pratiquées hors de France, et s'appliquent notamment à tous litiges nés de successions mobilières, où qu'elles se soient ouvertes et quelle que soit la loi qui les régit. • Civ. 1re, 17 nov. 1981, n° 80-14.728 P. ♦ V. aussi, • Civ. 1re, 27 mai 1970 : *GADIP, 5e éd., n° 49 ; Rev. crit. DIP 1971. 113, note Batiffol* • 16 juin 1959 : *D. 1959. 377 (2e esp.), note G. Holleaux* • Civ. 1re, 23 juin 2010 : *cité note 132 ss. art. 3* • 21 juin 1988 : *Bull. civ. I, n° 198* (application de l'art. 14 en matière d'état des personnes : demande en divorce – cassation de • Paris, 20 déc. 1985 : *D. 1986. IR 268, obs. Audit)* • Civ. 1re, 14 avr. 2010, n° 09-11.909 P : *D. 2010. Actu. 1087, obs. Avena-Robardet ; Rev. crit. DIP 2010. 510, note Marchadier* (voies d'exécution).

9. Ainsi, l'art. 14 permet à un Français, à défaut de dispositions contraires et hors le cas de fraude, d'assigner en liquidation des biens une société étrangère qui a contracté des obligations envers lui et qui n'a pas d'établissement en France, devant tout tribunal français de son choix. • Com. 19 mars 1979, n° 77-13.943 P. ♦ De même, sauf fraude caractérisée, le père français d'un enfant résidant à l'étranger peut saisir le juge français d'une demande tendant à l'organisation d'un droit de visite et d'hébergement ; en effet aucune disposition internationale (pas plus la convention européenne de Luxembourg du 20 mai 1980 que la convention de La Haye du 25 oct. 1980) n'a exclu le privilège de juridiction de l'art. 14. • Bastia, 10 oct. 1991 : *BICC 15 avr. 1992, n° 726.*

10. Matières exclues. Sur la non-application de l'art. 14 aux procédures conservatoires ou d'exécution diligentées à l'étranger : • Paris, 18 déc. 1996 : *Rev. crit. DIP 1997. 527*. ♦ Obligation d'engager la procédure de compte, liquidation et partage d'une succession devant le juge de l'État où est situé l'immeuble successoral concerné. • Civ. 1re, 15 juin 1994, n° 91-20.633 P. ♦ Le juge français n'a le pouvoir ni d'annuler un acte public étranger (testament authentique) ni de prendre les mesures requises de mention en marge de l'acte faux et d'injonction à l'officier public étranger dépositaire de l'acte litigieux. • Civ. 1re, 20 mars 2001, n° 99-12.364 P : *D. 2001. IR 1590 ; Dr. et patr. 9/2001. 107, obs. F. Monéger ; Dr. fam. 2002, n° 78, note Fongaro.*

II. MISE EN ŒUVRE DU PRIVILÈGE DE L'ART. 14

A. ORDRE PUBLIC – OFFICE DU JUGE

11. Ordre public (non). Le moyen pris du privilège de juridiction prévu aux art. 14 et 15 n'est pas d'ordre public. • Civ. 1re, 7 juill. 1981 : *Bull. civ. I, n° 252* • 19 juill. 1989 : *ibid. I, n° 296* • 20 nov. 1990, n° 89-11.908 P.

12. Office du juge. Au cas où ceux qui bénéficient du privilège de juridiction qu'institue l'art. 14 ne l'auraient pas invoqué, il n'appartient pas aux juges de le faire jouer d'office. • Civ. 1re, 21 mai 1963 : *Bull. civ. I, n° 267 ; Rev. crit. DIP 1964. 340, note Loussouarn* • 19 juill. 1989 : *Bull. civ. I, n° 296* • 26 mai 1999, n° 97-15.433 P. ♦ Sur la vérification de sa compétence par le juge français, V. note 13.

B. CONDITIONS DE MISE EN ŒUVRE

13. Caractère subsidiaire – Absence d'un critère ordinaire de compétence. L'art. 14 qui donne compétence à la juridiction française en raison de la nationalité française du demandeur n'a lieu de s'appliquer que lorsque aucun critère ordinaire de compétence territoriale n'est réalisé en France. • Civ. 1re, 19 nov. 1985 : *GADIP 5e éd., n° 71 ; D. 1986. 362, note Prévault ; ibid. 1986. IR 268, obs. Audit ; Rev. crit. DIP 1986. 712, note Lequette ; JDI 1986. 719, note A. Huet ; JCP 1987. II. 20810, note Courbe.* – V. déjà, • Civ. 1re, 11 oct. 1967 : *D. 1968. 302, note Claeys ; JCP 1967. II. 15304, note J.A. ; Rev. crit. DIP 1968. 105, note Jean Foyer.* ♦ Lorsque aucune juridiction d'un État membre n'est compétente en vertu des art. 3, 4 et 5 du Règl. (CE) du 27 nov. 2003, dit Bruxelles II *bis*, cette compétence est, en droit français, énoncée aux art. 1070 C. pr. civ. et 14 C. civ., ce dernier texte devant s'appliquer lorsque aucun critère ordinaire de compétence n'est réalisé en France. • Civ. 1re, 30 sept. 2009, n° 08-19.793 P : *D. 2009. AJ 2419, obs. Gallmeister ; ibid. 2010. 58, note Audit ; JCP 2009. 346, obs. Cornut ; ibid. 480, note Attal ; Gaz. Pal. 2009. 3460, note Niboyet ; AJ fam. 2009. 452, obs. Boiché ; Dr. fam. 2009, n° 167, note Abadie ; Dr. fam. 2009, n° 167, note Abadie ; RJPF 2009-*

12/21, note Garé ; Rev. crit. DIP 2010. 132, note Gaudemet-Tallon.

14. *Absence de saisine d'un tribunal étranger.* La compétence directe des tribunaux français fondée sur l'art. 14 suppose, en l'absence de renonciation, qu'un tribunal étranger n'ait pas été préalablement saisi. • Civ. 1re, 1er juill. 2009, n° 08-15.955 P : *D. 2009. AJ 1899, obs. Gallmeister ; ibid. 2010. 1585, obs. Jault-Seseke ; Gaz. Pal. 2009. 3038, obs. Huchet ; RLDC 2009/64, n° 3566, obs. Bugnicourt.* ♦ Dans le même sens. • Civ. 1re, 30 sept. 2009, n° 08-17.587 P : *D. 2009. AJ 2432, obs. Delpech ; ibid. 2010. 58, note Audit ; JCP 2009. 346, obs. Cornut ; ibid. 480, note Attal ; Gaz. Pal. 2009. 3460, note Niboyet ; Rev. crit. DIP 2010. 132, note Gaudemet-Tallon.*

15. *Privilège invoqué en appel.* Le moyen de défense tiré de l'art. 14 à l'encontre de l'exception d'incompétence soulevée par une partie peut être invoqué pour la première fois en cause d'appel. • Civ. 1re, 13 janv. 1982 : *Bull. civ. I, n° 21.*

16. A défaut d'application de l'art. 14, la compétence internationale se détermine, en principe, par extension des règles de compétence territoriale interne. • Civ. 1re, 30 oct. 1962 : *D. 1963. 109, note G. Holleaux ; GADIP 5e éd., n° 37* • 13 janv. 1981 : *Bull. civ. I, n° 11 ; Rev. crit. DIP 1981. 331, note Gaudemet-Tallon.* ♦ ... Quelles que soient la loi applicable au fond et la nationalité des parties. • Soc. 20 oct. 1983 : *Rev. crit. DIP 1985. 99, note H. G.-T.*

C. RÈGLES DE COMPÉTENCE GÉNÉRALE

17. *Principe.* Détermination de la compétence spéciale du tribunal français saisi en application de l'art. 14 par les règles internes de compétence territoriale. • Civ. 1re, 11 oct. 1967 : *D. 1968. 302, note Claeys ; JCP 1967. II. 15304, note J. A.* ♦ Dans l'hypothèse où les règles de compétence interne ne permettent pas de déterminer la juridiction française compétente, le demandeur français peut valablement saisir le tribunal qu'il choisit en raison d'un lien de rattachement de l'instance au territoire français, ou, à défaut, selon les exigences d'une bonne administration de la justice. • Civ. 1re, 13 juin 1978, n° 77-11.610 P : *Rev. crit. DIP 1978. 722, note Audit* • 29 janv. 1980 : *Bull. civ. I, n° 38* • 16 avr. 1985 : *ibid. I, n° 114* (domicile du demandeur).

III. EXCLUSION DU PRIVILÈGE DE JURIDICTION DE L'ART. 14

BIBL. Courbe, *Mél. Colomer, Litec, 1993, p. 143* (privilège de juridiction et transmission de la clause de compétence).

A. EXCLUSION PAR RENONCIATION DU DEMANDEUR

18. *Modes de renonciation.* La règle de compétence édictée au profit du demandeur français par l'art. 14 s'impose au juge français et ne peut être écartée, si son bénéficiaire ne renonce pas à s'en prévaloir, que par un traité international. • Civ. 1re, 2 oct. 2001, n° 00-10.404 P : *D. 2001. IR 3089 ; Gaz. Pal. 2002. 979, obs. Niboyet ; Dr. et patr. 2/2002. 117, obs. F. Monéger ; LPA 20 févr. 2002, note Courbe* (action relative à la filiation). ♦ La renonciation est possible même après introduction d'une instance contre l'étranger devant un tribunal français, et cette renonciation peut être aussi bien tacite qu'expresse. • Com. 13 févr. 1950 : *D. 1950. 317.* ♦ Comp. notes 11 s. ss. art. 15.

1° RENONCIATION EXPRESSE

19. *Clauses attributives de juridiction.* Les clauses prorogeant la compétence internationale sont en principe licites, lorsqu'il s'agit d'un litige international et lorsque la clause ne fait pas échec à la compétence territoriale impérative d'une juridiction française ; lorsqu'elles ne modifient la compétence territoriale interne qu'en conséquence d'une modification de la compétence internationale, elles sont exclues de la prohibition édictée par l'art. 48 C. pr. civ. • Civ. 1re, 17 déc. 1985, n° 84-16.338 P : *GADIP 5e éd., n° 72 ; D. 1986. IR 265, obs. Audit ; Rev. crit. DIP 1986. 537, note Gaudemet-Tallon.* ♦ Ne vaut pas renonciation au privilège de l'art. 14 la clause attributive de juridiction désignant une juridiction étrangère qui se déclare incompétente. • Civ. 1re, 30 sept. 2009 : *préc. note 14.* ♦ Sur la licéité d'une clause attributive de juridiction, V. • Civ. 1re, 23 oct. 1990, n° 88-18.600 P. ♦ La désignation des juridictions d'un État par une clause attributive de compétence en matière internationale est licite dès lors que le droit interne de cet État permet de déterminer le tribunal spécialement compétent. • Civ. 1re, 13 avr. 1999, n° 96-22.517 P. – V. aussi • Civ. 1re, 13 avr. 1999, n° 97-11.108 P : *Rev. crit. DIP 2000. 219, note B. Ancel.* ♦ Une clause attributive de juridiction contenue dans un contrat doit être mise en œuvre, même en présence de dispositions impératives constitutives de lois de police applicables au fond du litige. • Civ. 1re, 22 oct. 2008, n° 07-15.823 P : *D. 2008. AJ 2790, obs. Gallmeister ; ibid. 2009. 200, note Jault-Seseke ; ibid. Pan. 1557, obs. Jault-Seseke ; JCP 2008.* Actu. 645, obs. Cornut ; *ibid. II. 10187, note d'Avout ; CCC 2008, n° 270, obs. Malaurie-Vignal ; RLDC 2008/55, n° 3210, obs. Maugeri ; RDC 2009. 691, obs. Treppoz. – Adde :* Huet, *D. 2009. Chron. 684* ; Bureau et Muir Watt, *Rev. crit. DIP 2009. 1.*

20. *Clauses attributives : contrat de tra-*

vail. Lorsqu'un contrat de travail conclu à l'étranger, pour y être exécuté, est soumis à la loi étrangère, la clause attributive de juridiction qu'il contient est valable, dès lors que les Français ont la faculté de renoncer au privilège qui leur est conféré par l'art. 14 et que le contrat échappe aux dispositions des lois françaises de compétence interne. • Cass., ch. mixte, 28 juin 1974, n° 71-40.360 P : *R. 1973-1974, p. 80 ; JCP 1974. II. 17881, note G. Lyon-Caen ; Rev. crit. DIP 1975. 110, note P. L.* – V. aussi • Soc. 8 juill. 1985 : *Rev. crit. DIP 1986. 113, note Gaudemet-Tallon* • Civ. 1re, 16 juin 1987 : *D. 1988. Somm. 341 (2e esp.), obs. Audit.* ♦ Sur cette jurisprudence, V. • Soc. 30 janv. 1991, n° 87-42.086 P (clause attributive de compétence valable, excluant l'application de l'art. R. 517-1 [anc.] C. trav. et emportant renonciation du salarié au bénéfice des dispositions de l'art. 14). ♦ La simple connaissance, à l'occasion d'opérations antérieures, des conditions générales de l'autre partie contenant une clause attributive n'emporte pas en soi renonciation au privilège de l'art. 14. • Civ. 1re, 30 juin 1992, n° 90-21.491 P.

21. … Vente. A propos de l'insertion dans un contrat de vente de fonds de commerce situé à l'étranger d'une clause attributive de compétence au tribunal de ce lieu, V. • Civ. 1re, 9 oct. 1990 : *Rev. crit. DIP 1991. 135, note Gaudemet-Tallon*.

22. La détermination de la loi applicable et celle de la juridiction compétente n'étant pas liées, la soumission d'un contrat à la loi étrangère ne vaut pas, à soi seule, renonciation à la compétence des tribunaux français fondée sur l'art. 14. • Civ. 1re, 16 juin 1981 : *Bull. civ. I, n° 216* • Soc. 27 févr. 1991 : *D. 1991. IR 87.* – V. aussi • Soc. 20 juin 1979 : *Bull. civ. V, n° 551 ; JDI 1979. 852, note A. Lyon-Caen.*

23. Effet envers un cessionnaire de créance. Le cessionnaire français d'une créance n'est pas en droit de se prévaloir des dispositions de l'art. 14 lorsque cette créance fait l'objet d'un litige devant un tribunal étranger saisi par le cédant ou dont le cédant a accepté la compétence. • Civ. 1re, 24 nov. 1987, n° 85-14.778 P : *R., p. 261 ; JCP 1989. II. 21201, note Blondel et Cadiet ; RTD civ. 1988. 544, obs. Mestre ; Rev. crit. DIP 1988. 364, note Droz ; JDI 1988. 793, note Loquin.*

24. … Envers le porteur d'un connaissement maritime (droit de l'Union européenne). Une clause attributive de juridiction convenue entre un transporteur et un chargeur et insérée dans un connaissement produit ses effets à l'égard du tiers porteur du connaissement pour autant que, en l'acquérant, il ait succédé aux droits et obligations du chargeur en vertu du droit national applicable ; dans le cas contraire, il convient de vérifier son consentement à la clause. • Civ. 1re, 16 déc. 2008, n° 08-10.460 P : *BICC 1er mai 2009, n° 635 ; R., p. 307 ; D. 2009. AJ 89, obs. Delpech ; ibid. Pan. 972, obs. Kenfack ; ibid. Pan. 1557, obs. Jault-Seseke ; JCP 2009. II. 10060, note Kenfack ; RLDC 2009/58, n° 3326, obs. Maugeri ; RDC 2009. 1193, obs. Racine ; Rev. crit. DIP 2009. 524, note Jault-Seseke* (Conv. de Lugano du 16 sept. 1988, art. 17) • Com. 16 déc. 2008 : *eod. loc.* (Règl. CE n° 44/2001 du 22 déc. 2000, art. 23) • CJCE 9 nov. 2000, n° C-387/98, *Coreck : D. 2000. IR 298 ; Rev. crit. DIP 2001. 359, note Bernard-Fertier ; RTD com. 2001. 306, obs. Delebecque*. ♦ V. précédemment : • Civ. 1re, 25 nov. 1986, n° 84-17.745 P : *RTD civ. 1987. 547, obs. Mestre ; Rev. crit. DIP 1987. 396, note Gaudemet-Tallon* • 12 juill. 2001, n° 98-21.591 P (l'insertion d'une clause attributive de compétence dans un contrat international fait partie de l'économie de la convention et emporte renonciation à tout privilège de juridiction ; cette clause s'impose aussi bien à l'égard de l'ancien titulaire du droit qu'à l'assureur français subrogé) et *contra* : • Com. 4 mars 2003, n° 01-01.043 P : *RTD com. 2003. 421, obs. Delebecque ; JCP 2004. II. 10071, note Sinay-Cytermann* (acceptation nécessaire du destinataire des marchandises au plus tard lors de leur réception).

2° RENONCIATION TACITE

25. Introduction d'une action à l'étranger. L'introduction d'une action à l'étranger, même postérieure à la saisine du juge français, fait présumer la renonciation à la clause ou au privilège de juridiction française. • Civ. 1re, 30 juin 1992 : *D. 1994. 169, note Guez*. ♦ Mais cette demande ne constitue qu'une simple présomption de renonciation à l'art. 14 qui peut être renversée par la preuve contraire. • Civ. 1re, 20 nov. 1990, n° 89-11.908 P (introduction d'une demande en France quelques jours après celle intentée à l'étranger). ♦ A la suite du désistement de son instance introduite à l'étranger, le demandeur retrouve l'option de compétence résultant de l'art. 14. • Civ. 1re, 27 janv. 1993 : *D. 1993. 602, note Massip*. ♦ Comp. cependant : une déclaration d'intention ne peut valoir renonciation au bénéfice de l'art. 14, aucun tribunal étranger n'ayant par ailleurs été saisi. • Civ. 1re, 1er juill. 2009 : préc. note 14. ♦ Sur l'inefficacité d'une renonciation incluse dans un connaissement non signé, V. • Civ. 1re, 16 juin 1992, n° 90-15.918 P.

26. Instance à l'étranger – Défense au fond. La renonciation à se prévaloir du bénéfice de l'art. 14 peut être déduite de ce que celui qui s'en prévaut a comparu et défendu devant la juridiction étrangère, sans réserve et selon les formes de la procédure locale sans soulever l'incompétence de cette juridiction. • Civ. 1re, 30 sept. 2009, n° 08-16.141 P : *D. 2009. AJ 2419, obs. Gallmeister ; JCP 2009. 346, obs. Cornut ; ibid.*

480, note Attal ; Dr. fam. 2009, n° 167, note Abadie ; Rev. crit. DIP 2010. 132, note Gaudemet-Tallon . ♦ V. notes 11 s. ss. art. 15.

27. Action propre des ayants droit. L'éventuelle renonciation implicite au privilège de l'art. 14, par l'exercice d'une action en partage successoral devant une juridiction étrangère, est inopposable aux ayants droit du renonçant décédé, lorsque ceux-ci exercent en France non pas l'action de leur auteur mais une action propre (en partage et rapport d'immeubles successoraux). • Civ. 1re, 3 déc. 1996, n° 94-17.863 P : *Gaz. Pal. 1997. 2. Pan. 198.*

B. EXCLUSION PAR UN TRAITÉ

28. Exclusion du privilège par un traité. Diverses conventions internationales relatives à la compétence judiciaire et à l'exécution des jugements ont exclu le privilège de juridiction de l'art. 14. Ainsi, notamment la convention de Bruxelles du 27 sept. 1968 (art. 3) : • Civ. 1re, 3 avr. 1990, n° 87-19.296 P • 14 mai 1992, n° 90-16.295 P. ♦ Il en est de même de plusieurs conventions bilatérales. V. par exemple : convention France-Cameroun du 21 févr. 1974 (art. 34) : • Civ. 1re, 9 juill. 1991, n° 89-13.940 P : *R., p. 386 et 460.* ♦ Cependant, l'art. 11 de la convention franco-marocaine du 10 août 1981 n'édicte que des règles indirectes de compétence n'excluant pas le privilège de juridiction de l'art. 14. • Civ. 1re, 28 mars 2006, n° 04-20.362 P : *JCP 2006. II. 10133, note Devers.* ♦ *Contra,* précédemment : • Civ. 1re, 2 mars 1999, n° 96-21.190 P : *JCP 1999. II. 10220, note Cuniberti* • 2 oct. 2001, n° 00-11.369 P : *D. 2001. IR 3089* ; *JCP 2002. I. 153, n° 4, obs. Poillot-Peruzzetto ; Gaz. Pal. 2002. 979, obs. Niboyet ; LPA 20 févr. 2002, note Courbe ; Rev. crit. DIP 2002. 140, note Cuniberti* . ♦ Comp. • Civ. 1re, 2 oct. 2001 : *préc. note 18.*

29. ... Application du Règlement (CE) n° 44/2001. Si la demande principale qui fixe la compétence dès l'introduction de l'instance relève du champ matériel du Règl. n° 44/2001, applicable à la date d'introduction de la demande, les règles de compétence nationale des art. 14 et 15 C. civ. ne peuvent être invoquées contre le défendeur. • Civ. 1re, 13 mai 2020, n° 19-10.448 P : *D. 2020. 2164, note Minois* ; *ibid. 1485, obs. Lemouland et Noguéro* ; *AJDI 2020. 697* ; *AJ contrat 2020. 381, obs. Pailler* .

30. Compétence juridictionnelle et loi de police. Seules les règles de conflit de juridictions doivent être mises en œuvre pour déterminer la juridiction compétente, des dispositions impératives constitutives de lois de police seraient-elles applicables au fond du litige. • Com. 24 nov. 2015, n° 14-14.924 P : *D. 2016. 1045, obs. Gaudemet-Tallon et Jault-Seseke* ; *ibid. 2025, obs. d'Avout et Bollée* ; *Rev. crit. DIP 2017. 269, note Bureau et Muir Watt* ; *RTD civ. 2016. 98, obs. Barbier* .

C. SANCTION

31. Fraude. Cassation de l'arrêt qui écarte l'art. 14, invoqué pour présenter une demande en divorce, au motif que l'épouse a déplacé de façon illicite ses enfants en France dans le seul but de faire échec aux droits parentaux de son mari et s'est soustraite à la juridiction américaine, juge naturel des époux ; en effet ces motifs sont exclusivement afférents à l'exercice de l'autorité parentale à l'égard des enfants, action étrangère à l'action en divorce présentée en France sur le fondement de l'art. 14. • Civ. 1re, 4 juill. 2012, n° 11-11.107 P : *D. 2012. 1885* ; *AJ fam. 2012. 502, obs. Boiché* ; *Rev. crit. DIP 2012. 900, note Gaudemet-Tallon* ; *Dr. fam. 2012, n° 160, obs. Abadie.* – V. note 9.

Art. 15 **Un Français pourra être traduit devant un tribunal de France, pour des obligations par lui contractées en pays étranger, même avec un étranger.** – *V. notes ss. art. 14.*

BIBL. ▶ AUDIT, *D. 2006. Chron. 1846* (retour à la lettre de l'art. 15). – DEHAUSSY, *JDI 1991. 109* (État étranger demandeur). – HUET, *Mél. Gaudemet-Tallon, Dalloz, 2008, p. 311.*

1. Ordre public (non). V. note 10.

2. Procès équitable. Conformité de l'art. 15 aux exigences d'un procès équitable : V. • Civ. 1re, 30 mars 2004, n° 02-17.974 P : *JCP 2004. II. 10097, note Égéa ; Gaz. Pal. 2004. 1970, note Weissberg ; ibid. 3-4 sept. 2004, obs. Niboyet ; Defrénois 2004. 1235, obs. Massip ; AJ fam. 2004. 364, obs. S. David* ; *RJPF 2004-6/14, obs. Putman ; LPA 23 févr. 2005, note Jault ; Rev. crit. DIP 2005. 89, note Sinopoli* , et, dans la même affaire : • CEDH 29 avr. 2008 : *D. 2009. Pan. 1557, obs. Jault-Seseke* ; *RTD civ. 2008. 646, obs. Marguénaud* ; *JDI 2009. 193, note Marchadier ; Rev. crit. DIP 2009. 831, note Kinsch.*

3. Caractère facultatif. L'art. 15 ne consacre qu'une compétence facultative de la juridiction française, impropre à exclure la compétence indirecte d'un tribunal étranger, dès lors que le litige se rattache de manière caractérisée à l'État dont la juridiction est saisie et que le choix de la juridiction n'est pas frauduleux. • Civ. 1re, 23 mai 2006, n° 04-12.777 P : *R., p. 463 ; GADIP, 5e éd., n° 87 ; D. 2006. IR 1561, obs. Gallmeister* ; *D. 2007. Pan. 1758, obs. Jault-Seseke* ; *JCP 2006. II. 10134, note Callé ; Gaz. Pal. 2007. Somm. 2052, obs. Niboyet ; AJ fam. 2006. 324, obs. Boiché* ; *Dr. fam. 2006, n° 199, obs. Farge ; Rev. crit. DIP 2006. 870, note Gaudemet-Tallon* ; *JDI 2006. 1377, note Chalas* • 22 mai 2007, n° 05-

20.473 P : *D. 2007. AJ 1596, obs. Gallmeister* • 6 févr. 2008, n° 06-12.405 P : *Rev. crit. DIP 2008. 644, obs. Muir Watt* • 1er déc. 2010 : *D. 2011. 647, note Laazouzi ; JCP 2011, n° 172, obs. Devers ; AJ fam. 2011. 50, obs. Boiché*. – Audit, *D. 2006. Chron. 1846* (retour à la lettre de l'art. 15).

Sur la compétence du JAM pour apprécier, à titre incident, la régularité internationale d'un jugement étranger ayant prononcé le divorce, alors que l'épouse avait décliné la compétence de la juridiction étrangère en se fondant sur l'art. 15 C. civ., V. • Civ. 1re, 9 juill. 1991, n° 89-13.940 P : *D. 1992. 334, note Massip ; JCP 1992. II. 21818, note Muir Watt.* ♦ Le contrôle à titre incident de la régularité internationale d'un jugement étranger peut être opéré par tout juge (un juge aux affaires familiales statuant en qualité de juge conciliateur en matière de divorce, en l'espèce) devant lequel ce jugement est invoqué pour contester son pouvoir de juger. • Civ. 1re, 10 mai 2007, n° 06-11.323 P : *D. 2007. Chron. C. cass. 2327, n° 1, obs. Chauvin ; ibid. AJ 1432, obs. Gallmeister ; ibid. Pan. 2695, obs. Douchy-Oudot ; ibid. 2008. Pan. 1516, obs. Jault-Seseke ; JCP 2007. Actu. 242, obs. Devers ; Defrénois 2007. 1313, obs. Massip ; AJ fam. 2007. 433, obs. Boiché ; LPA 6 nov. 2007, note Mahinga* • 10 mai 2007, n° 06-12.476 P : *eod. loc.* ♦ V. également note 2 ss. art. 14.

I. DOMAINE DU PRIVILÈGE DE JURIDICTION DE L'ART. 15

A. BÉNÉFICIAIRES DE L'ART. 15

4. L'art. 15 n'impose pas au demandeur étranger de traduire le défendeur français devant les juridictions françaises, lesquelles n'ont donc pas compétence exclusive pour le cas où des Français sont poursuivis par un étranger. • Civ. 1re, 6 nov. 1990, n° 88-15.496 P.

5. Une loi étrangère ne peut, en l'absence d'une convention internationale contraire, faire obstacle à l'application des règles de compétence judiciaire édictées par la loi française et notamment aux dispositions de l'art. 15 C. civ. qui donne au défendeur le droit de n'être cité que devant les tribunaux français. • Civ. 1re, 5 mai 1976, n° 75-12.303 P.

6. Binationalité – Prise en compte de la nationalité française. L'art. 15 édicte une règle de compétence exclusive fondée sur la nationalité française du défendeur et dans le cas où celui-ci possède une autre nationalité, seule la nationalité française peut être prise en considération. • Civ. 1re, 27 janv. 1987, n° 85-12.324 P : *R., p. 261.* ♦ V. notes 3 s. ss. art. 14.

B. ACTIONS SOUMISES À L'ART. 15

7. Généralité du domaine de l'art. 15. L'art. 15 est applicable en toute matière à la seule exception des actions concernant des immeubles situés à l'étranger ou des voies d'exécution qui y sont engagées. • Civ. 1re, 18 mai 1976, n° 75-12.300 P. – V. aussi • Civ. 1re, 1er févr. 1955 : *JCP 1955. II. 8657, note Louis-Lucas ; Rev. crit. DIP 1955. 327, note H. B.* • 5 mai 1959 : *D. 1959. 377 (1re esp.), note G. Holleaux ; Rev. crit. DIP 1959. 501 (1re esp.), note H. B.* ♦ V. également note 2 ss. art. 14. ♦ Rappr. • Civ. 1re, 19 nov. 2002, n° 00-22.334 P : *R., p. 606 ; D. 2002. AJ 3341, obs. A. Lienhard ; D. 2003. 797, note Khairallah ; JCP 2002. II. 10201, concl. Sainte-Rose, note Chaillé de Néré ; JCP E 2003. 1470, note Menjucq ; LPA 20 oct. 2003, note Legros.*

8. Loi applicable aux mesures d'exécution. Les procédures conservatoires et d'exécution relèvent des lois de compétence de l'État où ces procédures sont diligentées, même si d'autres juridictions sont internationalement compétentes pour statuer sur le fond. • Civ. 2e, 29 févr. 1984 : *Bull. civ. II, n° 40.* ♦ Mais l'art. 15 est applicable à une action ayant pour objet principal la fixation de la contribution d'un époux aux charges du mariage et seulement par voie de conséquence les mesures d'exécution qui peuvent en découler à l'étranger ou en France. • Civ. 1re, 11 mai 1976 : *Bull. civ. I, n° 165 ; Rev. crit. DIP 1977. 352 (2e esp.), note Mayer ; JDI 1977. 481, note Gaudemet-Tallon.* ♦ Pour une application en matière de divorce et de séparation de corps, V. • Civ. 1re, 15 nov. 1988 : *Bull. civ. I, n° 320.*

9. Successions immobilières – Lex rei sitae. La dévolution successorale concernant des immeubles sis à l'étranger échappe à la loi française et à la connaissance des tribunaux français, même lorsque les biens en cause sont la propriété de Français. • Civ. 1re, 24 nov. 1953 : *Bull. civ. I, n° 331 ; Rev. crit. DIP 1955. 698, note Mezger.* ♦ Dès lors que la juridiction française constate son incompétence pour statuer sur le partage successoral d'immeubles situés à l'étranger, elle n'a pas à rechercher si la saisine du juge étranger était ou non possible, même s'il est allégué un déni de justice de la part de la juridiction étrangère du lieu de situation des immeubles (Vietnam). • Civ. 1re, 7 janv. 1982 : *Bull. civ. I, n° 6 ; Rev. crit. DIP 1983. 87, note Ancel.*

II. MISE EN ŒUVRE DU PRIVILÈGE DE L'ART. 15

A. ORDRE PUBLIC – OFFICE DU JUGE

10. Ordre public (non) – Office du juge. Les dispositions de l'art. 15 ne sont pas d'ordre public et ne peuvent être appliquées d'office par le juge. • Com. 9 oct. 1967, n° 64-13.385 P : *JDI 1968. 918, note Bredin.* ♦ V. note 15 et, aussi, note 11 ss. art. 14. ♦ Mais il ne peut être reproché aux juges du fond d'avoir relevé d'office le moyen pris du privilège de juridiction de l'art. 15 lorsque, par une interprétation souveraine de l'intention d'une partie demanderesse en divorce, ils considèrent qu'en invoquant par erreur les dispositions de l'art. 310 C. civ. qui concernent la loi applicable et non la juridiction compétente, elle a implicitement entendu se prévaloir de l'art. 15. • Civ. 1re, 21 oct. 1980 : *Bull. civ. I, n° 264.*

11. Demande d'application nécessaire. Sur la nécessité pour le défendeur français d'invoquer le privilège, notamment en se réservant devant le juge étranger de se fonder sur l'art. 15, V. • Civ. 1re, 9 juill. 1991, n° 89-13.940 P.

12. Caractère subsidiaire. L'art. 15 C. civ. n'a pas lieu de s'appliquer lorsqu'un critère ordinaire de compétence territoriale est réalisé en France, notamment lorsque les deux parties y sont domiciliées. • Civ. 1re, 18 avr. 2000, n° 96-15.723 P. ♦ Rappr., le défendeur étant domicilié en France : • Civ. 1re, 13 mai 2020, n° 19-10.941 P : *D. 2020. 1987, note Haftel*. ♦ V. note 13 ss. art. 14.

B. EXCLUSION DU BÉNÉFICE DE L'ART. 15

1° EXCLUSION PAR UN TRAITÉ

13. Illustrations. Sur l'exclusion du privilège de l'art. 15 par une convention internationale, V. par exemple : pour la convention de La Haye du 15 avr. 1958 : • Civ. 1re, 19 avr. 1988 : *Bull. civ. I, n° 24.* ♦ ... Pour la convention franco-autrichienne du 15 juill. 1966 (qui réserve cependant le cas de la fraude) : • Civ. 1re, 5 oct. 1994, n° 92-18.269 P. ♦ ... Pour la convention franco-monégasque du 21 sept. 1949 : • Civ. 1re, 25 oct. 1989 : *Bull. civ. I, n° 331.* ♦ ... Pour la convention franco-marocaine du 10 août 1981 : • Civ. 1re, 2 oct. 2001, n° 00-11.369 P : *D. 2001. IR 3089 ; JCP 2002. I. 153, n° 4, obs. Poillot-Peruzzetto ; Gaz. Pal. 2002. 979, obs. Niboyet ; LPA 20 févr. 2002, note Courbe ; Rev. crit. DIP 2002. 140, note Cuniberti*. – Comp. • Civ. 1re, 20 mai 2003, n° 01-02.959 P : *Gaz. Pal. 2003. Somm. 3927, obs. Niboyet ; Defrénois 2003. 1498, obs. Massip ; AJ fam. 2004. 24, obs. S. D. ; Dr. et patr. 11/2003. 98, obs. F. Monéger.*

2° EXCLUSION PAR RENONCIATION

14. Principes. Si, lorsque la partie défenderesse est de nationalité française, les tribunaux français ont, en principe, en vertu de l'art. 15, une compétence générale et exclusive, de nature à fonder un refus d'effet à un jugement émanant d'une juridiction étrangère incompétente au regard du droit international français, pareille règle n'est en aucune manière d'ordre public et reçoit exception lorsqu'il est établi que la partie intéressée a renoncé au bénéfice du texte sus-rappelé. • Civ. 1re, 9 nov. 1971 : *D. 1972. 178* • Paris, 21 sept. 1995 : *D. 1996. Somm. 168, obs. Audit*. ♦ Mais, la règle de compétence de l'art. 15 conférant un droit aussi bien à l'étranger demandeur qu'au Français défendeur, la renonciation à son bénéfice doit émaner à la fois du demandeur et du défendeur. • Civ. 1re, 7 déc. 1971 : *Bull. civ. I, n° 309 ; JDI 1972. 840, note Bigot.*

15. Renonciation expresse – Clause attributive. Si l'acceptation, dans un contrat international, d'une clause attributive de juridiction à un tribunal étranger emporte en principe renonciation au privilège de juridiction, il cesse d'en être ainsi lorsque le caractère imprécis, équivoque ou ambigu de la clause ne permet pas d'affirmer qu'il existe une volonté certaine de l'intéressé de renoncer au bénéfice de ce privilège. • Civ. 1re, 18 oct. 1988 : *Bull. civ. I, n° 292 ; Rev. crit. DIP 1989. 537, note Lagarde* • Versailles, 7 nov. 2019, n° 18/05285. ♦ Une clause attributive de compétence insérée dans un connaissement et excluant le jeu de l'art. 15 est opposable aux assureurs subrogés dans les droits du destinataire d'un contrat de transport maritime international, dès lors que cette clause a été acceptée par le chargeur. • Com. 7 juill. 1992, n° 90-13.721 P • Civ. 1re, 16 juin 1992, n° 90-15.918 P (même situation mais à propos d'une clause non acceptée par le chargeur) • Soc. 30 janv. 1991, n° 87-42.086 P. ♦ V. notes 19 s. ss. art. 14.

16. Renonciation tacite. Une renonciation tacite à se prévaloir des dispositions de l'art. 15 peut être déduite du comportement du défendeur français, qui a comparu devant la juridiction étrangère, a défendu au fond sans avoir soulevé l'incompétence de cette juridiction et a ensuite interjeté appel de cette décision devant la cour étrangère. • Civ. 1re, 15 nov. 1983, n° 82-12.626 P. – V. aussi • Civ. 1re, 1er juill. 1981 : *Bull. civ. I, n° 242* • 21 oct. 1981 : *ibid. I, n° 304* • 15 nov. 1994, n° 92-18.971 P • 31 janv. 2006, n° 04-20.689 P : *D. 2006. 1662, note Montfort ; JCP 2006. IV. 1390.*

La partie française n'est pas tenue, pour conserver le bénéfice du privilège de l'art. 15, de l'invoquer devant le juge étranger. • Civ. 1re, 18 oct. 1988 : *Bull. civ. I, n° 292 ; Rev. crit. DIP 1989. 537, note Lagarde.* ♦ V. notes 25 s. ss. art. 14.

17. ... Renonciation éventuelle par défense au fond. Doit être considéré comme ayant renoncé au privilège de l'art. 15 le Français défendeur qui avait certes fait état de sa nationalité devant le juge étranger saisi d'une demande en divorce mais qui avait expressément accepté de se défendre au fond, sans réserves et selon les formes de la procédure locale. • Civ. 1re, 15 nov. 1994, n° 92-18.971 P.

18. ... Procédures distinctes. Absence de renonciation du demandeur. L'absence de renonciation du demandeur qui engage une procédure de divorce en France, au bénéfice de l'art. 15 doit être déduite de la distinction entre les procédures de séparation et de divorce et de l'existence d'une simple convocation de celui-ci devant une juridiction suisse, sur demande de la défenderesse, en vue d'engager une procédure de divorce en Suisse. • Civ. 1re, 25 mars 2015, n° 13-26.131 P : *D. 2015. 810* ; *AJ fam. 2015. 289* ; *Rev. crit. DIP 2015. 638, note Chalas*.

19. ... Mais l'attitude du demandeur français à une procédure de divorce introduite en France qui se prévaut de l'art. 14 n'exclut pas qu'il ait précédemment, dans la procédure née de la demande de l'autre époux devant une juridiction étrangère, renoncé à se prévaloir de l'art. 15 en présentant une défense au fond devant le juge étranger. • Civ. 1re, 6 mars 1979 : *Bull. civ. I, n° 80.* – V. aussi • Civ. 1re, 6 juill. 1988 : *ibid. I, n° 222.*

20. Réalité de la renonciation. Si les parties peuvent renoncer même tacitement au bénéfice de l'art. 15, encore faut-il que cette renonciation soit établie. Ne peut être considéré comme valant une telle renonciation le seul fait pour une partie régulièrement citée devant une juridiction étrangère de ne s'y être pas présentée. • Civ. 1re, 5 mai 1976, n° 75-12.303 P : *Rev. crit. DIP 1977. 137 (2e esp.), note Huet* • 16 déc. 1981 : *Bull. civ. I, n° 389* • 25 mai 1987 : *ibid. I, n° 167.* ♦ ... Le fait pour un demandeur en divorce de ne pas avoir contesté la saisine du juge étranger dans une instance en contribution aux charges du mariage. • Civ. 1re, 5 déc. 1978 : *Bull. civ. I, n° 375.* ♦ ... Le fait par celui qui a soutenu la compétence des tribunaux français et l'incompétence corrélative des tribunaux étrangers en se fondant sur son domicile en France de ne pas invoquer l'art. 15. • Civ. 1re, 13 juin 1978 : *D. 1979. 133, note Santa-Croce.* ♦ De même, le fait d'avoir sans réserve comparu devant le juge des référés étranger et participé aux opérations d'expertise n'implique pas renonciation au privilège de juridiction pour l'instance au fond. • Civ. 1re, 3 juin 1986, n° 84-17.880 P. ♦ ... Ou le fait du demandeur d'avoir participé, devant une juridiction étrangère, à une procédure de séparation distincte de celle de divorce qu'il engage en France et répondu, à l'étranger, à une simple convocation en vue d'une procédure. • Civ. 1re, 25 mars 2015, n° 13-26.131 P : *préc. note 18.*

CHAPITRE II DU RESPECT DU CORPS HUMAIN

(L. n° 94-653 du 29 juill. 1994)

RÉP. CIV. v° *Corps humain – Bioéthique*, par J. PENNEAU et E. TERRIER.

BIBL. GÉN. ▶ **Bioéthique :** Numéro spécial « Bioéthique », *LPA 14 déc. 1994 ; ibid. 18 févr. 2005* (loi du 6 août 2004). – CEPRISCA Amiens, *LPA 23 oct. 1998* (convention du Conseil de l'Europe). – Colloque Lille, 8 mars 2002, *LPA 5 déc. 2002* (la vie humaine mise sur le marché ?). – D'AUTUME, *Gaz. Pal. 1996. 2. Doctr. 784* (encadrement international du développement des sciences de la vie). – BAILLON-PASSE, *LPA 3 et 4 juill. 2001* (bilan à la veille de la révision des lois de bioéthique). – BINET, *JCP 2011. 1410 ; Dr. fam. 2019. Étude 8* (bioéthique, à propos du projet de loi relatif à la bioéthique présenté en Conseil des ministres le 24 juill. 2019). – BONNARD, *D. 2010. Chron. 847* . – BYK, *JCP 1994. I. 3788 et erratum 3802 bis ; ibid. 1995. I. 3848 ; Gaz. Pal. 1996. 2. Doctr. 749 ; JDI 2001. 47* (convention européenne sur la biomédecine et les droits de l'homme) ; *JCP 2011. 1406.* – DEMAY DE GOUSTINE, *RDSS 1996. 1* . – GALLOUX, *D. 2009. Chron. 578* (brevetabilité des cellules souches). – GRANET-LAMBRECHTS, *RDSS 1995. 1* . – JAMIN, *RTD civ. 1994. 934* ; *RTD civ. 1995. 974.* – KRIEGK, *Gaz. Pal. 17-18 déc. 2004, Doctr.* (droit civil, procréation et dignité humaine). – LABRUSSE-RIOU, *Mél. Huet-Weiller, PU Strasbourg/LGDJ, 1994, p. 283* (sciences de la vie et légitimité). – MASSIP, *Defrénois 1995. 65 et 129 ; Gaz. Pal. 1995. 1. Doctr. 433.* – MATHIEU, *LPA 9 avr. 2003* (tests génétiques prédictifs). – PARICARD, *RDSS 2009. 98* (recherche médicale). – PUIGELIER, *JCP N 2004. 1386* (science et droit : un malentendu). – RENAUD, *JCP N 1999. 396* (pratiques interdites). – ROUQUIÉ, *LPA 13 mai 1998.* – THOUVENIN, *ALD 1995. 149, 159 et 179 ; RTD civ. 1994. 717* . – GAUMONT-PRAT, obs. *D. 1999. Somm. 343* (réexamen dans les cinq ans de la loi bioéthique). ▶ **Projet de loi « bioéthique » :** MALAUZAT, *D. 2002. Chron. 2688* . – MATHIEU, *LPA 30 mai 2003.* – POTTIER et KALISZ-MILES, *Gaz. Pal. 2002. Doctr. 1115.* ▶ **Clonage humain :** DELMAS-MARTY, *D. 2003. Chron. 2517* . – MATHIEU, JCP 2003. Actu. 71.

▶ **Loi du 6 août 2004 :** BELLIVIER, *chron. lég. RTD civ. 2004. 787.* – BINET, *Dr. fam. 2004. Études 22, 26 et 28.* – ÉGÉA, *RJPF 2004-9/11.* – PÉCRESSE, *LPA 1er juill. 2004* (le corps de la personne). – THOUVENIN, *D. 2005. Chron. 116 et 172.* – Dossier, *RDSS 2005. 183* (la révision des lois bioéthiques) ; *ibid. 2012. 785* (la bioéthique en questions). – Dossier Santé dans la jurisprudence de la Cour de cassation, *R. 2007, p. 45.*

▶ **Loi du 7 juill. 2011 :** BAILLON-WIRTZ, *RLDC 2011/86, n° 4385.* – BINET, *Dr. fam. 2011. Étude 21.* – DIONISI-PEYRUSSE, *AJ fam. 2011. 492* .

▶ **Loi du 5 mars 2012 :** LEROYER, *RTD civ. 2012. 384* (recherche sur la personne humaine).

▶ **Loi du 2 août 2021 :** BIOY, *AJDA 2022. 42* (la loi de bioéthique 2021 devant le Conseil constitutionnel). – BYK, *JCP 2021, n° 1000.* – PARICARD, *D. 2021. 1685* . – Dossier, *AJ fam.*

2021. 581. – Dossier, *RDSS 2021. 767*. – Dossier, *AJDA 2021. 1826*. – Leroyer, *RTD civ. 2021. 867* (le Conseil constitutionnel et l'embryon humain : Cons. const. 29 juill. 2021, n° 2021-821 DC). – Dossier, *Dr. fam. 2021. 22 s.* – Dossier, *JCP N 2021, n° 1271 s.* (réforme de la bioéthique).

▸ **Personne et sujet de droit :** *Archives Phil. dr., t. 34, 1989.* – J.-P. Ancel, *R. 2000, p. 55* (protection des droits de la personne : jurisprudence récente de la Cour de cassation). – Delage, *D. 2011. Chron. 173* (primauté de la personne). – Denoix de Saint Marc, *Mél. Drai, Dalloz, 1999, p. 537* (contribution du Conseil d'État au statut juridique de la personne humaine). – Edelman, *Droits, 1985/1. 125* (nature et sujet de droit) ; *Archives Phil. dr., t. 39, 1995* (naissance de la notion chez Domat). – Goubeaux, *Mél. Roblot, LGDJ, 1984, p. 199* (personnalité morale, droit des personnes et droit des biens). – Hassler, *LPA 7 déc. 2004* (droits de la personnalité : crise d'identité). – X. Henry, *Mél. Seuvic, PU Lorraine, 2018, p. 693.* – Labrusse-Riou, *Études Ghestin, LGDJ, 2001, p. 499* (apport du droit des contrats au droit des personnes). – Lazayrat, Rochfeld et Marguénaud, *Dr. fam. 2013 Études 5* (la distinction des personnes et des choses). – Loiseau, *D. 2011. 2558* (des droits humains pour personnes non humaines).– Moine-Dupuis, *LexisNexis, 2014,* (fondements d'un droit international de la personne humaine). – Revet, *Mél. Mouly, Litec, 1998, t. 1, p. 141* (l'argent et la personne). – Colloque, *D. 2017. 2040* (la notion de personne). – Dossier, *Dr. fam. 2012. Études 1 s.* (notion de personne en droit privé).

▸ **Statut de l'embryon et du fœtus :** Bakouche, *Mél. Gobert, Economica, 2004, p. 153* (transfert d'embryons *post-mortem*). – Bélaud-Guillet, *LPA 16 sept. 1998* (fœtus *ex utero*). – Bellivier, *chron. RTD civ. 2001. 972* (IVG : loi du 4 juill. 2001). – Bellivier et Égéa, *D. 2004. Chron. 647.* – Binet, *Mél. le Tourneau, Dalloz, 2008, p. 85* (protection de l'enfant conçu) ; *RLDC 2013/102, n° 5031* (recherche sur l'embryon) ; *JCP 2013, n° 905* (*idem*). – Blumberg-Mokri, *LPA 7 mars 2003.* – Byk, *JCP 1996. I. 3949* (recherche sur l'embryon) ; *Gaz. Pal. 1997. 2. Doctr. 1391.* – Corpart, *JCP 2005. I. 171* (décès périnatal et qualification juridique du cadavre). – Diesse, *RRJ 2000/4-1. 1429* (statut de l'enfant à naître). – Edelman, *D. 1995. Chron. 205.* – Égéa, *RDSS 2005. 232* (loi du 6 août 2004). – Gaumont-Prat, obs. *D. 2001. Somm. 1430* (recherche sur les cellules souches humaines). – Herzog-Evans, *RTD civ. 2000. 65.* – Kayser, *D. 1989. Chron. 153.* – Lambert-Garrel et Vialla, *D. 2013. Chron. 1842* (recherche sur l'embryon et les cellules souches embryonnaires). – Le Douarin et Puigelier, *JCP 2002. I. 127* (l'expérimentation à partir de cellules souches embryonnaires humaines). – Mahalatchimy, *RDSS 2014. 699* (brevetabilité des cellules souches). – R. Martin, *JCP 2002. I. 115* (les premiers jours de l'embryon). – Mathieu, *D. 1999. Chron. 451* (recherche sur l'embryon) ; *JCP 2013, n° 904* (*idem*). – Mémeteau, *D. 1994. Chron. 355.* – Meyer, *RDSS 1987. 571.* – Mirkovic, *JCP 2009, n° 448* (recherche sur l'embryon) ; *ibid. 2010, n° 99* (statut de l'embryon). – Murat, *RDSS 1995. 451* (décès périnatal) ; *Dr. fam. 1997. Chron. 9* (être humain et personne juridique). – Neirinck, *LPA 9 mars 1998 ; D. 2003. Chron. 841* (l'embryon humain : une catégorie juridique à dimension variable ?). – Niort, *RRJ 1998/2. 459* (statut impossible ?). – Pédrot, *JCP 1991. I. 3483* (droit comparé). – Philippe, *RDSS 2003. 316* (viabilité). – Puigelier, *Mél. Bouloc, Dalloz, 2007, p. 923* (statut juridique de l'embryon et du fœtus). – Raynaud, *D. 1988. Chron. 109.* – Richard, *RRJ 2001/3. 1361* (statut successoral de l'enfant conçu). – Sainte-Rose, *Dr. fam. 2015. Étude 13* (enfant à naître et homicide). – Seuvic, *Colloque Nancy : les enjeux du progrès scientifique, Bruylant 2000. 163* (situation pénale). – Terrasson de Fougères, *RTD civ. 1997. 893.* – Théry, *D. 1982. Chron. 231.* – Thouvenin, *RDSS 2014. 283* (recherche sur l'embryon et les cellules souches embryonnaires, loi du 6 août 2013).

▸ **Mort :** Bioy, *AJDA 2018. 578* (arrêt des traitements et fin de vie). – Callu, *RTD civ. 1999. 313.* – Gridel, *D. 2000, suppl. au n° 16, p. 266-6.* ▸ **Définition juridique de la mort :** Durrieu-Diebolt, *AJ fam. 2004. 120* (moment de la mort). – Goustine, *RDSS 1990. 1*. – Lebreton, *D. 1994. Chron. 352.* – Peres, *D. 2016. 91* (les données à caractère personnel et la mort). – Portnoi, *Gaz. Pal. 1988. 1. Doctr. 300.* – Raymondis, *RTD civ. 1969. 29.* – Terrasson de Fougères, *RTD civ. 1997. 893.* ▸ **Constat de la mort (décr. 2 déc. 1996) :** Revet, *chron. lég. RTD civ. 1997. 231.* – Véron, *Dr. pénal 1997. Chron. 7.* ▸ **Suicide :** Bonnin, *RRJ 1995/1. 207.* – Terré, *Études Weill, Dalloz/Litec, 1983, p. 523.* ▸ **Mort et dignité :** Guillotin, *Mél. Bolze, Economica, p. 317.* – Seuvic, *ibid., p. 339.* ▸ **Euthanasie :** Aune, *Gaz. Pal. 19-21 déc. 2004, Doctr.* – Bonnin, *RRJ 1995/1. 207.* – Castaing, *RDSS 2014. 684* (fin de vie). – Cheynet de Beaupré, *D. 2003. Chron. 2980*. – Janicaud, *Droits, 1991/13. 67* (droit de mourir). – Mémeteau, *RRJ 2000/3. 913.* – Minet-Leleu, *RDSS 2019. 95* (refus de l'obstination déraisonnable). – Pousson-Petit, *Dr. fam.* 2001. Chron. 3. – Thouvenin, RDSS 2017. 1035 (le juge constitutionnel et la fin de vie d'une personne hors d'état de manifester sa volonté). – Vialla, *JCP 2011, n° 98 ; ibid. 2013, n° 68.*

▸ **Dignité humaine :** *Mél. Bolze, Economica, 1999.* – Borella, *ibid., p. 29* (concept). – Bussy, *Études Normand, Litec, 2003* (consécration par le juge). – Canedo-Paris, *RFDA 2008. 979* (droit administratif, dignité et ordre public). – Cornavin, *Droits, 1985/2. 99* (droits de l'homme, dignité et progrès de la biologie). – Dreyer, *D. 2008. Chron. 2730* (dignité opposée à la personne). – Douchy-Oudot, *RLDC 2010/72, n° 3852*. – Edelman, *D. 1997. Chron. 185* ; *ibid. 2001. Chron. 2763* (« Loft story »). – Fontbressin, *Mél. P. Lambert, Bruylant, 2000, p. 207* (esclavage). – Fraisseix, *RRJ 1999/4. 1133* (judiciarisation de la sauvegarde de la dignité de la personne et de l'espèce). – Geslot, *D. 2008. Chron. 1292* (prostitution). – Graf-Vitzthum, *RRJ 1986/1. 69* (technologie génétique entre dignité et liberté de la recherche). – Houser, *RDSS 2013. 671* (protection de la vie et de la dignité de la personne humaine, une obligation source de responsabilité pour l'État). – Hassler et Lapp, *LPA 31 janv. 1997*. – Jorion, *RD publ. 1999. 197*. – A. Kahn, *Colloque Nancy précité, ibid. 153*. – Mathieu, *D. 1996. Chron. 282*. – Moutouh, *RD publ. 1999. 159*. – Neirinck, *Mél. Bolze, préc., p. 39* (mauvais usage du concept). – Pech, *D. 2001, n° 20 du 24 mai, hors série Justices, p. 90*. – D. Roman, *D. 2007. Chron. 1284* (protection de l'individu contre lui-même). – Saint-James, *D. 1997. Chron. 61* (concept juridique).

▸ **Dignité humaine. Thèmes spécifiques :** J.-M. Auby, *LPA 21 mai 1997* (situation juridique du malade). – Danet, *RS crim. 1996. 49* (état de santé et détention). – Ecochard, *RFDA 2003. 99* (détention et art. 3 Conv. EDH). – Lambert-Faivre, *D. 2002. Chron. 1291* (droits des malades : L. 4 mars 2002). – Le Roy, *AJDA 2008. 80* (le maire, le mannequin et la protection de la dignité de la personne humaine). – B. Mathieu, *LPA 19 juin 2002* (même thème). – Moquet-Anger, *RDSS 2002. 657* (même thème). – E. Paillet, *Mél. Bolze, préc., p. 283* (majeur protégé). – Plateaux, *Gaz. Pal. 1997. 2. Doctr. 1266* (moralité et police administrative du maire). – Putman, *RJPF 2002-5/13* (droits des malades : L. 4 mars 2002). – Retterer, *Mél. Bolze, préc., p. 87* (droit communautaire). – Revet, *chron. lég. RTD civ. 1998. 989* (dignité et exclusion : loi du 29 juill. 1998). – Sueur, *Mél. Bolze, préc., p. 65* (médias et dignité). ▸ **Dignité et argent :** Dion-Loye, *RRJ 1995/2. 433* (le pauvre et le droit). – De Leval, *Études Normand, Litec, 2003* (recouvrement et dignité humaine). – Revet, *Archives Phil. dr., t. 42, 1998* (l'argent et la personne). ▸ **Dignité du salarié :** Acton et Deleseux, *LPA 21 août 1996* (harcèlement professionnel et dignité). – Jeammaud, *Hommages à H. Sinay, Peter Lang, 1994, p. 347*. – De Tissot, *Dr. soc. 1995. 972*.

▸ **Autres thèmes :** Defferrard, *D. 2014. 1400* (l'impression tridimensionnelle et le corps humain). – É.-U. Goût, *RTD civ. 2020. 315* (sommes-nous propriétaires de notre corps ?). – X. Henry, *D. 2016. 951* (utérus artificiel). – Revet, *RTD civ. 2017. 587* (le corps humain est-il une chose appropriée ?).

▸ **Convention d'Oviedo sur les droits de l'homme et la biomédecine** : Bacache, *RTD civ. 2012. 785*. – Binet, *JCP 2012, n° 3*.

▸ **Panoramas Dalloz : Droits et libertés corporels,** *D. 2022. Pan. 808* (mars 2021 - mars 2022) ; *D. 2021. Pan. 762* (mars 2020 - févr. 2021) ; *D. 2020. Pan. 735* (mars 2019 - févr. 2020) ; *D. 2019. Pan. 729* (mars 2018 - févr. 2019) ; *D. 2018. Pan.765* (févr. 2017 - févr. 2018) ; *D. 2017. Pan. 781* (févr. 2016 - févr. 2017) ; *D. 2016. Pan. 752* (mars 2015 - févr. 2016) ; *D. 2015. Pan. 755* (févr. 2014 - févr. 2015) ; *D. 2014. Pan. 843* (janv. 2013 - janv. 2014) ; *D. 2013. Pan. 663* (2012) ; *D. 2012. Pan. 308* (2011) ; *D. 2010. Pan. 604* (févr. 2008 - déc. 2009) ; *D. 2008. Pan. 1435* (janv. 2007 - févr. 2008) ; *D. 2007. Pan. 1102* (janv. 2006 - déc. 2006) ; *D. 2006. Pan. 1200* ; *D. 2005. Pan. 536*.

Art. 16 La loi assure la primauté de la personne, interdit toute atteinte à la dignité de celle-ci et garantit le respect de l'être humain dès le commencement de sa vie.

*V. L. n° 2001-434 du 21 mai 2001 (JO 23 mai) tendant à la reconnaissance de la traite et de l'**esclavage** en tant que crime contre l'humanité.*

*V. Convention de New York du 10 déc. 1984 contre la **torture** et autres peines ou traitements cruels, inhumains ou dégradants, publiée par Décr. n° 87-916 du 9 nov. 1987 (D. et ALD 1987. 441) ; ... Convention européenne de Strasbourg du 26 nov. 1987 pour la prévention de la torture et des peines ou traitements inhumains ou dégradants (ensemble une annexe), publiée par Décr. n° 89-283 du 2 mai 1989 (D. et ALD 1989. 165).*

*V. Convention de New York du 1er mars 1980 sur l'élimination de toutes les formes de **discrimination à l'égard des femmes**, publiée par Décr. n° 84-193 du 12 mars 1984 (D. et ALD 1984. 250) et Décr. n° 85-164 du 31 janv. 1985 (D. et ALD 1985. 177) (levée d'une réserve française). — V. aussi Décr. n° 2001-953 du 15 oct. 2001 (JO 20 oct.) portant publication du protocole facultatif à cette convention fait à New York le 6 oct. 1999.*

Sur la lutte contre les ***discriminations****, V. L. nº 2008-496 du 27 mai 2008, infra. — ... Dans le domaine du travail, V. C. trav., art. L. 1131-1. —* ***C. trav.*** *— ... Sur l'infraction pénale, V. C. pén., art. 225-1 s. —* ***C. pén.***

Sur l'interdiction du ***harcèlement moral****, de nature à porter atteinte à la dignité d'autrui, V. C. trav., art. L. 1152-1 s. et C. pén., art. 222-33-2. —* ***C. trav., C. pén.***

Sur les droits, et notamment le droit à la dignité, des personnes ***malades****, V. CSP, art. L. 1110-1 s., spécialement art. L. 1110-2 et L. 1110-5 ss. art. 16-9. — En ce qui concerne les droits des personnes relevant de l'action sociale et médico-sociale, V. CASF, art. L. 116-2 et L. 311-3. —* ***CASF.***

V. Convention d'Oviedo du 4 avr. 1997, pour la protection des Droits de l'Homme et de la dignité de l'être humain à l'égard des applications de la biologie et de la médecine : Convention sur les Droits de l'Homme et la biomédecine. — V. App.

La communication au public par voie électronique est libre. L'exercice de cette liberté ne peut être limité que dans la mesure requise ... par le respect de la dignité de la personne humaine ... (L. nº 86-1067 du 30 sept. 1986, relative à la liberté de communication, art. 1er).

L'autorité administrative peut, par arrêté motivé, interdire la tenue d'une ***manifestation sportive*** *lorsqu'elle présente des risques d'atteinte à la dignité, à l'intégrité physique ou à la santé des participants (C. sport, art. L. 331-2. —* ***C. sport****).*

PLAN DES ANNOTATIONS

1. *Caractère d'ordre public.* V. art. 16-9.

A. PROTECTION ET LIMITES JURIDIQUES DE LA VIE HUMAINE

1º DROIT À LA VIE (art. 2 Conv. EDH)

BIBL. Malaurie, *Mél. L. Boyer, PU Toulouse, 1996, p. 429* (respect de la vie en droit civil). – Puigelier, *D. 2003. Chron. 2781* (qu'est-ce qu'un droit à la vie ?). – Sainte-Rose, *RRJ 2002/3. 1131* (le droit et la vie). – Sudre, *Mél. Mouly, Litec, 1998, t. 1, p. 375.*

2. *Principes.* Le droit à la vie n'entre pas dans le champ de la liberté individuelle au sens de l'art. 66 Const. • Cass., ass. plén., 28 juin 2019, nºs 19-17.330 et 19-17.342 P : *D. 2019. 1400, note Roux* (aff. V. Lambert ; V. aussi note 6). ♦ L'art. 2 Conv. EDH qui garantit le droit à la vie et expose les circonstances dans lesquelles infliger la mort peut se justifier est un des articles primordiaux de la Convention, auquel aucune dérogation ne saurait être autorisée en temps de paix, et qui, combiné à l'art. 3, consacre l'une des valeurs fondamentales des sociétés démocratiques qui forment le Conseil de l'Europe. L'objet et le but de la Convention, en tant qu'instrument de protection des êtres humains, doivent inciter à comprendre et appliquer l'art. 2 d'une manière qui en rende les exigences concrètes et effectives. Les exceptions définies à l'art. 2 dans le cas où un recours à la force est absolument nécessaire supposent l'application d'un critère de nécessité plus strict et impérieux que ceux utilisés dans les art. 8 à 11 de la Convention lorsqu'ils évoquent l'intervention nécessaire de l'État dans une société démocratique. • CEDH 27 sept. 1995, *Mc Cann : Série A. 324 ; JCP 1996. I. 3910, nº 11, obs. Sudre* (absence de violation de l'art. 2 en raison du comportement de militaires qui ont abattu, de bonne foi, trois terroristes, en considérant leurs actes comme absolument nécessaires pour protéger des vies innocentes, mais violation du même texte en raison du défaut de précautions dans l'organisation et le contrôle de l'opération). ♦ V. aussi : • CEDH, sect. II, 28 mars 2006, *Perk c/ Turquie*, nº 50739/99 (absence de violation lors d'une opération antiterroriste ayant conduit au décès de trois suspects qui projetaient un attentat) • CEDH, sect. II, 14 juin 2011, *Trévalec c/ Belgique*, nº 30812/07 (préparation insuffisante d'une opération de police associant des journalistes, tous les intervenants n'ayant pas été avertis de leur présence). ♦ Sur l'applicabilité territoriale de la Convention : • CEDH, gr. ch. *7 juill. 2011*, *Al-Skeini* et a. *c/ Royaume-Uni*, nº 55721/07 (applicabilité de la Convention aux décès d'Irakiens tués par des militaires britanniques occupant le pays). ♦ Dans une zone de conflit international, les États contractants doivent protéger la vie de ceux qui ne sont pas ou plus engagés dans les hostilités, fournir une assistance médicale aux blessés, inhumer correctement les morts en recueillant et communiquant les informations sur leur identité et sur leur sort. • CEDH, gr. ch., 18 sept. 2009, *Varnava c/ Turquie*, n° 16064/90.

3. Sur la possibilité de recourir à l'art. 2 Conv. EDH en l'absence de cadavre, lorsque les circonstances permettent de faire présumer un décès : • CEDH, sect. I, 13 juin 2000, *Timurtas c/ Turquie*, n° 23531/94. ♦ Si le fait que l'utilisation de la force n'a en définitive pas été meurtrière n'est pas incompatible avec un examen des griefs au titre de l'art. 2 Conv. EDH, seules des circonstances exceptionnelles peuvent permettre d'analyser de tels sévices corporels comme une violation de ce texte qui doivent plutôt être analysés sous l'angle d'une violation de l'art. 3 Conv. EDH. • CEDH 27 juin 2000, *Ilhan c/ Turquie*, n° 22494/93 • CEDH, sect. II, 6 avr. 2004, *Ahmet Özkan c/ Turquie : 21689/93* (condition remplie : prisonniers marchant des heures pieds nus dans la neige, certains décédant ultérieurement en détention) • CEDH, gr. ch., 20 déc. 2004, *Makaratzis c/ Grèce*, n° 50385/99 (condition non remplie).

4. Peine de mort. Compte tenu de l'évolution du droit et de la pratique des États membres ainsi que des protocoles complémentaires (6 et 13) pratiquement ratifiés par tous les États, il est possible de considérer désormais que l'art. 2 Conv. EDH interdit la peine de mort en toutes circonstances. • CEDH, sect. IV, 2 mars 2010, *A.-S. et M. c/ Royaume-Uni*, n° 61498/08. ♦ Pour les conséquences sous l'angle de l'art. 3 Conv. EDH : note 37.

5. Euthanasie. Dossier, *RLDC 2013/108, nos 5251 s.* (fin de vie). – Broussolle, *JCP 2014, n° 552* (à qui de dire le droit ?). – Gogos-Gintrand, *D. 2019. 80* (la décision d'arrêt des traitements pour les mineurs). ♦ L'art. 2 Conv. EDH garantissant le droit à la vie ne saurait être interprété comme conférant un droit diamétralement opposé tel que le droit à mourir ou le droit à l'autodétermination permettant à l'individu de choisir la mort plutôt que la vie. Pas plus que l'art. 3, il ne confère le droit à un individu d'exiger de l'État qu'il permette ou facilite son décès. • CEDH 29 avr. 2002, *Pretty c/ Royaume-Uni*, n° 2356/02 : *D. 2002. IR 1596 ; JCP 2003. II. 10062, note Girault ; Defrénois 2002. 1131,* note *Malaurie ; Gaz. Pal. 2002. 1407 ; RJPF 2002-7-8/11, obs. Garaud ; Dr. et patr. 12/2002. 83, obs. Loiseau ; RTD civ. 2002. 482, obs. Hauser ; ibid. 858, obs. Marguénaud ; Europe 2002, n° 305, obs. Deffains.* – Chvika, *Dr. fam. 2003. Chron. 9.* – Garay, *Gaz. Pal. 2002. Doctr. 1244.* – Pédrot, *RDSS 2002. 475*. ♦ L'interdiction du suicide assisté est une ingérence dans la vie privée qui n'est pas disproportionnée dès lors que la protection du droit à la vie s'accompagne d'un régime d'appréciation par la justice prenant en compte tant l'intérêt public d'entamer des poursuites que les exigences justes et adéquates de la rétribution et de la dissuasion. • Même arrêt. ♦ Le droit d'un individu de décider de quelle manière et à quel moment sa vie doit prendre fin, à condition qu'il soit en mesure de forger librement sa propre volonté à ce propos et d'agir en conséquence, est l'un des aspects du droit au respect de la vie privée ; cependant, faute de consensus et au regard des risques d'abus, l'État n'a pas l'obligation positive de faire en sorte que le requérant puisse obtenir sans ordonnance médicale la substance lui permettant de mourir sans douleur et sans risque d'échec. • CEDH 20 janv. 2011, *Haas c/ Suisse*, n° 31322/07 : *D. 2012. 308, obs. Galloux et Gaumont-Prat ; RTD civ. 2011. 311, obs. Marguénaud* (non-violation de l'art. 8). ♦ Comp. contestant l'imprécision des conditions de délivrance des produits en droit suisse : • CEDH, sect. II, 14 mai 2013, *Gross c/ Suisse*, n° 67810/10. ♦ L'absence de distinction juridique entre les personnes qui sont physiquement capables de se suicider sans aide et celles qui ne le sont pas possède une justification objective et raisonnable, qui exclut toute violation de l'art. 14 Conv. EDH. • Même arrêt. ♦ Sur les droits du conjoint : • CEDH 19 juill. 2012, n° 497/09 : *RTD civ. 2012. 700, obs. Marguénaud ; ibid. 2013. 354, obs. Hauser ; Dr. fam. 2012, n° 149, obs. Bruggeman.* ♦ Ne méconnaît ni l'art. 38 C. déont. méd., ni l'art. 3 Conv. EDH, le Conseil national de l'Ordre qui qualifie de faute déontologique le fait pour un praticien d'avoir provoqué délibérément la mort de sa patiente. • CE 29 déc. 2000, n° 212813 : *RFDA 2001. 295.* ♦ Il ne suffit pas à un requérant de soutenir qu'une disposition ou une décision viole la Convention, par son existence même, pour pouvoir exercer le droit de recours individuel, sans qu'une application à son détriment ne soit établie. Irrecevabilité des recours exercés par des personnes handicapées et des associations de défense de malades contre une décision de justice italienne autorisant l'arrêt de l'alimentation d'une jeune femme en coma végétatif, compte tenu des choix de celle-ci. • CEDH, sect. II, 16 déc. 2008, *Ada Rossi c/ Italie*, n° 55185/08 (refus de reconnaître un caractère préventif à l'action puisque le juge doit respecter les choix manifestés par les intéressés). ♦ Le droit positif helvète, liant la délivrance d'une substance permettant le suicide assisté à une prescription médicale, ne contrevient pas aux dispositions de l'art. 8 Conv. EDH. • CEDH 20 janv. 2011, n° 31322/07 : *D. 2011. 925, note Martinent, Reynier et Vialla ; RTD civ. 2011. 311, obs. Marguénaud ; RLDC, n° 4174, obs. Gallois.*

Les normes déontologiques, parce qu'elles n'ont pas la qualité de loi, ne peuvent légitimement encadrer l'exercice du suicide assisté, l'incertitude étant trop grande pour les intéressés. • CEDH 14 mai 2013, *Gross c/ Suisse*, n° 67810/10 : *D. 2013. 1277, obs. Puppinck ; AJ fam. 2013. 329, obs. Dionisi-Peyrusse*.

6. Le droit au respect de la vie et le droit du patient de consentir à un traitement médical et de ne pas subir un traitement qui serait le résultat d'une obstination déraisonnable constituent des libertés fondamentales au sens de l'art. L. 521-2 CJA qu'il appartient au juge des référés de concilier, le cas échéant en formation collégiale et après avoir prescrit une expertise médicale ou sollicité l'avis de toute personne de nature à l'éclairer. • CE 14 févr. 2014, n° 375081 : *AJDA 2014. 790, note Bretonneau et Lessi ; D. 2014. 2021, obs. Laude ; ibid. 2015. 758, obs. Galloux et Gaumont-Prat ; AJ fam. 2014. 145, obs. Dionisi-Peyrusse ; RFDA 2014. 255, concl. Keller ; RDSS 2014. 506, note Thouvenin ; Dr. fam. 2014, n° 32, obs. Binet.* ♦ Lorsque le patient est hors d'état d'exprimer sa volonté, la décision de limiter ou d'arrêter un traitement au motif que sa poursuite traduirait une obstination déraisonnable ne peut, s'agissant d'une mesure susceptible de mettre en danger la vie du patient, être prise par le médecin que selon la procédure collégiale définie par le code de déontologie médicale et des règles de consultation fixées par le code de la santé publique, dans le respect, en tout état de cause, de la dignité du patient et en lui dispensant des soins palliatifs. • Même arrêt. ♦ Il résulte des art. L. 1110-5 et L. 1111-4 CSP, éclairées par les travaux parlementaires, que le législateur a entendu inclure au nombre des traitements susceptibles d'être limités ou arrêtés, au motif d'une obstination déraisonnable, l'ensemble des actes qui tendent à assurer de façon artificielle le maintien des fonctions vitales du patient, tels que l'alimentation et l'hydratation artificielles. • Même arrêt. ♦ Dans la même affaire, jugeant conforme aux exigences de l'art. 2 Conv. EDH le cadre législatif prévu par le droit interne, tel qu'interprété par le Conseil d'État, ainsi que le processus décisionnel, mené en l'espèce d'une façon méticuleuse : • CEDH 5 juin 2015, n° 46043/14, *Lambert et a. c/ France : AJDA 2015. 1732, note Burgorgue-Larsen ; D. 2015. 1625, note Vialla ; AJ fam. 2015. 364, obs. Dionisi-Peyrusse ; Dr. fam. 2015, n° 180, note Binet.* ♦ Décision jugeant légale, au vu des expertises, la décision d'arrêter les soins : • CE 24 juin 2014, n° 375081 : *AJDA 2014. 1484, chron. Bretonneau et Lessi, note Truchet ; D. 2014. 1856, note D. Vigneau ; AJ fam. 2014. 396, obs. Dionisi-Peyrusse .* ♦ Décision attaquée, suspendant la décision d'arrêt de traitement : • TA Châlons-en-Champagne, 16 févr. 2014 : *AJDA 2014. 132 ; D. 2014. 149, obs. Vialla ; ibid. 2015. 758, obs. Galloux et Gaumont-Prat ; AJ fam. 2014. 117, obs. Le Gac-Pech ; Dr. fam. 2014, n° 32, obs. Binet.* ♦ Sur l'appréciation de l'obstination déraisonnable : • CE 8 mars 2017, n° 408146 : *D. 2017. 574 ; AJ fam. 2017. 218, obs. Dionisi-Peyrusse ; RDSS 2017. 698, note Thouvenin ; AJDA 2017. 497 ; Dr. fam. 2017. 114, note Mirkovic.* ♦ V. égal. • CE 24 avr. 2019, n° 428117 : *D. 2019. 1144, note Castaing* (légalité de la décision d'interrompre les soins). ♦ Absence d'atteinte à la liberté individuelle de la décision, prise par l'État, de ne pas déférer à la demande de mesures provisoires formulée par le Comité des droits des personnes handicapées, le droit à la vie ne relevant pas de la liberté individuelle au sens de l'art. 66 Const., et absence de voie de fait, dès lors qu'en l'état notamment des décisions rendues par le CE le 24 avr. 2019 et par la CEDH le 30 avr. 2019, cette décision n'était pas manifestement insusceptible d'être rattachée à un pouvoir lui appartenant. • Cass. ass. plén. 28 juin 2019, n°s 19-17.330, 19-17.342 P : *AJ fam. 2019. 364, obs. Dionisi-Peyrusse ; RTD civ. 2019. 543, obs. Deumier ; ibid. 552, obs. Leroyer .* ♦ *Adde*, Gogos-Gintrand, *D. 2018. 81* (décision d'arrêt des traitements pour les majeurs protégés).

Quand le patient hors d'état d'exprimer sa volonté est un mineur, il incombe au médecin de rechercher, en consultant sa famille et ses proches et en tenant compte de l'âge du patient, si sa volonté a pu trouver à s'exprimer antérieurement ; faute d'éléments émanant de la patiente, le médecin doit, ainsi que le rappelle l'art. R. 4127-42 CSP, s'efforcer, en y attachant une attention particulière, de parvenir à un accord sur la décision à prendre avec ses parents ou son représentant légal, titulaires de l'autorité parentale. • CE 5 janv. 2018, n° 416689 : *D. 2018. 71, obs. Vialla ; JCP 2018, n° 217, note Vialla.* ♦ Dans la même affaire, sur l'appréciation de la procédure suivie et la conformité du droit français pour décider de l'arrêt des traitements pour une enfant en état végétatif, en présence d'un désaccord entre les parents et l'équipe médicale : • CEDH 25 janv. 2018, n° 1828/18 : *D. 2018. 245, obs. Vialla ; JCP 2018, n° 217, note Vialla.*

7. Obligations positives des États : sécurité générale des personnes. L'obligation d'enquête qui incombe aux États en vertu de l'art. 2 est une obligation de moyens. • CEDH, sect. IV, 15 févr. 2011, *Palic c/ Bosnie-Herzégovine*, n° 4704/04. ♦ Obligation positive d'un État de mettre en œuvre la réglementation protégeant les voyageurs ferroviaires. • CEDH, sect. II, 15 déc. 2009, *Kalender c/ Turquie*, n° 4314/02 (absence des passages souterrains exigés par la réglementation interne). ♦ Protection contre les violences conjugales. • CEDH, sect. IV, 15 sept. 2009, *E. S. c/ Slovaquie*, n° 8227/04 • CEDH, sect. III, 9 juin 2009, *Opuz c/ Turquie*, n° 33401/02 (l'inaction des autorités ne peut être justifiée par le retrait des plaintes qui peut être effectué sous la contrainte – violation des art. 2, 3 et 14). ♦ Violation de l'art. 2 lorsque les autorités n'ont pas pris les mesures nécessaires pour protéger les habitants d'un bidonville, dont l'existence était tolérée, contre les risques d'explosion provenant d'une décharge voisine exploitée en violation de la réglementation. • CEDH, gr. ch., 30 nov. 2004, Ô. *O. c/ Turquie : AJDA 2005. 541 et 549, chron. Flauss ; ibid. 1133, note Rabiller ; RDI 2005. 98, obs. Trébulle ; RTD civ. 2005. 422, obs. Revet*. ♦ Sur les obligations positives de l'État en matière de secours d'urgence et de prévention de catastrophes naturelles. • CEDH, sect. II, 20 mars 2008, *Boudaïeva c/ Russie*, n° 15339/02 : *RFDA 2009. 706, obs. Labayle et Sudre* (absence de toute mesure matérielle, de surveillance ou d'information à l'égard d'un risque dénoncé de coulées de boue). ♦ Sur la protection de la sécurité et de la santé des travailleurs, V. note 2 ss. art. 16-3.

8. ... Protection contre les menaces d'autrui. L'art. 2 peut, dans des circonstances bien définies, mettre à la charge des autorités l'obligation de prendre préventivement des mesures d'ordre pratique pour protéger l'individu dont la vie est menacée par les agissements criminels d'autrui. • CEDH 28 oct. 1998, *Osman c/ Royaume-Uni : JCP 1999. I. 105, n° 8, obs. Sudre ; RTD civ. 1999. 500, obs. Marguénaud*. ♦ V. aussi : • CEDH 28 juill. 1998, *Ergi c/ Turquie* (interprétation combinée des art. 1 et 2). ♦ Violation de l'obligation positive d'un État de protéger une personne contre un risque connu pour sa vie, dès lors que ce risque d'une agression illégale était réel et imminent et que les autorités n'ont pas recouru au vaste éventail de mesures préventives dont elles disposaient. • CEDH, sect. I, 28 mars 2000, *Cemil c/ Turquie*, n° 22492/93 : *JCP 2004. I. 107, n° 1, obs. Sudre ; RTD civ. 2004. 364, obs. Marguénaud*. ♦ V. aussi : • CEDH, sect. I, 15 janv. 2009, *Branko Tomasic c/ Croatie*, n° 46598/06 (absence de perquisition au domicile de l'auteur de menaces de mort par bombe et absence de traitement psychiatrique pendant l'exécution de sa condamnation) • CEDH, sect. I, 15 janv. 2009, *Medova c/ Russie*, n° 25385/04 (enlèvement par des hommes armés prétendant appartenir aux forces de police : absence de vérifications suffisantes par les forces de l'ordre de la qualité prétendue des ravisseurs et de la légalité de l'opération d'arrestation).

9. ... Santé des personnes. Les obligations positives de l'art. 2 Conv. EDH impliquent l'obligation pour les États de mettre en place un cadre réglementaire imposant aux hôpitaux, qu'ils soient privés ou publics, l'adoption de mesures propres à assurer la protection de la vie des malades. • CEDH, sect. II, 9 avr. 2013, *M. S. et B. S. c/ Turquie*, n° 13423/09 : *D. 2013. 1136, obs. Pérez Lópe*. ♦ Obligations positives des États et réparation intégrale d'une contamination par le sida, lors d'une transfusion, par l'octroi de soins gratuits la vie durant. • CEDH, sect. II, 23 mars 2010, *O. c/ Turquie*, n° 4864/05. ♦ Condamnation pour défaut de prise en charge médicale dans une situation d'urgence médicale : • CEDH 9 avr. 2013, *Turquie : préc.* (refus fondé sur l'impossibilité pour la femme enceinte de régler les frais médicaux). ♦ Pour la reconnaissance du caractère constitutionnel du droit à la santé et au repos, V. note 2 ss. art. 16-3. ♦ Impossibilité pour des « faucheurs » d'OGM d'invoquer l'art. 2 et de se prétendre victimes au titre de l'art. 34, dès lors qu'aucun d'entre eux n'est personnellement affecté dans sa santé et sa vie privée et familiales, par les OGM cultivés dans les parcelles neutralisées, les arguments invoqués pour justifier leur action relevant de l'*actio popularis*. • CEDH, sect. V, 29 juin 2010, *H. C. et a. c/ France*, n° 48629/08 (ni l'art. 2, ni l'art. 8 ne peuvent avoir pour effet d'affranchir les requérants de leur responsabilité pénale pour des actes délictueux).

10. Usage étatique de la force : formation des agents. Les États signataires de la Convention ont le devoir d'assurer une formation efficace des représentants de la loi exerçant dans les zones frontières et de leur donner des instructions claires et précises sur les conditions d'utilisation de leurs armes à feu. • CEDH, sect. IV, 22 nov. 2005, *Kakoulli c/ Turquie*, n° 38595/97.

11. ... Encadrement des opérations. Violation de l'art. 2 en raison de l'absence d'organisation d'une poursuite d'un fugitif en voiture, avec usage des armes, dès lors que les nombreux policiers impliqués ne s'inséraient pas dans une chaîne de commandement claire. • CEDH, gr. ch., 20 déc. 2004, *Makaratzis c/ Grèce : préc. note 3*. ♦ Violation de l'art. 2 en raison de l'absence d'explication du dispositif policier prévoyant un écart de 30 mètres entre les forces de l'ordre et le sympathisant du PKK en garde à vue indiquant une cache d'armes et tué par l'explosion d'une grenade piégée. • CEDH, sect. III, 21 nov. 2000, *Demiray c/ Turquie*, n° 27308/95.

12. ... Proportionnalité. Rappel du principe de l'emploi d'une force « rigoureusement proportionnée » à la réalisation des buts mentionnés à l'art. 2, a et b. • CEDH 9 oct. 1997, *Andronicou et Constantinou c/ Chypre : D. 1998. Somm. 205, obs. Renucci ; JCP 1998. I. 107, n° 5, obs. Sudre* (nécessité d'examiner, non seulement l'usage de la force, mais également la préparation et le contrôle de l'opération de sauvetage d'un otage montée par les autorités ; absence de violation pour une opération menée contre un forcené séquestrant sa fiancée et ayant abouti au décès des deux jeunes gens). ♦ V. également : • CEDH 27 juill. 1998, *Güleç c/ Turquie* (dispersion de manifestants par l'emploi d'armes trop puissantes). • CEDH, sect. IV, 14 déc. 2000, *Gül c/ Turquie : JCP 2001. I. 291, n° 3, obs. Sudre* (tir d'armes automatiques à travers une porte sans certitude d'une menace pour les policiers). • CEDH, sect. II, 6 avr. 2004, *Ahmet Özkan c/ Turquie : préc. note 3* (riposte « tactique » des forces de l'ordre à des coups de feu tirés d'un village jugée non disproportionnée) • CEDH, sect. IV, 25 août 2009, *Giulani et Gaggio c/ Italie*, n° 23458/02 (absence de violation pour le décès d'un manifestant lors du G8 de Gênes – violation sous l'angle procédural). ♦ Comp. • CEDH 27 juin 2000 : *préc. note 3* (absence de violation pour un coup de crosse à la tête lors d'une arrestation). ♦ Violation de l'art. 2 par les autorités russes dans le conflit tchétchène, en raison de la préparation insuffisante des opérations, pour épargner les civils, et de l'utilisation d'armes trop puissantes. • CEDH, sect. I, 24 févr. 2005, *I. Y. et B. c/ Russie*, nos 57947/00, 57948/00 et 57949/00 • CEDH, sect. I, 24 févr. 2005, *I. c/ Russie*, n° 57950/00.

13. ... Personnes arrêtées ou détenues. Violation de l'art. 2 en raison d'un manque de soins et de surveillance d'une personne placée en cellule de dégrisement, décédée après une chute sur la banquette en ciment de la cellule. • CEDH, sect. II, 1er juin 2006, *T. c/ France*, n° 39922/03. – Dans le même sens, pour une personne morte d'un arrêt cardiaque au cours d'une arrestation opérée avec une brutalité excessive : • CEDH 9 oct. 2007, n° 9375/02, *X. c/ France : BICC 1er nov. 2007 ; JCP 2008. II. 10012, note Thierry.* ♦ Applicabilité de l'art. 2 à une personne déférée, pendant la période séparant la levée formelle de sa garde à vue de sa comparution effective devant un magistrat. • CEDH, sect. V, 3 sept. 2013, *R. c/ France*, n° 58497/11 (absence de violation en l'espèce, la personne s'étant suicidée alors qu'elle s'entretenait confidentiellement avec son avocat, sous une surveillance visuelle constante). ♦ V. aussi : • CEDH, sect. V, 16 oct. 2008, *Renold c/ France*, n° 5608/05 : *RDSS 2009. 363, obs. Hennion-Jacquet* (suicide d'un détenu alors que sa pathologie mentale était connue) • CEDH, sect. IV, 9 déc. 2008, *Dzieciak c/ Pologne*, n° 77766/01 (décès d'un détenu insuffisamment soigné).

14. Nécessité d'une enquête : principes. L'art. 2 Conv. EDH n'impose pas au droit pénal des États membres de leur donner une compétence universelle lorsque l'un de leurs ressortissants décède hors de leurs territoires. • CEDH, sect. I, 7 janv. 2010, *Rantsev c/ Chypre et Russie*, n° 25965/04. ♦ S'agissant d'une atteinte involontaire à l'intégrité physique, l'obligation positive en matière procédurale découlant de l'art. 2 n'exige pas nécessairement un recours de nature pénale. • CEDH, gr. ch., 8 juill. 2004 : *cité note 17* • CEDH, sect. III, 29 sept. 2009, *Van Melle c/ Pays-Bas*, n° 19221/08. ♦ Comp. • CEDH, gr. ch., 30 nov. 2004, *O. c/ Turquie : préc.* ♦ L'obligation des États est une obligation de moyens et non de résultat, mais les exigences relatives à une enquête officielle effective s'appliquent de la même façon lorsque l'État n'est aucunement impliqué dans le décès. Lorsqu'une agression se fonde sur des motifs raciaux, l'enquête doit être menée avec vigueur et impartialité, eu égard à la nécessité de réaffirmer continuellement la condamnation par la société du racisme. • CEDH, sect. II, 6 mai 2003, *Menson c/ Royaume-Uni*, n° 47916/99 (absence de violation dès lors que, malgré les lacunes de l'enquête, les coupables ont été jugés et condamnés).

15. ... Notion d'enquête effective. Le respect de l'art. 2 implique et exige de mener une forme d'enquête officielle efficace lorsque le recours à la force, par des agents de l'État, a entraîné mort d'homme. • CEDH 19 févr. 1998, *Kaya c/ Turquie.* ♦ V. aussi : • CEDH, gr. ch., 15 mai 2007, *Ramsahai c/ Pays-Bas*, n° 52391/99 : *BICC 15 sept. 2007, n° 1714*, (enquête adéquate et indépendante). ♦ Ne répond pas à cette exigence l'enquête qui se contente d'entendre les policiers auteurs de coups de feu, et qui ne contient pas, notamment, de photographies ou d'enregistrement sérieux des circonstances, spécialement de l'état de la victime. • CEDH, sect. IV, 14 déc. 2000 : *préc. note 3.* ♦ ... Ou qui n'a pas permis d'identifier tous les policiers impliqués dans la fusillade. • CEDH, gr. ch., 20 déc. 2004, *Makaratzis c/ Grèce : préc. note 3.* ♦ Nécessité d'une enquête rapide pour les décès en milieu hospitalier afin de prévenir la répétition d'erreurs similaires. • CEDH, sect. IV, 27 juin 2006, *Byrzykowski c/ Pologne*, n° 11562/05.

16. ... Renversement de la charge de la preuve. Sur l'obligation de l'État de fournir des explications plausibles en cas de décès d'une personne qui était en bonne santé lors de son arrestation et, à défaut, sur la présomption d'imputabilité du décès aux autorités qui en découle : • CEDH 27 juin 2000, *Salman c/ Turquie : JCP 2001. I. 291, n° 4, obs. Sudre.* ♦ Sur l'obligation des États, lorsqu'une personne est décédée alors qu'elle était entre les mains des autorités, d'associer d'office les proches du défunt à l'enquête sans exiger nécessairement d'eux le dépôt d'une plainte formelle ou les obliger à assumer la responsabilité d'une procédure d'enquête : • CEDH, sect. II, 27 juill. 2004, *Slimani c/ France*, n° 57671/00.

2° ENFANT CONÇU

17. Conv. EDH. Il n'est ni souhaitable, ni même possible actuellement de répondre dans l'abstrait à la question de savoir si l'enfant à naître est une « personne » au sens de l'art. 2 Conv. EDH. • CEDH, gr. ch., 8 juill. 2004 : *D. 2004. 2456, note Pradel ; ibid. Somm. 2535, obs. Berro-Lefèvre ; ibid. Somm. 2754, obs. Roujou de Boubée ; ibid. Chron. 2801, par Serverin ; JCP 2004. II. 10158, note Levinet ; Dr. fam. 2004, n° 194, note Murat ; RJPF 2004-9/48, note Fricero ; RTD civ. 2004. 799, obs. Marguénaud* (absence de violation de l'art. 2 dans l'affaire ayant donné lieu à l'arrêt Crim. 30 juin 1999, cité note 22). ♦ L'art. 2 Conv. EDH qui protège le droit à la vie ne protège pas l'embryon. • CEDH, gr. ch., 10 avr. 2007, *Evans c/ Royaume-Uni*, n° 6339/05 : *D. 2007. AJ 1202, obs. Delaporte-Carré ; ibid. 2008. Pan. 1443, obs.*

Galloux ; *JCP 2007. II. 10097, note Mathieu ; RDSS 2007. 810, obs. D. Roman* ; *RDC 2007. 1321, obs. Bellivier et Noiville ; RTD civ. 2007. 295, obs. Marguénaud* ; *ibid. 545, obs. Hauser*. ♦ La notion d'« enfant » ne saurait être assimilée à celle d'embryon. • CEDH, sect. II, 28 août 2012, *C. et P. c/ Italie*, n° 54270/10. ♦ La détermination du point de départ du droit à la vie relève de la marge d'appréciation des États. • CEDH, sect. IV, 7 mars 2006, *Evans c/ Royaume-Uni*, n° 6339/05 : *D. 2007. Pan. 1108, obs. Galloux et Gaumont-Prat* ; *RDC 2007. 1321, obs. Bellivier et Noiville* • CEDH, gr. ch., 16 déc. 2010, *A., B. et C. c/ Irlande*, n° 25579/05 : *cité note 28 ss. art. 9.* ♦ L'art. 8 Conv. EDH ne saurait s'interpréter comme consacrant un droit à l'avortement. • CEDH, gr. ch., 16 déc. 2010 : *préc.* ♦ Absence de violation pour l'interdiction d'un avortement pour motifs de santé et/ou de bien-être alors que la législation irlandaise ne sanctionne pas le fait de se rendre à l'étranger pour le faire. • Même arrêt (information donnée aux mères). ♦ Mais violation lorsque la mère pouvait bénéficier d'une situation exceptionnelle admise par ce pays (danger pour la vie de la mère) et que la mise en œuvre de cette mesure n'a pas été rendue accessible et effective du fait de l'absence de mesures législatives ou réglementaires. • Même arrêt. ♦ V. aussi note 3 ss. art. 311-20.

18. IVG. La L. du 17 janv. 1975 n'admet qu'il soit porté atteinte au principe du respect de tout être humain dès le commencement de sa vie qu'en cas de nécessité et selon les conditions et limitations qu'elle définit. Aucune de ces dérogations n'est, en l'état, contraire à l'un des principes fondamentaux de la République, ni ne méconnaît le principe énoncé dans le préambule de la Constitution de 1946 selon lequel la Nation garantit à l'enfant la protection de la santé, non plus qu'aucune des autres règles de valeur constitutionnelle édictées par le même texte. • Cons. const. 15 janv. 1975 : *D. 1975. 529, note L. Hamon.* ♦ *Adde*, à propos de la L. du 4 juill. 2001 allongeant le délai d'IVG, • Cons. const. 27 juin 2001 : *D. 2001. 2533, note Mathieu* ; *D. 2002. Somm. 1948, obs. G. Nicolas* ; *JCP 2001. II. 10635, note Franck ; JCP 2002. I. 128, n° 15, obs. Mathieu et Verpeaux.* – Mouton, *Dr. fam. 2001. Chron. 18.* – Brunetti-Pons, *ibid. Chron. 23.* ♦ Eu égard aux conditions posées par le législateur, les dispositions issues des lois des 17 janv. 1975 et 31 déc. 1979, relatives à l'interruption volontaire de grossesse, prises dans leur ensemble, ne sont pas incompatibles avec les art. 2-4 de la Conv. EDH et 6 du pacte international sur les droits civils et politiques. • CE 21 déc. 1990 : *D. 1991. 283, note Sabourin* ; *AJDA 1991. 158, concl. Stirn*. ♦ Comp., pour des autorisations de mise sur le marché de produits contraceptifs et non abortifs, • CE 25 avr. 2001, n° 216521 : *JCP 2002. II. note Peigné* • 25 avr. 2001, n° 211638 : *eod. loc.*

Les enfants à naître ne relèvent pas du champ d'application des conventions du 25 sept. 1926 et 7 sept. 1956 relatives à l'esclavage. L'avortement, dans les limites autorisées par la L. du 17 janv. 1975, est étranger à l'incrimination de génocide et de provocation à l'abandon d'enfant. • Crim. 31 janv. 1996, n° 95-81.319 P.

Interruption de grossesse et vie privée : V. note 28 ss. art. 9.

19. Embryons fécondés in vitro. Il n'appartient pas au Conseil constitutionnel, qui ne détient pas un pouvoir d'appréciation et de décision identique à celui du Parlement, de remettre en cause, au regard de l'état des connaissances et des techniques, les dispositions par lesquelles le législateur a estimé que le principe du respect de tout être humain dès le commencement de sa vie n'était pas applicable aux embryons fécondés *in vitro*. • Cons. const. 27 juill. 1994 : *D. 1995. 237, note Mathieu* ; *D. 1995. Somm. 299, obs. Favoreu* (éviction par voie de conséquence du principe d'égalité). ♦ La L. du 17 janv. 1975, relative à l'interruption volontaire de grossesse, n'est pas applicable dans le cas du refus d'implantation d'embryons, un tel acte ayant seulement pour effet, si l'opération réussit, de permettre une grossesse. • Civ. 1re, 9 janv. 1996 : *D. 1996. 376, note Dreifus-Netter* ; *JCP 1996. II. 22666, note Neirinck ; Defrénois 1996. 532, obs. Massip ; Gaz. Pal. 1996. 2. 400, note Bonneau ; RTD civ. 1996. 359, note Hauser* ; *RDSS 1996. 623, note Terrasson de Fougères*. ♦ Absence de violation de l'art. 8 pour la saisie temporaire d'embryons, en raison de l'illégalité supposée du fonctionnement de la clinique, dès lors qu'ils ont été restitués pour implantation à la mère, même avec un certain retard dû à l'obstruction des autorités. • CEDH, sect. III, 2 oct. 2012, *Knecht c/ Roumanie*, n° 10048/10. ♦ L'œuf fécondé congelé n'est pas sujet de droit par rapport à ses géniteurs et le législateur civil n'a pas entendu anticiper l'autorité parentale. • TGI Rennes, 30 juin 1993 : *JCP 1993. II. 22250, note Neirinck.* ♦ La création médicalement assistée d'embryons *in vitro* ne pouvant être réalisée que dans le cadre d'un projet parental du couple bénéficiaire, la perte accidentelle d'ovocytes surnuméraires cryoconservés n'est source de préjudice que pour autant que ce couple poursuit un projet de procréation auquel cette perte porte atteinte. • CAA Douai, 6 déc. 2005 : *D. 2006. Pan. 1205, obs. Galloux* ; *Dr. fam. 2006. Étude 14, par Binet ; AJDA 2006. 442, concl. Le Goff* ; *RTD civ. 2006. 87, obs. Hauser* (annulation de • TA Amiens, 9 mars 2004 : *D. 2004. 1051, note Labbée* ; *D. 2005. Pan. 542, obs. Galloux* ; *JCP 2005. II. 10003, note Corpart ; RJPF 2004-7-8/13, note Égéa ; AJDA 2004. 1546, note Hennette-Vauchez* ; *RTD civ. 2004. 482, obs. Hauser* ; *RFDA 2004. 786, concl. Boutou*).

20. Indemnisation des préjudices : handicaps. Sur la question de la naissance avec un handicap dû à une faute médicale, V. art. L. 114-5 CASF (L. n° 2002-303 du 4 mars 2002, art. 1er), ss. art. 1242.

21. ... Naissance due à un viol incestueux. V. • TGI Lille, 6 mai 1996 : *D. 1997. 543, note Labbée ; RTD civ. 1999. 64, obs. Hauser*, accordant une indemnisation (sur le fondement de l'art. 706-3 C. pr. pén.) à un enfant né d'un viol incestueux pour le préjudice moral consistant dans l'impossibilité d'établir sa filiation paternelle • Crim. 4 févr. 1998, n° 97-80.305 P : *R., p. 298 ; D. 1999. 445, note Bourgault-Coudevylle ; JCP 1998. I. 185, n° 15, obs. Viney ; JCP 1999. II. 10178, note Moine-Dupuis ; RTD civ. 1999. 64, obs. Hauser* (cassation de l'arrêt déniant tout préjudice à l'enfant né d'un viol incestueux) • Caen, 7 nov. 2000 : *JCP 2002. II. 10001, note Sériaux* (préjudice moral consistant dans le caractère nécessairement douloureux que prendra l'évocation de la conception).

22. Homicide involontaire et fœtus. BIBL. Beignier, *Dr. fam. 2004. Chron. 3.* – J.-Y. Chevallier, *Études Béguin, Litec, 2005, p. 125.* – Maigret, *LPA 20 août 2004.* – J. Mouly, *RSC 2005. 47*. – Roujou de Boubée, *Mél. Gobert, Economica, 2004, p. 195.* – Sainte-Rose, *JCP 2004. I. 194.* ♦ Le principe de la légalité des délits et des peines, qui impose une interprétation stricte de la loi pénale, s'oppose à ce que l'incrimination d'homicide involontaire d'autrui, soit étendue au cas de l'enfant à naître dont le régime juridique relève de textes particuliers sur l'embryon et le fœtus. • Cass., ass. plén., 29 juin 2001, n° 99-85.973 P : *R., p. 510 ; D. 2001. 2917, note Mayaud ; ibid. Chron. 2907, par Pradel ; JCP 2001. II. 10569, rapp. Sargos, concl. contraires Sainte-Rose, note Rassat ; ibid. 2002. I. 101, n° 21, obs. Murat ; ibid. I. 107, n° 3, obs. Véron ; Gaz. Pal. 2001. 1456, note Bonneau ; ibid. 2002. 998, note Monnier ; Dr. fam. 2001. Chron. 21, par Vigneau ; ibid. Chron. 22, par Joly ; RJPF 2001-10/42, note Touati ; RTD civ. 2001. 560, obs. Hauser*. ♦ Terrasson de Fougères, *RDSS 2001. 829.* ♦ Également en ce sens : • Crim. 30 juin 1999, n° 97-82.351 P : *R., p. 442 ; D. 1999. 710, note Vigneau ; D. 2000. Chron. 181, par Roujou de Boubée et de Lamy ; ibid. Somm. 169, obs. Desnoyer et Dumaine ; JCP 2000. II. 10231, note Fauré ; Defrénois 1999. 1048, note Malaurie ; Dr. fam. 1999. Chron. 20, par Rebut ; RDSS 2000. 88, obs. Mémeteau* • 25 juin 2002, n° 00-81.359 P : *R., p. 525 ; D. 2002. 3099, note Pradel ; D. 2003. Somm. 243, obs. Mirabail ; ibid. 660, obs. Planckeel ; JCP 2002. II. 10155, note Rassat ; Gaz. Pal. 2003. 481, note Bonneau ; Dr. fam. 2002. Chron. 25, par Vigneau ; LPA 10 sept. 2002, note Daille-Duclos* • 4 mai 2004, n° 03-86.175 P : *D. 2004. 3097, note Pradel ; ibid. Somm. 2754, obs. Roujou de Boubée* (enfant n'étant pas né vivant).

En revanche, il y a homicide involontaire lorsque la mère, enceinte de huit mois au moment de l'accident, a donné naissance à un enfant qui est décédé une heure après des suites des lésions subies au moment de l'accident. • Crim. 2 déc. 2003, n° 03-82.344 P : *R., p. 508 ; D. 2004. 449, note Pradel ; JCP 2004. II. 10054, note Rassat ; Gaz. Pal. 2004. Doctr. 858, étude Puigelier ; Dr. fam. 2004, n° 26, note de Lamy ; RJPF 2004-3/43, note Bonfils.*

23. Contribution à l'entretien d'un enfant à naître (non). Fixation par un juge aux affaires familiales, dans une ordonnance de non-conciliation en divorce, du montant d'une pension alimentaire pour un enfant à naître, avec versement à compter de la naissance de l'enfant : V. • TGI Lille, JAF, 13 févr. 1998 : *D. 1999. 177, note Labbée ; RTD civ. 1999. 356, obs. Hauser*.

3° DÉFINITION DE LA MORT ET STATUT DU CADAVRE

24. Coma. BIBL. Ravillon, *RDSS 1999. 191*. ♦ L'état végétatif chronique de la victime d'un accident n'excluant aucun chef d'indemnisation, son préjudice doit être réparé dans tous ses éléments. • Civ. 2e, 22 févr. 1995, n° 92-18.731 P : *R., p. 316 ; D. 1996. 69, note Chartier ; JCP 1996. II. 22570, note Dagorne-Labbe ; Gaz. Pal. 1996. 1. 147, note Evadé* • 28 juin 1995, n° 93-18.456 P : *R., p. 316.* ♦ La victime d'atteintes gravissimes et maximales à la conscience demeure sujet de droit. • Bordeaux, 18 avr. 1991 : *D. 1992. 14, note Gromb*.

25. Définition juridique de la mort. Conformément aux dispositions de l'art. 21 du Décr. n° 78-501 du 31 mars 1978, pris pour l'application de la L. n° 76-1181 du 22 déc. 1976 relative aux prélèvements d'organes, alors en vigueur, les modalités selon lesquelles la mort doit être constatée par les médecins, reconnues valables par le ministre chargé de la santé, ne s'imposent qu'au cas où un prélèvement d'organe est envisagé. • Civ. 1re, 19 oct. 1999, n° 97-19.845 P : *D. 1999. IR 256 ; LPA 23 févr. 2001, note Py ; RTD civ. 2000. 79, obs. Hauser*. ♦ Comp. : les art. 2, 7 et 19 du C. déont. méd. (Décr. 28 juin 1979) ne sont applicables qu'à une personne vivante. Entache sa décision d'une erreur de droit la section disciplinaire du conseil national de l'ordre des médecins qui fait application de ces textes à un médecin qui avait fait procéder à deux artériographies et à deux électroencéphalogrammes, procédés reconnus valables par le ministre chargé de la santé en application de l'art. 21 du Décr. du 31 mars 1978, qui constituaient des modes de preuve permettant de conclure à la mort du patient. • CE, ass., 2 juill. 1993 : *D. 1994. 74, note Peyrical ; JCP 1993. II. 22133, note Gonod ; RFDA 1993. 1002, concl. Kessler ; RTD civ. 1993. 803, obs. Hauser*.

26. Preuve de la date du décès. L'acte de décès ne constituant qu'une présomption qui peut être détruite par des éléments probants, une cour d'appel estime souverainement que n'est pas rapportée la preuve du décès de l'assuré avant le moment de la résiliation de son contrat d'assurance sur la vie (13 avril à 24 heures), dès lors que les appréciations de l'expert quant à l'existence d'un électroencéphalogramme plat dès le 13 avril ne trouvaient de confirmation que dans l'examen pratiqué le lendemain, et que les constatations médicales faites ce même jour du 13 avril n'apportaient pas de preuves suffisantes du caractère irrémédiable des lésions cérébrales incompatibles avec la vie. • Civ. 1re, 7 janv. 1997 : *JCP 1997. II. 22830, note Beignier ; RTD civ. 1997. 393, obs. Hauser*. ♦ V. aussi ss. art. 79.

27. Respect dû au cadavre. V. notes ss. art. 16-1-1.

28. Funérailles et sépulture. Violation de l'art. 8 Conv. EDH en cas de refus d'autoriser un détenu en détention provisoire pour vol d'assister aux funérailles de ses parents. • CEDH, sect. IV, 12 nov. 2002, *Ploski c/ Pologne,* n° 26761/95 (absence de droit inconditionnel mais refus disproportionné en l'espèce). ♦ V. aussi ss. art. 16-1-1 et 16-2.

B. DROIT À LA DIGNITÉ

29. Valeur constitutionnelle. La sauvegarde de la dignité de la personne humaine contre toute forme d'asservissement et de dégradation est un principe à valeur constitutionnelle. • Cons. const. 27 juill. 1994 : *D. 1995. 237, note Mathieu ; D. 1995. Somm. 299, obs. Favoreu*. – V. aussi • Cons. const. 16 juill. 1996 : *D. 1997. 69, note Mercuzot ; D. 1998. Somm. 147, obs. Renoux ; JCP 1996. II, 22709, note Nguyen Van Tuong ; LPA 29 nov. 1996, note Mathieu* • Civ. 1re, 9 oct. 2001 : *cité note 39* • Cons. const. 21 mars 2019, n° 2018-768 QPC : *AJDA 2019. 1448, note Escach-Dubourg ; D. 2019. 742, note Parinet ; ibid. 709, note Fulchiron ; RDSS 2019. 453, note Caire ; Rev. crit. DIP 2019. 972, note Jault-Seseke ; AJ fam. 2019. 222, obs. Bouix ; Dr. fam. 2019, n° 107, note Fulchiron ; ibid., n° 135, note Bonfils* ♦ Le principe du respect de la dignité de la personne humaine édicté par l'art. 16 C. civ. est un principe à valeur constitutionnelle dont il incombe au juge de faire application pour trancher *le litige qui lui* est soumis ; cassation de l'arrêt ayant retenu que l'art. 16 n'a pas valeur normative et ne fait que renvoyer au législateur l'application des principes qu'il énonce, la cour d'appel ayant rejeté la demande indemnitaire d'une association soutenant qu'indépendamment de toute incrimination pénale, l'organisation d'une exposition au cours de laquelle a été présentée une œuvre qui porte atteinte à la dignité de la femme et au respect de l'enfant, est constitutive d'une faute civile. • Civ. 1re, 26 sept. 2018, n° 17-16.089 P : *D. 2018. 1913 ; RTD civ. 2018. 83, obs. Leroyer*.

30. Droit de l'Union européenne. Reconnaissance par le droit de l'Union européenne du droit à la dignité : V. note 66.

31. Conv. EDH (art. 3) : principes. La violation de l'art. 3 ne suppose pas nécessairement une volonté d'humilier ou de rabaisser et elle peut résulter d'une inaction ou d'un manque de diligence des autorités publiques. • CEDH, sect. I, 2 déc. 2004, *Farbtuhs c/ Lettonie,* n° 4672/02 • 2 juin 2005, *Novoselov c/ Russie,* n° 66460/01 • CEDH, sect. III, 27 mai 2010, *Ogica c/ Roumanie,* n° 24708/03. ♦ Des faits qui, pris isolément ne constituent pas une infraction pénale, peuvent globalement être contraires à l'art. 3 Conv. EDH. • CEDH, sect. I, 24 juill. 2012, *Dordevic c/ Croatie,* n° 41526/10 (handicapé victime d'actes multiples de harcèlement par des mineurs). ♦ L'idée qu'un mari ne pourrait être poursuivi pour le viol de sa femme ne saurait être conforme, non seulement à une notion civilisée du mariage, mais encore et surtout aux objectifs fondamentaux de la Conv. EDH dont l'essence même est le respect de la dignité et de la liberté humaines. • CEDH 22 nov. 1995, *S.W. c/ Royaume-Uni,* n° 20166/92.

Il appartient au juge judiciaire devant lequel est invoqué une violation de l'art. 3 Conv. EDH de caractériser *in concreto* les éléments constitutifs d'un traitement inhumain et dégradant. • Civ. 1re, 10 déc. 2009 n° 08-14.141 P (mesure d'éloignement) • 10 déc. 2009 n° 08-21.101 P. ♦ Pour refuser la remise, en exécution d'un mandat d'arrêt européen, au motif d'un risque d'atteinte aux droits fondamentaux au sens de l'art. 3 Conv. EDH, la juridiction doit constater l'existence d'une base factuelle suffisante à l'appui d'un tel motif. • Crim. 24 juill. 2019, n° 19-84.167 P.

32. ... Obligations positives des États. L'art. 3 Conv. EDH consacre l'une des valeurs fondamentales des sociétés démocratiques et prohibe en termes absolus la torture et les peines ou traitements inhumains ou dégradants. Les États ont l'obligation de prendre des mesures propres à empêcher que les personnes relevant de leur juridiction ne soient soumises à ce type de traitements, même administrés par des particuliers. • CEDH, gr. ch., 10 mai 2001, *Z. c/ Royaume-Uni,* n° 29392/95 (violation de ces principes lorsque les autorités ont mis plus de quatre ans pour protéger des enfants gravement maltraités, y compris, au besoin, en les retirant à leurs parents). ♦ Conformément aux normes modernes du droit international et comparé en ce qui concerne la législation en matière de viol, un État est tenu, en vertu des obligations positives que les art. 3 et 8 font peser sur lui, de pénaliser et de poursuivre de manière effective tout acte sexuel non consensuel, même si la victime n'a pas opposé de résistance physique, l'enquête devant être axée sur l'absence de consentement. • CEDH, sect. I, 4 déc. 2003, *M. C. c/ Bulgarie,* n° 39272/98 : *JCP 2004. I. 107, n° 1, obs. Sudre ; RTD civ. 2004. 364, obs. Marguénaud*. ♦ Les pouvoirs publics ont l'obligation, inhérente à leur mission, de protéger les enfants contre des mauvais traitements, surtout dans le contexte de l'enseignement primaire. • CEDH, gr. ch., 28 janv. 2014, *O. c/ Irlande*, n° 35810/09 (violation de l'art. 3 dès lors que, même si l'État abandonne le contrôle de l'éducation à des instances non publiques, il doit adopter des mesures et garanties adéquates pour protéger les enfants, en mettant en place des mécanismes effectifs de détection et de signalement des sévices éventuels par un organe relevant de son contrôle).

33. ... Nécessité d'une enquête. Lorsqu'un individu affirme de façon défendable avoir subi, aux mains d'agents de l'État, de graves sévices illicites et contraires à l'art. 3, cette disposition, combinée avec le devoir général de l'art. 1er, impose qu'il y ait une enquête officielle effective apte à mener à l'identification et à la punition des responsables. • CEDH 28 oct. 1998, *Assenov c/ Bulgarie : D. 1999. Somm. 266, obs. Hennion*. ♦ Comp., pour le respect de cette condition, • CEDH 20 juill. 2000, *C. c/ France : cité note 51*. ♦ Ne répond pas à cette exigence l'enquête sur des violences commises lors d'une garde à vue qui se borne à recueillir les dépositions des policiers responsables de la mesure, sans entendre la victime, ni procéder à des examens médicaux. • CEDH, sect. IV, 21 déc. 2000, *Büyükdag c/ Turquie : cité note 52* (les traitements dégradants et inhumains étant établis à l'encontre de l'État sous l'angle de l'art. 3, les griefs de la victime sont « défendables » au sens de l'art. 13). ♦ ... Ni l'enquête menée par un médiateur qui n'est pas susceptible de mener à une punition. • CEDH 21 déc. 2000, *Egmez c/ Chypre*, n° 30873/96 (publication du rapport du médiateur jugée insuffisante). ♦ ... Ni l'enquête qui n'a pas été confiée à un organe indépendant. • CEDH, sect. I, 30 janv. 2001, *Dulas c/ Turquie*, n° 25801/94. ♦ Il appartient à l'État de rapporter la preuve qu'il n'a pas été fait un usage excessif de la force lors de la dispersion d'une manifestation. • CEDH, sect. II, 27 janv. 2009, *S. K. c/ Turquie : n° 16999/04*. ♦ Violation de l'art. 3 Conv. EDH en raison de la carence des autorités dans l'évaluation du préjudice résultant de violences policières ayant fait l'objet d'une condamnation pénale. • CEDH, sect. III, 8 janv. 2009, *I. P. c/ Espagne*, n° 36777/03. ♦ V. aussi : • CEDH, gr. ch., 13 déc. 2012, n° 39630/09 (caractère inadéquat de l'enquête lorsque la personne arbitrairement détenue et remise illégalement à la CIA a *fourni des éléments suffisants* justifiant la poursuite des investigations).

34. ... Travail forcé. Tout travail forcé est incompatible avec la dignité humaine. • Crim. 13 janv. 2009, n° 08-80.787 P. ♦ Le fait d'exiger du demandeur de prestations sociales la démonstration qu'il a fait des efforts pour obtenir et exercer un emploi « généralement accepté » ne peut être assimilé à l'obligation d'accomplir des travaux forcés ou obligatoires de l'art. 4 Conv. EDH. • CEDH, sect. III, 4 mai 2010, *S. c/ Pays-Bas*, n° 15906/08. ♦ Refus d'assimiler à un travail forcé l'obligation pesant sur les médecins libéraux de participer six jours par trimestre à un service d'urgence, reposant sur un principe de solidarité professionnelle. • CEDH, sect. V, 14 sept. 2010, *Steindel c/ Allemagne*, n° 29878/07.

35. ... Travail dissimulé. L'art. L. 324-14 anc. C. trav., qui s'inscrit dans le dispositif de lutte contre le travail dissimulé et est applicable à chacune des entreprises qui recourt à un sous-traitant, ne porte pas atteinte à la dignité de la personne humaine. • Soc. 17 févr. 2016, n° 15-50.047 P (QPC critiquant le fait que le donneur d'ordre ne doit contrôler que le sous-traitant de premier rang).

36. Conv. EDH (art. 4) : traite des êtres humains ; esclavage. L'art. 4 Conv. EDH fait naître à la charge des États des obligations positives consistant en l'adoption et en l'application effective de dispositions pénales sanctionnant les pratiques d'esclavage et de servitude. • CEDH, sect. II, 26 juill. 2005, *S. c/ France : D. 2006. 346, note Roets ; ibid. Pan. 1720, obs. Renucci ; JCP 2005. II. 10142, note Sudre ; AJDA 2005. 1890, obs. Flauss ; RTD civ. 2005. 740, obs. Marguénaud ; JDI 2006. 1138, obs. E. D.* (rejet de la qualification d'esclavage, la domestique exploitée n'étant pas réduite à un objet de droit de propriété, mais admission d'une situation de servitude : violation, faute de sanction pénale des employeurs). ♦ V. aussi : • CEDH, sect. V, 11 oct. 2012, *C.N. et V. c/ France*, n° 67724/09 (arrêt distinguant très clairement le travail forcé et la servitude). ♦ L'art. 4 Conv. EDH (et implicitement l'art. 3) fait peser sur les États une obligation positive de prendre des mesures pour prévenir la traite des êtres humains en protégeant les victimes éventuelles, notamment les femmes exploitées à des fins sexuelles, et en poursuivant et sanctionnant les coupables. • CEDH, sect. I, 7 janv. 2010, *Rantsev c/ Chypre et Russie : n° 25965/04* (condamnation du régime chypriote des « visas d'artiste »). ♦ Obligation de mettre en place une répression spéciale de l'esclavage domestique, que la Cour juge différent de l'infraction de traite et d'exploitation d'êtres humains. • CEDH, sect. IV, 13 nov. 2012, *C.N. c/ Royaume-Uni*, n° 4239/08 (lacune comblée depuis les faits par la législation britannique). ♦ Sur la portée de la L. du 21 mai 2001 tendant à la reconnaissance de la traite et de l'esclavage en tant que crime contre l'humanité, V. • Civ. 1re, 8 nov. 2018, n° 18-13.894 P : *D. 2019. 187, note Picard*. ♦ Sur la prescription d'une éventuelle action en réparation contre l'État : • Civ. 1re, 17 avr. 2019, n° 18-13.894 P : *D. 2019. 891 ; ibid. 2019. Chron. C. cass. 1784, note*

Gargoullaud ; *RSC 2019. 352, obs. Mayaud* (refus de rétroactivité de l'incrimination de crime contre l'humanité et prescription de l'action en responsabilité civile sur le fondement de l'art. 1240 pour des faits antérieurs à 1848).

1° PEINE DE MORT

37. Compte tenu de l'évolution des législations et de la pratique des États membres quant à l'interdiction de la peine de mort (V. note 4), plus rien n'empêche de considérer cette sanction comme constituant une peine ou traitement inhumain et dégradant au sens de l'art. 3 Conv. EDH. • CEDH, sect. IV, 2 mars 2010, *A.-S et M. c/ Royaume-Uni,* n° 61498/08. ♦ V. déjà pour l'amorce d'une évolution : eu égard au rejet par les parties contractantes de la peine capitale, qui ne passe plus pour avoir sa place dans une société démocratique, toute condamnation à mort à la suite d'un procès inéquitable doit être tenue pour une forme de traitement inhumain. • CEDH, sect. I, 12 mars 2003, *Öcalan c/ Turquie,* n° 46221/99 : *JDI 2004. 658, obs. E. D.* – Solution confirmée dans la même affaire : • CEDH, gr. ch., 12 mai 2005, n° 46221/99 : *JDI 2006. 1085, obs. E. D.*

Comp. précédemment : constituerait une violation de l'art. 3 Conv. EDH le fait d'exposer, par une extradition, une personne condamnée à mort au « syndrome du couloir de la mort » dans un pénitencier américain, compte tenu de la très longue durée prévisible du séjour, de la rigueur du système carcéral et de l'âge de l'intéressé ainsi que de son état mental. • CEDH 7 juill. 1989, *Soering c/ Royaume-Uni : Série A, n° 161 ; Jur. CEDH, 5e éd., n° 3, obs. Berger ; JDI 1990. 734, obs. P. T.* ♦ Rappel du principe (sous réserve que des circonstances particulières permettent de considérer que le seuil de l'art. 3 a été dépassé), mais refus en l'espèce de l'argument, le procureur américain s'étant formellement engagé, à deux reprises, à ne pas solliciter une des circonstances particulières nécessaires pour encourir la peine capitale. • CEDH, sect. I, 14 déc. 2000, *N. c/ France,* n° 44190/98 • CEDH 3 juill. 2001, n° 44190/98 (même affaire). ♦ V. aussi : • CEDH, sect. III, 16 oct. 2001, *E. c/ France,* n° 71555/01 • CEDH, sect. IV, 29 avr. 2003, *Nazarenko c/ Ukraine,* n° 39483/98 • CEDH, sect. II, 8 nov. 2005, *Bader c/ Suède,* n° 13284/04 (absence de garantie procédurale sur la réouverture de la procédure et sur l'absence de prononcé de la peine de mort : violation des art. 2 et 3) • CEDH, sect. IV, 17 janv. 2012, *Harkins et Edwards c/ Royaume-Uni,* nos 9146/07 et 32650/07 (garanties suffisantes données par les autorités américaines).

2° ATTEINTES ET SOUFFRANCES PHYSIQUES

38. Châtiments corporels. **BIBL.** Dossier : *AJ fam. 2005. 212* . ♦ Ne peuvent constituer des mesures éducatives des traitements dégradants. • Crim. 2 déc. 1998, n° 97-84.937 P (enfants autistes). ♦ Présente un caractère dégradant contraire à l'art. 3 Conv. EDH la peine corporelle de fustigation infligée à un adolescent délinquant par une juridiction pour mineurs. • CEDH 25 avr. 1978, *Tyrer c/ Royaume-Uni : Série A, n° 26 ; Jur. CEDH, 5e éd., n° 9, obs. Berger ; JDI 1980. 457.* ♦ V. aussi • CEDH 3 sept. 1998, *A. c/ Royaume-Uni : JCP 1999. I. 105, n° 11, obs. Sudre ; RTD civ. 1999. 500, obs. Marguénaud.* ♦ En revanche, ne constitue pas une peine dégradante le châtiment corporel consistant à Administrer dans une école, trois coups de chaussure à semelle de caoutchouc sur le derrière non dénudé d'un jeune élève, une telle peine ne comportant pas d'élément humiliant autre que celui inhérent à toute peine. • CEDH 25 mars 1993, *Costello-Roberts c/ Royaume-Uni : Série A, n° 247-C ; Jur. CEDH, 5e éd., n° 10, obs. Berger ; JCP 1994. II. 22262, note Mazière.* ♦ Sur l'invalidation de la disposition de la L. n° 2017-86 du 27 janv. 2017 disposant que l'autorité parentale exclut « tout traitement cruel, dégradant ou humiliant, y compris tout recours aux violences corporelles » : • Cons. const. 26 janv. 2017, n° 2016-745 DC (pt n° 155, « cavalier législatif »).

39. Traitements médicaux. Sur la licéité des vaccinations obligatoires, V. note ss. art. 16-1. ♦ Le devoir d'information du médecin vis-à-vis de son patient trouve son fondement dans l'exigence du respect du principe constitutionnel de sauvegarde de la dignité de la personne humaine. • Civ. 1re, 9 oct. 2001, n° 00-14.564 P : *R., p. 421 ; D. 2001. 3470, rapp. Sargos, note Thouvenin* ; *JCP 2002. II. 10045, note Cachard ; CCC 2002, n° 22, note Leveneur (1re esp.) ; Gaz. Pal. 2001. 1818, note Guigue ; RJPF 2002-1/34, note Chabas ; LPA 6 déc. 2001, note Clément ; ibid. 13 mars 2002, note Marmoz ; RTD civ. 2002. 176, obs. Libchaber* . ♦ Sur le fondement du devoir d'information, V. • Civ. 1re, 3 juin 2010 : *cité note 44 ss. art. 1241.* • Civ. 1re, 12 juin 2012 : *cité note 26 ss. CSP, art. L. 1111-2, ss. art. 16-9.*

Des examens radiologiques osseux contestés visant uniquement à déterminer l'âge d'une personne et ne pouvant être réalisés sans son accord, qui n'impliquent aucune intervention corporelle interne et ne comportent aucun procédé douloureux, intrusif ou attentatoire à la dignité des personnes, ne portent pas atteinte au principe du respect de la dignité de la personne humaine. • Cons. const. 21 mars 2019, n° 2018-768 QPC : *AJDA 2019. 1448, note Escach-Dubourg* ; *D. 2019. 742, note Parinet* ; *ibid. 709, note Fulchiron* ; *RDSS 2019. 453, note Caire* ; *Rev. crit. DIP 2019. 972, note Jault-Seseke* ; *AJ fam. 2019. 222, obs. Bouix* ; *Dr. fam. 2019, n° 107, note Fulchiron ; ibid., n° 135, note Bonfils.*

A l'occasion du contrôle systématique d'une mesure de soins psychiatriques sans consentement prenant la forme d'une hospitalisation complète, d'une demande de mainlevée de cette mesure ou d'une saisine d'office, le constat, par le juge des libertés et de la détention, d'une irrégularité affectant une mesure d'isolement ou de contention ne peut donner lieu à la mainlevée que de l'une ou l'autre de ces dernières mesures ; si cette mainlevée est intervenue avant que le juge ne se prononce, il n'y a plus lieu de statuer à leur égard. • Civ. 1re, 8 juill. 2021, n° 21-70.010 B : *RTD civ. 2021. 864, obs. Leroyer*.

40. Excision. Le fait de soumettre une femme à une mutilation génitale, qu'elle soit enfant ou adulte, est contraire à l'art. 3 Conv. EDH. • CEDH, sect. I, 20 sept. 2011, *Omeredo c/ Autriche*, n° 8969/10. ♦ V. aussi : • CEDH 17 mai 2011, *Izevbekhai et a. c/ Irlande*, n° 43408/08 • TA Lyon, 12 juin 1996 : *D. 1998. Somm. 304, obs. Vasseur*.

41. Prostitution. La prostitution est incompatible avec les droits et la dignité de la personne humaine dès lors qu'elle est contrainte. • CEDH, sect. II, 11 sept. 2007, *T. c/ France*, n° 37194/02 (refus d'admettre en l'espèce une contrainte indirecte, par le biais d'un rappel de cotisations sociales).

42. Expulsions et extraditions. Pour l'application de l'art. 3 en matière de décisions d'éloignement, l'appréciation d'un risque réel de traitement contraire à ce texte ne saurait dépendre de la base légale du renvoi (extradition ou autre), ni être limitée aux cas de torture et elle ne peut s'accommoder d'une distinction entre le minimum degré de gravité requis en droit interne et celui exigé en droit international. • CEDH, sect. IV, 17 janv. 2012, *Harkins et Edwards c/ Royaume-Uni*, nos 9146/07 et 32650/07 (rejet des distinctions retenues par l'arrêt *Wellington* rendu par la Chambre des Lords). ♦ La protection accordée par l'art. 3 Conv. EDH est absolue et ne saurait dépendre du fait que les intéressés peuvent constituer un risque pour la sécurité nationale. • CEDH, sect. II, 22 sept. 2009, *A. et K. c/ Turquie*, n° 30471/08 (violation de l'art. 3 en cas d'expulsion de moudjahidine du peuple vers l'Iran ou vers l'Irak qui les y renvoie aussi). Il est impossible d'exiger des États qu'ils renvoient les étrangers uniquement vers des pays qui respectent pleinement et effectivement l'ensemble des droits et libertés énoncés dans la Convention. • CEDH, sect. IV, 22 juin 2004, *F. c/ Royaume-Uni*, n° 17341/03. ♦ Violation de l'art. 3 en cas d'expulsion vers l'Iran de la requérante après un examen précipité de sa demande d'asile, alors que la loi de ce pays continue de punir l'adultère de lapidation, traitement contraire à l'art. 3. • CEDH, sect. IV, 11 juill. 2000, *Jabari c/ Turquie*, n° 40035/98. ♦ Violation de l'art. 3 en cas d'extradition vers un pays où les autorités policières pratiquent les mauvais traitements et la torture sur les détenus. • CEDH, sect. V, 23 oct. 2008, *Soldatenko c/ Ukraine*, n° 2440/07 (Turkmenistan ; assurances données par le pays jugées insuffisantes) • CEDH, sect. I, 19 juin 2008, *Riabikine c/ Russie*, n° 8320/04 (*idem*). • CEDH, sect. V, 3 déc. 2009, *Daoudi c/ France*, n° 19576/08 (renvoi vers l'Algérie d'une personne condamnée en France pour terrorisme). ♦ Violation de l'art. 3 dans la remise d'une personne soupçonnée de détenir des informations en matière de terrorisme à la CIA, hors de toute procédure légale et en connaissant le risque réel encouru de torture ou de traitements inhumains ou dégradants. • CEDH, gr. ch., 13 déc. 2012, n° 39630/09. ♦ V. aussi : • CEDH, sect. I, 2 oct. 2012, *Abdulkhakov c/ Russie*, n° 14743/11 (kidnapping en Russie et remise à l'Ouzbékistan, où la pratique de la torture est systématique). ♦ Absence de violation de l'art. 3 en cas d'expulsion de personnes atteintes du sida, même si les conditions de traitement dans le pays de destination sont moins favorables que dans le pays procédant à la mesure d'expulsion. V. par exemple : • CEDH, sect. IV, 22 juin 2004, *N. c/ Suède*, n° 17868/03 • CEDH, sect. III, 25 nov. 2004, *A. c/ Pays-Bas*, n° 25629/04. ♦ Pour d'autres exemples d'expulsions ne violant pas l'art. 3 : • CEDH, sect. IV, 22 juin 2004, *F. c/ Royaume-Uni : préc.* (homosexuel expulsé vers l'Iran) • 29 juin 2004, *Salkic c/ Suède*, n° 7702/04 (famille de musulmans bosniaques souffrant de troubles post-traumatiques) • CEDH, sect. III, 7 oct. 2004, *D. c/ Allemagne*, n° 33743/03 (famille apatride renvoyée dans le pays de la nationalité d'origine, avec l'accord des autorités : les menaces de suicide de la mère ne sont pas un motif suffisant pour refuser l'exécution de la mesure, à condition de prendre des précautions pour éviter cette issue). ♦ Comp. désormais, sur l'impossibilité de sanctionner un salarié homosexuel refusant une mutation géographique dans un État incriminant l'homosexualité, *infra* note 72.

La chambre de l'instruction qui constate que la personne réclamée encourt, en cas d'extradition vers son pays d'origine, le risque d'être soumise à un traitement inhumain et dégradant, doit donner un avis défavorable ; un tel risque est avéré lorsque la personne bénéficie de la protection subsidiaire aussi longtemps qu'il n'y a pas été mis fin. • Crim. 13 janv. 2021, n° 20-81.359 P (cassation au visa des art. 3 Conv. EDH et L. 712-1 CESEDA).

Emportent violation de l'art. 3, tant à l'égard de l'enfant que de sa mère, la détention pendant plusieurs semaines et le refoulement d'une mineure étrangère isolée âgée de cinq ans. • CEDH 12 oct. 2006, n° 13178/03 : *D. 2007. 771, note Muzny*.

43. Personnes détenues : principes. Si les mesures privatives de liberté s'accompagnent ordinairement de souffrance et d'humiliation, l'art. 3 impose aux États de s'assurer que tout prisonnier soit détenu dans des conditions compatibles avec le respect de sa dignité humaine. • CEDH, sect. III, 24 juill. 2001, *Valasinas c/ Lituanie*, n° 44558/98 : *JCP 2002. I. 105, n° 4, obs.*

Sudre • CEDH, sect. I, 4 févr. 2003, *Van der Ven c/ Pays-Bas*, n° 50901/99 (une détention en quartier de haute sécurité ne viole pas, en soi, l'art. 3 ; V. note 49) • CEDH, gr. ch., 13 déc. 2012, n° 39630/09 (traitements inhumains et dégradants du fait de l'angoisse permanente subie par une personne détenue secrètement dans un hôtel pendant 23 jours, en dehors de tout cadre judiciaire, avant sa remise à la CIA). ♦ L'appréciation de l'adéquation des conditions de détention doit se faire dès le départ lorsque l'état est connu, sous réserve de prendre ultérieurement en compte les éventuelles aggravations. • CEDH, sect. I, 2 déc. 2004, *Farbtuhs c/ Lettonie : AJDA 2005. 544, chron. Flauss*. ♦ Nécessité, pour respecter l'art. 3 Conv. EDH, de s'assurer que l'état de santé d'une personne suspecte, blessée lors de son arrestation, a été vérifié par un médecin et non par une infirmière, avant de procéder à son audition. • Crim. 25 oct. 2011, n° 11-82.780 P : *D. 2011. 2731, obs. Girault*. ♦ Rappr. • Crim. 7 juin 2017, n° 16-87.429 P (porte nécessairement atteinte aux intérêts d'une personne mise en examen, le fait que le juge d'instruction procède à son interrogatoire de première comparution dans des conditions incompatibles avec son état de santé). ♦ V. aussi : • Crim. 18 oct. 2016, n° 16-84.764 P.

Une cour d'assises n'a pas, à l'occasion de l'examen d'une demande de renvoi, à porter une appréciation sur les conditions de détention du demandeur, lequel ne l'avait pas saisie d'une demande de mise en liberté. • Crim. 12 mai 2021, n° 20-83.166 (détenu en grève de la faim, pour protester contre ses conditions de détention « inhumaines »).

44. ... Durée de la détention. Une peine exagérément disproportionnée peut s'analyser en un traitement contraire à l'art. 3 au moment de son imposition. • CEDH, sect. IV, 8 janv. 2013, *W. et H. c/ Royaume-Uni*, n°s 43759/10 et 43771/12 (disproportion ne pouvant être admise que dans des circonstances exceptionnelles). ♦ Un maintien en détention particulièrement prolongé (41 ans) ne constitue pas en soi un traitement inhumain et dégradant. • CEDH, sect. II, 11 avr. 2006 : *D. 2006. 1800, note Céré*. ♦ La détention prolongée d'une personne de grand âge ne constitue pas en elle-même une violation de *l'art. 3 Conv. EDH. • CEDH 7 juin 2001 : D. 2001. 2335, note Céré ; D. 2002. Somm. 683, obs. Renucci ; Europe 2001, n° 343, obs. Deffains ; LPA 20 sept. 2001, note Boitard.*

45. ... Santé du détenu. Le maintien en détention d'un malade atteint du sida ne constitue pas en elle-même une violation de l'art. 3, Conv. EDH. • CEDH, sect. II, 14 déc. 2004, *G. c/ France*, n° 25875/03. ♦ Solution inverse pour un détenu atteint de leucémie : V. • CEDH 14 nov. 2002, *M. c/ France*, n° 67263/01 : *D. 2003. 303, note Moutouh ; ibid. Somm. 524, obs. Renucci ; Europe 2003, n° 75, obs. Deffains ; LPA 19 juin 2003, note Tigroudja ; ibid. 16 juill. 2003, note Roets* • CEDH 2 nov. 2006, *S. c/ Grèce*, n° 27695/03 : *RDSS 2007. 259, note Hennion-Jacquet* (sclérose en plaques). ♦ Traitement inhumain consistant dans l'usage d'entraves sur un détenu âgé et non spécialement dangereux, hospitalisé en vue de subir une intervention chirurgicale. • CEDH 27 nov. 2003, *H. c/ France : D. 2004. 1196, note Roets ; JCP 2004. II. 10093, note Di Raimondo*. ♦ V., pour les détenus mourants, l'art. 720-1-1 C. pr. pén.

Les États ne sont tenus de fournir que l'aide médicale que leurs ressources permettent de proposer : absence de violation pour l'absence de fourniture gratuite d'une trithérapie, mais violation de l'art. 3 pour le retard du transfert du détenu vers un centre spécialisé dans le traitement du Sida que le détenu pouvait financer. • CEDH, sect. I, 22 déc. 2008, *Alexanian c/ Russie*, n° 46468/06. ♦ Mais il n'y a aucune raison de traiter différemment les détenus du reste de la population en les privant de soins qui sont offerts gratuitement à cette dernière. • CEDH, sect. IV, 7 juill. 2009, *Grori c/ Albanie*, n° 25336/04 (sclérose en plaques) • CEDH, sect. III, 16 févr. 2010, *VD c/ Roumanie*, n° 7078/02 (absence de fourniture d'une prothèse dentaire à une personne indigente et édentée). ♦ Violation de l'art. 3 Conv. EDH dans le fait de priver une personne atteinte d'une myopie moyenne de ses lunettes pendant plusieurs mois et de tarder à en actualiser la correction. • CEDH, sect. III, 20 avr. 2010, *S. c/ Russie : n° 60333/00*. ♦ ... De ne pas avoir fourni de soins médicaux adéquats à une détenue anorexique. • CEDH 21 déc. 2010, n° 36435/07 : *D. 2011. 793, note Renucci ; AJ pénal 2011. 129, note Céré*.

Obligation positive de l'État de prendre des mesures contre les effets du tabagisme passif en prison, lorsque la santé du détenu l'exige. • CEDH, sect. III, 25 janv. 2011, *E. c/ Roumanie*, n° 38427/05. ♦ V. aussi : • CEDH, sect. III, 14 sept. 2010, *Florea c/ Roumanie*, n° 37186/03.

Absence d'atteinte à la dignité lorsqu'un détenu, qui a reçu des soins adaptés à son état, n'a pas bénéficié de la traduction des prescriptions médicales et de la présence d'un interprète ou d'un soignant hispanophone lors des consultations médicales. • Crim. 15 nov. 2022, n° 22-85.101 B (rejet du pourvoi contre l'arrêt ayant conclu que cette traduction était étrangère aux dispositions des art. 3 Conv. EDH et 803 C. pr. pén.).

46. ... Détenu handicapé mental. Obligation de prendre des mesures particulièrement adaptées aux détenus malades mentaux, quelle que soit la gravité des faits pour lesquels ils ont été condamnés. • CEDH, sect. II, 11 juill. 2006, *R. c/ France*, n° 33834/03 : *Gaz. Pal. 2006. Somm. 4079, obs. Viriot-Barrial*. ♦ N'assurent pas une prise en charge conforme à l'art. 3 Conv. EDH et adaptée à l'état de santé d'un détenu malade mental les autorités qui l'ont maintenu pendant une longue période dans l'annexe psychiatrique d'une prison, sans encadrement médical approprié et sans espoir réaliste d'évolution, compte tenu de la situation des hôpitaux psychiatriques. • CEDH, sect. V, 10 janv. 2013, *C. c/ Belgique*, n° 43418/09. ♦ V. aussi pour une alternance de prison et d'internement pendant plus de quatre ans : • CEDH, sect. V, 23 févr. 2012, *G. c/ France*, n° 27244/09. ♦ V. aussi : • CEDH, sect. IV, 20 janv. 2009, *S. M. c/ Pologne*, n° 28300/06 (absence de soins psychiatriques et de détention dans un établissement spécialisé) • CEDH, sect. V, 23 févr. 2012, n° 27244/09 : *D. 2012. 742*. ♦ Mais le maintien en détention d'un individu souffrant de troubles mentaux pendant plusieurs années est contraire à l'art. 5 Conv. EDH. • CEDH 2 oct. 2012, n° 22831/08 : *RDSS 2013. 245, note Margaine*.

47. ... Détenu handicapé physique. Violation de l'art. 3 pour la détention d'une personne handicapée, en fauteuil roulant, dans un établissement inadapté. • CEDH, sect. II, 24 oct. 2006, *X. c/ France*, n° 6253/03 : *BICC 15 janv. 2007, n° 1* (prison de Fresnes). ♦ Violation de l'art. 3 en raison du traitement dégradant infligé à un adulte handicapé détenu sans prise en compte de son handicap limitant sa mobilité : • CEDH, sect. III, 10 juill. 2001, *Price c/ Royaume-Uni*, n° 33394/96 : *JCP 2002. I. 105, n° 3, obs. Sudre* (difficulté d'accès à son lit ou aux toilettes, souffrances liées au froid) • 24 oct. 2006, *V. c/ France : JCP 2007. II. 10007, note Thierry* (impossibilité de quitter la cellule sans aide). ♦ V. aussi : • CEDH, sect. I, 2 déc. 2004, *Farbtuhs c/ Lettonie : préc. note 31* (paraplégique atteint de diverses maladies) • CEDH, sect. III, 29 sept. 2005, *M. c/ Pays-Bas*, n° 24919/03 (détenu souffrant du dos : absence de violation compte tenu d'un suivi correct, le retrait du fauteuil roulant ayant été justifié par des raisons de sécurité).

48. ... Détenu mineur. Absence de violation pour la détention d'un mineur, ni accusé ni condamné, au titre de l'éducation surveillée, dans une institution pénale ayant un régime adapté aux besoins des jeunes prisonniers et pour la soumission à la discipline carcérale, eu égards aux antécédents criminels et aux actes de violence antérieurs du mineur contre lui-même et autrui. • CEDH, sect. III, 16 mai 2002, *D.G. c/ Irlande*, n° 39474/98. ♦ Mais violation de l'art. 3 pour la détention d'un mineur de 15 ans, pendant plusieurs années, dans une prison pour adultes. • CEDH, sect. II, 20 janv. 2009, *G. c/ Turquie*, n° 70337/01. ♦ ... Pour le maintien pendant un mois, dans un centre de rétention, d'enfants étrangers en bas âge et souffrant de troubles psychologiques, même s'ils étaient avec leur mère. • CEDH, sect. II, 19 janv. 2010, *M. c/ Belgique*, n° 41442/07 (arrêt visant également l'art. 22 CIDE). ♦ ... Pour une rétention dans des conditions dégradantes et sans aucune assistance. • CEDH, sect. I, 5 avr. 2011, *Rahimi c/ Grèce*, n° 8687/08 (les États ont l'obligation positive d'assister les mineurs étrangers non accompagnés, pendant et après leur rétention, en leur assurant la désignation d'un tuteur). ♦ ... Pour la rétention pendant quinze jours de mineurs étrangers avec leurs parents, sans nécessité et dans des conditions inadaptées. • CEDH, sect. V, 19 janv. 2012, *Popov c/ France*, n°s 39472/07 et 39474/07 (l'intérêt supérieur de l'enfant ne peut se limiter au maintien de l'unité familiale).

49. ... Isolement cellulaire. Le seul fait d'isoler un détenu ne constitue pas une violation de l'art. 3. • CEDH, sect. I, 27 janv. 2005, *R. S. c/ France : D. 2005. 1272, note Céré ; AJDA 2005. 1388, note D. Costa ; JDI 2006. 1123, obs. C. C.* • CEDH, sect. I, 30 juin 2005, *Rhode c/ Danemark*, n° 69332/01. ♦ V. aussi : • CEDH, gr. ch., 4 juill. 2006, *R. S. c/ France*, n° 59450/00 : *JCP 2007. I. 106, n° 2, obs. Sudre* (absence de violation pour un isolement en cellule individuelle renouvelé pendant huit ans et n'ayant pas empêché des contacts nombreux avec l'épouse et l'avocat, mais violation de l'art. 13 Conv. EDH en raison de l'impossibilité ménagée par le droit interne de contester les mesures de prolongation) • CEDH, sect. IV, 14 janv. 2014, *Lindström et Mässeli c/ Finlande*, n° 24630/10 (absence de violation pour le port pendant quelques jours de combinaisons intégrales scellées). ♦ Mais il convient de prendre en compte ses conditions d'application particulières, sa rigueur, sa durée et ses effets sur l'intéressé. • CEDH, sect. I, 30 juin 2005 : *préc.* (absence de violation pour une durée de 11 mois, avec possibilité de lecture, accès à la télévision et contact avec le personnel pénitentiaire, l'aumônier et des enseignants donnant des cours de langues) • CEDH, sect. III, 29 sept. 2005 : *préc. note 47* (durée inutilement longue pour une personne malade et cellule insuffisamment protégée contre les aléas météorologiques). • CEDH, sect. V, 16 oct. 2008, *Renold c/ France*, n° 5608/05 (sanction maximale incompatible avec l'état mental, suicidaire, du détenu).

50. ... Conditions de détention. Sur l'inconstitutionnalité des dispositions de l'art. 144-1 C. pr. pén., al. 2, en ce que, indépendamment des actions en responsabilité susceptibles d'être engagées à raison de conditions de détention indignes, elles n'offrent au justiciable aucun recours devant le juge judiciaire afin d'obtenir qu'il soit mis fin aux atteintes à sa dignité résultant des conditions de sa détention provisoire, V. • Cons. const. 2 oct. 2020, n° 2020-858/859 QPC : *D. 2020. 2056*, obs. Falxa. ♦ Pour le renvoi : • Crim. 8 juill. 2020, n° 20-81.739 P : *D. 2020. 1774, note Falxa ; ibid. 1643, obs. Pradel ; AJ fam. 2020. 498, obs. Mary ; AJ pénal 2020. 404, note Frinchaboy ; RFDA 2021. 87, note Perrier ; RTD civ. 2021. 83, obs. Deumier*. ♦ Extension de la solution aux personnes placées sous écrou extraditionnel : • Crim. 30 mars 2021, n° 21-80.421 P. ♦ V. aussi : • Crim. 16 sept. 2020, n° 20-82.389 P (la personne détenue dispose devant le juge administratif d'un recours préventif effectif de nature à faire cesser une éventuelle violation de l'art. 3 Conv. EDH ; rejet en l'espèce de l'argument tiré du risque de contamination par la covid-19). ♦ Pour la CEDH : • CEDH 30 janv. 2020, *J.M.B. et a. c/ France,* n° 9671/15 (traitement dégradant pour une surpopulation carcérale impliquant un espace insuffisant par détenu et recommandation de mesures générales – pt n° 316 – incluant un recours effectif des détenus). ♦ Comp. antérieurement : une éventuelle atteinte à la dignité de la personne en raison des conditions de détention, si elle est susceptible d'engager la responsabilité de la puissance publique en raison du mauvais fonctionnement du service public, ne saurait constituer un obstacle légal au placement et maintien en détention provisoire. • Crim. 18 sept. 2019, n° 19-83.950 P : *D. 2019. 1761 ; AJ pénal 2019. 560, obs. Frinchaboy ; RSC 2019. 808, obs. Mayaud.* ♦ Sur les exigences de motivation des décisions de la chambre de l'instruction : • Crim. 25 nov. 2020, n° 20-84.886 P : *D 2020. 2347 ; AJ pénal 2021. 41, obs. Margaine* (nécessité d'apprécier le caractère précis, crédible et actuel des conditions indignes invoquées par le détenu, sans pouvoir exiger de lui qu'il démontre le caractère indigne de ses conditions personnelles de détention ou que celles-ci affectent sa santé physique ou psychologique).

Constituent un traitement dégradant, portant atteinte à la dignité, les conditions de détention d'une unité d'isolement (cellule exiguë prévue pour une personne et occupée par deux, sans possibilité de circulation en soirée et pendant la nuit, sans dispositif d'aération en dépit d'une chaleur étouffante l'été). • CEDH, sect. II, 19 avr. 2001, *Peers c/ Grèce,* n° 28524/95. ♦ Dans le même sens : • CEDH, sect. III, 6 mars 2001, *Dougoz c/ Grèce,* n° 40907/98 (grave surpeuplement carcéral et absence de couchage) • CEDH, sect. II, 15 juill. 2002, *Kalashnikov c/ Russie,* n° 47095/99 (cellule surpeuplée, mal aérée et portant des atteintes à la santé ; l'absence d'intention véritable d'humilier le détenu n'exclut pas la violation) • CEDH, sect. I, 2 juin 2005, *Novoselov c/ Russie,* n° 66460/01 (surpeuplement carcéral non compensé par une liberté de circulation pendant la journée) • CEDH, sect. II, 28 mars 2006, *Melnik c/ Ukraine,* n° 72286/01 (absence de soins médicaux, manque d'hygiène et surpeuplement, avec une référence aux 7 m² par détenu exigés par le Comité pour la prévention de la torture) • CEDH, sect. I, 11 juin 2009, *S. D. c/ Grèce,* n° 53541/07 (centre de rétention pour étrangers) • CEDH, sect. II, 16 juill. 2009, *Sulejmanovic c/ Italie,* n° 22635/03 (refus de donner une valeur intangible à la surface de 7 m²) • CEDH 25 avr. 2013, n° 40119/09, *Canali c/ France : D. 2013. 1138, obs. Lena* (promiscuité et manquements aux règles d'hygiène) • Crim. 15 déc. 2020, n° 20-85.461 P. ♦ Pour une violation de l'art. 3 en raison du maintien d'étrangers dans une zone de transit aéroportuaire pendant dix jours, dans des conditions incompatibles avec la dignité humaine. • CEDH, sect. I, 24 janv. 2008, *Riad et Idiab c/ Belgique,* n°s 29787/03 et 29810/03. ♦ Pour une violation de l'art. 8 Conv. EDH pour les nuisances olfactives émanant d'une décharge illicite située à proximité de la prison. • CEDH, sect. III, 7 avr. 2009, *Branduse c/ Roumanie,* n° 6586/03. ♦ V. désormais l'impact du recours autonome et exclusif de l'art. 803-8 C. pr. pén. • Crim. 20 oct. 2021, n° 21-84.498 B : *D. 2022. 107, note Roets ; AJ pénal 2021. 583, note Falxa.*

51. Usage de la force. A l'égard d'une personne privée de sa liberté, tout usage de la force physique qui n'est pas rendu strictement nécessaire par le propre comportement de ladite personne porte atteinte à la dignité humaine et constitue, en principe, une violation du droit garanti par l'art. 3 Conv. EDH. • CEDH 4 déc. 1995, *Ribitsch : Série A. 336 ; JCP 1996. I. 3910, n° 12, obs. Sudre.* ♦ L'art. 3 Conv. EDH ne souffre aucune dérogation, même en cas de danger public menaçant la vie de la nation, et s'applique aux personnes détenues quelle que soit la nature de l'infraction qui leur est reprochée. • CEDH, sect. I, 11 juill. 2000, *Dikme c/ Turquie,* n° 20869/92.

Condamnation de techniques d'interrogatoire mises en œuvre par l'armée ou la police et constituant, sinon des tortures, du moins des traitements inhumains ou dégradants au sens de l'art. 3 Conv. EDH. • CEDH 18 janv. 1978, *Irlande c/ Royaume-Uni : Série A, n° 25 ; Jur. CEDH, 5e éd., n° 2, obs. Berger ; JDI 1980. 449, obs. Rolland.* ♦ L'intensité et la multiplicité des coups portés à une personne pendant sa garde à vue constituent un traitement inhumain ou dégradant. • CEDH 27 août 1992, *T. c/ France : Série A, n° 241-A ; Jur. CEDH, 5e éd., n° 4, obs. Berger ; D. 1993. Somm. 383, obs. Renucci ; Gaz. Pal. 1992. 2. 411, note L. Pettiti* et *D. Vorms.* ♦ Dans le même sens : • CEDH 25 sept. 1997, *X. c/ Turquie : D. 1998. Somm. 205, obs. Renucci (1re esp.)* (actes constitutifs de tortures) • CEDH 28 juill. 1999, *X. c/ France : D. 2000. Somm. 179, obs. Renucci ; JCP 1999. II. 10193, note Sudre ; RTD civ. 1999. 911, obs. Marguénaud* (même solution) • CEDH, sect. I, 1er avr. 2004, *R. c/ France : BICC 15 mai 2004, n° 722* (mineur en garde à vue) • CEDH, sect. II, 6 avr. 2004, *Ahmet Özkan c/ Turquie : 21689/93* (humiliations, marche forcée pieds nus dans la neige) • CEDH, sect. III, 19 mai 2004, *R. L. c/ France,* n° 44568/98 (violation déduite des constatations médicales incompatibles avec un usage raisonnable de la force pour maîtriser une personne résistant à son interpellation) • CEDH, gr. ch.,

13 déc. 2012, n° 39630/09 (constituent des tortures les coups et les agressions sexuelles sur une personne détenue illégalement, ne présentant aucune menace pour ses ravisseurs, en vue d'obtenir des renseignements en matière de terrorisme). ♦ Comp. • Crim. 10 mars 1992, n° 91-86.944 P (absence de traitement dégradant ou inhumain lorsque la personne n'a pas été privée de repos pendant sa garde à vue) • CEDH 20 juill. 2000, *C. c/ France : BICC 15 nov. 2000, n° 1255 ; JDI 2001. 199, obs. C. R.* (usage proportionné de la force lors d'une tentative de fuite).

52. Présomption d'imputabilité. Sur l'obligation de l'État de fournir des explications plausibles des blessures subies par une personne qui était en bonne santé lors de son arrestation et, à défaut, sur la présomption d'imputabilité de celles-ci aux autorités qui en découle : • CEDH, sect. I, 10 oct. 2000, *Satik c/ Turquie*, n° 31866/96 • CEDH, sect. IV, 21 déc. 2000, *Büyükdag c/ Turquie : JCP 2001. I. 291, n°s 8 et 9, obs. Sudre* • CEDH, sect. I, 1er avr. 2004 : *préc. note 51.* ♦ Nécessité de prévenir les sévices des personnes retenues par l'organisation d'examens médicaux périodiques, par des médecins qualifiés et hors présence policière. • CEDH, sect. I, 10 oct. 2000, *Akkoc c/ Turquie*, n°s 22947/93 et 22948/93.

3° HUMILIATIONS

53. Menottes. Le port des menottes ne constitue pas normalement une violation de l'art. 3 lorsqu'il est lié à une arrestation ou une détention légales et n'entraîne pas l'usage de la force, ni d'exposition publique, au-delà de ce qui est raisonnablement considéré comme nécessaire dans les circonstances de l'espèce, condition à apprécier en tenant compte du comportement que les forces de l'ordre pensent que l'intéressé est susceptible d'adopter, comme par exemple la résistance à l'arrestation, la commission de blessures ou de dommages ou la suppression de preuves. • CEDH 16 déc. 1997, *Raninen c/ Finlande* (absence de violation en l'espèce). ♦ Le port des menottes lors d'audiences publiques, même par un mineur, constitue une entrave raisonnable. • CEDH, sect. III, 16 mai 2002, *D.G. c/ Irlande*, n° 39474/98 (le port des menottes n'est pas, au surplus, une ingérence dans les droits garantis par l'art. 8 Conv. EDH). ♦ Mais constitue une mesure disproportionnée le maintien des menottes et la présence de gardes masculins et non féminins lors d'un examen gynécologique. • CEDH, sect. II, 8 janv. 2009, *Filiz Uyan c/ Turquie*, n° 7496/03 (préférence injustifiée à une application stricte des textes relatifs aux condamnés en matière de terrorisme au détriment d'une appréciation souple tenant compte de la situation particulière). ♦ Détenu hospitalisé : V. note 45 *in fine*.

54. Fouille. **BIBL.** Herzog-Evans, *Gaz. Pal. 24-26 févr. 2002, Doctr.* ♦ Absence d'atteinte à la dignité humaine dans les modalités de la fouille corporelle des détenus organisée par la circulaire du 14 mars 1986. • CE 8 déc. 2000 : *Lebon 589 ; LPA 8 févr. 2001, concl. Schwartz ; RFDA 2001. 261.* ♦ Atteinte à la dignité humaine et traitement dégradant en cas de fouilles corporelles hebdomadaires d'un détenu en haute sécurité, pendant plus de trois ans, en l'absence de nécessités convaincantes de sécurité. • CEDH, sect. I, 4 févr. 2003 : *préc. note 43.* – Même sens : • CEDH, sect. II, 12 juin 2007, n° 70204/01, *X. c/ France : BICC 15 juill. 2007 ; D. 2007. Pan. 2637, obs. Garé ; JCP 2007. I. 182, n° 2, obs. Sudre* (même demandeur que, • CE 8 déc. 2000 : *préc.*) • CEDH, sect. V, 20 janv. 2011, *E. S. c/ France*, n° 51246/08 (fouilles intégrales, plusieurs fois par jour, certaines étant filmées et réalisées par des hommes cagoulés ; arrêt prenant acte de la modification du droit français par la loi pénitentiaire de 2009). ♦ Violation de l'art. 8 (droit à la vie privée) dans le cas de fouilles à corps imposées à une femme et à son enfant venus rendre visite à un détenu soupçonné de trafic de drogue dans la prison. • CEDH 26 sept. 2006, *Wainwright c/ Royaume-Uni*, n° 12350/04 : *JCP 2007. I. 106, n° 11, obs. Sudre* (obligation d'avertir les visiteurs des conditions de la fouille et de respecter le règlement : interdiction de la dénudation totale et absence de visibilité de l'extérieur). ♦ Responsabilité, sur le fondement de l'anc. art. 1382 [1240] C. civ., d'une société de supermarché, pour déficit de considération et atteinte à la dignité, en cas de fouille publique du sac et des vêtements d'une cliente suspectée de vol. • Civ. 2e, 1er avr. 1999, n° 97-15.951 P : *R., p. 393 ; D. 1999. 387, note D. Mayer ; JCP E 2000. 989, obs. Garaud.*

55. Dénudation. L'interrogatoire d'une personne placée en garde à vue, nue, au milieu d'une pièce, constitue un traitement humiliant et une atteinte à la dignité humaine. • Crim. 10 janv. 1995 : *D. 1996. IR 173.*

56. Bizutage. Conformité à la Constitution des dispositions de la L. n° 2017-86 du 27 janv. 2017 introduisant dans le C. pén., aux art. 226-16-1 s., des infractions sanctionnant le bizutage, défini comme « le fait pour une personne d'amener autrui, contre son gré ou non, à subir ou à commettre des actes humiliants ou dégradants ou à consommer de l'alcool de manière excessive, lors de manifestations ou de réunions liées aux milieux scolaire, sportif et socio-éducatif », hors les cas de violences, de menaces ou d'atteintes sexuelles. • Cons. const. 26 janv. 2017, n° 2016-745 DC (pt n° 115). ♦ V. sous l'angle du *licenciement* : • Pau, 30 déc. 1992, n° [illegible] : *Juris-Data n° 051638* (faute privative d'indemnités de rupture pour un maître d'internat, chargé de surveiller les dortoirs, et ayant donc l'obligation de veiller au repos, à la tenue et à la propreté des élèves, qui a organisé une séance de bizutage de jeunes élèves, enduits de mousse à raser et de cirage, décision fondée sur le manquement à l'obligation d'assurer la surveillance et la discipline, ainsi que sur l'atteinte à la réputation, sans référence au vécu des victimes) • Rennes, 19 déc. 1996, n° 95/6281 (absence de cause réelle et sérieuse dans le fait pour des salariés de jouer à s'arroser d'eau dans les vestiaires, pratique semblant relever d'une coutume dans l'entreprise de fast-food en cause, qui recrutait majoritairement des étudiants). ♦ Violences volontaires (art. 222-13, al. 2, C. pén.) retenues à l'encontre de membres du personnel d'un établissement social. • Paris, 10e ch. corr., 29 oct. 2003, n° 03/00303 (victime menottée, déculottée et parties génitales enduites d'encre de Chine). ♦ Violation de l'art. 2 lorsque les autorités n'ont pas respecté leur obligation de conduire une enquête effective afin de connaître la cause exacte du décès d'un conscrit, en privilégiant la thèse du suicide alors que des éléments attestaient de pratiques de bizutage. • CEDH, sect. V, 17 janv. 2013, *Mosendz c/ Ukraine*, n° 52013/08.

57. *Exploitation d'un handicap.* L'attraction de « lancer de nains », qui consiste à faire lancer un nain par des spectateurs en utilisant comme un projectile une personne affectée d'un handicap physique et présentée comme telle, porte atteinte, par son objet même, à la dignité humaine. • CE, ass., 27 oct. 1995 : *D. 1996. 177, note Lebreton ; JCP 1996. II. 22630, note F. Hamon ; RFDA 1995. 1204, concl. Frydman ; LPA 24 janv. 1996, note Rouault.*

58. *Publication de décision de justice.* La publication et l'affichage d'une décision de justice constituent des sanctions légales, étrangères aux prévisions des art. 3 et 8.1 de la convention européenne des droits de l'homme. • Crim. 26 mars 1990, n° 89-82.637 P : *R., p. 405* (pas de traitement dégradant dans l'affichage d'une décision en application de l'art. 1741, al. 3, CGI). ♦ Comp. • Crim. 29 mai 1990 : *Dr. pénal 1990. 293* (les mesures de publicité et d'affichage des jugements rendus en cas d'infraction à la législation sur l'hygiène ou la sécurité du travail ne constituent pas des traitements dégradants au sens de l'art. 3 de la convention européenne des droits de l'homme).

59. *Dignité des salariés.* L'atteinte à la dignité de son salarié constitue pour l'employeur *un manquement grave à ses obligations* justifiant la résiliation du contrat de travail à ses torts. • Soc. 7 févr. 2012, n° 10-18.686 P : *D. 2012. 901, obs. Lokiec et Porta ; RDT 2012. 282, obs. Gardes ; JCP 2012, n° 561, § 12, obs. Grosser ; Gaz. Pal. 2012. 1450, obs. Pierroux* (employeur ayant tenu en entretien des propos indélicats sur des odeurs corporelles nauséabondes). ♦ Le fait pour un employeur de porter à la connaissance du personnel, sans motif légitime, les agissements d'un salarié nommément désigné constitue une atteinte à la dignité de celui-ci de nature à lui porter un préjudice distinct de celui résultant de la perte de son emploi. • Soc. 25 févr. 2003, n° 00-42.031 P : *R., p. 300 ; Dr. et patr. 7-8/2003. 87, obs. Loiseau.* ♦ Sur la liberté de preuve des faits de harcèlement, V. • Soc. 29 juin 2022, n° 21-11.437 B : *D. 2022. 1266 ; Dr. soc. 2022. 837, obs. Adam .*

60. *Révélations sur un locataire.* Atteinte à la dignité d'un locataire dans le fait d'avoir inscrit en rouge, en gros caractères, le fait que le locataire ne payait pas son loyer. • Montpellier, 27 févr. 2008, n° 07/02361.

61. *Messages pornographiques.* Sur l'appréciation du caractère pornographique et attentatoire à la dignité humaine de SMS obscènes envoyés par un enseignant à une de ses élèves mineures, V. : • Crim. 11 janv. 2017, n° 16-80.557 P : *D. 2017. 162 ; RDC 2017. 267, note Huet.*

4° IMAGE

62. Atteinte à la dignité de la personne humaine consistant dans la publication d'une photographie représentant le corps et le visage d'une personne assassinée gisant sur la chaussée : V. • Civ. 1re, 20 déc. 2000 : *préc. note 9 ss. art. 9.* ♦ Est contraire à la dignité humaine la publication sans autorisation de la photographie de la victime d'un crime dans des circonstances suggérant la torture, dénotant une recherche de sensationnel. • Civ. 1re, 1er juill. 2010 : *préc. note 9 ss. art. 9.* ♦ Inversement, il n'y a pas atteinte à la dignité dans la publication de la photographie d'une victime d'un attentat, en l'absence de toute recherche du sensationnel et de toute indécence. • Civ. 1re, 20 févr. 2001 : *préc. note 115 ss. art. 9.* – V. aussi • Civ. 1re, 12 juill. 2001 : *eod. loc.* • Civ. 2e, 8 avr. 2004, n° 03-10.959 P (photographie très partielle d'une victime d'un accident de la circulation) • Civ. 2e, 4 nov. 2004 : *préc. note 120 ss. art. 9* • Civ. 1re, 7 mars 2006 : *préc. note 109 ss. art. 9* (absence d'atteinte) • Civ. 1re, 16 mai 2006 : *préc. note 115 ss. art. 9* (photographie d'un comédien célèbre victime d'un accident de santé). ♦ Rappr. : violation de l'art. 10 Conv. EDH pour la diffusion d'une photographie d'une personne bouleversée et dans un état de vulnérabilité extrême, le cliché ayant été pris juste au moment où elle venait d'apprendre sa condamnation à 21 ans d'emprisonnement. • CEDH, sect. I, 16 avr. 2009, *E. et H. c/ Norvège*, n° 34438/04. ♦ La dignité de la personne humaine ne figure pas, en tant que telle, au nombre des buts légitimes énumérés à l'art. 10 § 2 Conv. EDH ; si elle est de l'essence de la Convention, elle ne saurait être érigée en fondement autonome des restrictions à la liberté d'expression. • Cass., ass. plén., 25 oct. 2019, n° 17-86.605 P : *D. 2020. 195, note Afroukh et Marguénaud ; ibid. 2020. 78, obs. Leroyer ; AJ pénal 2020. 32, obs. Verly ; RTD civ. 2019. 819, obs. Marguénaud ; CCE 2020. Étude 4, note Raschel.*

5° HABITATION

63. Destruction du logement. Infligent une souffrance d'une gravité suffisante pour constituer un traitement inhumain au sens de l'art. 3, les forces de l'ordre qui ont détruit par surprise la maison et la plupart des biens des demandeurs, âgés de plus de cinquante ans, en les obligeant à assister à l'incendie de leur habitation. L'intervention préméditée s'est déroulée dans le mépris et sans respect pour les sentiments des intéressés qui, privés de moyen de subsistance et, faute d'assistance ultérieure, ont été obligés de quitter le village dans lequel ils avaient toujours vécu. • CEDH 24 avr. 1998, *Selcuk et Asker c/ Turquie.*

64. Droit au logement. BIBL. Dion, *LPA 22 avr. 1996.* – V. Godfrin, *Mél. Bolze, Economica, 1999, p. 137.* ♦ V. note 20 ss. art. 102 et note 71 ss. art. 544. ♦ Le droit au logement entendu comme objectif de valeur constitutionnelle procède à la fois de ce que chacun a le droit de mener une vie familiale normale et du principe du respect de la dignité de la personne humaine. • Cons. const. 19 janv. 1995 : *JO 21 janv. ; AJDA 1995. 455, note Jorion ; D. 1997. Somm. 137, obs. Gaïa.* ♦ Possibilité d'invoquer cette décision pour justifier le bénéfice d'un sursis à l'exécution d'une décision d'expulsion, en l'absence de proposition de relogement conforme au plan départemental d'action pour le logement des personnes défavorisées. • Orléans, 19 juin 1996 : *JCP 1997. I. 4023, n° 21, obs. Mathieu et Verpeaux.* ♦ Sur la compatibilité de l'art. 815-17 avec le droit au logement, V. • Civ. 1re, 28 mars 2012 : *cité note 17 ss. art. 815-17.* ♦ Les dispositions de l'al. 2 de l'art. L. 412-1 C. pr. exéc., dans leur rédaction issue de la L. du 23 nov. 2018, qui s'inscrivent dans un dispositif global destiné à protéger les locaux servant à l'habitation et à faciliter le relogement des occupants, tendent à assurer la nécessaire conciliation entre le droit de propriété, droit constitutionnel, et la possibilité pour toute personne, découlant des exigences constitutionnelles de dignité humaine et de droit à une vie familiale normale, de disposer d'un logement décent, objectif à valeur constitutionnelle, qu'il appartient au législateur de mettre en œuvre. • Civ. 3e, 20 juin 2019, n° 19-40.010 P : *D. 2019. 1801, obs. Reboul-Maupin et Strickler.* ♦ Hébergement incompatible avec la dignité humaine (C. pén., art. 225-14) : V. • Crim. 11 févr. 1998, n° 96-84.997 P : *R., p. 318* • Crim. 22 juin 2016, n° 14-80.041 P : *Dr. soc. 2017. 145, note Salomon* (texte n'exigeant pas la preuve de la violation d'une norme d'hygiène ou de sécurité imposée par une disposition légale ou réglementaire spéciale) • Crim. 14 nov. 2019, n° 18-84.565 P (conditions de logement incompatibles avec la dignité humaine : studio exigu de 11 m², mal isolé, mal ventilé, présentant des traces d'humidité, de moisissures et des infiltrations). ♦ Comp. : l'art. 8 Conv. EDH ne reconnaît pas le droit de se voir fournir un domicile et la question de l'octroi de fonds par l'État pour offrir un toit à tout le monde relève du domaine politique et non judiciaire. • CEDH 18 janv. 2001, *Chapman c/ Royaume-Uni,* n° 27238/95 : *JCP 2001. I. 342, nos 16 et 20, obs. Sudre ; RTD civ. 2001. 448, obs. Marguénaud* (parmi 5 arrêts). ♦ Si la vie en caravane relève de l'identité tzigane, les restrictions sur l'emplacement de celles-ci imposées par les autorités sont admissibles dès lors que, prévues par la loi, elles visent un but légitime de protection des intérêts d'autrui par le biais de la défense de l'environnement. • Même arrêt (grande marge d'appréciation laissée aux autorités). ♦ Comp. admettant une violation de l'art. 8 Conv. EDH pour l'expulsion de gens du voyage du terrain qu'ils occupaient, pour certains depuis trente ans. • CEDH, sect. V, 17 oct. 2013, *W. et a. c/ France,* n° 27013/07 (mesure disproportionnée, dès lors que par ailleurs le terrain communal ne faisait pas l'objet d'un projet de développement et qu'il n'y avait pas de droits de tiers en jeu).

6° DISCRIMINATIONS

BIBL. Koubi, *RRJ 1989/1. 99* (impossible égalité des sexes).

65. Sida. En imposant au regard l'image fractionnée et tatouée du corps humain marquée des lettres HIV, les sociétés commanditaires de la campagne publicitaire incriminée ont utilisé une symbolique de stigmatisation dégradante pour la dignité des personnes atteintes du sida, de nature à provoquer à leur détriment un phénomène de rejet ou à l'accentuer. • Paris, 28 mai 1996 : *D. 1996. 617, note Edelman* (V. le jugement confirmé : • TGI Paris, 1er févr. 1995 : *D. 1995. 569, note Edelman ; D. 1997. Somm. 89, obs. Hassler*). ♦ En imposant à chacun des intimés personnes physiques, en particulier, une représentation de leur état de personnes séropositives, dégradante pour leur dignité, ces mêmes sociétés leur ont occasionné un préjudice moral individuel. • Même arrêt.

66. Jeux et dignité. Le droit communautaire ne s'oppose pas à ce qu'une activité économique consistant en l'exploitation commerciale de jeux de simulation d'actes homicides (« lasersport ») fasse l'objet d'une mesure nationale d'interdiction adoptée pour des motifs de protection de l'ordre public en raison du fait que cette activité porte atteinte à la dignité humaine. • CJCE 14 oct. 2004, n° C-36/02 : *BICC 15 janv. 2005, n° 7, p. 6 ; AJDA 2005. 152, note von Walter ; Dr. et patr. 1/2005. 88, obs. Bonfils.* ♦ Atteinte à la dignité des malades atteints de schizophrénie consistant dans la commercialisation d'un jouet (singe en peluche « Nazo le Skizo »), de nature à susciter la dérision et la discrimination à l'égard de cette catégorie de personnes. • Versailles,

24 nov. 2004 : *D. 2005. IR 388* ; *RTD civ. 2005. 364, obs. Hauser*. ♦ Rappr. note 57. ♦ V. aussi note 89 ss. art. 9.

67. Presse. Sont attentatoires à la dignité humaine des propos racistes et antisémites tenus par des auditeurs intervenant sur l'antenne d'une radio locale. • CE 9 oct. 1996 : *D. 1997. Somm. 81, obs. Hassler et Lapp* ; *LPA 13 juin 1997, note Mondou*. ♦ ... Les propos d'un animateur de radio se réjouissant de la mort d'un policier tué dans une fusillade avec des malfaiteurs. • CE 20 mai 1996 : *D. 1997. Somm. 82, obs. Hassler et Lapp* ; *RFDA 1996. 845*. ♦ ... Les propos d'animateurs de radio cherchant, à l'occasion d'un fait divers, à accroître l'audience de leur émission par l'étalage de faits morbides. • CE 30 août 2006 : *CCE 2007, n° 29, note A. Lepage*. ♦ ... Les propos, même répondant au souci de faire rire, tenus lors d'une émission de télévision et assimilant les nains à de la nourriture et au règne animal. • TGI Nanterre, 20 sept. 2000 : *CCE 2000, n° 135, obs. A. Lepage*. ♦ Celui qui se réclame du droit à l'information, fondement de la liberté d'expression, n'est pas tenu d'assortir l'exposé des faits qu'il rapporte de commentaires propres à justifier des actes contraires à la dignité humaine universellement réprouvés, ni de glorifier l'auteur de tels actes. • Crim. 7 déc. 2004, n° 03-82.832 P : *D. 2005. IR 170* ; *Dr. pénal 2005, n° 20, obs. Véron* (torture pendant la guerre d'Algérie).

Distinction de l'atteinte à la dignité et de la diffamation : • TGI Lille, réf., 4 janv. 2000 : *D. 2001. 1503, note P. Labbée*.

68. Discrimination politique. Discrimination politique dans le recrutement d'agents communaux : V. • TGI Toulon, ch. corr., 5 mai 1998 : *D. 1999. 162, note Retterer*, et, sur appel, • Aix-en-Provence, 11 janv. 1999 : *JCP 1999. IV. 3154*.

69. Discrimination selon le sexe. L'obligation faite aux organisations syndicales de présenter aux élections professionnelles des listes comportant alternativement des candidats des deux sexes à proportion de la part de femmes et d'hommes dans le collège électoral concerné répond à l'objectif légitime d'assurer une représentation des salariés qui reflète la réalité du corps électoral et de promouvoir l'égalité effective des sexes. • Soc. 13 févr. 2019, n° 18-17.042 P (sol. conforme à l'art. 21 de la Charte des droits fondamentaux, 8 et 14 Conv. EDH et 1er de la convention n° 111 de l'OIT).

70. Personnes internées. Il appartient aux professionnels de santé ainsi qu'aux autorités administratives et judiciaires de veiller à ce que la dignité des personnes hospitalisées sans leur consentement soit respectée en toutes circonstances. Cette exigence est suffisamment rappelée par l'art. L. 3211-3 CSP et sa méconnaissance éventuelle lors de son application n'a pas, en elle-même, pour effet d'entacher cette disposition d'inconstitutionnalité. • Cons. const. 26 nov. 2010, n° 2010-71 QPC : *D. 2011. Pan. 2565, obs. Laude* ; *AJDA 2011. 174, note Bioy* ; *ibid. 2010. 2284* ; *JCP 2011, n° 189, obs. Grabarczyk* ; *RDSS 2011. 304, obs. Renaudie*. ♦ Il résulte de l'art. L. 3211-2 CSP qu'une personne hospitalisée sous le régime de l'hospitalisation libre pour des troubles mentaux dispose des mêmes droits liés à l'exercice des libertés individuelles que ceux qui sont reconnus aux malades hospitalisés pour d'autres causes, dans cette hypothèse, le principe applicable est celui de la liberté d'aller et venir et il ne peut être porté atteinte à cette liberté de manière contraignante par voie de « protocolisation » des règles de sortie de l'établissement. • Civ. 1re, 29 mai 2013, n° 12-21.194 P : *D. 2013. 1415, obs. Véron* ; *ibid. 1819, note Vauthier*.

71. Éducation. Discrimination à l'égard d'enfants d'origine rom, placés dans des classes spéciales. • CEDH, sect. I, 5 juin 2008, *Sampanis c/ Grèce*, n° 32526/05 (violation de l'art. 2 du protocole n° 1). ♦ Pour la suite de l'affaire : • CEDH, sect. I, 11 déc. 2012, *Sampanis c/ Grèce*, n° 59608/09 (insuffisance des conditions matérielles de fonctionnement de la nouvelle école créée à la suite de la première décision qui n'a pas supprimé les discriminations). ♦ Violation des art. 14 Conv. EDH et 2 du protocole n° 1 dans la scolarisation d'enfants rom dans des classes spéciales, le motif de l'insuffisante maîtrise de la langue n'étant invoqué qu'à l'égard de cette minorité. • CEDH, gr. ch., 16 mars 2010, *Orsul c/ Croatie*, n° 15766/03 (argument justifiant d'ailleurs un renforcement des cours de langue et non un programme allégé). ♦ Comp. pour la solution inverse dans la même affaire. • CEDH, sect. I, 17 juill. 2008, *O. c/ Croatie*, n° 15766/03.

72. Homosexualité. Conformité à la Constitution de l'art. L. 1132-3-2 C. trav., résultant de la L. n° 2013-404 du 17 mai 2013, interdisant la sanction des salariés ayant refusé, en raison de leur orientation sexuelle, une mutation géographique dans un État incriminant l'homosexualité. • Cons. const. 17 mai 2013, n° 2013-669 DC : *cité note 1 ss. art. 143* (consid. nos 70 à 75 ; rejet de l'argument estimant que le texte porterait atteinte à la vie privée du salarié, alors qu'il appartient au salarié de décider de se prévaloir d'une telle protection).

73. Discrimination ethnique : contrôles d'identité. La faute lourde du service public de la justice doit être regardée comme constituée lorsqu'il est établi qu'un contrôle d'identité présente un caractère discriminatoire. • Civ. 1re, 9 nov. 2016, n° 15-24.210 P : *AJ pénal 2017. 89* (contrôle d'identité réalisé selon des critères tirés de caractéristiques physiques associées à une origine, réelle ou supposée, sans aucune justification objective préalable) • Civ. 1re, 9 nov. 2016, n° 15-24.212 P • Civ. 1re, 9 nov. 2016, n° 15-25.872 P : *AJ pénal 2017. 89*. ♦ V. aussi : • Crim. 3 nov. 2016, n° 15-85.548 P : *D. 2016. 2284*.

74. Transport et handicap. Absence d'atteinte à la dignité de la SNCF qui a satisfait à ses obligations légales quant à la mise aux normes progressive des voitures destinée à assurer l'accessibilité des couloirs et des toilettes dans les trains aux personnes handicapées ou à mobilité réduite. • Civ. 1re, 25 nov. 2020, n° 19-18.786 P.

Loi n° 2008-496 du 27 mai 2008,

Portant diverses dispositions d'adaptation au droit communautaire dans le domaine de la lutte contre les discriminations.

Art. 1er Constitue une discrimination directe la situation dans laquelle, sur le fondement de *(L. n° 2016-1547 du 18 nov. 2016, art. 86)* « son origine, de son sexe, de sa situation de famille, de sa grossesse, de son apparence physique, de la particulière vulnérabilité résultant de sa situation économique, apparente ou connue de son auteur, de son patronyme, de son lieu de résidence *(L. n° 2017-256 du 28 févr. 2017, art. 70)* « ou de sa domiciliation bancaire », de son état de santé, de sa perte d'autonomie, de son handicap, de ses caractéristiques génétiques, de ses mœurs, de son orientation sexuelle, de son identité de genre, de son âge, de ses opinions politiques, de ses activités syndicales, de sa capacité à s'exprimer dans une langue autre que le français, de son appartenance ou de sa non-appartenance, vraie ou supposée, à une ethnie, une nation, une prétendue race ou une religion déterminée », une personne est traitée de manière moins favorable qu'une autre ne l'est, ne l'a été ou ne l'aura été dans une situation comparable.

Constitue une discrimination indirecte une disposition, un critère ou une pratique neutre en apparence, mais susceptible d'entraîner, pour l'un des motifs mentionnés au premier alinéa, un désavantage particulier pour des personnes par rapport à d'autres personnes, à moins que cette disposition, ce critère ou cette pratique ne soit objectivement justifié par un but légitime et que les moyens pour réaliser ce but ne soient nécessaires et appropriés.

La discrimination inclut :

1° Tout agissement lié à l'un des motifs mentionnés au premier alinéa et tout agissement à connotation sexuelle, subis par une personne et ayant pour objet ou pour effet de porter atteinte à sa dignité ou de créer un environnement intimidant, hostile, dégradant, humiliant ou offensant ;

2° Le fait d'enjoindre à quiconque d'adopter un comportement prohibé par l'article 2.

Art. 2 Sans préjudice de l'application des autres règles assurant le respect du principe d'égalité :

1° *Abrogé par L. n° 2016-1547 du 18 nov. 2016, art. 86.*

2° Toute discrimination directe ou indirecte fondée sur *(L. n° 2016-1547 du 18 nov. 2016, art. 86)* « un motif mentionné à l'article 1er » est interdite en matière d'affiliation et d'engagement dans une organisation syndicale ou professionnelle, y compris d'avantages procurés par elle, d'accès à l'emploi, d'emploi, de formation professionnelle et de travail, y compris de travail indépendant ou non salarié, ainsi que de conditions de travail et de promotion professionnelle.

Ce principe ne fait pas obstacle aux différences de traitement fondées sur les motifs visés à l'alinéa précédent lorsqu'elles répondent à une exigence professionnelle essentielle et déterminante et pour autant que l'objectif soit légitime et l'exgence proportionnée ;

(L. n° 2016-1547 du 18 nov. 2016, art. 86) « 3° Toute discrimination directe ou indirecte fondée sur un motif mentionné à l'article 1er est interdite en matière de protection sociale, de santé, d'avantages sociaux, d'éducation, d'accès aux biens et services ou de fourniture de biens et services.

« Ce principe ne fait pas obstacle à ce que des différences soient faites selon l'un des motifs mentionnés au premier alinéa du présent 3° lorsqu'elles sont justifiées par un but légitime et que les moyens de parvenir à ce but sont nécessaires et appropriés.

« La dérogation prévue au deuxième alinéa du présent 3° n'est pas applicable aux différences de traitement fondées sur l'origine, le patronyme ou l'appartenance ou la non-appartenance, vraie ou supposée, à une ethnie ou une prétendue race ;

« 4° Toute discrimination directe ou indirecte est interdite en raison de la grossesse ou de la maternité, y compris du congé de maternité.

« Ce principe ne fait pas obstacle aux mesures prises en faveur des femmes en raison de la grossesse ou la maternité, y compris du congé de maternité, ou de la promotion de l'égalité entre les femmes et les hommes ;

« 5° Ces principes ne font notamment pas obstacle :

« *a)* Aux mesures prises en faveur des personnes handicapées et visant à favoriser l'égalité de traitement ;

« *b)* Aux mesures prises en faveur des personnes résidant dans certaines zones géographiques et visant à favoriser l'égalité de traitement ;

« *c)* A l'organisation d'enseignements par regroupement des élèves en fonction de leur sexe ;

« 6° Ces principes ne font pas obstacle aux différences de traitement prévues et autorisées par les lois et règlements en vigueur à la date de publication de la loi n° 2016-1547 du 18 novembre 2016 de modernisation de la justice du XXIe siècle. »

Art. 3 Aucune personne ayant témoigné de bonne foi d'un agissement discriminatoire ou l'ayant relaté ne peut être traitée défavorablement de ce fait.

Aucune décision défavorable à une personne ne peut être fondée sur sa soumission ou son refus de se soumettre à une discrimination prohibée par l'article 2.

Art. 4 Toute personne qui s'estime victime d'une discrimination directe ou indirecte présente devant la juridiction compétente les faits qui permettent d'en présumer l'existence. Au vu de ces éléments, il appartient à la partie défenderesse de prouver que la mesure en cause est justifiée par des éléments objectifs étrangers à toute discrimination. *(L. n° 2016-1547 du 18 nov. 2016, art. 86)* « Le juge forme sa conviction après avoir ordonné, en cas de besoin, toutes les mesures d'instruction qu'il estime utiles. »

(L. n° 2017-86 du 27 janv. 2017, art. 180) « Le fait que la victime ait seulement poursuivi l'objectif de démontrer l'existence d'un agissement ou d'une injonction discriminatoire n'exclut pas, en cas de préjudice causé à cette personne, la responsabilité de la partie défenderesse. »

Le présent article ne s'applique pas devant les juridictions pénales.

Art. 5 I. — Les articles 1er à 4 et 7 à 10 s'appliquent à toutes les personnes publiques ou privées, y compris celles exerçant une activité professionnelle indépendante.

II. — Ils s'entendent sans préjudice des dispositions et conditions relatives à l'admission et au séjour des ressortissants des pays non membres de l'Union européenne et des apatrides.

Sur l'exercice, par les associations, des actions en justice nées de la loi n° 2008-496 du 27 mai 2008, V. C. pr. civ., art. 1263-1. – ***C. pr. civ.***

Art. 16-1 Chacun a droit au respect de son corps.

Le corps humain est inviolable.

Le corps humain, ses éléments et ses produits ne peuvent faire l'objet d'un droit patrimonial.

Sur la non-brevetabilité du corps humain et de ses éléments, V. CPI, art. L. 611-17 et L. 611-18, ss. art. 16-4.

BIBL. ▶ BAUD, *Mél. Huet-Weiller, PU Strasbourg/LGDJ, 1994, p. 13.* – BYK, *Dr. fam. 2012. Études. 11* (réglementation des recherches). – CAIRE, *RDSS 2015. 865* (le corps gratuit : réflexions sur le principe de gratuité en matière d'utilisation de produits et d'éléments du corps humain). – EDELMAN, *D. 2011. Chron. 897* (la CEDH et l'homme de marché). – FERRIÉ, *Dr. fam. 2017. Étude 10* (inviolabilité). – GALLOUX, *D. 1999. Chron. 13* (utilisation des matériels biologiques humains : vers un droit de destination ?). – GATÉ, *Mél. Fatôme, Dalloz 2011, p. 147.* – LABBÉE, *LPA 11 juill. 1997* (prélèvements d'organes et indisponibilité du corps humain ; note ss. Amiens, 26 nov. 1996). – LANNOY, *RDSS 2015. 117* (personne humaine en droit de la responsabilité hospitalière). – MIRKOVIC, *Dr. fam. 2018. Actu. 12* (protection de la personne en son corps en droit civil). – Dossier, *Dr. fam. 2018. Actu. 11* (les interventions non thérapeutiques sur le corps humain).

1. Vaccinations obligatoires. Les art. L. 3111-1, L. 3111-2 et L. 3111-3 CSP, rendant obligatoires les vaccinations antidiphtérique, antitétanique et antipoliomyélitique pour les enfants mineurs, sous la responsabilité de leurs parents, sont conformes à la Constitution. • Cons. const. 20 mars 2015, n° 2015-458 QPC : *AJDA 2015. 611 ; D. 2015. 687 ; AJ fam. 2015. 222, obs. Daïmallah ; ibid. 192, obs. Dionisi-Peyrusse.* ♦ Les dispositions qui rendent obligatoires certaines vaccinations ou permettent à l'autorité administrative d'instituer par voie réglementaire de telles obligations ont pour effet de porter une atteinte limitée aux principes d'inviolabilité et d'intégrité du corps humain mais elles sont mises en œuvre dans le but d'assurer la protection de la santé, principe constitutionnellement garanti (Préambule de la Constitution de 1946) et sont proportionnées à leur objectif ; elles ne méconnaissent donc pas le principe constitutionnel de dignité humaine. • CE 26 nov. 2001 : *RFDA 2002. 164*. ♦ Un traitement médical non volontaire, tel qu'une vaccination obligatoire, constitue une ingérence dans le droit au respect de la vie privée dont la sphère recouvre, au sens de l'art. 8 Conv. EDH, l'intégrité physique et morale d'une personne. • CEDH, sect. I, 9 juill. 2002, *Salvetti c/ Italie*, n° 42197/98 (litige portant sur le taux d'indemnisation du préjudice découlant de la vaccination, dans des conditions particulières mettant en cause l'application de la Convention dans le temps). ♦ Cause réelle et sérieuse du licenciement d'un salarié qui a refusé une vaccination contre l'hépatite B obligatoire en vertu de la réglementation applicable à l'entreprise, la vaccination étant prescrite par le médecin du travail et le salarié ne présentant pas de contre-indication médicale de nature à justifier le refus. • Soc. 11 juill. 2012, n° 10-27.888 P. ♦ Absence de violation de l'art. 8 Conv. EDH en cas d'absence d'indemnisation pour une paralysie causée par une vaccination recommandée, mais non obligatoire. • CEDH, sect. II, 12 mars 2013, *Baytüre c/ Turquie*, n° 3270/09 (en l'absence d'erreur médicale, l'instauration d'un régime d'indemnisation dans ce cas est fondamentalement une mesure de sécurité sociale qui échappe au domaine de la convention).

2. Examens radiologiques (détermination de l'âge). Des examens radiologiques osseux contestés visant uniquement à déterminer l'âge d'une personne et ne pouvant être réalisés sans son accord, qui n'impliquent aucune intervention corporelle interne et ne comportent aucun procédé douloureux, intrusif ou attentatoire à la dignité des personnes, ne portent pas atteinte au principe du respect de l'inviolabilité du corps humain. • Cons. const. 21 mars 2019, n° 2018-768 QPC : *AJDA 2019. 1448, note Escach-Dubourg ; D. 2019. 742, note Parinet ; ibid. 709, note Fulchiron ; RDSS 2019. 453, note Caire ; Rev. crit. DIP 2019. 972, note Jault-Seseke ; AJ fam. 2019. 222, obs. Bouix ; Dr. fam. 2019, n° 107, note Fulchiron ; ibid., n° 135, note Bonfils* (décision estimant par ailleurs que le Conseil n'a pas à substituer son appréciation à celle du législateur quant à l'impact sur la santé d'un examen radiologique et qu'il serait nécessaire de suivre l'avis médical qui déconseillerait l'examen à raison des risques particuliers qu'il pourrait présenter pour la personne concernée).

3. Test PCR. Rappr. sous l'angle de l'interprétation stricte de la loi pénale : le refus par un étranger de se soumettre à un test de dépistage de la covid-19 nécessaire à l'exécution d'une mesure d'éloignement ne constituait pas une infraction à l'époque des faits. • Crim. 10 nov. 2021, n° 21-81.925 B : *D. 2021. 2022. 244, obs. Parrot ; Rev. crit. DIP 2022. 273, obs. Fleury Graff* (arrêt cassé ayant énoncé que le test PCR est un acte médical qui requiert le consentement de la personne).

4. Réparation des préjudices corporels. Le principe de réparation intégrale étant étranger au respect de l'intégrité de la personne humaine garanti par les art. 2 et 14 Conv. EDH, la limitation de responsabilité prévue par la convention de Varsovie doit être appliquée, étant observé qu'une différence de régime juridique applicable aux victimes en fonction du mode de transport est légitime. • Civ. 1re, 12 mai 2004, n° 01-14.259 P : *JCP 2005. II. 10030, note Légier.* ♦ Les principes développés par la Cour sur le fondement du droit à la vie visant à obliger les États à mettre en place, d'une part un système judiciaire efficace et indépendant permettant d'établir la cause du décès d'un individu se trouvant sous la responsabilité de professionnels de santé, d'autre part un cadre réglementaire imposant aux hôpitaux publics ou privés l'adoption de mesures propres à assurer la protection de la vie de leurs malades, valent sans doute également, dans le même contexte, pour les atteintes graves à l'intégrité physique entrant dans le champ d'application de l'art. 8 Conv. EDH. • CEDH, sect. I, 5 oct. 2006, *T. c/ France*, n° 75725/01.

5. Protection des données personnelles. Violation de l'art. 8 Conv. EDH, compte tenu du rôle fondamental de la protection des données personnelles, en cas de reproduction par le juge, dans les motifs de la décision, d'extraits d'une pièce médicale confidentielle. • CEDH, sect. II, 10 oct. 2006, *L. L. c/ France*, n° 7508/02 : *D. 2006. IR 2692 ; RTD civ. 2007. 95, obs. Hauser*. ♦ Conformité aux textes européens des art. 226-19 C. pén. et 8 L. 6 janv. 1978, qui font exception à l'exigence d'un consentement de la personne à l'enregistrement et à la conservation de données personnelles relatives à la santé ou à l'orientation sexuelle, dès lors que ces textes constituent une mesure légitime, nécessaire à la protection de la santé, définie par la loi avec suffisamment de précision pour éviter l'arbitraire, et de nature à assurer, en l'état, entre le respect de la vie privée et la sauvegarde de la santé publique, une conciliation qui n'est pas déséquilibrée. • Crim. 8 juill. 2015, n° 13-86.267 P (transfusion sanguine et orientation sexuelle). ♦ Obligation pour le droit interne de garantir la confidentialité des informations concernant des patients. • CEDH, sect. II, 25 nov. 2008, *A. et B. c/ Lituanie*, n° 36919/02 et n° 23373/03 (confirmation de la révélation illégale d'une séropositivité... par le personnel médical de l'établissement) • CEDH, sect. IV, 17 juill. 2008, *I. c/ Finlande*, n° 20511/03 (protection insuffisante des données d'un hôpital) • CEDH, sect. I, 6 juin 2013, *A. c/ Russie*, n° 1585/09 (communication aux autorités, par les médecins, des refus de transfusion de témoins de Jéhovah). ♦ Conformité à la Conv. EDH, art. 7 et 8, du fichier automatisé des auteurs d'infractions sexuelles. • CEDH, sect. V, 17 déc. 2009, *X. c/ France*, n° 16428/05. ♦ V. aussi notes ss. art. 16-3 et 104.

6. Nature de prélèvements. Les prélèvements effectués sur le corps humain à des fins de recherches médico-légales, pour les nécessités d'une enquête ou d'une information, qui ne peuvent faire l'objet d'un droit patrimonial aux termes de l'art. 16-1 C. civ., ne constituent pas des objets susceptibles de restitution au sens de l'art. 41-4 C. pr. pén. • Crim. 3 févr. 2010, n° 09-83.468 P : *D. 2010. 1653, note Leprieur* ; *AJ pénal 2010. 250, obs. Royer* ; *RTD civ. 2010. 354, obs. Revet* .

7. Gamètes. Les gamètes humains ne constituent pas des biens au sens de l'art. 1er du Prot. add. n° 1 à la Conv. EDH. eu égard à la portée économique et patrimoniale attachée à ce texte ; seule la personne peut en disposer et la liberté de procréer n'entre pas dans le champ de la liberté individuelle au sens de l'art. 66 Const. • Civ. 1re, 15 juin 2022, n° 21-17.654 B : *D. 2022. 1157* ; *AJ fam. 2022. 352, obs. Dionisi-Peyrusse* ; *RTD civ. 2022. 598, obs. Leroyer* (rejet d'une voie de fait dans le refus du juge administratif de transférer à l'étranger le dépôt de sperme du défunt).

8. Non-brevetabilité de l'embryon – Notion d'embryon. Constituent un « embryon humain » au sens de l'art. 6, § 2, sous *c)*, de la directive relative à la protection juridique des inventions biotechnologiques, tout ovule humain dès le stade de la fécondation, tout ovule humain non fécondé dans lequel le noyau d'une cellule humaine mature a été implanté et tout ovule humain non fécondé qui, par voie de parthénogenèse, a été induit à se diviser et à se développer ; il appartient au juge national de déterminer, à la lumière des développements de la science, si une cellule souche obtenue à partir d'un embryon humain au stade de blastocyste constitue un « embryon humain » au sens de ce texte. • CJUE 18 oct. 2011, n° C-34/10 : *D. 2012. 410, note Galloux* ; *ibid. 520, obs. Raynard* ; *AJ fam. 2011. 518, obs. Mirkovic* ; *RTD civ. 2012. 85, obs. Hauser* ; *JCP 2012, n° 146, note Martial-Braz et Binet* ; *RDC 2012. 593, obs. Noiville et Brunet.* ♦ Pour pouvoir être qualifié d'« embryon humain », un ovule humain non fécondé doit nécessairement disposer de la capacité intrinsèque de se développer en un être humain ; le seul fait qu'un ovule humain activé par voie de parthénogenèse commence un processus de développement n'est pas suffisant pour le considérer comme un « embryon humain ». • CJUE 18 déc. 2014, n° 364/13 : *AJ fam. 2015. 11, obs. Dionisi-Peyrusse* ; *JCP 2015, n° 135, note Byk.*

9. ... Interdiction à des fins industrielles ou commerciales. L'exclusion de la brevetabilité, portant sur l'utilisation d'embryons humains à des fins industrielles ou commerciales, porte également sur l'utilisation à des fins de recherche scientifique, seule l'utilisation à des fins thérapeutiques ou de diagnostic applicable à l'embryon humain et utile à celui-ci pouvant faire l'objet d'un brevet. • CJUE 18 oct. 2011, n° C-34/10 : *préc. note 8.*

10. ... Portée. La brevetabilité de l'invention est exclue lorsque l'enseignement technique qui fait l'objet de la demande de brevet requiert la destruction préalable d'embryons humains ou leur utilisation comme matériau de départ, quel que soit le stade auquel celles-ci interviennent et même si la description de l'enseignement technique revendiqué ne mentionne pas l'utilisation d'embryons humains. • CJUE 18 oct. 2011, n° C-34/10 : *préc.*

11. Diagnostic préimplantatoire. Violation de l'art. 8 Conv. EDH, compte tenu de l'incohérence du système législatif italien, qui interdit d'exclure du transfert d'embryons ceux porteurs de la mucoviscidose tout en autorisant l'interruption de grossesse dans ce cas. • CEDH, sect. II, 28 août 2012, *C. et P. c/ Italie*, n° 54270/10.

Art. 16-1-1 *(L. n° 2008-1350 du 19 déc. 2008, art. 11)* **Le respect dû au corps humain ne cesse pas avec la mort.**

Les restes des personnes décédées, y compris les cendres de celles dont le corps a *donné lieu à crémation*, doivent être traités avec respect, dignité et décence.

Sur la destination des cendres après crémation, V. CGCT, art. L. 2223-18-1 s. — **CGCT.**

BIBL. ▶ Bernard-Xémard, *Dr. fam. 2012. Étude n° 14* (prélèvements d'organes *post-mortem* et incapacité juridique). – Brusorio-Aillaud, *RJPF 2009-2/40* (conservation et partage des cendres). – M. Cornu, *D. 2009. Chron. 1907* (le corps humain au musée). – Corpart, *Dr. fam. 2009. Chron. 15.* – Dutrieux, *JCP N 2010, n° 1326* (destination des cendres). – Groffe, *D. 2015. 1609* (la mort numérique). – Labbée, *JCP 2011, n° 197* ; *ibid. 2012, n° 1322* (reliques sacrées hors du commerce). – Vialla, *D. 2016. 1869* (décrets du 3 août 2016).

1. Respect d'ordre public dû au cadavre. Le principe d'ordre public, selon lequel le respect dû au corps humain ne cesse pas avec la mort, préexistait à la L. n° 2008-1350 du 19 déc. 2008 d'où est issu l'art. 16-1-1. • Civ. 1re, 29 oct. 2014, n° 13-19.729 P : *D. 2015. 242, note Solveig-Epstein* ; *ibid. 246, note Mainguy* ; *ibid. pan. 535, obs. Amrani-Mekki et Mekki* ;

ibid. Pan. 755, obs. Galloux et Gaumont-Prat ; *RTD civ. 2015. 102, note Hauser* ; *Gaz. Pal. 2014. 3685, obs. Prieur ; JCP 2014 n° 1170, obs. Loiseau ; ibid. n° 306, obs.Loiseau ; RGDA 2015. 16, note Kullmann.* ♦ V. aussi, avant ce texte : les principes déontologiques fondamentaux relatifs au respect de la personne humaine, qui s'imposent au médecin dans ses rapports avec son patient, ne cessent pas de s'appliquer avec la mort de celui-ci. • CE 2 juill. 1993 : *cité note 25 ss. art. 16.*

Comp. : la qualité d'être humain s'éteint à la mort et l'interdiction des mauvais traitements ne s'applique plus aux cadavres. • CEDH, sect. II, 27 févr. 2007, *Akpinar et Altun c/ Turquie*, n° 56760/00 (mutilation *post-mortem* des oreilles : absence de violation de l'art. 3 Conv. EDH). ♦ Rappr. *infra* pour le droit à l'image.

2. Conséquences en matière médicale : expérimentation. Un médecin ne peut pratiquer une expérimentation sur une personne après sa mort, hors le cas des prélèvements d'organes, qu'à la triple condition d'avoir constaté la mort dans des conditions analogues à celles définies par les art. 20 à 22 du Décr. du 31 mars 1978, de le faire pour une nécessité scientifique reconnue et d'avoir obtenu le consentement de la personne exprimé de son vivant ou, à défaut, l'accord de ses proches, s'il en existe. • CE 2 juill. 1993 : *préc.*

3. ... Prélèvement d'organes. Atteinte à l'art. 8 Conv. EDH, pour manque de précision d'une législation nationale qui, tout en accordant aux proches le droit de donner leur consentement à un prélèvement, n'imposait pas assez clairement à un hôpital public de rechercher ceux-ci lorsque le défunt était majeur, ce qui a rendu possible un prélèvement d'organes sans le consentement de la famille. • CEDH 26 juin 2014, *Petrova c/ Lettonie*, n° 4605/05 : *RTD civ. 2014. 840, obs. J.-P. Marguénaud* (prélèvement d'organes sur un adulte, sans que sa mère ait pu donner son consentement, alors que le défunt était mort après trois jours d'hospitalisation, ce qui permettait aux autorités de tenter de la contacter).

4. ... Autopsie. L'autopsie réalisée dans le respect des règles de l'art. L. 671-9 [devenu art. L. 1232-3] CSP ne saurait être regardée comme une atteinte à l'intégrité du cadavre. • TA Nantes, 6 janv. 2000 : *D. 2000. IR 101 ; JCP 2000. II. 10396, note S. Prieur* (jugement distinguant les prélèvements à des fins thérapeutiques – prélèvement d'organes –, où le consentement est présumé, et les prélèvements à des fins scientifiques, qui exigent un consentement exprès, ou à des fins d'autopsie sur une personne décédée où le consentement et l'information de la famille ne sont pas exigés).

5. ... Corps sous main de justice. Un corps déposé en chambre mortuaire, s'il est sous main de justice, ne constitue pas pour autant un objet placé sous scellé. • Crim. 7 juin 2017, n° 16-84.120 P (application de l'art. 92 C. pr. pén., à l'exclusion de l'art. R. 147 applicable aux scellés).

6. Inhumation et sépulture : remise des dépouilles. Violation de l'art. 8 Conv. EDH en cas de refus systématique de restitution aux familles des corps de terroristes et de révélation du lieu de leur sépulture, alors qu'une appréciation individuelle des situations aurait dû être opérée. • CEDH, sect. I, 6 juin 2013, *Sabanchiyeva c/ Russie*, n° 38450/05. ♦ Constitue une violation de l'art. 8 Conv. EDH (respect de la vie familiale) le retard excessif (plus de sept mois) à restituer à sa famille le corps d'un enfant autopsié, quelle qu'en soit la cause. • CEDH 30 oct. 2001, *Pannullo c/ France : BICC 15 janv. 2002, n° 2 ; Dr. fam. 2002, n° 16, obs. de Lamy ; Europe 2002, n° 78, obs. Deffains ; RTD civ. 2002. 393, obs. Marguénaud* . ♦ Sur l'obligation réglementaire des hôpitaux de veiller à la conservation de la dépouille mortelle d'un malade décédé à la suite d'une hospitalisation : • Paris, 1re ch. B, 8 févr. 1990 : *D. 1990. IR 60.* ♦ Sur les conditions d'inhumation d'un enfant mort-né, V. note ss. art. 79-1.

7. ... Choix de la sépulture. Choix de la sépulture et problèmes posés par le « partage » des cendres ou la cryogénisation des corps : V. ss. art. 895. ♦ Compétence du tribunal d'instance pour décider de la destination des cendres : • TI Créteil, 25 juin 2013 : *JCP 2013, n° 1037, obs. Labbée.* ♦ Transfert de sépulture pour motif légitime : • Pau, 1er mars 2010 : *JCP 2010, n° 719, obs. Arnault* • Bordeaux, 28 févr. 2012 : *JCP N 2013, n° 1407, note Dutrieux.* ♦ Refus : • Aix-en-Provence, 18 déc. 2008 : *RLDC 71/2010, n° 3818, note Dutrieux.*

8. ... Respect dû aux sépultures. Tout élément du corps humain en état de désagrégation, qui provient d'une sépulture, fût-elle abandonnée, est digne de protection. • TGI Lille, ord., 5 déc. 1996 : *D. 1997. 376, note Labbée* . ♦ *Adde* • TGI Lille, 26 nov. 1998 : *D. 1999. 423, note Labbée* (voie de fait caractérisée). ♦ V. aussi ss. art. 16-2. ♦ Sur la possibilité de vendre un terrain contenant une sépulture, sous réserve de permettre l'accès de la famille, V. • Civ. 2e, 17 oct. 2013 : *cité note 94 ss. art. 544.* ♦ Prélèvement *post-mortem* pour étude des empreintes génétiques : V. notes ss. art. 16-11. ♦ Impossibilité d'exiger l'inscription d'un patronyme avant le décès de l'un des titulaires de ce patronyme sans constater que le nombre de places disponibles dans le caveau permettrait d'y inhumer les époux portant ce patronyme. • Civ. 1re, 12 janv. 2011, n° 09-17.373 P : *D. actu. 27 janv. 2011, obs. Fleuriot ; JCP 2011, n° 75, obs. Dutrieux ; AJ fam. 2011. 274, obs. Vernières* ; *RLDC 2011/80, n° 4186, obs. Gallois.*

9. ... Exhumation à la demande des proches. Si la juridiction judiciaire a compétence pour se prononcer sur la qualité de plus proche parent à l'appui d'une demande d'exhumation, en application des art. L. 2213-10 et R. 2213-40 CGCT, la décision de refus d'autoriser cette exhumation, prise par le maire dans l'exercice de ses pouvoirs de police des funérailles et des lieux de sépulture, ne peut être contestée que devant la juridiction administrative. • Civ. 1re, 11 déc. 2019, n° 18-21.513 P : *D. 2019. 2418* ; *AJ fam. 2020. 137, obs. Tsiaklagkanou*.

10. ... Troubles de voisinage. Pour un trouble de voisinage résultant de la décomposition d'un cadavre, V. • Paris, 28 janv. 2009 : *cité note 18 ss. art. 651.*

11. Droit à l'image. Sur le problème de la persistance du droit au respect de la vie privée et du droit à l'image après la mort, V. notes 5 et 6 ss. art. 9. ♦ Ringel et Putman, *D. 1991. Chron. 241.* ♦ Droit à l'image et dignité : V. note 62 ss. art. 16.

12. Exposition de cadavres. Aux termes de l'art. 16-1-1, al. 2, les restes des personnes décédées doivent être traités avec respect, dignité et décence ; une exposition de cadavres à des fins commerciales méconnaît cette exigence. • Civ. 1re, 16 sept. 2010, n° 09-67.456 P : *R., p. 300 ; D. actu. 27 sept. 2010, obs. Le Douaron ; D. 2010. 2750, note G. Loiseau* ; *ibid. 2754, note Edelman* ; *ibid. 2011. Pan. 780, obs. Dreyer* ; *JCP 2010, n° 1239, note Marrion ; CCE 2010, n° 112, note Lepage ; RLDC 2011/80, n° 4188, obs. Parance ; RJPF 2010-11/12, obs. Putman ; RTD civ. 2010. 760, obs. Hauser*. ♦ Dans la même affaire : l'art. 16-1-1 accorde une protection d'ordre public aux dépouilles mortelles, qui leur confère un caractère inviolable et un droit au respect absolu, lequel n'exclut cependant pas l'utilisation des cadavres à des fins scientifiques ou pédagogiques. • Paris, réf., 30 avr. 2009 : *D. 2009. AJ 1278, obs. Le Douaron* ; *ibid. 2019, note Edelman* ; *ibid. 2010. Pan. 604, obs. Galloux* ; *JCP 2009. 12, note Loiseau ; Gaz. Pal. 2009. 1728, obs. Pierroux ; RTD civ. 2009. 501, obs. Hauser* (interdiction en référé d'une exposition de corps humains, permettant d'examiner leur fonctionnement anatomique dans différentes positions, en raison de l'absence de preuve du consentement des défunts et de l'absence d'origine illicite des cadavres), sur appel de • TGI Paris, réf., 21 avr. 2009 : *D. 2009. AJ 1278, obs. Le Douaron* ; *Dr. fam. mai 2009, p. 3, obs. Lamarche ; RTD civ. 2009. 501, obs. Hauser* (interdiction plutôt fondée sur le contenu même de l'exposition, le jugement excluant la finalité pédagogique).

13. Le contrat d'assurance qui garantit la tenue d'une exposition de cadavres humains jugée illicite est nul pour illicéité de la cause. • Paris, 5 févr. 2013 : *JCP 2013, n° 195, obs. Byk ; ibid., n° 411, note Loiseau* , pourvoi rejeté par • Civ. 1re, 29 oct. 2014, n° 13-19.729 P : *préc. note 1.*

14. Vestiges humains des collections muséales. L'art. 16-1, qui exclut la patrimonialité du corps humain, ne fait pas obstacle à l'application à un vestige humain figurant dans une collection d'un musée national (tête maorie) de l'art. L. 451-5 C. patr. qui déclare que les biens constituant les collections des musées de France font partie du domaine public et sont inaliénables, sauf procédure de déclassement. • TA Rouen, 27 déc. 2007 : *JCP 2008. II. 10041, note Saujot,* conf. par • CAA Douai, 24 juill. 2008 : *D. 2010. Pan. 604, obs. Galloux* ; *AJDA 2008. AJ 1896, concl. Lepers* ; *JCP 2008. II. 10181, note Saujot.* ♦ V. L. n° 2010-501 du 18 mai 2010 visant à autoriser la restitution par la France des têtes maories à la Nouvelle-Zélande et relative à la gestion des collections (JO 19 mai), *RTD civ. 2010. 626, obs. Bacache ; AJDA 2010. 1419, note Pontier.*

Art. 16-2 Le juge peut prescrire toutes mesures propres à empêcher ou faire cesser une atteinte illicite au corps humain ou des agissements illicites portant sur des éléments ou des produits de celui-ci *(L. n° 2008-1350 du 19 déc. 2008, art. 12)* **« , y compris après la mort ».**

BIBL. ► **Enfant mort-né :** Balestriero, *JCP 1999. I. 81.* – Aspect éthique des banques de tissus humains : Gaumont-Prat, *D. 1999. Somm. 344*. – Régime juridique des restes humains : Varnerot, *LPA 2 déc. 2004.*

1. La dépouille mortelle d'un individu fait l'objet d'un droit de copropriété familial, inviolable et sacré, rendant recevable une demande de constat sur le fondement de l'art. 16-2 C. civ. • TGI Lille, ord., 5 déc. 1996 : *D. 1997. 376, note Labbée*. ♦ Application de l'art. 16-2 à la protection d'une tombe (mise sous scellés de la fiche signalétique de la sépulture) : V. • TGI Lille, 21 déc. 1998 : *D. 1999. 533, note Labbée*. ♦ Le fait pour une municipalité de vider une sépulture de sa dépouille pour placer celle-ci dans un ossuaire constitue un manquement suffisamment grave dans ses conséquences vis-à-vis de la famille pour être qualifié de voie de fait. • TGI Lille, 10 nov. 2004 : *D. 2005. 930, note Labbée*.

2. Le refus, opposé à une veuve, du transfert de la sépulture de son mari, commandé par le seul intérêt de la requérante, ne constitue pas une violation du droit au respect de la vie privée et familiale de celle-ci. • CEDH, sect. II, 17 janv. 2006, *Elli Poluhas Dödsbo c/ Suède : JCP 2006. II. 10102, note Labbée.*

3. V., affirmant qu'une urne funéraire est un objet de copropriété familiale : • TGI Lille, 23 sept. 1997 : *LPA 27 janv. 1999, note Mory et Labbée.* ♦ Autorisation accordée à une personne de disposer de l'urne cinéraire de sa fille à son domicile : V. • TGI Lille, 25 janv. 2001 : *D. 2001. 2545, note Labbée*.

4. V. aussi notes 9 s. ss. art. 16-11.

5. Le contrat conclu en vue de la pose d'une prothèse dentaire oblige le chirurgien-dentiste à mener l'opération à son terme, lequel ne dispose d'aucun droit de rétention sur l'appareil qu'il s'est engagé à poser. • Civ. 1re, 9 oct. 1985, n° 84-10.245 P : *Gaz. Pal. 1986. 1. 150, note Bertin.*

Art. 16-3 *(L. n° 2004-800 du 6 août 2004, art. 9)* **« Il ne peut être porté atteinte à l'intégrité du corps humain qu'en cas de nécessité médicale pour la personne ou à titre exceptionnel dans l'intérêt thérapeutique d'autrui. »**

Le consentement de l'intéressé doit être recueilli préalablement hors le cas où son état rend nécessaire une intervention thérapeutique à laquelle il n'est pas à même de consentir.

Sur l'information des usagers du système de santé et l'expression de leur volonté, V. CSP, art. L. 1111-1 à L. 1111-9, et spécialement art. L. 1111-2, L. 1111-4 et L. 1111-5, ss. art. 16-9. — **CSP**.

Sur les soins palliatifs, V. CSP, art. L. 1110-9 s., ss. art. 16-9. — Sur la stérilisation à visée contraceptive, V. CSP, art. L. 2123-1 et L. 2123-2, issus de L. n° 2001-588 du 4 juill. 2001 (JO 7 juill.). — Sur la recherche biomédicale effectuée sur une personne, V. CSP, art. L. 1122-1-1 (personne vivante) et L. 1121-14 (personne décédée). — **CSP**.

BIBL. ▸ BERNARD-DOUCHEZ, *Études J.-A. Mazières, Lexis-Nexis 2009* (statut du malade et droits de l'homme). – DAVER, *RDSS 2000. 193* (soins palliatifs). – DUNET-LARROUSSE, *D. 1999, n° 26, Dernière Actualité* (soins palliatifs). – MÉMETEAU, *LPA 14 déc. 1994*. – PICARD, *JCP N 1998. 1783* (testament de vie : dernières volontés médicales). ▸ **Nécessité médicale :** HENNION-JACQUET, *RDSS 2007. 1038*. ▸ **Droits des malades :** J.-M. AUBY, *Études J. Savatier, PUF, 1992, p. 45*. – LAMBERT-FAIVRE, *D. 2002. Chron. 1291* (loi 4 mars 2002). – MISTRETTA, *JCP 2002. I. 141* (*idem*). – PUTMAN, *RJPF 2002-5/13*. ▸ **Portée de la modification apportée par la loi du 27 juill. 1999 :** THOUVENIN, *D. 2000. Chron. 485*.

▸ **Corps humain :** GALLOUX, *1804-2004 Le code civil, Dalloz, 2004, p. 381* (le corps humain dans le code civil). – HERMITTE, *Archives Phil. dr., t. 33, 1988, p. 323* (corps hors du commerce et hors du marché). – LEMENNICIER, *Droits, 1991/13. 111* (corps propriété de l'État ou de soi ?). – MARAIS, *Mél. Gobert, Economica, 2004, p. 285* (l'apparence de la personne). – R. MARTIN, *D. 2000. Chron. 505* (personne, corps, volonté). – PICQ, *LPA 7 oct. 1996* (la prothèse et le droit). ▸ DOUAY, *D. 2007. Chron. 2623* (l'identité personnelle dans la civilisation de réseaux).

▸ **Consentement du patient :** BELAUD-GUILLET, *LPA 16 sept. 1998* (réanimation des prématurés). – DORSNER-DOLIVET, *RFDA 2003. 528*. – EDEL, *LPA 14 déc. 2007* (refus de soins). – GARAY, *Gaz. Pal. 1995. 2. Doctr. 928* (conséquences d'un refus parental de transfusion) ; *LPA 18 juin 1997* (consentement à l'acte médical et Convention EDH). – GAUMONT-PRAT, obs. *D. 1999. Somm. 346* (consentement libre et éclairé). – GRIDEL, *Gaz. Pal. 2002. Doctr. 997* (refus de soins). – GUIGNARD, *RRJ 2000/1. 45* (ambiguïtés du consentement). – HAUSER, *LPA 19 mars 2002* (majeurs protégés). – HENNETTE-VAUCHEZ, *D. 2004. Chron. 3154* (refus de soins et dignité de la personne). – MALAURIE, *Defrénois 2002. 1131* (euthanasie et droits de l'homme). – NERSON, *Mél. Marty, Univ. Toulouse, 1978, p. 853* (respect de la volonté du malade). – PORCHY, *D. 1998. Chron. 379* (volonté du patient). – D. ROMAN, *RDSS 2005. 423* (respect de la volonté du malade). – THOUVENIN, *D. 2001, n° 20 du 24 mai, hors série Justices, p. 113* (atteinte légitime). – YACOUB, *Gaz. Pal. 2003. Doctr. 772* (art. L. 1111-4 CSP et référé-liberté). – *Gaz. Pal. 1999. 1. Doctr. 1* (consentement aux actes médicaux : colloque).

▸ **Stérilisation :** J.-M. AUBY, *Mél. Robert, LGDJ, 1998, p. 18* (droit à la stérilisation ?). – BELLIVIER, *chron. RTD civ. 2001. 972* (loi du 4 juill. 2001). – BOUMAZA, *RDSS 2002. 233* (loi du 4 juill. 2001). – FOSSIER et VERHEYDE, *JCP 2001, n° 30, Actualité* (loi du 4 juill. 2001). – FRESNEL, *D. 2001. Interview. 2045*. – MÉMETEAU, *JCP 1995. I. 3838* (stérilisation non thérapeutique).

▸ **Circoncision :** LIBCHABER, *D. 2012. Chron. 2044*.

▸ **Obligation d'information en matière médicale :** V. ss. art. L. 1111-2 CSP, reproduit ss. l'art. 16-9.

1. Caractère d'ordre public. V. art. 16-9.

2. Droit à la santé et au repos. Le droit à la santé et au repos est au nombre des exigences constitutionnelles. • Soc. 29 juin 2011, n° 09-71.107 P : *D. 2011. 1830, et les obs.* • 31 janv. 2012, n° 10-19.807 P : *D. 2012. 445* • 26 sept. 2012, n° 11-14.540 P : *D. 2013. Chron. C. cass. 114, obs. Ducloz* • 24 avr. 2013, n° 11-28.398 P : *D. 2013. 1143* • 14 mai 2014, n° 12-35.033 P : *D. 2014. 1157* • 4 févr.

2015, n° 13-20.891 P • 7 juill. 2015, n° 13-26.444. ♦ Les États membres ne peuvent déroger aux dispositions relatives à la durée du temps de travail que dans le respect des principes généraux de la protection de la sécurité et de la santé du travailleur. • Soc. 31 janv. 2012, n° 10-19.807 P : *D. 2012. 445*. ♦ Si la protection de la santé publique constitue un principe à valeur constitutionnelle, le droit à la santé n'est pas une des libertés fondamentales auxquelles s'applique l'art. L. 521-2 CJA. Entrent en revanche dans les prévisions de ce texte le consentement libre et éclairé du patient et le droit de tout un chacun au respect de sa liberté personnelle, même si, pour les personnes détenues, leur situation est tributaire des sujétions inhérentes à leur détention. • CE 8 sept. 2005 : *D. 2006. 124, note Bioy* ; *AJDA 2006. 376, note Laudijois* (appréciation de la demande d'un détenu d'un changement de cellule pour ne pas être soumis au tabagisme de ses codétenus).

3. Principe : exigence d'un consentement. Le médecin ne peut, sans le consentement libre et éclairé de son malade, procéder à une intervention chirurgicale qui n'est pas imposée par une nécessité évidente ou un danger immédiat pour l'intéressé. • Civ. 1re, 11 oct. 1988 : *JCP 1989. II. 21358, note Dorsner-Dolivet ; D. 1989. Somm. 317, obs. Penneau.* ♦ Le contrat qui se forme entre le chirurgien et son client comporte, en principe, l'obligation pour le praticien de ne procéder à telle opération chirurgicale déterminée, par lui jugée utile, qu'après avoir au préalable obtenu l'assentiment du malade. • Civ. 29 mai 1951 : *D. 1952. 53, note R. Savatier* • Civ. 1re, 11 janv. 1966 : *D. 1966. 266.* – V. aussi : • Civ. 1re, 9 oct. 1985 : *Bull. civ. I, n° 253.* ♦ R. Savatier, *D. 1952. Chron. 157* (« permis d'opérer » et pratiques américaines).

1° NÉCESSITÉ MÉDICALE

4. Stérilisation à visée contraceptive. Compatibilité avec la Conv. EDH, eu égard aux règles et garanties imposées, des dispositions relatives à la stérilisation d'une personne handicapée (CSP, art. L. 2123-2) : V. • CE 26 sept. 2005 : *Lebon 391* ; *D. 2005. IR 2550* ; *AJDA 2005. 1874, obs. Brondel* ; *RDSS 2005. 1060, note Cristol*. ♦ Condamnation sur le fondement de l'interdiction des traitements dégradants : • CEDH 8 nov. 2011, n° 18968/07, *C. c/ Slovaquie : Dr. fam. 2012. Études n° 4, note Garcia.*

5. Circoncision. BIBL. Libchaber, *D. 2012. 2044*. ♦ Responsabilité du médecin qui a pratiqué une circoncision rituelle sur un enfant, en dehors de toute nécessité médicale, en se contentant du consentement d'un seul des parents. • Paris, 29 sept. 2000 : *D. 2001. 1585, note Duvert*.

6. Intervention chirurgicale. Responsabilité du médecin pour les préjudices d'une patiente, préjudices découlant de façon directe, certaine et exclusive d'une intervention chirurgicale mutilante, non justifiée et non adaptée. • Civ. 1re, 28 janv. 2010, n° 09-10.992 P : *D. 2010. 1522, note Sargos* ; *ibid. 2011. Pan. 2565, obs. Laude* ; *RJPF 2010-4/13, note Putman ; RCA 2010, n° 85, obs. Radé ; RLDC 2010/69, n° 3737, obs. Bugnicourt ; RDSS 2010. 375, note Arhab-Girardin* (cassation de l'arrêt ayant limité l'indemnisation à certains préjudices en retenant une perte de chance).

2° PRINCIPE DU CONSENTEMENT ET LIMITES

7. Refus de subir une opération. Il résulte de l'art. 16-3 C. civ. que nul ne peut être contraint, hors les cas prévus par la loi, de subir une intervention chirurgicale. • Civ. 2e, 19 mars 1997, n° 93-10.914 P : *R., p. 280 ; RTD civ. 1997. 632, obs. Hauser*, *et 675, obs. Jourdain* ; *LPA 8 mars 1999, note Lucas-Gallay.* ♦ V. aussi notes suivantes.

8. Refus de subir une transfusion. L'obligation pour le médecin de sauver la vie ne saurait prévaloir de façon générale sur celle de respecter la volonté du malade. • CE 26 oct. 2001 : *D. 2001. IR 3253* ; *JCP 2002. II. 10025, note Moreau ; ibid. I. 124, n° 14 s., obs. Viney ; Gaz. Pal. 2002. 1451, note Frion ; LPA 15 janv. 2002, note Clément ; ibid. 19 août 2002, note Guettier ; RCA 2002, n° 6, note Guettier ; RFDA 2002. 146, concl. Chauvaux, note de Béchillon* ; *Dr. fam. 2002, n° 53, note Frion ; AJDA 2002. 259, note Deguergue* ; *RTD civ. 2002. 484, obs. Hauser* ; *RDSS 2002. 41, note Dubouis* (annulation de • CAA Paris, 9 juin 1998 : *D. 1999. 277, note G. Pellissier* ; *RD publ. 1999. 235, note J.-M. Auby ; RDSS 1999. 36* *et 717, obs. Cayla ; LPA 23 avr. 1999, note Mémeteau* (ayant estimé non fautif le comportement du médecin qui, dans une situation d'urgence, lorsque le pronostic vital est en jeu et en l'absence d'alternative thérapeutique, pratique une transfusion sanguine sur un témoin de Jéhovah, en pleine connaissance de la volonté de ce dernier de refuser ce type de soins pour quelque motif que ce soit). ♦ Cependant, compte tenu de la situation extrême du patient, et en choisissant d'accomplir un acte indispensable à sa survie et proportionné à son état, les médecins n'ont pas, en l'espèce, commis de faute. • CE 26 oct. 2001 : *préc.* ♦ Les médecins ne portent pas à la liberté fondamentale du patient de donner son consentement à un traitement médical une atteinte grave et manifestement illégale lorsque, après avoir mis tout en œuvre pour convaincre le patient, ils accomplissent dans le but de le sauver un acte indispensable à sa survie et proportionné à son état. • CE, réf., 16 août 2002 : *D. 2004. Somm. 602, obs. Penneau* ; *JCP 2002. II. 10184, note Mistretta ; Dr. fam. 2003, n° 11, note Mouton ; RJPF 2002-12/12, note Putman ;*

RCA 2002. Chron. 21, par Porchy-Simon ; Dr. et patr. 12/2002. 84, obs. Loiseau ; LPA 26 mars 2003, note Clément ; RTD civ. 2002. 781, obs. Hauser . ♦ Comp. • TA Lille, réf., 25 août 2002 : *JCP 2003. II. 10098, note Lambert-Garrel, Flasaquier, Pitcho et Vialla ; Dr. fam. eod. loc. ; RTD civ. eod. loc* . ; *Gaz. Pal. 2003. 486, note Garay.* ♦ Absence de faute du médecin qui a tardé à pratiquer une intervention vitale en raison de l'opposition du patient à la transfusion sanguine exigée par cette intervention. • Aix-en-Provence, 21 déc. 2006 : *D. 2007. 1848, note Vialla* ; *JCP 2007. II. 10126, note Corpart ; RCA 2007, n° 128, note Radé.*

9. Refus de traitement. Si un malade est libre de refuser l'un des traitements mis sur le marché, il se prive, ce faisant, du bénéfice du programme d'essais thérapeutiques soumis contractuellement à des conditions strictes d'accès (limitation aux personnes réfractaires à tous les traitements connus). • TGI Paris, 4 oct. 1995 : *D. 1996. 28, note Gromb* ; *JCP 1996. II. 22615, note Laude.* ♦ Refus de traitement et droit à indemnisation : V. note 217 ss. art. 1241.

10. Choix du traitement. Si l'obligation qui s'impose au médecin de respecter la volonté du malade l'empêche de le soumettre à des examens ou traitements contre sa volonté éclairée et librement exprimée, il n'appartient en revanche qu'au médecin lui-même de déterminer les mesures qu'appelle l'état du malade, sans qu'il puisse accepter de se voir imposer une thérapeutique par le malade lui-même, quelle que soit sa qualité. • CAA Lyon, 15 mai 2007 : *AJDA 2007. 1470, note Kolbert* (patient lui-même médecin). ♦ Par suite, la responsabilité du service public hospitalier ne saurait être atténuée au motif qu'un acte médical dommageable a été sollicité par le malade lui-même. • Même arrêt. ♦ Le désir légitime des parents de tout mettre en œuvre pour favoriser la guérison de leur enfant ne leur permet pas de demander à l'État de s'immiscer dans les relations entre patients et praticiens et dans l'exercice indépendant de l'art médical en exigeant la réalisation d'une intervention chirurgicale dont l'appréciation de la pertinence ne relève pas, de surcroît, du débat judiciaire, mais de la seule compétence des professionnels de santé devant en conscience et dans l'intérêt de l'enfant décider du traitement le plus adapté à son état. • TGI Paris, 29 nov. 2005 : *BICC 15 févr. 2006, n° 333.*

11. Traitement et examen forcés. Atteinte à la vie privée et violation de l'art. 8 Conv. EDH en cas d'application par les médecins d'un traitement (morphine) à un enfant handicapé en dépit de l'opposition constante de sa mère, représentante légale. • CEDH, sect. II, 9 mars 2004, *Glass c/ Royaume-Uni*, n° 61827/00 (violation retenue, nonobstant l'urgence, les crises s'étant déjà produites par le passé, et en raison, notamment, de l'absence d'utilisation du temps disponible pour solliciter la justice afin de régler le différend). ♦ V. aussi, dans la même affaire, la décision sur la recevabilité : lorsqu'un État a pris des mesures adéquates pour assurer un haut niveau de professionnalisme parmi les praticiens de santé et pour protéger la vie des patients, une erreur d'avis médical ne suffit pas à engager sa responsabilité. • CEDH, sect. II, 18 mars 2003 : *ibid.* (rejet de l'approche sous l'angle de l'art. 2). ♦ Une intervention médicale obligatoire, même insignifiante, constitue une atteinte au droit au respect de la vie privée. Si l'examen médical de détenus peut constituer une importante garantie contre de fausses accusations de violences sexuelles, toute atteinte à l'intégrité doit être prévue par loi et requérir le consentement de l'intéressé. • CEDH, sect. IV, 22 juill. 2003, *Y. F. c/ Turquie*, n° 24209/94 (violation retenue pour un examen gynécologique, non prévu par la loi, que la femme arrêtée n'était pas en mesure de refuser). ♦ Violation de l'art. 3 Conv. EDH en raison de l'atteinte à l'intégrité physique et morale portée à une personne soupçonnée de trafic de drogue, vue en train d'avaler un sachet de cocaïne et contrainte d'ingérer un émétique. • CEDH, gr. ch., 11 juill. 2006, *Jalloh c/ Allemagne*, n° 54810/00 (traitement n'ayant au surplus pas fait la preuve de son innocuité et préférence donnée... à l'élimination par les voies naturelles). ♦ ... En raison d'examens non urgents réalisés sur un enfant sans attendre l'autorisation des parents. • CEDH, sect. IV, 23 mars 2010, *M.A.K. et R. K. c/ Royaume-Uni*, n°s 45901/05 et 40146/06. ♦ ... En cas d'administration forcée de médicaments à une personne internée, dès lors que son hospitalisation entraîne automatiquement ce droit pour les praticiens, sans aucune possibilité de recours. • CEDH, sect. IV, 3 juill. 2012, *X c/ Finlande*, n° 34806/04 (violation de l'art. 8). ♦ Lorsqu'un détenu entame une grève de la faim, les conséquences éventuelles sur sa santé ne sauraient entraîner une violation de l'art. 2 Conv. EDH à partir du moment où les autorités nationales ont dûment examiné et géré la situation. • CEDH, sect. II, 26 mars 2013, *Rappaz c/ Suisse*, n° 73175/10. ♦ ...Et sous l'angle de l'art. 3, compte tenu de l'absence en l'espèce d'exécution de la mesure d'alimentation forcée, aucun élément ne permet d'affirmer *a priori* qu'un tel traitement aurait pu dépasser le seuil minimal de gravité exigé par ce texte. • Même arrêt.

12. Prélèvement d'organes. Sur le régime des prélèvements d'organes, V. CSP et notamment l'art. L. 1211-2 pour l'exigence du consentement de la personne vivante et les art. L. 1232-1 et R. 1232-4-4, pour le prélèvement après décès n'exigeant pas le consentement des proches, sauf pour les mineurs. ♦ Comp. : violation de l'art. 8 Conv. EDH pour un prélèvement réalisé sur une personne majeure décédée, à l'insu et sans information de sa mère, alors que le droit letton accordait des droits aux proches, sans préciser suffisamment clairement les obligations des médecins quant à la recherche des proches. • CEDH, sect. IV, 24 juin 2014, *Petrova c/ Lettonie*, n° 4605/05.

13. Autopsie. Sur la distinction entre les prélèvements sur une personne décédée à des fins thérapeutiques (consentement présumé), à des fins scientifiques (consentement exprès) ou à des fins d'autopsie pour connaître les causes de la mort (absence de nécessité du consentement et de l'information de la famille) : • TA Nantes, 6 janv. 2000 : *D. 2000. IR 101 ; JCP 2000. II. 10396, note Prieur.*

14. Prélèvements post-mortem. Alors même que les prélèvements sont licites, un hôpital n'est pas dispensé du devoir d'information envers les parents de la personne décédée et cette carence constitue une faute de nature à engager sa responsabilité. • TA Amiens, 14 déc. 2000 : *D. 2001. 3310, note Égéa ; RDSS 2001. 690, concl. Mesmin .*

15. Pratiques sado-masochistes. Des juges du fond peuvent condamner des individus pour coups et blessures infligés entre adultes consentants dans le cadre de pratiques sado-masochistes, nonobstant les dispositions de l'art. 8 Conv. EDH sur le respect de la vie privée, l'État n'outrepassant pas sa marge d'appréciation en protégeant ses citoyens d'un risque réel de dommages corporels ou de blessures. • CEDH 19 févr. 1997 : *D. 1998. 97, note Larralde ; JCP 1998. I. 107, n° 32 s., obs. Sudre ; RTD civ. 1997. 1013, obs. Marguénaud .* ♦ Comp. • CEDH, sect. I, 17 févr. 2005, *K. A. et A. D. c/ Belgique : D. 2006. Pan. 1206, obs. Galloux ; JCP 2005. I. 159, n° 12, obs. Sudre ; RTD civ. 2005. 341, obs. Marguénaud* , estimant que le droit pénal ne peut, en principe, intervenir dans le domaine des pratiques sexuelles consenties qui relèvent du libre arbitre des individus, sous réserve que soit respectée la volonté de la « victime », dont le propre droit au libre choix quant aux modalités d'exercice de sa sexualité doit aussi être garanti. ♦ Sur cet arrêt, V. Fabre-Magnan, *D. 2005. Chron. 2973.*

16. Tests de dépistage. Validité de la disposition d'un règlement intérieur permettant de contrôler le taux d'alcoolémie d'un salarié, dès lors que les modalités du contrôle en permettent la contestation et que la nature du travail du salarié (chauffeur) expose les personnes ou les biens à un danger. • Soc. 22 mai 2002, n° 99-45.878 P : *R., p. 361 ; JCP 2002. II. 10132, note Corrignan-Carsin* • 24 févr. 2004, n° 01-47.000 P • 31 mars 2015, n° 13-25.436 P : *D. 2015. 809 ; Dr. soc. 2015. 469, obs. Mouly* (absence d'atteinte à une liberté fondamentale, eu égard à la nature du travail confié au salarié – agent routier – un état d'ébriété étant de nature à exposer les personnes ou les biens à un danger, les modalités du contrôle, peu important qu'il s'effectue, pour des raisons techniques, hors de l'entreprise, permettant de le contester). ♦ Comp. les décisions citées note 9 ss. art. L. 1321-3. – **C. trav.** ♦ Rappr. : l'obligation pour un salarié de remettre un échantillon d'urine pour déceler la consommation de drogue ou d'alcool est une ingérence de l'autorité publique dans la vie privée au sens de l'art. 8 Conv. EDH. Instituée sur une base légale suffisante, compte tenu du droit en cause (droit danois laissant une large place aux conventions collectives), une telle mesure, qui vise la sûreté publique et la protection des droits et libertés d'autrui, poursuit un objectif légitime. Elle est également nécessaire dans une société démocratique, au sens du texte précité, dès lors que tous les membres d'équipage d'un ferry doivent pouvoir s'acquitter de leurs fonctions de sauvetage pendant toute la durée de leur service. • CEDH 7 nov. 2002, *Madsen c/ Danemark : D. 2005. 36, note Mouly et Marguénaud ; JCP E 2004. 334, n° 6, obs. Raynaud* (application au surplus non disproportionnée, le requérant n'ayant subi qu'un test dans l'année précédant sa démission).

Absence de violation de l'art. 8 Conv. EDH pour l'obligation de salariés d'une usine nucléaire de se soumettre à des tests de dépistage de drogues, cette mesure étant justifiée par la sécurité publique et la protection des droits et libertés d'autrui, notamment les autres salariés. • CEDH, sect. IV, 9 mars 2004, *Wretlund c/ Suède*, n° 46210/99 : *D. 2005. 36, note Mouly et Marguénaud ; JCP E 2004. 1859, n° 4, obs. J. Raynaud* (mesure non prévue par la loi mais prise en vertu d'un pouvoir de l'employeur de définir et organiser le travail constituant un principe général du droit suédois).

17. Fichiers d'empreintes ADN. Absence de violation de l'art. 8 Conv. EDH dans la constitution d'un fichier d'empreintes ADN pour des délinquants, même si l'ADN n'a joué aucun rôle dans l'enquête et le procès donnant lieu au prélèvement. • CEDH, sect. III, 7 déc. 2006, *V. c/ Pays-Bas*, n° 29514/05 (si la mesure est une ingérence dans la vie privée, elle est nécessaire et non déraisonnable, compte tenu des apports dans l'identification des auteurs d'infraction, y compris pour écarter rapidement une personne fichée de la liste des suspects). ♦ Violation de l'art. 8 Conv. EDH dans les conditions de fonctionnement du fichier national automatisé des empreintes génétiques en ce que, contrairement à la réserve du Conseil constitutionnel en 2010, la durée de conservation des données n'a pas été adaptée à la nature ou à la gravité des infractions concernées et du fait que la procédure d'effacement n'est prévue que pour les personnes soupçonnées et non pour celles qui ont été condamnées. • CEDH, sect. V, 22 juin 2017, *A. c/ France*, n° 8806/12.

Conformité à l'art. 8 Conv. EDH de la possibilité de sanctionner pénalement une personne suspectée d'avoir commis l'une des infractions mentionnées à l'art. 706-55 C. pr. pén., en cas de refus de celle-ci de se soumettre à un prélèvement, dès lors que les textes permettent un effacement des données recueillies, dont la durée de conservation est proportionnée à la nature des infractions et aux objectifs des restrictions apportées au droit au respect de la vie privée. • Crim. 15 janv. 2019, n° 17-87.185 P : *D. 2019. 725, obs. Galloux et Gaumont-Prat ; AJ pénal 2019. 163, obs. Reviron*. ♦ V. aussi, admettant que la condamnation pour refus de se soumettre au prélèvement est indépendante de la relaxe sur l'infraction ayant motivé la garde à vue, la possibilité dans ce cas de réclamer l'effacement de l'empreinte suffisant à respecter les exigences de la Conv. EDH. • Crim. 28 oct. 2020, n° 19-85.812 P (arrêt adoptant une solution similaire pour les empreintes digitales).

18. Biométrie. BIBL. Galloux et Gaumont-Prat, *obs. D. 2007. Pan. 1105*. ♦ Interdiction faite à un employeur de mettre en place un système de contrôle des temps de présence des salariés par empreinte digitale, donnée biométrique mettant en cause le corps humain. • TGI Paris, 19 avr. 2005 : *D. 2005. Pan. 2650, obs. Marino ; CCE 2005, n° 164, note A. Lepage*. – Touchent, *JCP E 2005. 1337*. – Barbry et Rouillé-Mirza, *Gaz. Pal. 2005. Doctr. 2431*. – Barbry et Grasset, *Gaz. Pal. 2005. Doctr. 3260*. ♦ V. cep. pour un rappel de la nécessité d'exercer un contrôle de proportionnalité entre les faits reprochés aux prévenus et l'atteinte au respect de leur vie privée résultant de l'enregistrement de leur empreinte génétique au FNAEG. • Crim. 22 sept. 2021, n° 20-80.489 B.

3° CONSENTEMENT ÉCLAIRÉ

19. Fondement de l'obligation d'information. V. note 23 ss. art. 16.

20. Contenu et régime de l'obligation. V. CSP, art. 1112, reproduit ss. art. 16-9 et la jurisprudence rendue sous l'empire de ce texte et sous celui de l'anc. art. 1147 C. civ. ♦ Comp., pour le cas d'un détenu étranger et l'absence d'obligation de traduire les prescriptions médicales : • Crim. 15 nov. 2022, n° 22-85.101 B : *cité note 45 ss. art. 16.*

Art. 16-4 **Nul ne peut porter atteinte à l'intégrité de l'espèce humaine.**

Toute pratique eugénique tendant à l'organisation de la sélection des personnes est interdite.

(L. n° 2004-800 du 6 août 2004, art. 21) **« Est interdite toute intervention ayant pour but de faire naître un enfant génétiquement identique à une autre personne vivante ou décédée. »**

Sans préjudice des recherches tendant à la prévention *(L. n° 2021-1017 du 2 août 2021, art. 23)* **« , au diagnostic » et au traitement des maladies** *(Abrogé par L. n° 2021-1017 du 2 août 2021, art. 23) « génétiques »*, **aucune transformation ne peut être apportée aux caractères génétiques dans le but de modifier la descendance de la personne.**

BIBL. ▶ **Espèce humaine :** Labbée, *D. 1999. Chron. 437*. – Peis-Hitier, *D. 2005. Chron. 865* (qualification juridique). ▶ **Eugénisme :** Labrusse-Riou, *Mél. Lambert, Dalloz, 2002, p. 255* (indemnisation du handicap de naissance et eugénisme). – Soleil, *Clés pour le siècle, Dalloz, 2000, p. 739*. ▶ **Brevetabilité des éléments du corps (art. L. 611-17 CPI) :** Gallochat, *Mél. Burst, Litec, 1997, p. 181* (brevetabilité du vivant). – Galloux, *JCP 1995. I. 3872* ; note *D. 1996. 44*. – Gaumont-Prat, *D. 2001. Chron. 2882* (Dir. CE n° 98/44 sur la protection juridique des inventions biotechnologiques) ; *D. 2005. Chron. 3087* (brevetabilité des inventions impliquant des cellules souches). – Goutal, *Mél. Gobert, Economica, 2004, p. 170* (éthique, bioéthique et droit des brevets). – T. Lambert, *D. 2005. Chron. 2005* (brevet et personne). – Le Gal, *JCP 2005. I. 120* (contestation de la Dir. CE n° 98/44). – Masclet, *LPA 15 et 16 juin 1999* (gènes). – Mathieu, *D. 2001. Chron. 13* (directive européenne sur la brevetabilité des inventions biotechnologiques). – Sfez, *Études J.-A. Mazières, Lexis-Nexis 2009* (utopie biotechnologique – du corps parfait au clonage). – Velardocchio, *Dr. et patr. 10/2000. 68* (brevetabilité du vivant) ; *ibid., juin 2005, p. 109* (inventions biotechnologiques). ▶ **Génome humain :** Azoux Bacrie, *Gaz. Pal. 21-23 mai 2000* (Déclaration universelle sur le génome humain). – Galloux, *RRJ 1989/3. 521* (nature juridique du matériel génétique). – Mathieu, *RD publ. 1999. 93* (principe de dignité). – Mazen, *RRJ 1991/2. 365* (applications médico-industrielles de la carte génétique humaine).

▶ Douay, *D. 2007. Chron. 2623* (l'identité personnelle dans la civilisation de réseaux).

1. Caractère d'ordre public. V. art. 16-9.

2. Absence de valeur constitutionnelle. Il n'existe aucune disposition ni aucun principe à valeur constitutionnelle consacrant la protection du patrimoine génétique de l'humanité. • Cons. const. 27 juill. 1994 : *D. 1995. 237, note Mathieu*.

3. Directive du 6 juill. 1998. Refus d'annuler la directive qui encadre le droit des brevets de façon suffisamment rigoureuse pour que le corps humain demeure effectivement indisponible et inaliénable et que la dignité humaine soit sauvegardée. • CJCE 9 oct. 2001, n° C-377/98 : *BICC 15 nov. 2001, n° 1084 ; D. 2002. 2925, note*

Galloux ; *RTD com. 2002. 407, obs. Luby* .

4. *Autopsie.* L'autopsie réalisée dans le respect des règles de l'art. L. 671-9 [devenu art. L. 1232-3] CSP ne saurait être regardée comme une atteinte à l'intégrité du cadavre ou à l'intégrité de l'espèce humaine. • TA Nantes, 6 janv. 2000 : *D. 2000. IR 101* ; *JCP 2000. II. 10396, note S. Prieur.* ♦ Mais constitue une violation de l'art. 8 Conv. EDH (respect de la vie familiale) le retard excessif (plus de sept mois) à restituer à sa famille le corps d'un enfant autopsié, quelle qu'en soit la cause. • CEDH 30 oct. 2001, *Pannullo c/ France : BICC 15 janv. 2002, n° 2* ; *Dr. fam. 2002, n° 16, obs. de Lamy* ; *Europe 2002, n° 78, obs. Deffains* ; *RTD civ. 2002. 393, obs. Marguénaud* .

5. *IVG.* La loi allongeant le délai d'IVG ne relève pas de l'art. 16-4, al. 2, interdisant les pratiques eugéniques. • Cons. const. 27 juin 2001 : *D. 2001. 2533, note Mathieu* ; *JCP 2001. II. 10635, note Franck.*

Code de la propriété intellectuelle

BIBL. GÉN. ▸ Sur la décision du Conseil constitutionnel (29 juill. 2004, n° 2004-498 DC) : Galloux, *JCP 2004. II. 10167.* – Schoettl, *LPA 17 août 2004.*

Art. L. 611-17 *(L. n° 2004-800 du 6 août 2004, art. 17)* Ne sont pas brevetables les inventions dont l'exploitation commerciale serait contraire à la dignité de la personne humaine, à l'ordre public ou aux bonnes mœurs, cette contrariété ne pouvant résulter du seul fait que cette exploitation est interdite par une disposition législative ou réglementaire.

Art. L. 611-18 *(L. n° 2004-800 du 6 août 2004, art. 17)* Le corps humain, aux différents stades de sa constitution et de son développement, ainsi que la simple découverte d'un de ses éléments, y compris la séquence totale ou partielle d'un gène, ne peuvent constituer des inventions brevetables.

Seule une invention constituant l'application technique d'une fonction d'un élément du corps humain peut être protégée par brevet. Cette protection ne couvre l'élément du corps humain que dans la mesure nécessaire à la réalisation et à l'exploitation de cette application particulière. Celle-ci doit être concrètement et précisément exposée dans la demande de brevet.

Ne sont notamment pas brevetables :

a) Les procédés de clonage des êtres humains ;

b) Les procédés de modification de l'identité génétique de l'être humain ;

c) Les utilisations d'embryons humains à des fins industrielles ou commerciales ;

d) Les séquences totales ou partielles d'un gène prises en tant que telles.

Art. 16-5 Les conventions ayant pour effet de conférer une valeur patrimoniale au corps humain, à ses éléments ou à ses produits sont nulles.

Art. 16-6 Aucune rémunération ne peut être allouée à celui qui se prête à une expérimentation sur sa personne, au prélèvement d'éléments de son corps ou à la collecte de produits de celui-ci.

Art. 16-7 Toute convention portant sur la procréation ou la gestation pour le compte d'autrui est nulle.

*Sur les peines prévues pour le fait de s'entremettre en vue d'une gestation pour le compte d'autrui, V. C. pén., art. 227-12. — **C. pén.***

Sur la délivrance des certificats de nationalité française aux enfants issus de convention de mère porteuse, V. Circ. du 25 janv. 2013 relative à la délivrance des certificats de nationalité française — convention de mère porteuse — État civil étranger.

BIBL. ▸ Bandrac, Delaisi De Parseval et Depadt-Sebag, *D. 2008. Chron. 434* . – Binet, *Dr. fam. 2017. Étude 13.* – Bollée et Haftel, *Rev. crit. DIP 2020. 267* (jurisprudence en matière de gestation pour autrui). – Brunet, *AJ fam. 2019. 481* (affaire Mennesson : épilogue). – Chaigneau, *RTD civ. 2016. 263* (pour un droit du lien). – Chapleau, *D. 2015. 1775* (délit d'entremise en vue de la maternité pour autrui). – Chendeb, *Defrénois 2008. 291.* – Fabre-Magnan, *D. 2015. 225* (appréciation de l'intérêt de l'enfant). – Frison-Roche, *D. 2014. 2184* (la convention de maternité de substitution) ; *D. 2016. 85* (sophistique juridique et GPA). – *Thèmes et commentaires Dalloz, 2018* (GPA : dire OUI ou dire NON). – Fulchiron, *Rev. crit. DIP 2014. 531* (droit espagnol) ; *Dr. fam. 2016. Étude 9.* – Fulchiron et Bidaud-Garon, *Rev. crit. DIP 2015. 1.* – Godechot-Patris, *Mél. Payet, Dalloz, 2011, p. 293.* – Granet-Lambrechts, *AJ fam. 2014. 300* (panorama de droit positif dans quelques États européens). – Guillaumé, *D. 2019. 2000* (la saga Mennesson). – Haftel, *AJ fam. 2011. 263* (DIP). – Houssier, *AJ fam. 2021. 359* (la filiation du parent d'intention au lendemain des arrêts du 18 déc. 2019, le TJ de Paris sème le doute). – Kessler, *Dr. fam. 2020. Étude 24* (le marché de la procréation : fatalité ou opportunité ?). – Le Boursicot, *RJPF 2008-9/31.* – Le Gac-Pech, *AJ fam. 2016. 486* (pour une légalisation des conventions de mère porteuse). – Mecary, *Dr. fam. 2018. Entretien 3.* – Mirkovic, *Dr. fam. 2009. Étude 24.* – Mouly, *D. 2014. 2419* (délocalisation procréative). – Neirinck, *Dr. fam. 2013, n° 42* (Circ. du 25 janv. 2013). – Pichard, *D. 2017. 1143* . – Pretelli, *Rev. crit. DIP 2015. 559* (DIP et reproduction technologiquement assistée). – Rein-Lescastereyres et Torchy, *Gaz. Pal. 2018. 1991* (actualité jurisprudentielle GPA, PMA et nouvelles familles). – Roux, *JCP 2015, n° 483* (l'appel du Conseil constitutionnel à priver d'effet le recours illicite à la PMA et à la GPA). – Salvage-Gerest, *AJ fam. 2017. 643* (l'adoption par la « mère d'intention » en cas de GPA). – Salvage-Gerest et Peyré, *D. 2018. 359* . – Sériaux, *D. 2009. Chron. 215* ; *Dr. fam. 2019. Étude 14* (maternités de substitution : grandeur et décadence de deux principes d'ordre public). – E. Supiot, *RDC 2018. 97.* – Dossier, *AJ fam. 2018. 571* . – Williams, Eskenazi, de' Sanna, Valentin, *AJ fam. 2022. 329* (statut légal de la gestation pour autrui en Europe, approche de droit comparé entre les droits britannique, français, italien et espagnol).

1. Champ d'application de la prohibition. Le projet d'une mesure de délégation d'autorité parentale, par les parents d'un enfant à naître, au bénéfice de tiers souhaitant le prendre en charge à sa naissance, n'entre pas dans le champ des conventions prohibées par l'art. 16-7 : la mesure sollicitée ne consacre pas, entre les délégants et les délégataires, une relation fondée sur une convention de gestation pour autrui. En effet, il n'existe pas d'atteinte aux principes de l'indisponibilité du corps humain et de l'état des personnes, dès lors, d'une part, que l'enfant n'a pas été conçu en vue de satisfaire la demande des candidats à la délégation d'autorité parentale sollicitée, d'autre part, que la mesure de délégation, qui n'est qu'un mode d'organisation de l'exercice de l'autorité parentale, est ordonnée sous le contrôle du juge, est révocable et est, en elle-même, sans incidence sur la filiation de l'enfant. • Civ. 1re, 21 sept. 2022, n° 21-50.042 B : *D. 2022. 2134, note Barba et Millerioux* ; *RTD civ. 2022. 877, obs. Leroyer* ; *Dr. fam. 2022, n° 167, obs. Le Boursicot.*

2. ... Hébergeur d'un site internet. Condamnation à des dommages-intérêts, au profit d'une association, d'un hébergeur n'ayant pas promptement réagi pour rendre inaccessible en France un site espagnol manifestement illicite en ce qu'il contrevenait explicitement aux dispositions, dépourvues d'ambiguïté, du droit français prohibant la GPA et qu'il avait vocation à permettre à des ressortissants français d'avoir accès à une pratique illicite en France. • Civ. 1re, 23 nov. 2022, n° 21-10.220 B : *Dr. fam. 2023, n° 35, obs. Binet* (informations accessibles en français, le public français étant ciblé).

A. RÉCEPTION DES GESTATIONS POUR AUTRUI RÉALISÉES À L'ÉTRANGER

1° FILIATION DES PÈRE ET MÈRE BIOLOGIQUES

3. CEDH : respect du droit à la vie privée et familiale. Sur la violation du droit à la vie privée des enfants : au regard de l'importance de la filiation biologique en tant qu'élément de l'identité de chacun, on ne saurait prétendre qu'il est conforme à l'intérêt d'un enfant de le priver d'un lien juridique de cette nature alors que la réalité biologique de ce lien est établie et que l'enfant et le parent concerné revendiquent sa pleine reconnaissance ; en faisant obstacle tant à la reconnaissance qu'à l'établissement en droit interne de leur lien de filiation à l'égard de leur père biologique, compte tenu des conséquences de ces restrictions sur l'identité et le droit au respect de la vie privée des enfants nés d'une convention de mère porteuse, l'État défendeur est allé au-delà de ce que lui permettait sa marge d'appréciation, compte tenu du poids qu'il y a lieu d'accorder à l'intérêt de l'enfant lorsqu'on procède à la balance des intérêts en présence. • CEDH 26 juin 2014, *Mennesson c/ France*, n° 65192/11 : *AJDA 2014. 1763, note Burgorgue-Larsen* ; *D. 2014. 1797, note Chénedé* ; *ibid. 1773, note Fulchiron et Bidaud-Garon* ; *ibid. 1787, obs. Bonfils et Gouttenoire* ; *ibid. 1806, note d'Avout* ; *ibid. 2015. 1007, obs. A.-D.-P* . ; *AJ fam. 2014. 499, obs. Haftel* ; *ibid. 396, obs. Dionisi-Peyrusse* ; *RTD civ. 2014. 616, obs. Hauser* ; *ibid. 835, obs. Marguénaud* ; *JCP 2014, n° 877, obs. Gouttenoire* (arrêt évoquant notamment les conséquences sur la nationalité et la succession ; décision rendue dans le cadre de l'affaire jugée par la Cour de cassation le 6 avr. 2011, n° 72). ♦ V. aussi • CEDH 21 juill. 2016, n° 9063/14 : *D. 2016. 2152, note Caire* ; *AJ fam. 2016. 407, obs. Dionisi-Peyrusse* ; *RTD civ. 2016. 819, obs. Hauser* ; *Gaz. pal. 2016. 2578, note Le Maigat* (atteinte à la vie privée des enfants ; décision rendue dans le cadre des affaires ayant donné lieu aux arrêts du 13 sept. 2013, et ayant suscité la demande d'avis décrite ci-dessous).

Sur l'absence en l'espèce de violation de la vie familiale des requérants : • CEDH 26 juin 2014, n° 65192/11 : *préc.* (arrêt évoquant les difficultés concrètes soulevées par l'absence de reconnaissance de la filiation en droit interne, mais estimant qu'elles n'ont pas été insurmontables dans le cas examiné). • CEDH 21 juill. 2016, n° 9063/14 : *préc.* (arrêt ne considérant pas comme totalement établie la possibilité d'une reconnaissance ou de la prise en compte d'une possession d'état, à la suite du revirement du 3 juillet 2015, mais écartant l'atteinte à la vie familiale des parents).

Comp. en l'absence de tout lien biologique entre les parents d'intention et l'enfant : • CEDH 24 janv. 2017, *Paradiso et Campanelli c/ Italie*, n° 25358/12 : *D. 2017. 897, note de Saint-Pern ; ibid. 663, note Chénedé ; ibid. 729, obs. Granet-Lambrechts ; ibid. 781, obs. Galloux et Gaumont-Prat ; ibid. 1011, obs. Gaudemet-Tallon et Jault-Seseke ; AJ fam. 2017. 301, obs. Clavin et Berdeaux ; ibid. 93, obs. Dionisi-Peyrusse ; RTD civ. 2017. 335, obs. Marguénaud ; ibid. 367, obs. Hauser ; Rev. crit. DIP 2017. 426, note Kouteeva-Vathelot ; Gaz. Pal. 2017. 281, note Le Maigat, JCP 2017 n° 323, note Fulchiron* (absence de violation du droit à la vie privée et familiale, en cas de placement d'un enfant de neuf mois en vue de son adoption), ne reprenant pas la solution de • CEDH, sect. II, 27 janv. 2015, n° 25358/12. ♦ Sur la reconnaissance de la mère d'intention par la CEDH, V. note 7.

4. Jurisprudence actuelle : transcription de l'acte conforme à la réalité. Il résulte de l'art. 47 C. civ. et de l'art. 7 du Décr. du 3 août 1962 modifiant certaines règles relatives à l'état civil, interprétés à la lumière de l'art. 8 Conv. EDH, que l'existence d'une convention de gestation pour autrui ne fait pas en soi obstacle à la transcription d'un acte de naissance établi à l'étranger et que l'acte de naissance concernant un Français, dressé en pays étranger et rédigé dans les formes usitées dans ce pays, est transcrit sur les registres de l'état civil sauf si d'autres actes ou pièces détenus, des données extérieures ou des éléments tirés de l'acte lui-même établissent, le cas échéant après toutes vérifications utiles, que cet acte est irrégulier, falsifié ou que les faits qui y sont déclarés ne correspondent pas à la réalité. • Cass., ass. plén., 5 oct. 2018, n° 12-30.138 P : *D. 2019. 228, note Deumier et Fulchiron ; ibid. 663, obs. Granet-Lambrechts ; ibid. 725, obs. Galloux et Gaumont-Prat ; ibid. 1016, obs. Clavel et Jault-Seseke ; AJ fam. 2018. 613, obs. Saulier ; ibid. 569, obs. Dionisi-Peyrusse ; RTD civ. 2019. 90, obs. Leroyer ; Gaz. Pal. 2018. 3079,* obs. Le *Maigat* (transcription de l'acte mentionnant le père biologique et la mère porteuse). ♦ V. déjà : • Cass., ass. plén., 3 juill. 2015, n° 15-50.002 P : *D. 2015. 1819, note Fulchiron et Bidaud-Garon ; ibid. 1773, obs. Sindres ; ibid. 1919, obs. Bonfils et Gouttenoire ; AJ fam. 2015. 496, obs. Chénedé ; ibid. 364, obs. Dionisi-Peyrusse ; RTD civ. 2015. 581, obs. Hauser ; Gaz. Pal. 2015. 2949, obs. Le Maigat ; Dr. fam. 2015, n° 166, obs. Binet* • 3 juill. 2015, n° 14-21.323 P : *eod. loc.*

Même solution pour la transcription de l'acte de naissance quant à la seule filiation paternelle lorsque la mère mentionnée est la mère d'intention. • Civ. 1re, 5 juill. 2017, n° 15-28.597 P • 5 juill. 2017, n° 16-16.901 P : *D. 2017. 1737, note Fulchiron ; ibid. 1727, obs. Bonfils et Gouttenoire ; ibid. 2018. 528, obs. Granet-Lambrechts ; ibid. 641, obs. Douchy-Oudot ; ibid. 765, obs. Galloux et Gaumont-Prat ; ibid. 966, obs. Clavel et Jault-Seseke ; AJ fam. 2017. 482, obs. Dionisi-Peyrusse ; ibid. 375, obs. Chénedé ; ibid. 431, obs. P. Salvage-Gerest ; Rev. crit. DIP 2018. 143, note S. Bollée* (absence de remise en cause de la mention désignant le père en précisant qu'il est l'époux de la mère d'intention) • 29 nov. 2017, n° 16-50.061 P, rejetant sur ce point le pourvoi contre : • Rennes, 12 déc. 2016, n° 15/08549 : *AJ fam. 2017. 68, obs. Viganotti ; ibid. 11, obs. Dionisi-Peyrusse*. ♦ V. aussi admettant la transcription partielle d'un acte de naissance pour un couple homosexuel : • Civ. 1re, 20 mars 2019, n° 18-11.815 P : *D. 2019. 585 ; AJ fam. 2019. 218, obs. Berdeaux ; ibid. 175, obs. Dionisi-Peyrusse ; Dr. fam. 2019, n° 104, note Fulchiron* • TGI Nantes, 10 févr. 2011, n° 10/06276 : *Dr. fam. 2011, n° 111, obs. Neirinck* (hypothèse de naturalisation du père). ♦ Pour d'autres illustrations, V. • Rennes, 18 déc. 2017, n° 17/02387 : *AJ fam. 2018. 6, obs. Dionisi-Peyrusse* (et sept autres arrêts)

5. Jurisprudence ancienne : primauté de la prohibition des gestations pour autrui. En l'état du droit positif, il est contraire au principe de l'indisponibilité de l'état des personnes, principe essentiel du droit français, de faire produire effet, au regard de la filiation, à une convention portant sur la gestation pour le compte d'autrui, qui, fût-elle licite à l'étranger, est nulle d'une nullité d'ordre public aux termes des art. 16-7 et 16-9 C. civ. • Civ. 1re, 6 avr. 2011, n° 10-19.053 P : *R., p. 400 ; D. 2011. 1064, obs. X. Labbée ; ibid. 1522, note Berthiau et Brunet ; ibid. Pan. 1585, obs. Granet-Lambrechts ; ibid. Pan. 1995, obs. Gouttenoire ; JCP 2011, n° 441, obs. Vialla et Reynier ; AJ fam. 2011. 262, obs. Chénedé ; RTD civ. 2011. 340, obs. Hauser ; Gaz. Pal. 2011. 1489, avis Domingo ; ibid. 1512, note Weiss-Gout ; RLDC 2011/82, n° 4244, obs. Gallois ; RTD civ. 2011. 340, obs. Hauser ; Rev. crit. DIP 2011. 722, note Hammje* • Civ. 1re, 6 avr. 2011, n° 09-66.486 P : R., p. 400 ; D. 2011. 1064, obs. X. *Labbée ; ibid. 1522, note Berthiau et Brunet ; ibid. Pan. 1585, obs. Granet-Lambrechts ; ibid. Pan. 1995, obs. Gouttenoire ; RTD civ. 2011. 340, obs. Hauser ; JCP 2011, n° 441, obs. Vialla et Reynier ; AJ fam. 2011. 262 ; RLDC 2011/82, n° 4244, obs. Gallois ; Rev. crit. DIP 2011. 722, note Hammje* • Civ. 1re, 6 avr. 2011, n° 09-17.130 P : *R., p. 400 ; D. 2011. 1064, obs. X. Labbée ; ibid. 1522, note Berthiau et Brunet ; RTD civ. 2011. 340, obs. Hauser ; JCP 2011, n° 441, obs. Vialla et Reynier ; AJ fam. 2011. 262 ; RLDC 2011/83, n° 4275, obs. Mirkovic.*

Pour l'annulation de la reconnaissance, même conforme au lien biologique : ayant caractérisé la fraude à la loi résultant du fait que la naissance d'un enfant est l'aboutissement, en fraude à la loi française, d'un processus d'ensemble comportant une convention de gestation pour le compte d'autrui, la reconnaissance paternelle doit être annulée. • Civ. 1re, 13 sept. 2013 : *cité infra.*

V. aussi pour le refus de transcription : est justifié le refus de transcription d'un acte de naissance établi en exécution d'une décision étrangère, fondé sur la contrariété à l'ordre public international français de cette décision ; cette solution, qui ne prive pas l'enfant de sa filiation paternelle, ni de la filiation maternelle que le droit de l'État étranger lui reconnaît, ni ne l'empêche de vivre avec les époux en France, ne porte pas atteinte au droit au respect de la vie privée et familiale de cet enfant au sens de l'art. 8 Conv. EDH, non plus qu'à son intérêt supérieur garanti par l'art. 3, § 1, CIDE. • Civ. 1re, 6 avr. 2011 : *préc.* ♦ Dans le même sens : • Civ. 1re, 6 avr. 2011 : *préc.* • Civ. 1re, 13 sept. 2013, nº 12-30.138 P : *R., p. 531 ; D. 2013. 2170, obs. Gallmeister ; ibid. 2377, avis Petit ; ibid. 2384, note Fabre-Magnan ; AJ fam. 2013. 579, obs. Chénedé ; ibid. 532, obs. Dionisi-Peyrusse ; ibid. 600, obs. Richard et Berdeaux-Gacogne ; Rev. crit. DIP 2013. 909, note Hammje ; AJCT 2013. 517, obs. Mésa ; RTD civ. 2013. 816, obs. Hauser ; Gaz. Pal. 2013. 3040, obs. Deharo ; Dr. fam. 2013, nº 151, obs. Neirinck ; RLDC 2013/109, nº 5276, obs. Brunetti-Pons* (sur la demande d'avis dans cette affaire, V. *infra*) • 13 sept. 2013 : *D. 2013. 2170, obs. Gallmeister ; ibid. 2377, avis C. Petit ; ibid. 2384, note Fabre-Magnan ; ibid. 2014. Pan. 954, note A. D.-P. ; AJ fam. 2013. 579, obs. Chénedé ; ibid. 532, obs. Dionisi-Peyrusse ; ibid. 600, obs. Richard et Berdeaux-Gacogne ; Gaz. Pal. 2013. 3040, obs. Deharo ; Dr. fam. 2013, nº 151, obs. Neirinck ; RLDC 2013/109, nº 5276, obs. Brunetti-Pons* • 19 mars 2014, nº 13-50.005 P : *cité note 4 ss. art. 336.* ♦ V. déjà antérieurement dans la même affaire que l'arrêt du 6 avr. 2011 : le ministère public justifie d'un intérêt à agir en nullité de transcriptions d'actes d'état civil résultant d'une convention portant sur la gestation pour autrui prohibée par l'art. 16-7. • Civ. 1re, 17 déc. 2008, nº 07-20.468 P : *D. 2009. AJ 166, obs. Égéa ; ibid. 332, avis. Sarcelet* et *340, note Brunet ; ibid. Pan. 773, obs. Granet-Lambrechts ; ibid. Pan. 1557, obs. Jault-Seseke ; ibid. 2010. Pan. 604, obs. Galloux ; JCP 2009. Actu. 10, obs. Brusorio-Aillaud ; ibid. I. 102, nº 10, obs. Rubellin-Devichi ; ibid. II. 10020, note Mirkovic ; ibid. II. 10021, note d'Avout ; LPA 1er-2 juin 2009, note Bourgault-Coudevylle ; AJ fam. 2009. 80, obs. Chénedé ; Dr. fam. 2009, nº 15, obs. Murat ; Gaz. Pal. 2009. 429, note Weiss-Gout ; RJPF 2009-1/13, obs. Corpart ; RLDC 2009/57, nº 3305, obs. Pouliquen ; Defrénois 2009. 549, obs. Massip ; RTD civ. 2009. 106, obs. Hauser.* – Gaumont-Prat, *RLDC 2008/45, nº 2825.* – M. Lamarche, *Dr. fam. 2007. Alerte 87.*

Pour la jurisprudence antérieure à l'art. 16-7, V. note 7 ss. art. 353 et notes 15 s. ss. art. 1162.

Sur la procédure de réexamen prévue par l'art. 42, III de la L. nº 2016-1547 du 18 nov. 2016 : compte tenu de la nature et de la gravité des violations du droit à la vie privée des enfants, constatées par la CEDH (21 juill. 2016, *préc.*), qui entraînent pour eux des conséquences dommageables auxquelles la satisfaction équitable accordée n'a pas mis un terme, il convient d'ordonner le réexamen du pourvoi et de dire, qu'en application de l'art. 1031-22 C. pr. civ., la procédure se poursuivra devant l'assemblée plénière de la Cour de cassation. • C. réexamen, 16 févr. 2018, nº 17-RDH-002 : *D. 2018. 825, note Guillaumé ; JCP 2018, nº 344, note Gouttenoire ; Gaz. Pal. 2018. 829, note Le Maigat* (réexamen dans l'affaire du 13 sept. 2013 : *préc.*, tranché par • Cass. ass. plén. 5 oct. 2018, nº 12-30.138 P : *D. 2019. 228, note Deumier et Fulchiron ; ibid. 663, obs. Granet-Lambrechts ; ibid. 725, obs. Galloux et Gaumont-Prat ; ibid. 1016, obs. Clavel et Jault-Seseke ; AJ fam. 2018. 613, obs. Saulier ; ibid. 569, obs. Dionisi-Peyrusse ; RTD civ. 2019. 90, obs. Leroyer ; Gaz. Pal. 2018. 3079, obs. Le Maigat*). ♦ V. aussi : • C. réexamen, 16 févr. 2018, nº 17-RDH-001 : *ibid.* (• CEDH 26 juin 2014 : *préc.* et • Civ. 1re, 17 déc. 2008 : *préc.* ; la Cour de réexamen ne tient pas de la loi le pouvoir d'annuler un arrêt rendu par la Cour de cassation ; sur la demande d'avis dans cette affaire, V. *infra*).

6. Irrecevabilité de l'action en contestation de paternité du père biologique ayant eu recours à une GPA. Aux termes de l'art. 16-7 C. civ., dont les dispositions sont d'ordre public selon l'art. 16-9, toute convention portant sur la procréation ou la gestation pour le compte d'autrui est nulle ; ayant relevé que l'action du père biologique en contestation de la reconnaissance de paternité actuelle de l'enfant visait à lui permettre d'établir sa propre filiation sur l'enfant, qui reposait sur la convention de gestation pour autrui qu'il avait conclue avec la mère, la cour d'appel en a exactement déduit que la demande était irrecevable comme reposant sur un contrat prohibé par la loi. • Civ. 1re, 12 sept. 2019, nº 18-20.472 P : *D. 2019. 2112, note Etienney-de Sainte Marie ; AJ fam. 2019. 531, obs. Salvage-Gerest ; ibid. 487, obs. Dionisi-Peyrusse ; RTD civ. 2019. 838, obs. Leroyer ; JCP 2019, nº 1010, note Binet ; Dr. fam. 2019, nº 216, note Fulchiron* (mère porteuse, père biologique et son concubin homosexuels, parents actuels ayant tous été condamnés pénalement). ♦ Rejet du pourvoi contre l'arrêt ayant mis en balance les intérêts en présence pour considérer que la réalité biologique n'apparaissait pas une raison suffisante pour accueillir la demande de l'intéressé dès lors que, même si le lien de filiation actuel avait été établi en fraude à la loi sur l'adoption, il n'était pas de l'intérêt supérieur de l'enfant de voir remettre en cause ce lien de filiation, ce qui ne préjudicie pas à son droit de connaître la vérité sur ses origines, le père juridique élevant l'enfant avec son épouse dans d'excellentes conditions, alors qu'au surplus le procureur de la République, seul habilité désormais à contester la reconnaissance, avait fait savoir qu'il n'entendait pas agir à cette fin. • Même arrêt.

2° FILIATION DES PÈRE ET MÈRE D'INTENTION

7. Transcription des actes mentionnant : mère d'intention (couple hétérosexuel). Compte tenu des exigences de l'intérêt supérieur de l'enfant et de la réduction de la marge d'appréciation, la CEDH est d'avis que le droit au respect de la vie privée d'un enfant né à l'étranger, à l'issue d'une GPA, requiert que le droit interne offre une possibilité de reconnaissance d'un lien de filiation entre cet enfant et la mère d'intention, désignée dans l'acte de naissance également établi à l'étranger comme étant la « mère légale ». • CEDH, avis, 10 avr. 2019, n° P16-2018-001 : *D. 2019. 1084, note Fulchiron ; ibid. 1016, obs. Clavel et Jault-Seseke ; AJ fam. 2019. 289, obs. Salvage-Gerest ; ibid. 233, obs. Dionisi-Peyrusse ; RTD civ. 2019. 286, obs. Marguénaud ; ibid. 307, obs. Leroyer ; JCP 2019, n° 551, note Sudre et Gouttenoire ; Dr. fam. 2019, n° 139, note Binet* (solution applicable *a fortiori* lorsque la mère d'intention est la donneuse d'ovocyte). ♦ Mais, l'intérêt supérieur de l'enfant n'implique pas que cette reconnaissance du lien de filiation entre l'enfant et la mère d'intention impose aux États de procéder à la transcription de l'acte de naissance étranger en ce qu'il désigne la mère d'intention comme étant la mère légale, d'autres voies telles que l'adoption pouvant convenir, à condition que les modalités prévues par le droit interne garantissent l'effectivité et la célérité de leur mise en œuvre. • Même décision. ♦ Dans cette affaire, transcription de l'acte de naissance, compte tenu de la durée de la procédure, et en l'absence d'autre voie permettant de reconnaître la filiation dans des conditions qui ne porteraient pas une atteinte disproportionnée au droit au respect de la vie privée des enfants. • Cass., ass. plén., 4 oct. 2019, n° 10-19.053 P : *D. 2019. 2228, note Fulchiron et Bidaud ; AJ fam. 2019. 487, obs. Dionisi-Peyrusse ; ibid. 592, obs. G. Kessler ; RTD civ. 2019. 817, obs. Marguénaud ; ibid. 841, obs. Leroyer ; JCP 2019, n° 1184, note Gouttenoire et Sudre ; Dr. fam. 2019, n° 261, note Binet* (sur le refus de soumettre cette solution à une adoption préalable, V. ci-dessous). ♦ Sur la demande d'avis. • Cass., ass. plén., 5 oct. 2018, n° 10-19.053 P : *AJ fam. 2018. 569, obs. Dionisi-Peyrusse ; RTD civ. 2018. 847, obs. Marguénaud ; Gaz. Pal. 2018. 3079, obs. Le Maigat ; Dr. fam. 2019, n° 19, note Binet.*

Précédemment : Concernant la désignation de la mère dans les actes de naissance, la réalité, au sens de l'art. 47 C. civ., est celle de la réalité de l'accouchement et le refus de transcription est justifié lorsque la mère mentionnée dans l'acte n'a pas accouché ; ce refus de transcription de la filiation maternelle d'intention résulte de la loi et poursuit un but légitime en ce qu'il tend à la protection de l'enfant et de la mère porteuse et vise à décourager cette pratique, prohibée par les art. 16-7 et 16-9 ; il ne porte pas une atteinte disproportionnée au droit au respect de la vie privée et familiale des enfants, au regard du but légitime poursuivi, dès lors que l'accueil des enfants au sein du foyer constitué par leur père et son épouse n'est pas remis en cause par les autorités françaises, qui délivrent des certificats de nationalité française aux enfants nés d'une gestation pour autrui à l'étranger, qu'ensuite, en considération de l'intérêt supérieur des enfants déjà nés, le recours à la gestation pour autrui ne fait plus obstacle à la transcription d'un acte de naissance étranger, lorsque les conditions de l'art. 47 sont remplies, ni à l'établissement de la filiation paternelle et qu'enfin, l'adoption permet, si les conditions légales en sont réunies et si elle est conforme à l'intérêt de l'enfant, de créer un lien de filiation entre les enfants et l'épouse de leur père. • Civ. 1re, 5 juill. 2017, n° 15-28.597 P • 5 juill. 2017, n° 16-16.901 P : *préc. note 4* (absence de remise en cause de la mention désignant le père en précisant qu'il est l'époux de la mère d'intention). ♦ V. aussi : cassation de l'arrêt estimant que la réalité, au sens de l'art. 47, est non seulement la réalité matérielle de l'événement déclaré, mais également celle qui existe juridiquement au jour où l'acte de naissance étranger est dressé. • Civ. 1re, 29 nov. 2017, n° 16-50.061 P : *D. 2018. 528, obs. Granet-Lambrechts ; ibid. 966, obs. Clavel et Jault-Seseke ; ibid. 1664, obs. Bonfils et Gouttenoire ; AJ fam. 2018. 122, obs. Dionisi-Peyrusse ; RTD civ. 2018. 88, obs. Leroyer ;Dr. fam. 2018, Etude 2, note Fulchiron*, cassant sur ce point • Rennes, 12 déc. 2016, n° 15/08549 : *préc.*

Rappr. dans le cadre de l'art. 48 C. civ. : nullité de l'acte de naissance dressé sur les registres consulaires sur la base de faux documents de grossesse et d'un faux certificat d'accouchement, les échographies et examens médicaux de la mère porteuse ayant été modifiés afin qu'ils confirment une grossesse de l'épouse. • Civ. 1re, 5 juill. 2017, n° 16-16.495 P.

8. ... Père d'intention (couple homosexuel). En présence d'une action aux fins de transcription de l'acte de naissance étranger de l'enfant, qui n'est pas une action en reconnaissance ou en établissement de la filiation, ni la circonstance que l'enfant soit né à l'issue d'une convention de gestation pour autrui, ni celle que cet acte désigne le père biologique de l'enfant et un deuxième homme comme père ne constituent des obstacles à la transcription de l'acte sur les registres de l'état civil, lorsque celui-ci est probant au sens de l'art. 47 C. civ. • Civ. 1re, 18 déc. 2019, n° 18-11.815 P : *D. 2020. 426, note Paricard ; AJ fam. 2020. 9, obs. Dionisi-Peyrusse* (solution justifiée par les mêmes impératifs que ceux évoqués par l'arrêt du 4 oct. 2019 et la nécessité d'unifier le traitement des situations ; arrêt rendu dans l'affaire jugée par • Civ. 1re, 20 mars 2019 : *préc. note 4*) • Civ. 1re, 18 déc. 2019, n° 18-12.327 P : *D. 2020. 426, note Paricard ; AJ fam. 2020. 9, obs. Dionisi-Peyrusse* (*idem* dans l'affaire jugée par • Civ. 1re, 20 mars 2019, n° 18-12.327) • 18 nov. 2020, n° 19-50.043 P : *D. 2020. 2289 ; AJ fam. 2021. 54, obs. Latil ; JCP 2021, n° 81, note Marilly.*

9. ... Mère d'intention (couple homosexuel). En présence d'une action aux fins de transcription de l'acte de naissance étranger d'un enfant, qui n'est pas une action en reconnaissance ou en établissement de la filiation, ni la circonstance que l'enfant soit né d'une assistance médicale à la procréation, ni celle que cet acte désigne la mère ayant accouché et une autre femme en qualité de mère ou de parent ne constituent un obstacle à sa transcription sur les registres français de l'état civil, lorsque l'acte est probant au sens de l'art. 47 C. civ. • Civ. 1re, 18 déc. 2019, n° 18-14.751 P : *D. 2020. 426, note Paricard ; ibid. 506, obs. Douchy-Oudot ; AJ fam. 2020. 133, obs. Houssier ; ibid. 9, obs. Dionisi-Peyrusse ; RTD civ. 2020. 81, obs. Leroyer* (cassation de l'arrêt ayant refusé cette transcription au motif qu'un enfant ne peut avoir qu'une seule mère biologique ; arrêt rendu dans l'affaire jugée par • Civ. 1re, 20 mars 2019 : *cité infra note 10*).

10. Établissement de la filiation du parent d'intention : adoption par l'époux(se) du père. L'adoption permet, si les conditions légales en sont réunies et si elle est conforme à l'intérêt de l'enfant, de créer un lien de filiation entre les enfants et l'épouse de leur père. • Civ. 1re, 5 juill. 2017, n° 15-28.597 P • 5 juill. 2017, n° 16-16.901 P : *préc. note 4.* ♦ V. cep. pour un refus, faute d'éléments biographiques permettant d'établir l'intérêt de l'enfant : • Paris, 30 janv. 2018 : *Dr. fam. 2018, n° 92, note Fulchiron.*

Sur la demande d'avis quant à la conformité à la Conv. EDH de cette solution : dans l'hypothèse d'une réponse positive à l'une des deux questions précédentes (V. note 7), la possibilité pour la mère d'intention d'adopter l'enfant de son conjoint, père biologique, ce qui constitue un mode d'établissement de la filiation à son égard, permet-elle de respecter les exigences de l'art. 8 de la Convention ? • Cass., ass. plén., 5 oct. 2018, n° 10-19.053 P : *AJ fam. 2018. 569, obs. Dionisi-Peyrusse ; RTD civ. 2018. 847, obs. Marguénaud ; Gaz. Pal. 2018. 3079, obs. Le Maigat ; Dr. fam. 2019, n° 19, note Binet.* ♦ V. aussi pour un sursis à statuer pour un couple homosexuel d'hommes : • Civ. 1re, 20 mars 2019, n° 18-11.815 P : *D. 2019. 585 ; AJ fam. 2019. 218, obs. Berdeaux ; ibid. 175, obs. Dionisi-Peyrusse ; Dr. fam. 2019, n° 104, note Fulchiron.* ♦ ... Ou dans une affaire concernant une assistance médicale à la procréation à l'étranger, concernant un couple de femmes, dans l'attente de l'avis de la CEDH : • Civ. 1re, 20 mars 2019, n° 18-14.751 P : *AJ fam. 2019. 175, obs. Dionisi-Peyrusse ; Dr. fam. 2019, n° 105, note Fulchiron.* ♦ Sur cet avis, V. note 7.

Rejet de l'adoption, pour une procédure déjà très longue, au motif qu'elle suppose l'introduction d'une nouvelle instance, ce qui aurait, au regard du temps écoulé en l'espèce depuis la concrétisation du lien entre les enfants et la mère d'intention, des conséquences manifestement excessives en ce qui concerne le droit au respect de la vie privée de enfants. • Cass., ass. plén., 4 oct. 2019, n° 10-19.053 P : *D. 2019. 2228, note Fulchiron et Bidaud ; AJ fam. 2019. 487, obs. Dionisi-Peyrusse ; ibid. 592, obs. G. Kessler ; RTD civ. 2019. 817, obs. Marguénaud ; ibid. 841, obs. Leroyer ; JCP 2019, n° 1184, note Gouttenoire et Sudre ; Dr. fam. 2019, n° 261, note Binet.*

11. ... Adoption par le mari du père. Le recours à la gestation pour autrui à l'étranger ne fait pas, en lui-même, obstacle au prononcé de l'adoption, par l'époux du père, de l'enfant né de cette procréation, si les conditions légales de l'adoption sont réunies et si elle est conforme à l'intérêt de l'enfant. • Civ. 1re, 5 juill. 2017, n° 16-16.455 P, cassant : • Dijon, 24 mars 2016, n° 15/0057 : *D. 2016. 783, obs. Gallmeister ; RTD civ. 2016. 335, obs. Hauser* (la demande d'adoption simple du parent d'intention doit être rejetée car l'atteinte à l'intérêt de l'enfant n'est pas disproportionnée par rapport à la violation du principe de prohibition de la gestation pour autrui). ♦ V. aussi notes ss. art. 346.

Le droit français n'interdit pas le prononcé de l'adoption, par l'époux du père, de l'enfant né à l'étranger de cette procréation lorsque le droit étranger autorise la convention de gestation pour autrui et que l'acte de naissance de l'enfant, qui ne fait mention que d'un parent, a été dressé conformément à la législation étrangère, en l'absence de tout élément de fraude. • Civ. 1re, 4 nov. 2020, n° 19-15.739 P : *D. 2021. 657, obs. Hilt ; AJ fam. 2020. 664, obs. Houssier ; ibid. 616, obs. Dionisi-Peyrusse ; RTD civ. 2021. 115, obs. Leroyer ; Dr. fam. 2021, n° 11, note Leduque* • 4 nov. 2020, n° 19-50.042 P : *D. 2021. 499, obs. Douchy-Oudot ; AJ fam. 2020. 616, obs. Dionisi-Peyrusse .*

12. ... Efficacité des possessions d'état maternelles. V. après le revirement de l'Assemblée plénière sous un angle procédural : • Civ.

1re, 5 juill. 2017, n° 15-28.597 P (caractère inopérant du grief tiré de l'absence de prise en compte de la possession d'état dans le cadre d'une action à fins de transcription de l'acte). ♦ V. aussi : • Rennes, 27 juin 2016, n° 15/09501 : *préc.*

Rejet de la prise en compte de la possession d'état maternelle, faute de garanties de sécurité juridique suffisantes dès lors qu'un tel lien de filiation peut être contesté en application de l'art. 335. • Cass., ass. plén., 4 oct. 2019, n° 10-19.053 P : *D. 2019. 2228, note Fulchiron et Bidaud ; AJ fam. 2019. 487, obs. Dionisi-Peyrusse ; ibid. 592, obs. G. Kessler ; RTD civ. 2019. 817, obs. Marguénaud ; ibid. 841, obs. Leroyer ; JCP 2019, n° 1184, note Gouttenoire et Sudre ; Dr. fam. 2019, n° 261, note Binet.*

Comp. avant le revirement : le principe de l'indisponibilité de l'état des personnes fait obstacle aux effets en France d'une possession d'état invoquée pour l'établissement de la filiation en conséquence d'une convention de mère porteuse, fût-elle licitement conclue à l'étranger, en raison de sa contrariété à l'ordre public international français. • Civ. 1re, 6 avr. 2011 : *préc.* (solution ne portant pas atteinte au droit au respect de la vie privée et familiale de l'enfant au sens de l'art. 8 Conv. EDH, ni à son intérêt supérieur garanti par l'art. 3, § 1, CIDE). – *Adde* : Neirinck, *Dr. fam. 2011. Étude 14.*

3° PROCÉDURE

13. Qualité pour agir : ministère public. Le ministère public, qui a intérêt à agir pour défendre l'ordre public, peut contester l'opposabilité en France des jugements étrangers validant une gestation pour le compte d'autrui et solliciter l'annulation des transcriptions irrégulières. • Civ. 1re, 6 avr. 2011 : *préc.* ♦ V. déjà dans le même sens : • Civ. 1re, 17 déc. 2008 : *préc.* ♦ Rappr. note 25 *in fine* ss. art. 47.

14. Intervention d'une association. Nonobstant le caractère public des débats, le droit au respect de la vie privée et familiale du père biologique, de la mère d'intention et des enfants s'oppose à l'immixtion d'une association dans une instance qui revêt un caractère strictement personnel. • Civ. 1re, 5 juill. 2017, n° 16-16.901 P : *préc. note 4* (rejet d'une intervention volontaire accessoire).

B. MODALITÉS DE LA VIE PRIVÉE ET FAMILIALE

15. Nationalité (Circ. du 25 janv. 2013). La Circ. du 25 janv. 2013, en ce qu'elle expose que le seul soupçon de recours à une convention portant sur la procréation ou la gestation pour autrui conclue à l'étranger ne peut suffire à opposer un refus aux demandes de certificats de nationalité française dès lors que les actes d'état civil local attestant du lien de filiation avec un Français peuvent être regardés comme probants, au sens de l'art. 47, n'est entachée d'aucun excès de pouvoir. • CE 12 déc. 2014, n° 367324 : *AJDA 2015. 357, note Lepoutre ; D. 2015. 352, concl. Domino ; ibid. 357, note Fulchiron et Bidaud-Garon ; ibid. 451, obs. Boskovic ; ibid. 649, obs. Douchy-Oudot ; ibid. 702, obs. Granet-Lambrechts ; ibid. 755, obs. Galloux et Gaumont-Prat ; ibid. 1056, obs. Gaudemet-Tallon et Jault-Seseke ; ibid. 1919, obs. Bonfils et Gouttenoire ; AJ fam. 2015. 53, obs. Dionisi-Peyrusse ; RTD civ. 2015. 114, obs. Hauser ; RFDA 2015. 163, concl. Domino ; Dr. fam. 2015, n° 30, obs. Neirinck ; JCP 2015, n° 32, note Gouttenoire.*

L'enfant né d'une gestation pour autrui pratiquée à l'étranger bénéficie de la naturalisation de son géniteur. • TGI Nantes, 10 févr. 2011, n° 10/06276 : *préc.*

16. Entrée sur le territoire. Refus d'invalider la délivrance d'un document permettant à des enfants d'entrer sur le territoire français avec leur père, dès lors que leur mère biologique n'est pas en mesure d'en assumer la charge, en raison notamment de l'obligation pour l'administration de veiller à l'intérêt supérieur de l'enfant (art. 3-1 CIDE), même s'il existe des soupçons que ces enfants aient été conçus par gestation pour autrui. • CE 4 mai 2011, n° 348778 : *D. 2011. Pan. 1995, obs. Gouttenoire ; AJ fam. 2011. 328, obs. Miloudi ; AJCT 2011. 414, obs. Siffrein-Blanc ; Dr. fam. 2011, n° 99, obs. Neirinck ; RTD civ. 2011. 530, obs. Hauser ; RJPF 2011-11/36, note Corpart.* ♦ Délivrance d'un laissez-passer à un enfant, quand bien même la naissance résulterait d'une convention de mère porteuse. • CE 3 août 2016, n° 401924 : *D. 2016. 1700, obs. Le Maigat ; AJ fam. 2016. 407, obs. Dionisi-Peyrusse.* ♦ V. aussi : • TA Paris, 15 nov. 2011 : *AJ fam. 2012. 106, obs. Siffrein-Blanc.* ♦ Comp., annulation d'une décision autorisant la délivrance de documents permettant d'accéder au territoire national : • CE 8 juill. 2011 : *AJ fam. 2011. 499, obs. Miloudi* (actes d'état civil suspectés d'irrégularité et documents fournis par le père faisant apparaître des incertitudes quant à l'identité et la volonté exactes de la mère).

17. Résidence de l'enfant. Intérêt de l'enfant de rester auprès de la mère apparente et non de sa mère biologique qu'il considère comme sa marraine. • Rennes, 6 janv. 2005 : *BICC 1er mars 2005, n° 435.*

18. Absence de congé maternité (mère d'intention). Refus d'accorder un congé maternité à une salariée pour l'arrivée de son enfant conçu par l'intermédiaire d'une mère porteuse, faute d'être enceinte ou d'avoir accouché au sens de la Dir. n° 92/85 ; les États membres ne sont pas tenus d'accorder un congé maternité à une travailleuse, en sa qualité de mère commanditaire ayant eu un enfant grâce à une convention de mère porteuse, y compris lorsqu'elle est susceptible d'allaiter cet enfant après la naissance ou qu'elle l'allaite effectivement. • CJUE 18 mars 2014, n° C-363/12 : *D. 2014. 1811, note Boujeka ; ibid. 1059, obs. Gaudemet-Tallon et Jault-Seseke ; ibid. 2015. Pan. 755, obs. Galloux et Gaumont-Prat ; ibid. 1811, note Boujeka ; AJ fam. 2014. 310 ; ibid. 211, obs. Dionisi-Peyrusse ; RDSS 2014. 478, note Monéger ; RTD civ. 2014. 355, obs. Hauser ; RTD eur. 2014. 530, obs. Robin-Olivier ; Gaz. Pal. 2014.1634, note Viganotti ; JCP 2014, n° 769, obs. Garcia* • 18 mars 2014, n° C-167/12 : *D. 2014. 1059, obs. Gaudemet-Tallon et Jault-Seseke ; ibid. 1007, obs. S. H.-V. ; AJ fam. 2014. 310, obs. Roberge ; ibid. 211, obs. Dionisi-Peyrusse ; JCP 2014, n° 769, obs. Garcia.*

19. Autorité parentale de la mère biologique. Le retrait de l'autorité parentale, qui est une mesure de protection de l'enfant, suppose la démonstration par le requérant d'un danger manifeste pour la santé, la sécurité ou la moralité de ce dernier, un défaut de soins ou un manque de direction est insuffisant. Rejet du pourvoi contre l'arrêt refusant le retrait de l'autorité parentale de la mère biologique, faute de preuve que l'absence de leur mère soit source de danger pour eux ou que cette mesure soit conforme à leur intérêt supérieur, alors que la voie de l'adoption des enfants par le conjoint du père demeure ouverte, si les conditions en sont remplies, ce qui suppose en particulier que le juge vérifie la validité et la portée de déclaration par laquelle la mère a renoncé à ses droits parentaux et qu'il s'assure de sa conformité avec l'intérêt de l'enfant. • Civ. 1re, 21 sept. 2022, n° 20-18.687 B : *D. 2022. 1702 ; AJ fam. 2022. 557, obs. Berdeaux ; ibid. 457, obs. Dionisi-Peyrusse ; RDSS 2022. 1147, obs. Monéger ; RTD civ. 2022. 876, obs. Leroyer ; Dr. fam. 2022, n° 166, obs. Siffrein-Blanc.*

Art. 16-8 **Aucune information permettant d'identifier à la fois celui qui a fait don d'un élément ou d'un produit de son corps et celui qui l'a reçu ne peut être divulguée. Le donneur ne peut connaître l'identité du receveur ni le receveur celle du donneur.**

En cas de nécessité thérapeutique, seuls les médecins du donneur et du receveur peuvent avoir accès aux informations permettant l'identification de ceux-ci.

BIBL. ▶ **Droit de connaître ses origines :** CORPART-OULERICH, *RDSS 1994. 1.* – FURKEL, *Colloque Nancy : les enjeux du progrès scientifique, Bruylant, 2000, p. 61.* – GAUMONT-PRAT, *Dr. fam. 1999. Chron. 17.* – LEVENEUR, *Dr. et patr. 3/2002. 42.* – NICOLAS-MAGUIN, *D. 1995. Chron. 75.* – VIDAL, *Mél. L. Boyer, PU Toulouse, 1996, p. 733.* – V. aussi Bibl. ss. art. 341-1. ▶ **Principe de l'anonymat dans l'assistance médicale à la procréation :** GAUMONT-PRAT, *Dr. fam. 2001. Chron. 2.*

1. Il résulte des dispositions de l'art. 16-8 C. civ., de l'art. L. 511-10 C. pén., des art. L. 1211-5, L. 1273-3, L. 1244-6 et R. 1244-5 CSP que les informations contenues dans le dossier d'un donneur de gamètes utilisées dans le cadre d'une assistance médicale à la procréation constituent un secret protégé par la loi au sens de l'art. 6 de la L. du 11 juill. 1978 garantissant en particulier la préservation de l'anonymat du donneur à l'égard de toute personne demandant à y avoir accès et notamment de celle qui a été conçue à partir des gamètes issus de ce don ; il ne peut être dérogé à cette règle, dans certaines conditions, qu'au profit des autorités sanitaires, des praticiens agréés pour les activités cliniques d'assistance médicale à la procréation et des médecins dans l'intérêt thérapeutique de l'enfant ainsi conçu (rejet de la demande d'accès à certaines données présentée par la personne issue d'un don de gamète, qui ne fait pas partie des personnes et autorités auxquelles la loi réserve strictement l'accès à certaines données concernant les donneurs de gamètes. • TA Montreuil, 14 juin 2012 : *AJDA 2012. 2115, note Hennette-Vauchez ; D. 2012. 1618, obs. Mirkovic ; AJ fam. 2012. 408, obs. Xémard ; RTD civ. 2012. 520, obs. Hauser.*

2. En interdisant la divulgation de toute information sur les données personnelles d'un donneur de gamètes, le législateur a établi un juste équilibre entre les intérêts en présence et, dès lors, cette interdiction n'est pas incompatible avec les stipulations de la Conv. EDH. • CE, avis, 13 juin 2013, n° 362981 (arguments généraux pour justifier, dans le cadre d'une large marge d'appréciation, l'anonymat : préservation de la vie privée du donneur et de sa famille, respect de la vie familiale au sein de la famille légale de l'enfant ; arguments retenus par le législateur en 2011 pour maintenir l'anonymat : sauvegarde de l'équilibre des familles, risque majeur de remettre en cause le caractère social et affectif de la filiation, risque d'une baisse substantielle des dons de gamètes, ainsi que celui d'une remise en cause de l'éthique qui s'attache à toute démarche de don d'éléments ou de produits du corps). ♦ Si cette solution conduit, pour la personne issue d'un don de gamètes, à s'opposer à la satisfaction de certaines demandes d'information, cette règle, qui s'applique à tous les dons d'un élément ou d'un produit du corps, n'implique par elle-même aucune atteinte à la vie privée et familiale de la personne ainsi conçue, d'autant qu'il appartient au demeurant aux seuls parents de décider de lever ou non le secret sur la conception de cette personne. • Même arrêt. ♦ Décision confirmée par : • CE 12 nov. 2015, n° 372121 : *AJDA 2015. 2175 ; D. 2015. 2382 ; AJ fam. 2015. 639, obs. Dionisi-Peyrusse ; Dr. fam. 2016. Étude 1, note*

Binet ; RTD civ. 2016. 334, obs. Hauser ✎. ♦ ... Et par • CE 28 déc. 2017, n° 396571 A : *AJDA 2018. 497, note Roussel et Nicolas* ✎ ; *D. 2018. 528, obs. Granet-Lambrechts* ✎ ; *AJ fam. 2018. 181, obs. Houssier* ✎ ; *ibid. 2018. 68, obs. Dionisi-Peyrusse* ✎ ; *Dr. fam. 2018, n° 64, obs. Fulchiron.*

3. N'est pas discriminatoire, au sens des art. 8 et 14 Conv. EDH, le régime mis en place pour les enfants nés d'une assistance médicale à la procréation, au regard des enfants nés naturellement, dans la transmission à des fins médicales d'informations non identifiantes. • CE, avis, 13 juin 2013, n° 362981 (la différence de traitement entre le médecin et toute autre personne relève de la marge d'appréciation, eu égard notamment aux inconvénients que présenterait la transmission de ces données aux intéressés eux-mêmes par rapport aux objectifs de protection de la santé, de préservation de la vie privée et de secret médical). ♦ Décision confirmée par : • CE 12 nov. 2015, n° 372121 : *préc. note 2.* ♦ ... Et par • CE 28 déc. 2017, n° 396571, *A : préc. note 2.*

4. Rejet d'une demande de dommages-intérêts pour déloyauté de la femme dans l'exécution d'une opération d'insémination artificielle avec donneur non anonyme, réalisée à l'étranger, alors que la réparation ne peut concerner qu'un intérêt légitime juridiquement protégé et qu'en l'espèce l'opération violait les art. 16-7 et 16-8 faute d'anonymat. • TGI Paris, 28 juin 2005 : *D. 2006. Pan. 1147, obs. Granet-Lambrechts* ✎ (action intentée par le membre d'un couple homosexuel masculin ayant reconnu l'enfant, dont il pensait être le père, alors que la mère avait conçu celui-ci avec un tiers à son insu et à l'insu de sa propre compagne homosexuelle).

Art. 16-8-1 *(L. n° 2021-1017 du 2 août 2021, art. 5)* **Dans le cas d'un don de gamètes ou d'un accueil d'embryon, les receveurs sont les personnes qui ont donné leur consentement à l'assistance médicale à la procréation.**

Le principe d'anonymat du don ne fait pas obstacle à l'accès de la personne majeure née d'une assistance médicale à la procréation avec tiers donneur, sur sa demande, à des données non identifiantes ou à l'identité du tiers donneur, dans les conditions prévues au chapitre III du titre IV du livre I de la deuxième partie du code de la santé publique. — *V. CSP, art. L. 2143-1 s., ss. C. civ., art. 342-13.*

BIBL. ▸ BAILLON-WIRTZ et DARMÉ-LONGUET, *JCP N 2022, n° 1273* (droit d'accès aux origines d'un enfant né d'une assistance médicale à la procréation avec tiers donneur). – MONÉGER, *RDSS 2021. 836* ✎ (accès aux origines des enfants issus d'un don).

Art. 16-9 **Les dispositions du présent chapitre sont d'ordre public.**

Code de la santé publique

1re PARTIE : LÉGISLATIVE
(Ord. n° 2000-548 du 15 juin 2000)

TITRE I (DU LIVRE I DE LA 1re PARTIE). DROITS DES PERSONNES MALADES ET DES USAGERS DU SYSTÈME DE SANTÉ

CHAPITRE PRÉLIMINAIRE. *DROITS DE LA PERSONNE*
(L. n° 2002-303 du 4 mars 2002, art. 3)

BIBL. GÉN. ▸ **Droits des malades :** ALT-MAES, *Gaz. Pal. 2003. Doctr. 3639* (information médicale). – BARINCOU et VERHEYDE, *AJ fam. 2016. 471* ✎ (loi 2 févr. 2016 et majeurs protégés). – BELLIVIER et ROCHFELD, *chron. lég. RTD civ. 2002. 574* ✎. – COUTURIER, *RDSS 2009. 277* ✎ (secret médical et troubles psychiques). – CLUZEL-MÉTAYER, *RDSS 2012. 442* ✎ (droit au consentement dans les lois des 2 janvier et 4 mars 2002). – DORSNER-DOLIVET, RFDA *2003. 528* ✎ (consentement au traitement médical). – FOSSIER, *JCP 2003. I. 135* (démocratie sanitaire et personnes vulnérables). – HARICHAUX, *RDSS 2002. 673* ✎. – LAMBERT-FAIVRE, *D. 2002. Chron. 1291.* ✎ – LOKIEC, *RTD civ. 2004. 641* ✎ (la décision médicale). – B. MATHIEU, *LPA 19 juin 2002.* – MISTRETTA, *JCP 2002. I. 141.* – MOQUET-ANGER, *RDSS 2002. 657* ✎. – PUTMAN, *RJPF 2002-5/13.* – RADÉ, *RCA 2003. Chron. 7* (obligation d'information : office du juge). – D. ROMAN, *RDSS 2005. 423* ✎ (respect de la volonté du malade). – Dossier Santé dans la jurisprudence de la Cour de cassation, *R. 2007, p. 45.*

▸ **Loi du 22 avr. 2005 sur la fin de vie :** ALFANDARI et PEDROT, *RDSS 2005. 751* ✎. – ALT-MAES, *Gaz. Pal. 2006. Doctr. 1658.* – BAILLEUL, *JCP 2005. I. 142.* – COELHO, *Gaz. Pal. 2006. Doctr. 760.* – CORPART, *Dr. fam. 2005. Étude 14.* – DOUBLET, *LPA 23 juin 2005.* – GARAUD, *RLDC 2005/20, n° 835.* – GROSSET, *D. 2019. 1947* ✎ (étude sur les directives anticipées et la personne de confiance : le rôle du tiers dans l'expression de la volonté du sujet empêché). – Leroyer, *chron. lég. RTD civ. 2005. 645* ∅. – Malaurie, *Defrénois 2005. 1385.* – Pradel, *D. 2005. Chron. 2106* ∅. – Putman, *RJPF 2005-6/13.* – F. Vialla, *D. 2005. Point de vue. 1797* ∅. ▶ Cimar, *RDSS 2006. 470* ∅ (situation juridique du patient inconscient en fin de vie). – Mélin, *Defrénois 2004. 1523* (testament de vie).

Art. L. 1110-1 Le droit fondamental à la protection de la santé doit être mis en œuvre par tous moyens disponibles au bénéfice de toute personne. Les *(Ord. n° 2021-1470 du 10 nov. 2021, art. 1er)* « professionnels et les établissements de santé », les organismes d'assurance maladie ou *(Ord. n° 2021-1470 du 10 nov. 2021, art. 1er)* « tous autres organismes ou dispositifs participant à la prévention, aux soins ou à la coordination des soins », et les autorités sanitaires contribuent, avec *(L. n° 2022-217 du 21 févr. 2022, art. 130)* « les collectivités territoriales et leurs groupements, dans le champ de leurs compétences respectives fixées par la loi, et avec » les usagers, à développer la prévention, garantir l'égal accès de chaque personne aux soins nécessités par son état de santé et assurer la continuité des soins et la meilleure sécurité sanitaire possible.

Art. L. 1110-1-1 *(L. n° 2005-102 du 11 févr. 2005, art. 7) [...]*

Art. L. 1110-2 La personne malade a droit au respect de sa dignité.

Art. L. 1110-2-1 *(L. n° 2021-1109 du 24 août 2021, art. 30)* Un professionnel de santé ne peut établir de certificat aux fins d'attester la virginité d'une personne.

Art. L. 1110-3 Aucune personne ne peut faire l'objet de discriminations dans l'accès à la prévention ou aux soins.

(L. n° 2009-879 du 21 juill. 2009, art. 54) « Un professionnel de santé ne peut refuser de soigner une personne *(L. n° 2022-295 du 2 mars 2022, art. 5)* « , y compris refuser de délivrer un moyen de contraception en urgence, » pour l'un des motifs visés au premier alinéa de l'article 225-1 du code pénal ou au motif qu'elle est bénéficiaire de la protection complémentaire *(L. n° 2018-1203 du 22 déc. 2018, art. 52, en vigueur le 1er nov. 2019)* « en matière de santé prévue à l'article L. 861-1 » du code de la sécurité sociale, ou du droit à l'aide prévue à l'article L. 251-1 du code de l'action sociale et des familles.

« Toute personne qui s'estime victime d'un refus de soins illégitime peut saisir le directeur de l'organisme local d'assurance maladie ou le président du conseil territorialement compétent de l'ordre professionnel concerné des faits qui permettent d'en présumer l'existence. Cette saisine vaut dépôt de plainte. Elle est communiquée à l'autorité qui n'en a pas été destinataire. Le récipiendaire en accuse réception à l'auteur, en informe le professionnel de santé mis en cause et peut le convoquer dans un délai d'un mois à compter de la date d'enregistrement de la plainte.

« Hors cas de récidive, une conciliation est menée dans les trois mois de la réception de la plainte par une commission mixte composée à parité de représentants du conseil territorialement compétent de l'ordre professionnel concerné et de l'organisme local d'assurance maladie.

« En cas d'échec de la conciliation, ou en cas de récidive, le président du conseil territorialement compétent transmet la plainte à la juridiction ordinale compétente avec son avis motivé et en s'y associant le cas échéant.

« En cas de carence du conseil territorialement compétent, dans un délai de trois mois, le directeur de l'organisme local d'assurance maladie peut prononcer à l'encontre du professionnel de santé une sanction dans les conditions prévues à l'article L. 162-1-14-1 du code de la sécurité sociale.

« Hors le cas d'urgence et celui où le professionnel de santé manquerait à ses devoirs d'humanité, le principe énoncé au premier alinéa du présent article ne fait pas obstacle à un refus de soins fondé sur une exigence personnelle ou professionnelle essentielle et déterminante de la qualité, de la sécurité ou de l'efficacité des soins. La continuité des soins doit être assurée quelles que soient les circonstances, dans les conditions prévues par l'article L. 6315-1 du présent code.

« Les modalités d'application du présent article sont fixées par voie réglementaire. »

....

Art. L. 1110-4 *(Ord. n° 2017-31 du 12 janv. 2017, art. 5)* « I. — Toute personne prise en charge par un professionnel de santé, un établissement ou service, un professionnel ou organisme concourant à la prévention ou aux soins dont les conditions d'exercice ou les activités sont régies par le présent code, le service de santé des armées, un professionnel du secteur médico-social ou social ou un établissement ou service social et médico-social mentionné au

I de l'article L. 312-1 du code de l'action sociale et des familles a droit au respect de sa vie privée et du secret des informations le concernant. »

(L. n° 2016-41 du 26 janv. 2016, art. 96-I) « Excepté dans les cas de dérogation expressément prévus par la loi, ce secret couvre l'ensemble des informations concernant la personne venues à la connaissance du professionnel, de tout membre du personnel de ces établissements, services ou organismes et de toute autre personne en relation, de par ses activités, avec ces établissements ou organismes. Il s'impose à tous les professionnels intervenant dans le système de santé.

« II. — Un professionnel peut échanger avec un ou plusieurs professionnels identifiés des informations relatives à une même personne prise en charge, à condition qu'ils participent tous à sa prise en charge et que ces informations soient strictement nécessaires à la coordination ou à la continuité des soins, à la prévention ou à son suivi médico-social et social.

« III. — Lorsque ces professionnels appartiennent à la même équipe de soins, au sens de l'article L. 1110-12, ils peuvent partager les informations concernant une même personne qui sont strictement nécessaires à la coordination ou à la continuité des soins ou à son suivi médico-social et social. Ces informations sont réputées confiées par la personne à l'ensemble de l'équipe.

« Le partage, entre des professionnels ne faisant pas partie de la même équipe de soins, d'informations nécessaires à la prise en charge d'une personne requiert son consentement préalable, recueilli par tout moyen, y compris de façon dématérialisée, dans des conditions définies par décret pris après avis de la Commission nationale de l'informatique et des libertés. »

(Ord. n° 2018-20 du 17 janv. 2018, art. 2) « III *bis*. — Un professionnel de santé, exerçant au sein du service de santé des armées ou dans le cadre d'une contribution au soutien sanitaire des forces armées prévue à l'article L. 6147-10, ou un professionnel du secteur médico-social ou social relevant du ministre de la défense peuvent, dans des conditions définies par décret en Conseil d'État, échanger avec une ou plusieurs personnes, relevant du ministre de la défense ou de la tutelle du ministre chargé des anciens combattants, et ayant pour mission exclusive d'aider ou d'accompagner les militaires et anciens militaires blessés, des informations relatives à ce militaire ou à cet ancien militaire pris en charge, à condition que ces informations soient strictement nécessaires à son accompagnement. Le secret prévu au I s'impose à ces personnes. Un décret en Conseil d'État définit la liste des structures dans lesquelles exercent les personnes ayant pour mission exclusive d'aider ou d'accompagner les militaires et anciens militaires blessés. »

(L. n° 2016-41 du 26 janv. 2016, art. 96-I) « IV. — La personne est dûment informée de son droit d'exercer une opposition à l'échange et au partage d'informations la concernant. Elle peut exercer ce droit à tout moment.

« V. — » Le fait d'obtenir ou de tenter d'obtenir la communication de ces informations en violation du présent article est puni d'un an d'emprisonnement et de 15 000 € d'amende.

En cas de diagnostic ou de pronostic grave, le secret médical ne s'oppose pas à ce que le famille, les proches de la personne malade ou la personne de confiance définie à l'article L. 1111-6 reçoivent les informations nécessaires destinées à leur permettre d'apporter un soutien direct à celle-ci, sauf opposition de sa part. *(L. n° 2004-810 du 13 août 2004, art. 2-II)* « Seul un médecin est habilité à délivrer, ou à faire délivrer sous sa responsabilité, ces informations. »

Le secret médical ne fait pas obstacle à ce que les informations concernant une personne décédée soient délivrées à ses ayants droit *(L. n° 2016-41 du 26 janv. 2016, art. 96-I)* « , son concubin ou son partenaire lié par un pacte civil de solidarité », dans la mesure où elles leur sont nécessaires pour leur permettre de connaître les causes de la mort, de défendre la mémoire du défunt ou de faire valoir leurs droits, sauf volonté contraire exprimée par la personne avant son décès. *(L. n° 2016-41 du 26 janv. 2016, art. 96-I)* « Toutefois, en cas de décès d'une personne mineure, les titulaires de l'autorité parentale conservent leur droit d'accès à la totalité des informations médicales la concernant, à l'exception des éléments relatifs aux décisions médicales pour lesquelles la personne mineure, le cas échéant, s'est opposée à l'obtention de leur consentement dans les conditions définies aux articles L. 1111-5 et L. 1111-5-1. »

(L. n° 2021-1017 du 2 août 2021, art. 14) « En outre, le secret médical ne fait pas obstacle à ce que les informations concernant une personne décédée nécessaires à la prise en charge d'une personne susceptible de faire l'objet d'un examen des caractéristiques génétiques dans les conditions prévues au I de l'article L. 1130-4 soient délivrées au médecin assurant cette prise en charge, sauf volonté contraire exprimée par la personne avant son décès. »

(L. nº 2016-41 du 26 janv. 2016, art. 96-I) « VI. — Les conditions et les modalités de mise en œuvre du présent article pour ce qui concerne l'échange et le partage d'informations entre professionnels de santé *(Ord. nº 2018-20 du 17 janv. 2018, art. 2)* « , non-professionnels de santé du champ social et médico-social et personnes ayant pour mission exclusive d'aider ou d'accompagner les militaires et anciens militaires blessés » sont définies par décret en Conseil d'État, pris après avis de la Commission nationale de l'informatique et des libertés. »

....

Art. L. 1110-5 Toute personne a, compte tenu de son état de santé et de l'urgence des interventions que celui-ci requiert, le droit de recevoir *(L. nº 2016-87 du 2 févr. 2016, art. 1er-I-1º-a)* « , sur l'ensemble du territoire, les traitements et » les soins les plus appropriés et de bénéficier des thérapeutiques dont l'efficacité est reconnue et qui garantissent la meilleure sécurité sanitaire *(L. nº 2016-87 du 2 févr. 2016, art. 1er-I-1º-a)* « et le meilleur apaisement possible de la souffrance » au regard des connaissances médicales avérées. Les actes de prévention, d'investigation ou *(L. nº 2016-87 du 2 févr. 2016, art. 1er-I-1º-b)* « de traitements et » de soins ne doivent pas, en l'état des connaissances médicales, lui faire courir de risques disproportionnés par rapport au bénéfice escompté. *(L. nº 2016-87 du 2 févr. 2016, art. 1er-I-1º-c et 2º)* « Ces dispositions s'appliquent sans préjudice ni de l'obligation de sécurité à laquelle est tenu tout fournisseur de produits de santé ni de l'application du titre II du présent livre.

« Toute personne a le droit d'avoir une fin de vie digne et accompagnée du meilleur apaisement possible de la souffrance. Les professionnels de santé mettent en œuvre tous les moyens à leur disposition pour que ce droit soit respecté. »

Art. L. 1110-5-1 *(L. nº 2016-87 du 2 févr. 2016, art. 2)* Les actes mentionnés à l'article L. 1110-5 ne doivent pas être mis en œuvre ou poursuivis lorsqu'ils résultent d'une obstination déraisonnable. Lorsqu'ils apparaissent inutiles, disproportionnés ou lorsqu'ils n'ont d'autre effet que le seul maintien artificiel de la vie, ils peuvent être suspendus ou ne pas être entrepris, conformément à la volonté du patient et, si ce dernier est hors d'état d'exprimer sa volonté, à l'issue d'une procédure collégiale définie par voie réglementaire.

La nutrition et l'hydratation artificielles constituent des traitements qui peuvent être arrêtés conformément au premier alinéa du présent article.

Lorsque les actes mentionnés aux deux premiers alinéas du présent article sont suspendus ou ne sont pas entrepris, le médecin sauvegarde la dignité du mourant et assure la qualité de sa vie en dispensant les soins palliatifs mentionnés à l'article L. 1110-10.

Art. L. 1110-5-2 *(L. nº 2016-87 du 2 févr. 2016, art. 3)* A la demande du patient d'éviter toute souffrance et de ne pas subir d'obstination déraisonnable, une sédation profonde et continue provoquant une altération de la conscience maintenue jusqu'au décès, associée à une analgésie et à l'arrêt de l'ensemble des traitements de maintien en vie, est mise en œuvre dans les cas suivants :

1º Lorsque le patient atteint d'une affection grave et incurable et dont le pronostic vital est engagé à court terme présente une souffrance réfractaire aux traitements ;

2º Lorsque la décision du patient atteint d'une affection grave et incurable d'arrêter un traitement engage son pronostic vital à court terme et est susceptible d'entraîner une souffrance insupportable.

Lorsque le patient ne peut pas exprimer sa volonté et, au titre du refus de l'obstination déraisonnable mentionnée à l'article L. 1110-5-1, dans le cas où le médecin arrête un traitement de maintien en vie, celui-ci applique une sédation profonde et continue provoquant une altération de la conscience maintenue jusqu'au décès, associée à une analgésie.

La sédation profonde et continue associée à une analgésie prévue au présent article est mise en œuvre selon la procédure collégiale définie par voie réglementaire qui permet à l'équipe soignante de vérifier préalablement que les conditions d'application prévues aux alinéas précédents sont remplies.

A la demande du patient, la sédation profonde et continue peut être mise en œuvre à son domicile, dans un établissement de santé ou un établissement mentionné au 6º du I de l'article L. 312-1 du code de l'action sociale et des familles.

L'ensemble de la procédure suivie est inscrite au dossier médical du patient.

Art. L. 1110-5-3 *(L. nº 2016-87 du 2 févr. 2016, art. 4)* Toute personne a le droit de recevoir des traitements et des soins visant à soulager sa souffrance. Celle-ci doit être, en toutes circonstances, prévenue, prise en compte, évaluée et traitée.

Le médecin met en place l'ensemble des traitements analgésiques et sédatifs pour répondre à la souffrance réfractaire du malade en phase avancée ou terminale, même s'ils peuvent avoir comme effet d'abréger la vie. Il doit en informer le malade, sans préjudice du quatrième alinéa de l'article L. 1111-2, la personne de confiance prévue à l'article L. 1111-6, la famille ou, à défaut, un des proches du malade. La procédure suivie est inscrite dans le dossier médical.

Toute personne est informée par les professionnels de santé de la possibilité d'être prise en charge à domicile, dès lors que son état le permet.

....

Art. L. 1110-9 Toute personne malade dont l'état le requiert a le droit d'accéder à des soins palliatifs et à un accompagnement. — *[Anc. art. L. 1er A.]*

Art. L. 1110-10 Les soins palliatifs sont des soins actifs et continus pratiqués par une équipe interdisciplinaire en institution ou à domicile. Ils visent à soulager la douleur, à apaiser la souffrance psychique, à sauvegarder la dignité de la personne malade et à soutenir son entourage. — *[Anc. art. L. 1er B.]*

CHAPITRE I. *INFORMATION DES USAGERS DU SYSTÈME DE SANTÉ ET EXPRESSION DE LEUR VOLONTÉ*

(L. n° 2002-303 du 4 mars 2002, art. 11)

BIBL. GÉN. ► **Droits des malades :** V. avant art. L. 1110-1. – Droit au refus de soins : Y. Lachaud, *Gaz. Pal. 2002. Doctr. 1729.* – Testament de vie : Mélin, *Defrénois 2004. 1523.* – V. aussi Bibl. ss. art. 16-3 C. civ.

....

SECTION 1. *Principes généraux (L. n° 2005-370 du 22 avr. 2005).*

....

Art. L. 1111-2 *(Ord. n° 2020-232 du 11 mars 2020, art. 1er, en vigueur le 1er oct. 2020)* « I. — » Toute personne a le droit d'être informée sur son état de santé. Cette information porte sur les différentes investigations, traitements ou actions de prévention qui sont proposés, leur utilité, leur urgence éventuelle, leurs conséquences, les risques fréquents ou graves normalement prévisibles qu'ils comportent ainsi que sur les autres solutions possibles et sur les conséquences prévisibles en cas de refus. *(L. n° 2016-41 du 26 janv. 2016, art. 175)* « Elle est également informée de la possibilité de recevoir, lorsque son état de santé le permet, notamment lorsqu'elle relève de soins palliatifs au sens de l'article L. 1110-10, les soins sous forme ambulatoire ou à domicile. Il est tenu compte de la volonté de la personne de bénéficier de l'une de ces formes de prise en charge. » Lorsque, postérieurement à l'exécution des investigations, traitements ou actions de prévention, des risques nouveaux sont identifiés, la personne concernée doit en être informée, sauf en cas d'impossibilité de la retrouver.

Cette information incombe à tout professionnel de santé dans le cadre de ses compétences et dans le respect des règles professionnelles qui lui sont applicables. Seules l'urgence ou l'impossibilité d'informer peuvent l'en dispenser.

Cette information est délivrée au cours d'un entretien individuel.

La volonté d'une personne d'être tenue dans l'ignorance d'un diagnostic ou d'un pronostic doit être respectée, sauf lorsque des tiers sont exposés à un risque de transmission.

(Ord. n° 2020-232 du 11 mars 2020, art. 1er, en vigueur le 1er oct. 2020) « II. — Les droits des mineurs mentionnés au présent article sont exercés par les personnes titulaires de l'autorité parentale ou par le tuteur, qui reçoivent l'information prévue par le présent article, sous réserve des articles L. 1111-5 et L. 1111-5-1. Les mineurs ont le droit de recevoir eux-mêmes une information et de participer à la prise de décision les concernant, d'une manière adaptée à leur degré de maturité.

« III. — L'information prévue au présent article est délivrée aux personnes majeures protégées au titre des dispositions du chapitre II du titre XI du livre I du code civil d'une manière adaptée à leur capacité de compréhension.

« Cette information est également délivrée à la personne chargée d'une mesure de protection juridique avec représentation relative à la personne. Elle peut être délivrée à la personne chargée d'une mesure de protection juridique avec assistance à la personne si le majeur protégé y consent expressément.

« IV. — » Des recommandations de bonnes pratiques sur la délivrance de l'information sont établies par *(L. n° 2004-810 du 13 août 2004, art. 36)* « la Haute Autorité de santé » et homologuées par arrêté du ministre chargé de la santé.

En cas de litige, il appartient au professionnel ou à l'établissement de santé d'apporter la preuve que l'information a été délivrée à l'intéressé dans les conditions prévues au présent article. Cette preuve peut être apportée par tout moyen.

(L. n° 2009-879 du 21 juill. 2009, art. 37) « L'établissement de santé recueille auprès du patient hospitalisé les coordonnées des professionnels de santé auprès desquels il souhaite que soient recueillies les informations nécessaires à sa prise en charge durant son séjour et que soient transmises celles utiles à la continuité des soins après sa sortie. »

Les dispositions issues de l'Ord. n° 2020-232 du 11 mars 2020 sont applicables aux mesures de protection juridique en cours au jour de son entrée en vigueur et aux situations dans lesquelles aucune décision n'a été prise au jour de son entrée en vigueur, soit au plus tard le 1er oct. 2020 (Ord. préc., art. 46).

BIBL. ▸ **Obligation d'information avant la loi du 4 mars 2002** : N. Albert, *RFDA 2003. 353* (obligation d'information médicale et responsabilité). – Benayoun, *RCA 1999. Chron. 9*. – Burgelin, *R. 1999, p. 71*. – Chabas, *JCP 2000. I. 212 ; Gaz. Pal. 5-6 mai 2004, Doctr.* (pédiatres). – Clément, *LPA 9 juin 1999* (divergences des juges administratif et civil). – Dendoncker, *CCC 2001. Chron. 9 ; RRJ 2001/2. 1031* (contentieux administratif et judiciaire). – Esper, *Gaz. Pal. 2000. 2. Doctr. 2261* (information du malade à l'hôpital public). – Fabre-Magnan, *RTD civ. 2001. 285* (avortement et responsabilité médicale). – Gouesse, *LPA 9 juin 1999*. – Hocquet-Berg, *Gaz. Pal. 1998. 2. Doctr. 1121* (sanction du défaut d'information). – Lachaud et Aveline, *Gaz. Pal. 1999. 1. Doctr. 852*. – Lafage, *Gaz. Pal. 2002. Doctr. 275* (devoir d'information et droit à l'avortement). – Lamarche, *RRJ 1998/4. 1223*. – Pierre, *Dr. et patr. 1/2001. 75*. – Porchy, *D. 1998. Chron. 379*. – Radé, *RCA 2003. Chron. 7* (office du juge). – Sargos, *LPA 22 sept. 1999 ; R. 2010. 163*.

▸ **Obligation d'information après la loi du 4 mars 2002 :** Alt-Maes, *JCP 2013, n° 547* (réparation).

1. Consentement du patient. Sur la nécessité du consentement, V. Bibl. et notes ss. art. 16-3 C. civ. ♦ Comp. note 7.

1° PRINCIPE DE L'OBLIGATION D'INFORMATION

2. Information sur les risques de l'acte envisagé : fondements juridiques. Il résulte des art. 16 et 16-3 C. civ. que toute personne a le droit d'être informée, préalablement aux investigations, traitements ou actions de prévention proposés, des risques inhérents à ceux-ci, et son consentement doit être recueilli par le praticien, hors le cas où son état rend nécessaire une intervention thérapeutique à laquelle elle n'est pas à même de consentir. • Civ. 1re, 3 juin 2010, n° 09-13.591 P : *R., p. 396 ; BICC 1er nov. 2010, n° 1635, et les obs. ; D. actu. 21 juin 2010, obs. Gallmeister ; D. 2010. 1522, note Sargos ; ibid. Chron. C. cass. 2092, obs. Creton ; ibid. 2011. 35, obs. Gout ; JCP 2010, n° 788, note Porchy-Simon ; ibid. n° 1015, obs. Stoffel-Munck ; RCA 2010, n° 222, obs. Hocquet-Berg ; RLDC 2010/75, n° 3958, note Corgas-Bernard ; RDC 2010. 1235, obs. Borghetti ; RTD civ. 2010. 571, obs. Jourdain ; RDSS 2010. 898, obs. Arhab-Girardin* (visa des art. 16, 16-3 pour le fondement de l'obligation et anc. 1382). ♦ V. *aussi pour le visa des principes du respect* de la dignité de la personne humaine et d'intégrité du corps humain : • Civ. 1re, 12 juin 2012, n° 11-18.327 P : *D. 2012. 1794, note Laude ; RDSS 2012. 757, obs. Arhab-Girardin ; Gaz. Pal. 2012. 2099, note Bacache ; JCP 2012, n° 987, note Gout ; RCA 2012, n° 245, note Hocquet-Berg ; RDC 2012. 1195, obs. Carval ; ibid. 2013. 111, obs. Viney.*

3. Le médecin n'est pas dispensé de cette information sur la gravité du risque par le seul fait que l'intervention serait médicalement nécessaire. • Civ. 1re, 18 juill. 2000, n° 99-10.886 P : *R., p. 377 ; D. 2000. IR 217 ; Gaz. Pal. 2000. 2. 2451, note Bonneau ; LPA 3 nov. 2000, note Barbiéri.* ♦ Comp., ne retenant pas la responsabilité d'un médecin réalisant en urgence l'exérèse d'une tumeur, afin de déterminer sa nature cancéreuse ou bénigne, sans informer le patient que cette exérèse, même partielle, à des fins de biopsie, pouvait entraîner des séquelles nerveuses. • Civ. 1re, 26 oct. 2004, n° 03-15.120 P : *D. 2005. Pan. 405, obs. Penneau ; RDSS 2005. 153, obs. Pitcho.*

4. Information sur les conséquences d'un refus. L'art. L. 1111-2 CSP oblige le praticien à informer le patient sur les « conséquences prévisibles en cas de refus ». ♦ V. avant la L. du 4 mars 2002 : en cas d'opposition du patient au traitement préconisé, celui-ci doit être informé des risques graves encourus et ainsi mis en mesure de donner un consentement ou un refus éclairé aux actes médicaux envisagés. • Civ. 1re, 15 nov. 2005, n° 04-18.180 P : *JCP 2006. II. 10045, note Mistretta ; RDSS 2006. 157, obs. Hennion-Jacquet.*

5. Le médecin qui a informé son patient n'est pas tenu de réussir à le convaincre du danger de l'acte médical qu'il lui demande. • Civ. 1re, 18 janv. 2000, n° 97-17.716 P : *R., p. 377 ; D. 2001. 3559, note Mathieu-Izorche ; JCP 2001. II. 10473, note Dorsner-Dolivet ; JCP 2000. I. 243, n° 25, obs. Viney ; Defrénois 2000. 722,* *obs. D. Mazeaud ; RDSS 2000. 382, obs. Harichaux* (patient demandant d'être opéré de la cataracte sous anesthésie locale et non générale).

6. Limitations : intérêt du patient. L'art. 42 C. déont. méd. (CSP, art. R. 4127-35) autorise le médecin à limiter cette information en cas de diagnostic ou de pronostic grave ; cette limitation doit être fondée sur des raisons légitimes et dans l'intérêt du patient, apprécié en fonction de la nature de la pathologie, de son évolution prévisible et de la personnalité du malade ; les juges du fond apprécient souverainement cet intérêt. • Civ. 1re, 23 mai 2000, n° 98-18.513 P : *R., p. 377 et 382 ; D. 2000. Somm. 470, obs. Jourdain ; JCP 2000. II. 10342, rapp. Sargos ; ibid. I. 280, n° 14, obs. Viney.*

7. ... Impossibilité d'informer. Caractérise l'impossibilité d'informer le patient la cour d'appel qui relève que la nécessité de procéder à l'acte médical, source du risque non révélé, s'est imposée en cours d'intervention chirurgicale. • Civ. 1re, 22 mai 2002, n° 00-19.817 P : *JCP 2003. I. 152, n° 15 s., obs. Viney ; Gaz. Pal. 2003. Somm. 574, obs. Chabas* (chirurgien ne pouvant informer son patient des risques inhérents à l'acte complémentaire, dont la nécessité a été découverte pendant l'intervention, sans l'exposer au risque d'une nouvelle opération sous anesthésie). ♦ Comp. • Civ. 1re, 26 oct. 2004 : *préc. note 3.*

2° ÉTENDUE DE L'OBLIGATION D'INFORMATION

8. L. du 4 mars 2002 : risques fréquents ou graves normalement prévisibles. L'art. L. 1111-2 CSP dispose désormais que l'« information porte sur les différentes investigations, traitements ou actions de prévention qui sont proposés, leur utilité, leur urgence éventuelle, leurs conséquences, les risques fréquents ou graves normalement prévisibles qu'ils comportent ainsi que sur les autres solutions possibles ». ♦ Un risque grave ? scientifiquement connu à la date des soins comme étant en rapport avec l'intervention ou le traitement envisagés, constitue, même s'il ne se réalise qu'exceptionnellement, un risque normalement prévisible. • Civ. 1re, 12 oct. 2016, n° 15-16.894 P : *D. 2016. 131* .

9. Risques imprévisibles. L'obligation d'information du médecin ne concernant que les risques liés à l'intervention qu'il préconise, il ne peut lui être imputé à faute un défaut d'information quant à un risque totalement imprévisible. • Civ. 1re, 18 déc. 2002, n° 01-03.231 P : *D. 2003. IR 253* .

10. Risques scientifiquement inconnus ou non établis. Rejet de l'action en réparation du préjudice causé par un prétendu manque d'information, alors que le lien entre la vaccination et l'affection n'était pas scientifiquement établi et n'était mentionné ni dans le dictionnaire médical Vidal ni dans la notice du vaccin. • Civ. 1re, 23 janv. 2014, n° 12-22.123 P : *D. 2014. 584 , avis de la Gatinais ; ibid. 590, note Bacache ; ibid. 2021, obs. Laude ; ibid. 2015. 124, obs. Brun et Gout ; RTD civ. 2014. 379, obs. Jourdain ; RDSS 2014. 295, note Arhab-Girardin ; Gaz. Pal. 2014. 895, obs. Parance ; JCP 2014, n° 446, note Bascoulergue ; ibid. n° 553, obs. Viney ; CCC 2014, n° 86, obs. Leveneur ; RCA 2014, n° 116, note Hocquet-Berg ; RDC 2014. 368, note Guégan-Lécuyer ; ibid. 605, note Génicon.*

11. Jurisprudence ancienne : risques graves même exceptionnels. Hormis les cas d'urgence, d'impossibilité ou de refus du patient d'être informé, un médecin est tenu de lui donner une information loyale, claire et appropriée sur les risques graves afférents aux investigations et soins proposés et il n'est pas dispensé de cette obligation par le seul fait que ces risques ne se réalisent qu'exceptionnellement. • Civ. 1re, 7 oct. 1998, n° 97-10.267 P : *R., p. 274 ; D. 1999. 145, note Porchy ; D. 1999. Somm. 259, obs. D. Mazeaud ; D. Affaires 1998. 1854, obs. J. F. ; JCP 1998. II. 10179, concl. Sainte-Rose, note Sargos ; ibid. 1999. I. 147, n° 14 s., obs. Viney ; CCC 1998, n° 160, note Leveneur ; RTD civ. 1999. 111, obs. Jourdain ; LPA 5 mai 1999, note Noiville* (complication connue mais très rare). – V. aussi • Civ. 1re, 7 oct. 1998, n° 97-12.185 P : *R., p. 274* (probabilité de 1 %) • 15 juill. 1999, n° 97-20.160 P : *R., p. 398 ; D. 1999. Somm. 393, obs. Penneau* (faible risque) • 9 oct. 2001, n° 00-14.553 P : *R., p. 421 ; CCC 2002, n° 22, note Leveneur (2e esp.)* (risque rare et imprévisible selon la cour d'appel). – Dans le même sens : • CE 5 janv. 2000 : *D. 2000 IR 28 ; JCP 2000. II. 10271, note Moreau ; ibid. I. 243, n° 21 s., obs. Viney ; RFDA 2000. 641, concl. Chauvaux, note Bon ; Gaz. Pal. 2000. 1. 1111, concl. Chauvaux ; LPA 25 févr. 2000, note Clément ; RDSS 2000. 357, note Dubouis* • 17 mai 2000 : *JCP 2001. II. 10462, note E. Savatier* • 24 sept. 2012 : *AJDA 2012. 2459, note Moquet-Anger ; RCA 2012, n° 351, note Bloch.* ♦ Pour l'application de la solution jurisprudentielle dégagée depuis 1998 à des faits antérieurs, V. • Civ. 1re, 9 oct. 2001, n° 00-14.564 P : R., p. 421 ; GAJC, 12e éd., n° 11 ; *D. 2001. 3470, rapp. Sargos, note Thouvenin ; JCP 2002. II. 10045, note Cachard ; CCC 2002, n° 22, note Leveneur (1re esp.) ; Gaz. Pal. 2001. 1818, note Guigue ; RJPF 2002-1/34, note Chabas ; LPA 6 déc. 2001, note Clément ; ibid. 13 mars 2002, note Marmoz ; RTD civ. 2002. 176, obs. Libchaber ; RRJ 2002/4. 2061, note Viennois* (risque exceptionnel).

12. Illustrations. *Opportunité de l'intervention.* Le médecin radiologiste dispose d'un droit de contrôle sur la prescription de son confrère ayant prescrit une aortographie, et il a l'obligation d'éclairer le malade ou ses représentants des risques d'une intervention qui n'était ni indispensable ni urgente. • Civ. 1re, 29 mai 1984, n° 82-15.433 P : *R., p. 107 ; D. 1985. 281 (1re et 2e esp.), note Bouvier ; JCP 1984. II. 20259 (deux arrêts), concl. Gulphe ; Gaz. Pal. 1985. 1. 4, note Dorsner-Dolivet* (prescription et exécution d'un examen sans information préalable).

Risques précis lié à l'intervention, notamment par la remise d'une brochure exhaustive : • Civ. 1re, 6 févr. 2013, n° 12-17.423 P : *D. 2014. 47, obs. Gout ; RCA 2013, n° 125, obs. Bloch.*

Risque lié aux aléas thérapeutiques. ♦ Pour un exemple, V. • Civ. 1re, 13 nov. 2002, n° 01-00.377 P : *D. 2002. IR 3188 ; JCP 2003. I. 152, n° 15 s., obs. Viney ; Gaz. Pal. 2003. 3806, note Zerouki ; CCC 2003, n° 52, note Leveneur ; Dr. et patr. 9/2003. 111, obs. Chabas ; RTD civ. 2003. 98, obs. Jourdain ; RDC 2003. 47, obs. D. Mazeaud.*

Risque lié aux infections nosocomiales. ♦ Une cour d'appel ne peut, en présence d'un risque d'infection nosocomiale scientifiquement connu comme étant en rapport avec le type d'intervention pratiquée, se fonder sur la seule absence de faute du praticien dans la réalisation de celle-ci pour déterminer la teneur de son devoir d'information. • Civ. 1re, 8 avr. 2010, n° 08-21.058 P : *D. 2010. Actu. 1074, obs. Gallmeister ; D. 2011. Pan. 2565, obs. Laude ; CCC 2010, n° 174, note Leveneur ; RLDC 2010/72, n° 3845, obs. Le Nestour-Drelon ; RDC 2010. 857, obs. Viney.*

Efficacité de l'intervention. Manque à son obligation d'information le chirurgien qui ne signale pas à sa patiente que la ligature des trompes n'évite pas totalement la possibilité d'une grossesse dès lors que, même si le risque est minime, sa réalisation peut être évitée si son existence est connue. • Civ. 1re, 9 mai 1983 : *D. 1984. 121, note Penneau ; JCP 1984. II. 20262, note Dorsner-Dolivet.*

3° OBLIGATIONS D'INFORMATION PARTICULIÈRES

13. Information, objet principal du contrat. Pour le dépistage prénatal : V. sur l'indemnisation du préjudice subi par l'enfant handicapé, l'art. L. 114-5 CASF, ss. art. 1242 C. civ., et la jurisprudence antérieure rapportée. ♦ Responsabilité de l'échographiste : Gombault, *Gaz. Pal. 1996. 2. Doctr. 816.* ♦ En ne procédant pas aux examens qui auraient permis d'informer les époux des risques que présentait l'état de grossesse de l'épouse (malformation de l'enfant due à la rubéole dont la mère était atteinte), les médecins n'ont pas rempli l'obligation de renseignement *dont ils étaient tenus à l'égard de leur patiente* et qui aurait permis aux époux de prendre une décision éclairée quant à la possibilité de recourir à une interruption de grossesse thérapeutique. • Civ. 1re, 16 juill. 1991 : *JCP 1992. II. 21947, note Dorsner-Dolivet ; Gaz. Pal. 1992. 1. Somm. 152, obs. Chabas.*

14. Accouchement. La circonstance que l'accouchement par voie basse constitue un événement naturel et non un acte médical ne dispense pas le professionnel de santé de l'obligation de porter, le cas échéant, à la connaissance de la femme enceinte les risques qu'il est susceptible de présenter eu égard notamment à son état de santé, à celui du fœtus ou à ses antécédents médicaux, et les moyens de les prévenir ; en particulier, en présence d'une pathologie de la mère ou de l'enfant à naître ou d'antécédents médicaux entraînant un risque connu en cas d'accouchement par voie basse, l'intéressée doit être informée de ce risque ainsi que de la possibilité de procéder à une césarienne et des risques inhérents à une telle intervention. • Civ. 1re, 23 janv. 2019, n° 18-10.706 P : *D. 2019. 976, note Mattiussi ; ibid. Chron. C. cass. 1784, note Kloda ; ibid. 2058, obs. Bacache ; RDSS 2019. 565, obs. Trédez ; RDC 2/2019. 17, note Knetsch* (cassation de l'arrêt ayant limité le devoir d'information aux modalités du déclenchement de l'accouchement).

15. Chirurgien esthétique. Selon l'art. L. 6322-2 CSP, le praticien responsable doit informer le patient des conditions de l'intervention, des risques et des éventuelles conséquences et complications, cette information devant être accompagnée de la remise d'un devis détaillé. ♦ V. antérieurement à la L. du 4 mars 2002 : en matière d'actes médicaux et chirurgicaux à visée esthétique, l'obligation d'information doit porter non seulement sur les risques graves de l'intervention, mais aussi sur tous les inconvénients pouvant en résulter. • Civ. 1re, 17 févr. 1998, n° 95-21.715 P : *R., p. 273 ; JCP 1998. I. 144, n° 20, obs. Viney ; RTD civ. 1998. 681, obs. Jourdain ; LPA 6 mai 1999, note Halliez.* ♦ V. déjà, sur la particulière obligation d'information du chirurgien plasticien, s'agissant d'une intervention imposée ni par l'urgence, ni par un danger immédiat, • Civ. 1re, 14 janv. 1992 : *JCP 1993. II. 21996, note Dorsner-Dolivet.* ♦ V. aussi : • Civ. 1re, 22 sept. 1981 : *Bull. civ. I, n° 268 ; RTD civ. 1982. 152, obs. Durry* (absence d'information sur des risques prévisibles) • CAA Bordeaux, 17 nov. 1998 : *LPA 29 juill. 1999, concl. Péano.*

16. Cliniques. La clinique liée par un contrat d'hospitalisation et de soins est tenue à l'égard de ses patients d'une obligation de renseignements concernant les prestations qu'elle est en mesure d'assurer. • Civ. 1re, 14 oct. 1997, n° 95-21.390 P : *D. 1999. Somm. 391, obs. Penneau ; JCP 1998. I. 144, n° 22, obs. Viney ; RTD civ. 1998. 120, obs. Jourdain* • 11 juin 2009 : *D. 2010. 364, note Mémeteau ; RCA 2009, n° 258, note Radé.*

17. IVG. Dès lors que la législation interne prévoit la possibilité d'interrompre une grossesse, l'État a l'obligation positive de fournir l'information nécessaire aux femmes souhaitant y recourir. • CEDH, sect. IV, 26 mai 2011, *R.R. c/ Polo-*

gne, n° 27617/04 (violation de l'art. 3 Conv. EDH, l'arrêt soulignant le très grand écart entre le droit interne et sa mise en œuvre pratique) • CEDH, sect. IV, 30 oct. 2012, *P. et S. c/ Pologne*, n° 57375/08.

18. Orthodontiste. Manquement du praticien (orthodontiste) à son obligation de renseignement : • Civ. 1re, 22 nov. 1994, n° 92-16.423 P : *RTD civ. 1995. 375, obs. Jourdain* (défaut d'information des parents sur le caractère dangereux de l'appareil porté par un enfant de huit ans).

19. Médicaments. BIBL. Fouassier, *RDSS 1999. 735* (information sur les médicaments). – Sargos, *JCP 1999. I. 144* (information sur les médicaments). ♦ L'obligation de renseignement relative aux contre-indications et effets secondaires de médicaments ne peut, comme il résulte d'ailleurs des dispositions du code de la santé publique, s'appliquer qu'à ce qui est connu au moment de l'introduction des médicaments sur le marché et à ce qui a été porté à la connaissance des laboratoires depuis cette date. • Civ. 1re, 8 avr. 1986 *(affaire Thorens)* : *JCP 1987. II. 20721, note Viala et Viandier ; D. 1987. Chron. 77, étude Huet ; RTD civ. 1986. 779, obs. J. Huet.* ♦ V. aussi : • Civ. 1re, 5 janv. 1999 : *D. 2000. Somm. 285, obs. Pignarre ; RCA 1999, n° 71* (fabricant d'ampoules de médicament ; information insuffisante sur les dangers que comporte l'utilisation du produit). ♦ Rappr. CSP, art. L. 5121-20, R. 5121-138 (étiquetage extérieur) et R. 5121-147 s. (notice). – **CSP**.

4° RÉGIME DE L'OBLIGATION

20. Créanciers de l'obligation d'information : famille. Le patient étant en mesure de recevoir l'information et de donner un consentement éclairé, le médecin n'a pas à donner l'information à l'entourage familial. • Civ. 1re, 6 déc. 2007, n° 06-19.301 P : *D. 2008. 192, note Sargos ; ibid. Chron. 804, par Neyret ; ibid. 2008. Pan. 2894, obs. Jourdain ; JCP 2008. I. 125, nos 3 et 15, obs. Stoffel-Munck ; LPA 26 mars 2008, note G. Royer ; RLDC 2008/50, n° 3016, obs. Corgas-Bernard ; RTD civ. 2008. 272, obs. Hauser ; ibid. 303, obs. Jourdain.* ♦ Information des représentants légaux lorsque l'intervention concerne un enfant : • Civ. 1re, 29 mai 1984 : *préc. note 12.*

21. ... Autres médecins traitants. Jeu de l'obligation d'information entre médecins : • Civ. 1re, 28 oct. 1997, n° 95-17.274 P : *D. 1999. Somm. 383, obs. Penneau* (faute du chirurgien qui, suivant le malade depuis plusieurs années, n'a pas communiqué à l'anesthésiste les renseignements propres à éviter l'accident ; responsabilité partagée).

22. Débiteurs de l'obligation d'information. Le devoir de l'information pèse aussi bien sur le médecin prescripteur que sur celui qui réalise la prescription. • Civ. 1re, 14 oct. 1997, n° 95-19.609 P : *R., p. 271 ; JCP 1997. II. 22942, rapp. Sargos ; ibid. I. 4068, nos 6 s., obs. Viney ; RTD civ. 1998. 100, obs. Mestre ; LPA 13 mars 1998, note Dagorne-Labbe ; RDSS 1998. 68, note Harichaux.* ♦ V. aussi : • Civ. 1re, 29 mai 1984 : *préc. note 12.* ♦ V. cep. la détérioration des conditions d'exécution de cette obligation qui pourrait résulter d'une information donnée par un chirurgien le jour même de l'intervention, en dépit de renseignements de bonne qualité fournis antérieurement par la directrice de l'établissement. • Paris, 9 avr. 1999 : *Gaz. Pal. 1999. 1. Somm. 387.*

La communication par des radiologues de compte rendus d'examens au médecin prescripteur ne les dispense pas d'informer le patient sur les résultats de l'examen, d'une manière adaptée à sa personnalité et à son état. • Civ. 1re, 16 janv. 2013 : *JCP 2013, n° 298, note Vialla.*

23. Charge de la preuve de l'accomplissement. Le médecin doit rapporter la preuve de l'exécution de son obligation d'information. V. CSP, art. L. 1111-2, al. 7 et avant la L. du 4 mars 2002. • Civ. 1re, 25 févr. 1997, n° 94-19.685 P : *R., p. 271 ; GAJC, 11e éd., n° 13 ; D. 1997. Somm. 319, obs. Penneau ; Gaz. Pal. 1997. 1. 274, rapp. Sargos, note Guigue ; Defrénois 1997. 751, obs. Aubert ; LPA 16 juill. 1997, note Dorsner-Dolivet ; RTD civ. 1997. 434, obs. Jourdain ; RCA 1997. Chron. 8, par Lapoyade-Deschamps ; JCP 1997. I. 4025, n° 7, obs. Viney ; CCC 1997. Chron. 5, par Leveneur ; RDSS 1997. 288, note Dubouis ; RGAT 1997. 852, note Rémy* • 17 févr. 1998, n° 95-21.715 P : *R., p. 273 ; JCP 1998. I. 144, n° 20, obs. Viney ; LPA 6 mai 1999, note Halliez ; RTD civ. 1998. 681, obs. Jourdain* • 27 mai 1998, n° 96-19.161 P : *R., p. 273 ; D. 1998. 530, note Laroche-Gisserot.*

24. Modes de preuve. La preuve de l'accomplissement peut être apportée par tous moyens : V. CSP, art. L. 1111-2, al. 7 et avant la L. du 4 mars 2002, admettant une preuve par présomptions. • Civ. 1re, 14 oct. 1997 : *préc. note 22* (patiente exerçant la profession de laborantine dans l'établissement où a eu lieu l'intervention, ayant eu divers entretiens avec son médecin et n'ayant pris sa décision qu'après un temps de réflexion très long, avec hésitation et anxiété) • 4 janv. 2005, n° 02-11.339 P : *RCA 2005, n° 99, note Radé ; RTD civ. 2005. 381, obs. Mestre et Fages ; RDSS 2005. 330, obs. Pitcho.* ♦ Preuve résultant d'une intervention antérieur et des nombreuses consultations qui avaient précédé l'intervention critiquée démontrant le soin que le chirurgien avait pris pour analyser l'ensemble des éléments de nature à fonder un choix éclairé, établissant qu'elle avait reçu toute l'information nécessaire sur l'objectif, les conséquences et les risques prévisibles : • Civ. 1re, 12 juin 2012 : *D. 2012. 1610, obs. Gallmeister* (appréciation souveraine). ♦ Le médecin radiologue qui se contente d'affirmer que l'on peut supposer que les deux médecins qui ont posé l'indication de l'artériographie ont expliqué à la patiente les tenants et les aboutissants d'un tel examen ne prouve pas que l'information a été effectivement donnée par ses confrères. • Civ. 1re, 31 mai 2007 : *Gaz. Pal. 2007. Somm. 4195, obs. Lefèvre.*

25. Préjudice : perte de chance de refuser l'acte médical. Lorsque la violation d'une obligation d'information est sanctionnée au titre de la perte de chance subie par le patient d'échapper par une décision peut-être plus judicieuse au préjudice qui s'est finalement réalisé, le dommage correspond alors à une fraction des différents chefs de préjudices subis, déterminée en mesurant la chance perdue. • Civ. 1re, 7 déc. 2004, nº 02-10.957 P : *D. 2005. Pan. 406, obs. Penneau ; Dr. et patr. 4/2005. 101, obs. Chabas* (décision antérieure à la L. du 4 mars 2002) • 13 févr. 2007 : *CCC 2007, nº 143, note Leveneur.*

26. Préjudice : atteinte au droit à l'information et impréparation. Le non-respect par le médecin du devoir d'information sur les risques encourus préalablement aux investigations, traitements ou actions de prévention proposés, cause à celui auquel l'information était légalement due un préjudice que le juge ne peut laisser sans réparation. • Civ. 1re, 3 juin 2010 : *préc. note 2* (visa des art. 16 et 16-3). ♦ Le non-respect, par un professionnel de santé, de son devoir d'information sur les risques fréquents ou graves normalement prévisibles que comporte un accouchement par voie basse ou un acte individuel de prévention, de diagnostic ou de soins, auquel il a eu recours fautivement ou non, cause à celui auquel l'information était due, lorsque l'un de ces risques s'est réalisé, un préjudice moral distinct des atteintes corporelles subies, résultant d'un défaut de préparation à l'éventualité que ce risque survienne ; il incombe aux juges du fond d'en apprécier l'étendue au regard des circonstances et des éléments de preuve soumis. • Civ. 1re, 23 janv. 2019, nº 18-10.706 P : *D. 2019. 976, note Mattiussi ; ibid. Chron. C. cass. 1784, note Kloda ; ibid. 2058, obs. Bacache ; RDSS 2019. 565, obs. Trédez ; RDC 2/2019. 17, note Knetsch.* ♦ Rappr. pour un fondement différent : • Civ. 1re, 12 juin 2012 : *préc. note 2* (visa des principes du respect de la dignité de la personne humaine et d'intégrité du corps humain, et de l'anc. art. 1382 [1240]).

Cette solution est indépendante des cas dans lesquels le défaut d'information sur les risques *inhérents à un acte d'investigation,* de traitement ou de prévention a fait perdre au patient une chance d'éviter le dommage résultant de la réalisation de l'un de ces risques, en refusant qu'il soit pratiqué. • Civ. 1re, 23 janv. 2014, nº 12-22.123 P : *préc. note 10.* ♦ Viole les art. L. 1142-1 CSP et 16-3 C. civ. une cour d'appel qui limite la réparation due à la perte de chance d'éviter le dommage qui s'est réalisé, en raison du manquement du praticien à son devoir d'information, après avoir néanmoins retenu que la patiente avait été victime d'une intervention chirurgicale mutilante, inadaptée et injustifiée, laquelle ouvrait aussi droit à réparation. • Civ. 1re, 28 janv. 2010, nº 09-10.992 P : *D. 2010. 1522, note Sargos ; RJPF 2010-4/13, note Putman ; RCA 2010, nº 85, obs. Radé ; RLDC 2010/69, nº 3737, obs. Bugnicourt ; RDSS 2010. 375, note Arhab-Girardin.* ♦ V. aussi, s'agissant d'un droit personnel, détaché des atteintes corporelles, accessoire au droit à l'intégrité physique, la lésion de ce droit subjectif entraîne un préjudice moral, résultant d'un défaut de préparation psychologique aux risques encourus et du ressentiment éprouvé à l'idée de ne pas avoir consenti à une atteinte à son intégrité corporelle : • Civ. 1re, 12 juill. 2012 : *cité ss. art. 1245-5 nouv* (juges du fond n'ayant pas retenu une perte de chance ; absence totale d'information sur les risques liés à la pose d'une prothèse). ♦ Dans le même sens pour le Conseil d'État : indépendamment de la perte d'une chance de refuser l'intervention, le manquement des médecins à leur obligation d'informer le patient des risques courus lors d'une intervention ouvre pour l'intéressé, lorsque ces risques se réalisent, le droit d'obtenir réparation des troubles qu'il a pu subir du fait qu'il n'a pas pu se préparer à cette éventualité, notamment en prenant certaines dispositions personnelles. • CE 10 oct. 2012, nº 350426 : *Rec. Lebon ; D. 2012. 2518, obs. D. Poupeau ; ibid. 2013. 40, obs. O. Gout , et 2658, obs. M. Bacache ; AJDA 2012. 1927 et 2231, note C. Lantero ; RDSS 2013. 92, note D. Cristol.*

Comp. antérieurement, lorsque seule cette perte de chance était indemnisable, estimant que le patient ne justifie d'aucun préjudice indemnisable dès lors que s'il avait été correctement informé, il n'aurait pu, compte tenu de son état, refuser l'intervention : • Civ. 1re, 20 juin 2000, nº 98-23.046 P : *R., p. 387 ; D. 2000. Somm. 471, obs. Jourdain ; Defrénois 2000. 1121, obs. D. Mazeaud* • 13 nov. 2002 : *préc. note 12* • 4 févr. 2003, nº 00-15.572 P : *Dr. et patr. 9/2003. 113, obs. Chabas* • 31 mai 2007 : *Gaz. Pal. 2007. 1942, avis Sarcelet* (décision remettant en cause le lien de causalité) • 6 déc. 2007 : *préc. note 20 (idem).*

27. Le préjudice lié à l'absence d'information et à l'impréparation du patient suppose la survenance du risque. V. en ce sens : • Civ. 1re, 23 janv. 2014, nº 12-22.123 P : *préc. note 10* (limitation découlant des motifs de l'arrêt, dès lors qu'en l'espèce, l'information régulièrement communiquée n'aurait pas mentionné l'affection effectivement survenue) • 14 nov. 2018, nº 17-27.980 P : *D. 2018. 2230 ; RCA 2019, nº 51, note Hocquet-Berg ; RDC 1/2019. 47, note Viney* (absence de lien établi entre la vaccination et le dommage subi). ♦ Dans le même sens pour le Conseil d'État : • CE 10 oct. 2012 : *préc.* • 16 juin 2016, n° 382479.

28. Sur la nécessité de justifier d'un préjudice, V. aussi • Civ. 1re, 7 oct. 1998, n° 97-12.185 P : *R., p. 274 ; JCP 1998. II. 10179, concl. Sainte-Rose, note Sargos (2e esp.) ; ibid. 1999. I. 147, n° 15, obs. Viney* (absence de préjudice dès lors que les troubles sensitifs sont moindres qu'en cas d'absence d'intervention) • CE 15 janv. 2001 : *D. 2001. 2924, note Dendoncker ; LPA 16 août 2002, note Guettier.* ♦ Pour la présomption de préjudice moral, V. les décisions préc. note 26 et pour le Conseil d'État : • CE 16 juin 2016, n° 382479 (s'il appartient au patient d'établir la réalité et l'ampleur des préjudices qui résultent du fait qu'il n'a pas pu prendre certaines dispositions personnelles dans l'éventualité d'un accident, la souffrance morale qu'il a endurée lorsqu'il a découvert, sans y avoir été préparé, les conséquences de l'intervention doit, quant à elle, être présumée). ♦ En sens contraire antérieurement : • CE 10 oct. 2012 : *préc.* (l'existence d'un tel préjudice ne se déduit pas de la seule circonstance que le droit du patient d'être informé des risques de l'intervention a été méconnu : il appartient à la victime d'en établir la réalité et l'ampleur).

Les juges du fond apprécient souverainement l'existence du préjudice. • Civ. 1re, 13 nov. 2002, n° 01-02.592 P : *RTD civ. 2003. 98, obs. Jourdain*.

29. Solidarité nationale. Lorsque le médecin, ayant manqué à son devoir d'information, a été condamné à réparer le préjudice né de la perte d'une chance d'éviter le dommage, la victime peut agir contre l'Office national d'indemnisation des accidents médicaux (l'ONIAM), pour obtenir une réparation intégrale. • Civ. 1re, 11 mars 2010, n° 09-11.270 P : *D. 2010. 1119, note Bacache ; ibid. 2011. 35, obs. Gout ; R., p. 400 ; JCP 2010, n° 379, note Jourdain ; RLDC 2010/74, n° 3926, note Ph. Pierre et Corgas-Bernard ; RDC 2010. 855, obs. Viney ; RCA 2010. Étude 5, note Hocquet-Berg.* ♦ Il résulte de la combinaison des art. L. 1142-1-I et II, L. 1142-18 que la réparation par l'établissement responsable du dommage résultant de la perte de chance liée à un défaut d'information n'est pas exclusive de l'indemnisation, au titre de la solidarité nationale, des conséquences dommageables, liées à la survenance d'un aléa thérapeutique, restées non indemnisées par application du pourcentage de perte de chance. • CAA Nantes, 30 déc. 2010, n° 09NT01646. ♦ V., plus généralement, ss. art. L. 1142-1-1 CSP, ss. art. 1242.

Mais il n'appartient pas à l'ONIAM, tenu en vertu de l'art. L. 1142-1-1 CSP, d'indemniser les victimes d'infections nosocomiales, de se prévaloir, lorsqu'il exerce à l'égard d'un professionnel de santé l'action récursoire prévue par l'art. L. 1142-21, de la méconnaissance du droit, reconnu aux patients par l'art. L. 1111-2, d'être informés des risques des traitements qui leur sont proposés. • Civ. 1re, 18 déc. 2014, n° 13-21.019 P : *D. 2015. 606, note Bacache ; RTD civ. 2015. 154, obs. Jourdain ; JCP 2015, n° 217, note Knetsch.*

Art. L. 1111-4 Toute personne prend, avec le professionnel de santé et compte tenu des informations et des préconisations qu'il lui fournit, les décisions concernant sa santé.

(L. n° 2016-87 du 2 févr. 2016, art. 5) « Toute personne a le droit de refuser ou de ne pas recevoir un traitement. Le suivi du malade reste cependant assuré par le médecin, notamment son accompagnement palliatif.

« Le médecin a l'obligation de respecter la volonté de la personne après l'avoir informée des conséquences de ses choix et de leur gravité. Si, par sa volonté de refuser ou d'interrompre tout traitement, la personne met sa vie en danger, elle doit réitérer sa décision dans un délai raisonnable. Elle peut faire appel à un autre membre du corps médical. L'ensemble de la procédure est inscrite dans le dossier médical du patient. Le médecin sauvegarde la dignité du mourant et assure la qualité de sa fin de vie en dispensant les soins palliatifs mentionnés à l'article L. 1110-10. »

Aucun acte médical ni aucun traitement ne peut être pratiqué sans le consentement libre et éclairé de la personne et ce consentement peut être retiré à tout moment.

Lorsque la personne est hors d'état d'exprimer sa volonté, aucune intervention ou investigation ne peut être réalisée, sauf urgence ou impossibilité, sans que la personne de confiance prévue à l'article L. 1111-6, ou la famille, ou à défaut, un de ses proches ait été consulté.

(L. n° 2005-370 du 22 avr. 2005) « Lorsque la personne est hors d'état d'exprimer sa volonté, la limitation ou l'arrêt de traitement susceptible *(L. n° 2016-87 du 2 févr. 2016, art. 5)* « d'entraîner son décès ne peut être réalisé sans avoir respecté la procédure collégiale mentionnée à l'article L. 1110-5-1 et les directives anticipées ou, à défaut, sans que la personne de confiance prévue à l'article L. 1111-6 ou, à défaut*[,]* la famille ou les proches, aient été

consultés. La décision motivée de limitation ou d'arrêt de traitement est inscrite dans le dossier médical. »

Le consentement *(Ord. n° 2020-232 du 11 mars 2020, art. 2, en vigueur le 1er oct. 2020)* « , mentionné au quatrième alinéa*[,]* du mineur, le cas échéant sous tutelle*[,]* » doit être systématiquement recherché s'il est apte à exprimer sa volonté et à participer à la décision. *(Abrogé par Ord. n° 2020-232 du 11 mars 2020, art. 2, à compter du 1er oct. 2020) « Dans le cas où le refus d'un traitement par la personne titulaire de l'autorité parentale ou par le tuteur risque d'entraîner des conséquences graves pour la santé du mineur ou du majeur sous tutelle, le médecin délivre les soins indispensables. »*

(Ord. n° 2020-232 du 11 mars 2020, art. 2, en vigueur le 1er oct. 2020) « Le consentement, mentionné au quatrième alinéa, de la personne majeure faisant l'objet d'une mesure de protection juridique avec représentation relative à la personne doit être obtenu si elle est apte à exprimer sa volonté, au besoin avec l'assistance de la personne chargée de sa protection. Lorsque cette condition n'est pas remplie, il appartient à la personne chargée de la mesure de protection juridique avec représentation relative à la personne de donner son autorisation en tenant compte de l'avis exprimé par la personne protégée. Sauf urgence, en cas de désaccord entre le majeur protégé et la personne chargée de sa protection, le juge autorise l'un ou l'autre à prendre la décision.

« Dans le cas où le refus d'un traitement par la personne titulaire de l'autorité parentale ou par le tuteur si le patient est un mineur, ou par la personne chargée de la mesure de protection juridique s'il s'agit d'un majeur faisant l'objet d'une mesure de protection juridique avec représentation relative à la personne, risque d'entraîner des conséquences graves pour la santé du mineur ou du majeur protégé, le médecin délivre les soins indispensables. »

L'examen d'une personne malade dans le cadre d'un enseignement clinique requiert son consentement préalable. Les étudiants qui reçoivent cet enseignement doivent être au préalable informés de la nécessité de respecter les droits des malades énoncés au présent titre.

Les dispositions du présent article s'appliquent sans préjudice des dispositions particulières relatives au consentement de la personne pour certaines catégories de soins ou d'interventions.

Les dispositions issues de l'Ord. n° 2020-232 du 11 mars 2020 sont applicables aux mesures de protection juridique en cours au jour de son entrée en vigueur et aux situations dans lesquelles aucune décision n'a été prise au jour de son entrée en vigueur, soit au plus tard le 1er oct. 2020 (Ord. préc., art. 46).

Art. L. 1111-5 Par dérogation à l'article *(L. n° 2016-41 du 26 janv. 2016, art. 7)* « 371-1 » du code civil, le médecin *(L. n° 2016-41 du 26 janv. 2016, art. 7)* « ou la sage-femme » peut se dispenser d'obtenir le consentement du ou des titulaires de l'autorité parentale sur les décisions médicales à prendre lorsque *(L. n° 2016-41 du 26 janv. 2016, art. 7)* « l'action de prévention, le dépistage, le diagnostic, le traitement » ou l'intervention s'impose pour sauvegarder la santé d'une personne mineure, dans le cas où cette dernière s'oppose expressément à la consultation du ou des titulaires de l'autorité parentale afin de garder le secret sur son état de santé. Toutefois, le médecin *(L. n° 2016-41 du 26 janv. 2016, art. 7)* « ou la sage-femme » doit dans un premier temps s'efforcer d'obtenir le consentement du mineur à cette consultation. Dans le cas où le mineur maintient son opposition, le médecin *(L. n° 2016-41 du 26 janv. 2016, art. 7)* « ou la sage-femme » peut mettre en œuvre *(L. n° 2016-41 du 26 janv. 2016, art. 7)* « l'action de prévention, le dépistage, le diagnostic, le traitement » ou l'intervention. Dans ce cas, le mineur se fait accompagner d'une personne majeure de son choix.

Lorsqu'une personne mineure, dont les liens de famille sont rompus, bénéficie à titre personnel du remboursement des prestations en nature de l'assurance maladie et maternité et de la couverture complémentaire mise en place par la loi n° 99-641 du 27 juillet 1999 portant création d'une couverture maladie universelle, son seul consentement est requis.

Art. L. 1111-5-1 *(L. n° 2016-41 du 26 janv. 2016, art. 7)* Par dérogation à l'article 371-1 du code civil, l'infirmier peut se dispenser d'obtenir le consentement du ou des titulaires de l'autorité parentale sur les décisions à prendre lorsque l'action de prévention, le dépistage ou le traitement s'impose pour sauvegarder la santé sexuelle et reproductive d'une personne mineure, dans le cas où cette dernière s'oppose expressément à la consultation du ou des titulaires de l'autorité parentale afin de garder le secret sur son état de santé. Toutefois, l'infirmier doit, dans un premier temps, s'efforcer d'obtenir le consentement du mineur à cette consultation. Dans le cas où le mineur maintient son opposition, l'infirmier peut mettre en œuvre l'action de prévention, le dépistage ou le traitement. Dans ce cas, le mineur se fait accompagner d'une personne majeure de son choix.

Art. L. 1111-6 *(L. nº 2016-87 du 2 févr. 2016, art. 9)* Toute personne majeure peut désigner une personne de confiance qui peut être un parent, un proche ou le médecin traitant et qui sera consultée au cas où elle-même serait hors d'état d'exprimer sa volonté et de recevoir l'information nécessaire à cette fin. Elle rend compte de la volonté de la personne. Son témoignage prévaut sur tout autre témoignage. Cette désignation est faite par écrit et cosignée par la personne désignée. Elle est révisable et révocable à tout moment.

Si le patient le souhaite, la personne de confiance l'accompagne dans ses démarches et assiste aux entretiens médicaux afin de l'aider dans ses décisions.

Lors de toute hospitalisation dans un établissement de santé, *(Ord. nº 2018-20 du 17 janv. 2018, art. 2)* « ou dans un hôpital des armées ou à l'Institution nationale des Invalides, » il est proposé au patient de désigner une personne de confiance dans les conditions prévues au présent article. Cette désignation est valable pour la durée de l'hospitalisation, à moins que le patient n'en dispose autrement.

Dans le cadre du suivi de son patient, le médecin traitant s'assure que celui-ci est informé de la possibilité de désigner une personne de confiance et, le cas échéant, l'invite à procéder à une telle désignation.

Lorsqu'une personne fait l'objet d'une mesure *(Ord. nº 2020-232 du 11 mars 2020, art. 3, en vigueur le 1er oct. 2020)* « *[de]* protection juridique avec représentation relative à la personne », elle peut désigner une personne de confiance avec l'autorisation du juge ou du conseil de famille s'il a été constitué. Dans l'hypothèse où la personne de confiance a été désignée antérieurement à la mesure de tutelle, le conseil de famille, le cas échéant, ou le juge peut confirmer la désignation de cette personne ou la révoquer.

Les dispositions issues de l'Ord. nº 2020-232 du 11 mars 2020 sont applicables aux mesures de protection juridique en cours au jour de son entrée en vigueur et aux situations dans lesquelles aucune décision n'a été prise au jour de son entrée en vigueur, soit au plus tard le 1er oct. 2020 (Ord. préc., art. 46).

BIBL. ▶ LOKIEC, *RDSS 2006. 865* ✎ (la personne de confiance).

....

SECTION 2. *Expression de la volonté des malades refusant un traitement et des malades en fin de vie (L. nº 2016-87 du 2 févr. 2016, art. 7).*

(L. nº 2005-370 du 22 avr. 2005)

Art. L. 1111-10 *Abrogé par L. nº 2016-87 du 2 févr. 2016, art. 6.*

Art. L. 1111-11 *(L. nº 2016-87 du 2 févr. 2016, art. 8)* Toute personne majeure peut rédiger des directives anticipées pour le cas où elle serait un jour hors d'état d'exprimer sa volonté. Ces directives anticipées expriment la volonté de la personne relative à sa fin de vie en ce qui concerne les conditions de la poursuite, de la limitation, de l'arrêt ou du refus de traitement ou d'acte médicaux.

A tout moment et par tout moyen, elles sont révisables et révocables. Elles peuvent être rédigées conformément à un modèle dont le contenu est fixé par décret en Conseil d'État pris après avis de la Haute Autorité de santé. Ce modèle prévoit la situation de la personne selon qu'elle se sait ou non atteinte d'une affection grave au moment où elle les rédige.

Les directives anticipées s'imposent au médecin pour toute décision d'investigation, d'intervention ou de traitement, sauf en cas d'urgence vitale pendant le temps nécessaire à une évaluation complète de la situation et lorsque les directives anticipées apparaissent manifestement inappropriées ou non conformes à la situation médicale.

La décision de refus d'application des directives anticipées, jugées par le médecin manifestement inappropriées ou non conformes à la situation médicale du patient, est prise à l'issue d'une procédure collégiale définie par voie réglementaire et est inscrite au dossier médical. Elle est portée à la connaissance de la personne de confiance désignée par le patient ou, à défaut, de la famille ou des proches.

Un décret en Conseil d'État, pris après avis de la Commission nationale de l'informatique et des libertés, définit les conditions d'information des patients et les conditions de validité, de confidentialité et de conservation des directives anticipées. Les directives anticipées sont notamment conservées sur un registre national faisant l'objet d'un traitement automatisé dans le respect de la loi nº 78-17 du 6 janvier 1978 relative à l'informatique, aux fichiers et aux libertés. Lorsqu'elles sont conservées dans ce registre, un rappel de leur existence est régulièrement adressé à leur auteur.

Le médecin traitant informe ses patients de la possibilité et des conditions de rédaction de directives anticipées.

Lorsqu'une personne fait l'objet d'une mesure de *(Ord. nº 2020-232 du 11 mars 2020, art. 5, en vigueur le 1er oct. 2020)* « protection juridique avec représentation relative à la personne, » elle peut rédiger des directives anticipées avec l'autorisation du juge ou du conseil de famille s'il a été constitué. *(Ord. nº 2020-232 du 11 mars 2020, art. 5, en vigueur le 1er oct. 2020)* « La personne chargée de la mesure de protection » ne peut ni l'assister ni la représenter à cette occasion.

Les dispositions issues de l'Ord. nº 2020-232 du 11 mars 2020 sont applicables aux mesures de protection juridique en cours au jour de son entrée en vigueur et aux situations dans lesquelles aucune décision n'a été prise au jour de son entrée en vigueur, soit au plus tard le 1er oct. 2020 (Ord. préc., art. 46).

BIBL. ▸ **Directives anticipées :** DREIFUSS-NETTER, *Gaz. Pal. 2006. Doctr. 1693.* – RAOUL-CORMEIL, *RLDC 2006/30, nº 2209.* – SÉRIAUX, *D. 2012. 1195* (le « testament de vie » à la française). – SAN JULIAN PUIG, *RDSS 2007. 87.*

Les mots « lorsque les directives anticipées apparaissent manifestement inappropriées ou non conformes à la situation médicale » figurant au 3e al. de l'art. L. 1111-11 CSP sont conformes à la Const. • Cons. const. 10 nov. 2022, nº 2022-1022 QPC : *D. 2022. 2216, obs. Batteur et Moutel ; AJ fam. 2022. 569, obs. Dionisi-Peyrusse ; RDSS 2023. 63, note Thouvenin ; RTD civ. 2022. 871, obs. Leroyer ; JCP 2022, nº 1284, obs. Marais.*

Art. L. 1111-12 *(L. nº 2016-87 du 2 févr. 2016, art. 10)* Lorsqu'une personne, en phase avancée ou terminale d'une affection grave et incurable, quelle qu'en soit la cause, est hors d'état d'exprimer sa volonté, le médecin a l'obligation de s'enquérir de l'expression de la volonté exprimée par le patient. En l'absence de directives anticipées mentionnées à l'article L. 1111-11, il recueille le témoignage de la personne de confiance ou, à défaut, tout autre témoignage de la famille ou des proches.

LIVRE II (DE LA Ire PARTIE). DON ET UTILISATION DES ÉLÉMENTS ET PRODUITS DU CORPS HUMAIN

TITRE I. PRINCIPES GÉNÉRAUX

Art. L. 1211-1 La cession et l'utilisation des éléments et produits du corps humain sont régies par les dispositions du chapitre II du titre I du code civil et par les dispositions du présent livre. — *[Anc. art. L. 665-10.]*

(L. nº 2004-800 du 6 août 2004, art. 7) « Les activités afférentes à ces éléments et produits, mentionnées au présent livre, y compris l'importation et l'exportation de ceux-ci, doivent poursuivre une fin médicale ou scientifique, ou être menées dans le cadre de procédures judiciaires conformément aux dispositions applicables à celles-ci. »

Art. L. 1211-2 Le prélèvement d'éléments du corps humain et la collecte de ses produits ne peuvent être pratiqués sans le consentement préalable du donneur. Ce consentement est révocable à tout moment.

(L. nº 2004-800 du 6 août 2004, art. 7) « L'utilisation d'éléments et de produits du corps humain à une fin médicale ou scientifique autre que celle pour laquelle ils ont été prélevés ou collectés est possible, sauf opposition exprimée par la personne sur laquelle a été opéré ce prélèvement ou cette collecte, dûment informée au préalable de cette autre fin. *(Ord. nº 2020-232 du 11 mars 2020, art. 15, en vigueur le 1er oct. 2020)* « L'opposition peut être aussi formulée, si la personne concernée est un majeur protégé faisant l'objet d'une mesure de protection juridique avec représentation relative à la personne, par la personne chargée de cette mesure de protection. » Lorsque *(Ord. nº 2020-232 du 11 mars 2020, art. 15, en vigueur le 1er oct. 2020)* « la personne concernée » est un mineur *(Ord. nº 2020-232 du 11 mars 2020, art. 15, en vigueur le 1er oct. 2020)* « , le cas échéant » sous tutelle, l'opposition est exercée par les titulaires de l'autorité parentale ou le tuteur. Il peut être dérogé à l'obligation d'information lorsque celle-ci se heurte à l'impossibilité de retrouver la personne concernée, ou lorsqu'un des comités consultatifs de protection des personnes mentionnés à l'article L. 1123-1, consulté par le responsable de la recherche, n'estime pas cette information nécessaire. Toutefois, ces dérogations ne sont pas admises lorsque les éléments initialement préle-

vés consistent en des tissus ou cellules germinaux. Dans ce dernier cas, toute utilisation pour une fin autre que celle du prélèvement initial est interdite en cas de décès de l'intéressé.

« Les autopsies sont dites médicales lorsqu'elles sont pratiquées, en dehors du cadre de mesures d'enquête ou d'instruction diligentées lors d'une procédure judiciaire, dans le but d'obtenir un diagnostic sur les causes du décès. Elles doivent être pratiquées conformément aux exigences de recherche du consentement ainsi qu'aux autres conditions prévues au chapitre II du titre III du présent livre *(L. n° 2021-1017 du 2 août 2021, art. 14)* « , sans préjudice de l'article L. 1130-4 ». Toutefois, à titre exceptionnel, elles peuvent être réalisées malgré l'opposition de la personne décédée, en cas de nécessité impérieuse pour la santé publique et en l'absence d'autres procédés permettant d'obtenir une certitude diagnostique sur les causes de la mort. Un arrêté du ministre chargé de la santé précise les pathologies et les situations justifiant la réalisation des autopsies médicales dans ces conditions. »

Les dispositions issues de l'Ord. n° 2020-232 du 11 mars 2020 sont applicables aux mesures de protection juridique en cours au jour de son entrée en vigueur et aux situations dans lesquelles aucune décision n'a été prise au jour de son entrée en vigueur, soit au plus tard le 1er oct. 2020 (Ord. préc., art. 46).

CHAPITRE III DE L'EXAMEN DES CARACTÉRISTIQUES GÉNÉTIQUES D'UNE PERSONNE ET DE L'IDENTIFICATION D'UNE PERSONNE PAR SES EMPREINTES GÉNÉTIQUES *(L. n° 2004-800 du 6 août 2004, art. 4).*

(L. n° 94-653 du 29 juill. 1994)

BIBL. GÉN. ▶ V. Bibl. gén. précédant art. 16. – GAUMONT-PRAT, obs. *D. 2001. Somm. 1429* (étude génétique des caractéristiques d'une personne et assurances). – WRONA, *LPA 11 août 1995.* ▶ VICARIE, *RDSS 2005. 195* (loi du 6 août 2004).

Art. 16-10 *(L. n° 2021-1017 du 2 août 2021, art. 16)* **I. — L'examen des caractéristiques génétiques constitutionnelles d'une personne ne peut être entrepris qu'à des fins médicales ou de recherche scientifique. Il est subordonné au consentement exprès de la personne, recueilli par écrit préalablement à la réalisation de l'examen.**

II. — Le consentement prévu au I est recueilli après que la personne a été dûment informée :

1° De la nature de l'examen ;

2° De l'indication de l'examen, s'il s'agit de finalités médicales, ou de son objectif, s'il s'agit de recherches scientifiques ;

3° Le cas échéant, de la possibilité que l'examen révèle incidemment des caractéristiques génétiques sans relation avec son indication initiale ou avec son objectif initial mais dont la connaissance permettrait à la personne ou aux membres de sa famille de bénéficier de mesures de prévention, y compris de conseil en génétique, ou de soins ;

4° De la possibilité de refuser la révélation des résultats de l'examen de caractéristiques génétiques sans relation avec l'indication initiale ou l'objectif initial de l'examen ainsi que des risques qu'un refus ferait courir aux membres de sa famille potentiellement concernés, dans le cas où une anomalie génétique pouvant être responsable d'une affection grave justifiant de mesures de prévention, y compris de conseil génétique, ou de soins serait diagnostiquée.

Le consentement mentionne l'indication ou l'objectif mentionné au 2° du présent II.

Le consentement est révocable en tout ou partie, sans forme et à tout moment.

La communication des résultats révélés incidemment, mentionnés au 4°, est assurée dans le respect des conditions fixées au titre II du livre I de la première partie du code de la santé publique, lorsque l'examen poursuit des finalités de recherche scientifique, ou au titre III du même livre I, lorsque les finalités de l'examen sont médicales.

III. — Par dérogation aux I et II, en cas d'examen des caractéristiques génétiques mentionné au I entrepris à des fins de recherche scientifique et réalisé à partir d'éléments du corps d'une personne prélevés à d'autres fins, l'article L. 1130-5 du code de la santé publique est applicable.

IV. — Tout démarchage à caractère publicitaire portant sur l'examen des caractéristiques génétiques constitutionnelles d'une personne est interdit.

Sur les conditions dans lesquelles il peut être dérogé aux art. 16-10 et 16-11 lorsque la personne est hors d'état d'exprimer sa volonté ou décédée, pour l'examen ou l'identification par empreintes génétiques, V. CSP, art. L. 1130-1 s. — **CSP**.

Sur l'examen des caractéristiques génétiques, l'identification par empreintes génétiques et la profession de conseiller en génétique, V. CSP, art. L. 1131-1 s. — **CSP**.

BIBL. ► RIAL-SEBBAG, *AJDA 2021. 1844* (information génétique et loi de bioéthique).

1. Champ d'application. Les art. 16-10 et 16-11 C. civ. qui ont pour seul fondement, tout comme l'art. 226-25 C. pén., le respect et la protection du corps humain, n'ont pas vocation à s'appliquer à une expertise ordonnée par un magistrat instructeur visant exclusivement à révéler, à partir d'un matériel biologique s'étant naturellement détaché du corps humain, les caractères morphologiques apparents de l'auteur inconnu d'un crime à partir de l'ADN que celui-ci avait laissé sur les lieux, à seule fin de faciliter son identification. • Crim. 25 juin 2014, n° 13-87.493 P : *D. 2014. 1453* (utilisation de l'art. 81 C. pr. pén.) – *Jurisprudence antérieure à la L. du 2 août 2021.*

2. Examens génétiques et contrat d'assurance de groupe. Selon l'art. L. 1141-1 CSP, l'assureur qui propose une garantie des risques d'invalidité ou de décès ne peut poser aucune question relative aux tests génétiques et à leurs résultats ; il en résulte que la personne ayant procédé à de tels tests n'est pas tenue d'en faire mention dans ses réponses au questionnaire de santé qui lui est soumis ; cassation de l'arrêt ayant prononcé la nullité du contrat au motif que l'assuré avait commis une fausse déclaration en ne mentionnant pas les résultats d'un test génétique. • Civ. 2e, 31 août 2022, n° 20-22.317 B : *D. 2022. 1517 ; AJ fam. 2022. 457, obs. Dionisi-Peyrusse ; RGDA 2022/10. 13, note A. Pélissier.*

Art. 16-11 *(L. n° 2011-267 du 14 mars 2011, art. 6)* **« L'identification d'une personne par ses empreintes génétiques ne peut être recherchée que :**

« 1° Dans le cadre de mesures d'enquête ou d'instruction diligentées lors d'une procédure judiciaire ;

« 2° A des fins médicales ou de recherche scientifique ;

« 3° Aux fins d'établir, lorsqu'elle est inconnue, l'identité de personnes décédées ; » *(L. n° 2016-731 du 3 juin 2016, art. 116-II)* **« 4° Dans les conditions prévues à l'article L. 2381-1 du code de la défense. »**

En matière civile, cette identification ne peut être recherchée qu'en exécution d'une mesure d'instruction ordonnée par le juge saisi d'une action tendant soit à l'établissement ou la contestation d'un lien de filiation, soit à l'obtention ou la suppression de subsides. Le consentement de l'intéressé doit être préalablement et expressément recueilli. *(L. n° 2004-800 du 6 août 2004, art. 5-I)* **« Sauf accord exprès de la personne manifesté de son vivant, aucune identification par empreintes génétiques ne peut être réalisée après sa mort.**

« Lorsque l'identification est effectuée à des fins médicales ou de recherche scientifique, le consentement exprès de la personne doit être recueilli par écrit préalablement à la réalisation de l'identification, après qu'elle a été dûment informée de sa nature et de sa finalité. Le consentement mentionne la finalité de l'identification. Il est révocable sans forme et à tout moment. »

(L. n° 2011-267 du 14 mars 2011, art. 6) **« Lorsque la recherche d'identité mentionnée au 3° concerne soit un militaire décédé à l'occasion d'une opération conduite par les forces armées ou les formations rattachées, soit une victime de catastrophe naturelle, soit une personne faisant l'objet de recherches au titre de l'article 26 de la loi n° 95-73 du 21 janvier 1995 d'orientation et de programmation relative à la sécurité et dont la mort est supposée, des prélèvements destinés à recueillir les traces biologiques de cette personne peuvent être réalisés dans des lieux qu'elle est susceptible d'avoir habituellement fréquentés, avec l'accord du responsable des lieux ou, en cas de refus de celui-ci ou d'impossibilité de recueillir cet accord, avec l'autorisation du juge des libertés et de la détention du tribunal judiciaire. Des prélèvements aux mêmes fins sur les ascendants, descendants ou collatéraux supposés de cette personne peuvent être également réalisés. Le consentement exprès de chaque personne concernée est alors recueilli par écrit préalablement à la réalisation du prélèvement, après que celle-ci a été dûment informée de la nature de ce prélèvement, de sa finalité ainsi que du caractère à tout moment révocable de son consentement. Le consentement mentionne la finalité du prélèvement et de l'identification.**

« Les modalités de mise en œuvre des recherches d'identification mentionnées au 3° du présent article sont précisées par décret en Conseil d'État. » – *V. Décr. n° 2012-125 du 30 janv. 2012, infra.*

Sur le fichier national automatisé des empreintes génétiques, V. C. pr. pén., art. 706-54 s. et R. 53-9 s. – ***C. pr. pén.***

BIBL. ▸ BELLIVIER, *RTD civ. 2000. 648* (fichier national automatisé des empreintes génétiques). – BELLIVIER, BRUNET et LABRUSSE-RIOU, *RTD civ. 1999. 529* (la filiation, la génétique et le juge). – HILT, *RTD civ. 2017. 27*. – PELTIER, *RRJ 2000/1. 135* (projet de réforme). ▸ **Loi du 6 août 2004 :** HAUSER, *obs. RTD civ. 2004. 714*.

1. Juridiction : chambre d'accusation (oui). Une chambre d'accusation peut ordonner, sur le fondement de l'art. 16-11 C. civ., une expertise génétique systématique de tous les hommes âgés de 15 à 35 ans habitant un village, mais « avec leur consentement » et en précisant que les renseignements obtenus ne seront pas utilisés à d'autres fins que la recherche d'un meurtrier. • Rennes, ch. acc., 14 août 1997 : *D. 1998. Somm. 160, obs. Gaumont-Prat*. ♦ V. note ss. art. 16-10.

2. ... Juge des référés (non). Une mesure d'identification d'une personne par ses empreintes génétiques ne peut être ordonnée en référé mais seulement à l'occasion d'une instance au fond relative à la filiation. • Civ. 1re, 8 juin 2016, n° 15-16.696 P : *D. 2016. 1310 ; AJ fam. 2016. 388, obs. Saulier ; RTD civ. 2016. 597, obs. Hauser*. ♦ Dès lors que les expertises biologiques en matière de filiation poursuivent une même finalité et présentent, grâce aux évolutions scientifiques, une fiabilité similaire, cette jurisprudence doit être étendue aux examens comparés des sangs. • Civ. 1re, 12 juin 2018, n° 17-16.793 P : *D. 2018. 1257 ; AJ fam. 2018. 397, obs. Houssier ; RTD civ. 2018. 635, obs. Leroyer ; Dr. fam. 2018, n° 211, obs. Fulchiron.* ♦ Déjà : le juge des référés ne peut, sur le fondement de l'art. 145 C. pr. civ., ordonner une mesure d'instruction tendant à l'identification d'une personne par ses empreintes génétiques et ce même avec l'accord des parties. • TGI Toulouse, 25 janv. 1995 : *Gaz. Pal. 1995. 2. 361, note Olivier* • Riom, 19 juin 1997 : *D. 1999. Somm. 333, obs. Gaumont-Prat* (action tendant, au fond, à l'obtention d'une indemnité d'assurance et concernant une personne décédée) • Montpellier, 17 mai 2004 : *D. 2005. Pan. 538, obs. Gaumont-Prat.* ♦ V. aussi note 4. ♦ Comp. • Aix-en-Provence, 8 févr. 1996 : *Dr. fam. 1996, n° 2, note Murat* (reconnaissant au demandeur un motif légitime de solliciter, avant tout procès, l'étude des empreintes génétiques afin d'établir ou de conserver la preuve de faits dont pourrait dépendre la solution d'un litige). ♦ Comp. également • TGI Orléans, ord., 18 oct. 1999 : *D. 2000. 620, note Beignier ; Gaz. Pal. 2001. Doctr. 392, étude Massip ; Dr. fam. 1999, n° 134, note Murat ; RTD civ. 2000. 814, obs. Hauser* (autorisant, sur requête, un prélèvement sanguin, et sa conservation, sur le cadavre du défunt qui n'a pu reconnaître l'enfant à naître de sa concubine, en prévision d'une action en recherche de paternité). ♦ V. aussi, s'agissant d'un défunt qui avait accepté l'examen comparatif des sangs : • Dijon, 15 sept. 1999 : *D. 2000. 875, note Beignier ; D. 2001. Somm. 2867, obs. Pomart ; RTD civ. 2000. 98, obs. Hauser* (pourvoi rejeté par • Civ. 1re, 3 juill. 2001 : *cité note 10*). ♦ Arcaute, *Dr. fam. 1999. Chron. 11* (référé probatoire et droit de la filiation).

3. ... Juge administratif (non). La juridiction administrative est incompétente pour ordonner des mesures d'instruction propres à établir un lien de filiation, telles que celles prévues par l'art. 16-11 C. civ. • CE 5 juill. 2004 : *AJ fam. 2005. 66, obs. Chénedé*.

4. Nature de la procédure – Principe : lien avec une filiation. Une mesure d'identification d'une personne par ses empreintes génétiques ne peut être ordonnée en référé mais seulement à l'occasion d'une instance au fond relative à la filiation ; ces dispositions, qui ne privent pas le père prétendu de son droit d'établir un lien de filiation avec l'enfant ni de contester une paternité qui pourrait lui être imputée, ne portent pas atteinte à son droit au respect de la vie privée et familiale ; elles ne méconnaissent pas davantage le droit de l'enfant de connaître ses parents et d'être élevé par eux. • Civ. 1re, 8 juin 2016, n° 15-16.696 P : *D. 2016. 1310 ; AJ fam. 2016. 388, obs. Saulier ; RTD civ. 2016. 597, obs. Hauser*. ♦ Pour la QPC : rejet de la demande de QPC sur l'art. 16-11, al. 5, dans la mesure où la disposition contestée ne prive pas une personne de son droit d'établir un lien de filiation avec un enfant, ni de contester une paternité qui pourrait lui être imputée. • Civ. 1re, 16 déc. 2015, n° 15-16.696 P. ♦ V. déjà : refus d'une mesure d'instruction consistant dans l'identification par empreintes génétiques demandée par un homme, auteur d'une reconnaissance prénatale, agissant en restitution d'enfant placé en vue de son adoption, l'enfant étant né d'un accouchement « sous X », dès lors qu'une telle action ne tend pas à l'établissement d'un lien de filiation. • TGI Cusset, 10 avr. 1997 : *Dr. fam. 1998, n° 150, note Murat.* – V. aussi, dans la même affaire : • Riom, 16 déc. 1997 : *cité note 4 ss. art. 326.* – V. également • Riom, 19 juin 1997 : *préc. note 2.* ♦ V. note 2.

5. ... Titulaire. Il résulte des art. 16-11 et 327 qu'une demande d'expertise génétique susceptible de révéler un lien de filiation entre un enfant et un tiers suppose, pour être déclarée recevable, l'engagement par cet enfant d'une action en recherche de paternité, qu'il a seul qualité à exercer. • Civ. 1re, 19 sept. 2019, n° 18-18.473 P : *D. 2019. 1834 ; AJ fam. 2019. 653, obs. Houssier ; Dr. fam. 2019, n° 217, note Fulchiron* (rejet de la demande visant à révéler un lien de filiation entre un enfant et un tiers, présentée par la mère et le frère du défunt qui avait reconnu l'enfant).

6. ... Personne visée. L'art. 16-11 ne fait pas obstacle à ce que soit ordonnée, à l'occasion d'une action en recherche ou en contestation de paternité, une expertise biologique visant à comparer les empreintes génétiques de l'enfant avec celles de membres de la famille du père supposé, lorsque ce dernier est décédé. • Civ. 1re, 3 mars 2021, n° 19-21.384 P : *D. 2022. 673, obs. Hilt ; ibid. 808, obs. Galloux et Gaumont-Prat ; AJ fam. 2021. 237, obs. Houssier ; JCP 2021, n° 518, note Bonifay ; Dr. fam. 2021, n° 91, obs. Egéa.*

7. ... Recherche d'identité. L'action destinée à obtenir la copie intégrale d'un acte de naissance n'est pas une action relative à la filiation, de sorte que l'expertise biologique, qui ne saurait être une expertise génétique, réglementée par l'art. 16-11 C. civ., n'est pas de droit. • Civ. 1re, 27 janv. 2016, n° 14-25.559 P : *D. 2016. 857, obs. Granet-Lambrechts ; AJ fam. 2016. 210, obs. Doublein ; RTD civ. 2016. 318, obs. Hauser .*

8. Accès autonome aux origines. La recevabilité d'une action tendant à la reconnaissance d'une ascendance génétique par voie d'expertise, lorsque celle-ci nécessite une exhumation, est subordonnée à la mise en cause des ayants droit du défunt et cette fin de non-recevoir doit être relevée d'office. • Civ. 1re, 13 nov. 2014, n° 13-21.018 P : *D. 2015. 649, obs. Douchy-Oudot ; ibid. 702, obs. Granet-Lambrechts ; ibid. 755, obs. Galloux et Gaumont-Prat ; ibid. 1071, note Fulchiron ; AJ fam. 2015. 54, obs. Chénedé ; RTD civ. 2015. 103, obs. Hauser ; JCP 2015, n° 424, obs. Libchaber, Dr. fam. 2015, n° 9, note Neirinck* (demande ne tendant pas à contester une filiation, l'action étant prescrite et la succession liquidée).

9. Prélèvements post-mortem. Sur la possibilité de recourir à un prélèvement après exhumation, V. • CEDH, sect. III, 13 juill. 2006, *Jäggi c/ Suisse*, n° 58757/00 : *cité note 1 ss. art. 310-3.* ♦ Inversement, refusant d'autoriser l'exhumation d'un grand-père, pour la protection des droits de la famille et de la sécurité juridique : • CEDH, 3e sect., 5 mai 2009, *Menéndez Garcia c/ Espagne : RTD civ. 2009. 679, obs. Marguénaud .* ♦ L'art. 16-11, dans sa rédaction issue de la L. n° 2004-800 du 6 août 2004, selon lequel sauf accord exprès de la personne manifesté de son vivant, aucune identification par empreintes génétiques ne peut être réalisée après sa mort, est immédiatement applicable aux situations en cours. • Civ. 1re, 2 avr. 2008, n° 06-10.256 P : *D. 2008. AJ 1143, obs. Gallmeister ; ibid. 2121, obs. Bonnet ; ibid. Chron. C. cass. 2363, obs. Chauvin ; ibid. 2009. Pan. 773, obs. Granet-Lambrechts ; ibid. 2010. Pan. 604, obs. Gaumont-Prat ; JCP 2008. II. 10132, note Binet ; ibid. 2009. I. 102, n° 6, obs. Favier ; LPA 3 mars 2009, note Lebeau ; Gaz. Pal. 2008. 991, avis Legoux ; RLDC 2008/5, n° 2992, obs. Marraud des Grottes ; AJ fam. 2008. 209, obs. Chénedé ; RJPF 2008-7-8/34, note Garé ; Defrénois 2008. 1842, obs. Massip ; RTD civ. 2008. 464, obs. Hauser .* ♦ Cette disposition est conforme à la Constitution. • Cons. const. 30 sept. 2011, n° 2011-173 QPC : *JO 1er oct., p. 16528 ; D. 2011. Actu. 2336 ; ibid. 2012. Pan. 1432, obs. Granet-Lambrechts ; AJ fam. 2011. 549, obs. Chénedé ; RTD civ. 2011. 743, obs. Hauser ; JCP 2012, n° 31, § 4, obs. Gouttenoire.*

10. Comp. précédemment : il ne peut être reproché à une cour d'appel d'avoir déclaré judiciairement la paternité naturelle au moyen d'une analyse génétique effectuée après le décès du défendeur dès lors qu'il n'existait aucun doute sur la réalité du consentement donné par les héritiers du défunt aux prélèvements nécessaires. • Civ. 1re, 3 juill. 2001, n° 00-10.254 P : *D. 2002. Somm. 2023, obs. Granet ; Defrénois 2002. 190, obs. Massip ; RJPF 2001-12/28, note Bossu ; Dr. et patr. 11/2001. 104, obs. Loiseau ; RTD civ. 2001. 863, obs. Hauser ,* rejetant le pourvoi contre • Dijon, 15 sept. 1999 : *préc. note 2.* ♦ Inversement, l'expertise génétique doit être exclue en l'état du refus des héritiers. • Civ. 1re, 25 oct. 2005, n° 03-14.101 P : *AJ fam. 2006. 78, obs. F. B.* ♦ Comp. • Civ. 1re, 2 avr. 2008 : *préc. note 9.*

11. Autorisation donnée à la mère et à la concubine enceinte d'une personne décédée, qui entendent diligenter une procédure en reconnaissance *post-mortem*, de faire prélever sur le corps du défunt les tissus nécessaires à un éventuel examen génétique. • TGI Lille, ord., 19 nov. 1997 : *D. 1998. 467, note Labbée .* – V. aussi • TGI Orléans, ord., 18 oct. 1999 : *préc. note 2.* ♦ Comp. • Civ. 1re, 2 avr. 2008 : *préc. note 9.*

12. Ne constitue pas une mesure d'identification d'une personne par ses empreintes génétiques soumise à l'art. 16-11 la communication d'éléments déjà prélevés et indispensables à une expertise médico-légale, alors qu'une action en recherche de filiation naturelle est en cours à l'étranger. • Civ. 1re, 4 juin 2007, n° 04-15.080 P : *D. 2008. Pan. 1438, obs. Gaumont-Prat ; Defrénois 2007. 1644, obs. Massip ; AJ fam. 2007. 354, obs. Chénedé ; RTD civ. 2007. 555, obs. Hauser .*

13. Enquête pénale ; recherche en parentalité. Refus d'annuler une recherche ADN en parentalité, l'analyse de l'ADN d'une personne, présent dans le FNAEG, ayant permis de déterminer un lien de parenté avec l'ADN de l'auteur d'une infraction, jusque-là inconnu. • Crim. 28 juin 2017, n° 17-80.055 P : *D. 2017. 1426* ; *AJ pénal 2017. 451, obs. Thomas-Taillandier* .

14. Conservation des données. La conservation d'échantillons cellulaires, comme des profils ADN est une ingérence dans le respect de la vie privée. • CEDH, gr ch., 4 déc. 2008, *S. et Marper c/ Royaume-Uni*, n° 30562/04 et n° 30566/04. ♦ Les modalités de cette conservation doivent faire l'objet de règles claires et détaillées. • Même arrêt. ♦ Si la prévention des infractions pénales, grâce à l'identification de futurs délinquants, est un but légitime, la conservation doit être proportionnée à ce but et limitée dans le temps. • Même arrêt (irrégularité d'une législation admettant un pouvoir général et indifférencié de conservation, sans contrôle indépendant). ♦ V. aussi : • CEDH 22 sept. 2017, *A. c/ France*, n° 8806/12. ♦ Pour l'admission de l'inconventionnalité du dispositif français à compter seulement de l'entrée en vigueur du Décr. n° 2021-1402 du 29 oct. 2021 : • Crim. 8 déc. 2021, n° 20-84.201 B : *D. 2022. 808, obs. Galloux et Gaumont-Prat* ; *AJ pénal 2022. 42, obs. Chapelle* . ♦ Absence de violation du ficher allemand, qui soumet le prélèvement à un examen individuel de la gravité de l'infraction et de la probabilité d'en commettre une nouvelle. • CEDH, sect. V, 4 juin 2013, *P. et M. c/ Allemagne*, n°s 7841/08 et 57900/12. ♦ V. aussi note 49 ss. art. 9, note 17 ss. art. 16-3 et note 4 ss. art. 104.

Décret n° 2012-125 du 30 janvier 2012,

Relatif à la procédure extrajudiciaire d'identification des personnes décédées .

Art. 16-12 *(L. n° 2020-1525 du 7 déc. 2020, art. 105)* **Sont seuls habilités à procéder à des identifications par empreintes génétiques :**

1° Les services ou organismes de police technique et scientifique mentionnés à l'article 157-2 du code de procédure pénale ;

2° Les personnes ayant fait l'objet d'un agrément dans des conditions fixées par décret en Conseil d'État. Dans le cadre d'une procédure judiciaire, ces personnes doivent, en outre, être inscrites sur une liste d'experts judiciaires.

Art. 16-13 *(L. n° 2002-303 du 4 mars 2002, art. 4-I)* **Nul ne peut faire l'objet de discriminations en raison de ses caractéristiques génétiques.**

CHAPITRE IV DE L'UTILISATION DES TECHNIQUES D'IMAGERIE CÉRÉBRALE

(L. n° 2011-814 du 7 juill. 2011, art. 45)

Art. 16-14 *(L. n° 2011-814 du 7 juill. 2011, art. 45) (L. n° 2021-1017 du 2 août 2021, art. 18)* **« Les techniques d'imagerie cérébrale ne peuvent être employées qu'à des fins médicales ou de recherche scientifique ou dans le cadre d'expertises judiciaires, à l'exclusion, dans ce cadre, de l'imagerie cérébrale fonctionnelle. » Le consentement exprès de la personne doit être recueilli par écrit préalablement à la réalisation de l'examen, après qu'elle a été dûment informée de sa nature et de sa finalité. Le consentement mentionne la finalité de l'examen. Il est révocable sans forme et à tout moment.**

TITRE I *BIS* DE LA NATIONALITÉ FRANÇAISE

(L. n° 93-933 du 22 juill. 1993)

Sur l'intégration dans le code civil, art. 17 à 33-2, du code de la nationalité française issu de l'ordonnance n° 45-2441 du 19 oct. 1945, V. L. n° 93-933 du 22 juill. 1993, art. 50, ss. art. 33-2. — Pour le texte de ce code, antérieur à la réforme opérée par la loi du 22 juill. 1993 précitée, V. code civil Dalloz, éd. 1992-1993 ou antérieure.

RÉP. CIV. v° *Nationalité*, par LAGARDE.

BIBL. GÉN. ▸ **Commentaires de la loi du 22 juill. 1993 :** DOUBLET, *ALD 1994. 53*. – FULCHIRON, *JCP 1993. I. 3708*. – GUIHO, *D. 1994. Chron. 1* . – LAGARDE, La nationalité française, *Dalloz, 1997, 3e éd.* ; *Rev. crit. DIP 1994. 535* . – OLEKHNOVITCH, *Gaz. Pal. 1993. 2. Doctr. 1224*. – SCHRAMECK, *AJDA 1993. 755* . – REVILLARD, *Defrénois 1997. 625*. ▸ **Commentaire de la loi du 16 mars 1998 :** FULCHIRON, *JDI 1998. 344* ; *Dr. fam. 1998. Chron. 10* (incidence sur le droit de la famille). – GUIMEZANES, *JCP 15 avr. 1998, p. 685, Actualité*. – LAGARDE, *Rev. crit. DIP 1998. 379* . – REVET, *chron. lég. RTD civ. 1998. 494* .

▸ **Loi du 16 juin 2011 :** Fulchiron, *D. 2011. Chron. 1915*.

▸ **Autres articles :** Audit, *1804-2004 Le code civil, Dalloz, 2004, p. 731* (le code civil et la nationalité française). – Basedow, *Rev. crit. DIP 2010. 427* (rattachement à la nationalité et conflits de nationalité en droit de l'Union européenne). – Geouffre de la Pradelle, *Mél. Holleaux, Litec, 1990, p. 135* (nationalité française, extranéité, nationalités étrangères). – Lagarde, *Rev. crit. DIP 1973. 431*. – Légier, *Rev. crit. DIP 2014. 751* (la législation relative à la nationalité française durant la Première Guerre mondiale).

▸ **Thèse :** Lepoutre, « Nationalité et souveraineté », *Nouvelle Bibliothèque de Thèses, Dalloz, 2020*. – Lequette, *Mél. Terré, Dalloz/PUF/Juris-Classeur, 1999, p. 349* (nationalité française dévaluée). – Lesigne, *AJDA 2007. 1566* (le droit de la nationalité face aux évolutions du droit du séjour des étrangers). – Pataut, *Rev. crit. DIP 2021. 747* (contrôle de l'État ou protection de l'individu ? Remarques sur l'effectivité de la nationalité). – Poisson, *Rev. crit. DIP 1987. 673*. – Ralser, *Rev. crit. DIP 2018. 801* (règles de preuve en matière de nationalité).

▸ **Panoramas Dalloz. – Droit des étrangers et de la nationalité :** *D. 2023. Pan. 200* (déc. 2021 – déc. 2022) ; *D. 2022. Pan. 244* (déc. 2020 – déc. 2021) ; *D. 2021. Pan. 255* (déc. 2019 – déc. 2020) ; *D. 2020. Pan. 298* (déc. 2018 – déc. 2019) ; *D. 2019. Pan. 347* (déc. 2017 – déc. 2018) ; *D. 2018. Pan. 313* (déc. 2016 – déc. 2017) ; *D. 2017. Pan. 261* (déc. 2015 – déc. 2016) ; *D. 2016. Pan. 337* (déc. 2014 – déc. 2015) ; *D. 2015. Pan. 450* (déc. 2013 – déc. 2014) ; *D. 2014. Pan. 445* (déc. 2012 – déc. 2013) ; *D. 2013. Pan. 324* (déc. 2011 – déc. 2012) ; *D. 2012. Pan. 390* (sept. 2010 – déc. 2011) ; *D. 2010. 2868* (sept. 2009 – août 2010).

CHAPITRE I DISPOSITIONS GÉNÉRALES

Art. 17 *(L. n° 73-42 du 9 janv. 1973)* **La nationalité française est attribuée, s'acquiert ou se perd selon les dispositions fixées par le présent titre, sous la réserve de l'application des traités et autres engagements internationaux de la France.** – *[C. nat., art. 1er.]*

Sur le contentieux de la nationalité, V. Circ. du 18 sept. 2015, ss. C. pr. civ., art. 1038. – ***C. pr. civ.***

1. Compétence de chaque État. Par principe, chaque État détermine librement par sa législation quels sont ses nationaux. • Civ. 1re, 17 févr. 1982 : *Gaz. Pal. 1982. 2. Pan. 224 ; Rev. crit. DIP 1983. 249, note H. Batiffol.* ♦ La détermination, par un État, de ses nationaux, par application de la loi sur la nationalité, ne peut constituer une discrimination au sens du Pacte de New York du 19 déc. 1966 sur les droits civils et politiques. • Civ. 1re, 22 févr. 2000, n° 97-22.459 P : *D. 2000. IR 83 ; Gaz. Pal. 2000. 2. 1471, concl. Rœrich ; Rev. crit. DIP 2000. 681, note Fulchiron* • 8 janv. 2002, n° 99-18.552 P : *Rev. crit. DIP 2003. 77, note P. Lagarde*. ♦ ... Ni au sens de l'art. 14 Conv. EDH, dès lors qu'est assuré le droit à une nationalité. • Civ. 1re, 25 avr. 2007, n° 04-17.632 P : *D. 2007. AJ 1343 ; RJPF 2007-9/11, note Putman* • 4 nov. 2020, n° 19-17.559 P : *D. 2020. 2240 ; AJ fam. 2021. 52, obs. Dionisi-Peyrusse* (*idem*) • 4 nov. 2020, n° 19-15.150 P (*idem*). ♦ Les art. 8 et 14 Conv. EDH ne peuvent faire échec au droit qu'a chaque État de déterminer les conditions d'accès à la nationalité. • Civ. 1re, 14 mars 2012 : *Rev. crit. DIP 2012. 553, note Marchadier*.

2. Dispositions conventionnelles. Une convention internationale relative à la nationalité peut avoir un certain effet rétroactif : V., par ex., application de la convention franco-vietnamienne du 16 avr. 1955 (art. 22) dès sa signature et non au jour de sa publication : • Civ. 1re, 15 mai 1984 : *Gaz. Pal. 1984. 2. Pan. 315 ; JDI 1985. 103, note Chappez ; Rev. crit. DIP 1984. 623, note H. Batiffol.*

3. Conv. franco-tunisienne. Viole l'art. 8, c), de la Conv. gén. franco-tunisienne du 3 juin 1955, la cour d'appel qui, faisant application de ce texte, dit qu'une ressortissante française a perdu la nationalité française, alors que ce texte régit exclusivement les relations entre les États parties et n'a pas d'effet direct à l'égard des particuliers, lesquels ne peuvent ni en revendiquer l'application, ni se le voir opposer. • Civ. 1re, 30 mars 2022, n° 20-22.050 B : *D. 2022. 654 ; AJ fam. 2022. 292, obs. Didot-Seïd Algadi*.

4. Conflit de nationalités. Sur le principe de prédominance de la nationalité du for : • Civ. 1re, 9 nov. 1993, n° 91-19.310 P : *Rev. crit. DIP 1994. 644, note Kerckhove* • 16 févr. 1994 : *Gaz. Pal. 1994. 1. Pan. 98.* ♦ Le conflit entre deux nationalités étrangères est une question de fait qui se règle par référence à la nationalité à laquelle l'intéressé se rattache le plus en fait. • Civ. 1re, 15 mai 1974 : *Rev. crit. DIP 1975. 620, note Nisard ; JDI 1976. 298, note Alexandre.* ♦ Cette solution est également appliquée en droit international public : • CIJ 6 avr. 1955, *Nottebohm : Rec. CIJ 1955. 4.* – Bastid, *Rev. crit. DIP 1956. 607.* – De Visscher, *RGDIP 1956. 257.*

5. Cumul de nationalités. La nationalité française est seule prise en compte par le juge français en cas de cumul de nationalités. • Civ. 1re,

17 juin 1968 : *GADIP, 5e éd., n° 46 ; Rev. crit. DIP 1969. 59, note Battifol* • 3 juin 1998, n° 96-11.206 P (détermination de la compétence internationale indirecte en matière de succession). – Également : • Civ. 1re, 11 juin 1996, n° 94-12.926 P • 16 mars 1999, n° 97-12.401 P (compétence en matière de divorce).

6. Conv. EDH. Violation de l'art. 8 Conv. EDH par des dispositions consacrant « l'effacement » du fichier des résidents permanents des personnes ne souhaitant pas acquérir la nationalité du pays. • CEDH, gr. ch., 26 juin 2012, *Kuric et a. c/ Slovénie,* n° 26828/06. V. dans le même sens : • CEDH, sect. III, 13 juill. 2010, n° 26828/06.

Art. 17-1 *(L. n° 73-42 du 9 janv. 1973)* **Les lois nouvelles relatives à l'attribution de la nationalité d'origine s'appliquent aux personnes encore mineures à la date de leur entrée en vigueur, sans préjudicier aux droits acquis par des tiers et sans que la validité des actes passés antérieurement puisse être contestée pour cause de nationalité.**

Les dispositions de l'alinéa précédent s'appliquent, à titre interprétatif, aux lois sur la nationalité d'origine qui ont été mises en vigueur après la promulgation du titre I du présent code. – *[C. nat., art. 3.]*

1. Sur l'application du principe de l'art. 17-1 : • Cass., ass. plén., 20 nov. 1992, n° 90-15.348 P : *R., p. 237 ; JCP 1993. II. 22054, note F. Monéger ; D. 1993. 265, note Guiho ; Rev. crit. DIP 1993. Somm. 710* (application de la L. du 10 août 1927) • Civ. 1re, 28 juin 1989 : *Rev. crit. DIP 1990. 79, note P. L.*

2. Sur le caractère interprétatif conféré aux règles de droit transitoire de l'al. 1er du même art. : • Civ. 1re, 16 mai 1955 : *JCP 1955. II. 8960, note Aymond ; Rev. crit. DIP 1956. Somm. 704.*

Art. 17-2 *(L. n° 73-42 du 9 janv. 1973)* **L'acquisition et la perte de la nationalité française sont régies par la loi en vigueur au temps de l'acte ou du fait auquel la loi attache ces effets.**

Les dispositions de l'alinéa qui précède règlent, à titre interprétatif, l'application dans le temps des lois sur la nationalité qui ont été en vigueur avant le 19 octobre 1945. – *[C. nat., art. 4.]*

1. Acquisition de la nationalité française. Pour les applications de l'art. 17-2 en cas d'acquisition de la nationalité française : • Civ. 1re, 24 oct. 1949 : *JCP 1950. II. 5437, note Aymond* • 26 janv. 1953 : *JCP 1954. II. 8087, note Aymond* • CE 12 oct. 2005 : *AJDA 2006. 661, note Thiellay* (opposition du gouvernement à l'acquisition de la nationalité française par mariage pour défaut d'assimilation) • CE 14 févr. 2007 : *AJDA 2007. 1083, note Julien-Laferrière* . ♦ ... Et en cas de perte de la nationalité française : • Civ. 1re, 17 févr. 1987, n° 85-12.404 P • 5 janv. 1982 : *Rev. crit. DIP 1982. 678, note P. Lagarde.*

2. Une femme ayant acquis la nationalité française par un mariage célébré en 1941, les effets de cette acquisition, à l'égard des enfants mineurs nés antérieurement de cette femme, sont régis par les dispositions de la L. du 10 août 1927, mod. par Décr.-L. du 12 nov. 1938, ce qui exclut l'effet collectif. • Paris, 6 mars 1997 : *D. 1997. 430, note Guiho* .

3. Droit antérieur – Caractère interprétatif. Pour des applications du caractère interprétatif du droit antérieur résultant des dispositions de l'art. 17-2 : • Civ. 1re, 16 mai 1955 : *préc. note 2 ss. art. 17-1* • 28 juin 1989 : *Rev. crit. DIP 1990. 79, note P. L.*

4. V. également note 2 ss. art. 17-1.

Art. 17-3 *(L. n° 93-933 du 22 juill. 1993)* **Les demandes en vue d'acquérir, de perdre la nationalité française ou d'être réintégré dans cette nationalité, ainsi que les déclarations de nationalité, peuvent, dans les conditions prévues par la loi, être faites, sans autorisation, dès l'âge de seize ans.**

Le mineur âgé de moins de seize ans doit être représenté par celui ou ceux qui exercent à son égard l'autorité parentale.

(L. n° 95-125 du 8 févr. 1995, art. 34) **« Doit être pareillement représenté** *(L. n° 2007-1631 du 20 nov. 2007, art. 39)* **« tout mineur » dont l'altération des facultés mentales ou corporelles empêche l'expression de la volonté.** *(Ord. n° 2015-1288 du 15 oct. 2015, art. 8, en vigueur le 1er janv. 2016)* **« L'empêchement est constaté par un certificat délivré par un médecin spécialiste choisi sur une liste établie par le procureur de la République. Ce certificat est joint à la demande. »**

« Lorsque le mineur mentionné à l'alinéa précédent est placé sous tutelle, sa représentation est assurée par le tuteur autorisé à cet effet par le conseil de famille. »

La détermination du représentant légal du mineur étranger optant pour la nationalité française est soumise aux règles de conflit de lois. • TGI Dunkerque, 30 mai 1990 : *Rev. crit. DIP 1990. 481 (4e esp.), note Lagarde* .

Art. 17-4 *(L. no 2003-1119 du 26 nov. 2003)* **Au sens du présent titre, l'expression "en France" s'entend du territoire métropolitain, des départements et des collectivités d'outre-mer ainsi que de la Nouvelle-Calédonie et des Terres australes et antarctiques françaises.**

Art. 17-5 *(L. no 93-933 du 22 juill. 1993)* **Dans le présent titre, majorité et minorité s'entendent au sens de la loi française.**

L'âge de la majorité est établi par application de la loi française et non de la loi nationale de l'intéressé. • Civ. 1re, 8 oct. 1996, no 94-15.025 P : *D. 1996. IR 230* .

Art. 17-6 *(L. no 73-42 du 9 janv. 1973)* **Il est tenu compte pour la détermination, à toute époque, du territoire français, des modifications résultant des actes de l'autorité publique française pris en application de la Constitution et des lois, ainsi que des traités internationaux survenus antérieurement.** – *[C. nat., art. 8.]*

Attribution de la nationalité française d'origine aux enfants nés en France depuis le 1er janv. 1963 de parents algériens nés en Algérie avant l'indépendance et ayant perdu leur nationalité française : • Comm. 1re inst. séc. soc., Seine-Saint-Denis, 4 janv. 1972 : *Rev. crit. DIP 1973. 663, note Lagarde ; JDI 1974. 610, obs. P. A.*

Art. 17-7 *(L. no 73-42 du 9 janv. 1973)* **Les effets sur la nationalité française des annexions et cessions de territoires sont réglés par les dispositions qui suivent, à défaut de stipulations conventionnelles.** – *[C. nat., art. 11.]*

Art. 17-8 *(L. no 73-42 du 9 janv. 1973)* **Les nationaux de l'État cédant, domiciliés dans les territoires annexés au jour du transfert de la souveraineté acquièrent la nationalité française, à moins qu'ils n'établissent effectivement leur domicile hors de ces territoires. Sous la même réserve, les nationaux français, domiciliés dans les territoires cédés au jour du transfert de la souveraineté perdent cette nationalité.** – *[C. nat., art. 12.]*

1. Illustrations. Pour une application aux anciens sujets français originaires du Viêt-Nam : • Civ. 1re, 7 févr. 1995, no 93-12.668 P : *D. 1995. IR 64 ; Gaz. Pal. 1995. 2. Pan. 183.*

2. Un ressortissant congolais, non originaire du territoire français, ne conserve la nationalité française après l'indépendance du Congo qu'en fixant son domicile hors de ce territoire. • Civ. 1re, 23 juin 1992, no 90-18.908 P : *D. 1992. IR 211.*

3. Caractère interprétatif du texte. Les dispositions de l'art. 17-8 s'appliquent à titre interprétatif, selon l'art. 17-10, al. 1er, au changement de nationalité résultant des annexions et cessions de territoire à la suite de traités antérieurs à la promulgation du code de la nationalité. • Civ. 1re, 4 nov. 1947 : *Rev. crit. DIP 1948. 473, note H. B. ; D. 1948. 95, note P. L.*

Art. 17-9 *(L. no 73-42 du 9 janv. 1973)* **Les effets sur la nationalité française de l'accession à l'indépendance d'anciens départements ou territoires d'outre-mer de la République sont déterminés au chapitre VII du présent titre.** – *[C. nat., art. 13.]*

Art. 17-10 *(L. no 73-42 du 9 janv. 1973)* **Les dispositions de l'article 17-8 s'appliquent, à titre interprétatif, aux changements de nationalité consécutifs aux annexions et cessions de territoires résultant de traités antérieurs au 19 octobre 1945.**

Toutefois, les personnes étrangères qui étaient domiciliées dans les territoires rétrocédés par la France, conformément au Traité de Paris du 30 mai 1814 et qui, à la suite de ce traité, ont transféré en France leur domicile, n'ont pu acquérir, de ce chef, ***la nationalité française*** **que si elles se sont conformées aux dispositions de la loi du 14 octobre 1814. Les Français qui étaient nés hors des territoires rétrocédés et qui ont conservé leur domicile sur ces territoires n'ont pas perdu la nationalité française, par application du traité susvisé.** – *[C. nat., art. 14.]*

Art. 17-11 *(Ord. no 45-2441 du 19 oct. 1945)* **Sans qu'il soit porté atteinte à l'interprétation donnée aux accords antérieurs, un changement de nationalité ne peut, en**

aucun cas, résulter d'une convention internationale si celle-ci ne le prévoit expressément. – *[C. nat., art. 15.]*

Art. 17-12 *(L. n° 73-42 du 9 janv. 1973)* **Lorsqu'un changement de nationalité est subordonné, dans les termes d'une convention internationale, à l'accomplissement d'un acte d'option, cet acte est déterminé dans sa forme par la loi de celui des pays contractants dans lequel il est institué. –** *[C. nat., art. 16.]*

CHAPITRE II DE LA NATIONALITÉ FRANÇAISE D'ORIGINE

SECTION 1 Des Français par filiation

Art. 18 *(L. n° 73-42 du 9 janv. 1973)* **Est français l'enfant dont l'un des parents au moins est français. –** *[C. nat., art. 17.]*

1. La nationalité du ou des parents à prendre en considération pour l'attribution de la nationalité en raison de la naissance d'un parent français est celle que ce parent avait au jour de la naissance de l'enfant, peu important sa nationalité au jour de l'établissement de la filiation. • Civ. 1re, 17 nov. 2021, n° 20-50.026 B : *D. 2021. 2022* ; *ibid. 2021. 244, obs. Boskovic* ; *AJ fam. 2022. 92, obs. Dionisi-Peyrusse* ; *D. actu. 25 nov. 2021, obs. Mélin.*

2. Illustrations. Pour des applications de l'art. 18 : • Civ. 1re, 25 mars 1997, n° 95-12.937 P • 15 févr. 1956 : *Rev. crit. DIP 1957. 273* • 5 mars 1957 : *ibid. 1958. Somm. 761.*

3. Sur l'application de l'art. 18 à l'enfant ayant fait l'objet d'une adoption plénière par un ou deux adoptants français, V. note ss. art. 20.

4. Les enfants de nationaux français, nés sur le territoire d'un établissement cédé postérieurement à l'expiration du délai d'option offert à leur auteur, ont conservé un statut autonome de celui de leur représentant légal, qui les autorise à revendiquer la nationalité française sur le fondement du droit interne. • Civ. 1re, 13 janv. 2021, n° 19-18.447 P : *D. 2021. 79* ; *AJ fam. 2021. 186, obs. Dionisi-Peyrusse* (application de l'art. 15 : possibilité de revendiquer la nationalité française par filiation maternelle).

Art. 18-1 *(L. n° 93-933 du 22 juill. 1993)* **« Toutefois, si un seul des parents est français, l'enfant qui n'est pas né en France a la faculté de répudier la qualité de Français dans les six mois précédant sa majorité et dans les douze mois la suivant. »**

(L. n° 73-42 du 9 janv. 1973) **Cette faculté se perd si le parent étranger ou apatride acquiert la nationalité française durant la minorité de l'enfant. –** *[C. nat., art. 19.] – V. Décr. n° 93-1362 du 30 déc. 1993, art. 22, ss. art. 33-2.*

1. Parents étrangers. L'art. 19-3 est applicable à un enfant dont les deux parents sont étrangers, mais dont l'un est né en France. L'enfant né en France d'un père britannique et d'une mère française, elle-même née en France, qui est français par sa mère en application de l'art. 18 et auquel la faculté de répudiation est refusée par l'art. 18-1 ne peut donc se prévaloir de l'art. 19-4 pour répudier la nationalité française. • TGI Albertville, 5 mars 1991 : *D. 1991. 518, note Guiho* .

2. Adoption. Sur l'application des dispositions de l'art. 18-1 à l'enfant ayant fait l'objet d'une adoption plénière par un ou deux adoptants français, V. note 3 ss. art. 20.

SECTION 2 Des Français par la naissance en France

Art. 19 *(L. n° 73-42 du 9 janv. 1973)* **Est français l'enfant né en France de parents inconnus.**

Toutefois, il sera réputé n'avoir jamais été français si, au cours de sa minorité, sa filiation est établie à l'égard d'un étranger et s'il a, conformément à la loi nationale de son auteur, la nationalité de celui-ci. – *[C. nat., art. 21.]*

A défaut de dispositions expresses du code de la nationalité française dans sa rédaction issue de l'Ord. du 19 oct. 1945, la légitimation adoptive par des Français de statut civil de droit local (Algérie), qui ont ensuite perdu la nationalité française en 1963 faute de déclaration recognitive de nationalité, n'a pu faire perdre à l'enfant mineur le statut civil de droit commun qui lui a été attribué, à sa naissance, en même temps que la nationalité française. • Civ. 1re, 26 oct. 2011, n° 10-21.500 P : *D. 2011. 2728* ; *ibid. 2012. 390, obs. Boskovic* ; *AJ fam. 2012. 52, obs. Viganotti* ; *Dr. fam. 2011, n° 177, obs. Neirinck.*

Art. 19-1 *(L. n° 73-42 du 9 janv. 1973)* **Est français :**

1° L'enfant né en France de parents apatrides ;

2° L'enfant né en France de parents étrangers *(L. n° 2003-1119 du 26 nov. 2003)* « pour lequel les lois étrangères de nationalité ne permettent en aucune façon qu'il se voie transmettre la nationalité de l'un ou l'autre de ses parents ». – *[C. nat., art. 21-1.]*

(L. n° 98-170 du 16 mars 1998) « Toutefois, il sera réputé n'avoir jamais été français si, au cours de sa minorité, la nationalité étrangère acquise ou possédée par l'un de ses parents vient à lui être transmise. » – *Entrée en vigueur le 1er sept. 1998.*

Ancien art. 19-1, 2° *L'enfant né en France de parents étrangers et à qui n'est attribuée par les lois étrangères la nationalité d'aucun des deux parents.*

1. Apatridie. Pour la notion d'enfant né de parents apatrides : • Paris, 13 avr. 1972 : *JDI 1972. 817, note Aymond ; Rev. crit. DIP 1972. 605, note P. Lagarde*, et sur pourvoi : • Civ. 1re, 8 janv. 1974 : *JDI 1974. 577.*

2. Enfant n'ayant la nationalité d'aucun de ses deux parents. V. • Civ. 1re, 18 juill. 2000, n° 98-15.265 P • 14 nov. 2000 : *RJPF 2001-2/13, obs. Putman* • Paris, 4 avr. 2002 : *BICC 1er févr. 2003, n° 119.*

Art. 19-2 *(L. n° 73-42 du 9 janv. 1973)* **Est présumé né en France l'enfant dont l'acte de naissance a été dressé conformément à l'article 58 du présent code.** – *[C. nat., art. 22.]*

Un enfant naturel né en France d'une mère algérienne et d'un père marocain, lequel le reconnaît au moment de la naissance, n'a pas la nationalité algérienne en application de l'art. 6 du code algérien de la nationalité tant de son père que de sa mère et n'a pas non plus la nationalité marocaine de son père puisque la loi marocaine au cas particulier ignorait la filiation naturelle. • TGI Avesnes-sur-Helpe, 21 mars 1975 : *JDI 1976. 659, note Aymond ; Rev. crit. DIP 1975. 623, note Lagarde.* ♦ Rappr. • Paris, 27 oct. 1989 : *JCP 1991. IV. 428.*

Art. 19-3 *(L. n° 73-42 du 9 janv. 1973)* **Est français l'enfant né en France lorsque l'un de ses parents au moins y est lui-même né.** – *[C. nat., art. 23.] – V. L. n° 73-42 du 9 janv. 1973, art. 23.*

Il est impératif que la décision qui prononce une adoption plénière mentionne le lieu de naissance réel de l'adopté : V. note 3 ss. art. 20.

Art. 19-4 *(L. n° 93-933 du 22 juill. 1993)* **« Toutefois, si un seul des parents est né en France, l'enfant français, en vertu de l'article 19-3, a la faculté de répudier cette qualité dans les six mois précédant sa majorité et dans les douze mois la suivant. »**

(L. n° 73-42 du 9 janv. 1973) **Cette faculté se perd si** *(L. n° 93-933 du 22 juill. 1993)* **« l'un des parents » acquiert la nationalité française durant la minorité de l'enfant.** – *[C. nat., art. 24.] – V. L. n° 73-42 du 9 janv. 1973, art. 23. – V. Décr. n° 93-1362 du 30 déc. 1993, art. 23, ss. art. 33-2.*

L'enfant français dont un seul des parents est né en France perd la faculté de répudiation de l'art. 19-4 sauf si l'un de ses parents acquiert la nationalité française durant la minorité de l'enfant et si l'enfant prouve sa nationalité étrangère par filiation : V. note 1 ss. art. 18-1.

SECTION 3 Dispositions communes

Art. 20 *(L. n° 73-42 du 9 janv. 1973)* **L'enfant qui est français en vertu des dispositions du présent chapitre est réputé avoir été français dès sa naissance, même si l'existence des conditions requises par la loi pour l'attribution de la nationalité française n'est établie que postérieurement.**

(L. n° 76-1179 du 22 déc. 1976) **« La nationalité de l'enfant qui a fait l'objet d'une adoption plénière est déterminée selon les distinctions établies aux articles 18 et 18-1, 19-1, 19-3 et 19-4 ci-dessus. »**

Toutefois, l'établissement de la qualité de Français postérieurement à la naissance ne porte pas atteinte à la validité des actes antérieurement passés par l'intéressé ni aux droits antérieurement acquis à des tiers sur le fondement de la nationalité apparente de l'enfant. – *[C. nat., art. 26.]*

1. Domaine. Seule l'adoption plénière produit effet de plein droit sur la nationalité de l'adopté. La loi étrangère qui maintient les droits de l'adopté dans la succession de ses parents d'origine, autorise l'adoption de majeurs et prévoit une possibilité de révocation ne constitue pas une adoption plénière au sens du droit français mais correspond à une adoption simple. La possession d'état de Français ne produit aucun effet de plein droit en matière de nationalité et peut seulement fonder la souscription d'une déclaration acquisitive de nationalité (application de l'art. 37-1 C. nat.). • Paris, 31 mai 1990 : *D. 1991. 248, note Lagarde*.

2. Appréciation de la nationalité de l'adoptant. Il résulte de la combinaison des art. 20, al. 2, et 18 C. civ. que l'enfant qui bénéficie d'une adoption plénière par un Français est français. La condition tenant à la nationalité de l'adoptant doit s'apprécier au jour du dépôt de la requête en adoption plénière, date à laquelle cette adoption établit la filiation entre l'adopté et l'adoptant, en application de l'art. 355. • Civ. 1re, 13 févr. 2019, n° 18-50.012 P : *D. 2019. 382 ; AJ fam. 2019. 153, obs. Salvage-Gerest ; RTD civ. 2019. 301, obs. Leroyer ; JCP 2019, n° 392, note Jault-Seseke.*

3. Mention du lieu de naissance. L'enfant né en France et faisant l'objet d'une adoption plénière par un étranger né en France se voit attribuer la nationalité française d'origine. Est impérative la règle selon laquelle la décision qui prononce une adoption plénière doit mentionner le lieu de naissance réel de l'adopté. Doit donc être écartée la loi roumaine qui attribue comme lieu de naissance fictif celui du domicile des adoptants. • Civ. 1re, 12 nov. 1986 : *Rev. crit. DIP 1987. 557, note Poisson-Drocourt ; JDI 1987. 322, note Gaudemet-Tallon ; D. 1987. 157, note Massip.* ♦ Également : • Civ. 1re, 20 nov. 1990 : *Gaz. Pal. 1991. 1. Somm. 153, obs. Massip* • 19 nov. 1991 : *JCP 1992. IV. 280 ; Gaz. Pal. 1992. 1. Pan. 66.* ♦ L'adoptant doit avoir la nationalité française au jour du dépôt de la requête en adoption pour que l'enfant étranger, objet d'une adoption plénière, soit français. • Civ. 1re, 13 févr. 2019, n° 18-50.012 : *D. actu. 13 mars 2019, obs. Cottetle.*

Art. 20-1 *(L. n° 73-42 du 9 janv. 1973)* **La filiation de l'enfant n'a d'effet sur la nationalité de celui-ci que si elle est établie durant sa minorité.** – *[C. nat., art. 29.]*

1. Objet. Caractère non sérieux de la QCP relative aux dispositions de l'art. 20-1 ayant pour finalité d'assurer la stabilité de la nationalité des personnes à la date de leur majorité, objectif dont la valeur a déjà été reconnue par le Cons. const. ; par ailleurs, les moyens qui sont employés pour atteindre cet objectif doivent être appréciés au regard de la double fonction de la règle inscrite à l'art. 20-1. Enfin, la différence de traitement entre enfants nés en mariage et enfants nés hors mariage résultant de cet article est liée à des situations qui ne sont pas identiques. • Civ. 1re, 15 avr. 2021, n° 20-21.536 P : *AJ fam. 2021. 371, obs. Didot-Seïd Algadi*.

2. Loi applicable à l'établissement de la filiation. La filiation est établie selon la loi désignée par les art. 311-14 s. du code civil (ou par le droit conventionnel applicable, le cas échéant). • Civ. 1re, 11 juin 1996, *Imhoos*, n° 94-12.926 P : *D. 1997. 3, note F. Monéger ; Rev. crit. DIP 1997. 291, note Lequette*.

3. Établissement de la filiation par la possession d'état. V. • Cass., ass. plén., 20 nov. 1992 : *préc. note 1 ss. art. 17-1.* ♦ La règle établie par l'art. 20-1 rend inopérante l'éventuelle admission tardive d'une possession d'état d'enfant naturel à l'égard d'un Français. • Civ. 1re, 2 mai 2001 : *D. 2002. Somm. 1876, obs. Le Doujet-Thomas*. – V. aussi • Civ. 1re, 9 janv. 2007, n° 06-11.507 P.

4. Nationalité acquise. L'art. 20-1 n'est applicable qu'en matière d'attribution, et non d'acquisition, de la nationalité française. • Civ. 1re, 17 juin 1980 : *Rev. crit. DIP 1981. 73, note Lagarde.* ♦ V. également : • Paris, 10 mai 1985 : *JDI 1985. 915, note Gaudemet-Tallon* (décision qui paraît admettre l'effet attributif de nationalité d'une adoption plénière prononcée à l'étranger après la majorité de l'enfant). ♦ Ainsi l'art. 20-1 est sans application dès lors qu'en raison de son caractère déclaratif, un jugement supplétif constate un mariage célébré avant la naissance de l'intéressé, fût-il prononcé pendant la majorité de celui-ci, alors que d'autre part, la désignation de la mère dans l'acte de naissance, alors que sa nationalité française n'est pas contestée et que sa loi personnelle régissait la filiation, suffit à établir la filiation à l'égard de celle-ci. • Civ. 1re, 17 déc. 2010, n° 09-17.242 P : *R., p. 299 ; D. 2011. Actu. 160 ; AJ fam. 2011. 105, obs. Douris ; Dr. fam. 2011, n° 55, obs. Neirinck.* ♦ Le jugement supplétif d'acte de mariage, ayant un caractère déclaratif, apporte la preuve d'un mariage antérieur à la naissance de l'enfant et de sa filiation légitime, peu important qu'il n'ait pas été invoqué pendant la minorité de celui-ci. • Civ. 1re, 8 oct. 2014, n° 13-22.673 P : *D. 2015. 451, obs. Boskovic ; AJ fam. 2014. 632, obs. Dionisi-Peyrusse ; RTD civ. 2015. 99, obs. Hauser*.

5. Enfant majeur. L'acte de reconnaissance établi par un père postérieurement à la majorité de son fils, s'il établit sa filiation, ne peut avoir, eu égard à l'art. 20-1, aucune incidence sur la nationalité. • Civ. 1re, 9 janv. 2007 : *préc. note 3.* ♦ La filiation maternelle est établie par la désignation de la mère en cette qualité dans l'acte de naissance. • Civ. 1re, 8 juill. 2010, n° 09-10.585 P : *D. 2010. 1941 ; AJ fam. 2010. 494, obs. Douris ; Rev. crit. DIP 2010. 698, note Lagarde ; RTD civ. 2010. 771, obs. Hauser*. ♦ Il résulte des dispositions combinées de l'art. 311-25 du de l'art. 20-II-6° de l'Ord. n° 2005-759 du 4 juill. 2005 que si l'indication de la mère dans l'acte de naissance établit la filiation à son égard, elle est sans effet sur la nationalité de l'enfant majeur à la date d'entrée en vigueur de l'ordonnance. • Civ. 1re, 17 déc. 2010, n° 10-10.906 P : *AJ fam. 2011. 105, obs. Douris ; Rev. crit. DIP 2011. 49, note P. Lagarde*.

Si un jugement supplétif régulier, quelle que soit la date à laquelle il est prononcé, est réputé, en raison de son caractère déclaratif, établir la filiation de l'enfant à la date de sa naissance, cette filiation n'emporte des effets utiles en matière de nationalité, pour les enfants nés hors mariage, que dans les conditions prévues par les dispositions combinées de l'art. 311-25 et du 6° du § II de l'art. 20 de l'Ord. n° 2005-759 du 4 juill. 2005 portant réforme de la filiation ; il résulte de ces dispositions combinées que si l'indication de la mère dans l'acte de naissance d'un enfant né hors mariage avant l'entrée en vigueur de l'Ord. du 4 juill. 2005, le 1er juill. 2006, établit la filiation à son égard, cette indication est sans effet sur la nationalité de l'enfant majeur à cette date. • Civ. 1re, 30 sept. 2020, n° 19-17.796 P.

6. L'acte de notoriété constatant la possession d'état d'enfant naturel d'une mère française est sans effet sur la nationalité de l'enfant dès lors que l'acte est dressé après la majorité de l'enfant alors même que la possession d'état était déjà constituée durant sa minorité. • Cass., ass. plén., 20 nov. 1992 : *préc. note 1 ss. art. 17-1.* ♦ Si l'analyse génétique ne peut en elle-même servir à établir la nationalité française, elle permet à tout le moins de s'assurer de la sincérité du jugement supplétif, qui, en raison de son caractère déclaratif, établit, même s'il est prononcé postérieurement à sa majorité, la filiation de l'intéressé depuis sa naissance, à l'égard d'un père dont la nationalité française n'est pas contestée. • Civ. 1re, 17 déc. 2010, n° 09-13.957 P : *D. 2011. Actu. 160 ; AJ fam. 2011. 105, obs. Douris .*

Art. 20-2 *(L. n° 93-933 du 22 juill. 1993)* **Le Français qui possède la faculté de répudier la nationalité française dans les cas visés au présent titre peut exercer cette faculté par déclaration souscrite conformément aux articles 26 et suivants.**

Il peut renoncer à cette faculté à partir de l'âge de seize ans dans les mêmes conditions. — *V. Décr. n° 93-1362 du 30 déc. 1993, art. 24, ss. art. 33-2.*

Art. 20-3 *(L. n° 73-42 du 9 janv. 1973)* **Dans les cas visés à l'article précédent, nul ne peut répudier la nationalité française s'il ne prouve qu'il a par filiation la nationalité d'un pays étranger.** — *[C. nat., art. 31.]*

Art. 20-4 *(L. n° 98-170 du 16 mars 1998)* **Le Français qui contracte un engagement dans les armées françaises perd la faculté de répudiation.** — *Entrée en vigueur le 1er sept. 1998.*

Ancien art. 20-4 *(L. n° 93-933 du 22 juill. 1993) « Le Français » (L. n° 73-42 du 9 janv. 1973) qui contracte un engagement dans les armées françaises ou celui qui participe volontairement aux opérations de recensement en vue de l'accomplissement du service national perd la faculté de répudiation.*

Une personne âgée de 16 ans qui se présente seule, volontairement, sur convocation administrative aux opérations de recensement sans opposer son extranéité, en l'absence de consentement éclairé sur les conséquences de sa signature au regard de sa nationalité, ne perd pas, au regard de l'ancien art. 20-4, la faculté de décliner la qualité de Français. • Civ. 1re, 16 juin 1992 : *D. 1993. 309, note Guiho ; JCP 1992. IV. 2384 ; Rev. crit. DIP 1993. Somm. 707.*

Art. 20-5 *(L. n° 73-42 du 9 janv. 1973)* **Les dispositions contenues dans les articles 19-3 et 19-4 ne sont pas applicables aux enfants nés en France des agents diplomatiques ou des consuls de carrière de nationalité étrangère.** — *[C. nat., art. 33, al. 1er.]*

(L. n° 93-933 du 22 juill. 1993) **« Ces enfants ont toutefois la faculté d'acquérir volontairement la qualité de Français conformément aux dispositions »** *(L. n° 98-170 du 16 mars 1998)* **« de l'article 21-11 ci-après. »** — *Entrée en vigueur le 1er janv. 1994.*

CHAPITRE III DE L'ACQUISITION DE LA NATIONALITÉ FRANÇAISE

BIBL. GÉN. ▶ OLEKHNOVITCH, *Rev. crit. DIP 1993. 363.*

SECTION 1 Des modes d'acquisition de la nationalité française

§ 1 Acquisition de la nationalité française à raison de la filiation

Art. 21 *(L. n° 73-42 du 9 janv. 1973)* **L'adoption simple n'exerce de plein droit aucun effet sur la nationalité de l'adopté.** — *[C. nat., art. 36.]*

1. La procédure d'adoption doit être utilisée pour créer des liens familiaux et non pour faciliter le maintien de l'adopté étranger en France et son accession à la nationalité française. • Civ. 1re, 12 nov. 1986 : *cité note 3 ss. art. 20.* ♦ V. note ss. art. 19.

2. Pour une application : • Paris, 31 mai 1990 : *cité note 1 ss. art. 20.*

§ 2 Acquisition de la nationalité française à raison du mariage

BIBL. GÉN. ▶ PÉCAUT-RIVOLIER, *AJ fam. 2007. 259.*

Art. 21-1 *(L. nº 73-42 du 9 janv. 1973)* **Le mariage n'exerce de plein droit aucun effet sur la nationalité.** — *[C. nat., art. 37.]*

V. Convention de l'ONU du 1er mars 1980, art. 9, qui se prononce contre tout effet automatique du mariage sur la nationalité de la femme et proclame en faveur de cette dernière des droits égaux à ceux des hommes en matière d'acquisition, de changement et de conservation de la nationalité. — V. également Convention du Conseil de l'Europe du 6 mai 1963 (réduction des cas de pluralité de nationalité et obligations militaires en cas de pluralité de nationalités), dont l'approbation est autorisée par L. nº 64-1328 du 26 déc. 1964.

Art. 21-2 *(L. nº 2006-911 du 24 juill. 2006, art. 79)* **L'étranger ou apatride qui contracte mariage avec un conjoint de nationalité française peut, après un délai de quatre ans à compter du mariage, acquérir la nationalité française par déclaration à condition qu'à la date de cette déclaration la communauté de vie tant affective que matérielle n'ait pas cessé entre les époux depuis le mariage et que le conjoint français ait conservé sa nationalité.**

Le délai de communauté de vie est porté à cinq ans lorsque l'étranger, au moment de la déclaration, soit ne justifie pas avoir résidé de manière ininterrompue et régulière pendant au moins trois ans en France à compter du mariage, soit n'est pas en mesure d'apporter la preuve que son conjoint français a été inscrit pendant la durée de leur communauté de vie à l'étranger au registre des Français établis hors de France. En outre, le mariage célébré à l'étranger doit avoir fait l'objet d'une transcription préalable sur les registres de l'état civil français.

Le conjoint étranger doit *(L. nº 2011-672 du 16 juin 2011, art. 3)* **« également justifier d'une connaissance suffisante, selon sa condition, de la langue française, dont le niveau et les modalités d'évaluation sont fixés par décret en Conseil d'État. »** — *V. Décr. nº 93-1362 du 30 déc. 1993, art. 14 s., ss. art. 33-2.*

V. Circ. 14 oct. 2009 relative à la procédure d'acquisition de la nationalité française en raison du mariage, BO Ministère de l'immigration, de l'intégration, de l'identité nationale et du développement solidaire, nº 10, p. 2.

BIBL. ▶ **Loi du 24 juill. 2006 :** D. BOULANGER, *Dr. fam. 2007, nº 25 ; Rect. nº 52* (droit transitoire).

Ancien art. 21-2 *(L. nº 2003-1119 du 26 nov. 2003)* ***L'étranger ou apatride qui contracte mariage avec un conjoint de nationalité française peut, après un délai de deux ans à compter du mariage, acquérir la nationalité française par déclaration à condition qu'à la date de cette déclaration la communauté de vie tant affective que matérielle n'ait pas cessé entre les époux et que le conjoint français ait conservé sa nationalité. Le conjoint étranger doit en outre justifier d'une connaissance suffisante, selon sa condition, de la langue française.***

Le délai de communauté de vie est porté à trois ans lorsque l'étranger, au moment de sa déclaration, ne justifie pas avoir résidé de manière ininterrompue pendant au moins un an en France à compter du mariage.

La déclaration est faite dans les conditions prévues aux articles 26 et suivants. Par dérogation aux dispositions de l'article 26-1, elle est enregistrée par le ministre chargé des naturalisations.

1. Conformité à la Constitution. L'art. 21-2 C. civ., dans sa rédaction résultant de la L. nº 2003-1119 du 20 nov. 2003 relative à la maîtrise de l'immigration, au séjour des étrangers en France et à la nationalité est conforme à la Constitution. • Cons. const. 13 juill. 2012, nº 2012-264 QPC : *D. 2012. 1821 ; AJ fam. 2012. 561, obs. Chénedé ; RTD civ. 2012. 713, obs. Hauser ; Dr. fam. 2012, nº 139, note Larribau-Terneyre.*

I. ACQUISITION DE LA NATIONALITÉ FRANÇAISE PAR MARIAGE

A. EXISTENCE DU MARIAGE

2. Validité du mariage. La déclaration de l'art. 21-2 doit être souscrite pendant le mariage et non après sa dissolution par divorce. • Dijon, 3 juill. 1991 : *D. 1992. 231, note Guiho ; Gaz. Pal. 1994. 1. Somm. 214 ; Rev. crit. DIP 1993. Somm. 708* (application de l'art. 37-2 C. nat.). – Dans le même sens : • Civ. 1re, 5 avr. 2005, nº 03-13.766 P. ♦ Le mariage célébré à l'étranger doit être tenu pour valable et produire ses effets, même en ce qui concerne la nationalité, tant que sa nullité pour défaut de célébration devant l'officier d'état civil n'est pas prononcée. • Civ. 1re, 9 oct. 1991 : *Rev. crit. DIP 1992. 61, note Lagarde*. ♦ Doit être annulée la déclaration acquisitive de nationalité française par mariage faite par un étranger dont le mariage est annulé pour bigamie et qui se voit refuser le bénéfice du mariage putatif. • Paris, 26 juin 1992 : *Rev. crit.*

DIP 1993. Somm. 709 ; JCP 1992. IV. 2588. ♦ Mais nécessité pour le juge qui se fonde sur le jugement déboutant l'épouse de sa demande d'annulation de son mariage pour rejeter la contestation par le ministère public de déclaration de nationalité française, d'apprécier la persistance de communauté de vie entre époux et l'existence d'un mensonge ou d'une fraude. • Civ. 1re, 11 juin 2008, n° 07-13.512 P : *AJ fam. 2008. 348, obs. Chénedé*.

3. *Fraude au mariage.* Il n'appartient pas à l'officier d'état civil, requis de célébrer le mariage, de s'assurer de la légalité ou de la sincérité des déclarations des comparants. Son refus de célébrer un mariage mixte soupçonné de fraude est donc illégal. • Poitiers, 26 févr. 1992 : *JDI 1993. 922, note Julien-Laferrière.* ♦ Pour un exemple de fraude au mariage : • Civ. 1re, 17 nov. 1981 : *Gaz. Pal. 1982. 2. 567, note Massip ; D. 1982. 573, note Guiho ; D. 1983. IR 105, obs. Groslière ; JCP 1982. II. 19842, note Gobert ; JDI 1982. 448, note Audit ; Rev. crit. DIP 1982. 669, note Foyer.* – V. aussi • Civ. 1re, 28 févr. 2006, n° 05-11.330 P.

Sur la sanction d'une fraude au mariage, V. C. civ., art. 146, 175-2 et 190-1. ♦ Sur les oppositions à un mariage par le ministère public, V. C. pr. civ., art. 423. ♦ ... Ou par les parents, V. C. civ., art. 173.

4. *Nationalité française du conjoint.* La nationalité française du conjoint est requise à la date du mariage, condition non remplie au cas de l'étranger qui se marie avec un mineur n'ayant acquis la nationalité française qu'à la date de sa majorité. • Paris, 6 nov. 1992 : *JCP 1993. IV. 1185 ; Rev. crit. DIP 1994. Somm. 714.* ♦ L'art. 21-2 n'est pas applicable à un Français d'origine, né aux Comores, qui a perdu la nationalité française par suite de l'indépendance de ce territoire. • Paris, 19 déc. 1995 : *D. 1996. 338, note Guiho*. ♦ L'enregistrement de la déclaration doit être annulé lorsque le conjoint n'a acquis la nationalité française qu'après le mariage. • Paris, 13 déc. 1994 : *D. 1996. 254, note Guiho* (application de l'anc. art. 37-1 C. nat.). ♦ A l'inverse, la perte de la nationalité française après le mariage fait perdre le droit à déclaration. • Paris, 19 déc. 1995 : *D. 1996. 338, note Guiho*.

B. DÉCLARATION

5. *Déclaration.* Les faits acquisitifs de la déclaration de l'art. 21-2 supposent que les délais d'opposition et d'enregistrement des art. 21-4 et 26-3 soient expirés. Le déclarant peut donc être condamné, pendant cette période intermédiaire, à une peine d'interdiction définitive du territoire français. • Crim. 19 déc. 1983 : *Rev. crit. DIP 1984. 617, note Lagarde.* ♦ Lorsque la déclaration de nationalité par mariage souscrite par un étranger n'a pas été refusée et qu'aucune opposition n'est formée, l'intéressé ayant acquis la nationalité française ne peut se voir opposer un refus de séjour par le min. Int. • CE 29 déc. 1989 : *Gaz. Pal. 1990. 2. Somm. 314.*

6. *... Caducité.* Sur la caducité éventuelle de la déclaration, V. notes ss. art. 21-5.

II. EXIGENCE D'UNE COMMUNAUTÉ DE VIE

7. *Nature de la communauté de vie – Bigamie.* La situation de bigamie d'un des époux à la date de souscription de la déclaration, qui est exclusive de toute communauté de vie affective, fait obstacle à l'acquisition de la nationalité française par le conjoint étranger, malgré vingt ans de vie commune et la naissance de cinq enfants, dont les deux derniers sont nés sur le territoire français. • Civ. 1re, 10 févr. 2021, n° 19-50.027 P : *D. 2021. 268, note Bidaud ; ibid. 2022. 255, obs. Boskovic ; AJ fam. 2021. 59, obs. Saulier ; RTD civ. 2021. 102, obs. Leroyer*. ♦ Dans le même sens : • Civ. 1re, 12 janv. 2022, n° 20-50.036 : *RTD civ. 2022. 367, obs. Leroyer ; Dr. fam. 2022, n° 65, obs. Dumas-Lavenac.* ♦ Également, la communauté de vie doit s'entendre, au sens de l'art. 215 C. civ., comme un élément de la conception monogamique française du mariage et ne peut s'accompagner de la conclusion d'une seconde union avant dissolution de la première. • Paris, 24 mars 1998 : *D. 1998. 517, note Guiho* (l'étranger musulman qui, marié à une Française, contracte une seconde union avec une étrangère musulmane ne peut réclamer la nationalité française au titre de son premier mariage). ♦ Comp. Manque de base légale, l'arrêt ayant considéré que la situation de polygamie du mari faisait obstacle à la reconnaissance d'une communauté de vie réelle et constante, faute de préciser en quoi la situation des époux, qui admettaient vivre avec leurs enfants communs et certains enfants du mari, ne permettait pas de retenir l'existence d'une communauté de vie réelle. • Civ. 1re, 27 mars 2007, n° 04-11.744 P : *D. 2007. AJ 1206 ; Dr. fam. 2007, n° 100, note Larribau-Terneyre ; RTD civ. 2007. 316, obs. Hauser*.

Absence de communauté de vie réelle et affective avec l'épouse française dès lors que l'époux avait eu, au cours de son mariage avec celle-ci, trois enfants nés de ses relations avec une autre femme. • Civ. 1re, 14 janv. 2015, n° 13-27.138 P : *RTD civ. 2015. 361, obs. Hauser ; Dr. fam. 2015, n° 45, note Binet* (appréciation souveraine). ♦ Dans le même sens, l'époux ayant maintenu pendant son mariage une relation affective, durable et suivie avec une autre femme, de cette relation étant nés deux enfants, dont l'un avant la déclaration de nationalité. • Civ. 1re, 10 févr. 2021, n° 20-11.694 P : *AJ fam. 2021. 242, obs. Saulier ; RTD civ. 2021. 382, obs. Leroyer ; JCP 2021, n° 463, note Nord-Wagner ; Dr. fam. 2021, n° 67, obs. Sadi.* ♦ Rappr. le rejet, dans la même affaire, d'une QPC. • Civ. 1re, 15 oct. 2020, n° 20-11.694 (absence de jurisprudence constante de la Cour de cassation selon laquelle les art. 21-2, 212 et 215 C. civ. seraient interprétés comme impliquant l'existence d'un devoir de fidélité dont la méconnaissance mettrait nécessairement fin à la communauté de vie affective qui caractérise le mariage au sens de l'art. 21-2).

8. ... Domicile distinct. Pour des motifs d'ordre professionnel, les époux peuvent avoir un domicile distinct, sans qu'il soit pour autant porté atteinte à la communauté de vie. • Civ. 1re, 12 févr. 2014, n° 13-13.873 P : *D. 2015. 451, obs. Boskovic ; AJ fam. 2014. 192, obs. Hilt ; JCP 2014, n° 953, note Lamarche ; Dr. fam. 2014, n° 72, obs. Binet* (visa art. 21-2, 108 et 215).

9. ... Interruption. Une interruption de la vie commune suivie de sa reprise ne fait pas perdre à l'étranger le droit d'acquérir la nationalité française de son conjoint. • Civ. 1re, 18 sept. 2002, n° 00-17.863 P.

10. ... Requête en divorce. Le seul dépôt d'une requête en divorce lors de la souscription de la déclaration n'implique pas la rupture de la vie commune. • Civ. 1re, 10 mars 1998, n° 96-13.557 P : *Dr. fam. 1998, n° 111, note Fulchiron.*

11. Preuve de la cessation de vie commune. La preuve de la cessation de la vie commune peut se faire par tous moyens et non uniquement à partir des éléments fournis par l'enquête prévue au décret. • Civ. 1re, 5 mars 1991 : *D. 1991. 537, note Guiho ; JCP 1992. II. 21789, note Laroche-Gisserot ; RTD civ. 1992. 52, obs. Hauser.*

Art. 21-3 *(L. n° 73-42 du 9 janv. 1973)* **Sous réserve des dispositions prévues aux articles 21-4 et 26-3, l'intéressé acquiert la nationalité française à la date à laquelle la déclaration a été souscrite.** — *[C. nat., art. 38.]*

Art. 21-4 *(L. n° 93-933 du 22 juill. 1993)* **« Le Gouvernement peut s'opposer par décret en Conseil d'État, pour indignité ou défaut d'assimilation** *(L. n° 2003-1119 du 26 nov. 2003)* **« autre que linguistique », à l'acquisition de la nationalité française par le conjoint étranger dans un délai** *(L. n° 2006-911 du 24 juill. 2006, art. 80)* **« de deux ans » à compter de la date du récépissé prévu au deuxième alinéa de l'article 26 ou, si l'enregistrement a été refusé, à compter du jour où la décision judiciaire admettant la régularité de la déclaration est passée en force de chose jugée. »** — *Entrée en vigueur le 1er janv. 1994.*

(L. n° 2006-911 du 24 juill. 2006, art. 80) **« La situation effective de polygamie du conjoint étranger ou la condamnation prononcée à son encontre au titre de l'infraction définie à l'article 222-9 du code pénal, lorsque celle-ci a été commise sur un mineur de quinze ans, sont constitutives du défaut d'assimilation. »**

(L. n° 73-42 du 9 janv. 1973) **En cas d'opposition du Gouvernement, l'intéressé est réputé n'avoir jamais acquis la nationalité française.**

Toutefois, la validité des actes passés entre la déclaration et le décret d'opposition ne pourra être contestée pour le motif que l'auteur n'a pu acquérir la nationalité française. — *[C. nat., art. 39.]*

I. INDIGNITÉ

1. Illustrations diverses. Elle peut résulter des mœurs du déclarant (personne se livrant à la prostitution). • CE 31 oct. 1979 : *Lebon 737.* ♦ ... De ce que l'intéressé a fait l'objet de condamnations pénales. • CE 20 nov. 1991, n° 109717. ♦ ... De ses activités politiques constituant un risque pour la sécurité intérieure ou les relations extérieures de la France. • CE 19 nov. 1993 : *Lebon 321 ; Rev. crit. DIP 1994. 625, note Lagarde ; AJDA 1994. 140 ; RFDA 1994. 194.* ♦ La simple activité militante de l'intéressé ne constituerait pas l'indignité. • CE 13 juill. 1979 : *Lebon T. 738.* ♦ ... Non plus que la mauvaise gestion financière s'il n'y a pas organisation délibérée de l'insolvabilité ou manœuvres frauduleuses. • CE 20 mars 2000, n° 186439 : *RJPF 2000-9/12, obs. Putman.*

2. ... Condamnations. L'existence de condamnations pénales rend légale une opposition pour indignité. • CE 13 mai 1996, n° 156194 • 17 juin 1996, n° 150273. ♦ ... Sous réserve que ces condamnations ne soient pas trop anciennes. • CE 25 sept. 1996 : *D. 1996. IR 249 ; Gaz. Pal. 1997. 1. Pan. adm. 68* (refus injustifié, fondé sur des activités hostiles à la France sous l'Occupation, anciennes et amnistiées : application de l'ancien art. 39 C. nat.) • CE 29 oct. 1997, n° 167877 (condamnation avec sursis pour vol simple commis cinq ans avant la décision administrative de refus de déclaration) • CE 30 janv. 2019, n° 417548 : *AJDA 2019. 259* (infractions routières encore récentes). ♦ Il peut s'agir de faits graves alors même qu'il n'y aurait pas eu condamnations pénales. • CE 16 juin 1995, n° 133838 B : *Gaz. Pal. 1996. 1. Pan. dr. adm. 37* • 25 sept. 1996 : *Gaz. Pal. 1998. Somm. 22* (inculpation du requérant pour complicité d'empoisonnement sur mineur).

3. ... Conditions requises. Les faits d'indignité doivent être particulièrement graves. • CE 10 juin 1992 : *Lebon 963 ; Rev. crit. DIP 1994. Somm. 713 ; Gaz. Pal. 1993. 1. Pan. dr. adm. 28.* ♦ Les faits reprochés doivent être appréciés au jour de la déclaration. • CE 11 févr. 1993, n° 112807 (application de l'ancien art. 153 C. nat.). ♦ Sur l'obligation de s'appuyer sur des faits matériellement exacts : • CE 24 janv. 1994 : *D. 1994. Somm. 257, obs. F. Julien-Laferrière*. ♦ L'ancienneté des faits et la conduite de l'intéressé depuis les faits peuvent exclure l'indignité. • CE 29 oct. 1997, n° 169709. ♦ La répétition de délits est un motif d'indignité lorsqu'ils sont récents. • CE 30 janv. 2019, n° 417548 : *D. actu. 13 févr. 2019, obs. Pastorie* (délits routiers).

4. *Date d'appréciation.* La circonstance que l'intéressé ait ultérieurement bénéficié d'une ordonnance de non-lieu, motivée par la « sérieuse incertitude » éprouvée par le magistrat chargé de l'instruction quant à l'implication de l'intéressé dans les faits reprochés demeure sans incidence sur la légalité du décret s'opposant à l'acquisition de la nationalité française, qui doit être appréciée à la date à laquelle il est intervenu. • CE 15 mai 2013 : *D. 2014. 445, obs. Boskovic*.

II. DÉFAUT D'ASSIMILATION

5. *Diversité des formes de défaut d'assimilation.* Le défaut d'assimilation peut consister dans une mauvaise connaissance de la langue française ; nombreuses décisions (notamment en application de l'ancien art. 153 C. nat.) relatives à la connaissance insuffisante de la langue française *[Décisions antérieures à la L. du 26 nov. 2003]* : • CE 21 févr. 1996, n° 147573 • 26 juin 1996, n° 159558 • 7 nov. 2001 : *Lebon 544 ; LPA 20 déc. 2001, concl. de Silva ; RFDA 2002. 187*. – V. aussi • CE 12 oct. 2005 : *AJDA 2006. 661, note Thiellay*. ♦ ... Dans le fait de vivre en marge de la communauté d'accueil et notamment de mener un mode de vie inconciliable avec l'appartenance à la communauté française. • CE 28 juill. 1989 : *Lebon 680 ; Gaz. Pal. 1990. 1. Pan. dr. adm. 283* • 15 janv. 1990, n° 91404 • 22 févr. 1993, n° 118013. ♦ ... Dans le fait de répandre des thèses extrémistes, manifestant un rejet des valeurs essentielles de la société française. • CE 14 oct. 1998 : *D. 1998. IR 258 ; RJPF 1999-1/22, obs. Putman*. ♦ ... Dans le fait d'adopter une pratique religieuse radicale, incompatible avec les valeurs essentielles de la communauté française, et notamment avec le principe d'égalité des sexes. • CE 27 juin 2008, n° 286798 : *D. 2009. 345, note Vallar ; AJDA 2008. 1997, note Zeghbib ; ibid. 2013, note Chrestia ; JCP 2008. II. 10151, note Malaurie ; LPA 18 févr. 2009, note Pacteau*. ♦ Le simple fait que la femme du déclarant porte un foulard islamique ne saurait constituer un défaut d'assimilation du mari. • CE 23 mars 1994, n° 116144.

6. La cessation de la communauté de vie n'est pas un motif d'opposition mais une cause d'irrecevabilité de la déclaration. • Civ. 1re, 5 mars 1991 : *préc. note 7 ss. art. 21-2*. ♦ V. notes ss. art. 21-2.

7. *Santé.* Le bon état de santé de l'intéressé n'est pas un élément constituant une condition de recevabilité de la demande. Toutefois, il constitue un élément d'appréciation de l'opportunité de la naturalisation. • CE 18 janv. 1993 : *Lebon 14 ; AJDA 1993. 314, obs. Julien-Laferrière ; D. 1993. 504, note Guiho ; Rev. crit. DIP 1993. Somm. 717*. ♦ V. notes ss. art. 21-24.

8. *Polygamie.* Elle révèle l'absence d'assimilation dès lors qu'elle est effective. • CE 24 janv. 1994 : *D. 1995. 108, note Guiho ; D. 1994. Somm. 257, obs. Julien-Laferrière*. ♦ ... Et non simplement virtuelle : la polygamie permise par le statut personnel de l'intéressé mais non mise en œuvre n'est pas constitutive d'un défaut d'assimilation. • CE, sect., 11 févr. 1994 : *D. 1995. 108, note Guiho ; D. 1994. Somm. 258, obs. Julien-Laferrière ; Rev. crit. DIP 1994. 317, note Lagarde ; RFDA 1994. 405*. ♦ ... Ou encore lorsque la requérante n'avait pas la possibilité de s'opposer à la polygamie de son conjoint. • CAA Nantes, 30 déc. 1997 : *AJDA 1998. 230, obs. C. J.* ♦ V. note 5 ss. art. 21-24.

III. RÈGLES RELATIVES À L'OPPOSITION

9. *Modalités de l'opposition.* Si le refus d'enregistrement est intervenu hors délai, le délai d'opposition part de la date de remise du récépissé et non de la date à laquelle la décision judiciaire constatant la tardiveté du refus a acquis force de chose jugée. • CE 7 oct. 1991 : *Gaz. Pal. 1992. 2. Pan. 81 ; Rev. crit. DIP 1992. 283, note Lagarde ; D. 1991. IR 280*. ♦ Sur le point de départ du délai d'opposition d'un an, si le délai d'enregistrement a été refusé : • CE 22 juill. 1992 : *Gaz. Pal. 1993. 1. Pan. dr. adm. 50*. ♦ Le décret d'opposition doit être signé et non nécessairement notifié à l'intéressé dans le délai d'un an visé par l'art. 21-4. • CE 29 nov. 1993 : *Rev. crit. DIP 1994. 625, note P. L.*

Art. 21-5 *(L. n° 73-42 du 9 janv. 1973)* **Le mariage déclaré nul par une décision émanant d'une juridiction française ou d'une juridiction étrangère dont l'autorité est reconnue en France ne rend pas caduque la déclaration prévue à l'article 21-2 au profit du conjoint qui l'a contracté de bonne foi.** – *[C. nat., art. 42.]*

1. *Déclaration de mauvaise foi.* Doit être annulée la déclaration acquisitive de nationalité française faite de mauvaise foi par un étranger dont le mariage avait été annulé pour bigamie. • Civ. 1re, 29 nov. 1989, n° 88-11.993 P : *Rev. crit. DIP 1990. 481 (1re esp.), note Lagarde*. ♦ Rappr. • Nancy, 15 nov. 1990 : *JCP 1991. II. 21766, note Eschylle ; RTD civ. 1992. 52, obs. Hauser ;*

Rev. crit. DIP 1992. Somm. 743 • Paris, 26 juin 1992 : *préc. note 1 ss. art. 21-2.* ♦ Inversement, validité de la déclaration faite de bonne foi (première union non dissoute mentionnée dans l'acte de naissance remis par l'intéressé et second mariage non annulé par décision judiciaire). • Civ. 1re, 19 oct. 2004, n° 02-18.154 P : *Dr. fam. 2005, n° 281, note Farge ; Rev. crit. DIP 2005. 607, note Lagarde.*

2. *Divorce.* Est entachée de fraude et annulable la déclaration faite par le mari étranger qui avait accepté le divorce demandé par l'épouse et les modalités de la non-conciliation. • Dijon, 3 juill. 1991 : *cité note 1 ss. art. 21-2.*

3. *Pouvoir du préfet.* Le mariage s'oppose en principe à l'administration tant qu'il n'est pas dissous ou annulé par le juge judiciaire. Toutefois s'il a été contracté dans le but exclusif d'obtenir un titre de séjour, le préfet peut faire échec à cette fraude et refuser à l'intéressé, sous le contrôle du juge de l'excès de pouvoir, sa carte de résident. • CE, avis, 9 oct. 1992 : *Lebon 363 ; RFDA 1993. 175 ; AJDA 1992. 794, chron. Maugüé et Schwartz ; D. 1993. 251, note Maillard Desgrées du Loû ; JCP 1993. II. 22025, note Laroche-Gisserot ; RTD civ. 1993. 328, obs. Hauser ; Rev. crit. DIP 1993. 25, note P. L. ; JDI 1993. 103, note Julien-Laferrière.*

4. *Mariage religieux.* Application de l'art. 21-5 à un mariage célébré en 1927 à Madagascar selon le rite ismaélien : • Civ. 1re, 9 oct. 1991 : *cité note 1 ss. art. 21-2.*

5. Sur les conséquences du mariage putatif, V. notes ss. art. 201 et 202.

Art. 21-6 *(L. n° 73-42 du 9 janv. 1973)* **L'annulation du mariage n'a point d'effet sur la nationalité des enfants qui en sont issus.** – *[C. nat., art. 43.]*

Il résulte des art. 20-1, 21-6 et 23-9 que l'annulation d'une déclaration de nationalité ne produit aucun effet sur la nationalité de l'enfant du déclarant devenu majeur. • Civ. 1re, 17 févr. 2004, n° 01-10.060 P : *D. 2004. IR 609 ; RJPF 2004-5/13, obs. Putman ; Rev. crit. DIP 2004. 745, note Lagarde.*

§ 3 Acquisition de la nationalité française à raison de la naissance et de la résidence en France

Art. 21-7 *(L. n° 98-170 du 16 mars 1998)* **Tout enfant né en France de parents étrangers acquiert la nationalité française à sa majorité si, à cette date, il a en France sa résidence et s'il a eu sa résidence habituelle en France pendant une période continue ou discontinue d'au moins cinq ans, depuis l'âge de onze ans.**

Les tribunaux judiciaires, les collectivités territoriales, les organismes et services publics, et notamment les établissements d'enseignement sont tenus d'informer le public, et en particulier les personnes auxquelles s'applique le premier alinéa, des dispositions en vigueur en matière de nationalité. Les conditions de cette information sont fixées par décret en Conseil d'État. – *Entrée en vigueur le 1er sept. 1998. – Pour les dispositions transitoires, V. L. n° 98-170 du 16 mars 1998, art. 33 et 34, ss. art. 33-2. – Sur l'information du public, V. Décr. n° 98-719 du 20 août 1998, ci-dessous.*

BIBL. ▸ **Commentaires sur l'ancien art. 21-7 :** FULCHIRON, *JCP 1997. I. 4042.* – GUIHO, *D. 1994. Chron. 1.* – GUIMEZANES, *JDI 1994. 59.* – OLEKHNOVITCH, *Gaz. Pal. 1993. 2. Doctr. 1224.* – SCHRAMECK, *AJDA 1993. 755.* ▸ **Décr. 20 août 1998 sur l'information du public :** JAMIN, *RTD civ. 1999. 712.*

1. *Naissance en France.* Application du principe à un enfant né en territoire d'outre-mer et résidant en métropole à sa majorité (ancien art. 44 C. nat.). • Paris, 8 juin 1972 : *JCP 1973. II. 12788, note Aymond ; Rev. crit. DIP 1973. 43, note Lagarde.*

2. *Parents étrangers.* L'extranéité des parents doit être appréciée à la date de naissance de l'enfant (enfants nés en France avant l'indépendance de Djibouti de parents originaires de ce territoire n'ayant pas souscrit la déclaration de reconnaissance prévue par la L. du 20 juin 1977). • Civ. 1re, 13 févr. 1996, n° 94-11.851 P : *JCP 1996. IV. 812.* ♦ Le texte ne peut être invoqué par des enfants nés en France avant le 1er janv. 1963 de parents musulmans originaires d'Algérie et qui ont perdu à cette date la nationalité française. • Civ. 1re, 20 nov. 1973 : *Rev. crit. DIP 1974. 481, note P. L.*

3. *Résidence en France.* La résidence est, en droit de la nationalité, effective, présente un caractère stable et permanent et coïncide avec le centre des attaches familiales et des occupations professionnelles. • Civ. 1re, 29 juin 1983 : *Rev. crit. DIP 1984. 77, note Lagarde* • 6 déc. 1989 : *Bull. civ. I, n° 381 ; Rev. crit. DIP 1990. 481 (2e esp.), note Lagarde ; Gaz. Pal. 1990. 1. Pan. 75* • 28 janv. 1992, n° 89-17.928 P • 6 avr. 1994, n° 92-17.685 P : *Rev. crit. DIP 1995. 41 (2e arrêt), note A. David.* ♦ Référence parfois uniquement aux seules attaches familiales et non aux occupations professionnelles : • Civ. 1re, 10 févr. 1993, n° 91-17.601 P : *D. 1993. IR 62.* ♦ Ne remplit pas la condition de résidence habituelle la personne interdite de séjour et de paraître qui vit d'expédients et se loge d'hôtel en hôtel. • Civ. 1re, 25 juin 1974 : *Bull. civ. I, n° 202 ; Rev. crit. DIP 1975. 231, note Lagarde ; JDI 1975.*

60, note Aymond (application de l'ancien art. 21-7). ♦ Le Conseil d'État retient également cette définition de la résidence : • CE 28 mars 1990, *Madani : Gaz. Pal. 1991. 1. Somm. 40 ; D. 1991. 44, note Guiho* • 25 avr. 1990 : *D. 1991. 44, note Guiho ; Gaz. Pal. 1991. 1. Somm. 40 ; Rev. crit. DIP 1992. 744* • 10 déc. 1993 : *Lebon 359 ; Rev. crit. DIP 1994. Somm. 716 ; Gaz. Pal. 1994. 2. Pan. dr. adm. 112.*

4. ... Résidence habituelle. Nombreuses décisions vérifiant cette condition de la résidence de l'intéressé : • Civ. 1re, 25 juin 1974 : *préc. note 3* • Paris, 21 juin 1991 : *D. 1992. 158, note Guiho* • 23 mai 1995 : *D. 1995. 610, note Guiho* • CE 28 mars 1990 : *préc. note 3* • 25 avr. 1990 : *préc. note 3.* ♦ V., par ex., le cas d'une femme ayant une activité au service de la mission diplomatique de son pays d'origine mais justifiant d'une résidence habituelle au sens de l'art. 54 C. nat. au motif que la qualité de l'employeur n'était pas de nature à exclure par elle seule l'existence en France du centre des occupations de l'intéressée : • Civ. 1re, 10 avr. 1996 : *D. 1997. 105, note Guiho.*

5. ... Résidence personnelle. La résidence à prendre en considération est la résidence personnelle de celui dont la nationalité est en cause. • Civ. 1re, 9 janv. 1957 : *Rev. crit. DIP 1957. 447, note H.B. ; JCP 1958. II. 10494, note Aymond.*

6. Sur l'exigence d'une résidence ininterrompue, sous l'empire de l'ancien art. 21-7 C. civ. : • Civ. 1re, 29 mai 1974 : *JDI 1975. 327, obs. Aymond* (absence de courte durée pour accomplir le service national, acte d'allégeance envers le pays étranger). ♦ *Contra :* • Req. 27 avr. 1920 : *S. 1921. 1. 30* (simple stage d'études à l'étranger).

7. Délai de cinq ans. Est intégré à la communauté française l'étranger qui souscrit une déclaration de nationalité pour sa fille de moins de 16 ans et, pendant la période des études de cette dernière en France, a toujours subvenu à ses besoins et à ceux de sa famille, qui habite en France depuis plus de cinq ans et y exerce divers emplois (application de l'art. 54 C. nat.). • Versailles, 12 nov. 1992 : *D. 1993. IR 76.*

8. Application dans le temps. L'art. 21-7 ancien s'est substitué à l'art. 44 du code de la nationalité et s'applique aux litiges en cours lors de l'entrée en vigueur de la L. du 22 juill. 1993. • Paris, 4 mars 1994 : *D. 1994. 337, note Guiho.*

Décret nº 98-719 du 20 août 1998,

Relatif à l'information du public en matière de droit de la nationalité.

Art. 21-8 *(L. nº 98-170 du 16 mars 1998)* **L'intéressé a la faculté de déclarer, dans les conditions prévues aux articles 26 et suivants et sous réserve qu'il prouve qu'il a la nationalité d'un État étranger, qu'il décline la qualité de Français dans les six mois qui précèdent sa majorité ou dans les douze mois qui la suivent.**

Dans ce dernier cas, il est réputé n'avoir jamais été français. — *Entrée en vigueur le 1er sept. 1998. — V. Décr. nº 93-1362 du 30 déc. 1993, art. 24-1, ss. art. 33-2.*

Portée de l'acquisition de la nationalité française. La faculté de décliner la nationalité française offerte par l'art. 21-8 n'a pas pour effet de donner un caractère provisoire à l'acquisition de cette nationalité. • Civ. 2e, 19 juin 2002, nº 02-60.575 P (cassation du jugement ayant refusé pour ce motif l'inscription sur la liste électorale).

Art. 21-9 *(L. nº 98-170 du 16 mars 1998)* **Toute personne qui remplit les conditions prévues à l'article 21-7 pour acquérir la qualité de Français perd la faculté de décliner celle-ci si elle contracte un engagement dans les armées françaises.**

Tout mineur né en France de parents étrangers, qui est régulièrement incorporé en qualité d'engagé, acquiert la nationalité française à la date de son incorporation. — *Entrée en vigueur le 1er sept. 1998.*

Art. 21-10 *(L. nº 98-170 du 16 mars 1998)* **Les dispositions des articles 21-7 à 21-9 ne sont pas applicables aux enfants nés en France des agents diplomatiques et des consuls de carrière de nationalité étrangère. Ces enfants ont toutefois la faculté d'acquérir volontairement la nationalité française conformément aux dispositions de l'article 21-11 ci-après.** — *Entrée en vigueur le 1er sept.* 1998.

Art. 21-11 *(L. nº 98-170 du 16 mars 1998)* **L'enfant mineur né en France de parents étrangers peut à partir de l'âge de seize ans réclamer la nationalité française par déclaration, dans les conditions prévues aux articles 26 et suivants si, au moment de sa déclaration, il a en France sa résidence et s'il a eu sa résidence habituelle en France pendant une période continue ou discontinue d'au moins cinq ans, depuis l'âge de**

onze ans. — *Entrée en vigueur le 1er sept. 1998. — V. Décr. n° 93-1362 du 30 déc. 1993, art. 15-1, ss. art. 33-2.*

(L. n° 2007-1631 du 20 nov. 2007, art. 39) **« Dans les mêmes conditions, la nationalité française peut être réclamée, au nom de l'enfant mineur né en France de parents étrangers, à partir de l'âge de treize ans, la condition de résidence habituelle en France devant alors être remplie à partir de l'âge de huit ans. Le consentement du mineur est requis, sauf s'il est empêché d'exprimer sa volonté par une altération de ses facultés mentales ou corporelles constatée selon les modalités prévues au troisième alinéa de l'article 17-3. »** — *V. Décr. n° 93-1362 du 30 déc. 1993, art. 15-2, ss. art. 33-2.*

Ancien art. 21-11, al. 2 ***Dans les mêmes conditions, la nationalité française peut être réclamée, au nom de l'enfant mineur né en France de parents étrangers, à partir de l'âge de treize ans et avec son consentement personnel, la condition de résidence habituelle en France devant alors être remplie à partir de l'âge de huit ans.***

§ 4 Acquisition de la nationalité française par déclaration de nationalité

Sur la déclaration de nationalité, V. Décr. n° 93-1362 du 30 déc. 1993, ss. art. 33-2.

Art. 21-12 *(L. n° 73-42 du 9 janv. 1973)* **L'enfant qui a fait l'objet d'une adoption simple par une personne de nationalité française peut, jusqu'à sa majorité, déclarer, dans les conditions prévues aux articles 26 et suivants, qu'il réclame la qualité de Français, pourvu qu'à l'époque de sa déclaration il réside en France.**

(L. n° 98-170 du 16 mars 1998) **« Toutefois, l'obligation de résidence est supprimée lorsque l'enfant a été adopté par une personne de nationalité française n'ayant pas sa résidence habituelle en France. »** — *Entrée en vigueur le 1er sept. 1998.*

Peut, dans les mêmes conditions, réclamer la nationalité française :

(L. n° 2016-297 du 14 mars 2016, art. 42) **« 1° L'enfant qui, depuis au moins trois années, est recueilli sur décision de justice et élevé par une personne de nationalité française ou est confié au service de l'aide sociale à l'enfance ; »**

2° L'enfant recueilli en France et élevé dans des conditions lui ayant permis de recevoir, pendant cinq années au moins, une formation française, *(L. n° 93-933 du 22 juill. 1993)* **« soit par un organisme public, soit par un organisme privé présentant les caractères déterminés par un décret en Conseil d'État ».**

Dernier al. abrogé par L. n° 93-933 du 22 juill. 1993. — [C. nat., art. 55.]

V. Décr. n° 93-1362 du 30 déc. 1993, art. 16, ss. art. 33-2.

Ancien art. 21-12, 1° ***L'enfant recueilli en France et élevé par une personne de nationalité française ou confié au service de l'aide sociale à l'enfance ;***

1. Notion d'adoption. Sur l'assimilation d'une adoption étrangère à une adoption simple (adoption vietnamienne) : • Paris, 31 mai 1990 : *préc. note 1 ss. art. 20.* ♦ Pour un cas d'adoption de complaisance : • Civ. 1re, 12 nov. 1986 : *cité note 3 ss. art. 20.*

Refus d'enregistrer une déclaration de nationalité sur le fondement de l'art. 21-12 dans une hypothèse où l'acte de naissance et le contexte de l'adoption font douter douter de la concordance entre les mentions de l'acte de naissance et la réalité des faits, sans, au surplus, que ce refus porte atteinte à l'intérêt supérieur de l'enfant : • Civ. 1re, 19 sept. 2019, n° 18-20.782 P : *D. 2019. 1833 ; AJ fam. 2019. 651, obs. Dionisi-Peyrusse ; RTD civ. 2019. 835, obs. Leroyer ; JCP 2019, n° 1113, note Salvage-Gerest.*

2. Majorité requise. L'âge de la majorité requis par l'art. 21-12 s'apprécie dans les conditions de l'art. 17-5. • Civ. 1re, 8 oct. 1996 : *cité note ss. art. 17-5* • Dijon, 3 juill. 1991 : *cité note 1 ss. art. 21-2* (décision repoussant une action en contribution aux charges du mariage).

3. Enfant recueilli. Le terme « recueilli » signifie seulement que l'enfant étranger a été matériellement et moralement recueilli et élevé par une personne de nationalité française, sans que cette condition impose une rupture totale des liens légaux avec sa famille d'origine. • Civ. 1re, 8 janv. 1968 : *Rev. crit. DIP 1968. 276, note P. L. ; JDI 1968. 700, note Aymond.* ♦ V. sur renvoi : • Limoges, 11 mai 1970 : *Rev. crit. DIP 1970. 665, note P. L. ; JDI 1970. 810, note Aymond.* ♦ Dans le même sens : • Civ. 1re, 14 avr. 2010 : *D. 2010. Actu. 1075, obs. Gallmeister ; ibid. 1904, obs. Gouttenoire ; RLDC 2010/72, n° 3854, obs. Pouliquen ; Dr. fam. 2010, n° 160, obs. Farge.* ♦ Le seul acte de *kafala* ne suffit pas à établir le recueil effectif de l'enfant, pas plus qu'un recueil épisodique, avec résidence alternativement en France et dans le pays d'origine. • Même arrêt.

L'enfant doit être recueilli par une personne ayant la nationalité française depuis au moins cinq années au jour de la déclaration. • Cass., avis, 4 juin 2012, n° 12-00.004 P : *R. 385 ; AJ fam. 2012. 400, obs. Salvage-Gerest* .

4. Enfant élevé de façon continue par une personne de nationalité française. Selon l'art. 21-12, 1°, dans sa rédaction antérieure à celle issue de la L. n° 2016-297 du 14 mars 2016, peut réclamer la nationalité française l'enfant qui, depuis au moins cinq années, est recueilli en France et élevé par une personne de nationalité française ; dès lors que le mineur est effectivement recueilli et élevé de façon continue par une personne de nationalité française et que sa présence en France a duré au moins cinq années, celle-ci peut être discontinue. • Civ. 1re, 5 déc. 2018, n° 17-50.062 P : *D. 2018. 2019* . *347, obs. Boskovic ; AJ fam. 2019. 91, obs. Dionisi-Peyrusse* ; *Dr. fam. 2019, n° 70, note Farge* (hypothèse dans laquelle un enfant a été recueilli par *kafala* par une famille de nationalité française effectuant de longs séjours à l'étranger pour des raisons professionnelles : l'enfant a continué à bénéficier d'une culture française et a bien séjourné 5 ans sur le territoire français, de façon discontinue).

5. Enfant confié au service de l'aide sociale à l'enfance (application de l'art. 21-12, al. 3, 1° ancien). Il n'est pas requis que le service de l'aide sociale à l'enfance ait eu l'enfant en charge assez longtemps pour exercer une influence notable sur son éducation : • Civ. 1re, 18 mai 2005, n° 03-16.617 P • 26 sept. 2007 : *D. 2008. Pan. 1856, obs. Gouttenoire* .

Art. 21-13 *(L. n° 73-42 du 9 janv. 1973)* **Peuvent réclamer la nationalité française** *(L. n° 93-933 du 22 juill. 1993)* **« par déclaration souscrite conformément aux articles 26 et suivants », les personnes qui ont joui, d'une façon constante, de la possession d'état de Français, pendant les dix années précédant leur déclaration.**

Lorsque la validité des actes passés antérieurement à la déclaration était subordonnée à la possession de la nationalité française, cette validité ne peut être contestée pour le seul motif que le déclarant n'avait pas cette nationalité. – *[C. nat., art. 57-1.]*

V. Décr. n° 93-1362 du 30 déc. 1993, art. 17, ss. art. 33-2.

1. Possession d'état : éléments. La possession d'état de Français est le fait pour l'intéressé de s'être considéré comme tel et d'avoir été traité et regardé comme tel par les autorités publiques. • Paris, 4 nov. 1997 : *D. 1998. 279, note Guiho* . ♦ Comp. : • Paris, 13 mai 1993 : *D. 1993. 483, note Guiho* (décision qui requiert que la possession d'état soit de bonne foi). ♦ La possession d'état ne se limite pas au port du nom qui se rattache à cette qualité mais suppose que l'intéressé soit considéré par le public comme ayant cette qualité, exercée effectivement, et qu'il assume les obligations qui y sont attachées. • Civ. 1re, 11 juin 1991, n° 89-16.107 P : *Rev. crit. DIP 1992. Somm. 745* • 24 nov. 1993, n° 91-16.662 P : *Rev. crit. DIP 1994. 63, note P. Lagarde* . ♦ Sur l'incidence d'une déclaration récognitive de nationalité française, V. note 4 ss. art. 32-2.

2. Absence de lien nécessaire entre l'acquisition d'une nationalité étrangère et la jouissance de la possession d'état de Français. • Paris, 8 nov. 1977 : *Rev. crit. DIP 1978. 329, note P. L.*

3. Possession équivoque. La possession requise ne doit pas être équivoque. • Civ. 1re, 24 nov. 1993 : *préc. note 1.* ♦ Lorsque l'intéressé apprend son extranéité alors que dans un premier temps sa qualité de Français ne lui est pas déniée, sa possession d'état de Français n'est *pas entaché d'équivoque.* • *Civ. 1re, 11 juin 1991 :* *préc. note 1.* ♦ Les contestations élevées à propos de la nationalité d'une personne n'ont pas pour effet de rendre équivoque sa possession d'état de Français. • Civ. 1re, 28 juin 2005, n° 04-16.800 P.

4. Bonne foi (non). La possession d'état ne paraît pas exiger la bonne foi de l'intéressé : V. • Paris, 4 nov. 1997 : *préc. note 1.* ♦ Comp. : ne remplit pas la condition de bonne foi, élément nécessaire de la possession d'état, la personne qui a conscience de son extranéité depuis son arrivée en France. • Paris, 13 mai 1993 : *préc. note 1.* ♦ La possession d'état de Français implique que l'intéressé ait la conviction d'avoir cette qualité. • Paris, 8 nov. 1977 : *préc. note 2.*

5. Délai raisonnable. La personne qui réclame la nationalité française dans les conditions de l'art. 21-13 doit agir dans un délai raisonnable à compter de la connaissance de son extranéité : caractère tardif de la déclaration présentée 17 ans après une décision judiciaire constatant l'extranéité, sans expliquer ce délai. • Civ. 1re, 30 sept. 2020, n° 19-19.028 P.

6. Fraude. Pour être efficace et ouvrir la possibilité de souscrire la déclaration d'acquisition de la nationalité française prévue à l'art. 21-13, la possession d'état doit être continue et non équivoque et ne pas avoir été constituée ou maintenue par fraude ; il importe peu que la demandeuse ne soit pas à l'origine de la fraude. • Civ. 1re, 4 juill. 2018, n° 17-20.588 P : *D. 2018. 1491* ; *AJ fam. 2018. 549, obs. Dionisi-Peyrusse* ; *Rev. crit. DIP 2019. 127, note Bonnet* .

La fraude qui pourrait priver d'effet la possession d'état justifiant la déclaration d'acquisition de la nationalité française ne saurait cependant résulter du fait pour l'intéressé de profiter d'une confusion entre le décret d'admission au droit du citoyen français de son grand-père paternel et un décret de naturalisation. • Paris, 13 mai 1993 : *préc. note 1.*

7. Délai. Lorsque sa nationalité est contestée, l'intéressé dispose d'un délai raisonnable pour souscrire la déclaration de l'art. 21-13. • Civ. 1re, 11 janv. 2005, n° 03-11.115 P • 28 juin 2005 : *préc. note 3* (caractère non raisonnable d'un délai de cinq ans). ♦ Ce délai court à compter de la date à laquelle il a connaissance de son extranéité. • Civ. 1re, 15 mai 2008, n° 07-14.076 P : *D. 2008. AJ 1553* (date de confirmation en appel d'un jugement annulant un certificat de nationalité). ♦ Ce délai est suspendu pendant la durée des démarches par lesquelles il conteste les décisions de refus de sa nationalité française. • Paris, 4 nov. 1997 : *préc. note 1.* ♦ Sur le calcul du *dies a quem* du délai de 10 ans : • Civ. 1re, 24 nov. 1993 : *préc. note 3.* ♦ Obligation pour le juge du fond saisi d'une contestation de refus d'enregistrement de la déclaration, de vérifier si les documents produits n'établissent pas une possession d'état et si la déclaration a été souscrite dans le délai raisonnable. • Civ. 1re, 15 mai 2008 : *préc.*

8. Déclaration : condition préalable. L'acquisition de la nationalité française par possession d'état est subordonnée à la souscription préalable d'une déclaration devant le juge d'instance. • Civ. 1re, 26 sept. 2012, n° 10-27.451 P : *D. 2012. 2307 ; AJ fam. 2012. 555, obs. Le Gac-Pech ; JCP 2012, n° 1303, note Farge.*

9. Effets. Bien que la déclaration de l'art. 21-13 ne produise effet qu'à la date de sa souscription, ne peuvent être remis en cause les droits de l'intéressé résultant d'une nationalité française antérieure apparente, tels que les droits à pension. • CE 27 juill. 1979 : *Lebon 348.*

Art. 21-13-1 *(L. n° 2015-1776 du 28 déc. 2015, art. 38)* **Peuvent réclamer la nationalité française, par déclaration souscrite en application des articles 26 à 26-5, les personnes qui, âgées de soixante-cinq ans au moins, résident régulièrement et habituellement en France depuis au moins vingt-cinq ans et sont les ascendants directs d'un ressortissant français.**

Les conditions fixées au premier alinéa du présent article s'apprécient à la date de la souscription de la déclaration mentionnée au même premier alinéa.

Le Gouvernement peut s'opposer, dans les conditions définies à l'article 21-4, à l'acquisition de la nationalité française par le déclarant qui se prévaut des dispositions du présent article.

Les dispositions des art. 21-13-1 et 21-13-2 C. civ., dans leur rédaction issue respectivement de la L. n° 2015-1776 du 28 déc. 2015 et de la L. n° 2016-274 du 7 mars 2016, ainsi que celles prévues dans le Décr. n° 2016-872 du 29 juin 2016, s'appliquent aux déclarations souscrites à compter du 1er juill. 2016 (Décr. préc., art. 9).

V. Décr. n° 93-1362 du 30 déc. 1993, art. 17-1, ss. art. 33-2.

BIBL. ► DIONISI-PEYRUSSE, *AJ fam. 2016. 96* .

Art. 21-13-2 *(L. n° 2016-274 du 7 mars 2016, art. 59)* **Peuvent réclamer la nationalité française à leur majorité, par déclaration souscrite auprès de l'autorité administrative en application des articles 26 à 26-5, les personnes qui résident habituellement sur le territoire français depuis l'âge de six ans, si elles ont suivi leur scolarité obligatoire en France dans des établissements d'enseignement soumis au contrôle de l'État, lorsqu'elles ont un frère ou une sœur ayant acquis la nationalité française en application des articles 21-7 ou 21-11.**

L'article 21-4 est applicable aux déclarations souscrites en application du premier alinéa du présent article.

Sur les déclarations de nationalité à raison de la qualité de frère ou de sœur de Français, V. Décr. n° 93-1362 du 30 déc. 1993, art. 17-3 s., ss. art. 33-2.

Sur l'entrée en vigueur, V. ndlr ss. art. 21-13-1.

Bénéficient des dispositions de l'art. 21-13-2 les personnes qui ont suivi leur scolarité en France, dans les établissements désignés par ce texte, à compter de l'année scolaire suivant leur sixième anniversaire. • Civ. 1re, 9 nov. 2022, n° 21-50.034 B (application à une enfant scolarisée en novembre, au cours de l'année scolaire suivant son sixième anniversaire).

Art. 21-14 *(L. n° 93-933 du 22 juill. 1993)* **Les personnes qui ont perdu la nationalité française en application de l'article 23-6 ou à qui a été opposée la fin de non-recevoir prévue par l'article 30-3 peuvent réclamer la nationalité française par déclaration souscrite conformément aux articles 26 et suivants.**

Elles doivent avoir soit conservé ou acquis avec la France des liens manifestes d'ordre culturel, professionnel, économique ou familial, soit effectivement accompli des ser-

vices militaires dans une unité de l'armée française ou combattu dans les armées françaises ou alliées en temps de guerre.

Les conjoints survivants des personnes qui ont effectivement accompli des services militaires dans une unité de l'armée française ou combattu dans les armées françaises ou alliées en temps de guerre peuvent également bénéficier des dispositions du premier alinéa du présent article.

Sur la déclaration de nationalité, V. Décr. nº 93-1362 du 30 déc. 1993, art. 18, ss. art. 33-2.

Sur la réintégration dans la nationalité française des personnes ayant perdu la nationalité française pendant leur minorité, V. Convention du Conseil de l'Europe du 6 mai 1963, art. 1er, § 3, et L. nº 64-1328 du 26 déc. 1964, art. 2, et les art. 26 s. C. civ., applicables à cette procédure.

§ 5 Acquisition de la nationalité française par décision de l'autorité publique

Sur les procédures d'accès à la nationalité française, V. Circ. 16 oct. 2012, 🏛.

Art. 21-14-1 *(L. nº 99-1141 du 29 déc. 1999)* **La nationalité française est conférée par décret, sur proposition du ministre de la défense, à tout étranger engagé dans les armées françaises qui a été blessé en mission au cours ou à l'occasion d'un engagement opérationnel et qui en fait la demande.**

En cas de décès de l'intéressé, dans les conditions prévues au premier alinéa, la même procédure est ouverte à ses enfants mineurs qui, au jour du décès, remplissaient la condition de résidence prévue à l'article 22-1.

Art. 21-14-2 *Abrogé par L. nº 2006-911 du 24 juill. 2006, art. 81.*

Art. 21-15 *(L. nº 99-1141 du 29 déc. 1999)* **Hors le cas prévu à l'article 21-14-1, l'acquisition de la nationalité française par décision de l'autorité publique résulte d'une naturalisation accordée par décret à la demande de l'étranger.**

1. Sur le cas exceptionnel d'un décret de naturalisation attaqué par l'intéressé lui-même : • CE 1er déc. 1993, ⚖ nº 120781.

2. Une demande de naturalisation est appréciée, sauf dispositions contraires, selon les dispositions en vigueur au jour du dépôt de la demande ; la modification postérieure de ces dispositions lui est inapplicable. • Lyon, 16 janv. 1980 : *JDI 1981. 346, note Audit ; D. 1981. 557, note Guiho.*

3. Méconnaissance d'un principe essentiel du droit français. Validité du rejet de la demande da naturalisation alors que le postulant a eu recours dans son pays d'origine à la gestation pour le compte d'autrui interdite en France, la circonstance que cette procédure soit autorisée dans le pays d'origine de l'intéressé étant sans incidence. • CAA Nantes, 21 déc. 2017, ⚖ nº 16NT01141.

Art. 21-16 *(Ord. nº 45-2441 du 19 oct. 1945)* **Nul ne peut être naturalisé s'il n'a en France sa résidence au moment de la signature du décret de naturalisation.** – *[C. nat., art. 61.]*

BIBL. ▶ OLEKHNOVITCH, *Droit et économie 1989. 14.*

1. Résidence en France : définition. La résidence au sens du droit de la nationalité ne se confond pas avec le domicile : V. note 3 ss. art. 21-7.

Sur la notion de résidence et ses conséquences pour le cas d'une annexion ou d'une cession de territoire, V. art. 17-8 et 17-10. ♦ Pour les effets sur la nationalité française des transferts de souveraineté pour certains territoires, V. notes ss. art. 32 s.

2. ... Résidence stable. La stabilité de la résidence s'apprécie tant par la durée de présence en France que par l'importance des attaches de l'intéressé avec le pays d'accueil. Doit être considéré comme justifiant d'une résidence stable et recevable dans sa demande de naturalisation française un étranger titulaire d'un contrat de travail et d'une autorisation provisoire de séjour portant mention « séjour et travail » renouvelée régulièrement. • TA Nantes, 17 juin 1991 : *Gaz. Pal. 1992. 1. Pan. 69 ; Rev. crit. DIP 1993. Somm. 711.* ♦ Les attaches matérielles supposent en particulier que l'étranger exerce une profession et non une activité précaire. • Civ. 1re, 28 janv. 1992 : ⚖ *préc. note 3 ss. art. 21-7.* ♦ Ne sont pas pris en compte dans la demande les revenus de la concubine française ou des revenus de substitution (comme le revenu minimum d'insertion ou l'aide personnalisée au logement). • CE 8 janv. 1997 : ⚖ *AJDA 1998. 229, obs. C. L.*

3. Ressources du requérant. Ne dispose pas d'une résidence en France, au sens des art. 21-16 et 21-17, le requérant dont les ressources personnelles proviennent de l'étranger. • CE 25 avr. 1990 : *préc. note 3 ss. art. 21-7.* ♦ ... Ou qui tire ses revenus de placements à l'étranger. • CE

15 mars 1996, n° 156517 • 26 juin 1996, n° 156215. ♦ ... Ou ayant des activités accessoires à celle d'étudiant. • CE 20 nov. 1995, n° 149379. ♦ Irrecevabilité de la demande de naturalisation formée par un couple lorsque l'autre membre du couple exerce une activité professionnelle à l'étranger. • CE 10 déc. 1993 : *préc. note 3 ss. art. 21-7* • 26 juin 1996, n° 155660. ♦ Peut être pris en compte le fait que la personne dispose d'autres revenus y compris des revenus fonciers dès lors qu'ils proviennent d'immeubles situés en France. • CE 13 juin 1986, n° 61108. ♦ *Contra :* • CE 27 avr. 1987, n° 63736.

4. Le requérant qui tire ses revenus d'une activité professionnelle pour le compte d'une organisation internationale située à l'étranger n'a pas sa résidence en France. • CE 23 févr. 1984 : *AJDA 1998. 229, obs. C. J.* • 27 juin 1997 : *AJDA 1998. 229, obs. C. J.* ♦ ... Sauf s'il fait partie du personnel administratif ou technique des représentations diplomatiques. • CE 3 nov. 1995 : *AJDA 1998. 229, obs. C. J.* ♦ V. note 3 ss. art. 21-7.

5. ... Allocation de handicap. Pour rejeter une demande de naturalisation ou de réintégration dans la nationalité française, l'autorité administrative ne peut se fonder exclusivement ni sur l'existence d'une maladie ou d'un handicap ni sur le fait que l'intéressé ne dispose pas d'autres ressources que celles provenant d'allocations accordées en compensation d'un handicap, dès lors qu'un tel motif priverait de toute possibilité d'accéder à la nationalité française les personnes dans cette situation. • CE 11 mai 2016, n° 389399 : *AJDA 2016. 981*

6. Poursuite d'études. La qualité d'étudiant en France n'est généralement pas suffisante pour caractériser la résidence française, notamment lorsque les subsides de l'intéressé proviennent de sa famille. • CE 28 mars 1990 : *préc. note 3 ss. art. 21-7* • 8 janv. 1997, n° 153569. ♦ ... Ou lorsque les ressources des étudiants concernés sont précaires. • CE 14 oct. 1987 : *Lebon 730 ; Gaz. Pal. 1988. 1. Somm. 129.* ♦ Est à cet égard sans effet la simple possession d'une carte de résident. • CE 8 janv. 1997, n° 167866. ♦ Il n'en est pas de même si l'intéressé a transporté en France le centre de ses intérêts, notamment par l'exercice d'une profession. • CE 11 juill. 1986 : *Lebon 204* • *17 juin 1988, n° 84387.* ♦ Sont recevables les demandes provenant de médecins étrangers associés exerçant dans un hôpital et pouvant subvenir à leurs propres besoins. • CE 12 sept. 1994, n° 123479 • 12 avr. 1995, n° 150416. ♦ ... Ou encore la demande d'un couple d'étudiants en médecine dont la profession du mari a été considérée comme plus stable (interne d'hôpital). • CE 11 juill. 1986 : *Lebon T. 530.* ♦ *Contra :* • CE 22 juin 1994, n° 128757 • 8 janv. 1997, n° 162395 (médecins résidant à titre d'étranger temporaire).

7. Attaches familiales en France. La résidence au sens du droit de la nationalité coïncide notamment avec le centre des attaches familiales de l'intéressé. • Civ. 1re, 29 juin 1983, *Khiari : préc. note 3 ss. art. 21-7* • CE 28 févr. 1986, *Bouhana : D. 1987. Somm. 225 ; Rev. crit. DIP 1986. 457, concl. Denoix de Saint-Marc, note P. L.* ♦ Elle suppose que l'intéressé ait conservé des liens avec les enfants mineurs et le conjoint, auquel est assimilé le concubin français. • CE 13 juin 1986, n° 57869 • 9 nov. 1987, n° 60388. ♦ Il est généralement exigé que la famille de l'intéressé soit présente en France lorsque celui-ci ne dispose pas de famille proche. • Civ. 1re, 13 janv. 1998, n° 95-20.260 P (requérant marié religieusement dans son pays d'origine où résident son épouse et ses six enfants). ♦ ... Ou encore le simple fait d'avoir des liens avec une personne de nationalité française. • CE 16 déc. 1994, n° 138147 • 12 avr. 1995, n° 134276.

8. La résidence de l'intéressé est en France alors que certains membres de sa famille vivent à l'étranger. Ainsi, lorsque son conjoint reste ou repart à l'étranger, lorsque les époux sont divorcés. • CE 11 févr. 1987, n° 63816. ♦ ... Ou encore lorsque le déclarant est séparé de fait de son conjoint alors qu'il n'est pas divorcé. • CE 17 juin 1996, n° 150817. ♦ ... Lorsque l'un des enfants réside à l'étranger. • CE 8 avr. 1994, n° 123461 • 16 juin 1994, n° 140634. ♦ La demande est recevable lorsque les membres de la famille du déclarant sont des personnes sur lesquelles il n'a pas d'autorité particulière. • CE 11 juill. 1986 : *Gaz. Pal. 1987. 1. Somm. 160.* ♦ Absence d'attaches familiales si le conjoint, en l'absence de toute séparation du couple, se trouve à l'étranger (application de l'ancien art. 61 C. nat.). • CE 3 nov. 1995 : *Lebon 407 ; Rev. crit. DIP 1996. Somm. 754 ; RFDA 1996. 162* • 8 janv. 1997, n° 163953. ♦ ... Ou encore si les enfants mineurs du demandeur résident à l'étranger. • CE 26 févr. 1988 : *Lebon 88 ; JCP 1988. IV. 157.* ♦ Sur l'appréciation des attaches familiales en France, V. • CAA Nantes, 30 avr. 1998 (3 arrêts) : *RFDA 1999. 531, concl. Coënt-Bochard* ♦ Sur la notion de séjour hors de France : • CE 29 nov. 1989 : *D. 1990. IR 26 ; Lebon 239 ; AJDA 1990. 197, note Prétot*.

9. Résidence instantanée. L'intéressé doit avoir une résidence habituelle en France à l'époque de la demande et pendant son instruction. • CE 28 févr. 1986 : *Lebon 54.*

Art. 21-17 *(L. n° 93-933 du 22 juill. 1993)* **Sous réserve des exceptions prévues aux articles 21-18, 21-19 et 21-20, la naturalisation ne peut être accordée qu'à l'étranger justifiant d'une résidence habituelle en France pendant les cinq années qui précèdent le dépôt de la demande.**

1. Irrecevabilité de la demande présentée par un étranger ayant résidé plus de 12 ans en France et ayant interrompu cette résidence pendant 3 ans pour poursuivre des études dans son pays d'origine. • CE 25 juill. 1985 : *Gaz. Pal. 1986. 1. Somm. 157.*

2. Sur les caractères de la résidence en France, au sens de l'art. 21-17, V. notes ss. art. 21-7.

Art. 21-18 *(L. n° 73-42 du 9 janv. 1973)* **Le stage mentionné à l'article 21-17 est réduit à deux ans :**

1° Pour l'étranger qui a accompli avec succès deux années d'études supérieures en vue d'acquérir un diplôme délivré par une université ou un établissement d'enseignement supérieur français ;

2° Pour celui qui a rendu ou qui peut rendre par ses capacités et ses talents des services importants à la France ; – *[C. nat., art. 63.]*

(L. n° 2011-672 du 16 juin 2011, art. 1er) **« 3° Pour l'étranger qui présente un parcours exceptionnel d'intégration, apprécié au regard des activités menées ou des actions accomplies dans les domaines civique, scientifique, économique, culturel ou sportif. »**

Art. 21-19 *(L. n° 93-933 du 22 juill. 1993)* **Peut être naturalisé sans condition de stage :**

1° et 2° *Abrogés par L. n° 2006-911 du 24 juill. 2006, art. 82.*

3° *Abrogé par L. n° 93-933 du 22 juill. 1993.*

(L. n° 73-42 du 9 janv. 1973) **4° L'étranger qui a effectivement accompli des services militaires dans une unité de l'armée française ou qui, en temps de guerre, a contracté un engagement volontaire dans les armées françaises ou alliées ;**

5° *Abrogé par L. n° 2006-911 du 24 juill. 2006, art. 82.*

6° L'étranger qui a rendu des services exceptionnels à la France ou celui dont la naturalisation présente pour la France un intérêt exceptionnel. Dans ce cas, le décret de naturalisation ne peut être accordé qu'après avis du Conseil d'État sur le rapport motivé du ministre compétent ; – *[C. nat., art. 64.]*

(L. n° 98-170 du 16 mars 1998) **« 7° L'étranger qui a obtenu le statut de réfugié en application de la loi n° 52-893 du 25 juillet 1952 portant création d'un Office français de protection des réfugiés et apatrides. »** – *Entrée en vigueur le 1er sept. 1998.*

Ancien art. 21-19, 7° *(L. n° 93-933 du 22 juill. 1993) « 7° L'étranger qui n'a pas procédé à la manifestation de volonté d'être Français prévue à l'article 21-7 avant l'âge de vingt et un ans. »*

Dispense de résidence habituelle en France. Pour une application de l'art. 21-19 (4° et 6°) tenant aux mérites personnels de l'intéressé : • TA Marseille, 16 juin 1971 : *D. 1971. 559.* ♦ ... Ou tenant à l'existence de liens particuliers entre l'intéressé et la France (application de l'art. 21-19-5°), que l'intéressé ait ou non acquis la qualité de Français ou quelle que soit la façon dont il avait pu acquérir cette qualité : • CE 1er avr. 1988 : *Lebon 135 ; JCP 1988. IV. 203.*

Art. 21-20 *(L. n° 93-933 du 22 juill. 1993)* **Peut être naturalisée sans condition de stage la personne qui appartient à l'entité culturelle et linguistique française, lorsqu'elle est ressortissante des territoires ou États dont la langue officielle ou l'une des langues officielles est le français, soit lorsque le français est sa langue maternelle, soit lorsqu'elle justifie d'une scolarisation minimale de cinq années dans un établissement enseignant en langue française.**

La dispense de stage prévue au texte est soumise à deux conditions qui doivent être réunies cumulativement, seule la seconde comportant une alternative ; la langue française n'ayant pas le statut de langue officielle au Maroc, la circonstance que l'intéressé maîtrise parfaitement le français après avoir suivi sa scolarité dans un lycée français au Maroc ne peut suffire à le dispenser de la condition de stage. • Civ. 1re, 28 janv. 2003, n° 01-02.469 P : *RJPF 2003-5/12, obs. Putman.*

Art. 21-21 *(L. n° 93-933 du 22 juill. 1993)* **La nationalité française peut être conférée par naturalisation sur proposition du ministre des affaires étrangères à tout étranger francophone qui en fait la demande et qui contribue par son action émérite au rayonnement de la France et à la prospérité de ses relations économiques internationales.**

Art. 21-22 *(L. n° 2006-911 du 24 juill. 2006, art. 83)* **Nul ne peut être naturalisé s'il n'a atteint l'âge de dix-huit ans.**

Toutefois, la naturalisation peut être accordée à l'enfant mineur resté étranger bien que l'un de ses parents ait acquis la nationalité française s'il justifie avoir résidé en France avec ce parent durant les cinq années précédant le dépôt de la demande.

Ancien art. 21-22 *(L. n° 93-933 du 22 juill. 1993)* ***A l'exception du mineur pouvant invoquer le bénéfice du deuxième alinéa (1°) de l'article 21-19, nul ne peut être naturalisé s'il n'a atteint l'âge de dix-huit ans.***

Doit être annulée la décision prononçant l'ajournement à 2 ans d'une demande de réintégration par décret et rejeté le motif pris de l'absence d'une demande concomitante du mari de la demanderesse. • CE 11 mai 1987 : *RFDA 1987. 625, concl. Schrameck ; D. 1987. IR 138* • 25 nov. 1996, n° 159571.

Art. 21-23 *(L. n° 73-42 du 9 janv. 1973)* **« Nul ne peut être naturalisé s'il n'est pas de bonnes vie et mœurs ou s'il a fait l'objet de l'une des condamnations visées à l'article 21-27 du présent code. »**

Les condamnations prononcées à l'étranger pourront, toutefois, ne pas être prises en considération ; en ce cas, le décret prononçant la naturalisation ne pourra être pris qu'après avis conforme du Conseil d'État. – *[C. nat., art. 68.]*

1. Bonne vie et mœurs. Ne satisfait pas à la condition de bonne vie et mœurs, la personne qui participe, comme témoin, à un mariage blanc entre un étranger en situation irrégulière et une Française. • CE 8 janv. 1997, n° 149382. ♦ L'exigence de moralité a un caractère personnel ; les faits reprochés au mari ne peuvent être invoqués contre l'épouse, sauf circonstances particulières. • CE 13 févr. 1974 : *Lebon 94.* ♦ Prise en compte des agissements du mari de la requérante, officier des services de renseignements d'un pays étranger en poste à Paris : V. • CE 4 oct. 2000 : *Lebon 387.*

2. Condamnations pénales : illustrations. Application de cette condition le plus souvent en ce qui concerne l'honnêteté de l'intéressé : infractions à la législation économique : • CE 25 juin 1958 : *Lebon 38 ; JDI 1959. 462, obs. Sialleli.* ♦ ... Ou encore infractions à la législation sur la répression des fraudes et tentative de corruption de fonctionnaire. • CE 21 oct. 1953 : *Lebon 447.* ♦ ... Ou aussi infractions à la législation sur le séjour des étrangers en France d'une certaine gravité. • CE 21 janv. 1959 : *Lebon 53.* ♦ Les faits reprochés peuvent être des condamnations amnistiées. • CE 30 mars 1984 : *JDI 1984. 577, note Julien-Laferrière.* ♦ ... Alors même que ces condamnations ne feraient pas obstacle à l'application de l'art. 21-23 : V. notes ss. art. 21-27.

3. ... Gravité des faits. Une condamnation pénale n'est toutefois pas exigée. • CE 10 janv. 1992 : *D. 1993. 159, note Guiho ; JCP 1992. IV. 138, obs. Rouault.* ♦ Mais les faits doivent être d'une gravité particulière. • CE 3 févr. 1965 : *Lebon 988.* ♦ La demande de naturalisation devant faire l'objet d'une appréciation en opportunité, l'administration est en droit de retirer un décret de réintégration concernant un individu détenant des armes prohibées trouvées à son domicile. • CE 10 janv. 1992 : *D. 1993. 159, note Guiho ; RFDA 1992. 357, note Terneyre ; JCP 1994. IV. 1138, obs. Rouault.*

4. Ajournement de la demande. Les circonstances invoquées au titre des bonne vie et mœurs peuvent entrer dans l'appréciation de l'opportunité de la demande et justifier son ajournement alors même qu'elles auraient pu constituer une cause d'irrecevabilité de cette demande. • CE 30 mars 1984 : *préc. note 2.*

5. Fausse déclaration. Le silence gardé par l'intéressé sur une condamnation prononcée à l'étranger est une fausse déclaration qui permet au gouvernement de rapporter le décret de naturalisation pour mensonge ou pour fraude. • CE 20 janv. 1956 : *JCP 1956. II. 9203, note Langavant ; Rev. crit. DIP 1957. Somm. 705.*

6. Procédure dérogatoire (al. 2). La décision administrative refusant l'application de l'al. 2 du texte doit être motivée. • TA Nantes, 14 avr. 2006 : *AJDA 2006. 849, obs. S. B.*

Art. 21-24 *(Ord. n° 45-2441 du 19 oct. 1945)* **Nul ne peut être naturalisé s'il ne justifie de son assimilation à la communauté française, notamment par une connaissance suffisante, selon sa condition, de la langue** *(L. n° 2011-672 du 16 juin 2011, art. 2)* **« , de l'histoire, de la culture et de la société françaises, dont le niveau et les modalités d'évaluation sont fixés par décret en Conseil d'État, »** *(L. n° 2003-1119 du 26 nov. 2003)* **« et des droits et devoirs conférés par la nationalité française »** *(L. n° 2011-672 du 16 juin 2011, art. 2)* **« ainsi que par l'adhésion aux principes et aux valeurs essentiels de la République.**

«A l'issue du contrôle de son assimilation, l'intéressé signe la charte des droits et devoirs du citoyen français. Cette charte, approuvée par décret en Conseil d'État, rappelle les principes, valeurs et symboles essentiels de la République française. » – *V. Décr. n° 93-1362 du 30 déc. 1993, art. 37 s., ss. art. 33-2.*

La charte des droits et devoirs du citoyen français figure en annexe du Décr. n° 2012-127 du 30 janv. 2012, ci-dessous. – V. Circ. du 16 oct. 2012 relative à la signature et à la remise de la charte des droits et devoirs du citoyen français ; Circ. du 16 oct. 2012 relative aux critères pris en compte dans l'examen des demandes d'accès à la nationalité française, portant en particulier sur l'insertion professionnelle et sur la régularité du séjour du postulant.

BIBL. ▸ OLEKHNOVITCH, *Rev. crit. DIP 1995. 880*.

1. Principe – Connaissance de la langue française. La connaissance suffisante de la langue française ne constitue que l'un des éléments à considérer pour contrôler l'assimilation de l'étranger à la communauté française. • CE 23 déc. 1949 : *Rev. crit. DIP 1951. 619 ; JDI 1952. 1208, note B. G.*

2. Connaissance suffisante. La connaissance suffisante de la langue française est appréciée par les autorités administratives, sous le contrôle des juridictions administratives, en tenant compte d'un niveau normal de compréhension et de maîtrise de cette langue : cas d'une personne faisant montre d'une compréhension médiocre du français qu'elle parle peu, ne sachant ni lire ni écrire et ne pouvant soutenir une conversation courante qu'avec difficulté. • CE 5 févr. 1986 : *Lebon 529* • 12 avr. 1995, n° 145723. ♦ Irrecevabilité de la demande d'une ressortissante britannique vivant depuis l'âge de dix ans en France, reconnue par son père, mais qui ne comprend ni ne parle la langue française. • CE 23 sept. 1988 : *Lebon 313 ; JCP 1988. IV. 360 ; Gaz. Pal. 1989. 1. Somm. 247.* ♦ La connaissance de la langue française est entendue comme une connaissance suffisante, selon sa condition, de la langue française chez l'intéressé. • CE 25 mars 1994, n° 135004. ♦ Est inopérant le fait que l'intéressé n'a pas pu étudier. • CE 25 mars 1994, n° 129544. ♦ ... Ou qu'il connaît une langue locale du territoire où il réside (mahorais à Mayotte). • CE 26 juin 1996, n° 159740.

3. Intégration dans la communauté. *[Décisions antérieures à la L. du 26 nov. 2003]* Irrecevabilité d'une demande formée par des étrangers vivant en repli sur leur communauté d'origine ou leur famille. • CE 20 nov. 1991 : *préc. note 1 ss. art. 21-4* • TA Paris, 1er déc. 1982 : *Gaz. Pal. 1983. 1. Somm. 170.*

4. Le requérant n'a pas un droit à la naturalisation et l'administration est en droit, pour apprécier l'intérêt d'accorder la nationalité française, de se fonder notamment sur des considérations tenant à la profession de l'intéressé (application des anciens art. 61 à 71 C. nat.). • CE 20 mai 1996 : *AJDA 1996. 452, concl. Delarue*.

5. Polygamie. *[Décisions antérieures à la L. du 26 nov. 2003]* Elle peut constituer un obstacle à l'acquisition de la nationalité française lorsqu'elle est établie. • CE 24 janv. 1994 (2 esp.) : *D. 1995. 108, note Guiho ; D. 1994. Somm. 257, obs. Julien-Laferrière*. ♦ ... Ou encore entraîner l'application d'une procédure de retrait d'une naturalisation obtenue par fraude. • CE 21 févr. 1996, n° 146388. ♦ La polygamie ne révèle pas un défaut d'assimilation lorsque la personne est mariée sous un régime polygamique, mais est restée en situation monogamique. • CE 11 févr. 1994 : *D. 1995. 108, note Guiho ; D. 1994. Somm. 258, note Julien-Laferrière ; Rev. crit. DIP 1994. 317, note Lagarde* (application de l'ancien art. 153 C. nat.). ♦ La recevabilité de la demande s'apprécie en fonction de la situation de fait du postulant ; ne peut être considérée bigame la femme, séparée de fait depuis sept ans de son mari ultérieurement remarié, alors que son acte de divorce, enregistré au consulat du Maroc ne pourrait être considéré comme un acte de divorce au sens du droit français. • TA Nantes, 28 janv. 1997 : *Gaz. Pal. 1997. Pan. dr. adm. 211.*

6. Arrêté d'expulsion. La déclaration ne peut être enregistrée si l'étranger marié avec un conjoint de nationalité française est sous le coup d'un arrêté d'expulsion à la date de souscription de cette déclaration. • Paris, 23 mars 1993 : *JCP 1993. IV. 1826 ; Rev. crit. DIP 1994. Somm. 713* (ancien art. 21-24).

Décret n° 2012-127 du 30 janvier 2012,

Charte des droits et devoirs du citoyen français prévue à l'article 21-24 du code civil.

....

ANNEXE

CHARTE DES DROITS ET DEVOIRS DU CITOYEN FRANÇAIS

En application de l'article 21-24 du code civil, la présente charte rappelle les principes et valeurs essentiels de la République et énonce les droits et devoirs du citoyen, résultant de la Constitution ou de la loi.

Principes, valeurs et symboles de la République française

Le peuple français se reconnaît dans la Déclaration des droits de l'homme et du citoyen du 26 août 1789 et dans les principes démocratiques hérités de son histoire.

Il respecte les symboles républicains.

L'emblème national est le drapeau tricolore, bleu, blanc, rouge.

L'hymne national est La Marseillaise.

La devise de la République est "Liberté, Égalité, Fraternité".

La fête nationale est le 14 juillet.

"Marianne" est la représentation symbolique de la République.

La langue de la République est le français.

La France est une République indivisible, laïque, démocratique et sociale dont les principes sont fixés par la Constitution du 4 octobre 1958.

Indivisible : la souveraineté nationale appartient au peuple qui l'exerce par ses représentants élus et par la voie du référendum. Aucune partie du peuple, ni aucun individu, ne peut s'en attribuer l'exercice.

Laïque : la République assure la liberté de conscience. Elle respecte toutes les croyances. Chacun est libre de croire, de ne pas croire, de changer de religion. La République garantit le libre exercice des cultes mais n'en reconnaît, n'en salarie ni n'en subventionne aucun. L'État et les religions sont séparés.

Démocratique : le principe de la République est : gouvernement du peuple, par le peuple et pour le peuple. Direct ou indirect, le suffrage est toujours universel, égal et secret. La loi étant l'expression de la volonté générale, tout citoyen doit la respecter. Nul ne peut être contraint à faire ce que la loi n'ordonne pas. Rendue au nom du peuple français, la justice est indépendante. La force publique garantit le respect de la loi et des décisions de justice.

Sociale : la Nation assure à l'individu et à la famille les conditions nécessaires à leur développement.

La République garantit à tous la sécurité des personnes et des biens.

La République participe à l'Union européenne constituée d'États qui ont choisi librement d'exercer en commun certaines de leurs compétences.

Les droits et les devoirs du citoyen français

Tout être humain, sans distinction de race, de religion ni de croyance, possède des droits inaliénables. Sur le territoire de la République, ces droits sont garantis à chacun et chacun a le devoir de les respecter. A la qualité de citoyen français s'attachent en outre des droits et devoirs particuliers, tels que le droit de participer à l'élection des représentants du peuple et le devoir de concourir à la défense nationale ou de participer aux jurys d'assises.

Liberté

Les êtres humains naissent et demeurent libres et égaux en droits.

La liberté consiste à pouvoir faire tout ce qui ne nuit pas à autrui.

Le respect dû à la personne interdit toute atteinte à sa dignité. Le corps humain est inviolable.

Nul ne peut être inquiété pour ses opinions pourvu que leur manifestation ne trouble pas l'ordre public. Tout citoyen peut parler, écrire, imprimer librement, sauf à répondre de l'abus de cette liberté dans les cas prévus par la loi.

Chacun a droit au respect de sa vie privée.

Nul ne peut être accusé, arrêté ni détenu que dans les cas et dans les formes déterminés par la loi. Chacun est présumé innocent tant qu'il n'a pas été jugé coupable.

Chacun a la liberté de créer une association ou de participer à celles de son choix. Il peut adhérer librement aux partis ou groupements politiques et défendre ses droits et ses intérêts par l'action syndicale.

Tout citoyen français âgé de dix-huit ans et jouissant de ses droits civiques est électeur. Chaque citoyen ayant la qualité d'électeur peut faire acte de candidature dans les conditions prévues par la loi. Voter est un droit, c'est aussi un devoir civique.

Chacun a droit au respect des biens dont il a la propriété.

Égalité

Tous les citoyens sont égaux devant la loi, sans distinction de sexe, d'origine, de race ou de religion. La loi est la même pour tous, soit qu'elle protège, soit qu'elle punisse.

L'homme et la femme ont dans tous les domaines les mêmes droits.

La République favorise l'égal accès des femmes et des hommes aux mandats électoraux et fonctions électives, ainsi qu'aux responsabilités professionnelles et sociales.

Chacun des conjoints peut librement exercer une profession, percevoir ses revenus et en disposer comme il l'entend après avoir contribué aux charges communes.

Les parents exercent en commun l'autorité parentale. Ils pourvoient à l'éducation des enfants et préparent leur avenir.

L'instruction est obligatoire pour les enfants des deux sexes jusqu'à seize ans. L'organisation de l'enseignement public gratuit et laïque à tous les degrés est un devoir de l'État.

Les citoyens français étant égaux, ils peuvent accéder à tout emploi public selon leurs capacités.

Fraternité

Tout citoyen français concourt à la défense et à la cohésion de la Nation.

Une personne qui a acquis la qualité de Français peut être déchue de la nationalité française si elle s'est soustraite à ses obligations de défense, ou si elle s'est livrée à des actes contraires aux intérêts fondamentaux de la France.

Chacun a le devoir de contribuer, selon ses capacités financières, aux dépenses de la Nation par le paiement d'impôts et de cotisations sociales.

La Nation garantit à tous la protection de la santé, la sécurité matérielle et le droit à des congés. Toute personne qui, en raison de son âge, de son état physique ou mental, de la situation économique, se trouve dans l'incapacité de travailler a le droit d'obtenir de la collectivité des moyens convenables d'existence.

Art. 21-24-1 *(L. n° 2003-1119 du 26 nov. 2003)* **La condition de connaissance de la langue française ne s'applique pas aux réfugiés politiques et apatrides résidant régulièrement et habituellement en France depuis quinze années au moins et âgés de plus de soixante-dix ans.**

Art. 21-25 *(Ord. n° 45-2441 du 19 oct. 1945)* **Les conditions dans lesquelles s'effectuera le contrôle de l'assimilation et de l'état de santé de l'étranger en instance de naturalisation seront fixées par décret.** – *[C. nat., art. 71.]*

V. Décr. n° 93-1362 du 30 déc. 1993, art. 35 s., ss. art. 33-2.

1. Recevabilité de la demande. Obligation de motiver la décision ministérielle qui déclare la demande irrecevable sans que le ministre puisse se limiter à émettre un simple doute sur sa recevabilité. • CE 13 févr. 1987 : *D. 1987. IR 48 ; Lebon T. 730.* ♦ Le Conseil d'État contrôle l'exactitude des faits invoqués par l'administration, s'ils sont précis : • CE 30 avr. 1993, n° 116146. ♦ Le recours pour excès de pouvoir contre l'exactitude du motif sur lequel s'appuie la décision d'irrecevabilité doit être formé devant le tribunal dans le ressort duquel l'autorité qui a pris la décision attaquée, par un pouvoir propre ou par délégation, a son siège. • CE 26 avr. 1985 : *Rev. crit. DIP 1986. Somm. 732.*

2. Critères de décision. – État de santé. L'état de santé de l'intéressé est un critère d'appréciation de l'opportunité de la décision. • CE 18 janv. 1993 : *préc. note 7 ss. art. 21-4* (état de cécité). ♦ Mais en retenant exclusivement le motif de l'état de santé pour refuser la naturalisation, le ministre commet une erreur manifeste d'appréciation. • CAA Nantes, 23 juill. 1998 (2 arrêts) : *RFDA 1999. 539, concl. Coënt-Bochard* • CE 26 sept. 2001 : *LPA 24 déc. 2001, concl. de Silva.* ♦ Sur les modalités du contrôle de la santé du demandeur : V. Décr. 30 déc. 1993, art. 40.

Art. 21-25-1 *(L. n° 2006-911 du 24 juill. 2006, art. 84)* **La réponse de l'autorité publique à une demande d'acquisition de la nationalité française par naturalisation doit intervenir au plus tard dix-huit mois à compter de la remise de toutes les pièces nécessaires à la constitution d'un dossier complet contre laquelle un récépissé est délivré immédiatement.**

Le délai visé au premier alinéa est réduit à douze mois lorsque l'étranger en instance de naturalisation justifie avoir en France sa résidence habituelle depuis une période d'au moins dix ans au jour de cette remise.

Les délais précités peuvent être prolongés une fois, par décision motivée, pour une période de trois mois.

Circulaire du 16 octobre 2012,

Relative aux procédures d'accès à la nationalité française.

§ 6 Dispositions communes à certains modes d'acquisition de la nationalité française

Art. 21-26 *(L. n° 73-42 du 9 janv. 1973)* **Est assimilé à la résidence en France lorsque cette résidence constitue une condition de l'acquisition de la nationalité française :**

1° Le séjour hors de France d'un étranger qui exerce une activité professionnelle publique ou privée pour le compte de l'État français ou d'un organisme dont l'activité présente un intérêt particulier pour l'économie ou la culture française ;

2° Le séjour dans les pays en union douanière avec la France qui sont désignés par décret ; *— V. Décr. n° 93-1362 du 30 déc. 1993, art. 65, ss. art. 33-2.*

3° *(L. n° 98-170 du 16 mars 1998)* **« La présence hors de France, en temps de paix comme en temps de guerre, dans une formation régulière de l'armée française ou au titre des obligations prévues par le livre II du code du service national ;**

« 4° Le séjour hors de France en qualité de volontaire du service national. » *— Entrée en vigueur le 1er sept. 1998.*

L'assimilation de résidence qui profite à l'un des époux s'étend à l'autre s'ils habitent effectivement ensemble. *— [C. nat., art. 78.]*

1. Bénéficiaires. L'assimilation à la résidence en France ne bénéficie qu'à l'étranger exerçant cette activité ou à son époux s'ils habitent ensemble, et non aux enfants. • Civ. 1re, 10 juill. 2013, n° 12-21.357 P : *D. 2014. 445, obs. Boskovic.*

2. Nature des fonctions. Peu importent la nature et le niveau des fonctions exercées à l'étranger. • CE 17 oct. 1986 : *Gaz. Pal. 1987. Pan. dr. adm. 251* • 24 juin 1988 : *Gaz. Pal. 1989. 1. Pan. dr. adm. 141.* ♦ Mais le lien entre l'emploi exercé et la France doit rester très fort : ainsi en est-il lorsque le demandeur travaille pour le compte de l'État français. • CE 25 avr. 1990 : *cité note 3 ss. art. 21-7.*

3. Séjour dans un pays en union douanière avec la France. Le terme « séjour » employé dans l'art. 21-26-2°, a été interprété dans le sens de la résidence : • CE 29 nov. 1989 : *AJDA 1990. 342, concl. Abraham.* ♦ L'art. 21-26-2°, ne vise pas l'Italie. • CE 25 juill. 1985 : *Lebon T. 630.*

Art. 21-27 *(L. n° 93-933 du 22 juill. 1993 ; L. n° 98-170 du 16 mars 1998)* **« Nul ne peut acquérir la nationalité française ou être réintégré dans cette nationalité s'il a été l'objet soit d'une condamnation pour crimes ou délits constituant une atteinte aux intérêts fondamentaux de la Nation ou un acte de terrorisme, soit, quelle que soit l'infraction considérée, s'il a été condamné à une peine égale ou supérieure à six mois d'emprisonnement, non assortie d'une mesure de sursis. »**

(L. n° 93-1417 du 30 déc. 1993) **« Il en est de même de celui qui a fait l'objet soit d'un arrêté d'expulsion non expressément rapporté ou abrogé, soit d'une interdiction du territoire français non entièrement exécutée. »**

(L. n° 93-1027 du 24 août 1993, art. 32) **« Il en est de même de celui dont le séjour en France est irrégulier au regard des lois et conventions relatives au séjour des étrangers en France. »**

(L. n° 98-170 du 16 mars 1998) **« Les dispositions du présent article ne sont pas applicables à l'enfant mineur susceptible d'acquérir la nationalité française en application des articles 21-7, 21-11, 21-12 et 22-1 »** *(L. n° 2003-1119 du 26 nov. 2003)* **« , ni au condamné ayant bénéficié d'une réhabilitation de plein droit ou d'une réhabilitation judiciaire conformément aux dispositions de l'article 133-12 du code pénal, ou dont la mention de la condamnation a été exclue du bulletin n° 2 du casier judiciaire, conformément aux dispositions des articles 775-1 et 775-2 du code de procédure pénale. »**

Les dispositions de la loi du 16 mars 1998 entrent en vigueur le 1er sept. 1998.

1. Arrêté d'expulsion. L'arrêté d'expulsion rapporté ou abrogé peut néanmoins être pris en compte dans le cadre de l'examen de bonne vie et mœurs : V. notes ss. art. 21-23.

2. Résidence en France. Ne remplit pas la condition de résidence en France l'étranger en situation irrégulière au regard des dispositions relatives au séjour et au travail des étrangers, au moment d'une demande en réintégration. • CE 15 juin 1987 : D. 1987. IR 174 ; Lebon 216 ; RFDA *1987. 627, concl. Schrameck ; Rev. crit. DIP 1988. 683, note Lagarde.*

3. Réhabilitation. Appréciation, au jour de la demande acquisitive de nationalité de la réhabilitation pour chaque condamnation antérieure. • Civ. 1re, 29 févr. 2012, n° 11-10.970 P : *D. 2012. 681.*

Art. 21-27-1 *(L. n° 2011-672 du 16 juin 2011, art. 4)* **Lors de son acquisition de la nationalité française par décision de l'autorité publique ou par déclaration, l'intéressé indique à l'autorité compétente la ou les nationalités qu'il possède déjà, la ou les**

nationalités qu'il conserve en plus de la nationalité française ainsi que la ou les nationalités auxquelles il entend renoncer.

§ 7 De la cérémonie d'accueil dans la citoyenneté française

(L. n° 2006-911 du 24 juill. 2006, art. 85)

Art. 21-28 *(L. n° 2006-911 du 24 juill. 2006, art. 86)* **Le représentant de l'État dans le département ou, à Paris, le préfet de police organise, dans un délai de six mois à compter de l'acquisition de la nationalité française, une cérémonie d'accueil dans la citoyenneté française à l'intention des personnes résidant dans le département visées aux articles 21-2, 21-11, 21-12,** *(L. n° 2015-1776 du 28 déc. 2015, art. 38)* **« 21-13-1, »** *(L. n° 2016-274 du 7 mars 2016, art. 60)* **« 21-13-2, » 21-14, 21-14-1, 21-15, 24-1, 24-2 et 32-4 du présent code ainsi qu'à l'article 2 de la loi n° 64-1328 du 26 décembre 1964 autorisant l'approbation de la convention du Conseil de l'Europe sur la réduction des cas de pluralité de nationalités et sur les obligations militaires en cas de pluralité de nationalités, signée à Strasbourg le 6 mai 1963.** — *V. cette loi ss. art. 33-2.*

Les députés et les sénateurs élus dans le département sont invités à la cérémonie d'accueil.

Les personnes ayant acquis de plein droit la nationalité française en application de l'article 21-7 sont invitées à cette cérémonie dans un délai de six mois à compter de la délivrance du certificat de nationalité française mentionné à l'article 31.

(L. n° 2011-672 du 16 juin 2011, art. 5) **« Au cours de la cérémonie d'accueil, la charte des droits et devoirs du citoyen français mentionnée à l'article 21-24 est remise aux personnes ayant acquis la nationalité française visées aux premier et troisième alinéas. »**

Les dispositions issues de l'art. 60 de la L. n° 2016-274 du 7 mars 2016 entrent en vigueur à compter d'une date fixée par décret, et au plus tard le 1er juill. 2016 (L. préc., art. 67).

Art. 21-29 *(L. n° 2006-911 du 24 juill. 2006, art. 87)* **Le représentant de l'État dans le département ou, à Paris, le préfet de police communique au maire, en sa qualité d'officier d'état civil, l'identité et l'adresse des personnes résidant dans la commune susceptibles de bénéficier de la cérémonie d'accueil dans la citoyenneté française.**

Lorsque le maire en fait la demande, il peut l'autoriser à organiser, en sa qualité d'officier d'état civil, la cérémonie d'accueil dans la citoyenneté française.

SECTION 2 Des effets de l'acquisition de la nationalité française

Art. 22 *(L. n° 83-1046 du 8 déc. 1983)* **La personne qui a acquis la nationalité française jouit de tous les droits et est tenue à toutes les obligations attachées à la qualité de Français, à dater du jour de cette acquisition.** — *[C. nat., art. 80.]*

Sur l'obligation de recensement, V. C. serv. nat., art. L. 113-1 à L. 113-8 (L. n° 97-1019 du 28 oct. 1997, JO 8 nov.).

1. Le naturalisé peut s'inscrire sur les listes électorales, même en dehors des périodes de révision. • Civ. 2e, 20 juill. 1987 : *Gaz. Pal. 1987. 2. Somm. 236.* ♦ Absence d'effet rétroactif de la naturalisation (inscription exclue sur les listes électorales antérieures au décret de naturalisation) • Civ. 2e, 12 déc. 2013, n° 13-60.217. ♦ Il ne peut plus se prévaloir des conventions internationales passées avec l'État dont il avait la nationalité. • Paris, 21 juin 1955 : *JCP 1955. IV. 172.*

2. Est entaché d'irrégularité le règlement sportif limitant le nombre par équipe de joueurs récemment naturalisés. • CE 23 juin 1989 : *Gaz. Pal. 1989. 2. 878, note Houver ; D. 1990. Somm. 276, obs. Bonichot ; Rev. crit. DIP 1991. Somm. 769.*

3. Prise en compte de la nationalité française d'une personne binationale pour apprécier son droit aux prestations sociales lors d'un séjour à l'étranger : • Soc. 5 nov. 1999, n° 98-10.184 P : *D. 1999. IR 261* • 21 mars 2002, n° 00-15.234 P.

Art. 22-1 *(L. n° 98-170 du 16 mars 1998)* **L'enfant mineur, dont l'un des deux parents acquiert la nationalité française, devient français de plein droit s'il a la même résidence habituelle que ce parent ou s'il réside alternativement avec ce parent dans le cas de séparation ou divorce.**

Les dispositions du présent article ne sont applicables à l'enfant d'une personne qui acquiert la nationalité française par décision de l'autorité publique ou par déclaration de nationalité que si son nom est mentionné dans le décret ou dans la déclaration. – *Entrée en vigueur le 1er sept. 1998.*

Sur le nom de l'enfant mineur devenu français en application de l'art. 22-1, V. art. 311-22.

Ancien art. 22-1 *(L. n° 93-933 du 22 juill. 1993)* ***Sous réserve que son nom soit mentionné dans le décret de naturalisation ou dans la déclaration de nationalité, l'enfant âgé de moins de dix-huit ans, légitime ou naturel, dont l'un des parents acquiert la nationalité française, devient français de plein droit s'il a la même résidence habituelle que ce parent.***

1. Domaine de l'effet collectif. L'acquisition de la nationalité française par la mère, avant le décès de son mari étranger, ne produit pas l'effet collectif. • Civ. 1re, 19 févr. 1975 : *D. 1975. IR 101 ; JDI 1975. 840, chron. Aymond ; Rev. crit. DIP 1976. Somm. 734* • 28 juin 1989 : *Rev. crit. DIP 1990. 79, note P. L.* ♦ Refus d'effet collectif à celui qui n'établit pas sa possession d'état d'enfant du bénéficiaire d'une déclaration de réintégration dans la nationalité française. • Civ. 1re, 25 avr. 2007, n° 06-13.284 P : *LPA 10 déc. 2007, obs. Bottiau.*

L'effet collectif attaché à l'acquisition de la nationalité française ne s'étend qu'aux enfants dont la filiation a été établie avant cette acquisition par leur auteur, ce qui s'apprécie, en application de l'art. 311-14, selon la loi de la mère, désignée par la règle de conflit. • Civ. 1re, 25 mai 2022, n° 20-50.035 B : *D. 2022. 1041 ; AJ fam. 2022. 390, obs. Didot-Seïd Algadi ; Dr. fam. 2022, n° 164, obs. Musson.*

2. Conditions de l'effet collectif. L'existence d'une convention de gestation pour autrui ne peut suffire à priver les enfants qui en sont issus du bénéfice de l'art. 22-1 sans qu'il soit porté une atteinte manifestement disproportionnée à leur vie privée. • CE 31 juill. 2019, n° 411984 A : *RTD civ. 2019. 835, note Leroyer.* ♦ Rappr. • Civ. 1re, 19 sept. 2019, n° 18-20.782 : *V. note 1 ss. art. 21-2.* ♦ L'effet collectif n'est pas remis en cause par le fait que la transcription des actes de naissance et de mariage n'a été effectuée qu'après la déclaration de nationalité. • Civ. 1re, 18 janv. 2012, n° 10-30.910 P : *D. 2012. 283.*

3. Preuve. La charge de la preuve de la filiation, au sens de l'art. 22-1, incombe à celui qui entend bénéficier de l'effet collectif. • Paris, 5 déc. 1991 : *D. 1992. 393, note Guiho* (application de l'ancien art. 84 C. nat.).

4. Décision de l'autorité publique (al. 2) – Incapacité. L'enfant d'un naturalisé n'acquiert pas la nationalité française, au titre de l'art. 21-2, par voie de naturalisation et n'est pas soumis aux incapacités qui, dans les lois des 8 et 20 déc. 1983, frappaient le naturalisé. • CE 27 juill. 1984 : *LPA 6 juill. 1985, concl. Fouquet.*

5. … Condition de résidence. Il résulte de la combinaison des art. 22-1 et 21-16 C. civ. que l'enfant, dont les parents acquièrent la nationalité française par décision de l'autorité publique, doit résider habituellement en France avec ses parents à la date de signature du décret de naturalisation pour pouvoir devenir français de plein droit en application de l'art. 22-1. • CE 27 juill. 2005 : *AJDA 2005. 2404, note Thiellay.* ♦ L'effet collectif de la déclaration de nationalité française du père est exclu faute de résidence des enfants avec celui-ci. • Civ. 1re, 11 juin 2008, n° 07-14.959 P : *RLDC 2008/52, n° 3117, obs. Maraud des Grottes.* ♦ Dans le même sens : • CE 12 oct. 2011 : *AJ fam. 2011. 608, obs. Viganotti.* ♦ Sur la notion de résidence en France, V. notes ss. art. 21-7 et 21-16.

Art. 22-2 *(L. n° 73-42 du 9 janv. 1973)* **Les dispositions de l'article précédent ne sont pas applicables à l'enfant marié.** – *[C. nat., art. 85.]*

Art. 22-3 *(L. n° 93-933 du 22 juill. 1993)* **Toutefois, l'enfant français en vertu de l'article 22-1 et qui n'est pas né en France a la faculté de répudier cette qualité pendant les six mois précédant sa majorité et dans les douze mois la suivant.**

Il exerce cette faculté par déclaration souscrite conformément aux articles 26 et suivants.

Il peut renoncer à cette faculté à partir de l'âge de seize ans dans les mêmes conditions.

V. Décr. n° 93-1362 du 30 déc. 1993, art. 25 s., ss. art. 33-2.

CHAPITRE IV DE LA PERTE, DE LA DÉCHÉANCE ET DE LA RÉINTÉGRATION DANS LA NATIONALITÉ FRANÇAISE

SECTION 1 De la perte de la nationalité française

Art. 23 *(L. n° 73-42 du 9 janv. 1973)* **Toute personne majeure de nationalité française, résidant habituellement à l'étranger, qui acquiert volontairement une nationalité**

étrangère ne perd la nationalité française que si elle le déclare expressément, dans les conditions prévues aux articles 26 et suivants du présent titre. – *[C. nat., art. 87.] – V. L. n° 73-42 du 9 janv. 1973, art. 22. – V. Décr. n° 93-1362 du 30 déc. 1993, art. 28, ss. art. 33-2.*

1. Acquisition volontaire. L'acquisition de la nationalité étrangère doit avoir été volontaire, comme par exemple, dans le cas de l'acquiescement de la femme. • Colmar, 19 juill. 1950 : *S. 1953. 2. 105, note Boulbès* (application de la L. du 10 août 1927). ♦ ... Ou encore par la naturalisation et l'exercice d'une faculté de réclamation de la nationalité étrangère. • Civ. 1re, 17 févr. 1987, n° 85-12.404 P : *JCP 1987. IV. 142.*

2. ... Nationalité acquise de plein droit. Une acquisition d'une nationalité de plein droit ne constitue pas une acquisition volontaire au sens de l'art. 23. • Civ. 1re, 3 déc. 1996, n° 95-10.608 P : *JCP 1997. IV. 213.*

3. Code de la nationalité - Constitutionnalité. Pour un exemple de perte de la nationalité française d'une Tunisienne, par application de l'art. 87 C. nat., dans sa rédaction issue de l'Ord. du 19 oct. 1945 portant code de la nationalité française, et de son incidence sur la nationalité de son fils, la déclaration d'inconstitutionnalité de certaines dispositions de l'art. 9 de cette ordonnance ne pouvant être invoquée que par les descendants qui se prévalent de décisions reconnaissant aux femmes dont ils sont issus, compte tenu de cette inconstitutionnalité, qu'elles ont conservé la nationalité française : • Civ. 1re, 13 avr. 2016, n° 14-50.071 P : *D. 2016. 896* ; *AJ fam. 2016. 341, obs. Dionisi-Peyrusse* .

4. ... Conv. franco-tunisienne. Viole l'art. 8, c), de la Conv. gén. franco-tunisienne du 3 juin 1955, la cour d'appel qui, faisant application de ce texte, dit qu'une ressortissante française a perdu la nationalité française, alors que ce texte régit exclusivement les relations entre les États parties et n'a pas d'effet direct à l'égard des particuliers, lesquels ne peuvent ni en revendiquer l'application, ni se le voir opposer. • Civ. 1re, 30 mars 2022, n° 20-22.050 B : *D. 2022. 654* ; *AJ fam. 2022. 292, obs. Didot-Seïd Algadi* . ♦ V. art. 17, note 3.

Art. 23-1 *(L. n° 73-42 du 9 janv. 1973)* **La déclaration en vue de perdre la nationalité française peut être souscrite à partir du dépôt de la demande d'acquisition de la nationalité étrangère et, au plus tard, dans le délai d'un an à compter de la date de cette acquisition.** – *[C. nat., art. 88.]*

Art. 23-2 *(L. n° 98-170 du 16 mars 1998)* **Les Français de moins de trente-cinq ans ne peuvent souscrire la déclaration prévue aux articles 23 et 23-1 ci-dessus que s'ils sont en règle avec les obligations du livre II du code du service national.** – *Entrée en vigueur le 1er sept. 1998.*

Art. 23-3 *(L. n° 73-42 du 9 janv. 1973)* **Perd la nationalité française le Français qui exerce la faculté de répudier cette qualité dans les cas prévus aux articles** *(L. n° 98-170 du 16 mars 1998)* **« 18-1, 19-4 et 22-3 ».** – *[C. nat., art. 90.]*

Une déclaration de répudiation régulièrement souscrite et accompagnée des pièces justificatives, alors même que celles-ci sont des documents de complaisance, ne peut être remise en cause par le déclarant trente-deux ans plus tard. • Civ. 1re, 7 nov. 1962 : *JCP 1963. II. 14058, note Aymond ; Rev. crit. DIP 1963. Somm. 826* (application de l'ancien art. 23-3).

Art. 23-4 *(L. n° 73-42 du 9 janv. 1973)* **Perd la nationalité française, le Français même mineur, qui, ayant une nationalité étrangère, est autorisé, sur sa demande, par le Gouvernement français, à perdre la qualité de Français.**

Cette autorisation est accordée par décret.

Al. 3 abrogé par L. n° 93-933 du 22 juill. 1993. – [C. nat., art. 91.] – V. Décr. n° 93-1362 du 30 déc. 1993, art. 53 s., ss. art. 33-2.

1. Preuve - Décret non contesté. Dès lors que sa légalité n'a pas été contestée devant la juridiction administrative, seule compétente pour en connaître, le décret de libération d'allégeance fait preuve de la perte de la nationalité française de l'enfant, alors mineur, de l'intéressé. • Civ. 1re, 19 oct. 2004 : *Rev. crit. DIP 2005. 287, note Lagarde* .

2. Recours contre une décision de refus. Les décisions de refus peuvent en principe faire l'objet d'un recours en première instance devant les tribunaux administratifs. • CE 12 avr. 1972, n° 85068.

3. Une décision de refus fondée sur une erreur manifeste d'appréciation ne peut faire l'objet d'un recours lorsque l'intéressé réside en France, pays qu'il ne veut pas quitter. • CE 30 avr. 1990 : *D. 1991. 280, note Guiho* • 26 févr. 1996, n° 136527.

Art. 23-5 *(L. nº 73-42 du 9 janv. 1973)* **En cas de mariage avec un étranger, le conjoint français peut répudier la nationalité française selon les dispositions des articles 26 et suivants à la condition qu'il ait acquis la nationalité étrangère de son conjoint et que la résidence habituelle du ménage ait été fixée à l'étranger.**

(L. nº 98-170 du 16 mars 1998) **« Toutefois, les Français âgés de moins de trente-cinq ans ne pourront exercer cette faculté de répudiation que s'ils sont en règle avec les obligations prévues au livre II du code du service national. »** — *Entrée en vigueur le 1er sept. 1998.*

V. Décr. nº 93-1362 du 30 déc. 1993, art. 27, ss. art. 33-2.

La renonciation à la nationalité française effectuée devant l'autorité d'un État étranger lors de l'acquisition de la nationalité de cet État est sans valeur en France. • Civ. 1re, 22 oct. 1996, nº 94-18.965 P : *JCP 1996. IV. 2442.*

Art. 23-6 *(L. nº 73-42 du 9 janv. 1973)* **La perte de la nationalité française peut être constatée par jugement lorsque l'intéressé, français d'origine par filiation, n'en a point la possession d'état et n'a jamais eu sa résidence habituelle en France, si les ascendants, dont il tenait la nationalité française, n'ont eux-mêmes ni possession d'état de Français, ni résidence en France depuis un demi-siècle.**

Le jugement détermine la date à laquelle la nationalité française a été perdue. Il peut décider que cette nationalité avait été perdue par les auteurs de l'intéressé et que ce dernier n'a jamais été français. — *[C. nat., art. 95.]*

1. Le délai d'un demi-siècle de résidence habituelle à l'étranger ne peut être accompli en additionnant la durée de résidence habituelle à l'étranger de l'ascendant avec celle de l'intéressé. • TGI Paris, 18 oct. 1985 : *Rev. crit. DIP 1987. 93, note Lagarde.*

2. Il n'est pas exigé que le délai de 50 ans soit accompli avant la naissance de l'intéressé. • Civ. 1re, 7 mai 1963 : *Rev. crit. DIP 1964. 253, note Batiffol ; JCP 1964. II. 13165, note Aymond.*

Art. 23-7 *(L. nº 73-42 du 9 janv. 1973)* **Le Français qui se comporte en fait comme le national d'un pays étranger peut, s'il a la nationalité de ce pays, être déclaré, par décret après avis conforme du Conseil d'État, avoir perdu la qualité de Français.**

Al. 2 abrogé par L. nº 84-341 du 7 mai 1984. — *[C. nat., art. 96.]*

L'art. 20 TFUE ne s'oppose pas à une législation d'un État membre qui prévoit, sous certaines conditions, la perte de plein droit de la nationalité de cet État membre (en l'espèce en cas de rupture durable du lien affectif entre l'intéressé et l'État concerné), entraînant la perte du statut de citoyen de l'Union européenne et des droits qui y sont attachés, pour autant que les autorités nationales compétentes, y compris les juridictions nationales, sont en mesure d'examiner les conséquences de cette perte de nationalité et, éventuellement, de faire recouvrer pour l'avenir la nationalité aux personnes concernées, à l'occasion de la demande, par celles-ci, d'un document de voyage ou de tout autre document attestant de leur nationalité. Dans le cadre de cet examen, ces autorités et juridictions doivent vérifier si la perte de la nationalité de l'État membre concerné, qui emporte celle du statut de citoyen de l'Union, respecte le principe de proportionnalité en ce qui concerne les conséquences qu'elle comporte sur la situation de chaque personne concernée et, le cas échéant, sur celle des membres de sa famille au regard du droit de l'Union. • CJUE, gr. ch., 12 mars 2019, nº C-221/17 : *D. 2019. 875, note Lepoutre.*

Art. 23-8 *(L. nº 73-42 du 9 janv. 1973)* **Perd la nationalité française le Français qui, occupant un emploi dans une armée ou un service public étranger ou dans une organisation internationale dont la France ne fait pas partie ou plus généralement leur apportant son concours, n'a pas résigné son emploi ou cessé son concours nonobstant l'injonction qui lui en aura été faite par le Gouvernement.**

L'intéressé sera, par décret en Conseil d'État, déclaré avoir perdu la nationalité française si, dans le délai fixé par l'injonction, délai qui ne peut être inférieur à quinze jours et supérieur à deux mois, il n'a pas mis fin à son activité.

Lorsque l'avis du Conseil d'État est défavorable, la mesure prévue à l'alinéa précédent ne peut être prise que par décret en conseil des ministres. — *[C. nat., art. 97.]*

Ne porte pas une atteinte disproportionnée au droit au respect de sa vie privée, garanti par l'art. 8, Conv. EDH, le Décr. ayant retiré la nationalité française à un ressortissant français occupant un emploi dans une armée étrangère, Décr. en outre dépourvu d'effet sur le territoire français de l'intéressé comme sur ses liens avec les membres de sa famille. • CE 25 janv. 2023, n° 466223 : *D. actu. 15 févr. 2023, obs. Mélin.*

Art. 23-9 *(L. n° 73-42 du 9 janv. 1973)* **La perte de la nationalité française prend effet :**

1° Dans le cas prévu à l'article 23 à la date de l'acquisition de la nationalité étrangère ;

2° Dans le cas prévu aux articles 23-3 et 23-5 à la date de la déclaration ;

3° Dans le cas prévu aux articles 23-4, 23-7 et 23-8 à la date du décret ;

4° Dans les cas prévus à l'article 23-6 au jour fixé par le jugement. – *[C. nat., art. 97-1.]*

V. Décr. n° 93-1362 du 30 déc. 1993, art. 59 s., ss. art. 33-2.

SECTION 2 De la réintégration dans la nationalité française

Art. 24 *(L. n° 73-42 du 9 janv. 1973)* **La réintégration dans la nationalité française des personnes qui établissent avoir possédé la qualité de Français résulte d'un décret ou d'une déclaration suivant les distinctions fixées aux articles ci-après.** – *[C. nat., art. 97-2.]*

Art. 24-1 *(L. n° 73-42 du 9 janv. 1973)* **La réintégration par décret peut être obtenue à tout âge et sans condition de stage. Elle est soumise, pour le surplus, aux conditions et aux règles de la naturalisation.** – *[C. nat., art. 97-3.]*

1. Compétence. Le recours pour excès de pouvoir formé par l'intéressé devant les juridictions administratives sur l'exactitude du motif sur lequel se fonde la décision est de la compétence du tribunal dans le ressort duquel l'autorité qui a pris la décision attaquée a son siège, soit en vertu de son pouvoir propre, soit en vertu d'une délégation. • CE 26 avr. 1985 : *cité note 1 ss. art. 21-25.*

2. Procédure. Sur la procédure applicable à la demande de réintégration par décret, V. Décr. 30 déc. 1993, art. 35, al. 2. ♦ Sur l'existence d'une procédure allégée (art. 45 du Décr. du 30 déc. 1993), V. Circ. 27 avr. 1995.

Art. 24-2 *(L. n° 73-42 du 9 janv. 1973)* **Les personnes qui** *(L. n° 98-170 du 16 mars 1998)* **« ont perdu la nationalité française » à raison du mariage avec un étranger ou de l'acquisition par mesure individuelle d'une nationalité étrangère peuvent, sous réserve des dispositions** *(L. n° 93-933 du 22 juill. 1993)* **« de l'article 21-27 », être réintégrées par déclaration souscrite, en France ou à l'étranger, conformément aux articles 26 et suivants.**

Elles doivent avoir conservé ou acquis avec la France des liens manifestes, notamment d'ordre culturel, professionnel, économique ou familial. – *[C. nat., art. 97-4.]* – *V. Décr. n° 93-1362 du 30 déc. 1993, art. 19, ss. art. 33-2.*

1. Cession de territoire. La réintégration spéciale de l'ancien art. 153 C. nat. a été abrogée par la L. n° 93-933 du 22 juill. 1993 (art. 47). Ce texte, applicable aux personnes domiciliées au jour de l'indépendance sur le territoire d'un État qui avait auparavant le statut de territoire d'outre-mer a été déclaré applicable aux anciens territoires de l'Inde française : • CE 29 nov. 1989 : *Rev. crit. DIP 1991. Somm. 784* • 12 sept. 1994, n° 136525.

2. Liens manifestes avec la France. La déclaration de réintégration dans la nationalité française doit être rejetée en l'absence de circonstances autres que la poursuite en France d'études. • Civ. 1re, 10 févr. 1993, n° 91-17.601 P : *JCP 1993. IV. 947.* ♦ V. note 6 ss. art. 21-16.

Art. 24-3 *(L. n° 93-933 du 22 juill. 1993)* **La réintégration par décret ou par déclaration produit effet à l'égard des enfants âgés de moins de dix-huit ans dans les conditions des articles 22-1 et 22-2 du présent titre.**

V. Décr. n° 93-1362 du 30 déc. 1993, art. 35 s., ss. art. 33-2.

Sur l'effet collectif, V. notes ss. art. 22-1.

SECTION 3 De la déchéance de la nationalité française

BIBL. ▸ DIONISI-PEYRUSSE, *D. 2016. 129* (déchéance de nationalité : portée des projets de réforme annoncée). – FULCHIRON, *JCP 2015, n° 1378.* – LAGARDE, *D. 2016. 120* (délais de déchéance de la nationalité française) ; *JCP 2016, n° 105* (le débat sur la déchéance de nationalité). – Pauvert, *AJDA 2015. 1000*.

Art. 25 *(L. n° 73-42 du 9 janv. 1973)* **L'individu qui a acquis la qualité de Français peut, par décret pris après avis conforme du Conseil d'État, être déchu de la nationalité française** *(L. n° 98-170 du 16 mars 1998, en vigueur le 1er sept. 1998)* **« , sauf si la déchéance a pour résultat de le rendre apatride » :**

1° S'il est condamné pour un acte qualifié *(L. n° 93-933 du 22 juill. 1993)* **« de crime ou délit constituant une atteinte aux intérêts fondamentaux de la Nation »** *(L. n° 96-647 du 22 juill. 1996, art. 12)* **« ou pour un crime ou un délit constituant un acte de terrorisme » ;**

2° S'il est condamné pour un acte qualifié *(L. n° 93-933 du 22 juill. 1993)* **« de crime ou délit prévu et réprimé par le chapitre II du titre III du livre IV du code pénal » ;**

3° S'il est condamné pour s'être soustrait aux obligations résultant pour lui du code du service national ;

4° S'il s'est livré au profit d'un État étranger à des actes incompatibles avec la qualité de Français et préjudiciables aux intérêts de la France. – *[C. nat., art. 98.]*

5° *Abrogé par L. n° 98-170 du 16 mars 1998.*

1. Constitutionnalité. Les mots « ou pour un crime ou un délit constituant un acte de terrorisme » figurant au 1° de l'art. 25 sont conformes à la Constitution. • Cons. const. 23 janv. 2015, n° 2014-439 QPC : *AJDA 2015. 1000, note Pauvert ; D. 2015. 208 ; AJ pénal 2015. 201, obs. Chassang*.

2. Amnistie. L'amnistie s'oppose à une mesure de déchéance y compris lorsqu'elle émane de la loi étrangère de l'État dont les juridictions ont prononcé la condamnation. • Crim. 26 janv. 1966 : *Rev. crit. DIP 1966. 661, note Huet.*

Art. 25-1 *(L. n° 2003-1119 du 26 nov. 2003)* **« La déchéance n'est encourue que si les faits reprochés à l'intéressé et visés à l'article 25 se sont produits antérieurement à l'acquisition de la nationalité française ou dans le délai de dix ans à compter de la date de cette acquisition. »**

(L. n° 73-42 du 9 janv. 1973) **Elle ne peut être prononcée que dans le délai de dix ans à compter de la perpétration desdits faits.**

(L. n° 2006-64 du 23 janv. 2006, art. 21) **« Si les faits reprochés à l'intéressé sont visés au 1° de l'article 25, les délais mentionnés aux deux alinéas précédents sont portés à quinze ans. »**

V. Décr. n° 93-1362 du 30 déc. 1993, art. 61 s., ss. art. 33-2.

1. Constitutionnalité. L'art. 25-1 est conforme à la Constitution. • Cons. const. 23 janv. 2015, n° 2014-439 QPC : *cité note 1 ss. art. 25.*

2. L'administration doit prendre en compte les circonstances propres à l'intéressé. • CE 23 mai 1986 : *Lebon 148 ; Rev. crit. DIP 1987. Somm. 806 ; D. 1987. Somm. 225, obs. Vaquet et Julien-Laferrière.*

3. Expiration du délai. Sur l'expiration du délai de dix ans permettant le prononcé de la déchéance : • CE 23 mai 1986 : *préc. note 2.*

4. Conflit de lois dans le temps. Application immédiate de la L. du 23 janv. 2006 portant de 10 à 15 ans le délai fixé à l'art. 25-1, al. 3, si à la date de l'entrée en vigueur de cette loi, le délai de 10 ans antérieurement applicable n'était pas expiré. • CE 8 juin 2016, n° 394348 : *D. 2016. 1310, obs. Pastor ; AJDA 2016. 1758 ; RFDA 2016. 1188, note Lepoutre*.

CHAPITRE V DES ACTES RELATIFS À L'ACQUISITION OU À LA PERTE DE LA NATIONALITÉ FRANÇAISE

SECTION 1 Des déclarations de nationalité

Art. 26 *(L. n° 2015-1776 du 28 déc. 2015, art. 38)* **« Les déclarations de nationalité souscrites en raison soit du mariage avec un conjoint français, en application de l'article 21-2, soit de la qualité d'ascendant de Français, en application de l'article 21-13-1,** *(L. n° 2016-274 du 7 mars 2016, art. 60)* **« soit de la qualité de frère ou sœur de Français, en application de l'article 21-13-2, » sont reçues par l'autorité administrative. »** *(L. n° 2009-526 du 12 mai 2009, art. 12, en vigueur le 1er janv. 2010)* **« Les autres déclarations de nationalité sont reçues par le** *(L. n° 2016-1547 du 18 nov. 2016, art. 16-I)* **« directeur des services de greffe judiciaires » du tribunal judiciaire ou par le**

consul. Les formes suivant lesquelles ces déclarations sont reçues sont déterminées par décret en Conseil d'État. »

(L. n° 93-933 du 22 juill. 1993, en vigueur le 1er janv. 1994) **Il en est délivré récépissé après remise des pièces nécessaires à la preuve de leur recevabilité.**

Les dispositions issues de l'art. 60 de la L. n° 2016-274 du 7 mars 2016 entrent en vigueur à compter d'une date fixée par décret, et au plus tard le 1er juill. 2016 (L. préc., art. 67).

1. Nature. Les mots : « par le représentant de l'État dans le département ou, à Paris, le préfet de police, ou par le consul », figurant au premier al. de l'art. 26 dans sa rédaction antérieure au Décr. du 30 août 2013, ont un caractère réglementaire. • Cons. const. 28 juin 2013, n° 2013-240 L.

2. Figure au nombre des pièces nécessaires à la preuve de la recevabilité l'extrait de casier judiciaire ou le document équivalent (Décr. 30 déc. 1993, art. 14, pièce n° 5) mais qui ne compte que pour une éventuelle opposition du gouvernement pour indignité. • Civ. 1re, 10 déc. 1991 : *JCP 1992. IV. 559 ; D. 1992. IR 16 ; Rev. crit. DIP 1992. 283, note Lagarde.*

3. Conséquences de l'annulation du mariage. La déclaration de nationalité souscrite en raison du mariage doit être déclarée caduque lorsque le mariage a été annulé, sans que soit applicable le délai prévu à l'art. 26-4, propre à l'action en contestation de l'enregistrement de la déclaration. • Civ. 1re, 7 nov. 2012, n° 11-25.662 P : *D. 2012. 2661 ; AJ fam. 2012. 620, obs. Nord ; Rev. crit. DIP 2013. 113, note Lagarde ; RTD civ. 2013. 93, obs. Hauser ; Dr. fam. 2013, n° 1, obs. Larribau-Terneyre.*

Art. 26-1 *(L. n° 93-933 du 22 juill. 1993 en vigueur le 1er janv. 1994)* **Toute déclaration de nationalité doit, à peine de nullité, être enregistrée soit par le** *(L. n° 2016-1547 du 18 nov. 2016, art. 16-I)* **« directeur des services de greffe judiciaires »** *(L. n° 2009-526 du 12 mai 2009, art. 12, en vigueur le 1er janv. 2010)* **« du tribunal judiciaire », pour les déclarations souscrites en France, soit par le ministre de la justice, pour les déclarations souscrites à l'étranger** *(L. n° 2009-526 du 12 mai 2009, art. 12, en vigueur le 1er janv. 2010)* **« , à l'exception des déclarations** *(L. n° 2016-274 du 7 mars 2016, art. 60)* **« suivantes, qui sont enregistrées par** *(Décr. n° 2023-65 du 3 févr. 2023, art. 1er, en vigueur le 6 févr. 2023)* **« l'autorité administrative désignée par décret en Conseil d'État » :**

« 1° Celles souscrites en raison du mariage avec un conjoint français ;

« 2° Celles souscrites en application de l'article 21-13-1 à raison de la qualité d'ascendant de Français ;

« 3° Celles souscrites en application de l'article 21-13-2 à raison de la qualité de frère ou sœur de Français ».

Les dispositions issues de l'art. 60 de la L. n° 2016-274 du 7 mars 2016 entrent en vigueur à compter d'une date fixée par décret, et au plus tard le 1er juill. 2016 (L. préc., art. 67).

Art. 26-2 *(L. n° 93-933 du 22 juill. 1993)* **Le siège et le ressort des** *(Ord. n° 2019-964 du 18 sept. 2019, art. 2, en vigueur le 1er janv. 2020)* **« tribunaux judiciaires ou des chambres de proximité » compétents pour recevoir et enregistrer les déclarations de nationalité française sont fixés par décret.** – *L'art. 26-2 entre en vigueur le 1er janv. 1994.*

Les formalités de la déclaration ne peuvent être faites sous la forme d'une demande de certificat de nationalité. • Civ. 1re, 12 déc. 1995, n° 93-19.244 P : *Gaz. Pal. 1996. 2. Pan. 216 ; Rev. crit. DIP 1996. Somm. 754.*

Art. 26-3 *(L. n° 93-933 du 22 juill. 1993)* **Le ministre ou le** *(L. n° 2016-1547 du 18 nov. 2016, art. 16-I)* **« directeur des services de greffe judiciaires »** *(L. n° 2009-526 du 12 mai 2009, art. 12, en vigueur le 1er janv. 2010)* **« du tribunal judiciaire » refuse d'enregistrer les déclarations qui ne satisfont pas aux conditions légales.**

Sa décision motivée est notifiée au déclarant qui peut la contester devant le tribunal judiciaire durant un délai de six mois. L'action peut être exercée personnellement par le mineur dès l'âge de seize ans.

La décision de refus d'enregistrement doit intervenir six mois au plus après la date à laquelle a été délivré au déclarant le récépissé constatant la remise de toutes les pièces nécessaires à la preuve de recevabilité de la déclaration.

Le délai est porté à un an pour les déclarations souscrites en vertu *(L. n° 2015-1776 du 28 déc. 2015, art. 38)* **« des articles 21-2 »** *(L. n° 2016-274 du 7 mars 2016, art. 60)* **« , 21-13-1 et 21-13-2 ».** *(L. n° 2011-672 du 16 juin 2011, art. 7)* **« Dans le cas où**

une procédure d'opposition est engagée par le Gouvernement en application *(L. n° 2015-1776 du 28 déc. 2015, art. 38)* **« des articles 21-4 »** *(L. n° 2016-274 du 7 mars 2016, art. 60)* **« , 21-13-1 ou 21-13-2 », ce délai est porté à deux ans. »**

Les dispositions issues de l'art. 60 de la L. n° 2016-274 du 7 mars 2016 entrent en vigueur à compter d'une date fixée par décret, et au plus tard le 1er juill. 2016 (L. préc., art. 67).

1. Délai préfix. Le délai de l'art. 26-3 étant préfix, un refus d'enregistrement notifié après l'expiration du délai légal est non avenu. • CE 7 oct. 1991 : *préc. note 9 ss. art. 21-4.*

2. Compétence. Sur l'incompétence des juridictions administratives : • CE 27 mai 1994, n° 146356 • 6 févr. 1995, n° 149915 • TA Nantes, 6 oct. 1994 : *Gaz. Pal. 1995. 1. Pan. adm. 62.*

3. Procédure. Obligation d'introduire le recours par voie d'assignation du ministère public. • Civ. 1re, 16 juin 1992 : *préc. note ss. art. 20-4* • TGI Dunkerque, 30 mai 1990 : *cité note ss. art. 17-3.* ♦ Le délai d'appel du ministère public contre le jugement admettant la déclaration part de la date de sa signification au parquet (C. pr. civ., art. 653 et 675) et non de la date de sa transmission au ministère de la justice. • CE 22 juill. 1992 : *cité note 9 ss. art. 21-4.*

Art. 26-4 *(L. n° 93-933 du 22 juill. 1993 ; L. n° 98-170 du 16 mars 1998)* **A défaut de refus d'enregistrement dans les délais légaux, copie de la déclaration est remise au déclarant revêtue de la mention de l'enregistrement.** — *L'al. 1er entre en vigueur le 1er janv. 1994.*

(L. n° 2003-1119 du 26 nov. 2003) **« Dans le délai** *(L. n° 2006-911 du 24 juill. 2006, art. 88)* **« de deux ans » suivant la date à laquelle il a été effectué, l'enregistrement peut être contesté par le ministère public si les conditions légales ne sont pas satisfaites. »**

L'enregistrement peut encore être contesté par le ministère public en cas de mensonge ou de fraude dans le délai de deux ans à compter de leur découverte. La cessation de la communauté de vie entre les époux dans les douze mois suivant l'enregistrement de la déclaration prévue à l'article 21-2 constitue une présomption de fraude.

Sur le contentieux de la nationalité, V. Circ. du 18 sept. 2015, ss. C. pr. civ., art. 1038. — **C. pr. civ.**

1. Conformité à la Constitution. La présomption résultant de la cessation de la communauté de vie prévue par la seconde phrase du troisième al. de l'art. 26-4 ne saurait s'appliquer que dans les instances engagées dans les deux années de la date de l'enregistrement de la déclaration ; dans les instances engagées postérieurement, il appartient au ministère public de rapporter la preuve du mensonge ou de la fraude invoqué ; sous cette réserve, l'art. 26-4, dans sa rédaction issue de la L. du 24 juill. 2006 relative à l'immigration et à l'intégration, est conforme à la Constitution. • Cons. const. 30 mars 2012, n° 2012-227 QPC : *AJ fam. 2012. 350, obs. Chénedé ; Rev. crit. DIP 2012. 560, note Lagarde ; RTD civ. 2012. 294, obs. Hauser.*

Pour une application de l'obligation faite au ministère public de rapporter la preuve du mensonge ou de la fraude invoqués : • Civ. 1re, 7 nov. 2012, n° 11-17.237 P : *R. 406 ; D. 2012. 2660 ; AJ fam. 2012. 621 ; RTD civ. 2013. 93, obs. Hauser.*

2. Fraude : notion. Les juges ont un pouvoir souverain d'appréciation des éléments de preuves fournis, comme l'apparence de la vie commune. La fraude peut consister en une manœuvre visant à bénéficier d'une dispense de vie commune telle qu'une reconnaissance mensongère de l'enfant du conjoint ou du futur conjoint. • Civ. 1re, 5 mars 1991 : *cité note 7 ss. art. 21-2.* ♦ Recherche nécessaire pour statuer sur une contestation de déclaration de nationalité française, au regard des art. 26-4 et 22-2, de l'existence d'un mensonge ou d'une fraude et de la persistance d'une communauté de vie. • Civ. 1re, 11 juin 2008 : *cité note 1 ss. art. 21-2.* ♦ Sur l'application de l'art. 26-4, al. 2 [al. 3], V. • Civ. 1re, 7 mai 1963 : *Rev. crit. DIP 1964. 73, note M. Ancel ; JDI 1964. 551, obs. P. A.* • 25 juin 1974 : *cité note 3 ss. art. 21-7* • 8 oct. 1996 : *cité note ss. art. 17-5* • Paris, 24 mars 1998 : *cité note 7 ss. art. 21-2* (mensonge par réticence de l'intéressé, qui a tu sa situation de bigamie) • Civ. 1re, 14 nov. 2006, n° 04-15.936 P (fraude consistant en l'existence d'un mariage coutumier non dissous). ♦ La production d'un acte de naissance apocryphe constitue un mensonge. • Civ. 1re, 23 juin 2010, n° 08-19.854 P : *D. 2010. Actu. 1708 ; ibid. 2868, obs. Boskovic ; Rev. crit. DIP 2010. 689, note Corneloup et Jault-Seseke.* ♦ Mais viole les art. 26-4, al. 2 [al. 3], et 21-2 l'arrêt qui annule l'enregistrement d'une déclaration de nationalité pour bigamie alors que l'acte de naissance remis par l'intéressé mentionnait la première union non dissoute et que le second mariage n'avait pas été annulé par décision judiciaire. • Civ. 1re, 19 oct. 2004, n° 02-18.514 P : *Dr. fam. 2005, n° 281, note Farge ; Rev. crit. DIP 2005. 607, note Lagarde.*

3. ... Présomption de fraude. V. • Paris, 13 janv. 2005 : *JCP 2005. II. 10068, note F. Boulanger (2e esp.)* (présomption de fraude constituée par la cessation de la communauté de vie dans le délai d'un an non renversée par les allégations contraires). ♦ Inverse la charge de la preuve l'arrêt qui écarte le jeu de la présomption de fraude au motif que la communauté de vie des époux n'avait pas cessé dans les douze mois suivant l'enregistrement de la déclaration, alors qu'elle avait cessé avant cet enregistrement. • Civ. 1re, 19 sept. 2007, n° 06-17.572 P : *D. 2007. AJ 2541 ; Dr. fam. 2007, n° 198, note Larribau-Terneyre ; RJPF 2007-12/12, obs. Putman.*

4. ... Prescription – Point de départ. Le délai de deux ans d'exercice de l'action en annulation de l'enregistrement pour fraude court à compter de la date à laquelle le ministère public l'a découverte. • Civ. 1re, 28 mars 2012, n° 11-30.071 P : *R. 405 ; D. 2012. 945 ; AJ fam. 2012. 411, obs. Nord ; Rev. crit. DIP 2012. 819, obs. Corneloup* (nécessité de préciser cette date) • 28 mars 2012, n° 11-30.136 P : *R. 405 ; AJ fam. 2012. 411* (*idem*) • 28 mars 2012, n° 11-30.196 P : *R. 405 ; D. 2012. 945 ; AJ fam. 2012. 411, obs. Nord* • 5 juill. 2012, n° 11-18.132 P : *D. 2012. 1821* • 30 janv. 2019, n° 17-30.967 P : *D. 2019. 255 ; JCP 2019, n° 391, note Salvage.* ♦ La transcription en marge de l'acte de mariage d'un époux étranger ayant souscrit une déclaration en vue d'acquérir la nationalité française, en application de l'art. 21-2 C. civ., de la mention du jugement de divorce ayant dissous son mariage avec son épouse française n'est pas, en soi, de nature à mettre le ministère public territorialement compétent en mesure de connaître la fraude ou le mensonge qui l'autorise à exercer l'action en annulation de l'enregistrement de cette déclaration de l'art. 26-4. • Civ. 1re, 18 nov. 2020, n° 19-19.003 P : *D. 2021. 255, obs. Boskovic ; JCP 2021, n° 179, note Nord.* ♦ Comp. antérieurement : prescription de l'action du ministère public, lequel a eu connaissance de la cessation de communauté de vie notamment par la mention du divorce en marge de l'acte de naissance. • Civ. 1re, 18 mai 2005, n° 03-19.402 P : *Rev. crit. DIP 2005. 607, note Lagarde* • 28 févr. 2006, n° 05-11.330 P • 27 sept. 2017, n° 16-50.044 P : *D. 2018. 313, obs. Boskovic ; AJ fam. 2017. 654, obs. M. Saulier* (prise en compte de la date à laquelle la mention du jugement de divorce a été portée en marge de l'acte de mariage).

Seul le ministère public territorialement compétent pouvant agir en annulation de l'enregistrement pour fraude, c'est à compter de la date à laquelle celui-ci l'a découverte que court le délai biennal d'exercice de cette action, et non à la date de transmission au ministère de la Justice. • Civ. 1re, 26 sept. 2012, n° 10-28.032 P : *D. 2012. 2318* .

Le délai prévu à l'art. 26-4, propre à l'action en contestation de l'enregistrement de la déclaration de nationalité, n'a pas vocation à s'appliquer à l'action en constatation de la caducité de celle-ci. • Civ. 1re, 7 nov. 2012, n° 11-25.662 P : *D. 2012. 2661 ; AJ fam. 2012. 620, obs. Nord ; RTD civ. 2013. 93, obs. Hauser* • 7 nov. 2012 : *cité note 3 ss. art. 26* (caducité résultant de l'annulation du mariage à l'origine de la déclaration de nationalité).

5. Effet de l'annulation. L'annulation de l'enregistrement d'une déclaration de nationalité, en cas de mensonge ou de fraude, prive cette déclaration de toute efficacité et fait perdre rétroactivement la nationalité française au déclarant, qui est censé n'avoir jamais été français. • Civ. 1re, 10 mai 2007, n° 04-17.022 P : *D. 2007. AJ 1602* .

6. Application dans le temps. Sur l'application immédiate de l'art. 26-4 issu de la L. du 22 juill. 1993, à une déclaration antérieure à la L. du 22 juill. 1993 (application de l'ancien art. 21-7) : • Paris 14 déc. 1993 : *D. 1994. 224, note crit. Guiho* . ♦ *Contra* : • Paris, 13 déc. 1994 : *cité note 4 ss. art. 21-2.* ♦ Mais une contestation par le ministère public antérieurement à cette loi reste soumise à l'ancien art. 107 C. nat. • Paris, 23 mai 1995 : *cité note 4 ss. art. 21-7.* ♦ L'art. 26-4, qui concerne les conditions de fond de l'exercice de l'action et non la procédure, ne s'applique pas aux instances en cours (action du ministère public antérieure à l'entrée en vigueur de la loi). • Civ. 1re, 13 janv. 1998, n° 95-20.260 P : *D. 1998. IR 59* .

Art. 26-5 *(L. n° 93-933 du 22 juill. 1993)* **Sous réserve des dispositions du deuxième alinéa (1°) de l'article 23-9, les déclarations de nationalité, dès lors qu'elles ont été enregistrées, prennent effet à la date à laquelle elles ont été souscrites.**

Al. 2 abrogé par L. n° 98-170 du 16 mars 1998. — L'art. 26-5 entre en vigueur le 1er janv. 1994.

V. L. n° 93-933 du 22 juill. 1993, art. 52, ss. art. 33-2.

En application de l'art. 26-5, la nationalité française est acquise dès la date de souscription de la déclaration de nationalité dès lors qu'elle a été, par la suite, enregistrée. • Civ. 1re, 30 sept. 2003, n° 01-02.630 P : *Defrénois 2004. 155, obs. Massip ; RJPF 2004-2/36, note Le Boursicot* (application, en conséquence, de la loi française à l'adoption de l'enfant de nationalité française).

SECTION 2 Des décisions administratives

Art. 27 *(L. n° 93-933 du 22 juill. 1993)* **Toute décision déclarant irrecevable, ajournant ou rejetant une demande** *(L. n° 99-1141 du 29 déc. 1999)* **« d'acquisition, » de naturalisation ou de réintégration par décret ainsi qu'une autorisation de perdre la nationalité française doit être motivée.** – *L'art. 27 entre en vigueur le 1er janv. 1994.*

BIBL. ▶ LAGARDE, *Rev. crit. DIP 1993. 356.* – FULCHIRON, *JCP 1993. I. 3708.*

1. Motivation. La motivation doit être claire et précise. • TA Nantes, 12 mai 1995 : *RFDA 1996. 126, concl. Jacquier* ✎. ♦ Mais la décision peut ne pas être motivée lorsque l'administration se fonde sur des éléments couverts par un secret garanti par la loi. • CE 27 mai 1983 : *Gaz. Pal. 1984. 1. Somm. 140.* ♦ Faute d'être motivée, la décision doit être regardée comme illégale. • CE 14 déc. 2001 : ⚖ *Lebon 643* ✎. ♦ Exigence de motivation et décision implicite de rejet : V. • CE 14 déc. 2001 : ⚖ *préc.*

2. Ajournement de la demande. La décision d'ajournement peut avoir pour objet de permettre à l'intéressé de remplir ultérieurement la condition d'assimilation. • CE 25 mars 1994 : ⚖ *préc. note 2 ss. art. 21-24.* ♦ V. déjà : • CE 25 juill. 1986 : *Gaz. Pal. 1986. 2. Somm. 164* (ajournement d'une demande de réintégration). ♦ Elle doit s'appuyer sur des motifs personnels au demandeur et ne pas se fonder sur la connaissance insuffisante du français par le conjoint. • CE 26 sept. 1986 : *Gaz. Pal. 1987. 2. 324* • 24 juin 1988 : *Gaz. Pal. 1988. 2. 740.*

3. Demandeur marié. La demande qui émane d'un couple est traitée comme deux demandes indépendantes. Est donc entachée d'erreur de droit la décision ministérielle motivant exclusivement la décision d'ajournement par le fait que l'épouse du postulant n'avait qu'une connaissance insuffisante de la langue française. • CE 26 sept. 1986 : *préc. note 2.* ♦ L'absence de demande personnelle de naturalisation par le conjoint du demandeur ne saurait fonder à elle seule une décision d'ajournement ou de rejet. • CE 11 mai 1987 : *préc. note ss. art. 21-22* (pour une demande de réintégration).

4. Compétence. Compétence des tribunaux judiciaires pour les questions préjudicielles : • TA Paris, 6 avr. 1973 : *Rev. crit. DIP 1976. Somm. 737.* ♦ ... Et compétence territoriale de la juridiction dans le ressort de laquelle se trouve le siège de l'autorité qui a pris la décision attaquée par son pouvoir propre ou par délégation : • CE 26 avr. 1985 : *Lebon 629 ; Rev. crit. DIP 1986. Somm. 732.* ♦ La décision d'ajournement a la même nature qu'une décision de rejet. • TA Paris, 1er déc. 1982 : *cité note 3 ss. art. 21-24.*

5. Pouvoir souverain de l'administration. Sur le pouvoir souverain de l'administration de prononcer l'ajournement : • CE 30 mars 1984 : *cité note 2 ss. art. 21-23* (décision d'ajournement s'appuyant sur des faits couverts par une loi d'amnistie). ♦ L'octroi de la naturalisation constitue une faveur, la décision ne pouvant être attaquée que pour erreur de droit ou erreur manifeste d'appréciation. • CE 4 mars 1994 : ⚖ *JCP 1994. IV. 1159* • 22 juin 1994, ⚖ n° 124938.

6. Conventions internationales. Perte de plein droit de la nationalité française, sans autorisation du gouvernement français, par application de la convention franco-tunisienne du 3 juin 1955. • Civ. 1re, 6 déc. 2005, ⚖ n° 02-15.198 P. ♦ V. note 3 ss. art. 17.

Art. 27-1 *(L. n° 73-42 du 9 janv. 1973)* **Les décrets portant** *(L. n° 99-1141 du 29 déc. 1999)* **« acquisition, » naturalisation ou réintégration, autorisation de perdre la nationalité française, perte ou déchéance de cette nationalité, sont pris et publiés dans des formes fixées par décret. Ils n'ont point d'effet rétroactif.** – *[C. nat., art. 111.]*

1. Décret non publié. La non-publication du décret rend celui-ci inopposable (Décr. 30 sept. 1993, art. 51). • Grenoble, 28 avr. 1953 : *Gaz. Pal. 1953. 2. 46* (cas d'une étrangère mariée en France avec un compatriote devant son consul alors qu'elle avait obtenu sa naturalisation mais alors que le décret signé avant le mariage n'avait été publié qu'après celui-ci).

2. Droits de l'intéressé. Sur le droit pour le naturalisé de s'inscrire sur les listes électorales, même en dehors des périodes de révision : • Civ. 2e, 20 juill. 1987 : ⚖ *cité note 1 ss. art. 22.*

Art. 27-2 *(L. n° 73-42 du 9 janv. 1973)* **Les décrets portant** *(L. n° 99-1141 du 29 déc. 1999)* **« acquisition, » naturalisation ou réintégration peuvent être rapportés sur avis conforme du Conseil d'État dans le délai** *(L. n° 2011-672 du 16 juin 2011, art. 6)* **« de deux ans » à compter de leur publication au *Journal officiel* si le requérant ne satisfait pas aux conditions légales ; si la décision a été obtenue par mensonge ou fraude, ces décrets peuvent être rapportés dans le délai de deux ans à partir de la découverte de la fraude.** – *V. Décr. n° 93-1362 du 30 déc. 1993, art. 62 s., ss. art. 33-2.*

1. Retrait du décret – Condamnation pénale. Retrait du décret de nationalité ou de réintégration pour absence des conditions soumises à l'appréciation de l'administration telle que l'existence d'une condamnation pénale. • CE 10 janv. 1992 : *préc. note 3 ss. art. 21-23.*

2. ... Fraude. Est susceptible de retrait la naturalisation obtenue par des manœuvres frauduleuses ou des mensonges. • CE 15 févr. 1963 : *JDI 1964. 581, obs. Aymond* (mensonge sur le lieu de naissance) • 28 oct. 1994 : *D. 1994. IR 262 ; Gaz. Pal. 1995. 2. Pan. dr. adm. 86 ; Lebon 470 ; RFDA 1994. 1248* (absence de mention par l'intéressé de son mariage antérieur dans un pays étranger où réside son épouse) • 9 nov. 2017, n° 409782 (réinstallation dans un pays étranger malgré les engagements pris). – V. aussi • CE 28 juill. 2000 : *D. 2000. IR 274.*

3. ... Gravité. Les faits retenus doivent être suffisamment graves. • CE 13 févr. 1974 : *préc. note 1 ss. art. 21-23* (fausse déclaration relative à l'état civil). ♦ Les faits sur lesquels s'appuient le retrait doivent être propres à l'intéressé : le retrait du décret de naturalisation du mari ne peut à lui seul entraîner celui de la naturalisation de sa femme. • CE 13 févr. 1974 : *préc. note 1 ss. art. 21-23.*

4. Les circonstances retenues à l'appui du retrait n'ont pas nécessairement à être inconnues de l'administration à la date du décret de naturalisation ou de réintégration ; • CE 10 janv. 1992 : *préc. note 3 ss. art. 21-23.*

5. Prescription. L'exception d'illégalité n'est pas perpétuelle à l'encontre des actes non réglementaires, en l'espèce un décret par lequel le gouvernement s'oppose à la conservation par le demandeur de la nationalité française. • Civ. 1re, 25 janv. 1983 : *Rev. crit. DIP 1983. 435, note Lagarde ; D. 1983. IR 519, obs. Lagarde.*

6. Notification à l'intéressé. Le retrait doit être précédé d'une notification de la procédure et des motifs et il doit être laissé à l'intéressé un délai suffisant pour présenter ses observations (délai d'un mois à compter de la notification du retrait : Décr. 30 déc. 1993, art. 62). • CE 10 janv. 1992 : *préc. note 3 ss. art. 21-23.*

Art. 27-3 *(L. n° 73-42 du 9 janv. 1973)* **Les décrets qui portent perte pour l'une des causes prévues aux articles 23-7 et 23-8 ou déchéance de la nationalité française sont pris, l'intéressé entendu ou appelé à produire ses observations.** – *[C. nat., art. 112-1.]*

SECTION 3 Des mentions sur les registres de l'état civil

Art. 28 *(L. n° 78-731 du 12 juill. 1978)* **Mention sera portée, en marge de l'acte de naissance, des actes administratifs et des déclarations ayant pour effet l'acquisition, la perte de la nationalité française ou la réintégration dans cette nationalité.** – *[C. nat., art. 115, al. 1er.]*

(L. n° 98-170 du 16 mars 1998) **« Il sera fait de même mention de toute première délivrance de certificat de nationalité française et des décisions juridictionnelles ayant trait à cette nationalité. »** – *Entrée en vigueur le 1er sept. 1998. – V. Décr. n° 80-308 du 25 avr. 1980, art. 6, ss. art. 98-4.*

Art. 28-1 *(L. n° 98-170 du 16 mars 1998)* **Les mentions relatives à la nationalité prévues à l'article précédent sont portées** *(L. n° 2007-1787 du 20 déc. 2007, art. 11)* **« d'office sur les copies et les extraits avec indication de la filiation » des actes de naissance ou des actes dressés pour en tenir lieu.**

Ces mentions sont également portées sur les extraits *(L. n° 2007-1787 du 20 déc. 2007, art. 11)* **« sans indication de la filiation » des actes de naissance ou sur le livret de famille à la demande des intéressés. Toutefois, la mention de la perte, de la déclination, de la déchéance, de l'opposition à l'acquisition de la nationalité française, du retrait du décret** *(L. n° 99-1141 du 29 déc. 1999)* **« d'acquisition, » de naturalisation ou de réintégration ou de la décision judiciaire ayant constaté l'extranéité est portée d'office sur** *(L. n° 2007-1787 du 20 déc. 2007, art. 11)* **« tous » les extraits des actes de naissance et sur le livret de famille lorsqu'une personne ayant antérieurement acquis cette nationalité, ou s'étant vu reconnaître judiciairement celle-ci, ou délivrer un certificat de nationalité française a demandé qu'il en soit fait mention sur lesdits documents.**

Responsabilité administrative. Mise en cause de la responsabilité de l'État lorsque l'administration égare l'exemplaire de la déclaration destinée aux archives, mettant l'intéressé dans l'impossibilité de prouver sa nationalité française. • CE 30 nov. 1973 : *Lebon 679* (application de l'ancien art. 28-1).

CHAPITRE VI DU CONTENTIEUX DE LA NATIONALITÉ

SECTION 1 De la compétence des tribunaux judiciaires et de la procédure devant ces tribunaux

Art. 29 *(L. nº 73-42 du 9 janv. 1973)* **La juridiction civile de droit commun est seule compétente pour connaître des contestations sur la nationalité française ou étrangère des personnes physiques.**

Les questions de nationalité sont préjudicielles devant toute autre juridiction de l'ordre administratif ou judiciaire à l'exception des juridictions répressives comportant un jury criminel. — *[C. nat., art. 124.]*

Sur le contentieux de la nationalité, V. Circ. du 18 sept. 2015, ss. C. pr. civ., art. 1038. — ***C. pr. civ.***

1. Principe. Sur le principe général de compétence de l'autorité judiciaire, V. les décisions rendues dans l'affaire *Godek :* • CE 4 févr. 1966 : *Rev. crit. DIP 1967. 683, concl. Fournier, note P. L. ; JDI 1966. 684, note Aymond* • Nancy, 14 févr. 1968 : *JDI 1968. 351, obs. Aymond* • T. confl. 24 juin 1968 : *Rev. crit. DIP 1968. 649, note Batiffol ; JDI 1969. 905, note Goldman* • Civ. 1re, 17 févr. 1982 : *Rev. crit. DIP 1983. 249, note Batiffol* • CE 17 mars 1995 : *D. 1995. IR 114 ; RFDA 1995. 846* (refus de délivrance du certificat de nationalité). ♦ Obligation pour la juridiction répressive saisie d'une contestation portant sur la nationalité de surseoir à statuer. • Crim. 28 mai 1997, nº 96-84.750 P : *D. 1997. IR 203 ; Gaz. Pal. 1997. 2. Somm. 197 ; JCP 1997. IV. 298.*

2. Exception. Incompétence de la commission de recours des réfugiés pour trancher une difficulté sérieuse relative à la nationalité étrangère d'un individu. • CE 24 mars 1981 : *Rev. crit. DIP 1982. Somm. 735* • 23 mai 1984 : *Rev. crit. DIP 1985. Somm. 691 ; Gaz. Pal. 1985. 1. Somm. 46.*

3. Sur la compétence du TGI, V. C. pr. civ., art. 1038.

Art. 29-1 *(L. nº 93-933 du 22 juill. 1993)* **Le siège et le ressort des tribunaux judiciaires compétents pour connaître des contestations sur la nationalité française ou étrangère des personnes physiques sont fixés par décret.** — *L'art. 29-1 entre en vigueur le 1er janv. 1994. — V. COJ, Annexe, Tableau VIII, ss. art. R. 563-4. —* ***C. pr. civ.***

Sur l'obligation de statuer en audience publique et non en chambre du conseil : • Civ. 1re, 7 juill. 1964 : *Bull. civ. I, nº 371.*

Art. 29-2 *(L. nº 73-42 du 9 janv. 1973)* **La procédure suivie en matière de nationalité, et notamment la communication au ministère de la justice des assignations, conclusions et voies de recours, est déterminée par le code de procédure civile.** — *[C. nat., art. 128.]*

Art. 29-3 *(L. nº 73-42 du 9 janv. 1973)* **Toute personne a le droit d'agir pour faire décider qu'elle a ou qu'elle n'a point la qualité de Français.**

Le procureur de la République a le même droit à l'égard de toute personne. Il est défendeur nécessaire à toute action déclaratoire de nationalité. Il doit être mis en cause toutes les fois qu'une question de nationalité est posée à titre incident devant un tribunal habile à en connaître. — *[C. nat., art. 129.]*

Sur le contentieux de la nationalité, V. Circ. du 18 sept. 2015, ss. C. pr. civ., art. 1038. — ***C. pr. civ.***

1. Absence de délai de prescription, constitutionnalité. La première phrase du second al. de l'art. 29-3 est conforme à la Constitution. En effet, l'action permettant au ministère public d'assigner une personne devant les juridictions judiciaires afin de faire juger qu'elle a ou n'a pas la nationalité française est une action objective relative à des règles qui ont un caractère d'ordre public ; il résulte de la jurisprudence constante de la Cour de cassation que cette action est imprescriptible. La contestation de la nationalité d'une personne ne met pas en cause son droit au respect de la vie privée. • Cons. const. 22 nov. 2013, nº 2013-354 QPC : *JO 24 nov. ; D. 2013. 2696 ; Constitutions 2014. 99, note Abassade ; Rev. crit. DIP 2014. 85, note Lagarde.* ♦ Sur la question transmise : caractère sérieux d'une QPC dans la mesure où l'action du ministère public, en ce qu'elle n'est soumise à aucune prescription, est susceptible de porter atteinte tant au droit à un procès équitable dès lors qu'elle oblige quiconque à conserver, sa vie durant, les éléments probatoires sur le fondement desquels a été reconnue sa qualité de

Français, qu'au droit au respect de la vie privée en raison de la menace perpétuelle qui en résulte d'une exclusion de la communauté nationale. • Civ. 1re, 25 sept. 2013, n° 13-40.044 P.

2. Sur le principe. L'action négatoire de nationalité n'est soumise à aucune prescription. • Civ. 1re, 13 mai 2020, n° 19-50.025 P : *D. 2020. 1780, note Lassalle-Byhet* ; *Rev. crit. DIP 2020. 743, note P. Lagarde*. ♦ Déjà en ce sens : • Paris, 28 sept. 1990 : *D. 1990. IR 266* ; *Rev. crit. DIP 1991. Somm. 781*. ♦ Elle peut être poursuivie par les héritiers du demandeur qui décède en cours d'instance. • Versailles, 3 avr. 1995 : *D. 1997. 26, note Guiho*.

Art. 29-4 *(L. n° 73-42 du 9 janv. 1973)* **Le procureur est tenu d'agir s'il en est requis par une administration publique ou par une tierce personne ayant soulevé l'exception de nationalité devant une juridiction qui a sursis à statuer en application de l'article 29. Le tiers requérant devra être mis en cause.** — *[C. nat., art. 131.]*

Art. 29-5 *(L. n° 73-42 du 9 janv. 1973)* **Les jugements et arrêts rendus en matière de nationalité française par le juge de droit commun ont effet même à l'égard de ceux qui n'y ont été ni parties, ni représentés.**

Tout intéressé est recevable cependant à les attaquer par la tierce opposition à la condition de mettre en cause le procureur de la République. — *[C. nat., art. 136.]*

1. Autorité à l'égard de tous. Application à un jugement déclaratif de naissance : • Civ. 7 déc. 1961, n° 59-12.626 P : *Rev. crit. DIP 1962. Somm. 124*. ♦ ... A un jugement admettant l'éligibilité d'un naturalisé depuis moins de 10 ans : • Soc. 7 juill. 1971 : *Bull. civ. V, n° 521*.

2. Motifs de la décision. L'autorité absolue de la chose jugée qui s'attache au dispositif du jugement d'un tribunal administratif annulant une mesure d'expulsion s'attache aussi au motif qui en est le support nécessaire, tiré de ce que l'intéressé est fondé à se prévaloir de la nationalité française. • CE 19 nov. 1997 : *Rev. crit. DIP 1998. 51, note Lagarde*.

SECTION 2 De la preuve de la nationalité devant les tribunaux judiciaires

Art. 30 *(L. n° 73-42 du 9 janv. 1973)* **La charge de la preuve, en matière de nationalité française, incombe à celui dont la nationalité est en cause.**

Toutefois, cette charge incombe à celui qui conteste la qualité de Français à un individu titulaire d'un certificat de nationalité française délivré conformément aux articles 31 et suivants. — *[C. nat., art. 138.]*

Sur la délivrance des certificats de nationalité française aux enfants issus de convention de mère porteuse, V. Circ. du 25 janv. 2013 relative à la délivrance des certificats de nationalité française — convention de mère porteuse — État civil étranger.

1. Domaine du texte. Application de l'art. 30 pour la délivrance d'un passeport : • CE 17 janv. 1990, n° 89576 : *Gaz. Pal. 1990. 2. Somm. 557*. ♦ Application, en revanche, du droit commun pour la charge de la preuve d'une nationalité étrangère : • Civ. 1re, 17 févr. 1982, *Godek : préc. note 1 ss. art. 29*.

2. Charge de la preuve – Principe (al. 1er). Viole l'art. 30, al. 1er, l'arrêt qui, pour juger qu'un individu né en Algérie, de statut civil local, a conservé sa nationalité française d'origine, retient que la nationalité algérienne – dont l'attribution dépendait de la nationalité du père – ne lui a pas été conférée après l'indépendance de l'Algérie, alors qu'aucun acte d'état civil concernant le père n'est produit. • Civ. 1re, 12 oct. 1999, n° 97-20.273 P: *D. 1999. IR 247*. ♦ Il incombe au demandeur, qui n'est pas lui-même titulaire d'un certificat de nationalité française, de prouver que son grand-père avait été admis au statut civil de droit commun ou qu'il avait souscrit une déclaration recognitive de nationalité française lors de l'accession à l'indépendance de l'Algérie. • Civ. 1re, 13 mai 2015, n° 14-15.821 P.

3. ... Exception : titulaire d'un certificat de nationalité (al. 2). Il appartient au ministère public de démontrer qu'un certificat de nationalité régulièrement délivré est erroné ; cassation de l'arrêt ayant attribué la charge de la preuve à l'intéressé au regard de l'art. 32-1. • Civ. 1re, 3 déc. 2008, n° 08-10.718 P : *Rev. crit. DIP 2009. 41, obs. Lagarde*. ♦ L'intéressé ayant produit un certificat de nationalité délivré en cours de procédure, c'est au ministère public qu'incombe la charge de la preuve de son extranéité. • Civ. 1re, 23 janv. 2007, n° 06-13.009 P. ♦ Un individu dont la nationalité est en cause et dont le père, né au Sénégal, est titulaire d'un certificat de nationalité française, et qui n'est pas lui-même titulaire d'un tel certificat, a la charge de la preuve de ce que son père a conservé la qualité de Français. • Civ. 1re, 17 sept. 2003, n° 01-02.831 P. ♦ Preuve rapportée par le ministère public, à qui la charge de cette preuve incombait, que la filiation d'un individu détenteur d'un certificat de nationalité française comme né d'un père français n'était pas établie. • Civ. 1re, 29 sept. 2004 : *AJ fam. 2005. 66, obs. Chénedé*.

4. Portée du certificat de nationalité. Si, dans l'interprétation constante qu'en donne la Cour de cassation, l'art. 30 autorise le seul titulaire du certificat de nationalité à s'en prévaloir, cette limitation procède de la nature même du certificat, lequel ne constitue pas un titre de nationalité mais un document destiné à faciliter la preuve de la nationalité française, dont la délivrance dépend des éléments produits par le requérant à l'appui de sa demande et de l'examen par un agent administratif de sa situation individuelle au regard du droit de la nationalité. • Civ. 1re, 4 avr. 2019, n° 19-40.001 P (non-lieu à QPC). ♦ Le certificat de nationalité ne constitue pas un titre de nationalité, mais un document établi par une autorité administrative afin de faciliter la preuve de la nationalité française ; la délivrance d'un tel document, en raison de sa nature, ne saurait constituer un fait nouveau modifiant la situation antérieurement reconnue en justice, par un jugement ayant l'autorité de chose jugée. • Civ. 1re, 2 sept. 2020, n° 19-13.483 P : *D. 2020. 1720 ; JCP 2020, n° 1169, note Pierre-Maurice.* ♦ Le juge est tenu de vérifier la régularité, au regard des dispositions de l'art. 47, des actes de l'état civil étrangers qui ont été produits au soutien de la demande de délivrance d'un certificat de nationalité française. Leur transcription sur les registres de l'état civil français n'a pas pour effet de les purger des vices dont ils sont atteints. • Civ. 1re, 8 juill. 2020, n° 19-15.088 P : *D. 2020. 1461 ; AJ fam. 2020. 484, obs. Houssier ; RTD civ. 2020. 850, obs. Leroyer .*

Art. 30-1 *(Ord. n° 45-2441 du 19 oct. 1945)* **Lorsque la nationalité française est attribuée ou acquise autrement que par déclaration,** *(L. n° 99-1141 du 29 déc. 1999)* **« décret d'acquisition ou de » naturalisation, réintégration ou annexion de territoires, la preuve ne peut être faite qu'en établissant l'existence de toutes les conditions requises par la loi.** – *[C. nat., art. 142.]*

L'art. 30-1 requiert l'application des modes de preuve du droit commun applicables à la situation en cause. • Paris, 23 févr. 1978 : *Gaz. Pal. 1978. 2. Somm. 384.*

Art. 30-2 *(L. n° 61-1408 du 22 déc. 1961)* **Néanmoins, lorsque la nationalité française ne peut avoir sa source que dans la filiation, elle est tenue pour établie, sauf la preuve contraire, si l'intéressé et celui de ses père et mère qui a été susceptible de la lui transmettre ont joui d'une façon constante de la possession d'état de Français.** – *[C. nat., art. 143.] – V. L. 22 déc. 1961, art. 7.*

(L. n° 93-933 du 22 juill. 1993) **« La nationalité française des personnes nées à Mayotte, majeures au 1er janvier 1994, sera subsidiairement tenue pour établie si ces personnes ont joui de façon constante de la possession d'état de Français. »**

(L. n° 2006-911 du 24 juill. 2006, art. 110) **« Pendant une période de trois ans à compter de la publication de la loi n° 2006-911 du 24 juillet 2006 relative à l'immigration et à l'intégration, pour l'application du deuxième alinéa du présent article, les personnes majeures au 1er janvier 1994 qui établissent qu'elles sont nées à Mayotte sont réputées avoir joui de façon constante de la possession d'état de Français si elles prouvent, en outre, qu'elles ont été inscrites sur une liste électorale à Mayotte au moins dix ans avant la publication de la loi n° 2006-911 du 24 juillet 2006 précitée et qu'elles font la preuve d'une résidence habituelle à Mayotte. »**

1. Application de l'art. 30-2 au cas où la preuve n'est rapportée que pour l'intéressé et non pour son ascendant : • Lyon, 28 mai 1986 : *Gaz. Pal. 1987. 1. Somm.125.*

2. Pouvoir souverain du juge du fond de considérer que l'acte de naissance produit par une personne pour établir sa filiation de laquelle elle établissait sa nationalité était un faux. • Civ. 1re, 16 juill. 1998, n° 95-16.417 P.

3. Légalisation. Les actes établis par une autorité étrangère et destinés à être produits en France doivent, au préalable, selon la coutume internationale et sauf convention contraire, être légalisés pour y produire effet (jugement supplétif d'acte de naissance). • Civ. 1re, 13 avr. 2016, n° 15-50.018 P : *D. 2016. 896 ; AJ fam. 2016. 342, obs. Dionisi-Peyrusse ; JCP 2016, n° 695, note Alland.*

Art. 30-3 *(L. n° 61-1408 du 22 déc. 1961)* **Lorsqu'un individu réside ou a résidé habituellement à l'étranger, où les ascendants dont il tient par filiation la nationalité sont demeurés fixés pendant plus d'un demi-siècle, cet individu ne sera pas admis à faire la preuve qu'il a, par filiation, la nationalité française si lui-même et celui de ses père et mère qui a été susceptible de la lui transmettre n'ont pas eu la possession d'état de Français.**

Le tribunal devra dans ce cas constater la perte de la nationalité française dans les termes de l'article 23-6. – *[C. nat., art. 144.]*

1. Domaine d'application du texte. Les dispositions de l'art. 30-3 sont applicables aux personnes natives ou ressortissantes des territoires anciennement sous souveraineté française, aucune distinction n'étant à faire selon les circonstances dans lesquelles le demandeur et ses ascendants se sont établis ou sont demeurés fixés à l'étranger. En outre, l'existence de dispositions spécifiques en matière d'effets sur la nationalité française de l'accession à l'indépendance d'anciens départements ou territoires d'outre-mer de la République, prévues au chapitre VII, ne rend pas inapplicables aux intéressés les dispositions prévues à l'art. 30-3. • Civ. 1re, 28 févr. 2018, n° 17-14.239 P : *Rev. crit. DIP 2018. 801, note Ralser ; ibid. 2019. 949, note Lagarde*.

2. Nature du principe. – Règle de preuve. L'art. 30-3 interdit, dès lors que les conditions qu'il pose sont réunies, de rapporter la preuve de la transmission de la nationalité française par filiation, en rendant irréfragable la présomption de perte de celle-ci par désuétude ; édictant une règle de preuve, l'obstacle qu'il met à l'administration de celle-ci ne constitue pas une fin de non-recevoir au sens de l'art. 122 du C. pr. civ., de sorte qu'aucune régularisation sur le fondement de l'art. 126 du même code ne peut intervenir. • Civ. 1re, 13 juin 2019, nos 18-16.838 P et 18-16.843 P : *D. 2019. Chron. C. cass. 1784, note Azar ; AJ fam. 2019. 471, obs. Carayon ; JCP 2019, n° 834, note Nord ; D. actu. 27 juin 2019, obs. Melinle.* ♦ Antérieurement : il résulte de l'art. 126 C. pr. civ. que le juge doit apprécier les conditions d'application de la fin de non-recevoir de l'art. 30 C. civ. au moment où il statue. • Civ. 1re, 28 févr. 2018 : *cité note 1* (prise en compte d'éléments postérieurs au jugement déclarant la mère du demandeur française par filiation). ♦ L'art. 30-3 édicte une fin de non-recevoir à la preuve de la nationalité française et peut être appliqué immédiatement à une instance engagée après l'entrée en vigueur du code de la nationalité. • Civ. 1re, 23 févr. 1977 : *Rev. crit. DIP 1978. 483, note Lagarde ; JDI 1978. 319, chron. Aymond* (application de l'art. 144 C. nat.).

3. Possession d'état. Le jugement qui reconnaît la mère du demandeur française par filiation ne suffit pas à caractériser une possession d'état de Français durant la période antérieure à la date d'expiration de délai d'un demi-siècle de l'art. 30. • Civ. 1re, 28 févr. 2018, n° 17-14.239 : *cité note 1.*

4. Enfants mineurs. Les dispositions de l'art. 30-3 ne pouvant être opposées à leur père, dont la nationalité française par filiation était établie, elles ne pouvaient l'être à ses enfants mineurs, lesquels suivent la condition du parent dont ils tiennent leur nationalité. • Civ. 1re, 29 juin 2022, n° 21-50.032 B : *D. 2023. 200, obs. Boskovic*.

Art. 30-4 *(L. n° 73-42 du 9 janv. 1973)* **En dehors des cas de perte ou de déchéance de la nationalité française, la preuve de l'extranéité d'un individu peut seulement être établie en démontrant que l'intéressé ne remplit aucune des conditions exigées par la loi pour avoir la qualité de Français.** – *[C. nat., art. 148.]*

SECTION 3 Des certificats de nationalité française

Art. 31 *(Ord. n° 45-2441 du 19 oct. 1945)* **Le** *(L. n° 2016-1547 du 18 nov. 2016, art. 16-I)* **« directeur des services de greffe judiciaires »** *(L. n° 95-125 du 8 févr. 1995, art. 15)* **« du tribunal judiciaire » a seul qualité pour délivrer un certificat de nationalité française à toute personne justifiant qu'elle a cette nationalité.** – *[C. nat., art. 149.]*
— La modification issue de la loi du 8 févr. 1995 est entrée en application trois mois après l'entrée en vigueur de ladite loi [JO 9 févr.].

V. C. pr. civ., art. 1045-1 s. — ***C. pr. civ.*** *et Circ. du 14 mars 2023 de présentation de la procédure de délivrance des certificats de nationalité française, telle que réformée par le Décr. n° 2022-899 du 17 juin 2022.*

Le contentieux des demandes de certificat de nationalité ressortit à la compétence judiciaire. • CE 27 juill. 2005 : *AJDA 2005. 2355, note Thiellay*. – V. conf. • Civ. 1re, 28 févr. 2006, n° 05-12.455 P : *Rev. crit. DIP 2006. 577, note Lagarde* (sol. impl.).

Art. 31-1 *(L. n° 93-933 du 22 juill. 1993)* **Le siège et le ressort des** *(Ord. n° 2019-964 du 18 sept. 2019, art. 2, en vigueur le 1er janv. 2020)* **« tribunaux judiciaires ou des chambres de proximité » compétents pour délivrer les certificats de nationalité sont fixés par décret.** – *L'art. 31-1 entre en vigueur le 1er janv. 1994. – V. COJ, art. D. 211-1, et Annexe, Tableau IX, ss. art. R. 563-4. —* ***C. pr. civ.***

Art. 31-2 *(L. n° 73-42 du 9 janv. 1973)* **Le certificat de nationalité indique en se référant aux chapitres II, III, IV et VII du présent titre, la disposition légale en vertu de laquelle l'intéressé a la qualité de Français, ainsi que les documents qui ont permis de l'établir. Il fait foi jusqu'à preuve du contraire.**

(L. n° 95-125 du 8 févr. 1995, art. 16) **« Pour l'établissement d'un certificat de nationalité, le** *(L. n° 2016-1547 du 18 nov. 2016, art. 16-I)* **« directeur des services de greffe judiciaires » du tribunal judiciaire » pourra présumer, à défaut d'autres éléments, que les actes d'état civil dressés à l'étranger et qui sont produits devant lui emportent les effets que la loi française y aurait attachés.** – *[C. nat., art. 150.] – V. note ss. art. 31.*

1. Présomption : principe. Sur le principe selon lequel la possession du certificat fait présumer la nationalité française : • Paris, 20 déc. 1991 : *D. 1993. 141, note Guiho* (application de la L. du 10 août 1927). ♦ Toutefois, la nationalité française attestée par un certificat de nationalité peut être contestée lorsque le certificat a été délivré de façon erronée. • Angers, 25 nov. 1992 : *JCP 1993. IV. 2278.* ♦ Une photocopie même certifiée conforme du certificat de nationalité n'a pas la force probante de celui-ci. • CE 17 janv. 1990 : *préc. note 2 ss. art. 30.*

2. ... Preuve contraire. Sur les moyens de combattre la force probante du certificat : • Paris, 20 févr. 1981 : *Rev. crit. DIP 1981. 263 (2e esp.), note Lagarde.* ♦ Peut être rapportée la preuve que la nationalité française résultant du certificat a été perdue pour une cause non mentionnée dans le certificat. • Civ. 1re, 5 avr. 1993, n° 91-13.711 P : *Rev. crit. DIP 1994. Somm. 715.*

3. Compétence. L'appréciation de la validité du certificat de nationalité est de la compétence du tribunal de grande instance. • CE 12 mars 1996, nos 140863 et 147861.

4. Ministère public. Obligation pour le ministère public, partie principale à l'action relative à la nationalité, d'assister à l'audience des débats (en l'espèce, jugement ayant annulé un certificat de nationalité française). • Civ. 1re, 3 déc. 1996, n° 95-10.638 P : *Gaz. Pal. 1997. 2. Pan. 200.*

Art. 31-3 *(Ord. n° 45-2441 du 19 oct. 1945)* **Lorsque le** *(L. n° 2016-1547 du 18 nov. 2016, art. 16-I)* **« directeur des services de greffe judiciaires »** *(L. n° 95-125 du 8 févr. 1995, art. 17)* **« du tribunal judiciaire » refuse de délivrer un certificat de nationalité, l'intéressé peut saisir** *(Décr. n° 2022-899 du 17 juin 2022, art. 1er, en vigueur le 1er sept. 2022)* **« le tribunal judiciaire** *[ancienne rédaction : le ministre de la justice]* **», qui décide s'il y a lieu de procéder à cette délivrance.** – *[C. nat., art. 151.] – V. note ss. art. 31.*

Le Décr. n° 2022-899 du 17 juin 2022 entre en vigueur le 1er sept. 2022. Il est applicable aux demandes de certificat de nationalité et aux recours contre un refus de délivrance formés à compter de cette date. Par dérogation, lorsqu'un refus de délivrance est opposé après le 1er sept. 2022 à une demande de certificat de nationalité formée avant cette date, le refus est notifié, soit par la remise de la décision au destinataire ou à son représentant légal contre émargement, soit par lettre recommandée avec demande d'avis de réception, le cas échéant par l'autorité diplomatique ou consulaire. Le délai de contestation prévu à l'art. 1045-2 C. pr. civ. court à compter de cette notification. Lorsqu'un refus de délivrance a été opposé avant l'entrée en vigueur du décret, le délai de contestation prévu à l'art. 1045 C. pr. civ. court à compter du 1er sept. 2022 (Décr. préc., art. 3). – V. Circ. du 14 mars 2023.

1. Recours judiciaire. La personne qui se heurte à un refus de délivrance opposée par le ministre de la justice doit exercer un recours devant le TGI et non devant le tribunal administratif. • CE 17 mars 1995 : *préc. note 1 ss. art. 29* • 11 mars 1996, n° 159256.

2. Notion de faute de l'administration. Ne sauraient être imputées à faute au service public de la justice les précautions prises pour s'assurer de la réalité de la nationalité de la personne demandant un certificat de nationalité. • Civ. 1re, 28 févr. 2006 : *cité note ss. art. 31.*

CHAPITRE VII DES EFFETS SUR LA NATIONALITÉ FRANÇAISE DES TRANSFERTS DE SOUVERAINETÉ RELATIFS À CERTAINS TERRITOIRES

Pour l'entrée en vigueur des dispositions du chapitre VII, V. L. n° 73-42 du 9 janv. 1973, art. 24.

BIBL. GÉN. ► OLEKHNOVITCH, *Rev. crit. DIP 1993. 371.*

Art. 32 *(L. n° 73-42 du 9 janv. 1973)* **Les Français originaires du territoire de la République française, tel qu'il était constitué à la date du 28 juillet 1960, et qui étaient domiciliés au jour de son accession à l'indépendance sur le territoire d'un État qui avait eu antérieurement le statut de territoire d'outre-mer de la République française, ont conservé la nationalité française.**

Il en est de même des conjoints, des veufs ou veuves et des descendants desdites personnes. – *[C. nat., art. 152.]*

1. Exigence de la nationalité française. C'est au moment de l'accession à l'indépendance d'un territoire d'outre-mer que l'intéressé doit prouver avoir possédé la nationalité française pour prétendre l'avoir conservée de plein droit. • Civ. 1re, 12 oct. 1999, n° 97-19.633 P : *D. 1999. IR 247*.

2. Effet non rétroactif. L'acquisition de la nationalité française n'ayant des effets que pour l'avenir, le conjoint d'un étranger naturalisé français par décret en 1939, qui n'avait pas la qualité d'originaire du territoire de la République française tel qu'il était constitué le 28 juill. 1960, ne peut bénéficier des dispositions de l'art. 32. • Civ. 1re, 12 déc. 2007, n° 07-17.180 P : *D. 2008. AJ 87*.

3. Qualité d'originaire. L'accession à la citoyenneté française de statut de droit commun n'a aucune incidence sur la qualité d'originaire et ne constitue donc pas un critère de conservation de plein droit de la nationalité française lors de l'indépendance. • Civ. 1re, 9 sept. 2015, n° 14-50.052 P : *AJ fam. 2015. 615, obs. Dionisi-Peyrusse* ; *Rev. crit. DIP 2016. 335, note Jault-Seseke* (en l'espèce de la Côte d'Ivoire). ♦ Le mot « originaire » n'est pas la simple référence au lieu de naissance mais concerne le milieu humain auquel se rattache l'individu. • Paris, 8 mars 1996 : *D. 1996. IR 109*. ♦ Assimilation des métis et de leurs descendants aux originaires et descendants d'origine au sens de l'art. 32 sous réserve, pour l'ex-Afrique-Occidentale française, de reconnaissance judiciaire de la qualité de citoyen français. • Civ. 1re, 20 sept. 2006, n° 04-13.394 P.

Art. 32-1 *(L. n° 73-42 du 9 janv. 1973)* **Les Français de statut civil de droit commun domiciliés en Algérie à la date de l'annonce officielle des résultats du scrutin d'autodétermination conservent la nationalité française quelle que soit leur situation au regard de la nationalité algérienne.** — *[C. nat., art. 154.]*

1. Sur la charge de la preuve en présence d'un certificat de nationalité française, V. note 3 ss. art. 30.

2. Domaine. Non-application de l'art. 32-1 aux descendants des personnes ayant acquis la nationalité française au titre de l'Ord. du 7 mars 1944, tout en conservant le statut civil de droit local algérien sans y avoir renoncé en adoptant le statut civil de droit commun. • Civ. 1re, 3 févr. 2010, n° 09-65.366 P : *D. 2010. 2868, obs. O. Boskovic* ; *Rev. crit. DIP 2011. 39, note Parisot*.

3. Au regard des règles relatives au mariage putatif et dès lors qu'en l'absence de dispositions expresses le statut civil de droit commun n'est pas susceptible de renonciation, la célébration des mariages du père admis à la nationalité française et du fils devant le cadi, et non devant un officier de l'état civil, ceux-ci fussent-ils nuls, est sans incidence sur la transmission à leurs enfants du statut civil de droit commun ; le demandeur, qui a établi la chaîne de filiation le liant à l'admis, a conservé de plein droit la nationalité française. • Civ. 1re, 6 juill. 2011, n° 10-30.811 P : *D. 2011. Chron. C. cass. 2140, obs. Vassallo* ; *ibid. 2575, note Légier* ; *ibid. 2012. 390, obs. Boskovic* ; *AJ fam. 2011. 497, obs. Viganotti* • 14 mars 2012, n° 11-30.133 P : *D. 2012. 945* ; *AJ fam. 2012. 345, obs. Viganotti* ; *Rev. crit. DIP 2013. 433, note Parisot*. ♦ En l'absence de dispositions expresses, le mariage traditionnel d'une personne de statut civil de droit commun ne lui fait pas perdre le bénéfice de ce statut. • Civ. 1re, 6 juill. 2011, n° 10-30.760 P • Civ. 1re, 6 juill. 2011, n° 10-30.757 P. – *Adde*, Le Monnier de Gouville, *AJ fam. 2012. 92*. ♦ V. note ss. art. 19.

Art. 32-2 *(L. n° 73-42 du 9 janv. 1973)* **La nationalité française des personnes de statut civil de droit commun, nées en Algérie avant le 22 juillet 1962, sera tenue pour établie, dans les conditions de l'article 30-2, si ces personnes ont joui de façon constante de la possession d'état de Français.** — *[C. nat., art. 155.]*

1. Preuve, droit commun. L'art. 32-2 n'exclut pas la preuve de la nationalité française par le droit commun. • Civ. 1re, 23 févr. 1977 : *Rev. crit. DIP 1978. 483, note Lagarde*.

2. Possession d'état. Sur la notion de possession d'état, V. notes 1 s. ss. art. 21-13.

3. Mariage. La renonciation au statut civil de droit local ne peut simplement résulter du mariage avec une Française devant l'officier d'état civil. • Civ. 1re, 17 juin 1980 : *Bull. civ. I, n° 188* ; *Rev. crit. DIP 1981. Somm. 742* • 8 mars 1983, *n° 82-11.247 P : JCP 1983. IV. 163*. ♦ ... Ou du mariage par une femme musulmane avec un Français métropolitain. • Paris, 13 oct. 1972 : *Rev. crit. DIP 1973. 489, note Lampué* ; *JDI 1973. 405, obs. Aynaud*. ♦ ... Ou encore du fait de se soumettre à un régime matrimonial français. • Civ. 1re, 8 mars 1983 : *préc.*

4. Incidence d'une déclaration de nationalité française. Non-application de l'art. 32-2 à une personne née en Algérie en 1945 et dont les parents ont souscrit une déclaration récognitive de nationalité française. • Civ. 1re, 25 avr. 2007, n° 04-17.632 P • 25 avr. 2007, n° 06-15.506 P : *Rev. crit. DIP 2007. 749, note Lagarde (1re esp.)*. ♦ ... A une personne dont la mère a souscrit en 1964, après l'indépendance de l'Algérie, une déclaration récognitive de nationalité française qui démontre son statut civil de droit local, ce qui lui interdit de prouver une possession d'état de Français, dans les conditions de l'art. 32-2. • Civ. 1re, 18 déc. 2013, n° 12-26.720.

5. Poursuite de possession d'état. La poursuite de la possession d'état français après l'indépendance et après expiration des délais de souscription des déclarations de reconnaissance fait présumer la qualité de Français de statut civil de droit commun. • Civ. 1re, 13 oct. 1992, n° 90-19.903 P : *D. 1992. IR 254 ; Rev. crit. DIP 1992. 688.* – Dans le même sens : • Civ. 1re, 1er juill. 2003, n° 01-10.677 P. – V. aussi • Civ. 1re, 25 avr. 2007, n° 06-17.668 P : *D. 2007. AJ 1342 ; Rev. crit. DIP 2007. 749, note Lagarde (2e esp.)*.

Art. 32-3 *(L. n° 73-42 du 9 janv. 1973)* **Tout Français domicilié à la date de son indépendance sur le territoire d'un État qui avait eu antérieurement le statut de département ou de territoire d'outre-mer de la République, conserve de plein droit sa nationalité dès lors qu'aucune autre nationalité ne lui a été conférée par la loi de cet État.**

Conservent également de plein droit la nationalité française les enfants des personnes bénéficiaires des dispositions de l'alinéa précédent, mineurs de dix-huit ans à la date de l'accession à l'indépendance du territoire où leurs parents étaient domiciliés. – *[C. nat., art. 155-1.]*

1. Domaine. Texte applicable à la personne à qui aucune autre nationalité n'a été conférée de plein droit par une disposition générale. • Civ. 1re, 5 janv. 1982 : *préc. note 1 ss. art. 17-2* (applications de l'art. 155-1 C. nat.) • 8 janv. 2002, n° 99-18.552 P.

2. Charge de la preuve. L'intéressé a la charge de la preuve de la loi algérienne lui conférant ou non la nationalité algérienne. • Civ. 1re, 25 avr. 1988 : *Rev. crit. DIP 1990. Somm. 768.* ♦ Faute de certificat de nationalité, il incombe à l'intéressé de prouver que son père ne s'était pas vu conférer la nationalité d'un des anciens territoires d'outre-mer de la République française, devenus indépendants. • Civ. 1re, 1er avr. 2015, n° 14-15.024 P : *D. 2015. 864* (Côte d'Ivoire).

3. Appréciation judiciaire. Appréciation souveraine par les juges du fond de la loi étrangère. • Civ. 1re, 20 avr. 1982 : *JCP 1982. II. 19803, concl. Gulphe ; Rev. crit. DIP 1983. Somm. 681* (Algérie) • 1er avr. 2015, n° 14-15.024 P : *préc.* (Côte d'Ivoire).

Art. 32-4 *(L. n° 73-42 du 9 janv. 1973)* **Les anciens membres du Parlement de la République, de l'Assemblée de l'Union française et du Conseil économique qui ont perdu la nationalité française et acquis une nationalité étrangère par l'effet d'une disposition générale peuvent être réintégrés dans la nationalité française par simple déclaration, lorsqu'ils ont établi leur domicile en France.**

La même faculté est ouverte à leur conjoint, veuf ou veuve et à leurs enfants. – *[C. nat., art. 156.]* – *V. Décr. n° 93-1362 du 30 déc. 1993, art. 20, ss. art. 33-2.*

BIBL. ► OLEKHNOVITCH, *Rev. crit. DIP 1993. 371.*

Sur l'application de l'ancien art. 153 C. nat., V. parmi de nombreuses décisions : • Versailles, 21 oct. 1999 : *BICC, 1er août 2000, n° 1001* (résidence effective de l'intéressé exerçant une profession en France, malgré l'absence d'attaches familiales) • Civ. 1re, 10 févr. 1993, n° 91-17.601 P : *D. 1993. IR 62* • CE 11 févr. 1994 (2e esp.) : *préc. note 5 ss. art. 21-24* (refus de réintégration pour défaut d'assimilation) • CE 3 févr. 1995 : *Gaz. Pal. 1995. 2. Pan. dr. adm. 146* (annulation d'un refus de réintégration pour indignité).

Art. 32-5 *(L. n° 93-933 du 22 juill. 1993)* **La déclaration de réintégration prévue à l'article précédent peut être souscrite par les intéressés, conformément aux dispositions des articles 26 et suivants, dès qu'ils ont atteint l'âge de dix-huit ans ; elle ne peut l'être par représentation. Elle produit effet à l'égard des enfants mineurs dans les conditions des articles 22-1 et 22-2.**

CHAPITRE VIII DISPOSITIONS PARTICULIÈRES AUX COLLECTIVITÉS D'OUTRE-MER RÉGIES PAR L'ARTICLE 74 DE LA CONSTITUTION ET À LA NOUVELLE-CALÉDONIE *(Ord. n° 2007-98 du 25 janv. 2007, art. 130).*

Art. 33 *(Ord. n° 2007-98 du 25 janv. 2007, art. 130)* **Pour l'application du présent titre :**

1° Les mots : "tribunal judiciaire" sont remplacés par les mots : "tribunal de première instance" ;

2° Aux articles 21-28 et 21-29, les mots : "dans le département" sont remplacés par les mots : "dans la collectivité » ou « en Nouvelle-Calédonie".

Les sanctions pécuniaires encourues en vertu de l'article 68 dans les îles Wallis-et-Futuna, en Polynésie française et en Nouvelle-Calédonie sont prononcées en monnaie locale, compte tenu de la contre-valeur dans cette monnaie de l'euro.

Art. 33-1 *(L. n° 93-933 du 22 juill. 1993)* Par dérogation à l'article 26, la déclaration *(L. n° 2009-526 du 12 mai 2009, art. 12, en vigueur le 1er janv. 2010)* « qui doit être reçue par le *(L. n° 2016-1547 du 18 nov. 2016, art. 16-I)* « directeur des services de greffe judiciaires » du tribunal judiciaire » est reçue par le président du tribunal de première instance ou par le juge chargé de la section détachée.

Art. 33-2 *(L. n° 93-933 du 22 juill. 1993)* Par dérogation à l'article 31, le président du tribunal de première instance ou le juge chargé de la section détachée a seul qualité pour délivrer un certificat de nationalité française à toute personne justifiant qu'elle a cette nationalité.

Loi du 10 août 1927, *sur la nationalité (DP 1928. 4. 1).* **Art. 14 b** La prise de service militaire à l'étranger, même antérieure à la promulgation de la présente loi, ne peut entraîner la déchéance de la qualité de Français, à moins que cette déchéance n'ait été constatée par une décision de justice passée en force de chose jugée.

Ordonnance n° 45-2441 du 19 octobre 1945, *portant code de la nationalité française (D. 1946. L. 17, commentaire R. Savatier).* **Art. 1er** Seront exécutées, sous le titre de code de la nationalité française, les dispositions dont la teneur suit : — *Le code de la nationalité française issu de l'ordonnance du 19 oct. 1945 est remplacé par les art. 17 à 33-2 C. civ., et abrogé : V. L. n° 93-933 du 22 juill. 1993, art. 50.*

Art. 2 Sont et demeurent abrogées toutes les lois antérieures à la présente ordonnance relatives à l'attribution, à l'acquisition et à la perte de la nationalité française, à l'exception des dispositions suivantes qui demeurent en vigueur :

1° Articles 1er et 2 de la loi du 5 août 1914, relative à l'admission des Alsaciens Lorrains dans l'armée française ;

2° Article 14 *b* de la loi du 10 août 1927 sur la nationalité ;

3° Loi du 20 décembre 1923 sur l'acquisition de la nationalité française dans la régence de Tunis ; — *V. aussi les dispositions concernant la nationalité insérées dans les art. 7 à 14 de la convention franco-tunisienne du 3 juin 1955 sur la situation des personnes (Décr. n° 55-1179 du 3 sept. 1955, D. 1955. 414 ; BLD 1955. 913).*

4° Loi du 28 octobre 1940 relative à la suspension des délais en matière de nationalité ;

5° *(Ord. n° 59-65 du 7 janv. 1959)* « Article 1er de l'ordonnance du 6 janvier 1945 » permettant à certaines femmes étrangères d'acquérir par déclaration, postérieurement à leur mariage, la nationalité française de leur mari.

Art. 3 Est abrogé l'article 106 du décret du 29 juillet 1939, relatif à la famille et à la natalité françaises.

Art. 4 Sont abrogés :

1° Le décret du 25 janvier 1934, relatif à la condition des fils d'étrangers nés en France et résidant au Maroc ;

2° Le décret du 17 juin 1938, relatif à la condition des fils d'étrangers nés en France et résidant en Tunisie.

Art. 5 *(Modification de C. civ., art. 345, remplacé à nouveau).*

Art. 6 à 10 *Abrogés par L. n° 73-42 du 9 janv. 1973, art. 28.*

Art. 11 Les dispositions de la présente ordonnance sont applicables *à l'Algérie,* à la Guadeloupe, à la Martinique et à la Réunion. — *Ces dispositions sont également applicables à la Guyane française (Décr. n° 46-2094 du 27 sept. 1946, D. 1946. 381 ; BLD 1946. 616).*

(L. n° 55-337 du 31 mars 1955) « Les personnes nées à la Guyane française et encore mineures à l'époque de la mise en vigueur du code de la nationalité française dans ce département d'outre-mer, en vertu du décret n° 46-2094 du 27 septembre 1946, bénéficieront, comme si elles étaient nées en France, des dispositions dudit code fondées sur la naissance en France.

« Pendant un délai de trois ans à compter de l'entrée en vigueur de la présente loi, pourront acquérir la nationalité française par déclaration souscrite conformément à l'article 101 du code de la nationalité française et dans les conditions prévues aux articles 57 et 58 dudit code, les personnes qui résident depuis plus de dix ans dans ce département, lorsque, bien que n'y étant pas nées, elles ont toujours été considérées comme Françaises. Si, au surplus, elles ont un ou plusieurs enfants reconnus ou légitimes qui sont eux-mêmes de nationalité française, il ne pourra leur être opposé le défaut d'assimilation.

« Les dispositions des articles 81 et 82 du code de la nationalité française leur sont applicables. »

Art. 12 *Abrogé par L. n° 73-42 du 9 janv. 1973, art. 28.*

Art. 13 Seront publiés à la suite du code de la nationalité française, dans une édition spéciale, par les soins du garde des sceaux, ministre de la justice, les textes déterminés ci-après :

1° Lois antérieures relatives à l'attribution, à l'acquisition et à la perte de la nationalité française ;

2° Dispositions contenues dans les traités et les accords internationaux et dans les actes de l'autorité portant modification du territoire de la France et des colonies ;

3° Dispositions contenues dans les traités et les accords internationaux emportant expressément un changement de nationalité ;

4° Textes relatifs à l'attribution, à l'acquisition et à la perte de la nationalité française aux colonies et dans les pays placés sous protectorat ou sous mandat français.

Loi n° 61-1408 du 22 décembre 1961, *complétant et modifiant le code de la nationalité française et relative à certaines dispositions concernant la nationalité française.* **Art. 1er** *V. C. nat., art. 143 et 144 [C. civ., art. 30-2 et 30-3].*

Art. 2 à 6 *Abrogés par L. n° 73-42 du 9 janv. 1973, art. 28.*

Art. 7 *(L. n° 71-499 du 29 juin 1971)* La nationalité française des personnes nées sur le territoire des départements du Haut-Rhin, du Bas-Rhin et de la Moselle antérieurement au 11 novembre 1918 sera *(Abrogé par L. n° 98-170 du 16 mars 1998) « subsidiairement »* tenue pour établie si elles ont joui d'une façon constante, depuis cette dernière date, de la possession d'état de Français.

Sera tenue pour établie la nationalité française des descendants légitimes ou naturels des personnes visées à l'alinéa précédent et qui, nées postérieurement au 11 novembre 1918, ont joui de la possession d'état de Français.

L'alinéa premier du présent article est applicable aux personnes nées hors des départements du Haut-Rhin, du Bas-Rhin et de la Moselle, avant le 11 novembre 1918, qui auraient pu bénéficier, à cette dernière date, des dispositions du paragraphe premier de l'annexe à la section 5 de la partie III du Traité de Versailles et qui ont joui depuis de façon constante de la possession d'état de Français.

Loi n° 64-1328 du 26 décembre 1964, *autorisant l'approbation de la convention du Conseil de l'Europe sur la réduction des cas de pluralité de nationalités et sur les obligations militaires en cas de pluralité de nationalités, signée à Strasbourg le 6 mai 1963.* **Art. 1er** Est autorisée l'approbation de la convention sur la réduction des cas de pluralité de nationalités *et sur les obligations militaires* en cas de pluralité de nationalités, signée à Strasbourg le 6 mai 1963. — *V. Décr. n° 68-459 du 21 mai 1968 (D. 1968. 199 ; BLD 1968. 349) portant publication de la convention ; Décr. n° 95-796 du 14 juin 1995 (JO 21 juin) (2e protocole).*

Art. 2 La personne qui a perdu la nationalité française pendant sa minorité, en acquérant de plein droit la nationalité d'une partie contractante à la convention visée à l'article précédent au moment et par le fait de la naturalisation, de l'option ou de la réintégration de ses père et mère, pourra, après sa majorité, si elle réside en France, être réintégrée dans la nationalité française par déclaration souscrite conformément aux articles 101 et suivants du code de la nationalité française *[C. civ., art. 26 s.]* et dans les conditions prévues par les articles 57 *[abrogé]* et 58 *[C. civ., art. 21-14]* dudit code.

Loi n° 66-945 du 20 décembre 1966, *modifiant l'ordonnance n° 62-825 du 21 juillet 1962 relative à certaines dispositions concernant la nationalité française.*

Art. 1er L'article 2 de l'ordonnance n° 62-825 du 21 juillet 1962 relative à certaines dispositions concernant la nationalité française cesse d'être applicable à l'expiration d'un délai de trois mois suivant la publication de la présente loi.

Les personnes de statut civil de droit local originaires d'Algérie qui n'ont pas souscrit à cette date la déclaration prévue à l'article 152 *[ancien]* du code de la nationalité sont réputées avoir perdu la nationalité française au 1er janvier 1963.

Toutefois, les personnes de statut civil de droit local, originaires d'Algérie, conservent de plein droit la nationalité française si une autre nationalité ne leur a pas été conférée postérieurement au 3 juillet 1962.

Art. 2 à 5 *Abrogés par L. n° 73-42 du 9 janv. 1973, art. 28.*

Loi n° 73-42 du 9 janvier 1973,

Complétant et modifiant le code de la nationalité française et relative à certaines dispositions concernant la nationalité française.

Art. 1er à 21 *V. C. nat. française (devenu C. civ., art. 17 à 33-2).*

Art. 22 Au sens de l'article 87 du code de la nationalité française, tel qu'il résulte du texte en vigueur avant la promulgation de la présente loi, et sous réserve des décisions de justice passées en force de chose jugée, l'acquisition d'une nationalité étrangère doit s'entendre d'un acte positif ayant pour but principal l'acquisition de cette nationalité. La perte de la nationalité française ne peut résulter du non-usage d'une faculté de répudiation offerte par la loi du pays dont la nationalité est conférée à l'intéressé.

(L. n° 93-933 du 22 juill. 1993, art. 43) « Au sens de l'article 78 du code de la nationalité tel qu'il résulte de l'ordonnance n° 45-2441 du 19 octobre 1945, de l'ordonnance n° 59-64 du 7 janvier 1959 et de la loi n° 73-42 du 9 janvier 1973, et sous réserve des décisions de justice passées en force de chose jugée, l'assimilation de résidence prévue par ces dispositions n'est applicable qu'aux cas d'acquisition de la nationalité française ou de réintégration dans cette nationalité. »

Art. 23 *(L. n° 93-933 du 22 juill. 1993, art. 44)* Les articles 23 et 24 du code de la nationalité *[C. civ., art. 19-3 et 19-4]* sont applicables à l'enfant né en France avant le 1er janvier 1994 d'un parent né sur un territoire qui avait, au moment de la naissance de ce parent, le statut de colonie ou de territoire d'outre-mer de la République française.

Toutefois, les articles 23 et 24 du code de la nationalité française sont applicables à l'enfant né en France *(Abrogé par L. n° 98-170 du 16 mars 1998)* « *après le 31 décembre 1993* » d'un parent né sur le territoire des anciens départements français d'Algérie avant le 3 juillet 1962 *(Abrogé par L. n° 98-170 du 16 mars 1998)* « *, dès lors que ce parent justifie d'une résidence régulière en France depuis cinq ans* ».

Les articles 23 et 24 du code de la nationalité sont applicables à l'enfant né à Mayotte *[Dispositions déclarées non conformes à la Constitution par décision du Conseil constitutionnel n° 93-321 DC du 20 juillet 1993]* *(L. n° 96-609 du 5 juill. 1996, art. 43)* « ou dans les îles Wallis-et-Futuna » d'un parent né sur un territoire qui avait, au moment de la naissance de ce parent, le statut de colonie ou de territoire d'outre-mer de la République française et qui est demeuré depuis cette date un territoire de la République française.

Art. 24 L'entrée en vigueur des dispositions de l'article 13 nouveau du code de la nationalité *[C. civ., art. 17-9]* ainsi que des dispositions de l'article 20 de la présente loi (titre VII du code de la nationalité française *[C. civ., art. 32 s.]*) est reportée à l'expiration du sixième mois suivant la publication de la loi au Journal officiel. Pendant ce délai, les personnes concernées pourront se faire reconnaître la nationalité française par déclaration souscrite dans les conditions prévues par la loi n° 60-752 du 28 juillet 1960.

Les droits acquis, antérieurement à l'entrée en vigueur de la présente loi, par les personnes visées à l'article 153 nouveau *[abrogé]* du code de la nationalité française, ne sont pas modifiés quelle que soit la situation de ces personnes après l'expiration du délai de six mois prévu à l'alinéa 1er du présent article.

Art. 25 Acquièrent la nationalité française à l'entrée en vigueur de la présente loi, sauf si elles se trouvent dans l'une des situations prévues aux articles 50 *[abrogé]* et 79 *[C. civ., art. 21-27]* du code de la nationalité :

1° Les personnes majeures nées sur un territoire d'outre-mer autre que ceux visés à l'article 161 du code de la nationalité, d'un parent qui lui-même y est né ;

2° Les personnes majeures nées sur un territoire d'outre-mer autre que ceux visés à l'article 161 du code de la nationalité, et ayant leur résidence habituelle sur ce territoire depuis dix ans au moins. — *L'art. 161 C. nat., abrogé par L. n° 93-933 du 22 juill. 1993, art. 47, visait les territoires suivants : archipel des Comores, territoire français des Afars et des Issas, îles Wallis-et-Futuna. — En ce qui concerne les îles Wallis-et-Futuna, V. ndlr ss. L. n° 93-933 du 22 juill. 1993, art. 47, al. 1er.*

Ces personnes peuvent décliner la nationalité française dans un délai d'un an à compter de l'entrée en vigueur de la présente loi, par déclaration souscrite conformément aux articles 101 à 107 et 159 du code de la nationalité *[C. civ., art. 26 s. et 33-1.] — V. Décr. n° 73-1235 du 28 déc. 1973 (D. et BLD 1974. 64) relatif aux formalités qui doivent être observées dans la souscription des déclarations.*

Art. 26 *Abrogé par L. n° 93-933 du 22 juill. 1993, art. 47.*

Art. 27 Seront considérées comme Français d'origine, pour l'application des dispositions du code de la nationalité française qui exigent la possession de la nationalité française à titre de nationalité d'origine :

Les personnes qui avaient acquis la nationalité française par réintégration de plein droit conformément au paragraphe I de l'annexe à la section 5 de la partie III du Traité de Versailles ;

Les personnes qui, ayant déjà acquis la nationalité française à une date antérieure au 11 novembre 1918, n'ont pas eu à se prévaloir de la réintégration de plein droit par application du texte précité.

Art. 28 *(Abrogations).*

Loi n° 93-933 du 22 juillet 1993,

Réformant le droit de la nationalité (D. et ALD 1993. 400 ; Rect. 493 ; JO 23 juill. ; Rect., JO 25 août).

CHAPITRE I. *DISPOSITIONS MODIFIANT LE DROIT DE LA NATIONALITÉ*

Art. 1er à 42 *(Modification d'articles du C. nat., repris aux art. 17 à 33-2 C. civ.).*

Art. 43 et 44 *V. L. n° 73-42 du 9 janv. 1973, art. 22 et 23.*

Art. 45 et 46 *Abrogés par L. n° 93-1027 du 24 août 1993, art. 50.*

Art. 47 Sont abrogés les articles 40, 50, 51, 52, 53, 54, 55 (dernier alinéa), 56, 57, 65, 91 (3e alinéa), 97-5, 106, 113, 114, 153, 158 (2°) et 161 du code de la nationalité. *[L'article 47 est déclaré non conforme à la Constitution par décision n° 93-321 DC du 20 juillet 1993 en tant qu'il abroge l'article 161 du code de la nationalité en ce qui concerne les îles Wallis-et-Futuna]. — L'abrogation des art. 56 et 106 prend effet au 1er janv. 1994 (art. 51-5° de la loi).*

Sont également abrogés l'article 26 de la loi n° 73-42 du 9 janvier 1973 complétant et modifiant le code de la nationalité française et relative à certaines dispositions concernant la nationalité française et l'article 6 de la loi n° 77-625 du 20 juin 1977 relative à l'indépendance du territoire français des Afars et des Issas, ainsi que l'article 200 de la loi n° 92-1336 du 16 décembre 1992 relative à l'entrée en vigueur du nouveau code pénal et à la modification de certaines dispositions de droit pénal et de procédure pénale, rendue nécessaire par cette entrée en vigueur.

Art. 48 *V. C. serv. nat., art. L. 3 bis.*

Art. 49 *V. C. élect., art. L. 30.* — ***C. élect.***

CHAPITRE II. *DISPOSITIONS INTÉGRANT LE DROIT DE LA NATIONALITÉ DANS LE CODE CIVIL*

Art. 50 I. — Il est inséré, dans le livre I du code civil, un titre I *bis* intitulé : « De la nationalité française » et comportant les articles 17 à 33-2.

II. — Les articles du code de la nationalité française, le cas échéant dans leur rédaction résultant du chapitre I de la présente loi et sous les réserves énoncées au III du présent article, sont intégrés dans le code civil sous les divisions et selon la numérotation résultant du tableau de concordance ci-après. — *V. ce tableau dans les Tables, en fin du présent ouvrage, avant la Table chronologique.*

....

V. — Dans tous les textes législatifs et réglementaires, les références aux articles 1er à 160 du code de la nationalité française sont remplacées par celles aux articles du code civil conformément au tableau de concordance du II ci-dessus.

VI. — Le code de la nationalité française est abrogé.

CHAPITRE III. *ENTRÉE EN VIGUEUR ET DISPOSITIONS TRANSITOIRES*

Art. 51 ....

Art. 52 Les déclarations de nationalité souscrites avant la date de publication de la présente loi demeurent régies par les dispositions du code de la nationalité applicables à la date de leur souscription.

Art. 53 Les personnes qui ont sollicité l'autorisation de souscrire la déclaration de réintégration dans la nationalité française prévue à l'article 153 du code de la nationalité avant la date de publication de la présente loi peuvent, dans un délai de six mois à compter de la date de notification de cette autorisation, souscrire la déclaration précitée. — *V. Décr. n° 93-1362 du 30 déc. 1993, art. 72.*

Art. 54 A compter de la date de publication de la présente loi, les dispositions de l'article 46 du code de la nationalité dans sa rédaction issue de la loi n° 73-42 du 9 janvier 1973 précitée ne sont plus applicables.

Décret n° 93-1362 du 30 décembre 1993,

Relatif aux déclarations de nationalité, aux décisions de naturalisation, de réintégration, de perte, de déchéance et de retrait de la nationalité française (Décr. n° 98-720 du 20 août 1998).

A l'exception des dispositions de l'art. 4 et du 12° de l'art. 5, qui s'appliquent aux déclarations acquisitives de nationalité française par mariage souscrites à compter du 1er avr. 2020, et des dispositions du 1° de l'art. 42 et des trois derniers alinéas du 9° de l'art. 43, qui s'appliquent aux demandes de naturalisation déposées à compter de cette même date, le Décr. n° 2019-1507 du 30 déc. 2019 entre en vigueur au 1er janv. 2020 et s'applique aux déclarations de nationalité souscrites et aux demandes relatives à la nationalité française formées à compter de cette date (Décr. préc., art. 63).

TITRE I. DE LA SOUSCRIPTION DES DÉCLARATIONS DE NATIONALITÉ
(Décr. n° 2019-1507 du 30 déc. 2019, art. 2, en vigueur le 1er janv. 2020)

Art. 1er Au sens du présent décret, le déclarant s'entend de la personne qui souscrit une déclaration en vue d'acquérir, réintégrer, décliner, répudier, renoncer à la faculté de répudier, ou perdre la nationalité française. *(Décr. n° 2023-65 du 3 févr. 2023, art. 3, en vigueur le 6 févr. 2023)* « Le préfet compétent à raison de la résidence du déclarant ou du demandeur s'entend du préfet du département dans lequel celui-ci réside. »

Art. 2 S'il est âgé de moins de seize ans ou est empêché d'exprimer sa volonté au sens des dispositions de l'article 17-3 du code civil, le déclarant mineur est représenté par celui ou, en cas d'exercice en commun, ceux qui exercent à son égard l'autorité parentale.

Art. 3 Le directeur des services de greffe judiciaires du tribunal judiciaire ou de la chambre de proximité de la résidence du déclarant, désigné par le décret prévu à l'article 26-2 du code civil, est compétent pour recevoir les déclarations de nationalité, à l'exception de celles souscrites au titre des articles 21-2, 21-13-1 et 21-13-2 du code civil, qui sont reçues par le préfet désigné, selon le département de résidence du déclarant, par arrêté du ministre chargé des naturalisations ou, à Paris, par le préfet de police.

A défaut de directeur des services de greffe judiciaires dans la chambre de proximité, ou en cas de vacance ou d'empêchement, le directeur des services de greffe judiciaires du siège du tribunal judiciaire peut recevoir les déclarations au siège de la chambre de proximité.

Art. 4 A l'étranger, les déclarations de nationalité sont reçues par l'autorité diplomatique ou consulaire française compétente à raison de la résidence du déclarant, désignée par arrêté du ministre des affaires étrangères.

Art. 5 *(Décr. nº 2023-65 du 3 févr. 2023, art. 4, en vigueur le 6 févr. 2023)* I. — Les déclarations de nationalité française prévues aux articles 21-2, 21-13-1 et 21-13-2 du code civil et les pièces qui les accompagnent sont déposées par le moyen d'un téléservice régi par l'article L. 112-9 du code des relations entre le public et l'administration lorsque le déclarant réside dans un département, une collectivité ou un pays figurant sur une liste fixée par arrêté du ministre chargé des naturalisations.

Ce ministre précise par arrêté :

1° Les modalités du dépôt en ligne ;

2° Les modalités de l'accueil et de l'accompagnement dont bénéficient les personnes qui ne sont pas en mesure d'effectuer elles-mêmes le dépôt en ligne ;

3° Les solutions de substitution autorisées en cas d'impossibilité, dûment justifiée, d'avoir recours au téléservice pour des raisons tenant à sa conception et à son mode de fonctionnement, ainsi que les conditions de recours à ces solutions.

II. — Pour l'application des articles 21-3 et 26-5 du code civil, la date de souscription de la déclaration est la date à laquelle la déclaration et l'ensemble des pièces justificatives mentionnées aux articles 14-1, 17-1 et 17-3 ont été déposées au moyen du téléservice mentionné au I ou, en cas de dépôt au format papier, celle à laquelle le formulaire de souscription et les pièces justificatives ont été reçus par l'administration.

En cas d'enregistrement, la déclaration est établie et datée par le préfet compétent à raison de la résidence du déclarant ou, à Paris, par le préfet de police, ou, si le dossier lui a été transmis dans les conditions prévues à l'article 30, par le ministre chargé des naturalisations.

III. — Les règles de notification applicables aux déclarations déposées au moyen du téléservice mentionné au I sont précisées par un arrêté du ministre chargé des naturalisations. Les intéressés sont alertés de toute nouvelle communication par un message envoyé à l'adresse électronique qu'ils ont indiquée dans leur compte usager. Ce message précise l'objet de la communication et, le cas échéant, le délai qu'elle impartit à l'intéressé.

Les dispositions de l'art. 5 et de l'art. 30 du Décr. du 30 déc. 1993, dans leur rédaction issue des art. 4 et 15 du Décr. nº 2023-65 du 3 févr. 2023, qui confèrent au préfet du département où réside le déclarant ou, à Paris, au préfet de police, la compétence pour enregistrer les déclarations souscrites sur le fondement des dispositions des art. 21-2, 21-13-1 et 21-13-2 C. civ., ou pour émettre un avis motivé joint à la transmission du dossier au ministre chargé des naturalisations, sont applicables aux déclarations de nationalité française, qui, au 6 févr. 2023, n'ont pas fait l'objet de l'avis motivé prévu à l'art. 30 du Décr. du 30 déc. 1993 susvisé dans sa rédaction antérieure (Décr. nº 2023-65 du 3 févr. 2023, art. 32, en vigueur le 6 févr. 2023).

Sur les modalités de dépôt et les conditions de notification des communications de l'administration dans le cadre des différentes procédures dématérialisées d'acquisition ou de perte de la nationalité française, V. Arr. du 3 févr. 2023 🏛.

Arrêté du 3 février 2023,

Pris pour l'application du décret nº 93-1362 du 30 décembre 1993, relatif aux modalités de dépôt et aux conditions de notification des communications de l'administration dans le cadre des différentes procédures dématérialisées d'acquisition ou de perte de la nationalité française 🏛.

Ancien art. 5 *Lorsque la nationalité française est réclamée au titre des articles 21-2, 21-13-1 ou 21-13-2 du code civil, le déclarant produit, en deux exemplaires, un formulaire de souscription.*

Pour l'application des articles 21-3 et 26-5 du code civil, la date de réception par l'autorité compétente de ce formulaire, accompagné des pièces justificatives mentionnées aux articles 14-1, 17-1 et 17-3, correspond à la date de souscription de la déclaration.

En cas d'enregistrement, la déclaration est établie et datée par le ministre chargé des naturalisations.

Art. 6 Dans les autres cas, la déclaration de nationalité est établie en deux exemplaires datés et signés par le déclarant ou, s'il est représenté, par son ou ses représentants légaux, qui précisent leurs noms, prénoms et qualité. Elle est également signée par l'autorité qui la reçoit et qui indique ses nom, prénom et qualité.

Chaque page de la déclaration est paraphée par le déclarant, ou son ou ses représentants légaux, et par l'autorité qui la reçoit.

Art. 7 La déclaration mentionne :

1° Les nom, prénoms, date et lieu de naissance du déclarant, le lieu de sa résidence, ainsi que les noms, prénoms, dates et lieux de naissance de ses parents ; le cas échéant, les noms, prénoms, dates et lieux de naissance de son ou ses représentants légaux ainsi que le lieu de leur résidence ;

2° L'objet et le fondement légal de la déclaration ;

3° Le cas échéant, les noms, prénoms, dates et lieux de naissance des enfants mineurs mentionnés au titre de l'article 22-1 du code civil.

Lorsqu'elle est établie par le ministre chargé des naturalisations, la déclaration mentionne également, selon le cas, les nom, prénoms, date et lieu de naissance du conjoint, descendant, frère ou sœur de nationalité française, ainsi que les noms, prénoms, dates et lieux de naissance de ses parents.

Art. 8 Les conditions de recevabilité d'une déclaration de nationalité et de l'acquisition de plein droit de la nationalité française au titre de l'article 22-1 du code civil s'apprécient à la date de souscription de la déclaration.

(Décr. nº 2023-65 du 3 févr. 2023, art. 5, en vigueur le 6 févr. 2023) « L'autorité compétente peut solliciter la production, dans un délai qu'elle prescrit, de tout document complémentaire utile à l'appréciation de ces conditions et procède à toute vérification. »

Art. 9 Les pièces nécessaires à la preuve de la recevabilité de la déclaration répondent aux exigences suivantes :

1° Elles sont produites en original ;

(Décr. nº 2023-65 du 3 févr. 2023, art. 6, en vigueur le 6 févr. 2023) « 2° Les actes de l'état civil sont produits en copie intégrale ; les copies des actes établis par les autorités françaises datent de moins de trois mois ; les copies des actes étrangers sont accompagnées, le cas échéant, d'une copie de la décision en exécution de laquelle ils ont été dressés, rectifiés ou modifiés ; »

3° Les décisions des autorités judiciaires ou administratives et les actes émanant de ces autorités sont produits sous forme d'expédition et accompagnés, s'il y a lieu, d'un certificat de non-recours ;

4° Les actes publics étrangers sont légalisés sauf apostille, dispense conventionnelle ou prévue par le droit de l'Union européenne ;

5° Les documents rédigés en langue étrangère sont accompagnés de leur traduction par un traducteur agréé ou habilité à intervenir auprès des autorités judiciaires ou administratives d'un autre État membre de l'Union européenne ou d'un État partie à l'accord sur l'Espace économique européen ou de la Suisse ;

6° Le document officiel exigé pour justifier de l'identité d'une personne s'entend de tout document délivré par une administration publique comportant les nom, prénoms, date et lieu de naissance de cette personne, sa photographie et sa signature, ainsi que l'identification de l'autorité qui a délivré le document, la date et le lieu de délivrance.

Art. 10 La preuve de la résidence en France ou à l'étranger est rapportée par tous documents écrits.

Art. 11 Lorsque la nationalité française constitue une condition de la recevabilité de la déclaration, elle se démontre, selon le cas, par la production d'un certificat de nationalité française, de la décision de justice reconnaissant à la personne la qualité de Français, d'une ampliation du décret de naturalisation ou de réintégration dans la nationalité française, ou d'une déclaration de nationalité française. Elle se démontre également par la production d'actes de l'état civil, lorsque ces derniers établissent l'existence de toutes les conditions requises par la loi.

Art. 12 Pour l'acquisition de plein droit de la nationalité française prévue par les dispositions de l'article 22-1 du code civil, sont produits les actes de naissance des enfants mineurs du déclarant qui résident avec lui, de manière habituelle ou alternée dans les cas de séparation ou de divorce, tous documents justifiant cette résidence, ainsi que, s'il y a lieu, les actes de l'état civil ou les décisions de justice établissant la filiation des enfants à son égard.

Art. 13 Lorsque la déclaration est souscrite en vue d'acquérir la nationalité française ou d'être réintégré dans cette nationalité, le déclarant peut demander à l'autorité compétente la francisation, soit de son seul nom, soit de ses prénoms ou de l'un d'eux, soit de son nom et de ses prénoms ou de l'un d'eux. Il peut, selon les mêmes modalités, solliciter la francisation des prénoms ou de l'un des prénoms des enfants mineurs mentionnés dans la déclaration au titre de l'article 22-1 du code civil.

Dans les mêmes conditions est remise, le cas échéant, la déclaration conjointe de choix de nom prévue par les articles 311-21 et 311-22 du code civil.

(Décr. nº 2023-65 du 3 févr. 2023, art. 7, en vigueur le 6 févr. 2023) « La demande de francisation est déposée au moyen du téléservice mentionné à l'article 5 lorsque la procédure a été engagée au moyen de ce téléservice. »

Art. 13-1 *(Décr. nº 2023-65 du 3 févr. 2023, art. 8, en vigueur le 6 févr. 2023)* En vue de l'application de l'article 35 § 6 du Règlement (UE) 2017/2226 du 30 novembre 2017 et de l'article 55 § 5 du Règlement (UE) 2018/1240 du 12 septembre 2018, le déclarant qui souscrit une déclaration acquisitive de nationalité française ou de réintégration dans cette nationalité produit la copie de son document de voyage et de ceux de ses enfants mineurs susceptibles d'accéder à la nationalité française au titre de l'article 22-1 du code civil, dès lors qu'il est ressortissant d'un État ne faisant pas partie de l'Union européenne et qu'il s'est rendu dans l'espace Schengen à partir d'un État ne faisant pas partie de cet espace pour une durée inférieure à trois mois au cours des cinq années précédant le dépôt de sa déclaration.

TITRE II. DES DÉCLARATIONS DE NATIONALITÉ TENDANT À L'ACQUISITION DE LA NATIONALITÉ FRANÇAISE OU À LA RÉINTÉGRATION DANS CETTE NATIONALITÉ

V. Circ. 27 juill. 2010 sur la déconcentration de la procédure d'acquisition de la nationalité française par décision de l'autorité publique, NOR IMIC1000113C.

Les dispositions prévues dans le Décr. nº 2016-872 du 29 juin 2016 s'appliquent aux déclarations souscrites à compter du 1er juill. 2016 (Décr. préc., art. 9).

SECTION 1. *Des déclarations de nationalité à raison du mariage (Décr. nº 2019-1507 du 30 déc. 2019, art. 3, en vigueur le 1er janv. 2020).*

Art. 14 *(Décr. nº 2019-1507 du 30 déc. 2019, art. 4, en vigueur le 1er janv. 2020)* « Pour l'application de l'article 21-2 du code civil, tout déclarant doit justifier d'une connaissance de la langue française à l'oral et à l'écrit au moins égale au niveau B1 du Cadre européen commun de référence pour les langues, tel qu'adopté par le comité des ministres du Conseil de l'Europe dans sa recommandation CM/ Rec (2008) 7 du 2 juillet 2008. »

(Décr. nº 2013-794 du 30 août 2013, art. 1er) « Un arrêté du ministre chargé des naturalisations définit les diplômes permettant de justifier d'un niveau égal ou supérieur au niveau requis. »

(Décr. nº 2019-1507 du 30 déc. 2019, art. 4, en vigueur le 1er janv. 2020) « A défaut d'un tel diplôme, le déclarant peut justifier de la possession du niveau requis par la production d'une attestation délivrée depuis moins de deux ans à l'issue d'un test linguistique certifié ou reconnu au niveau international, comportant des épreuves distinctes évaluant son niveau de compréhension et d'expression orales et écrites. Le niveau d'expression orale du déclarant est évalué par l'organisme délivrant l'attestation dans le cadre d'un entretien. »

(Décr. nº 2015-108 du 2 févr. 2015) « *(Décr. nº 2019-1507 du 30 déc. 2019, art. 4, en vigueur le 1er janv. 2020)* « Les modalités de passation du test linguistique mentionné à l'alinéa précédent sont définies par un arrêté du ministre chargé des naturalisations. » Les conditions d'inscription sont fixées par un arrêté du ministre chargé des naturalisations. »

Les dispositions de l'art. 4 du Décr. nº 2019-1507 du 30 déc. 2019 s'appliquent aux déclarations acquisitives de nationalité française par mariage souscrites à compter du 1er avr. 2020 (Décr. préc., art. 63).

Art. 14-1 *(Décr. nº 2011-1265 du 11 oct. 2011, en vigueur le 1er janv. 2012 ; Décr. nº 2016-872 du 29 juin 2016, art. 3)* Pour souscrire la déclaration prévue à l'article 21-2 du code civil, *(Décr. nº 2019-1507 du 30 déc. 2019, art. 5-1º, en vigueur le 1er janv. 2020)* « le déclarant fournit : » *(Décr. nº 2016-872 du 29 juin 2016, art. 3)* « 1º Un formulaire de souscription » *(Décr. nº 2019-1507 du 30 déc. 2019, art. 5-2º, en vigueur le 1er janv. 2020)* « en deux exemplaires dûment renseignés, datés et signés ; » *(Décr. nº 2023-65 du 3 févr. 2023, art. 9, en vigueur le 6 févr. 2023)* « toutefois, si la déclaration est déposée au moyen du téléservice mentionné à l'article 5, le formulaire est rempli en ligne ; »

2º *(Abrogé par Décr. nº 2019-1507 du 30 déc. 2019, art. 5-3º, à compter du 1er janv. 2020) « Une copie intégrale de »* Son acte de naissance ;

(Décr. nº 2019-1507 du 30 déc. 2019, art. 5-4º et 5º, en vigueur le 1er janv. 2020) « 2º *bis* La copie d'un document officiel d'identité, ainsi qu'une photographie d'identité récente ;

« 3º Son acte de mariage ou sa transcription sur les registres consulaires français quand le mariage a été célébré à l'étranger, dont la copie a été délivrée depuis moins de trois mois »

(Décr. n° 2023-65 du 3 févr. 2023, art. 9, en vigueur le 6 févr. 2023) « et justifiant d'un mariage contracté depuis au moins quatre ans ; »

(Décr. n° 2016-872 du 29 juin 2016, art. 3) « 4° Tous documents corroborant que la communauté de vie tant affective que matérielle n'a pas cessé entre les deux époux depuis leur mariage » *(Abrogé par Décr. n° 2019-1507 du 30 déc. 2019, art. 5-6°, à compter du 1er janv. 2020)* « *dont notamment la copie intégrale de l'acte de naissance des enfants nés avant ou après le mariage et établissant la filiation à l'égard des deux conjoints* » ;

(Décr. n° 2019-1507 du 30 déc. 2019, art. 5-7° et 8°, en vigueur le 1er janv. 2020) « 4° *bis* Les actes de naissance de tous ses enfants nés avant ou après le mariage ;

« 5° Tous documents mentionnés à l'article 11 établissant que son conjoint avait la nationalité française au jour du mariage et l'a conservée ; »

6° Un extrait de casier judiciaire ou un document équivalent délivré par une autorité judiciaire ou administrative compétente du ou des pays où il a résidé au cours des dix dernières années, ou, lorsqu'il est dans l'impossibilité de produire ces documents, du pays dont il a la nationalité ;

7° Le cas échéant, *(Décr. n° 2019-1507 du 30 déc. 2019, art. 5-9°, en vigueur le 1er janv. 2020)* « tous documents » justifiant de sa résidence régulière et ininterrompue en France pendant au moins trois ans à compter du mariage ou un certificat d'inscription du conjoint français au registre des Français établis hors de France pendant la durée de leur communauté de vie à l'étranger ;

(Décr. n° 2019-1507 du 30 déc. 2019, art. 5-10°, en vigueur le 1er janv. 2020) « 8° Le cas échéant, au titre de l'acquisition de plein droit de la nationalité française prévue à l'article 22-1 du code civil, les pièces mentionnées à l'article 12 ; »

9° Le cas échéant, en cas d'unions antérieures, les *(Abrogé par Décr. n° 2019-1507 du 30 déc. 2019, art. 5-11°, à compter du 1er janv. 2020)* « *copies intégrales des* » actes de mariage et tous documents justifiant leur dissolution ;

(Décr. n° 2019-1507 du 30 déc. 2019, art. 5-12°, en vigueur le 1er janv. 2020) « 10° Un diplôme ou une attestation, délivrée depuis moins de deux ans, justifiant d'un niveau de langue égal ou supérieur à celui exigé en application de l'article 14 et délivré dans les conditions définies par cet article. Sont toutefois dispensées de la production de ce diplôme ou de cette attestation :

« *a)* Les personnes titulaires d'un diplôme délivré dans un État dont la liste est fixée par un arrêté du ministre chargé des naturalisations à l'issue d'études suivies en français qui peuvent justifier de la reconnaissance de leur diplôme par rapport à la nomenclature française des niveaux de formation et au cadre européen des certifications (CEC) par la production d'une attestation de comparabilité délivrée dans des conditions fixées par un arrêté du ministre chargé des naturalisations ;

« *b)* Les personnes dont le handicap ou l'état de santé déficient chronique rend impossible leur évaluation linguistique. La nécessité de bénéficier d'aménagements d'épreuves ou, à défaut l'impossibilité de se soumettre à une évaluation linguistique est justifiée par la production d'un certificat médical dont le modèle est fixé par arrêté conjoint du ministre des affaires étrangères, du ministre chargé des naturalisations et du ministre de la santé. » — *V. Arr. du 17 juill. 2020, JO 30 juill.*

(Abrogé par Décr. n° 2019-1507 du 30 déc. 2019, art. 5-13°, à compter du 1er janv. 2020) (Décr. n° 2016-872 du 29 juin 2016, art. 3) « *Pour l'application de l'article 21-3 du code civil, la date de réception, par l'autorité administrative chargée de recevoir la déclaration, du formulaire de souscription mentionné au 1°, complet et accompagné des pièces justificatives mentionnées aux alinéas précédents, correspond à la date de souscription de la déclaration.* »

(Décr. n° 2023-65 du 3 févr. 2023, art. 9, en vigueur le 6 févr. 2023) « L'autorité compétente peut solliciter un nouveau certificat médical pour faire vérifier le handicap ou l'état de santé du déclarant par un médecin figurant sur la liste mentionnée à l'article 17-3 du code civil, ou, à l'étranger, par un médecin choisi par l'autorité diplomatique ou consulaire. »

Les dispositions du 12° de l'art. 5 du Décr. n° 2019-1507 du 30 déc. 2019 s'appliquent aux déclarations acquisitives de nationalité française par mariage souscrites à compter du 1er avr. 2020 (Décr. préc., art. 63).

Art. 15 *(Décr. n° 2023-65 du 3 févr. 2023, art. 10, en vigueur le 6 févr. 2023)* I. — Si la déclaration n'est pas assortie de l'ensemble des pièces dont la production est requise en vertu de l'article 14-1, l'autorité compétente pour la recevoir en vertu de l'article 3 ou de l'article 4 met l'intéressé en demeure de produire les pièces manquantes dans le délai qu'elle fixe. Elle l'informe qu'à défaut de production des pièces réclamées son dossier pourra faire l'objet d'une décision de classement sans suite.

La notification d'une décision de classement sans suite mentionne que cette décision ne fait pas obstacle à la souscription d'une nouvelle déclaration et qu'elle peut faire l'objet d'un recours devant le tribunal judiciaire dans le délai de six mois.

II. — Les services qui procèdent à l'instruction du dossier après remise du récépissé prévu à l'article 26 du code civil sont placés sous l'autorité du préfet, de l'ambassadeur ou du consul qui a reçu la déclaration.

En France, dès le dépôt du formulaire de souscription et des pièces justificatives prévues à l'article 14-1 en préfecture sous format papier ou au moyen du téléservice mentionné à l'article 5, le préfet qui a reçu la déclaration fait procéder à une enquête, effectuée par les services de police ou de gendarmerie territorialement compétents, et, après réception des conclusions de celle-ci, à un entretien avec le déclarant et son conjoint, destinés à vérifier la continuité de la communauté de vie tant affective que matérielle entre les époux depuis le mariage et à permettre d'apprécier s'il y a lieu de s'opposer à l'acquisition de la nationalité française pour indignité ou défaut d'assimilation autre que linguistique.

A l'étranger, les services diplomatiques ou consulaires procèdent à des vérifications puis à l'entretien selon les modalités prévues à l'alinéa précédent.

Un agent est désigné par l'autorité compétente pour procéder à l'entretien prévu aux deux précédents alinéas.

Lorsque le dossier a été déposé sous format papier, les conjoints justifient lors de l'entretien de leur identité par la production de l'original de leurs documents officiels d'identité et signent, devant l'autorité administrative, une attestation sur l'honneur certifiant que la communauté de vie tant affective que matérielle n'a pas cessé entre eux depuis le mariage.

Lorsque le dossier a été déposé au moyen du téléservice mentionné à l'article 5, les conjoints sont invités au moyen de celui-ci, avant l'entretien, à attester sur l'honneur que la communauté de vie tant affective que matérielle n'a pas cessé entre eux depuis le mariage. Ils justifient, lors de l'entretien, de leur identité par la présentation de l'original de leurs documents officiels d'identité. Le déclarant présente en outre les originaux des documents d'état civil mentionnés à l'article 14-1 et des autres pièces nécessaires à la preuve de la recevabilité de la déclaration.

Ancien art. 15 (*Décr. n° 2019-1507 du 30 déc. 2019, art. 6, en vigueur le 1er janv. 2020*) *Les services qui procèdent à l'instruction de la déclaration sont placés sous l'autorité du préfet, de l'ambassadeur ou du consul territorialement compétent.*

En France, dès la production du formulaire de souscription et des pièces justificatives prévues à l'article 14-1, l'autorité compétente procède à une enquête, effectuée par les services de police ou de gendarmerie territorialement compétents, et, après réception des conclusions de celle-ci, à un entretien avec le déclarant et son conjoint, destinés à vérifier la continuité de la communauté de vie tant affective que matérielle entre les époux depuis le mariage, et à permettre d'apprécier s'il y a lieu de s'opposer à l'acquisition de la nationalité française pour indignité ou défaut d'assimilation autre que linguistique.

A l'étranger, les services diplomatiques ou consulaires procèdent à des vérifications puis à l'entretien selon les modalités prévues à l'alinéa précédent.

Dans les deux cas, lors de l'entretien, les conjoints justifient de leur identité par la production de l'original de leur document officiel d'identité mentionné à l'article 14-1 et signent, devant l'autorité administrative, une attestation sur l'honneur certifiant que la communauté de vie tant affective que matérielle n'a pas cessé entre eux depuis le mariage.

Un agent est désigné par l'autorité compétente pour procéder à l'entretien mentionné à l'alinéa précédent.

Dans les six mois suivant la souscription de la déclaration, l'autorité compétente transmet l'entier dossier, assorti de son avis motivé, au ministre chargé des naturalisations. Celui-ci peut faire procéder à toute enquête complémentaire, notamment sociale, qu'il estime utile quant à la situation du déclarant au regard des motifs permettant de s'opposer à ce qu'il acquière la nationalité française.

SECTION 2. *Des déclarations de nationalité à raison de la naissance et de la résidence en France (Décr. n° 2019-1507 du 30 déc. 2019, art. 7, en vigueur le 1er janv. 2020).*

(Décr. n° 98-720 du 20 août 1998)

Art. 15-1 (*Décr. n° 2019-1507 du 30 déc. 2019, art. 8, en vigueur le 1er janv. 2020*) « I. — Pour souscrire la déclaration prévue au premier alinéa de l'article 21-11 du code civil, le déclarant fournit :

« 1° Son acte de naissance ;

« 2° Un document officiel d'identité, ainsi qu'une photographie d'identité récente ;

« 3° Le titre de séjour des parents étrangers ou, à défaut, un document officiel d'identité étranger ;

« 4° Tous documents prouvant qu'il réside en France à la date de la déclaration et qu'il a eu sa résidence habituelle en France pendant une période continue ou discontinue d'au moins cinq ans, depuis l'âge de onze ans ;

« 5° Le cas échéant, au titre de l'acquisition de plein droit de la nationalité française prévue à l'article 22-1 du code civil, les pièces mentionnées à l'article 12 ;

« 6° Le cas échéant, le certificat médical mentionné à l'article 17-3 du code civil attestant qu'il est empêché d'exprimer sa volonté, tous documents prouvant que son ou ses représentants légaux exercent à son égard l'autorité parentale et leur document officiel d'identité. »

(Décr. n° 2019-136 du 27 févr. 2019, art. 2, en vigueur le 1er mars 2019) « II. — S'il est né à Mayotte, *(Décr. n° 2019-1507 du 30 déc. 2019, art. 8, en vigueur le 1er janv. 2020)* « le déclarant produit en outre : »

« 1° Une des pièces mentionnées par arrêté du garde des sceaux, ministre de la justice, justifiant que depuis plus de trois mois à la date de sa naissance, l'un de ses parents au moins résidait en France de manière régulière, sous couvert d'un titre de séjour ;

« 2° Tous documents permettant de justifier que ce parent résidait en France de manière ininterrompue depuis plus de trois mois à la date de sa naissance.

« Le déclarant est dispensé de produire ces pièces lorsque figure sur *(Abrogé par Décr. n° 2019-1507 du 30 déc. 2019, art. 8, à compter du 1er janv. 2020) « l'extrait de »* son acte de naissance la mention portée en application des dispositions de l'article 2495 du code civil.

« III. — S'il est né à Mayotte avant l'entrée en vigueur de la loi n° 2018-778 du 10 septembre 2018 pour une immigration maîtrisée, un droit d'asile effectif et une intégration réussie, le déclarant produit soit les pièces mentionnées aux 1° et 2° du II du présent article, soit *(Abrogé par Décr. n° 2019-1507 du 30 déc. 2019, art. 8, à compter du 1er janv. 2020) « l'extrait de »* son acte de naissance portant la mention prévue à l'article 2495 du code civil, soit une des pièces mentionnées par arrêté du garde des sceaux, ministre de la justice, justifiant que l'un de ses parents a résidé en France de manière régulière pendant la période de cinq ans mentionnée au premier alinéa de l'article 21-11 du même code. »

Le Décr. n° 2019-136 du 27 févr. 2019 est applicable dans les îles Wallis-et-Futuna (Décr. préc., art. 4).

Art. 15-2 *(Décr. n° 2019-1507 du 30 déc. 2019, art. 9, en vigueur le 1er janv. 2020)* « I. — Pour souscrire la déclaration prévue au second alinéa de l'article 21-11 du code civil, le déclarant fournit :

« 1° Son acte de naissance ;

« 2° Un document officiel d'identité, ainsi qu'une photographie d'identité récente ;

« 3° Le titre de séjour des parents étrangers ou, à défaut, un document officiel d'identité étranger ;

« 4° Tous documents prouvant qu'il réside en France à la date de la déclaration et qu'il a eu sa résidence habituelle en France pendant une période continue ou discontinue d'au moins cinq ans, depuis l'âge de huit ans ;

« 5° Tous documents prouvant que son ou ses représentants légaux exercent à son égard l'autorité parentale et leur document officiel d'identité ;

« 6° Le cas échéant, au titre de l'acquisition de plein droit de la nationalité française prévue à l'article 22-1 du code civil, les pièces mentionnées à l'article 12 ;

« 7° Le cas échéant, le certificat médical mentionné à l'article 17-3 du code civil, attestant qu'il est empêché d'exprimer sa volonté. »

(Décr. n° 2019-136 du 27 févr. 2019, art. 2, en vigueur le 1er mars 2019) « II. — *(Décr. n° 2019-1507 du 30 déc. 2019, art. 9, en vigueur le 1er janv. 2020)* « S'il est né à Mayotte, le déclarant *produit en outre :* »

« 1° Une des pièces mentionnées par arrêté du garde des sceaux, ministre de la justice, justifiant que depuis plus de trois mois à la date de *(Décr. n° 2019-1507 du 30 déc. 2019, art. 9, en vigueur le 1er janv. 2020)* « sa naissance », l'un de ses parents au moins résidait en France de manière régulière, sous couvert d'un titre de séjour ;

« 2° Tous documents permettant de justifier que ce parent résidait en France de manière ininterrompue depuis plus de trois mois à la date de la naissance.

« Le déclarant est dispensé de produire ces pièces lorsque figure sur *(Décr. n° 2019-1507 du 30 déc. 2019, art. 9, en vigueur le 1er janv. 2020)* « son acte de naissance » la mention portée en application des dispositions de l'article 2495 du code civil.

« III. — *(Décr. n° 2019-1507 du 30 déc. 2019, art. 9, en vigueur le 1er janv. 2020)* « S'il est » né à Mayotte avant l'entrée en vigueur de la loi n° 2018-778 du 10 septembre 2018 pour une immigration maîtrisée, un droit d'asile effectif et une intégration réussie, le déclarant produit soit les pièces mentionnées aux 1° et 2° du II du présent article, soit *(Décr. n° 2019-1507 du 30 déc. 2019, art. 9, en vigueur le 1er janv. 2020)* « son acte de naissance » comportant la mention prévue à l'article 2495 du code civil, soit une des pièces mentionnées par arrêté du garde des sceaux, ministre de la justice, justifiant que l'un *(Décr. n° 2019-1507 du 30 déc. 2019, art. 9, en vigueur le 1er janv. 2020)* « de ses parents » a résidé en France de manière régulière pendant la période de cinq ans mentionnée au second alinéa de l'article 21-11 du même code. »

(Décr. n° 2010-527 du 20 mai 2010) « Le *(Décr. n° 2019-913 du 30 août 2019, art. 33, en vigueur le 1er janv. 2020)* « directeur des services de greffe » *(Décr. n° 2019-1507 du 30 déc. 2019, art. 9, en vigueur le 1er janv. 2020)* « judiciaires » recueille au cours d'un entretien dont il est dressé procès-verbal le consentement personnel du *(Décr. n° 2019-1507 du 30 déc. 2019, art. 9, en vigueur le 1er janv. 2020)* « déclarant ».

Le Décr. n° 2019-136 du 27 févr. 2019 est applicable dans les îles Wallis-et-Futuna (Décr. préc., art. 4).

SECTION 3. *Des déclarations de nationalité à raison de l'adoption simple, du recueil ou d'une mesure d'enfant confié (Décr. n° 2019-1507 du 30 déc. 2019, art. 10, en vigueur le 1er janv. 2020).*

Art. 16 *(Décr. n° 2019-1507 du 30 déc. 2019, art. 11, en vigueur le 1er janv. 2020)* Pour souscrire la déclaration prévue à l'article 21-12 du code civil, le déclarant fournit :

1° Son acte de naissance ;

2° Un document officiel d'identité, ainsi qu'une photographie d'identité récente ;

3° Lorsqu'il a fait l'objet d'une adoption simple par une personne de nationalité française :

— tous documents justifiant qu'il réside en France ou, à défaut, que l'adoptant de nationalité française a sa résidence habituelle à l'étranger ;

— un document officiel d'identité de l'adoptant ;

— tous documents mentionnés à l'article 11 établissant que l'adoptant avait la qualité de Français à la date de l'adoption ;

— la décision prononçant l'adoption ;

4° Lorsqu'il est un enfant recueilli sur décision de justice et élevé par une personne de nationalité française :

— tous documents justifiant qu'il réside en France ou, à défaut, que le recueillant de nationalité française a sa résidence habituelle à l'étranger ;

— un document officiel d'identité du recueillant ;

— tous documents mentionnés à l'article 11 établissant la qualité de Français du recueillant depuis au moins trois années à la date de la souscription de la déclaration ;

— la décision de justice ordonnant le recueil ;

— tous documents justifiant que le déclarant est élevé par le recueillant depuis au moins trois années ;

5° Lorsqu'il est un enfant confié au service de l'aide sociale à l'enfance :

— tous documents justifiant qu'il réside en France ;

— les décisions de justice, en cas de mesure judiciaire, ou tous documents administratifs, en cas de mesure extra-judiciaire, indiquant qu'il est confié à ce service depuis au moins trois années ;

6° Lorsqu'il est un enfant recueilli en France et élevé dans des conditions lui ayant permis de recevoir une formation française :

— tous documents justifiant qu'il réside en France ;

— tous documents attestant qu'il est recueilli et élevé en France par un organisme public ou un organisme privé présentant les caractères déterminés par un décret en Conseil d'État et qu'il reçoit une formation française depuis cinq ans au moins ;

7° S'il est représenté conformément à l'article 2, tous documents prouvant que son ou ses représentants légaux exercent à son égard l'autorité parentale, ainsi que leur document officiel d'identité ;

8° Le cas échéant, au titre de l'acquisition de plein droit de la nationalité française prévue à l'article 22-1 du code civil, les pièces mentionnées à l'article 12 ;

9° Le cas échéant, le certificat médical mentionné à l'article 17-3 du code civil, attestant qu'il est empêché d'exprimer sa volonté.

SECTION 4. *Des déclarations de nationalité à raison de la possession d'état de Français (Décr. n° 2019-1507 du 30 déc. 2019, art. 12, en vigueur le 1er janv. 2020).*

Art. 17 Pour souscrire la déclaration prévue à l'article 21-13 du code civil, *(Décr. n° 2019-1507 du 30 déc. 2019, art. 13, en vigueur le 1er janv. 2020)* « le déclarant fournit : »

1° *(Abrogé par Décr. n° 2019-1507 du 30 déc. 2019, art. 13, à compter du 1er janv. 2020) « La copie intégrale de »* Son acte de naissance ;

(Décr. n° 2019-1507 du 30 déc. 2019, art. 13, en vigueur le 1er janv. 2020) « 1° *bis* Un document officiel d'identité, ainsi qu'une photographie d'identité récente ; »

2° Tous documents émanant des autorités françaises justifiant qu'il jouit de façon constante de la possession d'état de Français depuis dix ans, tels que carte nationale d'identité *(Décr. n° 2019-1507 du 30 déc. 2019, art. 13, en vigueur le 1er janv. 2020)* « française », passeport français, carte d'électeur, pièces militaires, *(Décr. n° 2019-1507 du 30 déc. 2019, art. 13, en vigueur le 1er janv. 2020)* « inscription au registre des Français de l'étranger » ;

3° Le cas échéant, *(Abrogé par Décr. n° 2019-1507 du 30 déc. 2019, art. 13, à compter du 1er janv. 2020) « le jugement ou »* la décision *(Décr. n° 2019-1507 du 30 déc. 2019, art. 13, en vigueur le 1er janv. 2020)* « judiciaire ou » administrative lui opposant son extranéité ;

(Décr. n° 2019-1507 du 30 déc. 2019, art. 13, en vigueur le 1er janv. 2020) « 3° *bis* Sauf s'il est mineur, un extrait de casier judiciaire ou un document équivalent délivré par une autorité judiciaire ou administrative compétente du ou des pays où il a résidé au cours des dix dernières années, ou, lorsqu'il est dans l'impossibilité de produire ces documents, du pays dont il a la nationalité ;

« 4° Le cas échéant, au titre de l'acquisition de plein droit de la nationalité française prévue à l'article 22-1 du code civil, les pièces mentionnées à l'article 12 ;

« 5° S'il est représenté conformément à l'article 2, tous documents prouvant que son ou ses représentants légaux exercent à son égard l'autorité parentale, ainsi que leur document officiel d'identité ;

« 6° Le cas échéant, le certificat médical visé à l'article 17-3 du code civil, attestant qu'il est empêché d'exprimer sa volonté. »

SECTION 5. *Des déclarations de nationalité à raison de la qualité d'ascendant de Français (Décr. n° 2019-1507 du 30 déc. 2019, art. 14, en vigueur le 1er janv. 2020).*

(Décr. n° 2016-872 du 29 juin 2016, art. 6)

Art. 17-1 Pour souscrire la déclaration prévue à l'article 21-13-1 du code civil, *(Décr. n° 2019-1507 du 30 déc. 2019, art. 15, en vigueur le 1er janv. 2020)* « le déclarant fournit : »

1° Un formulaire de souscription *(Décr. n° 2019-1507 du 30 déc. 2019, art. 15, en vigueur le 1er janv. 2020)* « en deux exemplaires dûment renseignés, datés et signés ; » *(Décr. n° 2023-65 du 3 févr. 2023, art. 11, en vigueur le 6 févr. 2023)* « toutefois, si la déclaration est déposée au moyen du téléservice mentionné à l'article 5, le formulaire est rempli en ligne ; »

2° *(Abrogé par Décr. n° 2019-1507 du 30 déc. 2019, art. 15, à compter du 1er janv. 2020) « La copie intégrale de »* Son acte de naissance ;

(Décr. n° 2019-1507 du 30 déc. 2019, art. 15, en vigueur le 1er janv. 2020) « 2° *bis* La copie d'un document officiel d'identité, ainsi qu'une photographie d'identité récente ; »

3° La justification par tous moyens de sa résidence habituelle en France pendant les vingt-cinq ans qui ont précédé la souscription de *(Décr. n° 2019-1507 du 30 déc. 2019, art. 15, en vigueur le 1er janv. 2020)* « la déclaration » ;

4° Tous documents justifiant de *(Abrogé par Décr. n° 2019-1507 du 30 déc. 2019, art. 15, à compter du 1er janv. 2020) « ce qu'il a »* sa résidence en France à la date de souscription de *(Décr. n° 2019-1507 du 30 déc. 2019, art. 15, en vigueur le 1er janv. 2020)* « la déclaration » ;

(Décr. n° 2019-1507 du 30 déc. 2019, art. 15, en vigueur le 1er janv. 2020) « 5° L'acte de naissance de son descendant de nationalité française, dont la copie a été délivrée depuis moins de trois mois et, le cas échéant, tous actes de l'état civil ou décisions de justice justifiant de la chaîne de filiation avec ce descendant ;

« 6° Tous documents mentionnés à l'article 11 établissant que son descendant a la nationalité française au jour de la souscription de la déclaration ; »

7° Le cas échéant, *(Décr. n° 2019-1507 du 30 déc. 2019, art. 15, en vigueur le 1er janv. 2020)* « son ou » ses actes de mariage ainsi que les pièces de nature à justifier la dissolution des unions antérieures ;

(Décr. n° 2019-1507 du 30 déc. 2019, art. 15, en vigueur le 1er janv. 2020) « 7° *bis* Le cas échéant, les actes de naissance de tous ses enfants mineurs ainsi que les pièces de nature à établir leur résidence ;

« 8° Le cas échéant, au titre de l'acquisition de plein droit de la nationalité française prévue à l'article 22-1 du code civil, les pièces mentionnées à l'article 12. »

(Abrogé par Décr. n° 2019-1507 du 30 déc. 2019, art. 15, à compter du 1er janv. 2020) « Pour l'application de l'article 26-5 du code civil, la date de réception, par l'autorité administrative chargée de recevoir la déclaration, du formulaire de souscription mentionné au 1°, complet et accompagné des pièces justificatives mentionnées aux alinéas précédents, correspond à la date de souscription de la déclaration. »

Art. 17-2 *(Décr. n° 2023-65 du 3 févr. 2023, art. 12, en vigueur le 6 févr. 2023)* I. — Si la déclaration n'est pas assortie de l'ensemble des pièces dont la production est requise en vertu de l'article 17-1, le préfet compétent pour la recevoir en vertu de l'article 3 met l'intéressé en demeure de produire les pièces manquantes dans le délai qu'il fixe. Il l'informe qu'à défaut de production des pièces réclamées son dossier pourra faire l'objet d'une décision de classement sans suite.

La notification d'une décision de classement sans suite mentionne que cette décision ne fait pas obstacle à la souscription d'une nouvelle déclaration et qu'elle peut faire l'objet d'un recours devant le tribunal judiciaire dans le délai de six mois.

II. — Les services qui procèdent à l'instruction du dossier après remise du récépissé prévu à l'article 26 du code civil sont placés sous l'autorité du préfet qui a reçu la déclaration.

Dès le dépôt du formulaire de souscription et des pièces justificatives prévues à l'article 14-1 en préfecture sous format papier ou au moyen du téléservice mentionné à l'article 5, le préfet qui a reçu la déclaration fait procéder à une enquête, effectuée par les services de police ou de gendarmerie territorialement compétents, et, après réception des conclusions de celle-ci, à un entretien avec le déclarant et son conjoint, destinés à permettre d'apprécier s'il y a lieu de s'opposer à l'acquisition de la nationalité française pour indignité ou défaut d'assimilation autre que linguistique. Un agent est désigné par le préfet pour procéder à l'entretien.

Lors de l'entretien, le déclarant justifie de son identité par la présentation de l'original de son documents officiel d'identité. Si le dossier a été déposé au moyen du téléservice mentionné à l'article 5, il présente en outre les originaux des documents d'état civil mentionnés à l'article 14-1 et des autres pièces nécessaires à la preuve de la recevabilité de la déclaration.

SECTION 6. *Des déclarations de nationalité à raison de la qualité de frère ou sœur de Français (Décr. n° 2019-1507 du 30 déc. 2019, art. 17, en vigueur le 1er janv. 2020).*

(Décr. n° 2016-872 du 29 juin 2016, art. 6)

Art. 17-3 Pour souscrire la déclaration prévue à l'article 21-13-2 du code civil, *(Décr. n° 2019-1507 du 30 déc. 2019, art. 18, en vigueur le 1er janv. 2020)* « le déclarant fournit : »

1° Un formulaire de souscription *(Décr. n° 2019-1507 du 30 déc. 2019, art. 18, en vigueur le 1er janv. 2020)* « en deux exemplaires dûment renseignés, datés et signés ; » *(Décr. n° 2023-65 du 3 févr. 2023, art. 13, en vigueur le 6 févr. 2023)* « toutefois, si la déclaration est déposée au moyen du téléservice mentionné à l'article 5, le formulaire est rempli en ligne ; »

2° *(Abrogé par Décr. n° 2019-1507 du 30 déc. 2019, art. 18, à compter du 1er janv. 2020) « La copie intégrale de »* Son acte de naissance ;

(Décr. n° 2019-1507 du 30 déc. 2019, art. 18, en vigueur le 1er janv. 2020) « 2° *bis* La copie d'un document officiel d'identité, ainsi qu'une photographie d'identité récente ; »

3° Tous documents de nature à établir qu'il a fixé sa résidence habituelle en France depuis *(Décr. n° 2019-1507 du 30 déc. 2019, art. 18, en vigueur le 1er janv. 2020)* « l'âge » de six ans ;

4° Tous documents justifiant *(Abrogé par Décr. n° 2019-1507 du 30 déc. 2019, art. 18, à compter du 1er janv. 2020) « de ce qu'il a »* sa résidence en France à la date de souscription de *(Décr. n° 2019-1507 du 30 déc. 2019, art. 18, en vigueur le 1er janv. 2020)* « la déclaration » ;

5° Tous documents de nature à rapporter la *(Décr. n° 2019-1507 du 30 déc. 2019, art. 18, en vigueur le 1er janv. 2020)* « preuve » qu'il a suivi sa scolarité obligatoire en France dans des établissements d'enseignement soumis au contrôle de l'État, notamment des certificats de scolarité ;

6° Les actes *(Décr. n° 2019-1507 du 30 déc. 2019, art. 18, en vigueur le 1er janv. 2020)* « de l'état civil » établissant le lien de parenté qui le relie au frère ou à la sœur de nationalité française dont il entend se prévaloir ;

7° *(Décr. n° 2019-1507 du 30 déc. 2019, art. 18, en vigueur le 1er janv. 2020)* « Tous documents mentionnés à l'article 11 établissant que son frère ou sa sœur a acquis la nationalité française en application des articles 21-7 ou 21-11 du code civil ; »

8° Le cas échéant, *(Décr. n° 2019-1507 du 30 déc. 2019, art. 18, en vigueur le 1er janv. 2020)* « son ou » ses actes de mariage ainsi que les pièces de nature à justifier la dissolution des unions antérieures ;

(Décr. n° 2019-1507 du 30 déc. 2019, art. 18, en vigueur le 1er janv. 2020) « 8° *bis* Un extrait de casier judiciaire ou un document équivalent délivré par une autorité judiciaire ou administrative compétente du ou des pays dans lesquels il a séjourné durant plus de six mois ;

« 8° *ter* Le cas échéant, les actes de naissance de tous ses enfants mineurs ainsi que les pièces de nature à établir leur résidence ;

« 9° Le cas échéant, au titre de l'acquisition de plein droit de la nationalité française prévue à l'article 22-1 du code civil, les pièces mentionnées à l'article 12. »

(Abrogé par Décr. n° 2019-1507 du 30 déc. 2019, art. 18, à compter du 1er janv. 2020) « Pour l'application de l'article 26-5 du code civil, la date de réception, par l'autorité administrative chargée de recevoir la déclaration, du formulaire de souscription mentionné au 1°, complet et accompagné des pièces justificatives mentionnées aux alinéas précédents, correspond à la date de souscription de la déclaration. »

Art. 17-4 *(Décr. n° 2023-65 du 3 févr. 2023, art. 14, en vigueur le 6 févr. 2023)* Les dispositions de l'article 17-2 sont applicables. Pour leur application, les références à l'article 17-1 sont remplacées par des références à l'article 17-3.

Ancien art. 17-4 *(Décr. n° 2019-1507 du 30 déc. 2019, art. 19, en vigueur le 1er janv. 2020) Les services placés sous l'autorité du préfet procèdent à l'instruction de la déclaration.*

Dès la production du formulaire de souscription et des pièces justificatives prévues à l'article 17-3, l'autorité compétente procède à une enquête, effectuée par les services de police ou de gendarmerie territorialement compétents, et, après réception des conclusions de celle-ci, à un entretien avec le déclarant, destinés à permettre d'apprécier s'il y a lieu de s'opposer à l'acquisition de la nationalité française pour indignité ou défaut d'assimilation autre que linguistique. Lors de l'entretien, le déclarant justifie de son identité par la production de l'original de son document officiel d'identité mentionné au 2° bis de l'article 17-3.

Un agent est désigné par l'autorité compétente pour procéder à l'entretien mentionné au précédent alinéa.

Dans les six mois suivant la souscription de la déclaration, l'autorité compétente transmet l'entier dossier, assorti de son avis motivé, au ministre chargé des naturalisations. Celui-ci peut faire procéder à toute enquête complémentaire, notamment sociale, qu'il estime utile quant à la situation du déclarant au regard des motifs permettant de s'opposer à ce qu'il acquière la nationalité française.

SECTION 7. *Des déclarations de nationalité souscrites par des personnes qui se sont vu opposer les dispositions des articles 23-6 ou 30-3 du code civil (Décr. n° 2019-1507 du 30 déc. 2019, art. 20, en vigueur le 1er janv. 2020).*

Art. 18 Pour souscrire la déclaration prévue par l'article 21-14 du code civil, *(Décr. n° 2019-1507 du 30 déc. 2019, art. 21, en vigueur le 1er janv. 2020)* « le déclarant fournit : »

1° *(Abrogé par Décr. n° 2019-1507 du 30 déc. 2019, art. 21, à compter du 1er janv. 2020) « La copie intégrale de »* Son acte de naissance ;

(Décr. n° 2019-1507 du 30 déc. 2019, art. 21, en vigueur le 1er janv. 2020) « 1° *bis* Un document officiel d'identité, ainsi qu'une photographie d'identité récente ; »

2° Les actes de l'état civil prouvant qu'il a un *(Décr. n° 2019-1507 du 30 déc. 2019, art. 21, en vigueur le 1er janv. 2020)* « parent » français susceptible de lui avoir transmis sa nationalité par filiation ;

(Décr. n° 2019-1507 du 30 déc. 2019, art. 21, en vigueur le 1er janv. 2020) « 2° bis Le jugement constatant qu'il a perdu la nationalité française en application de l'article 23-6 du code civil ou la décision judiciaire ou administrative lui opposant les dispositions de l'article 30-3 du code civil ; »

3° Soit tous documents publics ou privés de nature à rapporter la preuve qu'il a conservé ou acquis avec la France des liens manifestes, notamment d'ordre culturel, professionnel, économique ou familial,

— soit tous documents de nature à établir qu'il a effectivement accompli *(Décr. n° 2019-1507 du 30 déc. 2019, art. 21, en vigueur le 1er janv. 2020)* « , ou que son conjoint décédé avait accompli, » des services militaires dans une unité de l'armée française ou combattu dans les armées françaises ou alliées en temps de guerre ;

(Décr. n° 2019-1507 du 30 déc. 2019, art. 21, en vigueur le 1er janv. 2020) « Le conjoint survivant visé au dernier alinéa de l'article 21-14 du code civil fournit également l'acte de décès de son conjoint et leur acte de mariage ;

« 3° *bis* Sauf s'il est mineur, un extrait de casier judiciaire ou un document équivalent délivré par une autorité judiciaire ou administrative compétente du ou des pays où il a résidé au cours des dix dernières années, ou, lorsqu'il est dans l'impossibilité de produire ces documents, du pays dont il a la nationalité ;

« 4° Le cas échéant, au titre de l'acquisition de plein droit de la nationalité française prévue à l'article 22-1 du code civil, les pièces mentionnées à l'article 12 ;

« 5° S'il est représenté conformément à l'article 2, tous documents prouvant que son ou ses représentants légaux exercent à son égard l'autorité parentale, ainsi que leur document officiel d'identité ;

« 6° Le cas échéant, le certificat médical mentionné à l'article 17-3 du code civil, attestant qu'il est empêché d'exprimer sa volonté. »

SECTION 8. *Des déclarations de nationalité souscrites en vue de la réintégration dans la nationalité française par des personnes qui ont perdu la nationalité française par mariage avec un étranger ou en raison de l'acquisition par mesure individuelle d'une nationalité étrangère (Décr. n° 2019-1507 du 30 déc. 2019, art. 22, en vigueur le 1er janv. 2020).*

Art. 19 Pour souscrire la déclaration prévue à l'article 24-2 du code civil, *(Décr. n° 2019-1507 du 30 déc. 2019, art. 23, en vigueur le 1er janv. 2020)* « le déclarant fournit : »

1° *(Abrogé par Décr. n° 2019-1507 du 30 déc. 2019, art. 23, à compter du 1er janv. 2020)* « *La copie intégrale de* » Son acte de naissance ;

(Décr. n° 2019-1507 du 30 déc. 2019, art. 23, en vigueur le 1er janv. 2020) « 1° *bis* Un document officiel d'identité, ainsi qu'une photographie d'identité récente ;

« 2° Tous documents mentionnés à l'article 11 établissant qu'il possédait la qualité de Français avant de la perdre à raison du mariage avec un étranger ou de l'acquisition par mesure individuelle d'une nationalité étrangère ; »

3° Un certificat établi par les autorités du pays dont il a acquis la nationalité précisant la date d'acquisition et les dispositions de la loi étrangère en vertu desquelles cette nationalité a été acquise ;

4° Tous documents publics ou privés de nature à rapporter la preuve qu'il a conservé ou acquis avec la France des liens manifestes, notamment d'ordre culturel, professionnel, économique ou familial ;

(Décr. n° 2019-1507 du 30 déc. 2019, art. 23, en vigueur le 1er janv. 2020) « 4° *bis* Un extrait de casier judiciaire ou un document équivalent délivré par une autorité judiciaire ou administrative compétente du ou des pays où il a résidé au cours des dix dernières années, ou, lorsqu'il est dans l'impossibilité de produire ces documents, du pays dont il a la nationalité ;

« 5° Le cas échéant, au titre de l'acquisition de plein droit de la nationalité française prévue à l'article 22-1 du code civil, les pièces mentionnées à l'article 12. »

SECTION 9. *Des déclarations de nationalité souscrites en vue de la réintégration dans la nationalité française par des personnes qui ont exercé certains mandats publics (Décr. n° 2019-1507 du 30 déc. 2019, art. 24, en vigueur le 1er janv. 2020).*

Art. 20 *(Décr. n° 2019-1507 du 30 déc. 2019, art. 25, en vigueur le 1er janv. 2020)* Pour souscrire la déclaration prévue à l'article 32-4 du code civil, le déclarant fournit :

1° Son acte de naissance ;

2° Un document officiel d'identité, ainsi qu'une photographie d'identité récente ;

3° Tous documents mentionnés à l'article 11 établissant qu'il possédait la qualité de Français avant de la perdre ;

4° Et tous documents de nature à établir :

a) Qu'il a acquis, par l'effet d'une disposition générale, une nationalité étrangère ;

b) Qu'il a établi son domicile en France ;

c) Qu'il a été membre du Parlement de la République française, de l'Assemblée de l'Union française ou du Conseil économique ;

5° Un extrait de casier judiciaire ou un document équivalent délivré par une autorité judiciaire ou administrative compétente du ou des pays où il a résidé au cours des dix dernières années, ou, lorsqu'il est dans l'impossibilité de produire ces documents, du pays dont il a la nationalité ;

6° Le cas échéant, au titre de l'acquisition de plein droit de la nationalité française prévue à l'article 22-1 du code civil, les pièces mentionnées à l'article 12 ;

Pour souscrire la déclaration, le conjoint, veuf ou veuve, et les enfants produisent les documents mentionnés aux 1° à 4° *b*, 5° et 6°, et justifient du mandat public qui a été détenu par leur conjoint ou parent.

SECTION 10. *Des déclarations de nationalité souscrites en vue de la réintégration dans la nationalité française par des personnes qui l'ont perdue pendant leur minorité en application du paragraphe 3 de l'article 1er de la convention du Conseil de l'Europe du 6 mai 1963 (Décr. nº 2019-1507 du 30 déc. 2019, art. 26, en vigueur le 1er janv. 2020).*

Art. 21 Pour souscrire la déclaration prévue à l'article 2 de la loi du 26 décembre 1964 susvisée *[nº 64-1328 ; V. cette loi], (Décr. nº 2019-1507 du 30 déc. 2019, art. 27, en vigueur le 1er janv. 2020)* « le déclarant fournit : »

1° *(Abrogé par Décr. nº 2019-1507 du 30 déc. 2019, art. 27, à compter du 1er janv. 2020) « La copie intégrale de »* Son acte de naissance ;

(Décr. nº 2019-1507 du 30 déc. 2019, art. 27, en vigueur le 1er janv. 2020) « 1° *bis* Un document officiel d'identité, ainsi qu'une photographie d'identité récente ; »

2° Tous documents *(Décr. nº 2019-1507 du 30 déc. 2019, art. 27, en vigueur le 1er janv. 2020)* « justifiant de » sa résidence en France ;

(Décr. nº 2019-1507 du 30 déc. 2019, art. 27, en vigueur le 1er janv. 2020) « 3° Tous documents mentionnés à l'article 11 établissant qu'il possédait la qualité de Français avant de la perdre pendant sa minorité en application de la convention précitée ; »

4° Un certificat établi par les autorités du pays dont il a acquis la nationalité précisant la date d'acquisition et les dispositions de la loi étrangère en vertu desquelles cette nationalité a été acquise ;

(Décr. nº 2019-1507 du 30 déc. 2019, art. 27, en vigueur le 1er janv. 2020) « 4° *bis* Un extrait de casier judiciaire ou un document équivalent délivré par une autorité judiciaire ou administrative compétente du ou des pays où il a résidé au cours des dix dernières années, ou, lorsqu'il est dans l'impossibilité de produire ces documents, du pays dont il a la nationalité ;

« 5° Le cas échéant, au titre de l'acquisition de plein droit de la nationalité française prévue à l'article 22-1 du code civil, les pièces mentionnées à l'article 12. »

TITRE III. DES DÉCLARATIONS TENDANT À RÉPUDIER OU À RENONCER À RÉPUDIER LA NATIONALITÉ FRANÇAISE, À DÉCLINER CETTE NATIONALITÉ OU À LA PERDRE EN CAS D'ACQUISITION VOLONTAIRE D'UNE NATIONALITÉ ÉTRANGÈRE *(Décr. nº 98-720 du 20 août 1998).*

Art. 22 *(Décr. nº 2019-1507 du 30 déc. 2019, art. 28, en vigueur le 1er janv. 2020)* « Pour exercer la faculté de répudier la qualité de Français prévue par l'article 18-1 du code civil, le déclarant fournit : »

1° *(Abrogé par Décr. nº 2019-1507 du 30 déc. 2019, art. 28, à compter du 1er janv. 2020) « Un extrait de »* Son acte de naissance ;

(Décr. nº 2019-1507 du 30 déc. 2019, art. 28, en vigueur le 1er janv. 2020) « 1° *bis* Un document officiel d'identité, ainsi qu'une photographie d'identité récente ; »

2° *(Décr. nº 98-720 du 20 août 1998)* « Un certificat délivré par les autorités du pays dont il se réclame, établissant qu'il a, par filiation, la nationalité de ce pays ;

« 3° Tous documents émanant des bureaux du service national établissant qu'il n'a pas contracté d'engagement dans les armées françaises » ;

(Décr. nº 2019-1507 du 30 déc. 2019, art. 28, en vigueur le 1er janv. 2020) « 4° Tous documents *mentionnés à l'article* 11 établissant qu'il est français en vertu de l'article 18 du code civil et qu'il remplit les conditions posées par l'article 18-1 du même code ;

« 5° Toutes pièces justifiant que le parent étranger ou apatride n'a pas acquis la nationalité française durant la minorité du déclarant ;

« 6° Le cas échéant, le certificat médical mentionné à l'article 17-3 du code civil attestant qu'il est empêché d'exprimer sa volonté, tous documents prouvant que son ou ses représentants légaux exercent à son égard l'autorité parentale et leur document officiel d'identité. »

Art. 23 *(Décr. n° 2019-1507 du 30 déc. 2019, art. 29, en vigueur le 1er janv. 2020)* « Pour exercer la faculté de répudier la qualité de Français prévue par l'article 19-4 du code civil, le déclarant fournit : »

1° *(Abrogé par Décr. n° 2019-1507 du 30 déc. 2019, art. 29, à compter du 1er janv. 2020) « Un extrait de »* Son acte de naissance ;

(Décr. n° 2019-1507 du 30 déc. 2019, art. 29, en vigueur le 1er janv. 2020) « 1° *bis* Un document officiel d'identité, ainsi qu'une photographie d'identité récente ; »

2° *(Décr. n° 98-720 du 20 août 1998)* « Un certificat délivré par les autorités du pays dont il se réclame, établissant qu'il a, par filiation, la nationalité de ce pays ;

« 3° Tous documents émanant des bureaux du service national établissant qu'il n'a pas contracté d'engagement dans les armées françaises » ;

(Décr. n° 2019-1507 du 30 déc. 2019, art. 29, en vigueur le 1er janv. 2020) « 4° Tous documents mentionnés à l'article 11 établissant qu'il est français en vertu de l'article 19-3 du code civil et qu'il remplit les conditions posées par l'article 19-4 du même code ;

« 5° Toutes pièces justifiant que l'un des parents n'a pas acquis la nationalité française durant la minorité du déclarant ;

« 6° Le cas échéant, le certificat médical mentionné à l'article 17-3 du code civil attestant qu'il est empêché d'exprimer sa volonté, tous documents prouvant que son ou ses représentants légaux exercent à son égard l'autorité parentale et leur document officiel d'identité. »

Art. 24 *(Décr. n° 2019-1507 du 30 déc. 2019, art. 30, en vigueur le 1er janv. 2020)* Pour souscrire la déclaration de renonciation prévue au second alinéa de l'article 20-2 du code civil, le déclarant fournit :

1° Son acte de naissance ;

2° Un document officiel d'identité, ainsi qu'une photographie d'identité récente ;

3° Tous documents mentionnés à l'article 11 établissant qu'il est français en vertu de l'article 18 ou 19-3 du code civil, qu'il remplit les conditions de l'article 18-1 ou 19-4 du même code et qu'il n'a pas perdu la faculté de répudier en application du dernier alinéa de ces articles ;

4° Le cas échéant, le certificat médical mentionné à l'article 17-3 du code civil attestant qu'il est empêché d'exprimer sa volonté, tous documents prouvant que son ou ses représentants légaux exercent à son égard l'autorité parentale et leur document officiel d'identité.

Art. 24-1 *(Décr. n° 2019-1507 du 30 déc. 2019, art. 31, en vigueur le 1er janv. 2020)* « Pour exercer la faculté de décliner la qualité de Français prévue par l'article 21-8 du code civil, le déclarant fournit : »

(Décr. n° 98-720 du 20 août 1998) 1° *(Abrogé par Décr. n° 2019-1507 du 30 déc. 2019, art. 31, à compter du 1er janv. 2020) « L'extrait de »* Son acte de naissance ;

(Décr. n° 2019-1507 du 30 déc. 2019, art. 31, en vigueur le 1er janv. 2020) « 1° *bis* Un document officiel d'identité, ainsi qu'une photographie d'identité récente ; »

2° Un certificat délivré par les autorités du pays dont il se réclame établissant qu'il a la nationalité de ce pays ;

(Décr. n° 2019-1507 du 30 déc. 2019, art. 31, en vigueur le 1er janv. 2020) « 2° *bis* Tous documents établissant qu'il est susceptible d'acquérir ou a acquis la nationalité française en application de l'article 21-7 du code civil ; »

3° Tous documents émanant des bureaux du service national établissant qu'il n'a pas contracté d'engagement dans les armées françaises ;

(Décr. n° 2019-1507 du 30 déc. 2019, art. 31, en vigueur le 1er janv. 2020) « 4° Le cas échéant, le certificat médical mentionné à l'article 17-3 du code civil attestant qu'il est empêché d'exprimer sa volonté, tous documents prouvant que son ou ses représentants légaux exercent à son égard l'autorité parentale et leur document officiel d'identité. »

Art. 25 *(Décr. n° 2019-1507 du 30 déc. 2019, art. 32, en vigueur le 1er janv. 2020)* « Pour exercer la faculté de répudier la qualité de Français prévue par l'article 22-3 du code civil, le déclarant fournit : »

(Décr. n° 98-720 du 20 août 1998) 1° *(Abrogé par Décr. n° 2019-1507 du 30 déc. 2019, art. 32, à compter du 1er janv. 2020) « L'extrait de »* Son acte de naissance ;

(Décr. n° 2019-1507 du 30 déc. 2019, art. 32, en vigueur le 1er janv. 2020) « 1° *bis* Un document officiel d'identité, ainsi qu'une photographie d'identité récente ; »

2° Un certificat délivré par les autorités du pays dont il se réclame établissant qu'il a la nationalité de ce pays ;

(Décr. n° 2019-1507 du 30 déc. 2019, art. 32, en vigueur le 1er janv. 2020) « 3° Tous documents mentionnés à l'article 11 établissant qu'il est français en vertu de l'article 22-1 du code civil ;

« 4° Le cas échéant, le certificat médical mentionné à l'article 17-3 du code civil attestant qu'il est empêché d'exprimer sa volonté, tous documents prouvant que son ou ses représentants légaux exercent à son égard l'autorité parentale et leur document officiel d'identité. »

Art. 26 *(Décr. n° 2019-1507 du 30 déc. 2019, art. 33, en vigueur le 1er janv. 2020)* Pour souscrire la déclaration de renonciation prévue au dernier alinéa de l'article 22-3 du code civil, le déclarant fournit :

1° Son acte de naissance ;

2° Un document officiel d'identité, ainsi qu'une photographie d'identité récente ;

3° Tous documents mentionnés à l'article 11 établissant qu'il est français en vertu de l'article 22-1 du code civil ;

4° Le cas échéant, le certificat médical mentionné à l'article 17-3 du code civil attestant qu'il est empêché d'exprimer sa volonté, tous documents prouvant que son ou ses représentants légaux exercent à son égard l'autorité parentale et leur document officiel d'identité.

Art. 27 *(Décr. n° 2019-1507 du 30 déc. 2019, art. 34, en vigueur le 1er janv. 2020)* « Pour exercer la faculté de répudier la nationalité française prévue par l'article 23-5 du code civil, le déclarant fournit : »

1° *(Abrogé par Décr. n° 2019-1507 du 30 déc. 2019, art. 34, en vigueur le 1er janv. 2020) « Un extrait de »* Son acte de naissance ;

(Décr. n° 2019-1507 du 30 déc. 2019, art. 34, en vigueur le 1er janv. 2020) « 1° *bis* Un document officiel d'identité, ainsi qu'une photographie d'identité récente ;

« 2° Tous documents mentionnés à l'article 11 établissant qu'il est de nationalité française, ainsi que l'acte de mariage avec le conjoint étranger ; »

3° Un certificat délivré par les autorités du pays dont son conjoint est le ressortissant, établissant qu'il a acquis la nationalité de ce pays, précisant la date d'acquisition et les dispositions de la loi étrangère applicables ;

4° *(Décr. n° 2019-1507 du 30 déc. 2019, art. 34, en vigueur le 1er janv. 2020)* « Tous » documents justifiant que la résidence habituelle des époux est fixée à l'étranger ;

5° *(Décr. n° 98-720 du 20 août 1998)* « Lorsque le déclarant est un Français de moins de trente-cinq ans soumis aux obligations du livre II du code du service national, un document émanant des bureaux du service national justifiant qu'il a satisfait à ces obligations ou qu'il en a été dispensé ou exempté. »

Art. 28 *(Décr. n° 2019-1507 du 30 déc. 2019, art. 35, en vigueur le 1er janv. 2020)* « Pour exercer la faculté de perdre la nationalité française prévue par l'article 23 du code civil, le déclarant fournit : »

1° *(Abrogé par Décr. n° 2019-1507 du 30 déc. 2019, art. 35, à compter du 1er janv. 2020) « Un extrait de »* Son acte de naissance ;

(Décr. n° 2019-1507 du 30 déc. 2019, art. 35, en vigueur le 1er janv. 2020) « 1° *bis* Un document officiel d'identité, ainsi qu'une photographie d'identité récente ;

« 2° Tous documents mentionnés à l'article 11 établissant qu'il est de nationalité française ; »

3° Un certificat délivré par les autorités du pays dont il a acquis la nationalité précisant la date d'acquisition et les dispositions de la loi étrangère applicables ou tous documents émanant des autorités étrangères compétentes attestant du dépôt de sa demande d'acquisition de la nationalité de ce pays ;

4° *(Décr. n° 2019-1507 du 30 déc. 2019, art. 35, en vigueur le 1er janv. 2020)* « Tous » documents justifiant qu'il réside habituellement à l'étranger ;

5° *(Décr. n° 98-720 du 20 août 1998)* « Lorsque le déclarant est un Français de moins de trente-cinq ans soumis aux obligations du livre II du code du service national, un document émanant des bureaux du service national justifiant qu'il a satisfait à ces obligations ou qu'il en a été dispensé ou exempté. »

TITRE IV. DE L'ENREGISTREMENT ET DE LA PREUVE DES DÉCLARATIONS DE NATIONALITÉ

Art. 29 *(Décr. n° 2019-1507 du 30 déc. 2019, art. 36, en vigueur le 1er janv. 2020)* Lorsque la déclaration est souscrite en France ou lorsqu'elle l'est à l'étranger au titre de l'article 21-2 du code civil, l'autorité compétente remet au déclarant le récépissé prévu à l'article 26 du code civil dès qu'elle a reçu la totalité des pièces nécessaires à la preuve de la recevabilité de la déclaration.

Lorsque la déclaration est souscrite à l'étranger sur un fondement légal autre que l'article 21-2 du code civil, le dossier contenant les deux exemplaires de la déclaration et les pièces justificatives produites par le déclarant est transmis par l'autorité diplomatique ou consulaire au ministre de la justice. Le ministre de la justice délivre le récépissé dès qu'il a reçu la totalité des pièces nécessaires à la preuve de la recevabilité de la déclaration et l'adresse au déclarant.

Art. 30 *(Décr. n° 2023-65 du 3 févr. 2023, art. 15, en vigueur le 6 févr. 2023)* Lorsque la nationalité française est réclamée en France au titre de l'article 21-2, 21-13-1 ou 21-13-2 du code civil, le préfet compétent à raison de la résidence du déclarant enregistre la déclaration si toutes les conditions légales sont réunies. Si elles ne sont pas remplies ou s'il y a lieu de s'opposer à l'acquisition de la nationalité française pour indignité ou défaut d'assimilation autre que linguistique, le dossier, assorti de son avis motivé, est transmis au ministre chargé des naturalisations dans les six mois suivant la souscription de la déclaration.

Lorsque la nationalité française est réclamée à l'étranger au titre de l'article 21-2 du code civil, l'autorité compétente transmet l'entier dossier, assorti de son avis motivé, au ministre chargé des naturalisations, dans les six mois suivant la souscription de la déclaration.

Sur l'application dans le temps de l'art. 30 dans sa rédaction issue du Décr. n° 2023-65 du 3 févr. 2023, V. ndlr ss. art. 5.

Ancien art. 30 *(Décr. n° 2019-1507 du 30 déc. 2019, art. 36, en vigueur le 1er janv. 2020) Lorsque la nationalité française est réclamée au titre de l'article 21-2, 21-13-1 ou 21-13-2 du code civil, dès remise du récépissé mentionné à l'article 29, l'autorité qui a reçu la déclaration transmet l'entier dossier, assorti de son avis motivé, au ministre chargé des naturalisations pour qu'il procède, le cas échéant, à son enregistrement.*

Art. 31 *(Décr. n° 2019-1507 du 30 déc. 2019, art. 36, en vigueur le 1er janv. 2020)* L'autorité compétente pour enregistrer la déclaration examine si les conditions sont remplies. Dans l'affirmative, la déclaration porte la date, le numéro d'enregistrement et la signature de l'autorité compétente.

Dans la négative, l'autorité compétente refuse l'enregistrement de la déclaration par une décision motivée qui intervient avant l'expiration des délais fixés par les deux derniers alinéas de l'article 26-3 du code civil. La décision est notifiée sans délai au déclarant en la forme administrative ou par lettre recommandée avec demande d'avis de réception. *(Décr. n° 2023-65 du 3 févr. 2023, art. 16, en vigueur le 6 févr. 2023)* « Lorsque la demande a été déposée au moyen du téléservice mentionné à l'article 5, la notification s'effectue selon des modalités fixées par l'arrêté du ministre chargé des naturalisations prévu par le même article.

« Pour l'application du troisième alinéa de l'article 26-4 du code civil, l'autorité compétente peut diligenter une enquête de communauté de vie après l'enregistrement.

« Pour l'application de l'article 21-4 du code civil, l'autorité compétente peut, après annulation judiciaire d'un refus d'enregistrement, diligenter une enquête complémentaire et renouveler l'entretien prévu aux articles 15, 17-2 et 17-4. »

Art. 32 Lorsque le Gouvernement veut s'opposer par décret en Conseil d'État, pour indignité ou défaut d'assimilation *(Décr. n° 2005-25 du 14 janv. 2005)* « autre que linguistique », à l'acquisition de la nationalité française par *(Décr. n° 2016-872 du 29 juin 2016, art. 8)* « une personne *(Décr. n° 2019-1507 du 30 déc. 2019, art. 37, en vigueur le 1er janv. 2020)* « l'ayant réclamée » au titre de l'article 21-2, 21-13-1 ou 21-13-2 du code civil », le ministre chargé des naturalisations notifie les motifs de fait et de droit qui justifient l'intention de faire opposition à l'intéressé qui dispose d'un délai qui ne peut être inférieur à *(Décr. n° 2007-610 du 25 avr. 2007) « un mois »* pour produire un mémoire en défense.

(Décr. n° 2005-25 du 14 janv. 2005) « La notification est faite par lettre recommandée avec demande d'avis de réception. Elle peut également l'être en la forme administrative par l'autorité qui a reçu la déclaration. »

(Décr. n° 2023-65 du 3 févr. 2023, art. 17, en vigueur le 6 févr. 2023) « A l'occasion de la notification prévue au précédent alinéa, l'autorité administrative peut solliciter l'accord de l'intéressé pour que la procédure se poursuive au moyen du téléservice mentionné à l'article 5, selon les modalités prévues par cet article et précisées par arrêté du ministre chargé des naturalisations. Si cet accord est donné, les communications entre l'administration et l'intéressé sont effectuées par voie électronique au moyen du téléservice. Toutefois, le décret pris, le cas échéant, au terme de la procédure lui est notifié en la forme administrative ou par lettre recommandée avec demande d'avis de réception. »

Le décret d'opposition prend effet à la date de sa signature.

Art. 33 S'il y a eu demande de francisation de nom ou de prénom reçue dans les conditions prévues par l'article 13 du présent décret, celle-ci est transmise par l'autorité qui a enregistré la déclaration au ministre chargé des naturalisations accompagnée de la preuve de cet enregistrement.

Le ministre chargé des naturalisations notifie directement la décision au déclarant et, en cas d'acceptation de la demande, il avise le procureur de la République compétent.

Art. 34 *(Décr. n° 98-720 du 20 août 1998)* « La preuve *(Décr. n° 2019-1507 du 30 déc. 2019, art. 38, en vigueur le 1er janv. 2020)* « de l'enregistrement » de la déclaration de nationalité résulte de la production d'un exemplaire enregistré de celle-ci ou de la copie intégrale de l'acte de naissance, de l'extrait de celui-ci *(Décr. n° 2019-1507 du 30 déc. 2019, art. 38, en vigueur le 1er janv. 2020)* « avec indication de la filiation », sur lesquels a été portée la mention prévue par l'article 28 du code civil. »

A défaut, elle peut résulter de la production d'une attestation constatant *(Décr. n° 2019-1507 du 30 déc. 2019, art. 38, en vigueur le 1er janv. 2020)* « la souscription et l'enregistrement de la déclaration » qui est délivrée, à la demande de l'intéressé, *(Décr. n° 2019-1507 du 30 déc. 2019, art. 38, en vigueur le 1er janv. 2020)* « de son ou ses représentants légaux » *(Abrogé par Décr. n° 2009-1671 du 28 déc. 2009)* « *, de ses parents et alliés* » ou des administrations publiques françaises, par l'autorité qui a procédé à l'enregistrement ou par une autorité centrale désignée par arrêté interministériel.

Le silence gardé pendant deux mois par l'administration pour les demandes d'attestation constatant qu'une déclaration acquisitive de la nationalité française a été souscrite et enregistrée vaut décision de rejet pour les demandes présentées à compter du 12 nov. 2014 (Décr. n° 2014-1292 du 23 oct. 2014).

TITRE V. DES DEMANDES DE NATURALISATION ET DE RÉINTÉGRATION DANS LA NATIONALITÉ FRANÇAISE *(Décr. n° 2019-1507 du 30 déc. 2019, art. 39, en vigueur le 1er janv. 2020).*

Les modifications apportées au titre V par le Décr. n° 2010-725 du 29 juin 2010 entrent en vigueur le 1er juill. 2010 sur tout le territoire de la République. Les demandes de naturalisation ou de réintégration dans la nationalité française qui, à cette date, ont fait l'objet de la transmission prévue aux art. 44 et 45 dans leur rédaction antérieure au présent décret restent régies par ces dispositions.

Art. 35 *(Décr. n° 2023-65 du 3 févr. 2023, art. 18, en vigueur le 6 févr. 2023)* « La demande en vue d'obtenir la naturalisation ou la réintégration est présentée au moyen du téléservice mentionné à l'article 5 si le demandeur réside dans un département ou une collectivité figurant sur une liste fixée par arrêté du ministre chargé des naturalisations. Dans le cas contraire, cette demande est établie en deux exemplaires dûment renseignés, datés et signés par le demandeur ou par son ou ses représentants légaux qui précisent leurs noms, prénoms et qualité, et déposée auprès du préfet désigné, selon le département de résidence du demandeur, par arrêté du ministre chargé des naturalisations ou, à Paris, à la préfecture de police.

« Les services placés auprès du préfet mentionné au précédent alinéa procèdent à l'instruction de la demande. »

(Décr. n° 2019-1507 du 30 déc. 2019, art. 40, en vigueur le 1er janv. 2020) « Si le demandeur réside à l'étranger, il dépose la demande auprès de l'autorité diplomatique ou consulaire française compétente à raison de sa résidence, désignée par arrêté du ministre des affaires étrangères. »

(Décr. n° 2010-725 du 29 juin 2010, en vigueur le 1er juill. 2010) « Lorsque le *(Décr. n° 2019-1507 du 30 déc. 2019, art. 40, en vigueur le 1er janv. 2020)* « demandeur » est sous les drapeaux, la demande est remise à l'autorité militaire, qui la dépose dans les huit jours, accompagnée de son avis, auprès de l'autorité administrative *(Décr. n° 2015-316 du 19 mars 2015, art. 4, en vigueur au plus tard le 31 mars 2016)* « chargée de la recevoir en application du premier alinéa », laquelle procède à la constitution du dossier. »

(Décr. n° 2023-65 du 3 févr. 2023, art. 18, en vigueur le 6 févr. 2023) « Lorsque la demande a été déposée au moyen du téléservice mentionné au premier alinéa, les notifications adressées au demandeur se font au moyen de celui-ci dans des conditions précisées par un arrêté du ministre chargé des naturalisations. Le demandeur est alerté de toute nouvelle communication par un message envoyé à l'adresse électronique qu'il a indiquée dans son compte usager. Ce message précise l'objet de la communication et, le cas échéant, le délai qu'elle impartit à l'intéressé. »

La date d'entrée en vigueur du Décr. n° 2015-316 du 19 mars 2015 est arrêtée, dans chaque département, dans chaque collectivité d'outre-mer et en Nouvelle-Calédonie, par le ministre chargé des naturalisations, de telle sorte que ce décret soit partout applicable au plus tard le 31 mars 2016 (Décr. préc., art. 11).

Art. 35-1 *(Décr. n° 2023-65 du 3 févr. 2023, art. 19, en vigueur le 6 févr. 2023)* L'article 13-1 est applicable aux demandes d'acquisition de la nationalité française par décision de l'autorité publique.

Art. 36 Toute demande de naturalisation ou de réintégration fait l'objet d'une enquête *(Abrogé par Décr. n° 2019-1507 du 30 déc. 2019, art. 41, à compter du 1er janv. 2020)* « *à laquelle procède l'autorité auprès de laquelle elle a été déposée par application des dispositions de l'article précédent* ».

(Décr. n° 2019-1507 du 30 déc. 2019, art. 41, en vigueur le 1er janv. 2020) « Dès la délivrance du récépissé prévu à l'article 21-25-1 du code civil constatant la remise de toutes les pièces nécessaires à la constitution d'un dossier complet, l'autorité publique auprès de laquelle la demande a été déposée sollicite la réalisation d'une enquête. »

Cette enquête, qui porte sur la conduite et le loyalisme du *(Décr. n° 2019-1507 du 30 déc. 2019, art. 41, en vigueur le 1er janv. 2020)* « demandeur », est effectuée par les services de police ou de gendarmerie territorialement compétents. *(Décr. n° 2005-25 du 14 janv. 2005)* « Elle peut être complétée par une consultation des organismes consulaires et sociaux. »

(Décr. n° 2019-1507 du 30 déc. 2019, art. 41, en vigueur le 1er janv. 2020) « A l'étranger, il est procédé à des vérifications et à des entretiens par les autorités diplomatiques ou consulaires. »

(Abrogé par Décr. n° 2023-65 du 3 févr. 2023, art. 20, à compter du 6 févr. 2023) (Décr. n° 2010-725 du 29 juin 2010, en vigueur le 1er juill. 2010) « *L'autorité mentionnée au premier alinéa désigne les médecins des hôpitaux et dispensaires publics chargés, le cas échéant, d'examiner l'état de santé des (Décr. n° 2019-1507 du 30 déc. 2019, art. 41, en vigueur le 1er janv. 2020) « demandeurs » et de fournir le certificat qu'elle peut juger nécessaire pour l'instruction de la demande.* »

Art. 37 *(Décr. n° 2012-126 du 30 janv. 2012)* Pour l'application de l'article 21-24 du code civil :

(Décr. n° 2019-1507 du 30 déc. 2019, art. 42-1°, en vigueur le 1er janv. 2020) « 1° Tout demandeur doit justifier d'une connaissance de la langue française à l'oral et à l'écrit au moins égale au niveau B1 du Cadre européen commun de référence pour les langues, tel qu'adopté par le comité des ministres du Conseil de l'Europe dans sa recommandation CM/Rec (2008) du 2 juillet 2008. »

(Décr. n° 2013-794 du 30 août 2013, art. 4) « Un arrêté du ministre chargé des naturalisations définit les diplômes permettant de justifier d'un niveau égal ou supérieur au niveau requis. »

(Décr. n° 2019-1507 du 30 déc. 2019, art. 42, en vigueur le 1er janv. 2020) « A défaut d'un tel diplôme, le demandeur peut justifier de la possession du niveau requis par la production d'une attestation délivrée depuis moins de deux ans à l'issue d'un test linguistique certifié ou reconnu au niveau international, comportant des épreuves distinctes évaluant son niveau de compréhension et d'expression orales et écrites. Le niveau d'expression orale du demandeur est évalué par l'organisme délivrant l'attestation dans le cadre d'un entretien.

« Les modalités de passation du test linguistique mentionné à l'alinéa précédent sont définies par un arrêté du ministre chargé des naturalisations. » Les conditions d'inscription sont fixées par un arrêté du ministre chargé des naturalisations.

(Décr. n° 2013-794 du 30 août 2013, art. 4) « 2° Le demandeur doit justifier d'un niveau de connaissance de l'histoire, de la culture et de la société françaises correspondant aux éléments fondamentaux relatifs :

« *a)* Aux grands repères de l'histoire de France : il est attendu que le *(Décr. n° 2019-1507 du 30 déc. 2019, art. 42, en vigueur le 1er janv. 2020)* « demandeur » ait une connaissance élémentaire de la construction historique de la France qui lui permette de connaître et de situer les principaux événements ou personnages auxquels il est fait référence dans la vie sociale ;

« *b)* Aux principes, symboles et institutions de la République : il est attendu du *(Décr. n° 2019-1507 du 30 déc. 2019, art. 42, en vigueur le 1er janv. 2020)* « demandeur » qu'il connaisse les règles de vie en société, notamment en ce qui concerne le respect des lois, des libertés fondamentales, de l'égalité, notamment entre les hommes et les femmes, de la laïcité, ainsi que les principaux éléments de l'organisation politique et administrative de la France au niveau national et territorial ;

« *c)* A l'exercice de la citoyenneté française : il est attendu du *(Décr. n° 2019-1507 du 30 déc. 2019, art. 42, en vigueur le 1er janv. 2020)* « demandeur » qu'il connaisse les principaux droits et devoirs qui lui incomberaient en cas d'acquisition de la nationalité, tels qu'ils sont mentionnés dans la charte des droits et devoirs du citoyen français ;

« *d)* A la place de la France dans l'Europe et dans le monde : il est attendu du *(Décr. n° 2019-1507 du 30 déc. 2019, art. 42, en vigueur le 1er janv. 2020)* « demandeur » une connaissance élémentaire des caractéristiques de la France, la situant dans un environnement mondial, et des principes fondamentaux de l'Union européenne.

« Les domaines et le niveau des connaissances attendues sont illustrés dans un livret du citoyen *(Décr. n° 2019-1507 du 30 déc. 2019, art. 42, en vigueur le 1er janv. 2020)* « , disponible en ligne, » dont le contenu est approuvé par arrêté du ministre chargé des naturalisations. Il est élaboré par référence aux compétences correspondantes du socle commun de connaissances, de compétences et de culture mentionné au premier alinéa de *(Décr. n° 2019-1507 du 30 déc. 2019, art. 42, en vigueur le 1er janv. 2020)* « l'article L. 122-1-1 » du code de l'éducation ». *(Abrogé par Décr. n° 2019-1507 du 30 déc. 2019, art. 42, à compter du 1er janv. 2020) « Le livret du citoyen est remis à toute personne ayant déposé une demande et disponible en ligne. » — V. Arr. du 4 févr. 2022 (JO 20 mars).*

Les dispositions du Décr. n° 2012-126 du 30 janv. 2012 entrent en vigueur sur tout le territoire de la République à compter de la date fixée par arrêté du ministre chargé des naturalisations et au plus tard le 1er juill. 2012.

Les dispositions du 1° de l'art. 42 du Décr. n° 2019-1507 du 30 déc. 2019 s'appliquent aux demandes de naturalisation déposées à compter du 1er avr. 2020 (Décr. n° 2019-1507 du 30 déc. 2019, art. 63).

Art. 37-1 *(Décr. n° 2011-1265 du 11 oct. 2011, en vigueur le 1er janv. 2012 ; Décr. n° 2019-1507 du 30 déc. 2019, art. 43, en vigueur le 1er janv. 2020)* « Le demandeur fournit, selon les mêmes conditions de recevabilité que celles prévues par l'article 9 : »

1° *(Décr. n° 2019-1507 du 30 déc. 2019, art. 43, en vigueur le 1er janv. 2020)* « Son » acte de naissance ;

(Décr. n° 2019-1507 du 30 déc. 2019, art. 43, en vigueur le 1er janv. 2020) « 1° *bis* La copie d'un document officiel d'identité, ainsi qu'une photographie d'identité récente ; »

2° La justification par tous moyens *(Décr. n° 2019-1507 du 30 déc. 2019, art. 43, en vigueur le 1er janv. 2020)* « de sa résidence » habituelle en France *(Abrogé par Décr. n° 2019-1507 du 30 déc. 2019, art. 43, à compter du 1er janv. 2020) « du demandeur »* pendant les cinq années qui précèdent le dépôt de la demande, sous réserve des réductions ou dispenses de stage prévues aux articles 21-18 à 21-20 du code civil et, lorsque la demande est présentée au nom d'un mineur, la justification de la résidence habituelle de ce dernier pendant les cinq années qui précèdent le dépôt de la demande avec le parent qui a acquis la nationalité française ;

3° Tous documents justifiant qu'il a sa résidence en France à la date de la demande *(Décr. n° 2019-1507 du 30 déc. 2019, art. 43, en vigueur le 1er janv. 2020)* « , notamment des justificatifs de domicile, de ressources et de situation fiscale ; »

4° S'il entend bénéficier de l'assimilation de résidence prévue à l'article 21-26 du code civil, *(Décr. n° 2019-1507 du 30 déc. 2019, art. 43, en vigueur le 1er janv. 2020)* « tous documents justifiant » qu'il remplit les conditions *(Décr. n° 2019-1507 du 30 déc. 2019, art. 43, en vigueur le 1er janv. 2020)* « posées par » cet article ;

(Décr. n° 2019-1507 du 30 déc. 2019, art. 43, en vigueur le 1er janv. 2020) « 5° Le cas échéant, les actes de naissance de tous ses enfants mineurs, ainsi que les pièces de nature à établir leur résidence ; »

6° Le cas échéant, *(Décr. n° 2019-1507 du 30 déc. 2019, art. 43, en vigueur le 1er janv. 2020)* « son ou ses » actes de mariage ainsi que les pièces de nature à justifier la dissolution *(Décr. n° 2019-1507 du 30 déc. 2019, art. 43, en vigueur le 1er janv. 2020)* « de ses unions » antérieures ;

7° Un extrait de casier judiciaire ou un document équivalent délivré par une autorité judiciaire ou administrative compétente du ou des pays où il a résidé au cours des dix dernières années, ou, lorsqu'il est dans l'impossibilité de produire ces documents, du pays dont il a la nationalité ;

(Décr. n° 2019-1507 du 30 déc. 2019, art. 43-9°, en vigueur le 1er janv. 2020) « 8° Le cas échéant, au titre de l'acquisition de plein droit de la nationalité française prévue à l'article 22-1 du code civil, les pièces mentionnées à l'article 12 ;

« 8° *bis* Le cas échéant, un état des services, pour les anciens combattants et les légionnaires, et les décorations et citations obtenues ;

« 9° Un diplôme ou une attestation, délivrée depuis moins de deux ans, justifiant d'un niveau de langue égal ou supérieur à celui exigé en application de l'article 37 et délivré dans les conditions définies par cet article. Sont toutefois dispensées de la production de ce diplôme ou de cette attestation :

« *a)* Les personnes titulaires d'un diplôme délivré dans un État dont la liste est fixée par un arrêté du ministre chargé des naturalisations à l'issue d'études suivies en français qui peuvent justifier de la reconnaissance de leur diplôme par rapport à la nomenclature française des niveaux de formation et au cadre européen des certifications (CEC) par la production d'une attestation de comparabilité délivrée dans des conditions fixées par un arrêté du ministre chargé des naturalisations ;

« *b)* Les personnes dont le handicap ou l'état de santé déficient chronique rend impossible leur évaluation linguistique. La nécessité de bénéficier d'aménagements d'épreuves ou, à défaut l'impossibilité de se soumettre à une évaluation linguistique est justifiée par la production d'un certificat médical dont le modèle est fixé par arrêté conjoint du ministre des affaires étrangères, du ministre chargé des naturalisations et du ministre de la santé. » — *V. Arr. du 17 juill. 2020, JO 30 juill.*

(Décr. n° 2023-65 du 3 févr. 2023, art. 21, en vigueur le 6 févr. 2023) « L'autorité compétente peut solliciter un nouveau certificat médical pour faire vérifier le handicap ou l'état de santé du déclarant par un médecin figurant sur la liste mentionnée à l'article 17-3 du code civil, ou, à l'étranger, par un médecin choisi par l'autorité diplomatique ou consulaire. »

(Abrogé par Décr. n° 2019-1507 du 30 déc. 2019, art. 43, à compter du 1er janv. 2020) « Tous les documents rédigés en langue étrangère doivent être accompagnés de leur traduction par un traducteur agréé ou habilité à intervenir auprès des autorités judiciaires ou administratives d'un autre État membre de l'Union européenne ou d'un État partie à l'accord sur l'Espace économique européen ou de la Suisse, produite en original. »

Dès la *(Décr. n° 2019-1507 du 30 déc. 2019, art. 43, en vigueur le 1er janv. 2020)* « remise » des pièces prévues ci-dessus, l'autorité auprès de laquelle la demande a été déposée délivre le récépissé prévu à l'article 21-25-1 du code civil *(Abrogé par Décr. n° 2019-1507 du 30 déc. 2019, art. 43, à compter du 1er janv. 2020) « constatant cette production »*.

(Décr. n° 2019-1507 du 30 déc. 2019, art. 43-9°, en vigueur le 1er janv. 2020) « Après la délivrance du récépissé et jusqu'à la décision du ministre chargé des naturalisations, le demandeur doit signaler à l'autorité qui a reçu sa demande tout changement de résidence et toute modification intervenue dans sa situation, notamment familiale et professionnelle, *(Décr. n° 2023-65 du 3 févr. 2023, art. 21, en vigueur le 6 févr. 2023)* « soit en transmettant à cette autorité le document prévu à cet effet joint au formulaire d'acquisition de la nationalité française, soit en utilisant le téléservice mentionné à l'article 5 ». Il sera délivré récépissé du dépôt de ce document. »

Les dispositions des trois derniers al. du 9° de l'art. 43 du Décr. n° 2019-1507 du 30 déc. 2019 s'appliquent aux demandes de naturalisation déposées à compter du 1er avr. 2020 (Décr. préc., art. 63).

Art. 38 Le demandeur de naturalisation, qui entend bénéficier pour la durée du stage prévue à l'article 21-17 du code civil de la réduction prévue à l'article 21-18 de ce code ou de la dispense de stage prévue aux articles 21-19 et 21-20 de ce même code, joint à sa demande toute justification établissant qu'il remplit *(Décr. n° 2019-1507 du 30 déc. 2019, art. 44, en vigueur le 1er janv. 2020)* « les conditions » énoncées par l'un de ces articles.

(Décr. n° 2005-25 du 14 janv. 2005) « Le demandeur qui entend bénéficier des dispositions de l'article 21-24-1 du code civil joint à sa demande tout justificatif établissant qu'il remplit les conditions énoncées par cet article. »

Art. 39 Lorsqu'un étranger francophone souhaite bénéficier des dispositions de l'article 21-21 du code civil, sa demande est adressée par l'autorité qui l'a reçue au ministre des affaires étrangères qui la transmet, revêtue de son avis, au ministre chargé des naturalisations.

Art. 40 *(Décr. n° 2019-1507 du 30 déc. 2019, art. 45, en vigueur le 1er janv. 2020)* L'autorité qui a reçu la demande ou le ministre chargé des naturalisations peut, à tout moment de l'instruction de la demande de naturalisation ou de réintégration, mettre en demeure le demandeur de produire les pièces complémentaires ou d'accomplir les formalités administratives qui sont nécessaires à l'examen de sa demande.

Si le demandeur ne défère pas à cette mise en demeure dans le délai qu'elle fixe, la demande peut être classée sans suite. Le demandeur est informé par écrit de ce classement.

Art. 41 *(Décr. n° 2019-1507 du 30 déc. 2019, art. 45, en vigueur le 1er janv. 2020)* Le demandeur se présente en personne devant un agent désigné nominativement par l'autorité administrative chargée de recevoir la demande et justifie de son identité par la production de l'original de son document officiel d'identité mentionné au 1° *bis* de l'article 37-1. *(Décr. n° 2023-65 du 3 févr. 2023, art. 22, en vigueur le 6 févr. 2023)* « Il produit également lors de cet entretien les originaux des pièces nécessaires à l'examen de sa demande. En l'absence de comparution personnelle à l'entretien sans motif légitime, l'autorité compétente peut classer sans suite sa demande sans qu'il soit besoin de fixer une nouvelle date d'entretien. »

Lors d'un entretien individuel et après réception des enquêtes prévues à l'article 36, l'agent vérifie l'assimilation du demandeur à la communauté française, selon les critères prévus par l'article 21-24 du code civil et établit un compte rendu de l'entretien.

Art. 42 *(Décr. n° 2019-1507 du 30 déc. 2019, art. 45, en vigueur le 1er janv. 2020)* Le demandeur peut solliciter du ministre chargé des naturalisations, par l'intermédiaire de l'autorité auprès de laquelle il a déposé sa demande de naturalisation, la francisation, soit de son seul nom, soit de ses prénoms ou de l'un d'eux, soit de son nom et de ses prénoms ou de l'un d'eux. Il peut, selon les mêmes modalités, solliciter la francisation des prénoms ou de l'un des prénoms de ses enfants mineurs susceptibles de bénéficier de l'acquisition de plein droit prévue à l'article 22-1 du code civil.

Le cas échéant, le demandeur remet, dans les mêmes conditions, la déclaration conjointe de choix de nom prévue par les articles 311-21 et 311-22 du code civil.

(Décr. n° 2023-65 du 3 févr. 2023, art. 7, en vigueur le 6 févr. 2023) « La demande de francisation est déposée au moyen du téléservice mentionné à l'article 5 lorsque la procédure a été engagée au moyen de ce téléservice. »

Art. 43 *(Décr. n° 2019-1507 du 30 déc. 2019, art. 46, en vigueur le 1er janv. 2020)* « Le préfet compétent à raison de la résidence du demandeur ou, à Paris, le préfet de police déclare la demande irrecevable dès lors qu'il constate que les conditions requises par les articles 21-15, 21-16, 21-17, 21-22, 21-23, 21-24 ou 21-27 du code civil ne sont pas remplies. »

(Décr. n° 2010-725 du 29 juin 2010, en vigueur le 1er juill. 2010) « Si, dès la procédure de constitution du dossier, une pièce fait apparaître que la demande est manifestement irrecevable, une décision constatant l'irrecevabilité de la demande peut intervenir sans qu'il soit besoin de procéder à l'entretien mentionné à l'article 41.

« La décision *(Décr. n° 2019-1507 du 30 déc. 2019, art. 46, en vigueur le 1er janv. 2020)* « de l'autorité mentionnée au premier alinéa » est transmise sans délai au ministre chargé des naturalisations.

« Si les motifs de l'irrecevabilité disparaissent, l'intéressé peut déposer une nouvelle demande. »

Sur l'entrée en vigueur du Décr. n° 2015-316 du 19 mars 2015, V. ndlr ss. art. 35.

Art. 44 *(Décr. n° 2010-725 du 29 juin 2010, en vigueur le 1er juill. 2010)* Si le préfet *(Décr. n° 2019-1507 du 30 déc. 2019, art, 47, en vigueur le 1er janv. 2020)* « compétent à raison de la résidence du demandeur » ou, à Paris, le préfet de police *(Abrogé par Décr. n° 2015-316 du 19 mars 2015, art. 7, à compter au plus tard du 31 mars 2016)* « *auprès duquel la demande a été déposée* » estime, même si la demande est recevable, qu'il n'y a pas lieu d'accorder la naturalisation ou la réintégration sollicitée, il prononce le rejet de la demande.

Il peut également en prononcer l'ajournement en imposant un délai ou des conditions. Ce délai une fois expiré ou ces conditions réalisées, il appartient au *(Décr. n° 2019-1507 du 30 déc. 2019, art. 47, en vigueur le 1er janv. 2020)* « demandeur », s'il le juge opportun, de formuler une nouvelle demande.

(Décr. n° 2019-1507 du 30 déc. 2019, art. 47, en vigueur le 1er janv. 2020) « L'autorité mentionnée au premier alinéa transmet sans délai l'entier dossier accompagné de sa décision au ministre chargé des naturalisations. »

(Décr. n° 2023-65 du 3 févr. 2023, art. 23, en vigueur le 6 févr. 2023) « Une demande de naturalisation présentée avant l'expiration de la période d'ajournement peut être classée sans suite sans mise en œuvre de la procédure d'instruction. Une demande de naturalisation présentée moins de cinq ans après la notification d'une décision rejetant une précédente demande peut, après examen, le cas échéant, des circonstances nouvelles invoquées par l'intéressé, être classée sans suite sans mise en œuvre de la procédure d'instruction. »

Sur l'entrée en vigueur du Décr. n° 2015-316 du 19 mars 2015, V. ndlr ss. art. 35.

Art. 45 *(Décr. n° 2010-725 du 29 juin 2010, en vigueur le 1er juill. 2010)* Dans les deux mois suivant leur notification, les décisions prises en application des articles 43 et 44 peuvent faire l'objet d'un recours auprès du ministre chargé des naturalisations, à l'exclusion de tout autre recours administratif.

Ce recours, pour lequel le demandeur peut se faire assister ou être représenté par toute personne de son choix, doit exposer les raisons pour lesquelles le réexamen de la demande est sollicité. Il constitue un préalable obligatoire à l'exercice d'un recours contentieux, à peine d'irrecevabilité de ce dernier.

Le silence gardé par le ministre chargé des naturalisations sur ce recours pendant plus de quatre mois vaut décision de rejet du recours.

Art. 46 *(Décr. n° 2010-725 du 29 juin 2010, en vigueur le 1er juill. 2010)* Lorsqu'il estime que la demande est recevable et qu'il y a lieu d'accorder la naturalisation ou la réintégration dans la nationalité française, *(Décr. n° 2015-316 du 19 mars 2015, art. 8, en vigueur au plus tard le 31 mars 2016)* « le préfet *(Décr. n° 2023-65 du 3 févr. 2023, art. 24, en vigueur le 6 févr. 2023)* « désigné par arrêté du ministre chargé des naturalisations en application de l'article 35 » émet une proposition en ce sens. Le dossier assorti de cette proposition est transmis au ministre chargé des naturalisations dans les six mois » suivant la délivrance du récépissé prévu *(Décr. n° 2019-1507 du 30 déc. 2019, art. 48, en vigueur le 1er janv. 2020)* « par l'article 21-25-1 du code civil ». Le dossier comprend les pièces mentionnées à *(Décr. n° 2013-794 du 30 août 2013, art. 7)* « l'article 37-1 », le bulletin n° 2 du casier judiciaire de l'intéressé et le résultat de l'enquête mentionnée à l'article 36.

Sur l'entrée en vigueur du Décr. n° 2015-316 du 19 mars 2015, V. ndlr ss. art. 35.

Les dispositions de l'art. 24 du Décr. n° 2023-65 du 3 févr. 2023, qui confèrent au préfet désigné par arrêté du ministre la compétence pour émettre une proposition de naturalisation ou de réintégration dans la nationalité française, sont applicables aux demandes de naturalisation ou de réintégration, qui, au 6 févr. 2023, n'ont pas fait l'objet de la proposition prévue à l'art. 46 du Décr. n° 93-1362 du 30 déc. 1993 dans sa rédaction antérieure (Décr. n° 2023-65 du 3 févr. 2023, art. 32, en vigueur le 6 févr. 2023).

Art. 47 *(Décr. n° 2010-725 du 29 juin 2010, en vigueur le 1er juill. 2010)* Lorsque la demande a été déposée auprès d'une *(Décr. n° 2019-1507 du 30 déc. 2019, art. 49, en vigueur le 1er janv. 2020)* « autorité diplomatique ou consulaire », cette autorité transmet au ministre chargé des naturalisations, dans les six mois suivant la délivrance du récépissé prévu *(Décr. n° 2019-1507 du 30 déc. 2019, art. 49, en vigueur le 1er janv. 2020)* « par l'article 21-25-1 du code civil », le dossier assorti de son avis motivé tant sur la recevabilité de la demande que sur la suite qu'elle lui paraît devoir comporter. Cette transmission est faite par l'intermédiaire du ministre des affaires étrangères, qui joint son propre avis.

Le dossier contient tous les documents exigés à *(Décr. n° 2013-794 du 30 août 2013, art. 7)* « l'article 37-1 », le bulletin n° 2 du casier judiciaire de l'intéressé et le résultat de l'enquête *(Décr. n° 2019-1507 du 30 déc. 2019, art. 49, en vigueur le 1er janv. 2020)* « et des vérifications prévues » à l'article 36.

(Décr. n° 2019-1507 du 30 déc. 2019, art. 49, en vigueur le 1er janv. 2020) « Si au cours de l'examen du dossier une pièce fait apparaître que la demande est manifestement irrecevable, l'autorité diplomatique ou consulaire transmet le dossier en l'état, assorti de son avis motivé, au ministre chargé des naturalisations, qui statue sur la demande. »

Art. 48 *(Décr. n° 2010-725 du 29 juin 2010, en vigueur le 1er juill. 2010)* Dès réception du dossier, le ministre chargé des naturalisations procède à tout complément d'enquête qu'il juge utile, portant sur la conduite et le loyalisme de l'intéressé.

Lorsque les conditions requises par la loi sont remplies, le ministre chargé des naturalisations propose, s'il y a lieu, la naturalisation ou la réintégration dans la nationalité française. Lorsque ces conditions ne sont pas remplies, il déclare la demande irrecevable.

Si le ministre chargé des naturalisations estime qu'il n'y a pas lieu d'accorder la naturalisation ou la réintégration sollicitée, il prononce le rejet de la demande. Il peut également en prononcer l'ajournement en imposant un délai ou des conditions. Ce délai une fois expiré ou ces conditions réalisées, il appartient à l'intéressé, s'il le juge opportun, de déposer une nouvelle demande.

Art. 49 *(Décr. n° 2010-725 du 29 juin 2010, en vigueur le 1er juill. 2010)* Toute décision déclarant irrecevable, ajournant ou rejetant une demande de naturalisation ou de réintégration dans la nationalité française prise en application du présent décret est motivée conformément à l'article 27 de la loi n° 98-170 du 16 mars 1998 relative à la nationalité.

Art. 50 Le décret portant naturalisation ou réintégration dans la nationalité française comporte les nom, prénoms, date et lieu de naissance de l'intéressé et, éventuellement, de celui ou de ceux de ses enfants susceptibles *(Décr. n° 2019-1507 du 30 déc. 2019, art. 50, en vigueur le 1er janv. 2020)* « de bénéficier de l'acquisition de plein droit de la nationalité française prévue à » l'article 22-1 du code civil.

Art. 51 Les décrets portant naturalisation ou réintégration dans la nationalité française sont publiés au *Journal officiel* de la République française. Ils prennent effet à la date de leur signature sans toutefois qu'il soit porté atteinte à la validité des actes passés par l'intéressé ni aux droits acquis par des tiers antérieurement à la publication du décret sur le fondement de l'extranéité de l'intéressé.

(Décr. n° 2023-65 du 3 févr. 2023, art. 25, en vigueur le 6 févr. 2023) « Dès la publication prévue au premier alinéa, la mesure de naturalisation est notifiée au demandeur ou, pour l'enfant mineur, à son représentant légal par le préfet du département où ils ont établi leur résidence, ou, à Paris, par le préfet de police, ou, si la résidence se trouve à l'étranger, par l'autorité diplomatique ou consulaire. La notification est effectuée au moyen du téléservice s'il a été utilisé pour présenter la demande. »

Art. 52 *(Décr. n° 2009-1671 du 28 déc. 2009)* La preuve d'un décret de naturalisation ou de réintégration dans la nationalité française résulte de la production de l'ampliation de ce décret *(Décr. n° 2019-1507 du 30 déc. 2019, art. 52, en vigueur le 1er janv. 2020)* « ou de la production de la copie intégrale de l'acte de naissance de l'intéressé ou de l'extrait de celui-ci avec indication de la filiation, » délivrés par les autorités françaises, sur lesquels figure la mention du décret de naturalisation ou de réintégration dans la nationalité française en application de l'article 28 du code civil ou, à défaut, par la production d'une attestation constatant l'existence du décret, délivrée par le ministre chargé des naturalisations à la demande de l'intéressé, de son représentant légal ou des administrations publiques françaises.

Le silence gardé pendant deux mois par l'administration pour les demandes d'attestation constatant l'existence d'un décret de naturalisation ou de réintégration dans la nationalité française vaut décision de rejet pour les demandes présentées à compter du 12 nov. 2014 (Décr. n° 2014-1292 du 23 oct. 2014).

TITRE VI. DES DEMANDES TENDANT À OBTENIR L'AUTORISATION DE PERDRE LA QUALITÉ DE FRANÇAIS PAR DÉCRET

Art. 53 Toute demande en vue d'obtenir l'autorisation de perdre la qualité de Français en vertu de l'article 23-4 du code civil est adressée au ministre chargé des naturalisations.

(Décr. n° 2019-1507 du 30 déc. 2019, art. 53, en vigueur le 1er janv. 2020) « A l'étranger, elle est déposée auprès de l'autorité diplomatique ou consulaire compétente en vertu de l'arrêté du ministre des affaires étrangères mentionné à l'article 4. »

Lorsque le *(Décr. n° 2019-1507 du 30 déc. 2019, art. 53, en vigueur le 1er janv. 2020)* « demandeur » réside en France, le préfet *(Décr. n° 2015-316 du 19 mars 2015, art. 9, en vigueur au plus tard le 31 mars 2016)* « désigné selon le département de résidence de l'intéressé par arrêté du ministre chargé des naturalisations », à Paris, le préfet de police ont qualité pour recevoir sa demande.

(Décr. n° 2023-65 du 3 févr. 2023, art. 26, en vigueur le 6 févr. 2023) « Lorsque l'intéressé réside dans un département, une collectivité ou un pays figurant sur une liste fixée par arrêté du ministre chargé des naturalisations, les demandes tendant à obtenir l'autorisation de perdre la qualité de Français par décret sont présentées au moyen du téléservice mentionné à l'article 5. »

Sur l'entrée en vigueur du Décr. n° 2015-316 du 19 mars 2015, V. ndlr ss. art. 35.

Art. 54 *(Décr. n° 2023-65 du 3 févr. 2023, art. 27, en vigueur le 6 févr. 2023)* La demande, les actes de l'état civil et les documents de nature à justifier dans les conditions prévues par l'article 11 que l'intéressé possède la nationalité française et une nationalité étrangère sont déposés, selon les mêmes conditions de recevabilité que celles prévues par l'article 9, auprès de l'autorité désignée à l'article précédent et adressés par elle, accompagnés d'un rapport et d'un avis motivé, au ministre chargé des naturalisations par l'intermédiaire, le cas échéant, du ministre des affaires étrangères ou du ministre chargé de l'outre-mer. Lorsque le demandeur réside en France, l'avis motivé est émis par le préfet désigné par arrêté du ministre chargé des naturalisations en application de l'article 35.

Ancien art. 54 *La demande, les actes de l'état civil et les documents de nature à justifier que l'intéressé possède (Décr. n° 2019-1507 du 30 déc. 2019, art. 54, en vigueur le 1er janv. 2020) « la nationalité française et » une nationalité étrangère sont déposés auprès de l'autorité désignée à l'article précédent et adressés par elle, accompagnés d'un rapport et d'un avis motivé, au ministre chargé des naturalisations par l'intermédiaire, le cas échéant, du ministre des affaires étrangères ou du ministre chargé des départements et territoires d'outre-mer. (Décr. n° 2015-316 du 19 mars 2015, art. 10, en vigueur au plus tard le 31 mars 2016) « Lorsque le (Décr. n° 2019-1507 du 30 déc. 2019, art. 54, en vigueur le 1er janv. 2020) « demandeur » réside en France, l'avis motivé est émis par le préfet du département de résidence ou, à Paris, par le préfet de police. »*

Sur l'entrée en vigueur du Décr. n° 2015-316 du 19 mars 2015, V. ndlr ss. art. 35.

Art. 55 Le ministre chargé des naturalisations propose, s'il y a lieu, d'autoriser le demandeur à perdre la qualité de Français.

(Décr. n° 98-720 du 20 août 1998) « Si le ministre chargé des naturalisations estime qu'il n'y a pas lieu d'accorder l'autorisation de perdre la qualité de Français, il prononce le rejet de la demande par décision motivée, notifiée à l'intéressé, conformément à l'article 27 de la loi n° 98-170 du 16 mars 1998 relative à la nationalité. »

Art. 56 *(Abrogé par Décr. n° 2019-1507 du 30 déc. 2019, art. 55, à compter du 1er janv. 2020) La personne qui sollicite l'autorisation de perdre la nationalité française en application des dispositions de l'article 2 de la convention du Conseil de l'Europe du 6 mai 1963 doit produire tous documents permettant de justifier d'une résidence habituelle dans un pays partie à cette convention ainsi que les documents visés à l'article 54 du présent décret.*

Art. 57 Les décrets portant autorisation de perdre la nationalité française sont publiés au *Journal officiel* de la République française. Ils prennent effet à la date de leur signature sans toutefois qu'il soit porté atteinte à la validité des actes passés par l'intéressé ni aux droits acquis par des tiers antérieurement à la publication du décret sur le fondement de la nationalité française de l'intéressé.

Art. 58 La preuve de la perte de la nationalité française est rapportée dans les mêmes conditions que celles prévues à l'article 52.

TITRE VII. DE LA PERTE, DE LA DÉCHÉANCE DANS LA NATIONALITÉ FRANÇAISE ET DU RETRAIT DES DÉCRETS DE NATURALISATION OU DE RÉINTÉGRATION DANS LA NATIONALITÉ FRANÇAISE PAR DÉCISION DE L'AUTORITÉ PUBLIQUE *(Décr. n° 2019-1507 du 30 déc. 2019, art. 56, en vigueur le 1er janv. 2020).*

Art. 59 Lorsque le Gouvernement décide de faire application de l'article 23-7 du code civil, il notifie à l'intéressé, en la forme administrative ou par lettre recommandée avec demande d'avis de réception, les motifs de droit et de fait justifiant qu'il *(Décr. n° 2019-1507 du 30 déc. 2019, art. 57, en vigueur le 1er janv. 2020)* « pourra être déclaré avoir perdu la qualité de Français ».

A défaut de domicile connu, un avis informatif est publié au *Journal officiel* de la République française.

L'intéressé dispose d'un délai d'un mois à dater de la notification ou de la publication de l'avis au *Journal officiel* pour faire parvenir au ministre chargé des naturalisations ses observations en défense.

Après l'expiration de ce délai, le Gouvernement peut déclarer, par décret motivé pris sur avis conforme du Conseil d'État, que l'intéressé a perdu la qualité de *(Décr. n° 2019-1507 du 30 déc. 2019, art. 57, en vigueur le 1er janv. 2020)* « Français ».

(Décr. n° 2023-65 du 3 févr. 2023, art. 28, en vigueur le 6 févr. 2023) « A l'occasion de la notification prévue au premier alinéa, l'autorité administrative peut solliciter l'accord de l'intéressé pour que la procédure se poursuive au moyen du téléservice mentionné à l'article 5, selon les modalités prévues par cet article et précisées par arrêté du ministre chargé des naturalisations. Si cet accord est donné, les communications entre l'administration et l'intéressé sont effectuées par voie électronique au moyen du téléservice. Toutefois, le décret pris, le cas échéant, au terme de la procédure lui est notifié en la forme administrative ou par lettre recommandée avec demande d'avis de réception. »

Art. 60 Lorsque le Gouvernement décide de faire application de l'article 23-8 du code civil, il adresse à l'intéressé l'injonction prévue par cet article, en précisant les motifs de droit et de fait qui la justifient.

L'injonction est notifiée en la forme administrative ou par lettre recommandée avec demande d'avis de réception.

A défaut de domicile connu, un avis informatif est publié au *Journal officiel* de la République française.

A l'expiration du délai prévu par l'injonction, la perte de la nationalité française peut être déclarée, par décret motivé, dans les conditions prévues par l'article 23-8 précité.

(Décr. n° 2023-65 du 3 févr. 2023, art. 29, en vigueur le 6 févr. 2023) « A l'occasion de la notification prévue au deuxième alinéa, l'autorité administrative peut solliciter l'accord de l'intéressé pour que la procédure se poursuive au moyen du téléservice mentionné à l'article 5, selon les modalités prévues par cet article et précisées par arrêté du ministre chargé des naturalisations. Si cet accord est donné, les communications entre l'administration et l'intéressé sont effectuées par voie électronique au moyen du téléservice. Toutefois, le décret pris, le cas échéant, au terme de la procédure lui est notifié en la forme administrative ou par lettre recommandée avec demande d'avis de réception. »

Art. 61 Lorsque le Gouvernement décide de faire application des articles 25 et 25-1 du code civil, il notifie les motifs de droit et de fait justifiant *(Décr. n° 2019-1507 du 30 déc. 2019, art. 58, en vigueur le 1er janv. 2020)* « que la déchéance de la nationalité française pourra être prononcée », en la forme administrative ou par lettre recommandée avec demande d'avis de réception.

A défaut de domicile connu, un avis informatif est publié au *Journal officiel* de la République française.

L'intéressé dispose d'un délai d'un mois à dater de la notification ou de la publication de l'avis au *Journal officiel* pour faire parvenir au ministre chargé des naturalisations ses observations en défense.

A l'expiration de ce délai, le Gouvernement peut déclarer, par décret motivé pris sur avis conforme du Conseil d'État, que l'intéressé est déchu de la nationalité française.

(Décr. n° 2023-65 du 3 févr. 2023, art. 30, en vigueur le 6 févr. 2023) « A l'occasion de la notification prévue au premier alinéa, l'autorité administrative peut solliciter l'accord de l'intéressé pour que la procédure se poursuive au moyen du téléservice mentionné à l'article 5, selon les modalités prévues par cet article et précisées par arrêté du ministre chargé des naturalisations. Si cet accord est donné, les communications entre l'administration et l'intéressé sont effectuées par voie électronique au moyen du téléservice. Toutefois, le décret pris, le cas échéant, au terme de la procédure lui est notifié en la forme administrative ou par lettre recommandée avec demande d'avis de réception. »

Art. 62 Lorsque le Gouvernement a l'intention de retirer, en application de l'article 27-2 du code civil, un décret de naturalisation ou de réintégration dans la nationalité française, la procédure fixée à l'article 59 du présent décret est applicable.

Art. 63 Les décrets portant perte ou déchéance de la nationalité française et les décrets rapportant un décret de naturalisation ou de réintégration dans la nationalité française sont publiés au *Journal officiel* de la République française.

Ils prennent effet à la date de leur signature, sans toutefois qu'il soit porté atteinte à la validité des actes passés par l'intéressé ni aux droits acquis par des tiers antérieurement à la publication du décret sur le fondement de la nationalité française de l'intéressé.

Art. 64 *(Décr. n° 2019-1507 du 30 déc. 2019, art. 59, en vigueur le 1er janv. 2020)* La preuve de l'existence d'un décret de perte ou de déchéance de la nationalité française ou d'un décret rapportant un décret de naturalisation ou de réintégration dans la nationalité française résulte de la production soit de l'ampliation de ce décret, soit de la production de la copie intégrale de l'acte de naissance de l'intéressé ou de l'extrait de celui-ci avec indication de la filiation, sur lesquels figure la mention du décret de perte ou de déchéance de la nationalité française ou du décret rapportant le décret de naturalisation ou de réintégration dans la nationalité française.

A défaut, elle peut résulter de la production d'une attestation constatant l'existence du décret, délivrée par le ministre chargé des naturalisations, à la demande de l'intéressé, de *son représentant légal,* ou des administrations publiques françaises.

TITRE VIII. DISPOSITIONS DIVERSES ET TRANSITOIRES *(Décr. n° 2019-1507 du 30 déc. 2019, art. 60, en vigueur le 1er janv. 2020).*

Art. 65 Est assimilé à la résidence en France pour l'application de l'article 21-26 du code civil le séjour dans la Principauté de Monaco.

Art. 66 *(Modifie C. pr. civ., art. 1040).* — ***C. pr. civ.***

Art. 67 à 69 *V. Décr. n° 80-308 du 25 avr. 1980, art. 4 et 6, ss. art. 98-4.*

Art. 70 *(Décr. n° 2005-25 du 14 janv. 2005)* « Pour l'application des dispositions du présent décret dans les collectivités d'outre-mer ainsi qu'en Nouvelle-Calédonie, les mots : *(Décr. n° 2019-913 du 30 août 2019, art. 33 ; Décr. n° 2019-1507 du 30 déc. 2019, art. 61, en vigueur le 1er janv. 2020)* « "directeur des services de greffe judiciaires du tribunal judiciaire" » sont remplacés par : "président du tribunal de première instance ou juge chargé de la section détachée".

Sont substitués au mot "préfet" les mots "haut-commissaire de la République" en Nouvelle-Calédonie et en Polynésie française et "administrateur supérieur" à Wallis-et-Futuna *(Décr. n° 2005-25 du 14 janv. 2005)* « et dans les Terres australes et *(Décr. n° 2019-1507 du 30 déc. 2019, art. 61, en vigueur le 1er janv. 2020)* « antarctiques » françaises ». — *V. aussi Décr. n° 98-720 du 20 août 1998, portant application de la loi n° 98-170 du 16 mars 1998, art. 32.*

Art. 70-1 *(Décr. n° 2023-65 du 3 févr. 2023, art. 30, en vigueur le 6 févr. 2023)* Pour l'application de l'article 13-1 dans les collectivités régies par les articles 73 et 74 de la Constitution ainsi qu'en Nouvelle-Calédonie, les références aux règlements (UE) n° 2017/2226 du 30 novembre 2017 et (UE) n° 2018/1240 du 12 septembre 2018 du Parlement et du Conseil sont remplacées par des références aux règles applicables en métropole en vertu des règlements (UE) n° 2017/2226 du 30 novembre 2017 et (UE) n° 2018/1240 du 12 septembre 2018 du Parlement et du Conseil.

Art. 71 *(Abrogé par Décr. n° 2019-1507 du 30 déc. 2019, art. 62, à compter du 1er janv. 2020)* *L'article 66 du présent décret est applicable à Mayotte.*

Art. 72 Les personnes visées à l'article 53 de la loi du 22 juillet 1993 susvisée et autorisées par le ministre chargé des naturalisations à souscrire, dans le délai de six mois suivant cette autorisation, la déclaration de réintégration dans la nationalité française prévue à l'article 153 du code de la nationalité française doivent produire à l'appui de cette déclaration les mêmes documents que ceux visés aux 1°, 2°, 3°, 4° et 5° de l'article 20 du présent décret.

Art. 73 Les tribunaux judiciaires primitivement saisis de contestations sur la nationalité française ou étrangère des personnes physiques demeurent compétents pour connaître des procédures introduites antérieurement au 1er janvier 1994.

Art. 74 Les tribunaux judiciaires primitivement saisis de demandes d'acquisition ou de perte de la nationalité française par déclaration et de demandes de délivrance de certificats de nationalité française demeurent compétents pour connaître de ces procédures lorsqu'elles ont été introduites antérieurement au 1er janvier 1994.

Art. 75 *Abrogations.*

Loi n° 98-170 du 16 mars 1998,

Relative à la nationalité.

CHAPITRE I. *DISPOSITIONS MODIFIANT LE CODE CIVIL*

Art. 1er à 23 *V. C. civ., art. 19-1, 20-4, 20-5, 21-2, 21-7 à 21-12, 21-19, 21-25-1, 21-26, 21-27, 22-1, 23-2, 23-5, 24-2, 25, 26, 26-3 à 26-5, 28, 28-1.*

CHAPITRE II. DISPOSITIONS TRANSITOIRES ET DIVERSES

Art. 24 *V. L. n° 61-1408 du 22 déc. 1961, art. 7.*

Art. 25 *V. L. n° 73-42 du 9 janv. 1973, art. 23.*

Art. 26 Les dossiers administratifs de nationalité sont communicables selon les modalités prévues à l'article 6 *bis* de la loi n° 78-753 du 17 juillet 1978 portant diverses mesures d'amélioration des relations entre l'administration et le public et diverses dispositions d'ordre administratif, social et fiscal. — *V. cette loi. — Sur la communicabilité des dossiers de naturalisation, V. Arr. 11 juin 1998 (JO 8 juill.).*

Art. 27 Toute décision déclarant irrecevable, ajournant ou rejetant une demande de naturalisation ou de réintégration par décret ainsi qu'une autorisation de perdre la nationalité française doit être motivée selon les modalités prévues à l'article 3 de la loi n° 79-587 du

11 juillet 1979 relative à la motivation des actes administratifs et à l'amélioration des relations entre l'administration et le public. — *V. cette loi.*

Art. 28 *V. C. serv. nat., art. L. 15 et L. 16.*

Art. 29 *Disposition abrogée et codifiée par Ord. n° 2004-1248 du 24 nov. 2004, art. 4-4° CESEDA, art. L. 321-3.*

Art. 30 et 31 *V. C. serv. nat., art. L. 40-1 et L. 113-3.*

Art. 32 Les manifestations de volonté souscrites en application de l'article 21-7 du code civil, dans sa rédaction issue de la loi n° 93-933 du 22 juillet 1993 réformant le droit de la nationalité avant la date d'entrée en vigueur de la présente loi, demeurent régies par les dispositions du code civil applicables à la date de leur souscription.

Art. 33 Les personnes nées en France de parents étrangers qui, à la date d'entrée en vigueur de la présente loi, sont âgées de plus de dix-huit ans et de moins de vingt et un ans et ont leur résidence en France acquièrent à cette date la nationalité française si elles ont eu leur résidence habituelle en France pendant une période continue ou discontinue d'au moins cinq ans, depuis l'âge de onze ans, à moins qu'elles ne déclinent cette qualité dans le délai d'un an à compter de l'entrée en vigueur de la présente loi, par déclaration souscrite conformément aux articles 26 et suivants du code civil. — *V. Décr. n° 98-720 du 20 août 1998, art. 30, ci-dessous.*

Les personnes nées en France de parents étrangers qui, à la date de l'entrée en vigueur de la présente loi, sont âgées de plus de dix-huit ans et de moins de vingt et un ans et ont leur résidence en France, mais qui ne remplissent pas la condition de résidence habituelle en France de cinq années prévues à l'article 21-7 du code civil, pourront, lorsqu'elles rempliront cette condition et au plus tard à l'âge de vingt et un ans, réclamer la nationalité française par déclaration souscrite conformément aux articles 26 et suivants du code civil. — *V. Décr. n° 98-720 du 20 août 1998, art. 31, ci-dessous.*

Les personnes nées en France de parents étrangers qui, à la date de l'entrée en vigueur de la présente loi, sont âgées de plus de seize ans et de moins de dix-huit ans et ont leur résidence en France, mais qui ne rempliront pas à leur majorité la condition de résidence habituelle en France de cinq années prévues à l'article 21-7 du code civil, pourront, lorsqu'elles rempliront cette condition et au plus tard à l'âge de vingt et un ans, réclamer la nationalité française par déclaration souscrite conformément aux articles 26 et suivants du code civil. — *V. Décr. n° 98-720 du 20 août 1998, art. 31, ci-dessous.*

Les dispositions du présent article ne sont pas applicables à l'étranger majeur qui a fait l'objet, pour des faits commis entre l'âge de dix-huit ans et celui de vingt et un ans, de l'une des condamnations pénales prévues à l'article 21-8 du code civil dans sa rédaction issue de la loi n° 93-933 du 22 juillet 1993 précitée.

Art. 34 Les personnes nées en France de parents étrangers qui, à la date de l'entrée en vigueur de la présente loi, sont âgées de plus de vingt et un ans et qui n'ont pas souscrit la manifestation de volonté prévue à l'article 21-7 du code civil dans sa rédaction issue de la loi n° 93-933 du 22 juillet 1993 précitée conservent le bénéfice de la dispense de stage prévue au 7° de l'article 21-19 du code civil dans sa rédaction issue de la même loi.

Art. 35 La présente loi est applicable dans les territoires d'outre-mer et à Mayotte dans les conditions prévues au chapitre VIII du titre I *bis* du livre I du code civil.

Art. 36 Les dispositions de la présente loi entreront en vigueur le premier jour du sixième mois suivant sa publication au *Journal officiel* de la République française. — *Publication : JO 17 mars 1998 ; entrée en vigueur : 1er sept. 1998.*

Pour l'application de cette loi, V. Décr. n° 98-720 du 20 août 1998, ci-dessous.

Décret n° 98-720 du 20 août 1998, *portant application de la loi n° 98-170 du 16 mars 1998 relative à la nationalité et relatif aux déclarations, demandes, décisions et mentions en matière de nationalité française.* **Art. 1er à 23** *(Modifications du Décr. n° 93-1362 du 30 déc. 1993).*

Art. 24 à 29 *(Modifications des Décr. nos 53-914 du 26 sept. 1953 [abrogé], 74-449 du 15 mai 1974, ss. art. 54 C. civ., et du Décr. n° 80-308 du 25 avr. 1980, ss. art. 98-4 C. civ.).*

TITRE III. DISPOSITIONS TRANSITOIRES ET DIVERSES

Art. 30 La faculté de décliner la qualité de Français ouverte par le premier alinéa de l'article 33 de la loi du 16 mars 1998 susvisée *[nº 98-170, ci-dessus]* s'exerce par une déclaration souscrite par la personne intéressée et accompagnée des pièces suivantes :

1º L'extrait de son acte de naissance ;

2º Un certificat délivré par les autorités du pays dont elle se réclame établissant qu'elle a la nationalité de ce pays ;

3º Tous documents émanant des bureaux du service national établissant qu'elle n'a pas contracté d'engagement dans les armées françaises ou, lorsqu'elle est soumise aux obligations du livre II du code du service national, qu'elle n'a pas participé volontairement aux opérations de recensement en vue de l'accomplissement du service national.

Art. 31 Pour souscrire les déclarations prévues aux deuxième et troisième alinéas de l'article 33 de la loi du 16 mars 1998 précitée, le déclarant doit fournir les pièces suivantes :

1º L'extrait de son acte de naissance ;

2º Tous documents prouvant qu'il réside en France à la date de sa déclaration et qu'il a eu sa résidence habituelle en France pendant une période continue ou discontinue d'au moins cinq ans, depuis l'âge de onze ans ;

3º Le cas échéant, la copie intégrale des actes de naissance de ses enfants mineurs étrangers qui résident avec lui de manière habituelle ou alternativement dans le cas de séparation ou de divorce ainsi que les pièces de nature à établir cette résidence.

Art. 32 Les dispositions du présent décret sont applicables dans les conditions prévues au chapitre VIII du titre I *bis* du livre I du code civil en Nouvelle-Calédonie et, à l'exception de l'article 26, dans les autres territoires d'outre-mer et à Mayotte.

Code de procédure civile **Art. 1038 à 1045-2** *(Procédure de contestation de la nationalité des personnes physiques).* — ***C. pr. civ.***

Sur l'état civil des personnes nées à l'étranger qui acquièrent ou recouvrent la nationalité française, V. C. civ., art. 98 s.

TITRE II DES ACTES DE L'ÉTAT CIVIL

Les dispositions relatives à l'état civil sont également regroupées dans un Code de l'état civil Dalloz, incluant de nombreux textes complémentaires. — ***C. ét. civ.***

RÉP. CIV. vº *Actes de l'état civil*, par Y. FAVIER.

BIBL. GÉN. ▸ **Évolution historique** : PONSARD, *Mél. R. Savatier, Dalloz, 1965, p. 779.* ▸ **Commentaire de la loi du 8 janv. 1993** : MASSIP, *Defrénois 1993. 609.* – RUBELLIN-DEVICHI, *JCP 1993. I. 3659.* ▸ **Commentaire des décrets du 16 sept. 1997** : MASSIP, *Gaz. Pal. 1998. 1. Doctr. 358 ; Defrénois 1998. 145.* ▸ **Commentaire de l'instruction du 11 mai 1999 :** CHEVALIER, *JCP 1999, nº 42, Actu.* – REVET, *RTD civ. 1999. 900* ▸ **Livret de famille en droit international :** MASSIP, *Defrénois 1998. 442.* ▸ **Autres thèmes :** BLANDIN, *Mél. J.-F. Burgelin, Dalloz, 2008* (difficultés d'application des conventions internationales relatives à l'état civil). – GRANET-LAMBRECHTS, *Mél. Goubeaux, Dalloz-LGDJ, 2009, p. 195* (« sans-papiers »). – LABRUSSE-RIOU, *Études Ghestin, LGDJ, 2001, p. 499* (apport du droit des contrats au droit des personnes). – LEROYER, *Mél. Gobert, Economica, 2004, p. 247* (notion d'état des personnes). – MASSIP, *Études Rubellin-Devichi, Litec, 2002, p. 555* (état civil et concubinages).

▸ **Commentaire de la loi du 18 nov. 2016** : MAYER, *Gaz. Pal. 2017. 1. 653* (déjudiciarisation). – REIGNE, *JCP 2016, nº 1378.* – VINEY, *AJ fam. 2016. 577* .

▸ **Autres thèmes** : B. ANCEL, *JCP 2015, nº 576* (l'état civil saisi par le religieux). – BIDAUD-GARON, *AJ fam. 2014. 341* (conventions bilatérales en matière d'état civil). – BUSCHBAUM, *D. 2011. Chron. 1094* (livre vert sur la libre circulation des actes authentiques et la reconnaissance des effets des actes d'état civil). – GRANET-LAMBRECHTS et HILT, *AJ fam. 2013. 336* (incidences sur l'état civil des époux de la L. du 17 mai 2013 ouvrant le mariage aux personnes du même sexe). – MASSIP, *Defrénois 2012. 249* (nouveautés 2011 dans les actes de l'état civil) ; *ibid. 1318* (mentions en marge faites à la requête des notaires).

CHAPITRE I DISPOSITIONS GÉNÉRALES

Art. 34 *(L. 28 oct. 1922)* **Les actes de l'état civil énonceront l'année, le jour et l'heure où ils seront reçus, les prénoms et nom de l'officier de l'état civil, les prénoms, noms, professions et domiciles de tous ceux qui y seront dénommés.**

Les dates et lieux de naissance :

a) **Des** *(L. n° 2013-404 du 17 mai 2013, art. 13)* **« parents » dans les actes de naissance et de reconnaissance ;**

b) **De l'enfant dans les actes de reconnaissance ;**

c) **Des époux dans les actes de mariage ;**

d) **Du décédé dans les actes de décès, seront indiqués lorsqu'ils seront connus. Dans le cas contraire, l'âge desdites personnes sera désigné par leur nombre d'années, comme le sera, dans tous les cas, l'âge des déclarants. En ce qui concerne les témoins, leur qualité de majeurs sera seule indiquée.**

1° ÉTAT CIVIL

1. Conv. EDH. L'état des personnes relève des droits de caractère civil au sens de l'art. 6-1 Conv. EDH. • CEDH, sect. II, 17 juin 2003 : *Dr. fam. 2003, n° 129, note Lamy.*

2. Ordre public. Les droits relatifs à l'état civil relèvent de l'ordre public. • Civ. 2e, 2 févr. 2023, n° 21-18.942 B.

3. Droit à l'état civil. La constatation régulière de l'état civil des personnes est une base essentielle de l'ordre social. L'ignorance réelle et non frauduleuse du lieu de naissance d'une personne ne saurait la priver, sauf à consacrer un déni de justice, du droit d'agir en rectification de son état civil. • Civ. 14 juin 1858 : *DP 1858. 1. 247.* ♦ Un intérêt d'ordre public s'attache à ce que toute personne vivant habituellement en France, même si elle est née à l'étranger et possède une nationalité étrangère, soit pourvue d'un état civil. • Paris, 24 févr. 1977 : *D. 1978. 168, note Massip* • 2 avr. 1998 : *D. 1998. IR 137 ; Defrénois 1998. 1014, obs. Massip ; RTD civ. 1998. 651, obs. Hauser.* ♦ V. aussi • Paris, 3 nov. 1927 : *DP 1930. 2. 27.* ♦ Pour un exemple d'attribution d'un état civil provisoire à un amnésique (sexe, prénom, nom, date et lieu de naissance) : • TGI Lille, 28 sept. 1995 : *D. 1997. 29, note Labbée ; Defrénois 1997. 709, obs. Massip.* ♦ V. aussi note 8 et note 2 ss. art. 55.

4. Notion d'acte d'état civil. L'acte de l'état civil est un écrit dans lequel l'autorité publique constate, d'une manière authentique, un événement dont dépend l'état d'une ou de plusieurs personnes (ce qui exclut un document étranger ne comportant aucune précision sur de prétendus mariages). • Civ. 1re, 14 juin 1983, n° 82-13.247 P. ♦ V. aussi notes ss. art. 47. ♦ Sur la *possibilité d'un double informatique, V. art. 40.*

5. Force probante des actes d'état civil. La mention dans un acte de naissance d'une procuration spéciale fait foi jusqu'à inscription de faux. • TGI Paris, 12 déc. 1995 : *D. 1996. Somm. 382, obs. Granet-Lambrechts ; RTD civ. 1996. 377, obs. Hauser ; Dr. fam. 1997, n° 3, obs. Murat.* ♦ Pour les actes rédigés à l'étranger, V. notes ss. art. 47.

6. Livret de famille. La détermination du format et des modèles de livret de famille ne fait pas partie des règles concernant l'état des personnes (absence de compétence du législateur). • CE 25 juill. 1975 : *Lebon 1049.* ♦ En raison des modalités de l'établissement du livret de famille, de son objet et de ses effets, la demande de sa délivrance, qui est relative au fonctionnement des services de l'état civil placé sous le contrôle de l'autorité judiciaire, ressortit à la juridiction judiciaire. • T. confl. 17 juin 1991 : *D. 1991. IR 212 ; Lebon 465.*

7. Accès aux archives. Sur l'interdiction de photocopier les registres, V. • CE 20 sept. 1991, *Bertin : JCP 1991. IV. 431, obs. Rouault.* ♦ Sur la limitation des informations communicables au-delà du délai de 75 ans de l'art. L. 213-2, I, 4°, *e),* C. patr., V. note 44 ss. art. 9.

2° PIÈCES D'IDENTITÉ

8. Carte d'identité. L'absence de restitution à l'issue d'une détention, sans base légale, d'une pièce d'identité dont l'usage est nécessaire dans la vie quotidienne, même pour certains actes de la vie courante, constitue une ingérence dans la vie privée au sens de l'art. 8 Conv. EDH. • CEDH, sect. III, 24 juill. 2003, *Smirnova c/ Russie,* n° 46133/99 et n° 48183/99. ♦ L'obligation de présenter une photo tête nue pour la délivrance d'une carte d'identité, qui s'oppose au port d'un foulard islamique, n'est pas contraire à la liberté de manifester ses convictions religieuses prévue par les art. 10 de la Déclaration des droits de l'homme, 9 Conv. EDH et 1er de la L. du 9 déc. 1905, dès lors que cette liberté peut faire l'objet de restrictions dans l'intérêt de l'ordre public. • CE 27 juill. 2001 : *D. 2001. IR 2639* (prévention des risques de fraudes et d'usurpation). ♦ Rappr. : absence de violation de l'art. 9 Conv. EDH dans l'obligation d'enlever le voile pour des contrôles d'identité à l'entrée d'un consulat : • CEDH, sect. III, 4 mars 2008, *E. M. c/ France,* n° 15585/06. ♦ V. déjà • CEDH, sect. II, 11 janv. 2005, *Phull c/ France,* n° 35753/03 (obligation d'enlever le turban dans une zone aéroportuaire).

9. L'action destinée à obtenir la copie intégrale d'un acte de naissance n'est pas une action relative à la filiation, de sorte que l'expertise biologique, qui ne saurait être une expertise génétique, réglementée par l'art. 16-11 du code civil, n'est pas de droit. • Civ. 1re, 27 janv. 2016, nº 14-25.559 P : *cité note 7 ss. art. 16-11* (litige autour d'une usurpation d'identité).

10. Passeport. Il ne résulte d'aucun texte que l'administration puisse subordonner la délivrance d'un passeport à la fourniture par son demandeur d'une photographie d'identité le représentant tête nue. • CE 9 juin 1999 : *D. 1999. IR 185*. ♦ Absence de violation de l'art. 8 Conv. EDH par la législation de Lettonie qui impose de mentionner le nom de ses ressortissants, en l'espèce celui d'une femme mariée à un Allemand dont elle utilise le nom, en utilisant une transcription phonétique et une adaptation grammaticale (finale indiquant le sexe), dès lors que les deux versions du nom figurent sur le passeport, que la mesure poursuit un but légitime et que les autorités disposent d'une large marge d'appréciation dans un domaine aussi étroitement lié aux traditions culturelles et historiques. • CEDH, sect. IV, 7 déc. 2004, *Mentzen alias Mencena c/ Lettonie : RTD civ. 2005. 738, obs. Marguénaud*. ♦ Si le retrait d'un passeport peut poursuivre un des buts légitimes visés par l'art. 8 Conv. EDH, tels que la sécurité nationale ou la prévention des infractions, le maintien sans motivation de la mesure pendant quinze ans, sans aucune confirmation de ces risques, porte atteinte à la vie privée. • CEDH, sect. II, 6 déc. 2005, *Iletmis c/ Turquie*, nº 29871/96 (la liberté de circulation, notamment transfrontalière, est considérée à notre époque comme essentielle pour l'épanouissement de la vie privée). ♦ Même sens : • CEDH, sect. II, 31 oct. 2006, *F. et F. H. c/ Turquie*, nº 41463/02 (irrégularité d'une mesure automatique et générale, de durée indéterminée) • CEDH, sect. V, 26 nov. 2009, *Gochev c/ Bulgarie*, nº 34383/03 (retrait pour une durée indéterminée du passeport pour non-paiement de créanciers, mesure jugée en l'espèce disproportionnée, même si elle poursuivait un but légitime) • CEDH, sect. V, 10 févr. 2011, *Nalbantski c/ Bulgarie*, nº 30943/04 (une condamnation pénale ne suffit pas à justifier le retrait du passeport sans examen de la situation individuelle de l'intéressé) • CEDH, sect. I, 10 févr. 2011, *Soltysyak c/ Russie*, nº 4663/05 (refus de passeport pendant cinq ans pour un ancien militaire au motif qu'il a eu accès à des secrets d'État). ♦ Sur les garanties nécessaires en cas de retrait du passeport. • CEDH, sect. III, 25 janv. 2007, *Sissanis c/ Roumanie*, nº 23468/02 (art. 2 Prot. nº 4). ♦ Absence de violation de l'art. 8 Conv. EDH dans le refus des autorités de renouveler le passeport d'un national ayant fui à l'étranger pour échapper aux poursuites pénales à son encontre. • CEDH, sect. II, 26 avr. 2011, *M. c/ Suisse*, nº 41199/06 • CEDH, sect. I, 11 juill. 2013, *Khlyustov c/ Russie*, nº 28975/05 (interdiction de sortie du territoire pour non-paiement de dettes devant faire l'objet d'un examen individuel).

11. Permis de conduire. Absence de violation de l'art. 9 Conv. EDH pour l'exigence d'une photographie tête nue sur un permis de conduire. • CEDH, sect. V, 13 nov. 2008, *M. S. c/ France*, nº 24479/07 (requérant de religion sikhe). ♦ V. déjà : • CE 15 déc. 2006, nº 289946 : *Lebon. 565* (exigence non disproportionnée, l'abandon de la tolérance antérieure étant justifiée par l'augmentation du nombre de fraudes). ♦ Violation de l'art. 8 Conv. EDH lorsque les autorités ont attendu deux ans avant d'invalider un permis de conduire volé, permettant ainsi une usurpation d'identité et la commission de nombreuses infractions imputées à tort à son titulaire. • CEDH, sect. III, 14 févr. 2012, *Romet c/ Pays-Bas*, nº 7094/06.

Art. 34-1 *(L. nº 2013-404 du 17 mai 2013, art. 2)* **Les actes de l'état civil sont établis par les officiers de l'état civil. Ces derniers exercent leurs fonctions sous le contrôle du procureur de la République.**

V. Circ. 29 mai 2013 de présentation de la loi ouvrant le mariage aux couples de personnes de même sexe (dispositions du code civil), ss. art. 227.

1. Conformité à la Constitution. L'art. 34-1 est conforme à la Constitution. • Cons. const. 18 oct. 2013, nº 2013-353 QPC : *JO 20 oct. 2013 ; D. 2013. 2398 ; AJ fam. 2013. 645, obs. de Boysson ; RFDA 2013. 957, étude Zadig ; Constitutions 2013. 564, obs. Lutton ; JCP 2013, nº 1122, note Tukov ; Dr. fam. 2013, nº 159, obs. Binet.* ♦ *Adde*, Puppinck, *RLDC 2013/108, nº 5234* (l'objection de conscience des maires et la CEDH).

2. Qualité d'officier d'état civil. Les adjoints au maire n'ont pas besoin d'une délégation donnée par le maire pour exercer les fonctions d'officier d'état civil. • CE 11 oct. 1991 : *Lebon 331 ; Gaz. Pal. 1992. 1. Pan. adm. 54* • 16 févr. 1994 : *Gaz. Pal. 1994. 2. Pan. adm. 138.*

3. Est dépourvu d'authenticité un acte reçu par la seule secrétaire de mairie en l'absence du maire, qui n'a eu connaissance de l'acte et ne l'a signé que postérieurement. • Com. 27 mai 1952 : *D. 1953. 125, note J. Savatier ; JCP 1953. II. 7348, note Laurent.* ♦ Il ne saurait être question de conférer l'authenticité à des déclarations mentionnées par des préposés de l'état civil qui n'avaient reçu acune délégation du maire à cet effet. • TGI Pontoise, 21 mars 1984 : *Gaz. Pal. 1984. 2. Somm. 272.* ♦ Il convient cependant d'autoriser le maire à certifier l'exactitude des déclarations contenues dans les actes en apposant, après vérification, sa signature sur chacun d'eux. • Même décision.

4. Clause de conscience (non). En ne permettant pas aux officiers de l'état civil de se prévaloir de leur désaccord avec les dispositions de la L. du 17 mai 2013 pour se soustraire à l'accomplissement des attributions qui leur sont confiées par la loi pour la célébration du mariage, le législateur a entendu assurer l'application de la loi relative au mariage et garantir ainsi le bon fonctionnement et la neutralité du service public de l'état civil ; eu égard aux fonctions de l'officier de l'état civil dans la célébration du mariage, il n'a pas porté atteinte à la liberté de conscience. • Cons. const. 18 oct. 2013, n° 2013-353 QPC : *préc. note 1.*

5. Rôle du procureur. Le procureur de la République n'a pas la libre disposition des droits relatifs à l'état civil, qui relèvent de l'ordre public, et ne peut donc procéder à un acquiescement, au sens de l'art. 408 C. pr. civ., qui n'est admis que pour les droits dont une partie a la libre disposition. • Civ. 2e, 2 févr. 2023, n° 21-18.942 B.

6. Responsabilité des services de l'état civil. Une action mettant en cause le fonctionnement des services de l'état civil d'une commune doit être dirigée contre l'État et est irrecevable à l'encontre de la commune, dès lors que le maire et les agents communaux assurent le service public de l'état civil au nom de l'État. • Civ. 1re, 14 nov. 2006, n° 04-10.058 P : *Defrénois 2007. 779, obs. Massip ; RTD civ. 2008. 78, obs. Hauser*. ♦ V. aussi • Civ. 1re, 6 févr. 2007, n° 06-10.403 P : *D. 2007. Chron. C. cass. 893, obs. Chauvin ; ibid. Pan. 1563, obs. Lemouland et Vigneau ; AJDA 2008. 530, note Van Lang ; Defrénois 2007. 535, note Massip ; Dr. fam. 2007, n° 53, note Larribau-Terneyre ; RFDA 2007. 1263, note Éveillard ; RTD civ. 2007. 313, obs. Hauser* (le refus abusif d'un maire de procéder à un mariage ne constitue pas une faute personnelle détachable des fonctions, de sorte que l'État doit être mis en cause). ♦ Le juge judiciaire est compétent pour connaître d'une action fondée sur le fonctionnement défectueux du service de l'état civil des étrangers, assuré par l'État sous le contrôle du ministère public. • T. confl. 19 mars 2007, n° 07-03.497 P.

En l'absence de secret de l'adoption imposé par la loi et de disposition légale ou réglementaire prévoyant que le caractère adoptif de la filiation soit dissimulé lors de la délivrance de copies intégrales d'actes de naissance, l'officier de l'état civil qui délivre une copie d'un acte de naissance comportant des informations sur la filiation d'origine ne commet pas de faute. • Civ. 1re, 31 mars 2016, n° 15-13.147 P : *AJDA 2016. 640 ; D. 2016. chron. C. cass. 1881, obs. Guyon-Renard ; AJ fam. 2016. 257, obs. Salvage-Gerest ; RTD civ. 2016. 319, obs. Hauser*.

Art. 35 **Les officiers de l'état civil ne pourront rien insérer dans les actes qu'ils recevront, soit par note, soit par énonciation quelconque, que ce qui doit être déclaré par les comparants.**

En ce qui concerne les décorations que les officiers de l'état civil sont obigatoirement tenus de mentionner dans les actes, à la suite du nom de toute personne qui y figure, V. Instr. gén. 11 mai 1999 relative à l'état civil, n° 128 (JO 28 juill.). — **C. ét. civ.**

Tout officier de réserve a le droit, sur la production d'une pièce officielle établissant sa qualité, de requérir qu'il en soit fait mention sur les actes de l'état civil le concernant : V. en ce qui concerne les officiers de réserve de l'armée de terre, L. n° 56-1221 du 1er déc. 1956, art. 14 (D. 1956. 534 ; BLD 1956. 1037) ; ... de l'armée de mer, Décr. n° 58-753 du 19 août 1958, art. 2 (BLD 1958. 543 ; JO 24 août) ; ... de l'armée de l'air, L. 1er août 1936, art. 31, mod. par Ord. n° 59-106 du 6 janv. 1959, art. 4 (JO 9 janv.).

1. Mention de la nationalité (non). L'art. 35 fait défense aux officiers de l'état civil d'insérer aucune mention dans les actes en dehors de ce qui doit être déclaré et la nationalité ne figure pas parmi les renseignements devant être portés dans les actes. • T. civ. La Rochelle, *24 juin 1913, sous* • Poitiers, 14 janv. 1914 : *DP 1916. 2. 1, note Binet.* ♦ Rappr., pour la mention en marge des modifications de la nationalité, art. 28 et 28-1.

2. Mention des titres nobiliaires (oui). Les art. 34 et 57 énumératifs des énonciations substantielles que doivent contenir les actes de l'état civil n'excluent pas d'autres mentions complétives, telles que de titres nobiliaires propres à mieux constater l'identité de ceux qui y sont dénommés. • Req. 26 oct. 1897 : *DP 1897. 1. 584.* ♦ Sur les titres nobiliaires, V. aussi notes 21 s. ss. L. 6 fructidor an II, ss. art. 57.

3. Impossibilité d'être officier d'état civil et déclarant. L'officier d'état civil ne peut établir lui-même un acte d'état civil où il figure en qualité de déclarant. • TGI Chaumont, 19 oct. 2010 : *Defrénois 2011. 818, obs. Massip ; Dr. fam. 2011, n° 27, obs. Massip.*

Art. 36 Dans les cas où les parties intéressées ne seront point obligées de comparaître en personne, elles pourront se faire représenter par un fondé de procuration spéciale et authentique.

Art. 37 *(L. 7 déc. 1897)* Les témoins produits aux actes de l'état civil devront être âgés de dix-huit ans au moins, parents ou autres, sans distinction de sexe ; ils seront choisis par les personnes intéressées.

Al. 2 abrogé par L. 27 oct. 1919.

Art. 38 *(Ord. nº 58-779 du 23 août 1958)* L'officier de l'état civil donnera lecture des actes aux parties comparantes, ou à leur fondé de procuration, et aux témoins ; il les invitera à en prendre directement connaissance avant de les signer.

Il sera fait mention sur les actes de l'accomplissement de ces formalités.

Art. 39 Ces actes seront signés par l'officier de l'état civil, par les comparants et les témoins ; ou mention sera faite de la cause qui empêchera les comparants et les témoins de signer.

Le maire et les adjoints sont officiers d'état civil (CGCT, art. L. 2122-32). – Dans le cas de fusion de communes, le maire délégué remplit dans la commune associée les fonctions d'officier d'état civil (CGCT, art. L. 2113-15). – Dans les communes de Paris, Marseille et Lyon, le maire d'arrondissement et ses adjoints sont officiers d'état civil dans l'arrondissement ; toutefois, le maire de la commune et ses adjoints peuvent exercer leurs fonctions d'officier d'état civil sur l'ensemble du territoire de la commune (CGCT, art. L. 2511-26). – **CGCT, C. ét. civ.**.

1. Identification de l'officier d'état civil. Cassation de l'arrêt rejetant une demande d'annulation d'une mention portée en marge d'un acte de naissance pour faire état d'un désaveu, au motif que cette mention présentait une apparence de régularité, alors que la mention litigieuse, portée au crayon, ne comportait pas le nom de l'officier d'état civil. • Civ. 1re, 24 mars 1998 : *Defrénois 1998. 1384, obs. Massip.*

2. Signature de l'officier d'état civil. Des actes ayant été reçus par un officier de l'état civil, ensuite décédé avant de les avoir revêtus de sa signature, manquent d'un de leurs éléments essentiels ; sans qu'il y ait lieu de recourir à l'enquête prévue par l'art. 46, il appartient au tribunal de donner force et vie à ces actes au moyen d'un jugement. • T. civ. Seine, 28 févr. 1919 : *DP 1920. 2. 83 (1re esp.).*

3. Signature des comparants. L'art. 39 ne prononçant pas la nullité pour absence de signature des comparants, il appartient aux juges du fond d'apprécier si cette irrégularité est le résultat d'une inadvertance ou si elle doit être attribuée à un changement de volonté du comparant non signataire, l'acte étant dans ce dernier cas privé d'effets. • Req. 28 nov. 1876 : *DP 1877. 1. 367.*

4. Régularisation d'acte. Pour la régularisation d'actes ne respectant pas une condition relative à l'intervention d'un officer d'état civil, V. note 2 ss. art. 34-1.

Art. 40 *(L. nº 2016-1547 du 18 nov. 2016, art. 51)* Les actes de l'état civil sont établis sur papier et sont inscrits, dans chaque commune, sur un ou plusieurs registres tenus en double exemplaire.

Lorsqu'elles ont mis en œuvre des traitements automatisés des données de l'état civil, les communes s'assurent de leurs conditions de sécurité et d'intégrité. Les caractéristiques techniques des traitements mis en œuvre pour conserver ces données sont fixées par décret en Conseil d'État.

Par dérogation au premier alinéa, les communes dont les traitements automatisés de données de l'état civil satisfont à des conditions et à des caractéristiques techniques fixées par décret sont dispensées de l'obligation d'établir un second exemplaire des actes de l'état civil.

Cette dispense est également applicable aux actes de l'état civil établis par le ministère des affaires étrangères.

Sur l'expérimentation de la dématérialisation des actes de l'état civil établis par le ministère des Affaires étrangères, V. Ord. nº 2019-724 du 10 juill. 2019, ss. art. 54.

Art. 41 à 45 *Abrogés par Décr. nº 62-921 du 3 août 1962.*

Art. 46 Lorsqu'il n'aura pas existé de registres, ou qu'ils seront perdus, la preuve en sera reçue tant par titres que par témoins ; et, dans ces cas, les mariages, naissances et décès, pourront être prouvés tant par les registres et papiers émanés des pères et mères décédés, que par témoins.

(L. n° 2019-222 du 23 mars 2019, art. 6) **« Jusqu'à ce que la reconstitution ou la restitution des registres ait été effectuée, il peut être suppléé par des actes de notoriété à tous les actes de l'état civil dont les originaux ont été détruits ou sont disparus par suite d'un sinistre ou de faits de guerre.**

« Ces actes de notoriété sont délivrés par un notaire.

« L'acte de notoriété est établi sur la foi des déclarations d'au moins trois témoins et de tout autre document produit qui attestent de l'état civil de l'intéressé. L'acte de notoriété est signé par le notaire et par les témoins.

« Les requérants et les témoins sont passibles des peines prévues à l'article 441-4 du code pénal. »

Sur la reconstitution des registres des actes de l'état civil détruits par suite d'événements de guerre, V. L. 1er juin 1916 (DP 1916. 4. 364 ; JO 2 juin 1916) ; L. 15 déc. 1923 (DP 1925. 4. 257 ; BLD 1923. 914), mod. par L. 6 févr. 1941 (DA 1941. L. 104 ; BLD 1941. 191), L. n° 49-1066 du 2 août 1949 (BLD 1949. 819), Décr. n° 53-692 du 1er août 1953 (D. 1953. 266 ; BLD 1953. 576), Décr. n° 81-500 du 12 mai 1981, art. 3 (D. et BLD 1981. 222).

A. ABSENCE OU PERTE DES REGISTRES

1. Impossibilité matérielle. L'art. 46 autorise la preuve, tant par titres que par témoins, du contenu des actes de l'état civil en cas d'impossibilité matérielle pour les intéressés de produire ces actes (actes établis en pays étranger – Pologne – dévasté par deux guerres). • Civ. 1re, 12 juill. 1960, n° 58-12.800 P. – Déjà dans le même sens : • Req. 14 nov. 1922 : *DP 1924. 1. 79.* ◆ Pour l'application de l'art. 46 en cas d'impossibilité d'agir selon la loi étrangère (algérienne) pour obtenir la preuve du mariage, V. • Paris, 7 mai 1985 : *Defrénois 1986. 260, note Revillard.* ◆ V. aussi note 6. ◆ Rappr., pour une impossibilité de production tenant à l'amnésie du demandeur et à l'échec des recherches entreprises pour découvrir son identité : • TGI Lille, 28 sept. 1995 : *D. 1997. 29, note Labbée ; Defrénois 1997. 709, obs. Massip* (attribution d'un état civil provisoire et transcription du jugement sur les registres de la mairie).

2. Modes de preuve. La preuve de l'absence de registres ou de leur destruction peut être rapportée par présomptions. • Orléans, 9 juill. 1870 : *DP 1872. 1. 461* • T. civ. Clermont-Ferrand, 14 juin 1873 : *DP 1874. 2. 110.* ◆ V. cependant, exigeant un document officiel, • Paris, 26 oct. 1962 : *D. 1963. Somm. 32.*

3. Appréciation souveraine. Les juges du fond apprécient souverainement la pertinence des offres de preuve de la non-existence ou de la perte des registres de l'état civil. • Req. 18 nov. 1901 : *DP 1902. 1. 529, note Guénée.*

B. CONDITIONS DE LA RECONSTITUTION

4. Nature des éléments reconstitués. La *légitimation, de même que tous les faits de l'état* civil mentionnés normalement dans les registres, peut être, en cas de destruction, prouvée par titres, témoins ou présomptions graves, précises et concordantes. • Paris, 21 févr. 1938 : *DH 1939. Somm. 13.* ◆ Déjà dans le même sens, pour la reconnaissance d'enfant naturel : • Riom, 2 janv. 1874 : *DP 1874. 2. 110.* ◆ *Contra* (art. 46 inapplicable aux actes de reconnaissance) : • Lyon, 28 janv. 1960 : *JCP 1961. IV. 47.* ◆ Question éludée par • Civ. 19 juin 1939 : *DP 1939. 1. 87, note R. Savatier* (« en admettant que les dispositions de l'art. 46 C. civ. soient applicables aux reconnaissances d'enfants naturels »...).

5. Modes de preuve. Les faits mentionnés dans les registres peuvent, en cas de destruction, être prouvés tant par titres que par témoins ou encore au moyen de présomptions graves, précises et concordantes. • Paris, 21 févr. 1938 : *DH 1939. Somm. 13.* ◆ Sur le cas de registres usagés reconstitués par photocopie du second original, V. • T. civ. Seine, 31 oct. 1952 : *JCP 1953. II. 7367.* – Lohéac, *JCP 1953. I. 1071.*

6. Appréciation souveraine. Les juges du fond sont souverains appréciateurs de la valeur probante des témoignages ou des présomptions produits pour suppléer à un acte. • Req. 2 nov. 1938 : *DP 1939. 1. 89, note R. Savatier* • Civ. 1re, 15 mai 2019, n° 18-18.111 P : *D. 2019. 103 ; AJ fam. 2019. 408, obs. Saulier ; RTD civ. 2019. 550, obs. Leroyer* (absence de preuve de la date de naissance et de l'identité exacte du demandeur). ◆ Une cour d'appel décide exactement qu'en l'absence d'acte de l'état civil étranger probatoire et de décision judiciaire exécutoire en France, une personne (algérienne) est recevable à faire la preuve par témoins de son mariage et estime souverainement que cette preuve résulte de deux témoignages écrits. • Civ. 1re, 24 oct. 2000 : *Dr. fam. 2001, n° 37, note Lécuyer.*

Code de l'entrée et du séjour des étrangers et du droit d'asile Art. L. 121-9 *(Ord. nº 2020-1733 du 16 déc. 2020, en vigueur le 1er mai 2021)* L'Office français de protection des réfugiés et apatrides est habilité à délivrer aux réfugiés et bénéficiaires de la protection subsidiaire ou du statut d'apatride, après enquête s'il y a lieu, les pièces nécessaires pour leur permettre soit d'exécuter les divers actes de la vie civile, soit de faire appliquer les dispositions de la législation interne ou des accords internationaux qui intéressent leur protection, notamment les pièces tenant lieu d'actes d'état civil.

Le directeur général de l'office authentifie les actes et documents qui lui sont soumis. Les actes et documents qu'il établit ont la valeur d'actes authentiques.

Ces diverses pièces suppléent à l'absence d'actes et de documents délivrés dans le pays d'origine. Les pièces délivrées par l'office ne sont pas soumises à l'enregistrement ni au droit de timbre.

Art. 47 *(L. nº 2003-1119 du 26 nov. 2003)* **Tout acte de l'état civil des Français et des étrangers fait en pays étranger et rédigé dans les formes usitées dans ce pays fait foi, sauf si d'autres actes ou pièces détenus, des données extérieures ou des éléments tirés de l'acte lui-même établissent** *(L. nº 2006-1376 du 14 nov. 2006, art. 7)* **« , le cas échéant après toutes vérifications utiles, » que cet acte est irrégulier, falsifié ou que les faits qui y sont déclarés ne correspondent pas à la réalité.** *(L. nº 2021-1017 du 2 août 2021, art. 7)* **« Celle-ci est appréciée au regard de la loi française. »**

Sur la délivrance des certificats de nationalité française aux enfants issus de convention de mère porteuse, V. Circ. du 25 janv. 2013 relative à la délivrance des certificats de nationalité française — convention de mère porteuse — État civil étranger.

BIBL. ▶ BIDAUD, *Rev. crit. DIP 2020. 247.* – CORNU, *Mél. Roubier, Dalloz/Sirey, 1961, t. 2, p. 9* (âge légal et âge réel). – BIDAUD-GARON, *Dr. et patr. 6/2007. 44* (actes de l'état civil étrangers et acquisition immobilière en France).

▶ **Loi du 26 nov. 2003 :** BIDAUD-GARON, *Rev. crit. DIP 2006. 49* ✎.

▶ **Circ. du 25 janv. 2013 :** BINET, *JCP 2013, nº 161.* – MATHEY, *JCP 2013, nº 162.*

▶ **Loi du 2 août 2021 :** KARILA-DANZIGER et JOLY, *AJ fam. 2021. 582* ✎ (transcription à l'état civil français des actes de naissance étrangers dressés dans le cadre d'une GPA). – PAILLER, *D. 2021. 1928* ✎.

1. Exigences du droit de l'Union européenne. Dans les procédures visant à déterminer les droits aux prestations sociales d'un travailleur migrant ressortissant communautaire, les institutions nationales compétentes en matière de sécurité sociale et les juridictions nationales d'un État membre sont tenues de respecter les certificats et actes analogues relatifs à l'état des personnes qui émanent des autorités compétentes des autres États membres, à moins que leur exactitude ne soit sérieusement ébranlée par des indices concrets se rapportant au cas individuel en cause. • CJCE 2 déc. 1997 : *D. 1998. IR 48 ; Rev. crit. DIP 1998. 329, note Droz* ✎.

A. DOMAINE

2. Acte rédigé à l'étranger. L'art. 47 ne s'applique pas à un acte rédigé en France (Mayotte). • Civ. 1re, 5 avr. 2005, ♙ nº 03-13.766 P. ♦ Sur la distinction entre une contestation d'un acte reçu par les autorités consulaires fondée sur l'art. 48 C. civ. et une demande de transcription de l'acte d'état civil étranger sur le fondement de l'art. 47 C. civ • Civ. 1re, 5 juill. 2017, ♙ nº 16-16.495 P : *cité ss. art. 48.*

3. Acte d'état civil : principe. L'art. 47 ne s'applique pas à des documents qui, selon l'estimation des juges faisant application de la loi étrangère compétente dont ils ont apprécié le sens et la portée, ne constituent pas des actes de l'état civil. • Soc. 27 nov. 1980, ♙ nº 77-15.989 P (1er arrêt). ♦ En ce sens que l'art. 47 ne concerne que les actes d'état civil au sens strict : • Paris, 15 déc. 1987 : *D. 1988. IR 25.* ♦ V. conf., pour un « extrait de naissance » délivré par une ambassade étrangère à Paris : • Civ. 1re, 25 févr. 2003 : ♙ *Rev. crit. DIP 2003. 437, note B. A.* ✎ ♦ Comp. estimant, curieusement, que la notion de « documents d'identité valables » visée par l'art. 388 C. civ. fait référence aux documents dont l'authenticité est établie au regard des règles prévues notamment par l'art. 47 C. civ. • Cons. const. 21 mars 2019, ♙ nº 2018-768 QPC : *AJDA 2019. 1448, note Escach-Dubourg* ✎ *; D. 2019. 742, note Parinet* ✎ *; ibid. 709, note Fulchiron* ✎ *; RDSS 2019. 453, note Caire* ✎ *; Rev. crit. DIP 2019. 972, note Jault-Seseke* ✎ *; AJ fam. 2019. 222, obs. Bouix* ✎ *; Dr. fam. 2019, nº 107, note Fulchiron ; ibid., nº 135, note Bonfils.*

4. Illustrations : acte de naissance. Prise en compte d'un acte de naissance fait en pays étranger, dressé dans les formes usitées dans ce pays : • Civ. 1re, 17 déc. 2008, ♙ nº 07-20.293 P : *Rev. crit. DIP 2009. 320, note Lagarde* ✎. ♦ Foi est accordée, en vertu de l'art. 47, aux énonciations d'un acte de naissance établi à l'étranger, relatant une naissance survenue dans un autre pays (en l'espèce : France). • Civ. 1re, 9 janv. 1974 : *JCP 1974. II. 17834, note Aymond ; Gaz. Pal. 1974. 1. 380, note Viatte.* ♦ Une attestation de naissance établie en conformité avec les formes requises par la loi étrangère fait foi de l'âge de l'enfant soumis à une mesure d'assistance éducative, faute d'élément extérieur à l'acte permettant de douter des énonciations y figurant. • Civ. 1re, 23 janv. 2008, n° 06-13.344 P : *D. 2008. Pan. 1856, obs. Gouttenoire*.

Inversement en présence d'un acte de naissance qui ne répond pas aux exigences de la loi étrangère : • Civ. 1re, 15 mai 2013 : *D. 2014. 445, obs. Boskovic ; AJ fam. 2013. 380, obs. Le Gac-Pech*. ♦ Faute de jugement supplétif d'acte de naissance conforme aux conditions exigées par la convention franco-béninoise relative à la reconnaissance des décisions rendues en matière civile au Bénin, ni les actes de mariage et de décès du grand-père, ni les actes de naissance des enfants, ni un « livret catholique » ne sont de nature à suppléer l'absence de tout acte de naissance probant au sens de l'art. 47. • Civ. 1re, 4 nov. 2020, n° 19-18.280 P : *D. 2020. 2241 ; AJ fam. 2021. 57, obs. Houssier*.

5. ... Reconnaissance. Efficacité de plein droit d'une reconnaissance volontaire d'un enfant naturel faite en pays étranger : • Civ. 1re, 12 janv. 1994, n° 91-14.567 P.

6. ... Jugement rectificatif. L'art. 47 s'applique au jugement étranger rectificatif d'état civil, régulièrement transcrit sur l'acte de naissance de l'intéressé. • Soc. 29 févr. 1984, n° 82-15.598 P. – V. aussi • Soc. 5 juin 1998, n° 96-18.995 P (efficacité de la modification d'une date de naissance, régulièrement transcrite, en dépit de la mention par l'autorité étrangère que les extraits d'acte de naissance et de mariage délivrés ne valent qu'à l'étranger). ♦ La solution suppose que la décision soit produite : doit être rejetée la demande en rectification de la date de naissance d'un Français d'origine algérienne, postérieurement au changement de nationalité, sur le seul fondement d'une rectification de l'acte d'état civil algérien, en l'absence de production de la décision ayant ordonné cette mesure et des éléments de preuve au vu desquels elle avait été prise. • Civ. 1re, 29 nov. 1994, n° 93-10.760 P : *D. 1995. 469, note Massip* • Civ. 2e, 13 oct. 2016, n° 15-50.060 P (mentions de l'acte de naissance, transcrivant un jugement supplétif, jugées cohérentes et fiables). ♦ ... Et qu'elle respecte l'ordre public international, V. note 22.

B. CONDITION : LÉGALISATION

7. Principe. Malgré l'abrogation de l'Ord. de la marine d'août 1681, la formalité de la légalisation des actes de l'état civil établis par une autorité étrangère et destinés à être produits en France demeure, selon la coutume internationale et sauf convention contraire, obligatoire. • Civ 1re, 4 juin 2009, n° 08-13.541 P : *D. 2009. AJ 1609, obs. de Gaudemont ; ibid. 2004, note Chevalier ; JCP N 2009. 1260, note Fongaro ; AJ fam. 2009. 299, obs. Chénedé ; RJPF 2009-9/12, obs. Corpart ; Defrénois 2009. 1717, obs. Callé ; ibid. 1846, obs. Massip ; RTD civ. 2009. 490, obs. Deumier ; Rev. crit. DIP 2009. 500, obs. P. Lagarde* • 28 nov. 2012 : *cité note 9 ss. art. 370-3.* ♦ V. déjà pour des extraits ou des copies : sauf convention internationale, les copies ou extraits d'actes de l'état civil établis par les autorités étrangères doivent, pour recevoir effet en France, être légalisés. • Civ. 1re, 14 nov. 2007, n° 07-10.935 P.

Sur les conventions dérogatoires : la Conv. de Bâle du 3 sept. 1985, relative à la coopération internationale en matière d'aide administrative aux réfugiés et dont l'art. 8 contient une dispense de légalisation, ne s'appliquant pas aux bénéficiaires de la protection subsidiaire, la cour d'appel a justement écarté, faute de légalisation, la force probante reconnue par l'art. 47 à l'acte de naissance afghan produit par l'intéressé. • Civ. 1re, 15 mars 2023, n° 22-18.147 B.

8. Apostille. Sauf lorsque soit les lois, règlements ou usages en vigueur dans l'État où l'acte est produit, soit une entente entre deux ou plusieurs États contractants l'écartent, la simplifient ou dispensent l'acte de légalisation, les actes publics qui ont été établis sur le territoire d'un État contractant et qui doivent être produits sur le territoire d'un autre État contractant doivent être revêtus de l'apostille, délivrée par l'autorité compétente de l'État d'où émane le document. • Civ. 1re, 13 juin 2019, n° 18-50.055 P : *AJ fam. 2019. 469, obs. Bonifay* (visa de la Conv. de La Haye du 5 oct. 1961 supprimant l'exigence de la légalisation des actes publics étrangers).

Pour une illustration de la conformité de l'apostille aux exigences de la Conv. de La Haye du 5 oct. 1961 : • Civ. 1re, 13 mai 2020, n° 19-11.374 P : *Dr. fam. 2020, n° 133, note Camuzat* (non-conformité d'une apostille délivrée par l'autorité indienne compétente qui n'authentifie pas la signature de l'officier de l'état civil, mais celle d'un tiers).

9. Régime : autorités consulaires. La légalisation peut être effectuée en France, par le consul du pays où l'acte a été établi. • Civ 1re, 4 juin 2009, n° 08-10.962 P : *D. 2009. AJ 1609, obs. de Gaudemont ; ibid. 2004, note Chevalier ; JCP N 2009. 1260, note Fongaro ; AJ fam. 2009. 299, obs. Chénedé ; RJPF 2009-9/12, obs. Corpart ; Defrénois 2009. 1717, obs. Callé ; ibid. 1846, obs. Massip ; RTD civ. 2009. 490, obs. Deumier ; Rev. crit. DIP 2009. 500, obs. P. Lagarde* (validité d'un acte notarié attestant de la filiation et certifié par le consulat de Chine en France, comme établi dans les formes prévues par la loi chinoise). ♦ Irrégularité d'une légalisation qui n'a pas été effectuée par les autorités consulaires. • Civ. 1re, 3 déc. 2014, n° 13-27.857 P : *D. 2015. 451, obs. Boskovic ; ibid. 511, note Guyon-Renard ; AJ fam. 2015. 165, obs. Brot*. ♦ Sur le contrôle des actes de naissance des Français à l'étranger, V. notes ss. art. 48.

C. LIMITES

10. Rôle du juge. Les juges du fond apprécient souverainement la portée d'actes d'état civil faisant foi au sens de l'art. 47. • Soc. 25 mars 2003, n° 01-20.608 P : *LPA 9 juin 2004, note Jault ; RTD civ. 2003. 483, obs. Hauser*. ♦ Mais ils ne peuvent écarter la force probante des actes étrangers produits devant eux pour anomalies et incohérences sans se prononcer sur une ordonnance étrangère ayant authentifié l'un de ces actes. • Civ. 1re, 2 mai 2001, n° 98-22.820 P : *Rev. crit. DIP 2002. 71, note Lagarde*. ♦ Sur les vérification « utiles » au sens de l'art. 46, V. note 18 pour les expertises génétiques dans le cadre des gestations pour autrui.

11. Rôle du juge pénal. Il ne relève pas de l'office du juge pénal d'analyser comme le juge civil les documents d'état civil au regard de l'ordre public international et de la législation civile du pays d'origine du prévenu. • Crim. 5 janv. 2022, n° 21-80.516 B : *D. 2022. 1574, obs. Bonfils et Gouttenoire ; AJ fam. 2022. 86, obs. Gebler ; AJ pénal 2022. 84, obs. Gallardo ; RTD civ. 2022. 364, obs. Leroyer ; Dr. fam. 2022, n° 60, obs. Bonfils* (refus de prendre en compte un examen osseux lorsque la juridiction retient que les documents argués de faux sont authentiques et établissent la minorité).

12. Contrôle des actes transcrits. Le juge est tenu de vérifier la régularité, au regard des dispositions de l'art. 47, des actes de l'état civil étrangers qui ont été produits au soutien de la demande de délivrance d'un certificat de nationalité française. Leur transcription sur les registres de l'état civil français n'a pas pour effet de les purger des vices dont ils sont atteints. • Civ. 1re, 8 juill. 2020, n° 19-15.088 P : *D. 2020. 1461 ; AJ fam. 2020. 484, obs. Houssier ; RTD civ. 2020. 850, obs. Leroyer*.

13. Rôle du ministère public. Le ministère public peut, en considération de l'atteinte à l'ordre public international causée par le mariage d'un Français à l'étranger sans que sa précédente union n'ait été dissoute, s'opposer à la demande de transcription de cet acte sur les registres consulaires français. • Civ. 1re, 19 oct. 2016, n° 15-50.098 P : *D. 2016. 2168, obs. Gallmeister ; ibid. 2549, note Sindres ; AJ fam. 2016. 546, obs. Boiché ; RTD civ. 2017. 102, obs. Hauser ; JCP 2016, n° 1275, note Bureau ; Rev. crit. DIP 2017. 535, note Gallant* (cassation de l'arrêt ayant accueilli la demande de transcription au motif que l'action en nullité était prescrite). ♦ V. aussi ss. art. 16-7 pour les gestations pour autrui.

14. Mentions faisant foi. Les actes de l'état civil, aussi bien étrangers que français, ne font foi que relativement aux faits que l'officier de l'état civil a pour mission de constater. • Civ. 21 févr. 1933 : *S. 1933. 1. 361, note Niboyet*. ♦ L'art. 47 vise l'acte instrumentaire lui-même, lequel fait foi de ses seules constatations matérielles ; il ne concerne nullement les questions d'état (en l'espèce, existence du lien de filiation), lesquelles doivent être résolues conformément au statut personnel des parties. • Paris, 8 juill. 1983 : *D. 1983. IR 503*.

15. Contrôle de la régularité formelle. La régularité formelle de l'acte de naissance doit être examinée au regard des conditions posées par la loi étrangère. • Civ. 1re, 19 sept. 2019, n° 18-20.782 P : *D. 2019. 1833 ; AJ fam. 2019. 651, obs. Dionisi-Peyrusse ; RTD civ. 2019. 835, obs. Leroyer ; JCP 2019, n° 1113, note Salvage-Gerest* (acte de naissance dressé quatre ans après la naissance, alors que la loi indienne exige dans ce cas une décision judiciaire).

16. Faux. Appréciation souveraine par les juges du fond, sur le fondement d'une enquête administrative, de la fausseté de l'acte de naissance produit. • Civ. 1re, 16 juill. 1998, n° 95-16.417 P. ♦ Rappr. note ss. art. 48.

17. Actes contraires à la réalité : acte de naissance. La production d'un acte de naissance apocryphe constitue un mensonge. • Civ. 1re, 23 juin 2010 : *cité note 2 ss. art. 26-4*.

18. … Gestation pour autrui réalisée à l'étranger : principes. Il résulte de l'art. 47 C. civ. et de l'art. 7 du Décr. du 3 août 1962 modifiant certaines règles relatives à l'état civil, interprétés à la lumière de l'art. 8 Conv. EDH, que l'existence d'une convention de gestation pour autrui ne fait pas en soi obstacle à la transcription d'un acte de naissance établi à l'étranger et que l'acte de naissance concernant un Français, dressé en pays étranger et rédigé dans les formes usitées dans ce pays, est transcrit sur les registres de l'état civil sauf si d'autres actes ou pièces détenus, des données extérieures ou des éléments tirés de l'acte lui-même établissent, le cas échéant après toutes vérifications utiles, que cet acte est irrégulier, falsifié ou que les faits qui y sont déclarés ne correspondent pas à la réalité. • Cass., ass. plén., 5 oct. 2018, n° 12-30.138 P : *D. 2019. 228, note Deumier et Fulchiron ; ibid. 663, obs. Granet-Lambrechts ; ibid. 725, obs. Galloux et Gaumont-Prat ; ibid. 1016, obs. Clavel et Jault-Seseke ; AJ fam. 2018. 613, obs. Saulier ; ibid. 569, obs. Dionisi-Peyrusse ; RTD civ. 2019. 90, obs. Leroyer ; Gaz. Pal. 2018. 3079, obs. Le Maigat* (transcription de l'acte mentionnant le père biologique et la mère porteuse) • Civ. 1re, 4 nov. 2020, n° 19-15.739 P : *D. 2021. 657, obs. Hilt ; AJ fam. 2020. 664, obs. Houssier ; ibid. 616, obs. Dionisi-Peyrusse ; RTD civ. 2021. 115, obs. Leroyer ; Dr. fam. 2021, n° 11, note Leduque* (appréciation de la conformité de l'acte de naissance qui ne mentionne que le père au droit applicable dans le pays concerné en matière de gestation pour autrui) • 4 nov. 2020, n° 19-50.042 P : *D. 2021. 499, obs. Douchy-Oudot ; AJ fam. 2020. 616, obs. Dionisi-Peyrusse* (*idem*). ♦ V. déjà : • Cass., ass. plén., 3 juill. 2015, n° 15-50.002 P : *préc. note 4 ss. art. 16-7* • Cass., ass. plén., 3 juill. 2015, n° 14-21.323 P : *ibid.* ♦ Rappr. pour l'annulation d'un acte de naissance obtenu grâce à la production au consulat de France d'une déclaration mensongère attestant d'un faux accouchement : • Civ. 1re, 17 nov. 2010, n° 09-68.399 P : *D. 2010. Actu. 2837 ; JCP 2011, n° 302, note Martel ; Dr. fam. 2011, n° 7, obs. Neirinck ; RLDC 2011/78, n° 4105, obs. Gallois* (comp. ss. art. 48).

19. La transcription des actes de naissance sur les registres de l'état civil français n'est pas subordonnée à une expertise judiciaire (filiation paternelle). • Civ. 1re, 5 juill. 2017, n° 15-28.597 P : *préc. note 7 ss. art. 16-7* (par ailleurs, le jugement étranger mentionnant que le patrimoine génétique du père avait été utilisé, sans relever l'existence d'éléments de preuve contraire, a, à cet égard, un effet de fait permettant de considérer que cette désignation est conforme à la réalité). ♦ Sur l'absence de prise en compte de l'art. 312 C. civ. dans le cadre d'une action aux fins de transcription d'actes de l'état civil étrangers, qui n'est pas une action en reconnaissance ou en établissement de la filiation : • Civ. 1re, 5 juill. 2017 : *préc. note 4 ss. art. 16-7.*

20. … Évolution de la jurisprudence. Dans un premier temps (V. aussi ss. art. 16-7), l'admission de la transcription a été limitée aux indications conformes à la réalité biologique (transcription partielle limitée à la filiation paternelle si l'acte mentionnait un parent d'intention, transcription complète si l'acte mentionnait le père biologique et la mère porteuse ayant accouché de l'enfant). V. par ex. : • Civ. 1re, 5 juill. 2017, n° 15-28.597 P : *préc.* (transcription de l'acte de naissance quant à la seule filiation paternelle lorsque la mère mentionnée est la mère d'intention) • 5 juill. 2017, n° 16-16.901 P : *ibid.* (absence de remise en cause de la mention désignant le père en précisant qu'il est l'époux de la mère d'intention) • 29 nov. 2017, n° 16-50.061 P , rejetant sur ce point le pourvoi contre • Rennes, 12 déc. 2016, n° 15/08549 : *AJ fam. 2017. 68, obs. Viganotti ; ibid. 11, obs. Dionisi-Peyrusse* .

Concernant les parents d'intention, la CEDH a été saisie pour avis : compte tenu des exigences de l'intérêt supérieur de l'enfant et de la réduction de la marge d'appréciation, la CEDH est d'avis que le droit au respect de la vie privée d'un enfant né à l'étranger, à l'issue d'une GPA, requiert que le droit interne offre une possibilité de reconnaissance d'un lien de filiation entre cet enfant et la mère d'intention, désignée dans l'acte de naissance légalement établi à l'étranger comme étant la « mère légale ». • CEDH, avis, 10 avr. 2019, n° P16-2018-001 : *D. 2019. 1084, note Fulchiron ; ibid. 1016, obs. Clavel et Jault-Seseke ; AJ fam. 2019. 289, obs. Salvage-Gerest ; ibid. 233, obs. Dionisi-Peyrusse ; RTD civ. 2019. 286, obs. Marguénaud ; ibid. 307, obs. Leroyer ; JCP 2019, n° 551, note Sudre et Gouttenoire ; Dr. fam. 2019, n° 139, note Binet* (solution applicable *a fortiori* lorsque la mère d'intention est la donneuse d'ovocyte). ♦ Mais l'intérêt supérieur de l'enfant n'implique pas que cette reconnaissance du lien de filiation entre l'enfant et la mère d'intention impose aux États de procéder à la transcription de l'acte de naissance étranger en ce qu'il désigne la mère d'intention comme étant la mère légale, d'autres voies telles que l'adoption pouvant convenir, à condition que les modalités prévues par le droit interne garantissent l'effectivité et la célérité de leur mise en œuvre. • Même décision. ♦ V. aussi : • CEDH 18 mai 2021, n° 71552/17 : *Rev. crit. DIP 2022. 35, note Bidaud* . ♦ Sur la demande d'avis : • Cass., ass. plén., 5 oct. 2018, n° 10-19.053 P : *AJ fam. 2018. 569, obs. Dionisi-Peyrusse ; RTD civ. 2018. 847, obs. Marguénaud ; Gaz. Pal. 2018. 3079, obs. Le Maigat ; Dr. fam. 2019, n° 19, note Binet.*

A la suite de cet avis, la transcription a été admise pour une mère d'intention dans un couple hétérosexuel : transcription de l'acte de naissance, compte tenu de la durée de la procédure, et en l'absence d'autre voie permettant de reconnaître la filiation dans des conditions qui ne porteraient pas une atteinte disproportionnée au droit au respect de la vie privée des enfants. • Cass., ass. plén., 4 oct. 2019, n° 10-19.053 P : *préc. note 7 ss. art. 16-7.*

La solution a été étendue à un couple d'hommes : en présence d'une action aux fins de transcription de l'acte de naissance étranger de l'enfant, qui n'est pas une action en reconnaissance ou en établissement de la filiation, ni la circonstance que l'enfant soit né à l'issue d'une convention de gestation pour autrui, ni celle que cet acte désigne le père biologique de l'enfant et un deuxième homme comme père ne constituent des obstacles à la transcription de l'acte sur les registres de l'état civil, lorsque celui-ci est probant au sens de l'art. 47 C. civ. • Civ. 1re, 18 déc. 2019, n° 18-11.815 P : *D. 2020. 426, note Paricard ; AJ fam. 2020. 9, obs. Dionisi-Peyrusse* (solution justifiée par les mêmes impératifs que ceux évoqués par l'arrêt du 4 oct. 2019 et la nécessité d'unifier le traitement des situations, après sursis à statuer). • Civ. 1re, 20 mars 2019, n° 18-11.815 P : *D. 2019. 585 ; AJ fam. 2019. 218, obs. Berdeaux ; ibid. 175, obs. Dionisi-Peyrusse ; Dr. fam. 2019, n° 104, note Fulchiron* • 18 déc. 2019, n° 18-12.327 : *D. 2020. 426, note Paricard ; AJ fam. 2020. 9, obs. Dionisi-Peyrusse* (*idem* dans l'affaire jugée par • Civ. 1re, 20 mars 2019, n° 18-12.327) • 18 nov. 2020, n° 19-50.043 P : *D. 2020. 2289 ; AJ fam. 2021. 54, obs. Latil ; JCP 2021, n° 81, note Marilly.*

Elle a enfin été aussi admise pour un couple de femmes : en présence d'une action aux fins de transcription de l'acte de naissance étranger d'un enfant, qui n'est pas une action en reconnaissance ou en établissement de la filiation, ni la circonstance que l'enfant soit né d'une assistance médicale à la procréation, ni celle que cet acte désigne la mère ayant accouché et une autre femme en qualité de mère ou de parent ne constituent un obstacle à sa transcription sur les registres français de l'état civil, lorsque l'acte est probant au sens de l'art. 47 C. civ. • Civ. 1re, 18 déc. 2019, n° 18-14.751 P : *D. 2020. 426, note Paricard ; ibid. 506, obs. Douchy-Oudot ; AJ fam. 2020. 133, obs. Houssier ; ibid. 9, obs. Dionisi-Peyrusse ; RTD civ. 2020. 81, obs. Leroyer* (cassation de l'arrêt ayant refusé cette transcription au motif qu'un enfant ne peut avoir qu'une seule mère biologique, après sursis à statuer) • Civ. 1re, 20 mars 2019, n° 18-14.751 P : *AJ fam. 2019. 175, obs. Dionisi-Peyrusse ; Dr. fam. 2019, n° 105, note Fulchiron.* ♦ Dans le même sens : • Civ. 1re, 18 mars 2020, n° 18-15.368 P : *D. 2020. 822 ; AJ fam. 2020. 311, obs. Houssier* (actes de l'état civil étrangers réguliers, exempts de fraude et établis conformément au droit anglais en vigueur, l'intérêt supérieur de l'enfant devant être une considération primordiale au regard de la Conv. de New-York relative aux droits de l'enfant).

21. Âge : instance civile. Appréciation souveraine par les juges du fond sur le fondement des éléments de preuve dont ils disposent, en l'espèce une expertise, que l'état civil mentionné dans l'acte de naissance produit ne correspondait pas à la réalité. • Civ. 1re, 4 janv. 2017, n° 15-18.468 P : *D. 2017. 1011, obs. Gaudemet-Tallon et Jault-Seseke ; ibid. 1727, obs. Bonfils et Gouttenoire ; AJ fam. 2017. 137, obs. Pedron* (acte de naissance produit par une personne n'en étant pas le titulaire). ♦ Acte de naissance dépourvu de force probante en raison de l'incohérence de ses énonciations avec les déclarations de l'intéressé. • Civ. 1re, 11 mai 2016, n° 15-18.731 P : *D. 2016. 1545, obs. Martini et Parrot ; RTD civ. 2016. 587, obs. Hauser* (minorité non établie, ce qui exclut des mesures d'assistance éducative). ♦ V. aussi notes ss. art. 388.

22. Âge : instance pénale. En matière pénale, la preuve étant libre, l'âge réel de l'intéressé peut être déterminé sans avoir égard aux énonciations d'un acte de l'état civil étranger. • Crim. 13 oct. 1986, n° 86-94.023 P : *Gaz. Pal. 1987. 1. 103* • 17 juill. 1991, n° 91-82.771 P • 1er déc. 1999, n° 98-87.158 P. ♦ ... Et sans prendre en compte la procédure ouverte devant le juge des tutelles. • Crim. 19 juin 2013, n° 12-82.912. ♦ ... Les juges du fond étant souverains dans leur appréciation de l'âge. • Même arrêt.

23. Actes contradictoires. En présence d'actes de naissance fournis aux divers stades de la procédure et mentionnant des prénoms différents, une cour d'appel estime souverainement que cette contradiction ne permet pas de reconnaître à ces actes la valeur probante accordée par l'art. 47 C. civ. • Civ. 1re, 24 oct. 2000, n° 98-22.105 P : *D. 2000. IR 283 ; Rev. crit. DIP 2001. 332, note B. A.* ♦ Dans le même sens : • Civ. 1re, 28 oct. 2003 : *RJPF 2004-4/13, note Massip.*

Illustration, pour un acte de naissance, enregistré quatre ans après la naissance de l'enfant, dont la régularité internationale ne peut être vérifiée, dans un contexte d'adoption de l'enfant par une femme l'ayant ensuite confié à un couple français, le contexte faisant douter de la concordance entre les mentions de l'acte de naissance et la réalité des faits : • Civ. 1re, 19 sept. 2019, n° 18-20.782 P : *D. 2019. 1833 ; AJ fam. 2019. 651, obs. Dionisi-Peyrusse ; RTD civ. 2019. 835, obs. Leroyer ; JCP 2019, n° 1113, note Salvage-Gerest.* ♦ Sur l'intérêt de l'enfant et la gestation pour autrui, V. note 18.

24. Acte indissociable d'un jugement. Un acte de naissance dressé en exécution d'une décision de justice est indissociable de celle-ci, dont l'efficacité, même si elle existe de plein droit, reste toujours subordonnée à sa propre régularité internationale ; cassation de l'arrêt ayant ordonné l'enregistrement d'une déclaration de nationalité française en considérant qu'il ne pouvait être reproché au requérant de ne pas produire la décision en vertu de laquelle son acte de naissance a été dressé, dix ans après la naissance, alors que l'acte de naissance est indissociable de la décision ordonnant son établissement, dont le ministère public conteste la régularité internationale. • Civ. 1re, 3 nov. 2021, n° 20-50.005 B : *D. 2022. 915, obs. Clavel et Jault-Seseke ; RTD civ. 2022. 103, obs. Leroyer .*

25. Respect de l'ordre public international. Un acte de naissance établi dans un pays étranger en exécution d'une décision d'adoption prononcée par une juridiction de ce pays est indissociable de celle-ci, dont l'efficacité, même si elle existe de plein droit, reste toujours subordonnée à sa propre régularité internationale. • Civ. 1re, 18 juill. 2000, n° 99-10.848 P : *JCP 2001. II. 10588, note Moreno ; Rev. crit. DIP 2001. 349, note Muir Watt .* ♦ Si l'efficacité des jugements étrangers concernant l'état des personnes est reconnue de plein droit en France, hors de tout exequatur, cet effet n'a lieu que sous réserve du contrôle de leur régularité internationale. • Civ. 1re, 7 avr. 1998 : *Dr. fam. 1998, n° 130, note Lécuyer.* ♦ Même sens : • Civ. 1re, 12 sept. 2012, n° 11-17.023 P : *D. 2012. 2169 ; AJ fam. 2012. 551, obs. Boiché ; Dr.*

fam. 2012, n° 178, obs. Abadie (la dispense d'exequatur prévue à l'art. 14 de la Conv. franco-marocaine du 10 août 1981 est sans effet lorsqu'est demandée l'exécution en France d'une décision de divorce). ♦ Sur les conventions de gestation pour autrui, V. note 15 et notes ss. art. 16-7.

26. Intérêt supérieur de l'enfant. L'intérêt supérieur de l'enfant ne peut faire échec aux dispositions de l'art. 47, dès lors que les actes de l'état civil produits ne sont pas probants, aucun élément ne justifiant que l'enfant dont la déclaration de nationalité n'a pas été reçue faute de régularité de l'acte de naissance ne puisse continuer à vivre normalement en France. • Civ. 1re, 19 sept. 2019, n° 18-20.782 P : *D. 2019. 1833 ; AJ fam. 2019. 651, obs. Dionisi-Peyrusse ; RTD civ. 2019. 835, obs. Leroyer ; JCP 2019, n° 1113, note Salvage-Gerest.* ♦ Sur l'intérêt de l'enfant et la gestation pour autrui, V. note 18.

27. Protocole franco-marocain. La date de naissance d'un ressortissant marocain, établie par la production d'un extrait d'acte de naissance, d'une attestation de concordance et du jugement d'un tribunal marocain, ne peut être écartée par une simple enquête établissant que le jugement est un faux alors qu'il appartenait à la caisse d'assurances sociales qui refusait de liquider la pension de vieillesse d'utiliser les voies de recours prévues par le protocole administratif franco-marocain du 1er juin 1978. • Soc. 9 juin 1994, n° 92-11.423 P.

Code de l'entrée et du séjour des étrangers et du droit d'asile Art. L. 811-2 *(Ord. n° 2020-1733 du 16 déc. 2020, en vigueur le 1er mai 2021)* La vérification de tout acte d'état civil étranger est effectuée dans les conditions définies à l'article 47 du code civil.

Décret n° 2015-1740 du 24 décembre 2015,

Relatif aux modalités de vérification d'un acte de l'état civil étranger.

Art. 1er Lorsque, en cas de doute sur l'authenticité ou l'exactitude d'un acte de l'état civil étranger, l'autorité administrative saisie d'une demande d'établissement ou de délivrance d'un acte ou de titre procède ou fait procéder, en application de l'article 47 du code civil, aux vérifications utiles auprès de l'autorité étrangère compétente, le silence gardé pendant huit mois vaut décision de rejet.

Dans le délai prévu à l'article L. 231-4 du code des relations entre le public et l'administration, l'autorité administrative informe par tout moyen l'intéressé de l'engagement de ces vérifications. – *Entrée en vigueur le 1er janv. 2016.*

Art. 48 *(L. n° 93-22 du 8 janv. 1993)* **« Tout acte de l'état civil des Français en pays étranger sera valable s'il a été reçu, conformément aux lois françaises, par les agents diplomatiques ou consulaires. »**

(L. n° 2016-1547 du 18 nov. 2016, art. 51) **« La conservation des données de l'état civil est assurée par un traitement automatisé satisfaisant aux conditions prévues à l'article 40 et mis en œuvre par le ministère des affaires étrangères, qui peut en délivrer des copies et des extraits. »**

Sur les attributions des agents diplomatiques et consulaires en matière d'état civil, V. Décr. n° 2008-521 du 2 juin 2008, ss. art. 54.

Nullité de l'acte de naissance dressé sur les registres consulaires sur la base de faux documents de grossesse et d'un faux certificat d'accouchement, les échographies et examens médicaux de la mère porteuse ayant été modifiés afin qu'ils confirment une grossesse de l'épouse. • Civ. 1re, 5 juill. 2017, n° 16-16.495 P : *D. 2017. 1737, note Fulchiron ; ibid. 1727, obs. Bonfils et Gouttenoire ; AJ fam. 2017. 482, obs. Dionisi-Peyrusse ; ibid. 375, obs. Chénedé ; ibid. 431, obs. P. Salvage-Gerest* (cour d'appel saisie dans le cadre de l'art. 48 C. civ., les époux n'ayant pas sollicité la transcription de l'acte d'état civil étranger sur le fondement de l'art. 47 C. civ.). ♦ Comp. • Civ. 1re, 17 nov. 2010 : *cité note 18 ss. art. 47.*

Art. 49 *(L. 10 mars 1932)* **Dans tous les cas où la mention d'un acte relatif à l'état civil devra avoir lieu en marge d'un acte déjà dressé ou transcrit, elle sera faite d'office.**

L'officier de l'état civil qui aura dressé ou transcrit l'acte donnant lieu à mention effectuera cette mention, dans les trois jours, sur les registres qu'il détient et, si le

double du registre où la mention doit être effectuée se trouve au greffe, il adressera un avis au procureur de la République de son arrondissement.

Si l'acte en marge duquel doit être effectuée cette mention a été dressé ou transcrit dans une autre commune, l'avis sera adressé, dans le délai de trois jours, à l'officier de l'état civil de cette commune et celui-ci en avisera aussitôt, si le double du registre est au greffe, le procureur de la République de son arrondissement.

(L. n° 93-22 du 8 janv. 1993) « Si l'acte en marge duquel une mention devra être effectuée a été dressé ou transcrit à l'étranger, l'officier de l'état civil qui a dressé ou transcrit l'acte donnant lieu à mention en avisera, dans les trois jours, le ministre des affaires étrangères. »

(L. n° 2016-1547 du 18 nov. 2016, art. 51) « Les officiers de l'état civil des communes mentionnées au troisième alinéa de l'article 40 sont dispensés de l'envoi d'avis de mention au greffe. »

Sur la remise en cause des mentions en marge ou de l'acte lui-même en raison de celles-ci, V. note 11 ss. art. 99.

Art. 50 Toute contravention aux articles précédents, de la part des fonctionnaires y dénommés, sera poursuivie devant le tribunal judiciaire et punie d'une amende *(L. n° 56-780 du 4 août 1956, art. 94 ; Ord. n° 2000-916 du 19 sept. 2000)* « comprise entre 3 € et 30 € ».

1. Le fonctionnement des services de l'état civil, placés sous le contrôle de l'autorité judiciaire, ressortit à la juridiction judiciaire. • T. confl. 14 févr. 2005, n° 05-03.401 P : *AJ fam. 2005. 146, obs. Hilt ; RTD civ. 2005. 360, obs. Hauser*. – Déjà en ce sens : • T. confl. 17 juin 1991 : *préc. note 6 ss. art. 34.*

2. Si, aux termes des art. 50 et 63 C. civ., le tribunal civil est compétent pour connaître des poursuites exercées à l'occasion de certaines irrégularités matérielles commises par les officiers de l'état civil, les autres contraventions prévues par le code civil et commises par les officiers de l'état civil demeurent soumises au droit commun et doivent être déférées à la juridiction pénale. • Crim. 23 nov. 1949 : *D. 1950. 40 ; JCP 1950. II. 5615 (1re esp.), note Magnol* • 23 nov. 1950 : *D. 1951. 24 ; JCP 1951. II. 5970.*

Art. 51 Tout dépositaire des registres sera civilement responsable des altérations qui y surviendront, sauf son recours, s'il y a lieu, contre les auteurs desdites altérations.

Art. 52 Toute altération, tout faux dans les actes de l'état civil, toute inscription de ces actes faite sur une feuille volante et autrement que sur les registres à ce destinés, donneront lieu aux dommages-intérêts des parties, sans préjudice des peines portées au code pénal.

Les juges du fond, du moins lorsqu'ils ne sont pas saisis d'une action mettant en cause le fonctionnement du service public de l'état civil, mais la responsabilité personnelle de l'officier de l'état civil fondée sur l'anc. art. 1382 [1240] C. civ., ne peuvent accueillir la demande dès lors que la preuve de la faute commise personnellement par le défendeur n'est pas rapportée. • Civ. 1re, 28 avr. 1981 : *D. 1981. 557, note Massip ; RTD civ. 1982. 148, obs. Durry.*

Art. 53 *(L. n° 2016-1547 du 18 nov. 2016, art. 51)* « Le procureur de la République territorialement compétent pourra à tout moment vérifier l'état des registres ; il dressera un procès-verbal » sommaire de la vérification, dénoncera les contraventions ou délits commis par les officiers de l'état civil, et requerra contre eux la condamnation *aux amendes.*

Art. 54 Dans tous les cas où un tribunal judiciaire connaîtra des actes relatifs à l'état civil, les parties intéressées pourront se pourvoir contre le jugement.

Code des relations entre le public et l'administration

(Décr. n° 2015-1342 du 23 oct. 2015, en vigueur le 1er janv. 2016)

Justification de l'identité, de l'état civil, de la situation familiale, de la nationalité française et du domicile

Art. R. 113-5 Dans les procédures administratives, les personnes justifient, lorsqu'une disposition législative ou réglementaire l'exige, de leur identité, de leur état civil, de leur situation familiale ou de leur nationalité française par la présentation de l'original ou la production ou l'envoi d'une photocopie lisible du document figurant dans le tableau ci-dessous, en colonne A, qui les dispense de la production des documents figurant dans le même tableau, en colonne B.

A DOCUMENTS PRODUITS	B DOCUMENTS QUE LE PUBLIC EST DISPENSÉ DE PRODUIRE
Livret de famille régulièrement tenu à jour.	Extrait de l'acte de mariage des parents. Extrait de l'acte de naissance des parents ou des enfants. Copie de l'acte de décès des parents ou des enfants morts avant leur majorité.
Livret de famille régulièrement tenu à jour et revêtu de l'une des mentions prévues à l'article 28 du code civil pour le ou les titulaires du livret de famille et, le cas échéant, pour leurs enfants mineurs.	Certificat de nationalité française.
Carte nationale d'identité en cours de validité.	Certificat de nationalité française. Extrait de l'acte de naissance du titulaire.
Passeport en cours de validité.	Extrait de l'acte de naissance du titulaire ou de ses enfants mineurs qui y sont mentionnés.
Carte d'ancien combattant, ou Carte d'invalide de guerre, ou Carte d'invalide civil.	Extrait de l'acte de naissance du titulaire.
Copie ou extrait de l'acte de naissance revêtu de l'une des mentions prévues à l'article 28 du code civil.	Certificat de nationalité française. Une des pièces justificatives de la nationalité mentionnées aux articles 34 et 52 du décret n° 93-1362 du 30 décembre 1993 relatif aux déclarations de nationalité, aux décisions de naturalisation, de réintégration, de perte, de déchéance et de retrait de la nationalité française.

La légalisation ou la certification matérielle des signatures apposées sur les pièces qui sont remises ou présentées ne peut être exigée.

Ces pièces sont restituées sans délai et, en tout état de cause, dès l'achèvement des procédures au titre desquelles elles ont été produites.

Art. R. 113-6 En cas de doute sur la validité de la photocopie produite ou envoyée, l'administration peut demander de manière motivée par lettre recommandée avec demande d'avis de réception la présentation de l'original.

La procédure en cours est suspendue jusqu'à la production des pièces originales.

Art. R. 113-7 Sauf dispositions législatives ou réglementaires contraires, les pièces d'état civil sont prises en compte quelle que soit la date de leur délivrance.

Art. R. 113-8 Les personnes physiques qui déclarent leur domicile dans les procédures *mentionnées à l'article R. 113-5 ne sont pas* tenues de présenter des pièces justificatives, sauf dans les cas où le domicile est déclaré en vue de la délivrance d'un certificat de nationalité française, de l'obtention d'un titre d'identité, de voyage, de séjour, d'un certificat d'immatriculation d'un véhicule ou de la délivrance d'une attestation d'accueil ou en vue de l'inscription volontaire sur les listes électorales ou sur les fichiers d'immatriculation consulaire. La justification du domicile peut être exigée pour les formalités d'inscription dans les établissements scolaires et les établissements d'enseignement supérieur.

La déclaration ainsi faite leur est opposable, sauf notification faite par écrit d'un nouveau domicile.

Les pièces justificatives de domicile présentées en vue de l'obtention d'un titre d'identité, de voyage, de séjour, d'un certificat d'immatriculation d'un véhicule ou de la délivrance d'une attestation d'accueil ou de l'inscription volontaire sur les listes électorales, comportant un dispositif technique en assurant l'authenticité, ne peuvent être refusées par les services chargés de l'instruction de ces procédures.

Un arrêté du ministre de l'intérieur fixe les conditions de mise en œuvre de ce dispositif.

Art. R. 113-8-1 *(Décr. n° 2020-732 du 15 juin 2020)* Pour la délivrance d'une carte nationale d'identité, d'un passeport, d'un permis de conduire ou d'un certificat d'immatriculation d'un véhicule, le demandeur peut justifier de son domicile par la production, à l'administration en charge de l'instruction de sa demande, d'une information permettant son identification auprès d'un fournisseur d'un bien ou d'un service attaché à ce domicile.

Un arrêté du ministre de l'intérieur fixe la liste de ces fournisseurs pour chacun des titres mentionnés ci-dessus après la conclusion d'une convention avec chacun de ces fournisseurs. Cette convention définit les conditions dans lesquelles le fournisseur de bien ou de service communique à l'administration, aux seules fins mentionnées à l'alinéa précédent, les données à caractère personnel lui permettant de vérifier le domicile déclaré par le demandeur.

Art. R. 113-9 Les dispositions de la présente sous-section ne sont pas applicables aux procédures d'acquisition de la nationalité française ou de changement de nom.

Les dispositions de l'article R. 113-5 ne sont pas applicables pour la délivrance des titres et actes suivants :

1° La carte nationale d'identité ;

2° Le passeport ;

3° Le document de circulation pour étranger mineur, le titre d'identité républicain ainsi que l'ensemble des documents de voyage français ;

4° Les titres de séjour pour étranger, quel qu'en soit le régime ;

5° Le livret de famille ;

6° Les copies ou extraits d'actes de l'état civil ;

7° La carte d'ancien combattant ;

8° La carte d'invalide de guerre ;

9° Le certificat de nationalité française ;

10° L'attestation d'inscription sur le registre des pactes civils de solidarité ;

11° La copie des décisions judiciaires.

Code général des collectivités territoriales

2e PARTIE : RÉGLEMENTAIRE

(Décr. n° 2000-318 du 7 avr. 2000)

Art. R. 2122-10 *(Décr. n° 2017-270 du 1er mars 2017, art. 2)* « Le maire peut déléguer à un ou à plusieurs fonctionnaires titulaires de la commune tout ou partie des fonctions qu'il exerce en tant qu'officier de l'état civil, sauf celles prévues à l'article 75 du code civil. Les actes dressés dans le cadre des fonctions ainsi déléguées comportent la seule signature du fonctionnaire municipal délégué. »

L'arrêté portant délégation est transmis tant au préfet ou au sous-préfet qu'au procureur de la République près le tribunal judiciaire dans le ressort duquel se trouve la commune intéressée.

Le ou les fonctionnaires titulaires de la commune *(Décr. n° 2017-270 du 1er mars 2017, art. 2)* « ayant reçu délégation du maire » peuvent valablement délivrer toutes copies, et extraits, quelle que soit la nature des actes.

(Décr. n° 2011-167 du 10 févr. 2011, en vigueur le 1er mars 2011) « Ils peuvent également mettre en œuvre la procédure de vérification prévue par les dispositions *(Décr. n° 2017-890 du 6 mai 2017, art. 53, en vigueur le 1er nov. 2017)* « du chapitre II du titre II du décret n° 2017-890 du 6 mai 2017. »

L'exercice des fonctions déléguées s'opère sous le contrôle et la responsabilité du maire. – *[Décr. n° 62-291 du 3 août 1962, art. 6.]*

Art. R. 2122-11 *(Décr. n° 2017-270 du 1er mars 2017, art. 3)* Lorsque le maire envisage d'affecter à la célébration de mariages un bâtiment communal autre que la maison commune, il en informe préalablement le procureur de la République en lui transmettant son projet de décision d'affectation, accompagné de tous documents utiles permettant à ce magistrat de s'assurer que les conditions prévues à l'article L. 2121-30-1 sont remplies. Le procureur de la République dispose d'un délai de deux mois pour faire connaître au maire son opposition motivée au projet.

Si, dans ce délai, le procureur de la République ne s'estime pas en mesure, au vu des éléments qui lui ont été transmis, d'apprécier s'il y a lieu de faire opposition, il peut effectuer toutes diligences nécessaires à l'exercice de sa mission. Dans le cas où ces diligences ne peuvent être accomplies dans le délai de deux mois, ce délai est alors prorogé d'un mois. Le procureur de la République avise le maire de cette prorogation.

Si à l'issue du délai de deux mois, ou du délai de trois mois lorsqu'il *[a]* été fait application de la prorogation prévue à l'alinéa précédent, le procureur de la République n'a pas fait connaître son opposition au projet, le maire peut prendre sa décision d'affectation. Il en transmet copie au procureur de la République.

Décret n° 65-422 du 1er juin 1965,

Portant création d'un service central d'état civil au ministère des affaires étrangères.

TITRE I. SERVICE CENTRAL D'ÉTAT CIVIL

Art. 1er Il est créé au ministère des affaires étrangères un service central d'état civil établi à Nantes.

Art. 2 Le service central d'état civil reçoit en dépôt :

1° Les registres de l'état civil consulaire et les autres registres d'état civil tenus au ministère des affaires étrangères ;

2° Les registres datant de moins de cent ans établis dans les territoires des États antérieurement placés sous la souveraineté ou l'autorité de la France, détenus par le ministère d'État chargé des affaires culturelles (dépôt des papiers publics d'outre-mer) ; — *Les dispositions du 2° ci-dessus sont entrées en vigueur le 1er nov. 1969 (Arr. du 15 oct. 1969).*

3° Les registres de l'état civil dressés en Algérie antérieurement à l'accession de cet État à l'indépendance ou établis par reconstitution desdits registres ;

4° *(Décr. n° 69-1125 du 11 déc. 1969)* « Les registres d'état civil établis en application de l'ordonnance n° 59-68 du 7 janvier 1959 pour les Français par acquisition nés à l'étranger ». *— Les dispositions du 4° ci-dessus sont entrées en vigueur le 1er févr. 1970 (Arr. du 20 janv. 1970). — V. C. civ., art. 98 s.*

Les registres visés aux 2°, 3° et 4° ci-dessus seront versés par tranches successives aux Archives de France quand ils auront une ancienneté supérieure à cent ans.

Il n'est pas dérogé par le présent décret aux attributions du ministre d'État chargé des affaires culturelles (dépôt des papiers publics d'outre-mer) en ce qui concerne les actes de l'état civil afférents aux départements d'outre-mer et aux territoires d'outre-mer.

Art. 2-1 *(Décr. n° 80-308 du 25 avr. 1980)* Le service central de l'état civil tient les registres des actes prévus aux articles 98 à 98-2 du code civil.

Art. 3 *(Décr. n° 69-1125 du 11 déc. 1969)* « Le service central d'état civil tient également des registres où sont transcrits :

« 1° Les jugements français tenant lieu d'actes de l'état civil lorsque ceux-ci ont été ou auraient dû être dressés à l'étranger ;

« 2° Les jugements d'adoption simple concernant les personnes nées à l'étranger lorsque leurs actes de naissance ne sont pas conservés sur des registres français ;

(Décr. n° 2017-890 du 6 mai 2017, art. 50, en vigueur le 1er nov. 2017) « 3° Les décisions d'adoption régulièrement prononcées à l'étranger à l'égard d'un enfant né à l'étranger dont au *moins un parent* a la nationalité française et ayant en France les effets de l'adoption plénière ; »

« 4° Les actes dressés au cours d'un voyage maritime ou aux armées. »

Ce service adresse chaque année à la mairie de Nantes, pour inscription d'office, le cas échéant, sur les tableaux de recensement de cette commune la liste des jeunes gens dont les actes de naissance ou de reconnaissance ont été ainsi transcrits et qui doivent être recensés en application de la législation sur le recrutement de l'armée.

Art. 4 *(Décr. n° 98-513 du 23 juin 1998)* Le service central d'état civil tient, pour les personnes nées à l'étranger, le répertoire civil prévu aux articles 1057 à 1061 du code de procédure civile.

Art. 4-1 *(Décr. n° 98-513 du 23 juin 1998)* Le service central d'état civil tient aussi un répertoire civil annexe où sont conservés :

1° Des extraits des décisions rendues en France *(Décr. n° 2016-1907 du 28 déc. 2016, art. 9, en vigueur le 1er janv. 2017)* « ou des certificats de dépôt de divorce » *(Décr. n° 2019-1380 du 17 déc. 2019, art. 10)* « ou de séparation de corps » dont la mention en marge d'un acte de l'état civil ne peut être effectuée parce qu'aucun acte ne figure dans les registres français ;

2° Des copies des actes de désignation de la loi applicable au régime matrimonial et des certificats délivrés par la personne compétente pour établir ces actes, dont la mention, prévue par l'article 1303-1 du code de procédure civile, ne peut être effectuée en l'absence d'acte de mariage conservé par une autorité française ;

3° Des extraits des décisions ou des copies des actes relatifs au changement de régime matrimonial intervenu par application d'une loi étrangère régissant les effets de l'union, dont la mention, prévue par l'article 1303-3 du code de procédure civile, ne peut être effectuée en l'absence d'acte de mariage conservé par une autorité française ;

4° Des extraits des décisions rendues à l'étranger relatives au changement de régime matrimonial intervenu par application de la loi française, dont la mention ne peut être effectuée en l'absence d'acte de mariage conservé par une autorité française.

Pour être conservés dans ce répertoire, les actes mentionnés aux 2° et 3° doivent avoir été établis en France en la forme authentique ou concerner au moins un époux français. Aux mêmes fins, les décisions mentionnées au 3° si elles ont été rendues à l'étranger et les décisions mentionnées au 4° doivent concerner au moins un époux français.

Le service central d'état civil délivre, à la demande de tout intéressé, des certificats attestant de l'inscription au répertoire civil annexe d'actes, certificats, décisions et extraits. Il peut aussi en délivrer des copies.

Art. 4-2 *(Décr. n° 2017-889 du 6 mai 2017, art. 36, en vigueur le 1er nov. 2017)* Le service central d'état civil tient sous forme électronique le registre prévu au premier alinéa de l'article 515-3-1 du code civil.

Il délivre également le certificat mentionné à l'article 1er du décret n° 2006-1806 du 23 décembre 2006 modifié relatif à la déclaration, la modification, la dissolution et la publicité du pacte civil de solidarité, attestant qu'une personne de nationalité étrangère née à l'étranger n'est pas déjà liée par un pacte civil de solidarité.

Les dispositions issues du Décr. n° 2017-889 du 6 mai 2017 entrent en vigueur le 1er nov. 2017. Elles sont applicables aux pactes civils de solidarité enregistrés à cette date (Décr. préc., art. 38).

Art. 5 *(Décr. n° 97-773 du 30 juill. 1997)* Les actes détenus par le service central d'état civil sont conservés, mis à jour et, le cas échéant, établis selon des procédés manuels ou automatisés. Les officiers de l'état civil du service central d'état civil délivrent dans les mêmes conditions des copies et extraits de ces actes *(Décr. n° 2011-167 du 10 févr. 2011, en vigueur le 1er mars 2011)* « ou mettent en œuvre, lorsqu'elle est effectuée par voie d'échanges électroniques, la procédure de vérification prévue par les dispositions *(Décr. n° 2017-890 du 6 mai 2017, art. 50, en vigueur le 1er nov. 2017)* « du chapitre II du titre II du décret n° 2017-890 du 6 mai 2017 ».

Art. 5-1 *(Décr. n° 2009-1330 du 28 oct. 2009)* Les données contenues dans les copies et *extraits d'actes* de l'état civil *(Décr. n° 2017-890 du 6 mai 2017, art. 50, en vigueur le 1er nov. 2017)* « régis par les dispositions du chapitre I du titre II du décret n° 2017-890 du 6 mai 2017 » peuvent être transmises, par voie électronique, aux notaires, dans le cadre de leur mandat, dans des conditions qui garantissent leur intégrité et leur confidentialité ainsi que l'authentification de l'émetteur et du destinataire.

Ces données sur support électronique font foi jusqu'à preuve du contraire à l'égard du notaire qui les a demandées.

Les modalités de cette transmission sont fixées par arrêté conjoint du ministre des affaires étrangères et du ministre de la justice. – *V. Arr. du 28 oct. 2009 (JO 30 oct.).*

Art. 6 Un arrêté du ministre des affaires étrangères désigne les fonctionnaires *(Décr. n° 97-773 du 30 juill. 1997)* « et les agents » du service central d'état civil ayant qualité d'officier de l'état civil.

TITRE II. DISPOSITIONS RELATIVES AUX TRANSCRIPTIONS ET MENTIONS MARGINALES SUR LES REGISTRES DE L'ÉTAT CIVIL

Art. 7 En cas de naissance pendant un voyage maritime, l'officier instrumentaire est tenu de déposer au premier port où le bâtiment aborde trois expéditions de chacun des actes de naissance dressés à bord.

Ce dépôt est fait, savoir : si le port est français, au *(Décr. n° 2015-258 du 4 mars 2015, art. 10)* « service du commissariat des armées » pour les bâtiments de l'État, et au bureau de l'inscription maritime pour les autres bâtiments ; si le port est étranger, entre les mains du consul de France. Au cas où il n'existe pas dans ce port d'autorité compétente pour recevoir le dépôt, celui-ci est ajourné au plus prochain port où il s'en trouve une.

Une des expéditions est adressée au service central d'état civil pour transcription sur les registres.

La seconde est transmise, pour information et selon les cas, au ministre chargé de la marine nationale ou au ministre chargé de la marine marchande.

La troisième demeure déposée aux archives du *(Décr. n° 2015-258 du 4 mars 2015, art. 10)* « service du commissariat des armées », du bureau de l'inscription maritime ou du consulat.

Mention des envois et dépôts effectués conformément aux prescriptions du présent article est portée en marge des actes originaux par les *(Décr. n° 2015-258 du 4 mars 2015, art. 10)* « commissaires des armées » ou par les administrateurs de l'inscription maritime ou par les consuls.

Art. 8 Les dispositions de l'article 7 ci-dessus sont applicables au cas de reconnaissance reçue pendant un voyage maritime et dans les circonstances prévues à l'article 59 du code civil.

Art. 9 En cas de décès pendant un voyage maritime et dans les circonstances prévues à l'article 59 du code civil, les dépôts et transmissions des originaux et des expéditions sont faits conformément aux distinctions prévues par l'article 7 ci-dessus.

La transcription des actes de décès est faite sur les registres du service central d'état civil et sur les registres de l'état civil du dernier domicile du défunt conformément aux dispositions de l'article 80 du code civil.

Art. 10 Dans les cas prévus aux alinéas 2 et 3 de l'article 93 du code civil, l'officier de l'état civil militaire qui reçoit un acte en transmet, dès que la communication est possible et dans le plus bref délai, des expéditions à l'autorité compétente qui est désignée par décret contresigné du ministre des armées et du ministre des anciens combattants et victimes de guerre. — *V. Décr. n° 60-26 du 9 janv. 1960, art. 1er (D. 1960. 69 ; BLD 1960. 139).*

Cette autorité adresse une expédition au service central d'état civil pour transcription sur les registres.

En ce qui concerne les actes de décès une seconde transcription est faite conformément aux dispositions de l'article 80 du code civil, sur les registres de l'état civil du dernier domicile du défunt.

TITRE III. DISPOSITIONS DIVERSES

Art. 11 Les dispositions de l'article 1er, du premier alinéa de l'article 3 et celles du titre II du présent décret entrent immédiatement en vigueur.

Des arrêtés conjoints du ministre des affaires étrangères et des autres ministres intéressés fixent les dates d'entrée en vigueur des autres dispositions du présent décret.

Art. 12 Les articles 60 et 61, le troisième alinéa de l'article 62, les deuxième et troisième alinéas de l'article 86, l'article 94 et le deuxième alinéa de l'article 97 du code civil sont abrogés ainsi que les dispositions de l'ordonnance n° 59-68 du 7 janvier 1959 dans la mesure où elles sont contraires à celles du présent décret.

Dans la deuxième phrase de l'article 251 du code civil, les mots "de la mairie du 1er arrondissement de Paris" et, dans la troisième phrase du deuxième alinéa de l'artice 357 du code civil, les mots "sur les registres de la mairie du 1er arrondissement de Paris" sont supprimés.

Art. 13 *(Décr. n° 2017-889 du 6 mai 2017, art. 37, en vigueur le 1er nov. 2017)* Le présent décret, *(Décr. n° 2019-1380 du 17 déc. 2019, art. 16)* « dans sa rédaction résultant du décret n° 2019-1380 du 17 décembre 2019 relatif à la procédure applicable aux divorces contentieux et à la séparation de corps ou au divorce sans intervention judiciaire, » est applicable sur l'ensemble du territoire de la République.

Art. 14 Le présent décret ne peut être modifié que par décret en Conseil d'État.

Loi nº 68-671 du 25 juillet 1968,

Relative à l'état civil des Français ayant vécu en Algérie ou dans les anciens territoires français d'outre-mer ou sous tutelle devenus indépendants.

Décret nº 74-449 du 15 mai 1974,

Relatif au livret de famille et à l'information des époux et des parents sur le droit de la famille.

Arrêté du 1er juin 2006,

Fixant le modèle de livret de famille.

Décret nº 2008-521 du 2 juin 2008,

Relatif aux attributions des autorités diplomatiques et consulaires françaises en matière d'état civil.

Circulaire du 23 juillet 2014,

Relative à l'état civil.

Ordonnance nº 62-800 du 16 juillet 1962, *facilitant la preuve des actes de l'état civil dressés en Algérie.* **Art. 1er** Jusqu'à une date qui sera fixée par décret, la production des copies conformes et des extraits des actes de l'état civil pourra être remplacée, en ce qui concerne les actes de l'état civil dressés en Algérie, par la présentation du livret de famille, la production d'une fiche d'état civil ou par des actes de notoriété *(L. nº 2019-222 du 23 mars 2019, art. 6)* « régis par l'article 46 du code civil ».

Art. 2 *Abrogé par L. nº 2019-222 du 23 mars 2019, art. 6.*

Décret nº 2017-890 du 6 mai 2017,

Relatif à l'état civil.

TITRE I. DISPOSITIONS CONCERNANT L'ÉTABLISSEMENT DES ACTES ET LA TENUE DES REGISTRES DE L'ÉTAT CIVIL

CHAPITRE I. *DISPOSITIONS COMMUNES*

Art. 1er L'établissement, la conservation, la mise à jour et la délivrance des actes de l'état civil sont assurés par les officiers de l'état civil.

Art. 2 Les officiers de l'état civil sont placés sous le contrôle du procureur de la République du lieu où est située la commune où ils exercent.

Les autorités diplomatiques et consulaires françaises agissant en qualité d'officier de l'état civil et les officiers de l'état civil du service central d'état civil exercent leurs fonctions sous le contrôle du procureur de la République du lieu où est établi ce service.

Les personnes habilitées auprès de l'Office français de protection des réfugiés et apatrides à exercer les fonctions d'officier de l'état civil sont, dans le cadre de ces activités, placées sous le contrôle du procureur de la République près le tribunal judiciaire de Paris.

SECTION 1. *Établissement et mise à jour des actes de l'état civil*

Art. 3 Les actes de l'état civil établis par les officiers de l'état civil, les autorités diplomatiques et consulaires et le service central d'état civil sont inscrits, sauf opposition, selon le cas, du procureur de la République ou du ministre des affaires étrangères, sur des feuilles mobiles tenues en double exemplaire qui sont ensuite reliées en registre. Ils peuvent également être inscrits directement sur des registres déjà reliés, établis en double exemplaire.

Les règles relatives à l'inscription des actes de l'état civil sur les feuilles mobiles sont déterminées par arrêté du garde des sceaux, ministre de la justice, et par arrêté conjoint de celui-ci et du ministre des affaires étrangères pour les actes établis par les autorités diplomatiques et consulaires et le service central de l'état civil. Ces arrêtés fixent les conditions de sécurité permettant de garantir l'intégrité des registres et des actes de l'état civil.

Art. 4 Les feuilles destinées à l'inscription des actes de l'état civil sont numérotées.
Elles sont utilisées dans l'ordre de leur numérotation.

Art. 5 Les actes de l'état civil sont établis selon des procédés manuels ou informatisés. Toutefois, la signature de ces actes est toujours manuscrite.

Art. 6 Les actes de l'état civil sont numérotés et dressés sans délai, à la suite les uns des autres. Des espaces suffisants sont réservés pour l'apposition ultérieure des mentions. Lorsqu'il n'existe plus d'espaces suffisants, la mention est apposée sur les pages laissées vierges en fin de registres et réservées à cet effet ; dans ce cas, une inscription sommaire est opérée sur l'acte.

Les ratures et les renvois faits au moment de l'établissement de l'acte et avant toute signature de celui-ci sont approuvés et signés de la même manière que le corps de l'acte.

Les abréviations et acronymes ne sont pas autorisés hors les cas où la loi ou les règlements en admettent le principe. Le jour, le mois, l'année et l'heure de la naissance, de la reconnaissance, du mariage, du décès ou de l'accouchement d'un enfant sans vie, que l'acte constate, sont écrits en lettres. Le jour et l'année de naissance des personnes mentionnées dans les actes sont écrits en chiffres.

Le nom de la commune déléguée et celui de la commune nouvelle sont, le cas échéant, précisés pour chaque lieu et domicile figurant dans les actes.

Art. 7 Les pièces ayant permis d'établir un acte de l'état civil, les pièces constituant le dossier de mariage ainsi que les procurations qui doivent demeurer annexées aux actes de l'état civil sont déposées en fin d'année, selon le cas, au greffe du tribunal judiciaire dans le ressort duquel est située la commune ou aux archives dépendant du ministère des affaires étrangères.

Art. 8 Les mentions des actes de l'état civil apposées en marge d'autres actes de l'état civil énoncent la nature, la date et le lieu de l'événement qui a fait l'objet de l'acte mentionné ainsi que les principales énonciations de celui-ci. Elles énoncent également la date et le lieu de transcription ainsi que les références de l'acte lorsque celui-ci est détenu par le service central d'état civil du ministère des affaires étrangères.

Les mentions marginales relatives à un acte reçu, enregistré ou déposé par un notaire comprennent, en outre, le nom, la qualité de l'auteur de l'acte, le lieu et le numéro "CRPCEN" de l'office notarial.

Les mentions marginales des décisions judiciaires et administratives énoncent la nature, l'objet et la date de la décision ainsi que la désignation de l'autorité dont elle émane.

Toute mention marginale énonce, en outre, la date de son apposition ainsi que la qualité de l'officier de l'état civil qui a procédé à la mise à jour et, lorsqu'elle est manuscrite, signé la mention. La mention apposée en marge des actes détenus par les autorités diplomatiques et consulaires françaises et par le service central d'état civil énonce également le lieu d'apposition.

Les mentions et les instructions aux fins de mention sont transmises à l'officier de l'état civil par courrier ou par voie dématérialisée par l'intermédiaire de la plate-forme de routage dédiée aux échanges de données de l'état civil prévue à l'article 43 et dans des conditions fixées par arrêté du garde des sceaux, ministre de la justice.

Art. 9 L'officier de l'état civil qui recueille le consentement d'un enfant majeur à la modification de son nom par suite du changement de sa filiation en dresse un acte inscrit à sa date dans le registre des naissances. Mention en est portée en marge des actes de l'état civil de l'intéressé et, le cas échéant, de ses enfants.

Pareille mention est portée lorsque le consentement est recueilli par un notaire.

Art. 9-1 *(Décr. n° 2019-136 du 27 févr. 2019, art. 1er, en vigueur le 1er mars 2019)* I. — Lorsque le parent de nationalité étrangère d'un enfant né à Mayotte demande à ce que soit portée la mention prévue à l'article 2495 du code civil, il produit à l'officier de l'état civil :

1° Un justificatif d'identité ;

2° Le titre de séjour sous couvert duquel il séjournait en France à la date de la naissance de l'enfant, parmi ceux mentionnés par arrêté du garde des sceaux, ministre de la justice, et en cas de renouvellement de ce titre dans la période de trois mois précédant la naissance de l'enfant, le titre de séjour précédemment détenu ;

3° Tous documents permettant de justifier de sa résidence ininterrompue en France depuis plus de trois mois à la date de la naissance ;

4° Un extrait d'acte de naissance de l'enfant, avec indication de la filiation, datant de moins de trois mois.

Si les pièces produites justifient qu'à la date de la naissance de l'enfant, le parent remplissait les conditions de résidence énoncées à l'article 2495 du code civil, l'officier de l'état civil appose la mention prévue à cet article en marge de l'acte de naissance de l'enfant. Lorsque l'acte de naissance est détenu par une autre commune, l'officier de l'état civil saisi, s'il estime que les pièces produites justifient que les conditions de résidence énoncées à l'article 2495 du même code sont remplies, avise, dans les conditions prévues au dernier alinéa de l'article 8, l'officier de l'état civil dépositaire de l'acte afin que ce dernier porte la mention prévue à l'article 2495 du même code en marge de cet acte. L'officier de l'état civil saisi joint à son avis la copie des pièces justificatives produites par le parent.

La mention portée en marge de l'acte de naissance de l'enfant énonce les prénoms et nom du parent ayant effectué la demande, le lieu d'exercice de l'officier de l'état civil ayant constaté que les conditions de résidence prévues à l'article 2495 du même code étaient réunies, ainsi que la date à laquelle il a effectué ce constat. Elle énonce également la date de son apposition, la qualité de l'officier de l'état civil qui y a procédé et, lorsqu'elle est manuscrite, qui l'a signée.

La copie des pièces produites par le parent, ainsi que, le cas échéant, l'avis mentionné au sixième alinéa, sont versés aux pièces annexes de l'acte de naissance.

II. — Si l'officier de l'état civil saisi estime que les pièces produites ne justifient pas que le parent remplissait les conditions de résidence prévues à l'article 2495 du code civil à la date de la naissance, il informe sans délai le parent de son refus d'apposer la mention prévue par le même article par décision motivée.

Dans un délai de deux mois à compter de la notification du refus, le parent peut le contester devant le procureur de la République, qui à peine d'irrecevabilité doit être saisi par lettre recommandée avec accusé de réception. Y sont jointes les pièces produites devant l'officier de l'état civil ainsi que, le cas échéant, tous documents de nature à justifier qu'à la date de la naissance de l'enfant, le parent remplissait les conditions de résidence prévues à l'article 2495 du même code.

Si ce dernier estime que les conditions légales sont remplies, il ordonne à l'officier de l'état civil dépositaire de l'acte de naissance de l'enfant de porter la mention prévue à l'article 2495 du même code en marge de cet acte et lui transmet, aux fins de conservation aux pièces annexes, copie des pièces justificatives fournies par l'auteur de la contestation. Il informe sans délai le parent l'ayant saisi de sa décision.

Le Décr. nº 2019-136 du 27 févr. 2019 est applicable dans les îles Wallis-et-Futuna (Décr. préc., art. 4).

SECTION 2. *Registres des actes de l'état civil*

Art. 10 Sous réserve de la dispense prévue à l'article 12, les registres sont établis en double exemplaire.

Chaque année, l'officier de l'état civil dresse un procès-verbal d'ouverture pour chaque exemplaire de registres. Les actes de l'état civil sont tenus dans un registre unique ou dans plusieurs registres selon les catégories d'actes ou, pour les autorités diplomatiques ou consulaires, selon le pays de survenance de l'événement.

Les registres sont clos et arrêtés par l'officier de l'état civil à la fin de chaque année. Sauf dispense d'élaboration des registres en double exemplaire et sous réserve des dispositions spécifiques pour les actes établis par le service central d'état civil et les autorités diplomatiques et consulaires, un des exemplaires des registres est déposé aux archives de la commune, l'autre versé au greffe du tribunal judiciaire, dans le mois de leur clôture.

L'exemplaire déposé aux archives de la commune est conservé dans les conditions prévues aux articles L. 212-11 et L. 212-12 du code du patrimoine. L'exemplaire déposé au greffe est conservé pendant un délai de soixante-quinze ans avant versement aux archives départementales.

SECTION 3. *Traitements automatisés des données de l'état civil*

Art. 11 Un traitement automatisé, hébergé par la commune ou, le cas échéant, par la commune déléguée peut être utilisé pour l'établissement des actes de l'état civil et pour les mises à jour résultant de l'apposition des mentions en marge de ces actes. Les données des actes de l'état civil établis par un procédé manuel peuvent être enregistrées ultérieurement par le traitement automatisé de la commune ou, le cas échéant, de la commune déléguée.

Le traitement automatisé mis en œuvre par la commune déléguée peut être hébergé par la commune nouvelle.

La commune peut déléguer l'hébergement du traitement automatisé de ses données de l'état civil ou d'une sauvegarde de ces données au département, à la région, à un établissement public de coopération intercommunale ou à toute personne morale de droit public de son choix.

La commune nouvelle peut déléguer, dans les mêmes conditions, l'hébergement du traitement automatisé des données de l'état civil de ses communes déléguées.

Toute utilisation mutualisée de traitement automatisé garantit que chaque commune n'a accès qu'aux données des actes de l'état civil dont elle est dépositaire. Toutefois cette disposition n'est pas applicable au sein des communes nouvelles, des communes fusionnées et des communes comportant des divisions administratives.

La commune ou le délégataire avec l'accord de la commune, peut confier l'hébergement du traitement automatisé à une personne morale de droit privé à la condition que celle-ci soit établie en France et que l'hébergement et la sauvegarde des données de l'état civil soient réalisés sur le territoire national. Dans ce cas, seule la commune ou son délégataire ont accès aux traitements automatisés, aux données de l'état civil associées et à leurs infrastructures techniques d'hébergement.

Les conditions techniques de sécurité, d'intégrité et de confidentialité des traitements automatisés des données de l'état civil et de leur hébergement sont fixées par arrêté du garde des sceaux, ministre de la justice.

Les données contenues dans les actes de l'état civil établis par les autorités diplomatiques et consulaires et par le service central d'état civil sont enregistrées dans un traitement automatisé hébergé par ce service.

Art. 12 Les données de l'état civil gérées dans les conditions prévues à l'article 11 peuvent servir à mettre en œuvre la procédure de vérification sécurisée des données à caractère personnel contenues dans les actes de l'état civil ainsi qu'à délivrer des copies intégrales et extraits de ces actes.

Art. 13 La commune, les autorités diplomatiques et consulaires et le service central d'état civil sont dispensés, en application de l'article 40 du code civil, d'établir le registre des actes de l'état civil en double exemplaire et, en conséquence, d'envoyer des avis de mention au greffe de la juridiction, s'ils disposent d'un traitement automatisé des données de l'état civil tenu conformément aux prescriptions de l'article 11 et répondant, en outre, aux conditions suivantes :

1° Permettre un délai de mise à jour des données inférieur à vingt-quatre heures ;

2° Être hébergé sur un site distinct de celui où sont tenus les registres des actes de l'état civil ;

3° Être mis en œuvre sur des infrastructures conservées dans des locaux répondant à des conditions de sécurité et de sûreté adaptées ;

4° Permettre le transfert du registre au service d'archives compétent.

La dispense légale d'élaboration des registres en double exemplaire prend effet au 1er janvier de l'année qui suit celle de la demande.

Dans un délai de deux mois précédant l'année de sa mise en œuvre, le maire de la commune, pris en sa qualité d'officier de l'état civil, atteste auprès du procureur de la République que le traitement automatisé répond aux exigences de sécurité requises et en informe le directeur des archives compétent. Le procureur de la République peut, à tout moment, avec le concours des services de sécurité des systèmes d'information du ministère de la justice et, le cas échéant, du directeur des archives compétent, procéder à un contrôle de conformité du dispositif de traitement et de son hébergement. En cas de non-respect des conditions requises, le procureur de la République adresse une demande de mise en conformité assortie d'un délai de mise en œuvre qui ne peut excéder trois mois. À défaut de mise en conformité, le procureur de la République avise sans délai le maire que les conditions de la dispense légale d'élaboration en double exemplaire des registres ne sont pas remplies. La reconstitution du second registre de l'état civil est alors opérée dans les conditions et suivant la procédure décrite aux articles 14 et 15.

S'agissant des traitements automatisés des données des actes de l'état civil du ministère des affaires étrangères, le chef du service central d'état civil atteste, dans les mêmes conditions, du respect des exigences de sécurité requises auprès du procureur de la République du lieu où est établi ce service. Ce dernier peut, à tout moment, avec le concours des services de sécurité des systèmes d'information du ministère des affaires étrangères, effectuer un contrôle de conformité selon les modalités décrites à l'alinéa précédent dont les dispositions sont, pour le surplus, applicables.

Lorsqu'une mention doit être apposée en marge d'un acte de l'état civil dont les données ne sont pas enregistrées dans le traitement automatisé, l'officier de l'état civil peut soit procéder à l'enregistrement des données de l'acte et de ses mentions soit enregistrer l'avis de mention dans le traitement automatisé.

Les conditions techniques requises par le présent article ainsi que le modèle d'attestation de conformité du maire sont fixés par arrêté conjoint du garde des sceaux, ministre de la justice, du ministre des affaires étrangères et du ministre chargé de la culture.

SECTION 4. *Reconstitution des actes et des registres de l'état civil*

Art. 14 La reconstitution des actes et des registres de l'état civil relève de la compétence du tribunal judiciaire dans le ressort duquel l'acte ou le registre a été établi.

Sont toutefois seuls compétents :

1° Le tribunal judiciaire du lieu d'établissement du service central d'état civil du ministère des affaires étrangères, pour les actes détenus par ce service et ceux détenus par les autorités diplomatiques ou consulaires ;

2° Le tribunal judiciaire de Paris, pour les certificats tenant lieu d'acte de l'état civil à un réfugié, un apatride ou un bénéficiaire de la protection subsidiaire.

Art. 15 En cas de destruction ou perte d'une feuille vierge, l'officier de l'état civil indique, sur le procès-verbal de clôture du registre, le numéro de la feuille ainsi que les circonstances de l'incident. Les actes de l'état civil sont établis sur les feuilles portant les numéros qui suivent.

Au cas où une feuille contenant un ou plusieurs actes a été perdue, détruite ou rendue inexploitable, l'officier de l'état civil en avertit sans délai le procureur de la République territorialement compétent. Ce dernier autorise la reconstitution du ou des actes et donne toutes instructions utiles à cet effet.

En cas de destruction d'un registre, le procureur de la République sollicite du garde des sceaux, ministre de la justice, l'autorisation de reconstitution et l'engagement des dépenses.

S'agissant des actes ou des registres détenus par les autorités diplomatiques ou consulaires, le chef de poste avise sans délai le service central d'état civil qui en informe immédiatement le procureur la République compétent. Ce dernier autorise leur reconstitution et donne à ce service toutes instructions utiles à cet effet. S'agissant des actes ou des registres de l'état civil détenus par le service central d'état civil, ce dernier avertit sans délai le procureur de la République territorialement compétent afin qu'il autorise leur reconstitution et donne toutes instructions utiles à cet effet.

La reconstitution des actes ou des registres est réalisée par l'officier de l'état civil à partir du second exemplaire de ceux-ci ou des données contenues dans les traitements automatisés.

Le procureur de la République saisit par requête le tribunal judiciaire afin qu'il confère force probante aux actes ou registres reconstitués. Mention du jugement est portée en marge des actes reconstitués et copie de celui-ci est versée aux pièces annexes. Lorsque la reconstitution porte sur l'entier registre, copie du jugement donnant force probante aux actes est insérée en début de celui-ci et mention en est portée en marge de l'acte reconstitué, lorsqu'il est demandé une copie intégrale de celui-ci.

Lorsque la reconstitution de l'acte ou du registre ne peut être effectuée dans les conditions prévues au cinquième alinéa, celle-ci ne peut être opérée qu'en vertu d'un jugement supplétif rendu en application de l'article 46 du code civil, à la demande du procureur de la République ou de l'intéressé lui-même.

Art. 15-1 *(Décr. nº 2019-756 du 22 juill. 2019, art. 9)* Le notaire qui a reçu un acte de notoriété visé à l'article 46 du code civil est tenu d'en adresser dans le mois une copie authentique au greffe du tribunal de grande instance dans le ressort duquel est située la commune où se trouvait l'acte de l'état civil auquel il aura suppléé. Lorsque l'acte de l'état civil manquant était établi par les autorités diplomatiques, consulaires ou par le service central d'état civil du ministère des affaires étrangères, copie authentique de l'acte de notoriété est déposée dans le mois aux archives dépendant de ce ministère.

SECTION 5. *Transcription des actes consulaires étrangers*

Art. 16 Les actes de mariage reçus en France par les autorités diplomatiques ou consulaires étrangères et concernant des étrangers dont l'un au moins est devenu français après le mariage sont transcrits d'office ou à la demande des intéressés, sur les registres de l'état civil du lieu où le mariage a été célébré. Mention de la transcription est portée en marge de l'acte de naissance de chaque époux s'il est conservé sur un registre de l'état civil français. Le cas échéant, l'acte est préalablement transcrit dans les conditions prévues au premier alinéa de l'article 24.

CHAPITRE II. *DISPOSITIONS RELATIVES AUX TABLES ANNUELLES ET DÉCENNALES DES ACTES DE L'ÉTAT CIVIL*

Art. 17 Il est établi, tous les ans, dans chaque commune, une table alphabétique des actes de l'état civil.

Il est établi tous les dix ans, à partir des tables annuelles, une table alphabétique pour chaque commune.

Art. 18 Les tables annuelles sont établies soit à partir de fiches rédigées d'après les actes de l'état civil et classées par ordre alphabétique, soit à partir des données de l'état civil enregistrées dans le traitement automatisé.

Elles sont dressées par les officiers de l'état civil dans le mois qui suit la clôture du registre de l'année précédente et sont établies dans un ou plusieurs registres distincts.

Art. 19 Lorsque les tables annuelles sont établies dans un registre, elles recensent séparément, les unes à la suite des autres :

1° Les naissances, les reconnaissances, les adoptions ;

2° Les mariages ;

3° Les décès et les actes d'enfant sans vie.

Elles ne doivent comporter qu'un nom par ligne.

Art. 20 Lorsque les registres de l'état civil sont tenus en double exemplaire, les tables annuelles le sont également. Chaque exemplaire est certifié par l'officier de l'état civil chargé de son établissement. Un exemplaire est conservé par la commune ; l'autre déposé au greffe du tribunal judiciaire en même temps que le registre qu'il accompagne, dans les conditions prévues à l'article 10.

Lorsque la commune est dispensée d'établir un double du registre d'état civil en application de l'article 13, les tables annuelles sont établies en un exemplaire conservé par la commune dans les conditions prévues aux articles L. 212-11 et L. 212-12 du code du patrimoine.

Art. 21 Les tables décennales sont dressées par les officiers de l'état civil dans les six premiers mois de l'année suivant l'expiration de la période décennale.

Elles sont établies séparément les unes à la suite des autres :

1° Pour les naissances, les reconnaissances, les adoptions ;

2° Pour les mariages ;

3° Pour les décès et les actes d'enfants sans vie.

Elles ne doivent comporter qu'un nom par ligne.

Art. 22 Lorsque les registres de l'état civil sont tenus en double exemplaire, les tables décennales le sont également. Chaque exemplaire est certifié par l'officier de l'état civil chargé de son établissement. Un exemplaire est conservé par la commune ; l'autre versé au greffe du tribunal judiciaire, dès l'expiration du délai de six mois prévu à l'article 21, pour une durée de soixante-quinze ans avant versement aux archives départementales.

Lorsque la commune est dispensée d'établir un double du registre d'état civil en application de l'article 13, les tables décennales sont établies en un exemplaire conservé par la commune dans les conditions prévues aux articles L. 212-11 et L. 212-12 du code du patrimoine.

Art. 23 La naissance d'un enfant qui a lieu dans une commune ou un arrondissement d'une commune autre que celle ou celui du domicile du ou des parents est inscrite sur la table annuelle et la table décennale des actes de la commune ou de l'arrondissement de ce domicile.

A cet effet, l'officier de l'état civil qui a reçu l'acte de naissance ou de reconnaissance en avise, dans les trois jours, l'officier de l'état civil du lieu du domicile. Les avis indiquent les prénoms, nom, date et lieu de naissance de l'enfant, domicile du ou des parents et sont conservés jusqu'à l'établissement de la table annuelle. Ils sont alors réunis aux fiches mentionnées à l'article 18 ou enregistrés dans le traitement automatisé et font l'objet, en même temps, d'un classement unique alphabétique, en vue de la rédaction de la table.

CHAPITRE III. *DISPOSITIONS PROPRES AUX ACTES ÉTABLIS PAR LE MINISTÈRE DES AFFAIRES ÉTRANGÈRES*

Art. 24 Les actes de l'état civil des personnes de nationalité française dressés en pays étranger par les autorités locales sont transcrits d'office ou à la demande des intéressés sur les registres de l'état civil de l'année courante tenus par les autorités diplomatiques ou consulaires territorialement compétentes. Cette transcription est mentionnée sommairement dans les fichiers tenus au ministère des affaires étrangères et dans les postes diplomatiques et consulaires.

Seules sont transcrites les énonciations qui sont portées dans les actes de l'état civil français correspondant.

Lorsque par suite de la rupture des relations diplomatiques ou de la fermeture du poste territorialement compétent, la transcription de l'acte de l'état civil étranger dans les registres de l'état civil français ne peut être faite dans les conditions prévues aux alinéas précédents, celle-ci est opérée par le service central d'état civil qui procède à sa mise à jour. Ce dernier peut délivrer des copies ou des extraits d'acte ou mettre en œuvre la procédure de vérification sécurisée des données à caractère personnel contenues dans les actes de l'état civil conformément aux dispositions du titre II. Les actes pris en dépôt par le ministère des affaires étrangères conformément aux dispositions antérieures à l'entrée en vigueur du décret n° 97-852 du 16 septembre 1997 sont transcrits selon les mêmes modalités à la demande des intéressés. Dès que les circonstances le permettent, le service central d'état civil adresse l'original des actes transcrits et les pièces annexes au représentant français à l'étranger ainsi que les actes restés en dépôt aux fins de transcription dans les conditions précitées.

TITRE II. DISPOSITIONS CONCERNANT LA PUBLICITÉ DES ACTES DE L'ÉTAT CIVIL

Art. 25 La publicité des actes de l'état civil prévue à l'article 101-1 du code civil est déterminée par les dispositions du présent titre. Elle est assurée par la délivrance de copies intégrales et d'extraits d'actes de l'état civil ainsi que par la vérification sécurisée des données à caractère personnel contenues dans les actes de l'état civil, faite par les officiers de l'état civil des actes qu'ils détiennent.

Au sein d'une même commune comprenant des divisions administratives où sont détenus les registres de l'état civil de leur ressort ou au sein d'une commune nouvelle, les officiers de l'état civil peuvent délivrer, chacun dans leur circonscription ou dans leur commune déléguée, des copies intégrales et extraits des actes de l'état civil dressés ou transcrits dans l'ensemble de la commune ou de la commune nouvelle. Ces dispositions sont également applicables aux communes fusionnées avant l'entrée en vigueur de la loi n° 2010-1563 du 16 décembre 2010 portant réforme des collectivités territoriales.

Art. 26 Les actes de naissance, les actes de reconnaissance et les actes de mariage ainsi que les registres de l'état civil qui les contiennent, datant de moins de soixante-quinze ans, ne peuvent être directement consultés que par les agents de l'État habilités à cet effet et les personnes munies d'une autorisation écrite de l'administration des archives, conformément à l'article L. 213-3 du code du patrimoine. Au-delà de ce délai, l'accès de toute personne à ces actes et registres est régi par les dispositions du chapitre III du titre I du livre II du même code.

A l'exception des actes de décès dont la communication est de nature à porter atteinte, compte tenu des circonstances du décès, à la sécurité des personnes qui y sont désignées et qui est opérée conformément aux dispositions du 3° du I de l'article L. 213-2 du même code, les actes de décès sont librement communicables conformément à l'article L. 213-1 du code du patrimoine.

CHAPITRE I. *LA DÉLIVRANCE DES COPIES INTÉGRALES ET DES EXTRAITS DES ACTES DE L'ÉTAT CIVIL*

Art. 27 Les copies intégrales et les extraits des actes de l'état civil portant la date de leur délivrance et revêtus de la signature et du sceau de l'autorité qui les a délivrés, font foi jusqu'à inscription de faux.

Art. 28 A moins qu'il n'en soit disposé autrement, la durée de la validité des copies intégrales et extraits des actes de l'état civil n'est pas limitée.

Art. 29 La délivrance des copies intégrales et des extraits des actes de l'état civil est gratuite.

Les demandes de copie intégrale ou d'extrait d'acte sont faites sur place, par courrier ou par télé-service mis en place par l'État ou les communes.

Les demandes d'actes sont conservées pendant une durée d'un an. Celles-ci font l'objet d'un enregistrement lorsque la commune dispose d'un traitement automatisé.

La demande d'extrait sans indication de la filiation des actes de naissance ou de mariage indique les date et lieu de naissance ou de mariage ainsi que les nom et prénoms du ou des personnes auxquelles l'acte se rapporte.

La demande de copie intégrale ou d'extrait avec indication de la filiation d'un acte de naissance indique les nom, prénoms, date et lieu de naissance de la personne à laquelle l'acte se rapporte ainsi que les nom et prénom usuel de ses parents. La demande de copie intégrale ou d'extrait avec indication de la filiation d'un acte de mariage précise, en outre, la date et le lieu du mariage.

La demande de copie intégrale d'un acte de reconnaissance indique les nom, prénoms du déclarant ainsi que la date et le lieu de la reconnaissance.

La demande de copie intégrale d'un acte de décès ou d'un acte d'enfant sans vie indique les nom et prénoms du défunt ou de la mère ainsi que la date et le lieu du décès ou de l'accouchement.

En cas de doute sur l'identité ou la qualité du demandeur, l'officier de l'état civil est fondé à solliciter toutes pièces justificatives.

Les copies intégrales et les extraits d'acte sont remis ou adressés directement par courrier au demandeur par l'officier de l'état civil dépositaire des actes.

Art. 30 Les copies intégrales des actes de naissance et des actes de mariage peuvent être délivrées à la personne à laquelle l'acte se rapporte à la condition qu'elle soit majeure ou émancipée ainsi qu'à ses ascendants, ses descendants, son conjoint, son partenaire lié par un pacte civil de solidarité, son représentant légal et aux personnes justifiant d'un mandat écrit ou du dispositif de la décision d'habilitation familiale prise en application de l'article 494-1 du code civil.

Les copies intégrales des actes de reconnaissance peuvent en outre être délivrées aux héritiers de l'enfant.

L'avocat peut obtenir la copie intégrale des actes de l'état civil que son client est légalement fondé à requérir.

Les copies intégrales peuvent être aussi délivrées au procureur de la République, à l'officier de l'état civil, aux autorités mentionnées aux articles 26-1 et 31 du code civil compétentes pour enregistrer les déclarations d'acquisition de la nationalité française et délivrer les certificats de nationalité française, au notaire et, dans les cas où les lois et règlements les y autorisent et en référence expresse à ceux-ci, aux administrations publiques.

Les généalogistes qui procèdent à des recherches en application de l'article 36 de la loi n° 2006-728 du 23 juin 2006 portant réforme des successions et des libéralités ou des dispositions de la loi n° 2014-617 du 13 juin 2014 relative aux comptes bancaires inactifs et aux contrats d'assurance vie en déshérence peuvent également obtenir une copie intégrale des actes de l'état civil, sous réserve qu'ils justifient de l'autorisation de consultation des actes de l'état civil délivrée par l'administration des archives et qu'ils soient porteurs d'un mandat ou d'une demande émanant d'un notaire, d'un organisme d'assurance ou de toute autre personne ayant un intérêt direct et légitime.

Les copies intégrales des actes de décès et des actes d'enfant sans vie peuvent être délivrées à toute personne. Toutefois, lorsque la communication des informations figurant dans l'acte de décès est de nature à porter atteinte, compte tenu des circonstances du décès, à la sécurité des personnes désignées dans l'acte, le procureur de la République peut limiter la délivrance des copies intégrales de l'acte aux personnes mentionnées aux alinéas précédents *ainsi qu'aux ayants droit du défunt, à la condition* qu'ils justifient des nom et prénoms usuels des parents de celui-ci.

Les autres personnes ainsi que les généalogistes intervenant hors les cas prévus au cinquième alinéa, ne peuvent obtenir la copie intégrale d'un acte de naissance, d'un acte de reconnaissance, d'un acte de mariage et d'un acte de décès qu'en vertu d'une autorisation du procureur de la République. En cas de refus de celui-ci, ils peuvent saisir le président du tribunal judiciaire qui statue par ordonnance de référé.

Art. 31 Les actes de naissance et les actes de mariage peuvent être délivrés sous la forme d'extrait avec ou sans indication de la filiation.

Art. 32 Les extraits, avec indication de la filiation, des actes de naissance ou de mariage précisent les nom, prénoms, date et lieu de naissance des parents de la personne à laquelle l'acte se rapporte. Ils peuvent être délivrés à celle-ci si elle est majeure ou émancipée ainsi qu'à ses ascendants, ses descendants, son conjoint, son partenaire lié par un pacte civil de solidarité, son représentant légal et aux personnes justifiant d'un mandat écrit ou du dispositif de la décision d'habilitation familiale prévue à l'article 494-1 du code civil.

L'avocat peut obtenir l'extrait, avec indication de la filiation, des actes de l'état civil que son client est légalement fondé à requérir.

Ces extraits peuvent être aussi délivrés au procureur de la République, à l'officier de l'état civil, aux autorités mentionnées aux articles 26-1 et 31 du code civil compétentes pour enregistrer les déclarations d'acquisition de la nationalité française et délivrer les certificats de nationalité française, au notaire et, dans les cas où les lois et règlements les y autorisent et en référence expresse à ceux-ci, aux administrations publiques.

Les généalogistes qui procèdent à des recherches en application de l'article 36 de la loi n° 2006-728 du 23 juin 2006 portant réforme des successions et des libéralités ou de la loi n° 2014-617 du 13 juin 2014 relative aux comptes bancaires inactifs et aux contrats d'assurance vie en déshérence peuvent également obtenir un extrait, avec indication de la filiation, des actes de naissance et des actes de mariage sous réserve qu'ils justifient de l'autorisation de consultation des actes de l'état civil délivrée par l'administration des archives et qu'ils soient porteurs d'un mandat ou d'une demande émanant d'un notaire, d'un organisme d'assurance ou de toute autre personne ayant un intérêt direct et légitime.

Les autres personnes ainsi que les généalogistes intervenant hors le cas prévu au quatrième alinéa ne peuvent se voir délivrer ces extraits que dans les conditions prévues au septième alinéa de l'article 30.

Art. 33 Les dépositaires des registres sont tenus de délivrer à tout requérant les extraits des actes de naissance et des actes de mariage sans indication de la filiation.

Les extraits d'acte de naissance sans indication de la filiation mentionnent, sans autres renseignements, le jour, le mois, l'année, l'heure et le lieu de naissance, le sexe, les prénoms et le nom de l'enfant et, le cas échéant, la déclaration conjointe relative au nom de celui-ci, tels que ces éléments résultent des énonciations de l'acte de naissance et des mentions portées en marge de celui-ci. Ils reproduisent, en outre, les mentions de mariage, de divorce, de séparation de corps à moins que celle-ci ne soit suivie d'une reprise de la vie commune, de conclusion, modification ou dissolution d'un pacte civil de solidarité et de décès ; à la demande du requérant, l'extrait peut comporter l'ensemble de ces mentions. Les mentions relatives à la nationalité française qui ont été portées en marge de l'acte de naissance sont reproduites sur l'extrait de l'acte dans les conditions prévues à l'article 28-1 du code civil.

Les extraits d'acte de mariage indiquent, sans autres renseignements, le jour, le mois et l'année du mariage ainsi que les noms et prénoms, dates et lieux de naissance des époux, tels qu'ils résultent des énonciations de l'acte de mariage et des mentions portées en marge de celui-ci. Ils reproduisent les énonciations et mentions relatives au régime matrimonial ainsi que les mentions de divorce ou de séparation de corps ainsi que de reprise de la vie commune.

Art. 34 Les copies intégrales et extraits, avec ou sans indication de la filiation, d'actes de l'état civil peuvent être demandés directement à l'officier de l'état civil dépositaire de l'acte par une administration, un service, un établissement public, un organisme, une caisse contrôlée par l'État ou un autre officier de l'état civil, en charge de l'instruction d'un dossier administratif, dès lors que celui-ci ou celle-ci est légalement fondé à requérir ces actes des usagers et sous réserve que ces derniers en aient été préalablement informés.

Ces dispositions ne sont pas applicables lorsque la procédure de vérification sécurisée des données à caractère personnel contenues dans les actes de l'état civil prévue au chapitre II du présent titre peut être mise en œuvre par voie électronique.

Les copies et extraits, avec ou sans indication de la filiation, d'actes de l'état civil régulièrement détenus par une administration, un service, un établissement public, ou par une entreprise, un organisme ou une caisse contrôlés par l'État sont communicables, sur leur demande, à l'un quelconque de ces organismes dans les cas où celui-ci est légalement fondé à les requérir des usagers.

Art. 35 Lorsqu'en marge d'un acte de naissance figure une mention " RC ", les copies intégrales et les extraits de l'acte indiquent qu'une inscription a été prise au répertoire civil et reproduisent son numéro.

Lorsque ces mentions sont radiées, elles ne sont indiquées sur les copies intégrales et les extraits de l'acte que sur autorisation du procureur de la République.

Art. 36 Lorsqu'une mention a été apposée à tort en marge d'un acte de l'état civil, les copies intégrales et les extraits de l'acte n'y font référence que sur autorisation du procureur de la République.

Art. 37 Lorsqu'un enfant a fait l'objet d'une adoption plénière, d'une légitimation adoptive ou de toute autre adoption comportant rupture des liens avec la famille d'origine, les extraits d'acte de naissance le concernant, avec indication de la filiation, indiquent comme parents les adoptants sans aucune référence au jugement d'adoption.

En cas d'adoption simple, les extraits d'acte de naissance avec indication de la filiation mentionnent, outre les parents d'origine, les parents adoptifs et font référence au jugement d'adoption.

En cas de légitimation adoptive ou d'adoption comportant rupture des liens avec la famille d'origine, la copie intégrale de l'acte de naissance délivrée ne contient que les indications prévues au troisième alinéa de l'article 354 du code civil. Une copie intégrale de l'acte portant mention de l'adoption n'est délivrée qu'à la demande de l'adopté ou de l'adoptant et sur autorisation du procureur de la République.

Art. 38 *(Décr. n° 2022-290 du 1er mars 2022, art. 4)* En cas de mention de rectification d'une erreur ou d'une omission relative au sexe de la personne à laquelle l'acte se rapporte, et, le cas échéant, à son ou ses prénoms, les copies intégrales délivrées ne font apparaître la mention de cette erreur ou de cette omission ainsi que sa rectification que sur autorisation du procureur de la République.

Les dispositions de l'art. 4 du Décr. n° 2022-290 du 1er mars 2022 s'appliquent aux copies intégrales des actes de l'état civil délivrées à compter de l'entrée en vigueur du Décr. préc., quelle que soit la date de l'acte et de sa rectification (Décr. préc., art. 5).

Ancien art. 38 *En cas de mention de rectification, par l'officier de l'état civil ou le procureur de la République, d'une erreur ou omission matérielle relative au sexe de la personne à laquelle l'acte se rapporte, les copies intégrales délivrées ne font apparaître l'erreur commise et sa rectification que sur autorisation du procureur de la République.*

Art. 38-1 *(Décr. n° 2019-136 du 27 févr. 2019, art. 1er, en vigueur le 1er mars 2019)* La mention prévue à l'article 2495 du code civil ne figure sur les copies intégrales et les extraits de l'acte de naissance que sur demande de la personne à laquelle l'acte se rapporte ou, s'il est mineur, sur demande de son représentant légal. Le procureur de la République peut toujours obtenir la copie intégrale ou l'extrait de l'acte de naissance portant cette mention.

Le Décr. n° 2019-136 du 27 févr. 2019 est applicable dans les îles Wallis-et-Futuna (Décr. préc., art. 4).

CHAPITRE II. *LA VÉRIFICATION SÉCURISÉE DES DONNÉES À CARACTÈRE PERSONNEL CONTENUES DANS LES ACTES DE L'ÉTAT CIVIL*

SECTION 1. *Dispositions générales*

Art. 39 Pour l'instruction de leurs dossiers et dès lors qu'ils sont fondés à requérir des actes de l'état civil, les administrations, services et établissements publics de l'État ou des collectivités territoriales, les caisses et organismes gérant des régimes de protection sociale peuvent faire procéder à la vérification des données de l'état civil fournies par l'usager auprès des officiers de l'état civil dépositaires de ces actes.

La procédure de vérification peut également, aux mêmes conditions, être mise en œuvre par les notaires, les officiers de l'état civil ainsi que par les personnes habilitées à exercer les fonctions d'officier de l'état civil auprès de l'Office français de protection des réfugiés et apatrides.

Lorsqu'elle est mise en œuvre, la procédure de vérification dispense la personne intéressée de la production de la copie intégrale ou de l'extrait d'acte de l'état civil.

Art. 40 La demande de vérification est formée par l'administration, l'organisme instructeur, l'officier de l'état civil ou le notaire à partir des informations recueillies auprès de l'usager ou du client, sous réserve que celui-ci en ait été préalablement informé.

Art. 41 L'officier de l'état civil saisi vérifie la conformité des informations reçues à celles contenues dans l'acte de l'état civil qu'il détient. Il peut, le cas échéant, les compléter ou les rectifier dans les limites de la demande qui lui est adressée.

Il atteste, par l'apposition de sa signature manuscrite ou électronique sécurisée selon le type d'échanges retenu, de la conformité des informations vérifiées à celles contenues dans l'acte de l'état civil.

Art. 42 La demande de vérification et la réponse qu'elle appelle peuvent être communiquées à leur destinataire par lettre simple ou par voie électronique.

SECTION 2. *Dispositions propres à la procédure de vérification sécurisée par voie électronique*

Art. 43 Lorsqu'elles sont échangées par voie électronique, les demandes de vérification et les réponses qu'elles appellent sont réalisées dans des conditions qui garantissent l'intégrité des informations échangées, la sécurité et la confidentialité de la transmission, l'identité et la fonction de l'expéditeur et celles du destinataire.

Les demandes de vérification et les réponses à ces demandes sont transmises par l'intermédiaire d'une plate-forme sécurisée de routage dédiée aux échanges de données de l'état civil exploitée par l'agence nationale des titres sécurisés sous la maîtrise d'ouvrage du garde des sceaux, ministre de la justice.

L'utilisation de la plate-forme d'échange est gratuite pour les communes. Les certificats électroniques qualifiés sont fournis par l'agence dans les mêmes conditions de gratuité.

Les caractéristiques techniques de la procédure de communication électronique des données de l'état civil sont définies par arrêté du garde des sceaux, ministre de la justice.

....

TITRE V. DISPOSITIONS DIVERSES ET FINALES

....

CHAPITRE II. *DISPOSITIONS RELATIVES À L'OUTRE-MER*

Art. 57 I. — Pour l'application du présent décret en Guyane et en Martinique :

1° Les références aux archives départementales sont remplacées par les références aux archives de chacune de ces deux collectivités territoriales ;

2° Les références au département et à la région sont remplacées par les références à la Guyane ou à la Martinique.

II. — Pour l'application du présent décret à Saint-Barthélemy et à Saint-Martin :

1° Les références à la commune, à la commune déléguée, à la commune nouvelle, aux établissements publics de coopération intercommunale, au département et à la région sont remplacés par les références aux collectivités d'outre-mer de Saint-Barthélemy ou de Saint-Martin ;

2° A l'article 10, les mots : "archives départementales" sont remplacés par les mots : "service de la collectivité chargé des archives" ;

3° A l'article 13, les mots : "directeur des archives départementales" sont remplacés par les mots : "personne en charge du contrôle scientifique et technique de l'État sur les archives".

III. — Pour l'application du présent décret à Saint-Pierre-et-Miquelon :

1° Les références au tribunal judiciaire sont remplacées par des références au tribunal de première instance ;

2° A l'article 10, les mots : "archives départementales" sont remplacés par les mots : "service de la collectivité chargé des archives" ;

3° A l'article 13, les mots : "directeur des archives départementales" sont remplacés par les mots : "personne en charge du contrôle scientifique et technique de l'État sur les archives" ;

4° Les références au département et à la région sont remplacées par les références à Saint-Pierre-et-Miquelon ;

5° Les références au numéro CRPCEN sont remplacées par les références au numéro d'affiliation de l'office notarial au régime local de sécurité sociale.

IV. — Outre les dispositions des articles 1er à 44, 46 à 51, 54, 55 et 59 qui sont applicables de plein droit, les dispositions des articles 53, 56 et 60 du présent décret sont applicables en Polynésie française, sous réserve des adaptations suivantes :

1° Les références au tribunal judiciaire sont remplacées par des références au tribunal de première instance ;

2° Les références au code du patrimoine sont remplacées par les références aux textes applicables localement ;

3° A l'article 10, les mots : "L'exemplaire déposé aux archives de la commune est conservé dans les conditions prévues aux articles L. 212-11 et L. 212-12 du code du patrimoine" sont supprimés et les mots : "versement aux archives départementales" sont remplacés par les mots : "versement au service de la collectivité chargé des archives" ;

4° A l'article 13, les mots : "et en informe le directeur des archives départementales" et les mots : "et du directeur des archives départementales" sont supprimés ;

5° Les références à l'article L. 264-2 du code de l'action sociale et des familles sont remplacées par les références à la réglementation applicable localement en matière d'élection de domicile ;

6° Les références au numéro CRPCEN sont remplacées par les références au numéro d'affiliation de l'office notarial au régime local de sécurité sociale.

V. — Le I de l'article D. 2573-7 du code général des collectivités territoriales est complété par la phrase suivante :

L'article R. 2122-10 est applicable dans sa rédaction issue du décret n° 2017-890 du 6 mai 2017.

VI. — Outre les dispositions des articles 1er à 44, 50, 51, 54, 55 et 59 qui sont applicables de plein droit, les dispositions des articles 46 à 49, 56 et 60 du présent décret sont applicables à Wallis-et-Futuna, sous réserve des adaptations suivantes :

1° Les références au tribunal judiciaire sont remplacées par des références au tribunal de première instance ;

2° A l'article 10, les mots : "L'exemplaire déposé aux archives de la commune est conservé dans les conditions prévues aux articles L. 212-11 et L. 212-12 du code du patrimoine" sont supprimés et les mots : "versement aux archives départementales" sont remplacés par les mots : "versement au service de la collectivité chargé des archives" ;

3° A l'article 13, les mots : "directeur des archives départementales" sont remplacés par les mots : "personne en charge du contrôle scientifique et technique de l'État sur les archives".

4° Les références à la commune, à la commune déléguée, à la commune nouvelle, aux établissements publics de coopération intercommunale, au département et à la région sont remplacés par les références à la collectivité d'outre-mer de Wallis-et-Futuna ;

5° Les références à l'article L. 264-2 du code de l'action sociale et des familles sont remplacées par les références à la réglementation applicable localement en matière d'élection de domicile ;

6° Les références au numéro CRPCEN sont supprimées.

VII. — A l'article 1575 du code de procédure civile, les mots compris entre : "dans sa rédaction résultant du décret" et : ", à l'exception des dispositions" sont remplacés par les mots : "n° 2017-890 du 6 mai 2017".

Art. 58 *Application à Mayotte.*

Circulaire du 26 juillet 2017,

De présentation de diverses dispositions en matière de droit des personnes et de la famille de la loi n° 2016-1547 du 18 novembre 2016 de modernisation de la justice du XXIe siècle.

Ordonnance n° 2019-724 du 10 juillet 2019,

Relative à l'expérimentation de la dématérialisation des actes de l'état civil établis par le ministère des affaires étrangères.

La présente Ord. est ratifiée par la L. n° 2022-217 du 21 févr. 2022 (L. préc., art. 167).

CHAPITRE I. *DISPOSITIONS COMMUNES*

Art. 1er A titre expérimental et pour une durée de *(L. n° 2022-217 du 21 févr. 2022, art. 167)* « cinq » ans, l'établissement, la conservation, la mise à jour et la délivrance des actes de l'état civil effectués par le service central d'état civil du ministère des affaires étrangères et les autorités diplomatiques et consulaires désignées par arrêté du ministre des affaires étrangères sont réalisés sous forme électronique dans les conditions prévues par la présente ordonnance.

Art. 2 Pendant la durée de l'expérimentation, les autorités diplomatiques et consulaires et les officiers de l'état civil du service central d'état civil continuent d'établir, de conserver, de mettre à jour les actes de l'état civil conformément aux articles 40, 48 et 49 du code civil et, le cas échéant, de les délivrer conformément à l'article 101-1 du même code. Ils restent également dépositaires des actes et des registres établis conformément à l'article 40 du code civil. Ils conservent les pièces annexes et tous les documents ayant servi à l'établissement de l'acte sous forme papier.

CHAPITRE II. *DISPOSITIONS PORTANT CRÉATION D'UN REGISTRE DES ACTES DE L'ÉTAT CIVIL ÉLECTRONIQUE AU MINISTÈRE DES AFFAIRES ÉTRANGÈRES*

Art. 3 Il est créé auprès du service central d'état civil du ministère des affaires étrangères un registre des actes de l'état civil électronique centralisé constitué de l'ensemble des actes de l'état civil électroniques établis par les autorités diplomatiques et consulaires mentionnées à l'article 1er ou par les officiers de l'état civil du service central d'état civil, dans des conditions garantissant l'intégrité et la confidentialité ainsi que l'inaltérabilité et la préservation de la lisibilité du registre et des actes qu'il contient.

Seules ces autorités diplomatiques et consulaires ainsi que les officiers de l'état civil du service central d'état civil établissent, conservent, mettent à jour et délivrent les actes de l'état civil électroniques.

Le service central d'état civil du ministère des affaires étrangères est dépositaire du registre des actes de l'état civil électronique centralisé. Les autorités diplomatiques et consulaires sont dépositaires des actes de l'état civil électroniques relevant de leur compétence.

CHAPITRE III. *DISPOSITIONS RELATIVES À LA DÉMATÉRIALISATION DE L'ÉTABLISSEMENT, DE LA CONSERVATION, DE LA MISE À JOUR ET DE LA DÉLIVRANCE DES ACTES DE L'ÉTAT CIVIL*

Art. 4 Les actes de l'état civil électroniques sont établis conformément aux dispositions du titre II du livre I et de l'article 354 du code civil. Ils font foi jusqu'à inscription de faux.

Ils sont signés par l'officier de l'état civil au moyen d'un procédé de signature électronique sécurisée.

Ils sont signés, selon les cas, par le déclarant, le comparant, le témoin, le représentant légal ou le fondé de procuration au moyen d'un procédé permettant l'apposition sur l'acte, visible à l'écran, de l'image de leur signature manuscrite.

Art. 5 Les déclarations de naissance et de décès survenus à l'étranger ainsi que les demandes de transcription d'actes de l'état civil de personnes de nationalité française établis en pays étranger par les autorités locales peuvent être effectuées par l'intermédiaire d'un télé-service mis en œuvre par le ministère des affaires étrangères. Les pièces requises pour établir l'acte sont transmises par ce télé-service.

Si les éléments et les pièces justificatives fournis lors de la déclaration ou la demande sont suffisants, l'officier de l'état civil territorialement compétent établit l'acte puis appose la date et sa signature électronique dans les conditions prévues à l'article 4. A défaut, cet officier de l'état civil peut requérir, par tous moyens, la production des pièces justificatives originales pour procéder à toute vérification utile ou demander que la déclaration soit présentée conformément aux dispositions du code civil en vigueur, sans qu'il soit fait application des dispositions de l'alinéa ci-dessus.

Par dérogation à l'article 4, en cas de déclaration par télé-service d'une naissance ou d'un décès, le déclarant est dispensé de signature. Mention de cette dispense est faite dans l'acte établi par l'officier de l'état civil.

Art. 6 Les mentions marginales apposées sur les actes de l'état civil électroniques sont datées et signées électroniquement par l'officier de l'état civil du service central d'état civil.

Art. 7 Les pièces nécessaires à l'établissement des actes de l'état civil électroniques sont conservées, sous format électronique, au moyen d'un procédé de numérisation garantissant leur reproduction à l'identique.

Toutefois, ces pièces peuvent être conservées sous format papier. Les pièces originales sont restituées à la demande de l'usager lorsqu'il n'est pas possible d'obtenir de copie. L'officier de l'état civil conserve une copie, sur support papier ou sur support électronique, de la pièce restituée.

Art. 8 En cas de défaillance du système informatique empêchant l'établissement d'un acte de l'état civil électronique, l'acte est établi sur support papier.

Il appartient à l'officier de l'état civil, dès que le système informatique est rétabli, d'intégrer sans délai l'acte ainsi établi dans le registre prévu à l'article 3 et d'apposer la date et sa signature électronique. L'acte établi sur support papier est conservé par l'officier de l'état civil et ne peut plus être exploité.

La mention de la défaillance informatique est portée dans ces actes par l'officier de l'état civil.

Art. 9 Les actes de l'état civil établis sur support papier antérieurement à la mise en œuvre du registre électronique, quelle que soit leur date d'établissement, peuvent faire l'objet d'un double numérique dans le registre électronique. A cet effet, un officier de l'état civil du service central d'état civil reproduit à l'identique le contenu des énonciations et mentions de l'acte puis appose la date et sa signature électronique. L'acte ainsi établi sur support électronique fait foi jusqu'à inscription de faux.

Art. 10 Les copies intégrales ou les extraits des actes de l'état civil sont délivrés sur support électronique. Ils portent la date de leur délivrance et sont revêtus de la signature électronique de l'officier de l'état civil qui les a délivrés. Ils font foi jusqu'à inscription de faux.

La délivrance des copies et des extraits des actes de l'état civil sur support électronique est réalisée dans des conditions qui garantissent l'intégrité des informations échangées, la sécurité et la confidentialité de la transmission et l'identité et la fonction de l'expéditeur et du destinataire.

La publicité des actes de l'état civil est assurée dans les conditions prévues au troisième alinéa de l'article 101-1 du code civil.

Lorsque la transmission prévue par l'alinéa précédent ne peut être mise en œuvre, les copies intégrales ou les extraits des actes de l'état civil délivrés sur support électronique sont enregistrés dans un espace personnel sécurisé.

Lorsque la copie intégrale ou l'extrait électroniques doit être produit sous format papier, son édition fait apparaitre un code ou un numéro d'identification permettant aux destinataires de s'assurer du caractère authentique de l'acte. Les destinataires sont tenus d'accepter ces éditions sur support papier en lieu et place de la copie intégrale ou de l'extrait d'acte de l'état civil délivré sur support papier exigé par les dispositions de droit commun.

Art. 11 Les autorités diplomatiques et consulaires compétentes pour établir un acte de l'état civil ont accès au registre des actes de l'état civil électronique dans la limite des données personnelles strictement nécessaires à cet établissement.

Elles ne peuvent établir et délivrer de copies intégrales ou d'extraits de l'acte de l'état civil consulté qu'autant qu'elles ont procédé à son établissement.

CHAPITRE IV. *DISPOSITIONS DIVERSES ET FINALES*

Art. 12 L'évaluation de la présente expérimentation fait l'objet d'un rapport remis au Parlement au plus tard six mois avant le terme du délai mentionné à l'article 1er.

Au terme de ce délai, il est procédé à la clôture du registre des actes de l'état civil électronique. Il n'est plus délivré de copies et extraits électroniques. Toutefois, les données des actes de l'état civil électroniques peuvent être exploitées dans les conditions prévues aux articles 40 et 48 du code civil.

Art. 13 Un décret en Conseil d'État fixe les modalités d'application des articles 3, 4, 5, *(L. nº 2022-217 du 21 févr. 2022, art. 167)* « 7, » 10, 11 et 12. — *V. Décr. nº 2019-993 du 26 sept. 2019, infra.*

Art. 14 La présente ordonnance est applicable aux demandes en cours au jour de son entrée en vigueur.

Décret nº 2019-993 du 26 septembre 2019,

Pris en application de l'ordonnance nº 2019-724 du 10 juillet 2019 relative à l'expérimentation de la dématérialisation des actes de l'état civil établis par le ministère des affaires étrangères.

CHAPITRE I. *DISPOSITIONS CONCERNANT LES ACTES DE L'ÉTAT CIVIL ÉLECTRONIQUES ET LE REGISTRE*

Art. 1er Les actes de l'état civil électroniques sont établis par les autorités diplomatiques et consulaires agissant en qualité d'officier de l'état civil et les officiers de l'état civil du service central d'état civil. Ces actes figurent sur support électronique à la suite les uns des autres et portent chacun un numéro d'ordre attribué suivant une série annuelle continue. Ils sont signés, horodatés, enregistrés dès leur établissement et conservés dans un système d'archivage sécurisé dénommé registre des actes de l'état civil électronique (RECE).

Ce registre est hébergé dans des conditions garantissant l'intégrité, la confidentialité et la lisibilité des actes ainsi que la traçabilité des opérations portant sur l'enregistrement, la consultation, la migration, la suppression ou l'extraction des actes et de leurs données. Ces conditions sont définies par un arrêté conjoint du garde des sceaux, ministre de la justice, et du ministre des affaires étrangères.

Les opérations ayant pour objet la conservation des actes de l'état civil électroniques ne retirent pas à ces actes leur nature d'original.

Les conditions de tenue du registre permettent l'apposition par l'officier de l'état civil, sans altération des données conservées, de mentions marginales postérieures à l'établissement de l'acte.

Art. 2 Le registre mentionné à l'article 1er et les données qui y figurent sont répliqués sur un site distant dans le respect de prescriptions techniques définies par un arrêté conjoint du garde des sceaux, ministre de la justice, et du ministre des affaires étrangères.

Art. 3 L'exécution des opérations relatives au registre mentionné à l'article 1er de même que l'accès à ce registre requièrent une habilitation délivrée aux officiers de l'état civil territorialement compétents selon les modalités prévues par un arrêté conjoint du garde des sceaux, ministre de la justice, et du ministre des affaires étrangères.

Art. 4 La signature électronique des actes de l'état civil électroniques mentionnés à l'article 1er est conforme aux exigences du décret *[nº 2017-1416]* du 28 septembre 2017 susvisé.

Les caractéristiques du certificat qualifié, du format de signature, du dispositif de création de la signature électronique et de la procédure de vérification de la signature sont précisées par un arrêté conjoint du garde des sceaux, ministre de la justice, et du ministre des affaires étrangères.

Art. 5 Lorsqu'elle est nécessaire à l'établissement des actes de l'état civil électroniques, la signature numérique des personnes autres que les officiers de l'état civil est constituée d'une signature manuscrite conservée sous forme numérique dans des conditions garantissant son intégrité.

Les modalités d'application de ces dispositions, notamment les caractéristiques techniques de l'appareil destiné à recueillir cette signature, sont précisées par arrêté conjoint du garde des sceaux, ministre de la justice, et du ministre des affaires étrangères.

CHAPITRE II. *DISPOSITIONS CONCERNANT LE TÉLÉSERVICE DE DÉCLARATION ET DE DEMANDE DE TRANSCRIPTION OU D'ÉTABLISSEMENT D'UN ACTE DE L'ÉTAT CIVIL ÉLECTRONIQUE*

Art. 6 Est mis à la disposition des usagers un téléservice servant aux déclarations et aux demandes de transcription ou d'établissement des actes de l'état civil électroniques. Ce téléservice permet la transmission électronique aux officiers de l'état civil d'un formulaire dématérialisé, accompagné des pièces électroniques ou numérisées requises pour l'établissement de cet acte.

Les caractéristiques de ce téléservice et les modalités de la transmission sécurisée des demandes et des pièces requises sont prévues par un arrêté conjoint du garde des sceaux, ministre de la justice, et du ministre des affaires étrangères.

Art. 7 Lorsque l'officier de l'état civil estime que la numérisation ou la copie des pièces leur ferait perdre leurs caractéristiques d'authenticité ou de lisibilité, ces pièces sont conservées sous format papier.

CHAPITRE III. *DISPOSITIONS CONCERNANT LA PUBLICITÉ DES ACTES DE L'ÉTAT CIVIL ÉLECTRONIQUES*

Art. 8 Les copies intégrales et les extraits d'actes de l'état civil électroniques délivrés sur support électronique par les officiers de l'état civil du service central d'état civil ou par les autorités diplomatiques et consulaires sont signés à l'aide d'une signature électronique dans les mêmes conditions que celles définies par l'article 4.

Art. 9 Les modalités de transmission électronique des copies intégrales ou des extraits d'actes de l'état civil électroniques par les autorités diplomatiques et consulaires ou l'officier d'état civil du service central d'état civil aux usagers sur un espace personnel sécurisé sont fixées par un arrêté conjoint du garde des sceaux, ministre de la justice, et du ministre des affaires étrangères.

Art. 10 Un téléservice de vérification de l'authenticité des copies intégrales ou des extraits d'actes de l'état civil électroniques produits par les usagers sous forme papier à partir du document déposé dans leur espace personnel sécurisé est créé par le ministère des affaires étrangères. Les conditions d'accès à ce téléservice et ses modalités de fonctionnement dans des conditions permettant la protection des données personnelles de l'usager sont prévues par un arrêté conjoint du garde des sceaux, ministre de la justice, et du ministre des affaires étrangères.

CHAPITRE IV. *DISPOSITIONS FINALES CONCERNANT LA SÉCURITÉ DU REGISTRE DES ACTES DE L'ÉTAT CIVIL ÉLECTRONIQUE ET L'ÉVALUATION DE L'EXPÉRIMENTATION*

Art. 11 Le registre mentionné à l'article 1er fait l'objet d'une homologation de sécurité par le secrétaire général du ministère des affaires étrangères, haut fonctionnaire de défense et de sécurité, en application des articles 3 et 5 du décret du 2 février 2010 susvisé et dans des conditions précisées par arrêté conjoint du garde des sceaux, ministre de la justice, et du ministre des affaires étrangères.

V. Instr. gén. 11 mai 1999 relative à l'état civil (JO 28 juill.), complétée par Instr. gén. 29 mars 2002 (JO 28 avr.). — V. aussi 1re Circ. 17 juill. 1972 (filiation) (D. et BLD 1972. 407) ; Circ. 16 juin 1981 (divorce et séparation de corps sur demande conjointe) (JO 26 juin NC) ; Circ. 3 mars 1993 (application de la loi nº 93-22 du 8 janv. 1993) (D. et ALD 1993. 290 ; JO 24 mars) ; Circ. nº CIV/13/06 du 30 juin 2006 (nº NOR : JUS CO 620513C) (filiation : présentation de l'Ord. 4 juill. 2005) ; Circ. 28 oct. 2011 (naissance et filiation). — ***C. ét. civ.***

Sur les textes en matière d'état civil, V. ***C. ét. civ.***

Sur le répertoire civil, V. C. pr. civ., art. 1057 à 1061. — ***C. pr. civ., C. ét. civ.***

CHAPITRE II DES ACTES DE NAISSANCE

BIBL. GÉN. ▸ **Enfant naturel :** RAYNAUD, *Mél. Marty, Univ. Toulouse, 1978, p. 903.* ▸ **Commentaires de la loi du 8 janv. 1993 :** MASSIP, *Defrénois 1993. 609.* - RUBELLIN-DEVICHI, *JCP 1993. I. 3659.* ▸ **Possession d'état, nom et état civil :** MASSIP, *Defrénois 2000. 945 ; Dr. fam. 2000. Chron. 19.*

SECTION 1 Des déclarations de naissance *(L. nº 93-22 du 8 janv. 1993).*

Art. 55 *(L. 20 nov. 1919 ; L. nº 2006-728 du 23 juin 2006, art. 29-1º)* **« Les déclarations de naissance sont faites dans les** *(L. nº 2016-1547 du 18 nov. 2016, art. 54)* **« cinq » jours de l'accouchement, à l'officier de l'état civil du lieu.** *— V. Décr. nº 2017-278 du 2 mars 2017, infra.*

(L. nº 2016-1547 du 18 nov. 2016, art. 54) **« Par dérogation, ce délai est porté à huit jours lorsque l'éloignement entre le lieu de naissance et le lieu où se situe l'officier de l'état civil le justifie. Un décret en Conseil d'État détermine les communes où le présent alinéa s'applique. »** *— V. Décr. nº 2017-278 du 2 mars 2017.*

« Lorsqu'une naissance n'a pas été déclarée dans le délai légal, l'officier de l'état civil ne peut la relater sur ses registres qu'en vertu d'un jugement rendu par le tribunal de l'arrondissement dans lequel est né l'enfant, et mention sommaire est faite en marge à la date de la naissance. Si le lieu de la naissance est inconnu, le tribunal compétent est celui du domicile du requérant. » *(L. nº 2011-1862 du 13 déc. 2011, art. 16)* **« Le nom de l'enfant est déterminé en application des règles énoncées aux articles 311-21 et 311-23. »**

(L. nº 93-22 du 8 janv. 1993 ; L. nº 2006-728 du 23 juin 2006, art. 29-1º) **« En pays étranger, les déclarations aux agents diplomatiques ou consulaires sont faites dans les quinze jours de l'accouchement. Toutefois, ce délai peut être prolongé par décret dans certaines circonscriptions consulaires. »**

La loi du 23 juin 2006, qui, dans le présent art., a remplacé les verbes au futur par des verbes au présent, est entrée en vigueur le 1er janv. 2007.

Sur les actes de naissance, V. Circ. 28 oct. 2011 relative aux règles particulières à divers actes de l'état civil relatifs à la naissance et à la filiation .

BIBL. ▸ DENIZOT, *RTD civ. 2017. 218* .

1. Droit à l'état civil. Un intérêt d'ordre public s'attache à ce que toute personne vivant habituellement en France, même si elle est née à l'étranger et possède une nationalité étrangère, soit pourvue d'un état civil. Le tribunal français du domicile de cette personne est alors compétent pour déclarer sa naissance. • Paris, 24 févr. 1977 : *D. 1978. 168, note Massip.* – Dans le même sens : • Paris, 2 avr. 1998 : *D. 1998. IR 137 ; Defrénois 1998. 1014, obs. Massip ; RTD civ. 1998. 651, obs. Hauser* . ♦ V. aussi note 3 ss. art. 34.

2. Jugements déclaratifs. Viole l'art. 55 le tribunal qui refuse la déclaration judiciaire de la naissance d'un enfant du seul fait que sa date de naissance ne peut être exactement déterminée. • Toulouse, 12 avr. 1994 : *JCP 1995. IV. 227.* ♦ *Contra*, pour un refus de jugement déclaratif de naissance en raison de l'impossibilité de déterminer le lieu et la date de la naissance : • Colmar, 6 oct. 1995 : *D. 1997. 431, note Mirabail* ; *Defrénois 1997. 1324, obs. Massip ; RTD civ. 1997. 95, obs. Hauser* .

3. Jugement déclaratif de naissance mentionnant le seul nom de la mère, cependant mariée : V. • TGI Paris, 18 mai 1973 : *D. 1974. 472, note Massip* (application de l'art. 313-1 ancien, devenu l'art. 314, à la demande de la mère).

4. Une femme mariée n'ayant pas demandé le secret de son identité lors de l'accouchement et en l'absence de déclaration par les époux de la naissance dans le délai légal, un état civil régulier doit être donné à l'enfant par un jugement déclaratif de naissance et un acte de naissance d'enfant légitime doit être dressé. • TGI Nantes, 22 janv. 2004 : *D. 2005. Pan. 1748, obs. Granet-Lambrechts* .

5. Tierce opposition. Est recevable la tierce opposition formée à l'encontre d'un arrêt déclaratif de naissance, par un tiers qui, portant lui-même le nom sous lequel cette décision a désigné l'enfant, demande, sans contester l'état ni la filiation de celui-ci, de juger qu'il n'a pas droit à ce nom. • Civ. 1re, 28 mars 1962 : *JCP 1962. II. 12883, note R. Savatier.*

Décret nº 71-254 du 30 mars 1971, *relatif au délai de déclaration des naissances à l'étranger devant les agents diplomatiques et consulaires.* **Art. 2** Le délai de dix jours *[quinze jours, depuis la loi du 8 janv. 1993]*, à compter de l'accouchement, accordé en pays étranger pour faire les déclarations de naissance devant les agents diplomatiques et consulaires est porté à trente jours dans tous les pays hors d'Europe, et, en Europe, dans les pays suivants : Albanie, Espagne, Finlande, Grèce, Norvège, Pologne, Portugal, Roumanie, Suède, Tchécoslovaquie, Turquie, Union des Républiques socialistes soviétiques et Yougoslavie.

Circulaire du 28 octobre 2011,

Relative aux règles particulières à divers actes de l'état civil relatifs à la naissance et à la filiation

Décret nº 2017-278 du 2 mars 2017,

Relatif au délai de déclaration de naissance.

Art. 1er Le jour de l'accouchement n'est pas compté dans le délai de déclaration de naissance.

Lorsque le dernier jour du délai est un samedi, un dimanche, un jour férié ou chômé, ce délai est prorogé jusqu'au premier jour ouvrable suivant.

Art. 2 Le délai de cinq jours fixé à l'article 55 du code civil pour faire les déclarations de naissance est porté à huit jours dans le département de Guyane, pour les communes d'Apatou, d'Awala-Yalimapo, de Camopi, de Grand Santi, d'Iracoubo, de Mana, de Maripasoula, d'Ouanary, de Papaïchton, de Régina, de Saint-Elie, de Saint-Georges, de Saint-Laurent du Maroni, de Saül et de Sinnamary.

Art. 56 **La naissance de l'enfant sera déclarée par le père, ou, à défaut du père, par les docteurs en médecine *ou en chirurgie*, sages-femmes, officiers de santé ou autres personnes qui auront assisté à l'accouchement ; et, lorsque la mère sera accouchée hors de son domicile, par la personne chez qui elle sera accouchée.**

(L. 7 févr. 1924) « L'acte de naissance sera rédigé immédiatement. »

1. Condition de l'obligation de déclaration. Ce n'est qu'à défaut du père que naît l'obligation d'autrui de déclarer la naissance. • Crim. 12 nov. 1859 : *DP 1860. 1. 50* • 28 févr. 1867 : *DP 1867. 1. 190.*

2. Débiteurs de l'obligation : mère (non). L'obligation de déclarer la naissance n'est pas imposée à la mère, qui n'est pas comprise dans l'énumération de l'art. 56. • Crim. 10 sept. 1847 : *DP 1847. 1. 302.* ♦ Mais la déclaration de naissance peut émaner d'autres personnes que celles qu'énumère l'art. 56, et notamment de la mère elle-même, lorsque l'accouchement a eu lieu sans témoins ou lorsque les personnes visées par l'art. 56 sont dans l'impossibilité de faire la déclaration. • T. civ. Toulouse, 22 déc. 1915 : *DP 1917. 2. 15.*

3. Débiteurs de l'obligation : absence d'ordre successif. En l'absence du père, l'obligation de faire cette déclaration est imposée indistinctement à toutes les personnes ayant assisté à l'accouchement, la loi n'ayant établi entre elles aucun ordre successif. • Crim. 12 nov. 1859 : *préc.* • 28 févr. 1867 : *préc.*

4. Inefficacité du secret professionnel. Le médecin ou la sage-femme, qui a reçu d'une accouchée l'aveu d'un infanticide, ne peut invoquer le secret professionnel pour se soustraire à l'obligation de déclarer la naissance de l'enfant. • T. corr. Vesoul, 22 janv. 1920 : *DP 1920. 2. 151.*

Art. 57 *(L. 7 févr. 1924)* « L'acte de naissance énoncera le jour, l'heure et le lieu de la naissance, le sexe de l'enfant *(L. nº 2002-304 du 4 mars 2002, mod. par L. nº 2003-516 du 18 juin 2003)* « , les prénoms qui lui seront donnés, le nom de famille, suivi le cas échéant de la mention de la déclaration conjointe de ses parents quant au choix effectué, ainsi que » les prénoms, noms, âges, professions et domiciles des père et mère, et, s'il y a lieu, ceux du déclarant. Si les père et mère de l'enfant, ou l'un d'eux, ne sont pas désignés à l'officier de l'état civil, il ne sera fait sur les registres aucune mention à ce sujet. » — *Pour l'entrée en vigueur et les conditions d'application des dispositions ajoutées par la L. nº 2002-304 du 4 mars 2002 modifiée, V. les art. 23 et 25 de cette loi, ss. art. 311-24-2.*

(L. nº 2021-1017 du 2 août 2021, art. 30) « En cas d'impossibilité médicalement constatée de déterminer le sexe de l'enfant au jour de l'établissement de l'acte, le procureur de la République peut autoriser l'officier de l'état civil à ne pas faire figurer immédiatement le sexe sur l'acte de naissance. L'inscription du sexe médicalement constaté intervient à la demande des représentants légaux de l'enfant ou du procureur de la République dans un délai qui ne peut être supérieur à trois mois à compter du jour de la déclaration de naissance. Le procureur de la République ordonne de porter la mention du sexe en marge de l'acte de naissance et, à la demande des représentants légaux, de rectifier l'un des ou les prénoms de l'enfant. »

(L. nº 93-22 du 8 janv. 1993) « Les prénoms de l'enfant sont choisis par ses père et mère. » *(L. nº 96-604 du 5 juill. 1996)* « La femme qui a demandé le secret de son identité lors de l'accouchement peut faire connaître les prénoms qu'elle souhaite voir attribuer à l'enfant. A défaut ou lorsque les parents de celui-ci ne sont pas connus, l'officier de l'état civil choisit trois prénoms dont le dernier tient lieu de *(L. nº 2002-304 du 4 mars 2002)* « nom de famille » à l'enfant. » *(L. nº 93-22 du 8 janv. 1993)* « L'officier de l'état civil porte immédiatement sur l'acte de naissance les prénoms choisis. Tout prénom inscrit dans l'acte de naissance peut être choisi comme prénom usuel.

« Lorsque ces prénoms ou l'un d'eux, seul ou associé aux autres prénoms ou au nom, lui paraissent contraires à l'intérêt de l'enfant ou au droit des tiers à voir protéger leur *(L. nº 2002-304 du 4 mars 2002)* « nom de famille », l'officier de l'état civil en avise sans délai le procureur de la République. Celui-ci peut saisir le juge aux affaires familiales.

« Si le juge estime que le prénom n'est pas conforme à l'intérêt de l'enfant ou méconnaît le droit des tiers à voir protéger leur *(L. nº 2002-304 du 4 mars 2002)* « nom de famille », il en ordonne la suppression sur les registres de l'état civil. Il attribue, le cas échéant, à l'enfant un autre prénom qu'il détermine lui-même à défaut par les parents d'un nouveau choix qui soit conforme aux intérêts susvisés. Mention de la décision est portée en marge des actes de l'état civil de l'enfant. »

Sur les procédures relatives au prénom, V. C. pr. civ., art. 1055-1 s. — ***C. pr. civ.***

V. Circ. 3 mars 1993 (D. et ALD 1993. 290 ; JO 24 mars) ; Circ. nº CIV/13/06 du 30 juin 2006 sur la réforme de la filiation (nº NOR : JUS CO 620 513C).

Sur le choix des prénoms, V. Circ. 28 oct. 2011 relative aux règles particulières à divers actes de l'état civil relatifs à la naissance et à la filiation, .

V. Circ. 23 juill. 2014 relative à l'état civil, en particulier sur l'usage des signes diacritiques et des ligatures .

RÉP. CIV. v° *Nom-prénom*, par F. LAROCHE-GISSEROT.

DALLOZ ACTION *Droit de la famille 2023/2024, n°s 231.00 s.*

BIBL. ► B. ANCEL, *JCP 2016, n° 278* (genre). – BESSON, *JCP 2022, n° 1431* (définition de l'intersexualité et impacts sur la déclaration à l'état civil). – BINET, *Dr. fam. 2017. Étude 9* (refus du sexe neutre). – COUARD, *Dr. fam. 2022. Étude 8* (interdiction légale des thérapies de conversion). – LAROCHE-GISSEROT, *AJ fam. 2012. 306* (choix du prénom). – LABBÉE, *ibid. 310* (prénom et identité de Français) ; *ibid. 2013. 138* (prénom étranger en France). – LIBCHABER, *D. 2016. 20* (les incertitudes du sexe). – MORON-PUECH, *RDSS 2021. 827* (loi de bioéthique et intersexuation). – REIGNÉ, *JCP 2011. 1140* (sexe, genre et état des personnes).

1. Rôle de l'officier d'état civil. L'officier de l'état civil est seulement tenu de se faire donner les divers renseignements qui, aux termes de l'art. 57, doivent être énoncés dans l'acte. Il n'a pas à en vérifier la valeur juridique et matérielle, sa responsabilité n'étant engagée que lorsque la déclaration qu'il accepte est manifestement irrégulière. • Douai, 10 avr. 1940 : *S. 1941. 2. 39.* ♦ Pour le contrôle des prénoms, V. cep. art. 57, al. 3 (choix initial) et 60 (changement). ♦ Si la règle voulant que le nom du mari soit attribué aux « enfants légitimes » peut s'avérer nécessaire en pratique et n'est pas forcément en contradiction avec la Convention, l'impossibilité d'y déroger lors de l'inscription des nouveau-nés dans les registres d'état civil est excessivement rigide et discriminatoire envers les femmes. • CEDH, sect. II, 7 janv. 2014, *Cusan et Fazzo c/ Italie*, n° 77/07 : *D. 2014. 1171, obs. Granet-Lambrechts ; AJ fam. 2014. 126, obs. Doublein ; RTD civ. 2014. 305, obs. Marguénaud ; ibid. 332, obs. J. Hauser* (violation non compensée par la possibilité d'un changement de nom).

1° LIEU DE NAISSANCE

2. Prééminence du lieu réel. Sauf les cas limitativement prévus par l'art. 58, l'acte de naissance doit énoncer le lieu réel de la naissance de l'enfant ; cette disposition impérative doit être respectée dans tous les actes inscrits sur les registres français de l'état civil et par les jugements qui tiennent lieu d'un acte de l'état civil (application au cas d'adoption d'un enfant né à *l'étranger*). • *Civ. 1re, 12 nov. 1986,* n° 85-10.183 P : *R., p. 128 ; D. 1987. 157, note Massip ; Rev. crit. DIP 1987. 557, note Poisson-Drocourt ; JDI 1987. 322, note Gaudemet-Tallon* • 20 nov. 1990, n° 89-13.726 P : *Defrénois 1991. 290, obs. Massip* • 19 nov. 1991, n° 90-19.377 P.

2° SEXE

BIBL. Rassat, *Mél. Raynaud, Dalloz, 1985, p. 651.*

3. Nécessité d'un choix. – *Jurisprudence antérieure à la L. du 2 août 2021.* Tout individu, même s'il présente des anomalies organiques, doit être obligatoirement rattaché à l'un des deux sexes masculin ou féminin, lequel doit être mentionné dans l'acte de naissance. • Paris, 18 janv. 1974 : *D. 1974. 196, concl. Granjon.* ♦ Rappr. note 1 ss. art. 61-5.

La loi française ne permet pas de faire figurer, dans les actes de l'état civil, l'indication d'un sexe autre que masculin ou féminin ; si l'identité sexuelle relève de la sphère protégée par l'art. 8 Conv. EDH, la dualité des énonciations relatives au sexe dans les actes de l'état civil poursuit un but légitime en ce qu'elle est nécessaire à l'organisation sociale et juridique, dont elle constitue un élément fondateur ; la reconnaissance par le juge d'un « sexe neutre » aurait des répercussions profondes sur les règles du droit français construites à partir de la binarité des sexes et impliquerait de nombreuses modifications législatives de coordination. • Civ. 1re, 4 mai 2017, n° 16-17.189 P : *D. 2017. 1399, et les obs., note Vauthier et Vialla ; ibid. 1404, note Moron-Puech ; AJ fam. 2017. 329, obs. Dionisi-Peyrusse ; ibid. 354, obs. Houssier ; RTD civ. 2017. 607, obs. Hauser* . ♦ Dès lors l'intéressé ayant, aux yeux des tiers, l'apparence et le comportement social d'une personne de sexe masculin, conformément à l'indication portée dans son acte de naissance, l'atteinte au droit au respect de sa vie privée n'est pas disproportionnée au regard du but légitime poursuivi. • Même arrêt. ♦ V. dans la même affaire, l'absence de violation de l'art. 8, dans le refus de mention d'un sexe neutre, compte tenu de la marge d'appréciation des États : • CEDH 31 janv. 2023, n° 76888/17 : *D. 2023. 400, obs. Moron-Puech ; AJ fam. 2023. 70, obs. Dionisi-Peyrusse ; JCP 2023, n° 232, obs. Mattiussi.* ♦ Dans la même affaire, inversement : pour la substitution, dans l'acte de naissance, de la mention « sexe : neutre » à la place de la mention « de sexe masculin », dans le cas d'une personne pour laquelle le sexe assigné à sa naissance apparaît comme une pure fiction, qui lui a été imposée pendant toute son existence sans que jamais il ait pu exprimer son sentiment profond, ce qui contrevient aux dispositions de l'art. 8, al. 1er, de la Conv. EDH qui prime sur toute autre disposition du droit interne ; le sexe neutre peut se définir comme n'appartenant à aucun des genres masculin ou féminin, préférable à « intersexe », qui conduit à une catégorisation qu'il convient d'éviter (ne s'agissant pas de reconnaître un nouveau genre) et qui apparaît plus stigmatisant. • TGI Tours, 20 août 2015 : *D. 2015. 2295, note Vialla* ; *AJ fam. 2015. 613, note Le Gac-Pech* ; *RTD civ. 2016. 77, obs. Hauser* ; *Dr. fam. 2016. Étude 8, note Binet.* ♦ Décision infirmée par • Orléans, 22 mars 2016, nº 15/03281 : *D. 2016. 904, note Moron-Puech* ; *ibid. 1915, obs. Reigné* ; *AJ fam. 2016. 261, obs. Siffrein-Blanc* ; *ibid. 233, obs. Dionisi-Peyrusse* ; *JCP 2016, nº 492, note Vialla* (considérant que la demande est en contradiction avec l'apparence physique et le comportement social de l'intéressé et qu'en l'état des dispositions législatives et réglementaires en vigueur il n'est pas envisagé la possibilité de faire figurer, à titre définitif, sur les actes d'état civil une autre mention que sexe masculin ou sexe féminin, même en cas d'ambiguïté sexuelle, cette reconnaissance de l'existence d'une autre catégorie sexuelle allant au delà du pouvoir d'interprétation de la norme du juge judiciaire, la création relèvant de la seule appréciation du législateur). ♦ Cette reconnaissance pose en effet une question de société qui soulève des questions biologiques, morales ou éthiques délicates alors que les personnes présentant une variation du développement sexuel doivent être protégées pendant leur minorité de stigmatisations, y compris de celles que pourrait susciter leur assignation dans une nouvelle catégorie. • Même arrêt.

4. *Force probante.* La mention du sexe portée dans l'acte d'état civil, sur les indications fournies par le déclarant, jouit d'une présomption de vérité qui la rend opposable à tous jusqu'à preuve du contraire. • TGI Seine, 18 janv. 1965 : *JCP 1965. II. 14421, concl. Fabre* • TGI Saint-Étienne, 26 mars 1980 : *D. 1981. 270 (2e esp.).*

5. *Changement.* Modification ultérieure du sexe : V. art. 99 et notes ss. art. 61-5.

3º PRÉNOMS

BIBL. Bouton et Auvolat, *Mél. Huet-Weiller, PU Strasbourg/LGDJ, 1994, p. 27* (prénoms francisés).

6. *Prénom et vie privée.* Si l'art. 8 Conv. EDH ne contient pas de disposition explicite en matière de prénom, la contestation du refus d'un prénom par l'autorité judiciaire entre dans le champ d'application de ce texte dès lors que le prénom, en tant que moyen d'identification au sein de la famille et de la communauté, comme le patronyme, concerne la vie privée et familiale de la personne qui le porte et que, de surcroît, le choix du prénom par les parents revêtant pour eux un caractère intime et affectif, il entre dans la sphère de leur vie privée. • CEDH 24 oct. 1996, *Guillot c/ France : RTD civ. 1997. 551, obs. Marguénaud*. ♦ Cependant, dès lors qu'il n'est pas contesté que l'enfant porte couramment et sans entrave le prénom litigieux (« Fleur de Marie »), que les juridictions françaises, qui ont considéré l'intérêt de l'enfant, ont accueilli la demande subsidiaire visant à l'inscription du prénom « Fleur-Marie », les désagréments invoqués ne sont pas suffisants pour poser une question de manquement au respect de la vie privée et familiale. • Même arrêt. ♦ Pour l'arrêt de cassation dans cette affaire, V. • Civ. 1re, 1er oct. 1986 : *JCP 1987. II. 20894, note Agostini.* ♦ Pour le refus d'un prénom, en réalité le nom de famille de la compagne de la mère, compte tenu de l'étrangeté de ce prénom, V. • TGI Bordeaux, 20 mars 2008 : *Dr. fam. avr. 2008, p. 3, obs. Lamarche ; RTD civ. 2008. 270, obs. Hauser*. ♦ Sur l'irrégularité d'une législation refusant une orthographe au motif de son caractère régional, V. • CEDH, sect. III, 21 oct. 2008, *G. E. c/ Turquie*, nº 37483/02.

7. *Prénom et langue française.* Les actes de l'état civil, actes authentiques par nature, doivent être rédigés dans la langue française, dont l'usage, selon le juge constitutionnel, s'impose aux administrations ainsi qu'aux particuliers dans leurs relations avec ces mêmes administrations ; refus, en conséquence, du prénom « Marti » orthographié avec un accent aigu sur le i, tel qu'il s'écrit dans la langue catalane. • Montpellier, 26 nov. 2001 : *BICC 15 nov. 2002, nº 1175 ; Dr. fam. 2002, nº 120, note Murat.* ♦ Mais il est possible d'inscrire le prénom *Fañch*, avec tilde, sur l'acte de naissance d'un enfant, cette orthographe ne portant pas atteinte au principe de rédaction des actes publics en langue française, ni à l'art. 2 Const. • Rennes, 19 nov. 2018, nº 17/07569 : *D. actu. 27 nov. 2018, obs. Gareille ; D. 2018. 2305* ; *AJ fam. 2019. 44, obs. Avena-Robardet*. ♦ Sur la conformité d'une telle solution avec la Conv. EDH, V. • CEDH, sect. II, 2 févr. 2010, *K. T. c/ Turquie*, nº 30206/04 (absence de violation de l'art. 8 par la législation turque qui impose l'alphabet turc et interdit les caractères kurdes).

8. *Contrôle du choix.* N'est pas contraire à l'intérêt de l'enfant l'attribution d'un prénom d'une originalité indiscutable, tiré de la dénomination d'un monument religieux, mais qui est dépourvu de toute consonance ridicule, ou péjorative, ou complexe. • Caen, 30 avr. 1998 : *BICC 1er avr. 1999, nº 422 ; RTD civ. 1999. 813, obs. Hauser* (Tokalie). ♦ ... Ou qui n'est pas d'apparence ridicule, péjorative ou grossière, qui n'est pas complexe, qui ne fait pas référence à un personnage déconsidéré de l'histoire ou de la littérature. • Besançon, 18 nov. 1999 : *D. 2001. 1133, note Philippe* (Zébulon). ♦ ... Ou qui a été choisi par les parents sans arrière-pensée, même si, associé au nom patronymique, il évoque inévitablement un modèle de voiture, alors que cet inconvénient est appelé à disparaître et qu'un changement entraînerait pour l'enfant un trouble certain. • Rennes, 4 mai 2000 : *JCP 2001. IV. 2655* (Mégane). ♦ ... Un prénom certes choisi en hommage à un chanteur devenu meurtrier mais orthographié différemment et alors que la célébrité du chanteur n'est pas destinée à perdurer dans les mémoires, le prénom ayant une consonance latine évoquant le chant • Bordeaux, 22 oct. 2009 : *Dr. fam. 2010, p. 3, obs. Lamarche* (Canta). ♦ Pour le refus d'un prénom, en réalité le nom de famille de la compagne de la mère, compte tenu de l'étrangeté de ce prénom, V. • TGI Bordeaux, 20 mars 2008 : *Dr. fam. avr. 2008, p. 3, obs. Lamarche ; RTD civ. 2008. 270, obs. Hauser*. ♦ Refus, dans l'intérêt de l'enfant, du prénom « *Titeuf* », inspiré d'un personnage certes sympathique mais naïf et ridicule : • Versailles, 7 oct. 2010 : *AJ fam. 2011. 53, obs. Chénedé* , pourvoi rejeté par • Civ. 1re, 15 févr. 2012, n° 10-27.512 P : *D. 2012. 552 ; AJ fam. 2012. 231, obs. Lambert ; RTD civ. 2012. 287, obs. Hauser ; Gaz. Pal. 2012. 819, note Pierroux* (appréciation souveraine par une décision motivée). ♦ Le juge du fond peut supprimer le prénom qui ne lui paraît pas conforme à l'intérêt de l'enfant, mais non le modifier. • Amiens, 13 déc. 2012 : *RTD civ. 2013. 573, obs. Hauser*. ♦ Sur la modification judiciaire des prénoms, V. notes ss. l'anc. art. 60.

9. Force probante. Seul l'acte de naissance fait foi de la réalité des prénoms donnés lors de la naissance, non le livret de famille, qui n'est que la reproduction des actes officiels de l'état civil. • TGI Nevers, 3 oct. 1972 : *D. 1973. 147, note G. A.*

10. Usage du prénom. Le fait pour un employeur de demander à un salarié de changer son prénom de Mohamed pour celui de Laurent constitue une discrimination à raison de l'origine, la circonstance que plusieurs salariés portent également le même prénom n'étant pas de nature à caractériser l'existence d'un élément objectif susceptible de justifier cette modification. • Soc. 10 nov. 2009, n° 08-42.286 P.

11. Suppression de prénoms. Intérêt légitime à obtenir la suppression des deux premiers prénoms, le demandeur ayant apporté la preuve d'une possession d'état constante attestant qu'il n'était connu que sous son troisième prénom, ceci afin que son état civil corresponde à la réalité et lui permette au quotidien de remplir tous les documents officiels sous ce seul prénom. • TGI Lille, 9 févr. 2015, n° 14/07748 : *AJ fam. 2015. 177, obs. Labbée*.

4° PÈRE ET MÈRE

12. Mère biologique non gestatrice. La loi française ne permet pas de désigner, dans les actes de l'état civil, le père ou la mère de l'enfant comme « parent biologique » ; cassation de l'arrêt ayant ordonné la transcription de la mention « parent biologique » sur l'acte de naissance d'un enfant dont l'un des parents avait changé de sexe pour devenir femme, sans perte de sa faculté de procréer. • Civ. 1re, 16 sept. 2020, n° 18-50.080 P : *D. 2020. 2096, note Paricard ; ibid. 2072, obs. Moron-Puech ; AJ fam. 2020. 534, obs. Kessler et Viganotti ; ibid. 497, obs. Dionisi-Peyrusse ; RTD civ. 2020. 866, obs. Leroyer ; JCP 2020, n° 1164, obs. Brunet et Reigné ; Dr. fam. 2020, n° 146, obs. Siffrein-Blanc.* ♦ Dans la même affaire : l'établissement de la filiation de la femme ayant précédemment changé de sexe à l'égard de l'enfant ne peut être que judiciaire ; la filiation maternelle dont elle se prévaut n'a nullement vocation à anéantir celle de son épouse, mais tend au contraire à la compléter par la prise en compte de la notion de mère biologique non gestatrice et ne crée donc pas de conflit de filiations. • Toulouse, 9 févr. 2022, n° 20/03128 : *D. 2022. 888, note Paricard ; ibid. 846, obs. Thevenot et Moron-Puech ; AJ fam. 2022. 222, obs. Mesnil ; ibid. 109, obs. Dionisi-Peyrusse ; RTD civ. 2022. 369, obs. Leroyer ; JCP 2022, n° 581, note Brunet et Reigné ; Dr. fam. 2022, n° 51, note Siffrein-Blanc* (établissement judiciaire du lien de filiation maternelle).

Loi du 6 fructidor an II,

Portant qu'aucun citoyen ne pourra porter de nom ni de prénom autres que ceux exprimés dans son acte de naissance.

RÉP. CIV. v[is] *Nom-prénom*, F. LAROCHE-GISSEROT ; *Noblesse*, par P. BERCHON.

DALLOZ ACTION *Droit de la famille 2023/2024, n°s 116.00 s. (nom des époux).*

BIBL. GÉN. ▸ AGOSTINI, *D. 1973. Chron. 313.* – CASORLA et PAILHÈS, *D. 2009. Chron. 2375* (atteinte au nom et liberté d'expression). – CHAMBOULAUD-TRAPIERS, *D. 1998. Chron. 39* (possession du nom patronymique). – GOBERT, *JCP 1980. I. 2966* (rôle de masque). – JESTAZ, *RTD civ. 1989. 269* (nom patronymique : diagnostic et pronostic). – LALIGNANT, *RRJ 1986/3. 29* (double fonction de l'usage du nom du conjoint). – LAROCHE-GISSEROT, *D. 2003. Chron. 633* (nom de la femme mariée). – LOISEAU, *Gaz. Pal. 18-19 mai 2007, Doctr.* (les droits sur le nom). – PETIT, *RRJ 1997/1. 17* (mémoire et nom). – PONSARD, *Mél. Roubier, Dalloz/Sirey, 1961, t. 1, p. 385* (droit transitoire et droit des personnes). – RIVIER, *D. 2002. Point de vue. 1915* (nom des femmes dans les formulaires administratifs). ▸ **Changement de nom :** V. Bibl. ss. art. 61.

▸ **Usage commercial du nom :** Ilcheva, *CCE 2022. Étude 12* (utilisation du nom de famille dans la vie des affaires). – Pansier et Salvia, *Gaz. Pal. 2007. Doctr. 2956.* – Pollaud-Dulian, *JCP 1992. I. 3618* (utilisation du nom patronymique comme nom commercial). – Vivant, *Mél. Colomer, Litec, 1993, p. 517* (nom mis ou tombé dans le commerce). ▸ **Usage à titre de marque :** Bonet, *D. 2001. Chron. 1298* . – Langlès, *D. Affaires 1997. 981 et 1020.* – Pérot-Morel, *Hommage à H. Desbois, Dalloz, 1974, p. 181.*

Art. 1er Aucun citoyen ne pourra porter de nom ni de prénom autres que ceux exprimés dans son acte de naissance : ceux qui les auraient quittés seront tenus de les reprendre.

1. Conv. EDH. En tant que moyen d'identification personnelle et de rattachement à une famille, le nom d'une personne concerne la vie privée et familiale de celle-ci. Le fait que l'État et la société aient intérêt à en réglementer l'usage n'y met pas obstacle car ces aspects de droit public se concilient avec la vie privée conçue comme englobant, dans une certaine mesure, le droit pour l'individu de nouer et développer des relations avec ses semblables. • CEDH, sect. II, 17 juin 2003 : *Dr. fam. 2003, n° 129, note Lamy.* ♦ Comp. note 21 pour les titres nobiliaires.

Peut donner lieu à rectification un nom figurant sur un acte de naissance et un acte de mariage, auquel le père de l'intéressé avait ajouté, à la naissance de son fils, un patronyme adopté dans la Résistance, les conséquences de ce rétablissement de l'exacte identité patronymique étant relatives pour l'intéressé et sa famille : malgré l'atteinte portée à la vie privée des demandeurs, la rectification de son état civil prévue par la loi s'impose pour la protection de l'intérêt général. • Civ. 1re, 11 juill. 2006, n° 03-10.409 P : *D. 2006. IR 2126* ; *RJPF 2006-11/15, obs. Valory ; LPA 23 janv. 2007, avis Sainte-Rose ; RTD civ. 2006. 735, obs. Hauser* .

V. aussi les décisions citées note 48 ss. art. 9 et, pour le prénom, note 6 ss. art. 57. ♦ Sur la discrimination dans la transmission, V. note ss. art. 311-21. ♦ ... Dans le choix d'un nom de famille, note 6 *in fine*.

2. Droit communautaire. L'art. 18 CE s'oppose à ce que les autorités d'un État membre, en appliquant le droit national, refusent de reconnaître le nom patronymique d'un enfant tel qu'il a été déterminé et enregistré dans un autre État membre où cet enfant est né et réside depuis lors et qui, à l'instar de ses parents, ne possède que la nationalité du premier État membre. • CJCE 14 oct. 2008, *Grunkin et Paul*, n° C-353/06 : *D. 2009. 845, note Boulanger* ; *JCP 2009. II. 10071, note Devers ; AJDA 2008. 2327, obs. Broussy, Donnat et Lambert* .

A. IMMUTABILITÉ DU NOM PATRONYMIQUE

3. Non-usage. *Le nom ne se perd pas par le non-usage.* • Civ. 1re, 15 mars 1988, n° 85-17.162 P : *R., p. 158 ; GAJC, 12e éd., n° 22* ; *D. 1988. 549, note Massip ; JCP 1989. II. 21347, note Agostini.* ♦ La possession d'un nom ne fait pas obstacle à ce qu'un individu, renonçant à s'en prévaloir, revendique le nom de ses ancêtres qu'il n'a pas perdu en raison de l'usage d'un autre nom par ses ascendants les plus proches. • Même arrêt. ♦ V. également, pour la « propriété » d'une particule, • TGI Lille, 4 avr. 2006 : *D. 2006. 2838, note Labbée* ; *RTD civ. 2007. 85, obs. Hauser* . ♦ Il appartient au juge, en considération de la durée et de l'ancienneté des possessions invoquées et des circonstances dans lesquelles elles se sont succédées, d'apprécier s'il y a lieu d'accueillir cette revendication. • Civ. 1re, 25 mai 1992, n° 90-13.613 P : *R., p. 243 ; D. 1992. 445, note Boulanger* ; *Defrénois 1992. 1431, obs. Massip* • 6 avr. 1994, n° 92-15.170 P : *RTD civ. 1994. 563, obs. Hauser* • 30 sept. 2003, n° 01-03.219 P : *D. 2004. 86, note Loiseau (2e esp.)* ; *JCP 2004. II. 10119, note Zelcevic-Duhamel (1re esp.) ; LPA 2 avr. 2004, note Massip ; RTD civ. 2004. 61, obs. Hauser* • 10 mai 2005, n° 02-19.738 P : *D. 2005. IR 1377* ; *Dr. fam. 2005, n° 228, note Murat ; RTD civ. 2005. 570, obs. Hauser* • 17 déc. 2008, n° 07-10.068 P : *D. 2009. Chron. C. cass. 747, obs. Chauvin* ; *AJ fam. 2009. 86, obs. Milleville* ; *Dr. fam. 2009, n° 32, obs. Murat ; RJPF 2009-2/14, obs. Corpart ; RLDC 2009/58, n° 3342, obs. Pouliquen ; RTD civ. 2009. 91, obs. Hauser* .

4. Possession prolongée. Le principe de l'immutabilité du nom ne fait pas obstacle à ce que la possession prolongée d'un nom puisse en permettre l'acquisition, si cette possession n'a pas été déloyale. • Civ. 1re, 31 janv. 1978 : *D. 1979. 182, note R. Savatier ; JCP 1979. II. 19035, note Nérac.* ♦ Les juges du fond apprécient souverainement la loyauté et les effets de cette possession. • Civ. 1re, 25 mai 1992 : *préc.* • 30 sept. 2003, n° 01-02.065 P : *D. 2004. 86, note Loiseau (1re esp.)* ; *JCP 2004. II. 10119, note Zelcevic-Duhamel (2e esp.)* (possession dénuée d'effet en raison de sa brièveté) • Civ. 1re, 23 juin 2010, n° 08-20.239 P : *D. 2010. 1626* ; *AJ fam. 2010. 399, obs. Milleville* ; *RLDC 2010/74, n° 3938, obs. Pouliquen ; RTD civ. 2010. 523, obs. Hauser* (*idem*). ♦ Violation de l'art. 8 Conv. EDH dans le fait d'obliger une femme mariée, qui a pris le nom de son mari conformément à la législation mais sous une forme erronée, à reprendre après le décès de celui-ci la forme exacte, sans tenir compte d'un usage prolongé de la forme erronée pendant 54 ans. • CEDH, sect. II, 1er juill. 2008, *Daroczy c/ Hongrie*, n° 44378/05.

5. Lorsque le risque de confusion est patent, le juge peut interdire sous astreinte l'utilisation d'un nom patronymique. • Civ. 1re, 30 sept. 2003 : *préc. note 4.*

6. Conjoints. Sur la possibilité pour un époux, d'utiliser le nom de son conjoint, à titre d'usage, V. désormais l'art. 225-1, résultant de la L. n° 2013-404 du 17 mai 2013. ♦ Les dispositions de l'art. 4 de la L. du 6 fructidor an II ne sont pas prescrites à peine de nullité. • Com. 17 mars 2004, n° 02-19.276 P : *R., p. 207 ; D. 2004. 2253, note Douet ; RTD civ. 2004. 262, obs. Hauser* • 22 mars 2005, n° 03-16.642 P : *R., p. 220 ; BICC 1er juill. 2005, n° 1311, et la note ; D. 2005. IR 1051 ; Dr. et patr. 7-8/2005. 93, obs. Loiseau ; RTD civ. 2005. 360, obs. Hauser* • 22 nov. 2005 : *RTD civ. 2006. 276, obs. Hauser* • Civ. 3e, 11 oct. 2006, n° 05-16.760 P • Civ. 1re, 6 mars 2007, n° 05-18.898 P : *D. 2007. AJ 950, obs. P. Guiomard ; JCP 2007. II. 10094, note Loiseau ; RTD civ. 2007. 308, obs. Hauser* • Com. 12 févr. 2008, n° 07-10.242 P : *JCP 2008. 1201, note Maublanc.* ♦ Comp., pour la cassation du jugement énonçant que l'assignation donnée à l'épouse sous le nom patronymique de son mari est irrégulière, alors que cette mention ne laissait aucun doute quant à l'identité de la destinataire : • Civ. 3e, 24 janv. 2001, n° 99-14.310 P : *D. 2001. IR 743 ; Defrénois 2001. 590, obs. Massip.*

Toute mesure visant à manifester l'unité de la famille par un nom de famille commun au couple doit, sauf raisons impérieuses, s'appliquer dans les mêmes conditions aux hommes et aux femmes. Condamnation de l'obligation pour une femme mariée d'utiliser le nom de son mari et non son nom de jeune fille dans des documents officiels, alors qu'elle était connue sous ce dernier nom dans son activité d'avocate. • CEDH, sect. IV, 16 nov. 2004, *U. c/ Turquie : RTD civ. 2005. 343, obs. Marguénaud .*

7. Élections. Absence de portée de l'utilisation par des candidats à l'élection présidentielle d'un prénom et d'un nom qui ne sont ni ceux de leur état civil ni ceux dont ils ont l'autorisation de faire usage en vertu de la loi, cette circonstance ne pouvant, en l'absence de toute confusion possible sur leur identité, être regardée comme ayant pu induire en erreur le corps électoral. • Cons. const. 25 avr. 2012, n° 2012-152 PDR : *AJ fam. 2012. 467, obs. X. Labbée ; RTD civ. 2012. 709, obs. Hauser .*

B. UTILISATION DU NOM À DES FINS COMMERCIALES OU DANS DES ŒUVRES DE FICTION

BIBL. Foulon-Piganiol, *D. 1968. Chron. 117* (œuvres de l'esprit). – Nerson, *Études Kayser, PU Aix-Marseille, 1979, t. 2, p. 308* (nom des personnages de roman).

8. Principe. La L. du 6 fructidor an II, qui édicte une interdiction concernant le citoyen, ne vise pas l'usage du nom patronymique à titre commercial ou comme dénomination sociale. • Com. 1er déc. 1987 : *JCP 1988. II. 21081, note Agostini ; D. 1987. IR 259.* ♦ Le principe de l'inaliénabilité et de l'imprescriptibilité du nom patronymique, qui empêche son titulaire d'en disposer librement pour identifier au même titre une autre personne physique, ne s'oppose pas à la conclusion d'un accord portant sur l'utilisation de ce nom comme dénomination sociale ou nom commercial. • Com. 12 mars 1985, *Bordas,* n° 84-17.163 P : *R., p. 108 ; GAJC, 12e éd., n° 23 ; D. 1985. 471, note Ghestin ; JCP 1985. II. 20400, concl. Montanier, note Bonet ; Gaz. Pal. 1985. 1. 246, note Le Tallec.* ♦ V. aussi • Com. 6 mai 2003, n° 00-18.192 P : *R., p. 425 ; D. 2003. 2228, note Loiseau ; ibid. Somm. 2629, obs. Durrande ; D. 2004. Somm. 265, obs. Hallouin ; JCP 2003. II. 10169, note Tricoire ; Dr. et patr. 11/2003. 89, obs. Poracchia ; RLDC 2004/3, n° 122, note Dupuis ; RTD civ. 2003. 679, obs. Hauser ; RTD com. 2004. 90, obs. Azéma ; ibid. 2005. 344, obs. Champaud et Danet ; Rev. sociétés 2003. 548, note Parléani* (limitation, s'agissant d'un nom notoirement connu, du consentement ainsi donné à l'usage strictement prévu par la convention) • Com. 12 juin 2007, n° 06-12.244 P : *D. 2007. AJ 1796, obs. A. Lienhard* (à défaut d'interdiction expresse, le droit d'utiliser le nom de famille qui constitue le signe distinctif d'une EURL est cédé en même temps que celle-ci) • Civ. 3e, 25 nov. 2009, n° 08-21.384 P : *JCP 2010, n° 516, note Ghestin* (autorisation d'utiliser le nom devenant ainsi un élément du fonds de commerce). ♦ Le mandat de vente, qui autorise, en termes généraux, le mandataire à souscrire à tout engagement ou garantie n'emporte pas le pouvoir, pour celui-ci, de consentir une interdiction ou une limitation de l'usage, par son mandant, de son nom de famille, constitutives d'actes de disposition. • Com. 10 juill. 2018, n° 16-23.694 P : *D. 2018. 1549 ; RTD civ. 2018. 933, obs. Gautier .* ♦ Le consentement donné par un associé fondateur dont le nom est notoirement connu sur l'ensemble du territoire national, à l'insertion de son nom de famille dans la dénomination d'une société exerçant son activité dans le même domaine, ne saurait, sans accord de sa part, et en l'absence de renonciation expresse ou tacite à ses droits patrimoniaux, autoriser la société à déposer ce patronyme à titre de marque pour désigner les mêmes produits ou services. • Com. 24 juin 2008 : *D. 2008. 2569, note Mendoza-Caminade ; RJPF 2008-10/14, obs. Valory ; RLDC 2008/53, n° 3137, obs. Maugeri ; CCE 2008, comm. n° 133, obs. Caron ; RTD com. 2008. 609, obs. Legeais ; ibid. 2009. 116, obs. Azéma ; Rev. sociétés 2009. 587, obs. Parléani .* ♦ Application stricte des dispositions de l'art. 8 de la L. du 29 déc. 1966, sur l'interdiction pour une SCP de maintenir le nom d'un ancien associé lorsqu'il n'existe plus, au nombre des associés, une personne au moins qui ait exercé la profession, en son sein, avec l'ancien associé dont le nom est maintenu, l'accord de l'ancien associé sur le maintien de son nom ayant été donné sous l'empire de ce texte, dans sa rédaction antérieure à la suppression de cette condition par une loi ultérieure. • Civ. 1re, 6 sept. 2017, n° 16-15.941 P : *D. 2017. 1761 ; ibid. 2018. 87, obs. Wickers*.

9. Une personne ne peut prétendre, sur le fondement de l'art. L. 121-1 CPI, à la protection de son nom patronymique en tant que tel, fût-il utilisé pour l'exercice de son activité artistique, dès lors que ce nom, quelle que soit sa renommée prétendue, ne constitue pas, en lui-même, une œuvre de l'esprit. • Civ. 1re, 10 avr. 2013, n° 12-14.525 P : *D. 2013. 992* (le droit moral de l'auteur au respect de son nom est attaché à l'œuvre de l'esprit qui porte l'empreinte de sa personnalité).

10. Distinction de l'atteinte au nom et de l'apposition frauduleuse de signature sur une œuvre (loi des 9-12 févr. 1895) : V. • Civ. 1re, 18 juill. 2000, n° 98-15.851 P : *D. 2001. 541, note Dreyer ; ibid. Somm. 2080, obs. Caron*.

11. Protection : exigence d'une confusion dommageable. S'il est de principe que le nom patronymique d'une famille donne à ses membres le droit de s'opposer à toute appropriation indue par un tiers il est nécessaire lorsque le nom est utilisé à des fins commerciales ou publicitaires que le demandeur justifie de l'existence d'une confusion possible à laquelle il a intérêt à mettre fin. • Civ. 1re, 19 déc. 1967, n° 66-10.520 P. ♦ V. dans le même sens : • Com. 12 oct. 1965 : *Bull. civ. III, n° 491* • Civ. 1re, 26 mai 1970 : *Bull. civ. I, n° 174* • TGI Paris, 17 déc. 1987 : *D. 1988. IR 21* • Com. 21 oct. 1997, n° 95-15.401 P : *JCP 1998. II. 10071, note Casey ; RTD civ. 1998. 340, obs. Hauser* (absence de confusion entre le porteur d'un titre nobiliaire et ce titre utilisé comme marque commerciale pour des produits de confiserie) • Paris, 30 oct. 1998 : *D. 1998. IR 259 ; D. Affaires 1999. 165, obs. J. F. ; JCP 1999. I. 149, n° 1, obs. Teyssié ; RTD civ. 1999. 61, obs. Hauser* (absence de confusion entre le requérant, homme honorable et sympathique, et des personnages d'une bande dessinée, couple de Français moyens, grotesques et frustes) • Civ. 1re, 10 avr. 2013 : *préc. note 9* (absence de notoriété du demandeur et nom par ailleurs très répandu). ♦ Pour l'absence de risque de confusion entre une personne déterminée ou l'un de ses proches et les personnages d'une œuvre de fiction, mais la reconnaissance d'un risque de confusion avec le patronyme lui-même : • Civ. *1re, 8 oct. 2009, n° 08-10.045 P : RJPF 2010-1/12, note Brusorio-Aillaud ; RLDC 2009/66, n° 3653, obs. Pouliquen ; RTD civ. 2010. 77, obs. Hauser*. ♦ En l'absence d'identité absolue entre le nom et la marque contestée, le demandeur doit démontrer qu'un risque de confusion est susceptible de naître entre le signe incriminé et son nom. • Paris, 15 déc. 2000 *(affaire Viagra) : D. 2001. 1306 ; ibid. 1298, étude Bonet*.

12. Illustrations de confusion. Le risque de confusion est facilité par la rareté du nom. • TGI Seine, 22 oct. 1963 : *Gaz. Pal. 1964. 1. 86.* ♦ ... Ou par l'existence de ressemblances précises entre le personnage fictif et la personne réelle. • Paris, 10 juill. 1957 : *D. 1957. 622, note Lindon* (officier détenu pendant la guerre) • Paris, 16 mars 1974 : *D. 1974. Somm. 70* (employeur identique) • Paris, 24 mai 1975 : *D. 1975. 488, note Lindon* (absence de confusion entre une comtesse et le personnage vulgaire de Bérurier).

13. Faute de l'utilisateur. Si aucune faute ne peut être reprochée à un romancier lorsque les recherches auxquelles il devait procéder ne permettaient pas de découvrir aisément la personne réelle avec qui le personnage de son roman pouvait être confondu, le maintien du nom après avoir été averti de la confusion constitue une négligence fautive. • Paris, 10 juill. 1957 : *préc.* ♦ Pour une confusion sciemment recherchée, V. • Paris, 16 mars 1974 : *préc.*

C. ACCESSOIRES DU NOM

1° PSEUDONYME

BIBL. Leloup, *RTD civ. 1963. 449.* – Nepveu, *JCP 1961. I. 1662.*

14. Notion. Le pseudonyme est un nom de fantaisie, librement choisi par une personne pour masquer au public sa personnalité véritable dans l'exercice d'une activité particulière. • Civ. 1re, 23 févr. 1965, n° 62-13.427 P. ♦ Sur l'importance de l'activité personnelle dans l'acquisition du droit au pseudonyme, V. • Nancy, 26 juin 1974 : *JCP 1975. II. 18178, note Bonet.*

15. Contrôle du choix. Une personne qui s'est vu interdire l'usage du nom mentionné dans son acte de naissance, à la suite d'une action judiciaire intentée par des homonymes, ne peut prétendre continuer à utiliser ce nom à titre de pseudonyme. • Civ. 1re, 23 févr. 1965 : *préc.* ♦ V. aussi • Civ. 1re, 19 juin 1961 : *Bull. civ. I, n° 257.*

Les dispositions de la L. du 10 févr. 1942 soumettant à une dérogation spéciale l'usage d'un pseudonyme par un artiste étranger créent une discrimination contraire au droit communautaire. • TGI Paris, 16 nov. 1994 : *JDI 1995. 945, note Chanteloup.* ♦ Une personne dont le nom est choisi comme pseudonyme par une actrice de films pornographiques subit un préjudice du fait du risque de confusion. • Paris, 26 sept. 2007 : *RTD civ. 2008. 77, obs. Hauser*.

16. Titulaires. Dès lors que la dénomination d'un ensemble de musiciens consitue l'appellation collective du groupe, indissociable de son existence, elle appartient indivisément aux membres du groupe pour l'exercice en commun de leur art. • Civ. 1re, 25 janv. 2000, n° 95-16.267 P : *D. 2000. 299, concl. Sainte-Rose*. ♦ Mais, après une scission en deux formations, l'appellation appartient à la formation qui assure la permanence du projet artistique, moral et politique du groupe. • Civ. 1re, 11 juin 2009, n° 08-12.063 P : *LPA 17 nov. 2009, note Latil.*

17. Transmission. Le pseudonyme ne se transmet pas aux descendants d'un artiste, sauf accord de ce dernier. • TGI Paris, 5 juill. 1995 : *D. 1996. 174, note Ravanas*. ♦ V. déjà • TGI Paris, 2 mars 1973 : *D. 1973. 320, note Lindon.* ♦ V. aussi note 1.

18. Protection. Pour qu'un pseudonyme soit protégé, il n'est pas nécessaire que son titulaire ait acquis sous celui-ci une notoriété dépassant le milieu où il exerce son activité. • Civ. 1re, 19 févr. 1975, n° 73-13.214 P • Paris, 15 sept. 1999 : *D. 2000. 801, note Bonfils ; RTD civ. 2000. 83, obs. Hauser*. ♦ Les héritiers et les ayants cause peuvent agir contre les tiers qui usurpent le pseudonyme ou qui en font un usage fautif, sans avoir à justifier d'une autorisation particulière non plus que de l'emploi, par eux-mêmes, du pseudonyme litigieux. • TGI Paris, 5 juill. 1995 : *préc.* ♦ Sur la protection du pseudonyme porté par un étranger, V. • TGI Paris, 16 nov. 1994 : *préc. note 15.* ♦ Sur l'atteinte à la vie privée que peut constituer la révélation du véritable nom d'un artiste utilisant un pseudonyme, V. • Paris, 15 mai 1970 : *D. 1970. 466, concl. Cabannes, note P. A. et H. M.* ♦ La dénomination collective d'un groupe de musiciens n'étant ni une œuvre, ni le titre d'une œuvre, ne peut faire l'objet d'une quelconque appropriation au titre de la propriété intellectuelle. • Civ. 1re, 25 janv. 2000 : *préc. note 16.* ♦ Mais le pseudonyme choisi par le groupe est protégeable à l'égal du nom patronymique si, par un usage prolongé et notoire, il est devenu pour le public le signe de la personnalité du groupe. • Paris, 15 févr. 2006 : *JCP 2006. IV. 1785.* ♦ Un dépôt de marque est entaché de fraude lorsqu'il est effectué dans l'intention de priver autrui d'un signe nécessaire à son activité, en l'espèce le pseudonyme d'un artiste. • Com. 25 avr. 2006, n° 04-15.641 P : *D. 2006. AJ 1371, obs. Daleau ; RTD com. 2006. 599, obs. Pollaud-Dulian ; CCE 2006, comm. n° 90, note Caron.*

2° TITRES

19. Titre de déporté. BIBL. Michaud, *R. 1992, p. 49.* ♦ Seuls les déportés résistants et les déportés politiques, à l'exclusion des personnes contraintes au travail en pays ennemi, sont fondés à se prévaloir du titre de déporté. • Cass., ass. plén., 10 févr. 1992, n° 90-10.665 P. ♦ V. dans le même sens, sur renvoi : • Paris, 28 mars 1995 : *Gaz. Pal 1996. 1. Somm. 45.*

20. Titre d'une fonction antérieure. La restriction du droit de faire usage d'un titre ou d'un grade au temps et au lieu de travail, droit qui n'entre pas dans la catégorie des libertés fondamentales, doit être justifiée par la tâche à accomplir et proportionnée au but recherché. • Soc. 23 avr. 2013, n° 12-12.411 P (licenciement justifié pour insubordination du salarié, engagé pour remplir une mission d'intérêt public à l'étranger, et ayant continué à utiliser son titre de sous-préfet hors classe, pouvant entraîner des confusions avec la nature européenne du projet).

21. Titres de noblesse. BIBL. Rép. civ., v° *Noblesse*, par P. Berchon. – Teilliais, *LPA 16 mars 1998.* – Guillaume, *LPA 7 juill. 2006* (sceau de France, titre nobiliaire et changement de nom). ♦ Une requête contestant le refus d'attribution d'un titre nobiliaire ne relève pas de la protection prévue par l'art. 8 Conv. EDH, même si un tel titre peut être mentionné à l'état civil en tant qu'information complétive propre à mieux constater l'identité de la personne. • CEDH 28 oct. 1999, *Pilar de la Cierva et a. c/ Espagne : Dr. fam. 2001, n° 90, note de Lamy* (refus de considérer au surplus ce titre comme un bien, même s'il peut être exploité commercialement). ♦ Rappr. : • CJUE 22 déc. 2010, n° 208/09 : *RTD civ. 2011. 98, obs. Hauser*. ♦ En matière de titres nobiliaires, depuis l'instauration de la République, la seule compétence maintenue au garde des Sceaux est celle de se prononcer sur les demandes de vérification des titres de noblesse, qui le conduisent uniquement à examiner les preuves de la propriété du titre par celui qui fait la demande. • CE 6 déc. 2002 : *Gaz. Pal. 2003. 1090, concl. Prada-Bordenave ; RFDA 2003. 198*. ♦ Compétence des juridictions administratives pour examiner les recours contre les décisions du garde des Sceaux refusant l'inscription du titre sur le registre du Sceau de France : • CE 6 avr. 1979 : *Lebon 148* (procédure de vérification) • 25 févr. 1983 : *D. 1984. 161, note Texier ; Gaz. Pal. 1983. 2. 504, concl. Genevois* (conditions de transmission des titres). ♦ Sur l'abrogation implicite par les lois constitutionnelles de 1875 de l'autorisation par l'Empereur des transmissions de titres de noblesse impériale par adoption : • CAA Paris, 9 juill. 2009 : *LPA 15 janv. 2010, concl. Bachini* , annulé par : • CE 16 févr. 2011 : *AJDA 2011. 847, concl. Lenica ; RDC 2011. 781, note Pérès* : la caducité du régime d'autorisation n'a eu ni pour objet ni pour effet d'interrompre l'application des règles de transmission des titres nobiliaires d'Empire aux enfants. ♦ Sur la mention du titre dans les actes d'état civil, V. note 2 ss. art. 35. ♦ Sur la possibilité d'une action en rectification d'état civil lorsque le titre est incontesté : • Toulouse, 24 févr. 1930 : *Gaz. Pal. 1930. 1. 812.*

22. Celui qui porte le titre de noblesse, ainsi que les membres de la famille titrée qui n'ont pas droit au titre mais dont le nom est honoré par lui, ont un intérêt moral à agir en justice contre toute usurpation. • Civ. 1re, 30 sept. 2003, n° 01-02.065 P : *D. 2004. 86, note Loiseau (1re esp.) ; JCP 2004. II. 10119, note Zelcevic-*

Duhamel (2e *esp.*) ; *RTD civ. 2004. 61, obs. Hauser* ✐. ♦ Cette protection peut être étendue aux armoiries qui constituent des emblèmes privés accessoires du nom. • Paris, 22 nov. 1989 : *Gaz. Pal. 1990. 1. 134, concl. Alzuyeta.* ♦ Un titre nobiliaire ne peut s'acquérir par le simple usage, même prolongé. • Même arrêt. ♦ V. aussi note 8 ss. art. 264 (influence du divorce).

Art. 2 Il est également défendu d'ajouter aucun surnom à son nom propre, à moins qu'il n'ait servi jusqu'ici à distinguer les membres d'une même famille, sans rappeler des qualifications féodales ou nobiliaires.

Art. 3 *Abrogé.*

Art. 4 Il est expressément défendu à tous fonctionnaires publics de désigner les citoyens dans les actes autrement que par le nom de famille, les prénoms portés en l'acte de naissance, ou les surnoms maintenus par l'article 2, ni d'en exprimer d'autres dans les expéditions et extraits qu'ils délivreront à l'avenir.

V. note 6 ss. art. 1er.

Loi du 2 juillet 1923, *perpétuant le nom des citoyens morts pour la Patrie (DP 1924. 4. 6). – Mod. par L. n° 57-133 du 8 févr. 1957 (D. 1957. 53 ; BLD 1957. 103), L. n° 2002-304 du 4 mars 2002, art. 22 (JO 5 mars).*

Art. 57-1 *(L. n° 96-604 du 5 juill. 1996 ; Ord. n° 2005-759 du 4 juill. 2005)* Lorsque l'officier de l'état civil du lieu de naissance d'un enfant porte mention de la reconnaissance dudit enfant en marge de l'acte de naissance de celui-ci, il en avise l'autre parent par lettre recommandée avec demande d'avis de réception.

Si ce parent ne peut être avisé, l'officier de l'état civil en informe le procureur de la République, qui fait procéder aux diligences utiles.

Art. 58 *(Ord. n° 58-779 du 23 août 1958)* Toute personne qui aura trouvé un enfant nouveau-né est tenue d'en faire la déclaration à l'officier de l'état civil du lieu de la découverte. Si elle ne consent pas à se charger de l'enfant, elle doit le remettre, ainsi que les vêtements et autres effets trouvés avec lui, à l'officier de l'état civil.

Il est dressé un procès-verbal détaillé qui, outre les indications prévues à l'article 34 du présent code, énonce la date, l'heure, le lieu et les circonstances de la découverte, l'âge apparent et le sexe de l'enfant, toute particularité pouvant contribuer à son identification ainsi que l'autorité ou la personne à laquelle il est confié. Ce procès-verbal est inscrit à sa date sur les registres de l'état civil.

A la suite et séparément de ce procès-verbal, l'officier de l'état civil établit un acte tenant lieu d'acte de naissance. En plus des indications prévues à l'article 34, cet acte énonce le sexe de l'enfant ainsi que les prénoms et nom qui lui sont donnés ; il fixe une date de naissance pouvant correspondre à son âge apparent et désigne comme lieu de naissance la commune où l'enfant a été découvert.

Pareil acte doit être établi, sur déclaration des services de l'assistance à l'enfance, pour les enfants placés sous leur tutelle et dépourvus d'acte de naissance connu ou pour lesquels le secret de la naissance a été réclamé.

Les copies et extraits du procès-verbal de découverte ou de l'acte provisoire de naissance sont délivrés dans les conditions et selon les distinctions faites à l'article 57 du présent code.

Si l'acte de naissance de l'enfant vient à être retrouvé ou si sa naissance est judiciairement déclarée, le procès-verbal de découverte et l'acte provisoire de naissance sont annulés à la requête du procureur de la République ou des parties intéressées.

Art. 59 *(L. 7 févr. 1924)* « En cas de naissance pendant un voyage maritime, il en sera dressé acte dans les trois jours de l'accouchement, sur la déclaration du père, s'il est à bord. »

(L. 8 juin 1893) Si la naissance a lieu pendant un arrêt dans un port, l'acte sera dressé dans les mêmes conditions, lorsqu'il y aura impossibilité de communiquer avec la terre ou lorsqu'il n'existera pas dans le port, si l'on est à l'étranger, d'agent diplomatique ou consulaire français investi des fonctions d'officier de l'état civil.

Cet acte sera rédigé, savoir : sur les bâtiments de l'État, par *(Ord. n° 2014-792 du 10 juill. 2014, art. 3)* **« le commissaire des armées du bâtiment » ou, à son défaut, par le commandant ou celui qui en remplit les fonctions ; et sur les autres bâtiments, par le capitaine, maître ou patron, ou celui qui en remplit les fonctions.**

Il y sera fait mention de celle des circonstances ci-dessus prévues, dans laquelle l'acte a été dressé.

L'acte sera inscrit à la suite du *(L. n° 2016-816 du 20 juin 2016, art. 16)* **« livre de bord ».**

La modification issue de l'art. 16 de la L. n° 2016-816 du 20 juin 2016 entre en vigueur à une date fixée par décret en Conseil d'État et, au plus tard, le 21 déc. 2016 (L. préc., art. 18).

V. Décr. n° 65-422 du 1er juin 1965, art. 7, ss. art. 54.

Sur les attributions des agents diplomatiques et consulaires en matière d'état civil, V. Décr. n° 2008-521 du 2 juin 2008, ss. art. 54.

SECTION 2 Des changements de prénoms et de nom

(L. n° 93-22 du 8 janv. 1993)

Les art. 60 à 61-4 sont applicables à Mayotte (L. n° 2002-304 du 4 mars 2002, art. 24, JO 5 mars).

RÉP. CIV. v° *Nom-prénom*, par F. Laroche-Gisserot.

BIBL. ▶ Blanquet, *RTD civ. 2022. 59* (le nom d'usage au regard de l'identité de la personne).

▶ **Loi du 2 mars 2022 :** Berdeaux, *Dr. fam. 2022. Étude 12.* – Lamarche, *JCP 2022, n° 466* (nom d'usage et changement de nom de famille). – Dossier *AJ fam. 2017. 381* (nom-prénom). – Dossier *AJ fam. 2022. 357* (réforme du nom – 1re partie) ; *ibid. 409* (2e partie).

Art. 60 *(L. n° 2016-1547 du 18 nov. 2016, art. 56-I)* **Toute personne peut demander à l'officier de l'état civil à changer de prénom. La demande est remise à l'officier de l'état civil du lieu de résidence ou du lieu où l'acte de naissance a été dressé. S'il s'agit d'un mineur** *(Abrogé par L. n° 2022-301 du 2 mars 2022, art. 4, à compter du 1er juill. 2022)* ***« ou d'un majeur en tutelle »*****, la demande est remise par son représentant légal. L'adjonction, la suppression ou la modification de l'ordre des prénoms peut également être demandée.**

Si l'enfant est âgé de plus de treize ans, son consentement personnel est requis.

La décision de changement de prénom est inscrite sur le registre de l'état civil.

S'il estime que la demande ne revêt pas un intérêt légitime, en particulier lorsqu'elle est contraire à l'intérêt de l'enfant ou aux droits des tiers à voir protéger leur nom de famille, l'officier de l'état civil saisit sans délai le procureur de la République. Il en informe le demandeur. Si le procureur de la République s'oppose à ce changement, le demandeur, ou son représentant légal, peut alors saisir le juge aux affaires familiales.

Le I de l'art. 56 n'est pas applicable aux affaires en cours (L. n° 2016-1547 du 18 nov. 2016, art. 114-VI).

Sur les procédures relatives au prénom, V. C. pr. civ., art. 1055-1 s. — ***C. pr. civ.***

Sur le changement de nom demandé à l'officier d'état civil, V. Circ. du 17 févr. 2017, et sur les procédures judiciaires de changement de prénom, V. Circ. du 10 mai 2017,

V. Circ. du 3 juin 2022 de présentation des dispositions issues de la L. n° 2022-301 du 2 mars 2022 relative au choix du nom issu de la filiation,

BIBL. ▶ Copé-Bessis et Karila-Danziger, *AJ fam. 2017. 382* (changement de prénom et contestation judiciaire).

Ancien art. 60 *(L. n° 93-22 du 8 janv. 1993)* ***Toute personne qui justifie d'un intérêt légitime peut demander à changer de prénom. La demande est portée devant le juge aux affaires familiales à la requête de l'intéressé ou, s'il s'agit d'un*** *(L. n° 2007-308 du 5 mars 2007, art. 3, en vigueur le 1er janv. 2009)* ***« mineur ou d'un majeur en tutelle », à la requête de son représentant légal. L'adjonction*** *(L. n° 2011-525 du 17 mai 2011, art. 51)* ***« , la suppression ou la modification de l'ordre des » prénoms peut pareillement être décidée.***

Si l'enfant est âgé de plus de treize ans, son consentement personnel est requis. *— V. C. pr. civ., art. 1055-1 à 1055-3 (Décr. n° 93-1091 du 16 sept. 1993).*

BIBL. ► B. Ancel, *JCP 2015, n° 576* (l'état civil saisi par le religieux). – Cordier, *Dr. fam., oct. 2007. Pan. 2* (panorama de jurisprudence). – Dossier, *AJ fam. 2012. 311* (nom-prénom). – Dossier, *Dr. et patr. 10/2013. 40* (identification juridique : entre information et secret).

1° PRINCIPES

1. *Appréciation in concreto de l'intérêt légitime.* Cassation de l'arrêt qui refuse un changement de prénom (retour au prénom musulman d'origine) aux prétendus motifs que l'intérêt du requérant réside en sa qualité de Français, dans une volonté d'intégration dans la communauté française, plutôt que d'éloignement de celle-ci, se déterminant ainsi par un motif d'ordre général, sans rechercher si l'état de fait invoqué par le requérant n'était pas de nature à constituer pour lui un intérêt légitime. • Civ. 1re, 2 mars 1999, n° 97-15.958 P : *D. 1999. IR 89* ; *JCP 1999. II. 10089, note Garé* ; *Defrénois 1999. 934, obs. Massip* ; *RTD civ. 1999. 358, obs. Hauser*. ♦ Viole l'art. 8 Conv. EDH la décision de refus de modifier l'orthographe d'un prénom, qui se fonde sur une législation insuffisamment précise, alors que l'existence d'orthographes différentes dans les registres d'État nuisait à la requérante. • CEDH, sect. III, 21 oct. 2008, *G. E. c/ Turquie*, n° 37483/02 (un motif tiré du caractère régional de l'orthographe revendiquée serait insuffisant).

2. *Date d'appréciation.* L'intérêt légitime doit être apprécié au moment où le juge statue. • Civ. 1re, 22 juin 1999, n° 97-14.794 P. ♦ ... De sorte qu'une première décision ne fait pas obstacle à un nouveau changement. • Paris, 26 sept. 1996 : *Defrénois 1997. 984, obs. Massip* ; *LPA 2 juin 1997, note Yamba*.

3. *Procédure.* La demande de changement de prénom étant soumise à la procédure gracieuse, la présence du ministère public à l'audience est obligatoire s'il y a des débats. • Civ. 1re, 18 mai 2011, n° 09-72.606 P : *D. 2011. Actu. 1414* ; *AJ fam. 2011. 332, obs. Chénedé* ; *RLDC 2011/84, n° 4212, obs. Pouliquen* ; *RTD civ. 2011. 507, obs. Hauser*.

2° ILLUSTRATIONS D'INTÉRÊT LÉGITIME

4. Pour un panorama plus complet, V. Mégacode civil 2014, ss. art. 60, nos 112 s.

5. *Usage prolongé.* L'usage prolongé d'un prénom peut suffire à caractériser l'intérêt légitime au changement. • Paris, 21 nov. 1995 : *D. 1996. 355, note Garé* ; • Orléans, 26 avr. 1999 : *D. 1999. 673, note Boulmier* (usage par les proches ne procédant pas d'une convenance *personnelle ; comp. note 11)* • *Nancy, 6 oct.* 2000 : *BICC 15 déc. 2000, n° 1409* (usage continu et constant depuis la naissance) • Pau, 11 avr. 2011, n° 10/02437 : *JCP 2011. 1248, obs. Brus* (usage prolongé du second prénom, traumatisme lié au premier). ♦ V. déjà dans le même sens, sous l'empire de l'art. 57, al. 3, ancien : • Civ. 1re, 10 oct. 1984 : *Gaz. Pal. 1985. 1. 187, note J. M.* • 3 févr. 1981 : *D. 1981. 550, note Massip*.

6. *Souci d'intégration.* V. par exemple, sous l'empire de l'art. 57, al. 3, ancien (jurisprudence constante) : • Paris, 20 déc. 1988 : *D. 1989. IR 37* (le désir de réaliser une complète assimilation à la communauté française est un intérêt légitime).

7. *Motif religieux ou culturel.* L'exercice d'une religion peut constituer un intérêt légitime au sens de l'art. 60. • Paris, 26 sept. 1996 : *préc. note 2.* ♦ V. déjà dans le même sens, sous l'empire de l'art. 57, al. 3, ancien : • Orléans, 23 janv. 1992 : *préc. note 2.* ♦ ... De même que le souci de conserver des contacts avec une famille et des amis, tous de culture arabe. • Paris, 17 janv. 2002 : *D. 2002. IR 695* (reprise du prénom antérieur à la naturalisation). – V. aussi • TGI Lille, 18 déc. 2003 : *D. 2004. 2675, note X. Labbée* ; *RTD civ. 2005. 98, obs. Hauser*. ♦ Comp. • Civ. 1re, 18 janv. 2007 : *RJPF 2007-4/14, obs. Valory* (les juges du fond ont pu estimer que le fait de porter un prénom français n'interdit pas de pratiquer la religion hébraïque ni de revenir à ses racines : absence d'intérêt légitime). – *Adde*, Cador, *RLDC 2011/80, n° 4173* (changement de prénom pour motif religieux).

8. *Motif sexuel.* V. sous l'empire de l'art. 57, al. 3, ancien, l'autorisation d'une substitution de prénoms masculins à des prénoms féminins (ou inversement) en cas de transsexualisme ou de situations voisines, sans pour autant modifier la mention du sexe portée sur l'acte de l'état civil : • Paris, 24 févr. 1978 : *JCP 1979. II. 19202, note Penneau* • TGI Saint-Étienne, 26 mars 1980 : *D. 1981. 270 (2e esp.).* – V. aussi • Civ. 1re, 16 déc. 1975 : *D. 1976. 397 (2e esp.), note Lindon* • Toulouse, 3 août 2000 : *D. 2001. IR 179.* ♦ Rejet de la demande de changement de prénom d'un transsexuel, fondée sur une transformation physique non irréversible, l'intéressé n'ayant pas eu recours à la chirurgie. • Nancy, 14 nov. 2003 : *BICC 1er juin 2004, n° 895* • Aix-en-Provence, 20 févr. 2008 : *Gaz. Pal. 2008. 3993, obs. Siffrein-Blanc.* ♦ Modification des prénoms en conséquence d'une modification de la mention du sexe : V. notes ss. art. 99.

9. *Origines personnelles.* Intérêt légitime d'une personne née sous X à modifier son prénom d'enfant adopté pour reprendre celui figurant sur son acte de naissance. • TGI Paris, 23 oct. 2002 : *LPA 17 févr. 2003, note Royant* ; *RTD civ. 2003. 265, obs. Hauser*. ♦ Doit être accueillie la demande de suppression du prénom français d'une personne souhaitant ne conserver que le prénom qu'elle avait avant son adoption, dans le cadre d'une recherche d'identité et d'un rejet du statut de Français. • Angers, 30 nov. 2005 : *JCP 2006. IV. 2901.*

10. Décision étrangère. La décision d'une juridiction étrangère autorisant la demanderesse, titulaire de la double nationalité, à changer de prénom caractérise l'intérêt légitime de sa demande. • Civ. 1re, 25 oct. 2005, n° 03-10.040 P : *AJ fam. 2006. 32, obs. Chénedé ; Gaz. Pal. 2005. Doctr. 4045, étude Brusorio ; LPA 31 mars 2006, note Massip ; RTD civ. 2006. 86, obs. Hauser*. ♦ Dans le même sens pour l'acte établi par un ministère de l'Intérieur étranger autorisant le changement de prénom : • Civ. 1re, 23 mars 2011, n° 10-16.761 P : *JCP 2011, n° 410, obs. Garé ; RLDC 2011/82, n° 4245, obs. Gallois.*

3° REFUS D'INTÉRÊT LÉGITIME

11. Motif de convenance. Le désir de la demanderesse de substituer à ses prénoms leurs diminutifs, déjà utilisés habituellement dans la vie courante, ne repose pas sur un intérêt de nature à justifier sa demande. • Civ. 1re, 20 févr. 1996, n° 94-12.313 P : *Defrénois 1996. 985, obs. Massip ; ibid. 1997. 1198, note Ruel ; RTD civ. 1996. 356, obs. Hauser*. ♦ Comp., note 5 *in fine.*

12. Interversion de l'ordre des prénoms. Sur la possibilité de faire usage de l'un quelconque des prénoms inscrits, V. art. 57, al. 2 *in fine.* ♦ Pour le refus d'admettre une modification de l'ordre des prénoms avant la L. du 8 janv. 1993 : rien ne s'oppose à ce que soit utilisé, en tant que prénom usuel, l'un quelconque des prénoms figurant sur les registres de l'état civil, un tel usage s'imposant aux tiers comme aux autorités publiques. • Civ. 1re, 4 avr. 1991, n° 89-19.701 P : *R., p. 253 ; Defrénois 1991. 941, obs. Massip.* ♦ Le droit d'utiliser comme prénom usuel l'un des prénoms inscrit dans l'acte de naissance (art. 57, al. 2) prive la personne d'intérêt à agir pour obtenir, sur le fondement de l'art. 60, l'entier bénéfice du droit qu'elle détient déjà d'user du prénom en question. • Grenoble, 9 mars 2005 : *JCP 2005. IV. 3379.*

13. Reprise du prénom d'origine. Absence d'intérêt légitime, pour une personne ayant été naturalisée française et autorisée à porter le prénom de Louise, à demander le changement de prénom pour son prénom d'origine, la requérante ayant expressément accepté la francisation de son prénom, le certificat médical produit par la requérante, pour justifier des conséquences psychologiques du changement de prénom, se contentant de reproduire ses doléances et ne démontrant pas que l'usage de son prénom français l'ait coupé de sa famille, les motifs religieux invoqués étant purement généraux. • Civ. 1re, 6 oct. 2010, n° 09-10.240 P : *D. actu. 20 oct. 2010, obs. Gallmeister ; AJ fam. 2010. 499, obs. Chénedé ; JCP 2010, n° 1237, note Garé ; RTD civ. 2011. 97, obs. Hauser*.

4° FRANCISATION

BIBL. Bouton et Auvolat, *Mél. Huet-Weiller, PU Strasbourg/LGDJ, 1994, p. 27.*

14. Spécificité du régime. Les règles qui régissent la francisation du prénom (L. 25 oct. 1972, art. 1er et 2, ss. art. 61-4) diffèrent de celles qui sont relatives au choix, à l'attribution ou au changement de prénom telles qu'elles sont organisées par les art. 57 et 60 C. civ. • CAA Nantes, 5 nov. 1998 : *AJDA 1999. 271 ; ibid. 215, chron. Coënt-Bochard*. ♦ Pour l'application de l'art. 2 de la L. du 25 oct. 1972 précitée, un prénom français est un prénom couramment usité en France ; tel n'est pas, pour une femme, le cas du prénom « Gilda ». • Même arrêt.

Circulaire du 17 février 2017,

De présentation de l'article 56, I de la loi n° 2016-1547 du 18 novembre 2016 de modernisation de la justice du XXIe siècle.

Circulaire du 10 mai 2017,

De présentation des dispositions de l'article 56 de la loi n° 2016-1547 du 18 novembre 2016 de modernisation de la justice du XXIe siècle concernant les procédures judiciaires de changement de prénom et de modification de la mention du sexe à l'état civil.

Art. 61 *(L. n° 93-22 du 8 janv. 1993)* **Toute personne qui justifie d'un intérêt légitime peut demander à changer de nom.**

La demande de changement de nom peut avoir pour objet d'éviter l'extinction du nom porté par un ascendant ou un collatéral du demandeur jusqu'au quatrième degré.

Le changement de nom est autorisé par décret.

Les dispositions relatives au changement de nom prévu aux art. 61 à 61-4 entrent en vigueur le 1er févr. 1994 (L. n° 93-22 du 8 janv. 1993, art. 64).

Les demandes de changement de nom sont exclues du champ d'application du droit des usagers de saisir l'administration par voie électronique (Décr. n° 2015-1411 du 5 nov. 2015).

BIBL. ▶ BOUZEMBRAK, *AJ fam. 2009. 199* (changement de nom). – HERZOG-EVANS, *RRJ 1997/1. 45* (autonomie de la volonté et choix du nom). – MARIE, *Dr. fam. 2018. Étude 9.* – ROQUETTE, *Gaz. Pal. 1992. 2. Doctr. 931 ; ibid. 1994. 2. Doctr. 1046.* – ROUX, *AJDA 2021. 815* (la souveraineté du droit nobiliaire). – THIBAUT, *RRJ 1989/1. 17* (attitude de l'État face aux changements de nom).

1. Conformité européenne. Sur l'admission de restrictions légales au changement de nom, V. • CEDH 20 mars 2001, n° 50614/99 : *Dr. fam. 2001, n° 89, note de Lamy.* ♦ Durée excessive d'une procédure de changement de nom au regard de l'art. 6, § 1, Conv. EDH : V. • CEDH 17 juin 2003 : *Dr. fam. 2003, n° 129, note de Lamy ; RTD civ. 2004. 61, obs. Hauser.* ♦ Les art. 12 et 17 CE s'opposent à ce que l'autorité administrative d'un État membre refuse un changement de nom pour des enfants mineurs résidant dans cet État et disposant de la double nationalité dudit État et d'un autre État membre, alors que cette demande a pour objet que ces enfants puissent porter le nom dont ils seraient titulaires en vertu du droit et de la tradition du second État membre. • CJCE 2 oct. 2003, n° C-148-02 : *D. 2004. 1476, note M. Audit ; Dr. et patr. 9/2004. 121, obs. F. Monéger ; Rev. crit. DIP 2004. 185, note Lagarde ; RTD eur. 2004. 3. 559.*

2. QPC (non). Non-transmission d'une QPC relative à la L. du 8 janv 1993 introduisant les dispositions de l'art. 61 relatives au changement de nom et à la rétroactivité des dispositions de l'Ord. du 4 juill. 2005 abrogeant l'art. 334-3 qui prévoyait la faculté de solliciter du juge aux affaires familiales la modification du nom attribué à l'enfant naturel par application des règles légales, cette ordonnance portant réforme de la filiation pour un motif d'intérêt général en rapport avec l'objet de la loi, c'est-à-dire assurer l'égalité de statut entre les enfants. • Civ. 1re, 12 oct. 2011 : *AJ fam. 2011. 553, obs. Karbia ; RTD civ. 2012. 86, obs. Hauser.*

3. Appréciation souveraine. Les juges du fond apprécient souverainement qu'un nom ne présente pas un caractère ridicule conférant au requérant un intérêt légitime à demander son changement. • CE 29 sept. 2003 : *Gaz. Pal. 2004. Somm. 1360.* ♦ Mais le refus de changement de nom par décret est soumis à un contrôle approfondi du juge de l'excès de pouvoir. • CE 31 janv. 2014, *Retterer*, n° 362444 : *cité note 6.*

4. Illustrations d'intérêt légitime : consonance étrangère. La consonance étrangère d'un nom patronymique peut constituer un intérêt légitime. • CE 21 avr. 1997 : *Lebon 142 ; JCP 1997. I. 4052, n° 4, obs. Teyssié.*

5. … Condamnation. Intérêt légitime de l'enfant eu égard à la gravité des agissements pour lesquels son père a été condamné et aux conséquences qui en résultent pour l'enfant : • CE 4 déc. 2009 : *AJDA 2009. 2323 ; AJ fam. 2010. 36, obs. Gallmeister ; RJPF 2010-3/13, obs. Corpart ; RTD civ. 2010. 297, obs. Hauser.*

6. … Motifs d'ordre affectif. Des motifs d'ordre affectif peuvent, dans des circonstances exceptionnelles, caractériser l'intérêt légitime requis par l'art. 61 pour déroger aux principes de dévolution et de fixité du nom établis par la loi. • CE 31 janv. 2014, *Retterer*, n° 362444 : *AJDA 2014. 444, note Bretonneau et Lessi ; AJ fam. 2014. 196, obs. Doublein ; RFDA 2014. 387, concl. Domino* (enfants abandonné par leur père ayant quitté le domicile conjugal et ayant coupé tout lien) • 16 mai 2018, n° 409656 P : *AJ fam. 2018. 479, obs. Sannier (idem)* • 16 mai 2018, n° 408064 P : *AJ fam. 2018. 479* (père biologique récemment décédé, celui-ci ayant divorcé pour pouvoir reconnaître l'enfant et épouser sa mère). ♦ Rappr. • TA Paris, 2 oct. 2014, n° 1307070/7-3 : *RTD civ. 2015. 100, obs. Hauser ; Dr. fam. 2015, Alerte n° 8, obs. Lamarche* (femme remariée demandant à porter le nom de son défunt mari qu'elle avait à titre d'usage, plutôt que le nom correspondant à sa filiation lié à une histoire douloureuse).

7. … Possession acquisitive. Des éléments de possession acquisitive du nom sollicité peuvent donner un intérêt légitime à une demande de changement de nom. • CE 28 juill. 2000 : *Lebon 337* (éléments insuffisants en l'espèce). ♦ Commet une erreur manifeste d'appréciation le ministre qui refuse d'autoriser un changement de nom en raison du caractère trop récent de l'usage du nom sollicité, alors que les requérants justifient d'un usage constant de ce nom depuis quatre générations. • TA Paris, 26 mai 2000 : *D. 2000. IR 269.*

8. … Patronyme illustre. L'illustration du nom porté par les ancêtres des requérants est de nature à donner un intérêt légitime à leur demande de changement de nom. • CE 28 juill. 2000 : *préc. note 7* (notoriété alléguée insuffisante, en l'espèce). ♦ La reprise d'un nom en raison de son illustration peut être demandée sur le fondement de l'intérêt légitime (al. 1er) et n'est pas subordonnée à la condition que ce nom ait été porté par un ascendant ou un collatéral du demandeur jusqu'au quatrième degré, condition requise pour les demandes tendant à éviter l'extinction d'un nom (al. 2). • CE 24 mai 2006 : *RJPF 2006-11/16, obs. Valory ; RTD civ. 2006. 534, obs. Hauser* (refus de la reprise faute d'illustration du nom sur le plan national).

9. … Nom unique. Le nom, en tant qu'élément d'individualisation principal d'une personne au sein de la société, appartient au noyau dur des considérations relatives au droit au respect de la vie privée et familiale et il est important pour une personne d'avoir un nom unique ; l'aspect identitaire de la demande de changement de nom doit être prise en compte, en mettant en balance, avec l'intérêt public en jeu, l'intérêt primordial du requérant. • CEDH 5 déc. 2013, *Henry Kismoun c/ France*, n° 32265/10 : *AJDA 2014. 147, note Burgorgue-Larsen* ; *AJ fam. 2014. 194, obs. Doublein* ; *RTD civ. 2014. 332, obs. Hauser*.

10. ... Illustrations antérieures à la L. du 8 janv. 1993. Constituent des intérêts légitimes : l'homonymie avec un terme injurieux ou grossier. • CE 6 avr. 1979 : *Lebon 738*. ♦ ... Le fait que le nom soit celui d'un parent du demandeur. • CE 16 oct. 1981 : *Lebon 749* (grands-parents maternels) • 9 déc. 1983 : *Lebon 497 ; D. 1984. 158, concl. Genevois* (mère) • 23 mai 1986 : *Lebon 531* (mère) • 20 janv. 1989 : *Lebon 681 ; JCP 1989. IV. 82 ; Gaz. Pal. 1990. I. Somm. 284* (mère). ♦ Comp. • CE 9 juin 1978 : *Lebon 241* (refus dans le cas d'une aïeule maternelle dont le nom n'était pas illustre).

11. Le désir de mettre en harmonie son nom avec celui d'autres membres de la famille ayant déjà bénéficié d'un changement définitivement autorisé constitue un motif suffisant pour justifier une modification. • CE 14 janv. 1976 : *Lebon 39* • 10 nov. 1978 : *Lebon 811*. ♦ Mais la nécessaire stabilité des noms patronymiques justifie le refus d'accorder au demandeur le droit de reprendre le nom porté par son père avant son changement, sans que soient violés les art. 2 de la Constitution et 8 de la convention européenne des droits de l'homme ou les dispositions de la L. du 1er juill. 1972 relative à la lutte contre le racisme. • CE 10 déc. 1993 : *Lebon 769* ; *Gaz. Pal. 1994. 2. Pan. adm. 112*.

12. Patronyme menacé d'extinction. L'art. 61 ne subordonne pas le relèvement à la condition que le demandeur soit le plus proche descendant ou collatéral ou qu'il dispose de l'accord de celui-ci ; ce n'est qu'en cas de demandes concurrentes ou d'oppositions que l'autorité administrative peut prendre en compte un tel critère. • CE 19 mai 2004 : *D. 2004. IR 1644* ; *AJDA 2004. 1351, chron.* Landais et Lénica ; *RTD civ. 2004. 481, obs. Hauser* • 24 mai 2006 : *préc. note 8*. ♦ Si le relèvement de nom doit, en principe, porter sur l'intégralité du patronyme, il en va autrement, à titre exceptionnel, si le demandeur justifie d'un intérêt légitime suffisamment caractérisé. • Même arrêt. ♦ En revanche, la volonté du requérant de perpétuer le nom de son père biologique, en l'absence de lien de filiation, ne saurait constituer un intérêt légitime justifiant un changement de nom. • CE 19 févr. 2009 : *RJPF 2009-6/13, obs. Corpart*.

La circonstance que si le nom dont il est demandé le relèvement n'a été porté par aucun des ascendants ou collatéraux jusqu'au quatrième degré, ce nom aurait toutefois pu être porté par son trisaïeul, et par suite par ses descendants, s'il n'avait pas été retranscrit de façon incomplète sur les registres d'état civil, est sans incidence sur l'appréciation de l'intérêt légitime de l'intéressé à en demander le relèvement en application du deuxième al. de l'art. 61. • CE 24 févr. 2022, n° 448380 : *AJDA 2022. 434* ; *AJ fam. 2022. 232, obs. Avena-Robardet*.

13. Patronyme du conjoint. Le changement de nom décidé en application de l'art. 61 a pour conséquence la modification définitive de l'état civil alors que le nom du conjoint ne peut être porté qu'à titre d'usage tant que dure l'union matrimoniale ; en raison de ces différences et afin d'éviter tout risque de confusion, le garde des Sceaux est tenu de s'opposer à ce qu'une personne, dont l'intérêt légitime à changer de nom a été reconnu, prenne le nom de son conjoint en application de l'art. 61. • CE 18 nov. 2011 : *D. 2011. 2933* ; *AJ fam. 2012. 110, obs. V. A.-R.* ; *AJCT 2012. 155, obs. Siffrein-Blanc* ; *RTD civ. 2012. 87, obs. Hauser*. ♦ En revanche aucune règle ne fait par elle-même obstacle à ce que le nom demandé soit un nom appartenant au patrimoine onomastique de la famille du conjoint du demandeur. • Même arrêt.

14. Patronyme de l'autre parent. Dans la mesure où l'art. 311-24 C. civ., comme l'art. 23 de la L. du 4 mars 2002, prévoit que la possibilité prévue d'adjoindre le nom du second parent ne peut être exercée qu'une seule fois, toute demande postérieure à cette déclaration, visant à modifier judiciairement le nom de l'enfant, est dès lors irrecevable et relève de la procédure de changement de nom prévue à l'art. 61. • Civ. 1re, 8 mars 2017, n° 16-13.032 P : *D. 2017. 569* ; *AJ fam. 2017. 253, obs. Houssier* ; *RTD civ. 2017. 351, obs. Hauser*. ♦ Comp. : Les art. 8 et 14 de la conv. EDH ne peuvent être invoqués à l'encontre, d'une part, des dispositions du code civil régissant la dévolution du nom patronymique aux enfants légitimés et, d'autre part, des dispositions relatives à l'entrée en vigueur de la L. du 4 mars 2002 relative au nom de famille, lesquels ne peuvent être utilement invoqués à l'encontre d'une décision refusant d'autoriser un changement de nom, qui est fondée non sur les dispositions du code civil conduisant à la dévolution du nom du père aux enfants légitimés ou sur celles de la L. du 4 mars 2002 mais sur l'art. 61 C. civ. • CE 8 mars 2012 : *AJDA 2012. 523* ; *AJ fam. 2012. 287, obs. Lambert* ; *RTD civ. 2012. 504, obs. Hauser*.

Le contrôle de l'existence d'un éventuel détournement de la procédure administrative de changement de nom relève de la seule compétence de l'autorité administrative chargée d'apprécier l'intérêt légitime de la demande ; il incombe seulement au juge des tutelles, saisi d'une demande d'autorisation à agir en changement de nom par l'administrateur légal d'un enfant mineur, d'apprécier si le changement envisagé, sans incidence sur le lien de filiation, présente un intérêt pour l'enfant. • Civ. 1re, 9 sept. 2015, n° 14-19.876 P : *AJ fam. 2016. 113, obs. Doublein ; RTD civ. 2015. 850, obs. Hauser*.

15. Demande pour le compte d'un mineur. Dans le cas d'un changement de nom de l'enfant demandé par un parent qui a l'exercice exclusif de l'autorité parentale, à la suite du retrait de l'autorité parentale du parent ayant donné son nom, en l'absence de disposition législative ou réglementaire imposant la notification de la demande de changement de nom à ce dernier, ni son accord, ni ses observations n'ont à être sollicités. • CE 4 déc. 2009 : *préc. note 4.* ♦ La décision autorisant le changement de nom d'un enfant mineur n'a pas le caractère d'une sanction à l'encontre du parent qui avait donné à l'enfant le nom dont il est autorisé à changer, mais constitue une mesure prise dans l'intérêt de l'enfant, au demeurant sans incidence sur le lien de filiation, ce qui ne permet pas de se prévaloir de la violation du principe général des droits de la défense. • Même arrêt.

16. Si la saisine du juge des tutelles par le père administrateur légal, pour le compte de sa fille mineure, n'est pas irrégulière, tel n'est pas le cas de l'absence de débat contradictoire, dès lors que la mère qui s'y opposait n'a pas été appelée ou entendue. • Civ. 1re, 9 sept. 2015 : *préc. note 14* (possibilité pour la cour d'appel, par l'effet dévolutif, de trancher au fond l'entier litige).

17. Procédure. Aucun texte n'impose au gouvernement, avant de prendre le décret de changement de nom, d'inviter les personnes portant le nom dont le port est ainsi accordé à présenter leurs observations. • CE 21 avr. 1997 : *préc. note 4.* ♦ Nonobstant la notoriété acquise par certaines de ces personnes, dès lors que leur patronyme est suffisamment répandu, le préjudice qu'elles allèguent n'est pas établi. • Même arrêt. ♦ Il n'est pas possible de développer devant les juridictions du fond l'argument de la francisation du nom, qui n'a pas été invoqué dans la demande d'origine. • CE 5 oct. 2007 : *RTD civ. 2008. 78, obs. Hauser*.

18. L'analyse marginale, qui correspond à l'indication en marge d'un acte de naissance du nom et éventuellement du ou des prénoms de la personne qui fait l'objet de l'acte, n'est destinée qu'à faciliter le travail de recherche et d'analyse de l'officier de l'état civil en cas de délivrance de copies ou d'extraits d'acte de l'état civil et n'a pas la force probante qui s'attache aux énonciations contenues dans l'acte. • CE 27 févr. 2015, n° 375124 : *AJDA 2015. 422 ; AJ fam. 2015. 226, obs. Doublein*.

Art. 61-1 *(L. n° 93-22 du 8 janv. 1993)* **Tout intéressé peut faire opposition devant le Conseil d'État au décret portant changement de nom dans un délai de deux mois à compter de sa publication au *Journal officiel*.**

Un décret portant changement de nom prend effet, s'il n'y a pas eu d'opposition, à l'expiration du délai pendant lequel l'opposition est recevable ou, dans le cas contraire, après le rejet de l'opposition. — *V. ndlr ss. art. 61.*

Le Conseil d'État est compétent pour connaître, en premier et dernier ressort, des oppositions aux changements de noms prononcés en vertu de l'art. 61 C. civ. (C. just. adm., art. L. 311-2, issu de Ord. n° 2000-387 du 4 mai 2000, JO 7 mai).

1. Conv. EDH. Sur la possibilité de refuser un changement de nom pour protéger la vie privée de l'opposant (ex-mari) : • CEDH 20 mars 2001, n° 50614/99 : *Dr. fam. 2001, n° 89, note de Lamy.*

2. Procédure. Le décret autorisant le changement de nom n'a pas à être notifié aux personnes qui, avant son intervention, ont fait savoir au garde des Sceaux qu'elles s'opposaient à l'octroi de l'autorisation sollicitée. • CE 7 juill. 2004 : *D. 2004. IR 2347 ; RTD civ. 2004. 713, obs. Hauser*.

3. Opposition. En l'absence de tout risque de confusion, la rareté du nom et son caractère illustre (d'Artagnan) sont insuffisants à justifier l'opposition. • CE 24 oct. 2005 : *AJDA 2005. 2365 ; Dr. fam. 2006, n° 39, concl. de Silva ; RTD civ. 2006. 276, obs. Hauser*.

4. Jurisprudence antérieure à la L. du 8 janv. 1993. La rareté du nom sollicité n'est pas une condition suffisante pour établir le bien-fondé de l'opposition. • CE 14 janv. 1976 : *Lebon 39.* ♦ ... Pas plus que la notoriété de ce nom s'il est suffisamment répandu. • CE 20 janv. 1979 : *Lebon 681* (préjudice non établi). ♦ V. aussi note 10 ss. art. 61. ♦ ... Ou encore le fait que ce nom contienne une particule nobiliaire. • CE 16 oct. 1981 : *Lebon 749.* ♦ Comp., admettant le bien-fondé de l'opposition lorsque le demandeur dispose d'un nom incluant une particule : • CE 9 juin 1978 : *Lebon 241* • 17 mai 1991 : *Lebon 196 ; Gaz. Pal. 1992. 1. Pan. adm. 11.* ♦ V. aussi, sous l'empire de la nouvelle loi : • CE 28 juill. 2000 : *D. 2000. IR 269*.

5. Le garde des Sceaux ne commet pas d'erreur manifeste d'appréciation en refusant d'autoriser une femme divorcée à prendre le nom de son mari dès lors qu'une telle mesure serait susceptible d'engendrer une confusion dommageable avec la famille de ce dernier. • CE 20 déc. 1993 : *Lebon 769*. ♦ Rejet de l'opposition, faute de preuve d'une confusion dommageable. • CE 6 avr. 1979 : *Lebon 738.*

Art. 61-2 *(L. n° 93-22 du 8 janv. 1993)* **Le changement de nom s'étend de plein droit aux enfants du bénéficiaire lorsqu'ils ont moins de treize ans.** – *V. ndlr ss. art. 61.*

Eu égard à la nature particulière de la procédure de changement de nom, l'exercice exclusif de l'autorité parentale ne peut à lui seul, alors que l'autre parent ne s'est pas vu retirer cette autorité, permettre à son titulaire de solliciter seul le changement de nom des enfants mineurs, sans l'accord de l'autre parent. • CE 27 juill. 2005 : *Lebon 346 ; D. 2005. IR 2244 ; RFDA 2005. 1076 ; RLDC 2006/24, n° 997, et 2006/25, n° 1033, note Raoul-Cormeil ; RTD civ. 2005. 753, obs. Hauser.* ♦ V. désormais, Décr. 20 janv. 1994, art. 2-7° (réd. Décr. 28 déc. 2005), ss. art. 61-4.

Art. 61-3 *(L. n° 93-22 du 8 janv. 1993)* **Tout changement de nom de l'enfant de plus de treize ans nécessite son consentement personnel lorsque ce changement ne résulte pas de l'établissement ou d'une modification d'un lien de filiation.**

L'établissement ou la modification du lien de filiation n'emporte cependant le changement du *(L. n° 2002-304 du 4 mars 2002)* **« nom de famille » des enfants majeurs que sous réserve de leur consentement.** – *V. ndlr ss. art. 61. – V. C. pr. civ., art. 1149-1 (Décr. n° 93-1091 du 16 sept. 1993).* – **C. pr. civ.**

BIBL. ▸ **Changement de nom de l'enfant :** BRIÈRE, *LPA 16 mars 2000.*

1. Changement lié à la filiation : notion. L'art. 61-3 ne précisant pas que le lien de filiation établi ou modifié est nécessairement celui unissant l'enfant à son père ou à sa mère, il convient de considérer qu'il fait référence à tout lien de parenté en ligne directe. • Toulouse, 20 juin 2001 : *D. 2002. 131, note Mirabail ; LPA 17 mai 2002, note Massip ; RTD civ. 2002. 269, obs. Hauser* (établissement, en l'espèce, du lien de filiation du grand-père de l'enfant concerné et changement, par voie de conséquence, du nom de son père).

2. Les juges du fond saisis d'une tierce opposition à un jugement d'adoption limitée au chef de décision concernant le nom statuent bien sur les effets du lien de filiation précédemment établi ; en conséquence, l'art. 61-3, al. 1er, n'est pas applicable. • Civ. 1re, 25 nov. 2003, n° 01-03.334 P : *D. 2004. IR 104 ; RJPF 2004-3/14, obs. Valory ; Dr. fam. 2004, n° 69, note Murat ; Dr. et patr. 6/2004. 95, obs. Loiseau ; RTD civ. 2004. 262, obs. Hauser.*

3. Il ne peut être dérogé aux dispositions précises relatives au nom de l'adopté simple qui prévalent sur celles, de portée générale, de l'art. 61-3. • Aix-en-Provence, 9 avr. 2009 : *Dr. fam. 2010, n° 80, note Massip* • Chambéry, 5 janv. 2010 : *eod. loc.*

4. Mineur de treize ans. Il résulte *a contrario de l'art. 61-3 que, lorsqu'un changement* de nom est consécutif à l'établissement ou à la modification d'un lien de filiation, le consentement des enfants n'est pas exigé dès l'âge de treize ans mais seulement à partir de leur majorité. • Toulouse, 20 juin 2001 : *préc. note 1.* ♦ Comp. : l'intérêt supérieur de l'enfant commande qu'il puisse conserver le nom de l'auteur d'une reconnaissance de paternité annulée, celui-ci y ayant expressément donné son accord et l'enfant ayant manifesté le souhait de garder ce nom. • Paris, 12 janv. 2006 : *RTD civ. 2006. 277, obs. Hauser.* ♦ Les enfants âgés de moins de 13 ans au moment du jugement d'adoption simple de leur père n'ont pas à consentir au changement de leur nom qui en est la conséquence. • Civ. 1re, 8 oct. 2008 : *cité note 7 ss. anc. art. 363.*

L'intérêt supérieur de l'enfant doit être une considération primordiale dans toutes les décisions concernant les enfants conformément à l'art. 3 de la CIDE du 20 nov. 1989, cette disposition étant directement applicable devant les tribunaux français, ainsi dans le cas du changement de patronyme de l'enfant consécutif à l'annulation d'une première reconnaissance de paternité. • Civ. 1re, 17 mars 2010, n° 08-14.619 P : *D. 2010. Pan. 1442, obs. Granet-Lambrechts ; ibid. Pan. 1904, obs. Gouttenoire ; AJ fam. 2010. 239, obs. Milleville ; Dr. fam. 2010, n° 102, obs. Murat ; Defrénois 2010. 1360, obs. Massip ; RTD civ. 2010. 521, obs. Hauser.*

5. Enfant majeur. Le nom de l'adopté majeur ne peut être modifié sans son consentement exprès. • Cass., ass. plén., 8 juill. 2010 : *D. 2010. 1941 ; RTD civ. 2010. 757, obs. Hauser* (non lieu à QPC). ♦ Cassation de l'arrêt qui, à la suite du bien-fondé d'une action en contestation de paternité légitime, décide que les enfants majeurs devront porter le nom de leur mère, sans s'assurer de leur consentement. • Civ. 1re, 27 nov. 2001, n° 00-12.012 P : *D. 2002. Somm. 2019, obs. Granet ; Defrénois 2002. 192, obs. Massip ; AJ fam. 2002. 66, et les obs. ; Dr. et patr. 6/2002. 106, obs. Loiseau ; RTD civ. 2002. 71, obs. Hauser.* ♦ De même, nécessité de l'accord d'un enfant majeur pour reprendre le nom de sa mère, la paternité de l'époux ayant été écartée dans le cadre de l'art. 313. • TGI Chaumont, 30 mars 2010 : *Dr. fam. 2010, n° 141, obs. Massip ; Defrénois 2011. 818, obs. Massip.* ♦ V. aussi note 5 ss. art. 363. ♦ Mais la mère de l'enfant devenu majeur est sans intérêt à contester le fait que l'enfant n'ait pas été consulté sur le changement de nom consécutif au changement de filiation. • Civ. 1re, 9 juill. 2008, n° 07-16.253 P :

D. 2008. AJ 2145 ; *AJ fam. 2008. 398, obs. Chénedé* .

6. ... *Date d'appréciation de l'âge : majorité.* La majorité s'apprécie à la date du jugement modifiant le lien de filiation, le changement de nom en étant la conséquence. • Civ. 1re, 5 sept. 2018, n° 17-21.140 P : *D. 2018. 1752* ; *AJ fam. 2018. 547, obs. Saulier* ; *JCP 2018, n° 977, note Salvage-Gerest* (cassation de l'arrêt ayant retenu la date d'introduction de l'instance en annulation de la reconnaissance).

Art. 61-3-1 *(L. n° 2022-301 du 2 mars 2022, art. 2, en vigueur le 1er juill. 2022)* **« Toute personne majeure peut demander à l'officier de l'état civil de son lieu de résidence ou dépositaire de son acte de naissance son changement de nom en vue de porter l'un des noms prévus aux premier et dernier alinéas de l'article 311-21. Sans préjudice de l'article 61, ce choix ne peut être fait qu'une seule fois. »**

(L. n° 2016-1547 du 18 nov. 2016, art. 57-I-1) **Toute personne qui justifie d'un nom inscrit sur le registre de l'état civil d'un autre État peut demander à l'officier de l'état civil dépositaire de son acte de naissance établi en France son changement de nom en vue de porter le nom acquis dans cet autre État. Lorsque la personne est mineure, la déclaration est effectuée conjointement par les deux parents exerçant l'autorité parentale ou par le parent exerçant seul l'autorité parentale, avec son consentement personnel si elle a plus de treize ans.**

(L. n° 2022-301 du 2 mars 2022, art. 2, en vigueur le 1er juill. 2022) **« Le changement de nom est consigné par l'officier de l'état civil dans le registre de l'état civil en cours. Dans le cas prévu au premier alinéa du présent article, le changement de nom n'est consigné qu'après confirmation par l'intéressé devant l'officier de l'état civil, au plus tôt un mois après la réception de la demande** *[ancienne rédaction : Le changement de nom est autorisé par l'officier de l'état civil, qui le consigne dans le registre de naissance en cours]*. **»**

En cas de difficultés, l'officier de l'état civil saisit le procureur de la République, qui peut s'opposer à la demande. En ce cas, l'intéressé en est avisé.

Saisi dans les mêmes conditions, le procureur de la République du lieu de naissance peut ordonner lui-même le changement de nom.

Le changement de nom acquis dans les conditions fixées *(L. n° 2022-301 du 2 mars 2022, art. 2, en vigueur le 1er juill. 2022)* **« au présent article s'étend de plein droit aux enfants du bénéficiaire lorsqu'ils ont moins de treize ans. Au delà de cet âge, leur consentement est requis** *[ancienne rédaction : aux quatre premiers alinéas s'étend de plein droit aux enfants du bénéficiaire lorsqu'ils ont moins de treize ans]* **».**

Le 1° du I de l'art. 57 de la L. n° 2016-1547 du 18 nov. 2016 n'est pas applicable aux affaires en cours (L. préc., art. 114-VI).

Sur la procédure de changement de nom aux fins de mise en concordance de l'état civil français avec le nom retenu à l'état civil étranger (art. 61-3-1 C. civ. et art. 7-1 de l'Ord. n° 2000-218 du 8 mars 2000 fixant les règles de détermination des nom et prénoms des personnes de statut civil de droit local applicable à Mayotte), V. Circ. 26 juill. 2017, .

BIBL. ▶ Dossier, *AJ fam. 2022. 357* (réforme du nom – 1re partie) ; *ibid. 409* (2e partie).

Art. 61-4 *(L. n° 93-22 du 8 janv. 1993)* **Mention des décisions de changement de prénoms et de nom est portée en marge des actes de l'état civil de l'intéressé et, le cas échéant, de ceux de son conjoint** *(L. n° 2016-1547 du 18 nov. 2016, art. 57-I-2)* **« , de son partenaire lié par un pacte civil de solidarité » et de ses enfants.**

(L. n° 2016-1547 du 18 nov. 2016, art. 57-I-2) **« De même, les décisions de changement de prénoms et de nom régulièrement acquises à l'étranger sont portées en marge des actes de l'état civil sur instructions du procureur de la République. »**

Les dispositions des articles 100 et 101 sont applicables aux modifications de prénoms et de nom. — *V. ndlr ss. art. 61.*

Sur les procédures relatives au prénom, V. C. pr. civ., art. 1055-1 s. — ***C. pr. civ.***

V. Circ. 3 mars 1993 (D. et ALD 1993. 290 ; JO 24 mars).

Décret n° 94-52 du 20 janvier 1994,

Relatif à la procédure de changement de nom.

Art. 1er La demande de changement de nom est adressée au garde des sceaux, ministre de la justice.

Art. 2 A peine d'irrecevabilité, la demande expose les motifs sur lesquels elle se fonde, indique le nom sollicité et, lorsque plusieurs noms sont proposés, leur ordre de préférence ; elle est accompagnée des pièces suivantes :

1° La copie de l'acte de naissance du demandeur ;

2° Le cas échéant, la copie de l'acte de naissance des enfants du demandeur âgés de moins de treize ans et de ses autres enfants mineurs pour le compte desquels la demande est présentée ;

3° Le consentement personnel écrit des enfants mineurs du demandeur âgés de plus de treize ans ;

4° Pour chaque personne concernée, un certificat de nationalité française ou une fiche individuelle d'état civil et de nationalité française ou la copie de la manifestation de volonté d'acquérir la nationalité française ou de la déclaration d'acquisition de la nationalité française enregistrées par le juge du tribunal judiciaire ou du décret de naturalisation ;

5° Le bulletin n° 3 du casier judiciaire de la personne concernée si elle est majeure ;

6° Un exemplaire des journaux contenant les insertions prescrites à l'article 3 ;

(Décr. n° 2016-185 du 23 févr. 2016, art. 15) « 7° L'autorisation du juge des tutelles lorsque l'autorité parentale est exercée en commun par les deux parents et que la demande est présentée par un seul d'entre eux ou, en cas d'ouverture de la tutelle, celle du conseil de famille. »

Art. 3 Préalablement à la demande, le requérant fait procéder à la publication au *Journal officiel* de la République française d'une insertion comportant son identité, son adresse et, le cas échéant, celles de ses enfants mineurs concernés et le ou les noms sollicités. S'il demeure en France, une publication est, en outre, effectuée dans un journal désigné pour les annonces légales de l'arrondissement où il réside.

Art. 4 Le garde des sceaux, ministre de la justice, instruit la demande. A cette fin, il peut demander au procureur de la République près le tribunal judiciaire du lieu de résidence de l'intéressé ou, si celui-ci demeure à l'étranger, à l'agent diplomatique ou consulaire territorialement compétent de procéder à une enquête. Il recueille, le cas échéant, l'avis du Conseil d'État.

Art. 5 L'autorisation ou le refus de changement de nom ne peut intervenir que deux mois après la date à laquelle il a été procédé à la publicité prévue à l'article 3.

Art. 6 Le refus de changement de nom est motivé. Il est notifié au demandeur par le garde des sceaux, ministre de la justice.

Art. 7 La mention prévue à l'article 61-4 du code civil est portée en marge des actes de l'état civil des intéressés, soit d'office, soit à la demande du bénéficiaire du changement de nom, sur réquisition du procureur de la République de son lieu de naissance au vu d'une ampliation du décret autorisant le changement de nom et d'un certificat de non-opposition ou, le cas échéant, d'une copie certifiée conforme de la décision rejetant l'opposition.

……………………………………………………………………………

Art. 9 Les dispositions du 3° et du 4° du premier alinéa de l'article 2 et celles des articles 4 à 7 sont applicables aux demandes de changement de nom déposées avant l'entrée en vigueur du présent décret.

Les décisions portant changement de nom prises avant l'entrée en vigueur du présent décret restent soumises au délai d'opposition antérieurement applicable.

Art. 10 Les dispositions des articles 1er à 7, 9 et 12 sont applicables dans les territoires d'outre-mer et dans la collectivité territoriale de Mayotte aux personnes régies par le statut civil de droit commun *(Décr. n° 2000-1262 du 26 déc. 2000, art. 31)* « et par le statut civil de droit local applicable à Mayotte ».

Pour l'application dans les territoires d'outre-mer et dans les collectivités territoriales de Mayotte et de Saint-Pierre-et-Miquelon des dispositions des articles 3 et 4 ci-dessus les mots :

"du territoire" ou "de la collectivité" sont substitués aux mots : "de l'arrondissement" et les mots : "tribunal de première instance" sont substitués aux mots : "tribunal judiciaire".

(Décr. n° 2000-1262 du 26 déc. 2000, art. 31) « Pour l'application de l'article 7 aux personnes ayant le statut civil de droit local applicable à Mayotte, les mots : "prévue à l'article 61-4 du code civil" sont remplacés par les mots : "prévue à l'article 10 de l'ordonnance n° 2000-218 du 8 mars 2000 fixant les règles de détermination des nom et prénoms des personnes de statut civil de droit local applicable à Mayotte". »

Art. 11 Les articles 9 et 10 du décret impérial du 8 janvier 1859 portant rétablissement du conseil du sceau des titres sont abrogés. Les autres articles de ce décret sont et demeurent abrogés.

Art. 12 Le présent décret entrera en vigueur le 1er février 1994.

Loi n° 72-964 du 25 octobre 1972,

Relative à la francisation des noms et prénoms des personnes qui acquièrent ou recouvrent la nationalité française (L. n° 73-42 du 9 janv. 1973).

Art. 1er *(L. n° 93-22 du 8 janv. 1993)* Toute personne qui acquiert ou recouvre la nationalité française peut demander la francisation de son nom seul, de son nom et de ses prénoms ou de l'un d'eux, lorsque leur apparence, leur consonance ou leur caractère étranger peut gêner son intégration dans la communauté française.

Art. 2 *(L. n° 93-22 du 8 janv. 1993)* La francisation d'un nom consiste soit dans la traduction en langue française de son nom, soit dans la modification nécessaire pour faire perdre à ce nom son apparence, sa consonance ou son caractère étranger.

Cette modification peut consister également dans la reprise du nom que des personnes réintégrées dans la nationalité française avaient perdu par décision d'un État étranger ou dans la reprise du nom porté par un ascendant français.

La francisation d'un prénom consiste dans la substitution à ce prénom d'un prénom français ou dans l'attribution complémentaire d'un tel prénom ou, en cas de pluralité de prénoms, dans la suppression du prénom étranger pour ne laisser substituer *[subsister]* que le prénom français.

Art. 3 Toute personne mentionnée à l'article 1er qui ne possède pas de prénom peut demander l'attribution d'un prénom français même lorsqu'elle ne demande pas la francisation de son nom.

Art. 4 *(L. n° 73-42 du 9 janv. 1973)* Les personnes mentionnées à l'article 1er peuvent demander la francisation des prénoms ou de l'un des prénoms de leurs enfants mineurs bénéficiaires de l'effet collectif prévu dans le code de la nationalité française. Elles peuvent également demander l'attribution à ces enfants d'un prénom français, s'ils ne possèdent aucun prénom.

Art. 5 Lorsqu'une demande de francisation de nom est faite par ou pour une personne qui ne possède pas de prénom, elle doit être assortie d'une demande d'attribution d'un prénom français.

Art. 6 *Abrogé par L. n° 93-22 du 8 janv. 1993.*

Art. 7 *(L. n° 74-631 du 5 juill. 1974)* Les personnes mentionnées à l'article premier peuvent, lorsqu'elles sont mineures, demander la francisation de leur nom, de leurs prénoms ou de l'un d'eux et l'attribution d'un prénom français si elles sont autorisées ou représentées dans les conditions déterminées par le code de la nationalité française.

Art. 8 *(L. n° 93-22 du 8 janv. 1993)* La demande de francisation de nom ou de prénoms ou d'attribution de prénom peut être présentée lors de la demande de naturalisation ou de réintégration ou lors de la déclaration d'acquisition de la nationalité française ou de réintégration. Elle peut l'être également dans le délai d'un an suivant l'acquisition de la nationalité française ou la réintégration dans cette nationalité.

(L. n° 2005-32 du 18 janv. 2005, art. 150) « Il est fait droit aux demandes de francisation de prénoms présentées, sans condition de délai, par des personnes ayant acquis ou recouvré la nationalité française et justifiant de l'utilisation de prénoms précédemment francisés à l'initiative des autorités françaises. »

Art. 9 *(L. nº 73-42 du 9 janv. 1973)* La francisation du nom et des prénoms ainsi que l'attribution de prénom sont accordées sur le rapport du ministre chargé des naturalisations, soit par le décret conférant la naturalisation ou la réintégration, soit par un décret postérieur à l'acquisition de la nationalité française.

Art. 10 La francisation du nom s'étend de plein droit, sans qu'il soit nécessaire d'en faire mention dans le décret relatif à leur auteur, et sous réserve que ces enfants n'aient pas usé de la faculté qui leur est ouverte par l'article 7 :

1º *(L. nº 73-42 du 9 janv. 1973)* « Aux enfants mineurs bénéficiaires de l'effet collectif prévu dans le code de la nationalité française » ;

2º Aux enfants mineurs, français à un autre titre, lorsque le parent dont ils portent le nom acquiert ou recouvre la nationalité française.

Art. 11 *(L. nº 93-22 du 8 janv. 1993)* Tout intéressé peut faire opposition au décret portant francisation du nom dans le délai de deux mois à compter de sa publication au *Journal officiel*.

Art. 12 *(L. nº 93-22 du 8 janv. 1993)* Le décret portant francisation de nom prend effet, s'il n'y a pas eu d'opposition, à l'expiration du délai de deux mois pendant lequel l'opposition est recevable ou, dans le cas contraire, après le rejet de l'opposition.

Le décret portant seulement francisation ou attribution de prénoms prend effet au jour de sa signature.

Mention du nom et, éventuellement, du ou des prénoms francisés ou attribués sera portée d'office sur réquisition du procureur de la République du lieu de domicile du bénéficiaire en marge de ses actes de l'état civil et, le cas échéant, de ceux de son conjoint et de ses enfants.

Art. 12-1 *(L. nº 93-22 du 8 janv. 1993)* Les noms et prénoms francisés peuvent faire l'objet des changements prévus aux articles 60 à 61-4 du code civil aux conditions définies par lesdits articles.

Art. 13 La loi nº 65-526 du 3 juillet 1965 est abrogée, à l'exception des dispositions de son article 11.

V. Décr. nº 59-1303 du 13 nov. 1959 (D. 1959. 644 ; BLD 1959. 1257) portant publication de la convention relative aux changements de noms et de prénoms signée le 4 sept. 1958 ; ... Décr. nº 88-978 du 11 oct. 1988 (JO 15 oct.) portant publication de la convention relative à la délivrance d'un certificat de diversité de noms de famille, signée à La Haye le 8 sept. 1982.

Sur la reconnaissance des décisions étrangères de changement de nom et de prénom (art. 61-4, al. 2 C. civ., et art. 10, dernier al., de l'Ord. nº 2000-218 du 8 mars 2000 fixant les règles de détermination des nom et prénoms des personnes de statut civil de droit local applicable à Mayotte), V. Circ. 26 juill. 2017, 🏛.

SECTION 2 *BIS* De la modification de la mention du sexe à l'état civil

(L. nº 2016-1547 du 18 nov. 2016, art. 56-II)

Art. 61-5 **Toute personne majeure ou mineure émancipée qui démontre par une réunion suffisante de faits que la mention relative à son sexe dans les actes de l'état civil ne correspond pas à celui dans lequel elle se présente et dans lequel elle est connue peut en obtenir la modification.**

Les principaux de ces faits, dont la preuve peut être rapportée par tous moyens, peuvent être :

1º Qu'elle se présente publiquement comme appartenant au sexe revendiqué ;

2º Qu'elle est connue sous le sexe revendiqué de son entourage familial, amical ou professionnel ;

3º Qu'elle a obtenu le changement de son prénom afin qu'il corresponde au sexe revendiqué.

Sur la procédure de modification de la mention du sexe dans les actes de l'état civil, V. C. pr. civ., art. 1055-5 s. — ***C. pr. civ.***

BIBL. ▶ **L. 18 nov. 2016 :** Aufière et Barousse, *AJ fam. 2016. 580* ✎ (40 ans de pratique du transsexualisme). - Bernard-Xemard, *Dr. fam. 2017, dossier, nº 7*. - Errie, *AJ fam. 2016. 587* ✎. - Gogos-Gintrand, *RDSS 2016. 920* ✎ (intersexualité, médecine et droit). - Marais, *JCP 2016,* *nº 1164.* – Paricard, *AJ fam. 2016. 585* ✎. – Moron-Puech, *D. 2016. 2353* ✎. – Vialla, *D. 2016. 2351* ✎. – Viney, *AJ fam. 2016. 577* ✎.

▸ **Droit antérieur à la L. 18 nov. 2016 :** Debet, *LPA 1er juill. 2004* (le sexe et la personne). – M. Gobert, *JCP 1988. I. 3361 ; ibid. 1990. I. 3475.* – Granet, *Dr. fam. 1998. Chron. 16* (droit comparé). – Hauser, obs. *RTD civ. 1996. 129* ✎ (preuve du syndrome). – Labrusse-Riou, *Trav. Assoc. Capitant XXXVIII-1987, p. 103.* – Linossier, *D. 1981. Chron. 139.* – Lombois, *D. 1992. Chron. 323* ✎. – Massip, *Defrénois 1992. 1009 ; ibid. 1993. 414.* – Mauger-Vielpeau, *Dr. fam. 2005. Étude 18.* – J. Mouly, *JCP 2001. II. 10518* (transsexualisme et droit social : note ss. TA Limoges, 12 oct. 2000). – Paricard, *Dr. fam. 2012. Étude 2.* – J. Petit, *RTD civ. 1976. 263.* – Reignié, *JCP 2013, nº 861* (avis du CNCDH et situation des personnes transidentitaires). – Ringel, *RRJ 1999/4. 1049* (art. 8 Conv. EDH). – Rubellin-Devichi, *RTD civ. 1985. 135 ; ibid. 1989. 721.*

▸ **Autres thèmes :** Binet, *Dr. fam. 2017. Étude 9* (refus du sexe neutre). – X. Labbée, *D. 2018. 1085* ✎ (l'homme qui a accouché d'un enfant). – Gogos-Gintrand, *D. 2022. 2056* (modification de la mention du sexe à l'état civil pour les mineurs). – Grossholz, *JCP 2019, nº 650* (la classification sexuelle des êtres humains à l'épreuve des droits fondamentaux). – Mattiussi, *D. 2022. 1822* (bi-catégorisation des sexes et compétitions sportives : vers la fin d'un dogme ?).

1. *Intersexualisme.* **BIBL.** Notion de sexe : Rassat, *Mél. Raynaud, Dalloz, 1985, p. 651.* Pour l'application du principe énoncé note 7 à un jeune enfant hermaphrodite, après une intervention médicale ayant favorisé l'orientation de son sexe vers une féminisation prévisible : • Versailles, 22 juin 2000 : *JCP 2001. II. 10595, note Guez ; RTD civ. 2001. 849, obs. Hauser* ✎ (changement de la mention du sexe et des prénoms). ♦ Rappr. note 3 ss. art. 57, pour l'obligation de mentionner un sexe à la naissance et comp., pour une action en rectification dans le cas d'une erreur sur le sexe apparent : • Paris, 8 déc. 1967 : *D. 1968. 289 ; JCP 1968. II. 15518 bis, note P. N. ; RTD civ. 1968. 536, obs. Nerson.* ♦ Sur l'impossibilité de mentionner un sexe neutre : • Civ. 1re, 4 mai 2017, ⚖ nº 16-17.189 P : *cité note 3 ss. art. 57.*

2. *Transsexualisme : reconnaissance par la CEDH.* Violent l'art. 8 Conv. EDH, relatif au respect de la vie privée, les refus opposés à une personne déclarée de sexe masculin à l'officier d'état civil, personne qui, même après traitement hormonal et intervention chirurgicale, continue de présenter les caractéristiques d'un sujet de sexe masculin, d'ordonner une rectification de son acte de naissance et un changement de son prénom, alors que : 1º notamment par cette opération qui a entraîné l'abandon irréversible des marques extérieures du sexe d'origine, la personne « a témoigné une détermination assez importante pour entrer en ligne de compte, avec d'autres, sur le terrain de l'art. 8 » ; 2º « le changement de prénom souhaité par cette personne constitue lui aussi un élément pertinent sous l'angle de l'art. 8 » ; 3º « les inconvénients découlant de la mention du sexe dans de nombreux documents atteignent un degré de gravité suffisant pour entrer en ligne de compte aux fins de l'art. 8 ». • CEDH 25 mars 1992, *Van Oosterwijck c/ Belgique : Série A, nº 40 ; Jur. CEDH, 5e éd., nº 127, obs. Berger ; D. 1993. 101, note Marguénaud* ✎ *; D. 1992. Somm. 325, obs. Renucci* ✎ *; JCP 1992. II. 21955, note Garé ; RTD civ. 1992. 540, obs. Hauser* ✎. ♦ La non-concordance des facteurs biologiques chez un transsexuel opéré ne peut plus constituer un motif suffisant pour justifier le refus de reconnaître juridiquement le changement de sexe de l'intéressé. • CEDH 11 juill. 2002, ⚖ *Goodwin : D. 2003. 2032, note Chavent-Leclère ; ibid. Somm. 525, obs. Birsan (2e esp.)* ✎ *; ibid. 1935, obs. Lemouland* ✎ *; JCP 2003. I. 101, nº 1 s., obs. Favier ; ibid. 109, nº 16 et 22, obs. Sudre ; RJPF 2002-11/20, étude Leborgne ; Dr. fam. 2002, nº 133, note Gouttenoire-Cornut ; Dr. et patr. 2/2003. 102, obs. Putman ; RTD civ. 2002. 782, obs. Hauser* ✎ *; ibid. 862, obs. Marguénaud* ✎ *; Europe 2002, nº 395, obs. Deffains.* ♦ Rappr. • CEDH, sect. II, 11 sept. 2007, *L. c/ Lituanie : RTD civ. 2007. 737, obs. Marguénaud* ✎ (carence de l'État à prendre les mesures nécessaires à l'exercice effectif du droit reconnu à la conversion sexuelle). ♦ Sur l'application dans le temps de l'arrêt Goodwin précité : • CEDH, sect. IV, 23 mai 2006, ⚖ *Grant c/ Royaume-Uni*, nº 32570/03 : *RTD civ. 2006. 725, obs. Marguénaud* ✎ (qualité de victime lésée par l'absence de reconnaissance juridique de son sexe acquise à compter du refus des autorités postérieurement à l'arrêt Goodwin). ♦ Sur les contraintes pesant sur le juge dans l'appréciation du « syndrome » du transsexualisme, pour respecter les règles d'un procès équitable, V. • CEDH, sect. III, 12 juin 2003, ⚖ *V. K. c/ Allemagne*, nº 35968/97. ♦ Violation de l'art. 8 Conv. EDH de la décision du Tribunal fédéral des assurances, refusant la prise en charge des dépenses liées aux opérations de conversion, en se fondant sur sa seule jurisprudence exigeant un délai de deux ans pour s'assurer de la réalité du « syndrome », sans tenir compte de la situation particulière de l'intéressée, âgée de 67 ans. • CEDH, sect. II, 8 janv. 2009, ⚖ *S. c/ Suisse*, nº 29002/06 : *RTD civ. 2009. 291, obs. Marguénaud* ✎.

3. ... *Mineur.* L'interdiction pour les mineurs non émancipés d'agir en modification de l'état civil telle que découlant des dispositions de l'art. 61-5 C. civ. ne permet pas de garantir en l'espèce le droit du mineur au respect de sa vie privée au sens de l'art. 8 de la Conv. EDH. Elles doivent dès lors être considérées comme portant une atteinte disproportionnée à ses droits en l'obligeant à révéler son parcours personnel particulier du fait notamment de la mention de son genre féminin, qui sera portée sur ses diplômes sanctionnant la fin de sa scolarité. • Chambéry, 25 janv. 2022, n° 21/01282 : *AJ fam. 2022. 286, obs. Brunet et Mesnil ; RTD civ. 2022. 365, obs. Leroyer ; Dr. fam. 2022, n° 103, obs. Musson.*

4. Conséquences : prohibition des discriminations. L'art. 5, § 1, de la Dir. du 9 févr. 1976 relative à la mise en œuvre du principe d'égalité de traitement entre hommes et femmes en matière d'accès à l'emploi, de formation et de promotion professionnelles, ainsi que de conditions de travail, s'oppose au licenciement d'un transsexuel pour un motif lié à sa conversion sexuelle. • CJCE 30 avr. 1996 : *D. 1996. IR 137.* ♦ L'art. 4, § 1, de la Dir. du 19 déc. 1978 relative à la mise en œuvre du principe d'égalité de traitement entre hommes et femmes en matière de sécurité sociale s'oppose à une législation qui refuse le bénéfice d'une pension de retraite à une personne passée légalement du sexe masculin au sexe féminin, au motif qu'elle n'a pas atteint l'âge de 65 ans, alors qu'elle y aurait eu droit dès 60 ans si elle avait été considérée comme étant une femme. • CJCE 27 avr. 2006, n° C-423-04 : *D. 2006. Point de vue 1628 , par Bugada ; D. 2007. Pan. 1107, obs. Galloux et Gaumont-Prat ; RDSS 2006. 757, obs. Lhernould .* ♦ V. aussi, pour l'octroi d'une pension de réversion : • CJCE 7 janv. 2004, n° C-117-01 : *Dr. fam. 2004, n° 62, note Gouttenoire.* ♦ … Pour le droit de prendre sa retraite à l'âge prévu pour les femmes, différent de celui prévu pour les hommes : • CEDH, sect. IV, 23 mai 2006, *Grant c/ Royaume-Uni : préc. note 14.* ♦ … Pour le droit d'invoquer l'âge légal de la retraite réservé aux femmes, dès lors que la retraitée ne dispose pas du certificat officiel de changement de sexe, lequel supposerait l'annulation de son mariage, alors qu'elle et son épouse s'y refusent pour des raisons religieuses. • CJUE, gr. ch., 26 juin 2018, n° C-451/16.

5. … Filiation à l'égard d'un enfant conçu par insémination. Reconnaissance d'une « vie familiale » au sens de l'art. 8 Conv. EDH entre un transsexuel femme-homme, sa compagne et l'enfant de celle-ci conçu par insémination avec donneur. • CEDH 22 avr. 1997 : *D. 1997. 583, note Grataloup ; D. 1997. Somm. 362, obs. Fricero ; JCP 1998. I. 107, n° 36, obs. Sudre ; Defrénois 1998. 311, obs. Massip ; Dr. fam. 1998, n° 47, obs. de Lamy ; RTD civ. 1998. 92, obs. Hauser .* – Evain, *JCP 1997. I. 4071.* ♦ Mais absence de manquement au même art. 8 dans le refus de reconnaître la paternité du transsexuel sur l'enfant. • Même arrêt. ♦ V. conf., confirmant la nullité d'une reconnaissance de paternité par un transsexuel : • Aix-en-Provence, 12 mars 2002 : *cité note 10 ss. art. 311-20* ; pourvoi rejeté par • Civ. 1re, 18 mai 2005 : *ibid.* (éviction du recours à la possession d'état, mais octroi, cependant, d'un droit de visite).

6. … Filiation à l'égard d'un enfant conçu par un homme ayant changé de sexe mais conservé ses facultés reproductrices. Établissement judiciaire du lien de filiation maternelle : • Toulouse, 9 févr. 2022, n° 20/03128 : *cité note 12 ss. art. 57.*

7. Conditions du changement juridique de sexe (jurisprudence antérieure à la loi du 18 nov. 2016). Sur le principe, V. avant la L. du 18 nov. 2016, dans le cadre de l'ancien art. 99 C. civ. : lorsque, à la suite d'un traitement médico-chirurgical, subi dans un but thérapeutique, une personne présentant le « syndrome » du transsexualisme ne possède plus tous les caractères de son sexe d'origine et a pris une apparence physique la rapprochant de l'autre sexe, auquel correspond son comportement social, le principe du respect dû à la vie privée justifie que son état civil indique désormais le sexe dont elle a l'apparence. Le principe de l'indisponibilité de l'état des personnes ne fait pas obstacle à une telle modification. • Cass., ass. plén., 11 déc. 1992 (2 arrêts), n° 91-11.900 P : *R., p. 67, rapp. Gélineau-Larrivet ; GAJC, 12e éd., n° 25-26 (II) ; JCP 1993. II. 21991, concl. Jéol, note Mémeteau ; Gaz. Pal. 1993. 1. 180, concl. Jéol ; Defrénois 1993. 431, note Massip ; RTD civ. 1993. 97, obs. Hauser .* ♦ V. conf. : • Civ. 1re, 18 oct. 1994 : *Defrénois 1995. 721, obs. Massip ; RTD civ. 1995. 598, obs. Hauser .* ♦ Comp. • Rennes, 26 oct. 1998 : *D. 1999. 508, note Friant-Perrot ; RTD civ. 1999. 811, obs. Hauser ,* adoptant la même solution en l'absence de traitement médico-chirurgical de l'intéressé • Lyon, 4 juin 2008 : *RJPF 2010-1/16, obs. Corpart.*

8. Sur les aspects probatoires (*jurisprudence antérieure à la L. du 18 nov. 2016*) : pour justifier une demande de rectification de la mention du sexe figurant dans un acte de naissance, la personne doit établir, au regard de ce qui est communément admis par la communauté scientifique, la réalité du syndrome transsexuel dont elle est atteinte ainsi que le caractère irréversible de la transformation de son apparence. • Civ. 1re, 7 juin 2012, n° 10-26.947 P : *D. 2012. 1648, note Vialla ; AJ fam. 2012. 405, obs. Vial ; RDSS 2012. 880, note Paricard ; RTD civ. 2012. 502, obs. Hauser ; JCP 2012, n° 753, note Reigné ; Dr. fam. 2012, n° 131, note Reigné ; Gaz. Pal. 2012. 1444, note Sarcelet* (rejet compte tenu de documents peu probants et du refus d'une expertise médicale), rejetant le pourvoi contre • Paris, 23 sept. 2010. ♦ L'exigence de l'existence et de la persistance d'un syndrome transsexuel, et de l'irréversibilité du processus de changement de sexe ne constituent pas des conditions discriminatoires ou portant atteinte aux principes posés par les art. 8 et 14 Conv. EDH, 16 et 16-1 C. civ., dès lors qu'elles se fondent sur un juste équilibre entre les impératifs de sécurité juridique et d'indisponibilité de l'état des personnes d'une part, de protection de la vie privée et de respect dû au corps humain d'autre part. • Civ. 1re, 13 févr. 2013, n° 12-11.949 P : *D. 2013. 499, obs. Gallmeister ; ibid. 1089, obs. Lemouland et Vigneau ; ibid. 2014. 843, obs. Galloux et Gaumont-Prat ; AJ fam. 2013. 182 ; RTD civ. 2013. 344, obs. Hauser ; Dr. fam. 2013, n° 48, note Reignié* (insuffisance d'un certificat médical attestant d'une dysphorie de genre et d'un traitement hormonal féminisant), rejetant le pourvoi contre • Montpellier, 27 sept. 2010. ♦ V. aussi : • Civ. 1re, 13 févr. 2013, n° 11-14.515 P (absence de preuve, de nature intrinsèque à la personne, du caractère irréversible du processus de changement de sexe, qui ne peut résulter du seul fait que l'intéressé appartenait au sexe féminin aux yeux des tiers), rejetant le pourvoi contre • Nancy, 3 janv. 2011 : *JCP 2011, n° 480, note Reigné* • 7 juin 2012, n° 11-22.490 P : *D. 2012. 1648, note Vialla ; AJ fam. 2012. 405, obs. Vial ; RDSS 2012. 880, note Paricard ; RTD civ. 2012. 502, obs. Hauser ; JCP 2012, n° 753, note Reigné* (refus, faute de caractère irréversible de la transformation et du refus d'une expertise médicale). ♦ Pour un refus, faute de preuve du caractère irréversible du changement de sexe ou de genre : • Nancy, 11 oct. 2010 : *JCP 2010, n° 1205, note Reigné.* ♦ Admission du caractère irréversible des modifications sans chirurgie : • Nancy, 2 sept. 2011 : *JCP 2012, n° 122, note Vialla ; Dr. fam. 2012, n° 38, obs. Reigné.* ♦ Pour une condamnation de la position de la France antérieure à la L. du 18 nov. 2016 : • CEDH 6 avr. 2017, n° 79885/12 : *D. 2017. 1027, note Vauthier et Vialla ; ibid. 994, obs. Moron-Puech ; AJ fam. 2017. 299, obs. Viney ; ibid. 329, obs. Dionisi-Peyrusse ; RTD civ. 2017. 350, obs. Hauser ; ibid. 825, obs. Marguénaud .*

Art. 61-6 **La demande est présentée devant le tribunal judiciaire.**

Le demandeur fait état de son consentement libre et éclairé à la modification de la mention relative à son sexe dans les actes de l'état civil et produit tous éléments de preuve au soutien de sa demande.

Le fait de ne pas avoir subi des traitements médicaux, une opération chirurgicale ou une stérilisation ne peut motiver le refus de faire droit à la demande.

Le tribunal constate que le demandeur satisfait aux conditions fixées à l'article 61-5 et ordonne la modification de la mention relative au sexe ainsi que, le cas échéant, des prénoms, dans les actes de l'état civil.

1. Conv. EDH. Absence d'équilibre entre l'intérêt général, notamment en vue de respecter les principes d'indisponibilité de l'état des personnes, de cohérence de l'état civil et de sécurité juridique, et le droit au respect de la vie privée dans le fait de subordonner la reconnaissance de l'identité sexuelle des personnes transgenres à la réalisation d'une opération ou d'un traitement stérilisants qu'elles ne souhaitent pas subir, qui revient à conditionner le plein exercice de leur droit au respect de leur vie privée consacré par l'art. 8 à la renonciation au plein exercice de leur droit au respect de leur intégrité physique, garanti non seulement par cette disposition mais aussi par l'art. 3 Conv. EDH. • CEDH, sect. V, 6 avr. 2017, *A.P., G. et N. c/ France*, n° 79885/12. ♦ Solution inverse pour l'expertise médicale en vue d'un diagnostic de dystrophie du genre qui vise à donner aux médecins l'assurance, en amont du traitement endocrinologique ou chirurgical, que la souffrance du patient ne provient pas d'autres causes. • Même arrêt (solution identique pour une expertise médicale visant à s'assurer des prétendues opérations de conversion déjà effectuées). ♦ V. égal. : • CEDH, sect. II, 10 mars 2015, n° 14793/08 (violation de l'art. 8 et non-respect de l'intégrité physique dans l'exigence d'une preuve préalable d'une incapacité de procréer pour accéder à une opération de conversion sexuelle, alors que ce processus était en cours depuis plusieurs années).

2. Pour la possibilité d'obtenir substitution d'un prénom féminin à un prénom masculin (et inversement) sans modification de la mention du sexe : V. notes ss. art. 60 pour la jurisprudence antérieure à la L. du 18 nov. 2016.

Art. 61-7 **Mention de la décision de modification du sexe et, le cas échéant, des prénoms est portée en marge de l'acte de naissance de l'intéressé, à la requête du procureur de la République, dans les quinze jours suivant la date à laquelle cette décision est passée en force de chose jugée.**

Par dérogation à l'article 61-4, les modifications de prénoms corrélatives à une décision de modification de sexe ne sont portées en marge des actes de l'état civil des conjoints et enfants qu'avec le consentement des intéressés ou de leurs représentants légaux.

Les articles 100 et 101 sont applicables aux modifications de sexe.

Art. 61-8 **La modification de la mention du sexe dans les actes de l'état civil est sans effet sur les obligations contractées à l'égard de tiers ni sur les filiations établies avant cette modification.**

Sur la modification du changement de sexe à l'état civil, V. Circ. du 10 mai 2017 de présentation des dispositions de l'article 56 de la loi n° 2016-1547 du 18 novembre 2016 de modernisation de la justice du XXIe siècle concernant les procédures judiciaires de changement de prénom et de modification de la mention du sexe à l'état civil,

1. Absence d'effet rétroactif. V. avant la L. du 18 nov. 2016 : la décision ordonnant la modification de la mention du sexe à l'état civil n'a d'effet que pour l'avenir et ne remet pas en cause les énonciations de l'acte de naissance de l'enfant de l'intéressé. • Paris, 2 juill. 1998 : *JCP 1999. II. 10005, note Garé ; ibid. I. 149, n° 2, obs. Teyssié ; Dr. fam. 1999, n° 13, note Murat.*

2. Mariage et transsexualisme. V. notes 7 ss. art. 143 (droit au mariage) et 30 ss. art. 242 (transsexualisme cause de divorce ?).

SECTION 3 De l'acte de reconnaissance *(Ord. n° 2005-759 du 4 juill. 2005).*

(L. n° 93-22 du 8 janv. 1993)

Art. 62 *(L. n° 93-22 du 8 janv. 1993 ; Ord. n° 2005-759 du 4 juill. 2005)* **L'acte de reconnaissance énonce les prénoms, nom, date de naissance ou, à défaut, âge, lieu de naissance et domicile de l'auteur de la reconnaissance.**

Il indique les date et lieu de naissance, le sexe et les prénoms de l'enfant ou, à défaut, tous renseignements utiles sur la naissance, sous réserve des dispositions de l'article *(L. n° 2009-61 du 16 janv. 2009, art. 1er)* **« 326 ».**

L'acte de reconnaissance *(L. n° 2006-728 du 23 juin 2006, art. 29-2°)* **« est » inscrit à sa date sur les registres de l'état civil.**

Seules les mentions prévues au premier alinéa *(L. n° 2006-728 du 23 juin 2006, art. 29-2°)* **« sont portées, le cas échéant, en marge de l'acte de naissance de l'enfant ».**

Dans les circonstances prévues à l'article 59, la déclaration de reconnaissance *(L. n° 2006-728 du 23 juin 2006, art. 29-2°)* **« peut » être reçue par les officiers instrumentaires désignés en cet article et dans les formes qui y sont indiquées.**

(L. n° 2002-305 du 4 mars 2002) **« Lors de l'établissement de l'acte de reconnaissance, il** *(L. n° 2006-728 du 23 juin 2006, art. 29-2°)* **« est » fait lecture à son auteur des articles 371-1 et 371-2. »** – *La loi du 23 juin 2006 entre en vigueur le 1er janv. 2007.*

Rôle de la mention en marge. La validité de la reconnaissance d'un enfant naturel faite dans les conditions de forme prévues par l'art. 335 C. civ. ne peut être subordonnée à l'existence d'une mention en marge de l'acte de naissance, dès lors qu'il n'existe aucun doute sur l'identité de l'enfant. • Civ. 1re, 17 févr. 1982, n° 81-10.298 P.

Art. 62-1 *(L. n° 2002-93 du 22 janv. 2002, art. 14)* **Si la transcription de la reconnaissance paternelle s'avère impossible, du fait du secret de son identité opposé par la mère, le père peut en informer le procureur de la République. Celui-ci procède à la recherche des date et lieu d'établissement de l'acte de naissance de l'enfant.**

CHAPITRE III DES ACTES DE MARIAGE

RÉP. CIV. v° *Mariage ...,* par M. LAMARCHE et J.-J. LEMOULAND.

DALLOZ ACTION *Droit de la famille 2023/2024,* n°s 113.00 s.

BIBL. GÉN. ▶ Dossier *AJ fam. 2007. 244* (mariages mixtes).

Art. 63 *(L. 8 avr. 1927)* **Avant la célébration du mariage, l'officier de l'état civil fera une publication par voie d'affiche apposée à la porte de la maison commune. Cette publication énoncera les prénoms, noms, professions, domiciles et résidences des futurs époux, ainsi que le lieu où le mariage devra être célébré.**

(L. n° 2006-1376 du 14 nov. 2006, art. 1er, en vigueur le 1er mars 2007) **« La publication prévue au premier alinéa ou, en cas de dispense de publication accordée conformément aux dispositions de l'article 169, la célébration du mariage est subordonnée :**

« 1° A la remise, pour chacun des futurs époux, des indications ou pièces suivantes :

Al. 4 abrogé par L. n° 2007-1787 du 20 déc. 2007, art. 8-I ;

« – les pièces exigées par les articles 70 ou 71 ;

« – la justification de l'identité au moyen d'une pièce délivrée par une autorité publique ;

« – l'indication des prénoms, nom, date et lieu de naissance, profession et domicile des témoins, sauf lorsque le mariage doit être célébré par une autorité étrangère ; » – *V. Décr. n° 2007-773 du 10 mai 2007, art. 4, ss. art. 171-8.*

(L. n° 2019-222 du 23 mars 2019, art. 10) **« – le cas échéant, la justification de l'information de la personne chargée de la mesure de protection prévue à l'article 460 ; »**

(L. n° 2006-1376 du 14 nov. 2006, art. 1er, en vigueur le 1er mars 2007) **« 2° A l'audition commune des futurs époux, sauf en cas d'impossibilité ou s'il apparaît, au vu des pièces fournies, que cette audition n'est pas nécessaire au regard des articles 146 et 180.**

« *(Abrogé par L. n° 2021-1109 du 24 août 2021, art. 35) « L'officier de l'état civil, s'il l'estime nécessaire, demande à s'entretenir séparément avec l'un ou l'autre des futurs époux. »*

« L'audition du futur conjoint mineur se fait hors la présence de ses père et mère ou de son représentant légal et de son futur conjoint. »

(L. n° 2021-1109 du 24 août 2021, art. 35) **« L'officier de l'état civil demande à s'entretenir individuellement avec chacun des futurs époux lorsqu'il a des raisons de craindre, au vu des pièces fournies par ceux-ci, des éléments recueillis au cours de leur audition commune ou des éléments circonstanciés extérieurs reçus, dès lors qu'ils ne sont pas anonymes, que le mariage envisagé soit susceptible d'être annulé au titre des mêmes articles 146 ou 180. »**

(L. n° 2006-1376 du 14 nov. 2006, art. 1er, en vigueur le 1er mars 2007) **« L'officier de l'état civil peut déléguer à un ou plusieurs fonctionnaires titulaires du service de l'état civil de la commune la réalisation de l'audition commune ou des entretiens** *(L. n° 2021-1109 du 24 août 2021, art. 35)* **« individuels ». Lorsque l'un des futurs époux réside à l'étranger, l'officier de l'état civil peut demander à l'autorité diplomatique ou consulaire territorialement compétente de procéder à son audition.**

« L'autorité diplomatique ou consulaire peut déléguer à un ou plusieurs fonctionnaires titulaires chargés de l'état civil ou, le cas échéant, aux fonctionnaires dirigeant une chancellerie détachée ou aux consuls honoraires de nationalité française compétents la réalisation de l'audition commune ou des entretiens *(L. n° 2021-1109 du 24 août 2021, art. 35)* **« individuels ». Lorsque l'un des futurs époux réside dans un pays autre que celui de la célébration, l'autorité diplomatique ou consulaire peut demander à l'officier de l'état civil territorialement compétent de procéder à son audition. »**

(Ord. n° 45-2720 du 2 nov. 1945) **« L'officier de l'état civil qui ne se conformera pas aux prescriptions** *(L. n° 2003-1119 du 26 nov. 2003)* **« des alinéas précédents » sera poursuivi devant le tribunal judiciaire et puni d'une amende »** *(L. n° 56-780 du 4 août 1956, art. 94 ; Ord. n° 2000-916 du 19 sept. 2000)* **« comprise entre 3 € et 30 € ».**

V. Décr. n° 2007-773 du 10 mai 2007, art. 3, ss. art. 171-8.

V. Circ. 23 juill. 2014 relative à l'état civil, en particulier la constitution du dossier de mariage et le recours à un interprète.

1. Audition commune des époux. Constitue l'impossibilité de procéder à l'audition commune des époux le fait que la future épouse, de nationalité algérienne, n'a pu obtenir de visa. • Civ. 1re, 9 janv. 2007, n° 05-14.720 P : *D. 2007. AJ 449, obs. Delaporte-Carré ; ibid. Pan. 1563, obs. Lemouland et Vigneau ; AJ fam. 2007. 146, obs. Chénedé ; Dr. fam. 2007, n° 53, note Larribau-Terneyre ; LPA 13 juill. 2007, note Massip ; RTD civ. 2007. 313, obs. Hauser.*

2. Sanction. Nature civile de l'amende prévue à l'art. 63 : V. note ss. art. 50.

Loi n° 2001-1135 du 3 décembre 2001, *relative aux droits du conjoint survivant et des enfants adultérins et modernisant diverses dispositions de droit successoral.*

Art. 22 Une information sur le droit de la famille, notamment sur les droits du conjoint survivant, est délivrée au moment de l'accomplissement des formalités préalables au mariage.

Un document d'information sur le droit de la famille est annexé au livret de famille.

La teneur et les modalités de délivrance de cette information sont précisées par un décret en Conseil d'État. – *V. Décr. n° 74-449 du 15 mai 1974, mod. par Décr. n° 2002-1556 du 23 déc. 2002, ss. art. 54.*

BIBL. ▸ **Information prénuptiale :** Grillon, *JCP 2003. Actu. 87.*

Art. 64 *(L. 8 avr. 1927)* L'affiche prévue en l'article précédent restera apposée à la porte de la maison commune pendant dix jours.

Le mariage ne pourra être célébré avant le dixième jour depuis et non compris celui de la publication.

Si l'affichage est interrompu avant l'expiration de ce délai, il en sera fait mention sur l'affiche qui aura cessé d'être apposée à la porte de la maison commune.

Art. 65 *(L. 21 juin 1907)* Si le mariage n'a pas été célébré dans l'année, à compter de l'expiration du délai de la publication, il ne pourra plus être célébré qu'après une nouvelle publication faite dans la forme ci-dessus.

Art. 66 Les actes d'opposition au mariage seront signés sur l'original et sur la copie par les opposants ou par leurs fondés de procuration spéciale et authentique ; ils seront signifiés, avec la copie de la procuration, à la personne ou au domicile des parties, et à l'officier de l'état civil, qui mettra son *visa* sur l'original.

Forme de l'opposition. Est nulle l'opposition à mariage qui n'a pas été signifiée par acte d'huissier, mais simplement remise au mari sous la forme d'un acte sous seing privé. • T. civ. Pontoise, 4 mars 1868, confirmé par • Paris, 18 déc. 1868 : *DP 1872. 1. 345.* – V. aussi • Paris, 23 avr. 2003 : *D. 2003. 2716, note Lemouland* ✎.

Art. 67 *(L. 8 avr. 1927)* L'officier de l'état civil fera, sans délai, une mention sommaire des oppositions sur le registre des mariages ; il fera aussi mention, en marge de l'inscription desdites oppositions, des jugements ou des actes de mainlevée dont expédition lui aura été remise.

Art. 68 En cas d'opposition, l'officier de l'état civil ne pourra célébrer le mariage avant qu'on lui en ait remis la mainlevée, sous peine de *(L. n° 46-2154 du 7 oct. 1946 ; Ord. n° 2000-916 du 19 sept. 2000 ; L. n° 2006-911 du 24 juill. 2006, art. 89)* « 3 000 € d'amende » et de tous dommages-intérêts.

V. antérieurement à la L. n° 2013-404 du 17 mai 2013 : légalité de l'arrêté du ministre de l'intérieur suspendant un maire pour avoir célébré un mariage homosexuel malgré l'opposition du procureur de la République. • TA Bordeaux, 9 juill. 2004 : *Dr. fam. 2004, n° 138, note Larribau-Terneyre.*

Art. 69 *(L. 9 août 1919)* Si la publication a été faite dans plusieurs communes, l'officier de l'état civil de chaque commune transmettra sans délai à celui d'entre eux qui doit célébrer le mariage un certificat constatant qu'il n'existe point d'opposition.

Art. 70 *(L. n° 2016-1547 du 18 nov. 2016, art. 52)* Chacun des futurs époux remet à l'officier de l'état civil qui doit célébrer le mariage l'extrait avec indication de la filiation de son acte de naissance, qui ne doit pas dater de plus de trois mois s'il a été délivré par un officier de l'état civil français.

Toutefois, l'officier de l'état civil peut, après en avoir préalablement informé le futur époux, demander la vérification des données à caractère personnel contenues dans les actes de l'état civil auprès du dépositaire de l'acte de naissance du futur époux. Ce dernier est alors dispensé de la production de son extrait d'acte de naissance.

Lorsque l'acte de naissance n'est pas détenu par un officier de l'état civil français, l'extrait de cet acte ne doit pas dater de plus de six mois. Cette condition de délai ne s'applique pas lorsque l'acte émane d'un système d'état civil étranger ne procédant pas à la mise à jour des actes.

Sur la constitution du dossier de mariage, V. Circ. 26 juill. 2017, Annexe 4, 🏛.

BIBL. ▸ WENNER, *Dr. fam. 2003. Chron. 31* (l'officier de l'état civil, l'acte de naissance et la formation du mariage).

Art. 71 *(L. 11 juill. 1929)* Celui des futurs époux qui serait dans l'impossibilité de se procurer cet acte pourra le suppléer en rapportant un acte de notoriété délivré *(L. n° 2011-331 du 28 mars 2011, art. 13)* « par un notaire ou, à l'étranger, par les autorités diplomatiques ou consulaires françaises compétentes.

« L'acte de notoriété est établi sur la foi des déclarations d'au moins trois témoins et de tout autre document produit qui attestent des prénoms, nom, profession et domicile du futur époux et de ceux de ses père et mère s'ils sont connus, du lieu et, autant que possible, de l'époque de la naissance et des causes qui empêchent de produire l'acte de naissance. L'acte de notoriété est signé par le notaire ou l'autorité diplomatique ou consulaire et par les témoins. »

Les dispositions issues de l'art. 13 de la L. n° 2011-331 du 28 mars 2011 entrent en vigueur le 1er mai 2011. Le juge saisi avant cette date reste compétent pour dresser l'acte de notoriété prévu à l'art. 71 (L. préc., art. 37).

BIBL. ▶ CHAUVEL, *Mél. Holleaux, Litec, 1999, p. 37* (notoriété).

Nécessité de la preuve d'un acte préexistant. La faculté prévue à l'art. 71 suppose l'existence d'un acte de naissance préexistant et régulier, dont il est impossible pour une cause de force majeure de délivrer expédition ou extrait. Il incombe donc au futur époux d'établir qu'un acte de naissance a été dressé en conformité de sa loi d'origine. • T. civ. Seine, 3 juill. 1936 : *DH 1936. 486.*

Art. 72 *Abrogé par L. n° 2011-331 du 28 mars 2011, art. 13, à compter du 1er mai 2011.*

Art. 73 *(L. 9 août 1919)* **L'acte authentique du consentement des père et mère ou aïeuls et aïeules, ou, à leur défaut, celui du conseil de famille, contiendra les prénoms, noms, professions et domicile des futurs époux et de tous ceux qui auront concouru à l'acte, ainsi que leur degré de parenté.**

(L. 28 févr. 1922) **« Hors le cas prévu par l'article 159 du code civil, cet acte de consentement est dressé soit par un notaire, soit par l'officier de l'état civil du domicile ou de la résidence de l'ascendant et, à l'étranger, par les agents diplomatiques ou consulaires français. Lorsqu'il est dressé par un officier de l'état civil, il ne doit être légalisé, sauf conventions internationales contraires, que lorsqu'il y a lieu de le produire devant les autorités étrangères. »**

Art. 74 *(L. du 21 juin 1907 ; L. n° 2013-404 du 17 mai 2013, art. 3)* **Le mariage sera célébré, au choix des époux, dans la commune où l'un d'eux, ou l'un de leurs parents, aura son domicile ou sa résidence établie par un mois au moins d'habitation continue à la date de la publication prévue par la loi.**

V. Circ. 29 mai 2013 de présentation de la loi ouvrant le mariage aux couples de personnes de même sexe (dispositions du code civil), 🏛.

Sur les conséquences du refus légal de célébrer un mariage de la part d'un officier d'état civil, V. Circ. 13 juin 2013, 🏛.

BIBL. ▶ DIEU, *D. 2013. Chron. 1643* (opposition des officiers d'état civil au mariage entre personnes de même sexe).

Conformité à la Constitution. L'art. 74 est conforme à la Constitution. • Cons. const. 18 oct. 2013, n° 2013-353 QPC : *JO 20 oct. 2013 ; cité note 1 ss. art. 34-1* (absence de clause de conscience pour les officiers d'état civil).

Circulaire du 13 juin 2013,

Conséquences du refus illégal de célébrer un mariage de la part d'un officier d'état civil 🏛.

Art. 74-1 *(L. n° 2006-1376 du 14 nov. 2006, art. 1er, en vigueur le 1er mars 2007)* **Avant la célébration du mariage, les futurs époux confirment l'identité des témoins déclarés en application de l'article 63 ou, le cas échéant, désignent les nouveaux témoins choisis par eux.**

Art. 75 *(L. n° 66-359 du 9 juin 1966)* **« Le jour désigné par les parties, après le délai de publication, l'officier de l'état civil, à la mairie, en présence d'au moins deux témoins, ou de quatre au plus, parents ou non des parties, fera lecture aux futurs** ***époux des articles 212 »*** *(L. n° 2013-404 du 17 mai 2013, art. 4)* **« et 213, ~~du premier~~ alinéa des articles 214 et 215, et de l'article 371-1 du présent code. »**

(L. 9 août 1919) **« Toutefois, en cas d'empêchement grave, le procureur de la République du lieu du mariage pourra requérir l'officier de l'état civil de se transporter au domicile ou à la résidence de l'une des parties pour célébrer le mariage. En cas de péril imminent de mort de l'un des futurs époux, l'officier de l'état civil pourra s'y transporter avant toute réquisition ou autorisation du procureur de la République,**

auquel il devra ensuite, dans le plus bref délai, faire part de la nécessité de cette célébration hors de la maison commune.

« Mention en sera faite dans l'acte de mariage.

« L'officier de l'état civil interpellera les futurs époux, et, s'ils sont mineurs, leurs ascendants présents à la célébration et autorisant le mariage, d'avoir à déclarer s'il a été fait un contrat de mariage et, dans le cas d'affirmative, la date de ce contrat, ainsi que les nom et lieu de résidence du notaire qui l'aura reçu.

« Si les pièces produites par l'un des futurs époux ne concordent point entre elles quant aux prénoms ou quant à l'orthographe des noms, il interpellera celui qu'elles concernent, et, s'il est mineur, ses plus proches ascendants présents à la célébration, d'avoir à déclarer que le défaut de concordance résulte d'une omission ou d'une erreur. *— Suite de l'alinéa abrogée par L. 2 févr. 1933.*

« Il recevra de chaque partie, l'une après l'autre, la déclaration qu'elles veulent se prendre pour *(L. nº 2013-404 du 17 mai 2013, art. 13)* **« époux » ; il prononcera, au nom de la loi, qu'elles sont unies par le mariage et il en dressera acte sur-le-champ. »**

Sur l'information des conjoints en matière de nationalité, V. Décr. nº 98-719 du 20 août 1998, art. 5, ss. art. 21-7.

Sur la possibilité pour le maire d'affecter, sauf opposition du procureur de la République, à la célébration de mariages tout bâtiment communal, autre que celui de la maison commune, situé sur le territoire de la commune, V. CGCT, art. L. 2121-30-1. **— CGCT.**

Sur la suppression de la lecture de l'art. 220 lors de la cérémonie du mariage, V. Circ. 29 mai 2013 de présentation de la loi ouvrant le mariage aux couples de personnes de même sexe (dispositions du code civil), .

Conformité à la Constitution : • Cons. const. 28 janv. 2011 : *D. 2011. Pan. 1040, obs. Lemouland et Vigneau ; AJ fam. 2011. 157, obs. Chénedé ; RTD civ. 2011. 326, obs. Hauser* (mariage homosexuel).

Art. 76 *(L. 4 févr. 1928)* **L'acte de mariage énoncera :**

1° Les prénoms, noms, professions, âges, dates et lieux de naissance, domiciles et résidences des époux ;

2° Les prénoms, noms, professions et domiciles des pères et mères ;

3° Le consentement des pères et mères, aïeuls ou aïeules, et celui du conseil de famille, dans le cas où ils sont requis ;

4° Les prénoms et nom du précédent conjoint de chacun des époux ;

5° *Abrogé par L. 13 févr. 1932.*

6° La déclaration des contractants de se prendre pour époux, et le prononcé de leur union par l'officier de l'état civil ;

7° Les prénoms, noms, professions, domiciles des témoins et leur qualité de majeurs ;

8° La déclaration, faite sur l'interpellation prescrite par l'article précédent, qu'il a été ou qu'il n'a pas été fait de contrat de mariage et, autant que possible, la date du contrat, s'il existe, ainsi que les nom et lieu de résidence du notaire qui l'aura reçu ; le tout à peine, contre l'officier de l'état civil, de l'amende fixée par l'article 50.

Dans le cas où la déclaration aurait été omise ou serait erronée, la rectification de l'acte, en ce qui touche l'omission ou l'erreur, pourra être *(L. nº 2016-1547 du 18 nov. 2016, art. 55)* **« effectuée conformément à l'article 99-1 ».**

(L. nº 97-987 du 28 oct. 1997) **« 9° S'il y a lieu, la déclaration qu'il a été fait un acte** ***de désignation de la loi applicable*** **conformément à la convention sur la loi applicable aux régimes matrimoniaux, faite à La Haye le 14 mars 1978, ainsi que la date et le lieu de signature de cet acte et, le cas échéant, le nom et la qualité de la personne qui l'a établi. »** *— Pour la Convention de La Haye du 14 mars 1978, V. ndlr ss. art. 1397-2.*

(Ord. nº 59-71 du 7 janv. 1959) **« En marge de l'acte de naissance de chaque époux, il sera fait mention de la célébration du mariage et du nom du conjoint. »**

Lorsqu'un acte de mariage contient la déclaration des futurs époux qu'il n'a pas été fait de contrat de mariage, cette énonciation fait foi jusqu'à preuve contraire. • Civ. 1re, 6 mai 1985 : *Bull. civ. I, nº 138.*

CHAPITRE IV DES ACTES DE DÉCÈS

Art. 77 *Abrogé par Décr. n° 60-285 du 28 mars 1960.*

Art. 78 *(L. 7 févr. 1924)* **L'acte de décès sera dressé par l'officier de l'état civil de la commune où le décès a eu lieu, sur la déclaration d'un parent du défunt ou sur celle d'une personne possédant sur son état civil les renseignements les plus exacts et les plus complets qu'il sera possible.**

(L. n° 2016-1547 du 18 nov. 2016, art. 52) **« Pour s'assurer de l'exactitude des informations déclarées, l'officier de l'état civil peut demander la vérification des données à caractère personnel du défunt auprès du dépositaire de l'acte de naissance ou, à défaut d'acte de naissance détenu en France, de l'acte de mariage. »**

Sur la rédaction de l'acte de décès, V. Circ. 26 juill. 2017, Annexe 4, .

Code général des collectivités territoriales

Art. L. 2223-42, R. 2213-17 s.

Art. 79 *(L. 7 févr. 1924)* **L'acte de décès énoncera :**

1° Le jour, l'heure et le lieu du décès ;

2° Les prénoms, nom, date et lieu de naissance, profession et domicile de la personne décédée ;

3° Les prénoms, noms, professions et domiciles de ses père et mère ;

4° Les prénoms et nom de l'autre époux, si la personne décédée était mariée, veuve ou divorcée ;

(L. n° 2011-525 du 17 mai 2011, art. 1er) **« 4° *bis* Les prénoms et nom de l'autre partenaire, si la personne décédée était liée par un pacte civil de solidarité ; »**

5° Les prénoms, nom, âge, profession et domicile du déclarant et, s'il y a lieu, son degré de parenté avec la personne décédée.

Le tout, autant qu'on pourra le savoir.

(Ord. n° 45-509 du 29 mars 1945) **« Il sera fait mention du décès en marge de l'acte de naissance de la personne décédée. »**

En ce qui concerne la mention « mort pour la France », V. C. pens. mil., art. L. 488.

1. Force probante de la date du décès. Si, à défaut de toute autre indication, le décès doit être réputé s'être produit le jour où il est constaté par l'officier de l'état civil, cette présomption peut être détruite par tout intéressé établissant le moment précis du décès. • Civ. 1re, 28 janv. 1957, n° 797 P • Paris, 31 mars 1962: *D. 1962. 459.* ♦ Si l'acte de décès n'établit, quant à l'heure du décès, qu'une simple présomption, il appartient à celui qui la conteste d'en établir l'inexactitude. • Civ. 1re, 19 oct. 1999, n° 97-19.845 P : *D. 1999. IR 256 ; LPA 23 févr. 2001, note Py ; RTD civ. 2000. 79, obs. Hauser* . ♦ V. conf., pour la date du décès, • Civ. 1re, 3 févr. 2004, n° 00-17.126 P : *RTD civ. 2004. 261, obs. Hauser* . ♦ Pour un exemple de preuve contraire de la date du décès, rapportée par expertise médicale et autopsie : • Metz, 13 nov. 1991 : *JCP 1992. IV. 201* (date exacte maintenue dans une fourchette d'une trentaine d'heures).

2. Définition juridique de la mort. V. notes 13 s. ss. art. 16.

Art. 79-1 *(L. n° 93-22 du 8 janv. 1993)* **Lorsqu'un enfant est décédé avant que sa naissance ait été déclarée à l'état civil, l'officier de l'état civil établit un acte de naissance et un acte de décès sur production d'un certificat médical indiquant que l'enfant est né vivant et viable et précisant les jours et heures de sa naissance et de son décès.** — *Pour la mention sur le livret de famille, V. Décr. n° 74-449 du 15 mai 1974, art. 9, ss. art. 54.*

A défaut du certificat médical prévu à l'alinéa précédent, l'officier de l'état civil établit un acte d'enfant sans vie. Cet acte est inscrit à sa date sur les registres de décès et il énonce les jour, heure et lieu de l'accouchement, les prénoms et noms, dates et lieux de naissance, professions et domiciles des père et mère et, s'il y a lieu, ceux du déclarant. *(L. n° 2021-1576 du 6 déc. 2021)* **« Peuvent également y figurer, à la demande des père et mère, le ou les prénoms de l'enfant ainsi qu'un nom qui peut être soit le nom du père, soit le nom de la mère, soit leurs deux noms accolés dans l'ordre choisi par eux dans la limite d'un nom de famille pour chacun d'eux. Cette**

inscription de prénoms et nom n'emporte aucun effet juridique. » L'acte dressé ne préjuge pas de savoir si l'enfant a vécu ou non ; tout intéressé pourra saisir le tribunal judiciaire à l'effet de statuer sur la question. — *L'acte d'enfant sans vie est dressé par l'officier de l'état civil sur production d'un certificat médical établi dans des conditions définies par arrêté du ministre chargé de la santé et mentionnant les heure, jour et lieu de l'accouchement (Décr. n° 2008-800 du 20 août 2008). — V. Arr. du 20 août 2008 (JO 22 août). — Pour la mention sur le livret de famille, V. Décr. n° 74-449 du 15 mai 1974, art. 4, ss. art. 54.*

V. Circ. 19 juin 2009 (acte d'enfant sans vie) et Circ. 12 juill. 2022 (présentation des dispositions issues de la L. n° 2021-1576 du 6 déc. 2021 visant à nommer les enfants nés sans vie). — ***C. ét. civ.***

BIBL. ▶ BAILLON-WIRTZ, *Dr. fam. 2007. Étude 13* (condition juridique de l'enfant sans vie). - BALESTRIERO, *D. 1999. Chron. 81* (enfant mort-né). - CORPART, *JCP 2005. I. 171* (décès périnatal et qualification juridique du cadavre) ; *Mél. Wiederkehr, Dalloz 2009. 133* (fœtus mort). - DUTRIEUX, *Defrénois 2002. 719* (circulaire du 30 nov. 2001). - GRANET, *JCP 1999. I. 124* (état civil et décès périnatal). - MURAT, *RDSS 1995. 451* (décès périnatal) ; *Dr. fam. 1999, n° 77* (viabilité et enregistrement à l'état civil des enfants mort-nés) ; *ibid., n° 112* (exclusion de la reconnaissance de l'enfant déclaré sans vie) ; *ibid. 2002, n° 48* (circulaire du 30 nov. 2001).

▶ **Décr. 20 août 2008 :** BINET, *JCP N 2008. Actu. 611.* - MARRAUD DES GROTTES, *RLDC 2008/53, n° 3156.* - MASSIP, *Defrénois 2008. 2148 ; Gaz. Pal. 2008. 3674.* - PICHARD, *LPA 25 nov. 2008.* - ROUSSET, *JCP 2008. Actu. 553.* - SAUVAGE, *AJ fam. 2008. 392*. - VALORY, *RJPF 2008-9/15.*

▶ **Circ. 19 juin 2009 :** HAUSER, *RTD civ. 2010. 75*. - MURAT, *Dr. fam. 2010, n° 123.* - SAUVAGE, *AJ fam. 2009. 397*.

1. En refusant de rendre à un enfant mort-né sa véritable filiation paternelle, l'autorité publique a manqué à son obligation de garantir le respect effectif de la vie privée et familiale de la mère. • CEDH, sect. I, 2 juin 2005, *Znamenskaya c/ Russie : JCP 2005. I. 179, n° 14, obs. Sudre ; RTD civ. 2005. 737, obs. Marguénaud*.

2. L'établissement d'un acte d'enfant sans vie n'est subordonné ni au poids du foetus, ni à la durée de la grossesse ; cassation de l'arrêt ayant retenu, pour refuser cet acte, les critères de poids et de durée de grossesse mentionnés par l'OMS. • Civ. 1re, 6 févr. 2008 (3 arrêts), n° 06-16.498 P : *R., p. 203 ; D. 2008. AJ 483, obs. P. Guiomard ; ibid. Chron. C. cass. 638, obs. Chauvin ; ibid. Pan. 1371, obs. Granet-Lambrechts ; ibid. 2008. Pan. 1442, obs. Galloux ; ibid. 1862, note Roujou de Boubée et Vigneau ; JCP 2008. II. 10045, note Loiseau ; Gaz. Pal. 2008. 1. 356, avis Legoux ; LPA 1er avr. 2008, note Latina ; ibid. 21 juill. 2008, note Pichard ; ibid. 2 juill. 2008, note Massip ; ibid. 1443, note Popu ; AJ fam. 2008. 165, obs. Chénedé ; Dr. fam. 2008, n° 34, obs. Murat ; Defrénois 2008. 866, note Massip ; RLDC 2008/47, nos 2915 et 2916, obs. Marraud des Grottes, Delevoye et Sureau ; RTD civ. 2008. 268, obs. Hauser*. ♦ Inapplicabilité de l'arrêté du 22 août 2008 prévoyant la forme du certificat médical permettant l'établissement d'un acte d'enfant sans vie aux accouchements antérieurs : • Douai, 23 nov. 2009 : *JCP 2010, n° 215, note Binet ; Dr. fam. 2010, n° 55, obs. Murat.*

3. Violation de l'art. 8 Conv. EDH dans les conditions d'inhumation d'un enfant mort-né. • CEDH, sect. V, 14 févr. 2008, *H.-V. c/ Suisse*, n° 55525/00 : *D. 2008. Pan. 1435, obs. Galloux* (inhumation dans une fosse commune, par des agents municipaux, sans association des parents).

Art. 80 *(L. 20 nov. 1919)* **Lorsqu'un décès se sera produit ailleurs que dans la commune où le défunt était domicilié, l'officier de l'état civil qui aura dressé l'acte de décès enverra, dans le plus bref délai, à l'officier de l'état civil du dernier domicile du défunt une expédition de cet acte, laquelle sera immédiatement transcrite sur les registres.** *(Ord. n° 58-779 du 23 août 1958)* **« Cette disposition ne s'applique pas aux villes divisées en arrondissements, lorsque le décès est survenu dans un arrondissement autre que celui où le défunt était domicilié. »**

(L. n° 2009-526 du 12 mai 2009, art. 4) **« En cas de décès dans les établissements de santé et dans les établissements sociaux et médico-sociaux qui accueillent des personnes âgées, les directeurs en donnent avis, par tous moyens, dans les vingt-quatre heures, à l'officier de l'état civil. Dans ces établissements, un registre est tenu sur lequel sont inscrits les déclarations et renseignements portés à la connaissance de l'officier de l'état civil.**

« En cas de difficulté, l'officier de l'état civil doit se rendre dans les établissements pour s'assurer, sur place, du décès et en dresser l'acte, conformément à l'article 79, sur la base des déclarations et renseignements qui lui sont communiqués. »

Art. 81 Lorsqu'il y aura des signes ou indices de mort violente, ou d'autres circonstances qui donneront lieu de le soupçonner, on ne pourra faire l'inhumation qu'après qu'un officier de police, assisté d'un docteur en médecine *ou en chirurgie*, aura dressé procès-verbal de l'état du cadavre, et des circonstances y relatives, ainsi que des renseignements qu'il aura pu recueillir sur les prénoms, nom, âge, profession, lieu de naissance et domicile de la personne décédée.

Art. 82 L'officier de police sera tenu de transmettre de suite, à l'officier de l'état civil du lieu où la personne sera décédée, tous les renseignements énoncés dans son procès-verbal, d'après lesquels l'acte de décès sera rédigé.

L'officier de l'état civil en enverra une expédition à celui du domicile de la personne décédée, s'il est connu : cette expédition sera inscrite sur les registres.

Art. 83 *Abrogé par L. n° 2011-525 du 17 mai 2011, art. 158.*

Art. 84 En cas de décès dans les prisons ou maisons de réclusion et de détention, il en sera donné avis sur-le-champ, par les concierges ou gardiens, à l'officier de l'état civil, qui s'y transportera comme il est dit en l'article 80, et rédigera l'acte de décès.

Art. 85 Dans tous les cas de mort violente *(L. n° 2011-525 du 17 mai 2011, art. 158)* « ou survenue dans un établissement pénitentiaire », il ne sera fait sur les registres aucune mention de ces circonstances, et les actes de décès seront simplement rédigés dans les formes prescrites par l'article 79.

Art. 86 *(L. 7 févr. 1924)* « En cas de décès pendant un voyage maritime et dans les circonstances prévues à l'article 59, il en sera, dans les vingt-quatre heures, dressé acte par les officiers instrumentaires désignés en cet article et dans les formes qui y sont prescrites. »

Al. 2 et 3 abrogés par Décr. n° 65-422 du 1er juin 1965. – V. art. 9 de ce texte, ss. art. 54.

Art. 87 *(Ord. n° 58-779 du 23 août 1958)* Lorsque le corps d'une personne décédée est retrouvé et peut être identifié, un acte de décès doit être dressé par l'officier de l'état civil du lieu présumé du décès, quel que soit le temps écoulé entre le décès et la découverte du corps.

Si le défunt ne peut être identifié, l'acte de décès doit comporter son signalement le plus complet ; en cas d'identification ultérieure, l'acte est rectifié dans les conditions prévues à *(L. n° 2016-1547 du 18 nov. 2016, art. 55)* « l'article 99-1 » du présent code. *(L. n° 2011-267 du 14 mars 2011, art. 6)* « L'officier d'état civil informe sans délai le procureur de la République du décès, afin qu'il puisse prendre les réquisitions nécessaires aux fins d'établir l'identité du défunt. » – *V. Décr. n° 2012-125 du 30 janv. 2012, relatif à la procédure extrajudiciaire d'identification des personnes décédées.*

Ni l'art. 87 ni l'art. 88 n'interdisent au juge de déclarer le décès d'une personne dont le corps a été retrouvé. Il peut notamment en être ainsi lorsque aucune déclaration de décès n'a été faite à l'officier de l'état civil ou lorsqu'il existe une contestation quant à l'identité du corps qui a été découvert. • Civ. 1re, 30 avr. 1985 : *D. 1985. 451, note J. M.* – V. aussi • Paris, 8 avr. 1999 : *D. 1999. IR 147 ; RTD civ. 1999. 597, obs. Hauser.*

Art. 88 *(Ord. n° 58-779 du 23 août 1958)* Peut être judiciairement déclaré, à la requête du procureur de la République ou des parties intéressées, le décès de tout Français disparu en France ou hors de France, dans des circonstances de nature à mettre sa vie en danger, lorsque son corps n'a pu être retrouvé.

Peut, dans les mêmes conditions, être judiciairement déclaré le décès de tout étranger ou apatride disparu soit sur un territoire relevant de l'autorité de la France, soit à bord d'un bâtiment ou aéronef français, soit même à l'étranger s'il avait son domicile ou sa résidence habituelle en France.

La procédure de déclaration judiciaire de décès est également applicable lorsque le décès est certain mais que le corps n'a pu être retrouvé.

BIBL. ▶ VEAUX, *D. 1947. Chron. 169.*

1. Qualité pour agir. Les administrations intéressées peuvent introduire l'instance en déclaration de décès par l'intermédiaire du ministère public. • Civ. 1re, 14 mars 1995, n° 92-21.226 P : *Defrénois 1995. 1374, obs. Massip ; RTD civ. 1995. 323, obs. Hauser.*

2. Appréciation souveraine. Apprécie souverainement les circonstances de nature à mettre la vie d'une personne en danger, au sens de l'art. 88, la cour d'appel qui constate que le disparu se trouvait à bord d'un navire, au large, par mer agitée, d'une température de 9°. • Même arrêt.

Art. 89 *(Ord. n° 58-779 du 23 août 1958)* **La requête est présentée au tribunal judiciaire du lieu de la mort ou de la disparition, si celle-ci s'est produite sur un territoire relevant de l'autorité de la France, sinon, au tribunal du domicile ou de la dernière résidence du défunt ou du disparu ou, à défaut, au tribunal du lieu du port d'attache de l'aéronef ou du bâtiment qui le transportait. A défaut de tout autre, le tribunal judiciaire de Paris est compétent.**

(L. n° 2011-525 du 17 mai 2011, art. 87) **« Si plusieurs personnes ont disparu au cours du même événement, une requête collective peut être présentée au tribunal du lieu de la disparition, à celui du port d'attache du bâtiment ou de l'aéronef, au tribunal judiciaire de Paris ou à tout autre tribunal judiciaire que l'intérêt de la cause justifie. »**

Art. 90 *(Ord. n° 58-779 du 23 août 1958)* **Lorsqu'elle n'émane pas du procureur de la République, la requête est transmise par son intermédiaire au tribunal. L'affaire est instruite et jugée en chambre du conseil. Le ministère d'***(L. n° 2011-94 du 25 janv. 2011, art. 31, en vigueur le 1er janv. 2012)* **« avocat » n'est pas obligatoire et tous les actes de la procédure ainsi que les expéditions et extraits desdits actes sont dispensés du timbre et enregistrés gratis.**

Si le tribunal estime que le décès n'est pas suffisamment établi, il peut ordonner toute mesure d'information complémentaire et requérir notamment une enquête administrative sur les circonstances de la disparition.

Si le décès est déclaré, sa date doit être fixée en tenant compte des présomptions tirées des circonstances de la cause et, à défaut, au jour de la disparition. Cette date ne doit jamais être indéterminée.

Art. 91 *(Ord. n° 58-779 du 23 août 1958)* **Le dispositif du jugement déclaratif de décès est transcrit sur les registres de l'état civil du lieu réel ou présumé du décès et, le cas échéant, sur ceux du lieu du dernier domicile du défunt.**

Mention de la transcription est faite en marge des registres à la date du décès. En cas de jugement collectif, des extraits individuels du dispositif sont transmis aux officiers de l'état civil du dernier domicile de chacun des disparus, en vue de la transcription.

Les jugements déclaratifs de décès tiennent lieu d'actes de décès et sont opposables aux tiers, qui peuvent seulement en obtenir la rectification *(L. n° 2016-1547 du 18 nov. 2016, art. 55)* **« ou l'annulation, conformément aux articles 99 et 99-1 du présent code ».**

Effets du jugement. Le décès d'une personne, lorsqu'il est établi par un jugement déclaratif comme lorsqu'il l'est par un acte de l'état civil, emporte à la date à laquelle il est fixé ouverture de la succession de cette personne et dissolution de la communauté existant entre elle et son conjoint. • Civ. 1re, 15 janv. 1968 : *D. 1968. 263.*

Art. 92 *(Ord. n° 58-779 du 23 août 1958)* **« Si celui dont le décès a été judiciairement déclaré reparaît postérieurement au jugement déclaratif, le procureur de la République ou tout intéressé peut poursuivre, dans les formes prévues aux articles 89 et suivants, *l'annulation du jugement.* »**

(L. n° 77-1447 du 28 déc. 1977) **« Les dispositions des articles 130, 131 et 132 sont applicables, en tant que de besoin. »**

(Ord. n° 45-2561 du 30 oct. 1945) **« Mention de l'annulation du jugement déclaratif sera faite en marge de sa transcription. »**

Code des transports

(Ord. n° 2010-1307 du 28 oct. 2010)

Art. L. 6132-3 En cas de disparition sans nouvelles d'un aéronef, l'appareil est réputé perdu *(L. n° 2011-1862 du 13 déc. 2011, art. 68)* « un » mois après la date de l'envoi des dernières nouvelles.

A l'expiration de ce délai, les dispositions des articles *(L. n° 2011-1862 du 13 déc. 2011, art. 68)* « 88 » à 90 du code civil peuvent être mises en œuvre.

A cette fin, l'autorité administrative déclare la présomption de disparition et adresse au procureur général près la cour d'appel compétente les réquisitions nécessaires pour la constatation judiciaire du décès des personnes disparues.

CHAPITRE V DES ACTES DE L'ÉTAT CIVIL CONCERNANT LES MILITAIRES ET MARINS DANS CERTAINS CAS SPÉCIAUX

Art. 93 *(L. n° 57-1232 du 28 nov. 1957)* **Les actes de l'état civil concernant les militaires et les marins de l'État sont établis comme il est dit aux chapitres précédents.**

(Ord. n° 2007-465 du 29 mars 2007, art. 3) **« Toutefois, en cas de guerre, d'opérations militaires conduites en dehors du territoire national ou de stationnement des forces armées françaises en territoire étranger, en occupation ou en vertu d'accords intergouvernementaux, ces actes peuvent être également reçus par les officiers de l'état civil militaires désignés par arrêté du ministre de la défense. »** *(Ord. n° 58-779 du 23 août 1958)* **« Lesdits officiers de l'état civil sont également compétents à l'égard des non-militaires lorsque les dispositions des chapitres précédents sont inapplicables. »**

(Ord. n° 2007-465 du 29 mars 2007, art. 3) **« Sur le territoire national, les officiers de l'état civil susmentionnés peuvent recevoir les actes concernant les militaires et les non-militaires, dans les parties du territoire où, par suite de mobilisation ou de siège, le service de l'état civil n'est plus régulièrement assuré. »**

Les déclarations de naissance aux armées sont faites dans les dix jours qui suivent l'accouchement.

(Ord. n° 2007-465 du 29 mars 2007, art. 3) **« Les actes de décès peuvent être dressés aux armées, bien que l'officier de l'état civil n'ait pu se transporter auprès de la personne décédée. Par dérogation aux dispositions de l'article 78, ils peuvent y être dressés sur l'attestation de deux déclarants. »**

L'Ord. n° 2007-465 du 29 mars 2007 a été ratifiée par la L. n° 2008-493 du 26 mai 2008, art. 2.

V. Décr. n° 65-422 du 1er juin 1965, art. 10, ss. art. 54.

Art. 94 *Abrogé par Décr. n° 65-422 du 1er juin 1965. – V. art. 10 de ce texte, ss. art. 54.*

Art. 95 *(L. n° 57-1232 du 28 nov. 1957)* **Dans les cas prévus aux alinéas 2 et 3 de l'article 93, les actes de l'état civil sont dressés sur un registre spécial, dont la tenue et la conservation sont réglées** *(Ord. n° 2007-465 du 29 mars 2007, art. 3)* **« par arrêté du ministre de la défense ».** *– V. Arr. du 19 juill. 1958, art. 2 (D. 1958. 255 ; BLD 1958. 496).*

Art. 96 *(L. n° 57-1232 du 28 nov. 1957)* **Lorsqu'un mariage est célébré dans l'un des cas prévus aux alinéas 2 et 3 de l'article 93, les publications sont faites, dans la mesure où les circonstances le permettent, au lieu du dernier domicile du futur époux ; elles sont en outre assurées, dans l'unité à laquelle l'intéressé appartient, dans les conditions fixées** *(Ord. n° 2007-465 du 29 mars 2007, art. 3)* **« par arrêté du ministre de la défense ».** *– V. Arr. du 19 juill. 1958, art. 3 (D. 1958. 255 ; BLD 1958. 496).*

Art. 96-1 *(L. n° 2008-493 du 26 mai 2008, art. 7)* **« En cas de guerre ou d'opérations militaires conduites en dehors du territoire national, pour causes graves et sur autorisation, d'une part, du garde des sceaux, ministre de la justice, et d'autre part, du ministre de la défense, il peut être procédé à la célébration du mariage des militaires, des marins de l'État, des personnes employées à la suite des armées ou embarquées à bord des bâtiments de l'État sans que le futur époux comparaisse en personne et même si le futur époux est décédé, à la condition que le consentement au mariage ait été constaté dans les formes ci-après : »**

(Ord. n° 2007-465 du 29 mars 2007, art. 3) **« 1° Sur le territoire national, le consentement au mariage du futur époux est constaté par un acte dressé par l'officier de l'état civil du lieu où la personne se trouve en résidence ;**

« 2° Hors du territoire national ou dans tous les cas où le service de l'état civil ne serait plus assuré dans le lieu où la personne se trouve en résidence, l'acte de consentement est dressé par les officiers de l'état civil désignés à l'article 93 ;

« 3° Lorsqu'il s'agit de militaires prisonniers de guerre ou internés, ce consentement peut être établi par les agents diplomatiques ou consulaires de l'État étranger chargé des intérêts français dans les pays où ces militaires sont retenus en captivité ou par les autorités diplomatiques ou consulaires françaises accréditées dans les pays où ils sont internés. Il peut également être établi soit par deux officiers ou sous-officiers français, soit par un officier ou un sous-officier français assisté de deux témoins de même nationalité ;

« 4° L'acte de consentement est lu par l'officier de l'état civil au moment de la célébration du mariage.

« Les actes de procuration et les actes de consentement au mariage de leurs enfants mineurs passés par les personnes susmentionnées peuvent être dressés dans les mêmes conditions que l'acte de consentement prévu aux alinéas précédents.

« Les modalités d'application du présent article sont fixées par voie réglementaire. »

Art. 96-2 *(Ord. n° 2007-465 du 29 mars 2007, art. 3)* Les effets du mariage mentionné à l'article 96-1 remontent à la date à laquelle le consentement du futur époux a été reçu.

Art. 97 *(L. n° 57-1232 du 28 nov. 1957)* Les actes de décès reçus par l'autorité militaire, dans tous les cas prévus à l'article 93 ci-dessus, ou par l'autorité civile pour des membres des forces armées, des civils participant à leur action, en service commandé, ou des personnes employées à la suite des armées, peuvent être l'objet d'une rectification administrative dans des conditions fixées par décret, dans les périodes et sur les territoires où l'autorité militaire est habilitée, par ledit article 93, à recevoir éventuellement ces actes.

Al. 2 abrogé par Décr. n° 65-422 du 1er juin 1965.

CHAPITRE VI DE L'ÉTAT CIVIL DE PERSONNES NÉES À L'ÉTRANGER QUI ACQUIÈRENT OU RECOUVRENT LA NATIONALITÉ FRANÇAISE

(L. n° 78-731 du 12 juill. 1978)

BIBL. GÉN. ▸ P.G., *chron. lég. RTD civ. 1978. 943.*

Art. 98 Un acte tenant lieu d'acte de naissance est dressé pour toute personne née à l'étranger qui acquiert ou recouvre la nationalité française à moins que l'acte dressé à sa naissance n'ait déjà été porté sur un registre conservé par une autorité française.

Cet acte énonce les nom, prénoms et sexe de l'intéressé et indique le lieu et la date de sa naissance, sa filiation, sa résidence à la date de l'acquisition de la nationalité française.

V. Décr. n° 80-308 du 25 avr. 1980, ss. art. 98-4.

La suppression de la mention de la profession dans l'acte tenant lieu d'acte de naissance doit être ordonnée à la demande de l'intéressé (application de la L. du 12 juill. 1978, art. 11, al. 2). • Civ. 1re, 17 oct. 2000 : *Defrénois 2001. 91, obs. Massip.*

Art. 98-1 De même, un acte tenant lieu d'acte de mariage est dressé lorsque la personne qui acquiert ou recouvre la nationalité française a contracté mariage antérieurement à l'étranger, à moins que la célébration du mariage n'ait déjà été constatée par un acte porté sur un registre conservé par une autorité française.

L'acte énonce :

– la date et le lieu de la célébration ;
– l'indication de l'autorité qui y a procédé ;
– les noms, prénoms, dates et lieux de naissance de chacun des époux ;
– la filiation des époux ;
– ainsi que, s'il y a lieu, le nom, la qualité et la résidence de l'autorité qui a reçu le contrat de mariage.

Art. 98-2 Un même acte peut être dressé portant les énonciations relatives à la naissance et au mariage, à moins que la naissance et le mariage n'aient déjà été constatés par des actes portés sur un registre conservé par une autorité française.

Il tient lieu à la fois d'acte de naissance et d'acte de mariage.

Art. 98-3 Les actes visés aux articles 98 à 98-2 indiquent en outre :
– la date à laquelle ils ont été dressés ;
– le nom et la signature de l'officier de l'état civil ;
– les mentions portées en marge de l'acte dont ils tiennent lieu ;
– l'indication des actes et décisions relatifs à la nationalité de la personne.
Mention est faite ultérieurement en marge :
– des indications prescrites pour chaque catégorie d'acte par le droit en vigueur.

Art. 98-4 Les personnes pour lesquelles des actes ont été dressés en application des articles 98 à 98-2 perdent la faculté de requérir la transcription de leur acte de naissance ou de mariage reçu par une autorité étrangère.
En cas de désaccord entre les énonciations de l'acte de l'état civil étranger ou de l'acte de l'état civil consulaire français et celles de l'acte dressé selon les dispositions desdits articles, ces dernières feront foi jusqu'à décision de rectification.

Loi n° 78-731 du 1er juillet 1978, *modifiant diverses dispositions du code civil, du code de la nationalité et du code de la santé publique.* **Art. 11** Les dispositions des articles 1er à 7 de la présente loi *[C. civ., art. 98 à 98-4 et 99-1]* s'appliqueront aux personnes qui acquerront ou recouvreront la nationalité française après leur entrée en vigueur. *(L. n° 93-22 du 8 janv. 1993)* « Ces dispositions sont également applicables aux personnes devenues ou redevenues françaises avant cette date qui en feront la demande. »

Art. 12 La présente loi est applicable à Mayotte.

Art. 13 Les articles 1er à 9 de la présente loi *[C. civ., art. 98 à 98-4 et 99-1 ; C. nat., art. 115 et 116, devenus C. civ., art. 28 et 28-1]* entreront en vigueur le 1er janvier 1979.

Décret n° 65-422 du 1er juin 1965, *portant création d'un service central d'état civil au ministère des affaires étrangères. – V. ce texte, ss. art. 54.*

Décret n° 80-308 du 25 avril 1980,

Portant application des articles 98 à 98-4 et 99-1 du code civil relatifs à l'état civil des personnes nées à l'étranger qui acquièrent ou recouvrent la nationalité française et des articles 115 et 116 du code de la nationalité [devenus C. civ., art. 28 et 28-1] relatifs aux mentions intéressant la nationalité portées en marge des actes de naissance.

Art. 1er *(Décr. n° 95-190 du 23 févr. 1995)* Les actes tenant lieu d'actes d'état civil aux personnes nées ou mariées à l'étranger qui acquièrent ou recouvrent la nationalité française, prévus par les articles 98 à 98-2 du code civil, sont établis en un seul original, par les officiers de l'état civil du service central d'état civil du ministère des affaires étrangères, qui en assure la conservation, la mise à jour et la délivrance selon des procédés manuels ou automatisés.

Art. 2 Les noms propres, les prénoms et les noms de lieux devant figurer dans les actes mentionnés à l'article 1er sont inscrits dans la forme et avec l'orthographe résultant des documents justificatifs produits par l'intéressé ou pour lui et, notamment, des traductions des actes de l'état civil étranger.

Art. 3 *Abrogé par Décr. n° 95-190 du 23 févr. 1995.*

Art. 4 *(Décr. n° 93-1362 du 30 déc. 1993)* « Tous les documents permettant l'établissement des actes sont transmis au service central de l'état civil du ministère des affaires étrangères *par le juge* du tribunal judiciaire lorsque l'acquisition de la nationalité française ou la réintégration dans cette nationalité résulte d'une déclaration souscrite en France, par le ministre de la justice lorsque la déclaration est souscrite à l'étranger, par le ministre chargé des naturalisations lorsque l'acquisition de la nationalité française ou la réintégration dans cette nationalité résulte d'un décret ou de l'enregistrement d'une déclaration souscrite en vertu de l'article 21-2 du code civil. »

Ces documents sont conservés en pièces annexes par ce service.

Art. 5 Les rectifications prévues par l'article 99-1 du code civil sont portées en marge des actes auxquels elles s'appliquent et signées comme le corps de l'acte.

Art. 6 *(Décr. nº 93-1362 du 30 déc. 1993)* « Les actes administratifs, les déclarations souscrites en vertu de l'article 21-2 du code civil et les décisions des juridictions administratives ayant trait à la nationalité sont notifiés par le ministre chargé des naturalisations aux officiers de l'état civil détenteurs de l'acte de naissance de l'intéressé. Les autres déclarations sont notifiées aux mêmes personnes par le juge du tribunal judiciaire lorsqu'elles sont souscrites en France, ou par le ministre de la justice lorsqu'elles sont souscrites à l'étranger. »

Les décisions des juridictions judiciaires ayant trait à la nationalité sont notifiées aux mêmes personnes par le ministère public.

(Décr. nº 98-720 du 20 août 1998) « Au moment de la première délivrance de certificat de nationalité française, le *(Décr. nº 2019-913 du 30 août 2019, art. 30, en vigueur le 1er janv. 2020)* « directeur des services de greffe judiciaire » qui l'établit adresse un avis de mention à l'officier de l'état civil détenteur de l'acte de naissance. »

(Décr. nº 93-1362 du 30 déc. 1993) « Les officiers de l'état civil apposent les mentions relatives à la nationalité dans les conditions prévues aux articles 28 et 28-1 du code civil. »

Art. 7 *V. Décr. nº 74-449 du 15 mai 1974, art. 7-1 et 8-1, ss. art. 54.*

Art. 8 *V. Décr. nº 65-422 du 1er juin 1965, art. 2-1, ss. art. 54.*

Art. 9 Le présent décret est applicable à Mayotte et dans les territoires d'outre-mer. – *Il en est de même des décrets modificatifs du 30 déc. 1993 et du 23 févr. 1995.*

CHAPITRE VII DE L'ANNULATION ET DE LA RECTIFICATION DES ACTES DE L'ÉTAT CIVIL *(L. nº 2016-1547 du 18 nov. 2016, art. 55).*

Sur l'annulation et la rectification des actes de l'état civil, V. Circ. 26 juill. 2017, Annexe 5 s., 🏛 *– V. également* ***C. ét. civ.***

Art. 99 *(Ord. nº 58-779 du 23 août 1958 ; Décr. nº 81-500 du 12 mai 1981)* **La rectification des actes de l'état civil est ordonnée par le président du tribunal.**

(L. nº 2021-1017 du 2 août 2021, art. 30) **« La rectification de l'indication du sexe et, le cas échéant, des prénoms est ordonnée à la demande de toute personne présentant une variation du développement génital ou, si elle est mineure, à la demande de ses représentants légaux, s'il est médicalement constaté que son sexe ne correspond pas à celui figurant sur son acte de naissance. »**

(L. nº 2016-1547 du 18 nov. 2016, art. 55) **« L'annulation des actes de l'état civil est ordonnée par le tribunal. Toutefois, le procureur de la République territorialement compétent peut faire procéder à l'annulation de l'acte lorsque celui-ci est irrégulièrement dressé. »**

1. Conv. EDH : droit à la rectification. Sur la consécration implicite d'un droit à la rectification de mentions inexactes dans les registres officiels. • CEDH, sect. IV, 27 avr. 2010, nº 27138/04 (mention d'origine ethnique lorsque la Moldavie était soviétique).

2. Indifférence de l'origine de l'erreur. L'art. 99 ne distingue pas selon le caractère volontaire ou non des erreurs contenues dans les actes de l'état civil. • Civ. 1re, 2 juin 1987 : *Gaz. Pal. 1988. 1. 110, note J. M.*

A. DOMAINE. DISTINCTION DES ACTIONS EN RECTIFICATION D'ACTES DE L'ÉTAT CIVIL ET DES ACTIONS D'ÉTAT

3. Principes. Le président du tribunal de grande instance est compétent pour ordonner la rectification des actes de l'état civil, sauf lorsque la demande soulève une question d'état, relative à la véracité ou au caractère mensonger d'une filiation ou tendant à suppléer un acte de l'état civil. • Civ. 1re, 26 janv. 1983, nº 81-16.795 P : *R., p. 41 ; D. 1983. 436, note Massip.*

1º ACTIONS EN RECTIFICATION PAR LE PRÉSIDENT

4. Erreur de sexe et omission de prénom. N'échappe pas à la compétence du président du tribunal une action ayant pour objet de réparer une erreur sur le sexe et une omission quant au prénom, prétendument commises par l'officier de l'état civil lors de l'inscription d'une reconnaissance, cette action ne s'analysant ni en une action. • Civ. 1re, 26 janv. 1983 : *préc. note 3.*

5. Suppression de mentions superflues. L'action ayant pour objet de faire supprimer de l'acte de naissance d'enfants la mention erronée que leur mère était, lors de la naissance, l'épouse d'un homme dont elle était, en réalité, divorcée, s'analyse en une action en rectification d'état civil. Elle est sans incidence sur la filiation des enfants nés plus de trois cents jours après la dissolution du mariage qui ont de plein droit la qualité d'enfants « naturels ». • Civ. 1re, 14 mai 1985, n° 84-10.437 P. ♦ Une ordonnance rectificative de l'acte de naissance d'un enfant supprimant la qualité de « célibataire » attribuée à la mère et ajoutant la désignation des nom et prénoms du mari de celle-ci n'exclut pas que la présomption de paternité puisse être écartée en application de l'art. 313-1 C. civ., l'indication du nom du mari au sens de ce texte étant l'indication du nom de celui-ci dans l'acte de naissance en qualité de père. • Civ. 1re, 3 juin 1980 : *D. 1981. 119, note Massip.* ♦ V. aussi ss. art. 98 (mention d'une profession). ♦ Sur la suppression d'un patronyme ajouté sur l'acte de naissance, V. note 7.

2° ACTIONS RELEVANT DU TRIBUNAL

6. Remise en cause de la filiation. En revanche, l'action discutant la nature de la filiation d'un enfant né moins de trois cents jours après le divorce et demandant que soit attribué aux enfants un nom différent de celui qui aurait été le leur par l'effet de la loi est irrecevable présentée par voie de requête. • Civ. 1re, 14 mai 1985 : *préc. note 5.* ♦ Le président du tribunal de grande instance est incompétent pour statuer sur une action tendant à trancher un conflit de filiations. • TGI Dunkerque, 9 juill. 1979 : *D. 1981. IR 293, obs. Huet-Weiller.*

7. Modification du nom. Une requête en rectification d'état civil formée par une personne désirant faire ajouter certains mots à son nom patronymique au motif que jusqu'à son trisaïeul le nom de tous les ancêtres du requérant était un nom composé ne peut être accueillie sans rechercher si, à défaut de titre de naissance, la filiation de cet ascendant était établie par la possession d'état. • Civ. 1re, 5 mai 1987, n° 84-16.126 P. ♦ Constitue une demande de changement de nom relevant de l'art. 61 C. civ. la demande d'un ressortissant étranger visant à ce que son nom double initial, conforme à sa législation, soit réintroduit dans la transcription de son état civil. • Civ. 1re, 8 juill. 2015, n° 13-50.062 P : *D. 2015. chron. C. cass. 1783, obs. Guyon-Renard ; AJ fam. 2016. 110, obs. Doublein ; RTD civ. 2015. 850, obs. Hauser* (double nom perdu dès lors qu'à la date de la transcription l'enfant légitime portait le nom de son père).

8. ... D'une particule. La suppression d'une particule ne tend pas à la rectification d'une erreur purement matérielle, de sorte qu'en procédant à une telle rectification, le procureur de la République excède les pouvoirs qui lui sont reconnus par l'anc. art. 99, al. 4. • Civ. 1re, 5 nov. 2014, n° 14-11.407 P : *D. 2015 Chron. C. cass. 511 note Guyon-Renard ; ibid. 649, obs. Douchy-Oudot ; AJ fam. 2014. 704, obs. Brot ; RTD civ. 2015. 98, obs. Hauser.*

9. ... Du nom figurant dans le jugement d'adoption. Un jugement d'adoption n'ayant fait l'objet d'aucune voie de recours, ses dispositions relatives au nom de l'adopté ne peuvent être modifiées, en l'absence de toute erreur matérielle. • Civ. 1re, 25 nov. 2009, n° 08-15.247 P : *D. 2009. AJ 2934 ; RLDC 2010/67, n° 3684, obs. Pouliquen ; Dr. fam. 2010, n° 41, note Murat ; RJPF 2010-2/13, obs. Corpart ; RTD civ. 2010. 77, obs. Hauser.*

10. ... De la mention du sexe en l'absence d'ambiguïté sexuelle. L'acte de naissance d'un enfant peut être annulé par le tribunal de grande instance, dès lors que le sexe déclaré sur cet acte n'est pas conforme à l'identité sexuelle réelle de l'enfant et que cet enfant n'était atteint, au jour de la naissance, d'aucune ambiguïté sexuelle, mais uniquement d'une anomalie des organes génitaux externes. • TGI Toulon, 7 déc. 2017, n° 17/03602 : *AJ fam. 2018. 121, obs. Saulier.*

11. Mentions en marge. L'annulation d'un acte de naissance en raison de ses mentions en marge (indication en marge d'une première reconnaissance, annulée par la suite) n'est pas légalement admise et échappe en tout état de cause au domaine de la rectification judiciaire prévue par l'art. 99. • Paris, 19 oct. 2000 : *D. 2001. 1275, note Ardeeff ; Dr. fam. 2001, n° 29, note Murat ; RTD civ. 2001. 106, obs. Hauser.* ♦ Mais jugé qu'une mention marginale portée par erreur dans un acte d'état civil peut être rectifiée par simple requête lorsqu'elle est incompatible avec le contenu de l'acte et qu'elle conduit à établir un statut impossible ou interdit par la loi (en l'espèce, une bigamie homosexuelle, antérieurement à la L. n° 2013-404 du 17 mai 2013). • TGI Lille, ord., 6 juill. 2002 : *D. 2002. 2901, note P. Labbée.*

B. PROCÉDURE

12. Principe : matière gracieuse. Le juge qui statue sur une requête en rectification d'état civil doit instruire et juger l'affaire comme en matière gracieuse ; il peut donc fonder sa décision sur tous les faits relatifs au cas qui lui est soumis, y compris ceux qui n'auraient pas été allégués. • Civ. 1re, 20 mai 1980, n° 79-10.244 P.

13. Exception : instance contentieuse. Les instances en déclaration ou rectification d'état civil, lorsqu'elles sont introduites par voie de requête, ressortissent à la juridiction gracieuse et ne deviennent contentieuses que si les juges ordonnent la mise en cause des parties intéressées ou si le ministère public intervient comme partie principale pour contredire la demande. • Civ. 1re, 7 déc. 1961, n° 59-12.626 P. ♦ En cas d'opposition du ministère public à une demande en rectification d'un acte de l'état civil, la procédure ayant un caractère contentieux, l'affaire doit être instruite et jugée en audience publique. • Civ. 1re, 23 nov. 1976 : *Bull. civ. I, n° 362* ♦ ... Et la décision acquiert autorité de la chose jugée. • Civ. 1re, 16 déc. 2015, n° 14-26.479 P : *AJ fam. 2016. 162, obs. Thouret ; RTD civ. 2016. 80, obs. Hauser*. ♦ ... Et le pourvoi en cassation n'est recevable que si la décision attaquée a été préalablement signifiée. • Civ. 1re, 8 oct. 2008 : *cité ss. art. 366* • 14 mai 2014, n° 13-15.186 P : *AJ fam. 2014. 430, obs. Eudier*. ♦ Dès lors que la rectification sollicitée des actes de l'état civil n'est que l'accessoire de l'action contentieuse engagée afin de déterminer la chronologie des décès des victimes d'un incendie, il n'y a pas lieu de faire application des art. 797 s. C. pr. civ. relatifs à la procédure en matière gracieuse. • Douai, 16 janv. 1995 : *JCP 1996. II. 22717, note Buffelan-Lanore.*

Art. 99-1 *(L. n° 2016-1547 du 18 nov. 2016, art. 55)* **L'officier de l'état civil rectifie les erreurs ou omissions purement matérielles entachant les énonciations et mentions apposées en marge des actes de l'état civil dont il est dépositaire et dont la liste est fixée par le code de procédure civile.**

Si l'erreur entache d'autres actes de l'état civil, l'officier de l'état civil saisi procède ou fait procéder à leur rectification lorsqu'il n'est pas dépositaire de l'acte.

Les modalités de cette rectification sont précisées au même code.

Le procureur de la République territorialement compétent peut toujours faire procéder à la rectification administrative des erreurs et omissions purement matérielles des actes de l'état civil ; à cet effet, il donne directement les instructions utiles aux dépositaires des registres de l'acte erroné ainsi qu'à ceux qui détiennent les autres actes entachés par la même erreur.

Sur la notion d'erreur matérielle, V. les art. 76, 87 et 91. ♦ V. ss. l'empire droit antérieur à la L. du 18 nov. 2016, notes 9 et 11 ss. art. 99.

Art. 99-2 *(L. n° 78-731 du 12 juill. 1978)* **Les personnes habilitées à exercer les fonctions d'officier de l'état civil pour dresser les actes mentionnés aux articles 98 à 98-2 peuvent procéder à la rectification administrative des erreurs et omissions purement matérielles »** *(L. n° 2016-1547 du 18 nov. 2016, art. 55)* **« entachant les énonciations et mentions apposées en marge de ces actes conformément à l'article 99-1.**

« Les personnes habilitées à exercer les fonctions d'officier de l'état civil auprès de l'Office français de protection des réfugiés et apatrides peuvent, dans les mêmes conditions, procéder à la rectification des certificats tenant lieu d'acte de l'état civil établis conformément au code de l'entrée et du séjour des étrangers et du droit d'asile. »

La L. n° 2016-1547 du 18 nov. 2016, art. 55, a renuméroté l'art. 99-1 en art. 99-2.

V. Décr. n° 80-308 du 25 avr. 1980, art. 5, ss. art. 98-4.

Art. 100 *(L. n° 2016-1547 du 18 nov. 2016, art. 55)* **Toute rectification ou annulation judiciaire ou administrative d'un acte est opposable à tous à compter de sa publicité sur les registres de l'état civil.**

1. Opposabilité des rectifications. Si les rectifications d'état civil sont opposables à tous, elles ne confèrent de droits qu'à ceux qui les ont requises et à leurs ayants cause. • Civ. 1re, 25 mai 1992 : *D. 1992. 445, note F. Boulanger ; Defrénois 1992. 1431, obs. Massip.*

2. Tierce opposition. Une décision judiciaire rendue en matière d'état des personnes ou d'état civil est, même lorsqu'elle est opposable à tous, toujours susceptible de tierce opposition de la part des personnes qui auraient eu qualité pour intervenir dans l'instance judiciaire et y faire valoir leurs droits (en l'espèce, tierce opposition du fils contre le jugement ordonnant rectification du nom porté sur l'acte de naissance de son père ayant défendu seul à l'action). • Civ. 1re, 7 janv. 1975 : *Bull. civ. I, n° 6.* ♦ Rappr. note 5 ss. art. 55.

Art. 101 *(Ord. n° 58-779 du 23 août 1958 ; Décr. n° 81-500 du 12 mai 1981)* **Expédition de l'acte ne peut plus être délivrée qu'avec les rectifications ordonnées, à peine de l'amende édictée par l'article 50 du code civil et de tous dommages-intérêts contre le dépositaire des registres.** – *V. C. pr. civ., art. 1055.*

V. Décr. n° 83-883 du 27 sept. 1983 (D. et ALD 1983. 489) portant publication de la convention relative aux décisions de rectification d'actes de l'état civil, signée à Paris le 10 sept. 1964.

CHAPITRE VIII DE LA PUBLICITÉ DES ACTES DE L'ÉTAT CIVIL

(L. n° 2016-1547 du 18 nov. 2016, art. 53)

Art. 101-1 La publicité des actes de l'état civil est assurée par la délivrance des copies intégrales ou d'extraits faite par les officiers de l'état civil.

Le contenu et les conditions de délivrance des copies intégrales et des extraits sont fixés par décret en Conseil d'État.

La procédure de vérification sécurisée des données à caractère personnel contenues dans les actes de l'état civil peut être mise en œuvre aux fins de suppléer à la délivrance des copies intégrales et des extraits, dans les conditions fixées par décret en Conseil d'État. Lorsque la procédure de vérification peut être mise en œuvre par voie dématérialisée, notamment par les notaires, elle se substitue à toute autre forme de délivrance de copie intégrale ou d'extrait mentionnée aux articles précédents.

La procédure de vérification par voie dématérialisée est obligatoirement mise en œuvre par les communes sur le territoire desquelles est située ou a été établie une maternité.

Le dernier al. de l'art. 101-1, dans sa rédaction résultant de l'art. 53 de la L. n° 2016-1547 du 18 nov. 2016, entre en vigueur au plus tard le 1er nov. 2018 (L. préc., art. 114-XVII).

Art. 101-2 La publicité des actes de l'état civil est également assurée par le livret de famille, dont le contenu, les règles de mise à jour et les conditions de délivrance et de sécurisation sont fixés par décret en Conseil d'État. Son modèle est défini par arrêté.

TITRE III DU DOMICILE

RÉP. CIV. v° *Domicile, demeure et logement familial*, par Y. Buffelan-Lanore.

BIBL. GÉN. ▶ Martin-Serf, *RTD civ. 1978. 535*. – Dossier, *Dr. et patr. 10/2013. 40* (identification juridique : entre information et secret).

Art. 102 Le domicile de tout Français, quant à l'exercice de ses droits civils, est au lieu où il a son principal établissement.

(L. n° 2014-366 du 24 mars 2014, art. 46) « Le lieu d'exercice des droits civils d'une personne sans domicile stable est celui où elle a fait élection de domicile dans les conditions prévues à l'article L. 264-1 du code de l'action sociale et des familles. »

(Ord. n° 58-923 du 7 oct. 1958) « Les bateliers et autres personnes vivant à bord d'un bateau de navigation intérieure immatriculé en France, qui n'ont pas le domicile prévu à l'alinéa précédent ou un domicile légal, sont tenus de choisir un domicile dans l'une des communes dont le nom figure sur une liste établie par arrêté du garde des sceaux, ministre de la justice, du ministre de l'intérieur et du ministre des travaux publics, des transports et du tourisme. Toutefois, les bateliers salariés et les personnes vivant à bord avec eux peuvent se domicilier dans une autre commune à condition que l'entreprise qui exploite le bateau y ait son siège ou un établissement ; dans ce cas, le domicile est fixé dans les bureaux de cette entreprise ; à défaut de choix par eux exercé, ces bateliers et personnes ont leur domicile au siège de l'entreprise qui exploite le bateau et, si ce siège est à l'étranger, au bureau d'affrètement de Paris. »

Al. 3 abrogé par L. n° 69-3 du 3 janv. 1969.

Sur l'élection de domicile des personnes sans domicile stable, V. CASF, art. L. 264-1 et L. 264-2. – **CASF. – C. ét. civ.**

Sur la possibilité pour les personnes détenues d'élire domicile auprès de l'établissement pénitentiaire pour l'exercice de certains droits, V. L. 2009-1436 du 24 nov. 2009, art. 30 (JO 25 nov.).

Sur le domicile des bateliers, des forains et des nomades, V. Ord. n° 58-923 du 7 oct. 1958, art. 2 🏛.

BIBL. ▶ Doll, *D. 1970. Chron. 25* (statut des nomades - loi du 3 janv. 1969). – Mercoli, *RRJ 2003/1. 149* (notion d'établissement).

I. DÉTERMINATION DU DOMICILE

1. Appréciation souveraine. La question de savoir en quel lieu se trouve le domicile est essentiellement une question de fait. • Req. 21 nov. 1905 : *DP 1906. 1. 20.* ♦ ... Qui relève du pouvoir souverain d'appréciation des juges du fond. • Civ. 1re, 12 févr. 1980 : *Bull. civ. I, n° 50* • 22 nov. 1989 : *ibid. I, n° 359.* – Jurisprudence constante.

2. *Unicité du domicile.* On ne peut avoir légalement qu'un seul domicile. • Req. 1er févr. 1911 : *DP 1913. 1. 400.* ♦ V. cependant les effets reconnus au domicile apparent : • Civ. 1re, 31 janv. 1968 : *Bull. civ. I, n° 41* (assignation devant le tribunal du domicile apparent). ♦ ... Et aux domiciles spéciaux, V. notes 9 s.

A. PERSONNES PHYSIQUES

3. *Éléments retenus pour caractériser le lieu du principal établissement.* Résidence et installation durable : • Req. 21 nov. 1905 : *préc.* • Civ. 1re, 18 nov. 1969, n° 68-11.144 P • 24 juill. 1973 : *Bull. civ. I, n° 253.* ♦ Exercice de l'activité professionnelle : • Req. 29 juill. 1936 : *DH 1936. 474* • Civ. 1re, 5 nov. 1958 : *Bull. civ. I, n° 474* • Civ. 2e, 26 avr. 1990, n° 90-60.136 P. ♦ Autres éléments pris en compte à titre additionnel (paiement des impôts, inscription sur les listes électorales, réception de la correspondance, déclarations de l'intéressé, attaches familiales, professionnelles et affectives...) : • Civ. 13 janv. 1919 : *D. 1922. 150* • Req. 29 juill. 1935 : *DH 1935. 556* • Civ. 1re, 25 juin 1980 : *Bull. civ. I, n° 199* • Civ. 2e, 19 avr. 1984, n° 84-60.160 P. ♦ Comp. • Civ. 2e, 3 juill. 1991, n° 91-60.050 P.

4. *Preuve.* La mention dans l'intitulé d'un jugement de l'adresse donnée par le demandeur ne préjuge pas de son domicile réel dans la commune qu'il a indiquée. • Civ. 2e, 12 mars 1981 : *Bull. civ. II, n° 60.* ♦ Mais les juges peuvent retenir le fait pour une personne de s'être elle-même domiciliée à tel lieu dans divers actes de procédure. • Civ. 2e, 7 janv. 1976 : *Bull. civ. II, n° 2.* ♦ Production d'un certificat de résidence : • Civ. 1re, 11 janv. 1983 : *Bull. civ. I, n° 12.* ♦ Un certificat de domicile prouve la demeure de celui qui le produit à la date à laquelle il est établi et la preuve de l'inexactitude des mentions d'un acte incombe à la partie qui argue cet acte de nullité. • Civ. 2e, 7 oct. 1971, n° 70-13.320 P. ♦ La production par le bailleur d'un rapport de détective privé sur la domiciliation fiscale de son locataire en Suisse ne suffit pas à établir que celui-ci ne réside pas à titre principal dans les lieux loués. • Civ. 1re, 31 janv. 2006, n° 02-15.028 P : *AJDI 2006. 569, obs. de La Vaissière.* ♦ La seule indication du nom du destinataire d'un acte sur la boîte aux lettres n'est pas de nature à établir, en l'absence d'autres diligences, la réalité du domicile du destinataire de l'acte. • Civ. 2e, 4 mars 2021, n° 19-25.291 P.

5. *Distinction du domicile et de la résidence.* V. note 4 ss. art. 103 et notes ss. art. 108-2. ♦ Appréciation souveraine des juges du fond pour considérer que la résidence habituelle d'un salarié est située dans la ville où il travaille pendant la semaine et non à celle de son domicile, où il se rend en fin de semaine. • Soc. 22 juin 2016, n° 15-15.986 P.

6. *Restriction au libre choix du domicile personnel.* Violation de l'art. 2 du protocole n° 4 Conv. EDH par une législation prévoyant des sanctions administratives en cas d'absence d'enregistrement par la police, dans un délai de trois jours, de tout changement d'adresse. • CEDH, sect. I, 5 oct. 2006, *Bolat c/ Russie,* n° 14139/03. ♦ V. aussi : • CEDH, sect. I, 21 déc. 2006, *Bartik c/ Russie,* n° 55565/00 (privation excessive du droit de circuler en raison de l'accès à des informations confidentielles pendant l'activité professionnelle). ♦ Domicile et lieu de travail du salarié : V. note 64 ss. art. 9.

B. PERSONNES MORALES

BIBL. Reboul, *Rev. sociétés 1975. 391* (opération de domiciliation des sociétés). ♦ Pour la domiciliation d'une entreprise : Atias, *JCP 1985. I. 3190.* – Brault, *Gaz. Pal. 1985. 1. Doctr. 170.*

7. *Principes.* Le domicile est, en principe, au siège social fixé par les statuts, à moins qu'il ne soit établi que ce siège est une fiction et qu'en réalité les opérations de la société se font toutes ou généralement en un autre lieu. • Civ. 2e, 19 mars 1956 : *D. 1956. 351.* ♦ Comp. • Civ. 2e, 24 avr. 1981 : *Gaz. Pal. 1981. 2. 601, note Viatte.* ♦ Sur la nécessité de préciser que le siège social est fictif pour retenir la compétence du tribunal du lieu du principal établissement, V. • Com. 13 déc. 1983 : *JCP 1985. II. 20421, note Signoret-Serrano* (application de la convention franco-monégasque du 13 sept. 1950). ♦ Lorsqu'un transfert du siège social a été réalisé peu avant la date d'une assignation, c'est le juge du nouveau siège qui doit être saisi, dès lors que ce transfert a été effectué dans des conditions apparemment régulières et qu'il n'est pas manifestement fictif ou frauduleux. • Paris, 30 nov. 1965 : *D. 1966. 242.* ♦ Une société dissoute conserve son domicile social et peut être régulièrement assignée à ce domicile tant que la liquidation n'est pas terminée. • Paris, 3 juill. 1967 : *D. 1967. 666.* ♦ Pour apprécier l'exactitude du siège social indiqué dans les conclusions d'une personne morale, il y a lieu de se référer à la loi dont dépend la société en cause. • Com. 21 oct. 2014, n° 13-11.805 P.

8. *Jurisprudence « des gares principales » – Succursales.* Si les sociétés de commerce doivent être assignées en leur maison sociale, considérée comme étant le lieu de leur établissement principal, une même société peut avoir plusieurs maisons, situées en divers lieux, réunissant les conditions d'un tel établissement, et, par conséquent, avoir plusieurs domiciles. • Civ. 4 mars 1857 : *DP 1857. 1. 124.* – V. aussi : • Req. 19 juin 1876 : *GAJC, 12e éd., n° 24 ; DP 1877. 1. 135.* ♦ Une personne morale peut être assignée devant la juridiction du ressort dans lequel elle dispose d'une succursale ou d'une agence ayant le pouvoir de la représenter à l'égard des tiers, dès lors que l'affaire se rapporte à son activité ou que les faits générateurs de responsabilité se sont produits dans le ressort de celle-ci. • Civ. 2e, 6 avr. 2006, n° 04-17.849 P : *JCP E 2007. 1414, note Legros.*

II. DOMICILES SPÉCIAUX

9. Domicile commercial. Pour déterminer le lieu du principal établissement commercial, il faut rechercher, non pas le domicile d'habitation, mais l'endroit de l'activité professionnelle principale, et pour déterminer, entre deux établissements commerciaux appartenant à la même personne, celui qui doit être tenu pour le principal, les juges du fond apprécient souverainement les éléments de preuve qui leur sont soumis. • Com. 15 nov. 1965, n° 63-10.666 P. ♦ Il ne résulte de l'inscription au registre du commerce qu'une simple présomption, susceptible de preuve contraire, que le principal établissement est bien situé au lieu indiqué. • Paris, 27 oct. 1975 : *Gaz. Pal. 1978. 1. 333 (1er arrêt), note J. G.* ♦ Le domicile d'un employeur, en tant que tel, se trouve à son domicile commercial ou industriel, qui vaut, au moins, comme domicile élu, l'élection étant tacite. • Soc. 10 mars 1965 : *Bull. civ. IV, n° 212.* – Même sens : • Com. 10 juill. 1962 : *ibid. III, n° 355.* ♦ Les juges du fond apprécient souverainement que le domicile secondaire de nature commerciale a perdu ce caractère du fait de la cessation de toute exploitation commerciale dans les lieux. • Civ. 2e, 11 janv. 1968 : *Bull. civ. II, n° 13.*

10. Domicile électoral. **BIBL.** Bonnet et Mucchielli, *R. 1990, p. 219* (contentieux judiciaire de l'inscription sur les listes électorales). ♦ V. C. **élect.** ♦ Seul le domicile réel, à l'exclusion du domicile d'origine, peut justifier une inscription sur la liste électorale en application de l'art. L. 11 C. élect. • Civ. 2e, 8 mars 1995, n° 95-60.207 P (refus d'inscription) • 12 mars 1992, n° 92-60.078 P (radiation) • Civ. 2e, 19 mars 2015, n° 15-60.113 P. ♦ Le domicile d'un étudiant n'est pas nécessairement fixé au lieu où il poursuit ses études. • Civ. 2e, 14 avr. 2005, n° 05-60.084 P. ♦ Les attaches matérielles et affectives de l'électeur avec la commune ne doivent pas être prises en compte. • Civ. 2e, 8 mars 1995 : *préc.* • 8 juill. 1992, n° 92-60.280 P • 3 juill. 1991, n° 91-60.050 P. ♦ Cassation pour ne pas avoir recherché si l'électeur pouvait justifier d'une inscription au rôle des contributions directes pour la cinquième fois, sans interruption. • Civ. 2e, 8 mars 1995, n° 95-60.156 P. ♦ L'inscription au titre du domicile, prévue par l'art. L. 30, 2° *bis*, C. élect., n'est soumise à aucune condition de durée. • *Civ. 2e, 29 avr. 2014, n° 14-60.489.* ♦ L'achat d'une concession au cimetière d'une commune n'est pas de nature à constituer un domicile pour l'exercice des droits électoraux. • Civ. 2e, 27 avr. 1974 : *Bull. civ. II, n° 137.* ♦ Sur le cas de copropriété indivise d'un immeuble, V. • Civ. 2e, 26 avr. 1990 : *Gaz. Pal. 1991. 1. 258, note Pielberg.* ♦ Sur le cas des marchands forains, V. • Civ. 2e, 12 mars 1980 : *Bull. civ. II, n° 54.*

Le fait pour un homme politique de déposer des effets personnels ou encore de régler des factures d'électricité ne saurait à lui seul faire du local sous-loué son domicile personnel, alors que celui-ci fait partie intégrante des locaux loués par l'association politique dont il est vice-président pour l'exercice de l'activité professionnelle de celle-ci. • Civ. 2e, 20 févr. 2020, n° 20-12.180 P (locaux au surplus dépourvus de cuisine) • Civ. 2e, 20 févr. 2020, n° 20-12.184 P (même solution pour sa concubine).

11. En déterminant, pour l'application du code électoral, le domicile réel d'un électeur, le juge ne porte pas atteinte au principe du libre choix du domicile, au sens de l'art. 8 Conv. EDH. • Civ. 2e, 2 mars 2001, n° 01-60.226 P. ♦ L'obligation de respecter, dans le délai réglementaire, les formalités de radiation puis d'inscription sur une nouvelle liste électorale ne porte pas à l'électeur une atteinte telle qu'elle prive d'effectivité le droit visé à l'art. 3 du protocole n° 1. • CEDH, sect. II, 18 nov. 2003, *Benkaddour c/ France,* n° 51685/99 (réglementation poursuivant des buts légitimes, notamment de lutte contre d'éventuelles fraudes, et s'inscrivant dans la large marge d'appréciation dont disposent les États en cette matière).

12. Domicile fiscal. **BIBL.** Prissert, *Gaz. Pal. 1986. 1. Doctr. 1 et 100* (conséquences fiscales d'un choix de résidence). – Tixier, *D. 1977. Chron. 201* (régime fiscal des étrangers en France). ♦ Sur la détermination du domicile fiscal, V. • CE 12 mars 1975 : *D. 1976. 257, note Vlachos* • Crim. 22 janv. 1990 : *D. 1990. 453, note Tixier et Lamulle* (domiciliation fictive à l'étranger) • CE 3 nov. 1995 : *D. 1996. 108, note Tixier et Hamonic* • Com. 15 oct. 1996 : *D. 1997. 75, note Tixier et Michel* ; *JCP N 1997. II. 276, note D. F.* (domicile fiscal en matière de droits de succession) • CE 5 juill. 1999 : *D. 2000. 28, note Tixier et Hamonic-Gaux* (domicile fiscal pour l'imposition des revenus provenant de l'exploitation de navires) • Com. 30 mai 2000, n° 98-10.983 P (impôt sur la fortune). ♦ Un transfert nécessité, non par des convenances personnelles ou professionnelles, mais par le suivi d'un traitement médical n'emporte pas modification du domicile fiscal. • Com. 16 déc. 1997, n° 95-20.365 P.

13. Domicile de nationalité. V. • Civ. 1re, 6 déc. 1989 : *Bull. civ. I, n° 381* • 21 mai 1990, n° 88-16.673 P • 23 juin 1992, n° 90-18.908 P • 10 févr. 1993, n° 91-17.601 P • 6 avr. 1994, n° 92-17.685 P • 10 avr. 1996 : *D. 1997. 105, note Guiho* • 13 janv. 1998, n° 95-20.260 P • 28 nov. 2000, n° 98-12.585 P : *D. 2001. IR 43* .

14. Domicile de secours (CASF, art. L. 122-2 et L. 122-3). V. • CE 28 juill. 1989 : *RDSS 1990.*

132, concl. Tuot (prise en charge par l'État de personnes sans domicile fixe dépourvues d'un domicile de secours antérieur) • CE 9 avr. 1993, *Dpt de Paris : D. 1993. IR 125* (application au bénéfice d'un réfugié) • CE 28 juill. 1993, *Dpt de l'Allier : Gaz. Pal. 1994. 1. 97* (domicile de secours du mineur) • CE 25 mars 1998, *Dpt de la Côte-d'Or : RFDA 1998. 663* (domicile de secours et admission dans un établissement sanitaire ou social) • CE 27 juin 2005 : *D. 2006. 212, note Dagorne-Labbe ; RDSS 2005. 793, concl. Stahl* (en l'absence de domicile de secours déterminé, nécessité pour la Commission centrale d'aide sociale de se prononcer sur cette question).

III. PROTECTION DU DOMICILE EN TANT QUE LIEU PRIVÉ

15. Voies de fait. Sont constitutives d'une voie de fait, en raison de la gravité des atteintes portées à l'inviolabilité du domicile, les décisions de l'autorité militaire ordonnant apposition des scellés sur le logement occupé, en dehors de tout bâtiment militaire, par un officier. • T. confl. 27 juin 1966, *Guigon c/ Min. des armées : D. 1968. 7, note Douence.*

16. Perquisitions. Si les nécessités de l'action fiscale peuvent exiger que des agents du fisc soient autorisés à opérer des investigations dans des lieux privés, de telles investigations ne peuvent être conduites que dans le respect de l'art. 66 de la Constitution qui confie à l'autorité judiciaire la sauvegarde de la liberté individuelle sous tous ses aspects, et notamment celui de l'inviolabilité du domicile. • Cons. const. 29 déc. 1983 : *JCP 1984. II. 20160, note Drago et Decocq.* ♦ V. aussi Viala et Amadio, *Gaz. Pal. 1984. 1. Doctr. 97* (à propos de la décision précitée du Conseil constitutionnel annulant l'extension des visites domiciliaires en matière fiscale). ♦ V. aussi : • CEDH, sect. V, 24 juill. 2008, *André c/ France*, n° 18603/03 : *RFDA 2009. 710, obs. Labayle et Sudre* (visite domiciliaire à des fins fiscales chez des avocats de la société cliente soupçonnée de fraude jugée disproportionnée, la visite ayant pour objectif d'établir la fraude que l'administration avait par ailleurs du mal à prouver). ♦ Les dispositions de l'art. L. 16 B du livre des procédures fiscales, qui organisent le droit de visite des agents de l'administration des impôts et le recours devant le premier président de la cour d'appel, assurent la conciliation du principe de la liberté individuelle ainsi que du droit d'obtenir un contrôle juridictionnel effectif du déroulement de la visite avec les nécessités de la lutte contre la fraude fiscale, de sorte que l'atteinte au droit au respect de la vie privée et du domicile qui en résulte est proportionnée au but légitime poursuivi. • Com. 9 juin 2015, n° 14-17.039 P. ♦ La possibilité de visites et perquisitions de nuit dans des locaux exclusivement affectés à l'habitation en cas d'enquête préliminaire ou d'instruction préparatoire est de nature à entraîner des atteintes excessives à la liberté individuelle. • Cons. const. 16 juill. 1996 : *D. 1997. 69, note Mercuzot ; JCP 1996. II. 22709, note Nguyen Van Tuong ; ibid. I. 4023, n°s 23 s., obs. Mathieu et Verpeaux.* ♦ Violation de l'art. 8 Conv. EDH en cas de perquisition effectuée sans vérification suffisante de l'identité des occupants résidant depuis six mois dans l'appartement du suspect. • CEDH, sect. IV, 18 juill. 2006, *Keegan c/ Royaume-Uni,* n° 28867/03 (la preuve de l'intention de nuire des autorités policières n'est pas requise, la convention ayant pour objectif de protéger contre les abus de pouvoir, quelles que soient leur motivation ou leur cause). ♦ V. aussi : • CEDH, sect. I, 9 nov. 2006, *Imakayeva c/ Russie*, n° 7615/02 (absence de mandat de perquisition : l'objectif général de lutte contre le terrorisme ne peut remplacer une autorisation individuelle définissant le but et la portée de l'opération).

Sur l'extension à la protection du droit au respect du domicile de l'exigence d'une enquête effective : • CEDH, sect. IV, 8 août 2006, *H. M. c/ Turquie*, n° 34494/97 (enquête insuffisante sur les allégations de perquisition illégale chez une personne dont les activités syndicales la mettaient sous la menace d'actes d'intimidation). ♦ Sur cette exigence, V. aussi ss. art. 16, pour le droit à la vie et le droit à la dignité.

17. ... Intrusion policière. Il n'appartient pas à un officier de police judiciaire, autorisé par le procureur de la République à contraindre une personne à comparaître par la force publique, de pénétrer de force dans un domicile, une telle atteinte à la vie privée ne pouvant résulter que de dispositions légales spécifiques confiant à un juge le soin d'en apprécier préalablement la nécessité. • Crim. 18 sept. 2019, n° 18-84.885 P : *AJ pénal 2019. 561, obs. Clément*.

18. Visites par le service municipal du logement. Transmission d'une QPC pour les art. L. 651-4, L. 651-6 et L. 651-7 CCH qui donnent aux agents assermentés du service municipal du logement le pouvoir de pénétrer dans des lieux à usage d'habitation en l'absence et sans l'accord de l'occupant du local, sans y avoir été préalablement autorisés par le juge judiciaire ; ces dispositions ne comportent pas de précisions suffisantes relatives aux conditions d'exercice des visites des locaux et d'accès aux documents s'y trouvant et ne prévoient pas de voies de recours appropriées permettant de faire contrôler par un juge la régularité des opérations. • Civ. 3e, 17 janv. 2019, n° 18-40.040 P : *D. 2019. 127 ; AJDI 2019. 538, obs. de La Vaissière ; JCP 2019, n° 230, note Matsopoulou.*

19. Personnes morales. Les droits garantis sous l'angle de l'art. 8 Conv. EDH peuvent, dans certaines circonstances, être interprétés comme incluant pour une société le droit au respect de son siège social, son agence ou ses locaux professionnels. • CEDH 16 avr. 2002, *Sté Colas Est c/ France : D. 2003. Somm. 527, obs. Birsan ; ibid. 1541, obs. A. Lepage ; JCP 2002. I. 153, n° 11, obs. Besrour ; JCP E 2003. I. 492, n° 5, obs. J. Raynaud ; AJDA 2002. 502, obs. Flauss ; Europe 2002, n° 307, obs. Deffains.* ♦ Mais une société civile immobilière n'a pas qualité pour invoquer une atteinte au droit à la vie privée et au respect du domicile de ses associés. • Crim. 16 janv. 2019, n° 17-83.006 P. ♦ Comp. • Civ. 3e, 7 avr. 2016, n° 15-15.011 P (rejet du pourvoi contre un arrêt estimant qu'un terrain acquis par une SCI, dont les associés étaient des gens du voyage, ne pouvait constituer le domicile de ces derniers en l'absence de preuve d'un lien suffisant entre eux et ce terrain qu'ils n'avaient pas occupé). ♦ Comp. estimant que les dispositions des art. L. 1451-1, L. 3241-3 et L. 3241-4 C. transp., qui autorisent les fonctionnaires ou agents de l'État chargés du contrôle des transports terrestres à accéder aux locaux de l'entreprise, à l'exception des locaux d'habitation, entre 8 h et 20 h, répondent, sans disproportion, à l'objectif d'établir une concurrence libre et non faussée, en assurant des garanties suffisantes aux parties : • Crim. 19 mai 2020, nos 18-82.844 et 19-83.339 P.

20. Domicile et vie privée. V. notes 40 s. et 64 ss. art. 9 et rappr. note 64 ss. art. 16 et note 71 ss. art. 544. ♦ Celui qui invoque la violation du droit au respect de sa vie privée et familiale et de son domicile, garanti par l'art. 8 Conv. EDH, doit justifier d'un intérêt personnel à agir, en démontrant qu'il est victime de la violation alléguée. • Civ. 3e, 4 mars 2021, n° 20-11.726 P : *D. 2021. 527 ; ibid. 1048, obs. Damas* (rejet de l'action menée par le propriétaire, et non par les locataires du logement concerné). ♦ Violation continue de l'art. 8 Conv. EDH en raison du refus d'autoriser les Chypriotes grecs déplacés à regagner leur domicile. • CEDH, gr. ch., 10 mai 2001, *Chypre c/ Turquie*, n° 25781/94. ♦ Sur les modalités d'indemnisation de l'impossibilité d'accès au domicile pendant dix ans, dès lors que les requérants ne souhaitent plus y retourner. • CEDH, sect. III, 13 juill. 2006, *Dogan c/ Turquie*, n° 8803/02. ♦ La résiliation d'un bail assorti de garanties particulières alors que la locataire vivait dans ce logement depuis des décennies et qu'elle ne l'avait quitté, pour aller voir sa fille à l'étranger, que temporairement avec l'intention d'y revenir, constitue une ingérence dans sa vie privée. Absence de violation, compte tenu de la large marge d'appréciation en la matière, de la décision des autorités estimant que le retour de la locataire était possible, nonobstant l'état de guerre, et affectant après résiliation le logement à des personnes déplacées dans un but légitime de politique sociale, à savoir répondre aux besoins de logement. • CEDH, sect. I, 29 juill. 2004, *Blecic c/ Croatie*, n° 59532/00. ♦ L'expulsion d'un concubin du logement loué par son partenaire est une ingérence dans le droit au respect de son domicile. • CEDH, sect. I, 18 nov. 2004, *P. c/ Russie : JCP 2005. I. 169, nos 5 s., obs. Nadaud* (absence de violation en l'espèce).

Il appartient à l'État de ménager un juste équilibre entre l'intérêt du bien-être économique d'une ville, en l'espèce celui de disposer d'une station d'épuration, et la jouissance effective par tout individu du droit au respect de son domicile et de sa vie privée et familiale. • CEDH 9 déc. 1994, *Lopez Ostra c/ Espagne : Série A, n° 303-C ; Jur. CEDH, 5e éd., n° 134, obs. Berger ; Gaz. Pal. 1995. 2. 527, note Clément.* ♦ Dans le même sens : • CEDH 19 févr. 1998, *Guerra c/ Italie : D. 1998. Somm. 370, obs. Renucci ; RTD civ. 1998. 515, obs. Marguénaud* • CEDH, sect. III, 2 nov. 2006, n° 59909/00 : *D. 2007. 1324, note Marguénaud*. ♦ Les décisions refusant à la requérante, tsigane, l'autorisation de rester sur son terrain avec ses caravanes et les mesures d'expulsion prises à son encontre constituent une ingérence dans le droit de celle-ci au respect de sa vie privée et de son domicile au sens de l'art. 8, § 1, Conv. EDH. • CEDH 18 janv. 2001, *Chapman c/ Royaume-Uni : D. 2002. 2758, note Fiorina* (ingérence cependant estimée légitime en l'espèce). ♦ Comp. : appréciation de la nécessité de démolir des cabanons construits sur un terrain privé au regard de la proportionnalité de ces mesures compte tenu du droit au respect de la vie privée et familiale et du domicile des propriétaires occupants. • Civ. 3e, 17 déc. 2015, n° 14-22.095 : *AJDI 2016. 667, note Zitouni ; RDI 2016. 100, obs. Soler-Couteaux ; AJCT 2016. 283, obs. Péchillon ; RTD civ. 2016. 398, obs. Dross ; ibid. 449, obs. Cayrol*. ♦ Pour une appréciation prenant en compte un besoin social impérieux de préserver la sécurité des personnes exposées à un risque naturel d'inondation et d'éviter toute construction nouvelle ou reconstruction à l'intérieur des zones inondables soumises aux aléas les plus forts : • Civ. 3e, 16 janv. 2020, n° 19-13.645 P : *D. 2020. 1761, obs. Reboul-Maupin et Strickler ; RDI 2020. 150, obs. Soler-Couteaux ; ibid. 201, obs. Revert*. ♦ Mais cassation de l'arrêt qui n'a pas recherché concrètement, comme il le lui était demandé, si les mesures ordonnées étaient proportionnées au regard du droit au respect de la vie privée et familiale et du domicile. • Civ. 3e, 16 janv. 2020, n° 19-10.375 P : *AJDA 2020. 143 ; D. 2020. 82 ; RDI 2020. 150, obs. Soler-Couteaux ; RTD civ. 2020. 428, obs. Dross*. ♦ Sur les conditions procédurales à respecter pour ce type d'expulsion et, notamment, l'inadéquation d'une procédure en référé sans exposé des motifs susceptibles d'être examinés au fond par un tribunal indépendant : • CEDH, sect. IV, 27 mai 2004, *Connors c/ Royaume-Uni*, n° 66746/01. ♦ Respect du choix de la résidence. • CEDH, sect. I, 22 févr. 2007, *Tatichvili c/ Russie*, n° 1509/02. ♦ L'installation de caravanes constituant l'habitat permanent du propriétaire d'un terrain est soumise à déclaration préalable ; l'installation, sans autorisation préalable, sur un terrain situé en zone non constructible et en zone inondable constitue un trouble manifestement illicite ; l'enlèvement des caravanes ne viole pas l'art. 8 Conv. EDH. • Civ. 3e, 3 mars 2010, n° 08-21.911 P.

L'art. 8 Conv. EDH inclut le droit de toute personne au respect de son domicile actuel, mais pas celui d'acheter tel ou tel bien. • CEDH, sect. IV, 5 oct. 2000, *Strunjak c/ Croatie,* n° 46934/99 (légitimité, au surplus, d'une distinction dans la possibilité pour les locataires d'acheter à prix préférentiel le logement qu'ils occupent selon que ce logement appartient à l'État ou à des particuliers, en raison d'une différence objective de situation et de la protection des droits des propriétaires privés). ♦ En l'absence de circonstances exceptionnelles, refus de fonder sur l'art. 8 un droit de se voir fournir un autre logement par l'État pour un tzigane obligé de quitter son emplacement initial et qui n'a fait aucune démarche pour trouver un site officiel. • CEDH, sect. IV, 9 nov. 2004, *Ward c/ Royaume-Uni,* n° 31888/03. ♦ Comp. cassation de l'arrêt qui a ordonné la démolition d'une maison construite sans permis de construire, sans répondre aux conclusions du prévenu selon lesquelles une démolition porterait une atteinte disproportionnée au droit au respect de sa vie privée et familiale et à son domicile, en ce qu'elle viserait la maison d'habitation dans laquelle il vivait avec sa femme et ses deux enfants, la famille ne disposant pas d'un autre lieu de résidence malgré une demande de relogement. • Crim. 31 janv. 2017, n° 16-82.945 P : *D. 2017. 1789, obs. Neyret et Reboul-Maupin ; RDI 2017. 195, obs. Roujou de Boubée ; RSC 2017. 317, obs. Robert .*

La nécessité de prévenir un dommage imminent caractérisé par un danger pour la sécurité tant des usagers du boulevard périphérique que des familles occupant deux campements établis dans une zone dangereuse et dans des conditions très précaires exige leur expulsion sans délai, la cour d'appel ayant légalement justifié sa décision au regard des droits fondamentaux protégés par l'art. 8 Conv. EDH. • Civ. 3e, 22 oct. 2015, n° 14-11.776 P. ♦ Sur la protection de la vie privée au regard de mesures de géolocalisation et de vidéosurveillance du domicile et de ses dépendances, V. notes 92 et 133 ss. art. 9.

21. Domicile et liberté d'expression. La liberté d'expression garantie par l'art. 10 Conv. EDH n'est pas sans limites et peut se heurter au droit du propriétaire au respect de ses biens. L'évolution des modes de déplacement et de rencontre de la population n'implique pas automatiquement le droit de pénétrer dans les propriétés privées. Absence de violation du texte dans le fait, pour le propriétaire d'un supermarché, d'interdire la distribution de tracts dans les zones d'entrée et les allées de son centre commercial. • CEDH, sect. IV, 6 mai 2003, *Appleby c/ Royaume-Uni,* n° 44306/98 (décision réservant la possibilité d'une solution différente si l'interdiction d'entrer sur une propriété constitue une entrave à l'exercice effectif de la liberté d'expression ou anéantit l'essence même de ce droit).

22. Protection pénale. V. C. pén., art. 226-4 et 432-8 (anc. C. pén., art. 184). ♦ Un propriétaire n'ayant jamais occupé le bien immobilier (terrain d'implantation d'une roulotte), celui-ci ne constitue pas un domicile au sens de l'art. 226-4 C. pén. ; dès lors, ne relève pas de cet art. le fait, pour l'occupant de la roulotte, légalement expulsé, d'avoir réintégré les lieux dès le lendemain de son expulsion. • Crim. 30 oct. 2006, n° 06-80.680 P : *D. 2007. Pan. 2638, obs. Garé ; RTD civ. 2007. 87, obs. Hauser .* ♦ Protection du domicile d'une personne morale contre les incursions des journalistes (centre d'essais d'un constructeur automobile). • Crim. 23 mai 1995, n° 94-81.141 P : *R., p. 390 ; RTD civ. 1996. 130, obs. Hauser .*

Un véhicule ne constitue pas un domicile. • Crim. 5 janv. 2021, n° 20-80.569 P.

Ordonnance n° 58-923 du 7 octobre 1958,

relative au domicile des bateliers, des forains et des nomades.

Art. 103 **Le changement de domicile s'opérera par le fait d'une habitation réelle dans un autre lieu, joint à l'intention d'y fixer son principal établissement.**

En ce qui concerne la notification du changement de domicile de la personne tenue de prestations ou de pensions envers son conjoint ou ses enfants, ou chez qui ses enfants résident habituellement, V. notes ss. art. 270 et 373-2.

Sur le service public du changement d'adresse, V. Ord. n° 2005-395 du 28 avr. 2005 (JO 29 avr.), et Décr. n° 2005-469 du 16 mai 2005 (JO 17 mai).

1. Appréciation souveraine. Appréciation souveraine par les juges du fond des faits constitutifs d'un changement de domicile : • Req. 12 juin 1903 : *DP 1903. 1. 410* • Civ. 1re, 24 juill. 1973 : *Bull. civ. I, n° 253.*

2. Nécessité d'une intention certaine. Le domicile d'origine se conserve tant que l'intention d'en adopter un nouveau n'est pas établie avec certitude. • Soc. 8 juin 1951 : *D. 1951. 510 (1re esp.).* ♦ Peu importe une absence, même prolongée. • Civ. 1re, 17 nov. 1981, ♔ no 80-14.728 P. ♦ ... Ou une résidence dans une autre commune. • Soc. 25 mai 1951 : *D. 1951. 509.*

3. Jeune majeur sans profession. En ce sens que le domicile reste celui de la minorité lorsque la personne n'exerce aucune profession lucrative et ne peut se suffire à elle-même : • Civ. 2e, 16 déc. 1982 : *Bull. civ. II, no 165.*

4. Hospitalisation. L'art. L. 352-2, al. 1er (devenu L. 328, puis L. 3211-7), CSP, aux termes duquel la personne placée dans un établissement psychiatrique conserve le domicile qui était le sien avant le placement, aussi longtemps que ce dernier reste à sa disposition, n'exclut pas la possibilité d'un transfert de ce domicile pendant la durée de l'hospitalisation. • Civ. 1re, 22 mars 1972, ♔ no 70-11.209 P. ♦ Sur la preuve du placement et de sa date, V. • Civ. 2e, 29 janv. 1976 : *Bull. civ. II, no 32.* ♦ Les textes relatifs aux conditions de prise en charge des frais d'hospitalisation des assurés sociaux se réfèrent à la résidence de l'intéressé, notion de fait mieux adaptée aux traitements et soins d'urgence, et non au domicile, notion juridique précise définie par le lieu du principal établissement. • Soc. 13 nov. 1974 : *Bull. civ. V, no 544.*

Art. 104 **La preuve de l'intention résultera d'une déclaration expresse, faite tant à la municipalité du lieu que l'on quittera, qu'à celle du lieu où on aura transféré son domicile.**

1. Nécessité d'un changement réel d'habitation. L'intention seule de changer de domicile, même lorsqu'elle est manifestée par la double déclaration mentionnée en l'art. 104, n'opère pas translation du domicile, tant qu'elle n'est pas suivie du fait d'une habitation réelle dans le lieu du domicile déclaré. • Soc. 8 juin 1951 : *D. 1951. 510 (2e esp.).*

2. Si la preuve de l'intention résulte de la double formalité consistant dans une déclaration faite au commissariat de police du lieu qu'on quitte et à celui du lieu où le domicile est transféré, celle de l'habitation réelle ne peut résulter que de circonstances dont le juge est souverain appréciateur. • Soc. 11 mai 1945 : *D. 1945. 308.*

3. Déclaration incomplète. En cas de déclaration de changement de domicile tardivement souscrite à la seule mairie du lieu où l'intéressé se prétend domicilié, sans qu'ait été également effectuée, conformément aux dispositions de l'art. 104, une déclaration à la mairie du lieu qu'il quittait, les juges du fond peuvent décider que le changement de domicile n'est pas établi. • Civ. 2e, 12 mars 1981 : *Bull. civ. II, no 60.*

4. Obligation de déclarer un changement d'adresse. Conformité à la Conv. EDH, art. 7 et 8, du fichier automatisé des auteurs d'infractions sexuelles les obligeant à informer les autorités de leur changement d'adresse. • CEDH, sect. V, 17 déc. 2009, ♔ *X. c/ France*, no 16428/05. ♦ V. aussi ss. art. 16-1 et 16-3.

Art. 105 **A défaut de déclaration expresse, la preuve de l'intention dépendra des circonstances.**

1. A défaut de déclaration expresse, l'intention d'un changement de domicile dépend des circonstances qui doivent témoigner à la fois de l'abandon complet de l'ancienne résidence et de l'adoption définitive de la nouvelle. • Poitiers, 11 janv. 1967 : Gaz. Pal. *1967. 1. 71, note Barbier.* ♦ Sur la nécessité, pour les juges du fond, de faire connaître les circonstances qui leur paraissent démontrer l'intention de changer de domicile, V. • Civ. 1re, 9 mai 1951 : *D. 1951. 472.*

2. Les énonciations par lesquelles les juges du fond relèvent qu'un citoyen étranger vivait en France et n'avait plus son domicile à l'étranger impliquent nécessairement que celui-ci avait manifesté son intention de fixer son principal établissement en France. • Civ. 1re, 23 févr. 1982 : *Bull. civ. I, no 83.*

Art. 106 **Le citoyen appelé à une fonction publique temporaire ou révocable, conservera le domicile qu'il avait auparavant, s'il n'a pas manifesté d'intention contraire.**

Art. 107 **L'acceptation de fonctions conférées à vie emportera translation immédiate du domicile du fonctionnaire dans le lieu où il doit exercer ces fonctions.**

Le domicile de droit prévu par l'art. 107 n'est attribué qu'aux fonctionnaires publics inamovibles, c'est-à-dire ceux qui tout à la fois sont nommés à vie et ne sont pas révocables. • Poitiers, 11 janv. 1967 : *Gaz. Pal. 1967. 1. 71, note Barbier.*

Art. 108 *(L. no 75-617 du 11 juill. 1975)* **Le mari et la femme peuvent avoir un domicile distinct sans qu'il soit pour autant porté atteinte aux règles relatives à la communauté de la vie.**

Toute notification faite à un époux, même séparé de corps, en matière d'état et de capacité des personnes, doit également être adressée à son conjoint, sous peine de nullité.

BIBL. ▶ Barbier, *Gaz. Pal. 1976. 2. Doctr. 620.* – Gisserot, *RTD civ. 1979. 724.* – Ladhari, *D. 1980. Chron. 9* (les époux et la fonction publique).

Les époux peuvent avoir un domicile distinct pour des motifs d'ordre professionnel, sans qu'il soit pour autant porté atteinte à la communauté de vie. • Civ. 1re, 12 févr. 2014, n° 13-13.873 P : *D. 2014. 482 ; AJ fam. 2014. 192, obs. Hilt ; RTD civ. 2014. 340, obs. Hauser ; Rev. crit. DIP. 2014. 797, obs. Richez-Pons* (attribution de la nationalité française par mariage). ♦ V. déjà dans le même sens, mais se référant à une situation temporaire. • Civ. 1re, 8 juin 1999 : *D. 2000. Somm. 413, obs. Lemouland ; Defrénois 1999. 1256, obs. Massip ; Dr. fam. 1999, n° 110, note Lécuyer.*

Art. 108-1 *(L. n° 75-617 du 11 juill. 1975)* **La résidence séparée des époux, au cours de la procédure de divorce ou de séparation de corps, entraîne de plein droit domicile distinct.**

Sur les conséquences quant à l'insaisissabilité du bien de la décision ordonnant la résidence séparée d'époux dont l'un est entrepreneur, V. note 6 ss. art. 255.

Art. 108-2 *(L. n° 75-617 du 11 juill. 1975)* **Le mineur non émancipé est domicilié chez ses père et mère.**

Si les père et mère ont des domiciles distincts, il est domicilié chez celui des parents avec lequel il réside.

BIBL. ▶ Barbier, *Gaz. Pal. 1976. 1. Doctr. 260.* – Gouttenoire, *AJ fam. 2008. 371*.

1. Choix parental de la résidence. En se référant à la notion de résidence et non à celle de domicile, les juges du fond qui ont fait obligation au parent investi de la garde d'assurer sur le territoire français l'éducation des enfants n'ont pas entendu imposer à ce parent le choix d'un domicile, mais ont seulement observé que sa situation de fortune et ses propriétés immobilières « l'autoriseraient sans difficulté à fixer sa résidence en France ». • Civ. 2e, 6 déc. 1968, n° 67-13.130 P.

2. Si l'art. 108-2 dispose que, lorsque les père et mère ont des domiciles distincts, le mineur non émancipé est domicilié chez celui des parents avec lequel il réside, c'est à la condition que cette résidence ne résulte pas d'une voie de fait. • Civ. 1re, 9 oct. 1991, n° 90-14.415 P : *Defrénois 1992. 312, obs. Massip.*

3. Enfant en pensionnat. Le placement des enfants dans un établissement scolaire, même éloigné, n'a pas pour effet de modifier leur domicile qui reste fixé chez celui des parents divorcés qui est titulaire de la garde. • Civ. 2e, 6 déc. 1968 : *Bull. civ. II, n° 299.*

4. Enfant confié. En application de l'art. 108-2, un enfant confié à l'aide sociale à l'enfance reste domicilié chez ses père et mère et l'adresse devant figurer sur sa carte d'identité est celle de sa domiciliation légale, à savoir celle de ses parents, dès lors que ceux-ci ont conservé l'exercice de l'autorité parentale. Il en va autrement lorsque ceux-ci sont privés de l'autorité parentale ; en application de l'art. 2 du Décr. n° 2016-1460 du 28 oct. 2016, ce n'est pas l'adresse de la famille d'accueil qui doit figurer sur la carte d'identité mais bien l'adresse de l'aide sociale à l'enfance puisque c'est l'organisme d'accueil auprès duquel le mineur est confié, qu'il s'agisse d'une tutelle départementale ou d'un pupille de l'État. L'adresse de l'assistant familial qui accueille l'enfant ne doit figurer à aucun moment dans les rapports établis par les services éducatifs. * Rép. min. n° 02720 : *JO Sénat, 30 août 2018, p. 4486.*

5. Protection de la liberté des enfants majeurs. Les enfants majeurs qui poursuivent leurs études sont libres de choisir leur résidence, et leur père ne peut subordonner sa contribution à l'obligation pour ses enfants de venir vivre avec lui. • Civ. 2e, 28 janv. 1981, n° 79-13.209 P.

Art. 108-3 *(L. n° 75-617 du 11 juill. 1975)* **Le majeur en tutelle est domicilié chez son tuteur.**

Indifférence du placement de l'enfant. Le domicile d'un mineur en tutelle est, en application de l'art. 108-3, fixé chez son tuteur, sans que le placement de l'enfant dans une famille installée dans le ressort d'un autre tribunal d'instance que celui dont relève son tuteur ne puisse modifier cette solution. • Civ. 1re, 20 juin 1995, n° 93-17.865 P : *Defrénois 1996. 340, obs. Massip ; RTD civ. 1995. 864, obs. Hauser*.

Art. 109 **Les majeurs qui servent ou travaillent habituellement chez autrui auront le même domicile que la personne qu'ils servent ou chez laquelle ils travaillent, lorsqu'ils demeureront avec elle dans la même maison.**

BIBL. ▶ Painchaux, *RLDC 2004/7, n° 297.*

1. Les termes de l'art. 109 sont généraux et absolus ; cet article comprend tous ceux qui se trouvent sous la dépendance et la direction du chef de la maison chez lequel ils demeurent. • Req. 25 févr. 1924 : *DH 1924. 201.*

2. Nécessité de constater la réalité du domicile du maître : • Civ. 15 mars 1909 : *DP 1910. 1. 87 (1re esp.).*

3. Caractère de la communauté d'habitation : V. • Civ. 3 avr. 1913 : *DP 1915. 1. 93 (2e esp.)* (cohabitation périodique).

Art. 110 *Abrogé par L. no 2001-1135 du 3 déc. 2001, art. 21, à compter du 1er juill. 2002.*

Art. 111 **Lorsqu'un acte contiendra, de la part des parties ou de l'une d'elles, élection de domicile pour l'exécution de ce même acte dans un autre lieu que celui du domicile réel, les significations, demandes et poursuites relatives à cet acte, pourront être faites au domicile convenu,** *(Décr. no 75-1122 du 5 déc. 1975)* **« et, sous réserve des dispositions de l'article 48 du code de procédure civile, devant le juge de ce domicile ».**

RÉP. CIV. v° *Domicile, demeure et logement familial,* par Y. BUFFELAN-LANORE.

BIBL. ► **Élection de domicile :** SAGAUT, *JCP N 2008. 1143.*

1. Idée générale : mandat restreint. L'élection de domicile est dominée par l'idée qu'elle est le résultat d'une convention qui déroge aux effets normaux du domicile ; elle repose donc sur la notion de mandat, lequel est confié à la personne chez qui le domicile est élu ; ce mandat, à défaut de convention formelle, est restreint à l'acte qui l'implique et ne vaut donc que pour l'acte en vue duquel elle a été faite. • Toulouse, 5 mai 1969 : *JCP 1970. II. 16234, note J. A.* ♦ Sur la portée de l'élection, V. aussi note 5.

2. Élection tacite. V. par exemple : • Com. 10 juill. 1962 : *Bull. civ. III, no 355* (adresse commerciale) • Soc. 10 mars 1965 : *ibid. IV, no 212* (domicile commercial ou industriel d'un employeur).

3. Rôle du domicile général : principe. L'élection de domicile ne fait pas, en principe, cesser les effets ordinaires du domicile général et il est, par suite, toujours loisible aux parties de faire à ce dernier domicile les significations relatives à l'exécution de leur convention. • Civ. 19 janv. 1915 : *DP 1919. 1. 40.*

4. ... Exceptions. Cette règle reçoit exception lorsque l'élection de domicile a été faite dans l'intérêt même de la partie de laquelle elle procède. • Civ. 19 janv. 1915 : *préc.* ♦ Inversement, les juges du fond, ayant implicitement admis que l'élection de domicile avait été stipulée dans l'intérêt d'une partie, déclarent à bon droit que la signification au domicile réel de l'autre reste possible et valable. • Civ. 1re, 17 oct. 1962 : *Gaz. Pal. 1962. 2. 337.* ♦ ... Ou dans l'intérêt commun des parties. • Com. 17 juill. 1950 : *D. 1950. 682* • Civ. 2e, 10 mars 1977 : *D. 1977. IR 410, obs. Julien.* ♦ Lorsque l'élection de domicile a été stipulée dans l'intérêt réciproque des parties, les juges du fond ne peuvent décider que la signification faite à un autre endroit est valable sans rechercher si la personne ayant accepté la signification avait pouvoir de renoncer à l'élection de domicile convenue. • Civ. 3e, 17 oct. 1978, no 77-13.293 P.

5. Portée de l'élection : notification. L'élection de domicile emporte pouvoir de recevoir toute notification. • Com. 5 mars 2002, no 98-17.491 P : *D. 2002. AJ 1202, obs. A. Lienhard* (déclaration de créance) • Civ. 3e, 28 mars 2007, no 06-12.550 P : *D. 2007. AJ 1140 ; RTD civ. 2007. 792, obs. Gautier* (validité de l'acceptation d'une offre de vente adressée par un locataire à l'étude de l'huissier auteur de l'acte portant élection de domicile en l'étude).

6. ... Contrat. Aucun texte n'impose la signification à personne d'un commandement délivré en vertu d'une clause résolutoire ; les juges du fond, qui ont constaté que l'acte a été signifié au domicile élu dans le bail, lui ont donné justement effet. • Civ. 3e, 16 févr. 1977, no 76-10.508 P. ♦ Mais la faculté de signifier au domicile élu ne s'étend pas aux jugements ou ordonnances rendus pour l'exécution de la convention. • Civ. 2e, 6 janv. 1988 : *Bull. civ. II, no 5.* – Déjà en ce sens : • Civ. 2e, 19 mars 1965 : *Bull. civ. II, no 297.*

TITRE IV **DES ABSENTS**

(L. no 77-1447 du 28 déc. 1977)

RÉP. CIV. v° *Absence,* par F. LAROCHE-GISSEROT.

BIBL. GÉN. ► **Études d'ensemble :** BRETON, *D. 1978. Chron. 241.* – DE LA MARNIERRE, *Gaz. Pal. 1978. 1. Doctr. 239.* – BERNARD DE SAINT AFFRIQUE, *Defrénois 1978. 1089, 1169, 1233, 1297, 1361 ; 2e éd., Defrénois 1995.* – TEYSSIÉ, *JCP 1978. I. 2911.*

▸ **« Non-présence » :** Vivant, *RTD civ. 1982. 1.* ▸ **Succession de l'absent :** Teilliais, *JCP N 1997. Prat. 84.* ▸ **Absence et présomption d'absence dans la fonction publique :** Roncière, *LPA 7 nov. 1997.* – Bernard de Saint Affrique, *Defrénois 1998. 600.*

CHAPITRE I DE LA PRÉSOMPTION D'ABSENCE

(L. nº 77-1447 du 28 déc. 1977)

Art. 112 Lorsqu'une personne a cessé de paraître au lieu de son domicile ou de sa résidence sans que l'on en ait eu de nouvelles, le juge des tutelles peut, à la demande des parties intéressées ou du ministère public, constater qu'il y a présomption d'absence.

V. C. pr. civ., art. 1062 à 1065. — **C. pr. civ.**

En ce qui concerne les disparitions de mineurs et de majeurs protégés ainsi que les disparitions de majeurs présentant un caractère inquiétant ou suspect, V. C. pr. pén., art. 74-1 et 80-4, issus de L. nº 2002-1138 du 9 sept. 2002, art. 66-II, préc. — **C. pr. pén.**

BIBL. ▸ Bellis, *Rev. jur. Ouest 2015. 9* (la personnalité juridique et le cas de l'absent : le principe de l'unicité du patrimoine n'a pas dit son dernier mot).

1. Pension due à un présumé absent. Une personne présumée absente, devant être tenue pour vivante, doit continuer, jusqu'à la liquidation de la pension de réversion servie à son conjoint, à percevoir les arrérages de sa pension de vieillesse, laquelle est la contrepartie des cotisations versées au cours de son activité professionnelle. • Soc. 18 juill. 1997, nº 95-22.120 P : *RTD civ. 1998. 339, obs. Hauser* (impossibilité pour la caisse de demander la restitution des arrérages versés entre la « disparition » du retraité et l'octroi d'une pension de réversion à son conjoint). ♦ Comp. : • Soc. 19 févr. 1998, nº 96-17.574 P (obligation pour la caisse de continuer à verser les arrérages d'une pension de vieillesse jusqu'à la déclaration d'absence). ♦ Si un présumé absent doit toujours être considéré comme vivant, le jugement de présomption d'absence ne peut avoir pour effet de mettre à néant les dispositions légales qui ont autorisé son épouse à revendiquer la liquidation provisoire de ses droits à pension de réversion, l'annulation de ces dispositions ne pouvant résulter que de la réapparition du présumé absent à laquelle ne peut être assimilée la demande de son représentant de reprise du versement des arrérages de retraite. • Civ. 2e, 31 mai 2005, nº 03-30.770 P : *D. 2005. IR 1654 ; RTD civ. 2005. 570, obs. Hauser*.

2. Pension de réversion due à un présumé absent. La personne qui a disparu et a été présumée absente par le juge des tutelles doit être tenue pour vivante en sorte que, jusqu'au jugement déclaratif d'absence, l'organisme désigné pour la représenter doit continuer à percevoir les arrérages de la pension de réversion. • Civ. 2e, 20 sept. 2005 : *D. 2005. IR 2407 ; Dr. fam. 2006, nº 104, note Devers ; RTD civ. 2006. 87, obs. Hauser*. ♦ Déjà en ce sens : la caisse d'assurance vieillesse, qui n'apporte pas la preuve du décès du titulaire d'un avantage personnel de vieillesse et d'une pension de réversion, ne peut se prévaloir de ce décès pour interrompre le versement des pensions litigieuses qui sont dues, non en exécution d'une rente viagère, mais en vertu de dispositions légales. • Soc. 27 janv. 1994 : *JCP 1995. II. 22406, note Molin ; Defrénois 1996. 98, note Bernard de Saint Affrique ; RTD civ. 1995. 595, obs. Hauser*. ♦ *Contra*, antérieurement : • Soc. 9 juill. 1992, nº 88-10.951 P : *R., p. 278 ; D. 1993. 377, note Massip* (qu'il ait été ou non déclaré en état de présomption d'absence, le titulaire d'une pension de réversion du régime général de la sécurité sociale cesse de pouvoir prétendre au versement de cette pension du jour où il a disparu de son domicile, dès lors que le service d'une telle pension obéit à des règles propres et n'est dû qu'au bénéficiaire en mesure de réclamer le versement de cet avantage, accordé à titre personnel et viager, auquel s'attache un caractère alimentaire). – Dans le même sens : • CE 16 déc. 1998 : *D. 1999. IR 43 ; Defrénois 2000. 238, note Bernard de Saint Affrique ; RTD civ. 1999. 355, obs. Hauser*.

3. Réparation du préjudice subi par un présumé absent. La réparation du préjudice (préjudice corporel en l'espèce) subi par la victime d'une infraction ne peut, lorsque cette victime est présumée absente, être demandée par son représentant que pour la période antérieure à la date à laquelle elle a cessé de paraître au lieu de son domicile ou de sa résidence. • Crim. 26 avr. 1988 : *Bull. crim. nº 173.*

Art. 113 Le juge peut désigner un ou plusieurs parents ou alliés, ou, le cas échéant, toutes autres personnes pour représenter la personne présumée absente dans l'exercice de ses droits ou dans tout acte auquel elle serait intéressée, ainsi que pour administrer tout ou partie de ses biens ; la représentation du présumé absent et l'administration de ses biens sont alors soumises *(L. nº 2019-222 du 23 mars 2019, art. 9)* **« , sous réserve**

des dispositions du présent chapitre, » aux règles applicables *(Ord. n° 2015-1288 du 15 oct. 2015, art. 9, en vigueur le 1er janv. 2016)* « à la tutelle des majeurs sans conseil de famille » *(L. n° 2019-222 du 23 mars 2019, art. 9)* « ou, à titre exceptionnel et sur décision expresse du juge, aux règles de l'habilitation familiale si le représentant est une des personnes mentionnées à l'article 494-1. »

Art. 114 Sans préjudice de la compétence particulière attribuée à d'autres juridictions, aux mêmes fins, le juge fixe, le cas échéant, suivant l'importance des biens, les sommes qu'il convient d'affecter annuellement à l'entretien de la famille ou aux charges du mariage.

Il détermine comment il est pourvu à l'établissement des enfants.

Il spécifie aussi comment sont réglées les dépenses d'administration ainsi qu'éventuellement la rémunération qui peut être allouée à la personne chargée de la représentation du présumé absent et de l'administration de ses biens.

Art. 115 Le juge peut, à tout moment et même d'office, mettre fin à la mission de la personne ainsi désignée ; il peut également procéder à son remplacement.

Le juge dispose d'un pouvoir souverain pour apprécier s'il doit procéder ou non au remplacement de l'administrateur. • Civ. 1re, 17 mars 1987 : *Gaz. Pal. 1988. 1. 6, note J. M.*

Art. 116 *(L. n° 2006-728 du 23 juin 2006, art. 29-3°)* Si le présumé absent est appelé à un partage, celui-ci peut être fait à l'amiable.

(L. n° 2019-222 du 23 mars 2019, art. 9) « En cas d'opposition d'intérêts entre le représentant et le présumé absent, le juge des tutelles autorise le partage, même partiel, en présence du remplaçant désigné conformément à l'article 115.

« Dans tous les cas, l'état liquidatif est soumis à l'approbation du juge des tutelles. »

Le partage peut également être fait en justice conformément aux dispositions des articles 840 à 842.

Tout autre partage est considéré comme provisionnel. — *Entrée en vigueur le 1er janv. 2007. — Pour les dispositions transitoires, V. L. n° 2006-728 du 23 juin 2006, art. 47-II, ss. art. 892.*

Ancien art. 116 ***Si le présumé absent est appelé à un partage, il est fait application de l'article 838, alinéa 1er, du code civil.***

Toutefois, le juge des tutelles peut autoriser le partage, même partiel, et désigner un notaire pour y procéder, en présence du représentant du présumé absent, ou de son remplaçant désigné conformément à l'article 115, si le représentant initial est lui-même intéressé au partage. L'état liquidatif est soumis à l'homologation du tribunal de grande instance.

BIBL. ▶ Barbier, *Gaz. Pal. 1978. 2. Doctr. 450.*

Si tous les ayants droit à une succession doivent être appelés au partage de cette succession, les présumés absents ou ceux dont l'adresse est inconnue pouvant être représentés à ce partage par un mandataire de justice, il ne saurait y avoir représentation de personnes non identifiées indiquées comme constituant la descendance d'enfants du défunt dont la succession est à partager. • Civ. 1re, 16 déc. 1980, n° 79-12.916 P.

Art. 117 Le ministère public est spécialement chargé de veiller aux intérêts des présumés absents ; il est entendu sur toutes les demandes les concernant ; il peut requérir d'office l'application ou la modification des mesures prévues au présent titre.

Domaine : juridictions administratives (non). Les dispositions du C. pr. civ. sur l'intervention du ministère public comme partie jointe dans les affaires pour lesquelles son avis est requis, notamment celles visées à l'art. 117 C. civ., ne sont pas applicables devant les juridictions de l'ordre administratif. • CE 16 déc. 1998 : *V. note 2 ss. art. 112.*

Art. 118 Si un présumé absent reparaît ou donne de ses nouvelles, il est, sur sa demande, mis fin par le juge aux mesures prises pour sa représentation et l'administration de ses biens ; il recouvre alors les biens gérés ou acquis pour son compte durant la période de l'absence.

Art. 119 Les droits acquis sans fraude, sur le fondement de la présomption d'absence, ne sont pas remis en cause lorsque le décès de l'absent vient à être établi ou judiciairement déclaré, quelle que soit la date retenue pour le décès.

L'application de l'art. 119 n'est pas expressément réservée aux tiers : aucune fraude n'étant démontrée à l'encontre des héritiers de la part de la caisse ayant versé des prestations de retraite pour une période où l'absent était en réalité déjà décédé, elle ne peut invoquer une créance de restitution d'arrérages de pension indus. • Civ. 1re, 17 mai 2017, n° 16-18.425 P : *AJ fam. 2017. 426, obs. Levillain* . ♦ Dans le même sens : cassation pour manque de base légale de l'arrêt condamnant les enfants d'un présumé absent à restituer les arrérages des pensions de retraite de leur père perçus antérieurement au jugement déclaratif de décès, sans rechercher si les enfants du disparu ne les avaient pas perçus de bonne foi. • Civ. 2e, 21 juin 2012, n° 11-16.050 P : *D. 2012. 1738* .

Art. 120 Les dispositions qui précèdent, relatives à la représentation des présumés absents et à l'administration de leurs biens, sont aussi applicables aux personnes qui, par suite d'éloignement, se trouvent malgré elles hors d'état de manifester leur volonté.

Art. 121 Ces mêmes dispositions ne sont pas applicables aux présumés absents ou aux personnes mentionnées à l'article 120 lorsqu'ils ont laissé une procuration suffisante à l'effet de les représenter et d'administrer leurs biens.

Il en est de même si le conjoint peut pourvoir suffisamment aux intérêts en cause par l'application du régime matrimonial et notamment par l'effet d'une décision obtenue en vertu des articles 217 et 219, 1426 et 1429.

CHAPITRE II DE LA DÉCLARATION D'ABSENCE

(L. n° 77-1447 du 28 déc. 1977)

Art. 122 Lorsqu'il se sera écoulé dix ans depuis le jugement qui a constaté la présomption d'absence, soit selon les modalités fixées par l'article 112, soit à l'occasion de l'une des procédures judiciaires prévues par les articles 217 et 219, 1426 et 1429, l'absence pourra être déclarée par le tribunal judiciaire à la requête de toute partie intéressée ou du ministère public.

Il en sera de même quand, à défaut d'une telle constatation, la personne aura cessé de paraître au lieu de son domicile ou de sa résidence, sans que l'on en ait eu de nouvelles depuis plus de vingt ans.

V. C. pr. civ. (Décr. n° 81-500 du 12 mai 1981), art. 1066 à 1069 (D. et BLD 1981. 222). — ***C. pr. civ.***

Art. 123 Des extraits de la requête aux fins de déclaration d'absence, après avoir été visés par le ministère public, sont publiés dans deux journaux diffusés dans le département ou, le cas échéant, dans le pays du domicile ou de la dernière résidence de la personne demeurée sans donner de nouvelles.

Le tribunal, saisi de la requête, peut en outre ordonner toute autre mesure de publicité dans tout lieu où il le juge utile.

Ces mesures de publicité sont assurées par la partie qui présente la requête.

Art. 124 Dès que les extraits en ont été publiés, la requête est transmise, par l'intermédiaire du procureur de la République, au tribunal qui statue d'après les pièces et documents produits et eu égard aux conditions de la disparition, ainsi qu'aux circonstances qui peuvent expliquer le défaut de nouvelles.

Le tribunal peut ordonner toute mesure d'information complémentaire et prescrire, s'il y a lieu, qu'une enquête soit faite contradictoirement avec le procureur de la République, quand celui-ci n'est pas lui-même requérant, dans tout lieu où il le jugera utile, et notamment dans l'arrondissement du domicile ou dans ceux des dernières résidences, s'ils sont distincts.

Art. 125 La requête introductive d'instance peut être présentée dès l'année précédant l'expiration des délais prévus aux alinéas 1 et 2 de l'article 122. Le jugement déclaratif d'absence est rendu un an au moins après la publication des extraits de cette requête. Il constate que la personne présumée absente n'a pas reparu au cours des délais visés à l'article 122.

Art. 126 La requête aux fins de déclaration d'absence est considérée comme non avenue lorsque l'absent reparaît ou que la date de son décès vient à être établie, antérieurement au prononcé du jugement.

Art. 127 Lorsque le jugement déclaratif d'absence est rendu, des extraits en sont publiés selon les modalités prévues à l'article 123, dans le délai fixé par le tribunal. La décision est réputée non avenue si elle n'a pas été publiée dans ce délai.

Quand le jugement est passé en force de chose jugée, son dispositif est transcrit à la requête du procureur de la République sur les registres des décès du lieu du domicile de l'absent ou de sa dernière résidence. Mention de cette transcription est faite en marge des registres à la date du jugement déclarant l'absence ; elle est également faite en marge de l'acte de naissance de la personne déclarée absente.

La transcription rend le jugement opposable aux tiers qui peuvent seulement en obtenir la rectification *(L. nº 2016-1547 du 18 nov. 2016, art. 55)* « ou l'annulation, conformément aux articles 99 et 99-1 ».

Art. 128 Le jugement déclaratif d'absence emporte, à partir de la transcription, tous les effets que le décès établi de l'absent aurait eus.

Les mesures prises pour l'administration des biens de l'absent conformément au chapitre I du présent titre prennent fin, sauf décision contraire du tribunal ou, à défaut, du juge qui les a ordonnées.

Le conjoint de l'absent peut contracter un nouveau mariage.

Art. 129 Si l'absent reparaît ou si son existence est prouvée postérieurement au jugement déclaratif d'absence, l'annulation de ce jugement peut être poursuivie, à la requête du procureur de la République ou de toute partie intéressée.

Toutefois, si la partie intéressée entend se faire représenter, elle ne pourra le faire que par un avocat régulièrement inscrit au barreau.

Le dispositif du jugement d'annulation est publié sans délai, selon les modalités fixées par l'article 123. Mention de cette décision est portée, dès sa publication, en marge du jugement déclaratif d'absence et sur tout registre qui y fait référence.

Conséquence de la réapparition de l'absent. • TGI Chaumont, 20 janv. 2011 : *RTD civ. 2012. 88, obs. Hauser* ; *Dr. fam. 2011, nº 174, obs. Massip.*

Art. 130 L'absent dont l'existence est judiciairement constatée recouvre ses biens et ceux qu'il aurait dû recueillir pendant son absence dans l'état où ils se trouvent, le prix de ceux qui auraient été aliénés ou les biens acquis en emploi des capitaux ou des revenus échus à son profit.

Art. 131 Toute partie intéressée qui a provoqué par fraude une déclaration d'absence, sera tenue de restituer à l'absent dont l'existence est judiciairement constatée les revenus des biens dont elle aura eu la jouissance et de lui en verser les intérêts légaux à compter du jour de la perception, sans préjudice, le cas échéant, de dommages-intérêts complémentaires.

Si la fraude est imputable au conjoint de la personne déclarée absente, celle-ci sera recevable à attaquer la liquidation du régime matrimonial auquel le jugement déclaratif d'absence aura mis fin.

Art. 132 Le mariage de l'absent reste dissous, même si le jugement déclaratif d'absence a été annulé.

Art. 133 à 142 *Abrogés.*

Loi nº 77-1447 du 28 décembre 1977,

Portant réforme du titre IV du livre I du code civil : Des absents.

Sur les dispositions transitoires de la L. nº 77-1447 du 28 déc. 1977, entrée en vigueur le 31 mars 1978, V. L. préc., art. 6 s.

TITRE V DU MARIAGE

RÉP. CIV. vº *Mariage ...*, par M. LAMARCHE et J.-J. LEMOULAND.

DALLOZ ACTION *Droit de la famille 2023/2024, nº 110.00.*

BIBL. GÉN. ▸ **Problèmes généraux et évolution du droit de la famille :** *Archives Phil. dr., t. 20, 1975* (réforme du droit de la famille). – 95ᵉ Congrès des notaires, *LPA 28 avr. 1999* (demain la famille). – Colloque Grenoble, nov. 1999, *Dr. fam. 2000, nº 12 bis hors série* (perspectives de réforme). – *Études Rubellin-Devichi, Litec, 2002* (les concubinages). – ARDANT, *Mél. R. Savatier, Dalloz, 1965, p. 23* (le juge administratif et la famille). – BAILLON-WIRTZ, *JCP N, nº 1105* (la famille au 21ᵉ siècle – nouveaux droits, nouveaux défis). – BATTIFOL, *Archives Phil.*

dr., t. 20, 1975, p. 7 (existence et spécificité du droit de la famille). – Bouchard, *LPA 30 août 2001* (solidarité en ligne collatérale). – F. Boulanger, *JCP 1993. I. 3665* (fraude en droit de la famille) ; *D. 2012. Chron. 565* (égalité en droit de la famille). – Boulouis, *Mél. Kayser, PU Aix-Marseille, t. 1, p. 147* (famille et droit constitutionnel). – Brunetti-Pons, *Dr. fam. 2003. Chron. 15 et 17* (évolution du droit de la famille) ; *Gaz. Pal. 2015. 1497* (réflexions autour de l'ordre public matrimonial dans ses rapports à la parenté). – Catala, *1804-2004 Le code civil, Dalloz, 2004, p. 341* (métamorphose du droit de la famille). – Cheynet de Beaupré, *D. 2008. Chron. 1216* (égalité dans le droit de la famille). – Claux, *Mél. Holleaux, Litec, 1990, p. 53* (supprimer le droit de la famille ?). – Decocq, *Mél. Soyer, LGDJ, p. 129* (parrain et marraine : parenté spirituelle). – Dekeuwer-Défossez, *Mél. Mouly, Litec, 1998, t. 1, p. 281* (évolution des modèles) ; *Trav. Assoc. Capitant, XLV-1994, p. 211* (groupements et droit de la famille). – De Lagrange, *Études Weill, Dalloz/Litec 1983, p. 353* (crise de la famille : législateur et juge). – Delamarche, *Dr. fam. 2020. Étude 27* (la famille a-t-elle encore besoin de juges ?). – Delavaquerie, *RTD civ. 2021. 315* (recherche sur la notion d'interpatrimonialité dans le couple). – Dieng, *RLDC 2009/59, n° 3406* (célibat et droit). – Douchy, *RRJ 2000/1. 25* (relations entre l'évolution du droit des personnes et du droit de la famille). – Fenouillet, *LPA 21 sept. 2005* (le droit civil de la famille hors le code civil) ; *Mél. Malaurie, Defrénois, 2005, p. 237* (le détournement d'institution familiale). – Frémeaux, *RRJ 1998/3. 865* (notions indéterminées en droit de la famille). – Fossier, *Mél. Goubeaux, Dalloz-LGDJ, 2009, p. 143* (quelques figures excentrées des conflits familiaux). – Gobert, *BICC 15 déc. 2007* (le droit de la famille dans la jurisprudence de la Cour de cassation). – Gogos-Gintrand, *D. 2020. 2409* (la fondamentalisation du droit des personnes et de la famille : contrôle de constitutionnalité *versus* contrôle de conventionnalité). – Gouttenoire, *Dr. fam. 2011. Étude 10* (famille et CEDH) ; *ibid. 2013. Étude 3* (*idem*) ; *ibid. 2015. Étude 2* (*idem*) ; *ibid. 2016, Chron. 2* (*idem*). – Grandsire, *Études Rieg, Bruylant, 2000, p. 389* (érosion de la volonté matrimoniale). – Gridel, *RRJ 1984/3. 825* (réflexions introductives à un cours de droit de la famille). – Hauser, *Mél. Huet-Weiller, PU Strasbourg/LGDJ, 1994, p. 235* (grandeur et décadence en droit civil de la famille). – Houssier, *JCP N, n° 1106* (le notaire à l'heure des nouvelles mutations familiales). – Jestaz, *Mél. Terré, Dalloz/PUF/Juris-Classeur, 1999, p. 417* (égalité et avenir du droit de la famille). – Juston, *Dr. fam. 2010. Étude 2* (aléa dans le contentieux familial). – Labrusse-Riou, *Mél. Rodière, Dalloz, 1981, p. 151* (rôle du juge et de la loi) ; *Études Ghestin, LGDJ, 2001, p. 499* (apport du droit des contrats au droit des personnes). – Masson, *RTD civ. 2018. 809* (l'ordre public familial en péril ?). – Mestre, *RRJ 1999/1. 61* (droit de la famille et droit des affaires). – Mirabail, *Dr. fam. 2018. Étude. 7.* – Mirkovic, *RLDC 2012/87, n° 4419* (revendications des personnes du même sexe en matière familiale). – Maugain, *JCP 2019, n° 31* (le juge, le droit de la famille et la religion). – Moracchini-Zeidenberg, *RTD civ. 2016. 773* (contractualisation du droit de la famille). – Paillard et Travade-Lannoy, *AJ fam. 2016. 42* (le pacte de famille). – Du Pontavice, *Mél. Voirin, LGDJ, 1967, p. 678* (droit au bonheur). – Raynaud, *Études De Juglart, LGDJ/Montchrestien/Litec, 1986, p. 63* (comparaison des familles naturelle et légitime). – Rheinstein, *Études M. Ancel, Pédone, 1975, p. 193* (tendances générales de l'évolution sur un plan mondial). – Watine-Drouin, *Mél. Perrot, Dalloz 1996, p. 557* (du juge aux affaires matrimoniales au juge aux affaires familiales). – Dossier *Dr. fam. 2011. Études 10 s.* (solidarités entre générations). – Dossier, *AJ fam. 2012. 577* (QPC en droit de la famille) ; *ibid. 2013. 153* et *207* (travail et famille) ; *JCP N 2013, n°s 1126 s.* (les familles recomposées). – Dossier, *Dr. fam. 2013. Étude 12* (transsexualisme et droit de la famille). – Dossier, *Dr. fam. 2015, dossier, n°s 53 s.* (analyse économique du droit de la famille). – Dossier, *Dr. fam. 2015, dossier, n° 38 s.* (réception réciproque des institutions familiales entre l'Europe et le Maghreb). – Dossier, *Dr. fam. 206, Dossier 14* (solidarités familiales). – Dossier, *Dr. et patr. 9/2016. 55* (mariage international). – Dossier, *JCP N 2018, n°s 1149 s.* (notaire et déjudiciarisation). – Dossier, *AJ fam. 2018. 429* (cohabitation intergénérationnelle).

► ***Couple :*** Azavant, *Dr. fam. 2006. Chron.* 40 (aspects civilistes de la loi du 4 avr. 2006 renforçant la prévention et la répression des violences au sein du couple). – Biagini-Girard, *Rev. crit. DIP. 2014. 263* (l'appréhension de la famille en droit français des étrangers : un modèle prédéterminé et imposé comme obstacle à un « droit naturel »). – Bolze, *Dr. fam. 2001. Chron. 5* (rapports patrimoniaux en dehors de la communauté légale). – Brigant, *Dr. fam. 2011. Étude 2* (bail conjugal d'habitation). – Brunetti-Pons, *RTD civ. 1999. 27* (notion). – P. Catala, *JCP N 1988. Prat. n° 651* (couple et modernité : rapport de synthèse 84e congrès des notaires). – Coquema et Barthelet, *JCP N 2010. 1199* (notion de communauté de vie). – Dassy et Migeon-Cros, *JCP N 2010. 1200* (compte bancaire joint). – Dekeuwer-Défossez, *Mél. Mouly, préc., t. 1, p. 281.* – Delmas Saint-Hilaire, *Defrénois2010.1319.*– Fulchiron, *D. 2009. Chron. 1703* (solidarité dans les couples séparés). – Gernez, *LPA 27 et 28 juin 2000* (couple,famille et société). – Grillet-Ponton, *JCP 2002. I. 108* (quasi-, pluri- et post-conjugalité). – Hilt, *AJ fam. 2007. 452* (preuve de l'existence d'un couple). – Lambert, *Dr. fam. 2015. Étude 7* (couple et vacances). – Lécuyer, *Dr. et patr. 10/1997. 62* (notion). – Lemouland, *Dr. fam. 2003. Chron. 22* (le couple en droit civil). – Malaurie, *Dr. fam. 2011. Chron. 1* (couple et fisc). – Marchadier, *Dr. fam. 2015. Étude 6* (couple et animaux). – Mouveau, *D. 1998. Chron. 385* (contrat de couple et droit du travail). – Nicolas-Maguin, *Mél. Goubeaux, Dalloz-LGDJ, 2009, p. 385* (formation du couple). – Noblot, *Dr. et patr. 3/2001. 94* (sincérité dans la formation du couple). – Nurit-Pontier, *Dr. et patr. 6/2003. 20* (couple et droit des sociétés). – Pellet, *D. 2019. 265* (de l'avantage conjugal). – Philippe, *Dr. fam. 2015. Étude 5* (couple et bricolage). – Sagaut, *RLDC 2010/70, n° 2786* (pluralisme des modes de conjugalité) ; *Dr. fam. 2011. Étude 11* (couple et solidarité intergénérationnelle). – Tisserand-Martin, *Mél. Wiederkehr, Dalloz, 2009, p. 829* (logement familial). – Viriot-Barrial, *D. 2006. Chron. 2350* (violences au sein du couple). – Colloque Univ. Lille 2, 11 mai 2007, *LPA 20 déc. 2007* (un droit commun pour le couple ?). – Dossier, *Dr. et patr. 1/2013. 33* (couple et gestion de patrimoine). – Dossier, *Dr. fam. 2015. Études 1 s.* (rupture des couples : recherche de l'apaisement des conflits).

▸ **Mariage : généralités et aspects personnels :** Bénabent, *RTD civ. 1973. 440* (liberté individuelle et mariage). – Bidaud-Garon, *JCP N 2012, n° 1265* (reconnaissance des mariages célébrés à l'étranger). – Bouton, *AJ fam. 2009. 192* (nom du conjoint). – M.-T. Calais-Auloy, *RTD civ. 1988. 255* (mariage à effets limités). – Coiret, *RTD civ. 1985. 63* (liberté matrimoniale). – D'Onorio, *RTD civ. 1988. 1* (protection constitutionnelle).– Hauser, *Mél. Colomer, Litec, 1993, p. 189* (diversité des mariages en l'an 2000) ; *RTD civ. 1991. 296* (formation). – Higy, *AJ fam. 2009. 195* (nom du conjoint, droit comparé). – Koubi, *RRJ 1986/3. 116* (mariage juif et droit civil). – Lamarche, *RLDC 2004/9, n° 380* (mariage et homosexualité). – Libchaber, *Mél. Jestaz, Dalloz, 2006, p. 325* (la notion de mariage civil). – Malaurie, *Archives Phil. dr., t. 20, 1975, p. 17* (mariage). – Pansier, *Gaz. Pal. 1999. 1. Doctr. 287* (contractualisation du droit du mariage). – Raymond, *Mél. Cornu, PUF, 1994, p. 359* (défense du mariage civil). – Revet, *JCP 1987. I. 3309* (ordre des célébrations civile et religieuse). – Rubellin-Devichi, *RTD civ. 1989. 283* (nullités civiles et religieuses). – Sériaux, *D. 2005. Chron. 1966* (définition civile du mariage). – Dossier, *AJ fam. 2007. 244* (mariages mixtes). ▸ **Aspects patrimoniaux :** Béroujon, *D. 1998. Chron. 10* (liste de mariage). – Dekeuwer-Défossez, *Mél. Roblot, LGDJ, 1984, p. 271* (mariage et sociétés). – Gernez, *Dr. et patr. 2/1999. 95* (pour un statut matrimonial unifié). – Labrusse, *Études Weill, Dalloz/Litec 1983, p. 337* (principes du droit patrimonial de la famille).

▸ **Comparaison avec le concubinage :** Alt-Maes, *RTD civ. 1983. 641* (situation comparée de la concubine et de la femme mariée). – Castagné, *JCP N 2008. 1325* (comparaison Mariage, PACS, Concubinage). – Rubellin-Devichi, *RTD civ. 1984. 389* (comparaison du mariage et du concubinage). – Dossier, *AJ fam. 2015. 13* (Mariage, PACS, Concubinage).

▸ **Courtage matrimonial :** Heidsieck, *JCP 1990. I. 3432*. – Hugot, *JCP N 1999. 720*.

▸ **Mariage pour tous** : Aynès, *D. 2012. Chron. 2750*. – Bidaud-Garon, *Dr. et patr. 12/2012. 30*. – Bonnet, *D. 2013. 107* (présomption de paternité et mariage). – Bréchot, *JCP 2012, n° 1388* (constitutionnalité). – Brunetti-Pons, *RLDC 2013/105, n° 5143* (égalité en droit de la famille). – Dionisi-Peyrusse, *AJ fam. 2013. 127* (procréation médicalement assistée). – Eoche-Duval, *D. 2013. 786* (valeur constitutionnelle du droit de l'enfant à être nourri, entretenu et élevé par sa mère et par son père). – Fulchiron, *D. 2013. Chron. 100* ; *ibid. 1969* (époux de nationalité étrangère) ; *JCP 2012, n° 1317* (DIP) ; *ibid. 2013, n° 658* (un enfant pour qui ?). – Godechot-Patris et Guillaumé, *D. 2013. Chron. 1756* (perspectives de droit international privé). – Gruber, *Rev. crit. DIP 2013. 65* (mariage homosexuel et droit international privé allemand). – Hammje, *Rev. crit. DIP 2013. 773* (DIP). – Hauser, *JCP 2012, n° 1185*. – Labbée, *JCP 2012, n° 977* ; *JCP N 2012, n° 1360*. – Lebel, *AJ fam. 2013. 122* (histoire). – Leroyer, *D. 2013. 1697* ; *RTD civ. 2013. 689*. – Malaurie, *JCP 2012, n° 1096*. – Millet, *D. 2013. 782* (paternité, chronique d'une mort annoncée). – Raoul-Cormeil, *Gaz. Pal. 2013. 2250*. – Dossier, *D. 2012. 2613*. – Revillard, *JCP N 2012, n° 1267*. – Dossier, *AJ fam. 2013. 332*. – Dossier, *Dr. fam. 2013. Études 16 s.* – Dossier, *AJCT 2013. 491 s.* – Dossier, *Defrénois 2013. 713*. – V. Bibl. gén. relative au PACS (avant art. 515-1) et Bibl. ss. art. 143.

▸ **Panorama Dalloz. – Droit des couples :** *D. 2022. 764* (mars 2021 – mars 2022) ; *D. 2021. 819* (mars 2020 – mars 2021) ; *D. 2020. 901* (mars 2019 – mars 2020) ; *D. 2019. 910* (mars 2018 – mars 2019) ; *D. 2018. 1104* (mars 2017 – mars 2018) ; *D. 2017. 1082* (mai 2016 – mars 2017) ; *D. 2016. 1334* (mai 2015 – mai 2016) ; D. 2015. 1408 (avr. 2014 – mai 2015) ; *D. 2014. 1342* (avr. 2013 – mars 2014) ; D. 2013. 1089 (janv. 2012 – mars 2013) ; *D. 2012. 971* (janv. 2011 – janv. 2012) ; *D. 2011. 1040* (janv. 2010 – janv. 2011) ; *D. 2010. 728* (avr. 2008 – déc. 2009) ; *D. 2008. 1786* (mars 2007 – avr. 2008).

CHAPITRE I DES QUALITÉS ET CONDITIONS REQUISES POUR POUVOIR CONTRACTER MARIAGE

Art. 143 *(L. n° 2013-404 du 17 mai 2013, art. 1er)* **Le mariage est contracté par deux personnes de sexe différent ou de même sexe.**

V. Circ. 29 mai 2013 de présentation de la loi ouvrant le mariage aux couples de personnes de même sexe (dispositions du code civil), .

Sur les conséquences du refus illégal de célébrer un mariage de la part d'un officier d'état civil, V. Cir. 13 juin 2013, .

BIBL. ▶ AYNÈS, *D. 2012. Chron. 2750* . – BAHUREL, *D. 2018. 859* (la priorité du mariage civil et l'Islam). – BIDAUD-GARON, *Dr. et patr. 12/2012. 30*. – BRÉCHOT, *JCP 2012, n° 1388* (constitutionnalité). – CHÉNEDÉ, *AJ fam. 2013. 332* (décision du Conseil constitutionnel). – CHOISEL, *RTD civ. 2015. 505* . – DIEU, *D. 2013. Chron. 1643* (opposition des officiers d'état civil au mariage entre personnes de même sexe). – DIONISI-PEYRUSSE, *AJ fam. 2013. 127* (procréation médicalement assistée). – FULCHIRON, *D. 2013. Chron. 100* ; *JCP 2012, n° 1317* (DIP). – HAUSER, *JCP 2012, n° 1185*. – LABBÉE, *JCP 2012, n° 977 ; JCP N 2012, n° 1360 ; D. 2017. 1608* (mariage à trois et contractualisation). – LEBEL, *AJ fam. 2013. 122* (histoire). – MALAURIE, *JCP 2012, n° 1096*. – REVILLARD, *JCP N 2012, n° 1267*. – Dossier, *D. 2012. 2613* ; *Dr. fam. 2013. Étude 1 ; RLDC 2012/98, nos 4871 s.* – Dossier, *AJ fam. 2013. 332* .

▶ **Circulaire du 29 mai 2013 :** BIDAUD-GARON, *JCP 2013, n° 729.*

1. Mariage, élément de l'état des personnes. Les règles relatives au mariage relevant de l'état des personnes, le législateur a compétence pour fixer les qualités et conditions requises pour pouvoir contracter mariage. • Cons. const. 17 mai 2013, n° 2013-669 DC : *JO 18 mai ; D. 2013. 1643, note Dieu ; ibid. 2014. 689, obs. Douchy-Oudot ; AJ fam. 2013. 332, note Chénedé ; RFDA 2013. 923, note Delvolvé ; ibid. 936, note Drago ; RDSS 2013. 908, note Brunet ; Constitutions 2013. 166, note Le Pourhiet ; ibid. 381, note Pourhiet ; ibid. 555, obs. Chénedé ; RTD civ. 2013. 579, obs. Hauser (consid. n° 20).* ♦ V. déjà • Cons. const. 28 janv. 2011, n° 2010-92 QPC : *cité note 4.* ♦ Sur les conséquences quant à l'application de la loi en Nouvelle-Calédonie, dans les îles Wallis-et-Futuna et en Polynésie française : conformité de la loi à la Constitution, dès lors qu'elle concerne des matières relevant de la compétence de l'État et qu'elle n'a pas pour effet de modifier les règles applicables aux personnes soumises à un statut personnel distinct du statut civil de droit commun. • Cons. const. 17 mai 2013, n° 2013-669 DC : *préc.* (consid. n° 89).

2. Mariage, élément du droit à la vie familiale. Le droit de mener une vie familiale normale *résulte du* 10e al. du Préambule de la Constitution de 1946 qui dispose que « la Nation assure à l'individu et à la famille les conditions nécessaires à leur développement ». • Cons. const. 17 mai 2013, n° 2013-669 DC : *préc.* (consid. n° 16).

A. IDENTITÉ SEXUELLE ET MARIAGE

1° MARIAGE DES PERSONNES DE MÊME SEXE

a. Législations consacrant le mariage homosexuel

3. Conformité à la Constitution. Si, en règle générale, le principe d'égalité impose de traiter de la même façon des personnes qui se trouvent dans la même situation, il n'en résulte pas pour autant qu'il oblige à traiter différemment des personnes se trouvant dans des situations différentes (consid. n° 15). En ouvrant l'accès à l'institution du mariage aux couples de personnes de même sexe, le législateur a estimé que la différence entre les couples formés d'un homme et d'une femme et les couples de personnes de même sexe ne justifiait plus que ces derniers ne puissent accéder au statut et à la protection juridique attachés au mariage ; il n'appartient pas au Conseil constitutionnel de substituer son appréciation à celle du législateur sur la prise en compte, en matière de mariage, de cette différence de situation (consid. n° 22). • Cons. const. 17 mai 2013, n° 2013-669 DC : *préc.* ♦ Si la législation républicaine antérieure à 1946 et les lois postérieures ont, jusqu'à la L. n° 2013-404, regardé le mariage comme l'union d'un homme et d'une femme, cette règle qui n'intéresse ni les droits et libertés fondamentaux, ni la souveraineté nationale, ni l'organisation des pouvoirs publics, ne peut constituer un principe fondamental reconnu par les lois de la République au sens du 1er al. du Préambule de 1946 ; en outre, doit en tout état de cause être écarté le grief tiré de ce que le mariage serait « naturellement » l'union d'un homme et d'une femme. • Même décision (consid. n° 21). ♦ Sur l'application de la loi dans le temps, V. *infra* l'art. 21 de la loi.

b. Législations interdisant le mariage homosexuel

4. Conformité à la Constitution. Conformité à la Constitution, la liberté du mariage ne restreint pas la compétence que le législateur tient de l'art. 34 de la Constitution pour fixer les conditions du mariage dès lors que, dans l'exercice de cette compétence, il ne prive pas de garanties légales des exigences de caractère constitutionnel ; le dernier al. de l'art. 75 et l'art. 144 C. civ. ne font pas obstacle à la liberté des couples de même sexe de vivre en concubinage dans les conditions définies par l'art. 515-8 de ce code ou de bénéficier du cadre juridique du pacte civil de solidarité régi par ses art. 515-1 s. ; le droit de mener une vie familiale normale n'implique pas le droit de se marier pour les couples de même sexe. • Cons. const. 28 janv. 2011, n° 2010-92 QPC : *D. actu. 7 févr. 2011, obs. Siffrein-Blanc ; AJ fam. 2011. 157, obs. Chénedé ; Dr. fam. 2011, n° 32, obs. Ouedraogo ; Gaz. Pal. 2011. 870, note Chemla ; RLDC 2011/80, n° 4175, obs. Gallois.* ♦ Sur la transmission d'une question prioritaire de constitutionnalité : • Civ. 1re, 16 nov. 2010 : *D. 2011. 209, note Roux ; ibid. 2011. Pan. 1040, obs. Lemouland et Vigneau ; JCP 2011, n° 29, obs. Gouttenoire ; Dr. fam. 2011. Étude 4, note Martel ; RTD civ. 2011. 107, obs. Hauser. – Adde*, Mirkovic, *JCP 2011, n° 134.*

5. *Conformité à la Conv. EDH.* Il n'y a pas d'obligation pour un État d'ouvrir l'accès au mariage à un couple homosexuel. • CEDH 24 juin 2010, n° 30141/04 : *D. 2011. Pan. 1040, obs. Lemouland et Vigneau ; AJ fam. 2010. 333 ; JCP 2010, n° 1013, note Fulchiron ; ibid. 2011, n° 29, obs. Gouttenoire ; Dr. fam. 2010, n° 143, obs. E. Lagarde ; RTD civ. 2010. 738, obs. Marguénaud ; ibid. 765, obs. Hauser* • CEDH 21 juill. 2015, *Oliari c/ Italie*, n° 18766/11 : *cité note 2 ss. art. 515-1.* ♦ L'État qui a institué un partenariat civil ne commet aucune discrimination en le réservant aux couples homosexuels, à l'exclusion des couples hétérosexuels ne pouvant s'unir que par un mariage. • CEDH, sect. V, 26 oct. 2017, *Ratzenböck et Seydl c/ Autriche*, n° 28475/12. ♦ Mais violation de l'art. 8 lorsque l'État qui a consacré un partenariat civil refuse la transcription des mariages célébrés à l'étranger. • CEDH, sect. I, 14 déc. 2017, *Orlandi et a. c/ Italie*, n° 26431/12 (interdiction désormais abrogée).

6. Selon la loi française (antérieure à la L. n° 2013-404 du 17 mai 2013), le mariage est l'union d'un homme et d'une femme ; ce principe n'est contredit par aucune des dispositions de la Conv. EDH et de la Charte des droits fondamentaux de l'Union européenne qui n'a pas en France de force obligatoire. • Civ. 1re, 13 mars 2007, n° 05-16.627 P : *R., p. 326 ; GAJC, 12e éd., n° 32 ; D. 2007. 1389, rapp. Pluyette, note Agostini ; ibid. AJ 935, obs. Gallmeister ; ibid. Point de vue. 1375, par Fulchiron ; ibid. Pan. 1561, obs. Lemouland et Vigneau ; JCP 2007. I. 170, n° 1, obs. Favier ; Gaz. Pal. 2007. 1073, rapp. Pluyette, avis Domingo ; Defrénois 2007. 781, obs. Massip ; AJ fam. 2007. 227, obs. Chénedé ; Dr. fam. 2007, n° 76, note Azavant ; RJPF 2007-5/22, note Leborgne ; RTD civ. 2007. 287, obs. Marguénaud ; ibid. 315, obs. Hauser ; ibid. 2008. 438, obs. Daumier*, rejetant le pourvoi contre : • Bordeaux, 19 avr. 2005 : *D. 2005. 1687, note Agostini ; D. 2006. Pan. 1414, obs. Lemouland et Vigneau ; Dr. fam. 2005, n° 124, note Azavant ; RTD civ. 2005. 574, obs. Hauser* (annulation du mariage contracté par deux personnes du même sexe), confirmant • TGI Bordeaux, 27 juill. 2004 : *D. 2004. 2392, note Agostini ; ibid. Somm. 2965, obs. Lemouland ; JCP 2004. II. 10169, note Kessler ; Gaz. Pal. 2004. 3250, note de Geouffre de la Pradelle ; AJ fam. 2004. 407, obs. Attuel-Mendès ; Dr. fam. 2004, n° 166, note Larribau-Terneyre ; RTD civ. 2004. 719, obs. Hauser.* ♦ Et dans la même affaire : • CEDH 9 juin 2016, n° 40183/07 : *AJ fam. 2016. 391, obs. Berdeaux-Gacogne ; RTD civ. 2016. 590, obs. Hauser ; ibid. 797, obs. Marguénaud* (absence d'atteinte à la Conv. EDH).

2° MARIAGE ET TRANSSEXUALISME

7. *Droit au mariage : primauté du sexe juridique modifié.* La non-concordance des facteurs biologiques chez un transsexuel opéré ne peut plus constituer un motif suffisant pour justifier le refus de reconnaître juridiquement le changement de sexe de l'intéressé ; le fait que le droit national retienne aux fins du mariage le sexe enregistré à la naissance constitue en l'espèce une limitation portant atteinte à la substance même du droit de se marier. • CEDH 11 juill. 2002, *Goodwin : D. 2003. 2032, note Chavent-Leclère ; ibid. Somm. 525, obs. Birsan (2e esp.) ; ibid. 1935, obs. Lemouland ; JCP 2003. I. 101, nos 1 s., obs. Favier ; ibid. 109, n° 16 et 22, obs. Sudre ; Defrénois 2003. 1077, obs. Massip ; RJPF 2002-11/20, étude Leborgne ; Dr. fam. 2002, n° 133, note Gouttenoire-Cornut ; Dr. et patr. 2/2003. 102, obs. Putman ; RTD civ. 2002. 782, obs. Hauser ; ibid. 862, obs. Marguénaud ; Europe 2002, n° 395, obs. Deffains.* ♦ Dans le même sens : • CJCE 7 janv. 2004, n° C-117-01 : *D. 2004. 979, note Icard ; JCP 2004. I. 159, n° 4, obs. Poillot-Peruzzetto ; Dr. fam. 2004, n° 62, note Gouttenoire ; RTD civ. 2004. 266, obs. Hauser, et 373, obs. Raynard* (caractère discriminatoire d'un législation qui a pour effet de rendre impossible le mariage d'un transsexuel vivant en couple, privant ainsi le couple des droits reconnus aux conjoints).

8. *Influence de la modification du sexe juridique sur une précédente union.* * *Législations acceptant le mariage homosexuel.* Dès lors que l'art. 143 C. civ., résultant de la L. n° 2013-404 du 17 mai 2013 ne fait plus de la différence de sexe une condition de validité du mariage, une modification juridique du sexe consécutive à la reconnaissance d'une situation de transsexualisme, réalisée postérieurement à l'entrée en vigueur du texte, ne peut plus constituer, à elle seule, un motif de remise en cause d'une union consacrée alors que les époux étaient de sexes juridiques différents. ♦ Sur l'appréciation de la portée des modifications intervenues avant la loi, V. *infra* et rappr. l'art. 21 de la loi.

* *Législations prohibant le mariage homosexuel.* La législation anglaise qui consacre la possibilité pour les transsexuels de modifier juridiquement leur sexe mais qui s'oppose, lorsque ceux-ci sont mariés, au maintien de leur précédente union, et qui les oblige à divorcer, tout en leur permettant de contracter une union civile leur accordant le bénéfice de la plupart des protections et avantages accordés aux couples mariés, ne viole pas les art. 8 et 12 Conv. EDH. • CEDH, sect. IV, 28 nov. 2006, *R. et F. et Parry c/ Royaume-Uni*, nos 35748/05 et 42971/05 : *RTD civ. 2007. 287, obs. Marguénaud*. ♦ Rappr. : • CEDH 13 nov. 2012, no 37359/03 : *D. 2013. 152, note Marchadier*. ♦ Et dans la même affaire • CEDH 16 juill. 2014, no 37359/09 : *D. 2015. 1408, obs. Lemouland et Vigneau ; AJ fam. 2014. 565, obs. de Boysson ; RTD civ. 2014. 831, obs. Marguénaud ; ibid. 855, obs. Hauser ; Dr. fam. 2015, no 1, note Binet* (loi finlandaise subordonnant la reconnaissance du changement de sexe d'un transsexuel à la transformation de son mariage antérieur en partenariat civil).

Un époux changeant de sexe au cours de la vie conjugale ne peut obtenir la modification de son état civil tout en restant marié car cela reviendrait à créer un mariage homosexuel prohibé par la loi française. • TGI Brest, 15 déc. 2011 : *AJ fam. 2012. 349, obs. de Boysson ; RTD civ. 2012. 502, obs. Hauser ; JCP 2012, no 100, note Dubarry*, infirmé par • Rennes, 16 oct. 2012 : *D. 2013. 156, note Paricard ; AJ fam. 2012. 559, obs. de Boysson ; RTD civ. 2013. 85, obs. Hauser ; JCP N 2013, no 1009, note Azincourt* (le choix des époux de poursuivre leur vie commune relève d'un choix de vie privée dans lequel le juge n'a pas à intervenir et la validité du mariage est incontestable en ce qu'elle doit être appréciée à la date de la célébration). ♦ La mention de la rectification du sexe sur l'acte de mariage n'a pas de caractère indispensable. • Même arrêt (changement de sexe et mention de cette décision en marge de l'acte de naissance mais pas en marge de l'acte de mariage).

9. Accès à la PMA. Sur l'accès des transsexuels à l'assistance à la procréation, V. notes ss. art. 99 et 311-20.

B. LIBERTÉ MATRIMONIALE

1° PRINCIPES

10. Liberté constitutionnellement garantie. Le respect de la liberté du mariage, composante de la liberté personnelle protégée par les art. 2 et 4 DDH, est constitutionnellement garanti. • Cons. const. 20 nov. 2003, no 2003-484 DC : *D. 2004. 1405, note Lecucq* (consid. nos 94-95) • 17 mai 2013, no 2013-669 DC : *préc.* ♦ V. cependant note 1 ss. art. 187, quant à l'annulation d'un mariage pour bigamie.

11. ... Conv. EDH. Si, selon la CEDH l'exercice du droit de se marier à partir de l'âge nubile, consacré par l'art. 12 de la convention, est soumis aux lois nationales des États contractants, les limitations en résultant ne doivent pas le restreindre ou le réduire d'une manière ou à un degré qui l'atteindraient dans sa substance même ; il en résulte que les conditions requises pour se marier ne relèvent pas entièrement de la marge d'appréciation des États contractants. • Civ. 1re, 8 déc. 2016, no 15-27.201 P : *D. 2016. 2568, obs. Gallmeister ; ibid. 2017. 470, obs. Douchy-Oudot ; ibid. 656, note Fulchiron ; ibid. 953, note Chénedé ; AJ fam. 2017. 71, obs. Houssier ; RTD civ. 2017. 102, obs. Hauser ; JCP 2017, no 166, note Hauser ; Dr. fam. 2017, no 24, note Binet ; ibid., no 25, avis Bernard de la Gatinais* (absence de violation, en l'espèce, dans le cas de l'annulation d'un mariage ayant duré huit ans après le décès du mari ; sur le cas de nullité, V. notes ss. art. 161).

Un mariage purement fictif ne relève pas de la sphère protégée par les art. 8 et 12 Conv. EDH, en l'absence de toute intention matrimoniale et de toute vie familiale effective. • Civ. 1re, 1er juin 2017, no 16-13.441 P : *D. 2017. 1451, note Fulchiron ; ibid. 2018. 641, obs. Douchy-Oudot ; AJ fam. 2017. 420, obs. Saulier ; RTD civ. 2017. 617, obs. Hauser*.

12. Droit de ne pas se marier. Le jugement étranger qui énumère un certain nombre d'injonctions pour le père, interdisant notamment que sa maîtresse se trouve en présence des enfants sauf s'il se marie avec elle, ou interdisant à toute personne du sexe opposé de passer la nuit à son domicile lorsqu'il reçoit les enfants, porte atteinte à des principes essentiels du droit français fondés sur l'égalité des parents dans l'exercice de l'autorité parentale et sur le respect de la vie privée et familiale. • Civ. 1re, 4 nov. 2010 : *cité note 18 ss. art. 309.*

13. Droit de se marier : nature et « qualité » de l'union. Le choix d'un ou d'une partenaire et la décision de l'épouser est strictement privé et personnel. • CEDH 5 janv. 2010, *Frasik c/ Pologne : Dr. fam. 2010, no 37, note Larribau-Terneyre ; RTD civ. 2010. 303, obs. Hauser* (violation art. 12 Conv. EDH) • 5 janv. 2010, *Jaremovicz c/ Pologne : D. 2011. Pan. 1040, obs. Lemouland et Vigneau ; eod. loc.* (*idem*). ♦ Il n'appartient pas aux autorités d'imposer un délai à la réalisation de cette union (deux arrêts), ni d'apprécier la nature et la qualité de la relation (2e arrêt). • Mêmes décisions.

14. ... Détenus. L'exercice du droit de se marier ne dépend pas du fait qu'une personne soit en liberté ou non ; il ne peut être fait obstacle au droit d'un détenu de se marier, sauf raison de sécurité. • CEDH 5 janv. 2010, *Frasik c/*

Pologne : préc. (violation art. 12 Conv. EDH) • 5 janv. 2010, *Jaremovicz c/ Pologne : préc.* ♦ Condamnation d'un État, un détenu n'ayant pu épouser sa nouvelle compagne pendant plus de trois ans, faute de délivrance d'un certificat de divorce en prison pour le mariage antérieur, et une rencontre en privé de longue durée n'ayant été possible qu'après l'enregistrement du mariage. • CEDH 8 déc. 2016, *Chernetskiy c/ Ukraine*, n° 44316/07 : *D. 2017. 1082, obs. Lemouland et Vigneau ; AJ fam. 2017. 148, obs. Viganotti ; AJ pénal 2017. 100, obs. Herzog-Evans*.

15. ... *Époux étranger.* La liberté de se marier est une liberté fondamentale. • CE 9 juill. 2014 : *AJDA 2014. 2141, note Aubin ; D. 2014. 1496 ; AJ fam. 2014. 505, obs. De Boysson ; RTD civ. 2014. 861, obs. Hauser* (annulation du refus de visa opposé à un ressortissant étranger, le mariage de personnes de même sexe étant impossible dans le pays de résidence des futurs époux). ♦ Le respect de la liberté du mariage, composante de la liberté personnelle, s'oppose à ce que le caractère irrégulier du séjour d'un étranger en France fasse obstacle, par lui-même, au mariage de l'intéressé ; en estimant que le fait pour un étranger de ne pouvoir justifier de la régularité de son séjour constituerait dans tous les cas un indice sérieux de l'absence de consentement, le législateur a porté atteinte au principe constitutionnel de la liberté du mariage. • Cons. const. 20 nov. 2003, n° 2003-484 DC : *préc.* ♦ Comp. • CE 10 juill. 1995 : *D. 1996. Somm. 101, obs. Julien-Laferrière* (absence d'atteinte au droit de se marier et au droit au respect de la vie familiale dans le cas d'une reconduite à la frontière d'un étranger sur le point de se marier). ♦ Discrimination dans la différence de traitement pour le rapprochement familial des résidents temporaires mariés après le départ de leur pays, qui sont privés de ce droit, et des résidents temporaires mariés avant ou des étudiants, qui en bénéficient. • CEDH, sect. IV, 6 nov. 2012, *Hode et Abdi c/ Royaume-Uni*, n° 22341/09. ♦ Porte atteinte à la liberté de se marier une législation sur le mariage des ressortissants étrangers qui refuse dans certains cas la délivrance d'un certificat d'admission, de façon générale et non pour des raisons liées à l'existence d'un mariage de complaisance, et qui impose en tout état de cause des frais de dossier trop élevés. • CEDH, sect. IV, 14 déc. 2010, *O'Donoghue et a. c/ Royaume-Uni*, n° 34848/07. ♦ Violation de l'art. 8 lorsque les autorités ont mis 28 mois pour enregistrer le mariage d'un national contracté à l'étranger avec une étrangère, dès lors que, même si l'enregistrement n'a pas d'influence sur l'existence du mariage, les difficultés pratiques causées par son absence constituent une ingérence disproportionnée. • CEDH, sect. IV, 20 juill. 2010, *Dadouch c/ Malte*, n° 38816/07.

16. *Droit de divorcer et de se remarier.* L'art. 275 (anc.), al. 2, qui permettait de différer provisoirement certains effets de la décision de divorce, n'instaurait pas un empêchement au remariage et n'était pas contraire à l'art. 12 Conv. EDH. • Civ. 1re, 13 mars 2007, n° 06-12.419 P : *D. 2008. Pan. 814, obs. G. Serra ; ibid. 2008. Pan. 1787, obs. Lemouland et Vigneau ; Dr. fam. 2007, n° 82, note Larribau-Terneyre ; RJPF 2007-6/19, note Garé ; RTD civ. 2007. 320, obs. Hauser* • 30 mai 2009 : *D. 2010. Pan. 1243, obs. Serra ; RJPF 2009-9/21, obs. Garé.* ♦ Cassation de l'arrêt qui subordonne la transcription du divorce, et non son prononcé, au versement effectif du capital. • Civ. 1re, 5 mars 2008, n° 07-10.937 P : *RJPF 2008-6/25, obs. Garé.* ♦ Sur l'illégalité de l'imposition d'un délai pour se marier, comp. note 13. ♦ Violation de l'art. 12 Conv. EDH en raison d'une durée excessive d'une procédure de divorce. • CEDH, sect. I, 27 nov. 2012, *V. K. c/ Croatie*, n° 38380/08 (procédure ayant duré plus de cinq ans, en raison de l'absence d'accord sur la totalité des mesures, alors que la législation autorisait une décision partielle).

2° EXCEPTIONS

17. *Justification de nécessités impérieuses.* Il ne peut être porté atteinte sans abus à la liberté du mariage par un employeur que dans des cas très exceptionnels où les nécessités des fonctions l'exigent impérieusement. • Cass., ass. plén., 19 mai 1978, n° 76-41.211 P : *GAJC, 12e éd., n° 30 ; D. 1978. 541, concl. Schmelck et note Ardant ; JCP 1979. II. 19009, rapp. Sauvageot, note Lindon.*

18. *Illustrations : clauses de célibat.* Le droit au mariage est un droit individuel d'ordre public qui ne peut se limiter ni s'aliéner. A moins de raison impérieuse évidente, une clause de non-convol doit être déclarée nulle. • Paris, 30 avr. 1963 : *D. 1963. 428, note Rouast.* ♦ Pour les clauses de célibat, V. aussi note 3 ss. art. 6, et notes ss. art. 900 (contrats gratuits) et art. 1133 anc. (contrats onéreux).

19. ... *Institutions religieuses.* Relèvent ces circonstances exceptionnelles les juges du fond qui constatent que les convictions religieuses de la salariée avaient été prises en compte lors de la conclusion de son contrat de travail avec une institution religieuse attachée au principe de l'indissolubilité du mariage. • Cass., ass. plén., 19 mai 1978 : *préc.* (absence de faute dans le licenciement de la salariée à la suite de son remariage après divorce). ♦ Sur les critères d'appréciation des limitations : • CJUE 11 sept. 2018, *n° C-68/17 : D. 2019. 910, obs. Lemouland et Vigneau ; RTD civ. 2018. 870, obs. Leroyer ; Dr. fam. 2018, n° 252, obs. Gayet.*

20. ... *Militaires.* Illégalité du refus à mariage opposé à un militaire par sa hiérarchie sur le fondement de l'art. 14 de la L. du 13 juill. 1972, motif pris de la nationalité étrangère de l'épouse.

• CE 15 déc. 2000 : *D. 2002. Somm. 533, obs. Lemouland* ; *RFDA 2001. 725, concl. Bergeal, note Gourdou et Perdu* .

C. PROMESSES DE MARIAGE

21. Validité des promesses de mariage. BIBL. Bénabent, *RTD civ. 1973. 440* (liberté individuelle et mariage). – Josserand, *DH 1927. Chron. 21.* ♦ Nullité des promesses de mariage et rupture fautive des fiançailles : Nerson, obs. *RTD civ. 1981. 129.* – Nerson et Rubellin-Devichi, *ibid. 1983. 317.*

22. Existence et preuve. La promesse de mariage se prouve par tout moyen. • Civ. 1re, 6 nov. 1974, n° 73-10.029 P (décision rendue dans le cadre de l'anc. art. 340 ; les juges du fond ont pu déduire souverainement de la demande en mariage adressée aux parents l'existence d'une promesse de mariage) • 6 nov. 1974, n° 72-12.721 P (même hypothèse ; appréciation souveraine) • Civ. 2e, 21 avr. 1982, n° 81-10.676 P (affirmation du pouvoir souverain des juges du fond d'interpréter l'intention des parties afin d'établir l'existence de la promesse). ♦ V., admettant qu'un mariage coutumier marocain puisse constituer une promesse de mariage : • Civ. 1re, 15 mars 1988 : *Gaz. Pal. 1989. 1. 374, note J. M.* (admission d'une faute dans la rupture, la qualification de promesse de mariage n'étant pas discutée devant la Cour de cassation). ♦ *Contra* : • Paris, 8 déc. 1992 : *D. 1994. 272, note Hochart* .

23. L'annonce matrimoniale publiée dans un journal et la correspondance échangée par la suite ne comportant pas de promesse de mariage, l'auteur de l'annonce ne manque à aucun engagement en mettant fin à ces relations. • Civ. 2e, 28 avr. 1993 : *D. 1995. 330, note Mathieu* ; *RTD civ. 1995. 604, note Hauser* (rejet de l'action de la femme délaissée qui n'avait pas fondé son action sur une responsabilité délictuelle). ♦ Rappr. • Civ. 1re, 15 mars 1988 : *préc. note 22.* ♦ Le fait de vivre en concubinage et d'avoir eu un enfant n'implique nullement une obligation au mariage. • Aix-en-Provence, 8 déc. 2009 : *Dr. fam. 2010, n° 110, obs. Siffrein-Blanc.*

24. Rupture des promesses de mariage. Rupture sans responsabilité. • Civ. 1re, 19 juill. 1966, n° 64-13.163 P (désaccord sur le régime matrimonial, chacune des positions opposées étant légitime) • Civ. 1re, 3 nov. 1966 : *Bull. civ. I, n° 495* (refus des supérieurs d'un gendarme d'autoriser son mariage avec une tenancière d'un bar-dancing, alors qu'il n'est pas établi que le gendarme avait conclu des fiançailles en s'engageant à démissionner si l'autorisation sollicitée lui était refusée) • TGI Nanterre, 16 juill. 1975 : *Gaz. Pal. 1975. 2. 779* (conséquences de la libre acceptation d'une liaison avec un homme marié sans certitude de l'aboutissement de la procédure de divorce) • Civ. 1re, 4 janv. 1995 : *D. 1995. 251, note Bénabent* ; *RTD civ. 1995. 604, obs. Hauser* (faute non caractérisée par la seule absence de dialogue préalable à la rupture).

25. ... Rupture engageant la responsabilité d'un des fiancés. V. par exemple : • Civ. 1re, 4 mars 1964 : *Gaz. Pal. 1964. 1. 405* (rupture brutale, sans justification, après avoir abusé gratuitement la fiancée) • Civ. 2e, 22 oct. 1970, n° 69-14.260 P (motif de rupture fallacieux et jetant le discrédit sur la fiancée) • Civ. 1re, 20 juill. 1971, n° 70-13.317 P (rupture fautive en raison de l'absence de grief sauf celui, insuffisant, de l'opposition des parents, alors que le fiancé avait promis le mariage en connaissance de l'état de grossesse) • Civ. 2e, 18 janv. 1973, n° 71-13.001 P (rupture sans motif ni grief avec caprice ou légèreté) • Civ. 1re, 6 nov. 1974, n° 73-10.029 P (rupture brutale et sans raison) • 3 nov. 1976, n° 74-14.289 P (rupture brusque après avoir entretenu l'espoir d'un mariage et abandon quelques jours avant la naissance de l'enfant) • 29 avr. 1981, n° 80-11.172 P (rupture sans motif légitime à une époque particulièrement préjudiciable pour la fiancée : grossesse) • 15 mars 1988 : *Gaz. Pal. 1989. 1. 374, note J. M.* (rupture unilatérale après la célébration d'un mariage coutumier marocain valant engagement matériel et moral).

26. Restitutions. Pour la restitution de la bague de fiançailles et des cadeaux, V. note 3 ss. art. 852 et note ss. art. 1088.

Art. 144 (*L. n° 2013-404 du 17 mai 2013, art. 1er*) **Le mariage ne peut être contracté avant dix-huit ans révolus.**

Ancien art. 144 (*L. n° 2006-399 du 4 avr. 2006, art. 1er*) ***L'homme et la femme ne peuvent contracter mariage avant dix-huit ans révolus.***

1. Respect de la condition d'âge. Annulation du mariage d'une mineure célébré à l'étranger, sans dispense d'âge, la nullité ayant été demandée à l'occasion de la demande de transcription sur le registre consulaire français. • TGI Nantes, 6 mai 2010, n° 08/00898 : *AJ fam. 2010. 441, obs. X. Labbée* .

2. Absence d'exigence de différence d'âge. L'art. 144 ne contient aucune exigence quant à la différence d'âge entre les époux. • Aix-en-Provence, 22 nov. 1993 : *JCP 1994. IV. 627.*

Art. 145 (*L. n° 70-1266 du 23 déc. 1970*) **Néanmoins, il est loisible au procureur de la République du lieu de célébration du mariage, d'accorder des dispenses d'âge pour des motifs graves.**

Art. 146 **Il n'y a pas de mariage lorsqu'il n'y a point de consentement.**

Sur l'ordonnance de protection dont peut bénéficier la personne majeure menacée de mariage forcé, V. art. 515-13.

Sur l'infraction pénale consistant dans le fait de contracter un mariage aux seules fins d'obtenir, ou de faire obtenir, un titre de séjour, ou aux seules fins d'acquérir, ou de faire acquérir, la nationalité française, V. CESEDA, art. L. 623-1 à L. 623-3. — ***CESEDA.***

BIBL. ▶ CORPART-OULERICH, *Gaz. Pal. 1993. 2. Doctr. 1257.* - Cl.-I. FOULON-PIGANIOL, *RTD civ. 1960. 217.* - HAUSER, *ibid. 1991. 296.* - LAROCHE-GISSEROT, *Gaz. Pal. 1994. 1 Doctr. 629.* - NERSON et RUBELLIN-DEVICHI, *ibid. 1983. 325 et 334.* - RAYMOND, *Gaz. Pal. 1975. 2. Doctr. 501.* - RUBELLIN-DEVICHI, *RFDA 1993. 166.*

▶ GRANET, *Études Rieg, Bruylant, 2000, p. 407* (l'immigration par le mariage). - RALSER, *Dr. fam. 2004. Chron. 4* (mariages blancs : L. 26 nov. 2003).

1. Conformité à la Constitution. La protection constitutionnelle de la liberté du mariage ne confère pas le droit de contracter mariage à des fins étrangères à l'union matrimoniale ; l'art. 146 est conforme à la Constitution. • Cons. const. 22 juin 2012, n° 2012-261 QPC : *AJ fam. 2012. 466, obs. Chénedé ; RTD civ. 2012. 510, obs. Hauser ; Dr. fam. 2012, n° 132, note Larribau-Terneyre.*

A. CONSENTEMENT

2. Loi applicable. Le consentement au mariage est apprécié selon la loi nationale de chacun des époux. • Civ. 1re, 11 févr. 2009, n° 08-10.387 P : *D. 2009. AJ 564, obs. Égéa ; ibid. Pan. 1557, obs. Courbe ; ibid. 2010. Pan.728, obs. Lemouland et Vigneau ; AJ fam. 2009. 129, obs. Brusorio-Aillaud ; RLDC 2009/59, n° 3393, obs. Pouliquen ; RJPF 2009-6/26, obs. Leborgne ; Dr. fam. 2009, n° 81, obs. Farge ; Defrénois 2009. 1851, obs. Massip ; Rev. crit. DIP 2009. 492, obs. P. Lagarde* • 9 juill. 2008, n° 07-19.079 P : *Rev. crit. DIP 2009. 492, obs. P. Lagarde* • 1er juin 2011 : *cité note 1 ss. art. 202-1* • 1er juin 2011 : *eod. loc.*

3. Expression du consentement. Si lors de la célébration du mariage, l'un des époux ne peut parler, il appartient au juge de relever et d'interpréter les signes (attitude, larmes, regard) par lesquels cet époux a entendu affirmer sa volonté. • Civ. 1re, 22 janv. 1968, n° 66-12.308 P : *JCP 1968. II. 15442, note R. L.*

4. Consentement d'un majeur en tutelle. V. note 2 ss. art. 460.

5. … D'un majeur en curatelle. Si l'absence d'autorisation préalable du curateur au mariage du majeur en curatelle ne correspond pas à un défaut de consentement, au sens de l'art. 146, mais à un défaut d'autorisation, au sens de l'art. 182, sanctionné par la nullité relative et de nature à être couvert par l'approbation du curateur, en revanche, le défaut de consentement de l'époux lui-même est un motif de nullité absolue, lequel ouvre au ministère public une action en annulation du mariage, sur le fondement de l'art. 146 du code civil, et la voie de l'opposition prévue à l'art. 171-4, lorsque la célébration est envisagée à l'étranger et que des indices sérieux laissent présumer une cause d'annulation. • Civ. 1re, 20 avr. 2017, n° 16-15.632 P : *D. 2017. 1963, note Raoul-Cormeil ; ibid. 1490, obs. Lemouland et Noguéro ; RTD civ. 2017. 618, obs. Hauser ; Dr. fam. 2017. 141, note Maria.* ♦ *Contra* antérieurement : • Lyon, 4 juin 2009 : *Dr. fam. 2009, n° 161, obs. Maria* (consentement du curateur ou autorisation du juge des tutelles au mariage d'un majeur sous curatelle correspondant à un défaut de consentement).

6. Absence de consentement : appréciation souveraine. L'appréciation des juges du fond quant à l'existence d'une maladie mentale (schizophrénie) à l'époque du mariage échappe au contrôle de la Cour de cassation. • Civ. 1re, 29 janv. 1975 : *D. 1975. 668, note Hauser.* ♦ Et les juges du fond apprécient souverainement si la preuve de l'absence de consentement lors du mariage est ou non rapportée. • Civ. 1re, 30 nov. 1965, n° 67-13.423 P.

7. … Charge de la preuve. Cette preuve est à la charge de celui qui conteste la validité du mariage. • Civ. 1re, 2 déc. 1992 : *D. 1993. 409, note F. Boulanger ; Defrénois 1993. 725, obs. Massip* • Douai, 24 févr. 1997 : *LPA 26 janv. 1999, note Archer.* ♦ Sur l'important courant jurisprudentiel contraire, lorsque le trouble est jugé permanent, V. Mégacode civil 2014.

8. … Illustrations. Il y a lieu de déclarer nul, en raison du défaut de consentement de l'époux, le mariage auquel ce dernier a consenti alors qu'il se trouvait, de notoriété publique, dans un état de démence sénile le rendant irresponsable de ses actes. • Civ. 1re, 28 mai 1980 : *JCP 1981. II. 19552, note Raymond* • 4 mai 2011 : *cité note 2 ss. art. 187* (lourdes déficiences mentales interdisant à l'époux d'apprécier la portée de son engagement le jour de la célébration de l'union). ♦ Même solution, en raison d'une pathologie psychotique conduisant à des mariages répétitifs. • Paris, 2 juill. 2009 : *D. 2010. Pan. 728, obs. Lemouland et Vigneau.* ♦ Réalité du consentement donné par une épouse marocaine par procuration, conformément à une possibilité offerte par sa loi personnelle, l'épouse ayant vécu plus de treize années avec son époux et créé une famille en ayant eu trois enfants. • Civ. 1re,

18 mars 2020, n° 19-11.573 P : *D. 2020. 822* ; *AJ fam. 2020. 428, obs. Boiché* ; *Rev. crit. DIP 2020. 821, note Ralser* ; *JCP 2020, n° 484, note Péroz ; Dr. fam. 2020, n° 114, note Farge.*

9. Validité d'un mariage *in extremis* (consentement exprimé par un râle, mais consacrant une vie commune antérieure très unie). • Civ. 1re, 31 janv. 2006, n° 02-19.398 P : *D. 2006. Pan. 1416, obs. Lemouland et Vigneau* ; *AJ fam. 2006. 112, obs. Chénedé* ; *Dr. fam. 2006, n° 79, note Larribau-Terneyre ; RTD civ. 2006. 283, obs. Hauser*.

10. Nullité du mariage, faute de consentement, l'épouse n'ayant pas eu l'intention de se soumettre à toutes les obligations nées de l'union conjugale, et s'étant mariée dans le but exclusif d'appréhender le patrimoine de son époux, ce dernier ayant exprimé sa volonté de demander l'annulation du mariage quelques jours avant de subir les coups mortels portés par son épouse. • Civ. 1re, 19 déc. 2012, n° 09-15.606 P : *D. 2013. 85, obs. Gallmeister* ; *ibid. 798, obs. Douchy-Oudot* ; *ibid. 1117, note Naudin* ; *AJ fam. 2013. 137, obs. de Boysson* ; *RTD civ. 2013. 353, obs. J. Hauser* ; *JCP 2013, n° 337, obs. Boulanger.* ♦ Comp. notes suivantes.

11. Défaut de consentement lors d'un mariage contracté à Las Vegas, la cérémonie ayant été présentée par l'épouse à ses amis comme un rite sans conséquences, le voyage n'ayant pas eu pour but ce mariage puisque les bans n'avaient pas été publiés, aucune démarche n'ayant été entreprise en vue de sa transcription à leur retour en France et les « époux » n'ayant pas conféré à leur enfant le statut d'enfant « légitime » puisqu'ils l'avaient reconnu, sans aucune allusion à leur mariage dans l'acte de naissance, tous deux ayant contracté des unions en France après ce mariage. • Civ. 1re, 19 sept. 2019, n° 18-19.665 P : *AJ fam. 2019. 601, obs. Houssier* : *JCP 2019, n° 1112, note Lamarche ; Dr. fam. 2019, n° 214, note Binet* (rejet d'une demande de nullité d'un second mariage pour bigamie).

B. SIMULATION

1° PRINCIPES

12. Absence de protection. Un mariage purement fictif ne relève pas de la sphère protégée par les art. 8 et 12 Conv. EDH, en l'absence de toute intention matrimoniale et de toute vie familiale effective. • Civ. 1re, 1er juin 2017, n° 16-13.441 P : *D. 2017. 1451, note Fulchiron* ; *ibid. 2018. 641, obs. Douchy-Oudot* ; *AJ fam. 2017. 420, obs. Saulier* ; *RTD civ. 2017. 617, obs. Hauser*.

13. Distinction selon les buts des époux. Si le mariage est nul, faute de consentement, lorsque les époux ne se sont prêtés à la cérémonie qu'en vue d'atteindre un résultat étranger à l'union matrimoniale, il est au contraire valable lorsque les conjoints ont cru pouvoir limiter ses effets légaux, et notamment n'ont donné leur consentement que dans le but de conférer à l'enfant commun la situation d'enfant légitime. • Civ. 1re, 20 nov. 1963, *Appietto*, n° 62-12.722 P : *D. 1964. 465, note Raymond ; JCP 1964. II. 13498, note J. Mazeaud ; RTD civ. 1964. 286, obs. Desbois.*

14. Appréciation souveraine. La détermination des buts véritables poursuivis par les époux relève de l'appréciation souveraine des juges du fond. • Civ. 1re, 12 nov. 1998 : *Dr. fam. 1999, n° 23, note Lécuyer* • 19 janv. 1999 : *eod. loc.* • 6 juill. 2000 : *LPA 31 janv. 2001, note Massip* • 22 nov. 2005, n° 03-10.385 P : *RTD civ. 2006. 92, obs. Hauser* • 22 nov. 2005, n° 03-18.209 P : *D. 2006. Pan. 1415, obs. Lemouland et Vigneau* ; *RTD civ. 2006. 92, obs. Hauser*. ♦ V. cependant, cassant un arrêt ayant refusé d'annuler un mariage argué de nullité pour finalité exclusivement successorale, au seul motif que ce mariage avait eu au moins pour effet de permettre aux époux de mettre en œuvre, quant à leurs biens, leur contrat de mariage : • Civ. 1re, 28 oct. 2003, n° 01-12.574 P : *D. 2004. 21, note Gridel* ; *ibid. Somm. 2964, obs. Lemouland* ; *Defrénois 2004. 143, obs. Massip ; AJ fam. 2004. 27, obs. F. B.* ; *Dr. fam. 2004, n° 15, note Larribau-Terneyre ; LPA 10 mars 2004, note Desgorces ; RTD civ. 2004. 66, obs. Hauser*.

15. Charge de la preuve. C'est au conjoint demandeur en nullité du mariage de rapporter la preuve de l'absence d'intention matrimoniale. • Civ. 1re, 22 nov. 2005 : *préc. note 14 (1er arrêt).* ♦ N'inverse pas la charge de la preuve la cour d'appel qui énonce que la preuve de l'absence d'intention matrimoniale résulte de l'enquête de police et notamment de l'audition de l'épouse. • Civ. 1re, 22 avr. 1997 : *Defrénois 1997. 1326, obs. Massip.*

16. Rôle des autorités. Il appartient au préfet, s'il est établi que le mariage a été contracté dans le but exclusif d'obtenir un titre de séjour, de faire échec à cette fraude et de refuser à l'intéressé la carte de résident. • CE, avis, 9 oct. 1992 : *D. 1993. 251, note Maillard Desgrées du Loû* ; *JCP 1993. II. 22025, note Laroche-Gisserot ; JDI 1993. 103, note Julien-Laferrière.* – V. aussi • CE 13 nov. 1992 : *D. 1993. 297, note Haïm*.

17. Nullité absolue. L'action en nullité fondée sur l'art. 146 en raison du défaut de consentement de l'épouse, les époux s'étant en outre prêtés à la cérémonie du mariage à des fins exclusivement successorales, est une action en nullité absolue, ouverte à tous ceux qui y ont intérêt. • Civ. 1re, 6 janv. 2010 : *D. 2011. Pan. 1040, obs. Lemouland et Vigneau* ; *RJPF 2010-4/19, obs. Leborgne ; RTD civ. 2010. 304, obs. Hauser*.

18. Prescription. Sur l'absence d'application du délai de prescription raccourci prévu à l'art. 190-1 (ancien) au cas du défaut de consentement à mariage prévu à l'art. 146, V. • Civ. 1re, 7 juin 2006 : *Dr. fam. 2006, n° 154, note Larribau-Terneyre.*

19. Sanction pénale. L'époux qui, après un mariage simulé, invoque cette situation pour obtenir un document administratif est censé avoir pris une fausse qualité au sens de l'art. 154 C. pén. (ancien). • Crim. 8 juin 1993 : *Gaz. Pal. 1993. 2. Pan. 454.* ♦ L'annulation du mariage n'est pas un préalable aux poursuites. • Crim. 18 mai 1993, n° 93-80.331 P : *R., p. 358* • Crim. 8 juin 1993 : *Gaz. Pal. 1993. 2. Pan. 454.* ♦ Pour la condamnation d'un avocat qui a organisé un mariage ne reposant sur aucune intention conjugale, dans le seul but de permettre à un époux d'acquérir par ce moyen un titre de séjour : • Crim. 13 janv. 2016, n° 14-87.760 P.

2° ILLUSTRATIONS

20. Mariages valables. Lorsque les époux ont divorcé par consentement mutuel, pour se remarier immédiatement dans le dessein de permettre au mari l'acquisition de la nationalité française, en application de la L. du 9 janv. 1973, le divorce prononcé et le mariage qui l'a suivi demeurent valables ; mais le second mariage n'a pu produire l'effet acquisitif de nationalité frauduleusement recherché. • Civ. 1re, 17 nov. 1981, *Taleb : D. 1982. 573, note Guiho ; JCP 1982. II. 19842, note Gobert ; Gaz. Pal. 1982. 2. 567, note Massip ; RTD civ. 1983. 334, obs. Nerson et Rubellin-Devichi.* ♦ Il n'y a pas mariage simulé si le but recherché, droit au séjour, changement de nationalité, par exemple, n'est pas exclusif de la volonté des futurs époux de vivre une véritable union matrimoniale sans éluder les conséquences légales du mariage. • Versailles, 15 juin 1990 : *D. 1991. 268, note Hauser ; JCP 1991. II. 21759, note Laroche-Gisserot.* – Dans le même sens : • TGI La Rochelle, 2 mai 1991 : *D. 1992. 259, note Guiho.* ♦ L'homosexualité de l'épouse et l'impuissance du mari ne constituent pas un obstacle à la fondation d'un foyer dès lors que l'intention des époux était de fonder une famille afin qu'ils se prodiguent mutuellement affection, soutien et assistance. • Caen, 11 janv. 2007 : *Dr. fam. 2007, n° 101, note Larribau-Terneyre.*

21. Mariages simulés : nationalité et titres de séjour. Nullité du mariage qui a poursuivi un but contraire à l'essence même du mariage, à savoir obtenir un titre de séjour sur le territoire français sans intention de créer une famille et d'en assumer les charges. • Civ. 1re, 1er juin 2011, n° 09-67.805 P : *D. actu. 15 juin 2011, obs. Burda* (interprétation par le juge français du code du statut personnel tunisien pour déterminer l'existence d'un consentement). ♦ Le mariage célébré dans le seul but de permettre à l'épouse d'obtenir un visa de sortie de son pays d'origine est nul pour défaut de consentement. • TGI Paris, 28 mars 1978 : *JCP N 1980. II. 144.* ♦ V. aussi : • Toulouse, 5 avr. 1994 : *JCP 1995. II. 22462, note Boulanger* (nullité retenue en l'absence de cohabitation et de rapports sexuels) • Dijon, 14 sept. 1993 : *BICC 15 janv. 1994, n° 79* (est nul faute de consentement le mariage célébré moins d'un mois après le retour en France du mari, d'origine marocaine, et contracté dans le seul but de permettre à celui-ci d'obtenir un titre de séjour en France) • Grenoble, 3 nov. 1998 : *D. 1999. Somm. 373, obs. Lemouland ; Dr. fam. 1999, n° 23, note Lécuyer* (nullité du mariage contracté dans le seul but de faire acquérir à l'époux la nationalité française) • Civ. 1re, 6 juill. 2000 : *préc. note 14* (changement d'attitude de l'épouse dès l'obtention du titre de séjour, démontrant que le but poursuivi par elle était, de manière exclusive, étranger à la finalité du mariage) • Douai, 18 févr. 2002 : *Dr. fam. 2003, n° 68, note Lécuyer* • Pau, 6 mars 2006 : *Dr. fam. 2006, n° 182, note Larribau-Terneyre* (aveux du mari d'un mariage « par amitié » non consommé). • Paris, 23 nov. 2017, n° 17/00465 : *Dr. fam. 2018, n° 78, note Caro* (absence de vie commune et de connaissance par l'épouse de la vie de son mari) • Rennes, 18 déc. 2017, n° 16/0797 : *eod. loc.* (divergences de déclarations des époux).

22. ... Transsexuels. Est fondée l'opposition du ministère public au mariage d'une transsexuelle et d'un « transgenre » (individu de sexe masculin pour l'état civil, mais revendiquant sa féminité), en l'absence d'intention matrimoniale véritable, les intéressés désirant s'unir en tant que femmes et contrevenir, pour mieux la combattre, à la prohibition actuelle des mariages homosexuels. • Versailles, 8 juill. 2005 : *D. 2006. 772, note Bonnet ; ibid. Pan. 1416, obs. Lemouland et Vigneau ; AJ fam. 2005. 322, obs. Guez ; RTD civ. 2006. 93, obs. Hauser.*

23. ... Fiscalité. Nullité d'un mariage contracté pour des raisons fiscales : • Pau, 24 févr. 2009 : *Dr. fam. 2009, n° 136, obs. Larribau-Terneyre.*

Art. 146-1 *(L. n° 93-1027 du 24 août 1993)* **Le mariage d'un Français, même contracté à l'étranger, requiert sa présence.**

1. Nature de la condition. La condition de comparution personnelle figurant à l'art. 146-1, intégré par la L. n° 93-1027 du 24 août 1993 dans le chapitre I du titre V C. civ. intitulé « Des qualités et conditions requises pour pouvoir contracter mariage », constitue désormais une condition de fond du mariage régie par la loi personnelle. • Civ. 1re, 15 juill. 1999, n° 99-10.269 P : *R., p. 305 ; D. 2000. Somm. 414, obs. Lemouland ; Defrénois 2000. 103, obs. Massip ; Rev. crit. DIP 2000. 207, note Gannagé* • 28 mars 2006, n° 03-10.072 P : *D. 2007. Pan. 1564, obs. Lemou-*

land et Vigneau ; Defrénois 2006. 1317, obs. Massip. – Déjà en ce sens : • TGI Paris, 28 nov. 1995 : *JCP 1996. I. 3946, n°s 1 s., obs. Farge ; RTD civ. 1996. 365, obs. Hauser*. ♦ Il importe peu que les époux aient été dénués de toute intention frauduleuse. • Paris, 18 oct. 2001 : *Dr. fam. 2002, n° 124, note Farge.* – V. aussi • Paris, 15 mai 2003 : *Dr. et patr. 11/2003. 97, obs. F. Monéger.*

2. ... Application aux seuls ressortissants français. La condition de fond posée par l'art. 146-1 requiert la présence des seuls Français lors de leur mariage contracté à l'étranger ; dès lors, il résulte de la combinaison des art. 146 et 146-1 que la présence de l'épouse étrangère à son mariage, en tant qu'elle constitue une condition de fond du mariage, est régie par la loi étrangère, en l'espèce la loi marocaine ; en l'absence de contestation touchant à l'intégrité du consentement, la disposition du droit marocain qui autorise le recueil du consentement d'une épouse par une procuration n'est pas manifestement incompatible avec l'ordre public, au sens de l'art. 4 Conv. franco-marocaine du 10 août 1981 relative au statut des personnes, dès lors que le droit français n'impose la présence de l'époux à son mariage qu'à l'égard de ses seuls ressortissants. • Civ. 1re, 18 mars 2020, n° 19-11.573 P : *D. 2020. 822 ; AJ fam. 2020. 428, obs. Boiché ; Rev. crit. DIP 2020. 821, note Ralser ; JCP 2020, n° 484, note Péroz ; Dr. fam. 2020, n° 114, note Farge.*

3. Prescription. L'art. 146-1, expressément visé à l'art. 184, est soumis au régime général de prescription prévu pour les actions en nullité de mariage, de sorte que le régime spécial de prescription prévu par l'art. 190-1 [abrogé depuis lors] ne lui est pas applicable. • Civ. 1re, 28 mars 2006 : *préc. note 1.*

Art. 147 On ne peut contracter un second mariage avant la dissolution du premier.

BIBL. ▸ BOSQUET-DENIS, *RTD civ. 1979. 524* (remariage). – ENDRÉO, *ibid. 1991. 263* (bigamie). – MONÉGER, *JCP 1990. I. 3460* (polygamie). – NERSON et RUBELLIN-DEVICHI, *RTD civ. 1983. 330* (bigamie).

1. Bigamie et DIP. Polygamie et ordre public : V. notes ss. art. 202-1. ♦ Un mariage contracté à l'étranger en état de bigamie pour l'un des époux ou les deux n'est pas nul en France si les lois nationales ou les statuts personnels, éventuellement différents, de chaque époux autorisent la bigamie. • Paris, 14 juin 1995 : *D. 1996. 156, note F. Boulanger ; ibid. Somm. 174, obs. Audit ; Rev. crit. DIP 1997. 41, note Gannagé*. ♦ Mais dès lors que l'épouse est française et donc soumise aux dispositions de l'art. 147, un tel mariage n'a pas d'effet en France. • Civ. 1re, 24 sept. 2002, n° 00-15.789 P : *R., p. 339 ; D. 2003. Somm. 1935, obs. Lemouland ; JCP 2003. II. 10007, concl. Sainte-Rose, note Devers ; Defrénois 2002. 1467, obs. Massip ; AJ fam. 2002. 384, obs. S. D.-B. ; RJPF 2003-1/18, note Oudin ; Dr. et patr. 1/2003. 120, obs. F. Monéger ; LPA 15 oct. 2003, note Brière ; RTD civ. 2003. 62, obs. Hauser ; Rev. crit. DIP 2003. 271, note Bourdelois* (arrêt refusant, en outre, le bénéfice du mariage putatif).

2. Mariages successifs entre les mêmes époux. La circonstance que le premier comme le second mariage a été contracté entre les mêmes époux n'est pas de nature à faire obstacle à l'application de l'art. 147. • Civ. 1re, 3 févr. 2004, n° 00-19.838 P : *D. 2004. 3171, note Mahinga ; ibid. Somm. 2963, obs. Lemouland ; D. 2005. Pan. 1194, obs. Courbe ; JCP 2004. II. 10074, note Bottini ; Defrénois 2004. 1067, note Revillard ; ibid. 1229, obs. Massip ; AJ fam. 2004. 144, obs. Bicheron ; Dr. fam. 2004, n° 47, note V. L.-T. ; Rev. crit. DIP 2004. 395, note B. A. ; RTD civ. 2004. 267, obs. Hauser*.

3. Premier mariage annulable. Le mariage célébré en violation des dispositions de l'art. 165 est nul d'une nullité absolue, pour méconnaissance des règles de forme, et non pas inexistant, de sorte que sa nullité doit être prononcée en justice. Il en résulte que le second mariage contracté l'année suivante à l'étranger, alors que le premier mariage n'avait pas été annulé, est lui-même atteint de nullité, au regard des dispositions de l'art. 147. • Versailles, 27 mai 1999 : *D. 1999. Somm. 374, obs. Lemouland ; RTD civ. 1999. 604, obs. Hauser*.

4. Premier mariage annulé. V. note ss. art. 189. ♦ V. pour un « mariage » antérieur à Las Vegas, présenté par les « époux » comme un rite sans conséquences, et jugé « inopposable » en raison d'un défaut de consentement : • Civ. 1re, 19 sept. 2019, n° 18-19.665 P : *préc. note 11 ss. art. 146.*

5. Second mariage dissous par divorce. L'état de polygamie, contraire à l'ordre public français, constitue une cause de nullité absolue de la seconde union, qui entraîne l'annulation de cette union dès son origine, sans possibilité de régularisation *a posteriori*, par un divorce prononcé postérieurement à la seconde union. • Grenoble, 23 janv. 2001 : *Dr. fam. 2002, n° 54, obs. Lécuyer.*

6. Conséquences de la bigamie. En cas de bigamie de l'époux, en l'absence de décision ayant prononcé l'annulation du second mariage et reconnu son caractère putatif à l'égard de la seconde épouse, celle-ci ne peut se prévaloir de la qualité de conjoint survivant et prétendre à une pension de réversion. • Soc. 25 mars 2003, n° 01-20.608 P : *LPA 9 juin 2004, note Jault ; RTD civ. 2003. 483, obs. Hauser*. ♦ Comp. • Civ. 2e, 16 sept. 2003, n° 02-30.224 P : *Dr. fam. 2004, n° 115, note Fadeuilhe ; RTD civ. 2004. 67, obs.*

Hauser (nécessité de faire trancher préalablement la question de l'éventuelle putativité du second mariage) • Paris, 14 déc. 2017, n° 14/10339 : *Dr. fam. 2018, n° 77, note Gayet* (partage de la pension de réversion entre les deux épouses, faute de pouvoir annuler le mariage). ♦ Sur les pensions de réversion, V. aussi note 9 ss. art. 201.

7. Refus de transcription à l'état civil. Le ministère public peut, en considération de l'atteinte à l'ordre public international causée par le mariage d'un Français à l'étranger sans que sa précédente union n'ait été dissoute, s'opposer à la demande de transcription de cet acte sur les registres consulaires français. • Civ. 1re, 19 oct. 2016, n° 15-50.098 P : *D. 2016. 2168, obs. Gallmeister ; ibid. 2549, note Sindres ; AJ fam. 2016. 546, obs. Boiché ; RTD civ. 2017. 102, obs. Hauser ; JCP 2016, n° 1275, note Bureau ; Rev. crit. DIP 2017. 535, note Gallant* (cassation de l'arrêt ayant accueilli la demande de transcription au motif que l'action en nullité était prescrite).

Art. 148 *(L. 17 juill. 1927)* **Les mineurs ne peuvent contracter mariage sans le consentement de leurs père et mère ; en cas de dissentiment entre le père et la mère, ce partage emporte consentement.**

Al. 2 et 3 abrogés par L. 2 févr. 1933.

1. Secret des motifs. Les parents qui refusent de consentir au mariage de leur enfant mineur n'ont pas à faire connaître les motifs de leur refus. • Rouen, 26 juill. 1949 : *D. 1951. 532, note Lebrun.*

2. Abus de droit. Sur l'abus de droit en ce domaine, V. • Lyon, 23 janv. 1907 : *D. 1908. 2. 73 (3e esp.), note Josserand.*

Art. 149 *(L. 7 févr. 1924)* **Si l'un des deux est mort ou s'il est dans l'impossibilité de manifester sa volonté, le consentement de l'autre suffit.**

Il n'est pas nécessaire de produire l'acte de décès du père ou de la mère de l'un des futurs époux lorsque le conjoint ou les père et mère du défunt attestent ce décès sous serment.

Si la résidence actuelle du père ou de la mère est inconnue, et s'il n'a pas donné de ses nouvelles depuis un an, il pourra être procédé à la célébration du mariage si l'enfant et celui de ses père et mère qui donnera son consentement en fait la déclaration sous serment.

Du tout il sera fait mention sur l'acte de mariage.

Le faux serment prêté dans les cas prévus au présent article et aux articles suivants du présent chapitre sera puni des peines édictées par l'article 363 du code pénal *[ancien ; V. C. pén., art. 434-13].*

Art. 150 *(L. 17 juill. 1927)* **« Si le père et la mère sont morts, ou s'ils sont dans l'impossibilité de manifester leur volonté, les aïeuls et aïeules les remplacent ; s'il y a dissentiment entre l'aïeul et l'aïeule de la même ligne, ou s'il y a dissentiment entre les deux lignes, ce partage emporte consentement. »**

(L. 7 févr. 1924) **Si la résidence actuelle des père et mère est inconnue et s'ils n'ont pas donné de leurs nouvelles depuis un an, il pourra être procédé à la célébration du mariage si les aïeuls et aïeules ainsi que l'enfant lui-même en font la déclaration sous serment. Il en est de même si, un ou plusieurs aïeuls ou aïeules donnant leur consentement au mariage, la résidence actuelle des autres aïeuls ou aïeules est inconnue et s'ils n'ont pas donné de leurs nouvelles depuis un an.**

Art. 151 *(L. 2 févr. 1933)* **La production de l'expédition, réduite au dispositif, du jugement qui aurait déclaré l'absence ou aurait ordonné l'enquête sur l'absence des père et mère, aïeuls ou aïeules de l'un des futurs époux équivaudra à la production de leurs actes de décès dans les cas prévus aux articles 149, 150, 158 et 159 du présent code.**

Art. 152 *Abrogé par L. 17 juill. 1927.*

Art. 153 *Abrogé par L. n° 2011-525 du 17 mai 2011, art. 158.*

Art. 154 *(L. 2 févr. 1933)* **Le dissentiment entre le père et la mère, entre l'aïeul et l'aïeule de la même ligne, ou entre aïeuls des deux lignes peut être constaté par un notaire, requis par le futur époux et instrumentant sans le concours d'un deuxième notaire ni de témoins, qui notifiera l'union projetée à celui ou à ceux des père, mère ou aïeuls dont le consentement n'est pas encore obtenu.**

L'acte de notification énonce les prénoms, noms, professions, domiciles et résidences des futurs époux, de leurs pères et mères, ou, le cas échéant, de leurs aïeuls, ainsi que le lieu où sera célébré le mariage.

Il contient aussi déclaration que cette notification est faite en vue d'obtenir le consentement non encore accordé et que, à défaut, il sera passé outre à la célébration du mariage.

Art. 155 *(L. 2 févr. 1933 ; L. 4 févr. 1934)* **Le dissentiment des ascendants peut également être constaté, soit par une lettre dont la signature est légalisée et qui est adressée à l'officier de l'état civil qui doit célébrer le mariage, soit par un acte dressé dans la forme prévue par l'article 73, alinéa 2.**

Les actes énumérés au présent article et à l'article précédent sont visés pour timbre et enregistrés gratis.

Art. 156 *(L. 21 juin 1907)* **Les officiers de l'état civil qui auraient procédé à la célébration des mariages contractés par des fils ou filles n'ayant pas atteint l'âge de dix-huit ans accomplis sans que le consentement des pères et mères, celui des aïeuls ou aïeules et celui du conseil de famille, dans le cas où il est requis, soit énoncé dans l'acte de mariage, seront, à la diligence des parties intéressées ou du procureur de la République près le tribunal judiciaire de l'arrondissement où le mariage aura été célébré, condamnés à l'amende portée par l'article 192 du code civil.**

Art. 157 *(L. 4 févr. 1934)* **L'officier de l'état civil qui n'aura pas exigé la justification de la notification prescrite par l'article 154, sera condamné à l'amende prévue en l'article précédent.**

Art. 158 *Abrogé par Ord. n° 2005-759 du 4 juill. 2005, à compter du 1er juill. 2006.*

Art. 159 *(L. 10 mars 1913)* **S'il n'y a ni père, ni mère, ni aïeuls, ni aïeules, ou s'ils se trouvent tous dans l'impossibilité de manifester leur volonté, les mineurs de dix-huit ans ne peuvent contracter mariage sans le consentement du conseil de famille.**

Al. 2 abrogé par Ord. n° 2005-759 du 4 juill. 2005, à compter du 1er juill. 2006.

Sur la constatation de l'impossibilité pour les père et mère de manifester leur volonté, particulièrement en cas d'aliénation mentale, V. note Carbonnier, *JCP 1965. II. 14272.*

Art. 160 *(L. 7 févr. 1924)* **Si la résidence actuelle de ceux des ascendants du mineur de dix-huit ans dont le décès n'est pas établi est inconnue et si ces ascendants n'ont pas donné de leurs nouvelles depuis un an, le mineur en fera la déclaration sous serment devant le** *(L. n° 64-1230 du 14 déc. 1964)* **« juge des tutelles » de sa résidence, assisté de son greffier, dans son cabinet, et le** *(L. n° 64-1230 du 14 déc. 1964)* **« juge des tutelles » en donnera acte.**

(L. n° 64-1230 du 14 déc. 1964) **« Le juge des tutelles notifiera ce serment au conseil de famille, qui statuera sur la demande d'autorisation en mariage. Toutefois le mineur pourra prêter directement serment en présence des membres du conseil de famille. »**

Art. 161 **En ligne directe, le mariage est prohibé entre tous les ascendants et descendants et les alliés dans la même ligne.**

BIBL. ▸ BATTEUR, *RTD civ. 2000. 759* (inceste, principe fondateur du droit de la famille). – CORPART, *RJPF 2010-6/10* (inscription de l'inceste dans le code pénal). – GUÉVEL, *Gaz. Pal. 2004. Doctr. 3043* (la famille incestueuse). – LABBÉE, *Gaz. Pal. 2012. 3219* (paradoxes de l'inceste).

1. But légitime de la prohibition. L'ingérence dans l'exercice du droit au respect de la vie privée et familiale que constitue l'annulation d'un mariage entre alliés en ligne directe, prévue par les art. 161 et 184 C. civ., poursuit un but légitime en ce qu'elle vise à sauvegarder l'intégrité de la famille et à préserver les enfants des conséquences résultant d'une modification de la structure familiale. • Civ. 1re, 8 déc. 2016, n° 15-27.201 P: *D. 2016. 2568, obs. Gallmeister ; ibid. 2017. 470, obs. Douchy-Oudot ; ibid. 656, note Fulchiron ; ibid. 953, note Chénedé ; AJ fam. 2017. 71, obs. Houssier ; RTD civ. 2017. 102, obs. Hauser ; JCP 2017, n° 166, note Hauser ; Dr. fam. 2017, n° 24, note Binet ; ibid., n° 25, avis Bernard de la Gatinais.*

2. Proportionnalité de l'atteinte. Il appartient au juge d'apprécier si, concrètement, dans l'affaire qui lui est soumise, la mise en œuvre de ces dispositions ne porte pas au droit au respect de la vie privée et familiale garanti par la Convention une atteinte disproportionnée au regard du but légitime poursuivi. • Civ. 1re, 8 déc.

2016 : *préc.* ♦ V. aussi : les limitations imposées au droit d'un homme et d'une femme de se marier et de fonder une famille ne doivent pas être d'une sévérité telle que ce droit s'en trouverait atteint dans sa substance même. • CEDH, sect. IV, 13 sept. 2005, *B. et L. c/ Royaume-Uni : D. 2006. Pan. 1418, obs. Lemouland et Vigneau ; JCP 2006. I. 109, n° 11, obs. Sudre ; Dr. fam. 2005, n° 234, note Gouttenoire et Lamarche ; RTD civ. 2005. 735, obs. Marguénaud ; ibid. 758, obs. Hauser ; JDI 2006. 1155, obs. S. M.*

3. Illustrations. Le prononcé de la nullité du mariage d'un beau-père avec sa bru revêt, à l'égard de cette dernière, le caractère d'une ingérence injustifiée dans l'exercice de son droit au respect de sa vie privée et familiale dès lors que cette union, célébrée sans opposition, avait duré plus de vingt ans. • Civ. 1re, 4 déc. 2013, n° 12-26.066 P : *D. 2013. 2914, obs. de la Cour ; ibid. 2014. 179, note Chénedé ; ibid. 153, obs. Fulchiron ; AJ fam. 2013. 663, obs. Chénedé ; ibid. 2014. 124, obs. Thouret , RTD civ. 2014. 88, obs. Hauser ; ibid. 307, obs. Marguénaud ; JCP 2014, n° 93, note Lamarche ; Gaz. Pal. 2014. 264, obs. Viganotti ; Defrénois 2014. 140, note Bahurel ; Dr. fam. 2014, n° 1, obs. Binet ; RLDC 2014/112, n° 5308, obs. Dekeuwer-Défossez* (nullité demandée par le fils de l'époux, premier mari de l'épouse, dans un contexte successoral). ♦ V. aussi : • CEDH, sect. IV, 13 sept. 2005, *B. et L. c/ Royaume-Uni : préc. note 2* (violation admise en l'espèce dans le cas d'une prohibition entre beaux-parents et beaux-enfants, sauf décès du conjoint, malgré l'existence d'une procédure d'autorisation exceptionnelle accordée par le législateur).

4. Rejet du pourvoi contre l'arrêt qui a estimé que l'annulation ne portait pas une atteinte disproportionnée, après avoir constaté que le mariage n'avait duré que huit ans, qu'il n'avait pas donné lieu à la naissance d'un enfant, et que l'épouse avait vécu neuf ans, alors qu'elle était mineure, avec le mari de sa mère qui allait devenir son époux et qui représentait nécessairement pour elle une figure paternelle. • Civ. 1re, 8 déc. 2016, n° 15-27.201 P : *D. 2016. 2568, obs. Gallmeister ; ibid. 2017. 470, obs. Douchy-Oudot ; ibid. 656, note Fulchiron ; ibid. 953, note Chénedé ; AJ fam. 2017. 71, obs. Houssier ; RTD civ. 2017. 102, obs. Hauser ; JCP 2017, n° 166, note Hauser ; Dr. fam. 2017, n° 24, note Binet ; ibid., n° 25, avis Bernard de la Gatinais,* rejetant le pourvoi contre : • Aix-en-Provence, 2 déc. 2014, n° 13/17939 : *Dr. fam. 2015, n° 44, note Binet.*

Art. 162 *(L. 1er juill. 1914 ; L. n° 75-617 du 11 juill. 1975 ; Ord. n° 2005-759 du 4 juill. 2005)* **En ligne collatérale, le mariage est prohibé entre le frère et la sœur** *(L. n° 2013-404 du 17 mai 2013, art. 1er)* **« , entre frères et entre sœurs ».**

1. Conv. EDH. Acceptation de la prohibition absolue entre frères et sœurs : • CEDH 12 avr. 2012 : *RTD civ. 2012. 285, obs. Marguénaud* (absence au surplus de violation de l'art. 8 pour la pénalisation des relations sexuelles entre adultes consentants).

2. Connaissance des origines. Une personne née à la suite d'un don de gamètes ne saurait se prévaloir utilement des dispositions du code civil interdisant le mariage entre frère et sœur, impliquant également la prohibition du mariage entre demi-frère et demi-sœur, pour demander l'accès à l'identité du donneur, cet accès étant réservé à un médecin sous conditions particulières. • CE 12 nov. 2015, n° 372121 : *AJDA 2015. 2175 ; D. 2015. 2382 ; AJ fam. 2015. 639, obs. Dionisi-Peyrusse ; Dr. fam. 2016. Étude 1, note Binet.*

3. Adoption intrafamiliale. Les art. 310-2 et 162 C. civ., interdisant l'établissement, par l'adoption, du double lien de filiation de l'enfant né d'un inceste absolu lorsque l'empêchement à mariage a pour cause la parenté, n'ont pas pour effet d'interdire l'adoption des neveux et nièces par leur tante ou leur oncle, dès lors que les adoptés ne sont pas nés d'un inceste. • Civ. 1re, 16 déc. 2020, n° 19-22.101 P : *D. 2021. 430, obs. Batteur et Gosselin-Gorand.*

Art. 163 *(L. n° 2013-404 du 17 mai 2013, art. 1er)* **Le mariage est prohibé entre l'oncle et la nièce ou le neveu, et entre la tante et le neveu ou la nièce.**

Ancien art. 163 *(L. n° 72-3 du 3 janv. 1972 ; Ord. n° 2005-759 du 4 juill. 2005)* ***Le mariage est encore prohibé entre l'oncle et la nièce, la tante et le neveu.***

1. Conv. EDH. L'empêchement à mariage à raison des liens de sang entre l'oncle et la nièce ne porte pas une atteinte disproportionnée au droit au mariage au sens de l'art. 12 Conv. EDH, dès lors que la prohibition peut être levée pour des causes graves. • Paris, 3 avr. 2008 : *D. 2010. Pan. 728, obs. Lemouland et Vigneau ; AJ fam. 2008. 256, obs. Chénedé ; Gaz. Pal. 2008. 999 ; RJPF 2008-7-8/17, obs. Leborgne.*

2. Illustrations. Motivé par des considérations morales et eugéniques, l'art. 163 ne distingue pas selon que l'oncle et la nièce sont issus d'un seul ou de deux auteurs communs, et la prohibition qu'il édicte s'applique au mariage d'un homme avec la fille de sa sœur consanguine. • Rouen, 23 févr. 1982 : *D. 1982. IR 211.*

3. Le mariage est également prohibé entre le grand-oncle et la petite-nièce. • Req. 28 nov. 1877 : *DP 1878. 1. 209.*

Art. 164 *(L. 10 mars 1938)* **Néanmoins, il est loisible au Président de la République de lever, pour des causes graves, les prohibitions portées :**

1° par l'article 161 aux mariages entre alliés en ligne directe lorsque la personne qui a créé l'alliance est décédée ;

2° Abrogé par L. n° 75-617 du 11 juill. 1975 ;

(L. n° 2013-404 du 17 mai 2013, art. 1er) **« 3° par l'article 163. »**

En application du 4° du I de l'art. 21 de la L. du 12 avr. 2000, le silence gardé pendant six mois par l'administration vaut décision de rejet pour les demandes d'autorisation de dispense de certaines conditions pour la célébration d'un mariage présentées à compter du 12 nov. 2014 (Décr. n° 2014-1279 du 23 oct. 2014).

Les demandes tendant à l'autorisation de dispense de certaines conditions pour la célébration d'un mariage sont exclues du champ d'application du droit des usagers de saisir l'administration par voie électronique (Décr. n° 2015-1411 du 5 nov. 2015).

1. Conv. EDH. L'absence de recours juridictionnel contre la dispense discrétionnaire à l'empêchement à mariage est contraire aux dispositions de l'art. 13 Conv. EDH. • Paris, 3 avr. 2008 : *cité ss. anc. art. 163.*

2. Compétence judiciaire. Les décisions du président de la République prises en vertu de l'art. 164 sont indissociables des questions d'état des personnes et il n'appartient qu'aux tribunaux civils de connaître des recours dirigés contre elles. • CE 12 oct. 2005 : *D. 2006. 1433, note Glandier ; ibid. Pan. 1418, obs. Lemouland et Vigneau ; AJ fam. 2005. 451, obs. Chénedé ; Dr. fam. 2005, n° 259, note Larribau-Terneyre ; RTD civ. 2006. 91, obs. Hauser .*

3. Nullité d'ordre public. La nullité résultant de la violation des art. 161 à 163, absolue et d'ordre public, est indélébile et ne peut être couverte par l'obtention de dispenses qui seraient accordées postérieurement à la célébration du mariage. • T. civ. Seine, 26 juill. 1894 : *DP 1895. 2. 6.*

CHAPITRE II DES FORMALITÉS RELATIVES À LA CÉLÉBRATION DU MARIAGE

Art. 165 *(L. 21 juin 1907)* **Le mariage sera célébré publiquement** *(L. n° 2013-404 du 17 mai 2013, art. 5)* **« lors d'une cérémonie républicaine par » l'officier de l'état civil de la commune** *(L. n° 2013-404 du 17 mai 2013, art. 3)* **« dans laquelle » l'un des époux** *(L. n° 2013-404 du 17 mai 2013, art. 3)* **« , ou l'un de leurs parents, » aura son domicile ou sa résidence à la date de la publication prévue par l'article 63, et, en cas de dispense de publication, à la date de la dispense prévue à l'article 169 ci-après.**

Sur les effets du rattachement à une commune qui produit les effets attachés au domicile en ce qui concerne la célébration du mariage : V. L. n° 69-3 du 3 janv. 1969, art. 10. — ***C. pén.***

V. Circ. 29 mai 2013 de présentation de la loi ouvrant le mariage aux couples de personnes de même sexe (dispositions du code civil),

Sur les conséquences du refus illégal de célébrer un mariage de la part d'un officier d'état civil, V. Circ. 13 juin 2013,

BIBL. ▸ RAYMOND, *Mél. Cornu, PUF, 1994, p. 359* (défense du mariage civil). - REVET, *JCP 1987. I. 3309* (ordre des célébrations civile et religieuse).

1. Conformité à la Constitution. L'art. 165 est conforme à la Constitution. • Cons. const. 18 oct. 2013, n° 2013-353 QPC : *JO 20 oct. 2013 ; cité note 1 ss. art. 34-1* (absence de clause de conscience pour les officiers d'état civil).

2. Le mariage célébré au consulat d'Égypte à Paris, hors l'intervention de l'officier de l'état civil français, bien que la mariée ait la nationalité française et par conséquent en violation des dispositions de l'art. 165, est nul d'une nullité absolue, pour méconnaissance des règles de forme, et non pas inexistant, de sorte que sa nullité doit être prononcée en justice. • Versailles, 27 mai 1999 : *D. 1999. Somm. 374, obs. Lemouland ; RTD civ. 1999. 604, obs. Hauser .* - V. déjà • TGI Paris, 24 févr. 1975 : *D. 1975. 379, concl. Paire, note Massip.*

Sur les conséquences quant à la bigamie, V. note 3 ss. art. 147.

Art. 166 *(Ord. n° 58-779 du 23 août 1958)* **La publication ordonnée à l'article 63 sera faite à la mairie du lieu du mariage et à celle du lieu où chacun des futurs époux a son domicile ou, à défaut de domicile, sa résidence.**

Art. 167 et 168 *Abrogés par Ord. n° 58-779 du 23 août 1958, art. 8.*

Art. 169 *(L. 8 avr. 1927)* **Le procureur de la République dans l'arrondissement duquel sera célébré le mariage peut dispenser, pour des causes graves, de la publication et de tout délai ou de l'affichage de la publication seulement.**

Al. 2 et 3 abrogés par L. nº 2007-1787 du 20 déc. 2007, art. 8-II.

Art. 170 *Abrogé par L. nº 2006-1376 du 14 nov. 2006, art. 6, à compter du 1er mars 2007.*

Art. 170-1 *Abrogé par L. nº 2006-1376 du 14 nov. 2006, art. 6, à compter du 1er mars 2007.*

Art. 171 *(L. nº 59-1583 du 31 déc. 1959)* **Le Président de la République peut, pour des motifs graves, autoriser la célébration du mariage** *(L. nº 2011-525 du 17 mai 2011, art. 19)* **« en cas de décès de l'un des futurs époux, dès lors qu'une réunion suffisante de faits établit sans équivoque son consentement ».**

Dans ce cas, les effets du mariage remontent à la date du jour précédant celui du décès de l'époux.

Toutefois, ce mariage n'entraîne aucun droit de succession *ab intestat* au profit de l'époux survivant et aucun régime matrimonial n'est réputé avoir existé entre les époux.

BIBL. ▶ Coquema et Barthelet, *Dr. fam. 2010. Étude 10* (mariage sans communauté de vie). – Corpart, *JCP N 2004. 1328.* – Durry, obs. *RTD civ. 1973. 571.* – Noirel, *S. 1960. Chron. 15.*

En application du 4º du I de l'art. 21 de la L. du 12 avr. 2000, le silence gardé pendant six mois par l'administration vaut décision de rejet pour les demandes d'autorisation de dispense de certaines conditions pour la célébration d'un mariage présentées à compter du 12 nov. 2014 (Décr. nº 2014-1279 du 23 oct. 2014).

Les demandes tendant à l'autorisation de dispense de certaines conditions pour la célébration d'un mariage sont exclues du champ d'application du droit des usagers de saisir l'administration par voie électronique (Décr. nº 2015-1411 du 5 nov. 2015).

1. Limites du contrôle judiciaire (décisions antérieures à la L. 17 mai 2011). L'appréciation de l'existence comme de la gravité des motifs qui justifient le mariage posthume relève du pouvoir discrétionnaire du président de la République ; il appartient seulement au juge de vérifier l'existence de formalités officielles dont le chef de l'État apprécie souverainement si elles sont de nature à marquer sans équivoque le consentement au mariage de l'époux décédé. • Civ. 1re, 6 déc. 1989, nº 88-11.994 P : *GAJC, 12e éd., nº 36* ; *D. 1990. 225, note Hauser* ; *JCP 1990. II. 21557, note Boulanger* • 30 mars 1999, nº 96-20.989 P : *D. 1999. Somm. 372, obs. Lemouland* ; *Defrénois 1999. 1256, obs. Massip ; Dr. fam. 1999, nº 62, note Lécuyer ; RTD civ. 1999. 606, obs. Hauser* (rejetant le pourvoi contre • Aix-en-Provence, 27 juin 1996 : *JCP 1997. I. 3996, nº 4, obs. Farge)* • Civ. 1re, 17 oct. 2007, nº 06-11.887 P : *D. 2007. AJ 2811* ; *ibid. 2008. Pan. 1789, obs. Lemouland et Vigneau* ; *Defrénois 2008. 566, obs. Massip ; AJ fam. 2007. 436, obs. Chénedé* ; *Dr. fam. 2007, nº 197, note Larribau-Terneyre ; RJPF 2008-1/16, obs. Leborgne ; RTD civ. 2008. 84, obs. Hauser*. ♦ V. dans le même sens : • Paris, 20 juin 1995 : *Gaz. Pal. 1995. 2. 669, note J.-G.M. ; RTD civ. 1995. 865, obs. Hauser* (formalités officielles constituées par les certificats prénuptiaux délivrés par le même praticien aux deux futurs époux).

Si l'appréciation de l'existence comme de la gravité des motifs qui justifient le mariage posthume relève du pouvoir discrétionnaire du président de la République, la décision doit être motivée. • Nancy, 15 janv. 2016, nº 15/00048 : *RTD civ. 2016. 323, obs. Hauser*.

Si le président de la République apprécie la réalité du consentement du futur époux décédé au moment des formalités officielles, il appartient au juge, saisi d'une demande d'annulation de mariage posthume, de vérifier si ce consentement a persisté jusqu'au décès. • Civ. 1re, 28 févr. 2006, nº 02-13.175 P : *D. 2006. Pan. 1417, obs. Lemouland et Vigneau* ; *ibid. 2085, note Raoul-Cormeil* ; *AJ fam. 2006. 206, obs. Chénedé* ; *Dr. fam. 2006, nº 79, note Larribau-Terneyre ; RTD civ. 2008. 84, obs. Hauser*, et, sur renvoi, • Grenoble, 27 juin 2007 : *Dr. fam. 2007, nº 217, note Larribau-Terneyre ; RTD civ. 2008. 84, obs. Hauser* (persistance du consentement non établie, en l'espèce).

2. Compétence. Les contestations relatives aux décrets autorisant un mariage posthume relèvent des juridictions judiciaires. • CE 25 oct. 1963 : *Gaz. Pal. 1964. 1. 149 ; AJDA 1963. II. 628, concl. Dutheillet de Lamothe ; RTD civ. 1964. 167, obs. Hébraud.* ♦ Les autorisations accordées en vertu de l'art. 171 sont indissociables des questions d'état relatives au mariage lui-même, et la validité de celui-ci ne peut être appréciée que par l'autorité judiciaire ; en conséquence, l'illégalité prétendue du décret autorisant le mariage posthume ne constitue pas une question préjudicielle. • Crim. 29 avr. 1964, nº 62-92.630 P :

JCP 1964. II. 13912, note Meurisse.

3. Majeur en tutelle. Dans le cas de mariage posthume d'un majeur en tutelle, le régime de la tutelle ayant pris fin avec le décès, le mariage pouvait être célébré sans autre autorisation que celle du Président de la République. • Civ. 1re, 6 déc. 1989 : *préc. note 1*

4. Effets. Les effets du mariage posthume remontent à la date du jour précédant celui du décès de l'époux ; il en résulte que l'épouse dont le mariage a été prononcé à titre posthume avec une personne décédée à la suite d'un accident du travail peut prétendre à la réparation du préjudice moral auprès de la caisse primaire de sécurité sociale, alors même que la législation alors applicable l'excluait pour la concubine du défunt. • Civ. 2e, 10 juill. 2008 : *D. 2010. Pan. 728, obs. Lemouland et Vigneau ; Dr. fam. 2008. 169, obs. Fadeuilhe ; Defrénois 2008. 2419, obs. Massip* • 8 janv. 2009, n° 07-15.390 P : *RLDC 2009/59, n° 3378, obs. Bugnicourt.*

5. La date du mariage posthume se substitue à celle du décès pour le calcul de la durée de versement de l'allocation de veuvage. • Soc. 15 févr. 2001, n° 99-17.199 P : *D. 2001. Somm. 2451, obs. Prétot ; D. 2002. Somm. 535, obs. Lemouland ; RTD civ. 2001. 563, obs. Hauser .*

6. Droit du conjoint survivant du mariage posthume à l'attribution du capital-décès, malgré le versement antérieur de celui-ci aux enfants majeurs du défunt, ces derniers, par suite du mariage posthume, ne pouvant plus y prétendre. • Civ. 2e, 22 mai 2007, n° 05-18.582 P : *D. 2008. Pan. 1789, obs. Lemouland et Vigneau ; Defrénois 2007. 1309, obs. Massip ; AJ fam. 2007. 398, obs. Chénedé ; Dr. fam. 2007, n° 160, note Devers ; RTD civ. 2007. 756, obs. Hauser .*

CHAPITRE II *BIS* DU MARIAGE DES FRANÇAIS À L'ÉTRANGER

(L. n° 2006-1376 du 14 nov. 2006, art. 3, en vigueur le 1er mars 2007)

BIBL. GÉN. ▸ DIEU, *RLDC 2007/36, n° 2470.* – LEBORGNE, *RJPF 2007-3/10.* – LEROYER, *RTD civ. 2007. 189 .* – Dossier *AJ fam. 2006. 440 .* ▸ **Constitutionnalité de la loi du 14 nov. 2006 (Cons. const. 9 nov. 2006) :** SCHOETTL, *LPA 15 déc. 2006.* – LARRIBAU-TERNEYRE, *Dr. fam. 2007, n° 1.* – SEVERINO, *D. 2007. Pan. 1172.* ▸ **Incidences de DIP :** REVILLARD, *Defrénois 2007. 847.* – Décret d'application du 10 mai 2007 : LARRIBAU-TERNEYRE, *Dr. fam. 2007, n° 140.*

SECTION 1 Dispositions générales

Art. 171-1 Le mariage contracté en pays étranger entre Français, ou entre un Français et un étranger, est valable s'il a été célébré dans les formes usitées dans le pays de célébration et pourvu que le ou les Français n'aient point contrevenu aux dispositions contenues au chapitre I du présent titre.

Il en est de même du mariage célébré par les autorités diplomatiques ou consulaires françaises, conformément aux lois françaises.

Toutefois, ces autorités ne peuvent procéder à la célébration du mariage entre un Français et un étranger que dans les pays qui sont désignés par décret. – *V., sous l'empire des textes antérieurs à la loi du 14 nov. 2006, Décr. 26 oct. 1939, ss. art. 170.*

> **Décret du 26 octobre 1939,** *concernant les pays où les agents diplomatiques et consulaires sont autorisés à célébrer le mariage d'un Français avec une étrangère.* **Art. 2** Les pays dans lesquels les agents diplomatiques, consuls généraux et consuls sont autorisés à célébrer le mariage d'un Français avec une étrangère sont les suivants : Afghanistan, Arabie saoudienne, Chine, Égypte, Irak, Iran, Japon, Oman (Mascate), Thaïlande, Yémen. – *Le Cambodge et le Laos ont été ajoutés à cette liste par Décr. 15 déc. 1958 (D. 1959. 14 ; BLD 1959. 3).*

SECTION 2 Des formalités préalables au mariage célébré à l'étranger par une autorité étrangère

Art. 171-2 Lorsqu'il est célébré par une autorité étrangère, le mariage d'un Français doit être précédé de la délivrance d'un certificat de capacité à mariage établi après l'accomplissement, auprès de l'autorité diplomatique ou consulaire compétente au regard du lieu de célébration du mariage, des prescriptions prévues à l'article 63.

Sous réserve des dispenses prévues à l'article 169, la publication prévue à l'article 63 est également faite auprès de l'officier de l'état civil ou de l'autorité diplomatique ou consulaire du lieu où le futur époux français a son domicile ou sa résidence.

Art. 171-3 A la demande de l'autorité diplomatique ou consulaire compétente au regard du lieu de célébration du mariage, l'audition *(L. n° 2021-1109 du 24 août 2021,* *art. 35)* « et les entretiens individuels avec les futurs époux mentionnés à l'article 63 sont réalisés » par l'officier de l'état civil du lieu du domicile ou de résidence en France du ou des futurs conjoints, ou par l'autorité diplomatique ou consulaire territorialement compétente en cas de domicile ou de résidence à l'étranger. — *V. Décr. n° 2007-773 du 10 mai 2007, art. 3, ss. art. 171-8.*

Art. 171-4 Lorsque des indices sérieux laissent présumer que le mariage envisagé encourt la nullité au titre des articles 144, 146, 146-1, 147, 161, 162, 163, 180 ou 191, l'autorité diplomatique ou consulaire saisit sans délai le procureur de la République compétent et en informe les intéressés. — *V. Décr. n° 2007-773 du 10 mai 2007, art. 5 s., ss. art. 171-8.*

Le procureur de la République peut, dans le délai de deux mois à compter de la saisine, faire connaître par une décision motivée, à l'autorité diplomatique ou consulaire du lieu où la célébration du mariage est envisagée et aux intéressés, qu'il s'oppose à cette célébration.

La mainlevée de l'opposition peut être demandée, à tout moment, devant le tribunal judiciaire conformément aux dispositions des articles 177 et 178 par les futurs époux, même mineurs.

SECTION 3 De la transcription du mariage célébré à l'étranger par une autorité étrangère

Art. 171-5 Pour être opposable aux tiers en France, l'acte de mariage d'un Français célébré par une autorité étrangère doit être transcrit sur les registres de l'état civil français. En l'absence de transcription, le mariage d'un Français, valablement célébré par une autorité étrangère, produit ses effets civils en France à l'égard des époux et des enfants.

Les futurs époux sont informés des règles prévues au premier alinéa à l'occasion de la délivrance du certificat de capacité à mariage.

La demande de transcription est faite auprès de l'autorité consulaire ou diplomatique compétente au regard du lieu de célébration du mariage. — *V. Décr. n° 2007-773 du 10 mai 2007, art. 8, ss. art. 171-8.*

Le mariage entre personnes de même sexe contracté avant l'entrée en vigueur de la L. du 17 mai 2013 peut faire l'objet d'une transcription dans les conditions prévues aux art. 171-5 et 171-7 (L. n° 2013-404 du 17 mai 2013, art. 21).

1. Date. La transcription prescrite n'est soumise à aucune exigence de délai et rend la qualité de conjoint opposable aux tiers depuis la date du mariage. • Civ. 1re, 7 déc. 2016, n° 15-22.996 P : *AJDA 2017. 151 ; D. 2016. 2518 ; AJ fam. 2017. 146, obs. Boiché ; RTD civ. 2017. 93, obs. Hauser ; ibid. 102, obs. Hauser ; Dr. fam. 2017. 145, note Ka* (transcription postérieure au décès et à la résiliation du bail dont l'attribution est demandée).

2. Conséquences de l'absence de transcription ; refus de visa. L'absence de transcription sur les registres de l'état civil français de l'acte de mariage d'un Français célébré par une autorité étrangère fait obstacle à ce que le mariage soit, dans l'ordre juridique français, opposable aux tiers, notamment aux autorités publiques ; un tel défaut de transcription est susceptible de justifier légalement une décision refusant de délivrer un visa d'entrée et de long séjour sollicité par un conjoint de ressortissant français. • CAA Nantes, 1er avr. 2022, n° 21NT01271 : *AJDA 2022. 1619, note Bréchot*.

Art. 171-6 Lorsque le mariage a été célébré malgré l'opposition du procureur de la République, l'officier de l'état civil consulaire ne peut transcrire l'acte de mariage étranger sur les registres de l'état civil français qu'après remise par les époux d'une décision de mainlevée judiciaire.

Art. 171-7 Lorsque le mariage a été célébré en contravention aux dispositions de l'article 171-2, la transcription est précédée de l'audition *(L. n° 2021-1109 du 24 août 2021, art. 35)* « commune des époux et, le cas échéant, d'entretiens individuels », par l'autorité diplomatique ou consulaire. Toutefois, si cette dernière dispose d'informations établissant que la validité du mariage n'est pas en cause au regard des articles 146 et 180, elle peut, par décision motivée, faire procéder à la transcription sans audition préalable des époux. — *V. Décr. n° 2007-773 du 10 mai 2007, art. 9, ss. art. 171-8.*

A la demande de l'autorité diplomatique ou consulaire compétente au regard du lieu de célébration du mariage, l'audition *(L. n° 2021-1109 du 24 août 2021, art. 35)* « commune et les entretiens individuels sont réalisés » par l'officier de l'état civil du lieu du domicile ou de résidence en France des époux, ou par l'autorité diplomatique ou consulaire territorialement compétente si les époux ont leur domicile ou résidence à l'étranger. La réalisation de l'audition *(L. n° 2021-1109 du 24 août 2021, art. 35)* « commune et des entretiens individuels » peut être déléguée à un ou plusieurs fonctionnaires titulaires chargés de l'état civil ou, le cas échéant, aux fonctionnaires dirigeant une chancellerie détachée ou aux consuls honoraires de nationalité française compétents. — *V. Décr. n° 2007-773 du 10 mai 2007, art. 3, ss. art. 171-8.*

Lorsque des indices sérieux laissent présumer que le mariage célébré devant une autorité étrangère encourt la nullité au titre des articles 144, 146, 146-1, 147, 161, 162, 163, 180 ou 191, l'autorité diplomatique ou consulaire chargée de transcrire l'acte en informe immédiatement le ministère public et sursoit à la transcription.

Le procureur de la République se prononce sur la transcription dans les six mois à compter de sa saisine.

S'il ne s'est pas prononcé à l'échéance de ce délai ou s'il s'oppose à la transcription, les époux peuvent saisir le tribunal judiciaire pour qu'il soit statué sur la transcription du mariage. Le tribunal judiciaire statue dans le mois. En cas d'appel, la cour statue dans le même délai.

Dans le cas où le procureur de la République demande, dans le délai de six mois, la nullité du mariage, il ordonne que la transcription soit limitée à la seule fin de saisine du juge. Jusqu'à la décision de celui-ci, une expédition de l'acte transcrit ne peut être délivrée qu'aux autorités judiciaires ou avec l'autorisation du procureur de la République.

V. Décr. n° 2007-773 du 10 mai 2007, art. 10 s., ss. art. 171-8.

Droit antérieur (art. 170) : exigence d'une fraude. L'inobservation des formalités prescrites par l'anc. art. 170, en cas de mariage à l'étranger, ne peut en entraîner la nullité que si les parties ont entendu faire fraude à la loi française et éluder la publicité prescrite par elle. • Civ. 1re, 13 févr. 1961 : *D. 1961. 349, note Holleaux* • Paris, 2 déc. 1966 : *JCP 1967. II. 15278, note Boulbès ; Rev. crit. DIP 1967. 530, note Malaurie* • TGI Troyes, 9 nov. 1966 : *Gaz. Pal. 1967. 1. 81* • TGI Paris, 11 mars 1980 : *JCP 1980. II. 19412, note Paire.* – V. aussi Revillard, *Defrénois 1981. 785.*

Art. 171-8 Lorsque les formalités prévues à l'article 171-2 ont été respectées et que le mariage a été célébré dans les formes usitées dans le pays, il est procédé à sa transcription sur les registres de l'état civil à moins que des éléments nouveaux fondés sur des indices sérieux laissent présumer que le mariage encourt la nullité au titre des articles 144, 146, 146-1, 147, 161, 162, 163, 180 ou 191.

Dans ce dernier cas, l'autorité diplomatique ou consulaire, après avoir procédé à l'audition *(L. n° 2021-1109 du 24 août 2021, art. 35)* « commune des époux et, le cas échéant, aux entretiens individuels*[,]* » informe immédiatement le ministère public et sursoit à la transcription.

A la demande de l'autorité diplomatique ou consulaire compétente au regard du lieu de célébration du mariage, l'audition *(L. n° 2021-1109 du 24 août 2021, art. 35)* « commune et les entretiens individuels sont réalisés » par l'officier de l'état civil du lieu du domicile ou de résidence en France des époux, ou par l'autorité diplomatique ou consulaire territorialement compétente si les époux ont leur domicile ou résidence à l'étranger. La réalisation de l'audition *(L. n° 2021-1109 du 24 août 2021, art. 35)* « et des entretiens individuels » peut être déléguée à un ou plusieurs fonctionnaires titulaires chargés de l'état civil ou, le cas échéant, aux fonctionnaires dirigeant une chancellerie détachée ou aux consuls honoraires de nationalité française compétents. — *V. Décr. n° 2007-773 du 10 mai 2007, art. 3.*

Le procureur de la République dispose d'un délai de six mois à compter de sa saisine pour demander la nullité du mariage. Dans ce cas, les dispositions du dernier alinéa de l'article 171-7 sont applicables.

Si le procureur de la République ne s'est pas prononcé dans le délai de six mois, l'autorité diplomatique ou consulaire transcrit l'acte. La transcription ne fait pas obs-

tacle à la possibilité de poursuivre ultérieurement l'annulation du mariage en application des articles 180 et 184. – *V. Décr. nº 2007-773 du 10 mai 2007, art. 11.*

Décret nº 2007-773 du 10 mai 2007,

Pris pour l'application de la loi nº 2006-1376 du 14 novembre 2006 relative au contrôle de la validité des mariages et modifiant diverses dispositions relatives à l'état civil (JO 11 mai).

CHAPITRE I. *DISPOSITIONS RELATIVES AU MARIAGE*

SECTION 1. *Dispositions générales*

Art. 1er *V. art. 1056-1 C. pr. civ.* – ***C. pr. civ.***

Art. 2 *Mod. art. R. 2122-10 CGCT.* – ***CGCT.***

Art. 3 Le compte rendu de l'audition du futur époux ou de l'époux qui réside dans un pays autre que celui de la célébration du mariage, prévue aux articles 63, 171-3, 171-7 et 171-8 du code civil, est adressé sans délai à l'officier de l'état civil ou à l'autorité diplomatique ou consulaire qui l'a requise.

SECTION 2. *Dispositions relatives aux formalités préalables à la célébration du mariage*

Art. 4 Les indications ou pièces dont la remise est prévue à l'article 63 du code civil sont accompagnées de tout justificatif établissant le domicile ou la résidence de chacun des futurs époux.

Art. 5 La saisine du procureur de la République par l'autorité diplomatique ou consulaire en application de l'article 171-4 du code civil est accompagnée de tous documents et pièces utiles.

Cette saisine emporte sursis à la délivrance du certificat de capacité à mariage.

L'autorité diplomatique ou consulaire informe les futurs époux de cette saisine et de la date de sa réception par le procureur de la République ainsi que du sursis à la délivrance du certificat de capacité à mariage.

Cette information comporte également la mention que les intéressés doivent signaler au procureur de la République tout changement d'adresse intervenant dans le délai dont il dispose pour s'opposer au mariage.

Art. 6 Si le procureur de la République ne s'est pas opposé à la célébration du mariage à l'échéance du délai prévu au deuxième alinéa de l'article 171-4 du code civil et en l'absence de toute autre opposition à l'issue de la publication des bans, l'autorité diplomatique ou consulaire délivre le certificat de capacité à mariage.

Art. 7 Lorsqu'il s'oppose à la célébration du mariage d'un Français à l'étranger, le procureur de la République en informe par tout moyen l'autorité diplomatique ou consulaire.

L'acte d'opposition est signifié au futur époux qui a son domicile ou sa résidence en France.

Lorsque l'un des futurs époux a déclaré être domicilié ou résider à l'étranger, cet acte lui est notifié par l'autorité diplomatique ou consulaire territorialement compétente au regard du lieu de célébration du mariage par lettre recommandée avec demande d'avis de réception ou par tout autre moyen présentant des garanties équivalentes.

SECTION 3. *Dispositions relatives à la transcription du mariage célébré à l'étranger par l'autorité étrangère*

Art. 8 L'époux qui demande la transcription sur le registre de l'état civil français de son acte de mariage étranger justifie simultanément l'adresse de sa résidence ou de son domicile ainsi que celle de son conjoint.

Art. 9 Lorsque l'autorité diplomatique ou consulaire renonce à l'audition des époux en application du premier alinéa de l'article 171-7 du code civil, sa décision motivée est versée aux pièces annexes.

Art. 10 La saisine par l'autorité diplomatique ou consulaire du procureur de la République pour qu'il se prononce sur la transcription sur les registres de l'état civil français de l'acte de mariage d'un Français à l'étranger ou demande la nullité de ce mariage est accompagnée de tous documents et pièces utiles.

L'autorité diplomatique ou consulaire informe chaque époux de cette saisine et de la date de sa réception par le procureur de la République ainsi que du sursis à la transcription.

Lorsque la saisine du procureur de la République est opérée en application de l'article 171-7 du code civil, cette information mentionne en outre que le procureur de la République dispose d'un délai de six mois à compter de sa saisine pour se prononcer sur la transcription et reproduit les dispositions du cinquième alinéa du même article.

Lorsque la saisine du procureur de la République est opérée par l'autorité diplomatique ou consulaire en application de l'article 171-8 du code civil, l'information mentionne en outre que celui-ci dispose d'un délai de six mois à compter de sa saisine pour demander la nullité du mariage et reproduit les dispositions du cinquième alinéa du même article.

Dans tous les cas, l'information comporte l'indication que les époux doivent signaler au procureur de la République tout changement d'adresse intervenant dans le délai dont il dispose pour prendre sa décision.

Art. 11 Lorsque le procureur de la République autorise la transcription de l'acte de mariage en application de l'article 171-7 ou de l'article 171-8 du code civil, il en informe, par tout moyen, l'autorité diplomatique ou consulaire, qui transcrit cet acte sans délai sur les registres de l'état civil français.

Lorsqu'il s'oppose à la transcription, le procureur de la République notifie sa décision à chaque époux et en informe l'autorité diplomatique ou consulaire par tout moyen.

Lorsque l'un des époux a déclaré être domicilié ou résider à l'étranger, cette décision lui est notifiée par l'autorité diplomatique ou consulaire du lieu où le mariage a été célébré par lettre recommandée avec demande d'avis de réception ou par tout autre moyen présentant des garanties équivalentes.

Chaque époux est informé qu'il peut saisir le tribunal judiciaire pour qu'il soit statué sur la transcription.

SECTION 4 De l'impossibilité pour les Français établis hors de France de célébrer leur mariage à l'étranger

(L. n° 2013-404 du 17 mai 2013, art. 6)

Art. 171-9 Par dérogation aux articles 74 et 165, lorsque les futurs époux de même sexe, dont l'un au moins a la nationalité française, ont leur domicile ou leur résidence dans un pays qui n'autorise pas le mariage entre deux personnes de même sexe et dans lequel les autorités diplomatiques et consulaires françaises ne peuvent procéder à sa célébration, le mariage est célébré publiquement par l'officier de l'état civil de la commune de naissance ou de dernière résidence de l'un des époux ou de la commune dans laquelle l'un de leurs parents a son domicile ou sa résidence établie dans les conditions prévues à l'article 74. A défaut, le mariage est célébré par l'officier de l'état civil de la commune de leur choix.

La compétence territoriale de l'officier de l'état civil de la commune choisie par les futurs époux résulte du dépôt par ceux-ci d'un dossier constitué à cette fin au moins un mois avant la publication prévue à l'article 63. L'officier de l'état civil peut demander à l'autorité diplomatique ou consulaire territorialement compétente de procéder à l'audition *(L. n° 2021-1109 du 24 août 2021, art. 35)* « commune et aux entretiens individuels mentionnés » à ce même article 63.

V. Circ. du 29 mai 2013 de présentation de la loi ouvrant le mariage aux couples de personnes de même sexe (dispositions du code civil), 🏛.

C'est à tort que le juge des référés d'un tribunal administratif a rejeté une demande de visa destiné à permettre le mariage d'un citoyen sénégalais et d'un ressortissant français, mariage qui ne peut être célébré sur le territoire marocain où résident les deux futurs époux, ni par les autorités marocaines, ni par les autorités consulaires françaises, en raison de ce qu'il s'agit d'un mariage entre deux personnes de même sexe. Le refus de visa opposé par l'administration porte une atteinte grave à l'exercice de la liberté de se marier, laquelle est une liberté fondamentale. • CE 9 juill. 2014 : *AJDA 2014. 1418 ; D. 2014. 1496 ; AJ fam. 2014. 505, obs. De Boysson.*

CHAPITRE III DES OPPOSITIONS AU MARIAGE

Sur les conséquences du refus illégal de célébrer un mariage de la part d'un officier d'état civil, V. Circ du 13 juin 2013 préc., 🏛.

Art. 172 Le droit de former opposition à la célébration du mariage appartient à la personne engagée par mariage avec l'une des deux parties contractantes.

Qualité pour agir : époux divorcé (non). Si l'art. 172 autorise bien l'époux, lorsque le mariage subsiste, à faire opposition à l'union de son conjoint avec une autre personne, un droit analogue n'est accordé à l'époux divorcé ni par les art. 172 s., ni par aucune autre disposition légale. • Civ. 14 avr. 1902 : *DP 1903. 1. 380*. – Même solution : • Colmar, 8 juill. 1970 : *JCP 1971. II. 16604, note J. A.*

Art. 173 *(L. 9 août 1919)* **Le père, la mère, et, à défaut de père et de mère, les aïeuls et aïeules peuvent former opposition au mariage de leurs enfants et descendants, même majeurs.**

Après mainlevée judiciaire d'une opposition au mariage formée par un ascendant, aucune nouvelle opposition formée par un ascendant n'est recevable ni ne peut retarder la célébration.

1. Transsexualisme. Opposition à mariage pour cause de transsexualisme de l'un des futurs époux : V. • TGI Paris, 13 déc. 1983 : *D. 1984. 350, note Rassat ; RTD civ. 1985. 135, obs. Rubellin-Devichi* • Paris, 17 févr. 1984 : *eod. loc.*

2. Conditions d'une seconde opposition. L'interdiction de former une nouvelle opposition après mainlevée de la première suppose que le juge ait été saisi au fond et, lorsque la première opposition était nulle en la forme, une seconde opposition est recevable. • T. civ. Dinan, 25 août 1952 : *Gaz. Pal. 1952. 2. 305.*

Art. 174 **A défaut** *(L. n° 2019-222 du 23 mars 2019, art. 10)* **« d'** *[ancienne rédaction : d'aucun]* **» ascendant, le frère ou la sœur, l'oncle ou la tante, le cousin ou la cousine germains, majeurs, ne peuvent former** *(Abrogé par L. n° 2019-222 du 23 mars 2019, art. 10)* ***« aucune »*** **opposition que dans les deux cas suivants :**

1° *(L. 2 févr. 1933)* **« Lorsque le consentement du conseil de famille, requis par l'article 159, n'a pas été obtenu » ;**

2° Lorsque l'opposition est fondée sur *(L. n° 2019-222 du 23 mars 2019, art. 10)* **« l'altération des facultés personnelles** *[ancienne rédaction : l'état de démence]* **» du futur époux ; cette opposition, dont le tribunal pourra prononcer mainlevée pure et simple, ne sera jamais reçue qu'à la charge, par l'opposant, de provoquer** *(L. n° 2019-222 du 23 mars 2019, art. 10)* **« ou faire provoquer l'ouverture d'une mesure de protection juridique** *[ancienne rédaction : la tutelle des majeurs, et d'y faire statuer dans le délai qui sera fixé par le jugement]* **».**

Art. 175 *(L. n° 2019-222 du 23 mars 2019, art. 10)* **Le tuteur ou le curateur peut former opposition, dans les conditions prévues à l'article 173, au mariage de la personne qu'il assiste ou représente.**

Ancien art. 175 *Dans les deux cas prévus par le précédent article, le tuteur ou curateur ne pourra, pendant la durée de la tutelle ou curatelle, former opposition qu'autant qu'il y aura été autorisé par un conseil de famille, qu'il pourra convoquer.*

Art. 175-1 *(L. n° 93-1027 du 24 août 1993)* **Le ministère public peut former opposition pour les cas où il pourrait demander la nullité du mariage.**

Conformité à la Constitution. Compte tenu des garanties instituées par les art. 176 s., la faculté donnée au procureur de la République par l'art. 175-1 de s'opposer à des mariages, qui seraient célébrés en violation de règles d'ordre public, ne peut être regardée comme portant une atteinte excessive à la liberté du mariage ; l'art. 175-1 est conforme à la Constitution. • Cons. const. 22 juin 2012, n° 2012-261 QPC : *cité note 1 ss. art. 146.*

Art. 175-2 *(L. n° 2003-1119 du 26 nov. 2003)* **Lorsqu'il existe des indices sérieux laissant présumer, le cas échéant au vu de l'audition** *(L. n° 2021-1109 du 24 août 2021, art. 35)* ***« ou des entretiens individuels mentionnés à »*** **l'article 63, que le mariage envisagé est susceptible d'être annulé au titre de l'article 146** *(L. n° 2006-399 du 4 avr. 2006, art. 3)* **« ou de l'article 180 », l'officier de l'état civil** *(L. n° 2021-1109 du 24 août 2021, art. 35)* **« saisit »** *(L. n° 2006-1376 du 14 nov. 2006, art. 4, en vigueur le 1er mars 2007)* **« sans délai » le procureur de la République. Il en informe les intéressés** *[Dispositions déclarées non conformes à la Constitution par décision du Conseil constitutionnel n° 2003-484 DC du 20 novembre 2003].*

Le procureur de la République est tenu, dans les quinze jours de sa saisine, soit de laisser procéder au mariage, soit de faire opposition à celui-ci, soit de décider qu'il sera sursis à sa célébration, dans l'attente des résultats de l'enquête à laquelle il fait procéder. Il fait connaître sa décision motivée à l'officier de l'état civil, aux intéressés *[Dispositions déclarées non conformes à la Constitution par décision du Conseil constitutionnel nº 2003-484 DC du 20 novembre 2003].*

La durée du sursis décidé par le procureur de la République ne peut excéder un mois renouvelable une fois par décision spécialement motivée.

A l'expiration du sursis, le procureur de la République fait connaître par une décision motivée à l'officier de l'état civil s'il laisse procéder au mariage ou s'il s'oppose à sa célébration.

L'un ou l'autre des futurs époux, même mineur, peut contester la décision de sursis ou son renouvellement devant le président du tribunal judiciaire, qui statue dans les dix jours. La décision du président du tribunal judiciaire peut être déférée à la cour d'appel qui statue dans le même délai.

*Sur l'infraction pénale consistant dans le fait de contracter un mariage aux seules fins d'obtenir, ou de faire obtenir, un titre de séjour, ou aux seules fins d'acquérir, ou de faire acquérir, la nationalité française, V. CESEDA, art. L. 623-1. — **C. pén.***

Ancien art. 175-2 *(L. nº 93-1417 du 30 déc. 1993)* ***Lorsqu'il existe des indices sérieux laissant présumer que le mariage envisagé est susceptible d'être annulé au titre de l'article 146 du présent code, l'officier de l'état civil peut saisir le procureur de la République. Il en informe les intéressés.***

Le procureur de la République dispose de quinze jours pour faire opposition au mariage ou décider qu'il sera sursis à sa célébration. Il fait connaître sa décision motivée à l'officier de l'état civil et aux intéressés.

La durée du sursis décidée par le procureur de la République ne peut excéder un mois.

Le mariage ne peut être célébré que lorsque le procureur de la République a fait connaître sa décision de laisser procéder au mariage ou si, dans le délai prévu au deuxième alinéa, il n'a pas porté à la connaissance de l'officier de l'état civil sa décision de surseoir à la célébration ou de s'y opposer, ou si, à l'expiration du sursis qu'il a décidé, il n'a pas fait connaître à l'officier de l'état civil qu'il s'opposait à la célébration.

L'un ou l'autre des futurs époux, même mineur, peut contester la décision de sursis devant le président du tribunal de grande instance, qui statuera dans les dix jours. La décision du président du tribunal de grande instance peut être déférée à la cour d'appel qui statuera dans le même délai.

1. Saisine du procureur de la République. En usant du pouvoir que lui confère la loi de surseoir à un mariage suspect et de saisir le procureur de la République, un maire, loin d'avoir commis une voie de fait, a agi à bon droit et conformément au devoir de sa charge. • Paris, 25 avr. 1997 : *JCP 1998. I. 101, nº 1, obs. Farge.*

2. Charge de la preuve. Il n'incombe pas aux futurs époux de démontrer la sincérité de l'union envisagée, mais au ministère public de prouver l'absence de volonté matrimoniale. • Pau, 19 janv. 2004 : *Dr. fam. 2004, nº 46, note Larribau-Terneyre.*

3. Indices sérieux. Ni la situation irrégulière du futur époux sur le territoire français, ni la différence d'âge entre les futurs époux (17 ans) ne constituant des indices sérieux au sens du texte, mainlevée doit être donnée de la décision de sursis à la célébration. • TGI Paris, ord., 5 juill. 2002 : *BICC 15 sept. 2002, nº 912 ; Dr. fam. 2002, nº 138, note Lécuyer.* – V. aussi, dans le même sens : • Paris, 23 avr. 2003 : *D. 2003. 2716, note Lemouland.*

4. Indices nouveaux. Si l'officier d'état civil a recueilli des indices nouveaux laissant présumer une absence de consentement au mariage, il peut saisir à nouveau le procureur de la République ; cependant, il ne peut pas, en ce cas, refuser de procéder à sa célébration à la date fixée, en l'absence d'opposition ou de décision de sursis du procureur de la République. • Civ. 1re, 6 févr. 2007, nº 06-10.403 P : *D. 2007. Chron. C. cass. 893, obs. Chauvin ; ibid. Pan. 1563, obs. Lemouland et Vigneau ; Defrénois 2007. 535, note Massip ; Dr. fam. 2007, nº 53, note Larribau-Terneyre ; RFDA 2007. 1263, note Eveillard ; RTD civ. 2007. 313, obs. Hauser.* ♦ Le refus ne constitue pas une faute personnelle détachable des fonctions, de sorte que l'État doit être mis en cause. • Même arrêt.

5. Délai de quinze jours. Le point de départ du délai de quinze jours prévu à l'al. 2 est nécessairement la date à laquelle le procureur de la République est saisi, non celle des premières investigations. • Paris, 13 nov. 1998 : *D. 1999. Somm. 372, obs. Lemouland.*

6. Sursis. Jugé que l'art. 175-2 n'énonce pas que la décision de prolongation du sursis doive intervenir avant l'expiration du délai et que, s'agissant d'un délai d'attente, il ne peut être reproché au procureur de la République de n'avoir pas agi avant l'expiration du premier délai. • Versailles, 9 mars 2006 : *RTD civ. 2006. 739, obs. Hauser*.

Art. 176 *(L. n° 2006-1376 du 14 nov. 2006, art. 5, en vigueur le 1er mars 2007)* **Tout acte d'opposition énonce la qualité qui donne à l'opposant le droit de la former. Il contient également les motifs de l'opposition, reproduit le texte de loi sur lequel est fondée l'opposition et contient élection de domicile dans le lieu où le mariage doit être célébré. Toutefois, lorsque l'opposition est faite en application de l'article 171-4, le ministère public fait élection de domicile au siège de son tribunal.**

Les prescriptions mentionnées au premier alinéa sont prévues à peine de nullité et de l'interdiction de l'officier ministériel qui a signé l'acte contenant l'opposition.

Après une année révolue, l'acte d'opposition cesse de produire effet. Il peut être renouvelé, sauf dans le cas visé par le deuxième alinéa de l'article 173.

Toutefois, lorsque l'opposition est faite par le ministère public, elle ne cesse de produire effet que sur décision judiciaire.

Ancien art. 176 *(L. 8 avr. 1927) Tout acte d'opposition énoncera la qualité qui donne à l'opposant le droit de la former ; il contiendra élection de domicile dans le lieu où le mariage devra être célébré ; il devra également contenir les motifs de l'opposition et reproduire le texte de loi sur lequel est fondée l'opposition : le tout à peine de nullité et de l'interdiction de l'officier ministériel qui aurait signé l'acte contenant opposition.*

(L. 15 mars 1933) « Après une année révolue, l'acte d'opposition cesse de produire effet. Il peut être renouvelé, sauf dans le cas visé par le deuxième alinéa de l'article 173 ci-dessus. »

1. Contraintes probatoires. En raison de l'atteinte grave portée au principe de la liberté matrimoniale, il appartient à l'opposant de fournir la preuve certaine que l'un au moins des époux poursuit exclusivement un but étranger au mariage. • Colmar, 24 juin 1994 : *JCP 1995. II. 22462, note Boulanger ; RTD civ. 1995. 329, obs. Hauser*. ♦ Il doit être établi de manière certaine l'existence d'un empêchement au mariage et non des motifs d'ordre moral, religieux, familial ou de convenances personnelles. • Versailles, 15 juin 1990 : *D. 1991. 268, note Hauser ; JCP 1991. II. 21759, note Laroche-Gisserot*. – Même sens : • T. civ. Dinan, 29 avr. 1952 : *D. 1952. 446*, confirmé par • Rennes, 9 juill. 1952 : *inédit*. ♦ *Contra* : • Douai, 27 août 1943 : *Gaz. Pal. 1943. 2. 212*.

2. Illustrations. Opposition fondée sur le caractère fictif du mariage : • Versailles, 15 juin 1990 : *préc.* (opposition levée : il est difficile sinon impossible de déterminer l'absence de consentement avant même qu'il ait été donné et, en l'espèce, la démonstration n'était pas faite que les futurs époux n'entendaient pas vivre une véritable union matrimoniale). ♦ Opposition des parents fondée sur l'absence de discernement de leur fils, précédemment soigné en milieu psychiatrique : • Limoges, 19 déc. 1996 : *BICC 1er avr. 1997, n° 401 ; Dr. fam. 1997, n° 95, note Lécuyer ; RTD civ. 1997. 549, obs. Marguénaud ; RJ Centre-Ouest, févr. 1998, p. 133, obs. J. Mouly (preuve non rapportée, irrecevabilité)*. ♦ Opposition pour cause de transsexualisme d'un des futurs époux, V. note 1 ss. art. 173.

3. Forme de l'opposition. Conformément à l'art. 66 C. civ., l'opposition doit être signifiée par acte d'huissier de justice. • Paris, 23 avr. 2003 : *D. 2003. 2716, note Lemouland*. ♦ L'art. 176 n'exige pas que soit reproduit dans l'acte d'opposition le texte qui donne à l'opposant le droit d'agir, mais celui sur lequel est fondée l'opposition. • Civ. 1re, 7 avr. 1998 : *Dr. fam. 1998, n° 130, note Lécuyer*.

4. Portée de l'opposition. L'officier d'état civil n'est pas juge du motif d'opposition et est obligé de surseoir à la célébration du mariage jusqu'à ce qu'elle soit levée. • Paris, 29 avr. 2003 : *D. 2003. Somm. 1938, obs. Lemouland*. – Déjà en ce sens : • Paris, 20 juin 1995 : *D. 1995. IR 192*. – V. aussi • TA Bordeaux, 9 juill. 2004 : *Dr. fam. 2004, n° 138, note Larribau-Terneyre*. ♦ Cependant le mariage célébré malgré cette opposition n'est pas nul de ce seul fait, mais seulement annulable si le motif de l'opposition est de nature à en entraîner la nullité. • Paris, 20 juin 1995 : *préc.*

5. Caducité. Selon l'art. 176, al 3, l'acte d'opposition cesse de produire effet après une année révolue ; la caducité de l'oppositon ainsi constatée rend sans objet l'examen de son bien-fondé, sauf pour la cour d'appel à se prononcer sur la faute de l'opposante. • Civ. 1re, 11 juill. 2019, n° 15-17.718 P : *D. 2019. 1639, note Lemouland ; AJ fam. 2019. 473, obs. Houssier*.

Art. 177 *(L. 15 mars 1933)* **Le tribunal judiciaire prononcera dans les dix jours sur la demande en mainlevée formée par les futurs époux, même mineurs.**

1. Titulaires de l'action. Le principe selon lequel le droit de demander la mainlevée judiciaire de l'opposition n'appartient qu'au futur époux du chef duquel l'opposition a été formée ne s'applique qu'au cas où ce dernier garde le silence, car il est censé reconnaître le mérite de l'opposition et renoncer à son projet de mariage ; dans le cas contraire, l'autre futur conjoint a qualité pour se joindre à la demande de mainlevée formée par celui contre lequel l'opposition avait été faite. • T. civ. Dinan, 29 avr. 1952 : *D. 1952. 446*, confirmé par • Rennes, 9 juill. 1952 : *inédit*. ♦ En effet, les futurs époux ont tous deux intérêt à ce que l'opposition soit levée et en conséquence l'action leur appartient simultanément. • T. civ. Seine, 15 avr. 1897 : *DP 1898. 2. 419* • TGI Clermont-Ferrand, 5 févr. 1964 : *JCP 1964. IV. 116*.

2. Compétence. Le tribunal de grande instance est seul compétent, à l'exclusion du juge des référés. • Paris, 23 avr. 2003 : *D. 2003. 2716, note Lemouland* . – Déjà en ce sens : • Angers, 15 janv. 1879 : *DP 1880. 2. 116*.

3. Délai. V. note 2 ss. art. 178.

4. Voies de recours. L'action en mainlevée d'opposition à mariage étant régie, en ce qui concerne les voies de recours, par le droit commun de la procédure civile, le jugement est susceptible d'appel (irrecevabilité du pourvoi en cassation). • Civ. 1re, 19 nov. 1991, n° 90-16.415 P. ♦ V. aussi notes ss. art. 178.

Art. 178 *(L. 15 mars 1933)* **S'il y a appel, il y sera statué dans les dix jours et, si le jugement dont est appel a donné mainlevée de l'opposition, la cour devra statuer même d'office.**

1. Exécution provisoire (non). Le jugement qui donne mainlevée d'une opposition à mariage ne peut être assorti de l'exécution provisoire. • T. civ. Seine, 15 avr. 1897 : *DP 1898. 2. 419* • T. civ. Dinan, 25 août 1952 : *Gaz. Pal. 1952. 2. 305*.

2. Sanction du non-respect du délai. Le délai de dix jours dans lequel il doit être prononcé sur la demande en mainlevée des oppositions à mariage par le tribunal et, en cas d'appel, par la cour n'est pas prescrit à peine de nullité ; ce délai, d'ailleurs, n'est qu'en faveur de l'enfant demandeur en mainlevée et l'opposant n'est pas fondé à se prévaloir de son inobservation. • Req. 26 juin 1911 : *DP 1912. 1. 149*.

Art. 179 **Si l'opposition est rejetée, les opposants, autres néanmoins que les ascendants, pourront être condamnés à des dommages-intérêts.**

(L. 20 juin 1896) **« Les jugements et arrêts par défaut rejetant les oppositions à mariage ne sont pas susceptibles d'opposition. »**

Cassation de l'arrêt qui condamne l'opposante à payer des dommages-intérêts, au motif que, l'opposition à mariage n'étant pas fondée, elle présente un caractère fautif de nature à engager sa responsabilité, alors que la cour d'appel aurait dû caractériser les circonstances particulières faisant dégénérer en abus le droit d'opposition. • Civ. 1re, 11 juill. 2019, n° 15-17.718 P : *D. 2019. 1639, note Lemouland* ; *AJ fam. 2019. 473, obs. Houssier* .

CHAPITRE IV **DES DEMANDES EN NULLITÉ DE MARIAGE**

BIBL. GÉN. ► B. Ancel, *AJ fam. 2021. 178* (la nullité du mariage dans les pays de *common law* : vers un contrôle social exacerbé ?). – Hauser, *RTD civ. 1991. 298* . – Rubellin-Devichi, obs. *ibid. 1989. 283*.

Art. 180 **Le mariage qui a été contracté sans le consentement libre des deux époux, ou de l'un d'eux, ne peut être attaqué que par les époux, ou par celui des deux dont le consentement n'a pas été libre** *(L. n° 2006-399 du 4 avr. 2006, art. 5)* **« , ou par le ministère public. L'exercice d'une contrainte sur les époux ou l'un d'eux, y compris par crainte révérencielle envers un ascendant, constitue un cas de nullité du mariage ».**

(L. n° 75-617 du 11 juill. 1975) **« S'il y a eu erreur dans la personne, ou sur des qualités essentielles de la personne, l'autre époux peut demander la nullité du mariage. »**

BIBL. ► Bardout, *AJ fam. 2008. 339* . – Cornu, *D. 1959. Chron. 215*. – Guenzoui, *D. 2010. Chron. 984* (crainte révérencielle). – Jault-Seseke, *AJ fam. 2017. 474* (mariage piège). – Langlès, *JCP N 1998. 483* (vices du consentement). – Nerson, *RTD civ. 1965. 796 ; ibid. 1970. 154 ; ibid. 1971. 827 ; ibid. 1972. 381 ; ibid. 1974. 140*. – Nerson et Rubellin-Devichi, obs. *RTD civ. 1981. 139 ; 1983. 323*. – Neuville, *Dr. fam. 1999. Chron. 3* (dol). – Rubellin-Devichi, *RTD civ. 1989. 290*.

1. Conformité à la Constitution. Les dispositions de l'art. 180 permettent au procureur de la République de former opposition au mariage, ou d'en poursuivre l'annulation, en cas de contrainte ; loin de méconnaître le principe de la liberté du mariage, elles tendent à en assurer la protection ; l'art. 180 est conforme à la Constitution. • Cons. const. 22 juin 2012, n° 2012-261 QPC : *cité note 1 ss. art. 146*.

A. VIOLENCE

2. Appréciation souveraine. Les juges du fond apprécient souverainement si la preuve d'une violence ayant déterminé la volonté de l'époux qui en a été victime est ou non rapportée. • Civ. 1re, 17 déc. 1968, n° 67-11.701 P : *D. 1969. 410.*

3. Illustrations. A ainsi été annulé pour violence le mariage auquel l'époux a consenti par suite d'une contrainte morale émanant tant de ses père et mère que de l'autorité hiérarchique sous laquelle il se trouvait placé. • T. civ. Montpellier, 16 juill. 1946 : *Gaz. Pal. 1946. 2. 183.* ♦ Même solution en cas de menaces de mort adressées au futur époux. • Bastia, 27 juin 1949 : *JCP 1949. II. 5083, note J. S.* ♦ ... Ou en cas de simple insistance de la part des parents ayant privé le consentement de l'époux de toute efficacité. • TGI Versailles, 25 avr. 1979 : *Gaz. Pal. 1979. 2. 532 ; RTD civ. 1981. 142, obs. crit. Nerson et Rubellin-Devichi.* – V. aussi • Paris, 9 janv. 1996 : *RTD civ. 1996. 365, obs. Hauser* . ♦ Annulation, pour vice du consentement, du mariage d'une jeune femme contrainte de se marier sous la pression de sa famille. • Colmar, 28 avr. 2005 : *Dr. fam. 2006, n° 1, note Larribau-Terneyre* • Bordeaux, 21 févr. 2006 : *Dr. fam. 2007, n° 121, note Larribau-Terneyre.*

B. ERREUR

4. Transmission de l'action aux héritiers (non). L'action en nullité relative pour erreur dans la personne ou sur ses qualités essentielles, prévue par l'art. 180, al. 2, C. civ., est exclusivement attachée à la personne et ne peut être exercée que par l'époux dont le consentement a été vicié. • Civ. 1re, 4 juill. 1995 : *D. 1996. 233, note F. Boulanger ; RTD civ. 1995. 866, obs. Hauser ; Defrénois 1996. 321, obs. Massip ; ibid. 407, obs. Champenois ; JCP 1996. I. 3903, n° 1, obs. Rubellin-Devichi* (décision admettant par ailleurs la solution inverse pour l'action en nullité du contrat de mariage).

5. Erreur sur l'identité. L'erreur dans la personne, prévue à l'art. 180, al. 2, C. civ., ne peut constituer une cause de nullité de mariage que si elle a été déterminante du consentement donné. • Civ. 1re, 19 févr. 1975, n° 73-13.761 P. , rejetant le pourvoi contre • Paris, 7 juin 1973 : *JCP 1973. II. 17539, note Goubeaux ; D. 1974. 174, note Guiho.* ♦ Dans le même sens : • Paris, 12 juin 1957 : *JCP 1957. II. 10110, note Lindon* (solution applicable à une erreur sur l'identité civile, sur la nationalité, ou encore sur le nom et l'appartenance familiale) • Lyon, 16 janv. 1980 : *D. 1981. 577, note Guiho ; Gaz. Pal. 1980. 2. 428, note Viatte.*

6. Illustrations d'erreur sur les qualités essentielles : divorce antérieur. *Erreur en cas* d'ignorance du fait que le conjoint avait la qualité de divorcé. • T. civ. Bordeaux, 9 juin 1924 : *Gaz. Pal. 1924. 2. 201* • Civ. 1re, 2 déc. 1997 : *Dr. fam. 1998, n° 35, note Lécuyer ; RTD civ. 1998. 659, obs. Hauser ; Defrénois 1998. 1017, obs. Massip.*

7. ... Liaison antérieure. Erreur admise lorsque l'un des époux a été tenu dans l'ignorance d'une liaison que son conjoint n'avait nullement l'intention de rompre. • TGI Le Mans, 7 déc. 1981 : *JCP 1986. II. 20573, note Lemouland.* – Même sens : • Rennes, 11 déc. 2000 : *Dr. fam. 2001, n° 67, note Lécuyer ; RTD civ. 2001. 855, obs. Hauser* . ♦ Comp., refusant la nullité pour une liaison antérieure au mariage, dont il n'est pas établi qu'elle dure encore : • Civ. 1re, 13 déc. 2005, n° 02-21.259 P : *D. 2006. Pan. 1417, obs. Lemouland et Vigneau ; JCP 2006. II. 10140, note Ben Hadj Yahia ; Gaz. Pal. 21-23 mai 2006, note Oudot ; AJ fam. 2006. 75, obs. Chénedé ; RTD civ. 2006. 285, obs. Hauser* , rejetant le pourvoi contre • Paris, 20 déc. 2001 : *Dr. fam. 2002, n° 40, obs. Lécuyer ; RTD civ. 2002. 272, obs. Hauser* .

8. ... Prostitution antérieure. Erreur en cas d'ignorance du fait que l'épouse a été prostituée. • TGI Paris, 13 févr. 2001 : *BICC 1er août 2001, n° 844 ; Dr. fam. 2002, n° 1, note Lécuyer* • Nîmes, 8 févr. 2012 : *AJ fam. 2012. 151, obs. de Boysson* .

9. ... Capacités sexuelle ou procréative. Nullité en cas d'erreur sur l'aptitude à avoir des relations sexuelles normales. • Paris, 26 mars 1982 : *Gaz. Pal. 1982. 2. 519, note J. M.* ♦ ... Ou à procréer. • TGI Avranches, 10 juill. 1973 : *D. 1974. 174, note Guiho.*

10. ... Absence de virginité. Le mensonge qui ne porte pas sur une qualité essentielle n'est pas un fondement valide pour l'annulation d'un mariage. • Douai, 17 nov. 2008 : *D. 2008. AJ 2938, obs. Égéa ; ibid. 2010. Pan. 728, obs. Lemouland et Vigneau ; JCP 2009. I. 102, n° 1, obs. Gouttenoire ; Gaz. Pal. 2008. 3783, note Pierroux ; AJ fam. 2008. 479, obs. Chénedé ; Dr. fam. 2008. 167, obs. Larribau-Terneyre ; JCP 2008. II. 10005, note Malaurie ; RJPF 2009-1/26, note Leborgne ; RLDC 2008/55, n° 3228, obs. Serra ; ibid. 2009/57, n° 3304, note Dekeuwer-Défossez ; RTD civ. 2009. 98, obs. Hauser* , censurant. • TGI Lille, 1er avr. 2008 : *D. 2008. 1389, note P. Labbée ; ibid. 2008. Pan. 1788, obs. Lemouland et Vigneau ; JCP 2008. II. 10122, note Raoul-Cormeil ; AJ fam. 2008. 300, obs. Chénedé ; RJPF 2008-7-8/10, note Dekeuwer-Défossez ; RLDC 2008/51, n° 3063, note Bernard-Xemard ; ibid, n° 3066, obs. Marraud des Grottes ; RTD civ. 2008. 455, obs. Hauser* (jugement ayant annulé un mariage au motif que l'épouse avait menti sur sa virginité, qualité perçue comme essentielle et déterminante du consentement de l'époux).

11. ... État de santé. Erreur de l'époux qui ignorait la séropositivité de l'épouse, dont il a eu connaissance quelques mois après le mariage. • TGI Dinan, 4 avr. 2006 : *D. 2007. AJ 1510 ; RTD civ. 2007. 550, obs. Hauser* .

12. ... Intégrité mentale ou incapacité. Erreur sur l'intégrité mentale du conjoint. • TGI

Rennes, 9 nov. 1976 : *D. 1977. 539, note Cosnard.* ♦ Comp. • Civ. 1re, 13 oct. 1970, n° 67-11.124 P • Paris, 1er déc. 1988 : *D. 1989. IR 6.* ♦ ... Ou lorsqu'il a ignoré l'existence de la curatelle de son futur conjoint. • TGI Vesoul, 28 nov. 1989 : *D. 1990. 590, note Philippe.* ♦ Sur les modes de preuve : si la preuve de l'existence de troubles mentaux peut être faite librement devant les juges du fond (• TGI Le Mans, 18 mars 1965 : *D. 1967. 203, note Pradel)* et relève de leur appréciation souveraine (• Civ. 1re, 29 janv. 1975, n° 72-13.326 P : *D. 1975. 668, note Hauser*), une demande d'expertise psychiatrique doit être déclarée irrecevable, la mesure sollicitée n'étant motivée ni par l'ordre public, ni par le souci de protection d'un éventuel incapable. • TGI Arras, réf., 9 oct. 1981 : *JCP 1982. II. 19852, note Raymond ; RTD civ. 1983. 329, obs. Nerson et Rubellin-Devichi.*

13. ... Condamnations pénales. Erreur en cas d'ignorance de la qualité de condamné de droit commun. • TGI Paris, 8 févr. 1971 : *JCP 1972. II. 17244, note Raymond* • 23 mars 1982 : *Defrénois 1983. 313, obs. Massip ; RTD civ. 1983. 323, obs. Nerson et Rubellin-Devichi.*

14. ... Nationalité. Erreur sur la nationalité du conjoint. • T. civ. Seine, 4 févr. 1918 : *DP 1920. 2. 78 ; S. 1920. 2. 129, note Rousseau* • 2 janv. 1920 : *ibid.*

15. ... Intention matrimoniale du conjoint. Annulation du mariage pour erreur lorsque l'autre époux était dépourvu de la volonté de s'unir effectivement et durablement et d'en assumer les conséquences légales. • TGI Paris, 7 mai 1996 : *BICC 1er oct. 1996, n° 958 ; JCP 1997. I. 3996, n° 6, obs. Farge ; Dr. fam. 1997, n° 38, note Lécuyer ; RTD civ. 1996. 583, obs. Hauser.* – Dans le même sens : • Dijon, 5 sept. 2000 : *BICC 15 avr. 2001, n° 439.* ♦ Sur l'approche plus classique de cette hypothèse sous l'angle de l'absence de consentement, V. ss. art. 146.

16. ... Capacités matrimoniales du conjoint. L'erreur sur la capacité de l'épouse à s'occuper de l'enfant mineur du mari ou sur ses qualités ménagères n'est pas un vice du consentement. • Montpellier 8 févr. 2011 : *AJ fam. 2011. 269, obs. Siri* (époux ayant 35 ans de plus que sa femme).

17. ... Conceptions matrimoniales imposées par le conjoint. Absence de preuve que l'épouse a commis une erreur sur les qualités essentielles, dès lors que rien n'établit que son époux lui aurait imposé un mode de vie ne correspondant pas à ses conceptions du mariage, en lui imposant de ne pas travailler, de porter le voile, de ne pas parler avec des tiers ou qu'il refusait de contribuer aux charges du mariage. • Dijon, 28 janv. 2010 : *Dr. fam. 2010, n° 125, obs. Larribau-Terneyre* (époux se connaissant de longue date et ayant cohabité avant le mariage).

Art. 181 Dans le cas de l'article précédent, la demande en nullité n'est plus recevable *(L. n° 2006-399 du 4 avr. 2006, art. 6)* « à l'issue d'un délai de cinq ans à compter du mariage » *(Abrogé par L. n° 2008-561 du 17 juin 2008, art. 7-I) « ou depuis que l'époux a acquis sa pleine liberté ou que l'erreur a été par lui reconnue ».* – *Dispositions transitoires, V. L. n° 2008-561 du 17 juin 2008, art. 26 ss. art. 2279.*

Ancien art. 181 *Dans le cas de l'article précédent, la demande en nullité n'est plus recevable, toutes les fois qu'il y a eu cohabitation continuée pendant six mois depuis que l'époux a acquis sa pleine liberté ou que l'erreur a été par lui reconnue.*

1. Prescription en cas de cohabitation. Rejet d'une demande en nullité du mariage pour vice du consentement intentée plus de six ans après le mariage, en application de l'art. 181, ancienne rédaction. • Paris, 15 juin 2006 : *D. 2007. Pan. 1562, obs. Lemouland et Vigneau.*

2. Prescription en cas d'absence de cohabitation. Lorsque la disposition de l'art. 181 [ancienne rédaction] ne peut s'appliquer, en raison de l'absence de cohabitation entre les époux, la demande en annulation du mariage se prescrit conformément au droit commun en matière d'action en nullité relative pour vice du consentement. • Civ. 1re, 17 nov. 1958 : *GAJC, 12e éd., n° 34 ; D. 1959. 18, note Holleaux ; JCP 1959. II. 10949, note Esmein ; RTD civ. 1970. 154, obs. Nerson.*

Art. 182 Le mariage contracté sans le consentement des père et mère, des ascendants, ou du conseil de famille, dans les cas où ce consentement était nécessaire, ne peut être attaqué que par ceux dont le consentement était requis, ou par celui des deux époux qui avait besoin de ce consentement.

L'absence d'autorisation préalable du curateur au mariage du majeur en curatelle ne correspond pas à un défaut de consentement, au sens de l'art. 146, mais à un défaut d'autorisation, au sens de l'art. 182, sanctionné par la nullité relative et de nature à être couvert par l'approbation du curateur. • Civ. 1re, 20 avr. 2017, n° 16-15.632 P : *D. 2017. 1963, note Raoul-Cormeil ; ibid. 1490, obs. Lemouland et Noguéro ; RTD civ. 2017. 618, obs. Hauser ; Dr. fam. 2017. 141, note Maria.*

Art. 183 **L'action en nullité ne peut plus être intentée ni par les époux, ni par les parents dont le consentement était requis, toutes les fois que le mariage a été approuvé expressément ou tacitement par ceux dont le consentement était nécessaire, ou lorsqu'il s'est écoulé** *(L. n° 2006-399 du 4 avr. 2006, art. 6)* **« cinq années » sans réclamation de leur part, depuis qu'ils ont eu connaissance du mariage. Elle ne peut être intentée non plus par l'époux, lorsqu'il s'est écoulé** *(L. n° 2006-399 du 4 avr. 2006, art. 6)* **« cinq années » sans réclamation de sa part, depuis qu'il a atteint l'âge compétent pour consentir par lui-même au mariage.**

Application au curateur. Le curateur, dont le consentement est requis pour le mariage du majeur en curatelle (art. 514), ne peut plus intenter l'action en nullité du mariage pour défaut de ce consentement lorsqu'il s'est écoulé une année sans réclamation de sa part depuis qu'il a eu connaissance du mariage. • Civ. 1re, 17 mai 1988, n° 86-10.817 P : *JCP 1989. II. 21197, note Boulanger ; JCP N 1989. II. 45, note Fossier ; Defrénois 1988. 1031, obs. Massip* • 5 mai 1993, n° 91-11.700 P : *Defrénois 1993. 1372, obs. Massip.*

Art. 184 *(L. 19 févr. 1933)* **Tout mariage contracté en contravention aux dispositions contenues aux articles 144, 146,** *(L. n° 93-1027 du 24 août 1993)* **« 146-1, » 147, 161, 162 et 163, peut être attaqué** *(L. n° 2008-561 du 17 juin 2008, art. 7-II)* **« , dans un délai de trente ans à compter de sa célébration, » soit par les époux eux-mêmes, soit par tous ceux qui y ont intérêt, soit par le ministère public.** — *Dispositions transitoires, V. L. n° 2008-561 du 17 juin 2008, art. 26 ss. art. 2279.*

1. Action du ministère public. L'art. 423 C. pr. civ. autorise le ministère public à agir pour la défense de l'ordre public à l'occasion des faits qui portent atteinte à celui-ci ; la célébration du mariage au mépris de l'opposition du ministère public ouvre à celui-ci une action en contestation de sa validité. • Civ. 1re, 13 mars 2007 : *cité note 6 ss. art. 143.*

2. Possibilité d'agir en nullité après divorce. La dissolution du mariage par le divorce, qui n'a d'effet que pour l'avenir, ne fait pas obstacle à l'action en annulation du mariage intentée par le ministère public. • Civ. 1re, 10 mars 1998 : *Dr. fam. 1998, n° 147, note Lécuyer ; LPA 11 déc. 1998, note Massip.*

L'ancien époux divorcé demandant la nullité du mariage doit justifier d'un intérêt à agir, car n'ayant plus la qualité de conjoint, il ne peut se prévaloir des dispositions de l'art. 184, propres aux époux. • Civ. 1re, 12 avr. 2012 : *D. 2012. 1125 ; AJ fam. 2012. 412, obs. Antippas ; RTD civ. 2012. 511, obs. Hauser.* ♦ Pour la reconnaissance d'un intérêt au moins moral à agir : • Paris, 12 juin 1957 : *JCP 1957. II. 10110, note Lindon* • TGI Paris, 8 févr. 1971 : *JCP 1972. II. 17244, note Raymond.*

3. Prescription. La loi du 17 juin 2008 a maintenu à trente ans le délai de prescription applicable à l'action en nullité absolue du mariage ; rejet de l'argument qui entend faire courir ce délai à compter de cette loi. • Civ. 1re, 29 mai 2013, n° 12-15.001 P : *D. 2013. Chron. C. cass. 2050, note Capitaine ; ibid. 2014. 689, obs. Douchy-Oudot ; AJ fam. 2013. 449, obs. Gatto ; RTD civ. 2013. 578, obs. Hauser.* ♦ Malgré l'écoulement du délai de prescription, le ministère public peut, en considération de l'atteinte à l'ordre public international causée par le mariage d'un Français à l'étranger sans que sa précédente union n'ait été dissoute, s'opposer à la demande de transcription de cet acte sur les registres consulaires français. • Civ. 1re, 19 oct. 2016, n° 15-50.098 P : *D. 2016. 2168, obs. Gallmeister ; ibid. 2549, note Sindres ; AJ fam. 2016. 546, obs. Boiché ; RTD civ. 2017. 102, obs. Hauser ; JCP 2016, n° 1275, note Bureau ; Rev. crit. DIP 2017. 535, note Gallant.*

4. Aux termes de l'art. 2247, les juges ne peuvent suppléer d'office le moyen résultant de la prescription, règle qui s'applique même lorsque la prescription est d'ordre public ; il en résulte que les juges du fond ne pouvaient relever d'office la prescription trentenaire de l'action en nullité d'un mariage prévue à l'art. 184. • Civ. 1re, 19 sept. 2019, n° 18-19.665 P : *AJ fam. 2019. 601, obs. Houssier ; JCP 2019, n° 1112, note Lamarche ; Dr. fam. 2019, n° 214, note Binet.*

Art. 185 et 186 *Abrogés par L. n° 2007-1631 du 20 nov. 2007, art. 37.*

Art. 187 **Dans tous les cas où, conformément à l'article 184, l'action en nullité peut être intentée par tous ceux qui y ont un intérêt, elle ne peut l'être par les parents collatéraux, ou par les enfants nés d'un autre mariage, du vivant des deux époux, mais seulement lorsqu'ils y ont un intérêt né et actuel.**

1. QPC (non). L'annulation du mariage à la demande des enfants nés d'un autre mariage, après le décès de l'un des époux, n'a pas pour effet d'empêcher les membres d'une même famille de vivre ensemble ; s'agissant de ses effets, la putativité permet de les préserver, en cas de nullité, à l'égard des enfants et de l'époux de bonne foi, de sorte que la disposition critiquée n'est pas susceptible de porter une atteinte disproportionnée à la liberté du mariage. • Civ. 1re, 4 mai 2017, n° 17-40.026 P : *D. 2017. 981 ; RTD civ. 2017. 616, obs. Hauser ; Dr. fam. 2017, n° 147, obs. Binet* (refus de transmettre une QPC invoquant le droit de mener une vie familiale normale, prévu à l'art. 10 du Préambule de 1946, et à la liberté du mariage résultant des art. 2 et 4 de la DDH).

2. Justifient d'un intérêt actuel à agir les parents collatéraux ayant vocation à recueillir, en l'absence de conjoint survivant, la partie de la succession de leur frère non incluse dans un testament. • Civ. 1re, 4 mai 2011, n° 09-68.983 P : *D. 2011. 2387, note Raoul-Cormeil ; ibid. 2012. 971, obs. Lemouland et Vigneau ; ibid. 1033, obs. Douchy-Oudot ; AJ fam. 2011. 330, obs. Siffrein-Blanc ; RTD civ. 2011. 515, obs. Hauser ; Dr. fam. 2011, n° 145, obs. Larribau-Terneyre. JCP N 2011, n° 1222, obs. Kervella.*

3. Il résulte des termes combinés des art. 146 et 184 C. civ. que l'action initiée par une personne pour obtenir la nullité du mariage de son frère décédé ne peut être fondée que sur l'absence totale du consentement et non sur d'éventuelles manœuvres dolosives dont il aurait été l'objet. • Paris, 14 déc. 1999 : *D. 2000. Somm. 416, obs. Lemouland ; RTD civ. 2000. 294, obs. Hauser .*

Art. 188 L'époux au préjudice duquel a été contracté un second mariage, peut en demander la nullité, du vivant même de l'époux qui était engagé avec lui.

Conjoint divorcé. L'ex-conjoint divorcé d'un époux, n'ayant plus lors de son action en nullité du mariage pour bigamie la qualité de conjoint de ce dernier, ne peut se prévaloir des dispositions de l'art. 188, mais doit justifier d'un intérêt pécuniaire ou moral pour agir, que les juges du fond apprécient souverainement. • Civ. 1re, 31 janv. 1990, n° 88-16.497 P : *D. 1990. 449, note Massip .*

Art. 189 Si les nouveaux époux opposent la nullité du premier mariage, la validité ou la nullité de ce mariage doit être jugée préalablement.

1. Cassation de l'arrêt qui rejette, dans une action en déclaration de bigamie, une demande de sursis à statuer dans l'attente de la décision à intervenir sur l'action en nullité du premier mariage. • Civ. 1re, 26 oct. 2011, n° 10-25.285 P : *D. 2012. 258, note Raoul-Cormeil ; ibid. 971, obs. Lemouland et Vigneau ; ibid. 1033, obs. Douchy-Oudot ; AJ fam. 2011. 613, obs. Chénedé ; JCP 2012, n° 31, § 1, obs. Lamarche ; Dr. fam. 2012, n° 2, obs. Larribau-Terneyre ; RLDC 2012/98, n° 4856, note Rousvoal* • 11 avr. 2018, n° 17-17.530 P : *D. 2018. 1104, obs. Lemouland et Vigneau ; AJ fam. 2018. 351, obs. Houssier ; RTD civ. 2018. 632, obs. Leroyer ; Dr. fam. 2018, n° 145, note Dumas-Lavenac.*

2. La nullité du premier mariage entraînant sa disparition rétroactive, le second mariage célébré entre les mêmes personnes ne peut être annulé du chef de bigamie, quand bien même la nullité du premier, en raison du mariage avec une autre personne à la date de sa conclusion, serait prononcée après la célébration du second. • Civ. 1re, 25 sept. 2013, n° 12-26.041 P : *D. 2014. Chron. C. cass. 563, obs. Capitaine ; ibid. 689, obs. Douchy-Oudot ; AJ fam. 2013. 643, obs. Boiché ; RTD civ. 2014. 91, obs. Hauser ; Gaz. Pal. 2013. 3026, obs. Jean ; Dr. fam. 2013, n° 148, obs. Binet.*

Art. 190 Le procureur du Roi *[le procureur de la République]*, **dans tous les cas auxquels s'applique l'article 184,** *(Abrogé par L. n° 2007-1631 du 20 nov. 2007, art. 18)* ***« et sous les modifications portées en l'article 185, »*** **peut et doit demander la nullité du mariage, du vivant des deux époux, et les faire condamner à se séparer.**

La recevabilité d'une action en nullité ou en inopposabilité d'un mariage est subordonnée à la mise en cause des deux époux. • Civ. 1re, 6 mai 2009, n° 07-21.826 P : *D. 2009. AJ 1416, obs. Égéa ; ibid. 2010. Pan. 728, obs. Lemouland et Vigneau ; ibid. Pan. 989, obs. Douchy-Oudot ; RJPF 2009-9/19, obs. Leborgne ; Defrénois 2009. 1851, obs. Massip ; RLDC 2009/62, n° 3505, obs. Pouliquen ; RTD civ. 2009. 509, obs. Hauser ; Rev. crit. DIP 2009. 492, obs. P. Lagarde* (obligation de relever d'office la fin de non-recevoir tirée de l'absence de mise en cause de l'un des époux).

Art. 190-1 *Abrogé par L. n° 2003-1119 du 26 nov. 2003.*

Art. 191 Tout mariage qui n'a point été contracté publiquement et qui n'a point été célébré devant l'officier public compétent, peut être attaqué *(L. n° 2008-561 du 17 juin 2008, art. 7-III)* **« , dans un délai de trente ans à compter de sa célébration, » par les époux eux-mêmes, par les père et mère, par les ascendants, et par tous ceux qui y ont un intérêt né et actuel, ainsi que par le ministère public.** — *Dispositions transitoires, V. L. n° 2008-561 du 17 juin 2008, art. 26 ss. art. 2279.*

BIBL. ► LABBÉE, *Dr. fam. 2016. Étude 5.*

1. Incompétence : nullité facultative. L'incompétence de l'officier de l'état civil ne constitue qu'un cas de nullité facultative laissée à l'appréciation des juges. • Civ. 7 août 1883 : *DP 1884. 1. 5* (affaire des mariages de Montrouge) • Crim. 18 févr. 1942 : *DA 1942. J. 83* (décision rendue au pénal pour délit de bigamie) • TGI Paris, 10 nov. 1992 : *D. 1993. 467, note Beignier* (officier de l'état civil d'un arrondissement de Paris officiant dans un autre arrondissement que le sien : pas de nullité pour incompétence de l'officier de l'état civil en l'absence de fraude). ♦ Comp. • TGI Paris, 24 févr. 1975 : *D. 1975. 379, concl. Paire, note Massip* • Versailles, 27 mai 1999 : *cité note 2 ss. art. 165.*

2. Notion de clandestinité. Il n'y a pas de clandestinité dans le fait de célébrer le mariage à l'hôpital en raison de l'aggravation de l'état de santé du mari. • TGI Paris, 10 nov. 1992 : *préc. note 1.*

Art. 192 *(L. 21 juin 1907)* **Si le mariage n'a point été précédé de la publication requise ou s'il n'a pas été obtenu des dispenses permises par la loi ou si les intervalles prescrits entre les publications et la célébration n'ont point été observés, le procureur de la République fera prononcer contre l'officier public une amende qui ne pourra excéder** *(L. n° 46-2154 du 7 oct. 1946 ; Ord. n° 2000-916 du 19 sept. 2000)* **« 4,5 euros » et contre les parties contractantes, ou ceux sous la puissance desquels elles ont agi, une amende proportionnée à leur fortune.**

Art. 193 **Les peines prononcées par l'article précédent seront encourues par les personnes qui y sont désignées, pour toute contravention aux règles prescrites par l'article 165, lors même que ces contraventions ne seraient pas jugées suffisantes pour faire prononcer la nullité du mariage.**

Art. 194 **Nul ne peut réclamer le titre d'époux et les effets civils du mariage, s'il ne représente un acte de célébration inscrit sur le registre de l'état civil ; sauf les cas prévus par l'article 46, au titre** ***Des actes de l'état civil.***

Sur la preuve du mariage contracté en Algérie suivant les règles du droit musulman, V. L. n° 57-777 du 11 juill. 1957 (D. 1957. 215 ; BLD 1957. 432), mod. par Décr. n° 62-342 du 17 mars 1962 (D. 1962. 129 ; BLD 1962. 238).

BIBL. ▶ VIATTE, *Gaz. Pal. 1974. 1. Doctr. 33* (preuve du mariage).

1. Époux soumis à un statut personnel. Le mariage de deux personnes de statut personnel musulman, célébré selon la loi locale applicable en Algérie et inscrit à l'état civil, fait foi de sa date et de son existence, peu important le caractère tardif de sa déclaration, seule une sanction pénale étant encourue. • Soc. 27 nov. 1997, n° 96-13.083 P : *Defrénois 1998. 1016, obs. Massip* (double mariage : droit à pension de réversion au profit de la première épouse malgré l'inscription du premier mariage postérieure au second mariage).

2. Mariages religieux. La Conv. EDH n'impose pas aux États l'obligation de reconnaître les effets des mariages religieux au même titre que ceux des mariages civils. • CEDH, sect. I, 9 déc. 2010, *S. et a c/ Croatie*, n° 7798/08. ♦ Sur la légitimité de la différence de traitement entre couples mariés civilement et couples dont l'union n'est que religieuse : • CEDH 20 janv. 2009, *Serife Yigit c/ Turquie : RTD civ. 2009. 285, obs. Marguénaud*. ♦ Dans la même affaire, absence de contrariété à la Conv. EDH : • CEDH 2 nov. 2010, *Serife Yigit c/ Turquie*, n° 3976/05 : *D. actu. 17 nov. 2010, obs. Gallmeister ; D. 2011. Pan. 1040, obs. Lemouland et Vigneau ; AJ fam. 2010. 544, obs. Jean-Baptiste ; Dr. fam. 2010, n° 176, obs. Larribau-Terneyre.* ♦ Mais, dès lors que l'État est allé au-delà de ses obligations et a créé des droits supplémentaires, il ne peut, dans l'application de ces droits, adopter des mesures discriminatoires au regard de l'art. 14. • Même arrêt (refus de conclure un accord avec une Église réformiste lui permettant de célébrer des mariages religieux, alors que les motifs objectifs invoqués, concernant la durée d'établissement et le nombre de membres, n'ont pas été respectés pour d'autres Églises). ♦ Violation de l'art. 1er Prot. n° 1, en raison du refus des autorités espagnoles d'accorder une pension de réversion à une veuve, mariée sous le rite rom mais pas dans les formes exigées par la loi espagnole, alors que la requérante était de bonne foi et qu'elle avait été assimilée à une femme mariée pour différentes prestations sociales. • CEDH, sect. III, 8 déc. 2009, *Muñoz Diaz c/ Espagne*, n° 49151/07 (solution pouvant s'expliquer par le fait que seul un mariage selon le rite catholique était à l'époque autorisé).

3. Inopposabilité du mariage religieux non transcrit à l'état civil. • Agen, 15 mars 2005 : *Dr. fam. 2005, n° 177*, note Larribau-Terneyre.

4. Portée du texte : mentions en marge. Un acte de mariage fait foi des énonciations qui y sont contenues, y compris de la mention du divorce en marge. • Civ. 1re, 5 avr. 2005, n° 03-13.766 P : *D. 2005. IR 1589*.

Art. 195 **La possession d'état ne pourra dispenser les prétendus époux qui l'invoqueront respectivement, de représenter l'acte de célébration du mariage devant l'officier de l'état civil.**

Art. 196 **Lorsqu'il y a possession d'état, et que l'acte de célébration du mariage devant l'officier de l'état civil est représenté, les époux sont respectivement non recevables à demander la nullité de cet acte.**

1. Conditions : vice de forme. La fin de non-recevoir édictée par l'art. 196 est opposable à toute action par laquelle l'un des époux demande l'annulation du mariage à raison d'un vice de forme dont la célébration de ce mariage serait entachée. • Civ. 1er août 1930 : *DP 1931. 1. 169, note Lalou.*

2. ... Mariage entre Français. L'art. 196 vise exclusivement les mariages contractés entre Français. • Req. 9 mai 1905 : *DP 1905. 1. 367.*

3. ... Absence de fraude. Le texte n'est pas applicable en cas de fraude à la loi française. • Paris, 2 déc. 1966 : *JCP 1967. II. 15278, note Boulbès ; Malaurie, Rev. crit. DIP 1967. 530.*

4. ... Caractères de la possession d'état. La possession d'état d'époux légitimes dont doit justifier le conjoint qui invoque la fin de non-recevoir de l'art. 196 doit être constante et continue. • Req. 7 janv. 1929 : *DH 1929. 50.*

Art. 197 **Si néanmoins, dans le cas des articles 194 et 195, il existe des enfants issus de deux individus qui ont vécu publiquement comme mari et femme, et qui soient tous deux décédés, la légitimité des enfants ne peut être contestée sous le seul prétexte du défaut de représentation de l'acte de célébration, toutes les fois que cette légitimité est prouvée par une possession d'état qui n'est point contredite par l'acte de naissance.**

BIBL. ► CARBONNIER, *Mél. Marty, Univ. Toulouse, 1978, p. 255.*

1. Double preuve. Faute de représentation de l'acte de mariage, l'enfant qui invoque la disposition de l'art. 197 est tenu de prouver à la fois qu'il a la possession d'état d'enfant légitime et que ceux qu'il indique comme ses père et mère ont vécu publiquement comme mari et femme ; la preuve du premier de ces faits ne dispense pas de la preuve du second. • Civ. 19 juin 1867 : *DP 1867. 1. 342.*

2. Ministère public. La situation de droit prévue par l'art. 197 peut être invoquée par le ministère public à l'encontre de l'enfant qui conteste sa légitimité pour tenter de se faire reconnaître la nationalité française. • Civ. 1re, 8 janv. 1974, n° 72-12.612 P : *D. 1975. 160, note Guimezanes.*

Art. 198 **Lorsque la preuve d'une célébration légale du mariage se trouve acquise par le résultat d'une procédure criminelle, l'inscription du jugement sur les registres de l'état civil assure au mariage, à compter du jour de sa célébration, tous les effets civils, tant à l'égard des époux qu'à l'égard des enfants issus de ce mariage.**

Art. 199 **Si les époux ou l'un d'eux sont décédés sans avoir découvert la fraude, l'action criminelle peut être intentée par tous ceux qui ont intérêt de faire déclarer le mariage valable, et par le procureur du Roi** *[le procureur de la République]*.

Art. 200 **Si l'officier public est décédé lors de la découverte de la fraude, l'action sera dirigée au civil contre ses héritiers, par le procureur du Roi** *[le procureur de la République]*, **en présence des parties intéressées et sur leur dénonciation.**

Art. 201 *(L. n° 72-3 du 3 janv. 1972)* **Le mariage qui a été déclaré nul produit, néanmoins, ses effets à l'égard des époux, lorsqu'il a été contracté de bonne foi.**

Si la bonne foi n'existe que de la part de l'un des époux, le mariage ne produit ses effets qu'en faveur de cet époux.

BIBL. ► COQUEMA et BARTHELET, *Dr. fam. 2010. Étude 10* (mariage sans communauté de vie). – NERSON et RUBELLIN-DEVICHI, *RTD civ. 1983. 331.*

A. CONDITIONS DU MARIAGE PUTATIF

1. Exigence d'une célébration. Encore faut-il, pour qu'il y ait mariage putatif, qu'une célébration quelque irrégulière ou nulle qu'elle fût, soit intervenue. • Lyon, 13 nov. 1924 : *DP 1925. 2. 73, note Rouast.* ♦ V. aussi, pour le cas de célébration nulle comme ayant eu lieu dans un consulat étranger, hors la présence de l'officier d'état civil français : • TGI Paris, 24 févr. 1975 : *cité note 2 ss. art. 165* • Versailles, 27 mai 1999 : *ibid.*

2. Présomption de bonne foi. La bonne foi prévue à l'art. 201 est toujours présumée. • Civ. 5 nov. 1913 : *GAJC, 12e éd., n° 35 ; DP 1914. 1. 281, note Binet ; S. 1920. 1. 370* • Civ. 1re, 15 janv. 1980, n° 78-15.084 P.

3. Date d'appréciation. Pour écarter le mariage putatif, il convient de démontrer que l'épouse avait eu connaissance, au moment de la célébration de son mariage, du maintien des liens du mariage antérieurs. • Civ. 1re, 20 nov. 2013 : *RTD civ. 2014. 91, obs. Hauser*.

4. Indifférence de la nature de l'erreur. La bonne foi est la seule condition mise par le législateur à la reconnaissance du mariage putatif ; cette bonne foi peut exister que les parties aient commis une erreur de droit ou qu'elles se soient trompées en fait, que l'erreur de droit ait porté sur la forme de l'acte ou sur la capacité des contractants. La nature et la gravité de l'erreur sont de simples éléments de fait et peu importe qu'il soit prétendu que le vice dont est affecté le mariage rendrait celui-ci inexistant. • Civ. 30 juill. 1900 : *GAJC, 11e éd., no 11-12 (I) ; DP 1901. 1. 317* • Req. 14 mars 1933 : *DH 1933. 219.* ♦ Solution reprise en cas d'erreur de droit : • Civ. 1re, 14 déc. 1971, no 70-12.339 P : *R. 1971-1972, p. 11 ; D. 1972. 179* • 28 mai 1991 : *D. 1992. 121, note Massip*. – V. aussi • Dijon, 24 mai 1994 : *Gaz. Pal. 1996. 2. Somm. 350 ; RTD civ. 1995. 330, obs. Hauser*.

5. Procédure. Le caractère putatif d'un mariage annulé peut être reconnu, soit par le jugement même qui annule le mariage, soit par un jugement ultérieur, lorsque la décision prononçant la nullité de l'union n'a pas statué sur la putativité. • Civ. 1re, 28 mai 1991 : *préc. note 4.*

B. EFFETS DU MARIAGE PUTATIF

6. Pension alimentaire. La pension alimentaire allouée sur le fondement de l'art. 212 C. civ. n'a plus aucun soutien dès lors que le mariage est déclaré nul ; mais elle demeure acquise à l'épouse en raison du caractère putatif du mariage et le mari est mal venu à demander que la pension soit rétroactivement supprimée. • Paris, 17 févr. 1961 : *JCP 1961. II. 12020, concl. Nepveu, note R. B.* ♦ Il est possible de condamner pour abandon de famille l'époux n'ayant pas satisfait aux obligations pécuniaires d'un mariage annulé lorsque le créancier de bonne foi peut invoquer le mariage putatif, la nullité étant dès lors sans effet sur les obligations alimentaires antérieures au prononcé du jugement d'annulation. • Crim. 23 mars 1981, no 74-94.340 P.

7. Prestation compensatoire. Les art. 270 s. C. civ. relatifs à la prestation compensatoire en cas de divorce sont aussi applicables, en tant que de raison, lorsque la rupture du mariage résulte de la nullité de l'union. • Civ. 1re, 23 oct. 1990, no 89-10.250 P : *R., p. 259 ; D. 1991. 214, note Mascala ; JCP 1991. II. 21774, note F. Monéger ; Gaz. Pal. 1991. 1. 256, note Massip ; RTD civ. 1991. 299, obs. Hauser*. ♦ V. dans le même sens : • Paris, 14 juin 1995 : *D. 1996. 156, note F. Boulanger ; ibid. Somm. 174, obs. Audit*.

8. Réparation des préjudices. Octroi d'une pension alimentaire à l'épouse de bonne foi au titre de réparation du préjudice subi à raison des fautes imputables au mari : V. • Civ. 1re, 2 oct. 1984, no 82-14.829 P. ♦ Comp., sur l'octroi de dommages-intérêts en réparation d'un préjudice matériel et moral : • Paris, 27 nov. 1981 : *D. 1983. 43.*

9. Pension de réversion. En cas de mariage d'un assuré, suivi d'un second mariage annulé après le décès de celui-ci, mais déclaré putatif à l'égard de la seconde épouse, celle-ci a la qualité de conjoint survivant au sens des textes relatifs aux pensions de réversion. • Soc. 9 nov. 1995, no 94-10.857 P • Civ. 2e, 16 sept. 2003, no 02-30.224 P : *Dr. fam. 2004, no 115, note Fadeuilhe ; RTD civ. 2004. 67, obs. Hauser*. ♦ Cassation de l'arrêt qui refuse le bénéfice de la pension de réversion au motif que la loi française n'admet qu'une seule épouse, alors qu'il importait de faire juger préalablement la question de la nullité du second mariage et de son éventuelle putativité. • Civ. 2e, 16 sept. 2003 : *préc.* ♦ V. aussi note 1 ss. art. 147. ♦ La pension de réversion dont la seconde épouse est susceptible de bénéficier est partagée au prorata de la durée respective de chaque mariage, ce partage s'effectuant lors de la liquidation des droits de l'épouse qui en fait la demande en premier. • Soc. 9 nov. 1995 : *préc.* ♦ Les droits des conjoints survivants à la pension de réversion ouverts du chef de l'assuré décédé sont déterminés en fonction de la durée totale des mariages, peu important que leurs durées se chevauchent, et sont partagés au prorata de la durée respective de chaque mariage. • Civ. 2e, 21 oct. 2021, no 20-17.462 B : *AJ fam. 2021. 685, obs. Houssier ; RDSS 2022. 176, obs. Riancho ; Dr. fam. 2022, no 26, obs. Hamonic.* ♦ Sur la nullité du mariage et les prestations sociales, V. aussi F. Monéger, *RDSS 1989. 554.*

10. Successions et régimes matrimoniaux. Si l'époux de bonne foi est décédé avant l'annulation du mariage, la dévolution de sa succession s'accomplit au profit de tous héritiers dont le droit s'est ouvert par le fait et au jour de son décès, sans que la nullité du mariage puisse ensuite anéantir ces droits héréditaires antérieurement acquis. • Req. 9 juill. 1935 : *DH 1935. 413.* – V. aussi • Toulouse, 22 mars 1982 : *JCP 1984. II. 20185, note F. Boulanger.* ♦ Pour l'influence sur la liquidation du régime matrimonial, V. • Paris, 14 juin 1995 : *D. 1996. 156, note F. Boulanger ; ibid. Somm. 174, obs. Audit*.

11. Constitution de partie civile. En cas de poursuites exercées du chef d'homicide involontaire, l'épouse putative de la victime peut régulièrement se constituer partie civile. • Crim. 6 mars 1958 : *Gaz. Pal. 1958. 2. 72.*

C. CAS DES MARIAGES CÉLÉBRÉS À L'ÉTRANGER

12. Loi applicable. Les effets de la nullité du mariage contracté à l'étranger doivent s'apprécier au regard de la loi française en vertu de laquelle la nullité a été prononcée. • Civ. 1re, 6 mars 1956 : *GADIP, 5e éd., no 28 ; D. 1958. 709, note Batiffol ; JCP 1956. II. 9549, note Weill* • Paris, 2 déc. 1966 : *JCP 1967. II. 15278, note Boulbès ; Rev. crit. DIP 1967. 530, note Malaurie* • Paris, 27 nov. 1981 : *D. 1983. 142, note Paire.*

13. Bonne foi. Les époux s'étant mariés à l'étranger pour ne pas se soumettre aux conditions de leur loi nationale doivent cependant être réputés de bonne foi s'ils croient avoir ainsi contracté une union valable. • Paris, 16 déc. 1959 : *D. 1961. 239, note Cornu ; JCP 1960. II. 11460, concl. Combaldieu* (pourvoi rejeté par • Civ. 1re, 8 janv. 1963, no 60-11.583 P : *JCP 1964. II. 13470, note Ph. F.*). ♦ V., pour un mariage nul pour bigamie, les époux étant jugés tous les deux de bonne foi : • Paris, 14 juin 1995 : *cité note 1 ss. art. 147.* ♦ En sens inverse, rejetant la bonne foi des époux : • Civ. 1re, 24 sept. 2002 : *cité note 1 ss. art. 147.*

14. Statut. Au regard des règles relatives au mariage putatif et dès lors qu'en l'absence de dispositions expresses, le statut civil de droit commun n'est pas susceptible de renonciation, la célébration des mariages du père admis à la nationalité française et du fils devant le cadi, et non devant un officier de l'état civil, ceux-ci fussent-ils nuls, est sans incidence sur la transmission à leurs enfants du statut civil de droit commun. • Civ. 1re, 6 juill. 2011 : *cité note 3 ss. art. 32-1.* ♦ En l'absence de dispositions expresses, le mariage traditionnel d'une personne de statut civil de droit commun ne lui fait pas perdre le bénéfice de ce statut. • Civ. 1re, 6 juill. 2011, no 10-30.757 P.

Art. 202 *(L. no 72-3 du 3 janv. 1972)* **Il produit aussi ses effets à l'égard des enfants, quand bien même aucun des époux n'aurait été de bonne foi.**

(L. no 93-22 du 8 janv. 1993) **« Le juge statue sur les modalités de l'exercice de l'autorité parentale comme en matière de divorce. »**

BIBL. ► BARRÈRE, *Mél. Marty, Univ. Toulouse, 1978, p. 15.* – J. FOYER, *Mél. Terré, Dalloz/PUF/Juris-Classeur, 1999, p. 469.*

Sur les effets de l'annulation du mariage quant à la nationalité du conjoint de bonne foi et des enfants, V. art. 21-5 et 21-6.

CHAPITRE IV *BIS* DES RÈGLES DE CONFLIT DE LOIS

(L. no 2013-404 du 17 mai 2013, art. 1er)

Art. 202-1 **Les qualités et conditions requises pour pouvoir contracter mariage sont régies, pour chacun des époux, par sa loi personnelle.** *(L. no 2014-873 du 4 août 2014, art. 55)* **« Quelle que soit la loi personnelle applicable, le mariage requiert le consentement des époux, au sens de l'article 146 et du premier alinéa de l'article 180. »**

Deux personnes de même sexe peuvent contracter mariage lorsque, pour au moins l'une d'elles, soit sa loi personnelle, soit la loi de l'État sur le territoire duquel elle a son domicile ou sa résidence le permet.

V. Circ. 29 mai 2013 de présentation de la loi ouvrant le mariage aux couples de personnes de même sexe (dispositions du code civil), 🏛.

V. Circ. du 7 août 2014 de présentation des dispositions de la L. no 2014-873 pour l'égalité réelle entre les femmes et les hommes, 🏛.

BIBL. ► BIDAUD-GARON, *JCP 2013, no 729* (Circ. 29 mai 2013) ; *ibid., no 1325* (mariage consulaire). – BOICHÉ, *AJ fam. 2013. 362* (aspects de droit international privé). – FULCHIRON, *Dr. fam. 2013. Étude 9 ; D. 2013. Chron. 1969* (époux de nationalité étrangère) ; *JCP 2015, no 171* (règle de conflit de lois et mariage forcé) ; *D. 2018. 446* (la CEDH et la reconnaissance des mariages entre personnes de même sexe célébrés à l'étranger). – GODECHOT-PATRIS et GUILLAUMÉ, *D. 2013. Chron. 1756* (perspectives de droit international privé). – PANET, *AJ fam. 2014. 346* (mariage et conventions bilatérales).

A. ALINÉA 1

1. Mariage, qualités et conditions requises. Loi personnelle des époux. Les dispositions de l'art. 202-1, al. 1er, reprennent la jurisprudence antérieure rendue en application de l'art. 3 : les conditions de fond du mariage sont régies par la loi nationale de chacun des époux que le juge français doit appliquer. Les conditions de validité au fond du mariage sont déterminées par la loi personnelle des époux. • Paris, 2 févr. 1956 : *JCP 1956. II. 9229, note P. G.* – V. aussi • Civ. 1re, 6 mars 1956 : *D. 1958. 709, note Batiffol ; GADIP, 5e éd., no 28* • Paris, 14 janv. 1994 : *D. 1994. IR 355, obs. Audit.* ♦ Les conditions de fond du mariage s'apprécient distributivement selon la loi nationale de chacun des époux. • Paris, 9 juin 1995 : *D. 1996. Somm. 171, obs. Audit* • 14 juin 1995 : *D. 1996. 156, note F. Boulanger* ; *ibid. Somm. 174, obs. Audit* ; *Rev. crit. DIP 1997. 41, note Gannagé* .

2. Le principe s'applique aux règles relatives à

la capacité des futurs époux. • TGI Paris, 15 mars 1972 : *Rev. crit. DIP 1973. 509, note Alexandre.* ♦ ... A la comparution personnelle exigée par l'art. 146-1 : V. note ss. art. 146-1. ♦ V. aussi : • Civ. 1re, 1er juin 2011, n° 09-67.805 P : *D. actu. 15 juin 2011, obs. Burda ; AJ fam. 2011. 380, obs. Boiché ; D. 2011. Actu. 1618, obs. Gallmeister* (application du code du statut tunisien à l'époux se mariant en vue d'obtenir un titre de séjour, sans intention de créer une famille et d'en assumer les charges).

3. ... Limite tenant au consentement des époux. Quelle que soit la loi personnelle applicable, le mariage requiert le consentement des époux, au sens de l'art. 146 et de l'art. 180, al. 1er. Selon l'art. 146, il n'y a pas de mariage lorsqu'il n'y a point de consentement. Lorsqu'un époux, agissant en nullité du mariage, se prévaut d'un défaut d'intention matrimoniale de l'autre, cette action est fondée sur l'art. 146, la loi française est ainsi applicable. • Civ. 1re, 18 mai 2022, n° 21-11.106 P : *D. 2022. 1243, note Lemouland ; D. actu. 31 mai 2022, obs. Mélin ; AJ fam. 2022. 342, obs. Jault-Seseke ; RTD civ. 2022. 592, obs. Leroyer ; Dr. fam. 2022, n° 101, obs. Berthier.* – Rappr. • Civ. 1re, 18 mars 2020, n° 19-11.573 P : *D. actu. 5 mai 2020, obs. Mélin ; Rev. crit. DIP 2020. 821* . ♦ Antérieurement : • Civ. 1re, 6 mars 2013 : *D. 2013. 1089, obs. Lemouland et Vigneau* (application du principe de l'art. 202-1 au consentement des époux). ♦ Antérieurement égal. : sur l'application de la convention franco-marocaine du 10 août 1981 pour régir le consentement de l'épouse marocaine dans le cadre d'une action en nullité du mariage pour absence de consentement : • Civ. 1re, 16 mars 2016, n° 15-14.365 P : *D. 2016. 709 ; AJ fam. 2016. 342, obs. Boiché ; JCP 2016, n° 629, note de Lambertye-Autrand* • 18 mars 2020, n° 19-11.573 P : *D. 2020. 822 ; AJ fam. 2020. 428, obs. Boiché ; Rev. crit. DIP 2020. 821, note Ralser ; JCP 2020, n° 484, note Péroz ; Dr. fam. 2020, n° 114, note Farge.*

4. Monogamie. La monogamie est un principe d'ordre public. Ainsi, ne peut produire effet en France le second mariage d'un homme de nationalité française, célébré au mépris de la loi française, cet homme étant déjà marié en Algérie, même si, au regard de la loi algérienne, celui-ci pouvait être considéré comme algérien par les autorités algériennes. • Civ. 1re, 9 nov. 1993, n° 91-19.310 P : *Rev. crit. DIP 1994. 644, note Kerckhove* . ♦ Mais un Français, né en Algérie et musulman, marié à une Française et devenu algérien après l'indépendance de l'Algérie, ne commet pas de fraude à se remarier avec une Algérienne. • Civ. 1re, 17 févr. 1982 : *Rev. crit. DIP 1983. 275, note Lequette.* – Également : • Civ. 1re, 22 avr. 1986 : *D. 1986. IR 270, note Audit ; Rev. crit. DIP 1987. 374, note Courbe.* ♦ En matière de droits indisponibles, il incombe au juge français de mettre en œuvre les règles de conflit de lois et de rechercher le droit désigné par cette règle : ainsi les conditions de fond du mariage sont régies par la loi personnelle de chacun des époux : cassation de l'arrêt ayant déclaré irrecevable une requête en divorce au motif que l'époux était bigame, alors que la cour d'appel aurait dû rechercher si la loi personnelle des époux libyens n'autorisait pas la bigamie. • Civ. 1re, 17 nov. 2021, n° 20-19.420 B : *D. 2022. 389, note Jault-Seseke ; ibid. 764, obs. Lemouland et Vigneau ; Rev. crit. DIP 2022. 418, chron. Ralser ; Dr. fam. 2022, n° 25, obs. Bois-Farinaud et Poncet ; JDI 2022, n° 2, note Guillaumé.* ♦ Jugé qu'il est impossible au juge du fond faisant application du droit français de dissoudre par le divorce la seconde union d'un polygame. • TGI Bordeaux, 20 sept. 1990 : *JCP 1991. II. 21718, note F. Monéger.*

5. Polygamie : droits en France du conjoint. BIBL. Géraud, *JCP N 1999. 1048* (effets en France). ♦ La deuxième épouse d'un mariage polygame régulièrement célébré à l'étranger a des droits alimentaires. • Civ. 1re, 19 févr. 1963 : *cité art. 3, note 43.* ♦ ... Des droits successoraux, ainsi que ses enfants, sur les immeubles situés en France. • Civ. 1re, 3 janv. 1980 : *cité note 14 ss. art. 3* • Paris, 8 nov. 1983 : *Defrénois 1984. 570, note Revillard ; Rev. crit. DIP 1984. 476, note Lequette.* ♦ ... Un droit à l'assurance maladie et maternité. • Soc. 1er mars 1973 : *Rev. crit. DIP 1975. 54, note Graulich (2e esp.).* ♦ ... Un droit à pension de réversion. • Civ. 1re, 14 févr. 2007 : *Dr. fam. 2007, n° 99, note Devers* • Civ. 2e, 9 oct. 2014, n° 13-22.499 : *Rev. crit. DIP 2015. 621, note Ralser* • 12 févr. 2015, n° 13-19.751 : *Rev. crit. DIP 2015. 621, note Ralser* . ♦ Mais un étranger qui a deux épouses vivant en France et a déjà réclamé des prestations pour l'une d'elles ne peut avoir droit aux prestations des assurances maladie et maternité au profit de l'autre, quels que soient son statut personnel et la régularité de sa situation. • Soc. 1er mars 1973, n° 71-12.241 P : *R. 1972-1973, p. 80 ; Rev. crit. DIP 1975. 57, note Graulich.* ♦ Sauf dispositions contraires, les conventions internationales réservent la contrariété à la conception française de l'ordre public international. Cette conception s'oppose à ce que le mariage polygamique contracté à l'étranger par celui qui est encore l'époux d'une Française produise ses effets à l'encontre de celle-ci. Ne saurait donc recevoir application l'article d'une convention qui prévoit qu'en cas de décès de l'époux bigame la rente due au conjoint survivant se partage à parts égales entre les deux épouses. • Civ. 1re, 6 juill. 1988 : *Rev. crit. DIP 1989. 71, note Lequette.*

6. ... Loi applicable aux effets du mariage. V. notes 43 s. ss. art. 3. ♦ V. aussi ss. art. 201.

B. ALINÉA 2

7. Art. 202-1, al. 2 : conformité à la Constitution. Les dispositions du 2d al. de l'art. 202-1 C. civ. ne portent pas atteinte au principe d'égalité, dès lors qu'il était loisible au législateur de permettre à deux personnes de même sexe de nationalité étrangère, dont la loi personnelle prohibe le mariage entre personnes de même sexe, de se marier en France, si les autres conditions du mariage et notamment la condition de résidence sont remplies, et que celui-ci n'était pas tenu de retenir les mêmes règles pour les mariages contractés entre personnes de sexe différent. • Cons. const. 17 mai 2013, n° 2013-669 DC : *cité note 1 ss. art. 143* (consid. n° 29). ♦ L'éventualité d'un détournement de la loi ou d'abus lors de son application n'entache pas celle-ci d'inconstitutionnalité et il appartient aux juridictions compétentes d'empêcher, de priver d'effet et, le cas échéant, de réprimer de telles pratiques. • Même décision (consid. n° 30).

8. ... Articulation avec les conventions internationales. La loi marocaine qui s'oppose au mariage de personnes de même sexe est manifestement incompatible avec l'ordre public, au sens de l'art. 4 de la Conv. franco-marocaine du 10 août 1981, dès lors que, pour au moins l'une d'elles, soit la loi personnelle, soit la loi de l'État sur le territoire duquel elle a son domicile ou sa résidence le permet. • Civ. 1re, 28 janv. 2015, n° 13-50.059 P : *D. 2015. 464, note Fulchiron ; ibid. 1056, obs. Gaudemet-Tallon et Jault-Seseke ; ibid. 1408, obs. Lemouland et Vigneau ; AJ fam. 2015. 71, obs. Haftel ; ibid. 172, obs. Boiché RTD civ. 2015. 91, obs. Puig ; bid. 343, obs. Usunier ; ibid. 359, obs. Hauser ; JCP 2015, n° 318, obs. Gannagé ; Dr. fam. 2015, n° 63, obs. Devers et Farge ; Defrénois 2015. 450, obs. Revillard* rejetant le pourvoi contre • Chambéry, 22 oct. 2013 : *D. 2013. 2576, obs. Fulchiron ; ibid. 2014. 1059, obs. Gaudemet-Tallon et Jault-Seseke ; AJ fam. 2013. 720, obs. Boiché ; RTD civ. 2014. 89, obs. Hauser ; Dr. fam. 2013, n° 158, obs. Binet* (solution inverse aboutissant à créer une discrimination entre les ressortissants étrangers).

Art. 202-2 Le mariage est valablement célébré s'il l'a été conformément aux formalités prévues par la loi de l'État sur le territoire duquel la célébration a eu lieu.

1. Application de la loi du lieu de célébration. Les dispositions de l'art. 202-1, al. 1er reprennent la jurisprudence antérieure rendue en application de l'art. 3 : La règle de conflit française désigne la loi du lieu de célébration pour régir les conditions de forme du mariage. • Civ. 1re, 15 juin 1982 : *D. 1983. 431, note Agostini ; Rev. crit. DIP 1983. 300, note Bischoff* • 21 juill. 1987, n° 84-14.354 P. ♦ V. aussi art. 170. La question de savoir si un élément de la célébration du mariage appartient à la catégorie des règles de forme ou à celle des règles de fond doit être tranchée par les juges français suivant les conceptions du droit français, selon lesquelles le caractère religieux ou laïc du mariage est une question de forme. • Civ. 1re, 22 juin 1955 : *D. 1956. 73, note Chavrier ; GADIP, 5e éd., n° 27.* – V. aussi • TGI Paris, 18 mars 1968 : *JDI 1969. 633, note Ponsard* • Paris, 23 févr. 1996 : *D. 1997. Somm. 278, note Bottiau*. ♦ Sur l'admission du renvoi en matière de forme des actes, lorsqu'il a pour effet de valider le mariage, V. • Civ. 1re, 15 juin 1982 : *D. 1983. 431, note Agostini.*

2. Preuve. Il appartient toujours au juge français d'accueillir les modes de preuve de la juridiction saisie, sans préjudice du droit, pour les parties, de se prévaloir également des règles de preuve du lieu étranger de l'acte (mariage). • Civ. 1re, 25 nov. 1981, n° 80-13.257 P : *Rev. crit. DIP 1982. 701, note Ancel.* – Même sens : • Civ. 1re, 24 févr. 1959 : *D. 1959. 485, note Malaurie* • 12 févr. 1963, n° 61-12.607 P : *D. 1963. 325, note G. Holleaux* • 5 janv. 1999, n° 96-20.135 P : *Rev. crit. DIP 1999. 293, note Huet*. ♦ Le juge français, par une interprétation de la loi étrangère, peut retenir que l'acte étranger respecte les formes du lieu de célébration. • Civ. 1re, 21 juill. 1987, n° 84-14.354 P : *Rev. crit. DIP 1988. 329, note Ancel* (acte de *ketouba*). ♦ V. également, sur cette question : • Civ. 1re, 15 juin 1982 : *D. 1983. 431, note Agostini ; Rev. crit. DIP 1983. 300, note Bischoff* • 19 déc. 2012, n° 12-16.633 P : *D. 2013. 86, obs. Gallmeister ; ibid. 1503, obs. Jault-Seseke ; ibid. 2242, obs. Revel* (interprétation d'un acte qualifié de « contrat de mariage » alors qu'il ne fait que désigner l'autorité religieuse ayant célébré le mariage, sans aucune mention expresse et indubitable faisant référence au contrat qui en découlerait ni ne désignant la loi à laquelle il serait soumis).

3. Mariage putatif. V. note 45 ss. art. 3.

CHAPITRE V DES OBLIGATIONS QUI NAISSENT DU MARIAGE

RÉP. CIV. v° *Obligation alimentaire*, par M. Kornprobst, H. Bosse-Platière, A. Mullot-Thiébaud.

DALLOZ ACTION *Droit de la famille 2023/2024, nos 116.00 s.*

BIBL. GÉN. ▸ **Effets du mariage :** M. T. Calais-Auloy, *RTD civ. 1988. 155* (effets limités). ▸ **Familles recomposées :** Delecourt, *Dr. et patr. 9/2000. 59.* – Gatel, *JCP N 1999. 756.* ▸ **Obligation d'entretien des enfants majeurs :** Ganzer, *Mél. Gebler, PU Nancy, 1998, p. 133.* – Gebler, *D. 1976. Chron. 131.* – Hauser, *RTD civ. 1992. 379 ; Defrénois 1999. 1217.* – Huet-Weiller, *RTD civ. 1991. 731.* – Pradel, *JCP 1966. I. 2038.* ▸ **Sort de l'obligation ali-**

mentaire volontairement assumée en l'absence de filiation légalement établie : MOULOUNGUI, *LPA 18 juin 1997.* – NERSON et RUBELLIN-DEVICHI, *RTD civ. 1978. 354.*

▸ **Obligations alimentaires.** BERTHET, *AJ fam. 2012. 186* (solidarité intra-familiale et action sociale). – DION-LOYE, *RRJ 1995/2. 433* (le pauvre et le droit). – EVERAERT-DUMONT, *RDSS 2008. 538* . – GOLDIE-GÉNICON, *Defrénois 2015. 686.* – MONACHON-DUCHÊNE, *JCP 2006. I. 165* (obligation alimentaire devant le juge pénal et abandon de famille devant le JAF). – MAISONNASSE, *RDSS 2015. 891* (le contournement du droit sanitaire et social par le droit civil : à propos des recours des établissements d'accueil des personnes âgées dépendantes). – PORCHERON, *RLDC 2010/78, n° 4051* (prescription). – RIEUBERNET, *Dr. fam. 2019. Étude 3* (compensation des obligations alimentaires). – ROTH, *AJ fam. 2010. 77* (JAF et débiteur d'aliment défaillant). ▸ **Règle « aliments ne s'arréragent pas » :** PEYREFITTE, *RTD civ. 1968. 286.* ▸ **Situation des codébiteurs d'aliments :** FROSSARD, *D. 1967. Chron. 23.* – LÉCUYER, *Dr. fam. 1997. Chron. 2* (pluralité de débiteurs). – MOULOUNGUI, *LPA 3 oct. 1997* (décharge financière du tiers nourricier). ▸ **Transmissibilité passive des obligations alimentaires :** DUPEYROUX, *D. 1959. Chron. 71.* – SCHMITT, *AJ fam. 2008. 14* (preuve). – VALORY, *RJPF 2000-7-8/11* (l'obligation alimentaire dans la succession). ▸ **Obligation alimentaire et aide sociale :** POTENTIER, *Dr. fam. 2006. Étude 22.* – Dossier : Obligation alimentaire et dépendance, *AJ fam. 2014. 269* .

▸ **Recouvrement des pensions alimentaires.** GOUTTENOIRE, *AJ fam. 2006. 60.* ▸ **Paiement direct des pensions alimentaires :** GEBLER, *D. 1973. Chron. 107.* – MASSIP et BARRAIRON, *Defrénois 1973. 545.* – DEIS-BEAUQUESNE, *AJ fam. 2003. 18* (trente ans d'application). ▸ **Recouvrement public des pensions alimentaires :** BIGNON, *Defrénois 1997. 646.* – LE BOHEC, *Dr. soc. 1996. 514* . – LINDON, *JCP 1976. I. 2763.* – SALVAT, *Gaz. Pal. 1985. 1. Doctr. 324.* – VINCENT et PRÉVAULT, *D. 1976. Chron. 237.* ▸ **Recouvrement des pensions alimentaires en matière internationale :** E. GUINCHARD, *AJ fam. 2006. 92* (le créancier d'aliments et le DIP de l'exécution). – SAUTERAUD-MARCENAC, *JCP 1969. I. 2217 ; 1977. I. 2871 ; Gaz. Pal. 1983. 1. Doctr. 58.* ▸ **Dettes d'aliments et surendettement :** PIGNARRE, *JCP 1998. I. 150.* ▸ **Dettes d'aliments entre ex-conjoints et procédure collective :** VILLANI-RONDEAU, *Dr. et patr. 7-8/2000. 48.*

▸ **Dossier :** Recouvrement des obligations alimentaires dans l'Union, *AJ fam. 2009. 100* ; *AJ fam. 2011. 235* *(idem).*

Art. 203 **Les époux contractent ensemble, par le fait seul du mariage, l'obligation de nourrir, entretenir et élever leurs enfants.**

BIBL. ▸ ÉOCHE-DUVAL, *D. 2013. 786* (valeur constitutionnelle du droit de l'enfant à être nourri, entretenu et élevé par sa mère et par son père).

1. Conv. EDH. La vie familiale, au sens de l'art. 8, englobe aussi des éléments matériels comme les obligations alimentaires. • CEDH, sect. V, 23 févr. 2010, *Hofmann c/ Allemagne,* n° 1289/09.

2. Ordre public. Le droit aux aliments est un droit qui s'impose aux père et mère qui ne peuvent y renoncer. • Civ. 1re, 14 oct. 2009 : *Rev. crit. DIP 2010. 361, note Joubert* (contrariété à l'ordre public international français de la disposition d'un jugement étranger par laquelle la mère s'engageait à assumer seule l'entretien de sa fille).

3. Obligation d'entretien : renvoi. Devoir légal d'entretien des parents, mariés ou pas, à l'égard de leurs enfants : V. ss. art. 371-2 et 373-2-2 s.

Art. 204 **L'enfant n'a pas d'action contre ses père et mère pour un établissement par mariage ou autrement.**

BIBL. ▸ WEILLER, *RLDC 2004/7, n° 298.*

Art. 205 *(L. n° 72-3 du 3 janv. 1972)* **Les enfants doivent des aliments à leurs père et mère ou autres ascendants qui sont dans le besoin.**

En ce qui concerne les pupilles de l'État, V. CASF, art. L. 228-1, ss. art. 375-9.

1. Caractère d'ordre public. V. note 4.

A. CARACTÈRES DE LA CRÉANCE D'ALIMENTS

2. Charge de la preuve du besoin. Celui qui réclame des aliments doit prouver qu'il est dans le besoin et, par là même, qu'il n'est pas en mesure d'assurer sa subsistance, spécialement en exerçant une activité rémunérée (application de l'art. L. 454 [L. 434-7 s. nouv.] CSS ; rente au profit des ascendants de la victime d'un accident mortel du travail). • Soc. 6 mars 1985, n° 83-15.053 P.

3. Intransmissibilité successorale. V. note 5 ss. art. 371-2.

4. Absence de garantie spéciale. Incessibi-

lité. Le droit des père et mère à une pension alimentaire est d'ordre public, par suite incessible, mais il n'est assorti par la loi d'aucune sûreté spéciale ; si des garanties particulières (hypothèque) ont été consenties par le débiteur, les parties peuvent, par une entente commune, les supprimer (en l'espèce, cession d'antériorité consentie par le créancier d'aliments). • Civ. 11 janv. 1927 : *D. 1927. 1. 129, note crit. H. Capitant.*

5. ... Cessibilité des termes échus. La règle de l'indisponibilité des créances alimentaires ne s'oppose pas à ce que le créancier puisse en céder les termes échus. • Civ. 1re, 15 mai 1973 : *D. 1973. 478, note B. V. ; Gaz. Pal. 1973. 2. 861.*

6. Lien avec la succession. L'obligation alimentaire, à la fois morale et civile, résulte exclusivement d'un lien familial particulièrement étroit ; aucune corrélation n'existe entre elle et la dévolution de l'hérédité, de telle sorte que la renonciation du débiteur à la succession du créancier des aliments ne peut la faire disparaître. En conséquence, la demande en remboursement de frais d'hospitalisation, formée contre les enfants et petits-enfants du défunt, en vertu de l'action directe que la loi reconnaît aux hôpitaux et hospices civils, doit être accueillie. • Lyon, 13 nov. 1952 : *D. 1953. 755, note Gervésie.* ♦ Mais sur la distinction entre dette alimentaire et dette de la succession, V. note 1 ss. art. 785.

7. ... Frais d'obsèques. L'enfant tenu de l'obligation alimentaire à l'égard de ses ascendants doit, même s'il a renoncé à leur succession, assumer la charge des frais d'obsèques dans la mesure de ses ressources, lorsque l'actif successoral est insuffisant (visa des art. 205 et 371). • Civ. 1re, 14 mai 1992 : *D. 1993. 247, note Eschylle ; JCP 1993. II. 22097, note Testu ; JCP N 1993. II. 137, note Salvage ; Defrénois 1992. 1435, obs. Massip ; RTD civ. 1993. 171, obs. Patarin* • 8 juin 2004 : *Dr. fam. 2004, n° 152, note Beignier.* ♦ Il peut toutefois en être déchargé en tout ou partie lorsque son ascendant a manqué gravement à ses obligations envers lui ; l'exception d'indignité de l'art. 207 permet à l'enfant d'être affranchi de l'obligation alimentaire prévue à l'art. 205, s'il établit le comportement gravement fautif de son parent à son égard, en l'espèce le fait que son père n'a jamais cherché à entrer en contact avec son fils ou à lui donner de ses nouvelles, qu'il s'est désintéressé de celui-ci et s'est abstenu de participer à son entretien et à son éducation, ce qui constitue un comportement gravement fautif envers lui. • Civ. 1re, 31 mars 2021, n° 20-14.107 P : *D. 2021. 1461, note Molière ; ibid. Chron. C. cass. 1784, obs. Mouty-Tardieu ; ibid. 2064, obs. Godechot-Patris ; AJ fam. 2021. 299, obs. Houssier ; RTD civ. 2021. 391, obs. Leroyer ; Dr. fam. 2021, n° 97, obs. Beignier ; JCP N 2021, n° 1254, note Beignier ; Gaz. Pal. 2021. 1740, note Rieubernet ; ibid. 2044, note Bruggeman.* ♦ Le fait que l'enfant n'ait pas connu son père, pour être né peu après son décès, n'exclut aucunement le respect de cette obligation personnelle et indépendante des opérations relatives à la succession, l'existence d'un lien affectif direct n'en constituant pas une condition. • Civ. 1re, 28 janv. 2009, n° 07-14.272 P : *D. 2009. 1927, note Raoul-Cormeil ; ibid. Pan. 2508, obs. Brémond ; JCP 2010, n° 203, § 5, obs. Le Guidec ; LPA 10 juill. 2009, note Massip ; ibid. 1er-2 sept. 2009, note Couturier ; AJ fam. 2009. 127, obs. Chénedé ; Defrénois 2009. 748, note Massip ; RLDC 2009/59, n° 3400, obs. Pouliquen ; RTD civ. 2009. 307, obs. Hauser* (constat de l'absence de revenus de l'enfant mais perception d'un capital décès supérieur aux frais d'obsèques). ♦ V. aussi, faisant peser cette charge sur les débiteurs de l'obligation alimentaire à l'égard de leurs ascendants ou descendants : • Civ. 1re, 21 sept. 2005, n° 03-10.679 P : *AJ fam. 2005. 409, obs. Bicheron ; Dr. fam. 2005, n° 251, note Beignier.*

8. Sur la règle « aliments ne s'arréragent pas », V. notes 11 s. ss. art. 208.

9. Conditions de la répétition. Alors même que le créancier cesserait d'être dans le besoin, les sommes payées à titre d'aliments ne peuvent être répétées, dès lors que les conditions de l'art. 205 étaient réunies au moment du paiement. • Civ. 1re, 25 oct. 1967, n° 66-11.974 P : *D. 1967. 745, note Lindon.*

B. DÉTERMINATION DES DÉBITEURS D'ALIMENTS

10. Sur l'application de l'art. L. 454 [L. 434-7 s. nouv.] CSS, déterminant les conditions dans lesquelles les ascendants ont droit à une rente en matière d'accident du travail, lorsque la victime était tenue à leur égard d'une obligation alimentaire, V. • Soc. 15 mai 1974, n° 73-13.308 P : *JCP 1975. II. 18202, note J.-P. Brunet.*

11. Absence de hiérarchie entre les débiteurs. Sauf dans le cas spécifié à l'art. 206, il n'y a aucune distinction à faire entre les enfants et les gendres et belles-filles, qui sont tous obligés personnellement de contribuer, en tenant compte de la situation de fortune de chacun d'eux, au paiement de la dette alimentaire évaluée suivant les besoins de l'ascendant qui la réclame et les ressources des prestataires ; aucune disposition n'impose au demandeur, contre les divers débiteurs des aliments, une action commune ou des actions successives suivant un ordre déterminé. • Civ. 2 janv. 1929, *Épx Giraud : GAJC, 12e éd., n° 56-57 (I) ; D. 1929. 1. 137, note R. Savatier.* – Dans le même sens : • Paris, 26 janv. 1963 : *JCP 1963. II. 13123, note J. A.* • Civ. 1re, 25 avr. 2007, n° 06-12.614 P : *D. 2007. AJ 1428 ; JCP 2007. II. 10167, note Eschylle ; JCP 2008. I. 102, n° 8, obs. Rebourg ; Gaz. Pal. 16-*

17 janv. 2008, Somm., obs. Massip ; AJ fam. 2007. 269, obs. Chénedé ; *RJPF 2007-7-8/38, obs. Valory ; Dr. fam. 2007, n° 147, note Ardoy ; RTD civ. 2007. 558, obs. Hauser* .

12. Domaine du principe d'absence de hiérarchie entre les débiteurs. Le devoir de secours prime sur l'obligation alimentaire découlant de la parenté. • Civ. 1re, 4 nov. 2010, n° 09-16.839 P : *AJ fam. 2011. 44, obs. Delage* ; *Dr. fam. 2010, n° 177, obs. Larribau-Terneyre ; ibid. 2011. Étude 7, note Rebourg ; RLDC 2011/78, n° 4102, obs. Gallois ; ibid. n° 4107, obs. Le Gallou.* ♦ Nécessité, pour condamner le mari et les enfants à verser une pension alimentaire à l'épouse, de prouver que le mari est dans l'impossibilité de fournir seul les aliments. • Même arrêt. • Paris, 20 mars 1952 : *JCP 1952. II. 7219, note G. M.* • Douai, 28 juill. 1953 : *D. 1954. 477, note R. Savatier.*

L'obligation que l'art. 203 met à la charge des époux de nourrir, entretenir et élever leurs enfants, n'exclut celle que les art. 205 et 207 imposent en leur faveur aux autres ascendants que dans la mesure où les parents peuvent y faire face. • Civ. 1re, 6 mars 1974, n° 72-11.070 P : *D. 1974. 329, note Gaury* • 6 mars 1990, n° 87-14-293 P : *JCP 1991. II. 21664 (2e esp.), note Garé ; Defrénois 1990. 944, obs. Massip.* – V. aussi Huet-Weiller, *RTD civ. 1991. 729* .

C. RECOURS EN MATIÈRE DE DETTES D'ALIMENTS

BIBL. Hauser, *Études P. Catala, Litec, 2001, p. 327* (une famille récupérée). – Rieubernet, *LPA 20 sept. 2007* (recours des établissements publics : compétence judiciaire).

13. Recours entre codébiteurs. La personne tenue, en vertu de l'art. 205, à une obligation alimentaire, dispose d'un recours contre ses coobligés pour les sommes qu'elle a payées excédant sa part contributive compte tenu des facultés respectives des débiteurs. • Civ. 1re, 29 mai 1974, *Épx Gerfaud : D. 1975. 482, note Magnin.* ♦ La personne tenue, en vertu des art. 205 et 207 à une obligation alimentaire, dispose d'un recours, fondé sur la subrogation de plein droit prévue par l'anc. art. 1251, al. 3, contre ses coobligés pour les sommes qu'elle a payées excédant sa part contributive compte tenu des facultés respectives des débiteurs, mais ne peut agir sur le fondement de l'enrichissement sans cause. • Versailles, 29 sept. 1989 : *D. 1992. 67 (2e arrêt), note Garé* .

14. Recours des établissements sociaux et médico-sociaux. *Les établissements sociaux et* médico-sociaux peuvent exercer le recours prévu par l'art. L. 314-12-1 CASF, s'il y a lieu, contre les résidents, contre leurs débiteurs et contre les personnes désignées par les art. 205, 206, 207 et 212 C. civ. ; selon l'art. 208, les aliments ne sont accordés que dans la proportion du besoin de celui qui les réclame et de la fortune de celui qui les doit ; dès lors, cassation de l'arrêt qui s'est prononcé en considération de la créance de l'EHPAD, après déduction de l'aide sociale, et non au regard des besoins du résident et des ressources de la personne tenue à l'obligation alimentaire. • Civ. 1re, 21 nov. 2018, n° 17-27.071 P : *D. 2018. 2313* ; *AJ fam. 2019. 35, obs. Houssier* .

15. Recours des services d'aide sociale sur le fondement de l'art. 145 C. famille et aide sociale (devenu CASF, art. L. 132-7). **BIBL.** Berthet, obs. *JCP 2001. I. 332, n° 24 s ; RDSS 2002. 293* . – Garonnaire et Picot, *RLDC 2006/27, n° 2062.* – Massip, *Defrénois 1990. 475 ; Gaz. Pal. 1990. 1. Doctr. 252.* – Maisonnasse, *RDSS 2015. 891* (le contournement du droit sanitaire et social par le droit civil : à propos des recours des établissements d'accueil des personnes âgées dépendantes). – Propositions de réforme : *R. 1990, p. 26 ; R. 1996, p. 19 ; R. 1997, p. 11.* ♦ Quelles qu'en soient les modalités, et même s'il s'agit du recours prévu par l'art. L. 132-7 CASF, l'action exercée contre un débiteur d'aliments a toujours pour fondement les dispositions du code civil régissant la dette d'aliments, et notamment l'art. 208 selon lequel les aliments ne sont accordés que dans la proportion du besoin de celui qui les réclame et de la fortune de celui qui les doit, appréciation qui n'est pas soumise aux règles d'attribution de l'aide sociale. • Civ. 1re, 4 nov. 2015, n° 14-25.377 P : *cité note 4 ss. art. 208.* ♦ L'action prévue par l'art. 145 C. fam. et aide soc. [devenu art. L. 132-7 CASF, ss. art. 211] ne peut être exercée par le représentant de l'État ou du département qu'au lieu et place du créancier d'aliments, en cas de carence de celui-ci, vis-à-vis des personnes tenues à son égard sur le fondement des art. 205 s. C. civ., et emprunte tous ses caractères à l'action alimentaire. Comme il est de principe que les pensions alimentaires ne s'arréragent pas, la pension alimentaire ne peut être accordée qu'à compter de la demande en justice. • Civ. 1re, 18 janv. 1989, n° 87-14.849 P : *R., p. 244 ; D. 1989. 383, note Massip* • 6 mars 1990, n° 88-15.650 P. ♦ ... Laquelle ne peut être intentée que du vivant du créancier d'aliments. • Civ. 1re, 3 nov. 1977, n° 75-10.260 P • 7 juin 1989 : *ibid. I, n° 222 ; R., p. 244.* ♦ ... L'administration conservant toutefois le droit de poursuivre le procès après son décès. • Civ. 1re, 20 nov. 1985, n° 84-14.473 P.

Les juridictions de l'ordre judiciaire sont seules compétentes pour déterminer le montant de la pension pouvant être mise à la charge d'un débiteur d'aliments. • Civ. 1re, 11 oct. 1989, n° 88-*14.326 P : R., p. 244.* ♦ Comp. ces solutions avec celles relatives au recours fondé sur l'art. 146 C. fam. et aide soc. [art. L. 132-8 CASF, ss. art. 211] : V. • Civ. 1re, 18 mars 1968, n° 66-13.982 P : *D. 1968. 623* • 26 janv. 1982, n° 80-13.658 P • CE 29 mars 1991 : *JCP N 1991. II. 309, note Gernez-Ryssen.* ♦ V. aussi : • Civ. 2e, 26 janv.

2023, n° 21-18.653 B (application des art. L. 132-8 et L. 344-5, 2°, CASF, pour rejeter le recours contre l'héritier qui a assumé, de façon effective et constante, la charge de la personne handicapée). ♦ Sur la compétence, V. • CE 1er déc. 1989 (2 arrêts) : *JCP 1990. II. 21517, concl. de Guillenchmidt, note Alfandari.*

16. Recours exercé par les hôpitaux et hospices sur le fondement de l'art. L. 6145-11 CSP. BIBL. Gaget, *Gaz. Pal. 1988. 1. Doctr. 33.* – Gulphe, *JCP 1988. I. 3329.* – Massip, *Defrénois 1990. 475, ou Gaz. Pal. 1990. 1. Doctr. 252.* – Propositions de réforme : *R. 1987, p. 139 ; R. 1990, p. 26.* ♦ Si, en application de l'art. 708 (devenu art. L. 714-38, puis art. L. 6145-11 CSP) [ss. art. 211], les hôpitaux et hospices disposent, par voie d'action directe, d'un recours contre les débiteurs des personnes hospitalisées et, spécialement, contre leurs débiteurs d'aliments, ce recours est à la mesure de ce dont ces débiteurs sont redevables, conformément à l'art. 208 C. civ. • Civ. 1re, 3 mars 1987, n° 85-13.986 P : *R., p. 139.* ♦ Par suite, comme il est de principe que les aliments ne s'arréragent pas, les débiteurs d'aliments ne peuvent être condamnés à payer une pension pour la période antérieure à l'assignation en justice qui leur a été délivrée. • Civ. 1re, 5 févr. 1991, n° 89-17.840 P : *R., p. 248 ; D. 1991. 469, note Massip* • 10 mars 1993, n° 91-15.522 P : *R., p. 240 ; Defrénois 1993. 1361, obs. Massip* • 19 déc. 1995, n° 93-17.268 P : *JCP 1997. II. 22769, note Dagorne-Labbe ; Defrénois 1996. 989, obs. Massip* • 5 nov. 1996, n° 94-19.903 P • 21 mai 1997, n° 95-14.566 P : *LPA 7 oct. 1998, note Lion* • 29 janv. 2002 : *Defrénois 2002. 683, obs. Massip* • 14 janv. 2003, n° 00-20.267 P : *D. 2003. 2265, note Dagorne-Labbe ; JCP 2004. I. 10040, note Guerchoun ; AJ fam. 2003. 100, obs. F. B. ; RJPF 2003-3/56, obs. Valory ; Dr. fam. 2003, n° 130, note Murat ; RTD civ. 2003. 280, obs. Hauser* • 30 janv. 2013 : *D. 2013. 909, obs. Véron.* ♦ La personne hospitalisée étant décédée avant que ses enfants aient été assignés, la demande du CHU en paiement de frais restant dus ne pouvait être accueillie. • Civ. 1re, 20 janv. 2004, n° 01-13.723 P : *D. 2004. IR 467 ; JCP 2004. II. 10043, note Casey ; RJPF 2004-3/46, obs. Valory ; Dr. fam. 2004, n° 73, note Murat ; RTD civ. 2004. 275, obs. Hauser.* ♦ *En revanche,* la règle « aliments ne s'arréragent pas » ne fait pas obstacle à ce qu'un hôpital, qui a intenté contre le débiteur d'aliments le recours prévu à l'art. L. 6145-11 CSP avant le décès du créancier, puisse poursuivre son action aux fins de fixation de la dette d'aliments dans son principe et son montant à compter de l'assignation jusqu'au décès du créancier. • Civ. 1re, 14 juin 2005, n° 02-15.587 P : *D. 2005. IR 1802 ; RTD civ. 2005. 586, obs. Hauser.*

Comp., déclarant prescrite par application de l'art. 2277 [ancien] l'action en paiement de frais d'hébergement d'une personne hospitalisée formée à l'encontre de ses enfants et introduite plus de cinq ans après la date de leur exigibilité : • Civ. 1re, 14 nov. 2006 : *Gaz. Pal. 2007. 391, avis Sainte-Rose.*

L'art. L. 6145-11 CSP, qui renvoie aux art. du code civil désignant les personnes tenues à l'obligation alimentaire, n'exclut pas l'application des autres dispositions du code civil régissant les dettes d'aliments et notamment de l'art. 208 selon lequel les aliments ne sont accordés que dans la proportion des ressources de celui qui les doit. • Civ. 1re, 31 oct. 2007, n° 05-21.460 P : *Defrénois 2008. 564, obs. Massip ; AJ fam. 2008. 33, obs. Chénedé ; Dr. fam. 2007, n° 223, note Murat ; RJPF 2007-12/38, obs. Valory ; RTD civ. 2008. 97, obs. Hauser.*

17. Le recours fondé sur l'art. L. 708 (L. 714-38, devenu art. L. 6145-11) CSP est réservé aux seuls établissements du secteur public. • Civ. 1re, 5 mai 1993, n° 91-17.037 P : *Defrénois 1993. 1361, obs. Massip.* ♦ Pour le recours des établissements privés, fondé sur l'enrichissement sans cause, V. note 8 ss. anc. art. 1371.

18. S'agissant d'une action directe exclusive de toute subrogation légale, le paiement des frais d'hospitalisation peut être demandé à certains seulement des enfants de la personne hospitalisée. • Poitiers, 15 avr. 1969 : *D. 1969. 694, note Meunier.* ♦ Sur l'action des hôpitaux, après décès du malade, en cas de renonciation à la succession, V. note 6 et • Civ. 1re, 3 juin 1980, n° 78-15.744 P.

19. Quelles qu'en soient les modalités, et alors même qu'il s'agirait du recours direct prévu par l'art. L. 708 (art. L. 714-38, devenu art. L. 6145-11) CSP, l'action exercée contre le débiteur a toujours pour fondement les dispositions du code civil. Eu égard à la nature exclusivement civile de l'obligation alimentaire, il n'appartient qu'aux tribunaux de l'ordre judiciaire de se prononcer sur l'existence de cette obligation, tant en ce qui concerne son principe que son étendue. • Civ. 1re, 1er déc. 1987, n° 86-10.744 P : *R., p. 139 ; JCP 1988. II. 20952, rapp. Sargos.* ♦ Les recours exercés par les établissements publics de santé contre les personnes tenues à l'obligation alimentaire relèvent de la compétence du juge judiciaire [JAF]. • T. confl. 12 mai 1997, n° 97-03.012 P • 21 oct. 2002, n° 02-03.280 P. – Dans le même sens : • Civ. 1re, 22 juin 1999, n° 97-13.279 P : *D. 2000. 146, note Massip.* – V. aussi • Civ. 1re, 8 juin 2004, n° 02-12.131 P : *JCP 2005. II. 10023, note Rebourg ; Defrénois 2004. 1675, obs. Massip ; Dr. fam. 2004, n° 144, note Murat.* ♦ Comp. • Civ. 1re, 30 juin 1998 : *Defrénois 1999. 296, obs. Massip* (qui attribuait au juge administratif le contentieux des commandements de payer délivrés par les organismes d'aide sociale aux débiteurs d'aliments, à l'exception des recours fondés sur l'irrégularité formelle).

20. Recours contre la succession du créan-

cier d'aliments. Si les sommes payées à titre d'aliments peuvent être répétées lorsqu'il est établi que les conditions de l'art. 205 n'étaient pas réunies au moment du paiement, il ne saurait en être ainsi dans l'hypothèse contraire, alors même que par la suite le créancier cesserait d'être dans le besoin ; la demande en remboursement dirigée contre la succession de ce dernier doit donc être rejetée, dès lors que les juges du fond ont souverainement estimé qu'à l'époque des versements le créancier était dans le besoin. • Civ. 1re, 25 oct. 1967 : *D. 1967. 745, note Lindon.*

21. Action de in rem verso contre les débiteurs d'aliments. V. note 4 ss. anc. art. 1371.

D. PAIEMENT DIRECT DES PENSIONS ALIMENTAIRES

22. Domaine. La procédure de paiement direct est sans application dès lors que la fixation de la pension alimentaire ne résulte pas du juge, mais d'un contrat judiciaire intervenu entre les parties. • Civ. 2e, 7 mars 2002, n° 00-11.228 P : *AJ fam. 2002. 178, obs. S. D.-B.* ; *LPA 8 janv. 2003, note Chabot ; RTD civ. 2002. 792, obs. Hauser*.

23. Compétence. Application aux dettes d'aliments de la faculté accordée au juge de l'exécution d'exonérer le débiteur, au vu de sa situation, de la majoration de cinq points du taux de l'intérêt légal prévue pour les condamnations pécuniaires à l'expiration d'un délai de deux mois à compter du jour où la décision de justice est devenue exécutoire. • Civ. 2e, 22 mars 2012, n° 11-13.915 P.

24. Charge de la preuve. Il incombe au débiteur d'établir la preuve du paiement pour faire échec à la procédure de paiement direct. • Civ. 2e, 24 févr. 2005, n° 02-18.173 P : *D. 2005. IR 793* ; *Dr. fam. 2005, n° 74, note Larribau-Terneyre ; RJPF 2005-6/42, note Valory.*

25. Procédure collective du débiteur. Sur l'absence de suspension des poursuites du créancier d'aliments exerçant un recours direct contre un organisme social devant des prestations au débiteur en règlement judiciaire : • Com. 15 juill. 1986, n° 84-16.282 P : *R., p. 167 ; D. 1987. 192, note Massip ; D. 1988. Somm. 7, obs. Derrida.* – V. aussi • Grenoble, 22 févr. 2000 : *Dr. fam. 2000, n° 59, note Gouttenoire-Cornut.*

26. Tiers saisi. Il résulte de la L. du 2 janv. 1973 que le tiers (employeur, en l'espèce) devient, par le seul fait de la notification par huissier de la demande de paiement, directement et personnellement obligé au règlement des sommes déclarées. • Civ. 1re, 24 oct. 2000, n° 98-16.299 P : *D. 2000. IR 289* ; *Defrénois 2001. 94, obs. Massip.* ♦ Dans le même sens, pour une CPAM : • Civ. 1re, 28 juin 2005, n° 01-17.730 P : *D. 2005. IR 2102* .

27. Droit de préférence. Le droit de préférence reconnu au créancier d'aliments ne s'applique à la fraction saisissable du salaire qu'en cas de demande de paiement direct. • Civ. 2e, 28 sept. 2000, n° 98-17.614 P : *Defrénois 2001. 945, obs. Théry.*

Art. 206 *(L. 9 août 1919)* **Les gendres et belles-filles doivent également, et dans les mêmes circonstances, des aliments à leur beau-père et belle-mère, mais cette obligation cesse lorsque celui des époux qui produisait l'affinité et les enfants issus de son union avec l'autre époux sont décédés.**

1. Sur l'absence de hiérarchie entre les débiteurs d'aliments, V. notes 11 s. ss. art. 205.

2. Constitutionnalité. La différence de traitement entre les gendres et belles-filles, débiteurs ou créanciers d'aliments de leurs beau-père ou belle-mère, selon qu'ils ont ou non des enfants non décédés, repose sur une différence de situation en rapport avec l'objet de la loi. • Civ. 1re, 11 avr. 2018, n° 18-40.010 P : *AJ fam. 2018. 342, note Saulier* (refus de transmettre une QPC).

3. Notion de « gendre ». Le terme « gendre », à distinguer du terme « beau-fils », exclut l'application des art. 206 et 207 entre l'enfant et le second conjoint de ses père ou mère divorcés ou veufs. • Paris, 19 mai 1992 : *D. 1993. Somm. 47, obs. Granet-Lambrechts* ; *ibid. 127, obs. Blary-Clément*.

4. Gendre tenu personnellement. En présence d'un enfant issu du mariage encore en vie, le gendre est personnellement tenu d'une obligation alimentaire à l'égard de sa belle-mère. • Civ. 1re, 9 juin 2022, n° 20-13.386 : *AJ fam. 2022. 383, obs. Avena-Robardet* (cassation de l'arrêt l'ayant condamné seulement en sa qualité de représentant de sa fille mineure en considérant que le gendre ne pouvait être personnellement tenu).

5. Limitation au premier degré d'alliance. Entre alliés, l'obligation alimentaire se limite au premier degré et ne peut aller au-delà, conformément au texte de l'art. 206, dont les termes suffisamment clairs ne laissent place à aucune interprétation extensive. • Lyon, 13 nov. 1952 : *D. 1953. 755, note Gervésie* • Angers, 5 févr. 1974 : *D. 1974. 585, note D. Martin.* ♦ *Contra :* le législateur n'a pas entendu exclure du nombre des débiteurs les conjoints des petits-enfants du créancier d'aliments, dont l'obligation procède au contraire de la solidarité familiale et est impliquée, au surplus, par les dispositions du code civil propres aux régimes communautaires, qui ne font que tirer les conséquences, dans ces régimes, des principes plus généraux qui régissent l'obligation alimentaire. • Paris, 31 oct. 1980 : *Gaz. Pal. 1982. 1. Somm. 74, note J. M.*

6. Cessation : décès du conjoint et des enfants. Les conditions posées par l'art. 206 pour que cesse l'obligation alimentaire des gendres et belles-filles à l'égard de leurs beaux-parents sont cumulatives ; il s'ensuit que cette obligation ne peut disparaître, même en cas de décès de celui des époux qui produisait l'affinité, s'il existe un enfant issu de son union avec l'époux survivant. • Lyon, 25 janv. 1967 : *D. 1967. 443.*

7. ... Divorce. Il est unanimement admis que les effets alimentaires de l'alliance cessent par le divorce des époux ; la date à prendre en considération à ce point de vue est celle de la transcription du jugement devenu définitif. • Bordeaux, 4 mai 1972 : *Gaz. Pal. 1972. 2. 567.*

8. Concubinage (non). Absence d'obligation alimentaire du concubin de la fille envers la mère. • Civ. 1re, 28 mars 2006, n° 04-10.684 P. – V. aussi • Civ. 1re, 9 janv. 2008 : *RJPF 2008-2/42, obs. Valory.*

Art. 207 *(L. n° 72-3 du 3 janv. 1972)* **Les obligations résultant de ces dispositions sont réciproques.**

Néanmoins, quand le créancier aura lui-même manqué gravement à ses obligations envers le débiteur, le juge pourra décharger celui-ci de tout ou partie de la dette alimentaire. – *V. L. n° 72-3 du 3 janv. 1972, art. 17, ss. art. 342-8.*

(L. n° 2020-936 du 30 juill. 2020, art. 7) **« En cas de condamnation du créancier pour un crime commis sur la personne du débiteur ou l'un de ses ascendants, descendants, frères ou sœurs, le débiteur est déchargé de son obligation alimentaire à l'égard du créancier, sauf décision contraire du juge. »**

Sur le manquement du créancier à ses obligations, V. CASF, art. L. 132-6, al. 2 et 3, ss. art. 211.

BIBL. ▸ Bellis, *D. 2020. 90* (le Grenelle contre les violences conjugales et la timide réforme de l'exception à l'obligation alimentaire : proposition d'améliorations). – Houssier, *AJ fam. 2020. 122* (proposition de réforme de l'art. 207 : les bonnes intentions font-elles les bonnes lois ?). – C. Lienhard, *AJ fam. 2014. 269*. – Rovinski, *Gaz. Pal. 1998. 2. Doctr. 884* (application de l'art. 207, al. 2, aux époux séparés de corps).

1. Domaine : devoir de secours (non). La faculté de décharger le débiteur de tout ou partie de la dette alimentaire lorsque le créancier a gravement manqué à ses obligations envers lui ne s'étend pas, sauf l'exception prévue par l'art. 303, al. 2, C. civ., au devoir de secours entre époux. • Civ. 1re, 17 janv. 1995 : *D. 1995. Somm. 329, obs. Grimaldi ; JCP 1995. II. 22407, note Bénabent ; JCP N 1995. II. 1087, note F. Monéger ; ibid. 1996. II. 179, note Pillebout ; Defrénois 1995. 1022, obs. Massip ; RTD civ. 1995. 348, obs. Hauser ; ibid. 1996. 458, obs. Vareille.* ♦ Elle ne s'applique donc pas à l'obligation alimentaire pesant sur la succession de l'époux prédécédé (C. civ., art. 207-1), qui n'est que la continuation du devoir de secours. • Même arrêt. ♦ Comp. • Civ. 1re, 9 mars 1994, n° 91-21.021 P : *JCP N 1994. II. 349, note Danglehant ; D. 1995. Somm. 44 (2e esp.), obs. Grimaldi* (arrêt qui, littéralement, énonce la solution contraire, mais sans doute par suite d'une erreur de plume : en ce sens, Grimaldi, obs. préc.). ♦ Comp. également • *Riom, 12 déc. 2000 : Dr. fam. 2001, n° 91, note Lécuyer ; RTD civ. 2002. 76, obs. Hauser* (qui fonde la solution sur le fait que chacun des époux a contribué à l'échec du couple).

2. ... Obligation d'entretien des enfants. Si, lorsque le créancier a lui-même manqué gravement à ses obligations envers le débiteur, le juge peut décharger celui-ci de tout ou partie de sa dette, c'est seulement quand celle-ci est une dette alimentaire résultant des dispositions des art. 205, 206 et 207, al. 1er ; cette faculté ne s'étend pas à l'obligation d'entretien et d'éducation qui pèse sur les père et mère à l'égard de leurs enfants (enfants majeurs, mais poursuivant leurs études). • Civ. 2e, 17 juill. 1985, n° 83-13.552 P : *R., p. 82 ; Gaz. Pal. 1987. 1. 175, note Massip.*

3. ... Prise en charge des frais d'obsèques. V. note 7 ss. art. 205.

4. Appréciation souveraine des manquements. C'est dans l'exercice de leur pouvoir souverain que les juges du fond ont déchargé pour partie le mari de sa dette alimentaire à l'égard de sa femme, au vu des manquements graves de celle-ci à ses obligations, du fait de nombreux abandons de foyer. • Civ. 2e, 11 févr. 1981 : *Gaz. Pal. 1982. 1. 105, note Massip.* ♦ Comp. • Civ. 1re, 3 avr. 1990, n° 88-18.927 P • 18 janv. 2007, n° 06-10.833 P : *D. 2007. AJ 450 ; AJ fam. 2007. 139, obs. Chénedé ; Dr. fam. 2007, n° 58, note Murat ; RTD civ. 2007. 328, obs. Hauser* (violences répétées de l'enfant envers ses parents). ♦ Illustration : • Limoges, 7 juill. 2008 : *LPA 3 juin 2009, note Everaert-Dumont* (indignité de la mère ayant obligé sa fille à travailler, ayant soustrait ses revenus, s'en étant désintéressée même au cours d'une grave maladie, pendant 17 ans). ♦ Inversement, en présence de relations certes tendues, mais suivies : • Bordeaux, 7 avr. 2008 : *LPA 3 juin 2009, note Everaert-Dumont.*

5. Respect de la chose jugée (non). Le débiteur peut demander au juge de modérer la pension alimentaire sur le fondement de l'art. 207, al. 2, malgré la chose jugée sur le montant de la pension. • Civ. 1re, 25 mai 1987 : *D. 1987. 605, note Massip.*

Art. 207-1 *Abrogé par L. nº 2001-1135 du 3 déc. 2001, art. 9-II, à compter du 1er juill. 2002.*

Art. 208 *(L. nº 72-3 du 3 janv. 1972)* **Les aliments ne sont accordés que dans la proportion du besoin de celui qui les réclame, et de la fortune de celui qui les doit.**

Le juge peut, même d'office, et selon les circonstances de l'espèce, assortir la pension alimentaire d'une clause de variation permise par les lois en vigueur.

Les créanciers d'aliments dont la qualité est reconnue par une décision de justice peuvent consulter la liste des personnes assujetties à l'impôt sur le revenu et à l'impôt sur les sociétés détenue par la direction des services fiscaux dans le ressort de laquelle l'imposition du débiteur est établie (LPF, art. L. 111-II).

BIBL. ▸ **Notion d'aliments et appréciation besoins/ressources :** R. Savatier, *D. 1954. 477.* ▸ **Règle « aliments ne s'arréragent pas » :** Pélissier, *D. 1964. 459.* – Peyrefitte, *RTD civ. 1968. 286.*

A. APPRÉCIATION DE LA SITUATION DU CRÉANCIER ET DU DÉBITEUR D'ALIMENTS

1º CRÉANCIER

1. *Principe : existence d'un besoin.* Celui qui réclame des aliments doit prouver qu'il est dans le besoin et, par là même, qu'il n'est pas en mesure d'assurer sa subsistance, spécialement en exerçant une activité rémunérée. • Soc. 6 mars 1985, nº 83-15.053 P. ♦ Les aliments ne sont accordés que dans la proportion des besoins de celui qui réclame. Les juges ne peuvent se contenter d'une appréciation de la situation de fortune du débiteur. • Civ. 1re, 6 mars 1990, nº 87-14.293 P. ♦ Sur l'application des principes de l'art. 208 au recours exercé par les hôpitaux et hospices sur le fondement de l'art. L. 6145-11 CSP, V. notes 15 et 16 ss. art. 205.

2. *Notion d'aliments.* Il faut entendre par « aliments » tout ce qui est nécessaire à la vie, notamment les soins médicaux. • Civ. 28 févr. 1938 : *DH 1938. 241* • Lyon, 13 nov. 1952 : *D. 1953. 755, note Gervésie.* ♦ Comp., en cas de frais exceptionnels provoqués par un accident : • TGI Seine, 19 févr. 1966 : *D. 1966. 428.*

3. *Prise en compte des recours contre d'autres débiteurs.* En fixant la dette personnelle d'aliments d'un débiteur en ayant égard, d'une part, aux besoins du créancier et, d'autre part, à la fortune du débiteur, les juges du fond se conforment aux dispositions de l'art. 208 qui n'imposent pas de diviser ou de limiter cette dette en raison de l'existence d'un autre débiteur. • Civ. 1re, 5 févr. 1991, nº 89-13.559 P. ♦ Comp. antérieurement dans l'appréciation des besoins du créancier d'aliments, les juges peuvent tenir compte de l'existence de recours possibles contre d'autres débiteurs d'aliments. • Civ. 1re, 17 mars 1964 : *Gaz. Pal. 1964. 2. 56.* – V. aussi *note 5.*

4. *Prise en compte des revenus des capitaux.* Il convient, pour apprécier les ressources tant du créancier que du débiteur d'aliments, de prendre en considération les revenus qu'une gestion utile du capital dont ils sont titulaires pourrait leur procurer. • Civ. 2e, 17 déc. 1965, nº 64-12.652 P : *D. 1966. 465, note R. Savatier* • 21 janv. 1976, nº 74-14.919 P • Civ. 1re, 4 nov. 2015, nº 14-25.377 P : *AJ fam. 2015. 673, obs. Dissaux ; RTD civ. 2016. 94, obs. Hauser.*

2º DÉBITEUR

5. *Recherche de la situation réelle du débiteur.* Il n'y a pas de solidarité entre les débiteurs d'aliments et le montant de la dette de chacun d'eux doit être fixé en ayant égard à ses ressources personnelles. • Civ. 1re, 5 févr. 1991, nº 89-15.412 P : *D. 1993. Somm. 126, obs. Everaert ; Defrénois 1991. 667, obs. Massip* • 29 janv. 2002, nº 99-16.519 P : *D. 2002. IR 776 ; JCP 2003. I. 148, nº 9, obs. Berthet ; Dr. et patr. 5/2002. 89, obs. Chauvel ; RTD civ. 2002. 285, obs. Hauser* • 22 nov. 2005, nº 02-11.534 P : *Defrénois 2006. 343, obs. Massip ; AJ fam. 2006. 69, obs. Chénedé ; Dr. fam. 2007. Étude 9, par Rieubernet ; RTD civ. 2006. 104, obs. Hauser* (arrêt qui exclut aussi l'obligation *in solidum*). ♦ Les aliments doivent être fixés en considération de la situation réelle du débiteur ; on ne saurait exiger de lui qu'il change de profession et se livre à des occupations plus lucratives. • Paris, 13 nov. 1962 : *JCP 1962. II. 12964.* ♦ Si les pensions de retraite et d'invalidité sont insaisissables, rien n'interdit de les prendre en considération pour évaluer les ressources d'un débiteur d'aliments et fixer, en conséquence, la pension qu'il est tenu de verser. • Civ. 1re, 5 févr. 1991 : *préc.* ♦ Sur la prise en compte des charges nouvelles pesant sur le débiteur du fait de son mariage, V. • Civ. 1re, 15 oct. 1956 : *D. 1957. Somm. 105.*

6. La dette du débiteur d'aliments étant une dette personnelle, dont le montant doit être fixé eu égard à ses ressources, les revenus du conjoint du débiteur ne peuvent être pris en considération que dans la mesure où ils réduisent les charges de celui-ci. • Civ. 1re, 25 avr. 2007 : *préc. note 11 ss. art. 205.*

7. *Charge de la preuve.* C'est au débiteur d'aliments qu'il incombe d'apporter la preuve des charges qu'il invoque. • Civ. 1re, 18 janv. 1989 : *D. 1989. 343, note Massip.* ♦ Sur la charge de la preuve de la fortune du débiteur, V. • Grenoble, 18 janv. 1960 : *D. 1960. 273.* ♦ Sur l'incidence des déclarations fiscales du débiteur, V. • Paris, 6 oct. 1959 : *D. 1960. 143.*

8. Appréciation souveraine des ressources du débiteur. C'est dans l'exercice de leur pouvoir souverain que les juges du fond déterminent les ressources du débiteur d'aliments. • Civ. 1re, 17 févr. 1971, n° 69-13.442 P • Civ. 2e, 17 nov. 1982, n° 81-15.661 P. ♦ Pour un cas hors du commun quant au niveau des ressources, V. • Paris, 17 févr. 1966 : *D. 1966. 546.*

3° APPRÉCIATION DANS LE TEMPS

9. Date d'appréciation des besoins et ressources. C'est à la date où ils statuent que les juges du fond doivent se placer pour apprécier les besoins et les ressources du créancier et du débiteur d'aliments. • Civ. 2e, 17 nov. 1982, n° 81-15.661 P • Civ. 1re, 18 oct. 1994, n° 91-22.330 P. ♦ Mais lorsque le juge est appelé à fixer une pension alimentaire pour une période antérieure à la date de sa décision, il doit le faire en fonction des facultés respectives du créancier et du débiteur au cours de cette période, tandis qu'il doit, pour l'avenir, tenir compte des modifications qui ont pu affecter la situation des parties. • Civ. 1re, 12 juill. 1994, n° 92-21.444 P. ♦ Même sens : • Civ. 1re, 5 févr. 1991, n° 89-13.559 P (s'agissant du recours d'un tiers réclamant le remboursement de frais d'hospitalisation du créancier depuis lors décédé, il y a lieu de tenir compte des ressources du débiteur du vivant du créancier). ♦ V. aussi note 15 ss. art. 371-2.

10. Modification du montant. La décision judiciaire fixant une pension alimentaire ne possède l'autorité de la chose jugée qu'aussi longtemps que demeurent inchangées les circonstances au regard desquelles elle est intervenue ; une demande en révision peut être soumise aux tribunaux dès lors qu'apparaissent des éléments nouveaux. • Civ. 1re, 16 juin 1993, n° 91-19.904 P : *Defrénois 1993. 1360, obs. Massip.* ♦ Les pensions alimentaires peuvent être modifiées en cas de circonstances nouvelles ; constatant que la réduction de la pension était justifiée au jour de la demande en justice, les juges du fond peuvent faire remonter à cette date les effets de leur décision. • Civ. 2e, 27 juin 1985, n° 84-12.673 P : *JCP 1986. II. 20644, note Lindon et Bénabent* • Civ. 1re, 19 mars 2002, n° 99-14.571 P : *AJ fam. 2002. 178, obs. S. D.-B.* ♦ Un engagement pris par un débiteur d'aliments dans le but d'exécuter partiellement en nature son obligation peut toujours être révisé en cas de survenance d'éléments nouveaux sans que puisse être opposée à une convention provisoire la force obligatoire des contrats. • Civ. 1re, 16 juin 1993 : *préc.*

B. LA RÈGLE « ALIMENTS NE S'ARRÉRAGENT PAS »

11. Domaine : nature des prestations. La règle « aliments ne s'arréragent pas », fondée sur l'absence de besoin ou sur la présomption selon laquelle le créancier a renoncé à la pension alimentaire, est sans application lorsque la pension a été accordée au titre de la contribution de l'autre époux à l'entretien et à l'éducation des enfants mineurs issus du mariage. • Civ. 2e, 29 oct. 1980, n° 79-15.301 P : *JCP 1981. II. 19665, note Jambu-Merlin ; Gaz. Pal. 1981. 1. 125, note Viatte* • 8 déc. 1993 : *Defrénois 1994. 322, obs. Massip* • 1er oct. 1996 : *Dr. fam. 1997, n° 25, note Murat* • 4 mars 1998, n° 96-13.569 P • Civ. 1re, 12 mai 2004, n° 02-17.441 P : *AJ fam. 2004. 280, obs. Bicheron ; Dr. fam. 2004, n° 143, note Murat ; RJPF 2004-7-8/35, note Valory ; RTD civ. 2004. 494, obs. Hauser* • 23 janv. 2007 : *LPA 10 déc. 2007, obs. Dumont.* ♦ ... Non plus qu'à la contribution des époux aux charges du ménage. • Civ. 1re, 8 nov. 1989, n° 87-19.768 P. ♦ L'action en paiement d'une contribution à l'entretien et à l'éducation de l'enfant est soumise à la prescription quinquennale. • Civ. 1re, 22 juin 2016, n° 15-21.783 P : *D. 2016. 1881, note Guyon-Renard ; ibid. 2017. 729, obs. Granet-Lambrechts ; RDC 2016. 660, note Libchaber.*

12. ... Date des termes réclamés. La règle « aliments n'arréragent pas », fondée sur la présomption selon laquelle le créancier qui ne réclame pas les termes échus de sa pension est considéré comme étant à l'abri du besoin, est sans application lorsque la cour d'appel a condamné le débiteur au paiement d'une pension alimentaire pour une période antérieure au prononcé de son arrêt, mais postérieure à la demande formée par le créancier. • Civ. 1re, 1er juin 1976, n° 79-10.604 P.

13. ... Arrérages d'une condamnation. En cas de condamnation, la règle ne s'applique pas, les arrérages ne pouvant alors se prescrire que par le délai de cinq ans de l'art. 2277 [ancien], sauf au débiteur à démontrer que le créancier n'était plus dans le besoin ou avait renoncé à poursuivre l'exécution du jugement. • Civ. 1re, 5 juill. 1988, n° 86-17.031 P : *R., p. 154 ; D. 1989. 51, rapp. Massip.*

14. Caractère réfragable de la présomption de besoin : principe. La règle « dettes alimentaires ne s'arréragent pas », en l'absence de tout texte légal la consacrant, n'a que la valeur d'une présomption de fait qui doit céder devant la preuve contraire résultant notamment des réclamations du crédirentier ; mais il appartient aux juges du fond de relever dans leur décision les faits de nature à tenir la présomption en échec. • Civ. 1re, 28 janv. 1963, *Cons. Chabrollet*, n° 59-11.077 P : *Gaz. Pal. 1963. 1. 420.* – Jurisprudence ancienne et constante : V. • Req. 30 janv. 1933 : *DH 1933. 114 ; Gaz. Pal. 1933. 1. 618, rapport Castet* • Civ. 24 oct. 1951 : *D. 1952. 577, note Ponsard* • Rouen, 8 juin 1971 : *D. 1971. 736, note D. Huet-Weiller.*

15. ... Réclamations du créancier. L'existence de réclamations et d'actes de poursuite de la part du créancier d'aliments ayant obtenu condamnation du débiteur suffit à exclure l'application de la règle « aliments ne s'arréragent pas », sans qu'il y ait lieu de rechercher quelles étaient les ressources du créancier. • Civ. 1re, 9 mai 1975, nº 73-12.390 P. – Dans le même sens : • Civ. 1re, 28 avr. 1969 : *D. 1969. 411.*

16. ... Inaction du seul créancier. La présomption de renonciation qui fonde la règle « aliments ne s'arréragent pas » ne peut être combattue qu'en établissant que le créancier n'est pas resté inactif ou a été dans l'impossibilité d'agir. • Civ. 1re, 18 janv. 1989 : *Bull. civ. I, nº 14.* ♦ La règle « aliments ne s'arréragent pas » étant fondée sur l'absence de besoin et sur la présomption selon laquelle le créancier a renoncé à agir contre ses débiteurs alimentaires, elle s'apprécie en la seule personne du créancier d'aliments • Civ. 1re, 24 juin 2015, nº 14-15.538 P : *D. 2015. 1444 ; AJ fam. 2015. 540, obs. Avena-Robardet ; RTD civ. 2015. 598, obs. Hauser* (le recours d'un établissement public de santé contre les débiteurs alimentaires d'une personne hospitalisée est à la mesure de ce dont ces débiteurs sont redevables ; rejet en l'espèce, la débitrice ayant renoncé à agir contre les débiteurs d'aliments).

17. Procédure. Si le débiteur ne s'est pas prévalu devant les juges du fond de la règle « aliments ne s'arréragent pas », le moyen soulevé pour la première fois devant la Cour de cassation est mélangé de fait et de droit, et partant irrecevable. • Civ. 2e, 10 juill. 1973, nº 72-13.680 P.

18. Sur l'application de la règle « aliments ne s'arréragent pas » au recours des services d'aide sociale et des hôpitaux et hospices, V. notes 15 et 16 ss. art. 205. ♦ ... Au recours des établissements de retraite privés, V. note 8 ss. anc. art. 1371.

C. INDEXATION DE LA PENSION ALIMENTAIRE

19. Appréciation souveraine. L'art. 208, al. 2, confère aux juges une faculté dont l'exercice, qui relève de leur pouvoir souverain, échappe au contrôle de la Cour de cassation. • Civ. 2e, 18 févr. 1976, nº 75-11.012 P.

20. Applications. Indexation d'office : • Civ. 2e, 2 oct. 1975, nº 74-11.430 P. ♦ Indexation sur le salaire minimum de croissance : • TGI Boulogne-sur-Mer JME, 13 oct. 1972 : *Gaz. Pal. 1973. 1. 2* • Civ. 2e, 12 janv. 1977, nº 76-10.151 P. ♦ Indexation sur l'indice des prix à la consommation des ménages urbains : • Douai, 21 oct. 1976 : *D. 1978. IR 77.*

21. Changement d'indice. Si rien ne s'oppose au remplacement de l'indice initialement retenu par une autre échelle mobile licite, encore faut-il que soit intervenu dans la situation des parties ou dans la situation économique générale un fait nouveau susceptible d'avoir une incidence sur le choix de l'indice (prestation compensatoire versée sous forme de rente). • Civ. 2e, 16 janv. 1985, nº 83-16.381 P.

Art. 209 **Lorsque celui qui fournit ou celui qui reçoit des aliments est replacé dans un état tel, que l'un ne puisse plus en donner, ou que l'autre n'en ait plus besoin en tout ou partie, la décharge ou réduction peut en être demandée.**

1. Demande de révision : droit personnel. Le droit de demander la révision ou la suppression d'une pension alimentaire accordée à une femme et à des enfants (par un jugement de séparation de corps, en l'espèce), droit incessible et insaisissable qui a son fondement dominant dans un intérêt moral, doit être considéré comme exclusivement attaché à la personne du titulaire et ne peut être exercé, en vertu de l'art. 1166 anc., par le créancier du débiteur. • Req. 26 mai 1941 : *DC 1942. 133.* ♦ En vertu des mêmes principes, les *syndics*, après *faillite* du débiteur de la pension, sont irrecevables à agir en suppression de cette pension. • Civ. 29 juin 1948 : *D. 1949. 129 (1re esp.), note Ponsard.*

2. Sur les cas de cessation de la pension ou de variation de la situation des parties, V. notes 6 s. ss. art. 373-2-2 et 3 ss. art. 373-2-5. ♦ Sur la procédure collective ou le surendettement du débiteur, V. notes 20 et 21 ss. art. 371-2.

Art. 210 **Si la personne qui doit fournir des aliments justifie qu'elle ne peut payer la pension alimentaire, le** *(L. nº 93-22 du 8 janv. 1993)* **« juge aux affaires familiales » pourra, en connaissance de cause, ordonner qu'elle recevra dans sa demeure, qu'elle nourrira et entretiendra celui auquel elle devra des aliments.**

1. Les dispositions de l'art. 210 sont inapplicables au cas où la garde des enfants est confiée par application de l'art. 287 [anc.] (en l'espèce, après divorce, la garde de l'enfant avait été confiée au père, et la mère, condamnée à payer une pension alimentaire pour l'entretien de l'enfant, offrait de recevoir son fils chez elle). • Civ. 2e, 26 nov. 1980, nº 79-16.014 P.

2. Pour une application du texte : • TGI Lille, 10 avr. 2007 : *JCP 2007. II. 10121, note Labbée.*

Art. 211 Le *(L. n° 93-22 du 8 janv. 1993)* « **juge aux affaires familiales » prononcera également si le père ou la mère qui offrira de recevoir, nourrir et entretenir dans sa demeure, l'enfant à qui il devra des aliments, devra dans ce cas être dispensé de payer la pension alimentaire.**

Code de l'action sociale et des familles *(Ord. n° 2000-1249 du 21 déc. 2000)*

Art. L. 132-6 *(L. n° 2004-1 du 2 janv. 2004, art. 18)* Les personnes tenues à l'obligation alimentaire instituée par les articles 205 et suivants du code civil sont, à l'occasion de toute demande d'aide sociale, invitées à indiquer l'aide qu'elles peuvent allouer aux postulants et à apporter, le cas échéant, la preuve de leur impossibilité de couvrir la totalité des frais.

(L. n° 2007-293 du 5 mars 2007, art. 4) « Les enfants qui ont été retirés de leur milieu familial par décision judiciaire durant une période d'au moins trente-six mois cumulés au cours des douze premières années de leur vie sont, sous réserve d'une décision contraire du juge aux affaires familiales, dispensés de droit de fournir cette aide. »

Cette dispense s'étend aux descendants des enfants susvisés.

(Ord. n° 2005-1477 du 1er déc. 2005, art. 1er-VII) « La proportion de l'aide consentie par les collectivités publiques est fixée en tenant compte du montant de la participation éventuelle des personnes restant tenues à l'obligation alimentaire. La décision peut être révisée sur production par le bénéficiaire de l'aide sociale d'une décision judiciaire rejetant sa demande d'aliments ou limitant l'obligation alimentaire à une somme inférieure à celle qui avait été envisagée par l'organisme d'admission. La décision fait également l'objet d'une révision lorsque les débiteurs d'aliments ont été condamnés à verser des arrérages supérieurs à ceux qu'elle avait prévus. »

BIBL. ▶ PAINCHAUX, *LPA 6 déc. 2004.*

Art. L. 132-7 En cas de carence de l'intéressé, le représentant de l'État ou le président du conseil départemental peut demander en son lieu et place à l'autorité judiciaire la fixation de la dette alimentaire et le versement de son montant, selon le cas, à l'État ou au département qui le reverse au bénéficiaire, augmenté le cas échéant de la quote-part de l'aide sociale. — *[C. fam., art. 145.]*

Art. L. 132-8 Des recours sont exercés, selon le cas, par l'État ou le département :

1° Contre le bénéficiaire revenu à meilleure fortune ou contre la succession du bénéficiaire ;

2° Contre le donataire, lorsque la donation est intervenue postérieurement à la demande d'aide sociale ou dans les dix ans qui ont précédé cette demande ;

3° Contre le légataire ;

(L. n° 2015-1776 du 28 déc. 2015, art. 83) « 4° A titre subsidiaire, contre le bénéficiaire d'un contrat d'assurance vie souscrit par le bénéficiaire de l'aide sociale, à concurrence de la fraction des primes versées après l'âge de soixante-dix ans. Quand la récupération concerne plusieurs bénéficiaires, celle-ci s'effectue au prorata des sommes versées à chacun de ceux-ci. »

(L. n° 2001-647 du 20 juill. 2001, art. 2-II) « En ce qui concerne les prestations d'aide sociale à domicile, de soins de ville prévus par l'article L. 111-2, et la prise en charge du forfait journalier, les conditions dans lesquelles les recours sont exercés, en prévoyant, le cas échéant, l'existence d'un seuil de dépenses supportées par l'aide sociale, en deçà duquel il n'est pas procédé à leur recouvrement, sont fixées par voie réglementaire.

« Le recouvrement sur la succession du bénéficiaire de l'aide sociale à domicile ou de la prise en charge du forfait journalier s'exerce sur la partie de l'actif net successoral, défini selon les règles de droit commun, qui excède un seuil fixé par voie réglementaire. » — *[C. fam., art. 146, al. 1 à 6.]*

L'art. L. 132-8 CASF n'est pas applicable aux sommes servies au titre du revenu de solidarité active (CASF, art. L. 262-49, réd. issue L. n° 2008-1249 du 1er déc. 2008, en vigueur le 1er juin 2009).

V. note 15 ss. art. 205 C. civ.

Art. L. 132-9 *(Hypothèque légale) V. texte ss. art. 2474 C. civ.*

Code de la santé publique **Art. L. 6145-11** *(Ord. nº 2000-548 du 15 juin 2000)* Les établissements publics de santé peuvent toujours exercer leurs recours, s'il y a lieu, contre les hospitalisés, contre leurs débiteurs et contre les personnes désignées par les articles 205, 206, 207 et 212 du code civil.

Ces recours relèvent de la compétence du juge aux affaires familiales. — *[Anc. art. L. 714-38.]*

V. notes 16 s. ss. art. 205 C. civ.

Code de procédure civile *(Décr. nº 75-1123 du 5 déc. 1975).* **Art. 465-1** *(Décr. nº 85-1330 du 17 déc. 1985)* Lorsqu'un jugement fixe une pension alimentaire ou une des créances prévues aux articles 214, 276 et 342 du code civil, les parties sont informées par un document joint à l'expédition du jugement des modalités de recouvrement, des règles de révision de la créance et des sanctions pénales encourues.

Le juge aux affaires familiales connaît des actions liées à la fixation de l'obligation alimentaire, de la contribution aux charges du mariage et de la contribution à l'entretien et à l'éducation des enfants (COJ, art. L. 213-3, réd. issue L. nº 2009-526 du 12 mai 2009, applicable aux demandes en justice formées à compter du 1er janv. 2010). — ***C. pr. civ.***

Code des procédures civiles d'exécution **Art. L. 213-1 *à* L. 213-5 *et* R. 213-1 *à* R. 213-13**

Loi nº 75-618 du 11 juillet 1975,

Relative au recouvrement public des pensions alimentaires.

Art. 1er *(L. nº 2016-1547 du 18 nov. 2016, art. 50, en vigueur le 1er janv. 2017)* Toute pension alimentaire dont le recouvrement total ou partiel n'a pu être obtenu par l'une des voies d'exécution de droit privé peut être recouvrée pour le compte du créancier par les comptables publics compétents lorsque celle-ci a été fixée par :

1º Une décision judiciaire devenue exécutoire ;

(L. nº 2019-1446 du 24 déc. 2019, art. 72-VII) « 1º *bis* Une convention homologuée par le juge ;

« 2º Un accord par lequel les époux consentent mutuellement à leur divorce ou à leur séparation de corps par acte sous signature privée contresigné par avocats, déposé au rang des minutes d'un notaire selon les modalités prévues à l'article 229-1 du code civil ; »

3º Un acte reçu en la forme authentique par un notaire ;

(L. nº 2016-1827 du 23 déc. 2016, art. 41, en vigueur le 1er avr. 2018) « 4º Un accord auquel l'organisme débiteur des prestations familiales a donné force exécutoire en application de l'article L. 582-2 du code de la sécurité sociale ; »

(L. nº 2021-1754 du 23 déc. 2021, art. 100-IX) « 5º Une transaction ou un acte constatant un accord issu d'une médiation, d'une conciliation ou d'une procédure participative, lorsqu'ils sont contresignés par les avocats de chacune des parties et revêtus de la formule exécutoire par le greffe de la juridiction compétente en application du 7º de l'article L. 111-3 du code des procédures civiles d'exécution. »

Art. 2 La demande de recouvrement public des pensions alimentaires est adressée par le créancier au procureur de la République près le tribunal judiciaire dans le ressort duquel se trouve son domicile.

Cette demande est admise si le créancier justifie qu'il a eu recours effectivement à l'une des voies d'exécution de droit privé et que ce recours est resté infructueux.

Art. 3 Le procureur de la République établit un état exécutoire qu'il transmet au *(Ord. nº 2010-420 du 27 avr. 2010, art. 122)* « service compétent de l'État » pour le recouvrement des termes à échoir de la pension alimentaire et, le cas échéant, de ceux qui sont échus à compter du sixième mois ayant précédé la date de la demande.

Le procureur doit apporter à cet état exécutoire, soit de son propre chef, soit sur demande du créancier ou du débiteur, les modifications nécessaires, notamment en cas d'augmentation, de réduction ou de suppression de la pension alimentaire.

Art. 4 En cas de contestation relative à l'application des articles 2 et 3, il est statué, *(Ord. nº 2019-738 du 17 juill. 2019, art. 19)* « selon la procédure accélérée au fond », par le président du tribunal.

Le président se prononce sur la contestation qui lui est soumise par le procureur de la République. Celui-ci prend, s'il y a lieu, toutes dispositions utiles pour l'exécution *(Ord. nº 2019-738 du 17 juill. 2019, art. 19)* « du jugement ».

Les décisions rendues en application du présent article ne sont susceptibles ni d'opposition, ni d'appel.

La procédure est gratuite et dispensée des droits de timbre et d'enregistrement.

La contestation n'interrompt pas le recouvrement public.

Les dispositions de l'Ord. nº 2019-738 du 17 juill. 2019 s'appliquent aux demandes introduites à compter du 1er janv. 2020 (Ord. préc., art. 30).

Art. 5 Dès le dépôt de la demande d'admission à la procédure de recouvrement public et jusqu'à la cessation de celle-ci, le créancier ne peut plus exercer aucune autre action pour le recouvrement des sommes qui font l'objet de cette demande.

Art. 6 Pour les sommes qu'il est chargé de recouvrer, *(Ord. nº 2010-420 du 27 avr. 2010, art. 122)* « le service compétent de l'État » est subrogé dans les actions et garanties dont dispose le créancier pour le recouvrement de sa pension alimentaire.

Art. 7 Le recouvrement public des sommes à percevoir est effectué par les comptables *(Ord. nº 2010-420 du 27 avr. 2010, art. 122)* « publics compétents » selon les procédures applicables en matière de contributions directes.

Le montant de ces sommes est majoré de 10 p. 100 au profit du Trésor à titre de frais de recouvrement.

Les frais de poursuites mis à la charge du débiteur sont calculés dans les conditions prévues à l'article 1912 du code général des impôts.

Art. 8 Sous réserve des dispositions de l'article 6 de la loi nº 51-711 du 7 juin 1951 relative au secret professionnel en matière de statistiques, les administrations ou services de l'État et des collectivités publiques, les organismes de sécurité sociale et les organismes qui assurent la gestion des prestations sociales sont tenus de réunir et de communiquer, en faisant toutes les diligences nécessaires, au comptable *(Ord. nº 2010-420 du 27 avr. 2010, art. 122)* « public compétent » les renseignements dont ils disposent ou peuvent disposer et qui sont utiles à la mise en œuvre de la procédure de recouvrement public.

Art. 9 A compter de la notification au débiteur des sommes faisant l'objet du recouvrement public, le débiteur ne peut plus s'en libérer valablement qu'entre les mains du comptable *(Ord. nº 2010-420 du 27 avr. 2010, art. 122)* « public compétent ».

Art. 10 En cas de décès du débiteur ou lorsque l'impossibilité de recouvrer la créance a été constatée par le comptable *(Ord. nº 2010-420 du 27 avr. 2010, art. 122)* « public compétent », ce dernier renvoie le titre exécutoire au procureur de la République qui met fin à la procédure de recouvrement public et décharge le comptable public.

Art. 11 Agissant seul ou conjointement avec le débiteur, le créancier de la pension alimentaire peut renoncer à la procédure de recouvrement public. Il adresse sa demande au procureur de la République qui met fin à la procédure de recouvrement public et décharge le comptable public.

Art. 12 Le débiteur qui, ayant acquitté les arriérés de la créance pris en charge par le Trésor, a versé, durant douze mois consécutifs, le montant des termes courants de la pension à la caisse du comptable *(Ord. nº 2010-420 du 27 avr. 2010, art. 122)* « public compétent », sans que celui-ci ait à exercer des poursuites, peut demander de se libérer à l'avenir directement entre les mains du créancier de la pension. Il adresse sa demande au procureur de la République qui met fin à la procédure de recouvrement public et décharge le comptable public.

En cas de contestation, il est fait application de l'article 4.

Art. 13 Dans le cas d'une nouvelle défaillance du débiteur dans le délai de deux ans après la cessation du recouvrement public, le créancier peut, dès lors que le retard dans le paiement est supérieur à un mois, demander à nouveau au procureur de la République la mise en œuvre de la procédure de recouvrement public sans avoir à recourir préalablement à une voie d'exécution de droit privé.

Si la nouvelle demande est admise, il est procédé au recouvrement de toutes les sommes dues depuis l'interruption du recouvrement public. Le montant des termes échus avant cette admission est majoré de 10 p. 100 au profit du créancier.

Toutefois, la remise de cette majoration peut être accordée au débiteur par le président du tribunal judiciaire statuant dans les conditions prévues à l'article 4, s'il y a de justes motifs.

Art. 14 *Codifié au CSS, art. L. 581-9.*

Art. 15 Les dispositions de la présente loi sont aussi applicables pour le recouvrement des sommes dues en exécution d'une décision judiciaire au titre des contributions aux charges du mariage prescrites par l'article 214 du code civil, des rentes prévues par l'article 276 du même code ou des subsides de l'article 342.

Art. 16 *Abrogé par L. nº 85-772 du 25 juill. 1985, art. 3-III.*

Art. 17 Le créancier d'aliments qui, de mauvaise foi, aura obtenu la mise en œuvre de la procédure de recouvrement public sera condamné par le président du tribunal judiciaire, statuant dans les conditions prévues aux alinéas 1er, 2 et 4 de l'article 4, à une amende civile de 30 € à 3000 € et au remboursement au débiteur des sommes qui auraient été perçues au titre des majorations pour termes échus non payés, des frais de recouvrement et des frais de poursuite, sans préjudice de tous dommages et intérêts.

Art. 18 à 20 *V. L. nº 73-5 du 2 janv. 1973, art. 1er, 5 et 11.*

Art. 21 Un décret en Conseil d'État fixera les modalités d'application de la présente loi. *— V. Décr. nº 75-1339 du 31 déc. 1975. — V. aussi Décr. nº 86-1073 du 30 sept. 1986.*

Art. 22 La présente loi entrera en vigueur le 1er janvier 1976.

Elle est applicable dans les territoires d'outre-mer. *[...]*

Décret nº 75-1339 du 31 décembre 1975,

Relatif aux modalités d'application de la loi nº 75-618 du 11 juillet 1975 relative au recouvrement public des pensions alimentaires.

TITRE I. PROCÉDURE D'ADMISSION

Art. 1er Le créancier de la pension alimentaire adresse sa demande de recouvrement public au procureur de la République près le tribunal judiciaire dans le ressort duquel se trouve son domicile.

La demande du créancier présentée sur papier libre est envoyée par lettre recommandée avec demande d'avis de réception ; elle peut être également déposée directement auprès du ministère public qui y porte sans délai la date du dépôt.

La demande est réputée faite soit à la date d'expédition de la lettre recommandée, soit à la date du dépôt au parquet.

Art. 2 Le créancier joint à sa demande une expédition ou la copie certifiée conforme du jugement fixant la pension alimentaire. Il y joint également une attestation du secrétaire-greffier de la juridiction compétente ou d'un huissier de justice, établissant qu'une voie d'exécution de droit privé n'a pas permis le recouvrement de la pension alimentaire.

A défaut de cette attestation le créancier peut produire tous autres documents établissant qu'il n'a pu obtenir le recouvrement de sa créance par une voie d'exécution de droit privé.

L'attestation ou les autres documents produits doivent comporter la justification des diligences effectuées et de leurs dates, ainsi que les résultats obtenus ; ils doivent en outre indiquer sur quels biens ou revenus le recouvrement a été tenté et, si possible, leur importance.

Art. 3 Le créancier doit aussi fournir au procureur de la République les renseignements en sa possession relatifs au débiteur et concernant son identité, son adresse ou sa dernière adresse connue, sa profession, les nom et adresse de son employeur, la nature, la situation et l'importance de son patrimoine, ainsi que la source de ses revenus.

Art. 4 Le procureur de la République avise, par lettre simple, le créancier de la pension alimentaire de la suite qu'il a réservée à sa demande.

Le procureur de la République notifie au débiteur, par lettre recommandée avec demande d'avis de réception confirmée ce même jour par lettre simple, qu'il a admis la demande de recouvrement public ; il lui précise, dans cette notification, les sommes sur lesquelles porte le recouvrement public et fait connaître au débiteur qu'il ne peut plus s'en libérer qu'entre les mains d'un comptable public, suivant des modalités de paiement qui lui seront précisées ultérieurement par ce dernier.

En outre, le procureur de la République informe, suivant les cas, le créancier ou le débiteur que le refus d'admission ou l'admission à la procédure de recouvrement public peut être contesté par lettre simple adressée au ministère public.

Art. 5 Les dispositions des articles 1er, 3 et 4 du présent décret sont également applicables à une nouvelle demande de recouvrement public présentée en application de l'article 13 de la loi du 11 juillet 1975 susvisée.

Cette demande doit être accompagnée de toutes justifications établissant que les conditions requises par le premier alinéa de cet article 13 sont réunies.

Art. 6 En cas d'admission à la procédure de recouvrement public, le procureur de la République adresse au *(Décr. n° 2012-430 du 29 mars 2012, art. 43)* « directeur départemental ou, le cas échéant, régional des finances publiques » du département de son ressort un état exécutoire émis à l'encontre du débiteur de la pension alimentaire.

L'état mentionne le jugement qui a attribué la pension. Il précise, d'une part, le montant des termes échus et non versés par le débiteur au titre de la période de six mois ayant précédé la date de la demande de recouvrement public et, d'autre part, le montant des termes échus ou à échoir à compter de cette même date ; il fait apparaître, en outre, le montant des frais de recouvrement perçus au profit du Trésor.

L'état est revêtu de la mention « pour valoir titre exécutoire conformément à la loi n° 75-618 du 11 juillet 1975.

Art. 7 Lorsqu'un nouvel état exécutoire est émis à l'encontre d'un débiteur défaillant, en application de l'article 13 de la loi du 11 juillet 1975 susvisée, cet état doit comporter les précisions mentionnées à l'article précédent ; il précise le montant des sommes dues et non versées depuis l'interruption de la procédure de recouvrement public, et le montant de la majoration de 10 p. 100 perçue au profit du créancier.

TITRE II. CONTESTATIONS RELATIVES À L'ADMISSION AU RECOUVREMENT PUBLIC ET À LA CESSATION DE CE RECOUVREMENT

Art. 8 Le procureur de la République transmet sans délai la lettre de contestation mentionnée au troisième alinéa de l'article 4 ci-dessus au président du tribunal judiciaire avec, le cas échéant, les pièces qui y sont annexées.

Le président statue, sans formes de procédure ni frais, dans un délai de quinze jours, sur convocation adressée par le secrétaire-greffier au créancier et au débiteur d'aliments par lettre recommandée avec demande d'avis de réception.

La décision est transmise le jour même par le secrétaire-greffier au procureur de la République qui, dans les trois jours à compter de la réception, la notifie aux parties par lettre recommandée avec demande d'avis de réception, et au *(Décr. n° 2012-430 du 29 mars 2012, art. 43)* « directeur départemental ou, le cas échéant, régional des finances publiques » en lui adressant éventuellement un état exécutoire ou un titre de réduction.

La notification faite au créancier ou au débiteur rappelle le délai dans lequel un pourvoi en cassation peut être formé.

Art. 9 *L'ordonnance du président* peut être déférée à la Cour de cassation par les parties à l'instance dans un délai de deux mois à compter de sa notification par le procureur de la République. Les règles de la procédure d'urgence sont applicables.

Art. 10 Si le président du tribunal judiciaire accorde la remise de la majoration dans les conditions prévues à l'article 13 de la loi du 11 juillet 1975 susvisée, le procureur de la République émet à due concurrence un titre de réduction ; les dispositions des articles 8 et 9 du présent décret sont applicables aux demandes de remise de majoration.

TITRE III. RECOUVREMENT PAR LES COMPTABLES DU TRÉSOR

Art. 11 Le *(Décr. n° 2012-430 du 29 mars 2012, art. 43)* « directeur départemental ou, le cas échéant, régional des finances publiques » assignataire de l'état exécutoire le confie pour recouvrement au comptable public du domicile ou de la résidence du débiteur.

Art. 12 Pour décharger du recouvrement de la créance le comptable public dans les conditions prévues aux articles 10, 11 et 12 de la loi du 11 juillet 1975 susvisée, le procureur de la République qui a établi l'état exécutoire émet un titre de réduction après s'être assuré, s'il y a lieu, auprès du *(Décr. n° 2012-430 du 29 mars 2012, art. 43)* « directeur départemental ou, le cas échéant, régional des finances publiques », que les conditions requises sont réunies.

Le procureur notifie sans délai, par lettre simple, aux parties intéressées, qu'il est mis fin au recouvrement public.

TITRE IV. RECOURS EN CAS DE CONDAMNATION POUR USAGE ABUSIF DE LA PROCÉDURE DE RECOUVREMENT PUBLIC

Art. 13 *(Décr. n° 2019-1419 du 20 déc. 2019, art. 15)* « Le jugement » du président du tribunal judiciaire *(Décr. n° 2019-1419 du 20 déc. 2019, art. 15)* « rendu » en application de l'article 17 de la loi du 11 juillet 1975 susvisée est *(Décr. n° 2019-1419 du 20 déc. 2019, art. 15)* « notifié » aux parties par le procureur de la République dans les conditions prévues au troisième alinéa de l'article 8 du présent décret.

Cette notification rappelle le délai d'appel.

Les dispositions issues du Décr. n° 2019-1419 du 20 déc. 2019 s'appliquent aux demandes introduites à compter du 1er janv. 2020 (Décr. préc., art. 24-II).

Art. 14 *(Décr. n° 2019-1419 du 20 déc. 2019, art. 15)* « Le jugement » du président du tribunal est susceptible d'appel en tant qu'*(Décr. n° 2019-1419 du 20 déc. 2019, art. 15)* « il » condamne le créancier d'aliments à l'amende civile et au remboursement des majorations et frais. L'appel n'est recevable que s'il est formé, dans les quinze jours de la notification, par lettre recommandée avec demande d'avis de réception adressée au procureur général.

Le premier président de la cour d'appel, saisi par le procureur général, statue *(Décr. n° 2019-1419 du 20 déc. 2019, art. 15)* « selon la procédure accélérée au fond » et dans les conditions prévues à l'article 4 de la loi du 11 juillet 1975 susvisée ainsi qu'à l'article 8 du présent décret.

(Décr. n° 2019-1419 du 20 déc. 2019, art. 15) « La décision » est notifiée par le procureur général selon les modalités fixées aux deux derniers alinéas de l'article 8 ci-dessus. L'article 9 est applicable à cette *(Décr. n° 2019-1419 du 20 déc. 2019, art. 15)* « décision ».

Les dispositions issues du Décr. n° 2019-1419 du 20 déc. 2019 s'appliquent aux demandes introduites à compter du 1er janv. 2020 (Décr. préc., art. 24-II).

TITRE V. MODIFICATIONS DES DISPOSITIONS APPLICABLES À LA PROCÉDURE DE PAIEMENT DIRECT DE LA PENSION ALIMENTAIRE

Art. 15 à 20 *Mod. Décr. n° 73-216 du 1er mars 1973.*

TITRE VI. DISPOSITIONS DIVERSES

Art. 21 Les frais exposés en exécution des dispositions de l'article 4, du deuxième alinéa de l'article 12, du troisième alinéa de l'article 13, et de l'article 17 de la loi du 11 juillet 1975 susvisée sont avancés par le Trésor public selon les modalités prévues à l'article R. 93 (11°) *[R. 93 (16°)]* du code de procédure pénale.

Art. 22 Les dispositions du présent décret s'appliquent aussi pour le recouvrement des sommes dues en exécution d'une décision judiciaire au titre des contributions aux charges du mariage prescrites par l'article 214 du code civil, des rentes prévues par l'article 276 du même code et des subsides de l'article 342.

Art. 23 *Modification du Décr. n° 67-1210 du 22 déc. 1967 (Cour de cassation), art. 33 [art. abrogé et non repris par le code de procédure civile par suite de la suppression de la procédure d'urgence légale].*

Art. 24 Le présent décret est applicable dans les territoires d'outre-mer. *(Décr. n° 2019-1419 du 20 déc. 2019, art. 23)* « Il est applicable en Nouvelle-Calédonie, en Polynésie française et dans les îles Wallis-et-Futuna dans sa rédaction résultant du décret n° 2019-1419 du 20 décembre 2019. »

Dans ces territoires, les attributions dévolues aux magistrats du siège et du parquet appartenant aux tribunaux judiciaires ou aux cours d'appel sont exercées par les magistrats du siège et du parquet en fonction dans les tribunaux de première instance ou dans leurs sections détachées et dans les juridictions d'appel.

Les dispositions issues du Décr. n° 2019-1419 du 20 déc. 2019 s'appliquent aux demandes introduites à compter du 1er janv. 2020 (Décr. préc., art. 24-II).

Art. 25 Le présent décret entrera en application le 1er janvier 1976.

Code de la sécurité sociale

Dispositions relatives au recouvrement des créances alimentaires

(Décr. n° 85-1353 du 17 déc. 1985)

Art. L. 581-2 Lorsque l'un au moins des parents se soustrait totalement au versement d'une créance alimentaire pour enfants fixée par décision de justice devenue exécutoire *(L. n° 2016-1827 du 23 déc. 2016, art. 41)* « ou par les actes ou accords mentionnés au IV de l'article L. 523-1 », l'allocation de soutien familial est versée à titre d'avance sur créance alimentaire.

(L. n° 2011-1906 du 21 déc. 2011, art. 103) « Lorsque l'un au moins des parents se soustrait partiellement au versement d'une créance alimentaire pour enfants fixée par décision de justice devenue exécutoire *(L. n° 2016-1827 du 23 déc. 2016, art. 41)* « ou par les actes ou accords mentionnés au IV de l'article L. 523-1 », il est versé à titre d'avance une allocation différentielle. Cette allocation différentielle complète le versement partiel effectué par le débiteur, jusqu'au montant de l'allocation de soutien familial.

« L'organisme débiteur des prestations familiales est subrogé dans les droits du créancier, dans la limite du montant de l'allocation de soutien familial ou de la créance d'aliments si celle-ci lui est inférieure. Dans ce dernier cas, le surplus de l'allocation demeure acquis au créancier. »

(L. n° 2015-1702 du 21 déc. 2015, art. 44, en vigueur le 1er avr. 2016 ; L. n° 2016-1827 du 23 déc. 2016, art. 41) « Dans le cas prévu au 4° du I de l'article L. 523-1, l'allocation différentielle n'est pas recouvrée et demeure acquise au créancier. »

Art. L. 581-3 Pour le surplus de la créance, dont le non-paiement a donné lieu au versement de l'allocation de soutien familial, et pour les autres termes à échoir, la demande de ladite allocation emporte mandat du créancier au profit de cet organisme.

L'organisme débiteur des prestations familiales a droit, en priorité sur les sommes recouvrées, au montant de celles versées à titre d'avance.

Avec l'accord du créancier d'aliments, l'organisme débiteur des prestations familiales poursuit également, lorsqu'elle est afférente aux mêmes périodes, le recouvrement de la créance alimentaire du conjoint, de l'ex-conjoint et des autres enfants du débiteur ainsi que les créances des articles 214, 276 et 342 du code civil.

Art. L. 581-4 Le titulaire de la créance est tenu de communiquer à l'organisme débiteur des prestations familiales les renseignements qui sont de nature à faciliter le recouvrement de la créance.

Le titulaire de la créance peut à tout moment renoncer à percevoir l'allocation de soutien familial. L'organisme débiteur demeure subrogé aux droits du titulaire de la créance jusqu'au recouvrement complet du montant des sommes versées dans les conditions fixées à l'article L. 581-2.

L'organisme débiteur de prestations familiales peut suspendre le versement de l'allocation de soutien familial en cas de refus par le créancier d'aliments de donner le pouvoir spécial de saisie en matière immobilière.

Lorsque le débiteur reprend le service de sa dette, cette dernière peut être acquittée directement au parent créancier, avec l'accord de l'organisme débiteur de prestations familiales *(L. n° 2021-1754 du 23 déc. 2021, art. 100-IV, en vigueur le 1er mars 2022)* « , sauf lorsque l'intermédiation financière est mise en œuvre en application de l'article L. 582-1 ».

Art. L. 581-5 Sauf dans le cas où il est fait application du premier alinéa de l'article 7 de la loi n° 75-618 du 11 juillet 1975 relative au recouvrement public des pensions alimentaires, les sommes à recouvrer par l'organisme débiteur sont majorées de frais de gestion et de recouvrement dont le montant est fixé par décret en Conseil d'État.

Ces frais ne peuvent être mis à la charge du créancier d'aliments.

Art. L. 581-6 *(L. n° 2016-1827 du 23 déc. 2016, art. 41)* « Le titulaire d'une créance alimentaire, fixée par décision de justice devenue exécutoire ou par les actes ou accords mentionnés au IV de l'article L. 523-1, en faveur de ses enfants jusqu'à l'âge limite mentionné au

2° de l'article L. 512-3, s'il ne remplit pas les conditions d'attribution de l'allocation de soutien familial, bénéficie, à sa demande, de l'aide des organismes débiteurs de prestations familiales pour le recouvrement des termes échus, dans la limite de deux années à compter de la demande de recouvrement, et des termes à échoir. »

Ce recouvrement est exercé dans les conditions et pour les créances mentionnées aux articles L. 581-2 et suivants.

Art. L. 581-7 Par dérogation aux articles 2 et 3 de la loi n° 75-618 du 11 juillet 1975, le directeur de l'organisme débiteur de prestations familiales intervenant au titre des articles L. 581-2 et suivants établit et certifie l'état des sommes à recouvrer et l'adresse au représentant de l'État dans le département. Celui-ci rend cet état exécutoire dans un délai de cinq jours ouvrables et le transmet au *(Ord. n° 2010-420 du 27 avr. 2010, art. 119-2°)* « directeur départemental des finances publiques » du département.

Art. L. 581-8 *(L. n° 2011-525 du 17 mai 2011, art. 92)* Les organismes débiteurs de prestations familiales peuvent se prévaloir des articles L. 152-1 et L. 152-2 du code des procédures civiles d'exécution pour l'exercice de la mission qui leur est confiée en vue du recouvrement des créances alimentaires impayées.

(L. n° 2019-1446 du 24 déc. 2019, art. 72-V-3°) « Pour permettre le recouvrement des créances alimentaires impayées, le directeur de l'organisme débiteur des prestations familiales peut transmettre au créancier les renseignements dont il dispose relatifs à l'adresse et à la solvabilité du débiteur défaillant, sans pouvoir opposer le secret professionnel. »

Pour l'application des art. L. 581-2 à L. 581-7 ci-dessus, V. CSS, art. R. 581-1 à R. 581-9. — ***CSS.***

Art. L. 581-9 Les caisses d'allocations familiales sont habilitées à consentir sur leur fonds d'action sanitaire et sociale aux créanciers d'aliments auxquels la loi n° 75-618 du 11 juillet 1975 est applicable, des avances sur pensions. Elles sont alors subrogées de plein droit dans les droits des créanciers, à concurrence du montant des avances, tant à l'égard du débiteur qu'éventuellement à l'égard du Trésor.

Art. L. 581-10 Le recouvrement sur le débiteur d'aliments de toute avance sur pension alimentaire fixée par une décision judiciaire devenue exécutoire *(L. n° 2016-1827 du 23 déc. 2016, art. 41)* « ou par les actes ou accords mentionnés au IV de l'article L. 523-1 », et consentie par les organismes débiteurs de prestations familiales peut être confié, pour le compte de ces organismes, aux comptables *(Ord. n° 2010-420 du 27 avr. 2010, art. 119-3°)* « publics compétents ».

Le directeur de l'organisme débiteur de prestations familiales établit et certifie l'état des sommes à recouvrer et l'adresse au représentant de l'État dans le département. Celui-ci rend cet état exécutoire dans un délai de cinq jours ouvrables et le transmet au *(Ord. n° 2010-420 du 27 avr. 2010, art. 119-3°)* « directeur départemental des finances publiques ».

Dès qu'ils ont saisi le représentant de l'État dans le département, les organismes débiteurs de prestations familiales ne peuvent plus, jusqu'à ce qu'ils soient informés de la cessation de la procédure de recouvrement par les comptables *(Ord. n° 2010-420 du 27 avr. 2010, art. 119-3°)* « publics compétents », exercer aucune action en vue de récupérer les sommes qui font l'objet de leur demande.

En cas de contestation relative à l'application des premier et deuxième alinéas du présent article, il est procédé comme à l'article 4 de la loi n° 75-618 du 11 juillet 1975.

Le recouvrement des avances est poursuivi selon les procédures et dans les conditions prévues par les articles 7 à 9 de la loi du 11 juillet 1975 précitée. Les comptables *(Ord. n° 2010-420 du 27 avr. 2010, art. 119-3°)* « publics compétents » peuvent également mettre en œuvre les actions et garanties dont dispose le créancier pour le recouvrement de sa pension alimentaire.

En cas de recours à une procédure de recouvrement public par le créancier de la pension alimentaire, les sommes recouvrées sont affectées par priorité au règlement de la créance de l'organisme débiteur de prestations familiales.

En cas de décès du débiteur ou lorsque l'impossibilité de recouvrer la créance a été constatée par le comptable *(Ord. n° 2010-420 du 27 avr. 2010, art. 119-3°)* « public compétent », ce dernier renvoie le titre exécutoire à la caisse d'allocations familiales qui en décharge le comptable public et informe de sa décision le représentant de l'État dans le département.

Lorsqu'un organisme débiteur de prestations familiales poursuit le recouvrement d'une créance alimentaire au titre des articles L. 581-2 à L. 581-5, le présent article est applicable à la totalité de la créance.

....

Art. L. 582-1 *(L. nº 2019-1446 du 24 déc. 2019, art. 72-V-4º, en vigueur au plus tard le 1er janv. 2021)* I. — Les organismes débiteurs des prestations familiales sont chargés de l'intermédiation financière des pensions alimentaires mentionnées à l'article 373-2-2 du code civil dans les conditions et selon les modalités suivantes.

Cette intermédiation est mise en œuvre :

(L. nº 2021-1754 du 23 déc. 2021, art. 100-V) « 1º Dans les conditions définies au II du même article 373-2-2, lorsque l'intermédiation financière est mise en œuvre lors de la fixation de la pension alimentaire par un titre mentionné au même II ;

« 2º A défaut, dans les conditions définies au III du même article 373-2-2 *[ancienne rédaction : 1º Dans les conditions définies au II du même article 373-2-2, lorsqu'elle est prévue par un titre mentionné au même II ;*

2º A défaut, à la demande d'au moins l'un des deux parents, lorsqu'un titre mentionné au I de l'article 373-2-2 du code civil fixe la pension alimentaire en tout ou partie à un montant numéraire, pour la part en numéraire]. »

Elle est mise en œuvre sous réserve que les conditions suivantes soient remplies :

a) Le parent créancier remplit la condition de stabilité de résidence et de régularité du séjour prévue à l'article L. 512-1 ;

b) Le parent débiteur remplit la condition de stabilité de résidence prévue au même article L. 512-1 ;

c) Le parent débiteur n'est pas considéré comme hors d'état de faire face au versement de la contribution à l'entretien et l'éducation de l'enfant au sens du 3º du I de l'article L. 523-1, hors le cas où cette qualification repose sur *(L. nº 2021-1754 du 23 déc. 2021, art. 100-V)* « la circonstance qu'il a fait l'objet d'une plainte ou d'une condamnation pour des faits de menaces ou de violences volontaires sur le parent créancier ou l'enfant ou que de telles menaces ou violences sont mentionnées dans les motifs ou le dispositif d'une décision de justice concernant le parent débiteur *[ancienne rédaction : un motif ayant conduit l'autorité judiciaire à user de la faculté prévue au 1º du II de l'article 373-2-2 du code civil]* ».

Sauf décision judiciaire contraire, la pension versée par l'intermédiaire de l'organisme débiteur des prestations familiales est revalorisée chaque année, encaissée et reversée à des dates et selon des modalités fixées par décret en Conseil d'État.

II. — Le parent créancier et le parent débiteur sont tenus de transmettre à l'organisme débiteur des prestations familiales les informations nécessaires à l'instruction et à la mise en œuvre de l'intermédiation financière et de l'informer de tout changement de situation ayant des conséquences sur cette mise en œuvre.

Fait l'objet d'une pénalité prononcée par le directeur de l'organisme débiteur des prestations familiales, le refus du parent débiteur ou le silence gardé par lui de transmettre les informations mentionnées au premier alinéa du présent II.

Les délais de transmission des informations mentionnées au même premier alinéa, la procédure contradictoire applicable ainsi que le montant de la pénalité, qui ne peut excéder le montant de la base mensuelle de calcul des allocations familiales fixé en application de l'article L. 551-1, et ses modalités de recouvrement sont fixés par décret.

En cas de silence gardé par le parent débiteur ou de refus de déférer à la demande de transmission de tout ou partie des informations sollicitées dans un délai fixé par décret, la pension alimentaire est recouvrée dans les conditions prévues aux articles L. 581-1 à L. 581-10.

III. — Le parent débiteur est déchargé de l'obligation de verser la pension alimentaire entre les mains du parent créancier à compter de la date de mise en œuvre effective de l'intermédiation financière qui lui est notifiée par l'organisme débiteur des prestations familiales et tant que celle-ci est mise en œuvre.

IV. — *(Abrogé par L. nº 2021-1754 du 23 déc. 2021, art. 100-V)* « *Lorsqu'elle est mise en œuvre en application du 2º du I,* » L'intermédiation financière emporte mandat du parent créancier au profit de l'organisme débiteur des prestations familiales de procéder pour son compte au recouvrement de la créance alimentaire.

Lorsque le parent créancier est bénéficiaire de l'allocation de soutien familial, l'organisme débiteur des prestations familiales est subrogé dans les droits du créancier selon les modalités propres à cette prestation.

V. — Lorsque le débiteur opte pour un prélèvement bancaire, l'organisme bancaire est tenu d'aviser l'organisme débiteur des prestations familiales de la clôture du compte du débiteur ou de l'insuffisance de provision de ce compte dans des conditions fixées par décret.

VI. — En cas de défaut de versement de tout ou partie de la créance alimentaire par le parent débiteur à l'organisme débiteur des prestations familiales assurant l'intermédiation, la créance fait l'objet d'un recouvrement par cet organisme dès le premier impayé de la créance alimentaire selon toutes procédures appropriées.

Le créancier est tenu de rembourser directement à l'organisme débiteur des prestations familiales les montants de pension alimentaire versés à tort par son intermédiaire.

VII. — L'intermédiation financière cesse :

1° En cas de décès de l'un ou de l'autre parent ou de l'enfant ;

2° A la date de fin de l'intermédiation financière fixée dans le titre qui la prévoit *(L. n° 2021-1754 du 23 déc. 2021, art. 100-V)* « ou lorsque la pension alimentaire cesse d'être exigible » ;

3° Lorsque qu'un *[Lorsqu'un]* nouveau titre porté à la connaissance de l'organisme débiteur des prestations familiales a supprimé la pension alimentaire ou mis fin à son intermédiation par l'organisme débiteur des prestations familiales ;

4° Sur demande d'un parent et sous réserve du consentement donné par l'autre parent, y compris lorsque l'intermédiation financière est prévue dans un titre exécutoire, sauf *(L. n° 2021-1754 du 23 déc. 2021, art. 100-V)* « lorsque l'une des parties a fait état, dans le cadre de la procédure ayant conduit à l'émission d'un des titres mentionnés au I de l'article 373-2-2 du code civil, de ce que le parent débiteur avait fait l'objet d'une plainte ou d'une condamnation pour des faits de menaces ou de violences volontaires sur le parent créancier ou l'enfant ou a produit, dans les mêmes conditions, une décision de justice concernant le parent débiteur, mentionnant de telles menaces ou violences dans ses motifs ou son dispositif *[ancienne rédaction : dans le cas prévu au 1° du II de l'article 373-2-2 du code civil]* ».

La qualification du parent débiteur comme étant hors d'état de faire face à son obligation de versement de la pension alimentaire emporte la suspension de l'intermédiation financière, sauf lorsque cette qualification repose sur *(L. n° 2021-1754 du 23 déc. 2021, art. 100-V)* « la circonstance qu'il a fait l'objet d'une plainte ou d'une condamnation pour des faits de menaces ou de violences volontaires sur le parent créancier ou l'enfant ou que de telles menaces ou violences sont mentionnées dans les motifs ou le dispositif d'une décision de justice concernant le parent débiteur *[ancienne rédaction : un motif ayant conduit l'autorité judiciaire à user de la faculté prévue au 1° du II de l'article 373-2-2 du code civil]* ».

VIII. — L'organisme compétent auquel incombe la demande de paiement est celui du lieu de résidence du parent créancier.

La mission d'intermédiation financière ou de délivrance des titres exécutoires peut être confiée à un autre organisme débiteur des prestations familiales selon les modalités prévues à l'article L. 122-6 du présent code.

IX. — Les organismes débiteurs de prestations familiales peuvent se prévaloir des articles L. 152-1 et L. 152-2 du code des procédures civiles d'exécution et du 2° de l'article L. 152 A du livre des procédures fiscales pour l'exercice de la mission qui leur est confiée en vue de l'intermédiation financière.

L'art. L. 582-1 CSS, dans sa rédaction résultant du V de l'art. 100 de la L. n° 2021-1754 du 23 déc. 2021, entre en vigueur le 1er mars 2022. Il s'applique à l'exécution des décisions judiciaires de divorce rendues à compter de cette date et, à compter du 1er janv. 2023, à l'exécution des autres décisions judiciaires rendues à compter de cette même date ainsi que des titres mentionnés aux 2° à 6° du I de l'art. 373-2-2 C. civ. émis à compter de cette même date (L. préc., art. 100-X).

Le 4° du V de l'art. 72 de la L. n° 2019-1446 du 24 déc. 2019 est applicable à compter du 1er oct. 2020 dans le cas où une demande d'intermédiation financière est présentée par un parent à la suite d'un impayé de pension alimentaire et à compter du 1er janv. 2021 dans les autres cas (L. préc., art. 72-VIII, mod. par L. n° 2020-734 du 17 juin 2020, art. 35 ; Décr. n° 2020-1201 du 30 sept. 2020, art. 5).

Art. L. 582-2 *(L. n° 2016-1827 du 23 déc. 2016, art. 41, en vigueur le 1er avr. 2018)* Sur demande conjointe des parents qui mettent fin à leur vie en concubinage ou qui ont procédé à une dissolution du pacte civil de solidarité qui les liait, le directeur de l'organisme débiteur des prestations familiales donne force exécutoire à l'accord par lequel ils fixent le montant de la contribution à l'entretien et à l'éducation en faveur de l'enfant mise à la charge du débiteur, si les conditions suivantes sont réunies :

1° Les parents attestent qu'aucun d'eux n'est titulaire d'une créance fixée pour cet enfant par une décision de justice ou par un accord ou un acte respectivement mentionnés aux 1° *(L. n° 2019-1446 du 24 déc. 2019, art. 72-V-5°)* « , 2° » *(L. n° 2021-1754 du 23 déc. 2021, art. 100-VI)* « , 4° et 5° » du IV de l'article L. 523-1, ou n'a engagé de démarche en ce sens ;

2° Le montant de la contribution, fixé en numéraire, est supérieur ou égal à un seuil établi en tenant compte notamment des modalités de résidence retenues pour l'enfant mentionné au premier alinéa, des ressources du débiteur et du nombre d'enfants de ce dernier lorsqu'ils sont à sa charge selon des conditions fixées par décret ;

3° L'accord précise les informations strictement nécessaires à la détermination du montant de la contribution mentionnées au 2° du présent article.

La décision de l'organisme débiteur a les effets d'un jugement et constitue un titre exécutoire au sens du 6° de l'article L. 111-3 du code des procédures civiles d'exécution.

La demande des parents mentionnée au premier alinéa du présent article peut être réalisée par voie dématérialisée.

Lorsque l'information mentionnée au 1° du présent article n'a pas été portée à la connaissance de l'organisme débiteur, la décision de ce dernier est frappée de nullité.

La décision de l'organisme débiteur n'est susceptible d'aucun recours. En cas de refus de l'organisme débiteur de conférer force exécutoire à l'accord, les parents peuvent, ensemble ou séparément, saisir le juge aux affaires familiales aux fins de fixation du montant de la contribution à l'entretien et à l'éducation de l'enfant sur le fondement de l'article 373-2-7 du code civil.

Les parents sont tenus de signaler à l'organisme débiteur tout changement de situation susceptible d'entraîner la révision du montant de la contribution. Lorsque ce changement entraîne une modification du droit à l'allocation mentionnée au 4° du I de l'article L. 523-1 du présent code, les parents qui ont conclu un nouvel accord le transmettent à l'organisme débiteur en vue du maintien de cette allocation.

Toute décision judiciaire exécutoire supprimant ou modifiant la contribution à l'entretien et à l'éducation d'un enfant et postérieure au titre exécutoire établi en application du présent article prive ce titre de tout effet.

L'organisme débiteur auquel incombe la délivrance du titre exécutoire est celui du lieu de résidence de l'allocataire ou, à défaut, du parent créancier.

Les conditions d'application du présent article sont définies par décret en Conseil d'État.

Décret n° 86-1073 du 30 septembre 1986,

Relatif à l'intervention des organismes débiteurs des prestations familiales pour le recouvrement des créances alimentaires impayées.

TITRE I. PROCÉDURE D'ADMISSION

Art. 1er Le directeur de l'organisme débiteur des prestations familiales établit et certifie, en trois exemplaires, l'état des sommes à recouvrer. Cet état mentionne le jugement qui a fixé la pension alimentaire.

Pour la mise en œuvre de la loi *[n° 75-618]* du 11 juillet 1975 précitée, la demande est réputée faite à la date d'établissement de l'état. Celui-ci précise, d'une part, le montant des termes échus et non versés par le débiteur au titre de la période de six mois ayant précédé la date de la demande de recouvrement public et, d'autre part, le montant des termes échus ou à échoir à compter de cette même date.

Pour la mise en œuvre de la loi n° 80-1055 du 23 décembre 1980 portant loi de finances rectificative pour 1980 *[CSS, art. L. 581-10]*, l'état précise le montant des termes échus et non versés par le débiteur dans la limite de deux ans à compter de la demande d'aide faite à l'organisme débiteur des prestations familiales en vertu de l'article L. 581-6 du code de la sécurité sociale ou des périodes de versement de l'allocation de soutien familial versée à titre d'avance.

L'état des sommes à recouvrer fait apparaître, en outre, le montant des frais de recouvrement perçus au profit du Trésor.

Art. 2 L'état des sommes à recouvrer est accompagné d'une copie du jugement fixant la pension alimentaire et, si nécessaire, des documents justifiant du caractère exécutoire de celui-ci conformément aux articles 504 et 505 du code de procédure civile.

Il mentionne également l'identité et l'adresse du créancier de la pension alimentaire, ainsi que tous renseignements relatifs au débiteur et concernant son identité, son adresse ou sa dernière adresse connue, sa profession, les nom et adresse de son employeur, la nature et l'importance de son patrimoine, la situation de ses biens et la source de ses revenus.

Il précise également les diligences entreprises pour obtenir le paiement de la pension et les motifs de leur échec. Pour l'application de la loi du 23 décembre 1980, ces mentions sont facultatives.

Art. 3 Le directeur de l'organisme débiteur des prestations familiales adresse sans délai l'état des sommes à recouvrer au représentant de l'État dans son département.

Celui-ci rend exécutoire cet état, dans un délai de cinq jours ouvrables, et le transmet au *(Décr. nº 2014-551 du 27 mai 2014, art. 42)* « directeur départemental ou, le cas échéant, régional des finances publiques ». Il avise de sa décision le directeur de l'organisme débiteur des prestations familiales.

Art. 4 Dès réception de l'avis adressé par le représentant de l'État, le directeur de l'organisme notifie la décision au débiteur de la pension alimentaire par lettre recommandée avec demande d'avis de réception, confirmée ce même jour par lettre simple. Cette notification précise les sommes sur lesquelles porte le recouvrement public et fait connaître au débiteur qu'il ne peut plus s'en libérer qu'entre les mains d'un *(Décr. nº 2014-551 du 27 mai 2014, art. 42)* « comptable de la direction générale des finances publiques », suivant les modalités de paiement qui lui seront précisées ultérieurement par ce dernier. Elle indique également au débiteur que la procédure de recouvrement public peut être contestée par lettre simple adressée au procureur de la République du lieu où est établi l'organisme.

Le directeur de l'organisme débiteur des prestations familiales informe également sans délai, par lettre simple, le créancier de la suite réservée à la demande de recouvrement public et lui indique, le cas échéant, que le refus d'admission peut être contesté par lettre simple adressée au procureur de la République du lieu où est établi l'organisme.

Pour l'application de l'article 4 de la loi du 11 juillet 1975, la décision du président du tribunal est notifiée au représentant de l'État dans le département qui établit, le cas échéant, un nouvel état exécutoire.

TITRE II. RECOUVREMENT PAR LES COMPTABLES DE LA DIRECTION GÉNÉRALE DES FINANCES PUBLIQUES *(Décr. nº 2014-551 du 27 mai 2014, art. 42)*.

Art. 5 Le *(Décr. nº 2014-551 du 27 mai 2014, art. 42)* « directeur départemental ou, le cas échéant, régional des finances publiques » assignataire de l'état exécutoire le confie pour recouvrement au *(Décr. nº 2014-551 du 27 mai 2014, art. 42)* « comptable de la direction générale des finances publiques » du lieu où demeure le débiteur.

Après déduction des frais de poursuites éventuellement engagés et des frais de recouvrement revenant au Trésor, ces derniers étant réduits à due concurrence en cas de recouvrement partiel, les sommes encaissées sont versées à l'organisme débiteur des prestations familiales.

Art. 6 Le représentant de l'État, qui a rendu exécutoire l'état, émet un titre de réduction, après s'être assuré s'il y a lieu auprès du *(Décr. nº 2014-551 du 27 mai 2014, art. 42)* « directeur départemental ou, le cas échéant, régional des finances publiques » que les conditions sont réunies, s'il y a renonciation du créancier à la procédure de recouvrement public, décès du débiteur, impossibilité de recouvrer la créance constatée par le *(Décr. nº 2014-551 du 27 mai 2014, art. 42)* « comptable de la direction générale des finances publiques » ou acquittement par le débiteur des arriérés de la créance prise en charge par le *(Décr. nº 2014-551 du 27 mai 2014, art. 42)* « comptable de la direction générale des finances publiques » ainsi que des termes courants durant douze mois consécutifs.

Le représentant de l'État en avise le directeur de l'organisme débiteur des prestations familiales.

La renonciation du créancier de la pension alimentaire à la procédure de recouvrement public n'emporte pas renonciation de l'organisme débiteur des prestations familiales pour le montant d'allocation de soutien familial versé à titre d'avance. Dans ce cas, la procédure est poursuivie du seul chef de l'organisme débiteur des prestations familiales et le titre de réduction n'est émis que pour la créance à laquelle il a été renoncé.

Le directeur de l'organisme notifie sans délai, par lettre simple au créancier et au débiteur, qu'il est mis fin au recouvrement public pour tout ou partie de la dette.

TITRE III. DISPOSITIONS DIVERSES

Art. 7 Les dispositions des articles 5 et 7, 10, 13, 14, 21, 22 du décret nº 75-1339 du 31 décembre 1975 sont applicables à la mise en œuvre par l'organisme débiteur des prestations familiales de la loi du 11 juillet 1975 précitée.

En ce qui concerne l'obligation alimentaire à la charge et au profit des pupilles de l'État, V. CASF, art. L. 228-1, ss. art. 375-9.

*V. Conv. de La Haye du 23 nov. 2007, sur le recouvrement international des aliments destinés aux enfants et à d'autres membres de la famille. — Règl. (CE) n° 4/2009 du Conseil du 18 déc. 2008, relatif à la compétence, la loi applicable, la reconnaissance et l'exécution des décisions et la coopération en matière d'obligations alimentaires (JOUE 10 janv. 2009). — **C. pr. exéc.** ou **C. divorce**.*

*En ce qui concerne l'abandon de famille, V. **C. pén.**, art. 227-3 s., 227-17.*

BIBL. ▸ Recouvrement des obligations alimentaires dans l'Union, *AJ fam. 2009. 100* ; *AJ fam. 2011. 235* (Règl. CE n° 4/2009).

CHAPITRE VI DES DEVOIRS ET DES DROITS RESPECTIFS DES ÉPOUX

(L. 22 sept. 1942, validée par Ord. 9 oct. 1945)

DALLOZ ACTION *Droit de la famille 2023/2024, n°s 116.00 s.*

Art. 212 **Les époux se doivent mutuellement** *(L. n° 2006-399 du 4 avr. 2006, art. 2)* **« respect, » fidélité, secours, assistance.**

BIBL. ▸ Roche-Dahan, *RTD civ. 2000. 735* (obligations réciproques ou mutuelles ?). ▸ **Fidélité :** Antonini-Cochin, *D. 2005. Chron. 23* (paradoxe de la fidélité). – Bazin, *Gaz. Pal. 2012. 169*. – Chauvet, *AJ fam. 2016. 148* . – Mignon-Colombet, *LPA 31 janv. 2005*. – Mulon, *Gaz. Pal. 2008. 3711* (devoir de secours pendant l'instance en divorce). – C. Philippe, *Dr. fam. 2003. Chron. 16* ; *Mél. Wiederkehr, Dalloz, 2009, p. 627*. – Villa-Nys, *Dr. et patr. 9/2000. 88*. ▸ **Assistance :** Lamarche, *ibid., p. 67*.

A. DEVOIR DE FIDÉLITÉ

1. Sur la prise en considération de l'adultère dans le divorce pour faute, V. note 10 ss. art. 242. ♦ L'évolution des mœurs comme celle des conceptions morales ne permettait plus de considérer que l'imputation d'une infidélité conjugale serait à elle seule de nature à porter atteinte à l'honneur ou à la considération. • Civ. 1re, 17 déc. 2015, n° 14-29.549 P : *D. 2016. 277, obs. Dreyer* ; *AJ fam. 2016. 109, obs. de Boysson* ; *RTD civ. 2016. 81, obs. Hauser* ; *JCP 2016, n° 285, note Latil* (dans le cadre de poursuite pour atteinte à l'honneur et à la considération par voie de presse).

Si les époux se doivent mutuellement fidélité et si l'adultère constitue une faute civile, celle-ci ne peut être utilement invoquée que par un époux contre l'autre à l'occasion d'une procédure de divorce. • Civ. 1re, 16 déc. 2020, n° 19-19.387 P : *D. 2021. 453, note Bigot* ; *ibid. 819, obs. Lemouland et Vigneau* ; *AJ fam. 2021. 61, obs. Houssier* ; *RTD civ. 2021. 107, obs. Leroyer* ; *ibid. 419, obs. Jourdain* ; *Dr. fam. 2021, n° 14, note Binet* (rejet de l'action d'une confédération familiale contre la publicité faite par un site de rencontres adultères, l'interdiction pouvant constituer une atteinte disproportionnée à la liberté d'expression).

B. DEVOIR DE SECOURS

2. Domaine. Le devoir de secours remédie à l'impécuniosité d'un époux ; il apparaît avec l'état de besoin de l'un des conjoints, à la différence de l'obligation des époux de contribuer aux charges du mariage ; sur cette distinction, V. notes 8 et 9 ss. art. 214.

3. La loi fait des applications spéciales du devoir de secours entre époux : art. 255-6° (mesures provisoires dans l'instance en divorce) ; art. 303 (conséquences de la séparation de corps). – V. ces textes.

4. Exécution sous forme de pension alimentaire. V., sur la compétence de principe du juge aux affaires familiales, COJ, art. L. 213-3. – C. pr. civ.

5. Cas de séparation de fait : V. note 3 ss. art. 214.

6. S'il y a lieu à fixation judiciaire du montant de la pension, il doit être tenu compte du niveau d'existence auquel l'époux créancier peut prétendre en raison des facultés de son conjoint. • Civ. 2e, 7 mai 1980 : *Bull. civ. II, n° 97*.

7. Le logement faisant partie des dépenses d'entretien du créancier d'aliments, l'époux débiteur peut être condamné à verser directement aux organismes prêteurs la partie de la pension alimentaire correspondant aux arrérages des emprunts ayant permis l'acquisition de l'immeuble où vit son conjoint. • Civ. 2e, 16 juill. 1976 : *D. 1977. 333, note Chartier*.

8. L'exécution forcée du devoir de secours peut être obtenue par les moyens assurant le recouvrement des pensions alimentaires : V. textes ss. art. 211 et notes 22 s. ss. art. 205.

9. Rattachement au devoir de secours de l'obligation du conjoint survivant, quelle que soit l'option successorale choisie, d'assumer les frais d'obsèques de son conjoint : V. • TGI Maubeuge, 26 févr. 1993 : *Defrénois 1996. 1340, obs. Massip*.

10. Exécution en nature : logement. La mise à disposition gratuite d'un logement en exécution du devoir de secours ne peut être assimilée à un droit réel d'usage et d'habitation mais consiste en l'attribution de la jouissance gratuite du logement constitutive d'un droit personnel. • Civ. 1re, 24 sept. 2008 : *cité note 5 ss. anc. art. 303.*

C. DEVOIR D'ASSISTANCE

11. Le surcroît de travail incombant à une femme devant assistance à son mari frappé d'invalidité à la suite d'un accident est un préjudice dont l'auteur de cet accident doit réparation. • Civ. 2e, 18 mars 1981 : *Bull. civ. II, n° 70.*

12. Sur la rémunération d'un travail accompli au profit du conjoint et excédant les obligations d'assistance et de contribution aux charges du mariage, V. notes 27 et 28 ss. art. 214.

Art. 213 *(L. n° 70-459 du 4 juin 1970)* **Les époux assurent ensemble la direction morale et matérielle de la famille. Ils pourvoient à l'éducation des enfants et préparent leur avenir.**

Art. 214 *(L. n° 65-570 du 13 juill. 1965)* **Si les conventions matrimoniales ne règlent pas la contribution des époux aux charges du mariage, ils y contribuent à proportion de leurs facultés respectives.**

Al. 2 et 3 abrogés par L. n° 75-617 du 11 juill. 1975.

Si l'un des époux ne remplit pas ses obligations, il peut y être contraint par l'autre dans les formes prévues au code de procédure civile.

V. CPI, art. L. 121-9, al. 4, ss. art. 1404.

Les sommes dues en exécution d'une décision judiciaire au titre des contributions aux charges du mariage prescrites par l'art. 214 peuvent être recouvrées pour le compte du créancier par les comptables publics compétents dans les conditions et selon les modalités prévues par la L. n° 75-618 du 11 juill. 1975 relative au recouvrement public des pensions alimentaires (C. pr. exéc., art. L. 161-3).

Les dispositions de la loi n° 75-618 du 11 juill. 1975 relative au recouvrement public des pensions alimentaires et celles de la loi n° 84-1171 du 22 déc. 1984 relative à l'intervention des organismes débiteurs des prestations familiales pour le recouvrement des créances alimentaires impayées [CSS, art. L. 581-2 s.] sont applicables au recouvrement de la contribution aux charges du mariage prévue par l'art. 214 ci-dessus. — V. ces textes, ss. art. 211. — V. aussi C. pr. civ., art. 465-1, ibid.

RÉP. CIV. v° *Régimes matrimoniaux*, par J. REVEL.

BIBL. ▸ **Sur l'ensemble du « régime primaire » (art. 214 à 226) :** CORNU, *JCP 1966. I. 1968.* – PONSARD, *D. 1966. L. 111.* ▸ **Incidences de la loi du 23 déc. 1985 :** COLOMER, *Defrénois 1986. 481.* ▸ Sur l'ensemble de cette loi, V. Bibl. précédant art. 1387. ▸ **Sur la contribution aux charges du mariage :** ABITBOL, *Mél. Raynaud, Dalloz, 1985, p. 1* (contentieux différé). – HAUSER, *RTD civ. 1991. 709* . – KARM, *JCP N 2014, hors-série août 2014, p. 27* (financement du logement et séparation de biens). – SALVAT, *Gaz. Pal. 1985. 1. Doctr. 324.* ▸ **Autres thèmes :** BERNARD-MENORET, *LPA 15 oct. 2004* (mandats conventionnels entre époux). – BERRY, *Dr. fam. 2021. Étude 6* (redéfinition de la place du financement du logement de la famille au sein des charges du mariage). – BRÉMOND, *JCP N 1998. 435* (époux séparés de biens). – CARRÉ, *LPA 1er sept. 1997* (contrat entre époux). – COTTET, *RTD civ. 2021. 1* (double nature de l'obligation de contribuer aux charges du mariage). – DJOUDI, *AJ fam. 2006. 269* (époux cautions ou emprunteurs). – GODON, *Defrénois 1998. 977 et 1148* (protection d'un époux contre les agissements de l'autre). – LEFRANC-HAMONIAUX, *Dr. fam. 1999. Chron. 13* (entraide entre époux). – MOLIÈRE, *D. 2020. 2362* .

1. Caractère d'ordre public. Il résulte de la combinaison des art. 214, 226 et 1388 que les conventions conclues par les époux ne peuvent les dispenser de leur obligation d'ordre public de contribuer aux charges du mariage ; dès lors, en présence d'un contrat de séparation de biens, la clause aux termes de laquelle chacun des époux sera réputé avoir fourni au jour le jour sa part contributive, en sorte qu'aucun compte ne sera fait entre eux à ce sujet et qu'ils n'auront pas de recours l'un contre l'autre pour les dépenses de cette nature, ne fait pas obstacle, pendant la durée du mariage, au droit de l'un d'eux d'agir en justice pour contraindre l'autre à remplir, pour l'avenir, son obligation de contribuer aux charges du mariage. • Civ. 1re, 13 mai 2020, n° 19-11.444 P : *D. 2020. Chron. C. cass. 2190, obs. Azar ; ibid. 2206, obs. Godechot-Patris et Grare-Didier ; ibid. 2021. 499, obs. Douchy-Oudot ; AJ fam. 2020. 362, obs. Casey ; RTD civ. 2021. 189, obs. Vareille ; JCP N 2020, n° 1171, note Bernard ; Dr. fam. 2020, n° 120, note Torricelli-Chrifi.* ♦ V. note 14 quant à la portée d'une telle clause pour le passé.

I. NOTION

A. CARACTÈRE MATRIMONIAL DE L'OBLIGATION

2. Exclusion du concubinage. V. note 6 ss. art. 515-8.

3. Incidence de la séparation de fait. L'action en contribution aux charges du mariage n'implique pas l'existence d'une communauté de vie entre les conjoints, sauf la possibilité pour les juges du fond de tenir compte à cet égard des circonstances de la cause. • Civ. 1re, 6 janv. 1981, nº 79-14.105 P • 16 oct. 1984 : *Bull. civ. I, nº 264* (cassation de l'arrêt qui a déclaré inutile de rechercher le responsable de la séparation). ♦ C'est ainsi qu'a pu être refusée la demande d'une femme entretenant une liaison avec un amant, alors que le comportement du mari était sans reproches. • Civ. 1re, 8 mai 1979 : *Bull. civ. I, nº 135* • 1er juill. 1980 : *ibid. I, nº 206.* ♦ Mais, à lui seul, le refus par l'un des époux de cohabiter avec son conjoint n'exclut pas nécessairement qu'il puisse obtenir de celui-ci une contribution aux charges du mariage, et il peut exister des justifications suffisantes du refus par le demandeur de reprendre la vie commune. • Civ. 1re, 18 déc. 1978, nº 77-14.987 P : *R., p. 33.* – Dans le même sens : • Civ. 1re, 14 mars 1973 : *D. 1974. 453, note Rémy ; JCP 1973. II. 17430, note Lindon* • Rouen, 9 janv. 1974 : *D. 1974. 544, note Larroumet.* ♦ Comp. • Paris, 25 sept. 1986 : *D. 1987. 134, note Meyer et Cale* (mariage simulé). – V. Nerson et Rubellin-Devichi, *RTD civ. 1980. 345.*

4. Incidence de la procédure de divorce. Les mesures provisoires ordonnées dans le cadre d'une procédure de divorce (C. civ., art. 255) se substituent d'office à la contribution aux charges du mariage dès le prononcé de l'ordonnance de non-conciliation. • Civ. 2e, 30 nov. 1994, nº 92-20.656 P.

5. Charge de la preuve : du mariage. Il appartient à celui des époux qui sollicite une contribution aux charges du mariage de rapporter la preuve de l'existence du mariage (en l'espèce, application de l'art. 46 C. civ., en raison de l'impossibilité pour l'épouse d'agir selon la loi étrangère – algérienne – pour obtenir la preuve du mariage). • Paris, 7 mai 1985 : *Defrénois 1986. 260, note Revillard.*

6. ... Des circonstances dispensant de l'obligation. C'est au conjoint tenu par principe du devoir de secours, en application des art. 212 et 214, qu'il appartient de rapporter la preuve des circonstances particulières qui peuvent permettre de le dispenser des obligations qui en découlent. • Civ. 1re, 17 juill. 1985 : *Gaz. Pal. 1986. 1. 127, note J. M.* • 19 nov. 1991 : *Defrénois 1992. 720, obs. Massip.*

B. OBJET DE L'OBLIGATION

7. Caractère global. En statuant sur la fixation de la contribution aux charges du mariage due à l'époux avec lequel réside habituellement l'enfant, le juge se prononce nécessairement sur toutes les charges afférentes à l'entretien et à l'éducation de celui-ci. • Civ. 1re, 28 mars 2006, nº 03-19.264 P : *Dr. fam. 2006, nº 106, note Larribau-Terneyre ; RTD civ. 2006. 548, obs. Hauser.*

8. Indifférence de l'état de besoin. Chacun des époux est tenu de contribuer aux charges du ménage selon ses facultés, même si son conjoint n'est pas dans le besoin. • Civ. 1re, 23 juin 1970 : *D. 1971. 162, note Larroumet ; RTD civ. 1971. 822 obs. Nerson* • 24 oct. 1977 : *Bull. civ. I, nº 383.* ♦ ... Même si l'épouse a regagné le domicile de ses parents. • Douai, 8 janv. 2009 : *JCP 2009. Actu. 81, obs. P. Labbée.*

9. Objet : dépenses d'agrément (oui). La contribution des époux aux charges du mariage est distincte, par son fondement et par son but, de l'obligation alimentaire, et peut inclure des dépenses d'agrément, telle l'acquisition d'une résidence secondaire. • Civ. 1re, 20 mai 1981 : *Bull. civ. I, nº 176 ; JCP 1981. II. 19665, note Jambu-Merlin* • 18 déc. 2013 : *D. 2014. 527, note Viney ; ibid. 1342, obs. Lemouland et Vigneau ; AJ fam. 2014. 129, obs. Hilt ; RTD civ. 2014. 698, obs. B. Vareille ; ibid. 704, obs. B. Vareille ; Defrénois 2014. 752, note Mouly-Guillemaud ; JCP N 2014, nº 1117, obs. Vauvillé ; Dr. fam. 2014, nº 61, obs. Beignier.*

10. Remboursement de l'emprunt pour financer l'achat ou l'amélioration du logement familial (oui). Le paiement par le mari d'un emprunt ayant financé partiellement l'acquisition par l'épouse du logement de la famille participe de l'exécution de son obligation de contribuer aux charges du mariage. • Civ. 1re, 14 mars 2006, nº 05-15.980 P : *JCP 2006. I. 193, obs. Wiederkehr ; AJ fam. 2006. 293, obs. Hil.* ♦ Dans le même sens pour le paiement des dépenses afférentes à l'acquisition et à l'aménagement du logement familial. • Civ. 1re, 15 mai 2013, nº 11-26.933 : *cité note 2 ss. art. 1537* • 12 juin 2013, nº 11-26.748 P : *cité note 1 ss. art. 1537* • 25 sept. 2013, nº 12-21.892 : *cité note 2 ss. art. 1537* • 16 sept. 2014, nº 13-18.935 : *cité note 2 ss. art. 1537.* ♦ Le règlement par le mari des échéances de l'emprunt qui a financé l'acquisition d'un immeuble indivis relève de la contribution aux charges du mariage, sauf à prouver que la participation de l'époux excède ses facultés contributives. • Civ. 1re, 24 sept. 2014, nº 13-21.005 P : *cité note 8 ss. art. 4.* ♦ Rappr. : • Civ. 1re, 5 nov. 2014, nº 13-23.557 : *AJ fam. 2015. 61, obs. Casey.*

11. ... Apport en capital pour financer l'acquisition d'un bien indivis affecté à l'usage familial (non). Sauf convention matrimoniale contraire, l'apport en capital provenant de la vente de biens personnels, effectué par un époux séparé de biens pour financer la part de son conjoint lors de l'acquisition d'un bien indivis affecté à l'usage familial, ne participe pas de l'exécution de son obligation de contribuer aux charges du mariage. • Civ. 1re, 3 oct. 2019, nº 18-20.828 P : *D. 2020. 60, note Chaffois ; AJ fam. 2019. 604, obs. Casey ; JCP 2019, nº 1151, note Bouchard ; JCP N 2019, nº 1343, note Vassaux ; Dr. fam. 2019, nos 241 et 242, note Torricelli-Chrifi ;*

Defrénois 2020/3. 26, note Leyrat • 17 mars 2021, n° 19-21.463 P : *D. 2021. 819, obs. Lemouland et Vigneau* ; *ibid. Chron. C. cass. 1784, obs. Buat-Ménard* ; *AJ fam. 2021. 314, obs. Casey* ; *Dr. fam. 2021, n° 72, obs. Torricelli-Chrifi.* ♦ Dans le même sens, pour l'acquisition ou l'amélioration, par voie de construction, d'un bien indivis affecté à l'usage familial : • Civ. 1re, 9 juin 2022, n° 20-21.277 B : *cité note 3 ss. art. 1537.*

12. ... Investissement immobilier (non). Le financement, par un époux, d'un investissement locatif destiné à constituer une épargne ne relève pas de la contribution aux charges du mariage. • Civ. 1re, 5 oct. 2016, n° 15-25.944 P : *D. 2017. 470, obs. Douchy-Oudot* ; *ibid. 1082, obs. Lemouland et Vigneau* ; *ibid. 2119, obs. Brémond* ; *AJ fam. 2016. 544, obs. Casey* ; *RTD civ. 2017. 105, obs. Hauser* ; *ibid. 469, obs. Vareille* ; *Gaz. Pal. 2016. 3324, note Piedelièvre.*

13. ... Impôt sur le revenu (non). L'impôt sur le revenu constitue la charge directe des revenus personnels d'un époux, étrangère aux besoins de la vie familiale, et ne figure pas au nombre des charges du mariage auxquelles les deux époux doivent contribuer. • Civ. 1re, 22 févr. 1978 : *D. 1978. 602 (1re esp.), note D. Martin* ; *Defrénois 1979. 1667, obs. Champenois* • 19 mars 2002, n° 00-11.238 P : *D. 2002. Somm. 2440, obs. Brémond* ; *JCP 2002. I. 167, n° 15, obs. Storck* ; *Gaz. Pal. 2003. 408, concl. Sainte-Rose* ; *RTD civ. 2003. 137, obs. Vareille* • 25 juin 2002, n° 98-22.882 P : *JCP 2003. I. 111, n° 22, obs. Storck* ; *Dr. fam. 2002, n° 149, note B. B.* ; *RTD civ. 2002. 790, obs. Hauser* • 4 juill. 2007 : *D. 2008. Pan. 1791, obs. Lemouland et Vigneau* ; *AJ fam. 2007. 399, obs. Hilt*. – V. R. Savatier, *D. 1979. Chron. 147.* ♦ Comp., sur la responsabilité solidaire des époux à l'égard de l'administration fiscale, art. 1691 *bis* et 1723 *ter*-00 B CGI. – Michaud, *Gaz. Pal. 30-31 janv. 2008, Doctr.*

II. EXÉCUTION

A. PRINCIPES DE RÉPARTITION

14. Portée de la règle. L'engagement librement pris par un époux et accepté par l'autre, en dehors du contrat de mariage, pour déterminer la contribution aux charges du ménage, est valable et, en conséquence, son exécution peut être demandée en justice, sous réserve de la possibilité pour chacun des époux d'en faire modifier le montant à tout moment en considération de la situation des parties. • Civ. 1re, 3 févr. 1987 : *Gaz. Pal. 1987. 2. 384, note J. M.* ; *JCP N 1988. II. 65, note Simler.*

15. Incidence de la clause instaurant la fiction d'une contribution au jour le jour. V. notes 4, 5 et 9 ss. art. 1537.

16. Incidence de la clause de non-recours. La clause figurant dans le contrat de mariage des époux stipulant non seulement « que chacun d'eux sera réputé avoir fourni au jour le jour sa part contributive, en sorte qu'aucun compte ne sera fait entre eux à ce sujet », mais également « qu'ils n'auront pas de recours l'un contre l'autre pour les dépenses de cette nature » institue expressément une clause de non-recours entre les parties, ayant la portée d'une fin de non-recevoir. • Civ. 1re, 13 mai 2020, n° 19-11.444 P : *D. 2020. Chron. C. cass. 2190, obs. Azar* ; *ibid. 2206, obs. Godechot-Patris et Grare-Didier* ; *ibid. 2021. 499, obs. Douchy-Oudot* ; *AJ fam. 2020. 362, obs. Casey* ; *RTD civ. 2021. 189, obs. Vareille* ; *JCP N 2020, n° 1171, note Bernard* ; *Dr. fam. 2020, n° 120, note Torricelli-Chrifi.* ♦ Sur la possibilité, en présence de cette même clause, de demander une contribution aux charges du mariage pour l'avenir, compte tenu du caractère d'ordre public de la contribution aux charges du mariage, V. note 1.

17. Prise en compte des facultés respectives des époux. Pour fixer le montant de la contribution d'un époux aux charges du mariage, le juge doit prendre en considération l'ensemble des charges de l'intéressé correspondant à des dépenses utiles ou nécessaires. • Civ. 1re, 15 nov. 1989 : *Bull. civ. I, n° 351.* ♦ Sur l'appréciation des facultés respectives des époux, V. Hauser, obs. *RTD civ. 1991. 709.* ♦ V. aussi • Civ. 1re, 27 oct. 1992 : *D. 1993. 422, note Philippe* ; *RTD civ. 1993. 181, obs. Lucet et Vareille* (nécessité de tenir compte des ressources qu'une gestion utile du capital pourrait procurer) • 26 juin 2013, n° 12-13.366 P : *AJ fam. 2013. 517, obs. de Guillenchmidt-Guignot*.

L'époux est présumé avoir participé aux charges du mariage en proportion de ses facultés et il incombe à l'autre époux de rapporter la preuve contraire. • Civ. 1re, 3 mars 2010 : *cité note 60 ss. art. 1355.*

18. Périodes pour lesquelles la contribution est due. Le juge doit apprécier le bien-fondé de la demande de contribution aux charges du mariage au jour où il statue. • Civ. 1re, 18 févr. 1976 : *Bull. civ. I, n° 77.* ♦ Mais ce principe, qui s'applique seulement lorsqu'il s'agit de fixer la contribution aux charges du mariage pour l'avenir, n'implique nullement que la juridiction saisie ne puisse statuer sur le montant de cette contribution pour une période antérieure à sa décision. • Civ. 1re, 14 févr. 1984, n° 82-16.117 P. – V. aussi • Civ. 1re, 5 juill. 1983 : *Bull. civ. I, n° 197.* ♦ V. note 23.

19. Changements intervenus dans les facultés respectives des époux. Les pensions alimentaires peuvent être modifiées en cas de circonstances nouvelles. • Civ. 1re, 19 mars 2002, n° 99-14.571 P : *AJ fam. 2002. 178, obs. S. D.-B.* ♦ Si la contribution d'un époux aux charges du mariage telle qu'elle a été fixée par une décision de justice peut être modifiée par le juge à compter du jour où un changement est intervenu dans les facultés respectives des parties, les juges du fond apprécient souverainement cette date. • Civ. 1re, 22 nov. 1989, n° 87-14.829 P.

20. Débiteur organisant son insolvabilité. Les juges peuvent maintenir le montant de la pension au versement de laquelle un époux avait été condamné pour sa contribution aux charges du mariage en dépit de la diminution de ressources alléguée par le débiteur, lorsqu'ils constatent que celui-ci s'est mis de façon délibérée dans l'impossibilité de faire face à ses obligations familiales. • Civ. 1re, 12 déc. 1978 : *Bull. civ. I, n° 383.* – Même sens : • Civ. 1re, 7 nov. 1984 : *Gaz. Pal. 1985. 1. 387, note J. M.* • Paris, 16 mars 1988 : *D. 1988. 467, note Philippe ; RTD civ. 1989. 78, obs. Mestre.* ♦ Mais la mauvaise gestion du mari, entrepreneur, ne peut suffire à justifier le rejet de sa demande en réduction de sa contribution, à défaut d'intention prouvée de se soustraire à ses engagements familiaux. • Civ. 1re, 19 nov. 1996 : *JCP 1997. I. 4047, n° 1, obs. Wiederkehr ; Dr. fam. 1997, n° 55, note Lécuyer.* ♦ Sur la répression pénale de l'insolvabilité organisée (art. 314-7 s. C. pén. ; art. 404-1 ancien C. pén.), V. Bertin, *Gaz. Pal. 1985. 1. Doctr. 332.*

21. Exclusion des art. 1213 et 1214 anc. C. civ. La contribution des époux aux dettes étant réglée par l'art. 214 à proportion de leurs facultés respectives, le juge n'a pas à faire application des art. 1213 et 1214 anc. • Civ. 1re, 17 juin 2003, n° 01-14.468 P : *D. 2004. 1118, note Lefranc ; Defrénois 2004. 67, obs. Champenois ; CCC 2003, n° 168, note Raymond ; Dr. fam. 2003, n° 97, note Lécuyer.*

B. MODES DE CONTRIBUTION

1° PRESTATION PÉCUNIAIRE À CARACTÈRE ALIMENTAIRE

22. Indexation. Si la contribution aux charges du mariage est distincte, par son fondement et son but, de l'obligation alimentaire, elle n'en doit pas moins être regardée comme une dette d'aliments au sens de l'art. 79-3, al. 1er, de l'Ord. n° 58-1374 du 30 déc. 1958 (C. mon. fin., art. L. 112-2) ; le montant de la contribution en cause peut donc être indexé sur l'indice des prix à la consommation. • Civ. 1re, 16 juill. 1986, n° 85-11.720 P : *R., p. 134* • 31 mai 1988 : *Gaz. Pal. 1989. 2. 632, note J. M.* • Civ. 2e, 13 janv. 1988 : *Bull. civ. II, n° 21.*

23. Non-application de la règle « aliments ne s'arréragent pas ». V. • Civ. 1re, 8 nov. 1989, n° 87-19.768 P : *Defrénois 1990. 296, obs. Massip.* – V. déjà • Civ. 1re, 9 mai 1967 : *Bull. civ. I, n° 160.* – V. aussi • Civ. 1re, 7 juin 1974 : *D. 1975. 4, note R. Savatier ; JCP 1975. II. 17974, note Larin.*

24. Application de la convention de La Haye du 2 oct. 1973. Application de la convention de La Haye du 2 oct. 1973 sur la loi applicable aux obligations alimentaires : • Civ. 1re, 6 nov. 1990 : *Gaz. Pal. 1991. 2. 647, note Rémery.*

2° AUTRES MODES

25. Occupation du domicile conjugal. L'occupation par le mari et les enfants du domicile conjugal que la femme a abandonné constitue une modalité d'exécution par celle-ci de son obligation de contribuer aux charges du mariage, une telle contribution étant compatible avec l'absence de ressources personnelles. • Civ. 1re, 6 mars 1990, n° 88-17.555 P. – V. aussi • Civ. 1re, 9 oct. 1990, n° 89-11.425 P • 7 nov. 1995, n° 93-21.276 P : *RTD civ. 1996. 225, obs. Vareille*.

26. Remboursement de l'emprunt contracté pour financer l'achat ou l'amélioration du domicile familial. V. note 10.

27. Activité au foyer ou collaboration professionnelle bénévole excédant la contribution aux charges du mariage. Les juges du fond apprécient souverainement que l'aide apportée par l'épouse à l'entreprise du mari est allée au-delà de l'obligation de contribuer aux charges du mariage et que cette collaboration non rémunérée constituait la cause des versements du mari à sa femme. • Civ. 1re, 8 févr. 2000, n° 98-10.846 P : *D. 2000. Somm. 428, obs. Nicod ; JCP 2000. I. 245, n° 1, obs. Wiederkehr* • 25 juin 2002 : *préc. note 13* • 4 juill. 2007 : *préc. note 13.* ♦ Lorsqu'un époux a collaboré à l'activité professionnelle de son conjoint, il peut obtenir indemnité dans la mesure où son activité, allant au-delà de son obligation de contribuer aux charges du mariage, a réalisé à la fois un appauvrissement pour lui du travail fourni sans rémunération et un enrichissement corrélatif du conjoint. • Civ. 1re, 9 janv. 1979 : *D. 1981. 241, note Breton ; Defrénois 1980. 44, note Ponsard* • 30 mai 1979 : *ibid.* • 26 oct. 1982, n° 81-14.824 P : *R., p. 44 ; JCP 1983. II. 19992, note Terré.* ♦ V. aussi note 5 ss. art. 270. ♦ Comp. • Civ. 1re, 14 janv. 2003 : *D. 2003. Somm. 1868, obs. Revel* (refusant au mari une indemnité pour les travaux réalisés sur le bien propre de sa femme, trop modestes pour avoir excédé sa contribution aux charges du mariage) • Civ. 1re, 3 déc. 2008 : *RJPF 2009-2/28, obs. Vauvillé ; RLDC 2009/58, n° 3348, obs. Pouliquen* (estimant que l'épouse, ayant participé à l'activité de son mari, avait agi dans une intention libérale, en raison des liens d'affection qui l'unissait à son époux). ♦ En régime communautaire, les revenus procurés par l'activité d'un époux sur l'exploitation propre à son conjoint tombant en communauté et profitant à celle-ci, cette activité ne peut donner lieu à indemnité sur le fondement de l'art. 214. • Civ. 1re, 27 mars 2007 : *D. 2007. Pan. 2133, obs. Brémond*. ♦ Contribution en industrie aux charges du mariage et travail dissimulé : V. • Crim. 22 oct. 2002, n° 02-81.859 P : *RTD civ. 2004. 127, obs. Vareille*.

28. Rémunération ou financement d'un époux par son conjoint. Le financement par un époux d'une acquisition faite par son conjoint n'est pas une libéralité quand il rémunère une collaboration professionnelle excédant la contribution aux charges du mariage. • Civ. 1re, 24 oct. 1978 : *JCP 1979. II. 19220, note Patarin ; Gaz. Pal. 1979. 2. 528, note D. de La Marnierre* • 10 juill. 1979 : *Defrénois 1980. 44, note Ponsard* • 25 févr. 1981 : *JCP N 1981. II. 205, note Rémy* • 16 juin 1981 : *Bull. civ. I, n° 217.* – Dans le même sens : • Civ. 1re, 25 juin 2002 : *préc. note 27.* ♦ Il en va de même de la rémunération d'une activité consacrée au foyer en sacrifiant une carrière professionnelle. • Civ. 1re, 20 mai 1981 : *Bull. civ. I, n° 175.* – Dans le même sens : • Versailles, 7 janv. 1980 : *Defrénois 1981. 206, note Breton* • 8 janv. 1980 : *eod. loc.* • 17 mars 1980 : *ibid. 49, note Breton.* ♦ Mais encore faut-il établir que les soins apportés à la direction du foyer ont été au-delà de l'obligation de contribuer aux charges du mariage. • Civ. 1re, 4 mars 1980 : *Bull. civ. I, n° 76.* – V. Nerson et Rubellin-Devichi, *RTD civ. 1980. 345.* – Revel, *D. 1983. Chron. 21.* – Sinay-Cytermann, *D. 1983. Chron. 159.*

Art. 215 *(L. n° 70-459 du 4 juin 1970)* **« Les époux s'obligent mutuellement à une communauté de vie. »**

(L. n° 75-617 du 11 juill. 1975) **« La résidence de la famille est au lieu qu'ils choisissent d'un commun accord. »**

(L. n° 65-570 du 13 juill. 1965) **Les époux ne peuvent l'un sans l'autre disposer des droits par lesquels est assuré le logement de la famille, ni des meubles meublants dont il est garni. Celui des deux qui n'a pas donné son consentement à l'acte peut en demander l'annulation : l'action en nullité lui est ouverte dans l'année à partir du jour où il a eu connaissance de l'acte, sans pouvoir jamais être intentée plus d'un an après que le régime matrimonial s'est dissous.**

Sur le droit au bail du local servant à l'habitation des époux, V. C. civ., art. 1751.

BIBL. ► BRUNET, *D. 1977. Chron. 191.* – HÉNAFF, *RTD civ. 1996. 551* (communauté de vie du couple). – COQUEMA et BARTHELET, *Dr. fam. 2010. Étude 10* (mariage sans communauté de vie). – MANIGNE, *JCP 1976. I. 2803.* ► **Devoir conjugal :** BRUGUIÈRE, *D. 2000. Chron. 10*. ► **Logement familial :** BERTRAND, *Gaz. Pal. 1973. 2. Doctr. 480.* – BOSSE-PATIÈRE, *AJ fam. 2008. 375* (libéralités et logement). – CRÉMONT, *JCP N 1999. 271.* – GRIMALDI, *Trav. Assoc. Capitant, XXXIII-1982, p. 421 ; Defrénois 1983. 1025.* – GUYON, *JCP 1966. I. 2041.* – LACROIX-DE SOUSA et LISANTI, *JCP N 2022, n° 1245.* – LANGLADE, *D. 1986. Chron. 166.* – MIRABAIL, *Dr. fam. 2022. Étude 9* (couple et absence de cohabitation). – NERSON, *RTD civ. 1979. 584.* – RUBELLIN-DEVICHI, *ibid. 1985. 714 ; ibid. 1991. 245*. – R. SAVATIER, *Mél. Hébraud, Univ. Toulouse, 1981, p. 799.* – TISSERAND-MARTIN, *Mél. Wiederkehr, Dalloz, 2009, p. 829.* – VAUVILLÉ, *JCP N 1993. I. 79.* – Dossier, *Defrénois 2022/36-37. 16* (logement et couple).

I. LE DEVOIR DE COHABITATION

1. Notion. Pour des motifs d'ordre professionnel, les époux peuvent avoir un domicile distinct, sans qu'il soit pour autant porté atteinte à la communauté de vie. • Civ. 1re, 12 févr. 2014, n° 13-13.873 P : *D. 2014. 482 ; AJ fam. 2014. 192, obs. Hilt* (attribution de la nationalité française par mariage). ♦ Si les époux peuvent avoir temporairement des domiciles distincts, notamment pour des raisons professionnelles, l'intention matrimoniale implique la volonté d'une communauté de vie. • Civ. 1re, 8 juin 1999 : *D. 2000. Somm. 413, obs. Lemouland ; Defrénois 1999. 1256, obs. Massip ; Dr. fam. 1999, n° 110, note Lécuyer.* ♦ V. aussi art. 108.

2. Nationalité, bigamie et polygamie. V. *note 7 ss. art. 21-2.*

A. MANQUEMENT AU DEVOIR DE COHABITATION

3. Vie commune – Exclusion des mesures de coercition. Aucune disposition légale ne confère au juge le pouvoir d'enjoindre à l'un des époux de reprendre la vie commune. • TGI Paris, 18 oct. 1977 : *Gaz. Pal. 1978. 1. 24, note J.-G. M. ; JCP 1978. II. 18820, note Lindon.* ♦ Le recours à des mesures de coercition, de même que le prononcé d'une astreinte, sont impossibles. • TGI Brest, 9 juill. 1974 : *D. 1975. 418, note Prévault* • Aix-en-Provence, 22 juin 1978 : *D. 1979. 192, note Prévault.*

4. … Responsabilité délictuelle. Indépendamment du divorce ou de la séparation de corps et de leurs sanctions propres, l'époux qui invoque un préjudice étranger à celui résultant de la rupture du lien conjugal est recevable à demander réparation à son conjoint dans les conditions du droit commun. • Civ. 1re, 9 nov. 1965 : *D. 1966. 80, note J. Mazeaud ; RTD civ. 1966. [illegible]88, obs. Rodière.* ♦ Le refus de cohabiter constitue une faute dont aucun texte n'indique qu'elle serait exclue du champ d'application de l'a[illegible] art. 1382 [1240] C. civ. et il est donc possible d'agir en réparation de ce chef. • Aix-en-Provence, 22 juin 1978 : *préc.* ♦ Mais, en sens opposé, jugé que le manquement au devoir de cohabitation ne peut trouver sa sanction que dans une procédure en divorce ou en séparation de corps, ce qui exclut l'application du droit commun de la responsabilité civile. • TGI Paris, 18 oct. 1977 : *préc.* • TGI Brest, 9 juill. 1974 : *préc.* ♦ Sur la persistance de la contribution aux charges du mariage en cas de défaut de cohabitation, V. notes ss. art. 214.

5. Relations sexuelles. Dommages-intérêts pour abstinence sexuelle préjudiciable à l'épouse : • Aix-en-Provence, 3 mai 2011 : *JCP 201. 1156, obs. Pizarro ; Gaz. Pal. 2011. 3392, note Pierroux.*

B. DISPENSE JUDICIAIRE DE COHABITATION

6. Inapplicabilité de l'art. 258 en dehors de la procédure de divorce. L'art. 258 C. civ., qui permet à la juridiction saisie de l'action en divorce de statuer, même en cas de rejet de la demande, sur la résidence de la famille et la garde des enfants ne saurait servir de base à une action distincte. • TGI Paris, 18 oct. 1977 : *préc. note 3.*

C. DISPENSE CONVENTIONNELLE DE COHABITATION

7. L'accord ayant pour but d'organiser la vie séparée des époux au mépris des dispositions de l'art. 215 ne peut constituer un fondement valable au désistement d'une instance en séparation de corps. • Civ. 2e, 22 avr. 1977 : *D. 1977. IR 359.*

II. LE LOGEMENT DE LA FAMILLE

A. CARACTÈRE FAMILIAL DU LOGEMENT

8. Logement distinct du domicile conjugal. Le logement de la famille ne s'identifie pas nécessairement avec le domicile conjugal et les juges du fond décident souverainement du lieu où se trouve le logement principal des époux. • Civ. 1re, 22 mars 1972, n° 70-14.049 P • Reims, 13 févr. 1978 : *JCP N 1979. II. 108.*

9. Vie séparée des époux. Le logement dans lequel la femme a été installée par son mari, celui-ci désirant recouvrer sa liberté, et où elle mène une vie séparée, mais où le mari continue à avoir accès, doit être considéré comme le logement de la famille au sens de l'art. 215. • Paris, 29 sept. 1972 : *D. 1975. 540, note Foulon-Piganiol ; JCP 1974. II. 17620, note Théry.*

10. Résidence secondaire. Un immeuble qui sert de résidence secondaire aux époux, et non de résidence principale, ne constitue pas le logement de la famille. • Civ. 1re, 19 oct. 1999, n° 97-21.466 P : *D. 1999. IR 259 ; JCP 2000. I. 245, n° 4, obs. Wiederkehr ; Defrénois 2000. 437, obs. Champenois ; Dr. fam. 2000, n° 42, note Beignier (3e esp.)* (autorisation donnée au mari de vendre seul en application de l'art. 217).

11. Logement occupé au titre d'une jouissance gratuite. En cas d'acquisition, puis de vente d'un appartement par une société représentée par le mari, principal actionnaire, la validité de la vente est subordonnée au consentement de l'épouse, même à supposer écarté le caractère fictif de la société, dès lors que l'épouse avait reçu de son mari l'autorisation expresse d'occuper avec les enfants l'appartement en vertu d'un droit d'associé conférant à celui-ci la jouissance des locaux. • Civ. 1re, 11 mars 1986, n° 84-12.489 P : *R., p. 131.* ♦ Dans le même sens, pour le cas du logement hypothéqué par le mari seul, nu-propriétaire, bénéficiant avec son épouse d'un prêt de jouissance de la part de sa mère, usufruitière : • Civ. 1re, 20 janv. 2004, n° 02-12.130 P : *D. 2004. 2178, note Bicheron ; Defrénois 2005. 710, obs. Champenois ; AJ fam. 2004. 105, obs. Deis-Beauquesne.*

12. Logement appartenant à une société civile immobilière. L'art. 215, al. 3, subordonne au consentement des deux époux les actes de disposition portant sur les droits par lesquels ce logement est assuré, à la condition, lorsque ces droits appartiennent à une société civile immobilière dont l'un des époux au moins est associé, que celui-ci soit autorisé à occuper le bien en raison d'un droit d'associé ou d'une décision prise à l'unanimité de ceux-ci, dans les conditions prévues aux art. 1853 et 1854 C. civ. ; faute de bail, droit d'habitation ou convention de mise à disposition de l'appartement litigieux par la SCI au profit de ses associés, la protection accordée par l'art. 215, al. 3, ne peut être revendiquée. • Civ. 1re, 14 mars 2018, n° 17-16.482 P : *D. 2018. 1428, note Sadi ; ibid. 1104, obs. Lemouland et Vigneau ; AJ fam. 2018. 300, obs. Casey ; RTD civ. 2018. 469, obs. Vareille ; Rev. sociétés 2019. 59, note Naudin ; Dr. fam. 2018, n° 152, note Torricelli-Chrifi.*

13. Procédure de divorce ou de séparation de corps. Le logement de la famille ne perd pas cette qualité lorsque sa jouissance a été attribuée, à titre provisoire, à l'un des époux pour la durée de l'instance en divorce. • Civ. 1re, 26 janv. 2011, n° 09-13.138 P : *D. 2011. Pan. 2624, obs. Revel ; ibid. 2012. 971, obs. Lemouland et Vigneau ; JCP 2011, n° 503, obs. Wiederkehr ; AJ fam. 2011. 261, obs. S. David ; RTD civ. 2011. 330, obs. Hauser ; Dr. fam. 2011, n° 52, obs. Larribau-Terneyre ; RLDC 2011/80, n° 4183, obs.* Gallois (nullité de la vente par un époux seul alors que la dissolution du mariage n'était pas encore intervenue). ♦ Les prescriptions de l'art. 215 s'appliquent tant que la séparation de corps ou le divorce ne sont pas prononcés. • Aix-en-Provence, 22 févr. 1982 : *Gaz. Pal. 1982. 1. 314, note Viatte ; JCP N 1983. II. 58, note Rémy.* – Dans le même sens : • Colmar, 11 juin 1974 : *D. 1975. 540, note Foulon-Piganiol ; Gaz. Pal. 1974. 2. 871, note Viatte ; RTD civ. 1975. 293, obs. Nerson.* ♦ Pour la détermination du logement de la famille d'une personne divorcée surendettée dans le cadre des dispositions de l'art. L. 331-7, 4° [L. 733-1], C.

consom., V. • Civ. 2e, 14 mai 2009, n° 07-21.599 P : *D. 2009. AJ 1533, obs. Avena-Robardet ; RTD civ. 2009. 510, obs. Hauser*.

B. NATURE DES ACTES NÉCESSITANT OU NON LE CONSENTEMENT DES DEUX ÉPOUX

1° ACTES ENTRE VIFS

14. Bail. Il résulte des termes généraux de l'art. 215, al. 3, que ce texte vise les actes qui anéantissent les droits réels ou les droits personnels de l'un des conjoints sur le logement familial ; tel est le cas du bail consenti par un époux sur la résidence de la famille. • Civ. 1re, 16 mai 2000, n° 98-13.441 P : *D. 2000. IR 192 ; Defrénois 2001. 460, obs. Champenois ; Dr. fam. 2001, n° 2, note Beignier ; Loyers et copr. 2000, n° 264, note Vial-Pedroletti ; RTD civ. 2001. 416 ; ibid. 418, obs. Vareille* (nullité du bail, nonobstant le fait que l'épouse avait, au moment du bail, quitté la résidence familiale et introduit une requête en divorce).

15. Promesse de vente. Seule une promesse synallagmatique a la nature d'un acte de disposition au sens de l'art. 215. • Civ. 1re, 6 avr. 1994 : *JCP 1994. IV. 1540 ; JCP 1995. I. 3821, n° 1, obs. Wiederkehr.* ♦ Une épouse qui a valablement signé un mandat de vente du logement familial conjointement avec son mari est non moins valablement engagée que celui-ci par l'acceptation, par l'acquéreur, de l'offre de vente adressée au public, la vente étant ainsi devenue parfaite, l'acte sous seing privé de vente eût-il été signé par le mari seul. • Civ. 3e, 20 mars 1996 : *JCP 1996. I. 3962, n° 1, obs. Wiederkehr.*

16. Donation avec réserve d'usufruit. La donation avec réserve d'usufruit de l'immeuble constituant le logement familial par le seul mari à ses enfants n'enfreint pas la règle de l'art. 215, al. 3, l'usufruit ne prenant fin qu'à la mort de l'époux et donc à la dissolution du mariage. • Civ. 1re, 22 mai 2019, n° 18-16.666 P : *D. 2019. 1643, note Rousseau ; ibid. 2216, obs. Godechot-Patris et Grare-Didier ; AJ fam. 2019. 413, obs. Levillain ; RTD civ. 2019. 641, obs. Vareille ; JCP 2019, n° 730, note Kilgus ; JCP N 2019, n° 1272, note Bouchard ; Defrénois 2019/40. 28, note Soulié ; Dr. fam. 2019. Étude 16, note Sadi.*

17. Vente avec réserve d'usufruit. Dès lors que la vente consentie par le mari réserve à l'épouse la jouissance du logement conjugal, sa vie durant, il n'est pas porté atteinte aux dispositions de l'art. 215. • *TGI Paris, 16 déc. 1970 : Gaz. Pal. 1971. 1. 115.* ♦ Comp. pour le cas de réserve d'usufruit au seul époux propriétaire vendeur, le vendeur ayant agi en pleine connaissance des dispositions de l'art. 215 et de la précarité de l'opération frauduleuse à laquelle il s'associait : • Civ. 1re, 16 juin 1992, n° 89-17.305 P : *Defrénois 1992. 1156, obs. Champenois ; JCP N 1993. II. 109, obs. Wiederkehr ; RTD civ. 1993. 636, obs. Lucet et Vareille*.

18. Partage. L'art. 215, al. 3, ne fait pas obstacle à une demande en partage des biens indivis des époux, dès lors que sont préservés les droits sur le logement de la famille. • Civ. 1re, 19 oct. 2004 : *D. 2005. Pan. 812, obs. Lemouland et Vigneau*. – V. aussi • Civ. 1re, 4 juill. 1978 : *cité note 23.*

19. Cautionnement. L'engagement en qualité de caution d'une femme mariée est valable, aucune fraude n'étant constatée ni alléguée, dès lors que cet engagement est distinct de l'affectation hypothécaire donnée en garantie, laquelle, portant sur l'immeuble servant au logement de la famille, a été annulée pour avoir été accordée sans le consentement de son mari. • Civ. 1re, 17 nov. 1981, n° 80-11.181 P. – V. aussi • Civ. 1re, 18 juin 1985 : *D. 1986. 485, note Mouly.* ♦ La fraude qui peut rendre inopposable à un époux l'acte de cautionnement de son conjoint suppose un concert frauduleux entre celui-ci et le créancier. • Civ. 1re, 1er juill. 1986 : *Bull. civ. I, n° 191.* ♦ Sur l'apport de la L. du 23 déc. 1985, lorsque le logement est un bien commun aux époux, V. art. 1415.

20. Hypothèque conventionnelle. Viole l'art. 215, al. 3, une cour d'appel qui refuse d'annuler la constitution d'une hypothèque consentie par le mari seul sur un immeuble lui appartenant en propre, mais assurant le logement de la famille. • Civ. 1re, 17 déc. 1991, n° 90-11.908 P : *JCP 1992. I. 3614, n° 1, obs. Wiederkehr ; Defrénois 1992. 396 (1re esp.), obs. Champenois.* ♦ Mais, la promesse d'hypothèque ne constituant pas un acte de disposition, est valable la promesse de cautionnement hypothécaire consentie par un époux seul sur le logement de la famille. • Civ. 3e, 29 mai 2002, n° 99-21.018 P : *D. 2003. 1024, note Azavant ; Defrénois 2002. 1317, obs. Champenois ; AJ fam. 2002. 266, obs. F. B. ; RJPF 2002-11/21, obs. Vauvillé.*

21. Assurance. Un époux ne peut résilier sans le consentement de son conjoint le contrat d'assurance garantissant le logement familial. • Civ. 2e, 10 mars 2004, n° 02-20.275 P : *D. 2004. Somm. 2257, obs. Brémond ; ibid. Somm. 2963, obs. Lemouland ; JCP 2004. I. 176, n° 3, obs. Wiederkehr ; Defrénois 2004. 1462, obs. Champenois ; AJ fam. 2004. 188, obs. Bicheron ; Dr. fam. 2004, n° 64, note Larribau-Terneyre ; RTD civ. 2004. 270, obs. Hauser, et 538, obs. Vareille ; RGDA 2004. 350, note Mayaux.* – Même sens : • Civ. 1re, 14 nov. 2006, n° 05-19.402 P : *D. 2007. 349, note Raoul-Cormeil ; ibid. Pan. 1567, obs. Lemouland et Vigneau ; JCP 2007. I. 142, n° 7, obs. Wiederkehr ; AJ fam. 2007. 89, obs. Chénedé ; RJPF 2007-2/15, note Vauvillé ; RGDA 2007. 69, note Mayaux ; LPA 25 juin 2007, note Yildirim ; ibid. 27 août 2007, note Antippas ;*

RTD civ. 2007. 376 ⊘ et 378, *obs. Vareille* ⊘ (l'action en nullité ne peut être exercée que dans le délai d'un an prévu par l'art. 215, al. 3).

2º ACTES À CAUSE DE MORT

22. Testament. L'art. 215 qui protège le logement de la famille pendant le mariage ne porte pas atteinte au droit qu'a chaque conjoint de disposer de ses biens à cause de mort. • Civ. 1re, 22 oct. 1974 : *D. 1975. 645, note Foulon-Piganiol ; JCP 1975. II. 18041, note Chartier ; RTD civ. 1975. 296, obs. Nerson.*

3º DROIT DE POURSUITE DES CRÉANCIERS

23. Vente forcée. L'art. 215 n'est pas applicable à une vente forcée poursuivie en vertu de la L. du 13 juill. 1967 sur la liquidation des biens. • Civ. 3e, 12 oct. 1977 : *D. 1978. 333, note Chartier ; RTD civ. 1979. 584, obs. Nerson.* ♦ V. conf., sous l'empire de la L. du 25 janv. 1985 : • Civ. 1re, 21 mai 1997, ⛫ nº 95-14.102 P : *D. Affaires 1997. 905 ; JCP 1997. I. 4054, nº 14, obs. Pétel ; Dr. fam. 1997, nº 122, note Lécuyer.* – Vauvillé, *Dr. et patr. 4/1998. 53.* ♦ Hors le cas de fraude, les dispositions de l'art. 215 doivent être considérées comme inopposables aux créanciers, sous peine de frapper les biens d'une insaisissabilité contraire à la loi. • Civ. 1re, 4 juill. 1978 : *D. 1979. 479, note Chartier ; JCP 1980. II. 19368, note Labbouz ; RTD civ. 1979. 585, obs. Nerson.* – V. aussi • Paris, 20 nov. 1984 : *JCP 1986. II. 20584, note Dagot.*

24. Hypothèque judiciaire. L'inscription d'hypothèque judiciaire, simple exercice d'une prérogative légale reconnue au titulaire d'une créance, même chirographaire, n'est pas en soi un acte de disposition au sens de l'art. 215, al. 3, et, hors le cas de fraude, cette disposition légale, qui ne rend pas insaisissable le logement de la famille, ne permet pas d'annuler ou de rendre inopposable à la femme l'engagement de caution pris par son mari. • Civ. 1re, 8 janv. 1985, ⛫ nº 83-15.647 P. – Déjà en ce sens : • Civ. 1re, 4 oct. 1983 : *JCP 1984. II. 20188 (1re esp.), note Chartier ; Gaz. Pal. 1984. 2. 445, note Henry.* – V. aussi • Civ. 1re, 5 févr. 1985 : *JCP N 1986. II. 72, note Simler ; Defrénois 1986. 186, note Théry.*

25. Cas où le logement est indivis. L'art. 215, al. 3, est applicable à une demande en partage d'un bien indivis par lequel est assuré le logement de la famille fondée sur l'art. 815. • Civ. 1re, 3 avr. 2019, ⛫ nº 18-15.177 P : *AJDI 2019. 815, obs. Cohet* ⊘ ; *AJ fam. 2019. 339, obs. Casey* ⊘ ; *RTD civ. 2019. 613, obs. Dross* ⊘ ; *ibid. 640, obs. Vareille* ⊘ (cassation de l'arrêt ayant retenu que l'art. 215 n'est pas applicable lorsqu'une vente forcée est poursuivie par le liquidateur judiciaire agissant aux lieu et place d'un des époux, peu important que l'action ait été engagée, sur le fondement de l'art. 815 ou de l'art. 815-17). ♦ Les dispositions protectrices du logement familial de l'art. 215, al. 3, ne peuvent, hors le cas de fraude, être opposées aux créanciers personnels d'un indivisaire usant de la faculté de provoquer le partage au nom de leur débiteur en application de l'art. 815-17, al. 3. • Civ. 1re, 16 sept. 2020, ⛫ nº 19-15.939 P : *D. 2020. 1837* ⊘ ; *AJ fam. 2020. 598, obs. Casey* ⊘ ; *RTD civ. 2021. 187, obs. Vareille* ⊘ ; *JCP N 2021, nº 1109, note Torricelli-Chrifi ; Dr. fam. 2020, nº 147, obs. Torricelli-Chrifi.* ♦ Les dispositions de l'art. 215 n'interdisent pas d'accueillir une demande formée par un créancier, sur le fondement de l'art. 815-17, en licitation et partage d'un immeuble indivis entre époux séparés de biens, servant au logement de la famille. • Civ. 1re, 3 déc. 1991 : ⛫ *Defrénois 1992. 396 (2e esp.), obs. Champenois ; JCP N 1992. II. 373, nº 1, obs. G. W.* • 21 mai 1997 : ⛫ *préc.* ♦ V. aussi, autorisant le créancier à provoquer le partage par la voie de l'action oblique : • Paris, 8 déc. 1995 : *JCP 1996. I. 3962, nº 2, obs. Wiederkehr.*

C. MODALITÉS D'APPLICATION DE L'ART. 215, AL. 3

26. Consentement du conjoint. L'art. 215 n'exige pas que, pour un acte de nature à priver la famille de son logement, le consentement de chaque conjoint soit constaté par écrit ; il suffit que ce consentement soit certain. • Civ. 1re, 13 avr. 1983 : *Bull. civ. I, nº 120* • 7 avr. 1998 : ⛫ *Dr. fam. 1998, nº 113, note Lécuyer.* ♦ Le consentement du conjoint, exigé par l'art. 215, al. 3, doit porter non seulement sur le principe de la disposition des droits par lesquels est assuré le logement de la famille, mais aussi sur les conditions de leur cession. • Civ. 1re, 16 juill. 1985 : *JCP N 1986. II. 71, note Simler.* ♦ Ce consentement peut résulter d'un mandat de vente donné à un agent immobilier. • Lyon, 5 nov. 1980 : *JCP N 1983. II. 40.* ♦ ... Du moins, s'il ressort des pièces produites que les deux conjoints ont effectivement consenti à ce mandat. • Civ. 1re, 28 nov. 2006 : ⛫ *AJDI 2007. 409, note Thioye* ⊘ ; *Dr. fam. 2007, nº 16, obs. Beignier (1re esp.) ; RTD civ. 2007. 375, obs. Vareille* ⊘. ♦ Sur la théorie de l'apparence (qualité de mandataire apparent d'un époux engageant son conjoint), V. note 12 ss. art. 1424.

27. Intérêt à agir. L'époux dont le consentement n'a pas été donné a seul qualité pour exercer l'action en nullité de l'acte de disposition, par son conjoint, des droits par lesquels est assuré le logement de la famille, mais doit justifier d'un intérêt actuel à demander l'annulation de l'acte. • Civ. 1re, 3 mars 2010, ⛫ nº 08-13.500 P : *D. 2010. 1608, note Mauger-Vielpeau* ⊘ ; *ibid. Pan. 1040, obs. Lemouland et Vigneau* ⊘ ; *JCP 2010, nº 487, § 3, obs. Wiederkehr ; AJ fam. 2010. 187, note Chénedé* ⊘ ; *Dr. fam. 2010, nº 61, obs. Beignier ; Defrénois 2010. 1466, note Massip ; ibid. 2011. 364, obs. Champenois ; RLDC 71/2010, nº 3810, obs. Ansault ; ibid. nº 3816, obs.*

Pouliquen ; RDC 2010. 1354, obs. Sérinet ; RTD civ. 2010. 305, obs. Hauser ; *ibid. 365, obs. Vareille* (irrecevabilité de la demande présentée alors que l'épouse a quitté le logement familial au cours de l'instance en divorce).

28. Autorisation de justice. Sur la possibilité d'une autorisation de justice suppléant le défaut de consentement d'un époux, V. • Paris, 29 sept. 1972 : *préc. note 9, et note 2 ss. art. 217.* ♦ Sur la représentation, par habilitation judiciaire, du conjoint empêché de manifester sa volonté, V. note 4 ss. art. 219.

29. Prescription de l'action. Caducité de l'assignation. L'assignation dont la caducité a été constatée ne pouvant interrompre le cours de la prescription, l'action est prescrite lorsque après une première assignation devenue caduque, par application de l'art. 757 C. pr. civ., une nouvelle assignation n'a été délivrée qu'après l'expiration du délai imposé par l'art. 215, al. 3. • Cass., ass. plén., 3 avr. 1987, n° 86-11.536 P : *R., p. 231 ; JCP 1987. II. 20792, concl. Cabannes.*

30. ... Point de départ. L'action en nullité étant ouverte au conjoint dans l'année à partir du jour où il a eu connaissance de l'acte, cette action ne peut être déclarée prescrite sans qu'il soit constaté que le conjoint avait depuis plus d'un an connaissance du caractère synallagmatique de la promesse consentie par l'autre époux et par conséquent de sa nature d'acte de disposition au sens de l'art. 215. • Civ. 1re, 6 avr. 1994 : *JCP 1995. I. 3821, n° 1, obs. Wiederkehr.* ♦ Inversement, en présence d'une lettre adressée à la banque et démontrant que l'époux était informé du prêt consenti à son épouse depuis plus d'un an. • Civ. 1re, 28 févr. 2006, n° 02-19.809 P : *D. 2006. Pan. 1414, obs. Lemouland et Vigneau, et 2067, obs. Brémond* ; *JCP 2006. I. 193, obs. Wiederkehr.*

Prescription de l'action introduite plus d'un an après la dissolution du régime matrimonial. • Civ. 1re, 12 janv. 2011, n° 09-15.631 P : *D. 2011. Pan. 1040, obs. Lemouland et Vigneau* ; *ibid. Pan. 2624, obs. Revel* ; *AJ fam. 2011. 271, obs. Hilt* ; *Dr. fam. 2011, n° 31, obs. Larribau-Terneyre ; JCP N 2012, n° 1155, note Massip ; RLDC 2011/80, n° 4178, obs. Gallois.*

31. ... Domaine d'application du délai de l'art. 215. Dès lors que l'acte portant sur un bien commun n'encourt la nullité que dans la seule mesure où ce bien est affecté au logement de la famille, l'action en nullité est soumise au délai d'un an de l'art. 215, al. 3, et non à celui de deux ans de l'art. 1427, al. 2. • Civ. 1re, 14 nov. 2006 : *préc. note 21.*

32. ... Nullité invoquée par voie d'exception. L'art. 215, al. 3, ne peut avoir pour effet de priver le conjoint du droit d'invoquer la nullité comme moyen de défense contre la demande d'exécution d'un acte irrégulièrement passé par l'autre époux. • Civ. 1re, 8 févr. 2000 : *Dr. fam. 2000, n° 89, note Beignier ; RTD civ. 2000. 888, obs. Vareille*. – V. déjà • Paris, 9 oct. 1997 : *Dr. fam. 1998, n° 73, note Beignier.* ♦ Mais l'exception de nullité ne peut être invoquée par le demandeur agissant par voie d'action. • Civ. 1re, 14 nov. 2006 : *préc. note 21.*

33. Mise en cause de l'acheteur. Faute pour elle d'avoir mis en cause l'acheteur dans la procédure engagée contre son mari, l'épouse doit être déboutée de sa demande en annulation de la vente, consentie par le mari seul, des meubles meublants se trouvant dans le logement familial. Une telle vente, cependant, n'est pas opposable à l'épouse et le mari doit être condamné à rapporter à la masse communautaire la valeur des meubles vendus. • Aix-en-Provence, 22 févr. 1982 : *JCP N 1983. II. 58, note Rémy ; Gaz. Pal. 1982. 1. 314, note Viatte.*

34. Nullité. La nullité de la promesse de vente signée par l'époux sans le consentement de l'épouse prive l'acte de tout effet, y compris dans les rapports du mari avec ses autres cocontractants. • Civ. 1re, 3 mars 2010, n° 08-18.947 P : *D. 2010. AJ 765* ; *D. 2011. Pan. 1040, obs. Lemouland et Vigneau* ; *JCP 2010, n° 487, § 2, obs. Wiederkehr ; ibid., § 24, obs. Storck ; AJ fam. 2010. 189, note Milleville* ; *Dr. fam. 2010, n° 72, note Larribau-Terneyre ; Defrénois 2011. 368, obs. Champenois ; RLDC 2010/70, n° 3764, obs. Le Gallou ; ibid. n° 3782, obs. Pouliquen ; RDC 2010. 1354, obs. Sérinet* (impossibilité de condamner l'époux au paiement de l'indemnité prévue par la promesse de vente). ♦ L'acte signé par le mari en méconnaissance de l'art. 215, al. 3, étant nul en son entier, ne peut être déclarée valable une promesse de porte-fort incluse dans cet acte. • Civ. 1re, 11 oct. 1989 : *D. 1990. 310, note Le Guidec* ; *D. 1992. Somm. 219, obs. Lucet* ; *JCP 1990. II. 21549, note Henry ; JCP N 1990. II. 261, note Venandet ; RTD civ. 1991. 387, obs. Vareille* .

D. ÉVALUATION DES BIENS CONSTITUANT LE LOGEMENT DE LA FAMILLE

35. Droit civil. L'inaliénabilité relative qui, par application de l'art. 215, frappe le logement familial est sans incidence sur l'évaluation du bien telle que la prescrit l'art. 1099-1, al. 2, C. civ. • TGI Paris, 5 avr. 1973 : *Gaz. Pal. 1974. 1. 21, note L.B. ; RTD civ. 1974. 437, obs. R. Savatier ;* et, sur appel, • Paris, 7 juin 1974 : *Gaz. Pal. 1974. 2. 504, note Viatte.*

36. Droit fiscal. Le logement familial doit être évalué, au plan de l'ISF, en l'état des circonstances de fait, comme un bien occupé (application d'une décote maximale de 20 % sur la valeur du bien). • Com. 13 févr. 1996 : *JCP N 1996. 789, note Faucher.* ♦ Même solution pour la liquidation des droits de succession. • Com. 16 déc. 1997 : *JCP N 1998. 223, note Faucher ; Dr. fam. 1998, n° 57, note Grillet-Ponton.*

Art. 216 *(L. n° 65-570 du 13 juill. 1965)* Chaque époux a la pleine capacité de droit ; mais ses droits et pouvoirs peuvent être limités par l'effet du régime matrimonial et des dispositions du présent chapitre.

Art. 217 *(L. n° 65-570 du 13 juill. 1965)* Un époux peut être autorisé par justice à passer seul un acte pour lequel le concours ou le consentement de son conjoint serait nécessaire, si celui-ci est hors d'état de manifester sa volonté ou si son refus n'est pas justifié par l'intérêt de la famille.

L'acte passé dans les conditions fixées par l'autorisation de justice est opposable à l'époux dont le concours ou le consentement a fait défaut, sans qu'il en résulte à sa charge aucune obligation personnelle. — *V. C. pr. civ., art. 1213 et 1286 s.*

BIBL. ▶ Champenois, *D. 1989. 536* (refus d'un époux et intérêt de la famille). – Couzigou-Suhas et Le Levier, *AJ fam. 2006. 198* (habilitations judiciaires entre époux). – Delbano, *D. 1999. Chron. 408* (principe de subsidiarité dans les régimes de protection des majeurs). – Langé, *RTD civ. 1984. 33* (conjoint de l'aliéné). – Montanier, *ibid. 1984. 1.* – Raoul-Cormeil, *Gaz. Pal. 2010. 3276* (logement de la famille). – Sagaut, *AJ fam. 2003. 124* (empêchement ou impéritie des époux).

1. Appréciation souveraine. Les juges du fond apprécient souverainement que la vente projetée apparaît conforme aux intérêts de la famille. • Civ. 1re, 22 nov. 2005, n° 03-13.621 P : *D. 2006. Pan. 1421, obs. Lemouland et Vigneau ; JCP 2006. I. 141, n° 5, obs. Wiederkehr ; Dr. fam. 2006, n° 21, note Larribau-Terneyre* • 30 sept. 2009, n° 08-13.220 P : *D. 2009. AJ 2489, obs. Égéa ; ibid. 2010. Pan. 1243, obs. Serra ; JCP 2010, n° 487, § 4, obs. Wiederkehr ; AJ fam. 2009. 451, obs. David ; Dr. fam. 2009, n° 150, note Larribau-Terneyre ; Defrénois 2010. 865, obs. Massip ; RJPF 2010-2/24, note Vauvillé ; RLDC 2009/65, n° 3613, obs. Pouliquen ; RTD civ. 2009. 703, obs. Hauser.*

2. Actes visés (exemples) : actes de disposition sur le logement familial. Autorisation demandée par le mari de vendre contre le gré de sa femme l'immeuble, dont il est propriétaire, où est situé le logement familial. • Paris, 29 sept. 1972 : *D. 1975. 540, note Cl.-I. Foulon-Piganiol ; JCP 1974. II. 17620, note Théry.* – V. aussi • Civ. 1re, 19 oct. 1999 : *V. note 10 ss. art. 215.* ♦ L'attribution, à titre provisoire, de la jouissance du domicile conjugal à l'un des époux par le juge du divorce ne fait pas obstacle à une autorisation judiciaire de vente du logement familial à la demande de l'autre époux. • Civ. 1re, 30 sept. 2009 : *préc. note 1.*

3. ... Actes de disposition sur un immeuble commun. Autorisation d'affectation hypothécaire d'un immeuble commun demandée par le mari, la femme étant hors d'état de manifester sa volonté. • TGI Nevers, 29 nov. 1972 : *D. 1973. 415, note G. A. ; Defrénois 1973. 937, note Massip.* ♦ Autorisation demandée par le mari de vendre un immeuble commun en vue d'acquitter le passif de la communauté, malgré l'opposition de la femme. • Civ. 1re, 31 janv. 1974 : *Bull. civ. I, n° 37* • Dijon, 16 sept. 1998 : *BICC 1er mai 1999, n° 560 ; RTD com. 1999. 992, obs. Paisant* (époux en instance de divorce et bénéficiant d'un plan de surendettement).

4. ... Actes de disposition sur un fonds de commerce commun. Autorisation demandée par la femme de céder à des tiers la gestion d'un fonds de commerce qui constitue un bien commun qu'elle exploite. • TGI Argentan, 16 mai 1968 : *JCP N 1979. II. 15774 bis, note J. A.* ♦ Autorisation demandée par la femme de vendre seule une officine de pharmacie qu'elle exploite, mais qui fait partie du patrimoine commun. • Grenoble, 7 nov. 1972 : *Gaz. Pal. 1973. 1. 286.* – V. aussi • Civ. 1re, 22 nov. 2005 : *préc. note 1.*

5. ... Perception des capitaux issus de la vente d'un bien soumis à cogestion. Autorisation demandée par le mari de recevoir le prix de vente d'un fonds de commerce commun (en l'espèce, absence d'autorisation car refus de l'épouse justifié par l'intérêt de la famille). • TGI Grenoble, 25 juill. 1989 : *D. 1989. 536, note Champenois.*

Art. 218 *(L. n° 65-570 du 13 juill. 1965)* Un époux peut donner mandat à l'autre de le représenter dans l'exercice des pouvoirs que le régime matrimonial lui attribue. *(L. n° 85-1372 du 23 déc. 1985, art. 1er)* « Il peut, dans tous les cas, révoquer librement ce mandat. » — *V. ndlr ss. art. 226.*

Art. 219 *(L. n° 65-570 du 13 juill. 1965)* Si l'un des époux se trouve hors d'état de manifester sa volonté, l'autre peut se faire habiliter par justice à le représenter, d'une manière générale, ou pour certains actes particuliers, dans l'exercice des pouvoirs résultant du régime matrimonial, les conditions et l'étendue de cette représentation étant fixées par le juge.

A défaut de pouvoir légal, de mandat ou d'habilitation par justice, les actes faits par un époux en représentation de l'autre ont effet, à l'égard de celui-ci, suivant les règles de la gestion d'affaires. — *V. C. pr. civ., art. 1213 et 1286 s.*

BIBL. ▸ Couzigou-Suhas et Le Levier, *AJ fam. 2006. 198* (habilitations judiciaires entre époux).

1. Domaine d'application. L'art. 219 est applicable quel que soit le régime matrimonial des époux (en l'espèce : séparation de biens). • Civ. 1re, 18 févr. 1981, n° 80-10.403 P : *JCP N 1981. II. 155, note Rémy ; RTD civ. 1982. 140, obs. Nerson et Rubellin-Devichi ; Defrénois 1981. 964, obs. Champenois* • 1er oct. 1985 : *Bull. civ. I, n° 237 ; JCP N 1986. II. 249, note Simler.*

2. Rapport avec d'autres régimes de protection. L'art. 219 est applicable, même si le conjoint dont la représentation est demandée aurait pu, en raison de son état, être placé sous le régime de la tutelle. • Civ. 1re, 9 nov. 1981 : *JCP 1982. II. 19808, note Prévault ; RTD civ. 1982. 137, obs. Nerson et Rubellin-Devichi ; Defrénois 1982. 423, obs. Champenois* • TGI Paris, 11 oct. 1996 : *D. 1998. 39, note de Béchillon ; Dr. fam. 1998, n° 43, note Beignier.* ♦ Il est encore applicable si le conjoint dont la représentation est demandée est déjà placé sous un des régimes de protection institué par la L. n° 68-5 du 3 janv. 1968 (en l'espèce : la curatelle). • Civ. 1re, 18 févr. 1981 : *préc. note 1.* ♦ V. note 3 ss. art. 428.

3. Rôle du juge. La finalité de la disposition de l'art. 219 conduit à prendre en considération l'intérêt bien compris de l'époux qui doit être représenté et donc personnellement engagé (vente d'une résidence secondaire). • Civ. 1re, 1er oct. 1985 : *préc. note 1.*

4. Vente du logement familial, propriété de l'époux hors d'état de manifester une volonté. Le conjoint du propriétaire du logement familial empêché de manifester sa volonté (maladie d'Alzheimer) peut être autorisé judiciairement à le représenter en vue de disposer des droits par lesquels est assuré le logement de la famille. • Paris, 16 déc. 1999 : *JCP 2001. I. 309, n° 1, obs. Wiederkehr.*

5. Gestion d'affaires. Cassation de l'arrêt annulant un bail portant sur un fonds rural commun consenti par le mari seul, sans rechercher, comme il était demandé, s'il n'avait pas agi en gérant d'affaires. • Civ. 3e, 21 févr. 2001 : *JCP N 2001. 1122, note Casey ; RJPF 2001-6/26, note Vauvillé.*

Art. 220 *(L. n° 65-570 du 13 juill. 1965)* **Chacun des époux a pouvoir pour passer seul les contrats qui ont pour objet l'entretien du ménage ou l'éducation des enfants : toute dette ainsi contractée par l'un oblige l'autre solidairement.**

La solidarité n'a pas lieu, néanmoins, pour des dépenses manifestement excessives, eu égard au train de vie du ménage, à l'utilité ou à l'inutilité de l'opération, à la bonne ou mauvaise foi du tiers contractant.

(L. n° 85-1372 du 23 déc. 1985, art. 2) **« Elle n'a pas lieu non plus, s'ils n'ont été conclus du consentement des deux époux, pour les achats à tempérament ni pour les emprunts à moins que ces derniers ne portent sur des sommes modestes nécessaires aux besoins de la vie courante »** *(L. n° 2014-344 du 17 mars 2014, art. 50)* **« et que le montant cumulé de ces sommes, en cas de pluralité d'emprunts, ne soit pas manifestement excessif eu égard au train de vie du ménage. »** – *V. ndlr ss. art. 226.*

BIBL. ▸ Alleaume, *Dr. fam. 1999. Chron. 5* (achats à crédit). – Baudin-Maurin, *RRJ 2000/4-1. 1471* (dette ménagère à crédit). – Capdeville et Naudin, *D. 2014. 1606* (modification par L. du 17 mars 2014). – Chatain, *D. 2021. 1970* (solidarité fiscale du couple). – Daviaud, *D. 2003. Chron. 848* (de l'entretien du ménage aux besoins de la vie courante). – Lucet et Vareille, *RTD civ. 1991. 584*. – Rzepecki, *JCP 1999. I. 148* (opérations de crédit et solidarité ménagère). – Souleau-Travers, *Defrénois 2002. 569* (solidarité légale dans le mariage et dans le PACS). – Vareille, *RTD civ. 1994. 924*. – Yamba, *JCP N 1996. I. 1505* (solidarité et séparation). ▸ Dossier, *AJ fam. 2004. 8* (couples et solidarité). – Dossier, *AJ fam. 2015. 316* (charges du ménage).

1. Fonction du texte. La solidarité instituée par l'art. 220 a pour seul objet la protection des créanciers et ne peut donc créer à leur encontre des obligations à l'égard des personnes tenues envers eux. • Lyon, 27 juin 2000 : *Dr. fam. 2001, n° 7, note Beignier.*

L'art. 220 se borne à énoncer une règle d'obligation solidaire des époux aux dettes ménagères *et non de contribution* entre eux. • Civ. 1re, 17 juin 2003, n° 01-14.468 P : *D. 2004. 1118, note Lefranc ; Defrénois 2004. 67, obs. Champenois ; CCC 2003, n° 168, note Raymond ; Dr. fam. 2003, n° 97, note Lécuyer* • 26 sept. 2007 : *D. 2008. Pan. 1792, obs. Lemouland et Vigneau ; RJPF 2008-1/17, obs. Vauvillé.*

I. RÉGIME GÉNÉRAL (AL. 1er)

A. CARACTÈRE MATRIMONIAL DE LA SOLIDARITÉ

2. Exclusion du concubinage. L'art. 220 n'est pas applicable en cas de concubinage : V. note 8 ss. art. 515-8.

3. Incidence de la séparation de fait. La séparation de fait laisse subsister les obligations nées du mariage. • Civ. 1re, 10 mars 1998, n° 96-15.829 P : *Defrénois 1998. 1462, obs. Champenois ; Dr. fam. 1998, n° 71, note Beignier.* ♦ Mais, en cas de séparation de fait, les circonstances dans lesquelles un contrat d'abonnement téléphonique a été souscrit à son seul nom par un époux peuvent exclure la solidarité, étant constaté que la dette n'avait pas pour objet l'intérêt du ménage. • Civ. 1re, 15 nov. 1994 : *Gaz. Pal. 1995. 2. 666, note Mathieu ; JCP N 1995. II. 1465, obs. Wiederkehr ; Defrénois 1995. 434, obs. Champenois ; RTD civ. 1995. 421, obs. Vareille*.

4. *Incidence du divorce.* L'obligation solidaire des époux dure jusqu'à ce que le divorce soit opposable aux tiers par accomplissement des formalités de mentions en marge prescrites par les règles de l'état civil. • Civ. 1re, 7 juin 1989 : *D. 1990. 21, note Massip* • Civ. 2e, 3 oct. 1990, no 88-18.453 P : *D. 1992. Somm. 219, obs. Lucet ; JCP N 1991. II. 57 (2e esp.), obs. Simler ; Defrénois 1991. 1126 (1re esp.), obs. Champenois* • Civ. 1re, 13 oct. 1992 : *JCP 1993. II. 22047, note Hauser ; JCP N 1993. II. 110, obs. Wiederkehr ; Defrénois 1993. 380, obs. Champenois, et 708, obs. Massip ; RTD civ. 1993. 180, obs. Lucet et Vareille ; Vial-Pedroletti, JCP N 1993. Prat. 2675.* ♦ Cependant, les juges du fond peuvent considérer que n'est pas destinée à l'entretien du ménage ni à l'éducation de l'enfant commun la dette d'indemnité d'occupation pesant sur un époux qui s'est maintenu dans les lieux loués après résiliation du bail, alors que le divorce était prononcé mais non encore transcrit. • Civ. 1re, 14 févr. 1995 : *JCP 1995. II. 22498, note Djigo ; D. 1995. Somm. 325, obs. Lucet ; RTD civ. 1996. 223, obs. Vareille*.

B. OBJET DES DETTES MÉNAGÈRES

5. *Entretien des enfants.* Obligent solidairement les deux époux des dettes résultant des factures de soins et d'hospitalisation de l'un des enfants. • Civ. 2e, 10 juill. 1996, no 94-19.388 P : *JCP 1997. I. 4008, no 1, obs. Wiederkehr.*

6. *Dépenses de santé.* Il résulte de l'al. 1er de l'art. 220 que toute dette de santé contractée par un époux engage l'autre solidairement, sauf si les frais litigieux entrent dans les prévisions de l'al. 2 de ce texte. • Civ. 1re, 17 déc. 2014, no 13-25.117 P : *D. actu. 9 janv. 2015, obs. Mésa ; D. 2015. 1408, obs. Lemouland et Vigneau ; ibid. 2094, obs. Revel ; AJ fam. 2015. 109, obs. Hilt ; RTD civ. 2015. 116, obs. Hauser ; JCP 2015, no 253, note Casey ; Dr. fam. 2015, no 74, obs. Beignier* (frais d'hospitalisation). ♦ Les soins dentaires dispensés à un époux constituent des dépenses engagées pour l'entretien du ménage, sauf caractère manifestement excessif. • Civ. 1re, 10 mai 2006, no 03-16.593 P : *D. 2007. Pan. 1567, obs. Lemouland et Vigneau ; JCP 2006. I. 193, obs. Wiederkehr ; AJ fam. 2006. 292, obs. Chénedé*. ♦ Application de la solidarité ménagère au contrat permettant d'accueillir un époux dépendant dans une maison spécialisée : • Toulouse, 23 avr. 2009 : *JCP 2009. 391, no 1, obs. Wiederkehr* (absence de caractère excessif des dépenses, la demande d'aide sociale ayant été rejetée par la faute du conjoint).

7. *Logement familial : loyers.* Les époux, cotitulaires du bail du local servant à leur habitation (art. 1751), sont tenus solidairement du règlement du loyer et des charges. • Civ. 2e, 3 oct. 1990 : *préc. note 4.* ♦ ... Jusqu'à ce qu'en cas de divorce les formalités de publicité prescrites par les règles de l'état civil aient été accomplies. • Même arrêt. • Civ. 1re, 13 oct. 1992 : *préc. note 4* • Civ. 3e, 2 juin 1993, no 91-14.522 P : *Defrénois 1993. 1443, obs. Champenois* (pour un jugement de séparation de corps) • 27 mai 1998, no 96-13.543 P : *Dr. fam. 1998, no 95, note Lécuyer* • 2 févr. 2000, no 97-18.924 P : *D. 2001. Somm. 168, obs. CRDP Nancy 2 ; JCP 2000. I. 245, no 8, obs. Wiederkehr ; Defrénois 2000. 1177, obs. Bénabent ; Dr. fam. 2000, no 41, note Beignier.* ♦ ... Sans qu'un époux puisse, pour échapper à cette obligation, faire état de son départ du domicile conjugal. • Paris, 31 janv. 1980 : *D. 1980. IR 258* • Civ. 2e, 3 oct. 1990 : *préc. note 4* (épouse autorisée à résider séparément) • Civ. 3e, 16 déc. 1998 : *JCP 1999. II. 10105, note Garé (idem).* ♦ ... Et même s'il a fait délivrer congé au bailleur. • Civ. 1re, 13 oct. 1992 : *préc.* • Civ. 3e, 19 juin 2002 : *JCP 2002. IV. 2396.* ♦ ... Ou lorsque le bailleur l'a déchargé de ses obligations, cette convention étant susceptible de nuire à l'épouse au titre de la créance résultant de la contribution à la dette locative. • Civ. 1re, 17 juin 2015, no 14-17.906 P : *D. 2015. 1756, note Nicolle ; ibid. 2016. 566, obs. Mekki ; ibid. 1334, obs. Lemouland et Vigneau ; RTD civ. 2016. 436, obs. Vareille ; JCP 2015, no 994, note Casey ; RDC 2015. 919, obs. Goldie-Génicon ; JCP N 2015, no 1185, note Mauger-Vielpeau ; Defrénois 2016. 471, note Champenois.* ♦ *Contra :* • Civ. 3e, 13 déc. 1989 : *Bull. civ. III, no 232.*

8. *... Bail conclu après l'ordonnance de résidence séparée.* Mais la solidarité ne peut être appliquée à un bail conclu par le mari pour son usage exclusif après l'ordonnance de non-conciliation ayant autorisé les époux à résider séparément, ce bail n'étant pas destiné à l'entretien du ménage. • Civ. 2e, 24 nov. 1999, no 97-19.079 P : *JCP 2000. II. 10284, note Casey* • Civ. 1re, 27 avr. 2004 : *D. 2005. Pan. 812, obs. Lemouland et Vigneau ; Dr. fam. 2004, no 94, note Larribau-Terneyre.* – Dans le même sens : • Civ. 1re, 27 avr. 2004 : *RJPF 2004-9/35, obs. Garé* ; RTD civ. 2004. 763, obs. Vareille.

9. *... Location-attribution.* En matière de location-attribution, la clause d'attribution de propriété ne produisant ses effets qu'après paiement de la totalité des mensualités dues, jusqu'à cette date le signataire du contrat a la seule qualité de locataire et ce bail ayant pour objet d'assurer le logement de la famille oblige solidairement les deux époux. • Civ. 1re, 9 oct. 1990, no 89-10.924 P : *JCP N 1991. II. 57 (1re esp.), obs. Simler ; Defrénois 1991. 1126 (2e esp.), obs. Champenois.*

10. *... Indemnité d'occupation après rési-*

liation du bail. La solidarité de l'art. 220 s'applique au règlement de l'indemnité d'occupation due par l'épouse, demeurée seule dans le logement du ménage, dont le bail avait été résilié postérieurement au départ du mari, pour non-paiement des loyers. • Civ. 1re, 7 juin 1989 : *D. 1990. 21, note Massip*. – Dans le même sens : • Rouen, 28 mars 2000 : *JCP 2001. I. 309, n° 2, obs. Wiederkehr.* ♦ *Contra :* • Rouen, 30 janv. 1990 : *Gaz. Pal. 1990. 2. 464, note Pronier.* ♦ Comp. • Civ. 3e, 8 avr. 1992, n° 90-15.047 P, décision refusant la condamnation solidaire à dommages-intérêts, pour dégradations constatées après la fin du bail, de l'épouse qui avait quitté les lieux avant la fin du bail en vertu d'une ordonnance l'autorisant à résider séparément. ♦ V. aussi note 4.

Après résiliation du bail et alors qu'il est informé qu'elle a quitté les lieux, le bailleur ne peut agir sur le fondement de l'indivision contre l'épouse, dont le mari a continué d'occuper les locaux, sans démontrer, ni même alléguer le caractère ménager de la dette. • Civ. 1re, 17 mai 2017, n° 16-16.732 P : *AJDI 2017. 680, obs. Damas ; AJ fam. 2017. 422, obs. Casey ; Gaz. Pal. 2017. 3373, note Vergara.*

11. ... Charges de copropriété. Doivent être considérées comme des dettes ménagères les charges de copropriété afférentes à un lot propre à l'un des époux, si ce lot est affecté au logement de la famille. • Aix-en-Provence, 30 mars 1995 : *JCP 1995. I. 3908, n° 5, 1re esp., obs. Wiederkehr.* – Dans le même sens : • Civ. 3e, 1er déc. 1999 : *JCP 2000. I. 245, n° 7, obs. Wiederkehr ; JCP N 2000. 643, étude Djigo.*

12. Contrat de travail d'une employée de maison. Une cour d'appel ne peut écarter la solidarité entre époux (en instance de divorce) relativement à diverses sommes dues à une employée de maison sans rechercher si le contrat de travail de celle-ci, occupée au domicile de l'épouse, n'avait pas pour objet l'entretien du ménage ou l'éducation des enfants communs. • Soc. 8 juin 2005, n° 02-47.689 P : *D. 2005. 2509, note J. Mouly ; D. 2006. Pan. 1421, obs. Lemouland et Vigneau ; AJ fam. 2005. 324, obs.Chénedé ; Dr. fam. 2005, n° 233, note Fadeuilhe ; LPA 1er-2 mai 2006, note Yildirim ; RTD civ. 2005. 817, obs. Vareille.* ♦ Rappr. • Soc. 11 mars 2009, n° 07-43.977 P : *D. 2010. 728, obs. Lemouland et Vigneau ; JCP 2009. II. 10098, note Larribau-Terneyre ; ibid. 391, n° 1, obs. Simler ; RLDC 2009/60, n° 3428, obs. Pouliquen ; Dr. fam. 2009. comm. 51, obs. Larribau-Terneyre ; Dr. soc. 2009. 736, obs. Savatier ; RTD civ. 2010. 802, obs. Vareille.*

13. Exclusion des opérations d'investissement. Les opérations d'investissement d'un ménage, et notamment celles qui ont pour objet de lui permettre de se constituer un patrimoine immobilier, n'entrent pas dans la catégorie des actes ménagers d'entretien et d'éducation auxquels l'art. 220 attache la solidarité de plein droit. • Civ. 1re, 11 janv. 1984, n° 82-15.461 P : *Gaz. Pal. 1984. Pan. 206, obs. Grimaldi ; Defrénois 1984. 933, obs. Champenois.* ♦ Comp. avec le caractère ménager des loyers dus en matière de location-attribution, V. note 9.

14. ... Marché portant sur la construction du logement familial. La conclusion d'un marché de travaux portant sur la construction d'une maison individuelle destinée au logement de la famille constitue une opération d'investissement qui n'entre pas dans la catégorie des dépenses ménagères. • Civ. 1re, 4 juill. 2006, n° 03-13.936 P : *D. 2007. Pan. 1567, obs. Lemouland et Vigneau ; JCP 2006. I. 193, obs. Wiederkehr ; AJ fam. 2006. 329, obs. Chénedé ; Dr. fam. 2006, n° 183, note Larribau-Terneyre ; RJPF 2006-11/21, obs. Vauvillé ; LPA 15 oct. 2007, note Antippas ; RTD civ. 2006. 811, obs. Vareille.*

15. Dette de dommages-intérêts. La dette de dommages-intérêts qui tend à réparer le préjudice résultant d'un détournement de fonds commis par le mari n'entre pas dans la catégorie des dépenses ménagères auxquelles est attachée la solidarité de plein droit. • Civ. 1re, 9 janv. 2008 : *D. 2008. Pan. 1792, obs. Lemouland et Vigneau ; Dr. fam. 2008, n° 24, note Larribau-Terneyre ; RJPF 2008-5/19, obs. Vauvillé.*

16. Cas des dépenses de loisir. La solidarité instituée par l'art. 220 est fondée sur la nécessité, sinon sur l'urgence de la dépense ; une épouse n'est donc pas solidairement tenue avec son mari du paiement du prix d'un billet d'avion, dette contractée par le mari seul pour un voyage d'agrément. • Paris, 11 oct. 1989 : *JCP N 1991. II. 57 (6e esp.), obs. Simler.* ♦ En sens inverse, le train de vie du ménage permettant de considérer la dépense comme normale : • Paris, 5 juill. 1996 : *Dr. fam. 1997, n° 50, note Beignier.*

17. Achat d'une automobile. V. note 26.

C. NATURE CONTRACTUELLE OU NON DES DETTES MÉNAGÈRES

18. Principe. L'art. 220 a vocation à s'appliquer à toute dette même non contractuelle ayant pour objet l'entretien du ménage ou l'éducation des enfants. • Civ. 1re, 7 juin 1989 : *D. 1990. 21, note Massip.*

19. Indemnité d'occupation après résiliation du bail. V. note 10.

20. Cotisations afférentes à un régime de prévoyance sociale. BIBL Lefebvre, *Mél. Colomer, Litec, 1993, p. 235* (assurance et solidarité ménagère). ♦ Obligation solidaire au paiement des cotisations (obligatoires) à la caisse de retraite des médecins français dues du chef d'un époux. • TGI Paris, 10 déc. 1973 : *D. 1975. 265, note D. Martin.* – V. conf. • Bordeaux, 15 oct. 1985 : *Defrénois 1987. 1195, obs. Champenois* • Agen, 13 janv. 1988 : *JCP N 1991. II. 57 (9e esp.), obs. Simler.* ♦ Constituent une dette ménagère des cotisations d'assurance vieillesse dès lors que ce régime institue le principe d'un droit à réversion au profit du conjoint survivant à la date où les cotisations sont dues. • Civ. 1re, 29 juin 2011 : *D. 2012. 971, obs. Lemouland et Vigneau ; JCP 2011. 1697, obs. Zelcevic-Duhamel* (absence d'incidence de la séparation des époux). ♦ Obligation solidaire au paiement des primes afférentes à une police d'assurance contre la maladie, complémentaire des régimes d'assurance maladie obligatoire. • Reims, 7 janv. 1980 : *D. 1980. IR 457.* ♦ Obligation solidaire au paiement des sommes dues à une caisse d'allocations familiales dont la créance a pris naissance au cours du mariage (en l'espèce, remboursement de prestations indues). • Soc. 26 oct. 1972 : *Bull. civ. V, n° 589* • 19 mars 1986 : *JCP N 1988. II. 35, note Simler ; Defrénois 1987. 1195 (1re esp.), obs. Champenois.* ♦ Obligation solidaire au paiement de cotisations d'assurance vieillesse ou d'assurance maladie. • Civ. 1re, 9 oct. 1991, n° 89-16.111 P • 18 févr. 1992, n° 90-17.360 P : *D. 1993. Somm. 217, obs. Lucet ; JCP 1993. II. 22084, note Noguerol* • Soc. 5 mai 1995, n° 91-19.098 P • Civ. 1re, 24 oct. 1995 : *JCP 1995. I. 3908, n° 2, obs. Wiederkehr* • Soc. 4 oct. 2001, n° 99-21.406 P : *R., p. 376 ; D. 2001. IR 3090 ; AJ fam. 2002. 31, et les obs.* • Civ. 1re, 20 nov. 2001, n° 99-17.329 P : *D. 2001. IR 3585 ; Dr. fam. 2002, n° 17, note Lécuyer (1re esp.)* • 28 oct. 2003, n° 01-16.985 P : *D. 2004. IR 189 ; Defrénois 2004. 821, obs. Champenois* • 12 mai 2004, n° 02-30.716 P : *D. 2004. 2886, note Likillimba ; ibid. Somm. 2966, obs. Vigneau ; AJ fam. 2004. 368, obs. Attuel-Mendès ; Dr. fam. 2004, n° 116, note Larribau-Terneyre, et n° 165, note Devers* • 4 juin 2009, n° 07-13.122 P : *D. 2010. Pan. 728, obs. Lemouland et Vigneau ; JCP 2009, n° 37, p. 54, obs. Billiau ; ibid. 391, n° 1, obs. Simler ; AJ fam. 2009. 303, obs. Chénedé ; Dr. fam. 2009, n° 100, note* Larribau-Terneyre ; *Defrénois 2009. 2184, obs. Massip ; ibid. 2010. 333, note Champenois ; RJPF 2010-1/23, obs. Vauvillé ; RLDC 2009/63, n° 3542, obs. Pouliquen ; RTD civ. 2010. 800, obs. Vareille* . ♦ ... Ainsi que des majorations de retard, accessoire indissociable des cotisations. • Civ. 1re, 17 mai 1993, n° 91-17.144 P : *Defrénois 1993. 1363, obs. Massip ; JCP N 1994. II. 223, n° 6, obs. Wiederkehr.* ♦ Comp., pour des cotisations ayant pour objet la constitution d'une rente propre au mari, parce que non réversible : • Civ. 1re, 16 avr. 1996, n° 94-13.803 P : *JCP 1996. I. 3962, n° 3, obs. Wiederkehr ; Defrénois 1996. 1443, obs. Champenois ; RTD civ. 1996. 584, obs. Hauser* .

21. *Cotisations sociales afférentes aux salaires d'une employée de maison.* V. • Soc. 12 mai 1977 : *Bull. civ. V, n° 316.*

II. EXCLUSION DES DETTES MANIFESTEMENT EXCESSIVES (AL. 2)

22. *Appréciation de l'excès.* Importance manifestement excessive des engagements, eu égard au train de vie du ménage : – achat de mobilier : • Metz, 14 nov. 1978 : *JCP 1979. IV. 278 ; Defrénois 1980. 598, obs. Champenois.* ♦ – achat d'un magnétoscope : • Paris, 21 mai 1982 : *Defrénois 1982. 1647, obs. Champenois.* ♦ – achat d'une voiture de luxe. • Aix-en-Provence, 17 janv. 1994 : *JCP N 1995. II. 689, obs. G. W.* ♦ V., cependant, en sens inverse, pour l'achat d'une automobile : • Paris, 9 mars 1998 : *Gaz. Pal. 1990. 1. 7, note Pronier ; JCP N 1991. II. 57 (6e esp.), obs. Simler.*

III. EXCLUSION DES ACHATS À TEMPÉRAMENT ET DES EMPRUNTS (AL. 3)

A. ACHATS À TEMPÉRAMENT

23. *Indifférence de l'importance de la dépense.* La dette née d'un contrat d'achat à tempérament conclu par un époux est exclue de la solidarité prévue par l'art. 220, le peu d'importance des achats étant une circonstance indifférente. • Civ. 1re, 12 juill. 1994 : *D. 1996. 117, note Guineret-Brobbel Dorsman ; RTD civ. 1996. 221, obs. Vareille*

24. *Distinction entre emprunts et achats à tempérament.* V. Lécuyer, *Dr. fam. 1998, n° 70.* ♦ Sur l'exclusion de la qualification d'achat à tempérament en matière d'ouverture de crédit, V. note 25.

B. EMPRUNTS

1° QUALIFICATION

25. *Opérations non concernées : ouverture de crédit.* L'exclusion ne concerne pas une ouverture de crédit à caractère ménager. • Nîmes, 21 mars 1996 : *JCP 1996. I. 3962, n° 4, obs. Wiederkehr* • Paris, 2 sept. 1997 : *Dr. fam. 1998, n° 70, obs. B. B.* • Bourges, 30 avr. 1996 : *Dr. fam. 1998, n° 70, obs. B. B.*

26. *... Achat en crédit-bail.* N'est pas concerné un achat en crédit-bail d'un véhicule à usage familial. • Grenoble, 11 sept. 1996 : *Dr. fam. 1997, n° 51, note Beignier.*

27. *Opération concernée : crédit renouvelable.* Relève de la solidarité ménagère le contrat de crédit revolving souscrit par un époux avant son mariage, qui s'est renouvelé tous les ans pendant le mariage, l'emprunt ayant été utilisé pour effectuer des achats de petits montants pour les besoins vestimentaires et mobiliers du ménage et notamment pour l'enfant commun, dépenses qui ne sauraient de par leurs objet, montant et utilité, échapper à la solidarité entre époux. • Civ. 1re, 13 nov. 2008 : *D. 2010. Pan. 728, obs. Lemouland et Vigneau ; RJPF 2009-1/27, obs. Vauvillé ; RLDC 2009/56, n° 3273, obs. Evenat.*

2° EXCEPTION : EMPRUNTS SOLIDAIRES

28. *Emprunt souscrit par les deux époux.* Dès lors que l'emprunt, contracté pour les besoins du ménage et conforme au train de vie de celui-ci, a été conclu du consentement des deux époux (absence de falsification de la signature de l'époux), il n'y a pas lieu de rechercher s'il portait sur des sommes modestes nécessaires aux besoins de la vie courante. • Civ. 1re, 3 juin 2003, n° 00-20.370 P : *D. 2003. IR 1667* ; *Defrénois 2003. 1355, obs. Champenois* ; *AJ fam. 2003. 314, obs. S. D.-B.* ; *RJPF 2003-11/21, note Vauvillé* ; *Dr. fam. 2003, n° 148, note Beignier (1re esp.)*. ♦ Absence de solidarité de l'emprunt conclu du consentement des deux époux s'il est dépourvu de caractère ménager. • Civ. 1re, 28 nov. 2006 : *JCP 2007. I. 142, n° 5, obs. Wiederkehr.* ♦ Nécessité d'un consentement exprès. • Civ. 1re, 16 janv. 2003 : *JCP 2003. I. 158, n° 5, obs. Wiederkehr.* ♦ V. également note 27 pour un crédit renouvelable.

29. Emprunt souscrit par un époux seul : première condition, exigence du caractère ménager. Caractère reconnu à l'emprunt effectué en vue de l'amélioration du logement principal du ménage. • Bordeaux, 18 sept. 1989 : *JCP N 1991. II. 57 (5e esp.), obs. Simler.*

30. ... Emprunt contracté pour les besoins d'une entreprise (non). Un emprunt fait par un époux pour assurer le fonctionnement de son entreprise est hors du domaine de l'art. 220. • Civ. 1re, 10 mai 1995 : *JCP 1996. I. 3908, n° 3, obs. Wiederkehr* • Poitiers, 22 janv. 2002 : *Dr. fam. 2002, n° 129, obs. Beignier (3e esp.).*

31. ... Solidarité de l'emprunt ménager contracté au cours de l'instance en divorce. Les juges du fond ayant estimé, par une appréciation souveraine, qu'il était prouvé que le prêt contracté par le mari était destiné à l'entretien de la famille, l'épouse est solidairement tenue de la dette et le mari est en droit de demander que son épouse, avec qui il est en instance de divorce, soit tenue de le garantir pour moitié. • Civ. 1re, 12 juin 1990, n° 88-18.808 P.

32. ... Preuve de la destination ménagère des fonds empruntés. Il appartient à celui qui a prêté des fonds à l'un des époux et qui entend bénéficier de la solidarité de l'art. 220 d'établir que le prêt avait pour objet l'entretien du ménage ou l'éducation des enfants. • Civ. 1re, 17 janv. 1990, n° 87-19.462 P : *Defrénois 1990. 553, obs. Champenois.* – V. aussi • Civ. 1re, 28 févr. 2006, n° 03-12.540 P : *JCP 2006. I. 193, obs. Wiederkehr.* ♦ Le simple fait que les fonds empruntés par le mari aient fait l'objet d'un chèque établi à l'ordre de la femme et encaissé par elle ne suffit pas à démontrer que l'engagement a été contracté pour l'entretien du ménage et l'éducation des enfants. • Versailles, 22 avr. 1988 : *JCP N 1991. II. 57 (4e esp.), obs. Simler.*

33. ... Deuxième condition, emprunts portant sur des sommes modestes nécessaires aux besoins de la vie courante. Absence de solidarité pour les dettes résultant du fonctionnement du compte du mari à découvert, faute de constater le consentement de l'épouse ou que ce compte avait uniquement porté sur des sommes modestes nécessaires aux besoins de la vie courante. • Civ. 1re, 5 oct. 2016, n° 15-24.616 P : *D. 2016. 2507, note Simler et Lasserre Capdeville* ; *AJ fam. 2016. 547, obs. Hilt* ; *Dr. fam. 2017, n° 14, note Torricelli-Chrifi* ; *Dr. et part. mars. 2017, p. 25, note Waterlot.* ♦ Refus de la solidarité d'un emprunt contracté pour l'achat d'une voiture. • Douai, 25 mars 1999 : *JCP 2000. I. 245, n° 6, obs. Wiederkehr* • Pau, 22 févr. 1996 : *JCP 1997. I. 124, obs. Wiederkehr* • Rouen, 25 janv. 2000 : *CCC 2001, n° 78, note Raymond.*

34. ... Pouvoir d'appréciation des juges du fond. Appréciation souveraine des juges du fond. • Civ. 1re, 16 avr. 1996 : *JCP 1997. I. 124, obs. Wiederkehr.* ♦ ... Pour autant qu'ils s'expliquent sur l'importance de l'emprunt. • Civ. 1re, 26 juin 2001 : *RJPF 2001-11/32, obs. Vauvillé* ; *RTD civ. 2002. 557, obs. Vareille* . ♦ ... Et en même temps sur son caractère nécessaire aux besoins de la vie courante : • Civ. 1re, 27 nov. 2001, n° 99-20.546 P : *D. 2002. 2910, note Baudin-Maurin* ; *JCP 2002. II. 10138, concl. Petit* ; *Defrénois 2002. 1017, obs. Champenois* ; *AJ fam. 2002. 32, et les obs.* ; *Dr. fam. 2002, n° 17, note Lécuyer (2e esp.)* ; *RJPF 2002-3/25, note Vauvillé* ; *RTD civ. 2002. 558, obs. Vareille* • 17 déc. 2002 : *D. 2003. Somm. 1863, obs. Brémond (1re esp.)* • 3 juin 2003, n° 00-21.984 P : *D. eod. loc. (2e esp.)* ; *AJ fam. 2003. 313, obs. S. D.-B.* ; *RJPF 2003-11/21, note Vauvillé* ; *Dr. fam. 2003, n° 148, note Beignier (2e esp.).* – V. aussi • Civ. 1re, 28 sept. 2004 : *Dr. fam. 2004, n° 195* ; *RTD civ. 2005. 170, obs. Vareille* • 6 déc. 2005, n° 02-17.819 P : *JCP 2006. I. 141, n° 2, obs. Wiederkehr* ; *Dr. fam. 2006, n° 13, note Beignier* • 6 déc. 2005, n° 02-18.059 P : *eod. loc.* • 3 janv. 2006, n° 03-14.542 P : *JCP 2006. I. 141, n° 2, obs. Wiederkehr* ; *Dr. fam. 2006, n° 47, note Larribau-Terneyre* • 4 juin 2007, n° 05-15.351 P : *D. 2007. AJ 1790, obs. P. Guiomard* ; *ibid. 2008. Pan. 1792, obs. Lemouland et Vigneau* ; *JCP E 2007. 2377, n° 23, obs. Salgueiro* ; *AJ fam. 2007. 403, obs. F. C.* ; *Dr. fam. 2007, n° 139, note Larribau-Terneyre* ; *RTD civ. 2007. 617, obs. Vareille* ; *RTD com. 2007. 573, obs. D. Legeais* (non-pertinence du critère tiré de la nécessité de l'emprunt) • 1er juill. 2009 : *JCP 2009. 391, n° 3, obs. Wiederkehr.*

35. ... Imitation de la signature du conjoint. Le fait que l'un des époux ait imité la signature de l'autre est une circonstance indifférente, en ce qu'elle n'empêche pas que le prêt soit reconnu solidaire s'il porte sur des sommes modestes nécessaires aux besoins de la vie courante. • Besançon, 29 mai 2002 : *Dr. fam. 2002, n° 129, obs. Beignier (1re esp.)* • Aix-en-Provence, 7 mars 2002 : *eod. loc. (2e esp.)* • Colmar, 13 mai 2002 : *JCP 2003. I. 158, n° 6, obs. Wiederkehr.*

Art. 220-1 *(L. nº 65-570 du 13 juill. 1965)* **Si l'un des époux manque gravement à ses devoirs et met ainsi en péril les intérêts de la famille,** *(L. nº 93-22 du 8 janv. 1993)* **« le juge aux affaires familiales » peut prescrire toutes les mesures urgentes que requièrent ces intérêts.**

Il peut notamment interdire à cet époux de faire, sans le consentement de l'autre, des actes de disposition sur ses propres biens ou sur ceux de la communauté, meubles ou immeubles. Il peut aussi interdire le déplacement des meubles, sauf à spécifier ceux dont il attribue l'usage personnel à l'un ou à l'autre des conjoints.

(Abrogé par L. nº 2010-769 du 9 juill. 2010, art. 1er, à compter du 1er oct. 2010) (L. nº 2004-439 du 26 mai 2004, art. 22-I) ***« Lorsque les violences exercées par l'un des époux mettent en danger son conjoint, un ou plusieurs enfants, le juge peut statuer sur la résidence séparée des époux en précisant lequel des deux continuera à résider dans le logement conjugal. Sauf circonstances particulières, la jouissance de ce logement est attribuée au conjoint qui n'est pas l'auteur des violences. Le juge se prononce, s'il y a lieu, sur les modalités d'exercice de l'autorité parentale et sur la contribution aux charges du mariage. Les mesures prises sont caduques si, à l'expiration d'un délai de quatre mois à compter de leur prononcé, aucune requête en divorce ou en séparation de corps n'a été déposée. »***

(L. nº 2004-439 du 26 mai 2004, art. 22-I) **« La durée des** *(Abrogé par L. nº 2010-769 du 9 juill. 2010, art. 1er, à compter du 1er oct. 2010)* ***« autres »*** **mesures prises en application du présent article doit être déterminée par le juge et ne saurait, prolongation éventuellement comprise, dépasser trois ans. »** *— Entrée en vigueur le 1er janv. 2005. — V. C. pr. civ., art. 1290.*

Sur les mesures de protection contre les violences au sein du couple, V. art. 515-9. s.

1. Autonomie de la protection familiale assurée par l'art. 220-1. La demande fondée sur l'art. 220-1 est différente de celle qui tend à faire fixer la contribution aux charges du mariage en cas de séparation de fait ; la prorogation de séquestre de biens communs jusqu'au règlement par un époux des loyers de l'appartement occupé par l'autre n'ajoute pas à la part contributive fixée par le juge des sommes non prévues par les décisions du fond et n'est qu'une mesure urgente destinée à remédier aux difficultés d'un des conjoints. • Civ. 1re, 18 nov. 1970 : *JCP 1971. II. 16780, note Patarin ; RTD civ. 1971. 697, obs. Hébraud.*

2. Concours avec d'autres procédures. Rien n'interdit d'avoir recours à l'art. 220-1 lorsque est en cours une autre procédure relative aux rapports entre époux : divorce. • Nancy, 12 déc. 1968 : *D. 1969. 300, note Cl.-I. Foulon-Piganiol.* ♦ ... Séparation de corps : • TGI Digne-les-Bains, 1er juill. 1972 : *D. 1973. 259, note Cl.-I. Foulon-Piganiol ; JCP 1973. II. 17443, note D. Mayer ; RTD civ. 1974. 391, obs. Nerson.* ♦ ... Séparation de biens judiciaire : • TGI Nevers, 13 juill. 1971 : *D. 1971. 643, note G.A.* • *Civ. 1re, 13 nov. 2003,* nº 01-16.977 P : *D. 2003. IR 2868 ; Defrénois 2005. 713, obs. Champenois ; AJ fam. 2004. 69, obs. Bicheron* . – V. en ce sens l'art. 257.

3. Domaine de l'intervention judiciaire en vertu de l'art. 220-1. Les dispositions de l'art. 220-1 ne sauraient se limiter aux intérêts patrimoniaux et les mesures prises peuvent porter aussi bien sur le plan extra-patrimonial. • Nancy, 12 déc. 1968 : *préc.* • TGI Saintes, 21 oct. 1969 : *JCP 1970. IV. 223.* ♦ *Contra* : limitation au domaine patrimonial • TGI Pontoise, 23 mars 1966 : *D. 1966. 516 ; RTD civ. 1967. 137, obs. Nerson.*

4. ... Limites. L'art. 220-1 ne permet pas au juge d'établir les modalités d'une séparation de fait. • TGI Saintes, 10 juin 1966 : *D. 1967. 540* (V. cependant Cl.-I. Foulon-Piganiol, *D. 1967. Chron. 207).* ♦ ... Ni d'ordonner des mesures constituant une immixtion dans la gestion d'une société. • TGI Annecy, 13 mai 1966 : *Gaz. Pal. 1966. 2. 87 ; RTD civ. 1967. 379, obs. Nerson.* – Dans le même sens : • Versailles, 25 juin 1995 : *JCP 1996. I. 3962, nº 5, obs. Wiederkehr.* ♦ ... Ni d'autoriser un époux à vendre un bien de la communauté. • TGI Paris JAM, 14 juin 1976 : *JCP 1976. IV. 6641* • Versailles, 29 nov. 1991 : *JCP 1992. I. 3614, nº 2, obs. Wiederkehr ; RTD civ. 1992. 630, obs. Lucet et Vareille* .

5. Exemples de mesures prises en vertu de l'art. 220-1. Interdiction de disposer et de déplacer les meubles : • Nancy, 12 déc. 1968 : *préc. note 2* • TGI Nevers, 13 juill. 1971 : *ibid.* ♦ Mise sous séquestre de biens communs : • Civ. 1re, 18 nov. 1970 : *préc. note 1.* ♦ Immatriculation au nom de l'épouse de la moitié des actions appartenant à la communauté : • TGI Digne-les-Bains, 1er juill. 1972 : *préc. note 2.* ♦ Habilitation de l'épouse à recouvrer des créances de la communauté : • TGI Nevers, 9 nov. 1973 : *JCP 1974. IV. 6420, note J. A.* ♦ Interdiction faite à un époux d'utiliser un véhicule automobile : • TGI Saint-Brieuc, 1er juin 1967 : *Gaz. Pal. 1967. 2. 13.* – V. aussi Prévault, *D. 1968. Chron. 57.* ♦ Nomination d'un administrateur provisoire auquel est confiée l'administration du patrimoine commun. • Civ. 1re, 5 nov. 1996, nº 94-14.160 P : *JCP 1997. I. 4047, nº 11, obs. Wiederkehr ; Defrénois 1997. 814, obs. Champenois ; RTD civ. 1997. 725, obs. Vareille* .

♦ Nomination d'un administrateur provisoire de la société appartenant aux deux époux. • Bordeaux, 9 déc. 2010, n° 10/00100 : *D. 2012. 971, obs. Lemouland et Vigneau ; Dr. fam. 2011, n° 92, obs. Larribau-Terneyre.* – V. déjà • Orléans, 25 mars 1987 : *JCP N 1988. II. 66, obs. Simler.*

6. Caractère provisoire des mesures ordonnées en application de l'art. 220-1. L'obligation faite au juge par l'art. 220-1 de déterminer la durée des mesures de sauvegarde qu'il ordonne n'est pas prévue à peine de nullité de la décision qui a un caractère provisoire et dont les dispositions peuvent à tout moment être rapportées ou modifiées. • Civ. 1re, 25 oct. 1972 : *Bull. civ. I, n° 222.*

7. Violences exercées par un époux contre son conjoint. V. art. 515-9 s.

Art. 220-2 *(L. n° 65-570 du 13 juill. 1965)* **Si l'ordonnance porte interdiction de faire des actes de disposition sur des biens dont l'aliénation est sujette à publicité, elle doit être publiée à la diligence de l'époux requérant. Cette publication cesse de produire effet à l'expiration de la période déterminée par l'ordonnance, sauf à la partie intéressée à obtenir dans l'intervalle une ordonnance modificative, qui sera publiée de la même manière.**

Si l'ordonnance porte interdiction de disposer des meubles corporels, ou de les déplacer, elle est signifiée par le requérant à son conjoint, et a pour effet de rendre celui-ci gardien responsable des meubles dans les mêmes conditions qu'un saisi. Signifiée à un tiers, elle le constitue de mauvaise foi. – *V. L. n° 65-570 du 13 juill. 1965, art. 6, ss. art. 1581.*

Art. 220-3 *(L. n° 65-570 du 13 juill. 1965)* **Sont annulables, à la demande du conjoint requérant, tous les actes accomplis en violation de l'ordonnance, s'ils ont été passés avec un tiers de mauvaise foi, ou même, s'agissant d'un bien dont l'aliénation est sujette à publicité, s'ils sont simplement postérieurs à la publication prévue par l'article précédent.**

L'action en nullité est ouverte à l'époux requérant pendant deux années à partir du jour où il a eu connaissance de l'acte, sans pouvoir jamais être intentée, si cet acte est sujet à publicité, plus de deux ans après sa publication.

Art. 221 *(L. n° 65-570 du 13 juill. 1965)* **Chacun des époux peut se faire ouvrir, sans le consentement de l'autre, tout compte de dépôt et tout compte de titres en son nom personnel.**

(L. n° 85-1372 du 23 déc. 1985, art. 3) **« A l'égard du dépositaire, le déposant est toujours réputé, même après la dissolution du mariage, avoir la libre disposition des fonds et des titres en dépôt. »** – *V. ndlr ss. art. 226.*

BIBL. ▶ Beaubrun, *Defrénois 2010. 913* (autonomie bancaire des époux). – Boucris-Maitral, *D. 2006. Chron. 820* . – Dauchy, *RTD com. 1986. 1.* – Dupuis, *D. 1988. Chron. 39.* – D. Martin, *D. 1989. Chron. 135.* – Rubellin-Devichi, *RTD civ. 1985. 709.* – Watine-Drouin, *Clés pour le siècle, Dalloz, 2000, p. 1479.* – Dossier, *AJ fam. 2006. 273 et 275* .

1. Portée de la présomption. A l'égard de la banque, l'épouse a, par application de l'art. 221, le pouvoir suffisant d'encaisser sur son compte personnel un chèque dont les deux époux sont bénéficiaires et qui a été endossé par chacun d'eux. • Com. 21 nov. 2000, n° 97-18.187 P : *D. 2001. Somm. 2932, obs. Brémond ; JCP 2002. I. 103, n° 23, obs. M. Storck ; Defrénois 2001.1127, obs. Champenois ; RJPF 2001-2/28, obs. Vauvillé ; RTD civ. 2001. 941, obs. Vareille* .

2. Exclusion des règles de représentation mutuelle. Les termes de l'art. 221, consacrant l'autonomie bancaire de chacun des époux, excluent, *à l'égard du banquier dépositaire*, les règles de la représentation mutuelle des époux dans leurs rapports avec les tiers. • Com. 11 mars 2003 : *D. 2004. 1479, note Laugier* .

3. Responsabilité du banquier. Engage sa responsabilité le banquier qui, à la demande d'une cliente, transfère sur le compte personnel de celle-ci des titres figurant au compte ouvert au nom de son mari, nonobstant le fait qu'il s'agisse de biens communs sur lesquels chacun des époux a, aux termes de l'art. 1421, un pouvoir d'administration, alors que le banquier dépositaire ne doit, selon l'art. 1937, restituer les fonds déposés qu'à celui au nom duquel le dépôt a été fait ou à celui qui a été indiqué pour les recevoir. • Civ. 1re, 3 juill. 2001, n° 99-19.868 P : *D. 2002. 1102, note Comangès ; ibid. Somm. 3262, obs. Hallouin ; JCP 2002. I. 103, n° 17, obs. Simler ; JCP N 2002. 1206, note Brémond ; Defrénois 2002. 397, obs. Champenois ; Dr. fam. 2001, n° 120, obs. B. B. ; RTD civ. 2001. 941*, obs. Vareille . – V. aussi • Com. 11 mars 2003 : préc. note 2.

4. Ratification par l'époux titulaire du compte. Les juges du fond doivent rechercher si l'époux titulaire du compte débité n'a pas ratifié l'opération : • Civ. 1re, 6 mai 2003, n° 00-18.891 P : *D. 2003. Somm. 1865, obs. Brémond* ;

JCP N 2003. 1608, obs. Casey ; AJ fam. 2003. 274, obs. S. D.-B. ; *Dr. fam. 2003, n° 91, note Beignier.*

5. Recours du banquier contre le conjoint. Le banquier dépositaire négligent peut se prévaloir du bénéfice de la subrogation dès lors que l'épouse n'avait pas le pouvoir de disposer des fonds déposés sur le compte ouvert au seul nom du mari. • Civ. 1re, 8 juill. 2009, n° 08-17.300 P : *D. 2009. AJ 1970, obs. Égéa* ; *ibid. 2010. 360, note Chénedé* ; *ibid. 2010. Pan. 728, obs. Lemouland et Vigneau* ; *JCP 2009. 353, note Naudin ; ibid. 391, n° 5, obs. Wiederkehr ; JCP N 2009. 1329, note Douville ; AJ fam. 2009. 404, obs. Chénedé* ; *Dr. fam. 2009. Étude 34, par Assimopoulos ; RJPF 2010-1/22, obs. Vauvillé ; RLDC 2009/64, n° 3581, obs. Pouliquen.* ♦ Sur le recours en garantie de la banque contre le conjoint indélicat, V. aussi • Lyon, 20 sept. 2001 : *JCP N 2003. 1008, note Brémond.* ♦ Mais chacun des époux ayant, par application de l'art. 221, le pouvoir d'encaisser sur son compte personnel le montant d'un chèque établi à son ordre et à celui de son conjoint pourvu que celui-ci l'ait endossé, la banque qui a indemnisé l'épouse ne dispose pas d'un recours en répétition de l'indu contre l'époux qui a encaissé un chèque provenant de la vente d'un bien commun sur son compte personnel. • Civ. 1re, 16 mai 2013 : *D. 2013. 2242, obs. Brémond* ; *AJ fam. 2013. 382, obs. Hilt* .

Art. 222 *(L. n° 65-570 du 13 juill. 1965)* **Si l'un des époux se présente seul pour faire un acte d'administration, de jouissance ou de disposition sur un bien meuble qu'il détient individuellement, il est réputé, à l'égard des tiers de bonne foi, avoir le pouvoir de faire seul cet acte.**

Cette disposition n'est pas applicable aux meubles meublants visés à l'article 215, alinéa 3, non plus qu'aux meubles corporels dont la nature fait présumer la propriété de l'autre conjoint conformément à l'article 1404.

BIBL. ▶ BRÉMOND, *Defrénois 1993. 465.* – SIMLER, *RTD civ. 1970. 478.* – VAUVILLÉ, *Dr. et patr. 9/2000. 56.*

Les propriétaires d'un immeuble avec lesquels une femme mariée a conclu un bail avec promesse d'achat, en versant une partie du prix, doivent être réputés avoir cru que cette femme avait bien le pouvoir de disposer des sommes d'argent qu'elle leur a remises et qu'elle détenait. • Lyon, 30 mai 1973 : *D. 1974. 264, note Massip ; JCP 1974. II. 17681, note F. Boulanger ; Gaz. Pal. 1974. 1. 34, note D. Martin ; RTD civ. 1974. 397, obs. Nerson.* ♦ Viole l'art. 222 la cour d'appel qui ordonne la restitution d'un acompte versé par un époux agissant seul, sans rechercher si celui-ci n'était pas réputé avoir la libre disposition des fonds remis. • Civ. 1re, 5 avr. 1993, n° 90-20.491 P : *JCP N 1993. II. 375, note Henry ; Defrénois 1993. 803, obs. Champenois ; RTD civ. 1994. 403, obs. Vareille* .

Art. 223 *(L. n° 85-1372 du 23 déc. 1985, art. 4)* **Chaque époux peut librement exercer une profession, percevoir ses gains et salaires et en disposer après s'être acquitté des charges du mariage.**

BIBL. ▶ RUBELLIN-DEVICHI, *RTD civ. 1985. 721.* – SIMLER, *JCP 1989. I. 3398 ; JCP N 1990. I. 258.*

1. Application générale. L'art. 223 s'applique à des époux mariés sous le régime légal antérieur à la L. du 13 juill. 1965 (application de l'art. 9, al. 2, de ladite loi). • Civ. 1re, 25 janv. 2005, n° 96-19.878 P : *JCP 2005. I. 163, n° 11, obs. Simler ; Gaz. Pal. 2005. 3464, note Deharo ; AJ fam. 2005. 280, obs. Hilt* ; *Dr. fam. 2005, n° 95, note Larribau-Terneyre.*

2. Revendication de la qualité d'associé par le conjoint d'un époux exerçant son activité professionnelle au sein d'une société. Les art. 223 et 1421, al. 2, ayant pour seul objet de protéger les intérêts de l'époux exerçant une profession séparée, la société dont l'épouse est associée n'est pas recevable à se prévaloir de l'atteinte que la revendication de la qualité d'associé par son conjoint serait susceptible de porter au droit de l'épouse d'exercer une telle profession. • Com. 21 sept. 2022, n° 19-26.203 B : *D. 2022. 1838, note Dondero* ; *AJ fam. 2023. 165, obs. Casey* ; *Rev. sociétés 2023. 35, note Reygrobellet* ; *JCP 2022, n° 1293, obs. Kilgus ; Defrénois 2023/4-5. 11, obs. Rabreau ; Dr. fam. 2023, n° 7, obs. Torricelli-Chrifi.*

3. Nature de biens communs des gains et salaires dans le régime de communauté. V. • Civ. 1re, 8 févr. 1978, n° 75-15.731 P : *R., p. 32 ; Gaz. Pal. 1978. 2. 361, note Viatte ; JCP N 1981. II. 114, note Thuillier ; RTD civ. 1979. 592, obs. Nerson et Rubellin-Devichi.* ♦ Sur la qualification des indemnités proches du salaire, V. note 27 ss. art. 1401. ♦ Sur la limitation des droits des créanciers concernant la saisie des gains et salaires des époux dans le régime de communauté, V. art. 1414 et notes 24 s. ss. art. 1415.

4. Gains au jeu. Sur le sort des gains au Loto en régime de communauté, V. • TGI Créteil, 19 janv. 1988 : *D. 1989. 37, note Champenois ; JCP 1989. II. 21385, note Simler.*

5. Pouvoirs des époux : disposition à titre gratuit. L'art. 224 (ancien) donne à chaque époux le pouvoir de disposer librement de ses gains et salaires, sans qu'aucune distinction soit faite suivant le régime matrimonial adopté ou selon que la disposition a eu lieu à titre onéreux ou à titre gratuit. • Paris, 19 nov. 1974 : *D. 1975. 614, concl. Cabannes ; JCP 1976. II. 18412, note Synvet.* ♦ V. aussi • Civ. 1re, 29 févr. 1984, nº 82-15.712 P : *GAJC, 12e éd., nº 89 ; D. 1984. 601, note D. Martin ; JCP 1985. II. 20443, note Le Guidec ; Defrénois 1984. 1074, obs. Champenois* (validité de libéralités consenties par le mari à une concubine) • Toulouse, 29 mars 2000 : *Dr. fam. 2000, nº 100, note Beignier* (*idem*) • Civ. 1re, 25 janv. 2005 : *préc. note 1* (*idem*) • 14 nov. 2007 : *AJ fam. 2008. 88, obs. Hilt* (*idem*).

6. Limites de la notion de gains et salaires : exclusion des biens acquis avec les gains et salaires. Des bons de caisse acquis avec des fonds provenant du salaire d'un des époux constituent des acquêts de communauté distincts des gains et salaires visés par l'art. 224 (ancien) ; ce texte ne leur étant pas applicable, l'art. 1422 C. civ. régit leur disposition à titre gratuit. • Civ. 1re, 22 oct. 1980 : *JCP 1982. II. 19757, note Le Guidec ; RTD civ. 1982. 132, obs. Nerson et Rubellin-Devichi.*

Art. 224 *Abrogé par L. nº 85-1372 du 23 déc. 1985, art. 5.*

Art. 225 *(L. nº 85-1372 du 23 déc. 1985, art. 6)* **Chacun des époux administre, oblige et aliène seul ses biens personnels.** *— V. ndlr ss. art. 226.*

Art. 225-1 *(L. nº 2013-404 du 17 mai 2013, art. 10)* **Chacun des époux peut porter, à titre d'usage, le nom de l'autre époux, par substitution ou adjonction à son propre nom dans l'ordre qu'il choisit** *(L. nº 2022-301 du 2 mars 2022, art. 1er, en vigueur le 1er juill. 2022)* **« , dans la limite d'un nom de famille pour chacun d'eux ».**

V. Circ. du 29 mai 2013 de présentation de la loi ouvrant le mariage aux couples de personnes de même sexe (dispositions du code civil),

V. Circ. du 3 juin 2022 de présentation des dispositions issues de la L. nº 2022-301 du 2 mars 2022 relative au choix du nom issu de la filiation, .

BIBL. ▸ BLANQUET, *RTD civ. 2022. 59* (le nom d'usage au regard de l'identité de la personne). - CORPART, *Dr. fam. 2013. Étude 13.*

Sur les conditions d'utilisation d'un nom d'usage entre époux, V. art. 4 L. 6 fructidor an II, et la jurisprudence rendue en ce cas pour la femme mariée avant la L. nº 2013-404 du 17 mai 2013.

Art. 226 *(L. nº 65-570 du 13 juill. 1965)* **Les dispositions du présent chapitre, en tous les points où elles ne réservent pas l'application des conventions matrimoniales, sont applicables, par le seul effet du mariage, quel que soit le régime matrimonial des époux.**

Les dispositions des art. 214 à 226 nouveaux régissent tous les époux, sans qu'il y ait lieu de considérer l'époque à laquelle le mariage a été célébré, ou les conventions matrimoniales passées (L. nº 65-570 du 13 juill. 1965, art. 9).

La loi nº 85-1372 du 23 déc. 1985 est entrée en vigueur le 1er juill. 1986. A compter de cette date, elle est applicable, sans qu'il y ait lieu de considérer l'époque à laquelle le mariage a été célébré. Si les époux avaient fait un contrat de mariage avant cette date, les stipulations de leur contrat non contraires aux dispositions des art. 1er à 6 de ladite loi (modifiant le C. civ., art. 218, 220, 221, 223 à 225) demeureront applicables (art. 56 et 60 de la loi). — V. l'ensemble des dispositions transitoires de la loi, ss. art. 1581.

Il résulte de la combinaison des art. 214, 226 et 1388 que les conventions conclues par les époux ne peuvent les dispenser de leur obligation d'ordre public de contribuer aux charges du mariage. • Civ. 1re, 13 mai 2020, nº 19-11.444 P : *cité note 1 ss. art. 214.*

Code de commerce

(*Ord. nº 2000-912 du 18 sept. 2000*)

Art. L. 121-6 Le conjoint collaborateur *[du chef d'une entreprise artisanale ou commerciale]*, lorsqu'il est mentionné au registre du commerce et des sociétés *(Ord. nº 2021-1189 du 15 sept. 2021, art. 1er, en vigueur le 1er janv. 2023)* « ou, pour une entreprise du secteur des métiers et de l'artisanat, au registre national des entreprises, » est réputé avoir reçu du chef d'entreprise le mandat d'accomplir au nom de ce dernier les actes d'administration concernant les besoins de l'entreprise.

Par déclaration faite devant notaire, à peine de nullité, chaque époux a la faculté de mettre fin à la présomption de mandat, son conjoint présent ou dûment appelé. La déclaration notariée a effet, à l'égard des tiers, trois mois après que mention en aura été portée au registre du commerce et des sociétés *(Ord. n° 2021-1189 du 15 sept. 2021, art. 1er, en vigueur le 1er janv. 2023)* « ou, pour une entreprise du secteur des métiers et de l'artisanat, au registre national des entreprises ». En l'absence de cette mention, elle n'est opposable aux tiers que s'il est établi que ceux-ci en ont eu connaissance.

La présomption de mandat cesse également de plein droit en cas d'absence présumée de l'un des époux, de séparation de corps ou de séparation de biens judiciaire, de même que lorsque les conditions prévues au premier alinéa ci-dessus ne sont plus remplies. – *[L. n° 82-596 du 10 juill. 1982, art. 9.]*

Comp., s'agissant du conjoint collaborateur d'un professionnel libéral, L. n° 2002-73 du 17 janv. 2002, art. 46-II (JO 18 janv.) (exigence de mandats exprès).

Art. L. 121-7 *(L. n° 2005-882 du 2 août 2005, art. 14)* Dans les rapports avec les tiers, les actes de gestion et d'administration accomplis pour les besoins de l'entreprise par le conjoint collaborateur sont réputés l'être pour le compte du chef d'entreprise et n'entraînent à la charge du conjoint collaborateur aucune obligation personnelle.

Code rural et de la pêche maritime

LIVRE III. L'EXPLOITATION AGRICOLE

(L. n° 93-934 du 22 juill. 1993)

Les rapports entre les époux

Art. L. 321-1 Lorsque des époux exploitent ensemble et pour leur compte *(L. n° 2006-11 du 5 janv. 2006, art. 1er)* « une même exploitation agricole », ils sont présumés s'être donné réciproquement mandat d'accomplir les actes d'administration concernant les besoins de l'exploitation.

Lorsqu'il ne fait que collaborer à l'exploitation agricole, le conjoint de l'exploitant est présumé avoir reçu de celui-ci le mandat d'accomplir les actes d'administration concernant les besoins de cette exploitation. – *[Anc. art. 789-1.]*

Art. L. 321-2 Les dispositions de l'article L. 321-1 cessent de plein droit d'être applicables en cas d'absence présumée de l'un des époux, de séparation de corps ou de séparation de biens judiciaire.

Elles cessent également d'être applicables lorsque les conditions prévues à l'article L. 321-1 ne sont plus remplies. – *[Anc. art. 789-2.]*

Art. L. 321-3 Chaque époux a la faculté de déclarer, son conjoint présent ou dûment appelé, que celui-ci ne pourra plus se prévaloir des dispositions de l'article L. 321-1.

La déclaration prévue à l'alinéa précédent est, à peine de nullité, faite devant notaire. Elle a effet à l'égard des tiers trois mois après que mention en aura été portée en marge de l'acte de mariage des époux. En l'absence de cette mention, elle n'est opposable aux tiers que s'il est établi que ceux-ci en ont eu connaissance. – *[Anc. art. 789-3.]*

Sur les conditions de résiliation, de cession ou de renouvellement du bail rural lorsque les deux époux participent ensemble et de façon habituelle à une exploitation agricole, V. C. rur., art. L. 411-68, ss. art. 1751 C. civ.

CHAPITRE VII **DE LA DISSOLUTION DU MARIAGE**

Art. 227 **Le mariage se dissout :**

1° Par la mort de l'un des époux ;

2° Par le divorce légalement prononcé ;

3° *Abrogé par L. 31 mai 1854.*

BIBL. ▸ Atias, *D. 1988. Chron. 175* (nécessité d'une réforme de l'art. 227). – P. Théry, *Études Normand, Litec, 2003* (décès).

1. Conv. EDH. Les art. 12 et 8 Conv. EDH ne peuvent être interprétés comme conférant à chacun un droit au divorce ; toutefois, dès lors que la législation nationale autorise le divorce, l'art. 12 garantit à la personne divorcée le droit de se remarier ; néanmoins, les dispositions de la Convention ne peuvent être interprétées comme garantissant l'issue favorable d'une procédure en divorce formée sur la base du droit interne. • CEDH, sect. IV, 10 janv. 2017, *Babiarz c/ Pologne*, n° 1955/10 (absence de violation dans le refus d'accorder le divorce à l'époux fautif qui a quitté son épouse pour une autre femme, l'absence de dissolution n'ayant pas eu d'influence sur la possibilité de reconnaître l'enfant de cette dernière, alors que l'époux garde par ailleurs la possibilité de faire ultérieurement une autre demande).

2. Décès en cours de divorce. Le mariage étant dissous par la mort de l'un des époux, l'action en divorce s'éteint par le décès de l'un d'eux survenu avant que le jugement ou l'arrêt prononçant le divorce soit devenu définitif. • Civ. 1re, 31 mai 1978 : *D. 1979. 4, note Breton.* ♦ ... Ou ait acquis force de la chose jugée. • Civ. 2e, 23 nov. 1988 : *Bull. civ. II, n° 226* (non-lieu à statuer) • Civ. 1re, 20 juin 2006, n° 05-16.150 P : *AJ fam. 2006. 418, obs. S. David ; RTD civ. 2006. 743, obs. Hauser* • Civ. 2e, 18 déc. 1995 : *D. 1997. 208, note Overstake ; RTD civ. 1996. 369, obs. Hauser* (rabat d'arrêt). ♦ V. conf., pour l'action en séparation de corps : • Civ. 2e, 25 mai 1993, n° 91-10.320 P.

3. Décès après divorce. Mais le décès de l'un des ex-époux après que la décision prononçant le divorce est passée en force de chose jugée n'éteint pas les actions relatives à la prestation compensatoire allouée par cette décision. • Civ. 2e, 25 mai 1993, n° 91-21.950 P : *Defrénois 1994. 773, obs. Massip ; RTD civ. 1993. 565, obs. Hauser* (poursuite de l'instance à l'encontre des héritiers du mari, décédé après avoir formé un appel limité aux dispositions relatives à la prestation compensatoire, la décision sur le prononcé du divorce étant passée en force de chose jugée). ♦ V. aussi : Massip, *Defrénois 1994. 1089.*

Loi n° 2013-404 du 17 mai 2013,

Ouvrant le mariage aux couples de personnes de même sexe.

Art. 1er à 20 *Dispositions modificatives.*

Art. 21 Le mariage entre personnes de même sexe contracté avant l'entrée en vigueur de la présente loi est reconnu, dans ses effets à l'égard des époux et des enfants, en France, sous réserve du respect des articles 144, 146, 146-1, 147, 161, 162, 163, 180 et 191 du code civil. Il peut faire l'objet d'une transcription dans les conditions prévues aux articles 171-5 et 171-7 du même code. A compter de la date de transcription, il produit effet à l'égard des tiers.

V. Circ. 29 mai 2013 de présentation de la loi ouvrant le mariage aux couples de personnes de même sexe (dispositions du code civil), .

Est conforme à la Constitution l'art. 21 de la L. n° 2013-404 du 17 mai 2013 qui ne porte atteinte à aucun droit acquis, alors qu'il était loisible au législateur d'instaurer une exception à la règle selon laquelle la validité d'un mariage s'apprécie au jour de sa célébration, en faisant produire des effets en France aux mariages célébrés à l'étranger antérieurement à la promulgation de la loi, qu'une telle reconnaissance est subordonnée au respect des règles relatives à la validité du mariage prévues par les art. 144, 146, 146-1, 147, 161, 162, 163, 180 et 191 C. civ. et qu'en outre, la transcription d'un tel mariage est soumise aux contrôles de l'autorité diplomatique ou consulaire ainsi que du ministère public dans les conditions prévues par les art. 171-5 et 171-7 C. civ. • Cons. const. 17 mai 2013, n° 2013-669 DC : *cité note 1 ss. art. 143* (consid. nos 85 et 86).

Circulaire du 29 mai 2013,

De présentation de la loi ouvrant le mariage aux couples de personnes de même sexe (dispositions du code civil).

Le chapitre VIII du Titre V (des seconds mariages), composé de l'art. 228 ancien, a été abrogé par L. n° 2004-439 du 26 mai 2004, art. 23, à compter du 1er janv. 2005.

TITRE VI **DU DIVORCE**

Ndlr : *La loi nº 2004-439 du 26 mai 2004 relative au divorce, qui modifie profondément le présent titre, est entrée en vigueur le* ***1er janvier 2005*** *; elle comporte en outre certaines dispositions transitoires. La version ancienne peut être consultée sur l'édition* ***2012*** *ou antérieure.*

Les ***dispositions transitoires*** *de la loi du 26 mai 2004 (spécialement art. 33) ont été insérées à la fin du chapitre III, après l'article 286.*

Les mod. issues des art. 22 et 23 de la L. nº 2019-222 du 23 mars 2019 sont entrées en vigueur le ***1er janv. 2021*** *(L. préc., art. 109, mod. par L. nº 2020-734 du 17 juin 2020, art. 25 ; Décr. nº 2020-950 du 30 juill. 2020, art. 4). Lorsque la requête initiale a été présentée avant l'entrée en vigueur du texte, l'action en divorce ou en séparation de corps est poursuivie et jugée conformément aux dispositions du C. civ. dans leur rédaction antérieure à la même entrée en vigueur. Dans ce cas, le jugement rendu après ladite entrée en vigueur produit les effets prévus par la loi ancienne (L. préc., art. 109 ; Décr. nº 2019-1380 du 17 déc. 2019, art. 15). Pour cette édition, les dispositions du C. civ. applicables antérieurement au 1er janv. 2021 ont été conservées.*

RÉP. CIV. v^is *Divorce : cas de divorce ; Divorce : conséquences,* par N. DISSAUX.

DALLOZ PRATIQUE*[S]* vº *Divorce.*

DALLOZ ACTION *Droit de la famille 2023/2024, nºs 13.00 s.*

DALLOZ RÉFÉRENCE *Droit et pratique du divorce 2022/2023.*

BIBL. GÉN. ▸ **Études d'ensemble :** BÉNABENT, *D. 1981. Chron. 33.* – M.-T. CALAIS-AULOY, *RTD civ. 1980. 641.* – CARBONNIER, *D. 1975. Chron. 115.* – GROSLIÈRE, *Mél. Marty, Univ. Toulouse, 1978, p. 601.* – RAYNAUD, *D. 1976. Chron. 141.* – RUBELLIN-DEVICHI, *RTD civ. 1989. 41.*

▸ **Études spéciales :** ATIAS, *JCP 1984. I. 3151* (convictions religieuses). – BRAZIER, *Gaz. Pal. 1977. 2. Doctr. 609 ; 1983. 1. Doctr. 73* (aspect fiscal) ; *1999. 1. Doctr. 705* (projet de réforme). – CASEY, *Gaz. Pal. 2008. 3717* (divorce du majeur protégé). – COURCELLE, *Defrénois 1996. 1332* (le juge, le notaire et le divorce). – GOAZIOU-HURET, *RTD com. 2002. 627* (divorce et procédures collectives). – LESBATS, *JCP N 2018, nº 1191* (pratique notariale). – LIENHARD, *D. 1998. Chron. 132* (réforme des procédures de divorce). – PASQUALINI, *D. 1997. Chron. 257* (l'animal et la famille). – POULET, *D. 2005. Chron. 2636* (le pourvoi en cassation en matière de divorce). – STURLESE, *JCP 2001. I. 292* (DIP : règlement CE nº 1347/2000). – Dossier : *AJ fam. 2012. 431* (divorce de l'entrepreneur) ; *ibid. 2013. 407* (divorce par consentement mutuel) ; *ibid. 603 et 671* (fiscalité du divorce) ; *ibid. 2014. 210* (divorce et SCI) ; *ibid. 2015. 569 et 642* (divorce dans le monde) ; *ibid. 205* (divorce du chef d'entreprise).

▸ **Réforme du 26 mai 2004 :** BELLIVIER, *RTD civ. 2004. 565.* – BRÉMOND, *Dr. et patr. 10/2004. 44* (report judiciaire des effets du divorce). – BRUSORIO, *JCP N 2004. 1451.* – CLAUX, *AJ fam. 2004. 227* (rôle du notaire). – DEL ARCO et LEMOULAND, *Dr. fam. 2005. Étude 5* (séparation et divorce dans la loi du 26 mai 2004). – DEPONDT, *Defrénois 2006. 1815* (rôle du notaire). – FULCHIRON, *Defrénois 2004. 1103* (cas de divorce). – GARÉ, *RJPF 2004-6/12 et 2004-7-8/12.* – HAUSER, *Dr. et patr. 7-8/2004. 30.* – HAUSER et DELMAS SAINT-HILAIRE, *Defrénois 2005. 357* (volonté et ordre public dans le nouveau divorce). – JANVILLE, *LPA 30 déc. 2004.* – LAFOND, *JCP 2005. I. 118* (rôle des notaires et avocats). – LARRIBAU-TERNEYRE, *Dr. fam. 2004. Études 13, 16 et 19.* – LEMOULAND, *D. 2004. Chron. 1825.* – LIENHARD, *AJ fam. 2004. 208* (nouvelle procédure de divorce). – VASSAUX, *Dr. et patr. 2/2005. 26* (rôle du notaire). – *JCP N 2005. 117 à 1189* (numéro spécial).

▸ ***Prestation compensatoire*** : S. DAVID, AJ fam. 2004. 218. – POIVEY-LECLERCQ, Dr. et patr. *4/2005. 83.* – PUYGAUTHIER, *JCP N 2005. 1001 et 1007.*

▸ **Effets sur le droit patrimonial de la famille, libéralités entre époux** : BEIGNIER et NICOD, *Defrénois 2005. 265* (donations déjà réalisées). – BRENNER, *Defrénois 2005. 93.* – CASEY, *RJPF 2004-10/11.* – COMBRET, *RLDC 2004/9, nº 393.* – DEPONDT, *Dr. et patr. 4/2005. 70.* – DEVERS, *Dr. et patr. 4/2005. 89* (DIP). – GIRAY, *Dr. et patr. 3/2005. 30.* – MAHINGA, *JCP 2005. I. 104.* – S. PIEDELIÈVRE, *D. 2004. Chron. 2512.* – PUYGAUTHIER, *JCP N 2004. 1538 et 1548 ; Rect. 2005. 1089 ; JCP N 2005. 1343* (date de la dissolution du régime matrimonial). – SAUVAGE, *Defrénois 2004. 1425.* – VIGNEAU, *D. 2005. Point de vue. 980* (donations déjà réalisées). – Dossier, *AJ fam. 2005. 124 et 168* (liquidation du régime matrimonial dans le cadre du divorce).

▸ **Dispositions transitoires** : BÉNABENT, *AJ fam. 2004. 232.* – LACOSTE et LARRIBAU-TERNEYRE, *Dr. fam. 2005. Étude 1.* – SAUVAGE, *JCP N 2004. 1505.*

▸ **Projet de divorce sans juge** : Beignier, *Dr. fam. 2008. Étude 12*. – Fulchiron, *D. 2008. Chron. 365*. – Granet-Lambrechts, *Mél. Wiederkehr, Dalloz, 2009, p. 357*. – Philippe, *AJ fam. 2013. 408*. – Williatte-Pellitteri, *D. 2008. Pan. 811*.

▸ **Loi du 18 nov. 2016 :** V. Bibl. ss. art. 229-1.

▸ **Loi du 23 mars 2019 :** Binet, *Dr. fam. 2019. Étude 10*. – Boisson, *JCP N 2019, n° 1160*. – Casey, *AJ fam. 2019. 239*. – Égéa, *Dr. fam. 2019. Étude 1 ; ibid. 2023. Étude 2* (angles morts de la nouvelle procédure de divorce). – Sadi, *D. 2019. 1779*. – Robbe et Roman, *JCP N 2022, n° 1158* (regards croisés avocat-notaire sur le divorce par voie électronique). – Lesbats, *JCP N 2020, n° 1179* (la réforme des divorces contentieux en 13 questions). – Mulon, *JCP N 2022, n° 1109* (nouvelles pratiques du divorce). – Dossier, *AJ fam. 2020. 11 et 89* (réforme de la procédure de divorce). – Dossier, *Dr. fam. 2021, dossier 12 s*. – Dossier, *AJ fam. 2022. 465* (divorce : l'heure du bilan). – V. Bibl. au-dessus de l'art. 248.

▸ **Aspects de droit international privé :** Boiché, *AJ fam. 2019. 320*. – Devers et Farge, *Dr. fam. 2019. Étude 16*. – Dossier, *AJ fam. 2022. 576* (divorce des Marocains en France).

Art. 228 *Abrogé par L. n° 2009-526 du 12 mai 2009, art. 14-II.*

CHAPITRE I DES CAS DE DIVORCE

*La loi n° 2004-439 du 26 mai 2004 modifiant le présent chapitre I est entrée en vigueur **le 1er janvier 2005**. — V. les dispositions transitoires ss. art. 295.*

RÉP. CIV. v° *Divorce : cas de divorce*, par N. Dissaux.

Art. 229 *(L. n° 2016-1547 du 18 nov. 2016, art. 50, en vigueur le 1er janv. 2017)* **« Les époux peuvent consentir mutuellement à leur divorce par acte sous signature privée contresigné par avocats, déposé au rang des minutes d'un notaire. »**

(L. n° 2004-439 du 26 mai 2004, art. 1er) **Le divorce peut être prononcé en cas :**

— soit de consentement mutuel *(L. n° 2016-1547 du 18 nov. 2016, art. 50-I-1°-b, en vigueur le 1er janv. 2017)* **« , dans le cas prévu au 1° de l'article 229-2 » ;**

— soit d'acceptation du principe de la rupture du mariage ;

— soit d'altération définitive du lien conjugal ;

— soit de faute.

L'art. 50 de la L. n° 2016-1547 du 18 nov. 2016 entre en vigueur le 1er janv. 2017. Les dispositions issues b du 1° du I de cet art. ne sont pas applicables aux procédures en cours devant le juge lorsque les requêtes en divorce ont été déposées au greffe avant le 1er janv. 2017 (L. préc., art. 114-V).

Sur les demandes en divorce, V. C. pr. civ., art. 1077.

Pour une présentation du divorce après la L. du 18 nov. 2016, V. Circ. CIV/02/17 du 26 janv. 2017. — Sur l'articulation du nouveau divorce par consentement mutuel avec les autres formes de divorce, V. Circ. préc., fiche n° 3.

DALLOZ ACTION *Droit de la famille 2023/2024, nos 132. 00 s.*

1. Décès. Extinction de l'action en divorce par le décès de l'un des époux : V. notes ss. art. 227.

2. Médiation – Loi Réforme de la Justice. L'art. 3 de la L. du 23 mars 2019, d'application immédiate au divorce, reconnaît au juge, pour les tentatives de conciliation prévues par la loi, lorsqu'il estime qu'une résolution amiable du litige est possible, le pouvoir d'ordonner une médiation au sens des art. 22-1 à 22-3 de la L. n° 95-125 du 8 févr. 1995 relative à l'organisation des juridictions et à la procédure.

SECTION 1 Du divorce par consentement mutuel

BIBL. GÉN. ▸ Bardet-Blanvillain, *Gaz. Pal. 2003. Doctr. 2649*. – Béhar-Touchais, *Dr. et patr. 4/1999. 58* (omission d'un bien dans la convention homologuée). – Casey, *AJ fam. 2018. 95* (le dol ou l'illusion contractualiste dans la mise en cause de la prestation compensatoire). – Choubrac, *AJ fam. 2009. 387*. – Cordier, *Defrénois 2017. 639* (notaire expert). – Crémont, *Defrénois 1999. 321* (convention définitive). – Dupuis-Bernard, *Defrénois 2017. 626* (acte de dépôt : le notaire). – Fulchiron, *Defrénois 2017. 613*. – Galliez, *JCP N 2017, n° 1319* (divorce par consentement mutuel et DIP). – Giacopelli-Mori, *RTD civ. 2001. 505* (autonomie de la volonté dans les conventions entre époux divorcés). – Hamou, Mayer, Lolev, Minot, Brassens, *Dr. fam. 2020. Étude 7* (guide des bonnes pratiques du divorce par consentement mutuel dans un contexte international). – Lalande Champetier de Ribes, *AJ fam. 2013. 414* (force et faiblesse de la convention de divorce homologuée). – C. Lienhard, *AJ fam. 2008. 330* (procédure) ; *ibid. 2009. 382* (vigilance de l'avocat) ; *ibid. 2013. 428* (enfant majeur et convention de divorce). – Potentier, *AJ fam. 2008. 328* (procédure). – Revel, *JCP 1982. I. 3055* (conventions entre époux désunis). – Ringel, *RRJ 1989/3. 571* (consentement des époux). – Tendler, *D. 1979. Chron. 263* (pactes de séparation amiable). – Thouret, *AJ fam. 2013. 422* (responsabilité de l'avocat). – Vilani, *D. 1995. Chron. 253* (recours contre l'homologation de la convention). – Dossier, *AJ fam. 2013. 407* (divorce par consentement mutuel) ; *ibid. 2018. 71* (divorce par consentement mutuel, le bilan, partie I).

§ 1 Du divorce par consentement mutuel par acte sous signature privée contresigné par avocats, déposé au rang des minutes d'un notaire

(L. n° 2016-1547 du 18 nov. 2016, art. 50, en vigueur le 1er janv. 2017)

Art. 229-1 **Lorsque les époux s'entendent sur la rupture du mariage et ses effets, ils constatent, assistés chacun par un avocat, leur accord dans une convention prenant la forme d'un acte sous signature privée contresigné par leurs avocats et établi dans les conditions prévues à l'article 1374.**

Cette convention est déposée au rang des minutes d'un notaire, qui contrôle le respect des exigences formelles prévues aux 1° à 6° de l'article 229-3. Il s'assure également que le projet de convention n'a pas été signé avant l'expiration du délai de réflexion prévu à l'article 229-4.

Ce dépôt donne ses effets à la convention en lui conférant date certaine et force exécutoire.

Pour une présentation du divorce après la L. du 18 nov. 2016, V. Circ. CIV/02/17 du 26 janv. 2017, 🏛.

Sur la procédure applicable, V. C. pr. civ., art. 1144 s. ss. art. 309 et **C. pr. civ.**

Sur l'application des art. 229-1 à 229-4 à la séparation de corps, V. art. 298.

BIBL. ▶ Blanchard, *JCP N 2017, n° 1002* (fonction du notaire) ; *ibid. n° 237* (circulaire). – Boisson, *Dr. et patr. 11/2016. 20* (détournement aux fins de changement de régime matrimonial). – Boulanger, *JCP N 2017, n° 263* (extraterritorialité). – Brenner, *JCP 2017, n° 195 ; JCP N 2017, n° 262*. – Casey, *AJ fam. 2017. 539*. – Couzigou-Suhas, *Defrénois 2017. 131*. – Crône, *Defrénois 30 août 2018. 27* (aspects internationaux). – David, *AJ fam. 2018. 149* (la rémunération du notaire « simple dépositaire » dans le cadre du divorce par consentement mutuel extrajudiciaire) ; *ibid. 2022. 480* (rapport du CSN sur le divorce par consentement mutuel). – David et Casey, *AJ fam. 2017. 539* (plaidoyer pour un circuit court). – Devers, *Dr. fam. 2017, n° 5* (droit international privé). – Douet, *Dr. fam. 2017, n° 23* (conséquences fiscales). – Etienney-de Sainte Marie, *RTD civ. 2019. 9* (contrat et autorité parentale : l'alliance des contraires ?). – Ferré-André, *Defrénois 2017. 125*. – Filosa, *Defrénois 2016. 1307* (enjeux liquidatifs). – Fricero et Dymarski, *Dr. fam. 2017, n° 3*. – Fulchiron, *JCP 2016, n° 1267*. – Gijsbers, *Defrénois 2017/18. 27* (le notaire peut-il apposer la formule exécutoire ?). – Hammje, *Rev. crit. DIP 2017. 307* (droit international privé). – Herman, *Gaz. Pal. 2017. 1. 658*. – C. Lienhard, *D. 2017. 307*. – Lebel, *AJ fam. 2022. 482* (bilan de la réforme du divorce par consentement mutuel : les avocats aussi avaient leur mot à dire). – Mayer, *Gaz. Pal. 2017. 1. 653* (déjudiciarisation). – Mekki, *Gaz. Pal. 2017. 883* (droit des contrats). – Mulon, *Gaz. Pal. 2017. 1288*. – Nonnenmacher, *JCP N 2017, n° 1338* (force exécutoire). – Poure, *Dr. fam. 2018. Étude. 5* (la convention de divorce par consentement mutuel, un contrat). – Thouret, *AJ fam. 2016. 568*. – Torricelli-Chrifi, *JCP N 2016, n° 1193* (actes et responsabilité) ; *ibid. 2017 n° 1159* (notaire) ; Dr. fam. 2017. Étude 12 (idem). – Dossier, *AJ fam. 2017. 13* ; *ibid. 95*. – Dossier, *Dr. fam. 2016. Dossier 23* ; *ibid. 2017. 13*. – Dossier, *Dr. fam. 2017, nos 1 s.* – Dossier, *JCP N 2017, nos 1274 s.* – Dossier, *AJ fam. 2018. 143* (divorce par consentement mutuel : le bilan). – Dossier, *Dr. fam. 2018, nos 21 s.* (le divorce sans juge).

1. Constitutionnalité. Conformité à la Constitution des dispositions relatives au divorce par consentement mutuel par acte sous signature privée (L. n° 2016-1547 du 18 nov. 2016, art. 50). • Cons. const. 17 nov. 2016, n° 2016-739DC : *RTD civ. 2017. 107, obs. Hauser*.

2. Loi applicable. Règlement Rome III (UE) n° 1259/2010. L'art. 1er du Règl. UE 1259/2010 du Conseil, du 20 déc. 2010, mettant en œuvre une coopération renforcée dans le domaine de la loi applicable au divorce et à la séparation de corps, doit être interprété en ce sens qu'un divorce résultant d'une déclaration unilatérale d'un des époux devant un tribunal religieux, tel que celui en cause au principal, ne relève pas du champ d'application matériel de ce règlement ;

celui-ci s'applique aux situations dans lesquelles le divorce est prononcé soit par une juridiction étatique, soit par une autorité publique ou sous son contrôle. • CJUE 20 déc. 2017, n° C-372/16 : *D. 2018. 966, obs. Clavel et Jault-Seseke ; AJ fam. 2018. 119, note Boiché ; RTD eur. 2018. 841, obs. Égéa ; Rev. crit. DIP 2018. 899, note Hammje ; Gaz. Pal. 2018. 235, note Viganotti ; ibid. 859, note Niboyet et Rein-Lescastereyres.*

Art. 229-2 **Les époux ne peuvent consentir mutuellement à leur divorce par acte sous signature privée contresigné par avocats lorsque :**

1° Le mineur, informé par ses parents de son droit à être entendu par le juge dans les conditions prévues à l'article 388-1, demande son audition par le juge ;

2° L'un des époux se trouve placé sous l'un des régimes de protection prévus au chapitre II du titre XI du présent livre.

Art. 229-3 **Le consentement au divorce et à ses effets ne se présume pas.**

La convention comporte expressément, à peine de nullité :

1° Les nom, prénoms, profession, résidence, nationalité, date et lieu de naissance de chacun des époux, la date et le lieu de mariage, ainsi que les mêmes indications, le cas échéant, pour chacun de leurs enfants ;

2° Le nom, l'adresse professionnelle et la structure d'exercice professionnel des avocats chargés d'assister les époux ainsi que le barreau auquel ils sont inscrits ;

3° La mention de l'accord des époux sur la rupture du mariage et sur ses effets dans les termes énoncés par la convention ;

4° Les modalités du règlement complet des effets du divorce conformément au chapitre III du présent titre, notamment s'il y a lieu au versement d'une prestation compensatoire ;

5° L'état liquidatif du régime matrimonial, le cas échéant en la forme authentique devant notaire lorsque la liquidation porte sur des biens soumis à publicité foncière, ou la déclaration qu'il n'y a pas lieu à liquidation ;

6° La mention que le mineur a été informé par ses parents de son droit à être entendu par le juge dans les conditions prévues à l'article 388-1 et qu'il ne souhaite pas faire usage de cette faculté.

Mentions relatives aux enfants. Il semble courant que les avocats, rédacteurs de la convention, n'insèrent pas dans la convention de divorce l'état civil, l'adresse et la profession des enfants majeurs, considérant que l'expression « le cas échéant » laisse le libre arbitre de porter ou non les indications concernant les enfants. Les notaires n'ont pas la même interprétation et considèrent que « le cas échéant » vise les hypothèses où les époux ont des enfants, exigeant ainsi les mêmes indications pour les enfants majeurs que celles imposées pour chacun des époux. À la lecture du 1° de l'art. 229-3, l'expression « le cas échéant » renvoie à la nécessité de détailler les mentions pertinentes lorsque le couple a des enfants. Les informations relatives, par exemple, à la profession, à la nationalité ou à la date du mariage d'un enfant majeur sont sans conséquences dans le divorce des parents et ne sont donc pas utiles. La mention de l'existence d'enfants majeurs et de leurs dates de naissance permet de s'assurer de la composition de la famille et du caractère complet ou non de la convention. Les informations relatives aux enfants, surtout s'ils sont majeurs, n'ont donc pas à être exhaustives. * Rép. min. n° 4908 : *JO Sénat 20 déc. 2018, p. 6631, AJ fam. 2019. 6.*

Art. 229-4 **L'avocat adresse à l'époux qu'il assiste, par lettre recommandée avec demande d'avis de réception, un projet de convention, qui ne peut être signé, à peine de nullité, avant l'expiration d'un délai de réflexion d'une durée de quinze jours à compter de la réception.**

La convention a force exécutoire au jour où elle acquiert date certaine.

BIBL. ▸ LAUVERGNAT, *AJ fam. 2018. 144* (retour sur l'exécution de la convention de divorce par consentement mutuel). – L.-F. PIGNARRE, *D. 2018. 32* (usage de la condition). – JUNOD-FANGET, *AJ fam. 2019. 322* (signature électronique et divorce).

Envoi de l'état liquidatif. La liquidation du régime matrimonial peut figurer au sein de la convention – en l'absence de bien immobilier – mais doit être réalisée en la forme authentique et donc figurer en annexe de la convention de divorce dès lors qu'elle concerne un bien immobilier ; il est nécessaire que chaque époux ait connaissance du projet d'acte liquidatif avant de consentir au divorce. Celui-ci doit donc être adressé à chacun d'eux au même titre que le projet de convention lui-même comme d'ailleurs toutes les annexes, en vertu de l'art. 229-3. Ces dispositions n'indiquent pas si le projet d'acte liquidatif doit être adressé aux parties avant l'expiration du délai de réflexion ou s'il peut déjà s'agir de l'acte définitif signé par tous et rédigé sous condition suspensive du dépôt de la convention de divorce et de ses annexes aux rang des minutes d'un notaire. Une bonne pratique consiste néanmoins à joindre un projet d'acte plutôt que l'acte signé afin que le délai de réflexion s'applique tant au principe qu'aux conséquences pécuniaires du divorce même si l'acte liquidatif est fait en la forme authentique. Cela permet aux parties d'envisager d'éventuels changements et l'écoulement d'un nouveau délai le cas échéant. Les pratiques locales qui se sont développées pour organiser un rendez-vous commun de signature de la convention et de ses annexes avec les avocats et le notaire sont ainsi tout à fait pertinentes. Une signature en deux temps après l'écoulement du délai de réflexion ne pose cependant aucune difficulté. * Rép. min. n° 19958, *JOAN 24 déc. 2019.*

Circulaire du 26 janvier 2017,

De présentation des dispositions en matière de divorce par consentement mutuel et de succession issues de la loi n° 2016-1547 du 18 novembre 2016 de modernisation de la justice du XXIe siècle et du décret n° 2016-1907 du 28 décembre 2016 relatif au divorce prévu à l'article 229-1 du code civil et à diverses dispositions en matière successorale

§ 2 Du divorce par consentement mutuel judiciaire *(L. n° 2016-1547 du 18 nov. 2016, art. 50, en vigueur le 1er janv. 2017).*

DALLOZ ACTION *Droit de la famille 2023/2024, n°s 132.00 s.*

Sur la procédure de divorce par consentement mutuel judiciaire, V. C. pr. civ., art. 1088 s.

Art. 230 *(L. n° 2016-1547 du 18 nov. 2016, art. 50-I-2°-c, en vigueur le 1er janv. 2017)* **« Dans le cas prévu au 1° de l'article 229-2, »** *(L. n° 2004-439 du 26 mai 2004, art. 2-II)* **le divorce peut être demandé conjointement par les époux lorsqu'ils s'entendent sur la rupture du mariage et ses effets en soumettant à l'approbation du juge une convention réglant les conséquences du divorce.**

L'art. 50 de la L. n° 2016-1547 du 18 nov. 2016 entre en vigueur le 1er janv. 2017. Les dispositions issues c du 2° du I de cet art. ne sont pas applicables aux procédures en cours devant le juge lorsque les requêtes en divorce ont été déposées au greffe avant le 1er janv. 2017 (L. préc., art. 114-V).

Art. 231 *Abrogé par L. n° 2004-439 du 26 mai 2004, art. 23.*

Art. 232 *(L. n° 2004-439 du 26 mai 2004, art. 2-II)* **Le juge homologue la convention et prononce le divorce s'il a acquis la conviction que la volonté de chacun des époux est réelle et que leur consentement est libre et éclairé.**

Il peut refuser l'homologation et ne pas prononcer le divorce s'il constate que la convention préserve insuffisamment les intérêts des enfants ou de l'un des époux.

BIBL. ▸ **Convention de divorce :** Puyo, *Dr. fam. 2015. Étude 19.* ▸ **Omission dans les conventions homologuées :** S. Cabrillac, *Dr. fam. 2000. Chron. 11.*

A. CONTRÔLE JUDICIAIRE ET CONDITIONS DE L'HOMOLOGATION DE LA CONVENTION

1° CONTRÔLE DU JUGE

1. Contrôle de la volonté des époux. Le juge, tenu de s'assurer de la volonté réelle et du libre accord persistant des époux, est fondé à rejeter la demande s'il constate un désaccord entre les époux au cours de l'instance d'homologation. • Civ. 2e, 29 sept. 1982 : *Gaz. Pal. 1983. 2. 558, note Massip.* ♦ En cas d'empêchement avéré de l'un des époux de se déplacer, le juge peut soit délivrer une commission rogatoire, soit se déplacer personnellement. • Paris, 28 juin 1996 : *Gaz. Pal. 1997. 1. 102, note Krief-Chlous* (application de l'anc. art. 232, repris dans sa substance par l'art. 232).

2. Intérêt des enfants ou du conjoint. Le juge ne peut homologuer la convention et prononcer le divorce que s'il constate que cette convention préserve suffisamment l'intérêt des enfants et des époux. • Civ. 2e, 27 mai 1998, n° 96-18.620 P : *RTD civ. 1998. 661, obs. Hauser* ; *Dr. fam. 1998, n° 170, obs. Lécuyer* • 24 févr. 2000, n° 98-19.177 P : *D. 2000. IR 83* ; *Defrénois 2000. 1050, obs. Massip ; Dr. fam. 2000, n° 57, note Lécuyer.*

3. Refus pur et simple d'homologation, les intérêts de la femme étant insuffisamment préservés : V. • Paris, 10 oct. 1990 : *D. 1990. IR 275* (cession à l'épouse, à titre de prestation compensatoire, de parts de société sans valeur) • TGI La Rochelle, 19 oct. 1977 : *Gaz. Pal. 1978. 1. 154, note Brazier* (convention ayant prévu une prestation compensatoire, sous forme de rente, qui devait cesser en cas de remariage ou de concubinage notoire).

2° MODALITÉS

4. Convention portant sur des biens soumis à publicité foncière (anc. art. 232). Le juge ne peut homologuer la convention réglant les effets du divorce lorsque l'état liquidatif, portant sur un immeuble soumis à publicité foncière, est établi seulement sous seing privé. • Civ. 2e, 28 mars 1979, n° 77-15.598 P : *R., p. 29 ; D. 1980. 297 (1re esp.), note Massip ; JCP 1979. II. 19231, note Lindon.* ♦ Sur l'exigence légale de la forme authentique en pareil cas, V. C. pr. civ., art. 1097. ♦ C'est au jour de la signature de la convention définitive que se trouve fixée la consistance du patrimoine des époux et c'est à cette date qu'il convient de se placer pour savoir si l'actif à partager comprend ou non des biens soumis à publicité foncière et, partant, si l'état liquidatif annexé à la convention définitive peut ou non être établi sous seing privé. • Dijon, 18 mars 1981 : *Gaz. Pal. 1981. 1. 367, note Brazier.* ♦ Sur l'exigence d'un état liquidatif de l'ensemble de la communauté, V. • Civ. 2e, 11 juill. 1985 : *Bull. civ. II, n° 138.*

5. Homologation conditionnelle (anc. art. 232). Possibilité pour le juge d'indiquer les conditions auxquelles sera subordonnée l'homologation de la convention définitive : V. • TGI Paris, JAM, 12 févr. 1976 : *JCP 1976. II. 18319, note Lindon ; Gaz. Pal. 1976. 1. 195, note Brazier* • 16 juill. 1976 : *JCP 1976. II. 18470 (1re esp.), note Lindon.*

6. Sursis à statuer (anc. art. 232). Possibilité de surseoir à statuer, à la demande des époux, sur l'homologation de la convention : V. • TGI Paris, JAM, 29 avr. 1976 : *Gaz. Pal. 1976. 2. 466.*

7. Incidence de l'exécution de la convention temporaire. L'exécution de la convention temporaire (C. civ., anc. art. 253) n'est pas une condition nécessaire du prononcé du divorce sur demande conjointe et si la convention définitive, complétée en cours d'instance, préserve suffisamment les intérêts des époux, celle-ci doit être homologuée et le divorce prononcé. • Paris, 7 avr. 1978 : *Defrénois 1979. 299.*

8. Généralité de l'homologation (anc. art. 232). La convention définitive soumise à homologation devant porter règlement complet des effets du divorce, les conventions des parties intéressant directement ou indirectement ce règlement ne sont valables que si elles ont été soumises à homologation. • Civ. 2e, 11 oct. 1989 : *Bull. civ. II, n° 168* • Civ. 1re, 10 mars 1998, n° 95-19.692 P : *D. 1998. 601, note Massip (1re esp.) ; Defrénois 1998. 827, obs. Champenois ; Dr. fam. 1998, n° 74, note Beignier ; ibid. n° 117, note Lécuyer (2e esp.) ; LPA 14 juin 2000, étude Sak ; RTD civ. 1998. 888, obs. Hauser.* ♦ Ainsi, à défaut d'homologation, les actes notariés établis en vue de régler les conséquences du divorce sont dépourvus d'effet. • Versailles, 19 nov. 1980 : *D. 1981. 460, note Massip ; Gaz. Pal. 1981. 1. 49, note Brazier* (confirmation de • TGI Nanterre, 17 oct. 1979 : *D. 1980. 297, 2e esp., note Massip).* ♦ Il en est de même d'un accord occulte relatif à la garde des enfants. • TGI Nanterre, JAM, 24 oct. 1978 : *JCP 1980. II. 19447, note Lindon.* ♦ ... Ou d'une contre-lettre relative aux pensions alimentaires versées pour les enfants. • Paris, 30 avr. 1982 : *Gaz. Pal. 1982. 2. 617, note J. M.*

B. CONTENU DE LA CONVENTION

9. Maintien d'une indivision post-communautaire (anc. art. 232). Si le divorce met fin à la communauté ayant existé entre les époux, il est toujours possible à ceux-ci de maintenir l'indivision comme le prévoit l'art. 1873-1 C. civ. en se conformant aux règles édictées par les art. 1873-2 s., leur ancienne qualité de mari et de femme ne les excluant pas du bénéfice de ces dispositions d'ordre général qui concernent tous les propriétaires, nus-propriétaires ou usufruitiers. • Nîmes, 9 mars 1983 : *Gaz. Pal. 1983. 2. 410, note Brazier.*

10. Prestation compensatoire (anc. art. 232). La convention peut prévoir que le versement de la prestation compensatoire commencera à courir antérieurement au prononcé du divorce. • Civ. 2e, 28 janv. 1998, n° 96-13.940 P : *Defrénois 1998. 1389, obs. Massip ; Dr. fam. 1998, n° 135, note Lécuyer (1re esp.) ; RTD civ. 1998. 352, obs. Hauser.* ♦ Convention ayant substitué à la prestation compensatoire une pension alimentaire : V. • Civ. 2e, 25 janv. 1984 : *D. 1984. 442, note Philippe ; JCP 1986. II. 20540, note Batteur.* ♦ Sur une telle pension alimentaire d'origine conventionnelle, V. aussi • Civ. 1re, 25 janv. 2005 : *JCP 2005. II. 10104, concl. Sainte-Rose, note Gaboriau* (possibilité de renonciation).

11. Passif (anc. art. 232). Convention définitive et charge des impôts : V. • Civ. 2e, 18 juill. 1984 : *Gaz. Pal. 1985. 1. 245, note Massip.* ♦ Convention définitive et paiement d'une soulte financé par un prêt : V. Clergue-Guinet, *JCP N 1994. Prat. 3054.*

12. Donations entre époux. V. notes ss. art. 265.

13. Partage complémentaire. Si la convention définitive homologuée ne peut être remise en cause, un époux divorcé demeure recevable à présenter une demande ultérieure tendant au partage complémentaire de biens communs ou de dettes communes omis dans l'état liquidatif homologué. • Civ. 1re, 13 déc. 2012, no 11-19.098 P : *D. 2013. 13 ; AJ fam. 2013. 132, obs. Cousin ; RTD civ. 2013. 95, obs. Hauser ; Defrénois 2013. 413, obs. Massip.* ♦ Déjà (anc. art. 232) lorsque la convention définitive homologuée a omis un bien dans l'état liquidatif, il n'y a pas lieu à interprétation d'un acte dépourvu d'ambiguïté, mais à partage complémentaire concernant ce bien. • Civ. 1re, 3 juill. 1996 : *D. 1997. 164, note Bénabent (2e esp.) ; Defrénois 1996. 1342, obs. Massip ; Dr. fam. 1998. Chron. 9, par Jubault.* – Dans le même sens : • Civ. 1re, 14 juin 2000 : *D. 2001. Somm. 2935, obs. Revel (1re esp.)* • 6 mars 2001, no 98-15.168 P : *D. 2001. IR 1074 ; JCP 2001. II. 10582, note Massip ; ibid. 2002. I. 103, no 20, obs. Tisserand ; Dr. fam. 2001, no 72, note Lécuyer ; RTD civ. 2001. 342, obs. Hauser* (application éventuelle des sanctions du recel et de dommages-intérêts en cas de fraude de l'un des époux) • 22 févr. 2005 : *Dr. fam. 2005, no 103, note Larribau-Terneyre* • 23 janv. 2008 : *Defrénois 2008. 1117, obs. Massip* (dissimulation par le mari, commerçant, d'une dette de TVA). ♦ Il n'y a pas lieu de renvoyer les parties devant le juge aux affaires familiales pour procéder à la rédaction d'une nouvelle convention. • Civ. 1re, 30 sept. 2009 : *cité ss. art. 892* ♦ Comp. note 3 ss. art. 279.

14. Interprétation. Relève du pouvoir souverain des juges du fond l'interprétation des termes imprécis d'une convention définitive de divorce. • Civ. 1re, 5 févr. 2002 : *Defrénois 2002. 688, obs. Massip* • Civ. 1re, 6 oct. 2010 : *cité note 4 ss. art. 1192.*

15. Sur la force de la convention, V. notes ss. art. 250-1.

SECTION 2 **Du divorce accepté** *(L. no 2004-439 du 26 mai 2004, art. 3-I).*

Sur les autres procédures de divorce, V. C. pr. civ., art. 1106 s.

Sur les dispositions particulières au divorce accepté, V. C. pr. civ., art. 1123 à 1125.

DALLOZ ACTION *Droit de la famille 2023/2024, nos 133.00 s.*

Art. 233 *(L. no 2019-222 du 23 mars 2019, art. 22, en vigueur le 1er janv. 2021)* **Le divorce peut être demandé conjointement par les époux lorsqu'ils acceptent le principe de la rupture du mariage sans considération des faits à l'origine de celle-ci.**

Il peut être demandé par l'un ou l'autre des époux ou par les deux lorsque chacun d'eux, assisté d'un avocat, a accepté le principe de la rupture du mariage par acte sous signature privée contresigné par avocats, qui peut être conclu avant l'introduction de l'instance.

Le principe de la rupture du mariage peut aussi être accepté par les époux à tout moment de la procédure.

L'acceptation n'est pas susceptible de rétractation, même par la voie de l'appel.

Les modifications issues des art. 22 et 23 de la L. no 2019-222 du 23 mars 2019 entrent en vigueur le 1er janv. 2021 (L. préc., art. 109, mod. par L. no 2020-734 du 17 juin 2020, art. 25 ; Décr. no 2020-950 du 30 juill. 2020, art. 4). Lorsque la requête initiale a été présentée avant l'entrée en vigueur du texte, l'action en divorce ou en séparation de corps est poursuivie et jugée conformément aux dispositions du code civil dans leur rédaction antérieure à la même entrée en vigueur. Dans ce cas, le jugement rendu après ladite entrée en vigueur produit les effets prévus par la loi ancienne (L. préc., art. 109 ; Décr. no 2019-1380 du 17 déc. 2019, art. 15).

Ancien art. 233 *(L. no 2004-439 du 26 mai 2004, art. 3-II)* ***Le divorce peut être demandé par l'un ou l'autre des époux ou par les deux lorsqu'ils acceptent le principe de la rupture du mariage sans considération des faits à l'origine de celle-ci.***

Cette acceptation n'est pas susceptible de rétractation, même par la voie de l'appel.

BIBL. GÉN. ▶ **Sur le divorce demandé par un époux et accepté par l'autre, antérieurement *à la L. du 26 nov. 2004* :** HAUSER, obs. RTD civ. 1994. 81 ; ibid. 1995. 333. – LACHIÈZE, *Dr. fam. 1997. Chron. 10.* – LINDON et BERTIN, *JCP 1979. I. 2944.* – PIERRE-FRANÇOIS, *Mél. Béguet, Univ. Toulon, 1985, p. 199* (aveu). – RUBELLIN-DEVICHI, *ibid. 1989. 53.*

1. Rétractation d'un aveu. L'aveu des époux peut être rétracté tant que l'ordonnance du juge qui le constate n'est pas devenue définitive. • Civ. 2e, 16 juill. 1987 : *D. 1987. 582, note Groslière.* ♦ V. conf. • Civ. 2e, 4 oct. 1995, no 93-12.118 P : *Defrénois 1996. 1344, obs. Massip ; RTD civ. 1996. 368, obs. Hauser* (cassation de l'arrêt qui, pour rejeter l'appel formé par l'épouse contre l'ordonnance ayant constaté le double aveu des époux, retient qu'elle n'établit pas que son aveu était entaché d'un vice du consentement). ♦ Une demande de dommages-intérêts pour rétractation de l'aveu par la voie de l'appel n'est pas fondée. • Paris, 4 mai 2000 : *Dr. fam. 2001, no 39, note Lécuyer.* ♦ Mais lorsque l'ordonnance rendue par le juge constatant le double aveu des époux n'a pas été frappée d'appel, la cause de divorce se trouve définitivement acquise, et l'un des époux ne peut plus contester la sincérité ou la pertinence de son aveu, ni rétracter son acceptation du divorce. • Civ. 2e, 26 janv. 1984 : *D. 1984. 390, note Groslière ; RTD civ. 1985. 142, obs. Rubellin-Devichi.* ♦ Dans le même sens : • Civ. 2e, 26 janv. 1984 : *Bull. civ. II, n° 17 ; R., p. 50 ; JCP 1984. II. 20310, note Blaisse ; Gaz. Pal. 1984. 2. 499, note Massip* • 18 déc. 1996, n° 93-16.758 P • 15 janv. 1997, n° 95-12.361 P : *Dr. fam. 1997, n° 29, note Lécuyer.*

2. Vice du consentement. L'acceptation du principe de la rupture du mariage peut, par principe, être remise en cause en cas de vice du consentement. • Cass., avis, 9 juin 2008, n° 08-00.004 P : *D. 2008. 1827, obs. Gallmeister ; RTD civ. 2008. 461, obs. Hauser ; JCP 2009. I, 102, obs. Coutant-Lapalus.* ♦ Les violences conjugales ne sont pas en tant que telles signes d'un vice du consentement dans le cas d'un divorce amiable. • TGI Lille, 8 juill. 2010 : *AJ fam. 2010. 435, obs. X. Labbée .* ♦ Mais le libre consentement de l'épouse n'est pas caractérisé en présence de difficultés intellectuelles constatées. • Même jugement.

3. Incidence d'un vice du consentement (art. 234 anc., aveu d'un époux). Jugé, par contre, que l'un des époux peut soutenir que le consentement par lui donné au cours de la procédure de première instance a été vicié, ce vice entraînant la nullité de son aveu judiciaire et celle de la procédure subséquente (art. 234 anc.). • Pau, 13 févr. 1979 : *JCP 1981. II. 19606, note Lindon ; D. 1981. IR 69, obs. Breton.*

4. Divorce exécutoire (art. 234 anc.). Caractère exécutoire du divorce sur demande acceptée au jour où le jugement a force de chose jugée et non au jour où l'ordonnance qui constate le double aveu est rendue. • Civ. 1re, 19 mars 2008, n° 06-21.250 P : *D. 2009. Pan. 832, obs. Williatte-Pellitteri ; RTD civ. 2008. 461, obs. Hauser .*

5. Devoir de secours. L'appel général d'un jugement prononçant un divorce sur le fondement des art. 233 et 234, même si l'acceptation du principe de la rupture du mariage ne peut plus être remise en cause, sauf vice du consentement, ne met pas fin au devoir de secours, la décision n'acquérant force de chose jugée qu'après épuisement des voies de recours. • Cass., avis, 9 juin 2008, n° 08-00.004 P : *BICC 1er oct. 2008, rapp. Trapero et Alt, obs. Domingo ; D. 2008. AJ 1827, obs. Gallmeister ; JCP 2009. I. 102, n° 2, obs. Coutant-Lapalus ; RJPF 2008-10/26, obs. Garé.*

Art. 234 *(L. n° 2004-439 du 26 mai 2004, art. 3-II)* **S'il a acquis la conviction que chacun des époux a donné librement son accord, le juge prononce le divorce et statue sur ses conséquences.**

Art. 235 et 236 *Abrogés par L. n° 2004-439 du 26 mai 2004, art. 23.*

SECTION 3 Du divorce pour altération définitive du lien conjugal *(L. n° 2004-439 du 26 mai 2004, art. 4-I).*

BIBL. GÉN. ▸ HAUSER, *Dr. fam. 2005. Étude 3.* – VALENCIA, *Gaz. Pal. 2005. Doctr. 85.* – BAUDIN-MAURIN, *Dr. fam. 2020. Étude 21.*

▸ **Divorce pour rupture de la vie commune, antérieurement à la L. du 26 nov. 2004 :** HAUSER, *RTD civ. 1991. 504 et 712 ; ibid. 1995. 334* (revue de jurisprudence). – MASSIP, *Gaz. Pal. 1978. 2. Doctr. 448* (frais de justice et provision *ad litem*) ; *D. 1978. Chron. 81* (pratique judiciaire). – MONSALLIER, *RTD civ. 1980. 266 et 468.* – RUBELLIN-DEVICHI, *RTD civ. 1989. 48.*

Sur les autres procédures de divorce, V. C. pr. civ., art. 1106 s.

Sur les dispositions particulières au divorce pour altération définitive du lien conjugal, V. C. pr. civ., art. 1126 et 1127.

Art. 237 *(L. n° 2004-439 du 26 mai 2004, art. 4-II)* **Le divorce peut être demandé par l'un des époux lorsque le lien conjugal est définitivement altéré.**

1. Conformité à la Conv. EDH. Le prononcé du divorce pour altération définitive du lien conjugal, qui implique une cessation de la communauté de vie entre des époux séparés depuis deux ans lors de l'assignation en divorce, ne peut être contraire aux dispositions de l'art. 8 Conv. EDH. • Civ. 1re, 15 avr. 2015, n° 13-27.898 P : *D. 2015. 921, obs. Mésa ; AJ fam. 2015. 404, obs. Ferré-André ; RTD civ. 2015. 591, obs. Hauser .* ♦ Déjà, sous l'empire de l'ancien art. 237 : • Civ. 2e, 25 mars 1987, n° 85-12.262 P • Civ. 1re, 30 juin 2004 : *Dr. fam. 2004, n° 145, note Larribau-Terneyre.*

2. Ordre public – Engagement de ne pas demander le divorce (C. civ., art. 237 anc.). Nul ne peut valablement renoncer à un droit d'ordre public avant qu'il ne soit acquis. Dès lors, le divorce pour rupture de la vie commune peut être prononcé en dépit de l'engagement du mari de ne pas demander le divorce avant l'expiration d'un certain délai, souscrit moins de six ans après la séparation de fait des époux. • Civ. 2e, 25 mars 1991, n° 89-21.181 P.

3. Procédure. Le rejet d'une première demande en divorce en raison de la durée insuffisante de la séparation de fait ne peut interdire d'en introduire une seconde lorsque la séparation a atteint la durée de six ans (art. 237 anc. relatif au divorce pour rupture de la vie commune). • Civ. 2e, 12 oct. 1988, n° 87-16.924 P : *R., p. 159.* ♦ Les époux qui se sont vu débouter de leur demande en divorce pour faute ne peuvent solliciter en appel le divorce pour altération définitive du lien conjugal. • Civ. 1re, 19 mars 2014, n° 12-17.646 P : *AJ fam. 2014. 306, obs. Thouret.*

4. L'ordonnance par laquelle le juge statue sur la recevabilité de la requête en divorce est susceptible d'appel (art. 237 anc.). • Civ. 2e, 20 oct. 1977, n° 76-14.649 P : *R. 1976-1977, p. 41 ; D. 1978. 129, note P. J. ; Gaz. Pal. 1978. 1. 131, note Viatte.*

Art. 238 *(L. n° 2004-439 du 26 mai 2004, art. 4-II)* **L'altération définitive du lien conjugal résulte de la cessation de la communauté de vie entre les époux, lorsqu'ils vivent séparés depuis** *(L. n° 2019-222 du 23 mars 2019, art. 22 et 23, en vigueur le 1er janv. 2021)* **« un an lors de la demande en divorce.**

« Si le demandeur a introduit l'instance sans indiquer les motifs de sa demande, le délai caractérisant l'altération définitive du lien conjugal est apprécié au prononcé du divorce.

« Toutefois, sans préjudice des dispositions de l'article 246, dès lors qu'une demande sur ce fondement et une autre demande en divorce sont concurremment présentées, le divorce est prononcé pour altération définitive du lien conjugal sans que le délai d'un an ne soit exigé. »

Sur l'entrée en vigueur et l'application dans le temps des modifications issues des art. 22 et 23 de la L. n° 2019-222 du 23 mars 2019, V. ndlr ss. art. 233.

Sur l'impossibilité pour le juge de relever d'office le moyen tiré du défaut d'expiration du délai prévu à l'art. 238, V. C. pr. civ., art. 1126.

Ancien art. 238 (L. n° 2004-439 du 26 mai 2004, art. 4-II) *L'altération définitive du lien conjugal résulte de la cessation de la communauté de vie entre les époux, lorsqu'ils vivent séparés depuis deux ans lors de l'assignation en divorce.*

Nonobstant ces dispositions, le divorce est prononcé pour altération définitive du lien conjugal dans le cas prévu au second alinéa de l'article 246, dès lors que la demande présentée sur ce fondement est formée à titre reconventionnel.

BIBL. ▶ Raynaud, *RTD civ. 1977. 310* (notion de séparation de fait).

I. SÉPARATION DES ÉPOUX (ART. 238, AL. 1er)

1. Nature de la condition de séparation (art. 237 anc.). L'existence d'une séparation de fait de six années entre les époux constituant la cause du divorce, et non une condition de recevabilité de la demande, l'appréciation de la durée de la séparation relève de la seule compétence du juge du fond saisi de la demande en divorce. • Civ. 2e, 18 juin 1981 : *Gaz. Pal. 1982. 1. 14, note Viatte.*

2. Notion de séparation (art. 237 anc.). L'art. 237 n'effectue aucune distinction quant aux circonstances ayant accompagné la séparation des époux et il suffit, pour que les conditions prévues par la loi soient remplies, que la communauté de vie, tant matérielle qu'affective, ait cessé entre les conjoints ; l'ordonnance du magistrat conciliateur autorisant les époux à résider séparément est sans incidence sur l'existence de la séparation. • Civ. 2e, 30 janv. 1980, n° 79-12.470 P : *R., p. 35 ; JCP 1981. II. 19521, note Lindon ; Gaz. Pal. 1980. 1. 299, note Viatte.*

Une séparation légale consécutive à un jugement de séparation de corps peut servir de fondement à une demande en divorce pour rupture de la vie commune. • Civ. 2e, 11 oct. 1989 : *Bull. civ. II, n° 179 ; Defrénois 1990. 298, obs. Massip.* ♦ ... Même s'il s'agit d'une séparation de corps obtenue par requête conjointe. • Agen, 4 janv. 1989 : *Defrénois 1989. 1336, obs. Massip* • Civ. 2e, 11 déc. 1991, n° 90-13.374 P : *Defrénois 1992. 724, obs. Massip.* ♦ Le partage du domicile en deux espaces distincts ne suffit pas à établir la fin de la cohabitation et la cessation de toute communauté de vie. • Versailles, 31 mars 2011, n° 10/02387 : *Dr. fam. 2011, n° 94, obs. Larribau-Terneyre.*

3. Appréciation souveraine. Les juges du fond apprécient souverainement l'existence d'une séparation. • Civ. 1re, 25 nov. 2009, n° 08-17.117 P : *D. 2010. Pan. 1243, obs. Williatte-Pellitteri ; AJ fam. 2010. 135, obs. David ; Defrénois 2010. 863, obs. Massip ; RTD civ. 2010. 88, obs. Hauser.*

4. Effet automatique. Un juge qui constate la séparation effective du couple pendant deux ans ne peut qu'en déduire que la demande en divorce est recevable. • Civ. 1re, 25 nov. 2009 : *préc. note 3.*

II. DEMANDE RECONVENTIONNELLE (ART. 238, AL. 2)

5. Demande reconventionnelle. En cas de présentation d'une demande principale en divorce pour faute et d'une demande reconventionnelle en divorce pour altération définitive du lien conjugal, le rejet de la première emporte le prononcé du divorce du chef de la seconde. • Civ. 1re, 5 janv. 2012, n° 10-16.359 P : *D. 2012. 150, obs. Marrocchella ; ibid. Chron. C. cass. 635, obs. Vassallo ; AJ fam. 2012. 104, obs. S. David ; RTD civ. 2012. 99, obs. Hauser ; Dr. fam. 2012, n° 41, obs. Larribau-Terneyre* (décision admettant implicitement que dans ce cas, la durée de la séparation n'est pas prise en compte). ♦ Pour apprécier la durée de la cessation de la communauté de vie, les juges du fond se placent à bon droit à la date de la demande reconventionnelle en divorce du mari lorsque l'épouse a assigné celui-ci en séparation de corps pour faute. • Civ. 1re, 28 mai 2015, n° 14-10.868 : *RTD civ. 2015, 593, obs. Hauser, et 857, note Hauser ; Dr. fam. 2015. 160, note Binet ; JCP 2015. 982, n° 5 obs. Coutant-Lapalus.*

Art. 239 à 241 *Abrogés par L. n° 2004-439 du 26 mai 2004, art. 23.*

SECTION 4 **Du divorce pour faute** *(L. n° 2004-439 du 26 mai 2004, art. 5-I).*

BIBL. GÉN. ► BOURGEOIS, *D. 1986. Chron. 89.* – DEKEUWER-DÉFOSSEZ, *D. 1985. Chron. 219.* – LAOUENAN, *LPA 25 et 26 août 1999* (suppression ?). – Dossier, *AJ fam. 2011. 71* .

Sur « les autres procédures de divorce », V. C. pr. civ., art. 1106 s.

Sur les dispositions particulières au divorce pour faute, V. C. pr. civ., art. 1128.

Art. 242 *(L. n° 2004-439 du 26 mai 2004, art. 5-II)* **Le divorce peut être demandé par l'un des époux lorsque des faits constitutifs d'une violation grave ou renouvelée des devoirs et obligations du mariage sont imputables à son conjoint et rendent intolérable le maintien de la vie commune.**

V. C. pr. civ., art. 1106 s., 1128.

BIBL. ► B. ANCEL, *Dr. fam. 2021. Étude 4* (divorce pour faute et adultère : les stratégies gagnantes. Regard comparatiste France, Angleterre, États-Unis). BALESTRIERO, *LPA 8 nov. 1995* (le devoir de fidélité pendant la procédure de divorce). – CHABAULT, *Dr. fam. 1998. Chron. 11* (adultère). – DEKEUWER-DÉFOSSEZ, *D. 1985. Chron. 219* (différents types de fautes). – FORTIER, *RRJ 1998/3. 961* (justice civile, religions et croyances). – GOURON MAZEL, *Dr. fam. 2002. Chron. 1* (le conjoint homosexuel). – HAUSER, *RTD civ. 1991. 710* (fautes de l'an 2000). – KOUBI, *RRJ 1986/3. 116* (divorce juif et droit civil). – LÉCUYER, *Dr. fam. 2001, n° 28* (devoir de fidélité pendant la procédure de divorce). – MATTEOLI et REITZER, *AJ fam. 2021. 400* (de la contestation du devoir conjugal, expression d'une évolution de l'ordre public familial). – MAYAUD, *RTD civ. 1980. 494* (adultère). – NERSON et RUBELLIN-DEVICHI, *ibid. 1980. 333* (violation du devoir de fidélité). – ROCHE-DAHAN, *ibid. 2000. 735* (devoirs nés du mariage). – RUBELLIN-DEVICHI, *ibid. 1989. 45 ; JCP 1996. I. 3946, n° 3* (fautes). – Dossier, *AJ fam. 2011* (divorce pour faute).

A. IMPUTABILITÉ DE LA FAUTE

1. Pouvoir du juge. Le juge ne peut relever d'office, pour prononcer le divorce aux torts exclusifs de l'un des époux, une faute commise par celui-ci envers l'autre. • Civ. 2e, 27 janv. 1983 : *JCP 1984. II. 20199, note Lindon ; RTD civ. 1984. 151, obs. Normand* • 24 févr. 1988 : *Bull. civ. II, n° 52* • 24 févr. 1993, n° 91-17.948 P. ♦ En l'absence de demande reconventionnelle de l'époux défendeur, le divorce ne peut être prononcé aux torts exclusifs de l'époux demandeur. • Civ. 2e, 11 juill. 1988, n° 87-15.447 P. ♦ Pour l'hypothèse du prononcé du divorce aux torts partagés, V. notes ss. art. 245. ♦ Pour le cas où les torts d'un époux peuvent être excusés par le comportement de l'autre, V. note 19. ♦ Les juges du fond ne peuvent rejeter la demande reconventionnelle en divorce d'un époux en se bornant à relever qu'il n'apporte aucun élément de preuve à l'appui de ses accusations sans préciser les griefs qui étaient écartés. • Civ. 2e, 20 juin 1996, n° 94-21.993 P. ♦ Sur la notion d'imputabilité de la faute, V. • Bordeaux, 19 nov. 1996 : *D. 1997. 523, note Garé ; Dr. fam. 1997, n° 60, note Lécuyer ; RTD civ. 1997. 403, obs. Hauser* (refus de prononcer le divorce, les violations que chacun des époux reproche à l'autre n'étant pas imputables à l'un ou à l'autre et ne rendant pas intolérable le maintien de la vie commune, mais correspondant au contraire à une organisation conjugale mutuellement consentie) • Toulouse, 29 oct. 1997 : *Dr. fam. 1998, n° 51, note Lécuyer* (rejet de la demande en divorce, les faits reprochés à l'épouse s'expliquant par son état mental). ♦ Comp. : l'obligation de fidélité perdure au-delà de la séparation des époux, l'entretien d'une relation adultère constitue un motif de divorce, même si l'autre époux n'y attache aucune importance. • Paris, 17 nov. 2016, n° 14/14483 : *Dr. fam. 2017, n° 2, note Binet.*

2. État mental – Comportement non fautif. C'est par une appréciation souveraine que les juges du fond énoncent que le comportement d'un époux trouve son explication dans l'état mental de celui-ci et ne peut lui être imputé à faute. • Civ. 2e, 12 mars 1980 : *D. 1981. IR 76, obs. Breton* • Civ. 1re, 12 nov. 2009 : *D. 2010. Pan.*

1243, obs. Williatte-Pellitteri ; *Dr. fam. 2010, n° 8, note Maria ; ibid., n° 38, note Larribau-Terneyre ; RLDC 2010/67, n° 3685, obs. Pouliquen ; RTD civ. 2010. 86, obs. Hauser* • Bordeaux, 18 nov. 2008 : *D. 2010. Pan. 1243, obs. Williatte-Pellitteri* . ♦ Sur la preuve de l'état mental, V. • Rennes, 25 janv. 1978 : *D. 1979. IR 209, obs. Breton.*

B. VIOLATION GRAVE OU RENOUVELÉE DES DEVOIRS ET OBLIGATIONS

3. Gravité ou répétition des faits invoqués. Les juges du fond ne peuvent exiger que les faits invoqués comme cause de divorce présentent à la fois le caractère de gravité et celui de répétition, alors que lesdits caractères sont, aux termes de la loi, alternatifs. • Civ. 2e, 21 janv. 1970 : *JCP 1970. II. 16307.* ♦ Même sens : • Civ. 2e, 25 oct. 1995, n° 93-13.773 P : *RTD civ. 1996. 134, obs. Hauser* • 8 juill. 1999 : *Dr. fam. 1999, n° 113, note Lécuyer* • Civ. 1re, 18 mai 2011 : *Dr. fam. 2011, n° 165, obs. Larribau-Terneyre.*

4. Double condition : recherche nécessaire. Les juges du fond doivent rechercher si les faits invoqués remplissent la double condition imposée par l'art. 242 C. civ., qui exige que ces faits constituent une violation grave ou renouvelée des devoirs et obligations du mariage et rendent intolérable la vie commune. • Civ. 2e, 20 avr. 1989 : *Bull. civ. II, n° 91.* – Jurisprudence constante. – V., par ex. : • Civ. 2e, 25 mai 1994, n° 91-18.350 P : *JCP 1995. I. 3813, n° 6, obs. Ferré-André* • 19 oct. 1994, n° 93-10.137 P • 18 oct. 1995 (1er arrêt), n° 93-20.294 P • 18 oct. 1995 (2e arrêt), n° 93-16.585 P • 20 juin 1996 (1er arrêt), n° 93-13.906 P : *Defrénois 1997. 298, obs. Massip* • 20 juin 1996 (2e arrêt), n° 95-10.357 P : *Defrénois 1997. 298, obs. Massip* • 10 juill. 1996 (1er arrêt), n° 94-20.543 P • 10 juill. 1996 (2e arrêt), n° 95-11.132 P • 4 mars 1998, n° 96-12.933 P. ♦ Mais, il résulte de ce que la cour d'appel a retenu que les faits imputés à l'épouse constituaient des causes de divorce au sens de l'art. 242 C. civ. que la double condition exigée par ce texte est constatée : • Civ. 2e, 30 nov. 2000, n° 99-12.458 P : *D. 2001. IR 41* ; *Defrénois 2001. 598, obs. Massip ; Dr. fam. 2001, n° 16, note Lécuyer ; RTD civ. 2001. 114, obs. Hauser* . – Même sens : • Civ. 1re, 11 janv. 2005, n° 03-16.451 P : *BICC 15 avr. 2005, n° 676, et la note ; D. 2006. Pan. 337, obs. Williatte-Pellitteri* ; *Gaz. Pal. 2005. Doctr. 1645, étude Massip ; AJ fam. 2005. 320, obs. David* ; *Dr. fam. 2005, n° 53, note Larribau-Terneyre ; RTD civ. 2005. 370, obs. Hauser* • 11 janv. 2005, n° 02-19.016 P : *D. 2005. IR 243* ; *AJ fam. ibid.* • 11 janv. 2005, n° 02-20.547 P : *D. 2005. IR 313* ; *AJ fam. ibid.* • 6 juill. 2005 : *Dr. fam. 2005, n° 212, note Larribau-Terneyre.*

5. ... Étendue du contrôle de la Cour de cassation. Sur le contrôle par la Cour de cassation de la motivation des décisions du fond, V. aussi : • Civ. 2e, 13 déc. 2001 : *Dr. fam. 2002, n° 43, obs. H. L.* • 7 mai 2002, n° 01-01.812 P : *AJ fam. 2002. 262, obs. S. D.* • Civ. 1re, 11 janv. 2005, n° 03-12.802 P : *D. 2005. IR 313* ; *Dr. fam. 2005, n° 53, note Larribau-Terneyre* (motivation établissant une mésentente avérée sans caractériser une cause de divorce au sens de l'art. 242) • 3 oct. 2006 : *Defrénois 2007. 301, obs. Massip* (même sens) • 5 nov. 2014 : *AJ fam. 2015. 52, obs. Thouret* (*idem*). ♦ Hauser, *RTD civ. 2002. 491* ; *ibid. 2005. 370* .

6. Faits antérieurs au mariage. Sur la prise en considération de faits antérieurs au mariage, V. Guyon, *RTD civ. 1964. 473* • Rennes, 22 févr. 1978 (deux arrêts) : *D. 1979. IR 210, obs. Breton* (dissimulation de troubles mentaux antérieurs au mariage). ♦ Sur la prise en compte de faits en cours de procédure, V. note 19.

7. Faits postérieurs à la demande en divorce. La demande en divorce ne confère pas aux époux, encore dans les liens du mariage, une immunité faisant perdre leurs effets normaux aux griefs postérieurs à l'ordonnance de non-conciliation ou à l'assignation. • Civ. 1re, 5 mars 2008, n° 07-15.516 P : *D. 2009. Pan. 53, obs. Douchy-Oudot* ; *AJ fam. 2008. 162, obs. David* ; *Dr. fam. 2008, n° 54, obs. Larribau-Terneyre ; RJPF 2008-6/26, obs. Garé ; RTD civ. 2008. 280, obs. Hauser* • 9 juill. 2008 : *D. 2009. Pan. 832, obs. Williatte-Pellitteri* ; *AJ fam. 2008. 434, obs. Gallmeister* ; *RTD civ. 2008. 661, obs. Hauser* • 14 avr. 2010 : *AJ fam. 2010. 328, obs. Benillouche* • 9 juill. 2014 : *RTD civ. 2014. 865, obs. Hauser* . ♦ V. note 19.

8. Faits engageant la responsabilité civile. Les faits engageant la responsabilité civile du conjoint peuvent aussi constituer une cause de divorce. • Civ. 2e, 14 nov. 2002 : *cité note 21.*

9. Preuve. Preuve de l'adultère et en général des fautes imputables à l'un ou l'autre des époux : V. notes ss. art. 259 à 259-3.

C. APPLICATIONS – ABÉCÉDAIRE

10. Adultère. BIBL. Edon-Lamballe, *RRJ 2002/1. 77.* ♦ Le seul fait pour l'épouse de vivre au domicile de son amant constitue une violation grave et renouvelée des obligations du mariage rendant intolérable le maintien de la vie commune. • Aix-en-Provence, 7 nov. 2006 : *JCP 2007. IV. 1494.* ♦ Si l'adultère constitue une violation suffisamment grave des devoirs et obligations du mariage pour rendre intolérable le maintien de la vie commune (V. • Civ. 2e, 23 avr. 1980 : *Gaz. Pal. 1981. 1. 89, note Massip* • Chambéry, 29 mai 1984 : *JCP 1985. II. 20347, note R. L.* ; V. aussi, pour un cas d'infidélité d'ordre intellectuel, • Paris, 13 févr. 1986 : *Gaz. Pal. 1986. 1. 216,* *note J.-G. M.),* les circonstances dans lesquelles il a été commis peuvent lui enlever le caractère de gravité qui pourrait en faire une cause de divorce. • Paris, 30 juin 1978 : *Gaz. Pal. 1980. 1. 231, note J. M.* • TGI Foix, 11 août 1983 : *Gaz. Pal. 1984. 1. 167, note Brazier* • Chambéry, 29 mai 1984 : *préc.* • Civ. 2e, 5 févr. 1986 : *Bull. civ. II, n° 9* • Civ. 1re, 28 janv. 2009 : *LPA 20 mai 2009, note Ondo.* ♦ Implicitement en ce sens : • TGI Albertville, 27 nov. 1979 : *D. 1981. 16, note A. B. ; JCP 1981. II. 19609, note R. L. et Ph. B.* ♦ Sur la distinction entre l'adultère et un comportement libertin reconnu relevant d'un choix de vie commun du couple, V. • Pau, 6 févr. 2006 : *Dr. fam. 2006, n° 165, note Larribau-Terneyre.* ♦ Mais les juges du fond ne sont pas tenus, en l'absence de conclusions les y invitant, de rechercher d'office si les torts d'un époux ne sont pas dépouillés de leur caractère fautif du fait du comportement de l'autre époux. • Civ. 2e, 23 avr. 1980 : *préc.* – Déjà en ce sens : • Civ. 2e, 11 juill. 1979, n° 78-11.518 P. ♦ Impossibilité de relever d'office, pour prononcer le divorce aux torts exclusifs de l'un des époux, une faute commise par celui-ci envers l'autre : V. note 1. ♦ Prise en compte de la conclusion d'un contrat de loisirs et de rencontre : • Amiens, 19 mai 2010 : *cité note 19.* ♦ Absence de faute par l'épouse qui a eu un enfant avec un tiers, dès lors que le mari refusait d'avoir un enfant, ceci ne relevant pas d'un choix des époux : • Civ. 1re, 20 nov. 2013 : *Dr. fam. 2014, n° 22, obs. Binet.*

11. Animaux. Le fait de rendre le domicile conjugal inhabitable par la prolifération d'animaux constitue une violation grave ou renouvelée des devoirs ou obligations du mariage rendant intolérable le maintien de la vie commune. • Civ. 1re, 23 févr. 2011 : *AJ fam. 2012. 86, note Briand ; RTD civ. 2011. 328, obs. Hauser.*

12. Attitude envers le conjoint. A titre d'illustrations : Faute de l'époux, au sens de l'art. 242, par refus de relations sexuelles, V. note 27. ♦ ... Ou encore qui se désintéresse de son conjoint : • Paris, 10 avr. 2008 : *JCP 2008, IV. 1902.* ♦ ... Mais la simple absence de complicité amoureuse ou sentimentale ne constitue pas la faute de l'époux. • Bordeaux, 7 mai 2002 : *Dr. fam. 2002, n° 85, obs. Lécuyer.* ♦ Faute constituée par une attitude humiliante de l'époux envers son conjoint. • Civ. 1re, 1er févr. 2012, n° 11-14.822. ♦ ... Ou par le fait d'imposer l'omniprésence de sa belle famille à un époux ou à l'inverse, de le priver de relations avec ses proches parents. • Riom, 17 avr. 2007 : *JCP 2008. IV. 1613* (rejet constant de sa belle famille par un époux) • *Metz, 3 févr. 2004 : Dr. fam. 2004, n° 83.*

13. Cohabitation – Abandon du domicile conjugal. L'existence d'une séparation de fait de six ans n'interdit pas de faire une demande en divorce pour faute. • Civ. 2e, 25 mars 1991, n° 89-21.199 P. ♦ Une cour d'appel apprécie souverainement que le comportement de l'époux à l'égard de l'épouse ne justifiait pas la décision de celle-ci de quitter le domicile conjugal et que ce départ constituait ainsi une faute de sa part. • Civ. 2e, 30 nov. 2000 : *préc. note 5.* ♦ ... Ou que le refus de l'épouse de rejoindre son mari à l'étranger peut être retenu comme cause de divorce, eu égard aux circonstances particulières de l'espèce. • Civ. 2e, 12 sept. 2002, n° 01-01.377 P : *D. 2002. IR 2654 ; Defrénois 2003. 117, obs. Massip ; RJPF 2002-12/26, note Garé ; Dr. fam. 2003, n° 26, note Lécuyer ; RTD civ. 2002. 784, obs. Hauser* • Civ. 1re, 11 mars 2009 : *RJPF 2009-6/28, obs. Garé.* ♦ Faute de l'épouse choisissant de résider avec les enfants en un lieu éloigné, refusant de partager la vie commune avec son mari, tenu de résider sur son lieu de travail. • Civ. 1re, 11 janv. 2005, n° 02-15.443 P. ♦ Comportement injurieux à l'égard de son mari de l'épouse se faisant héberger au domicile d'un tiers, même si l'adultère n'était pas établi. • Civ. 1re, 1er déc. 2010 : *cité note 6 ss. art. 265 ; RLDC 2011/79, n° 4137, obs. Gallois.*

14. Faute consistant dans le refus de reprendre la vie commune. • Civ. 1re, 11 janv. 2005, n° 02-12.314 P : *D. 2005. IR 313.* ♦ Refus de reprendre la vie commune après rejet d'une première demande en divorce : V. note 7 ss. art. 258.

15. Concurrence. Le comportement gravement déloyal de l'épouse envers son mari, les deux époux exerçant des activités professionnelles concurrentes, constitue une violation des devoirs et obligations du mariage. • Civ. 1re, 17 oct. 2007 : *D. 2008. Pan. 255, obs. Auguet ; ibid. Pan. 807, obs. Williatte-Pellitteri ; ibid. 961, note Blary-Clément ; Dr. fam. 2007, n° 168, note Larribau-Terneyre.*

16. Dépenses excessives. Circonstance justificative de divorce, parmi de nombreuses décisions : • Versailles, 19 janv. 2012, n° 11/00727 (dépenses excessives et adultère injurieux) • Grenoble, 8 janv. 2008 : *JCP 2008, IV, 2204.*

17. Excès sexuels. Les déviances et excès sexuels d'un époux peuvent consituer une faute. • Versailles, 15 nov. 2012, n° 11/07565 (détention de fichiers pornographiques et de photos de ses enfants dénudés).

18. Incompatibilité entre époux. Viole l'art. 242, la juridiction qui prononce le divorce aux torts partagés en ne se fondant que sur l'existence d'une incompatibilité entre époux et d'une rupture consommée, tout en constatant que cette situation de fait ne peut être imputée avec certitude à l'un ou à l'autre des époux. • Civ. 2e, 8 oct. 1986, n° 85-14.397 P. ♦ Rappr. • Civ. 1re, 25 avr. 2006, n° 04-19.040 : *Defrénois 2006, 1320, obs. Massip.* ♦ Comp. • Douai, 22 sept. 1994 : *D. 1996. Somm. 63.*

19. Fautes en cours de procédure. L'introduction de la demande en divorce ne confère pas aux époux, encore dans les liens du mariage, une immunité privant de leurs effets normaux les faits dont ils peuvent se rendre coupables l'un envers l'autre après l'ordonnance de non-conciliation (en l'espèce, concubinage du mari). • Civ. 2e, 3 mai 1995, n° 93-13.358 P : *D. 1996. Somm. 64 (2e esp.), obs. Blary-Clément ; Defrénois 1996. 325, obs. Massip* • 6 mars 1996, n° 94-17.596 P • 15 juin 2000 : *Dr. fam. 2000, n° 111, note Lécuyer* • 7 mai 2003 : *RJPF 2003-9/21, obs. Garé* • Nancy, 31 janv. 2005 : *BICC 1er août 2005, n° 1637* (installation, par le mari, de sa concubine au domicile conjugal, peu après le départ de l'épouse, avant même l'ordonnance de non-conciliation autorisant la résidence séparée). – V. déjà en ce sens : • Civ. 2e, 14 déc. 1983 : *Gaz. Pal. 1984. 2. Pan. 201, obs. Grimaldi* • 12 juin 1987 : *D. 1987. IR 160* • 2 oct. 1980 : *Bull. civ. II, n° 192.* ♦ Ainsi, il est possible d'invoquer des griefs postérieurs à l'ordonnance de non-conciliation. • Civ. 2e, 23 sept. 1999, n° 98-12.028 P : *D. 1999. IR 243 ; Dr. fam. 1999, n° 139, note Lécuyer ; RTD civ. 2000. 91, obs. Hauser* • 15 nov. 2001 : *Dr. fam. 2002, n° 31, obs. H. L.* • 13 déc. 2001 : *eod. loc.* • Civ. 1re, 30 sept. 2006 : *JCP 2006. IV. 2981* (comportement méprisant de l'épouse à l'égard du mari, pouvant compromettre son avenir professionnel et révélant une volonté de lui nuire).

20. ... *En particulier adultère.* Dans le même sens, pour un adultère établi postérieurement à l'ordonnance de non-conciliation : • Civ. 2e, 27 oct. 1993 : *JCP 1994. II. 22260, note Lemasson-Bernard* • 4 juin 1997 : *Dr. fam. 1997, n° 176, note Lécuyer.* ♦ Comp. • Bourges, 9 mars 1999 : *JCP 2000. IV. 2251* (adultère – non fautif – du mari postérieur à l'abandon du domicile conjugal par la femme) • Chambéry, 29 mai 1984 : *préc. note 10* • TGI Nantes, 9 nov. 1982 : *D. 1985. IR 150, obs. Groslière* (refus de considérer comme fautif l'adultère du mari, postérieur de neuf ans au jugement de séparation de corps) • Civ. 2e, 29 avr. 1994, n° 92-16.814 P : *RTD civ. 1994. 571, obs. Hauser* (une cour d'appel apprécie souverainement qu'un adultère constaté plus de deux ans après l'ordonnance de résidence séparée ne justifie pas le prononcé du divorce pour faute, le devoir de fidélité étant nécessairement moins contraignant du fait de la longueur de la procédure) • 23 mai 2002 : *RJPF 2002-10/17, note Garé* (même solution) • Civ. 1re, 11 mars 2009 : *RJPF 2009-6/28, obs. Garé* (même solution, cinq ans après) • 30 mars 2004 : *RJPF 2004-7-8/21, obs. Garé* (« comportement non fautif du mari ») • Amiens, 19 mai 2010 : *AJ fam. 2011. 50, obs. Benillouche* .

21. Injures graves. L'insistance procédurière de l'épouse devant le juge des tutelles à l'effet de placer son mari sous un régime de protection s'analyse en une injure grave justifiant le prononcé du divorce à ses torts exclusifs. • Civ. 2e, 14 nov. 2002, n° 01-03.217 P : *Defrénois 2003. 615, obs. Massip ; RTD civ. 2003. 66, obs. Hauser* . ♦ Pour des injures graves, V. • Aix-en-Provence, 7 nov. 2006 : *JCP 2007. IV. 1494.*

22. Homosexualité. Si l'homosexualité n'est pas fautive, le fait pour l'époux d'entretenir une relation homosexuelle avec un tiers a un caractère outrageant en raison de l'atteinte à la loyauté, la confiance et la dignité conjugales. • Dijon, 6 juill. 2012, n° 11/01842.

23. Internet. Relations de nature sexuelle avec plusieurs personnes via Internet constitutives de faute. • Grenoble, 4 août 2011, n° 10/03011 • Toulouse, 11 sept. 2012, n° 11/03949 (mari qui se présente sur un site comme divorcé et recherchant une relation sérieuse).

24. Manque de respect mutuel. Des disputes réciproques intenses accompagnées de violences verbales traduisent un manque de respect de chacun des époux envers l'autre et justifient le divorce aux torts partagés. • Civ. 1re, 23 mai 2006, n° 05-17.533 P : *D. 2007. Pan. 608, obs. Williatte-Pellitteri* . ♦ Dans le même sens pour une désaffection réciproque, un manque de respect respectif, une volonté de cesser la vie commune imputable à l'un comme à l'autre des époux, incompatibles avec le maintien du lien conjugal. • Civ. 1re, 9 mars 2011 : *AJ fam. 2011. 258, obs. Mbala Mbala ; Dr. fam. 2011, n° 123, obs. Larribau-Terneyre.*

25. Manquement au devoir de secours et d'assistance. Pour exemples, • Civ. 1re, 27 févr. 2013, n° 12-17.097 (défaut d'assistance et violence • Aix-en-Provence, 20 mars 2012, n° 10/05472 (abandon et adultère) • Paris, 5 déc. 2007 : *JCP 2007.IV. 1086* (faute par abandon financier de la famille – preuve non rapportée).

26. Manquement au devoir de loyauté. Relations financières. Faute par manque de loyauté de l'époux qui dissimule au conjoint son passé pénal. • Pau, 14 déc. 1998, n° 97001058 : *Dr. fam. 1999. 80, note Lécuyer.* ♦ Les prélèvements réalisés par l'épouse, à l'insu de son mari lui reprochant son caractère intéressé, sur les comptes communs constituent des manquements graves au devoir de loyauté constitutifs d'une violation grave et renouvelée des obligations du mariage rendant intolérable le maintien de la vie commune. • Civ. 1re, 25 mars 2009 : *RJPF 2009-6/28, obs. Garé.*

27. Relations sexuelles. BIBL. Bruguière, *D. 2000. Chron. 10* (devoir conjugal). ♦ Non-consommation du mariage ou limitations dans les rapports intimes imposées par l'un des conjoints à l'autre : V. • Civ. 2e, 5 nov. 1969 : *D. 1970. 223, note Wiederkehr* • 8 oct. 1970 : *Gaz. Pal. 1971. 1. 26* • 10 févr. 1972 : *D. 1972. 379* • Amiens, 3 mars 1975 : *cité note 28* • Civ. 2e, 4 oct. 1978 : *D. 1979. IR 211 (1re esp.), obs. Breton* • Amiens, 28 févr. 1996 : *Gaz. Pal. 1996. 2. 445* • Paris, 16 avr. 2015, n° 13/16028 : *Dr. fam. 2015,* *n° 141, obs. Binet* (absence de manquement, la limitation des relations sexuelles pouvant avoir une autre cause que la volonté d'en priver le partenaire). ♦ Le refus de l'épouse de se prêter à une fécondation *in vitro* ne constitue pas une cause de divorce. • Bordeaux, 1er oct. 1991 : *JCP 1992. I. 3593, n° 1, obs. Garé ; RTD civ. 1992. 56, obs. Hauser*. ♦ ... Pas plus que le fait de concevoir un enfant contre la volonté du mari. • Caen, 5 janv. 2006 : *Dr. fam. 2006, n° 149, obs. Larribau-Terneyre.* ♦ En sens inverse : la conception d'un enfant à l'insu du mari, dans les circonstances particulières de l'espèce (décès de deux précédents enfants en bas âge), constitue de la part de l'épouse un manquement au devoir de loyauté. • Nîmes, 21 mars 2007 : *D. 2007. 2587, note Lamoureux ; JCP 2007. II. 10149, note Vassaux ; Dr. fam. 2007, n° 189, note Mauger-Vielpeau ; RTD civ. 2008. 91, obs. Hauser*. ♦ Le refus persistant de l'épouse de soigner sa stérilité constitue un comportement fautif et injurieux. • Bordeaux, 7 juin 1994 : *JCP 1996. II. 22590, note Vassaux ; RTD civ. 1994. 836, obs. Hauser*.

28. Religion. Si l'un des époux ne peut, sous peine de porter atteinte à la liberté de conscience de l'autre, interdire à ce dernier de pratiquer la religion qu'il avait délibérément choisie, encore faut-il que ce choix n'ait pas d'incidence grave sur la vie conjugale et familiale ; les juges du fond peuvent donc retenir contre un époux, pour prononcer le divorce, le zèle excessif touchant la pratique de la religion, lorsqu'il est source de perturbation dans la vie familiale. • Civ. 2e, 25 janv. 1978 : *Gaz. Pal. 1978. 2. 505, note Barbier* • Civ. 1re, 19 juin 2007 : *D. 2008. Pan. 808, obs. Williatte-Pellitteri*. – Déjà en ce sens : • Civ. 2e, 19 juin 1975 : *Gaz. Pal. 1975. 2. 721, note Barbier* • Paris, 12 janv. 1972 : *D. 1972. 217, note J. C.* • Nîmes, 10 juin 1967 : *D. 1969. 366, note Carbonnier.* ♦ Peut être retenu contre une épouse convertie aux Témoins de Jéhovah, pour prononcer le divorce, le fait qu'elle s'est refusée à participer aux fêtes de famille et aux fêtes de Noël et de Pâques, dont le caractère est aussi familial que religieux. • Civ. 2e, 9 oct. 1996, n° 95-10.461 P : *RTD civ. 1997. 103, obs. Hauser*, rejetant le pourvoi contre • Montpellier, 7 nov. 1994 : *JCP 1996. II. 22680, note Bruguière.* ♦ Comp. • Amiens, 3 mars 1975 : *D. 1975. 706, note Géraldy ; Gaz. Pal. 1975. 1. 276* (statuant sur renvoi après cassation de • Paris, 5 janv. 1973 : *Gaz. Pal. 1973. 1. 465, note Barbier)* • Grenoble, 4 juin 1991 : *JCP 1991. II. 21744, note Hauser.* ♦ Mais manque de base légale l'arrêt qui, pour accueillir la demande en divorce du mari, se borne à énoncer que l'appartenance de la femme à une secte a eu un effet néfaste sur les relations conjugales, sans apporter la moindre précision sur la détérioration des relations conjugales retenue à la charge de la femme. • Civ. 2e, 8 nov. 1995, n° 94-10.685 P : *Defrénois 1997. 300, obs. Massip ; RTD civ. 1996. 367, obs. Hauser*. ♦ Ne constitue pas une faute en soi l'adhésion aux Témoins de Jéhovah, groupement religieux légal, ni la conversion à ce groupement après un mariage catholique. • Montpellier, 7 nov. 1994 : *préc.* ♦ *Adde*, Nefussy-Venta, *AJ fam. 2011. 39* (convictions religieuses et ruptures familiales).

29. Syndicalisme. Des activités syndicales particulièrement absorbantes, entraînant des absences prolongées, peuvent constituer des violations graves ou renouvelées des obligations résultant du mariage, rendant intolérable le maintien de la vie commune. • Douai, 12 oct. 1984 : *D. 1985. 523, note Blary-Clément.*

30. Transsexualisme – Travestissement. L'acquisition du sexe féminin par le mari, à la suite d'une opération chirurgicale, oblige au prononcé du divorce à ses torts exclusifs. • Nîmes, 7 juin 2000 : *Dr. fam. 2001, n° 4, note Lécuyer ; LPA 12 avr. 2001, note Massip ; RTD civ. 2001. 335, obs. Hauser*. ♦ Comp. • TGI Caen, 28 mai 2001 : *D. 2002. 124, note Mauger-Vielpeau ; Dr. fam. 2002, n° 42, note Lécuyer ; LPA 29 avr. 2002, note Massip ; RTD civ. 2002. 274, obs. Hauser*.

L'attitude tendancieuse du mari ayant des relations extra-conjugales homosexuelles et une tendance au travestissement constitue un motif de divorce pour faute. • Orléans, 24 févr. 2009 : *D. 2010. Pan. 1243, obs. Williatte-Pellitteri*.

Sur la conformité à la Conv. EDH d'une législation obligeant les transsexuels mariés à divorcer pour obtenir le changement juridique de leur sexe, V. note 8 ss. art. 143.

31. Violences (physiques et verbales). Nombreuses décisions constatant la faute de l'époux violent, circonstance relevée seule ou avec d'autres griefs. • Rennes, 26 juin 2012, n° 11/06006 (violences du mari empêchant, en outre, toute vie commune) • Dijon, 18 mai 2012, n° 11/01045 (violences verbales et physiques).

Art. 243 *Abrogé par L. n° 2004-439 du 26 mai 2004, art. 23.*

Art. 244 *(L. n° 75-617 du 11 juill. 1975)* **La réconciliation des époux intervenue depuis les faits allégués empêche de les invoquer comme cause de divorce.**

***Le juge* déclare alors la demande irrecevable. Une nouvelle demande peut cependant être formée en raison de faits survenus ou découverts depuis la réconciliation, les faits anciens pouvant alors être rappelés à l'appui de cette nouvelle demande.**

Le maintien ou la reprise temporaire de la vie commune ne sont pas considérés comme une réconciliation s'ils ne résultent que de la nécessité ou d'un effort de conciliation ou des besoins de l'éducation des enfants.

BIBL. ▸ NERSON, *Études Weill, Dalloz/Litec, 1983, p. 425* (pardon des offenses entre époux).

1. Caractère d'ordre public du moyen tiré de la réconciliation. Étant d'ordre public, un tel moyen peut être invoqué en tout état de cause. • Colmar, 26 oct. 1956 : *D. 1957. 157* (sol. impl.). ♦ ... Et même d'office. • Civ. 2e, 30 nov. 1962 : *Bull. civ. II, n° 765.*

2. Notion de réconciliation. La réconciliation suppose non seulement le maintien ou la reprise de la vie commune, mais encore la volonté chez l'époux offensé de pardonner en pleine connaissance de cause les griefs qu'il peut avoir contre son conjoint, ainsi que l'acceptation par ce dernier de ce pardon. • TGI Seine, 12 mars 1965 : *Gaz. Pal. 1965. 1. 416.* ♦ En ce sens que la continuation ou la simple reprise de la vie commune n'implique pas nécessairement réconciliation : • Civ. 2e, 4 avr. 1962, n° 61-10.956 P • Paris, 13 mars 1974 : *D. 1974. 733, note A. D.* • Paris, 10 févr. 1998 : *Dr. fam. 1998, n° 153, note Lécuyer (2e esp.)* (reprises intermittentes de la vie commune).

3. Incidence de la réconciliation devant le juge pénal. Aucune disposition législative n'interdit au juge pénal de statuer sur la réconciliation des époux, question de pur fait qu'il est parfaitement en mesure de trancher ; la constatation d'une telle réconciliation entraîne la conséquence que le délit d'abandon de famille n'est pas constitué, faute d'une décision judiciaire ayant conservé son caractère exécutoire. • Paris, ch. corr., 9 juin 1964 : *Gaz. Pal. 1964. 2. 446.* ♦ Tant qu'elle n'est pas définitive, la décision du juge civil constatant la réconciliation des époux n'a pas rendu caduque l'ordonnance en vertu de laquelle le prévenu était tenu de payer une pension alimentaire à sa femme et à ses enfants ; il s'ensuit que les juges répressifs ont justifié leur décision de condamnation pour abandon de famille. • Crim. 12 oct. 1971 : *Gaz. Pal. 1972. 1. 19.*

4. Incidence d'un désistement. Le désistement d'une action a pour effet d'éteindre le droit et d'effacer les griefs anciens et il s'oppose à ce que, en l'absence de griefs nouveaux, il soit formé une demande nouvelle motivée par les mêmes faits. • Civ. 2e, 14 mars 1967, n° 66-11.571 P.

5. Autorité du pénal sur le civil. La décision pénale de condamnation ayant constaté qu'il n'y a pas eu réconciliation entre les époux s'impose à la juridiction civile saisie de l'exception de réconciliation opposée à l'action en divorce. • Civ. 2e, 5 mai 1971 : *Gaz. Pal. 1971. 2. 603.*

6. Faits nouveaux. Caractère de gravité de la cause nouvelle survenue ou découverte depuis la réconciliation pour que revivent les griefs anciens : V. • Civ. 2e, 17 déc. 1969 : *D. 1970. 188.*

Art. 245 *(L. n° 75-617 du 11 juill. 1975)* **Les fautes de l'époux qui a pris l'initiative du divorce n'empêchent pas d'examiner sa demande ; elles peuvent, cependant, enlever aux faits qu'il reproche à son conjoint le caractère de gravité qui en aurait fait une cause de divorce.**

Ces fautes peuvent aussi être invoquées par l'autre époux à l'appui d'une demande reconventionnelle en divorce. Si les deux demandes sont accueillies, le divorce est prononcé aux torts partagés.

Même en l'absence de demande reconventionnelle, le divorce peut être prononcé aux torts partagés des deux époux si les débats font apparaître des torts à la charge de l'un et de l'autre.

1. Office du juge : absence de conclusions. Les juges du fond ne sont pas tenus, en l'absence de conclusions les y invitant, de rechercher d'office si les torts d'un époux ne sont pas dépouillés de leur caractère fautif du fait du comportement de l'autre époux. • Civ. 2e, 23 avr. 1980 : *Gaz. Pal. 1981. 1. 89, note Massip.* – Déjà en ce sens : • Civ. 2e, 11 juill. 1979, n° 78-11.518 P. ♦ Pour des applications de la règle posée à l'al. 1er de l'art. 245, V. note 1 ss. art. 252.

2. L'art. 245 ne s'oppose pas à ce que les juges du fond, même en l'absence de conclusions les y invitant, prennent en considération les torts de l'époux demandeur pour apprécier les faits que celui-ci invoque contre son conjoint. • Civ. 2e, 11 déc. 1991, n° 90-13.925 P. ♦ V. conf., en appel : • Civ. 1re, 20 sept. 2006, n° 05-20.001 P. ♦ Mais l'appréciation de l'excuse de la faute d'un époux (abandon de foyer) n'est pas subordonnée à la preuve d'une faute concomitante du conjoint et, en l'espèce, à l'existence d'un état de nécessité. • Civ. 2e, 25 nov. 1999, n° 97-21.929 P : *RTD civ. 2000. 90, obs. Hauser*

3. ... Existence de conclusions. Les juges du fond ne peuvent prononcer le divorce au profit d'un époux sans examiner les griefs que l'autre conjoint fait valoir par voie de conclusions. • Civ. 2e, 27 avr. 1981 : *Gaz. Pal. 1981. 2. 703, note Viatte* • 29 mars 1989, n° 88-12.514 P. ♦ Mais l'appréciation de l'opportunité d'un sursis à statuer, mesure demandée par l'un des époux pour que les juges soient à même d'apprécier, après résultat de l'enquête, si les griefs qui lui étaient reprochés n'étaient pas dépouillés de leur caractère fautif du fait du comportement de son conjoint, relève du pouvoir discrétionnaire des juges du fond. • Civ. 2e, 15 avr. 1981 : *Gaz. Pal. 1982. 2. 583, note Viatte.*

4. Demande reconventionnelle. Est recevable la demande reconventionnelle en divorce pour faute, formée après que le tribunal se soit prononcé sur l'application de l'art. 242 et ait invité les parties à conclure sur la prestation compensatoire. • Civ. 2e, 24 juin 1999, n° 97-

14.107 P : *Dr. fam. 1999, n° 137, note Lécuyer ; RTD civ. 1999. 820, obs. Hauser*.

5. Indivisibilité des demandes principale et reconventionnelle. Les demandes respectives visées par l'art. 245 forment un tout indivisible ; la cassation prononcée sur l'une des demandes annule en son entier la décision rendue sur le fond du divorce. • Civ. 2e, 20 avr. 1988, n° 86-14.125 P : *R., p. 159* • 26 avr. 1990, n° 89-11.137 P. ♦ Les demandes principale et reconventionnelle en divorce sont indivisibles et le juge doit se prononcer sur elles par une même décision. • Civ. 2e, 26 nov. 1997, n° 96-11.640 P : *Defrénois 1998. 1019, obs. Massip ; Dr. fam. 1998, n° 50, note Lécuyer ; RTD civ. 1998. 83, obs. Hauser* (cassation de l'arrêt ayant rejeté la demande principale et sursis à statuer sur l'autre) • 18 mars 1998, n° 95-10.210 P : *R., p. 190* • Civ. 1re, 19 juin 2007 : *Defrénois 2007. 1635, obs. Massip.* ♦ Le juge ne peut examiner la demande reconventionnelle qu'autant qu'est recevable la demande principale. • Civ. 1re, 19 avr. 2005, n° 02-19.881 P : *D. 2006. Pan. 339, obs. Williatte-Pellitteri ; RTD civ. 2005. 578, obs. Hauser*.

6. Divorce aux torts partagés. Il résulte de l'art. 245, al. 3, que si, même en l'absence de demande reconventionnelle, le divorce peut être prononcé aux torts partagés des deux époux lorsque les débats font apparaître des torts à la charge de l'un et de l'autre, c'est seulement si ces torts remplissent respectivement la double condition exprimée à l'art. 242. • Civ. 2e, 21 avr. 1982 : *Bull. civ. II, n° 56.* ♦ V. conf. • Civ. 2e, 22 nov. 1995, n° 93-21.551 P : *D. 2006. Pan. 339, obs. Williatte-Pellitteri ; Defrénois 1997. 298, obs. Massip.*

7. L'application de l'art. 245, al. 3, n'est qu'une faculté laissée à l'appréciation discrétionnaire du juge. • Civ. 2e, 16 janv. 1991, n° 89-19.584 P.

8. En l'absence de demande reconventionnelle de l'époux défendeur, le divorce ne peut être prononcé aux torts exclusifs de l'époux demandeur. • Civ. 2e, 11 juill. 1988, n° 87-15.447 P : *Defrénois 1989. 997, obs. Massip.*

9. Observations préalables des parties. Les juges ne peuvent prononcer le divorce aux torts partagés sur la demande d'un seul des époux sans avoir préalablement provoqué les observations des parties sur les conséquences d'un tel divorce. • Civ. 2e, 16 janv. 1991, n° 89-14.413 P • 19 janv. 1994, n° 92-17.436 P • 8 févr. 1995, n° 93-16.122 P • 12 juin 1996, n° 94-20.716 P • 9 juill. 1997, n° 94-14.803 P *Defrénois 1998. 709, obs. Massip* • 2 oct. 1997, n° 96-10.654 P : *Defrénois 1998. 709, obs. Massip* • 11 févr. 1998, n° 95-17.040 P • 2 avr. 2002 : *Dr. fam. 2002, n° 110, note Lécuyer* (visa de l'art. 16 C. pr. civ.) • Civ. 1re, 3 févr. 2004, n° 02-13.528 P : *D. 2004. IR 469 ; Dr. fam. 2004, n° 49, note Larribau-Terneyre ; RTD civ. 2004. 269, obs. Hauser*. ♦ ... Et notamment sur le versement d'une prestation compensatoire. • Civ. 2e, 21 juill. 1992, n° 91-11.872 P. ♦ Encourt la cassation l'arrêt qui prononce, sur la seule demande d'un époux, le divorce aux torts exclusifs de l'autre sans avoir invité les parties à s'expliquer sur le versement d'une prestation compensatoire, alors que, lorsqu'une partie n'a demandé que le versement d'une pension alimentaire ou une contribution aux charges du mariage, le juge ne peut, aux termes de l'art. 1076-1 C. pr. civ., prononcer le divorce sans avoir invité les parties à s'expliquer sur le versement d'une prestation compensatoire. • Civ. 2e, 20 nov. 1996, n° 94-15.312 P : *Dr. fam. 1997, n° 31, note Lécuyer ; Defrénois 1997. 985, obs. Massip.* – V. aussi • Civ. 2e, 19 févr. 1997, n° 95-11.174 P : *Dr. fam. 1997, n° 105, note Lécuyer* • 26 sept. 2002, n° 01-01.303 P : *AJ fam. 2003. 67, obs. S. D.* • Civ. 1re, 25 avr. 2006, n° 05-17.893 P : *D. 2006. IR 1331, obs. P. Guiomard* • 31 oct. 2007, n° 07-11.432 P : *AJ fam. 2007. 475, obs. S. D. ; Dr. fam. 2007, n° 220, note Larribau-Terneyre.* ♦ Inversement, en l'absence de demande par l'une des parties du versement d'une pension alimentaire ou d'une contribution aux charges du mariage, le divorce des époux peut être prononcé sans qu'ils soient invités à s'expliquer sur le versement d'une prestation compensatoire. • Civ. 1re, 23 janv. 2008, n° 07-11.323 P : *D. 2009. Pan. 832, obs. Serra ; AJ fam. 2008. 208, obs. David ; Dr. fam. 2008, n° 40, obs. Larribau-Terneyre ; RJPF 2008-5/29, obs. Garé ; Procédures 2008. 113, obs. Douchy-Oudot ; Defrénois 2008. 1110, obs. Massip ; RTD civ. 2008. 281, obs. Hauser*.

Art. 245-1 *(L. n° 75-617 du 11 juill. 1975 ; L. n° 2004-439 du 26 mai 2004, art. 6 et 22-III et IV)* **A la demande des conjoints, le juge peut se limiter à constater dans les motifs du jugement qu'il existe des faits constituant une cause de divorce, sans avoir à énoncer les torts et griefs des parties.** – *[Anc. art. 248-1, modifié.]*

BIBL. ▶ BORDIER, *JCP 1987. I. 3302.*

1. Existence de demandes concordantes. Lorsque l'époux sollicite l'application de l'art. 248-1 (anc., repris dans sa substance par l'art. 245-1) dans le cadre d'un divorce aux torts exclusifs de l'épouse, tandis que celle-ci sollicite la confirmation du jugement ayant prononcé le divorce, sans énoncer de griefs, aux torts exclusifs du mari, une cour d'appel, étant ainsi en présence de demandes concordantes, fait à bon droit application de l'art. 248-1. • Civ. 2e, 1er avr. 1998, n° 96-16.888 P : *Dr. fam. 1999, n° 5, note Lécuyer.*

2. Recevabilité de l'appel. L'appel contre une décision ayant prononcé, à la demande des parties, un divorce pour faute sans énoncer leurs torts et griefs est irrecevable, l'appelant qui a obtenu en première instance entière satisfaction sur ses demandes étant sans intérêt à interjeter appel. • Civ. 2e, 20 mars 1991, n° 89-15.297 P. ♦ V. cependant note ss. art. 249-3. ♦ Mais, l'épouse ayant saisi le tribunal d'une demande en divorce pour faute aux torts du mari et le premier juge ayant prononcé le divorce aux torts partagés, il en résulte que l'épouse a intérêt à contester l'attribution des torts, peu important l'existence de conclusions concordantes des époux sur l'application de l'art. 248-1 (anc.). • Civ. 1re, 25 avr. 2007, n° 06-16.380 P : *D. 2007. AJ 1427* ; *AJ fam. 2007. 396, obs. S. David* ; *Dr. fam. 2007, n° 127, note Larribau-Terneyre ; RTD civ. 2007. 552, obs. Hauser* .

Art. 246 *(L. n° 2004-439 du 26 mai 2004, art. 5-III)* **Si une demande pour altération définitive du lien conjugal et une demande pour faute sont concurremment présentées, le juge examine en premier lieu la demande pour faute.**

(Abrogé par L. n° 2019-222 du 23 mars 2019, art. 22, à compter du 1er janv. 2021) ***« S'il rejette celle-ci, le juge statue sur la demande en divorce pour altération définitive du lien conjugal. »***

Sur l'entrée en vigueur et l'application dans le temps des modifications issues de l'art. 22 de la L. n° 2019-222 du 23 mars 2019, V. ndlr ss. art. 233.

1. Application à une demande reconventionnelle subsidiaire. Si une demande en divorce pour altération définitive du lien conjugal et une demande pour faute sont concurremment présentées, l'obligation pour le juge d'examiner en premier lieu la demande pour faute et, s'il rejette celle-ci, de statuer sur la demande pour altération définitive du lien conjugal s'applique même si la demande reconventionnelle en divorce pour faute est présentée à titre subsidiaire. • Civ. 1re, 16 déc. 2015, n° 14-29.322 P : *D. 2016. 69* ; *AJ fam. 2016. 103, obs. Thouret* ; *RTD civ. 2016. 88, obs. Hauser* ; *Gaz. Pal. 2016. 258, obs. Douville et Mauger-Vielpeau.*

2. V. note ss. art. 247-2 et 297-1.

SECTION 5 Des modifications du fondement d'une demande en divorce *(L. n° 2004-439 du 26 mai 2004, art. 7).*

Art. 247 *(L. n° 2016-1547 du 18 nov. 2016, art. 50-I-3°, en vigueur le 1er janv. 2017)* **Les époux peuvent, à tout moment de la procédure :**

1° Divorcer par consentement mutuel par acte sous signature privée contresigné par avocats, déposé au rang des minutes d'un notaire ;

2° Dans le cas prévu au 1° de l'article 229-2, demander au juge de constater leur accord pour voir prononcer le divorce par consentement mutuel en lui présentant une convention réglant les conséquences de celui-ci.

Ancien art. 247 ***Les époux peuvent, à tout moment de la procédure, demander au juge de constater leur accord pour voir prononcer leur divorce par consentement mutuel en lui présentant une convention réglant les conséquences de celui-ci.***

Sur la demande en divorce, V. C. pr. civ., art. 1077.

Art. 247-1 **Les époux peuvent également, à tout moment de la procédure, lorsque le divorce aura été demandé pour altération définitive du lien conjugal ou pour faute, demander au juge de constater leur accord pour voir prononcer le divorce pour acceptation du principe de la rupture du mariage.**

Pour les dispositions transitoires, V. L. n° 2004-439 du 26 mai 2004, art. 33-I, ss. art. 295.

Sur l'acceptation du principe de la rupture, V. C. pr. civ., art. 1123.

1. Passerelle. Pour l'application du système de « passerelle » consacré par l'art. 246 anc., V. • TGI Paris, JAM, 13 mai 1976 : *JCP 1976. II. 18400 bis, note Lindon* • TGI Belfort, 8 mars 1977 : *JCP 1977. II. 18654, note R. L.* • Civ. 2e, 18 déc. 1996, n° 92-15.852 P : *Dr. fam. 1997, n° 73, note Lécuyer.* – V. aussi Lesourd, *Gaz. Pal. 1981. 1. Doctr. 88* ; Hauser, *RTD civ. 1995. 336.*

2. Exclusion. Les époux qui se sont vu débouter de leur demande en divorce pour faute ne peuvent solliciter en appel le divorce pour altération définitive du lien conjugal. • Civ. 1re, 19 mars 2014, n° 12-17.646 P : *cité ss. art. 237.*

3. Compétence. Incompétence de la cour d'appel pour connaître en cours d'instance d'une requête conjointe en divorce (art. 246 anc., alors applicable au divorce accepté) : • Bordeaux, 26 juin 1997 : *JCP 1998. II. 10039, note Garé ; Dr.*

fam. 1997, n° 160, note Lécuyer ; RTD civ. 1998. 84, obs. Hauser ; Gaz. Pal. 1997. 2. 686, note Dandine (compétence exclusive du JAF).

Art. 247-2 *(L. n° 2019-222 du 23 mars 2019, art. 22, en vigueur le 1er janv. 2021)* **Si le demandeur forme une demande en divorce pour altération définitive du lien conjugal et que le défendeur demande reconventionnellement le divorce pour faute, le demandeur peut invoquer les fautes de son conjoint pour modifier le fondement de sa demande.**

Sur l'entrée en vigueur et l'application dans le temps des modifications issues de l'art. 22 de la L. n° 2019-222 du 23 mars 2019, V. ndlr ss. art. 233.

Ancien art. 247-2 ***Si, dans le cadre d'une instance introduite pour altération définitive du lien conjugal, le défendeur demande reconventionnellement le divorce pour faute, le demandeur peut invoquer les fautes de son conjoint pour modifier le fondement de sa demande.***

L'art. 247-2 ouvre au demandeur la possibilité de solliciter le prononcé du divorce aux torts partagés pour le cas où la demande reconventionnelle en divorce pour faute de son conjoint serait admise, sans le contraindre à renoncer à sa demande principale en divorce pour altération du lien conjugal, pour le cas où cette demande reconventionnelle serait rejetée ; la demande tendant au prononcé du divorce aux torts partagés ne peut être regardée comme une demande formée à titre subsidiaire au sens de l'art. 1077, al. 1er, C. pr. civ. • Civ. 1re, 11 sept. 2013, n° 11-26.751 P : *D. 2013. 2831, note Douville et Mauger-Vielpeau ; AJ fam. 2013. 633, obs. David ; RTD civ. 2013. 824, obs. Hauser ; JCP 2013, n° 1130, note Thouret ; Gaz. Pal. 2013. 3030, obs. Chevalier.*

CHAPITRE II DE LA PROCÉDURE DU DIVORCE JUDICIAIRE *(L. n° 2016-1547 du 18 nov. 2016, art. 50, en vigueur le 1er janv. 2017).*

La loi n° 2004-439 du 26 mai 2004 modifiant le présent chapitre II est entrée en vigueur le ***1er janvier 2005****. — V. les dispositions transitoires et la précédente rédaction de ce chapitre II, ss. art. 295.*

RÉP. CIV. v° *Divorce : cas de divorce,* par N. Dissaux.

BIBL. GÉN. ► **Étude d'ensemble :** Bertin, *JCP 1976. I. 2751* (Décr. n° 75-1124 du 5 déc. 1975).

► **Études spéciales :** Bertin, *JCP 1984. I. 3146* (référé à fin de rétractation de l'ordonnance rendue sur requête initiale en divorce). – Bourguès-Habif, *Dr. fam. 2020, Dossier 2* (l'amiable dans le droit du divorce). – Brazier, *Gaz. Pal. 1981. 2. Doctr. 415* (commentaire Décr. n° 81-500 du 12 mai 1981). – Claux et David, *Defrénois 2008. 1413* (le notaire nommé expert). – Granet-Lambrechts, *Gaz. Pal. 1983. 1. Doctr. 252* (effet suspensif de l'appel et du pourvoi en cassation au regard des mesures accessoires au divorce). – Hauser, *RTD civ. 1991. 304* (entre divorce et après-divorce). – Huet-Weiller, *D. 1984. Chron. 193* (commentaire Décr. n° 84-618 du 13 juill. 1984) ; *RTD civ. 1991. 714* (effet suspensif du pourvoi). – Juilliard et Appert, *D. 1976. Chron. 119* (voies de recours en matière de divorce). – Lienhard, *D. 1985. Chron. 15* (compétence du JAM en tant que juge des référés). – Lindon et Bénabent, *JCP 1984. I. 3166* (commentaire Décr. n° 84-618 du 13 juill. 1984). – Maizy et Cadars Beaufour, *AJ fam. 2011.74* (incidence procédurale de la faute). – J. Maury, *D. 1983. Chron. 27* (compétence territoriale en matière de demande en divorce). – Mulon, *Gaz. Pal. 2008. 3711* (devoir de secours pendant l'instance en divorce). – Rubellin-Devichi, *RTD civ. 1988. 87* (intimité de la vie privée). – Du Rusquec, *Gaz. Pal. 1978. 1. Doctr. 237* (nature des ordonnances rendues par le JAM). – Sturlese, *JCP 1998. I. 145* (signature de la Convention de « Bruxelles 2 »). – Viatte, *Gaz. Pal. 1980. 2. Doctr. 374* (recevabilité des requêtes initiales). – Zerouki, *Dr. fam. 2002. Chron. 26* (exercice successif de fonctions et impartialité du juge du divorce). – Dossier, *AJ fam. 2008. 414* (divorce et dépens) ; *AJ fam. 2009. 368* et *420* (divorce et transparence) ; *AJ fam. 2014. 457* (stratégie procédurale du divorce) ; *AJ fam. 2015. 80* ; *ibid. 128* (divorce : *formules et procédure*).

► **Réforme du 23 mars 2019 :** Casey, *AJ fam. 2019. 239* (simplifier pour mieux juger, vraiment ?) ; *AJ fam. 2020. 285* (publication de l'arrêté sur la date de première audience). – Mulon, *Dr. fam. 2020. Étude 6* (la nouvelle procédure de divorce) ; *ibid. 2022. Étude 1* (un an après). – Mulon et Égéa, *Dr. fam. 2020. Étude 8* (*idem*). – Dossier, *AJ fam. 2020. 11 et 89* (réforme de la procédure de divorce). – Dossier, *AJ fam. 2021. 13* ; *ibid. 77* (réforme de la procédure du divorce). – Dossier, *AJ fam. 2022. 465* (divorce : l'heure du bilan).

SECTION 1 Dispositions générales

Art. 248 *(L. n° 75-617 du 11 juill. 1975)* **Les débats sur la cause, les conséquences du divorce et les mesures provisoires ne sont pas publics.**

L'art. 248 n'est pas contraire à l'art. 6 Conv. EDH. • Civ. 1re, 28 févr. 2006, n° 05-10.750 P.

Art. 248-1 *Transféré, avec modifications, à l'art. 245-1 par L. n° 2004-439 du 26 mai 2004, art. 6.*

Art. 249 *(L. n° 2019-222 du 23 mars 2019, art. 10)* **Dans l'instance en divorce, le majeur en tutelle est représenté par son tuteur et le majeur en curatelle exerce l'action lui-même, avec l'assistance de son curateur. Toutefois, la personne protégée peut accepter seule le principe de la rupture du mariage sans considération des faits à l'origine de celle-ci.**

BIBL. ▶ S. David, *AJ fam. 2020. 501* (divorce du majeur protégé).

Ancien art. 249 *(L. n° 2004-439 du 26 mai 2004, art. 8)* ***« Si une demande en divorce doit être formée au nom d'un majeur en tutelle, elle est présentée par le tuteur, avec l'autorisation du conseil de famille s'il a été institué ou du juge des tutelles. Elle est formée après avis*** *(L. n° 2007-308 du 5 mars 2007, art. 10, en vigueur le 1er janv. 2009)* ***« médical » et, dans la mesure du possible, après audition de l'intéressé, selon le cas, par le conseil de famille ou le juge. »***

(L. n° 75-617 du 11 juill. 1975) ***Le majeur en curatelle exerce l'action lui-même avec l'assistance du curateur.***

BIBL. ▶ Roche, *Gaz. Pal. 1979. 2. Doctr. 347* (difficultés en ce qui concerne les majeurs protégés). – Rousse, *Gaz. Pal. 1975. 2. Doctr. 783* (capacité pour exercer l'action en divorce). – Sire, *LPA 20 févr. 2003* (protection de l'incapable majeur face au divorce). ▶ A propos de la représentation en justice du conjoint dont les facultés mentales sont altérées ; Lindon et Bertin, *JCP 1980. I. 2995*, et les décisions divergentes publiées en annexe de cette chronique. – Massip, *D. 1981. 266.*

1. Le juge peut autoriser le gérant de tutelle à introduire une action en divorce pour rupture de la vie commune (application de l'art. 249 anc., repris dans sa substance par l'art. 249). • TI Saint-Girons, ord., 23 févr. 1995 : *D. 1996. 299, note Massip ; RTD civ. 1995. 602, obs. Hauser.* ♦ Pour le cas d'une demande reconventionnelle et l'application éventuelle de l'art. 501 C. civ. (art. 249 anc.), V. • Rennes, 25 janv. 1978 : *D. 1979. IR 209, obs. Breton.*

2. Refus d'autoriser la rupture du lien conjugal, dans l'intérêt de la majeure protégée (risque de décompression mélancolique et dégradation de la situation financière). • Aix-en-Provence, 19 févr. 2015, n° 13/21340 : *AJ fam. 2015. 412, obs. Peterka.*

Art. 249-1 *(Abrogé par L. n° 2019-222 du 23 mars 2019, art. 10) (L. n° 75-617 du 11 juill. 1975)* ***Si l'époux contre lequel la demande est formée est en tutelle, l'action est exercée contre le tuteur ; s'il est en curatelle, il se défend lui-même, avec l'assistance du curateur.***

Sur la nécessité de signifier les actes de procédure au majeur en curatelle et au curateur, V. notes ss. art. 467.

Art. 249-2 *(L. n° 75-617 du 11 juill. 1975)* **Un tuteur ou un curateur** *(L. n° 2007-308 du 5 mars 2007, art. 10, en vigueur le 1er janv. 2009)* **« ad hoc » est nommé lorsque la tutelle ou la curatelle avait été confiée au conjoint de** *(L. n° 2007-308 du 5 mars 2007, art. 10, en vigueur le 1er janv. 2009)* **« la personne protégée ».**

Art. 249-3 *(L. n° 2019-222 du 23 mars 2019, art. 10)* **Si une demande de mesure de protection juridique est déposée ou en cours, la demande en divorce ne peut être examinée qu'après l'intervention du jugement se prononçant sur la mise en place d'une telle mesure de protection. Toutefois, le juge peut prendre les mesures provisoires prévues aux articles 254 et 255.**

Ancien art. 249-3 *(L. n° 75-617 du 11 juill. 1975)* ***Si l'un des époux se trouve placé sous la sauvegarde de justice, la demande en divorce ne peut être examinée qu'après organisation de la tutelle ou de la curatelle.*** *(L. n° 2004-439 du 26 mai 2004, art. 8)* ***« Toutefois, le juge peut prendre les***

mesures provisoires prévues aux articles 254 et 255 et les mesures urgentes prévues à l'article 257. »

BIBL. ▸ MASSIP, *D. 1992. 373* .

Cassation de l'arrêt ayant confirmé le jugement de divorce sans énonciation des torts et griefs (art. 248-1), alors que le mari ne contestait pas que sa femme était, en cause d'appel, placée sous sauvegarde de justice. • Civ. 2e, 14 déc. 2000 : *RJPF 2001-2/29, obs. Guerder.*

Art. 249-4 *(L. n° 75-617 du 11 juill. 1975)* **Lorsque l'un des époux se trouve placé sous l'un des régimes de protection prévus** *(L. n° 2007-308 du 5 mars 2007, art. 10, en vigueur le 1er janv. 2009)* **« au chapitre II du titre XI du présent livre », aucune demande en divorce par consentement mutuel** *(Abrogé par L. n° 2019-222 du 23 mars 2019, art. 10) (L. n° 2004-439 du 26 mai 2004, art. 8) « ou pour acceptation du principe de la rupture du mariage »* **ne peut être présentée.**

SECTION 2 De la procédure applicable au divorce par consentement mutuel judiciaire *(L. n° 2016-1547 du 18 nov. 2016, art. 50, en vigueur le 1er janv. 2017).*

Sur la procédure de divorce par consentement mutuel judiciaire, V. C. pr. civ., art. 1088 s., ss. art. 295 et **C. pr. civ.**

Art. 250 *(L. n° 2004-439 du 26 mai 2004, art. 9-II)* **La demande en divorce est présentée par les avocats respectifs des parties ou par un avocat choisi d'un commun accord.**

Le juge examine la demande avec chacun des époux, puis les réunit. Il appelle ensuite le ou les avocats.

Sur le contenu de la requête et de la convention, V. C. pr. civ., art. 1090 s.

Sur la recevabilité de la requête, V. C. pr. civ., art. 1099.

Qualité pour agir. Seuls les époux ont qualité pour intenter une action en divorce ou y défendre. • Civ. 1re, 4 juin 2007, n° 06-18.515 P : *D. 2007. AJ 1794* ; *AJ fam. 2007. 313, obs. S. David* ; *RTD civ. 2007. 551, obs. Hauser* (irrecevabilité de l'intervention du mandataire liquidateur de la société propriétaire de l'immeuble constituant le domicile conjugal).

Art. 250-1 *(L. n° 2004-439 du 26 mai 2004, art. 9-II)* **Lorsque les conditions prévues à l'article 232 sont réunies, le juge homologue la convention réglant les conséquences du divorce et, par la même décision, prononce celui-ci.**

Sur le rôle du juge et la possibilité de modifier la convention ou de refuser l'homologation, V. C. pr. civ., art. 1099 s.

1. Force de la convention – Principe : caractère définitif. **BIBL.** Peru-Pirotte, *JCP N 2001. 283* (recours des créanciers). – Tisserand, *Mél. Huet-Weiller, PU Strasbourg/LGDJ, 1994, p. 497* (indésirable indivisibilité). ♦ Application de l'ancien art. 232, al. 1er, repris dans son principe par l'art. 250-1. ♦ Le prononcé du divorce et l'homologation de la convention définitive ont un caractère indissociable et ne peuvent plus être remis en cause hors des cas limitativement prévus par la loi. • Civ. 2e, 6 mai 1987, n° 86-10.107 P : *GAJC, 12e éd., n° 41 ; D. 1987. 358, note Groslière ; Gaz. Pal. 1988. 1. 3, note Massip* (irrecevabilité d'une action en rescision pour lésion) • Civ. 1re, 18 oct. 1994, n° 92-21.823 P : *RTD civ. 1995. 337, obs. Hauser* ; *Defrénois 1995. 723, obs. Massip* • 5 nov. 2008, n° 07-14.439 P : *D. 2008. AJ 2939* ; *Gaz. Pal. 2008. 4008, avis Legoux ; AJ fam. 2008. 476, obs. David* ; *Dr. fam. 2008. 170, obs. Larribau-Terneyre ; RLDC 2008/55, n° 3229, obs. Serra ; RJPF 2009-2/21, obs. Garé ; Defrénois 2009. 547, obs. Massip ; RTD civ. 2009. 100, obs. Hauser* (irrecevabilité d'un recours en révision partielle sur les dispositions relatives au partage des biens). ♦ Le jugement prononçant le divorce et homologuant la convention étant devenu irrévocable, la convention ne peut plus être remise en cause. • Civ. 2e, 26 juin 1996 : *Dr. fam. 1997, n° 28, note Lécuyer.* ♦ V. cependant pour le cas d'une convention viciée par fraude : • Aix-en-Provence, 19 mai 1987 : *V. note 1 ss. art. 279.* ♦ V. pour un partage complémentaire, note 21 ss. art. 232.

2. Actions exclues. Un vice du consentement ne permet pas la révision. • Civ. 2e, 13 nov. 1991, n° 90-17.840 P : *Defrénois 1992. 721, obs. Massip.* – V. déjà • Riom, 28 juin 1988 : *D. 1990. Somm. 117, obs. Bénabent* . ♦ Irrecevabilité de l'action de in rem verso de l'époux qui, dans la convention définitive homologuée, avait renoncé à solliciter une prestation compensatoire. • Civ. 1re, 10 févr. 1998 : *Dr. fam. 1998, n° 53, note Lécuyer.* ♦ Recevabilité de la tierce opposition d'un créancier et de son liquidateur, agissant en inopposabilité de la convention au motif de la fraude de l'épouse contre leurs droits et de la collusion des deux époux. • Civ. 1re, 13 mai 2015, n° 14-10.501 P. ♦ Comp. antérieurement : irrecevabilité de l'action paulienne exercée par un créancier • Civ. 2e, 25 nov. 1999, n° 97-16.488 P : *D. 2000. IR 4 ; JCP 2000. II. 10338, note Guedj ; Defrénois 2000. 1051, obs. Massip ; Dr. fam. 2000, n° 22, note Lécuyer ; RTD civ. 2000. 89, obs. Hauser*.

3. Fraude. Cassation de l'arrêt qui se borne à se référer à la chronologie des décisions intervenues dans l'instance pénale à l'issue de laquelle l'époux a été déclaré coupable et condamné à des dommages-intérêts, sans rechercher si, en concluant la convention homologuée par le juge du divorce, son épouse avait pu avoir conscience d'agir en fraude des droits du créancier de son mari et s'il y avait collusion des époux. • Civ. 1re, 13 mai 2015, n° 14-10.501 P : *préc. note 2* ♦ Comp. : après son homologation par le jugement prononçant le divorce, la convention définitive revêt la même force exécutoire que celle d'une décision de justice et ne peut plus être remise en cause hors des cas limitativement prévus par la loi dans lesquels n'entre pas l'action en inopposabilité fondée sur la fraude. • Civ. 1re, 23 nov. 2011 : *D. 2011. 2933 ; AJ fam. 2012. 47, obs. S. David ; RTD civ. 2012. 98, obs. Hauser ; Dr. fam. 2012, n° 5, obs. Larribau-Terneyre.* ♦ En cas de divorce, suivi du remariage des ex-époux, l'effet frauduleusement recherché (acquisition par le mari de la nationalité française) ne peut se produire. • Civ. 1re, 17 nov. 1981 : *préc.*, cassant partiellement • Lyon, 16 janv. 1980 : *D. 1981. 577, note Guiho ; Gaz. Pal. 1980. 2. 428, note Viatte ; RTD civ. 1983. 334, obs. Nerson et Rubellin-Devichi.*

La décision de divorce prononcée sur la demande conjointe des époux ne peut être annulée, sur demande du ministère public, en raison des mobiles qui avaient pu inspirer le consentement des époux. • Civ. 1re, 17 nov. 1981 : *D. 1982. 573, note Guiho ; JCP 1982. II. 19842, note Gobert ; Gaz. Pal. 1982. 2. 567, note Massip.*

4. Recours. La voie de la cassation est ouverte contre le jugement homologuant la convention des époux et prononçant le divorce, cette décision n'étant pas susceptible d'appel. • Civ. 2e, 28 mars 1979 : *cité note 4 ss. art. 232.* ♦ Sur le recours en révision, V. note 1 ss. art. 279.

5. Modification. Modification des dispositions de la convention définitive homologuée : V. notes ss. art. 279 et 373-2-13 (exercice de l'autorité parentale).

6. Effet relatif de la convention. La convention, même homologuée par le juge, ne peut avoir pour effet, en l'absence d'accord du créancier, d'éteindre la dette d'un des conjoints et n'a de force obligatoire que dans leurs rapports réciproques. • Civ. 1re, 2 juin 1992, n° 90-17.499 P : *D. 1993. Somm. 211, obs. Delebecque ; JCP 1992. I. 3632, n° 5, obs. Billiau ; Defrénois 1992. 1437, obs. Massip ; RTD civ. 1993. 185, obs. Lucet et Vareille* • 10 mai 2006, n° 03-17.675 P : *D. 2006. IR 1483 ; RJPF 2006-10/37, obs. Garé ; RTD civ. 2006. 541, obs. Hauser*.

7. Cessation des paiements de l'un des époux. L'état liquidatif de communauté compris dans la convention définitive de divorce, conclue après la date de cessation des paiements, n'échappe pas aux nullités des actes accomplis pendant la période suspecte, même si cet acte contient des dispositions relatives aux créances alimentaires ou de prestations compensatoires. • Com. 7 nov. 2006, n° 04-18.650 P : *R., p. 349 ; BICC 1er mars 2007, n° 406, et la note ; D. 2006. AJ 2911, obs. A. Lienhard ; JCP 2007. I. 153, n° 7, obs. Cabrillac ; Defrénois 2007. 870, obs. Gibirila ; RJPF 2007-2/30, note Valory ; Dr. fam. 2007, n° 61, note Larribau-Terneyre ; Dr. et pr. 2007. 94, note Putman ; RTD civ. 2007. 322, obs. Hauser*.

8. Redressement judiciaire civil d'époux divorcés. Sur la possibilité pour le juge, dans le cadre d'une procédure de redressement judiciaire civil concernant des époux divorcés, d'aménager dans leurs rapports entre eux le remboursement des dettes dont ils sont tenus solidairement, cet aménagement n'affectant pas la contribution définitive de chacun au passif de la communauté, telle que fixée par la convention définitive, V. • Civ. 1re, 11 oct. 1994, n° 93-04.045 P : *R., p. 355 ; D. 1995. 402, note Batteur*.

Art. 250-2 *(L. n° 2004-439 du 26 mai 2004, art. 9-II)* **En cas de refus d'homologation de la convention, le juge peut cependant homologuer les mesures provisoires au sens des articles 254 et 255 que les parties s'accordent à prendre jusqu'à la date à laquelle le jugement de divorce passe en force de chose jugée, sous réserve qu'elles soient conformes à l'intérêt du ou des enfants.**

Une nouvelle convention peut alors être présentée par les époux dans un délai maximum de six mois.

Sur le refus d'homologation, V. C. pr. civ., art. 1100.

Sur les conséquences de la présentation ou de l'absence de présentation d'une nouvelle convention, V. C. pr. civ., art. 1101.

1. Homologation et exécution de la convention temporaire. L'exécution de la convention temporaire n'est pas une condition nécessaire du prononcé du divorce sur demande conjointe, et si la convention définitive, complétée en cours d'instance, préserve suffisamment les intérêts des époux, celle-ci doit être homologuée et le divorce prononcé (application de l'art. 253 anc. repris dans sa substance par l'art. 250-2). • Paris, 7 avr. 1978 : *Defrénois 1979. 299.*

2. Garde des enfants. Sur les effets de la convention temporaire, à l'égard de la garde des enfants, malgré le dépôt d'une requête en divorce pour faute (application de l'art. 253 anc. lequel donnait au juge le pouvoir de modifier ou de supprimer les clauses de la convention contraires à l'intérêt des enfants), V. • Poitiers, 31 mai 1979 : *Gaz. Pal. 1979. 2. 574, note Brazier* (délit de non-représentation d'enfant constitué).

3. Dispense de devoirs de fidélité. Homologation d'une convention temporaire prévoyant la dispense mutuelle des époux du devoir de fidélité (application de l'art. 253 anc.). • TGI Lille, JAF, 26 nov. 1999 : *D. 2000. 254, note Labbée ; RTD civ. 2000. 296, obs. Hauser.*

4. Autorité de l'ordonnance. L'ordonnance par laquelle le juge ordonne tout ou partie des mesures provisoires est dépourvue de l'autorité de chose jugée au principal (application de l'art. 253 anc.). • Civ. 2e, 4 mars 1998, n° 96-14.230 P : *RTD civ. 1998. 661, obs. Hauser.* ♦ Elle n'est pas susceptible d'un recours en révision (application de l'art. 253 anc.). • Civ. 2e, 3 juin 1999, n° 97-18.754 P : *RTD civ. 2000. 300, obs. Hauser* • 3 oct. 2002, n° 01-00.800 P : *D. 2002. IR 2915 ; Dr. fam. 2003, n° 47, note Lécuyer ; RTD civ. 2003. 66, obs. Hauser.*

Art. 250-3 *(L. n° 2004-439 du 26 mai 2004, art. 9-II)* **A défaut de présentation d'une nouvelle convention dans le délai fixé à l'article 250-2 ou si le juge refuse une nouvelle fois l'homologation, la demande en divorce est caduque.**

SECTION 3 De la procédure applicable aux autres cas de divorce judiciaires *(L. n° 2004-439 du 26 mai 2004, art. 10-I ; L. n° 2016-1547 du 18 nov. 2016, art. 50, en vigueur le 1er janv. 2017).*

Depuis le 1er janv. 2021, le § 1 est remplacé, le § 2 est abrogé, le § 3 anc. est devenu le § 2, le § 4 est abrogé et le § 5 anc. est devenu le § 3 (L. n° 2019-222 du 23 mars 2019, art. 22, en vigueur le 1er janv. 2021).

Sur l'entrée en vigueur et l'application dans le temps des modifications issues de l'art. 22 de la L. n° 2019-222 du 23 mars 2019, V. ndlr ss. art. 233.

§ 1 De l'introduction de la demande en divorce

(L. n° 2019-222 du 23 mars 2019, art. 22, en vigueur le 1er janv. 2021)

Sur l'entrée en vigueur et l'application dans le temps des modifications issues de l'art. 22 de la L. n° 2019-222 du 23 mars 2019, V. ndlr ss. art. 233.

Art. 251 L'époux qui introduit l'instance en divorce peut indiquer les motifs de sa demande si celle-ci est fondée sur l'acceptation du principe de la rupture du mariage ou l'altération définitive du lien conjugal. Hors ces deux cas, le fondement de la demande doit être exposé dans les premières conclusions au fond.

Art. 252 La demande introductive d'instance comporte le rappel des dispositions relatives à :

1° La médiation en matière familiale et à la procédure participative ;

2° L'homologation des accords partiels ou complets des parties sur les modalités d'exercice de l'autorité parentale et les conséquences du divorce.

Elle comporte également, à peine d'irrecevabilité, une proposition de règlement des intérêts pécuniaires et patrimoniaux des époux.

Art. 253 Lorsqu'il rejette définitivement la demande en divorce, le juge peut statuer sur la contribution aux charges du mariage, la résidence de la famille et les modalités de l'exercice de l'autorité parentale.

§ 1 *[ANCIEN]* De la requête initiale *(L. n° 2004-439 du 26 mai 2004, art. 10-II).*

(Abrogé par L. n° 2019-222 du 23 mars 2019, art. 22, à compter du 1er janv. 2021)

Sur la rédaction du § 1 issue de l'art. 22 de la L. n° 2019-222 du 23 mars 2019, en vigueur le 1er janv. 2021, V. § 1, supra.

Ancien art. 251 *(L. n° 2004-439 du 26 mai 2004, art. 10-II)* ***L'époux qui forme une demande en divorce présente, par avocat, une requête au juge, sans indiquer les motifs du divorce.***

Sur la rédaction de l'art. 251 issue de l'art. 22 de la L. n° 2019-222 du 23 mars 2019, en vigueur le 1er janv. 2021, V. art. 251, supra.

1. Contenu de la requête. L'interdiction de faire état, dans la requête en divorce, des motifs du divorce, ne s'applique pas aux écritures déposées par les parties à l'appui de leurs observations orales lors de l'audience de conciliation. • Civ. 1re, 17 oct. 2019, n° 18-20.584 P : *D. 2019. 2038 ; AJ fam. 2019. 649, obs. Thouret ; Dr. fam. 2019, n° 228, note Dumas-Lavenac.* ♦ La teneur des conclusions ne pouvait affecter la régularité de la requête ; cassation de l'arrêt qui énonce que les conclusions visées à l'audience de conciliation sont, s'agissant d'une procédure orale, assimilées à la requête en divorce qui en est le support et doivent, en conséquence, obéir aux mêmes principes, dont l'interdiction de mentionner les griefs.. • Même arrêt. ♦ V. aussi notes 1 et 2 ss. art. 252.

2. Il résulte des anciens art. 242, 251 et 252-3 C. civ., ainsi que des anciens art. 1110 et 1111 C. pr. civ., que le JAF n'a pas le pouvoir de statuer sur une fin de non-recevoir opposée à une requête initiale en divorce pour faute. • Civ. 2e, 9 janv. 2003, n° 00-19.221 P : *D. 2003. IR 400 ; RJPF 2003-4/29, obs. Garé ; RTD civ. 2003. 274, obs. Hauser.* ♦ Comp., reconnaissant au JAF le pouvoir de se prononcer sur une fin de non-recevoir tirée d'un jugement étranger : • Civ. 1re, 10 mai 2007, n° 06-11.323 P : *D. 2007. Chron. C. cass. 2327, n° 1, obs. Chauvin ; ibid. AJ 1432, obs. Gallmeister ; ibid. Pan. 2695, obs. Douchy-Oudot ; JCP 2007. Actu. 242, obs. Devers ; Defrénois 2007. 1313, obs. Massip ; AJ fam. 2007. 433, obs. Boiché ; LPA 6 nov. 2007, note Mahinga* • 10 mai 2007, n° 06-12.476 P : *eod. loc.* – V. note 3 ss. art. 15.

3. Exception de litispendance. L'exception de litispendance ne peut être invoquée que devant le JAF avant toute tentative de conciliation. La décision rendue de ce chef est revêtue de l'autorité de chose jugée et l'appel est immédiatement recevable, même si l'ordonnance rendue ne met pas fin à l'instance. • Civ. 1re, 15 sept. 2021, n° 20-19.640 B : *D. 2021. 1719 ; AJ fam. 2022. 49, obs. Boiché.*

4. Intervention. Sur l'irrecevabilité de l'intervention d'un mandataire liquidateur, V. note ss. art. 250.

§ 2 *[ANCIEN]* De la conciliation *(L. n° 2004-439 du 26 mai 2004, art. 11-I).*

(Abrogé par L. n° 2019-222 du 23 mars 2019, art. 22, à compter du 1er janv. 2021)

Depuis le 1er janv. 2021, le § 2 est abrogé et le § 3 anc. est devenu le § 2 (L. n° 2019-222 du 23 mars 2019, art. 22, en vigueur le 1er janv. 2021).

Sur l'entrée en vigueur et l'application dans le temps des modifications issues de l'art. 22 de la L. n° 2019-222 du 23 mars 2019, V. ndlr ss. art. 233.

BIBL. GÉN. ▶ HAUSER, obs. *RTD civ. 1995. 608* (motivation des ordonnances de non-conciliation).

Ancien art. 252 *(L. n° 75-617 du 11 juill. 1975 ; L. n° 2004-439 du 26 mai 2004, art. 6 et 11-II)* ***Une tentative de conciliation est obligatoire avant l'instance judiciaire. Elle peut être renouvelée pendant l'instance.***

Le juge cherche à concilier les époux tant sur le principe du divorce que sur ses conséquences. – *[Anc. art. 251, modifié.]*

Sur la date de la conciliation, V. C. pr. civ., art. 1107 anc.

Sur la tentative de conciliation, V. C. pr. civ., art. 1108 à 1113 anc.

1. Contenu de la requête initiale. La requête initiale en divorce présentée sur le fondement de l'anc. art. 242 ayant pour seul objet, sous réserve des mesures d'urgence, d'amener le juge à convoquer l'époux défendeur à la tentative de conciliation, il n'est pas nécessaire qu'elle indique les faits invoqués comme cause de divorce. • Civ. 2e, 8 juill. 1999, n° 98-10.283 P : *R., p. 305 ; Defrénois 2000. 651, obs. Massip ; Dr. fam. 1999, n° 138, note Lécuyer ; RTD civ. 1999. 822, obs. Hauser.*

2. Fin de non-recevoir. Il résulte des anc. art. 242, anc. 251, anc. 252-3 C. civ., 1110 et 1111 C. pr. civ., que le JAF n'a pas le pouvoir de statuer sur une fin de non-recevoir opposée à une requête initiale en divorce pour faute. • Civ. 2e, 9 janv. 2003, n° 00-19.221 P : *D. 2003. IR 400 ; RJPF 2003-4/29, obs. Garé ; RTD civ. 2003. 274, obs. Hauser.*

3. Absence de tentative de conciliation. Cassation de l'arrêt d'appel qui a statué sur la requête en divorce et fixé les mesures provisoires concernant les époux et les enfants, après avoir relevé qu'aucune tentative de conciliation n'avait été réalisée par le premier juge, en retenant que le contexte exclut qu'une réconciliation puisse intervenir, de sorte que la cour d'appel avait constaté la non-conciliation implicite des époux et leur volonté de divorcer. • Civ. 1re, 16 déc. 2015, n° 14-28.296 P : *D. 2016. 69 ; AJ fam. 2016. 160, obs. Thouret.*

Ancien art. 252-1 *(L. nº 75-617 du 11 juill. 1975 ; L. nº 2004-439 du 26 mai 2004, art. 6)* ***Lorsque le juge cherche à concilier les époux, il doit s'entretenir personnellement avec chacun d'eux séparément avant de les réunir en sa présence.***

(L. nº 2004-439 du 26 mai 2004, art. 11-III) ***« Les avocats sont ensuite appelés à assister et à participer à l'entretien.***

« Dans le cas où l'époux qui n'a pas formé la demande ne se présente pas à l'audience ou se trouve hors d'état de manifester sa volonté, le juge s'entretient avec l'autre conjoint et l'invite à la réflexion. » *— [Anc. art. 252, modifié.]*

1. Avocat. L'art. 252 (anc. repris par l'art. 252-1) ne s'oppose pas à ce qu'un avocat représente une partie avant la tentative de conciliation proprement dite, même en l'absence de son client, pour saisir le juge de moyens préalables relatifs à la compétence et à l'impossibilité pour son client de se présenter. • Civ. 1re, 20 mars 1989 : *JCP 1990. II. 21494 (2e esp.), note Blaisse.*

2. Mesure d'instruction et respect de la vie privée. Si le juge peut toujours conseiller aux époux, notamment lors de la tentative de conciliation, de consulter un conseiller conjugal, un psychologue ou un médecin, aucune des dispositions du code civil ne l'autorise à contraindre les conjoints à se soumettre à une expertise psychologique relative à leurs relations conjugales réciproques, une telle mesure d'investigation constituant une immixtion dans la vie privée des époux contraire par là même aux dispositions de l'art. 9 C. civ. (anc. art. 252) • Paris, 3 mai 1979 : *D. 1979. 504, note Massip.* ♦ Mais lorsque l'un des époux a demandé au juge aux affaires [familiales] d'ordonner une mesure d'instruction consistant notamment en des investigations à caractère psychologique et psychiatrique et que, n'ignorant pas la nature des examens, il s'y est prêté sans opposition, il a par là même accepté des atteintes à sa vie privée dont il n'est plus en droit de se plaindre (anc. art. 252). • Civ. 1re, 5 mai 1987 : *D. 1988. 77, note Massip.*

Ancien art. 252-2 *(L. nº 75-617 du 11 juill. 1975 ; L. nº 2004-439 du 26 mai 2004, art. 6)* ***La tentative de conciliation peut être suspendue et reprise sans formalité, en ménageant aux époux des temps de réflexion dans une limite de huit jours.***

Si un plus long délai paraît utile, le juge peut décider de suspendre la procédure et de recourir à une nouvelle tentative de conciliation dans les six mois au plus. Il ordonne, s'il y a lieu, les mesures provisoires nécessaires. *— [Anc. art. 252-1.]*

Ancien art. 252-3 *(L. nº 2004-439 du 26 mai 2004, art. 6 et 11-IV)* ***Lorsque le juge constate que le demandeur maintient sa demande, il incite les époux à régler les conséquences du divorce à l'amiable.***

Il leur demande de présenter pour l'audience de jugement un projet de règlement des effets du divorce. A cet effet, il peut prendre les mesures provisoires prévues à l'article 255. *— [Anc. art. 252-2, modifié.]*

Sur la forme notariée des conventions passées entre époux, pendant l'instance en divorce, pour la liquidation et le partage de la communauté, V. • Civ. 1re, 23 oct. 1984, nº 83-14.719 P • 2 mai 1984, nº 83-10.070 P.

Ancien art. 252-4 *(L. nº 75-617 du 11 juill. 1975 ; L. nº 2004-439 du 26 mai 2004, art. 6)* ***Ce qui a été dit ou écrit à l'occasion d'une tentative de conciliation, sous quelque forme qu'elle ait eu lieu, ne pourra pas être invoqué pour ou contre un époux ou un tiers dans la suite de la procédure.*** *— [Anc. art. 252-3.]*

Ancien art. 253 *(L. nº 2004-439 du 26 mai 2004, art. 11-V)* ***Les époux ne peuvent accepter le principe de la rupture du mariage et le prononcé du divorce sur le fondement de l'article 233 que s'ils sont chacun assistés par un avocat.***

§ 2 Des mesures provisoires *(L. nº 2004-439 du 26 mai 2004, art. 12-I).*

Depuis le 1er janv. 2021, le § 3 anc. est devenu le § 2 (L. nº 2019-222 du 23 mars 2019, art. 22, en vigueur le 1er janv. 2021).

Sur l'entrée en vigueur et l'application dans le temps des modifications issues de l'art. 22 de la L. nº 2019-222 du 23 mars 2019, V. ndlr ss. art. 233.

Art. 254 *(L. nº 2019-222 du 23 mars 2019, art. 22, en vigueur le 1er janv. 2021)* **Le juge tient, dès le début de la procédure, sauf si les parties ou la partie seule constituée y renoncent, une audience à l'issue de laquelle il prend les mesures nécessaires pour assurer l'existence des époux et des enfants de l'introduction de la demande en divorce à la date à laquelle le jugement passe en force de chose jugée, en considération des accords éventuels des époux.**

Sur l'entrée en vigueur et l'application dans le temps des modifications issues de l'art. 22 de la L. n° 2019-222 du 23 mars 2019, V. ndlr ss. art. 233.

BIBL. ▸ MAITRE, *AJ fam. 2019. 238* (la future procédure de divorce et son impact sur les mesures provisoires). – PUYO, *Dr. fam. 2023. Étude 3* (date d'effet des mesures provisoires du divorce).

Ancien art. 254 *(L. n° 2004-439 du 26 mai 2004, art. 12-II)* ***Lors de l'audience prévue à l'article 252, le juge prescrit, en considération des accords éventuels des époux, les mesures nécessaires pour assurer leur existence et celle des enfants jusqu'à la date à laquelle le jugement passe en force de chose jugée.***

Sur l'ordonnance de non-conciliation, V. C. pr. civ., art. 1111 anc.

Sur la rédaction de l'art. 254 issue de l'art. 22 de la L. n° 2019-222 du 23 mars 2019, en vigueur le 1er janv. 2021, V. art. 254, supra.

BIBL. ▸ MULON, *Gaz. Pal. 2013. 107* (conséquences du prononcé du divorce).

1. Caractère provisoire. Les mesures prescrites par le juge en application de l'art. 254 (anc. repris dans sa substance par l'art. 254) ont un caractère provisoire et doivent être exécutées comme telles sous réserve du règlement définitif des rapports patrimoniaux des époux. • Civ. 1re, 12 janv. 1994, n° 91-15.460 P. ♦ Ainsi un époux ne peut se voir refuser l'attribution préférentielle du logement au motif qu'il ne l'occupe pas au jour de l'assignation alors que cette non-résidence n'est que la conséquence de l'ordonnance de non-conciliation, mesure provisoire ne pouvant préjuger de l'attribution préférentielle du logement. • Civ. 1re, 10 mai 2006, n° 03-19.001 P.

2. Exécution de plein droit. Les mesures provisoires sont exécutoires de droit dès leur prononcé (art. 254 anc.). • Civ. 2e, 8 juill. 1998, n° 96-22.732 P : *RTD civ. 1998. 887, obs. Hauser*. ♦ Les dispositions relatives aux prestations et pensions en matière de divorce ne sont exécutoires de plein droit que lorsqu'elles ont été prononcées au titre des mesures provisoires (art. 254 anc.). • Civ. 2e, 17 mars 1982 : *Gaz. Pal. 1982. 2. 428, note Viatte*. ♦ Les mesures provisoires prescrites par l'ordonnance de non-conciliation étant exécutoires de plein droit, le premier président d'une cour d'appel n'a pas le pouvoir d'en arrêter l'exécution (art. 254 anc.). • Civ. 2e, 19 févr. 1997, n° 95-13.945 P : *Dr. fam. 1997, n° 107, note Lécuyer*.

3. Fin des mesures provisoires. La pension alimentaire allouée pendant la procédure de divorce prend fin à la date à laquelle le divorce devient irrévocable ; elle ne cesse d'être due qu'à l'issue du délai ouvert pour former un pourvoi contre la disposition de l'arrêt confirmant le jugement ayant prononcé le divorce des époux. • Civ. 1re, 15 mai 2013 : *D. 2013. 1209* ; *AJ fam. 2013. 441, obs. Elkouby-Salomon* ; *Dr. fam. 2013, n° 115, note Binet* (art. 254 anc.).

4. ... Incidence d'un pourvoi en cassation. Par l'ordonnance de non-conciliation, le juge prescrit les moyens nécessaires pour assurer l'existence des époux jusqu'à la date à laquelle le jugement de divorce prend force de chose jugée ; a force de chose jugée le jugement qui n'est susceptible d'aucun recours suspensif ; le pourvoi en cassation suspend l'exécution de l'arrêt qui prononce le divorce ; par suite, en cas de pourvoi, la procédure de divorce étant toujours en cours, l'ordonnance du juge conciliateur continue de produire ses effets (art. 254 anc.). • Civ. 2e, 10 avr. 1991, n° 90-12.170 P. ♦ Dans le même sens : • Civ. 2e, 18 déc. 1996, n° 95-11.003 P : *Dr. fam. 1997, n° 61, note Lécuyer* (cassation de l'arrêt qui prononce l'expulsion de la femme du logement du mari dont elle avait la jouissance au titre des mesures provisoires). ♦ Il en est ainsi jusqu'à la date du rejet du pourvoi qui rend le divorce irrévocable (art. 254 anc.). • Civ. 2e, 24 janv. 1990, n° 88-15.555 P • 4 juill. 2002, n° 00-18.092 P : *D. 2002. IR 2381* ; *Defrénois 2002. 1471, obs. Massip* ; *Dr. fam. 2002, n° 143, note Lécuyer* ; *RTD civ. 2002. 788, obs. Hauser*. ♦ ... Sauf si le pourvoi est limité aux conséquences du divorce, auquel cas le prononcé du divorce étant devenu irrévocable, la pension allouée par l'ordonnance de non-conciliation cesse d'être due (art. 254 anc.). • Civ. 2e, 10 juill. 1991, n° 89-12.901 P. – Dans le même sens : • Civ. 2e, 18 mai 2000, n° 98-17.801 P : *D. 2000. IR 175* ; *Dr. fam. 2000, n° 143, note Lécuyer* ; *RTD civ. 2000. 549, obs. Hauser* • 30 nov. 2000 : *Dr. fam. 2001, n° 17*. ♦ Appliquée aux mesures provisoires prises au cours d'une procédure de divorce, la règle selon laquelle les décisions en dernier ressort qui ne mettent pas fin à l'instance ne peuvent être frappées de pourvoi en cassation, indépendamment des décisions sur le fond, que si elles tranchent dans leur dispositif tout ou partie du principal ne restreint que temporairement l'accès au juge de cassation et ne porte pas atteinte au droit à un tribunal (art. 6, § 1, de la Conv. EDH, et art. 606 et 608 C. pr. civ.) • Civ. 1re, 4 mai 2017, n° 16-15.322 P : *D. 2018. 641, obs. Douchy-Oudot* ; *AJ fam. 2017. 413, obs. Casey* ; *RTD civ. 2017. 619, obs. Hauser*. ♦ V. notes ss. art. 606 et 607 C. pr. civ.

5. L'obligation alimentaire à laquelle les parents sont tenus ne cesse pas de plein droit avec la majorité des enfants. L'ordonnance de non-conciliation qui ne décide pas du contraire continue donc de produire ses effets après la survenance de la majorité des enfants pendant toute la durée de la procédure de divorce (art. 254 anc.). • Civ. 2e, 8 févr. 1989 : *Bull. civ. II, no 31.*

Art. 255 *(L. no 2004-439 du 26 mai 2004, art. 12-III)* **Le juge peut notamment :**

1° Proposer aux époux une mesure de médiation *(L. no 2020-936 du 30 juill. 2020, art. 5)* **« , sauf si des violences sont alléguées par l'un des époux sur l'autre époux ou sur l'enfant, ou sauf emprise manifeste de l'un des époux sur son conjoint, » et, après avoir recueilli leur accord, désigner un médiateur familial pour y procéder ;**

2° Enjoindre aux époux *(L. no 2020-936 du 30 juill. 2020, art. 5)* **« , sauf si des violences sont alléguées par l'un des époux sur l'autre époux ou sur l'enfant, ou sauf emprise manifeste de l'un des époux sur son conjoint, » de rencontrer un médiateur familial qui les informera sur l'objet et le déroulement de la médiation ;**

3° Statuer sur les modalités de la résidence séparée des époux ;

4° Attribuer à l'un d'eux la jouissance du logement et du mobilier du ménage ou partager entre eux cette jouissance, en précisant son caractère gratuit ou non et, le cas échéant, en constatant l'accord des époux sur le montant d'une indemnité d'occupation ;

5° Ordonner la remise des vêtements et objets personnels ;

6° Fixer la pension alimentaire et la provision pour frais d'instance que l'un des époux devra verser à son conjoint, désigner celui ou ceux des époux qui devront assurer le règlement provisoire de tout ou partie des dettes ;

7° Accorder à l'un des époux des provisions à valoir sur ses droits dans la liquidation du régime matrimonial si la situation le rend nécessaire ;

8° Statuer sur l'attribution de la jouissance ou de la gestion des biens communs ou indivis autres que ceux visés au 4°, sous réserve des droits de chacun des époux dans la liquidation du régime matrimonial ;

9° Désigner tout professionnel qualifié en vue de dresser un inventaire estimatif ou de faire des propositions quant au règlement des intérêts pécuniaires des époux ;

10° Désigner un notaire en vue d'élaborer un projet de liquidation du régime matrimonial et de formation des lots à partager.

Sur la mission de conciliation du juge aux affaires familiales, V. C. pr. civ., art. 1071.

Sur le caractère exécutoire de droit à titre provisoire.des mesures provisoires, V. C. pr. civ., art. 1074-1.

Sur les règles applicables au professionnel désigné au 9°, V. C. pr. civ., art. 1120.

Sur les modalités de désignation ainsi que le déroulement de la mission du notaire désigné, V. C. pr. civ., art. 1121.

BIBL. ▸ Aufière, *AJ fam. 2005. 99* (rencontre du médiateur et du notaire). – Juston et Comba, *AJ fam. 2005. 399* (pratique de la médiation familiale). – V. Leclercq, *Dr. fam. 2004. Étude 23* (médiation familiale). – C. Lienhard, *AJ fam. 2006. 24* (l'avocat spécialiste en droit des personnes, professionnel qualifié au titre de l'art. 255, 9°).

▸ **Indemnité d'occupation privative d'un bien indivis :** Batteur, *Dr. fam. 2001. Chron. 14.* – Massip, *Defrénois 2001. 595.* – Vassaux, *Dr. et patr. 2/2003. 24.* ▸ **Avance sur communauté :** Digard, *JCP N 1993. I. 459.*

▸ **Notaire expert :** Brochard, *JCP N 2005. 1177.* – Casey, *Gaz. Pal. 2013. 1526* (devoir de conseil de l'avocat face à une expertise 255, 10°) ; *AJ fam. 2016. 429*. – Claux, *AJ fam. 2004. 227*. – Claux et David, *Defrénois 2008. 1413* (le notaire nommé expert). – Cousin et Depondt, *Defrénois 2006. 1815 ; Dr. fam. 2008. Étude 26* (notaire et missions de l'art. 255, 9° et 10°). – Gaudemet et Klaa, *Defrénois 2012. 1130.* – Mury, *D. 2005. Chron. 329* (notaire judiciairement commis). – Dossier, *AJ fam. 2011. 457* et *523* (logement et séparation).

A. POUVOIRS DU JUGE

1. Vente d'un bien commun. Aucun texte ne prévoit que le juge du divorce puisse autoriser l'un des époux à vendre, sans l'accord de son conjoint, un bien dépendant de la communauté, une telle autorisation ne pouvant être donnée que par le tribunal dans les conditions des art. 217 et 1426 C. civ. • TGI Paris, 14 juin 1976 : *Gaz. Pal. 1976. 2. 718, note Brazier.* ♦ Il n'entre pas dans les pouvoirs du juge d'attribuer à l'un des époux la part du prix de vente d'un bien commun ou indivis. • Civ. 1re, 24 févr. 2016, no 15-14.887 P : *D. 2016. 479 ; AJ fam. 2016. 217, obs. Hilt ; RTD civ. 2016. 326, obs. Hauser*.

2. Détermination du régime matrimonial. Il entre dans les pouvoirs du juge de se prononcer sur le régime matrimonial des époux. • Civ.

1re, 24 févr. 2016, n° 15-14.887 P : *préc. note 1* (cassation de l'arrêt ayant renvoyé les époux devant le juge du divorce).

3. Autorisation d'exploiter. Le juge est habilité à autoriser l'un ou l'autre des époux à exploiter seul des terres cultivées pour le compte de la communauté. • TGI Arras, JAM, 25 mai 1979 : *JCP 1980. II. 19356, note R. L.*

4. Sort des animaux. Hilt, *AJ fam. 2012. 74* (animal de compagnie et séparation). ♦ A propos de la « garde » et de la demande d'un « droit de visite » concernant un chien, V. • TGI Évreux, JAM, 27 juin 1978 : *Gaz. Pal. 1978. 2. 382* • Paris, 11 janv. 1983 : *ibid. 1983. 2. 412, note Dorsner-Dolivet et Scemama.* ♦ Comp., sur la demande en « restitution » d'un chien, • Rouen, 22 nov. 1978 : *D. 1980. IR 75, obs. crit. Bénabent.* – V. aussi Hauser, *RTD civ. 1991. 717*. ♦ En matière de divorce, le juge n'est pas compétent pour déterminer l'intérêt d'un animal de compagnie, eu égard à sa résidence ou ses conditions de vie. • Nancy, 30 nov. 2001 : *BICC 15 mars 2002, n° 285.*

5. Jouissance du logement. Le fait que le logement familial a été érigé sur un terrain propre de la femme ne fait pas obstacle à l'attribution de la jouissance du logement au mari. • Nîmes, 17 mars 1999 : *Dr. fam. 1999, n° 99, note Lécuyer.* ♦ Sur la jouissance privative de l'immeuble indivis, V. note 10 ss. art. 815-9 anc. ♦ Le juge aux affaires familiales peut ordonner, dans l'intérêt des enfants, la jouissance divise entre les parents du domicile familial, les parents venant y demeurer chacun en alternance. • TGI Péronne, 21 nov. 2005 : *BICC 1er déc. 2006, n° 2360.* ♦ Il n'appartient pas au juge conciliateur d'attribuer à titre gratuit à l'un des époux la jouissance de la résidence secondaire du ménage. • Poitiers, 8 nov. 2006 : *Dr. fam. 2007, n° 107, note Murat.* ♦ L'expulsion d'un époux de sa résidence principale conformément à une ordonnance de non-conciliation attribuant la jouissance du logement à l'autre époux n'échappe pas aux textes relatifs à l'expulsion. • Civ. 2e, 4 juill. 2007 : *D. 2007. Pan. 2694, obs. Douchy-Oudot ; Defrénois 2008. 2405, note Randoux.*

6. ... Conséquence sur la résidence principale de l'entrepreneur. Il résulte de la combinaison des art. L. 526-1 C. com et 255, 3° et 4°, C. civ. que, lorsque, au cours de la procédure de divorce de deux époux dont l'un exerce une activité indépendante, le juge aux affaires familiales a ordonné leur résidence séparée et attribué au conjoint de l'entrepreneur la jouissance du logement familial, la résidence principale de l'entrepreneur, à l'égard duquel a été ouverte postérieurement une procédure collective, n'est plus située dans l'immeuble appartenant aux deux époux dans lequel se trouvait le logement du ménage ; les droits qu'il détient sur ce bien ne sont donc plus des droits insaisissables par les créanciers dont les droits naissent à l'occasion de son activité professionnelle. • Com. 18 mai 2022, n° 20-22.768 B : *D. 2022.. 1675, obs. Lucas et Cagnoli ; AJDI 2022. 770, obs. Cohet ; AJ fam. 2022. 387, obs. Casey ; Rev. sociétés 2022. 516, obs. Roussel Galle ; RTD civ. 2022. 687, obs. Dauriac ; JCP 2022, n° 748, note Barbieri ; Dr. fam. 2022, n° 121, obs. M. Gayet.*

7. Occupation d'un immeuble commun. Prise en compte dans la fixation du montant de la pension mise à la charge d'un époux de la jouissance d'un immeuble commun attribuée à l'autre. • Civ. 1re, 28 févr. 1989 : *Bull. civ. I, n° 95* • 7 juin 1989, n° 87-11.905 P : *R., p. 247* • 25 juin 1991, n° 90-10.321 P. – Huet-Weiller, obs. *RTD civ. 1991. 712* (cassation de l'arrêt ayant condamné le conjoint au versement d'une indemnité pour occupation privative du logement sans avoir recherché si cette occupation de l'immeuble commun ne correspondait pas à l'exécution par l'autre époux de son devoir de secours). ♦ Mais l'avantage obtenu par la gratuité d'une telle occupation ne peut constituer une forme d'exécution du devoir de secours qu'à la double condition d'un état de besoin avéré au moment de l'attribution et d'une insuffisance évidente des autres mesures éventuellement prises pour y pourvoir. • Toulouse, 15 mars 1995 : *BICC 1er juin 1995, n° 592 ; RTD civ. 1995. 868, obs. Hauser*. ♦ V. notes 10 s. ss. art. 815-9 anc.

8. Pension alimentaire. Pour fixer le montant de la pension alimentaire allouée à l'un des époux, c'est à bon droit que les juges du fond tiennent compte du niveau d'existence auquel cet époux peut prétendre compte tenu des facultés du conjoint. • Civ. 2e, 7 mai 1980, n° 78-15.739 P : *R., p. 34.*

9. En décidant que la partie de la pension alimentaire correspondant aux arrérages des emprunts contractés pour l'acquisition du logement familial devait être versée directement entre les mains des organismes prêteurs, les juges du fond n'ont fait, dans l'exercice du pouvoir souverain dont ils disposaient en la matière, qu'instituer une modalité de paiement de ladite pension. • Civ. 2e, 16 juill. 1976 : *D. 1977. 333, note Chartier.*

10. Provision sur part de communauté. Les juges du fond apprécient souverainement si la situation rend nécessaire l'octroi à l'un des conjoints d'une provision sur sa part de communauté. • Civ. 1re, 5 janv. 1983 : *Gaz. Pal. 1983. 2. 525, note J. M.* – V. aussi • Civ. 2e, 1er mars 1984, n° 82-16.060 P. ♦ V. également note 17. ♦ Le juge aux affaires familiales n'est pas compétent pour attribuer à l'un des époux les revenus provenant de biens indivis ou la part du prix de vente d'un bien indivis, mesures relevant, en application de l'art. 815-11, de la seule compétence du président du TGI. • Civ. 1re, 17 janv. 2006, n° 04-19.053 P.

11. Désignation d'un professionnel qualifié (255, 9°) : avocat. L'art. 115 du Décr. n° 91-

1197 du 27 nov. 1991, organisant la profession d'avocat, n'interdit pas la désignation d'un avocat en qualité de professionnel qualifié, au sens de l'art. 255, 9°, dès lors que l'exercice de ces fonctions, confiées par un juge, ne caractérise pas celui d'une profession. • Civ. 1re, 19 oct. 2016, n° 15-25.879 P : *D. 2016. 2167* ; *AJ fam. 2016. 603, obs. Casey* ; *RTD civ. 2017. 108, obs. J. Hauser* ; *Dr. fam. 2017, n° 12, note Beignier.*

B. RÉGIME DES MESURES PROVISOIRES

12. Notaire commis. Sur la question de l'impartialité du notaire commis en application de l'art. 255-10°, V. • Civ. 1re, 4 juill. 2006, n° 03-16-971 P : *RTD civ. 2006. 745, obs. Hauser* (inapplicabilité de l'art. 6-1 Conv. EDH). ... Et sur le droit du notaire ainsi commis à un honoraire proportionnel tarifé ne pouvant être réduit judiciairement en application de l'art. 284 C. pr. civ. • Civ. 2e, 12 janv. 2017, n° 16-11.116 P : *D. 2017. 167* ; *AJ fam. 2017. 140, obs. David* ; *RTD civ. 2017. 360, obs. Hauser* ; *Defrénois 2017. 259, note Combret* ; *JCP N 2017, n° 1129, note Hébert.*

13. Exécution de droit. Les mesures provisoires de l'art. 255 se substituent d'office à la contribution aux charges du mariage dès le prononcé de l'ordonnance de non-conciliation. • Civ. 2e, 30 nov. 1994, n° 92-20.656 P. Si elles n'ont d'effet que pour l'avenir, elles sont exécutoires de droit dès leur prononcé. • Civ. 1re, 11 janv. 2005, n° 02-31.011 P.

14. Survenance d'un fait nouveau. C'est seulement en cas de survenance d'un fait nouveau que le juge peut modifier ou compléter les mesures provisoires qui auraient déjà été ordonnées. • Civ. 2e, 11 févr. 1981 : *Gaz. Pal. 1981. 1. 372, note Viatte.* En cas de survenance d'un fait nouveau, une cour d'appel saisie d'une instance en divorce a le pouvoir de modifier ou supprimer une mesure provisoire. • Civ. 1re, 4 oct. 2005, n° 04-13.463 P : *D. 2006. Pan. 340, obs. Williatte-Pellitteri* , et *2437, obs. Douchy-Oudot* ; *AJ fam. 2005. 447, obs. S. David (2e esp.)* ; *Dr. fam. 2005, n° 268, note Larribau-Terneyre (2e esp.)* ; *RTD civ. 2006. 94, obs. Hauser* .

15. Caducité des mesures provisoires (application de l'art. 255 anc.). Si aucun des époux n'a saisi le tribunal à l'expiration du délai de six mois suivant le prononcé de l'ordonnance de non-conciliation, les mesures provisoires sont caduques bien qu'il y ait eu appel en ce qui les concerne ; mais l'autorisation de citer reste valable, tout au moins tant que la péremption n'a pas joué. • Basse-Terre, 24 janv. 1983 : *JCP 1983. II. 20001, note Lindon et Bertin.* La caducité des mesures provisoires met fin à la suspension du jugement antérieur fixant la contribution aux charges du mariage auquel elles se substituaient d'office, ce jugement reprenant alors son effet. • Cass., ch. mixte, 12 mai 2000, n° 96-80.007 P : *R., p. 326* ; *BICC 1er août, concl. Joinet* ; *D. 2001. Somm. 2348, obs. Mirabail* ; *Defrénois 2000. 1303, obs. Massip* ; *Dr. fam. 2000, n° 105, note Lécuyer* ; *RJPF 2000-10/23, note Guerder* ; *RTD civ. 2000. 549, obs. Hauser* • Crim. 31 mai 2000, n° 98-85.702 P : *D. 2001. Somm. 2348, obs. Mirabail* .

16. Terme des mesures provisoires : décision devenue irrévocable. Fondée sur le devoir de secours, la pension alimentaire allouée pour la durée de l'instance cesse d'être due lorsque, mettant fin au devoir de secours, la décision qui a prononcé le divorce des époux à leurs torts partagés est devenue irrévocable. • Civ. 2e, 10 oct. 1985, n° 84-13.624 P. L'époux débiteur ne peut réclamer, lors de la liquidation du régime matrimonial, le remboursement des arrérages de la pension. • Civ. 1re, 30 juin 1998, n° 96-14.157 P : *R., p. 191* ; *D. 1998. IR 201* ; *JCP 1998. I. 183, n° 5, obs. Tisserand* ; *JCP N 1999. 393, note Casey* ; *Defrénois 1999. 180, note Bignon* ; *ibid. 301, obs. Massip* ; *Dr. fam. 1998, n° 158, note Beignier* ; *RTD civ. 1998. 887, obs. Hauser* .

17. Les mesures provisoires que le juge peut prendre, et notamment l'octroi à l'un des conjoints d'une avance sur sa part de communauté, ne peuvent plus être ordonnées lorsque l'instance en divorce a pris fin par une décision devenue irrévocable. • Civ. 2e, 20 avr. 1983 : *Bull. civ. II, n° 95.*

18. Le divorce ayant été irrévocablement prononcé, toute survivance des mesures provisoires est exclue ; une demande de provision n'est, dès lors, plus fondée sur le devoir de secours qui a pris fin avec le divorce ; par application de l'art. 914 C. pr. civ., est irrecevable le déféré contre l'ordonnance ayant accordé cette provision. • Civ. 1re, 2 mars 2004, n° 01-16.239 P : *D. 2005. Pan. 1826, obs. Douchy-Oudot* ; *Defrénois 2004. 1684, obs. Massip* ; *Dr. fam. 2004, n° 77, note Larribau-Terneyre* ; *RTD civ. 2004. 270* , *et 2005. 109, obs. Hauser* .

19. ... Décision rejetant la demande en divorce. Le pourvoi en cassation ne suspend pas l'exécution de l'arrêt qui rejette la demande en divorce, lequel, dès son prononcé, est exécutoire et entraîne la caducité des mesures prescrites par l'ordonnance de non-conciliation. • Civ. 1re, 25 janv. 2005, n° 03-16.943 P : *D. 2005. IR 388* ; Defrénois 2005. 1350, obs. Massip ; *RTD civ. 2005. 371, obs. Hauser* .

Art. 256 *(L. n° 2004-439 du 26 mai 2004, art. 22-V)* **« Les mesures provisoires relatives aux »** *(L. n° 75-617 du 11 juill. 1975)* **enfants sont réglées selon les dispositions du chapitre I du titre IX du présent livre.**

Art. 257 *(Abrogé par L. n° 2019-222 du 23 mars 2019, art. 22, à compter du 1er janv. 2021) (L. n° 75-617 du 11 juill. 1975)* ***Le juge peut prendre, dès la requête initiale, des mesures d'urgence.***

Il peut, à ce titre, autoriser l'époux demandeur à résider séparément, s'il y a lieu avec ses enfants mineurs.

Il peut aussi, pour la garantie des droits d'un époux, ordonner toutes mesures conservatoires telles que l'apposition de scellés sur les biens communs. Les dispositions de l'article 220-1 *(L. n° 2010-769 du 9 juill. 2010, art. 1er, en vigueur le 1er oct. 2010)* ***« et du titre XIV du présent livre » et les autres sauvegardes instituées par le régime matrimonial demeurent cependant applicables.***

Sur l'entrée en vigueur et l'application dans le temps des modifications issues de l'art. 22 de la L. n° 2019-222 du 23 mars 2019, V. ndlr ss. art. 233.

Sur la compétence du juge aux affaires familiales en tant que juge des référés, V. C. pr. civ., art. 1073.

Sur la requête initiale, V. C. pr. civ., art. 1077.

BIBL. ▶ C. LIENHARD, *D. 1985. Chron. 15* (compétence du JAM en tant que juge des référés entre le dépôt de la requête en divorce et la tentative de conciliation). – ROVINSKI, *Gaz. Pal. 5-7 déc. 1999.*

1. *Compétence d'une juridiction étrangère.* Une cour d'appel qui ordonne son dessaisissement au profit d'une juridiction étrangère également compétente ne peut statuer sur la jouissance du domicile conjugal et le devoir de secours pendant l'instance sans caractériser la nécessité d'obtenir immédiatement en France des mesures urgentes. • Civ. 1re, 6 déc. 2005, n° 03-17.542 P.

2. *Nature des mesures d'urgence.* La compétence du juge aux affaires matrimoniales est limitée, au stade de la présentation de la requête en divorce, aux mesures d'urgence prévues à l'art. 257 et aux référés qui peuvent en découler. • Civ. 2e, 16 avr. 1986, n° 84-17.097 P : *D. 1987. Somm. 273, obs. Groslière.* ♦ Comp. : • TGI Bayonne, JAF, 17 nov. 1995 : *BICC 15 mars 1996, n° 342* (estimant que les al. 2 et 3 de l'art. 257 ne sont que descriptifs et ordonnant en urgence le départ du mari du domicile conjugal).

3. *Domaine de l'art. 257.* Jugé que les dispositions de l'art. 257 sont inapplicables au divorce sur demande acceptée. • TGI Paris, JAM, 15 nov. 1979 : *JCP 1981. II. 19520, note Lindon.*

4. *Résidence séparée avec les enfants.* Si, avant l'ordonnance de non-conciliation, le juge n'a pas à statuer sur la garde des enfants, il peut cependant permettre à l'époux demandeur de résider séparément et d'emmener ses enfants. • TGI Avesnes-sur-Helpe, 11 févr. 1976 : *Gaz. Pal. 1976. 1. 334, note M. B. ; JCP 1976. IV. 6591, note J. A.* ♦ Comp. • Colmar, 18 nov. 1983 et • TGI Strasbourg, ord., 14 juin 1984 : *publiés en annexe de la chronique Lienhard précitée.* – V. aussi • TGI Bayonne, JAF, 17 nov. 1995 : *préc. note 2.*

5. *Contrôle de valeurs mobilières.* Mise sous administration judiciaire de valeurs mobilières : V. • TGI Paris, JAM, 10 mai 1976 : *D. 1978. 596, note Cl.-I. Foulon-Piganiol ; Gaz. Pal. 1976. 2. 468* (instance en séparation de corps).

§ 4 *[ANCIEN]* De l'introduction de l'instance en divorce *(L. n° 2004-439 du 26 mai 2004, art. 13-I).*

(Abrogé par L. n° 2019-222 du 23 mars 2019, art. 22, à compter du 1er janv. 2021)

A compter du 1er janv. 2021, la L. n° 2019-222 du 23 mars 2019 abroge le § 4 et le § 5 ancien devient le § 3 (L. préc., art. 22, en vigueur le 1er janv. 2021). Sur l'entrée en vigueur et l'application dans le temps des modifications issues de l'art. 22 de la L. n° 2019-222 du 23 mars 2019, V. ndlr ss. art. 233.

Pour les dispositions transitoires antérieures, V. L. n° 2004-439 du 26 mai 2004, art. 33-I, ss. art. 286.

Ancien art. 257-1 *(L. n° 2004-439 du 26 mai 2004, art. 13-II)* ***Après l'ordonnance de non-conciliation, un époux peut introduire l'instance ou former une demande reconventionnelle pour acceptation du principe de la rupture du mariage, pour altération définitive du lien conjugal ou pour faute.***

Toutefois, lorsqu'à l'audience de conciliation les époux ont déclaré accepter le principe de la rupture du mariage et le prononcé du divorce sur le fondement de l'article 233, l'instance ne peut être engagée que sur ce même fondement.

En raison de son caractère provisoire, l'ordonnance qui statue sur la recevabilité de la demande en divorce à laquelle est opposée une fin de non-recevoir ne lie pas le juge du fond saisi de ce moyen de défense. • Civ. 2e, 4 mars 1998, n° 96-14.230 P : *RTD civ. 1998. 661, obs. Hauser* • Civ. 1re, 10 mai 2007, n° 06-14.178 P : *D. 2007. AJ 1427, obs. Delaporte-Carré ; JCP 2007. Actu. 242, obs. Devers (3e esp.) ; Defrénois 2007. 1316, obs. Massip ; AJ fam. 2007. 352, obs. S. David ; RTD civ. 2007. 552, obs. Hauser.*

Ancien art. 257-2 *(L. n° 2004-439 du 26 mai 2004, art. 13-II)* ***A peine d'irrecevabilité, la demande introductive d'instance comporte une proposition de règlement des intérêts pécuniaires et patrimoniaux des époux.***

Ancien art. 258 *(L. n° 75-617 du 11 juill. 1975)* ***Lorsqu'il rejette définitivement la demande en divorce, le juge peut statuer sur la contribution aux charges du mariage, la résidence de la famille et*** *(L. n° 87-570 du 22 juill. 1987)* ***« les modalités de l'exercice de l'autorité parentale ».***

Sur les compétences du juge aux affaires familiales, V. C. pr. civ., art. 1073.

BIBL. ▶ ABITBOL, *RTD civ. 1981. 37.* – HAUSER, obs. *RTD civ. 1994. 83.* – NORMAND, *ibid. 1980. 406.*

1. Office et pouvoir du juge. L'application d'office de l'art. 258 n'est qu'une faculté laissée à l'appréciation du juge. • Civ. 2e, 28 oct. 1992, n° 91-12.786 P : *Defrénois 1993. 715, obs. Massip* • 19 janv. 1994, n° 92-17.275 P. ♦ Le juge ne peut statuer que sur les points limitativement énumérés à l'art. 258. • Civ. 1re, 19 juin 2007, n° 06-16.656 P : *D. 2007. AJ 1968 ; ibid. Pan. 2693, obs. Douchy-Oudot ; Dr. fam. 2007, n° 163, note Larribau-Terneyre ; RTD civ. 2007. 760, obs. Hauser.*

2. Les termes de l'art. 258 impliquent que la décision est laissée à l'appréciation du juge et ne sous-entendent nullement que seul l'époux innocent pourrait en faire la demande. Il appartient donc au juge d'apprécier, au vu des éléments de la cause, si une reprise de la vie commune est envisageable et si la séparation doit ou non être organisée. • Dijon, 16 juin 1987 : *Gaz. Pal. 1989. 1. 18, note Brazier.*

3. Les juges du fond ne peuvent, après avoir débouté un époux de sa demande en séparation de corps, fixer d'office le montant de la contribution du mari aux charges du mariage sans inviter au préalable les parties à présenter leurs observations. • Civ. 2e, 20 juin 1984, n° 83-14.517 P. – V. aussi • Civ. 2e, 1er juin 1983 : *D. 1984. 581, note Abitbol ; RTD civ. 1984. 155, obs. Normand.* ♦ *Contra :* • Reims, 21 mars 1996 : *Dr. fam. 1997, n° 13, note Lécuyer* (faute de conclusions l'y invitant, la cour ne peut statuer sur la contribution aux charges du mariage).

4. Désistement de demande. Méconnaît l'étendue des pouvoirs qu'il tient des art. 214 et 258 C. civ. et L. 312-1 (devenu L. 213-3) COJ le juge qui déboute une épouse de sa demande de contribution aux charges du mariage au motif *que l'art. 258 ne prévoit la possibilité de la fixer* que lorsque la demande en divorce est rejetée et qu'en l'espèce la demande en divorce n'existe plus du fait du désistement du mari. • Civ. 1re, 19 avr. 2005, n° 03-14.664 P : *D. 2005. IR 1304 ; Dr. fam. 2005, n° 125, note Larribau-Terneyre ; RTD civ. 2005. 579, obs. Hauser.*

5. Résidence familiale. S'agissant du logement des époux, la seule mesure pouvant être prononcée par le juge statuant sur le fondement de l'art. 258 est la fixation de la résidence de la famille. • Civ. 1re, 31 mars 1992, n° 90-18.760 P : *RTD civ. 1993. 105, obs. Hauser.* ♦ Saisie par le mari d'une demande tendant à voir fixer la résidence de la famille dans le logement occupé par lui, ayant constitué l'ancien domicile conjugal, la cour d'appel a souverainement estimé qu'il n'y avait pas lieu d'y faire droit dès lors que ni l'épouse ni l'enfant commun n'y résidaient. • Civ. 1re, 19 juin 2007 : *préc. note 1.* ♦ L'art. 258 n'autorisant le juge qu'à prononcer des mesures provisoires, celui-ci ne peut fixer la résidence de l'épouse, sa vie durant, dans un immeuble appartenant au mari. • Civ. 2e, 15 janv. 1997, n° 95-14.549 P : *JCP N 1998. 200, note Yamba ; Dr. fam. 1997, n° 32, note Lécuyer.* ♦ Même sens : • Civ. 1re, 11 juill. 2006, n° 05-21.132 P : *Defrénois 2006. 1773, obs. Massip ; RTD civ. 2006. 743, obs. Hauser.*

6. Exécution provisoire (non). Les mesures ordonnées par les juges en application de l'art. 258 ne pouvant prendre effet que lorsque le rejet du divorce est devenu définitif, elles ne peuvent être assorties de l'exécution provisoire. • Civ. 2e, 25 nov. 1992, n° 91-12.208 P : *RTD civ. 1993. 106, obs. Hauser.* ♦ Non-application de l'art. 258 en cas de rétractation, présentée en appel, de l'aveu donné devant le JAF dans une procédure de divorce sur demande conjointe, celle-ci ne constituant pas un rejet de la demande. • Lyon, 20 janv. 1998 : *RTD civ. 1998. 357, obs. Hauser.*

7. Conséquences des mesures provisoires. Après une décision judiciaire sur la résidence des époux, sur le fondement de l'art. 258, les juges rejettent à bon droit une nouvelle demande de divorce pour faute en considérant que le refus de la femme de reprendre la vie commune ne constitue pas une violation grave des obligations nées du mariage, alors qu'après une mésentente ancienne et profonde, une tentative de reprise de la vie commune ne pouvait se borner, de la part du mari, à une sommation interpellative d'huissier. • Civ. 2e, 20 mars 1989 : *D. 1990. 129, note Batteur* . ♦ Dans le même sens : • Civ. 2e, 16 nov. 1994, n° 93-12.116 P (cassation de l'arrêt qui, pour prononcer le divorce aux torts de l'épouse, retient que le refus de celle-ci de revenir au domicile conjugal constitue une faute grave sans avoir recherché si, dans de pareilles circonstances, la sommation interpellative délivrée par le mari traduisait de sa part une volonté réelle de reprendre la vie commune). ♦ Mais la fixation de la résidence de la famille en vertu de l'art. 258 est une mesure provisoire qui n'a pas pour effet de dispenser définitivement des époux mariés de leur obligation de communauté de vie. • Civ. 2e, 25 nov. 1992, n° 91-12.236 P. ♦ Résidence séparée ordonnée judiciairement et violation de domicile : V. • Crim. 11 oct. 1995 : *D. 1996. 469, note Muller* .

§ 3 Des preuves *(L. n° 2004-439 du 26 mai 2004, art. 14-I).*

Depuis le 1er janv. 2021, le § 5 anc. est devenu le § 3 (L. n° 2019-222 du 23 mars 2019, art. 22, en vigueur le 1er janv. 2021).

Sur l'entrée en vigueur et l'application dans le temps des modifications issues de l'art. 22 de la L. n° 2019-222 du 23 mars 2019, V. ndlr ss. art. 233.

BIBL. GÉN. ▶ GODELAIN, *RLDC 2007/44, n° 2784.* – MULON, *AJ fam. 2007. 464.*

Art. 259 *(L. n° 75-617 du 11 juill. 1975)* **Les faits invoqués en tant que causes de divorce ou comme défenses à une demande peuvent être établis par tout mode de preuve, y compris l'aveu.** *(L. n° 2004-439 du 26 mai 2004, art. 14-II)* **« Toutefois, les descendants ne peuvent jamais être entendus sur les griefs invoqués par les époux. »**

A. AUDITION DES DESCENDANTS

1. Déclarations de descendants visés. L'interdiction d'entendre, aux enquêtes de divorce, les descendants des époux (art. 205 C. pr. civ., repris par l'art. 259) doit s'entendre en ce sens qu'aucune déclaration, sous quelque forme que ce soit, ne peut être produite au cours de la procédure. • Civ. 2e, 4 janv. 1984 : *D. 1985. IR 149, obs. Groslière ; Gaz. Pal. 1984. 2. Pan. 187, obs. Grimaldi.* ♦ La remise par un descendant d'une lettre d'un parent relative aux torts du divorce équivaut au témoignage prohibé par l'art. 205 C. pr. civ. • Civ. 2e, 5 juill. 2001, n° 99-15.244 P : *R., p. 343 ; D. 2001. IR 2361* ; *Defrénois 2001. 1349, obs. Massip ; Dr. fam. 2001, n° 108, note Lécuyer ; ibid. 2002, n° 22, note Gouttenoire-Cornut ; RJPF 2001-9/22, obs. Guerder ; RTD civ. 2001. 861, obs. Hauser* • 23 janv. 2003, n° 01-12.117 P : *D. 2003. IR 603* ; *Defrénois 2003. 1082, obs. Massip ; AJ fam. 2003. 144, obs. S. D.* ; *Dr. fam. 2003, n° 73, note H. L. ; RTD civ. 2003. 274, obs. Hauser* .

2. Descendants – Personnes concernées. Doit être écartée une attestation émanant de la mère de l'épouse et relatant des propos tenus par ses petits-enfants. • Civ. 1re, 3 nov. 2004, n° 03-19.079 P : *D. 2004. IR 3194* ; *RTD civ. 2005. 108, obs. Hauser* . ♦ V. déjà en ce sens : • Civ. 2e, 23 mars 1977 : *D. 1978. 5, note Meerpoel* (exclusion du témoignage indirect). ♦ Aucune distinction n'est à faire à cet égard entre les enfants communs aux deux époux et ceux de l'un d'entre eux. • Civ. 2e, 24 févr. 1983 : *Gaz. Pal. 1983. 2. Pan. 185, obs. Grimaldi.* – Dans le même sens : • Civ. 2e, 5 févr. 1986 : *Bull. civ. II, n° 9.* ♦ La prohibition s'applique au conjoint du descendant. • Civ. 2e, 18 nov. 1987 : *Bull. civ. II, n° 230* • 30 sept. 1998, n° 96-21.110 P : *Dr. fam. 1999, n° 6, note Lécuyer (2e esp.) ; RTD civ. 1999. 71, obs. Hauser* . ♦ ... Même divorcé. • Civ. 1re 14 févr. 2006, n° 05-14.686 P : *D. 2007. Pan. 609, obs. Williatte-Pillitteri* , et *1909, obs. T. Vasseur* ; *Dr. fam. 2006, n° 90, note Larribau-Terneyre ; AJ fam. 2006. 377, obs. S. David* ; *RTD civ. 2006. 288, obs. Hauser* . ♦ ... Ou au concubin du descendant. • Civ. 2e, 10 mai 2001, n° 99-13.833 P : *R., p. 343 ; D. 2002. Somm. 611, obs. Lemouland* ; *Defrénois 2001. 1349, obs. Massip ; Dr. fam. 2001, n° 108, note Lécuyer ; ibid. 2002, n° 21, note Griffon ; RJPF 2001-6/27, obs. Guerder ; RTD civ. 2001. 861, obs. Hauser* .

3. Instances concernées. La prohibition édictée par l'art. 205 C. pr. civ. (reprise par l'art. 259) s'applique aux déclarations recueillies en dehors de l'instance en divorce. • Civ. 2e, 22 juin 1994, n° 93-11.252 P : *RTD civ. 1994. 838, obs. Hauser* (audition d'un enfant par un service de police dans le cadre d'une procédure pénale portant sur les agissements de l'un des époux à l'égard de l'enfant) • 4 mai 2011, n° 10-30.706 P : *D. 2011. 1348* ; *AJ fam. 2011. 322, obs. David* ; *RTD civ. 2011. 750, obs. Hauser* ; *Dr. fam. 2011, n° 149, obs. Larribau-Terneyre.* • Civ. 1re, 1er févr. 2012 : *D. 2012. 436* ; *AJ fam. 2012. 147, obs. S. David* ; *JCP N 2012, n° 1150, obs. Rivière* • 9 juill. 2014 : *RTD civ. 2014. 865, obs. Hauser* . ♦ Bien que figurant dans un texte étranger à la procédure pénale, la prohibition formulée par l'art. 205 C. pr. civ. (reprise par l'art. 259) n'est que l'expression d'une règle fondamentale inspirée par un souci de décence et de protection des intérêts moraux de la famille qui ne saurait être tournée, même après le prononcé du divorce, par le recours à une poursuite pénale pour établir un faux témoignage dans le cadre d'une instance en divorce.

• Crim. 4 janv. 1985 : *JCP 1985. II. 20521, note Lindon et Bénabent.*

4. Interdiction limitée à la procédure de divorce. Les dispositions de l'art. 205 C. pr. civ., relatives au divorce, ne sont pas applicables devant la juridiction pénale en raison du principe de la liberté de la preuve. • Crim. 2 juin 2015, n° 14-85.130 P : *D. 2016. 674, obs. Douchy-Oudot ; AJ fam. 2015. 403, obs. Thouret ; AJ pénal 2015. 439, obs. Roussel ; JCP 2015, n° 999, obs. Rousseau* (poursuites pour violences conjugales).

B. AUTRES MODES DE PREUVE

5. Aveu d'un époux. Ne peuvent constituer un aveu les conclusions additionnelles de l'épouse par lesquelles, après avoir nié toute faute de sa part, elle sollicite à titre subsidiaire le prononcé du divorce aux torts partagés au cas où la cour d'appel retiendrait des torts à son encontre. • Civ. 2e, 11 févr. 1998, n° 96-19.106 P : *Dr. fam. 1998, n° 136, note Lécuyer.*

6. Enregistrement de communications téléphoniques. V. note 2 ss. art. 259-1.

7. Expertises et enquêtes. Demande d'expertise médicale à l'effet de constater l'état de grossesse de l'épouse : V. note 5 ss. art. 259-2. ♦ Examen médico-psychologique et enquête sociale : V. notes ss. art. 373-2-12. ♦ La preuve en matière de divorce se faisant par tous moyens, une cour d'appel peut admettre comme preuve de l'infidélité de l'épouse, sans remettre en cause la filiation des enfants, des examens sanguins établissant l'impossibilité biologique du mari d'être le père de deux des cinq enfants communs. • Civ. 1re, 28 févr. 2006, n° 04-12.736 P : *D. 2006. 2379, note Mirabail ; D. 2007. Pan. 609, obs. Williatte-Pellitteri , et 1909, obs. T. Vasseur ; JCP 2006. II. 10098, note Lambert ; Dr. fam. 2006, n° 91, note Larribau-Terneyre ; LPA 24 oct. 2006, note Massip ; RTD civ. 2006. 287, obs. Hauser .*

8. Casier judiciaire. Possibilité d'enjoindre au défendeur de produire un extrait de son casier judiciaire : V. • TGI Nanterre, JME, 11 mars 1975 : *D. 1975. 439, note G. T.*

9. Rapports et attestations. Un rapport de police privée ne peut constituer la preuve des faits qu'il relate, alors que ses auteurs agissent en vertu d'un mandat salarié donné par l'époux qui le produit et dont les conditions d'exécution, inconnues du tribunal, ne lui permettent pas d'exercer son contrôle sur la force probante qui s'y attacherait. • TGI Lyon, 10 oct. 1972 : *Gaz. Pal. 1972. 2. 880, note R. S.* ♦ Sur la nécessité pour les juges du fond de préciser les faits rapportés dans les attestations sur lesquelles ils se fondent pour prononcer le divorce, V. • Civ. 2e, 5 oct. 1994, n° 93-11.215 P. ♦ Une cour d'appel estime souverainement que les relations injurieuses pour le mari entretenues par la femme avec un tiers sont établies par des courriels et un rapport d'enquête privée. • Civ. 1re, 18 mai 2005, n° 04-13.745 P : *Defrénois 2005. 1342, obs. Massip ; AJ fam. 2005. 403, obs. S. David ; Dr. fam. 2005, n° 185, note Larribau-Terneyre ; CCE 2005, n° 192, note A. Lepage.*

10. Données médicales. Constituent une violation de l'art. 8 Conv. EDH la production et l'utilisation en justice, dans une procédure de divorce, de pièces médicales. • CEDH, sect. II, 10 oct. 2006, *L. L. c/ France*, n° 7508/02 : *D. 2006. IR 2692 ; RTD civ. 2007. 95, obs. Hauser .* ♦ V. cependant, admettant la prise en compte d'un certificat médical attestant que le mari avait été hospitalisé pour sevrage alcoolique, le mari soutenant que ce certificat avait été subtilisé par l'épouse, en vue de prouver son alcoolisme. • Aix-en-Provence, 27 févr. 2008 : *D. 2009. Pan. 832, obs. Williatte-Pellitteri ; Dr. fam. 2008, n° 142* (absence de fraude, l'épouse ayant accompagné son époux lors de la visite au praticien ayant délivré le certificat).

11. Messagerie électronique. Le fait d'avoir profité de l'opportunité d'accéder à la messagerie électronique de l'épouse après son départ du domicile conjugal caractérise un manque de délicatesse mais ne constitue pas une fraude dès lors que le mot de passe n'a pas été obtenu par fraude. • Paris, 17 nov. 2016, n° 14/14483 : *Dr. fam. 2017, n° 2, note Binet.*

Art. 259-1 *(L. n° 2004-439 du 26 mai 2004, art. 14-III)* **Un époux ne peut verser aux débats un élément de preuve qu'il aurait obtenu par violence ou fraude.**

1. Nécessité d'établir la violence ou la fraude. Le juge ne peut, pour écarter des débats des lettres de l'épouse à des tiers ainsi que son journal intime, énoncer que leur production porte atteinte à la vie privée de celle-ci sans constater que le mari s'est procuré ces documents par fraude ou violence. • Civ. 2e, 29 janv. 1997 : *D. 1997. 296, note Bénabent ; JCP N 1997. II. 774 ; Dr. fam. 1997, n° 85, note Lécuyer.* ♦ V. conf., pour des courriels : • Civ. 1re, 18 mai 2005 : *préc. note 9 ss. art. 259.* ♦ ... Pour des minimessages, dits « SMS », reçus sur le téléphone portable professionnel du conjoint : • Civ. 1re, 17 juin 2009, n° 07-21.796 P : *R., p. 316 ; D. 2009. AJ 1758, obs. Égéa ; ibid. 2010. Pan. 989, obs. Douchy-Oudot ; ibid. Pan. 1243, obs. Williatte-Pellitteri ; JCP 2010. 34, n° 5, obs. Gouttenoire ; Gaz. Pal. 2009. 2816, note Pierroux ; LPA 24 sept. 2009, note Dissaux ; AJ fam. 2009. 298, obs. David ; Dr. fam. 2009, n° 124, obs. Larribau-Terneyre ; Defrénois 2010. 864, obs. Massip ; RJPF 2009-9/18, note Mulon ; RLDC 2009/63, n° 3544, obs. Pouliquen ; RTD civ. 2009. 514, obs. Hauser* (en application des art. 259 et 259-1 nouveaux) • 11 mai 2016, n° 15-16.410 : *RTD civ. 2016. 592, obs. J. Hauser*. ♦ Il appartient à l'époux qui invoque les violences ou la fraude visées à l'art. 259-1 d'en rapporter la preuve. • Civ. 2e, 16 févr. 1983 : *Bull. civ. II, n° 38.* ♦ Le seul fait de l'absence de remise volontaire ne saurait faire présumer la fraude. • TGI Versailles, 18 déc. 2000 : *Dr. fam. 2001, n° 57, note Lécuyer.* ♦ ... Et les juges du fond apprécient, en se déterminant d'après les circonstances, le caractère régulier ou non de la production de lettres versées aux débats. • Civ. 2e, 26 nov. 1975 : *D. 1976. 371, note Bénabent.*

2. Illustrations. Caractère illicite des enregistrements de communications téléphoniques : V. • Crim. 3 mars 1982 : *D. 1982. 579, note Lindon* • TGI Lyon, 10 oct. 1972 : *Gaz. Pal. 1972. 2. 880.*

3. Sur la production de pièces d'une procédure ecclésiastique en annulation de mariage, V. note 130 ss. art. 9.

4. ... Journal intime. BIBL. Zaki, *RTD civ. 1980. 2.* – Moatti-Neuer, *LPA 30 oct. 2000.* ♦ Admission de la production d'un journal intime, V. • Civ. 2e, 6 mai 1999, n° 97-12.437 P : *D. 2000. 557, note Caron* ; *JCP 1999. II. 10201, note Garé ; Dr. fam. 1999, n° 79, note Lécuyer ; CCE 1999, n° 51, note Desgorges ; RTD civ. 1999. 608, obs. Hauser* • Amiens, 3 mars 1975 : *D. 1975. 706, note Géraldy ; Gaz. Pal. 1975. 1. 276* • TGI Versailles, 18 déc. 2000 : *préc. note 1* • Paris, 4 avr. 2001 : *Dr. fam. 2001, n° 96, note H. L.* ♦ *Contra :* • Paris, 9 sept. 1999 : *Dr. fam. 2000, n° 24, note Lécuyer* • TGI Caen, JAF, 9 juin 2000 : *Dr. fam. 2000, n° 87, note J. L. ; RTD civ. 2000. 812, obs. Hauser*. ♦ V. aussi note 1.

5. ... Ordinateur personnel. BIBL. Larribau-Terneyre, *Dr. fam. 2007, n° 106.* ♦ Admission de la preuve d'un divorce pour faute grâce à l'analyse du disque dur de l'ordinateur qui se trouvait dans la chambre du mari qui avait quitté le domicile conjugal. • Aix-en-Provence, 6 mai 2010 : *Dr. fam. 2010, n° 164, obs. Larribau-Terneyre.*

6. Preuve et vie privée. V. art. 9, notes 122 s.

Art. 259-2 *(L. n° 75-617 du 11 juill. 1975)* **Les constats dressés à la demande d'un époux sont écartés des débats s'il y a eu violation de domicile ou atteinte illicite à l'intimité de la vie privée.**

BIBL. ► Chabault, *Dr. fam. 1998. Chron. 11* (adultère). – Leguevaques et Douysset, *Gaz. Pal. 2000. 1. Doctr. 588* (enregistrement téléphonique). – Nerson, *RTD civ. 1977. 112* (preuve de l'adultère depuis la loi du 11 juill. 1975).

1. Constat d'adultère : possibilité. Le fait que l'adultère ne soit plus une cause péremptoire de divorce doit demeurer sans incidence sur ses modes de preuve, et la possibilité de rejet de l'adultère comme cause de divorce ne doit pas enlever au conjoint qui s'en prévaut la possibilité d'en établir la réalité. • Nancy, 14 mars 1979 : *JCP 1979. II. 19210, note Goubeaux* (constat d'adultère autorisé par justice). – Dans le même sens : • Paris, 5 nov. 1981 : *D. 1982. 342, note Massip.*

2. ... Vie privée. Le président du tribunal de grande instance est en droit d'autoriser un constat par huissier en vue de préconstituer la preuve de la violation de l'obligation de fidélité par un époux au domicile de la personne coauteur de sa faute ; ce constat ne saurait constituer une atteinte illicite à l'intimité de la vie privée. • Civ. 1re, 6 févr. 1979 : *JCP 1980. II. 19290 ; Gaz. Pal. 1979. 1. 252, note J. V.* • 18 nov. 1992, n° 90-19.368 P : *Defrénois 1993. 712, obs. Massip.* – V. aussi • Civ. 2e, 5 juin 1985, n° 83-14.268 P • Paris, 14 nov. 1985 : *D. 1986. 296, note Vassaux-Vanoverschelde ; JCP 1986. II. 20643, note Lindon* • Versailles, 31 janv. 1989 : *D. 1990. Somm. 97, obs. Groslière* • Paris, 18 nov. 1999 : *D. 2000. IR 11.* ♦ Comp. • TGI Nanterre, 3 mars 1977 : *JCP 1977. II. 18723, note Lindon* • TGI Nanterre, réf., 18 oct. 1978 : *JCP 1979. II. 19116, note R. L.* (constat obtenu par fraude) • Civ. 2e, 6 févr. 1980 : *Gaz. Pal. 1980. 2. 434, note J. V.* (huissier outrepassant sa mission).

3. Dès lors qu'il a été procédé régulièrement à un constat d'adultère dans une instance en divorce pour faute sur autorisation judiciaire, l'atteinte à la vie privée de la complice de l'adultère, partie à une autre procédure en divorce, a été licitement opérée, et cette pièce, régulièrement obtenue et produite dans cette dernière procédure, ne présente donc aucun vice qui justifie qu'elle soit écartée des débats. • Rennes, 9 mars 1998 : *BICC 1er mai 1999, n° 553.*

4. Constat non judiciaire. Le constat dressé sans autorisation de justice à la requête du mari dans un lieu dont il avait la jouissance peut être pris en considération par les juges du fond. • Civ. 2e, 14 déc. 1983, n° 82-11.759 P. ♦ Comp., pour un rapport de police privée, note 9 ss. art. 259.

5. Une décision imposant à la femme de se soumettre à tous examens et analyses destinés à établir un éventuel état de grossesse porterait atteinte au principe de la liberté individuelle. • TGI Corbeil, réf., 5 juill. 1972 : *Gaz. Pal. 1972. 2. 749.*

Art. 259-3 *(L. n° 75-617 du 11 juill. 1975)* **Les époux doivent se communiquer et communiquer au juge ainsi qu'aux experts** *(L. n° 2004-439 du 26 mai 2004, art. 14-IV)* **« et aux autres personnes désignées par lui en application des 9° et 10° de l'arti-**

cle 255, » tous renseignements et documents utiles pour fixer les prestations et pensions et liquider le régime matrimonial.

Le juge peut faire procéder à toutes recherches utiles auprès des débiteurs ou de ceux qui détiennent des valeurs pour le compte des époux sans que le secret professionnel puisse être opposé.

Sur la production des pièces justificatives, V. C. pr. civ., art. 1075-2.

Art. 259-3, al. 2. L'art. 259-3 doit être interprété strictement et ne recevoir application qu'à l'égard des débiteurs des époux ou des détenteurs de valeurs pour leur compte, et non à l'égard du commissaire aux comptes de la société dont le mari est administrateur. • Aix-en-Provence, 12 juill. 1977 : *D. 1979. IR 168, obs. Groslière.* ♦ ... Ni à l'égard du banquier d'un des débiteurs des époux. • Com. 18 févr. 2004, n° 01-11.728 P : *JCP 2004. I. 176, n° 23, obs. Tisserand-Martin ; AJ fam. 2004. 146, obs. Deis-Beauquesne ; LPA 27 juill. 2004, note E. C.*

CHAPITRE III DES CONSÉQUENCES DU DIVORCE

*La loi n° 2004-439 du 26 mai 2004 modifiant le présent chapitre III est entrée en vigueur le **1er janvier 2005**. — V. les dispositions transitoires et la précédente rédaction de ce chapitre III, ss. art. 286.*

RÉP. CIV. v° *Divorce : conséquences*, par N. Dissaux.

SECTION 1 De la date à laquelle se produisent les effets du divorce

BIBL. GÉN. ▸ Abry, *JCP N 1996. Prat. 3716.*

Art. 260 *(L. n° 2016-1547 du 18 nov. 2016, art. 50, en vigueur le 1er janv. 2017)* **Le mariage est dissous :**

1° Par la convention de divorce conclue par acte sous signature privée contresigné par avocats, à la date à laquelle elle acquiert force exécutoire ;

2° Par la décision qui prononce le divorce, à la date à laquelle elle prend force de chose jugée.

Ancien art. 260 *(L. n° 75-617 du 11 juill. 1975)* ***La décision qui prononce le divorce dissout le mariage à la date à laquelle elle prend force de chose jugée.***

1. Divorce par consentement mutuel par acte sous seing privé (art. 260, 1°). Sur la force exécutoire de la convention de divorce conclue par acte sous signature privée, V. art. 229-4, al. 2.

2. Divorce judiciaire (art. 260, 2°). Le divorce prononcé par un arrêt dont seules les dispositions relatives aux conséquences financières sont frappées d'un pourvoi principal devient irrévocable à la date d'expiration du délai ouvert pour former pourvoi incident. • Civ. 2e, 15 nov. 2001 : *Dr. fam. 2002, n° 20, note Lécuyer* • Civ. 1re, 30 juin 2004 : *Dr. fam. 2004, n° 171, note Larribau-Terneyre* • 25 oct. 2005, n° 04-15.573 P : *AJ fam. 2006. 111, obs. S. David ; Dr. fam. 2006, n° 4, note Larribau-Terneyre ; RTD civ. 2006. 96, obs. Hauser.* ♦ La prestation compensatoire, comme les intérêts qu'elle produit, ne sont dus qu'à compter de cette date. • Civ. 1re, 19 avr. 2005 : *Dr. fam. 2005, n° 135, note Larribau-Terneyre* • 7 févr. 2018, n° 17-14.184 P : *D. 2018. 778, note Sadi ; AJ fam. 2018. 295, obs. Thouret.* ♦ Mais lorsque la décision prononçant le divorce passe irrévocablement en force de chose jugée antérieurement à la fixation ou à l'exigibilité de la prestation compensatoire, le capital alloué porte alors intérêts au taux légal à compter du jugement de première instance en cas de confirmation pure et simple par le juge d'appel de la décision allouant la prestation compensatoire et, dans les autres cas, à compter de la décision d'appel. • Civ. 1re, 20 févr. 2007, n° 06-10.763 P : *Defrénois 2007. 783, obs. Massip ; Dr. fam. 2007, n° 83, note Larribau-Terneyre ; RJPF 2007-5/23, obs. Garé ; RTD civ. 2007. 554, obs. Hauser.*

3. ... Déchéance de pourvoi. Par suite de l'effet déclaratif de la décision constatant la déchéance d'un pourvoi à défaut de signification du mémoire ampliatif dans le délai imparti, c'est à compter de l'expiration de cette date de signification que se trouve irrévocablement prononcé le divorce. • Civ. 1re, 16 janv. 2007, n° 06-10.120 P.

4. ... Décès d'un époux. Extinction de l'action en divorce par le décès de l'un des époux : V. notes ss. art. 227.

Art. 261 à 261-2 *Abrogés par L. n° 2004-439 du 26 mai 2004, art. 23.*

Art. 262 *(L. n° 75-617 du 11 juill. 1975) (L. n° 2016-1547 du 18 nov. 2016, art. 50, en vigueur le 1er janv. 2017)* **« La convention ou le » jugement de divorce est opposable**

aux tiers, en ce qui concerne les biens des époux, à partir du jour où les formalités de mention en marge prescrites par les règles de l'état civil ont été accomplies.

Sur l'inopposabilité de la convention homologuée, V. C. pr. civ., art. 1104.

1. Bail – Paiement des loyers. Le bailleur peut réclamer le paiement des loyers à la femme, cotitulaire du bail avec le mari, pour la période antérieure à la transcription du jugement de divorce, alors même qu'elle a été autorisée à résider séparément de son mari, qu'elle a effectivement résidé séparément et que le bailleur ne pouvait ignorer son départ des lieux loués. • Civ. 2e, 3 oct. 1990, no 88-18.543 P : *D. 1992. Somm. 219, obs. Lucet ; JCP N 1991. II. 57 (2e esp.), obs. Simler ; Defrénois 1991. 1126 (1re esp.), obs. Champenois* • Civ. 1re, 13 oct. 1992 : *JCP 1993. II. 22047, note Hauser ; JCP N 1993. II. 110, obs. Wiederkehr ; Defrénois 1993. 380, obs. Champenois, et 708, obs. Massip* • Civ. 3e, 2 juin 1993, no 91-14.522 P (pour un jugement de séparation de corps). ♦ Pour le bail conclu après l'ordonnance de non-conciliation, V. note 8 ss. art. 220.

2. Opposabilité aux tiers de conventions entre époux. Est inopposable aux créanciers du mari une convention passée entre les époux au cours de l'instance en divorce et dont les effets sont suspendus au prononcé même du divorce, en application de l'art. 1451, tant que les formalités de mention en marge de l'art. 262 n'ont pas été accomplies. • Com. 9 nov. 1993, no 91-18.489 P. ♦ Sous l'empire de la L. du 13 juill. 1967 et en vertu de ses art. 29 et 31, le syndic peut agir en inopposabilité à la masse de la convention définitive réglant les effets du divorce sur demande conjointe. • Com. 28 avr. 1998 : *D. 1999. Somm. 20, obs. Revel ; Dr. fam. 1998, no 98, note Lécuyer* (cassation de l'arrêt ayant rejeté la demande d'inopposabilité au motif que la convention, faisant partie intégrante du jugement d'homologation dont elle est indissociable, ne peut être attaquée par d'autres voies de recours que celles ouvertes contre le jugement). ♦ Sous l'empire de la L. du 25 janv. 1985, dont les dispositions de l'art. 107 (C. com., art. L. 621-107, devenu L. 632-1) sont d'ordre public, et alors que les art. 262 C. civ. et 1104 C. pr. civ. ne concernent que les créanciers individuels de l'un ou l'autre époux, il y a lieu de déclarer recevable l'action du représentant des créanciers de l'époux en liquidation judiciaire en annulation de l'état liquidatif de communauté établi en période suspecte. • Civ. 1re, 25 janv. 2000, no 97-21.119 P : *D. 2000. AJ 103, obs. A. Lienhard ; ibid. Somm. 333, obs. Revel ; Defrénois 2000. 652, obs. Massip ; Dr. fam. 2000, no 48, note Lécuyer ; RTD civ. 2000. 553, obs. Hauser ; RTD com. 2000. 460, obs. Martin-Serf*. ♦ Dans le même sens : • Civ. 1re, 3 juin 2003, no 01-17.971 P : *D. 2003. 2655, note Marly ; AJ fam. 2003. 314, obs. S. D.-B*. (nullité d'un partage de communauté trop favorable à l'époux *in bonis*, sur le fondement des art. L. 621-107-2° et L. 621-108 C. com., devenus L. 632-1-2° et L. 632-2). ♦ Rappr. • Com. 26 avr. 2000, no 97-10.335 P : *D. 2000. AJ 263, obs. A. Lienhard ; JCP 2000. I. 269, no 5, obs. Pétel ; LPA 28 févr. 2001, note Paquette-Dessaigne* (inopposabilité à la procédure collective de l'acte de cession consistant, pour le mari en liquidation judiciaire, à abandonner à son ex-épouse, dans la convention définitive de divorce, sa part de l'immeuble commun, à titre de pension alimentaire).

3. … Publicité foncière. Le partage de la communauté, contenu dans la convention définitive homologuée par le juge du divorce, est opposable aux tiers à compter de l'accomplissement des formalités de publicité du jugement. • Civ. 1re, 12 avr. 2012 : *D. 2012. 1125 ; RTD civ. 2012. 515, obs. Hauser ; Defrénois 2012. 951, obs. Piedelièvre.*

4. … Surendettement et instance en divorce. Le juge de l'exécution ne peut déclarer irrecevable une demande de traitement de sa situation de surendettement faite par un époux en instance de divorce au motif qu'il est indispensable d'attendre le partage de la communauté, alors que, le divorce n'étant pas prononcé et opposable aux tiers, l'instance en divorce ne modifie pas le recouvrement de leurs créances par les créanciers. • Civ. 1re, 27 mai 1997 : *Dr. fam. 1997, no 139, note Lécuyer.*

5. Redressement judiciaire. Le jugement de divorce n'ayant été rendu opposable aux tiers en ce qui concerne les biens des époux que postérieurement à l'ouverture de la procédure collective, par la retranscription sur les actes d'état civil, l'immeuble dépendant de la communauté est entré dans le gage commun des créanciers de celle-ci avant qu'il ne devienne indivis, de sorte que le liquidateur judiciaire pouvait procéder à sa réalisation dans les conditions prévues par le code de commerce. • Com. 27 sept. 2016, no 15-10.428 P : *D. 2017. 470, obs. Douchy-Oudot ; AJ fam. 2016. 541, obs. Casey*.

Art. 262-1 *(L. no 2004-439 du 26 mai 2004, art. 15) (L. no 2016-1547 du 18 nov. 2016, art. 50, en vigueur le 1er janv. 2017)* **« La convention ou le » jugement de divorce prend effet dans les rapports entre les époux, en ce qui concerne leurs biens :**

(L. no 2016-1547 du 18 nov. 2016, art. 50, en vigueur le 1er janv. 2017) **« – lorsqu'il est constaté par consentement mutuel par acte sous signature privée contresigné par avocats déposé au rang des minutes d'un notaire, à la date à laquelle la convention**

réglant l'ensemble des conséquences du divorce acquiert force exécutoire, à moins que cette convention n'en stipule autrement ; »

— lorsqu'il est prononcé par consentement mutuel *(L. n° 2016-1547 du 18 nov. 2016, art. 50, en vigueur le 1er janv. 2017)* **« dans le cas prévu au 1° de l'article 229-2 », à la date de l'homologation de la convention réglant l'ensemble des conséquences du divorce, à moins que celle-ci n'en dispose autrement ;**

— lorsqu'il est prononcé pour acceptation du principe de la rupture du mariage, pour altération définitive du lien conjugal ou pour faute, à la date de *(L. n° 2019-222 du 23 mars 2019, art. 22, en vigueur le 1er janv. 2021)* **« la demande en divorce** *[ancienne rédaction : l'ordonnance de non-conciliation]* **».**

A la demande de l'un des époux, le juge peut fixer les effets du jugement à la date à laquelle ils ont cessé de cohabiter et de collaborer. Cette demande ne peut être formée qu'à l'occasion de l'action en divorce. La jouissance du logement conjugal par un seul des époux conserve un caractère gratuit jusqu'à *(L. n° 2019-222 du 23 mars 2019, art. 22, en vigueur le 1er janv. 2021)* **« la demande en divorce** *[ancienne rédaction : l'ordonnance de non-conciliation]* **», sauf décision contraire du juge.**

Sur l'entrée en vigueur et l'application dans le temps des modifications issues de l'art. 22 de la L. n° 2019-222 du 23 mars 2019, V. ndlr ss. art. 233.

BIBL. ▶ BRÉMOND, D. 2013. 2408 (collaboration conjugale). – MASSIP, *JCP N 2013, n° 1290* (date d'effet des jugements de divorce). – PUYGAUTHIER, *JCP N 2005. 1384.*

1. Ordonnance de non-conciliation. L'ordonnance de non-conciliation visée par l'art. 262-1 C. civ. est celle rendue dans la procédure ayant abouti au jugement de divorce. • Civ. 1re, 25 mai 2016, n° 15-18.573 P : *RTD civ. 2016. 595, obs. Hauser* (rejet de la demande de l'époux tendant à voir fixer la date des effets du jugement à la date d'une ordonnance de non-conciliation rendue dans une première demande de divorce dont l'époux s'était ensuite désisté).

I. ART. 262-1, AL. 2 – CONDITIONS (DIVORCE JUDICIAIRE)

2. Report de la date d'effet : domaine. Application de l'al. 2 de l'anc. art. 262-1 à tous les cas de divorce, y compris au divorce pour rupture de la vie commune : V. • Montpellier, 10 nov. 1980 : *D. 1982. 203, note Massip* • Civ. 2e, 3 oct. 1990, n° 89-13.891 P. ♦ Pour une application en cas de divorce aux torts partagés, V. • Civ. 1re, 14 mars 1995, n° 93-14.918 P : *D. 1996. Somm. 66, obs. Blary-Clément ; RTD civ. 1996. 136, obs. Hauser ; Defrénois 1995. 1491, obs. Massip.* ♦ Application à la séparation de corps, V. note 2 ss. art. 302.

3. Notion de collaboration. Seule l'existence de relations patrimoniales entre les époux, résultant d'une volonté commune et allant au-delà des obligations découlant du mariage ou du régime matrimonial, caractérise le maintien de leur collaboration au sens de l'art. 262-1. • Civ. 1re, 4 janv. 2017, n° 14-19.978 P : *D. 2017. 2119, obs. Brémond ; ibid. 2018. 641, obs. Douchy-Oudot ; AJ fam. 2017. 141, obs. de Guillenchmidt-Guignot ; RTD civ. 2017. 361, obs. Hauser* (cassation de l'arrêt ayant retenu la collaboration entre époux en ce qu'ils avaient consulté un médecin ensemble, qu'ils ont continué à alimenter le compte joint 6 mois après la séparation, établi une déclaration de revenus commune et se sont concertés au cours des mois suivants, s'agissant de la gestion de la résidence secondaire). ♦ Antérieurement déjà : • Civ. 1re, 17 nov. 2010, n° 09-68.292 P : *D. 2011. 351, note Bonnet ; ibid. 622, chron. C. cass., obs. Auroy et Creton ; Defrénois 2011. 828, obs. Massip ; JCP 2011, n° 29, § 6, obs. Coutant-Lapalus ; ibid., n° 503, § 13, obs. Tisserand-Martin ; AJ fam. 2011. 55, obs. Hilt ; Dr. fam. 2011, n° 6, obs. Larribau-Terneyre ; JCP N 2011, n° 1161, note Massip ; RLDC 2011/78, n° 4099, obs. Gallois* (épouse co-emprunteur, avec son mari, du prêt souscrit pour financer les travaux d'amélioration et d'aménagement de l'appartement que ce dernier venait d'acquérir) • 24 oct. 2012, n° 11-30.522 P : *D. 2013. 798, obs. Douchy-Oudot ; AJ fam. 2012. 615, obs. Raoul-Cormeil ; Dr. fam. 2013, n° 4, obs. Larribau-Terneyre ; JCP N 2013, n° 1152, note Massip* (achat de plusieurs biens immobiliers et emprunts contractés après la séparation). ♦ Déjà, sous l'empire de l'anc. art. 262 repris sur ce point par l'art. 262-1 : ne constitue pas un fait de collaboration au sens des art. 262-1 (anc.) et 1442, al. 2, le fait qu'un époux, après le départ du domicile conjugal, ait continué à entretenir son épouse et à régler des dépenses de communauté se rapportant à des acquêts. • Civ. 2e, 10 oct. 2002, n° 00-19.729 P. ♦ Même sens : • Civ. 2e, 28 nov. 2002 : *D. 2003. Somm. 1871, obs. Brémond* (maintien d'un compte commun) • Civ. 1re, 14 mars 2006, n° 05-14.476 P : *D. 2006. IR 1249 ; JCP N 2006. 1279, note Brémond ; AJ fam. 2007. 35, obs. S. David (2e esp.) ; Dr. fam. 2006, n° 145, obs. Larribau-Terneyre ; RTD civ. 2006. 546, obs. Hauser* (*idem*) • 14 nov. 2006, n° 05-21.013 P : *D. 2007. Pan. 2130, obs. Brémond ; AJ fam.*

2007. 35, obs. S. David (4e esp.) ; *Dr. fam. 2007, n° 12, obs. Larribau-Terneyre ; RJPF 2007-2/18, obs. Garé ; RTD civ. 2007. 96, obs. Hauser* (mari caution solidaire de son épouse pour le paiement de son loyer).

4. ... Conjoint collaborateur. Le bénéfice du statut de conjoint collaborateur ne suffit pas à exclure la cessation de la collaboration en l'absence d'éléments propres à établir la poursuite effective de cette collaboration. • Civ. 1re, 8 juill. 2010, n° 09-12.238 P : *D. actu. 30 juill. 2010, obs. Perony ; JCP 2011, n° 29, obs. Coutant-Lapalus ; AJ fam. 2010. 436, obs. S. David* ; *RLDC 2010/75, n° 3971, obs. Pouliquen ; Dr. fam. 2010, n° 147, obs. Larribau-Terneyre ; RTD civ. 2010. 769, obs. Hauser*.

5. ... Incidence de la cessation de cohabitation. La cessation de la cohabitation fait présumer la cessation de la collaboration. • Civ. 1re, 17 déc. 2008 : *RTD civ. 2009. 103, obs. Hauser* • 16 juin 2011, n° 10-21.438 P : *D. 2011. Actu. 1759* ; *AJ fam. 2011. 373, obs. S. David* • 14 mars 2012, n° 11-13.954 P : *D. 2012. 812* ; *RTD civ. 2012. 298, obs. Hauser* ; *ibid. 573, obs. Perrot*. ♦ Les juges du fond apprécient souverainement que l'intention des époux a été de poursuivre leur collaboration après la cessation de leur cohabitation. • Civ. 1re, 3 nov. 2004 : *JCP N 2005. 1451, note Brémond.* ♦ Le fait que les époux ont souscrit des déclarations de revenus séparées à compter d'une certaine date est insuffisant à caractériser leur collaboration jusqu'à cette date. • Civ. 1re, 28 févr. 2006, n° 04-13.603 P : *JCP N 2006. 1279, note Brémond ; AJ fam. 2007. 35, obs. S. David (1re esp.)* ; *JCP 2006. I. 193, obs. Tisserand-Martin ; RTD civ. 2006. 290, obs. Hauser*.

6. ... Critères de cessation. La cessation de la cohabitation et de la collaboration ne s'apprécie pas au regard de critères relatifs à la faute mais au regard de la séparation effective des époux. • Civ. 1re, 12 mai 2010, n° 08-70.274 P : *D. actu. 20 mai 2010, obs. Gallmeister ; D. 2010. Actu. 1418* ; *RLDC 2010/73, n° 3888, obs. Serra ; Dr. fam. 2010, n° 111, obs. Larribau-Terneyre.*

II. ART. 262-1, AL. 2 – RÉGIME (DIVORCE JUDICIAIRE)

7. Régime : date de la demande. La demande de report, accessoire à la demande en divorce, peut être présentée pour la première fois en appel, tant que la décision de divorce n'a pas acquis force de chose jugée. • Civ. 1re, 14 mars 2006, n° 04-20.765 P : *D. 2006. Pan. 2437, obs. Douchy-Oudot* ; *AJ fam. 2007. 35, obs. S. David (3e esp.)* ; *RTD civ. 2006. 546, obs. Hauser* • 11 févr. 2015 : *AJ fam. 2015. 222, obs. S. David*.

8. ... Point de départ. Le report du divorce prend effet à la première heure du jour fixé pour la date à laquelle les époux ont cessé de cohabiter et de collaborer. • Civ. 1re, 14 nov. 2006, n° 05-21.629 P : *D. 2007. Pan. 2130, obs. Brémond* ; *AJ fam. 2007. 35, obs. S. David (5e esp.)* ; *Dr. fam. 2007, n° 13, obs. Larribau-Terneyre ; RTD civ. 2007. 96, obs. Hauser*.

9. ... Demande postérieure au jugement. Si le jugement de divorce, même irrévocable, ne contient aucune disposition sur le report de la date de son effet dans les rapports entre époux, en ce qui concerne leurs biens, la demande peut en être faite ultérieurement, au cours des opérations de liquidation, sauf convention contraire. • Civ. 2e, 7 déc. 1994, n° 92-13.465 P : *Defrénois 1995. 1493, obs. Massip.* – V. aussi • Civ. 1re, 19 févr. 2002, n° 99-17.189 P : *D. 2002. Somm. 2445, obs. Brémond* ; *Defrénois 2002. 686, obs. Massip ; Dr. fam. 2002, n° 69, note H. L. ; RJPF 2002-6/24, note Leborgne* (compétence, en ce cas, du TGI).

10. ... Date antérieure à la date de l'ordonnance de non-conciliation. Si le juge peut, à la demande de l'un d'eux, fixer les effets du jugement à la date à laquelle les époux ont cessé de cohabiter et de collaborer, cette date ne peut qu'être antérieure à celle de l'ordonnance de non-conciliation. • Civ. 1re, 18 mai 2011, n° 10-17.943 P : *D. 2011. Actu. 1484*.

11. ... Office du juge. Les juges du fond ne peuvent rejeter la demande de report sans relever aucun élément justifiant la réalité de la collaboration des époux après la cessation de la cohabitation. • Civ. 2e, 31 mars 1993, n° 91-18.366 P. – V. aussi • Civ. 2e, 9 oct. 1996, n° 94-14.456 P : *Defrénois 1997. 988, obs. Massip ; Dr. fam. 1997, n° 12, note Lécuyer* • 19 févr. 1997 : *Defrénois 1998. 1164, note Brémond ; Dr. fam. 1997, n° 102, note Lécuyer* • 5 juill. 2001 : *Defrénois 2002. 185, obs. Massip ; Dr. fam. 2001, n° 109, obs. H. L.*

12. ... Effet relatif du report. Le report de la date de dissolution de la communauté par le jugement de divorce n'a d'effet qu'entre les époux et ne concerne que la contribution aux dettes ; s'agissant de l'obligation à ces mêmes dettes, le jugement de divorce n'est opposable aux tiers qu'à compter de la date à laquelle les formalités de mention en marge prescrites par les règles de l'état civil ont été accomplies (maintien des mesures conservatoires prises par le créancier de l'un des époux avant cette dernière date). • Civ. 1re, 1er juin 1994 : *D. 1995. 225, note Le Guidec*. ♦ La circonstance tirée de la prise d'effet du divorce entre les époux, dans leurs rapports en ce qui concerne leurs biens, à la date de l'assignation en divorce, n'a manifestement aucune incidence sur la qualité d'associée et les droits qui y sont attachés. • Com. 14 mai 2013 : *cité note 11 ss. art. 1832-2.*

13. ... Effet sur la prise en compte de la jouissance privative du logement conjugal.

La décision par laquelle le juge du divorce reporte ses effets patrimoniaux entre les époux à la date à laquelle ils ont cessé de cohabiter et de collaborer n'a pas pour effet de conférer à l'occupation du logement conjugal par l'un d'eux un caractère onéreux avant la date de l'ordonnance de non-conciliation, sauf disposition en ce sens dans la décision de report. • Civ. 1re, 23 oct. 2013 : *D. 2013. 2517* ; *RTD civ. 2014. 95, obs. Hauser* ; *Gaz. Pal. 2013. 3723, obs. Sarcelet* (cassation de l'arrêt ayant considéré que l'époux est redevable envers l'indivision post-communautaire d'une indemnité d'occupation au titre de sa jouissance privative du logement conjugal à compter de la date de la séparation, antérieure de dix ans à l'ordonnance de non-conciliation). ♦ En l'absence de dispositions contraires, un époux séparé de biens, qui jouit privativement d'un immeuble indivis, est redevable d'une indemnité d'occupation à compter de la date de l'assignation en divorce, qui fixe le point de départ des effets de la décision de divorce dans les rapports patrimoniaux des époux (application de l'anc. art. 262-1). • Civ. 1re, 24 sept. 2014, n° 13-21.005 P : *cité note 8 ss. art. 4.*

14. ... Preuve. Il incombe à celui qui s'oppose au report de la date de dissolution de la communauté de prouver que des actes de collaboration ont eu lieu postérieurement à la séparation des époux. • Civ. 1re, 31 mars 2010, n° 08-20.729 P : *R., p. 297* ; *BICC 15 juill. 2010, n° 1179 et les obs.* ; *D. 2010. Actu. 962* ; *JCP 2010, n° 410, obs. Bosse-Platière* ; *ibid. 911, note Favier* ; *AJ fam. 2010. 276, obs. S. David* ; *Defrénois 2010. 1365, obs. Massip* ; *RTD civ. 2010. 313, obs. Hauser* ; *Dr. fam. 2010, n° 74, note Larribau-Terneyre* (jurisprudence nouvelle). ♦ En application du principe selon lequel le silence opposé à l'affirmation d'un fait ne vaut pas à lui seul reconnaissance de ce fait, cassation de l'arrêt ayant retenu qu'un époux ne rapportait la preuve de la cessation de cette cohabitation que par une attestation d'une tierce personne n'ayant pas constaté par elle-même la situation, mais que l'autre époux ne l'avait pas contestée. • Civ. 1re, 19 nov. 2014 : *AJ fam. 2015. 52, obs. Thouret* .

15. Sur le report de la date de dissolution de la communauté, V. aussi notes ss. art. 1442.

Art. 262-2 *(L. n° 75-617 du 11 juill. 1975)* **Toute obligation contractée par l'un des époux à la charge de la communauté, toute aliénation de biens communs faite par l'un d'eux dans la limite de ses pouvoirs, postérieurement à la** *(L. n° 2019-222 du 23 mars 2019, art. 22, en vigueur le 1er janv. 2021)* **« demande en divorce** *[ancienne rédaction : requête initiale]* **», sera déclarée nulle, s'il est prouvé qu'il y a eu fraude aux droits de l'autre conjoint.**

Sur l'entrée en vigueur et l'application dans le temps des modifications issues de l'art. 22 de la L. n° 2019-222 du 23 mars 2019, V. ndlr ss. art. 233.

BIBL. ▶ Chevallier-Dumas, *RTD civ. 1979. 40* (fraude dans les régimes matrimoniaux). ▶ Sur la notion de fraude et sa sanction, V. aussi notes ss. art. 1421.

Absence de complicité du tiers. En l'absence de complicité du tiers à la fraude d'un époux, l'acte, valide à l'égard du tiers, est inopposable à l'époux victime de la fraude. • Civ. 1re, 22 juin 1965 : *Bull. civ. I, n° 417.*

SECTION 2 Des conséquences du divorce pour les époux

BIBL. GÉN. ▶ Baillon-Wirtz, Combret, Gazeau, *Dr. fam. 2011. Étude 15* (rôle du notaire dans la liquidation et le partage) ; *JCP N 2011, n° 1108* (*idem*). – Baillon-Wirtz, Combret, *Dr. fam. 2016, Dossier 2* (liquidation et partage après divorce). – Bénabent, *Mél. Huet-Weiller, PU Strasbourg/LGDJ, 1994, p. 19* (assainir l'après-divorce). – Benoît, *D. 1997. Chron. 13* (divorce et prestations sociales). – Boutiron et Lécuyer, *Dr. et patr. 4/2012. 26* (divorce de l'entrepreneur). – Breton, *Mél. Hébraud, Univ. Toulouse, 1981, p. 125* (divorce et partage). – Casey, *Dr. fam. 2008. Étude 1* (divorce et liquidation du régime matrimonial). – Champenois et Dauriac, *Defrénois 2018, n° 12, p. 17* (liquidation de communauté après divorce). – Chappert, *Defrénois 19[illegible]. 1057* (divorce et fiscalité). – Crémont, *Defrénois 1999. 321* (partage amiable). – Depondt, *Defrénois 1986. 897* (sort des libéralités maintenues après divorce). – Desnoyer, *RRJ 2001/4. 1507* (divorce et procédures collectives). – D'Hoeraene, *Gaz. Pal. 1993. 2. Doctr. 1161* (logement des époux). – Éliard, *JCP N 1996. Prat. 3691* (conséquences successorales de la séparation des époux). – Fulchiron, *D. 2009. Chron. 1703* (solidarité dans les couples séparés). – Gervais, *CCC 1999. Chron. 5* (divorce et surendettement). – Lefranc Hamoniaux, *Dr. fam. 1999. Chron. 13* (entraide entre époux). – Maizy et Cadars-Beaufour, *AJ fam. 2011. 74* (incidence patrimoniale de la faute). – Marguénaud et *alii*, *Defrénois 2003. 1596* (conséquences patrimoniales du divorce au regard de la Conv. EDH). – Mulon, *Dr. et patr. 11/2007. 45.* – Saujot, *Defrénois 1989. 88[illegible]* (sort des libéralités et avantages matrimoniaux). – Vidal, *Mél. Raynaud, Dalloz, 1985, p. 805* (conventions de divorce). – Vion, *Defrénois 1985. 1185* (conséquences fiscales du divorce). – Dossier, *AJ fam. 2008. 100* (règlement du régime matrimonial après divorce). – Dossier, *AJ* *fam. 2010. 153* et *205* (liquidation du régime matrimonial). – Dossier, *AJ fam. 2011. 399* (séparation et compte bancaire) ; *ibid. 2012. 431* (divorce de l'entrepreneur). – Dossier, *BICC 1er mai 2010* (liquidation et partage d'un régime matrimonial de communauté légale ou de séparation de biens après divorce). – Dossier, *AJ fam. 2014. 210* (divorce et SCI). – Dossier, *JCP N 2014, nos 1342 s.* (Divorce : jurisprudence et pratique notariale). – Dossier, *AJ fam. 2016. 76* et *133* (coût du divorce) ; *ibid. 289* (divorce et liquidation, la réforme). – Dossier, *AJ fam. 2022. 519* (séparation et financement du bien indivis).

§ 1 Dispositions générales

Art. 263 *(L. no 75-617 du 11 juill. 1975)* **Si les époux divorcés veulent contracter entre eux une autre union, une nouvelle célébration du mariage est nécessaire.**

Conséquence d'un second divorce sur la prestation compensatoire. La prestation compensatoire allouée à à l'occasion d'un premier divorce entre les mêmes époux est caduque à compter du remariage, • Civ. 1re, 17 oct. 2007 : *cité note 7 ss. art. 270.*

Art. 264 *(L. no 2004-439 du 26 mai 2004, art. 16)* **A la suite du divorce, chacun des époux perd l'usage du nom de son conjoint.**

L'un des époux peut néanmoins conserver l'usage du nom de l'autre, soit avec l'accord de celui-ci, soit avec l'autorisation du juge, s'il justifie d'un intérêt particulier pour lui ou pour les enfants.

BIBL. ► BRETON, *Mél. Rodière, Dalloz, 1981, p. 17.* – HAUSER, *RTD civ. 1991. 717*. – LALIGNANT, *RRJ 1986/3. 29.*

1. *Accord entre ex-époux.* L'usage du nom du mari, consenti par celui-ci à son ex-épouse, s'impose à tous et notamment aux membres de la famille du mari (art. 264 anc.). • TGI Paris, 10 févr. 1981 : *D. 1981. 443, note Lindon ; JCP 1981. II. 19624, note Huet-Weiller.*

2. *... Révocation – Caducité.* Le mari ne peut révoquer son consentement que si la femme fait un usage abusif de l'autorisation donnée (art. 264 anc. qui réservait l'autorisation relative au nom au seul mari). • Paris, 9 mars 1979 : *D. 1979. 471, note Massip* • Saint-Denis de la Réunion, 7 juin 2011 : *Dr. fam. 2011, no 166, obs. Larribau-Terneyre.*

3. L'accord donné par le mari quant à l'usage de son nom par son ex-épouse doit être tenu pour caduc par l'effet du remariage de celle-ci. • TGI Paris, 10 févr. 1981 : *préc. note 1.* ♦ *Contra*, se fondant sur la commune intention des parties : • Paris, 4 mars 2004 : *Gaz. Pal. 2004. 1214, note Massip ; RTD civ. 2004. 271, obs. Hauser*. ♦ L'ex-mari ne saurait se prévaloir de son propre remariage pour justifier une demande de révocation d'une autorisation d'usage donnée sans restriction. • TGI Montbrison, JAF, 8 janv. 2003 : *Gaz. Pal. 2003. 3053, note Massip.*

4. *Autorisation de justice.* Il appartient aux juges du fond d'apprécier souverainement l'intérêt particulier qui s'attache, pour les enfants, à ce que la femme conserve le nom de son ancien mari ; pour cette appréciation, il ne leur est pas interdit de comparer, notamment, la situation de ces enfants à celle des autres enfants de parents divorcés. • Civ. 1re, 26 mars 1980 : *Bull. civ. I, no 104.* ♦ Une cour d'appel apprécie souverainement que la femme ne justifie pas, pour elle-même, d'un intérêt particulier à conserver l'usage du nom du mari. • Civ. 2e, 25 mai 1994, no 93-10.873 P.

5. C'est à bon droit qu'une cour d'appel se place au jour de la demande pour apprécier l'intérêt particulier de la femme à continuer à porter le nom de son mari (art. 264 anc.). • Civ. 2e, 7 juin 1990, no 89-12.536 P : *Defrénois 1991. 288, obs. Massip.*

6. *Intérêt particulier de la femme (art. 264 anc.).* Sur la notion d'intérêt particulier auquel se réfère l'art. 264 anc., al. 3, V. • Civ. 2e, 16 juill. 1982, no 81-11.604 P (cassation de l'arrêt ayant exigé de l'épouse qu'elle justifie avoir acquis une notoriété particulière sous le nom de son mari) • Paris, 31 oct. 1989 : *D. 1990. Somm. 115, obs. Bénabent* (refus opposé à la femme, son engagement politique ne caractérisant pas un intérêt essentiel) • TGI Paris, 3 sept. 1996 : *BICC 15 déc. 1996, no 1334* (intérêt particulier pour la femme, violoniste, connue sous le seul nom du mari, qu'elle n'a cessé de porter avec l'accord de celui-ci dans sa vie professionnelle, même après son divorce et son récent remariage) • Paris, 10 nov. 2004 : *AJ fam. 2005. 22, obs. S. David* (intérêt particulier de la femme consistant dans la durée de son mariage, son état d'illettrisme et son souhait de porter le même nom que ses dix enfants) • Dijon, 1er sept. 2005 : *Dr. fam. 2006, no 3, note Larribau-Terneyre* (absence d'intérêt particulier de la femme : activité professionnelle entreprise sous le double nom depuis trop peu de temps pour y avoir acquis une quelconque notoriété) • Reims, 27 févr. 2009 : *D. 2010. Pan. 728, obs. Lemouland et Vigneau ; JCP 2009. 11, note Garé ; RJPF 2009-9/14, obs. Corpart ; RTD civ. 2009. 499, obs. Hauser* (notoriété certaine de l'ex-épouse, sous le nom du mari dans le monde artistique où évoluent également ses enfants, et malgré son remariage) • Pau, 28 avr. 2011 : *Dr. fam. 2011, n° 166, obs. Larribau-Terneyre.*

7. Moment de la demande. L'art. 264 anc. ne fait pas obligation de former la demande de conservation de l'usage du nom du conjoint lors du prononcé du divorce ; recevabilité de la demande formée postérieurement à ce prononcé, en réponse à une demande de l'ex-mari en interdiction de l'usage de son nom. • Rennes, 6 mars 2007 : *Dr. fam. 2008, n° 8, note Larribau-Terneyre.*

8. Titres nobiliaires. Interdiction faite à l'épouse divorcée de continuer à porter le titre de duchesse, la poursuite de l'usage du nom n'entraînant pas automatiquement celle de l'usage du titre, du fait de l'autonomie du droit nobiliaire (art. 264 anc.). • Bourges, 24 févr. 1998 : *JCP 1998. II. 10072, note Ruet ; RTD civ. 1998. 654, obs. Hauser*, réformant • TGI Châteauroux, 26 sept. 1995 : *JCP 1996. II. 22605, note Ruet.*

Art. 264-1 *Abrogé par L. n° 2004-439 du 26 mai 2004, art. 23.*

Art. 265 *(L. n° 2004-439 du 26 mai 2004, art. 16)* **Le divorce est sans incidence sur les avantages matrimoniaux qui prennent effet au cours du mariage et sur les donations de biens présents quelle que soit leur forme.**

Le divorce emporte révocation de plein droit des avantages matrimoniaux qui ne prennent effet qu'à la dissolution du régime matrimonial ou au décès de l'un des époux et des dispositions à cause de mort, accordés par un époux envers son conjoint par contrat de mariage ou pendant l'union, sauf volonté contraire de l'époux qui les a consentis. Cette volonté est constatée *(L. n° 2016-1547 du 18 nov. 2016, art. 50, en vigueur le 1er janv. 2017)* **« dans la convention signée par les époux et contresignée par les avocats ou » par le juge au moment du prononcé du divorce et rend irrévocables l'avantage ou la disposition maintenus.**

(L. n° 2006-728 du 23 juin 2006, art. 43) **« Toutefois, si le contrat de mariage le prévoit, les époux pourront toujours reprendre les biens qu'ils auront apportés à la communauté. »** – *La loi du 23 juin 2006, ajoutant cet alinéa 3, est entrée en vigueur le 1er janv. 2007.*

BIBL. ▶ Beignier, *Mél. Oppetit, Litec, 2009, p. 33* (avantages matrimoniaux). – S. Piedelièvre, *D. 2004. Chron. 2512*. ▶ Delmas Saint-Hilaire, *RJPF 2005-7-8/11* (nouvel art. 265 et réversion d'usufruit entre époux). – Farge, Desbuquois et Naudin, *JCP N 2018, n° 1289* (pour une réécriture de l'art. 265, al. 2). – Ferré-André, *AJ fam. 2014. 615* (donations entre époux et conséquences en cas de séparation). – Niel, *Defrénois 2007. 1129* (réforme du divorce et assurance vie). – Simler, *JCP 2005. I. 160* (nouvel art. 265 et clause de liquidation alternative de la communauté universelle). – Valory, *Dr. et patr. 11/2007. 62* (évolutions postérieures à la réforme de 2004). – Letellier, *JCP N 2008. 1150* (la clause d'exclusion des biens professionnels sous le régime de la participation aux acquêts à l'épreuve du divorce). – Dossier, *AJ fam. 2021. 207 et ibid. 263* (liquidation du régime matrimonial).

▶ V. aussi Bibl. gén. précédant art. 228.

1. Donation de biens présents. Les dispositions impératives de l'art. 265, al. 1er, font obstacle à l'insertion, dans une donation de biens présents prenant effet au cours du mariage, d'une clause résolutoire liée au prononcé du divorce ou à une demande en divorce. • Civ. 1re, 14 mars 2012, n° 11-13.791 P : *R. 395 ; D. 2012. 812, obs. Marrocchella ; ibid. 1386, note Posez ; AJ fam. 2012. 223, obs. S. David ; RTD civ. 2012. 300, obs. Hauser ; ibid. 357, obs. Grimaldi ; JCP 2012, n° 561, § 1, obs. Mekki ; ibid. n° 607, obs. Brenner ; RDC 2012. 891, obs. Goldie-Génicon.*

2. Libéralités avant mariage. La perte de plein droit des avantages matrimoniaux s'applique aux libéralités antérieures au mariage et non comprises dans les conventions matrimoniales lorsque ces libéralités ont été consenties en prévision du mariage (art. 267 anc.). • Civ. 1re, 25 mars 1981 : *Gaz. Pal. 1982. 1. 105, note Massip* (application de l'art. 299 ancien C. civ.).

3. Notion d'avantage matrimonial (art. 267 anc.). L'art. 267, al. 1er (anc., prononçant la perte des donations et avantages matrimoniaux dans le cas du divorce aux torts exclusifs d'un époux), s'applique à tous les avantages que l'un des époux : peut tirer des clauses d'une communauté conventionnelle, et notamment de l'adoption, tant au moment du mariage que postérieurement, du régime de la communauté universelle. • Civ. 1re, 26 janv. 1988 : *Bull. civ. I, n° 24* • 28 oct. 2003 : *AJ fam. 2004. 65, obs. S. David*. ♦ ... Ou qu'il peut tirer de la stipulation, au moment du mariage, d'une clause d'apports. • Civ. 1re, 25 sept. 2013, n° 12-11.967 P : *D. 2013. 2273 ; AJ fam. 2013. 635, obs. Thouret ; RTD civ. 2013. 887, obs. Vareille*. ♦ Mais une donation d'usufruit consentie entre les époux, indépendante du fonctionnement du régime matrimonial, ne peut être assimilée à un avantage matrimonial (inapplicabilité de l'art. 267 anc.). • Civ. 1re, 31 janv. 2006, n° 02-21.121 P : *D. 2006. Pan. 2073, obs. Nicod ; AJ fam. 2006. 209, obs. Hilt ; Dr. fam. 2006, n° 60, note Beignier.*

4. ... Participation aux acquêts, aménagement de la liquidation. Les profits que l'un ou l'autre des époux mariés sous le régime de la participation aux acquêts peut retirer des clauses aménageant le dispositif légal de liquidation de la créance de participation constituent des avantages matrimoniaux prenant effet à la dissolution du régime matrimonial. Ils sont révoqués de plein droit par le divorce des époux, sauf volonté contraire de celui qui les a consentis exprimée au moment du divorce. Il en résulte qu'une clause excluant du calcul de la créance de participation les biens professionnels des époux en cas de dissolution du régime matrimonial pour une autre cause que le décès, qui conduit à avantager celui d'entre eux ayant vu ses actifs nets professionnels croître de manière plus importante en diminuant la valeur de ses acquêts dans une proportion supérieure à celle de son conjoint, constitue un avantage matrimonial en cas de divorce. • Civ. 1re, 18 déc. 2019, n° 18-26.337 P : *D. 2020. 635, note Le Bars et Mauger-Vielpeau ; ibid. Chron. C. cass. 1058, obs. Buat-Ménard ; AJ fam. 2020. 126, obs. Duchange ; RTD civ. 2020. 175, obs. Vareille ; JCP 2020, n° 225, note Binet ; JCP N 2020, n° 1059, note Karm ; Dr. fam. 2020, n° 44, note Torricelli-Chrifi ; Defrénois 2020/9. 23, note Letellier.*

5. ... Sort des présents (art. 267 anc.). Sur le régime particulier de certaines libéralités (présents d'usage) et le problème de la restitution de la bague de fiançailles, V. note 3 ss. art. 852.

6. Le divorce est sans incidence sur l'avantage résultant de l'adoption de la communauté universelle. • Civ. 1re, 1er déc. 2010 : *AJ fam. 2011. 48, obs. David ; JCP 2011, n° 1371, § 10, obs. Tisserand-Martin ; Defrénois 2011. 828, obs. Massip ; RLDC 2011/79, n° 4148, obs. Gallois ; RTD civ. 2011. 112, obs. Hauser .* ♦ En vertu de ses dispositions transitoires, la loi nouvelle (L. 26 mai 2004) a vocation à s'appliquer en toutes ses dispositions concernant les conséquences du divorce pour les époux, y compris celles afférentes au sort des avantages matrimoniaux, peu important la date à laquelle ceux-ci ont été stipulés. • Civ. 1re, 18 mai 2011, n° 10-17.943 P : *D. 2011. 1557 ; AJ fam. 2011. 326, obs. Mbala Mbala ; Dr.fam. 2011, n° 107, obs. Larribau-Terneyre* (refus d'appliquer l'art. 267 anc. prévoyant la révocation de plein droit des avantages matrimoniaux).

7. Volonté de maintenir les avantages matrimoniaux. La renonciation tacite et non équivoque de l'époux à user ultérieurement de la faculté de révocation des donations consenties à son épouse est établie dès lors que le jugement de divorce, dont il n'avait pas interjeté appel, constatait qu'il n'entendait pas révoquer les donations consenties à son épouse pendant le mariage, et que, pour l'appréciation de la prestation compensatoire, il avait fait plaider que si les donations étaient révocables, il n'était pas dans son intention d'user de la faculté de révocation de sorte qu'il convenait de prendre en considération le patrimoine de son épouse constitué grâce aux donations qu'il lui avait faites. • Civ. 1re, 26 oct. 2011 : *cité note 9 ss. art. 1096.*

8. ... Solutions rendues en application de l'art. 268 anc. L'art. 268 anc. confiait aux époux le pouvoir de fixer le sort des donations et avantages qu'ils s'étaient consentis. V., pour une application : • Civ. 1re, 16 juin 1993 : *D. 1994. 165, note Massip ; RTD civ. 1994. 88, obs. Hauser .* ♦ Le principe selon lequel les donations faites entre époux pendant le mariage qui sont maintenues de façon expresse dans la convention définitive de divorce deviennent irrévocables s'applique en présence d'une convention stipulant que les époux déclarent « maintenir la pleine et entière application » des donations réciproques consenties. • Civ 1re, 6 févr. 2008, n° 05-18.745 P : *D. 2009. Pan. 832, obs. Serra ; AJ fam. 2008. 120, obs. David ; JCP 2009. I. 109, n° 9, obs. Le Guidec ; JCP N 2008. 1199, note Casey ; Dr. fam. 2008, n° 41, obs. Larribau-Terneyre ; RJPF 2008-5/39, note Valory ; Defrénois 2008. 1113, obs. Massip ; RTD civ. 2008. 282, obs. Hauser ; ibid. 347, obs. Grimaldi .* ♦ Jugé que les donations maintenues faute de décision dans la convention conservent le caractère révocable ou irrévocable qui était le leur avant le divorce. • Lyon, 18 mars 1999 : *Dr. fam. 2000, n° 5, note Lécuyer.* ♦ Comp. : les dons manuels, qui s'analysent comme des donations de biens présents, ayant nécessairement été pris en compte dans la convention définitive homologuée, participent du règlement global des effets du divorce et ne peuvent plus faire l'objet d'une révocation ultérieure, sauf clause contraire de la convention. • Civ. 1re, 28 févr. 2006, n° 03-10.245 P : *D. 2006. 1426, concl. Sainte-Rose ; ibid. Pan. 2074, obs. Revel ; D. 2007. Pan. 612, obs. G. Serra ; AJ fam. 2006. 203, obs. S. David (1re esp.) ; Dr. fam. 2006, n° 110, note Larribau-Terneyre ; LPA 9 oct. 2006, note Pétroni-Maudière ; RTD civ. 2006. 291, obs. Hauser .* ♦ Une donation au dernier vivant, qui porte sur des biens à venir, demeurant révocable en l'absence de clause d'irrévocabilité dans la convention de divorce, la donation ultérieure consentie par l'époux divorcé à sa seconde épouse, portant sur les mêmes biens, constitue un acte non équivoque de révocation de la première. • Civ. 1re, 28 févr. 2006, n° 03-20.150 P : *D. 2006. Pan. 2074, obs. Revel ; Gaz. Pal. 2006. Somm. 3412, obs. Massip ; AJ fam. 2006. 203, obs. S. David (2e esp.) ; Dr. fam. 2006, n° 111, note Larribau-Terneyre ; Defrénois 2006. 1355, obs. Massip.*

9. Application immédiate de la L. du 26 mai 2004. Les époux ayant consenti des avantages matrimoniaux sous l'empire du droit antérieur à la L. du 26 mai 2004 ne pouvaient légitimement s'attendre à ce que ne s'appliquent pas aux divorces prononcés après l'entrée en vigueur de cette loi les nouvelles règles légales relatives à la révocation des avantages en cas de divorce. • Cons. const. 29 janv. 2021, n° 2020-880 QPC : *AJ fam. 2021. 184, obs. Casey ; RTD civ. 2021. 109, obs. Leroyer ; Dr. fam. 2021, n° 41, note Tani ; Gaz. Pal. 2021. 839, note Guiguet-Schielé* (conformité à la Const. de certaines dispositions de l'art. 33-I, L. 26 mai 2004).

Art. 265-1 *(L. n° 2004-439 du 26 mai 2004, art. 16)* **Le divorce est sans incidence sur les droits que l'un ou l'autre des époux tient de la loi ou des conventions passées avec des tiers.**

BIBL. ▶ Brazier, *Gaz. Pal. 1979. 1. Doctr. 332* (droit à réversion de retraite du conjoint divorcé).

Art. 265-2 *(L. n° 75-617 du 11 juill. 1975 ; L. n° 2004-439 du 26 mai 2004, art. 6)* **Les époux peuvent, pendant l'instance en divorce, passer toutes conventions pour la liquidation et le partage** *(L. n° 2004-439 du 26 mai 2004, art. 21-III et IV)* **« de leur régime matrimonial.**

« Lorsque la liquidation porte sur des biens soumis à la publicité foncière, la convention doit être passée par acte notarié. » – *[Anc. art. 1450, modifié.]*

BIBL. ▶ Abry, *JCP N 1992. Prat. 2285, p. 362.* – Crémont, *Defrénois 1999. 321.* – Gautier, note *D. 1990. 505* (contrat liquidatif de communauté et régime du droit d'auteur). – Hérail, *JCP N 1994. I. 351.* – Lafond, *JCP N 1999. 1777.* – Puyo, *Dr. fam. 2015. Étude 19* (conventions de divorce).

I. DOMAINE D'APPLICATION

1. Non-application aux époux séparés de biens. Pour le règlement de leurs intérêts patrimoniaux, des époux séparés de biens ne sont pas tenus de se conformer aux exigences de l'art. 1450 (anc.), de sorte qu'un époux peut valablement, pendant l'instance en divorce ou séparation de corps, contracter une obligation envers son conjoint tendant à la liquidation de leur régime matrimonial, dès lors que cette obligation n'a pas pour but d'inciter à la séparation. • Civ. 1re, 6 mai 1997, n° 95-15.113 P : *D. 1998. 357, note Ravanas ; JCP 1997. I. 4047, n° 22, obs. Storck, et 1998. I. 101, n° 2, obs. Ferré-André ; Defrénois 1997. 1090 (1re esp.), obs. Champenois.* ♦ Dans le même sens : • Civ. 1re, 30 juin 1998 : *Dr. fam. 1998, n° 117, note Lécuyer (1re esp.)* • 29 janv. 2002, n° 99-19.354 P : *D. 2002. Somm. 2445, obs. Brémond ; Defrénois 2002. 1158, obs. Massip ; AJ fam. 2002. 109, et les obs.* ♦ Sur les conséquences de la L. du 26 mai 2004, V. M. Storck, *JCP 2004. I. 176, n° 25.*

2. Non-application aux conventions passées avant l'instance en divorce. Les conventions pour la liquidation et le partage de la communauté sont interdites en dehors d'une instance en divorce tant que la communauté n'est pas dissoute ; nullité d'une convention de partage amiable passée avant l'introduction de l'instance en divorce et avant l'homologation judiciaire du changement de régime matrimonial. • Civ. 1re, 19 janv. 1982, n° 80-17.149 P : *R., p. 45* • *8 avr. 2009, n° 07-15.945 P : D. 2009. 1201, obs. Égéa ; ibid. Pan. 2508, obs. Revel ; ibid. 2528, note Pasquier ; JCP N 2009. 1234, note Mahinga ; AJ fam. 2009. 219, obs. David ; RLDC 2009/61, n° 3475, obs. Pouliquen ; Defrénois 2009. 1483, obs. Champenois ; RTD civ. 2009. 516, obs. Hauser ; ibid. 769 et 771, obs. Vareille.*

De même, une convention comportant, ne serait-ce que pour partie, des stipulations relatives à la liquidation et au partage du régime matrimonial, ne peut être conclue avant l'assignation ou la requête conjointe en divorce. • Civ. 1re, 27 sept. 2017, n° 16-23.531 P : *D. 2018. 641, obs. Douchy ; AJ fam. 2017. 592, obs. Houssier ; RTD civ. 2018. 84, obs. Leroyer ; Dr. fam. 2017, n° 220, note Binet ; Gaz. Pal. 2017. 3268, obs. Douville et Mauger-Vielpeau* (nullité de la convention conclue avant l'introduction de l'instance, portant tant sur la prestation compensatoire que sur le partage de leur régime matrimonial).

3. Non-application aux conventions passées après dissolution de la communauté. L'art. 1450 qui soumet à la forme notariée les conventions passées par les époux pour la liquidation et le partage de la communauté ne vise que les actes conclus pendant l'instance en divorce et non le partage amiable postérieur à la dissolution de la communauté. • Civ. 1re, 16 nov. 1983 : *Gaz. Pal. 1984. 2. 495 (2e esp.), note J. M.*

II. FORME NOTARIÉE

4. Renonciation à la communauté. Application de l'anc. art. 250 à la renonciation par un époux à sa part de communauté. • Paris, 12 sept. 2002 : *AJ fam. 2002. 421, obs. S. D.-B.*

5. Caractère temporaire de la cause de nullité et possibilité de renouvellement de l'accord. Si un acte nul de nullité absolue ne peut être rétroactivement confirmé, il est loisible aux parties de renouveler leur accord ou de maintenir leur commune volonté lorsque la cause de nullité a cessé ; il en est ainsi lorsque, après que le divorce est devenu irrévocable, les volontés, même tacites, des parties se sont à nouveau rencontrées pour renouveler l'accord passé hors la présence d'un notaire au cours de l'instance en divorce. • Civ. 1re, 29 nov. 1983 : *Gaz. Pal. 1984. 2. 495 (1re esp.), note J. M.* • 17 déc. 1996, n° 95-12.956 P : *Defrénois 1997. 455, note Bignon* (transaction sur la liquidation de la communauté et la prestation compensatoire après dissolution du mariage).

§ 2 Des conséquences propres aux divorces autres que par consentement mutuel (*L. n° 2004-439 du 26 mai 2004, art. 17-I*).

Art. 266 (*L. n° 2004-439 du 26 mai 2004, art. 17-II*) **Sans préjudice de l'application de l'article 270, des dommages et intérêts peuvent être accordés à un époux en réparation des conséquences d'une particulière gravité qu'il subit du fait de la dissolution du mariage soit lorsqu'il était défendeur à un divorce prononcé pour altération définitive du lien conjugal et qu'il n'avait lui-même formé aucune demande en divorce, soit lorsque le divorce est prononcé aux torts exclusifs de son conjoint.**

Cette demande ne peut être formée qu'à l'occasion de l'action en divorce.

BIBL. ▸ CLAUX, *AJ fam. 2013. 51*. – GUITON, *D. 1980. Chron. 237 et 247.* – MULON, *Gaz. Pal. 2014. 99* (pour une suppression de l'art. 266). – SADI, *RTD civ. 2018. 591* (pour une réécriture de l'art. 266). – Dossier, *Dr. fam. 2015, nos 33 s.* (dommages et intérêts entre époux).

I. DOMAINE ET CONDITIONS D'APPLICATION DE L'ART. 266

1. *Domaine de l'art. 266 : séparation de corps (oui).* Les dispositions de l'art. 266 sont applicables à la séparation de corps. • Civ. 2e, 22 mai 1979, n° 78-10.604 P • 7 mai 2002, n° 00-18.026 P : *RTD civ. 2002. 493, obs. Hauser* • Civ. 1re, 9 déc. 2003 : *Defrénois 2004. 588, obs. Massip ; Dr. fam. 2004, n° 34, note Larribau-Terneyre.*

2. *... Divorce aux torts partagés (non).* Impossibilité d'accorder des dommages-intérêts sur le fondement de l'art. 266 (anc.) en cas de divorce aux torts partagés. • Civ. 1re, 25 oct. 2005, n° 04-12.234 P : *D. 2005. IR 2899 ; Dr. fam. 2005, n° 269, note Larribau-Terneyre.*

3. *Conséquences d'une particulière gravité.* L'exceptionnelle gravité s'entend des conséquences qui excèdent celles habituelles affectant toute personne se trouvant dans la même situation. • Paris, 15 janv. 2009 : *D. 2010. Pan. 1243, obs. Serra* (l'art. 266 anc. ne se référait pas à la réparation des conséquences d'une particulière gravité mais visait la réparation d'un préjudice matériel ou moral). ♦ Ne caractérise pas des conséquences d'une particulière gravité justifiant la condamnation de l'ex-époux à des dommages-intérêts le fait qu'il ait quitté son épouse après 39 ans de mariage, dans des conditions difficiles et en recherchant une nouvelle compagne. • Civ. 1re, 1er juill. 2009, n° 08-17.825 P : *D. 2009. AJ 1897, obs. Le Douaron ; ibid. 2010. Pan. 1243, obs. Serra ; LPA 28 janv. 2010, note Massip ; AJ fam. 2009. 347, obs. David ; Dr. fam. 2009, n° 103, note Larribau-Terneyre ; RLDC 2009/64, n° 3583, obs. Pouliquen ; RTD civ. 2009. 705, obs. Hauser.* ♦ ... Ou le choc subi par l'épouse consécutif à l'abandon soudain par son époux du domicile conjugal et l'annonce d'une procédure de divorce, accompagné d'un fort sentiment d'humiliation, dû à l'infidélité de son conjoint et à la perte de ses fonctions au sein de la société dirigée par son mari. • Civ. 1re, 15 avr. 2015, n° 14-11.575 P : *D. 2015. 922 ; ibid. 2016. 674, obs. Douchy-Oudot ; RTD civ. 2015. 594, obs. Hauser.* ♦ ... Mais le sentiment de trahison de l'épouse, résultant des violences du mari et du fait qu'il ait accédé illégalement à sa messagerie, peut être retenu comme excédant celui affectant toute personne placée dans la même situation en ouvrant droit à réparation au titre de l'art. 266 (et non de l'art. 1240). • Riom, 27 mars 2018, n° 17/00574 : *Dr. fam. 2018, n° 176, note Colliot.* ♦ Préjudice moral compte tenu des convictions religieuses de l'épouse, dans le cadre d'un mariage religieux ayant donné lieu à une profession de foi signée des deux époux, le divorce étant prononcé pour adultère du mari. • Bordeaux, 24 nov. 2009 : *Dr. fam. 2010, n° 18, obs. Larribau-Terneyre.*

4. *Préjudice résultant de la dissolution du mariage.* Pour accorder des dommages-intérêts sur le fondement de l'art. 266, les juges doivent rechercher en quoi le préjudice indemnisé résulte de la dissolution du mariage (cassation de l'arrêt qui, pour allouer au mari des dommages-intérêts en application de l'art. 266, se borne à relever que la femme a quitté le domicile conjugal en lui laissant l'essentiel des charges du ménage). • Civ. 2e, 31 mai 1995 : *D. 1996. 424, note Puigelier ; RTD civ. 1995. 870, obs. Hauser.* – Rappr. • Civ. 1re, 25 janv. 2005 : *Dr. fam. 2005, n° 104, note Larribau-Terneyre.* ♦ Doit être cassé un arrêt qui, sur le fondement de l'art. 266, indemnise un préjudice ne résultant pas de la dissolution du mariage. • Civ. 2e, 28 sept. 2000 : *Dr. fam. 2001, n° 5, note Lécuyer* (fait que le mari ait eu des enfants avec une autre femme avant le divorce, alors que le couple n'avait pas d'enfant) • 11 avr. 2002 : *Dr. fam. 2002, n° 114, note H. L.* (refus de poursuivre une procédure de divorce par consentement mutuel).

En relevant que la dissolution du mariage est intervenue après une longue période de vie commune, les juges du fond font ressortir que le préjudice subi par l'épouse est un préjudice moral. • Civ. 2e, 27 janv. 2000, n° 96-11.410 P : *D. 2000. IR 96* ; *RTD civ. 2000. 303, obs. Hauser*. ♦ Dommages-intérêts attribués au regard des circonstances dans lesquelles l'épouse avait quitté le domicile conjugal et de la charge quotidienne, assumée par l'époux depuis plusieurs années, des deux jeunes enfants du couple, dont l'un présentant des troubles de la personnalité, et des choix professionnels qu'il avait dû faire au détriment de sa carrière pour s'en occuper. • Civ. 1re, 12 sept. 2012 : *D. 2013. 798, obs. Douchy-Oudot* ; *JCP 2012, n° 1166, note Massip* ; *Gaz. Pal. 2013. 247, obs. Casey*.

II. FONDEMENTS DE LA DEMANDE

5. Autonomie de l'art. 266. Le prononcé du divorce n'a pas pour objet la réparation d'un préjudice, les dommages-intérêts prévus par l'art. 266 réparent le préjudice causé par la rupture du lien conjugal tandis que ceux prévus par l'anc. art. 1382 [1240] réparent celui résultant de toute autre circonstance. • Civ. 1re, 18 janv. 2012 : *Gaz. Pal. 2012. 789, note Quézel-Ambrunaz*.

Le prononcé du divorce au profit de l'un des époux et l'octroi d'une prestation compensatoire n'ont pas pour objet la réparation d'un préjudice (art. 266 anc. lequel se référait à la réparation d'un préjudice matériel ou moral). • Civ. 2e, 12 juin 1996, n° 94-18.103 P : *RTD civ. 1996. 886, obs. Hauser* (cassation de l'arrêt qui rejette pour de tels motifs la demande de dommages et intérêts de l'épouse). ♦ Cassation de l'arrêt qui déboute l'épouse de sa demande fondée sur l'anc. art. 1382 [1240] au motif qu'elle n'établit pas l'existence d'un préjudice distinct de celui réparé par l'accueil de sa demande en divorce. • Civ. 1re, 6 juill. 2005, n° 04-10.081 P : *D. 2006. Pan. 343, obs. G. Serra* ; *Dr. fam. 2005, n° 212, note Larribau-Terneyre* ; *RTD civ. 2005. 767, obs. Hauser*.

6. Responsabilité civile de droit commun. Indépendamment du divorce et de ses sanctions propres, l'époux qui invoque un préjudice étranger à celui résultant de la rupture du lien conjugal peut demander réparation à son conjoint dans les conditions du droit commun. • Civ. 1re, 24 janv. 1990, n° 87-17.785 P • 11 janv. 2005, n° 02-19.016 P : *D. 2005. IR 243* ; *RTD civ. 2005. 375, obs. Hauser* • 14 janv. 2009 : *AJ fam. 2009. 259, obs. David* (privation des enfants infligée à l'épouse par l'époux pendant la procédure) • 7 déc. 2016, n° 15-27.900 P : *D. 2017. 470, obs. Douchy-Oudot* ; *AJ fam. 2017. 66, obs. Casey* ; *RTD civ. 2017. 110, obs. Hauser* (préjudice résultant du comportement manipulateur du mari ayant conduit à l'isolement de son épouse, distinct des faits de violence fondant le divorce). ♦ Préjudice distinct résidant dans les circonstances ayant conduit à la rupture du lien matrimonial : • Civ. 1re, 17 févr. 2004 : *RJPF 2004-5/18, obs. Garé* (abandon de l'épouse pour une maîtresse, en lui laissant la charge de l'enfant, jeune adulte handicapée) • 22 mars 2005, n° 04-11.942 P : *D. 2005. IR 1053* ; *RTD civ. 2005. 375, obs. Hauser* (rupture injurieuse et brutale, avec liaison adultère publiquement affichée). ♦ V. aussi, pour l'application de l'anc. art. 1382 [1240] en cas de divorce aux torts partagés : • Civ. 2e, 15 oct. 1981 : *Gaz. Pal. 1982. 2. 489, note J.M.* • 5 juin 1991 : *Defrénois 1992. 304, obs. Massip* • 28 févr. 1996, n° 94-12.432 P • 17 déc. 1998 : *RJPF 1999-1/40, note Vassaux.*

7. ... Office du juge (non). Il ne peut être reproché à une cour d'appel, saisie d'une demande de dommages-intérêts fondée sur l'art. 266 C. civ., de n'avoir pas examiné d'office les faits invoqués au regard de l'anc. art. 1382 [1240] dudit code. • Civ. 2e, 8 juin 1995, n° 92-21.549 P : *D. 1996. 247, note Eudier* ; *RTD civ. 1995. 869, obs. Hauser*.

8. Détermination du fondement de la demande. Les juges du fond ne peuvent condamner un époux à des dommages-intérêts sans préciser le fondement de la condamnation prononcée. • Civ. 2e, 27 févr. 2003 : *AJ fam. 2003. 183, obs. S. D.* • Civ. 1re, 14 déc. 2004, n° 02-20.652 P • 5 nov. 2008 : *LPA 5 févr. 2009, obs. Burgard.* ♦ Mais leur décision est légalement justifiée au regard des art. 266 et anc. 1382 [1240] s'ils ont suffisamment caractérisé le préjudice subi par l'épouse du fait de la séparation de corps et du fait du comportement de l'époux. • Civ. 1re, 9 déc. 2003 : *préc. note 1* • 28 févr. 2006 : *D. 2007. Pan. 616, obs. G. Serra*. ♦ Ayant réparé le préjudice causé par le comportement fautif de l'époux (abandon moral et financier de l'épouse après quinze ans de mariage), la cour d'appel a nécessairement statué sur le fondement de l'anc. art. 1382 [1240]. • Civ. 1re, 23 janv. 2007 : *RLDC 2007/42, n° 2703, obs. G. Serra.* ♦ V. aussi note 5.

9. En condamnant le mari à des dommages-intérêts pour préjudice moral sur le fondement de l'art. 266 (anc.) alors que l'épouse demandait la réparation d'un préjudice distinct de celui résultant de la rupture du lien conjugal, la cour d'appel a modifié l'objet du litige et violé l'art. 4 C. pr. civ. • Civ. 1re, 9 janv. 2007, n° 06-10.871 P : *D. 2008. Pan. 814, obs. G. Serra* ; *AJ fam. 2007. 272, obs. S. David* ; *Dr. fam. 2007, n° 37, note Larribau-Terneyre* ; *RLDC 2007/42, n° 2703, obs. G. Serra.*

III. DÉTERMINATION DES DOMMAGES-INTÉRÊTS

10. Lien avec la prestation compensatoire. Domaine respectif des dommages-intérêts de l'art. 266 (anc.) et de la prestation compensatoire : V. • Paris, 16 févr. 1979 : *D. 1979. 590, note Massip* (réparation du préjudice moral non pris en considération pour l'évaluation de la prestation compensatoire) • Civ. 2e, 5 juin 1984 : *Bull. civ. II, n° 106* (même solution).

11. Fixation des dommages-intérêts. Attribution, à titre de dommages-intérêts, sur le fondement de l'art. 266, de la totalité de la communauté, comprenant notamment un immeuble où l'époux fautif, majeur protégé, habitait avec son épouse : V. • Civ. 1re, 26 janv. 1983 : *D. 1984. 17 (1re esp.), note Massip.* ♦ *Contra* : aucun texte ne prévoit que les dommages-intérêts alloués en vertu de l'art. 266 (anc.) puissent être accordés sous la forme de l'attribution de droits immobiliers appartenant à l'autre époux. • Civ. 2e, 27 janv. 1993 : *D. 1994. 97, note Espesson* ; *RTD civ. 1993. 336, obs. Hauser*.

12. Une cour d'appel peut fixer à la date de sa décision le point de départ des intérêts de l'indemnité qu'elle alloue, le pourvoi en cassation ayant seulement pour effet de suspendre l'exigibilité de ces dommages-intérêts. • Civ. 2e, 21 févr. 1990, n° 88-18.207 P.

13. Les dommages-intérêts prévus à l'art. 266 (anc.) sont indépendants des ressources des époux. • Civ. 2e, 6 janv. 1993, n° 91-16.672 P. ♦ L'évaluation du dommage doit être faite exclusivement en fonction du préjudice subi et non en considération des ressources du conjoint débiteur. • Civ. 2e, 21 juill. 1982, n° 81-15.236 P : *Defrénois 1983. 771, obs. Massip.*

14. Justifie le versement de dommages-intérêts le « préjudice réel et renforcé » causé par un divorce intervenu dans un pays dont l'épouse n'est pas originaire et où elle n'a pas sa famille. • Paris, 20 févr. 2008 : *Dr. fam. 2008, n° 55, obs. Larribau-Terneyre.*

Art. 267 *(Ord. n° 2015-1288 du 15 oct. 2015, art. 2-I, en vigueur le 1er janv. 2016)* **A défaut d'un règlement conventionnel par les époux, le juge statue sur leurs demandes de maintien dans l'indivision, d'attribution préférentielle et d'avance sur part de communauté ou de biens indivis.**

Il statue sur les demandes de liquidation et de partage des intérêts patrimoniaux, dans les conditions fixées aux articles 1361 à 1378 du code de procédure civile, s'il est justifié par tous moyens des désaccords subsistant entre les parties, notamment en produisant :

— une déclaration commune d'acceptation d'un partage judiciaire, indiquant les points de désaccord entre les époux ;

— le projet établi par le notaire désigné sur le fondement du 10° de l'article 255.

Il peut, même d'office, statuer sur la détermination du régime matrimonial applicable aux époux.

L'art. 2 de l'Ord. n° 2015-1288 du 15 oct. 2015 est applicable aux requêtes en divorce introduites avant son entrée en vigueur qui, au jour de celle-ci, n'ont pas donné lieu à une demande introductive d'instance (Ord. préc., art. 17-II).

Sur l'instance du divorce, V. C. pr. civ., art. 1116.

Sur le partage judiciaire, V. C. pr. civ, art. 1361.

BIBL. ▶ Baillon-Wirtz et Combret, *Dr. fam. 2016. Dossier 2 ; JCP N 2015, n° 1220.* – Chauvin et Couzigou-Suhas, *Defrénois 2015. 1283.* – Douville, *Gaz. Pal. 2015. 3491.* – Guiguet-Schiele et Baby, *Gaz. Pal. 2016. 3605.* – Mulon, *Gaz. Pal. 2016. 118.* – Puyo, *Dr. fam. 2016. Dossier 3.* – Thouret, *AJ fam. 2015. 598*. – Dossier, *AJ fam. 2016. 289* s. (« divorce et liquidation : la réforme ») ; *ibid. 2017. 439* (divorce et liquidation).

Ancien art. 267 *(L. n° 2004-439 du 26 mai 2004, art. 17-II)* ***A défaut d'un règlement conventionnel par les époux, le juge, en prononçant le divorce, ordonne la liquidation et le partage de leurs intérêts patrimoniaux.***

Il statue sur les demandes de maintien dans l'indivision ou d'attribution préférentielle.

Il peut aussi accorder à l'un des époux ou aux deux une avance sur sa part de communauté ou de biens indivis.

Si le projet de liquidation du régime matrimonial établi par le notaire désigné sur le fondement du 10° de l'article 255 contient des informations suffisantes, le juge, à la demande de l'un ou l'autre des époux, statue sur les désaccords persistant entre eux.

BIBL. ▶ Casey, *Gaz. Pal. 2011. 1399.* – Combret et Baillon-Wirtz, *Dr. fam. 2013. Étude 6.*

1. Compétence du juge aux affaires familiales. Le juge aux affaires familiales connaît de la liquidation et du partage des intérêts patrimoniaux des époux, des personnes liées par un pacte civil de solidarité et des concubins. • Civ. 1re, 30 janv. 2019, n° 18-14.150 P : *AJ fam. 2019. 216, obs. Casey* ; *Dr. fam. 2019, n° 80, obs. Torricelli-Chrifi.*

Déjà, en application de l'art. 267 anc. : la liquidation et le partage des intérêts patrimoniaux des époux doivent être ordonnés par le juge qui prononce le divorce. • Civ. 2e, 7 nov. 1988, n° 11-

10.449 P • Civ. 1re, 7 nov. 2012, n° 11-10.449 P : *D. 2013. chron. C. cass. 591, obs. Capitaine ; ibid. 798, obs. Douchy-Oudot ; AJ fam. 2013. 57, obs. Buat-Ménard ; RTD civ. 2013. 96, obs. Hauser ; AJ fam. 2012, n° 179, obs. Larribau-Terneyre.* ♦ ... Quel que soit le régime matrimonial adopté par les époux (en l'espèce, séparation de biens adoptée par changement de régime matrimonial antérieurement au divorce et difficultés liées à la liquidation de la communauté). • Civ. 2e, 7 nov. 1988 : *préc.* ♦ Il entre dans les pouvoirs dévolus au juge aux affaires familiales de se prononcer sur le régime matrimonial des époux. • Civ. 1re, 20 mars 2013, n° 11-27.845 P : *D. 2013. 1451, note Le Gac-Pech ; ibid. chron. C. cass. 2050, note Capitaine ; AJ fam. 2013. 388, obs. Boiché.* ♦ Comp. le JAM est incompétent au profit du TGI pour connaître de la détermination du régime matrimonial des époux. • Civ. 1re, 11 juill. 2006, n° 03-19.087 P : *D. 2007. Pan. 2693, obs. Douchy-Oudot ; Dr. fam. 2006, n° 207, note Larribau-Terneyre* (application de l'anc. art. 264-1 repris pour partie, dans sa substance, par l'art. 267).

2. Domaine. La liquidation à laquelle il est procédé en cas de divorce englobe tous les rapports pécuniaires entre les parties et il appartient à l'époux qui se prétend créancier de l'autre de faire valoir sa créance selon les règles applicables à la liquidation de leur régime matrimonial lors de l'établissement des comptes s'y rapportant. • Civ. 1re, 30 janv. 2019, n° 18-14.150 P : *cité note 1* (cassation de l'arrêt ayant considéré que le juge aux affaires familiales n'est pas compétent pour statuer sur l'indivision ayant existé entre les parties avant leur union matrimoniale et ordonne seulement la liquidation de leurs intérêts patrimoniaux, puis retenu que les créances nées avant le mariage n'ont pas vocation à être intégrées dans les comptes de liquidation du régime matrimonial).

Déjà, en application de l'art. 267 anc. : la liquidation à laquelle il est procédé en cas de divorce englobe tous les rapports pécuniaires entre les parties ; il appartient à l'époux qui se prétend créancier de l'autre de faire valoir sa créance selon les règles applicables à la liquidation de leur régime matrimonial lors de l'établissement des comptes s'y rapportant. • Civ. 1re, 28 nov. 2000, n° 98-13.405 P : *D. 2001. IR 177* (cassation de l'arrêt qui déclare recevable une instance distincte). ♦ ... Et il appartient au juge de statuer selon ces mêmes règles sur les créances invoquées par l'un des époux contre l'autre, quelle que soit la nature de ces créances. • Civ. 1re, 11 déc. 2001 : *Defrénois 2002. 401, obs. Champenois.* ♦ Comp. • Civ. 1re, 22 mai 2007, n° 05-12.017 P : *D. 2007. AJ 1732, obs. Delaporte-Carré ; JCP 2007. I. 208, n° 23, obs. Storck ; Defrénois 2007. 1311, obs. Massip ; AJ fam. 2007. 360, obs. Hilt ; Dr. fam. 2007, n° 149, note Larribau-Terneyre ; RTD civ. 2007. 761, obs. Hauser* (recevabilité d'une instance distincte dès lors qu'au jour où le juge statue, le divorce n'a pas été prononcé par une décision irrévocable).

3. ... Attribution préférentielle. L'attribution préférentielle est de la compétence du juge du divorce. • Civ. 1re, 22 mars 2005, n° 03-20.728 P : *Defrénois 2005. 1346, obs. Massip ; AJ fam. 2005. 232, obs. S. David ; Dr. fam. 2005, n° 106, note Larribau-Terneyre (1re esp.) ; RTD civ. 2005. 374, obs. Hauser.* ♦ La divergence des parties quant à l'évaluation du bien ne saurait avoir d'incidence sur le principe même de son attribution préférentielle, sur laquelle les juges du fond, en application de l'art. 264-1, sont tenus de statuer. • Civ. 2e, 22 janv. 1992 : *JCP 1993. II. 22031, note Hérail* • Civ. 1re, 22 mars 2002 : *Dr. fam. 2005, n° 106, note Larribau-Terneyre (2e esp.).* ♦ Dans le même sens : l'évaluation de l'immeuble est sans incidence sur le principe même de l'attribution préférentielle. • Civ. 1re, 16 mars 2016, n° 15-14.822 P : *D. 2016. 707 ; AJ fam. 2016. 206, obs. Thouret ; RTD civ. 2016. 328, obs. Hauser* (cassation de l'arrêt ayant refusé l'attribution préférentielle, faute d'évaluation récente du bien).

4. Limites (application de l'art. 267 anc.). Les demandes présentées au juge du divorce en restitution d'objets mobiliers et en autorisation de donner à bail un bien indivis ont trait à la liquidation du régime matrimonial et doivent être soumises aux juges chargés de cette liquidation. • Civ. 2e, 11 déc. 1991 : *D. 1992. 385, note Massip.* ♦ ... De même que les demandes tendant à conférer à un conjoint le bénéfice de la jouissance du logement familial. • Civ. 2e, 24 mars 1993, n° 91-17.141 P : *RTD civ. 1993. 565, obs. Hauser* • 6 juin 2002, n° 00-15.232 P : *D. 2002. IR 2380 ; Defrénois 2002. 1472, obs. Massip ; AJ fam. 2003. 30, obs. S. D.* ♦ Hors le cas prévu par l'art. 267, al. 4 (anc.), le juge aux affaires familiales ne peut, lorsqu'il prononce le divorce, statuer sur une demande de contribution aux charges du mariage portant sur la période antérieure à l'ordonnance de non-conciliation. • Civ. 1re, 9 juill. 2014, n° 13-19.130 P : *D. 2014. 1543 ; D. 2014. Chron. C. cass. 1715, note Darret-Courgeon ; ibid. 2015. 649, obs. Douchy-Oudot ; AJ fam. 2014. 498, obs. Robbe ; RTD civ. 2014. 866, obs. J. Hauser ; JCP N 2015, n° 1114, note Le Guide*

5. Question des animaux de compagnie. V. note ss. art. 286.

6. Notaire commis. Delecraz, *JCP N 2015, n° 1084.* ♦ Le juge en prononçant le divorce des époux ordonne la liquidation et le partage de leurs intérêts patrimoniaux et, le cas échéant, désigne un notaire. • Civ. 1re, 7 nov. 2012, n° 12-17.394 P : *R. 397 ; D. 2013. chron. C. cass. 591, obs. Capitaine ; ibid. 798, obs. Douchy-Oudot ; AJ fam. 2012. 607, obs. Buat-Ménard ; RTD civ.*

2013. 96, obs. Hauser ; *JCP 2013, n° 262, note Bazin* ; *Gaz. Pal. 2012. 3325, avis Casey* ; *ibid. 3346, note Robbe* (cassation de l'arrêt estimant que la Cour n'a pas le pouvoir de procéder à cette désignation). ♦ Dans le même sens, cassation de l'arrêt qui retient qu'à défaut de partage amiable, il appartient à la partie la plus diligente de saisir le cas échéant le juge aux affaires familiales d'une action en partage judiciaire et qu'il n'y a pas lieu de procéder à ce stade à la désignation d'un notaire. • Civ. 1re, 11 sept. 2013, n° 12-18.512 P : *D. 2014. 689, obs. Douchy-Oudot* ; *AJ fam. 2013. 585, obs. Hilt*. ♦ V. note 12 ss. art. 255.

7. Désaccord persistant : nécessité d'informations suffisantes dans le projet établi par le notaire (application de l'art. 267, al. 4 anc.). Le juge aux affaires familiales ne statue sur les désaccords persistant entre les époux, à la demande de l'un ou l'autre, que si le projet de liquidation du régime matrimonial établi par le notaire désigné sur le fondement du 10° de l'art. 255 C. civ. contient des informations suffisantes. • Civ. 1re, 23 sept. 2015, n° 14-21.525 P : *D. 2016. 674, obs. Douchy-Oudot* ; *AJ fam. 2015. 608, obs. Thouret* ; *RTD civ. 2015. 859, obs. Hauser* ; *AJ fam. 2015. 608, obs. Thouret* ; *Dr. fam. 2015, n° 221, obs. Puyo* (cassation de l'arrêt qui fixe la créance d'un époux en prenant en compte la consultation demandée par cet époux à un autre notaire, retenant ainsi implicitement que le projet établi par le notaire désigné ne contenait pas d'informations suffisantes) • 10 févr. 2016, n° 15-14.757 P : *D. 2016. 424* ; *AJ fam. 2016. 384, obs. David* ; *RTD civ. 2016. 328, obs. Hauser*. ♦ Inversement, lorsque le projet contient des informations suffisantes : • Civ. 1re, 7 nov. 2012, n° 11-17.377 P :*D. 2012. 2661* ; *AJ fam. 2013. 55, obs. Hilt* ; *ibid. 2012. 607, obs. Buat-Ménard* ; *Dr. fam. 2012, n° 179, obs. Larribau-Terneyre*.

8. ... Conséquences. – Pouvoir du juge. Le JAF, en cas de désaccord persistant, peut fixer l'indemnité d'occupation d'un bien si le projet de liquidation du régime matrimonial et de formation des lots à partager établi par le notaire désigné contient des informations suffisantes. • Civ. 1re, 7 nov. 2012 : *préc. note 7*.

9. Généralité de la liquidation des intérêts pécuniaires. Lorsque la liquidation des intérêts pécuniaires d'époux a été ordonnée par une décision de divorce passée en force de chose jugée, la liquidation à laquelle il est procédé englobe tous les rapports pécuniaires entre les parties, y compris les créances nées avant le mariage ; il appartient dès lors à l'époux qui se prétend créancier de l'autre de faire valoir sa créance contre son conjoint lors de l'établissement des comptes s'y rapportant. • Civ. 1re, 26 mai 2021, n° 19-23.723 P : *AJ fam. 2021. 433, obs. Casey* ; *RTD civ. 2021. 627, obs. Leroyer* (irrecevabilité de la demande formulée après le partage).

Art. 267-1 *Abrogé par Ord. n° 2015-1288 du 15 oct. 2015, art. 2-II, à compter du 1er janv. 2016.*

Art. 268 *(L. n° 2004-439 du 26 mai 2004, art. 17-II)* **Les époux peuvent, pendant l'instance, soumettre à l'homologation du juge des conventions réglant tout ou partie des conséquences du divorce.**

Le juge, après avoir vérifié que les intérêts de chacun des époux et des enfants sont préservés, homologue les conventions en prononçant le divorce.

BIBL. ► PUYO, *Dr. fam. 2015. Étude 19* (conventions de divorce).

1. Recevabilité de la demande. Si le juge ne peut prononcer l'homologation d'une convention portant règlement de tout ou partie des conséquences du divorce qu'en présence de conclusions concordantes des époux en ce sens, l'absence de conclusions de l'épouse ne rend pas celles du mari irrecevables et il appartient alors au juge de tirer les conséquences de l'absence d'accord de l'autre époux sur cette demande. • Civ. 1re, 12 févr. 2020, n° 19-10.088 P : *D. 2020. Chron. C. cass. 2190, obs. Buat-Ménard* ; *AJ fam. 2020. 307, obs. Casey* ; *RTD civ. 2020. 353, obs. Leroyer* ; *Dr. fam. 2020, n° 68, note Boulanger*.

2. Conclusions concordantes. Le juge ne peut prononcer l'homologation d'une convention portant règlement de tout ou partie des conséquences du divorce qu'en présence de conclusions concordantes des époux, ce qui n'est pas le cas si l'un d'eux fait valoir en cause d'appel que l'acte notarié portant liquidation et partage des intérêts patrimoniaux des époux ne préservait pas suffisamment ses intérêts, ledit acte ne reflétant plus la commune intention des intéressés. • Civ. 1re, 9 juin 2021, n° 19-10.550 P : *D. 2021. 1133* ; *AJ fam. 2021. 492, obs. Casey* ; *RTD civ. 2021. 626, obs. Leroyer* ; *Dr. fam. 2021, n° 139, note Caro*.

3. Tierce opposition. Recevabilité de la tierce opposition exercée par un créancier contre les effets patrimoniaux d'un jugement de divorce. • Civ. 1re, 5 nov. 2008, n° 06-21.256 P : *Dr. fam. 2009. 2, note Larribau-Terneyre* ; *JCP 2009, n° 28, Chron. 115, n° 3, obs. Bosse-Platière*.

Art. 268-1 et 269 *Abrogés par L. n° 2004-439 du 26 mai 2004, art. 23.*

§ 3 Des prestations compensatoires

Pour les dispositions transitoires, V. L. n° 2004-439 du 26 mai 2004, art. 33-VI à XI, ss. art. 286.

DALLOZ ACTION *Droit de la famille 2023/2024, n°s 136.00 s.*

BIBL. GÉN. ▶ **Étude d'ensemble :** BRAZIER, *Gaz. Pal. 1985. 2. Doctr. 630.* – COURCELLE, *Gaz. Pal. 1998. 1. Doctr. 366.* – GIRAULT et HOUTCIEFF, *LPA 8-9 et 10 mai 2002* (règlement des conséquences pécuniaires du divorce). – MOOS, *Gaz. Pal. 1997. 2. Doctr. 1576.* – DE POULPIQUET, *JCP 1977. I. 2856.*

▶ **Études spéciales :** BARDOUT et LORTHIOS, *AJ fam. 2013. 693* (nouvelle méthode de calcul de la prestation compensatoire). – BERTHIAU, *Dr. fam. 2000. Chron. 6 et 2002. Chron. 20* (remariage et prestation compensatoire). – CASEY, *AJ fam. 2014. 38* (fortune propre et disparité). – CLERGET et DESSERTENNE-BROSSARD, *JCP N 2014, n° 1126.* – COGNO-BOURDIEU et MOOS, *Gaz. Pal. 1998. 2. Doctr. 1718* (méthode de calcul). – DEPONDT, *AJ fam. 2014. 35* (biens non frugifères). – DOUET et LABADIE, *D. 2014. 2128* (voies de recours civiles et fiscalité de la prestation compensatoire). – FEHRENBACH, *LPA 2 févr. 2001* (caractère alimentaire). – FULCHIRON et DAUBRICOURT, *D. 2010. Chron. 2170.* – GOFFAUX, *Dr. fam. 2001. Chron. 1* (liquidation de la communauté et fixation de la prestation compensatoire). – HAUSER, *RTD civ. 1998. 663* (révision conventionnelle). – KESSLER, *Dr. fam. 2015. Étude 1* (refus de prestation compensatoire) ; *AJ fam. 2018. 218* (sacrifice professionnel et prestation compensatoire). – LABBÉE, *D. 2008. Chron. 996* (adultère et prestation compensatoire). – LÉCUYER, *Dr. et patr. 4/1999. 46 ; Dr. fam. 2003. Chron. 11.* – MARTIN SAINT-LÉON, *Gaz. Pal. 2002. Doctr. 1576* (évaluation). – MICHAUX, *Gaz. Pal. 1985. 1. Doctr. 221* (maintien en cas de remariage) ; *ibid. 1987. 1. Doctr. 173* (rapport rente-capital). – SÉRIAUX, *RTD civ. 1997. 53* (nature juridique). – SIGALAS et DE POULPIQUET, *JCP 1985. I. 3197* (prestation compensatoire et action *de in rem verso*). – TEILLIAIS, *Dr. et patr. 10/1997. 23* (prestation compensatoire et partage de la communauté). – Dossier, *AJ fam. 2010. 349* (calcul de la prestation compensatoire) ; *ibid. 2013. 11* (prestation compensatoire) ; *ibid. 2014. 524* (nouvelles méthodes de calcul de la prestation compensatoire). – Dossier *Dr. fam. 2015. Études 1 s.*

▶ **Réforme de juin 2000 :** MOOS, COUZIGOU-SUHAS, BRAZIER, LECHARNY, PEISSE et ORAIN, *Gaz. Pal. 2000. 1. Doctr. 737 s.*

▶ **Loi du 30 juin 2000 :** BATTEUR et RAOUL-CORMEIL, *Dr. et patr. 10/2001. 34.* – BRAZIER, *Gaz. Pal. 2000. 2. Doctr. 1532.* – CHAPPERT, *Defrénois 2000. 1039* (aspect fiscal). – COPPER-ROYER, *Gaz. Pal. 2000. 2. Doctr. 2206.* – COUZIGOU-SUHAS, *Gaz. Pal. 2000. 2. Doctr. 1926.* – DOUET, *Dr. fam. 2000. Chron. 18* (aspect fiscal). – FIN-LANGER, *RDSS 2000. 815.* – LÉCUYER, *Dr. fam. 2000. Chron. 17.* – MASSIP, *Defrénois 2000. 1329.* – MATHIEU et PILLEBOUT, *JCP N 2000. 1649* (rentes en cours ; formules). – POIVEY-LECLERCQ, *RJPF 2000-9/10 et 2000-10/12.* – ROCHFELD, *chron. lég. RTD civ. 2000. 907.* – SEUBE, *Dr. fam. 2000. Chron. 20.* – VASSAUX, *JCP N 2000. 1759.* – *AJ fam. 2001. 7* (dossier, par C. Pelletier, A. Bénabent, C. Lienhard et T. Schmitt). – *Dr. et patr. 12/2002. 49* (dossier : bilan d'application).

▶ **Réforme de mai 2004 :** BOSSE-PLATIÈRE, *JCP 2004. I. 167, n°s 1 s.* – Dossier, *AJ fam. 2005. 84* (quelles méthodes d'évaluation ?). – Dossier, *AJ fam. 2007. 108.*

Art. 270 *(L. n° 2004-439 du 26 mai 2004, art. 18-I)* **Le divorce met fin au devoir de secours entre époux.**

L'un des époux peut être tenu de verser à l'autre une prestation destinée à compenser, autant qu'il est possible, la disparité que la rupture du mariage crée dans les conditions de vie respectives. Cette prestation a un caractère forfaitaire. Elle prend la forme d'un capital dont le montant est fixé par le juge.

Toutefois, le juge peut refuser d'accorder une telle prestation si l'équité le commande, soit en considération des critères prévus à l'article 271, soit lorsque le divorce est prononcé aux torts exclusifs de l'époux qui demande le bénéfice de cette prestation, au regard des circonstances particulières de la rupture.

BIBL. ▶ CASEY, *Gaz. Pal. 2014. 1595* (disparité et causalité). – HAUSER, *RTD civ. 1998. 663* (révision conventionnelle).

1. Fondement et conformité à la Conv. EDH. L'art. 270 en ce qu'il prévoit la possibilité d'une condamnation pécuniaire de l'époux débiteur de la prestation compensatoire est de nature à porter atteinte au droit de celui-ci au respect de ses biens, au sens autonome de l'art. 1er du 1er Prot. additionnel à la Conv. EDH. En visant à compenser, autant qu'il est possible, la disparité que la rupture du mariage crée, avec la disparition du devoir de secours, dans les conditions de vie respectives des époux et en prévoyant le versement d'une prestation compensatoire sous la forme d'un capital, ce texte poursuit le but légitime à la fois de protection du conjoint dont la situation économique est la moins favorable au moment du divorce et de célérité dans le traitement des conséquences de celui-ci. L'octroi d'une prestation compensatoire repose sur plusieurs critères objectifs, définis par le législateur et appréciés souverainement par le juge afin de tenir compte des circonstances de l'espèce, et ne peut être décidé qu'au terme d'un débat contradictoire, en fonction des éléments fournis par les parties (art. 270, al. 2 et 3). Ces dispositions ménagent un juste équilibre entre le but poursuivi et la protection des biens du débiteur sur lequel elles ne font pas peser, par elles-mêmes, une charge spéciale et exorbitante. • Civ. 1re, 30 nov. 2022, n° 21-12.128 B : *D. 2023. 523, obs. Douchy-Oudot* ; *AJ fam. 2023. 164, obs. Casey* ; *Dr. fam. 2023, n° 19, obs. Berthier.*

A. DOMAINE

2. Pension alimentaire – Obligation naturelle entre époux (anc. art. 270). Si l'ancienne législation a, pour certains cas de divorce, supprimé le devoir de secours, elle n'a pas eu pour effet de priver de valeur l'obligation naturelle de payer une pension alimentaire au conjoint contractée par l'autre époux dans un acte sous seing privé. • Civ. 2e, 9 mai 1988 : *D. 1989. 289, note Massip* (l'art. 270, al. 1er et 2, reprend, dans sa substance, l'anc. art. 270).

3. Anc. art. 270. Sur l'octroi d'une prestation compensatoire en cas de demande en contribution aux charges du mariage, V. C. pr. civ., art. 1076-1, ss. art. 309. – Normand, *RTD civ. 1986. 793.* ♦ Si l'une des parties n'a demandé que le versement d'une pension alimentaire ou d'une contribution aux charges du mariage, le juge ne peut prononcer le divorce sans avoir invité les parties à s'expliquer sur le versement d'une prestation compensatoire. • Civ. 2e, 30 janv. 1991, n° 89-10.240 P • 19 févr. 1992, n° 90-20.082 P • 22 juin 1994, n° 92-21.412 P.

4. Application à la nullité du mariage. Les art. 270 s. (anc.) sont aussi applicables, en tant que de raison, lorsque la rupture du mariage résulte de la nullité de l'union. • Civ. 1re, 23 oct. 1990 : *D. 1991. 214, note Mascala* ; *JCP 1991. II. 21774, note F. Monéger* ; *Gaz. Pal. 1991. 1. 256, note Massip* ; *RTD civ. 1991, 299, obs. Hauser* • Paris, 14 juin 1995 : *D. 1996. 156, note F. Boulanger* .

5. Collaboration professionnelle – Enrichissement sans cause. Si en principe l'octroi d'une prestation compensatoire ne rend pas irrecevable l'action de *in rem verso* intentée par l'époux créancier en raison de son appauvrissement résultant de sa collaboration bénévole à l'activité professionnelle de son ancien conjoint, il en va différemment lorsque le jugement de divorce prend en compte cet appauvrissement pour l'évaluation de la prestation compensatoire (anc. art. 270). • Civ. 1re, 5 avr. 1993, n° 91-15.669 P : *Defrénois 1993. 1365, obs. Massip.*

6. Perte d'une chance (oui). Pour l'indemnisation de la perte d'une chance, pour une épouse, d'obtenir une prestation compensatoire, le mari ayant organisé son insolvabilité (anc. art. 270), V. • Civ. 2e, 24 juin 1998 : *Dr. fam. 1999, n° 16, note Lécuyer.*

7. Remariage des ex-époux entre eux. Lorsque des époux ont divorcé l'un de l'autre, leur remariage entre eux rend caduque pour l'avenir la prestation compensatoire judiciairement fixée (anc. art. 270). • Civ. 1re, 17 oct. 2007, n° 06-20.451 P : *D. 2008. 200, note Raoul-Cormeil* ; *JCP 2008. I. 102, n° 1, obs. Bosse-Platière* ; *JCP N 2009. 1150, obs. Lesbats* ; *Defrénois 2008. 569, obs. Massip* ; *AJ fam. 2007. 475, obs. S. D.* ; *RJPF 2008-2/14, note Leborgne et Garé* ; *RTD civ. 2008. 88, obs. Hauser* .

B. FIXATION

1° ORIGINE ET APPRÉCIATION DE LA DISPARITÉ

8. Origine de la disparité. C'est dans l'exercice de leur pouvoir souverain que les juges du fond retiennent que la rupture du mariage créera dans les conditions de vie des époux une disparité qu'il convient de compenser par l'attribution d'une prestation. • Civ. 2e, 25 juin 1980 : *Gaz. Pal. 1981. 2. 745, note Massip* • 6 mai 1987 : *Bull. civ. II, n° 101* • 30 nov. 2000, n° 99-10.923 P • 12 oct. 2000 : *D. 2002. Somm. 3055, obs. Willmann* (disparité non établie en l'espèce) • 8 févr. 2001 : *eod. loc.* (*idem*) • Civ. 1re, 28 févr. 2006, n° 05-10.750 P • 31 mars 2010, n° 09-13.811 P : *AJ fam. 2010. 233, obs. Gallmeister* ; *RTD civ. 2010. 312* et *535, obs. Hauser* . ♦ Doit être cassé l'arrêt qui rejette la demande de prestation compensatoire, fondée sur des circonstances antérieures au mariage, en retenant que l'importante disparité entre les situations financières des parties préexistait au mariage et s'est maintenue par la suite malgré l'union. • Civ. 1re, 11 avr. 2018, n° 17-18.375 : *Dr. fam. 2018, n° 177, note Binet.*

Mais encourt la cassation un arrêt qui relève les ressources du mari et le salaire de la femme et en tire que la rupture du mariage va créer une disparité au détriment de celle-ci, sans répondre aux conclusions faisant valoir qu'elle vivait en concubinage avec un homme gagnant très largement sa vie. • Civ. 2e, 10 juill. 1991, n° 90-14.561 P. ♦ Dans le même sens, pour ne pas avoir recherché, comme cela était demandé, si l'épouse ne partageait pas ses charges avec son nouveau compagnon, • Civ. 1re, 4 juill. 2018, n° 17-20.281 P : *D. 2018. 1439* ; *AJ fam. 2018. 468, obs. Thouret* ; *RTD civ. 2018. 872, obs. Leroyer* ; *Dr. fam. 2018, n° 204, note Colliot.* – V. aussi • Civ. 2e, 16 oct. 1996, n° 94-19.712 P • 2 juill. 1997, n° 96-10.274 P : *Dr. fam. 1997, n° 140, note Lécuyer ; Defrénois 1998. 713, obs. Massip* • Civ. 1re, 25 avr. 2006, n° 05-15.706 P : *D. 2006. IR 1401* ; *RJPF 2006-9/28, obs. Garé ; RTD civ. 2006. 545, obs. Hauser*.

9. … Et choix d'un époux. Étant rappelé que la prestation compensatoire n'a pas pour objet de corriger les effets du régime de séparation de biens choisi par les époux, refus de l'accorder au mari n'ayant consenti au cours du mariage, dont la durée avait été brève, aucun sacrifice de carrière pour favoriser celle de son épouse, la disparité constatée dans les conditions de vie respectives des époux ne résultant pas de la rupture du mariage : • Civ. 1re, 7 nov. 2018, n° 17-26.443 : *AJ fam. 2018. 683, obs. Avena-Robardet* ; *RTD civ. 2019. 85, note Leroyer*.

10. Appréciation de la disparité. L'avantage constitué par la jouissance gratuite du domicile conjugal accordée à l'épouse au titre du devoir de secours pendant la durée de l'instance ne peut être pris en compte pour apprécier l'existence d'une disparité. • Civ. 1re, 23 janv. 2008 : *RJPF 2008-5/23, obs. Garé.*

L'allocation compensatrice tierce personne allouée à un enfant majeur est destinée à couvrir les besoins de l'enfant afin de pallier son défaut d'autonomie et ne peut être considérée comme un salaire de la mère pour apprécier la disparité. • Civ. 1re, 7 déc. 2016, n° 15-28.990 P : *D. 2016. 2570* ; *AJ fam. 2017. 201, obs. Casey*.

11. … Incidence des choix communs des époux. Il peut être déduit des choix de vie effectués en commun par les époux durant l'union que la disparité ne résulte pas de la rupture du mariage. • Civ. 1re, 24 sept. 2014, n° 13-20.695 P : *D. 2014. 1939* ; *ibid. 2015. 649, obs. Douchy-Oudot* ; *AJ fam. 2014. 630, obs. David* ; *RTD civ. 2014. 867, obs. Hauser* ; *JCP 2014, n° 1073, note Casey ; Dr. fam. 2014, n° 154, obs. Binet ; JCP N 2015, n° 1107, obs. Roman* (époux séparés de fait depuis vingt ans, ayant adopté la séparation de biens et liquidé leur communauté, exerçant des activités distinctes, sans que l'épouse séparée n'ait demandé de contribution aux charges du mariage ou de pension alimentaire au titre du devoir de secours). ♦ Cassation de l'arrêt qui rejette une demande de prestation compensatoire au motif que s'il existe entre les époux une différence sensible de revenus, celle-ci préexistait au mariage et qu'en aucune façon elle ne résulte des choix opérés en commun par les conjoint. • *Civ. 1re, 18 mai* 2011, n° 10-17.445 P. ♦ Déjà : est inopérant, pour écarter le droit à prestation compensatoire, la constatation du fait que la différence de rémunération existant ne résulte que de leur appartenance à des catégories socio-professionnelles différentes, situation préexistant au mariage. • Civ. 1re, 12 janv. 2011 : *D. actu. 25 janv. 2011, obs. Guiomard ; Dr. fam. 2011, n° 34, obs. Larribau-Terneyre.* ♦ Comp. : L'un des époux ne peut être tenu de verser à l'autre une prestation compensatoire que si la disparité dans leurs conditions de vie respectives est créée par la rupture du mariage. • Civ. 1re, 9 déc. 2009 : *Dr. fam. 2010, n° 17, obs. Larribau-Terneyre* (disparité préexistante et ayant perduré sous le régime de la séparation de biens).

La prestation compensatoire n'a pas pour objet de corriger les effets de l'adoption par les époux du régime de séparation de biens. • Civ. 1re, 8 juill. 2015, n° 14-20.480 P : *D. 2015. 2016. 674, obs. Douchy-Oudot* ; *AJ fam. 2015. 541, obs. David* ; *RTD civ. 2015. 857, obs. Hauser*.

12. … Appel limité. Il résulte des art. 260 et 270 que, pour apprécier la demande de prestation compensatoire, le juge se place à la date à laquelle la décision prononçant le divorce acquiert force de chose jugée ; lorsque ni l'appel principal ni, le cas échéant, l'appel incident ne portent sur le prononcé du divorce, celui-ci acquiert force de chose jugée à la date du dépôt des conclusions de l'intimé mentionnées à l'art. 909 C. pr. civ. • Civ. 1re, 9 juin 2022, n° 20-22.793 B : *D. 2022. 1151* ; *AJ fam. 2022. 389, obs. D'Ambra* ; *RTD civ. 2022. 594, obs. Leroyer* ; *Dr. fam. 2022, n° 118, obs. Caro.* ♦ Viole les art. 260 et 270 (anc.) la cour d'appel qui énonce, l'appel étant limité à la prestation compensatoire, qu'elle évalue la situation des parties au jour du jugement, alors que le prononcé du divorce n'est passé en force de chose jugée qu'à la date du dépôt des conclusions de l'intimé. • Civ. 1re, 15 déc. 2010, n° 09-15.235 P : *D. 2011. 1107, obs. Douchy-Oudot* ; *AJ fam. 2011. 103, obs. S. David* ; *RTD civ. 2011. 112, obs. Hauser*. ♦ Dès lors qu'un appel général a été interjeté, il importe peu que les parties n'aient critiqué que certains chefs de la décision, une telle limitation dans leurs conclusions ne valant pas acquiescement. • Civ. 2e, 31 janv. 2013, n° 11-29.004 P : *D. 2014. 689, obs. Douchy-Oudot* ; *AJ fam. 2013. 180, obs. Thouret* ; *RTD civ. 2013. 355, obs. Hauser*.

13. … Conditions non requises. Ajoutent au texte une condition qu'il ne comporte pas les juges qui, pour débouter l'épouse de sa demande de prestation compensatoire, énoncent que les revenus déclarés par le mari ne caractérisent pas une disparité significative au détriment de la femme. • Civ. 2e, 5 mars 1997, n° 95-13.339 P : *D. 1997. IR 103* ; *Dr. fam. 1997, n° 104, note Lécuyer ; RTD civ. 1997. 404, obs. Hauser*. ♦ Il en est de même des juges du fond qui, pour rejeter la demande du mari, se bornent à énoncer qu'une prestation compensatoire à verser par une épouse à son mari « ne peut se concevoir que de manière tout à fait exceptionnelle ». • Civ. 2e, 1er avr. 1999 : *D. 2000. Somm. 356, obs. Willmann*.

2° POINT DE DÉPART DE LA PRESTATION COMPENSATOIRE

14. Point de départ. La prestation compensatoire comme les intérêts qu'elle produit n'est due qu'à compter de la date à laquelle la décision prononçant le divorce est devenue irrévocable. • Civ. 1re, 19 avr. 2005, n° 03-13.078 P : *Dr. fam. 2005, n° 135, note Larribau-Terneyre ; RTD civ. 2005. 579, obs. Hauser* • 7 févr. 2018, n° 17-14.184 P : *D. 2018. 778, note Sadi ; AJ fam. 2018. 295, obs. Thouret*. – V. déjà en ce sens : • Civ. 2e, 18 oct. 1984, n° 83-12.850 P • 3 mars 1988 : *Bull. civ. II, n° 54* • Civ. 1re, 3 nov. 2004 : *D. 2004. IR 3114 ; Dr. fam. 2005, n° 9, note Larribau-Terneyre ; RTD civ. 2005. 110, obs. Hauser* (date de l'acquiescement de l'ex-mari au prononcé du divorce, en cas d'appel limité aux dispositions financières) • Civ. 1re, 31 mars 2010, n° 09-12.770 P : *Dr. fam. 2010, n° 75, note Larribau-Terneyre* (acquiescement des deux époux). ♦ V. aussi note 2 ss. art. 260.

15. ... Effet suspensif du pourvoi en cassation. Le délai de pourvoi en cassation suspend l'exécution de l'arrêt qui prononce le divorce, de sorte qu'un arrêt ne peut fixer le point de départ de la prestation compensatoire qu'il alloue sous forme de rente à la date de son prononcé, alors qu'à cette date, le divorce n'a pas acquis force de chose jugée. • Civ. 2e, 31 janv. 1990, n° 88-10.268 P. – Dans le même sens : • Civ. 2e, 19 févr. 1992, n° 90-20.628 P • 25 nov. 1992, n° 91-14.946 P • 7 mai 2002 : *Dr. fam. 2002, n° 89, obs. H. L. ; RTD civ. 2002. 788, obs. Hauser* • 11 juill. 2002, n° 00-20.639 P : *D. 2002. IR 2516 ; AJ fam. 2002. 340, obs. S. D. ; Dr. fam. 2003, n° 44, note H. L.* (le pourvoi exercé dans le délai de pourvoi est également suspensif) • Civ. 1re, 14 déc. 2004, n° 03-16.987 P : *D. 2005. IR 112 ; Defrénois 2005. 433, obs. Massip ; AJ fam. 2005. 64, obs. S. David ; RTD civ. 2005. 110, obs. Hauser* (intérêts moratoires d'une prestation en capital). ♦ Dans le cas d'un arrêt statuant sur la seule demande de prestation compensatoire, en l'absence d'effet suspensif du pourvoi et de son délai, l'exigibilité de la prestation compensatoire ne peut être subordonnée au caractère irrévocable de la décision la prononçant. • Civ. 2e, 8 juill. 1999, n° 98-12.398 P : *D. 1999. IR 209 ; Dr. fam. 2000, n° 7, note Lécuyer ; RTD civ. 1999. 825, obs. Hauser*. ♦ Sur la date de fixation du montant de la prestation, V. note 1 ss. art. 271.

16. ... Intérêts. Si, en principe, la prestation compensatoire comme les intérêts qu'elle produit sont dus à compter de la date à laquelle la décision prononçant le divorce devient irrévocable, il en est autrement lorsque cette décision passe irrévocablement en force de chose jugée antérieurement à la fixation ou à l'exigibilité de la prestation compensatoire ; en application de l'anc. art. 1153-1 C. civ., le capital alloué à ce titre porte alors intérêts au taux légal à compter du jugement de première instance en cas de confirmation pure et simple par le juge d'appel de la décision allouant la prestation compensatoire et, dans les autres cas, à compter de la décision d'appel. • Civ. 1re, 20 févr. 2007 : *préc. note 2 ss. art. 260.* ♦ La prestation compensatoire ainsi que les intérêts qu'elle produit sont dus à compter de la date à laquelle la décision prononçant le divorce devient irrévocable ; cassation de l'arrêt ayant fait application de l'art. 1479 qui ne concerne que les créances personnelles entre époux trouvant leur origine pendant le fonctionnement du régime matrimonial, et non de l'art. 1231-7. • Civ. 1re, 7 févr. 2018, n° 17-14.184 P : *D. 2018. 778, note Sadi ; AJ fam. 2018. 295, obs. Thouret*.

C. FIXATION

17. Date de la demande. Il ne peut être statué sur la demande de prestation compensatoire qu'au cours de la procédure de divorce. • Civ. 2e, 28 janv. 1987 : *Gaz. Pal. 1988. 1. 113, note J. M.* ♦ Étant l'accessoire de la demande en divorce, la demande de prestation compensatoire peut être présentée pour la première fois en cause d'appel tant que la décision, en ce qu'elle prononce le divorce, n'a pas acquis la force de chose jugée. • Civ. 2e, 13 juin 1985 : *Bull. civ. II, n° 121* • 9 janv. 1991, n° 89-15.585 P • 26 juin 1996, n° 94-15.564 P : *Defrénois 1997. 712, obs. Massip (4e esp.) ; RTD civ. 1996. 884, obs. Hauser* • 22 oct. 1997, n° 95-16.846 P : *Dr. fam. 1998, n° 87, note Lécuyer* • 11 févr. 1998, n° 96-12.917 P • 31 mai 2000, n° 97-16.589 P : *D. 2000. IR 176 ; JCP 2000. II. 10425, note Brière ; Dr. fam. 2000, n° 112, note Lécuyer ; RJPF 2000-7-8/25, note Guerder ; RTD civ. 2000. 550, obs. Hauser* • 26 sept. 2002, n° 00-17.627 P : *D. 2002. IR 2915 ; AJ fam. 2002. 416, obs. S. D. ; Dr. fam. 2003, n° 45, note H. L.* ♦ ... Mais non si l'appel est limité aux conséquences du divorce ayant trait à la part contributive de l'époux à l'entretien et l'éducation des enfants : le divorce étant devenu définitif, la demande de prestation compensatoire est alors irrecevable. • Pau, 12 juin 1991 : *D. 1992. 199, note Lemouland*. ♦ Sur la notion d'appel général ou d'appel limité, V. • Civ. 1re, 14 juin 2005, n° 04-12.373 P : *D. 2005. IR 1803 ; RJPF 2005-10/30, obs. Garé ; RTD civ. 2005. 578, obs. Hauser* • 15 déc. 2010, n° 09-15.235 P : *D. 2011. 1107, obs. Douchy-Oudot ; AJ fam. 2011. 103, obs. David ; Dr. fam. 2011, n° 18, obs. Larribau-Terneyre ; RTD civ. 2011. 112, obs. Hauser*. ♦ De même, une demande présentée à l'occasion des opérations de liquidation et de partage de la communauté serait tardive. • Civ. 1re, 8 nov. 1989, n° 87-12.698 P. ♦ Une demande de prestation compensatoire antérieure à l'acquiescement de l'intimé sur le prononcé du divorce est recevable devant la cour d'appel. • Civ.

2e, 18 sept. 1996, n° 94-12.526 P. ♦ Actions relatives à la prestation compensatoire et décès d'un époux : V. note ss. art. 227.

18. ... Procédure – Décision unique sur le divorce et la prestation compensatoire. Il résulte de l'art. 271 que le juge doit se prononcer par une même décision sur le divorce et sur la disparité que celui-ci peut créer dans les conditions de vie respectives des époux. • Civ. 1re, 23 juin 2010, n° 09-13.812 P : *JCP 2010, n° 749, note Bosse-Platière ; AJ fam. 2010. 396, obs. S. David ; Dr. fam. 2010, n° 127, obs. Larribau-Terneyre ; RTD civ. 2010. 536, obs. Hauser* (irrecevabilité de la demande de prestation compensatoire présentée après que le pourvoi en cassation contre la décision prononçant le divorce a été rejeté, celle-ci étant passée en force de chose jugée). ♦ ... Et à défaut de surseoir à statuer sur le prononcé du divorce, le juge ne peut ordonner une mesure d'instruction relative à la prestation compensatoire, sans, au préalable, constater une disparité dans les conditions de vie respectives des époux créée par la rupture du mariage. • Civ. 1re, 15 nov. 2017, n° 16-25.700 P : *D. 2017. 2366 ; AJ fam. 2017. 650, obs. Munck ; Dr. fam. 2018, n° 26, note Binet.*

19. Accord des époux sur la future prestation. Aucune procédure de divorce n'étant engagée, les époux ne peuvent valablement transiger sur leur droit futur à une prestation compensatoire. • Civ. 2e, 21 mars 1988 : *Gaz. Pal. 1989. 1. 38, note Massip* • Civ. 1re, 3 févr. 2004, n° 01-17.094 P : *JCP 2004. I. 167, n° 2, obs. Bosse-Platière ; AJ fam. 2004. 101, obs. S. David ; RJPF 2004-4/19, note Garé ; RTD civ. 2004. 272, obs. Hauser*. ♦ Même sens : • Civ. 2e, 10 mai 1991, n° 90-11.008 P (un jugement de séparation de corps ne peut entériner un accord des parties sur une éventuelle prestation compensatoire, puisque n'est alors en cause qu'une pension alimentaire et qu'aucune procédure de divorce n'étant alors engagée, les parties ne peuvent transiger sur leur droit futur à une telle prestation). ♦ Contrariété à l'ordre public français d'une convention matrimoniale de droit allemand fixant les obligations du mari après le prononcé du divorce. • Paris, 21 mars 2007 : *JCP N 2007. 1257, étude Chalas et Butruille-Cardew.* ♦ La prestation compensatoire ne peut pas être fixée dans une convention de liquidation anticipée de communauté (cas de divorce sur demande acceptée : compétence exclusive du juge pour fixer la prestation compensatoire). • Civ. 1re, 23 mars 1994, n° 92-15.525 P : *Defrénois 1994. 1090, obs. Massip ; JCP 1995. I. 3813, n° 7, obs. Ferré-André.*

20. ... Fixation de la prestation par le seul juge. Sauf lorsque le divorce est prononcé sur demande conjointe, la prestation compensatoire ne peut être fixée que par le juge ; aucune convention, fût-elle notariée, relative à l'attribution à l'un d'entre eux d'une prestation compensatoire ne peut être conclue par les époux. • Civ. 1re, 14 déc. 2004, n° 02-20.334 P : *D. 2005. 1985, note C. Mathieu ; AJ fam. 2005. 65, obs. S. David ; Dr. fam. 2005, n° 32, note Larribau-Terneyre ; RJPF 2005-3/24, note Garé.* – Même sens : • Civ. 1re, 25 avr. 2006, n° 04-15.347 P : *D. 2006. IR 1331 ; D. 2007. Pan. 614, obs. G. Serra ; RTD civ. 2006. 540, obs. Hauser*. ♦ Mais les époux peuvent renoncer en tout ou partie aux effets d'une prestation compensatoire qui a été judiciairement fixée. • Civ. 1re, 8 févr. 2005, n° 03-17.923 P : *Defrénois 2005. 1841, obs. Massip ; AJ fam. 2005. 232, obs. S. David ; Dr. fam. 2005, n° 75, note Larribau-Terneyre ; RTD civ. 2005. 372, obs. Hauser*.

D. CARACTÈRES

21. Caractère alimentaire et indemnitaire. Si la prestation compensatoire présente un caractère indemnitaire, elle présente aussi un caractère alimentaire et c'est à bon droit que les juges du fond déclarent insaisissable la rente allouée à titre de prestation compensatoire. • Civ. 2e, 27 juin 1985, n° 84-14.663 P : *GAJC, 12e éd., n° 39 ; D. 1986. 230, note Philippe ; RTD civ. 1987. 298, obs. Rubellin-Devichi.* ♦ La prestation compensatoire est insaisissable. • Civ. 2e, 10 mars 2005, n° 02-14.268 P : *D. 2005. Pan. 1604, obs. Taormina ; Defrénois 2005. 1844, obs. Massip ; AJ fam. 2005. 143, obs. S. David ; Dr. fam. 2005, n° 73, note Larribau-Terneyre ; RJPF 2005-6/20, note Leborgne et Garé* (cassation de l'arrêt ayant validé une saisie partielle). ♦ La pension alimentaire (C.civ., art. 301, réd. antérieure à la L. 11 juill. 1975) a, outre un caractère alimentaire, un fondement indemnitaire qui la rend transmissible aux héritiers du débiteur décédé, y compris dans l'hypothèse où l'époux avait également obtenu des dommages-intérêts en réparation du préjudice résultant de la faute de l'époux débiteur. • Civ. 1re, 4 juill. 2012, n° 11-14.962 P : *D. 2012. 1886 ; AJ fam. 2012. 512, obs. Levillain ; RTD civ. 2012. 716, obs. Hauser ; Dr. fam. 2012, n° 142, obs. Larribau-Terneyre.* ♦ L'art. 11-2° du Décr. du 12 déc. 1996 relatif au tarif des huissiers de justice prévoit que le droit proportionnel visé à l'art. 10 n'est pas dû lorsque le recouvrement est effectué sur le fondement d'un titre exécutoire constatant une créance alimentaire ; la prestation compensatoire présentant un caractère mixte alimentaire et indemnitaire, son recouvrement ne peut donner lieu au paiement au profit de l'huissier de justice d'un droit proportionnel dégressif. • Civ. 2e, 29 août 2019, n° 18-14.379 P : *D. 2019. 1657 ; AJ fam. 2019. 531, obs. Casey ; Dr. fam. 2019, n° 232, note Dumas-Lavenac.* ♦ Conséquence de ce caractère alimentaire en matière de compensation : V. note 7 ss. art. 1347-2.

22. ... Conséquences dans une procédure collective. La créance née d'une prestation compensatoire, qui présente, pour partie, un caractère alimentaire, si elle échappe à la règle de l'interdiction des paiements, en cas d'ouverture d'une procédure collective du débiteur demeure soumise à celle de l'interdiction des poursuites ; dès lors, en cas de liquidation judiciaire de son débiteur, elle doit, en principe, être payée hors procédure collective, c'est-à-dire sur les revenus dont celui-ci conserve la libre disposition, ou être recouvrée par la voie de la procédure de paiement direct ou de recouvrement public des pensions alimentaires ; le créancier d'une prestation compensatoire peut cependant être admis aux répartitions, à la condition qu'il ait déclaré sa créance, comme il en a la faculté, sauf dérogation légale expresse, laquelle ne résulte pas de la simple absence de soumission des créances alimentaires aux dispositions de l'art. L. 622-24 C. com. prévue par le dernier al. de ce texte, ce dernier n'ayant ni pour objet ni pour effet de permettre à leur titulaire de concourir aux répartitions sans déclaration de créance. • Com. 13 juin 2019, n° 17-24.587 P : *D. 2019. 1278, obs. Lienhard ; ibid. 1903, obs. Lucas et Cagnoli ; AJ fam. 2019. 467, obs. Casey ; Rev. sociétés 2019. 555, obs. Reille ; RTD com. 2019. 771, obs. Vallens* (rejet d'une demande de provision à valoir sur le montant de la créance sur les fonds détenus par le liquidateur, la créancière ayant renoncé à la déclaration de sa créance) : V. note 20 ss. art. 371-2.

23. Caractère personnel. La prestation compensatoire est à la charge personnelle de l'époux qui la doit. Il ne peut donc être décidé qu'il sera tenu compte, dans le partage, de la prestation compensatoire perçue par un époux, alors que cette prestation, étrangère aux opérations de partage, est définitivement acquise à son bénéficiaire. • Civ. 1re, 3 nov. 1988 : *Gaz. Pal. 1989. 2. 629, note Massip.* – V. aussi • Civ. 1re, 23 mars 1994 : *D. 1994. IR 102.*

24. Caractère forfaitaire. La prestation compensatoire, ayant un caractère forfaitaire, ne peut être assortie d'une condition. • Civ. 2e, 25 mai 1993, n° 91-20.247 P : *Defrénois 1994. 1440, obs. Massip* • Civ. 1re, 19 avr. 2005, n° 03-16.140 P : *RTD civ. 2005. 579, obs. Hauser.* ♦ Interprétation par les juges du fond des termes de la convention définitive de divorce à l'effet de déterminer si les époux ont entendu donner à la rente prévue le caractère d'une prestation compensatoire ou d'une pension alimentaire soumise aux dispositions des art. 208 et 209 C. civ. : V. • Civ. 2e, 22 mai 1979 : *D. 1980. 507 (1re esp.), note Massip ; Gaz. Pal. 1979. 2. 608, note Viatte ; RTD civ. 1980. 570, obs. Nerson* (prestation compensatoire qualifiée à tort de pension alimentaire) et • Civ. 2e, 25 janv. 1984 : *D. 1984. 442, note Philippe ; JCP 1986. II. 20540, note Batteur* (engagement du mari de payer une pension alimentaire donnant force civile à ce qu'il considérait comme un devoir moral).

25. Prestation et indemnité exceptionnelle (art. 280-1, al. 2, anc.). Le débiteur d'une indemnité allouée à titre exceptionnel versée sous forme de rente viagère (art. 280-1, al. 2, anc.) et celui de la prestation compensatoire sont dans une situation différente. Conformité à la Constitution de l'art. 280-1, al. 2, anc., notamment en ce qu'il respectait le principe d'égalité en admettant l'attribution d'une indemnité exceptionnelle, malgré son caractère non révisable, celle-ci étant de nature distincte d'une prestation compensatoire. • Cons. const. 7 oct. 2015, n° 2015-488 QPC.

26. Prestation en capital. V. notes ss. art. 274.

E. REFUS D'ACCORDER UNE PRESTATION (AL. 3)

27. Équité. Ayant prononcé le divorce aux torts partagés des époux, la décision de rejeter la demande de prestation compensatoire ne peut être justifiée que par des motifs d'équité, en considération des critères prévus à l'art. 271. • Civ. 1re, 28 févr. 2018, n° 17-11.979 : *AJ fam. 2018. 247, obs. David ; Dr. fam. 2018, n° 123, note Binet.* ♦ Les circonstances particulières de la rupture, nées de l'attitude incompréhensible de l'épouse qui rejette son mari et ses enfants pour une vie exclusivement spirituelle sous l'emprise d'un « guide » justifient de ne pas lui accorder de prestations compensatoires. • Montpellier, 5 févr. 2008 : *AJ fam. 2008. 395, obs. David.*

28. Se fonde sur des considérations d'équité, pour refuser d'allouer à l'épouse une prestation compensatoire, la cour d'appel qui relève que la charge des quatre enfants communs était entièrement assumée par l'époux puisque la mère ne versait aucune contribution pour leur entretien et ne leur rendait que de rares visites, que l'épouse n'avait que 33 ans lorsqu'elle a cessé d'avoir la charge des enfants et ne justifiait pas des efforts entrepris pour suivre une formation ou exercer un emploi, se déterminant ainsi au regard des critères posés par l'art. 271 relatifs à l'âge de l'épouse, sa situation au regard de l'emploi, aux choix professionnels faits par les époux et aux charges engendrées par l'entretien et l'éducation des enfants. • Civ. 1re, 8 juill. 2010, n° 09-66.186 P : *D. 2010. 2952, note Mauger-Vielpeau ; AJ fam. 2010. 492, obs. Siffrein-Blanc ; Dr. fam. 2010, n° 161, obs. Douris ; RLDC 2010/75, n° 3973, obs. Serra ; RTD civ. 2010. 770, obs. Hauser.*

F. APPLICATION DE LA LOI DANS LE TEMPS

29. Application immédiate de la L. du 30 juin 2000. Les dispositions de la L. du 30 juin 2000, et spécialement celles qui modifient les (anc.) art. 274 et 276 C. civ., étant applicables aux instances en cours qui n'ont pas donné lieu à une décision passée en force de chose jugée, doit être annulé l'arrêt qui attribue à titre de prestation compensatoire une rente viagère. • Civ. 2e, 30 nov. 2000, n° 99-10.923 P : *R., p. 325 ; D. 2001. IR 42 ; JCP 2001. II. 10499, note Garé ; ibid. I. 293, n° 3, obs. Bosse-Platière ; Defrénois 2001. 509, note Massip ; RTD civ. 2001. 113, obs. Hauser* • 10 mai 2001, n° 99-19.898 P. ♦ ... Ou la jouissance gratuite de l'immeuble indivis. • Civ. 2e, 28 nov. 2002, n° 00-20.577 P : *D. 2003. IR 532 ; Defrénois 2003. 1083, obs. Massip ; AJ fam. 2003. 103, obs. S. D. ; RTD civ. 2003. 68, obs. Hauser*. ♦ V. aussi • Civ. 2e, 14 nov. 2002, n° 00-19.819 P (déclaration sur l'honneur) • Paris, 20 sept. 2000 : *Dr. fam. 2001, n° 40, note Lécuyer* (ordonnant la réouverture des débats).

Maintien d'une prestation compensatoire mixte, le jugement de divorce étant passé en force de chose jugée du fait de l'appel limité aux conséquences financières. • Civ. 1re, 17 juin 2003, n° 01-16.262 P : *Dr. fam. 2003, n° 103, note H. L. ; RTD civ. 2003. 689, obs. Hauser*. – Même sens : • Civ. 1re, 22 nov. 2005, n° 04-12.955 P : *RTD civ. 2006. 287, obs. Hauser*.

Art. 271 *(L. n° 75-617 du 11 juill. 1975)* **La prestation compensatoire est fixée selon les besoins de l'époux à qui elle est versée et les ressources de l'autre en tenant compte de la situation au moment du divorce et de l'évolution de celle-ci dans un avenir prévisible.**

(L. n° 2004-439 du 26 mai 2004, art. 6 et 18-II) **« A cet effet, le juge prend en considération notamment :**

« – la durée du mariage ;

« – l'âge et l'état de santé des époux ;

« – leur qualification et leur situation professionnelles ;

« – les conséquences des choix professionnels faits par l'un des époux pendant la vie commune pour l'éducation des enfants et du temps qu'il faudra encore y consacrer ou pour favoriser la carrière de son conjoint au détriment de la sienne ;

« – le patrimoine estimé ou prévisible des époux, tant en capital qu'en revenu, après la liquidation du régime matrimonial ;

« – leurs droits existants et prévisibles ;

« – leur situation respective en matière de pensions de retraite » *(L. n° 2010-1330 du 9 nov. 2010, art. 101)* **« en ayant estimé, autant qu'il est possible, la diminution des droits à retraite qui aura pu être causée, pour l'époux créancier de la prestation compensatoire, par les circonstances visées au sixième alinéa ».**

BIBL. ▶ DEPONDT, *AJ fam. 2010. 529* (droits à retraite).

I. CONDITIONS D'ATTRIBUTION DE LA PRESTATION COMPENSATOIRE

A. SITUATION DES ÉPOUX

1. Montant – Situation des époux au moment du divorce. Si la prestation compensatoire n'est due qu'à compter de la date à laquelle la décision prononçant le divorce est devenue irrévocable (V. note 2 ss. art. 260 et note 14 ss. art. 270), son montant en est fixé au moment du prononcé du divorce. • Civ. 2e, 31 janv. 1990, n° 88-10.268 P. ♦ Viole les art. 270 et 271 la cour d'appel qui se place à une date postérieure à celle du prononcé du divorce pour apprécier l'existence du droit d'un ex-conjoint à une prestation compensatoire et en fixer le montant. • Civ. 2e, 11 déc. 1991, n° 89-20.063 P • 4 déc. 1996, n° 94-11.181 P (date à laquelle la cour statue, alors que le divorce était devenu irrévocable en raison de l'appel limité aux mesures accessoires) • *Civ. 1re, 22 mars 2005,* n° *02-18.648 P* (*idem*). – Dans le même sens : • Civ. 2e, 3 déc. 1997, n° 95-16.246 P : *Dr. fam. 1998, n° 8, note Lécuyer ; Dr. et patr. 1998, n° 1894, obs. Bénabent* • 3 déc. 1997, n° 95-18.461 P : *Dr. fam. 1999, n° 43, note Mandin* • 23 mai 2002 : *Dr. fam. 2002, n° 128, note H. L.* • 10 oct. 2002, n° 01-01.432 P • 27 févr. 2003 : *AJ fam. 2003. 184, obs. S. D.* • Civ. 1re, 2 mars 2004 : *Dr. fam. 2004, n° 75, note Larribau-Terneyre* • 18 mai 2005 : *Dr. fam. 2005, n° 163, note Larribau-Terneyre.* ♦ La prestation compensatoire doit être fixée en tenant compte de la situation des époux au moment du divorce, non au moment de la séparation de fait. • Civ. 2e, 4 févr. 1987 : *D. 1987. 497 (1re esp.), note Bianco-Brun* • 20 avr. 2000 : *Dr. fam. 2000, n° 76, note Lécuyer.* ♦ Pour une olution inverse, dans le cas d'une sépartion de ongue durée : • Douai, 27 oct. 2016, n° 15/0491 : *Dr. fam. 2017, n° 7.* ♦ ... Ni au moment où les ffets du divorce ont été reportés entre les parties. • Civ. 1re, 21 sept. 2005 : *Dr. fam. 2006, n 4, note Larribau-Terneyre.* ♦ ... Et en tenant compte de l'évolution de la situation postérieure au jugement. • Civ. 2e, 28 janv. 1987 : *D. 1987. 49 (2e esp.), note Bianco-Brun* (invalidité survenue après le jugement, avant que la décision soit passée en force de chose jugée).

Possibilité d'analyser des ressources pour une période antérieure à la séparation afin de relever une contradiction au regard des prélèvements réalisés pour les besoins personnels de l'époux, dès lors que la fixation de la prestation compensatoire a bien été déterminée en fonction de la situation des époux au moment du divorce et de l'évolution de celle-ci dans un avenir prévisible. • Civ. 1re, 26 sept. 2012 : *cité note 10 ss. art. 272.*

2. Évolution dans un avenir prévisible. Office du juge dans la prise en compte de l'évolution dans un avenir prévisible : • Civ. 1re, 30 juin 2004 : *Dr. fam. 2004, no 146, note Larribau-Terneyre (2e esp.).* De même, les perspectives de versement d'une pension de réversion en cas de prédécès du mari n'ont pas à être prises en compte. • Civ. 1re, 6 oct. 2010, no 09-15.346 P : *D. 2010. Actu. 2431, obs. Gallmeister ; Dr. fam. 2011, no 5, obs. Larribau-Terneyre ; RLDC 2010/77, no 4054, obs. Chauchat-Rozier.* ♦ V. également note 12.

3. ... Perspective de retraite. Prise en compte de la mise à la retraite de l'époux divorcé au titre de l'évolution de sa situation dans un avenir prévisible : • Civ. 1re, 28 juin 2005, no 02-16.556 P : *D. 2005. IR 2243 ; RTD civ. 2005. 767, obs. Hauser* (refus, par la suite, d'une demande de révision fondée sur ce changement) • 6 juill. 2005, no 03-11.685 P : *AJ fam. 2005. 357, obs. S. David ; Dr. fam. 2005, no 213, note Larribau-Terneyre* (possibilité de décider à l'avance la variation de la rente viagère à compter de l'événement certain que constitue la mise à la retraite du débiteur et de fixer son montant pour chaque période) • 14 mars 2006, no 05-14.945 P : *D. 2006. IR 947* (prise en compte de la retraite prochaine de l'épouse). ♦ De même, les perspectives de versement d'une pension de réversion en cas de prédécès du mari n'ont pas à être prises en compte. • Civ. 1re, 6 oct. 2010, no 09-15.346 P : *D. 2010. Actu. 2431, obs. Gallmeister ; Dr. fam. 2011, no 5, obs. Larribau-Terneyre ; RLDC 2010/77, no 4054, obs. Chauchat-Rozier.* ♦ V. égal. note 12.

4. ... Vocation successorale (non). La vocation successorale ne constitue pas un droit prévisible au sens des art. 270, 271 et 272 [anciens]. • Civ. 1re, 21 sept. 2005, no 04-13.977 P : *R., p. 212 ; D. 2006. 47, note Lefranc-Hamoniaux ; JCP 2006. II. 10099, note Zelcevic-Duhamel ; Defrénois 2006. 344, obs. Massip ; AJ fam. 2005. 449, obs. David ; Dr. fam. 2006, no 29, note Larribau-Terneyre ; LPA 3 mai 2006, note Vareille ; RTD civ. 2005. 766, obs. Hauser* • 20 juin 2006 : *AJ fam. 2006. 469, obs. S. D.* ♦ Dans le même sens, appliquant le nouvel art. 271 : • Civ. 1re, 6 oct. 2010, no 09-10.989 P : *D. 2010. Actu. 2431, obs. Gallmeister ; Dr. fam. 2010, no 178, obs. Larribau-Terneyre ; JCP 2011, no 29, obs. Bosse-Platière ; JCP N 2011, no 1222, obs. Kervella ; RLDC 2010/77, no 4053, obs. Chauchat-Rozier ; RJPF 2010-12/20, obs. Garé.* ♦ Refus de transmettre une QPC relative à l'absence de prise en compte de la vocation successorale : en effet, les époux dont les parents de l'un sont encore en vie et ceux de l'autre sont décédés sont placés dans des situations objectivement différentes, et la différence de traitement qui en résulte est en rapport direct avec l'objet de la prestation compensatoire qui est de compenser la disparité créée dans les conditions de vie respectives des époux par la rupture du mariage ; il n'existe donc pas d'atteinte au principe d'égalité entre les époux devant la loi. • Civ. 1re, 16 févr. 2022, no 21-20.362 B : *RTD civ. 2022. 367, obs. Leroyer.*

B. ÉLÉMENTS PRIS EN COMPTE

1o GÉNÉRALITÉS

5. Indication des éléments de fixation. Les juges du fond ne peuvent fixer le montant de la prestation compensatoire au vu des éléments de la cause sans préciser sur quels éléments ils se sont déterminés. • Civ. 2e, 15 oct. 1981 : *Gaz. Pal. 1982. 2. 489, note J. M.* – V. aussi • Civ. 2e, 2 avr. 1996, no 94-18.390 P • 18 mars 1998, no 96-11.389 P. ♦ Les juges du fond ne peuvent attribuer une prestation compensatoire à l'épouse sans procéder à une évaluation au moins sommaire du patrimoine du mari. • Civ. 1re, 17 janv. 2006, no 04-19.053 P.

6. Caractère non limitatif (anc. art. 272). L'énumération de l'anc. art. 272 n'étant pas limitative, les juges peuvent tenir compte, dans la détermination des besoins et des ressources des époux, d'éléments d'appréciation non prévus par ce texte. • Civ. 2e, 1er avr. 1987 : *Bull. civ. II, no 77* (collaboration de la femme à la profession du mari) • 19 nov. 1997 : *Dr. fam. 1998, no 9, obs. Lécuyer* (*idem*) • 29 juin 2000 : *Dr. fam. 2000, no 113, note Lécuyer* (durée du mariage) • Civ. 1re, 28 févr. 2006, no 04-19.807 P : *RTD civ. 2006. 290, obs. Hauser* (collaboration de l'épouse à la profession du mari) • 14 mars 2006, no 04-20.352 P : *Defrénois 2006. 1057, obs. Massip ; AJ fam. 2006. 377, obs. S. David ; RTD civ. 2006. 544, obs. Hauser.* ♦ Pour l'incidence des choix de vie du créancier de la prestation sur son montant, Comp. • Civ. 1re, 6 mars 2007 : *RJPF 2007-6/21, obs. Garé ; RTD civ. 2007. 553, obs. Hauser*, et • Civ. 1re, 6 mars 2007 : *préc. note 9.*

2o RESSOURCES ET CHARGES

7. Ressources prises en compte : rentes et indemnités. Prise en compte, au titre des ressources de l'époux débiteur, des allocations chômage. • Civ. 2e, 5 nov. 1986, no 85-12.860 P. ♦ ... De l'indemnité de fonctions qu'il perçoit en tant que maire. • Civ. 2e, 14 janv. 1999, no 96-22.150 P : *Dr. fam. 1999, no 66, note Lécuyer ; RTD civ. 1999. 368, obs. Hauser.* ♦ Prise en compte justifiée, pour la détermination des ressources de l'époux débiteur, de la charge résultant, pour lui, de la prestation compensatoire sous forme de rente versée à une précédente épouse. • Civ. 1re, 20 févr. 2007 : *préc. note 2 ss. art. 260.*

Prise en compte, pour l'époux demandeur, du revenu minimum d'insertion. • Civ. 1re, 9 mars 2011, n° 10-11.053 P : *D. 2011. Chron. C. cass. 2140, obs. Vassallo ; AJ fam. 2011. 209, obs. David ; Dr. fam. 2011, n° 70, obs. Larribau-Terneyre ; RLDC 2011/82, n° 4247, obs. Gallois ; RTD civ. 2011. 332, obs. Hauser*. ♦ Sur le traitement des rentes et indemnités pour accident du travail ou handicap, V. notes 5 s. ss. art. 272.

8. ... Contribution à l'entretien des enfants. Dans l'appréciation d'une éventuelle disparité dans les conditions de vie respectives des époux, les sommes versées au titre de la contribution d'un époux à l'entretien et à l'éducation des enfants du couple constituent des charges venant en déduction des ressources de l'époux débiteur. • Civ. 2e, 10 mai 2001, n° 99-17.255 P : *D. 2002. Somm. 1873, note Everaert-Dumont ; JCP 2002. II. 1031, note Gaboriau ; Defrénois 2001. 1351, obs. Massip ; Dr. fam. 2001, n° 98, note H. L. ; ibid., n° 107, note Oudin ; RJPF 2001-7-8/26, obs. Guerder ; RTD civ. 2001. 571, obs. Hauser*. ♦ Dans le même sens pour les parts contributives versées pour l'entretien et l'éducation des deux enfants du couple et d'un enfant issu d'une autre union. • Civ. 1re, 19 oct. 2016, n° 13-11.779 : *Dr. fam. 2017, n° 9, obs. Caro*. ♦ Pour apprécier les ressources du conjoint ayant la garde des enfants, le juge ne peut prendre en considération les sommes versées par l'autre conjoint au titre de la contribution à l'entretien des enfants. • Civ. 1re, 25 mai 2004, n° 02-12.922 P : *D. 2004. IR 1709 ; Gaz. Pal. 2004. 2556, concl. Sainte-Rose ; Defrénois 2004. 1677, obs. Massip ; Dr. fam. 2004, n° 122, note Larribau-Terneyre ; RJPF 2004-10/27, obs. Garé ; RTD civ. 2004. 491, obs. Hauser*. ♦ Mais nécessité pour le juge de rechercher, comme il lui est demandé, si l'épouse ne partage pas ses charges avec son nouveau compagnon. • Civ. 1re, 4 juill. 2018, n° 17-20.281 P : *D. 2018. 1439 ; AJ fam. 2018. 468, obs. Thouret ; RTD civ. 2018. 872, obs. Leroyer ; Dr. fam. 2018, n° 204, note Colliot*.

9. ... Allocations familiales. L'aide versée à la famille sous forme d'allocations familiales est destinée à bénéficier aux enfants et non à procurer des revenus au parent qui la reçoit ; le juge n'a donc pas à en tenir compte dans l'appréciation des ressources de l'époux qui a la garde des enfants. • Civ. 2e, 3 déc. 1997, n° 94-16.970 P : *D. 1998. 441, note Everaert-Dumont ; JCP 1998. II. 10077, note Garé ; Defrénois 1998. 1388, obs. Massip ; Dr. fam. 1998, n° 65, note Lécuyer* • 25 nov. 1999, n° 98-10.555 P : *D. 1999. IR 277 ; RTD civ. 2000. 94, obs. Hauser* • 7 mai 2002 : *Dr. fam. 2002, n° 87, obs. H. L. ; RTD civ. 2002. 791, obs. Hauser* • 26 sept. 2002, n° 00-21.914 P : *D. 2002. IR 2848 ; Defrénois 2003. 122, obs. Massip ; AJ fam. 2002. 383, obs. S. D.* • Civ. 1re, 12 mai 2004, n° 03-10.249 P : *Defrénois 2004. 1677, obs. Massip ; Dr. fam. 2004, n° 122, note Larribau-Terneyre* • 6 oct. 2010, n° 09-12.718 P : *D. 2010. Actu. 2431, obs. Gallmeister ; AJ fam. 2010. 493, obs. David ; Dr. fam. 2010, n° 178, obs. Larribau-Terneyre ; JCP 2011, n° 29, obs. Favier*. • 15 févr. 2012, n° 11-11.000 P : *D. 2012. 552 ; AJ fam. 2012. 225, obs. S. David ; RTD civ. 2012. 301, obs. Hauser ; Dr. fam. 2012, n° 63, obs. Larribau-Terneyre*.

10. ... Allocation compensatrice tierce personne allouée à un enfant majeur. L'allocation compensatrice tierce personne allouée à un enfant majeur est destinée à couvrir les besoins de l'enfant afin de pallier son défaut d'autonomie et ne constitue pas une source de revenus pour la mère. • Civ. 1re, 7 déc. 2016, n° 15-28.990 P : *D. 2016. 2570 ; AJ fam. 2017. 201, obs. Casey*.

11. ... Revenus locatifs. Les revenus locatifs procurés par les biens dépendant de la communauté n'ont pas à être pris en compte pour apprécier la disparité car, pendant la durée du régime, ces revenus entrent en communauté et, après sa dissolution, ils accroissent à l'indivision. • Civ. 1re, 15 févr. 2012, n° 10-20.018 P : *D. 2012. 552 ; AJ fam. 2012. 225, obs. S. David ; RTD civ. 2012. 301, obs. Hauser*. ♦ Cassation de l'arrêt prenant en considération l'avantage constitué par le loyer perçu au titre du devoir de secours, pendant la durée de l'instance. • Civ. 1re, 15 févr. 2012, n° 11-14.187 P : *D. 2012. 552 ; AJ fam. 2012. 225, obs. S. David ; RTD civ. 2012. 301, obs. Hauser*. ♦ Sur la prise en compte d'un bien dont l'un des époux a tacitement renoncé au caractère propre lors des opérations de liquidation du régime matrimonial, V. • Civ. 1re, 23 sept. 2015 : *cité note 7 ss. art. 1434.*

3° PATRIMOINE

12. Patrimoine pris en compte. Le patrimoine doit être pris en compte pour la détermination de la prestation compensatoire même s'il appartient en propre au débiteur éventuel. • Paris, 26 mai 1989 : *D. 1989. IR 190*. ♦ ... Ou seulement en nue-propriété. • Civ. 2e, 14 juin 1989 : *Bull. civ. II, n° 128*. ♦ V. conf. • Civ. 2e, 25 nov. 1999, n° 96-14.494 P : *D. 2000. IR 5 ; Dr. fam. 2000, n° 23, note Lécuyer* (prise en compte du produit de la vente d'un bien propre). ♦ Nécessité de tenir compte de la valeur des biens propres de chacun des époux : V. • Civ. 1re, 30 nov. 2004, n° 03-18.158 P : *AJ fam. 2005. 275, obs. S. David ; Dr. fam. 2005, n° 8, note Larribau-Terneyre*. ♦ Doit être cassé l'arrêt qui condamne un époux à verser une prestation compensatoire à son ex-femme en retenant qu'il exploite une pharmacie, qui constitue un bien commun, sans rechercher si la nature de bien commun de l'officine n'aurait pas dans un avenir prévisible une incidence sur la situation financière de l'époux du fait de la liquidation de la communauté. • Civ.

2e, 17 mars 1993, n° 91-19.018 P : *D. 1993. IR 87*. – Dans le même sens : • Civ. 2e, 20 mars 1996, n° 94-12.371 P : *Defrénois 1997. 712, obs. Massip (1re esp.)*.

13. ... Part de communauté. La liquidation du régime matrimonial des époux étant par définition égalitaire et chacun gérant librement son lot dans l'avenir, il n'y a pas lieu de tenir compte de la part de communauté devant revenir à chaque époux pour apprécier la disparité créée par la rupture du lien conjugal dans les situations respectives des époux. • Civ. 1re, 1er juill. 2009, n° 08-18.486 P : *D. 2010. Pan. 1243, obs. Serra ; AJ fam. 2009. 400, obs. David ; Dr. fam. 2009, n° 125, obs. Larribau-Terneyre* • 21 sept. 2022, n° 21-12.344 B : *D. actu. 11 oct. 2022, obs. Guiguet-Schielé ; AJ fam. 2022. 556, obs. Eudier ; ibid. 2023. 167, obs. Casey ; Dr. fam. 2022, n° 163, obs. M. Gayet.* ♦ V. déjà : • Civ. 2e, 24 mai 1991, n° 90-12.224 P • 14 janv. 1998, n° 95-22.059 P : *RTD civ. 1999.172, obs. Vareille* • Civ. 1re, 26 oct. 2004 : *RJPF 2005-1/21, obs. Garé ; RTD civ. 2005. 447, obs. Vareille* • 30 nov. 2004, n° 03-18.158 P : *AJ fam. 2005. 275, obs. S. David ; Dr. fam. 2005, n° 8, note Larribau-Terneyre.* – V. aussi • Civ. 2e, 7 mai 2002 : *préc. note 9.* ♦ Comp. • Civ. 2e, 17 mars 1993, n° 91-19.018 P : *D. 1993. IR 87.*

4° AUTRES ÉLÉMENTS

14. Jouissance gratuite du domicile conjugal. Cassation de l'arrêt ayant pris en compte, pour apprécier l'existence d'une disparité créée par le divorce, l'avantage constitué par la jouissance gratuite du domicile conjugal accordée à l'épouse au titre du devoir de secours. • Civ. 1re, 13 avr. 2022, n° 20-22.807 B : *D. 2022. 1247, note Sadi ; ibid. Chron. C. cass. 1986, obs. E. Duval ; RTD civ. 2022. 595, obs. Leroyer ; Dr. fam. 2022, n° 84, obs. Caro ; D. actu. 22 avr. 2022, obs. Gareil-Sutter.*

15. ... Durée de la vie commune. La cour d'appel peut tenir compte de la durée de leur vie commune et non de celle du mariage. • Civ. 1re, 14 mars 2006 : *préc. note 6.* ♦ La cour d'appel peut ne prendre en considération que la durée de la vie commune postérieure au mariage, après avoir constaté que les époux étaient séparés de fait depuis plusieurs années. • Civ. 1re, 18 déc. 2013 : *AJ fam. 2014. 243, obs. Thouret ; RTD civ. 2014. 347, obs. Hauser* (absence de prise en compte de la promotion de l'épouse postérieure à la séparation) • Civ. 1re, 16 avr. 2008, n° 07-17.652 P : *BICC 15 sept. 2008, n° 1306, et la note ; D. 2008. AJ 1271, obs. Avena-Robardet ; ibid. 2009. Pan. 832, obs. Serra ; AJ fam. 2008. 261, obs. David ; ibid. 2008. 295, obs. David ; RJPF 2008-9/20, note Mulon ; Defrénois 2008. 1833, obs. Massip ; RTD civ. 2008. 464, obs. Hauser.* ♦ Mais les juges du fond n'ont pas à tenir compte de la vie commune antérieure au mariage pour déterminer les besoins et les ressources des époux en vue de la fixation de la prestation compensatoire • Civ. 1re, 16 avr. 2008, n° 07-12.814 P : *BICC 15 sept. 2008, n° 1306, et la note ; D. 2008. AJ 1271, obs. Avena-Robardet ; JCP 2009. I. 102, obs. Bosse-Platière ; RJPF 2008-9/20, note Mulon ; RLDC 2008/50, n° 3032, obs. Marraud des Grottes ; Defrénois 2008. 1833, obs. Massip ; RTD civ. 2008. 464, obs. Hauser* (absence de prise en compte d'un concubinage de plus de 20 ans antérieur au mariage) • 1er juill. 2009 : *D. 2010. Pan. 1243, obs. Serra ; AJ fam. 2009. 491, note David ; RTD civ. 2009. 706, obs. Hauser* • 6 oct. 2010 : *préc. note 9.*

II. PROCÉDURE

16. Provision-Expertise. Dès lors qu'ils ont constaté dans leur décision que la disparité des conditions de vie respectives des époux après le divorce est d'ores et déjà établie, les juges du fond peuvent accorder à un époux une prestation provisionnelle avant de fixer, au vu d'une expertise, le montant définitif de la prestation compensatoire. • Civ. 2e, 16 juill. 1987 : *Bull. civ. II, n° 156.* – Même sens : • Civ. 2e, 6 févr. 1985 : *ibid., n° 30* • 16 juill. 1987 : *ibid, n° 155* • 20 juin 1990, n° 88-14.430 P • 4 mars 1998, n° 95-10.729 P : *Defrénois 1999. 303, obs. Massip ; RTD civ. 1998. 350, obs. Hauser* (il appartient au juge de se prononcer par une même décision sur le divorce et sur la disparité que celui-ci peut créer dans les conditions de vie respectives des époux) • Civ. 1re, 30 sept. 2003, n° 01-17.462 P : *D. 2003. IR 2604 ; Defrénois 2004. 145, obs. Massip ; AJ fam. 2004. 25, obs. S. D. ; Dr. fam. 2004, n° 6, note Terneyre ; RTD civ. 2004. 71, obs. Hauser* (idem) • 19 oct. 2004 : *AJ fam. 2004. 455, obs. S. David* (idem) • 14 déc. 2004, n° 03-18.363 P • 13 déc. 2005, n° 04-16.502 P : *BICC 1er avr. 2006, n° 636, et la note.* ♦ La condamnation au paiement d'une prestation compensatoire provisionnelle est par nature une mesure provisoire, exécutoire de droit (C. pr. civ., art. 514, al. 2) à laquelle l'interdiction d'assortir une prestation compensatoire de l'exécution provisoire ne s'applique pas. • Civ. 1re, 28 mai 2008, n° 07-14.232 P : *D. 2009. Pan. 53, obs. Douchy-Oudot ; RTD civ. 2008. 463, obs. Hauser.* ♦ Il ne peut être fait grief à un arrêt d'avoir prononcé le divorce et ordonné une expertise sur la prestation compensatoire, la rente proposée par le mari ayant été considérée comme non satisfaisante, alors que l'expertise a été ordonnée à la demande de l'épouse, laquelle n'a pas sollicité une prestation compensatoire provisionnelle. • Civ. 2e, 29 janv. 1997, n° 93-13.940 P : *JCP 1997. II. 22839, note Bénabent ; Defrénois 1997. 1329, obs. Massip (2e esp.) ; Dr. fam. 1997, n° 103.* – V. égal. : • Civ. 1re, 11 sept. 2013, n° 12-15.013 P : *AJ fam.*

2013. 575, obs. Thouret ; *RTD civ. 2013. 824, obs. Hauser*, *V. note 17.*

17. Droit d'évocation de la cour d'appel. Droit pour une cour d'appel, saisie d'un jugement ayant ordonné une mesure d'instruction, d'user de son droit d'évocation et de statuer sur la demande de prestation compensatoire, la mesure ordonnée ayant pour objet de fournir les éléments de fait de détermination de la valeur du droit attribué à l'épouse sur l'immeuble commun. • Civ. 1re, 28 oct. 2009, n° 08-20.724 P. ♦ Un arrêt d'appel confirmant un jugement ayant prononcé le divorce et renvoyant les parties devant le premier juge sur les conséquences du divorce est devenu irrévocable, en l'absence de pourvoi formé contre lui, et il ne saurait être fait grief à la cour d'appel d'avoir statué ultérieurement en exécution de cet arrêt. • Civ. 1re, 11 sept. 2013 : *préc. note 16.*

18. Instance pénale en cours. Sur l'obligation pour le juge civil de surseoir à statuer dès lors qu'une instance pénale en cours est susceptible d'influer sur sa propre décision concernant la prestation compensatoire, V. • Civ. 1re, 6 avr. 2006 : *AJ fam. 2006. 464, obs. Jault* (plainte de l'épouse contre son mari pour organisation frauduleuse d'insolvabilité) • 20 juin 2006 : *eod. loc.* (plainte du mari contre la femme pour faux et usage de faux).

19. Procédure collective du débiteur. V. note 21 ss. art. 270.

III. RECOURS

20. Appel. Le remariage et le paiement de la pension alimentaire due pour les enfants ne valent pas acquiescement au jugement de divorce du chef de la prestation compensatoire. • Civ. 2e, 17 oct. 2002 : *D. 2002. IR 3057*.

21. Pourvoi en cassation. La règle générale de l'effet non suspensif du pourvoi en cassation est seule applicable à l'arrêt qui statue sur la prestation compensatoire. • Civ. 2e, 24 févr. 1993, n° 91-18.213 P : *JCP 1994. I. 3729, n° 10, obs. Ferré-André.* – Dans le même sens : • Civ. 2e, 8 juill. 1999 : *V. note 14 ss. art. 270.*

22. Révision pour fraude. Le patrimoine est un élément d'appréciation expressément prévu par la loi dont le juge doit tenir compte pour fixer la prestation compensatoire, de sorte que la dissimulation par l'époux de l'existence de revenus, nécessairement déterminants pour statuer sur la demande de l'épouse, constitue une fraude. • Civ. 2e, 21 févr. 2013, n° 12-14.440 P : *D. 2013. 568* ; *AJ fam. 2013. 236, obs. David* ; *RTD civ. 2013. 357, obs. Hauser* (cassation de l'arrêt qui a exclu un recours en révision). ♦ Admission d'un recours en révision contre les dispositions d'un arrêt de divorce relatives à la prestation compensatoire pour fraude de l'épouse. • Civ. 2e, 4 mars 1992 : *D. 1993. 215, note Piotraut* ; *JCP 1993. II. 22092, note R. Martin* (fausse déclaration de chômage) • 12 juin 2008, n° 07-15.962 P : *D. 2008. AJ 1765* ; *AJ fam. 2008. 344, obs. David* ; *RLDC 2008/52, n° 3120, obs. Marraud des Grottes* ; *Defrénois 2008. 2424, obs. Massip* ; *RTD civ. 2008. 462, obs. Hauser* (fausse déclaration sur le patrimoine). ♦ Le recours en révision pour fraude n'est pas recevable sur le fondement de l'art. 276-3. • Civ. 1re, 28 févr. 2006, n° 04-12.621 P : *D. 2006. IR 885* ; *AJ fam. 2006. 205, obs. S. David* ; *RTD civ. 2006. 289, obs. Hauser*.

Art. 272 *(L. n° 2000-596 du 30 juin 2000 ; L. n° 2004-439 du 26 mai 2004, art. 6 et 14-V)* **Dans le cadre de la fixation d'une prestation compensatoire, par le juge ou par les parties, ou à l'occasion d'une demande de révision, les parties fournissent au juge une déclaration certifiant sur l'honneur l'exactitude de leurs ressources, revenus, patrimoine et conditions de vie.** — *[Anc. art. 271, al. 2, modifié.]*

(Abrogé par Cons. const. n° 2014-398 QPC du 2 juin 2014) (L. n° 2005-102 du 11 févr. 2005, art. 15) ***« Dans la détermination des besoins et des ressources, le juge ne prend pas en considération les sommes versées au titre de la réparation des accidents du travail et les sommes versées au titre du droit à compensation d'un handicap. »***

L'abrogation du second alinéa de l'art. 272 C. civ. a pris effet le 4 juin 2014 ; elle est applicable à toutes les affaires non jugées définitivement à cette date ; les prestations compensatoires fixées par des décisions définitives en application des dispositions déclarées contraires à la Constitution ne peuvent être remises en cause sur le fondement de cette inconstitutionnalité (Cons. const. 2 juin 2014, n° 2014-398 QPC).

Sur la déclaration sur l'honneur V. C. pr. civ., art. 1075-1.

BIBL. ► ***Déclaration sur l'honneur*** : GARÉ, RJPF 2003-3/23. – LÉCUYER, Dr. fam. 2003. Chron. 6 et 11. – C. LIENHARD, *D. 2000, n° 32, Point de vue, p. V* ; *AJ fam. 2003. 62*.

I. DÉCLARATION SUR L'HONNEUR

1. Forme. Une cour d'appel apprécie souverainement la valeur et la portée d'une déclaration sur l'honneur, pour laquelle la loi n'impose aucune forme spécifique. • Civ. 1re, 22 mars 2005, n° 02-13.214 P : *D. 2005. IR 1050*. ♦ Déjà en ce sens : • Civ. 2e, 23 janv. 2003, n° 01-02.682 P : *Dr. fam. 2003, n° 72, note H. L.* ; *RTD civ. 2003. 273, obs. Hauser* (validité de la déclaration renvoyant aux écritures du déclarant).

2. Nature. L'art. 271, al. 2, ne fait pas de la fourniture de la déclaration sur l'honneur une condition de recevabilité de la demande de prestation compensatoire. • Civ. 1re, 11 janv. 2005, n° 02-19.016 P : *D. 2005. IR 243 ; AJ fam. 2005. 144, obs. S. David ; Dr. fam. 2005, n° 55, note Larribau-Terneyre ; RTD civ. 2005. 375, obs. Hauser*. – Rappr. • Civ. 1re, 23 mai 2006, n° 05-17.533 P : *D. 2006. IR 1562 ; Dr. fam. 2006, n° 146, obs. Larribau-Terneyre ; RJPF 2006-10/36, obs. Garé.* ♦ La déclaration établie par l'épouse dans le cadre de l'art. 272, dans son intérêt, ne constitue pas une attestation ou un certificat au sens de l'art. L. 411-3 COJ. • Crim. 7 mars 2012, n° 11-82.153 P : *D. 2012. 815 ; AJ pénal 2012. 287, obs. Gallois*.

3. Appel. Intérêt à agir de l'épouse pour former appel à l'encontre du jugement de divorce lui ayant accordé une prestation compensatoire conformément à ses demandes, compte tenu du fait que postérieurement aux débats, la publication des comptes annuels de la société dont l'époux était le gérant avait révélé que celui-ci avait perçu des revenus d'un montant supérieur à celui qu'il avait mentionné dans l'attestation sur l'honneur qu'il avait souscrite, l'ignorance d'une telle information étant de nature à affecter la teneur des prétentions de l'épouse et l'appréciation de celles-ci par le premier juge. • Civ. 1re, 23 nov. 2011 : *D. 2012. 244, obs. Fricero*.

4. Contrôle de la Cour de cassation. Une cour d'appel n'a pas à faire spécialement mention, dans son arrêt, de ce que la déclaration sur l'honneur a été ou non produite. • Civ. 1re, 8 juill. 2003, n° 01-15.829 P : *D. 2003. IR 2123 ; Defrénois 2003. 1487, obs. Massip ; AJ fam. 2003. 425, obs. S. D. ; RJPF 2003-10/23, note Garé ; Dr. fam. 2003, n° 119, note Lécuyer ; RTD civ. 2003. 687, obs. Hauser* • 6 juill. 2005 : *Dr. fam. 2005, n° 214, note Larribau-Terneyre.* ♦ Une partie qui s'est abstenue de produire une pièce ou d'en réclamer la production ne peut ériger sa propre carence en grief ; rejet du pourvoi contre l'arrêt qui a statué sur la prestation compensatoire sans avoir disposé des déclarations sur l'honneur et sans même avoir invité les parties à les fournir. • Civ. 1re, 8 juill. 2003, n° 02-11.641 P : *Defrénois 2003. 1487, obs. Massip ; AJ fam. 2003. 425, obs. S. D. ; RJPF 2003-10/23, note Garé ; Dr. fam. 2003, n° 119, note Lécuyer ; RTD civ. 2003. 687, obs. Hauser* • 12 mai 2004, n° 02-16.574 P : *AJ fam. 2004. 325, obs. S. David* • 12 mai 2004 : *Dr. fam. 2004, n° 121, note Larribau-Terneyre* • 22 mars 2005 : *préc. note 1.*

II. RENTES ET INDEMNITÉS

a. Abrogation de l'art. 272, al. 2

5. Art. 272, al. 2, inconstitutionnalité. Le 2d al. de l'art. 272 est contraire à la Constitution. • Cons. const. 2 juin 2014, n° 2014-398 QPC : *JO 4 juin ; D. 2014. 1202 ; AJ fam. 2014. 427, obs. Thouret ; RDSS 2014. 677, note Gerry-Vernières ; RTD civ. 2014. 628, obs. Hauser* (l'exclusion des sommes versées au titre de la réparation des accidents du travail empêche de prendre en compte des ressources destinées à compenser, au moins en partie, une perte de revenu et interdit au juge d'apprécier l'ensemble des besoins des époux, notamment des charges liées à leur état de santé, et, enfin méconnaît l'égalité des époux devant la loi).

6. … Conséquence. La décision n° 2014-398 QPC du 2 juin 2014 déclarant l'art. 272, al. 2, contraire à la Constitution prend effet à compter de la publication de la décision et est applicable à toutes les affaires non jugées définitivement à cette date. • Civ. 1re, 22 oct. 2014, n° 13-24.802 P : *D. 2015. 649, obs. Douchy-Oudot ; AJ fam. 2014. 698, obs. David ; RTD civ. 2015. 109, obs. Hauser ; JCP 2014, n° 1136, pnote Casey ; Dr. fam. 2014, n° 175, note Binet.*

b. Jurisprudence antérieure

7. Application dans le temps. L'art. 272, al. 2, dans sa rédaction issue de la L. du 11 févr. 2005 est applicable aux instances introduites après le 1er janv. 2005. • Civ. 1re, 28 oct. 2009, n° 08-17.609 P : *D. 2009. AJ 2744, obs. Égéa ; ibid. 2010. Chron. C. cass. 522, n° 2, obs. Auroy ; ibid. 2010. Pan. 1243, obs. Serra ; JCP 2010, n° 151, note Dagorne-Labbe ; AJ fam. 2010. 39, obs. Gallmeister ; JCP 2009. 451, obs. Devers ; ibid. 2010. 34, n° 7, obs. Bosse-Platière ; LPA 11 mars 2010. 12, note Massip ; Dr. fam. 2009, n° 151, note Larribau-Terneyre ; RLDC 2009/66, n° 3655, obs. Pouliquen ; RTD civ. 2010. 91, obs. Hauser*. ♦ Sur l'application dans le temps de l'abrogation de l'art. 272, V. note ss. cet art.

8. … Rente accident du travail. La rente accident du travail perçue par l'un des époux doit être exclue lors de la détermination de ses ressources. • Civ. 1re, 28 oct. 2009 : *préc. note 5 (Jurisprudence antérieure à la déclaration d'inconstitutionnalité du 2 juin 2014).*

9. … Handicap. L'allocation aux adultes handicapés doit être prise en considération dans la détermination des ressources, car à la différence de la prestation de compensation, elle est destinée à garantir un minimum de revenus à l'allocataire et non à compenser son handicap. • Civ. 1re, 28 oct. 2009 : *préc. note 5 (Jurisprudence antérieure à la déclaration d'inconstitutionnalité du 2 juin 2014).*

10. … Pension d'invalidité. La pension militaire d'invalidité comprend l'indemnisation de pertes de gains professionnels et des incidences professionnelles de l'incapacité, et ne figure pas au nombre des sommes exclues, par l'art. 272, al. 2, des ressources que le juge prend en considération pour fixer la prestation compensatoire. • Civ. 1re, 9 nov. 2011 : *D. 2011. 2867 ; AJ fam. 2011. 606, obs. S. David ; RTD civ. 2012. 103, obs. Hauser ; Dr. fam. 2012, n° 7, obs. Larribau-Terneyre.* ♦ Dans le même sens pour une pension d'invalidité d'un agriculteur : • Civ. 1re, 26 sept. 2012, n° 10-10.781 P : *D. 2012. 2308 ; AJ fam. 2012. 552, obs. Raoul-Cormeil ; RTD civ. 2012. 717, obs. Hauser ; Dr. fam. 2012, n° 165, obs. Larribau-Terneyre (Jurisprudence antérieure à la déclaration d'inconstitutionnalité du 2 juin 2014).*

11. ... Somme réparant un préjudice corporel. L'indemnité versée au titre de la réparation d'un préjudice corporel consécutif à un accident de la circulation ne figure au nombre des sommes exclues, par l'art. 272, al. 2, des ressources prises en considération par le juge pour fixer la prestation compensatoire que dans la mesure où l'époux bénéficiaire établit qu'elle a compensé un handicap. • Civ. 1re, 18 déc. 2013, n° 12-29.127 P : *R., p. 529 ; D. 2014. Chron. C. cass. 563, obs. Capitaine ; AJ fam. 2014. 183, obs. David ; RTD civ. 2014. 96, obs. J. Hauser ; RDSS 2014. 195, obs. Monéger ; JCP 2014, n° 162, note Coutant-Lapalus ; Gaz. Pal. 2014. 281, obs. Le Gac-Pech ; Dr. fam. 2014, n° 53, obs. Nicod (Jurisprudence antérieure à la déclaration d'inconstitutionnalité du 2 juin 2014).*

c. Prise en compte des rentes et indemnités

12. V. note 7 ss. art. 271.

Art. 273 *Abrogé par L. n° 2004-439 du 26 mai 2004, art. 23.*

Art. 274 *(L. n° 2004-439 du 26 mai 2004, art. 18-III)* **Le juge décide des modalités selon lesquelles s'exécutera la prestation compensatoire en capital parmi les formes suivantes :**

1° Versement d'une somme d'argent, le prononcé du divorce pouvant être subordonné à la constitution des garanties prévues à l'article 277 ;

2° Attribution de biens en propriété ou d'un droit temporaire ou viager d'usage, d'habitation ou d'usufruit, le jugement opérant cession forcée en faveur du créancier. Toutefois, l'accord de l'époux débiteur est exigé pour l'attribution en propriété de biens qu'il a reçus par succession ou donation.

Sur l'attribution d'un bien prévue par l'art. 274, al. 2, V. C. pr. civ., art. 1080.

BIBL. ▶ BÉNABENT, *D. 2001. Point de vue 1036* (abandon de biens en propriété). – S. DAVID, *AJ fam. 2004. 166* (prestation compensatoire et droits démembrés de propriété).

I. RÈGLES GÉNÉRALES

1. Art. 274, 1° Constitution de garanties – Constitutionnalité. Les mots « le prononcé du divorce pouvant être subordonné à la constitution des garanties prévues à l'article 277 » figurant au 1° de l'art. 274 sont conformes à la Constitution. • Cons. const. 29 juill. 2016, n° 2016-557 QPC : *D. 2016. 1649 ; AJ fam. 2016. 542, obs. David ; ibid. 410, obs. A.-R. ; Constitutions 2016. 534 ; RTD civ. 2016. 826, obs. Hauser* (atteinte à la liberté de mettre fin au mariage proportionnée aux objectifs de la loi). ♦ Sur la conformité à la Conv. EDH, V. note 6.

2. Divorce sous condition (non). Le prononcé du divorce ne peut être subordonné au versement effectif du capital alloué au titre de la prestation compensatoire, lorsque le débiteur n'est pas en mesure de verser ce capital dans les conditions prévues par l'art. 275 (anc.) et que des délais lui ont été accordés. • Civ. 1re, 3 déc. 2008, n° 07-14.609 P : *D. 2009. AJ 99, obs. Égéa ; AJ fam. 2009. 34, obs. Gallmeister ; Dr. fam. 2009, n° 1, obs. Larribau-Terneyre ; RJPF 2009-2/23, obs. Garé.*

3. Art. 275 anc., al. 1er. (L'art. 274 reprend dans leur substance les dispositions de l'art. 275 anc., al. 1 et 2.) Il appartient aux juges de préciser dans le dispositif de leur décision le montant de la prestation compensatoire, la valeur et la quotité des droits attribués à ce titre. • Civ. 1re, 16 avr. 2008 : *cité note 15 ss. art. 271.*

4. Intérêts (art. 275 anc.). La faculté ouverte par le jugement de divorce à l'époux débiteur de la prestation compensatoire de régler sa dette dans le cadre des opérations de liquidation de la communauté ne retire pas à cette dette son caractère exigible et ne l'empêche donc pas de porter intérêts à compter du jour où ceux-ci sont demandés. • Civ. 1re, 4 mars 1986 : *JCP N 1986. II. 241, note Simler* • Civ. 1re, 8 juill. 2010, n° 09-14.230 P : *D. 2010. 1941 ; JCP 2010, n° 1220, obs Simler ; AJ fam. 2010. 436, obs. David ; ibid. 443, obs. Hilt ; Defrénois 2010. 2024, obs. Massip ; RLDC 2010/75, n° 3972, obs. Serra ; Dr. fam. 2010, n° 145, obs. Larribau-Terneyre.*

5. Autres modalités. Le juge ne peut déroger aux modalités d'exécution de la prestation compensatoire prévues par la loi qu'avec l'accord des parties. • Civ. 2e, 25 mai 1993, n° 91-20.247 P : *Defrénois 1994. 1440, obs. Massip* • Civ. 1re, 19 avr. 2005, n° 03-16.140 P : *RTD civ. 2005. 579, obs. Hauser* (art. 275 anc.) • 23 juin 2010 : *Dr. fam. 2010, n° 128, obs. Larribau-Terneyre.*

II. ATTRIBUTION EN PLEINE PROPRIÉTÉ

6. Conv. EDH. L'art. 270 en ce qu'il prévoit la possibilité d'une condamnation pécuniaire de l'époux débiteur de la prestation compensatoire est de nature à porter atteinte au droit de celui-ci au respect de ses biens, au sens autonome de l'art. 1er du premier Protocole additionnel à la Conv. EDH. En visant à compenser, autant qu'il est possible, la disparité que la rupture du mariage crée, avec la disparition du devoir de secours, dans les conditions de vie respectives des époux et en prévoyant le versement d'une prestation compensatoire sous la forme d'un capital, ce texte poursuit le but légitime à la fois de protection du conjoint dont la situation économique est la moins favorable au moment du divorce et de célérité dans le traitement des conséquences de celui-ci (juste équilibre entre le but poursuivi et la protection des biens du débiteur sur lequel elles ne font pas peser, par elles-mêmes, une charge spéciale et exorbitante). • Civ. 1re, 30 nov. 2022, n° 21-12.128 B : *préc. note 1 ss. art. 270.* ♦ Le jugement qui contraint le débiteur d'une prestation compensatoire à céder un de ses biens personnels à son ex-conjoint en paiement de cette prestation, alors que ce débiteur dispose de liquidités suffisantes pour régler sa dette, est contraire au droit de propriété reconnu par l'art. 1er, du Protocole n° 1, Conv. EDH. • CEDH 10 juill. 2014, *Milhau c/ France*, n° 4944/11 : *D. actu. 11 sept. 2014, obs. Mésa.* ♦ Relève du pouvoir souverain du juge du fond, en conformité avec l'art. 1er du Protocole additionnel n° 1 de la Conv. EDH, l'attribution d'un immeuble propre d'un époux à un autre à titre de prestation compensatoire. • Civ. 1re, 31 mars 2010, n° 09-13.811 P : *D. 2010. 2392, obs. Brémond, Nicod et Revel ; AJ fam. 2010. 231, obs. Gallmeister ; RTD civ. 2010. 312 et 535, obs. Hauser.*

7. … Art. 275 anc., al. 2. L'art. 275 (anc.), al. 2, qui permet de différer provisoirement certains effets de la décision de divorce, n'instaure pas un empêchement au remariage et n'est pas contraire à l'art. 12 Conv. EDH. • Civ. 1re, 13 mars 2007, n° 06-12.419 P : *D. 2008. Pan. 814, obs. G. Serra ; ibid. 2008. Pan. 1787, obs. Lemouland et Vigneau ; Dr. fam. 2007, n° 82, note Larribau-Terneyre ; RJPF 2007-6/19, note Garé ; RTD civ. 2007. 320, obs. Hauser* • 30 mai 2009 : *D. 2010. Pan. 1243, obs. Serra ; RJPF 2009-9/21, obs. Garé.* ♦ Cassation de l'arrêt qui subordonne la transcription du divorce, et non son prononcé, au versement effectif du capital. • Civ. 1re, 5 mars 2008, n° 07-10.937 P : *RJPF 2008-6/25, obs. Garé.*

8. Attribution en pleine propriété. Subsidiarité. L'atteinte au droit de propriété qui résulte de l'attribution forcée prévue par le 2° de l'art. 274 ne peut être regardée comme une mesure proportionnée au but d'intérêt général poursuivi que si elle constitue une modalité subsidiaire d'exécution de la prestation compensatoire en capital ; par conséquent, elle ne saurait être ordonnée par le juge que dans le cas où, au regard des circonstances de l'espèce, les modalités prévues au 1° n'apparaissent pas suffisantes pour garantir le versement de cette prestation. • Cons. const. 13 juill. 2011, n° 2011-151 QPC : *AJ fam. 2011. 426, obs. Régis ; RTD civ. 2011. 565, obs. Revet ; ibid. 750, obs. Hauser ; Dr. fam. 2011, n° 148, obs. Larribau-Terneyre* (conformité à la Constitution sous réserve de subsidiarité). ♦ Pour la saisine du Conseil constitutionnel : • Civ. 1re, 17 mai 2011 : *AJ fam. 2011. 323, obs. Borzeix ; RTD civ. 2011. 521, obs. Hauser.* ♦ Compte tenu de cette réserve d'interprétation, les juges doivent constater, avant d'octroyer la prestation compensatoire sous forme de capital, que les modalités prévues au 1° de l'art. 274 ne sont pas suffisantes pour garantir le versement de cette prestation. • Civ. 1re, 28 mai 2014, n° 13-15.760 P : *D. 2015. 649, obs. Douchy-Oudot ; AJ fam. 2014. 558, obs. Thouret ; RTD civ. 2014. 630, obs. Hauser ; ibid. 688, obs. Dross ; JCP 2014, n° 953, note Bosse-Platière* • 15 avr. 2015, n° 14-11.575 P : *D. 2015. 922.* ♦ Dans le même sens, pour la CEDH : • CEDH 10 juill. 2014, *Milhau c/ France*, n° 4944/11 : *D. actu. 11 sept. 2014, obs. Mésa ; AJDA 2014. 1763, note Burgorgue-Larsen ; AJ fam. 2014. 497, obs. Régis ; RTD civ. 2014. 841, obs. Marguénaud ; ibid. 869, obs. Hauser.*

9. Valeur du bien attribué. Obligation pour le juge qui attribue le bien en pleine propriété, au titre de l'art. 274, d'en indiquer la valeur retenue. • Civ. 1re, 15 avr. 2015, n° 14-11.575 P : *préc. note 8.*

10. L'abandon en pleine propriété d'un bien qui appartenait à l'autre époux avant le mariage ne requiert pas l'accord de ce dernier, hors le cas où le bien a été reçu par le débiteur de la prestation compensatoire par succession ou donation. • Civ. 1re, 12 nov. 2009, n° 08-19.166 P : *JCP 2010. 34, n° 6, obs. Bosse-Platière ; AJ fam. 2010. 83, obs. David ; Dr. fam. 2010, n° 15, note Larribau-Terneyre ; Defrénois 2010. 866, obs. Massip ; RLDC 2010/67, n° 3686, obs. Pouliquen ; RTD civ. 2010. 90, obs. Hauser.*

11. Procédure collective. Le dessaisissement du débiteur en liquidation judiciaire ne concernant que l'administration et la disposition de ses biens, il a qualité pour intenter seul une action en divorce ou y défendre, action attachée à sa personne, ce qui inclut la fixation de la prestation compensatoire mise à sa charge, sans préjudice de l'exercice par le liquidateur, qui entend rendre inopposable à la procédure collective l'abandon en pleine propriété d'un bien propre appartenant au débiteur décidé par le juge du divorce à titre de prestation compensatoire, d'une tierce opposition contre cette disposition du jugement de divorce. • Com. 16 janv. 2019, n° 17-16.334 P : *D. 2019. 980, note Hartman*

• 20 oct. 2021, n° 20-10.710 B : *D. 2022. 528, obs. Douchy-Oudot ; AJ fam. 2021. 682, obs. Casey*.

12. Attribution d'usufruit (art. 275 anc.). L'art. 275 anc. (repris par l'art. 274, al. 2) n'établit aucune distinction entre les biens immobiliers, propres ou communs, dont l'usufruit peut être attribué à titre de prestation compensatoire. • Civ. 2e, 1er avr. 1992, n° 90-15.816 P. ♦ Il résulte de l'art. 275 que, lorsqu'il est limité à l'usufruit, l'abandon d'un bien en nature attribué ou affecté à l'époux créancier n'est pas subordonné à l'acceptation de l'époux débiteur. • Civ. 2e, 29 sept. 1982 : *Gaz. Pal. 1983. 2. 561, note J. M.* ♦ Si la durée de l'usufruit accordé au titre de la prestation compensatoire n'a pas été expressément précisée, cet usufruit a nécessairement été attribué pour la durée de la vie du bénéficiaire. • Civ. 2e, 23 nov. 1994, n° 93-12.704 P. ♦ L'usufruit d'un immeuble attribué à l'épouse à titre de prestation compensatoire lui permet, soit de jouir personnellement du bien, soit de le donner à bail. • Civ. 1re, 8 déc. 1998 : *Defrénois 1999. 935, obs. Massip.* ♦ Un jugement de divorce attribuant à l'épouse non une créance, mais l'usufruit de l'immeuble appartenant à son ex-époux à titre de prestation compensatoire, droit réel susceptible de publication, l'inscription hypothécaire qu'elle avait prise tendant à garantir la valeur de son usufruit alors que la prestation compensatoire n'avait pas été révisée, doit être radiée. • Civ. 1re, 18 déc. 2013 : *D. 2014. 77 ; AJ fam. 2014. 240, obs. Thouret ; RTD civ. 2014. 149, obs. Dross*.

13. Valeur (art. 275 anc.). Il résulte des art. 274 et 275 que le juge qui attribue l'usufruit d'un bien commun à titre de prestation compensatoire doit en fixer le montant. • Civ. 1re, 22 mars 2005, n° 02-18.648 P : *Defrénois 2005. 1343, obs. Massip ; AJ fam. 2005. 194, obs. S. David ; Dr. fam. 2005, n° 105, note Larribau-Terneyre ; RTD civ. 2005. 373, obs. Hauser*. ♦ Dans le même sens, pour une pension alimentaire accordée sous forme d'usufruit d'un bien commun (art. 285 ancien) : • Civ. 1re, 19 mars 2008, n° 07-11.267 P : *D. 2008. AJ 988 ; RLDC 2008/5, n° 2995, obs. Marraud des Grottes.* ♦ V. aussi • Civ. 1re, 19 avr. 2005, n° 03-19.691 P : *D. 2005. IR 1304* (rejet d'une demande de prestation compensatoire en usufruit dont la valeur n'est pas chiffrée). ♦ De même, lorsque la prestation compensatoire prend la forme d'une attribution de biens en pleine propriété, sa valeur doit être précisée dans le jugement qui la fixe. • Civ. 1re, 28 juin 2005, n° 04-12.817 P : *AJ fam. 2005. 359, obs. S. David* • 14 nov. 2006, n° 04-16.997 P : *RTD civ. 2007. 97, obs. Hauser*. ♦ Si les juges du fond doivent évaluer le montant d'une prestation compensatoire, l'omission matérielle de cette mention peut toujours être réparée par la juridiction qui a rendu la décision ou par celle à laquelle elle est déférée si cette rectification ne modifie pas les droits et obligations reconnues aux parties. • Civ. 1re, 20 févr. 2008 : *Defrénois 2008. 1113, obs. Massip.*

Art. 275 *(L. n° 2000-596 du 30 juin 2000 ; L. n° 2004-439 du 26 mai 2004, art. 6 et 18-IV)* **Lorsque le débiteur n'est pas en mesure de verser le capital dans les conditions prévues par l'article 274, le juge fixe les modalités de paiement du capital, dans la limite de huit années, sous forme de versements périodiques indexés selon les règles applicables aux pensions alimentaires.**

Le débiteur peut demander la révision de ces modalités de paiement en cas de changement important de sa situation. A titre exceptionnel, le juge peut alors, par décision spéciale et motivée, autoriser le versement du capital sur une durée totale supérieure à huit ans.

Le débiteur peut se libérer à tout moment du solde du capital indexé.

Après la liquidation du régime matrimonial, le créancier de la prestation compensatoire peut saisir le juge d'une demande en paiement du solde du capital indexé. — *[Anc. art. 275-1, modifié.]*

Pour les dispositions transitoires, V. L. n° 2004-439 du 26 mai 2004, art. 33-VIII, ss. art. 286.

1. Office et pouvoir du juge. Les juges du fond ne sont pas tenus de fixer d'office des modalités pour le versement en capital. • Civ. 1re, 12 mai 2004, n° 02-16.574 P : *Defrénois 2004. 1679, obs. Massip.* ♦ Ils ne peuvent autoriser le versement d'un capital par versements mensuels sans inviter les parties à présenter leurs observations, alors que, dans ses conclusions d'appel, l'époux, opposé au versement d'une prestation compensatoire, n'a sollicité aucune modalité pour le paiement d'un capital. • Civ. 1re, 20 sept. 2006, n° 04-17.743 P : *RJPF 2006-12/25, obs. Garé ; RTD civ. 2007. 176, obs. Perrot* (Décisions rendues en application de l'ancien art. 275-1 C. civ. dont les dispositions sont reprises par l'art. 275, à l'exclusion de l'al. 3 : V. art. 280.).

2. Versements périodiques sur huit ans. V., par ex., • Paris, 14 mars 2001 : *Dr. fam. 2001, n° 74 (1re esp.), note Lécuyer.*

3. Nécessité d'un terme. Impossibilité de fixer une rente payable pendant l'activité professionnelle du débiteur, jusqu'à ce qu'il soit admis à faire valoir ses droits à retraite, la rente ayant ainsi un terme incertain ne permettant ni dévaluer le montant du capital correspondant, ni de déterminer la durée des versements. • Civ. 1re, 14 oct. 2009 : *AJ fam. 2010. 37, obs. S. David*.

4. Modalités exclues. L'art. 275-1 (anc., lequel est repris dans sa substance par l'art. 275) n'autorise pas à différer le versement en capital jusqu'à la liquidation de la communauté. • Civ. 2e, 16 avr. 1996, n° 94-15.754 P : *Defrénois 1997. 712, obs. Massip (2e esp.) ; RTD civ. 1996. 588, obs. Hauser* • 29 avr. 1998 : *Dr. fam. 1999, n° 15, note Lécuyer.*

5. Le juge, faisant application de l'art. 275-1 (lequel est repris dans sa substance par l'art. 275), ne peut accorder un délai pour verser la première fraction. • Civ. 2e, 18 mars 1998, n° 94-16.910 P : *JCP 1999. I. 101, n° 3, obs. Ferré-André ; Dr. fam. 1999, n° 15, note Lécuyer ; RTD civ. 1998. 353, obs. Hauser* • Civ. 1re, 31 mai 2005 : *AJ fam. 2005. 404, obs. S. David ; Dr. fam. 2005, n° 183, note Larribau-Terneyre ; RTD civ. 2005. 765, obs. Hauser* • 6 juill. 2005, n° 03-18.038 P : *Defrénois 2006. 346, obs. Massip ; AJ fam. 2005. 404, obs. S. David ; Dr. fam. 2005, n° 214, note Larribau-Terneyre ; RTD civ. 2005. 765, obs. Hauser*.

6. Modalités permises. La loi ne s'oppose pas à ce que le capital alloué soit versé pour partie immédiatement et pour partie par versements échelonnés, dans la limite de huit années. • Civ. 1re, 22 mars 2005, n° 03-13.842 P : *Defrénois 2005. 1839, obs. Massip ; AJ fam. 2005. 233, obs. S. David ; RTD civ. 2005. 373, obs. Hauser*.

7. Motivation. Les juges du fond, qui décident de fixer la prestation compensatoire sous forme d'un capital payable par versements mensuels pendant huit ans, ont nécessairement estimé que l'époux débiteur n'était pas en mesure de verser ce capital immédiatement. • Civ. 1re, 4 juin 2009 : *Defrénois 2009. 1854, obs. Massip.*

8. Paiement du solde. Pour calculer l'indexation du solde du capital, il convient de déterminer le solde du capital restant dû puis de lui appliquer l'indexation ayant couru entre la date de début du paiement fractionné et la date de détermination du solde. • Pau, 7 mars 2009 : *Dr. fam. 2009, n° 126, obs. Larribau-Terneyre* (exclusion de l'application de l'art. 276-4).

Art. 275-1 *(L. n° 2004-439 du 26 mai 2004, art. 18-V)* **Les modalités de versement prévues au premier alinéa de l'article 275 ne sont pas exclusives du versement d'une partie du capital dans les formes prévues par l'article 274.**

Prescription – Égalité devant la loi. La différence entre le délai de prescription dans le recouvrement d'une prestation compensatoire financée en capital selon l'art. 274 et celui de l'art. 275-1 ne contrevient pas au principe d'égalité devant la loi en ce qu'elle répond à des objectifs d'intérêt général de protection du débiteur en incitant les créanciers à agir rapidement et contribue à traiter de façon équivalente les créanciers d'une prestation compensatoire allouée sous forme de rente par un jugement de divorce et ceux d'une prestation compensatoire instituée sous la même forme par une convention sous seing privé de divorce par consentement mutuel, laquelle ne bénéficie pas de la prescription de l'art. L. 111-4 C. pr. exéc. • Civ. 1re, 3 oct. 2018, n° 18-13.828 P : *AJ fam. 2018. 609, obs. Castex ; Dr. fam. 2019, n° 1, note Colliot* (rejet QPC).

Art. 276 *(L. n° 2004-439 du 26 mai 2004, art. 18-VI)* **A titre exceptionnel, le juge peut, par décision spécialement motivée, lorsque l'âge ou l'état de santé du créancier ne lui permet pas de subvenir à ses besoins, fixer la prestation compensatoire sous forme de rente viagère. Il prend en considération les éléments d'appréciation prévus à l'article 271.**

Le montant de la rente peut être minoré, lorsque les circonstances l'imposent, par l'attribution d'une fraction en capital parmi les formes prévues à l'article 274.

Pour les dispositions transitoires, V. L. n° 2004-439 du 26 mai 2004, art. 33-VI et IX, ss. art. 286.

Les sommes dues en exécution d'une décision judiciaire au titre des rentes prévues par l'art. 276 peuvent être recouvrées pour le compte du créancier par les comptables publics compétents dans les conditions et selon les modalités prévues par la L. n° 75-618 du 11 juill. 1975 relative au recouvrement public des pensions alimentaires (art. L. 161-3, C. pr. exéc.).

BIBL. ▶ DEPONDT, *AJ fam. 2013. 672* (fiscalité des prestations compensatoires sous forme de rente viagère).

1. Titulaire de l'option entre rente et capital. Seul le créancier peut demander l'allocation de la prestation compensatoire sous forme de rente viagère. • Civ. 1re, 23 oct. 2013 : *D. 2013. 2517 ; AJ fam. 2013. 707, obs. David ; RTD civ. 2014. 97, obs. Hauser ; Gaz. Pal. 2013. 3695, obs. Sarcelet* (cassation de l'arrêt qui alloue, à la demande de l'époux débiteur et contre la volonté de l'épouse créancière, une prestation compensatoire sous forme de rente au motif que l'époux serait privé de ses biens et ne pouvait emprunter pour payer un capital élevé).

2. Pouvoir du juge. L'attribution de la prestation sous forme de rente viagère n'est pour le juge qu'une simple faculté dont l'exercice est laissé à son pouvoir discrétionnaire. • Civ. 1re, 3 févr. 2004, n° 02-11.917 P : *Defrénois 2004. 586, obs. Massip ; AJ fam. 2004. 239, obs. S. David ; Dr. fam. 2004, n° 51, note V. L.-T.*

3. Les juges qui donnent la forme d'une rente à la prestation compensatoire n'ont pas à en évaluer préalablement le montant en capital. • Civ. 2e, 11 févr. 1981 : *Bull. civ. II, n° 29.*

4. Le juge, saisi d'une demande de prestation compensatoire sous forme de rente, ne peut décider d'allouer une somme en capital sans inviter les parties à présenter leurs observations (application de l'ancien art. 276 dont l'al. 1er est repris par l'art. 276). • Civ. 2e, 29 avr. 1998, n° 95-17.613 P : *Dr. fam. 1998, n° 100, note Lécuyer* • 7 oct. 1999, n° 98-10.329 P : *Dr. fam. 2000, n° 9, note Lécuyer.*

5. N'est pas conforme aux dispositions de la loi l'attribution d'une rente mensuelle d'une durée de dix ans. • Civ. 2e, 13 déc. 2001 : *Dr. fam. 2002, n° 32, obs. H. L.* • 14 mars 2002, n° 99-21.639 P (rente temporaire) • 27 févr. 2003 : *AJ fam. 2003. 228, obs. S. D.* (*idem*) • Civ. 1re, 18 janv. 2015 : *Dr. fam. 2015, n° 65, note Binet.*

6. Motivation spéciale. Sur le contrôle par la Cour de cassation des conditions d'attribution d'une rente viagère, V. • Civ. 2e, 13 déc. 2001 : *Dr. fam. 2002, n° 32, obs. H. L.* • 23 janv. 2003, n° 01-01.072 P : *D. 2003. IR 666 ; Defrénois 2003. 1085, obs. Massip ; RJPF 2003-5/19, note Garé ; Dr. fam. 2003, n° 71, note Lécuyer ; RTD civ. 2003. 275, obs. Hauser* (motivation insuffisante au regard de l'âge et de l'état de santé du créancier) • Civ. 1re, 23 avr. 2003, n° 01-11.108 P : *D. 2003. IR 1263 ; Dr. fam. 2003, n° 71, note Lécuyer ; RTD civ. 2003. 485, obs. Hauser* (motifs incompatibles avec les exigences de la loi nouvelle : cassation). – V. aussi • Civ. 1re, 28 oct. 2003 : *AJ fam. 2004. 64, obs. S. David* • 9 déc. 2003 : *eod. loc. ; Dr. fam. 2004, n° 21, note Larribau-Terneyre* • 30 juin 2004 : *Dr. fam. 2004, n° 223, note Larribau-Terneyre.*

7. Prestation mixte (application des art. 274 et 276 anc.). Les art. 274 anc. (repris dans l'art. 270, al. 2) et 276 anc. (repris dans l'art. 276, al. 1er) n'interdisent pas qu'une prestation compensatoire puisse être allouée sous forme d'un capital et d'une rente, à la double condition que cette allocation soit exceptionnelle et qu'elle soit spécialement motivée. • Civ. 1re, 16 mars 2004, n° 01-17.757 P : *D. 2004. 2254, note Mirabail ; Defrénois 2004. 1233, obs. Massip ; AJ fam. 2004. 184, obs. S. David ; RJPF 2004-5/22, obs. Garé ; Dr. fam. 2004, n° 74, note Larribau-Terneyre ; LPA 22 nov. 2004, note Raby ; RTD civ. 2004. 273, obs. Hauser* (conditions non remplies en l'espèce).

8. Insaisissabilité de la rente. V. note 21 ss. art. 270.

9. Prestation compensatoire et action de in rem verso. V. note 6 ss. art. 1303-3.

10. Application de la L. du 30 juin 2000 (art. 276 anc.). Application immédiate de la L. du 30 juin 2000 : V. note 29 ss. art. 270. ♦ Premières applications de l'art. 276 : V. • Nîmes, 30 août 2000 : *LPA 6 avr. 2001, note (crit.) Massip* • Paris, 15 nov. 2000 : *eod. loc.* • Rennes, 30 oct. 2000 : *Dr. fam. 2001, n° 81, obs. Lécuyer* • Rennes, 29 janv. 2001 : *eod. loc.* • Nîmes, 7 mars 2001 : *eod. loc.* – Hauser, *RTD civ. 2002. 79.* ♦ V. aussi • Civ. 2e, 23 mai 2002, n° 00-20.387 P : *Dr. fam. 2002, n° 88, obs. H. L.* (conformité à la L. du 30 juin 2000 d'une décision antérieure attribuant une prestation compensatoire sous forme de rente, lorsqu'elle est spécialement motivée au regard des critères posés par la loi nouvelle) • Civ. 1re, 23 avr. 2003 : *préc. note 6.*

Le 1er al. du VI de l'art. 33 de la L. n° 2004-439 du 26 mai 2004 relative au divorce, dans sa rédaction résultant de la L. n° 2015-177 du 16 févr. 2015 est conforme à la Const. • Cons. const. 15 janv. 2021, n° 2020-871 QPC : *D. 2021. 499, obs. Douchy-Oudot ; Dr. fam. 2021, n° 34, note Dumas-Lavenac.* ♦ En effet les créanciers de rentes viagères fixées sous l'empire du droit antérieur à la L. du 30 juin 2000 ne pouvaient légitimement s'attendre à ce que ne s'appliquent pas à eux, pour l'avenir, les nouvelles règles de révision des prestations compensatoires destinées à remédier à de tels déséquilibres. • Même décision. ♦ Transmission de la QPC : • Civ. 1re, 15 oct. 2020, n° 20-14.584 P : *D. 2021. 499, obs. Douchy-Oudot ; RTD civ. 2021. 109, obs. Leroyer ; Dr. fam. 2020, n° 158, note Dumas-Lavenac.*

Art. 276-1 (*L. n° 75-617 du 11 juill. 1975 ; L. n° 2000-596 du 30 juin 2000*) **La rente est indexée ; l'indice est déterminé comme en matière de pension alimentaire.**

Le montant *de la rente avant indexation* est fixé de façon uniforme pour toute la durée ou peut varier par périodes successives suivant l'évolution probable des ressources et des besoins.

BIBL. ▸ LÉCUYER, *Dr. fam. 1996. Chron. 1.*

A. POINT DE DÉPART ET DURÉE

1. Départ de la revalorisation de la rente. Si la prestation compensatoire n'est due qu'à compter de la date à laquelle la décision prononçant le divorce est devenue irrévocable, son montant en est fixé au moment du prononcé du divorce. Un arrêt a donc pu fixer la revalorisation de la rente à une date antérieure à celle à laquelle elle serait due. • Civ. 2e, 31 janv. 1990, n° 88-10.268 P. ♦ Un arrêt peut fixer le montant d'une prestation compensatoire à la date où il prononce le divorce et son indexation à une période postérieure. • Civ. 2e, 4 juill. 1990, n° 89-10.779 P : *Defrénois 1991. 671, obs. Massip.* ♦ Mais la date d'effet de la première revalorisation résultant de l'indexation d'une rente ne peut être antérieure au prononcé du divorce. • Civ. 2e, 16 mai 1990, n° 88-12.572 P. ♦ La revalorisation de la rente a lieu, sauf disposition contraire, dès la première variation de l'indice, postérieure au prononcé du divorce. • Civ. 2e, 16 févr. 1994, n° 92-19.650 P. ♦ Sur le cas d'une rente payable avant la date du jugement définitif : • Civ. 2e, 28 janv. 1998 : *V. note 10 ss. art. 232.*

2. Variations périodiques. Si le juge, lorsqu'il alloue la prestation compensatoire sous forme de rente, peut faire varier celle-ci par périodes successives suivant l'évolution probable des ressources et des besoins, c'est à la condition de fixer pour chaque période le montant de ladite rente (application de l'ancien art. 276-1) • Civ. 2e, 2 mai 1984, n° 83-11.556 P : *R., p. 51 ; D. 1984. 579 (2e esp.), note Lindon et Bénabent* (cassation de la décision ayant prévu que la rente pourrait être réduite à la prise de retraite du débiteur). – Dans le même sens : • Civ. 2e, 18 mai 2000, n° 98-21.028 P : *D. 2000. IR 163 ; Dr. fam. 2000, n° 75, note Lécuyer ; RJPF 2000-7-8/26, obs. Guerder ; RTD civ. 2000. 551, obs. Hauser.*

B. INDEXATION

3. Indice. La rente allouée à titre de prestation compensatoire devant être indexée, l'omission par les juges du fond de déterminer l'indice applicable ne donne pas ouverture à cassation mais à l'application des dispositions de l'art. 462 C. pr. civ. • Civ. 2e, 8 oct. 1980 : *Gaz. Pal. 1981. 2. 422, note J. M.* • 14 nov. 1984 : *Gaz. Pal. 1985. 2. Pan. 153, obs. Grimaldi.* ♦ Si rien ne s'oppose au remplacement de l'indice initialement retenu par une autre échelle mobile licite, encore faut-il que soit intervenu dans la situation des parties ou dans la situation économique générale un fait nouveau susceptible d'avoir une incidence sur le choix de l'indice. • Civ. 2e, 16 janv. 1985, n° 83-16.381 P. ♦ Pour une application : • Civ. 1re, 30 sept. 2009 : *Gaz. Pal. 23 janv. 2010, p. 28, note Lécuyer ; RTD civ. 2009. 704, obs. Hauser.* ♦ Le juge ne peut soumettre le jeu de l'indexation à la condition d'une variation annuelle de l'indice retenu égale ou supérieure à un certain taux. • Civ. 2e, 18 janv. 1989 : *Bull. civ. II, n° 15 ; D. 1990. Somm. 117, obs. Bénabent.* ♦ Sur la possibilité de prendre comme indice de référence l'indice antérieur au dernier publié, V. • Civ. 2e, 15 juin 1994, n° 92-21.950 P.

4. Sauf disposition contraire, la revalorisation de la rente prévue a lieu dès la première variation de l'indice postérieure au prononcé du divorce. • Civ. 2e, 16 févr. 1994, n° 92-19.650 P. ♦ En décidant que la prestation compensatoire serait révisée à la date anniversaire de sa décision une cour d'appel a nécessairement dit que l'indice de base serait le dernier indice publié à la date de sa décision. • Civ. 2e, 4 juin 1997, n° 95-17.854 P.

5. Absence de caractère impératif de l'indexation pour la prestation compensatoire fixée par les époux dans la convention définitive de divorce (demande conjointe) : V. note 1 ss. art. 278.

C. RECOUVREMENT

6. Sur l'application des procédures de paiement direct en matière de prestation compensatoire, V. • Paris, 21 avr. 1983 : *D. 1984. 73, note Prévault* • Civ. 2e, 24 oct. 1984 : *Bull. civ. II, n° 156 ; R., p. 51 ; RTD civ. 1985. 624, obs. Perrot.*

7. Renonciation. L'abstention prolongée de toute réclamation amiable ou contentieuse de la crédirentière d'une prestation compensatoire disposant d'un titre exécutoire ne vaut pas renonciation à son droit, celle-ci ne pouvant résulter que d'actes manifestant sans équivoque la volonté de renoncer. • Civ. 2e, 20 juin 2002, n° 99-15.135 P : *LPA 31 déc. 2002, note Massip ; RTD civ. 2002. 789, obs. Hauser.*

Art. 276-2 *Transféré, avec modifications, à l'art. 280-2 par L. n° 2004-439 du 26 mai 2004, art. 6.*

Art. 276-3 *(L. n° 2004-439 du 26 mai 2004, art. 22-VI)* **« La prestation compensatoire fixée sous forme de rente peut être révisée, suspendue ou supprimée en cas de changement important dans les ressources ou les besoins de l'une ou l'autre des parties. »**

(L. n° 2000-596 du 30 juin 2000) **« La révision ne peut avoir pour effet de porter la rente à un montant supérieur à celui fixé initialement par le juge. »**

Al. 3 abrogé par L. n° 2004-439 du 26 mai 2004, art. 23.

Pour les dispositions transitoires, V. L. n° 2004-439 du 26 mai 2004, art. 33-VI et IX, ss. art. 286.

I. DOMAINE ET EXERCICE DE L'ACTION EN RÉVISION

1. Origine indifférente de la rente. L'art. 276-3 (anc. dont les al. 1 et 2 sont repris par l'art. 276-3) ne distingue pas entre la rente fixée par convention des époux homologuée et la rente fixée par le juge ; il n'autorise la révision que pour l'avenir ; dès lors, la demande en révision d'une prestation compensatoire fixée, sans clause de révision, par convention définitive de divorce par consentement mutuel est recevable pour la révision de la rente viagère, mais est irrecevable en ce qui concerne les échéances échues et impayées ainsi que les modalités de paiement du capital. • Chambéry, 21 janv. 2002 : *BICC 15 déc. 2002, n° 1282.*

2. Pouvoir du juge. Saisis d'une demande de suppression de la rente, les juges du fond peuvent, dans l'exercice de leur pouvoir souverain d'appréciation de la situation des parties, décider d'en réduire le montant. • Civ. 1re, 11 janv. 2005, n° 03-16.085 P.

3. Conséquences du décès du débiteur. L'action en révision n'est plus ouverte aux héritiers lorsque la prestation compensatoire sous forme de rente est capitalisée en raison du décès du débiteur en application de l'art. 280. • Civ. 1re, 4 nov. 2015, n° 14-20.383 P : *AJ fam. 2016. 51, obs. Casey ; RTD civ. 2016. 89, obs. Hauser ; Dr. fam. 2016, n° 2, obs. Beignier.*

4. Liens avec d'autres procédures – Application combinée des art. 276-3 anc. et 276-4 anc. Révision de la rente, puis substitution d'un capital à la rente : V. • Pau, 15 déc. 2003 : *Dr. fam. 2004, n° 52, note V. L.-T.* ♦ Suppression de la rente et substitution d'un capital à la rente : V. • Civ. 1re, 11 janv. 2005, n° 03-12.805 P : *Dr. fam. 2005, n° 54, note Larribau-Terneyre.* (Les al. 1er et 2 de l'art. 276-3 anc. sont repris par l'art. 276-3, et l'art. 276-4 anc., est repris dans sa substance par l'art. 276-4).

5. Révision pour fraude. V. note 22 ss. art. 271. ♦ Le recours en révision pour fraude n'est pas recevable sur le fondement de l'art. 276-3. • Civ. 1re, 28 févr. 2006, n° 04-12.621 P : *D. 2006. IR 885 ; AJ fam. 2006. 205, obs. S. David ; RTD civ. 2006. 289, obs. Hauser.* ♦ La demande de suppression de la prestation compensatoire fondée sur la dissimulation des revenus par l'épouse, lors de la précédente instance, relève du recours en révision ouvert par l'art. 595 *C. pr. civ., seuls les changements importants,* survenus dans les ressources ou les besoins des parties depuis la dernière décision, pouvant justifier une nouvelle demande sur le fondement de l'art. 276-3. • Civ. 1re, 4 nov. 2010, n° 09-14.712 P : *RTD civ. 2011. 111, obs. Hauser ; Dr. fam. 2011, n° 4, obs. Larribau-Terneyre ; RJPF 2011-1/13, obs. Garé ; RLDC 2011/78, n° 4100, obs. Gallois.*

6. ... Chose jugée. La demande de suppression de la prestation compensatoire et celle de sa réduction n'ont pas le même objet. • Civ. 2e, 20 mai 2010 : *D. 2010. Actu. 1417 ; AJ fam. 2010. 277 ; Dr. fam. 2010, n° 146, obs. Larribau-Terneyre.*

7. L. du 30 juin 2000 : application aux prestations compensatoires attribuées avant son entrée en vigueur (art. 20 et 21-1). Il résulte de ces textes que la révision des rentes viagères attribuées avant l'entrée en vigueur de la L. du 30 juin 2000 peut être demandée en cas de changement important dans les ressources ou les besoins des parties, que ces rentes aient été fixées par le juge ou par la convention des époux, que ceux-ci aient ou non fait usage de la faculté prévue au dernier al. de l'art. 279 (anc.). • Civ. 1re, 19 avr. 2005, n° 03-16.604 P. ♦ Déjà en ce sens : • Civ. 1re, 19 oct. 2004, n° 02-17.682 P : *D. 2004. IR 2834 ; Defrénois 2005. 434, obs. Massip (1re esp.) ; AJ fam. 2004. 454, obs. S. David ; Dr. fam. 2005, n° 31, note Larribau-Terneyre ; RTD civ. 2005. 107, obs. Hauser* • 11 janv. 2005, n° 02-14.490 P : *AJ fam. 2005. 104, obs. S. David ; Dr. fam. 2005, n° 31, note Larribau-Terneyre.* ♦ Cassation de l'arrêt qui rejette une demande de diminution de rente au motif que l'époux débiteur ne justifie pas d'un changement imprévu dans sa situation, comme le prévoit la convention homologuée, sans rechercher si un changement important était intervenu dans ses ressources. • Civ. 1re, 22 mars 2005, n° 04-10.976 P : *D. 2005. IR 1112 ; RTD civ. 2005. 374, obs. Hauser.* ♦ Il résulte de l'art. 20 de la L. du 30 juin 2000 que seules les prestations compensatoires sous forme de rente peuvent être révisées, à l'exclusion de toute prestation en capital, quelle qu'en soit la forme, et nonobstant la qualification erronée de « rente viagère » retenue par la convention homologuée entre les époux. • Paris, 5 déc. 2002 : *BICC 1er août 2003, n° 1012.*

II. CONDITIONS REQUISES

8. Notion de changement important. V., appliquant sur ce point la L. du 30 juin 2000 : • Paris, 27 févr. 2002 : *AJ fam. 2002. 224, obs. S. D.* (suppression de la rente viagère) • Reims, 16 janv. 2003 : *Dr. fam. 2003, n° 89, note Lécuyer (idem).* ♦ La réalité du changement important relève de l'appréciation souveraine des juges du fond. • Civ. 1re, 19 avr. 2005, n° 03-15.511 P : *R., p. 211* • 28 juin 2005, n° 02-16.556 P : *D. 2005. IR 2243* • 11 juill. 2006, n° 05-19.862 P : *Defrénois 2006. 1771, obs. Massip.* ♦ Une demande de révision ne peut être fondée sur un changement connu au moment du divorce et pris en compte dans la fixation initiale. • Civ. 1re, 3 nov. 2004, n° 02-18.509 P : *D. 2004. IR 3037* ; *Defrénois 2005. 434, obs. Massip (2e esp.)* ; *RTD civ. 2005. 112, obs. Hauser* • 30 nov. 2004 : *Defrénois 2005. 434, obs. Massip (3e esp.)* • 28 juin 2005 : *préc.* (mise à la retraite). – V. aussi • Rennes, 3 mars 2003 : *BICC 15 sept. 2003, n° 1106*. ♦ Mais la mise à la retraite anticipée du débiteur, non prise en considération lors de la fixation du montant de la prestation compensatoire, entraîne un changement important dans ses ressources, justifiant la révision. • Civ. 1re, 19 juin 2007, n° 05-21.970 P : *D. 2007. AJ 1967, obs. Delaporte-Carré* ; *Defrénois 2007. 1633, obs. Massip* ; *Dr. fam. 2007, n° 164, note Larribau-Terneyre* ; *RTD civ. 2007. 759, obs. Hauser* . ♦ Cassation de l'arrêt qui rejette une demande de révision de rente au motif qu'il n'y a pas lieu de prendre en compte le remariage du débiteur et la naissance d'un nouvel enfant. • Civ. 1re, 28 juin 2005 : *Dr. fam. 2005, n° 184, note Larribau-Terneyre*. ♦ ... Ou sans rechercher si le fait que l'ex-épouse créancière ait un compagnon ne constituait pas un changement important dans sa situation. • Civ. 1re, 25 avr. 2006, n° 05-16.345 P : *D. 2006. IR 1402* ; *RJPF 2006-9/28, obs. Garé* ; *RTD civ. 2006. 545, obs. Hauser* . ♦ Caducité de la prestation compensatoire et répétition des sommes versées à compter du remariage de sa créancière avec le débiteur de cette prestation. • Civ. 2e, 22 sept. 2016, n° 15-17.041 P : *D. 2016. 1938* ; *AJ fam. 2016. 538, obs. Casey* ; *RTD civ. 2017. 109, obs. Hauser* . ♦ Pour le refus de supprimer la prestation compensatoire d'une ex-épouse, V. • Civ. 1re, 11 juill. 2006 : *préc.*

9. *Avantage manifestement excessif.* Prise en compte de la somme totale reçue depuis près de 30 ans et comparaison de la situation patrimoniale de la créancière et de la débitrice, seconde épouse du débiteur décédé : • Civ. 1re, 28 mars 2018, n° 17-14.389 P : *D. 2018. 720* ; *AJ fam. 2018. 395, obs. Thouret* ; *Dr. fam. 2018, n° 148, note Colliot.*

10. *Suspension à durée déterminée (non).* La suspension de la rente, qui est une des formes de la révision, ne peut être prononcée que pour une durée déterminée. • Civ. 2e, 31 mars 1993 : *JCP 1994. II. 22208, note F. Boulanger* ; *Defrénois 1994. 326, obs. Massip* ; *RTD civ. 1994. 86, obs. Hauser* .

11. *... Dans l'attente de la liquidation de l'actif de la communauté.* L'absence de liquidation dans un délai raisonnable de l'actif de communauté, dont le montant devait permettre à chacun des époux de disposer d'un patrimoine conséquent, en raison d'un conflit depuis plus de vingt ans, constitue un changement important dans les ressources de l'ex-époux justifiant la suspension de la rente viagère. • Civ. 1re, 25 juin 2008, n° 07-14.209 P : *D. 2009. Pan. 832, obs. Serra* ; *AJ fam. 2008. 345, obs. David* ; *RJPF 2008-10/24, note Garé* ; *RLDC 2008/52, n° 3119, obs. Marraud des Grottes* ; *RTD civ. 2008. 663, obs. Hauser* . ♦ Prise en compte des revenus que pourrait procurer à l'épouse une gestion utile de son patrimoine (non-location d'un immeuble inoccupé) : le maintien de la rente en l'état lui procurerait un avantage manifestement excessif (application de l'art. 33-VI de la L. du 26 mai 2004). • Civ. 1re, 27 juin 2018, n° 17-20.181 P : *AJ fam. 2018. 467, obs. Thouret* .

III. EFFETS DE L'ACTION

12. *Date d'effet de la révision.* La prestation compensatoire judiciairement révisée, fixée en fonction du changement important dans les ressources du débiteur, prend effet à la date de la demande de révision. • Civ. 1re, 19 avr. 2005 : *cité note 14 ss. art. 270* • 19 avr. 2005, n° 03-15.511 P : *R., p. 211* ; *D. 2005. IR 1249* ; *Defrénois 2005. 1352, obs. Massip* ; *AJ fam. 2005. 358, obs. S. David (3 arrêts)* ; *RJPF 2005-7-8/23, note Garé* ; *Dr. fam. 2005, n° 133, note Larribau-Terneyre (Err. n° 164)* • 19 avr. 2005, n° 03-16.604 P : *R., p. 211* • 19 juin 2007, n° 06-13.086 P : *D. 2007. AJ 1967, obs. Delaporte-Carré* ; *AJ fam. 2007. 439, obs. S. D.* ; *RTD civ. 2007. 759, obs. Hauser* . – V. aussi • Civ. 1re, 31 mai 2005 : *cité note 12 ss. art. 276-3* (déduction de pensions de réversion). ♦ ... Solution étendue à la demande de suspension de la prestation compensatoire. • 15 juin 2017, n° 15-28.076 P : *D. 2017. 1302* ; *AJ fam. 2017. 481, obs. Legrand* .

13. *Exécution provisoire.* Jugé que la décision du JAF révisant une prestation compensatoire (conversion d'une rente viagère en capital, en l'espèce) n'est pas exécutoire par provision. • TI Rochefort-sur-Mer, 9 janv. 2003 : *Gaz. Pal. 2003. 3120*, note crit. Massip.

Art. 276-4 *(L. n° 2004-439 du 26 mai 2004, art. 18-VII)* **« Le débiteur d'une prestation compensatoire sous forme de rente peut, à tout moment, saisir le juge d'une demande de substitution d'un capital à tout ou partie de la rente. La substitution s'effectue selon des modalités fixées par décret en Conseil d'État. »** – *V. Décr. n° 2004-1157 du 29 oct. 2004, ss. art. 309.*

(L. n° 2000-596 du 30 juin 2000) **Le créancier de la prestation compensatoire peut former la même demande s'il établit qu'une modification de la situation du débiteur permet cette substitution, notamment lors de la liquidation du régime matrimonial.**

(L. n° 2004-439 du 26 mai 2004, art. 18-VII) **« Les modalités d'exécution prévues aux articles 274, 275 et 275-1 sont applicables. Le refus du juge de substituer un capital à tout ou partie de la rente doit être spécialement motivé. »**

Pour les dispositions transitoires, V. L. n° 2004-439 du 26 mai 2004, art. 33-VI et IX, ss. art. 286.

BIBL ▶ DEPONDT, *AJ fam. 2013. 674* (fiscalité de la conversion d'une rente en capital, et inversement). – DOUET, *Defrénois 2001. 881* (conséquences fiscales). – HUGOT, *JCP N 2000. 1644.*

1. Domaine de l'art. 276-4. La demande de paiement du solde d'un capital échelonné dans le temps n'est pas soumise à l'art. 276-4 comme la demande de substitution d'un capital à une rente, mais à l'art. 275 qui prévoit que la demande doit intervenir après la liquidation du régime matrimonial. • Pau, 7 mars 2009 : *Dr. fam. 2009, n° 126, obs. Larribau-Terneyre.*

2. Droit à la substitution. Sauf décision de refus spécialement motivée, le juge substitue à la rente un capital total ou partiel, lorsque le débiteur le demande, pourvu que celui-ci justifie être en mesure de le régler et que l'âge ou l'état de santé du créancier ne fasse pas obstacle à une telle substitution. • Civ. 1re, 10 juill. 2013, n° 12-13.239 P : *D. 2013. 1834 ; D. actu. 9 sept. 2013, obs. Mésa ; AJ fam. 2013. 577, obs. David ; RTD civ. 2013. 826, obs. Hauser* (l'absence de modification de la situation des époux ou les aléas du placement du capital ne sont pas de nature à justifier un refus).

3. Refus de substitution. Circonstances non retenues. Le juge peut, par décision spécialement motivée, refuser de faire droit à une demande de conversion (L. 30 juin 2000, art. 20, al. 3). • Besançon, 28 mars 2003 : *AJ fam. 2003. 423, obs. S. D.* ♦ Le changement important dans les ressources ou les besoins des parties n'est pas une condition de la substitution d'un capital à une rente viagère à la demande du débiteur. • Civ. 1re, 31 mai 2005, n° 03-12.217 P : *Defrénois 2005. 1846, obs. Massip ; AJ fam. 2005. 405, obs. S. David ; Dr. fam. 2005, n° 161, note Larribau-Terneyre ; RTD civ. 2005. 580, obs. Hauser.* ♦ V. aussi notes 11 et 12 ss. art. 276-3. ♦ Des difficultés éprouvées par le créancier pour obtenir le paiement de la rente ne caractérisent pas la modification de la situation du débiteur permettant la substitution à la demande du créancier. • Civ. 1re, 12 déc. 2006, n° 05-11.945 P : *D. 2007. AJ 158 ; AJ fam. 2007. 87, obs. S. David ; Dr. fam. 2007, n° 62, note Larribau-Terneyre.* ♦ Le juge n'est pas obligé de faire droit à une demande de capitalisation d'une rente viagère si le débiteur ne justifie pas de son impossibilité de verser le capital en une seule fois, l'échelonnement ne permettant pas à la créancière de bénéficier de ressources suffisantes. • Dijon, 17 déc. 2009 : *Dr. fam. 2010, n° 57, obs. Larribau-Terneyre.*

4. Origine de la rente. La loi ne fait pas de distinction selon le mode judiciaire ou conventionnel de fixation de la prestation compensatoire dont la conversion en capital est demandée. • Paris, 2 avr. 2003 : *AJ fam. 2003. 269, obs. S. D. ; Dr. fam. 2003, n° 146, note Lécuyer ; RTD civ. 2003. 690, obs. Hauser.*

5. Caractéristiques de la rente. Le débiteur d'une prestation compensatoire, fixée par le juge ou par convention, sous forme de rente, peut, à tout moment, saisir le juge d'une demande de substitution d'un capital à tout ou partie de cette rente, sans qu'il y ait lieu, pour en apprécier le bien-fondé, de distinguer selon la nature viagère ou temporaire de la rente. • Civ. 1re, 20 mars 2019, n° 18-13-663 P : *D. 2019. 638 ; AJ fam. 2019. 287, obs. Trinquet.*

6. Arrérages concernés. La substitution ne peut viser que les arrérages à venir de la rente, et non consister en une capitalisation des arrérages versés. • Bordeaux, 29 oct. 2003 : *AJ fam. 2004. 185, obs. S. David.*

7. Méthode de substitution. La loi n'impose aucune méthode pour la substitution d'un capital à une rente. • Civ. 1re, 3 nov. 2004, n° 03-12.508 P : *D. 2004. IR 3114 ; JCP 2005. I. 116, n° 2, obs. Bosse-Platière ; AJ fam. 2005. 21, obs. S. David ; Dr. fam. 2005, n° 7, note Larribau-Terneyre.* ♦ V. aussi • Civ. 1re, 11 janv. 2005, n° 03-12.805 P : *Dr. fam. 2005, n° 54, note Larribau-Terneyre* (pouvoir souverain des juges du fond). ♦ La loi n'indique pas que la substitution d'un capital à une rente viagère soit une capitalisation. • Paris, 2 avr. 2003 : *préc. note 4.* ♦ … Ce qui exclut l'application de règles de conversion préétablies. • Rouen, 7 nov. 2002 : *Dr. fam. 2003, n° 146, note Lécuyer.* ♦ Comp., optant pour la méthode mathématique de conversion : • Versailles, 25 mars 2004 : *AJ fam. 2004. 362, obs. S. David ; RTD civ. 2004. 493, obs. Hauser.*

Art. 277 *(L. n° 2000-596 du 30 juin 2000)* **Indépendamment de l'hypothèque légale ou judiciaire, le juge peut imposer à l'époux débiteur de constituer un gage, de donner caution ou de souscrire un contrat garantissant le paiement de la rente ou du capital.**

BIBL. ▶ PIETTE, *Dr. et patr. 5/2003. 54.* – RODOLPHE, *Gaz. Pal. 2000. 2. Doctr. 1937.*

1. Pouvoir du juge. Le fait d'imposer une garantie au débiteur de la prestation compensatoire est une faculté laissée à l'appréciation souveraine des juges du fond. • Civ. 2e, 25 mai 1994, n° 92-21.782 P. ♦ Une cour d'appel estime souverainement que rien ne justifie de faire droit à la demande de l'épouse d'assortir le capital alloué à titre de prestation compensatoire de garanties particulières ou de subordonner le jugement de divorce au versement effectif de ce capital. • Civ. 1re, 28 nov. 2006, n° 05-14.035 P.

2. Suppression de garantie. La demande de suppression d'une garantie (assurance-décès) imposée au débiteur de la rente constitue une demande de révision de la prestation compensatoire au sens de l'art. 273 ancien. • Civ. 2e, 20 nov. 1996, n° 94-15.131 P : *JCP 1997. II. 22947, note Casey ; Defrénois 1997. 989, obs. Massip ; RTD civ. 1997. 107, obs. Hauser.*

Art. 278 *(L. n° 75-617 du 11 juill. 1975)* **En cas de** *(L. n° 2004-439 du 26 mai 2004, art. 22-VII)* **« divorce par consentement mutuel », les époux fixent le montant et les modalités de la prestation compensatoire** *(L. n° 2016-1547 du 18 nov. 2016, art. 50, en vigueur le 1er janv. 2017)* **« dans la convention établie par acte sous signature privée contresigné par avocats ou » dans la convention qu'ils soumettent à l'homologation du juge.** *(L. n° 2000-596 du 30 juin 2000)* **« Ils peuvent prévoir que le versement de la prestation cessera à compter de la réalisation d'un événement déterminé. La prestation peut prendre la forme d'une rente attribuée pour une durée limitée. »**

Le juge, toutefois, refuse d'homologuer la convention si elle fixe inéquitablement les droits et obligations des époux.

Pour les dispositions transitoires, V. L. n° 2004-439 du 26 mai 2004, art. 33-VII, ss. art. 286.

1. Divorce par décision de justice. La rente allouée à titre de prestation compensatoire n'est obligatoirement indexée que lorsqu'elle est fixée par le juge, en application de l'art. 276-1, non en cas de demande conjointe. • Civ. 2e, 26 mai 1992, n° 90-21.016 P : *Defrénois 1993. 983, obs. Massip ; RTD civ. 1992. 746, obs. Hauser.*

2. Refus d'homologation de la convention. V. note 3 ss. art. 232.

Art. 279 *(L. n° 75-617 du 11 juill. 1975)* **La convention homologuée a la même force exécutoire qu'une décision de justice.**

Elle ne peut être modifiée que par une nouvelle convention entre les époux, également soumise à homologation.

Les époux ont néanmoins la faculté de prévoir dans leur convention que chacun d'eux pourra, en cas de changement *(L. n° 2000-596 du 30 juin 2000)* **« important dans les ressources »** *(L. n° 2004-439 du 26 mai 2004, art. 22-VIII)* **« ou les besoins de l'une ou l'autre des parties », demander au juge de réviser la prestation compensatoire.** *(L. n° 2004-439 du 26 mai 2004, art. 22-VIII)* **« Les dispositions prévues aux deuxième et troisième alinéas de l'article 275 ainsi qu'aux articles 276-3 et 276-4 sont également applicables, selon que la prestation compensatoire prend la forme d'un capital ou d'une rente temporaire ou viagère.**

« Sauf disposition particulière de la convention, les articles 280 à 280-2 sont applicables. »

(L. n° 2016-1547 du 18 nov. 2016, art. 50, en vigueur le 1er janv. 2017) **« Les troisième et avant-dernier alinéas du présent article s'appliquent à la convention de divorce établie par acte sous signature privée contresigné par avocats, déposé au rang des minutes d'un notaire. »**

Sur la modification des mesures accessoires, V. C. pr. civ., art. 1084.

BIBL. ▸ **Omission dans les conventions homologuées :** S. Cabrillac, *Dr. fam. 2000. Chron. 11.*

A. ART. 279, AL. 1er et AL. 2 – DIVORCE JUDICIAIRE

1. Force exécutoire de la convention. Assimilation de la convention homologuée à une décision de justice (questions de l'action en rescision pour lésion et en nullité pour vice du consentement) : V. notes 1 s. ss. art. 250-1. ♦ V. aussi • Civ. 2e, 19 févr. 1986 : *D. 1987. 441, note Théry ; RTD civ. 1987. 292, obs. Rubellin-Devichi* (la stipulation faisant corps avec le jugement qui homologue la convention définitive ne peut être attaquée que par les voies de recours prévues à l'encontre des décisions de justice) • Civ. 2e, 2 avr. 1997, n° 93-16.995 P : *Defrénois 1998. 302, obs. Massip* • Civ. 1re, 21 mai 1997 : *Dr. fam. 1997, n° 120, note Lécuyer ; Gaz. Pal. 1998. 2. Somm. 529, obs. Massip* • Paris, 19 mars 1997 : *Dr. fam. 1998. Chron. 3, par Lécuyer* (irrecevabilité de l'action paulienne, le créancier disposant de la tierce opposition pour contester la convention). – Pourvoi rejeté par • Civ. 2e, 25 nov. 1999 : *préc. note 2 ss. art. 250-1.* ♦ Sur le principe du caractère indissociable de la convention et du jugement de divorce, V. note 1 ss. art. 250-1. ♦ Toutefois, si la convention homologuée est indivisible du jugement de divorce auquel elle est annexée, et dont l'art. 279, al. 1er, C. civ. lui confère la force exécutoire, les dispositions de l'art. 602 C. pr. civ. autorisent la révision partielle de la décision. Une demande de révision limitée aux dispositions patrimoniales qui seraient viciées par la fraude doit être déclarée recevable sur le fondement de l'art. 595, 1°, C. pr. civ. • Aix-en-Provence, 19 mai 1987 : *Gaz. Pal. 1987. 2. 652, note Latil.*

2. *Modification conventionnelle – Homologation.* La modification conventionnelle d'une convention homologuée doit être soumise à homologation. • Civ. 1re, 11 janv. 2005, n° 03-16.719 P : *Defrénois 2005. 1050, obs. Massip ; AJ fam. 2005. 104, obs. S. David* (en l'espèce, convention fixant la pension alimentaire due à l'épouse au titre du devoir de secours) • 10 mai 2006, n° 04-19.883 P : *Defrénois 2006. 1319, obs. Massip ; Dr. fam. 2006, n° 129, note Larribau-Terneyre ; RTD civ. 2006. 541, obs. Hauser*. ♦ Viole les art. 232 et 279 (anc.) le juge qui refuse l'homologation de la convention modificative pour défaut de consentement de l'épouse au jour où il statue, sans rechercher si, au moment où elle a été établie puis exécutée, la convention modificative préservait les intérêts des parties. • Même arrêt.

3. *... Exigence d'une convention (art. 279 anc.).* Viole l'art. 279 (anc., repris dans sa substance par l'art. 279) l'arrêt qui, alors que la convention homologuée ne faisait pas état d'un immeuble dans l'actif commun, a fait entrer postérieurement cet immeuble dans le patrimoine commun. • Civ. 2e, 18 mars 1992, n° 90-20.711 P : *Defrénois 1993. 644, note Forgeard* • 29 nov. 1995 : *D. 1997. 164, note Bénabent (1re esp.) ; Defrénois 1997. 301, obs. Massip.* ♦ V. aussi • Civ. 2e, 24 juin 1998, n° 96-19.463 P : *D. 1998. 601, note Massip (2e esp.) ; JCP 1998. I. 183, n° 8, obs. Tisserand ; Dr. fam. 1998, n° 115, note Lécuyer ; RTD civ. 1998. 888, obs. Hauser* (la convention homologuée ne peut être modifiée que par une nouvelle convention) • 6 févr. 2003 : *D. 2003. Somm. 1870, obs. Revel (2e esp.) (idem).* ♦ ... Ou qui admet la novation, en l'absence de convention modificative écrite. • Civ. 2e, 5 janv. 1994, n° 92-14.730 P : *Defrénois 1994. 943, note Forgeard.* ♦ V. aussi, lorsque le sort d'un immeuble n'a pas été réglé par la convention définitive homologuée, • Civ. 2e, 27 janv. 2000, n° 97-14.657 P : *D. 2001. Somm. 2935, obs. Revel (2e esp.) ; Defrénois 2000. 1305, obs. Massip ; Dr. fam. 2000, n° 86, note Lécuyer ; RJPF 2000-4/31, note Guerder ; RTD civ. 2000. 299 et 553, obs. Hauser* (absence de référence à la convention provisoire caduque et application d'un accord séparé) • Civ. 1re, 14 janv. 2003 : *D. 2003. Somm. 1870, obs. Revel (1re esp.),* (rejet de la demande de révision, la convention ayant exclu toute réclamation ultérieure pour des biens prétendument omis).

4. *Partage complémentaire.* Si la convention définitive homologuée ne peut être remise en cause, un époux divorcé demeure recevable à présenter une demande ultérieure tendant au partage complémentaire de biens communs ou de dettes communes omis dans l'état liquidatif homologué. • Civ. 1re, 13 déc. 2012 : *cité note 13 ss. art. 232.* ♦ V. note 21 ss. art. 232.

B. ART. 279, AL. 3 ET AL. 4 – DIVORCE JUDICIAIRE OU DIVORCE PAR ACTE SOUS SIGNATURE PRIVÉE

5. *Clause de révision.* Pour une application de la clause de révision incluse dans la convention définitive, V. • TGI Nanterre, 17 déc. 1980 : *D. 1981. 504 (1re esp.), note Massip.* ♦ A propos d'une clause « implicite » de révision, V. • TGI Saumur, 27 juin 1980 : *Gaz. Pal. 1981. 1. 52, note Brazier.* ♦ Une clause de révision du montant de la prestation n'autorise pas la modification de ses modalités de paiement (substitution d'un capital à une rente). • Civ. 2e, 5 juill. 2001 : *Dr. fam. 2002, n° 30, note Lécuyer.*

6. *Assurance supplémentaire.* Cassation de l'arrêt qui condamne, sous astreinte, le débiteur qui ne s'est pas acquitté en totalité, dans les délais impartis par la convention de divorce, du versement du capital en numéraire de la prestation compensatoire, à souscrire un contrat garantissant le paiement du capital restant dû alors que, sauf nouvelle convention modifiant la convention de divorce homologuée lors de son prononcé, seule la révision des modalités de paiement de la prestation compensatoire en capital peut être ordonnée. • Civ. 1re, 11 sept. 2013, n° 12-25.753 P : *AJ fam. 2013. 637, obs. Thouret ; RTD civ. 2013. 822, obs. Hauser.*

7. *Autorité parentale – Entretien et éducation des enfants.* Modification de la convention fixant la contribution à l'entretien et à l'éducation des enfants : V. notes 3 s. ss. art. 373-2-13.

Art. 279-1 *(L. n° 2004-439 du 26 mai 2004, art. 18-VIII)* Lorsqu'en application de l'article 268, les époux soumettent à l'homologation du juge une convention relative à la prestation compensatoire, les dispositions des articles 278 et 279 sont applicables.

Art. 280 *(L. n° 2004-439 du 26 mai 2004, art. 18-IX)* A la mort de l'époux débiteur, le paiement de la prestation compensatoire, quelle que soit sa forme, est prélevé sur la succession. Le paiement est supporté par tous les héritiers, qui n'y sont pas tenus personnellement, dans la limite de l'actif successoral et, en cas d'insuffisance, par tous les légataires particuliers, proportionnellement à leur émolument, sous réserve de l'application de l'article 927.

Lorsque la prestation compensatoire a été fixée sous forme d'un capital payable dans les conditions de l'article 275, le solde de ce capital indexé devient immédiatement exigible.

Lorsqu'elle a été fixée sous forme de rente, il lui est substitué un capital immédiatement exigible. La substitution s'effectue selon des modalités fixées par décret en Conseil d'État. – *V. Décr. n° 2004-1157 du 29 oct. 2004, ss. art. 309.*

Pour les dispositions transitoires, V. L. n° 2004-439 du 26 mai 2004, art. 33-X, ss. art. 286.

BIBL. ▶ **Transmission de la charge de la prestation compensatoire :** VAUVILLÉ, *Dr. et patr. 2/2005. 42.*

1. Transmissibilité d'une pension alimentaire (ancienne législation). Le fondement indemnitaire de la pension alimentaire (C. civ., art. 301, réd. antérieure à la L. 11 juill. 1975) la rend transmissible aux héritiers du débiteur décédé, y compris dans l'hypothèse où l'époux avait également obtenu des dommages-intérêts en réparation du préjudice résultant de la faute de l'époux débiteur. • Civ. 1re, 4 juill. 2012 : *cité note 21 ss. art. 270.*

2. Capitalisation de la rente en cas de décès. En l'absence d'accord des héritiers pour maintenir les modalités de règlement de la prestation compensatoire sous forme de rente, comme le leur permet l'art. 280-1, les héritiers ne peuvent procéder à une révison unilatérale de la rente et il doit lui être substitué un capital immédiatement exigible. • Civ. 1re, 4 nov. 2015, n° 14-20.383 P.

Art. 280-1 *(L. n° 2004-439 du 26 mai 2004, art. 18-X)* Par dérogation à l'article 280, les héritiers peuvent décider ensemble de maintenir les formes et modalités de règlement de la prestation compensatoire qui incombaient à l'époux débiteur, en s'obligeant personnellement au paiement de cette prestation. A peine de nullité, l'accord est constaté par un acte notarié. Il est opposable aux tiers à compter de sa notification à l'époux créancier lorsque celui-ci n'est pas intervenu à l'acte.

Lorsque les modalités de règlement de la prestation compensatoire ont été maintenues, les actions prévues au deuxième alinéa de l'article 275 et aux articles 276-3 et 276-4, selon que la prestation compensatoire prend la forme d'un capital ou d'une rente temporaire ou viagère, sont ouvertes aux héritiers du débiteur. Ceux-ci peuvent également se libérer à tout moment du solde du capital indexé lorsque la prestation compensatoire prend la forme prévue au premier alinéa de l'article 275.

Pour les dispositions transitoires, V. L. n° 2004-439 du 26 mai 2004, art. 33-X, ss. art. 286.

Art. 280-2 *(L. n° 2000-596 du 30 juin 2000 ; L. n° 2004-439 du 26 mai 2004, art. 6 et 22-IX)* Les pensions de réversion éventuellement versées du chef du conjoint décédé sont déduites de plein droit du montant de la prestation compensatoire, lorsque celle-ci, au jour du décès, prenait la forme d'une rente. Si les héritiers usent de la faculté prévue à l'article 280-1 et sauf décision contraire du juge, une déduction du même montant continue à être opérée si le créancier perd son droit ou subit une variation de son droit à pension de réversion. – *[Anc. art. 276-2, modifié.]*

Pour les dispositions transitoires, V. L. n° 2004-439 du 26 mai 2004, art. 33-X et XI, ss. art. 286.

1. Pension de réversion (dispositions transitoires : L. du 30 juin 2000, anc. art. 22). Les juges du fond apprécient souverainement, au vu des besoins et des ressources en présence, qu'il y a lieu de déduire la pension de réversion, versée à l'ex-épouse du chef du défunt, de la rente de la prestation compensatoire à la charge de ses héritiers (anc. art. 276-2, repris sur ce point dans la substance par l'art. 280-2). • Civ. 1re, 31 mai 2005, n° 04-12.758 P : *JCP N 2005. 1423, note Tétard ; Dr. fam. 2005, n° 162, note Larribau-Terneyre.*

2. Déduction du montant brut. Lorsqu'une pension de réversion du chef du débiteur décédé est versée au créancier de la prestation compensatoire, le montant brut de cette pension est déduit du capital substitué à la rente ; cassation de l'arrêt ayant fixé le capital à un certain montant, en retenant que la pension de réversion versée doit être déduite du montant de la prestation compensatoire après retranchement de la contribution sociale généralisée et de la contribution au remboursement de la dette sociale. • Civ. 1re, 5 déc. 2018, n° 17-27.518 P.

3. Conjoint survivant (anc. art. 276-2). L'époux survivant, marié sous le régime de la communauté universelle et bénéficiaire de la clause d'attribution intégrale, est tenu du service de la prestation compensatoire entrée en communauté du chef de son conjoint. • Civ. 1re, 15 oct. 1996, n° 94-19.418 P : *R., p. 240 ; D. 1997. 205, note Yamba ; JCP 1997. I. 4008, n° 13, obs. Simler ; Defrénois 1997. 417, obs. Champenois ; RTD civ. 1997. 106, obs. Hauser ; ibid. 1998. 455, obs. Vareille*.

Art. 281 *(L. n° 75-617 du 11 juill. 1975 ; L. n° 2004-439 du 26 mai 2004, art. 6)* **Les transferts et abandons prévus au présent paragraphe sont** *(L. n° 2004-439 du 26 mai 2004, art. 22-X)* **« , quelles que soient leurs modalités de versement, » considérés comme participant du régime matrimonial. Ils ne sont pas assimilés à des donations.** – *[Anc. art. 280, modifié.]*

1. En vertu de l'art. 757-A CGI, les versements en capital entre ex-époux effectués en conséquence du divorce sont soumis aux droits de mutation à titre gratuit lorsqu'ils proviennent des biens propres de l'un d'eux ; en décidant que, si le versement d'un capital se différencie d'une rente, il est assimilable dans sa finalité à celle-ci, et qu'il résulte de l'art. 280 C. civ. que les transferts et abandons visés par ce texte ne sont pas assimilés à des donations, les juges du fond ont violé le texte susvisé. • Com. 6 déc. 1984 : *D. 1986. 68, note Roux ; JCP 1985. II. 20437, note C. David.* ♦ Également en ce sens que l'art. 757-A CGI déroge, en ce qui concerne la perception des droits d'enregistrement, aux dispositions de l'art. 280 (anc.) C. civ. : • Com. 8 juill. 1986 (2 arrêts), n° 84-14.367 P : *R., p. 174 ; D. 1987. 183, note J. M. ; Gaz. Pal. 1986. 2. 714, note Hatoux* • 10 juin 1997, n° 95-14.026 P : *Defrénois 1998. 715, obs. Massip ; Dr. fam. 1997, n° 151, note Ponton-Grillet ; RTD civ. 1997. 914, obs. Hauser*.

2. Incidence fiscale du versement sous forme de rente : V. • TGI Paris, 11 juin 1982 : *Gaz. Pal. 1982. 2. 442, note Brazier.*

Art. 282 *à* 285 *Abrogés par L. n° 2004-439 du 26 mai 2004, art. 23.*

§ 4 Du logement *(L. n° 2004-439 du 26 mai 2004, art. 19).*

Art. 285-1 *(L. n° 2004-439 du 26 mai 2004, art. 19)* **Si le local servant de logement à la famille appartient en propre ou personnellement à l'un des époux, le juge peut le concéder à bail au conjoint qui exerce seul ou en commun l'autorité parentale sur un ou plusieurs de leurs enfants lorsque ceux-ci résident habituellement dans ce logement et que leur intérêt le commande.**

Le juge fixe la durée du bail et peut le renouveler jusqu'à la majorité du plus jeune des enfants.

Le juge peut résilier le bail si des circonstances nouvelles le justifient.

BIBL. ▶ Coutant-Lapalus, *AJ fam. 2008. 364*. – Crémont, *JCP N 1999. 271*. – Grimaldi, *Defrénois 1983. 1025 et 1105 (spécialement n° 46)*. – D'Horaene, *Gaz. Pal. 1993. 2. Doctr. 1161*. – Dossier, *AJ fam. 2011. 457 et 523* (logement et séparation).

1. Pouvoir souverain du juge. Les juges du fond apprécient souverainement si un local sert de logement de la famille au sens de l'art. 285-1. • Civ. 2e, 8 juill. 1981 : *Bull. civ. II, n° 149* (rejet du pourvoi formé contre • Paris, 4 mai 1979 : *cité note 2).*

2. Sur la condition de résidence effective lors du prononcé du divorce, V. • Paris, 4 mai 1979 : *D. 1980. IR 437, obs. Bénabent.*

3. Date de la demande. La demande de concession de bail fondée sur l'art. 285-1 ne peut être formée après le prononcé du divorce. • Civ. 2e, 28 mars 2002, n° 00-18.050 P : *R., p. 339 ; Defrénois 2002. 1161, obs. Massip ; Dr. fam. 2002, n° 113, note H. L. ; RTD civ. 2002. 492, obs. Hauser*.

4. Bien indivis (non). La possibilité de bail forcé suppose que le local dont s'agit soit un bien personnel à l'époux et non indivis aux époux. • Civ. 1re, 25 janv. 2005 : *Defrénois 2005. 1052, obs. Massip.*

5. Bail rural. Le juge ne peut imposer à l'un des ex-époux de consentir à l'autre un bail rural sur un bien qui lui est propre. • Civ. 1re, janv. 1995, n° 93-13.614 P.

6. Pour la prise en compte de liens émotionnels forts pour qualifier un logement de domicile : • CEDH 3 oct. 2013, n° 46726/1 : *RTD civ. 2013. 810, obs. Marguénaud*.

SECTION 3 Des conséquences du divorce pour les enfants

Art. 286 *(L. n° 2002-305 du 4 mars 2002)* **Les conséquences du divorce pour les enfants sont réglées selon les dispositions du chapitre I du titre IX du présent livre.**

BIBL. ▶ Combret et Baillon-Wirtz, *JCP N 2015, n° 1220* (liquidation et partage après l'ord. du 15 oct. 2015). – Kessler, *Dr. fam. 2018. Étude 4* (les devoirs réciproques des parents séparés). –

LANGEVIN, *RDC 2019/4. 93* (couple, consentement, contrat et conflit : l'embryon congelé fait-il partie des biens matrimoniaux à partager ?).

Garde d'animaux. Hilt, *AJ fam. 2012. 74* (animal de compagnie et séparation). ♦ Les juges n'ont pas à réglementer, s'agissant d'un chien, des « droits de visite et d'hébergement » imaginés par une référence abusive à la législation sur l'enfance. • Paris, 11 janv. 1983 : *Gaz. Pal. 1983. 2. 412, note Dorsner-Dolivet et Scemama.* ♦ Comp. • TGI Évreux, JAM, 27 juin 1978 : *Gaz. Pal. 1978. 2. 382* • Rouen, 22 nov. 1978 : *D. 1980. IR 75, obs. Bénabent.* ♦ V. aussi Hauser, *RTD civ. 1991. 717.*

Art. 287 à 295 *Abrogés par L. n° 2002-305 du 4 mars 2002.*

Loi n° 2004-439 du 26 mai 2004,

Relative au divorce (JO 27 mai).

TITRE I. DISPOSITIONS MODIFIANT LE CODE CIVIL

Art. 1er à 30 *Dispositions modificatives.*

TITRE II. DISPOSITIONS DIVERSES ET TRANSITOIRES

Art. 31 *(L. n° 2009-526 du 12 mai 2009, art. 14-III)* Dans les départements du Bas-Rhin, du Haut-Rhin et de la Moselle, la procédure de partage judiciaire est soumise aux dispositions du titre VI de la loi du 1er juin 1924 mettant en vigueur la législation civile française dans les départements du Bas-Rhin, du Haut-Rhin et de la Moselle.

BIBL. ▸ SANDER, *JCP N 2005. 1324 ; ibid. 2007. 1009.*

Art. 32 I. — La présente loi est applicable en Nouvelle-Calédonie, en Polynésie française, à Wallis-et-Futuna et à Mayotte.

[...]

III. — *V. C. civ., art. 2496.*

Art. 33 I. — La présente loi entrera en vigueur le 1er janvier 2005.

II. — Elle s'appliquera aux procédures en divorce introduites avant son entrée en vigueur sous les exceptions qui suivent :

a) Lorsque la convention temporaire a été homologuée avant l'entrée en vigueur de la présente loi, l'action en divorce est poursuivie et jugée conformément à la loi ancienne ;

b) Lorsque l'assignation a été délivrée avant l'entrée en vigueur de la présente loi, l'action en divorce est poursuivie et jugée conformément à la loi ancienne.

Par dérogation au *b*, les époux peuvent se prévaloir des dispositions des articles 247 et 247-1 du code civil ; le divorce peut également être prononcé pour altération définitive du lien conjugal si les conditions de l'article 238 sont réunies et dans le respect des dispositions de l'article 246.

III. — Les dispositions du II sont applicables aux procédures en séparation de corps.

IV. — L'appel et le pourvoi en cassation sont formés, instruits et jugés selon les règles applicables lors du prononcé de la décision de première instance.

V. — les demandes de conversion sont formées, instruites et jugées conformément aux règles applicables lors du prononcé de la séparation de corps.

VI. — Les rentes viagères fixées par le juge ou par convention avant l'entrée en vigueur de la loi n° 2000-596 du 30 juin 2000 relative à la prestation compensatoire en matière de divorce peuvent être révisées, suspendues ou supprimées à la demande du débiteur ou de ses héritiers lorsque leur maintien en l'état procurerait au créancier un avantage manifestement excessif au regard des critères posés à l'article 276 du code civil. *(L. n° 2015-177 du 16 févr. 2015, art. 7)* « A ce titre, il est tenu compte de la durée du versement de la rente et du montant déjà versé. »

L'article 276-3 de ce code est applicable à la révision, à la suspension ou la suppression des rentes viagères fixées par le juge ou par convention avant l'entrée en vigueur de la présente loi.

La substitution d'un capital aux rentes viagères fixées par le juge ou par convention avant l'entrée en vigueur de la présente loi peut être demandée dans les conditions fixées à l'article 276-4 du même code.

VII. — Les rentes temporaires fixées par le juge ou par convention avant l'entrée en vigueur de la présente loi peuvent être révisées, suspendues ou supprimées en cas de changement important dans les ressources ou les besoins de l'une ou l'autre des parties. Leur révision ne peut conduire à proroger leur durée initiale, sauf accord des parties. La révision ne peut avoir pour effet de porter la rente à un montant supérieur à celui fixé initialement par le juge.

La substitution d'un capital aux rentes temporaires fixées par le juge ou par convention avant l'entrée en vigueur de la présente loi peut être demandée dans les conditions prévues à l'article 276-4 du code civil.

VIII. — Les prestations compensatoires fixées par le juge ou par convention avant l'entrée en vigueur de la présente loi sous la forme prévue au premier alinéa de l'article 275 du code civil, tel qu'il résulte de l'article 6, peuvent être révisées dans les conditions prévues par le deuxième alinéa de ce même article.

IX. — Les VI et VII sont applicables aux instances en cours qui n'ont pas donné lieu à une décision passée en force de chose jugée.

X. — Les dispositions des articles 280 à 280-2 du code civil, tel qu'il résulte de l'article 6, sont applicables aux prestations compensatoires allouées avant l'entrée en vigueur de la présente loi sauf lorsque la succession du débiteur a donné lieu à partage définitif à cette date. Dans ce dernier cas, les dispositions prévues aux deuxième et troisième alinéas du VI, au VII et au VIII sont applicables aux héritiers du débiteur. Ceux-ci peuvent également se libérer à tout moment du solde du capital indexé lorsque la prestation compensatoire prend la forme prévue au premier alinéa de l'article 275 du code civil, tel qu'il résulte de l'article 6.

XI. — Les pensions de réversion versées du chef du conjoint décédé avant la date d'entrée en vigueur de la loi n° 2000-596 du 30 juin 2000 précitée peuvent être, sur décision du juge saisi par les héritiers du débiteur de la prestation compensatoire, déduites du montant des rentes en cours.

Les dispositions de l'art. 7 de la L. n° 2015-177 du 16 févr. 2015 sont applicables en Polynésie française et dans les îles Wallis-et-Futuna (L. préc., art. 25).

BIBL. ▶ **Dispositions transitoires :** Bénabent, *AJ fam. 2004. 232.* – Lacoste et Larribau-Terneyre, *Dr. fam. 2005. Étude 1.* – Sauvage, *JCP N 2004. 1505.*

1. Art. 33-I. Révocation des avantages matrimoniaux. Sur l'application aux divorces prononcés après l'entrée en vigueur de la L. du 26 mai 2004 des nouvelles règles légales relatives à la révocation des avantages matrimoniaux en cas de divorce, V. note 9 ss. art. 265.

2. Art. 33-II. En l'état d'une assignation délivrée le 28 avr. 2003 et d'une première décision rendue le 2 mars 2004 et appliquant les dispositions antérieures à la L. du 26 mai 2004, seules en vigueur à cette date, l'action doit être poursuivie selon la loi ancienne. • Civ. 1re, 25 avr. 2007, n° 06-14.858 P : *D. 2007. AJ 1427 ; Defrénois 2007. 1318, obs. Massip ; AJ fam. 2007. 271, obs. S. David ; RJPF 2007-7-8/25, obs. Garé ; RTD civ. 2007. 551, obs. Hauser* (inapplication des dispositions de l'art. 272 dans sa rédaction issue de la L. du 26 mai 2004).

En vertu de ses dispositions transitoires, la loi nouvelle a vocation à s'appliquer en toutes ses dispositions concernant les conséquences du divorce pour les époux, y compris celles afférentes au sort des avantages matrimoniaux, peu important la date à laquelle ceux-ci ont été stipulés. • Civ. 1re, 18 mai 2011 : *cité note 6 ss. art. 265 (refus d'appliquer l'art. 267 anc. prévoyant la révocation de plein droit des avantages matrimoniaux).*

3. Art. 33-IV. L'art. 33-IV ne signifie nullement que la loi nouvelle s'appliquerait aux instances en appel ou en cassation par le seul effet de la date à laquelle la décision attaquée a été rendue en première instance. • Dijon, 29 sept. 2005 : *Gaz. Pal. 2005. 3481, note Gerbay.* – V. aussi • Civ. 1re, 6 déc. 2005 : *AJ fam. 2006. 202, obs. S. David ; RTD civ. 2006. 287, obs. Hauser.* ♦ Cassation de l'arrêt qui, alors qu'un divorce pour rupture de la vie commune avait été prononcé avant l'entrée en vigueur de la loi nouvelle, prononce, en appel, le divorce pour altération définitive du lien conjugal au motif que les conditions de l'art. 238 étaient réunies. • Civ. 1re, 14 nov. 2006, n° 05-20.798 P : *D. 2006. IR 3011 ; Defrénois 2007. 298, obs. Massip ; Dr. fam. 2007, n° 8, note Larribau-Terneyre ; RTD civ. 2007. 94, obs. Hauser.* ♦ Application de l'art. 33-IV (procédure d'appel) : • Paris, 10 avr. 2008 : *JCP 2008. IV. 1902.*

4. ... Modification du fondement de la demande de divorce en cause d'appel (non). Selon l'art. 33-IV, l'appel et le pourvoi en cassation sont formés, instruits et jugés selon les règles applicables lors du prononcé de la décision de divorce de première instance ; ceci interdit de faire usage de l'art. 33-II-b quant au motif du divorce. • Civ. 1re, 5 mars 2008 : *préc. note 7 ss. art. 242.* ♦ Dans le même sens, • Paris, 25 m[illegible] 2005 : *Dr. fam. 2005, n° 245, note Larribau-Terneyre* • Aix-en-Provence, 5 juill. 2005 : *RTD civ. 2006. 742, obs. Hauser*, et, en sens inverse, • Pau, 24 oct. 2005 : *Dr. fam. 2006, n° 54, note Larribau-Terneyre* • Toulouse, 22 nov. 2005 : *ibid., n° 55.*

5. Art. 33-V. Les dispositions de la L. n° 2004-

439 du 26 mai 2004 concernant les demandes de conversion de la séparation de corps en divorce, et notamment l'art. 33 V, ne sont pas applicables aux actions en conversion lorsque le jugement de conversion a été prononcé antérieurement au 1er janv. 2005. • Civ. 1re, 17 déc. 2008, n° 06-19.125 P : *D. 2010. Pan. 1243, obs. Williatte-Pellitteri ; AJ fam. 2009. 79, obs. David ; Dr. fam. 2009, n° 13, obs. Larribau-Terneyre.*

6. *Art. 33-VI.* Le 1er al. du VI de l'art. 33 de la L. n° 2004-439 du 26 mai 2004 relative au divorce, dans sa rédaction résultant de la L. n° 2015-177 du 16 févr. 2015 relative à la modernisation et à la simplification du droit et des procédures dans les domaines de la justice et des affaires intérieures, est conforme à la Const. • Cons. const. 15 janv. 2021, n° 2020-871 QPC : *D. 2021. 499, obs. Douchy-Oudot ; Dr. fam. 2021, n° 34, note Dumas-Lavenac.* ♦ En effet les créanciers de rentes viagères fixées sous l'empire du droit antérieur à la L. du 30 juin 2000 ne pouvaient légitimement s'attendre à ce que ne s'appliquent pas à eux, pour l'avenir, les nouvelles règles de révision des prestations compensatoires destinées à remédier à de tels déséquilibres. • Même décision. ♦ Transmission de la QPC : • Civ. 1re, 15 oct. 2020, n° 20-14.584 P : *D. 2021. 499, obs. Douchy-Oudot ; RTD civ. 2021. 109, obs. Leroyer ; Dr. fam. 2020, n° 158, note Dumas-Lavenac.*

Application de l'art. 33-VI : V. • Bordeaux, 31 janv. 2006 : *Dr. fam. 2006, n° 92, note Larribau-Terneyre* (réduction de la rente) • Toulouse, 7 févr. 2006 : *Dr. fam. 2007. Étude 10, par Ben Hadj Yahia* (*idem*). ♦ Refus de diminuer une prestation compensatoire, l'avantage manifestement excessif n'étant pas caractérisé : • Civ. 1re, 11 juill. 2006, n° 05-19.862 P : *Defrénois 2006. 1771, obs. Massip ; RTD civ. 2006. 746, obs. Hauser .* ♦ L'équivalence des revenus entre débiteur et créancier n'est pas un avantage manifestement excessif. • Civ. 1re, 30 sept. 2009 : *Dr. fam. 2009, n° 138, obs. Larribau-Terneyre.* ♦ L'art. 33-VI, al. 2, est applicable à une prestation compensatoire mixte. • Civ. 1re, 19 juin 2007, n° 05-21.970 P : *D. 2007. AJ 1967, obs. Delaporte-Carré ; Defrénois 2007. 1633, obs. Massip ; Dr. fam. 2007, n° 164, note Larribau-Terneyre.* ♦ Il appartient au débiteur de la prestation de démontrer de façon alternative et non cumulative soit un changement important dans les ressources ou les besoins des parties, soit que le maintien en l'état de la rente procurerait au créancier un avantage manifestement excessif. • Civ. 1re, 19 sept. 2007, n° 06-20.193 P : *D. 2007. AJ 2540 ; AJ fam. 2007. 395, obs. S. David ; Dr. fam. 2007, n° 206, note Larribau-Terneyre ; RTD civ. 2007. 759, obs. Hauser .* ♦ Rappr. : • Civ. 1re, 6 mai 2009 : *Dr. fam. 2009, n° 85, obs. Larribau-Terneyre.* ♦ Prise en considération des revenus que pourrait procurer à la bénéficiaire une gestion utile de son patrimoine, en l'espèce la possibilité de location de tout ou partie d'un bien immobilier dès lors qu'elle a choisi de ne pas y résider, gestion de nature à alléger, voire compenser, totalement ses charges et à accroître ainsi son revenu disponible dans de notables proportions. • Civ. 1re, 27 juin 2018, n° 17-20.181 P : *AJ fam. 2018. 467, obs. Thouret .*

Application des dispositions transitoires prévues au VI de l'art. 33 bien que les héritières du débiteur aient décidé de maintenir les formes et modalités de règlement de la prestation compensatoire par un acte notarié postérieur à 2004, situation que le législateur n'a pas exclue. • Civ. 1re, 28 mars 2018, n° 17-14.389 P : *D. 2018. 720 ; AJ fam. 2018. 395, obs. Thouret ; Dr. fam. 2018, n° 148, note Colliot.* ♦ La demande de révision est recevable dès lors qu'existent des circonstances de fait nouvelles résultant notamment de la durée de la rente et du montant déjà versé depuis un jugement antérieur. L'autorité de chose jugée ne peut donc s'opposer à porter devant le juge la question déjà posée de la révision de la prestation, dès lors que des circonstances nouvelles peuvent être invoquées, sur le fondement des dispositions de la loi du 16 févr. 2015. • Civ. 1re, 29 mai 2019, n° 18-17.377 P *D. 2020. 267, note Legendre ; RTD civ. 2019, 560, note Leroyer ; AJ fam. 2019. 406, note Trinquet ; D. actu. 24 juin 2019, note Maugain.*

Art. 34 et 35 *Modification de la L. n° 2001-616 du 11 juill. 2001 relative à Mayotte.*

CHAPITRE IV DE LA SÉPARATION DE CORPS

RÉP. CIV. v° *Séparation de corps*, par N. DISSAUX, E. FORTIS.

DALLOZ ACTION *Droit de la famille 2023/2024, nos 121.00 s.*

BIBL. ► MIRABAIL, *JCP 2018, n° 843.* – CHAILLIÉ, *AJ fam. 2019. 318* .

SECTION 1 Des cas et de la procédure de la séparation de corps

Art. 296 La séparation de corps peut être prononcée *(L. n° 2019-222 du 23 mars 2019, art. 24)* « ou constatée [*ancienne rédaction : à la demande de l'un des époux*] » dans les mêmes cas et aux mêmes conditions que le divorce *(Abrogé par L. n° 2019-222 du*

23 mars 2019, art. 24) (L. n° 2016-1547 du 18 nov. 2016, art. 50, en vigueur le 1er janv. 2017) « judiciaire ».

1. Domaine – Loi Réforme de la Justice. Application immédiate à la séparation de corps des dispositions de la L. du 23 mars 2019, art. 24, introduisant la séparation de corps par consentement mutuel par acte sous signature privée (art. 229-1 à 229-4).

2. Devoir de secours. L'époux qui a demandé, en se conformant aux dispositions de l'art. 239, la séparation de corps pour rupture de la vie commune peut prétendre, au titre du devoir de secours maintenu par l'art. 303, à une pension alimentaire. • Civ. 2e, 5 mars 1997, n° 93-16.063 P : *D. 1997. IR 112 ; JCP 1997. II. 22853, note Garé ; Defrénois 1997. 1330, obs. Massip ; Dr. fam. 1997, n° 86, note Lécuyer ; RTD civ. 1997. 400, obs. Hauser*.

3. Clause de dureté (application de l'anc. art. 240). Sur le jeu de la clause d'exceptionnelle dureté en cas de demande en séparation de corps, V. • TGI Paris, 10 mai 1978 : *JCP 1979. II. 19040, note Lindon* • TGI Toulouse, 14 oct. 1976 : *JCP 1977. II. 18680.*

Art. 297 L'époux contre lequel est présentée une demande en divorce peut former une demande reconventionnelle en séparation de corps. *(L. n° 2004-439 du 26 mai 2004, art. 20-I, en vigueur le 1er janv. 2005)* « Toutefois, lorsque la demande principale en divorce est fondée sur l'altération définitive du lien conjugal, la demande reconventionnelle ne peut tendre qu'au divorce. » L'époux contre lequel est présentée une demande en séparation de corps peut former une demande reconventionnelle en divorce.

Al. 2 abrogé par L. n° 2004-439 du 26 mai 2004, art. 23, à compter du 1er janv. 2005.

Pour les dispositions transitoires, V. L. n° 2004-439 du 26 mai 2004, art. 33-III, ss. art. 286.

L'époux qui a formé une demande en séparation de corps ne peut lui substituer une demande en divorce (art. 1076 C. pr. civ.). • Civ. 1re, 16 avr. 2008, n° 07-14.891 P : *D. 2008. AJ 1346, obs. Le Douaron ; ibid. 2009. Pan. 53, obs. Douchy-Oudot ; RJPF 2008-7-8/20, obs. Garé ; RLDC 2008/50, n° 3031, obs. Marraud des Grottes ; Defrénois 2008. 1833, obs. Massip.* ♦ Mais, en vertu du même texte, l'époux qui a formé une demande en divorce peut lui substituer, même en appel, une demande en séparation de corps. • Civ. 1re, 25 sept. 2013, n° 12-22.362 P : *D. 2014. 689, obs. Douchy-Oudot ; AJ fam. 2013. 636, obs. Thouret ; RTD civ. 2013. 825, obs. Hauser ; Dr. fam. 2013, n° 150, obs. Binet.*

Ancien art. 297 *L'époux contre lequel est présentée une demande en divorce peut former une demande reconventionnelle en séparation de corps. L'époux contre lequel est présentée une demande en séparation de corps peut former une demande reconventionnelle en divorce.*

Si une demande en divorce et une demande en séparation de corps sont simultanément accueillies, le juge prononce à l'égard des deux conjoints le divorce aux torts partagés.

En rapprochant les art. 1113 C. pr. civ. et 297 C. civ., on doit admettre qu'à défaut par un époux demandeur en séparation de corps de saisir le tribunal dans le délai imparti par le juge conciliateur, son conjoint est en droit d'assigner lui-même en divorce. • TGI Albertville, 31 mai 1988 : *Gaz. Pal. 1989. 1. Somm. 119, obs. Massip ; Defrénois 1988. 1293, obs. Massip.*

Art. 297-1 *(L. n° 2004-439 du 26 mai 2004, art. 20-II)* Lorsqu'une demande en divorce et une demande en séparation de corps sont concurremment présentées, le juge examine en premier lieu la demande en divorce. Il prononce celui-ci dès lors que les conditions en sont réunies. A défaut, il statue sur la demande en séparation de corps.

Toutefois, lorsque ces demandes sont fondées sur la faute, le juge les examine simultanément et, s'il les accueille, prononce à l'égard des deux conjoints le divorce aux torts partagés. – *Entrée en vigueur le 1er janv. 2005.*

1. Lorsqu'une demande en séparation de corps pour faute a été formée avant l'entrée en vigueur de la L. du 26 mai 2004 et qu'une demande reconventionnelle en divorce pour altération définitive du lien conjugal est formée sur le fondement de ladite loi, il y a lieu d'examiner en premier lieu la demande en divorce, en application de l'art. 297-1, al. 1er. • Cass., avis, 3 avr. 2006, n° 06-00.002 P : *R., p. 507 ; BICC 1er août 2006, rapp. Trapero ; D. 2007. Pan. 611, obs. Williatte-Pellitteri ; Dr. fam. 2006, n° 109, note Larribau-Terneyre ; RTD civ. 2006. 539, obs. Hauser*.

2. Lorsqu'une demande en divorce pour altération définitive du lien conjugal et une demande en séparation de corps sont concurremment présentées, le juge se place, au sens de l'art. 238, à la date de la demande reconventionnelle en divorce du mari pour apprécier la durée de la cessation de communauté de vie conjugale lorsque les époux vivent séparés depuis deux ans lors de l'assignation en divorce. • Civ. 1re, 28 mai 2015, n° 14-10.868 P : *D. 2016. 674, obs. Douchy-Oudot ; AJ fam. 2015. 491, obs. Thouret ; RTD civ. 2015. 593, obs. Hauser ; Gaz. Pal. 2015. 2165, obs. Douville ; JCP 2015, n° 857, note Hauser ; Dr. fam. 2015, n° 160, obs. Binet.*

Art. 298 **En outre, les règles contenues** *(L. n° 2019-222 du 23 mars 2019, art. 24)* **« aux articles 229-1 à 229-4** *[ancienne rédaction : à l'article 228]* **»** *(L. n° 2004-439 du 26 mai 2004, art. 22-XI, en vigueur le 1er janv. 2005)* **« ainsi qu' » au chapitre II ci-dessus sont applicables à la procédure de la séparation de corps.**

V., ss. art. 309, C. pr. civ., art. 1070 s., 1139 s.

1. Règles de la procédure de divorce. La procédure de la séparation de corps obéit aux règles prévues pour la procédure de divorce ; l'art. 1104 C. pr. civ. est applicable à la tierce opposition formée contre la décision d'homologation de la convention conclue par les époux lors de leur séparation de corps par consentement mutuel. • Civ. 1re, 13 janv. 2016, n° 14-29.631 P : *AJ fam. 2016. 158, obs. David ; RTD civ. 2016. 325, obs. Hauser.*

2. Médiation – Loi Réforme de la Justice. L'art. 3 de la L. du 23 mars 2019, d'application immédiate à la séparation de corps, reconnaît au juge, pour les tentatives de conciliation prévues par la loi, lorsqu'il estime qu'une résolution amiable du litige est possible, le pouvoir d'ordonner une médiation au sens des art. 22-1 à 22-3 de la L. n° 95-125 du 8 févr. 1995 relative à l'organisation des juridictions et à la procédure.

3. Mesures conservatoires. Prise de mesures conservatoires en cas d'instance en séparation de corps : V. • TGI Paris JAM, 10 mai 1976 : *D. 1978. 596, note Cl.-I. Foulon-Piganiol* (mise sous administration judiciaire de valeurs mobilières).

SECTION 2 Des conséquences de la séparation de corps

Art. 299 **La séparation de corps ne dissout pas le mariage mais elle met fin au devoir de cohabitation.**

Art. 300 *(L. n° 2004-439 du 26 mai 2004, art. 20-III)* **Chacun des époux séparés conserve l'usage du nom de l'autre. Toutefois,** *(L. n° 2019-222 du 23 mars 2019, art. 24)* **« la convention de séparation de corps par acte sous signature privée contresigné par avocats déposé au rang des minutes d'un notaire, » le jugement de séparation de corps ou un jugement postérieur peut, compte tenu des intérêts respectifs des époux, le leur interdire.** — *Entrée en vigueur le 1er janv. 2005.*

Ancien art. 300 *La femme séparée conserve l'usage du nom du mari. Toutefois, le jugement de séparation de corps, ou un jugement postérieur, peut le lui interdire. Dans le cas où le mari aurait joint à son nom le nom de la femme, celle-ci pourra également demander qu'il soit interdit au mari de le porter.*

Art. 301 **En cas de décès de l'un des époux séparés de corps, l'autre époux conserve les droits que la loi accorde au conjoint survivant.** *(Abrogé par L. n° 2004-439 du 26 mai 2004, art. 22-XII, à compter du 1er janv. 2005) **« Il en est toutefois privé si la séparation de corps est prononcée contre lui suivant les distinctions faites à l'article 265. »*** *(L. n° 2019-222 du 23 mars 2019, art. 24)* **« En cas de séparation de corps par consentement mutuel,** *[ancienne rédaction : lorsque la séparation de corps est prononcée par consentement mutuel]* **», les époux peuvent inclure dans leur convention une renonciation aux droits successoraux qui leur sont conférés par les articles** *(L. n° 2001-1135 du 3 déc. 2001, art. 15)* ***« 756 à 757-3 et 764 à 766 ».*** — *Entrée en vigueur le 1er juill. 2002.*

Art. 302 **La séparation de corps entraîne toujours séparation de biens.**

En ce qui concerne les biens, la date à laquelle la séparation de corps produit ses effets est déterminée conformément aux dispositions des articles 262 à 262-2.

1. Prise d'effet. Il résulte des art. 262-1 (rédaction antérieure à la L. du 26 mai 2004) et 302 que dans les rapports entre époux, le jugement de séparation de corps qui emporte dissolution de la communauté prend effet au jour de l'assignation, de sorte que la consistance de la communauté est fixée à cette date ; il en résulte que les actes accomplis sur les biens communs postérieurement à celle-ci par un seul des époux ne sont pas opposables à l'autre. • Civ. 1re, 23 oct. 2013 : *D. 2014. 522, note Brémond ; AJ fam. 2013. 710, obs. Thouret ; RTD civ. 2014. 98, obs. Hauser ; Gaz. Pal. 2014. 241, obs. Casey.*

2. ... Report. Il résulte du renvoi de l'art. 302 à l'art. 262-1 que le juge peut fixer les effets du jugement de séparation de corps lorsqu'elle est prenoncée pour altération défensive du lien conjugal à la date à laquelle les époux ont cessé de cohabiter et de collaborer. • Civ. 1re, 12 juin 2014, n° 13-16.044 P : *Dr. fam. 2014, n° 176, note Binet RTD civ. 2014. 633, obs. Hauser*.

Art. 303 **La séparation de corps laisse subsister le devoir de secours ; le jugement qui la prononce ou un jugement postérieur fixe la pension alimentaire qui est due à l'époux dans le besoin.** *(L. n° 2019-222 du 23 mars 2019, art. 24)* **« La pension alimentaire peut aussi être prévue par la convention de séparation de corps par consentement mutuel. »**

Cette pension est attribuée sans considération des torts. L'époux débiteur peut néanmoins invoquer, s'il y a lieu, les dispositions de l'article 207, alinéa 2.

(L. n° 2004-439 du 26 mai 2004, art. 20-IV) **« Cette pension est soumise aux règles des obligations alimentaires.**

« Toutefois, lorsque la consistance des biens de l'époux débiteur s'y prête, la pension alimentaire est remplacée, en tout ou partie, par la constitution d'un capital, selon les règles des articles 274 à 275-1, 277 et 281. Si ce capital devient insuffisant pour couvrir les besoins du créancier, celui-ci peut demander un complément sous forme de pension alimentaire. » — *Entrée en vigueur le 1er janv. 2005.*

Ancien art. 303 (al. 3) ***Cette pension est soumise aux règles des obligations alimentaires ; les dispositions de l'article 285 lui sont toutefois applicables.***

1. Faute de l'époux. C'est dans l'exercice de leur pouvoir souverain qu'après avoir constaté l'état de besoin de l'épouse et évalué le montant maximum de la pension alimentaire que, compte tenu de ses facultés, le mari pouvait verser, les juges du fond ont, au vu des manquements graves de la femme à ses obligations envers son mari, du fait de nombreux abandons de foyer, déchargé pour partie ce dernier de sa dette alimentaire. • Civ. 2e, 11 févr. 1981 : *Gaz. Pal. 1982. 1. 105, note Massip.* ♦ V. aussi note 2 ss. art. 296.

2. Prestation compensatoire. Jugé antérieurement au Décr. n° 85-1330 du 17 déc. 1985 (C. pr. civ., art. 1076-1, ss. art. 309) que, saisis uniquement d'une demande de pension alimentaire en application de l'art. 303, les juges du fond qui, sur la demande principale en divorce du mari et la demande reconventionnelle de la femme en séparation de corps, prononcent le divorce aux torts partagés des époux ne peuvent, sans modifier l'objet du litige, accorder une prestation compensatoire qui n'avait pas été sollicitée. • Civ. 2e, 7 mars 1985 : *JCP 1986. II. 20589 (1er arrêt), note Lindon et Bénabent.* ♦ Comp., sur la possibilité de requalification de la demande de pension alimentaire, • Civ. 2e, 7 mars 1985 : *ibid. (2e arrêt), note Lindon et Bénabent.* ♦ Sur l'ensemble de la question, V. obs. Normand, *RTD civ. 1986. 793.*

3. Divorce. L'introduction d'une demande en divorce par l'époux séparé de corps laisse subsister la décision antérieure devenue irrévocable prononçant la séparation de corps et statuant notamment sur le devoir de secours • Civ. 2e, 2 déc. 1998, n° 96-10.145 P : *RTD civ. 1999. 367, obs. Hauser*.

4. Attribution d'un capital. Par application de l'art. 285 auquel renvoie l'art. 303 anc., faculté pour le juge d'ordonner que le devoir de secours s'exécutera par la constitution d'un capital qui peut être réalisée sous la forme d'un abandon de biens en usufruit, lorsque la consistance des biens de l'époux débiteur de l'obligation de secours s'y prête. • Civ. 1re, 18 déc. 2013 : *AJ fam. 2014. 242, obs. Thouret*.

5. Logement. La mise à disposition gratuite d'un logement en exécution du devoir de secours ne peut être assimilée à un droit réel d'usage et d'habitation mais consiste en l'attribution de la jouissance gratuite du logement constitutive d'un droit personnel. • Civ. 1re, 24 sept. 2008, n° 06-21.198 P : *D. 2008. AJ 2504* ; *AJ fam. 2008. 433, obs. Gallmeister* ; *RTD civ. 2009. 104, obs. Hauser*.

Art. 304 **Sous réserve des dispositions de la présente section, les conséquences de la séparation de corps obéissent aux mêmes règles que les conséquences du divorce énoncées au chapitre III ci-dessus.**

Dommages-intérêts. Les dispositions de l'art. 266 sont applicables à la séparation de corps. • Civ. 2e, 22 mai 1979, n° 78-10.604 P • 7 mai 2002, n° 00-15.318 P : *RTD civ. 2002. 493, obs. Hauser*.

SECTION 3 De la fin de la séparation de corps

Art. 305 **La reprise volontaire de la vie commune met fin à la séparation de corps.**

Pour être opposable aux tiers, celle-ci doit, soit être constatée par acte notarié, soit faire l'objet d'une déclaration à l'officier d'état civil. Mention en est faite en marge de

l'acte de mariage *(L. n° 85-1372 du 23 déc. 1985, art. 45)* **« des époux, ainsi qu'en marge de leurs actes de naissance ».** – *Entrée en vigueur le 1er juill. 1986.*

La séparation de biens subsiste sauf si les époux adoptent un nouveau régime matrimonial suivant les règles de l'article 1397.

BIBL. ▶ NERSON, *Études Weill, Dalloz/Litec, 1983, p. 425* (pardon des offenses entre époux).

Nécessité de respecter les règles de publicité de l'art. 305 pour pouvoir opposer au bailleur la qualité d'occupant de bonne foi de l'époux qui ne s'était pas vu attribuer la jouissance des lieux par le jugement de séparation de corps. • Civ. 3e, 4 juill. 2001, n° 99-12.327 P : *JCP N 2002. 1308, note Brémond ; Defrénois 2002. 186, obs. Massip ; RTD civ. 2002. 275, obs. Hauser*.

Art. 306 **A la demande de l'un des époux, le jugement de séparation de corps est converti de plein droit en jugement de divorce quand la séparation de corps a duré** *(L. n° 2004-439 du 26 mai 2004, art. 22-XIII, en vigueur le 1er janv. 2005)* **« deux ans ».**

V., ss. art. 309, C. pr. civ., art. 1141 s.

1. Demande en divorce et conversion. La demande en divorce d'un époux n'interdit pas à l'autre de solliciter la conversion de la séparation de corps en divorce. • Civ. 2e, 24 févr. 1993, n° 91-11.837 P. ♦ Et le mari est sans intérêt à critiquer l'arrêt qui a écarté sa demande principale en divorce, dès lors qu'en convertissant la séparation de corps en divorce, la cour a retenu les torts des deux époux, une seconde reconnaissance des torts de l'épouse ne pouvant modifier la nature du prononcé du divorce aux torts partagés. • Même arrêt.

2. L'instance en conversion de séparation de corps en divorce intentée par le mari étant restée pendante par suite du refus opposé par la femme au désistement de cette instance, la demande principale en divorce du mari est irrecevable. • Civ. 2e, 4 mai 2000, n° 98-20.030 P : *D. 2000. IR 151 ; RTD civ. 2000. 548, obs. Hauser*.

3. Loi applicable. La loi applicable à la conversion de la séparation de corps en divorce est celle en vigueur lors de la requête initiale en séparation de corps : V. • Civ. 2e, 27 avr. 1979 : *Bull. civ. II, n° 123 ; RTD civ. 1979. 650, obs. Normand.* – V. aussi obs. Normand, *RTD civ. 1980. 595* • Civ. 2e, 27 nov. 1980 : *Bull. civ. II, n° 248.*

Art. 307 **Dans tous les cas de séparation de corps, celle-ci peut être convertie en divorce** *(L. n° 2004-439 du 26 mai 2004, art. 22-XIV, en vigueur le 1er janv. 2005)* **« par consentement mutuel ».**

(L. n° 2019-222 du 23 mars 2019, art. 24) **« En cas de séparation de corps par consentement mutuel, la conversion en divorce ne peut intervenir que par consentement mutuel** *[ancienne rédaction : Quand la séparation de corps a été prononcée par consentement mutuel, elle ne peut être convertie en divorce que par une nouvelle demande conjointe]*. **»**

Pour les dispositions transitoires, V. L. n° 2004-439 du 26 mai 2004, art. 33-V, ss. art. 286.

1. Demande principale en divorce. Les art. 306 et 307 n'excluent pas la possibilité d'une demande principale en divorce formée pour d'autres causes après le jugement de séparation de corps. • Civ. 2e, 11 oct. 1989 : *Bull. civ. II, n° 179 ; Defrénois 1990. 298, obs. Massip* • 11 déc. 1991, n° 90-13.374 P : *Defrénois 1992. 724, obs. Massip.* ♦ Sauf requête conjointe en conversion en divorce d'une séparation de corps prononcée sur demande conjointe, une demande en divorce pour faute ne peut être fondée que sur des faits postérieurs au jugement de séparation de corps. • Civ. 2e, 26 juin 1996, n° 94-14.331 P : *RTD civ. 1996. 883, obs. Hauser*. ♦ Sur le cas d'une demande en divorce pour rupture de la vie commune et la prise en compte de la séparation légale résultant d'une séparation de corps antérieure, V. note 2 ss. art. 238. ♦ Mais dès lors que le mari avait assigné la femme en conversion de la séparation de corps antérieurement à l'assignation en divorce pour faute, la demande de l'épouse constitue une demande reconventionnelle prohibée par l'art. 1142 C. pr. civ. • Civ. 2e, 24 nov. 1993, n° 92-10.362 P.

2. Conversion. Application immédiate des dispositions de la L. 23 mars 2019, art. 24, en cas de conversion en divorce d'une séparation de corps par consentement mutuel (art. 307 mod. L. 23 mars 2019). ♦ Demande conjointe de conversion d'une séparation de corps prononcée antérieurement à la L. du 11 juill. 1975 : V. • TGI Rennes, 10 mars 1976 : *D. 1976. 592.*

Art. 308 **Du fait de la conversion, la cause de la séparation de corps devient la cause du divorce ; l'attribution des torts n'est pas modifiée.**

Le juge fixe les conséquences du divorce. Les prestations et pensions entre époux sont déterminées selon les règles propres au divorce.

1. Le juge ne peut prononcer la conversion de la séparation de corps en divorce sans avoir invité les parties à s'expliquer sur le versement d'une prestation compensatoire. • Civ. 2e, 3 juill. 1997, n° 95-17.457 P : *RTD civ. 1997. 912, obs. Hauser* • Civ. 1re, 25 mai 2004, n° 02-10.424 P : *D. 2004. IR 1770 ; Gaz. Pal. 2004. 2554, concl. Sainte-Rose ; Defrénois 2004. 1685, obs. Massip ; RTD civ. 2004. 491, obs. Hauser*.

2. L'épouse qui bénéficiait d'une pension alimentaire a intérêt à interjeter appel du jugement de conversion en divorce dès lors que le juge, méconnaissant son office, n'a pas invité les parties à s'expliquer sur le versement d'une prestation compensatoire. • Civ. 1re, 25 mai 2004 : *préc. note 1.*

Avant son abrogation par la loi n° 2004-439 du 26 mai 2004 relative au divorce, un art. 309 complétait le présent chapitre IV. Il était ainsi rédigé : « La femme peut contracter un nouveau mariage dès que la décision de conversion a pris force de chose jugée. »

Le numéro 309, laissé libre par cette abrogation, a été réutilisé par l'Ord. n° 2005-759 du 4 juill. 2005 réformant la filiation (V. titre VII) pour renuméroter l'art. 310, article unique du chapitre V ci-après.

CHAPITRE V DU CONFLIT DES LOIS RELATIVES AU DIVORCE ET À LA SÉPARATION DE CORPS

Art. 309 Le divorce et la séparation de corps sont régis par la loi française :
— lorsque l'un et l'autre époux sont de nationalité française ;
— lorsque les époux ont, l'un et l'autre, leur domicile sur le territoire français ;
— lorsque aucune loi étrangère ne se reconnaît compétence, alors que les tribunaux français sont compétents pour connaître du divorce ou de la séparation de corps.

Aux termes de l'art. 2 de l'Ord. n° 2005-759 du 4 juill. 2005 réformant la filiation (V. titre VII ci-après), l'ancien art. 310 est devenu le nouvel art. 309.

Le Règl. UE n° 1259/2010 du Conseil du 20 déc. 2010 (JOUE 29 déc.) mettant en œuvre une coopération renforcée dans le domaine de la loi applicable au divorce et à la séparation de corps entre en vigueur, pour certains pays de l'Union européenne, le 21 juin 2012. — V. ss. art. 309.

BIBL. ▸ Al-Dabbagh, *Rev. crit. DIP 2022. 7* (effet au Québec des divorces étrangers non dotés de l'exequatur - divorces islamiques). - Boiché, *AJ fam. 2008. 270 ; ibid. 349* (divorce et conventions bilatérales). - Cornec, *Gaz. Pal. 1976. 2. Doctr. 612.* - Courbe, *Trav. Com. fr. DIP 1989-1990. 123 ; Mél. Holleaux, Litec, 1990, p. 69.* - Jacques Foyer, *Mél. Jean Foyer, PUF, 1997, p. 391.* - Fulchiron, *LPA 28 mars 2001* (séparation du couple en DIP). - Gaudemet-Tallon, *Rec. Acad. La Haye 1991. I. 9.* - Hamou, Mayer, Lolev, Minot et Brassens, *Dr. fam. 2020. Étude 7* (guide des bonnes pratiques du divorce par consentement mutuel dans un contexte international). - Mabru, Roederer et Schaffner, *JCP N 1994. Prat. 3183* (aspects juridiques et fiscaux en DIP). - Marmey-Ravau et Varin, *Dr. et patr. 2019/7. 19* (stratégies contentieuses en matière de divorce international : les cas des divorces « Thalys » ou « Eurostar »). - Monéger, *JDI 1992. 347 ; JDI 1994. 345.* - Simon-Depitre, *JDI 1976. 823.* - Dossier, *Dr. fam. 2015. Études 9 s.* (le divorce en Europe). - Dossier, *AJ fam. 2015. 569 et 642* (divorce dans le monde). - Dossier, *AJ fam. 2020. 621* (divorce et droit international).

▸ **Règl. (UE) n° 1259/2010 du 20 déc. 2010 (Rome III) :** le règlement n° 1259/10 du 20 déc. 2010 met en place, à compter du 21 juin 2012, une coopération renforcée dans le domaine de la loi applicable au divorce et à la séparation de corps. Bidaud-Garon, *Dr. et patr. 5/2013. 20* (conventions de désignation de la loi applicable). - Boquet, *JCP 2014, n° 812.* - Bridge, *RLDC 2013/101, n° 4980.* - Crône, *JCP N 2012, n° 1269.* - Devers et Farge, *JCP 2012, n° 778.* - Douchy-Oudot, *RTD eur. 2011. 478*. - Fongaro, *JCP N 2012, n° 1274* (conséquences patrimoniales). - Galliez, *JCP N 2017, n° 1319* (divorce par consentement mutuel et DIP). - Guédé et Lettellier, *JCP N 2015, n° 1109* (désignation de la loi applicable au divorce). - Guillenschmidt-Guignot, *Dr. fam. 2018, Dossier, n° 2* (divorce par consentement *mutuel en droit international privé).* - Hammje, *Rev. crit. DIP 2011. 291*. - Lardeux, *D. 2011. Chron. 1835*. - Salord, *AJ fam. 2011. 97*. - Péroz, *JCP 2012, n° 727.* - Revillard, *Defrénois 2011. 445.* - Revillard et Crône, *Defrénois 2012. 560* (analyse et formules sur le choix de la loi applicable). - Sagaut, *JCP N 2012, n° 1275* (formules). - Velletti, Calo et Boulanger, *JCP N 2011, n° 1160.* - Viganotti, *Gaz. Pal. 2011. 1469.* - Dossier, *AJ fam. 2012. 369* (choisir la loi du divorce) ; *ibid. 2015. 570 et 642* (divorce dans le monde).

A. DÉTERMINATION DE LA LOI APPLICABLE AU DIVORCE

1. Époux de nationalité française. Principe de compétence exclusive d'application de la loi française au divorce de deux époux français. • Civ. 1re, 22 avr. 1986 : *D. 1986. 270 ; Rev. crit. DIP 1987. 374, note Courbe ; JDI 1987. 629, note Kahn.*

Le demandeur, d'origine marocaine, ayant acquis la nationalité française et les époux demeurant en France lors de la présentation de la demande en divorce, leur mariage ne pouvait être dissous que par application de la loi française. • Civ. 1re, 14 mars 2002 : *D. 2002. IR 1177 ; AJ fam. 2002. 179, obs. S. D.-B.* (refus de la répudiation).

2. Les nationalités respectives des époux sont déterminées à la date de la requête en divorce. • Civ. 1re, 12 janv. 2011, n° 10-10.216 P : *D. 2011. 304 ; JCP 2011, n° 449, note Abadie ; AJ fam. 2011. 212, obs. Boiché ; Dr. fam. 2011, n° 48, obs. Farge* (application de la convention franco-marocaine).

3. Époux domiciliés en France. Nécessité pour les juges du fond de rechercher si, au jour de l'introduction de la demande en divorce, les époux avaient l'un et l'autre leur domicile sur le territoire français. • Civ. 1re, 17 juill. 1980 : *JCP 1982. II. 19717, note Courbe ; JDI 1981. 75, note Simon-Depitre* • 21 janv. 1992, n° 90-10.628 P : *Gaz. Pal. 1992. 2. Somm. 456, obs. Massip* • 8 juill. 2010, n° 09-66.658 P : *D. 2010. Actu. 1786 ; AJ fam. 2010. 397, obs. Boiché ; RLDC 2010/76, n° 4009, obs. Chauchat-Rozier ; Dr. fam. 2010, n° 157, obs. Farge* (appréciation au jour de la requête en divorce). ♦ V. aussi, sur la détermination du domicile des époux, • Civ. 1re, 11 janv. 1983 : *JCP 1983. II. 19939, concl. Gulphe.* ♦ Le domicile correspond à un établissement effectif révélant une intégration au milieu local. • Civ. 1re, 15 mai 1961 : *D. 1961. 437, 3e esp., note Holleaux* • Metz, 28 janv. 1992 : *Rev. crit. DIP 1993. 29, note Muir Watt.*

4. Sur l'application de l'art. 310 (devenu 309), al. 2, soumettant le divorce de deux époux ayant leur domicile en France à la loi française : • Civ. 1re, 17 mai 1993 : *D. 1993. Somm. 349, obs. Audit ; Rev. crit. DIP 1993. 684, note Courbe ; JDI 1994. 115, 1re esp., note Lequette.* ♦ Pour une application de l'art. 310 (309), al. 2, en conformité avec la convention franco-marocaine du 10 août 1981, V. • Civ. 1re, 1er juill. 1997, n° 95-17.925 P : *D. 1997. IR 174 ; Defrénois 1998. 711, obs. Massip.*

5. Il apparaît évident que le législateur n'a pas voulu soustraire deux époux étrangers de même nationalité à leur loi nationale en leur imposant la loi française en raison de leur domicile en France et que l'art. 310 (devenu 309), al. 2, est destiné à permettre essentiellement le règlement de difficultés pratiques pouvant se poser à des époux étrangers résidant en France, mais n'a pas pour objet de résoudre des conflits de lois. • TGI Orléans, 17 mai 1984 : *Rev. crit. DIP 1986. 307, note F. Monéger.* ♦ V. conf. • Douai, 9 mars 1989 : *JCP 1989. II. 21388, note X. L.* (à propos de la convention franco-marocaine du 10 août 1981). – Également : • Civ. 1re, 14 mai 1996, n° 94-10.946 P. ♦ Sur la nécessité de distinguer la détermination de la juridiction internationalement compétente de la détermination de la loi applicable au litige : • Civ. 1re, 24 nov. 1993, n° 91-21.368 P : *Defrénois 1994. 323, obs. Massip.* ♦ V. aussi • Civ. 1re, 15 juin 1994, n° 92-22.111 P : *Rev. crit. DIP 1996. 127, note Ancel ; D. 1994. Somm. 352, obs. Audit* (époux domiciliés en France, dont la nationalité caractérise un rattachement à un État étranger suffisant pour justifier la compétence du juge de cet État ayant prononcé le divorce).

6. Compétence de la loi étrangère. Dans le cas d'époux de nationalité étrangère domiciliés en France, le divorce peut être prononcé selon leur loi nationale pourvu qu'elle se reconnaisse compétente. V. déjà : • Civ. 1re, 3 nov. 1983 : *Rev. crit. DIP 1984. 325, 1re esp., note Fadlallah ; JCP 1984. 2. 20131, concl. Gulphe ; JDI 1984. 329, note Kahn* • 25 févr. 1986 : *Rev. crit. DIP 1987. 103, note F. Monéger ; GADIP, 5e éd., n° 63.* ♦ Il résulte de l'art. 310 (devenu 309) que lorsque deux époux sont étrangers, dont un seul est domicilié en France, leur divorce est régi par la loi étrangère qui se reconnaît compétence ; il résulte de l'art. 12 C. pr. civ. que le juge français, lorsqu'il est compétent, doit appliquer cette loi à la demande formée devant lui. • Civ. 1re, 25 mai 1987, n° 87-16.578 P : *R., p. 260 ; JCP 1988. II. 20976, note Courbe ; Rev. crit. DIP 1988. 60, note Lequette ; JDI 1987. 927, note Gaudemet-Tallon.*

7. ... Recherche. Nécessité de rechercher si la loi étrangère est compétente, les deux époux étant de nationalité portugaise et l'un d'entre eux étant domicilié au Portugal : • Civ. 1re, 3 mars 2010, n° 09-13.723 P : *D. 2011. Pan. 1374, obs. Jault-Seseke ; AJ fam. 2010. 232, obs. Boiché ; RLDC 2010/70, n° 3784, obs. Pouliquen.* • Civ. 1re, 23 nov. 2011 : *cité note 1 ss. art. 3* (époux de nationalité américaine, épouse de nationalité anglaise, domiciliée en Angleterre) • 28 mars 2018, n° 17-14.596 : *AJ fam. 2018. 297, obs. Roth* (époux n'étant pas de nationalité française et mari domicilié en Espagne).

8. Autres cas. Est applicable à un divorce la loi belge qui se déclare applicable dès que l'un des époux est belge, en l'absence de domicile en France. Le juge aux affaires *matrimoniales* est compétent pour déterminer la loi applicable au divorce. • Versailles, 18 janv. 1982 : *Rev. crit. DIP 1983. 442, note Gaudemet-Tallon.*

9. Les époux, dont l'un est étranger, n'étant pas tous deux domiciliés en France, le juge devait rechercher, comme il lui était demandé, si la loi étrangère se reconnaissait compétente et, dans l'affirmative, en faire application. • Civ. 1re, 1er juin 1994 : *Rev. crit. DIP 1995. 117, note Gaudemet-Tallon* • 4 juin 2009, n° 08-11.872 P : *D. 2009. AJ 1695, obs. Égéa ; Dr. fam. 2009, n° 96, note Farge ; Defrénois 2009. 2193, obs. Massip ; Rev. crit. DIP 2010. 353, note Muir Watt*. ♦ En l'absence de tout renseignement sur le contenu de la loi étrangère compétente pour régir le divorce d'époux étrangers, les juges du fond peuvent faire application de la loi interne française. • Civ. 1re, 22 oct. 1980, n° 79-14.169 P : *Rev. crit. DIP 1981. 95, note Lagarde*.

10. Application de la loi française, en vertu de l'art. 310 (devenu 309), al. 3, au divorce d'une Française domiciliée en France et d'un Espagnol domicilié en Espagne. • TGI Paris, 24 oct. 1977 : *Gaz. Pal. 1978. 1. 236, note Sarraute ; Rev. crit. DIP 1978. 681, note P. L.* ♦ V. aussi, pour l'application de la loi française lorsque la loi espagnole, normalement compétente, prohibe le divorce : • Paris, 16 févr. 1979 : *Gaz. Pal. 1979. 2. 385, note R. S. ; Rev. crit. DIP 1980. 568, 1re esp., note Lequette*.

11. Double nationalité. Dans le cas de deux époux étrangers dont l'un a acquis la nationalité française tout en conservant sa nationalité d'origine, cette nationalité française peut seule être prise en compte par le juge français saisi directement d'une demande en divorce. • Civ. 1re, 13 oct. 1992 : *D. 1993. 85, note Courbe ; D. 1993. Somm. 351, obs. Audit ; JCP 1993. II. 22036, note Béhar-Touchais ; Rev. crit. DIP 1993. 41, note Lagarde ; JDI 1993. 97, note Lequette* • 17 mai 1993, n° 91-12.750 P. ♦ Application de la loi étrangère à deux époux ayant la double nationalité française et israélienne lorsque, sur les mesures accessoires au divorce, elle présente une équivalence substantielle avec le droit français applicable. • Civ. 1re, 28 janv. 2003, n° 00-15.344 P : *Defrénois 2003. 1086, obs. Massip ; JCP N 2003. 1543, note L. François ; Dr. et patr. 10/2003. 96, obs. F. Monéger ; Rev. crit. DIP 2004. 398, note Muir Watt*.

B. DROIT EUROPÉEN

12. Loi applicable – Règl. Rome III (UE) n° 1259/2010. L'art. 1er du Règl. UE 1259/2010 du Conseil, du 20 déc. 2010, mettant en œuvre une coopération renforcée dans le domaine de la loi applicable au divorce et à la séparation de corps, doit être interprété en ce sens qu'un divorce résultant d'une déclaration unilatérale d'un des époux devant un tribunal religieux, tel que *celui en cause au principal, ne relève pas du* champ d'application matériel de ce règlement ; celui-ci s'applique aux situations dans lesquelles le divorce est prononcé soit par une juridiction étatique, soit par une autorité publique ou sous son contrôle. • CJUE 20 déc. 2017, n° C-372/16 : *D. 2018. 966, obs. Clavel et Jault-Seseke ; AJ fam. 2018. 119, note Boiché ; RTD eur. 2018. 841, obs. Égéa ; Rev. crit. DIP 2018. 899, note Hammje ; Gaz. Pal. 2018. 235, note Viganotti ; ibid. 859, note Niboyet et Rein-Lescastereyres*.

13. Rome III – Choix par les époux de la loi applicable. Lorsque des époux, dont la situation présente un élément d'extranéité, désignent, dans une convention de choix de la loi applicable au divorce, la loi d'un État déterminé, qui n'est pas l'une de celles qu'énumèrent les points *a)* à *c)*, ce choix est valide, au titre du point *d)*, lorsqu'elle est celle du juge qui a été ultérieurement saisi de la demande en divorce. • Civ. 1re, 26 janv. 2022, n° 20-21.542 B : *D. 2022. 915, obs. Clavel et Jault-Seseke ; D. actu, 8 févr. 2022, obs. Mélin ; AJ fam. 2022. 217, obs. Nord ; JCP 2022, n° 419, note Fongaro ; Dr. fam. 2022, n° 63, obs. Farge ; JDI 2022, n° 19, obs. Hammje*.

14. Compétence – Règl. 2201/2003 : nationalité. Lorsque les époux possèdent chacun la nationalité de deux mêmes États membres, l'art. 3, § 1, sous b), du Règl. n° 2201/2003 s'oppose à ce que la compétence des juridictions de l'un de ces États membres soit écartée au motif que le demandeur ne présente pas d'autres liens de rattachement avec cet État ; les juridictions des États membres dont les époux possèdent la nationalité sont compétentes en vertu de cette disposition, ces derniers pouvant saisir, selon leur choix, la juridiction de l'État membre devant laquelle le litige sera porté. • CJCE 16 juill. 2009 : *D. 2009. AJ 2107, obs. Égéa ; ibid. 2010. Pan. 1243, obs. Williatte-Pellitteri ; AJ fam. 2009. 349, obs. Boiché ; RJPF 2009-11/22, note Meyzeaud-Garaud ; Rev. crit. DIP 2010. 184, note Brière* • Civ. 1re, 17 févr. 2010, n° 07-11.648 P : *AJ fam. 2010. 183, obs. Boiché ; RLDC 2010/70, n° 3785, obs. Pouliquen*, et sur la question préjudicielle : • Civ. 1re, 16 avr. 2008 : *AJ fam. 2008. 296, obs. Boiché ; D. 2009. Pan. 832, obs. Serra et Williatte-Pellitteri*.

15. ... Résidence. Aux termes de l'art. 3, § 1, ss. a), premier tiret, du Règl. (CE) n° 2201/2003, sont compétentes pour statuer sur les questions relatives au divorce les juridictions de l'État membre sur le territoire duquel se trouve la résidence habituelle des époux ; il résulte de la jurisprudence de la CJUE (• CJUE 25 nov. 2021, *IB/FA*, n° C-289/20) que la notion de résidence habituelle est caractérisée, en principe, par deux éléments, à savoir, d'une part, la volonté de l'intéressé de fixer le centre habituel de ses intérêts dans un lieu déterminé et, d'autre part, une présence revêtant un degré suffisant de stabilité sur le territoire de l'État membre concerné (pt 57), l'environnement d'un adulte étant de nature variée, composé d'un vaste spectre d'activités et d'intérêts, notamment professionnels, socioculturels, patrimoniaux ainsi que d'ordre privé et familial, diversifiés (pt 56) ; en l'espèce, prise en compte de divers éléments et de la volonté des époux de fixer en France le centre habituel de leurs intérêts en y menant une vie sociale suffisamment stable. • Civ. 1re, 30 nov. 2022, n° 21-15.988 B : *D. 2022. 2168 ; AJ fam. 2023. 115, obs. D'Ambra ; Dr. fam. 2023, n° 33, obs. Farge.*

16. ... Cassation de l'arrêt ayant considéré, au visa de l'art. 3 du Règl. (CE) n° 2201/2003 du 27 nov. 2003 (Bruxelles II *bis*), que le critère de la résidence prime sur celui de la nationalité pour déclarer que le divorce de deux époux de nationalité française résidant au Portugal relevait des juridictions portugaises, alors que l'art. 2 b) du Règl. Bruxelles II permet à l'époux demandeur d'opter pour le tribunal de l'État membre de la nationalité commune. • Civ. 1re, 24 sept. 2008 : *D. 2009. AJ 2438 ; AJ fam. 2008. 432, obs. Boiché .*

17. ... Règl. n° 44/2001. Les dispositions du Règl. n° 44/2001 du 22 déc. 2000 ne sont applicables qu'aux actions judiciaires intentées et aux actes authentiques reçus postérieurement à son entrée en vigueur. Inapplication à une demande de prestation compensatoire présentée à l'occasion d'une action en justice engagée devant les juridictions hongroises avant l'adhésion de la Hongrie à l'Union européenne. • Civ. 1re, 12 mai 2021, n° 19-19.531 P : *D. 2021. 968 ; AJ fam. 2021. 367, obs. Boiché .*

C. FONCTIONNEMENT DE LA RÈGLE DE CONFLIT DE L'ART. 310 [309]

18. Ordre public. L'ordre public s'oppose en principe à l'effet en France d'un divorce prononcé à l'étranger par un tribunal rabbinique car un tel divorce est assimilable à une répudiation pure et simple. • Aix-en-Provence, 21 janv. 1981 : *Rev. crit. DIP 1982. 297, note Légier et Mestre.* ♦ L'ordre public n'impose pas en principe la faculté de divorcer. • Civ. 1re, 8 nov. 1977 : *Rev. crit. DIP 1979. 395, 1re esp., note Loussouarn ; JDI 1978. 587, note Alexandre* • 10 juill. 1979 : *Rev. crit. DIP 1980. 91, note Gaudemet-Tallon ; JDI 1980. 310, note Audit* • Paris, 16 févr. 1979 : *Gaz. Pal. 1979. 2. 385, note R.S. ; Rev. crit. DIP 1980. 568, 1re esp., note Lequette.* ♦ Le jugement étranger qui énumère un certain nombre d'injonctions pour le père, interdisant notamment que sa maîtresse se trouve en présence des enfants sauf s'il se marie avec elle, ou interdisant à toute personne du sexe opposé de passer la nuit à son domicile lorsqu'il reçoit les enfants, et qui met à néant l'exercice conjoint de l'autorité parentale par le droit donné à la mère de prendre seule, les décisions les concernant et de consentir à leur engagement dans les forces armées du pays, porte atteinte à des principes essentiels du droit français fondés sur l'égalité des parents dans l'exercice de l'autorité parentale et sur le respect de la vie privée et familiale. • Civ. 1re, 4 nov. 2010, n° 09-15.302 P : *D. actu. 18 oct. 2010, obs. Gallmeister ; AJ fam. 2011. 46, obs. Boiché ; Dr. fam. 2011, n° 47, obs. Viganotti ; RLDC 2011/78, n° 4098, obs. Gallois ; RJPF 2011-1/21, obs. Meyzaud-Garaud ; RTD civ. 2011. 116, obs. Hauser*

19. Traités. Les conventions internationales qui écartent le jeu des dispositions de l'art. 310 (devenu 309) font cependant généralement réserve de l'ordre public international. Le juge français peut donc déclarer contraire à l'ordre public français un jugement de divorce prononcé à l'étranger sur le fondement de l'art. 232 C. civ. en l'absence de consentement de l'épouse, par référence à l'art. 16 *d* de la convention franco-marocaine du 5 oct. 1957. • Civ. 1re, 20 janv. 1987 : *Bull. civ. I, n° 17.* ♦ Deux époux marocains, dont le divorce est soumis à la loi marocaine par application de la convention précitée, n'ayant pas la libre disposition de leurs droits, ne peuvent renoncer à l'application de ce traité ratifié par la France. • Civ. 1re, 10 mai 1995, n° 93-16.467 P : *Gaz. Pal. 1995. 2. Pan. 247.* ♦ Contrariété à l'ordre public d'un acte de répudiation remis à l'épouse en l'absence de tout débat contradictoire et qui ne peut, malgré la convention franco-marocaine susvisée, être reconnu en France. • Civ. 1re, 19 déc. 1995, n° 93-19.950 P. ♦ Il résulte de la convention franco-marocaine du 10 août 1981, reconnue applicable en application de la règle de conflit de lois, que la dissolution du mariage est prononcée selon la loi de celui des deux États dont les époux ont tous les deux la nationalité. • Civ. 1re, 9 janv. 2008, n° 06-19.659 P : *D. 2009. Pan. 1557, obs. Courbe ; AJ fam. 2008. 125, obs. Boiché ; LPA 16 mai 2008, note Malaurie ; RLDC 2008/52, n° 3116, note Meyzeaud-Garaud* • 19 nov. 2008, n° 07-21.263 P : *AJ fam. 2009. 34, obs. Boiché ; RLDC 2009/56, n° 3270, obs. Evenat ; RJPF 2009-2/22, obs. Garé.* ♦ Règles conventionnelles, V. ci-dessous, le Règl. n° 1259/10 du 20 déc. 2010 mettant en place, à compter du 21 juin 2012, une coopération renforcée dans le domaine de la loi applicable au divorce et à la séparation de corps.

20. Conflit mobile ; fraude à la loi. Sur le refus d'autorité de chose jugée d'un jugement étranger de divorce constituant une fraude au jugement dans le but de faire échec à l'exécution d'une décision française devant intervenir : • Civ. 1re, 20 juin 2012 : *cité note 13 ss. art. 1355.* (demande en divorce du mari à l'étranger pour échapper à une condamnation au versement d'une contribution aux charges du mariage pouvant intervenir suite à la requête en France par son épouse). ♦ La convention franco-marocaine du 10 août 1981 donne, lorsque les époux ont tous deux la même nationalité, compétence aux juridictions de leur État pour prononcer la dissolution du mariage mais fait réserve de la fraude. Sur le contrôle de répudiations opposées à un divorce demandé en France :

• Civ. 1re, 6 juin 1990 : D. *1990. Somm. 263, obs. Audit*.

21. Compétence du juge de l'exequatur. Il n'appartient pas au juge de l'exequatur, mais au seul juge compétent au fond, de se prononcer en ajoutant à la décision étrangère de divorce, déjà déclarée exécutoire en France, des dispositions concernant les intérêts patrimoniaux des ex-époux sur leurs biens situés en France. • Civ. 1re, 28 mars 2013, n° 11-19.279 P : *D. 2013. 929 ; AJ fam. 2013. 389, obs. Boiché ; JCP N 2013, n° 1199, obs. Bidaud-Garon.*

22. Effets du divorce ; loi applicable. Possibilité pour le juge du fond de statuer, selon la loi du divorce, par une appréciation souveraine, sur les limites à apporter au droit d'hébergement du père, lorsque, en l'absence de convention d'entraide avec l'État du mari, il existe un risque que l'enfant confié à la mère soit définitivement soustrait par le père. • Civ. 3 févr. 1982 : *Rev. crit. DIP 1982. 558, note P. L.* ♦ Rappr. : • TGI Dunkerque, 28 oct. 1987 : *JDI 1988. 766, note Mezghani.*

23. ... Autorité parentale. Aucune disposition du droit français n'imposant au juge français, saisi du divorce, de statuer en matière d'autorité parentale. • Civ. 1re, 3 déc. 2008, n° 07-19.657 P : *D. 2009. Pan. 1557, obs. Jault-Seseke ; AJ fam. 2009. 78, obs. Boiché ; RJPF 2009-2/37, note Meyzeaud-Garaud ; Dr. fam. 2009, n° 71, note Larribau-Terneyre ; Rev. crit. DIP 2009. 537, obs. Gallant* (désignation du juge belge « mieux placé pour statuer »).

24. Dispositions transitoires. Les règles de conflits de lois édictées par l'art. 310 (devenu 309) sont, selon les principes généraux, d'application immédiate ; cette solution n'est pas modifiée par l'art. 24-1 de la L. du 11 juill. 1975 qui n'édicte que des règles transitoires spéciales de la loi interne (à savoir la poursuite des instances introduites avant l'entrée en vigueur de cette loi selon la loi ancienne). • Civ. 1re, 13 janv. 1982 : *Bull. civ. I, n° 22 ; R., p. 84 ; GADIP, 5e éd., n° 62 ; Rev. crit. DIP 1982. 551, note Batiffol ; JCP 1982. IV. 113* • Paris, 23 févr. 1987 : *D. 1987. Somm. 348, obs. Audit.*

Règlement (UE) n° 1259/2010 du Conseil du 20 décembre 2010,

Mettant en œuvre une coopération renforcée dans le domaine de la loi applicable au divorce et à la séparation de corps.

Ce règlement est entré en vigueur, pour certains pays de l'Union européenne, le 21 juin 2012 (JOUE 29 déc.).

CHAPITRE I. *CHAMP D'APPLICATION, RELATION AVEC LE RÈGLEMENT (CE) N° 2201/2003, DÉFINITIONS ET APPLICATION UNIVERSELLE*

Art. 1er *Champ d'application.* 1. Le présent règlement s'applique, dans les situations impliquant un conflit de lois, au divorce et à la séparation de corps.

2. Le présent règlement ne s'applique pas aux questions suivantes, même si elles ne sont soulevées qu'en tant que questions préalables dans le cadre d'une procédure de divorce ou de séparation de corps :

a) la capacité juridique des personnes physiques ;

b) l'existence, la validité ou la reconnaissance d'un mariage ;

c) l'annulation d'un mariage ;

d) le nom des époux ;

e) les effets patrimoniaux du mariage ;

f) la responsabilité parentale ;

g) les obligations alimentaires ;

h) les trusts et successions.

Art. 2 *Relation avec le règlement (CE) n° 2201/2003.* Le présent règlement n'a pas d'incidence sur l'application du règlement (CE) n° 2201/2003.

Art. 3 *Définitions.* Aux fins du présent règlement, on entend par :

1. "État membre participant" : un État membre qui participe à la coopération renforcée sur la loi applicable au divorce et à la séparation de corps en vertu de la décision 2010/405/UE, ou en vertu d'une décision adoptée conformément à l'article 331, paragraphe 1, deuxième ou troisième alinéa, du traité sur le fonctionnement de l'Union européenne ;

2. "juridiction" : toutes les autorités des États membres participants compétentes dans les matières relevant du champ d'application du présent règlement.

Art. 4 *Application universelle.* La loi désignée par le présent règlement s'applique même si cette loi n'est pas celle d'un État membre participant.

CHAPITRE II. *RÈGLES UNIFORMES SUR LA LOI APPLICABLE AU DIVORCE ET À LA SÉPARATION DE CORPS*

Art. 5 *Choix de la loi applicable par les parties.* 1. Les époux peuvent convenir de désigner la loi applicable au divorce et à la séparation de corps, pour autant qu'il s'agisse de l'une des lois suivantes :

a) la loi de l'État de la résidence habituelle des époux au moment de la conclusion de la convention ; ou

b) la loi de l'État de la dernière résidence habituelle des époux, pour autant que l'un d'eux y réside encore au moment de la conclusion de la convention ; ou

c) la loi de l'État de la nationalité de l'un des époux au moment de la conclusion de la convention ; ou

d) la loi du for.

2. Sans préjudice du paragraphe 3, une convention désignant la loi applicable peut être conclue et modifiée à tout moment, mais au plus tard au moment de la saisine de la juridiction.

3. Si la loi du for le prévoit, les époux peuvent également désigner la loi applicable devant la juridiction au cours de la procédure. Dans ce cas, la juridiction prend acte de la désignation conformément à la loi du for.

Art. 6 *Consentement et validité matérielle.* 1. L'existence et la validité d'une convention sur le choix de la loi ou de toute clause de celle-ci sont soumises à la loi qui serait applicable en vertu du présent règlement si la convention ou la clause était valable.

2. Toutefois, pour établir son absence de consentement, un époux peut se fonder sur la loi du pays dans lequel il a sa résidence habituelle au moment où la juridiction est saisie si les circonstances indiquent qu'il ne serait pas raisonnable de déterminer l'effet du comportement de cet époux conformément à la loi visée au paragraphe 1.

Art. 7 *Validité formelle.* 1. La convention visée à l'article 5, paragraphes 1 et 2, est formulée par écrit, datée et signée par les deux époux. Toute transmission par voie électronique qui permet de consigner durablement la convention est considérée comme revêtant une forme écrite.

2. Toutefois, si la loi de l'État membre participant dans lequel les deux époux ont leur résidence habituelle au moment de la conclusion de la convention prévoit des règles formelles supplémentaires pour ce type de convention, ces règles s'appliquent.

3. Si, au moment de la conclusion de la convention, les époux ont leur résidence habituelle dans des États membres participants différents et si les lois de ces États prévoient des règles formelles différentes, la convention est valable quant à la forme si elle satisfait aux conditions fixées par la loi de l'un de ces pays.

4. Si, au moment de la conclusion de la convention, seul l'un des époux a sa résidence habituelle dans un État membre participant et si cet État prévoit des règles formelles supplémentaires pour ce type de convention, ces règles s'appliquent.

Art. 8 *Loi applicable à défaut de choix par les parties.* A défaut de choix conformément à l'article 5, le divorce et la séparation de corps sont soumis à la loi de l'État :

a) de la résidence habituelle des époux au moment de la saisine de la juridiction ; ou, à défaut,

b) de la dernière résidence habituelle des époux, pour autant que cette résidence n'ait pas pris fin plus d'un an avant la saisine de la juridiction et que l'un des époux réside encore dans cet État au moment de la saisine de la juridiction ; ou, à défaut,

c) *de la nationalité* des deux époux au moment de la saisine de la juridiction ; ou, à défaut,

d) dont la juridiction est saisie.

Art. 9 *Conversion de la séparation de corps en divorce.* 1. En cas de conversion d'une séparation de corps en divorce, la loi applicable au divorce est la loi qui a été appliquée à la séparation de corps, sauf si les parties en sont convenues autrement conformément à l'article 5.

2. Toutefois, si la loi qui a été appliquée à la séparation de corps ne prévoit pas de conversion de la séparation de corps en divorce, l'article 8 s'applique, sauf si les parties en sont convenues autrement conformément à l'article 5.

Art. 10 *Application de la loi du for.* Lorsque la loi applicable en vertu des articles 5 ou 8 ne prévoit pas le divorce ou n'accorde pas à l'un des époux, en raison de son appartenance à l'un ou l'autre sexe, une égalité d'accès au divorce ou à la séparation de corps, la loi du for s'applique.

Art. 11 *Exclusion du renvoi.* Lorsque le présent règlement prescrit l'application de la loi d'un État, il entend les règles de droit en vigueur dans cet État à l'exclusion de ses règles de droit international privé.

Art. 12 *Ordre public.* L'application d'une disposition de la loi désignée en vertu du présent règlement ne peut être écartée que si cette application est manifestement incompatible avec l'ordre public du for.

Art. 13 *Différences dans le droit national.* Aucune disposition du présent règlement n'oblige les juridictions d'un État membre participant dont la loi ne prévoit pas le divorce ou ne considère pas le mariage en question comme valable aux fins de la procédure de divorce à prononcer un divorce en application du présent règlement.

Art. 14 *États ayant deux ou plusieurs systèmes de droit — conflits de lois territoriaux.* Lorsqu'un État comprend plusieurs unités territoriales dont chacune a son propre système de droit ou son propre ensemble de règles ayant trait aux questions régies par le présent règlement.

a) toute référence à la loi de cet État est interprétée, aux fins de la détermination de la loi applicable selon le présent règlement, comme visant la loi en vigueur dans l'unité territoriale concernée ;

b) toute référence à la résidence habituelle dans cet État est interprétée comme visant la résidence habituelle dans une unité territoriale ;

c) toute référence à la nationalité vise l'unité territoriale désignée par la loi de cet État ou, en l'absence de règles applicables, l'unité territoriale choisie par les parties, ou en l'absence de choix, l'unité territoriale avec laquelle l'époux ou les époux présente(nt) les liens les plus étroits.

Art. 15 *États ayant deux ou plusieurs systèmes de droit – conflits de lois interpersonnels.* Pour un État qui a deux ou plusieurs systèmes de droit ou ensembles de règles applicables à différentes catégories de personnes et ayant trait aux questions régies par le présent règlement, toute référence à la loi d'un tel État est interprétée comme visant le système de droit déterminé par les règles en vigueur dans cet État. En l'absence de telles règles, le système de droit ou l'ensemble de règles avec lequel l'époux ou les époux présente(nt) les liens les plus étroits s'applique.

Art. 16 *Non-application du présent règlement aux conflits de lois internes.* Un État membre participant dans lequel différents systèmes de droit ou ensembles de règles s'appliquent aux questions régies par le présent règlement n'est pas tenu d'appliquer le présent règlement aux conflits de lois concernant uniquement ces systèmes de droit ou ensembles de règles.

CHAPITRE III. *AUTRES DISPOSITIONS*

Art. 17 *Informations fournies par les États membres participants.* 1. Au plus tard le 21 septembre 2011, les États membres participants communiquent à la Commission, le cas échéant, leurs dispositions nationales relatives :

a) aux exigences formelles applicables aux conventions sur le choix de la loi applicable conformément à l'article 7, paragraphes 2 à 4 ; et

b) à la possibilité de désigner la loi applicable conformément à l'article 5, paragraphe 3.

Les états membres participants informent la Commission de toute modification ultérieure de ces dispositions.

La commission met à la dispositions du public par des moyens appropriés, notamment le site internet du réseau judiciaire européen en matière cicile et commerciale, toutes les informations communiquées conformément au paragraphe 1.

Art. 18 *Dispositions transitoires. 1. Le présent réglement* s'applique aux actions judiciaires engagées ainsi qu'aux conventions visées à l'article 5 conclues à compter du 21 juin 2012.

Toutefois, une convention sur le choix de la loi applicable conclue avant le 21 juin 2012 prend également effet, pour autant qu'elle soit conforme aux articles 6 et 7.

2. Le présent réglement s'applique sans préjudice des conventions sur le choix de la loi applicable conclues conformément à la loi de l'État membre participant dont la juridictions est saisie avant le 21 juin 2012.

Art. 19 *Liens avec les conventions internationales en vigueur.* 1. Sans préjudice des obligations incombant aux États membres participants conformément à l'article 351 du traité sur le fonctionnement de l'Union européenne, le présent règlement n'a pas d'incidence sur l'application des conventions internationales auxquelles un ou plusieurs États membres participants sont parties au moment de l'adoption du présent règlement ou lors de l'adoption de la décision conformément à l'article 331, paragraphe 1, deuxième ou troisième alinéa, du traité sur le fonctionnement de l'Union européenne et qui règlent les conflits de lois en matière de divorce ou de séparation de corps.

2. Toutefois, le présent règlement prévaut, entre les États membres participants, sur les conventions conclues exclusivement entre deux ou plusieurs d'entre eux dans la mesure où elles concernent des questions régies par le présent règlement.

Art. 20 *Clause de révision. [...]*

CHAPITRE IV. *DISPOSITIONS FINALES*

Art. 21 *Entrée en vigueur et date d'application.* Le présent règlement entre en vigueur le jour suivant celui de sa publication au *Journal officiel de l'Union européenne*.

Loi n° 75-617 du 11 juillet 1975, *portant réforme du divorce.* **Art. 1er** *V. C. civ., art. 296 à 310.*

Art. 2 à 9 et 15 *V. C. civ., art. 108 à 108-3, 162, 164, 180, 214, 215, 228 [ancien], 389-4, 389-6, 1397-1, 1450 [ancien], 1451 et 1542.*

....

Art. 16 *V. L. n° 73-5 du 2 janv. 1973, art. 7 et 7-1, ss. art. 211.*

Art. 17 à 21 *V. C. pén. [ancien], art. 324, 336 à 339, 356-1, 357, 357-2 et 357-3.*

Art. 22 *V. L. 29 juill. 1881, art. 39. —* ***C. pén.***

Art. 23 Le divorce et la séparation de corps peuvent être demandés dans les cas prévus par la présente loi, même si les faits se sont produits avant son entrée en vigueur.

Art. 24 I. Toutes les fois que la requête initiale a été présentée avant l'entrée en vigueur de la présente loi, l'action en divorce ou en séparation de corps est poursuivie et jugée conformément à la loi ancienne. Dans ce cas, le jugement rendu après l'entrée en vigueur de la présente loi produit les effets prévus par la loi ancienne.

Toutefois, sont immédiatement applicables les dispositions des articles 264, alinéa 3, et 295 nouveaux du code civil ainsi que des nouveaux articles 356-1 et 357-3 du code pénal *[ancien]*.

II. Le bénéfice des dispositions de l'article 285-1 du code civil pourra être demandé même par un époux dont le divorce a été prononcé avant la date d'entrée en vigueur de la présente loi, à la condition qu'il réside encore dans le local à cette date.

Il en sera de même des dispositions de l'article 1542, à la condition que le partage des biens indivis n'ait pas encore été conclu à cette date.

Art. 25 La présente loi entrera en vigueur le 1er janvier 1976.

Code de procédure civile

TITRE I. (DU LIVRE III)

CHAPITRE V. *LA PROCÉDURE EN MATIÈRE FAMILIALE*

(Décr. n° 2004-1158 du 29 oct. 2004)

Les dispositions issues des art. 1er à 7 du Décr. n° 2019-1380 du 17 déc. 2019, relatives à la procédure applicable aux divorces contentieux, entrent en vigueur le 1er janv. 2021 ; les requêtes en divorce ou en séparation de corps introduites avant le 1er janv. 2021 sont traitées selon les règles en vigueur avant cette date (Décr. n° 2019-1380 du 17 déc. 2019, art. 15, mod. par Décr. n° 2019-1419 du 20 déc. 2019, art. 22-II, mod. par Décr. n° 2020-950 du 30 juill. 2020, art. 4).

Comme la loi n° 2004-439 du 26 mai 2004 relative au divorce, dont il constitue pour une large partie le décret d'application, le décret n° 2004-1158 du 29 octobre 2004, modifiant le chapitre V du titre

I du livre III C. pr. civ., entre en vigueur le 1er janvier 2005. Pour les dispositions antérieures, V. au ***C. pr. civ.*** *(ou au* ***C. civ., édition 2005 ou antérieure****).*

BIBL. GÉN. ▶ Dossier, *AJ fam. 2004. 424* et *2005. 8*. – GOUTTENOIRE, *Defrénois 2005. 547.* – MINIATO, *Dr. fam. 2004. Étude 29.* – POIVEY-LECLERCQ, *RJPF 2004-12/11.* – POMART, *RLDC 2005/13, n° 535.* ▶ Dossier, *AJ fam. 2006. 8* (un an après).

▶ POULET, *D. 2005. Chron. 2636* (le pourvoi en cassation en matière de divorce).

SECTION 1. *Dispositions générales*

Art. 1070 *(Décr. n° 2004-1158 du 29 oct. 2004, art. 4)* Le juge aux affaires familiales territorialement compétent est :

— le juge du lieu où se trouve la résidence de la famille ;

— si les parents vivent séparément, le juge du lieu de résidence du parent avec lequel résident habituellement les enfants mineurs en cas d'exercice en commun de l'autorité parentale, ou du lieu de résidence du parent qui exerce seul cette autorité ;

— dans les autres cas, le juge du lieu où réside celui qui n'a pas pris l'initiative de la procédure.

En cas de demande conjointe, le juge compétent est, selon le choix des parties, celui du lieu où réside l'une ou l'autre.

Toutefois, lorsque le litige porte seulement sur la pension alimentaire, la contribution à l'entretien et l'éducation de l'enfant, la contribution aux charges du mariage ou la prestation compensatoire, le juge compétent peut être celui du lieu où réside l'époux créancier ou le parent qui assume à titre principal la charge des enfants, même majeurs.

La compétence territoriale est déterminée par la résidence au jour de la demande *(Abrogé par Décr. n° 2019-1380 du 17 déc. 2019, art. 2-2°, à compter du 1er janv. 2021) « ou, en matière de divorce, au jour où la requête initiale est présentée ».*

Art. 1071 *(Décr. n° 2004-1158 du 29 oct. 2004, art. 4)* Le juge aux affaires familiales a pour mission de tenter de concilier les parties.

Saisi d'un litige, il peut proposer une mesure de médiation et, après avoir recueilli l'accord des parties, désigner un médiateur familial pour y procéder.

La décision enjoignant aux parties de rencontrer un médiateur familial en application des articles 255 et 373-2-10 du code civil n'est pas susceptible de recours.

Art. 1072 *(Décr. n° 2004-1158 du 29 oct. 2004, art. 4)* Sans préjudice de toute autre mesure d'instruction et sous réserve des dispositions prévues au troisième alinéa de l'article 373-2-12 du code civil, le juge peut, même d'office, ordonner une enquête sociale s'il s'estime insuffisamment informé par les éléments dont il dispose.

L'enquête sociale porte sur la situation de la famille ainsi que, le cas échéant, sur les possibilités de réalisation du projet des parents ou de l'un d'eux quant aux modalités d'exercice de l'autorité parentale.

Elle donne lieu à un rapport où sont consignées les constatations faites par l'enquêteur et les solutions proposées par lui.

Le juge donne communication du rapport aux parties en leur fixant un délai dans lequel elles auront la faculté de demander un complément d'enquête ou une nouvelle enquête.

Art. 1072-1 *(Décr. n° 2009-398 du 10 avr. 2009, art. 1er)* Lorsqu'il statue sur l'exercice de l'autorité parentale *(Décr. n° 2016-1906 du 28 déc. 2016, art. 4)* « ou lorsqu'il est saisi aux fins d'homologation selon la procédure prévue par l'article 1143 ou par les articles 1565 et suivants », le juge aux affaires familiales vérifie si une procédure d'assistance éducative est ouverte à l'égard du ou des mineurs. Il peut demander au juge des enfants de lui transmettre copie de pièces du dossier en cours, selon les modalités définies à l'article 1187-1.

Le Décr. n° 2009-398 du 10 avr. 2009 est applicable dans les îles Wallis-et-Futuna.

Le Décr. n° 2016-1906 du 28 déc. 2016 s'applique aux demandes d'homologation pour lesquelles les parties n'ont pas encore été convoquées à l'audience au jour de son entrée en vigueur, soit le 30 déc. 2016 (Décr. préc., art. 6).

Art. 1072-2 *(Décr. n° 2009-398 du 10 avr. 2009, art. 1er)* Dès lors qu'une procédure d'assistance éducative est ouverte à l'égard du ou des mineurs, une copie de la décision du juge aux affaires familiales est transmise au juge des enfants ainsi que toute pièce que ce dernier estime utile.

V. ndlr ss. art. 1072-1

Art. 1073 *(Décr. nº 2004-1158 du 29 oct. 2004, art. 4)* Le juge aux affaires familiales est, le cas échéant, juge de la mise en état.

Il exerce *(Abrogé par Décr. nº 2019-1419 du 20 déc. 2019, art. 5-9º)* « *aussi* » les fonctions de juge des référés.

(Décr. nº 2019-1419 du 20 déc. 2019, art. 5-9º) « Dans les cas prévus par la loi ou le règlement, il statue selon la procédure accélérée au fond. »

Les dispositions issues du Décr. nº 2019-1419 du 20 déc. 2019 s'appliquent aux demandes introduites à compter du 1er janv. 2020 (Décr. préc., art. 24-II).

Art. 1074 *(Décr. nº 2009-1591 du 17 déc. 2009, art. 2)* Les demandes sont formées, instruites et jugées en chambre du conseil, sauf disposition contraire.

Les décisions relatives au nom, au prénom ou au divorce sont rendues publiquement.

L'art. 1074, dans sa rédaction issue du Décr. nº 2009-1591 du 17 déc. 2009, est applicable aux demandes en justice formées à compter du 1er janv. 2010.

Art. 1074-1 *(Décr. nº 2004-1158 du 29 oct. 2004, art. 4, en vigueur le 1er janv. 2005) (Décr. nº 2019-1333 du 11 déc. 2019, art. 3-8º-a et b)* « A moins qu'il n'en soit disposé autrement, les décisions du juge aux affaires familiales qui mettent fin à l'instance *(Décr. nº 2020-1452 du 27 nov. 2020, art. 1er-28º, en vigueur le 1er janv. 2021)* « ne sont exécutoires à titre provisoire que si elles l'ordonnent *[ancienne rédaction : ne sont pas, de droit, exécutoires à titre provisoire]* ».

« Par exception, » les mesures portant sur l'exercice de l'autorité parentale, la pension alimentaire, la contribution à l'entretien et l'éducation de l'enfant et la contribution aux charges du mariage, ainsi que toutes les mesures prises en application de l'article 255 du code civil, sont exécutoires de droit à titre provisoire.

Sur l'entrée en vigueur des dispositions du Décr. nº 2019-1333 du 11 déc. 2019, V. Décr. préc., art. 55, infra.

Les modifications issues de l'art. 1er du Décr. nº 2020-1452 du 27 nov. 2020 entrent en vigueur le 1er janv. 2021 ; à l'exception des 19º et 25º dudit art., elles s'appliquent aux instances en cours à cette date (Décr. préc., art. 12).

Art. 1074-2 *(Décr. nº 2022-259 du 25 févr. 2022, art. 1er)* Sauf dans les cas où l'intermédiation financière est écartée par les parents ou le juge en application des dispositions des 1º et 2º du II de l'article 373-2-2 du code civil, le versement des pensions alimentaires fixées en tout ou partie en numéraire par une décision judiciaire ou une convention homologuée par le juge est effectué dans les conditions prévues aux articles R. 582-5 à R. 582-11 du code de la sécurité sociale.

Les dispositions du Décr. nº 2022-259 du 25 févr. 2022 s'appliquent à compter du 1er mars 2022 à l'exécution des décisions judiciaires de divorce rendues à compter de cette même date et à compter du 1er janv. 2023 à l'exécution des autres décisions judiciaires rendues à compter de cette même date ainsi que des titres mentionnés aux 2º à 6º du I de l'art. 373-2-2 C. civ. émis à compter de cette même date (Décr. préc., art. 4).

Ancien art. 1074-2 *(Décr. nº 2020-1201 du 30 sept. 2020, art. 2, en vigueur le 1er janv. 2021) Lorsque le juge ordonne le versement de la pension alimentaire par l'intermédiaire de l'organisme débiteur des prestations familiales, ou lorsqu'il homologue une convention le prévoyant, le débiteur verse la pension directement au créancier dans l'attente de la mise en œuvre de l'intermédiation et, le cas échéant, à compter de la cessation de celle-ci.*

Art. 1074-3 *(Décr. nº 2020-1201 du 30 sept. 2020, art. 2, en vigueur le 1er janv. 2021)* La décision et la convention *(Décr. nº 2022-259 du 25 févr. 2022, art. 1er)* « homologuée » mentionnées aux 1º et 2º du I de l'article 373-2-2 du code civil qui *(Décr. nº 2022-259 du 25 févr. 2022, art. 1er)* « fixent une pension alimentaire en tout ou partie en numéraire sans écarter l'intermédiation financière de son versement dans les conditions prévues par les 1º ou 2º du II du même article, ainsi que la décision qui, le cas échéant, met en place ultérieurement cette intermédiation en application du second alinéa du III du même article *[ancienne rédaction : prévoient le versement de la pension alimentaire par l'intermédiaire de l'organisme débiteur des prestations familiales]* » sont notifiées aux parties par le greffe par lettre recommandée avec demande d'avis de réception.

En cas de retour au greffe de la lettre de notification, dont l'avis de réception n'a pas été signé dans les conditions prévues à l'article 670 du présent code, le greffier invite les parties à procéder par voie de signification.

Sur l'entrée en vigueur des dispositions issues du Décr. nº 2022-259 du 25 févr. 2022, V. ndlr ss. art. 1074-2 C. pr. civ., supra.

Art. 1074-4 *(Décr. n° 2020-1201 du 30 sept. 2020, art. 2, en vigueur le 1er janv. 2021)* I. — Dans un délai de six semaines courant à compter de la notification de la décision aux parties, le greffe transmet à l'organisme débiteur des prestations familiales *(Décr. n° 2022-259 du 25 févr. 2022, art. 1er)* « , selon les cas :

« 1° Soit un extrait exécutoire des décisions judiciaires ou une copie exécutoire des conventions homologuées qui fixent une pension alimentaire en tout ou partie en numéraire sans en écarter l'intermédiation financière du versement *[ancienne rédaction : 1° Un extrait exécutoire de la décision ou une copie exécutoire de la convention homologuée mentionnée au 2° du I de l'article 373-2-2 du code civil qui prévoit le versement de la pension alimentaire par l'intermédiaire de cet organisme]* ;

« 2° Soit, le cas échéant, un extrait exécutoire des décisions mettant en place une intermédiation financière du versement de pensions alimentaires après que celle-ci a été initialement écartée ; »

(Décr. n° 2022-259 du 25 févr. 2022, art. 1er) « Le greffe transmet en outre à ces organismes, dans le même délai, un avis *[ancienne rédaction : 2° Un avis]* » d'avoir à procéder par voie de signification lorsque l'avis de réception de la lettre de notification aux parties n'a pas été signé dans les conditions prévues à l'article 670 du présent code.

Le coût de la signification, par l'organisme débiteur des prestations familiales, de l'extrait de la décision ou de la copie de la convention homologuée par le juge est à la charge du parent débiteur.

II. — Le greffe transmet également à l'organisme débiteur des prestations familiales, par voie dématérialisée *(Décr. n° 2022-259 du 25 févr. 2022, art. 1er)* « , au travers d'un téléservice mis en place par la Caisse nationale d'allocations familiales et la Caisse centrale de la mutualité sociale agricole », dans un délai de sept jours courant à compter du prononcé de la décision, les informations nécessaires à l'instruction et à la mise en œuvre de l'intermédiation financière qui suivent :

1° Les nom de naissance, nom d'usage le cas échéant, prénoms, date et lieu de naissance des parents, les noms de naissance et prénoms de chacun de leurs enfants au titre desquels une contribution à l'entretien et à l'éducation de l'enfant a été fixée sous forme d'une pension alimentaire *(Décr. n° 2022-259 du 25 févr. 2022, art. 1er)* « , en tout ou partie en numéraire, dont l'intermédiation financière du versement n'a pas été écartée *[ancienne rédaction : versée en numéraire]* » ;

2° Le nombre total d'enfants au titre desquels est prévu le versement de *(Décr. n° 2022-259 du 25 févr. 2022, art. 1er)* « telles pensions alimentaires et leur montant total *[ancienne rédaction : ces pensions alimentaires par l'intermédiaire de l'organisme débiteur des prestations familiales et le montant total des pensions correspondantes]* » ;

3° Le nom de la juridiction qui a rendu la décision *(Décr. n° 2022-259 du 25 févr. 2022, art. 1er)* « conduisant à la mise en place, le cas échéant après qu'elle avait été écartée initialement, de l'intermédiation financière du versement de ces pensions alimentaires » ;

4° Les date, nature et numéro de la minute de *(Décr. n° 2022-259 du 25 févr. 2022, art. 1er)* « cette décision *[ancienne rédaction : la décision qui prévoit l'intermédiation financière]* » ;

5° Le montant mensuel par enfant de la pension alimentaire et sa date d'effet ;

6° Pour chaque enfant, l'indication, selon le cas, que :

a) La décision *(Décr. n° 2022-259 du 25 févr. 2022, art. 1er)* « ou la convention homologuée fixant cette pension » ne contient aucune indication sur la revalorisation de la pension ;

b) La revalorisation de la pension est expressément exclue dans *(Décr. n° 2022-259 du 25 févr. 2022, art. 1er)* « cette décision ou cette convention *[ancienne rédaction : la décision]* » ;

c) *(Décr. n° 2022-259 du 25 févr. 2022, art. 1er)* « Cette décision ou cette convention *[ancienne rédaction : La décision]* » prévoit une revalorisation de la pension et, dans cette hypothèse :

— le type et la valeur de l'indice de revalorisation ;

— la date de la première revalorisation ;

— le cas échéant les modalités d'arrondi du montant de la pension ;

7° Le cas échéant, lorsque cette information est connue, l'indication selon laquelle le créancier ou le débiteur relève du régime agricole de sécurité sociale ;

8° Lorsqu'elles sont connues, les informations suivantes :

a) Les adresses postales du débiteur et du créancier ;

b) Les numéros de téléphone respectifs du débiteur et du créancier ;

c) Les adresses courriels respectives du débiteur et du créancier ;

d) La date et le lieu de naissance de chacun de leurs enfants au titre desquels une contribution à l'entretien et à l'éducation de l'enfant a été fixée sous forme d'une pension alimentaire versée en numéraire ;

9° Le cas échéant, les informations relatives à la date à laquelle le versement de la pension alimentaire *(Décr. n° 2022-259 du 25 févr. 2022, art. 1er)* « ou *[ancienne rédaction : et]* » l'intermédiation financière prennent fin *(Abrogé par Décr. n° 2022-259 du 25 févr. 2022, art. 1er) « ainsi que l'indication selon laquelle l'intermédiation financière a été ordonnée par le juge par application du 1° du II de l'article 373-2-2 du code civil »* ;

(Décr. n° 2022-259 du 25 févr. 2022, art. 1er) « 10° Le cas échant, l'information, non détaillée, selon laquelle l'une des parties a produit, dans le cadre de la procédure conduisant à l'émission du titre exécutoire ou de la décision de rétablissement de l'intermédiation financière, soit une plainte déposée ou une condamnation prononcée à l'encontre du parent débiteur pour des faits de menaces ou de violences volontaires sur le parent créancier ou l'enfant, soit une décision de justice, concernant le parent débiteur, mentionnant de telles menaces ou violences dans ses motifs ou son dispositif. »

(Abrogé par Décr. n° 2020-1797 du 29 déc. 2020, art. 1er, à compter du 1er janv. 2021) « Dans les cas où l'un des parents demande à l'organisme débiteur des prestations familiales de mettre fin à l'intermédiation, avec le consentement de l'autre parent, et où l'intermédiation a été mise en œuvre sur décision du juge, l'organisme débiteur des prestations familiales demande au greffe de la juridiction qui a rendu cette décision si l'intermédiation a été ordonnée en application du 1° du II de l'article 373-2-2 du code civil. »

Sur l'entrée en vigueur des dispositions issues du Décr. n° 2022-259 du 25 févr. 2022, V. ndlr ss. art. 1074-2 C. pr. civ. supra.

SECTION 2. *Le divorce et la séparation de corps judiciaires (Décr. n° 2019-1380 du 17 déc. 2019, art. 3, en vigueur le 1er janv. 2021).*

Ndlr : *Dans le contexte d'urgence sanitaire lié à la covid-19, la L. n° 2020-734 du 17 juin 2020 relative à diverses dispositions liées à la crise sanitaire, à d'autres mesures urgentes ainsi qu'au retrait du Royaume-Uni de l'Union européenne prévoit le report de l'entrée en vigueur des art. 22 et 23 de la L. n° 2019-222 du 23 mars 2019 à une date fixée par Décr. en Conseil d'État au 1er janv. 2021 (Décr. n° 2019-1380 du 17 déc. 2019, art. 15, mod. par Décr. n° 2020-950 du 30 juill. 2020, art. 4). Sur les dispositions applicables antérieurement au 1er janv. 2021, V.* ***C. pr. civ.***

SOUS-SECTION 1. *Dispositions générales*

§ 1. *Les demandes*

Art. 1075 Dès le début de la procédure, les époux font, le cas échéant, connaître, avec les indications nécessaires à leur identification, la caisse d'assurance maladie à laquelle ils sont affiliés, les services ou organismes qui servent les prestations familiales, les pensions de retraite ou tout avantage de vieillesse ainsi que la dénomination et l'adresse de ces caisses, services ou organismes. – *[Anc. art. 1075.]*

Art. 1075-1 *(Décr. n° 2004-1158 du 29 oct. 2004, art. 5-I)* Lorsqu'une prestation compensatoire est demandée au juge ou prévue dans une convention, chaque époux produit la déclaration sur l'honneur mentionnée à l'article 272 du code civil.

Art. 1075-2 Les époux doivent, à la demande du juge, justifier de leurs charges et ressources, notamment par la production de déclarations de revenus, d'avis d'imposition et de bordereaux de situation fiscale.

Ils doivent également, à sa demande, produire les pièces justificatives relatives à leur patrimoine et leurs conditions de vie, en complément de la déclaration sur l'honneur permettant la fixation de la prestation compensatoire. – *[Anc. art. 1075-2.]*

Art. 1076 L'époux qui présente une demande en divorce peut, en tout état de cause, et même en appel, lui substituer une demande en séparation de corps.

La substitution inverse est interdite. – *[Anc. art. 1076.]*

Art. 1076-1 Lorsqu'une des parties n'a demandé que le versement d'une pension alimentaire ou d'une contribution aux charges du mariage, le juge ne peut prononcer le divorce sans avoir invité les parties à s'expliquer sur le versement d'une prestation compensatoire. – *[Anc. art. 1076-1.]*

Art. 1077 *(Décr. n° 2004-1158 du 29 oct. 2004, art. 5-II, en vigueur le 1er janv. 2005)* La demande ne peut être fondée que sur un seul des cas prévus *(Décr. n° 2016-1907 du 28 déc. 2016, art. 5, en vigueur le 1er janv. 2017)* « aux troisième à sixième alinéas de l'article 229 » du code civil. Toute demande formée à titre subsidiaire sur un autre cas est irrecevable.

Hormis les cas prévus aux articles 247 à 247-2 du code civil, il ne peut, en cours d'instance, être substitué à une demande fondée sur un des cas de divorce définis *(Décr. n° 2016-1907 du 28 déc. 2016, art. 5, en vigueur le 1er janv. 2017)* « aux troisième à sixième alinéas de l'article 229 » du code civil une demande fondée sur un autre cas.

Sur les différents cas de divorce, V. C. civ., art. 229.

Sur les modifications d'une demande en divorce, V. C. civ., art. 247.

Art. 1078 *(Décr. no 2012-1037 du 10 sept. 2012, art. 1er)* La demande mentionne, le cas échéant, l'existence d'une ordonnance de protection concernant les époux en cours d'exécution à la date de son introduction. L'ordonnance, accompagnée de la preuve de sa notification, est jointe à la demande.

L'entrée en vigueur du Décr. no 2012-1037 du 10 sept. 2012 intervient le premier jour du mois suivant sa publication (JO 11 sept.), soit le 1er oct. 2012 (Décr. préc., art. 4, al. 1er).

L'art. 1078 tel qu'issu du Décr. no 2012-1037 du 10 sept. 2012 ne s'applique pas aux instances en cours au jour de l'entrée en vigueur de celui-ci (Décr. préc., art. 4, al. 2).

§ 2. *La prestation compensatoire*

Art. 1079 *(Décr. no 2004-1158 du 29 oct. 2004, art. 5-IV)* La prestation compensatoire ne peut être assortie de l'exécution provisoire.

Toutefois, elle peut l'être en tout ou partie, lorsque l'absence d'exécution aurait des conséquences manifestement excessives pour le créancier en cas de recours sur la prestation compensatoire alors que le prononcé du divorce a acquis force de chose jugée.

Cette exécution provisoire ne prend effet qu'au jour où le prononcé du divorce a acquis force de chose jugée.

BIBL. ► Gerbay, *Gaz. Pal. 2004. Doctr. 3557.*

Art. 1080 *(Décr. no 2004-1158 du 29 oct. 2004, art. 5-IV)* Lorsque des biens ou des droits sont attribués à titre de prestation compensatoire en application du 2° de l'article 274 du code civil, la convention homologuée ou la décision qui prononce le divorce précise leur valeur.

Lorsque ces biens ou droits sont soumis à la publicité foncière, elle précise en outre les mentions nécessaires à la publication du titre de propriété dans les formes prévues par le décret no 55-22 du 4 janvier 1955 portant réforme de la publicité foncière.

Art. 1080-1 *Abrogé par Décr. no 2004-1158 du 29 oct. 2004, art. 5-IV.*

§ 3. *La publicité et la preuve des jugements*

Art. 1081 *(Décr. no 2004-1158 du 29 oct. 2004, art. 5-V)* Le dispositif de la décision mentionne la date de *(Décr. no 2019-1380 du 17 déc. 2019, art. 4, en vigueur le 1er janv. 2021)* « la demande en divorce *[ancienne rédaction : l'ordonnance de non-conciliation]* ».

Art. 1082 Mention du divorce *(Décr. no 2004-1158 du 29 oct. 2004, art. 5-V)* « ou de la séparation de corps » est portée en marge de l'acte de mariage, ainsi que de l'acte de naissance de chacun des époux, au vu d'un extrait de la décision ne comportant que son dispositif et accompagné de la justification de son caractère exécutoire conformément à l'article 506.

Si le mariage a été célébré à l'étranger et en l'absence d'acte de mariage conservé par une autorité française, mention du dispositif de la décision est portée en marge de l'acte de naissance de chacun des époux, si cet acte est conservé sur un registre français. A défaut, l'extrait de la décision est conservé au répertoire mentionné à l'article 4-1 du décret no 65-422 du 1er juin 1965 portant création d'un service central d'état civil au ministère des affaires étrangères. — *[Anc. art. 1082, modifié.] — V. ce décret, ss. art. 54 C. civ.*

(Décr. no 2007-773 du 10 mai 2007) « Toutefois, cette mention ne peut être portée en marge de l'acte de naissance d'un Français qu'après transcription sur les registres de l'état civil de l'acte de mariage célébré par l'autorité étrangère à compter du 1er mars 2007. »

Art. 1082-1 *(Décr. no 2004-1158 du 29 oct. 2004, art. 5-VI)* Il est justifié, à l'égard des tiers, *d'un divorce ou d'une séparation de corps* par la seule production d'un extrait de la décision l'ayant prononcé ne comportant que son dispositif, accompagné de la justification de son caractère exécutoire conformément à l'article 506. — *[Anc. art. 1148.]*

§ 4. *La modification des mesures accessoires*

Art. 1083 Lorsque le jugement prononçant le divorce est frappé d'appel, la modification des mesures accessoires *(Décr. no 2004-1158 du 29 oct. 2004, art. 5-VII)* « exécutoires par provision en application de l'article 1074-1 », en cas de survenance d'un fait nouveau, ne peut être demandée, selon le cas, qu'au premier président de la cour d'appel ou au conseiller de la mise en état. – *[Anc. art. 1083, modifié.]*

Art. 1084 *(Décr. n° 2004-1158 du 29 oct. 2004, art. 5-VIII)* Quand il y a lieu de statuer, après le prononcé du divorce, sur l'exercice de l'autorité parentale, la pension alimentaire ou la contribution à l'entretien et l'éducation de l'enfant, la demande est présentée, même si un pourvoi en cassation a été formé, au juge aux affaires familiales selon les modalités prévues à la section 3 du présent chapitre.

Il en est de même, lorsque le divorce a acquis force de chose jugée, des demandes portant sur la prestation compensatoire. Les articles 1075-1 et 1075-2 du présent code sont applicables.

Art. 1085 *(Décr. n° 2004-1158 du 29 oct. 2004, art. 5-VIII)* Le juge peut demander communication du dossier à la juridiction qui a prononcé le divorce.

§ 5. *Le pourvoi en cassation*

Art. 1086 *(Décr. n° 2004-1158 du 29 oct. 2004, art. 5-VIII)* Le délai de pourvoi en cassation suspend l'exécution de la décision qui prononce le divorce. Le pourvoi en cassation exercé dans ce délai est également suspensif. – *Entrée en vigueur le 1er janv. 2005 (Décr. n° 2004-1158 du 29 oct. 2004, art. 15).*

Art. 1087 *(Décr. n° 2004-1158 du 29 oct. 2004, art. 5-VIII)* L'effet suspensif qui s'attache au pourvoi en cassation ainsi qu'à son délai ne s'applique pas aux dispositions de la décision ou de la convention homologuée qui concernent les pensions, la contribution à l'entretien et l'éducation de l'enfant et l'exercice de l'autorité parentale.

SOUS-SECTION 2. *Le divorce par consentement mutuel judiciaire (Décr. n° 2016-1907 du 28 déc. 2016, art. 3, en vigueur le 1er janv. 2017).*

V. C. civ., art. 229-1 à 232.

Art. 1088 Le divorce *(Décr. n° 2004-1158 du 29 oct. 2004, art. 6-I)* « par consentement mutuel » relève de la matière gracieuse. – *[Anc. art. 1088, modifié.]*

Art. 1089 *(Décr. n° 2004-1158 du 29 oct. 2004, art. 6-II)* La demande en divorce est formée par une requête unique des époux.

Art. 1090 La requête, qui n'indique pas *(Décr. n° 2004-1158 du 29 oct. 2004, art. 6-III)* « les faits à l'origine de la demande », doit contenir, à peine d'irrecevabilité :

1° Les nom, prénoms, profession, résidence, nationalité, date et lieu de naissance de chacun des époux ; la date et le lieu de leur mariage ; les mêmes indications, le cas échéant, pour chacun de leurs enfants ;

2° Les renseignements prévus à l'article 1075 ;

3° L'indication de la juridiction devant laquelle la demande est portée ;

4° Le nom des avocats chargés par les époux de les représenter, ou de celui qu'ils ont choisi à cet effet d'un commun accord.

Sous la même sanction, la requête est datée et est signée par chacun des époux et leur avocat. – *[Anc. art. 1090, modifié.]*

Art. 1091 *(Décr. n° 2005-460 du 13 mai 2005, art. 32)* A peine d'irrecevabilité, la requête comprend en annexe *(Décr. n° 2016-1907 du 28 déc. 2016, art. 6, en vigueur le 1er janv. 2017)* « , le cas échéant, le formulaire d'information de l'enfant mineur demandant à être entendu daté et signé par lui ainsi qu' » une convention datée et signée par chacun des époux et leur avocat portant règlement complet des effets du divorce et incluant notamment un état liquidatif du régime matrimonial ou la déclaration qu'il n'y a pas lieu à liquidation. L'état liquidatif doit être passé en la forme authentique devant notaire lorsque la liquidation porte sur des biens soumis à publicité foncière. – *L'art. 31 du Décr. n° 2005-460 du 13 mai 2005 est applicable aux instances introduites après son entrée en vigueur (Décr. préc., art. 38).*

Art. 1092 *(Décr. n° 2004-1158 du 29 oct. 2004, art. 6-V, en vigueur le 1er janv. 2005)* Le juge aux affaires familiales est saisi par la remise au greffe de la requête, qui vaut conclusions.

(Décr. n° 2016-1907 du 28 déc. 2016, art. 7, en vigueur le 1er janv. 2017) « Après avoir procédé à l'audition du mineur dans les conditions définies au titre IX *bis* du livre I ou, en l'absence de discernement, avoir refusé son audition dans les conditions définies aux articles 338-4 et 338-5, il convoque chacun des époux par lettre simple expédiée quinze jours au moins avant la date qu'il fixe pour leur audition. Il avise le ou les avocats. »

Art. 1093 à 1098 *Abrogés par Décr. n° 2004-1158 du 29 oct. 2004, art. 6-VI.*

Art. 1099 *(Décr. n° 2004-1158 du 29 oct. 2004, art. 6-VII)* Au jour fixé, le juge procède selon les modalités prévues aux articles 250 à 250-3 du code civil ; il vérifie la recevabilité de la requête ; il s'assure que le consentement des époux est libre et éclairé et appelle leur attention sur l'importance des engagements pris par eux, notamment quant à l'exercice de l'autorité parentale.

Avec l'accord des parties, en présence du ou des avocats, le juge peut faire supprimer ou modifier les clauses de la convention qui lui paraîtraient contraires à l'intérêt des enfants ou de l'un des époux.

Il rend sur-le-champ un jugement par lequel il homologue la convention et prononce le divorce.

Art. 1100 *(Décr. n° 2004-1158 du 29 oct. 2004, art. 6-VII)* Si la convention lui paraît préserver insuffisamment les intérêts des enfants ou de l'un des époux, le juge peut refuser de l'homologuer, ne pas prononcer le divorce et ajourner sa décision, par ordonnance rendue sur-le-champ, jusqu'à présentation d'une nouvelle convention.

Il informe les époux qu'ils devront présenter une nouvelle convention avant l'expiration d'un délai de six mois. L'ordonnance fait mention de cette information et de son contenu.

L'ordonnance précise les conditions ou garanties auxquelles seront subordonnés l'homologation de la nouvelle convention et, en conséquence, le prononcé du divorce.

Elle comprend, le cas échéant, les mesures provisoires homologuées par le juge en application de l'article 250-2 du code civil.

Art. 1101 *(Décr. n° 2004-1158 du 29 oct. 2004, art. 6-VII)* Le délai de six mois pour présenter une nouvelle convention est suspendu en cas d'appel.

A défaut de présentation d'une nouvelle convention dans le délai fixé, le juge constate d'office, par ordonnance, la caducité de la demande en divorce.

Lorsque les époux présentent une nouvelle convention, les parties sont convoquées selon les modalités prévues à l'article 1092. S'il refuse de l'homologuer, le juge rend une ordonnance par laquelle il constate la caducité de la demande en divorce.

Art. 1102 Les décisions du juge aux affaires familiales sont susceptibles d'appel, à l'exception de *(Décr. n° 2004-1158 du 29 oct. 2004, art. 6-VIII)* « celles qui prononcent le divorce ».

Le délai d'appel est de quinze jours ; il court à compter de la date de la décision. — *[Anc. art. 1102, modifié.]*

Art. 1103 Le délai de pourvoi en cassation est de quinze jours à compter du prononcé de la décision qui homologue la convention des époux et prononce le divorce. — *Suite de l'art. abrogée par Décr. n° 2004-1158 du 29 oct. 2004, art. 6, IX. — [Anc. art. 1103, modifié.]*

Art. 1104 Les créanciers de l'un et de l'autre époux peuvent faire déclarer que la convention homologuée leur est inopposable en formant tierce opposition contre la décision d'homologation dans l'année qui suit l'accomplissement des formalités mentionnées à l'article 262 du code civil. — *[Anc. art. 1104.]*

Art. 1105 Les dépens de l'instance sont partagés par moitié entre les époux. *(Décr. n° 2011-272 du 15 mars 2011, art. 24)* « Toutefois, leur convention peut en disposer autrement sous réserve de l'application des dispositions de *(Décr. n° 2020-1717 du 28 déc. 2020, art. 81, en vigueur le 1er janv. 2021)* « l'article 123 du décret n° 2020-1717 du 28 décembre 2020 » lorsque l'un des époux bénéficie de l'aide juridictionnelle. » — *[Anc. art. 1105.]*

SOUS-SECTION 3. *Les autres procédures de divorce judiciaire (Décr. n° 2016-1907 du 28 déc. 2016, art. 3, en vigueur le 1er janv. 2017).*

§ 1. *La demande et l'instance en divorce (Décr. n° 2019-1380 du 17 déc. 2019, art. 5-1°, en vigueur le 1er janv. 2021).*

Sur les dispositions applicables antérieurement au 1er janv. 2021, V. ***C. pr. civ.***

Art. 1106 *(Décr. n° 2019-1380 du 17 déc. 2019, art. 5-2°, en vigueur le 1er janv. 2021)* Sous réserve des règles édictées par les deux premières sections du présent chapitre, l'instance est formée, instruite et jugée selon la procédure écrite ordinaire applicable devant le tribunal judiciaire.

Les requêtes en divorce ou en séparation de corps introduites avant le 1er janv. 2021 sont traitées selon les règles en vigueur avant cette date (Décr. no 2019-1380 du 17 déc. 2019, art. 15 ; mod. par Décr. no 2019-1419 du 20 déc. 2019, art. 22-II).

Art. 1107 *(Décr. no 2019-1380 du 17 déc. 2019, art. 5-2o, en vigueur le 1er janv. 2021)* La demande en divorce est formée par assignation ou par requête remise ou adressée conjointement par les parties au greffe et contient, à peine de nullité, les lieu, jour et heure de l'audience d'orientation et sur mesures provisoires.

Cette date est communiquée par la juridiction au demandeur *(Abrogé par Décr. no 2020-1641 du 22 déc. 2020, art. 2) « par tout moyen »* selon des modalités définies par arrêté du garde des sceaux.

A peine d'irrecevabilité, l'acte introductif d'instance n'indique ni le fondement juridique de la demande en divorce lorsqu'il relève de l'article 242 du code civil, ni les faits à l'origine de celle-ci.

(Décr. no 2020-1452 du 27 nov. 2020, art. 1er-29o, en vigueur le 1er janv. 2021) « Lorsque le demandeur n'a pas indiqué le fondement de la demande en divorce dans l'acte introductif d'instance, le défendeur ne peut lui-même *(Décr. no 2023-25 du 23 janv. 2023, art. 1er-9o)* « le faire *[ancienne rédaction : indiquer le fondement de la demande en divorce]* » avant les premières conclusions au fond du demandeur » *(Décr. no 2023-25 du 23 janv. 2023, art. 1er-9o)* « ou, à défaut, avant l'expiration du délai fixé par le juge de la mise en état par injonction de conclure ».

Les modifications issues de l'art. 1er du Décr. no 2020-1452 du 27 nov. 2020 entrent en vigueur le 1er janv. 2021 ; à l'exception des 19o et 25o dudit art., elles s'appliquent aux instances en cours à cette date (Décr. préc., art. 12).

Art. 1108 *(Décr. no 2019-1380 du 17 déc. 2019, art. 5-2o, en vigueur le 1er janv. 2021)* Le juge aux affaires familiales est saisi, à la diligence de l'une ou l'autre partie, par la remise au greffe d'une copie de l'acte introductif d'instance.

(Décr. no 2020-1452 du 27 nov. 2020, art. 1er-30o, en vigueur le 1er janv. 2021) « Sous réserve que la date de l'audience soit communiquée plus de quinze jours à l'avance, la remise doit être effectuée au moins quinze jours avant cette date. »

(Abrogé par Décr. no 2021-1322 du 11 oct. 2021, art. 1er) « En outre, lorsque la date de l'audience est communiquée par voie électronique, la remise doit être faite dans le délai de deux mois à compter de cette communication [ancienne rédaction : La copie de l'acte introductif d'instance doit être remise dans le délai de deux mois suivant la communication de la date d'audience par la juridiction effectuée selon les modalités prévues à l'article 748-1.

Toutefois la copie de l'acte introductif d'instance doit être remise au plus tard quinze jours avant la date d'audience lorsque :

1o La date d'audience est communiquée par la juridiction selon d'autres modalités que celles prévues à l'article 748-1 ;

2o La date d'audience est fixée moins de deux mois après la communication de cette date par la juridiction selon les modalités prévues à l'article 748-1]. »

La remise doit avoir lieu dans *(Décr. no 2021-1322 du 11 oct. 2021, art. 1er)* « ce délai » sous peine de caducité de l'acte introductif d'instance constatée d'office par ordonnance du juge aux affaires familiales, ou, à défaut, à la requête d'une partie.

Le défendeur est tenu de constituer avocat dans le délai de quinze jours à compter de l'assignation. *(Décr. no 2020-1452 du 27 nov. 2020, art. 1er-30o, en vigueur le 1er janv. 2021)* « Toutefois, si l'assignation lui est délivrée dans un délai inférieur ou égal à quinze jours avant la date de l'audience, il peut constituer avocat jusqu'à l'audience. »

Dès le dépôt de la requête formée conjointement par les parties, de la constitution du défendeur ou, à défaut, à l'expiration du délai qui lui est imparti pour constituer avocat, le juge aux affaires familiales exerce les fonctions de juge de la mise en état.

Sur l'entrée en vigueur des modifications issues de l'art. 1er du Décr. no 2020-1452 du 27 nov. 2020, V. ndlr ss. art. 1107.

Art. 1109 *(Décr. no 2019-1380 du 17 déc. 2019, art. 5-2o, en vigueur le 1er janv. 2021)* En cas d'urgence, par dérogation aux articles 1107 et 1108, le juge aux affaires familiales, saisi par requête, dans les conditions des deuxième et troisième alinéas de l'article 840 et de l'article 841, peut autoriser l'un des époux à assigner l'autre époux en divorce et à une audience d'orientation et sur mesures provisoires fixée à bref délai.

La remise au greffe d'une copie de l'assignation ainsi que la constitution du défendeur doivent intervenir au plus tard la veille de l'audience. A défaut de remise au greffe de l'acte de saisine, la caducité est constatée d'office par ordonnance du juge aux affaires familiales.

Le jour de l'audience, le juge de la mise en état s'assure qu'il s'est écoulé un temps suffisant depuis l'assignation pour que l'autre partie ait pu préparer sa défense.

Si le juge ne fait pas droit à la requête, le demandeur obtient communication d'une date d'audience dans les conditions de l'article 1107.

Art. 1110 à 1114 *Abrogés par Décr. n° 2019-1380 du 17 déc. 2019, art. 5-3°, à compter du 1er janv. 2021.*

Art. 1115 *(Décr. n° 2004-1158 du 29 oct. 2004, art. 7-V, en vigueur le 1er janv. 2005)* La proposition de règlement des intérêts pécuniaires des époux, prévue par l'article *(Décr. n° 2019-1380 du 17 déc. 2019, art. 5-4°, en vigueur le 1er janv. 2021)* « 252 » du code civil, contient un descriptif sommaire de leur patrimoine et précise les intentions du demandeur quant à la liquidation de la communauté ou de l'indivision, et, le cas échéant, quant à la répartition des biens.

Elle ne constitue pas une prétention au sens de l'article 4 du présent code.

L'irrecevabilité prévue par l'article *(Décr. n° 2019-1380 du 17 déc. 2019, art. 5-4°, en vigueur le 1er janv. 2021)* « 252 » du code civil doit être invoquée avant toute défense au fond.

Art. 1116 *(Décr. n° 2016-185 du 23 févr. 2016, art. 3)* Les demandes visées au deuxième alinéa de l'article 267 du code civil ne sont recevables que si les parties justifient par tous moyens de leurs désaccords subsistants *(Abrogé par Décr. n° 2019-1380 du 17 déc. 2019, art. 5-5°, à compter du 1er janv. 2021)* « *et si cette justification intervient au moment de l'introduction de l'instance. Toutefois,* ». Le projet notarié visé au quatrième alinéa de l'article 267 du code civil peut être annexé *(Décr. n° 2019-1380 du 17 déc. 2019, art. 5-5°, en vigueur le 1er janv. 2021)* « postérieurement » aux conclusions dans lesquelles la demande de liquidation et de partage est formulée.

La déclaration commune d'acceptation prévue au troisième alinéa de l'article 267 du code civil est formulée par écrit et signée par les deux époux et leurs avocats respectifs. Les points de désaccord mentionnés dans la déclaration ne constituent pas des prétentions au sens de l'article 4 du présent code.

Les dispositions issues de l'art. 3 du Décr. n° 2016-185 du 23 févr. 2016 s'appliquent aux requêtes en divorce introduites avant son entrée en vigueur qui, au jour de celle-ci, n'ont pas donné lieu à une demande introductive d'instance (Décr. préc., art. 18).

§ 2. *Les mesures provisoires*

Depuis le 1er janv. 2021, le § 4 ancien est devenu le § 2 (Décr. n° 2019-1380 du 17 déc. 2019, art. 5-6°, en vigueur le 1er janv. 2021).

Art. 1117 *(Décr. n° 2019-1380 du 17 déc. 2019, art. 5-7°, en vigueur le 1er janv. 2021)* A peine d'irrecevabilité, le juge de la mise en état est saisi des demandes relatives aux mesures provisoires prévues aux articles 254 à 256 du code civil formées dans une partie distincte des demandes au fond, dans l'acte de saisine ou dans les conditions prévues à l'article *(Décr. n° 2020-1452 du 27 nov. 2020, art. 1er-31°, en vigueur le 1er janv. 2021)* « 791 *[ancienne rédaction : 789]* ».

Les parties, ou la seule partie constituée, qui renoncent à formuler une demande de mesures provisoires au sens de l'article 254 du code civil l'indiquent au juge avant l'audience d'orientation ou lors de celle-ci. Chaque partie, dans les conditions de l'article 789 conserve néanmoins la possibilité de saisir le juge de la mise en état d'une première demande de mesures provisoires jusqu'à la clôture des débats.

Si une ou plusieurs des mesures provisoires prévues aux articles 254 à 256 du code civil sont sollicitées par au moins l'une des parties, le juge de la mise en état statue.

Lors de l'audience portant sur les mesures provisoires, les parties comparaissent assistées par leur avocat ou peuvent être représentées.

Elles peuvent présenter oralement des prétentions et des moyens à leur soutien. Les dispositions du premier alinéa de l'article 446-1 s'appliquent.

Lorsqu'il ordonne des mesures provisoires, le juge peut prendre en considération les accords que les époux ont déjà conclus entre eux.

Le juge précise la date d'effet des mesures provisoires.

Sur l'entrée en vigueur des modifications issues de l'art. 1er du Décr. n° 2020-1452 du 27 nov. 2020, V. ndlr ss. art. 1107.

Art. 1118 En cas de survenance d'un fait nouveau, le juge peut, jusqu'au dessaisissement de la juridiction, supprimer, modifier ou compléter les mesures provisoires qu'il a prescrites.

(Abrogé par Décr. n° 2019-1380 du 17 déc. 2019, art. 5-8, à compter du 1er janv. 2021) *« Avant l'introduction de l'instance, la demande est formée, instruite et jugée selon les modalités prévues à la section 3 du présent chapitre. »* – [Anc. art. 1118, modifié.]

Art. 1119 (Décr. n° 81-500 du 12 mai 1981, art. 5, en vigueur le 1er janv. 1982) (Abrogé par Décr. n° 2019-1380 du 17 déc. 2019, art. 5-9°, à compter du 1er janv. 2021) *« La décision relative aux mesures provisoires est susceptible d'appel dans les quinze jours de sa notification. »*

En cas d'appel, les modifications des mesures provisoires, s'il y a survenance d'un fait nouveau, ne peuvent être demandées, selon le cas, qu'au premier président de la cour d'appel ou au conseiller de la mise en état. – [Anc. art. 1119.]

Art. 1120 (Décr. n° 2006-1805 du 23 déc. 2006, art. 4 ; Décr. n° 2009-1591 du 17 déc. 2009, art. 3) Les modalités de désignation et de rémunération ainsi que le déroulement de la mission du professionnel qualifié désigné en application du 9° de l'article 255 du code civil sont soumis aux règles applicables en matière d'expertise.

Art. 1121 (Décr. n° 2006-1805 du 23 déc. 2006, art. 4 ; Décr. n° 2009-1591 du 17 déc. 2009, art. 3) Les modalités de désignation ainsi que le déroulement de la mission du notaire désigné en application du 10° de l'article 255 du code civil sont soumis aux dispositions des articles 233 à 237, 239, 245, 264 à 267, 273, 275, 276 et 278 à 280 du présent code, sans préjudice des règles applicables à sa profession.

Si le notaire établit l'acte de partage, il en fait rapport au juge.

Art. 1121-1 (Abrogé par Décr. n° 2019-1380 du 17 déc. 2019, art. 5, à compter du 1er janv. 2021) (Décr. n° 2011-1043 du 1er sept. 2011, art. 2-1°) *Pour l'application des dispositions de l'article 257, alinéa 3, du code civil, le juge aux affaires familiales connaît de la procédure d'apposition de scellés et d'état descriptif définie par la section 1 du chapitre II du titre III du livre III.*

§ 3. *Les voies de recours*

Depuis le 1er janv. 2021, le § 5 ancien est devenu le § 3 (Décr. n° 2019-1380 du 17 déc. 2019, art. 5-11°, en vigueur le 1er janv. 2021).

Art. 1122 (Décr. n° 2004-1158 du 29 oct. 2004, art. 7-VII ; Décr. n° 2009-1591 du 17 déc. 2009, art. 3) Un majeur protégé ne peut acquiescer au jugement de divorce, ou se désister de l'appel, qu'avec l'autorisation du juge des tutelles.

§ 4. *Dispositions particulières au divorce accepté*

Depuis le 1er janv. 2021, le § 6 ancien est devenu le § 4 (Décr. n° 2019-1380 du 17 déc. 2019, art. 5-11°, en vigueur le 1er janv. 2021).

Art. 1123 (Décr. n° 2004-1158 du 29 oct. 2004, art. 7-X, en vigueur le 1er janv. 2005) A tout moment de la procédure, les époux peuvent accepter le principe de la rupture du mariage sans considération des faits à l'origine de celle-ci.

(Décr. n° 2019-1380 du 17 déc. 2019, art. 5-12°-a, en vigueur le 1er janv. 2021) « Cette acceptation peut être constatée dans un procès-verbal dressé par le juge et signé par les époux et leurs avocats respectifs lors de toute audience sur les mesures provisoires. » (Abrogé par Décr. n° 2019-1380 du 17 déc. 2019, art. 5-12°-b et c, à compter du 1er janv. 2021) *« Le juge renvoie alors les époux à introduire l'instance pour qu'il prononce le divorce et statue sur ses effets, la cause du divorce demeurant acquise. Le procès-verbal est annexé à l'ordonnance.*

« A défaut, chaque époux peut déclarer, par un écrit signé de sa main, qu'il accepte le *principe de la rupture du mariage.*

« Les deux déclarations sont annexées à la requête conjointe introductive d'instance. »

En cours d'instance, la demande formée en application de l'article 247-1 du code civil doit être formulée de façon expresse et concordante dans les conclusions des parties. (Décr. n° 2019-1380 du 17 déc. 2019, art. 5-12°-d, en vigueur le 1er janv. 2021) « Chaque époux annexe à ses conclusions une déclaration d'acceptation du principe de la rupture du mariage, signée de sa main, ou une copie de l'acte sous signature privée de l'article 1123-1 ».

A peine de nullité, le procès-verbal ou la déclaration écrite rappelle les mentions du (Décr. n° 2019-1380 du 17 déc. 2019, art. 5-12°-e, en vigueur le 1er janv. 2021) « quatrième » alinéa de l'article 233 du code civil.

Art. 1123-1 (Décr. n° 2019-1380 du 17 déc. 2019, art. 5-13°, en vigueur le 1er janv. 2021) L'acceptation du principe de la rupture du mariage sans considération des faits à l'origine de celle-ci peut aussi résulter d'un acte sous signature privée des parties et contresigné par avocats dans les six mois précédant la demande en divorce ou pendant la procédure.

S'il est établi avant la demande en divorce, il est annexé à la requête introductive d'instance formée conjointement par les parties. En cours d'instance, il est transmis au juge de la mise en état.

A peine de nullité, cet acte rappelle les mentions du quatrième alinéa de l'article 233 du code civil.

Art. 1124 *(Décr. n° 2004-1158 du 29 oct. 2004, art. 7-X)* Le juge aux affaires familiales prononce le divorce sans autre motif que l'acceptation des époux.

Art. 1125 *(Décr. n° 2004-1158 du 29 oct. 2004, art. 7-X)* Les dépens de la procédure, jusques et y compris l'assignation afin de voir prononcer le divorce, sont partagés par moitié entre les époux, sauf décision contraire du juge.

§ 5. *Dispositions particulières au divorce pour altération définitive du lien conjugal*

Depuis le 1er janv. 2021, le § 7 ancien est devenu le § 5 (Décr. n° 2019-1380 du 17 déc. 2019, art. 5-14°, en vigueur le 1er janv. 2021).

Art. 1126 *(Décr. n° 2004-1158 du 29 oct. 2004, art. 7-X)* Sous réserve des dispositions de l'article 472, le juge ne peut relever d'office le moyen tiré du défaut d'expiration du délai de *(Décr. n° 2019-1380 du 17 déc. 2019, art. 5-15°, en vigueur le 1er janv. 2021)* « un an » prévu au premier alinéa de l'article 238 du code civil.

Art. 1126-1 *(Décr. n° 2019-1380 du 17 déc. 2019, art. 5-16°, en vigueur le 1er janv. 2021)* Lorsque la demande en divorce est fondée sur l'altération définitive du lien conjugal dans les conditions prévues à l'article 238, alinéa 2, du code civil, la décision statuant sur le principe du divorce ne peut intervenir avant l'expiration du délai d'un an et sous réserve du dernier alinéa de l'article 238.

Les requêtes en divorce ou en séparation de corps introduites avant le 1er janv. 2021 sont traitées selon les règles en vigueur avant cette date (Décr. n° 2019-1380 du 17 déc. 2019, art. 15 ; mod. par Décr. n° 2019-1419 du 20 déc. 2019, art. 22-II, mod. par Décr. n° 2020-950 du 30 juill. 2020, art. 4).

Art. 1127 Les dépens de l'instance sont à la charge de l'époux qui en a pris l'initiative *(Décr. n° 2004-1158 du 29 oct. 2004, art. 7-XI)* « , à moins que le juge n'en dispose autrement ». — *[Anc. art. 1127, modifié.]*

§ 6. *Dispositions particulières au divorce pour faute*

Depuis le 1er janv. 2021, le § 8 ancien est devenu le § 6 (Décr. n° 2019-1380 du 17 déc. 2019, art. 5-14°, en vigueur le 1er janv. 2021).

Art. 1128 La demande tendant à dispenser le juge aux affaires familiales d'énoncer dans les motifs de sa décision les torts et griefs des époux doit être formulée de façon expresse et concordante dans les conclusions de l'un et l'autre époux.

Le juge aux affaires familiale se borne à constater qu'il existe les faits constitutifs d'une cause de divorce selon le code civil, titre "Du divorce", *(Décr. n° 2004-1158 du 29 oct. 2004, art. 7, XII)* « section 4 », du chapitre I. — *[Anc. art. 1128, modifié.]*

SOUS-SECTION 4. *La séparation de corps*

Art. 1129 *(Décr. n° 2004-1158 du 29 oct. 2004, art. 8, mod. par Décr. n° 2004-1333 du 6 déc. 2004)* La procédure de la séparation de corps obéit aux règles prévues pour la procédure de divorce. — *[Anc. art. 1139.]*

Art. 1130 *(Décr. n° 2004-1158 du 29 oct. 2004, art. 8, mod. par Décr. n° 2004-1333 du 6 déc. 2004)* La déclaration de reprise de la vie commune est mentionnée en marge de l'acte de mariage et de l'acte de naissance de chacun des époux.

Les mêmes mentions ont opérées à la diligence du notaire qui a dressé l'acte constatant la reprise de la vie commune. — *[Anc. art. 1140.]*

SOUS-SECTION 5. *Le divorce sur conversion de la séparation de corps*

Art. 1131 *(Décr. n° 2004-1158 du 29 oct. 2004, art. 9-I, mod. par Décr. n° 2004-1333 du 6 déc. 2004)* Hors le cas où la séparation de corps a été prononcée par consentement mutuel, la demande en conversion est formée, instruite et jugée selon la procédure *(Décr. n° 2019-1333 du 11 déc. 2019, art. 29-11°)* « écrite ordinaire ».

Aucune demande reconventionnelle n'est recevable, sauf sur les conséquences du divorce. – *[Anc. art. 1142, modifié.]*

Sur l'entrée en vigueur des dispositions du Décr. n° 2019-1333 du 11 déc. 2019, V. Décr. préc., art. 55, infra.

Art. 1132 *(Décr. n° 2004-1158 du 29 oct. 2004, art. 9, en vigueur le 1er janv. 2005, mod. par Décr. n° 2004-1333 du 6 déc. 2004, art. 2)* En cas de séparation de corps par consentement mutuel *(Décr. n° 2019-1380 du 17 déc. 2019, art. 8-2°-a)* « et lorsqu'un mineur demande son audition par le juge, la requête aux fins de conversion en divorce par consentement mutuel fondée sur l'article 230 du code civil contient, » à peine d'irrecevabilité, *(Abrogé par Décr. n° 2019-1380 du 17 déc. 2019, art. 8-2°-b) « contient »* les mentions requises par l'article 1090, l'indication de la décision qui a prononcé la séparation de corps, et est accompagnée d'une convention sur les conséquences du divorce.

Sous la même sanction, la requête et la convention sont datées et signées par chacun des époux et leur avocat.

Les requêtes en divorce ou en séparation de corps introduites avant le 1er janv. 2021 sont traitées selon les règles en vigueur avant cette date (Décr. n° 2019-1380 du 17 déc. 2019, art. 15 ; rect. par Décr. n° 2019-1419 du 20 déc. 2019, art. 22-II, mod. par Décr. n° 2020-950 du 30 juill. 2020, art. 4).

Art. 1133 *(Décr. n° 2004-1158 du 29 oct. 2004, art. 9-III, mod. par Décr. n° 2004-1333 du 6 déc. 2004)* Dans le cas prévu à l'article précédent, le juge peut ne pas entendre les époux et se borner à examiner avec leur avocat la convention.

En l'absence de difficulté, il homologue la convention et prononce le divorce.

Sinon, il peut, sans autres formes, demander aux époux de présenter à nouveau la requête dans le mois, après modification de la convention ; s'il n'est pas déféré à cette demande, le juge rend une ordonnance par laquelle il refuse d'homologuer la convention.

L'ordonnance mentionne le délai d'appel et le point de départ de ce délai. – *[Anc. art. 1144, modifié.]*

Art. 1134 *(Décr. n° 2004-1158 du 29 oct. 2004, art. 9, mod. par Décr. n° 2004-1333 du 6 déc. 2004)* L'ordonnance est susceptible d'appel dans les quinze jours de la décision.

L'appel est formé, instruit et jugé selon les règles applicables à la matière gracieuse. – *[Anc. art. 1145.]*

Art. 1135 *(Décr. n° 2004-1158 du 29 oct. 2004, art. 9, mod. par Décr. n° 2004-1333 du 6 déc. 2004)* L'instruction de l'affaire et l'audition des époux sont limitées, en toute hypothèse, aux effets de la décision. – *[Anc. art. 1146.]*

Art. 1136 *(Décr. n° 2004-1158 du 29 oct. 2004, art. 9, mod. par Décr. n° 2004-1333 du 6 déc. 2004)* Les dépens de l'instance en conversion sont répartis comme ceux de l'instance en séparation de corps.

Les dépens afférents à l'instance d'appel sont traités comme ceux d'une instance nouvelle. – *[Anc. art. 1147.]*

La sous-section 6 est supprimée par Décr. n° 2009-1591 du 17 déc. 2009, art. 3, applicable aux demandes en justice formées à compter du 1er janv. 2010.

....

SECTION 2 BIS. *Le fonctionnement, la liquidation et le partage des régimes matrimoniaux et des indivisions entre personnes liées par un pacte civil de solidarité ou entre concubins*

....

SECTION 3. *Les autres procédures relevant de la compétence du juge aux affaires familiales*

....

CHAPITRE V BIS. *LE DIVORCE ET LA SÉPARATION DE CORPS PAR CONSENTEMENT MUTUEL PAR ACTE SOUS SIGNATURE PRIVÉE CONTRESIGNÉ PAR AVOCATS, DÉPOSÉ AU RANG DES MINUTES D'UN NOTAIRE (Décr. n° 2019-1380 du 17 déc. 2019, art. 8-3°).*

(Décr. n° 2016-1907 du 28 déc. 2016, art. 4, en vigueur le 1er janv. 2017)

Art. 1144 L'information prévue au 1° de l'article 229-2 *(Décr. n° 2017-890 du 6 mai 2017, art. 49)* « du code civil » prend la forme d'un formulaire destiné à chacun des enfants mineurs, qui mentionne son droit de demander à être entendu dans les conditions de l'article 388-1 *(Décr. n° 2017-890 du 6 mai 2017, art. 49)* « du même code » ainsi que les conséquences de son choix sur les suites de la procédure.

Le modèle de formulaire est fixé par arrêté du garde des sceaux, ministre de la justice. — *V. Arr. du 28 déc. 2016, JO 29 déc. —* ***C. pr. civ.***

Art. 1144-1 La convention de divorce par consentement mutuel par acte sous signature privée contresigné par avocats précise le nom du notaire ou de la personne morale titulaire de l'office notarial chargé de recevoir l'acte en dépôt au rang de ses minutes.

Art. 1144-2 La convention de divorce mentionne, le cas échéant, que l'information prévue au 1° de l'article 229-2 du code civil n'a pas été donnée en l'absence de discernement de l'enfant mineur concerné.

Art. 1144-3 La convention de divorce précise la valeur des biens ou droits attribués à titre de prestation compensatoire.

Lorsque ceux-ci sont soumis à la publicité foncière, l'attribution est opérée par acte dressé en la forme authentique devant notaire, annexé à la convention.

Art. 1144-4 La convention de divorce qui fixe une pension alimentaire ou une prestation compensatoire sous forme de rente viagère rappelle les modalités de recouvrement et les règles de révision de la créance ainsi que les sanctions pénales encourues en cas de défaillance.

Art. 1144-5 La convention de divorce fixe la répartition des frais de celui-ci entre les époux sous réserve de l'application des dispositions de *(Décr. n° 2020-1717 du 28 déc. 2020, art. 181, en vigueur le 1er janv. 2021)* « l'article 123 du décret n° 2020-1717 du 28 décembre 2020 » lorsque l'un des époux bénéficie de l'aide juridictionnelle.

A défaut de précision de la convention, les frais du divorce sont partagés par moitié.

Art. 1145 La convention de divorce est signée *(Décr. n° 2019-1380 du 17 déc. 2019, art. 8-4°)* « ensemble, » par les époux et leurs avocats *(Décr. n° 2019-1380 du 17 déc. 2019, art. 8-4°)* « réunis à cet effet » ensemble, en trois exemplaires *(Décr. n° 2019-1380 du 17 déc. 2019, art. 8-4°)* « ou, dans les mêmes conditions, par signature électronique ».

Le cas échéant, y sont annexés le formulaire signé et daté par chacun des enfants mineurs, l'état liquidatif de partage en la forme authentique et l'acte authentique d'attribution de biens soumis à publicité foncière.

Chaque époux conserve un original de la convention accompagné, *(Décr. n° 2019-1380 du 17 déc. 2019, art. 8-4°)* « selon le cas », de ses annexes et revêtu des quatre signatures. Le troisième original est destiné à son dépôt au rang des minutes d'un notaire.

Le cas échéant, un quatrième original est établi, dans les mêmes conditions, pour permettre la formalité de l'enregistrement.

(Décr. n° 2020-1201 du 30 sept. 2020, art. 2, en vigueur le 1er janv. 2021) « Un original supplémentaire est établi, dans les mêmes conditions, lorsque la convention de divorce *(Décr. n° 2022-259 du 25 févr. 2022, art. 1er)* « fixe une contribution à l'entretien et à l'éducation de l'enfant sous la forme d'une pension alimentaire en tout ou partie en numéraire et ne mentionne pas le refus des deux parents de mettre en place l'intermédiation financière du versement de cette pension conformément au 1° du *[ancienne rédaction : prévoit l'intermédiation financière mentionnée au]* » II de l'article 373-2-2 du code civil. » *(Décr. n° 2022-259 du 25 févr. 2022, art. 1er)* « Cet original supplémentaire est destiné à être transmis aux organismes débiteurs des prestations familiales par l'avocat du parent créancier, ainsi que les autres informations mentionnées à l'article R. 582-4-1 du code de la sécurité sociale, dans les conditions fixées par cet article. »

Sur l'entrée en vigueur des dispositions issues du Décr. n° 2022-259 du 25 févr. 2022, V. ndlr ss. art. 1074-2 C. pr. civ. supra.

Art. 1146 La convention de divorce et ses annexes sont transmises au notaire, à la requête des parties, par l'avocat le plus diligent, aux fins de dépôt au rang des minutes du *notaire, dans un délai de sept jours suivant* la date de la signature de la convention.

Lorsqu'elles sont rédigées en langue étrangère, la convention et ses annexes sont accompagnées d'une traduction effectuée par un traducteur habilité au sens de l'article 7 du décret n° 2007-1205 du 10 août 2007.

Le dépôt de la convention intervient dans un délai de quinze jours suivant la date de la réception de la convention par le notaire.

BIBL. ▶ LABBÉE, *D. 2017. 358* ✎.

Art. 1146-1 *(Abrogé par Décr. n° 2022-259 du 25 févr. 2022, art. 1er) (Décr. n° 2020-1201 du 30 sept. 2020, art. 2, en vigueur le 1er janv. 2021) L'avocat du créancier transmet à l'organisme débiteur des prestations familiales un exemplaire de la convention mentionnée au 3° de l'article 373-2-2 du code civil qui prévoit l'intermédiation financière mentionnée au II de ce même article ainsi qu'une attestation de dépôt délivrée par le notaire. Il en informe la partie qu'il assiste.*

Il lui transmet également les informations strictement nécessaires à l'instruction et à la mise en œuvre de l'intermédiation financière mentionnées aux 1°, 2°, 5°, 7° et 8° de l'article 1074-4 ainsi que celles qui suivent :

1° L'identité de l'avocat et ses coordonnées ;

2° Les date et nature du titre qui prévoit l'intermédiation financière ;

3° Après accord des parents, les coordonnées bancaires respectives du parent débiteur et du parent créancier qui figurent sur un relevé d'identité bancaire ou postal, datant de moins de trois mois, remis par le parent débiteur et le parent créancier pour faciliter l'instruction du dossier d'intermédiation financière.

Ces informations sont transmises par voie dématérialisée par l'avocat du créancier, dans un délai de sept jours à compter de la réception de l'attestation de dépôt.

Sur l'entrée en vigueur des dispositions issues du Décr. n° 2022-259 du 25 févr. 2022, V. ndlr ss. art. 1074-2 C. pr. civ. supra.

Art. 1147 Mention du divorce est portée en marge de l'acte de mariage ainsi que de l'acte de naissance de chacun des époux, à la requête de l'intéressé ou de son avocat, au vu d'une attestation de dépôt délivrée par le notaire. L'attestation mentionne l'identité des époux et la date du dépôt.

Si le mariage a été célébré à l'étranger et en l'absence d'acte de mariage conservé par un officier de l'état civil français, mention du divorce est portée en marge de l'acte de naissance de chacun des époux, si cet acte est conservé sur un registre d'état civil français. A défaut, l'attestation de dépôt est conservée au répertoire mentionné à l'article 4-1 du décret du 1er juin 1965 portant création d'un service central d'état civil au ministère des affaires étrangères.

Toutefois, cette mention ne peut être portée en marge de l'acte de naissance d'un Français qu'après transcription sur les registres de l'état civil de l'acte de mariage célébré par l'autorité étrangère à compter du 1er mars 2007.

Art. 1148 Il est justifié, à l'égard des tiers, du divorce par consentement mutuel prévu à l'article 229-1 du code civil par la production d'une attestation de dépôt délivrée par le notaire ou d'une copie de celle-ci.

Art. 1148-1 Les mainlevées, radiations de sûretés, mentions, transcriptions ou publications rendues nécessaires par le divorce prévu à l'article 229-1 du code civil sont valablement faites au vu de la production, par tout intéressé, d'une copie certifiée conforme de la convention de divorce et, le cas échéant, de ses annexes ou d'un de leurs extraits.

Art. 1148-2 Dès qu'un enfant mineur manifeste son souhait d'être entendu par le juge dans les conditions prévues à l'article 388-1 du code civil, la juridiction peut être saisie selon les modalités prévues aux articles 1088 à 1092.

Les époux peuvent également, jusqu'au dépôt de la convention de divorce au rang des minutes d'un notaire, saisir la juridiction d'une demande de séparation de corps ou de divorce judiciaire dans les conditions prévues aux articles 1106 et 1107.

Art. 1148-3 *(Décr. n° 2019-1380 du 17 déc. 2019, art. 8-5°)* Les dispositions du présent chapitre sont applicables aux séparations de corps par acte sous signature privée contresigné par avocats, déposé au rang des minutes d'un notaire.

Loi du 13 avril 1932, *réprimant la fraude en matière de divorce ou de séparation de corps (DP 1932. 4. 175).* **Art. unique** Quiconque aura, par des manœuvres dolosives ou de fausses allégations, tenu ou tenté de tenir son conjoint dans l'ignorance d'une procédure de divorce ou de séparation de corps dirigée contre lui, sera puni d'un emprisonnement de deux ans et d'une amende de 9000 € ou de l'une de ces deux peines seulement.

En cas de récidive, la peine d'emprisonnement sera toujours prononcée.

Décret nº 2004-1157 du 29 octobre 2004,

Pris en application des articles 276-4 et 280 du code civil et fixant les modalités de substitution d'un capital à une rente allouée au titre de la prestation compensatoire (JO 31 oct.).

Règlement (UE) 2019/1111 du Conseil du 25 juin 2019,

Relatif à la compétence, la reconnaissance et l'exécution des décisions en matière matrimoniale et en matière de responsabilité parentale, ainsi qu'à l'enlèvement international d'enfants (refonte).

Le présent Règlement abroge le règlement (CE) nº 2201/2003 à compter du 1er août 2022.

BIBL. ▶ CALLÉ, *Defrénois 26 sept. 2019, p. 29.* – GODECHOT-PATRIS, *D. 2019. 1824.* – NOURISSAT, *Defrénois 5 sept. 2019, p. 29 ; Procédures 2019. Focus 12.* – MAILHÉ, *JCP 2019. 1109.* ▶ **Sur le règlement nº 2201/2003, remplacé :** BARRIÈRE-BROUSSE, *D. 2008. Chron. 625*. – A. BIGOT, *Dr. fam. 2004. Chron. 8.* – BOICHÉ, *RJPF 2005-3/12.* – DJEMNI-WAGNER, *Gaz. Pal. 2004. Doctr. 2806.* – FULCHIRON, *Dr. et patr. 4/2005. 34.* – LARDEUX, *D. 2008. Chron. 795*. – NOURISSAT, DEVERS et BOICHÉ, *RLDC 2005/20, nº 852, 853, 854.* – Dossier, *AJ fam. 2005. 256*. – Dossier, *Dr. et patr. 6/2005. 46.* ▶ ARMSTRONG, *Dr. et patr. 7-8/2005. 46* (articulation avec les conventions de La Haye de 1980 et 1996). ▶ **Sur le règlement nº 1347/2000, abrogé et remplacé :** COURBE, *LPA 3 déc. 2002 et 14 oct. 2003.* – BRUNEAU, *JCP 2000. I. 266* (Traité d'Amsterdam et coopération judiciaire en matière civile) ; *JCP 2001. I. 314* (reconnaissance et exécution des décisions rendues dans l'Union européenne).

Décret nº 2019-1333 du 11 décembre 2019,

Réformant la procédure civile.

Art. 55 I. — Le présent décret entre en vigueur le 1er janvier 2020. Il est applicable aux instances en cours à cette date. – *Annulé par Décis. CE nos 436939 et 437002, 6e et 5e ch. réun., du 22 sept. 2022.*

II. — Par dérogation au I, les dispositions *(Décr. nº 2020-1452 du 27 nov. 2020, art. 5)* « de l'article 3 » s'appliquent aux instances introduites devant les juridictions du premier degré à compter du 1er janvier 2020. Les dispositions des articles 5 à 11, *(Décr. nº 2019-1419 du 20 déc. 2019, art. 22-I)* « le 1° de l'article 14, les 2°, 12°, 14° et 17° à 19° de l'article 16, le 2° de l'article 20, le 2° de l'article 21, les 1° et 2° de l'article 24, le 18° de l'article 29, les 2° et 7° de l'article 32, le 5° de l'article 36, l'article 39, le 2° de l'article 40 et le 4° de l'article 50, » ainsi que les dispositions des articles 750 à 759 du code de procédure civile, *(Décr. nº 2019-1419 du 20 déc. 2019, art. 22-I)* « des 3° et 6° de son article 789 » et de ses articles 818 et 839, dans leur rédaction résultant du présent décret, sont applicables aux instances introduites à compter du 1er janvier 2020. — *Partiellement annulé par Décis. CE nos 436939 et 437002, 6e et 5e ch. réun., du 22 sept. 2022.*

III. — Par dérogation au II, jusqu'au *(Décr. nº 2020-1641 du 22 déc. 2020, art. 1er)* « 1er juillet 2021 *[ancienne rédaction : 1er janvier 2021]* », dans les procédures soumises, au 31 décembre 2019, à la procédure écrite ordinaire, la saisine par assignation de la juridiction et la distribution de l'affaire demeurent soumises aux dispositions des articles 56, 752, 757 et 758 du code de procédure civile dans leur rédaction antérieure au présent décret.

Jusqu'au *(Décr. nº 2020-1641 du 22 déc. 2020, art. 1er)* « 1er juillet 2021 *[ancienne rédaction : 1er janvier 2021]* », les assignations demeurent soumises aux dispositions de l'article 56 du code de procédure civile, dans sa rédaction antérieure au présent décret, dans les procédures au fond suivantes :

1° Celles prévues aux articles R. 202-1 et suivants du livre des procédures fiscales ;

2° Celles prévues au livre VI du code de commerce devant le tribunal judiciaire ;

3° Celles diligentées devant le tribunal paritaire des baux ruraux.

(Décr. nº 2020-1641 du 22 déc. 2020, art. 1er) « IV. — Les dispositions du III ne sont pas applicables aux procédures prévues aux sous-sections 3 et 4 de la section 2 du chapitre V du titre I du livre troisième du code de procédure civile. »

1. Annulation du I de l'art. 55. Le I de l'art. 55 du Décr. n° 2019-1333 du 11 déc. 2019 est annulé ; les effets produits par les procédures et décisions affectées, entre le 13 déc. 2019 et le 1er janv. 2020, par l'annulation du I de l'art. 55 sont définitifs, sous réserve des actions engagées à la date de la présente décision. • CE, 6e et 5e ch. réun., 22 sept. 2022, nos 436939 et 437002.

2. Annulation partielle du II de l'art. 55. Le II de l'art. 55 du Décr. n° 2019-1333 du 11 déc. 2019 est annulé en tant qu'il ne mentionne pas les art. 760 à 768 C. pr. civ., dans leur rédaction issue de son art. 4, parmi les dispositions faisant l'objet d'une application aux instances introduites à compter du 1er janv. 2020. • CE, 6e et 5e ch. réun., 22 sept. 2022, nos 436939 et 437002 : *préc.*

TITRE VII DE LA FILIATION

(L. n° 72-3 du 3 janv. 1972)

Le titre VII dans la rédaction ci-dessous est entré en vigueur le 1er juill. 2006. Les changements de numérotation indiqués dans le présent titre résultent de l'Ord. n° 2005-759 du 4 juill. 2005. — Cette ordonnance a été ratifiée par la loi n° 2009-61 du 16 janv. 2009.

V. Circ. n° CIV/13/06 du 30 juin 2006 (n° NOR : JUS CO 620 513 C) de présentation de l'ordonnance n° 2005-759 du 4 juill. 2005 portant réforme de la filiation.

V. Circ. 28 oct. 2011 relative aux règles particulières à divers actes de l'état civil relatifs à la naissance et à la filiation, .

DALLOZ ACTION *Droit de la famille 2023/2024, nos 210.00 s.*

BIBL. GÉN. ▶ **Projet de loi et loi du 3 janv. 1972 :** COLOMBET, FOYER, HUET-WEILLER et LABRUSSE-RIOU, *Dalloz, 2e éd. 1977.* – CORNU, *D. 1971. Chron. 165 ; Archives Phil. dr., t. 20, 1975, p. 29.* – DAGOT et SPITÉRI, *JCP 1972. I. 2464.* – H. GAUDEMET-TALLON, *RTD civ. 1981. 719.* – MASSIP, *Defrénois 1972. 513.* – H. MAZEAUD, *D. 1971. Chron. 99.* – G. MORIN et AUBERT, *Defrénois 1972. 289 et 449.* – RASSAT, *RTD civ. 1973. 207.* – R. SAVATIER, *JCP 1971. I. 2400 et 2402.* – **Bilan :** Dossier, *Dr. fam. 2022, Dossier 6 s.*

▶ **Loi du 8 janv. 1993 :** COLOMBET, *Mél. Huet-Weiller, PU Strasbourg/LGDJ, 1994, p. 59* (juge aux affaires familiales). – GRANET, *D. 1994. Chron. 21* (établissement judiciaire de la filiation). – GRIDEL, *D. 1993. Chron. 191* (vérité biologique : évolution 1972-1993). – MASSIP, *Defrénois 1993. 609 et 673.* – RUBELLIN-DEVICHI, *JCP 1993. I. 3659.* – SUTTON, *D. 1993. Chron. 163* . – VASSAUX-VANOVERSCHELDE, *ALD 1994. 4* (droit de l'enfant à sa famille).

▶ **Lois du 29 juill. 1994 :** IEJ du Conseil supérieur du notariat, *JCP N 1995. I. 725* (formules de consentement à une procréation assistée). – BYK, *JCP 1994. I. 3788 ; rect. 3802 bis ; JCP 1995. I. 3848.* – M.-T. CALAIS-AULOY, *LPA 7 oct. 1998* (légitimité des techniques). – CARVAIS-ROSENBLATT, *Gaz. Pal. 1994. 2. Doctr. 1182.* – DEMAY DE GOUSTINE, *RDSS 1996. 1* . – DREIFUS-NETTER, *RTD civ. 1996. 1* (enfant issu d'un tiers). – GAUMONT-PRAT, obs. *D. 1999. Somm. 343* (réexamen dans les cinq ans de la loi bioéthique). – GRANET, *Mél. Huet-Weiller, PU Strasbourg LGDJ, 1994, p. 219* (enfant conçu par PMA). – HAUSER, *D. 1996. Chron. 183* (enfant conventionnel). – JAMIN, *RTD civ. 1994. 934* (Chron. législ.). – LEMOULAND, *ALD 1995. Chron. 15.* – MALLET et HÉRAIL, *JCP N 1995. Prat. 3352* (possession d'état et assistance à la procréation). – MASSIP, *Defrénois 1995. 65 et 129.* – NEIRINCK, *LPA 14 déc. 1994 ; ibid. 13 août 1999* (couple et PMA). – PIEC-VANSTEEGER, *JCP N 1995. I. 59.* – RAYMOND, *JCP 1994. I. 3796.* – RENAUD, *JCP N 1999. 396* (pratiques interdites). – SÉRIAUX, *RRJ 1996/1. 11* (commentaire critique du dispositif légal de PMA). – THOUVENIN, *ALD 1995. 149, 159 et 179 ; RTD civ. 1994. 717.*

▶ **Odonnance du 4 juill. 2005 :** CORPART, *Gaz. Pal. 2005. Doctr. 2580.* – FULCHIRON, *Dr. et patr. 2006. 44.* – GARÉ, *JCP 2006. I. 144.* – GRANET-LAMBRECHTS, *AJ fam. 2006. 283.* – GRANET-LAMBRECHTS et HAUSER, *D. 2006. Chron. 17.* – HAUSER, *RJPF 2005-9/9.* – LEROYER, *chron. lég. RTD civ. 2005. 836.* – MASSIP, *Defrénois 2006. 6, 91 et 209.* ▶ BAILLON-WIRTZ, *JCP N 2005. 1491* (établissement de la filiation maternelle par l'acte de naissance). – BATTEUR, *LPA 19 juin 2007* (fondements de la filiation) ; *JCP 2019, n° 748* (repenser la filiation en cas d'ouverture de l'AMP à toutes les femmes). – DIONISI-PEYRUSSE, *D. 2006. Chron. 612* (sécurisation de la filiation paternelle). – GARÉ, *RJPF 2006-7-8/10* et *Mél. le Tourneau, Dalloz, 2008, p. 397* (droit transitoire). – LEPROVAUX, *RJPF 2006-4/11* (possession d'état). – MARRAUD DES GROTTES, *RLDC 2007/43, n° 2743* (pour un statut des beaux-parents). – MAUGER-VIELPEAU, *LPA 27 juin 2007* (volonté et filiation). – MILLET, *JCP 2006. I. 112* (vérité affective). – PELLÉ, *RLDC 2007/34, n° 2381* (la « reconnaissance » du père marié). – RAOUL-CORMEIL, *LPA 3 juill. 2007* (la part du temps). ▶ Dossier, *AJ fam. 2005. 424* . ▶ **Circulaire du 30 juin 2006 :** MAUGER-VIELPEAU et RAOUL-CORMEIL, *Dr. fam. 2007. Étude 31.*

▸ **Loi du 23 juin 2006 sur les successions et les libéralités :** Batteur, *JCP N 2007. 1199.*

▸ **Loi du 16 janv. 2009 ratifiant l'ordonnance du 4 juill. 2005 :** Dekeuwer-Défossez, *RLDC 2009/58, n° 3338.* – Dionisi-Peyrusse, *D. 2009. Chron. 966* ✎. – Granet-Lambrechts, *AJ fam. 2009. 76* ✎. – Massip, *Defrénois 2009. 591.* – Vial, *Dr. fam. 2009. Étude n° 18* (recevabilité des actions relatives à la filiation).

▸ **Loi du 2 août 2021 :** Baillon-Wirtz, *JCP N 2021, n° 1297* (assistance médicale à la procréation et filiation, précisions attendues de la circulaire du 21 sept. 2021). – Byk, *JCP 2021, n° 1000.* – Paricard, *D. 2021. 1685* ✎. – Dossier, *AJ fam. 2021. 519* ✎ ; *ibid. 581* ✎ (réforme de la bioéthique). – Dossier, *Dr. fam. 2021. 22 s.* – Dossier, *JCP N 2021, n°s 1271 s.*

▸ **Proposition de Règlement :** Peroz, *Dr. fam. 2023, n° 34.*

▸ **Réflexions sur l'état du droit positif :** 91e Congrès des notaires, Numéro spécial, *LPA 3 mai 1995. 90.* – Colloque Grenoble, nov. 1999, *Dr. fam. 2000, n° 12 bis hors série* (perspectives de réformes en droit de la famille). – Andorno, *RRJ 1992/1. 13* (procréation artificielle, personnes et choses). – Azar, Couzigou-Suhas, Gardin, Mulon, *Dr. fam. 2022, Dossier 8* (droit de la filiation : difficultés pour les professionnels). – Baillon-Passe, *LPA 3 et 4 juill. 2001* (bilan à la veille de la révision des lois de bioéthique). – Bandrac, *Mél. Raynaud, Dalloz, 1985, p. 27* (notion de maternité). – Batteur, *LPA 26 et 27 juin 2002* (assistance médicale à la procréation et responsabilité civile) ; *Mél. Malaurie, Defrénois, 2005, p. 14* (secret autour de la conception de l'enfant). – Baudin-Maurin, *RRJ 2001/4. 1313* (l'établissement de la filiation « naturelle » notoire d'un enfant à l'égard d'une personne hors d'état de le reconnaître). – Beignier, *Dr. fam. 2015. Étude 17* (homoparentalité). – Bellivier et Brunet, Labrusse-Riou, *RTD civ. 1999. 529* ✎ (la filiation, la génétique et le juge). – Bergé, *JCP 2000. I. 206* (droit communautaire et procréation assistée). – Binet, *Dr. fam. 2021. Étude 7* (bioéthique et filiation : la guerre des chambres). – J.-M. Brun, *Defrénois 1999. 460* (filiation « naturelle » ignorée). – Brunetti-Pons, *Dr. fam. 2003. Chron. 15 et 17* (évolution du droit de la famille). – Catala, *1804-2004 Le code civil, Dalloz, 2004, p. 341* (métamorphose du droit de la famille). – Chabault, *D. 2001. Point de vue. 1395* ✎ (transfert d'embryon *post-mortem*). – Champenois, *1804-2004 Le code civil, Dalloz, 2004, p. 359* (paternité). – Cicile Delfosse, *Mél. Payet, Dalloz, 2011, p. 113* (homoparentalité). – Cornu, *Mél. Raynaud, préc., p. 137* (famille unilinéaire). – Corpart, *Gaz. Pal. 1995. 2. Doctr. 1422* (dissociation de la filiation et de la procréation) ; *JCP N 2022, n° 1088* (les moyens de faire famille, accordés aux couples de même sexe). – Cresp, *AJ fam. 2018. 163* ✎ (la coparentalité ou pluriparentalité : entre réalité sociologique et inexistence juridique) ; *LPA 16 avr. 2018* (la comaternité en droit français). – G. Decocq, *Mél. Soyer, LGDJ, p. 129* (parrain et marraine : parenté spirituelle). – Dekeuwer-Défossez, *Mél. Huet-Weiller, PU Strasbourg/LGDJ, 1994, p. 67* (familles « naturelles ») ; *RTD civ. 1995. 249* ✎ (mythes fondateurs) ; *Mél. Mouly, Litec, 1998, t. 1, p. 281* (filiation, fondement du droit commun familial) ; *Mél. Alfandari, Dalloz, 1999, p. 75* (Ubu au royaume de la filiation). – Depadt-Sebag, *D. 2010. Chron. 330* ✎ (place du tiers dans la conception avec donneur). – Dionisi-Peyrusse, *Dr. fam. 2016. Étude 13* (fondements de la filiation) ; *JCP 2019, n° 748* (repenser la filiation en cas d'ouverture de l'AMP à toutes les femmes). – Dreifuss-Netter, *D. 1998. Chron. 100* ✎ (adoption ou assistance médicale à la procréation). – Fenouillet, *Mél. Terré, Dalloz/PUF/Juris-Classeur, 1999, p. 509* (filiation plénière) ; *LPA 21 sept. 2005* (le droit civil de la famille hors le code civil) ; *Mél. Malaurie, Defrénois, 2005, p. 237* (le détournement d'institution familiale). – Ferré, *AJ fam. 2009. 250* ✎ (regroupement familial et filiation). – Ferrero, *D. 2013. Chron. 1286* ✎ (homoparentalité devant la CEDH). – Gallmeister, *D. 2015. 1777* ✎ (ouverture de l'assistance médicale à la procréation aux couples de femmes : conséquences sur le droit de la filiation). – Garé, *AJ fam. 2002. 84* ✎ (place des grands-parents). – Garrigue, *Mél. Payet, Dalloz, 2011, p. 237* (prescription, forclusion et filiation). – Garron, *RRJ 1999/2. 367* (responsabilité du géniteur). – Gaumont-Prat, *Dr. fam. 2001. Chron. 2* (anonymat dans l'assistance médicale à la procréation). – Gobert, *BICC 15 déc. 2007* (le droit de la famille dans la jurisprudence de la Cour de cassation). – Gouttenoire et Marchadier, *Dr. fam. 2019. Chron. 3* (la famille dans la jurisprudence de la CEDH) ; *ibid. 2022. Chron. 3 (idem).* – Granet, *LPA 2 oct. 1996* (secret des origines et promesse de filiation) ; *Dr. fam. 1999, Chron. 15* (quelles réformes ?) ; *D. 2001. Chron. 3138* ✎ (la maternité en questions). – Grangeat, *Dr. fam. 2020. Étude 9* (évolution du droit de la famille dans les configurations sociétales actuelles). – Hauser, *RTD civ. 1996. 377* ✎ (contournement de l'interdiction des mères porteuses) ; *Mél. Huet-Weiller, PU Strasbourg/LGDJ, 1994, p. 235.* – Hilt, *D. 2019. 2190* ✎ (repenser la maternité). – Houssier, *AJ fam. 2021. 414* ✎ (contentieux de la filiation – brève rétrospective sur un demi-siècle d'évolutions). – Jestaz, *Mél. Terré, Dalloz/PUF/Juris-Classeur, 1999, p. 417* (égalité et avenir du droit de la famille). – Kernaleguen, *JCP 2017, n° 185* (être institué parent ?). – G. Kessler, *Dr. fam. 2005. Étude 16* (consolidation de situations illicites dans l'intérêt de l'enfant) ; *RLDC 2008/50, n° 3028* (homoparenté et homoparentalité) ; *AJ fam. 2017. 292* ✎ (droit de ne pas être père) ; *RTD civ.*

2019. 519 (distinction du parent et du géniteur : propositions pour une nouvelle approche de la filiation) ; *Dr. fam. 2022. Dossier 9* (le fondement biologique de la filiation : entre déclin et renouveau). – Labbée, *D. 2014. 1699* (être parent à titre précaire). – Labrusse-Riou, *Mél. Rodière, Dalloz, 1981, p. 151* (rôle du juge et de la loi) ; *Trav. assoc. Capitant, XXXVIII-1987, p. 103* (la vérité et le droit). – Lamboley, *Mél. Mouly, préc., t. 1, p. 313* (l'enfant à tout prix). – Larribau-Terneyre, *LPA 16 mars 1994* (mythe du sang). – Libchaber, *D. 2018. 1875* (l'ouverture de l'assistance médicale à la procréation à toutes les femmes). – Malaurie, *D. 1998. Chron. 127* (couple, procréation et parenté). – Marie, *AJ fam. 2009. 199* (nom de l'enfant). – Mazeaud-Leveneur, *Defrénois 2019/51-52. 19* (renforcement de la compétence du notaire en matière d'établissementdelafiliation).– Millet, *D. 2012. Chron. 1975* (homoparentalité et filiation) ; *ibid. 2013. 782* (paternité, chronique d'unemort annoncée). – Mirabail, *D. 2000. Chron. 146* (obstacles juridiques à la vérité biologique). – Mirkovic, *Dr. fam. 2010. Étude 21* (implosion de la parenté et filiation). – F. Monéger, *Mél.Alfandari,Dalloz, 1999, p. 417* (pauvres pères). – Mouly, *D. 2014. 2419* (délocalisation procréative). – Murat, *Dr. fam. 1998. Chron. 14* (égalité des filiations quant à leur mode d'établissement). – Neirinck, *JCP 1997. I. 4067* (filiations électives) ; *RJPF 2003-3/12* (comprendre le secret de la filiation). – Nevejans, *LPA 10 avr. 2000* (établissement et contestation de liens de famille après la mort). – Paricard, *D. 2018. 75* (vers un droit spécial de la filiation ?). – Pérès, *D. 2019. 1184* (lien biologique et filiation : quel avenir ?). – Philippe, *LPA 4 janv. 1991* (réforme d'ensemble). – Pichard, *Mél. Payet, Dalloz, 2011, p. 469* (l'enfant). – Rouvière, *Gaz. Pal. 2013. 809* (concept d'homoparentalité). – Roy, *LPA 12 juin 1998* (filiations légales et réalités familiales). – Rubellin-Devichi, *Mél. Colomer, Litec, 1993, p. 397.* – Salvage-Gerest, *Mél. Huet-Weiller, PU Strasbourg/LGDJ, 1994, p. 413.* – Sarcelet et Bohuon, *D. 2009. Chron. 2876* (filiation et famille). – Taormina, *D. 2006. Chron. 1071* (droit de la famille et progrès scientifique). – Viganotti, *AJ fam. 2020. 534* (repenser le droit de la filiation). – Vitse, *Dr. fam. 1997. Chron. 3* (l'enfant des concubins). – Dossier *RLDC 2010/76, n° 4017 s.* (désir d'enfant contrarié). – Dossier *AJ fam. 2014. 293* (réforme du droit de la famille : les rapports). – Dossier, *AJ fam. 2012. 11*. ▸ **Égalité des filiations :** Murat, *Dr. fam. 1998. Chron. 14* (égalité des filiations quant à leur mode d'établissement depuis la loi de 1972). – Sériaux, *Mél. Colomer, Litec, 1993, p. 431.*

▸ **Preuve :** Le Gac-Pech, *D. 2001. Chron. 380* (expertise biologique). – Pierre-François, *Mél. Béguet, Univ. Toulon, 1985, p. 199* (aveu). – Pascal et Trapero, *R. 2004, p. 101* (vérité biologique et filiation dans la jurisprudence récente de la Cour de cassation). – Sutton, *Mél. Huet-Weiller, PU Strasbourg/LGDJ, 1994, p. 459* (office du juge). – Vidal, *Mél. Marty, Univ. Toulouse, 1978, p. 1113* (vérité biologique).

▸ **Droit international et comparé :** Granet-Lambrechts, *Dr. fam. 2007. Étude 30* (panorama de droit européen de la filiation). – Paricard, *Dr. fam. 2013. Étude 8* (mariage homosexuel et filiation). – Péroz, *Dr. fam. 2009. Étude 26* (filiation de l'enfant de statut prohibitif).

▸ **Panoramas Dalloz :** *D. 2022. Pan. 673* (janv. 2021 – févr. 2022) ; *D. 2021. Pan. 657* (janv. 2020 – févr. 2021) ; *D. 2020. Pan. 677* (janv. 2019 – févr. 2020) ; *D. 2019. Pan. 663* (janv. 2018 – déc. 2018), *D. 2018. Pan. 528* (févr. 2017 – déc. 2017) ; *D. 2017. Pan. 729* (janv. 2016 – févr. 2017) ; *D. 2016. Pan. 857* (janv. 2015 – janv. 2016) ; *D. 2015. 700* (janv. 2014 – janv. 2015) ; *D. 2014. 1171* (mai 2013 – avr. 2014) ; *D. 2013. Pan. 1436* (mars 2012 – mars 2013) ; *D. 2012. Pan. 1432* (avr. 2011 – févr. 2012) ; *D. 2011. Pan. 1585* (mars 2010 – avr. 2011) ; *D. 2010. Pan. 1442* (janv. 2009 – avr. 2010) ; *D. 2009. Pan. 773* (févr. 2008 – déc. 2008) ; *D. 2008. Pan. 1371* (avr. 2007 – févr. 2008) ; *D. 2007. Pan. 1460* (mars 2006 – mars 2007) ; *D. 2006. Pan. 1139* (panorama 2005) ; *D. 2005. Pan. 1748* (panorama 2004).

Art. 310 *(Abrogé par L. n° 2021-1017* du 2 août 2021, art. 6) (L. n° 2002-305 du *4 mars 2002)* ***Tous les enfants dont la filiation est légalement établie ont les mêmes droits et les mêmes devoirs dans leurs rapports avec leur père et mère. Ils entrent dans la famille de chacun d'eux.***

Sur l'égalité des filiations, V. art. 6-2.

1. Droit et liberté de procréer. Les gamètes humains ne constituent pas des biens au sens de l'art. 1er du Prot. add. n° 1 à la Conv. EDH. ; seule la personne peut en disposer et la liberté de procréer n'entre pas dans le champ de la liberté individuelle au sens de l'art. 66 Const. • Civ. 1re, 15 juin 2022, n° 21-17.654 B : *D. 2022. 1157* ; *AJ fam. 2022. 352, obs. Dionisi-Peyrusse* ; *RTD civ. 2022. 598, obs. Leroyer*.

2. Enfant né d'un homme et d'une femme. Sur la possibilité d'établir un lien de filiation adoptif à l'égard de deux parents du même sexe, V., depuis la L. n° 2013-404 du 17 mai 2013, note 3 et les art. 6-1, 345-1 et 360 C. civ. ♦ Sur la conformité de la loi à la Constitution, V. notes ss. art. 343. ♦ Comp. antérieurement à la L. n° 2013-404 du 17 mai 2013 : est contraire à un principe essentiel du droit français de la filiation la reconnaissance en France d'une décision étrangère dont la transcription sur les registres de l'état civil français, valant acte de naissance, emporte inscription d'un enfant comme né de deux parents du même sexe. • Civ. 1re, 7 juin 2012, n° 11-30.261 P : *R. 403 ; D. 2012. 1546, obs. Gallmeister ; ibid. 1992, note Vigneau ; ibid. 2013. 1436, obs. Granet-Lambrechts ; ibid. 1503, obs. Jault-Seseke ; AJ fam. 2012. 397, obs. Haftel ; ibid. 400 obs. Dionisi-Peyrusse ; Rev. crit. DIP 2013. 587, note Gannagé ; RTD civ. 2012. 522, obs. Hauser ; JCP 2012, n° 856, concl. Petit ; ibid,. n° 857, note Chénedé ; JCP N 2012, n° 1314, note Azincourt* (refus d'*exequatur* d'une décision étrangère autorisant une adoption par un couple homosexuel) • 7 juin 2012, n° 11-30.262 P : *R. 403.* ♦ Dans la même affaire, prononçant l'*exequatur* du jugement d'adoption : il peut être déduit de la formulation générale contenue dans l'art. 6-1 nouveau C. civ., la reconnaissance, par le droit français, de la possibilité pour un couple homosexuel d'adopter ; en outre, la substitution opérée par la loi susvisée à l'art. 34, al. 2, *a)*, du code civil du mot « parents » aux mots « père et mère », s'agissant des mentions devant figurer dans les actes de naissance et de reconnaissance, a fait disparaître l'élément de contrariété à l'ordre public français qui avait motivé la cassation prononcée. • Versailles, 20 mars 2014 : *AJ fam. 2014. 237, obs. Haftel*.

3. ... Exclusion de la filiation du champ de la loi ouvrant le mariage aux personnes de même sexe. En ouvrant le mariage aux couples de même sexe, la L. n° 2013-404 du 17 mai 2013 a expressément exclu qu'un lien de filiation puisse être établi à l'égard de deux personnes de même sexe, si ce n'est par l'adoption ; l'art. 6-1, issu de ce texte, dispose que le mariage et la filiation adoptive emportent les mêmes effets, droits et obligations reconnus par les lois, à l'exclusion de ceux prévus au titre VII du livre I du présent code, que les époux ou les parents soient de sexe différent ou de même sexe ; les modes d'établissement du lien de filiation prévus au titre VII du livre I du code civil, tels que la reconnaissance ou la présomption de paternité, ou encore la possession d'état, n'ont donc pas été ouverts aux époux de même sexe, *a fortiori* aux concubins de même sexe.. • Civ. 1re, 7 mars 2018, n° 17-70.039 P : *D. 2018. 983, note Fulchiron ; AJ fam. 2018. 233, obs. Salvage-Gerest* (impossibilité d'établir un lien de filiation par la possession d'état, à l'égard du concubin de même sexe que le parent envers lequel la filiation est déjà établie).

4. Existence de la filiation. Seules des raisons vraiment impérieuses peuvent justifier qu'une différence de traitement fondée sur la naissance hors mariage soit compatible avec la Convention. Violation des art. 8 et 14 Conv. EDH lorsqu'une législation prive un enfant naturel non reconnu de ses droits successoraux en raison du décès prématuré du père avant la naissance et en dépit de « lettres de légitimation » tenant lieu de reconnaissance mais dépourvues d'effet rétroactif. • CEDH, sect. I, 3 oct. 2000, *Camp et Bourimi*, n° 28369/95. ♦ Violation des art. 8 et 14 Conv. EDH dans l'interprétation faite par une juridiction d'une clause testamentaire, légitimant une discrimination au détriment de la filiation adoptive par rapport à la filiation biologique légitime. • CEDH, sect. IV, 13 juill. 2004, *P. et P. c/ Andorre*, n° 69498/01 : *D. 2005. 1832, note Poisson-Drocourt ; ibid. Pan. 2124, obs. Nicod ; JCP 2005. II. 10052, note F. Boulanger ; ibid. I. 103, n° 15, obs. Sudre ; Defrénois 2005. 1909, note Malaurie ; AJDA 2004. 1812, obs. Flauss ; RTD civ. 2004. 804, obs. Marguénaud ; RDC 2005. 645, obs. Rochfeld.* ♦ Un juge ne saurait augmenter le montant de la contribution à l'entretien et à l'éducation des trois enfants issus du mariage, en refusant de tenir compte de l'existence d'un enfant né hors mariage « conçu au mépris de l'obligation de fidélité entre époux et dont les droits ne sauraient préjudicier à ceux des enfants légitimes ». • Civ. 1re, 16 avr. 2008, n° 07-17.652 P : *D. 2009. Pan. 773, obs. Granet-Lambrechts ; JCP 2008. Actu. 308 ; AJ fam. 2008. 248, obs. Chénedé ; RJPF 2008-9/36, obs. Valory ; RLDC 2008/50, n° 3033, obs. Marraud des Grottes ; RTD civ. 2008. 472, obs. Hauser*. ♦ Discrimination injustifiée au regard de l'art. 8 Conv. EDH d'une législation nationale refusant aux pères naturels les indemnités de maternité. • CEDH, sect. II, 31 mars 2009, *Weller c/ Hongrie*, n° 44399/05 (mère de nationalité étrangère ne pouvant prétendre non plus à l'allocation).

5. Obligation alimentaire. Comme les parents mariés, les parents « naturels » ont l'obligation de nourrir, entretenir et élever leurs enfants conformément aux dispositions de l'art. 203 C. civ. • Versailles, 3 oct. 1996 : *D. 1998. Somm. 30, obs. Granet*. ♦ Application de l'art. 295 (ancien) au cas d'un enfant « naturel » : V. • TGI Versailles, 18 août 2000 : *D. 2001. Somm. 970, obs. Granet*.

6. Égalité des enfants. V. • Civ. 1re, 16 avr. 2008 : *préc. note 4.*

Transmission d'une QPC relative à la conformité d'une disposition législative qui prévoit l'indemnisation de mineurs irrégulièrement licenciés pour faits de grève en 1948 et 1952, tout en précisant que si l'intéressé et son conjoint sont décédés, l'allocation à laquelle il aurait pu prétendre est répartie, le texte ne prévoyant pas de règle de représentation pour les enfants nés hors mariage ou issus d'un mariage unique de ces mineurs. • Soc. 18 juin 2020, n° 20-40.005 P.

7. Égalité des parents. Il résulte des art. L. 331-8 et D. 331-4 CSS que le bénéfice du congé de paternité est ouvert, à raison de l'existence d'un lien de filiation juridique, au père de l'enfant ; ces textes excluent toute discrimination selon le sexe ou l'orientation sexuelle, et ne portent pas atteinte au droit à une vie familiale. • Civ. 2e, 11 mars 2010, n° 09-65.853 P : *D. 2010. AJ 770, obs. Lavric* ; *ibid. 1394, note Mirkovic* ; *JCP 2010 n° 607, note Favier* ; *AJ fam. 2010. 184, obs. Chénedé* ; *RDT 2010. 521, obs. Cros-Courtial* ; *RDSS 2010. 534, note Badel* ; *RTD civ. 2010. 315, obs. J. Hauser* (absence de droit au congé de paternité de la partenaire homosexuelle de la mère d'un enfant).

8. Égalité des filiations biologique et adoptive. Une différence de traitement d'un enfant adoptif par rapport à un enfant biologique est discriminatoire si elle manque de justification objective et raisonnable ; viole les art. 8 et 14 la décision des autorités de refuser l'adoption d'un enfant par un moine grec, alors que depuis 1982, les moines peuvent se marier et fonder une famille. • CEDH, sect. I, 3 mai 2011, *N.-G. c/ Grèce*, n° 56759/08. ♦ Sur l'interdiction des discriminations, V. notes ss. art. 343. ♦ Sur le refus d'indemniser un préjudice d'établissement né de l'impossibilité d'avoir un enfant biologique dans la mesure où la personne a adopté un enfant, ce dont il résulte qu'elle avait fondé une famille, V. • Civ. 2e, 8 juin 2017, n° 16-19.185 P : *D. 2017. 2224, obs. Porchy-Simon* ; *ibid. 2018. 35, obs. Brun*.

CHAPITRE I DISPOSITIONS GÉNÉRALES *(Ord. n° 2005-759 du 4 juill. 2005).*

RÉP. CIV. *Filiation (1° généralités)*, par C. LABRUSSE-RIOU.

Art. 310-1 *(Ord. n° 2005-759 du 4 juill. 2005)* **La filiation est légalement établie, dans les conditions prévues au chapitre II du présent titre, par l'effet de la loi, par la reconnaissance volontaire ou par la possession d'état constatée par un acte de notoriété** *(L. n° 2021-1017 du 2 août 2021, art. 6)* **« ainsi que, dans les conditions prévues au chapitre V du présent titre, par la reconnaissance conjointe ».**

Elle peut aussi l'être par jugement dans les conditions prévues au chapitre III du présent titre.

Art. 310-2 *(Ord. n° 2005-759 du 4 juill. 2005)* **S'il existe entre les père et mère de l'enfant un des empêchements à mariage prévus par les articles 161 et 162 pour cause de parenté, la filiation étant déjà établie à l'égard de l'un, il est interdit d'établir la filiation à l'égard de l'autre par quelque moyen que ce soit.**

BIBL. ▶ BARRÈRE, *Mél. Marty, Univ. Toulouse, 1978, p. 15*. – BATTEUR, *D. 2017. 2107* (enfant né d'un inceste entre frère et sœur). – BRETON, *Études M. Ancel, Pédone, 1975, t. 1, p. 309*. – CORPART, *Gaz. Pal. 1995. 2. Doctr. 888*. – GUÉVEL, *Gaz. Pal. 15-16 oct. 2004, Doctr.* – PERRIN, *Dr. fam. 2010. Étude 16*. – RENAUD, *JCP N 2000. 919*.

1. La requête en adoption présentée par le frère de la mère biologique contrevient aux dispositions d'ordre public édictées par l'art. 334-10 (ancien) interdisant l'établissement du double lien de filiation en cas d'inceste absolu. • Civ. 1re, 6 janv. 2004, n° 01-01.600 P : *GAJC, 12e éd., n° 52* ; *D. 2004. 362, concl. Sainte-Rose, note Vigneau* ; *ibid. Somm. 1419, obs. Granet-Lambrechts* ; *JCP 2004. II. 10064, note Labrusse-Riou* ; *ibid. I. 109, n° 2, obs. Rubellin-Devichi* ; *Defrénois 2004. 594, obs. Massip* ; *AJ fam. 2004. 66, obs. Bicheron* ; *Dr. fam. 2004, n° 16, note Fenouillet* ; *RJPF 2004-3/34, note Garé* ; *RLDC 2004/3, n° 107, note Dekeuwer-Défossez* ; *LPA 8 avr. 2004, note Voisin* ; *RTD civ. 2004. 75, obs. Hauser*. – Fenouillet, *Dr. fam. 2003. Chron. 29*. – V. conf., sur renvoi, • Paris, 5 avr. 2005 : *Dr. fam. 2005, n° 242, note Murat*.

En revanche, les art. 310-2 et 162 C. civ., interdisant l'établissement, par l'adoption, du double lien de filiation de l'enfant né d'un inceste absolu lorsque l'empêchement à mariage a pour cause la parenté, n'ont pas pour effet d'interdire l'adoption des neveux et nièces par leur tante ou leur oncle, dès lors que les adoptés ne sont pas nés d'un inceste. • Civ. 1re, 16 déc. 2020, n° 19-22.101 P : *D. 2021. 430, obs. Batteur et Gosselin-Gorand*.

2. Préjudice moral consistant, pour l'enfant né d'un viol incestueux, dans l'impossibilité d'établir sa filiation paternelle : V. • TGI Lille, 6 mai 1996 : *D. 1997. 543, note Labbée* ; *RTD civ. 1999. 64, obs. Hauser* • Grenoble, 29 juin 2005 : *RCA 2006, n° 48, note Radé*.

3. Refus, au regard de l'intérêt particulier de l'enfant et des conséquences dommageables qu'aurait, dans la construction de son identité, le fait d'annuler le lien de filiation maternelle sur lequel s'est construite jusqu'à présent la place de l'enfant dans l'histoire familiale puisque la mère en assume seule l'éducation. • Caen, 8 juin 2017, n° 16/01314 : *AJ fam. 2017. 545, obs. Houssier* (hypothèse de reconnaissances prénatale par le père, que la cour d'appel considère comme simultanée, mais la filiation paternelle n'étant pas contestée devant le cour d'appel).

SECTION 1 **Des preuves et présomptions** *(Ord. n° 2005-759 du 4 juill. 2005).*

Art. 310-3 *(Ord. n° 2005-759 du 4 juill. 2005)* **La filiation se prouve par l'acte de naissance de l'enfant, par l'acte de reconnaissance ou par l'acte de notoriété constatant la possession d'état.**

Si une action est engagée en application du chapitre III du présent titre, la filiation se prouve et se conteste par tous moyens, sous réserve de la recevabilité de l'action.

1. Conv. EDH. Le droit de connaître son ascendance fait partie intégrante de la notion de « vie privée » au sens de l'art. 8 Conv. EDH et l'intérêt de cette connaissance ne cesse nullement avec l'âge. Il convient de ménager un juste équilibre entre ce droit et le droit des tiers à l'intangibilité du corps du défunt, le droit au respect des morts et l'intérêt public à la protection de la sécurité juridique. Compte tenu de l'absence en l'espèce d'enjeu successoral, du caractère relativement peu intrusif de l'ingérence consistant en une exhumation pour effectuer un prélèvement, exhumation qui aurait eu lieu de toute façon si le requérant n'avait pas renouvelé à ses frais la concession de la tombe, et du fait qu'un prélèvement ADN ne porte pas atteinte à la vie privée d'un défunt, cet équilibre n'a pas en l'espèce été respecté. • CEDH, sect. III, 13 juill. 2006, *Jäggi c/ Suisse*, n° 58757/00 : *Defrénois 2008. 573, obs. Massip ; RTD civ. 2006. 727, obs. Marguénaud ; ibid. 2007. 99, obs. Hauser.*

Si un système juridique ne permettant pas de contraindre un défendeur à une action en recherche de paternité à se soumettre à un test ADN n'est pas en principe contraire à l'art. 8 Conv. EDH, cette absence n'est conforme au principe de proportionnalité que si le système prévoit d'autres moyens permettant à une autorité indépendante de traiter la question de la paternité à bref délai. • CEDH, sect. I, 7 févr. 2002, *Mikulic c/ Croatie*, n° 53176/99 : *JCP 2002. I. 157, n° 13, obs. Sudre ; Europe 2002, n° 207, obs. Deffains.*

Pour trancher une action tendant à faire établir la paternité, les tribunaux doivent tenir compte de l'intérêt supérieur de l'enfant ; ils doivent respecter un juste équilibre entre le droit du requérant mineur de voir ses intérêts protégés dans la procédure afin de dissiper son incertitude quant à son identité personnelle et le droit de son père présumé de ne pas participer à la procédure, ni de subir des tests de paternité. • CEDH 14 févr. 2012, n° 2151/10 : *AJ fam. 2012. 228, obs. Viganotti.*

1° PREUVE PAR L'IMPOSSIBILITÉ DE PROCRÉER

2. Impossibilité physiologique. Le caractère mensonger de la reconnaissance de paternité peut résulter de l'impossibilité physiologique de concevoir de la personne (transsexuel) qui s'est attribué faussement la maternité de l'enfant lorsque la déclaration de naissance et la reconnaissance de paternité ne peuvent être dissociées. • TGI Marseille, 27 janv. 1982 : *JCP 1983. II. 20028, note Penneau.*

2° PREUVE SCIENTIFIQUE

3. Expertise biologique de droit : principe. BIBL. Gaumont-Prat, *obs. D. 2006. Pan. 1202* (arrêts du 18 mai et du 14 juin 2005). – Granet-Lambrechts, *obs. D. 2006. Pan. 1141* (domaine et portée de la solution). – Mirabail, *Dr. fam. 2013. Étude 12* (refus de se soumettre à une expertise biologique). ♦ L'expertise biologique est de droit en matière de filiation, sauf s'il existe un motif légitime de ne pas y procéder. • Civ. 1re, 28 mars 2000, n° 98-12.806 P : *R., p. 328 ; D. 2000. 731, note Garé ; D. 2001. Somm. 976, obs. Granet ; ibid. 1427, obs. Gaumont-Prat ; ibid. 2868, obs. Desnoyer ; JCP 2000. II. 10409, concl. Petit, note Monsallier-Saint-Mleux ; Defrénois 2000. 769, note Massip ; Dr. fam. 2000, n° 72, note Murat ; RJPF 2000-5/38, note Hauser ; LPA 5 sept. 2000, note Nevejans-Bataille ; ibid. 27 nov. 2000, note Daburon ; RTD civ. 2000. 304, obs. Hauser* (contestation de reconnaissance). ♦ Le juge a le pouvoir de l'ordonner d'office. • Civ. 1re, 14 févr. 1990, n° 88-15.809 P : *Defrénois 1990. 690, obs. Massip.* ♦ L'expertise étant de droit en matière de filiation, le juge de la mise en état qui l'ordonne ne commet pas d'excès de pouvoir. • Civ. 1re, 28 nov. 2007, n° 06-19.157 P.

Confirmation du principe pour des contestations de reconnaissance : • Civ. 1re, 30 mai 2000 : *D. 2001. Somm. 976, obs. Granet ; ibid. 1427, obs. Gaumont-Prat ; ibid. 2868, obs. Desnoyer ; JCP 2000. II. 10410, note Garé (idem)* • 17 sept. 2003 : *D. 2004. Somm. 1419, obs. Granet-Lambrechts ; RJPF 2003-12/31, obs. Garé ; RTD civ. 2004. 73, obs. Hauser* • 17 févr. 2004 : *D. 2005. Pan. 1751, obs. Granet-Lambrechts ; Dr. fam. 2004, n° 96, note Larribau-Terneyre* • 14 juin 2005, n° 04-13.913 P : *D. 2005. IR 1961 ; Defrénois 2005. 1848, obs. Massip ; RTD civ. 2005. 768, obs. Hauser.* ♦ ... Pour la contestation d'une reconnaissance dans le cadre de l'art. 339 anc. : • Civ. 1re, 28 mai 2008, n° 07-15.037 P : *D. 2008. AJ 1624, obs. Gallmeister ; ibid. 2009. Pan. 53, obs. Douchy-Oudot ; ibid. 2010. Pan. 604, obs.* Gaumont-Prat ; JCP 2008. I. 102, *n° 5, obs. Favier ; AJ fam. 2008. 298, obs. Chénedé ; RJPF 2008-9/32, obs. Garé ; Defrénois 2008. 2425, obs. Massip ; RTD civ. 2008. 464, obs. Hauser (idem).* ♦ ... Pour une contestation de reconnaissance après une procréation médicalement assistée avec tiers donneur, dès lors que l'action est recevable au regard de l'art. 311-20 (dépôt d'une requête en divorce) : • Civ. 1re, 14 oct. 2020, n° 19-12.373 P : *D. 2021. 657, obs. Hilt ; AJ fam. 2020. 670, obs. Saulier ; ibid. 546, obs. Dionisi-Peyrusse ; RTD civ. 2021. 112, obs. Leroyer ; Dr. fam. 2020, n° 174, note Farge ; ibid. 2021, n° 3, note 353.* ♦ ... Pour un désaveu : • Civ. 1re, 9 déc. 2003 : *Dr. fam. 2004, n° 96, note Larribau-Terneyre ; Defrénois 2004. 596, obs. Massip.* ♦ ... Pour une contestation de paternité sur le fondement de l'art. 322 ancien *a contrario*. • Civ. 1re, 30 mars 2004 : *Dr. fam. 2004, n° 96, note Larribau-Terneyre.* ♦ ... Pour le rétablissement de la présomption de paternité par la preuve d'une réunion de fait. • Civ. 1re, 29 mai 2001, n° 99-21.830 P : *D. 2002. 1588, note Cocteau-Senn ; D. 2002. Somm. 2018, obs. Granet ; JCP 2001. II. 10605, concl. Sainte-Rose, note Arnaudin ; Dr. fam. 2001, n° 93, note Murat ; RJPF 2001-11/37, note Vassaux ; AJ fam. 2001. 26, et les obs. ; RTD civ. 2001. 572, obs. Hauser .* ♦ ... Pour une action en recherche de paternité naturelle (anc. art. 340). • Cass., ass. plén., 23 nov. 2007 : *AJ fam. 2008. 36, obs. Chénedé* • Civ. 1re, 8 janv. 2002 : *D. 2002. Somm. 2023, obs. Granet ; Defrénois 2002. 690, obs. Massip ; Dr. fam. 2002, n° 98, note P. M.* • 7 juin 2006 : *cité note 4.* ♦ ... Pour une action à fins de subsides. • Civ. 1re, 14 juin 2005, n° 04-13.901 P : *D. 2005. IR 1804 ; Defrénois 2005. 1848, obs. Massip ; Dr. fam. 2005, n° 182, note Murat* • 14 juin 2005, n° 03-12.641 P • 6 déc. 2005, n° 05-11.150 P : *D. 2006. IR 14 ; Defrénois 2006. 1065, obs. Massip ; RTD civ. 2006. 98, obs. Hauser .*

Cassation des arrêts ayant énoncé que l'expertise biologique ne peut être prononcée pour suppléer la carence des parties dans l'administration de la preuve, V. • Civ. 1re, 9 déc. 2003 : *préc.* • 17 févr. 2004 : *préc.* • 30 mars 2004 : *préc.* (art. 322 ancien). ♦ V. aussi dans le cadre de l'ancien art. 340 : cassation des arrêts qui rejetaient la demande d'expertise biologique au motif que n'étaient pas réunis les présomptions et indices graves permettant de déclarer l'action recevable. • Civ. 1re, 12 mai 2004 : *D. 2005. 1766, note Mirabail* • 14 juin 2005, n° 04-15.445 P : *D. 2005. IR 1732 ; Defrénois 2005. 1848, obs. Massip ; Dr. fam. 2005, n° 182, note Murat.*

4. Conséquence du refus de s'y soumettre. Les juges du fond apprécient souverainement, sauf lorsque la loi en décide autrement, la valeur de présomption pouvant résulter du refus de se soumettre à un examen hématologique ordonné par eux ; en décidant que pareil refus ne suffisait pas à lui seul, à défaut de toute autre preuve, à démontrer le caractère mensonger de la reconnaissance suivie de la légitimation de l'enfant, leur décision est légalement justifiée. • Civ. 1re, 2 avr. 1968 : *D. 1968. 705, note Rouast ; JCP 1969. II. 15785, note Mourgeon* (contestation de reconnaissance). ♦ Jurisprudence constante. – V. dans le même sens : • Civ. 1re, 13 janv. 1993, n° 91-12.089 P : *Defrénois 1993. 989, obs. Massip (1re esp.) ; RTD civ. 1993. 811, obs. Hauser* • 6 mars 1996 : *D. 1996. 529, note Lemouland ; D. 1996. Somm. 381, obs. Granet ; Defrénois 1996. 992, obs. Massip ; RTD civ. 1996. 373, obs. Hauser .* • 16 juin 1998 : *D. 1999. 651, note Massip ; Dr. fam. 1999, n° 3, note Murat.* ♦ Une déclaration judiciaire de paternité fondée notamment sur le refus de se soumettre à un test génétique n'est pas contraire à la Conv. EDH. • CEDH 25 juin 2015, *France*, n° 22037/13 : *D. 2016. 674, obs. Douchy-Oudot ; AJ fam. 2015. 499, obs. Le Gac-Pech ; RTD civ. 2015. 596, obs. Hauser .* ♦ Violation de l'art. 8, faute du respect de l'équilibre entre les droits du mineur agissant en recherche de paternité et ceux du défendeur, dès lors qu'aucune conséquence n'a été tirée du refus de ce dernier de se soumettre à l'expertise. • CEDH, sect. III, 14 févr. 2012, *A.M.M. c/ Roumanie*, n° 2151/10.

Illustrations de refus sanctionnés par la perte de l'issue souhaitée par la personne ayant refusé de participer à l'expertise : • Civ. 1re, 6 mars 1996 : *préc.* (art. 334-9 ancien ; refus des époux ; conflit tranché en faveur du père naturel) • 31 janv. 2006, n° 05-12.876 P : *D. 2006. Pan. 1143, obs. Granet-Lambrechts ; Defrénois 2006. 1062, obs. Massip ; RTD civ. 2006. 293 et 549, obs. Hauser* (contestation de reconnaissance et de la légitimation subséquente : refus sans motif légitime des époux entraînant le succès de la contestation intentée par le père naturel) • 7 juin 2006, n° 03-16.204 P : *D. 2006. IR 1635 ; RJPF 2006-10/45, obs. Garé ; Dr. fam. 2006, n° 185, note Murat ; RTD civ. 2006. 548, obs. Hauser* (action en recherche de paternité, refus réitéré du père présumé : paternité jugée établie) • 11 juill. 2006, n° 05-17.814 P (même sens ; prétendues difficultés de participation à l'expertise liées à l'éloignement) • 8 juill. 2020, n° 18-20.961 P : *D. 2020. 1461 ; AJ fam. 2020. 485, obs. Saulier ; RTD civ. 2020. 863, obs. Leroyer ; Dr. fam. 2020, n° 160, note Egea.* ♦ Le refus injustifié de se soumettre à une expertise biologique peut être complété par tout moyen, y compris par l'audition de l'enfant. • Rouen, 10 mars 2011 : *Dr. fam. 2011, n° 168, obs. Neirinck.*

Illustrations de la solution inverse (refus n'entraînant pas une solution contraire aux intérêts de l'auteur du refus) : • Civ. 1re, 13 janv. 1993 : *préc.* (contestation de reconnaissance ; refus de l'auteur de la reconnaissance qui avait été considéré par la mère comme le père pendant de nombreuses années) • Civ. 1re, 16 juin 1998 : *préc.* (art. 322 ancien ; refus de l'enfant ; non-paternité jugée non établie).

5. Exception : possession d'état. En matière de constatation de possession d'état, il ne peut y avoir lieu à prescription d'une expertise biologique. • Civ. 1re, 16 juin 2011, n° 08-20.475 P : *R., p. 401 ; D. 2011. 1757, obs. Siffrein-Blanc ; AJ fam. 2011. 376, obs. Chénedé ; RTD civ. 2011. 524, obs. Hauser ; Dr. fam. 2011,n° 150, obs. Neirinck.* ♦ Comp. : En matière de constatation de possession d'état, la preuve s'établit par tous moyens, de sorte que l'expertise biologique n'est pas de droit. • Civ. 1re, 6 déc. 2005, n° 03-15.588 P : *D. 2006. Pan. 1141, obs. Granet-Lambrechts ; Defrénois 2006. 1061, obs. Massip ; Dr. fam. 2006, n° 26, note Murat ; RTD civ. 2006. 98, obs. Hauser.*

6. Motifs légitimes de refus. BIBL. Granet-Lambrechts, *D. 2006. Pan. 1142 ; D. 2007. Pan. 1462.* ♦ Sur les moyens de défense tirés de l'atteinte à la vie privée, V. note 9 ss. art. 10.

Sur l'expertise *post-mortem*, • Paris, 6 nov. 1997 *(affaire Y. Montand) : D. 1998. 122, note Malaurie ; D. 1998. Somm. 161, obs. Gaumont-Prat ; ibid. 296, obs. Nevejans ; JCP 1998. I. 101, n° 3, obs. Rubellin-Devichi ; Gaz. Pal. 1997. 2. 703, note Garé ; Defrénois 1998. 314, obs. Massip ; RTD civ. 1998. 87, obs. Hauser ; Dr. fam. 1997. Chron. 12, par P. Catala ; LPA 20 mai 1998, étude Pech-Le Gac* (après un examen comparé des sangs concluant à une probabilité de paternité de 0,001, expertise génétique ordonnée sur le corps du défunt préalablement exhumé, dès lors qu'« il est de l'intérêt essentiel des parties d'aboutir dans toute la mesure du possible à une certitude biologique »). ♦ V. aussi, dans la même affaire : • Paris, 17 déc. 1998 : *D. 1999. 476, note Beignier* ; pourvoi rejeté par • Civ. 1re, 27 nov. 2001, n° 99-20.740. – V. également • Civ. 1re, 25 avr. 2007 : *cité ci-dessous.* ♦ Sur l'expertise *post-mortem*, V. aussi art. 16-11, texte et notes 2 et 9 s. ♦ Sur l'efficacité – discutée – d'une expertise associant les parents du défunt en cas d'impossibilité d'expertise *post-mortem* : • Civ. 1re, 16 nov. 1983, n° 82-13.183 P : *R., p. 43 ; Gaz. Pal. 1984. 1. 247, note Massip ; JCP 1984. II. 20235, note Durry.* – Sur la controverse, V. Atias, *JCP 1984. I. 3165.* – Durry, *JCP 1984. I. 3171.*

Pour une *preuve suffisamment établie par d'autres éléments*. Caractérise le motif légitime de ne pas procéder à l'expertise biologique la cour d'appel qui estime qu'elle serait vouée à l'échec en raison tant de l'absence de localisation du père que de l'impossibilité, faute d'éléments produits par la mère, de pratiquer cet examen sur un tiers pour pouvoir exclure la paternité du père de l'enfant. • Civ. 1re, 14 juin 2005, n° 03-19.582 P : *D. 2005. IR 1805 ; Dr. fam. 2005, n° 182, note Murat* (contestation de reconnaissance). ♦ ... Qui relève que le père n'avait jamais contesté la paternité de sa fille pendant plus de 60 ans et que la demande en annulation de la reconnaissance présentée par son fils, outre son caractère déstabilisateur, n'était causée que par un intérêt strictement financier. • Civ 1re, 30 sept. 2009, n° 08-18.398 P : *JCP 2009. 533, note Brusorio-Aillaud ; ibid. 2010. 34, n° 8, obs. Favier ; AJ fam. 2009. 454, obs. Chénedé ; Dr. fam. 2009, n° 142, note Murat ; RJPF 2010-1/42, note Garé ; RTD civ. 2009. 711, obs. Hauser* (art. 339 ancien). ♦ Caractérisent le motif légitime de ne pas procéder à une expertise les juges du fond qui estiment qu'aucune des pièces produites ne permet de rapporter la preuve de relations intimes entre la mère et le père prétendu, alors qu'une relation de vingt-deux ans est alléguée. • Civ. 1re, 25 oct. 2005, n° 03-14.101 P : *RTD civ. 2006. 98, obs. Hauser* (anc. art. 340). ♦ Caractérisent le motif légitime de ne pas procéder à une expertise les juges du fond qui estiment que les présomptions et indices graves qu'ils ont relevés sont suffisants en eux-mêmes pour établir la paternité naturelle du père prédécédé. • Civ. 1re, 24 sept. 2002, n° 00-22.466 P : *D. 2003. 1793, note Cocteau-Senn ; ibid. Somm. 2117, obs. Granet-Lambrechts ; JCP 2003. II. 10053, note Garé ; ibid. I. 148, n° 1, obs. Favier ; Defrénois 2003. 124, obs. Massip ; AJ fam. 2002. 417, obs. S. D.-B. ; Dr. fam. 2003, n° 25, note Murat ; RTD civ. 2003. 71, obs. Hauser* (anc. art. 340). ♦ Déjà dans le même sens : • Civ. 1re, 7 juin 1995, n° 93-14.682 P : *D. 1996. Somm. 156, obs. Granet-Lambrechts ; Defrénois 1996. 326, obs. Massip.* ♦ V. aussi • Civ. 1re, 25 avr. 2007, n° 06-13.872 P : *Defrénois 2007. 1640, obs. Massip ; AJ fam. 2007. 273, obs. Chénedé ; Dr. fam. 2007, n° 170, note Murat ; RJPF 2007-7-8/31, note Corpart ; RTD civ. 2007. 555, obs. Hauser* (volonté ferme et continue de l'auteur de la reconnaissance, de son vivant, d'assumer sa paternité, jointe à l'opposition de l'administrateur *ad hoc* de l'enfant à l'exhumation du corps du père).

Pour la *sollicitation dilatoire d'une seconde expertise*. Une cour d'appel estime souverainement qu'aussi fiable que soit l'examen de l'ADN, il ne permettrait pas d'obtenir une certitude de paternité supérieure à celle obtenue avec l'examen des sangs dont il n'est pas sérieusement contesté qu'il présente le caractère d'une méthode médicale certaine. • Civ. 1re, 12 juin 2001, n° 98-21.796 P : *D. 2001. IR 2089 ; Defrénois 2001. 1355, obs. Massip ; Dr. fam. 2002, n° 2, note Murat ; RTD civ. 2001. 574, obs. Hauser* (contestation de reconnaissance). ♦ V. déjà : • Civ. 1re, 11 mars 1997 : *Defrénois 1997. 1331, obs. Massip ; Dr. fam. 1997, n° 69, note Murat* (anc. art. 340 ; dès lors qu'un résultat a été obtenu selon une méthode médicale reconnue, une autre expertise n'a pas à être ordonnée).

Pour une *manœuvre dilatoire*. Caractérisent le motif légitime de ne pas procéder à une expertise les juges du fond qui estiment que la demande, présentée après un premier refus non justifié, est manifestement dilatoire. • Civ. 1re, 14 juin 2005, n° 03-19.325 P : *D. 2005. IR 1804 ; Defrénois 2005. 1848, obs. Massip ; Dr. fam. 2005, n° 182, note Murat.*

Pour l'*intérêt supérieur de l'enfant*. L'intérêt supérieur de l'enfant ne constitue pas en soi un motif légitime de refus de l'expertise biologique.

• Civ. 1re, 13 juill. 2016, n° 15-22.848 P : *D. 2016. 1649 ; ibid. 2017. 470, obs. Douchy-Oudot ; ibid. 729, obs. F. Granet-Lambrechts ; AJ fam. 2016. 495, obs. Siffrein-Blanc ; RTD civ. 2016. 830, obs. Hauser ; JCP 2016, n° 1240, note Leveneur-Azémar ; Gaz. Pal. 2016. 2629, note Le Maigat.* ♦ Comp. : les conséquences psychologiques qu'entraînerait de manière certaine sur l'enfant l'expertise biologique constituent un motif légitime de ne pas l'ordonner, en vertu des intérêts supérieurs de l'enfant, lesquels priment la démonstration, ou non, d'une vérité biologique. • TGI Lyon, 5 juill. 2007 : *D. 2007. 3052, note Gouttenoire ; RTD civ. 2008. 93, obs. Hauser* (contestation de reconnaissance).

Pour la *tardiveté de l'action*. Est inopérant le motif relatif au caractère tardif de l'action. • Civ. 1re, 13 juill. 2016, n° 15-22.848 P : *préc.*

Pour un motif tiré d'un *recours sur la recevabilité de l'action*. L'absence de décision irrévocable sur la recevabilité d'une action en recherche de paternité ne peut constituer un motif légitime, même au regard du droit au procès équitable, pour refuser de se soumettre à une expertise biologique ordonnée à l'occasion de cette action par le tribunal, s'agissant d'une mesure qui, destinée à lever les incertitudes d'un enfant sur ses origines, doit être exécutée avec célérité. • Civ. 1re, 8 juill. 2020, n° 18-20.961 P : *D. 2020. 1461 ; AJ fam. 2020. 485, obs. Saulier ; RTD civ. 2020. 863, obs. Leroyer ; Dr. fam. 2020, n° 160, note Egea.*

Pour un motif tiré de l'*impossibilité matérielle de procéder à l'expertise*. L'impossibilité matérielle de procéder à l'expertise, en raison, notamment, de l'impossibilité de localiser le père prétendu, peut constituer un motif légitime de refus. • Civ. 1re, 2 déc. 2020, n° 19-21.850 P : *D. 2020. 2453 ; AJ fam. 2021. 57, obs. Saulier ; Dr. fam. 2021, n° 38, note Camuzat.*

7. Procédure : recherche anticipée des preuves. Une mesure d'identification d'une personne par ses empreintes génétiques ne peut être ordonnée en référé mais seulement à l'occasion d'une instance au fond relative à la filiation. • Civ. 1re, 8 juin 2016, n° 15-16.696 P : *D. 2016. 1310 ; AJ fam. 2016. 388, obs. Saulier ; RTD civ. 2016. 597, obs. Hauser.* ♦ Dès lors que les expertises biologiques en matière de filiation poursuivent une même finalité et présentent, grâce aux évolutions scientifiques, une fiabilité similaire, cette jurisprudence doit être étendue aux examens comparés des sangs. • Civ. 1re, 12 juin 2018, n° 17-16.793 P : *D. 2018. 1257 ; AJ fam. 2018. 397, obs. Houssier ; RTD civ. 2018. 635, obs. Leroyer ; Dr. fam. 2018, n° 211, obs. Fulchiron.* ♦ Comp., antérieurement à l'art. 16-11 : l'art. 145 C. pr. civ. a vocation à s'appliquer à toutes les matières dont la connaissance appartient quant au fond aux tribunaux civils dès lors qu'il existe un motif légitime de conserver ou d'établir, avant tout procès, la preuve de faits dont pourrait dépendre la solution du litige. Un examen comparé des sangs d'un enfant, de l'homme qui l'a reconnu et du mari de la mère peut être ordonné en référé si un tel motif est relevé. Il en est ainsi lorsque, dans l'exercice de son pouvoir souverain d'appréciation, une cour d'appel constate le risque de dépérissement des preuves et l'intérêt pour le demandeur d'évaluer les chances de succès d'une action en contestation de reconnaissance. • Civ. 1re, 4 mai 1994, n° 92-17.911 P : *R., p. 269 ; D. 1994. 545, note Massip ; RTD civ. 1994. 575, obs. Hauser.* ♦ Arcaute, *Dr. fam. 1999. Chron. 11* (référé probatoire et droit de la filiation).

8. ... Voies de recours. Cassation d'un arrêt ayant déclaré recevable l'appel d'un jugement s'étant borné à admettre la recevabilité d'une action en contestation de paternité fondée sur l'ancien art. 322, al. 2, et à ordonner une expertise, sans trancher une partie du principal. • Civ. 1re, 24 oct. 2000, n° 98-20.150 P : *D. 2000. IR 285 ; Dr. fam. 2001, n° 70, note Murat ; RTD civ. 2001. 118, obs. Hauser.* ♦ Le pourvoi en cassation est irrecevable contre l'arrêt d'une cour d'appel ayant seulement ordonné une mesure d'expertise sanguine, sans trancher le fond du litige. • Civ. 1re, 28 nov. 2007 : *préc. note 3.* ♦ Pour être recevable, l'appel du jugement avant-dire droit doit être formé en même temps que l'appel du jugement sur le fond. • Civ. 2e, 17 oct. 2013, n° 12-22.650 (la signification du jugement au fond est valable même si elle ne mentionne pas les modalités et délais de l'appel du jugement avant-dire droit régulièrement signifié).

3° POSSESSION D'ÉTAT

9. Preuve de la possession d'état. La possession d'état se prouve par tous moyens. • Civ. 1re, 20 déc. 1993 : *D. 1994. 398, note Massip.* ♦ La preuve des faits dont la réunion établit la possession d'état peut se faire par tous moyens, dont les juges du fond apprécient souverainement la force probante. • Civ. 1re, 11 juill. 1988 : *Bull. civ. I, n° 238.*

10. Preuve contraire. V. note 5.

Art. 311 *(L. n° 72-3 du 3 janv. 1972)* **La loi présume que l'enfant a été conçu pendant la période qui s'étend du trois centième au cent quatre-vingtième jour, inclusivement, avant la date de la naissance.**

La conception est présumée avoir eu lieu à un moment quelconque de cette période, suivant ce qui est demandé dans l'intérêt de l'enfant.

La preuve contraire est recevable pour combattre ces présomptions.

BIBL. ▶ LECA, *RRJ 1994/1. 139* (genèse juridique et médicale de l'art. 311, al. 1).

1. Preuve contraire. Le défendeur à une action à fins de subsides est recevable à combattre la présomption d'après laquelle la conception de l'enfant est réputée avoir eu lieu à un moment quelconque de la période légale de cette conception. • Civ. 1re, 27 nov. 1979 : *Gaz. Pal. 1980. 1. 259, note J. M.*

2. Maxime « infans conceptus ». En écartant, pour le calcul de la majoration du capital-décès prévue par une police d'assurance, les enfants simplement conçus et qui, en l'espèce, sont nés viables, les juges du fond violent la règle selon laquelle l'enfant conçu est réputé né chaque fois qu'il y va de son intérêt. • Civ. 1re, 10 déc. 1985, n° 84-14.328 P. ♦ Rappr. : • TGI Niort, 17 sept. 2012 : *RTD civ. 2013. 345, obs. Hauser*. ♦ Comp., refusant à la mère, en instance de divorce, une pension alimentaire pour son enfant à naître : • TGI Lille, 6 déc. 2012 : *RTD civ. 2013. 345, obs. Hauser ; Dr. fam. 2013, n° 39, obs. Labbée.*

Sur la réparation du préjudice causé par le décès du père avant la naissance de l'enfant, V. note 192 ss. art. 1241.

Art. 311-1 *(Ord. n° 2005-759 du 4 juill. 2005)* **La possession d'état s'établit par une réunion suffisante de faits qui révèlent le lien de filiation et de parenté entre une personne et la famille à laquelle elle est dite appartenir.**

Les principaux de ces faits sont :

1° Que cette personne a été traitée par celui ou ceux dont on la dit issue comme leur enfant et qu'elle-même les a traités comme son ou ses parents ;

2° Que ceux-ci ont, en cette qualité, pourvu à son éducation, à son entretien ou à son installation ;

3° Que cette personne est reconnue comme leur enfant, dans la société et par la famille ;

4° Qu'elle est considérée comme telle par l'autorité publique ;

5° Qu'elle porte le nom de celui ou ceux dont on la dit issue.

BIBL. ▶ COUDOING, *Defrénois 2012. 139* (possession d'état et expertise génétique). – GOBERT, *JCP 1980. I. 2966*. – GRIGNON, *LPA, 13 déc. 1999*. – J. GROSLIÈRE, *D. 1991. Chron. 149*. – MEULDERS-KLEIN, *Mél. Huet-Weiller, PU Strasbourg/LGDJ, 1994, p. 319*. – RÉMOND-GOUILLOUD, *RTD civ. 1975. 459*. – ROUEIL, *LPA 23 févr. 1999*. ▶ CHAUVEL, *Mél. Holleaux, Litec, 1990, p. 37* (notoriété). – JOURDAIN-FORTIER, *Dr. fam. 2003. Chron. 23* (possession d'état et expertise biologique).

1. Réunion suffisante de faits. La réunion de tous les éléments énumérés par l'art. 311-2 (ancien) n'est pas nécessaire pour que la possession d'état puisse être considérée comme établie ; il suffit, comme le prévoit l'art. 311-1, qu'il y ait une réunion suffisante de faits qui indiquent le rapport de filiation et de parenté. • Civ. 1re, 5 juill. 1988 : *D. 1989. 398, concl. Charbonnier* • 6 mars 1996 : *D. 1997. 48, note Massip ; D. 1996. Somm. 383, obs. Granet ; D. 1997. Somm. 276, obs. Morgand ; RTD civ. 1994. 374, obs. Hauser* • 2 mars 1999 : *D. 2000. Somm. 173, obs. Le Doujet-Thomas ; Defrénois 1999. 936, obs. Massip ; Dr. fam. 1999, n° 96, note Murat* • 16 mars 1999, n° 97-11.717 P : *D. 1999. Somm. 195, obs. Granet (2e esp.) ; Dr. fam. 1999, n° 122, note Murat.* ♦ Il n'est pas nécessaire que chacun des faits énoncés, pris isolément, ait existé pendant toute la durée de la période considérée. • Civ. 1re, 6 mars 1996 : *préc.*

2. Preuve. *La possession d'état se prouve par* tous moyens. • Civ. 1re, 20 déc. 1993 : *D. 1994. 398, note Massip*. ♦ La preuve des faits dont la réunion établit la possession d'état peut se faire par tous moyens, dont les juges du fond apprécient souverainement la force probante. • Civ. 1re, 11 juill. 1988 : *Bull. civ. I, n° 238.*

3. Contrôle de la Cour de cassation. Mais la Cour de cassation contrôle la notion de possession d'état : • Civ. 1re, 12 juin 1990, n° 88-12.622 P (caractère suffisant des éléments caractérisant la possession d'état. – V. aussi : • Civ. 1re, 28 mai 1991, n° 89-19.335 P (possession d'état insuffisamment caractérisée par une condamnation au paiement d'une contribution pour l'entretien de l'enfant) • 12 juill. 2001 : *D. 2002. Somm. 2019, obs. Granet ; Defrénois 2002. 188, obs. Massip ; Dr. fam. 2002, n° 56, note Murat* (éléments de fait insuffisants pour caractériser la possession d'état) • 14 nov. 2006 : *Dr. fam. 2007, n° 33, note Murat* • 18 nov. 2015, n° 14-23.411 P : *D. 2015. 2441 ; AJ fam. 2016. 54, obs. Dionisi-Peyrusse ; RTD civ. 2016. 92, obs. Hauser* (possession d'état caractérisée).

Art. 311-2 *(Ord. n° 2005-759 du 4 juill. 2005)* **La possession d'état doit être continue, paisible, publique et non équivoque.** — *[Anc. art. 311-1, al. 2, complété].*

1. Principes. N'est pas paisible, sans équivoque et continue une possession d'état contestée, la mère de l'enfant reconnaissant avoir entretenu, pendant la période légale de conception de l'enfant, des relations intimes avec un tiers, celui-ci ayant revendiqué sa paternité pendant la grossesse puis assigné l'époux de la mère en contestation de paternité légitime moins de six mois après la naissance de l'enfant. • Civ. 1re, 19 mars 2008, n° 07-11.573 P : *D. 2009. Pan. 773, obs. Granet-Lambrechts ; D. 2008. AJ 288 ; AJ fam. 2008. 210, obs. Chénedé ; JCP 2009. I. 102, n° 4, obs. Favier ; RJPF 2008-7-8/35, obs. Garé.* ♦ N'est ni paisible, ni dépourvue d'équivoque, une possession d'état d'un enfant à l'égard de l'époux de sa mère, alors que son père biologique l'avait reconnu moins de trois mois après sa naissance et assigné les époux pour faire établir sa paternité. • Civ. 1re, 7 nov. 2018, n° 17-26.445 P. ♦ Rappr. : • Civ. 1re, 8 oct. 2008 : *JCP 2009. I. 102, n° 4, obs. Favier.* ♦ V. précédemment, sous l'empire de l'art. 311-1 ancien : pour pouvoir constituer une présomption légale relative à la filiation, la possession d'état doit être continue et exempte de vices. • Civ. 1re, 7 déc. 1983 : *D. 1984. 191 (2e esp.), note Huet-Weiller.*

2. Continuité. La continuité que doit présenter la possession d'état n'implique pas nécessairement une communauté de vie ou des relations constantes. Les juges apprécient si les faits qui, réunis, indiquent le rapport de filiation peuvent être relevés habituellement. • Civ. 1re, 3 mars 1992 : *D. 1993. 133, note Massip* • 2 juin 1993, n° 92-13.896 P : *Defrénois 1993. 1369, obs. Massip.*

3. La continuité requise doit être appréciée en fonction de l'ensemble des faits de diverse nature dont la réunion indique le rapport de filiation, sans qu'il soit nécessaire que chacun d'eux, pris isolément, ait existé pendant toute la durée de la période considérée. • Civ. 1re, 6 mars 1996 : *V. note 1 ss. art. 311-1.*

4. Absence de vice. La possession d'état sur laquelle les demandeurs se fondent pour voir établir un lien de filiation légitime à leur profit avec l'enfant issu d'une convention de mère porteuse prohibée et l'acte de notoriété qu'ils ont obtenu sont viciés et ne peuvent permettre l'établissement d'un tel lien. • TGI Lille, 22 mars 2007 : *D. 2007. 1251, note Labbée ; LPA 21 juill. 2008, note Vasseur-Lambry ; RTD civ. 2007. 556, obs. Hauser.*

5. Conflit de possessions d'état. Conflit entre deux possessions d'état simultanées d'enfant légitime et d'enfant naturel : V. • Civ. 1re, 11 mars 1997 : *Dr. fam. 1997, n° 68, note Murat* (vice de discontinuité) • 18 nov. 1997 : *Defrénois 1998. 1022, obs. Massip* (vice d'équivoque).

6. Contrôle de la Cour de cassation. La Cour de cassation contrôle les conditions d'efficacité de la possession d'état : • Civ. 1re, 19 mars 1985 : *D. 1986. 34, note Massip* (continuité) • 2 juin 1987 : *D. 1988. 405, note Massip* (continuité) • 23 juin 1987 : *D. 1987. 613, note Massip* (vice d'équivoque) • 5 nov. 1991 : *Defrénois 1992. 305, obs. Massip* (continuité et vice d'équivoque).

Art. 311-3 à 311-13 *Abrogés ou renumérotés.*

SECTION 2 **Du conflit des lois relatives à la filiation** *(Ord. n° 2005-759 du 4 juill. 2005).*

BIBL. GÉN. ▶ BATIFFOL et P. LAGARDE, *Rev. crit. DIP 1972. 1.* – FARGE, *Dr. fam. 2018, Dossier, n° 6.* – J. FOYER, *Mél. Huet-Weiller, PU Strasbourg/LGDJ, 1994, p. 127* (vingt ans d'application des art. 311-14 à 311-18). – FARGE, *Dr. fam. 2022. Dossier 10* (le destin des articles 311-14 s. dans le projet de code de DIP). – FULLI-LEMAIRE, *D. 2023. 246* (vers un droit international privé européen de la filiation ?). – HAGE-CHAHINE, *JDI 1990. 73.* – LEMOULAND, *LPA 28 mars 2001* (tourisme procréatif) – D. MAYER, *JDI 1977. 457.* – REVILLARD, *Defrénois 1981. 1105.* – SAROLEA, *Rev. dr. familial 1996. 141.* – SAUTERAUD-MARCENAC, *JCP 1977. I. 2871* (Convention de La Haye du 2 oct. 1973 et action à fin de subsides). – SIMON-DEPITRE et Jacques FOYER, *JCP 1973. I. 2566.*

▶ **Incidences de l'Ord. 4 juill. 2005 :** COURBE, *D. 2007. Pan. 1753.* – F. MONÉGER, *Dr. fam. 2005. Étude 19.*

Art. 311-14 *(L. n° 72-3 du 3 janv. 1972)* **La filiation est régie par la loi personnelle de la mère au jour de la naissance de l'enfant ; si la mère n'est pas connue, par la loi personnelle de l'enfant.**

BIBL. ▶ HAGE CHAHINE, *RID comp. 2021. 1.*

A. LOI COMPÉTENTE

1. Principe – Mère connue. La femme mentionnée dans l'acte de naissance de l'enfant comme étant sa mère étant ainsi identifiée et connue, au sens de l'art. 311-14, doit s'appliquer la loi personnelle de la mère au jour de la naissance de l'enfant. • Civ. 1re, 11 juin 1996 : *cité note 5.* ♦ La loi applicable à l'action en revendication d'enfant légitime est la loi personnelle de l'enfant ; on peut en effet considérer que la mère n'est pas connue, alors même que la femme qui revendique l'enfant est identifiée. • TGI Paris, 18 nov. 1980 : *D. 1981. 80, note Raynaud ; JCP 1981. II. 19540, note Huet-Weiller et Huet ; RTD civ. 1981. 376, obs. Nerson et Rubellin-Devichi.* ♦ Comp. • Lyon, 31 oct. 1979 : *D. 1980. IR 332, obs. Audit* (qui applique la loi personnelle de la mère dans le cadre d'une action en désaveu préventif, les parties étant d'accord pour reconnaître la maternité de l'épouse décédée). ♦ Loi française applicable et statut personnel : V. • Civ. 1re, 23 mai 2006, n° 05-16.702 P : *D. 2007. Pan. 1461, obs. Granet-Lambrechts*.

2. Désignation directe et impérative de la loi applicable. L'art. 311-14 ne laisse pas à la loi personnelle de la mère le soin de déterminer les règles de conflit applicables à la filiation, mais contient une désignation directe et impérative de la loi applicable. • Paris, 11 mai 1976 : *D. 1976. 633, note Massip ; Rev. crit. DIP 1977. 109, note Fadlallah ; JDI 1977. 656, note Jacques Foyer* • Lyon, 31 oct. 1979 : *préc. note 1.* ♦ Sur l'obligation pour le juge de rechercher d'office la loi applicable, s'agissant de droits indisponibles, V. art. 3, note 1.

3. Possibilité de renvoi. L'art. 311-14 énonce une règle de conflit bilatérale et neutre et n'exclut pas le renvoi : en l'espèce, application du droit allemand désigné par l'art. 311-14 en tant que loi nationale de la mère au jour de la naissance de l'enfant, mais interprétation souveraine de la loi allemande qui, pour trancher le conflit de lois relatif à l'établissement de la filiation, renvoie à la loi de la résidence habituelle de l'enfant et à la loi régissant les effets du mariage qui, en l'absence de nationalité commune des époux, est la loi de l'État de leur domicile commun : la résolution du conflit de lois par l'application des solutions issues du droit allemand, lesquelles désignent la loi française, permet d'assurer la cohérence entre les décisions quelles que soient les juridictions saisies par la mise en œuvre de la théorie du renvoi. • Civ. 1re, 4 mars 2020, n° 18-26.661 P : *D. 2020. 951, obs. Clavel et Jault-Seseke ; AJ fam. 2020. 255, obs. Houssier ; RTD civ. 2020. 340, obs. Usunier ; Rev. crit. DIP 2020. 369, note Bureau ; RID comp. 2021. 27, note Hage Chahine ; JCP 2020, n° 818, note Fongaro ; JCP N 2020, n° 1076, note Péroz ; Dr. fam. 2020, n° 98, note Farge ; Gaz. Pal. 2020. 1633, note Marilly.*

4. Conflit dans le temps. L'art. 311-14 a entendu déterminer le droit applicable en considération de la nationalité de la mère ; en cas de modification ultérieure de la loi étrangère désignée, c'est à cette loi qu'il appartient de résoudre les conflits dans le temps. • Civ. 1re, 3 mars 1987, n° 85-12.693 P : *GADIP, 5e éd., n° 73 ; JCP 1989. II. 21209, note Agostini ; Rev. crit. DIP 1988. 695, note Simon-Depitre.* ♦ V. également, sur l'application de la loi nationale de la mère au jour de la naissance de l'enfant : • Civ. 1re, 11 oct. 1988 : *Bull. civ. I, n° 278 ; GADIP, 5e éd., n° 74.*

5. Droit transitoire. *L'art. 311-14 est applicable aux enfants nés avant l'entrée en vigueur de la L. n° 72-3 du 3 janv. 1972.* • Civ. 1re, 11 juin 1996 : *D. 1997. 3, note F. Monéger ; Defrénois 1997. 307, obs. Massip* (le nom de la femme étant indiqué dans l'acte de naissance d'un enfant comme celui de sa mère, il y a lieu d'appliquer à cet enfant la loi personnelle de sa mère au jour de la naissance de cet enfant). ♦ Dans le même sens : • Civ. 1re, 27 mai 2010, n° 09-14.881 P : *D. actu. 7 juin 2010, obs. Gallmeister ; D. 2010. Actu. 3417 ; AJ fam. 2010. 330, obs. Boiché ; Dr. fam. 2010, n° 138, obs. Farge* (obligation pour le juge de rechercher, pour des droits indisponibles, la loi étrangère applicable, la loi personnelle de la mère du père du demandeur étant différente de la loi applicable à la filiation du demandeur).

6. Office du juge : V. note 1 ss. art. 3.

B. DOMAINE D'APPLICATION

7. Application de l'art. 311-14 : contestations de paternité légitime (oui). Application de l'art. 311-14 à la contestation de paternité légitime : • TGI Paris, 12 juill. 1982 : *Rev. crit. DIP 1983. 461, note Santa-Croce ; JDI 1983. 374, note Huet.* ♦ ... Ou au désaveu préventif de paternité : • Lyon, 31 oct. 1979 : *JDI 1981. 54, note Foyer.* ♦ La contestation de paternité du premier mari par son ex-épouse et le second mari de celle-ci relève, en vertu de l'art. 311-14, de la loi de la mère au jour de la naissance (en l'espèce, loi belge). La circonstance que l'enfant ait été reconnu par le second mari de nationalité française, ne permet pas la substitution de la loi française à la loi réglant la filiation, car l'art. 311-17 ne définit pas une règle de conflit de loi mais se contente de poser les conditions de validité de la reconnaissance. • TGI Paris, 30 avr. 1985 : *Rev. crit. DIP 1986. 313, note Lequette.* ♦ Sur l'application de la théorie du renvoi à une action en contestation de paternité, V. • Civ. 1re, 4 mars 2020, n° 18-26.661 P : *cité note 3.* ♦ V. note 1.

8. ... Nullité de reconnaissance (oui). Dès lors que la mère agissant en nullité de reconnaissance de paternité est de nationalité libanaise, le juge doit, s'agissant de droits indisponibles, faire application de la loi libanaise, loi personnelle de la mère. • Civ. 1re, 14 juin 2005, n° 02-14.328 P : *Defrénois 2005. 1851, obs. Massip ; AJ fam. 2005. 359, obs. Chénedé ; LPA 19 juin 2006, note Kerckhove.*

9. ... Contestation de reconnaissance (non). L'art. 311-14 ne s'applique pas à une action en contestation de reconnaissance de paternité. • Civ. 1re, 15 mai 2013 : *D. 2014. 1059, obs. Gaudemet-Tallon et Jault-Seseke ; AJ fam. 2013. 379, obs. Gatto ; RTD civ. 2013. 586, obs. Hauser ; Rev. crit. DIP 2014. 92, note Gallant ; Dr. fam. 2013, n° 104, obs. Neirinck.* ♦ V. note [illegible] ss. art. 311-17.

10. ... Nationalité. Application de l'art. 311-14 pour déterminer si, au regard des règles d'établissement de la filiation paternelle selon la loi de la mère, désignée par la règle de conflit, la filiation avait été établie avant l'acquisition par son père de la nationalité française. • Civ. 1re, 25 mai

2022, nº 20-50.035 B : *D. 2022. 1041* ; *D. actu. 13 juin 2022, note Mélin ; AJ fam. 2022. 390, obs. Didot-Seïd Algadi* ; *Dr. fam. 2022, nº 164, obs. Musson.*

11. Modes de preuve. Prise en compte de la loi marocaine pour déterminer les modes de preuve à examiner pour établir une filiation. • Civ. 1re, 4 janv. 2017, nº 16-10.754 P : *V. également note 56 ss. art. 3.*

C. EXCEPTION TENANT À L'ORDRE PUBLIC

12. Illustrations. *Législation refusant l'établissement d'un filiation.* Est contraire à l'ordre public international la législation étrangère qui interdit de façon générale et absolue toute recherche en paternité naturelle. • Civ. 1re, 16 déc. 2020, nº 19-20.948 P : *RTD civ. 2021. 111, obs. Leroyer* ; *Dr. fam. 2021, nº 54, note Bonifay ; DA, 25 janv. 2021, note Panet* • Civ. 1re, 10 févr. 1993 : *V. note 55 ss. art. 3* (cas d'un enfant français ou résidant habituellement en France) • 26 oct. 2011, nº 09-71.369 P : *D. 2011. 2728* ; *AJ fam. 2012. 50, obs. Viganotti* ; *Dr. fam. 2012, nº 19, obs. Farge.* ♦ Elle doit donc être écartée d'une action en recherche de paternité au bénéfice de la loi française. • Civ. 1re, 10 févr. 1993 : *préc.* ♦ Mais non-contrariété, par principe, à l'ordre public français, d'une législation étrangère dès lors qu'elle n'a pas pour effet de priver un enfant de nationalité française ou résidant habituellement en France du droit d'établir sa filiation. • Civ. 1re, 10 mai 2006, nº 05-10.299 P : *R., p. 463 ; D. 2006. IR 1481, obs. Gallmeister* ; *ibid. 2890, note Kessler et Salamé* ; *D. 2007. Pan. 1752, obs. Courbe* ; *JCP 2006. II. 10165, note Azzi ; Gaz. Pal. 2006. 3976, concl. Sainte-Rose ; AJ fam. 2006. 290, obs. Boiché* ; *Dr. fam. 2006, nº 177, note Farge ; Defrénois 2006. 1327, obs. Massip.*

Législation restreignant l'établissement d'une filiation. N'est pas contraire à l'ordre public international français la législation étrangère qui délimite plus strictement que la loi française les conditions d'exercice de l'action. • Civ. 1re, 6 juill. 1999 : *V. note 18 ss. art. 3.* ♦ N'est pas contraire à l'ordre public international français la législation étrangère qui ne connaît pas les cas d'ouverture de l'art. 340 (ancien) C. civ. si cette loi présente des garanties sérieuses de respect de la vérité biologique et permet au père d'assurer suffisamment sa défense. • Civ. 1re, 9 oct. 1984 : *Bull. civ. I, nº 213.*

Législation comportant des dispositions spécifiques. La loi allemande, qui attribue la paternité de l'enfant à l'homme qui a eu des relations intimes avec la mère pendant la période légale de conception n'est pas contraire à l'ordre international français, même si elle peut conduire à réputer plusieurs hommes pères d'un même enfant. • Civ. 1re, 28 mars 2006, nº 04-10.160 P : *RJPF 2006-9/42, obs. Garé ; LPA 7 mai 2007, obs. Kerckhove.* ♦ La loi allemande qui ne soumet pas l'exercice de l'action en constatation judiciaire de paternité à un délai de prescription, à la différence du droit français, n'est pas contraire à l'ordre public international français. • Civ. 1re, 7 oct. 2015, nº 14-14.702 P : *D. 2015. 2072* ; *JCP 2015, nº 1317, note Fongaro ; Dr. fam. 2016, nº 15, obs. Farge.*

Art. 311-15 *(L. nº 72-3 du 3 janv. 1972)* **Toutefois, si** *(Ord. nº 2005-759 du 4 juill. 2005)* **« l'enfant et ses père et mère ou l'un d'eux » ont en France leur résidence habituelle, commune ou séparée, la possession d'état produit toutes les conséquences qui en découlent selon la loi française, lors même que les autres éléments de la filiation auraient pu dépendre d'une loi étrangère.**

1. Après avoir souverainement apprécié que le demandeur ne démontrait pas, dans les conditions de l'art. 311-15, avoir la possession d'état d'enfant d'une personne ayant obtenu sa réintégration dans la nationalité française, une cour d'appel e déduit exactement qu'il n'a pas bénéficié de effet collectif de cette réintégration. • Civ. 1, 25 avr. 2007, nº 06-13.284 P : *LPA 10 déc. 007, obs. Bottiau.*

2. Le droit positif français exclut, par interprétation *a contrario* de l'art. 311-15, que l'ordre public permette d'écarter la loi étrangère au motif que celle-ci, bien que permettant d'établir une filiation naturelle, la soumet à des conditions plus restrictives que la loi française. • Nîmes, 2 sept. 2009 : *Dr. fam. 2010, nº 91, note Farge.*

Art. 11-16 *Abrogé par Ord. nº 2005-759 du 4 juill. 2005.*

Art 311-17 *(L. nº 72-3 du 3 janv. 1972)* **La reconnaissance volontaire de paternité ou l: maternité est valable si elle a été faite en conformité, soit de la loi personnelle de son auteur, soit de la loi personnelle de l'enfant.**

. Loi personnelle de l'auteur de la connaissance. Une reconnaissance de paterté contenue dans un acte de déclaration de aissance fait à l'étranger dans les formes et déais prévus par la loi étrangère, même si celle-ci ne reconnaît pas la filiation naturelle, est valable au regard de la loi française, loi personnelle de l'auteur de la reconnaissance. • Civ. 1re, 20 nov. 1979, nº 77-13.297 P. – V. aussi • Paris, 11 mai 1976 : *V. note 1 ss. art. 311-14.*

2. Nécessité de l'exequatur (non). Toute reconnaissance volontaire d'un enfant naturel faite dans un pays étranger produit de plein droit ses effets sans qu'il y ait lieu de soumettre à *exequatur* l'acte instrumentaire qui la contient tant que son invalidité n'a pas été constatée judiciairement à l'initiative de celui qui y a intérêt. • Civ. 1re, 12 janv. 1994, n° 91-14.567 P.

3. Contestation de reconnaissance. L'art. 311-17 est applicable tant à l'action en nullité qu'à l'action en contestation d'une reconnaissance qui doivent être possibles à la fois au regard de la loi de l'auteur de celle-ci et de la loi de l'enfant. • Civ. 1re, 6 juill. 1999, n° 97-19.453 P : *D. 1999. 483, concl. Sainte-Rose* ; *D. 2000. Somm. 162, obs. Bottiau* ; *JCP 2000. II. 10353, note Vignal* ; *Defrénois 2000. 109, obs. Massip.* – Déjà en ce sens : • TGI Paris, 23 nov. 1993 : *D. 1995. 306, note S. Aubert* ; *Rev. crit. DIP 1995. 703, 1re esp., note Jacques Foyer* • 29 nov. 1994 : *Rev. crit. DIP 1995. 703, 3e esp., note Jacques Foyer*. ♦ L'action en contestation d'une reconnaissance de paternité doit être possible, tant au regard de la loi de l'auteur de celle-ci que de la loi de l'enfant et la recevabilité de l'action doit être appréciée au regard des deux lois. • Civ. 1re, 15 mai 2019, n° 18-12.602 P : *D. 2019. 1588, note Minois* ; *AJ fam. 2019. 535, obs. Boiché* (obligation du juge de procéder d'office à cette vérification) • 23 mars 2022, n° 21-12.952 B : *D. 2022. 606* ; *AJ fam. 2022. 225, obs. Houssier* ; *Dr. fam. 2022, n° 88, obs. Farge* ; *Rev. crit. DIP 2022. 521, note Chalas.* ♦ *Contra*, antérieurement : • Paris, 11 mai 1976 : *V. note 1 ss. art. 311-14* (l'art. 311-14 est applicable à l'action en contestation de reconnaissance, cette action ne se confondant pas avec l'action en nullité qui relève de l'art. 311-17). ♦ Comp. notes 8 et 9 ss. art. 311-14.

4. Changement de nationalité de l'enfant qui invoque la loi française pour s'opposer à la contestation de la filiation paternelle. • Civ. 1re, 11 juill. 1988 : *Bull. civ. I, n° 236.*

5. Nationalité. L'art. 311-17 définit une règle de conflit de lois ; il incombe au juge de rechercher si la mention du nom du père dans l'acte de naissance de l'enfant ne valait pas reconnaissance au regard de la loi étrangère ainsi désignée. • Civ. 1re, 14 avr. 2010 : *D. 2010. Actu. 1076, obs. Gallmeister* ; *ibid. 2011. Pan. 1374, obs. Jault-Seseke* ; *AJ fam. 2010. 281, obs. Boiché* ; *Defrénois 2010. 1247, obs. Revillard* ; *RLDC 2010/72, n° 3857, obs. Pouliquen* ; *Dr. fam. 2010, n° 137, obs. Farge.*

6. Conformité du titre et de la possession d'état. L'art. 311-17 édictant une règle spéciale de conflit de lois prévalant sur la règle générale prévue par l'art. 311-14, il n'y avait pas lieu de se référer aux conditions fixées par l'art. 311-15 pour voir se produire les effets que la loi française attache à l'existence ou à l'absence de possession d'état, ce texte n'ayant vocation à jouer que si, en vertu de l'art. 311-14, la filiation est régie par une loi étrangère. • Civ. 1re, 23 mars 2022, n° 21-12.952 B : *D. 2022. 606* ; *AJ fam. 2022. 225, obs. Houssier* ; *Dr. fam. 2022, n° 88, obs. Farge* ; *Rev. crit. DIP 2022. 521, note Chalas.*

Art. 311-18 *Abrogé par L. n° 2009-61 du 16 janv. 2009, art. 2-V.*

SECTION 3 *[ABROGÉE]* De l'assistance médicale à la procréation *(Ord. n° 2005-759 du 4 juill. 2005).*

(Abrogée par L. n° 2021-1017 du 2 août 2021, art. 6)

Sur l'assistance médicale à la procréation avec tiers donneur, V. art. 342-9 s.

BIBL. GÉN. ▸ V. Bibl. gén. précédant art. 310. – *Adde* : Flauss-Diem, *LPA 16 oct. 1996* (droits français et anglais). – Lemouland, *LPA 28 mars 2001* (tourisme procréatif). – Mirais, *RDSS 2018. 498* (procréation *post-mortem*). – Taglione, *LPA 17 juin et 1er juill. 2003* (PMA et révision des lois « bioéthique »).

Art. 311-19 *(Abrogé par L. n° 2021-1017 du 2 août 2021, art. 6) (L. n° 94653 du 29 juill. 1994)* ***En cas de procréation médicalement assistée avec tiers donneur, aucun lien de filiation ne peut être établi entre l'auteur du don et l'enfant issu de la procréation.***

Aucune action en responsabilité ne peut être exercée à l'encontre du donneur.

Sur l'assistance médicale à la procréation avec tiers donneur, V. art. 342-9 s.

BIBL. ▸ **Droit de connaître ses origines :** Corpart-Oulerich, *RDSS 1994. 1*. – Difuss-Netter, *Mél. Gebler, PU Nancy, 1998, p. 57.* – Nicolas-Maguin, *D. 1995. Chron. 75*. – [...]ssat, *Mél. Hébraud, Univ. Toulouse, 1981, p. 683* (pupilles de l'État). – Renaud, *JCP N 2000. 99.* – Vidal, *Mél. L. Boyer, Univ. Toulouse 1996, p. 733.* ▸ **Anonymat dans l'assistance médicale à la procréation :** Depadt-Sebag, *D. 2004. Chron. 891*. – Gaumont-Prat, *Dr. fam. 2001. Chron. 2.*

1. Constitutionnalité. Aucune disposition ni aucun principe à valeur constitutionnelle ne prohibe les interdictions prescrites par le législateur d'établir un lien de filiation entre l'enfant issu de la procréation et l'auteur du don et d'exercer une action en responsabilité à l'encontre de celui-c

• Cons. const. 27 juill. 1994 : *D. 1995. 237, note Mathieu ; D. 1995. Somm. 299, obs. Favoreu .* ♦ L'interdiction de donner les moyens aux enfants ainsi conçus de connaître l'identité des donneurs ne saurait être regardée comme portant atteinte à la protection de la santé telle qu'elle est garantie par ce Préambule. • Même décision.

2. Domaine : procréation assistée sans tiers donneur (non). Les dispositions des art. 311-19 et 311-20 ne sont pas applicables à l'action en établissement judiciaire de la filiation à la suite d'une procréation médicalement assistée sans tiers donneur, ces textes ne régissant que les procréations médicalement assistées avec tiers donneur. • Civ. 1re, 16 mars 2016, n° 15-13.427 P : *cité note 8 ss. art. 327.*

3. Subsides. Ne peut être reçu en son exception d'irrecevabilité tirée de l'art. 311-19 le défendeur à une action à fins de subsides dès lors qu'est rapportée la preuve de l'existence de relations intimes entre lui-même et la mère de l'enfant pendant la période légale de conception. • Paris, 5 mai 1998 : *D. 2000. Somm. 160, obs. Granet .*

Art. 311-20 *(Abrogé par L. n° 2021-1017 du 2 août 2021, art. 6) (L. n° 94-653 du 29 juill. 1994)* ***Les époux ou les concubins qui, pour procréer, recourent à une assistance médicale nécessitant l'intervention d'un tiers donneur, doivent préalablement donner, dans des conditions garantissant le secret, leur consentement*** *(L. n° 2019-222 du 23 mars 2019, art. 6)* ***« à un » notaire, qui les informe des conséquences de leur acte au regard de la filiation.***

Le consentement donné à une procréation médicalement assistée interdit toute action *(Ord. n° 2005-759 du 4 juill. 2005)* ***« aux fins d'établissement ou de contestation de la filiation » à moins qu'il ne soit soutenu que l'enfant n'est pas issu de la procréation médicalement assistée ou que le consentement a été privé d'effet.***

Le consentement est privé d'effet en cas de décès, de dépôt d'une requête en divorce ou en séparation de corps ou de cessation de la communauté de vie, survenant avant la réalisation de la procréation médicalement assistée. Il est également privé d'effet lorsque l'homme ou la femme le révoque, par écrit et avant la réalisation de la procréation médicalement assistée, auprès du médecin chargé de mettre en œuvre cette assistance.

Celui qui, après avoir consenti à l'assistance médicale à la procréation, ne reconnaît pas l'enfant qui en est issu engage sa responsabilité envers la mère et envers l'enfant.

(Ord. n° 2005-759 du 4 juill. 2005) ***« En outre, sa paternité est judiciairement déclarée. L'action obéit aux dispositions des articles 328 et 331. »***

Sur l'entrée en vigueur et l'application dans le temps des modifications issues de l'art. 22 de la L. n° 2019-222 du 23 mars 2019, V. ndlr ss. art. 233.

BIBL. ▶ Bergé, *JCP 2000. I. 206* (PMA et droit communautaire). – Bakouche, *Mél. Gobert, Economica, 2004, p. 153* (transfert d'embryons *post-mortem*). – Chabault, *D. 2001. Point de vue. 1395* (idem). – Depadt, *JCP N 2019, n° 1222* (nouvelle compétence exclusive du notaire en matière de recueil des consentements à l'AMP). – Mirkovic, *Dr. fam. 2009. Étude 23 (idem).* – Murat, *Dr. fam. 1999, n° 25* (application dans le temps de la loi du 29 juill. 1994).

1. Droit à la PMA : couples homosexuels. Les couples formés d'un homme et d'une femme sont, au regard de la procréation, dans une situation différente de celle des couples de personnes de même sexe ; le principe d'égalité ne s'oppose pas à ce que le législateur règle de façon différente des situations différentes dès lors que la différence de traitement qui en résulte est en lien direct avec l'objet de la loi qui l'établit ; par suite, ni le principe d'égalité, ni l'objectif de valeur constitutionnelle d'accessibilité et d'intelligibilité de la loi n'imposaient qu'en ouvrant le mariage et l'adoption aux couples de personnes de même sexe le législateur modifie la législation régissant ces différentes matières. • Cons. const. 17 mai 2013, n° 2013-669 DC : *cité note 1 ss. art. 143* (consid. n° 44). ♦ L'éventualité d'un détournement de la loi lors de son application n'entache pas celle-ci d'inconstitutionnalité et il appartient aux juridictions compétentes d'empêcher, de priver d'effet et, le cas échéant, de réprimer de telles pratiques. • Même décision (consid. n° 58). ♦ Il résulte des dispositions de l'art. L. 2141-2 CSP qu'en réservant l'accès à l'assistance médicale à la procréation aux couples composés d'un homme et d'une femme, vivants, en âge de procréer et souffrant d'une infertilité médicalement diagnostiquée, le législateur a entendu que l'assistance médicale à la procréation ait pour objet de remédier à l'infertilité pathologique d'un couple sans laquelle celui-ci serait en capacité de procréer ; la différence de traitement, résultant des dispositions critiquées, entre les couples formés d'un homme et d'une femme et les couples de personnes de même sexe est en lien direct avec l'objet de la loi qui l'établit et n'est, ainsi, pas contraire au principe d'égalité. • CE 28 sept. 2018, n° 421899 : *D. 2018. 1917 ; AJ fam. 2018. 687, obs. Dionisi-Peyrusse ; Dr. fam. 2018, n° 295, note Binet* (refus de transmettre une QPC). ♦ Rappr. pour la CEDH, n'ayant pu examiner le grief, faute pour les requérantes d'avoir épuisé les voies de recours internes : • CEDH, sect. V, 8 févr. 2018, *C. et M. c/ France*, n° 22612/15 (arrêt estimant que la contestation de la décision individuelle de refus du CHU était possible, nonobstant la décision du C. const. du 17 mai 2013 qui était principalement destinée à contrôler la loi ouvrant le mariage aux couples homosexuels alors que l'examen de l'art. L. 2141-2 n'y était qu'indirect).

2. Incarcération d'un membre du couple. Le souci de l'État de protéger les enfants est légitime mais ne peut aller jusqu'à empêcher les parents qui le désirent de concevoir un enfant • CEDH, gr. ch., 4 déc. 2007, *Dickson c/ Royaume-Uni*, n° 44362/04 : *RJPF 2008-5/13, note Putman* (condamnation du refus d'accès à la PMA pour un couple, l'époux étant incarcéré pour une longue peine). ♦ *Contra* précédemment, dans la même affaire : absence de rupture du juste équilibre entre l'intérêt général de la société et ceux des intéressés dans le refus des autorités d'autoriser un détenu condamné à une longue peine à procéder à une insémination artificielle avec son épouse, compte tenu de l'absence prolongée du père, du défaut manifeste de ressources matérielles suffisantes et de l'absence d'un réseau de soutien autour de la mère, quand bien même une procréation naturelle risquerait de ne plus être possible à la sortie de prison. • CEDH, sect. IV, 18 avr. 2006, *Dickson c/ Royaume-Uni*, n° 44362/04 : *RLDC 2007/38, n° 2548, note S. Lambert.*

3. ... Recours à un tiers donneur. Violation des art. 8 et 14 Conv. EDH par une législation qui autorise l'insémination avec donneur pour une fécondation *in vivo* mais l'interdit pour une FIV. • CEDH, sect. I, 1er avr. 2010, *S.H. c/ Autriche*, n° 57813/00 : *Constitutions 2010. 430, obs. Bioy ; RTD civ. 2010. 291, obs. Marguénaud ; ibid. 774, obs. Hauser.* ♦ Même solution pour la prohibition du don d'ovule dans le cadre d'une FIV. • Même arrêt.

L'art. L. 2141-3 CSP, aux termes duquel un embryon ne peut être conçu *in vitro* avec des gamètes ne provenant pas d'un au moins des membres du couple, ne peut donner lieu à une question prioritaire de constitutionnalité pour discrimination à l'égard des couples dont les deux membres sont stériles en leur interdisant le recours au double don de gamètes, et contrariété au principe d'égalité devant la loi et au principe selon lequel la nation doit garantir à la famille les conditions nécessaires à son développement résultant du préambule de 1946 dans la mesure où cette disposition, susceptible d'entraîner un *refus de prise en charge, a été déclarée conforme* à la Constitution par une décision du 27 juill. 1994 du Conseil constitutionnel. Aucun changement de circonstances n'est de nature à justifier que la conformité de cette disposition à la Constitution soit à nouveau examinée par le Conseil constitutionnel. • Civ. 1re, 19 janv. 2012, n° 11-40.089 P : *D. 2012. 1432, obs. Granet-Lambrechts ; RTD civ. 2012. 303, obs. Hauser.*

4. ... Recours à deux tiers donneurs. Conformité à la Constitution de l'art. L. 152-3 CSP. • Cons. const. 27 juill. 1994 : *D. 1995. 237, note Mathieu ; D. 1995. Somm. 299, obs. Favoreu* (saisine critiquant la possibilité de recourir à un tiers donneur). ♦ Comp., estimant qu'aucun changement de circonstances n'est de nature à justifier que la conformité de cette disposition à la Constitution soit à nouveau examinée par le Conseil constitutionnel, alors que l'art. L. 2141-3 CSP était cette fois-ci critiqué sous l'angle de la discrimination créée à l'égard des couples dont les deux membres sont stériles en leur interdisant le recours au double don de gamètes : • Civ. 1re, 19 janv. 2012, n° 11-40.089 P : *D. 2012. 1432, obs. Granet-Lambrechts ; RTD civ. 2012. 303, obs. Hauser.* ♦ N'a pas de justification objective et raisonnable, la différence de traitement opérée entre un couple qui ne peut satisfaire son désir d'enfant qu'au moyen d'une fécondation *in vitro* avec don de sperme, ce qui est interdit par le droit autrichien, et un couple qui pourrait légalement bénéficier d'un don de sperme en vue d'une insémination artificielle. • CEDH, gr. ch., 3 nov. 2011, *S. H. et a. c/ Autriche*, n° 57813/00 (distinction au surplus disproportionnée ; législation semblant prohiber le don d'ovocyte).

5. Recours au diagnostic préimplantatoire. Violation du droit au respect de la vie privée et familiale par la loi italienne qui restreint le recours au diagnostic préimplantatoire tout en autorisant l'interruption médicale de grossesse : • CEDH 28 août 2012 : *D. 2013. 663, obs. Galloux et Gaumont-Prat ; AJ fam. 2012. 552, note Dionisi-Peyrusse ; RDSS 2013. 67, note Bénos ; RTD civ. 2012. 697, obs. Marguénaud ; Dr. fam. 2012, n° 170, obs. Puppinck.*

6. Interruption de la PMA : retrait du consentement. La loi anglaise de 1990 qui, par une disposition claire s'appuyant sur des justifications de principe, reconnaît à chacun des participants à une fécondation *in vitro* le droit de retirer son consentement avant l'implantation, n'excède pas la marge d'appréciation laissée aux États, compte tenu de l'absence de consensus international en la matière, et ne rompt pas le juste équilibre entre les intérêts en présence exigé par l'art. 8 Conv. EDH, même si un autre équilibre aurait pu être concevable, par exemple en conférant à l'accord du donneur masculin un caractère irrévocable ou en interdisant formellement à celui-ci de revenir sur son engagement après la conception de l'embryon. • CEDH, sect. IV, 7 mars 2006, *Evans c/ Royaume-Uni*, n° 6339/05 : *D. 2007. Pan. 1108, obs. Galloux et Gaumont-Prat ; RDC 2007. 1321, obs. Bellivier et Noiville* (information fournie de façon satisfaisante). ♦ Comp. pour une solution identique mais avec une motivation différente : • CEDH, gr. ch., 10 avr. 2007 : *D. 2007. AJ 1202, obs. Delaporte-Carré ; JCP 2007. II. 10097, note Mathieu ; RDSS 2007. 810, obs. D. Roman ; RDC 2007. 1321, obs. Bellivier et Noiville ; RTD civ. 2007. 295, obs. Marguénaud ; ibid. 545, obs. Hauser* (la résolution du conflit entre le droit de l'un d'être parent et le droit de l'autre de ne pas être parent relève de l'appréciation des États membres).

7. … Divorce. Consentement privé d'effet par suite du dépôt d'une requête en divorce des époux intervenant avant la réalisation de la procréation médicalement assistée. • Civ. 1re, 14 oct. 2020, n° 19-12.373 P : *D. 2021. 657, obs. Hilt ; AJ fam. 2020. 670, obs. Saulier ; ibid. 546, obs. Dionisi-Peyrusse ; RTD civ. 2021. 112, obs. Leroyer ; Dr. fam. 2020, n° 174, note Farge ; ibid. 2021, n° 3, note 353* (conséquence : recevabilité de l'action en contestation et annulation de la reconnaissance de paternité après une expertise biologique, qui est de droit).

8. … Décès du mari entre la FIV et l'implantation. BIBL. Marais, *RDSS 2018. 498*. ♦ Avant même l'entrée en vigueur de l'art. L. 152-2 CSP issu de la L. du 29 juill. 1994 (devenu art. L. 2141-2), l'assistance médicale à la procréation ne pouvait avoir pour but légitime que de donner naissance à un enfant au sein d'une famille constituée, ce qui exclut le recours à un processus de fécondation *in vitro* ou sa poursuite lorsque le couple qui devait accueillir l'enfant a été dissous par la mort du mari avant que l'implantation des embryons, dernière étape de ce processus, ait été réalisée. • Civ. 1re, 9 janv. 1996, n° 94-15.998 P : *R., p. 237 ; D. 1996. 376, note Dreifuss-Netter ; JCP 1996. II. 22666, note Neirinck ; Defrénois 1996. 532, obs. Massip ; Gaz. Pal. 1996. 2. 400, note Bonneau ; RTD civ. 1996. 359, obs. Hauser*. ♦ Pour l'arrêt attaqué, V. • Toulouse, 18 avr. 1994 : *JCP 1995. II. 22472, note Neirinck*. ♦ V. aussi, pour un refus d'implantation après le décès du mari : • TGI Rennes, 30 juin 1993 : *JCP 1994. II. 22250, note Neirinck*. ♦ Pour le refus de restitution de paillettes congelées du mari décédé : • Rennes, 22 juin 2010 : *D. 2011. Pan. 1585, obs. Granet-Lambrechts ; JCP 2010, n° 897, obs. Mirkovic,* confirmant • TGI Rennes, 15 oct. 2009 : *D. 2009. Chron. 2758, note Chabault-Marx ; ibid. 2010. Pan. 604, obs. Galloux ; JCP 2009. 377, note Binet ; Gaz. Pal. 2009. 3412, note Pierroux ; AJ fam. 2009. 495, obs. D. Martin ; RJPF 2010-2/35, obs. Garé ; RLDC 2009/66, n° 3652, obs. Pouliquen ; RTD civ. 2010. 93, obs. Hauser*. – Bernard-Xémard, *RLDC 2010/73, n° 3885*. ♦ Comp. pour le Conseil d'État : il appartient au juge des référés, saisi sur le fondement de l'art. L. 521-2 CJA, de prendre en cas d'urgence toutes les mesures de nature à remédier aux effets résultant d'une atteinte grave et manifestement illégale portée par une autorité administrative à une liberté fondamentale, y compris lorsque cette atteinte résulte de l'application de dispositions législatives qui sont manifestement incompatibles avec les engagements européens ou internationaux de la France, ou dont la mise en œuvre entraînerait des conséquences manifestement contraires aux exigences nées de ces engagements. • CE 31 mai 2016, n° 396848 (recevabilité de la contestation formée contre un refus de l'Agence de biomédecine de restituer les gamètes conservés par un établissement de l'Assistance publique, en vue d'une insémination en Espagne). ♦ Au fond : les art. L. 2141-2, L. 2141-11 et L. 2141-11-1 ne sont pas incompatibles avec l'art. 8 Conv. EDH, dès lors que l'interdiction de l'insémination *post mortem*, qui relève de la marge d'appréciation de chaque État, ne constitue pas une atteinte disproportionnée et que la demande vise à contourner l'interdiction d'exportation de l'art. L. 2141-11. • Même arrêt. ♦ Cependant, cette compatibilité ne fait pas obstacle à ce que le juge examine le cas particulier, afin de vérifier si la décision n'a pas porté une atteinte excessive à la vie privée, ce qui est le cas en l'espèce, compte tenu du projet parental du couple, de la maladie du mari ayant justifié ce dépôt en France et l'ayant empêché d'en faire un second en Espagne, où cette insémination est possible dans les douze mois du décès, et de la résidence de l'épouse en Espagne où demeure sa famille. • Même arrêt.

9. Levée de l'interdiction de contestation de la filiation. Sur la conformité de la contestation aux art. 8, 12 et 14 Conv. EDH : • Civ. 1re, 18 mai 2005, n° 02-16.336 P : *D. 2005. 2125, note Lemouland ; ibid. 1147, obs. Granet-Lambrechts ; Defrénois 2005. 1493, note Massip ; AJ fam. 2005. 321, obs. Chénedé ; Dr. fam. 2005, n° 153, note Murat ; RTD civ. 2005. 583, obs. Hauser*.

Les dispositions de l'art. 311-20 ne sont pas applicables à l'action en établissement judiciaire de la filiation à la suite d'une procréation médicalement assistée sans tiers donneur. • Civ. 1re, 16 mars 2016, n° 15-13.427 P : *cité note 8 ss. art. 327*.

10. … Illustrations : concubin transsexuel. L'art. 311-20 ne peut être invoqué par un transsexuel qui a reconnu l'enfant de sa concubine né d'une insémination avec donneur et qui n'a pas été associé à l'opération de procréation médicalement assistée, alors que, au surplus, cet art. n'a été introduit dans le code civil que postérieurement à l'opération de PMA. • Aix-en-Provence, 12 mars 2002 : *D. 2003. 1528, note Cadou ; ibid. Somm. 2121, obs. Granet-Lambrechts ; Dr. fam. 2003, n° 100, note P. M.* ; pourvoi rejeté par : • Civ. 1re, 18 mai 2005 : *préc.* (octroi, cependant, d'un droit de visite, en considération de l'intérêt supérieur de l'enfant).

11. … Preuves exigées. Pour l'application de la disposition de l'art. 311-20 prévoyant que l'action en contestation redevient possible lorsqu'il est « soutenu que l'enfant n'est pas issu de la procréation médicalement assistée », une vraisemblance suffit ; il n'est pas nécessaire d'apporter la démonstration absolue de cette situation, ce qui dispense à ce stade de la procédure, d'ordonner une expertise. • TGI Paris, 2 sept. 1997 : *LPA 16 nov. 1998, note Hénaff.*

SECTION 3 Des règles de dévolution du nom de famille et du nom d'usage *(Ord. n° 2005-759 du 4 juill. 2005 ; L. n° 2021-1017 du 2 août 2021, art. 6 ; L. n° 2022-301 du 2 mars 2022, art. 1er, en vigueur le 1er juill. 2022).*

La L. n° 2021-1017 du 2 août 2021 a abrogé la section 3 et la section 4 est devenue la section 3 (L. préc., art. 6).

BIBL. GÉN. ▶ **Loi du 4 mars 2002 :** C. Bernard, *Dr. fam. 2002. Chron. 16.* – Brière, *LPA 21 mars 2002.* – Dekeuwer-Défossez, *RJPF 2002-7-8/10.* – Devillairs, *AJ fam. 2002. 256.* – Lécuyer, *LPA 1er juill. 2004* (pour la suppression des lois des 4 mars 2002 et 18 juin 2003). – Lemouland, *JCP N 2002. Aperçu rapide 53 et 54.* – Massip, *Defrénois 2002. 795 ; ibid. 1062* (suggestions de modifications). – Pansier et Charbonneau, *LPA 9 avr. 2002.* – Rochfeld, *RTD civ. 2002. 377* . – Teyssié, *JCP 2002. I. 138.* – Valory, *RJPF 2002-5/14* (dispositions transitoires). ▶ **Sur le projet de loi :** Brière, *LPA 28 févr. 2001.* – Gobert, *ibid. 23 mai 2001.*

▶ **Loi du 18 juin 2003 :** Bellivier, *chron. lég. RTD civ. 2003. 554* . – Brière, *LPA 9 juill. 2003.* – Corpart, *D. 2003. Chron. 2845* . – Massip, *Defrénois 2003. 1221 et Gaz. Pal. 2003. Doctr. 2840.* – Vasseur-Lambry, *RJPF 2003-10/11.*

▶ **Commentaire d'ensemble de la réforme :** Massip, *Defrénois 2005. 272 et 372.* – Vasseur-Lambry, *RJPF 2005-2/11.* – Dossier, *AJ fam. 2005. 44* (le nouveau nom de famille). ▶ Cimar, *Dr. fam. 2005. Étude 8* (le double nom). – Corpart, *LPA 21 juin 2005* (entrée en vigueur). – Baudin-Maurin, *Dr. fam. 2005. Étude 23* (proposition de retouche).

▶ **Avant la loi du 4 mars 2002 :** Choix du nom : Goubeaux, *Mél. Gebler, PU Nancy, 1998, p. 23* (égalité homme-femme dans la transmission). – Herzog-Evans, *RRJ 1997/1. 45* (autonomie de la volonté et égalité dans le choix des noms). – Shindler-Viguie, *Defrénois 1994. 1409.* ▶ V. aussi Bibl. ss. L. 6 fructidor an II, ss. art. 57.

▶ **Études d'ensemble :** Bouzembrak, *AJ fam. 2009. 199* (changement de nom). – Gareil-Sutter, *D. 2015. 744* (changement de nom de famille découlant d'un changement de filiation). – Marie, *AJ fam. 2009. 199* (nom de l'enfant). – C. Petit, *RLDC 2011/85, n° 4351* (difficultés d'application de la législation) ; *ibid. 2013/106, n° 5162.* – Dossier, *AJ fam. 2012. 311* (nom-prénom). – Dossier, *Dr. et patr. 10/2013. 40* (identification juridique : entre information et secret).

RÉP. CIV. v° *Nom-prénom,* par F. Laroche-Gisserot.

Art. 311-21 *(L. n° 2002-304 du 4 mars 2002 ; L. n° 2003-516 du 18 juin 2003)* **Lorsque la filiation d'un enfant est établie à l'égard de ses deux parents au plus tard le jour de la déclaration de sa naissance ou par la suite mais simultanément, ces derniers choisissent le nom de famille qui lui est dévolu : soit le nom du père, soit le nom de la mère, soit leurs deux noms accolés dans l'ordre choisi par eux dans la limite d'un nom de famille pour chacun d'eux. En l'absence de déclaration conjointe à l'officier de l'état civil mentionnant le choix du nom de l'enfant, celui-ci prend le nom de celui de ses parents à l'égard duquel sa filiation est établie en premier lieu et le nom de son père si sa filiation est établie simultanément à l'égard de l'un et de l'autre.** *(L. n° 2013-404 du 17 mai 2013, art. 11)* **« En cas de désaccord entre les parents, signalé par l'un d'eux à l'officier de l'état civil, au plus tard au jour de la déclaration de naissance ou après la naissance, lors de l'établissement simultané de la filiation, l'enfant prend leurs deux noms, dans la limite du premier nom de famille pour chacun d'eux, accolés selon l'ordre alphabétique. »**

En cas de naissance à l'étranger d'un enfant dont l'un au moins des parents est français, les parents qui n'ont pas usé de la faculté de choix du nom dans les conditions du précédent alinéa peuvent effectuer une telle déclaration lors de la demande de transcription de l'acte, au plus tard dans les trois ans de la naissance de l'enfant.

(Ord. n° 2005-759 du 4 juill. 2005) **« Lorsqu'il a déjà été fait application du présent article** *(L. n° 2013-404 du 17 mai 2013, art. 11)* **« , du deuxième alinéa de l'article 311-23** *(L. n° 2021-1017 du 2 août 2021, art. 6)* **« , de l'article 342-12 » ou de l'article 357 » à l'égard d'un enfant commun, le nom précédemment dévolu ou choisi**

vaut pour les autres enfants communs. » — *V. Ord. n° 2005-759 du 4 juill. 2005, art. 20-II-4°, ss. art. 342-8.*

Lorsque les parents ou l'un d'entre eux portent un double nom de famille, ils peuvent, par une déclaration écrite conjointe, ne transmettre qu'un seul nom à leurs enfants. — *Pour l'entrée en vigueur, V. L. n° 2002-304 du 4 mars 2002 modifiée, art. 23 et 25, ss. art. 311-24-2.*

Sur le choix du nom, V. Circ. 28 oct. 2011 relative aux règles particulières à divers actes de l'état civil relatifs à la naissance et à la filiation. — ***C. ét. civ.***

Sur la suppression du double tiret, V. Circ. 25 oct. 2011 relative à la modification des modalités d'indication des « doubles noms » issus de la loi n° 2002-304 du 4 mars 2002 dans les actes de l'état civil. — ***C. ét. civ.***

Sur les conséquences d'un désaccord des parents, V. Circ. 29 mai 2013 de présentation de la loi ouvrant le mariage aux couples de personnes de même sexe (dispositions du code civil),

V. Circ. du 3 juin 2022 de présentation des dispositions issues de la L. n° 2022-301 du 2 mars 2022 relative au choix du nom issu de la filiation,

BIBL. ▶ Doublein, *AJ fam. 2013. 349* (modifications apportées par la loi du 17 mai 2013).

1. Discrimination dans la transmission. Sur la condamnation des systèmes de transmission du nom opérant des discriminations fondées sur le sexe, V. • CEDH 22 févr. 1994, *Burghartz c/ Suisse : Série A, n° 280-B ; Jur. CEDH, 5e éd., n° 123, obs. Berger ; D. 1995. 5, note Marguénaud*. – V. aussi : Pinto, *Gaz. Pal. 1994. 2. Doctr. 1043*. – Goubeaux, *préc. Bibl.*

Toute mesure visant à manifester l'unité de la famille par un nom de famille commun au couple doit, sauf raisons impérieuses, s'appliquer dans les mêmes conditions aux hommes et aux femmes. • CEDH, sect. IV, 16 nov. 2004, *U. c/ Turquie*, n° 29865/96 : *RTD civ. 2005. 343, obs. Marguénaud* (condamnation de l'obligation pour une femme mariée d'utiliser le nom de son mari et non son nom de jeune fille dans des documents officiels, alors qu'elle était connue sous ce dernier nom dans son activité d'avocate).

Violation du principe de non-discrimination (art. 12 CE) dans le refus opposé par les autorités belges à la demande de changement de nom, en application de la loi espagnole, concernant des enfants mineurs résidant en Belgique et possédant la double nationalité belge et espagnole. • CJCE 2 oct. 2003, C-148-02 : *D. 2004. 1476, note M. Audit ; Dr. et patr. 9/2004. 121, obs. F. Monéger ; Rev. crit. DIP 2004. 185, note Lagarde ; RTD eur. 2004. 3. 559*.

Mais la différence de traitement des enfants nés avant l'entrée en vigueur des lois de 2002 et 2003 et ayant plus de treize ans au 1er sept. 2003 est raisonnablement et objectivement justifiée par la nécessité d'assurer la transition dans le temps de l'évolution des règles de dévolution du nom de famille, et par la légitimité du choix de tenir compte du respect dû aux principes de sécurité juridique et d'immutabilité du nom ; les conséquences de la différence de traitement en cause ne sont pas disproportionnées au but légitime poursuivi. • CEDH 27 août 2013, n° 38275/10, *De Ram et a. c/ France : AJ fam. 2013. 645, obs. Doublein ; RTD civ. 2013. 812, obs. Marguénaud ; ibid. 817, obs. Hauser*.

Le refus d'attribuer le nom de la mère à l'enfant d'un couple marié ne contrevient pas à l'art. 8 Conv. EDH dès lors que, compte tenu de la marge d'appréciation laissée aux autorités internes (justifiée par les différences entre les solutions adoptées par les États membres où le droit paraît traverser une phase de transition), le système en vigueur autorisait les époux à choisir un nom de famille qui pouvait être celui du mari ou de la femme, mais qui s'imposait aux enfants dans le souci de préserver l'unité de la famille. • CEDH 27 sept. 2001, *G. M. B. et K. M. c/ Suisse*, n° 36797/97 (absence de preuve d'un inconvénient particulier découlant de la situation concrète de la famille). ♦ Pour un refus d'adjoindre le nom de la mère à celui du père en cas de séparation, celle-ci ayant la faculté de le faire au titre du nom d'usage : • Agen, 2 juill. 2009 : *RTD civ. 2009. 694, obs. Hauser*.

Les dispositions de l'art. 23 ne permettent l'adjonction en deuxième position du nom du parent qui n'a pas transmis le sien que par une déclaration conjointe des deux parents à l'officier d'état civil, déclaration impossible dans une situation où le père est décédé. • Civ. 1re, 7 mai 2010, n° 09-10.997 P : *D. 2010. 1281, obs. Égéa ; AJ fam. 2010. 334, obs. Milleville ; Dr. fam. 2010, n° 113, obs. Murat ; RLDC 2010/72, n° 3853, obs. Pouliquen ; RTD civ. 2010. 521, obs. Hauser*.

2. Dispositions transitoires : *L. du 4 mars 2002, art. 23.* Les dispositions de l'art. 23 de la L. du 4 mars 2002 (V. ss. art. 311-24) qui prévoient l'adjonction du deuxième nom sont fondées sur la déclaration conjointe des parents, à l'exclusion de la saisine du JAF en cas de désaccord de l'un d'eux. • Versailles, 29 juill. 2005 : *JCP 2005. II. 10138, note Fossier ; RTD civ. 2005. 754, obs. Hauser*.

3. Double tiret. Illicéité de la circulaire du 6 déc. 2004, qui prévoit la séparation obligatoire par un double tiret, sur les actes de l'état-civil, des noms composant un double nom de famille, lorsque ce nom est issu du choix exercé par les parents ; l'administration ne peut, par circulaire, soumettre l'exercice d'un droit prévu et organisé par la loi et par le décret auquel elle renvoie pour son application, à l'acceptation par les parents de cette adjonction au nom de leur enfant d'un signe distinctif, alors que la loi prévoyait uniquement d'accoler les deux noms sans mentionner la possibilité d'introduire entre les deux des signes particuliers. • CE 4 déc. 2009 : *D. 2010. Pan. 1442, obs. Granet-Lambrechts ; AJ fam. 2010. 46, obs. Gallmeister ; Defrénois 2010. 536, obs. Massip ; RJPF 2010-2/12, note Corpart ; RFDA 2010. 175, note Pez ; RTD civ. 2010. 295, obs. Hauser*. ♦ Déjà : • TGI Lille, 3 juill. 2008 : *Defrénois 2008. 2065, note Massip ; RTD civ. 2009. 90, obs. Hauser*. – *Adde*. C. Petit, *Dr. fam. 2012. Études n° 5*.

4. Désaccord des parents (L. 17 mai 2013). Les dispositions de la L. n° 2013-404 du 17 mai 2013 modifiant les art. 311-21, 357, 361 et 363 C. civ. ne contredisent ni le principe d'égalité, ni l'objectif d'intelligibilité, lorsqu'elles réservent le double nom, dans l'ordre alphabétique, au cas de désaccord entre les parents signalé par l'un d'eux à l'officier de l'état civil au plus tard au jour de la déclaration de naissance, dès lors que cette différence de traitement est rendue nécessaire par la différence entre des formalités relatives à la dévolution du nom de famille en cas de filiation ou en cas de filiation adoptive. • Cons. const. 17 mai 2013, n° 2013-669 DC : *cité note 1 ss. art. 143.*

Art. 311-22 *(L. n° 2002-304 du 4 mars 2002 ; L. n° 2003-516 du 18 juin 2003)* **Les dispositions de l'article 311-21 sont applicables à l'enfant qui devient français en application des dispositions de l'article 22-1, dans les conditions fixées par un décret pris en Conseil d'État.** — *Pour l'entrée en vigueur, V. L. n° 2002-304 du 4 mars 2002 modifiée, art. 23 et 25, ss. art. 311-24-2.*

Art. 311-23 *(Ord. n° 2005-759 du 4 juill. 2005 ; L. n° 2009-61 du 16 janv. 2009, art. 1er)* **Lorsque la filiation n'est établie qu'à l'égard d'un parent, l'enfant prend le nom de ce parent.**

Lors de l'établissement du second lien de filiation puis durant la minorité de l'enfant, les parents peuvent, par déclaration conjointe devant l'officier de l'état civil, choisir soit de lui substituer le nom de famille du parent à l'égard duquel la filiation a été établie en second lieu, soit d'accoler leurs deux noms, dans l'ordre choisi par eux, dans la limite d'un nom de famille pour chacun d'eux. Le changement de nom est mentionné en marge de l'acte de naissance. *(L. n° 2016-1547 du 18 nov. 2016, art. 57-II)* **« En cas d'empêchement grave, le parent peut être représenté par un fondé de procuration spéciale et authentique. »**

Toutefois, lorsqu'il a déjà été fait application de l'article 311-21 *(L. n° 2013-404 du 17 mai 2013, art. 11)* **« , du deuxième alinéa du présent article** *(L. n° 2021-1017 du 2 août 2021, art. 6)* **« , de l'article 342-12 » ou de l'article 357 » à l'égard d'un autre enfant commun, la déclaration de changement de nom ne peut avoir d'autre effet que de donner le nom précédemment dévolu ou choisi.** — *V. Ord. n° 2005-759 du 4 juill. 2005, art. 20-II-4°, ss. art. 342-8.*

Si l'enfant a plus de treize ans, son consentement personnel est nécessaire.

Sur la déclaration conjointe de changement de nom en cas d'empêchement (art. 311-23, al. 2, C. civ.), V. Circ. 26 juill. 2017, Annexe 3-9.

1. Préférence chronologique : reconnaissance prénatale. L'enfant qui a acquis le nom du père, à l'égard de qui sa filiation a été établie en premier lieu puisque, avant la naissance, le père l'a reconnu avant la mère, doit continuer à porter le nom de son père. • Aix-en-Provence, 27 juin 1996 : *D. 1998. Somm. 28, obs. Granet ; Dr. fam. 1997, n° 40, note Murat.*

2. Reconnaissances prénatales conjointes. V., pour le cas d'une reconnaissance prénatale *conjointe des deux parents*, • TGI Lille, 3 févr. 1987 : *JCP 1990. II. 21447, note Labbée.*

3. Notion de reconnaissances simultanées. L'ordre des reconnaissances anticipées ne pouvant être annulé par une fiction juridique les considérant comme faites simultanément le jour de la naissance, l'enfant doit porter le nom de la mère lorsque la reconnaissance faite par la mère est antérieure à celle faite par le père le lendemain. • Paris, 13 nov. 1990 : *D. 1991. IR 8.* – Même sens : • Versailles, 25 juin 1992 : *D. 1993. Somm. 169, obs. Granet-Lambrechts*. ♦ Deux reconnaissances faites à cinq minutes d'intervalle ne sont pas simultanées. • Toulouse, 28 mars 1995 : *D. 1996. Somm. 152, obs. Granet-Lambrechts* • Paris, 21 janv. 1999 : *D. 1999. Somm. 197, obs. Granet ; RTD civ. 1999. 357, obs. Hauser*. ♦ *Contra :* • Reims, 30 janv. 1997 : *Defrénois 1998. 301, obs. Massip ; JCP N 2011, n° 1216, obs. Massip ; Dr. fam. 1997, n° 133, note Murat* (simultanéité de deux reconnaissances faites à un quart d'heure d'intervalle) • Nîmes, 24 févr. 1998 : *JCP 1999. IV. 1312* (écart de trente minutes justifié par la rédaction de chaque reconnaissance) • Nancy,

12 mars 2001 : *BICC 15 oct. 2001, n° 1025* (simultanéité de deux reconnaissances signées à cinq minutes d'intervalle).

4. Déclaration conjointe de changement de nom. • TGI Bordeaux, 22 mars 2012 : *AJ fam. 2012. 289, obs. S. B.*

Art. 311-24 *(L. n° 2002-304 du 4 mars 2002, mod. par L. n° 2003-516 du 18 juin 2003)* **La faculté de choix ouverte en application des articles 311-21 et** *(Ord. n° 2005-759 du 4 juill. 2005)* **« 311-23 » ne peut être exercée qu'une seule fois.** – *[Anc. art. 311-23, modifié]. – Pour l'entrée en vigueur, V. L. n° 2002-304 du 4 mars 2002 modifiée, art. 23 et 25, ss. art. 311-24-2.*

Applicabilité du principe de l'unicité de choix dans le cadre des dispositions transitoires. V. notes ss. L. n° 2002-304 du 4 mars 2002, art. 23, ss. art. 311-24-2. • Civ. 1re, 8 mars 2017, n° 16-13.032 P : *D. 2017. 569 ; AJ fam. 2017. 253, obs. Houssier ; RTD civ. 2017. 351, obs. Hauser.*

Art. 311-24-1 *(L. n° 2016-1547 du 18 nov. 2016, art. 57-II)* **En cas de naissance à l'étranger d'un enfant dont au moins l'un des parents est français, la transcription de l'acte de naissance de l'enfant doit retenir le nom de l'enfant tel qu'il résulte de l'acte de naissance étranger. Toutefois, au moment de la demande de transcription, les parents peuvent opter pour l'application de la loi française pour la détermination du nom de leur enfant, dans les conditions prévues à la présente section.**

Art. 311-24-2 *(L. n° 2022-301 du 2 mars 2022, art. 1er, en vigueur le 1er juill. 2022)* **Toute personne majeure peut porter, à titre d'usage, l'un des noms prévus aux premier et dernier alinéas de l'article 311-21.**

A l'égard des enfants mineurs, cette faculté est mise en œuvre par les deux parents exerçant l'autorité parentale ou par le parent exerçant seul l'autorité parentale.

En outre, le parent qui n'a pas transmis son nom de famille peut adjoindre celui-ci, à titre d'usage, au nom de l'enfant mineur. Cette adjonction se fait dans la limite du premier nom de famille de chacun des parents. Il en informe préalablement et en temps utile l'autre parent exerçant l'autorité parentale. Ce dernier peut, en cas de désaccord, saisir le juge aux affaires familiales, qui statue selon ce qu'exige l'intérêt de l'enfant.

Dans tous les cas, si l'enfant est âgé de plus de treize ans, son consentement personnel est requis.

V. Circ. du 3 juin 2022 de présentation des dispositions issues de la L. n° 2022-301 du 2 mars 2022 relative au choix du nom issu de la filiation, .

BIBL. ► LAMARCHE, *JCP 2022, n° 466* (nom d'usage et changement de nom de famille). – Dossier, *AJ fam. 2022. 357* (réforme du nom – 1re partie) ; *ibid. 409* (2e partie).

Jurisprudence rendue sous l'empire de la L. du 23 déc. 1985, art. 1er.

1. Nom susceptible d'être ajouté. L'art. 43 de la L. du 23 déc. 1985, qui a seulement pour objet d'ajouter au patronyme d'un enfant le nom de celui de ses parents qui ne lui a pas été transmis, est inapplicable au nom du père d'origine d'un enfant ayant bénéficié d'une adoption simple et pour lequel il a été décidé de remplacer le nom de ce père, qui a été transmis, par le nom de la mère adoptive. • Civ. 1re, 9 janv. 1996 : *D. 1996. 600, note Massip.*

2. Mise en œuvre. La mère investie de l'autorité parentale peut, sans autorisation judiciaire, adjoindre à titre d'usage son nom à celui de son enfant mineur. • Civ. 2e, 17 mai 1995, n° 93-16.379 P : *D. 1996. Somm. 237, obs. Dubaele ; RTD civ. 1995. 861, obs. Hauser ; Defrénois 1996. 320, obs. Massip.* ♦ Lorsque les parents sont investis conjointement de l'autorité parentale sur leur enfant mineur, l'un d'eux ne peut adjoindre, seul, à titre d'usage, son nom à celui de l'autre, sans recueillir, au préalable l'accord de ce dernier. • Civ. 1re, 3 mars 2009, n° 05-17.163 P : *D. 2009. AJ 803, obs. Égéa ; ibid. 1385, note Malaurie-Vignal ; ibid. Pan. 1918, obs. Gouttenoire ; JCP 2009, n° 28, p. 46, obs. Favier ; AJ fam. 2009. 177, obs. Chénedé ; JCP 2009. II. 10062, note Garé ; RJPF 2009-6/43, obs. Corpart ; Dr. fam. 2009. 57, obs. Murat ; RLDC 2009/60, n° 3430, obs. Pouliquen ; ibid. 2009/63, n° 3539, note Bernard-Xemard ; Defrénois 2009. 1152, obs. Massip ; RTD civ. 2009. 294, obs. Hauser.* ♦ A défaut, le juge peut autoriser cette adjonction. • Même arrêt.

Loi n° 2002-304 du 4 mars 2002, *relative au nom de famille (JO 5 mars).*

Art. 1er à 21 *V. modifications C. civ.*

Art. 22 *Mod. L. 2 juill. 1923, ss. art. 57 C. civ.*

Art. 23 *(L. n° 2003-516 du 18 juin 2003)* « La présente loi n'est pas applicable aux enfants nés avant la date de son entrée en vigueur. Toutefois, dans le délai de dix-huit mois suivant cette date, les parents exerçant l'autorité parentale peuvent demander par déclaration conjointe à l'officier de l'état civil, au bénéfice de l'aîné des enfants communs lorsque celui-ci a moins de treize ans au 1er septembre 2003 ou à la date de la déclaration, l'adjonction en deuxième position du nom du parent qui ne lui a pas transmis le sien, dans la limite d'un seul nom de famille. Le nom ainsi attribué est dévolu à l'ensemble des enfants communs, nés et à naître.

« Dans le cas où cette faculté est exercée par les parents d'un enfant âgé de plus de treize ans, le consentement de ce dernier est nécessaire. »

Cette faculté ne peut être exercée qu'une seule fois. — *V. Décr. n° 2004-1159 du 29 oct. 2004, art. 11 et 12, ci-dessous.*

1. Absence de violation des art. 8 et 14 Conv. EDH dans la limitation dans le temps du régime transitoire aux enfants nés après le 1er sept. 1990, compte tenu d'une justification raisonnable résultant de la mise en balance du principe de l'immutabilité de l'état civil, dans un souci de sécurité juridique, et de l'intérêt des enfants à compléter conformément à la loi nouvelle le nom transmis à la naissance. • CEDH, sect. V, 27 août 2013, *D. R. c/ France,* n° 38275/10.

2. La faculté de demander l'adjonction du nom d'un parent ne peut, comme pour l'art. 311-24, n'être exercée qu'une seule fois, de sorte que le choix des parents d'accoler leurs deux noms en application de ce texte est irrévocable ; toute demande postérieure à cette déclaration, visant à modifier judiciairement le nom de l'enfant, est dès lors irrecevable et relève de la procédure de changement de nom prévue à l'art. 61 C. civ. • Civ. 1re, 8 mars 2017, n° 16-13.032 P : *D. 2017. 569 ; AJ fam. 2017. 253, obs. Houssier ; RTD civ. 2017. 351, obs. Hauser.*

Art. 24 *(L. n° 2003-516 du 18 juin 2003)* Les articles 57, 60 à 61-4, 329 *[ancien]*, 331 *[ancien]*, 331-2 *[abrogé]*, 332-1 *[abrogé]*, 334-2 *[abrogé]*, 354, 361 et 363 du code civil sont applicables à Mayotte. — *V. aussi C. civ., art. 2492 à 2496.*

Art. 25 *(L. n° 2003-516 du 18 juin 2003)* « L'entrée en vigueur de la présente loi est fixée au 1er janvier 2005. »

Les dispositions de la présente loi sont applicables à Mayotte à compter du premier jour de la sixième année de la promulgation de la présente loi. — *V. aussi C. civ., art. 2492 à 2496.*

Art. 26 Les modalités d'application de la présente loi sont fixées par décret en Conseil d'État.

Décret n° 2004-1159 du 29 octobre 2004,

Portant application de la loi n° 2002-304 du 4 mars 2002 modifiée relative au nom de famille et modifiant diverses dispositions relatives à l'état civil (JO 31 oct.).

BIBL. ▶ THOURET, *JCP 2004. Actu. 627.*

TITRE I. MODALITÉS DE DÉCLARATION DE NOM

SECTION 1. *La déclaration conjointe de choix de nom*

Art. 1er La déclaration conjointe de choix de nom prévue *(Décr. n° 2022-290 du 1er mars 2022, art. 3)* « aux premier et quatrième alinéas des articles 311-21 et 342-12 » du code civil *est faite par écrit.*

Elle comporte les prénom(s), nom, date et lieu de naissance, domicile des *(Décr. n° 2013-429 du 24 mai 2013, art. 5)* « parents », l'indication du nom de famille choisi ainsi que, si l'enfant est né, ses prénom(s), date et lieu de naissance. Elle est datée et signée par les parents.

Par cette déclaration, les parents attestent sur l'honneur que le choix de nom concerne leur premier enfant commun.

(Décr. n° 2013-429 du 24 mai 2013, art. 5) « La déclaration conjointe de choix de nom est annexée à l'acte de naissance de l'enfant pour lequel cette déclaration a été faite. »

Art. 2 Lorsque la filiation de l'enfant est établie à l'égard de ses deux parents au plus tard le jour de sa déclaration de naissance, la déclaration conjointe de choix de nom est remise simultanément par les parents, l'un d'entre eux ou l'une des personnes énumérées à l'article 56 du code civil à l'officier de l'état civil chargé d'établir l'acte de naissance.

Art. 3 Lorsque la filiation de l'enfant résulte d'un acte de reconnaissance simultanée postérieure à sa déclaration de naissance, la déclaration conjointe de choix de nom est remise, par les parents ou l'un d'entre eux, à l'officier de l'état civil ou au notaire chargé d'établir cet acte.

Elle est transmise à l'officier de l'état civil détenteur de l'acte de naissance pour y être annexée, selon le cas, soit par l'officier de l'état civil auquel elle a été remise soit par les parties elles-mêmes après l'établissement de l'acte notarié.

Mention de la déclaration conjointe de choix de nom est portée en marge des actes de l'état civil de l'enfant.

Art. 4 Lorsque la naissance de l'enfant a lieu à l'étranger, la déclaration conjointe de choix de nom faite en application du deuxième alinéa de l'article 311-21 *(Décr. n° 2022-290 du 1er mars 2022, art. 3)* « ou du deuxième alinéa de l'article 342-12 » du code civil est remise à l'officier de l'état civil du ministère des affaires étrangères compétent pour transcrire l'acte de naissance.

Art. 4-1 *(Décr. n° 2013-429 du 24 mai 2013, art. 5)* La déclaration conjointe de choix de nom prévue aux deuxième et sixième alinéas de l'article 357 du code civil est faite par écrit et jointe à la requête en adoption plénière.

Elle comporte les prénom(s), nom, date et lieu de naissance, domicile des adoptants ou de l'adoptant et de son conjoint dans le cas de l'adoption de l'enfant du conjoint, l'indication du nom de famille choisi ainsi que les prénom(s) d'origine de l'enfant, date et lieu de naissance. Elle est datée et signée par les adoptants ou l'adoptant et son conjoint.

Par cette déclaration, les adoptants ou l'adoptant et son conjoint attestent sur l'honneur que par le prononcé de l'adoption plénière, l'adopté deviendra leur premier enfant commun.

La déclaration de choix de nom remise dans le cadre d'une demande de transcription de la décision d'adoption étrangère prévue à l'article 357-1 est annexée à l'acte de naissance de l'enfant.

SECTION 2. *La déclaration conjointe de choix de nom de l'enfant devenu français*

Art. 5 Les parents d'un enfant qui acquiert la nationalité française au titre de l'effet collectif prévu par l'article 22-1 du code civil peuvent faire une déclaration conjointe de choix de nom, en application de l'article 311-21 du code civil. La déclaration conjointe de choix de nom est remise, par l'un ou l'autre des parents, lors du dépôt de la demande d'acquisition de la nationalité française ou de naturalisation ou de réintégration par décret ou lors de la souscription de la déclaration d'acquisition de la nationalité française.

Art. 6 Cette déclaration est transmise par l'autorité chargée de conférer la nationalité française au service central d'état civil du ministère des affaires étrangères compétent en application des articles 98 à 98-2 du code civil pour établir les actes de l'état civil du parent acquérant la nationalité française ou des enfants communs bénéficiant de l'effet collectif.

Les diligences visées à l'article 13 du présent décret sont opérées par l'officier de l'état civil du service central d'état civil.

Celui-ci avise les officiers de l'état civil communaux détenteurs de l'acte de naissance des enfants communs, nés en France, également bénéficiaires de l'effet collectif, afin qu'ils procèdent aux mentions nécessaires en marge de ces actes.

Art. 7 Lorsque aucun acte de l'état civil n'est susceptible d'être établi par le service central d'état civil au titre des articles 98 à 98-2 du code civil, la déclaration conjointe de choix de nom est transmise par l'autorité chargée de conférer la nationalité française à l'officier de l'état civil communal détenteur de l'acte de naissance du premier enfant commun devenu français par l'effet collectif.

Cet officier de l'état civil avise les autres officiers détenteurs des actes de naissance des autres enfants communs bénéficiaires de l'effet collectif afin qu'ils procèdent aux mentions nécessaires en marge de ces actes.

Art. 8 En cas d'acquisition de plein droit de la nationalité française par l'un ou l'autre des parents, la déclaration conjointe de choix de nom est remise, dans le délai d'un an suivant cette acquisition, soit à l'officier de l'état civil détenteur de l'acte de naissance de leur premier enfant commun né en France bénéficiaire de l'effet collectif, soit au service central de l'état civil du ministère des affaires étrangères chargé, en application de l'article 98 du code civil, de l'établissement de cet acte lorsque le premier enfant commun est né à l'étranger.

Selon le cas, l'officier de l'état civil communal ou l'officier de l'état civil du service central d'état civil avise les officiers de l'état civil détenteurs des actes de naissance des autres enfants communs bénéficiaires de l'effet collectif afin qu'ils procèdent aux mentions nécessaires en marge de ces actes.

Art. 9 La déclaration conjointe de choix de nom, mentionnée aux articles 6, 7 et 8, doit satisfaire aux conditions de forme prévues aux alinéas premier et deuxième de l'article 1er du présent décret.

Par cette déclaration, les parents attestent sur l'honneur ne pas avoir précédemment effectué une déclaration de choix de nom en application de l'article 311-21 du code civil au profit de leurs enfants communs bénéficiaires de l'effet collectif.

Le consentement de l'enfant ou des enfants communs âgés de plus de treize ans, devenus français par effet collectif, est recueilli par écrit. Ces écrits, datés et signés, sont transmis, selon le cas, soit à l'officier de l'état civil détenteur de l'acte de naissance du premier enfant commun, soit au service central de l'état civil chargé de l'établissement de cet acte lorsque cet enfant est né à l'étranger.

SECTION 3. *La déclaration conjointe de changement de nom*

Art. 10 La déclaration conjointe de changement de nom prévue par *(Décr. no 2007-773 du 10 mai 2007, art. 16)* « le deuxième alinéa de l'article 311-23 » du code civil requiert la comparution personnelle des *(Décr. no 2013-429 du 24 mai 2013, art. 5)* « parents » *(Décr. no 2017-890 du 6 mai 2017, art. 56, en vigueur le 1er nov. 2017)* « ou en cas d'empêchement grave, du ou des fondés de procuration » devant l'officier de l'état civil *(Abrogé par Décr. no 2017-890 du 6 mai 2017, art. 56, à compter du 1er nov. 2017) « du lieu où demeure l'enfant »*.

Elle est reçue dans la forme des actes de l'état civil.

(Décr. no 2017-890 du 6 mai 2017, art. 56, en vigueur le 1er nov. 2017) « La procuration spéciale et authentique est transmise à l'officier de l'état civil détenteur de l'acte de naissance de l'enfant afin d'y être versée aux pièces annexes de cet acte. »

Le consentement de l'enfant âgé de plus de treize ans est recueilli par écrit ou par une déclaration faite devant l'officier de l'état civil. L'écrit, daté et signé, accompagné, le cas échéant, de l'avis de la déclaration de changement de nom, est transmis directement par l'officier de l'état civil auquel il a été remis à l'officier de l'état civil détenteur de l'acte de naissance de l'enfant. *(Décr. no 2013-429 du 24 mai 2013, art. 5)* « Le document contenant le consentement de l'enfant âgé de plus de treize ans est annexé à son acte de naissance. »

Mention de cette déclaration de changement de nom est portée en marge des actes de l'état civil de l'enfant.

SECTION 4. *Dispositions communes*

(Décr. no 2013-429 du 24 mai 2013, art. 5)

Le Décr. no 2013-429 du 24 mai 2013 a abrogé la section 4 ancienne et la section 5 est devenue la section 4 (Décr. préc., art. 5).

Art. 13 Lors de la remise de la déclaration de choix de nom ou lors de la comparution personnelle des parents *(Décr. no 2017-890 du 6 mai 2017, art. 56, en vigueur le 1er nov. 2017)* « ou du fondé de procuration », l'officier de l'état civil s'assure du respect des exigences posées aux articles précédents et de la transmissibilité du nom choisi. A cette fin, il peut solliciter des parents *(Décr. no 2017-890 du 6 mai 2017, art. 56, en vigueur le 1er nov. 2017)* « ou du fondé de procuration » la production de toutes pièces utiles.

(Décr. no 2013-429 du 24 mai 2013, art. 5) « Cette disposition est applicable au tribunal statuant en matière d'adoption plénière. »

TITRE I *BIS*. MODALITÉ DE DÉTERMINATION DU NOM EN CAS DE DÉSACCORD DES PARENTS

(*Décr. n° 2013-429 du 24 mai 2013, art. 5*)

Art. 14 En application du premier alinéa de l'article 311-21 (*Décr. n° 2022-290 du 1er mars 2022, art. 3*) « et du premier alinéa de l'article 342-12 » du code civil, en cas de désaccord des parents sur le nom de l'enfant, l'un d'eux fait connaître son désaccord par écrit devant l'officier de l'état civil de son choix, au plus tard au jour de la déclaration de naissance ou après la naissance lors de l'établissement simultanée *[simultané]* de la filiation. Après vérification de l'identité du parent, l'officier de l'état civil appose son visa et date le document qu'il lui restitue.

Le parent remet ce document à l'officier de l'état civil du lieu de naissance de l'enfant. Ce dernier indique dans l'acte de naissance qu'il dresse ou qu'il transcrit le nom de l'enfant constitué du premier nom de chacun des parents accolés selon l'ordre alphabétique. Lorsque le désaccord est porté à la connaissance de l'officier de l'état civil après l'établissement de l'acte de naissance, ce dernier saisit le procureur de la République afin qu'il ordonne la rectification du nom.

Le document contenant le désaccord est annexé à l'acte de naissance de l'enfant.

TITRE II. ADAPTATION DE DISPOSITIONS RÉGLEMENTAIRES RELATIVES AU NOM

Art. 15 *à* 19 (*Modifications de textes*).

TITRE III. MODIFICATIONS DE DISPOSITIONS RÉGLEMENTAIRES RELATIVES À L'ÉTAT CIVIL

Art. 20 *Décr. n° 62-921 du 3 août 1962, art. 11-1 [abrogé].*

Art. 21 *V. Décr. n° 94-52 du 20 janv. 1994, art. 2-7°, ss. art. 61-4 C. civ.*

TITRE IV. DISPOSITIONS DIVERSES

Art. 22 Le présent décret est applicable en Nouvelle-Calédonie, en Polynésie française et à Wallis-et-Futuna.

Art. 23 Les dispositions des titres I et II et de l'article 20 du titre III du présent décret entrent en vigueur le 1er janvier 2005 et, à Mayotte, le (*Décr. n° 2007-773 du 10 mai 2007, art. 16*) « 1er juillet 2006 ».

Circulaire du 3 juin 2022,

De présentation des dispositions issues de la loi n° 2022-301 du 2 mars 2022 relative au choix du nom issu de la filiation 🏛.

CHAPITRE II DE L'ÉTABLISSEMENT DE LA FILIATION (*Ord. n° 2005-759 du 4 juill. 2005*).

RÉP. CIV. v^is *Filiation : 2° modes extrajudiciaires d'établissement*, par CHABOT et LE GUIDEC ; *Filiation : 3° modes judiciaires d'établissement*, par CHABOT et LE GUIDEC ; *Filiation : 4° contestation*, par CHABOT et LE GUIDEC.

SECTION 1 De l'établissement de la filiation par l'effet de la loi (*Ord. n° 2005-759 du 4 juill. 2005*).

§ 1 De la désignation de la mère dans l'acte de naissance (*Ord. n° 2005-759 du 4 juill. 2005*).

Art. 311-25 (*Ord. n° 2005-759 du 4 juill. 2005*) **La filiation est établie, à l'égard de la mère, par la désignation de celle-ci dans l'acte de naissance de l'enfant.**

L'application de l'art. 311-25, tel qu'il résulte de l'Ord. n° 2005-579 du 4 juill. 2005, aux enfants nés avant son entrée en vigueur [1er juill. 2006] ne peut avoir pour effet de changer leur nom (Ord. préc., art. 20-II-3°).

BIBL. ▸ BAILLON-WIRTZ, *JCP N 2005. 1491.* – LE DOUJET-THOMAS, *LPA 7 mai 2007* (articulation avec les nouvelles règles de dévolution du nom de famille). ▸ **Notion de maternité :** BANDRAC, *Mél. Raynaud, Dalloz, 1985, p. 27.*

1. La désignation de la mère dans l'acte de naissance établit la filiation de l'enfant à son égard. • Civ. 1re, 15 déc. 2010, n° 09-16.968 P : *D. 2011. Pan. 1585, obs. Granet-Lambrechts ; AJ fam. 2011. 107, obs. Ardeeff ; Defrénois 2011. 831, obs. Massip ; RLDC 2011/79, n° 4139, obs. Gallois ; RTD civ. 2011. 114, obs. Hauser* (naissance en 1933). ♦ Comp., en matière de nationalité, note ss. art. 20-1. ♦ V. aussi dans le cadre des gestations pour autrui réalisées à l'étranger : concernant la désignation de la mère dans les actes de naissance, la réalité, au sens de l'art. 47 C. civ., est celle de l'accouchement et le refus de transcription est justifié lorsque la mère mentionnée dans l'acte n'a pas accouché. • Civ. 1re, 5 juill. 2017, n° 15-28.597 P : *préc. note 4 ss. art. 16-7* • 5 juill. 2017, n° 16-16.901 P : *ibid.*

2. Filiation à l'égard d'un enfant conçu par un homme ayant changé de sexe mais conservé ses facultés reproductrices. Les art. 311-25 et 320 s'opposent à ce que deux filiations maternelles soient établies à l'égard d'un même enfant, hors adoption ; en revanche, en application des art. 313 et 316, al. 1er, la filiation de l'enfant peut être établie par une reconnaissance de paternité lorsque la présomption de paternité est écartée faute de désignation du mari en qualité de père dans l'acte de naissance de l'enfant ; de la combinaison de ces textes, il résulte qu'en l'état du droit positif, une personne transgenre homme devenu femme, qui, après la modification de la mention de son sexe dans les actes de l'état civil, procrée avec son épouse au moyen de ses gamètes mâles, n'est pas privée du droit de faire reconnaître un lien de filiation biologique avec l'enfant, mais ne peut le faire qu'en ayant recours aux modes d'établissement de la filiation réservés au père. • Civ. 1re, 16 sept. 2020, n° 18-50.080 P : *D. 2020. 2096, note Paricard ; ibid. 2072, obs. Moron-Puech ; AJ fam. 2020. 534, obs. Kessler et Viganotti ; ibid. 497, obs. Dionisi-Peyrusse ; RTD civ. 2020. 866, obs. Leroyer ; JCP 2020, n° 1164, obs. Brunet et Reigné ; Dr. fam. 2020, n° 146, obs. Siffrein-Blanc* (solution conforme à l'intérêt supérieur de l'enfant, en ce qu'elle permet l'établissement d'un lien de filiation à l'égard de ses deux parents, élément essentiel de son identité et qui correspond à la réalité des conditions de sa conception et de sa naissance, qu'elle garantit son droit à la connaissance de ses origines personnelles, qu'elle lui confère une filiation identique à ses frères et sœurs nés avant la modification en évitant ainsi les discriminations au sein de la fratrie, dont tous les membres seront élevés par deux mères, tout en ayant à l'état civil l'indication d'une filiation paternelle à l'égard de leur géniteur, laquelle n'est au demeurant pas révélée aux tiers dans les extraits d'actes de naissance qui leur sont communiqués ; absence au surplus d'atteinte disproportionnée à la vie privée de la personne transgenre, le lien de filiation étant conforme à la réalité biologique, la solution ne la contraignant pas à renoncer à l'identité de genre qui lui a été reconnue), cassant, pour avoir indiqué le lien biologique avec l'enfant sur l'acte de naissance sous la mention « parent biologique ». • Montpellier, 14 nov. 2018, n° 16/06059 : *D. actu. 28 nov. 2018, obs. Dervieuxle ; D. 2018. 2231, obs. Dionisi-Peyrusse ; ibid. 2019. 110, note Paricard ; AJ fam. 2018. 684, obs. Kessler ; ibid. 641, obs. Dionisi-Peyrusse ; JCP 2019, n° 95, note Vialla et Vauthier ; Dr. fam. 2019, n° 6, note Fulchiron.* ♦ Mais, dans la même affaire : l'établissement de la filiation de la femme ayant précédemment changé de sexe à l'égard de l'enfant ne peut être que judiciaire ; la filiation maternelle dont elle se prévaut n'a nullement vocation à anéantir celle de son épouse, mais tend au contraire à la compléter par la prise en compte de la notion de mère biologique non gestatrice et ne crée donc pas de conflit de filiations. • Toulouse, 9 févr. 2022, n° 20/03128 : *cité note 12 ss. art. 57* (établissement judiciaire du lien de filiation maternelle).

§ 2 De la présomption de paternité *(Ord. n° 2005-759 du 4 juill. 2005).*

Art. 312 *(L. n° 72-3 du 3 janv. 1972)* **L'enfant conçu** *(Ord. n° 2005-759 du 4 juill. 2005)* **« ou né » pendant le mariage a pour père le mari.**

Al. 2 abrogé par Ord. n° 2005-759 du 4 juill. 2005.

BIBL. ▸ **Présomption « *pater is est...* » :** Barrère, *Mél. Marty, Univ. Toulouse, 1978, p. 15.* – Bonnet, *D. 2013. 107* (présomption de paternité et mariage). – Bouvier, *RTD civ. 1990. 394*. – Champenois, *JCP 1975. I. 2686.* – Lefebvre-Teillard, *Rev. hist. droit 1991. 331* (historique). – Leprovaux, *RJPF 2008-2/11* (avenir de la présomption de paternité). – Salvage-Gerest, *RTD civ. 1976. 233.* – Pratte et Fortis-Monjal, *D. 1988. Chron. 31.* – Raynaud, *Mél. Kayser, PU Aix-Marseille, 1979, t. 2, p. 355* (évolution jurisprudentielle depuis 1972).

1. Domaine : couples de même sexe (non). *Au sein d'un couple de personnes de même sexe,* la filiation ne peut être établie par la présomption de l'art. 312 C. civ. • Cons. const. 17 mai 2013, n° 2013-669 DC : *cité note 1 ss. art. 143* (consid. n° 40). ♦ Le mariage est sans incidence sur les autres modes d'établissement de la filiation prévus par le titre VII du livre I du code civil. • Même décision. ♦ V. aussi : absence de discrimination dans le fait que la partenaire de même sexe que la mère ne puisse bénéficier de la présomption de paternité prévue dans le cadre des mariages hétérosexuels. • CEDH, sect. V, 7 mai 2013, *Boeckel et Gessner-Boeckel c/ Allemagne,* n° 8017/11 (arrêt notant que la partenaire a pu bénéficier d'une adoption).

2. Conv. EDH. Il existe des motifs légitimes, liés à la fois à la nécessité de garantir la certitude juridique et à la sécurité des relations familiales, pour justifier l'application à un homme marié d'une présomption générale de paternité à l'égard des enfants de son épouse. • CEDH 10 oct. 1999, *Yildrim c/ Autriche*, n° 34308/96 (irrecevabilité de la demande manifestement mal fondée du mari contestant le refus du procureur de l'autoriser à agir en désaveu après expiration du délai légal ; possibilité de faire passer les intérêts de l'enfant avant ceux du requérant). ♦ Sur le refus d'analyser la différence de situation entre le père marié et le père naturel comme une discrimination, V. aussi : • Comm. EDH 13 mai 1986, *De Mot c/ Belgique*, n° 10961/84.

3. Il incombe aux juridictions internes de déterminer si les contacts entre un père biologique présumé et son enfant sont ou non dans l'intérêt de celui-ci ; la CEDH n'est pas convaincue qu'il soit possible de déterminer quel est l'intérêt d'enfants vivant avec leur père légitime mais dont le père biologique est un autre homme au moyen d'une présomption légale générale. • CEDH 15 sept. 2011 : *D. 2011. 2908, note Boulanger*.

4. Gestation pendant le mariage. En faveur de l'application de la présomption de paternité à un enfant conçu avant le mariage et né après, en raison du décès du mari, V., avant la loi de 1972 : • Civ. 2 juill. 1936, *Dewalle : DP 1936. 1. 118, note Lagrange*. ♦ Dans le cadre de la loi de 1972, l'enfant était couvert par la présomption par application des art. 314 et 315 anciens *a contrario* (naissance moins de 300 jours après la dissolution du mariage).

5. Gestation exceptionnellement longue (FIV). Jugé dans le cadre de la loi de 1972 que doivent être écartées la présomption posée par l'art. 311 ainsi que l'application de l'ancien art. 315 (excluant la présomption de paternité) s'il est établi que l'enfant, né plus de trois cents jours après la dissolution du mariage, est né d'une fécondation *in vitro* pratiquée pendant le mariage des époux, seule la gestation ayant été retardée. • TGI Angers, 10 nov. 1992 : *D. 1994. Somm. 30, obs. Labbée*.

Art. 313 *(L. n° 2009-61 du 16 janv. 2009, art. 1er)* **La présomption de paternité est écartée lorsque l'acte de naissance de l'enfant ne désigne pas le mari en qualité de père. Elle est encore écartée** *(Abrogé par L. n° 2019-222 du 23 mars 2019, art. 22, en vigueur le 1er janv. 2021)* **« ,** ***en cas de demande en divorce ou en séparation de corps,*** **» lorsque l'enfant est né plus de trois cents jours après** *(L. n° 2019-222 du 23 mars 2019, art. 22, en vigueur le 1er janv. 2021)* **« l'introduction de la demande en divorce ou en séparation de corps ou après le dépôt au rang des minutes d'un notaire de la convention réglant l'ensemble des conséquences du divorce », et moins de cent quatre-vingts jours depuis le rejet définitif de la demande ou la réconciliation.**

Sur l'entrée en vigueur et l'application dans le temps des modifications issues de l'art. 22 de la L. n° 2019-222 du 23 mars 2019, V. ndlr ss. art. 233.

BIBL. ▶ HOUSSIER, *AJ fam. 2019. 320* (le nouvel oubli de la présomption de paternité par la loi de programmation 2018-2022 : de l'interrogation à la résignation).

1. Absence de mention du nom du mari. Pour l'application, sous l'empire de la loi de 1972, de l'art. 313-1 ancien aux enfants conçus avant le mariage et nés pendant, V. • Civ. 1re, 29 mai 2001, n° 99-21.830 P : *D. 2002. 1588, note Cocteau-Senn ; D. 2002. Somm. 2018, obs. Granet ; JCP 2001. II. 10605, concl. Sainte-Rose, note Arnaudin ; Dr. fam. 2001, n° 93, note Murat ; RJPF 2001-11/37, note Vassaux ; AJ fam. 2001. 26, et les obs. ; RTD civ. 2001. 572, obs. Hauser*. ♦ *V. déjà sous l'empire de la loi de 1972* : l'indication du nom du mari, au sens de l'art. 313-1 ancien, est l'indication du nom de celui-ci dans l'acte de naissance en qualité de père. • Civ. 1re, 3 juin 1980 : *D. 1981. 119, note Massip ; RTD civ. 1981. 370, obs. Nerson et Rubellin-Devichi*. ♦ Sur la possibilité pour la mère de ne pas mentionner le nom du mari lors de l'établissement judiciaire de l'acte de naissance de l'enfant, V. note 3 ss. art. 55.

2. Séparation légale. Une ordonnance de non-conciliation qui n'a pas été suivie d'un jugement de divorce rend néanmoins applicable l'al. 1er de l'art. 313 [anc.], dès lors que les mesures provisoires que cette ordonnance édictait, dont l'autorisation de résidence séparée, n'avaient pas été frappées de caducité avant le début de la période légale de la conception de l'enfant. • TGI Paris, 11 févr. 1980 : *D. 1980. IR 422 (1re esp.), obs. Huet-Weiller ; RTD civ. 1981. 369, obs. Nerson et Rubellin-Devichi*.

3. Effets : automatisme de l'éviction. En application de l'art. 313-1 ancien (rédaction antérieure à l'Ord. de 2005), la présomption de paternité est écartée de plein droit, sans qu'une action en justice soit nécessaire. • Civ. 1re, 7 juin 1989 : *Bull. civ. I, n° 228 ; D. 1990. 33, note Massip ; D. 1989. Somm. 362, obs. Huet-Weiller*. ♦ La légitimité d'un enfant conçu au cours d'une instance en divorce, plus de trois cents jours après l'ordonnance autorisant la résidence séparée des époux, est écartée, même en l'absence de décision de justice. • Civ. 1re, 13 avr. 1988 : *D. 1988. 503, note de La Marnierre ; D. 1988. Somm. 399, obs. Huet-Weiller* (décision réservant le cas où l'enfant aurait la possession d'état à l'égard des époux – V. désormais art. 314). ♦ V. cependant pour la consécration d'une action autonome visant à constater l'éviction de la présomption de paternité en cas de séparation légale, sous l'empire de la loi de 1972 : une action tendant à faire constater l'illégitimité d'un enfant né plus de trois cents jours après l'ordonnance autorisant les époux à résider séparément ne s'attaque pas à la présomption de paternité édictée par l'art. 312. Elle peut donc être exercée par d'autres personnes que le mari ou la mère (en l'espèce, seconde épouse du mari, instituée par lui légataire universelle). • Civ. 1re, 10 mai 1988 : *Gaz. Pal. 1988. 2. 862, note J. M. ; D. 1988. Somm. 399, obs. Huet-Weiller.* ♦ Jugé à la même époque que la preuve de la non-paternité n'est pas en cause : • Civ. 1re, 5 oct. 1994, n° 92-16.696 P : *Defrénois 1995. 724, obs. Massip ; D. 1995. Somm. 219, obs. Granet-Lambrechts ; RTD civ. 1995. 339, obs. Hauser ; JCP 1995. I. 3855, n° 4, obs. Rubellin-Devichi.*

4. ... Rectification consécutive de l'état civil. Sur l'action en rectification de l'acte de naissance donnant à tort à l'enfant le statut d'enfant légitime, alors que la présomption de paternité se trouve exclue par application de l'art. 313, V. • TGI Paris, ord., 11 mai 1973 *D. 1974. 491, note Massip* • 4 janv. 1974 : *ibid.* • Colmar, 20 nov. 1974 : *D. 1975. Somm. 35.*

Art. 314 *(L. n° 2009-61 du 16 janv. 2009, art. 1er)* **Si elle a été écartée en application de l'article 313, la présomption de paternité se trouve rétablie de plein droit si l'enfant a la possession d'état à l'égard du mari et s'il n'a pas une filiation paternelle déjà établie à l'égard d'un tiers.**

Sur la portée de l'existence d'une possession d'état d'un enfant conçu en période de séparation légale, V. note 3 ss. art. 313.

Art. 315 *(Ord. n° 2005-759 du 4 juill. 2005)* **Lorsque la présomption de paternité est écartée dans les conditions prévues** *(L. n° 2009-61 du 16 janv. 2009, art. 1er)* **« à l'article 313 », ses effets peuvent être rétablis en justice dans les conditions prévues à l'article 329.** *(L. n° 2009-61 du 16 janv. 2009, art. 1er)* **« Le mari a également la possibilité de reconnaître l'enfant dans les conditions prévues aux articles 316 et 320. »**

SECTION 2 De l'établissement de la filiation par la reconnaissance *(Ord. n° 2005-759 du 4 juill. 2005).*

Art. 316 *(Ord. n° 2005-759 du 4 juill. 2005)* **Lorsque la filiation n'est pas établie dans les conditions prévues à la section 1 du présent chapitre, elle peut l'être par une reconnaissance de paternité ou de maternité, faite avant ou après la naissance.**

La reconnaissance n'établit la filiation qu'à l'égard de son auteur.

Elle est faite dans l'acte de naissance, par acte reçu par l'officier de l'état civil ou par tout autre acte authentique.

(L. n° 2018-778 du 10 sept. 2018, art. 55, en vigueur le 1er mars 2019) **« L'acte de reconnaissance est établi sur déclaration de son auteur, qui justifie :**

« 1° De son identité par un document officiel délivré par une autorité publique comportant son nom, son prénom, sa date et son lieu de naissance, sa photographie et sa signature ainsi que l'identification de l'autorité qui a délivré le document, la date et le lieu de délivrance ;

« 2° De son domicile ou de sa résidence par la production d'une pièce justificative datée de moins de trois mois. Lorsqu'il n'est pas possible d'apporter la preuve d'un domicile ou d'une résidence et lorsque la loi n'a pas fixé une commune de rattachement, l'auteur fournit une attestation d'élection de domicile dans les conditions fixées à l'article L. 264-2 du code de l'action sociale et des familles. »

L'acte comporte les énonciations prévues à l'article 62 et la mention que l'auteur de la reconnaissance a été informé du caractère divisible du lien de filiation ainsi établi.

Les modifications issues de l'art. 55 de la L. n° 2018-778 du 10 sept. 2018 entrent en vigueur le 1er mars 2019, et s'appliquent aux demandes qui lui sont postérieures (L. préc., art. 71-IV ; Décr. n° 2019-141 du 27 févr. 2019, art. 52).

BIBL. ► BAUDIN-MAURIN, *RRJ 2001/4. 1313* (l'établissement de la filiation « naturelle » notoire d'un enfant à l'égard d'une personne hors d'état de le reconnaître). – J.-M. BRUN, *Defrénois 1999. 460* (dangers d'une reconnaissance ignorée). – DEKEUWER-DÉFOSSEZ, *D. 1986. Chron. 305* (pratiques administratives et judiciaires). – GARATE, *Gaz. Pal. 1994. 2. Doctr. 1166* (reconnaissance notariée d'enfant adultérin). – PRÉCIGOUT, *JCP N 1976. I. 2772* (formules commentées de reconnaissance). – VILLANI-RONDEAU, *RJPF 2000-6/11* (reconnaissance prénatale).

▸ Massip, *Defrénois 2006. 1883* (reconnaissance de l'enfant d'une femme mariée).

1. Conv. EDH. Jugé que l'impossibilité pour le père biologique de reconnaître l'enfant, avec qui il a pu développer une vie familiale un certain temps après la naissance, ne porte pas atteinte à l'art. 8 Conv. EDH, dès lors que l'intérêt de l'enfant s'opposait aux conséquences d'une telle reconnaissance, à savoir le port automatique du nom du père et le fait de devoir aller vivre avec lui à la suite du décès de sa mère. • CEDH, sect. II, 5 nov. 2002, *Yousef c/ Pays-Bas*, n° 33711/96. ♦ V. aussi ss. art. 320.

2. Reconnaissance prénatale. Validité d'une reconnaissance prénatale : V. • TGI Lille, 3 févr. 1987 : *JCP 1990. II. 21447, note Labbée* • Paris, 13 nov. 1990 : *D. 1991. IR 8* • Versailles, 25 juin 1992 : *D. 1993. Somm. 169, obs. Granet-Lambrechts* (prévalence de la reconnaissance anténatale sur une reconnaissance ultérieure). ♦ Reconnaissance prénatale et accouchement « sous X » : V. note 4 ss. art. 326. ♦ ... Et choix du nom : V. notes ss. art. 311-21.

3. Reconnaissance par un incapable. Autorisation donnée par le juge des tutelles à l'administrateur légal sous contrôle judiciaire d'un majeur protégé de reconnaître l'enfant de ce dernier aux lieu et place du majeur protégé en état de coma prolongé. • TI Quimperlé, ord., 16 oct. 1999 : *JCP 2000. II. 10252, note Garé ; Defrénois 2000. 668, obs. Massip ; RTD civ. 2000. 85, obs. Hauser ; RJPF 2000-4/13, note Plazy ; RDSS 2000. 436, obs. F. Monéger*.

4. Filiation à l'égard d'un enfant conçu par un homme ayant changé de sexe mais conservé ses facultés reproductrices. Les art. 311-25 et 320 s'opposent à ce que deux filiations maternelles soient établies à l'égard d'un même enfant, hors adoption ; en revanche, en application des art. 313 et 316, al. 1er, la filiation de l'enfant peut être établie par une reconnaissance de paternité lorsque la présomption de paternité est écartée faute de désignation du mari en qualité de père dans l'acte de naissance de l'enfant ; de la combinaison de ces textes, il résulte qu'en l'état du droit positif, une personne transgenre homme devenu femme, qui, après la modification de la mention de son sexe dans les actes de l'état civil, procrée avec son épouse au moyen de ses gamètes mâles, n'est pas privée du droit de faire reconnaître un lien de filiation biologique avec l'enfant, mais ne peut le faire qu'en ayant recours aux modes d'établissement de la filiation réservés au père. • Civ. 1re, 16 sept. 2020, n° 18-50.080 P : *cité note 2 ss. art. 311-25.* ♦ Mais, dans la même affaire pour l'établissement judiciaire de la filiation maternelle : • Toulouse, 9 févr. 2022, n° 20/03128 : *cité note 12 ss. art. 57.*

A. FORME DE LA RECONNAISSANCE

5. Perte du titre. Preuve par tous moyens de la reconnaissance en cas de perte du titre par cas fortuit ou force majeure, V. : • Civ. 1re, 10 oct. 1984 : *D. 1985. 85, note J. M.*

1° PROCÉDÉS CONFORMES AUX EXIGENCES LÉGALES

6. Nécessité d'une mention en marge (non). La validité de la reconnaissance d'un enfant naturel, faite dans les conditions de forme prévues par l'art. 335 (ancien), ne peut être subordonnée à l'existence d'une mention en marge de l'acte de naissance, dès lors qu'il n'existe aucun doute sur l'identité de l'enfant faisant l'objet de cette reconnaissance avec celui dont la mère est accouchée. • Civ. 1re, 17 févr. 1982, n° 81-10.298 P : *D. 1983. IR 331, obs. Huet-Weiller.*

7. Déclaration à l'officier d'état civil. La déclaration de naissance faite à l'officier de l'état civil par un homme qui indique que l'enfant est issu de lui-même et de la femme qu'il désigne constitue une reconnaissance. • Civ. 1re, 19 juill. 1989, n° 88-10.062 P : *Defrénois 1989. 1338, obs. Massip.* ♦ La déclaration faite à l'officier de l'état civil et consignée dans un acte de décès répond aux exigences de l'art. 335 (ancien) et il appartient aux juges du fond d'apprécier souverainement la portée de la déclaration ainsi souscrite (jugé en l'espèce que le déclarant, ayant indiqué qu'il était le grand-père de l'enfant décédé, avait admis par là même que le père de cet enfant était bien son fils). • Civ. 1re, 1er juill. 1981 : *D. 1982. 105, note Huet-Weiller ; Gaz. Pal. 1982. 1. 258 (1re esp.), note Massip.* ♦ Comp. : si l'intention de reconnaître l'enfant, manifestée devant l'officier de l'état civil et matérialisée par les mentions apposées sur la pièce établie en vue du mariage, devait constituer un aveu, on doit considérer cet aveu comme un moyen de preuve et non pas comme la reconnaissance elle-même. • TGI Nanterre, 9 oct. 1975 : *Gaz. Pal. 1976. 1. 189.*

8. Déclaration judiciaire. Il résulte de l'art. 334 ancien, applicable en la cause, et dont les dispositions ont été reprises dans l'art. 335 actuel, que l'acte authentique prévu par ce texte, pour la reconnaissance volontaire d'un enfant naturel, peut être constitué par un *aveu de paternité judiciairement constaté* (en l'espèce, le tribunal avait fait état des conclusions contenant la déclaration de paternité). • Civ. 1re, 1er juill. 1981 : *Gaz. Pal. 1982. 1. 258 (2e esp.), note Massip.* ♦ Mais l'aveu ne peut résulter d'un jugement prononcé par défaut, le défendeur n'ayant pas comparu. • Civ. 1re, 24 mars 1993 : *D. 1994. 346, note Massip*. ♦ Acquiescement à un jugement déclaratif de paternité valant reconnaissance : V. • Civ. 1re, 7 mars 2000 : *cité note 3 ss. art. 323.*

9. Une déclaration de paternité faite devant le juge *des tutelles* à l'occasion de la procédure de changement de nom de l'art. 334-2 ancien vaut comme reconnaissance. • TGI Paris, 5 déc. 1978 : *D. 1979. IR 246, obs. Huet-Weiller.* ♦ ... Du moins si elle n'est affectée d'aucune équivoque. • Bordeaux, 24 sept. 1997 : *D. 2000. Somm. 157, obs. Granet* .

10. Déclaration notariée. Une reconnaissance d'enfant naturel peut être reçue par tout notaire, dès lors que cet officier public agit dans les limites de sa compétence territoriale. • Civ. 1re, 13 nov. 1973 : *D. 1974. 156.*

2° PROCÉDÉS INEFFICACES

11. Actes sous seing privé. La reconnaissance souscrite dans un testament olographe déposé chez un notaire ne satisfait pas aux exigences de l'art. 335 ancien, aux termes duquel la reconnaissance doit être faite par acte authentique. • Civ. 1re, 2 févr. 1977, n° 75-14.101 P. ♦ Une reconnaissance de paternité ne peut résulter d'un acte sous seing privé même reproduit dans un jugement, ni être déduite d'une absence de contestation dans une action en réclamation d'aliments. • Civ. 1re, 23 mars 1994, n° 92-15.169 P : *JCP 1994. I. 3771, n° 14, obs. Bernigaud ; RTD civ. 1994. 577, obs. Hauser* . – V. conf. • Civ. 1re, 14 janv. 2003 : *Defrénois 2003. 619, obs. Massip* (solution applicable même si la décision a vérifié la sincérité de l'acte).

12. Certificat médical. Un certificat médical établissant que des enfants ont été conçus par leur mère et par un homme décédé, suivant le procédé de fécondation *in vitro*, ne peut être assimilé à l'acte authentique de reconnaissance de l'art. 335 ancien. • TGI Nanterre, 8 juin 1988 : *D. 1988. Somm. 400, obs. Huet-Weiller.*

13. Acte de décès. La simple indication de la filiation du défunt dans un acte de décès dressé sur les déclarations d'un tiers ne peut valoir reconnaissance. • Civ. 1re, 14 janv. 2009, n° 07-11.555 P : *D. 2009. AJ 298* ; *AJ fam. 2009. 131, obs. Milleville* ; *Dr. fam. 2009, n° 26, obs. Neirinck ; RLDC 2009/62, n° 3502, note Siffrein-Blanc ; RTD civ. 2009. 304, obs. Hauser* .

B. CARACTÈRES DE LA RECONNAISSANCE

14. Effet déclaratif. La reconnaissance d'un enfant naturel étant déclarative de filiation, ses effets remontent au jour de la naissance. • Civ. 1re, 29 juin 1977 : *Bull. civ. I, n° 305 ; D. 1977. IR 436, obs. Huet-Weiller* • 17 juill. 1980, n° 79-15.230 P : *D. 1981. IR 298, obs. Huet-Weiller* • 12 déc. 2000, n° 98-19.147 P : *D. 2001. 1496, note Garé* ; *D. 2002. Somm. 1879, obs. Autem* ; *JCP 2001. II. 10478, note Casey ; Defrénois 2001. 604, obs. Massip ; Dr. fam. 2001, n° 32, note Beignier ; LPA 13 avr. 2001, note Cornut ; RTD civ. 2001. 120, obs. Hauser* ; *ibid. 425, obs. Vareille* . ♦ Dans le même sens : • CE 16 févr. 1979 : *Lebon 65* (application du caractère déclaratif en matière de pension d'orphelin). ♦ V. aussi note 2 ss. art. 326 et note 2 ss. art. 342-8. ♦ Comp. • CE 29 mars 1996 : *Lebon 106* ; *Gaz. Pal. 1997. 2. 683, note Amalric ; Defrénois 1998. 318, obs. Massip ; Dr. fam. 1998, n° 49, obs. Murat* (l'étranger ayant reconnu par avance l'enfant à naître de sa concubine n'était pas, à la date de l'arrêté ordonnant sa reconduite à la frontière, le père d'un enfant français résidant en France, au sens de l'art. 25-5° de l'Ord. du 2 nov. 1945). – Même sens : • CE 14 mars 2001 : *AJDA 2002. 50, note Golestanian* • CAA Douai, 15 déc. 2009 : *JCP 2010, n° 106, note P. Labbée.*

15. Effet absolu. La reconnaissance a un effet absolu, sauf aux intéressés à la contester, et l'autorité parentale sur l'enfant naturel découle de la filiation établie par la reconnaissance. • Civ. 1re, 9 juill. 1975, n° 73-10.586 P : *R., p. 17 ; Gaz. Pal.1975. 2. 705, note Viatte.* ♦ Sur l'effet absolu, V. aussi • Civ. 1re, 16 mars 1999 : *D. 2000. Somm. 175, obs. Bossu* ; *Defrénois 1999. 1260, obs. Massip ; Dr. fam. 1999, n° 78, note Murat* (reconnaissance effectuée par un prétendu père plus jeune que son prétendu fils). ♦ La simple dénégation, même formulée en accord avec la mère, est insuffisante. • Civ. 1re, 16 juin 1992, n° 90-20.467 P : *D. 1993. Somm. 50, obs. Granet-Lambrechts* ; *Defrénois 1993. 302, obs. Massip* • 4 juill. 1995, n° 93-13.532 P : *D. 1996. Somm. 152, obs. Granet-Lambrechts* ; *RTD civ. 1995. 872, obs. Hauser* .

16. Reconnaissance mensongère : faux (non). La reconnaissance mensongère d'un enfant naturel dans un acte de l'état civil ne constitue pas en soi un faux punissable, cette reconnaissance pouvant toujours, en vertu de l'art. 339 C. civ., être contestée par son auteur lui-même. • Crim. 8 mars 1988 : *D. 1989. 528, note de La Marnierre ; JCP 1989. II. 21162, note Jeandidier* (en vertu de l'art. 339 C. civ. applicable à l'époque).

17. Responsabilité pour absence de reconnaissance. • Caen, 29 mars 2012 : *Dr. fam. 2012, n° 168, obs. Neirinck.*

Art. 316-1 *(L. n° 2018-778 du 10 sept. 2018, art. 55, en vigueur le 1er mars 2019)* **Lorsqu'il existe des indices sérieux laissant présumer, le cas échéant au vu de l'audition par l'officier de l'état civil de l'auteur de la reconnaissance de l'enfant, que celle-ci est frauduleuse, l'officier de l'état civil saisit sans délai le procureur de la République et en informe l'auteur de la reconnaissance.**

Le procureur de la République est tenu de décider, dans un délai de quinze jours à compter de sa saisine, soit de laisser l'officier de l'état civil enregistrer la reconnais-

sance ou mentionner celle-ci en marge de l'acte de naissance, soit qu'il y est sursis dans l'attente des résultats de l'enquête à laquelle il fait procéder, soit d'y faire opposition.

La durée du sursis ainsi décidé ne peut excéder un mois, renouvelable une fois par décision spécialement motivée. Toutefois, lorsque l'enquête est menée, en totalité ou en partie, à l'étranger par l'autorité diplomatique ou consulaire, la durée du sursis est portée à deux mois, renouvelable une fois par décision spécialement motivée. Dans tous les cas, la décision de sursis et son renouvellement sont notifiés à l'officier de l'état civil et à l'auteur de la reconnaissance.

A l'expiration du sursis, le procureur de la République fait connaître à l'officier de l'état civil et aux intéressés, par décision motivée, s'il laisse procéder à l'enregistrement de la reconnaissance ou à sa mention en marge de l'acte de naissance de l'enfant.

L'auteur de la reconnaissance, même mineur, peut contester la décision de sursis ou de renouvellement de celui-ci devant le tribunal judiciaire, qui statue dans un délai de dix jours à compter de sa saisine. En cas d'appel, la cour statue dans le même délai.

Sur l'entrée en vigueur des modifications issues de l'art. 55 de la L. n° 2018-778 du 10 sept. 2018, V. ndlr ss. art. 316.

BIBL. ▶ CARAYON, *AJ fam. 2018. 541*. – PÉROZ, *Dr. fam. 2020. Étude 25* (filiation et lois de polices : le cas des reconnaissances frauduleuses).

Art. 316-2 *(L. n° 2018-778 du 10 sept. 2018, art. 55, en vigueur le 1er mars 2019)* Tout acte d'opposition du procureur de la République mentionne les prénoms et nom de l'auteur de la reconnaissance ainsi que les prénoms et nom, date et lieu de naissance de l'enfant concerné.

En cas de reconnaissance prénatale, l'acte d'opposition mentionne les prénoms et nom de l'auteur de la reconnaissance ainsi que toute indication communiquée à l'officier de l'état civil relative à l'identification de l'enfant à naître.

A peine de nullité, tout acte d'opposition à l'enregistrement d'une reconnaissance ou à sa mention en marge de l'acte de naissance de l'enfant énonce la qualité de l'auteur de l'opposition ainsi que les motifs de celle-ci. Il reproduit les dispositions législatives sur lesquelles est fondée l'opposition.

L'acte d'opposition est signé, sur l'original et sur la copie, par l'opposant et notifié à l'officier de l'état civil, qui met son visa sur l'original.

L'officier de l'état civil fait sans délai une mention sommaire de l'opposition sur le registre de l'état civil. Il mentionne également en marge de l'inscription de ladite opposition les éventuelles décisions de mainlevée dont expédition lui a été remise. L'auteur de la reconnaissance en est informé sans délai.

En cas d'opposition, l'officier de l'état civil ne peut, sous peine de l'amende prévue à l'article 68, enregistrer la reconnaissance ou la mentionner sur l'acte de naissance de l'enfant, sauf si une expédition de la mainlevée de l'opposition lui a été remise.

Sur l'entrée en vigueur des modifications issues de l'art. 55 de la L. n° 2018-778 du 10 sept. 2018, V. ndlr ss. art. 316.

Art. 316-3 *(L. n° 2018-778 du 10 sept. 2018, art. 55, en vigueur le 1er mars 2019)* Le tribunal judiciaire se prononce, dans un délai de dix jours à compter de sa saisine, sur la demande en mainlevée de l'opposition formée par l'auteur de la reconnaissance, même mineur.

En cas d'appel, il est statué dans le même délai et, si le jugement dont il est fait appel a prononcé mainlevée de l'opposition, la cour doit statuer, même d'office.

Le jugement rendu par défaut rejetant l'opposition à l'enregistrement de la reconnaissance ou à sa mention en marge de l'acte de naissance de l'enfant ne peut être contesté.

Sur l'entrée en vigueur des modifications issues de l'art. 55 de la L. n° 2018-778 du 10 sept. 2018, V. ndlr ss. art. 316.

Art. 316-4 *(L. n° 2018-778 du 10 sept. 2018, art. 55, en vigueur le 1er mars 2019)* Lorsque la saisine du procureur de la République concerne une reconnaissance prénatale ou concomitante à la déclaration de naissance, l'acte de naissance de l'enfant est dressé sans indication de cette reconnaissance.

Sur l'entrée en vigueur des modifications issues de l'art. 55 de la L. n° 2018-778 du 10 sept. 2018, V. ndlr ss. art. 316.

Art. 316-5 *(L. n° 2018-778 du 10 sept. 2018, art. 55, en vigueur le 1er mars 2019)* **Lorsque la reconnaissance est enregistrée, ses effets pour l'application des articles 311-21 ou 311-23 remontent à la date de la saisine du procureur de la République.**

Sur l'entrée en vigueur des modifications issues de l'art. 55 de la L. n° 2018-778 du 10 sept. 2018, V. ndlr ss. art. 316.

SECTION 3 **De l'établissement de la filiation par la possession d'état** *(Ord. n° 2005-759 du 4 juill. 2005).*

Art. 317 *(Ord. n° 2005-759 du 4 juill. 2005 ; L. n° 2011-331 du 28 mars 2011, art. 13)* **Chacun des parents ou l'enfant peut demander** *(L. n° 2019-222 du 23 mars 2019, art. 6)* **« à un notaire » que lui soit délivré un acte de notoriété qui fera foi de la possession d'état jusqu'à preuve contraire.**

(L. n° 2011-331 du 28 mars 2011, art. 13, en vigueur le 1er mai 2011) **« L'acte de notoriété est établi sur la foi des déclarations d'au moins trois témoins et** *(Abrogé par L. n° 2019-222 du 23 mars 2019, art. 6)* **« ,** ***si le juge l'estime nécessaire,*** **» de tout autre document produit qui attestent une réunion suffisante de faits au sens de l'article 311-1. »** *(L. n° 2019-222 du 23 mars 2019, art. 6)* **« L'acte de notoriété est signé par le notaire et par les témoins. »**

La délivrance de l'acte de notoriété ne peut être demandée que dans un délai de cinq ans à compter de la cessation de la possession d'état alléguée *(L. n° 2009-61 du 16 janv. 2009, art. 1er)* **« ou à compter du décès du parent prétendu »** *(L. n° 2011-331 du 28 mars 2011, art. 13, en vigueur le 1er mai 2011)* **« , y compris lorsque celui-ci est décédé avant la déclaration de naissance ».**

La filiation établie par la possession d'état constatée dans l'acte de notoriété est mentionnée en marge de l'acte de naissance de l'enfant. – *V. C. pr. civ., art. 1157 et 1157-1.*

(Abrogé par L. n° 2019-222 du 23 mars 2019, art. 6) (L. n° 2011-331 du 28 mars 2011, art. 13, en vigueur le 1er mai 2011) ***« Ni l'acte de notoriété, ni le refus de le délivrer ne sont sujets à recours. »***

BIBL. ▶ Chauvel, *Mél. Holleaux, Litec, 1990, p. 37* (notoriété). – Dekeuwer-Défossez, *D. 1986. Chron. 305* (pratiques administratives et judiciaires). – Massip, *Defrénois 2000. 945 et Dr. fam. 2000. Chron. 19* (possession d'état, nom et état civil). – Mirabail, *Dr. fam. 2010. Étude 6* (lien de filiation et mort) ; *ibid. 2014. Étude 2* (différents rôles de la possession d'état en matière de filiation). – Saulier, *RTD civ. 2016. 555* (possession et possession d'état).

1. Domaine. Les dispositions de l'art. 1er de la L. du 20 juin 1920, ayant pour objet de suppléer, par des actes de notoriété, à l'impossibilité de se procurer des expéditions des actes de l'état civil dont les originaux ont été détruits ou sont disparus par suite de faits de guerre, ne sont pas applicables aux actes de notoriété établis sur le fondement de l'art. 317 C. civ. • Civ. 1re, 12 juin 2018, n° 17-19.825 P : *D. 2018. 1311 ; AJ fam. 2018. 473, obs. Saulier ; Dr. fam. 2018, n° 217, obs. Nicod.*

2. Conditions : demandeurs. Cassation de l'arrêt qui, pour déclarer irrecevable une action en constatation de la possession d'état intentée par un enfant naturel, énonce que sa filiation résulte suffisamment de l'acte de notoriété délivré par le juge des tutelles, sans qu'il soit établi que cet acte ait été délivré à la requête de l'enfant ou de ses parents. • Civ. 1re, 16 mai 2000 : *D. 2000. 771, note Massip ; D. 2001. Somm. 975, obs. Granet ; Dr. fam. 2000, n° 84, note Murat.*

3. ... Communication au ministère public (non). L'art. 425 C. pr. civ. sur la communication obligatoire au ministère public des affaires relatives à la filiation n'a pas lieu de s'appliquer aux demandes d'acte de notoriété. • Civ. 1re, 4 juill. 2007, n° 05-20.204 P : *Defrénois 2007. 1639, obs. Massip ; RTD civ. 2007. 751, obs. Hauser.*
♦ Solution inverse pour les actions en constatation de possession d'état, V. ss. art. 334, et pour les actions en contestation d'acte de notoriété, V. Mégacode civil 2014, n° 108, ss. art. 37.

4. ... Motivation. La délivrance d'un acte de notoriété par le juge, dans les conditions prévues par l'art. 317 anc., relève du pouvoir discrétionnaire du juge et n'a pas à être spécialement motivée : aucune disposition n'impose que les faits constitutifs de la possession d'état soient relevés dans l'acte de notoriété ou qu'il mentionne la teneur des témoignages reçus. • Civ. 1re, 29 sept. 2021, n° 19-23.976 B : *D. 2022. 528, obs. Douchy-Oudot ; ibid. 673, obs. Hi ; AJ fam. 2021. 631, obs. Houssier ; RTD civ.*

2021. 873, obs. Leroyer ; *JCP 2021, n° 1262, note Raoul-Cormeil* ; *Dr. fam. 2021, n° 174, obs. Egéa.*

5. *Cas du père décédé.* Lorsqu'il résulte d'un certificat médical que deux enfants ont été conçus par leur mère et par un homme, décédé depuis lors, selon le procédé de la fécondation *in vitro*, ce procédé, s'il ne peut être assimilé à la reconnaissance de l'art. 335 (ancien), constitue cependant l'un des éléments de fait de la possession d'état dont les enfants peuvent se prévaloir. Cet élément étant corroboré par la reconnaissance de cette paternité auprès des médias et du proche entourage, la filiation paternelle se trouve établie conformément aux dispositions de l'art. 334-8 (ancien). • TGI Nanterre, 8 juin 1988, *(aff. Pironi) : D. 1988. Somm. 400, obs. Huet-Weiller.*

6. *... Exclusion des époux ou concubins de même sexe.* La L. n° 2013-404 du 17 mai 2013 et l'art. 6-1 C. civ. excluent explicitement la filiation des effets du mariage des couples de même sexe ; il en résulte qu'un lien de filiation ne peut être établi, par la possession d'état, à l'égard du concubin de même sexe que le parent envers lequel la filiation est déjà établie. • Civ. 1re, 7 mars 2018, n° 17-70.039 P : *Dr. fam. 2018. Rapp. 1.* ♦ Le juge d'instance ne peut délivrer un acte de notoriété faisant foi de la possession d'état au bénéfice du concubin de même sexe que le parent envers lequel la filiation est déjà établie. • Même arrêt.

7. *... Exclusion de la mère d'intention (gestation pour autrui).* Rejet de la prise en compte de la possession d'état maternelle à l'occasion d'une gestation pour autrui, faute de garanties de sécurité juridique suffisantes dès lors qu'un tel lien de filiation peut être contesté en application de l'art. 335. • Cass., ass. plén., 4 oct. 2019, n° 10-19.053 P : *D. 2019. 2228, note Fulchiron et Bidaud* ; *AJ fam. 2019. 487, obs. Dionisi-Peyrusse* ; *ibid. 592, obs. G. Kessler* ; *RTD civ. 2019. 817, obs. Marguénaud* ; *ibid. 841, obs. Leroyer* ; *JCP 2019, n° 1184, note Gouttenoire et Sudre* ; *Dr. fam. 2019, n° 261, note Binet.*

8. *Force probante.* L'acte de notoriété fait foi de la possession d'état jusqu'à la preuve du contraire, que les juges du fond apprécient souverainement. • Civ. 1re, 25 févr. 1997 : *Defrénois 1997. 991, obs. Massip.* ♦ Renverse la charge de la preuve et viole l'art. 311-3 la cour d'appel qui accueille une demande tendant à faire juger qu'un enfant n'avait pas la possession d'état d'enfant naturel au motif qu'il ne rapportait pas la preuve de cette possession d'état, alors qu'un acte de notoriété avait été dressé par le juge des tutelles. • Civ. 1re, 7 févr. 1989, n° 87-16.315 P : *R., p. 240* ; *D. 1989. 396, note Massip.* ♦ Même sens : • Paris, 3 oct. 1995 : *D. 1996. Somm. 151, obs. Granet-Lambrechts.* – V. aussi • Civ. 1re, 16 avr. 1996 : *D. 1996. Somm. 381, obs. Granet* • 20 févr. 2001 : *Defrénois 2001. 1008, obs. Massip* • 6 janv. 2004 : *D. 2004. Somm. 1423, obs. Granet-Lambrechts* ; *RJPF 2004-4/34, obs. Garé* • 19 avr. 2005, n° 02-14.953 P : *D. 2006. Pan. 1140, obs. Granet-Lambrechts* ; *AJ fam. 2005. 328, obs. F. C.* ; *Dr. fam. 2005, n° 181, note Murat.*

9. L'acte de notoriété dressé par le juge des tutelles constatant la possession d'état d'enfant naturel établit légalement la filiation de l'intéressé, nonobstant la circonstance qu'un acte de notoriété notarié ne mentionne pas ce dernier parmi les héritiers du *de cujus*. • Civ. 1re, 5 mars 2002 : *D. 2003. Somm. 2118, obs. Granet-Lambrechts* ; *Dr. fam. 2002, n° 96, note Murat* ; *Defrénois 2002. 1163, obs. Massip.*

10. *Transcription à l'état civil.* Refus de transcription en marge de l'acte de naissance lorsque la possession d'état attestée par l'acte de notoriété est entachée de vice (enfant né d'une convention de mère porteuse). • TGI Lille, 22 mars 2007 : *D. 2007. 1251, note Labbée* ; *RTD civ. 2007. 556, obs. Hauser.* ♦ V. également note 25 ss. art. 47.

11. *Appréciation.* La portée des éléments susceptibles d'établir la possession d'état d'enfant naturel relève de l'appréciation souveraine des juges du fond. • Civ. 1re, 19 sept. 2007, n° 06-21.061 P : *D. 2008. Pan. 1374, obs. Granet-Lambrechts* ; *Defrénois 2007. 1637, obs. Massip* ; *AJ fam. 2007. 485, obs. F. C.*

CHAPITRE III DES ACTIONS RELATIVES À LA FILIATION *(Ord. n° 2005-759 du 4 juill. 2005).*

SECTION 1 Dispositions générales *(Ord. n° 2005-759 du 4 juill. 2005).*

Art. 318 *(L. n° 72-3 du 3 janv. 1972)* **Aucune action n'est reçue quant à la filiation d'un enfant qui n'est pas né viable.** – *[Anc. art. 311-4.]*

BIBL. ▶ **Viabilité de l'enfant nouveau-né :** SALVAGE, *RTD civ. 1976. 725.* – MURAT, *RDSS 1995. 451.* – PHILIPPE, *D. 1996. Chron. 29.*

Art. 318-1 *(L. n° 72-3 du 3 janv. 1972)* **Le tribunal judiciaire, statuant en matière civile, est seul compétent pour connaître des actions relatives à la filiation.** – *[Anc. art. 311-5.]*– *V. C. pr. civ., art. 1149 s.*

Communication au ministère public. V. notes ss. art. 327 et 334.

Art. 319 *(L. n° 72-3 du 3 janv. 1972)* **En cas** *(Ord. n° 2005-759 du 4 juill. 2005)* **« d'infraction » portant atteinte à la filiation** *(Ord. n° 2005-759 du 4 juill. 2005)* **« d'une personne », il ne peut être statué sur l'action pénale qu'après le jugement passé en force de chose jugée sur la question de filiation.** – *[Anc. art. 311-6, modifié.]*

Art. 320 *(Ord. n° 2005-759 du 4 juill. 2005)* **Tant qu'elle n'a pas été contestée en justice, la filiation légalement établie fait obstacle à l'établissement d'une autre filiation qui la contredirait.**

1. Conv. EDH. Pour un refus de considérer qu'il y a violation de l'art. 8 Conv. EDH en raison d'une atteinte à la vie privée dans le fait, pour celui qui se prétend le père biologique d'un enfant légitime, de voir sa reconnaissance privée d'efficacité et de se voir interdire une action en établissement de sa paternité biologique, V. • CEDH 20 juin 1999, *Nylund c/ Finlande*, n° 27110/95 (primauté reconnue aux intérêts de l'enfant et de la famille dans laquelle il vit, sur celui du requérant d'obtenir une décision sur un fait biologique). ♦ La mère de l'enfant et son époux ont le droit d'empêcher celui qui se prétend le père biologique de faire établir sa paternité au motif que l'enfant est né après le mariage. Les différences qui existent toujours entre des couples mariés et non mariés, quant à leur statut légal et à ses effets, empêchent de considérer que le requérant est dans une situation analogue à celle de la mère. • Même arrêt. ♦ Mais, dès lors que le lien du requérant est suffisamment établi dans les faits pour pouvoir entrer dans la notion de vie familiale (deux ans de vie commune), violent l'art. 8 Conv. EDH les autorités qui refusent au père biologique d'établir sa paternité au seul motif que l'enfant dispose d'une filiation légale à l'égard d'un autre homme. • CEDH, sect. I, 18 mai 2006, *Rozanski c/ Pologne*, n° 55339/00 : *RLDC 2006/33, n° 2313, note Flauss-Diem* (décision remettant en cause le système légal interdisant toute procédure directe de revendication de la paternité et laissant aux autorités le choix de décider discrétionnairement de l'opportunité d'une telle action). ♦ Jugé que constitue une violation de l'art. 8 Conv. EDH l'impossibilité pour le père biologique de contester la filiation déjà judiciairement constatée de sa fille âgée de 40 ans. • CEDH, sect. IV, 10 oct. 2006, *Paulik c/ Slovaquie*, n° 10699/05 : *RLDC 2007/38, n° 2533, note Dekeuwer-Défossez.* ♦ Dans le même sens : • CEDH, sect. III, 9 nov. 2006, *Tavli c/ Turquie*, n° 11449/02 (impossibilité de remettre en cause une décision ancienne rejetant un désaveu, en dépit d'une preuve ADN récente établissant la non-paternité).

Si l'impossibilité pour une personne de faire reconnaître son lien de filiation paternelle constitue une ingérence dans l'exercice du droit au respect de sa vie privée et familiale garanti par l'art. 8 Conv. EDH, l'obstacle est prévu à l'art. 320 C. civ. et poursuit un but légitime en ce qu'il tend à garantir la stabilité du lien de filiation et à mettre les enfants à l'abri des conflits de filiations. • Civ. 1re, 5 oct. 2016, n° 15-25.507 P : *D. 2016. 2062, obs. Gallmeister ; ibid. 2496, note Fulchiron ; AJ fam. 2016. 543, obs. Houssier ; RTD civ. 2016. 831, obs. Hauser ; JCP 2016, n° 1276, note Garé.* ♦ L'intéressée ayant disposé de procédures lui permettant de mettre sa situation juridique en conformité avec la réalité biologique, ce qu'elle n'avait pas fait, la cour d'appel a pu en déduire que l'atteinte portée au droit au respect de sa vie privée n'était pas disproportionnée au regard du but légitime poursuivi. • Même arrêt (en l'espèce, le père a reconnu sa fille en 1965 et a été son père aux yeux de tous jusqu'à son décès en 2001, sans que personne ne remette en cause ce lien de filiation conforté par la possession d'état).

2. Office du juge. V., sous l'empire de l'art. 338 ancien : le tribunal, saisi d'une action en contestation de reconnaissance fondée sur l'art. 339, alors que la reconnaissance en cause est nulle pour être intervenue en violation de la règle posée par l'art. 338, peut appliquer ce dernier texte et déclarer nulles et de nul effet la reconnaissance seconde en date ainsi que la légitimation qui l'a suivie. • TGI Colmar, 6 juin 1977 : *D. 1978. 106, note Huet-Weiller.*

3. Pour une application, l'autorité de la chose jugée attachée à un jugement établissant définitivement une filiation et faisant obstacle à l'établissement d'une autre filiation la contredisant. • Civ. 1re, 5 oct. 2016, n° 15-25.507 P : *préc.*

4. Reconnaissance. La reconnaissance d'un enfant qui a déjà une filiation légalement établie n'est pas nulle, mais est seulement privée d'effet, tant que cette filiation n'a pas été anéantie en justice ; la reconnaissance d'un enfant dont il a été jugé que le mari de la mère n'est pas le père, produit ses effets, hors toute action en établissement de paternité. • Civ. 1re, 30 nov. 2022, n° 21-14.726 B : *D. 2023. 523, obs. Douchy-Oudot ;Dr. fam. 2023, n° 23, obs. Musson* (effet suspensif de l'appel contre le jugement ayant déclaré que le mari de la mère n'était pas le père de l'enfant).

5. « Parents » de même sexe. L'art. 320 s'oppose à ce que deux filiations maternelles ou deux filiations paternelles soient établies à l'égard d'un même enfant ; Il en résulte qu'un lien de filiation ne peut être établi, par la possession d'état, à l'égard du concubin de même sexe que le parent envers lequel la filiation est déjà établie. • Civ. 1re, 7 mars 2018, n° 17-70.039 P : *D. 2018. 983, note Fulchiron ; AJ fam. 2018. 233, obs. Salvage-Gerest .* ♦ Le juge d'instance ne peut délivrer un acte de notoriété faisant foi de la possession d'état au bénéfice du concubin de même sexe que le parent envers lequel la filiation est déjà établie. • Même arrêt. ♦ V. note ss. art. 6-1.

Art. 321 *(Ord. n° 2005-759 du 4 juill. 2005)* **Sauf lorsqu'elles sont enfermées par la loi dans un autre délai, les actions relatives à la filiation se prescrivent par dix ans à compter du jour où la personne a été privée de l'état qu'elle réclame, ou a commencé à jouir de l'état qui lui est contesté. A l'égard de l'enfant, ce délai est suspendu pendant sa minorité.**

1. Prohibition de l'imprescriptibilité (DIP). La loi étrangère édictant l'imprescriptibilité des actions en contestation d'état est contraire à l'ordre public international français et ne peut en conséquence recevoir application devant les juridictions françaises. • Civ. 1re, 13 nov. 1979 : *Gaz. Pal. 1980. 2. 764, note J. M.*

2. Prescriptibilité et Conv. EDH : principe. N'est pas contraire à l'art. 8 Conv. EDH une législation qui prévoit qu'une contestation de paternité doit être exercée dans un certain délai, et non de façon illimitée, en considération de l'intérêt de l'enfant. • CEDH, sect. V, 8 janv. 2007, *K. c/ Rép. tchèque*, n° 39277/06 (délai de six mois accordé à l'auteur d'une reconnaissance pour la contester). ♦ Si l'impossibilité pour une personne de faire reconnaître son lien de filiation paternelle constitue une ingérence dans l'exercice du droit au respect de sa vie privée, cette ingérence est, en droit interne, prévue par la loi, dès lors qu'elle résulte de l'application du code civil, qui définit de manière claire et précise les conditions de prescription des actions relatives à la filiation ; cette base légale est accessible aux justiciables et prévisible dans ses effets ; elle poursuit un but légitime, au sens du second paragraphe de l'art. 8 Conv. EDH, en ce qu'elle tend à protéger les droits des tiers et la sécurité juridique ; les délais de prescription des actions en contestation de paternité ainsi fixés par la loi, qui laissent subsister un délai raisonnable pour permettre à l'enfant d'agir après sa majorité, constituent des mesures nécessaires pour parvenir au but poursuivi et adéquates au regard de cet objectif. • Civ. 1re, 7 nov. 2018, n° 17-25.938 P : *D. 2018. 2019 ; ibid. 2019. 505, obs. Douchy-Oudot ; ibid. 663, obs. Granet-Lambrechts ; AJ fam. 2018. 685, obs. Houssier ; RTD civ. 2019. 87, obs. Leroyer ; Dr. fam. 2019, n° 27, note Fulchiron* • 2 déc. 2020, n° 19-20.279 P : *D. 2021. 657, obs. Hilt ; AJ fam. 2021. 55, obs. Houssier ; RTD civ. 2021. 114, obs. Leroyer ; Dr. fam. 2021, n° 37, note Egéa* (action en constatation de possession d'état).

3. ... Limites : vérification in concreto d'une atteinte disproportionnée. Cependant, il appartient au juge d'apprécier si, concrètement, dans l'affaire qui lui est soumise, la mise en œuvre de ces délais légaux de prescription ne porte pas une atteinte disproportionnée au droit au respect de la vie privée de l'intéressé, au regard du but légitime poursuivi et, en particulier, si un juste équilibre est ménagé entre les intérêts publics et privés concurrents en jeu. • Civ. 1re, 7 nov. 2018, n° 17-25.938 P : *préc.* (équilibre respecté en l'espèce, l'enfant s'étant abstenu de faire établir sa filiation biologique dans le délai légal) • 2 déc. 2020, n° 19-20.279 P : *préc. note 2* (demandeur ayant bénéficié d'un délai de quarante-cinq années, dont vingt-sept à compter de sa majorité, pour exercer l'action en établissement de sa filiation paternelle, même si l'assignation à quelques mois de la prescription n'a pu avoir un effet interruptif en ce qu'elle était dirigée à tort contre le procureur et non contre les héritiers). ♦ Cassation de l'arrêt n'ayant pas procédé à une telle recherche *in concreto* : • Civ. 1re, 21 nov. 2018, n° 17-21.095 P : *D. 2019. 505, obs. Douchy-Oudot ; ibid. 663, obs. Granet-Lambrechts ; AJ fam. 2019. 36, obs. Saulier ; RTD civ. 2019. 87, obs. Leroyer ; JCP 2019, n° 41, note Douchy-Oudot ; Dr. fam. 2019, n° 28, note Fulchiron.* ♦ Si l'impossibilité pour une personne de faire reconnaître son lien de filiation paternelle constitue une ingérence dans l'exercice du droit au respect de sa vie privée et familiale garanti par l'art. 8 Conv. EDH, la prescription des actions relatives à la filiation est prévue par la loi et poursuit un but légitime en ce qu'elle tend à protéger les droits des tiers et la sécurité juridique ; ainsi ne porte pas une atteinte disproportionnée la prescription opposée à une action engagée alors que l'intéressé était majeur depuis plus de 20 ans, cette action, tendant à remettre en cause une situation stable depuis cinquante ans, portant atteinte à la sécurité juridique et à la stabilité des relations familiales. • Civ. 1re, 9 nov. 2016, n° 15-25.068 P : *D. 2016. 2337, obs. Gallmeister ; ibid. 2017. 470, obs. Douchy-Oudot ; ibid. 729, obs. Granet-Lambrechts ; AJ fam. 2016. 601, obs. Saulier ; RTD civ. 2017. 111, obs. Hause ; JCP 2017, n° 46, note Larribau-Terneyre ; Dr. fam. 2017, n° 9, note Fulchiron.*

4. ... Limites : impossibilité d'agir. Violation de l'art. 8 Conv. EDH dans le cas d'une législation prévoyant un délai de prescription de trois ans, pour une action en recherche de paternité hors mariage, ayant pour point de départ soit l'entrée en vigueur de la loi, soit la majorité de l'enfant, sans tenir compte des hypothèses où l'enfant découvre l'identité du père après l'expiration de ce délai. • CEDH, sect. I, 20 déc. 2007, *P. c/ Chypre*, n° 23890/02.

5. Point de départ. La loi substituant le délai de prescription décennale au délai de prescription trentenaire étant entrée en vigueur le 1er juill. 2006, le nouveau délai courait à compter de cette date. • Civ. 1re, 6 mars 2013, n° 11-28.780 P : *D. 2013. 706 ; AJ fam. 2013. 238* (cassation de l'arrêt ayant déclaré irrecevable comme prescrite l'action en contestation de paternité introduite plus d'un an après l'entrée en vigueur de l'Ord. du 4 juill. 2005, de sorte que cette action est soumise au nouveau délai de prescription, et que plus de dix ans se sont écoulés entre la reconnaissance et la date de l'assignation en contestation de paternité). ♦ V. aussi note 2.

Art. 322 *(Ord. n° 2005-759 du 4 juill. 2005)* **L'action peut être exercée par les héritiers d'une personne décédée avant l'expiration du délai qui était imparti à celle-ci pour agir.**

Les héritiers peuvent également poursuivre l'action déjà engagée, à moins qu'il n'y ait eu désistement ou péremption d'instance.

BIBL. ▶ HUET-WEILLER, *D. 1978. Chron. 233* (indisponibilité des actions relatives à la filiation). – MURAT, *Mél. Huet-Weiller, PU Strasbourg/LGDJ, 1994, p. 341* (indisponibilité de la filiation).

1. Conv. EDH. Absence de violation de l'art. 8 lorsque les décisions judiciaires ont refusé à la requérante le droit d'agir en établissement de la filiation de son père à l'égard de son prétendu grand-père, dès lors que ceux-ci n'avaient pas exercé l'action de leur vivant. • CEDH, sect. III, 5 mai 2009, *Menendez Garcia*, n° 21046/07 (le désir d'établir un lien de parenté au deuxième degré a un impact plus faible sur la vie privée que celui au premier degré).

2. Désistement d'instance. Le désistement visé à l'art. 311-8, al. 2 [art. 322, al. 2], est le désistement d'instance, et non le désistement d'action qui, par application de l'ancien art. 311-9 [art. 311-23], est nul. • Civ. 1re, 20 janv. 1981, n° 79-12.605 P : *D. 1981. IR 297, obs. Huet-Weiller.*

3. Autorité de chose jugée. V. rendu ss. l'empire de l'ancien art. 311-10 : seules les personnes bénéficiant de décisions judiciaires définitives reconnaissant leur filiation à l'égard d'un ancêtre commun sont admises à se prévaloir de l'autorité de ces décisions quant à la chaîne de filiation de leurs ascendants. • Civ. 1re, 6 déc. 2005, n° 04-20.625 P.

4. Qualité d'héritier. Le légataire universel du titulaire de l'action prévue par l'art. 333, n'étant pas un héritier de celui-ci au sens de l'art. 322, n'a pas qualité pour exercer cette action. • Civ. 1re, 2 avr. 2014, n° 13-12.480 P : *D. 2014. 1171, obs. Granet-Lambrechts ; ibid. 2015. 649, obs. Douchy-Oudot ; AJ fam. 2014. 309, obs. Georget ; RTD civ. 2014. 353, obs. Hauser ; Defrénois 2014. 1036, note Massip ; JCP 2014, n° 443, obs. Favier ; ibid. n° 953, note Murat ; JCP N 2014, n° 1245, note Azincourt* • 21 sept. 2022, n° 20-21.035 B : *AJ fam. 2023. 56, obs. Houssier ; Dr. fam. 2023, n° 3, obs. Égéa.*

Art. 323 *(L. n° 72-3 du 3 janv. 1972)* **Les actions relatives à la filiation ne peuvent faire l'objet de renonciation.** — *[Anc. art. 311-9.]*

1. Prohibition des gestations pour le compte d'autrui. La convention par laquelle une femme s'engage à concevoir et à porter un enfant pour l'abandonner à sa naissance contrevient tant au principe d'ordre public de l'indisponibilité du corps humain qu'à celui de l'indisponibilité de l'état des personnes. • Cass., ass. plén., 31 mai 1991, n° 90-20.105 P : *GAJC, 12e éd., n° 50 ; D. 1991. 417, rapp. Chartier, note Thouvenin ; JCP 1991. II. 21752, communic. Bernard, concl. Dontenwille, note Terré ; Defrénois 1991. 948, obs. Massip ; RTD civ. 1991. 517, obs. Huet-Weiller ; RRJ 1991/3. 843, note Barthouil* (cassation de • Paris, 15 juin 1990 : *JCP 1991. II. 21653, note Edelman et Labrusse-Riou*) • Civ. 1re, 29 juin 1994 : *D. 1994. 581, note Chartier*. ♦ V. art. 16-7.

2. Désistement. V. note ss. art. 322.

3. Acquiescement. Le principe d'indisponibilité des actions relatives à la filiation ne s'oppose pas à la possibilité pour le père prétendu d'acquiescer au jugement déclarant sa paternité, cet acquiescement revenant à reconnaître l'enfant, ce qu'il pouvait faire librement (décision antérieure à l'ordonnance de 2005). • Civ. 1re, 7 mars 2000 : *Defrénois 2000. 1058, obs. Massip ; LPA 16 juill. 2001, note Kimmel-Alcover.*

Art. 324 *(Ord. n° 2005-759 du 4 juill. 2005)* **« Les jugements rendus en matière de filiation sont opposables aux personnes qui n'y ont point été parties. Celles-ci ont le droit d'y former tierce opposition dans le délai mentionné à l'article 321 si l'action leur était ouverte. »**

(L. n° 72-3 du 3 janv. 1972) **Les juges peuvent d'office ordonner que soient mis en cause tous les intéressés auxquels ils estiment que le jugement doit être rendu commun.** — *[Anc. art. 311-10, modifié.]*

1. Tierce opposition : conditions. La tierce opposition ne peut être exercée par les ayants cause universels d'une personne qui avait intérêt à contester la paternité d'un enfant ; en effet, la L. du 3 janv. 1972 n'a nullement dérogé sur ce point aux principes généraux régissant cette voie de recours. • Civ. 1re, 29 janv. 1975 : *Bull. civ. I, n° 41.* – V. aussi • Civ. 1re, 7 mars 2000 : *Dr. fam. 2000, n° 94, note Murat.*

2. Tierce opposition : effets. L'admission de la tierce opposition a pour seul effet de rendre la décision attaquée inopposable au tiers opposant. • Civ. 1re, 27 oct. 1981, n° 80-14.537 P : *D. 1982. IR 253, obs. Huet-Weiller* • 9 oct. 1991 : *D. 1993. 134, note Philippe ; JCP 1992. II. 21880, note Sutton ; Defrénois 1992. 307, obs. Massip.*

3. Mise en cause : absence de délai. Il résulte de l'art. 311-10 (ancien) que, lorsqu'une action en recherche de paternité a été intentée contre un héritier du père prétendu, les autres héritiers peuvent être mis en cause sans condition de délai. • Civ. 1re, 16 déc. 1992, n° 91-12.096 P.

SECTION 2 **Des actions aux fins d'établissement de la filiation** *(Ord. n° 2005-759 du 4 juill. 2005).*

RÉP. CIV. v° *Filiation : modes judiciaires d'établissement*, par CHABOT et LE GUIDEC.

Art. 325 *(Ord. n° 2005-759 du 4 juill. 2005 ; L. n° 2009-61 du 16 janv. 2009, art. 1er)* **A défaut de titre et de possession d'état, la recherche de maternité est admise.**

L'action est réservée à l'enfant qui est tenu de prouver qu'il est celui dont la mère prétendue a accouché.

BIBL. GÉN. ▸ M.-P. et G. CHAMPENOIS, *Mél. Terré, Dalloz/PUF/Juris-Classeur, 1999, p. 485* (preuve judiciaire de la maternité).

Art. 326 *(L. n° 93-22 du 8 janv. 1993)* **Lors de l'accouchement, la mère peut demander que le secret de son admission et de son identité soit préservé.** – *[Anc. art. 341-1.]*

BIBL. ▸ ARDEEFF, *D. 2001. Point de vue 868* (pour le maintien de l'accouchement sous X). – AUBIN, *LPA 20 mars 2003* (les droits du père). – BINET, *JCP 2012, suppl. n° 47, p. 9* (secret des origines). – DREIFUSS-NETTER, *Mél. Huet-Weiller, PU Strasbourg/LGDJ, 1994, p. 99 ; Mél. Gebler, PU Nancy, 1998, p. 57* (secret des origines). – FURKEL, *Colloque Nancy : les enjeux du progrès scientifique, Bruylant, 2000, p. 61* (secret des origines). – GAUMONT-PRAT, *Dr. fam. 1999. Chron. 17* (droit à la connaissance de ses origines). – GRANET, *D. 2001. Chron. 3138* (projet de loi portant création d'un Conseil national d'accès aux origines personnelles). – HILT, *D. 2020. 2463* (et le père ?). – LACOUR, *RDSS 2009. 328* (accouchement anonyme et incapacité). – LAURENT-MERLE, *D. 1998. Chron. 373* (secret des origines). – LEVENEUR, *Dr. et patr. 3/2002. 42* (secret des origines). – NEIRINCK, *JCP 1996. I. 3922 ; RJPF 2003-3/12* (comprendre le secret de la filiation) ; *RDSS 2005. 1018* (adoptabilité de l'enfant né sous X). – RASSAT, *Mél. Hébraud, Univ. Toulouse, 1981, p. 683* (connaissance des origines : pupilles de l'État). – RENAUD, *JCP N 2000. 919.* – REVEL, *D. 2006. Chron. 1707* (l'enfant né sous X et son père). – O. ROY, *LPA 3 oct. 2002* (secret des origines et CEDH). – RUBELLIN-DEVICHI, *JCP 2001. I. 332, n° 1 s.* (secret des origines). – TRILLAT, *Mél. Huet-Weiller, PU Strasbourg/LGDJ, 1994, p. 513.* – *AJ fam. 2003. 86* (accès aux origines personnelles : dossier).

▸ **Loi du 22 janv. 2002 sur l'accès aux origines :** BELLIVIER, *RTD civ. 2002. 368*. – FAUCONNIER-CHABALIER, *RDSS 2017. 5* (accès aux origines personnelles pour les pupilles de l'État et les personnes adoptées). – GAUMONT-PRAT, *Dr. fam. 2003. Chron. 14* (loi 22 janv. 2002 et arrêt CEDH 13 févr. 2003). – LE BOURSICOT, *RJPF 2002-3/11 ; ibid. 2003-10/33* (Décr. n° 2003-671 du 21 juill. 2003). – MALLET-BRICOUT, *JCP 2002. I. 119.* – NEIRINCK, *RDSS 2002. 189*. – RUBELLIN-DEVICHI, *Dr. fam. 2002. Chron. 11.*

1. Constitutionnalité : principe de l'accouchement secret. Les art. L. 147-6 et L. 222-6 CASF, qui permettent à la mère de s'opposer à la révélation de son identité même après son décès, visent à assurer le respect de manière effective, à des fins de protection de la santé, de la volonté exprimée par celle-ci de préserver le secret de son admission et de son identité lors de l'accouchement tout en ménageant, dans la mesure du possible, par des mesures appropriées, l'accès de l'enfant à la connaissance de ses origines personnelles, et sont conformes à la Constitution. • Cons. const. 16 mai 2012, n° 2012-248 QPC : JO 17 mai 2012, p. 9154 ; D. 2013. 1235, *obs. Régine ; ibid. 1436, obs. Granet-Lambrechts ; AJ fam. 2012. 406, obs. Chénedé ; RDSS 2012. 750, note Roman ; RTD civ. 2012. 520, obs. Hauser.*

2. Accouchement « sous X » et placement en vue de l'adoption : V. note 1 ss. art. 351 et note 5 ss. art. 353-2.

3. ... Discrimination homme/femme quant au secret de la filiation. Conformité à la Constitution des art. 326 et 327 C. civ., au regard du principe d'égalité entre les hommes et les femmes, dès lors que la maternité hors mariage est susceptible d'être judiciairement déclarée, comme la paternité hors mariage et dans les mêmes conditions procédurales, y compris en cas d'accouchement dans le secret, lequel ne constitue plus une fin de non-recevoir à l'action en recherche de maternité. • Civ. 1re, 2 déc. 2015, n° 15-18.312 (refus de transmission d'une QPC, la question visant l'art. 6 DDH et le troisième al. du Préambule de la Constitution de 1946). ♦ V. aussi notes ss. art. 327 et 342.

4. Respect du droit des tiers : père. Cassation, pour violation des art. 335, 336, 341-1, 348-1 (anciens) et 352 C. civ. et méconnaissance du droit de l'enfant de connaître son père déclaré (CIDE, art. 7.1), de l'arrêt qui déclare irrecevable la demande de restitution formée par le père, auteur d'une reconnaissance prénatale d'un enfant né ultérieurement d'un accouchement « sous X », donne effet au consentement du conseil de famille à l'adoption et prononce l'adoption de l'enfant, alors que, l'enfant ayant été identifié par le père naturel à une date antérieure au consentement à l'adoption, la reconnaissance prénatale avait établi la filiation paternelle de l'enfant avec effet au jour de sa naissance, de sorte que le conseil de famille des pupilles de l'État, qui était informé de cette reconnaissance, ne pouvait plus consentir valablement à l'adoption de l'enfant, ce qui relevait du seul pouvoir de son père naturel. • Civ. 1re, 7 avr. 2006, n° 05-11.285 P : *R., p. 467 ; D. 2006. IR 1065, obs. Gallmeister , ibid. 2006. 2293, note Poisson-Drocourt ; D. 2007. Pan. 1461, obs. Granet-Lambrechts ; JCP 2006. I. 199, n° 1 s., obs. Rubellin-Devichi ; Defrénois 2006. 1127, obs. Massip ; Gaz. Pal. 2006. 3210, note Guittet ; RLDC 2006/28, n° 2097, note Le Boursicot ; LPA 7 mai 2007, obs. Bourgault-Coudevylle ; RDSS 2006. 575, note Neirinck ; RTD civ. 2006. 273, obs. Rémy-Corlay ; ibid. 292, obs. Hauser* , cassant • Nancy, 23 févr. 2004 : *D. 2004. 2249, note Poisson-Drocourt ; ibid. Somm. 1422, obs. Granet-Lambrechts ; JCP 2004. II. 10073, note M. Garnier ; ibid. I. 167, n° 10, obs. Rubellin-Devichi et Favier ; Dr. fam. 2004, n° 48, note Murat ; RJPF 2004-4/33, note Le Boursicot ; RTD civ. 2004. 275, obs. Hauser* , qui réformait • TGI Nancy, 16 mai 2003 (2 jugements) : *D. 2003. 2910, note Poisson-Drocourt ; ibid. Somm. 2120, obs. Granet-Lambrechts ; D. 2004. Somm. 465, obs. Bourgault-Coudevylle ; JCP 2004. II. 10036, note Massip ; Gaz. Pal. 2004. 450, note Raby ; Dr. fam. 2003, n° 88, note Murat ; JCP 2003. I. 148, n° 2 s., obs. Rubellin-Devichi ; AJ fam. 2003. 310, obs. F. B. ; RJPF 2003-11/36, note Garé ; LPA* 3 mars 2004, note Bernard-Xemard ; *RTD civ. 2003. 488, obs. Hauser)* ♦ *Adde*, sur cette affaire : Verdier, *AJ fam. 2004. 358* , et réponse Salvage-Gerest, *ibid. 2005. 18*. – Sur l'arrêt • Civ. 1re, 7 avr. 2006, *Mallet-Bricout : D. 2006. Tribune 1177* . – Salvage-Gerest, *D. 2007. Chron. 879* . – Pour l'épilogue de l'affaire, V. • Reims, aud. sol., 12 déc. 2006 : *Defrénois 2007. 795, obs. Massip ; RTD civ. 2007. 558, obs. Hauser* (prononcé de l'adoption simple, avec maintien des relations entre l'enfant et son père biologique, conformément à l'accord des parties).

V. par ailleurs, ayant jugé que la reconnaissance prénatale par un homme d'un enfant né ultérieurement d'un accouchement « sous X » est sans effet direct puisqu'elle concerne l'enfant d'une femme qui, selon la loi, n'a jamais accouché. • Riom, 16 déc. 1997 : *D. 1998. Somm. 301, obs. Bourgault-Coudevylle ; D. 1999. Somm. 198, obs. Granet ; JCP 1998. II. 10147, note Garé ; ibid. 1999. I. 101, n° 4, obs. Rubellin-Devichi ; Dr. fam. 1998, n° 150, note Murat ; RTD civ. 1998. 891, obs. Hauser* (arrêt cassé pour un motif procédural par • Civ. 1re, 11 janv. 2000, n° 98-11.781).

5. Pour le cas d'une reconnaissance postérieure à l'admission de l'enfant : selon l'art. 352 C. civ., le placement en vue de l'adoption met obstacle à toute restitution de l'enfant à sa famille d'origine et fait échec à toute déclaration de filiation et à toute reconnaissance ; il résulte de ce texte, combiné à l'art. 329 C. pr. civ., que l'intervention volontaire dans une procédure d'adoption plénière du père de naissance d'un enfant immatriculé définitivement comme pupille de l'État et placé en vue de son adoption est irrecevable, faute de qualité à agir, dès lors qu'aucun lien de filiation ne peut plus être établi entre eux. • Civ. 1re, 27 janv. 2021, nos 19-15.921, 19-24.608 et 20-14.012 P : *D. 2022. 528, obs. Douchy-Oudot ; ibid. 673, obs. Hilt ; AJ fam. 2021. 126, obs. Salvage-Gerest ; RTD civ. 2021. 390, obs. Leroyer ; Gaz. Pal. 2021. 843, note Sadi ; Dr. fam. 2021, n° 55, note Siffrein-Blanc.* ♦ Cep., il appartient au juge, lorsqu'il est saisi de conclusions en ce sens, de procéder, au regard des circonstances de l'espèce, à une mise en balance des intérêts en présence, celui de l'enfant, qui prime, celui des parents de naissance et celui des candidats à l'adoption, afin de vérifier que les dispositions de droit interne eu égard à la gravité des mesures envisagées, ne portent pas une atteinte disproportionnée au droit au respect de la vie privée et familiale du père de naissance ; cassation pour manque de base légale de l'arrêt qui n'a pas recherché si l'irrecevabilité de l'action du père de naissance, qui n'avait pu, en temps utile, sans que cela puisse lui être reproché, faire valoir ses droits au cours de la phase administrative de la procédure, ne portait pas, eu égard aux différents intérêts en présence, une atteinte disproportionnée au droit au respect de sa vie privée et familiale en ce qu'elle interdisait l'examen de ses demandes. • Même arrêt.

6. L'accouchement « sous X » étant licite, il ne saurait en être tiré l'existence d'une présomption de fraude. • Versailles, 17 mai 2001 : *AJ fam.*

2001. 26, et les obs. ; *RTD civ. 2001. 866, obs. Hauser* (contestation de la reconnaissance par un homme marié, dès la naissance, d'un enfant né « sous X », à l'occasion de la demande d'adoption par l'épouse de cet homme).

7. ... Grands-parents maternels. Meyzeaud-Garaud, *RLDC 2010/76, n° 4004.* – Faute de lien de filiation entre la mère et l'enfant né sous X, les parents de la mère n'ont pas qualité pour intervenir à l'instance en adoption. • Civ. 1re, 8 juill. 2009, n° 08-20.153 P : *D. 2009. AJ 1973, obs. Le Douaron* ; *ibid. 2010. Pan. 989, obs. Douchy-Oudot* ; *JCP 2010. 34, n° 10, obs. Gouttenoire* ; *ibid, n° 598, note Massip* ; *AJ fam. 2009. 350, obs. Chénedé* ; *Dr. fam. 2009, n° 108, note Murat* ; *RJPF 2009-9/37, obs. Le Boursicot* ; *RLDC 2009/64, n° 3584, obs. Pouliquen* ; *ibid. 2010/68, n° 3717, note Montillet* ; *RDSS 2009. 972, obs. Tauran* ; *RTD civ. 2009. 708, obs. Hauser*, approuvant • Paris, 10 avr. 2008 : *AJ fam. 2008. 252, obs. Chénedé* ; *LPA 1er-2 juin 2009, note Dekeuwer-Défossez* ; *RTD civ. 2008. 466, obs. Hauser*. ♦ Rappr. • Poitiers, 11 oct. 2017, n° 17/01810 : *Dr. fam. 2018, n° 128, note Millerioux.* ♦ Mais les grands-parents ont la possibilité de demander une expertise biologique, sur le fondement de l'art. 145 C. pr. civ. en vue d'établir leur lien avec l'enfant pour contester l'arrêté d'admission de l'enfant en qualité de pupille de l'État. • TGI Angers, réf., 8 oct. 2009 : *JCP 2009. 504, note Boulanger* ; *ibid. 2010. 34, n° 10, obs. Gouttenoire* ; *AJ fam. 2009. 456, obs. Chénedé* ; *Dr. fam. 2009, n° 152, note Murat* ; *RJPF 2009-12/28, note Le Boursicot* ; *RLDC 2009/66, n° 3656, obs. Pouliquen* ; *RTD civ. 2009. 708, obs. Hauser*. – *Adde*, Salvage-Gerest, *Dr. fam. 2009. Étude 32.* ♦ Dans la même affaire, la cour d'appel annulant l'arrêté immatriculant l'enfant comme pupille de l'État, et le confiant, au nom de son intérêt supérieur, à ses grands-parents biologiques. • Angers, 26 janv. 2011 : *D. 2011. 442, obs. Gallmeister* ; *ibid. 1053, note Garé* ; *ibid. Par 1585, obs. Granet-Lambrechts* ; *JCP 2011, n° 61, note Gouttenoire* ; *Gaz. Pal. 2011. 834, note Weiss-Gout* ; *AJ fam. 2011. 156, obs. Chénedé* ; *Dr. fam. 2011, n° 37, obs. Neirinck* ; *RLDC 2011/80, n° 4181, obs. Gallois* ; *RDSS 2011. 329, obs. Moisdon-Chataigner* , arrêt infirmant • TGI Angers, 26 avr. 2010 : *D. actu. 21 mai 2010, obs. Le Douaron* ; *JCP 2010, n° 598, note Massip* ; *AJ fam. 2010. 278, obs. Chénedé* ; *Dr. fam. 2010, n° 114, obs. Salvage-Gerest* ; *RTD civ. 2010. 540, obs. Hauser* (ayant déclaré irrecevable la demande comme fondée sur une expertise biologique contraire aux prescriptions de l'art. 16-11 du code civil). – *Adde*, Dekeuwer-Défossez, *RLDC 2010/70, n° 3780.* ♦ Pour la prise en compte d'un lien entre l'enfant et sa grand-mère, celle-ci étant présente lors de l'accouchement et ayant manifesté l'intention de le recueillir : • Metz, 22 janv. 2013 : *Dr. fam. 2013, n° 54, obs. Neirinck.*

8. Conv. EDH et accès aux origines. Par la L. du 22 janv. 2002, qui s'efforce d'assurer équitablement la conciliation entre la protection du secret de la mère et la demande légitime de l'enfant concernant ses origines, la France n'a pas excédé la marge d'appréciation qui doit lui être reconnue en raison du caractère complexe et délicat de la question que soulève le secret des origines au regard du droit de chacun à son histoire, du choix des parents biologiques, du lien familial existant et des parents adoptifs. • CEDH, gr. ch., 13 févr. 2003, *Odièvre c/ France : D. 2003. IR 739* ; *ibid. Chron. 1240*, *par Mallet-Bricout* ; *JCP 2003. II. 10049, note Gouttenoire-Cornut et Sudre* ; *ibid. I. 120, étude Malaurie* ; *Gaz. Pal. 2005. 408, note Royant* ; *RJPF 2003-4/34, obs. Le Boursicot* ; *Dr. fam. 2003, n° 58, note Murat* ; *ibid. Chron. 14, par Gaumont-Prat* ; *LPA 11 juin 2003, note Roy* ; *RTD civ. 2003. 276, obs. Hauser* ; *ibid. 375, obs. Marguénaud* ; *RDSS 2003. 219, étude F. Monéger* ; *Europe 2003, n° 193, obs. Deffains* (absence de violation de l'art. 8 Conv. EDH sur la protection de la vie privée). ♦ Comp. • CEDH, sect. III, 13 juill. 2006, *Jäggi c/ Suisse : V. note 1 ss. art. 310-3.* ♦ L'art. 8 Conv. EDH protège un droit à l'identité et à l'épanouissement personnel, auquel contribue l'établissement de la vérité sur l'identité personnelle, y compris l'identité des géniteurs. Les circonstances de la naissance relèvent de la vie privée de l'enfant, puis de l'adulte, garantie par l'art. 8. Condamnation de la législation italienne qui ne donne aucune possibilité à l'enfant adopté et non reconnu à la naissance de demander soit l'accès à des informations non identifiantes sur ses origines, soit la réversibilité du secret, et qui ne cherche pas à ménager un juste équilibre entre les intérêts en présence, ceux de la mère à conserver l'anonymat, de l'enfant à connaître ses origines, ainsi que l'intérêt général d'éviter des avortements clandestins ou des abandons « sauvages ». • CEDH 25 sept. 2012, n° 33783/09 : *D. 2013. 798, obs. Douchy-Oudot* ; *ibid. 2013. 1235, obs. Regine* ; *AJ fam. 2012. 554, obs. Chénedé* ; *RTD civ. 2013. 104, obs. Hauser* ; *RLDC 2013/100, n° 4945, note Le Boursicot.* ♦ Sur cette question, V. aussi note 3 ss. art. 359 (irrévocabilité de l'adoption) et note 9 ss. art. 60 (changement de prénom).

Sur l'accès aux origines personnelles, V. CASF, art. L. 147-1 à L. 147-11 et R. 147-25 à R. 147-33. – ***CASF.***

L'accès d'une personne à ses origines est sans effet sur l'état civil et la filiation. Il ne fait naître ni droit ni obligation au profit ou à la charge de qui que ce soit (CASF, art. L. 147-7).

Code de l'action sociale et des familles *(Ord. n° 2000-1249 du 21 déc. 2000).*

Art. L. 222-6 *(L. n° 2002-93 du 22 janv. 2002)* « Toute femme qui demande, lors de son accouchement, la préservation du secret de son admission et de son identité par un établissement de santé est informée des conséquences juridiques de cette demande et de l'importance pour toute personne de connaître ses origines et son histoire. Elle est donc invitée à laisser, si elle l'accepte, des renseignements sur sa santé et celle du père, les origines de l'enfant et les circonstances de la naissance ainsi que, sous pli fermé, son identité. Elle est informée de la possibilité qu'elle a de lever à tout moment le secret de son identité et, qu'à défaut, son identité ne pourra être communiquée que dans les conditions prévues à l'article L. 147-6 *[sur l'accès aux origines personnelles]*. Elle est également informée qu'elle peut à tout moment donner son identité sous pli fermé ou compléter les renseignements qu'elle a donnés au moment de la naissance. Les prénoms donnés à l'enfant et, le cas échéant, mention du fait qu'ils l'ont été par la mère, ainsi que le sexe de l'enfant et la date, le lieu et l'heure de sa naissance sont mentionnés à l'extérieur de ce pli. Ces formalités sont accomplies par les personnes visées à l'article L. 223-7 avisées sous la responsabilité du directeur de l'établissement de santé. A défaut, elles sont accomplies sous la responsabilité de ce directeur. » — *Pour l'application de ces dispositions, V. CASF, art. R. 147-21 à R. 147-24, codifiant le Décr. n° 2002-781 du 3 mai 2002, art. 21 s. (JO 5 mai).* — ***CASF.***

[...]

(L. n° 2002-93 du 22 janv. 2002) « Pour l'application des deux premiers alinéas, aucune pièce d'identité n'est exigée et il n'est procédé à aucune enquête.

« Les frais d'hébergement et d'accouchement dans un établissement public ou privé conventionné des femmes qui, sans demander le secret de leur identité, confient leur enfant en vue d'adoption sont également pris en charge par le service de l'aide sociale à l'enfance du département, siège de l'établissement. »

Art. 327 *(L. n° 93-22 du 8 janv. 1993)* **La paternité hors mariage peut être judiciairement déclarée.**

(Ord. n° 2005-759 du 4 juill. 2005) **« L'action en recherche de paternité est réservée à l'enfant. »** — *[Anc. art. 340, modifié.]— V. Ord. n° 2005-759 du 4 juill. 2005, art. 20-IV, ss. art. 342-8.*

1. Constitutionnalité : discrimination homme/femme quant au secret de la filiation. Refus de considérer que l'art. 327 est contraire à la Constitution, au regard du principe d'égalité entre les hommes et les femmes, dès lors que la maternité hors mariage est susceptible d'être judiciairement déclarée, comme la paternité hors mariage et dans les mêmes conditions procédurales, y compris en cas d'accouchement dans le secret, lequel ne constitue plus une fin de non-recevoir à l'action en recherche de maternité. • Civ. 1re, 28 mars 2013, n° 13-40.001 (violation alléguée des art. 1er et 4 DDH, de l'art. 3 du Préambule de la Constitution de 1946 et de l'art. 1er de la Constitution de 1958 ; QPC et mémoire n'exposant pas, au surplus, en quoi le texte critiqué méconnaîtrait les principes fondés sur les dispositions de l'art. 4 DDH). ♦ Dans le même sens : • Civ. 1re, 2 déc. 2015, n° 15-18.312 (refus de transmission de la QPC ; *question et mémoire n'exposant pas* au surplus pour quels motifs d'intérêt général une différence de traitement devrait être instaurée entre les enfants nés en mariage et ceux nés hors mariage pour priver ces derniers du droit d'établir leur filiation paternelle en cas de refus de leur père de les reconnaître) • Civ. 1re, 9 nov. 2016, n° 15-20.547 *(idem)* • 4 déc. 2019, n° 19-16.634 P : *D. 2019. 2350 ; AJ fam. 2020. 73, obs. Saulier ; RTD civ. 2020. 80, obs. Leroyer ; Dr. fam. 2020, n° 25, note Fulchiron (idem).* ♦ V. aussi notes ss. art. 326 et 342.

2. ... Paternité non désirée. Refus de transmettre une QPC selon laquelle l'art. 327 empêche tout homme géniteur de se soustraire à l'établissement d'une filiation non désirée : cette question ne présente pas un caractère sérieux au regard du principe de liberté dès lors que l'homme, qui a la possibilité de prendre des mesures de nature à éviter une procréation, ne peut se voir, de ce fait, imposer une paternité dont il n'aurait pas accepté l'éventualité. • Civ. 1re, 4 déc. 2019, n° 19-16.634 P : *D. 2019. 2350 ; AJ fam. 2020. 73, obs. Saulier ; RTD civ. 2020. 80, obs. Leroyer ; Dr. fam. 2020, n° 25, note Fulchiron.*

3. Conv. EDH et établissement de la paternité : principe. Le droit à l'identité, dont relève le droit de connaître et de faire reconnaître son ascendance, fait partie intégrante de la notion de vie privée ; la protection des intérêts du père présumé ne saurait constituer à elle seule un argument suffisant pour priver le requérant de ses droits au regard de l'art. 8 Conv. EDH.

• CEDH 16 juin 2011, *P. c/ France*, n° 19535/08 : *D. 2012. 1432, obs. Granet-Lambrechts ; AJ fam. 2011. 429, obs. Chénedé ; RTD civ. 2011. 526, obs. Hauser ; RJPF 2012-10/41, note Garé* (annulation d'une expertise faite du vivant, au motif que le père présumé n'y aurait pas valablement consenti, alors que celui-ci n'avait pas de famille connue et que le maire de la commune à qui il avait légué ses biens n'avait pas recueilli immédiatement la reconnaissance de paternité qu'il souhaitait établir : atteinte disproportionnée dans l'impossibilité d'établir la paternité et violation de l'art. 8 faute d'avoir ménagé un juste équilibre entre les intérêts en présence). ♦ V. aussi : durée excessive d'une procédure en recherche de paternité. • CEDH 15 juill. 2003, *E. R. c/ France : RTD civ. 2003. 691, obs. Hauser*.

4. ... Limites : actions à finalité successorale. Ne relève pas du champ d'application de l'art. 8 et de la vie familiale la revendication d'une succession découlant de l'établissement d'un lien de filiation, dès lors que le requérant n'a eu que des contacts sporadiques avec son auteur et n'a jamais tenté avant son décès de faire reconnaître son lien de filiation ou n'a pas agi pour faire partie de sa famille afin d'y jouir d'une sécurité affective. • CEDH, sect. II, 13 janv. 2004, *Haas c/ Pays-Bas*, n° 36983/97.

5. ... Limites : actions tardives. Sur l'encadrement de l'action dans un délai de prescription, V. ss. art. 321.

6. Limites : existence d'une filiation adoptive. Absence de caractère disproportionné de l'irrecevabilité de l'action en recherche de paternité, au regard des intérêts de l'enfant, de ceux de la famille adoptive et de l'intérêt général attaché à la sécurité juridique et à la stabilité des liens de filiation adoptifs, dès lors que l'enfant, ayant fait l'objet d'une adoption et devenu adulte, connaissait ses origines personnelles, n'était pas privé d'un élément essentiel de son identité, et que le père biologique et son fils n'avaient jamais souhaité établir de lien, de fait ou de droit, avec lui. • Civ. 1re, 14 oct. 2020, n° 19-15.783 P : *D. 2020. 2437, note Zelcevic-Duhamel ; ibid. 2405, obs. Etienney-de-Sainte Marie ; ibid. 2021. 499, obs. Douchy-Oudot ; ibid. 657, obs. Hilt ; ibid. 762, obs. Galloux et Gaumont-Prat ; Rev. crit. DIP 2021. 859, note Legendre ; Dr. fam. 2020, n° 175, note Farge.*

7. Titulaire. Il résulte des art. 16-11 et 327 qu'une demande d'expertise génétique susceptible de révéler un lien de filiation entre un enfant et un tiers suppose, pour être déclarée recevable, l'engagement par cet enfant d'une action en recherche de paternité, qu'il a seul qualité à exercer. • Civ. 1re, 19 sept. 2019, n° 18-18.473 P : *D. 2019. 1834 ; AJ fam. 2019. 653, obs. Houssier ; Dr. fam. 2019, n° 217, note Fulchiron* (rejet de la demande visant à révéler un lien de filiation entre un enfant et un tiers, présentée par la mère et le frère du défunt qui avait reconnu l'enfant).

8. Domaine : PMA sans tiers donneur. L'établissement judiciaire de la filiation à la suite d'une procréation médicalement assistée sans tiers donneur obéit aux règles générales édictées par les art. 327 s., et, en application des dispositions du second al. de l'art. 310-3, la preuve de la paternité peut être apportée par tous moyens. • Civ. 1re, 16 mars 2016, n° 15-13.427 P : *D. 2016. 977, note Viney ; ibid. 2017. 470, obs. Douchy-Oudot ; ibid. 729, obs. Granet-Lambrechts ; AJ fam. 2016. 212, obs. Saulier ; RTD civ. 2016. 333, obs. Hauser ; JCP 2016, n° 532, note Binet ; Dr. fam. 2016, n° 104, note Fulchiron.*

9. Communication au ministère public. Le ministère public doit avoir communication d'une action en recherche de paternité (art. 425 C. pr. civ.). • Civ. 1re, 15 mai 2008, n° 07-17.407 P : *D. 2009. Pan. 53, obs. Douchy-Oudot ; ibid. Pan. 773, obs. Granet-Lambrechts.*

Art. 328 *(Ord. n° 2005-759 du 4 juill. 2005)* **Le parent, même mineur, à l'égard duquel la filiation est établie a, pendant la minorité de l'enfant, seul qualité pour exercer l'action en recherche de maternité ou de paternité.**

Si aucun lien de filiation n'est établi ou si ce parent est décédé ou dans l'impossibilité de manifester sa volonté, l'action est intentée *(L. n° 2011-525 du 17 mai 2011, art. 195)* **« par le tuteur » conformément aux dispositions** (L. n° 2011-525 du 17 mai 2011, art. 195) **« du deuxième alinéa de l'article 408 ».**

L'action est exercée contre le parent prétendu ou ses héritiers. A défaut d'héritiers ou si ceux-ci ont renoncé à la succession, elle est dirigée contre l'État. Les héritiers renonçants sont appelés à la procédure pour y faire valoir leurs droits.

Il résulte des art. 327 et 328, d'une part, que l'action en recherche de paternité est réservée à l'enfant, d'autre part, que pendant la minorité de celui-ci, le parent à l'égard duquel la filiation est établie a, seul, qualité pour exercer l'action en recherche de paternité. Il en résulte que l'art. 20, IV, de l'Ord. du 4 juill. 2005, qui prévoit, au titre des dispositions transitoires, que l'action prévue par l'art. 327 peut être exercée sans que puisse être opposée la forclusion de deux ans tirée de la loi ancienne, dès lors qu'à la date d'entrée en vigueur de cette ordonnance, le 1er juill. 2006, la prescription de dix ans prévue par l'art. 321 n'est pas acquise, s'applique lorsque l'action est exercée par le représentant légal de l'enfant mineur, sur le fondement de l'art. 328. • Civ. 1re, 8 juill. 2020, n° 18-20.961 P : *D. 2020. 1461* ; *AJ fam. 2020. 485, obs. Saulier* ; *RTD civ. 2020. 863, obs. Leroyer* ; *Dr. fam. 2020, n° 160, note Egea.*

Art. 329 *(Ord. n° 2005-759 du 4 juill. 2005)* **Lorsque la présomption de paternité a été écartée en application** *(L. n° 2011-525 du 17 mai 2011, art. 195)* **« de l'article 313 », chacun des époux peut demander, durant la minorité de l'enfant, que ses effets soient rétablis en prouvant que le mari est le père. L'action est ouverte à l'enfant pendant les dix années qui suivent sa majorité.** – *V. Ord. n° 2005-759 du 4 juill. 2005, art. 20-IV, ss. art. 342-8.*

Art. 330 *(L. n° 2009-61 du 16 janv. 2009, art. 1er)* **La possession d'état peut être constatée, à la demande de toute personne qui y a intérêt, dans le délai de dix ans à compter de sa cessation ou du décès du parent prétendu.**

1. Qualité pour agir. L'action en constatation de possession d'état, parce qu'elle est distincte de l'action en réclamation ou en contestation d'état, est ouverte à toute personne justifiant d'un intérêt légitime. • Civ. 1re, 10 mars 1998, n° 96-11.250 P : *D. 1998. Somm. 299, obs. Job* ; *ibid. 355, obs. Granet* ; *Defrénois 1998. 1021, obs. Massip* ; *Dr. fam. 1998, n° 96, note Murat* ; *Petites affiches 21 oct. 1998, note Raoul-Cormeil* ; *RTD civ. 1998. 665, obs. Hauser*.

2. La possession d'état, mode d'établissement de la filiation, étant fondée sur l'apparence d'une réalité biologique, elle correspond à une réalité affective, matérielle et sociale ; la circonstance que le demandeur à l'action en constatation de la possession d'état ne soit pas le père biologique de l'enfant ne représente pas, en soi, un obstacle au succès de sa prétention. • Civ. 1re, avis, 23 nov. 2022, n° 22-70.013 B : *D. 2023. 523, obs. Douchy-Oudot* ; *JCP 2022, n° 1352, note Favier* ; *Dr. fam. 2023, n° 20, obs. Lamarche.*

3. Le principe de l'intransmissibilité aux héritiers de l'action appartenant à une personne quant à sa filiation ne peut être opposé à une demande tendant seulement à faire constater la possession d'état d'enfant naturel. • Civ. 1re, 2 mars 1999 : *D. 2000. Somm. 173, obs. Le Doujet-Thomas* ; *Defrénois 1999. 936, obs. Massip* ; *Dr. fam. 1999, n° 96, note Murat.*

4. Recevabilité de l'action : après le décès. Peu importe que le père naturel, ayant traité les demandeurs comme ses propres enfants, se soit abstenu de les reconnaître officiellement de son vivant, ni que les enfants aient attendu la mort de leur auteur pour faire valoir leur lien de filiation. • Paris, 29 sept. 1988 : *D. 1988. Somm. 364, obs. Huet-Weiller.*

5. ... Après l'échec d'une action en recherche de paternité. L'échec d'une action fondée sur les dispositions de l'ancien art. 340 C. civ. ne rend pas irrecevable une action postérieure en constatation de possession d'état, laquelle est distincte de l'action en réclamation d'état. • Civ. 1re, 27 juin 2000 : *D. 2001. Somm. 974, obs. Granet* ; *ibid. 2870, obs. Serra* ; *Dr. fam. 2000, n° 140, note Murat* ; *RJPF 2000-11/35, note Vassaux* ; *RTD civ. 2001. 121, obs. Hauser*.

Art. 331 *(Ord. n° 2005-759 du 4 juill. 2005)* **Lorsqu'une action est exercée en application de la présente section, le tribunal statue, s'il y a lieu, sur l'exercice de l'autorité parentale, la contribution à l'entretien et à l'éducation de l'enfant et l'attribution du nom.**

1. Dommages-intérêts. En s'abstenant de verser à la mère la moindre participation à l'entretien de l'enfant, alors qu'il ne pouvait ignorer sa paternité, le père s'est soustrait à ses obligations et cet agissement fautif a causé à la mère un préjudice dont il convient d'ordonner réparation. • Paris, 12 mai 1977 : *Gaz. Pal. 1978. 2. 369 (3e esp.), note Massip* (décision rendue dans le cadre de l'action en recherche de paternité naturelle de l'ancien art. 340).

2. Contribution à l'entretien de l'enfant : effet rétroactif. *Les effets d'une paternité judiciairement déclarée remontent à la naissance de l'enfant.* • Civ. 1re, 22 juin 2016, n° 15-21.783 P : *D. 2016. 1881, note Guyon-Renard* ; *ibid. 2017. 729, obs. Granet-Lambrechts* ; *RDC 2016. 660, note Libchaber* • Civ. 1re, 9 nov. 2016, n° 15-27.246 P : *D. 2017. 470, obs. Douchy-Oudot* ; *ibid. 729, obs. Granet-Lambrechts* ; *AJ fam. 2016. 602, obs. Houssier* ; *RTD civ. 2017. 115, obs. Hauser* ; *Dr. fam. 2017, n° 32, note Panet.* ♦ V. déjà antérieurement : • Civ. 1re, 12 juill. 1994, n° 92-17.461 P • Civ. 1re, 12 mai 2004, n° 02-17.441 P : *AJ fam. 2004. 280, obs. Bicheron* ; *Dr. fam. 2004, n° 143, note Murat* ; *RJPF 2004-7-8/35, note Valory* ; *RTD civ. 2004. 494, obs. Hauser* (non-application de la règle « aliments ne s'arréragent pas ») • Civ. 1re, 14 févr. 2006, n° 05-13.738 P : D. 2006. Pan. 1146, obs. *Granet-Lambrecht* ; *RTD civ. 2006. 297, obs. Hauser* • Civ. 1re, 11 juill. 2006, n° 04-14.185 P : *D. 2006. IR 2123* ; *AJ fam. 2006. 425, obs. Chénedé* ; *Dr. fam. 2006, n° 203, note Murat* ; *RJPF 2006-10/59, obs. Valory* ; *RLDC 2007/37, n° 2495, note Bas* ; *LPA 10 déc. 2007,* *obs. Everaert-Dumont* • Civ. 1re, 3 déc. 2008 : *Dr. fam. 2009, n° 28, obs. Murat.*

Cassation de l'arrêt qui a déclaré la mère irrecevable à agir contre le père en contribution à l'entretien de l'enfant, au motif que l'action en recherche de paternité a été intentée par l'enfant devenu majeur, alors que la recevabilité de l'action en contribution à l'entretien n'est pas subordonnée à celle de l'action en recherche de paternité et que les effets d'une paternité légalement établie remontent à la naissance de l'enfant, ce dont il résulte que la mère est recevable à agir en contribution à l'entretien et à l'éducation de sa fille. • Civ. 1re, 9 nov. 2016, n° 15-27.246 P : *D. 2017. 470, obs. Douchy-Oudot ; ibid. 729, obs. Granet-Lambrechts ; AJ fam. 2016. 602, obs. Houssier ; RTD civ. 2017. 115, obs. Hauser ; Dr. fam. 2017, n° 32, note Panet.*

3. ... Exclusion de la règle « aliments ne s'arréragent pas ». La règle « aliments ne s'arréragent pas » ne s'applique pas à l'obligation d'entretien. • Civ. 1re, 22 juin 2016, n° 15-21.783 P : *D. 2016. 1881, note Guyon-Renard ; ibid. 2017. 729, obs. Granet-Lambrechts ; RDC 2016. 660, note Libchaber.* ♦ V. déjà en ce sens • Civ. 1re, 12 mai 2004 : *préc. note 2.* ♦ V. aussi note 11 ss. art. 208.

4. ... Prescription. L'action en paiement d'une contribution à l'entretien et à l'éducation de l'enfant est soumise à la prescription quinquennale. • Civ. 1re, 22 juin 2016, n° 15-21.783 P : *D. 2016. 1881, note Guyon-Renard ; ibid. 2017. 729, obs. Granet-Lambrechts ; RDC 2016. 660, note Libchaber.*

5. Attribution du nom. Le juge, saisi par les parties d'une demande de changement de nom d'un enfant, formée à l'occasion d'une action aux fins d'établissement judiciaire d'un deuxième lien de filiation, auxquelles sont applicables les dispositions de l'Ord. n° 2005-759 du 4 juill. 2005, dans sa rédaction issue de la L. n° 2009-61 du 28 janv. 2009, est compétent, sur le fondement de l'art. 331 C. civ., pour statuer sur l'attribution du nom de l'enfant en cas de désaccord entre les parents et peut décider, en considération de l'ensemble des intérêts en présence et plus particulièrement de celui supérieur de l'enfant, soit de la substitution du nom du parent à l'égard duquel la filiation est établie judiciairement en second lieu, au nom jusque-là porté par l'enfant, soit de l'adjonction de l'un des noms à l'autre. • Cass., avis, 13 sept. 2010, n° 10-00.004 P : *BICC 15 nov. 2010, rapp. Chardonnet, obs. Domingo ; D. 2011. Pan. 1585, obs. Granet-Lambrechts ; ibid. Pan. 1995, obs. Gouttenoire ; AJ fam. 2010. 498, obs. Chénedé ; JCP 2011, n° 13, note Garé ; RTD civ. 2010. 759, obs. Hauser.* ♦ Après avoir apprécié les intérêts en présence et plus particulièrement ceux de l'enfant et relevé l'avis exprimé par ce dernier, une cour d'appel a pu estimer que la substitution de nom sollicitée était de nature à rattacher de manière apparente et symbolique l'enfant à un père qui refusait toute relation avec lui et persistait à nier sa paternité alors qu'il s'était abstenu de se soumettre à une mesure propre à l'établir ou à l'écarter avec certitude. • Civ. 1re, 8 juill. 2015, n° 14-20.417 : *Dr. fam. 2015, n° 185, note Réglier.* ♦ Inversement après avoir pris en considération l'ensemble des intérêts en présence, dont celui supérieur de l'enfant, et relevé, d'une part, que son nom n'avait pas d'incidence sur le lien de filiation, qui était judiciairement établi et n'était plus contesté et d'autre part, qu'accoler au nom de la mère celui d'un père qui n'entendait pas s'impliquer dans la vie de l'enfant et s'intéresser à lui risquait de confronter en permanence ce dernier au rejet dont il était l'objet de la part de son père, la cour d'appel a pu refuser d'accoler le nom du père au nom de la mère. • Civ. 1re, 11 mai 2016, n° 15-17.185 P : *D. 2016. 1077 ; ibid. 1966, obs. Bonfils et Gouttenoire ; AJ fam. 2016. 344, obs. Karila-Danziger ; RTD civ. 2016. 586, obs. Hauser.*

6. Autorité parentale. L'art. 331 permet au tribunal saisi d'une action aux fins d'établissement de la filiation de statuer, s'il y a lieu, sur l'exercice de l'autorité parentale : absence de méconnaissance de l'art. 372 par la cour d'appel qui établit la filiation d'un enfant à l'égard du père et statue sur sa demande tendant à ce que l'autorité parentale soit exercée conjointement avec la mère. • Civ. 1re, 3 oct. 2018, n° 17-23.627 P : *D. 2018. 1968 ; AJ fam. 2018. 605, obs. Houssier ; Dr. fam. 2019, n° 8, note Molière.*

SECTION 3 **Des actions en contestation de la filiation** (*Ord. n° 2005-759 du 4 juill. 2005*).

RÉP. CIV. v° *Filiation : contestation*, par CHABOT et LE GUIDEC.

BIBL. ▶ GOUËZEL, *Dr. fam. 2014. Étude 6* (actions en contestation de filiation et intérêt supérieur de l'enfant).

Art. 332 (*Ord. n° 2005-759 du 4 juill. 2005*) **La maternité peut être contestée en rapportant la preuve que la mère n'a pas accouché de l'enfant.**

La paternité peut être contestée en rapportant la preuve que le mari ou l'auteur de la reconnaissance n'est pas le père.

1. L'action en contestation de paternité exercée par le ministère public pour fraude à la loi, fondée sur l'art. 336, n'est pas soumise à la preuve que l'auteur de la reconnaissance n'est pas le père au sens de l'art. 332. • Civ. 1re, 13 sept. 2013 : *D. 2013. 2170, obs. Gallmeister* (fraude à la loi établie dans le cadre d'une convention de gestation pour le compte d'autrui).

2. Si l'action en contestation de paternité et la décision d'annulation d'une reconnaissance de paternité en résultant constituent des ingérences dans l'exercice du droit au respect de la vie privée et familiale, elles sont prévues par la loi, et poursuivent un but légitime en ce qu'elles tendent à permettre l'accès de l'enfant à la réalité de ses origines. Dans une hypothèse où une reconnaissance de paternité a été annulée après une procréation médicalement assistée avec recours à un tiers donneur, au motif que le consentement avait disparu en raison de la requête en divorce des époux, la cour d'appel a relevé que l'intérêt supérieur de l'enfant résidait dans l'accès à ses origines personnelles et que la destruction du lien de filiation n'excluait pas pour l'avenir et de façon définitive l'établissement d'un nouveau lien de filiation. • Civ. 1re, 14 oct. 2020, n° 19-12.373 P : *D. 2021. 657, obs. Hilt ; AJ fam. 2020. 670, obs. Saulier ; ibid. 546, obs. Dionisi-Peyrusse ; RTD civ. 2021. 112, obs. Leroyer ; Dr. fam. 2020, n° 174, note Farge.*

Art. 333 *(Ord. n° 2005-759 du 4 juill. 2005)* **Lorsque la possession d'état est conforme au titre, seuls peuvent agir l'enfant, l'un de ses père et mère ou celui qui se prétend le parent véritable. L'action se prescrit par cinq ans à compter du jour où la possession d'état a cessé** *(L. n° 2009-61 du 16 janv. 2009, art. 1er)* **« ou du décès du parent dont le lien de filiation est contesté ».**

Nul *(L. n° 2009-61 du 16 janv. 2009, art. 1er)* **« , à l'exception du ministère public, » ne peut contester la filiation lorsque la possession d'état conforme au titre a duré au moins cinq ans depuis la naissance ou la reconnaissance, si elle a été faite ultérieurement.**

BIBL. ▶ BAUDIN-MAURIN, *Dr. fam. 2016. Étude 17* (réforme).

A. CONSTITUTIONNALITÉ ET CONVENTIONNALITÉ DU TEXTE

1. QPC (refus de transmission). L'art. 333 qui réglemente les conditions et les délais de l'action en contestation de la filiation répond à une situation objective particulière dans laquelle se trouvent toutes les personnes bénéficiant d'une possession d'état, en distinguant selon la durée de celle-ci, afin de stabiliser leur état, dans un but d'intérêt général et en rapport avec l'objet de la loi qui a recherché un équilibre entre les composantes biologique et affective de la filiation, dans le respect de la vie privée et familiale des intéressés. • Civ. 1re, 24 févr. 2011 : *D. 2011. 1585, obs. Granet-Lambrechts ; AJ fam. 2011. 213, obs. Chénedé ; RTD civ. 2011. 334, obs. Hauser.*

2. Conv. EDH : marge d'interprétation des États. Marge d'appréciation reconnue aux États dans la réglementation de la filiation paternelle, en l'absence de consensus sur le point de savoir si la législation interne doit permettre au père biologique de contester la présomption de paternité du mari. • CEDH, sect. V, 21 déc. 2010, *Chavdarov c/ Bulgarie*, n° 3465/03 (absence de violation de l'art. 8 dans le cas d'un père ayant vécu treize ans avec une femme mariée et leurs trois enfants, l'arrêt estimant qu'il pouvait adopter les enfants ou les faire déclarer abandonnés...).

3. ... Intérêt supérieur de l'enfant. Rejet du pourvoi contre l'arrêt ayant constaté la possession d'état de l'enfant à l'égard de l'époux de la mère et énoncé que le législateur a choisi de faire prévaloir la réalité sociologique à l'expiration d'une période de cinq ans pendant laquelle le père légal s'est comporté de façon continue, paisible et non équivoque comme le père de l'enfant, ce qui ne saurait être considéré comme contraire à l'intérêt supérieur de celui-ci. • Civ. 1re, 1er févr. 2017, n° 15-27.245 P : *D. 2017. 599, note Guyon-Renard ; ibid. 729, obs. Granet-Lambrechts ; ibid. 2018. 641, obs. Douchy-Oudot ; AJ fam. 2017. 203, obs. Houssier ; RTD civ. 2017. 363, obs. Hauser ; Dr. fam. 2017. 101, note Fulchiron.* ♦ L'interdiction posée par l'art. 333, al. 2, de faire disparaître un lien de filiation établi depuis plus de cinq années, pour ne laisser subsister, comme le demande l'appelant, que la filiation maternelle, n'apparaît pas porter une atteinte disproportionnée au respect de la vie privée et familiale de l'enfant, dès lors qu'il est de l'intérêt d'un enfant de s'inscrire dans deux lignées plutôt qu'une. • Douai, 6 juin 2013 : *D. 2013. 2958, note Fulchiron ; ibid. 2014. 843, obs. Galloux et Gaumont-Prat ; RTD civ. 2014. 101, obs. Hauser.* ♦ Comp. : l'intérêt de l'enfant est avant tout de connaître la vérité sur ses origines, justifiant l'annulation de la reconnaissance par le mari de la mère, demandée par le père biologique mais contestée par l'enfant. • CEDH 14 janv. 2016, n° 30955/12, *Mandet c/ France : D. 2016. 257 ; AJ fam. 2016. 213, obs. Chénedé ; RTD civ. 2016. 331, obs. Hauser ; JCP 2016, n° 305, note Garé.* ♦ Ainsi, dans une hypothèse où la possession d'état n'est ni paisible, ni dépourvue d'équivoque : il n'est pas de l'intérêt supérieur de l'enfant de dissimuler sa filiation biologique et de le faire vivre dans un mensonge portant sur un élément essentiel de son histoire ; il sera peut-être difficile pour l'enfant de devoir considérer son père biologique comme son père, mais il appartiendra à sa mère et à son époux, de l'aider à appréhender cette situation. • Civ. 1re, 7 nov. 2018, n° 17-26.445 P.

4. … Équilibre des intérêts en présence. Cassation de l'arrêt qui rejette la demande du ministère public, sur le fondement de l'art. 333, al. 2, afin qu'un examen comparé de l'ADN soit ordonné, sans répondre aux conclusions qui faisaient valoir qu'un juste équilibre devait être ménagé, dans la mise en œuvre de l'art. 8 Conv. EDH, entre le droit revendiqué par l'enfant de voir établir sa filiation biologique et les intérêts des enfants du père supposé, qui opposaient un refus à ce qu'il hérite de ce dernier. • Civ. 1re, 10 juin 2015, n° 14-20.790 : *D. 2015. 2365, note Fulchiron ; RTD civ. 2015. 596, obs. Hauser ; ibid. 825, obs. Marguénaud* (hypothèse dans laquelle la mère avait saisi le ministère public pour qu'il engage l'action, avec l'accord de l'enfant, du père ayant bénéficié de la présomption de paternité et de son second mari, se reconnaissant père biologique de l'enfant). ♦ Comp. : si l'application d'un délai de prescription ou de forclusion, limitant le droit d'une personne à faire reconnaître son lien de filiation paternelle, constitue une ingérence dans l'exercice du droit au respect de sa vie privée et familiale, garanti à l'art. 8 Conv. EDH, la fin de non-recevoir prévue à l'art. 333 C. civ. poursuit un but légitime, en ce qu'elle tend à protéger les droits et libertés des tiers ainsi que la sécurité juridique. • Civ. 1re, 6 juill. 2016, n° 15-19.853 P : *D. 2016. 1980, note Fulchiron ; ibid. 2017. 470, obs. Douchy-Oudot ; ibid. 729, obs. Granet-Lambrechts ; RTD civ. 2016. 831, obs. Hauser* (rejet du recours exercé dans un but patrimonial).

B. FONCTIONNEMENT DU TEXTE

5. Possession d'état (jurisprudence rendue dans le cadre de l'ancien art. 322) : illustration. Dès lors que le père n'a contesté sa paternité ni pendant le mariage, ni au cours de la procédure de divorce, une cour d'appel estime souverainement que la possession d'état est conforme au titre de naissance. • Civ. 1re, 14 juin 2005, n° 02-18.654 P : *D. 2005. IR 1961 ; Dr. fam. 2005, n° 182, note Murat ; LPA 14 déc. 2005, note Massip ; RTD civ. 2005. 582, obs. Hauser.*

6. … Inefficacité des manœuvres unilatérales. Pour des manœuvres émanant du père dont la filiation pourrait être contestée : les effets d'une possession d'état exempte de vice ne peuvent être mis à néant par la seule décision du mari de la mère de cesser de traiter l'enfant comme son enfant légitime en vue d'écarter la fin de non-recevoir édictée par l'art. 322, al. 2. • Civ. 1re, 15 juill. 1993 : *JCP 1994. II. 22352, note X. Lagarde ; D. 1994. Somm. 115, obs. Granet-Lambrechts ; Defrénois 1994. 328, obs. Massip ; RTD civ. 1993. 806, obs. Hauser* • 14 juin 2000 : *D. 2001. Somm. 969, obs. Granet ; ibid. 2798, obs. Dekeuwer-Défossez ; Defrénois 2000. 1313, obs. Massip ; Dr. fam. 2000, n° 109, note Murat.*

Pour des manœuvres émanant de la mère et/ou du prétendu père : une mère ne peut se prévaloir de la révélation faite par elle à son enfant de la non-paternité de son ex-mari, ni de ses agissements tendant à rompre tous liens affectifs entre l'enfant et l'ex-mari, pour soutenir que la possession d'état d'enfant légitime n'était pas continue et était donc dépourvue d'effets. • Civ. 1re, 30 juin 1992, n° 90-20.252 P : *D. 1993. Somm. 161, obs. Granet-Lambrechts ; Defrénois 1993. 300, obs. Massip.*

Le mari s'étant toujours comporté en père, le fait que l'épouse et son compagnon se soient opposés à l'exercice de son droit de visite n'a pas pu vicier la possession d'état d'enfants « légitimes » des enfants, conforme aux titres de naissance. • Civ. 1re, 14 févr. 2006, n° 03-16.101 P : *JCP 2006. I. 199, n° 4, obs. Favier.*

7. Procédure : demandeur. Le légataire universel du titulaire de l'action prévue par l'art. 333, n'étant pas un héritier de celui-ci au sens de l'art. 322, n'a pas qualité pour exercer cette action. • Civ. 1re, 2 avr. 2014, n° 13-12.480 P • 21 sept. 2022, n° 20-21.035 B : *AJ fam. 2023. 56, obs. Houssier ; Dr. fam. 2023, n° 3, obs. Égéa.*

8. … Défendeurs. L'action en contestation de paternité doit, à peine d'irrecevabilité, être dirigée contre le père dont la filiation est contestée et contre l'enfant. • Civ. 1re, 1er févr. 2017, n° 15-27.245 P : *préc. note 3* (absence d'interruption du délai de forclusion par l'assignation du seul père légal, à l'exclusion de l'enfant).

9. Computation du délai : application de la loi dans le temps. L'Ord. du 4 juill. 2005 étant entrée en vigueur le 1er juill. 2006, le délai de cinq ans prévu par l'al. 2 de l'art. 333 courait à compter de cette date. • Civ. 1re, 27 févr. 2013 : *D. 2013. 1436, obs. Granet-Lambrechts ; AJ fam. 2013. 238 ; RTD civ. 2013. 359, obs. Hauser ; Gaz. Pal. 2013. 949, obs. Sarcelet ; Dr. fam. 2014. Étude 9, note Baudin-Maurin* (cassation de l'arrêt qui déclare irrecevable une action en contestation de paternité engagée en 2009 au motif que l'enfant avait une possession d'état conforme au titre depuis sa naissance, soit depuis plus de cinq ans) • 27 févr. 2013, n° 12-15.017 P : *D. 2013. 1436, obs. Granet-Lambrechts ; ibid. 2014. 689, obs. Douchy-Oudot ; AJ fam. 2013. 238, obs. Viganotti ; RTD civ. 2013. 359, obs. Hauser* • 6 nov. 2013 : *D. 2014. 689, obs. Douchy-Oudot ; ibid. 843, obs. Galloux et*

Gaumont-Prat ; AJ fam. 2013. 712, obs. Viganotti ; RTD civ. 2014. 101, obs. Hauser ; Dr. fam. 2014, n° 5, obs. Neirinck ; ibid. Étude 3, note Baudin-Maurin (assignation de l'administrateur *ad hoc* désigné pour représenter l'enfant).

10. Interruption du délai. Le délai de forclusion prévu par l'art. 333, al. 2, peut être interrompu par une demande en justice, conformément à l'al. 1er de l'art. 2241. • Civ. 1re, 1er févr. 2017 : *préc. note 8.* ♦ Le délai de forclusion prévu par l'art. 333, al. 2, n'est pas susceptible de suspension en application de l'art. 2234 selon lequel la prescription ne court pas ou est suspendue contre celui qui est dans l'impossibilité d'agir par suite d'un empêchement résultant de la loi, de la convention ou de la force majeure, lequel ne vise que les délais de prescription ; il résulte en effet de l'art. 2220 que les délais de forclusion ne sont pas régis par le titre XXe du livre III du code civil sur la prescription extinctive, sauf dispositions légales contraires. • Civ. 1re, 15 janv. 2020, n° 19-12.348 P : *D. 2020. 149 ; AJ fam. 2020. 187, obs. Saulier ; RTD civ. 2020. 358, obs. Leroyer ; JCP 2020, n° 301, note Cheynet de Beaupré ; Dr. fam. 2020, n° 118, note Siffrein-Blanc.*

Art. 334

Art. 334 *(Ord. n° 2005-759 du 4 juill. 2005)* **A défaut de possession d'état conforme au titre, l'action en contestation peut être engagée par toute personne qui y a intérêt dans le délai prévu à l'article 321.**

1. Appréciation souveraine. V., sous l'empire de la loi de 1972, pour une contestation de reconnaissance : l'intérêt à agir est apprécié souverainement par les juges du fond. • Civ. 1re, 7 janv. 1992, n° 90-10.192 P : *D. 1993. Somm. 126, obs. Delecourt ; ibid. 165, obs. Granet-Lambrechts ; Defrénois 1992. 725, obs. Massip* (intérêt à agir de l'ex-épouse de l'auteur de la reconnaissance du fait de la réduction de la pension qu'elle obtenait de celui-ci, suite à la reconnaissance qu'il avait souscrite) • 15 mai 2001 : *RJPF 2001-10/34, obs. Blanc* (intérêt à agir de la grand-mère, privée de toute relation normale avec sa petite-fille).

2. Cas des grands-parents. Les grands-parents n'ont aucun intérêt moral « de principe » à contester la reconnaissance de leurs petits-enfants, notamment lorsqu'ils ne sont pas les ascendants de l'auteur de la reconnaissance. • Paris, 17 avr. 1992 : *D. 1993. Somm. 164, obs. Granet-Lambrechts.* ♦ La seule volonté de la grand-mère maternelle de voir respecter la vérité biologique ne constitue pas l'intérêt légitime au sens de l'art. 339. • Même arrêt ♦ Mais la grand-mère maternelle d'un enfant, qui a fait l'objet d'une reconnaissance par le second mari de la mère, a un intérêt à agir en contestation de cette reconnaissance, comme ayant la garde de l'enfant sur décision du juge des enfants. • Dijon, 21 oct. 1998 : *D. 1999. Somm. 199, obs. Granet ; RTD civ. 1999. 828, obs. Hauser.* ♦ V. aussi • Civ. 1re, 15 mai 2001 : *préc. note 1.*

3. Communication au ministère public. Le ministère public doit avoir communication d'une action en contestation de paternité (art. 425 C. pr. civ.). • Civ. 1re, 6 févr. 2008, n° 06-22.141 P : *D. 2009. Pan. 773, obs. Granet-Lambrechts.*

Art. 335

Art. 335 *(Ord. n° 2005-759 du 4 juill. 2005)* **La filiation établie par la possession d'état constatée par un acte de notoriété peut être contestée par toute personne qui y a intérêt en rapportant la preuve contraire, dans le délai de** *(L. n° 2009-61 du 16 janv. 2009, art. 1er)* **« dix » ans à compter de la délivrance de l'acte.**

Pour une décision admettant implicitement qu'une filiation maternelle établie par possession d'état à l'égard d'une mère d'intention dans une gestation pour autrui serait susceptible d'être contestée dans le cadre de l'art. 335 : • Cass., ass. plén., 4 oct. 2019, n° 10-19.053 P : *D. 2019. 2228, note Fulchiron et Bidaud ; AJ fam. 2019. 487, obs. Dionisi-Peyrusse ; ibid. 592, obs. G. Kessler ; RTD civ. 2019. 817, obs. Marguénaud ; ibid. 841, obs. Leroyer ; JCP 2019, n° 1184, note Gouttenoire et Sudre ; Dr. fam. 2019, n° 261, note Binet.*

Art. 336

Art. 336 *(Ord. n° 2005-759 du 4 juill. 2005)* **La filiation légalement établie peut être contestée par le ministère public si des indices tirés des actes eux-mêmes la rendent invraisemblable ou en cas de fraude à la loi.**

1. Preuve intrinsèque. La simple inexactitude matérielle résultant de la reconnaissance souscrite sous une fausse identité par la mère biologique, n'étant pas révélée par des indices tirés des actes eux-mêmes, n'autorise pas le ministère public à agir en contestation. • Grenoble, 23 févr. 1993 : *BICC 1er juill. 1993, n° 829 ; RTD civ. 1993. 809, obs. Hauser.*

2. Charge de la preuve. La charge de la preuve d'une fraude à l'adoption incombe au ministère public : V. • Versailles, 17 mai 2001 : *AJ fam. 2001. 26, et les obs. ; RTD civ. 2001. 866, obs. Hauser.*

3. Portée. L'intérêt supérieur de l'enfant ne saurait justifier un état civil et une filiation conférés en fraude à la loi (enfant restant en outre titulaire d'un acte de naissance marocain). • Civ. 1re, 17 nov. 2010 : *cité note 18 ss. art. 47.*

4. Applications aux conventions de gestation pour le compte d'autrui – Refus de

transcription. En l'état du droit positif, est justifié le refus de transcription d'un acte de naissance fait en pays étranger et rédigé dans les formes usitées dans ce pays, lorsque la naissance est l'aboutissement, en fraude à la loi française, d'un processus d'ensemble comportant une convention de gestation pour le compte d'autrui, convention qui, fût-elle licite à l'étranger, est nulle d'une nullité d'ordre public. • Civ. 1re, 13 sept. 2013 : *préc. note 4 ss. art. 16-7* (refus de transcription sur les registres de l'état civil français des actes de naissance des enfants nés à l'étranger dans le cadre d'une convention de gestation pour le compte d'autrui). ♦ Dans le même sens : • Civ. 1re, 19 mars 2014, n° 13-50.005 P : *D. 2014. 901, avis J.-P. Jean ; ibid. 905, note Fulchiron et Bidaud-Garon ; ibid. 1059, obs. Gaudemet-Tallon et Jault-Seseke ; ibid. 1171, obs. Granet-Lambrechts ; ibid. 1787, obs. Bonfils et Gouttenoire ; ibid. 2015. 649, obs. Douchy-Oudot ; ibid. 761, obs. Galloux ; AJ fam. 2014. 244, obs. Chénedé ; ibid. 211, obs. Dionisi-Peyrusse ; Rev. crit. DIP 2014. 619, note Bollée ; RTD civ. 2014. 330, obs. Hauser ; Gaz. Pal. 2014. 926, obs. Deharo ; JCP 2014, n° 613, obs. Heymann ; Defrénois 2014. 633 note Callé ; Dr. fam. 2014, n° 74, obs. Binet.* ♦ V. cependant, prenant en compte l'intérêt supérieur de l'enfant à voir établir sa filiation. • CEDH 26 juin 2014, n° 65192/11, *Mennesson c/ France : D. 2014. 1376 .*

5. ... Annulation de la reconnaissance de paternité. Ayant caractérisé la fraude à la loi résultant du fait que la naissance d'un enfant est l'aboutissement, en fraude à la loi française, d'un processus d'ensemble comportant une convention de gestation pour le compte d'autrui, la reconnaissance paternelle doit être annulée. • Civ. 1re, 13 sept. 2013 : *préc. note 4.* ♦ En présence de cette fraude, ni l'intérêt supérieur de l'enfant que garantit l'art. 3, § 1, de la Convention internationale des droits de l'enfant, ni le respect de la vie privée et familiale au sens de l'art. 8 Conv. EDH ne sauraient être utilement invoqués. • Même arrêt. ♦ V. cependant dans cette affaire • CEDH 21 juill. 2016, n° 9063/14 : *D. 2016. 2152, note Caire ; AJ fam. 2016. 407, obs. Dionisi-Peyrusse ; RTD civ. 2016. 819, obs. Hauser ; Gaz. pal. 2016. 2578, note Le Maigat.*

Art. 336-1 *(L. n° 2009-61 du 16 janv. 2009, art. 1er)* **Lorsqu'il détient une reconnaissance paternelle prénatale dont les énonciations relatives à son auteur sont contredites par les informations concernant le père que lui communique le déclarant, l'officier de l'état civil compétent en application de l'article 55 établit l'acte de naissance au vu des informations communiquées par le déclarant. Il en avise sans délai le procureur de la République qui élève le conflit de paternité sur le fondement de l'article 336.**

Art. 337 *(Ord. n° 2005-759 du 4 juill. 2005)* **Lorsqu'il accueille l'action en contestation, le tribunal peut, dans l'intérêt de l'enfant, fixer les modalités des relations de celui-ci avec la personne qui l'élevait.**

BIBL. ▶ MOULOUNGUI, *D. 1996. Chron. 304* (remboursement consécutif à l'anéantissement de la filiation)

1° EFFET DÉCLARATIF DE LA CONTESTATION

1. Contribution à l'entretien : perte de cause. L'effet déclaratif attaché au jugement accueillant une contestation de paternité « légitime » prive l'enfant, depuis sa naissance, de la qualité d'enfant « légitime » et par voie de conséquence fait disparaître rétroactivement l'obligation d'entretien qui pesait sur le mari de sa mère, en sorte que les paiements qu'il avait faits pour subvenir aux besoins de l'enfant se trouvent dépourvus de cause. • Civ. 1re, 13 févr. 1985 : *D. 1985. 462, note J. M.* (désaveu). ♦ Dans le même sens, dans le cadre de l'art. 318 ancien. • Civ. 1re, 1er févr. 1984, n° 82-15.496 P : *R., p. 49 ; D. 1984. 388, note Massip ; RTD civ. 1984. 700, obs. Nerson et Rubellin-Devichi.*

2. Absence de responsabilité du fait de l'enfant. L'annulation de la reconnaissance a un effet rétroactif sur l'existence du lien de filiation et, par voie de conséquence, sur la responsabilité des parents du fait de leurs enfants ; celui dont la reconnaissance de paternité a été annulée ne peut être déclaré civilement responsable des conséquences des faits délictueux commis par l'enfant. • Crim. 8 déc. 2004, n° 03-84.715 P : *R., p. 386 ; D. 2005. 2267, note A. Paulin ; JCP 2005. I. 132, n° 4, obs. Viney ; Gaz. Pal. 2005. 2690, note Nicoletti ; AJ fam. 2005. 105, obs.Chénedé ; Dr. fam. 2005, n° 50, note Murat ; LPA 18 juill. 2005, note Corpart-Oulerich.*

3. Limites : contestation de reconnaissance mensongère. **BIBL.** Mouloungui, *LPA 17 févr. 1997.* ♦ En cas de reconnaissance d'un enfant par un homme et de légitimation postérieure par le mariage avec la mère, puis d'annulation de la reconnaissance et de mise à néant de la légitimation, le mari doit être débouté de sa demande en remboursement des pensions alimentaires versées pour l'entretien de l'enfant alors qu'il avait contracté l'engagement de subvenir comme père aux besoins de celui-ci, engagement dont l'octroi de dommages-intérêts a notamment pour objet de sanctionner l'inobservation. • Civ. 1re, 21 juill. 1987, n° 85-16.887 P : *R., p. 135 ; D. 1988. 225, note Massip.* ♦ Comp.

• TGI Valence, 2 mars 1972 : *Gaz. Pal. 1972. 2. 839* (en cas de condamnation en justice).

2° DOMMAGES ET INTÉRÊTS

4. Perte de la paternité du mari. Des dommages-intérêts peuvent être alloués au mari dont la paternité a été écartée par application de l'art. 318 (ancien). • TGI Laval, 5 mars 1974 : *Gaz. Pal. 1974. 2. 718* • TGI Bressuire, 19 juin 1974 : *ibid. 1974. 2. 830* • Aix-en-Provence, 14 janv. 1975 : *JCP 1976. II. 18302, note Villa.*

5. Cas des reconnaissances mensongères : responsabilité de l'auteur à l'égard de l'enfant et de sa mère. En reconnaissant volontairement et en légitimant un enfant qu'il sait ne pas être le sien, l'auteur de la reconnaissance contracte, vis-à-vis de l'enfant et de la mère, l'obligation de se comporter comme un père, en subvenant notamment aux besoins de celui qu'il a reconnu ; l'inexécution de cet engagement résultant de l'annulation de la reconnaissance et de la légitimation subséquente peut être sanctionnée par l'allocation de dommages-intérêts. • Civ. 1re, 4 mars 1981 : *Bull. civ. I, n° 81* • 21 juill. 1987 : *préc. note 3* • 6 déc. 1988, n° 86-16.763 P : *R., p. 152 ; D. 1989. 317, note Massip* • 10 juill. 1990, n° 88-15.105 P : *GAJC, 12e éd., n° 48 ; D. 1990. 517, note Huet-Weiller ; Defrénois 1990. 958, obs. Massip ; RTD civ. 1991. 119, obs. Jourdain , et 311, obs. Hauser* • Paris, 28 sept. 2006 : *AJ fam. 2006. 426, obs. Chénedé .*

6. ... Faute. Il ne peut être fait grief au prétendu père d'avoir failli à son engagement lorsqu'il n'a pas été à l'origine de l'instance en annulation de la reconnaissance, introduite par ses enfants légitimes. • Civ. 1re, 16 juin 1998, n° 96-16.277 P : *D. 1999. 360, note Massip ; D. 1998. Somm. 355, obs. Granet ; JCP 1998. II. 10157, note Gutman ; ibid. 1999. I. 101, n° 7, obs. Farge ; LPA 24 févr. 1999, note Rebourg ; Gaz. Pal. 1999. 1. 143, note Sainte-Rose ; Dr. fam. 1998, n° 151, note Murat.* ♦ La preuve du comportement fautif de l'auteur de la reconnaissance doit être rapportée, et en présence d'une reconnaissance prénatale, il doit être démontré que celle-ci a été effectuée sciemment, c'est-à-dire avec la connaissance de la part de son auteur du caractère mensonger de la déclaration ainsi faite. • TGI Seine, 14 déc. 1964 : *D. 1965. 507, note Rouast.* ♦ Est abusif et doit donner lieu à des dommages-intérêts l'exercice d'une action en contestation de reconnaissance, intentée pour des fins étrangères à son objet. • Bordeaux, 2 juin 1992 : *D. 1993. Somm. 163, obs. Granet-Lambrechts* (action intentée par l'auteur de la reconnaissance uniquement pour dissiper les doutes qu'il nourrissait sur sa paternité).

7. ... Préjudice réparable. Le préjudice réparable est inexistant lorsque les relations entre l'auteur de la reconnaissance et l'enfant ont été inexistantes et que ce dernier avait connaissance de la réalité de sa situation. • Civ. 1re, 5 nov. 1996 : *D. 1997. Somm. 157, obs. Granet-Lambrechts ; Defrénois 1997. 722, obs. Massip ; Dr. fam. 1997, n° 23, note Murat ; RTD civ. 1997. 111, obs. Hauser .* ♦ Sur le préjudice subi par les enfants dont la reconnaissance de complaisance et la légitimation subséquente sont annulées, alors que l'auteur de cette reconnaissance leur a imposé un état civil qu'ils refusaient, V. • Angers, 16 oct. 1991 : *D. 1993. Somm. 164, obs. Granet-Lambrechts .* ♦ Préjudice moral, nécessitant réparation, subi par les enfants à qui le père, en contestant sa reconnaissance, a imposé une procédure, avec expertise sanguine, ayant abouti à la confirmation de sa paternité. • Dijon, 9 juin 1998 : *D. 2000. Somm. 168, obs. Henneron .*

8. ... Partage de responsabilité. En cas de condamnation de l'auteur de la reconnaissance mensongère à des dommages-intérêts envers l'enfant, la mère peut être tenue de garantir pour partie cette condamnation lorsqu'elle a une part de responsabilité dans la situation ainsi créée. • TGI Seine, 25 oct. 1965 : *JCP 1966. IV. 72.*

9. ... Responsabilité de l'auteur à l'égard de sa première épouse. Condamnation de l'auteur de la reconnaissance annulée à des dommages-intérêts envers sa première épouse du fait de la réduction de la pension qu'il lui versait, suite à la reconnaissance qu'il avait souscrite. • Civ. 1re, 7 janv. 1992, n° 90-10.192 P : *D. 1993. Somm. 126, obs. Delecourt , et 165, obs. Granet-Lambrechts ; Defrénois 1992. 725, obs. Massip.*

3° ÉTAT CIVIL

10. Perte du nom. L'intérêt supérieur de l'enfant doit être une considération primordiale dans toutes les décisions concernant les enfants conformément à l'art. 3 de la CIDE du 20 nov. 1989, cette disposition étant directement applicable devant les tribunaux français, ainsi dans le cas du changement de patronyme de l'enfant consécutif à l'annulation d'une première reconnaissance de paternité. • Civ. 1re, 17 mars 2010 : *cité note 4 ss. art. 61-3.* ♦ antérieurement : L'annulation de la reconnaissance entraîne le changement de patronyme de l'enfant, la possession d'état ne pouvant au surplus constituer un mode autonome d'acquisition du nom patronymique. • Civ. 1re, 16 juin 1998 : *préc. note 6.* ♦ V. aussi nouvel art. 61-3.

11. Mention à l'état civil. Sur le sort de la mention en marge de l'acte de naissance d'une reconnaissance ultérieurement annulée, V. note 11 ss. art. 99.

Art. 338 à 341-1 *Abrogés ou renumérotés.*

CHAPITRE IV DE L'ACTION À FINS DE SUBSIDES *(Ord. nº 2005-759 du 4 juill. 2005).*

Art. 342 *(L. nº 72-3 du 3 janv. 1972)* **Tout enfant dont la filiation paternelle n'est pas légalement établie, peut réclamer des subsides à celui qui a eu des relations avec sa mère pendant la période légale de la conception.**

(L. nº 77-1456 du 29 déc. 1977) **« L'action peut être exercée pendant toute la minorité de l'enfant ; celui-ci peut encore l'exercer dans les** *(L. nº 2009-61 du 16 janv. 2009, art. 1er)* **« dix » années qui suivent sa majorité si elle ne l'a pas été pendant sa minorité. »**

L'action est recevable même si le père ou la mère était au temps de la conception, engagé dans les liens du mariage avec une autre personne, ou s'il existait entre eux un des empêchements à mariage réglés par les articles 161 à 164 du présent code.

Les dispositions de la L. nº 77-1456 du 29 déc. 1977 sont applicables aux enfants nés avant son entrée en vigueur. Toutefois, elles ne remettent pas en cause la chose jugée à l'égard des actions à fins de subsides rejetées pour un autre motif qu'une forclusion (L. préc., art. 3).

Les sommes dues en exécution d'une décision judiciaire au titre des subsides mentionnés à l'art. 342 peuvent être recouvrées pour le compte du créancier par les comptables publics compétents dans les conditions et selon les modalités prévues par la L. nº 75-618 du 11 juill. 1975 relative au recouvrement public des pensions alimentaires (C. pr. exéc., art. L. 161-3).

RÉP. CIV. vº *Obligation alimentaire*, par V. BONNET, H. BOSSE-PLATIÈRE et A. MULLOT-THIÉBAUD.

BIBL. ▸ CATALA DE ROTON, *RTD civ. 1990. 1* . – ESCOURROU, *Dr. fam. 2019. Étude 9* (l'action en recherche de paternité et l'action à fins de subsides : un doublon ?). – GONON, *JCP 1998. I. 158* (comparaison avec l'action de l'art. 340). – MIRABAIL, *JCP 2011. 1767 ; Dr. fam. 2011. Étude 19.*

A. CONDITIONS DE FOND

1. Constitutionnalité : discrimination homme-femme. Refus de considérer que l'art. 342 est contraire à la Constitution, au regard du principe d'égalité tant entre les femmes et les hommes, au détriment de ces derniers, qu'entre les enfants dont la maternité n'aurait pas été établie et les autres, dès lors que, même si sa mère a accouché dans le secret, un enfant peut engager une action en recherche de maternité et ainsi obtenir de celle-ci une contribution à son entretien et à son éducation. • Civ. 1re, 22 févr. 2017, nº 16-40.251 QPC (refus de transmission de la question visant les art. 1er et 6 DDH ; question et mémoire n'exposant pas, au surplus, pour quels motifs d'intérêt général une différence de traitement devrait être instaurée entre l'enfant dont la paternité est établie et celui dont la paternité ne l'est pas pour priver ce dernier du *droit d'obtenir des subsides de la part de celui qui* a eu des relations avec sa mère pendant la période légale de conception). ♦ V. aussi ss. art. 326 et 327.

2. Distinction de l'action à fins de subsides et de la recherche de paternité naturelle. A la différence de l'action en recherche de paternité naturelle, qui tend à établir l'existence d'un lien de filiation entre l'enfant et le « père prétendu », l'action à fins de subsides est fondée sur une simple possibilité de paternité de celui ou de ceux qui ont eu des relations intimes avec la mère pendant la période légale de la conception. • Civ. 1re, 17 juill. 1979 : *D. 1980. 185 (2e esp.), note Massip.* ♦ N'impliquant pas la preuve de la paternité du défendeur, l'action à fins de subsides suppose seulement celle de l'existence, pendant la période de la conception, de relations intimes rendant possible cette paternité. • Civ. 1re, 21 oct. 1980 : *Gaz. Pal. 1981. 2. 475, note J. M.* • Paris, 27 sept. 1974 : *D. 1975. 507, note Massip.* ♦ Sur les aspects procéduraux, V. note 12.

3. Preuve des relations intimes : appréciation souveraine. C'est par une appréciation dont le contrôle échappe à la Cour de cassation que les juges déduisent des témoignages produits l'existence des relations prévues par l'art. 342. • Civ. 1re, 15 juin 1977 : *Bull. civ. I, nº 283.*

4. ... Preuve par tous moyens. La preuve des relations prévues à l'art. 342 peut être faite par tous moyens. • Civ. 1re, 14 févr. 1995, nº 93-13.369 P : R., p. 217 ; JCP 1996. II. 22569, note *Puigelier ; D. 1996. 111, note Massip ; D. 1995. Somm. 224, obs. Granet-Lambrechts* . ♦ ... Et notamment par des attestations même non conformes aux exigences de l'art. 202 C. pr. civ., dont les dispositions ne sont pas prescrites à peine de nullité. • Civ. 1re, 21 oct. 1980 : *Gaz. Pal. 1981. 2. 475, note J. M.*

5. ... Rôle des expertises biologiques. L'expertise biologique est de droit en matière d'action à fins de subsides, sauf s'il existe un motif légitime de ne pas y procéder. • Civ. 1re, 14 juin 2005, nº 04-13.901 P : *D. 2005. IR 1804* ; De-

frénois 2005. 1848, obs. Massip ; Dr. fam. 2005, n° 182, note Murat • 14 juin 2005, n° 03-12.641 P : *eod. loc.* • 6 déc. 2005, n° 05-11.150 P : *D. 2006. IR 14 ; RTD civ. 2006. 98, obs. Hauser*. – V. déjà : • Paris, 22 févr. 2001 : *JCP 2001. II. 10558, note Garé.* ♦ Une identité partielle de patrimoine génétique entre deux frères biologiques ne constitue pas, *a priori*, un motif légitime de ne pas procéder à une expertise biologique. • Civ. 1re, 8 juill. 2009, n° 08-18.223 P : *AJ fam. 2009. 402, obs. Chénedé ; Dr. fam. 2009, n° 127, note Murat ; LPA 16 sept. 2009, note Burgard ; RJPF 2009-11/35, obs. Garé ; RTD civ. 2009. 711, obs. Hauser* (action contre le frère du mari de la mère).

L'existence des relations intimes peut être déduite d'un ensemble de présomptions graves, précises et concordantes, parmi lesquelles le résultat de l'expertise sanguine rendant presque certaine la paternité du défendeur. • Civ. 1re, 9 mars 1983 : *Gaz. Pal. 1983. 2. 561, note J. M.* • 10 juin 1987 : *Gaz. Pal. 1988. 1. 112, note Massip.* ♦ ... Ou l'opposition systématique à la mise en œuvre de la mesure d'instruction (examen comparé des sangs) ordonnée par le tribunal. • Civ. 1re, 5 mai 1993, n° 91-18.575 P. ♦ Les juges peuvent former leur conviction sur un fait unique s'il leur paraît de nature à établir la preuve nécessaire. • Civ. 1re, 5 févr. 1991 : *Defrénois 1991. 673, obs. Massip ; RTD civ. 1991. 508, obs. Huet-Weiller* (refus du père prétendu de se soumettre à l'examen comparé des sangs) • Civ. 1re, 14 févr. 1995 : *préc.* (preuve quasiment certaine de la paternité). – V. aussi • Civ. 1re, 5 mai 1993 : *D. 1993. Somm. 330, obs. Granet-Lambrechts* • 3 juill. 1996 : *D. 1998. Somm. 31, obs. Granet ; Defrénois 1997. 724, obs. Massip.* ♦ Comp. • Civ. 1re, 17 sept. 2003 : *D. 2004. 659, note Massip (2e esp.) ; ibid. Somm. 1420, obs. Granet-Lambrechts ; Dr. fam. 2004, n° 3, note Murat* (une cour d'appel peut estimer qu'en l'absence d'éléments probants, le seul refus de se soumettre à une expertise sanguine n'établit pas la nature des liens exigés par l'art. 342).

6. Condition de ressources de la mère (non). Quelle que soit la situation matérielle de la mère, celle-ci est en droit de réclamer des subsides à celui que la loi met dans l'obligation de contribuer à l'entretien de l'enfant. • Civ. 1re, 22 juill. 1986, n° 84-15.563 P : *Defrénois 1986. 1433, obs. Massip.*

B. PROCÉDURE

7. Compétence d'attribution. L'action à fins de subsides relève de la compétence exclusive du tribunal de grande instance. • TGI Dieppe, 13 juin 1974 : *D. 1975. 71 (1re esp.), note Huet-Weiller ; RTD civ. 1975. 770, obs. Normand* • Civ. 1re, 27 oct. 1981 : *D. 1982. 305, note Massip.* ♦ Comp., pour une action en révision de la pension accordée sur le fondement de l'art. 342 : • TI Poitiers, 8 juill. 1982 : *D. 1983. IR 328, obs. Huet-Weiller,* jugement qui admet la compétence du tribunal d'instance. ♦ Comp. COJ, art. L. 312-1 (devenu L. 213-3). – **C. pr. civ.**

8. Compétence territoriale. Il résulte de la combinaison des art. 311-5, 342 et 342-2 et de l'art. 46 C. pr. civ. que, si l'action à fins de subsides est assimilable à une action relative à la filiation relevant de la compétence exclusive du tribunal de grande instance, elle tend à l'attribution d'aliments au profit de l'enfant ; d'où il suit que le demandeur peut, à son choix, saisir soit le tribunal de grande instance du lieu où il demeure, soit celui du lieu où demeure le défendeur. • Civ. 1re, 27 oct. 1981 : *D. 1982. 305, note Massip.*

9. Pluralité de défendeurs. Les dispositions combinées des art. 311-11, 342 et 342-3 qui accordent expressément au juge, lorsqu'il est saisi d'une défense au fond tirée de l'existence d'une pluralité d'amants, d'ordonner d'office la mise en cause d'un ou plusieurs tiers, en vue de leur condamnation éventuelle au paiement de l'indemnité prévue à l'art. 342-3, ne font pas obstacle à ce que, conformément au droit commun, ces divers défendeurs soient directement assignés par le demandeur. • Civ. 1re, 17 juill. 1979 : *D. 1980. 185 (2e esp.), note Massip.*

10. Exception d'irrecevabilité tirée de l'art. 311-19 C. civ. Ne peut être reçu en son exception d'irrecevabilité tirée de l'art. 311-19 C. civ. (qui proscrit, en cas de PMA avec tiers donneur, l'établissement d'un lien de filiation entre l'enfant et l'auteur du don) le défendeur dont il est constant qu'il a entretenu des relations intimes avec la mère de l'enfant pendant la période légale de conception. • Paris, 5 mai 1998 : *D. 2000. Somm. 160, obs. Granet.*

11. Exercice de l'action. Comme en matière de recherche de paternité naturelle, la procédure se trouve régularisée dès lors que la mère se substitue, même en cause d'appel, à son représentant légal et manifeste de ce fait même que l'action engagée l'a été conformément à sa volonté. • Paris, 27 sept. 1974 : *D. 1975. 507, note Massip.*

12. Action à fins de subsides et action en exécution d'une obligation naturelle transformée en obligation civile. L'engagement de verser à un enfant majeur une somme mensuelle jusqu'à la fin de ses études, pris à l'occasion du désistement de son action en recherche de paternité naturelle, peut traduire l'exécution d'un devoir de conscience, transformant ainsi une obligation naturelle en une obligation civile, l'action visant à obtenir la poursuite des versements échappe à la prescription applicable à l'action à fins de subsides. • Civ. 1re, 3 oct. 2006, n° 04-14.388 P : *D. 2007. Pan. 1465, obs. Granet-Lambrechts ; Defrénois 2007. 306, obs.*

Massip, et 467, obs. Libchaber ; AJ fam. 2006. 418, obs. Chénedé ; Dr. fam. 2007, n° 3, note Murat ; RJPF 2007-1/36, obs. Garé ; RTD civ. 2007. 98, obs. Hauser , et 119, obs. Mestre et Fages .

13. *Communication de la cause au ministère public.* La communication au ministère public des causes relatives à la filiation est d'ordre public et s'applique à l'action à fins de subsides. • Civ. 1re, 7 oct. 1980 : *Gaz. Pal. 1981. 2. 497, note J. M.* • 29 mai 1985 : *Bull. civ. I, n° 168* • 12 mai 1987 : *ibid. I, n° 149* • 17 oct. 2007, n° 06-16.923 P : *Dr. fam. 2007, n° 202, note Murat ; RJPF 2008-1/38, obs. Garé.* ♦ Mais cette communication n'est plus nécessaire lorsque l'action tend seulement à la majoration de subsides dont le principe avait déjà été admis. • Civ. 1re, 5 janv. 1999, n° 97-11.121 P : *D. 1999. IR 33* .

C. EFFETS

14. *Décision constitutive.* La décision accordant des subsides, sur le fondement de l'art. 342, est, à la différence d'un jugement statuant sur un lien de filiation, constitutive et non déclarative de droits ; les juges du fond ne peuvent dès lors mettre à la charge du défendeur à l'action le paiement de sommes réclamées pour une période antérieure à la date de l'assignation. • Civ. 1re, 19 mars 1985, n° 84-10.219 P : *R., p. 77 ; D. 1985. 533, note J. M. ; JCP 1986. II. 20665, note Joly.*

15. *Défendeur mineur.* Sur l'éventuelle mise en jeu de la responsabilité des parents du défendeur à l'action lorsque celui-ci est mineur et a été condamné à verser des subsides à l'enfant, V. • Paris, 6 mai 1977 : *D. 1978. 145 (3e esp.), note Massip.*

Art. 342-1 *Abrogé par Ord. n° 2005-759 du 4 juill. 2005.*

Art. 342-2 *(L. n° 72-3 du 3 janv. 1972)* **Les subsides se règlent, en forme de pension, d'après les besoins de l'enfant, les ressources du débiteur, la situation familiale de celui-ci.**

La pension peut être due au-delà de la majorité de l'enfant, s'il est encore dans le besoin, à moins que cet état ne lui soit imputable à faute.

V. ss. art. 342, note 6 (absence de prise en compte des ressources de la mère) et note 14 (décision constitutive).

Art. 342-3 *Abrogé par Ord. n° 2005-759 du 4 juill. 2005.*

Art. 342-4 *(L. n° 93-22 du 8 janv. 1993)* **Le défendeur peut écarter la demande en faisant la preuve par tous moyens qu'il ne peut être le père de l'enfant.**

1. Le défendeur à une action à fins de subsides est recevable à combattre la présomption d'après laquelle la conception de l'enfant est réputée avoir eu lieu à un moment quelconque de la période légale de cette conception (en l'espèce, la date des relations sexuelles du défendeur avec la mère se situait à une période où l'enfant, né à terme, était déjà nécessairement conçu). • Civ. 1re, 27 nov. 1979 : *Gaz. Pal. 1980. 1. 259, note J. M.*

2. La loyauté et le caractère contradictoire des opérations d'expertise peuvent être contestés dans le cadre d'une action à fins de subsides. • Civ. 1re, 14 nov. 1994, n° 92-22.069 P : *Gaz. Pal. 1995. 2. Somm. 425, obs. Massip* (expert n'étant pas personnellement présent lors du prélèvement sanguin effectué sur le défendeur).

Art. 342-5 *(L. n° 72-3 du 3 janv. 1972)* **La charge des subsides se transmet à la succession du débiteur suivant les règles de l'article** *(L. n° 2001-1135 du 3 déc. 2001, art. 9-III, en vigueur le 1er juill. 2002)* **« 767 ».**

Art. 342-6 *(L. n° 77-1456 du 29 déc. 1977)* **Les articles** *(Ord. n° 2005-759 du 4 juill. 2005)* **« 327, alinéa 2, et 328 » ci-dessus sont applicables à l'action à fins de subsides.**

Art. 342-7 *(L. n° 72-3 du 3 janv. 1972)* **Le jugement qui alloue les subsides crée entre le débiteur et le bénéficiaire, ainsi que, le cas échéant, entre chacun d'eux et les parents ou le conjoint de l'autre, les empêchements à mariage réglés par les articles 161 à 164 du présent code.**

Art. 342-8 *(L. n° 72-3 du 3 janv. 1972)* **La chose jugée sur l'action à fins de subsides n'élève aucune fin de non-recevoir contre une action ultérieure en recherche de paternité.**

L'allocation des subsides cessera d'avoir effet si la filiation paternelle de l'enfant vient à être établie par la suite à l'endroit d'un autre que le débiteur.

V. Circ. 17 juill. 1972 (D. et BLD 1972. 407 et 412) ; Circ. 2 mars 1973 (D. et BLD 1973. 183). — V. C. pr. civ., art. 1149 s.

BIBL. ▸ Meerpoel, *D. 1983. Chron. 183.* – Mouloungui, *LPA 17 févr. 1997.* – Nerson et Rubellin-Devichi, *RTD civ. 1978. 354.*

1. Si l'action à fins de subsides est fondée sur une simple possibilité de paternité de celui ou de ceux qui ont eu des relations intimes avec la femme pendant la période légale de conception, son succès implique la constatation de ces relations intimes dont l'existence ne peut plus faire l'objet d'un autre débat (décision rendue sous l'empire de l'anc. art. 340). • Civ. 1re, 4 janv. 1995, n° 93-10.870 P : *D. 1996. 49, obs. Massip* ; *D. 1995. Somm. 225, obs. Granet-Lambrechts*.

2. En matière d'allocation de subsides, le législateur a entendu dépouiller la déclaration judiciaire de paternité, ainsi que la reconnaissance volontaire, qui pourraient ultérieurement survenir, de tout caractère rétroactif ; il s'ensuit que le débiteur de subsides ne peut prétendre être libéré de son obligation pour la période allant de la naissance de l'enfant jusqu'à sa reconnaissance par un tiers. • TGI Rouen, 23 oct. 1978 : *D. 1979. IR 245, obs. Huet-Weiller.* ♦ En revanche, une action à fins de subsides engagée postérieurement à la reconnaissance est irrecevable. • Civ. 1re, 17 juill. 1980 : *Bull. civ. I, n° 224* ; *D. 1981. IR 298, obs. Huet-Weiller.*

CHAPITRE V DE L'ASSISTANCE MÉDICALE À LA PROCRÉATION AVEC TIERS DONNEUR

(L. n° 2021-1017 du 2 août 2021, art. 6)

BIBL. ▸ **Loi du 2 août 2021 :** Baillon-Wirtz et Dauptain, *JCP N, n° 1125* (assistance médicale à la procréation et pratique notariale : nouvelles familles, nouveaux réflexes). – Brunet, *AJ fam. 2021. 522* (dispositions de la loi de bioéthique sur l'AMP et la filiation des enfants qui en sont issus). – Curier-Roche, *RDSS 2021. 769* (la procréation médicalement assistée dans le cadre de la nouvelle loi de bioéthique). – Dauptain, *JCP N, n° 1107* (AMP : l'anonymat et le secret jouent à cache-cache). – Dionisi-Peyrusse, *AJ fam. 2021. 545* (accès aux données non identifiantes et à l'identité du tiers donneur). – Mesnil, *AJ fam. 2021. 538* (les femmes non mariées et l'AMP avec tiers donneur, révélateur des reconfigurations opérées par la loi de bioéthique) ; *RDSS 2021. 790* (angles morts de la loi de bioéthique en matière d'AMP).

▸ **Autres thèmes :** Fulchiron, *D. 2022. 565* (la reconnaissance de la filiation des enfants nés dans des couples de même sexe devant les juridictions européennes : entre autolimitation et dynamique commune ; à propos de l'arrêt de la CJUE du 14 décembre 2021 et de la décision SCEDH du 16 novembre 2021).

Art. 342-9 **En cas d'assistance médicale à la procréation nécessitant l'intervention d'un tiers donneur, aucun lien de filiation ne peut être établi entre l'auteur du don et l'enfant issu de l'assistance médicale à la procréation.**

Aucune action en responsabilité ne peut être exercée à l'encontre du donneur.

Sont exonérés des droits d'enregistrement : les actes de reconnaissance de filiation établis dans le cadre de la procédure prévue aux art. 342-9 à 342-13 ou dans les conditions prévues au IV de l'art. 6 de la L. n° 2021-1017 du 2 août 2021 relative à la bioéthique (CGI, art. 847 bis).

Art. 342-10 **Les couples ou la femme non mariée qui, pour procréer, recourent à une assistance médicale nécessitant l'intervention d'un tiers donneur doivent donner préalablement leur consentement à un notaire, qui les informe des conséquences de leur acte au regard de la filiation ainsi que des conditions dans lesquelles l'enfant pourra, s'il le souhaite, accéder à sa majorité aux données non identifiantes et à l'identité de ce tiers donneur.**

Le consentement donné à une assistance médicale à la procréation interdit toute action aux fins d'établissement ou de contestation de la filiation, à moins qu'il ne soit soutenu que l'enfant n'est pas issu de l'assistance médicale à la procréation ou que le consentement a été privé d'effet.

Le consentement est privé d'effet en cas de décès, d'introduction d'une demande en *divorce ou en séparation* de corps, de signature d'une convention de divorce ou de *séparation de corps par consentement mutuel selon* les modalités prévues à l'article 229-1 ou de cessation de la communauté de vie, survenant avant la réalisation de l'insémination ou du transfert d'embryon. Il est également privé d'effet lorsque l'un des membres du couple le révoque, par écrit et avant la réalisation de l'assistance médicale à la procréation, auprès du médecin chargé de mettre en œuvre cette insémination ou ce transfert ou du notaire qui l'a reçu.

Sont exonérés des droits d'enregistrement les actes prévus à l'art. 342-10 C. civ. (CGI, art. 847 bis).

Sur la forme du consentement, V. C. pr. civ., art. 1157-2 s. — ***C. pr. civ.***

BIBL. ▶ BAILLON-WIRTZ, *JCP N 2022. Actu. n° 332* (Décr. du 1er mars 2022). - DARMÉ-LONGUET, *Defrénois 2002/28. 15* (rôle du notaire dans l'assistance médicale à la procréation).

Application dans le temps. Les dispositions introduites par la L. du 2 août 2021 valent pour les assistances médicales à la procréation réalisées après l'entrée en vigueur de la loi. La circulaire du 21 sept. 2021 précise que, pour déterminer si l'assistance médicale à la procréation a été réalisée avant ou après l'entrée en vigueur de la loi, il convient d'examiner si l'insémination artificielle ou le transfert d'embryon réalisé avec succès est intervenu avant le 4 août 2021 ou à compter de cette date, cette date étant par nature incontestable. Aussi, le dispositif pérenne prévu par la loi n'est applicable que si le consentement à l'assistance médicale à la procréation et la reconnaissance conjointe anticipée ont lieu avant la date de l'insémination artificielle avec tiers donneur ou le transfert d'embryon. Le législateur a, en effet, souhaité que les couples consentent librement à l'assistance médicale à la procréation et soient informés des conséquences de leur acte au regard de la filiation avant de recourir à cette technique. La possibilité d'établir une reconnaissance conjointe anticipée après l'insémination artificielle avec tiers donneur ou le transfert d'embryon irait à l'encontre de l'esprit du texte. Pour bénéficier, au contraire, du dispositif transitoire prévu au IV de l'art. 6 de la loi, il convient que l'insémination ou le transfert d'embryon réalisé par ces couples de femmes à l'étranger l'ait été avant la publication de la loi. A défaut de reconnaissance conjointe anticipée, établie en principe avant toute réalisation de l'assistance médicale à la procréation (insémination artificielle ou transfert d'embryon), et à défaut de pouvoir bénéficier du dispositif transitoire, les couples de femmes ayant commencé un parcours de PMA avant la loi, mais dont l'insémination et le transfert d'embryons ont eu lieu après la loi, se trouvent dans une situation non prévue par les textes, et l'adoption reste le seul mode d'établissement de la filiation possible entre l'enfant et la femme qui n'a pas accouché. * Rép. min. n° 2097, *JO Sénat 2 mars 2023 : AJ fam. 2023. 132.*

Art. 342-11 **Lors du recueil du consentement prévu à l'article 342-10, le couple de femmes reconnaît conjointement l'enfant.**

La filiation est établie, à l'égard de la femme qui accouche, conformément à l'article 311-25. Elle est établie, à l'égard de l'autre femme, par la reconnaissance conjointe prévue au premier alinéa du présent article. Celle-ci est remise par l'une des deux femmes ou, le cas échéant, par la personne chargée de déclarer la naissance à l'officier de l'état civil, qui l'indique dans l'acte de naissance.

Tant que la filiation ainsi établie n'a pas été contestée en justice dans les conditions prévues au deuxième alinéa de l'article 342-10, elle fait obstacle à l'établissement d'une autre filiation dans les conditions prévues au présent titre.

Avant de recueillir le consentement à la procréation médicalement assistée prévu à l'art. 1157-2 C. pr. civ., le notaire informe les membres du couple de femmes, de ce que la femme qui fait obstacle à la remise de la reconnaissance conjointe mentionnée à l'art. 342-11 à l'officier de l'état civil engage sa responsabilité, et de la possibilité de faire apposer cette reconnaissance sur l'acte de naissance de l'enfant sur instruction du procureur de la République à la demande de l'enfant majeur, de son représentant légal s'il est mineur ou de toute personne ayant intérêt à agir en justice (C. pr. civ., art. 1157-3, al. 6).

Lorsqu'un couple de femmes a eu recours à une assistance médicale à la procréation à l'étranger avant la publication de la L. n° 2021-1017 du 2 août 2021, il peut faire, devant le notaire, une reconnaissance conjointe de l'enfant dont la filiation n'est établie qu'à l'égard de la femme qui a accouché. Cette reconnaissance établit la filiation à l'égard de l'autre femme. La reconnaissance conjointe est inscrite en marge de l'acte de naissance de l'enfant sur instruction du procureur de la République, qui s'assure que les conditions prévues sont réunies. Cette disposition est applicable pour une durée de trois ans à compter du 3 août 2021 (L. préc., art. 6-IV).

A titre exceptionnel, pour une durée de trois ans à compter de la promulgation de la L. n° 2022-219 du 21 févr. 2022, lorsque, sans motif légitime, la mère inscrite dans l'acte de naissance de l'enfant refuse la reconnaissance conjointe prévue au IV de l'art. 6 de la L. n° 2021-1017 du 2 août 2021 relative à la bioéthique, la femme qui n'a pas accouché peut demander à adopter l'enfant, sous réserve de rapporter la preuve du projet parental commun et de l'assistance médicale à la procréation réalisée à l'étranger avant la publication de la même loi, dans les conditions prévues par la loi étrangère, sans que puisse lui être opposée l'absence de lien conjugal ni la condition de durée d'accueil prévue au premier al. de l'art. 345. Le tribunal prononce l'adoption s'il estime que le refus de la reconnaissance conjointe est contraire à l'intérêt de l'enfant et si la protection de ce dernier l'exige. Il statue par une décision spécialement motivée. L'adoption entraîne les mêmes effets, droits et obligations qu'en matière d'adoption de l'enfant du conjoint, du partenaire d'un pacte civil de solidarité ou du concubin (L. préc., art. 9).

Code de commerce

Art. A. 444-84-1 *(Arr. du 9 déc. 2021, art. 2)* La reconnaissance conjointe anticipée prévue à l'article 342-11 du code civil et la reconnaissance de paternité ou de maternité faite par acte authentique prévue à l'article 316 du même code donnent lieu à la perception d'un émolument fixe de 75,46 €.

La reconnaissance conjointe prévue au IV de l'art. 6 de la L. nº 2021-1017 du 2 août donne lieu à la perception de l'émolument prévu à l'art. A. 444-84-1 C. com. (Arr. du 9 déc. 2021, art. 3).

Art. 342-12 Lorsque la filiation est établie dans les conditions prévues à l'article 342-11 par reconnaissance conjointe, les femmes qui y sont désignées choisissent le nom de famille qui est dévolu à l'enfant au plus tard au moment de la déclaration de naissance : soit le nom de l'une d'elles, soit leurs deux noms accolés dans l'ordre choisi par elles dans la limite d'un nom de famille pour chacune d'elles. En l'absence de déclaration conjointe à l'officier de l'état civil mentionnant le choix du nom de l'enfant, celui-ci prend leurs deux noms, dans la limite du premier nom de famille de chacune d'elles, accolés selon l'ordre alphabétique.

En cas de naissance à l'étranger d'un enfant dont l'un au moins des parents est français, les parents qui n'ont pas usé de la faculté de choix du nom dans les conditions prévues au premier alinéa du présent article peuvent effectuer une telle déclaration lors de la demande de transcription de l'acte, au plus tard dans les trois ans suivant la naissance de l'enfant.

Lorsqu'il a déjà été fait application du présent article, de l'article 311-21, du deuxième alinéa de l'article 311-23 ou de l'article 357 à l'égard d'un enfant commun, le nom précédemment dévolu ou choisi vaut pour les autres enfants communs.

Lorsque les parents ou l'un d'entre eux portent un double nom de famille, ils peuvent, par une déclaration écrite conjointe, ne transmettre qu'un seul nom à leurs enfants.

Lorsqu'il est fait application du dernier alinéa de l'article 342-13 et que la filiation de l'enfant s'en trouve modifiée, le procureur de la République modifie le nom de l'enfant par application du présent article.

Art. 342-13 Celui qui, après avoir consenti à l'assistance médicale à la procréation, ne reconnaît pas l'enfant qui en est issu engage sa responsabilité envers la mère et envers l'enfant.

En outre, sa paternité est judiciairement déclarée. L'action obéit aux dispositions des articles 328 et 331.

La femme qui, après avoir consenti à l'assistance médicale à la procréation, fait obstacle à la remise à l'officier de l'état civil de la reconnaissance conjointe mentionnée à l'article 342-10 engage sa responsabilité.

En cas d'absence de remise de la reconnaissance conjointe mentionnée au même article 342-10, celle-ci peut être communiquée à l'officier de l'état civil par le procureur de la République à la demande de l'enfant majeur, de son représentant légal s'il est mineur ou de toute personne ayant intérêt à agir en justice. La reconnaissance conjointe est portée en marge de l'acte de naissance de l'enfant. Toutefois, la filiation établie par la reconnaissance conjointe ne peut être portée dans l'acte de naissance tant que la filiation déjà établie à l'égard d'un tiers, par présomption, reconnaissance volontaire ou adoption plénière, n'a pas été contestée en justice dans les conditions prévues à la section 3 du chapitre III du présent titre, par une action en tierce opposition dans les conditions prévues à l'article 353-2 ou par un recours en révision dans les conditions prévues par décret.

Code de la santé publique

(Ord. nº 2000-548 du 15 juin 2000) – **CSP.**

LIVRE II (DE LA 1re PARTIE). DON ET UTILISATION DES ÉLÉMENTS ET PRODUITS DU CORPS HUMAIN

TITRE IV. TISSUS, CELLULES, PRODUITS DU CORPS HUMAIN ET LEURS DÉRIVÉS

CHAPITRE IV. *DON ET UTILISATION DE GAMÈTES*

Art. L. 1244-1 Le don de gamètes consiste en l'apport par un tiers de spermatozoïdes ou d'ovocytes en vue d'une assistance médicale à la procréation.

....

Art. L. 1244-2 *(L. nº 2021-1017 du 2 août 2021, art. 3, en vigueur le 1er sept. 2022)* Le donneur est majeur. Le mineur émancipé ne peut être donneur.

Préalablement au don, le donneur est dûment informé des dispositions législatives et réglementaires relatives au don de gamètes, notamment des dispositions de l'article L. 2143-2 relatives à l'accès des personnes conçues par assistance médicale à la procréation avec tiers donneur aux données non identifiantes et à l'identité du tiers donneur.

Le consentement du donneur est recueilli par écrit et peut être révoqué à tout moment jusqu'à l'utilisation des gamètes.

Une étude de suivi est proposée au donneur, qui y consent par écrit.

Art. L. 1244-3 L'insémination artificielle par sperme frais provenant d'un don et le mélange de spermes sont interdits. – *[Anc. art. L. 673-3.]*

Art. L. 1244-4 Le recours aux gamètes d'un même donneur ne peut délibérément conduire à la naissance de plus de *(L. nº 2004-800 du 6 août 2004, art. 12)* « dix enfants ». – *[Anc. art. L. 673-4.]*

....

Art. L. 1244-7 Le bénéfice d'un don de gamètes ne peut en aucune manière être subordonné à la désignation par le couple receveur d'une personne ayant volontairement accepté de procéder à un tel don en faveur d'un couple tiers anonyme. – *[Anc. art. L. 673-7.]*

(L. nº 2004-800 du 6 août 2004, art. 12) « La donneuse d'ovocytes doit être particulièrement informée des conditions de la stimulation ovarienne et du prélèvement ovocytaire, des risques et des contraintes liés à cette technique, lors des entretiens avec l'équipe médicale pluridisciplinaire. Elle est informée des conditions légales du don, notamment du principe d'anonymat et du principe de gratuité. Elle bénéficie du remboursement des frais engagés pour le don. »

....

LIVRE I (DE LA 2e PARTIE). PROTECTION ET PROMOTION DE LA SANTÉ MATERNELLE ET INFANTILE

TITRE IV. ASSISTANCE MÉDICALE À LA PROCRÉATION

CHAPITRE I. *DISPOSITIONS GÉNÉRALES*

Art. L. 2141-1 *(L. nº 2011-814 du 7 juill. 2011, art. 31 ; L. nº 2021-1017 du 2 août 2021, art. 37)* « L'assistance médicale à la procréation s'entend des pratiques cliniques et biologiques permettant la conception *in vitro*, la conservation des gamètes, des tissus germinaux et des embryons, le transfert d'embryons et l'insémination artificielle. La liste des procédés biologiques utilisés en assistance médicale à la procréation est fixée par arrêté du ministre chargé de la santé après avis de l'Agence de la biomédecine. Un décret en Conseil d'État précise les modalités et les critères d'inscription des procédés sur cette liste. Les critères portent notamment sur le respect des principes fondamentaux de la bioéthique prévus en particulier aux articles 16 à 16-8 du code civil, l'efficacité, la reproductibilité du procédé ainsi que la sécurité de son utilisation pour la femme et l'enfant à naître.

« Toute technique visant à améliorer l'efficacité, la reproductibilité et la sécurité des procédés figurant sur la liste mentionnée au premier alinéa du présent article fait l'objet, avant sa mise en œuvre, d'une autorisation délivrée par le directeur général de l'Agence de la biomédecine après avis motivé de son conseil d'orientation.

« Lorsque le conseil d'orientation considère que la modification proposée est susceptible de constituer un nouveau procédé, sa mise en œuvre est subordonnée à son inscription sur la liste mentionnée au même premier alinéa.

« La mise en œuvre de l'assistance médicale à la procréation privilégie les pratiques et procédés qui permettent de limiter le nombre des embryons conservés. L'Agence de la biomédecine rend compte, dans son rapport annuel, des méthodes utilisées et des résultats obtenus. »

(L. n° 2004-800 du 6 août 2004, art. 24) La stimulation ovarienne, y compris lorsqu'elle est mise en œuvre indépendamment d'une technique d'assistance médicale à la procréation, est soumise à des *(L. n° 2011-814 du 7 juill. 2011, art. 31)* « règles » de bonnes pratiques *(L. n° 2011-814 du 7 juill. 2011, art. 31)* « fixées par arrêté du ministre chargé de la santé ».

(L. n° 2011-814 du 7 juill. 2011, art. 29) « Un arrêté du ministre chargé de la santé, pris sur proposition de l'Agence de la biomédecine, définit les règles de bonnes pratiques applicables à l'assistance médicale à la procréation » *(Abrogé par L. n° 2021-1017 du 2 août 2021, art. 37)* « *avec tiers donneur* ».

Art. L. 2141-2 *(L. n° 2021-1017 du 2 août 2021, art. 1er)* L'assistance médicale à la procréation est destinée à répondre à un projet parental. Tout couple formé d'un homme et d'une femme ou de deux femmes ou toute femme non mariée ont accès à l'assistance médicale à la procréation après les entretiens particuliers des demandeurs avec les membres de l'équipe médicale clinicobiologique pluridisciplinaire effectués selon les modalités prévues à l'article L. 2141-10.

Cet accès ne peut faire l'objet d'aucune différence de traitement, notamment au regard du statut matrimonial ou de l'orientation sexuelle des demandeurs.

Les deux membres du couple ou la femme non mariée doivent consentir préalablement à l'insémination artificielle ou au transfert des embryons.

Lorsqu'il s'agit d'un couple, font obstacle à l'insémination ou au transfert des embryons :

1° Le décès d'un des membres du couple ;

2° L'introduction d'une demande en divorce ;

3° L'introduction d'une demande en séparation de corps ;

4° La signature d'une convention de divorce ou de séparation de corps par consentement mutuel selon les modalités prévues à l'article 229-1 du code civil ;

5° La cessation de la communauté de vie ;

6° La révocation par écrit du consentement prévu au troisième alinéa du présent article par l'un ou l'autre des membres du couple auprès du médecin chargé de mettre en œuvre l'assistance médicale à la procréation.

Une étude de suivi est proposée au couple receveur ou à la femme receveuse, qui y consent par écrit.

Les conditions d'âge requises pour bénéficier d'une assistance médicale à la procréation sont fixées par décret en Conseil d'État, pris après avis de l'Agence de la biomédecine. Elles prennent en compte les risques médicaux de la procréation liés à l'âge ainsi que l'intérêt de l'enfant à naître.

Lorsqu'un recueil d'ovocytes par ponction a lieu dans le cadre d'une procédure d'assistance médicale à la procréation, il peut être proposé de réaliser dans le même temps une autoconservation ovocytaire.

Art. L. 2141-3 *(L. n° 2021-1017 du 2 août 2021, art. 1er)* Un embryon ne peut être conçu *in vitro* que dans le cadre et selon les objectifs d'une assistance médicale à la procréation définie à l'article L. 2141-1.

Compte tenu de l'état des techniques médicales, les membres du couple ou la femme non mariée peuvent consentir par écrit à ce que soit tentée la fécondation d'un nombre d'ovocytes pouvant rendre nécessaire la conservation d'embryons, dans l'intention de réaliser ultérieurement leur projet parental. Dans ce cas, ce nombre est limité à ce qui est strictement nécessaire à la réussite de l'assistance médicale à la procréation compte tenu du procédé mis en œuvre. Une information détaillée est remise aux membres du couple ou à la femme non mariée sur les possibilités de devenir de leurs embryons conservés qui ne feraient plus l'objet d'un projet parental ou en cas de décès de l'un des membres du couple.

Les deux membres du couple ou la femme non mariée peuvent consentir par écrit à ce que les embryons non susceptibles d'être transférés ou conservés fassent l'objet d'une recherche dans les conditions prévues à l'article L. 2151-5.

Un couple ou une femme non mariée dont des embryons ont été conservés ne peut bénéficier d'une nouvelle tentative de fécondation *in vitro* avant le transfert de ceux-ci, sauf si un problème de qualité affecte ces embryons.

Art. L. 2141-3-1 *(L. nº 2021-1017 du 2 août 2021, art. 20)* Des recherches menées dans le cadre de l'assistance médicale à la procréation peuvent être réalisées sur des gamètes destinés à constituer un embryon ou sur un embryon conçu *in vitro* avant ou après son transfert à des fins de gestation, si chaque membre du couple ou la femme non mariée y consent. Dans ce cadre, aucune intervention ayant pour objet de modifier le génome des gamètes ou de l'embryon ne peut être entreprise. Ces recherches sont conduites dans les conditions fixées au titre II du livre I de la première partie.

Art. L. 2141-4 *(L. nº 2021-1017 du 2 août 2021, art. 22)* I. — Les deux membres du couple ou la femme non mariée dont des embryons sont conservés sont consultés chaque année sur le point de savoir s'ils maintiennent leur projet parental. S'ils confirment par écrit le maintien de leur projet parental, la conservation de leurs embryons est poursuivie.

II. — S'ils n'ont plus de projet parental, les deux membres du couple ou la femme non mariée consentent par écrit :

1° A ce que leurs embryons soient accueillis par un autre couple ou une autre femme dans les conditions fixées aux articles L. 2141-5 et L. 2141-6 ;

2° A ce que leurs embryons fassent l'objet d'une recherche dans les conditions prévues à l'article L. 2151-5 ou, dans les conditions fixées par le titre II du livre I de la première partie, à ce que les cellules dérivées à partir de ces embryons entrent dans une préparation de thérapie cellulaire ou un médicament de thérapie innovante à des fins exclusivement thérapeutiques ;

3° A ce qu'il soit mis fin à la conservation de leurs embryons.

Dans tous les cas, ce consentement par écrit est confirmé à l'issue d'un délai de réflexion de trois mois à compter de la date du premier consentement mentionné au premier alinéa du présent II. L'absence de révocation par écrit du consentement dans ce délai vaut confirmation.

Dans le cas mentionné au 2°, le consentement des deux membres du couple ou de la femme non mariée est révocable tant qu'il n'y a pas eu d'intervention sur l'embryon dans le cadre de la recherche.

III. — A l'occasion de la consultation annuelle mentionnée au I, les deux membres du couple précisent si, en cas de décès de l'un d'eux, ils consentent à l'une des possibilités du devenir des embryons conservés prévues aux 1° ou 2° du II.

En cas de décès de l'un des membres du couple, le membre survivant est consulté, le cas échéant, sur le point de savoir s'il maintient son consentement aux possibilités prévues aux mêmes 1° ou 2°, après l'expiration d'un délai d'un an à compter du décès, sauf initiative anticipée de sa part. Si le membre survivant révoque son consentement, il est mis fin à la conservation des embryons.

IV. — Dans le cas où l'un des deux membres du couple ou la femme non mariée, consultés annuellement à au moins deux reprises, dans des conditions précisées par décret en Conseil d'État, ne répondent pas sur le point de savoir s'ils maintiennent ou non leur projet parental, il est mis fin à la conservation des embryons si la durée de celle-ci est au moins égale à cinq ans. Il en est de même en cas de désaccord des membres du couple sur le maintien du projet parental ou sur le devenir des embryons. Il en est de même en cas de révocation par écrit du consentement prévue en application de l'avant-dernier alinéa du II.

V. — Lorsque les deux membres du couple ou la femme non mariée ont consenti, dans les conditions prévues aux articles L. 2141-5 et L. 2141-6, à l'accueil de leurs embryons et que ceux-ci n'ont pas été accueillis dans un délai de cinq ans à compter du jour où ce consentement a été confirmé, il est mis fin à la conservation de ces embryons à l'issue de ce délai.

VI. — Lorsque les deux membres du couple ou la femme non mariée ont consenti à ce que leurs embryons fassent l'objet d'une recherche autorisée dans les conditions prévues à l'article L. 2151-5 et que ceux-ci n'ont pas été inclus dans un protocole de recherche à l'issue d'un délai de cinq ans à compter du jour où ce consentement a été confirmé, il est mis fin à la conservation de ces embryons à l'issue de ce délai.

VII. — En cas de décès des deux membres du couple, de l'un de ses membres ou de la femme non mariée en l'absence des consentements prévus aux 1° et 2° du II du présent article, il est mis fin à la conservation de leurs embryons.

Art. L. 2141-5 *(L. nº 2021-1017 du 2 août 2021, art. 1er, en vigueur le 1er sept. 2022)* Les deux membres du couple ou la femme non mariée peuvent consentir par écrit à ce que les embryons conservés soient accueillis par un autre couple ou une autre femme non mariée dans les conditions prévues à l'article L. 2141-6, y compris, s'agissant des deux membres d'un couple, en cas de décès de l'un d'eux.

Les deux membres du couple ou la femme non mariée sont informés des dispositions législatives et réglementaires relatives à l'accueil d'embryons, notamment des dispositions de l'article L. 2143-2 relatives à l'accès des personnes conçues par assistance médicale à la procréation avec tiers donneur aux données non identifiantes et à l'identité du tiers donneur. *— V. Arr. du 29 août 2022 relatif au consentement à la proposition à l'accueil d'un ou plusieurs embryons.*

Art. L. 2141-6 *(L. nº 2021-1017 du 2 août 2021, art. 1er)* Un couple ou une femme non mariée répondant aux conditions prévues à l'article L. 2141-2 peut accueillir un embryon.

Les deux membres du couple ou la femme non mariée doivent préalablement donner leur consentement, devant notaire, à l'accueil de l'embryon. Les conditions et les effets de ce consentement sont régis par l'article 342-10 du code civil.

Le couple ou la femme non mariée accueillant l'embryon et le couple ou la femme non mariée ayant consenti à l'accueil de leur embryon ne peuvent connaître leurs identités respectives.

En cas de nécessité médicale, un médecin peut accéder aux informations médicales non identifiantes concernant le couple ou la femme non mariée ayant consenti à l'accueil de leur embryon, au bénéfice de l'enfant. Ces informations médicales peuvent être actualisées auprès des établissements mentionnés au dernier alinéa du présent article.

Aucune contrepartie, quelle qu'en soit la forme, ne peut être allouée au couple ou à la femme non mariée ayant consenti à l'accueil de leur embryon.

L'accueil de l'embryon est subordonné à des règles de sécurité sanitaire. Ces règles comprennent notamment des tests de dépistage des maladies infectieuses.

Seuls les établissements publics ou privés à but non lucratif autorisés à cet effet peuvent conserver les embryons destinés à être accueillis et mettre en œuvre la procédure d'accueil.

Art. L. 2141-7 *Abrogé par L. nº 2021-1017 du 2 août 2021, art. 1er.*

Art. L. 2141-8 *(L. nº 2004-800 du 6 août 2004, art. 24)* Un embryon humain ne peut être conçu ni utilisé à des fins commerciales ou industrielles.

Art. L. 2141-9 *(L. nº 2021-1017 du 2 août 2021, art. 1er)* Seuls les embryons conçus dans le respect des principes fondamentaux énoncés aux articles 16 à 16-8 du code civil et des dispositions du présent titre peuvent entrer sur le territoire où s'applique le présent code ou en sortir. Ces déplacements d'embryons sont exclusivement destinés à permettre la poursuite du projet parental du couple ou de la femme non mariée concernés. Ils sont soumis à l'autorisation préalable de l'Agence de la biomédecine.

Art. L. 2141-10 *(L. nº 2021-1017 du 2 août 2021, art. 1er)* La mise en œuvre de l'assistance médicale à la procréation est précédée d'entretiens particuliers de la femme ou du couple demandeur avec un ou plusieurs médecins et d'autres professionnels de santé de l'équipe médicale clinicobiologique pluridisciplinaire du centre, composée notamment d'un psychiatre, d'un psychologue ou d'un infirmier ayant une compétence en psychiatrie, le cas échéant extérieur au centre. L'équipe fait appel, en tant que de besoin, à un professionnel inscrit sur la liste mentionnée au deuxième alinéa de l'article L. 411-2 du code de l'action sociale et des familles.

Les médecins de l'équipe mentionnée au premier alinéa du présent article doivent :

1º Vérifier la motivation des deux membres du couple ou de la femme non mariée ;

2º Procéder à une évaluation médicale des deux membres du couple ou de la femme non mariée ;

3º Informer complètement, au regard de l'état des connaissances scientifiques, les deux membres du couple ou la femme non mariée des possibilités de réussite ou d'échec des techniques d'assistance médicale à la procréation, de leurs effets secondaires et de leurs risques à court et à long termes ainsi que de leur pénibilité et des contraintes qu'elles peuvent entraîner ;

4º En cas d'assistance médicale à la procréation avec tiers donneur, informer les deux membres du couple ou la femme non mariée des modalités de l'accès aux données non identifiantes et à l'identité du tiers donneur par la personne majeure issue du don ;

5º Lorsqu'il s'agit d'un couple, informer celui-ci de l'impossibilité de réaliser un transfert des embryons conservés en cas de rupture du couple ainsi que des dispositions applicables en cas de décès d'un des membres du couple ;

6º Remettre aux deux membres du couple ou à la femme non mariée un dossier-guide comportant notamment :

a) Le rappel des dispositions législatives et réglementaires relatives à l'assistance médicale à la procréation ;

b) Un descriptif de ces techniques ;

c) Le rappel des dispositions législatives et réglementaires relatives à l'adoption ainsi que l'adresse des associations et organismes susceptibles de compléter leur information sur ce sujet ;

d) Des éléments d'information sur l'accès aux données non identifiantes et à l'identité du tiers donneur par la personne majeure issue du don ainsi que la liste des associations et organismes susceptibles de compléter leur information sur ce sujet. Les membres du couple ou la femme non mariée sont incités à anticiper et à créer les conditions qui leur permettront d'informer l'enfant, avant sa majorité, de ce qu'il est issu d'un don.

Le consentement du couple ou de la femme non mariée est confirmé par écrit à l'expiration d'un délai de réflexion d'un mois à compter de la réalisation des étapes mentionnées aux 1° à 6°.

L'assistance médicale à la procréation est subordonnée à des règles de sécurité sanitaire.

Elle ne peut être mise en œuvre par le médecin ayant par ailleurs participé aux entretiens prévus au premier alinéa lorsque la femme non mariée ou le couple demandeur ne remplissent pas les conditions prévues au présent titre ou lorsque ce médecin, après concertation au sein de l'équipe clinicobiologique pluridisciplinaire, estime qu'un délai de réflexion supplémentaire est nécessaire à la femme non mariée ou au couple demandeur, dans l'intérêt de l'enfant à naître.

Le couple ou la femme non mariée qui, pour procréer, recourent à une assistance médicale nécessitant l'intervention d'un tiers donneur doivent préalablement donner, dans les conditions prévues par le code civil, leur consentement à un notaire.

Les motifs du report ou du refus d'une assistance médicale à la procréation sont communiqués par écrit aux demandeurs dès lors qu'ils en font la demande auprès du centre d'assistance médicale à la procréation.

La composition de l'équipe clinicobiologique mentionnée au premier alinéa est fixée par décret en Conseil d'État. »

Art. L. 2141-11 *(L. n° 2021-1017 du 2 août 2021, art. 31)* I. — Toute personne dont la prise en charge médicale est susceptible d'altérer la fertilité ou dont la fertilité risque d'être prématurément altérée peut bénéficier du recueil ou du prélèvement et de la conservation de ses gamètes ou de ses tissus germinaux en vue de la réalisation ultérieure, à son bénéfice, d'une assistance médicale à la procréation, en vue de la préservation ou de la restauration de sa fertilité ou en vue du rétablissement d'une fonction hormonale.

Le recueil, le prélèvement et la conservation mentionnés au premier alinéa sont subordonnés au consentement de l'intéressé et, le cas échéant, à celui de l'un des parents investis de l'exercice de l'autorité parentale ou du tuteur lorsque l'intéressé est mineur, après information sur les conditions, les risques et les limites de la démarche et de ses suites. Dans l'année où elle atteint l'âge de la majorité, la personne dont les gamètes ou les tissus germinaux sont conservés en application du présent I reçoit de l'équipe pluridisciplinaire du centre où sont conservés ses gamètes ou ses tissus germinaux une information sur les conditions de cette conservation et les suites de la démarche.

Le consentement de la personne mineure doit être systématiquement recherché si elle est apte à exprimer sa volonté et à participer à la décision.

S'agissant des personnes majeures faisant l'objet d'une mesure de protection juridique avec représentation relative à la personne, l'article 458 du code civil s'applique.

Les procédés biologiques utilisés pour la conservation des gamètes et des tissus germinaux sont inclus dans la liste prévue à l'article L. 2141-1 du présent code, dans les conditions déterminées au même article L. 2141-1.

La modification de la mention du sexe à l'état civil ne fait pas obstacle à l'application du présent article.

II. — Les parents investis de l'exercice de l'autorité parentale d'une personne mineure dont les gamètes ou les tissus germinaux sont conservés en application du présent article sont contactés chaque année par écrit pour recueillir les informations utiles à la conservation, dont un éventuel changement de coordonnées.

Il ne peut être mis fin à la conservation des gamètes ou des tissus germinaux d'une personne mineure, même émancipée, qu'en cas de décès.

En cas de décès de la personne mineure dont les gamètes ou les tissus germinaux sont conservés, les parents investis de l'exercice de l'autorité parentale peuvent consentir par écrit :

1° A ce que ses gamètes ou ses tissus germinaux fassent l'objet d'une recherche dans les conditions prévues aux articles L. 1243-3 et L. 1243-4 ;

2° A ce qu'il soit mis fin à la conservation de ses gamètes ou de ses tissus germinaux.

Le consentement est révocable jusqu'à l'utilisation des gamètes ou des tissus germinaux ou jusqu'à ce qu'il soit mis fin à leur conservation.

Le délai mentionné au IV du présent article ne s'applique à la personne mineure, même émancipée, qu'à compter de sa majorité.

III. — La personne majeure dont les gamètes ou les tissus germinaux sont conservés en application du présent article est consultée chaque année. Elle consent par écrit à la poursuite de cette conservation.

Si elle ne souhaite plus poursuivre cette conservation ou si elle souhaite préciser les conditions de conservation en cas de décès, elle consent par écrit :

1° A ce que ses gamètes fassent l'objet d'un don en application du chapitre IV du titre IV du livre II de la première partie ;

2° A ce que ses gamètes ou ses tissus germinaux fassent l'objet d'une recherche dans les conditions prévues aux articles L. 1243-3 et L. 1243-4 ;

3° A ce qu'il soit mis fin à la conservation de ses gamètes ou de ses tissus germinaux.

Dans tous les cas, ce consentement fait l'objet d'une confirmation par écrit à l'issue d'un délai de réflexion de trois mois à compter de la date du premier consentement.

Le consentement est révocable jusqu'à l'utilisation des gamètes ou des tissus germinaux ou jusqu'à ce qu'il soit mis fin à leur conservation.

IV. — En l'absence de réponse de la personne majeure durant dix années consécutives, il est mis fin à la conservation de ses gamètes ou de ses tissus germinaux. Le délai de dix années consécutives court à compter de la majorité de la personne.

Lorsque la personne atteint un âge ne justifiant plus l'intérêt de la conservation et en l'absence du consentement prévu aux 1° ou 2° du III, il est mis fin à cette conservation. Cette limite d'âge est fixée par un arrêté du ministre chargé de la santé, pris après avis de l'Agence de la biomédecine.

En cas de décès de la personne et en l'absence du consentement prévu aux mêmes 1° ou 2°, il est mis fin à la conservation des gamètes ou des tissus germinaux.

Art. L. 2141-11-1 *(Ord. n° 2008-480 du 22 mai 2008, art. 3)* L'importation et l'exportation de gamètes ou de tissus germinaux issus du corps humain sont soumises à une autorisation délivrée par l'Agence de la biomédecine. *(L. n° 2021-1017 du 2 août 2021, art. 3)* « Elles sont exclusivement destinées à permettre la poursuite d'un projet parental par la voie d'une assistance médicale à la procréation ou la restauration de la fertilité ou d'une fonction hormonale du demandeur, à l'exclusion de toute finalité commerciale. »

Seul un établissement, un organisme *(Ord. n° 2017-28 du 12 janv. 2017, art. 2)* «, un groupement de coopération sanitaire » ou un laboratoire titulaire de l'autorisation prévue à l'article L. 2142-1 pour exercer une activité biologique d'assistance médicale à la procréation peut obtenir l'autorisation prévue au présent article.

Seuls les gamètes et les tissus germinaux recueillis et destinés à être utilisés conformément aux normes de qualité et de sécurité en vigueur, ainsi qu'aux principes mentionnés aux articles L. 1244-3, L. 1244-4, L. 2141-2, L. 2141-3, *(L. n° 2021-1017 du 2 août 2021, art. 3)* « L. 2141-11 et L. 2141-12 » du présent code et aux articles 16 à 16-8 du code civil, peuvent faire l'objet d'une autorisation d'importation ou d'exportation.

Toute violation des prescriptions fixées par l'autorisation d'importation ou d'exportation de gamètes ou de tissus germinaux entraîne la suspension ou le retrait de cette autorisation par l'Agence de la biomédecine.

Art. L. 2141-12 *(L. n° 2021-1017 du 2 août 2021, art. 3)* I. — Une personne majeure qui répond à des conditions d'âge fixées par un décret en Conseil d'État, pris après avis de l'Agence de la biomédecine, peut bénéficier, après une prise en charge médicale par l'équipe clinicobiologique pluridisciplinaire, du recueil, du prélèvement et de la conservation de ses gamètes en vue de la réalisation ultérieure, à son bénéfice, d'une assistance médicale à la procréation dans les conditions prévues au présent chapitre.

Le recueil, le prélèvement et la conservation sont subordonnés au consentement écrit de l'intéressé, recueilli par l'équipe clinicobiologique pluridisciplinaire après information sur les conditions, les risques et les limites de la démarche et de ses suites. L'équipe clinicobiologique pluridisciplinaire peut simultanément recueillir le consentement prévu au deuxième alinéa du II.

Lorsque les gamètes conservés sont des spermatozoïdes, l'intéressé est informé qu'il peut, à tout moment, consentir par écrit à ce qu'une partie de ses gamètes fasse l'objet d'un don en application du chapitre IV du titre IV du livre II de la première partie du présent code.

Les frais relatifs à la conservation des gamètes réalisée en application du présent I ne peuvent être pris en charge ou compensés, de manière directe ou indirecte, par l'employeur ou par toute personne physique ou toute personne morale de droit public ou privé vis-à-vis de laquelle la personne concernée est dans une situation de dépendance économique.

Seuls les établissements publics de santé ou les établissements de santé privés à but non lucratif habilités à assurer le service public hospitalier peuvent, lorsqu'ils y ont été autorisés, procéder au prélèvement, au recueil et à la conservation des gamètes mentionnés au présent I. Ces activités ne peuvent être exercées dans le cadre de l'activité libérale prévue à l'article L. 6154-1. Par dérogation, si aucun organisme ou établissement de santé public ou privé à but non lucratif n'assure ces activités dans un département, le directeur général de l'agence régionale de santé peut autoriser un établissement de santé privé à but lucratif à les pratiquer, sous réserve de la garantie par celui-ci de l'absence de facturation de dépassements des tarifs fixés par l'autorité administrative et des tarifs des honoraires prévus au 1° du I de l'article L. 162-14-1 du code de la sécurité sociale.

II. — La personne dont les gamètes sont conservés en application du I du présent article est consultée chaque année civile. Elle consent par écrit à la poursuite de cette conservation.

Si elle ne souhaite plus poursuivre cette conservation ou si elle souhaite préciser les conditions de conservation en cas de décès, elle consent par écrit :

1° A ce que ses gamètes fassent l'objet d'un don en application du chapitre IV du titre IV du livre II de la première partie du présent code ;

2° A ce que ses gamètes fassent l'objet d'une recherche dans les conditions prévues aux articles L. 1243-3 et L. 1243-4 ;

3° A ce qu'il soit mis fin à la conservation de ses gamètes.

Dans tous les cas, ce consentement est confirmé à l'issue d'un délai de réflexion de trois mois à compter de la date du premier consentement. L'absence de révocation par écrit du consentement dans ce délai vaut confirmation.

Le consentement est révocable jusqu'à l'utilisation des gamètes ou jusqu'à ce qu'il soit mis fin à leur conservation.

En l'absence de réponse durant dix années civiles consécutives de la personne dont les gamètes sont conservés et en l'absence du consentement prévu aux 1° ou 2° du présent II, il est mis fin à la conservation.

En cas de décès de la personne et en l'absence du consentement prévu aux mêmes 1° ou 2°, il est mis fin à la conservation des gamètes.

....

CHAPITRE III. *ACCÈS AUX DONNÉES NON IDENTIFIANTES ET À L'IDENTITÉ DU TIERS DONNEUR*

(L. n° 2021-1017 du 2 août 2021, art. 5)

BIBL. ▸ Baillon-Wirtz et Darmé-Longuet, *JCP N 2022, n° 1273* (droit d'accès aux origines d'un enfant né d'une assistance médicale à la procréation avec tiers donneur). – Monéger, *RDSS 2021. 836* (accès aux origines des enfants issus d'un don).

Art. L. 2143-1 Pour l'application du présent chapitre, la notion de tiers donneur s'entend de la personne dont les gamètes ont été recueillis ou prélevés en application du chapitre IV du titre IV du livre II de la première partie du présent code ainsi que du couple, du membre survivant ou de la femme non mariée ayant consenti à ce qu'un ou plusieurs de ses embryons soient accueillis par un autre couple ou une autre femme en application de l'article L. 2141-5.

Lorsque le tiers donneur est un couple, son consentement s'entend du consentement exprès de chacun de ses membres.

Art. L. 2143-2 Toute personne conçue par assistance médicale à la procréation avec tiers donneur peut, si elle le souhaite, accéder à sa majorité à l'identité et aux données non identifiantes du tiers donneur définies à l'article L. 2143-3.

Les personnes qui souhaitent procéder à un don de gamètes ou proposer leur embryon à l'accueil consentent expressément et au préalable à la communication de ces données et de leur identité, dans les conditions prévues au premier alinéa du présent article. En cas de refus, ces personnes ne peuvent procéder à ce don ou proposer cet accueil.

Le décès du tiers donneur est sans incidence sur la communication de ces données et de son identité.

Ces données peuvent être actualisées par le donneur.

L'art. L. 2143-2 CSP s'applique aux personnes conçues par assistance médicale à la procréation avec tiers donneur à compter de la date fixée par le Décr. prévu au C du VII de l'art. 5 de la L. n° 2021-1017 du 2 août 2021 (L. préc., art. 5-VIII-A).

Art. L. 2143-3 *(L. n° 2021-1017 du 2 août 2021, art. 5, en vigueur le 1er sept. 2022)* I. — Lors du recueil du consentement prévu aux articles L. 1244-2 et L. 2141-5, le médecin collecte l'identité des personnes souhaitant procéder au don de gamètes ou proposer leur embryon à l'accueil ainsi que les données non identifiantes suivantes :

1° Leur âge ;

2° Leur état général tel qu'elles le décrivent au moment du don ;

3° Leurs caractéristiques physiques ;

4° Leur situation familiale et professionnelle ;

5° Leur pays de naissance ;

6° Les motivations de leur don, rédigées par leurs soins.

II. — Le médecin mentionné au I du présent article est destinataire des informations relatives à l'évolution de la grossesse résultant d'une assistance médicale à la procréation avec tiers donneur et à son issue. Il recueille l'identité de chaque enfant né à la suite du don d'un tiers donneur ainsi que l'identité de la personne ou du couple receveur.

Art. L. 2143-4 Les données relatives aux tiers donneurs mentionnées à l'article L. 2143-3, les données relatives à leurs dons et aux personnes nées à la suite de ces dons ainsi que l'identité des personnes ou des couples receveurs sont conservées par l'Agence de la biomédecine dans un traitement de données dont elle est responsable en application du 13° de l'article L. 1418-1, dans des conditions garantissant strictement leur sécurité, leur intégrité et leur confidentialité, pour une durée limitée et adéquate tenant compte des nécessités résultant de l'usage auquel ces données sont destinées, fixée par un décret en Conseil d'État pris après avis de la Commission nationale de l'informatique et des libertés, qui ne peut être supérieure à cent vingt ans. — *V. CSP, art. R. 2143-2. s. — **CSP**.*

Ces données permettent également à l'Agence de la biomédecine de s'assurer du respect des dispositions relatives aux dons de gamètes prévues à l'article L. 1244-4.

L'art. L. 2143-4 CSP, dans sa rédaction résultant de la L. n° 2021-1017 du 2 août 2021, entre en vigueur à une date fixée par décret, et au plus tard le 1er sept. 2022 (L. préc., art. 5-VII-B).

Art. L. 2143-5 *(L. n° 2021-1017 du 2 août 2021, art. 5, en vigueur le 1er sept. 2022)* La personne qui, à sa majorité, souhaite accéder aux données non identifiantes relatives au tiers donneur ou à l'identité du tiers donneur s'adresse à la commission mentionnée à l'article L. 2143-6.

Art. L. 2143-6 *(L. n° 2021-1017 du 2 août 2021, art. 5, en vigueur le 1er sept. 2022)* Une commission d'accès aux données non identifiantes et à l'identité du tiers donneur est placée auprès du ministre chargé de la santé. Elle est chargée :

1° De faire droit aux demandes d'accès à des données non identifiantes relatives aux tiers donneurs conformes aux modalités définies par le décret en Conseil d'État pris en application du 3° de l'article L. 2143-9 ;

2° De faire droit aux demandes d'accès à l'identité des tiers donneurs conformes aux modalités définies par le décret en Conseil d'État pris en application du même 3° ;

3° De demander à l'Agence de la biomédecine la communication des données non identifiantes et de l'identité des tiers donneurs ;

4° De se prononcer, à la demande d'un médecin, sur le caractère non identifiant de certaines données préalablement à leur transmission au responsable du traitement de données mentionné à l'article L. 2143-4 ;

5° De recueillir et d'enregistrer l'accord des tiers donneurs qui n'étaient pas soumis aux dispositions du présent chapitre au moment de leur don pour autoriser l'accès à leurs données non identifiantes et à leur identité ainsi que la transmission de ces données à l'Agence de la biomédecine, qui les conserve conformément au même article L. 2143-4 ;

6° De contacter les tiers donneurs qui n'étaient pas soumis aux dispositions du présent chapitre au moment de leur don, lorsqu'elle est saisie de demandes au titre de l'article

L. 2143-5, afin de solliciter et de recueillir leur consentement à la communication de leurs données non identifiantes et de leur identité ainsi qu'à la transmission de ces données à l'Agence de la biomédecine. Afin d'assurer cette mission, la commission peut utiliser le numéro d'inscription des personnes au répertoire national d'identification des personnes physiques et consulter ce répertoire. Les conditions de cette utilisation et de cette consultation sont fixées par un décret en Conseil d'État pris après avis de la Commission nationale de l'informatique et des libertés. La commission est également autorisée à consulter le répertoire national inter-régimes des bénéficiaires de l'assurance maladie afin d'obtenir, par l'intermédiaire des organismes servant les prestations d'assurance maladie, l'adresse des tiers donneurs susmentionnés ;

7° D'informer et d'accompagner les demandeurs et les tiers donneurs.

Les données relatives aux demandes mentionnées à l'article L. 2143-5 sont conservées par la commission dans un traitement de données dont elle est responsable, dans des conditions garantissant strictement leur sécurité, leur intégrité et leur confidentialité, pour une durée limitée et adéquate tenant compte des nécessités résultant de l'usage auquel ces données sont destinées, fixée par un décret en Conseil d'État pris après avis de la Commission nationale de l'informatique et des libertés, qui ne peut être supérieure à cent vingt ans. — *V. CSP, art. R. 2143-2. s.* — ***CSP***.

Les tiers donneurs dont les embryons ou les gamètes sont utilisés jusqu'à la date fixée par le décret prévu au C du VII de l'art. 5 de la L. n° 2021-1017 du 2 août 2021 peuvent manifester auprès de la commission mentionnée à l'art. L. 2143-6 CSP leur accord à la transmission aux personnes majeures nées de leur don de leurs données non identifiantes d'ores et déjà détenues par les organismes et établissements mentionnés au troisième alinéa de l'art. L. 2142-1 du même code ainsi que leur accord à la communication de leur identité en cas de demande par ces mêmes personnes (L. préc., art. 5-VIII-B, applicable à compter du 1er sept. 2022).

A compter du 1er sept. 2022, et au plus tard l'avant-veille de cette même date, les tiers donneurs qui ont effectué un don avant l'entrée en vigueur de l'art. L. 2143-2 CSP peuvent également se manifester auprès des organismes et établissements mentionnés au 3e al. de l'art. L. 2142-1 du même code pour donner leur accord à l'utilisation, à compter de la date fixée par le Décr. prévu au C du VII de l'art. 5 de la L. n° 2021-1017 du 2 août 2021, de leurs gamètes ou embryons qui sont en cours de conservation. Ils consentent alors expressément, dans les conditions fixées par Décr. en Conseil d'État, à la communication de leurs données non identifiantes et de leur identité aux personnes majeures conçues, à partir de cette date, par assistance médicale à la procréation à partir de leurs gamètes ou de leurs embryons qui en feraient la demande (L. préc., art. 5-VIII-C).

Les personnes majeures conçues par assistance médicale à la procréation avec tiers donneur à partir des embryons ou des gamètes utilisés jusqu'à la date fixée par le décret prévu au C du VII de l'art. 5 de la L. n° 2021-1017 du 2 août 2021 peuvent se manifester, si elles le souhaitent, auprès de la commission mentionnée à l'art. L. 2143-6 CSP pour demander l'accès aux données non identifiantes du tiers donneur détenues par les organismes et établissements mentionnés au 3e al. de l'art. L. 2142-1 du même code et, le cas échéant, à l'identité de ce tiers donneur (L. préc., art. 5-VIII-D, applicable à compter du 1er sept. 2022).

La commission mentionnée à l'art. L. 2143-6 CSP fait droit aux demandes d'accès aux données non identifiantes et à l'identité du tiers donneur qui lui parviennent en application du D du présent VIII si le tiers donneur s'est manifesté conformément au B (L. préc., art. 5-VIII-E).

Les organismes et établissements mentionnés au 3e al. de l'art. L. 2142-1 CSP sont tenus de communiquer à la commission mentionnée à l'art. L. 2143-6 du même code, à sa demande, les données nécessaires à l'exercice des missions de celle-ci qu'ils détiennent (L. préc., art. 5-VIII-F).

Art. L. 2143-7 La commission mentionnée à l'article L. 2143-6 est composée :

1° D'un magistrat de l'ordre judiciaire, qui la préside ;

2° D'un membre de la juridiction administrative ;

3° De quatre représentants du ministre de la justice et des ministres chargés de l'action sociale et de la santé ;

4° De quatre personnalités qualifiées choisies en raison de leurs connaissances ou de leur expérience dans le domaine de l'assistance médicale à la procréation ou des sciences humaines et sociales ;

5° De six représentants d'associations dont l'objet relève du champ d'intervention de la commission.

L'écart entre le nombre de femmes et le nombre d'hommes qui la composent ne peut être supérieur à un.

Chaque membre dispose d'un suppléant.

En cas de partage égal des voix, celle du président est prépondérante.

Les membres de la commission sont tenus à une obligation de confidentialité.

La divulgation, par un membre de la commission, d'informations sur une personne ou un couple qui a fait un don de gamètes ou a consenti à l'accueil de ses embryons ou sur une personne née à la suite de ces dons est passible des sanctions prévues à l'article 511-10 du code pénal.

L'art. L. 2143-7 CSP, dans sa rédaction résultant de la L. n° 2021-1017 du 2 août 2021, entre en vigueur le 1er sept. 2022 (L. préc., art. 5-VII-B).

Art. L. 2143-8 *(L. n° 2021-1017 du 2 août 2021, art. 5, en vigueur le 1er sept. 2022)* L'Agence de la biomédecine est tenue de communiquer les données mentionnées à l'article L. 2143-3 à la commission, à la demande de cette dernière, pour l'exercice de ses missions mentionnées à l'article L. 2143-6.

Art. L. 2143-9 Les modalités d'application du présent chapitre sont déterminées par un décret en Conseil d'État pris après avis de la Commission nationale de l'informatique et des libertés, notamment :

1° La nature des données non identifiantes mentionnées aux 1° à 6° du I de l'article L. 2143-3 ;

2° Les modalités du recueil de l'identité des enfants prévu au II du même article L. 2143-3 ;

3° La nature des pièces à joindre à la demande mentionnée à l'article L. 2143-5 ;

4° La composition et le fonctionnement de la commission mentionnée à l'article L. 2143-6. — *V. CSP, art. R. 2143-1 s. — **CSP**.*

TITRE V. RECHERCHE SUR L'EMBRYON ET LES CELLULES EMBRYONNAIRES
(L. n° 2004-800 du 6 août 2004, art. 25)

BIBL. GÉN. ▶ Brusorio, *Gaz. Pal. 2004. Doctr. 2362.* – Dorsner-Dolivet, *JCP 2004. I. 172.* – Gaumont-Prat, *RLDC 2005/12, n° 499.*

CHAPITRE UNIQUE

Art. L. 2151-1 Comme il est dit au troisième alinéa de l'article 16-4 du code civil ci-après reproduit : *V. C. civ., art. 16-4.*

Art. L. 2151-2 La conception *in vitro* d'embryon *(L. n° 2021-1017 du 2 août 2021, art. 23)* « humain par fusion de gamètes » ou la constitution par clonage d'embryon humain à des fins de recherche est interdite.

(L. n° 2021-1017 du 2 août 2021, art. 23) « La modification d'un embryon humain par adjonction de cellules provenant d'autres espèces est interdite. »

Art. L. 2151-3 Un embryon humain ne peut être ni conçu, ni constitué par clonage, ni utilisé, à des fins commerciales ou industrielles.

Art. L. 2151-4 Est également interdite toute constitution par clonage d'un embryon humain à des fins thérapeutiques.

Art. L. 2151-5 *(L. n° 2021-1017 du 2 août 2021, art. 20)* I. — Aucune recherche sur l'embryon humain ne peut être entreprise sans autorisation. Un protocole de recherche conduit sur un embryon humain ne peut être autorisé que si :

1° La pertinence scientifique de la recherche est établie ;

2° La recherche, fondamentale ou appliquée, s'inscrit dans une finalité médicale ou vise à améliorer la connaissance de la biologie humaine ;

3° En l'état des connaissances scientifiques, cette recherche ne peut être menée sans recourir à des embryons humains ;

4° Le projet et les conditions de mise en œuvre du protocole respectent les principes fondamentaux énoncés aux articles 16 à 16-8 du code civil, les principes éthiques énoncés au présent titre et ceux énoncés au titre I du livre II de la première partie du présent code.

II. — Une recherche ne peut être menée qu'à partir d'embryons conçus *in vitro* dans le cadre d'une assistance médicale à la procréation qui ne font plus l'objet d'un projet parental et qui sont proposés à la recherche par le couple, le membre survivant du couple ou la femme dont ils sont issus en application du 2° du II de l'article L. 2141-4, du dernier alinéa de l'article L. 2131-4 ou de l'avant-dernier alinéa de l'article L. 2141-3.

III. — Les protocoles de recherche sont autorisés par l'Agence de la biomédecine après que celle-ci a vérifié que les conditions posées aux I et II du présent article sont satisfaites. La décision de l'agence, assortie de l'avis de son conseil d'orientation, est communiquée aux ministres chargés de la santé et de la recherche, qui peuvent conjointement, dans un délai d'un mois, demander un nouvel examen du dossier ayant servi de fondement à la décision :

1° En cas de doute sur le respect des principes mentionnés au 4° du I ou sur la pertinence scientifique d'un protocole autorisé. L'agence procède à ce nouvel examen dans un délai de trente jours, durant lequel l'autorisation est suspendue. En cas de confirmation de la décision, la validation du protocole est réputée acquise ;

2° Dans l'intérêt de la santé publique ou de la recherche scientifique, lorsque le protocole a été refusé. L'agence procède à ce nouvel examen dans un délai de trente jours. En cas de confirmation de la décision, le protocole est réputé refusé.

En cas de violation des prescriptions législatives et réglementaires ou de celles fixées par l'autorisation, l'agence suspend l'autorisation de la recherche ou la retire. L'agence diligente des inspections comprenant un ou plusieurs experts n'ayant aucun lien avec l'équipe de recherche, dans les conditions fixées à l'article L. 1418-2.

IV. — Les embryons sur lesquels une recherche a été conduite en application du présent article ne peuvent être transférés à des fins de gestation. Il est mis fin à leur développement *in vitro* au plus tard le quatorzième jour qui suit leur constitution.

V. — La recherche peut porter sur les causes de l'infertilité.

V. CSP, art. L. 2151-6 s. — ***CSP.***

Loi n° 72-3 du 3 janvier 1972, *sur la filiation.* **Art. 10** Dans tous les textes où sont actuellement visés les articles 205 à 207 du code civil, il y aura lieu d'entendre ce renvoi comme s'appliquant selon les cas aux articles 205 à 207-1.

Art. 11 La présente loi entrera en vigueur le premier jour du septième mois qui suivra sa publication au *Journal officiel* de la République française *[1er août 1972]*.

Art. 12 La présente loi sera applicable aux enfants nés avant son entrée en vigueur ; — *V. L. n° 76-1036 du 15 nov. 1976.*

Les actes accomplis et les jugements prononcés sous l'empire de la loi ancienne auront les effets que la loi nouvelle y aurait attachés ;

sous les exceptions résultant des articles 13 à 16 ci-dessous.

Art. 13 La chose jugée sous l'empire de la loi ancienne ne pourra être remise en cause par application de la loi nouvelle ;

Les instances pendantes au jour de l'entrée en vigueur de la loi nouvelle seront poursuivies et jugées en conformité de la loi ancienne ;

sans qu'il soit préjudicié aux droits qu'auront les parties d'accomplir des actes ou d'exercer des actions en conformité de la loi nouvelle si elles sont dans les conditions prévues par celle-ci.

Art. 14 Les droits successoraux institués par la présente loi ou résultant des règles nouvelles concernant l'établissement de la filiation ne pourront être exercés dans les successions ouvertes avant son entrée en vigueur.

Les droits de réservataires institués par la présente loi ou résultant des règles nouvelles concernant l'établissement de la filiation ne pourront être exercés au préjudice des donations entre vifs consenties avant son entrée en vigueur.

Les donations entre vifs consenties avant l'entrée en vigueur de la loi nouvelle continueront de donner lieu au droit de retour légal, tel qu'il était prévu par l'ancien article 747 du code civil.

Art. 15 La prescription trentenaire, en tant que le nouvel article 311-7 du code civil la rend applicable aux actions concernant la filiation, ne commencera à courir, pour les actions déjà ouvertes, qu'à partir de l'entrée en vigueur de la présente loi.

Art. 16 La possession d'état de dix ans requise par le nouvel article 339 du code civil n'éteindra l'action en contestation de la reconnaissance qu'autant qu'elle se sera entièrement accomplie après l'entrée en vigueur de la présente loi.

Art. 17 La déchéance prévue par le nouvel article 207, alinéa 2, du code civil sera encourue même pour des causes antérieures à son entrée en vigueur.

Art. 18 Par dérogation au nouvel article 318-1 du code civil, l'action en contestation de légitimité sera ouverte à la mère et à son second mari pendant un délai *(L. n° 73-603 du*

5 juill. 1973) « de trois ans » à partir de l'entrée en vigueur de la présente loi, quand bien même il se serait écoulé plus de six mois depuis la célébration du mariage et plus de sept années depuis la naissance de l'enfant.

Art. 19 Les limitations que les nouveaux articles 759 et 767 du code civil apportent aux droits du conjoint survivant, tels qu'ils étaient antérieurement prévus, ne pourront être invoquées que dans les successions qui s'ouvriront plus de deux années après l'entrée en vigueur de la présente loi.

Art. 20 Sont abrogées toutes les dispositions contraires à celles de la présente loi et notamment la loi du 25 juillet 1952.

Loi n° 76-1036 du 15 novembre 1976, *complétant les dispositions transitoires de la loi n° 72-3 du 3 janvier 1972 sur la filiation.* **Art. 1er** L'action en recherche de paternité prévue par les articles 340 et suivants du code civil pourra être exercée, sans que puisse être opposée aucune forclusion même constatée par une décision de justice devenue irrévocable, dans le délai d'un an à compter de l'entrée en vigueur de la présente loi, par les enfants adultérins ou incestueux qui, nés avant le 1er août 1972, n'ont pas disposé à partir de cette date d'un délai de deux années pour exercer ladite action ; toutefois, le présent article ne déroge pas aux alinéas 1er et 2 de l'article 14 de la loi n° 72-3 du 3 janvier 1972 sur la filiation.

Art. 2 L'action à fins de subsides pourra être exercée dans les mêmes délais et conditions par les enfants visés aux articles 342 et 342-1 du code civil qui, nés avant le 1er août 1972, n'avaient pas à cette date l'âge de vingt et un ans accomplis.

Art. 3 Dans les instances en cours, y compris celles qui sont pendantes devant la Cour de cassation, la déchéance prévue aux articles 340-4 et 342-6 du code civil ne peut être prononcée lorsque l'action en recherche de paternité ou l'action à fins de subsides a été introduite par les personnes visées aux articles 1er et 2 durant la période comprise entre le 1er août 1972 et l'entrée en vigueur de la présente loi.

En ce qui concerne le texte des articles anciens, V. ***C. civ., édition 1976-1977 ou antérieure.***

Ordonnance n° 2005-759 du 4 juillet 2005,

Portant réforme de la filiation (JO 6 juill.).

Cette ordonnance a été ratifiée par la loi n° 2009-61 du 16 janv. 2009 à l'exception du 5° du II de son art. 20 qui est abrogé.

CHAPITRE I. *DISPOSITIONS MODIFIANT LE CODE CIVIL*

Art. 1er à 16 *V. titre VII nouveau.*

Art. 17 *V. C. civ., art. 18, 19-3, 22-1, 57, 57-1, 62, 161, 162, 163, 348-6, 374-1, 390, 392, 733, 913, 960, 962, 1094, 1094-1.*

Art. 18 Les articles 158, 159 (deuxième alinéa), 311-3, 311-7 et 311-8, 311-11 à 311-13, 311-16, 312 (deuxième alinéa), 316-1 et 316-2, 318-2, 322-1, 331-1 et 331-2, 338 et 339, 340-2 à 340-7, 341, 342-1, 342-3 et 2291 sont abrogés.

CHAPITRE II. *DISPOSITIONS DIVERSES, TRANSITOIRES ET FINALES*

Art. 19 *(Modifications de textes).*

Art. 20 I. — Sous réserve des décisions de justice passées en force de chose jugée, la présente ordonnance est applicable aux enfants nés avant comme après son entrée en vigueur.

II. — Toutefois :

1° Les enfants nés avant l'entrée en vigueur de la présente ordonnance ne peuvent s'en prévaloir dans les successions déjà liquidées ;

2° Les modifications des articles 960 et 962 du code civil par les IX et X de l'article 17 de la présente ordonnance ne s'appliquent qu'aux donations faites à compter de son entrée en vigueur ;

3° L'application de l'article 311-25 du code civil, tel qu'il résulte de la présente ordonnance, aux enfants nés avant son entrée en vigueur ne peut avoir pour effet de changer leur nom ;

4° Les dispositions du troisième alinéa de l'article 311-21 et du troisième alinéa de l'article 311-23 du même code, tels qu'ils résultent de la présente ordonnance, ne sont applicables qu'aux déclarations faites à compter de l'entrée en vigueur de ces articles ;

5° *Abrogé par L. n° 2009-61 du 16 janv. 2009, art. 1er ;*

(L. n° 2006-911 du 24 juill. 2006, art. 91) « 6° Les dispositions de la présente ordonnance n'ont pas d'effet sur la nationalité des personnes majeures à la date de son entrée en vigueur. »

III. — Lorsque l'instance a été introduite avant l'entrée en vigueur de la présente ordonnance, l'action est poursuivie et jugée conformément à la loi ancienne. Cette loi s'applique également en appel et en cassation.

IV. — Sous réserve des décisions de justice passées en force de chose jugée, les actions prévues par les articles 327 et 329 du code civil, tels qu'ils résultent de la présente ordonnance, peuvent être exercées, sans que puisse être opposée la forclusion tirée de la loi ancienne, lorsque, à la date de l'entrée en vigueur de cette ordonnance, la prescription prévue par l'article 321, tel qu'il résulte de la même ordonnance, n'est pas acquise. L'action doit alors être exercée dans le délai restant à courir à la date d'entrée en vigueur de la présente ordonnance, sans que ce délai puisse être inférieur à un an.

1. Le 6° du § 2 de l'art. 20 est conforme à la Constitution. • Cons. const. 21 oct. 2011, n° 2011-186 QPC : *JO 22 oct. ; D. 2011. 2536 ; AJ fam. 2011. 608, obs. Viganotti ; Rev. crit. DIP 2011. 825, note P. Lagarde ; RTD civ. 2012. 107, obs. Hauser ; Dr. fam. 2011, n° 178, obs. Neirinck.* ♦ La disposition selon laquelle « la filiation des enfants légitimes se prouve par les actes de naissance inscrits sur les registres de l'état civil », qui concerne les modes de preuve de la filiation en mariage avant l'entrée en vigueur de l'art. 311-25 issu de l'Ord. du 4 juill. 2005, n'est pas applicable au litige qui est relatif aux effets sur la nationalité d'une filiation établie hors mariage. • Civ. 1re, 14 mai 2020, n° 19-10.966 P : *AJ fam. 2020. 487, obs. Houssier.*

Il résulte de l'art. 311-25 et du 6° du § II de l'art. 20 de l'Ord. n° 2005-759 du 4 juill. 2005 que, si l'indication de la mère dans l'acte de naissance d'un enfant né hors mariage avant l'entrée en vigueur de l'Ord. du 4 juill. 2005 le 1er juill. 2006 établit la filiation à son égard, cette indication est sans effet sur la nationalité de l'enfant majeur à cette date. • Civ. 1re, 30 sept. 2020, n° 19-17.796 P.

2. Art. 20-III. Lorsqu'une demande est présentée par assignation, la date d'introduction de l'instance doit s'entendre de la date de cette assignation, à condition qu'elle soit remise au greffe ; en présence de plusieurs assignations, dont une signifiée postérieurement au 1er juill. 2006, le litige est jugé selon la loi ancienne, eu égard à l'indivisibilité du lien d'instance en matière de filiation. • Civ. 1re, 18 nov. 2015, n° 14-23.411 P : *D. 2015. 2441 ; AJ fam. 2016. 54, obs. Dionisi-Peyrusse.*

3. Art. 20-IV. Il résulte des dispositions de l'art. 20-IV que les enfants devenus majeurs moins de dix ans avant l'entrée en vigueur de l'ordonnance peuvent bénéficier du nouveau délai de dix ans, sans se voir opposer la forclusion tirée de l'expiration du délai de deux ans prévu par la loi ancienne. • Civ. 1re, 9 nov. 2016, n° 15-25.068 P : *D. 2016. 2337, obs. Gallmeister ; ibid. 2017. 470, obs. Douchy-Oudot ; ibid. 729, obs. Granet-Lambrechts ; AJ fam. 2016. 601, obs. Saulier ; RTD civ. 2017. 111, obs. Hause ; JCP 2017, n° 46, note Larribau-Terneyre ; Dr. fam. 2017, n° 9, note Fulchiron.* ♦ L'art. 20-IV s'applique lorsque l'action est exercée par le représentant légal de l'enfant mineur, sur le fondement de l'art. 328 C. civ. ; l'art. 20-IV est applicable à toutes les actions en recherche de paternité intentées postérieurement au 1er juill. 2006, qu'elles soient exercées par la mère pendant la minorité de l'enfant ou par l'enfant lui-même devenu majeur ; l'action en recherche de paternité engagée par la mère de l'enfant, en qualité de représentante légale de ce dernier, postérieurement à l'entrée en vigueur de ces dispositions et dans le délai de 10 ans requis par l'art. 321 C. civ., est recevable. • Civ. 1re, 8 juill. 2020, n° 18-20.961 P : *D. 2020. 1461 ; AJ fam. 2020. 485, obs. Saulier ; RTD civ. 2020. 863, obs. Leroyer ; Dr. fam. 2020, n° 160, note Egea.*

Art. 21 La présente ordonnance entre en vigueur le 1er juillet 2006.

V. Circ. n° CIV/13/06 du 30 juin 2006 (n° NOR : JUS CO 620 513 C) (présentation de l'ordonnance).

Circulaire du 21 septembre 2021,

De présentation des dispositions en matière d'assistance médicale à la procréation issues de la loi n° 2021-1017 du 2 août 2021 relative à la bioéthique.

TITRE VIII DE LA FILIATION ADOPTIVE

(L. n° 66-500 du 11 juill. 1966)

Les dispositions de l'Ord. n° 2022-1292 du 5 oct. 2022 entrent en vigueur le 1er janv. 2023 et s'appliquent aux instances introduites à compter de cette date (Ord. préc., art. 27). Cette Ord. a modifié le plan du Titre VIII qui comprenait précédemment 3 chapitres : le chapitre I, « De l'adoption plénière », art. 343 à 359 ; le chapitre II, « De l'adoption simple », art. 360 à 370-2 ; le chapitre III, « Du conflit des lois relatives à la filiation adoptive et de l'effet en France des adoptions prononcées à l'étranger », art. 370-3 à 370-5.

RÉP. CIV. v° *Adoption*, par F. EUDIER.

DALLOZ ACTION *Droit de la famille 2023/2024, nos 220.00 s.*

BIBL. GÉN. ▶ **Réformes législatives :** Loi du 11 juill. 1966 : RAYNAUD, *D. 1967. Chron. 77.* ▶ **Loi du 22 déc. 1976 :** F. BOULANGER, *JCP 1977. I. 2845.* – DUMAS, *Defrénois 1977. 417.* – SALVAGE-GEREST, *JCP 1982. I. 3071.* ▶ **Loi du 8 janv. 1993 :** MASSIP, *Defrénois 1993. 609.* – VASSAUX-VANOVERSCHELDE, *ALD 1994. 4.* ▶ **Loi du 5 juill. 1996 :** F. BOULANGER, *D. 1996. Chron. 307.* – CORPART, *LPA 25 nov. 1996.* – MASSIP, *Defrénois 1997. 193.* – F. MONÉGER, *RDSS 1997. 1*. – PHILIPPE, *Dr. et patr. 11/1996. 48.* – PROAL, *RRJ 1997/2. 651.* – REVET, *RTD civ. 1996. 999.* – RUBELLIN-DEVICHI, *JCP 1996. I. 3979.*

▶ **Loi du 21 févr. 2022 :** COMBRET et RAOUL-CORMEIL, *Defrénois 2022/12. 22.* – LEGENDRE, *Rev. crit. 2022. 431* (aspects de DIP). – SALVAGE-GEREST, *AJ fam. 2022. 136* (adoption : d'une proposition de loi mal préparée à une loi mal finie). – Dossier, *AJ fam. 2022. 179*. – SCHULZ, *Dr. fam. 2022. Étude 11.* – Dossier, *JCP N 2022, nos 1132 s.*

▶ **Ord. du 5 oct. 2022 :** HOUSSIER, *AJ fam. 2022. 537* (la forme au service du fond). – SALVAGE-GEREST, *AJ fam. 2022. 543* (après l'ordonnance du 5 oct. 2022 relative à l'adoption, ou comment mettre les enfants en danger en prétendant les protéger mieux). – SCHULZ, *Dr. fam. 2022, n° 165.*

▶ **Décr. du 23 déc. 2022 :** Dossier, *AJ fam. 2023. 39*.

▶ **Évolution et prospective :** Colloque Grenoble, nov. 1999, *Dr. fam. 2000, n° 12 bis hors série* (perspectives de réformes en droit de la famille). – DE BENALCAZAR, *Gaz. Pal. 2000. 2. Doctr. 2215* (homoparentalité) ; *D. 2012. Chron. 1975* (homoparentalité et filiation) ; *ibid. 2013. 782* (paternité, chronique d'une mort annoncée). – LE BOURSICOT, *RLDC 2008/52, n° 3132.* – GOBERT, *BICC 15 déc. 2007* (le droit de la famille dans la jurisprudence de la Cour de cassation. – GUINAUDEAU, *Gaz. Pal. 1974. 1. Doctr. 314.* – HAUSER, *D. 1987. Chron. 205.* – G. KESSLER, *Dr. fam. 2019. Étude 4* (mérites de l'*open adoption*). – LE BOURSICOT, *RLDC 2013/110, n° 5251* (intérêt de l'enfant à être adopté après la loi mariage pour tous). – MILLET, *Defrénois 2005. 761* (homoparentalité) ; *D. 2012. Chron. 1975* (homoparentalité et filiation) ; *ibid. 2013. 782* (paternité, chronique d'une mort annoncée) ; *ibid. 2020. 1847* (adoption par acte notarié : pour un droit commun de la filiation d'intention). – DE MONREDON, *JCP 1992. I. 3607.* – NEIRINCK, *Études P. Catala, Litec, 2001, p. 353* (homoparentalité et adoption). – RUBELLIN-DEVICHI, *D. 1991. Chron. 209* ; *RTD civ. 1991. 695* ; *Études P. Catala, Litec, 2001, p. 341.* – SALVAGE-GEREST, *AJ fam. 2020. 350* (rapport Limon-Imbert).

▶ **Études spéciales :** Adoption de l'enfant adoptif du conjoint : HAUSER et DELMAS SAINT-HILAIRE, *Defrénois 2000. 1009.* ▶ **Adoption par un parent :** CORNU, *Mél. Raynaud, Dalloz, 1985, p. 137.* ▶ **Adoption des enfants de Polynésie française :** CHARLES, *RRJ 1997/1, p. 89.* – RIBOT-ASTIER et CHARLES, *JCP 1997. I. 4073.* ▶ **Adoption et secte :** MALAURIE, *Archives Phil. dr., t. 38, 1993, p. 211.* ▶ **Contexte du contentieux :** NERSON et RUBELLIN-DEVICHI, obs. *RTD civ. 1984. 294.* – RUBELLIN-DEVICHI, *ibid. 1986. 729 ; ibid. 1990. 249.* ▶ **Effacement du lien biologique et secret des origines :** CORPART-OULERICH, *RDSS 1994. 1*. – DREIFUS-NETTER, *RTD civ. 1996. 1.* – LAURENT-MERLE, *D. 1998. Chron. 373.* – NICOLAS-MAGUIN, *D. 1995. Chron. 75.* – GRENIER, *RDSS 2001. 13* (communication des dossiers des enfants). ▶ **Phase judiciaire :** LE BOURSICOT, *Dr. et patr. 9/2000. 50.* ▶ Place des grands-parents : GARÉ, *AJ fam. 2002. 84*. ▶ **Adoption par les grands-parents :** SCHMITT, *AJ fam. 2002. 91*. ▶ Rôle des notaires : MALLET, *JCP N 1995. Prat. 3366.* ▶ **Filiations électives :** NEIRINCK, *JCP 1997. I. 4067.* – DREIFUSS-NETTER,

D. 1998. Chron. 100 (adoption ou assistance médicale à la procréation). ▸ **Fraude en droit de la famille :** F. Boulanger, *JCP 1993. I. 3665*. – Fenouillet, *Mél. Malaurie, Defrénois, 2005, p. 237* (le détournement d'institution familiale). ▸ **Adoption, homoparentalité et droits de l'homme :** Anatrella, Beauquier et Eoche-Duval, *Dr. fam. 2003. Chron. 27*. ▸ **Manifestations de volonté des représentants de l'enfant :** Bouton, *Études Rieg, Bruylant, 2000, p. 101*.

CHAPITRE I DES CONDITIONS REQUISES POUR L'ADOPTION *(Ord. nº 2022-1292 du 5 oct. 2022, art. 3, en vigueur le 1er janv. 2023).*

SECTION 1 De l'adoptant *(Ord. nº 2022-1292 du 5 oct. 2022, art. 3, en vigueur le 1er janv. 2023).*

Art. 343 *(L. nº 2022-219 du 21 févr. 2022, art. 2)* **L'adoption peut être demandée par** *(Ord. nº 2022-1292 du 5 oct. 2022, art. 4, en vigueur le 1er janv. 2023)* **« deux époux non séparés » de corps, deux partenaires liés par un pacte civil de solidarité ou deux concubins.**

Les adoptants doivent être en mesure d'apporter la preuve d'une communauté de vie d'au moins un an ou être âgés l'un et l'autre de plus de vingt-six ans.

1. Constitutionnalité : conformité de l'adoption par deux parents de même sexe. * *Sous l'angle de l'égalité.* Compte tenu des dispositions des art. 343, 346, 356 et 365 anc., l'ouverture du mariage aux couples de personnes de même sexe a pour conséquence de permettre l'adoption par des couples de personnes de même sexe ainsi que l'adoption au sein de tels couples. • Cons. const. 17 mai 2013, nº 2013-669 DC : *cité note 1 ss. art. 143.* ♦ Ce faisant, le législateur, compétent pour fixer les règles relatives à l'état et à la capacité des personnes en application de l'art. 34 de la Constitution, a estimé que l'identité de sexe des adoptants ne constituait pas, en elle-même, un obstacle à l'établissement d'un lien de filiation adoptive et il n'appartient pas au Conseil constitutionnel de substituer son appréciation à celle du législateur sur la prise en compte, pour l'établissement d'un lien de filiation adoptive, de la différence entre les couples de personnes de même sexe et les couples formés d'un homme et d'une femme. • Même décision (consid. nº 49).

* *Sous l'angle de la nature de la filiation.* Doivent être écartés les grief tirés de la méconnaissance d'un principe fondamental reconnu par les lois de la République en matière de « caractère bilinéaire de la filiation fondé sur l'altérité sexuelle » ou d'un principe constitutionnel garantissant le droit de tout enfant de voir sa filiation concurremment établie à l'égard d'un père et d'une mère. • Même décision (consid. nº 56 ; le Conseil conteste qu'une tradition républicaine en la matière ait pu devenir un principe fondamental reconnu par les lois de la République dès lors que la législation républicaine antérieure à la Constitution de 1946 relative aux conditions de l'adoption et aux conditions d'établissement de la maternité et de la paternité a toujours compris des règles limitant ou encadrant les conditions dans lesquelles un enfant peut voir établir les liens de filiation à l'égard du père ou de la mère dont il est issu, et que, notamment, l'action en recherche de paternité a vu son régime juridique modifié par la L. du 16 nov. 1912 sur la déclaration judiciaire de paternité naturelle ou que l'action en recherche de paternité des enfants adultérins a été interdite jusqu'à la L. nº 72-3 du 3 janv. 1972 sur la filiation ou encore que les règles relatives à l'adoption de l'enfant mineur ont été modifiées par la L. du 19 juin 1923 sur l'adoption).

* Sous l'angle de la nature de la filiation adoptive. Si la liberté proclamée par l'art. 2 de la Déclaration de 1789 implique le respect de la vie privée, aucune exigence constitutionnelle n'impose toutefois que le caractère adoptif de la filiation soit dissimulé ni que les liens de parenté établis par la filiation adoptive imitent ceux de la filiation biologique ; par suite, le grief tiré de ce que la possibilité d'une adoption par deux personnes de même sexe porterait atteinte au principe d'égalité et au droit à la protection de la vie privée doit être écarté. • Même décision (consid. nº 51).

* *Sous l'angle de l'intérêt de l'enfant.* Les dispositions de l'anc. art. 353 C. civ., applicables que les adoptants soient de même sexe ou de sexe différent, mettent en œuvre l'exigence résultant du 10e al. du Préambule de la Constitution de 1946 selon laquelle l'adoption ne peut être prononcée que si elle est conforme à l'intérêt de l'enfant. • Même décision (consid. nº 54). ♦ Sur la réserve d'interprétation posée par le Conseil, pour l'application des art. L. 225-2 et L. 225-17 CASF, V. ss. art. 344.

* *Sous l'angle des risques de fraude à la loi.* L'éventualité d'un détournement de la loi lors de son application n'entache pas celle-ci d'inconstitutionnalité et il appartient aux juridictions compétentes d'empêcher, de priver d'effet et, le cas échéant, de réprimer de telles pratiques. • Même décision (consid. nº 58).

2. ... Absence de droit à l'enfant. Les art. 7, 8 et 13 de la L. nº 2013-404 du 17 mai 2013 n'ont ni pour objet ni pour effet de reconnaître aux couples de personnes de même sexe un « droit à l'enfant », dès lors qu'elles ne les soustraient pas aux règles, conditions et contrôles institués en matière de filiation adoptive, notamment l'anc. art. 353-1, al. 1er, C. civ. ou l'art. L. 225-2 et L. 225-17 CASF, et qu'elles leur imposent, comme aux couples formés d'un homme et d'une femme, de se soumettre à une procédure destinée à constater leur capacité à accueillir un enfant en vue de son adoption. • Même décision (consid. n° 52) • Cons. const. 17 mai 2013, n° 2013-669 DC : *préc.* (consid. n° 52).

3. *Conv. EDH : absence de droit à l'adoption.* La Conv. EDH ne garantit pas, en tant que tel, un droit d'adopter. • CEDH 26 févr. 2002, *Fretté c/ France*, n° 36515/97 : *D. 2002. Somm. 2024, obs. Granet ; ibid. 2569, obs. Courtin ; JCP 2002. II. 10074, note Gouttenoire-Cornut et Sudre ; ibid. I. 165, n° 6, obs. Favier ; AJ fam. 2002. 142, et les obs. ; RJPF 2002-4/30, obs. Le Boursicot ; Dr. fam. 2002. Chron. 19, par Debet ; Dr. et patr. 6/2002. 107, obs. Loiseau ; AJDA 2002. 401, étude Poirot-Mazères ; LPA 10 juill. 2002, note Vasseur-Lambry et Carius ; RTD civ. 2002. 281, obs. Hauser ; ibid. 389, obs. Marguénaud.* ♦ V. aussi : le droit au respect de la vie familiale (Conv. EDH, art. 8) présuppose l'existence d'une famille et ne protège pas le simple désir de fonder une famille. • CEDH 13 juin 1979, *Marckx c/ Belgique : Série A, n° 31* • 28 mai 1985 : *Série A, n° 94.* ♦ Mais porte atteinte à la vie familiale du couple ayant servi de famille d'accueil pendant 19 mois à un nourrisson le fait que sa demande spéciale d'adoption n'ait pas été examinée rapidement et avant de choisir une autre famille pour l'adoption. • CEDH, sect. II, 27 avr. 2010, *M. et B. c/ Italie*, n° 16318/07.

4. *... Prohibition des discriminations à raison du sexe.* Le droit français autorise l'adoption d'un enfant par un célibataire, ouvrant ainsi la voie à l'adoption par une personne célibataire homosexuelle ; le code civil reste muet quant à la nécessité d'un référent de l'autre sexe, cette dernière ne dépendant de toute façon pas des orientations sexuelles du parent célibataire adoptif. • CEDH, gr. ch., 22 janv. 2008, n° 43546/02 : *D. 2008. AJ 351, obs. Royer ; ibid. 2038, note Hennion-Jacquet ; ibid. 2008. Pan. 1795, obs. Lemouland et Vigneau ; Gaz. Pal. 25-26 juill. 2008, obs. Tahri ; RJPF 2008-2/32, note Valory ; LPA 7 févr. 2008, étude Chaltiel ; ibid. 21 juill. 2008, note Dekeuwer-Défossez ; RTD civ. 2008. 249, obs. Marguénaud ; ibid. 287, obs. Hauser ; RLDC 2008/5, n° 2991, note Le Boursicot* (caractère discriminatoire d'un refus d'agrément fondé sur les *orientations sexuelles*). ♦ *V. aussi note 6 à propos* de refus d'agrément. ♦ L'impossibilité d'accès à l'adoption coparentale pour les couples homosexuels non mariés en Autriche est discriminatoire en comparaison avec la situation des couples hétérosexuels non mariés. • CEDH 19 févr. 2013 : *AJDA 2013. 1794, chron. Burgorgue-Larsen ; D. 2013. 502, obs. Gallmeister ; ibid. 1436, obs. Granet-Lambrechts ; AJ fam. 2013. 227, obs. Chénedé ; RTD civ. 2013. 329, obs. Marguénaud ; ibid. 363, obs. Hauser ; RLDC 2013/104, n° 5090, note Puppinck.*

5. *... Prohibition des discriminations à raison de la nature de la filiation.* Une différence de traitement d'un enfant adoptif par rapport à un enfant biologique est discriminatoire si elle manque de justification objective et raisonnable ; viole les art. 8 et 14 la décision des autorités de refuser l'adoption d'un enfant par un moine grec, alors que depuis 1982, les moines peuvent se marier et fonder une famille. • CEDH, sect. I, 3 mai 2011, *N.-G. c/ Grèce*, n° 56759/08. ♦ Sur la possibilité pour une législation d'interdire l'adoption plénière à une personne célibataire, V. note 1 ss. art. 370-5.

6. *Contrôle des décisions d'agrément : orientation sexuelle.* La conformité à la Constitution d'une loi déjà promulguée peut être appréciée à l'occasion de l'examen des dispositions législatives qui la modifient, la complètent ou affectent son domaine, telles que la L. n° 2013-404 du 17 mai 2013 vis-à-vis des art. L. 225-2 et L. 225-17 CASF. Les dispositions relatives à l'agrément du ou des adoptants, qu'ils soient de sexe différent ou de même sexe, ne sauraient conduire à ce que cet agrément soit délivré sans que l'autorité administrative ait vérifié, dans chaque cas, le respect de l'exigence de conformité de l'adoption à l'intérêt de l'enfant qu'implique le 10e al. du Préamb. Const. de 1946. • Cons. const. 17 mai 2013, n° 2013-669 DC : *cité ss. art. 343* (consid. n° 53). ♦ La décision de refus d'agrément fondée sur l'orientation sexuelle du demandeur est contraire aux dispositions combinées des art. 8 et 14 Conv. EDH ; viole ces dispositions le refus d'agrément opposé à une personne homosexuelle en raison de l'absence de référent de l'autre sexe, alors que l'adoption est ouverte aux célibataires par la législation nationale. • CEDH, gr. ch., 22 janv. 2008, n° 43546/02 : *D. 2008. Pan. 1786, obs. Lemouland et Vigneau ; ibid. 2038, note Hennion-Jacquet ; RTD civ. 2008. 249, obs. Marguénaud ; ibid. 287, obs. Hauser ; RDSS 2008. 380, obs. Neirinck*, et dans la même affaire : • TA Besançon, 10 nov. 2009, n° 0900299 : *D. 2009. AJ 2807, obs. Lavric ; AJ fam. 2009. 489, obs. Chénedé ; Dr. fam. 2010. 5, obs. Murat ; RLDC 2010/67, n° 3689, obs. Pouliquen ; RTD civ. 2010. 95, obs. Hauser ; RDSS 2010. 148, note Donier* (annulation de la décision du président du conseil général ayant refusé l'agrément). ♦ Comp. : si les choix de vie de l'adoptant doivent être respectés, les conditions d'accueil qu'il serait susceptible d'apporter à un enfant peuvent, en l'espèce, présenter des risques importants pour l'épanouissement de celui-ci (rejet justifié de la demande d'agrément aux fins d'adoption d'un pupille de l'État présentée par un célibataire homosexuel). • CE 9 oct. 1996, n° 168342 : *D. 1997. 117, note Malaurie* ; *JCP 1997. II. 22766, concl. Maugüé* ; *Defrénois 1997. 726, obs. Massip* ; *RTD civ. 1997. 408, obs. Hauser* ; *Dr. fam. 1997, n° 6, note Murat.* ♦ Pour l'issue de l'affaire : si la Conv. EDH ne garantit pas le droit à l'adoption et si, en soi, le refus d'un agrément ne porte pas atteinte au droit à la vie familiale, le droit interne français autorise toute personne célibataire à faire une demande d'adoption ; en cas de refus d'agrément se fondant implicitement mais certainement sur la seule homosexualité du demandeur, le droit garanti par l'art. 343-1, qui tombe sous l'empire de l'art. 8 Conv. EDH, serait atteint sur le fondement déterminant de son orientation sexuelle, justifiant l'appréciation de cette mesure au regard de l'art. 14 combiné avec l'art. 8. Compte tenu de la marge d'appréciation des États contractants, appréciée d'autant plus largement que leurs législations sont en ce domaine divergentes et dans une phase de transition, le refus peut être considéré comme poursuivant le but légitime de protéger l'intérêt supérieur de l'enfant, même non identifié, et comme ne violant pas le principe de proportionnalité entre les moyens employés et le but visé. • CEDH 26 févr. 2002, *Fretté c/ France*, n° 36515/97 : *préc. note 3.* ♦ Dans le même sens : • CAA Lyon, 7 juill. 1999 : *AJDA 1999. 1033* • CAA Nancy, 21 déc. 2000 : *D. 2001. 1575, note Piastra* ; *RFDA 2001. 1291, étude Marceau* ; *RTD civ. 2001. 346, obs. Hauser*, infirmant • TA Besançon, 24 févr. 2000 : *Dr. fam. 2000. Chron. 8, étude Murat* ; *RDSS 2000. 434, obs. F. Monéger,* et confirmé par • CE 5 juin 2002, n° 230533 : *Lebon 195* ; *AJ fam. 2002. 259, obs. S. D.-B.* ; *Dr. fam. 2003, n° 24, note Murat* ; *AJDA 2002. 615, concl. Fombeur* ; *RTD civ. 2002. 496, obs. Hauser* ; *ibid. 611, obs. Libchaber.* – Pour l'issue de cette affaire devant la CEDH, V. • CEDH, gr. ch., 22 janv. 2008, n° 43546/02 : *préc.* • TA Besançon, 10 nov. 2009 : *préc.* ♦ V. aussi, sur l'appréciation des conditions d'accueil susceptibles d'être offertes à l'enfant sur les plans familial, éducatif et psychologique : • CAA Paris, 26 janv. 1999 (2 arrêts) : *D. 2000. 174, concl. Heers* .

7. ... Croyances. Pour la légitimité du refus opposé à un couple de témoins de Jéhovah en raison de son opposition aux transfusions sanguines : • CE 24 avr. 1992, n° 110178 : *D. 1993. 234, note Rouvière-Perrier* . – Dans le même sens : • TA Lille, 5 mai 1998 : *LPA 30 juin 1999, concl. Michel,* confirmé par • CAA Douai, 3 mai 2001 : *LPA 14 nov. 2001, note Laugier.*

8. ... Âge. Si l'âge des adoptants peut être pris en compte pour leur refuser l'agrément, un couple de 42 ans ne peut tirer de son âge la condition d'urgence ouvrant droit à la suspension de la décision de refus d'agrément. • CE 12 juill. 2004, n° 268890 : *AJDA 2004. 2459, note Rihal* .

9. Égalité des filiations. Une relation née d'une adoption légale et non fictive pourrait être regardée comme suffisante pour mériter le respect que peut vouloir l'art. 8 Conv. EDH, lequel trouve, dès lors, à s'appliquer. • CEDH 22 juin 2004, n° 78028/01 : *D. 2004. 3026, note Renucci et Berro-Lefèvre* ; *JCP 2005. I. 116, n° 4, obs. Rubellin-Devichi* ; *RJPF 2004-11/40, obs. Le Boursicot* ; *Dr. fam. 2004. Étude 30, par Gouttenoire et Salvage-Gerest.* ♦ Comp. *supra* note 4. ♦ V. aussi note 6 ss. anc. art. 310.

10. Contrôle du consentement. V. notes ss. art. 343-1.

Art. 343-1 **L'adoption peut être aussi demandée par toute personne âgée de plus de** *(L. n° 96-604 du 5 juill. 1996)* « *(L. n° 2022-219 du 21 févr. 2022, art. 2)* « **vingt-six** *[ancienne rédaction : vingt-huit]* » **ans** ».

Si l'adoptant est marié et non séparé de corps *(L. n° 2022-219 du 21 févr. 2022, art. 2)* « **ou lié par un pacte civil de solidarité** », **le consentement de** *(L. n° 2022-219 du 21 févr. 2022, art. 2)* « **l'autre membre du couple** *[ancienne rédaction : son conjoint]* » **est nécessaire à moins que** *(L. n° 2022-219 du 21 févr. 2022, art. 2)* « **celui-ci** *[ancienne rédaction : ce conjoint]* » **ne soit dans l'impossibilité de manifester sa volonté.**

1. Refus d'adoption : date d'appréciation du consentement de l'adoptant. La capacité de l'adoptant doit être appréciée au jour de la présentation de la requête. • Civ. 1re, 10 juin 1981, n° 79-16.663 P (rejet fondé sur l'anc. art. 489 et l'existence d'un trouble mental au moment de la requête, peu important le souhait antérieurement manifesté par l'adoptante). ♦ Comp. note 3 en cas de jugement d'adoption.

2. Adoption prononcée : indivisibilité du consentement et du jugement. Le consentement à l'adoption et le jugement qui le constate et prononce l'adoption sont indivisibles ; en conséquence, la contestation du consentement ne peut se faire qu'au moyen d'une remise en cause directe du jugement par l'exercice des voies de recours. • Civ. 1re, 27 nov. 2001, n° 00-10.151 P : *D. 2002. IR 39* ; *JCP 2002. I. 165, n° 7, obs. Rubellin-Devichi* ; *Dr. fam. 2002, n° 57, note Murat* ; *RJPF 2002-2/33, note Blanc* ; *AJ fam. 2002. 63, et les obs.* ; *RTD civ. 2002. 82, obs. Hauser.*

3. ... Conséquence : différence entre le contrôle du consentement et la révocation. Il résulte des art. 353, al. 1er, et 370, al. 1er, que l'intégrité du consentement de l'adoptant, en tant que condition légale à l'adoption, est vérifiée au moment où le tribunal se prononce sur celle-ci, de sorte que la contestation ultérieure du consentement de l'adoptant, qui est indissociable du jugement d'adoption, ne peut se faire qu'au moyen d'une remise en cause directe de celui-ci par l'exercice des voies de recours et non à l'occasion d'une action en révocation de cette adoption, laquelle suppose que soit rapportée la preuve d'un motif grave, résidant dans une cause survenue postérieurement au jugement d'adoption. • Civ. 1re, 13 mai 2020, n° 19-13.419 P : *D. 2020. 1485, obs. Lemouland et Noguéro ; AJ fam. 2020. 480, obs. Houssier ; Defrénois 2020/43. 25, note Noguéro.*

4. Altération mentale de l'adoptant. Pour un refus d'adoption en raison de l'insanité d'esprit de l'adoptante, au moment de la requête, par application directe de l'anc. art. 489, rendant inutile le recours à l'anc. art. 503, V. • Civ. 1re, 10 juin 1981, n° 79-16.663 P.

5. Adoptant, majeur protégé. Sur le caractère strictement personnel du consentement à une adoption, V. note 2 ss. art. 458. ♦ Comp. art. 350 pour le consentement d'un majeur protégé à son adoption.

6. Écart d'âge entre l'adoptant et l'adopté. Sur la possibilité d'exiger un écart d'âge dans le cas de l'adoption par un seul adoptant, V. notes ss. art. 347.

7. Faculté de rétractation du conjoint (non). La faculté de rétractation ouverte aux parents de l'adopté par l'anc. art. 348-3, al. 2, ne peut être étendue au consentement donné par le conjoint de l'adoptant. • Civ. 1re, 2 déc. 1997, n° 95-17.508 P : *JCP 1998. II. 10028, concl. contraires Sainte-Rose ; ibid. 10038, note Dreifuss-Netter ; Defrénois 1998. 1026, obs. Massip ; Dr. fam. 1998, n° 3, note Murat.*

SECTION 2 **De l'adopté** *(Ord. n° 2022-1292 du 5 oct. 2022, art. 3, en vigueur le 1er janv. 2023).*

Art. 344 **Peuvent être adoptés :**

1° Les *(Ord. n° 2022-1292 du 5 oct. 2022, art. 5, en vigueur le 1er janv. 2023)* **« mineurs** *[ancienne rédaction : enfants]* **» pour lesquels les** *(Ord. n° 2022-1292 du 5 oct. 2022, art. 5, en vigueur le 1er janv. 2023)* **« parents** *[ancienne rédaction : père et mère]* **» ou le conseil de famille ont valablement consenti à l'adoption ;**

2° Les pupilles de l'État *(L. n° 2022-219 du 21 févr. 2022, art. 20)* **« pour lesquels le conseil de famille des pupilles de l'État a consenti à l'adoption » ;**

3° Les enfants *(L. n° 2022-219 du 21 févr. 2022, art. 20)* **« judiciairement déclarés délaissés** *[ancienne rédaction : déclarés abandonnés]* **» dans les conditions prévues** *(L. n° 2016-297 du 14 mars 2016, art. 40)* **« aux articles 381-1 et 381-2 » ;**

(Ord. n° 2022-1292 du 5 oct. 2022, art. 5, en vigueur le 1er janv. 2023) **« 4° Les majeurs, en la forme simple et en la forme plénière dans les cas prévus à l'article 345 ».** – *[Anc. art. 347, mod.]*

BIBL. ▸ RASSAT, *Mél. Hébraud, Univ. Toulouse, 1981, p. 683* (droit des pupilles de l'État à la connaissance de leurs origines). – RIHAL, *RDSS 1997. 503* (le Conseil d'État et les agréments en matière d'adoption). – VERDIER, *RDSS 1992. 354*.

1. Art. 344, 2°. V. dans le cadre de l'anc. art. 347 : caractère adoptable d'un enfant sans filiation remis à un organisme autorisé pour l'adoption et pour lequel un conseil de famille a donné son consentement à l'adoption : • Civ. 1re, 1er juin 2011, n° 10-19.028 P : *D. 2011. 2093, note Cadou ; AJ fam. 2011. 370, obs. Eudier ; Dr. fam. 2011, n° 127, obs. Neirinck,* approuvant : • Paris, 25 févr. 2010, n° 09/02447 : *V. note 3 ss. art. 352-2.* ♦ Et dans la même affaire • Civ. 1re, 1er juin 2011, n° 10-20.554 P : *cité note 3 ss. art. 352-2.*

2. Art. 344, 3°. L'anc. art. 347, 3°, ne peut être interprété en ce sens qu'il autorise l'adoption d'un enfant, *dont la filiation est établie à l'égard* de ses deux parents, lorsque le délaissement parental est déclaré judiciairement à l'endroit d'un seul parent et que l'autre parent, non privé de ses droits d'autorité parentale, n'a pas donné son consentement. • Civ. 1re, 19 juin 2019, nos 19-70.007 P et 19-70.008 P : *D. 2019. 1876, note Rogue ; ibid. Chron. C. cass. 1784, note Le Cotty ; RTD civ. 2019. 568, obs. Leroyer ; Dr. fam. 2022, n° 151, obs. Mauger-Vielpeau.* ♦ Les art. L. 224-4, 6°, et L. 224-8-I CASF ne peuvent être interprétés en ce sens qu'ils autorisent l'admission en qualité de pupille de l'État d'un enfant, dont la filiation est établie à l'égard de ses deux parents et dont le délaissement parental unilatéral a été déclaré judiciairement, lorsque le parent non délaissant, qui nest pas privé de ses droits d'autorité parentale, ne l'a pas remis volontairement au service de l'aide sociale à l'enfance en vue de cette admission. • Même avis.

Art. 345 **L'adoption** *(Ord. n° 2022-1292 du 5 oct. 2022, art. 5, en vigueur le 1er janv. 2023)* **« plénière » n'est permise qu'en faveur des enfants âgés de moins de quinze ans, accueillis au foyer du ou des adoptants depuis au moins six mois.**

(*Ord. n° 2022-1292 du 5 oct. 2022, art. 5, en vigueur le 1er janv. 2023*) **« Toutefois, si l'enfant a plus de quinze ans, l'adoption plénière peut également être demandée, si les conditions en sont remplies, pendant la minorité de l'enfant et dans les trois ans suivant sa majorité :**

« 1° Lorsque l'enfant a été accueilli avant ses quinze ans par des personnes qui ne remplissaient pas les conditions légales pour adopter ;

« 2° Lorsque l'enfant a fait l'objet d'une adoption simple avant ses quinze ans ;

« 3° Dans les cas prévus aux 2° et 3° de l'article 344 ;

« 4° Dans les cas prévus à l'article 370-1-3 ».

(*Abrogé par Ord. n° 2022-1292 du 5 oct. 2022, art. 5, à compter du 1er janv. 2023*) ***« S'il a plus de treize ans, l'adopté doit consentir personnellement à son adoption plénière. Ce consentement est donné selon les formes prévues au deuxième alinéa de l'article 348-3. Il peut être rétracté à tout moment jusqu'au prononcé de l'adoption. »***

Décès de l'enfant avant la fin du délai de 6 mois. L'adoption plénière d'un enfant qui n'a pas vécu six mois au foyer des adoptants ne saurait être prononcée au prétendu motif que le non-respect du délai, dû au décès de l'enfant, serait indépendant de la volonté des adoptants et assimilable à un cas de force majeure. • Civ. 1re, 4 oct. 1988, n° 87-12.427 P : *R., p. 152 ; D. 1989. 304, note Massip.* ♦ Comp., pour le cas de décès de l'adoptant, notes 21 et 22 ss. art. 353-1 ; *RTD civ. 1993. 571, obs. Hauser*.

Art. 345-1 **L'adoption simple est permise quel que soit l'âge de l'adopté.**

(*Abrogé par Ord. n° 2022-1292 du 5 oct. 2022, art. 5, à compter du 1er janv. 2023*) ***« S'il est justifié de motifs graves, l'adoption simple d'un enfant ayant fait l'objet d'une adoption plénière est permise.***

« L'enfant précédemment adopté par une seule personne, en la forme simple ou plénière, peut l'être une seconde fois, par le conjoint, le partenaire lié par un pacte civil de solidarité ou le concubin de cette dernière, en la forme simple.

« Si l'adopté est âgé de plus de treize ans, il doit consentir personnellement à l'adoption. » *— [Anc. art. 360, mod.]*

BIBL. ▶ HUCHET, *RLDC 2011/81, n° 4210* (sens de l'adoption des majeurs).

Art. 345-2 (*Ord. n° 2022-1292 du 5 oct. 2022, art. 5, en vigueur le 1er janv. 2023*) **Nul ne peut être adopté par plusieurs personnes si ce n'est par deux époux, deux partenaires liés par un pacte civil de solidarité ou deux concubins.**

Toutefois, une nouvelle adoption simple ou plénière peut être prononcée après le décès de l'adoptant ou des deux adoptants, et une adoption simple peut être prononcée au profit d'un enfant ayant fait l'objet d'une adoption plénière s'il existe des motifs graves.

Ancien art. 345-2 *Nul ne peut être adopté par plusieurs personnes si ce n'est par deux époux* (*L. n° 2022-219 du 21 févr. 2022, art. 2*) *« , deux partenaires liés par un pacte civil de solidarité ou deux concubins ».*

(*L. n° 76-1179 du 22 déc. 1976*) *« Toutefois, une nouvelle adoption peut être prononcée soit après décès de l'adoptant, ou des deux adoptants, soit encore après décès de l'un des deux adoptants, si la demande est présentée par le nouveau conjoint* (*L. n° 2022-219 du 21 févr. 2022, art. 2*) *« , partenaire lié par un pacte civil de solidarité ou concubin » du survivant d'entre eux. » — [Anc. art. 346.]*

1. Portée. Sur le lien entre le mariage et l'adoption, V. depuis la L. n° 2013-404 du 17 mai 2013 : compte tenu des dispositions des art. 343, 346, 356 et 365, l'ouverture du mariage aux couples de personnes de même sexe a pour conséquence de permettre l'adoption par des couples de personnes de même sexe ainsi que l'adoption au sein de tels couples. • Cons. const. 17 mai 2013, n° 2013-669 DC : *cité ss. art. 343.* ♦ V. antérieurement, sous l'angle du DIP : l'art. 346 qui réserve l'adoption conjointe à des couples unis par le mariage ne consacre pas un principe essentiel reconnu par le droit français. • Civ. 1re, 7 juin 2012 : cité note 2 ss. art. 310 (demande d'exequatur d'une décision étrangère autorisant une adoption par un couple homosexuel). ♦ Comp. :refus partiel d'exequatur, pour contrariété à l'ordre public international, à un jugement étranger prononçant l'adoption d'un enfant par un couple de concubins hétérosexuels. • Pau, 26 janv. 2004 : *Dr. fam. 2004, n° 214, note Farge* (jugement reconnu valable à l'égard d'un seul des adoptants).

2. Double adoption par les beaux-parents (non). Cassation de l'arrêt ayant accueilli une demande d'adoption simple présentée par la seconde épouse du père d'un enfant ayant déjà fait l'objet d'une adoption simple de la part du second époux de sa mère, la cour d'appel ayant estimé à tort qu'il y avait contrariété entre l'art. 346 et les art. 8 et 14 de la Conv. EDH ; le droit au respect de la vie privée et familiale n'interdit pas de limiter le nombre d'adoptions successives dont une même personne peut faire l'objet, ni ne commande de consacrer par une adoption, tous les liens d'affection, fussent-ils anciens et bien établis. • Civ. 1re, 12 janv 2011, n° 09-16.527 P : *D. actu. 25 janv. 2011, obs. Siffrein-Blanc ; D. 2011. Pan. 1585, obs. Granet-Lambrechts ; RTD civ. 2011. 337, obs. Hauser ; JCP 2011, n° 415, obs. Bosse-Platière et Gouttenoire ; AJ fam. 2011. 100, obs. Chénedé ; Dr. fam. 2011, n° 20, obs. Neirinck ; RLDC 2011/80, n° 4179, obs. Gallois.*

3. Interprétation du motif grave au sens de l'anc. art. 360, al. 2 : V. • TGI Paris, 15 mars 2000 : *D. 2001. Somm. 2799, obs. Henneron ; RTD civ. 2001. 122, obs. Hauser* • Paris, 16 janv. 2003 : *AJ fam. 2003. 181, obs. F. B. ; RTD civ. 2003. 280, obs. Hauser* • Versailles, 25 mars 2004 : *Dr. fam. 2004, n° 219, note Murat ; RTD civ. 2004. 497, obs. Hauser.*

SECTION 3 **Des rapports entre l'adoptant et l'adopté** *(Ord. n° 2022-1292 du 5 oct. 2022, art. 3, en vigueur le 1er janv. 2023).*

Art. 346 *(Ord. n° 2022-1292 du 5 oct. 2022, art. 6, en vigueur le 1er janv. 2023)* **L'adoption entre ascendants et descendants en ligne directe et entre frères et sœurs est prohibée.**

Toutefois, le tribunal peut prononcer l'adoption s'il existe des motifs graves que l'intérêt de l'adopté commande de prendre en considération.

Ancien art. 346 *(L. n° 2022-219 du 21 févr. 2022, art. 5)* ***L'adoption entre ascendants et descendants en ligne directe et entre frères et sœurs est prohibée. Toutefois, le tribunal peut prononcer l'adoption s'il existe des motifs graves que l'intérêt de l'adopté commande de prendre en considération.*** *— [Anc. art. 343-3.]*

Rappel du droit antérieur. V. sous l'empire de l'anc. art. 353 (adoption plénière) : il y a lieu de rejeter la demande d'adoption plénière formée par le grand-père maternel de l'enfant. En effet, cette adoption, qui ferait disparaître le lien de filiation de l'enfant vis-à-vis de sa mère, serait contraire à l'intérêt de l'enfant, quelle que soit l'affection du grand-père pour son petit-fils. • Bordeaux, 21 janv. 1988 : *D. 1988. 453, note Hauser.* ♦ *Contra* : • Besançon, 1er févr. 1994 : *JCP 1995. IV. 564 ; RTD civ. 1995. 344, obs. Hauser.*

V. sous l'empire de l'anc. art. 361 (adoption simple) : refus de l'adoption par une grand-mère de six de ses sept petits-enfants, à la suite du décès de leurs parents, l'opération ayant un but essentiellement successoral, étranger à l'esprit de la loi, et devant engendrer une confusion des générations, sans être conforme à l'intérêt des personnes concernées, en dehors de leur intérêt financier. • Civ. 1re, 16 oct. 2001, n° 00-10.665 P : *D. 2002. 1097, note F. Boulanger ; Defrénois 2002. 195, obs. Massip ; Dr. fam. 2002, n° 41, note Murat ; RJPF 2002-3/37, note Villa-Nys ; RTD civ. 2002. 84, obs. Hauser.* ♦ Refus de l'adoption par les grands-parents dans la mesure où, d'une part, elle constituerait pour les parties un bouleversement anormal de l'ordre familial et aurait donc des effets plus négatifs que positifs alors que, d'autre part, même si leur consentement n'était pas exigé, la mère faisait valoir que l'adoption nierait complètement son existence en tant que parent et son père précisait qu'il avait à cœur de préserver les liens avec sa fille ; par une appréciation souveraine de la situation concrète des parties, la cour d'appel a estimé que l'adoption n'était pas conforme à l'intérêt de l'adoptée. • Civ. 1re, 6 mars 2013, n° 12-17.183 P : *D. 2013. 706 ; AJ fam. 2013. 229, obs. Salvage-Gerest ; Dr. fam. 2013, n° 67, obs. Neirinck.* ♦ V. aussi pour les juges du fond : • Caen, 20 nov. 1997 : *BICC 15 avr. 1999, n° 484 ; RTD civ. 1999. 828, obs. Hauser* (absence d'intérêt d'un enfant à être adopté par sa grand-mère, dès lors que les parents sont vivants et ont reconnu l'enfant, que la grand-mère a déjà obtenu délégation entière de l'autorité parentale et que l'enfant porte le même nom qu'elle) • Versailles, 26 févr. 2003 : *BICC 15 oct. 2004, n° 1540.*

Art. 347 *(Ord. n° 2022-1292 du 5 oct. 2022, art. 6, en vigueur le 1er janv. 2023)* **Le ou les adoptants doivent avoir quinze ans de plus que les enfants qu'ils se proposent d'adopter.**

Toutefois, lorsque la différence d'âge est inférieure à celle que prévoit l'alinéa précédent, le tribunal peut prononcer l'adoption s'il existe de justes motifs.

Ancien art. 347 ***Les adoptants doivent avoir quinze ans de plus que les enfants qu'ils se proposent d'adopter. Si ces derniers sont les enfants de leur conjoint,*** *(L. n° 2022-219 du 21 févr. 2022,* *art. 2) « **partenaire lié par un pacte civil de solidarité ou concubin,** » **la différence d'âge exigée n'est que de dix ans.***

(*L. n° 76-1179 du 22 déc. 1976*) « ***Toutefois, le tribunal peut, s'il y a de justes motifs, prononcer l'adoption lorsque la différence d'âge est inférieure à celles que prévoit l'alinéa précédent.*** » – [*Anc. art. 344.*]

1. Conv. EDH : adoptant unique. Le refus des autorités suisses d'autoriser le placement d'un enfant en vue de son adoption, fondé sur la différence d'âge entre l'adoptante et l'enfant, n'est pas discriminatoire au sens de l'art. 14, combiné avec l'art. 8 Conv. EDH. • CEDH 10 juin 2010, n° 25762/07 : *D. 2010. 2269, note Brière ; JCP 2010, n° 1066, note Boulanger ; AJ fam. 2010. 325 ; Constitutions 2010. 401, obs. Briand ; RTD civ. 2010. 774, obs. Hauser.*

2. Réduction pour justes motifs (al. 2). Adoption d'un frère par sa sœur, de treize ans son aînée, dans des circonstances familiales difficiles (famille nombreuse, parents décédés, prise en charge de l'éducation par la sœur) : V. • Paris, 10 févr. 1998 : *JCP 1998. II. 10130, note Philippe ; Dr. fam. 1998, n° 83, note Murat.* ♦ V. au contraire, rejetant l'existence de justes motifs : • Dijon, 30 juin 1994 : *JCP 1995. IV. 31 ; RTD civ. 1995. 345, obs. Hauser* (liens d'affection unissant depuis six ans deux personnes majeures, exerçant une même activité professionnelle, disposant de revenus identiques, et ne s'engageant que pour une adoption simple révocable).

SECTION 4 **Du consentement à l'adoption** (*Ord. n° 2022-1292 du 5 oct. 2022, art. 3, en vigueur le 1er janv. 2023*).

Art. 348 (*Ord. n° 2022-1292 du 5 oct. 2022, art. 7, en vigueur le 1er janv. 2023*) **Lorsque la filiation d'un mineur est établie à l'égard de ses deux parents, l'un et l'autre doivent consentir à l'adoption.**

Si l'un d'eux est décédé, dans l'impossibilité de manifester sa volonté, ou s'il a perdu ses droits d'autorité parentale, le consentement de l'autre suffit.

Ancien art. 348 ***Lorsque la filiation d'un enfant est établie à l'égard de*** (*L. n° 2022-219 du 21 févr. 2022, art. 6*) « ***ses deux parents*** [*ancienne rédaction : son père et de sa mère*] », ***ceux-ci doivent consentir l'un et l'autre à l'adoption.***

Si l'un des deux est mort ou dans l'impossibilité de manifester sa volonté, s'il a perdu ses droits d'autorité parentale, le consentement de l'autre suffit.

1. Exigence du consentement des parents : principe. Contrariété à l'ordre public français d'un jugement étranger prononçant une adoption sans faire référence au consentement des représentants légaux de l'enfant. • Civ. 1re, 18 juill. 2000, n° 99-10.848 P : *JCP 2001. II. 10588, note Moreno ; Rev. crit. DIP 2001. 349, note Muir Watt.* ♦ Comp. : l'adoption d'un nouveau-né peut, dans certaines circonstances, être conforme à l'art. 8 Conv. EDH et une législation instituant une procédure d'urgence permettant de protéger l'enfant et de le retirer à sa mère dès sa naissance n'est pas en elle-même contraire à cette disposition. • CEDH, sect. II, 16 juill. 2002, *P. C. et S. c/ Royaume-Uni*, n° 56547/00.

2. ... Exclusion pour un enfant majeur. Il résulte de l'art. 348 que le consentement des parents à l'adoption simple de l'adopté majeur, qui n'est plus placé sous leur autorité, n'est pas requis. • Civ. 1re, 20 mars 2013, n° 12-16.401 P : *D. 2013. 1436, obs. Granet-Lambrechts ; AJ fam. 2013. 231, obs. Salvage-Gerest ; RTD civ. 2013. 589, obs. Hauser ; RLDC 2013/107, n° 5201, obs. Deville* (absence d'effet du refus du père de consentir à l'adoption simple de sa fille majeure). ♦ Dans le même sens : • Civ. 1re, 6 mars 2013, n° 12-17.183 P : *D. 2013. 1436, obs. Granet-Lambrechts ; AJ fam. 2013. 229, obs. Salvage-Gerest ; RTD civ. 2013. 364, obs. Hauser* (le refus des parents, qui ne sont pas parties à la procédure, ne peut lui donner un caractère contentieux).

Art. 348-1 **Lorsque la filiation d'un enfant n'est établie qu'à l'égard** (*Ord. n° 2022-1292 du 5 oct. 2022, art. 7, en vigueur le 1er janv. 2023*) « **de l'un** [*ancienne rédaction : d'un*] » **de ses auteurs,** (*Ord. n° 2022-1292 du 5 oct. 2022, art. 7, en vigueur le 1er janv. 2023*) « **lui seul doit consentir** [*ancienne rédaction : celui-ci donne le consentement*] » **à l'adoption.**

Inefficacité du consentement donné par le père naturel à l'adoption par sa femme de l'enfant porté, mis au monde et abandonné à sa naissance par une autre femme en exécution d'un contrat de maternité pour autrui qui n'a pas été réalisé à l'étranger, le processus constituant un détournement de l'institution de l'adoption : V. note 11 ss. art. 353-1. ♦ Comp. dans le cadre de la réception des gestations pour autrui réalisées à l'étranger (V. notes ss. art. 16-7) : cassation de l'arrêt ayant considéré que le consentement de la mère biologique à l'adoption ne peut s'entendre que comme celui d'une mère à renoncer symboliquement et juridiquement à sa maternité dans toutes ses composantes, en particulier dans sa dimension subjective ou psychique, alors que la cour d'appel constatait l'existence, la sincérité et l'absence de rétractation du consentement à l'adoption donné par la mère de l'enfant. • Civ. 1re, 5 juill. 2017, n° 16-16.455 P : *D. 2017. 1737, note Fulchiron ; ibid. 1727, obs. Bonfils et Gouttenoire ; AJ fam. 2017. 482 ; ibid. 375, obs. Chénedé ; ibid. 643, obs. Salvage-Gerest.*

Art. 348-2 **Lorsque les** *(Ord. n° 2022-1292 du 5 oct. 2022, art. 7, en vigueur le 1er janv. 2023)* **« parents** *[ancienne rédaction : père et mère]* **» de l'enfant sont décédés, dans l'impossibilité de manifester leur volonté ou s'ils ont perdu leurs droits d'autorité parentale, le consentement est donné par le conseil de famille, après avis de la personne qui en fait prend soin de l'enfant.**

Il en est de même lorsque la filiation de l'enfant n'est pas établie.

1. L'art. 348-2 ne s'applique pas à l'adoption d'un enfant déclaré « délaissé » par un tribunal marocain, faute pour sa mère de pouvoir subvenir à ses besoins et non en raison d'un désintérêt volontaire à l'égard de l'enfant, ce dont il résulte que la mère de l'enfant n'a pas perdu ses droits d'autorité parentale et l'impossibilité de manifester sa volonté. • Civ. 1re, 4 déc. 2013, n° 12-26.161 P : *D. 2014. 1059, obs. Gaudemet-Tallon et Jault-Seseke ; ibid. 1789, obs. Bonfils et Gouttenoire ; AJ fam. 2014. 180, obs. Boiché ; RTD civ. 2014. 104, obs. Hauser ; Gaz. Pal. 2014. 288, obs. Viganotti ; JCP 2014, n° 43, note Bosse-Platière ; Dr. fam. 2014, n° 19, obs. Farge.*

2. Application de l'art. 348-2 à un enfant recueilli par kafala, l'enfant mineur ayant acquis la nationalité française par déclaration de nationalité. • Paris, 15 févr. 2011 : *AJ fam. 2011. 320, obs. Douris.*

Art. 348-3 *(L. n° 2022-219 du 21 févr. 2022, art. 6)* **« Le consentement à l'adoption doit être libre, obtenu sans aucune contrepartie après la naissance de l'enfant et éclairé sur les conséquences de l'adoption, en particulier s'il est donné en vue d'une adoption plénière,** *(Abrogé par Ord. n° 2022-1292 du 5 oct. 2022, art. 7, à compter du 1er janv. 2023) « et »* **sur le caractère complet et irrévocable de la rupture du lien de filiation préexistant. »**

Le consentement à l'adoption est donné devant un notaire français ou étranger, ou devant les agents diplomatiques ou consulaires français. Il peut également être reçu par le service de l'aide sociale à l'enfance lorsque l'enfant lui a été remis. – *Mod. par L. n° 2010-1609 du 22 déc. 2010, art. 28.*

(Abrogé par Ord. n° 2022-1292 du 5 oct. 2022, art. 7, à compter du 1er janv. 2023) ***« Le consentement à l'adoption peut être rétracté pendant deux mois. La rétractation doit être faite par lettre recommandée avec demande d'avis de réception adressée à la personne ou au service qui a reçu le consentement à l'adoption. La remise de l'enfant à ses parents sur demande même verbale vaut également preuve de la rétractation.***

« Si à l'expiration du délai de deux mois le consentement n'a pas été rétracté, les parents peuvent encore demander la restitution de l'enfant à condition que celui-ci n'ait pas été placé en vue de l'adoption. Si la personne qui l'a recueilli refuse de le rendre, les parents peuvent saisir le tribunal qui apprécie, compte tenu de l'intérêt de l'enfant, s'il y a lieu d'en ordonner la restitution. La restitution rend caduc le consentement à l'adoption. »

Sur le consentement à l'adoption, V. C. pr. civ., art. 1165.

1. Choix entre adoption simple et plénière : respect des droits du parent. Sur l'atteinte que pourrait constituer le refus par les autorités d'une adoption simple, permettant de maintenir un lien entre l'enfant et le parent biologique : • CEDH, sect. II, 21 janv. 2014, *Zhou c/ Italie*, n° 33773/11.

2. Domaine. *L'art. 348-3 ne s'applique pas au* consentement, dépourvu de formalisme, du conjoint de l'adoptant. • Civ. 1re, 13 mars 2007 : *cité note 28 ss. art. 353-1.*

3. Recueil du consentement. Sur la nature de l'acte par lequel le service de l'aide sociale à l'enfance recueille le consentement à l'adoption, V. • Paris, 4 juin 1975 : *JCP 1977. II. 18581, note Bétant-Robet*, et, sur pourvoi, • Civ. 1re, 20 juill. 1976 : *ibid.*

4. Consentement et adoption internationale. V. notes ss. art. 370-3 et 370-5.

Art. 348-4 *(Ord. n° 2022-1292 du 5 oct. 2022, art. 7, en vigueur le 1er janv. 2023)* **Le consentement à l'adoption des enfants de moins de deux ans n'est valable que si l'enfant a été effectivement remis au service de l'aide sociale à l'enfance, sauf le cas**

où il existe un lien de parenté ou d'alliance jusqu'au sixième degré inclus entre l'adoptant et l'adopté ou dans les cas d'adoption de l'enfant du conjoint, du partenaire lié par un pacte civil de solidarité ou du concubin.

Ancien art. 348-4 ***Sauf le cas où il existe un lien de parenté ou d'alliance jusqu'au sixième degré inclus entre l'adoptant et l'adopté*** *(L. n° 2022-219 du 21 févr. 2022, art. 2)* ***« ou dans les cas d'adoption de l'enfant du conjoint, du partenaire lié par un pacte civil de solidarité ou du concubin », le consentement à l'adoption des enfants de moins de deux ans n'est valable que si l'enfant a été effectivement remis au service de l'aide sociale à l'enfance*** *(Abrogé par L. n° 2022-219 du 21 févr. 2022, art. 14)* ***« ou à un organisme autorisé pour l'adoption ».*** *— [Anc. art. 348-5.]*

BIBL. ▶ CHARLES, *RRJ 1997/1. 89* (problème de l'application du texte en Polynésie). - RUBELLIN-DEVICHI, *RTD civ. 1990. 249*.

1. Sanction : inefficacité du consentement. Le consentement à l'adoption d'un enfant de moins de deux ans qui, à l'époque où le consentement a été donné, n'était plus confié, même temporairement, au service de l'aide sociale à l'enfance, est dénué d'effet ; il s'ensuit qu'en l'absence d'un nouveau consentement donné conformément à l'art. 348-5 le délai de rétractation prévu à l'al. 2 de l'art. 348-3 n'a pu commencer à courir du jour où l'enfant a atteint sa deuxième année. • Civ. 1re, 5 juill. 1973 : *D. 1974. 289, note Raynaud.*

2. Fraude. Sur le contrôle de la sincérité d'une reconnaissance de paternité du mari de la requérante en adoption d'un enfant étranger, en vue d'écarter la fraude à la loi, au regard, notamment, de l'art. 348-5, V. • TGI Paris, 5 janv. 1994 : *BICC 1er mars 1994, n° 298.*

3. Adoption internationale. V. notes ss. art. 370-3.

Art. 348-5 *(Abrogé par Ord. n° 2022-1292 du 5 oct. 2022, art. 7, à compter du 1er janv. 2023)* ***« Le consentement à l'adoption doit être libre, obtenu sans aucune contrepartie après la naissance de l'enfant et éclairé sur les conséquences de l'adoption, en particulier s'il est donné en vue d'une adoption plénière, et sur le caractère complet et irrévocable de la rupture du lien de filiation préexistant.***

« Le consentement à l'adoption est donné devant un notaire français ou étranger, ou devant les agents diplomatiques ou consulaires français. Il peut également être reçu par le service de l'aide sociale à l'enfance lorsque l'enfant lui a été remis. »

Le consentement à l'adoption peut être rétracté pendant *(L. n° 96-604 du 5 juill. 1996)* **« deux mois ». La rétractation doit être faite par lettre recommandée avec demande d'avis de réception adressée à la personne ou au service qui a reçu le consentement à l'adoption. La remise de l'enfant à ses parents sur demande même verbale** *(Ord. n° 2022-1292 du 5 oct. 2022, art. 7, en vigueur le 1er janv. 2023)* **« par cette personne ou ce service vaut** *[ancienne rédaction : vaut également preuve de la]* **» rétractation.**

Si à l'expiration du délai de *(L. n° 96-604 du 5 juill. 1996)* **« deux mois » le consentement n'a pas été rétracté, les parents peuvent encore demander la restitution de l'enfant à condition que celui-ci n'ait pas été placé en vue de l'adoption. Si la personne qui l'a recueilli refuse de le** *(Ord. n° 2022-1292 du 5 oct. 2022, art. 7, en vigueur le 1er janv. 2023)* **« restituer** *[ancienne rédaction rendre]* **», les parents peuvent saisir le tribunal qui apprécie, compte tenu de l'intérêt de l'enfant, s'il y a lieu d'en ordonner la restitution. La restitution rend caduc le consentement à l'adoption.** *— [Anc. art. 348-3, mod.]*

Jurisprudence rendue dans le cadre de l'anc. art. 348-3.

1. Domaine : adopté majeur (non). Seuls les parents d'un futur adopté mineur sont concernés par les dispositions de l'anc. art. 348-3, à l'exclusion de l'adopté majeur. • Bourges, 8 nov. 2000 : *JCP 2001. IV. 1995 ; RTD civ. 2001. 577, obs. Hauser* (conséquence : caractère inopérant de l'absence d'information sur la faculté de rétractation).

2. … Conjoint de l'adoptant (non). La faculté de rétractation ouverte aux parents de l'adopté par l'anc. art. 348-3, al. 2, ne peut être étendue au consentement donné par le conjoint de l'adoptant. • Civ. 1re, 2 déc. 1997, n° 95-17.508 P : *JCP 1998. II. 10028, concl. contraires Sainte-Rose ; ibid. 10038, note Dreifuss-Netter ; Defrénois 1998. 1026, obs. Massip ; Dr. fam. 1998, n° 3, note Murat ; RTD civ. 1998. 357, obs. Hauser.*

3. Conditions (adoption par un couple). Lorsque la filiation d'un enfant est établie à l'égard de son père et de sa mère et que ceux-ci ont tous deux consenti à l'adoption, la rétractation régulière par la mère de son consentement fait obstacle à l'adoption, sans qu'il puisse être prétendu que le consentement donné par le père et la mère n'aurait pu être valablement rétracté que par ces deux parents. • Civ. 1re, 22 avr. 1975, n° 74-11.258 P : *R., p. 17 ; D. 1975. 496.*

4. Délai. Pour que commence à courir le délai de rétractation prévu par l'al. 2 de l'anc. art. 348-3, il faut que le consentement ait été valablement donné. • Civ. 1re, 5 juill. 1973, n° 71-13.971 : *D. 1974. 289, note Raynaud.*

5. Rétractation de la rétractation. La rétractation ayant pour effet d'anéantir l'acte de consentement, si les parents déclarent revenir sur leur rétractation, un nouveau consentement doit être formalisé dans les formes prescrites par l'anc. art. 348-3, al. 1er. • Civ. 1re, 24 févr. 1998, n° 95-20.450 P : *Defrénois 1998. 1025, obs. Massip ; Dr. fam. 1998, n° 134, note Murat.*

6. Restitution. Pour l'application de l'anc. art. 348-3, al. 3, l'appréciation de l'intérêt de l'enfant relève du pouvoir souverain des juges du fond. • Civ. 1re, 22 nov. 1989 : *Bull. civ. I, n° 357.* ♦ Sur l'application de ce texte, V. Rubellin-Devichi, *obs. RTD civ. 1990. 257.*

Art. 348-6 *(L. n° 2022-219 du 21 févr. 2022, art. 14)* **Lorsque les parents, l'un** *(Ord. n° 2022-1292 du 5 oct. 2022, art. 7, en vigueur le 1er janv. 2023)* **« d'eux** *[ancienne rédaction : des deux]* **» ou le conseil de famille consentent à l'admission de l'enfant** *(Ord. n° 2022-1292 du 5 oct. 2022, art. 7, en vigueur le 1er janv. 2023)* **« en** *[ancienne rédaction : à la]* **» qualité de pupille de l'État en le remettant au service de l'aide sociale à l'enfance, le choix de l'adoptant est laissé au tuteur, avec l'accord du conseil de famille des pupilles de l'État.** – *[Anc. art. 348-4, mod.]*

Art. 348-7 *(Ord. n° 2022-1292 du 5 oct. 2022, art. 7, en vigueur le 1er janv. 2023)* **Lorsque les parents refusent de consentir à l'adoption de leur enfant dont ils se sont désintéressés au risque d'en compromettre la santé ou la moralité, le tribunal peut prononcer l'adoption s'il estime ce refus abusif.**

Il en est de même en cas de refus abusif de consentement du conseil de famille.

Ancien art. 348-7 *Le tribunal peut prononcer l'adoption s'il estime abusif le refus de consentement opposé par les parents (Abrogé par Ord. n° 2005-759 du 4 juill. 2005, à compter du 1er juill. 2006) « légitimes et naturels » ou par l'un d'entre eux seulement, lorsqu'ils se sont désintéressés de l'enfant au risque d'en compromettre la santé ou la moralité.*

Il en est de même en cas de refus abusif de consentement du conseil de famille. – [Anc. art. 348-6.]

1. Conv. EDH. Absence de violation du droit d'un père naturel au respect de sa vie familiale (Conv. EDH, art. 8) en cas d'adoption de sa fille, sans son consentement, par le mari de la mère, qui vit avec l'enfant depuis plus de 6 ans. Une telle ingérence, prévue par la loi et visant un but légitime, à savoir la protection des droits et libertés de l'enfant, était en l'espèce nécessaire dans une société démocratique : compte tenu de l'intérêt supérieur de l'enfant et du caractère limité des liens maintenus par le père naturel, il n'y a pas eu disproportion entre les buts visés par l'adoption et les conséquences néfastes de cette mesure sur le droit à la vie privée familiale du requérant. • CEDH 28 oct. 1998, *Söderbäck c/ Suède : RTD civ. 1999. 501, obs. Marguénaud.*

2. Domaine : pupilles de l'État (oui). L'anc. art. 348-6 ne fait aucune distinction selon le statut juridique des enfants adoptables et n'exclut donc pas les pupilles de l'État, le tribunal pouvant prononcer l'adoption s'il estime abusif le refus du conseil de famille. • Rennes, 16 mars 1993 : *D. 1995. 113, note Geffroy et Desgue.* ♦ *Comp. • Paris, 18 nov. 1999 : RDSS 2000. 159, obs. F. Monéger*, estimant que la condition de désintérêt manifeste est inapplicable au cas général des pupilles de l'État, dont la situation est examinée au moins une fois par an par le conseil de famille des pupilles de l'État (CASF, art. L. 224-1) ; pourvoi rejeté par • Civ. 1re, 27 nov. 2001 : *Gaz. Pal. 2002. Somm. 1518, obs. Massip* (la cour qui constate que l'enfant est régulièrement suivi en déduit exactement que les conditions de l'art. 348-6 ne sont pas remplies).

3. ... Enfant majeur (non). Il résulte de l'art. 348 que le consentement des parents à l'adoption simple de l'adopté majeur, qui n'est plus placé sous leur autorité, n'est pas requis. • Civ. 1re, 20 mars 2013 : *cité ss. art. 348* (absence d'effet du refus du père de consentir à l'adoption simple de sa fille majeure, refus qui ne peut donc être abusif).

4. Double condition. Si l'anc. art. 348-6 a pour principal fondement l'intérêt de l'enfant, il n'en exige pas moins, pour permettre de passer outre au refus des parents ou de l'un d'eux, d'une part que ceux-ci se soient désintéressés de l'enfant au risque d'en compromettre la santé ou la moralité, et, d'autre part, que leur refus de consentir à l'adoption soit jugé abusif. • Civ. 1re, 16 déc. 1980 : *D. 1981. 514, note J. M.* – V. aussi • Civ. 1re, 18 nov. 1997 : *Dr. fam. 1998, n° 20, obs. Murat ; Defrénois 1998. 722, obs. Massip.* ♦ Comp., en cas de refus abusif de consentement du conseil de famille : • TGI Amiens, 30 oct. 1970 : *Gaz. Pal. 1971. 1. 229.*

5. Caractère volontaire du désintérêt. Le désintérêt doit être volontaire ; tel n'est pas le cas lorsque les parents adoptifs ont empêché la mère de voir ses enfants. • Civ. 1re, 19 juill. 1989 : *JCP 1990. II. 21443, note Salvage-Gerest ; Defrénois 1989. 1344, obs. Massip.* ♦ Rappr. note 1 ss. art. 348-2.

Art. 349 *(Ord. nº 2022-1292 du 5 oct. 2022, art. 7, en vigueur le 1er janv. 2023)* **L'adopté âgé de plus de treize ans consent personnellement à son adoption.**

Ce consentement est donné selon les formes prévues au deuxième alinéa de l'article 348-3.

Il peut être rétracté à tout moment jusqu'au prononcé de l'adoption.

Art. 350 *(L. nº 2022-219 du 21 févr. 2022, art. 7)* **Le tribunal peut prononcer l'adoption, si elle est conforme à l'intérêt de l'adopté, d'un mineur âgé de plus de treize ans ou d'un majeur protégé** *(Ord. nº 2022-1292 du 5 oct. 2022, art. 7, en vigueur le 1er janv. 2023)* **« , l'un et l'autre » hors d'état d'y consentir personnellement, après avoir recueilli l'avis d'un administrateur *ad hoc* ou de la personne chargée d'une mesure de protection juridique avec représentation relative à la personne.** — *[Anc. art. 348-7, mod.]*

BIBL. ► KRIEF-SEMITKO, *JCP 2012, nº 1353* (adoption simple des majeurs protégés et Conv. EDH).

En sens contraire, pour la solution inverse fondée sur l'art. 458 : le consentement d'un majeur protégé à sa propre adoption est un acte strictement personnel qui ne peut être donné en ses lieu et place par son tuteur. • Civ. 1re, 8 oct. 2008, nº 07-16.094 P : *D. 2008. AJ 2663, obs. Égéa ; ibid. 2832, note Norguin ; ibid. 2009. Pan. 777, obs. Granet-Lambrechts ; ibid. Pan. 2183, obs. Plazy ; JCP 2009. II. 10012, note Favier ; AJ fam. 2008. 435, note Pécaut-Rivolier ; Dr. fam. 2008. 173, obs. Murat ; Dr. et patr. 11/2009. 104, obs. Fulchiron ; RJPF 2008-12/13, note Le Boursicot ; Defrénois 2008. 2431, note Massip ; LPA 10 déc. 2008, note Boussard ; RTD civ. 2008. 655, obs. Hauser ; RDSS 2009. 176, note Neirinck* (adoption impossible, faute pour le mineur, handicapé, de pouvoir consentir à son adoption). ♦ Comp., dans l'hypothèse d'une requête en adoption simple de deux jumeaux recueillis, retenant que l'interprétation *stricto sensu* de l'art. 458 C. civ. conduit à une discrimination au détriment du majeur handicapé mental, à raison de son âge et de son handicap, et prive une catégorie de personnes d'un instrument utile de protection et de la possibilité d'avoir une vie familiale fondée sur une adoption simple, sans que puisse se lire dans la loi une nécessité à cet empêchement ; au regard de ces principes et des art. 8 et 14 Conv. EDH, il doit être considéré qu'une requête en adoption simple d'un majeur protégé, incapable de donner son consentement, doit être accueillie favorablement si la situation personnelle et particulière de la personne le justifie. • TGI Avesnes-sur-Helpe, 13 juin 2018 : *AJ fam. 2018. 674, obs. Mattiussi*.

Comp. en revanche, avant l'art. 458 : dans l'hypothèse où l'enfant, âgé de plus de 13 ans, est inapte à exprimer valablement son consentement à l'adoption, en raison de troubles psychiques dont il est atteint (débilité mentale moyenne), V. • TI Châlons-sur-Marne, j. tutelles, 1er juin 1977 : *Gaz. Pal. 1978. 1. 175, note Decheix* (nomination d'un administrateur *ad hoc* et autorisation donnée à ce dernier de consentir à l'adoption au nom de l'enfant).

CHAPITRE II DE LA PROCÉDURE ET DU JUGEMENT D'ADOPTION

(Ord. nº 2022-1292 du 5 oct. 2022, art. 8, en vigueur le 1er janv. 2023).

SECTION 1 Du placement en vue de l'adoption *(Ord. nº 2022-1292 du 5 oct. 2022, art. 8, en vigueur le 1er janv. 2023).*

Art. 351 *(Ord. nº 2022-1292 du 5 oct. 2022, art. 9, en vigueur le 1er janv. 2023)* **Le placement en vue de l'adoption concerne les pupilles de l'État ou les enfants judiciairement déclarés délaissés. En cas d'adoption plénière, il concerne également les enfants pour lesquels il a été valablement et définitivement consenti à l'adoption.**

Ce placement prend effet à la date de la remise effective de l'enfant aux futurs adoptants.

L'art. 361-1, aux termes duquel le placement en vue de l'adoption est réalisé par la remise effective aux futurs adoptants d'un pupille de l'État ou d'un enfant déclaré judiciairement délaissé est abrogé (Ord. nº 2022-1292 du 5 oct. 2022, art. 9, en vigueur le 1er janv. 2023).

Contrôle administratif en matière de placement. Les personnes ou associations qui servent d'intermédiaire pour le placement ou l'adoption de mineurs de seize ans doivent être autorisées par le préfet à exercer une telle activité et le refus d'autorisation est légalement justifié dès lors qu'il est fondé sur ce que l'intéressée refusait de se conformer aux prescriptions réglementaires et sur ce qu'elle entravait le contrôle de l'administration en refusant notamment d'indiquer les familles dans lesquelles elle plaçait les enfants recueillis par elle. • CE 19 avr. 1968, *Dlle Lebrun : D. 1968. 458.*

Art. 352 *(Ord. n° 2022-1292 du 5 oct. 2022, art. 9, en vigueur le 1er janv. 2023)* **Si les parents ont demandé la restitution de l'enfant dont la filiation est établie, ce dernier ne peut faire l'objet d'un placement tant qu'il n'a pas été statué sur le bien-fondé de cette demande à la requête de la partie la plus diligente.**

Lorsque la filiation de l'enfant n'est pas établie, il ne peut y avoir de placement en vue de l'adoption plénière pendant un délai de deux mois à compter du recueil de l'enfant.

Ancien art. 352 ***Le placement en vue de l'adoption*** *(L. n° 2022-219 du 21 févr. 2022, art. 4)* ***« prend effet à la date de*** *[ancienne rédaction : est réalisé par]* ***» la remise effective aux futurs adoptants d'un enfant pour lequel il a été valablement et définitivement consenti à l'adoption, d'un pupille de l'État ou d'un enfant déclaré*** *(L. n° 2022-219 du 21 févr. 2022, art. 4)* ***« délaissé*** *[ancienne rédaction : abandonné]* ***» par décision judiciaire.***

(L. n° 2022-219 du 21 févr. 2022, art. 4) ***« Les futurs adoptants accomplissent les actes usuels de l'autorité parentale relativement à la personne de l'enfant à partir de la remise de celui-ci et jusqu'au prononcé du jugement d'adoption. »***

Lorsque la filiation de l'enfant n'est pas établie, il ne peut y avoir de placement en vue de l'adoption pendant un délai de *(L. n° 96-604 du 5 juill. 1996)* ***« deux mois » à compter du recueil de l'enfant.***

Le placement ne peut avoir lieu lorsque les parents ont demandé la restitution de l'enfant tant qu'il n'a pas été statué sur le bien-fondé de cette demande à la requête de la partie la plus diligente. *— [Anc. art. 351.]*

1. Accouchement « sous X ». **BIBL.** Neirinck, *RDSS 2005. 1018* (adoptabilité de l'enfant né sous X). – Revel, *D. 2006. Chron. 1707* (l'enfant né sous X et son père). ♦ Dès lors que, en l'absence de reconnaissance, la filiation n'était pas établie, le consentement de la mère (mineure accouchée sous X) n'avait pas à être constaté lors de la remise de l'enfant au service de l'aide sociale à l'enfance. • Civ. 1re, 5 nov. 1996 : *D. 1997. 587, note Massip ; JCP 1997. II. 22749, note Ardeeff ; D. 1997. Somm. 161, obs. Granet ; RTD civ. 1997. 98, obs. Hauser* (cassant • Agen, 14 déc. 1995 : *eod. loc. ; Dr. fam. 1996, n° 5, note Murat).* ♦ Même sens : • Civ. 1re, 6 avr. 2004, n° 03-19.026 P : *D. 2005. Pan. 1749, obs. Granet-Lambrechts ; JCP 2004. II. 10145, note Geffroy ; ibid. I. 167, n° 12 s., obs. Rubellin-Devichi et Favier ; Defrénois 2004. 1238, obs. Massip ; AJ fam. 2004. 241, obs. Bicheron ; Dr. fam. 2004, n° 120, note Murat ; RJPF 2004-7-8/32, note Ton Nu Lan ; RTD civ. 2004. 496, obs. Hauser*, et, pour l'épilogue sur cette affaire : • CEDH 10 janv. 2008, n° 35991/04. ♦ Rejet de la requête en violation de l'art. 8 Conv. EDH de la mère, accouchée sous X, celle-ci ayant reçu, en l'espèce, une information satisfaisante sur les conditions, délais et modalités de restitution de l'enfant. • CEDH 10 janv. 2008, n° 35991/04 : *BICC 15 févr. 2008 ; D. 2008. AJ 415, obs. P. Guiomard ; AJ fam. 2008. 78, obs. Chénedé ; RTD civ. 2008. 252, obs. Marguénaud ; ibid. 285, obs. Hauser ; RDSS 2008. 353, obs. Neirinck* (le délai de deux mois pour demander la restitution de l'enfant assure un équilibre satisfaisant entre les intérêts en cause). ♦ Comp., pour un délai insuffisant compte tenu des intérêts de la mère et des enfants : • CEDH 13 janv. 2009 : *AJ fam. 2009. 82, obs. Chénedé* (enfants déclarés adoptables 27 jours après leur naissance malgré une demande de délai de réflexion présentée par la mère). ♦ Faute d'avoir reconnu l'enfant avant que soit prononcée l'adoption plénière de celui-ci, le père prétendu ne dispose pas d'un intérêt à agir pour demander une expertise biologique. • Douai, 16 oct. 2014, n° 14/02805 : *AJ fam. 2015. 100, obs. Salvage-Gerest*. ♦ Pour le maintien de l'irrecevabilité de principe de l'action du père, après un placement en vue de l'adoption d'un enfant ayant fait l'objet d'un accouchement secret, mais avec obligation pour le juge d'apprécier en fonction des circonstances de l'espèce si cette solution ne porte pas, eu égard aux différents intérêts en présence, une atteinte disproportionnée au droit au respect de la vie privée et familiale du père de naissance. • Civ. 1re, 27 janv. 2021, n° 19-15.921 P : *préc. note 5 ss. art. 326.*

2. Droits du père : QPC. Transmission au Cons. const. d'une QPC contestant la conformité, au regard des al. 10 et 11 du Préamb. de la Const. du 27 oct. 1946 et des art. 2 et 6 DDH du 26 août 1789, des dispositions de l'anc. art. 351, al. 2, qui prévoient que le placement en vue de l'adoption peut intervenir deux mois après le recueil de l'enfant et de l'anc. art. 352, al. 1er, qui disposent que le placement en vue de l'adoption met obstacle à toute restitution de l'enfant à sa famille d'origine et fait échec à toute déclaration de filiation et à toute reconnaissance. • Civ. 1re, 20 nov. 2019, n° 19-15.921 P : *D. 2019. 2300 ; AJ fam. 2020. 73, obs. Houssier ; ibid. 2019. 615, obs. Dionisi-Peyrusse ; Dr. fam. 2020, n° 25, note Fulchiron.* ♦ QPC rejetée par • Cons. const. 7 févr. 2020, n° 2019-826 QPC : *D. 2020. 695, note*

Fulchiron ; *ibid. 506, obs. Douchy-Oudot* ; *AJ fam. 2020. 178, obs. Salvage-Gerest* ; *ibid. 146, obs. Dionisi-Peyrusse* ; *RTD civ. 2020. 357, obs. Leroyer* ; *Dr. fam. 2020, n° 69, note de Saint-Pern.*

3. Demande en restitution de l'enfant : cas du couple. Il n'est pas possible de réserver à l'un des parents la prérogative de réclamer la restitution de l'enfant alors que l'autre en conteste l'opportunité ; dans le cas d'un enfant légitime dont les parents possèdent en commun l'autorité parentale, la demande en restitution implique une action commune du père et de la mère. • Paris, 16 févr. 1972 : *D. 1972. 449, note Fergani.*

4. ... Influence des autres membres de la famille (non). L'art. 351, à la différence de l'art. 350, ne prévoit pas la requête d'un membre de la famille en vue d'assumer la charge de l'enfant ; l'intervention en la cause des grands-parents n'a donc pas de fondement légal, et ils sont sans qualité pour intervenir dans l'instance introduite par la mère et tendant à la restitution de son enfant. • Paris, 16 févr. 1972 : *préc. note 3.*

5. Refus de restitution : détournement de mineur. Commet le délit de détournement de mineur le président d'une association agréée pour le placement familial en vue de l'adoption qui, malgré la demande réitérée de restitution émanant de la mère, a placé l'enfant en vue d'une adoption à l'étranger et s'est mis volontairement par ses agissements dans la situation de ne plus pouvoir rendre le mineur. • Crim. 24 mai 1982 : *JCP 1983. II. 20033, note Vitu.*

Art. 352-1 *(Ord. n° 2022-1292 du 5 oct. 2022, art. 9, en vigueur le 1er janv. 2023)* **Le ou les futurs adoptants accomplissent les actes usuels de l'autorité parentale relativement à la personne de l'enfant à partir de la remise de celui-ci et jusqu'au prononcé du jugement d'adoption.**

Art. 352-2 **Le placement en vue de l'adoption** *(Ord. n° 2022-1292 du 5 oct. 2022, art. 9, en vigueur le 1er janv. 2023)* **« plénière fait** *[ancienne rédaction : met]* **» obstacle à toute restitution de l'enfant à sa famille d'origine. Il fait échec à toute déclaration de filiation et à toute reconnaissance.**

Si le placement en vue de l'adoption cesse ou si le tribunal *(Ord. n° 2022-1292 du 5 oct. 2022, art. 9, en vigueur le 1er janv. 2023)* **« refuse** *[ancienne rédaction : a refusé]* **» de prononcer l'adoption, les effets de ce placement sont rétroactivement résolus.** – *[Anc. art. 352, mod.]*

1. Il résulte de l'art. L. 224-8 CASF et de l'art. 352 C. civ. que le recours contre l'arrêté d'admission en qualité de pupille de l'État est formé, à peine de forclusion, devant le tribunal de grande instance dans un délai de trente jours, sans que ce délai puisse être interrompu ou suspendu ; toutefois, les titulaires de l'action, qui n'ont pas reçu notification de l'arrêté, peuvent agir jusqu'au placement de l'enfant aux fins d'adoption, lequel met fin à toute possibilité de restitution de celui-ci à sa famille d'origine. • Civ. 1re, 5 déc. 2018, n° 17-30.914 P : *AJDA 2018. 2425* ; *D. 2019. 663, obs. Granet-Lambrechts* ; *ibid. Chron. C. cass. 840, obs. Azar* ; *AJ fam. 2019. 43, obs. Salvage-Gerest* ; *ibid. 5, obs. Dionisi-Peyrusse* ; *Dr. fam. 2019, n° 50, note Bernand* (en l'espèce, inopposabilité du délai de trente jours faute de notification mais irrecevabilité de l'action engagée après le placement de l'enfant aux fins d'adoption).

2. Inefficacité de la reconnaissance prénatale effectuée par le prétendu père d'un enfant né « sous X » pour se voir restituer l'enfant après son placement. • Nancy, 23 févr. 2004 : *préc. note 4 ss. art. 326,* cassé par • Civ. 1re, 7 avr. 2006 : *eod. loc.* ♦ V. aussi, antérieurement à Civ. 1re, 7 avr. 2006, précité, estimant valable la reconnaissance par le prétendu père d'un enfant né « sous X », mais la déclarant privée d'effet parce que effectuée postérieurement au placement de l'enfant : • Grenoble, 9 juill. 2004 : *Dr. fam. 2004, n° 141, note Murat* ; *RTD civ. 2004. 723, obs. Hauser* , infirmant • TGI Grenoble, 22 janv. 2004 : *D. 2004. Somm. 1422, obs. Granet-Lambrechts* ; *JCP 2004. I. 167, n° 8 s., obs. Rubellin-Devichi et Favier.*

3. Passé un délai suffisant pour que les parents de naissance puissent manifester leur intérêt et souscrire une reconnaissance, il est contraire à l'intérêt supérieur de l'enfant de le priver de l'environnement familial stable que peut lui conférer le placement en vue d'adoption dans l'attente d'une hypothétique reconnaissance, intervenue 17 mois après la naissance sans manifestation antérieure d'intérêt. • Civ. 1re, 1er juin 2011 : *cité note 1 ss. art. 344,* approuvant : • Paris, 25 févr. 2010 : *JCP 2010, n° 839, obs. G. Kessler* ; *Dr. fam. 2010, n° 79, note Murat, RJPF 2010-6/29,* obs. Le Boursicot, et dans la même affaire • TGI Montargis, 28 mai 2009 : *RLDC 2009/62, n° 3506, obs. Pouliquen,* et dans la même affaire • Civ. 1re, 1er juin 2011, n° 10-20.554 P : *D. 2011. 2093, note Cadou* ; *Dr. fam. 2011, n° 127, obs. Neirinck* ; *RTD civ. 2011. 527, obs. Hauser* ; *JCP 2012,n° 31, § 6, obs. Favier.*

4. Droits du père. Transmission et rejet d'une QPC : V. note 1 ss. anc. art. 352.

Refus de restituer un enfant né sous X à son père biologique qui l'avait reconnu trois jours après sa naissance, reconnaissance mentionnée tardivement sur son acte d'état civil, alors qu'il n'est pas dans l'intérêt de l'enfant d'être confié à son père. • Rennes, 25 nov. 2014 : *D. 2015. 702, obs. Granet-Lambrechts ; AJ fam. 2014. 693, obs. Salvage-Gerest ; RTD civ. 2015. 112, obs. Hauser ; Dr. fam. 2015, n° 8, obs. Neirinck.*

SECTION 2 De l'agrément *(Ord. n° 2022-1292 du 5 oct. 2022, art. 8, en vigueur le 1er janv. 2023).*

Art. 353 *(L. n° 96-604 du 5 juill. 1996)* **Dans le cas d'adoption d'un pupille de l'État** *(Abrogé par L. n° 2022-219 du 21 févr. 2022, art. 14)* **« , *d'un enfant remis à un organisme autorisé pour l'adoption* » ou d'un enfant étranger qui n'est pas l'enfant du conjoint** *(L. n° 2022-219 du 21 févr. 2022, art. 2)* **« , du partenaire lié par un pacte civil de solidarité ou du concubin » de l'adoptant, le tribunal vérifie avant de prononcer l'adoption que le ou les requérants ont obtenu l'agrément pour adopter ou en étaient dispensés.**

Si l'agrément a été refusé ou s'il n'a pas été délivré dans le délai légal, le tribunal peut prononcer l'adoption s'il estime que *(Ord. n° 2022-1292 du 5 oct. 2022, art. 10, en vigueur le 1er janv. 2023)* **« le ou » les requérants sont aptes à accueillir l'enfant et que celle-ci est conforme à son intérêt.** — *[Anc. art. 353-1, mod.]*

1. La disposition de l'anc. art. 353-1 subordonnant l'adoption d'un enfant étranger à un agrément ne consacre pas un principe essentiel du droit français. • Civ. 1re, 15 janv. 2020, n° 18-24.261 P : *D. 2020. 699, note Guillaumé ; AJ fam. 2020. 179, obs. Salvage-Gerest ; JCP 2020, n° 584, note Nord ; Dr. fam. 2020, n° 63, note Devers.*

2. Sur le contrôle des agréments, V. notes ss. art. 343.

SECTION 3 Du jugement d'adoption *(Ord. n° 2022-1292 du 5 oct. 2022, art. 8, en vigueur le 1er janv. 2023).*

Art. 353-1 L'adoption est prononcée à la requête *(Ord. n° 2022-1292 du 5 oct. 2022, art. 11, en vigueur le 1er janv. 2023)* **« du ou des adoptants** *[ancienne rédaction : de l'adoptant]* **» par le tribunal judiciaire qui vérifie** *(L. n° 93-22 du 8 janv. 1993)* **« dans un délai de six mois à compter de la saisine du tribunal » si les conditions de la loi sont remplies et si l'adoption est conforme à l'intérêt de l'enfant.**

(L. n° 2016-297 du 14 mars 2016, art. 35) **« Le mineur capable de discernement est entendu par le tribunal ou, lorsque son intérêt le commande, par la personne désignée par le tribunal à cet effet. Il doit être entendu selon des modalités adaptées à son âge et à son degré de maturité.** *(Ord. n° 2022-1292 du 5 oct. 2022, art. 11, en vigueur le 1er janv. 2023)* **« Lorsqu'il** *[ancienne rédaction : Lorsque le mineur]* **» refuse d'être entendu, le juge apprécie le bien-fondé de ce refus. Le mineur peut être entendu seul ou avec un avocat ou une personne de son choix. Si ce choix n'apparaît pas conforme à** *(Ord. n° 2022-1292 du 5 oct. 2022, art. 11, en vigueur le 1er janv. 2023)* **« son intérêt** *[ancienne rédaction : l'intérêt du mineur]* **», le juge peut procéder à la désignation d'une autre personne. »**

(L. n° 76-1179 du 22 déc. 1976) **« Dans le cas où l'adoptant a des descendants, le tribunal vérifie en outre si l'adoption n'est pas de nature à compromettre la vie familiale. »**

Si l'adoptant décède, après avoir régulièrement recueilli l'enfant en vue de son adoption, la requête peut être présentée en son nom par le conjoint *(Ord. n° 2022-1292 du 5 oct. 2022, art. 11, en vigueur le 1er janv. 2023)* **« , le partenaire lié par un pacte civil de solidarité ou le concubin survivant,** *[ancienne rédaction : survivant,]* **» ou l'un des héritiers de l'adoptant.**

(Ord. n° 2022-1292 du 5 oct. 2022, art. 11, en vigueur le 1er janv. 2023) **« Le décès de l'adoptant survenu postérieurement au dépôt de la requête ne dessaisit pas le tribunal. »**

(L. n° 96-604 du 5 juill. 1996) **« Si l'enfant décède après avoir été régulièrement recueilli en vue de son adoption, la requête peut toutefois être présentée. Le jugement produit effet le jour précédant le décès et emporte uniquement modification de l'état civil de l'enfant. »**

Le jugement prononçant l'adoption n'est pas motivé. — *[Anc. art. 353, mod.]*

BIBL. ▸ **Adoption en présence de descendants :** PATUREAU, *D. 1977. Chron. 259.*

A. VÉRIFICATION DES CONDITIONS LÉGALES DE L'ADOPTION

1. *Respect de l'intérêt de l'enfant, exigence constitutionnelle.* Les dispositions de l'art. 353 C. civ., applicables que les adoptants soient de même sexe ou de sexe différent, mettent en œuvre l'exigence résultant du 10e al. du Préambule de la Constitution de 1946 selon laquelle l'adoption ne peut être prononcée que si elle est conforme à l'intérêt de l'enfant. • Cons. const. 17 mai 2013, n° 2013-669 DC (consid. n° 54). ♦ Pour la mise en œuvre, V. notes 19 s.

2. *Contrôle des consentements.* Sur le contrôle de la capacité de l'adoptant et de l'intégrité de son consentement, V. notes ss. art. 343-1. ♦ Sur le consentement des parents, du conseil de famille ou de l'adopté, V. art. 348 s.

1° DÉTOURNEMENTS DE L'INSTITUTION

3. *Principe : consécration d'un rapport filial et non de couple.* L'adoption simple a pour objet non pas de renforcer des liens d'affection ou d'amitié entre deux personnes ayant des relations sexuelles mais de consacrer un rapport filial. • Civ. 1re, 4 mai 2011, n° 10-13.996 P : *D. 2011. Pan. 1585, obs. Granet-Lambrechts ; AJ fam. 2011. 318, obs. Eudier ; RTD civ. 2011. 529, obs. Hauser ; Dr.fam. 2011, n° 110, obs. Neirinck ; RLDC 2012/89, n° 4504, note Levacher* (détournement de l'adoption simple par deux personnes vivant en concubinage homosexuel). ♦ L'institution de l'adoption n'a pas vocation à créer un lien de filiation entre deux ex-époux. • Civ. 1re, 23 juin 2010, n° 09-66.782 P : *AJ fam. 2010. 392, obs. Chénedé ; Dr. fam. 2010, n° 150, obs. Neirinck ; RTD civ. 2010. 542, obs. Hauser ; JCP 2012, n° 31, § 6, obs. Favier.*

4. La loi sur l'adoption ayant pour but de créer une filiation ne doit pas être détournée de son esprit, ce qui serait le cas si on permettait l'adoption par une personne d'une autre personne avec laquelle on a vécu et on continue à vivre en concubinage ; dans ces conditions, l'adoption sollicitée étant de toute évidence contraire au but poursuivi par le législateur ne saurait être prononcée. • Riom, 9 juill. 1981 : *JCP 1982. II. 19799, note Almairac.* – V. aussi : • Versailles, 4 nov. *1999 : D. 2000. 716, note Garé ; Dr. fam. 2000, n° 141, note Murat ; Defrénois 2001. 602, obs. Massip.* ♦ Même sens : • Paris, 19 janv. 1993 : *RTD civ. 1993. 340, obs. Hauser.* ♦ V. aussi, sur le recours à l'adoption simple entre concubins ou entre homosexuels : Raynaud, *D. 1983. Chron. 39,* avec les décisions suivantes publiées en annexe : • TGI Paris, 3 févr. 1982 • 3 nov. 1982 • Paris, 2 juill. 1982. – Nerson et Rubellin-Devichi, *RTD civ. 1984. 303.*

5. *Adoption par le père biologique.* Le fait pour l'adoptant de révéler qu'il considère être le père par le sang de l'enfant qu'il projette d'adopter ne peut avoir pour effet de lui interdire de recourir à l'adoption pour parvenir à créer un lien de filiation entre lui-même et l'enfant concerné. • Paris, 4 mai 1984 : *D. 1985. 278, note Bétant-Robet ; RTD civ. 1986. 739, obs. Rubellin-Devichi.*

6. *Enfant incestueux.* La requête en adoption présentée par le frère de la mère biologique contrevient aux dispositions d'ordre public édictées par l'anc. art. 334-10 interdisant l'établissement du double lien de filiation en cas d'inceste absolu. • Civ. 1re, 6 janv. 2004, n° 01-01.600 P : *préc. note 1 ss. art. 310-2,* et, sur renvoi, • Paris, 5 avr. 2005 : *Dr. fam. 2005, n° 242, note Murat.* ♦ *Contra,* antérieurement, jugeant que l'adoption d'un enfant par le frère de sa mère, serait-il le père biologique de l'enfant, ne se heurte à aucune interdiction légale. • Rennes, 24 janv. 2000 : *D. 2002. Somm. 2020, obs. Granet ; JCP 2000. IV. 2338 ; RTD civ. 2000. 819, obs. Hauser.* – Fenouillet, *Dr. fam. 2003. Chron. 29.*

7. *Gestation pour autrui réalisée en France.* Viole les art. 6 et 1128 anc. C. civ., ensemble l'art. 353, l'arrêt qui prononce l'adoption plénière d'un enfant, alors que cette adoption n'était que l'ultime phase d'un processus d'ensemble destiné à permettre à un couple l'accueil à son foyer d'un enfant conçu en exécution d'un contrat tendant à l'abandon à sa naissance par sa mère, et que, portant atteinte aux principes de l'indisponibilité du corps humain et de l'état des personnes, ce processus constituait un détournement de l'institution de l'adoption. • Cass., ass. plén., 31 mai 1991, n° 90-20.105 P : *R., p. 247 ; GAJC, 12e éd., n° 50 ; D. 1991. 417, rapp. Chartier, note Thouvenin ; JCP 1991. II. 21752, communic. Bernard, concl. Dontenwille, note Terré ; Defrénois 1991. 948, obs. Massip ; RTD civ. 1991. 517, obs. Huet-Weiller ; RRJ 1991/3. 343, note Barthouil.* ♦ Même sens : • Civ. 1re, 29 juin 1994 : *D. 1994. 581, note Chartier ; JCP 1995. II. 22362, note Rubellin-Devichi ; RTD civ. 1994. 842, obs. Hauser ; Defrénois 1995. 315, obs. Massip.* – V. aussi • Rennes, 4 juill. 2002 : *D. 2002. 2902, note Granet ; JCP 2003. I. 101, n° 4, obs. Rubellin-Devichi ; Dr. fam. 2002, n° 142, note Murat* • Civ. 1re, 9 déc. 2003, n° 01-03.927 P : *D. 2004. 1998, note Poisson-Drocourt ; D. 2005. Pan. 541, obs. Galloux ; Defrénois 2004. 592,* obs. Massip ; Dr. fam. 2004, n° 17, note Murat ; *RJPF 2004-4/35, obs. Garé ; RTD civ. 2004. 75, obs. Hauser.* ♦ Sur la réception des gestations pour autrui réalisées à l'étranger, V. notes ss. art. 16-7.

8. *Faculté d'ordonner un examen des sangs.* C'est sans excéder ses pouvoirs et sans méconnaître le principe général de bonne foi qu'une cour d'appel, saisie par une femme mariée d'une requête aux fins d'adoption plénière d'un enfant, né sans filiation maternelle déclarée et reconnu par son mari dans l'acte de naissance, ordonne, compte tenu des circonstances de la cause, non l'expertise génétique réglementée par l'art. 16-11 C. civ., mais un examen comparé des sangs de l'enfant et du père pour vérifier s'il n'y a pas fraude aux conditions légales de l'adoption. • Civ. 1re, 16 févr. 1999, n° 96-21.223 P : *D. 1999. 692, note Massip ; D. 1999. Somm. 201, obs. Granet ; D. 2000. Somm. 170, obs. Vasseur-Lambry ; JCP 1999. II. 10117, note Ardeeff ; Dr. fam. 1999, n° 51, note Murat ; RTD civ. 1999. 372, obs. Hauser*.

9. Mobile successoral. Les juges du fond apprécient souverainement que l'adoption de la nièce de l'adoptant, décédé au cours de l'instance, est conforme à l'intérêt de l'adoptée. • Civ. 1re, 11 juill. 2006, n° 04-10.839 P : *AJ fam. 2006. 373, obs. Chénedé ; Dr. fam. 2006, n° 205, note Murat ; RJPF 2006-11/35, obs. Garé ; RTD civ. 2006. 750, obs. Hauser* (rejet du pourvoi contre l'arrêt ayant estimé que, compte tenu des liens d'affection et des soins prodigués, la conscience de l'adoptant des effets successoraux de l'adoption ne pouvait être considérée comme un détournement de l'institution, le dossier révélant l'existence d'autres motifs justifiant l'adoption). ♦ V. pour une adoption simple, sous l'empire de l'anc. art. 361 : une demande d'adoption motivée seulement par la volonté de transmettre un bien à l'adopté est contraire au but poursuivi par l'institution. • Paris, 29 avr. 2003 : *AJ fam. 2003. 266, obs. F. B. ; RTD civ. 2003. 491, obs. Hauser*.

10. Menace d'expulsion. V. pour une adoption simple, sous l'empire de l'anc. art. 361 : le désir de l'adoptant d'éviter à l'adopté d'être expulsé du territoire français n'est pas incompatible avec une réelle volonté d'adopter. • Civ. 1re, 14 mai 1996, n° 94-10.693 P : *Dr. fam. 1996, n° 8, note Murat ; RTD civ. 1996. 597, obs. Hauser.* ♦ Comp. • Civ. 1re, 25 janv. 2005, n° 01-12.108 : *Defrénois 2005. 1061, obs. Massip* (refus de l'adoption d'un jeune majeur vivant à l'étranger, beau-frère de l'adoptant, alors qu'aucune relation à caractère filial n'est alléguée entre l'adoptant et l'adopté).

2° ADOPTION INTERNATIONALE

11. V. ss. art. 370-5.

3° INTERVENTION D'INTERMÉDIAIRES

12. Prohibition des rémunérations. V. note 8 ss. anc. art. 1133. ♦ Le recours par l'adoptant *à un intermédiaire à qui une somme d'argent a* été versée n'entache pas le consentement donné librement et sincèrement par la mère de l'enfant, dès lors que celle-ci n'a pas bénéficié de cet argent. • Versailles, 1er juill. 1999 : *D. 1999. IR 223.* ♦ Comp. • Paris, 29 sept. 1998 : *D. 1998. IR 241.*

B. APPRÉCIATION DE L'INTÉRÊT DE L'ENFANT

13. Appréciation souveraine. Les juges du fond apprécient souverainement que l'adoption est conforme à l'intérêt de l'adopté. • Civ. 1re, 11 juill. 2006, n° 04-10.839 P : *préc.*

14. Notion : intérêt moral et matériel. L'intérêt de l'adopté doit s'entendre à la fois du point de vue matériel ou patrimonial et sous l'aspect moral. • Paris, 8 janv. 1981 : *Gaz. Pal. 1981. 2. 572, note Viatte.*

15. Adoption par les grands-parents. Comp. désormais art. 346 pour une prohibition de principe sauf motifs graves.

16. Adoption par la concubine de la mère (solution ancienne). Sur la contrariété, avant la loi du 21 févr. 2022, à l'intérêt de l'enfant de son adoption par la concubine de la mère, en raison de la perte du lien biologique avec celle-ci, V. note 5 ss. art. 370-1-3. ♦ Comp. désormais, art. 343 et 370-1-3.

17. Adoption par l'époux du père après une gestation pour autrui. V. note 11 ss. art. 16-7.

18. Nom ridicule de l'adoptant : obstacle (non). Contrairement à l'opinion des premiers juges, qui avaient estimé, pour refuser de prononcer l'adoption, qu'il n'était pas admissible d'affubler un enfant qui porte un patronyme normal du nom ridicule de Trognon, il convient de décider que ce faible inconvénient est hors de proportion avec les avantages que doit procurer à un pupille de l'État son entrée dans un foyer honorable et où il doit trouver des conditions d'existence favorables à son épanouissement. • Paris, 22 sept. 1972 : *D. 1974. 199, note Cl.-I. Foulon-Piganiol.*

C. DEMANDE D'ADOPTION EN PRÉSENCE DE DESCENDANTS

BIBL. Patureau, *D. 1977. Chron. 259.*

19. Notion de descendants. Sur le point de savoir si le terme « descendants » englobe les enfants adoptifs de l'adoptant, V. • Paris, 8 janv. 1981 : *Gaz. Pal. 1981. 2. 572, note Viatte* (arrêt qui se prononce pour l'affirmative).

20. Appréciation souveraine. Les juges du fond apprécient souverainement qu'une adoption à laquelle deux des enfants légitimes de l'adoptant sont opposés est de nature à compromettre la vie familiale. • Civ. 1re, 2 mai 1990, n° 87-16.985 P : *Defrénois 1990. 960, obs. Massip.* ♦ Comp. • Paris, 26 févr. 1985 : *JCP 1986. II. 20561* (1re esp.), note Boulanger.

D. ADOPTION POSTHUME

21. Décès de l'adoptant avant le recueil. L'art. 353, al. 3, ne faisant aucune distinction en fonction de l'âge de l'enfant, une cour d'appel rejette à bon droit une demande d'adoption posthume d'enfants majeurs ayant eux-mêmes un foyer en estimant souverainement qu'ils n'ont pas été recueillis par l'adoptant en vue de l'adoption. • Civ. 1re, 20 nov. 1990 : *D. 1991. 230, note Bétant-Robet*. – Dans le même sens : • Angers, 6 mai 1996 : *Dr. fam. 1997, n° 135, note Murat.* ♦ Impossibilité de prononcer l'adoption plénière d'un enfant à l'égard de l'époux décédé avant d'avoir recueilli l'enfant en France : • TGI Clermont-Ferrand, 11 déc. 2009 : *Dr. fam. 2011. Étude 6, note Salvage-Gerest.*

22. Décès avant le dépôt de la requête. C'est seulement lorsque l'adoptant est décédé sans avoir déposé sa requête qu'il est nécessaire, conformément aux dispositions de l'art. 353, al. 3, que les héritiers, qui sont censés représenter la personne du défunt, saisissent le tribunal ; au contraire, lorsque le tribunal a été régulièrement saisi par l'adoptant, autorisé à cette fin par le conseil de famille, l'initiative prise par la tutrice de l'enfant, en vue de mener à son terme la procédure engagée par le défunt, ne s'analyse pas en l'introduction d'une nouvelle action et n'est pas dès lors subordonnée à une nouvelle autorisation du conseil de famille. • Civ. 1re, 3 févr. 1981 : *D. 1981. 548, note J. M. ; JCP 1982. II. 19771, note Chartier.* ♦ V. aussi • Civ. 1re, 3 juill. 1996 : *Defrénois 1997. 316, obs. Massip* (à la demande de la conjointe survivante poursuivant l'instance en adoption plénière engagée par le mari décédé, les juges peuvent prononcer l'adoption simple). ♦ Les héritiers ne sauraient présenter une requête en adoption à leur profit. • Reims, 30 oct. 2008 : *RJPF 2009-6/44, obs. Garé.* ♦ Le légataire universel n'étant pas un héritier, au sens de l'art. 353, al. 3, il n'a pas qualité pour présenter une requête en adoption. • Civ. 1re, 17 mars 2010, n° 09-10.918 P : *D. 2010. Actu. 892 ; ibid. 1442, obs. Granet-Lambrechts ; JCP 2010, n° 896, note Lamarche ; AJ fam. 2010. 230, obs. Chénedé ; Dr. fam. 2010, n° 103, obs. Murat ; RTD civ. 2010. 543, obs. Hauser*.

23. Décès après le dépôt de la requête. Le décès survenu postérieurement à la requête ne dessaisit pas le tribunal qui doit statuer sur l'adoption, laquelle produit effet au jour du dépôt de la requête. • Civ. 1re, 11 juill. 2006 : *préc. note 9* • 13 mars 2007, n° 04-13.925 P : *AJ fam. 2007. 231, obs. F. C. ; Dr. fam. 2007, n° 123, note Eschylle ; RTD civ. 2007. 324, obs. Hauser*. L'enfant majeur souhaitant bénéficier de l'adoption est sans qualité pour réintroduire une instance en adoption au nom de l'adoptant décédé, après extinction de celle introduite par ce dernier avant son décès. • Paris, 16 janv. 2003 : *AJ fam. 2003. 143, obs. F. B. ; RTD civ. 2003. 280, obs. Hauser*.

E. QUESTIONS DE PROCÉDURE

24. Appel : destinataires de la notification du jugement (oui). Aucune disposition ne déroge, en matière d'adoption, au principe posé par l'art. 546, al. 2, C. pr. civ. selon lequel, en matière gracieuse, la voie de l'appel est ouverte aux tiers auxquels le jugement a été notifié. • Civ. 1re, 24 févr. 1982, n° 80-16.396 P • 26 mai 1982 : *Bull. civ. I, n° 196.* ♦ Sur les formes de l'appel, V. • Civ. 2e, 5 janv. 1983 : *JCP 1983. II. 20043, note Le Ninivin.*

25. … Adoptant lui-même (oui). Recevabilité de l'appel formé par l'adoptant lui-même, conjoint de la mère de l'enfant, son intérêt à relever appel résultant de la modification de ses relations avec l'adopté du fait de l'introduction d'une procédure de divorce entre les époux. • Aix-en-Provence, 5 mars 2002 : *Dr. fam. 2003, n° 117, note Gaillard* (infirmation du jugement d'adoption).

26. … Père naturel (non). Le père naturel d'un enfant immatriculé comme pupille de l'État, pour lequel le consentement à l'adoption a été donné conformément aux anc. art. 59 C. fam. et 349 C. civ., est irrecevable à former appel contre le jugement prononçant l'adoption ; en effet, son consentement n'étant pas nécessaire pour parvenir à l'adoption, il ne peut être considéré comme partie en cause, et la voie de l'appel ne lui est pas ouverte. • Paris, 5 févr. 1980 : *Gaz. Pal. 1980. I. 241, note J. V.* ♦ Mais, en ce qui concerne l'appel du préfet, V. • Bordeaux, 1er juill. 1982 : *JCP 1984. II. 20223, note Le Ninivin.*

27. Appréciation de l'intérêt à intervenir dans la procédure. L'association qui n'invoque aucun autre intérêt que la défense des intérêts collectifs dont elle se prévaut ne justifie pas d'un intérêt légitime à intervenir dans une procédure d'adoption. • Civ. 1re, 16 mars 2016, n° 15-10.577 P : *D. 2016. 707 ; AJ fam. 2016. 205, obs. Berdeaux-Gacogne ; RTD civ. 2016. 334, obs. Hauser*.

28. Motivation des arrêts. La disposition selon laquelle le jugement prononçant l'adoption n'est pas motivé est inopérante à l'égard des décisions de la cour d'appel statuant dans le même sens, les motifs de droit sur lesquels reposent de telles décisions étant indispensables pour assurer le contrôle de la Cour de cassation en cas de pourvoi. • Paris, 11 oct. 1968 : *D. 1968. 660, note R. D.*

Art. 353-2 **La tierce opposition à l'encontre du jugement d'adoption n'est recevable qu'en cas de dol ou de fraude imputable aux adoptants** *(L. n° 2021-1017 du 2 août 2021, art. 6)* **« ou au conjoint** *(Ord. n° 2022-1292 du 5 oct. 2022, art. 11, en vigueur le 1er janv. 2023)* **« , partenaire lié par un pacte civil de solidarité ou concubin » de l'adoptant ».**

(L. n° 2013-404 du 17 mai 2013, art. 9) **« Constitue un dol au sens du premier alinéa la dissimulation au tribunal du maintien des liens entre l'enfant adopté et un tiers, décidé par le juge aux affaires familiales sur le fondement de l'article 371-4** *(L. n° 2021-1017 du 2 août 2021, art. 6)* **« , ainsi que la dissimulation au tribunal de l'existence d'un consentement à une procédure d'assistance médicale à la procréation avec tiers donneur et, le cas échéant, d'une reconnaissance conjointe tels que prévus au chapitre V du titre VII du présent livre ». »**

1. Constitutionnalité. L'art. 353-2 ne contient aucune distinction entre homme et femme. • Cass., ass. plén., 8 juill. 2010 : *D. 2011. Pan. 1585, obs. Granet-Lambrechts ; ibid. 2010. Actu. 1941 ; RTD civ. 2010. 757, obs. Hauser* (non-lieu à QPC).

2. Conventionnalité. Si les relations entre un parent adoptif et un enfant adopté, même majeur, sont protégées par l'art. 8 Conv. EDH et si l'annulation d'une adoption s'analyse en une ingérence dans l'exercice du droit au respect de la vie privée et familiale, cette ingérence peut être justifiée dans les conditions du § 2 de ce texte ; l'annulation de l'adoption est prévue par la loi française, l'art. 353-2, texte clair et précis, est accessible aux justiciables et prévisible dans ses effets ; la tierce opposition poursuit un but légitime, au sens de l'art. 8 § 2 préc., en ce qu'elle tend à protéger les droits des tiers qui n'ont pas été partie à la procédure et auxquels la décision n'a pas été notifiée ; cette procédure, strictement réglementée, est conçue de façon restrictive en matière d'adoption, dans un but de sécurité et de stabilité de la filiation adoptive, n'étant ouverte que si le demandeur établit l'existence d'un dol ou d'une fraude imputable aux adoptants ; ainsi conçue, elle est une mesure nécessaire pour parvenir au but poursuivi et adéquate au regard de cet objectif. • Civ. 1re, 13 juin 2019, n° 18-19.100 P : *D. 2019. 1282 ; AJ fam. 2019. 404, obs. Salvage-Gerest ; RTD civ. 2019. 564, obs. Leroyer ; ibid. 631, obs. Grimaldi* (sur les raisons de l'annulation, V. note 6). ♦ Il appartient au juge d'apprécier si, concrètement, dans l'affaire qui lui est soumise, la mise en œuvre de ce texte ne porte pas une atteinte disproportionnée au droit au respect de la vie privée et familiale de l'intéressé, au regard du but légitime poursuivi et, en particulier, si un juste équilibre est ménagé entre les intérêts publics et privés concurrents en jeu. • Même arrêt.

3. Auteur de la tierce opposition. Recevabilité de la tierce opposition au jugement d'adoption plénière formée par l'adopté lui-même, dès lors qu'il n'est pas partie à la procédure d'adoption et que le jugement ne lui a pas été notifié. • Nancy, 17 mai 2004 : *JCP 2005. II. 10002, note M. Garnier ; Dr. fam. 2005, n° 28, note Murat.*

A. RESTRICTION DE LA TIERCE OPPOSITION

1° PRINCIPES

4. Manœuvre émanant des adoptants. La tierce opposition n'étant recevable que si le dol ou la fraude qui lui sert de fondement est imputable aux adoptants, le recours formé contre le jugement prononçant l'adoption plénière d'un enfant doit être déclaré irrecevable dès lors qu'à l'appui de sa tierce opposition la demanderesse n'invoque que le dol prétendu de la directrice de l'œuvre d'adoption à qui l'enfant avait été initialement confié, et non celui des adoptants eux-mêmes. • Civ. 1re, 23 oct. 1973, n° 71-12.867 P : *R. 1973-1974, p. 20 ; JCP 1974. II. 17689 (3e esp.), note de La Marnierre.*

5. Preuve d'une fraude ou d'un dol. La recevabilité de la tierce opposition au jugement d'adoption ne se confond pas avec le bien-fondé de la demande en adoption. • Civ. 1re, 6 févr. 2008, n° 06-16.498 P : *R., p. 202 ; D. 2008. Chron. C. cass. 643, obs. Chauvin ; ibid. 2009. Pan. 53, obs. Douchy-Oudot ; Gaz. Pal. 2008. 3995, obs. Clavier ; RJPF 2008-5/35, obs. Garé ; Dr. fam. 2008, n° 59, obs. Murat ; Procédures 2008. 111, obs. Douchy-Oudot ; RTD civ. 2008. 286, obs. Hauser* , cassant • Aix-en-Provence, 5 sept. 2006 : *Dr. fam. 2007, n° 54, note Gabriel ; RTD civ. 2007. 325, obs. Hauser* (constatant la fraude par le détournement de l'adoption au sein d'un couple homosexuel). ♦ Rejet, faute de preuve d'une fraude ou d'un dol de la part des adoptants, de la tierce opposition formée par le père biologique, auteur d'une reconnaissance prénatale de l'enfant ultérieurement placé en vue de l'adoption du fait de l'accouchement « sous X » de la mère. • Riom, 16 déc. 2003 : *AJ fam. 2004. 138, obs. Bicheron ; JCP 2004. I. 167, n° 11, obs. Rubellin-Devichi et Favier ; Dr. fam. 2004, n° 18, note Murat ; RTD civ. 2004. 74, obs. Hauser* . ♦ Comp. note 4 ss. art. 326.

2° ILLUSTRATIONS

6. Fraude. Le fait de consentir à l'adopté des avantages matériels réduisant les droits d'un héritier présomptif (adopté antérieurement) n'est pas une fraude. • Paris, 8 janv. 1981 : *Gaz. Pal. 1981. 2. 572, note Viatte.* ♦ Comp. : • Civ. 1re, 13 juin 2019, n° 18-19.100 P : *D. 2019. 1282 ; AJ fam. 2019. 404, obs. Salvage-Gerest ; RTD civ. 2019. 564, obs. Leroyer ; ibid. 631, obs. Grimaldi* (annulation de l'adoption en l'espèce, l'adoptant ayant sciemment dissimulé les informations essentielles à la juridiction saisie de la demande d'adoption, pour détourner la procédure à des fins successorales et consacrer une relation amoureuse). ♦ Une cour d'appel apprécie souverainement que l'adoption a été demandée, non pour favoriser ou consacrer des relations homosexuelles, mais pour permettre à l'adoptant, célibataire sans enfant, d'apporter à un autre homme, de condition modeste, l'aide matérielle et sociale qu'aurait pu lui apporter un père (fraude non établie). • Civ. 1re, 8 juin 1999, n° 96-18.908 P : *D. 1999. IR 189 ; Dr. fam. 1999, n° 124, note Murat ; RTD civ. 1999. 610, obs. Hauser.*

7. Dol : dissimulation aux grands-parents. Constitue le dol le fait des adoptants de s'être abstenus sciemment d'informer le tribunal de circonstances qui auraient pu influer de façon déterminante sur sa décision (dissimulation de la procédure d'adoption aux grands-parents par le sang alors que ceux-ci entendaient maintenir des liens affectifs avec leurs petites-filles). • Civ. 1re, 7 mars 1989, n° 87-16.302 P : *R., p. 241 ; D. 1989. 477, note Hauser ; Gaz. Pal. 1990. 1. 131, note Massip.* ♦ Rappr. : • Civ. 1re, 5 nov. 2008, n° 07-20.426 P : *RLDC 2009/56, n° 3271, obs. Evenat ; RJPF 2009-2/38, obs. Garé ; Defrénois. 2009. 552, obs. Massip ; RTD civ. 2009. 107, obs. Hauser* (dissimulation au tribunal des liens affectifs avec les grands-parents et les sœurs de l'adopté). ♦ Comp. : la procédure d'adoption n'exigeant pas l'intervention des grands-parents, l'absence de mention de leur existence n'est pas constitutive d'un dol. • TGI Le Mans, 20 oct. 1982 : *Gaz. Pal. 1983. 2. 396, note H. V.* ♦ Même sens : • Aix-en-Provence, 21 oct. 1982 : *Gaz. Pal. 1983. 2. 623, note Vray.*

8. ... Dissimulation d'un père naturel. Constitue un dol la dissimulation par les adoptants de l'existence d'une reconnaissance faite à l'étranger par le père naturel et qui aurait empêché l'adoption par application de l'art. 345-1. • TGI Strasbourg, 20 mai 1996 : *D. 1997. Somm. 161, obs. Granet.*

9. ... Dissimulation d'une grossesse de l'adoptante. Le fait, par les adoptants, de ne pas avoir révélé qu'ils attendaient un autre enfant ne saurait constituer un dol ou une fraude, alors que la présence du nouvel enfant ne constitue pas un empêchement légal à l'adoption envisagée. • Lyon, 27 févr. 1985 : *D. 1987. 349, note Maymon-Goutaloy.*

10. ... Dissimulation de l'existence d'autres enfants. Recevabilité de la tierce-opposition, l'adoptant ayant sciemment omis d'informer le tribunal de la présence d'enfants nés de son mariage, héritiers réservataires, avec lesquels il était en conflit ouvert, notamment dans la procédure en révocation de donations pour ingratitude qui l'opposait à eux, ces faits caractérisent une omission et une réticence constitutives d'une fraude rendant recevable la tierce opposition, dès lors que ces circonstances étaient de nature à influer de façon déterminante sur la décision à intervenir. • Civ. 1re, 13 juin 2019, n° 18-19.100 P : *D. 2019. 1282 ; AJ fam. 2019. 404, obs. Salvage-Gerest ; RTD civ. 2019. 564, obs. Leroyer ; ibid. 631, obs. Grimaldi.*

11. ... Dissimulation de la portée d'une adoption effectuée à l'étranger. En fournissant au tribunal une décision d'adoption bulgare qualifiée faussement de « plénière » et en invoquant comme seule cause à la procédure française l'adjonction de prénoms français, l'adoptant a pratiqué des manœuvres dolosives qui ont amené la juridiction à statuer dans un sens qu'elle n'aurait pas admis si elle avait été éclairée. • Nancy, 17 mai 2004 : *préc. note 3.*

12. ... Dissimulation d'une relation homosexuelle entre l'adoptante et l'adoptée. • Civ. 1re, 4 mai 2011 : *cité note 3 ss. art. 353-1.*

3° CONSÉQUENCES DE LA TIERCE OPPOSITION

13. Vérification immédiate des conditions de l'adoption. La tierce opposition remet en question relativement à son auteur les points jugés qu'elle critique, pour qu'il soit à nouveau statué en fait et en droit ; respecte ce principe la cour d'appel qui, après avoir admis la recevabilité d'une tierce opposition à une décision d'adoption, recherche si les conditions de l'adoption étaient remplies au moment de la présentation de la requête. • Civ. 1re, 28 févr. 1995 : *Defrénois 1995. 1026, obs. Massip.* ♦ Viole l'art. 1173 C. pr. civ., la cour d'appel qui prononce l'adoption simple, alors que les requérants ont seulement conclu à l'irrecevabilité de la tierce opposition et à l'infirmation du jugement de rétractation, sans présenter de demande subsidiaire ou manifester leur accord pour le prononcé d'une adoption simple. • Civ. 1re, 5 nov. 2008 : *préc. note 7.*

B. ACTIONS ÉCHAPPANT À LA RESTRICTION

14. Action en rectification. Les dispositions de l'art. 353-1 (353-2) limitant l'exercice de la tierce opposition au cas de dol ou de fraude imputable aux adoptants ne concernent que la décision d'adoption elle-même ; la tierce opposition, formée par les grands-parents paternels, contre le jugement prononçant l'adoption simple de leurs petits-enfants, doit donc être déclarée recevable, dans la mesure où leur recours est limité au chef de la décision substituant le nom de l'adoptant à celui des adoptés. • Civ. 1re, 21 mai 1974, n° 72-11.106 P : *R. 1973-1974, p. 20 ; D. 1976. 173, note Le Guidec ; JCP 1976. II. 18227, note Bétant-Robet.*

15. Action en contestation de la substitution de nom. Sur la requalification d'une tierce opposition en action en rectification dans le cas où une adoption plénière a été prononcée par erreur à la place d'une adoption simple : • Grenoble, 30 sept. 1980 : *JCP 1982. II. 19802, note J. A.*

16. Action en annulation pour vice de consentement. Sur la recevabilité d'une action en annulation de l'acte d'adoption fondée sur un vice du consentement, V. note 1 ss. art. 344.

Art. 354 *(Ord. n° 2022-1292 du 5 oct. 2022, art. 11, en vigueur le 1er janv. 2023)* **Le jugement prononçant l'adoption est mentionné ou transcrit sur les registres de l'état civil dans les conditions prévues par décret en Conseil d'État.**

La transcription tient lieu d'acte de naissance à l'adopté.

Elle énonce le jour, l'heure et le lieu de la naissance, le sexe de l'enfant ainsi que ses nom de famille et prénoms, tels qu'ils résultent du jugement d'adoption, les prénoms, noms, date et lieu de naissance, profession et domicile du ou des adoptants. Elle ne contient aucune indication relative à la filiation d'origine de l'enfant.

Ancien art. 354 ***Dans les quinze jours de la date à laquelle elle est passée en force de chose jugée, la décision prononçant l'adoption plénière est transcrite sur les registres de l'état civil du lieu de naissance de l'adopté, à la requête du procureur de la République.***

(L. n° 96-604 du 5 juill. 1996) ***« Lorsque l'adopté est né à l'étranger, la décision est transcrite sur les registres du service central d'état civil du ministère des affaires étrangères. »***

La transcription énonce le jour, l'heure et le lieu de la naissance, le sexe de l'enfant ainsi que ses *(L. n° 2002-304 du 4 mars 2002)* ***« nom de famille et » prénoms, tels qu'ils résultent du jugement d'adoption, les prénoms, noms, date et lieu de naissance, profession et domicile du ou des adoptants. Elle ne contient aucune indication relative à la filiation réelle de l'enfant.***

La transcription tient lieu d'acte de naissance à l'adopté.

(L. n° 96-604 du 5 juill. 1996) ***« L'acte de naissance originaire conservé par un officier de l'état civil français et, le cas échéant, » l'acte de naissance établi en application de l'article 58 sont, à la diligence du procureur de la République, revêtus de la mention "adoption" et considérés comme nuls.***

L'art. 362, aux termes duquel "dans les quinze jours de la date à laquelle elle est passée en force de chose jugée, la décision prononçant l'adoption simple est mentionnée ou transcrite sur les registres de l'état civil à la requête du procureur de la République" est abrogé (Ord. n° 2022-1292 du 5 oct. 2022, art. 11, en vigueur le 1er janv. 2023).

Sur la procédure d'adoption, V. C. pr. civ., art. 1166 à 1176.

Sur l'obligation d'indiquer, sauf exception, le lieu de naissance réel de l'enfant adopté, V. note 2 ss. art. 57.

CHAPITRE III DES EFFETS DE L'ADOPTION *(Ord. n° 2022-1292 du 5 oct. 2022, art. 12, en vigueur le 1er janv. 2023).*

SECTION 1 Dispositions communes *(Ord. n° 2022-1292 du 5 oct. 2022, art. 12, en vigueur le 1er janv. 2023).*

Art. 355 *(Ord. n° 2022-1292 du 5 oct. 2022, art. 13, en vigueur le 1er janv. 2023)* **« Le tribunal prononce l'adoption plénière ou l'adoption simple. »**

L'adoption produit ses effets à compter du jour du dépôt de la requête en adoption.

1. Égalité des filiations biologiques et adoptives. V. notes ss. art. 310 et 343.

2. Nature du jugement. Un jugement d'adoption est constitutif d'un état nouveau et non déclaratif d'un état préexistant. • TGI Paris, 28 avr. 1993 : *D. 1994. 242, note Nicoleau* (loi d'application immédiate).

3. Nature internationale de l'adoption. La condition tenant à la nationalité de l'adoptant pour apprécier la nationalité de l'adopté doit s'apprécier au jour du dépôt de la requête en adoption plénière, date à laquelle cette adoption établit la filiation entre l'adopté et l'adoptant, en application de l'art. 355. • Civ. 1re, 13 févr. 2019, n° 18-50.012 P : *D. 2019. 382 ; AJ fam. 2019. 153, obs. Salvage-Gerest ; RTD civ. 2019. 301, obs. Leroyer ; JCP 2019, n° 392, note Jault-Seseke.*

4. Adoption d'enfant décédé. V. art. 353, al. 6.

5. Vocation successorale de l'adopté. L'enfant adopté ne peut prétendre à aucune vocation successorale à l'égard de sa mère adoptive dont la succession s'est ouverte avant le dépôt de la requête en adoption. • Versailles, 3 nov. 1987 : *Bull. civ. I, n° 235 ; R., p. 136 ; D. 1989. 458, et Rect. 588, note Nicolas-Maguin.*

6. Maintien d'un droit acquis. Maintien du droit à une pension d'orphelin définitivement acquis à l'enfant antérieurement à son adoption. • Soc. 21 juill. 1986 : *D. 1987. 142, note Massip.*

SECTION 2 **Des effets de l'adoption plénière** *(Ord. n° 2022-1292 du 5 oct. 2022, art. 12, en vigueur le 1er janv. 2023).*

Art. 356 **L'adoption** *(Ord. n° 2022-1292 du 5 oct. 2022, art. 14, en vigueur le 1er janv. 2023)* **« plénière » confère à l'enfant une filiation qui se substitue à sa filiation d'origine : l'adopté cesse d'appartenir à sa famille** *(Ord. n° 2022-1292 du 5 oct. 2022, art. 14, en vigueur le 1er janv. 2023)* **« d'origine** *[ancienne rédaction : par le sang]* **», sous réserve des prohibitions au mariage visées aux articles 161 à 164.**

(Abrogé par Ord. n° 2022-1292 du 5 oct. 2022, art. 14, à compter du 1er janv. 2023) ***« Toutefois, l'adoption de l'enfant du conjoint, du partenaire lié par un pacte civil de solidarité ou du concubin laisse subsister sa filiation d'origine à l'égard de cette personne et de sa famille. Elle produit, pour le surplus, les effets d'une adoption par les deux membres du couple. »***

BIBL. ▶ **Adoption plénière de l'enfant du conjoint :** Rubellin-Devichi, *RTD civ. 1986. 738.* – Salvage-Gerest, *JCP 1982. I. 3071.*

1. Absence de caractère disproportionné de l'irrecevabilité de l'action en recherche de paternité, au regard des intérêts de l'enfant, de ceux de la famille adoptive et de l'intérêt général attaché à la sécurité juridique et à la stabilité des liens de filiation adoptifs, dès lors que l'enfant, ayant fait l'objet d'une adoption et devenu adulte, connaissait ses origines personnelles, n'était pas privé d'un élément essentiel de son identité, et que le père biologique et son fils n'avaient jamais souhaité établir de lien, de fait ou de droit, avec lui. • Civ. 1re, 14 oct. 2020, n° 19-15.783 P : *D. 2020. 2437, note Zelcevic-Duhamel ; ibid. 2405, obs. Etienney-de-Sainte Marie ; ibid. 2021. 499, obs. Douchy-Oudot ; ibid. 657, obs. Hilt ; ibid. 762, obs. Galloux et Gaumont-Prat ; Rev. crit. DIP 2021. 859, note Legendre ; Dr. fam. 2020, n° 175, note Farge.* ♦ Est justifiée la décision des autorités (allemandes en l'espèce) d'attacher plus d'importance à la vie privée et aux intérêts de la famille adoptive qu'à ceux de la mère demandant à prendre contact ou à s'informer au sujet des enfants après leur adoption, ses droits de mère ayant été supprimés par le consentement à adoption donné en pleine connaissance des conséquences de fait et de droit de cet acte. • CEDH 5 juin 2014, *I. S. c/ Allemagne*, n° 31021/08 : *AJ fam. 2014. 426, obs. Viganotti ; RTD civ. 2014. 869, obs. Hauser* (enfants ayant vécu avec leur mère pendant trois semaines).

2. Droit de visite des grands-parents par le sang. La rupture des liens avec la famille par le sang est une fiction juridique destinée habituellement à protéger l'enfant, mais ne peut être valablement et sérieusement invoquée à l'encontre de l'intérêt d'un enfant. • Pau, 21 avr. 1983 : *D. 1984. 109, note Hauser* (octroi d'un droit de visite, sur le fondement de l'art. 371-4 C. civ., aux grands-parents par le sang). ♦ Même solution, l'art. 371-4 C. civ. étant seul directement invoqué : • TGI Aix-en-Provence, 21 oct. 1982 : *Gaz. Pal. 1983. 2. 623, note Vray* • Civ. 1re, 5 mai 1986, n° 84-16.901 P : *R., p. 129 ; D. 1986. 496, note Massip ; RTD civ. 1986. 736, obs. Rubellin-Devichi* • 21 juill. 1987, n° 85-15.521 P : *R., p. 136 ; Gaz. Pal. 1988. 1. 326, note Massip.* ♦ Mais une cour d'appel, dans l'exercice de son pouvoir souverain d'appréciation de l'intérêt de l'enfant, lequel doit toujours prévaloir, peut refuser le droit de visite aux grands-parents par le sang. • Civ. 1re, 16 juill. 1997 : *Dr. fam. 1997, n° 173, obs. Murat ; Defrénois 1998. 720, obs. Massip.*

3. Fin du rôle du tuteur. Seuls les père et mère de l'enfant qui a fait l'objet d'une adoption plénière ont qualité pour défendre les intérêts de celui-ci et la fin de non-recevoir opposée à l'ancien tuteur doit être relevée d'office. • Civ. 1re, 28 mars 1995, n° 92-20.205 P : *Defrénois 1995. 1388, obs. Massip.*

Art. 357 *(L. n° 2013-404 du 17 mai 2013, art. 11)* **L'adoption** *(Ord. n° 2022-1292 du 5 oct. 2022, art. 14, en vigueur le 1er janv. 2023)* **« plénière » confère à l'enfant le nom de l'adoptant.**

(L. n° 2022-219 du 21 févr. 2022, art. 2) **« En cas d'adoption** *(Abrogé par Ord. n° 2022-1292 du 5 oct. 2022, art. 14, à compter du 1er janv. 2023)* ***« de l'enfant du conjoint, du partenaire lié par un pacte civil de solidarité ou du concubin ou en cas d'adoption »*** **d'un enfant par** *(Ord. n° 2022-1292 du 5 oct. 2022, art. 14, en vigueur le 1er janv. 2023)* **« un couple** *[ancienne rédaction : deux personnes],* **»** *(Abrogé par Ord. n° 2022-1292 du 5 oct. 2022, art. 14, à compter du 1er janv. 2023)* ***« l'adoptant et l'autre membre du couple [ou] »*** **les adoptants** *[ancienne rédaction : En cas d'adoption de l'enfant du conjoint ou d'adoption d'un enfant par deux époux, l'adoptant et son conjoint ou les adoptants]* **» choisissent, par déclaration conjointe, le nom de famille dévolu à l'enfant : soit le nom de l'un**

d'eux, soit leurs deux noms accolés dans l'ordre choisi par eux, dans la limite d'un nom de famille pour chacun d'eux.

Cette faculté de choix ne peut être exercée qu'une seule fois.

En l'absence de déclaration conjointe mentionnant le choix de nom de l'enfant, celui-ci prend le nom de l'adoptant *(Abrogé par Ord. n° 2022-1292 du 5 oct. 2022, art. 14, à compter du 1er janv. 2023) « et de son conjoint »* ou de chacun des deux adoptants, dans la limite du premier nom de famille pour chacun d'eux, accolés selon l'ordre alphabétique.

Lorsqu'il a été fait application de l'article 311-21, du deuxième alinéa de l'article 311-23 *(L. n° 2021-1017 du 2 août 2021, art. 6)* « , de l'article 342-12 » ou du présent article à l'égard d'un enfant commun, le nom précédemment dévolu ou choisi vaut pour l'adopté.

Lorsque les adoptants ou l'un d'entre eux portent un double nom de famille, ils peuvent, par une déclaration écrite conjointe, ne transmettre qu'un seul nom à l'adopté.

Sur la demande du ou des adoptants, le tribunal peut modifier les prénoms de l'enfant. *(L. n° 2022-219 du 21 févr. 2022, art. 8)* « Si l'enfant est âgé de plus de treize ans, son consentement est requis. »

V. Circ. 29 mai 2013 de présentation de la loi ouvrant le mariage aux couples de personnes de même sexe (dispositions du code civil), .

V. Circ. 28 oct. 2011 relative aux règles particulières à divers actes de l'état civil relatifs à la naissance et à la filiation, .

Sur la constitutionnalité des modifications apportées au texte par la L. n° 2013-404 du 17 mai 2013, V. ss. art. 311-21.

Art. 358 *(L. n° 2002-304 du 4 mars 2002 ; L. n° 2013-404 du 17 mai 2013, art. 11)* A l'exception de son dernier alinéa, l'article 357 est applicable à l'enfant qui a fait l'objet d'une adoption régulièrement prononcée à l'étranger ayant en France les effets de l'adoption plénière.

Les adoptants exercent l'option qui leur est ouverte par cet article lors de la demande de transcription du jugement d'adoption, par déclaration adressée au procureur de la République du lieu où cette transcription doit être opérée.

Lorsque les adoptants sollicitent l'*exequatur* du jugement d'adoption étranger, ils joignent la déclaration d'option à leur demande. Mention de cette déclaration est portée dans la décision.

La mention du nom choisi est opérée à la diligence du procureur de la République, dans l'acte de naissance de l'enfant. — *[Anc. art. 357-1.]*

Art. 359 L'adoption est irrévocable.

Sur les effets de l'adoption relativement à la nationalité, V. art. 20.

1. Domaine. Application de l'irrévocabilité à la légitimation adoptive : • Paris, 22 nov. 2001 : *D. 2002. IR 935 ; Dr. fam. 2002, n° 29, note Murat.*

2. Date de l'irrévocabilité. L'adoption plénière n'est irrévocable que si le jugement qui la prononce est passé en force de chose jugée. • Civ. 1re, 7 mars 1989, n° 87-14.045 P : *Defrénois 1989. 694, obs. Massip.*

3. Limites de l'irrévocabilité : lien biologique. Jugé que le principe de l'irrévocabilité de l'adoption ne tend qu'à empêcher les père et mère adoptifs de briser le lien de filiation qui les unit à l'adopté et qu'il ne s'oppose pas à ce que soit proclamée la véritable nature du lien de filiation unissant l'adoptant lui-même à l'adopté (reconnaissance et légitimation *post nuptias*). • Paris, 8 oct. 1976 : *préc. note 1 ss. art. 356.* ♦ Jugé que le lien de filiation adoptif irrévocablement et définitivement fixé ne met pas obstacle à ce que l'adopté connaisse ses origines biologiques. • TGI Lille, 28 juill. 1997 : *D. 1998. 213, note Labbée* (autorisation de donner connaissance à l'adopté du dossier d'abandon établi à sa naissance). ♦ Rappr., pour une légitimation adoptive : • Paris, 22 nov. 2001 : *préc. note 1.*

4. Limites : vice du consentement (non). Impossibilité d'annuler l'adoption pour vice du consentement, indépendamment d'une remise en cause directe du jugement par les voies de recours. • Civ. 1re, 27 nov. 2001, n° 00-10.151 (adoption simple, en l'espèce).

5. Limites : absence d'intérêt. L'ado tion est une institution conçue dans l'intérêt de l'enfant et, généralement, son annulation est dem ndée par les organismes de protection de l'en nce lorsque les parents ne sont pas reconnus pa les juridictions aptes à assumer l'enfant. L'ann tion de l'adoption n'est pas envisagée com une mesure contre l'enfant adopté et ne peut pa être interprétée de façon à permettre de désh riter un enfant adopté dix-huit ans après le décès de la mère adoptive et trente et un ans après le jugement d'adoption. L'intérêt de l'enfant doit primer toute autre considération concernant un éventuel préjudice causé au parent adoptif.

• CEDH 24 mars 2015, *Zaiet c/ Roumanie*, n° 44958/05 : *AJ fam. 2015. 281, obs. Viganotti* (Roumanie, annulation demandée par la sœur sans intérêt légitime).

SECTION 3 Des effets de l'adoption simple *(Ord. n° 2022-1292 du 5 oct. 2022, art. 12, en vigueur le 1er janv. 2023).*

Art. 360 *(Ord. n° 2022-1292 du 5 oct. 2022, art. 15, en vigueur le 1er janv. 2023)* **L'adoption simple confère à l'adopté une filiation qui s'ajoute à sa filiation d'origine selon les modalités prévues au présent chapitre. L'adopté continue d'appartenir à sa famille d'origine et y conserve tous ses droits.**

Les prohibitions au mariage prévues aux articles 161 à 164 s'appliquent entre l'adopté et sa famille d'origine.

Ancien art. 360 *(L. n° 2022-219 du 21 févr. 2022, art. 1er)* ***« L'adoption simple confère à l'adopté une filiation qui s'ajoute à sa filiation d'origine. L'adopté conserve ses droits dans sa famille d'origine*** *[ancienne rédaction : L'adopté reste dans sa famille d'origine et y conserve tous ses droits, notamment ses droits héréditaires]* ***».***

Les prohibitions au mariage prévues aux articles 161 à 164 du présent code s'appliquent entre l'adopté et sa famille d'origine. *— [Anc. art. 364.]*

Art. 361 Le lien de parenté résultant de l'adoption *(Ord. n° 2022-1292 du 5 oct. 2022, art. 15, en vigueur le 1er janv. 2023)* **« simple » s'étend aux enfants de l'adopté.**

Le mariage est prohibé :

1° Entre l'adoptant, l'adopté et ses descendants ;

2° Entre l'adopté et le conjoint *(L. n° 2022-219 du 21 févr. 2022, art. 2)* **« ou le partenaire lié par un pacte civil de solidarité » de l'adoptant ; réciproquement entre l'adoptant et le conjoint** *(L. n° 2022-219 du 21 févr. 2022, art. 2)* **« ou le partenaire lié par un pacte civil de solidarité » de l'adopté ;**

3° Entre les enfants adoptifs du même *(Ord. n° 2022-1292 du 5 oct. 2022, art. 15, en vigueur le 1er janv. 2023)* **« adoptant** *[ancienne rédaction : individu]* **» ;**

4° Entre l'adopté et les enfants de l'adoptant.

Néanmoins, les prohibitions au mariage portées aux 3° et 4° ci-dessus peuvent être levées par dispense du Président de la République, s'il y a des causes graves.

(L. n° 76-1179 du 22 déc. 1976) **« La prohibition au mariage portée au 2° ci-dessus peut être levée dans les mêmes conditions lorsque la personne qui a créé l'alliance** *(L. n° 2022-219 du 21 févr. 2022, art. 2)* **« ou qui était liée par un pacte civil de solidarité » est décédée. »** *— [Anc. art. 366, mod.]*

Art. 362 *(Ord. n° 2022-1292 du 5 oct. 2022, art. 15, en vigueur le 1er janv. 2023)* **L'adoptant est seul investi à l'égard de l'adopté de tous les droits d'autorité parentale, inclus celui de consentir au mariage de l'adopté.**

Les droits d'autorité parentale sont exercés par le ou les adoptants dans les conditions prévues par le chapitre I du titre IX du présent livre.

Les règles de l'administration légale et de la tutelle des mineurs s'appliquent à l'adopté.

Ancien art. 362 ***L'adoptant est seul investi à l'égard de l'adopté de tous les droits d'autorité parentale, inclus celui de consentir au mariage*** de l'adopté, à moins qu'il ne soit le conjoint *(L. n° 2022-219 du 21 févr. 2022, art. 2)* ***« , le partenaire lié par un pacte civil de solidarité ou le concubin de l'un des parents*** *[ancienne rédaction : du père ou de la mère]* ***» de l'adopté ; dans ce cas, l'adoptant a l'autorité parentale concurremment avec son conjoint,*** *(L. n° 2022-219 du 21 févr. 2022, art. 2)* ***« son partenaire lié par un pacte civil de solidarité ou son concubin, »*** *(L. n° 2002-305 du 4 mars 2002 ; L. n° 2011-1862 du 13 déc. 2011, art. 21)* ***« lequel en conserve seul l'exercice, sous réserve d'une déclaration conjointe avec l'adoptant adressée au*** *(L. n° 2016-1547 du 18 nov. 2016, art. 16-I)* ***« directeur des services de greffe judiciaires » du tribunal judiciaire aux fins d'un exercice en commun de cette autorité ».***

Les droits d'autorité parentale sont exercés par le ou les adoptants *(L. n° 2002-305 du 4 mars 2002)* ***« dans les conditions prévues par le chapitre I du titre IX du présent livre ».***

Les règles de l'administration légale et de la tutelle *(L. n° 2002-305 du 4 mars 2002)* ***« des mineurs » s'appliquent à l'adopté.*** *— [Anc. art. 365.]*

BIBL. ▸ Legeais, *D. 1978. Chron. 43*. – Neirinck, *RDSS 2011. 142* (adoption et couples homosexuels devant la CEDH).

1. Perte de l'autorité parentale de la famille naturelle. Par l'effet de l'adoption simple à laquelle elle a consenti, la mère naturelle de l'adopté a légalement perdu tous ses droits d'autorité parentale à l'égard de son fils, et elle est donc sans qualité pour contester, devant le juge des tutelles, les décisions prises par le père adoptif relativement à l'éducation du mineur (en l'espèce, l'adoptant entendait placer l'enfant, âgé de huit ans et élevé par sa mère seule, comme interne dans un établissement scolaire). • Civ. 1re, 11 mai 1977, n° 74-15.104 P : *R. 1976-1977, p. 39 ; JCP 1978. II. 18833, note Carbonnier ; RTD civ. 1977. 552, obs. Raynaud ; 1978. 339, obs. Nerson* et *Rubellin-Devichi*. ♦ Sur le droit de visite des parents d'origine : • Bordeaux, 14 févr. 2012 : *Dr. fam. 2012, n° 121, obs. Neirinck* (refusé en l'espèce).

2. Partage de l'autorité parentale entre conjoints : loi du 17 mai 2013. Depuis la L. n° 2013-404 du 17 mai 2013, les conjoints peuvent désormais être ou non de même sexe. ♦ Depuis la L. du 21 févr. 2022, le partage de l'autorité parentale est possible au sein de tous les couples : époux, partenaire, concubins.

3. Rappel du droit antérieur : notion de conjoint. V. avant la L. du 21 févr. 2022 : le partage de l'autorité parentale n'est prévu que dans le cas de l'adoption de l'enfant du conjoint ; en l'état de la législation française antérieure à la loi du 17 mai 2013, les conjoints sont des personnes unies par les liens du mariage. • Civ. 1re, 19 déc. 2007 : *cité note 5* (exclusion de l'adoption simple par une femme liée par un PACS à la mère de l'enfant). – Comp. : • TGI Lille, 11 déc. 2007 : *D. 2008. AJ 292*.

4. ... Constitutionnalité de l'exclusion des couples non mariés. La disposition qui prévoit que l'adoption simple n'entraîne un partage de l'autorité parentale entre l'adoptant et le parent de l'adopté que lorsqu'ils sont mariés, excluant ainsi la possibilité d'être adopté par le partenaire ou le concubin du père ou de la mère, n'est pas contraire à la Constitution ; le droit de mener une vie familiale normale n'implique pas que la relation entre un enfant et la personne qui vit en couple avec son père ou sa mère ouvre droit à l'établissement d'un lien de filiation adoptive. • Cons. const. 6 oct. 2010, n° 2010-39 QPC : *D. 2010. Actu. 2293, obs. Gallmeister ; ibid. 2744, note Chénedé ; ibid. 2011. 529, chron. Maziau ; ibid. Pan. 1585, obs. Granet-Lambrechts ; AJ fam. 2010. 487, note Chénedé ; ibid. 489, obs. Mécary ; Dr. fam. 2011. Étude 17 ; JCP 2010, n° 1145, obs. Gouttenoire et Radé ; ibid., n° 1163, § 15, obs. Mathieu ; RTD civ. 2010. 776, obs. Hauser*.

5. ... Conséquences : refus des adoptions privant le parent biologique de ses droits. Cassation, pour violation de l'art. 365, de l'arrêt ayant prononcé l'adoption, par une femme, de l'enfant de sa partenaire de PACS, cette adoption entraînant le transfert des droits d'autorité parentale à l'adoptante seule et privant la mère biologique, qui entendait continuer à élever l'enfant, de ses propres droits, peu important le consentement de cette dernière à l'adoption. • Civ. 1re, 20 févr. 2007, n° 06-15.647 P : *R., p. 330 ; GAJC, 12e éd., n° 53-55 (II et III) ; D. 2007. 1047, note D. Vigneau (1re esp.) ; ibid. AJ 721, obs. Delaporte-Carré (1re esp.) ; ibid. Chron. C. cass. 891, obs. Chauvin ; ibid. Pan. 1467, obs. Granet-Lambrechts ; JCP 2007. II. 10068, note Neirinck (1re esp.) ; Gaz. Pal. 2007. 480, avis Cavarroc ; Defrénois 2007. 791, obs. Massip ; AJ fam. 2007. 182, obs. Chénedé (1re esp.) ; Dr. fam. 2007, n° 80, note Murat (2e esp.) ; RJPF 2007-5/32, note Mécary ; RLDC 2007/39, n° 2570, note Le Boursicot ; RTD civ. 2007. 325, obs. Hauser*. ♦ Dans le même sens : • Civ. 1re, 19 déc. 2007, n° 06-21.369 P : *D. 2008. AJ 291, obs. Luxembourg ; ibid. 2008. Pan. 1377, obs. Granet-Lambrechts ; ibid. 2008. 1028, note Mauger-Vielpeau ; ibid. Pan. 1794, obs. Lemouland et Vigneau ; JCP 2008. II. 10046, note Favier ; Gaz. Pal. 2008. 1. 307, et les obs. ; AJ fam. 2008. 75, obs. Chénedé ; Dr. fam. 2008, n° 28, note Murat ; Defrénois 2008. 1119, obs. Massip ; RJPF 2008-3/28, obs. Garé ; RTD civ. 2008. 287, obs. Hauser*, rejetant le pourvoi contre • Riom, 27 juin 2006 : *Gaz. Pal. 2006. 3234, note Mécary ; Dr. fam. 2006, n° 204, note Murat ; RTD civ. 2007. 100, obs. Hauser*. • Civ. 1re, 9 mars 2011, n° 10-10.385 P : *D. 2011. 876, obs. Siffrein-Blanc ; JCP 2011. 1029, note Boulanger ; AJ fam. 2011. 205, obs. Chénedé ; RTD civ. 2011. 338, obs. Hauser ; Dr. fam. 2011, n° 74, obs. Neirinck ; RLDC 2011/82, n° 4248, obs. Gallois*. ♦ Comp. • CEDH, gr. ch., 22 janv. 2008, n° 43546/02 : *cité note 5 ss. art. 343*.

Sur la compatibilité de cette solution avec la Conv. EDH : le refus d'accorder à une femme le droit d'adopter l'enfant de sa compagne n'est pas discriminatoire. • CEDH 15 mars 2012, n° 25951/07, *Gas c/ France : D. 2012. 1241, note Dionisi-Peyrusse ; AJDA 2012. 1726, chron. Burgorgue-Larsen ; AJ fam. 2012. 220, obs. Siffrein-Blanc ; RTD civ. 2012. 275, obs. Marguénaud ; ibid. 306, obs. Hauser ; JCP 2012, n° 589, note Gouttenoire et Sudre ; RLDC 2012/97, n° 4815, note Le Boursicot*.

L'impossibilité d'accès à l'adoption coparentale pour les couples homosexuels non mariés en Autriche est discriminatoire en comparaison avec la situation des couples hétérosexuels non mariés. • CEDH 19 févr. 2013 : *AJDA 2013. 1794, note Burgorgue-Larsen ; D. 2013. 502, obs. Gallmeister ; ibid. 2013. Chron. 1286, note Ferrero ; ibid. 1436, obs. Granet-Lambrechts*

; AJ fam. 2013. 227, obs. Chénedé ; RTD civ. 2013. 329, obs. Marguénaud ; ibid. 363, obs. Hauser ; Dr. fam. 2013, n° 53, obs. Neirinck.

6. ... *Conséquences : refus des adoptions couplées avec une délégation consentie par l'adoptant.* V. approuvant une cour d'appel d'avoir refusé l'adoption simple par une femme de l'enfant de sa partenaire de PACS et la délégation subséquente de l'autorité parentale, dès lors qu'il n'était ni établi ni allégué que les circonstances exigeaient cette délégation et qu'en l'espèce, une telle délégation ou son partage était, à l'égard d'une adoption, antinomique et contradictoire, l'adoption ayant pour but de conférer l'autorité parentale au seul adoptant : • Civ. 1re, 20 févr. 2007, n° 04-15.676 P : *R., p. 330 ; GAJC, 12e éd., n° 53-55 (II et III) ; D. 2007. 1047, note D. Vigneau (2e esp.) ; ibid. AJ 721, obs. Delaporte-Carré (2e esp.) ; ibid. Chron. C. cass. 891, obs. Chauvin ; ibid. Pan. 1467, obs. Granet-Lambrechts ; JCP 2007. II. 10068, note Neirinck (2e esp.) ; Gaz. Pal. 2007. 480, avis Cavarroc ; Defrénois 2007. 791, obs. Massip ; AJ fam. 2007. 182, obs. Chénedé (2e esp.) ; Dr. fam. 2007, n° 80, note Murat (1re esp.) ; RJPF 2007-5/32, note Mécary ; RLDC 2007/39, n° 2570, note Le Boursicot ; RTD civ. 2007. 325, obs. Hauser .*

7. ... *Portée de la solution au regard de l'ordre public international.* Le refus d'*exequatur* fondé sur la contrariété à l'ordre public international français de la décision étrangère suppose que celle-ci comporte des dispositions qui heurtent des principes essentiels du droit français ; tel n'est pas le cas de la décision qui partage l'autorité parentale entre la mère et l'adoptante d'un enfant, toutes deux vivant en couple. • Civ. 1re, 8 juill. 2010, n° 08-21.740 P : *D. 2010. 1787, obs. Gallmeister ; ibid. 2011. Pan. 1585, obs. Granet-Lambrechts ; JCP 2010, n° 809, obs. Devers ; ibid. n° 911, note Rubellin-Devichi ; ibid. n° 1173, note Fulchiron ; AJ fam. 2010. 387, obs. Mirkovic et Haftel ; Defrénois 2011. 833, obs. Massip ; JCP N 2011, n° 1122, obs. Massip ; RLDC 2010/75, n° 3974, obs. Serra ; Dr. fam. 2010, n° 156, obs. Farge ; RJPF 2010-10/30, obs. Garé ; Rev. crit. DIP 2010. 747, note Hammje ; RTD civ. 2010. 547, obs. Hauser ; RDSS 2010. 1128, note Neirinck* • Paris, 27 janv. 2011 : *D. 2011. Pan. 1585, obs. Granet-Lambrechts ; AJ fam. 2011. 151, obs. Nord* • 24 févr. 2011 : *AJ fam. 2011. 207, obs. Nord ; Dr. fam. 2011, n° 87, obs. Farge* (*exequatur* d'un jugement d'adoption par deux hommes). ♦ V. au contraire, refusant l'exequatur, au nom de l'ordre public international français, à un jugement d'adoption étranger intervenu dans des circonstances similaires à celles décrites note 5 : • TGI Paris, 23 mai 2007 : *Gaz. Pal. 2007. 3247, note de Geouffre de La Pradelle.*

8. *Vie privée familiale entre l'enfant et l'adoptant.* Le refus de visa opposé à une mineure, résidant en Chine alors que son père adoptif vit en France, porte par lui-même une atteinte effective au respect dû à la vie familiale tant de l'enfant que de son père. • CE 8 juin 1998 : *JCP 1998. II. 10182, note F. Monéger (2e esp.).*

Art. 363 *(L. n° 2013-404 du 17 mai 2013, art. 12)* **L'adoption simple confère le nom de l'adoptant à l'adopté en l'ajoutant au nom de ce dernier. Toutefois, si l'adopté est** *(L. n° 2022-219 du 21 févr. 2022, art. 8)* **« âgé de plus de treize ans** *[ancienne rédaction : majeur]* **», il doit consentir à cette adjonction.**

Lorsque l'adopté et l'adoptant, ou l'un d'eux, portent un double nom de famille, le nom conféré à l'adopté résulte de l'adjonction du nom de l'adoptant à son propre nom, dans la limite d'un seul nom pour chacun d'eux. Le choix du nom adjoint ainsi que l'ordre des deux noms appartient à l'adoptant, qui doit recueillir le consentement personnel de l'adopté âgé de plus de treize ans. En cas de désaccord ou à défaut de choix, le nom conféré à l'adopté résulte de l'adjonction en seconde position du premier nom de l'adoptant au premier nom de l'adopté.

En cas d'adoption par deux époux, *(L. n° 2022-219 du 21 févr. 2022, art. 2)* **« partenaires liés par un pacte civil de solidarité ou concubins, » le nom ajouté à celui de l'adopté est, à la demande des adoptants, celui de l'un d'eux, dans la limite d'un nom. Si l'adopté porte un double nom de famille, le choix du nom conservé et l'ordre des noms adjoints** *(Ord. n° 2022-1292 du 5 oct. 2022, art. 15, en vigueur le 1er janv. 2023)* **« appartiennent** *[ancienne rédaction : appartient]* **» aux adoptants, qui doivent recueillir le consentement personnel de l'adopté âgé de plus de treize ans. En cas de désaccord ou à défaut de choix, le nom conféré à l'adopté résulte de l'adjonction en seconde position du premier nom des adoptants selon l'ordre alphabétique, au premier nom de l'adopté.**

Le tribunal peut, toutefois, à la demande de l'adoptant, décider que l'adopté ne portera que le nom de l'adoptant *(Abrogé par Ord. n° 2022-1292 du 5 oct. 2022, art. 15, à compter du 1er janv. 2023)* ***« ou, en cas d'adoption de l'enfant du conjoint, du partenaire lié par un pacte civil de solidarité ou du concubin, que l'adopté conservera son nom d'origine ».*** **En cas d'adoption par deux** *(L. n° 2022-219 du 21 févr. 2022, art. 2)* **« personnes**

[ancienne rédaction : époux] », le nom de famille substitué à celui de l'adopté peut, au choix des adoptants, être soit celui de l'un d'eux, soit leurs deux noms accolés dans l'ordre choisi par eux et dans la limite d'un seul nom pour chacun d'eux. Cette demande peut également être formée postérieurement à l'adoption. Si l'adopté est âgé de plus de treize ans, son consentement personnel *(Ord. n° 2022-1292 du 5 oct. 2022, art. 15, en vigueur le 1er janv. 2023)* **« est requis** *[ancienne rédaction : à cette substitution du nom de famille est nécessaire]*.

« Sur la demande du ou des adoptants, le tribunal peut modifier les prénoms de l'enfant. Si l'enfant est âgé de plus de treize ans, son consentement personnel est requis. »

BIBL. ▶ DERVIEUX, *AJ fam. 2013. 356* (nom de l'adopté et adoption simple après la loi du 17 mai 2013). – HAUSER, *RTD civ. 1994. 74* ; *ibid. 2000. 540*. – A. LAPOYADE-DESCHAMPS, *Dr. fam. 1998. Chron. 15.*

1. Adjonction de nom. La cour d'appel qui décide d'ajouter le nom de l'adoptant, mari de la mère de l'adopté, ne fait pas bénéficier l'adopté des nouvelles règles de dévolution du nom de famille mais fait application de l'art. 363, dans sa rédaction antérieure à celle issue de la L. du 4 mars 2002, qui n'exclut pas la possibilité pour le juge de décider que le nom d'origine de l'adopté suivra celui de l'adoptant. • Civ. 1re, 6 oct. 2010, n° 09-15.092 P : *D. 2011. Pan. 1585, obs. Granet-Lambrechts ; AJ fam. 2010. 547, obs. Chénedé ; Dr. fam. 2010, n° 186, obs. Massip ; RJPF 2010-12/12, obs. Corpart ; Defrénois 2011. 819, obs. Massip ; RTD civ. 2010. 757, obs. Hauser*. ♦ L'adjonction ou la substitution de nom autorisées par l'art. 363 ne peuvent avoir d'effet à l'égard du mari de la femme adoptante. La contestation, par le mari, d'une paternité ne saurait être utilisée, plus de vingt ans après, pour faire obstacle à une demande d'adjonction de nom sollicitée après son décès, cette adjonction ne pouvant être interprétée comme reconnaissance indirecte de paternité. • Dijon, 31 janv. 1996 : *BICC 15 juill. 1996, n° 797.*

2. ... Ordre des noms. Le nom de l'adoptant peut être placé avant celui de l'adopté. • Douai, 10 mai 1989 : *D. 1991. 205, note Guiho ; RTD civ. 1991. 497, obs. Hauser* • 28 juin 1999 : *JCP 2000. IV. 1611 ; Dr. fam. 2001, n° 30, note Murat ; RTD civ. 2000. 540, obs. Hauser* (soulignant l'intérêt pour l'enfant de conserver trace de ses origines par le double nom).

3. ... Consentement de l'adopté. Aux termes de l'art. 363, l'adopté de plus de treize ans n'a pas à consentir à une adjonction de nom. • Civ. 1re, 25 nov. 2003, n° 01-03.334 P : *D. 2004. IR 104 ; RJPF 2004-3/14, obs. Valory ; Dr. fam. 2004, n° 69, note Murat ; Dr. et patr. 6/2004. 95, obs. Loiseau ; RTD civ. 2004. 262, obs. Hauser*. ♦ Les juges du fond saisis d'une tierce opposition à un jugement d'adoption limitée au chef de décision concernant le nom statuent bien sur les effets du lien de filiation précédemment établi ; en conséquence, l'art. 61-3, al. 1er, n'est pas applicable. • Même arrêt.

4. ... Nom d'usage. Interdiction d'ajouter, à titre de nom d'usage, le nom initial de l'adopté au nom de l'adoptant. • Civ. 1re, 9 janv. 1996, n° 94-20.800 P : *Defrénois 1996. 986, obs. Massip.*

5. Substitution de nom : consentement de l'adopté. Recherche de la réalité du consentement de l'adopté de plus de treize ans à la substitution de nom : V. • Aix-en-Provence, 1er avr. 1999 : *Dr. fam. 2000, n° 35, note Murat.*

6. ... Recours. D'après l'art. 363, l'adopté ne perd pas son nom d'origine, sauf décision contraire du tribunal, et les grands-parents paternels ont intérêt à pouvoir contester l'opportunité d'une substitution du nom de leurs petits-enfants par celui de l'adoptant ; en conséquence leur tierce opposition au jugement prononçant l'adoption, limitée au chef de la décision concernant la substitution de nom et fondée sur l'anc. art. 474 C. pr. civ. (actuellement, art. 583 C. pr. civ.), ne peut être déclarée irrecevable. • Civ. 1re, 21 mai 1974, n° 72-11.106 P : *R. 1973-1974, p. 20 ; D. 1976. 173, note Le Guidec ; JCP 1976. II. 18227, note Bétant-Robet.* – V. aussi • Civ. 1re, 25 nov. 2003 : *préc. note 3.* ♦ Sur l'exclusion, en la cause, de l'art. 353-2, limitant la recevabilité de la tierce opposition au cas de dol ou de fraude imputable aux adoptants, V. note 14 ss. art. 353-2.

7. Changement de nom des enfants de l'adopté. Dès lors que le nom de famille de l'adopté est modifié à la suite de son adoption simple, le nom de ses enfants mineurs nés avant cette adoption est également modifié. • Civ. 1re, 8 oct. 2008, n° 07-16.067 P : *D. 2008. AJ 2598, obs. Égéa ; ibid. 2009. Pan. 777, obs. Granet-Lambrechts ; JCP 2008. Actu. 614, obs. Favier ; ibid. II. 10191, note Mellottée ; AJ fam. 2008. 430, obs. Chénedé ; Dr. fam. 2009, n° 6, obs. Murat ; RJPF 2008-11/13, obs. Corpart ; Defrénois 2008. 2417, obs. Massip ; LPA 2[illegible] janv. 2009, note A.-C. Martin ; RTD civ. 2008. 65[illegible], obs. Hauser*. ♦ Les enfants âgés de moins de 13 ans au moment du jugement d'adoption n'ont pas à consentir à ce changement de nom. • Même arrêt. ♦ Pour le cas d'enfants portant un double-nom avant l'adoption simple de leur père : • Reims, 4 juin 2010 : *D. 2011. Pan. 1585, obs. Granet-Lambrechts ; Dr. fam. 2010, n° 1[illegible]6, obs. Neirinck.* ♦ Le tribunal n'a pas la faculté de décider que l'adopté portera son seul nom d'origine. • Civ. 1re, 22 févr. 2005, n° 03-14.332 P : *Defrénois 2005. 1057, obs. Massip ; AJ fam. 2005. 153, obs. F. C. ; Dr. fam. 2005, n° 72, note Murat ; RJPF 2005-5/13, note Vasseur-Lambry ; RTD civ. 2005. 361, obs. Hauser*.

Art. 363-1 *(L. n° 2002-304 du 4 mars 2002)* **Les dispositions de l'article 363 sont applicables à l'enfant ayant fait l'objet d'une adoption régulièrement prononcée à l'étranger ayant en France les effets d'une adoption simple, lorsque l'acte de naissance de l'adopté est conservé par une autorité française.**

Les adoptants exercent l'option qui leur est ouverte par cet article par déclaration adressée au procureur de la République du lieu où l'acte de naissance est conservé à l'occasion de la demande de mise à jour de celui-ci.

La mention du nom choisi est portée à la diligence du procureur de la République dans l'acte de naissance de l'enfant.

Art. 364 *(L. n° 2007-293 du 5 mars 2007, art. 5)* **L'adopté doit des aliments à l'adoptant s'il est dans le besoin et, réciproquement, l'adoptant doit des aliments à l'adopté. Les** *(Ord. n° 2022-1292 du 5 oct. 2022, art. 15, en vigueur le 1er janv. 2023)* **« parents d'origine** *[ancienne rédaction : père et mère]* **» de l'adopté ne sont tenus de lui fournir des aliments que s'il ne peut les obtenir de l'adoptant. L'obligation de fournir des aliments à ses** *(Ord. n° 2022-1292 du 5 oct. 2022, art. 15, en vigueur le 1er janv. 2023)* **« parents d'origine** *[ancienne rédaction : père et mère]* **» cesse pour l'adopté dès lors qu'il a été admis en qualité de pupille de l'État ou pris en charge dans les délais prescrits à l'article L. 132-6 du code de l'action sociale et des familles.** – *V. cet art., ss. art. 211. – [Anc. art. 367, mod.]*

1. L'obligation alimentaire du père par le sang étant devenue subsidiaire du seul fait de l'adoption simple de son fils, dès lors qu'il n'est pas soutenu que l'adoptant avait été dans l'impossibilité de satisfaire à son obligation alimentaire, ni démontré que le père avait eu connaissance du jugement d'adoption, ce dernier, qui n'a pas exécuté une obligation naturelle, est fondé à solliciter le remboursement des pensions versées depuis le jugement d'adoption. • Civ. 1re, 22 mai 2007, n° 06-17.980 P : *Defrénois 2007. 1321, obs. Massip ; AJ fam. 2007. 312, obs. Chénedé ; Dr. fam. 2007, n° 173, note Murat ; RJPF 2007-9/32, obs. Valory ; RTD civ. 2007. 764, obs. Hauser*.

2. Si les père et mère de l'adopté ne sont tenus qu'à titre subsidiaire de lui fournir des aliments, cette subsidiarité n'est pas exclusive d'une contribution partielle. • Civ. 1re, 14 avr. 2010, n° 09-12.456 P : *D. 2011. Pan. 1585, obs. Granet-Lambrechts ; AJ fam. 2010. 273, obs. Chénedé ; Defrénois 2010. 1368, obs. Massip ; Dr. fam. 2010, n° 115, obs. Murat ; RLDC 2010/72, n° 3855, obs. Pouliquen ; RTD civ. 2010. 545, obs. Hauser*.

Art. 365 *(L. n° 2002-305 du 4 mars 2002)* **« L'adopté et ses descendants ont, dans la famille de l'adoptant, les droits successoraux prévus au chapitre III du titre I du livre III »**

(L. n° 96-604 du 5 juill. 1996) **L'adopté et ses descendants n'ont cependant pas la qualité d'héritier réservataire à l'égard des ascendants de l'adoptant.** – *[Anc. art. 368.]*

BIBL. ▸ Coutot, *JCP N 1977. I. 145.* – Dagot, *JCP 1972. I. 2491.* – Prévault, *D. 1966. Chron. 173.*

1. Incidence de l'adoption de son légataire universel par le testateur : • Civ. 1re, 25 nov. 1986 : *JCP N 1987. II. 284 ; Defrénois 1987. 565, obs. Champenois ; JCP N 1987. I. 294, étude …mar-Touchais.*

2. Libéralité avec clause de substitution : V. note 3 ss. art. 1048 ancien.

3. Régime fiscal. En excluant en principe la prise en compte du lien de parenté résultant de l'adoption simple pour la perception des droits de mutation à titre gratuit, le législateur s'est fondé sur les différences établies dans le code civil entre l'adoption simple et l'adoption plénière ; en réservant le cas des adoptés ayant reçu de l'adoptant des secours et des soins non interrompus dans les conditions prévues par l'art. 787 CGI, al. 5 (ou 2, 3°), il a entendu atténuer les effets de cette différence de traitement en prenant en compte les liens particuliers créés par une prise en charge de l'adopté par l'adoptant, à condition qu'elle ait commencé pendant la minorité et qu'elle ait duré cinq ans durant celle-ci ou dix ans si elle s'est poursuivie au-delà de la majorité ; un tel régime, qui repose sur des critères objectifs et rationnels, en lien direct avec les objectifs poursuivis, ne crée pas de rupture caractérisée d'égalité devant les charges publiques. • Cons. const. 28 janv. 2014, n° 2013-361 QPC : *D. 2014. 284 ; AJ fam. 2014. 179, obs. Salvage-Gerest ; Defrénois 2014. 185, note Douet ; Dr. fam. 2014, n° 52, obs. Azincourt* (décision repoussant également toute atteinte au droit de mener une vie familiale normale ou aux droits de la défense, compte tenu de la preuve exigée des adoptés). ♦ Pour la question, V. • Com. 29 oct. 2013, n° 13-30.301. – *Adde*, Fruleux, *JCP N 2014, n° 1216* (transmission en faveur d'adoptés simples).

4. Pour des illustrations des conditions prévues pour bénéficier du régime des parents ou non-parents au moment du calcul des droits de succession, V. Mégacode civil 2014 et : • Com. 7 avr. 2009, n° 08-14.407 P : *Dr. fam. 2009, n° 77, note Murat ; RLDC 2009/61, n° 3471, obs. Pouliquen ; RTD civ. 2009. 519, obs. Hauser*.

5. La nature et l'étendue des droits successoraux des héritiers s'apprécient au regard de leur situation à l'ouverture de la succession. • Civ. 1re, 9 juill. 2014, n° 13-19.013 P : *D. 2014. 1590 ; AJ fam. 2014. 510, obs. Levillain ; RTD civ. 2014. 870, obs. Hauser ; JCP N 2014, n° 1385, note Le Guidec ; ibid. 2015, n° 1001, obs. Tisserand-Martin ; LPA, 14 mai 2015, p. 11, note Yildirim* (application à une personne ayant fait l'objet d'une adoption simple par l'épouse de son père avant le décès de ce dernier, l'adoption ayant ensuite été révoquée après l'ouverture de la succession).

Art. 366 *(L. n° 2006-728 du 23 juin 2006, art. 29-4°)* **« Dans la succession de l'adopté, à défaut de descendants et de conjoint survivant, » les biens donnés par l'adoptant ou recueillis dans sa succession retournent à l'adoptant ou à ses descendants, s'ils existent encore en nature lors du décès de l'adopté, à charge de contribuer aux dettes et sous réserve des droits acquis par les tiers. Les biens que l'adopté avait reçus à titre gratuit de ses** *(Ord. n° 2022-1292 du 5 oct. 2022, art. 15, en vigueur le 1er janv. 2023)* **« parents** *[ancienne rédaction : père et mère]* **» retournent pareillement à ces derniers ou à leurs descendants.**

Le surplus des biens de l'adopté se divise par moitié entre *(Ord. n° 2022-1292 du 5 oct. 2022, art. 15, en vigueur le 1er janv. 2023)* **« sa** *[ancienne rédaction : la]* **» famille d'origine et** *(Ord. n° 2022-1292 du 5 oct. 2022, art. 15, en vigueur le 1er janv. 2023)* **« sa** *[ancienne rédaction : la]* **» famille** *(Ord. n° 2022-1292 du 5 oct. 2022, art. 15, en vigueur le 1er janv. 2023)* **« d'adoption** *[ancienne rédaction : de l'adoptant]* **»** *(Abrogé par L. n° 2006-728 du 23 juin 2006, art. 29-4°)* ***« , sans préjudice des droits du conjoint sur l'ensemble de la succession ».*** — *[Anc. art. 368-1, mod.]*

La loi du 23 juin 2006 est entrée en vigueur le 1er janv. 2007.

BIBL. ▸ David-Balestriero, *Defrénois 2007. 1085* (la succession de l'adopté). – Lacour, *Dr. fam. 2007. Étude 35* (incidence de la loi du 23 juin 2006 sur la succession de l'adopté). – Leprovaux, *LPA 2 juill. 2007* (droit de retour légal). – Levillain, *JCP N 2007. 1223* (dévolution de la succession de l'adopté). – Pénin, *RTD civ. 2014. 49* (évolution des droits de retour dans le code civil depuis les lois de 2001 et 2006).

Il résulte des dispositions combinées des art. anc. 368 et 368-1 que l'adoptant est héritier réservataire de l'adopté lorsque celui-ci meurt sans descendants ; en conséquence, l'adoptant institué légataire universel n'est pas tenu de se faire envoyer en possession puisque l'art. 1008 C. civ. ne s'applique qu'en l'absence d'héritier réservataire. • TGI Brest, 15 sept. 1998 : *BICC 1er févr. 1999, n° 140.*

Art. 367 **L'adoption conserve tous ses effets, nonobstant l'établissement ultérieur d'un lien de filiation.** — *[Anc. art. 369.]*

Art. 368 *(L. n° 2016-297 du 14 mars 2016, art. 32)* **S'il est justifié de motifs graves, l'adoption peut être révoquée, lorsque l'adopté est majeur, à la demande de ce dernier ou de l'adoptant.**

Lorsque l'adopté est mineur, la révocation de l'adoption ne peut être demandée que par le ministère public. — *[Anc. art. 370.]*

Ancien art. 370 *(L. n° 96-604 du 5 juill. 1996)* ***« S'il est justifié de motifs graves, l'adoption peut être révoquée, à la demande de l'adoptant ou de l'adopté, ou, lorsque ce dernier est mineur, à celle du ministère public. »***

La demande de révocation faite par l'adoptant n'est recevable que si l'adopté est âgé de plus de quinze ans.

Lorsque l'adopté est mineur, les père et mère par le sang ou, à leur défaut, un membre de la famille d'origine jusqu'au degré de cousin germain inclus, peuvent également demander la révocation.

BIBL. ▸ Hauser, *RTD civ. 1996. 594*. – Granet, *AJ fam. 2002. 24*. – Labbée, *D. 2014. 1699* (être parent à titre précaire). – Le Bihan-Guénolé, *JCP 1991. I. 3539.*

1. *Distinction de l'action en révocation et de la contestation du consentement.* Il résulte des art. 353, al. 1er, et 370, al. 1er, que l'intégrité du consentement de l'adoptant, en tant que condition légale à l'adoption, est vérifiée au moment où le tribunal se prononce sur celle-ci, de sorte que la contestation ultérieure du consentement de l'adoptant, qui est indissociable du jugement d'adoption, ne peut se faire qu'au moyen d'une remise en cause directe de celui-ci par l'exercice des voies de recours et non à l'occasion d'une action en révocation de cette adoption, laquelle suppose que soit rapportée la preuve d'un motif grave, résidant dans une cause survenue postérieurement au jugement d'adoption. • Civ. 1re, 13 mai 2020, n° 19-13.419 P : *D. 2020. 1485, obs. Lemouland et Noguéro ; AJ fam. 2020. 480, obs. Houssier ; Defrénois 2020/43. 25, note Noguéro.*

2. *Appréciation souveraine des motifs graves.* Les juges du fond apprécient souverainement si les faits invoqués à l'appui d'une demande en révocation de l'adoption constituent des motifs graves au sens de l'art. 370. • Civ. 1re, 10 juill. 1973 : *JCP 1974. II. 17689 (5e esp.), note de La Marnierre* • 20 mars 1978, n° 76-13.415 P.

3. *Notion de motifs graves.* Prendre en considération les conséquences de la révocation pour l'adopté serait ajouter à l'art. 370 une condition qu'il ne comporte pas. • Dijon, 28 janv. 1997 : *BICC 1er juill. 1997, n° 865.* ♦ L'adoption, si elle procède d'un accord de volontés, revêt un aspect institutionnel prépondérant, de telle sorte que sa révocation constitue une mesure exceptionnelle qui ne peut, en dépit de l'accord des parties, être prononcée que pour des motifs graves. • TGI Paris, 28 mai 1996 : *D. 1997. Somm. 162, obs. Granet .* ♦ Rappr. jugeant contraire à l'art. 8 Conv. EDH l'annulation d'une adoption à la demande des autorités, au motif de mauvais traitements, sans attendre le résultat de l'enquête pénale, alors que des soupçons n'étaient pas suffisants. • CEDH, sect. I, 18 avr. 2013, *A. c/ Russie*, n° 7075/10 (placement initial des enfants n'étant en revanche pas contestable).

4. *Illustrations de refus de révocation.* Ne constituent pas des motifs suffisamment graves : l'action de l'adopté tendant au versement d'une pension alimentaire pour parfaire ses études. • Paris, 11 juill. 1975 : *Rev. crit. DIP 1976. 700, note Foyer.* ♦ ... La mésentente résultant du comportement d'une tierce personne (compagne de l'adoptant). • TGI Paris, 28 mai 1996 : *BICC 15 sept. 1996, n° 901 ; D. 1997. Somm. 162, obs. Granet .* ♦ ... Une simple mésentente mise en évidence par un courrier de l'adopté à l'adoptant, dépourvu de tout caractère injurieux. • Papeete, 7 nov. 2002 : *BICC 1er avr. 2003, n° 382.* ♦ ... La cessation des relations, depuis plusieurs années, entre l'adopté et l'adoptant, alors qu'une telle mésentente, dont la responsabilité est partagée, peut naître dans toutes les familles. • Versailles, 9 déc. 1999 : *BICC 15 oct. 2000, n° 1174 ; RDSS 2000. 437, obs. F. Monéger .* ♦ ... La découverte que l'adopté n'est pas l'enfant biologique de l'adoptant, croyance ayant motivé l'adoption, alors que ce motif est étranger à la finalité de l'institution qui n'a pas pour objet d'établir une paternité biologique. • Civ. 1re, 28 févr. 2006, n° 03-12.170 P : *RTD civ. 2006. 297, obs. Hauser .* ♦ ... La distorsion des liens en raison de la reprise de contacts entre l'adopté et son père biologique. • Versailles, 9 sept. 2010 : *RTD civ. 2011. 115, obs. Hauser .* ♦ ... Le changement de nom de l'adopté. • Paris, 28 janv. 2010 : *Dr. fam. 2010, n° 81, obs. Murat ; RTD civ. 2011. 115, obs. Hauser .*

5. *Illustrations de motifs graves.* Constitue un motif grave l'établissement, après l'adoption, de la filiation naturelle certaine de l'adoptant. • TGI Paris, 2 févr. 1993 : *D. 1993. Somm. 327, obs. Granet-Lambrechts .* ♦ ... Le comportement de l'adopté mêlant refus d'autorité, violence et actes de délinquance. • Dijon, 28 janv. 1997 : *JCP 1997. IV. 1978 ; BICC 1er juill. 1997, n° 865.*

6. *Crise du couple adoptif.* Le divorce de la mère et du père adoptif n'est pas, à lui seul, un motif grave de révocation. • Rouen, 31 mars 1987 : *Gaz. Pal. 1988. 2. Somm. 278* (révocation admise en l'espèce, l'adoption étant restée purement formelle). ♦ Mais constitue un motif grave de révocation de l'adoption par un époux des enfants de son conjoint le climat conflictuel régnant dans le couple, révélant une mésentente profonde. • Limoges, 26 nov. 1992 : *D. 1994, 207, note Berry .* – V. aussi • Limoges, 21 nov. 1996 : *Dr. fam. 1997, n° 136, note Murat.*

7. *Décès de l'adoptant ; caractère personnel de l'action.* Le décès de l'adoptant n'empêche pas la juridiction saisie de statuer sur la révocation. • Civ. 1re, 21 juin 1989, n° 87-19.742 P : *R., p. 242 ; D. 1990. 182, note Lesca ; JCP 1990. II. 21547, note Charles.* ♦ L'action en révocation, si elle est personnelle à l'adoptant et à l'adopté, peut, lorsqu'elle a été intentée par eux, être poursuivie par leurs héritiers. • Même arrêt • Paris, 19 janv. 1993 : *RTD civ. 1993. 340, obs. Hauser* (adoptant se plaignant de n'avoir pas obtenu des relations quasi conjugales avec l'adoptée). ♦ Le recours en révision contre le jugement de révocation de l'adoption est exclusivement attaché à la personne de l'adoptant et de l'adopté, de sorte que l'héritier de l'adopté est irrecevable à l'exercer lorsque cette action n'a pas été engagée par l'adopté de son vivant. • Civ. 1re, 6 déc. 2005, n° 04-11.689 P : *D. 2006. IR 10 ; Dr. fam. 2006, n° 52, note Murat ; RTD civ. 2006. 100, obs. Hauser .*

8. *Fraude de l'adoptant.* L'adoptant ne peut se prévaloir d'une fraude dont il est l'auteur pour solliciter la révocation de l'adoption. • Civ. 1re, 19 nov. 1991, n° 90-16.950 P : *RTD civ. 1992.*

376, obs. Huet-Weiller ✍. ♦ Cassation de l'arrêt retenant que la fraude à la loi ne peut résulter de la seule abstention de l'adoptant d'indiquer qu'il était marié et que le consentement de son épouse était nécessaire ou qu'il n'avait pas obtenu l'agrément requis, sans rechercher si le seul but poursuivi n'était pas de favoriser la naturalisation ou le maintien sur le territoire national de la concubine, mère des adoptées. • Civ. 1re, 15 janv. 2020, n° 18-24.261 P : *D. 2020. 699, note Guillaumé* ✍ ; *AJ fam. 2020. 179, obs. Salvage-Gerest* ✍ ; *JCP 2020, n° 584, note Nord ; Dr. fam. 2020, n° 63, note Devers.*

9. Prescription. L'action en révocation n'est pas soumise à l'ancien art. 311-7 C. civ. (texte modifié par l'art. 321 nouveau). • TGI Paris, 21 nov. 1995 : *RTD civ. 1996. 138, obs. Hauser* ✍.

Art. 369 **Le jugement révoquant l'adoption doit être motivé.**

Son dispositif est mentionné en marge de l'acte de naissance ou de la transcription du jugement d'adoption, dans les conditions prévues *(Ord. n° 2022-1292 du 5 oct. 2022, art. 15, en vigueur le 1er janv. 2023)* **« par décret en Conseil d'État** *[ancienne rédaction : à l'article 362]* **».** – *[Anc. art. 370-1, mod.]*

Sur la procédure relative à la révocation de l'adoption simple, V. C. pr. civ., art. 1177 et 1178.

Art. 369-1 **La révocation fait cesser pour l'avenir tous les effets de l'adoption** *(L. n° 2011-1862 du 13 déc. 2011, art. 20)* **« , à l'exception de la modification des prénoms ».** – *[Anc. art. 370-2.]*

La révocation de l'adoption prend effet à la date de la demande. • Civ. 1re, 21 juin 1989, n° 97-19.136 P : *R., p. 242 ; D. 1990. 182, note Lesca* ✍ ; *JCP 1990. II. 21547, note Charles.*

Sur les effets de l'adoption simple relativement à la nationalité, V. art. 21 et 21-12.

Sur la procédure de l'adoption, V. C. pr. civ., art. 1166 à 1176.

Sur l'accès aux origines personnelles, V. notes ss. art. 326.

CHAPITRE IV **DE L'ADOPTION DE L'ENFANT DE L'AUTRE MEMBRE DU COUPLE** *(Ord. n° 2022-1292 du 5 oct. 2022, art. 16, en vigueur le 1er janv. 2023).*

Art. 370 *(Ord. n° 2022-1292 du 5 oct. 2022, art. 17, en vigueur le 1er janv. 2023)* **A l'exception des dispositions des articles 351, 352, 352-1, 352-2 et 353 et sous réserve des règles particulières du présent chapitre, les dispositions des chapitres I à III du présent titre sont applicables à l'adoption de l'enfant du conjoint non séparé de corps, du partenaire lié par un pacte civil de solidarité et du concubin.**

SECTION 1 **Dispositions communes** *(Ord. n° 2022-1292 du 5 oct. 2022, art. 16, en vigueur le 1er janv. 2023).*

Art. 370-1 *(Ord. n° 2022-1292 du 5 oct. 2022, art. 18, en vigueur le 1er janv. 2023)* **L'adoption de l'enfant de l'autre membre du couple n'est pas subordonnée à une condition d'âge de l'adoptant.**

Ancien art. 370-1 *(L. n° 76-1179 du 22 déc. 1976)* ***La condition d'âge prévue à l'article précédent n'est pas exigée en cas d'adoption de l'enfant du conjoint*** *(L. n° 2022-219 du 21 févr. 2022, art. 2)* ***« , du partenaire lié par un pacte civil de solidarité ou du concubin ».*** – *[Anc. art. 343-2.]*

BIBL. ▸ **Adoption de l'enfant du conjoint :** SALVAGE-GEREST, *JCP 1982. I. 3071.*

Art. 370-1-1 *(Ord. n° 2022-1292 du 5 oct. 2022, art. 18, en vigueur le 1er janv. 2023)* **L'adoptant doit avoir dix ans de plus que l'enfant qu'il se propose d'adopter.**

Toutefois, lorsque la différence d'âge est inférieure à celle que prévoit l'alinéa précédent, le tribunal peut prononcer l'adoption s'il existe de justes motifs.

Ancien art. 370-1-1 Les adoptants doivent avoir quinze ans de plus que les enfants qu'ils se proposent d'adopter. Si ces derniers sont les enfants de leur conjoint, *(L. n° 2022-219 du 21 févr. 2022, art. 2)* ***« partenaire lié par un pacte civil de solidarité ou concubin, » la différence d'âge exigée n'est que de dix ans.***

(L. n° 76-1179 du 22 déc. 1976) ***« Toutefois, le tribunal peut, s'il y a de justes motifs, prononcer l'adoption lorsque la différence d'âge est inférieure à celles que prévoit l'alinéa précédent. »*** – *[Anc. art. 344.]*

V. dans le cadre de l'anc. art. 344 : la réduction à dix ans de la différence d'âge entre l'adoptant et l'adopté, prévue par l'art. 344, s'applique même si le conjoint de l'adoptant est décédé au moment de la demande d'adoption. • Rouen, 26 nov. 1968 : *D. 1969. 66.*

Art. 370-1-2 *(Ord. n° 2022-1292 du 5 oct. 2022, art. 18, en vigueur le 1er janv. 2023)* **En cas de décès de l'un des deux adoptants, une nouvelle adoption peut être prononcée à la demande du nouveau conjoint, partenaire lié par un pacte civil de solidarité ou concubin du survivant d'entre eux.**

Ancien art. 370-1-2 ***Nul ne peut être adopté par plusieurs personnes si ce n'est par deux époux*** *(L. n° 2022-219 du 21 févr. 2022, art. 2)* ***« , deux partenaires liés par un pacte civil de solidarité ou deux concubins ».***

(L. n° 76-1179 du 22 déc. 1976) ***« Toutefois, une nouvelle adoption peut être prononcée soit après décès de l'adoptant, ou des deux adoptants, soit encore après décès de l'un des deux adoptants, si la demande est présentée par le nouveau conjoint*** *(L. n° 2022-219 du 21 févr. 2022, art. 2)* ***« , partenaire lié par un pacte civil de solidarité ou concubin » du survivant d'entre eux. »*** *– [Anc. art. 346.]*

SECTION 2 Dispositions propres à l'adoption plénière *(Ord. n° 2022-1292 du 5 oct. 2022, art. 16, en vigueur le 1er janv. 2023).*

§ 1 Des conditions requises pour l'adoption plénière *(Ord. n° 2022-1292 du 5 oct. 2022, art. 16, en vigueur le 1er janv. 2023).*

Art. 370-1-3 *(L. n° 96-604 du 5 juill. 1996)* **L'adoption plénière de l'enfant du conjoint** *(L. n° 2022-219 du 21 févr. 2022, art. 2)* **« , du partenaire lié par un pacte civil de solidarité ou du concubin » est permise :**

1° Lorsque l'enfant n'a de filiation légalement établie qu'à l'égard de ce conjoint *(L. n° 2022-219 du 21 févr. 2022, art. 2)* **« , partenaire lié par un pacte civil de solidarité ou concubin » ;**

(L. n° 2013-404 du 17 mai 2013, art. 7) **«** *(Ord. n° 2022-1292 du 5 oct. 2022, art. 19, en vigueur le 1er janv. 2023)* **« 2°** *[ancienne rédaction : 1° bis]* **» Lorsque l'enfant a fait l'objet d'une adoption plénière par ce seul conjoint** *(L. n° 2022-219 du 21 févr. 2022, art. 2)* **« , partenaire lié par un pacte civil de solidarité ou concubin » et n'a de filiation établie qu'à son égard ; »**

(Ord. n° 2022-1292 du 5 oct. 2022, art. 19, en vigueur le 1er janv. 2023) **« 3°** *[ancienne rédaction : 2°]* **» Lorsque l'autre parent que le conjoint** *(L. n° 2022-219 du 21 févr. 2022, art. 2)* **« , partenaire lié par un pacte civil de solidarité ou concubin » s'est vu retirer totalement l'autorité parentale ;**

(Ord. n° 2022-1292 du 5 oct. 2022, art. 19, en vigueur le 1er janv. 2023) **« 4°** *[ancienne rédaction : 3°]* **» Lorsque l'autre parent que le conjoint** *(L. n° 2022-219 du 21 févr. 2022, art. 2)* **« , partenaire lié par un pacte civil de solidarité ou concubin » est décédé et n'a pas laissé d'ascendants au premier degré ou lorsque ceux-ci se sont manifestement désintéressés de l'enfant.** *– [Anc. art. 345-1.]*

Sur l'adoption d'un enfant déjà adopté par le conjoint, V. Circ. 29 mai 2013 de présentation de la loi ouvrant le mariage aux couples de personnes de même sexe (dispositions du code civil), 🏛.

BIBL. ► NEIRINCK, *Dr. fam. 2015. Étude 12* (l'adoption plénière par l'épouse de la mère). – SALVAGE-GEREST, *AJ fam. 2013. 345* (adoption de l'enfant adoptif du conjoint).

1. Adoption par deux parents de même sexe : constitutionnalité. Sur la conformité du principe même, V. ss. art. 343. ♦ Les dispositions de la L. n° 2013-404 du 17 mai 2013 modifiant l'art. 345-1 respectent les exigences d'intelligibilité de la loi découlant des art. 4, 5, 6 et 16 de la Déclaration de 1789, qui imposent au législateur d'adopter des dispositions suffisamment précises et des formules non équivoques. • Cons. const. 17 mai 2013, n° 2013-669 DC : *cité ss. art. 343.* ♦ Ne portent pas atteinte au principe d'égalité, les modifications apportées aux art. 345-1 et 360 C. civ. fixant les conditions dans lesquelles un enfant ayant déjà fait l'objet d'une adoption, peut ultérieurement être aussi adopté par le conjoint de l'adoptant, dès lors qu'en réservant cette possibilité à l'adoption de l'enfant du conjoint, le législateur a pris en compte, comme il lui était loisible de le faire, la différence entre les adoptions au sein du couple et les autres formes d'adoption. • Même décision (consid. n° 62).

2. Adoption par le concubin du parent biologique (droit antérieur). V. avant la L. du 21 févr. 2022 et la modification de l'art. 356 :

l'adoption plénière d'un enfant a pour effet de conférer à cet enfant une filiation se substituant à sa filiation d'origine et de le priver de toute appartenance à sa famille par le sang, seule l'adoption plénière de l'enfant du conjoint laissant subsister sa filiation d'origine à l'égard de ce conjoint et de sa famille. Le droit au respect de la vie privée et familiale garanti à l'art. 8 Conv. EDH n'impose pas de consacrer, par une adoption, tous les liens d'affection, fussent-ils anciens et établis ; en conséquence, la mère biologique de l'enfant et son ex-concubine n'ayant pas été mariées, l'adoption plénière de l'enfant par la seconde mettrait fin au lien de filiation de celle-ci avec sa mère, qui n'y avait pas renoncé, ce qui serait contraire à l'intérêt supérieur de l'enfant, lequel réside dans le maintien des liens avec sa mère biologique. • Civ. 1re, 28 févr. 2018, n° 17-11.069 P : *D. 2018. 1083, obs. Fulchiron ; AJ fam. 2018. 226, obs. Saulier ; RTD civ. 2018. 373, obs. Leroyer ; Gaz. Pal. 2018. 845, note Le Maigat ; JCP N 2018, n° 1210, note Vassaux ; Dr. fam. 2018, n° 131, note Molière.*

Comp. : il y a violation de l'art. 8 Conv. EDH lorsqu'une législation (suisse) qui ne connaît que l'adoption plénière impose la rupture du lien de filiation entre la mère biologique et sa fille comme conséquence de l'adoption de cette dernière par le concubin de la mère, l'atteinte au droit au respect de la vie privée et familiale de la mère et de la fille ne répondant à aucun besoin social impérieux. • CEDH 13 déc. 2007, n° 39051/03 : *AJ fam. 2008. 76, obs. Chénedé ; RTD civ. 2008. 255, obs. Marguénaud .*

3. Adoption par l'époux du père. Le droit français n'interdit pas le prononcé de l'adoption, par l'époux du père, de l'enfant né à l'étranger de cette procréation lorsque le droit étranger autorise la convention de gestation pour autrui et que l'acte de naissance de l'enfant, qui ne fait mention que d'un parent, a été dressé conformément à la législation étrangère, en l'absence de tout élément de fraude. • Civ. 1re, 4 nov. 2020, n° 19-15.739 P : *D. 2021. 657, obs. Hilt ; AJ fam. 2020. 664, obs. Houssier ; ibid. 616, obs. Dionisi-Peyrusse ; RTD civ. 2021. 115, obs. Leroyer ; Dr. fam. 2021, n° 11, note Leduque* • 4 nov. 2020, n° 19-50.042 P : *D. 2021. 499, obs. Douchy-Oudot ; AJ fam. 2020. 616, obs. Dionisi-Peyrusse .*

4. Procréation médicalement assistée. Le recours à l'assistance médicale à la procréation, sous la forme d'une insémination artificielle avec donneur anonyme à l'étranger, ne fait pas obstacle au prononcé de l'adoption, par l'épouse de *la mère,* de l'enfant né de cette procréation, dès lors que les conditions légales de l'adoption sont réunies et qu'elle est conforme à l'intérêt de l'enfant. • Cass., avis., 22 sept. 2014, avis n° 14-70.006 : *D. 2014. 2031, note Leroyer ; ibid. 2015. 21, obs. Fulchiron ; ibid. 649, obs. Douchy-Oudot ; ibid. 702, obs. Granet-Lambrechts ; ibid. 1007, obs. D.-P . ; ibid. 1056, obs. Gaudemet-Tallon et Jault-Seseke ; AJ fam. 2014. 523, obs. Dionisi-Peyrusse ; RTD civ. 2014. 872, obs. Hauser ; Gaz. Pal. 2014. 3698, obs. Brunetti-Pons ; Dr. fam. 2014, n° 160, obs. Neifinck.* – *Adde*, Hauser, *JCP 2014, n° 1004.* ♦ Déjà : adoption prononcée : • TGI Lille, 14 oct. 2013 : *Dr. fam. 2014, n° 4, obs. Neirinck* • TGI Nanterre, 8 juill. 2014 : *D. 2014. 1669, note Reigné* • Aix-en-Provence, 14 avr. 2015, n° 14/13137 : *AJ fam. 2015. 280, obs. Berdeaux-Gacogne .* ♦ *Contra*, adoption refusée : • TGI Versailles, 29 avr. 2014 : *D. actu. 9 mai 2014, obs. Coustet ; D. 2014. 1041 ; AJ fam. 2014. 368, obs. Mécary ; ibid. 267, obs. Dionisi-Peyrusse* (enfant conçu par PMA, argument de fraude).

5. Il ressort des attestations produites que l'adoption demandée par l'épouse de la mère est conforme à l'intérêt supérieur de l'enfant de voir sa vie affective protégée juridiquement dans la mesure où l'enfant vit avec la demanderesse et que celle-ci est présente avec l'enfant depuis sa naissance et que le lien entre elles est de nature affectif et filial. • Versailles, 15 févr. 2018, n° 17/05285 : *D. 2018. 416 .*

6. Risques de fraude. Pour les détournements de l'institution, V. notes ss. art. 353-1. ♦ L'éventualité d'un détournement de la loi lors de son application n'entache pas celle-ci d'inconstitutionnalité et il appartient aux juridictions compétentes d'empêcher, de priver d'effet et, le cas échéant, de réprimer de telles pratiques. • Cons. const. 17 mai 2013, n° 2013-669 DC : *cité note 1 ss. art. 143* (consid. n° 58).

7. Application immédiate de la L. du 8 janv. 1993. V. par exemple : • TGI Paris, 28 avr. 1993 : *D. 1994. 242, note Nicoleau* (un jugement d'adoption est constitutif d'un état nouveau et non déclaratif d'un état préexistant).

8. Retrait d'autorité parentale. La renonciation volontaire d'une mère étrangère (brésilienne) à toute forme d'autorité parentale en vue de l'adoption de son enfant n'est pas assimilable au retrait d'autorité parentale envisagé par l'art. 345-1. • Paris, 22 mai 2001 : *D. 2001. IR 2083* (refus de l'adoption plénière par l'épouse du père de l'enfant). ♦ Pour le cas d'une « mère porteuse », V. note 2 *in fine*, ss. art. 378-1.

§ 2 Des effets de l'adoption plénière *(Ord. n° 2022-1292 du 5 oct. 2022, art. 16, en vigueur le 1er janv. 2023).*

Art. 370-1-4 *(Ord. n° 2022-1292 du 5 oct. 2022, art. 20, en vigueur le 1er janv. 2023)* **L'adoption plénière de l'enfant du conjoint, du partenaire lié par un pacte civil de soli-**

darité ou du concubin laisse subsister sa filiation d'origine à l'égard de cette personne et de sa famille. Elle produit*[,]* pour le surplus, les effets d'une adoption par un couple.

Ancien art. 370-1-4 ***L'adoption confère à l'enfant une filiation qui se substitue à sa filiation d'origine : l'adopté cesse d'appartenir à sa famille par le sang, sous réserve des prohibitions au mariage visées aux articles 161 à 164.***

(L. n° 2022-219 du 21 févr. 2022, art. 2) ***« Toutefois, l'adoption de l'enfant du conjoint, du partenaire lié par un pacte civil de solidarité ou du concubin laisse subsister sa filiation d'origine à l'égard de cette personne et de sa famille. Elle produit, pour le surplus, les effets d'une adoption par les deux membres du couple*** *[ancienne rédaction : Toutefois l'adoption de l'enfant du conjoint laisse subsister sa filiation d'origine à l'égard de ce conjoint et de sa famille. Elle produit, pour le surplus, les effets d'une adoption par deux époux].* ***»*** *— [Anc. art. 356.]*

V. Circ. 23 juill. 2014 relative à l'état civil, en particulier la transcription des décisions d'adoption plénière de l'enfant du conjoint.

BIBL. ▸ **Adoption plénière de l'enfant du conjoint :** RUBELLIN-DEVICHI, *RTD civ. 1986. 738.* – SALVAGE-GEREST, *JCP 1982. I. 3071.*

Art. 370-1-5 *(Ord. n° 2022-1292 du 5 oct. 2022, art. 20, en vigueur le 1er janv. 2023)* **L'adoptant et l'autre membre du couple choisissent, par déclaration conjointe, le nom de famille dévolu à l'enfant : soit le nom de l'un d'eux, soit leurs deux noms accolés dans l'ordre choisi par eux, dans la limite d'un nom de famille pour chacun d'eux.**

Cette faculté de choix ne peut être exercée qu'une seule fois.

En l'absence de déclaration conjointe mentionnant le choix de nom de l'enfant, celui-ci prend le nom de l'adoptant et de l'autre membre du couple, dans la limite du premier nom de famille pour chacun d'eux, accolés selon l'ordre alphabétique.

Lorsqu'il a été fait application de l'article 311-21, du deuxième alinéa de l'article 311-23, ou du présent article à l'égard d'un enfant commun, le nom précédemment dévolu ou choisi vaut pour l'adopté.

Lorsque l'adoptant ou l'autre membre du couple porte un double nom de famille, ils peuvent, par une déclaration écrite conjointe, ne transmettre qu'un seul nom à l'adopté.

Sur la demande de l'adoptant, le tribunal peut modifier les prénoms de l'enfant. Si l'enfant est âgé de plus de treize ans, son consentement personnel est requis.

Ancien art. 370-1-5 *(L. n° 2013-404 du 17 mai 2013, art. 11)* ***L'adoption confère à l'enfant le nom de l'adoptant.***

(L. n° 2022-219 du 21 févr. 2022, art. 2) ***« En cas d'adoption de l'enfant du conjoint, du partenaire lié par un pacte civil de solidarité ou du concubin ou en cas d'adoption d'un enfant par deux personnes, l'adoptant et l'autre membre du couple ou les adoptants*** *[ancienne rédaction : En cas d'adoption de l'enfant du conjoint ou d'adoption d'un enfant par deux époux, l'adoptant et son conjoint ou les adoptants]* ***» choisissent, par déclaration conjointe, le nom de famille dévolu à l'enfant : soit le nom de l'un d'eux, soit leurs deux noms accolés dans l'ordre choisi par eux, dans la limite d'un nom de famille pour chacun d'eux.***

Cette faculté de choix ne peut être exercée qu'une seule fois.

En l'absence de déclaration conjointe mentionnant le choix de nom de l'enfant, celui-ci prend le nom de l'adoptant et de son conjoint ou de chacun des deux adoptants, dans la limite du premier nom de famille pour chacun d'eux, accolés selon l'ordre alphabétique.

Lorsqu'il a été fait application de l'article 311-21, du deuxième alinéa de l'article 311-23 *(L. n° 2021-1017 du 2 août 2021, art. 6)* ***« , de l'article 342-12 » ou du présent article à l'égard d'un enfant commun, le nom précédemment dévolu ou choisi vaut pour l'adopté.***

Lorsque les adoptants ou l'un d'entre eux portent un double nom de famille, ils peuvent, par une déclaration écrite conjointe, ne transmettre qu'un seul nom à l'adopté.

Sur la demande du ou des adoptants, le tribunal peut modifier les prénoms de l'enfant. *(L. n° 2022-219 du 21 févr. 2022, art. 8)* ***« Si l'enfant est âgé de plus de treize ans, son consentement personnel est requis. »*** *— [Anc. art. 357.]*

V. Circ. 29 mai 2013 de présentation de la loi ouvrant le mariage aux couples de personnes de même sexe (dispositions du code civil), .

V. Circ. 28 oct. 2011 relative aux règles particulières à divers actes de l'état civil relatifs à la naissance et à la filiation, .

SECTION 3 **Dispositions propres à l'adoption simple** *(Ord. n° 2022-1292 du 5 oct. 2022, art. 16, en vigueur le 1er janv. 2023).*

BIBL. GÉN. ▶ **Adoption simple de l'enfant du conjoint :** HOUIS, *JCP N 1997. Prat. 4089.* ▶ **Adoption simple de deux conjoints ; adoption de l'enfant adoptif du conjoint :** HAUSER et DELMAS SAINT-HILAIRE, *Defrénois 2000. 1009.* ▶ **Filiations électives :** NEIRINCK, *JCP 1997. I. 4067.* ▶ **Détournement fiscal :** GRILLET-PONTON, *Dr. fam. 1999. Chron. 2.* – Dossier, *AJ fam. 2008. 452*. ▶ V. aussi Bibl. précédant art. 343.

§ 1 Des conditions requises pour l'adoption simple *(Ord. n° 2022-1292 du 5 oct. 2022, art. 16, en vigueur le 1er janv. 2023).*

Art. 370-1-6 *(Ord. n° 2022-1292 du 5 oct. 2022, art. 21, en vigueur le 1er janv. 2023)* L'enfant précédemment adopté par une seule personne, en la forme simple ou plénière, peut l'être une seconde fois, par l'autre membre du couple, en la forme simple.

Ancien art. 370-1-6 *L'adoption simple est permise quel que soit l'âge de l'adopté.*

(L. n° 96-604 du 5 juill. 1996) « S'il est justifié de motifs graves, l'adoption simple d'un enfant ayant fait l'objet d'une adoption plénière est permise. »

(L. n° 2013-404 du 17 mai 2013, art. 8) « L'enfant précédemment adopté par une seule personne, en la forme simple ou plénière, peut l'être une seconde fois, par le conjoint (L. n° 2022-219 du 21 févr. 2022, art. 2) « , le partenaire lié par un pacte civil de solidarité ou le concubin » de cette dernière, en la forme simple. »

Si l'adopté est âgé de plus de (L. n° 93-22 du 8 janv. 1993) « treize ans », il doit consentir personnellement à l'adoption. – [Anc. art. 360.]

§ 2 Des effets de l'adoption simple *(Ord. n° 2022-1292 du 5 oct. 2022, art. 16, en vigueur le 1er janv. 2023).*

Art. 370-1-7 *(Ord. n° 2022-1292 du 5 oct. 2022, art. 21, en vigueur le 1er janv. 2023)* L'adoption simple confère le nom de l'adoptant à l'adopté en l'ajoutant au nom de ce dernier. Toutefois, si l'adopté est âgé de plus de treize ans, il doit consentir à cette adjonction.

Lorsque l'adopté et l'adoptant, ou l'un d'eux, portent un double nom de famille, le nom conféré à l'adopté résulte de l'adjonction du nom de l'adoptant à son propre nom, dans la limite d'un seul nom pour chacun d'eux. Le choix du nom adjoint ainsi que l'ordre des deux noms appartient à l'adoptant, qui doit recueillir le consentement personnel de l'adopté âgé de plus de treize ans. En cas de désaccord ou à défaut de choix, le nom conféré à l'adopté résulte de l'adjonction en seconde position du premier nom de l'adoptant au premier nom de l'adoptant *[adopté]*.

Le tribunal peut, toutefois, à la demande de l'adoptant, décider que l'adopté conservera son nom d'origine.

Sur la demande de l'adoptant, le tribunal peut modifier les prénoms de l'enfant. Si l'enfant est âgé de plus de treize ans, son consentement personnel est requis.

Ancien art. 370-1-7 *(L. n° 2013-404 du 17 mai 2013, art. 12) L'adoption simple confère le nom de l'adoptant à l'adopté en l'ajoutant au nom de ce dernier. Toutefois, si l'adopté est (L. n° 2022-219 du 21 févr. 2022, art. 8) « âgé de plus de treize ans [ancienne rédaction : majeur] », il doit consentir à cette adjonction.*

Lorsque l'adopté et l'adoptant, ou l'un d'eux, portent un double nom de famille, le nom conféré à l'adopté résulte de l'adjonction du nom de l'adoptant à son propre nom, dans la limite d'un seul nom pour chacun d'eux. Le choix du nom adjoint ainsi que l'ordre des deux noms appartient à l'adoptant, qui doit recueillir le consentement personnel de l'adopté âgé de plus de treize ans. En cas de désaccord ou à défaut de choix, le nom conféré à l'adopté résulte de l'adjonction en seconde position du premier nom de l'adoptant au premier nom de l'adopté.

En cas d'adoption par deux époux, (L. n° 2022-219 du 21 févr. 2022, art. 2) « partenaires liés par un pacte civil de solidarité ou concubins, » le nom ajouté à celui de l'adopté est, à la demande des adoptants, celui de l'un d'eux, dans la limite d'un nom. Si l'adopté porte un double nom de famille, le choix du nom conservé et l'ordre des noms adjoints appartient aux adoptants, qui doivent recueillir le consentement personnel de l'adopté âgé de plus de treize ans. En cas de désaccord ou à défaut de choix, le nom conféré à l'adopté résulte de l'adjonction en seconde position du premier nom des adoptants selon l'ordre alphabétique, au premier nom de l'adopté.

Le tribunal peut, toutefois, à la demande de l'adoptant, décider que l'adopté ne portera que le nom de l'adoptant ou, en cas d'adoption de l'enfant du conjoint, (L. nº 2022-219 du 21 févr. 2022, art. 2) *« du partenaire lié par un pacte civil de solidarité ou du concubin, » que l'adopté conservera son nom d'origine. En cas d'adoption par deux* (L. nº 2022-219 du 21 févr. 2022, art. 2) *« personnes* [ancienne rédaction : époux] *», le nom de famille substitué à celui de l'adopté peut, au choix des adoptants, être soit celui de l'un d'eux, soit leurs deux noms accolés dans l'ordre choisi par eux et dans la limite d'un seul nom pour chacun d'eux. Cette demande peut également être formée postérieurement à l'adoption. Si l'adopté est âgé de plus de treize ans, son consentement personnel à cette substitution du nom de famille est nécessaire.* — [Anc. art. 363.]

Art. 370-1-8 (Ord. nº 2022-1292 du 5 oct. 2022, art. 21, en vigueur le 1er janv. 2023) L'adoptant est titulaire de l'autorité parentale concurremment avec l'autre membre du couple, lequel en conserve seul l'exercice, sous réserve d'une déclaration conjointe avec l'adoptant adressée au directeur des services de greffe judiciaires du tribunal judiciaire aux fins d'un exercice en commun de cette autorité.

Ancien art. 370-1-8 *L'adoptant est seul investi à l'égard de l'adopté de tous les droits d'autorité parentale, inclus celui de consentir au mariage de l'adopté, à moins qu'il ne soit le conjoint* (L. nº 2022-219 du 21 févr. 2022, art. 2) *« , le partenaire lié par un pacte civil de solidarité ou le concubin de l'un des parents* [ancienne rédaction : du père ou de la mère] *» de l'adopté ; dans ce cas, l'adoptant a l'autorité parentale concurremment avec son conjoint,* (L. nº 2022-219 du 21 févr. 2022, art. 2) *« son partenaire lié par un pacte civil de solidarité ou son concubin, »* (L. nº 2002-305 du 4 mars 2002 ; L. nº 2011-1862 du 13 déc. 2011, art. 21) *« lequel en conserve seul l'exercice, sous réserve d'une déclaration conjointe avec l'adoptant adressée au* (L. nº 2016-1547 du 18 nov. 2016, art. 16-I) *« directeur des services de greffe judiciaires » du tribunal judiciaire aux fins d'un exercice en commun de cette autorité ».*

Les droits d'autorité parentale sont exercés par le ou les adoptants (L. nº 2002-305 du 4 mars 2002) *« dans les conditions prévues par le chapitre I du titre IX du présent livre ».*

Les règles de l'administration légale et de la tutelle (L. nº 2002-305 du 4 mars 2002) *« des mineurs » s'appliquent à l'adopté.* — [Anc. art. 365.]

CHAPITRE V DE L'ADOPTION INTERNATIONALE, DES CONFLITS DE LOIS ET DE L'EFFET EN FRANCE DES ADOPTIONS PRONONCÉES À L'ÉTRANGER (Ord. nº 2022-1292 du 5 oct. 2022, art. 23, en vigueur le 1er janv. 2023).

(L. nº 2001-111 du 6 févr. 2001)

BIBL. GÉN. ▸ **Réforme de 2001 :** ▸ **Projet de réforme :** Baur, *LPA 28 mars 2001.* – Bottiau, *D. 2000. Chron. 510.* – Josselin-Gall, *JCP N 2000. 1319.* ▸ **Loi du 6 févr. 2001 :** Barrière-Brousse, *RRJ 2001/4. 1299.* – Baur, *loc. cit.* – F. Boulanger, *D. 2001. Point de vue. 708 ; Dr. et patr. 11/2001. 44.* – Bourdelois, *Gaz. Pal. 2001. Doctr. 1926.* – Brière, *LPA 29 mai 2002.* – P. Lagarde, *Rev. crit. DIP 2001. 275.* – Josselin-Gall, *JCP N 2002. 1235.* – F. Monéger, *JCP 2001, nº 10, Actualité ; Dr. fam. 2001. Chron. 15 ; RDSS 2001. 382.* – Muir Watt, *JDI 2001. 995.* – Poisson-Drocourt, *D. 2001. Chron. 1404.* – Revillard, *Defrénois 2001. 333.* – Dossier, *AJ fam. 2002. 8.*

▸ **Loi Bioéthique 2021 :** Brunetti-Pons, *Dr. fam. 2021. Étude 12* (les conséquences mal maîtrisées du projet bioéthique en matière de filiation).

▸ **Loi du 21 févr. 2022 :** Coqué, Choplain, Simon-Koller et Pétrignet, *AJ fam. 2022. 195* (adaptation du système français de l'adoption internationale aux enjeux actuels). – Eudier, *AJ fam. 2022. 199* (l'Agence française de l'adoption version 2022).

▸ **Convention de La Haye du 29 mai 1993 :** Courbe, *AJ fam. 2002. 8.* – F. Monéger, *JCP 1998, nos 8-9, Actualité* (projet de loi de ratification). – Poisson-Drocourt, *D. 1995. Chron. 7.* – Sturlese, *JCP 1993. I. 3710.* ▸ **Circ. du 16 févr. 1999 sur l'adoption internationale :** Godron, *D. 2001. Somm. 2795* (sur CE 27 nov. 2000). – Le Boursicot, *Gaz. Pal. 1999. Doctr. 724.* – F. Monéger, *JCP 1999, nº 18, Actualité.* – Muir Watt, *Rev. crit. DIP 1999. 469.* – Revillard, *Defrénois 1999. 917.* – Salvage-Gerest, *Dr. fam. 1999. Chron. 14.*

▸ **Adoption des enfants étrangers :** Coderch, *D. 1972. Chron. 162.* – Corpart, *RRJ 2001/2. 981.* – Favier, *Dr. fam. 1999. Chron. 9.* – Guillaumé, *D. 2021. 852* (existe-t-il un ordre public de l'adoption internationale ?). – Lasserre, *AJ fam. 2014. 492* (l'adoption en Russie). ▸ **Aspects contractuels de l'adoption internationale :** Moreno, *Rev. crit. DIP 2001. 301 et 459.* – Salvage-Gerest, *Dr. fam. 2013. Étude nº 11* (entrée dans l'ordre juridique français des adoptions prononcées à l'étranger). ▸ **Adoption internationale et concubinage :** F. Monéger, *Études Rubellin-Devichi, Litec, 2002, p. 567.* ▸ **Consentement du représentant légal de l'enfant :** Do, *RLDC 2005/14, n° 602.* – Cadou, *D. 2012. Chron. 2260* (exigence de légalisation des consentements). ▸ **Autorité centrale pour l'adoption internationale :** De Gouttes, *LPA 28 mars 2001.* ▸ **Enfants recueillis en *Kafala* :** Le Boursicot, *RJPF 2006-10/60.* ▸ Dossier *Kafala, Dr. fam. janv. 2009, p. 9 s.* ▸ **Organismes autorisés pour l'adoption (Décr. 18 avr. 2002) :** Poisson-Drocourt, *D. 2003. Chron. 295* ; *ibid. 2008. Chron. 998* (autorité centrale pour l'adoption internationale). ▸ **État civil :** Salvage-Gerest, *Dr. fam. 2012. Étude n° 9* (Circ. du 28 oct. 2011).

Art. 370-2 *(L. n° 2022-219 du 21 févr. 2022, art. 11)* **L'adoption est internationale :**

1° Lorsqu'un mineur résidant habituellement dans un État étranger a été, est ou doit être déplacé, dans le cadre de son adoption, vers la France, où résident habituellement *(Ord. n° 2022-1292 du 5 oct. 2022, art. 24, en vigueur le 1er janv. 2023)* **« le ou » les adoptants ;**

2° Lorsqu'un mineur résidant habituellement en France a été, est ou doit être déplacé, dans le cadre de son adoption, vers un État étranger, où résident habituellement *(Ord. n° 2022-1292 du 5 oct. 2022, art. 24, en vigueur le 1er janv. 2023)* **« le ou » les adoptants.** – *[Anc. art. 370-2-1.]*

La condition tenant à la nationalité de l'adoptant pour apprécier la nationalité de l'adopté doit s'apprécier au jour du dépôt de la requête en adoption plénière, date à laquelle cette adoption établit la filiation entre l'adopté et l'adoptant, en application de l'art. 355. • Civ. 1re, 13 févr. 2019, n° 18-50.012 P : *D. 2019. 382* ; *AJ fam. 2019. 153, obs. Salvage-Gerest* ; *RTD civ. 2019. 301, obs. Leroyer* ; *JCP 2019, n° 392, note Jault-Seseke.*

Art. 370-3 *(L. n° 2022-219 du 21 févr. 2022, art. 2)* **« Les conditions de l'adoption sont soumises à la loi nationale de l'adoptant ou, en cas d'adoption par un couple, à la loi nationale commune des deux membres du couple au jour** *(Ord. n° 2022-1292 du 5 oct. 2022, art. 24, en vigueur le 1er janv. 2023)* **« du dépôt de la requête en adoption » ou, à défaut, à la loi de leur résidence habituelle commune au jour** *(Ord. n° 2022-1292 du 5 oct. 2022, art. 24, en vigueur le 1er janv. 2023)* **« du dépôt de la requête en adoption » ou, à défaut, à la loi de la juridiction saisie. L'adoption ne peut toutefois être prononcée si la loi nationale des deux membres du couple la prohibe** *[ancienne rédaction : Les conditions de l'adoption sont soumises à la loi nationale de l'adoptant ou, en cas d'adoption par deux époux, par la loi qui régit les effets de leur union. L'adoption ne peut toutefois être prononcée si la loi nationale de l'un et l'autre époux la prohibe]* **».**

L'adoption d'un mineur étranger ne peut être prononcée si sa loi *(Ord. n° 2022-1292 du 5 oct. 2022, art. 24, en vigueur le 1er janv. 2023)* **« nationale** *[ancienne rédaction : personnelle]* **» prohibe cette institution, sauf si ce mineur est né et réside habituellement en France.** – *Les dispositions de cet alinéa s'appliquent aux procédures engagées à compter de l'entrée en vigueur de la loi n° 2001-111 du 6 févr. 2001 [JO 8 févr.] (L. préc., art. 3).*

Quelle que soit la loi applicable, l'adoption requiert le consentement du représentant légal de l'enfant *(L. n° 2022-219 du 21 févr. 2022, art. 6)* **« dans les conditions définies au premier alinéa de l'article 348-3 ».** *(Abrogé par L. n° 2022-219 du 21 févr. 2022, art. 6)* ***« Le consentement doit être libre, obtenu sans aucune contrepartie, après la naissance de l'enfant et éclairé sur les conséquences de l'adoption, en particulier, s'il est donné en vue d'une adoption plénière, sur le caractère complet et irrévocable de la rupture du lien de filiation préexistant. »***

BIBL. ▸ Cadou, *D. 2012. Chron. 2260* (légalisation du consentement). – Godechot-Paris, *Mél. Payet, Dalloz, 2011, p. 293.* – Houssier, *AJ fam. 2022. 203*. – Salvage-Gerest, *Dr. fam. 2007. Étude 8* (art. 370-3, al. 3).

1. Intérêt de l'enfant. Dès lors que la cour d'appel énonce, au vu du consentement donné par le représentant légal du mineur, que les *conditions légales de l'adoption plénière ne sont* pas remplies, elle n'a pas à vérifier la conformité d'une telle adoption à l'intérêt de l'enfant. • Civ. 1re, 3 oct. 2000, n° 98-22.784 P : *D. 2000. IR 265* ; *Defrénois 2001. 96, obs. Massip* ; *Dr. fam. 2001, n° 38, note Murat* (décision antérieure à la L. du 6 févr. 2001).

2. Application de la Convention de La Haye du 29 mai 1993. Cassation de l'arrêt qui prononce l'adoption simple d'un enfant au motif que les conditions légales de l'adoption simple sont remplies et que celle-ci est conforme à l'intérêt de l'enfant, sans vérifier, d'office, si la procédure et les mécanismes de coopération instaurés par la Conv. de La Haye du 29 mai 1993, applicable à la situation, avaient été mis en œuvre. • Civ. 1re, 18 mars 2020, n° 19-50.031 P :

D. 2020. 821 ; *AJ fam. 2020. 302, obs. Salvage-Gerest* .

3. Accueil préalable de l'enfant (non). L'art. 348-5 est sans application dans l'ordre international. • Paris, 8 juin 2006 : *RJPF 2006-10/44, note Le Boursicot.* ♦ Dans le même sens : • Metz, 4 févr. 2003 : *RJPF 2004-1/33, note Le Boursicot,* infirmant • TGI Metz, 17 mai 2001 : *Dr. et patr. 2/2002. 115, obs. F. Monéger* (refus de l'adoption plénière d'un jeune enfant étranger pour non-respect des exigences posées par l'art. 348-5, article inclus dans la section du code consacrée aux conditions requises pour l'adoption plénière visées par l'art. 370-3, al. 1er).

4. Loi prohibant l'adoption : kafala. Refus de l'adoption d'un enfant, qui n'est pas né et ne réside pas habituellement en France, et dont la loi personnelle autorise le recueil légal (kafala) mais prohibe l'adoption ; ce recueil ne créant pas de lien de filiation n'est pas assimilable à une adoption simple. • Civ. 1re, 10 oct. 2006, n° 06-15.264 P : *R., p. 244 ; BICC 1er févr. 2007, n° 176, et la note ; D. 2007. Chron. 816, par Fulchiron* ; *JCP 2007. II. 10072, note Farge ; ibid. I. 170, n° 13, obs. Rubellin-Devichi ; Defrénois 2007. 133, note Revillard, et 307, obs. Massip ; AJ fam. 2007. 32, obs. Boiché* ; *RJPF 2007-1/35, note Le Boursicot ; Dr. fam. 2007, n° 96, note Farge ; RLDC 2007/40, n° 2610, note Thévenet-Montfrond ; LPA 10 déc. 2007, obs. Kerckhove* (Maroc) • 28 janv. 2009, n° 08-10.034 P : *D. 2009. AJ 501* ; *RTD civ. 2009. 308, obs. Hauser* *(idem)* • 10 oct. 2006, n° 06-15.265 P : *eod. loc.* (Algérie) • 9 juill. 2008 : *D. 2008. AJ 2144, obs. Égéa* ; *AJ fam. 2008. 394, obs. Boiché* ; *Defrénois 2008. 2187, note Revillard ; Defrénois 2008. 2431, obs. Massip, RJPF 2008-11/26, obs. Garé ; RLDC 2008/54, n° 3196, obs. Marraud des Grottes* (adoption plénière impossible). ♦ Sur l'absence de droit aux prestations familiales prévues en cas d'adoption pour un enfant recueilli par kafala : • Civ. 2e, 11 juin 2009, n° 08-15.571 P : *D. 2010. Pan. 1904, obs. Gouttenoire* ; *Dr. soc. 2009. 1144, obs. Laborde* ; *Dr. fam. 2009, n° 118, note Devers ; RDSS 2009. 770, obs. Tauran* (cassation du jugement ayant énoncé que la kafala est très proche de l'institution de l'adoption française).

5. La règle de conflit de l'art. 370-3, al. 2, est conforme à la Conv. de La Haye du 29 mai 1993 sur la protection des enfants et la coopération en matière d'adoption internationale, qui n'a vocation à s'appliquer qu'aux seuls enfants adoptables excluant ceux dont le pays d'origine interdit l'adoption. • Civ. 1re, 25 févr. 2009, n° 08-11.03[illegible] P : *D. 2009. AJ 730, obs. Égéa* ; *ibid. 2010. Pan. 1585, obs. Jault-Seseke* ; *JCP 2009. II. 10072, note Gouttenoire ; Gaz. Pal. 2009. 1317, note Guerchoun ; AJ fam. 2009. 170, obs. Boiché* ; *RJPF 2009-5/27, obs. Garé ; Dr. fam. 2009, n° 82, obs. Farge ; Defrénois 2009. 1156, obs. Massip ; RLDC 2009/60, n° 3432, obs. Pouliquen ; RTD civ. 2008. 665, obs. Hauser* ; *RTD civ. 2009. 308, obs. Hauser* . ♦ Elle ne s'applique pas à la kafala, reconnue par l'art. 20, al. 3, de la Conv. de New York du 26 janv. 1990 relative aux droits de l'enfant, comme préservant, au même titre que l'adoption, l'intérêt supérieur de celui-ci. • Même arrêt. ♦ Rappr. : • Civ. 1re, 15 déc. 2010, n° 09-10.439 P : *D. actu. 11 janv. 2011, obs. Siffrein-Blanc ; D. 2011. Pan. 1995, obs. Gouttenoire* ; *AJ fam. 2011. 101, obs. Haftel* ; *JCP 2011, n° 301, note Garé ; Dr. fam. 2011, n° 62, obs. Farge ; RLDC 2011/79, n° 4141, obs. Gallois.*

Conformité de la prohibition de l'adoption des enfants recueillis par kafala aux dispositions de l'art. 8 Conv. EDH. • CEDH 4 oct. 2012, *France*, n° 43631/09 : *D. 2012. 2947, note Hammje* ; *AJ fam. 2012. 546, obs. Boiché* ; *Rev. crit. DIP 2013. 146, note Corneloup* ; *Dr. fam. 2012, n° 187, obs. Farge ; RTD civ. 2012. 705, obs. Marguénaud* ; *ibid. 2013. 105, obs. Hauser* . ♦ Rappr., à propos du droit belge : • CEDH 16 déc. 2014, n° 52265/10, *Chbihi Loudoudi et a. c/ Belgique : AJ fam. 2015. 47, obs. Viganotti* .

Les conditions de l'adoption de l'enfant devenu français étant régies par la loi française, conformément à l'art. 3 C. civ., l'enfant mineur ayant été remis dans le cadre d'une kafala peut faire l'objet d'une adoption sous la condition d'obtenir le consentement de ses parents ou du conseil de famille lorsque ses père et mère sont décédés, dans l'impossibilité de manifester leur volonté ou s'ils ont perdu leurs droits d'autorité parentale ou encore lorsque la filiation de l'enfant n'est pas établie. • Civ. 1re, 4 déc. 2013, n° 12-26.161 P : *préc. note 1 ss. art. 348-2.* ♦ Sur les conséquences d'une déclaration de nationalité de l'enfant recueilli par kafala quant à la possibilité d'une adoption, V. aussi • Paris, 15 févr. 2011 : *AJ fam. 2011. 320, obs. Douris* .

6. ... Adoption-protection malienne. L'adoption-protection du droit malien ne créant pas de lien de filiation entre l'adoptant et l'adopté, elle ne peut produire les effets d'une adoption simple. • Civ. 1re, 12 janv. 2011, n° 09-68.504 P : *D. 2011. Chron. C. cass. 2140, obs. Vassallo* ; *AJ fam. 2011. 256, obs. Nord* .

7. ... Cas de l'enfant majeur. Les dispositions de l'art. 370-3, al. 2, qui visent exclusivement le mineur étranger, ne sont pas applicables à un enfant majeur à la date de la requête. • Civ. 1re, 6 avr. 2011, n° 10-30.821 P : *D. 2011. 1077* ; *AJ fam. 2011.319, obs. Boiché* ; *Dr. fam. 2011, n° 98, obs. Neirinck.*

8. Vérification du consentement. V. sous l'empire du droit antérieur à la L. du 6 févr. 2001 : les juges du fond rejettent souverainement la demande si le consentement des autorités étrangères à l'adoption plénière, avec les conséquences attachées à ce type d'adoption, n'est pas suffisamment caractérisé. • Civ. 1re, 25 janv. 2005, n° 02-11.927 P : *Defrénois 2005. 1219, note Revillard (1re esp.) ; RDSS 2005. 510, obs. F. Monéger*. ♦ Même lorsque les conditions de l'adoption plénière sont régies par la loi française des adoptants, le consentement exprès et éclairé des parents de l'enfant, qui peut être recueilli par tous moyens, est une exigence de droit matériel qui ne peut être satisfaite par une délibération du conseil de famille selon la loi française. • Civ. 1re, 22 oct. 2002, n° 00-12.360 P : *JCP 2003. I. 148, n° 6, obs. Favier ; RJPF 2003-1/31, note Le Boursicot ; AJ fam. 2003. 100, obs. S. D.-B. ; LPA 15 oct. 2003, note Brière.*

9. Légalisation de l'acte constatant le consentement. **BIBL.** Cadou, *D. 2012. Chron. 2260*. ♦ • Cass., avis, 4 avr. 2011 : *D. 2011. 2016, note Guez* • Civ. 1re, 28 nov. 2012, n° 11-28.645 P : *D. 2012. 2889, obs. Gallmeister* (sauf convention internationale contraire) *; Dr. fam. 2013. Étude 4, note Alma-Delettre* • 28 nov. 2012, n° 12-30.090 P : *AJ fam. 2013. 55, obs. Salvage-Gerest ; Dr. fam. 2013. Étude 4, note Alma-Delettre (idem).*

10. Exequatur. La violation de l'art. 370-3 C. civ. ne peut être opposée à l'exequatur d'un jugement d'adoption ivoirien. • Civ. 1re, 7 déc. 2016, n° 16-23.471 P : *D. 2016. 2571 ; AJ fam. 2017. 197, obs. Salvage-Gerest*. ♦ Cassation de l'arrêt ayant refusé d'accorder l'exequatur à un jugement d'adoption camerounais, au motif que la loi camerounaise n'autorise l'adoption que pour des adoptants âgés de plus de quarante ans, alors que le tribunal camerounais, bien qu'ayant appliqué la loi camerounaise, était parvenu, au nom de l'intérêt de l'enfant, au même résultat que s'il avait appliqué la loi française désignée par la règle de conflit, laquelle autorise l'adoption par des personnes de plus de vingt-huit ans, ce qui impose son exequatur en application des accords de coopération. • Civ. 1re, 15 janv. 2020, n° 18-25.574 P : *Dr. fam. 2020, n° 64, note Farge.*

Circulaire du 22 octobre 2014,

Relative aux effets juridiques du recueil légal en France

Art. 370-4 **Les effets de l'adoption prononcée en France sont ceux de la loi française.**

Art. 370-5 **L'adoption régulièrement prononcée à l'étranger produit en France les effets de l'adoption plénière si elle rompt de manière complète et irrévocable le lien de filiation préexistant. A défaut, elle produit les effets de l'adoption simple. Elle peut être convertie en adoption plénière si les consentements requis ont été donnés expressément en connaissance de cause.**

V. Convention de La Haye du 29 mai 1993 sur la protection des enfants et la coopération en matière d'adoption internationale publiée par Décr. n° 98-815 du 11 sept. 1998 (JO 13 sept.).

V. Circ. 16 févr. 1999 (JO 2 avr.) relative à l'adoption internationale. — Circ. 28 oct. 2011 relative aux règles particulières à divers actes de l'état civil relatifs à la naissance et à la filiation,

1. Conv. EDH. Violation de l'art. 8 Conv. EDH dans le refus des autorités luxembourgeoises d'accorder l'exequatur à un jugement péruvien prononçant l'adoption plénière par une femme célibataire d'une enfant abandonnée (contrairement à une pratique antérieure qui admettait une reconnaissance de plein droit de ces jugements) ; la législation interne réservant cette adoption à des couples n'a pas préservé en l'espèce la reconnaissance des liens familiaux préexistant *de facto* entre la mère et l'enfant et a contredit l'intérêt supérieur de l'enfant. • CEDH, sect. I, 28 juin 2007, n° 76240/01 : *D. 2007. 2700, note Marchadier ; LPA 1er-2 juin 2009, note Kerckhove ; RJPF 2007-11/36, note Le Boursicot ; Gaz. Pal. 21-22 mars 2008, obs. Niboyet ; RTD civ. 2007. 738, obs. Marguénaud ; Rev. crit. DIP 2007. 807, note Kinsch* (l'octroi d'une adoption simple ne supprime pas la discrimination à l'égard de l'enfant : violation au surplus de l'art. 14 combiné avec l'art. 8). ♦ ... Dans le refus des autorités grecques de reconnaître l'adoption prononcée aux États-Unis d'un individu par son oncle moine orthodoxe, dès lors que les motifs tirés de l'ordre public international ne répondent pas à un besoin social impérieux et ne sont pas proportionnés au but légitime poursuivi en ce qu'ils ont eu pour effet la négation du statut de fils adoptif du requérant. • CEDH 3 mai 2011, n° 56759/08 : *D. 2012. 1228, obs. Gaudemet-Tallon et Jault-Seseke ; Rev. crit. DIP 2011. 817, étude Kinsch*.

2. Refus de reconnaissance d'un jugement étranger d'adoption, le consentement de la mère biologique de l'enfant ne répondant pas aux exigences formelles de l'art. 370-3 *in fine*. • Rennes, 29 janv. 2007 : *RJPF 2007-4/29, note Le Boursicot*. ♦ Refus de transcription d'un jugement étranger prononçant une adoption convenue avant la naissance, compte tenu des circonstances entourant l'expression du consentement de la mère. • Civ. 1re, 9 mars 2011 : *AF fam. 2011. 206, obs. Mirkovic* (acte conclu rapidement, sans expérience de la séparation, appréciation souveraine des juges du fond).

3. Sur la possibilité d'établir un lien de filiation adoptif à l'égard de deux parents du même sexe, V. depuis la L. n° 2013-404 du 17 mai 2013 les art. 6-1, 345-1 et 360 C. civ. ♦ Sur la conformité de la loi à la Constitution, V. ss. art. 343. ♦ Comp. antérieurement : refus d'exequatur d'une décision étrangère autorisant une adoption par un couple homosexuel, la reconnaissance en France d'une décision étrangère, dont la transcription sur les registres de l'état civil français, valant acte de naissance, emporte inscription d'un enfant comme né de deux parents du même sexe, étant contraire à un principe essentiel du droit français de la filiation. • Civ. 1re, 7 juin 2012 : *cité note 2 ss. art. 310.*

4. Les actes établis par une autorité étrangère et destinés à être produits devant les juridictions françaises doivent au préalable, selon la coutume internationale et sauf convention internationale contraire, être légalisés pour y recevoir effet : rejet d'une demande de conversion en adoption plénière des adoptions simples prononcées, les consentements des parents biologiques devant le juge de paix haïtien n'ayant fait l'objet d'aucune légalisation par les autorités haïtiennes compétentes. • Civ. 1re, 23 mai 2012, n° 11-17.716 P : *D. 2012. 1723, note Brière ; AJ fam. 2012. 401, obs. Salvage-Gerest.*

5. La loi tunisienne, qui autorise l'adoption, ne précise pas expressément si celle-ci a pour effet de rompre le lien de filiation avec les parents par le sang ni si elle est révocable, mais des arrêts des juridictions tunisiennes ont interprété cette loi comme permettant la révocation de l'adoption. Il s'en déduit que l'adoption tunisienne ne rompt pas de manière complète et irrévocable le lien de filiation préexistant. • Civ. 1re, 16 déc. 2020, n° 19-22.103 P : *D. 2021. 8 ; AJ fam. 2021. 51, obs. Salvage-Gerest ; Dr. fam. 2021, n° 39, note Egéa* (conséquence : rejet de la demande de transcription, la cour d'appel n'étant pas saisie d'une demande de conversion).

6. Convention de La Haye du 29 mai 1993. Cassation, pour violation des art. 17-c, et 23 de la Convention, de l'arrêt refusant de transcrire un jugement brésilien d'adoption, sans expliquer en quoi le certificat de conformité prévu par l'art. 23 était privé de force probante, alors qu'il certifiait que des accords avaient été passés entre le service français de l'adoption internationale et la commission judiciaire d'adoption de l'État concerné, et que celle-ci se référait, dans un courrier, à l'envoi à l'autorité centrale brésilienne de « l'agrément » à l'adoption. • Civ. 1re, 24 sept. 2014 : *AJ fam. 2014. 629* (arrêt attaqué ayant motivé sa décision, notamment, par un engagement et une poursuite de la procédure avant l'obtention des autorisations nécessaires).

Loi n° 66-500 du 11 juillet 1966,

Portant réforme de l'adoption.

Art. 1er *V. C. civ., art. 343 à 370-2.*

....

Art. 4 *V. L. 29 juill. 1881, art. 39 quater,* **C. pén.**, *App., v° Presse.*

....

Art. 7 La présente loi entrera en vigueur le premier jour du quatrième mois qui suivra celui de sa promulgation *[1er nov. 1966].*

L'adoption plénière pourra être demandée quel que soit l'âge de l'adopté, pendant un délai de deux ans à compter du jour de l'entrée en vigueur de la présente loi, si les conditions prévues à l'article 345, alinéa 2, du code civil, sont remplies.

Art. 8 Les enfants immatriculés comme pupilles de l'État antérieurement à l'entrée en vigueur de la présente loi ne pourront être placés en vue de l'adoption que s'ils remplissent les conditions prévues par l'article 2 de ladite loi pour être pupilles de l'État.

Les enfants recueillis par une œuvre privée ne pourront être placés en vue de l'adoption que s'ils remplissent les conditions prévues à l'article 351 nouveau du code civil.

Toutefois, la délégation totale des droits de puissance paternelle faite à la demande des parents, en application de l'article 17, alinéa 1er, de la loi du 24 juillet 1889, est assimilée au consentement à l'adoption prévu à l'article 348-3, troisième alinéa, nouveau du code civil.

De même, la délégation totale des droits de puissance paternelle en vertu de l'article 17, alinéa 3, de la loi du 24 juillet 1889, est assimilée à la déclaration d'abandon prévue par l'article 350 nouveau du code civil.

Art. 9 L'enfant placé en vue de l'adoption, antérieurement à l'entrée en vigueur de la présente loi, soit par le service de l'aide sociale à l'enfance, soit lorsque les parents auront perdu tous leurs droits de puissance paternelle par application de la loi du 24 juillet 1889, ne pourra faire l'objet d'aucune demande de restitution.

Art. 10 L'adoption plénière pourra être prononcée à l'égard des enfants placés en vue de l'adoption ou recueillis par des particuliers avant l'entrée en vigueur de la présente loi dans les cas suivants :

1° Si les conditions antérieurement prévues pour la légitimation adoptive sont remplies ;

2° Si l'adopté a moins de quinze ans et si les conditions antérieurement prévues pour l'adoption avec rupture des liens sont remplies.

Art. 11 Les adoptions et les légitimations adoptives prononcées antérieurement à l'entrée en vigueur de la présente loi prennent effet, tant entre les parties qu'à l'égard des tiers, du jour du jugement ou de l'arrêt ayant prononcé l'adoption, mais restent soumises aux voies de recours prévues par l'ancien article 356 du code civil. En tout état de cause aucune tierce opposition ne sera recevable à l'expiration du délai d'un an à compter de la mise en vigueur de la présente loi.

Art. 12 La légitimation adoptive emporte, à compter de l'entrée en vigueur de la présente loi, les mêmes effets que l'adoption plénière.

Art. 13 L'adoption antérieurement prononcée emporte, à compter de l'entrée en vigueur de la présente loi, les mêmes effets que l'adoption simple.

Toutefois, si le tribunal avait décidé, conformément à l'ancien article 354 du code civil, que l'adopté cesserait d'appartenir à sa famille d'origine, les dispositions du deuxième alinéa dudit article 354 demeureront applicables. En outre, dans ce cas, le tribunal pourra, à la requête de l'adoptant, si l'adopté avait moins de quinze ans lors du prononcé de l'adoption, décider que celle-ci emportera les effets de l'adoption plénière.

En tout état de cause, le nom et les prénoms conférés à l'adopté en application de l'ancien article 360 du code civil lui demeureront acquis.

Loi n° 2022-219 du 21 février 2022,

Visant à réformer l'adoption.

Art. 18 Dans les conditions prévues à l'article 38 de la Constitution, le Gouvernement est habilité à prendre par voie d'ordonnance, dans un délai de huit mois à compter de la promulgation de la présente loi, toute mesure relevant du domaine de la loi visant à modifier les dispositions du code civil et du code de l'action sociale et des familles en matière d'adoption, de déclaration judiciaire de délaissement parental, de tutelle des pupilles de l'État et de tutelle des mineurs dans le but :

1° De tirer les conséquences, sur l'organisation formelle du titre VIII du livre I du code civil, de la revalorisation de l'adoption simple réalisée par la présente loi et de la spécificité de l'adoption de l'enfant de l'autre membre du couple ;

2° D'harmoniser ces dispositions sur un plan sémantique ainsi que d'assurer une meilleure coordination entre elles.

Un projet de loi de ratification est déposé devant le Parlement au plus tard le premier jour du sixième mois suivant la publication de l'ordonnance.

………………………………………………………………………

Art. 26 La présente loi est applicable sur tout le territoire de la République, sauf en Nouvelle-Calédonie.

Ordonnance n° 2022-1292 du 5 octobre 2022,

Prise en application de l'article 18 de la loi n° 2022-219 du 21 février 2022 visant à réformer l'adoption.

TITRE I. DISPOSITIONS MODIFIANT LE CODE CIVIL

Art. 1er *V. C. civ., art. 6-2.*

Art. 2 Le titre VIII du livre premier du code civil est modifié conformément aux articles 3 à 24 de la présente ordonnance et comporte cinq chapitres.

Art. 3 à 24 *V. C. civ., art. 343 à 370-3.*

TITRE II. DISPOSITIONS DE COORDINATION

Art. 25 *V. CASF, art. L. 224-5, L. 224-6 et L. 224-8, ss. C. civ., art. 375-9.*

TITRE III. DISPOSITIONS RELATIVES À L'OUTRE-MER

Art. 26 I. — La présente ordonnance est applicable sur tout le territoire de la République, sauf en Nouvelle-Calédonie.

II. — Pour l'application de la présente ordonnance à Saint-Pierre-et-Miquelon, Wallis-et-Futuna et la Polynésie française, les références au : "tribunal judiciaire" sont remplacées par les références au : "tribunal de première instance".

TITRE IV. DISPOSITIONS TRANSITOIRES ET FINALES

Art. 27 Les dispositions de la présente ordonnance entreront en vigueur le 1er janvier 2023 et s'appliquent aux instances introduites à compter de cette date.

TITRE IX DE L'AUTORITÉ PARENTALE

(L. n° 70-459 du 4 juin 1970)

RÉP. CIV. v° *Autorité parentale,* par A. GOUTTENOIRE.

DALLOZ ACTION *Droit de la famille 2023/2024, n° 232.00.*

BIBL. GÉN. ▸ ALLAER, *JCP 1975. I. 2735.* – AUFIERE et SCHELLINO, *AJ fam. 2017. 179* (Salomon juge aux affaires familiales ou le partage de l'enfant). – BOISSEAU-SOWINSKI, *RLDC 2010/74, n° 3937* (protection juridique de la parenté sociale). – BONNARD, *RTD civ. 1991. 49* (la garde du mineur et son sentiment personnel). – BOSSE-PLATIÈRE, *JCP 1997. I. 4030* (présence des grands-parents dans le contentieux familial). – F. BOULANGER, *D. 2005. Chron. 2245* (autorité parentale et responsabilité parentale). – CARBONNIER, *JCP 1998. I. 184* (projet de réforme). – CATALA, *1804-2004 Le code civil, Dalloz, 2004, p. 341* (métamorphose du droit de la famille). – CELEYRON-BOUILLOT, *AJ fam. 2008. 279* (litige international d'autorité parentale). – DEKEUWER-DÉFOSSEZ, *RLDC 2009/60, n° 3439* (droits des tiers). – DEPADT-SEBAG, *D. 2011. 2494* (tiers beaux-parents). – DIONISI-PEYRUSSE et PICHARD, *AJ fam. 2014. 174* (autorité parentale et stéréotypes de genre). – ÉOCHE-DUVAL, *D. 2013. 786* (valeur constitutionnelle du droit de l'enfant à être nourri, entretenu et élevé par sa mère et par son père). – ETIENNEY-DE SAINTE MARIE, *RTD civ. 2019. 9* (contrat et autorité parentale : l'alliance des contraires ?). – ESCHYLLE, *AJ fam. 2010. 70* (responsabilité civile des parents séparés). – FASQUELLE et BRUNETTI-PONS, *Dr. fam. 2014. Étude 5* (protection de l'enfance et de l'adolescence). – GARÉ, *AJ fam. 2002. 84* (place des grands-parents). – GEBLER, *AJ fam. 2007. 390* (l'enfant et ses juges). – GOBERT, *BICC 15 déc. 2007* (le droit de la famille dans la jurisprudence de la Cour de cassation). – GOMY, *JCP N 1999. 310* (devoir de visite et d'hébergement). – GOUTTENOIRE, *AJ fam. 2010. 13* (décision des parents séparés) ; *Dr. fam. 2011. Étude 10* (famille et CEDH). – GOUTTENOIRE et SUDRE, *Dr. fam. 2019. Étude 1* (CEDH et intérêt de l'enfant). – JUSTON, *Gaz. Pal. 2006. Doctr. 2398* (de la puissance paternelle aux droits de l'enfant). – G. KESSLER, *AJ fam. 2021. 292* (la divulgation par les parents de la vie privée de leurs enfants sur les réseaux sociaux : quel encadrement pour la pratique du *sharenting* ?). – LACOSTE, *RRJ 1997/3. 957* (théorie générale du droit de visite). – LAPÉROU-SCHENEIDER et PHILIPPE, *AJ fam. 2013. 571* (parents, enfants et maltraitance). – LEGEAIS, *D. 1978. Chron. 43.* – LEMOULAND, *Études Lapoyade-Deschamps, Univ. Montesquieu-Bordeaux IV, 2003* (étude comparée France-Espagne). – MARRAUD DES GROTTES, *RLDC 2007/43, n° 2743* (pour un statut des beaux-parents). – MBALA MBALA, *AJ fam. 2011. 89* (divorce pour faute et autorité parentale). – MEIER-BOURDEAU, *AJ fam. 2014. 344* (l'enfant et les conventions bilatérales). – MIRKOVIC, *D. 2008. Chron. 1709* (statut du beau-parent) ; *JCP 2009. 345* (droits des tiers) ; *Dr. fam. 2009. Étude 28* (statut du beau-parent). – MURAT, *Dr. fam. 2006. Chron. 31* (participation de l'enfant). – NICOLAU, *Études Lapoyade-Deschamps, préc.* (l'autorité parentale à l'épreuve). – REIN-LESCASTEREYRES et TRAVADE-LANNOY, RJPF 2008-5/12 (conflits parentaux et pratique). – SAUVAGE, *AJ fam. 2008. 15* (preuve de l'obligation parentale d'entretien du jeune majeur). – THIERRY, *LPA 7 janv. 2008* (autorité parentale et responsabilité des parents du fait de leurs enfants mineurs) ; *LPA 1er et 8 oct. 1997, nos spéciaux.* – Dossier, *AJ. fam. 2005. 212* (châtiments corporels). – Dossier, *ibid. 2006. 382* (l'homoparentalité). – Dossier, *ibid. 2007. 288* (les familles recomposées). – Dossier, *ibid. 2009. 148* (coparentalité). – Dossier, *Dr. fam. 2011. Étude 18* (droits des parents d'enfants en âge scolaire). – Dossier, *AJ fam. 2013. 264* (enfant et conflit conjugal). – Dossier, *AJ fam. 2015. 253* (santé et protection de l'enfant). – Dossier, *AJ fam. 2015. 520* (espaces de rencontre). – Dossier, *AJ fam. 2017. 163* (autorité parentale). – Dossier, *AJ fam. 2019. 557* (absentéisme scolaire).

▸ **Loi du 4 mars 2002 :** Dossier, *AJ fam. 2002. 124.* – Dossier, *ibid. 2003. 288* (premier bilan). – F. BOULANGER, *D. 2002. Chron. 1571.* – BRIÈRE, *RDSS 2002. 567* (coparentalité). – FOSSIER, *Dr. fam. 2005. Étude 15* (quarante mois d'application). – FULCHIRON,

Defrénois 2002. 959. – Gouttenoire-Cornut, *AJ fam. 2002. 124* ; *Dr. fam. 2002. Chron. 24* (coparentalité). – Mulon-Montéran, *RJPF 2002-4/12.* – Rebourg, *JCP 2002, n° 15, Aperçu rapide, p. 701.* – Rochfeld, *RTD civ. 2002. 377.* – Vauvillé, *LPA 18 oct. 2002* (principe de coparentalité). – Warein-Vermeulin, *Mél. Gobert, Economica, 2004, p. 337* (terminologie imprécise). – Dossier, *Dr. fam. 2020. Étude 18* (autorité parentale et covid).

▸ **Loi du 14 mars 2016 :** Favier, *JCP N 2016, n° 1235.*

▸ **Loi du 23 mars 2019 :** Thouret, *AJ fam. 2019. 275* (le renforcement de l'exécution des décisions en matière d'autorité parentale).

CHAPITRE I DE L'AUTORITÉ PARENTALE RELATIVEMENT À LA PERSONNE DE L'ENFANT

(L. n° 70-459 du 4 juin 1970)

Art. 371 L'enfant, à tout âge, doit honneur et respect à ses père et mère.

BIBL. ▸ Sériaux, *RTD civ. 1986. 265.*

1. Maintien de relations. Rejet, sur le fondement de l'art. 371, de la demande de la mère, appuyée par son enfant, tendant à faire supprimer le droit de visite et d'hébergement reconnu au père, au seul motif, non établi, que celui-ci ne serait pas le père biologique de l'enfant. • Paris, 14 févr. 2002 : *AJ fam. 2002. 145, et les obs.*

2. Prise en charge des frais d'obsèques. V. note 7 ss. art. 205.

3. Indemnisation de l'assistance fournie. Sur la mesure des exigences de la piété filiale, V. • Civ. 1re, 12 juill. 1994, n° 92-18.639 P : *R., p. 272 ; D. 1995. 623, note Tchendjou ; JCP 1995. II. 22425, note Sériaux ; Defrénois 1994. 1511, note X. Savatier ; RTD civ. 1995. 373, obs. Mestre et 407, obs. Patarin* (demande d'indemnité, sur le fondement de l'enrichissement sans cause, pour l'aide et l'assistance apportées par l'un des enfants à ses parents dans les dernières années de leur existence). ♦ V. aussi note 9 ss. art. 1371. ♦ Gélot, *Defrénois 1996. 842* (règlement de la créance compensatrice d'assistance aux parents âgés). – Gouttenoire-Cornut, *Dr. fam. 1999. Chron. 19* (collaboration familiale et enrichissement sans cause).

4. Exception d'indignité en matière d'aliments. V. • Civ. 1re, 18 janv. 2007 : *V. note 4 ss. art. 207.*

Art. 371-1 *(L. n° 2002-305 du 4 mars 2002)* **L'autorité parentale est un ensemble de droits et de devoirs ayant pour finalité l'intérêt de l'enfant.**

Elle appartient aux *(L. n° 2013-404 du 17 mai 2013, art. 13)* **« parents » jusqu'à la majorité ou l'émancipation de l'enfant pour le protéger dans sa sécurité, sa santé et sa moralité, pour assurer son éducation et permettre son développement, dans le respect dû à sa personne.**

(L. n° 2019-721 du 10 juill. 2019) **« L'autorité parentale s'exerce sans violences physiques ou psychologiques. »**

Les parents associent l'enfant aux décisions qui le concernent, selon son âge et son degré de maturité.

*En ce qui concerne l'admission des mineurs dans les centres hospitaliers généraux et les hôpitaux locaux et les autorisations de pratiquer des actes, V. CSP, art. R. 1112-34 à R. 1112-36. — **CSP**.*

*Sur l'information des personnes mineures usagers du système de santé et l'expression de leur volonté, V. CSP, art. L. 1111-1 s., spécialement art. L. 1111-2, L. 1111-4, L. 1111-5, L. 1111-5-1, ss. art. 16-9, et **CSP**.*

*Sur l'interdiction de la stérilisation à visée contraceptive sur les personnes mineurs, V. CSP, art. L. 2123-1 et L. 2123-2. — **CSP**.*

*Sur la prescription, la délivrance ou l'administration de contraceptifs aux personnes mineures, V. CSP, art. L. 2311-4 et L. 5134-1. — **CSP**.*

*Sur le dépistage de maladies infectieuses sans solliciter l'autorisation des titulaires de l'autorité parentale, V. CSP, art. L. 6211-3-1. — **CSP**.*

*Sur l'interruption volontaire de grossesse des mineures, V. CSP, art. L. 2212-4 s., L. 2212-7. — **CSP**.*

*En ce qui concerne le prélèvement d'organe sur un mineur, V. CSP, art. L. 1231-2 s., L. 1232-2, R. 1232-6. — **CSP** ; ... le prélèvement de sang sur un mineur en vue d'une utilisation thérapeutique pour autrui, V. CSP, art. L. 1221-5. — **CSP**.*

*En ce qui concerne la recherche biomédicale effectuée sur un mineur, V. CSP, art. L. 1121-7 et L. 1122-2. — **CSP**.*

*La décision de placement sous surveillance électronique d'un mineur non émancipé ne peut être prise qu'avec l'accord des titulaires de l'exercice de l'autorité parentale (C. pén., art. 132-26-1). — **C. pén.***

*Sur la responsabilité pénale des personnes exerçant l'autorité parentale, ou une autorité de fait de façon continue, en matière d'instruction obligatoire de l'enfant, V. C. pén., art. 227-17-1 et 227-17-2. — **C. pén.***

*Sur le contrat de responsabilité parentale, V. CASF, art. L. 222-4-1, issu de L. n° 2006-396 du 31 mars 2006, art. 48, et art. R. 222-4-1 s. — **CASF.***

Sur le Défenseur des droits, V. L. org. n° 2011-333 du 29 mars 2011, ss. art. 388-3.

BIBL. ▸ **Santé du mineur :** Duval-Arnould, *D. 1999. Chron. 471* (minorité et IVG). – Fossier, *JCP 2003. I. 135* (démocratie sanitaire et personnes vulnérables). – Kimmel-Alcover, *RDSS 2005. 265* (autorité parentale et santé du mineur). – Redon, *D. 2001. Chron. 1194* (minorité et IVG). – Touzalin, *JCP 1974. I. 2672* (refus de consentement des parents à un traitement du mineur en danger de mort).

▸ **Éducation religieuse de l'enfant :** Barbier, *Gaz. Pal. 1971. 1. Doctr. 268* ; note *Gaz. Pal. 1974. 1. 299*. – Bredin, *D. 1960. Chron. 73*. – Fortier, *RRJ 1998/3. 961*. – Garay et Goni, note *Gaz. Pal. 1993. 2. 547*. – Hauser, *D. 1994. 326*. – Huyette, *D. 1996. Chron. 271* (sectes et protection judiciaire des mineurs). – Michelet, *D. 1971. Chron. 233*.

▸ **Autorité parentale et divorce :** Fulchiron, *Mél. Huet-Weiller, PU Strasbourg/LGDJ, 1994, p. 141* (familles recomposées). – Fulchiron, *D. 2019. 709* (constitutionnalisation de l'intérêt supérieur de l'enfant).

▸ **Violences éducatives :** Corpart, *Dr. fam. 2019. Étude 13*. – Fautré-Robin et Raschel, *D. 2019. 1402*. – Mallet-Bricout, *RTD civ. 2019. 935* (du droit civil au droit pénal (et réciproquement), ou la synergie du droit français en faveur de la lutte contre les « violences éducatives ordinaires »).

1. Convention EDH. Autorité parentale et vie familiale : V. de façon générale, ss. art. 371-3.

2. Domaine : embryon (non). Jugé que les dispositions législatives sur l'enfance et la parenté ne créent pas de droits ou d'obligations des géniteurs sur l'embryon. • TGI Rennes, 30 juin 1993 : *JCP 1994. II. 22250, note Neirinck*. ♦ V. aussi, pour un enfant à naître (application des mesures à compter de la naissance de l'enfant) : • TGI Lille, JAF, 13 févr. 1998 : *D. 1999. 177, note Labbée ; RTD civ. 1999. 356, obs. Hauser.*

1° PRINCIPES

3. Autorité parentale : droit parental protégé. Le parent dont l'autorisation n'a pas été sollicitée pour publier les photographies de son enfant peut obtenir l'indemnisation de son propre préjudice moral tiré de la méconnaissance de ses prérogatives d'autorité parentale. • Civ. 1re, 27 févr. 2007, n° 06-14.273 P : *CCE 2007, n° 8, note A. Lepage ; Dr. fam. 2007, n° 124, note Murat ; RTD civ. 2007. 327, obs. Hauser, et 371, obs. Jourdain.*

4. … Parent lui-même mineur. Un parent mineur peut exercer l'autorité parentale sur son enfant, et faute d'opposition d'intérêts il n'y a pas lieu de désigner un administrateur *ad hoc* pour l'enfant de ce mineur. • Dijon, 4 juill. 2012 : *D. 2013. 2073, obs. Bonfils et A. Gouttenoire ; RTD civ. 2013. 818, obs. Hauser.*

5. … Devoir de respect mutuel entre parents. Pour atteindre les objectifs définis à l'art. 371-1, les parents doivent se respecter mutuellement et accomplir chacun les efforts nécessaires pour traduire leurs responsabilités de façon positive dans la vie de leur enfant, notamment en respectant la place de l'autre parent et en maintenant un nécessaire dialogue entre eux. • Paris, 11 sept. 2002 : *D. 2002. IR 3241.*

6. Limites : intérêt de l'enfant. La mère, à qui le jugement de divorce a attribué la garde de l'enfant, est fondée à obtenir que celui-ci, confié initialement à une nourrice, lui soit rendu ; cette remise peut cependant, si tel est l'intérêt de l'enfant, être différée, et les juges peuvent inviter les parties à se mettre d'accord sur les conditions dans lesquelles elle interviendra. • Civ. 1re, 11 mai 1976 : *D. 1976. 521, note Hovasse.* ♦ Prise en compte du seul intérêt supérieur de l'enfant pour trancher un conflit relatif à un baptême : • Civ. 1re, 23 sept. 2015, n° 14-23.724 P : *D. 2016. 674, obs. Douchy-Oudot ; AJ fam. 2015. 607, obs. Thouret ; RTD civ. 2015. 861, obs. Hauser.*

7. … Contrôle étatique de l'éducation. Les parents ne peuvent invoquer leurs convictions pour refuser à un enfant le droit à l'instruction. Absence de violation de l'art. 2 du protocole n° 1, compte tenu de la marge d'appréciation des États, dans le refus des autorités allemandes d'autoriser des parents à ne pas inscrire leur enfant dans une école privée ou publique et à lui dispenser uniquement une éducation à domicile. • CEDH, sect. V, 11 sept. 2006, *Konrad c/ Allemagne*, n° 35504/03 (parents appartenant à une communauté chrétienne refusant les cours d'éducation sexuelle, l'étude des contes de fée et la violence physique et psychologique croissante entre élèves). ♦ V. aussi : • CEDH, sect. V, 13 sept. 2011, *Dojan c/ Allemagne,* n° 319/08 (absence de violation de l'art. 2 prot. n° 1 dans les sanctions financières appliquées à des parents refusant des cours d'éducation sexuelle et un atelier théâtre visant à alerter les enfants contre les abus sexuels, la Cour ne remettant pas non plus en cause l'emprisonnement pour non-paiement de l'amende). ♦ Absence de violation de l'art. 14 combiné avec l'art. 2 du protocole n° 1 pour l'organisation d'écoles spécialisées destinées aux enfants rencontrant des difficultés scolaires, régulièrement appréciées par des professionnels, sans que l'affectation soit irréversible et sans preuve que ce système soit fondé sur une distinction ethnique, en l'occurrence l'appartenance à la communauté rom. • CEDH, sect. II, 7 févr. 2006, *D. H. c/ République tchèque,* n° 57325/00. ♦ Les dispositions d'une circulaire ayant pour but de définir les orientations, le contenu et les modalités générales de l'enseignement portant sur l'éducation à la sexualité et la prévention du SIDA, dans le cadre de l'enseignement obligatoire, n'ont ni pour objet, ni pour effet de porter atteinte à l'exercice de l'autorité parentale et à l'action éducative des familles garanties notamment par les dispositions de l'art. 371-2 C. civ. et de la L. du 11 juill. 1975 relative à l'éducation. • CE 18 oct. 2000, n° 213303 : *Lebon 425*. ♦ V. aussi note 10.

8. ... Hospitalisations psychiatriques. L'art. L. 3211-10 CSP, qui ne prévoit que l'admission en soins psychiatriques libres à la demande des titulaires de l'exercice de l'autorité parentale ou du tuteur et, par renvoi au seul chapitre III du titre I, l'admission en soins psychiatriques contraints sur décision du représentant de l'État, exclut par conséquent l'admission en soins psychiatriques contraints sur décision du directeur d'établissement à la demande d'un tiers ou des titulaires de l'exercice de l'autorité parentale. • Civ. 1re, 18 mai 2022, n° 22-70.003 B : *D. 2022. 1574, obs. Bonfils et Gouttenoire ; ibid. Chron. C. cass. 1986, obs. Feydeau-Thieffry ; RDSS 2022. 685, note Curier-Roche ; RTD civ. 2022. 589, obs. Leroyer*.

2° ILLUSTRATIONS

9. Nom. Adjonction d'un nom d'usage : V. ss. art. 43 de la L. du 23 déc. 1985, ss. art. 57. ♦ Eu égard à la nature particulière de la procédure de changement de nom, l'exercice exclusif de l'autorité parentale ne peut à lui seul, alors que l'autre parent ne s'est pas vu retirer cette autorité, permettre à son titulaire de solliciter seul le changement de nom des enfants mineurs, sans l'accord de l'autre parent. • CE 27 juill. 2005 : *Lebon 346 ; D. 2005. IR 2244 ; RFDA 2005. 1076*. ♦ En cas de désaccord, il appartient au parent qui souhaite engager la procédure de saisir le juge aux affaires familiales. • Même arrêt. ♦ Il en va en revanche différemment lorsque l'autre parent s'est vu retirer l'autorité parentale par une décision juridictionnelle ayant acquis un caractère définitif. • CE 4 déc. 2009 : *V. note 3 ss. art. 61.* ♦ Dans ce cas, en l'absence de disposition législative ou réglementaire imposant la notification de la demande de changement de nom au parent qui avait donné son nom à l'enfant, ni son accord ni ses observations n'ont à être sollicités. • Même arrêt.

10. Religion. Boulanger, *Dr. fam. 2013. Étude 14* (essai comparatif). – Courtin, *AJ fam. 2010. 29* (religion de l'enfant en cas de séparation des parents). – Nefussy-Venta, *AJ fam. 2011. 39* (convictions religieuses et ruptures familiales). ♦ Prise en compte, pour trancher le conflit d'autorité parentale relatif au baptême des enfants, du seul intérêt supérieur de ces derniers : • Civ. 1re, 23 sept. 2015, n° 14-23.724 P (enfants ne souhaitant ni être baptisés, ni revoir leur père dont les droits de visite avaient été suspendus en raison de son comportement menaçant et violent). ♦ Convictions religieuses du parent et intérêt de l'enfant : V. note 47 ss. art. 9. ♦ Violation de l'art. 2 du protocole n° 1 par une législation accordant une place prépondérante au christianisme dans un cours ayant normalement pour objectif une formation pluraliste, l'organisation des dispenses de cours s'avérant concrètement difficile à mettre en œuvre et risquant de porter atteinte à la vie privé des parents. • CEDH, gr. ch., 29 juin 2007, *Folgero c/ Norvège,* n° 15472/02. ♦ La Conv. EDH n'impose pas aux États l'obligation d'autoriser l'enseignement religieux dans les écoles et les jardins d'enfants publics mais, dès lors que l'État est allé au-delà de ses obligations et a créé des droits supplémentaires, il ne peut, dans l'application de ces droits, adopter de mesures discriminatoires au regard de l'art. 14. • CEDH, sect. I, 9 déc. 2010, *S. et a. c/ Croatie,* n° 7798/08 (refus de conclure un accord avec une église réformiste lui permettant de donner des enseignements religieux, alors que les motifs objectifs invoqués, concernant la durée d'établissement et le nombre de membres, n'ont pas été respectés pour d'autres églises). ♦ Sur l'intervention du juge en matière d'éducation et de pratique religieuses, V. • Paris, 6 avr. 1967 : *D. 1967. 473 ; JCP 1967. II. 15100, concl. Nepveu* • Civ. 1re, 7 avr. 1965 : *D. 1965. 704, note J. C.* • TI Sarrebourg, 12 nov. 1988 : *JCP N 1989. II. 2[illegible]3, note Fossier* • Civ. 1re, 11 juin 1991 : *D. 199[illegible]. 521, note Malaurie* • TGI Périgueux, 8 févr. 1995 : *RTD civ. 1995. 617, obs. Hauser* • Nancy, 20 mai 1996 : *JCP 1997. IV. 1175* (interdiction au père d'amener ses enfants dans une communauté religieuse catholique à l'occasion de l'exercice de son droit de visite et d'hébergement) • Douai, 8 janv. 2013 : *Dr. fam. 2013, n° 69, obs. Neirinck* (impossibilité pour le juge de s'opposer au baptême d'un enfant placé en assistance éducative, sauf à démontrer un danger). ♦ L'intérêt de l'enfant est d'être scolarisé dans des conditions ne faisant pas primer les convictions religieuses de l'un des parents sur celles de l'autre ; l'école publique et laïque offre à cet égard les gages de la neutralité religieuse. • Douai, 28 août 2014, n° 14/05205 : *AJ fam. 2014. 556, obs. Bazin*.

Dès lors que les représentants légaux du demandeur ont pris l'initiative de le faire baptiser et, par là même, donné leur consentement à la relation de cet événement sur le registre des baptêmes, il en résulte que, dès le jour de son administration et en dépit de son reniement, le baptême constitue un fait dont la réalité historique ne peut être contestée. • Civ. 1re, 19 nov. 2014, n° 13-25.156 P : *cité note 47 ss. art. 9* (refus de faire droit à une demande d'effacement total des registres de baptême qui, par ailleurs, ne porte pas atteinte à la vie privée, compte tenu des modes d'accès limités à ces registres, V. note 47 ss. art. 9).

11. Circoncision. Responsabilité du père qui a profité de l'exercice de son droit d'hébergement pour prendre la grave décision de faire procéder, à des fins rituelles, à la circoncision de l'enfant, sans nécessité médicale et sans l'accord de la mère. • Paris, 29 sept. 2000 : *D. 2001. 1585, note Duvert*. ♦ Nécessité de l'accord des parents et de l'enfant, en l'occurrence âgé de 11 ans. • Lyon, 25 juill. 2007 : *RTD civ. 2008. 99, obs. Hauser*.

12. Soins médicaux. Choix d'un traitement médical : V. art. L. 1111-4 s. CSP. – *Adde* note 14 ss. art. 375.

13. Scolarité, méthodes éducatives. Nécessité de prendre en considération l'intérêt supérieur de l'enfant (art. 3-1 CIDE), et non l'intérêt du père, dans le choix de la langue de scolarisation, s'agissant d'un enfant résidant au Luxembourg avec sa mère et ayant la double nationalité, alors que le père, Français d'origine libanaise, ne parle pas l'allemand. • Civ. 1re, 8 nov. 2005, n° 02-18.360 P : *D. 2006. 554, note F. Boulanger* ; *D. 2007. Pan. 2192, obs. Gouttenoire* ; *Dr. fam. 2006, n° 28, note Gouttenoire* (cassation de l'arrêt ayant ordonné l'inscription dans une école francophone). ♦ Prise en compte de la demande de l'enfant de rester dans le même établissement scolaire : • Versailles, 27 oct. 2016, n° 15/05533 : *Dr. fam. 2017, n° 38, note Slimani*. ♦ Résidence de l'enfant fixée chez le père après sa déscolarisation décidée par la mère sans concertation : • Paris, 13 déc. 2012 : *Dr. fam. 2013, n° 41, obs. Neirinck*. ♦ Sur les châtiments corporels, V. • TI Châteaudun, j. tutelles, 27 avr. 1972 : *Gaz. Pal. 1972. 2. 561, note L. B.*

14. Choix de la sépulture. Le choix du lieu et des modalités d'inhumation d'un enfant mineur, qui constitue l'un des attributs de l'autorité parentale, n'a pas à être conditionné par la décision judiciaire ayant déterminé le lieu de résidence dans le cadre de la séparation des parents et doit intervenir en fonction de considérations exclusivement relatives à l'intérêt de l'enfant, après accords des parents ou, à défaut, après une décision de justice. • Limoges, 24 janv. 1997 : *BICC 15 juill. 1997, n° 933.*

Art. 371-2 *(L. n° 2002-305 du 4 mars 2002)* **Chacun des parents contribue à l'entretien et à l'éducation des enfants à proportion de ses ressources, de celles de l'autre parent, ainsi que des besoins de l'enfant.**

Cette obligation ne cesse *(L. n° 2019-1480 du 28 déc. 2019, art. 8)* **« de plein droit ni lorsque l'autorité parentale ou son exercice est retiré, ni » lorsque l'enfant est majeur.**

BIBL. ▸ **Table de référence pour fixer le montant de la contribution à l'entretien et à l'éducation des enfants :** BARDOUT, BOURREAU-DUBOIS et SAYN, *Dr. fam. 2010. Étude 7*. – BARDOUT-LORTHIOS, *Dr. fam. 2010. Étude 24*. – RÉGLIER, *Dr. fam. 2015, dossier, n° 55* (analyse économique). – Dossier *AJ fam. 2010. 457*.

A. DÉTERMINATION DES CRÉANCIERS ET DÉBITEURS

1. Conv. EDH. La vie familiale, au sens de l'art. 8, englobe aussi des éléments matériels comme les obligations alimentaires. • CEDH, sect. V, 23 févr. 2010, *Hofmann c/ Allemagne*, n° 1289/09.

2. Enfant à la filiation contestée (non). Disparition rétroactive de l'obligation d'entretien en cas de contestation de paternité judiciairement accueillie : V. • Civ. 1re, 13 févr. 1985, n° 83-15.112 P. – Même sens : • Civ. 1re, 1er févr. 1984 : *D. 1984. 388, note Massip ; ibid. IR 315, obs. Huet-Weiller ; RTD civ. 1984. 700, obs. Nerson et Rubellin-Devichi* • 16 sept. 2020, n° 18-25.429 P : *D. 2021. 499, obs. Douchy-Oudot* ; *AJ fam. 2020. 596, obs. Houssier*.

Sur l'action en répétition de l'indu, V. note 22 ss. art. 1302-1.

3. Enfant conçu (non). Fixation, dans le cadre d'un divorce, de la pension alimentaire à compter de la naissance seulement. • TGI Lille, JAF, 13 févr. 1998 : *D. 1999. 177, note Labbée* ; *RTD civ. 1999. 356, obs. Hauser*.

4. Enfant abandonné. La demande de pension alimentaire de l'enfant majeur à l'encontre de ses parents est recevable, bien que ceux-ci l'aient abandonné à la naissance, dès lors que l'abandon seul, non suivi d'un jugement d'adoption plénière, ne rompt pas le lien de filiation. • Besançon, 5 juin 2007 : *JCP 2008. IV. 1129.*

5. Intransmissibilité successorale. Sur l'affirmation du principe de l'intransmissibilité successorale, V. • Civ. 29 mars 1950 : *D. 1950. 593, note Carbonnier* • Civ. 1re, 10 mai 1955 : *D. 1955. 484.* ♦ L'obligation alimentaire est un rapport de droit auquel ne succèdent pas les héritiers du débiteur et la mort de celui-ci met fin à sa dette ; les héritiers ne peuvent donc être condamnés à verser une pension alimentaire que s'ils sont eux-mêmes tenus du devoir alimentaire, indépendamment de leur qualité d'héritier du débiteur ancien. • TGI Bayonne, 2 oct. 1973 : *JCP 1974. II. 17604, note R. B.*

6. Subsidiarité de l'obligation des autres ascendants. L'obligation que l'art. 203 met à la charge des père et mère de nourrir, entretenir et élever leurs enfants n'exclut celle que les art. 205 et 207 imposent en leur faveur aux autres ascendants que dans la mesure où les parents peuvent faire face en totalité à leurs propres obligations. • Civ. 1re, 6 mars 1990 : *JCP 1991. II. 21664 (2e esp.), note Garé ; Defrénois 1990. 944, obs. Massip* • Versailles, 29 sept. 1989 (2 arrêts) : *D. 1992. 67, note Garé ; RTD civ. 1991. 729, obs. Huet-Weiller.*

B. MESURE DE L'OBLIGATION

7. Besoins de l'enfant. Obligation de prendre en compte les besoins des enfants, eu égard à leur âge et à leurs habitudes de vie. • Civ. 1re, 22 mars 2005 : *D. 2005. IR 1112.* ♦ Pour l'enfant majeur, V. ss. art. 373-2-5. ♦ Mais absence de prise en compte de leur patrimoine, provenant d'une donation des grands-parents et qui n'est pas destinée à pallier les carences du père dans l'exécution de ses propres obligations. • Versailles, 17 févr. 2011 : *JCP 2011, no 328, obs. G. Kessler.*

Prise en compte de l'autonomie financière des enfants, résidant au domicile de leur mère, pour estimer qu'ils ne sont plus dans le besoin et que leur mère n'assume pas la charge de ses enfants majeurs. • Civ. 1re, 15 mai 2018, no 17-15.271 : *AJ fam. 2018. 461, obs. Saulier.*

8. ... Enfant majeur (non-lieu à QPC). L'obligation de chaque parent de contribuer à l'entretien d'un enfant devenu majeur prévue à l'al. 2 de l'art. 371-2 reste soumise aux conditions de l'al. 1er de ce texte, qui précise qu'elle est déterminée à proportion de ses ressources, de celles de l'autre parent, ainsi que des besoins de l'enfant ; ce texte, en soi, ne crée aucune rupture d'égalité entre les parents ; lorsque l'enfant majeur réside avec l'un d'eux, l'obligation qui pèse sur le débiteur, tenu au paiement d'une contribution en vertu d'une décision de justice, de saisir un juge et de rapporter la preuve des circonstances permettant de l'en décharger, repose sur une différence de situation en rapport avec l'objet de la loi ; le 2d al. de l'art. 371-2, qui ne définit aucune incrimination et n'instaure aucune sanction, ne porte pas atteinte au principe à valeur constitutionnelle de légalité des délits et des peines, et ce texte, qui assure le maintien de l'obligation d'entretien des parents après la majorité de l'enfant, ne méconnaît pas le principe de responsabilité, qui ne vaut qu'en matière de responsabilité pour faute ; enfin, la persistance de cette obligation n'a pas pour effet d'empêcher les membres d'une même famille de vivre ensemble. • Civ. 1re, 18 sept. 2019, no 19-40.022 P : *D. 2019. 1834 ; AJ fam. 2019. 587, obs. Saulier.*

9. Impossibilité matérielle d'exécution. L'obligation d'entretenir et d'élever les enfants résulte d'une obligation légale à laquelle les parents ne peuvent échapper qu'en démontrant qu'ils sont dans l'impossibilité matérielle de le faire ; dès lors qu'il n'est pas dépourvu de ressources, le père doit contribuer à l'entretien de l'enfant commun ; mais pour fixer le montant de la pension alimentaire, les juges du fond ne peuvent se borner à énoncer que ce dernier n'est pas dépourvu de ressources, sans rechercher quelles étaient les ressources des parties. • Civ. 2e, 17 oct. 1985, no 84-15.135 P : *R., p. 82.* ♦ Même principe : • Civ. 2e, 4 mars 1987, no 86-10.453 P • Civ. 2e, 18 mars 1992, no 90-20.535 P • Civ. 1re, 21 nov. 2018, no 17-27.054 P : *D. 2018. 2306 ; AJ fam. 2019. 35, obs. Saulier.* ♦ N'est pas en mesure « actuellement » de verser une pension alimentaire le père qui est en congé parental et ne perçoit à ce titre que de faibles ressources. • Civ. 1re, 8 oct. 2008, no 07-16.646 P : *D. 2008. AJ 2668 ; RJPF 2008-12/31, obs. Valory ; RLDC 2008/55, no 3230, obs. Serra ; RTD civ. 2009. 111, obs. Hauser.* ♦ En revanche, un père ne saurait se prévaloir de son licenciement en cours d'instance, pour demander la réduction du montant initial de la pension alimentaire. • Civ. 1re, 8 oct. 2008, no 06-21.912 P : *D. 2008. AJ 2669 ; RLDC 2008/55, no 3230, obs. Serra ; RJPF 2008-12/31, obs. Valory ; RTD civ. 2009. 111, obs. Hauser.*

10. Appréciation des besoins et ressources : date. Pour fixer la contribution à l'entretien et à l'éducation des enfants, le juge doit se placer au jour où il statue pour apprécier les ressources des parents. • Civ. 1re, 7 oct. 2015, no 14-23.237 P : *AJ fam. 2015. 676, obs. Thouret* (prise en compte des changements intervenus dans la situation des parents lors d'une demande de révision de la contribution).

11. ... Office du juge. Cassation de la décision qui s'est appuyée sur la table de référence annexée à la circulaire du 12 avr. 2010 alors que le montant de la contribution doit être fixé en considération des seules facultés contributives des parents de l'enfant et des besoins de celui-ci. • *Civ. 1re, 23 oct. 2013* : *D. 2014.* Chron. C. cass. *563, obs. Capitaine ; AJ fam. 2013. 703, obs. Thouret ; RTD civ. 2014. 77, obs. Deumier ; ibid. 105, obs. J. Hauser ; JCP 2013, no 1269, note Bazin ; Gaz. Pal. 2013. 3779, obs. Sayn ; Dr. fam. 2013, no 162, obs. Bardout ; RLDC 2014/113, obs. Douris.*

12. ... *Éléments d'appréciation.* Prise en considération de la situation de concubinage du débiteur de la contribution à l'entretien des enfants pour l'appréciation de ses ressources : V. • Civ. 2e, 8 nov. 1989 : *D. 1990. Somm. 118, obs. Bénabent*. ♦ Nécessité de prendre en compte les revenus de la nouvelle épouse du père de l'enfant. • Civ. 1re, 22 mars 2005, n° 02-10.153 P : *D. 2005. IR 1112* ; *RTD civ. 2005. 379, obs. Hauser*. ♦ Prise en compte dans le calcul des ressources d'une allocation d'handicapé : • Civ. 2e, 7 juin 1990 : *Gaz. Pal. 1991. 1. 178, note Dagorne-Labbe ; Defrénois 1991. 944, obs. Massip.* ♦ Prise en compte, dans les ressources du parent qui a la charge effective de l'enfant handicapé, de l'allocation d'éducation spéciale. • Civ. 2e, 9 déc. 1999, n° 97-15.133 P : *D. 2000. 451, note Dagorne-Labbe*. ♦ Sur la modification des pensions, V. ss. art. 373-2-2.

Pour la détermination de la contribution de chacun des parents à l'entretien et à l'éducation des enfants, les allocations familiales peuvent être prises en compte au titre des ressources dont chacun d'eux dispose. • Civ. 1re, 17 nov. 2010, n° 09-12.621 P : *D. 2010. 2910* ; *JCP 2011, n° 29, obs. Favier ; AJ fam. 2010. 534, obs. Briand* ; *RTD civ. 2011. 117, obs. Hauser*. ♦ Comp., à défaut de dispositions contraires du jugement, le montant des allocations familiales ne s'impute pas sur le montant de la contribution à l'entretien des enfants. • Civ. 2e, 3 déc. 1997, n° 94-16.970 P : *D. 1998. 441, note Everaert-Dumont* ; *JCP 1998. II. 10077, note Garé ; Defrénois 1998. 1388, obs. Massip ; Dr. fam. 1998, n° 65, note Lécuyer* • 15 avr. 1999 : *Dr. fam. 2000, n° 38, note Oudin (2e esp.).*

13. *Absence d'éléments sur les ressources.* Faute d'éléments sur les ressources, le montant de la contribution du père à l'entretien et à l'éducation de son fils est souverainement déterminé par les juges du fond en considération des besoins d'un enfant selon son âge. • Civ. 1re, 12 juin 2013, n° 12-19.569 P : *AJ fam. 2013. 442, obs. Vial* (en l'espèce 300 € pour un enfant de 15 ans).

14. *Ressources et charges non prises en compte.* La prestation compensatoire versée par l'un des époux à l'autre n'a pas à être incluse dans l'appréciation des ressources et des besoins de l'époux à qui elle est versée. • Civ. 2e, 3 déc. 1997 : *préc.* – V. aussi • Civ. 2e, 11 juill. 2002 : *RJPF 2002-11/22, obs. Garé* • Civ. 1re, 19 nov. 2014, n° 13-23.732 P : *D. 2014. 2408* ; *AJ fam. 2015. 47, obs. Thouret* ; *RTD civ. 2015. 115, obs. Hauser* ; *Dr. fam. 2015, n° 26.* ♦ Absence de prise en compte des charges résultant de la constitution d'un patrimoine immobilier qui ne peuvent être opposées à une créance alimentaire. • Civ. 1re, 8 oct. 2008 : *préc. note 9.*

C. RECOURS DE L'UN DES PARENTS CONTRE L'AUTRE

15. *Principe du recours.* Si chacun des père et mère, naturels comme légitimes, est tenu pour le tout de l'obligation de nourrir, entretenir et élever les enfants communs, cette obligation, unique au regard des enfants, qui en sont les créanciers en dehors de toute décision judiciaire consacrant leurs droits, ne s'en divise pas moins entre les parents, qui, dans leurs rapports entre eux, doivent en supporter le poids proportionnellement à leurs ressources ; il suit de là que si l'un d'eux s'est soustrait à l'exécution de ce devoir, à la fois légal et moral, vis-à-vis des enfants hors d'état de se protéger eux-mêmes, celui qui en a forcément assumé la charge a un recours contre le défaillant ; toutefois ledit recours serait sans cause si, à raison de son insolvabilité complète, l'obligation de ce dernier se trouvait à disparaître. • Civ. 27 nov. 1935, *Épx Gibeaux : GAJC, 12e éd., n° 56-57 (II) ; DP 1936. 25, note Rouast* • Paris, 3 nov. 1960 : *D. 1961. 32.*

16. *Montant du recours.* La personne tenue en vertu de l'art. 203 à une obligation alimentaire dispose d'un recours contre son coobligé pour les sommes qu'elle a payées excédant sa part contributive, compte tenu des facultés respectives des débiteurs. • Civ. 2e, 28 avr. 1980, n° 78-15.716 P • 6 mars 2003, n° 01-14.664 P : *D. 2003. IR 862* ; *Defrénois 2003. 1081, obs. Massip ; AJ fam. 2003. 182, obs. F. B.* ; *Dr. fam. 2003, n° 142, note Murat.* ♦ ... Celles-ci devant être appréciées compte tenu des seules ressources dont disposait le débiteur à l'époque de la créance d'aliments. • Civ. 1re, 17 mai 1993, n° 91-15.658 P. ♦ ... Les modifications qui ont pu affecter la situation des parties devant être prises en considération pour l'avenir. • Civ. 1re, 12 juill. 1994, n° 92-21.444 P. ♦ En statuant sur la fixation de la contribution aux charges du mariage due à l'époux avec lequel réside habituellement l'enfant, le juge se prononce nécessairement sur toutes les charges afférentes à l'entretien et à l'éducation de celui-ci. • Civ. 1re, 28 mars 2006 : *cité note 7 ss. art. 214.*

17. *Nullité de la renonciation.* Une mère ne peut renoncer au droit de réclamer des aliments pour l'entretien de son enfant. • Civ. 1re, 11 juill. 2006, n° 04-14.185 P : *D. 2006. IR 2123* ; *AJ fam. 2006. 425, obs. Chénedé* ; *Dr. fam. 2006, n° 203, note Murat ; RJPF 2006-10/55, obs. Valory ; RLDC 2007/37, n° 2495, note Bas ; LPA 10 déc. 2007, obs. Everaert-Dumont.* ♦ L'obligation pour chacun des époux divorcés de contribuer, dans la proportion de ses facultés, aux frais d'entretien et d'éducation de ses enfants, dérive de la loi, et nul ne peut s'en affranchir ; il s'ensuit que la renonciation consentie par l'époux créancier est nulle, de même que la garantie personnelle dont elle était assortie, et ne l'empêche donc pas d'exercer un recours contre l'autre époux. • Req. 26 juill. 1928 : *DP 1929. 1. 9 (2e esp.), note R. Savatier* • Civ. 1re, 29 mai 1985, n° 84-11.626 P. ♦ Comp. la solution donnée en matière de droit international privé, note 4 ss. art. 373-2-2. ♦ Le recours de la mère ne peut être rejeté au motif qu'elle n'a fait aucune demande devant la cour d'appel qui, dans son arrêt, a fixé chez la mère la résidence habituelle des enfants. • Civ. 2e, 6 mars 2003 : *préc. note 16.* ♦ V. aussi ss. art. 373-2-2, pour les conventions entre parents.

18. Transaction. L'action par laquelle la mère demande au père le remboursement des sommes dont elle a dû faire l'avance poursuivant le recouvrement d'une créance personnelle est susceptible de transaction. • Civ. 1re, 29 mai 1985 : *préc. note 17.*

D. RÉGIME DE LA CONTRIBUTION

19. Soins médicaux assurés par un parent. Sur la question du droit au remboursement par la sécurité sociale des soins dispensés à leur enfant par un père ou une mère dans le cadre de leur compétence médicale : • Cass., ass. plén., 20 déc. 1991, n° 88-16.301 P : *R., p. 283 ; Gaz. Pal. 1992. 1. 220, rapp. Chartier* (arrêt décidant qu'est justifiée la prise en charge par une caisse primaire d'assurance maladie des soins qu'en tant qu'infirmier libéral un père a pratiqués, conformément aux prescriptions médicales, sur ses enfants mineurs atteints d'une maladie héréditaire grave).

20. Procédure collective du débiteur. BIBL. Boysson, *RTD com. 2013. 191* (faculté de déclarer la créance alimentaire). ♦ La créance née d'une prestation compensatoire, qui présente, pour partie, un caractère alimentaire, si elle échappe à la règle de l'interdiction des paiements, demeure soumise à celle de l'interdiction des poursuites ; dès lors, en cas de liquidation judiciaire de son débiteur, elle doit, en principe, être payée hors procédure collective. • Com. 13 juin 2019, n° 17-24.587 P : *cité note 21 ss. art. 270.* ♦ La créance née de la pension alimentaire peut être payée sans avoir été déclarée au passif du débiteur soumis à la procédure collective. • Com. 8 oct. 2003, n° 00-14.760 P : *R., p. 376 ; D. 2003. AJ 2637, obs. A. Lienhard (2e esp.) ; D. 2004. Somm. 54, obs. F.-X. Lucas (2e esp.) ; ibid. 1965, obs. Danis-Fatôme ; JCP 2004. II. 10012, note Becqué-Ickowicz (2e esp.) ; ibid. I. 109, n° 1, obs. Bosse-Platière ; ibid. I. 115, n° 12, obs. Cabrillac et Pételot ; JCP N 2004. 1243, note Fosset-Lefebvre ; Gaz. Pal. 2003. 3756, note Le Corre ; Defrénois 2004. 151, obs. Massip ; AJ fam. 2003. 422, obs. F. B. ; Dr. fam. 2003, n° 132, note Lécuyer (2e esp.) ; RJPF 2003-12/34, note Valory ; LPA 17 févr. 2004, note A.-F. Z. ; ibid. 7 juill. 2004, note Flasaquier ; RTD com. 2004. 368, obs. Martin-Serf* • 1er févr. 2005, n° 01-13.943 P : *D. 2005. 2196, note Revel ; ibid. AJ 489, obs. A. Lienhard ; ibid. 2006. Pan. 1381, obs. Danis-Fatôme ; JCP N 2005. 1292, étude Raby ; RTD civ. 2005. 375, obs. Hauser* • 4 avr. 2006 : *D. 2006. AJ 1166, obs. A. Lienhard ; RTD civ. 2006. 546, obs. Hauser ; RTD com. 2006. 663, obs. Martin-Serf.* – V. conf. • Crim. 7 janv. 2004, n° 03-82.337 P : *D. 2004. AJ 419, obs. A. Lienhard ; JCP 2004. II. 10060, note Pomart* • 9 juin 2004, n° 03-84.029 P : *D. 2004. AJ 2157 ; AJ fam. 2004. 326, obs. S. David ; LPA 12 avr. 2005, note Zattara ; RTD civ. 2004. 721, obs. Hauser.* ♦ Étant une dette personnelle de ce débiteur, elle doit être payée sur les revenus dont il conserve la disposition, ou bien être recouvrée par la voie de la procédure de paiement direct ou de recouvrement public des pensions alimentaires. • Com. 8 oct. 2003 : *préc.* • 1er févr. 2005 : *préc.* ♦ Limitation de cette dispense de déclaration aux seules créances nées de la prestation compensatoire ou de la pension alimentaire. • Civ. 1re, 23 mai 2006, n° 03-16.300 P : *D. 2006. AJ 1684, obs. A. Lienhard.* ♦ Pour le cas où la créance d'aliments a néanmoins été déclarée, V. • Com. 13 juin 2006, n° 05-17.081 P : *D. 2006. 1969, note C. Vincent ; ibid. AJ 1681, obs. A. Lienhard ; D. 2007. Pan. 45, obs. Le Corre ; Defrénois 2006. 1914, obs. Gibirila ; Dr. fam. 2006, n° 163, note Larribau-Terneyre ; RJPF 2006-10/49, obs. Valory ; RTD civ. 2006. 747, obs. Hauser.*

Créances alimentaires comprises dans l'état liquidatif de communauté et nullités de la période suspecte : V. note 7 ss. art. 250-1.

21. Surendettement du débiteur. Au sens de l'art. L. 333-1 [L. 711-4] C. consom., qui exclut les dettes alimentaires du débiteur surendetté de toute remise, échelonnement ou effacement, ne constituent pas des dettes alimentaires les dettes à l'égard d'une collectivité publique pour des créances portant sur des frais de restauration scolaire, d'accueil périscolaire ou de centre de loisirs. • Cass., avis, 8 oct. 2007, n° 07-00.013 P : *BICC 1er févr. 2008, rapp. Leroy-Gissinger, avis Magliano ; D. 2007. AJ 2669, obs. Rondey ; JCP 2007. II. 10203, note Dagorne-Labbe ; CCC 2007, n° 313, note Raymond ; Dr. et pr. 2008. 45, obs. Bazin ; RTD civ. 2008. 97, obs. Hauser ; RTD com. 2008. 193, obs. Paisant* • Civ. 2e, 3 juill. 2008, n° 07-15.223 P : *D. 2008. AJ 2070 ; AJDA 2008. 2296.*

22. Exclusion d'« aliments ne s'arréragent pas ». La règle « aliments ne s'arréragent pas », fondée sur l'absence de besoin ou sur la présomption selon laquelle le créancier a renoncé à la pension alimentaire, est sans application lorsque cette pension a été accordée au titre de la contribution de l'autre époux à l'entretien et à l'éducation des enfants mineurs issus du mariage. • Civ. 2e, 29 oct. 1980 : *JCP 1981. II. 19665, note Jambu-Merlin ; Gaz. Pal. 1981. 1. 125, note Viatte.* ♦ V. aussi note 11 ss. art. 208.

23. Application de l'art. L. 313-3 C. mon. fin. La faculté accordée au juge de l'exécution d'exonérer le débiteur, au vu de sa situation, de la majoration de cinq points du taux de l'intérêt légal prévue pour les condamnations pécuniaires à l'expiration d'un délai de deux mois à compter du jour où la décision de justice est devenue exécutoire s'applique aux dettes d'aliments ; à défaut d'exclusion expresse le juge de l'exécution peut donc exonérer le débiteur de la majoration du taux de l'intérêt légal ou en réduire le montant. • Civ. 2e, 22 mars 2012, n° 11-13.915 P.

24. Prescription. Sur l'effet rétroactif de l'établissement de l'action en recherche de paternité sur l'obligation de contribuer à l'entretien de l'enfant, V. note 4 ss. art. 331. ♦ Si la règle « aliments ne s'arréragent pas » ne s'applique pas à l'obligation d'entretien, l'action en paiement d'une contribution à l'entretien et à l'éducation de l'enfant est soumise à la prescription quinquennale. • Civ. 1re, 25 mai 2016, n° 15-17.993 P : *cité note 20 ss. art. 2224.* V. notes 15 ss. art. 2277 [ancien] et 20 s. ss. art. 2224.

25. Recours des hôpitaux ou cantines. En assurant des soins à l'enfant de la bénéficiaire des allocations familiales, l'hôpital s'est substitué à cette dernière dans l'acquittement au moins partiel de l'obligation alimentaire lui incombant en vertu de l'art. 203 C. civ., en sorte qu'étaient saisissables les prestations familiales allouées du chef de l'enfant en cause pendant la durée de son hospitalisation. • Soc. 4 juill. 1983 : *Bull. civ. V, n° 390* • 12 mars 1998, n° 96-16.591 P. ♦ Même sens, pour le recouvrement par une commune des frais de cantine de l'enfant : • Civ. 2e, 25 mai 1987 : *Bull. civ. II, n° 118.* ♦ Rappr. note 19.

Art. 371-3 L'enfant ne peut, sans permission des père et mère, quitter la maison familiale et il ne peut en être retiré que dans les cas de nécessité que détermine la loi.

BIBL. ▸ **Rapatriement des mineurs (aspects pratiques) :** KRAEMER-BACH, *Gaz. Pal. 1981. 1. Doctr. 11.* ▸ **Domiciliation des enfants mineurs non émancipés :** BARBIER, *Gaz. Pal. 1976. 1. Doctr. 260.* ▸ **Enlèvements internationaux d'enfants :** V. Bibl. ss. art. 373-2-1.

1° PROTECTION DE LA VIE FAMILIALE (ART. 8 CONV. EDH)

1. Principe. Le fait d'être ensemble, pour un parent et son enfant, est un élément fondamental de la vie familiale et des mesures internes qui y mettent obstacle constituent une ingérence dans le droit au respect de la vie familiale protégé par l'art. 8 conv. EDH. Jurisprudence constante. V. par exemple : • CEDH 13 juill. 2000, *Elshotz c/ Allemagne,* n° 25735/94 : *JCP 2001. 1. 291, n° 32, obs. Sudre* • CEDH, sect. IV, 27 avr. 2000, *L. c/ Finlande,* n° 25651/94 (placement des enfants et limitation du droit de visite). ♦ Mais l'art. 8 Conv. EDH ne garantit pas le droit pour une famille de choisir l'endroit qui lui convient le mieux pour y vivre. • CEDH, sect. II, 13 mai 2003, *Chandra c/ Pays-Bas,* n° 53102/99 (absence de violation dans le refus d'accorder un titre de séjour aux enfants étrangers d'une mère naturalisée, les enfants étant majeurs ou adolescents, ayant été longtemps séparés de leur mère, qui n'a pas les moyens de les accueillir, et rien n'empêchant les parties de vivre ensemble ailleurs). ♦ Le père d'un enfant né hors mariage doit pouvoir agir en justice afin d'obtenir l'exercice conjoint de l'autorité parentale. • CEDH 3 déc. 2009, n° 22028/04, *Zaunegger c/ Allemagne : RJPF 2010-4/28, obs. Eudier ; RTD civ. 2010. 773, obs. Hauser.* ♦ Le droit de mener une vie familiale normale résulte du 10e al. du Préambule de la Constitution de 1946 qui dispose que « la Nation assure à l'individu et à la famille les conditions nécessaires à leur développement ». • Cons. const. 17 mai 2013, n° 2013-669 DC : *cité note 1 ss. art. 143* (consid. n° 16).

2. Obligations positives. Si l'art. 8 tend pour l'essentiel à prémunir l'individu contre des ingérences arbitraires des pouvoirs publics, il met de surcroît à la charge de l'État des obligations positives inhérentes au « respect » effectif de la vie familiale. Lorsque l'existence d'un lien familial est établie, l'État doit en principe agir de manière à permettre à ce lien de se développer et prendre les mesures propres à réunir le parent et l'enfant concernés. • CEDH, sect. IV, 26 févr. 2002, *Kutzner c/ Allemagne,* n° 46544/99 (existence d'une marge d'appréciation). ♦ Même sens : • CEDH 25 janv. 2000, *Ignaccolo-Zenide : JCP 2001. I. 291, n° 32, obs. Sudre* • 13 oct. 2009, *Costrele c/ Roumanie : AJ fam. 2009. 451, obs. Chénedé.* ♦ L'obligation pour les autorités nationales de prendre des mesures visant à faciliter la réunion d'un parent avec son enfant n'est pas absolue et doit être examinée à la lumière des intérêts supérieurs de l'enfant. • CEDH, sect. IV, 23 sept. 2003, *Hansen c/ Turquie,* n° 36141/97. ♦ Les États ont l'obligation de prendre des mesures propres à empêcher que les personnes relevant de leur juridiction ne soient soumises à des traitements inhumains ou dégradants, même administrés par des particuliers. Violation de ces principes et de l'art. 3 Conv. EDH lorsque les autorités ont mis plus de quatre ans pour protéger des enfants gravement maltraités, y compris, au besoin, en les retirant à leurs parents. • CEDH, gr. ch., 10 mai 2001, *Z. c/ Royaume-Uni,* n° 29392/95. ♦ Condamnation pour ne pas avoir vérifié la véracité de prétendues allégations de maltraitance de la part d'enfants à l'encontre de leurs parents compte tenu des graves conséquences du retrait total de l'autorité parentale à l'égard des requérants : • CEDH 14 mars 2013, *Allemagne : AJ fam. 2013. 233, obs. Rouillard.* ♦ Interprété à la lumière de la Conv. de La Haye, l'art. 8 ne met pas à la charge des autorités nationales d'obligations positives tendant au retour de l'enfant si l'intéressé ne détient qu'un droit de visite. • CEDH, sect. III, 10 nov. 2009, *R.R. c/ Roumanie*, n° 1188/05.

3. Bénéficiaires. La notion de famille au sens de l'art. 8 Conv. EDH ne se borne pas aux relations fondées sur le mariage et peut englober d'autres liens « familiaux » factuels lorsque les parties cohabitent en dehors du mariage. Un enfant issu d'une telle relation s'insère de plein droit dans cette cellule dès sa naissance et par le fait même de celle-ci. • CEDH 13 juill. 2000, *Elshotz c/ Allemagne : préc. note 1.* ♦ V. aussi : • CEDH, sect. I, 3 oct. 2000, *Camp et Bourimi*, n° 28369/95. ♦ Sur le contrôle des discriminations entre parents légitimes et parents naturels dans l'attribution des droits de visite, V., sanctionnant les décisions ayant fait peser une charge plus lourde sur un père naturel que sur un père divorcé, sans pour autant remettre en cause la législation concernée : • CEDH, gr. ch., 8 juill. 2003, *Sommerfeld c/ Allemagne*, n° 31871/96 • CEDH, gr. ch., 8 juill. 2003, *Sahin c/ Allemagne*, n° 30943/06. ♦ V. déjà • CEDH, sect. IV, 11 oct. 2001, *Sahin, Sommerfeld, Hoffmann c/ Allemagne : JCP 2002. I. 105, n° 19, obs. Sudre.*

Un simple lien biologique, sans autres éléments juridiques ou factuels indiquant l'existence de rapports personnels étroits entre un parent et un enfant, n'est pas suffisant pour qu'entre en jeu la protection de l'art. 8. • CEDH, sect. II, 1er juin 2004, *L. c/ Pays-Bas*, n° 45582/99 : *RTD civ. 2005. 339, obs. Marguénaud*. ♦ V. aussi • CEDH, sect. III, 21 oct. 2004, *L. et U. c/ Norvège*, n° 75531/01 (doute sur l'existence d'une vie familiale entre des enfants de mêmes parents biologiques mais qui ne se connaissent pas) • CEDH, sect. II, 15 mai 2007, *Giusto c/ Italie*, n° 38972/06 (le séjour d'un orphelin à l'étranger, pour une durée de dix huit mois, dans le cadre d'un programme organisé par une association et sans objectif de créer une nouvelle famille, ne correspond pas à une vie familiale). ♦ Comp. : une adoption légalement décidée par une décision judiciaire, non exécutée, même sans lien effectif autre qu'épistolaire, n'exclut pas l'existence d'une vie familale. • CEDH, sect. II, 22 juin 2004 : *préc. note 3 ss. art. 343-1* (l'intérêt des adoptants est toutefois dans ce cas plus faible que celui des adoptées, qui refusaient en l'occurrence le départ de leur établissement où elles se sentaient bien et qui ne souhaitaient pas partir à l'étranger). ♦ V. aussi : • CEDH, sect. V, 15 sept. 2011, *Schneider c/ Allemagne*, n° 17080/07 (admission de l'applicabilité de l'art. 8 Conv. EDH au père biologique de *fait, ayant eu une liaison de plus d'un an avec la* mère ce qui était plus qu'une simple aventure, dès lors que c'est l'opposition des parents légitimes qui a empêché le requérant d'établir une relation familiale avec l'enfant). ♦ Sur les conséquences des obligations positives des États lorsque l'enfant a la nationalité du pays mais que le parent est un étranger en situation irrégulière : • CEDH, sect. II, 31 janv. 2006, *R. D. S. et H. c/ Pays-Bas*, n° 50435/99.

4. S'agissant d'un enfant né dans le mariage, le lien constitutif d'une vie familiale n'est pas rompu lorsqu'à la suite de la séparation des conjoints, l'enfant ne vit plus avec l'un des parents. • CEDH, sect. I, 11 juill. 2000, *Ciliz c/ Pays-Bas*, n° 29192/95.

5. Le droit au respect de la vie familiale peut être invoqué par les grands-parents. • CEDH, sect. IV, 27 avr. 2000 : *préc. note 1.* ♦ ... Par un couple ayant servi de famille d'accueil d'une enfant âgée d'un mois, pendant dix-neuf mois. • CEDH, sect. II, 27 avr. 2010, *M. et B. c/ Italie*, n° 16318/07.

2° CONTRÔLE DES INGÉRENCES

6. Principe. Les ingérences dans la vie familiale violent l'art. 8 Conv. EDH sauf si elles sont prévues par la loi, si elles poursuivent un but légitime et si elles sont nécessaires dans une société démocratique. • CEDH 13 juill. 2000, *Elshotz c/ Allemagne : préc. note 1* • CEDH, sect. IV, 27 avr. 2000 : *préc. note 1* • CEDH, sect. IV, 25 janv. 2001, *M. C. c/ Finlande*, n° 28460/95.

7. Mesure prévue par la loi. Respectent notamment cette condition les décisions prises en application de la Conv. de La Haye du 25 oct. 1980. • CEDH, sect. IV, 27 avr. 2000, *T. c/ France et Allemagne*, n°s 47457/99 et 47458/99 (fixation de la résidence). ♦ Les obligations de l'art. 8 Conv. EDH doivent s'interpréter à la lumière de la Convention du 25 oct. 1980. • CEDH 25 janv. 2000, *Ignaccolo-Zenide : préc. note 2* • CEDH, sect. IV, 29 avr. 2003, *Iglesias Gil c/ Espagne*, n° 56673/00 (violation lorsque après la constatation du caractère illicite de la soustraction de l'enfant, les autorités n'ont pas adopté les mesures appropriées prévues par la Convention de La Haye) • CEDH, sect. V, 22 juin 2006, *Bianchi c/ Suisse*, n° 7548/04 : *D. 2007. Pan. 2195, obs. Gouttenoire*. ♦ Comp., pour un pays non signataire de la convention : • CEDH, sect. IV, 12 déc. 2006, *B. c/ Albanie*, n° 35853/04 (obligation de prendre toute mesure pour réunir parent et enfant).

8. Mesure poursuivant un but légitime. Respecte cette condition la législation qui vise à protéger la santé et la morale ainsi que les droits et libertés des enfants. • CEDH 13 juill. 2000, *Elshotz c/ Allemagne : préc.* • CEDH, sect. IV, 27 avr. 2000 : *préc. note 1* ♦ ... La législation qui vise à préserver le bien-être économique du pays. • CEDH, sect. I, 11 juill. 2000, *Ciliz c/ Pays-Bas : préc. note 4* (permis de séjour lié au mariage et prenant fin à sa dissolution). ♦ Mais ne respecte pas cette condition la législation qui prévoit de façon automatique, à titre accessoire d'une condamnation pénale pour emprisonnement, la privation des droits parentaux, sans prendre en compte la nature de l'infraction et l'intérêt de l'enfant. • CEDH, sect. II, 28 sept. 2004, *Sabou et Pircalab c/ Roumanie*, n° 46572/99.

9. Mesure nécessaire dans une société démocratique. Si les autorités nationales disposent d'une marge d'appréciation en ce domaine, leurs mesures ne doivent pas être disproportionnées par rapport au but légitime poursuivi. • CEDH, sect. IV, 27 avr. 2000, *T. c/ France et Allemagne : préc. note 1* (admission par la Cour du fait que les juges nationaux sont mieux placés que les juges européens pour réaliser un équilibre entre les intérêts en présence). ♦ Sur l'existence d'un processus permanent d'appréciation de l'intérêt supérieur de l'enfant : • CEDH, sect. I, 27 juin 2000, *Nuutinen c/ Finlande*, n° 32842/96. ♦ Sur la nécessité d'apprécier la situation de l'enfant *in concreto* et non au regard de motifs généraux tirés de l'appartenance religieuse d'un parent : • CEDH 16 déc. 2003 : *D. 2004. 1261, note F. Boulanger ; JCP 2004. II. 10122, note Gouttenoire ; ibid. I. 107, n° 19, obs. Sudre ; AJ fam. 2004. 62, obs. Plana ; Dr. fam. 2004, n° 30, note de Lamy ; RJPF 2004-5/29, obs. Meyzeaud-Garaud* • CEDH 12 févr. 2013 : *AJ fam. 2013. 179, obs. Gallmeister ; RTD civ. 2013. 365, obs. Hauser* (dans le cadre d'une demande de retrait de droit de visite). ♦ Sur l'appréciation du juste équilibre entre l'intérêt des enfants, manifestant le désir de rester avec la compagne de leur mère après le décès de celle-ci et celui de leur père : si l'intérêt de l'enfant peut primer celui du parent, violent l'art. 8 Conv. EDH les autorités finlandaises qui accordent de fait un droit de veto absolu aux enfants, âgés de plus de douze ans, en se contentant d'examiner exclusivement leurs souhaits. • CEDH, sect. IV, 9 mai 2006, *C. c/ Finlande*, n° 18249/02.

Les art. L. 512-2 et D. 512-2 CSS, qui subordonnent le ersement des prestations familiales à la producion d'un document attestant d'une entrée régiière des enfants étrangers en France et, en parculier pour les enfants entrés au titre du regroement familial, du certificat médical délivré p l'Office français de l'intégration et de l'immigrion, revêtent un caractère objectif justifié pala nécessité dans un État démocratique d'exer un contrôle des conditions d'accueil des enfan et ne portent pas une atteinte disproporti née au droit à la vie familiale garanti par les a 8 et 14 Conv. EDH, ni ne méconnaissent les positions de la CIDE. • Cass., ass. plén., 5 a 2013, n° 11-17.520 P : *R., p. 494 ; D. 2013. 12 chron. Bouvier ; AJ fam. 2013. 305, obs. Sla ; RDSS 2013. 527, note Monéger ; Rev. cr DIP 2014. 370, note Joubert ; RTD eur. 24. 472, obs. Matringe et Lunca-Muller*. ♦ Sous réserve que leur application ne crée pas e discrimination selon la nationalité, en prénce d'accords internationaux particuliers. • Cass., ass. plén., 5 avr. 2013, n° 11-18.947 P : *R., p. 495*.

10. Le placement d'un enfant doit en principe être vu comme une mesure temporaire qui doit être levée dès que les circonstances le permettent. • CEDH, sect. IV, 27 avr. 2000 : *préc. note 1* ♦ Le but ultime de cette mesure doit être de favoriser la réunion du parent et de l'enfant. • CEDH 7 août 1996, *Johansen : JCP 1997. I. 4000, n° 35, obs. Sudre.* ♦ V. aussi • CEDH 24 mars 1988, *Olsson c/ Suède : Série A, n° 156* • CEDH, sect. III, 30 avr. 2002, *Kleuver c/ Norvège*, n° 45837/99 (séparation d'une mère en détention provisoire et de son nouveau-né : absence de violation en l'espèce). ♦ En cas de carence matérielle de la famille, les autorités peuvent prendre en charge temporairement l'enfant, mais elles doivent porter au préalable une assistance à celle-ci, en vue de réunir l'enfant à ses parents, avant d'envisager des mesures plus radicales telles qu'un abandon suivi d'une adoption. • CEDH, sect. III, 18 juin 2013, *R.M.S. c/ Espagne*, n° 28775/12. ♦ Violation de l'art. 8 Conv. EDH en raison de l'absence de limitation dans le temps d'une mesure de placement au sein d'une communauté, dont certains dirigeants actifs avaient été condamnés pour abus sexuels, et pour l'absence de renforcement de la surveillance par le tribunal alors que les enfants placés avaient eu à subir ces sévices et que les condamnés avaient réussi à exercer une influence particulière sur eux. • CEDH 13 juill. 2000, *Scozzari et Giunta c/ Italie*, n° 39221/98 et n° 41963/98 : *JCP 2001. 1. 291, n° 33, obs. Sudre ; RTD civ. 2001. 451, obs. Marguénaud*. ♦ A violé l'art. 8 Conv. EDH la juridiction qui a considéré qu'il n'était pas de l'intérêt de l'enfant de conférer l'autorité parentale à son père biologique en raison des profonds liens affectifs et sociaux noués avec la famille d'accueil. • CEDH 26 févr. 2004, *Görgülü c/ Allemagne : Dr. fam. 2004, n° 48, note Murat.* ♦ Absence de violation pour des placements prolongés, dont l'opportunité a été régulièrement appréciée à partir d'expertises et discutée lors d'instances judiciaires ayant donné lieu à des décisions soigneusement motivées et détaillées. • CEDH, sect. I, 1er juill. 2004, *C. M. c/ France*, n° 64796/01. ♦ ... Pour des mesures justifiées en fonction des informations disponibles au moment de la décision, même si rétrospectivement, le danger n'existait pas. • CEDH, sect. IV, 12 févr. 2008, *D. c/ Royaume-Uni*, n° 38000/05 (inscription de l'enfant sur un registre des enfants à risque, ultérieurement rapportée sans que d'autres mesures soient prises) • CEDH, sect. IV, 30 sept. 2008, *R. K. et A. K. c/ Royaume-Uni*, n° 38000(1)/05 (enfant souffrant d'une maladie rare et n'ayant pas été maltraitée par ses parents) • CEDH, sect. II, 21 oct. 2008, *C. c/ Italie*, n° 19537/03 (éloignement justifié en raison des soupçons d'attouchements pesant sur le père ; violation établie en revanche pour la rupture complète avec les autres membres de la famille pendant la procédure pénale, et pour la rupture totale et définitive qui en a découlé, du fait de l'adoptabilité de l'enfant, décidée sans attendre l'issue finale du procès qui a conduit à un acquittement).

11. Lorsqu'une période de temps considérable s'est écoulée depuis le placement, l'intérêt de l'enfant à ne pas voir sa situation familiale *de facto* changer de nouveau peut l'emporter sur l'intérêt des parents au regroupement de leur famille. • CEDH, sect. IV, 26 févr. 2002, *Kutzner c/ Allemagne : préc. note 2.* ♦ ... Ou la réunion peut requérir certains préparatifs. • CEDH 25 janv. 2000, *Ignaccolo-Zenide : préc. note 2* • CEDH, sect. I, 24 avr. 2003, *Sylvester c/ Autriche : JCP 2003. I. 160, n° 12, obs. Sudre.* ♦ Mais le respect effectif de la vie familiale demande que ce ne soit pas le seul passage du temps qui détermine les relations futures entre un parent et son enfant. • CEDH, sect. I, 24 avr. 2003 : *préc.* (Convention de La Haye). ♦ V. aussi : • CEDH, sect. IV, 23 sept. 2003, *Hansen c/ Turquie,* n° 36141/97 (l'adéquation d'une mesure se juge à la rapidité de sa mise en œuvre, le passage du temps pouvant avoir des conséquences irrémédiables). • CEDH, sect. III, 26 mai 2009, *A. c/ Roumanie,* n° 4023/04 (enfant non restitué par les grands-parents maternels, à la suite du décès de sa mère). • CEDH, sect. III, 1er déc. 2009, *Eberhard c/ Slovénie,* nos 8673/05 et 9733/05 (non-respect d'un droit de visite) • CEDH, sect. V, 22 avr. 2010, *Macready c/ Rép. tchèque,* nos 4824/06 et 15512/08 (appréciation des dangers pour l'enfant d'un retour dans le pays d'origine).

12. Constituent des mesures nécessaires les décisions : refusant un droit de visite à un grand-père soupçonné de s'être livré à des abus sexuels. • CEDH, sect. IV, 27 avr. 2000 : *préc. note 1* (opposition au surplus des enfants). ♦ ... Décidant la prise en charge de l'enfant d'une personne, poursuivie puis condamnée pour un homicide de la mère de celle-ci. • CEDH, sect. IV, 25 janv. 2001 : *préc.* (appréciation globale de la participation au processus décisionnel). ♦ ... Décidant un éloignement d'urgence en cas de fortes présomptions d'abus sexuels de la part de la famille et de doutes sur la capacité de protection des parents. • CEDH, sect. I, 9 mai 2003, *Covezzi et Morselli c/ Italie : JCP 2003. I. 160, n° 11, obs. Sudre.* ♦ Possibilité de distinguer entre la période précédant l'issue du procès pénal, où l'intérêt de l'enfant justifie l'ingérence, et celle suivant l'acquittement qui impose la restauration de la vie familiale. • CEDH, sect. IV, 18 févr. 2003, *Schaal c/ Luxembourg,* n° 51773/99. ♦ S'il faut éviter de prendre des mesures coercitives à l'égard d'enfants, leur usage ne saurait être exclu lorsqu'un parent se conduit de manière illicite. • CEDH, sect. III, 15 mai 2003, *Paradis c/ Allemagne,* n° 4783/03 (Convention de La Haye) • CEDH, sect. IV, 23 sept. 2003, *Hansen c/ Turquie : préc. note 2.* ♦ Le souci de protéger l'enfant peut amener les autorités à prendre des décisions immédiates, constituant des ingérences dans la vie familiale, mais les informations complémentaires nécessaires pour confirmer ou infirmer les soupçons doivent être recherchées très rapidement. V. en ce sens : • CEDH, sect. IV, 23 mars 2010, *M.A.K. et R. K. c/ Royaume-Uni,* nos 45901/05 et 40146/06 (soupçons d'abus sexuels) • 16 mars 2010, *A.D. et O. D. c/ Royaume-Uni,* n° 28680/06 (maladie des os de verre difficile à identifier dès le signalement).

13. Ingérence disproportionnée dans la vie familiale d'un retrait immédiat dès l'accouchement, en raison des troubles mentaux de la mère, alors que cette situation était connue et pouvait être prise en compte par des mesures moins extrêmes, seules des raisons extraordinairement impérieuses pouvant justifier une telle mesure, prise de surcroît sans que les parents y soient associés. • CEDH, gr. ch., 12 juill. 2001, *K. et T. c/ Finlande,* n° 25702/94 : *JCP 2002. I. 105, n° 11, obs. Sudre.* ♦ V. déjà dans la même affaire : • CEDH, sect. IV, 27 avr. 2000, *K. et T. c/ Finlande,* n° 25702/94. ♦ V. aussi • CEDH, sect. II, 16 juill. 2002, *P. C. et S. c/ Royaume-Uni,* n° 56547/00 (décision admettant qu'une procédure d'urgence visant à retirer l'enfant dès sa naissance peut être nécessaire, compte tenu des risques que la mère fait courir à l'enfant, mais estimant la mise en œuvre excessive, le maintien temporaire de l'enfant près de la mère à l'hôpital avec une surveillance adaptée étant en l'espèce réalisable) • CEDH, sect. V, 26 oct. 2006, *W. et W. c/ République tchèque,* n° 2348/04 (placement uniquement fondé sur les conditions matérielles de logement, sans soutien dans les démarches permettant aux parents d'utiliser la législation sociale pour remédier à cette situation) • CEDH, sect. V, 18 déc. 2008, *Saviny c/ Ukraine,* n° 39948/06 (placement des sept enfants de parents aveugles, en se contentant des affirmations des autorités invoquant un manque de moyens financiers et des qualités personnelles mettant en péril les enfants, sans rechercher si les aides sociales avaient été offertes et si un soutien ne pouvait être apporté aux parents, avant de retenir la mesure la plus radicale). ♦ Ingérence disproportionnée d'une mesure de placement ayant séparé les enfants dans plusieurs familles d'accueil. • CEDH, sect. IV, 26 févr. 2002, *Kutzner c/ Allemagne : préc. note 2* • CEDH, sect. V, 18 déc. 2008 : *préc.*

14. Violation de l'art. 8 lorsque les services sociaux ont joué un rôle excessivement autonome et adopté une attitude négative à l'égard du requérant. • CEDH 13 juill. 2000, *Scozzari : préc. note 10.*

15. ... Conditions procédurales. Violation de l'art. 8 Conv. EDH lorsque le processus de décision concernant le droit de visite n'a pas accordé aux intérêts du requérant la protection voulue. • CEDH, sect. I, 11 juill. 2000, *Ciliz c/ Pays-Bas : préc. note 4.* ♦ ... Lorsque le requérant n'a pas pu jouer un rôle suffisamment important dans le processus décisionnel. • CEDH 13 juill. 2000, *Elshotz c/ Allemagne : préc. note 1* (refus d'ordonner une expertise psychologique indépendante et absence d'audience) • CEDH, sect. I, 9 mai 2003, *Covezzi et Morselli c/ Italie : préc. note 12* (décision admettant toutefois l'exclusion initiale des parents compte tenu de l'urgence et du risque d'une information préalable) • CEDH, sect. II, 17 déc. 2002, *Venema c/ Pays-Bas,* n° 35731/97 (*idem*) • CEDH, sect. III, 8 avr. 2004, *H. c/ Allemagne,* n° 11057/02 (décision rapide sans audition des intéressés) • CEDH, sect. V, 7 déc. 2006, *Hunt c/ Ukraine,* n° 31111/04 (retrait d'autorité parentale sans participation du père interdit de séjour). ♦ Les tribunaux internes ne sont pas toujours tenus d'entendre un enfant en audience au sujet du droit de visite, tout dépendant de circonstances propres à l'affaire telles que l'âge ou la maturité. • CEDH, gr. ch., 8 juill. 2003, *Sahin c/ Allemagne,* n° 30943/06 (enfant de cinq ans) • CEDH, sect. III, 6 déc. 2007 : *V. note 29 ss. art. 373-2-1* (absence de violation dans le fait de ne pas avoir auditionné un enfant de quatre ans) • CEDH, sect. II, 31 janv. 2012, *A. C. c/ Portugal,* n° 61226/08 (violation de l'art. 6, § 1, en cas d'absence d'information claire sur les voies de recours) • CEDH, sect. V, 14 mars 2013, *B. B. et F. B. c/ Allemagne,* n°s 18734/09 et 9424/11 (décision de retrait fondée uniquement sur les affirmations de sévices par les enfants, sans aucune preuve objective). ♦ ... Ni de procéder de façon systématique à une expertise psychologique. • CEDH, gr. ch., 8 juill. 2003, *Sommerfeld c/ Allemagne,* n° 31871/96 (enfant de treize ans auditionné et refusant le droit de visite). ♦ Comp. reprochant l'absence de toute sollicitation des enfants avant leur placement. • CEDH, sect. V, 18 déc. 2008 : *préc. note 13.*

16. Même si la mère a été privée de l'autorité parentale (mesure justement en débat), sa qualité de mère biologique suffit pour lui donner le pouvoir d'ester devant la cour également au nom de ses enfants afin de protéger leurs propres intérêts. • CEDH 13 juill. 2000, *Scozzari : préc. note 10.* ♦ Un mineur peut saisir la cour. • Même arrêt.

17. Compatibilité avec l'art. 6 Conv. EDH de la soustraction de principe à un procès public des affaires concernant la garde d'enfants, afin de protéger la vie privée des parties et les intérêts des mineurs. • CEDH, sect. III, 24 avr. 2001, *B. et P. c/ Royaume-Uni,* n° 36337/97 et n° 35974/97 (législation permettant au juge de revenir à un procès public en fonction des circonstances de l'affaire).

Art. 371-4 *(L. n° 2002-305 du 4 mars 2002)* **L'enfant a le droit d'entretenir des relations personnelles avec ses ascendants.** *(L. n° 2007-293 du 5 mars 2007, art. 8)* **« Seul l'intérêt de l'enfant peut faire obstacle à l'exercice de ce droit. »**

Si tel est l'intérêt de l'enfant, le juge aux affaires familiales fixe les modalités des relations entre l'enfant et un tiers, parent ou non *(L. n° 2013-404 du 17 mai 2013, art. 9)* **« , en particulier lorsque ce tiers a résidé de manière stable avec lui et l'un de ses parents, a pourvu à son éducation, à son entretien ou à son installation, et a noué avec lui des liens affectifs durables ».**

Sur le maintien des liens avec un tiers, V. Circ. 29 mai 2013 de présentation de la loi ouvrant le mariage aux couples de personnes de même sexe (dispositions du code civil),

BIBL. ▸ Berdeaux, *AJ fam. 2017. 182* (options procédurales du parent social). – Berdeaux-Gacogne, *AJ fam. 2013. 346* (la discrète reconnaissance du « parent social » par la loi du 17 mai 2013). – Cordier, *Dr. fam. 2007. Pan. 1* (panorama de jurisprudence récente). – Mulon, *Gaz. Pal. 2014. 2902.* – Norguin, *BICC 15 janv. 2009, p. 65* (répartition des compétences : synthèse de jurisprudence). – Rexand-Pourias, *JCP 2003. I. 100* (relations entre grands-parents et petits-enfants, depuis la loi du 4 mars 2002). – Dossier, *AJ fam. 2008. 138* (place des grands-parents).

Ancien art. 371-4 ***Les père et mère ne peuvent, sauf motifs graves, faire obstacle aux relations personnelles de l'enfant avec ses grands-parents. A défaut d'accord entre les parties, les modalités de ces relations sont réglées par le*** *(L. n° 93-22 du 8 janv. 1993)* ***« juge aux affaires familiales ».***

En considération de situations exceptionnelles, le *(L. n° 93-22 du 8 janv. 1993)* ***« juge aux affaires familiales » peut accorder un droit de correspondance ou de visite à d'autres personnes, parents ou non.***

BIBL. ▸ Bourgault-Coudevylle, *Dr. et patr. 9/2000. 71.* – Gobert, *JCP 1971. I. 2421.* ▸ **Droit des grands-parents aux relations avec leurs petits-enfants :** Bosse-Platière, *JCP 1997. I. 4030.* – Digard, *JCP N 1990. I. 128.* – Silguy, *RLDC 2014/114, n° 5400.* – Sutton, *JCP 1972. I. 2504.* ▸ **Droits de visite :** Kamden, *Gaz. Pal. 1996. 2. Doctr. 886.* – Rubellin-Devichi, *RTD civ. 1988. 319.* – **Intérêt de l'enfant :** Fermaud, *RDSS 2011. 1351* (critère d'intervention des personnes publiques en matière de protection des mineurs).

1. Ordre public. Les règles relatives à l'autorité parentale sont d'ordre public et excluent la passation d'un contrat judiciaire par lequel les parties s'attribueraient la libre disposition du droit reconnu à l'enfant par l'art. 371-4 de manière à le soustraire à tout contrôle. • Douai, 23 mars 2006 : *BICC 15 déc. 2006, n° 2443.*

2. Convention EDH. Le droit au respect de la vie familiale peut être invoqué par les grands-parents : • CEDH, sect. IV, 27 avr. 2000, *L. c/ Finlande*, n° 25651/94. ♦ La notion de « droit de visite », visée à l'art. 1er, § 2, sous *a)*, ainsi qu'à l'art. 2, points 7 et 10, du Règl. (CE) n° 2201/2003, du 27 nov. 2003, relatif à la compétence, la reconnaissance et l'exécution des décisions en matière matrimoniale et en matière de responsabilité parentale, doit être interprétée en ce sens qu'elle comprend le droit de visite des grands-parents à l'égard de leurs petits-enfants. • CJUE 31 mai 2018, n° C-335/17 : *D. 2018. 1212 ; AJ fam. 2018. 394, obs. Viganotti.* ♦ Sur la conformité à la Conv. EDH du refus d'un droit de visite (appréciation de la nécessité de la mesure), V. note 12 ss. art. 371-3.

A. ASCENDANTS

Jurisprudence rendue dans le cadre de l'ancien art. 371-4.

3. Domaine : arrière-grands-parents. Dans le sens d'une application de l'art. 371-4, ancien, aux arrière-grands-parents. • TGI Paris, 3 juin 1976 : *D. 1977. 303, note Cazals.*

4. Qualité pour agir. La mère divorcée n'a pas qualité pour demander que les grands-parents maternels aient un droit de visite sur leurs petits-enfants ; en cas de difficulté il appartient aux grands-parents de saisir la juridiction compétente. • Civ. 2e, 20 juill. 1983, n° 82-12.444 P.

5. Conditions d'octroi d'un droit de visite : principes. L'art. 371-4 anc. présume qu'il est de l'intérêt des enfants d'entretenir des relations personnelles avec leurs grands-parents, à moins qu'il ne soit justifié de motifs graves de nature à y faire obstacle. • Civ. 1re, 1er déc. 1982, n° 81-14.627 P : *GAJC, 12e éd., n° 60-61 (II).* ♦ Désormais : pour faire obstacle à l'exercice du droit d'un enfant à entretenir des relations personnelles avec ses ascendants, seul l'intérêt de l'enfant doit être pris en considération. • Civ. 1re, 14 janv. 2009, n° 08-11.035 P : *D. 2009. AJ 372, obs. Égéa ; ibid. Pan. 1918, obs. Gouttenoire ; JCP 2009, n° 28, p. 46, obs. Favier ; AJ fam. 2009. 128, obs. Brusorio-Aillaud ; Dr. fam. 2009, n° 41, obs. Murat ; RJPF 2009-5/25, note Eudier ; RLDC 2009/58, n° 3345, obs. Pouliquen.* ♦ Illustration : • Civ. 1re, 27 mai 2010 : *D. 2010. Pan. 1906, obs. Gouttenoire ; RTD civ. 2010. 548, obs. Hauser* • 13 juin 2019, n° 18-12.389 P : *D. 2019. 1284 ; AJ fam. 2019. 465, obs. Houssier ; RTD civ. 2019. 566, obs. Leroyer.* ♦ Ces dispositions ne peuvent s'interpréter comme attribuant le droit aux relations personnelles exclusivement à l'enfant, et non aux ascendants, ce qui reviendrait à nier en fait tout droit à ces derniers. • Lyon, 20 sept. 2004 : *BICC 15 déc. 2006, n° 2442.* ♦ Les juges du fond ne peuvent prescrire que le droit de visite du père s'exercera hors la présence des grands-parents paternels alors que seul le comportement du grand-père motive une telle décision. • Civ. 2e, 7 juin 2001 : *Dr. fam. 2001, n° 94, note Murat.*

La préservation du lien familial entre les grands-parents et leur petite-fille relève du droit des intéressés au respect de leur vie familiale garanti par l'art. 8 Conv. EDH. • CEDH 20 janv. 2015, n° 107/10, *Manuello et Nevi c/ Italie : AJ fam. 2015. 101, obs. Viganotti.*

6. ... Pouvoir souverain. Les juges du fond apprécient souverainement s'il y a lieu ou non d'accorder un droit de visite aux grands-parents. • Civ. 1re, 13 déc. 1989 : *Bull. civ. I, n° 389 ; Defrénois 1990. 304, obs. Massip* • 14 janv. 2009 : *préc. note 5.*

7. ... Illustrations. Pour des cas de refus pour motif grave, V. • Lyon, 14 mars 2000 : *Dr. fam. 2000, n° 126, note Berthet* (passé familial troublé) • Rennes, 5 juin 2003 : *BICC 15 oct. 2003, n° 1264* (conflit ancien et violent entre la grand-mère et les parents de l'enfant). ♦ Comp. • Douai, 15 mars 2001 : *BICC 15 déc. 2006, n° 2441* (la seule mésentente évidente entre les grands-parents et leurs fille et gendre ne caractérise pas le motif grave).

8. ... Modalités. L'art. 371-4 ne précise pas les modalités selon lesquelles le droit de visite et d'hébergement des grands-parents peut s'exercer ; l'art. 1180-5 C. pr. civ., qui détermine les obligations du juge en matière de droit de visite de l'un des parents dans un espace de rencontre, n'est pas applicable aux relations entre les enfants et leurs grands-parents ; dès lors, la cour d'appel ayant fixé la durée de la mesure, le lieu et la périodicité des rencontres dans un point rencontre n'a pas méconnu l'étendue de ses pouvoirs. • Civ. 1re, 13 juin 2019, n° 18-12.389 P : *D. 2019. 1284 ; AJ fam. 2019. 465, obs. Houssier ; RTD civ. 2019. 566, obs. Leroyer.*

B. TIERS

Jurisprudence rendue dans le cadre de l'ancien art. 371-4 exigeant une situation exceptionnelle.

9. Octroi d'un droit de visite : simple faculté. L'octroi du droit de visite prévu au second al. de l'art. 371-4 ancien ne constitue qu'une simple faculté pour le juge ; même en présence d'une situation exceptionnelle, le droit de visite peut être refusé si tel est l'intérêt de l'enfant et l'appréciation, dûment motivée, des juges du fond sur ce point est souveraine. • Civ. 1re, 10 mai 1977 : *Bull. civ. I, n° 213.* ♦ Dans le même sens : • Civ. 1re, 16 juill. 1997 : *Dr. fam. 1997,* n° 173, note Murat ; Defrénois 1998. 720, obs. Massip (droit de visite refusé à la grand-mère par le sang). ♦ Octroi d'un droit de visite à un transsexuel, ex-concubine de la mère : • Aix-en-Provence, 12 mars 2002 : *cité note 10 ss. art. 311-20* ; pourvoi rejeté par • Civ. 1re, 18 mai 2005 : *ibid.*

10. ... Modalités. Un droit d'hébergement, qui ne constitue qu'une des modalités du droit de visite, peut, en considération de situations exceptionnelles, être accordé par le juge à des personnes autres que les grands-parents de l'enfant, sur le fondement de l'art. 371-4, al. 2, ancien. • Civ. 1re, 5 mai 1986, n° 84-16.901 P : *R., p. 129 ; D. 1986. 496, note Massip ; RTD civ. 1986. 736, obs. Rubellin-Devichi.* ♦ Pour la prise en compte spécifique des tiers ayant partagé la vie du parent, V. désormais la nouvelle rédaction du texte résultant de la L. n° 2013-404 du 17 mai 2013.

Jurisprudence nouvelle.

11. Ex-compagne de la mère biologique. Octroi d'un droit de visite à l'ex-compagne de la mère biologique, dans l'intérêt supérieur de l'enfant, apprécié souverainement par la cour d'appel, au regard notamment d'un projet parental commun au moment de la conception, et en dépit de relations conflictuelles. • Civ. 1re, 13 juill. 2017, n° 16-24.084 P : *D. 2017. 1528 ; AJ fam. 2017. 478, obs. Saulier* (application de l'art. 371-4 et de la Conv. de New-York du 20 nov. 1989). ♦ Rappr., dans l'hypothèse d'un projet parental à 3, refusant, au nom de l'intérêt de l'enfant, le partage égalitaire de la résidence entre les trois parents : • Paris, 15 févr. 2022, n° 20/18798 : *Dr. fam. 2022, n° 49, obs. Saulier.* ♦ Un juste équilibre doit être ménagé entre, d'une part, l'intérêt de la requérante ayant partagé la vie de l'enfant avant la séparation du couple à la préservation de sa vie privée et familiale et, d'autre part, l'intérêt supérieur de l'enfant. • CEDH 7 avr. 2022, *Callamand c/ France*, n° 2338/20 : *AJ fam. 2022. 338, obs. Saulier ; RTD civ. 2022. 349, obs. Marguénaud.*

Déjà : pour un droit de visite et d'hébergement accordé à l'ex-compagne de la mère biologique d'un enfant dont il est de l'intérêt que soit préservée une stabilité dans ses relations affectives et sociales avec ceux qui ont décidé, dès avant la conception, d'être ses parents et qui en ont assumé les obligations et la responsabilité depuis la naissance : • TGI Briey, 21 oct. 2010 : *D. 2010. Actu. 2649, obs. Gallmeister ; ibid. 2011. 1060, note Bonnet ; ibid. Pan. 1585, obs. Granet-Lambrechts ; AJ fam. 2010. 540, obs. Moudi ; RTD civ. 2011. 118, obs. Hauser.* ♦ Droit de visite et d'hébergement de l'enfant issu d'un projet familial commun du couple : • TGI Créteil, 24 déc. 2013 : *AJ fam. 2014. 118, obs. Berdeaux-Gacogne.* ♦ Pour un refus, l'ex-compagne étant devenue une étrangère pour l'enfant : • Civ. 1re, 23 oct. 2013 : *AJ fam. 2013. 705, obs. Vial ; RTD civ. 2014. 106, obs. Hauser ; Dr. fam. 2014, n° 36, obs. Neirinck.* ♦ ... Ou compte tenu du climat passionnel et déraisonnable existant entre les ex-compagnes. • Paris, 5 juin 2014 : *JCP 2014, n° 931, obs. Kessler.* ♦ Pour un refus de droit de visite et d'hébergement, en considération de l'intérêt supérieur de l'enfant, qui doit être primordial, compte tenu de scènes violentes dont l'enfant a été témoin, générant une crainte et une réticence réelle à l'idée de se rendre chez l'ancienne compagne de sa mère, cette dernière n'ayant pas su préserver l'enfant du conflit avec son ancienne compagne, ce qui est de nature à perturber son équilibre psychique, en l'absence d'une relation forte et de l'existence d'un lien d'affection durable à l'issue de la séparation : • Civ. 1re, 24 juin 2020, n° 19-15.198 P : *D. 2020. 1405 ; AJ fam. 2020. 481, obs. Houssier ; ibid. 373, obs. Dionisi-Peyrusse ; RTD civ. 2020. 861, obs. Leroyer ; JCP 2020, n° 1071, note Salvage-Gerest.*

Refus de supprimer une mesure de délégation d'autorité parentale malgré la séparation : • TGI Nanterre, 14 déc. 2010 : *AJ fam. 2011. 426, obs. Siffrein-Blanc.* ♦ Mise en place d'une délégation partielle postérieurement à la séparation : • Paris, 1er déc. 2011 : *AJ fam. 2012. 146, obs. Siffrein-Blanc.*

C. PROCÉDURE

Jurisprudence rendue dans le cadre de l'ancien art. 371-4.

12. Médiation. Sur la désignation d'un médiateur chargé de rechercher les modalités d'une reprise des relations entre l'enfant et ses grands-parents : • TGI La Rochelle, 17 févr. 1988 : *D. 1991. 411 (2e esp.), note Lienhard ; RTD civ. 1990. 450, obs. Rubellin-Devichi.*

13. Communication au ministère public. Il résulte de la combinaison des art. 425, al. 3, et 1180 C. pr. civ. que le ministère public doit avoir communication des demandes formées en application de l'art. 371-4 C. civ., pour lesquelles son avis est requis. • Civ. 1re, 3 oct. 2019, n° 18-20.713 P. ♦ Déjà, dans le même sens : • Civ. 1re, 17 juin 1986, n° 84-16.014 P • 5 juill. 1988 : *Bull. civ. I, n° 220* • 13 déc. 1988 : *ibid. I, n° 355.* ♦ L'avis écrit du ministère public, par lequel ce dernier déclare s'en rapporter, étant sans influence sur la solution du litige, n'a pas à être communiqué aux parties. • Civ. 1re, 13 juin 2019, n° 18-12.389 P : *D. 2019. 1284 ; AJ fam. 2019. 465, obs. Houssier ; RTD civ. 2019. 566, obs. Leroyer.*

14. Mise en cause du père. Le père de l'enfant doit être attrait dans la procédure. • Nancy, 24 janv. 1996 : *Dr. fam. 1997, n° 137, note Murat.*

15. Compétence. Si le juge aux affaires familiales est en principe compétent pour fixer, dans l'intérêt de l'enfant, les modalités des relations entre l'enfant et un tiers, parent ou non, le juge des enfants est seul compétent, en cas de placement, pour statuer sur ces modalités. • Civ. 1re, 9 juin 2010, n° 09-13.390 P : *BICC 1er nov. 2010, n° 1631, et les obs. ; D. 2010. Chron. C. cass. 2092, obs. Auroy ; ibid. 2343, note Huyette ; ibid. 2011. Pan. 1995, obs. Gouttenoire ; JCP 2010, n° 911, note Gouttenoire ; AJ fam. 2010. 325, obs. Durand ; RLDC 2010/74, n° 3940, obs. Pouliquen ; RTD civ. 2010. 546, obs. Hauser.*

Compétence exclusive du JAF en matière de droit de visite des grands-parents : V. • Agen, 24 juill. 1996 : *D. 1997. 578, note Nicoleau et Talbert.* ♦ Admission devant le JAF d'une procédure en la forme des référés. • Même arrêt. ♦ ... Sans représentation obligatoire par avocat. • Même arrêt. ♦ Pour la possibilité d'agir en référé en cas d'urgence, V. aussi : • Civ. 1re, 1er févr. 1983, n° 86-16.815 P • Dijon, 12 janv. 1999 : *BICC 1er juin 1999, n° 704.*

Art. 371-5 *(L. n° 96-1238 du 30 déc. 1996)* **L'enfant ne doit pas être séparé de ses frères et sœurs, sauf si cela n'est pas possible ou si son intérêt commande une autre solution. S'il y a lieu, le juge statue sur les relations personnelles entre les frères et sœurs.**

BIBL. ▸ **Loi 30 déc. 1996 :** CHARPENTIER, *RDSS 1998. 19.* – MASSIP, *Defrénois 1997. 897.* – MURAT, *Dr. fam. 1997. Chron. 4.* – REVET, *RTD civ. 1997. 229.*

▸ **Fratries :** CHARLOT, *RRJ 2001/2. 551.* – CORNU, *Études J. Savatier, PUF, 1992, p. 129.* – DAVID-BALESTRIERO, *Mél. Goubeaux, Dalloz-LGDJ, 2009, p. 71.* – TARDY, *LPA, 2 nov. 1999.*

1. Appréciation souveraine de l'intérêt de l'enfant. L'intérêt de l'enfant visé à l'art. 371-5 est souverainement apprécié par les juges du fond. • Civ. 2e, 19 nov. 1998 : *Defrénois 1999. 684, obs. Massip ; Dr. fam. 1999, n° 26, note Murat* (jeune âge rendant préférable la résidence chez la mère). ♦ V. aussi • Paris, 16 juin 1998 : *eod. loc.* (nécessaire stabilité de la situation de l'enfant) • Paris, 27 mars 2003 : *AJ fam. 2003. 267, obs. F. B.* (décision séparant les deux enfants dans l'intérêt de chacun d'eux) • Agen, 27 juill. 2005 : *BICC 15 févr. 2007, n° 355* (*idem*). ♦ Comp. antérieurement : aucune disposition légale n'oblige le juge à confier la garde des enfants au même parent. • Civ. 2e, 2 juill. 1981, n° 80-16.344 P.

2. Le besoin des deux enfants, à leur stade de développement, de se construire sur des bases stables et sécurisantes constituées par leur repères familiaux, psychologiques, affectifs, sociaux et culturels actuels, justifie que leur résidence habituelle soit fixée chez leur père, même si la perspective de séparer la fratrie est à déplorer. • Civ. 1re, 19 nov. 2009 : *D. 2010. Pan. 1904, obs. Gouttenoire ; Dr. fam. 2010, n° 24, note Murat.* ♦ Applicabilité de l'art. 371-5 aux demi-frères et sœurs : V. • Paris, 7 mai 2003 : *AJ fam. 2003. 267, obs. F. B. ; Dr. fam. 2003, n° 144, note Murat (2 arrêts) ; RTD civ. 2003. 494, obs. Hauser.*

3. Conv. EDH. Ingérence disproportionnée d'une mesure de placement ayant séparé les enfants dans plusieurs familles d'accueil. • CEDH, sect. IV, 26 févr. 2002, *Kutzner c/ Allemagne,* n° 46544/99. ♦ Comp., admettant un placement séparé compte tenu des circonstances : • CEDH, sect. I, 9 mai 2003, *Covezzi et Morselli c/ Italie,* n° 52763/99. ♦ Atteinte à la vie familiale d'un enfant qui, compte tenu d'un placement séparé chez chacun des parents, n'a jamais eu la possibilité de passer du temps avec sa sœur. • CEDH, sect. II, 6 avr. 2010, *Akin c/ Turquie,* n° 4694/03 (violation également des droits du père qui n'a pas pu profiter de la compagnie de ses deux enfants en même temps). ♦ Absence d'ingérence injustifiée dans le refus d'établir des liens entre une enfant et ses deux sœurs, dans le cas où les deux parents sont atteints de maladie mentale, où l'enfant a été rapidement retirée à ses parents et où elle n'a entretenu aucun lien avec ses sœurs. • CEDH, sect. III, 21 oct. 2004, *L. et U. c/ Norvège,* n° 75531/01 (la cour émet des doutes, à titre préalable, sur l'existence d'une vie familiale entre les enfants, en l'absence de rencontre entre ceux-ci).

Art. 371-6 *(L. n° 2016-731 du 3 juin 2016, art. 49)* **L'enfant quittant le territoire national sans être accompagné d'un titulaire de l'autorité parentale est muni d'une autorisation de sortie du territoire signée d'un titulaire de l'autorité parentale.**

Un décret en Conseil d'État détermine les conditions d'application du présent article.
– V. Décr. n° 2016-1483 du 2 nov. 2016 (JO 4 nov.).

BIBL. ▸ CADIOU et DIOT, *AJ fam. 2017. 164.* – LAMARCHE, *Dr. fam. 2017, Focus, n° 10.* – Dssier, *Dr. fam. 2017, nos 13 s.*

Décret nº 2016-1483 du 2 novembre 2016,

Relatif à l'autorisation de sortie du territoire d'un mineur non accompagné par un titulaire de l'autorité parentale.

Le présent décret entre en vigueur le 15 janv. 2017 et est applicable en Polynésie française et à Wallis-et-Futuna (Décr., art. 3 et 4).

Art. 1er L'autorisation de sortie du territoire par un titulaire de l'autorité parentale prévue à l'article 371-6 du code civil est rédigée au moyen d'un formulaire dont le modèle est fixé par un arrêté conjoint du ministre de l'intérieur, du garde des sceaux, ministre de la justice, et du ministre des outre-mer. – *V. Arr. du 13 déc. 2016 (JO 16 déc.).*

Ce formulaire comporte les mentions suivantes :

1º Les nom, prénoms, date et lieu de naissance de l'enfant mineur autorisé à quitter le territoire ;

2º Les nom, prénoms, date et lieu de naissance du titulaire de l'autorité parentale signataire de l'autorisation, la qualité au titre de laquelle il exerce cette autorité, son domicile, sa signature ainsi que, le cas échéant, ses coordonnées téléphoniques et son adresse électronique ;

3º La durée de l'autorisation, qui ne peut excéder un an à compter de la date de signature.

Art. 2 Le formulaire mentionné à l'article 1er, dûment renseigné et signé, est accompagné de la photocopie lisible d'un document officiel justifiant de l'identité du signataire. La liste des documents admis pour justifier de l'identité du signataire est fixée par l'arrêté mentionné à l'article 1er.

SECTION 1 De l'exercice de l'autorité parentale

§ 1 Principes généraux *(L. nº 2002-305 du 4 mars 2002).*

Art. 372 *(L. nº 2002-305 du 4 mars 2002)* **Les père et mère exercent en commun l'autorité parentale.** *(L. nº 2021-1017 du 2 août 2021, art. 6)* **« L'autorité parentale est exercée conjointement dans le cas prévu à l'article 342-11. »**

Toutefois, lorsque la filiation est établie à l'égard de l'un d'entre eux plus d'un an après la naissance d'un enfant dont la filiation est déjà établie à l'égard de l'autre, celui-ci reste seul investi de l'exercice de l'autorité parentale. Il en est de même lorsque la filiation est judiciairement déclarée à l'égard du second parent de l'enfant *(L. nº 2021-1017 du 2 août 2021, art. 6)* **« ou, dans le cas d'un établissement de la filiation dans les conditions prévues au chapitre V du titre VII du présent livre, lorsque la mention de la reconnaissance conjointe est apposée à la demande du procureur de la République ».**

L'autorité parentale pourra néanmoins être exercée en commun en cas de déclaration conjointe des père et mère *(L. nº 2011-1862 du 13 déc. 2011, art. 21)* **« adressée au »** *(L. nº 2016-1547 du 18 nov. 2016, art. 16-I)* **« directeur des services de greffe judiciaires » du tribunal judiciaire ou sur décision du juge aux affaires familiales.**

Le 1er al. de l'art. 372, dans sa rédaction issue de la L. nº 2002-305 du 4 mars 2002, est applicable aux enfants nés antérieurement à l'entrée en vigueur de ladite loi [JO 5 mars], dès lors qu'ils ont été reconnus par leurs père et mère dans l'année de leur naissance (L. préc., art. 11-II).

BIBL. ▶ **Exercice en commun de l'autorité parentale :** NICOLAS-MAGUIN, *D. 1988. Chron. 307* (loi du 22 juill. 1987). – FULCHIRON et GOUTTENOIRE-CORNUT, *D. 1997. Chron. 363* (loi du 8 janv. 1993). – I. ROUJOU DE BOUBÉE, *RRJ 1999/2. 319* (accord parental). ▶ **Autorité parentale et divorce :** FULCHIRON, *Mél. Huet-Weiller, PU Strasbourg/LGDJ, 1994, p. 141* (familles recomposées). ▶ **Autorité parentale dans la famille naturelle :** FORGIT, *LPA 2 avr. 1997 ; Dr. fam. 1997. Chron. 6* (exercice conjoint). – FULCHIRON, *Mél. Huet-Weiller, PU Strasbourg/LGDJ, 1994, p. 141* (familles recomposées). – GOURON-MAZEL, *Dr. fam. 2002. Chron. 1* (parent homosexuel). – HOCQUET-BERG, *LPA 10 mai 2000* (condition juridique de l'enfant naturel). – MASSIP, *Defrénois 1974. 254 ; Gaz. Pal. 1979. 2. Doctr. 536.* – RUBELLIN-DEVICHI, *RTD civ. 1990. 445*. – TROISVALETS, *LPA 11 mai 2000* (familles recomposées). – VITSE, *Dr. fam. 1997. Chron. 3* (l'enfant des concubins). ▶ **Personne vulnérable :** MORACCHINI-ZEIDENBERG, *Dr. fam. 2012. Étude 17* (la personne vulnérable et son enfant).

▸ **Loi bioéthique 2 août 2021 :** Brunet, *AJ fam. 2021. 531* (autorité parentale pour les couples de femmes après naissance d'un enfant issu d'une AMP avec don de gamètes).

1. Principe. Le jugement étranger qui donne à la mère le droit de prendre seule les décisions concernant les enfants et de consentir à leur engagement dans les forces armées des États-Unis met à néant l'exercice conjoint de l'autorité parentale et porte atteinte à des principes essentiels du droit français fondés sur l'égalité des parents dans l'exercice de l'autorité parentale. • Civ. 1re, 4 nov. 2010 : *cité note 18 s. art. 309.*

2. Lien avec la filiation. L'autorité parentale sur l'enfant naturel découle de la filiation établie par la reconnaissance, laquelle a un effet absolu, sauf aux intéressés à la contester ; le père adultérin de l'enfant ayant reconnu celui-ci au cours de l'instance d'appel qu'il avait engagée à l'effet d'obtenir un droit de visite et d'hébergement, sa demande est devenue sans objet car, par l'effet de cette reconnaissance, il s'est trouvé investi de l'autorité parentale relativement à la personne de l'enfant dont la mère était décédée. • Civ. 1re, 9 juill. 1975, n° 73-10.586 P : *R., p. 17 ; Gaz. Pal. 1975. 2. 705, note Viatte ; RTD civ. 1976. 130, obs. Nerson.* ♦ V. aussi : • Civ. 1re, 9 mars 1994 : *D. 1995. 197, note Monteiro ; Gridel, D. 1995. Chron. 275* (absence de contestation de la reconnaissance par le père d'un enfant né d'une insémination artificielle).

L'art. 331 C. civ. permet au tribunal saisi d'une action aux fins d'établissement de la filiation de statuer, s'il y a lieu, sur l'exercice de l'autorité parentale : absence de méconnaissance de l'art. 372 par la cour d'appel qui établit la filiation d'un enfant à l'égard du père et statue sur sa demande tendant à ce que l'autorité parentale soit exercée conjointement avec la mère). • Civ. 1re, 3 oct. 2018, n° 17-23.627 P : *D. 2018. 1968 ; AJ fam. 2018. 605, obs. Houssier ; Dr. fam. 2019, n° 8, note Molière.*

3. Absence d'effet du mariage. En présence d'une filiation établie à l'égard de l'un des parents plus d'un an après la naissance de l'enfant alors que la filiation est déjà établie à l'égard de l'autre, l'exercice en commun de l'autorité parentale par les deux parents ne peut résulter que d'une déclaration conjointe adressée au directeur des services de greffe judiciaires ou d'une décision du juge aux affaires familiales, sans que le mariage des parents, après la naissance de l'enfant, puisse emporter de plein droit un exercice en commun de l'autorité parentale. • Cass., avis, 23 sept. 2020, n° 20-70.002 P : *D. 2020. 1888 ; AJ fam. 2020. 592, obs. Saulier ; JCP 2020, n° 1449, note Siffrein-Blanc ; Dr. fam. 2020, n° 161, note Egea.*

4. Conv. EDH. Non-conformité de la législation allemande prévoyant que l'autorité parentale conjointe ne peut résulter que d'un accord des parents d'un enfant né hors mariage et ne peut être imposée à la mère par le juge. • CEDH, sect. IV, 3 déc. 2009, *Zaunegger c/ Allemagne*, n° 22018/04. ♦ L'impossibilité pour un père naturel de demander en justice l'attribution de l'autorité parentale sur son enfant est discriminatoire. • CEDH 3 févr. 2011, n° 35637/03 : *AJ fam. 2011. 208, obs. Siffrein-Blanc* (Autriche).

Art. 372-1 et 372-1-1 *Abrogés par L. n° 2002-305 du 4 mars 2002.*

Art. 372-2 **A l'égard des tiers de bonne foi, chacun des** *(L. n° 93-22 du 8 janv. 1993)* **« parents » est réputé agir avec l'accord de l'autre, quand il fait seul un acte usuel de l'autorité parentale relativement à la personne de l'enfant.**

BIBL. ▸ Guineret-Brobbel, Dorsman et Sire, *LPA 31 mars 2003* (présomption d'accord).

Actes usuels : illustrations. Application de la présomption d'accord en cas d'intervention chirurgicale relativement bénigne (circoncision médicalement nécessaire) pratiquée à la demande de la mère seule : V. • TGI Paris, 6 nov. 1973 : *Gaz. Pal. 1974. 1. 299, note Barbier.* ♦ ... En cas de demande d'inscription, par la mère seule, de ses enfants mineurs sur son passeport : V. • CE 8 févr. 1999 : *D. 2000. Somm. 161, obs. Vauvillé ; Dr. fam. 1999, n° 40, note Murat ; Defrénois 1999. 944, obs. Massip ; RTD civ. 1999. 360, obs. Hauser* • CE, réf., 4 déc. 2002 : *Defrénois 2003. 620, obs. Massip ; AJ fam. 2003. 103, obs. F. B. ; Dr. fam. 2003, n° 12, note Murat ; RTD civ. 2003. 59, obs. Hauser.* ♦ En cas de changement d'établissement scolaire : • CE 13 avr. 2018, n° 392949 P : *AJ fam. 2018. 347, obs. Avena-Robardet ; RTD civ. 2018. 633, obs. Leroyer.* ♦ Rappr. art. 373-2-6. ♦ Mais le passage à la télévision d'un enfant dans un documentaire consacré aux familles de divorcés ne constitue pas un acte usuel et exige l'accord des deux parents. • Versailles, 11 sept. 2003 : *AJ fam. 2003. 383, obs. F. B. ; RJPF 2003-12/30, note Eudier.* ♦ Inversement pour la participation à un film amateur d'une association municipale à la diffusion très limitée. • Orléans, 14 mars 2011 : *RTD civ. 2012. 91, obs. Hauser ; Dr. fam. 2011, n° 171, obs. Neirinck.*

Art. 373 *(L. n° 2002-305 du 4 mars 2002)* **Est privé de l'exercice de l'autorité parentale le père ou la mère qui est hors d'état de manifester sa volonté, en raison de son incapacité, de son absence ou de toute autre cause.**

1. Parents sous tutelle. Lorsque les deux parents ont été placés sous tutelle, ils ne peuvent être administrateurs légaux et il y a lieu d'ouvrir la tutelle de leur enfant, mais seule la tutelle aux biens doit être immédiatement organisée, sans que les parents perdent automatiquement les prérogatives liées à leurs droits d'autorité parentale quant à la personne de l'enfant. • TI Saint-Omer, 3 mai 1989 : *JCP N 1990. II. 89, note Fossier.*

2. Parents sous curatelle. Malgré la mesure de curatelle renforcée prise à son endroit, une mère n'est pas privée de l'exercice de l'autorité parentale au sens de l'art. 373. • Caen, 2 févr. 2006 : *D. 2006. 2016, note Raoul-Cormeil* (mère civilement responsable du délit commis par son fils mineur).

Art. 373-1 *(L. n° 2002-305 du 4 mars 2002)* **Si l'un des père et mère décède ou se trouve privé de l'exercice de l'autorité parentale, l'autre exerce seul cette autorité** *(L. n° 2022-140 du 7 févr. 2022, art. 4)* **« , à moins qu'il en ait été privé par une décision judiciaire antérieure ».**

§ 2 De l'exercice de l'autorité parentale par les parents séparés

(L. n° 2002-305 du 4 mars 2002)

Art. 373-2 **La séparation des parents est sans incidence sur les règles de dévolution de l'exercice de l'autorité parentale.**

Chacun des père et mère doit maintenir des relations personnelles avec l'enfant et respecter les liens de celui-ci avec l'autre parent.

(L. n° 2019-222 du 23 mars 2019, art. 31) **« A cette fin, à titre exceptionnel, à la demande de la personne directement intéressée ou du juge aux affaires familiales, le procureur de la République peut requérir le concours de la force publique pour faire exécuter une décision du juge aux affaires familiales, une convention de divorce par consentement mutuel prenant la forme d'un acte sous signature privée contresigné par avocats déposé au rang des minutes d'un notaire ou une convention homologuée fixant les modalités d'exercice de l'autorité parentale. »**

Tout changement de résidence de l'un des parents, dès lors qu'il modifie les modalités d'exercice de l'autorité parentale, doit faire l'objet d'une information préalable et en temps utile de l'autre parent. En cas de désaccord, le parent le plus diligent saisit le juge aux affaires familiales qui statue selon ce qu'exige l'intérêt de l'enfant. Le juge répartit les frais de déplacement et ajuste en conséquence le montant de la contribution à l'entretien et à l'éducation de l'enfant.

BIBL. ► G. Kessler, *AJ fam. 2019. 580* (déménagement international de l'enfant de parents séparés). – Dossier, *Dr. fam. 2016. Dossier 10* (déménagement d'un parent, incidence sur la résidence de l'enfant).

1. L'absence de possibilité d'accorder la garde conjointe après un divorce relève de la marge d'appréciation dont disposent les États pour évaluer quelles mesures sont nécessaires dans l'intérêt de l'enfant. • CEDH 22 nov. 2001, *R. W. c/ Autriche*, n° 36222/97 (absence de remise en cause de la décision d'une juridiction autrichienne ayant refusé d'approuver une convention d'un divorce par requête conjointe prévoyant une clause de garde en commun non prévue par les textes). ♦ Dans le même sens : • CEDH, sect. III, 11 juill. 2000, *Cerneki c/ Autriche*, n° 31061/96.

2. L'exercice en commun de l'autorité parentale par les deux parents, même séparés, est le principe, l'exercice unilatéral étant l'exception résultant de motifs graves tirés de l'intérêt de l'enfant et s'opposant à l'exercice conjoint de l'autorité parentale. • Civ. 1re, 20 févr. 2007, n° 06-14.643 P : *AJ fam. 2007. 189, obs. F. C. ; Dr. fam. 2007, n° 103, note Murat ; RJPF 2007-6/38, note Mulon.*

Le partage de l'autorité parentale entre les parents n'est pas un concept déconnecté de toute réalité, imaginé pour satisfaire les revendications égalitaires des adultes, mais la traduction juridique de l'intérêt pour les enfants d'être élevés par leurs deux parents. • Paris, 18 juin 2015, n° 15/00864 : *Dr. fam. 2015, n° 216, obs. Binet* (contexte de coparentalité).

3. Intérêt de l'enfant. Le parent, qui exerce conjointement l'autorité parentale, ne peut se voir refuser le droit de maintenir des relations personnelles avec l'enfant que pour des motifs graves tenant à l'intérêt de celui-ci ; cassation de l'arrêt qui met fin à la périodicité des appels téléphoniques de la mère, afin de dégager l'enfant de tout comportement maternel débordant et inadapté, statuant ainsi par des motifs impropres à caractériser la gravité de la situation à laquelle l'enfant était exposé. • Civ. 1re, 28 mai 2015, n° 14-16.511 P : *cité note 7 ss. art. 373-2-9.*

4. Référé. V. note 6 ss. art. 373-2-6.

5. *Frais de transport.* Méconnaît l'autorité de la chose jugée de l'arrêt ayant décidé que les frais de transport de l'enfant lors de l'exercice du droit de visite et d'hébergement du père seraient partagés par moitié entre les parents le jugement qui considère que ces frais doivent aussi inclure ceux exposés par le père pour aller le chercher, le ramener chez sa mère et retourner chez lui, compte tenu de l'âge de l'enfant, incapable de voyager seul. • Civ. 1re, 7 oct. 2015, n° 14-19.906 P.

6. *Relations personnelles et nouvelles technologie.* Refus d'ordonner des contacts hebdomadaires à horaires précis par liaison Skype, dans la mesure où les parents résident tous les deux sur le territoire métropolitain. • Riom, 2 mars 2015, n° 14/00329 : *Dr. fam. 2015, n° 144, obs. Neirinck.* ♦ Inversement, l'un des parents résidant au Japon : • Toulouse, 11 mai 2015, n° 14/03146 : *eod. loc.* ♦ Pour un arrêt prévoyant un recours à Skype selon des horaires très encadrés : • Chambéry, 6 oct. 2015, n° 13/02187 : *Dr. fam. 2015, n° 218, obs. A.-C. R.*

Toute personne qui transfère son domicile en un autre lieu, alors que ses enfants résident habituellement chez elle, doit notifier tout changement de son domicile et tout changement de la résidence des enfants à ceux qui peuvent exercer, à l'égard des enfants, un droit de visite ou d'hébergement en vertu d'un jugement ou d'une convention judiciairement homologuée. — V. C. pén., art. 227-6. — Sur le délit de non-représentation ou d'enlèvement d'enfant, V. C. pén., art. 227-5 s. — ***C. pén.***

V. C. pr. civ., art. 1210-4 à 1210-6 (déplacement illicite international d'enfants). — ***C. pr. civ.***

Sur les dispositions relatives à l'exécution des décisions rendues en matière de déplacement illicite international d'enfants, V. L. n° 95-125 du 8 févr. 1995, art. 34-1, ss. C. pr. exéc., art. L. 121-6. — ***C. pr. civ.***

V. Convention européenne de Luxembourg du 20 mai 1980 sur la reconnaissance et l'exécution des décisions en matière de garde des enfants et le rétablissement de la garde des enfants, publiée par Décr. n° 83-724 du 27 juill. 1983 (D. et ALD 1983. 432). — Sur la levée d'une réserve française, V. Décr. n° 88-299 du 24 mars 1988 (D. et ALD 1988. 231).

V. Convention de La Haye du 25 oct. 1980 sur les aspects civils de l'enlèvement international d'enfants, publiée par Décr. n° 83-1021 du 29 nov. 1983 (D. et ALD 1983. 538).

V. Règl. (UE) 2019/1111 du Conseil du 25 juin 2019, relatif à la compétence, la reconnaissance et l'exécution des décisions en matière matrimoniale et en matière de responsabilité parentale, ainsi qu'à l'enlèvement international d'enfants. — ***C. pr. civ., C. divorce.***

Art. 373-2-1 **Si l'intérêt de l'enfant le commande, le juge peut confier l'exercice de l'autorité parentale à l'un des deux parents.**

L'exercice du droit de visite et d'hébergement ne peut être refusé à l'autre parent que pour des motifs graves.

(L. n° 2007-293 du 5 mars 2007, art. 22-II ; L. n° 2010-769 du 9 juill. 2010, art. 7) **« Lorsque, conformément à l'intérêt de l'enfant, la continuité et l'effectivité des liens de l'enfant avec le parent qui n'a pas l'exercice de l'autorité parentale l'exigent, le juge aux affaires familiales peut organiser le droit de visite dans un espace de rencontre désigné à cet effet. »**

(L. n° 2010-769 du 9 juill. 2010, art. 7) **« Lorsque l'intérêt de l'enfant le commande ou lorsque la remise directe de l'enfant à l'autre parent présente un danger pour l'un d'eux, le juge en organise les modalités pour qu'elle présente toutes les garanties nécessaires. Il peut prévoir qu'elle s'effectue dans un espace de rencontre qu'il désigne, ou avec l'assistance d'un tiers de confiance ou du représentant d'une personne morale qualifiée.**

« Le parent qui n'a pas l'exercice de l'autorité parentale » conserve le droit et le devoir de surveiller l'entretien et l'éducation de l'enfant. Il doit être informé des choix importants relatifs à la vie de ce dernier. Il doit respecter l'obligation qui lui incombe en vertu de l'article 371-2.

Sur la fixation par le juge de l'exercice du droit de visite dans un espace de rencontre, V. C. pr. civ., art. 1180-5.

... Et sur la désignation d'un tiers de confiance, V. C. pr. civ., art. 1180-5-1. — ***C. pr. civ.***

BIBL. ▸ **Droit de visite et d'hébergement :** Gomy, *JCP N 1999. 310* (devoir de visite). – Juston, *Dr. fam. 2012. Étude 19* (espaces de rencontre). – Kamden, *Gaz. Pal. 1996. 2. Doctr. 86* (réclamation ou opposition de l'enfant). – Lacoste, *RRJ 1997/3. 957* (théorie générale du droit de visite). – Moine Dupuis, *D. 1999. Chron. 251* (droit de visite du parent incarcéré). Neirinck, *RDSS 2009. 941* (médiatisation du droit de visite) ; *Dr. fam. 2012. Étude 18* (*idem*) ; *ibid. 20* (espaces de rencontre). – Norguin, *BICC 15 janv. 2009. Étude 65* (répartition des compétences : synthèse de jurisprudence). – Rovinski, *Gaz. Pal. 23-25 janv. 2000* (mise en œuvre). – Rubellin-Devichi, *RTD civ. 1988. 319*. – Salamé et Kessler, *Rev. crit. DIP 2021. 563* (séparation parentale et déménagement international de l'enfant – perspectives comparatives). – Yalaz, *AJ fam. 2014. 351* (déplacements illicites d'enfants et conventions bilatérales franco-algériennes et franco-tunisiennes). – Dossier, *AJ fam. 2015. 517* (espaces de rencontre).

▸ **Déplacements et enlèvements internationaux d'enfants :** *AJ fam. 2002. 318* (dossier) ; *ibid. 2018. 499* (*idem*). – Amar, *AJ fam. 2021. 550* (rétrospective sur 40 ans d'application de la Convention de La Haye sur l'enlèvement international d'enfants). – Bodard-Hermant, *Gaz. Pal. 2000. 1. Doctr. 194* (Convention de La Haye) ; *Gaz. Pal. 2000. 2. Doctr. 2199* (le droit de visite à l'épreuve des frontières). – Briand, *AJ fam. 2012. 391* (exceptions au retour des enfants déplacés). – Chalas, *Rev. crit. DIP 2020. 111* (raison et sentiments en matière d'enlèvement international d'enfant : quel équilibre dans les jurisprudences de la Cour européenne des droits de l'homme, de la Cour de justice de l'Union européenne et de la Cour de cassation ?) ; *ibid. 2021. 799* (la convention de La Haye du 25 octobre 1980 à l'épreuve de l'enlèvement international d'enfants franco-japonais). – Chatin, *Gaz. Pal. 1982. 1. Doctr. 342*. – Cornec, *Gaz. Pal. 1997. 2. Doctr. 1582*. – Corneloup, *Rev. crit. DIP 2021 773* (demande de retour d'un enfant enlevé et principe de non-refoulement des réfugiés : lorsque la Convention de La Haye de 1980 rencontre la Convention de Genève de 1951). – Fulchiron et Gouttenoire, *Dr. fam. 2003. Chron. 26* (actualité de la Convention de La Haye). – Garé, *Mél. Mouly, Litec, 1998, t. 1, p. 299* (efficacité de la Convention de La Haye) ; *LPA 28 mars 2001*. – Grataloup, *Dr. fam. 2000. Chron. 15* (recours contre la décision d'une autorité centrale en matière d'enlèvement international d'enfant) ; *Dr. fam. 2002. Chron. 2* (interprétation de la Conv. EDH à la lumière de la Convention de La Haye). – Jault-Seseke et Pigache, *D. 2006. Chron. 1778* (contribution procédurale à l'efficacité de la Convention de La Haye). – Kiéfé, *Gaz. Pal. 1980. 2. Doctr. 376 ; ibid. 1987. 2. Doctr. 638*. – F. Monéger, *JCP 1992. I. 3605*. – Yokomizo, *Rev. crit. DIP 2012. 799* (Convention de La Haye et Japon). – Dossier *AJ fam. 2006. 178*.

1. Conv. EDH. Les dispositions de l'art. 374 anc., qui déterminent, dans le seul intérêt de l'enfant, lequel de ses parents exercera à son égard l'autorité parentale, ne sont pas incompatibles avec les stipulations des art. 3-1 et 16 de la Convention du 26 janv. 1990 relative aux droits de l'enfant et son droit à la protection de la loi. • CE 30 juin 1999 : *D. 2000. 1, note F. Boulanger ; ibid. Somm. 163, obs. Desnoyer*. ♦ V. plus généralement ss. art. 371-3. ♦ Il est souhaitable que la notion d'intérêt supérieur de l'enfant soit constamment interprétée de manière cohérente, quelle que soit la convention internationale de l'enfant. • CEDH, sect. III, 6 déc. 2007 : *cité note 29.* ♦ L'intérêt supérieur de l'enfant consacré par la CIDE n'appartient pas aux droits et libertés garantis par la Constitution. • Soc. 25 janv. 2012, n° 11-40.090 P.

I. ASPECTS INTERNES

A. EXERCICE DE L'AUTORITÉ PARENTALE PAR UN SEUL PARENT

Jurisprudence antérieure à la L. du 4 mars 2002, fondée sur les anciens art. 287 et 374 C. civ., sauf indication contraire.

2. Appréciation souveraine. Pouvoir souverain des juges du fond pour apprécier l'intérêt de l'enfant (art. 287 anc.). • Civ. 2e, 28 mars 1977 : *Gaz. Pal. 1977. 2. 602, note J. V.* • Civ. 2e, 15 avr. 1981 : *Gaz. Pal. 1982. 2. 583, note Viatte.* – Dans le même sens, pour un enfant naturel, dans le cadre de l'art. 374 anc. : • Civ. 1re, 20 juin 1995, n° 93-19.196 P • 16 juill. 1993, n° 92-19.618 P : *Rev. crit. DIP 1993. 650 (3e esp.), note B. Ancel ; JDI 1994. 133 (3e esp.), note Gaudemet-Tallon.* ♦ Les juges du fond apprécient souverainement que la mère ne démontre pas l'existence de motifs graves s'opposant à l'exercice conjoint de l'autorité parentale. • Civ. 1re, 20 févr. 2007 : *V. note 2 ss. art. 373-2.*

3. Office et pouvoir du juge (art. 287 anc.). Le juge doit relever en quoi l'intérêt de l'enfant commande l'attribution de l'autorité parentale à un seul des deux parents (cassation de l'arrêt qui confie l'autorité parentale à la mère, au seul motif que celle-ci était davantage disponible que le père pour s'occuper de l'enfant et que ses capacités éducatives étaient largement équivalentes, sinon supérieures à celles du père). • Civ. 2e, 31 mai 1995, n° 93-19.139 P • 2 avr. 1996 : *D. 1997. 146, note Massip ; LPA 2 mai 1997, note Yamba* (cassation de l'arrêt qui maintient l'autorité parentale à la mère en application d'un accord passé entre les époux au moment du divorce) • 18 juin 1997, n° 95-20.545 P. ♦ Le juge ne peut se borner à reconduire les mesures prises dans l'ordonnance de non-conciliation sans donner aucun motif relatif à la recherche de l'intérêt des enfants mineurs. • Civ. 2e, 24 févr. 1993, n° 96-11.410 P. ♦ Le juge doit rechercher de manière concrète quel est en fait l'intérêt de l'enfant compte tenu des circonstances de la cause. • Civ. 1re, 13 oct. 1993, n° 92-10.700 P (enfant naturel, art. 374 anc.).

4. Illustrations. Transfert justifié à la mère seule, dans l'intérêt des enfants, de l'exercice de l'autorité parentale, jusque-là exercée en commun par les deux parents (art. 373-2-1, al. 1er). • Civ. 1re, 17 janv. 2006, n° 03-14.421 P : *JCP*

2006. II. 10177, note Boulanger. ♦ *Jurisprudence nouvelle :* décision justifiée compte tenu du défaut d'investissement affectif du père à l'égard de son fils et de l'absence de prise de conscience effective qu'implique la fonction parentale paternelle, compte tenu de la nécessité de la continuité de celle-ci dans le temps pour le bien-être et le devenir de l'enfant. • Civ. 1re, 4 nov. 2010 : *D. 2011. 1995, obs. Gouttenoire.* ♦ ... Compte tenu du conflit parental. • Lyon, 19 déc. 2011 : *AJ fam. 2012. 144, obs. Mbala Mbala.* ♦ ... Compte tenu des difficultés du père à prendre en considération des impératifs légitimes autres que les siens. • Civ. 1re, 26 juin 2013, no 12-17.275 P : *Dr. fam. 2013, no 118, avis Petit et note Neirinck* • Rouen, 6 avr. 2017, no 15/01747 : *Dr. fam. 2017, no 161* (radicalisation religieuse, faute de solution alternative). ♦ Condamnation par la CEDH d'un arrêt ayant refusé de confier l'autorité parentale sur sa fille à un père au seul motif de son homosexualité. • CEDH 21 déc. 1999, *Salgueiro Da Silva Mouta c/ Portugal : Dr. fam. 2000, no 45, note Gouttenoire-Cornut ; RTD civ. 2000. 313, obs. Hauser ; ibid. 433, obs. Marguénaud.* ♦ Mais restriction du droit de visite pour une transsexuelle, cette restriction reposant non sur des motifs d'orientation sexuelle mais sur l'intérêt de l'enfant. • CEDH 30 nov. 2010, no no 35159/09 : *D. 2011. 1995, obs. Gouttenoire ; RLDC 2011/79, no 4140, obs. Gallois.*

Sur l'appréciation concrète de l'intérêt de l'enfant, V. les très nombreuses hypothèses décrites dans le Mégacode civil 2014.

B. CHOIX DE LA RÉSIDENCE

5. Appréciation souveraine. La résidence de l'enfant est déterminée par le juge aux affaires familiales qui apprécie souverainement les éléments versés aux débats, les résultats de l'enquête sociale contradictoirement débattus, au regard de la stabilité de la situation des parents, de l'équilibre actuel de l'enfant et de la nécessité de ne pas modifier une nouvelle fois les conditions de vie de l'enfant. • Civ. 1re, 6 févr. 2008 : *AJ fam. 2008. 208, obs. F. C. ; RJPF 2008-5/34, note Corpart* (maintien de la résidence au domicile du père).

6. Illustrations. En cas de désaccord des parents lorsque le changement de résidence de l'un d'eux modifie les modalités d'exercice de l'autorité parentale, le juge aux affaires familiales statue selon ce qu'exige l'intérêt de l'enfant ; cassation d'un arrêt ayant fixé la résidence de l'enfant chez sa mère, autorisée à résider au Canada, en retenant des motifs sans rapport avec l'intérêt de l'enfant. • Civ. 1re, 13 mars 2007, no 06-17.869 P : *D. 2007. AJ 1083 ; ibid. Pan. 2192, obs. Gouttenoire ; JCP 2008. I. 102, no 5, obs. Favier ; Dr. fam. 2007, no 125, note Murat ; RTD civ. 2007. 330, obs. Hauser ; Rev. crit. DIP 2007. 603, note Gallant.* ♦ Cassation d'un arrêt ayant fixé la résidence habituelle des enfants chez leur mère, en Nouvelle-Calédonie, sans rechercher si le départ de la mère avec les enfants, à l'insu du père et sans laisser d'adresse, ne traduisait pas son refus de respecter le droit des enfants à entretenir des relations régulières avec leur père. • Civ. 1re, 4 juill. 2006, no 05-17.883 P : *D. 2007. Pan. 1466, obs. Granet-Lambrechts ; Dr. fam. 2006, no 188, note Murat ; RJPF 2006-11/42, obs. Eudier ; LPA 5 déc. 2006, note Massip ; RTD civ. 2006. 751, obs. Hauser.* ♦ L'intérêt des enfants exige d'examiner leur éloignement en veillant notamment à la sauvegarde de leur équilibre : prise en compte, pour refuser d'autoriser le déménagement des enfants avec leur mère en Californie, du fait que les enfants, âgés de 6 et 9 ans, ont tous leurs repères matériels et affectifs en France où ils sont entourés de leur famille, grands-parents paternels, maternels et oncles et que leur père s'implique particulièrement dans l'éducation de ses fils et administre la preuve de sa disponibilité à les assumer pleinement. • Civ. 1re, 19 nov. 2009 : *Dr. fam. 2010, no 24, note Murat.* ♦ Pour une prise en compte du projet de vie de la mère : • Paris, 2 déc. 2009 : *AJ fam. 2010. 130, note Mbala Mbala.*

7. Illustrations (art. 287 anc.). Approbation de la modification, par la cour d'appel, de la résidence habituelle de l'enfant, qu'elle fixe chez le père en raison des convictions religieuses de la mère, Témoin de Jéhovah. • Civ. 2e, 13 juill. 2000 : *RJPF 2000-10/33, note Valory ; RTD civ. 2000. 822, obs. Hauser.* ♦ Rappr. : • CEDH 29 nov. 2007, no 37614/02 : *D. 2008. 2843, note Muzny.* ♦ *Contra* : l'arrêt de la cour d'appel, fondé sur une appréciation générale et abstraite de la situation résultant de l'appartenance de la mère aux Témoins de Jéhovah, caractérise une différence de traitement discriminatoire entre les deux parents et constitue une atteinte au droit de la mère au respect de sa vie familiale. • CEDH 16 déc. 2003, no 64927/01 : *D. 2004. 1261, note F. Boulanger ; JCP 2004. II. 10122, note Gouttenoire ; ibid. I. 107, no 19, obs. Sudre ; AJ fam. 2004. 62, obs. Plana ; Dr. fam. 2004, no 30, note de Lamy ; RJPF 2004-5/29, obs. Meyzeaud-Garaud.* ♦ Rappr. : • CEDH 12 févr. 2013 : *AJ fam. 2013. 179, obs. Galmeister ; Dr. fam. 2013, no 70, note Garcia.*

Pour la fixation de la résidence habituelle de deux des enfants chez le père et du troisième chez la mère, conformément à un accord intervenu entre les parents, avec fixation des droits de visite et d'hébergement respectifs de telle façon que les trois enfants soient réunis, V. • Toulouse, 28 nov. 1995 : *JCP 1997. II. 22759, note G[illegible]é.* ♦ V., pour la fixation de la résidence des enfants au domicile du père, alors que ce dernier exerçait illégalement l'autorité parentale attribuée à la femme par une ordonnance de non-conciliation : • Aix-en-Provence, 30 mai 199[illegible] :

JCP 1996. II. 22566, note Garé ; RTD civ. 1996. 141, obs. Hauser .

C. DROIT DE VISITE ET D'HÉBERGEMENT

Jurisprudence antérieure à la L. du 4 mars 2002, fondée sur les anciens art. 288 et 374 C. civ., sauf indication contraire.

8. Non-exercice : faute. Le droit de visite et d'hébergement s'analyse aussi comme un devoir pour le parent à qui il a été reconnu et son non-exercice est constitutif d'une faute sur le fondement de l'anc. art. 1382 [1240] C. civ. • TGI Poitiers, 15 nov. 1999 : *BICC 15 nov. 2000, n° 1294.*

9. Responsabilité des parents. Droit de visite et d'hébergement et responsabilité : V. note 124 ss. art. 1242.

1° FIXATION DU DROIT DE VISITE

10. Rôle de l'enfant. Prise en considération de l'attitude de l'enfant pour aménager l'exercice du droit de visite et d'hébergement : V. • Civ. 2e, 23 mai 1984 : *Gaz. Pal. 1985. 1. Pan. 69, obs. Grimaldi.* ♦ Toutefois, les juges, fixant les modalités d'exercice du droit de visite, ne peuvent déléguer leurs pouvoirs en subordonnant l'exécution de leurs décisions à la discrétion des enfants. • Civ. 2e, 7 oct. 1987 : *Bull. civ. II, n° 190* • 11 oct. 1995, n° 93-15.415 P : *RTD civ. 1996. 141, obs. Hauser* • 22 oct. 1997, n° 96-12.011 P : *D. 1998. Somm. 293, obs. Descamps-Dubaele ; Defrénois 1998. 1029, obs. Massip ; JCP 1998. II. 10014, note Garé ; RTD civ. 1998. 95, obs. Hauser* • Civ. 1re, 3 déc. 2008, n° 07-19.767 P : *D. 2009. AJ 20, obs. Égéa ; ibid. Chron. C. cass. 747, obs. Chauvin ; JCP 2008. Actu. 740, obs. Favier ; ibid. 2009. II. 10032, note Rousset ; AJ fam. 2009. 31, obs. Chénedé ; Dr. fam. 2009, n° 17, obs. Murat ; RJPF 2009-2/39, obs. Eudier.* ♦ Pour une prise en compte de la poursuite de l'allaitement maternel dans la fixation du droit de visite et d'hébergement, V. • TGI Dax, 26 avr. 2006 : *AJ fam. 2006. 287, obs. Herzog-Evans* .

11. Rôle du juge : modalités d'exercice du droit de visite. Les juges, fixant les modalités d'exercice du droit de visite, ne peuvent déléguer leurs pouvoirs en précisant qu'il s'exercera selon accord entre les parties et selon des modalités à définir avec l'administration pénitentiaire, le père étant incarcéré. • Civ. 1re, 6 déc. 2005, n° 04-19.180 P : *D. 2006. 2149, note Herzog-Evans ; Defrénois 2006. 1066, obs. Massip ; Dr. fam. 2006, n° 27, note Murat ; RTD civ. 2006. 105, obs. Hauser* . ♦ Pour une illustration : • Paris, 19 mars 2009 : *AJ fam. 2009. 218, obs. Herzog-Evans* . ♦ De même, le droit de visite du père ne peut être prévu « librement sous réserve de l'accord des enfants ». • Civ. 1re, 3 déc. 2008 : *préc. note 10.* ♦ Rappr. : • Civ. 1re, 28 mai 2015, n° 14-16.511 P : *cité note 7 ss. art. 373-2-9.* ♦ Une cour d'appel, qui dispose d'un pouvoir souverain pour décider des conditions d'exercice du droit de visite, n'est nullement tenue de suivre la proposition de l'une des parties. • Civ. 1re, 6 juill. 2005, n° 03-13.357 P : *D. 2005. IR 2177* . ♦ N'a pas délégué ses pouvoirs la cour qui a seulement défini les conditions d'une reprise éventuelle du droit de visite de la mère, sans les subordonner au consentement des enfants. • Civ. 1re, 28 févr. 2006, n° 05-12.824 P : *D. 2006. IR 744 ; Dr. fam. 2006, n° 159, note Murat.* ♦ ... Ou qui a accordé un droit de visite et d'hébergement dont elle a déterminé la périodicité, selon des modalités à définir avec le service d'aide sociale à l'enfance, gardien des enfants, en prévoyant en outre un recours au juge des enfants en cas de difficulté. • Civ. 1re, 10 mai 2006 : *Dr. fam. 2006, n° 189, obs. Murat.* ♦ V. aussi note 10 et art. 373-2-9.

12. ... Droit de visite médiatisé. L'art. 1180-5 C. pr. civ. impose au juge, qui décide qu'un droit de visite s'exercera dans un espace de rencontre, de déterminer la périodicité et la durée des rencontres. • Civ. 1re, 4 mai 2017, n° 16-16.709 P : *AJ fam. 2017. 351, obs. Saulier ; RTD civ. 2017. 625, obs. Hauser* . ♦ Cassation de l'arrêt : fixant un droit de visite médiatisé pour une durée maximale de six mois, sans préciser la périodicité et la durée des rencontres. • Même arrêt. ♦ ... Ou de celui fixant un droit de visite pour douze mois dans les locaux d'un espace de rencontre « selon les modalités en vigueur dans le service », alors qu'il incombait au juge d'en fixer la périodicité. • Civ. 1re, 10 juin 2015, n° 14-12.592 P : *AJ fam. 2015. 398, obs. Thouret ; RTD civ. 2015. 600, obs. Hauser ; Dr. fam. 2015, n° 164, obs. Neirinck.*

13. ... Astreinte. Possibilité d'assortir le droit de visite, afin d'en assurer l'effectivité, d'une astreinte contre le parent gardien : V. • Rennes, 18 mars 1982 : *D. 1983. IR 449, obs. Bénabent.*

14. ... Mesures préventives. Pour la prévention des risques de non-représentation de l'enfant lorsque le droit d'hébergement doit s'exercer à l'étranger, V. • TGI Paris, 25 juin 1982 : *Gaz. Pal. 1982. 2. 396* (autorisation d'hébergement à l'étranger assortie d'une astreinte de 5 000 F par jour de retard en cas de non-représentation de l'enfant à la fin de la période d'hébergement). ♦ Comp. • Civ. 1re, 3 févr. 1982 : *Gaz. Pal. 1982. 1. 342* (droit de visite et d'hébergement limité au territoire métropolitain français). ♦ V. aussi • Dijon, ch. corr., 19 déc. 1984 : *Gaz. Pal. 1985. 1. 256* (opposition à l'exercice du droit de visite non punissable en raison de la contrainte morale résultant de la crainte de voir l'enfant emmené à l'étranger). ♦ Sur l'apposition d'une mention sur le passeport, V. art. 373-2-6.

15. Sanction pénale : non-représentation d'enfant. Les décisions statuant sur le droit de visite et d'hébergement de l'un des parents entrent dans les prévisions de l'art. 132-45, 17°, C. pén. • Crim. 23 mars 2022, n° 21-80.885 B : *AJ fam. 2022. 174, obs. Mary*. ♦ Pour caractériser le délit de non-représentation d'enfant, les juges doivent rechercher si les obligations mises à la charge du bénéficiaire pour l'exercice de son droit de visite ont bien été respectées. • Crim. 3 oct. 2012, n° 12-80.569 (en l'espèce, obligation pour le père de prévenir à l'avance la mère du nom du tiers de confiance devant être présent au moment de l'exercice de son droit).

2° REFUS DU DROIT DE VISITE

16. Gravité des motifs de refus : art. 288 anc. Pour refuser un droit de visite ou d'hébergement, le juge doit constater l'existence de motifs graves. • Civ. 2e, 29 avr. 1998, n° 96-18.460 P : *LPA 1er juill. 1999, note Meyrat ; RTD civ. 1998. 896, obs. Hauser* (est insuffisant le fait que les enfants ne souhaitent pas revoir leur père) • 14 mars 2006, n° 04-19.527 P : *BICC 15 juin 2006, n° 1254, et la note ; D. 2006. IR 881, obs. Gallmeister ; AJ fam. 2006. 202, obs. Chénedé ; Dr. fam. 2006, n° 157, note Murat ; RTD civ. 2006. 549, obs. Hauser* (est insuffisante une simple référence au risque de perturbation de l'équilibre psychologique de l'enfant) • 25 mars 2009 : *RJPF 2009-9/42, obs. Eudier* (père n'ayant ni revenus ni domicile et ayant enlevé sa fille en Tunisie). ♦ Sur l'appréciation de la gravité des motifs justifiant le refus d'un droit d'hébergement, V. • Civ. 1re, 24 oct. 2000, n° 98-14.386 P : *RDSS 2001. 151, obs. F. Monéger ; RTD civ. 2001. 126, obs. Hauser* (suspension du droit de visite et d'hébergement du père en raison de pressions morales et psychologiques liées à ses convictions religieuses – exigence du port du voile islamique –, sans qu'il y ait là atteinte à l'art. 9 Conv. EDH) • TGI Paris, JAM, 16 juill. 1976 : *JCP 1976. II. 18502, note R. L.* (brutalité du mari, qui sollicitait une telle mesure).

17. ... Art. 374 anc. Refus d'un droit de visite et d'hébergement pour motif grave : • Civ. 1re, 26 janv. 1994 : *D. 1995. 226, note Choain* (risque de voir les enfants soustraits à l'autorité de leur mère, après que le père, de nationalité algérienne, leur ait imposé la circoncision dans des conditions menaçant leur équilibre) • 25 mars 1997 : *D. 1998. Somm. 291, obs. Dumont ; Dr. fam. 1997, n° 99, note Murat* (nourrisson) • 2 mars 2004, n° 03-17.768 P (comportement fusionnel de la mère et propos dévalorisants envers le père, ayant conduit au refus de l'enfant de la rencontrer).

18. ... Art. 373-2-1. L'appréciation des motifs graves justifiant la limitation du droit de visite et la suppression de son droit d'hébergement s'apprécie à la date à laquelle le juge statue. • Civ. 1re, 28 janv. 2015, n° 13-27.983 P : *AJ fam. 2015. 162, obs. Thouret ; Dr. fam. 2015, n° 71, obs. Neirinck*. ♦ Refus d'un droit de visite et d'hébergement pour motif grave : • Civ. 1re, 17 janv. 2006 : *préc. note 4* (refus du père de se conformer aux décisions de justice et de laisser rentrer l'enfant en France à l'issue de ses vacances). • 9 févr. 2011 : *D. 2011. Pan. 1995, obs. Gouttenoire ; AJ fam. 2011. 207, obs. Siffrein-Blanc ; RLDC 2011/81, n° 4215, obs. Gallois* (motifs tenant à l'intérêt supérieur de l'enfant).

19. Suspension du droit de visite pour un père incarcéré, dont sont relevées la fragilité et l'absence de collaboration pour permettre une visite en parloir et pour que les retrouvailles avec l'enfant se passent bien : • Rennes, 2 juin 2015, n° 14/00317 : *D. 2015. 401, obs. Saulier*.

D. DROIT DE SURVEILLANCE

20. Droit de surveillance du père lorsque l'autorité parentale est exercée par la mère (art. 374 anc.) : • TGI Toulouse, 7 juin 1984 : *D. 1986. 41, note Philippe* • 25 avr. 1985 : *Gaz. Pal. 1985. 2. 470, note Grandbarbe*.

II. ASPECTS INTERNATIONAUX

A. CONVENTION DE LA HAYE DU 25 OCT. 1980

21. Application. Conformément à son art. 4, la Convention de La Haye du 25 oct. 1980 n'est applicable qu'entre États contractants. • Civ. 1re, 17 janv. 2019, n° 18-23.849 P : *D. 2019. 1016, obs. Clavel et Jault-Seseke ; AJ fam. 2019. 294, obs. Boiché* (inapplication à des enfants qui résident habituellement en République démocratique du Congo).

22. Principes. La Convention de La Haye du 25 oct. 1980 a pour objet d'assurer le retour immédiat dans l'État de leur résidence habituelle des enfants retenus illicitement dans tout autre État contractant. • Civ. 1re, 15 mai 2002 : *Dr. fam. 2003, n° 21, note Farge (2e esp.)*. ♦ La juridiction saisie selon le mécanisme d'entraide internationale instituée par la convention du 25 oct. 1980 n'est pas juge de la régularité ou du bien-fondé de la décision prise dans l'État de la résidence habituelle des enfants et doit ordonner leur retour pour faire respecter cette décision, qui n'affecte pas le fond du droit de garde, ainsi qu'en dispose l'art. 19 de la Convention. • Civ. 1re, 7 juin 1995, n° 94-15.860 P : *D. 1996. 393, note Massip*. ♦ Pour les conséquences sur le plan procédural. • Civ. 1re, 20 janv. 2010, n° 08-19.267 P : *D. 2010. Chron. C. cass. 522, obs. Auroy et Creton ; AJ fam. 2010. 181, obs. Boiché* (inapplicabilité de l'art. 1074-1 C. pr. civ.). ♦ Il n'appartient pas au juge de l'État requis, saisi d'une demande de retour immédiat, de statuer au fond sur la garde de l'enfant. • Civ. 1re, 17 déc. 2008, n° 07-15.393 P : *AJ fam. 2009. n° 176, obs. Boiché*. ♦ Caractère inopérant du moyen tiré d'une décision du juge étranger, postérieure au déplacement, et fixant provisoirement la résidence chez le parent ayant déplacé l'enfant. • Civ. 1re, 8 juill. 2021, n° 21-13.556 B : *D. 2022. 915, obs. Clavel et Jault-Seseke ; AJ fam. 2021. 498, obs. Boiché ; Dr. fam. 2021, n° 170, note Elofir* (mère restée en France après les vacances malgré l'opposition du père, la décision étrangère étant au surplus l'objet d'un recours du père). ♦ Il ne peut être statué sur la garde de l'enfant tant que la décision ordonnant son retour n'a pas été exécutée. • Civ. 1re, 25 janv. 2005, n° 02-17.411 P : *D. 2005. 2790, note F. Boulanger ; Dr. et patr. 4/2005. 104, obs. F. Monéger ; RJPF 2005-4/36, note Meyzeaud-Garaud ; Rev. crit. DIP 2006. 127, note Gallant ; JDI 2006. 141, note Gaudemet-Tallon.* ♦ Dès lors qu'elles ont été informées du déplacement illicite d'un enfant, les autorités judiciaires ou administratives de l'État contractant où l'enfant a été déplacé ou retenu ne pourront statuer sur le fond du droit de garde jusqu'à ce qu'il soit établi que les conditions pour un retour de l'enfant ne sont pas réunies ou jusqu'à ce qu'une période raisonnable ne se soit écoulée sans qu'une demande en application de la Convention n'ait été faite. • Civ. 1re, 9 juill. 2008, n° 06-22.090 P : *D. 2008. AJ 1998, obs. Egea ; D. 2009. Pan. 1557, obs. Jault-Seseke ; AJ fam. 2008. 349, obs. Boiché ; RJPF 2008-11/25, note Meyzeaud-Garaud* (cassation de l'arrêt ayant sursis à statuer faute de retour de l'enfant, alors que celui-ci avait sa résidence habituelle en France et avait été déplacé au Canada). ♦ Violation de l'art. 16 de la Convention de La Haye et de l'art. 8 Conv. EDH par la décision qui joint la procédure de retour à celle, au fond, sur le droit de garde. • CEDH, sect. I, 6 nov. 2008, *Carlson c/ Suisse*, n° 49492/06. ♦ ... En raison de l'absence de suite donnée à une plainte pour non-représentation d'enfant après l'échec d'une solution concertée. • CEDH, sect. V, 7 mars 2013, *Raw et a. c/ France*, n° 10131/11 : *D. 2013. 708 ; Gaz. Pal. 2013. 980, obs. Viganotti.*

23. Relations avec d'autres instruments internationaux. Sur l'articulation de la Convention de La Haye du 25 oct. 1980 relative aux aspects civils de l'enlèvement international d'enfant avec la Conv. EDH, V. notes 6 s. ss. art. 371-3. ♦ V. aussi • CEDH 6 déc. 2005, n° 14600/05 : *Dr. fam. 2006, n° 44, note Sudre* (respect des exigences de l'art. 6, § 1, Conv. EDH dans la mise en œuvre des mesures découlant de la Convention de La Haye). ♦ Sur la prise en considération de l'intérêt supérieur de l'enfant (art. 3-1 CIDE) dans l'application de la Convention de La Haye, V. • Civ. 1re, 14 juin 2005 : *cité note 13 ss. art. 388-1* • 13 juill. 2005 : *ibid.* ♦ Sur les règles de compétence (Règl. n° 2201/2003). • CJCE 11 juill. 2008, n° C-195/08 • CJUE 23 déc. 2009, n° C-403/09 • 1er juill. 2010, n° C 211/10 : *BICC 1er nov. 2010, n° 1518 ; D. 2010. 1798 ; AJ fam. 2010. 482, obs. Boiché ; RTD civ. 2010. 748, obs. Rémy-Corlay* • CEDH, sect. I, 18 juin 2013, *Povse c/ Autriche*, n° 3890/11 (respect strict de la compétence des juridictions de l'État d'origine) • Civ. 1re, 5 mars 2014, n° 12-24.780 P : *D. 2014. 667 ; AJ fam. 2014. 319, obs. Boiché ; JCP 2014, n° 555, obs. Farge.*

24. Relation avec les juridictions nationales. Il n'appartient pas aux juges nationaux de se livrer à un examen approfondi de l'ensemble de la situation familiale pour apprécier le droit de retour ; les éléments susceptibles de constituer une exception au retour immédiat de l'enfant en application des art. 12, 13 et 20 de la convention de La Haye doivent avoir été réellement pris en compte par le juge requis dans une décision suffisamment motivée. Ils doivent être appréciés à la lumière de l'art. 8 de la Conv. EDH. • CEDH 26 nov. 2013, n° 27853/09 : *D. 2014. 1059, obs. Gaudemet-Tallon et Jault-Seseke ; AJ fam. 2014. 58, obs. Boiché.*

L'art. 11, § 7 et 8, du Règl. (CE) n° 2201/2003 du Conseil du 27 nov. 2003 doit être interprété en ce sens qu'il ne s'oppose pas, en principe, à ce qu'un État membre attribue à une juridiction spécialisée la compétence pour examiner les questions du retour ou de la garde de l'enfant dans le cadre de la procédure prévue par ces dispositions, même lorsqu'une cour ou un tribunal est déjà, par ailleurs, saisi d'une procédure au fond relative à la responsabilité parentale à l'égard de l'enfant. • CJUE 9 janv. 2015, n° C-498/14 : *AJ fam. 2015. 107, obs. Boiché.*

25. Prise en compte de la décision d'un tribunal rabbinique israélien. V. • Civ. 1re, 4 mai 2017, n° 17-110.31.

26. Loyauté procédurale. En refusant de communiquer son adresse réelle, le parent qui a déplacé l'enfant porte atteinte aux principes d'un procès équitable, rompt l'égalité des armes en empêchant toute investigation sur les conditions de vie et l'état de l'enfant, comportement qui, en outre, se heurte à l'intérêt supérieur de celui-ci, puisqu'en l'absence d'investigation utile, il l'expose à ce qu'une décision soit prise sans que soient portés à la connaissance du juge tous les éléments d'appréciation de son intérêt. • Civ. 1re, 9 nov. 2014, n° 13-18.902 P : *D. 2014. 2407.*

1° CONDITIONS DU DROIT DE RETOUR (ART. 3)

27. Résidence habituelle de l'enfant. La résidence habituelle de l'enfant, au sens du Règl. n° 2201/2003, correspond au lieu où se situe, dans les faits, le centre de sa vie et il appartient à la juridiction nationale de déterminer où se situe ce centre sur la base d'un faisceau d'éléments de fait concordants (• CJUE 28 juin 2018, *HR*, n° C-512/17). • Civ. 1re, 12 juin 2020, n° 19-

24.108 P : *D. 2020. Chron. C. cass. 2190, obs. Le Cotty ; AJ fam. 2020. 423, obs. Boiché*.

La résidence habituelle doit être interprétée au regard des objectifs du Règl. n° 2201/2003, notamment celui ressortant de son consid. 12, selon lequel les règles de compétence qu'il établit sont conçues en fonction de l'intérêt supérieur de l'enfant et, en particulier, du critère de proximité. • Même arrêt.

La résidence de l'enfant doit être déterminée à la lumière de l'ensemble des circonstances de fait particulières dont la commune intention des parents de transférer cette résidence ainsi que les décisions prises en vue de l'intégration de l'enfant. • Civ. 1re, 4 mars 2015, n° 14-19.015 P : *D. 2015. chron. C. cass. 1783, obs. Guyon-Renard ; AJ fam. 2015. 283, obs. Boiché* (cassation de l'arrêt qui n'a pris en compte la seule durée du séjour de la mère et de sa fille alors que les enfants avaient été inscrits à l'école et en crèche). ♦ Comp. : Appréciation souveraine par les juges du fond de la résidence habituelle de l'enfant. • Civ. 1re, 15 mai 2002 : *préc. note 22* et, pour un nourrisson : • Civ. 1re, 12 juin 2020, n° 19-24.108 P : *cité note 36*. ♦ Sur l'appréciation d'un changement licite de résidence en vue de déterminer la juridiction compétente par application de la Conv. de La Haye du 19 oct. 1996 : • Civ. 1re, 30 sept. 2020, n° 19-14.761 P : *D. 2020. 1960 ; AJ fam. 2020. 668, obs. Boiché ; JCP 2021, n° 11, note Gallant*.

28. Existence d'un droit de garde. L'existence du droit de garde doit être antérieure au déplacement mais elle peut résulter d'une attribution de plein droit. • Civ. 1re, 23 oct. 1990, n° 87-16.873 P : *R., p. 254 ; D. 1991. 233, note Massip*. ♦ Condition remplie pour un père qui restait investi de ses prérogatives paternelles selon la loi étrangère compétente – *patria potestad* –, alors que la mère avait été assujettie à une interdiction de sortie du territoire mexicain de l'enfant, le déplacement ayant été effectué au mépris du droit du père à participer à la fixation de la résidence de l'enfant. • Civ. 1re, 24 juin 2015, n° 14-14.909 P : *D. 2015. 1437, obs. Gallmeister ; ibid. chron. C. cass. 1783, obs. Guyon-Renard ; Rev. crit. DIP 2016. 165, note Alouane ; JCP 2015, n° 933, note Gallant*. ♦ Rappr., pour la détermination commune et implicite d'une installation licite de la mère à l'étranger : • Civ. 1re, 14 nov. 2006, n° 05-15.692 P : *RJPF 2007-3/39, obs. Eudier*. ♦ Droit de garde résultant d'une décision ukrainienne, une autre décision accordant à chacun des parents le droit de circuler seul avec l'enfant sans l'autorisation de l'autre, mais non de s'installer définitivement dans un pays tiers sans l'accord de l'autre parent. • Civ. 1re, 13 juill. 2017, n° 17-11.927 P : *D. 2017. 1528 ; AJ fam. 2017. 492, obs. Boiché*. ♦ Absence de caractère illicite du non-retour lorsqu'une décision modificative de la résidence de l'enfant est intervenue avant la date où le maintien de l'enfant aurait été irrégulier. • Civ. 1re, 19 mars 2002, n° 00-17.692 P : *JCP 2003. II. 10155, note Cashin-Ritaine ; RJPF 2002-6/36, note Meyzeaud-Garaud ; Dr. fam. 2002, n° 137, note Farge ; LPA 4 déc. 2002, note Brière*. ♦ Comp. : • Civ. 1re, 16 juill. 1993, n° 92-19.618 P : *Rev. crit. DIP 1993. 650 (3e esp.), note B. Ancel ; JDI 1994. 133 (3e esp.), note Gaudemet-Tallon*. ♦ Pour une décision relative aux conditions d'application du règlement Bruxelles II bis du 27 nov. 2003 quant à l'exigence d'un droit de garde pour apprécier l'existence d'un déplacement illicite : • CJUE 5 oct. 2010, n° C-400/10 : *D. 2010. Actu. 2516, obs. Gallmeister ; JCP 2010, n° 1327, note Boulanger ; AJ fam. 2010. 482, obs. Boiché ; Dr. fam. 2011, n° 50, obs. Farge ; RTD. civ. 2010. 748, obs. Rémy-Corlay ; ibid. 2011. 115, obs. Hauser*.

Sur la preuve des droits des parents : les requêtes aux fins de certification des titres exécutoires français, en vue de leur reconnaissance et de leur exécution à l'étranger (art. 41 Règl. CE n° 2201/2003 du Conseil du 27 nov. 2003), sont présentées au juge qui a rendu la décision ; cassation de la décision estimant que la certification d'un arrêt devait être demandée au greffe, alors qu'une telle demande, en tant qu'elle portait sur un droit de visite, relevait de sa compétence. • Civ. 1re, 4 nov. 2015, n° 14-20.050 P.

29. Violation du droit de garde. Le juge de l'État requis doit, pour vérifier le caractère illicite du déplacement, se borner à rechercher si le parent avait le droit de modifier seul le lieu de résidence de l'enfant pour le fixer dans un autre État. • Civ. 1re, 7 déc. 2016, n° 16-21.760 P : *D. 2017. Chron. C. cass. 599, note Guyon-Renard ; AJ fam. 2017. 73, obs. Boiché ; JCP 2017, n° 137, note Farge* (cassation de l'arrêt examinant, dans le cadre d'une telle demande, la conformité de l'attribution par le droit marocain de l'autorité parentale à la mère seule, en l'absence de disposition du jugement de divorce sur ce point).

En cas d'autorité parentale conjointe : le déplacement de l'enfant sans le consentement des deux parents est illicite. • Civ. 1re, 14 déc. 2005, n° 05-12.934 P : *D. 2006. IR 251 ; Rev. crit. DIP 2006. 619, note Gallant*. ♦ ... La résidence de l'enfant ne peut être modifiée unilatéralement par la mère avant qu'il ne soit statué au fond. • Civ. 1re, 17 déc. 2008 : *préc. note 22*. ♦ ... Et, dans ce cas, l'intérêt de l'enfant est de regagner l'État de sa résidence habituelle. • Civ. 1re, 10 juill. 2007, n° 07-10.190 P : *Gaz. Pal. 16-17 janv. 2008, Somm., obs. Massip ; AJ fam. 2007. 481, obs. Boiché*. – V. aussi • CEDH 6 déc. 2007, n° 39388/05 : *BICC 15 janv. 2008 ; D. 2008. Pan. 1855, obs. Gouttenoire ; AJ fam. 2008. 83, obs. Boiché*. ♦ Existence d'un non-retour illicite dès lors que les deux parents disposaient du plein et entier exercice de la responsabilité parentale, qu'ils avaient leur résidence habituelle aux États-

Unis et que le père n'avait pas autorisé son épouse à s'installer avec ses enfants sur le territoire français mais avait seulement consenti à un déplacement ponctuel limité dans le temps. • Civ. 1re, 26 oct. 2011, n° 10-19.905 P : *D. 2011. 2656* ; *AJ fam. 2011. 616, obs. Boiché* ; *Rev. crit. DIP 2012. 599, note Gallant* ; *RTD eur. 2012. 524, obs. Panet et Corso* (application à un enfant né en France, qui n'est jamais allé aux États-Unis). ♦ Inversement, absence de non-retour illicite dans une situation où l'enfant est né et a séjourné avec sa mère dans un pays, conformément à la volonté commune des parents, l'intention initiale des parents quant au retour ultérieur de l'enfant dans leur pays de résidence ne pouvant permettre de considérer que l'enfant y a sa résidence habituelle. • CJUE 8 juin 2017, n° C-111/17 : *D. 2018. 966, obs. Clavel et Jault-Seseke* ; *ibid. 2017. 1250* ; *AJ fam. 2017. 493, obs. Boiché* ; *Rev. crit. DIP 2018. 115, note Chalas*. ♦ Constitue une violation du droit de garde, au sens de la convention, le fait pour une mère de ne pas respecter l'accord conclu avec le père qui lui permettait de conserver la garde de l'enfant mais avec obligation de continuer à résider dans l'État du père, sauf pour de courtes périodes de vacances. • Civ. 1re, 22 avr. 1997, n° 95-11.999 P : *D. 1998. 289, note Massip* (absence de retour de la mère à la suite des vacances).

2° LIMITES DU DROIT DE RETOUR

30. Déplacement de plus d'un an (art. 12). Le délai d'un an court du jour du déplacement ou du non-retour de l'enfant au jour où la juridiction de l'État requis est saisie, et non à partir du jour où le parent a eu connaissance du lieu où se trouvent ses enfants. • Civ. 1re, 9 juill. 2008, n° 07-15.402 P : *D. 2008. AJ 2078, obs. Egea* ; *ibid. 2009. Pan. 1557, obs. Jault-Seseke* ; *AJ fam. 2008. 401, obs. Boiché* ; *RJPF 2008-11/30, obs. Eudier.* ♦ Appréciation souveraine, après audition de l'enfant, de la qualité de son intégration dans son nouveau milieu. • Civ. 1re, 12 déc. 2006, n° 06-13.177 P : *D. 2007. AJ 88* ; *AJ fam. 2007. 317, obs. Boiché* ; *RJPF 2007-3/38, obs. Eudier.*

31. Acquiescement du parent gardien (art. 13 a). L'acquiescement du parent gardien au déplacement de l'enfant ne peut résulter d'un simple accord provisoire à une suspension du droit de retour dans l'attente d'une solution amiable. • Civ. 1re, 16 juill. 1992, n° 91-18.117 P : *D. 1993. 570, note Massip (2e esp.)*. ♦ Il appartient au parent qui a déplacé l'enfant de rapporter la preuve du consentement de l'autre parent. • CEDH, sect. I, 6 nov. 2008 : *préc. note 22* (violation de l'art. 13 de la Convention de La Haye et de l'art. 8 Conv. EDH de la décision qui impose au demandeur de rapporter la preuve qu'il n'a pas consenti à l'éloignement).

32. Danger pour l'enfant (art. 13 b) : principes. Cassation de l'arrêt ayant refusé le retour de l'enfant au Canada aux motifs que l'enfant est parfaitement intégrée en Guadeloupe où elle vit avec sa mère depuis plus de quatre années et où elle bénéficie d'un environnement familial, amical et scolaire favorable à son épanouissement intellectuel, social et affectif, et qu'il n'est apporté aucun élément sur les conditions du retour de l'enfant auprès de son père, qu'elle ne connaît pas et avec lequel elle ne vivait pas au moment de son départ : ces motifs sont impropres à caractériser, au regard de l'intérêt supérieur de l'enfant, le danger grave encouru par celui-ci en cas de retour immédiat ou la situation intolérable qu'un tel retour créerait à son égard. • Civ. 1re, 16 févr. 2022, n° 21-19.061 B. ♦ Comp. : le danger ou la situation intolérable au sens de l'art. 13 résulte aussi bien du nouveau changement des conditions de vie actuelles de l'enfant déplacé que des conditions nouvelles ou retrouvées dans l'État de sa résidence habituelle. • Civ. 1re, 12 juill. 1994, n° 93-15.495 P : *Rev. crit. DIP 1995. 98, note Muir Watt* ; *Defrénois 1995. 323, obs. Massip* • 21 nov. 1995, n° 93-20.140 P : *D. 1996. 468, note Massip*. ♦ Sur la nécessité d'une réaction rapide, pour éviter que le rétablissement de la situation initiale ne devienne *de facto* irréalisable. • CEDH, sect. V, 22 avr. 2010, *Macready c/ Rép. tchèque*, nos 4824/06 et 15512/08 • CEDH, sect. IV, 22 sept. 2009, *Stochlak c/ Pologne*, n° 38273/02. ♦ La CEDH peut apprécier le risque couru par l'enfant en s'inspirant des critères qu'elle a dégagés pour apprécier la conventionnalité des mesures d'éloignement des étrangers. • CEDH, gr. ch., 6 juill. 2010, *X. c/ Suisse*, n° 41615/07 : *BICC 1er nov. 2010, n° 1513* ; *D. 2010. 2062, obs. Gallmeister* ; *AJ fam. 2010. 482, obs. Boiché* ; *RTD civ. 2010. 735, obs. Marguénaud* ; *RTD eur. 2010. 927, chron. Douchy-Oudot et Guinchard* (violation de l'art. 8 Conv. EDH si la décision de retour était exécutée). ♦ Elle peut tenir compte de l'évolution de la situation depuis la décision exigeant le retour de l'enfant. • Même arrêt. ♦ Rappr. sous l'angle de la compétence : • CJUE 1er juill. 2010 : *préc. note 23*. ♦ Exclusion du danger du retour, mais reconnaissance au contraire du fait que la mère qui a refusé le retour des enfants dans leur pays de résidence les a, de son fait, placés en danger affectif et moral en les éloignant de leur père. • Civ. 1re, 26 oct. 2011 : *préc. note 29.* ♦ Absence de danger, les autorités anglaises ayant pris les dispositions adéquates pour assurer la protection des enfants après leur retour en Angleterre et prévenir tout danger physique, et absence de conditions d'une situation intolérable consécutive à une absence de logement et de ressources, la mère étant susceptible de bénéficier d'une aide, son séjour étant imposé par une décision de justice britannique : • Civ. 1re, 20 mars 2013 : *D. 2013. 1515, avis J.-P. Jean* ; *ibid. 1520, note Boiché*. ♦ Violation de l'art. 8

Conv. EDH si la décision ordonnant le retour était exécutée faute pour le juge d'avoir pu déterminer de manière éclairée s'il existait un risque au sens de l'art. 13 *b)* de la Conv. de La Haye. • CEDH 10 juill. 2012, n° 4320/11 : *AJ fam. 2012. 562, obs. Viganotti*. ♦ Absence de droit de retour, faute de dispositions adéquates prises pour assurer la protection de l'enfant, victime de violences commises par son père, alors que les conditions d'accueil par ce dernier n'étaient pas connues et que celui-ci n'était plus en contact avec aucun service portugais depuis presque un an. • Civ. 1re, 14 oct. 2021, n° 21-15.811 B : *AJ fam. 2022. 95, obs. Boiché ; Dr. fam. 2021, n° 184, note Devers.*

33. ... Illustrations. Appréciation souveraine par les juges du fond de l'existence d'un danger : • Civ. 1re, 16 déc. 1992, n° 91-13.119 P : *D. 1993. 570, note Massip (1re esp.) ; ibid. Somm. 352, obs. Audit* • 12 juill. 1994 : *préc. note 32* • 21 nov. 1995 : *préc. note 32* • 22 juin 1999, n° 98-17.902 P • 25 janv. 2005 : *préc. note 22* • 14 déc. 2005 : *préc. note 29* • 12 déc. 2006, n° 05-22.119 P : *D. 2007. AJ 89 ; RJPF 2007-3/37, note Eudier.* ♦ Prise en compte de mesures adéquates prises par les autorités du pays de retour pour assurer la protection des enfants : • Civ. 1re, 20 oct. 2010, n° 08-21.161 P : *D. actu. 4 nov. 2010, obs. Gallmeister ; AJ fam. 2010. 546, obs. Boiché*.

Absence de danger : • Civ. 1re, 23 oct. 1990 : *préc. note 28* (primauté accordée à la situation actuelle équilibrée des enfants et non à des faits passés reprochés au parent gardien) • 25 janv. 2005 : *préc. note 22* (violence du père à l'égard de la mère) • 14 nov. 2006 : *préc. note 28* (griefs insuffisamment caractérisés pour justifier le non-retour). • 13 févr. 2013, n° 11-28.424 P : *D. 2013. 498, obs. Gallmeister ; AJ fam. 2013. 185, obs. Boiché* (absence de preuve des carences éducatives du père, la mère se contentant d'invoquer le fait qu'il serait dommageable pour l'enfant, compte tenu de son très jeune âge, de remettre en cause son nouvel équilibre et que son retour auprès de son père créerait des problèmes pour l'organisation de ses relations avec elle, compte tenu de sa grossesse). • Civ. 1re, 7 déc. 2016, n° 16-20.858 P (cassation de l'arrêt refusant le retour d'un enfant dont la mère était venue accoucher en France, puis avait refusé de retourner au Canada, au motif que le retour immédiat de l'enfant au Canada l'exposerait à un danger psychique ou la placerait, compte tenu de son très jeune âge, dans une situation intolérable) • Civ. 1re, 4 mai 2017, n° 17-11.031 P : *AJ fam. 2017. 490, obs. Boiché ; Dr. fam. 2017, n° 160, note Fulchiron* (rejet de l'argument selon lequel la séropositivité de l'enfant serait mieux prise en charge en France qu'en Israël).

Existence d'un danger : • Civ. 1re, 12 juill. 1994 : *préc. note 32* (enfant très jeune ayant vécu un an avec sa mère) • 21 nov. 1995 : *préc. note 32* (retour brutal d'enfants jeunes ayant vécu quatre ans avec leur mère) • 22 juin 1999 : *préc.* (enfant de trois ans et rupture de la fratrie) • 12 déc. 2006 : *préc. note 30* (manque de disponibilité et prodigalité du père, risques quant au suivi médical) • 17 oct. 2007, n° 07-11.449 P : *D. 2008. Pan. 1857, obs. Gouttenoire ; JCP 2008. II. 10001, note F. Boulanger ; ibid. I. 102, n° 6, obs. Bideau ; Dr. fam. 2007, n° 204, note Murat ; RJPF 2008-1/41, obs. Eudier* (enfant vivant depuis plus de deux ans avec ses parents biologiques et sa sœur et souhaitant continuer à le faire) • 27 juin 2019, n° 19-14.464 P (rapports sur l'état psychologique alarmant de l'enfant à l'idée de retourner chez son père).

34. Volonté de l'enfant. En l'absence de danger futur avéré, la seule opposition de l'enfant ne peut justifier le rejet de la demande de retour. • Civ. 1re, 14 févr. 2006, n° 05-14.646 P : *D. 2007. Pan. 2198, obs. Gouttenoire ; Rev. crit. DIP 2007. 96, note Gallant* • 8 juill. 2010, n° 09-66.406 P : *D. 2010. 1798 ; AJ fam. 2010. 482, obs. Boiché*. ♦ Rappr. • CEDH 7 mars 2013, n° 10131/11 : *D. 2013. 708 ; Dr. fam. 2013, n° 55, obs. Creux-Thomas.*

La convention de La Haye ne confère pas à l'enfant la possibilité de librement choisir l'endroit où il veut vivre ; les motifs de la préférence exprimée par l'enfant ne rentrent pas dans les exceptions au retour prévues par l'art. 13 de la convention de La Haye, ces exceptions devant être d'interprétation stricte. • CEDH 22 juill. 2014, *Rouiller c/ Suisse*, n° 3592/08 : *D. 2015. 1919, obs. Bonfils et Gouttenoire ; AJ fam. 2014. 507*.

35. Intérêt de l'enfant. Selon l'art. 3, § 1, de la Conv. de New York du 20 nov. 1989, les circonstances caractérisant un risque de danger grave ou de création d'une situation intolérable, au sens de l'art. 13, *b*, Conv. La Haye, doivent être appréciées en considération primordiale de l'intérêt supérieur de l'enfant. • Civ. 1re, 27 juin 2019, n° 19-14.464 P. ♦ L'intérêt supérieur de l'enfant ne se confond pas avec celui de son père ou de sa mère, outre qu'il renvoie nécessairement à des éléments d'appréciation divers liés au profil individuel et à la situation spécifique de l'enfant ; il ne saurait être appréhendé d'une manière identique selon que le juge est saisi d'une demande de retour en application de la Convention de La Haye ou d'une demande de statuer au fond sur la garde ou l'autorité parentale, cette dernière relevant d'une procédure en principe étrangère à l'objet de la Convention de La Haye. • CEDH 26 nov. 2013, n° 27853/09 : *D. 2014. 1059, obs. Gaudemet-Tallon et Jault-Seseke ; AJ fam. 2014. 58, obs. Boiché*. ♦ Appréciation des circonstances en considération primordiale de l'intérêt supérieur de l'enfant qui en l'occurrence ne s'opposaient pas à son retour immédiat en Afrique du Sud, compte tenu du fait que l'enfant y avait vécu, que le père avait des compétences éducatives et que la mère ne démontrait pas être dans l'impossibilité d'y retourner et séjourner. • Civ. 1re, 19 nov. 2014, n° 14-17.493 P : *D. 2015. 766, obs. Gaumont-Prat* ; *AJ fam. 2014. 703, obs. Boiché* ; *Dr. fam. 2015, n° 31, obs. Neirinck*. ♦ Pour une décision admettant qu'il n'est pas dans l'intérêt de l'enfant déplacé de retourner auprès de son père : • CEDH 6 juill. 2010, n° 41615/07 : *D. 2010. Actu. 2062, obs. Gallmeister*. ♦ ... Qui impose au juge de se prononcer au regard de l'intérêt supérieur de l'enfant : • CEDH 13 déc. 2011, *X. c/ Lettonie* : *Dr. fam. 2012, n° 31, obs. Bruggeman,* et pour l'issue de l'affaire • CEDH, gr. ch., 26 nov. 2013 : *préc.* (pour parvenir à une interprétation harmonieuse de la CIDE, les éléments susceptibles de constituer une exception au retour immédiat de l'enfant doivent faire l'objet d'un examen effectif et d'une décision motivée). ♦ V. dans la même affaire, précisant l'appréciation par le juge de l'intérêt supérieur de l'enfant : • CEDH 26 nov. 2013, n° 27853/09 : *préc.* ♦ V. aussi : • CEDH, gr. ch., 6 juill. 2010, *N. et S. c/ Suisse*, n° 41615/07 (père risquant d'appliquer à l'enfant une éducation religieuse ultra-orthodoxe ; le retour forcé emporterait violation) • CEDH, sect. II, 12 juill. 2011, *Š. et K. c/ Italie*, n° 14737/09 (absence de prise en compte suffisante des conséquences du retour, notamment des conditions d'hébergement et des incidences de la rupture avec la mère) • CEDH, sect. III, 21 févr. 2012, *Karrer c/ Roumanie*, n° 16965/10 (enquête sociale n'analysant pas les conséquences du retour de l'enfant et décision prise sans audition de toutes les parties) • CEDH, sect. II, 10 juill. 2012, *B. c/ Belgique*, n° 4320/11 (recherches insuffisantes des juges internes, notamment quant à l'influence du facteur « temps »).

36. ... Nourrisson. Lorsque l'enfant est un nourrisson, son environnement est essentiellement familial, déterminé par la personne ou les personnes de référence avec lesquelles il vit, qui le gardent effectivement et prennent soin de lui, et il partage nécessairement l'environnement social et familial de cette personne ou de ces personnes. En conséquence, lorsqu'un nourrisson est effectivement gardé par sa mère, dans un État membre différent de celui où réside habituellement le père, il convient de prendre en compte notamment, d'une part, la durée, la régularité, les conditions et les raisons du séjour de celle-ci sur le territoire du premier État membre, d'autre part, les origines géographiques et familiales de la mère ainsi que les rapports familiaux et sociaux entretenus par celle-ci et l'enfant dans le même État membre. • Civ. 1re, 12 juin 2020, n° 19-24.108 P : *D. 2020. Chron. C. cass. 2190, obs. Le Cotty* ; *AJ fam. 2020. 423, obs. Boiché*. ♦ Lorsque dans les mêmes circonstances, un nourrisson est effectivement gardé par sa mère, l'intention initialement exprimée par les parents quant au retour de celle-ci accompagnée de l'enfant dans un autre État membre, qui était celui de leur résidence habituelle avant la naissance de l'enfant, ne saurait être à elle seule décisive pour déterminer la résidence habituelle de l'enfant, cette intention ne constituant qu'un indice de nature à compléter un faisceau d'autres éléments concordants. Cette intention initiale ne saurait être la considération prépondérante, en application d'une règle générale et abstraite selon laquelle la résidence habituelle d'un nourrisson serait nécessairement celle de ses parents. De même, le consentement ou l'absence de consentement du père, dans l'exercice de son droit de garde, pour que l'enfant s'établisse en un lieu ne saurait être une considération décisive pour déterminer la résidence habituelle de cet enfant. • Même arrêt. ♦ Cassation de l'arrêt qui a ordonné le retour de l'enfant au regard de l'intention préalable des parents, sans rechercher si, au regard du très jeune âge de l'enfant et de la circonstance qu'il était arrivé à l'âge d'un mois en France et y avait séjourné de manière ininterrompue depuis lors avec sa mère, son environnement social et familial et, par suite, le centre de sa vie, ne s'y trouvait pas, nonobstant l'intention initiale des parents quant au retour de la mère, accompagnée de l'enfant, en Grèce après son séjour en France. • Même arrêt.

37. Intégration. L'appréciation sur l'intégration de l'enfant dans son nouveau milieu se fait au regard de la situation de l'enfant, et non de celle de sa mère. • Civ. 1re, 13 juill. 2017, n° 17-11.927 P : *D. 2017. 1528* ; *AJ fam. 2017. 492, obs. Boiché* (cassation de l'arrêt qui exclut l'intégration de l'enfant en tenant compte du fait que sa mère ne s'exprime pas en français, est en demande d'asile en France où elle ne peut travailler, et réside chez un tiers).

B. CONVENTION DE LA HAYE DU 15 OCT. 1996

38. Application dans le temps. Aux termes de son art. 53 § 1, la Conv. ne s'applique qu'aux mesures prises dans un État après son entrée en vigueur. • Civ. 1re, 20 mars 2013, n° 11-24.388 P : *D. 2013. 837* ; *AJ fam. 2013. 298, obs. Boiché* ; *Rev. crit. DIP 2014. 100, note Bonnet* (convention inapplicable lorsque le premier juge a pris des mesures avant le1er février 2011, date d'entrée en vigueur de la Conv. en France). ♦ V. aussi • Civ. 1re, 20 mars 2013, n° 11-28.025 P : *D. 2013. 837* ; *AJ fam. 2013. 298, note Boiché* ; *Rev. crit. DIP 2014. 100, note Bonnet* (solution inverse lorsqu'aucun acte n'a été réalisé avant cette date).

C. AUTRES CONVENTIONS

39. Convention franco-algérienne du 21 juin 1988. Sur la nécessité de caractériser les circonstances exceptionnelles mettant directement en danger la santé physique ou morale de l'enfant pour limiter le droit de visite et d'hébergement transfrontière, en vertu de la Convention franco-algérienne du 21 juin 1988 : • Civ. 1re, 16 avr. 1991 : *D. 1992. 25, note F. Monéger ; D. 1992. Somm. 67, obs. Choain ; JCP 1992. II. 21928, note Gebler ; Defrénois 1991. 951, obs. Massip.*

40. Convention franco-marocaine du 10 août 1981. Pour une mesure conservatoire de remise immédiate d'enfant illicitement déplacé (application de l'art. 25 de la convention), V. • Civ. 1re, 9 juill. 2002, nº 01-13.336 P : *RJPF 2002-12/38, note Blanc ; Dr. et patr. 11/2002. 113, obs. F. Monéger ; Rev. crit. DIP 2003. 466, note Gallant .* ♦ Pour une autre application de l'art. 25 : • Civ. 1re, 22 mai 2007, nº 06-12.687 P : *D. 2007. AJ 1733 ; AJ fam. 2007. 356, obs. Boiché (2e esp.) ; Dr. fam. 2007, nº 155, note Farge (1re esp.) ; RJPF 2007-10/26, note Meyzeaud-Garaud* (appréciation souveraine, par les juges du fond, du risque grave que le retour au Maroc de l'enfant illicitement déplacé aurait entraîné pour sa sécurité) • Civ. 1re, 12 juill. 2017, nº 17-11.840 P : *AJ fam. 2017. 551, obs. Boiché (idem)* ♦ V. aussi • Civ. 1re, 7 oct. 2003, nº 02-16.665 P : *LPA 23 févr. 2005, note Brière* (obligation pour le juge de surseoir à statuer lorsque la décision statuant sur la remise de l'enfant a fait l'objet d'un pourvoi en cassation).

Art. 373-2-2 *(L. nº 2019-1446 du 24 déc. 2019, art. 72-I-1º)* « I. — » **En cas de séparation entre les parents, ou entre ceux-ci et l'enfant, la contribution à son entretien et à son éducation prend la forme d'une pension alimentaire versée, selon le cas, par l'un des parents à l'autre, ou à la personne à laquelle l'enfant a été confié.**

(L. nº 2019-1446 du 24 déc. 2019, art. 72-I-1º) « **Les modalités et les garanties de cette pension alimentaire sont fixées par :**

« **1º Une décision judiciaire ;**

« **2º Une convention homologuée par le juge ;**

« **3º Une convention de divorce ou de séparation de corps par consentement mutuel selon les modalités prévues à l'article 229-1 ;**

« **4º Un acte reçu en la forme authentique par un notaire ;**

« **5º Une convention à laquelle l'organisme débiteur des prestations familiales a donné force exécutoire en application de l'article L. 582-2 du code de la sécurité sociale ;** »

(L. nº 2021-1754 du 23 déc. 2021, art. 100-I) « **6º Une transaction ou un acte constatant un accord issu d'une médiation, d'une conciliation ou d'une procédure participative, lorsqu'ils sont contresignés par les avocats de chacune des parties et revêtus de la formule exécutoire par le greffe de la juridiction compétente en application du 7º de l'article L. 111-3 du code des procédures civiles d'exécution.** »

(L. nº 2019-1446 du 24 déc. 2019, art. 72-I-1º) « **Il peut être notamment prévu le versement de la pension alimentaire par virement bancaire ou par tout autre moyen de paiement.**

« **Cette pension peut en tout ou partie prendre la forme d'une prise en charge directe de frais exposés au profit de l'enfant ou être, en tout ou partie, servie sous forme d'un droit d'usage et d'habitation.** »

(L. nº 2021-1754 du 23 déc. 2021, art. 100-I) « **II. — Lorsque la pension est fixée en tout ou partie en numéraire par un des titres mentionnés aux 1º à 6º du I, son versement par l'intermédiaire de l'organisme débiteur des prestations familiales au parent créancier est mis en place, pour la part en numéraire, dans les conditions et selon les modalités prévues au chapitre II du titre VIII du livre V du code de la sécurité sociale et par le code de procédure civile.**

« **Toutefois, l'intermédiation n'est pas mise en place dans les cas suivants :**

« **1º En cas de refus des deux parents, ce refus devant être mentionné dans les titres mentionnés au I du présent article et pouvant, lorsque la pension est fixée dans un titre mentionné au 1º du même I, être exprimé à tout moment de la procédure ;**

« **2º A titre exceptionnel, lorsque le juge estime, par décision spécialement motivée, le cas échéant d'office, que la situation de l'une des parties ou les modalités d'exécution de la contribution à l'entretien et à l'éducation de l'enfant sont incompatibles avec sa mise en place.**

« **Lorsqu'elle est mise en place, il est mis fin à l'intermédiation sur demande de l'un des parents, adressée à l'organisme débiteur des prestations familiales, sous réserve du consentement de l'autre parent.**

« **Le deuxième alinéa, le 1º et l'avant-dernier alinéa du présent II ne sont pas applicables lorsque l'une des parties fait état, dans le cadre de la procédure conduisant à** l'émission d'un des titres mentionnés au I, de ce que le parent débiteur a fait l'objet d'une plainte ou d'une condamnation pour des faits de menaces ou de violences volontaires sur le parent créancier ou l'enfant ou lorsque l'une des parties produit, dans les mêmes conditions, une décision de justice concernant le parent débiteur mentionnant de telles menaces ou violences dans ses motifs ou son dispositif.

« III. — Lorsque le versement de la pension par l'intermédiaire de l'organisme débiteur des prestations familiales au parent créancier n'a pas été mis en place ou lorsqu'il y a été mis fin, l'intermédiation financière est mise en œuvre à la demande d'au moins l'un des deux parents auprès de l'organisme débiteur des prestations familiales, selon les modalités prévues à l'article L. 582-1 du code de la sécurité sociale, sous réserve que la pension soit fixée en tout ou partie en numéraire par un des titres mentionnés aux 1° à 6° du I du présent article.

« Lorsque l'intermédiation financière a été écartée en application du 2° du II, son rétablissement est demandé devant le juge, qui apprécie l'existence d'un élément nouveau.

« IV. — » *(L. n° 2019-1446 du 24 déc. 2019, art. 72-I-1°)* « Dans les cas mentionnés aux 3° à *(L. n° 2021-1754 du 23 déc. 2021, art. 100-I)* « 6° » du I, la date de paiement et les modalités de revalorisation annuelle du montant de la pension versée par l'intermédiaire de l'organisme débiteur des prestations familiales respectent des conditions fixées par décret en Conseil d'État. Il en est de même dans le cas mentionné au 2° du même I, sauf lorsque la convention homologuée comporte des stipulations relatives au paiement de la pension ou à sa revalorisation ou a expressément exclu cette dernière.

« Un décret en Conseil d'État précise également les éléments strictement nécessaires, » *(L. n° 2020-1576 du 14 déc. 2020, art. 74)* « incluant le cas échéant le fait que » *(L. n° 2021-1754 du 23 déc. 2021, art. 100-I)* « l'une des parties a fait état ou a produit les informations et éléments mentionnés au dernier alinéa du II », au regard de la nécessité de protéger la vie privée des membres de la famille, au versement de la pension par l'intermédiaire de l'organisme débiteur des prestations familiales que les greffes, les avocats et les notaires sont tenus de transmettre aux organismes débiteurs des prestations familiales en sus des extraits exécutoires des décisions mentionnées au 1° du I ou des copies exécutoires des conventions et actes mentionnés aux 2° à 4° *(L. n° 2021-1754 du 23 déc. 2021, art. 100-I)* « et 6° » du même I, ainsi que les modalités de leur transmission. »

Le II, le 2e al. du III et le IV de l'art. 373-2-2, dans leur rédaction résultant du I de l'art. 100 de la L. n° 2021-1754 du 23 déc. 2021, entrent en vigueur le 1er mars 2022. Ils s'appliquent à l'exécution des décisions judiciaires de divorce rendues à compter de cette date et, à compter du 1er janv. 2023, à l'exécution des autres décisions judiciaires rendues à compter de cette même date ainsi que des titres mentionnés aux 2° à 6° du I de l'art. 373-2-2 émis à compter de cette même date. Le 1er al. du III, dans sa rédaction résultant du I du même art., s'applique aux demandes reçues à compter du 1er janv. 2022 (L. préc., art. 100-X).

Ancien art. 373-2-2 *(L. n° 2019-1446 du 24 déc. 2019, art. 72-I-1°) « I. — » En cas de séparation entre les parents, ou entre ceux-ci et l'enfant, la contribution à son entretien et à son éducation prend la forme d'une pension alimentaire versée, selon le cas, par l'un des parents à l'autre, ou à la personne à laquelle l'enfant a été confié.*

(L. n° 2019-1446 du 24 déc. 2019, art. 72-I-1°) « Les modalités et les garanties de cette pension alimentaire sont fixées par :

« 1° Une décision judiciaire ;

« 2° Une convention homologuée par le juge ;

« 3° Une convention de divorce ou de séparation de corps par consentement mutuel selon les modalités prévues à l'article 229-1 ;

« 4° Un acte reçu en la forme authentique par un notaire ;

« 5° Une convention à laquelle l'organisme débiteur des prestations familiales a donné force exécutoire en application de l'article L. 582-2 du code de la sécurité sociale.

« Il peut être notamment prévu le versement de la pension alimentaire par virement bancaire ou par tout autre moyen de paiement.

« Cette pension peut en tout ou partie prendre la forme d'une prise en charge directe de frais exposés au profit de l'enfant ou être, en tout ou partie, servie sous forme d'un droit d'usage et d'habitation.

« II. – Lorsque la pension est fixée en tout ou partie en numéraire, son versement par l'intermédiaire de l'organisme débiteur des prestations familiales au parent créancier peut être prévu pour la part en numéraire, dans les conditions et selon les modalités prévues au chapitre II du titre VIII du livre V du code de la sécurité sociale et par le code de procédure civile, dans les cas suivants :

« 1° Sur décision du juge, même d'office, lorsque le parent débiteur a fait l'objet d'une plainte ou d'une condamnation pour des faits de menaces ou de violences volontaires sur le parent créancier ou l'enfant, ou lorsque de telles menaces ou violences sont mentionnées dans une décision de justice concernant le parent débiteur ;

« 2° Sur décision du juge, lorsqu'au moins un des parents en fait la demande ;

« 3° Sur accord des parents mentionné dans l'un des titres mentionnés aux 2° à 5° du I.

« Sauf lorsque l'intermédiation a été ordonnée dans les conditions du 1° du présent II, il peut être mis fin à l'intermédiation sur demande de l'un des parents adressée à l'organisme débiteur des prestations familiales, sous réserve du consentement de l'autre parent.

« Dans les cas mentionnés aux 3° à 5° du I, la date de paiement et les modalités de revalorisation annuelle du montant de la pension versée par l'intermédiaire de l'organisme débiteur des prestations familiales respectent des conditions fixées par décret en Conseil d'État. Il en est de même dans le cas mentionné au 2° du même I, sauf lorsque la convention homologuée comporte des stipulations relatives au paiement de la pension ou à sa revalorisation ou a expressément exclu cette dernière.

« Un décret en Conseil d'État précise également les éléments strictement nécessaires, (L. n° 2020-1576 du 14 déc. 2020, art. 74) « incluant le cas échéant le fait que l'intermédiation est ordonnée dans le cas prévu au 1° du présent II, » au regard de la nécessité de protéger la vie privée des membres de la famille, au versement de la pension par l'intermédiaire de l'organisme débiteur des prestations familiales que les greffes, les avocats et les notaires sont tenus de transmettre aux organismes débiteurs des prestations familiales en sus des extraits exécutoires des décisions mentionnées au 1° du I ou des copies exécutoires des conventions et actes mentionnés aux 2° à 4° du même I, ainsi que les modalités de leur transmission. »

Les 2° et 3° ainsi que les trois derniers al. du II de l'art. 373-2-2 dans sa rédaction résultant du I de l'art. 72 de la L. n° 2019-1446 du 24 déc. 2019 sont applicables à compter du 1er janv. 2021 (L. préc., art. 72-VIII, mod. par L. n° 2020-734 du 17 juin 2020, art. 35 ; Décr. n° 2020-1201 du 30 sept. 2020, art. 5).

Le notaire transmet la copie exécutoire de l'acte reçu en la forme authentique qui prévoit l'intermédiation financière mentionné au 4° du I de l'art. 373-2-2 à l'organisme mentionné au premier al. du II du même article. Il lui transmet également, dans le délai et selon les modalités prévues à l'art. 1146-1 C. pr. civ., les informations prévues au même art. (Décr. n° 2020-1201 du 30 sept. 2020, art. 4, en vigueur le 1er janv. 2021).

BIBL. ▶ Dossier, *AJ fam. 2021. 551* (pensions alimentaires).

Jurisprudence pour partie antérieure à la L. du 4 mars 2002 (art. 288 et 293 anc.).

1. Lien avec l'art. 210. L'art. 210 C. civ. (entretien en nature et en la demeure du débiteur d'aliments lorsque ce dernier justifie ne pouvoir payer la pension alimentaire) est inapplicable lorsque la garde des enfants mineurs est confiée en vertu de l'art. 287 C. civ. ancien. • Civ. 2e, 26 nov. 1980, n° 79-16.014 P.

2. Fixation amiable des modalités : principe. Il est permis aux père et mère de fixer amiablement le montant de la part contributive à l'entretien de l'enfant commun de celui qui n'en a pas la garde, mais avec cette réserve que l'aménagement de ces modalités soit, en cas de conflit, arbitré par les tribunaux, qui peuvent soit les maintenir soit les révoquer conformément à l'équité. • Rouen, 8 juin 1971 : *D. 1971. 736, note D. Huet-Weiller.* ♦ Il n'est pas prohibé de convenir conventionnellement des modalités par lesquelles le père entend assurer son obligation d'entretien. • Versailles, 6 avr. 1995 : *RTD civ. 1995. 874, obs. Hauser*.

3. … Limites. Nullité d'une convention entre concubins pour contrariété aux dispositions d'ordre public régissant l'obligation alimentaire. • Civ. 1re, 20 juin 2006, n° 05-17.475 P : *D. 2006. Pan. 2433, obs. Douchy-Oudot ; JCP 2006. I. 199, n° 6, obs. Bosse-Platière ; AJ fam. 2006. 324, obs. Chénedé ; Dr. fam. 2006, n° 155, note Larribau-Terneyre ; RJPF 2006-9/49, obs. Valory ; RTD civ. 2006. 740, obs. Hauser*. ♦ Nullité des renonciations : V. note 17 ss. art. 371-2.

4. … DIP. Dès lors que la convention conclue entre les époux au sujet de la contribution aux frais d'entretien de leur enfant est valable au regard de la loi étrangère qui la régit, et qu'elle ne peut avoir pour conséquence de priver le mineur de la possibilité d'exiger de son père le service d'une pension alimentaire, rien ne s'oppose à l'exécution en France de cet engagement ; se fondant sur l'effet atténué de l'ordre public à l'égard de droits acquis à l'étranger, les juges du fond ont donc pu, sans avoir à s'attacher aux besoins et ressources des parties, condamner l'épouse à exécuter cette convention. • Civ. 1re, 7 nov. 1972 : *D. 1973. 384.*

5. Fixation judiciaire : office du juge. En l'absence d'accord des parents séparés sur la contribution, il appartient au juge du fond d'en fixer souverainement les modalités. • Civ. 1re, 22 mars 2005 : *D. 2005. IR 1112*. ♦ Pour fixer le montant de la pension alimentaire due au titre de la contribution à l'entretien de l'enfant commun, les juges du fond ne peuvent se borner à énoncer que le père n'est pas dépourvu de ressources, sans rechercher quelles étaient les ressources des parties. • Civ. 2e, 17 oct. 1985, nº 84-15.135 P : *RTD civ. 1987. 303, obs. Rubellin-Devichi.* – V. aussi • Civ. 2e, 27 mars 2003, nº 01-14.503 P.

L'obligation alimentaire est une obligation légale qui n'existe qu'à la compter de la naissance de l'enfant • TGI Lille, 6 déc. 2012 : *Dr. fam. 2013, nº 39, obs. Labbée* (refus d'une fixation antérieure à la naissance). ♦ V. note 14 ss. art. 371-2.

6. ... Modification du montant. La pension alimentaire due pour l'entretien des enfants, qu'elle soit fixée par jugement ou, en cas de divorce sur demande conjointe, par la convention des époux homologuée par le juge, peut toujours être modifiée en fonction des besoins des enfants et des ressources respectives des parties. • Paris, 30 juin 1982 : *Gaz. Pal. 1982. 2. 440, note Brazier.* – Dans le même sens : • Civ. 2e, 29 mai 1996, nº 94-20.916 P : *RTD civ. 1996. 601, obs. Hauser*. ♦ Pour apprécier la survenance de circonstances nouvelles depuis la précédente décision, le juge doit se prononcer en considération des éléments dont il dispose au jour où il statue (sans écarter des faits postérieurs à la requête). • Civ. 1re, 6 nov. 2019, nº 18-19.128 P : *D. 2019. 2134 ; AJ fam. 2019. 646, obs. Thouret ; Dr. fam. 2020, nº 11, note Molière.* ♦ Absence de droit à restitution en l'absence d'une décision diminuant le montant, V. note 6 ss. art. 373-2-9.

7. ... Portée du jugement. La condamnation à une contribution pour l'entretien d'un enfant est liée à la décision judiciaire attribuant la garde de cet enfant ; en conséquence, jusqu'à la signification de la décision modifiant l'attribution de la garde au profit du père et supprimant la pension qui avait été mise à sa charge, la mère, restant responsable et redevable de la garde et de l'entretien de son fils, peut obtenir le versement de la pension initialement prévue, alors même que l'enfant aurait été, avant la date de la signification, entièrement entretenu par son père, cette situation de fait n'étant pas légitime. • Civ. 2e, 26 oct. 1972 : *Bull. civ. II, nº 262 ; Gaz. Pal. 1973. 1. 394.*

Mais, si la pension alimentaire visée par les art. 203 s. ne cesse pas de plein droit avec sa cause, rien ne s'oppose à ce que sa suppression soit ordonnée en justice à dater de l'événement qui justifie cette suppression (en l'espèce, l'enfant ayant rejoint son père, et celui-ci ayant seul assuré son entretien à compter de ce moment, les juges ont pu décider à bon droit que le mari était déchargé à partir de cette date de la pension alimentaire qu'il devait à sa femme pour l'entretien de leur enfant mineur). • Civ. 1re, 14 janv. 1969 : *Bull. civ. I, nº 22 ; D. 1969. 217.* – V. aussi • Civ. 2e, 2 déc. 1987 : *Bull. civ. II, nº 257 ; D. 1990. Somm. 115, obs. Bénabent* • 17 mars 1993, nº 91-19.665 P : *Defrénois 1994. 325, obs. Massip.* ♦ Si la pension alimentaire peut être supprimée à compter de l'événement qui justifie sa suppression, aucun texte ne contraint le juge à choisir cette date. • Civ. 2e, 23 juin 1993, nº 92-11.174 P : *RTD civ. 1993. 816, obs. Hauser*.

8. C'est au parent qui demande la suppression de sa contribution de rapporter la preuve des circonstances permettant de l'en décharger. • Civ. 2e, 29 mai 1996, nº 94-10.520 P • 2 avr. 1997, nº 95-18.749 P • Civ. 1re, 22 févr. 2005, nº 03-17.135 P : *D. 2005. IR 664 ; RJPF 2005-5/44, obs. Valory ; RTD civ. 2005. 379, obs. Hauser* • 14 févr. 2006, nº 05-11.001 P : *D. 2006. IR 670 ; Dr. fam. 2006, nº 88, note Murat* • 9 janv. 2008, nº 06-19.581 P : *D. 2008. AJ 353 ; JCP 2008. II. 10064, note Bazin ; Dr. fam. 2008, nº 35, obs. Murat ; Defrénois 2008. 1122, obs. Massip.* ♦ V. note 9 ss. art. 371-2.

9. Procédure de paiement direct. La demande de paiement direct ne peut produire effet que pour le recouvrement des termes à échoir de la pension alimentaire et, le cas échéant, des termes échus pour les seuls six derniers mois avant la notification de cette demande. • Civ. 2e, 22 oct. 2009, nº 08-19.559 P. ♦ Rappr. note 10 ss. art. 373-2-5.

Art. 373-2-3 **Lorsque la consistance des biens du débiteur s'y prête, la pension alimentaire peut être remplacée, en tout ou partie,** *(Abrogé par L. nº 2019-1446 du 24 déc. 2019, art. 72-I-2º)* ***« sous les modalités et garanties prévues par la convention homologuée ou par le juge »,*** **par le versement d'une somme d'argent entre les mains d'un organisme accrédité chargé d'accorder en contrepartie à l'enfant une rente indexée, l'abandon de biens en usufruit ou l'affectation de biens productifs de revenus** *(L. nº 2019-1446 du 24 déc. 2019, art. 72-I-2º)* **« , sous les modalités et garanties prévues par la décision, l'acte ou la convention mentionnés aux 1º à** *(L. nº 2021-1754 du 23 déc. 2021, art. 100-II)* **« 6º » du I de l'article 373-2-2 ».**

Sur les différentes modalités de constitution d'une « maintenance » au profit des enfants, V. obs. Massip, *Defrénois 1986. 1030 ; ibid. 1992. 1055.*

Art. 373-2-4 L'attribution d'un complément, notamment sous forme de pension alimentaire, peut, s'il y a lieu, être demandé ultérieurement.

Art. 373-2-5 Le parent qui assume à titre principal la charge d'un enfant majeur qui ne peut lui-même subvenir à ses besoins peut demander à l'autre parent de lui verser une contribution à son entretien et à son éducation. Le juge peut décider ou les parents convenir que cette contribution sera versée en tout ou partie entre les mains de l'enfant.

BIBL. ▶ HAUSER, obs. *RTD civ. 1995. 350* (revue de jurisprudence relative à l'art. 295 ancien). – SAUVAGE, *AJ fam. 2013. 220* (incidence du travail du jeune majeur sur le devoir d'entretien et d'éducation).

Ancien art. 295 ***Le parent qui assume à titre principal la charge d'enfants majeurs qui ne peuvent eux-mêmes subvenir à leurs besoins peut demander à son conjoint de lui verser une contribution à leur entretien et à leur éducation.***

BIBL. Attias, *AJ fam. 2010. 62* (prise en charge financière de l'enfant). – Chabaut, *Dr. fam. 1999. Chron. 12* (financement des études par les parents). – Vine, *RRJ 2001/3. 1289* (nature de l'obligation d'entretien des enfants majeurs).

1° DURÉE DE L'OBLIGATION D'ENTRETIEN

1. Enfant émancipé. L'obligation des père et mère de contribuer, à proportion de leurs facultés, à l'entretien et à l'éducation de leurs enfants, survit à leur émancipation ; elle s'analyse non seulement en une obligation envers l'enfant qui, émancipé, pourrait en invoquer seul le bénéfice, mais également en une obligation réciproque entre époux, permettant à celui qui assume la charge entière de l'enfant commun de recourir contre l'autre, pour la part lui incombant, compte tenu de ses ressources. • Civ. 2e, 9 juill. 1973 : *Bull. civ. II, n° 222.*

2. Enfant majeur : principe. Pour l'affirmation du maintien de l'obligation d'entretien au-delà de la majorité, V., avant la L. du 4 mars 2002 : aucune disposition légale ne limite à la minorité l'obligation des père et mère de contribuer à proportion de leurs facultés, à l'entretien et à l'éducation de leurs enfants ; ceux-ci, devenus majeurs, ou le parent qui en assume la charge entière, peuvent donc demander l'exécution de cette obligation. • Civ. 2e, 12 juill. 1971, n° 69-14.601 P : *R. 1971-1972, p. 11 ; D. 1971. 689* • 29 mai 1996, n° 94-20.511 P : *D. 1997. 455, note Bourgault-Coudevylle (1re esp.) ; RTD civ. 1996. 602, obs. Hauser* (pour un enfant majeur à la recherche d'un emploi et à la charge de sa mère). ♦ Il en est particulièrement ainsi lorsque les enfants, à leur majorité, n'ont pas terminé leurs études. • Civ. 2e, 29 mai 1963 : *JCP 1964. II. 13651, note R. Savatier* • *Civ. 1re, 18 mai 1972 : D. 1972. 672* • Civ. 2e, 22 oct. 1980 : *Bull. civ. II, n° 215* • 6 févr. 1985 : *ibid. II, n° 32.* ♦ Toutefois, sur la nécessité de rapporter la preuve de l'intérêt professionnel des études envisagées : • Agen, 19 avr. 2012 : *Dr. fam. 2012, n° 144, obs. Neirinck.*

3. Sauf disposition contraire du jugement qui, après divorce, condamne l'un des époux à servir une pension alimentaire à titre de contribution à l'entretien des enfants mineurs dont l'autre a la garde, les effets de la condamnation ne cessent pas de plein droit à la majorité de l'enfant. • Civ. 2e, 8 févr. 1989, n° 87-17.771 P : *R., p. 248 ; D. 1990. Somm. 115, obs. Bénabent* • Crim. 9 juin 1993, n° 91-81.272 P : *R., p. 397 ; JCP 1994. I. 3738, n° 7, obs. Véron* • Crim. 7 févr. 2007 : *D. 2007. AJ 1022*. ♦ Même solution lorsque la contribution est due en vertu d'une convention homologuée ne précisant pas que cette contribution cesserait à la majorité de l'enfant. • Civ. 2e, 17 déc. 1997, n° 96-15.384 P : *RTD civ. 1998. 360, obs. Hauser*. ♦ Mais pour la caducité de l'obligation du père dès lors que l'enfant est à sa charge exclusive : • Civ. 1re, 30 oct. 2008 : *V. note 33 ss. anc. art. 1131.*

4. Suites du devoir d'entretien : obligation naturelle. Ne procède pas de l'exécution d'une obligation naturelle le paiement d'une pension alimentaire poursuivi après extinction du devoir d'entretien à l'égard de l'enfant, si le caractère volontaire de ce paiement n'est pas établi (procédure de paiement direct non arrêtée). • Civ. 1re, 12 juill. 1994, n° 92-13.375 P : *RTD civ. 1994. 847, obs. Hauser*. – V. aussi • Civ. 1re, 22 mai 2007 : *JCP 2007. IV. 2291.*

2° CONDITIONS DU MAINTIEN APRÈS LA MAJORITÉ

5. Cohabitation avec l'enfant (non). Les enfants majeurs qui poursuivent leurs études étant libres de choisir leur résidence, la contribution du père à leur entretien ne peut être subordonnée à la condition qu'ils viennent vivre avec *lui.* • *Civ. 2e*, 28 janv. 1981 : Bull. civ. II, n° 19. ♦ L'art. 295 ancien n'exige pas que le parent qui a la charge de l'enfant fasse la preuve, pour obtenir le versement de la contribution, que l'enfant vit avec lui. • Civ. 2e, 22 janv. 1992, n° 90-18.512 P : *D. 1993. Somm. 127, obs. Blary-Clément ; RTD civ. 1992. 379, obs. Hauser*.

6. Impécuniosité volontaire. Les père et mère ne sont pas tenus de secourir leurs enfants majeurs qui, par leur faute, se sont mis dans une situation d'impécuniosité. • Civ. 1re, 25 juin 1996 : *D. 1997. 455, note Bourgault-Coudevylle (2e esp.)*. ♦ Dans le même sens : • Versailles, 27 nov. 1992 : *Gaz. Pal. 1993. 1. Somm. 164* (enfant majeur incarcéré).

7. Disparition des besoins : charge de la preuve. Lorsqu'un parent a été condamné à contribuer à l'entretien de son enfant, il lui incombe, s'il demande la suppression de cette contribution, de rapporter la preuve des circonstances permettant de l'en décharger. • Civ. 2e, 29 mai 1996, nº 94-10.520 P (enfant devenu majeur) • Civ. 1re, 22 févr. 2005, nº 03-17.135 P : *AJ fam. 2005. 243, obs. F. C.* ; *RJPF 2005-5/44, obs. Valory* ; *RTD civ. 2005. 379, obs. Hauser* • 14 févr. 2006, nº 05-11.001 P : *D. 2006. IR 670* ; *Dr. fam. 2006, nº 88, note Murat* • 20 juin 2006, nº 05-17.475 P : *D. 2006. Pan. 2433, obs. Douchy-Oudot* ; *AJ fam. 2006. 324, obs. Chénedé* ; *Dr. fam. 2006, nº 155, note Larribau-Terneyre* ; *RJPF 2006-9/49, obs. Valory* ; *RLDC 2007/41, nº 2680, note Bridge* • 12 déc. 2006, nº 05-11.945 P : *D. 2007. AJ 158* ; *AJ fam. 2007. 87, obs. S. David* ; *Dr. fam. 2007, nº 62, note Larribau-Terneyre* • 9 janv. 2008 : *préc. note 8 ss. art. 373-2-2*. ♦ Comp., pour une action en contribution formée après la majorité de l'enfant : la contribution du parent débiteur peut être supprimée si l'autre parent ne produit aucun justificatif de la situation de l'enfant majeur établissant que celui-ci demeure à sa charge principale. • Civ. 2e, 26 sept. 2002, nº 00-21.234 P : *D. 2002. IR 2775* ; *JCP 2003. II. 10039, note Hocquet-Berg* ; *Defrénois 2003. 613, obs. Massip (1re esp.)* ; *AJ fam. 2002. 379, obs. F. B.* ; *RJPF 2002-12/51, obs. Valory* ; *RTD civ. 2003. 74, obs. Hauser* (art. 295 anc.). ♦ Rappr. : l'enfant majeur a la charge de la preuve de la persistance de son état de besoin. • Civ. 1re, 8 avr. 2009 : *Dr. fam. 2009, nº 92, note Murat* ; *LPA 11 sept. 2009, note Massip.*

8. ... Illustrations. Une cour d'appel estime souverainement que le père, débiteur de la contribution, ne rapporte pas la preuve que sa fille occupe un emploi régulier lui permettant de subvenir seule à ses besoins. • Civ. 2e, 27 janv. 2000 : *Dr. fam. 2000, nº 73, note Chabault* ; *RJPF 2000-4/53, note Valory* (art. 295 anc.). ♦ Prolongement de la contribution du père à l'entretien de l'enfant majeur après la fin de ses études, jusqu'à ce qu'il ait trouvé un emploi. Cassation de l'arrêt ayant refusé d'ordonner le maintien d'une pension alimentaire au motif que l'enfant avait terminé ses études et recherchait un emploi, alors qu'il était sans ressources et demeurait à la charge de sa mère. • Civ. 1re, 9 févr. 2011 : *RTD civ. 2011. 342, obs. Hauser*.

3º RÉGIME DE LA CONTRIBUTION

9. Versement de la contribution à l'enfant. La contribution peut être versée en tout ou en partie entre les mains de l'enfant. • Civ. 1re, 22 mars 2005, nº 03-13.842 P : *RTD civ. 2005. 582, obs. Hauser*. ♦ Cette faculté n'est pas subordonnée à une demande de l'enfant. • Civ. 1re, 11 févr. 2009, nº 08-11.769 P : *D. 2009. AJ 610, obs. Égéa* ; *AJ fam. 2009. 171, obs. Milleville* ; *Dr. fam. 2009, nº 42, obs. Murat* ; *Defrénois 2009. 1154, obs. Massip* ; *RLDC 2009/59, nº 3396, obs. Pouliquen* ; *RTD civ. 2009. 313, obs. Hauser*. ♦ Mais pour la prise en compte du refus de l'enfant de recevoir directement la contribution : • Civ. 1re, 4 juin 2009, nº 08-17.106 P : *AJ fam. 2009. 297, obs. Milleville* ; *Dr. fam. 2009, nº 107, note Murat* ; *RLDC 2009/63, nº 3546, obs. Pouliquen* ; *RTD civ. 2009. 522, obs. Hauser* (appréciation souveraine de l'opportunité de ce versement). ♦ Preuve : V. note 11. ♦ Répétition : V. note 23 ss. art. 1302-1.

10. Procédure de paiement direct. La procédure de paiement direct peut être maintenue après la majorité de l'enfant. • Civ. 2e, 8 févr. 1989, nº 87-16.940 P : *R., p. 248* ; *D. 1990. Somm. 98, obs. Groslière*.

11. Preuve du paiement. Il appartient au débiteur de la contribution de rapporter la preuve de sa libération. • Civ. 1re, 20 juin 2006 : *préc. note 7.*

12. Preuve de la décharge. Il appartient au débiteur de la contribution de rapporter la preuve des circonstances permettant de l'en décharger. • Civ. 1re, 7 nov. 2012 : *cité note 6 ss. art. 267.*

§ 3 De l'intervention du juge aux affaires familiales

(L. nº 2002-305 du 4 mars 2002)

BIBL. GÉN. ► C. Lienhard, *AJ fam. 2002. 128*. – Salvage-Gerest, *Dr. fam. 2003. Chron. 12* (le J).

Art. 373-2-6 **Le juge du tribunal judiciaire délégué aux affaires familiales règle les questions qui lui sont soumises dans le cadre du présent chapitre en veillant spécialement à la sauvegarde des intérêts des enfants mineurs.**

Le juge peut prendre les mesures permettant de garantir la continuité et l'effectivité du maintien des liens de l'enfant avec chacun de ses parents.

(L. nº 2010-769 du 9 juill. 2010, art. 3) **« Il peut notamment ordonner l'interdiction de sortie de l'enfant du territoire français sans l'autorisation des deux parents. Cette**

interdiction de sortie du territoire sans l'autorisation des deux parents est inscrite au fichier des personnes recherchées par le procureur de la République. » – *V. C. pr. civ., art. 1180-3 s. – **C. pr. civ.***

(L. nº 2019-222 du 23 mars 2019, art. 31) **« Il peut, même d'office, ordonner une astreinte pour assurer l'exécution de sa décision. Si les circonstances en font apparaître la nécessité, il peut assortir d'une astreinte la décision rendue par un autre juge ainsi que l'accord parental constaté dans** *(L. nº 2019-1446 du 24 déc. 2019, art. 72-I-3º)* **« l'un des titres mentionnés aux 1º et 2º du I de l'article 373-2-2 ». Les dispositions des articles L. 131-2 à L. 131-4 du code des procédures civiles d'exécution sont applicables.**

« Il peut également, lorsqu'un parent fait délibérément obstacle de façon grave ou renouvelée à l'exécution *(L. nº 2019-1446 du 24 déc. 2019, art. 72-I-3º)* **« de l'un des titres mentionnés aux 1º à** *(L. nº 2021-1754 du 23 déc. 2021, art. 100-II)* **« 6º » du I de l'article 373-2-2 », le condamner au paiement d'une amende civile d'un montant qui ne peut excéder 10 000 €. »**

Sur les conséquences de l'état d'urgence sanitaire lié au covid-19 sur une mesure d'interdiction de sortie du territoire, V. Ord. nº 2020-304 du 25 mars 2020, art. 15 ; V. App., vº Mesures d'urgence sanitaire - Covid-19, .

V. Circ. du 20 nov. 2012 relative à la décision judiciaire d'interdiction de sortie du territoire et mesure administrative conservatoire d'opposition à la sortie du territoire et Instr. du Gouvernement du 5 mai 2014 relative à la mesure administrative d'opposition à la sortie du territoire d'un mineur sans titulaire de l'autorité parentale.

BIBL. ► **Interdiction de sortie du territoire :** BRIAND, *AJ fam. 2011. 416*. – KESSLER, *Dr. fam. 2017. Étude, nº 15*. – LEROYER, *RTD civ. 2012. 783*. – TALARICO, *Dr. fam. 2011. Étude 11*. – Dossier, *Dr. fam. 2017, nº 13 s.* (interdiction de sortie du territoire du mineur).

► **Réforme du 23 mars 2019 :** THOURET, *AJ fam. 2019. 275* (le renforcement de l'exécution des décisions en matière d'autorité parentale).

1. Protection de l'enfant et droit à la vie familiale. Le respect dû à la vie privée et familiale, au sens de l'art. 8 Conv. EDH, ne fait pas obstacle à ce que le juge intervienne conformément aux pouvoirs que lui donne la loi, pour protéger l'enfant d'un péril. • Civ. 1re, 19 déc. 2000, nº 99-14.620 P : *D. 2001. IR 410* (suppression du droit de visite et d'hébergement d'un père). ♦ V., plus généralement, notes ss. art. 371-3.

La sauvegarde des intérêts de l'enfant peut passer par une mesure tendant à le soustraire au conflit parental (scolarisation en internat). • Versailles, 2 sept. 2004 : *BICC 15 déc. 2004, nº 1906.* ♦ Mais faute d'élément objectif permettant de dire que le père était dans une dépendance vis-à-vis de l'alcool entraînant un comportement inadapté pour l'accueil de l'enfant, l'intérêt de l'enfant commande que soit accueillie la demande de droit de visite et d'hébergement du père. • Civ. 1re, 12 oct. 2011 : *AJ fam. 2012. 102, obs. Douris*.

2. Compétence : rôle du juge des enfants. L'intervention du juge des enfants en matière de droit de visite et d'hébergement n'est en aucune façon justifiée dès lors que le juge du divorce est seul compétent pour statuer sur la garde des enfants ainsi que, d'après une jurisprudence constante, sur le droit de visite et d'hébergement. • Dijon, 23 janv. 1981 : *D. 1981. 342, note Groslière.* ♦ Compétence respective du juge du divorce et du juge de l'assistance éducative : V. notes ss. art. 375-3.

3. ... Rôle du juge des tutelles. Le litige soumis, sur recours, au tribunal de grande instance saisi d'une demande fondée sur l'art. 372-1 (art. 372-1-1) portant sur la garde d'un enfant (époux séparés de fait) n'a pas le même objet que celui soumis au JAM devant qui a été déposée une requête en divorce. Dès lors, le tribunal n'est pas tenu d'accueillir l'exception de connexité dont l'admission n'est jamais qu'une simple faculté. • Civ. 1re, 9 oct. 1991, nº 90-14.415 P. ♦ Les mesures que le juge des tutelles et, sur recours, le tribunal de grande instance ont pu être amenés à prendre en vertu de l'art. 372-1 (art. 372-1-1) ne cessent de produire effet, lorsqu'une procédure de divorce est introduite par un époux, qu'au moment où le juge conciliateur, dont les décisions ne s'appliquent que pour l'avenir, statue sur les mesures provisoires relatives à la garde des enfants mineurs et au droit de visite et d'hébergement. • Civ. 1re, 11 juill. 19[illegible], nº 86-18.200 P.

4. ... Rôle du TASS. Il n'entre pas dans la compétence du JAF de décider au bénéfice de quel parent doit être attribué le droit aux prestations familiales, cette compétence relevant du tribunal des affaires de sécurité sociale en vertu de l'art. L. 142-1 CSS. • Cass., avis, 26 juin 2006, nº 06-00.004 P : *R., p. 509 ; BICC 1er oct. 2006, rapp. Chardonnet et Renault-Malignac, concl. Barrairon ; JCP 2006. I. 199, nº 14, obs. Bosse-Platière ; Dr. fam. 2006, nº 179, note Devers ; RTD civ. 2006. 752, obs. Hauser*.

5. Sortie du territoire. L'interdiction de sortie de l'enfant du territoire sans l'accord des deux parents, prévue à l'art. 373-2-6, al. 3, est nécessaire à la protection des droits et libertés d'autrui en ce qu'elle vise à préserver les liens des enfants avec leurs deux parents et à prévenir les déplacements illicites, conformément aux objectifs poursuivis par le Règl. (CE) n° 2201/2003 du 27 nov. 2003 et la Conv. de La Haye du 25 oct. 1980 ; elle est également proportionnée aux buts poursuivis, dès lors que, n'interdisant la sortie du territoire de l'enfant que faute d'accord de l'autre parent, elle n'est pas absolue, et que, pouvant faire l'objet d'un réexamen à tout moment par le juge, elle n'est pas illimitée dans le temps ; une telle mesure ne méconnaît pas le principe de libre circulation. • Civ. 1re, 8 mars 2017, n° 15-26.664 P: *D. 2017. 1727, obs. Bonfils et Gouttenoire ; AJ fam. 2017. 243, obs. Saulier ; RTD civ. 2017. 370, obs. Hauser ; Dr. fam. 2017. 146, note Devers.*

Le juge qui apprécie souverainement le risque que l'un des parents quitte le territoire et la difficulté de mettre en place un droit de visite et d'hébergement pour l'autre parent, prenant en considération la nécessité pour l'enfant de maintenir des relations avec chacun de ses parents et le risque pouvant affecter la continuité et l'effectivité de ces liens, peut prononcer l'inscription sur le passeport des parents de l'interdiction de sortie du territoire français de l'enfant sans leur autorisation. • Civ. 1re, 3 mars 2010 : *AJ fam. 2010. 326, obs. F. Mbala Mbala .* ♦ Comp. : Le juge n'a pas le pouvoir d'exiger la mention d'interdiction de sortie du territoire sur un passeport étranger. • Paris, 3 avr. 2003 : *AJ fam. 2003. 227, obs. F. B.* ♦ Interdiction de sortie du territoire, la mère, de nationalité française, ne justifiant pas du caractère durable et stable de son installation en France et les relations entre les parents n'étant pas assez sécurisées, celles-ci étant très conflictuelles. • Paris, 13 févr. 2014 : *AJ fam. 2014. 306, obs. Viganotti .* ♦ V. aussi, note 14 ss. art. 373-2-1.

Interdiction de sortie du territoire sans l'autorisation des deux parents ordonnée, afin de garantir la continuité et l'effectivité du maintien des liens avec eux, en présence d'un conflit parental très prégnant, et eu égard aux événements qui avaient vu le père décider unilatéralement du lieu de vie et de scolarisation de sa fille. • Civ. 1re, 16 déc. 2015, n° 15-10.442 P : *cité note 9 ss. art. 388-1.*

Interdiction de sortie du territoire alors que la mère, qui réside en Angleterre, avait refusé de restituer les mineurs au père pendant quatre mois en 2012, seule la décision prise par les juges anglais l'ayant contrainte à exécuter le jugement, puisqu'en août 2014, elle ne les avait ramenés que cinq jours après la date convenue. • Civ. 1re, 8 mars 2017, n° 15-26.664 P : *préc.*

6. Référé. Si en cas de désaccord des parents séparés sur le lieu de résidence des enfants, l'un d'eux peut saisir, dans les formes du référé, le juge aux affaires familiales pour qu'il statue comme juge du fond, il peut également saisir ce juge en référé pour qu'il prenne, à titre provisoire, toutes mesures que justifie l'existence d'un différend en cas d'urgence ou qu'il prescrive les mesures conservatoires ou de remise en état qui s'imposent pour prévenir un dommage imminent ou faire cesser un trouble manifestement illicite ; dans tous les cas, le juge aux affaires familiales règle les questions qui lui sont soumises en veillant spécialement à la sauvegarde des intérêts des enfants mineurs. • Civ. 1re, 28 oct. 2009, n° 08-11.245 P : *D. 2010. Pan. 989, obs. Douchy-Oudot ; RJPF 2010-2/34, note Eudier ; RTD civ. 2010. 97, obs. Hauser* (absence d'objet de l'action en référé, le projet de déménagement ayant été abandonné).

7. Exécution provisoire. Sont exécutoires de droit à titre provisoire toutes décisions qui, telle la disposition du jugement de divorce, statuent sur la garde de l'enfant et sur ses conséquences, notamment l'attribution des prestations familiales. • Soc. 16 janv. 1985, n° 83-11.453 P.

8. Responsabilité de l'État. Fonctionnement défectueux du service public de la justice, découlant d'une succession de négligences et constitutif d'une faute lourde engageant la responsabilité de l'État : V. • Paris, 25 oct. 2000 : *D. 2001. 580, note C. Lienhard ; RTD civ. 2001. 125, obs. Hauser* (décision du JAF fixant la résidence de l'enfant au domicile de la mère, souffrant de troubles mentaux qui devaient la conduire au meurtre de l'enfant).

Art. 373-2-7 Les parents peuvent saisir le juge aux affaires familiales afin de faire homologuer la convention par laquelle ils organisent les modalités d'exercice de l'autorité parentale et fixent la contribution à l'entretien et à l'éducation de l'enfant.

Le juge homologue la convention sauf s'il constate qu'elle ne préserve pas suffisamment l'intérêt de l'enfant ou que le consentement des parents n'a pas été donné librement.

Sur la procédure d'homologation, V. C. pr. civ., art. 1143. — ***C. pr. civ.***

BIB ▸ **Conventions homologuées :** LOUENAN, *JCP 2003. I. 149.* – REBOURG, *Dr. fam. 2004. Étude 17.*

Art. 373-2-8 Le juge peut également être saisi par l'un des parents ou le ministère public, qui peut lui-même être saisi par un tiers, parent ou non, à l'effet de statuer sur

les modalités d'exercice de l'autorité parentale et sur la contribution à l'entretien et à l'éducation de l'enfant.

1. Refus de l'intervention de l'enfant : art. 289 et 291 anc. Les dispositions des anciens art. 289 et 291 C. civ. n'incluent pas les enfants parmi les membres de la famille dont l'intervention est recevable dans les instances relatives aux modalités d'exercice de l'autorité parentale. • Civ. 1re, 4 janv. 1995, nº 92-20.682 P.

2. ... Art. 374 anc. L'intervention de l'enfant mineur n'est pas recevable dans les instances relatives aux modalités d'exercice de l'autorité parentale, nonobstant les dispositions de la Convention des Nations Unies du 26 janv. 1990 sur les droits de l'enfant, qui ne créent d'obligations qu'à la charge des États parties, de sorte qu'elles ne peuvent pas être invoquées directement devant les juridictions. • Civ. 1re, 4 janv. 1995, nº 92-20.682 P : *Defrénois 1995. 1030, obs. Massip ; RTD civ. 1995. 347, obs. Hauser*. ♦ Sur l'applicabilité directe de la CIDE, V. notes ss. art. 388-1. ♦ Sur l'irrecevabilité d'une tierce opposition formée par l'enfant avec le concours d'un administrateur *ad hoc*, V. note 3 ss. art. 388-2.

3. Conv. EDH. Sur la saisine de la CEDH par un mineur, V. note 15 ss. art. 371-3.

4. Intervention directe d'un tiers (non). Seuls les parents et le ministère public, lui-même éventuellement saisi par un tiers, peuvent saisir le juge aux affaires familiales à l'effet de voir confier un enfant à un tiers. • Civ. 1re, 25 févr. 2009, nº 07-14.849 P : *D. 2009. AJ 811, obs. Égéa ; ibid. Pan. 1918, obs. Gouttenoire ; ibid. 2010. Pan. 989, obs. Douchy-Oudot ; JCP 2009, nº 28, p. 46, obs. Favier ; RTD civ. 2009. 309, obs. Hauser* (rejet de la saisine par le tiers lui-même).

5. ... Saisine du ministère public (oui). Saisine par les grands-parents du procureur de la République, sur le fondement de l'art. 373-2-8, d'une demande visant à obtenir la résidence de leur petite-fille et demandant qu'il soit statué sur les modalités de l'autorité parentale et la pension alimentaire de la mère. • Agen, 11 avr. 2013 : *RTD civ. 2013. 830, obs. Hauser*.

Art. 373-2-9 **En application des deux articles précédents, la résidence de l'enfant peut être fixée en alternance au domicile de chacun des parents ou au domicile de l'un d'eux.**

A la demande de l'un des parents ou en cas de désaccord entre eux sur le mode de résidence de l'enfant, le juge peut ordonner à titre provisoire une résidence en alternance dont il détermine la durée. Au terme de celle-ci, le juge statue définitivement sur la résidence de l'enfant en alternance au domicile de chacun des parents ou au domicile de l'un d'eux.

(L. nº 2007-293 du 5 mars 2007, art. 22-II) **« Lorsque la résidence de l'enfant est fixée au domicile de l'un des parents, le juge aux affaires familiales statue sur les modalités du droit de visite de l'autre parent. Ce droit de visite, lorsque l'intérêt de l'enfant le commande, peut** *(L. nº 2016-297 du 14 mars 2016, art. 23)* **« , par décision spécialement motivée, » être exercé dans un espace de rencontre désigné par le juge. »**

(L. nº 2010-769 du 9 juill. 2010, art. 7) **« Lorsque l'intérêt de l'enfant le commande ou lorsque la remise directe de l'enfant à l'autre parent présente un danger pour l'un d'eux, le juge en organise les modalités pour qu'elle présente toutes les garanties nécessaires. Il peut prévoir qu'elle s'effectue dans un espace de rencontre qu'il désigne, ou avec l'assistance d'un tiers de confiance ou du représentant d'une personne morale qualifiée. »**

Sur la fixation par le juge des modalités de remise de l'enfant dans un espace de rencontre, V. C. pr. civ., art. 1180-5. ... Et sur la désignation d'un tiers de confiance, V. C. pr. civ., art. 1180-5-1. **— C. pr. civ.**

BIBL. ▶ **Résidence alternée :** ANCEL, *AJ fam. 2015. 213*. – ANTIPPAS, *D. 2021. [illegible]188* (réflexion à partir de la proposition de Loi nº 4557 du 12 octobre 2021). – CARLIER et G. KESSLER, *Dr. fam. 2022. Entretien 3* (le modèle du consensus parental : un changement de paradigme dans la résolution des conflits familiaux). – CHOPIN et CADARS-BEAUFOUR, *AJ fam. 2010. 2[illegible]*. – CORDIER, *Dr. fam. 2008. Pan. 1* (panorama de jurisprudence). – CORPART, *Dr. fam. 2014. Étude 19*. – DEVERS, *Dr. fam. 2008. Chron. 9* (la résidence alternée en droit international privé). – GABRIEL et STRUGALA, *Gaz. Pal. 2005. Doctr. 2903*. – GAUMONT-PRAT, *Dr. fam. 2012. Étude 15* (France-Belgique). – GUÉDON, *LPA 3 sept. 2004*. – HILT, *RTD civ. 2019. 55* (réflexions autour d'une – énième ! – proposition de loi visant à généraliser la résidence alternée). – KESSLER, *AJ fam. 2020. 468* (incidence de la consécration de la parenté LGBT sur la détermination de la résidence habituelle de l'enfant après rupture du couple parental). – LAVERGNE, *Dr. fam. 202[illegible]. Étude 7* (doit-on faire de la résidence alternée la règle en cas de séparation des parents ?).

LEHNISCH et SIFFREIN-BLANC, *AJ fam. 2021. 403* (résidence alternée et intérêt de l'enfant : regards croisés des magistrats). – LEHNISCH et RÉGENT, *AJ fam. 2023. 34* (résidence alternée, contribution alimentaire et frais exceptionnels). – LEMOULAND, *RJPF 2003-9/11* (la résidence alternée dix-huit mois plus tard). – MESTROT, *LPA 13 août 2004*. – MULON, *Gaz. Pal. 2012. 659*. – REYNAUD, *AJ fam. 2002. 132* (responsabilité des père et mère et résidence alternée). – T. SCHMITT, *AJ fam. 2003. 23* (résidence alternée et quotient familial). – THÉVENET-MONTFROND, *RLDC 2008/46, n° 2862* (l'hébergement alterné égalitaire des enfants en cas de crise familiale). – Dossier, *AJ fam. 2011. 569*. – Dossier, *AJ fam. 2015. 516* (espaces de rencontre). – Dossier, *AJ fam. 2018. 263*. – Dossier *Dr. fam. 2019, Dossier 26*.

► **Avant la loi du 4 mars 2002 :** Dossier, *AJ fam. 2001. 43*. – DEKEUWER, *JCP 1985. II. 20412*. – FULCHIRON, *JCP 1994. II. 22231*. – GARÉ, *JCP 1999. II. 10170*.

1. Résidence alternée. Le juge n'est pas tenu, en cas de désaccord des parents, d'ordonner la résidence en alternance à titre provisoire. • Civ. 1re, 14 févr. 2006, n° 05-13.202 P : *D. 2006. IR 600 ; JCP 2006. I. 199, n° 13, obs. Bosse-Platière ; Dr. fam. 2006, n° 158, note Murat ; RTD civ. 2006. 300, obs. Hauser* • 19 sept. 2007 : *Dr. fam. 2007, n° 203, note Murat.*

2. L'art. 373-2-9 n'impose pas que le temps passé par l'enfant auprès de son père et de sa mère soit de même durée ; les juges du fond peuvent, si l'intérêt de l'enfant le commande, compte tenu des circonstances de la cause, décider d'une alternance aboutissant à un partage inégal du temps de présence de l'enfant auprès de chacun de ses parents. • Civ. 1re, 25 avr. 2007, n° 06-16.886 P : *D. 2007. AJ 1428 ; ibid. 2008. Pan. 1376, obs. Granet-Lambrechts ; AJ fam. 2007. 276, obs. F. C. ; Dr. fam. 2007, n° 143, note Murat ; RJPF 2007-9/27, note Mulon ; RTD civ. 2007. 560, obs. Hauser*. ♦ Pour la remise en cause d'une résidence alternée compte tenu du jeune âge de l'enfant issu d'un couple parental homosexuel et de symptômes de mal-être constatés : • Lyon, 28 juin 2010 : *AJ fam. 2010. 490, obs. Siffrein-Blanc ; RTD civ. 2011. 118, obs. Hauser*.

3. Une cour d'appel retient souverainement, pour mettre fin à la résidence alternée, que le maintien d'une telle mesure exposerait l'enfant à une tension quasi quotidienne et à des situations douloureuses en raison de l'absence totale de communication entre ses parents. • Civ. 1re, 19 sept. 2007 : *cité note 5 ss. art. 388-1*. ♦ ... Ou, inversement, que la mise en place d'un droit de visite élargi a été une source d'instabilité au quotidien pour l'enfant et que le retour à une résidence alternée une semaine sur deux est plus conforme à son intérêt. • Civ. 1re, 19 sept. 2007 : *préc. note 1.*

4. Pour de premières applications, V. • Paris, 28 mars 2002 : *AJ fam. 2002. 221, obs. S. D.-B*. • Lyon, 4 juin 2002 : *Dr. fam. 2003, n° 2, obs. Oudin* • Riom, 25 juin 2002 : *eod. loc.* (refus) • Paris, 4 juill. 2002 : *eod. loc.* • 11 juill. 2002 : *eod. loc.* • Aix-en-Provence, JAF, 23 janv. 2003 : *Dr. fam. 2003, n° 60, note Murat* • Rennes, 10 févr. 2003 : *BICC 15 sept. 2003, n° 1108* • Douai, 10 avr. 2003 : *D. 2004. Somm. 461, obs. Pomart* (refus). ♦ Pour un bilan beaucoup plus complet, V. Mégacode civil 2014.

Pour une décision qui maintient la résidence des enfants au domicile familial et organise une résidence alternée des parents : • Paris, 26 sept. 2013 : *Dr. fam. 2013, n° 163, obs. Neirinck.*

5. Sur les modalités de calcul des allocations familiales en cas de résidence alternée : • Civ. 2e, 14 janv. 2010, n° 09-13.061 P : *D. 2010. AJ 272 ; JCP 2010, n° 911, note Favier ; Gaz. Pal. 22 mai 2010, p. 37, note Mulon ; RDSS 2010. 385, obs. Tauran ; RTD civ. 2010. 318, obs. Hauser* • 3 juin 2010, n° 09-66.445 P : *Dr. fam. 2010, n° 139, obs. Devers ; RDSS 2010. 974, obs. Tauran*.

6. La restitution de sommes versées au titre d'une contribution à l'entretien et à l'éducation d'un enfant en exécution d'un titre exécutoire ne peut être ordonnée en l'absence d'une décision en prescrivant la diminution, même si les parents ont pratiqué en fait une résidence alternée. • Civ. 1re, 6 juill. 2011, n° 10-22.826 P : *D. 2011. 1911 ; AJ fam. 2011. 496, obs. Ardeef*.

7. Droit de visite : office du juge. Faute de constatation de la teneur d'un accord entre les parents quant aux modalités d'exercice du droit de visite, il appartient au juge de les fixer, après avoir invité les parties à présenter leurs observations ; cassation de l'arrêt qui, ayant fixé la résidence des trois enfants chez leur père, se borne à relever que la mère n'a fait aucune demande tendant à l'organisation de son droit de visite, et à rappeler aux parents que ce droit s'exercerait d'un commun accord entre eux • Civ. 1re, 23 nov. 2011 : *D. 2012. Chron. C. cass. 635, obs. Vassallo ; AJ fam. 2012. 46, obs. Siffrein-Blanc ; RTD civ. 2012. 111, obs. Hauser ; JCP 2012, n° 31, § 8, obs. Rebourg ; Dr. fam. 2012, n° 9, obs. Bazin.* ♦ Dans le même sens, censurant un arrêt ayant affirmé la fréquence et la durée des périodes au cours desquelles la mère pourrait exercer son droit d'accueil qui seraient déterminées à l'amiable entre les parties, en tenant compte de l'avis du mineur : • Civ. 1re, 28 mai 2015, n° 14-16.511 P : *D. 2015. 1207 ; AJ fam. 2015. 399, obs. Thouret ; RTD civ. 2015. 600, obs. Hauser ; Dr. fam. 2015, n° 165, obs. Neirinck.* ♦ V. note 11 ss. art. 373-2-1.

La mère ayant formulé dans ses conclusions,

dans l'hypothèse où sa demande tendant à fixer la résidence de l'enfant à son domicile serait accueillie, une proposition précise de droit de visite et d'hébergement au profit du père, la cour d'appel, devant statuer sur les modalités de ce droit, n'a pas à inviter les parties à s'expliquer sur un moyen qui était dans le débat, peu important que le père se soit abstenu d'y répondre. • Civ. 1re, 6 nov. 2019, n° 18-23.755 P: *D. 2019. 2134 ; AJ fam. 2019. 647, obs. Eudier ; RTD civ. 2019. 834, obs. Leroyer .*

Le juge n'est pas tenu de constater l'existence de motifs graves dès lors qu'il ne refuse pas au père de l'enfant tout droit de visite. • Civ. 1re, 16 nov. 2022, n° 21-11.528 B : *D. 2022. 2037 ; AJ fam. 2022. 602, obs. Mallevaey ; Dr. fam. 2023, n° 5, obs. Bonifay* (octroi d'un droit de visite simple, adapté à une reprise de contact en l'état d'une longue interruption des séjours d'une adolescente auprès de son père).

8. ... En présence d'une mesure d'assistance éducative. Lorsque le juge aux affaires familiales décide que le droit de visite s'exercera dans un espace de rencontre en application de l'art. 373-2-9, il fixe la durée de la mesure et détermine la périodicité et la durée des rencontres, sans pouvoir s'en remettre sur ce point à la décision du juge des enfants prise sur le fondement des art. 375-3 et 375-7, qui est provisoire ; cassation de l'arrêt qui s'en remet à la décision du juge des enfants sur la durée de la mesure et celle des rencontres. • Civ. 1re, 14 avr. 2021, n° 19-21.024 P : *Dr. fam. 2021, n° 129, note Egéa.*

9. Droit sociaux. Lorsque, à la suite du divorce, de la séparation de droit ou de fait des époux ou de la cessation de la vie commune des concubins, les parents exercent conjointement l'autorité parentale et bénéficient d'un droit de résidence alternée sur leur enfant mis en œuvre de manière effective et équivalente, l'un et l'autre de ces parents sont considérés comme assumant la charge effective et permanente de leur enfant au sens de l'art. L. 513-1 CSS. • Civ. 2e, 25 nov. 2021, nos 19-25.456 et 20-21.978 B : *D. 2021. 2185 ; AJ fam. 2021. 680, obs. Lehnisch .*

10. Fiscalité. En application de l'art. 194 CGI, en cas de résidence alternée au domicile de chacun des parents, et sauf disposition contraire dans la convention homologuée par le juge, la décision judiciaire ou, le cas échéant, l'accord entre les parents, les enfants mineurs sont réputés être à la charge égale de l'un et de l'autre parent ; cette présomption peut être écartée s'il est justifié que l'un des parents assume la charge principale des enfants. • Civ. 1re, 9 sept. 2015, n° 14-23.687 P: *D. 2016. 674, obs. Douchy-Oudot ; AJ fam. 2015. 609, obs. Thouret ; RTD civ. 2015. 862, obs. Hauser .*

Art. 373-2-9-1 *(L. n° 2019-222 du 23 mars 2019, art. 32)* **Lorsqu'il est saisi d'une requête relative aux modalités d'exercice de l'autorité parentale, le juge aux affaires familiales peut attribuer provisoirement la jouissance du logement de la famille à l'un des deux parents, le cas échéant en constatant l'accord des parties sur le montant d'une indemnité d'occupation.**

Le juge fixe la durée de cette jouissance pour une durée maximale de six mois.

Lorsque le bien appartient aux parents en indivision, la mesure peut être prorogée, à la demande de l'un ou l'autre des parents, si durant ce délai[,] le tribunal a été saisi des opérations de liquidation partage par la partie la plus diligente. – *Sur la demande, V. C. pr. civ., art. 1136-1.* – ***C. pr. civ.***

BIBL. ▸ THOURET, *AJ fam. 2019. 247 .*

Art. 373-2-10 **En cas de désaccord, le juge s'efforce de concilier les parties.**

A l'effet de faciliter la recherche par les parents d'un exercice consensuel de l'autorité parentale, le juge peut leur proposer une mesure de médiation *(L. n° 2020-936 du 30 juill. 2020, art. 5)* **« , »** *(L. n° 2019-1480 du 28 déc. 2019, art. 5)* **« sauf si des violences sont alléguées par l'un des parents sur l'autre parent ou sur l'enfant »** *(L. n° 2020-936 du 30 juill. 2020, art. 5)* **« , ou sauf emprise manifeste de l'un des parents sur l'autre parent, » et, après avoir recueilli leur accord, désigner un médiateur familial pour y procéder** *(L. n° 2019-222 du 23 mars 2019, art. 31)* **« , y compris dans la décision statuant définitivement sur les modalités d'exercice de l'autorité parentale ».**

Il peut *(L. n° 2019-222 du 23 mars 2019, art. 31)* **« de même » leur enjoindre** *(L. n° 2016-1547 du 18 nov. 2016, art. 6)* **« , sauf si des violences** *(L. n° 2019-1480 du 28 déc. 2019, art. 5)* **« sont alléguées » par l'un des parents sur l'autre parent ou sur l'enfant »** *(L. n° 2020-936 du 30 juill. 2020, art. 5)* **« , ou sauf emprise manifeste de l'un des parents sur l'autre parent, » de rencontrer un médiateur familial qui les informera sur l'objet et le déroulement de cette mesure.**

Sur l'interdiction du recours à la médiation familiale en cas de violences, V. Circ. 26 juill. 2017, .

BIBL. ▸ **Médiation familiale :** CALDERON-BRUNEAU, *Dr. fam. 2011. Pratique 1.* – CEVAER-JOURDAIN, *Gaz. Pal. 1997. 2. Doctr. 1587.* – CHABAULT-MARX, *D. 2012. 43 .* – CRÉMONT, *JCP N 1999. 317.*

– GANANCIA, *Gaz. Pal. 1999. 2. Doctr. 992.* – JUSTON et COMBA, *AJ fam. 2005. 399* (pratique de la médiation familiale). – JUSTON, *Dr. fam. 2008. Chron. 10.* – LARRIBAU-TERNEYRE, *JCP 1993. I. 3649 ; Dr. fam. 2012. Études n° 12.* – F. MONÉGER, *LPA 26 août 2002.* – RONGEAT-OUDIN, *RJPF 2010-2/11.* ▶ Dossier, *AJ fam. 2003. 48* .

Illustration postérieure à la L. du 4 mars 2002 : • Paris, 11 sept. 2002 : *D. 2002. IR 3241.* ♦ Sur la désignation d'un médiateur familial avant la L. du 4 mars 2002 : • TGI Argentan, 23 juin 1988 : *D. 1989. 411, note Lienhard* • TGI La Rochelle, 17 févr. 1988 : *eod. loc.* ♦ Comp. • T. enfants Toulouse, 13 sept. 1988 : *D. 1990. 395, note Garé* • 2 févr. 1989 : *eod. loc.* ♦ Sur l'ensemble de ces décisions, V. obs. Rubellin-Devichi, *RTD civ. 1990. 450.* ♦ Sur le recours à un médiateur dans le cadre de l'octroi d'un droit de visite des grands-parents, V. déjà la décision citée note 12 ss. art. 371-4.

Art. 373-2-11 **Lorsqu'il se prononce sur les modalités d'exercice de l'autorité parentale, le juge prend notamment en considération :**

1° La pratique que les parents avaient précédemment suivie ou les accords qu'ils avaient pu antérieurement conclure ;

2° Les sentiments exprimés par l'enfant mineur dans les conditions prévues à l'article 388-1 ;

3° L'aptitude de chacun des parents à assumer ses devoirs et respecter les droits de l'autre ;

4° Le résultat des expertises éventuellement effectuées, tenant compte notamment de l'âge de l'enfant ;

5° Les renseignements qui ont été recueillis dans les éventuelles enquêtes et contre-enquêtes sociales prévues à l'article 373-2-12 ;

(L. n° 2010-769 du 9 juill. 2010, art. 8) **« 6° Les pressions ou violences, à caractère physique ou psychologique, exercées par l'un des parents sur la personne de l'autre. »**

BIBL. ▶ DIONISI-PEYRUSSE et PICHARD, *AJ fam. 2018. 34* (prise en compte des violences conjugales en matière d'autorité parentale).

1. Influence des pratiques antérieures. En présence d'un désaccord persistant entre les époux concernant l'exercice effectif de la garde de leur enfant commun, lequel ne pouvait pas, par suite de leur séparation, résider simultanément chez son père et sa mère, le *juge des tutelles*, puis le tribunal de grande instance, n'ont fait qu'user du pouvoir qui leur était accordé par l'art. 372-1 ancien (art. 372-1-1 ancien) en décidant que l'enfant serait confié à sa mère, son père pouvant toutefois lui rendre visite et l'héberger, suivant les modalités correspondant à une pratique antérieurement suivie. • Civ. 1re, 6 juin 1979 : *Gaz. Pal. 1981. 1. 36, note J. M.* – Dans le même sens : • Civ. 1re, 21 mai 1975, n° 74-12.602 P : *R., p. 15 ; JCP 1976. II. 18208, note Le Guidec.*

2. Audition de l'enfant. Sur l'audition de l'enfant, V. de façon générale notes ss. art. 388-1. ♦ *Sur le refus à l'enfant du droit d'intervenir* dans les instances relatives aux modalités d'exercice de l'autorité parentale, V. ss. art. 373-2-8.

3. Prise en compte des sentiments de l'enfant. L'arrêt qui fixe la résidence de l'enfant après l'avoir entendu doit faire mention de cette audition. • Civ. 1re, 20 oct. 2010 : *D. 2011. Pan.1995, obs. Gouttenoire* . ♦ ... Et doit indiquer s'il a tenu compte des sentiments exprimés par l'enfant : • Civ. 2e, 20 nov. 1996 : *D. 1997. 192, note Benhamou ; D. 1997. Somm. 279, obs. Descamps-Dubaele ; Defrénois 1997. 987, obs. Massip ; RTD civ. 1997. 112, obs. Hauser ; Dr. fam. 1997, n° 26, note Murat.* ♦ Mais la cour d'appel, qui a pris en considération les sentiments exprimés par l'enfant au cours de son audition, n'est pas tenue d'en préciser la teneur. • Civ. 1re, 22 oct. 2014, n° 13-24.945 P : *D. 2014. 2241, obs. Da Silva ; ibid. 2015. 1919, obs. Bonfils et Gouttenoire ; AJ fam. 2014. 695,* obs. Ganancia ; RTD civ. 2015. 117, obs. *Hauser* .

Art. 373-2-12 **Avant toute décision fixant les modalités de l'exercice de l'autorité parentale et du droit de visite ou confiant les enfants à un tiers, le juge peut donner mission à toute personne qualifiée d'effectuer une enquête sociale. Celle-ci a pour but de recueillir des renseignements sur la situation de la famille et les conditions dans lesquelles vivent et sont élevés les enfants.**

Si l'un des parents conteste les conclusions de l'enquête sociale, une contre-enquête peut à sa demande être ordonnée.

L'enquête sociale ne peut être utilisée dans le débat sur la cause du divorce.

BIBL. ▶ GARÉ, *RTD civ. 1987. 692.*

1. Enquête sociale (anc. art. 287-2) : pouvoir souverain des juges du fond. Une cour d'appel, modifiant la résidence habituelle de l'enfant, n'a pas l'obligation d'ordonner l'enquête sociale demandée. • Civ. 2e, 13 juill. 2000 : *RJPF 2000-10/33, note Valory ; RTD civ. 2000. 822, obs. Hauser*.

2. ... Contre-enquête. Une cour d'appel ne peut accueillir la demande d'un père naturel d'exercer seul l'autorité parentale sur son enfant, en se fondant sur le rapport d'enquête sociale, sans répondre aux conclusions de la mère naturelle qui avait demandé une contre-enquête (cassation au visa de l'anc. art. 287-2). • Civ. 1re, 6 févr. 1996 : *D. 1996. 621, note Massip*.

3. ... Utilisation en matière de cause de divorce. Cassation de l'arrêt qui utilise, entre autres éléments, les résultats d'une enquête sociale pour retenir contre l'épouse une cause de divorce. • Civ. 2e, 13 janv. 1988 : *Gaz. Pal. 1989. 1. 38, note J. M.* • 5 juin 2003, no 01-13.870 P : *AJ fam. 2003. 308, obs. S. D.* ; *Dr. fam. 2003, no 145, note Gouttenoire ; RTD civ. 2003. 687, obs. Hauser*. ♦ V. également : • Civ. 1re, 13 déc. 2017, no 16-25.256 P : *D. 2018. 8* ; *AJ fam. 2018. 177, obs. Casey* ; *Dr. fam. 2018, no 59, note Binet.*

4. ... Utilisation pour la fixation de la contribution à l'entretien de l'enfant. C'est sans méconnaître le sens et la portée de l'art. 287-2 (anc.) qu'une cour d'appel a pu faire état d'un renseignement relatif au salaire du père, qui figurait dans l'enquête sociale, pour fixer sa contribution à l'entretien de l'enfant. • Civ. 1re, 6 janv. 2004 : *Gaz. Pal. 2004. Somm. 1977, obs. Massip.*

Art. 373-2-13 **Les dispositions contenues dans la convention homologuée** *(L. no 2016-1547 du 18 nov. 2016, art. 50, en vigueur le 1er janv. 2017)* **« ou dans la convention de divorce par consentement mutuel prenant la forme d'un acte sous signature privée contresigné par avocats déposé au rang des minutes d'un notaire » ainsi que les décisions relatives à l'exercice de l'autorité parentale peuvent être modifiées ou complétées à tout moment par le juge, à la demande des ou d'un parent ou du ministère public, qui peut lui-même être saisi par un tiers, parent ou non.**

A. MODIFICATION DES DÉCISIONS

Jurisprudence antérieure à la L. du 4 mars 2002.

1. Sur le droit d'action du ministère public, V. • Caen, 20 déc. 1977 : *Gaz. Pal. 1978. 1. 287, note Brazier.*

2. Les décisions relatives à l'exercice de l'autorité parentale peuvent être modifiées ou complétées à tout moment par le juge, à la demande d'un ou des parents ; en l'espèce, possibilité pour la cour d'appel de moodifier le lieu de résidence de l'enfant, l'enquête sociale ordonnée constituant un élément nouveau et ayant révélé un syndrome d'aliénation parentale. • Civ. 1re, 26 juin 2013, no 12-14.392 P : *D. 2013. 1684* ; *AJ fam. 2013. 499, obs. Khenkine-Sonigo* ; *RTD civ. 2013. 590, obs. Hauser* ; *JCP 2013, no 831, avis C. Petit ; Dr. fam. 2013, no 152, obs. Paricard* (loi nouvelle).

B. MODIFICATION DES CONVENTIONS HOMOLOGUÉES

Jurisprudence antérieure à la L. du 4 mars 2002.

3. Absence initiale de pension. En cas de divorce sur demande conjointe, lorsque la convention définitive ne met aucune pension à la charge du père pour l'entretien de l'enfant dont la garde est confiée à la mère, cette convention ne met pas obstacle à l'action ultérieure de la mère en paiement d'une pension alimentaire, dès lors que l'obligation d'entretenir et d'élever les enfants résulte d'une obligation légale à laquelle les parents ne peuvent échapper qu'en démontrant qu'ils sont dans l'impossibilité matérielle de le faire. • Civ. 2e, 4 mars 1987, no 86-10.453 P • 2 mai 2001, no 99-15.714 P : *Defrénois 2001. 1353, obs. Massip ; Dr. fam. 2001, no 78, note Lécuyer ; RJPF 2001-7-8/28, obs. Guerder ; RTD civ. 2001. 860, obs. Hauser* (absence de validité de la renonciation, dans une convention d'après divorce, à demander au père une pension pour l'entretien des enfants). ♦ Déjà en ce sens : • Civ. 2e, 17 oct. 1985, no 84-15.135 P (convention prévoyant qu'il n'y aurait pas lieu à pension).

4. Modification de la pension. Aucune disposition légale ne supprime ni ne soumet à des dispositions particulières le droit pour les parties de demander au juge de modifier, en considération des changements intervenus, le montant de la contribution à l'entretien et à l'éducation des enfants communs, mis par la convention homologuée à la charge de celui des parents qui n'en a pas la garde. • Civ. 2e, 21 avr. 1982, no 81-11.162 P : *R., p. 43 ; D. 1983. 198, note Floro ; Gaz. Pal. 1983. 1. 173, note J. M.* • 18 déc. 1996, no 93-16.173 P : *Dr. fam. 1997, no 44, note Lécuyer.* – Dans le même sens : • Versailles, 16 déc. 1980 : *JCP 1982. II. 19716, note Lindon* • Paris, 30 juin 1982 : *Gaz. Pal. 1982. 2. 440, note Brazier.* ♦ Comp. • Basse-Terre, 19 juill. 1982 : *D. 1982. 587, note Floro* • Versailles, 21 sept. 1982 : *JCP 1983. II. 20113, note Lindon.* ♦ V. aussi note 3 ss. art. 373-2-5.

5. Homologation de la modification. La modification conventionnelle d'une convention homologuée fixant la contribution du père à l'éducation des enfants doit être soumise à homologation (cassation de l'arrêt qui a considéré qu'il y avait eu accord verbal entre les parents pour réduire le montant de la pension). • Civ. 2e, 26 juin 1996, n° 94-17.991 P.

§ 4 **De l'intervention des tiers** *(L. n° 2002-305 du 4 mars 2002).*

Art. 373-3 *(Abrogé par L. n° 2022-140 du 7 févr. 2022, art. 4)* « *(L. n° 2002-305 du 4 mars 2002)* « ***La séparation des parents ne fait pas obstacle à la dévolution prévue à l'article 373-1, lors même que celui des père et mère qui demeure en état d'exercer l'autorité parentale aurait été privé de l'exercice de certains des attributs de cette autorité par l'effet du jugement prononcé contre lui.*** »

(L. n° 2002-305 du 4 mars 2002) « **Le juge peut, à titre exceptionnel et si l'intérêt de l'enfant l'exige, notamment lorsqu'un des parents est privé de l'exercice de l'autorité parentale, décider de confier l'enfant à un tiers, choisi de préférence dans sa parenté. Il est saisi et statue conformément aux articles 373-2-8 et 373-2-11.** »

Dans des circonstances exceptionnelles, le *(L. n° 93-22 du 8 janv. 1993)* « **juge aux affaires familiales** » **qui statue sur les modalités de l'exercice de l'autorité parentale après** *(L. n° 2002-305 du 4 mars 2002)* « **séparation des parents** » **peut décider, du vivant même des parents, qu'en cas de décès de celui d'entre eux qui exerce cette autorité, l'enfant n'est pas confié au survivant. Il peut, dans ce cas, désigner la personne à laquelle l'enfant est provisoirement confié.**

Al. 4 abrogé par L. n° 2002-305 du 4 mars 2002.

BIBL. ► **Enfant confié à un tiers :** Gouttenoire-Cornut et Murat, *Dr. fam. 2003. Chron. 1.* – Leroyer, *RTD civ. 1998. 587*. ► **Décès de l'un des parents :** Fulchiron, *JCP 1990. I. 3462.* – Rubellin-Devichi, *RTD civ. 1990. 448*. ► **Rôle du tiers :** Moracchini-Zeidenberg, *Dr. fam. 2010. Étude 7.* – Dossier, LPA *24 févr. 2010.*

1. Enfant confié à un tiers. La faculté ouverte au juge de confier l'enfant à un tiers n'est pas limitée au cas où l'un des parents est décédé ou se trouve privé de l'exercice de l'autorité parentale. • Civ. 1re, 25 févr. 2009, n° 07-14.849 P : *D. 2009. AJ 811, obs. Égéa ; ibid. 1665, note Servant ; LPA 18-19 août 2009, note Massip ; JCP 2009. II. 10076, note Brusorio-Aillaud ; AJ fam. 2009. 171, obs. Gallmeister ; Dr. fam. 2009, n° 58, obs. Gareil-Sutter ; RLDC 2009/59, n° 3395, obs. Pouliquen.* ♦ Le juge ne saurait être saisi à cet effet par le tiers lui-même. • Même arrêt. ♦ V. art. 373-2-8.

2. Circonstances exceptionnelles. Pour une illustration des « circonstances exceptionnelles » visées à l'al. 3, V. • Pau, 12 déc. 1995 : *Defrénois 1997. 996, obs. Massip* (mère gravement malade, divorcée d'un homme de nationalité zaïroise, condamné pénalement en France, puis expulsé) • Nancy, 28 sept. 2012 : *Dr. fam. 2013, n° 40, obs. Neirinck* (père incarcéré pour une longue période et que l'enfant refuse de voir). ♦ Inversement, jugeant que les circonstances ne sont pas exceptionnelles : • Bordeaux, 8 mars 2005 : *JCP 2005. IV. 3038.*

Art. 373-4 *(L. n° 87-570 du 22 juill. 1987)* **Lorsque l'enfant a été confié à un tiers, l'autorité parentale continue d'être exercée par les père et mère ; toutefois, la personne à qui l'enfant a été confié accomplit tous les actes usuels relatifs à sa surveillance et à son éducation.**

Le *(L. n° 93-22 du 8 janv. 1993)* « **juge aux affaires familiales** »**, en confiant l'enfant à titre provisoire à un tiers, peut décider qu'il devra requérir l'ouverture d'une tutelle.**

Art. 373-5 *(L. n° 87-570 du 22 juill. 1987)* **S'il ne reste plus ni père ni mère en état d'exercer l'autorité parentale, il y aura lieu à l'ouverture d'une tutelle ainsi qu'il est dit à l'article 390 ci-dessous.** — *Cet art. reprend sans changement le texte de l'ancien art. 373-4.*

Art. 374 *Abrogé par L. n° 2002-305 du 4 mars 2002.*

Art. 374-1 *(L. n° 93-22 du 8 janv. 1993 ; Ord. n° 2005-759 du 4 juill. 2005)* **Le tribunal qui statue sur l'établissement d'une filiation peut décider de confier provisoirement l'enfant à un tiers qui sera chargé de requérir l'organisation de la tutelle.**

Art. 374-2 **Dans tous les cas prévus au présent titre, la tutelle peut être ouverte lors même qu'il n'y aurait pas de biens à administrer.**

Elle est alors organisée selon les règles prévues au titre X.

V. C. pr. civ., art. 1179 à 1180-3. — ***C. pr. civ.***

SECTION 2 De l'assistance éducative

BIBL. GÉN. ▸ **Loi n° 2007-293 du 5 mars 2007 sur la protection de l'enfance :** EUDIER et CHAMBONCEL-SALIGUE, *RJPF 2007-11/11*. – GOUTTENOIRE, *D. 2007. Chron. 1090*. – Dossier, *AJ fam. 2020. 443*.

Art. 375 **Si la santé, la sécurité ou la moralité d'un mineur non émancipé sont en danger, ou si les conditions de son éducation** *(L. n° 2007-293 du 5 mars 2007, art. 14)* **« ou de son développement physique, affectif, intellectuel et social » sont gravement compromises, des mesures d'assistance éducative peuvent être ordonnées par justice à la requête des père et mère conjointement, ou de l'un d'eux,** *(L. n° 87-570 du 22 juill. 1987)* **« de la personne ou du service à qui l'enfant a été confié » ou du tuteur, du mineur lui-même ou du ministère public.** *(L. n° 2007-293 du 5 mars 2007, art. 14)* **« Dans les cas où le ministère public a été avisé par le président du conseil départemental, il s'assure que la situation du mineur entre dans le champ d'application de l'article L. 226-4 du code de l'action sociale et des familles. » Le juge peut se saisir d'office à titre exceptionnel.**

Elles peuvent être ordonnées en même temps pour plusieurs enfants relevant de la même autorité parentale.

(L. n° 86-17 du 6 janv. 1986, art. 51 ; L. n° 2016-297 du 14 mars 2016, art. 30) **« La décision fixe la durée de la mesure sans que celle-ci puisse excéder deux ans. La mesure peut être renouvelée par décision motivée. »** – *V. C. pr. civ., art. 1200-1.* – **C. pr. civ.**

(L. n° 2007-293 du 5 mars 2007, art. 14) **« Cependant, lorsque les parents présentent des difficultés relationnelles et éducatives graves, sévères et chroniques, évaluées comme telles dans l'état actuel des connaissances, affectant durablement leurs compétences dans l'exercice de leur responsabilité parentale, une mesure d'accueil exercée par un service ou une institution peut être ordonnée pour une durée supérieure, afin de permettre à l'enfant de bénéficier d'une continuité relationnelle, affective et géographique dans son lieu de vie dès lors qu'il est adapté à ses besoins immédiats et à venir.**

« Un rapport concernant la situation de l'enfant doit être transmis annuellement *(L. n° 2016-297 du 14 mars 2016, art. 28)* **« , ou tous les six mois pour les enfants de moins de deux ans, » au juge des enfants. »** *(L. n° 2022-140 du 7 févr. 2022, art. 12)* **« Ce rapport comprend notamment un bilan pédiatrique, psychique et social de l'enfant. »**

Sur les conséquences de l'état d'urgence sanitaire lié au covid-19 sur les mesures d'assistance éducative, V. Ord. n° 2020-304 du 25 mars 2020, art. 13 et 18 ; V. App., v° Mesures d'urgence sanitaire - Covid-19.

Ancien art. 375 *Si la santé, la sécurité ou la moralité d'un mineur non émancipé sont en danger, ou si les conditions de son éducation sont gravement compromises, des mesures d'assistance éducative peuvent être ordonnées par justice à la requête des père et mère conjointement, ou de l'un d'eux, (L. n° 87-570 du 22 juill. 1987) « de la personne ou du service à qui l'enfant a été confié » ou du tuteur, du mineur lui-même ou du ministère public. Le juge peut se saisir d'office à titre exceptionnel.*

Elles peuvent être ordonnées en même temps pour plusieurs enfants relevant de la même autorité parentale.

(L. n° 86-17 du 6 janv. 1986, art. 51) « La décision fixe la durée de la mesure sans que celle-ci puisse, lorsqu'il s'agit d'une mesure éducative exercée par un service ou une institution, excéder deux ans. La mesure peut être renouvelée par décision motivée. »

Sur le contrat de responsabilité parentale, V. CASF, art. L. 222-4-1, issu de L. n° 2006-396 du 31 mars 2006, art. 48, et art. R. 222-4-1 s. – **CASF.**

Sur la mesure judiciaire d'investigation éducative, V. Arr. du 2 févr. 2011. – **C. pr. civ.**

Sur la prostitution des mineurs, V. L. n° 2002-305 du 4 mars 2002, art. 13-I et II, ss. art. 387-6.

Sur le Défenseur des droits, V. L. org. n° 2011-333 du 29 mars 2011, ss. art. 388-3.

RÉP. CIV. v° *Assistance éducative*, par G. RAYMOND et M. BRUGGEMAN.

BIBL. ▸ **Modifications apportées par la loi du 4 juin 1970 :** Ph. ROBERT, *RTD civ. 1972. 26.* ▸ **Notion de danger couru par l'enfant :** CHAZAL, *Études M. Ancel, Pédone, 1975, t. 1, p. 327.* ▸ **Non-exercice fautif d'un droit subjectif :** POUSSON, *Mél. L. Boyer, Univ. Toulouse, 1996, p. 563.* ▸ **Qualité de gardien de la direction départementale de l'action sanitire et**

sociale : P. Verdier, *Gaz. Pal. 1974. 1. Doctr. 216.* ▸ **Intérêt de l'enfant :** Atiback, *Dr. fam. 2006. Étude 18.* ▸ **Responsabilité du fait du mineur placé :** Artus, *D. 2001. Chron. 18* (contentieux administratif). ▸ **Santé des mineurs :** Deiss, *JCP 1983. I. 3125.* – Eschylle, *RDSS 1997. 639* (IVG). – Huyette, *D. 1996. Chron. 271* (sectes et protection judiciaire des mineurs). – Massip, *Defrénois 1998. 1028* (contrôle de la Cour de cassation) ; *Trav. Assoc. Capitant, XXX-1979, p. 101* (protection de l'enfant). – De Touzalin, *JCP 1974. I. 2672.* ▸ **Mineurs délinquants et jeunes en danger :** R. Legeais, *Mél. Vincent, Dalloz, 1981, p. 203.* ▸ **Mineurs étrangers :** Baudoin, *Rev. crit. DIP 1994. 483*. ▸ **Responsabilité du juge des enfants :** Fossier, *Gaz. Pal. 6-7 févr. 2002, Doctr.* ▸ **Procédure :** Desloges, *AJ fam. 2010. 530*. – Dossier, *AJ fam. 2002. 202*. ▸ **Contrat de responsabilité parentale (Loi du 31 mars 2006) :** Batteur, *RLDC 2008/51, suppl., n° 3089.* – Brunet, *obs. D. 2007. Pan. 2197.* – Eudier, *RJPF 2006-11/41.* – Lambert, *Dr. fam. 2007. Étude 25.* – Rochfeld, *RTD civ. 2006. 395* ; *RDC 2006. 665.* – Rolin, *RDC 2006. 849* ; *RDSS 2007. 38*.

▸ **Loi n° 2007-293 du 5 mars 2007 sur la protection de l'enfance :** Bernigaud, *Dr. fam. 2007. Étude 23.*

1. Conformité à la Conv. EDH. V. ss. art. 371-3.

A. DOMAINE DE L'ASSISTANCE ÉDUCATIVE

2. Protection de l'enfant. La protection de l'enfance a pour but, notamment, de prévenir les difficultés que peuvent rencontrer les mineurs privés temporairement ou définitivement de la protection de leur famille et d'assurer leur prise en charge ; lorsque le juge des enfants est saisi de la situation d'un mineur privé temporairement ou définitivement de la protection de sa famille, il prend sa décision en stricte considération de l'intérêt de l'enfant. • Civ. 1re, 16 nov. 2017, n° 17-24.072 P : *D. 2018. 313, obs. Joubert* ; *AJ fam. 2018. 172, obs. Pedron* ; *RDSS 2018. 155, note Monéger* ; *Rev. crit. DIP 2018. 810, note Jault-Seseke*. ♦ V. note 1 ss. art. 373-2-6.

3. Assistance éducative et responsabilité. La décision du juge des enfants de confier à une personne physique ou morale la « garde » d'un mineur en danger par application des art. 375 s. C. civ. transfère au gardien la responsabilité d'organiser, diriger et contrôler la vie du mineur, et donc la responsabilité de ses actes, celle-ci n'étant pas fondée sur l'autorité parentale mais sur la garde. • Crim. 10 oct. 1996 : *D. 1997. 309, note Huyette* ; *JCP 1997. II. 22833, note Chabas ; Dr. fam. 1997, n° 83, note Murat (2e esp.).* ♦ V. note 129 ss. art. 1242. ♦ Sur les critères de répartition des compétences entre juridictions judiciaires et administratives à raison des actes commis par un mineur placé, V. • T. confl. 17 déc. 2001, n° 01-03.275 P.

4. Mineurs concernés : mineur sous tutelle de l'aide sociale. La circonstance qu'un mineur, objet d'une procédure d'assistance éducative, a été placé sous la tutelle de l'Aide sociale à l'enfance ne fait pas obstacle à ce que le juge des enfants poursuive son action en ordonnant les mesures appropriées lorsque les conditions prévues à l'art. 375 demeurent réunies. • Civ. 1re, 3 déc. 1991, n° 90-05.011 P : *Defrénois 1992. 728, obs. Massip.* ♦ Inversement, ayant constaté que le père n'avait plus l'exercice de l'autorité parentale même s'il en conservait le droit, les juges du fond peuvent estimer souverainement que l'état de danger dans lequel se trouvait l'enfant a disparu. • Civ. 1re, 3 nov. 2004, n° 03-05.056 P : *JCP 2005. I. 116, n° 7, obs. Fossier ; JCP 2006. II. 10008, note Geffroy et Nissabouri ; AJ fam. 2005. 20, obs. Chénedé* ; *Dr. fam. 2005, n° 122, note Salvage-Gerest ; RJPF 2005-3/37, note Eudier ; RTD civ. 2005. 100, obs. Hauser* ; *RDSS 2005. 304, note F. Monéger*.

5. ... DIP. Les art. 375 à 375-8 sont applicables sur le territoire français à tous les mineurs qui s'y trouvent, quelle que soit leur nationalité ou celle de leurs parents. • Civ. 1re, 16 janv. 1979, n° 78-80.002 P. ♦ Un mineur, non autorisé à résider en France, retenu en zone d'attente peut faire l'objet d'une mesure de protection, une zone d'attente se trouvant sous contrôle administratif et juridictionnel national. • Civ. 1re, 25 mars 2009, n° 08-14.125 P : *R., p. 317 ; D. 2009. Pan. 1918, obs. Gouttenoire* ; *ibid. 1795, avis Sarcelet* ; *JCP 2009, n° 40, p. 33, note Farge ; AJ fam. 2009. 225, obs. Gallmeister* ; *RJPF 2009-6/16, obs. Putman ; RDSS 2009. 550, obs. Bruggeman*. ♦ Mais ils ne sont pas applicables dès lors que l'intéressé, quoique mineur au regard de sa loi personnelle, est majeur au regard de la loi française. • Paris, 16 mai 2000 : *RDSS 2000. 609, note F. Monéger*. ♦ Les lois relatives à l'assistance éducative étant d'application territoriale, les juridictions françaises sont incompétentes pour prendre des mesures d'assistance éducative à l'égard de mineurs résidant à l'étranger, sauf application éventuelle des dispositions contraires des art. 3 à 5 de la convention de La Haye du 5 oct. 1961. • Civ. 1re, 6 avr. 1994, n° 93-05.024 P : *R., p. 276 ; Defrénois 1994. 1099, obs. Massip.*

6. Situations visées : principes. Un mineur ne peut, par mesure d'assistance éducative, être retiré de son milieu actuel que dans les cas limitativement énumérés à l'art. 375, notamment lorsque les conditions de son éducation sont « gravement compromises », et les juges du fond sont tenus de s'expliquer à cet égard. • Civ. 1re,

16 févr. 1977 : *Bull. civ. I, n° 90* • 8 oct. 1985 : *Bull. civ. I, n° 247 ; Gaz. Pal. 1986. 1. 386, note J. M.* • 8 oct. 1986, n° 84-80.007 P : *R., p. 129 ; Gaz. Pal. 1987. 2. 385, note J. M.* ♦ Hors les cas ainsi prévus par la loi, le juge des enfants est sans compétence pour intervenir dans le conflit qui oppose le père des enfants aux personnes à qui il les a confiés. • Civ. 1re, 28 janv. 1969 : *D. 1969. 276 ; JCP 1969. II. 16111, note Mayer-Jack.* ♦ … Ou dans le conflit qui oppose deux époux au sujet de la garde d'un enfant commun. • Civ. 1re, 29 nov. 1965 : *D. 1966. 81* • 14 févr. 1990 : *Defrénois 1990. 693, obs. Massip.*

7. … Illustrations. Constitue un cas de danger justifiant une mesure d'assistance éducative le risque de voir l'enfant soustrait aux soins que nécessite sa surdité, ce risque résultant de l'intention de la mère d'emmener son enfant avec elle à l'étranger, où ne pourrait être poursuivi le traitement de rééducation approprié à son état. • Civ. 1re, 25 nov. 1981 : *JCP 1983. II. 19952 (2e esp.), note Boulanger.* ♦ Il y a lieu de prendre en considération les conditions de vie de tous les enfants d'une secte à laquelle les parents sont affiliés qui pourraient être de nature à compromettre gravement l'évolution et l'équilibre psychologique des enfants. • Civ. 1re, 28 mars 1995, n° 94-05.024 P : *D. 1996. Somm. 239, obs. Vitse ; Defrénois 1995. 1390, obs. Massip.*

8. Mineur isolé. Cassation de l'arrêt ayant donné mainlevée d'une mesure d'assistance éducative, l'arrêt ayant retenu que le mineur n'était pas en danger dans son pays d'origine et que sa présence sur le territoire français relevait d'une décision de ses parents, l'enfant restant soumis à l'autorité parentale de ceux-ci, alors que la cour d'appel aurait dû rechercher si le mineur disposait d'un représentant légal sur le territoire national ou était effectivement pris en charge par une personne majeure. • Civ. 1re, 16 nov. 2017, n° 17-24.072 P : *D. 2018. 313, obs. Joubert ; AJ fam. 2018. 172, obs. Pedron ; RDSS 2018. 155, note Monéger ; Rev. crit. DIP 2018. 810, note Jault-Seseke .*

B. INTERVENTION DU JUGE

9. Saisine du juge : « gardien ». Les textes qui, en matière d'assistance éducative, donnent notamment qualité au « gardien » du mineur pour saisir le juge des enfants et interjeter appel de ses décisions n'exigent pas que ce gardien soit légalement ou judiciairement investi du droit de garde. • Civ. 1re, 30 mai 1978, n° 77-80.007 P • 17 juill. 1985 : *ibid. I, n° 226.* ♦ Ainsi, le « gardien » au sens de l'art. 375 n'est pas seulement le gardien de droit mais encore le gardien de fait. • Civ. 1re, 16 janv. 1979, n° 78-80.002 P.

10. … Service d'aide sociale. La qualité de gardien doit être reconnue au service départemental de l'aide sociale à l'enfance. • Civ. 1re, 22 mai 1974, n° 73-80.009 P : *R. 1975, p. 15 ; Gaz. Pal. 1974. 2. 726, note P. Verdier ; RTD civ. 1975. 95, obs. Nerson* • 28 mars 1995, n° 94-05.024 P : *Defrénois 1995. 1390, obs. Massip.* ♦ Selon les principes du droit international privé relatifs au statut personnel, le gardien d'un enfant, désigné par l'autorité compétente de l'État dont le mineur est ressortissant, est investi de plein droit de cette qualité en France. • Civ. 1re, 25 juin 1991, n° 90-05.006 P : *R., p. 249 ; D. 1992. 51, note Massip ; JCP 1992. II. 21798, note Muir Watt ; JDI 1991. 975, note Gaudemet-Tallon.*

11. … Mineur. Le mineur peut lui-même saisir le juge des enfants pour lui demander d'ordonner des mesures, il peut également lui-même interjeter appel des décisions de ce juge et faire choix d'un avocat. Il incombe seulement aux juges du fond de vérifier qu'il possède un discernement suffisant pour exercer ces prérogatives. • Civ. 1re, 21 nov. 1995 : *D. 1996. 420, note Gouttenoire ; RTD civ. 1996. 140, obs. Hauser .*

12. … Majeur protégé. Les actions en justice d'un majeur sous tutelle relatives à l'autorité parentale sur ses enfants sont strictement personnelles, ce qui exclut la représentation par l'organisme tutélaire, sauf autorisation du juge des tutelles. • Amiens, 8 nov. 2007 : *Dr. fam. 2008, n° 64, obs. Fossier.*

13. Nature des mesures d'assistance éducative : IVG. Jugé qu'étant donné la situation de détresse d'une mineure, enceinte et souhaitant se faire avorter, mais n'ayant pu obtenir le consentement de sa mère, le juge des enfants peut autoriser l'interruption volontaire de grossesse. • T. enfants Évry, ord., 8 nov. 1982 : *D. 1983. 218, note Raynaud.* ♦ En sens inverse : • Bordeaux, 4 déc. 1991 : *D. 1993. 129, note Dubaele* (décision qui refuse d'autoriser l'IVG, mais relève le caractère abusif du refus des parents d'y consentir).

14. … Soins médicaux. Intervention du juge des enfants en matière de choix d'un traitement médical : V. • Nancy, 3 déc. 1982 : *JCP 1983. II. 20081, note Raymond ; Gaz. Pal. 1984. 1. 132, note Dorsner-Dolivet.*

15. Durée de la mesure. Ne viole pas l'art. 375, al. 3, le juge des enfants qui prescrit qu'un mineur sera confié à des époux jusqu'à ce qu'il en soit autrement ordonné, attribuant par là même à cette mesure son terme naturel qui est la majorité de l'enfant. • Civ. 1re, 12 janv. 1994 : *JCP 1994. II. 22341 (1er arrêt), note Bernigaud.* ♦ Mais viole l'art. 375, al. 3, la décision qui maintient le placement d'un mineur à une direction départementale à compter d'une certaine date sans fixer la durée de la mesure. • Civ. 1re, 14 déc. 1999, n° 97-05.026 P : *D. 2000. IR 9 ; Dr. fam. 2000, n° 21, note Murat.*

16. Date de la mesure. Ne constitue pas une

faute lourde de nature à engager la responsabilité de l'État la faute d'un juge des enfants qui, en application de la procédure de protection des jeunes majeurs (Décr. n° 75-96 du 18 févr. 1975, ss. art. 488 C. civ.), a ordonné une mesure de protection à l'égard d'une jeune fille à compter de la date de majorité de celle-ci devant intervenir sept jours plus tard, croyant de bonne foi que cette procédure ne pouvait pas être radicalement viciée. • Civ. 1re, 16 mars 1999, n° 97-12.717 P : *D. 1999. 488, note Huyette*.

Art. 375-1 Le juge des enfants est compétent, à charge d'appel, pour tout ce qui concerne l'assistance éducative.

Il doit toujours s'efforcer de recueillir l'adhésion de la famille à la mesure envisagée *(L. n° 2004-1 du 2 janv. 2004, art. 13)* **« et se prononcer en stricte considération de l'intérêt de l'enfant ».**

(L. n° 2022-140 du 7 févr. 2022, art. 26) **« Il doit systématiquement effectuer un entretien individuel avec l'enfant capable de discernement lors de son audience ou de son audition.**

« Lorsque l'intérêt de l'enfant l'exige, le juge des enfants, d'office ou à la demande du président du conseil départemental, demande au bâtonnier la désignation d'un avocat pour l'enfant capable de discernement et demande la désignation d'un administrateur ad hoc pour l'enfant non capable de discernement. »

BIBL. ▸ NORGUIN, *BICC 15 janv. 2009, p. 65* (répartition des compétences : synthèse de jurisprudence).

1. Caractère d'ordre public. Pour l'al. 2, V. note 8.

A. COMPÉTENCE

2. DIP. Sur la compétence du juge des enfants, quelle que soit la nationalité des mineurs ou celle de leurs parents, V. • Civ. 1re, 16 janv. 1979, n° 78-80.002 P • Paris, 7 déc. 2004 : *RDSS 2005. 341, obs. F. Monéger* (applicabilité des art. 375 s. à un mineur étranger retenu en zone d'attente).

3. Conflit entre plusieurs juges des enfants. Il résulte tant de l'art. 375-6 que des art. 888, al. 2, et 888-3, al. 2, anc. C. pr. civ., applicables en la cause (art. 1181, al. 2, et 1184, al. 2, C. pr. civ.) que plusieurs juges des enfants ne peuvent être simultanément compétents pour statuer sur le fond, en matière d'assistance éducative, relativement à la situation d'un mineur déterminé ; aussi le juge des enfants appelé à prendre des mesures provisoires commandées par l'urgence doit-il se dessaisir au profit du juge initialement saisi, et dont il n'est pas allégué qu'il se soit lui-même dessaisi. • Civ. 1re, 2 mars 1982, n° 81-80.001 P. ♦ Les mêmes règles sont applicables à la cour d'appel statuant en matière d'assistance éducative. • Civ. 1re, 28 avr. 1980 : *Bull. civ. I, n° 126.*

4. ... Entre juge des enfants et juge aux affaires familiales. Si le juge aux affaires familiales est en principe compétent pour fixer, dans l'intérêt de l'enfant, les modalités des relations entre l'enfant et un tiers, parent ou non, le juge des enfants est seul compétent, en cas de placement, pour statuer sur ces modalités. • Civ. 1re, 9 juin 2010 : *cité note 15 ss. art. 371-4.* ♦ Sur les conditions d'intervention du juge des enfants après une décision du juge aux affaires familiales, V. aussi note 10 ss. art. 375-3.

5. ... Entre juge des enfants et juge des tutelles. Dès lors qu'il apparaît qu'un mineur d'origine étangère, entré seul et clandestinement en France, ne sera pas récupéré par sa famille et ne pourra pas non plus être rapatrié, il n'y a plus lieu à assistance éducative, la procédure à utiliser étant celle de la tutelle déférée à l'État. • Versailles, 11 sept. 2003 : *D. 2003. IR 2801 ; RTD civ. 2004. 77, obs. Hauser* ; *RDSS 2004. 187, note F. Monéger* (annulation de la décision du juge des enfants ayant confié le mineur à l'ASE).

6. Demande de restitution de l'enfant. Lorsque le placement d'un mineur a été judiciairement ordonné, au titre des mesures d'assistance éducative, le juge des enfants est également compétent, s'agissant d'une instance modificative, pour statuer sur une demande en restitution de l'enfant formée par ses parents. • Civ. 1re, 29 oct. 1979, n° 79-80.011 P.

7. Compétence territoriale. Il résulte de l'art. 1181 C. pr. civ. que les mesures d'assistance éducative sont prises par le juge des enfants du lieu où demeure le père, la mère, le tuteur, la personne ou le service à qui l'enfant a été confié. Ces chefs de compétence étant concurrents, il est loisible au juge initialement saisi de se dessaisir au profit d'un autre juge également compétent, dans l'intérêt d'une bonne administration de la justice. • Civ. 1re, 11 oct. 1989, n° 88-13.303 P : *Defrénois 1990. 948, obs. Massip.* ♦ Le moyen qui soulève pour la première fois devant la Cour de cassation la prétendue incompétence territoriale du juge des enfants est irrecevable. • Civ. 1re, 16 janv. 1979, n° 78-80.002 P.

B. PROCÉDURE

8. Caractère d'ordre public. Les dispositions des art. 1182, 1183, 1186 C. pr. civ., 375-1, al. 2, C. civ., destinées à protéger les droits fondamentaux des familles et les libertés individuelles, sont d'ordre public, et les décisions qui ne les respectent pas doivent être purement et simplement annulées. • Rennes, 18 sept. 1987 : *D. 1988. 440, note Renucci.* ♦ V. aussi : Massip, *Gaz. Pal. 1985. 2. Doctr. 668.* – Renucci, *D. 1987. Chron. 19.*

9. Communication au ministère public. Il résulte des textes du C. pr. civ. que le ministère public doit avoir communication de toutes les affaires dans lesquelles la loi dispose qu'il doit faire connaître son avis, ce que prévoit l'art. 1193 de ce code pour l'assistance éducative ; cassation de l'arrêt qui a statué sans communication au ministère public. • Civ. 1re, 16 déc. 2015, n° 14-24.256 P.

10. Absence d'incidence d'une procédure pénale en cours. La règle « le criminel tient le civil en l'état » est sans application lorsque est en jeu le système de protection des mineurs institué par les art. 375 s. • Civ. 1re, 4 oct. 1965 : *D. 1966. 193.*

11. Audition des parents. En matière d'assistance éducative, les parties se défendent elles-mêmes et le juge se prononce après audition, notamment, des parents. • Civ. 1re, 13 juill. 2016, n° 15-23.253 P : *RTD civ. 2016. 836, obs. Hauser.* ♦ Si, en application des art. 1183 et 1189 C. pr. civ., le juge des enfants doit entendre les père et mère du mineur avant de prendre ou de modifier une mesure d'assistance éducative, c'est à la condition que cette audition soit possible et compatible avec l'urgence de la mesure. • Civ. 1re, 22 mai 1985 : *Gaz. Pal. 1985. 2. 756* (en l'espèce, adresse du père inconnue).

12. Audition du mineur. V. plus généralement notes ss. art. 388-1.

13. Mesures d'instruction. Les mesures prévues par les textes relatifs à l'assistance éducative, en vue de l'étude de la personnalité d'un mineur, ne sont ni obligatoires ni limitatives et il est loisible au juge des enfants de recourir à tous les modes d'investigation qu'il estime expédients pour découvrir si la santé, la sécurité, la moralité ou l'éducation d'un enfant sont compromises. • Civ. 1re, 1er juill. 1968 : *JCP 1969. II. 16090, note Ph. Robert.* ♦ La nature des mesures d'instruction en matière d'assistance éducative exclut qu'il y soit procédé en présence de toutes les parties en cause ; il suffit que celles-ci aient été à même de les discuter avant que le juge statue. • Civ. 1re, 4 oct. 1965 : *D. 1966. 193.* ♦ Sur l'appel formé contre une décision ordonnant une mesure d'instruction, V. note 20.

14. Accès aux pièces du dossier. BIBL. Fossier, *JCP 2002. I. 101, nos 19 s.* – Gouttenoire-Cornut, *Dr. fam. 2002. Chron. 14.* – Huyette, *D. 1998. Chron. 218* (indispensable réforme de l'art. 1187 C. pr. civ.) ; *D. 2001. Point de vue 1803* (la contradiction et la procédure d'assistance éducative). ♦ Au regard de l'art. 6 Conv. EDH, une procédure d'assistance éducative dans laquelle des documents aussi essentiels que les rapports sociaux n'ont pas été communiqués ne permet pas aux parents de bénéficier d'un « procès équitable ». • CEDH 24 févr. 1995 : *D. 1995. 449, note Huyette ; RTD civ. 1995. 875, obs. Hauser.* – Rappr. • CEDH, gr. ch., 10 mai 2001 : *Dr. fam. 2001, n° 106, note Murat* (manquement, en l'espèce, à l'art. 8 sur le droit au respect de la vie familiale). • CEDH, sect. I, 15 oct. 2009, *T. c/ Grèce*, n° 50796/07 (*idem*).

Sur les modalités actuelles de consultation du dossier, V. art. 1187 C. pr. civ., mod. par Décr. n° 2002-361 du 15 mars 2002 (*JO 17 mars*). ♦ Sur ce décret : Garé, *RJPF 2002-5/37.* – Huyette, *D. 2002. Chron. 1433.* – Dossier *AJ fam. 2002. 202.*

Décidant que la nouvelle rédaction de l'art. 1187 C. pr. civ. ne méconnaît pas le principe de la contradiction ni l'art. 6-1 Conv. EDH : • Civ. 1re, 28 nov. 2006, n° 04-05.095 P : *D. 2007. 552, note Huyette ; ibid. AJ 24, obs. Gallmeister ; ibid. Pan. 2195 et 2196, obs. Gouttenoire et 2691, obs. Douchy-Oudot ; JCP 2007. I. 139, n° 24, obs. Sérinet ; AJ fam. 2007. 85, obs. Gratadour ; Dr. fam. 2007, n° 34, note Murat ; RJPF 2007-2/28, obs. Eudier ; LPA 5 juin 2007, note Massip ; RTD civ. 2007. 101, obs. Hauser.*

Cassation de l'arrêt dès lors qu'il ne résulte ni de la décision, ni du dossier, que l'une des parties ait été avisée de la faculté qui lui était ouverte de consulter le dossier au greffe et qu'elle ait été mise en mesure de prendre connaissance, avant l'audience, des pièces présentées à la juridiction et, par suite, de les discuter utilement. • Civ. 1re, 30 nov. 2022, n° 21-16.366 B : *D. 2022. 2162 ; AJ fam. 2023. 110, obs. Gebler.*

Est légitime le refus opposé à un père de consulter certaines pièces du dossier en raison du danger grave encouru par l'enfant du fait du climat familial très conflictuel. • Civ. 1re, 6 juill. 2005, n° 04-05.011 P : *D. 2005. 2794, note Huyette ; AJ fam. 2005. 446, obs. Gratadour ; Dr. fam. 2005, n° 265, note Murat ; LPA 14 mars 2006, note Massip ; RTD civ. 2005. 771, obs. Hauser.*

Aucune disposition légale n'impose au juge de mentionner dans sa décision que les parties ont pris connaissance du dossier. • Civ. 1re, 30 oct. 2006, n° 05-16.321 P : *LPA 5 juin 2007, note Massip.*

Sur la possibilité, pour le JAF, de fonder sa décision concernant l'autorité parentale sur le dossier d'assistance éducative tel que communiqué par le juge des enfants, V. • Cass., avis, 1er mars 2004, n° 00-40.001 P : *D. 2004. 1627, note Huyette ; JCP 2004. I. 167, n° 3, obs. Fossier ; Dr. fam. 2004, n° 142, note Gouttenoire ; RTD civ. 2004. 498, obs. Hauser.*

15. Exécution provisoire. Les décisions du juge de l'assistance éducative ne sont pas, de plein droit et par la vertu de la loi, assorties de l'exécution provisoire ; la prérogative du juge de pouvoir l'ordonner a pour corollaire nécessaire le droit des parties de s'y opposer et en l'absence d'une disposition expresse excluant l'usage en la matière de cette voie de recours, le premier président statuant en référé est compétent pour se prononcer sur une demande de suspension de l'exécution provisoire dont est assortie une mesure d'assistance éducative. • Paris, ord., 11 avr. 1980 : *Gaz. Pal. 1980. 2. 552, note du Rusquec.* ♦ *Contra :* • Rennes, 15 avr. 1976 : *Gaz. Pal. 1976. 2. 520, note du Rusquec.* ♦ Comp. • Nancy, ord., 9 déc. 1983 : *D. 1984. 252, note P. E. ; JCP 1986. II. 20575, note Deiss* (mesures provisoires ordonnées pour le cours de l'instance).

16. Signification des décisions. L'art. 888-14 anc. C. pr. civ. (devenu art. 1195 C. pr. civ.), d'après lequel la notification des décisions rendues en matière d'assistance éducative est normalement faite par lettre recommandée avec demande d'avis de réception, ne déroge pas au principe, posé par l'art. 680 C. pr. civ., aux termes duquel l'acte de notification doit indiquer de manière très apparente le délai d'opposition, d'appel ou de pourvoi en cassation dans le cas où l'une de ces voies de recours est ouverte, ainsi que les modalités selon lesquelles le recours peut être exercé. • Civ. 1re, 18 mars 1980 : *Bull. civ. I, n° 88.*

C. VOIES DE RECOURS

17. Qualité pour interjeter appel : principe. Le principe posé par l'art. 546 C. pr. civ., d'après lequel le droit d'appel appartient à toute personne qui a été partie en première instance et qui y a intérêt, s'applique en matière d'assistance éducative. • Civ. 1re, 24 janv. 1978 : *D. 1978. 291* (appel des parents nourriciers) • 23 juill. 1979 : *Bull. civ. I, n° 221* (appel des grands-parents) • 16 oct. 1979 : *ibid. I, n° 246* (appel de l'oncle du mineur).

18. ... Service d'aide sociale. Le service départemental de l'aide sociale à l'enfance est gardien des mineurs qui lui ont été confiés par le juge des enfants, et à ce titre il est recevable à interjeter appel des décisions rendues par ce magistrat. • Civ. 1re, 22 mai 1974 : *Gaz. Pal. 1974. 2. 726, note P. Verdier ; RTD civ. 1975. 95, obs. Nerson* • 28 mars 1995, n° 94-05.024 P : *Defrénois 1995. 1390, obs. Massip.*

19. ... Mineur. Le mineur peut lui-même interjeter appel, V. note 11 ss. art. 375.

20. Décisions susceptibles d'appel : mesure d'instruction. L'art. 375-1, qui dispose que le juge des enfants est compétent, à charge d'appel, pour tout ce qui concerne l'assistance éducative, ne déroge pas au principe posé par l'art. 150 C. pr. civ. et selon lequel la décision qui se borne à ordonner une mesure d'instruction ne peut être immédiatement frappée d'appel. • Civ. 1re, 3 mars 1981, n° 80-80.021 P • Paris, 16 déc. 1986 : *D. 1988. 69, note Renucci.* ♦ V. aussi note 4 ss. art. 375-2.

21. Examen de l'appel et procès équitable. En considérant comme non soutenu l'appel formé par une partie qui, bien que régulièrement convoquée, ne s'est pas présentée en personne à l'audience, une cour d'appel a privé celle-ci de la possibilité de faire valoir ses moyens d'appel, alors que son avocat était présent à l'audience et avait été entendu en ses observations, et a méconnu les exigences de l'art. 6 § 1 Conv. EDH. • Civ. 1re, 26 sept. 2007, n° 06-16.445 P : *D. 2008. 266, note Huyette ; AJ fam. 2007. 485, obs. F. C. ; RTD civ. 2008. 99, obs. Hauser* • 30 sept. 2009, n° 08-16.147 P.

22. Tierce opposition. Possibilité pour les grands-parents de former une tierce opposition : • Civ. 1re, 17 juin 1986, n° 85-80.007 P : *R., p. 129.*

23. Pourvoi en cassation. Dès lors que les mesures d'assistance éducative ont épuisé leurs effets, le juge des enfants en ayant pris de nouvelles, assorties de l'exécution provisoire, le pourvoi en cassation contre un arrêt confirmant ces mesures est sans objet. • Civ. 1re, 3 mai 2000 : *D. 2000. 678, note Massip.* – V. déjà • Civ. 1re, 10 mars 1998 : *Defrénois 1998. 1028, obs. Massip.*

Art. 375-2 **Chaque fois qu'il est possible, le mineur doit être maintenu dans son milieu actuel. Dans ce cas, le juge désigne, soit une personne qualifiée, soit un service d'observation, d'éducation ou de rééducation en milieu ouvert, en lui donnant mission d'apporter aide et conseil à la famille, afin de surmonter les difficultés matérielles ou morales qu'elle rencontre. Cette personne ou ce service est chargé de suivre le développement de l'enfant et d'en faire rapport au juge périodiquement.** *(L. n° 2022-140 du 7 févr. 2022, art. 13)* **« Si la situation le nécessite, le juge peut ordonner, pour une durée maximale d'un an renouvelable, que cet accompagnement soit renforcé ou intensifié. »**

(L. n° 2007-293 du 5 mars 2007, art. 22-II) **« Lorsqu'il confie un mineur à un service mentionné au premier alinéa, il peut autoriser ce dernier à lui assurer un hébergement exceptionnel ou périodique à condition que ce service soit spécifiquement habilité à cet effet. Chaque fois qu'il héberge le mineur en vertu de cette autorisation, le service en informe sans délai ses parents ou ses représentants légaux ainsi que le juge des enfants**

et le président du conseil départemental. Le juge est saisi de tout désaccord concernant cet hébergement. »

Le juge peut aussi subordonner le maintien de l'enfant dans son milieu à des obligations particulières, telles que celle de fréquenter régulièrement un établissement sanitaire ou d'éducation, ordinaire ou spécialisé, *(L. n° 2007-297 du 5 mars 2007, art. 67)* **« le cas échéant sous régime de l'internat » ou d'exercer une activité professionnelle.**

Sur les conséquences de l'état d'urgence sanitaire lié au covid-19 sur le délai prévu pour la mise en œuvre des mesures prononcées en application des art. 375-2, 375-3 et 375-9-1, V. Ord. n° 2020-304 du 25 mars 2020, art. 14 ; V. App., v° Mesures d'urgence sanitaire - Covid-19, .

1. Milieu actuel : notion. Le « milieu actuel » au sens de l'art. 375-2 est, en principe, le milieu familial naturel de l'enfant (en l'espèce l'enfant avait été confié, dès l'âge de huit mois, à une nourrice qui, invoquant l'absence de nécessité de retirer l'enfant de son « milieu actuel », s'opposait à la demande de restitution formée par la mère et à laquelle les juges du fond avaient fait droit). • Civ. 1re, 6 janv. 1981, n° 79-80.032 P. – Dans le même sens : • Civ. 1re, 4 juill. 1978 : *Bull. civ. I, n° 249* • 17 nov. 1981 : *ibid. I, n° 336* • 23 janv. 1985 : *ibid. I, n° 35.*

2. Maintien conditionné à des obligations particulières : examen médical. Le juge tient de l'art. 375-2, al. 2, le pouvoir de subordonner le maintien de l'enfant dans son milieu à des obligations particulières, telle celle de subir un examen médical. • Civ. 1re, 3 juin 1997 : *Dr. fam. 1997, n° 118, note Murat ; Defrénois 1998. 320, obs. Massip.*

3. ... Orientation en famille d'accueil. Une orientation en famille d'accueil, sans autre indication, est l'une des obligations particulières, au sens de l'art. 375-2, dont le juge des enfants peut assortir la remise du mineur au service de l'aide sociale à l'enfance auquel il le confie par application de l'art. 375-3 (application combinée des art. 375-3 et 375-4, al. 2). • Civ. 1re, 23 janv. 2001, n° 99-05.087 P : *D. 2001. 2151, note Huyette ; RDSS 2001. 360, obs. F. Monéger .*

4. Typologie des mesures. Sur la distinction entre une mesure d'observation, mesure d'investigation destinée à préparer la décision du juge, (ne pouvant faire l'objet d'un appel immédiat) et une mesure d'action éducative en milieu ouvert, V. Huyette, note ss. • Rennes, 23 sept. 1994 : *D. 1995. 294 .*

5. Rôle de l'aide sociale. L'art. 85 C. fam. (art. L. 228-3 CASF) n'interdit pas que les mesures d'action éducative en milieu ouvert ordonnées en application de l'art. 375-2 soient exercées par le service de l'aide sociale à l'enfance. • Civ. 1re, 3 oct. 2000, n° 99-05.072 P : *D. 2001. 1054, note Huyette ; RDSS 2001. 147, obs. F. Monéger ; RTD civ. 2001. 348, obs. Hauser .*
♦ Comp. note ss. art. 375-4.

Art. 375-3 *(L. n° 2007-293 du 5 mars 2007, art. 17-I)* **« Si la protection de l'enfant l'exige, le juge des enfants peut décider de le confier :**

« 1° A l'autre parent ;

« 2° A un autre membre de la famille ou à un tiers digne de confiance ;

« 3° A un service départemental de l'aide sociale à l'enfance ;

« 4° A un service ou à un établissement habilité pour l'accueil de mineurs à la journée ou suivant toute autre modalité de prise en charge ;

« 5° A un service ou à un établissement sanitaire ou d'éducation, ordinaire ou spécialisé. »

(L. n° 2022-140 du 7 févr. 2022, art. 1er) **« Sauf urgence, le juge ne peut confier l'enfant en application des 3° à 5° qu'après évaluation, par le service compétent, des conditions d'éducation et de développement physique, affectif, intellectuel et social de l'enfant dans le cadre d'un accueil par un membre de la famille ou par un tiers digne de confiance, en cohérence avec le projet pour l'enfant prévu à l'article L. 223-1-1 du code de l'action sociale et des familles, et après audition de l'enfant lorsque ce dernier est capable de discernement. »**

Toutefois, lorsqu'une *(L. n° 2019-222 du 23 mars 2019, art. 22, en vigueur le 1er janv. 2021)* **« demande** *[ancienne rédaction : requête]* **» en divorce a été présentée ou un jugement de divorce rendu entre les père et mère,** *(L. n° 2007-293 du 5 mars 2007, art. 22-II) « ou lorsqu'une (L. n° 2019-222 du 23 mars 2019, art. 22, en vigueur le 1er janv. 2021)* **« demande** *[ancienne rédaction : requête]* **» en vue de statuer sur la résidence et les droits de visite afférents à un enfant a été présentée ou une décision rendue entre les père et mère, » ces mesures ne peuvent être prises que si un fait nouveau de nature à entraîner un danger pour le mineur s'est révélé postérieurement à la décision** *(L. n° 87-570 du 22 juill. 1987)* **« statuant sur les modalités de l'exercice de l'autorité parentale ou confiant l'enfant à un tiers ». Elles ne peuvent faire obstacle**

à la faculté qu'aura le *(L. n° 93-22 du 8 janv. 1993)* **« juge aux affaires familiales » de décider, par application** *(L. n° 2002-305 du 4 mars 2002)* **« de l'article 373-3 »** *(L. n° 2022-140 du 7 févr. 2022, art. 1er)* **« du présent code », à qui l'enfant devra être confié. Les mêmes règles sont applicables à la séparation de corps.**

(L. n° 2017-258 du 28 févr. 2017, art. 32) **« Le procureur de la République peut requérir directement le concours de la force publique pour faire exécuter les décisions de placement rendues en assistance éducative. »**

Sur l'entrée en vigueur et l'application dans le temps des modifications issues de l'art. 22 de la L. n° 2019-222 du 23 mars 2019, V. ndlr ss. art. 233.

Sur les conséquences de l'état d'urgence sanitaire lié au covid-19 sur le délai prévu pour la mise en œuvre des mesures prononcées en application des art. 375-2, 375-3 et 375-9-1, V. Ord. n° 2020-304 du 25 mars 2020, art. 14, V. App., v° Mesures d'urgence sanitaire - Covid-19,

BIBL. ▶ **Enfant confié à un tiers :** Gouttenoire-Cornut et Murat, *Dr. fam. 2003. Chron. 1.* - Leroyer, *RTD civ. 1998. 587*

Ancien art. 375-3 *S'il est nécessaire de retirer l'enfant de son milieu actuel, le juge peut décider de le confier :*

1° (L. n° 2002-305 du 4 mars 2002) « A l'autre parent » ;

2° A un autre membre de la famille ou à un tiers digne de confiance ;

3° A un service ou à un établissement sanitaire ou d'éducation, ordinaire ou spécialisé ;

4° (L. n° 89-487 du 10 juill. 1989, art. 11) « A un service départemental » de l'aide sociale à l'enfance.

Toutefois, lorsqu'une requête en divorce a été présentée ou un jugement de divorce rendu entre les père et mère, ces mesures ne peuvent être prises que si un fait nouveau de nature à entraîner un danger pour le mineur s'est révélé postérieurement à la décision (L. n° 87-570 du 22 juill. 1987) « statuant sur les modalités de l'exercice de l'autorité parentale ou confiant l'enfant à un tiers ». Elles ne peuvent faire obstacle à la faculté qu'aura le (L. n° 93-22 du 8 janv. 1993) « juge aux affaires familiales » de décider, par application (L. n° 2002-305 du 4 mars 2002) « de l'article 373-3 », à qui l'enfant devra être confié. Les mêmes règles sont applicables à la séparation de corps.

A. MESURES D'ASSISTANCE ÉDUCATIVE

1. Retrait de l'enfant de son « milieu actuel ». Sur la notion de milieu actuel au sens de la loi, V. note 1 ss. art. 375-2. ♦ Appréciation souveraine des juges du fond quant à la nécessité de retirer l'enfant de son milieu actuel. • Civ. 1re, 23 mars 1994, n° 93-05.011 P. ♦ Le juge n'est pas tenu de se référer expressément à l'art. 375-3, dont l'application n'est pas subordonnée à la présence effective du mineur dans son milieu familial naturel, pour ordonner une mesure d'assistance éducative, dès lors que cette mesure correspond aux besoins actuels des enfants et qu'il serait dangereux pour ceux-ci d'être immédiatement rendus à leur mère. • Civ. 1re, 16 janv. 1979, n° 78-80.002 P.

2. Désignation de « l'autre parent » : principe. L'art. 375-3 ne visant que « l'autre parent », le juge des enfants ne peut placer l'enfant chez le parent qui dispose déjà d'une décision du juge aux affaires familiales fixant la résidence de l'enfant à son domicile. • Civ. 1re, 20 oct. 2021, n° 19-21.152 P : *cité note 10.*

3. ...Parent à l'étranger. Si la protection de l'enfant l'exige, le juge des enfants peut décider de le confier à l'autre parent et la circonstance que le parent réside à l'étranger ne constitue pas un obstacle à la mise en œuvre de cette mesure. • Civ. 1re, 14 sept. 2017, n° 17-12.518 P : *AJ fam. 2017. 589, obs. Houssier* .

4. « Tiers digne de confiance ». L'expression « un tiers digne de confiance » figurant au 2° de l'art. 375-3 ne fait pas obstacle à ce que l'enfant soit confié à un ménage et il y a présomption que les personnes désignées par le juge sont considérées par celui-ci comme étant dignes de confiance. • Civ. 1re, 16 janv. 1979 : *préc.* ♦ Absence d'intérêt des grands parents, indépendamment des termes de l'art. 375-3, 2°, pour former tierce opposition à une décision ordonnant la remise des enfants à leur fille. • Civ. 1re, 30 oct. 2006 : *D. 2007. Pan. 1467, obs. Granet-Lambrechts ; Dr. fam. 2007, n° 4, note Murat.*

5. Services et établissements sanitaires ou d'éducation. Les services et établissements visés au 3° de l'art. 375-3 peuvent être gérés par des œuvres privées et c'est à cette personne morale de droit privé, à laquelle l'enfant avait été provisoirement confié, qu'il appartient de désigner la famille d'accueil. • Civ. 1re, 6 mai 1980, n° 79-80.002 P.

6. Le juge des enfants tient de l'art. 375-3, 3°, le pouvoir de confier l'enfant à un établissement sanitaire spécialisé, la procédure administrative d'hospitalisation d'office n'étant pas la seule applicable. • Civ. 1re, 29 mai 1996, n° 92-05.018 P : *Defrénois 1996. 1351, obs. Massip ; Dr. fam. 1996, n° 9, note Murat ; Gaz. Pal. 1997. 1.*

377, note Harel-Dutirou.

7. Service d'aide sociale. Lorsque l'enfant a été confié, par décision du juge des enfants, au service départemental de l'aide sociale à l'enfance, il appartient au directeur départemental de l'action sanitaire et sociale [au président du conseil général] de choisir les parents nourriciers. • Civ. 1re, 3 janv. 1980, n° 78-80.036 P • 1er févr. 1983 : *Gaz. Pal. 1983. 2. Pan. 187, obs. M. G.* – Même sens : • Civ. 1re, 12 nov. 1985 : *Bull. civ. I, n° 293.* ♦ V. aussi note ss. art. 375-4.

B. COMPÉTENCES RESPECTIVES DU JUGE DES ENFANTS ET DU JUGE AUX AFFAIRES FAMILIALES

8. Pouvoir exclusif du juge des enfants en matière d'assistance éducative. Le pouvoir d'ordonner des mesures d'assistance éducative appartient au seul juge des enfants ; une cour d'appel statuant sur appel d'une ordonnance du juge aux affaires matrimoniales [familiales] ne peut ordonner une mesure d'assistance éducative en milieu ouvert. • Civ. 1re, 10 mai 1995, n° 93-14.375 P : *D. 1996. Somm. 238, obs. Autem ; Defrénois 1996. 339, obs. Massip ; RTD civ. 1995. 614, obs. Hauser .*

9. Conditions limitant l'intervention postérieure du juge des enfants : nécessité d'une mesure éducative. La compétence du juge des enfants est limitée, en matière civile, aux mesures d'assistance éducative ; le juge aux affaires familiales est seul compétent pour statuer sur les modalités d'exercice de l'autorité parentale et la résidence de l'enfant ; une cour d'appel, statuant en matière d'assistance éducative et constatant qu'il n'y avait pas lieu d'ordonner une telle mesure, excède ses pouvoirs en ordonnant la remise de l'enfant au père alors que le JAF avait fixé la résidence de l'enfant chez sa grand-mère. • Civ. 1re, 14 nov. 2007, n° 06-18.104 P : *Defrénois 2008. 577, obs. Massip ; Dr. fam. 2008, n° 7, note Murat ; RJPF 2008-2/37, obs. Eudier.*

10. … Nécessité d'une mesure de placement. Il résulte de la combinaison des art. 375-3 et 375-7, al. 4, que, lorsqu'un juge aux affaires familiales a statué sur la résidence de l'enfant et fixé le droit de visite et d'hébergement de l'autre parent, le juge des enfants, saisi postérieurement à cette décision, ne peut modifier les modalités du droit de visite et d'hébergement décidé par le juge aux affaires familiales que s'il existe une décision de placement de l'enfant au sens de l'art. 375-3 et si un fait nouveau de nature à entraîner un danger pour le mineur s'est révélé *postérieurement à la décision du juge aux affaires familiales.* • Civ. 1re, 20 oct. 2021, n° 19-26.152 P : *D. 2022. 528, obs. Douchy-Oudot ; ibid., Chron. C. cass. 856, obs. Azar ; AJ fam. 2021. 625, obs. Gebler ; RTD civ. 2022. 110, obs. Leroyer ; ibid. 198, obs. Cayrol ; Dr. fam. 2022, n° 1, obs. Egéa* (sur l'impossibilité de désigner le parent disposant déjà de la résidence de l'enfant, V. note 2 ; arrêt justifiant le revirement par le fait que le pouvoir concurrent accordé au juge des enfants a favorisé les risques d'instrumentalisation de ce juge par les parties). ♦ Comp. antérieurement : il résulte de l'art. 375-3, al. 2, que le juge des enfants peut prendre au titre de l'assistance éducative des mesures qui aboutissent à imposer des modalités différentes, quant à l'exercice de l'autorité parentale, de celles prévues par le juge du divorce ou la convention de divorce des époux. • Civ. 1re, 26 janv. 1994 : *D. 1994. 278, note Huyette ; Defrénois 1994. 781, obs. Massip* • 10 juill. 1996, n° 95-05.027 P : *RTD civ. 1997. 410, obs. Hauser* (modification du droit de visite).

11. … Nécessité d'un fait nouveau. Lorsqu'une requête en divorce a été présentée, les mesures d'assistance éducative prévues par le 1er al. de l'art. 375-3 ne peuvent être prises par le juge des enfants que si un fait nouveau de nature à entraîner un danger pour le mineur s'est révélé postérieurement à la décision statuant sur les modalités de l'exercice de l'autorité parentale. • Civ. 1re, 14 mars 2006, n° 05-13.360 P : *D. 2006. 1947, note Huyette ; ibid. Pan. 2436, obs. Douchy-Oudot ; D. 2007. Pan. 2195, obs. Gouttenoire ; LPA 11 sept. 2006, obs. Pierroux ; AJ fam. 2006. 288, obs. Gratadour ; Dr. fam. 2006, n° 144, obs. Gouttenoire ; RTD civ. 2006. 299, obs. Hauser .* ♦ V. déjà • Civ. 1re, 2 déc. 1997, n° 96-05.128 P : *RTD civ. 1998. 359, obs. Hauser* (en l'absence de fait nouveau, la modification des mesures relève du JAF).

12. … Illustrations de fait nouveau. Pour des illustrations de « fait nouveau » : • Civ. 1re, 12 janv. 1994, n° 92-05.030 P • 4 mars 2015, n° 13-24.793 : *D. 2015. 1919, obs. Bonfils et Gouttenoire ; AJ fam. 2015. 398, obs. Thouret* (inquiétude des professionnels quant à la relation mère/enfant en raison de l'attitude de la mère, laquelle avait instauré chez sa fille une thématique sexuelle inappropriée et détériorait continuellement l'image du père, concluait à une répartition inversée de la garde de l'enfant). ♦ Jugé que le fait nouveau de nature à entraîner un danger pour le mineur peut résulter de l'état de désarroi de celui-ci face au risque d'exécution immédiate et sans nuance de la décision de mise en état du juge aux affaires matrimoniales. • T. enfants Paris, 18 avr. 1988 : *D. 1988. 574, note Renucci.*

13. … Date d'appréciation du fait nouveau. Le fait nouveau de nature à entraîner un danger pour le mineur doit se révéler postérieurement à la décision statuant sur la « garde » de l'enfant, et non postérieurement à l'ordonnance de non-conciliation. • Civ. 1re, 3 févr. 1987, n° 86-80.016 P : *R., p. 137 ; D. 1987. 513 (1re esp.), note Massip.* ♦ En cas d'appel, la cour d'appel doit, pour apprécier l'existence d'un fait nouveau, se placer au jour où elle statue. • Civ. 1re,

14 juin 1988, n° 86-80.050 P : *Gaz. Pal. 1988. 2. 859, note Massip* • 14 mars 2006, n° 05-13.360 P : *préc.* • 4 mars 2015, n° 13-24.793 : *préc.*

C. CONFORMITÉ À LA CONV. EDH

14. Compatibilité de mesures d'assistance éducative lourdes avec le droit au respect de la vie familiale garanti par l'art. 8 de la Conv. EDH : V. • CEDH 19 sept. 2000 : *Dr. fam. 2000, n° 150, note de Lamy ; JDI 2001. 207, obs. D. L.-D. et S. R.* • 26 nov. 2009 : *D. 2010. Pan. 1904, obs. Gouttenoire ; JCP 2010. 34, n° 11, obs. Gouttenoire.* ♦ V. aussi ss. art. 371-3.

15. Justifie légalement sa décision, sans contrevenir à l'art. 6, § 1, Conv. EDH, la décision qui limite les droits du père à un droit de visite en lieu neutre en Hongrie, conformément aux dispositions d'une décision d'un tribunal hongrois, dès lors que la cour d'appel a justifié sa décision par la personnalité du père et son refus de se mettre en situation de pouvoir exercer régulièrement ce droit de visite. • Civ. 1re, 14 sept. 2017, n° 17-12.518 P : *préc. note 3.*

Art. 375-4 **Dans les cas spécifiés aux 1°,** *(L. n° 2007-293 du 5 mars 2007, art. 17-I)* **« 2°, 4° et 5° » de l'article précédent, le juge peut charger, soit une personne qualifiée, soit un service d'observation, d'éducation ou de rééducation en milieu ouvert d'apporter aide et conseil** *(L. n° 87-570 du 22 juill. 1987)* **« à la personne ou au service à qui l'enfant a été confié » ainsi qu'à la famille et de suivre le développement de l'enfant.**

(L. n° 2019-1479 du 28 déc. 2019, art. 241) **« Dans le cas mentionné au 3° de l'article 375-3, le juge peut, à titre exceptionnel et sur réquisitions écrites du ministère public, lorsque la situation et l'intérêt de l'enfant le justifient, charger un service du secteur public de la protection judiciaire de la jeunesse d'apporter aide et conseil au service auquel l'enfant est confié et d'exercer le suivi prévu au premier alinéa du présent article. »**

Dans tous les cas, le juge peut assortir la remise de l'enfant des mêmes modalités que sous l'article 375-2, *(L. n° 2007-293 du 5 mars 2007, art. 22-II)* **« troisième » alinéa. Il peut aussi décider qu'il lui sera rendu compte périodiquement de la situation de l'enfant.**

Il résulte de l'art. 375-4 que le juge des enfants ne peut pas ordonner une mesure d'assistance éducative en milieu ouvert lorsqu'en application de l'art. 375-3, al. 1er, 4°, il a décidé de confier le mineur en danger à un service départemental de l'aide sociale à l'enfance. • Civ. 1re, 29 juin 1994, n° 92-05.043 P : *Defrénois 1995. 321, obs. Massip* • 27 mai 2003, n° 03-05.025 P : *D. 2003. IR 1601 ; JCP 2004. I. 109, n° 5, obs. Fossier ; Defrénois 2003. 1496, obs. Massip ; RDSS 2003. 480, obs. F. Monéger.* ♦ Mais il résulte de l'art. 375-4, al. 2, combiné à l'art. 375-3, 4°, que le juge peut assortir la remise de l'enfant à un service départemental d'aide sociale de l'obligation de fréquenter un établissement sanitaire ou d'éducation, ordinaire ou spécialisé, modalité prévue à l'art. 375-2, al. 2. • Civ. 1re, 15 mai 1990 : *JCP 1991. II. 21666, note Curiel.* ♦ Cette fréquentation implique, le cas échéant, le placement du mineur dans l'établissement choisi par le juge. • Civ. 1re, 10 mars 1993 : *JCP 1994. II. 22244, note Allaix* • 17 mai 1993 : *Defrénois 1993. 1371, obs. Massip.* ♦ V. aussi note 5 ss. art. 375-2.

Art. 375-4-1 *(L. n° 2022-140 du 7 févr. 2022, art. 14)* **Lorsque le juge des enfants ordonne une mesure d'assistance éducative en application des articles 375-2 à 375-4, il peut proposer aux parents une mesure de médiation familiale, sauf si des violences sur l'autre parent ou sur l'enfant sont alléguées par l'un des parents ou sauf emprise manifeste de l'un des parents sur l'autre parent, et, après avoir recueilli leur accord, désigner un médiateur familial pour y procéder, dans des conditions définies par décret en Conseil d'État.**

Dans le cas où le juge propose une mesure de médiation familiale en application du premier alinéa du présent article, il informe également les parents des mesures dont ils peuvent bénéficier au titre des articles L. 222-2 à L. 222-4-2 et L. 222-5-3 du code de l'action sociale et des familles.

Art. 375-5 **A titre provisoire, mais à charge d'appel, le juge peut, pendant l'instance, soit ordonner la remise provisoire du mineur à un centre d'accueil ou d'observation, soit prendre l'une des mesures prévues aux articles 375-3 et 375-4.**

En cas d'urgence, le procureur de la République du lieu où le mineur a été trouvé a le même pouvoir, à charge de saisir dans les huit jours le juge compétent, qui maintiendra, modifiera ou rapportera la mesure. *(L. n° 2007-293 du 5 mars 2007, art. 22-II)* **« Si la situation de l'enfant le permet, le procureur de la République fixe la nature et**

la fréquence du droit de correspondance, de visite et d'hébergement des parents, sauf à les réserver si l'intérêt de l'enfant l'exige. »

(L. nº 2016-297 du 14 mars 2016, art. 49) « Lorsqu'un service de l'aide sociale à l'enfance signale la situation d'un mineur privé temporairement ou définitivement de la protection de sa famille, selon le cas, le procureur de la République ou le juge des enfants demande au ministère de la justice de lui communiquer, pour chaque département, les informations permettant l'orientation du mineur concerné.

« Le procureur de la République ou le juge des enfants prend sa décision en stricte considération de l'intérêt de l'enfant, qu'il apprécie notamment à partir des éléments ainsi transmis pour garantir des modalités d'accueil adaptées. »

(L. nº 2016-731 du 3 juin 2016, art. 50) « En cas d'urgence, dès lors qu'il existe des éléments sérieux laissant supposer que l'enfant s'apprête à quitter le territoire national dans des conditions qui le mettraient en danger et que l'un des détenteurs au moins de l'autorité parentale ne prend pas de mesure pour l'en protéger, le procureur de la République du lieu où demeure le mineur peut, par décision motivée, interdire la sortie du territoire de l'enfant. Il saisit dans les huit jours le juge compétent pour qu'il maintienne la mesure dans les conditions prévues au dernier alinéa de l'article 375-7 ou qu'il en prononce la mainlevée. La décision du procureur de la République fixe la durée de cette interdiction, qui ne peut excéder deux mois. Cette interdiction de sortie du territoire est inscrite au fichier des personnes recherchées. »

1. Fin des mesures provisoires : décision au fond. Il résulte des art. 375-5 C. civ. et 888-4 anc. C. pr. civ. (remplacé par l'art. 1185 C. pr. civ.) que les mesures provisoires ordonnées pendant l'instruction de l'affaire prennent fin, au plus tard, le jour où intervient une décision sur le fond ; il s'ensuit que l'appel de l'ordonnance d'un juge des enfants donnant mainlevée d'une mesure de placement provisoire, et rendue le jour même du jugement sur le fond, ne peut avoir pour conséquence d'aboutir au maintien de la mesure provisoire. • Civ. 1re, 26 janv. 1982, ♔ nº 80-80.027 P.

2. ... Absence de décision au fond et de prorogation. Selon l'art. 1185 C. pr. civ., la décision sur le fond doit, en matière d'assistance éducative, intervenir dans un délai de six mois à compter de la décision ordonnant des mesures provisoires, sauf prorogation. Excède ses pouvoirs le juge qui statue sur le fond après expiration du délai qu'il n'avait pas prorogé. • Civ. 1re, 25 févr. 1997, ♔ nº 96-05.045 P : *Defrénois 1997. 997, obs. Massip.* ♦ Faute de renouvellement avant l'expiration du délai, le juge ne peut statuer de nouveau au titre des mesures provisoires au motif que leur nombre n'est pas limité. • Civ. 1re, 8 nov. 1988 : *Gaz. Pal. 1989. 2. 626, note Massip.*

3. Automatisme du délai de 6 mois. Il ne peut être reproché à une cour d'appel d'avoir confirmé une ordonnance de placement provisoire sans que la durée en soit fixée dès lors que, l'arrêt ayant statué en application de l'art. 375-5, la durée de la mesure était limitée à six mois ainsi qu'il résulte de l'art. 1185 C. pr. civ. et qu'à l'expiration de ce délai le juge des enfants a rendu un jugement confiant le mineur au service de l'aide sociale pour un an. • Civ. 1re, 11 mars 1997, ♔ nº 96-05.043 P.

4. Appel immédiat des mesures provisoires. Les décisions du juge des enfants prescrivant des mesures d'assistance éducative à titre provisoire pendant l'instance sont immédiatement susceptibles d'appel. • Civ. 1re, 13 oct. 1992, ♔ nº 91-05.058 P : *Defrénois 1993. 724, obs. Massip.* – V. déjà • Nancy, 17 mars 1989 : *JCP 1990. II. 21402, note Deiss.* ♦ V., sur la recevabilité du pourvoi en cassation : • Civ. 1re, 3 févr. 1987, ♔ nº 86-80.016 P : *R., p. 137 ; D. 1987. 513 (1re esp.), note Massip* • 2 juin 1987, ♔ nº 86-80.011 P : *R., p. 137.*

Art. 375-6 Les décisions prises en matière d'assistance éducative peuvent être, à tout moment, modifiées ou rapportées par le juge qui les a rendues soit d'office, soit à la requête des père et mère conjointement, ou de l'un d'eux, *(L. nº 87-570 du 22 juill. 1987)* « de la personne ou du service à qui l'enfant a été confié » ou du tuteur, du mineur lui-même ou du ministère public.

1. Refus de restitution : motivation. Saisis *par les époux d'une demande en restitution de* leurs enfants, confiés par mesure d'assistance éducative au service départemental de l'aide sociale à l'enfance, les juges d'appel pour refuser de faire droit à cette requête ne peuvent se borner à énoncer que l'intérêt des mineurs est d'être maintenus dans leur placement actuel, sans préciser les raisons de nature à justifier le maintien du placement antérieurement ordonné. • Civ. 1re, 26 janv. 1972 : ♔ *D. 1972. 553, note Massip.*

2. Restitution différée dans l'intérêt de l'enfant. Même s'il apparaît que la situation de l'enfant ne justifie pas que soit prise une mesure d'assistance éducative, les juges peuvent décider, afin d'éviter une possible perturbation du mineur, que la remise de l'enfant à sa mère sera différée et que les parties devront, dans l'intérêt de l'enfant, se mettre d'accord sur les conditions de cette remise. • Civ. 1re, 11 mai 1976 : *D. 1976. 521, note Hovasse.*

3. Procédure. Sur les questions de compétence, V. notes 2 s. ss. art. 375-1.

4. ... Appel. Les juges du second degré saisis de l'appel d'un jugement en assistance éducative doivent apprécier les faits en tenant compte de ceux survenus postérieurement à la décision attaquée. • Civ. 1re, 20 oct. 2010, n° 09-68.141 P : *D. actu. 5 nov. 2010, obs. Talarico ; D. 2011. 574, note Huyette ; ibid. chron. C. cass. 632, obs. Auroy ; AJ fam. 2010. 536, obs. Douris ; Dr. fam. 2010, n° 185, obs. Neirinck* (cassation de l'arrêt ayant refusé de prendre en compte des éléments postérieurs à la décision du juge des enfants au motif que celui-ci reste saisi, méconnaissant ainsi l'effet dévolutif de l'appel). ♦ Il incombe en effet à la cour d'appel de se placer au moment où elle statue pour apprécier les faits. • Civ. 1re, 28 mars 2013, n° 11-28.301 P : *D. 2014. 689, obs. Douchy-Oudot ; AJ fam. 2013. 297, obs. Durand ; RTD civ. 2013. 365, obs. Hauser* • 17 mai 2017, n° 16-19.259 P : *D. 2017. 1192 ; AJ fam. 2017. 410, obs. Houssier ; RTD civ. 2017. 625, obs. Hauser.*

5. Ne sont pas soumises à la limitation dans le temps édictée par l'art. 1185 C. pr. civ. les décisions qui ne prescrivent pas des mesures provisoires prises sur le fondement de l'art. 375-5 C. civ., mais qui s'analysent en des décisions modifiant ou rapportant, en application de l'art. 375-6, de précédentes mesures éducatives. • Civ. 1re, 10 mai 1989, n° 87-05.069 P.

Art. 375-7 *(L. n° 2007-293 du 5 mars 2007, art. 22-II)* **Les père et mère de l'enfant bénéficiant d'une mesure d'assistance éducative continuent à exercer tous les attributs de l'autorité parentale qui ne sont pas inconciliables avec cette mesure. Ils ne peuvent, pendant la durée de cette mesure, émanciper l'enfant sans autorisation du juge des enfants.**

Sans préjudice de l'article 373-4 et des dispositions particulières autorisant un tiers à accomplir un acte non usuel sans l'accord des détenteurs de l'autorité parentale, le juge des enfants peut exceptionnellement, dans tous les cas où l'intérêt de l'enfant le justifie, autoriser la personne, le service ou l'établissement à qui est confié l'enfant à exercer un *(L. n° 2022-140 du 7 févr. 2022, art. 3)* **« ou plusieurs actes déterminés » relevant de l'autorité parentale en cas de refus abusif ou injustifié ou en cas de négligence des détenteurs de l'autorité parentale** *(L. n° 2022-140 du 7 févr. 2022, art. 3)* **« ou lorsque ceux-ci sont poursuivis ou condamnés, même non définitivement, pour des crimes ou délits commis sur la personne de l'enfant », à charge pour le demandeur de rapporter la preuve de la nécessité de cette mesure.**

Le lieu d'accueil de l'enfant doit être recherché dans l'intérêt de celui-ci et afin de faciliter l'exercice du droit de visite et d'hébergement par le ou les parents et le maintien de ses liens avec ses frères et sœurs *(Abrogé par L. n° 2022-140 du 7 févr. 2022, art. 5) « en application de l'article 371-5 ».* *(L. n° 2022-140 du 7 févr. 2022, art. 5)* **« L'enfant est accueilli avec ses frères et sœurs en application de l'article 371-5, sauf si son intérêt commande une autre solution. »**

S'il a été nécessaire de confier l'enfant à une personne ou un établissement, ses parents conservent un droit de correspondance ainsi qu'un droit de visite et d'hébergement. Le juge en fixe les modalités et peut, si l'intérêt de l'enfant l'exige, décider que l'exercice de ces droits, ou de l'un d'eux, est provisoirement suspendu. Il peut également *(L. n° 2016-297 du 14 mars 2016, art. 24)* **« , par décision spécialement motivée, imposer » que le droit de visite du ou des parents ne peut être exercé qu'en présence d'un tiers** *(L. n° 2016-297 du 14 mars 2016, art. 24)* **« qu'il désigne lorsque l'enfant est confié à une personne ou qui est » désigné par l'établissement ou le service à qui l'enfant est confié.** *(L. n° 2022-140 du 7 févr. 2022, art. 1er)* **« Lorsque le juge des enfants ordonne que le droit de visite du ou des parents de l'enfant confié dans le cas prévu au 2° de l'article 375-3 s'exerce en présence d'un tiers, il peut charger le service de l'aide sociale à l'enfance ou le service chargé de la mesure mentionnée à l'article 375-2 d'accompagner l'exercice de ce droit de visite. »** *(L. n° 2016-297 du 14 mars 2016, art. 24)* **« Les modalités d'organisation de la visite en présence d'un tiers sont précisées par décret en Conseil d'État. »**

Si la situation de l'enfant le permet, le juge fixe la nature et la fréquence des droits de visite et d'hébergement et peut décider que leurs conditions d'exercice sont déterminées conjointement entre les titulaires de l'autorité parentale et la personne, le service ou l'établissement à qui l'enfant est confié, dans un document qui lui est alors transmis. Il est saisi en cas de désaccord.

Le juge peut décider des modalités de l'accueil de l'enfant en considération de l'intérêt de celui-ci. Si l'intérêt de l'enfant le nécessite ou en cas de danger, le juge décide de l'anonymat du lieu d'accueil.

(L. n° 2010-769 du 9 juill. 2010, art. 3) **« Lorsqu'il fait application** *(L. n° 2016-731 du 3 juin 2016, art. 50)* **« de l'article 1183 du code de procédure civile, des articles 375-2, 375-3 ou 375-5 du présent code », le juge peut également ordonner l'interdiction de sortie du territoire de l'enfant. La décision fixe la durée de cette interdiction qui ne saurait excéder deux ans. Cette interdiction de sortie du territoire est inscrite au fichier des personnes recherchées par le procureur de la République. »**

La désignation d'un espace de rencontre en application de la troisième phrase du quatrième al. donne lieu à une information préalable du juge des enfants (C. pr. civ., art. 1199-2). — **C. pr. civ.**

Sur les modalités d'organisation de la visite en présence d'un tiers prévue à l'art. 375-7, V. CASF, art. R. 223-29 s. — **CASF.**

V. Circ. du 20 nov. 2012 relative à la décision judiciaire d'interdiction de sortie du territoire et mesure administrative conservatoire d'opposition à la sortie du territoire et Instr. du Gouvernement du 5 mai 2014 relative à la mesure administrative d'opposition à la sortie du territoire d'un mineur sans titulaire de l'autorité parentale.

Ancien art. 375-7 ***Les père et mère dont l'enfant a donné lieu à une mesure d'assistance éducative, conservent sur lui leur autorité parentale et en exercent tous les attributs qui ne sont pas inconciliables avec l'application de la mesure. Ils ne peuvent émanciper l'enfant sans autorisation du juge des enfants, tant que la mesure d'assistance éducative reçoit application.***

S'il a été nécessaire de placer l'enfant hors de chez ses parents, ceux-ci conservent un droit de correspondance et un droit de visite. Le juge en fixe les modalités et peut même, si l'intérêt de l'enfant l'exige, décider que l'exercice de ces droits, ou de l'un d'eux, sera provisoirement suspendu. *(L. n° 98-657 du 29 juill. 1998, art. 135)* ***« Le juge peut indiquer que le lieu de placement de l'enfant doit être recherché afin de faciliter, autant que possible, l'exercice du droit de visite par le ou les parents. »***

BIBL. ▶ GEBLER, *AJ fam. 2017. 614* (encadrement du droit de visite des parents de l'enfant placé).

1. Représentation du mineur par ses parents. Dans une action en responsabilité dirigée contre un mineur placé chez un tiers, les père et mère ne peuvent être mis hors de cause, alors qu'ils ont seuls qualité pour représenter leur fils. • Civ. 1re, 18 nov. 1986, n° 85-11.360 P : *R., p. 129 ; Gaz. Pal. 1987. 1. 228, note J. M.*

2. Responsabilité des parents. V. note 3 ss. art. 375, et note 115 ss. art. 1242.

3. Modalités du droit de visite : rôle du juge. Il appartient au juge de fixer lui-même les modalités du droit de visite, sortie et hébergement qu'il accorde aux parents, sans laisser ce soin au service de l'aide sociale à l'enfance. • Civ. 1re, 13 oct. 1998, n° 98-05.008 P : *D. 1999. 123, note Huyette ; D. 1999. Somm. 201, obs. Granet ; Defrénois 1999. 309, obs. Massip ; RTD civ. 1999. 75, obs. Hauser ; Dr. fam. 1998, n° 168, note Murat* • 4 oct. 2001 : *Dr. fam. 2002, n° 58, note Murat* • 11 mars 2003, n° 01-05.152 P : *D. 2003. IR 862 ; JCP 2004. I. 109, n° 5, obs. Fossier ; AJ fam. 2003. 182, obs. F. B. ; Dr. fam. 2003, n° 59, note Gouttenoire ; RTD civ. 2003. 281, obs. Hauser* (la fixation de la fréquence et du lieu des visites suffit) • 30 oct. 2006, n° 05-16.321 P : *D. 2007. Pan. 1465, obs. Granet-Lambrechts ; AJ fam. 2006. 460, obs. Chénedé* (idem). – V. également • Civ. 1re, 13 mars 2007, n° 06-11.674 P : *D. 2007. AJ 1084 ; ibid. Pan. 2195, obs. Gouttenoire ; AJ fam. 2007. 231, obs. F. C. ; RTD civ. 2007. 329, obs. Hauser* (obligation de déterminer la périodicité du droit de visite, compte tenu des contraintes inhérentes à la situation du père incarcéré). ♦ Il incombe au juge de définir la périodicité du droit de visite simple. • Civ. 1re, 15 janv. 2020, n° 18-25.313 P : *D. 2020. 79 ; AJ fam. 2020. 182, obs. Eudier ; RTD civ. 2020. 360, obs. Leroyer ; Dr. fam. 2020, n° 52, note Maria ; ibid., n° 82, note Bonifay.* ♦ Le juge qui a fixé un droit de visite minimal en laissant aux parties la possibilité de convenir d'une extension de ce droit n'a pas délégué son pouvoir. • Civ. 1re, 27 mai 2003, n° 03-05.025 P : *D. 2003. IR 1664 ; JCP 2004. I. 109, n° 5, obs. Fossier ; Defrénois 2003. 1496, obs. Massip ; Dr. fam. 2003, n° 118, note Gouttenoire ; RTD civ. 2003. 493, obs. Hauser ; RDSS 2003. 480, obs. F. Monéger.* ♦ Même solution pour un juge qui octroie à chacun des parents un même droit de visite et d'hébergement dont il détermine la périodicité, en précisant en outre qu'il en serait référé au juge des enfants en cas de difficulté. • Civ. 1re, 28 mai 2014 : *D. 2014. 1787, obs. Bonfils et Gouttenoire.* ♦ V. dans le même sens : • Civ. 1re, 28 nov. 2006 : *D. 2007. AJ 24, obs. Gallmeister* (droit de visite des parents devant s'exercer en présence d'un éducateur).

4. ... Droit de visite médiatisé. Il résulte de

la combinaison des art. 375-7, al. 4, C. civ. et 1199-3 C. pr. civ. que, lorsque le juge des enfants décide que le droit de visite du ou des parents de l'enfant confié à une personne ou un établissement ne peut être exercé qu'en présence d'un tiers, il en fixe la fréquence dans sa décision, sauf à ce que, sous son contrôle, les conditions d'exercice de ce droit soient laissées à une détermination conjointe entre le ou les parents et la personne, le service ou l'établissement à qui l'enfant est confié ; fait une exacte application de ces textes le juge qui accorde à la mère un droit de visite médiatisé, dont il est prévu que les modalités, notamment la périodicité, seront déterminées selon l'accord des parties, et qu'il en sera référé au juge en cas de difficulté. • Civ. 1re, 15 janv. 2020, n° 18-25.313 P : *D. 2020. 79 ; AJ fam. 2020. 182, obs. Eudier ; RTD civ. 2020. 360, obs. Leroyer ; Dr. fam. 2020, n° 52, note Maria ; ibid., n° 82, note Bonifay.* ♦ ... Cassation de l'arrêt qui accorde à chacun des parents un droit de visite médiatisé « qui s'exercera sous le contrôle du service gardien, sauf à en référer au juge en cas de difficultés », au motif qu'il incombe au juge de définir la périodicité du droit de visite accordé, ou de s'en remettre, sous son contrôle, à une détermination conjointe des conditions d'exercice de ce droit entre les parents et le service à qui les enfants étaient confiés. • Civ. 1re, 15 janv. 2020, n° 18-25.894 P : *AJ fam. 2020. 182 ; RTD civ. 2020. 360, obs. Leroyer* • 10 févr. 2021, n° 19-24.640 P : *D. 2021. 350 ; AJ fam. 2021. 234, obs. Mallevaey* (idem).

5. Il en va différemment lorsqu'il s'agit du droit de visite des grands-parents, l'art. 375-7 n'étant pas applicable à ce cas. • Civ. 1re, 22 oct. 2002 : *RJPF 2003-2/49, obs. Blanc.*

6. ... Compétence. Si le juge aux affaires familiales est en principe compétent pour fixer, dans l'intérêt de l'enfant, les modalités des relations entre l'enfant et un tiers, parent ou non, le juge des enfants est seul compétent, en cas de placement, pour statuer sur ces modalités. • Civ. 1re, 9 juin 2010 : *cité note 15 ss. art. 371-4* • 20 oct. 2021, n° 19-26.152 P : *cité note 10 ss. art. 375-3.* ♦ Sur la compétence du juge aux affaires familiales hors mesure de placement, V. notes ss. art. 375-3.

7. Sur la situation inverse : • Civ. 1re, 14 avr. 2021, n° 19-21.024 P : *préc. note 8 ss. art. 373-2-9* (impossibilité pour le juge aux affaires famiiales de déléguer les modalités de la mesure au juge des enfants).

8. Suspension du droit de visite. Le juge apprécie souverainement en quoi l'attitude d'un des parents est contraire à l'intérêt de l'enfant et justifie la suspension du droit de visite. • Civ. 1re, 30 oct. 2006 : *préc. note 3* (attitude totalement désadaptée du père lors de l'exercice de son droit de visite qu'il n'avait pas exercé depuis 18 mois, irrespectueuse de la personne de la jeune fille, de son âge et de ses troubles d'anxiété).

9. Décision relevant de l'autorité parentale : refus abusif ou injustifié des détenteurs de l'autorité parentale. Prise en compte de l'intérêt de la mineure d'être scolarisée à proximité de son domicile afin d'éviter des temps de transport fatigants, de prendre acte de sa nouvelle situation et de sortir du conflit de loyauté à l'égard de ses parents dans le temps de l'école, le refus de la mère de la voir inscrire dans un établissement scolaire dépendant du domicile de son père étant injustifié au sens de l'art. 375-7, al. 2. • Civ. 1re, 4 mars 2015, n° 13-24.793 : *D. 2015. 1919, obs. Bonfils et Gouttenoire ; AJ fam. 2015. 398, obs. Thouret .*

10. ... Nécessité de prévoir un délai. Compte tenu de son caractère exceptionnel, tel que prévu à l'art. 375-7, al. 2, la décision qui confirme une ordonnance transférant à l'aide sociale à l'enfance le droit d'effectuer des démarches liées à la scolarité et aux loisirs de la mineure en lieu et place des détenteurs de l'autorité parentale et disant qu'il sera rendu compte de son exécution au juge doit être limitée dans le temps. • Civ. 1re, 4 janv. 2017, n° 15-28.935 P : *D. 2017. 62 ; AJ fam. 2017. 138, obs. Pedron ; RTD civ. 2017. 117, obs. Hauser ; RLDC 7-8/2017. 23, note Autem.*

Art. 375-8 **Les frais d'entretien et d'éducation de l'enfant qui a fait l'objet d'une mesure d'assistance éducative continuent d'incomber à ses père et mère ainsi qu'aux ascendants auxquels des aliments peuvent être réclamés, sauf la faculté pour le juge de les en décharger en tout ou en partie.**

Sur l'effet, à l'égard d'une caisse d'allocations familiales, de la décision du juge des enfants, spécifiant que la mère serait dispensée de toute contribution financière aux frais exposés pour le placement des enfants, qu'elle était autorisée à recevoir, et qu'elle continuerait à bénéficier des allocations familiales, V. • Soc. 13 mai 1980, n° 79-10.364 P.

Art. 375-9 *(L. n° 2002-303 du 4 mars 2002, art. 19-IV)* **La décision confiant le mineur, sur le fondement du** *(L. n° 2007-293 du 5 mars 2007, art. 17-I)* **« 5° » de l'article 375-3, à un établissement recevant des personnes hospitalisées en raison de troubles mentaux, est ordonnée après avis médical circonstancié d'un médecin extérieur à l'établissement, pour une durée ne pouvant excéder quinze jours.**

La mesure peut être renouvelée, après avis médical conforme d'un psychiatre de l'établissement d'accueil, pour une durée d'un mois renouvelable.

L'art. 375-9 est applicable en Nouvelle-Calédonie, en Polynésie française, à Wallis-et-Futuna et dans les Terres australes et antarctiques françaises (L. n° 2002-303 du 4 mars 2002, art. 127, issu de Ord. n° 2003-166 du 27 févr. 2003, art. 17).

V. C. pr. civ., art. 1181 à 1200-1.

Aux termes du C. pr. civ., art. 1200 : « Dans l'application de l'assistance éducative, il doit être tenu compte des convictions religieuses ou philosophiques du mineur et de sa famille. »

Sur l'habilitation des personnes physiques, établissements, services ou organismes publics ou privés auxquels l'autorité judiciaire confie habituellement des mineurs, V. Décr. n° 88-949 du 6 oct. 1988 (D. et ALD 1988. 438), mod.

Code de l'action sociale et des familles

(Ord. n° 2000-1249 du 21 déc. 2000)

TITRE II (DU LIVRE II). ENFANCE

CHAPITRE II. *PRESTATIONS D'AIDE SOCIALE À L'ENFANCE*

....

Art. L. 222-5 Sont pris en charge par le service de l'aide sociale à l'enfance sur décision du président du conseil général :

1° *(L. n° 2007-293 du 5 mars 2007, art. 22-I)* « Les mineurs qui ne peuvent demeurer provisoirement dans leur milieu de vie habituel et dont la situation requiert un accueil à temps complet ou partiel, modulable selon leurs besoins, en particulier de stabilité affective, ainsi que les mineurs rencontrant des difficultés particulières nécessitant un accueil spécialisé, familial ou dans un établissement ou dans un service tel que prévu au 12° du I de l'article L. 312-1 » ;

2° Les pupilles de l'État remis aux services dans les conditions prévues aux articles L. 224-4, L. 224-5, L. 224-6 et L. 224-8 ;

3° Les mineurs confiés au service en application du *(L. n° 2007-293 du 5 mars 2007, art. 17-II)* « 3° » de l'article 375-3 du code civil, des articles 375-5, 377, 377-1, 380, 433 du même code ou *(Ord. n° 2019-950 du 11 sept. 2019, art. 5, en vigueur le 30 sept. 2021)* « de l'article L. 323-1 du code de la justice pénale des mineurs *[ancienne rédaction : du 4° de l'article 10 et du 4° de l'article 15 de l'ordonnance n° 45-174 du 2 février 1945 relative à l'enfance délinquante]* » ;

4° Les femmes enceintes et les mères isolées avec leurs enfants de moins de trois ans qui ont besoin d'un soutien matériel et psychologique *(L. n° 2009-323 du 25 mars 2009, art. 68)* « , notamment parce qu'elles sont sans domicile ». *(L. n° 2007-293 du 5 mars 2007, art. 22-I)* « Ces dispositions ne font pas obstacle à ce que les établissements ou services qui accueillent ces femmes organisent des dispositifs visant à préserver ou à restaurer des relations avec le père de l'enfant, lorsque celles-ci sont conformes à l'intérêt de celui-ci ; »

(L. n° 2022-140 du 7 févr. 2022, art. 10) « 5° Les majeurs âgés de moins de vingt et un ans et les mineurs émancipés qui ne bénéficient pas de ressources ou d'un soutien familial suffisants, lorsqu'ils ont été confiés à l'aide sociale à l'enfance avant leur majorité, y compris lorsqu'ils ne bénéficient plus d'aucune prise en charge par l'aide sociale à l'enfance au moment de la décision mentionnée au premier alinéa du présent article.

« Peuvent être également pris en charge à titre temporaire, par le service chargé de l'aide sociale à l'enfance, les mineurs émancipés et les majeurs âgés de moins de vingt et un ans qui ne bénéficient pas de ressources ou d'un soutien familial suffisants. »

(L. n° 2016-297 du 14 mars 2016, art. 16) « Un accompagnement est proposé aux jeunes mentionnés au 1° du présent article devenus majeurs et aux majeurs mentionnés *(L. n° 2022-140 du 7 févr. 2022, art. 10)* « au 5° et » à l'avant-dernier alinéa, au-delà du terme de la mesure, pour leur permettre de terminer l'année scolaire ou universitaire engagée. » — [C. *fam., art. 46.]*

La L. n° 2021-218 du 26 févr. 2021 ratifiant l'Ord. n° 2019-950 du 11 sept. 2019 portant partie législative du CJPM a modifié son art. 9, repoussant son entrée en vigueur au 30 sept. 2021 (L. préc., art. 2).

....

CHAPITRE III. *DROITS DES FAMILLES DANS LEURS RAPPORTS AVEC LES SERVICES DE L'AIDE SOCIALE À L'ENFANCE*

Art. L. 223-1 Toute personne qui demande une prestation prévue au présent titre ou qui en bénéficie est informée par les services chargés de la protection de la famille et de l'enfance des conditions d'attribution et des conséquences de cette prestation sur les droits et obligations de l'enfant et de son représentant légal.

Elle peut être accompagnée de la personne de son choix, représentant ou non une association, dans ses démarches auprès du service. Néanmoins, celui-ci a la possibilité de proposer également un entretien individuel dans l'intérêt du demandeur. — *[C. fam., art. 55 et 55-1.]*

(L. n° 2007-293 du 5 mars 2007, art. 19) « Le deuxième alinéa s'applique en outre aux démarches du père, de la mère, de toute autre personne exerçant l'autorité parentale ou du tuteur, auprès des services et établissements accueillant les mineurs mentionnés aux 1° et 3° de l'article L. 222-5.

« L'attribution d'une ou plusieurs prestations prévues au présent titre est précédée d'une évaluation de la situation prenant en compte l'état du mineur, la situation de la famille et les aides auxquelles elle peut faire appel dans son environnement.

……………………………………………………………………………………………

Art. L. 223-1-1 *(L. n° 2016-297 du 14 mars 2016, art. 21)* Il est établi, pour chaque mineur bénéficiant d'une prestation d'aide sociale à l'enfance, hors aides financières, ou d'une mesure de protection judiciaire, un document unique intitulé "projet pour l'enfant", qui vise à garantir son développement physique, psychique, affectif, intellectuel et social. Ce document accompagne le mineur tout au long de son parcours au titre de la protection de l'enfance.

Le projet pour l'enfant est construit en cohérence avec les objectifs fixés dans la décision administrative ou judiciaire le concernant. Dans une approche pluridisciplinaire, ce document détermine la nature et les objectifs des interventions menées en direction du mineur, de ses parents et de son environnement, leur délai de mise en œuvre, leur durée, le rôle du ou des parents et, le cas échéant, des tiers intervenant auprès du mineur ; il mentionne, en outre, l'identité du référent du mineur *(L. n° 2022-140 du 7 févr. 2022, art. 17)* « et, le cas échéant, celle de la personne de confiance désignée par le mineur en application de l'article L. 223-1-3 ».

Le projet pour l'enfant prend en compte les relations personnelles entre les frères et sœurs, lorsqu'elles existent, afin d'éviter les séparations, sauf si cela n'est pas possible ou si l'intérêt de l'enfant commande une autre solution.

(L. n° 2019-1446 du 24 déc. 2019, art. 49) « Un bilan de santé et de prévention est obligatoirement réalisé à l'entrée du mineur dans le dispositif de protection de l'enfance. Ce bilan est réalisé, dès le début de la mesure, pour tous les mineurs accompagnés notamment par l'aide sociale à l'enfance ou par la protection judiciaire de la jeunesse. Il permet d'engager un suivi médical régulier et coordonné *(L. n° 2022-140 du 7 févr. 2022, art. 11)* « , lequel formalise une coordination de parcours de soins, notamment pour les enfants en situation de handicap ». Il identifie les besoins de prévention et de soins permettant d'améliorer l'état de santé physique et psychique de l'enfant, qui doivent être intégrés au projet pour l'enfant. Il est pris en charge par l'assurance maladie. »

Le président du conseil départemental est le garant du projet pour l'enfant, qu'il établit en concertation avec les titulaires de l'autorité parentale et, le cas échéant, avec la personne désignée en tant que tiers digne de confiance ainsi qu'avec toute personne physique ou morale qui s'implique auprès du mineur. Ce dernier est associé à l'établissement du projet pour l'enfant, selon des modalités adaptées à son âge et à sa maturité. Le projet pour l'enfant est remis au mineur et à ses représentants légaux et est communicable à chacune des personnes physiques ou morales qu'il identifie selon les conditions prévues par la loi n° 78-753 du 17 juillet 1978 portant diverses mesures d'amélioration des relations entre l'administration et le public et diverses dispositions d'ordre administratif, social et fiscal.

Le projet pour l'enfant est transmis au juge lorsque celui-ci est saisi.

Il est mis à jour, sur la base des rapports mentionnés à l'article L. 223-5, afin de tenir compte de l'évolution des besoins fondamentaux de l'enfant. Après chaque mise à jour, il est transmis aux services chargés de mettre en œuvre toute intervention de protection.

Les autres documents relatifs à la prise en charge de l'enfant, notamment le document individuel de prise en charge et le contrat d'accueil dans un établissement, s'articulent avec le projet pour l'enfant.

Un référentiel *(L. n° 2022-140 du 7 févr. 2022, art. 36)* « élaboré par le groupement d'intérêt public mentionné à l'article L. 147-14 » définit le contenu du projet pour l'enfant.

Art. L. 223-1-2 *(L. n° 2016-297 du 14 mars 2016, art. 22)* Lorsque l'enfant pris en charge par le service de l'aide sociale à l'enfance est confié à une personne physique ou morale, une liste des actes usuels de l'autorité parentale que cette personne ne peut pas accomplir au nom de ce service sans lui en référer préalablement est annexée au projet pour l'enfant.

Le projet pour l'enfant définit les conditions dans lesquelles les titulaires de l'autorité parentale sont informés de l'exercice des actes usuels de l'autorité parentale.

Art. L. 223-1-3 *(L. n° 2022-140 du 7 févr. 2022, art. 17)* Le mineur peut désigner une personne de confiance majeure, qui peut être un parent ou toute autre personne de son choix. La désignation de cette personne de confiance est effectuée en concertation avec l'éducateur référent du mineur. Les modalités de cette désignation sont définies par décret. Si le mineur le souhaite, la personne de confiance l'accompagne dans ses démarches, notamment en vue de préparer son autonomie, et assiste à l'entretien prévu à l'article L. 222-5-1.

Art. L. 223-2 Sauf si un enfant est confié au service par décision judiciaire ou s'il s'agit de prestations en espèces, aucune décision sur le principe ou les modalités de l'admission dans le service de l'aide sociale à l'enfance ne peut être prise sans l'accord écrit des représentants légaux ou du représentant légal du mineur ou du bénéficiaire lui-même s'il est mineur émancipé.

(L. n° 2007-293 du 5 mars 2007, art. 22-I) « En cas d'urgence et lorsque le représentant légal du mineur est dans l'impossibilité de donner son accord, l'enfant est recueilli provisoirement par le service qui en avise immédiatement le procureur de la République.

« Si le représentant légal est en mesure de donner son accord mais le refuse, le service saisit l'autorité judiciaire en vue de l'application de l'article 375-5 du code civil.

« Si, dans le cas prévu au deuxième alinéa du présent article, l'enfant n'a pas pu être remis à sa famille ou le représentant légal n'a pas pu ou a refusé de donner son accord dans un délai de cinq jours, le service saisit également l'autorité judiciaire en vue de l'application de l'article 375-5 du code civil.

« En cas de danger immédiat ou de suspicion de danger immédiat concernant un mineur ayant abandonné le domicile familial, le service peut, dans le cadre des actions de prévention, pendant une durée maximale de soixante-douze heures, accueillir le mineur, sous réserve d'en informer sans délai les parents, toute autre personne exerçant l'autorité parentale ou le tuteur, ainsi que le procureur de la République. Si au terme de ce délai le retour de l'enfant dans sa famille n'a pas pu être organisé, une procédure d'admission à l'aide sociale à l'enfance ou, à défaut d'accord des parents ou du représentant légal, une saisine de l'autorité judiciaire est engagée. »

Pour toutes les décisions relatives au lieu et au mode de placement des enfants déjà admis dans le service, l'accord des représentants légaux ou du représentant légal est réputé acquis si celui-ci n'a pas fait connaître son opposition dans un délai de quatre semaines à compter du jour où il a reçu la notification de la demande du service, ou de six semaines à compter de la date d'envoi s'il n'a pas accusé réception de la notification.

Sous réserve des pouvoirs reconnus à l'autorité judiciaire, les mesures prises dans le cadre du présent chapitre ne peuvent en aucun cas porter atteinte à l'autorité parentale que détiennent le ou les représentants légaux de l'enfant, et notamment au droit de visite et au droit d'hébergement. – *[C. fam., art. 56.]*

Art. L. 223-3 Pour l'application des décisions judiciaires prises en vertu *(Ord. n° 2019-950 du 11 sept. 2019, art. 5-I, en vigueur le 30 sept. 2021)* « du troisième alinéa de l'article L. 323-1 du code de la justice pénale des mineurs *[ancienne rédaction : du 4° de l'article 10, du 4° de l'article 15 et du deuxième alinéa de l'article 17 de l'ordonnance n° 45-174 du 2 février 1945 relative à l'enfance délinquante]* », du *(L. n° 2007-293 du 5 mars 2007, art. 17-II)* « 3° » de l'article 375-3 et des articles 377 à 380 du code civil, le représentant légal du mineur donne son avis par écrit préalablement au choix du mode et du lieu de placement et à toute modification apportée à cette décision.

(L. n° 2016-297 du 14 mars 2016, art. 27) « Lorsque le service départemental de l'aide sociale à l'enfance auquel est confié un enfant en application de l'article 375-3 du code civil envisage de modifier le lieu de placement de cet enfant, il en informe le juge compétent au moins un mois avant la mise en œuvre de sa décision ». *(L. n° 2022-140 du 7 févr. 2022, art. 27)* « En cas d'urgence, le service informe le juge compétent dans un délai de quarante-huit heures à compter de la décision de modification du lieu de placement. Le service dépar-

temental de l'aide sociale à l'enfance justifie obligatoirement la décision de modification du lieu de placement. En cas de séparation d'une fratrie, le service départemental de l'aide sociale à l'enfance justifie obligatoirement sa décision et en informe le juge compétent dans un délai de quarante-huit heures. » – *[C. fam., art. 57.]*

……………………………………………………………………………………………

Art. L. 223-3-1 *(L. n° 2007-293 du 5 mars 2007, art. 22-I)* Si l'enfant est confié au service départemental de l'aide sociale à l'enfance en application du 3° de l'article 375-3 du code civil, le juge fixe la nature et la fréquence des droits de visite et d'hébergement des parents et peut décider que leurs conditions d'exercice sont déterminées conjointement entre le service et les parents dans le cadre du document prévu à l'article *(L. n° 2016-297 du 14 mars 2016, art. 21)* « L. 223-1-1 » du présent code. Ce document lui est adressé. Il est saisi de tout désaccord.

……………………………………………………………………………………………

Art. L. 223-4 Le service examine avec le mineur toute décision le concernant et recueille son avis. – *[C. fam., art. 58.]*

Art. L. 223-5 Sauf dans les cas où un enfant est confié au service par décision judiciaire, aucune mesure ne peut être prise pour une durée supérieure à un an. Elle est renouvelable dans les mêmes conditions.

(L. n° 2007-293 du 5 mars 2007, art. 18) « Le service élabore au moins une fois par an *(L. n° 2016-297 du 14 mars 2016, art. 28)* « , ou tous les six mois pour les enfants âgés de moins de *(L. n° 2022-219 du 21 févr. 2022, art. 23)* « trois » ans, » un rapport, établi après une évaluation pluridisciplinaire, sur la situation de tout enfant accueilli ou faisant l'objet d'une mesure éducative. *(L. n° 2016-297 du 14 mars 2016, art. 28)* « Ce rapport porte sur la santé physique et psychique de l'enfant, son développement, sa scolarité, sa vie sociale et ses relations avec sa famille et les tiers intervenant dans sa vie. Il permet de vérifier la bonne mise en œuvre du projet pour l'enfant mentionné à l'article L. 223-1-1 et l'adéquation de ce projet aux besoins de l'enfant ainsi que, le cas échéant, l'accomplissement des objectifs fixés par la décision de justice. Un référentiel approuvé par décret en Conseil d'État fixe le contenu et les modalités d'élaboration du rapport. »

« Lorsque l'enfant est confié au service de l'aide sociale à l'enfance en application du 3° de l'article L. 222-5 du présent code et du 3° de l'article 375-3 du code civil, ce rapport est transmis à l'autorité judiciaire *(L. n° 2016-297 du 14 mars 2016, art. 28)* « annuellement ou tous les six mois pour les enfants de moins de *(L. n° 2022-219 du 21 févr. 2022, art. 23)* « trois » ans ».

« Sans préjudice des dispositions relatives à la procédure d'assistance éducative, le contenu et les conclusions de ce rapport sont *(L. n° 2016-297 du 14 mars 2016, art. 28)* « préalablement » portés à la connaissance du père, de la mère, de toute autre personne exerçant l'autorité parentale, du tuteur et du mineur, en fonction de son âge et de sa maturité. »

……………………………………………………………………………………………

CHAPITRE IV. *PUPILLE DE L'ÉTAT*

SECTION 1. *Organes chargés de la tutelle*

Art. L. 224-1 Les organes chargés de la tutelle des pupilles de l'État mentionnée au présent chapitre sont le représentant de l'État dans le département *(Ord. n° 2016-1562 du 21 nov. 2016, art. 23 et 35, en vigueur le 1er janv. 2018)* « , ou, en Corse, le représentant de l'État dans la collectivité de Corse », qui exerce la fonction de tuteur et peut se faire représenter, et le conseil de famille des pupilles de l'État ; la tutelle des pupilles de l'État ne comporte pas de juge de tutelle ni de subrogé tuteur. – *Le directeur départemental des affaires sanitaires et sociales exerce les fonctions de tuteur des pupilles de l'État qui lui sont déléguées par le préfet (Décr. n° 86-565 du 14 mars 1986, art. 19, JO 18 mars).*

Le tuteur et le conseil de famille des pupilles de l'État exercent les attributions conférées à ces organes selon le régime de droit commun. A cette fin, le conseil de famille doit examiner au moins une fois par an la situation de chaque pupille. Avant toute décision du président du conseil départemental *(Ord. n° 2016-1562 du 21 nov. 2016, art. 23 et 35, en vigueur le 1er janv. 2018)* « , ou, en Corse, du président du conseil exécutif » relative au lieu et au mode de placement des pupilles de l'État, l'accord du tuteur et celui du conseil de famille doivent être recueillis, ainsi que l'avis du mineur dans les conditions prévues à l'article

L. 223-4. Le mineur capable de discernement est, en outre, entendu par le tuteur, ou son représentant, et par le conseil de famille, ou l'un de ses membres désignés par lui à cet effet.

Lorsque le mineur se trouve dans une situation de danger manifeste, le tuteur, ou son représentant, prend toutes les mesures d'urgence que l'intérêt de celui-ci exige. – *[C. fam., art. 60, al. 1 à 3.]*

Art. L. 224-1-1 *(L. nº 2022-219 du 21 févr. 2022, art. 22)* Le tuteur informe le pupille de l'État de toute décision prise à son égard et lui apporte toute précision utile lorsque l'avis de ce dernier n'a pas été suivi.

Art. L. 224-2 *(L. nº 2022-219 du 21 févr. 2022, art. 21)* Les membres du conseil de famille sont nommés par le représentant de l'État dans le département ou, en Corse, par le représentant de l'État dans la collectivité de Corse, en considération de l'intérêt porté à la politique publique de protection de l'enfance, en fonction de leur aptitude ainsi que de leur disponibilité.

Outre le tuteur, chaque conseil de famille comprend :

1° Un membre titulaire et un membre suppléant d'associations de pupilles ou d'anciens pupilles ou de personnes admises ou ayant été admises à l'aide sociale à l'enfance dans le département ;

2° Deux membres titulaires et deux membres suppléants d'associations familiales concourant à la représentation de la diversité des familles, dont un membre titulaire et un membre suppléant d'associations de familles adoptives ;

3° Un membre titulaire et un membre suppléant d'associations d'assistants familiaux ;

4° Deux représentants du conseil départemental et deux suppléants, désignés par lui sur proposition de son président ou, en Corse, un représentant de la collectivité de Corse et un suppléant, désignés par l'Assemblée de Corse ;

5° Une personnalité qualifiée titulaire et un suppléant, que leur compétence et leur expérience professionnelles en matière d'éthique et de lutte contre les discriminations qualifient particulièrement pour l'exercice de fonctions en son sein ;

6° Une personnalité qualifiée titulaire et un suppléant, que leur expérience et leur compétence professionnelles en matière médicale, psychologique ou sociale qualifient particulièrement pour l'exercice de fonctions en son sein.

Le mandat de ses membres est de six ans. Nul ne peut exercer plus de trois mandats, dont plus de deux en tant que titulaire.

A chaque renouvellement d'un conseil de famille des pupilles de l'État, les membres nouvellement nommés bénéficient d'une formation préalable à leur prise de fonction, dans des conditions définies par décret.

Dans l'intérêt des pupilles de l'État, les membres titulaires veillent à être présents à chaque réunion du conseil de famille des pupilles de l'État ou, à défaut, à se faire remplacer par leur suppléant.

Les membres du conseil de famille sont tenus au secret professionnel dans les conditions prévues aux articles 226-13 et 226-14 du code pénal.

Le représentant de l'État dans le département ou, en Corse, le représentant de l'État dans la collectivité de Corse peut mettre fin au mandat des membres du conseil de famille en cas de manquement caractérisé à leurs obligations.

Il est institué, dans chaque département, un conseil de famille supplémentaire lorsque le nombre de pupilles suivis par les conseils de famille existants est supérieur à cinquante.

Art. L. 224-3 *(L. nº 2022-219 du 21 févr. 2022, art. 21)* Sauf disposition contraire, les décisions et délibérations de toutes natures du conseil de famille des pupilles de l'État sont susceptibles de recours.

Ce recours est ouvert :

1° Au tuteur ;

2° Aux membres du conseil de famille ;

3° Aux personnes à qui le service de l'aide sociale à l'enfance a confié un pupille de l'État pour en assurer la garde et qui souhaitent l'adopter, pour les décisions et délibérations relatives à ce projet d'adoption.

Le recours est porté devant le tribunal judiciaire. Le délai de recours est de quinze jours. Les parties ne sont pas tenues de constituer avocat.

L'appel est ouvert aux personnes mentionnées aux 1° et 2°, même si elles ne sont pas intervenues à l'instance.

....

SECTION 2. *Admission en qualité de pupille de l'État*

Art. L. 224-4 Sont admis en qualité de pupille de l'État :

1° Les enfants dont la filiation n'est pas établie ou est inconnue, qui ont été recueillis par le service de l'aide sociale à l'enfance depuis plus de deux mois ;

2° Les enfants dont la filiation est établie et connue, qui ont expressément été remis au service de l'aide sociale à l'enfance en vue de leur admission comme pupilles de l'État par les personnes qui ont qualité pour consentir à leur adoption, depuis plus de deux mois ;

3° Les enfants dont la filiation est établie et connue, qui ont expressément été remis au service de l'aide sociale à l'enfance depuis plus de six mois par leur père ou leur mère en vue de leur admission comme pupilles de l'État et dont l'autre parent n'a pas fait connaître au service, pendant ce délai, son intention d'en assumer la charge ; avant l'expiration de ce délai de six mois, le service s'emploie à connaître les intentions de l'autre parent ;

4° Les enfants orphelins de père et de mère pour lesquels la tutelle n'est pas organisée selon le chapitre II du titre X du livre I du code civil et qui ont été recueillis par le service de l'aide sociale à l'enfance depuis plus de deux mois ;

5° Les enfants dont les parents ont fait l'objet d'un retrait total de l'autorité parentale en vertu des articles 378 et 378-1 du code civil et qui ont été recueillis par le service de l'aide sociale à l'enfance en application de l'article 380 dudit code ;

6° Les enfants recueillis par le service de l'aide sociale à l'enfance en application *(L. nº 2016-297 du 14 mars 2016, art. 40)* « des articles 381-1 et 381-2 » du code civil. — *[C. fam., art. 61, al. 1 à 7.]*

Art. L. 224-5 Lorsqu'un enfant est recueilli par le service de l'aide sociale à l'enfance dans les cas mentionnés aux 1°, 2°, 3° et 4° de l'article L. 224-4, un procès-verbal est établi.

(L. nº 2002-93 du 22 janv. 2002) « Il doit être mentionné au procès-verbal que les parents à l'égard de qui la filiation de l'enfant est établie, la mère ou le père de naissance de l'enfant ou la personne qui remet l'enfant ont été informés » *(L. nº 2022-219 du 21 févr. 2022, art. 20)* « , le cas échéant avec l'assistance d'une personne de leur choix » :

1° Des mesures instituées, notamment par l'État, les collectivités territoriales et les organismes de sécurité sociale pour aider les parents à élever eux-mêmes leurs enfants ;

2° Des dispositions du régime de la tutelle des pupilles de l'État suivant le présent chapitre ;

3° Des délais et conditions suivant lesquels l'enfant pourra être repris par ses père ou mère *(L. nº 2013-673 du 26 juill. 2013, art. 2, en vigueur le 1er janv. 2014)* « ainsi que des modalités d'admission en qualité de pupille de l'État mentionnées à l'article L. 224-8 » ;

4° *(L. nº 2002-93 du 22 janv. 2002)* « De la possibilité de laisser tous renseignements concernant la santé des *(L. nº 2022-219 du 21 févr. 2022, art. 20)* « parents », les origines de l'enfant, les raisons et les circonstances de sa remise au service de l'aide sociale à l'enfance. » — *Pour l'application de ces dispositions, V. CASF, art. R. 147-21 à R. 147-24. —* **CASF**.

(L. nº 2022-219 du 21 févr. 2022, art. 20) « Lorsque l'enfant est remis au service par ses parents ou par l'un d'eux, selon les 2° ou 3° de l'article L. 224-4, ceux-ci doivent consentir expressément à l'admission de l'enfant à la qualité de pupille de l'État. Ils sont incités à communiquer les informations médicales connues les concernant.

« Le consentement doit être libre, obtenu sans aucune contrepartie et éclairé sur les conséquences de l'admission à la qualité de pupille de l'État, ouvrant notamment la possibilité pour l'enfant de bénéficier d'un projet d'adoption en application du 2° de l'article *(Ord. nº 2022-1292 du 5 oct. 2022, art. 25, en vigueur le 1er janv. 2023)* « 344 *[ancienne rédaction : 347]* » du code civil.

« Le consentement à l'admission de l'enfant à la qualité de pupille de l'État emportant la possibilité de son adoption est porté sur le procès-verbal. » — *[C. fam., art. 62, al. 1 à 8.]*

Art. L. 224-6 L'enfant est déclaré pupille de l'État à titre provisoire à la date à laquelle est établi le procès-verbal prévu à l'article L. 224-5. La tutelle est organisée à compter de la date de cette déclaration.

Toutefois, dans un délai de deux mois suivant la date à laquelle il a été déclaré pupille de l'État à titre provisoire, l'enfant peut être repris immédiatement et sans aucune formalité par celui de ses père ou mère qui l'avait confié au service. Ce délai est porté à six mois, dans le cas prévu au 3° de l'article L. 224-4 pour celui des père ou mère qui n'a pas confié l'enfant au service.

Au-delà de ces délais, la décision d'accepter ou de refuser la restitution d'un pupille de l'État est, sous réserve des dispositions de l'article *(Ord. nº 2022-1292 du 5 oct. 2022, art. 25, en vigueur le 1er janv. 2023)* « 352-2 *[ancienne rédaction : 352]* » du code civil, prise par le tuteur, avec l'accord du conseil de famille. En cas de refus, les demandeurs peuvent saisir le tribunal judiciaire. — *[C. fam., art. 62, al. 9 à 11.]*

....

Art. L. 224-7 *(L. no 2002-93 du 22 janv. 2002)* Les renseignements et le pli fermé mentionnés à l'article L. 222-6 *[V. cet art. ss. art. 326 C. civ.]*, ainsi que l'identité des personnes qui ont levé le secret, sont conservés sous la responsabilité du président du conseil général qui les transmet au Conseil national pour l'accès aux origines personnelles, sur la demande de celui-ci.

Sont également conservées sous la responsabilité du président du conseil général les demandes et déclarations transmises par le Conseil national pour l'accès aux origines personnelles en application de l'article L. 147-4.

Les renseignements concernant la santé des père et mère de naissance, les origines de l'enfant, les raisons et circonstances de sa remise au service de l'aide à l'enfance, ainsi que l'identité des père et mère de naissance, s'ils ont levé le secret de leur identité, sont tenus à la disposition de l'enfant majeur, de ses représentants légaux ou de lui-même avec l'accord de ceux-ci s'il est mineur *(Abrogé par Ord. no 2020-232 du 11 mars 2020, art. 33)* «*, de son tuteur s'il est majeur placé sous tutelle* », de ses descendants en ligne directe majeurs s'il est décédé.

L'Ord. no 2020-232 du 11 mars 2020 n'est pas applicable en Nouvelle-Calédonie. Elle entre en vigueur à une date fixée par décret en Conseil d'État et au plus tard le 1er oct. 2020. Elle est applicable aux mesures de protection juridique en cours au jour de son entrée en vigueur et aux situations dans lesquelles aucune décision n'a été prise au jour de son entrée en vigueur (Ord. préc., art. 45 et 46, JO 12 mars).

Sur l'accès aux origines personnelles, V. notes ss. art. 326 C. civ.

Art. L. 224-8 *(L. no 2013-673 du 26 juill. 2013, art. 1er, en vigueur le 1er janv. 2014)* I. — L'enfant est admis en qualité de pupille de l'État par arrêté du président du conseil général pris soit après la date d'expiration des délais prévus aux 1° à 4° de l'article L. 224-4 en cas d'admission en application de ces mêmes 1° à 4°, soit une fois le jugement passé en force de chose jugée lorsque l'enfant est admis dans les conditions prévues aux 5° ou 6° du même article.

II. — L'arrêté mentionné au I peut être contesté par :

1° Les parents de l'enfant, en l'absence d'une déclaration judiciaire *(Ord. no 2022-1292 du 5 oct. 2022, art. 25, en vigueur le 1er janv. 2023)* « de délaissement parental *[ancienne rédaction : d'abandon]* » ou d'un retrait total de l'autorité parentale ;

2° Les membres de la famille de l'enfant ;

3° Le père de naissance ou les membres de la famille de la mère ou du père de naissance, lorsque l'enfant a été admis en application du 1° de l'article L. 224-4 ;

4° Toute personne ayant assuré la garde de droit ou de fait de l'enfant.

L'action n'est recevable que si le requérant demande à assumer la charge de l'enfant.

III. — L'arrêté mentionné au I est notifié aux personnes mentionnées au 1° du II, ainsi qu'à celles mentionnées aux 2° à 4° du même II qui, avant la date de cet arrêté, ont manifesté un intérêt pour l'enfant auprès du service de l'aide sociale à l'enfance. Cette notification, qui est faite par tout moyen permettant d'établir une date certaine de réception, mentionne les voies et délais de recours ainsi que la juridiction compétente. Elle précise que l'action n'est recevable que si le requérant demande à assumer la charge de l'enfant.

IV. — Le recours contre l'arrêté mentionné au I est formé, à peine de forclusion, devant le tribunal judiciaire dans un délai de trente jours à compter de la date de la réception de sa notification.

V. — S'il juge la demande conforme à l'intérêt de l'enfant, le tribunal prononce l'annulation de l'arrêté mentionné au I et confie l'enfant au demandeur, à charge, le cas échéant, pour ce dernier de requérir l'organisation de la tutelle, ou lui délègue les droits de l'autorité parentale. Dans le cas où il rejette le recours, le tribunal peut autoriser le demandeur, dans l'intérêt de l'enfant, à exercer un droit de visite dans les conditions qu'il détermine.

BIBL. ▶ EUDIER, *AJ fam. 2013. 462* ✐.

SECTION 3. *Statut des pupilles*

Art. L. 224-9 Les deniers des pupilles de l'État sont confiés au *(Ord. no 2010-420 du 27 avr. 2010, art. 100)* « directeur départemental des finances publiques ».

Le tuteur peut autoriser, au profit du pupille, le retrait de tout ou partie des fonds lui appartenant.

Les revenus des biens et capitaux appartenant aux pupilles sont perçus au profit du département jusqu'à leur majorité, à titre d'indemnité d'entretien et dans la limite des prestations qui leur ont été allouées. Lors de la reddition des comptes, le tuteur, à son initiative ou à la demande du conseil de famille, peut proposer, avec l'accord de ce dernier, au président du conseil général toute remise jugée équitable à cet égard.

Les héritiers, autres que les frères et sœurs élevés eux-mêmes par le service, qui se présentent pour recueillir la succession d'un pupille, doivent rembourser au département les frais d'entretien du pupille, déduction faite des revenus que le département avait perçus.

Lorsque aucun héritier ne se présente, les biens des pupilles de l'État décédés sont recueillis par le département et utilisés pour l'attribution de dons ou de prêts aux pupilles et anciens pupilles de l'État.

Les biens du tuteur ne sont pas soumis à l'hypothèque légale instituée à l'article *(Ord. n° 2021-1192 du 15 sept. 2021, art. 34, en vigueur le 1er janv. 2022)* « 2393 *[ancienne rédaction : 2400]* » du code civil. — *[C. fam., art. 64.]*

Art. L. 224-10 Lorsque les père ou mère d'un ancien pupille sont appelés à sa succession, ils sont tenus, dans la limite de l'actif net qu'ils recueillent dans cette succession, d'effectuer au département le remboursement des frais d'entretien de l'enfant, à moins qu'ils n'aient obtenu la remise de l'enfant pendant sa minorité, ou que le président du conseil général ne leur accorde une exonération totale ou partielle dudit remboursement. — *[C. fam., art. 65.]*

....

CHAPITRE V. *ADOPTION*

*V. **CASF**.*

....

CHAPITRE VII. *MINEURS ACCUEILLIS HORS DU DOMICILE PARENTAL (L. n° 2001-624 du 17 juill. 2001, art. 13).*

Art. L. 227-1 Tout mineur accueilli hors du domicile de ses parents jusqu'au quatrième degré ou de son tuteur est placé sous la protection des autorités publiques.

Sous réserve des dispositions des articles L. 227-2 *(L. n° 2001-624 du 17 juill. 2001, art. 13)* « à L. 227-4 », cette protection est assurée par le président du conseil général du lieu où le mineur se trouve.

Elle s'exerce sur les conditions morales et matérielles de leur *(L. n° 2001-624 du 17 juill. 2001, art. 13)* « accueil » en vue de protéger leur sécurité, leur santé et leur moralité.

Art. L. 227-2 Dans le cas où les mineurs ont été confiés à des particuliers ou à des établissements en application des articles 375-3 et 375-5 du code civil, ils sont placés sous la protection conjointe du président du conseil général et du juge des enfants.

Art. L. 227-2-1 *(L. n° 2016-297 du 14 mars 2016, art. 29)* Lorsque la durée du placement excède un seuil fixé par décret selon l'âge de l'enfant, le service départemental de l'aide sociale à l'enfance auquel a été confié le mineur en application de l'article 375-3 du code civil examine l'opportunité de mettre en œuvre d'autres mesures susceptibles de garantir la stabilité des conditions de vie de l'enfant afin de lui permettre de bénéficier d'une continuité relationnelle, affective, éducative et géographique dans un lieu de vie adapté à ses besoins. Il en informe le juge des enfants qui suit le placement, en présentant les raisons qui l'amènent à retenir ou à exclure les mesures envisageables.

Art. L. 227-3 Cette protection est assurée dans les conditions prévues soit :

— par le code de la santé publique ;

— par d'autres dispositions visant les établissements soumis à une réglementation particulière ;

— *(L. n° 2001-624 du 17 juill. 2001, art. 13)* « par les dispositions des articles L. 227-1, L. 227-2 et L. 227-4 à L. 227-12 ».

Art. L. 227-4 à L. 227-12 *(L. n° 2001-624 du 17 juill. 2001, art. 13, JO 18 juill. ; Rect. JO 16 nov.) (Protection des mineurs accueillis à l'occasion des vacances scolaires, des congés professionnels et des loisirs).*

CHAPITRE VIII. *DISPOSITIONS FINANCIÈRES*

Art. L. 228-1 Le père, la mère et les ascendants d'un enfant pris en charge par le service de l'aide sociale à l'enfance restent tenus envers lui des obligations prévues aux articles 203 à 211 du code civil.

Sous réserve d'une décision judiciaire contraire, sont dispensés des obligations énoncées aux articles 205, 206 et 207 du code civil les pupilles de l'État qui auront été élevés par le service de l'aide sociale à l'enfance jusqu'à la fin de la scolarité obligatoire, à moins que les frais d'entretien occasionnés par le pupille remis ultérieurement à ses parents n'aient été remboursés au département. – *[C. fam., art. 83.]*

Art. L. 228-2 Sans préjudice des décisions judiciaires prises sur le fondement *(Ord. nº 2019-950 du 11 sept. 2019, art. 5-I, en vigueur le 30 sept. 2021)* « l'article L. 113-2 du code de la justice pénale des mineurs *[ancienne rédaction : l'article 40 de l'ordonnance nº 45-174 du 2 février 1945 relative à l'enfance délinquante]* » et de l'article 375-8 du code civil, une contribution peut être demandée à toute personne prise en charge par le service de l'aide sociale à l'enfance ou, si elle est mineure, à ses débiteurs d'aliments. Cette contribution est fixée par le président du conseil général dans les conditions prévues par le règlement départemental d'aide sociale dans la limite d'un plafond fixé par voie réglementaire. – *[C. fam., art. 84.] – V. CASF, art. R. 228-1 et R. 228-2.* – **CASF.**

Art. L. 228-3 Le département prend en charge financièrement au titre de l'aide sociale à l'enfance, à l'exception des dépenses résultant de placements dans des établissements et services publics de la protection judiciaire de la jeunesse, les dépenses d'entretien, d'éducation et de conduite de chaque mineur :

1º Confié par l'autorité judiciaire en application des articles 375-3, 375-5 et 433 du code civil à des personnes physiques, établissements ou services publics ou privés ;

2º Confié au service de l'aide sociale à l'enfance dans les cas prévus au 3º de l'article L. 222-5 ;

3º Ou pour lequel est intervenue une délégation d'autorité parentale, en application des articles 377 et 377-1 du code civil, à un particulier ou à un établissement habilité dans les conditions fixées par voie réglementaire.

Il prend également en charge les dépenses afférentes aux mesures d'action éducative en milieu ouvert exercées sur le mineur et sa famille en application des articles 375-2, 375-4 et 375-5 du code civil et confiées soit à des personnes physiques, établissements et services publics ou privés, soit au service de l'aide sociale à l'enfance. – *[C. fam., art. 85.]*

SECTION 2-1 Mesure judiciaire d'aide à la gestion du budget familial

(L. nº 2007-293 du 5 mars 2007, art. 20-II)

Art. 375-9-1 *(L. nº 2007-293 du 5 mars 2007, art. 20-II ; L. nº 2007-308 du 5 mars 2007, art. 31)* **Lorsque les prestations familiales** *(L. nº 2008-1249 du 1er déc. 2008, art. 14, en vigueur le 1er juin. 2009)* **« ou le revenu de solidarité active servi aux personnes isolées mentionnées à l'article L. 262-9 du code de l'action sociale et des familles ne sont pas employés » pour les besoins liés au logement, à l'entretien, à la santé et à l'éducation des enfants et** *(L. nº 2022-140 du 7 févr. 2022, art. 6)* **« qu'une des prestations d'aide à domicile prévue à l'article L. 222-3 du code de l'action sociale et des familles n'apparaît pas suffisante », le juge des enfants peut ordonner** *(L. nº 2008-1249 du 1er déc. 2008, art. 14, en vigueur le 1er juin. 2009)* **« qu'ils soient, en tout ou partie, versés » à une personne physique ou morale qualifiée, dite "délégué aux prestations familiales".** – *Sur le délégué aux prestations familiales, V. CASF, art. L. 474-1 s., issu de L. nº 2007-308 du 5 mars 2007, art. 23 et 44-V.* – **CASF.**

Ce délégué prend toutes décisions, en s'efforçant de recueillir l'adhésion des bénéficiaires des prestations familiales *(L. nº 2008-1249 du 1er déc. 2008, art. 14, en vigueur le 1er juin. 2009)* **« ou de l'allocation mentionnée au premier alinéa » et de répondre aux besoins liés à l'entretien, à la santé et à l'éducation des enfants ; il exerce auprès de la famille une action éducative visant à rétablir les conditions d'une gestion autonome des prestations.**

La liste des personnes habilitées à saisir le juge aux fins d'ordonner cette mesure d'aide est fixée par décret.

La décision fixe la durée de la mesure. Celle-ci ne peut excéder deux ans. Elle peut être renouvelée par décision motivée.

Sur la procédure applicable à la mesure judiciaire d'aide à la gestion du budget familial, V. C. pr. civ., art. 1200-2 s. — ***C. pr. civ.***

Sur les conséquences de l'état d'urgence sanitaire lié au covid-19 sur le délai prévu par l'art. 375-9-1, V. Ord. n° 2020-304 du 25 mars 2020, art. 13 et 14 ; V. App., v° Mesures d'urgence sanitaire - Covid-19,

1. Application dans le temps. La nouvelle mesure d'aide à la gestion du budget familial instituée par l'art. 375-9-1 est immédiatement applicable mais demeure régie, jusqu'au 1er janv. 2009, date d'entrée en vigueur des dispositions réglementaires, par les règles fixées par les art. L. 167-4, L. 167-5 et R. 167-1 à R. 167-31 CSS. • Civ. 1re, 20 oct. 2010, n° 09-66.133 P : *D. actu. 9 nov. 2010, obs. Talarico ; AJ fam. 2011. 45, obs. Douris ; Dr. fam. 2010, n° 193, obs. Maria ; RTD civ. 2011. 101, obs. Hauser ; RDSS 2011. 169, obs. P. Fabre*.

2. Conditions cumulatives. La mesure judiciaire d'aide à la gestion du budget familial ne peut être ordonnée qu'à la double condition que les prestations familiales ne soient pas employées pour les besoins liés au logement, à l'entretien, à la santé et à l'éducation des enfants et que l'accompagnement en économie sociale et familiale prévu n'apparaisse pas suffisant. • Civ. 1re, 20 oct. 2010 : *préc.*

Art. 375-9-2 *(L. n° 2007-297 du 5 mars 2007, art. 10)* **Le maire ou son représentant au sein du conseil pour les droits et devoirs des familles peut saisir le juge des enfants, conjointement avec l'organisme débiteur des prestations familiales, pour lui signaler, en application de l'article 375-9-1, les difficultés d'une famille. Lorsque le maire a désigné un coordonnateur en application de l'article L. 121-6-2 du code de l'action sociale et des familles, il l'indique, après accord de l'autorité dont relève ce professionnel, au juge des enfants. Ce dernier peut désigner le coordonnateur pour exercer la fonction de délégué aux prestations familiales.**

L'exercice de la fonction de délégué aux prestations familiales par le coordonnateur obéit aux règles posées par l'article L. 474-3 et les premier et deuxième alinéas de l'article L. 474-5 du code de l'action sociale et des familles ainsi que par l'article 375-9-1 du présent code.

BIBL. ▸ ROCHFELD, *RTD civ. 2007. 408*.

SECTION 3 De la délégation de l'autorité parentale

BIBL. GÉN. ▸ CHAPELLE, *RTD civ. 1984. 411* (pactes de famille). - PY, *RDSS 1996. 229* (délégation de l'autorité parentale et obligation d'entretien). - VANDEGHINSTE, *Gaz. Pal. 1997. 2. Doctr. 1593* (délégation d'autorité parentale en vue d'une adoption).

▸ **Couple homosexuel :** MÉCARY, *AJ fam. 2011. 604*.

▸ Enfant confié à un tiers : GOUTTENOIRE-CORNUT et MURAT, *Dr. fam. 2003. Chron. 1*. - LEROYER, *RTD civ. 1998. 587*.

▸ **Rôle du tiers :** MORACCHINI-ZEIDENBERG, *Dr. fam. 2010. Étude 7*. - Dossier, *LPA 24 févr. 2010*.

▸ **Loi du 4 mars 2002 :** AUTEM, *RJPF 2003-1/11*.

Art. 376 **Aucune renonciation, aucune cession portant sur l'autorité parentale, ne peut avoir d'effet, si ce n'est en vertu d'un jugement dans les cas déterminés ci-dessous.**

Nature des accords entre époux contrôlés par le juge. Il résulte de l'art. 376 que les conventions conclues par les époux à propos de l'exercice de l'autorité parentale ne peuvent avoir d'effet qu'en vertu d'un jugement dans les cas déterminés par la loi ; en raison du pouvoir de contrôle, ainsi conféré au juge, les décisions qu'il rend ne sont pas des contrats judiciaires échappant à l'appel prévu par l'art. 542 C. pr. civ. • Civ. 2e, 16 avr. 1986, n° 84-15.485 P.

Art. 376-1 **Un** *(L. n° 93-22 du 8 janv. 1993)* **« juge aux affaires familiales » peut, quand il est appelé à** *(L. n° 87-570 du 22 juill. 1987)* **« statuer sur les modalités de l'exercice de l'autorité parentale ou sur l'éducation d'un enfant mineur ou quand il décide de confier l'enfant à un tiers », avoir égard aux pactes que les père et mère ont**

pu librement conclure entre eux à ce sujet, à moins que l'un d'eux ne justifie de motifs graves qui l'autoriseraient à révoquer son consentement.

1. Notion de pacte. Lorsque les parents ont clairement fait entendre qu'ils étaient d'accord sur l'opportunité du transfert de l'autorité parentale à celui d'entre eux qui ne l'exerçait pas, il y a lieu de considérer leurs vues communes sur la garde de l'enfant comme un pacte librement conclu entre eux. • Paris, 30 juin 1972 : *JCP 1973. II. 17589 (1re esp.), note Fournié.* ♦ V. cependant • Civ. 2e, 2 avr. 1996 : *V. note 3 ss. art. 373-2-1.*

2. Contrôle judiciaire. Sur le contrôle judiciaire des pactes entre époux ou ex-époux quant à la garde des enfants, V. • Rouen, 8 juin 1971 : *D. 1971. 736, note Huet-Weiller* • TGI Nanterre, JAM, 13 déc. 1976 : *Gaz. Pal. 1977. 1. 201, note Brazier.*

Art. 377 *(L. n° 2002-305 du 4 mars 2002)* **Les père et mère, ensemble ou séparément, peuvent, lorsque les circonstances l'exigent, saisir le juge en vue de voir déléguer tout ou partie de l'exercice de leur autorité parentale à un tiers, membre de la famille, proche digne de confiance, établissement agréé pour le recueil des enfants ou service départemental de l'aide sociale à l'enfance.**

En cas de désintérêt manifeste ou si les parents sont dans l'impossibilité d'exercer tout ou partie de l'autorité parentale *(L. n° 2019-1480 du 28 déc. 2019, art. 8)* **« ou si un parent est poursuivi ou condamné pour un crime commis sur la personne de l'autre parent ayant entraîné la mort de celui-ci », le particulier, l'établissement ou le service départemental de l'aide sociale à l'enfance qui a recueilli l'enfant** *(L. n° 2010-769 du 9 juill. 2010, art. 10)* **« ou un membre de la famille » peut également saisir le juge aux fins de se faire déléguer totalement ou partiellement l'exercice de l'autorité parentale.**

(L. n° 2016-297 du 14 mars 2016, art. 38) **« Dans ce dernier cas, le juge peut également être saisi par le ministère public, avec l'accord du tiers candidat à la délégation totale ou partielle de l'exercice de l'autorité parentale, à l'effet de statuer sur ladite délégation. Le cas échéant, le ministère public est informé par transmission de la copie du dossier par le juge des enfants ou par avis de ce dernier. »**

Dans tous les cas visés au présent article, les deux parents doivent être appelés à l'instance. Lorsque l'enfant concerné fait l'objet d'une mesure d'assistance éducative, la délégation ne peut intervenir qu'après avis du juge des enfants.

1. Distinction des délégations générale et partielle. Du seul fait qu'un droit de visite a été reconnu au père d'un enfant, la décision des juges de déléguer à la DDASS les droits de l'autorité parentale sur un mineur et d'accorder un droit de visite au père de celui-ci s'analyse en une délégation partielle, expressément prévue par l'art. 377. • Civ. 1re, 14 févr. 1989, n° 86-80.038 P : *Gaz. Pal. 1990. 1. 130, note Massip.* ♦ Le prononcé d'une délégation partielle de l'exercice de l'autorité parentale, sans précision des droits délégués, n'équivaut pas au prononcé d'une délégation totale. • Civ. 1re, 24 févr. 2006, n° 04-17.090 P : *D. 2008. AJ 1410, obs. Luxembourg ; ibid. 2009. Pan. 773, obs. Granet-Lambrechts ; JCP 2009. I. 102, n° 9, obs. Gouttenoire ; AJ fam. 2008. 261, obs. Chénedé ; RJPF 2008-6/39, note Corpart ; Defrénois 2008. 1846, obs. Massip ; RTD civ. 2008. 470, obs. Hauser.*

2. Conditions : appréciation des circonstances et intérêt de l'enfant (art. 377, al. 1er). Refus, dans l'intérêt de l'enfant, de la délégation de l'autorité parentale demandée par les parents au profit de la grand-mère à qui l'enfant a été confié, alors que les parents vivent ensemble et élèvent un autre enfant commun. • TI Saint-Denis, 20 mars 2007 : *LPA 3 juin 2009, note Pomart-Nomdédéo.* ♦ ... D'une délégation croisée d'autorité parentale faute de démontrer des circonstances particulières l'imposant : • Douai, 11 déc. 2008 : *LPA 1er-2 juin 2009, note Kerckhove.*

3. ... Impossibilité d'exercice (art. 377, al. 2). Une cour d'appel apprécie souverainement que le fait, pour le père de l'enfant, d'être difficilement joignable et de ne pas prendre réellement en compte les besoins de sa fille au regard des démarches inhérentes à l'exercice de l'autorité parentale caractérise l'impossibilité d'exercice visée à l'art. 377, al. 2. • Civ. 1re, 5 avr. 2005, n° 04-05.019 P : *AJ fam. 2005. 273, obs. Gratadour ; Dr. fam. 2005, n° 155, note Murat ; RJPF 2005-7-8/51, obs. Eudier* (délégation partielle).

4. Choix du tiers. Aucune disposition légale n'impose au juge de choisir par priorité parmi les membres de la famille, le tiers à qui il délègue tout ou partie de l'autorité parentale ; il lui appartient seulement de rechercher si les circonstances exigent une telle délégation et si elle est conforme à l'intérêt de l'enfant. • Civ. 1re 16 avr. 2008 : *préc. note 1.*

5. Notion de proche. Si les dispositions de l'art. 377, al. 1er, ouvrent la possibilité de désigner comme délégataire une personne physique qui ne soit pas membre de la famille, c'est à la condition que celle-ci soit un proche digne de confiance. Ne saurait être considérée comme un proche une personne dépourvue de lien avec les délégants et rencontrée dans le seul objectif de prendre en charge l'enfant en vue de son adoption ultérieure. • Civ. 1re, 21 sept. 2022, n° 21-50.042 B : *D. 2022. 2134, note Barba et Millerioux ; RTD civ. 2022. 877, obs. Leroyer ; Dr. fam. 2022, n° 167, obs. Le Boursicot* (inapplication de la jurisprudence sur les proches auxquels peut être délégué l'autorité parentale aux situations des enfants pour lesquels une instance est en cours compte tenu de la bonne foi des parents et des délégataires dans un contexte de carence réglementaire et des liens s'étant créés *ab initio* avec l'enfant).

6. Délégation d'autorité parentale et couples non mariés : articulation avec l'adoption. Avant comme après la L. n° 2013-404 du 17 mai 2013, l'adoption individuelle de l'enfant du concubin ou partenaire, dans un couple hétérosexuel ou homosexuel non marié, a pour effet le transfert de l'autorité parentale à l'adoptant, sans possibilité de partage de celle-ci (art. 365 C. civ.). Cette solution justifie le refus de l'adoption elle-même, pour des raisons tenant au parent biologique qui se dépouille de ses droits (V. note 5 ss. art. 365) ou pour des raisons tenant à l'adoptant lorsque l'adoption est associée à une délégation de l'autorité parentale au profit du parent biologique : V., approuvant une cour d'appel d'avoir refusé l'adoption simple par une femme de l'enfant de sa partenaire de PACS et la délégation subséquente de l'autorité parentale, dès lors qu'il n'était ni établi ni allégué que les circonstances exigeaient cette délégation et qu'en l'espèce, une telle délégation ou son partage était, à l'égard d'une adoption, antinomique et contradictoire, l'adoption ayant pour but de conférer l'autorité parentale au seul adoptant : • Civ. 1re, 20 févr. 2007, n° 04-15.676 P : *R., p. 330 ; GAJC, 12e éd., n° 53-55 (II et III) ; D. 2007. 1047, note D. Vigneau (2e esp.) ; ibid. AJ 721, obs. Delaporte-Carré (2e esp.) ; ibid. Chron. C. cass. 891, obs. Chauvin ; ibid. Pan. 1467, obs. Granet-Lambrechts ; JCP 2007. II. 10068, note Neirinck (2e esp.) ; Gaz. Pal. 2007. 480, avis Cavarroc ; Defrénois 2007. 791, obs. Massip ; AJ fam. 2007. 182, obs. Chénedé (2e esp.) ; Dr. fam. 2007, n° 80, note Murat (1re esp.) ; RJPF 2007-5/32, note Mécary ; RLDC 2007/39, n° 2570, note Le Boursicot ; RTD civ. 2007. 325, obs. Hauser.*

7. ... Délégation sans lien avec une adoption. L'organisation d'une délégation, indépendamment de toute adoption, est en revanche admise si elle est conforme à l'intérêt supérieur de l'enfant : l'art. 377, al. 1er, ne s'oppose pas à ce qu'une mère seule titulaire de l'autorité parentale en délègue tout ou partie de l'exercice à la femme avec laquelle elle vit en union stable et continue, dès lors que les circonstances l'exigent et que la mesure est conforme à l'intérêt supérieur de l'enfant. • Civ. 1re, 24 févr. 2006, n° 04-17.090 P : *R., p. 243 ; GAJC, 12e éd., n° 53-55 (I) ; D. 2006. 897, note Vigneau ; ibid. Pan. 1148, obs. Granet-Lambrechts, et 1421, obs. Lemouland et Vigneau ; ibid. IR 670, obs. Gallmeister ; ibid. Point de vue. 876, par Fulchiron ; JCP 2006. I. 199, n° 16, obs. Rebourg ; Defrénois 2006. 1067, obs. Massip ; AJ fam. 2006. 159, obs. Chénedé ; Dr. fam. 2006, n° 89, note Murat ; RJPF 2006-4/32, obs. Mulon ; RLDC 2006/27, n° 2056, note Bourgault-Coudevylle ; RDSS 2006. 578, note Neirinck ; RTD civ. 2006. 297, obs. Hauser* • 8 juill. 2010, n° 09-12.623 P : *D. actu. 27 juill. 2010, obs. Gallmeister ; D. 2011. Pan. 1585, obs. Granet-Lambrechts ; JCP 2010, n° 994, obs. Gouttenoire ; AJ fam. 2010. 394, obs. Chénedé ; Defrénois 2010. 2028, obs. Massip ; RLDC 2010/75, n° 3975, obs. Serr ; RJPF 2010-11/29, obs. Eudier ; RTD civ. 2010. 547, obs. Hauser* (délégation refusée en l'espèce, les circonstances comme l'intérêt supérieur de l'enfant ne l'exigeant pas), décision approuvée par : • CEDH 6 févr. 2018, n° 6190/11 : *Dr. fam. 2018, n° 132, note Fulchiron.* – Dans le même sens : • Paris, 5 mai 2006 : *AJ fam. 2006. 333* (infirmant • TGI Paris, 2 avr. 2004 : *AJ fam. 2004. 453, obs. Chénedé)* • TGI Agen, 17 févr. 2006 : *RJPF 2006-11/43, obs. Eudier* • TGI Lille, 11 déc. 2007 : *D. 2008. AJ 292 ; AJ fam. 2008. 119, obs. Chénedé ; JCP 2009. I. 102, n° 8, obs. Gouttenoire* • TGI Paris, 28 mars 2008 : *AJ fam. 2008. 260, obs. Chénedé* • 18 sept. 2009 : *AJ fam. 2009. 490, obs. Chénedé.* ♦ V. déjà en ce sens : • TGI Paris, 2 juill. 2004 : *AJ fam. 2004. 361, obs. Chénedé ; Dr. fam. 2005, n° 4, note Murat ; RTD civ. 2005. 116, obs. Hauser.* ♦ Pour une délégation d'autorité parentale demandée par la mère d'un enfant et son ancienne amie : • TGI Lille, 18 déc. 2007 : *JCP 2009. I. 102, n° 8, obs. Gouttenoire ; Dr. fam. 2008, n° 58, obs. Murat.* ♦ ... Par le père des enfants et la compagne de leur mère chez qui les enfants continuent à résider depuis la mort de celle-ci, • Civ. 1re, 16 avr. 2008 : *préc.* – V. aussi, sur cette question, Rubellin-Devichi, *obs. JCP 2005. I. 116, n° 5.* ♦ Délégation-partage de l'autorité parentale entre la mère biologique et sa partenaire pacsée, bien que les requérantes ne justifient pas d'un empêchement particulier de la mère dans l'exercice de ses fonctions parentales, car il est de l'intérêt de l'enfant que sa situation juridique soit en adéquation avec sa situation affective et matérielle, • TGI Paris, 21 sept. 2012 : *AJ fam. 2012. 550, obs. Siffrein-Blanc.*

8. Délégation totale de l'exercice de l'autorité parentale au bénéfice de la compagne de la mère ordonnée à la demande des deux parents d'un enfant, fruit d'un projet parental à trois, vivant depuis sa naissance avec sa mère et la compagne de celle-ci, et voyant son père un week-end sur deux et pendant les vacances. • TGI Paris, 22 févr. 2013 : *AJ fam. 2013. 232, obs. Gallmeister*. ♦ Double délégation-partage d'autorité parentale au profit de beaux-parents de même sexe après un projet parental à quatre personnes : • TJ Paris, 7 janv. 2022 : *Dr. fam. 2022, n° 48, obs. Saint-Pern.*

9. Al. 3 : présence des parents. Nécessité de rechercher si l'acte de délégation d'autorité parentale, établi à la requête du père, a bien été porté à la connaissance de la mère, selon les principes de droit commun, et partant, peut lui être opposé. • Civ. 1re, 18 nov. 2015, n° 14-21.286 P (solution appliquée à une décision rendue à Mayotte, la suppression de l'exequatur ne remettant pas en cause le respect de cette exigence).

Art. 377-1 *(L. n° 2002-305 du 4 mars 2002)* **La délégation, totale ou partielle, de l'autorité parentale résultera du jugement rendu par le juge aux affaires familiales.**

Toutefois, le jugement de délégation peut prévoir, pour les besoins d'éducation de l'enfant, que les père et mère, ou l'un d'eux, partageront tout ou partie de l'exercice de l'autorité parentale avec le tiers délégataire. Le partage nécessite l'accord du ou des parents en tant qu'ils exercent l'autorité parentale. La présomption de l'article 372-2 est applicable à l'égard des actes accomplis par le ou les délégants et le délégataire.

Le juge peut être saisi des difficultés que l'exercice partagé de l'autorité parentale pourrait générer par les parents, l'un d'eux, le délégataire ou le ministère public. Il statue conformément aux dispositions de l'article 373-2-11.

BIBL. ► BERDEAUX, *AJ fam. 2017. 182* (options procédurales du parent social).

V. note 1 ss. art. 377.

Art. 377-2 **La délégation pourra, dans tous les cas, prendre fin ou être transférée par un nouveau jugement, s'il est justifié de circonstances nouvelles.**

Dans le cas où la restitution de l'enfant est accordée aux père et mère, le *(L. n° 93-22 du 8 janv. 1993)* **« juge aux affaires familiales » met à leur charge, s'ils ne sont indigents, le remboursement de tout ou partie des frais d'entretien.**

Al. 3 abrogé par L. n° 2002-305 du 4 mars 2002.

1. Demande de révocation par le délégataire. L'art. 377-2 n'exclut pas du bénéfice de l'action qu'il ouvre le délégataire de l'autorité parentale lui-même, qui doit donc être déclaré recevable en son action sollicitant la révocation de la délégation prononcée à son profit s'il ne souhaite plus assumer la charge de l'enfant. • Versailles, 25 juin 1998 : *BICC 1er mars 1999, n° 266.*

2. Révocation de la délégation prononcée par le juge au motif qu'on ne peut plus maintenir la délégation d'autorité parentale puisque le projet de couple sur lequel il reposait n'existe plus. • Caen, 10 mars 2016, n° 15/01208 : *RTD civ. 2016. 603, obs. Hauser ; Dr. fam. 2016. 108, obs. Fulchiron.*

3. Recours contre la décision d'immatriculation d'un pupille de l'État. Sur la compétence de la juridiction judiciaire (TGI) pour connaître d'un recours contre l'arrêté par lequel le préfet procède à l'immatriculation de l'enfant comme pupille de l'État (C. fam., art. 61, réd. L. n° 84-422 du 6 juin 1984), V. • T. confl. 7 oct. 1992 : *D. 1992. IR 38 ; RFDA 1992. 907, note Bernigaud*. ♦ V. désormais CASF, art. L. 224-8.

Art. 377-3 **Le droit de consentir à l'adoption du mineur n'est jamais délégué.**

V. C. pr. civ., art. 1201 s.

SECTION 4 Du retrait total ou partiel de l'autorité parentale et du retrait de l'exercice de l'autorité parentale *(L. n° 96-604 du 5 juill. 1996 ; L. n° 2019-1480 du 28 déc. 2019, art. 8).*

Art. 378 *(L. n° 2010-769 du 9 juill. 2010, art. 9)* **« Peuvent se voir retirer totalement l'autorité parentale** *(L. n° 2019-1480 du 28 déc. 2019, art. 8)* **« ou l'exercice de l'autorité parentale » par une décision expresse du jugement pénal les père et mère qui sont** ***condamnés, soit comme auteurs, coauteurs*** **ou complices d'un crime ou délit commis sur la personne de leur enfant, soit comme coauteurs ou complices d'un crime ou délit commis par leur enfant, soit comme auteurs, coauteurs ou complices d'un crime** *(L. n° 2020-936 du 30 juill. 2020, art. 4)* **« ou délit » sur la personne de l'autre parent. »**

(L. n° 96-604 du 5 juill. 1996) **« Ce retrait » est applicable aux ascendants autres que les père et mère pour la part d'autorité parentale qui peut leur revenir sur leurs descendants.**

*V. C. pén., art. 221-5-5, 222-48-2 relatifs aux conditions de retrait de l'autorité parentale par le juge pénal. — **C. pén.***

1. Conv. EDH. N'est pas conforme à l'art. 8 Conv. EDH le prononcé automatique d'une privation de l'autorité parentale, en cas de condamnation pénale, sans contrôle du type d'infraction et sans appréciation de l'intérêt de l'enfant. • CEDH, sect. III, 14 oct. 2008, *Iordache c/ Roumanie*, n° 6817/02. ♦ Dans le même sens : • CEDH, sect. IV, 17 juill. 2012, *M. D. et a. c/ Malte*, n° 64791/10 (déchéance automatique et permanente jusqu'à la majorité). ♦ Absence de violation pour une déchéance, suivie d'une adoption, proportionnée au but légitime de protéger l'intérêt supérieur de l'enfant. • CEDH, sect. I, 28 oct. 2010, *Aune c/ Norvège*, n° 52502/07. ♦ De même, absence de violation pour un retrait de l'autorité parentale motivé par la nature et la gravité des faits commis par le père, coupable du meurtre aggravé de la mère de l'enfant, la cour d'assises n'ayant fait qu'user du pouvoir d'appréciation que lui confère l'art. 378. • Crim. 28 juin 2017, n° 16-85.904 P.

2. Nature du retrait : peine accessoire (non). L'art. 378 institue non une peine accessoire contre les personnes qui y sont visées, mais une mesure de protection pour leurs enfants, d'ordre purement civil. • Crim. 4 janv. 1985 : *Gaz. Pal. 1986. 1. 19* • 14 oct. 1992, n° 92-81.146 P : *R., p. 430.* ♦ Cette mesure échappe à la compétence des jurés ; il appartient à la cour, statuant sans l'assistance du jury, de la prononcer. • Même arrêt. ♦ Le représentant légal d'un enfant victime d'un crime ou d'un délit commis par son père ou sa mère peut demander à la juridiction pénale, au titre de l'action civile, le retrait de l'autorité parentale. • Crim. 23 sept. 2008 : *D. 2008. AJ 2724 ; RJPF 2008-12/29, obs. Eudier.* ♦ Rappr. note 1 ss. art. 378-1.

3. Pouvoirs des juges civils. Les juridictions civiles peuvent se fonder, pour prononcer la *déchéance* [le retrait total] de l'autorité parentale, non seulement sur les causes prévues par l'art. 378-1, mais aussi sur celles de l'art. 378, lorsque la juridiction pénale n'a pas usé de la faculté qui lui est donnée de prononcer cette mesure. • Civ. 1re, 16 févr. 1988, n° 86-14.183 P : *R., p. 154 ; D. 1988. 373, note Massip.*

4. Infractions visées. Le délit d'abandon de famille ne constitue pas une infraction commise sur la personne de l'enfant et seul est alors applicable l'art. 373, 3° (anc.), C. civ., à l'exclusion de l'art. 378 C. civ. • Crim. 11 déc. 1984, n° 83-91.042 P : *Gaz. Pal. 1985. 2. 654, note Doucet.*

5. Parents concernés. Les parents peuvent être *déchus* de l'autorité parentale même quand ils n'en ont pas l'exercice. • Crim. 21 oct. 1992, n° 92-80.200 P : *R., p. 430.*

6. Enfants concernés : mineurs. La *déchéance* [le retrait total] de l'autorité parentale ne peut être prononcée, contre un condamné, qu'à l'égard de ses enfants mineurs ; cassation de l'arrêt qui a prononcé une telle mesure à l'égard d'un enfant qui, à la date où la cour statuait, était devenu majeur. • Crim. 30 sept. 1998, n° 97-83.021 P : *RTD civ. 1999. 76, obs. Hauser.*

Art. 378-1 *(L. n° 96-604 du 5 juill. 1996)* « Peuvent se voir retirer totalement l'autorité parentale, en dehors de toute condamnation pénale, les père et mère qui, soit par de mauvais traitements, soit par une consommation habituelle et excessive de boissons alcooliques ou un usage de stupéfiants, soit par une inconduite notoire ou des comportements délictueux, » *(L. n° 2016-297 du 14 mars 2016, art. 25)* « notamment lorsque l'enfant est témoin de pressions ou de violences, à caractère physique ou psychologique, exercées par l'un des parents sur la personne de l'autre, » soit par un défaut de soins ou un manque de direction, mettent manifestement en danger la sécurité, la santé ou la moralité de l'enfant.

Peuvent pareillement *(L. n° 96-604 du 5 juill. 1996)* « se voir retirer totalement l'autorité parentale », quand une mesure d'assistance éducative avait été prise à l'égard de l'enfant, les père et mère qui, pendant plus de deux ans, se sont volontairement abstenus d'exercer les droits et de remplir les devoirs que leur laissait l'article 375-7.

L'action *(L. n° 96-604 du 5 juill. 1996)* « en retrait total de l'autorité parentale » est portée devant le tribunal judiciaire, soit par le ministère public, soit par un membre de la famille ou le tuteur de l'enfant *(L. n° 2016-297 du 14 mars 2016, art. 41)* « , soit par le service départemental de l'aide sociale à l'enfance auquel l'enfant est confié ».

Ancien art. 378-1 (al. 1er) *Peuvent être déchus de l'autorité parentale, en dehors de toute condamnation pénale, les père et mère qui, soit par de mauvais traitements, soit par des exemples pernicieux d'ivrognerie habituelle, d'inconduite notoire ou de délinquance, soit par un défaut de soins ou un manque de direction, mettent manifestement en danger la sécurité, la santé ou la moralité de l'enfant.*

1. Nature du retrait : sanction (non). La *déchéance* (le retrait total) de l'autorité parentale prononcée en application de l'art. 378-1 ne constitue pas une sanction, mais une mesure de protection vis-à-vis de l'enfant ; il s'ensuit que les juges du fond peuvent prononcer cette mesure dès lors que l'enfant a été soumis, par une mère démente et dangereuse, à de mauvais traitements qui ont abouti à faire de lui un infirme ; peu importe que la mère ait été reconnue pénalement irresponsable, pour cause de démence, des sévices exercés sur son enfant. • Civ. 1re, 14 avr. 1982 : *D. 1983. 294, note J. M.*

2. *Danger.* Une cour d'appel énonce exactement que le seul risque d'une éventuelle mise en danger de l'enfant ne permet pas de prononcer la *déchéance* de l'autorité parentale. • Civ. 1re, 6 juill. 1999 : *Dr. fam. 2000, n° 4, note Murat.* ♦ La *déchéance* de l'autorité parentale ne peut être prononcée contre la mère d'un enfant mineur au motif de sa fragilité mentale, sans rechercher si, par suite de son comportement ou de son état, l'intéressée mettait manifestement en danger la sécurité, la santé et la moralité de l'enfant. • Civ. 1re, 14 juin 1988, n° 87-05.027 P : *R., p. 154 ; Gaz. Pal. 1988. 2. 797, note J. M.* ♦ V. aussi, sur la nécessité de caractériser l'état de danger encouru par l'enfant : • Civ. 1re, 15 mai 1990, n° 87-05.071 P (père incarcéré pour assassinats ; danger non simplement éventuel) • 6 mars 2001 : *RJPF 2001-6/35, obs. Blanc* (père condamné pour trafic de stupéfiants ; danger non établi) • Lyon, 22 mai 2001 : *JCP 2002. II. 10177, note Garé* (père condamné pour atteinte sexuelle sur la personne de sa nièce, mineure de quinze ans ; danger non établi). ♦ La carence du père absent ne caractérise pas la mise en danger manifeste de l'enfant de nature à entraîner la mesure prévue à l'art. 378-1. • Versailles, 31 oct. 1996 : *BICC 15 févr. 1997, n° 151.* ♦ Refus de retrait de l'autorité parentale de la mère (« mère porteuse », en l'espèce), le manque de soins et de direction ne mettant pas en danger les enfants. • Civ. 1re, 23 avr. 2003 : *JCP 2004. II. 10058, note Bourrat-Gueguen ; Dr. fam. 2003, n° 143, note Murat ; LPA 29 oct. 2003, note Massip ; RTD civ. 2003. 693, obs. Hauser* (appréciation souveraine). ♦ Retrait de l'autorité parentale pour des parents dans le déni des infractions pour lesquelles ils avaient été condamnés et qui avaient mis en échec pendant des années toute action éducative concernant leurs enfants placés, contribuant à les déstabiliser encore plus, ce positionnement persistant et sans évolution constituant une maltraitance psychologique. • Civ. 1re, 27 mai 2010, n° 09-65.208 P : *D. actu. 11 juin 2010, obs. Egéa ; D. 2010. Actu. 1485.*

3. *Abstention « volontaire ».* Les juges du fond ne peuvent retirer totalement l'autorité parentale à la mère, en application de l'al. 2 de l'art. 378-1, aux motifs que son état de santé ne l'empêchait pas d'exercer ses droits et devoirs de mère, ni de prendre des nouvelles de son enfant, alors qu'ils relèvent qu'elle présentait des troubles psychiatriques graves et durables. • Civ. 1re, 13 janv. 1998 : *Dr. fam. 1998, n° 97, note Murat.*

4. *Retrait de l'autorité parentale de la mère biologique dans le cadre d'une gestation pour autrui.* Le retrait de l'autorité parentale, qui est une mesure de protection de l'enfant, suppose la démonstration par le requérant d'un danger manifeste pour la santé, la sécurité ou la moralité de ce dernier, un défaut de soins ou un manque de direction est insuffisant. Rejet du pourvoi contre l'arrêt refusant le retrait de l'autorité parentale de la mère biologique, faute de preuve que l'absence de leur mère soit source de danger pour eux ou que cette mesure soit conforme à leur intérêt supérieur, le dispositif conventionnel et législatif n'a pas vocation à faciliter les démarches administratives. • Civ. 1re, 21 sept. 2022, n° 20-18.687 B : *D. 2022. 1702 ; AJ fam. 2022. 557, obs. Berdeaux ; ibid. 457, obs. Dionisi-Peyrusse ; RDSS 2022. 1147, obs. Monéger ; RTD civ. 2022. 876, obs. Leroyer ; Dr. fam. 2022, n° 166, obs. Siffrein-Blanc.*

5. *Date d'appréciation.* Le juge qui évalue le danger couru par l'enfant doit se placer à la date à laquelle il statue et non à la date où les faits ont été commis par le parent. • Civ. 1re, 20 févr. 2007, n° 05-17.618 P : *D. 2007. AJ 732 ; AJ fam. 2007. 189, obs. F. C. ; Dr. fam. 2007, n° 104, note Murat ; RTD civ. 2007. 328, obs. Hauser.* ♦ Mais pour la prise en compte par la cour d'appel de la nécessité de préserver les enfants pour l'avenir, compte tenu de leur grande fragilité psychologique, de toute intervention parentale : • Civ. 1re, 27 mai 2010 : *préc. note 2.*

Art. 378-2 *(L. n° 2019-1480 du 28 déc. 2019, art. 8)* **L'exercice de l'autorité parentale et les droits de visite et d'hébergement du parent poursuivi ou condamné, même non définitivement, pour un crime commis sur la personne de l'autre parent sont suspendus de plein droit jusqu'à la décision du juge et pour une durée maximale de six mois, à charge pour le procureur de la République de saisir le juge aux affaires familiales *dans un délai de huit jours.***

Art. 379 *(L. n° 96-604 du 5 juill. 1996)* **Le retrait total de l'autorité parentale prononcé en vertu** *(L. n° 2019-1480 du 28 déc. 2019, art. 8)* **« des articles 378 et 378-1 » porte de plein droit sur tous les attributs, tant patrimoniaux que personnels, se rattachant à l'autorité parentale ; à défaut d'autre détermination, il s'étend à tous les enfants mineurs déjà nés au moment du jugement.**

Il emporte, pour l'enfant, dispense de l'obligation alimentaire, par dérogation aux articles 205 à 207, sauf disposition contraire dans le jugement de retrait.

Retrait de l'autorité parentale et adoption non conformes à la Conv. EDH : • CEDH 10 sept. 2019, n° 37283/13 : *RTD civ. 2019. 814, note Marguénaud*, infirmant la solution rendue par • CEDH 30 nov. 2017, n° 37283/13 : *AJ fam. 2018. 40* (Norvège).

Art. 379-1 *(L. n° 96-604 du 5 juill. 1996)* **Le jugement peut, au lieu du retrait total, se borner à prononcer un retrait partiel de l'autorité parentale, limité aux attributs qu'il spécifie** *(L. n° 2019-1480 du 28 déc. 2019, art. 8)* **« , ou un retrait de l'exercice de l'autorité parentale ». Il peut aussi décider que le retrait total ou partiel de l'autorité parentale n'aura d'effet qu'à l'égard de certains des enfants déjà nés.**

Art. 380 **En prononçant** *(L. n° 96-604 du 5 juill. 1996)* **« le retrait total ou partiel de l'autorité parentale** *(L. n° 2019-1480 du 28 déc. 2019, art. 8)* **« ou de l'exercice de l'autorité parentale » ou » du droit de garde, la juridiction saisie devra, si l'autre parent est décédé ou s'il a perdu l'exercice de l'autorité parentale, soit** *(L. n° 87-570 du 22 juill. 1987)* **« désigner un tiers auquel l'enfant sera provisoirement confié » à charge pour lui de requérir l'organisation de la tutelle, soit confier l'enfant au service départemental de l'aide sociale à l'enfance.**

Elle pourra prendre les mêmes mesures lorsque l'autorité parentale est dévolue à l'un des parents par l'effet *(L. n° 96-604 du 5 juill. 1996)* **« du retrait total de l'autorité parentale** *(L. n° 2019-1480 du 28 déc. 2019, art. 8)* **« ou de l'exercice de l'autorité parentale » prononcé » contre l'autre.**

L'autorité parentale ayant été retirée aux deux parents, en application de l'art. 378 C. civ. pour des violences sur l'enfant, une cour d'appel statue, à bon droit, sur la demande de la grand-mère d'annulation de l'arrêté d'admission en qualité de pupille de l'État, en considération de l'intérêt de l'enfant, qu'elle apprécie souverainement. • Civ. 1re, 23 sept. 2015, n° 14-16.425 P : *D. 2016. 674, obs. Douchy-Oudot ; RDSS 2015. 1087, note Lafargue ; RTD civ. 2015. 862, obs. Hauser ; AJ fam. 2015. 606, obs. Salvage-Gerest* (rejet du pourvoi en ce que la cour d'appel a aussi refusé d'accorder à la grand-mère une délégation d'autorité parentale et un droit d'hébergement, mais qu'elle lui a accordé un droit de visite).

Art. 380-1 *(L. n° 2022-301 du 2 mars 2022, art. 3, en vigueur le 1er juill. 2022)* **En prononçant le retrait total de l'autorité parentale, la juridiction saisie peut statuer sur le changement de nom de l'enfant, sous réserve du consentement personnel de ce dernier s'il est âgé de plus de treize ans.**

V. Circ. du 3 juin 2022 de présentation des dispositions issues de la L. n° 2022-301 du 2 mars 2022 relative au choix du nom issu de la filiation,.

Art. 381 **Les père et mère qui ont fait l'objet** *(L. n° 96-604 du 5 juill. 1996)* **« d'un retrait total de l'autorité parentale » ou d'un retrait de droits pour l'une des causes prévues aux articles 378 et 378-1, pourront, par requête, obtenir du tribunal judiciaire, en justifiant de circonstances nouvelles, que leur soient restitués, en tout ou partie, les droits dont ils avaient été privés.**

La demande en restitution ne pourra être formée qu'un an au plus tôt après que le jugement prononçant *(L. n° 96-604 du 5 juill. 1996)* **« le retrait total ou partiel de l'autorité parentale » est devenu irrévocable ; en cas de rejet, elle ne pourra être renouvelée qu'après une nouvelle période d'un an. Aucune demande ne sera recevable lorsque, avant le dépôt de la requête, l'enfant aura été placé en vue de l'adoption.**

Si la restitution est accordée, le ministère public requerra, le cas échéant, des mesures d'assistance éducative.

V. C. pr. civ., art. 1202 s. — ***C. pr. civ.***

SECTION 5 De la déclaration judiciaire de délaissement parental

(L. n° 2016-297 du 14 mars 2016, art. 40)

Art. 381-1 Un enfant est considéré comme délaissé lorsque ses parents n'ont pas entretenu avec lui les relations nécessaires à son éducation ou à son développement pendant l'année qui précède l'introduction de la requête, sans que ces derniers en aient été empêchés par quelque cause que ce soit.

BIBL. ▶ GEBLER, *AJ fam. 2017. 167* .

Jurisprudence nouvelle.

1. Délaissement parental unilatéral. Les art. 381-1 et 381-2 n'imposent pas que le parent à l'endroit duquel la procédure de délaissement parental unilatérale n'est pas engagée ne soit plus titulaire de l'autorité parentale ou ait remis volontairement l'enfant au service de l'aide sociale à l'enfance en vue de son admission en qualité de pupille de l'État, de telles conditions n'étant pas prévues par ces textes. • Civ. 1re, 19 juin 2019, nos 19-70.007 P et 19-70.008 P : *D. 2019. 1876, note Rogue ; ibid. Chron. C. cass. 1784, note Le Cotty ; RTD civ. 2019. 568, obs. Leroyer ; Dr. fam. 2022, n° 151, obs. Mauger-Vielpeau.*

2. … Adoption impossible. Les art. L. 224-4, 6°, et L. 224-8-I CASF ne peuvent être interprétés en ce sens qu'ils autorisent l'admission en qualité de pupille de l'État d'un enfant, dont la filiation est établie à l'égard de ses deux parents et dont le délaissement parental unilatéral a été déclaré judiciairement, lorsque le parent non délaissant, qui n'est pas privé de ses droits d'autorité parentale, ne l'a pas remis volontairement au service de l'aide sociale à l'enfance en vue de cette admission. • Civ. 1re, 19 juin 2019, nos 19-70.007 P et 19-70.008 P : *préc.* ♦ L'art. 347, 3°, ne peut être interprété en ce sens qu'il autorise l'adoption d'un enfant, dont la filiation est établie à l'égard de ses deux parents, lorsque le délaissement parental est déclaré judiciairement à l'endroit d'un seul parent et que l'autre parent, non privé de ses droits d'autorité parentale, n'a pas donné son consentement. • Même avis.

3. Intérêt supérieur de l'enfant. L'intérêt supérieur de l'enfant étant une norme supralégale, il doit être pris en considération dans toutes les décisions concernant les enfants. Le tribunal peut donc, au regard des circonstances particulières du dossier et si l'intérêt de l'enfant l'exige, rejeter la demande de déclaration judiciaire de délaissement parental, alors même que les conditions légales posées à l'art. 381-1 seraient réunies. • Civ. 1re, 19 juin 2019, nos 19-70.007 P et 19-70.008 P : *préc.*

Inversement, prise en considération de l'intérêt supérieur de l'enfant pour prononcer le délaissement parental, compte tenu du comportement de la mère, alors que par ailleurs les démarches destinées à restaurer le lien entreprises par le service gardien sous le contrôle du juge pendant plusieurs années avaient maintenu l'enfant dans un état d'insécurité affective et entravé son bon développement, ce qui justifiait de le libérer du lien avec ses parents biologiques, des progrès ayant été constatés depuis la fin des visites obligatoires. • Civ. 1re, 30 nov. 2022, n° 20-22.903 B : *D. 2022. 2161 ; AJ fam. 2023. 48, obs. Mallevaey ; JCP 2023, n° 161, note Cheynet de Beaupré.*

4. … Délégation de l'autorité parentale. Lorsque le délaissement parental de l'enfant n'est judiciairement déclaré qu'à l'endroit d'un seul parent, la délégation de l'autorité parentale prévue à l'art. 381-2, al. 5, ne peut porter que sur les droits du parent délaissant, à l'exclusion de ceux de l'autre parent. • Civ. 1re, 19 juin 2019, nos 19-70.007 P et 19-70.008 P : *préc.* ♦ … Dans cette hypothèse, le partage de l'exercice de l'autorité parentale entre le délégataire et le parent non délaissant, s'il exerce l'autorité parentale, ne requiert pas l'accord de ce dernier. • Civ. 1re, 19 juin 2019, n° 19-70.008 P.

Jurisprudence rendue sous l'empire de l'anc. art. 350.

5. Illustrations de désintérêt. Caractérise le désintérêt de la mère le fait que, pendant la période de référence, bien qu'hospitalisée à plusieurs reprises, elle ait bénéficié de nombreux congés d'essai au cours desquels elle n'a fait aucune tentative pour établir des relations avec sa fille, soit par demande de visite, soit par appel téléphonique, soit par envoi de courriers ou colis. • Civ. 1re, 23 juin 2010, n° 09-15.129 P : *D. 2011. Pan. 1585, obs. Granet-Lambrechts ; AJ fam. 2010. 433, obs. Chénedé ; LPA 22 oct. 2010, note Siffrein-Blanc ; RLDC 2010/74, n° 3942, obs. Pouliquen* (mère devant apporter la preuve de sa « grande détresse », exception abrogée en 2005). ♦ Une « simple déclaration juridique de reconnaissance de l'enfant » n'est pas une marque d'intérêt suffisante pour motiver de plein droit le rejet d'une demande de déclaration d'abandon. • Civ. 1re, 3 oct. 1978, n° 77-80.010 P.

6. Est en revanche inopérante la circonstance que la mère ne soit pas opposée au projet d'adoption ; cassation de l'arrêt qui rejette pour ce motif la requête en déclaration d'abandon, sans rechercher si les conditions posées par l'art. 350 n'étaient pas réunies. • Civ. 1re, 28 nov. 2000, n° 98-14.737 : *Dr. fam. 2001, n° 56, note Murat.* ♦ V. aussi : • Civ. 1re, 6 mai 2003, n° 01-10.849 : *JCP 2004. I. 109, n° 4, obs. Favier ; Defrénois 2003. 1493, obs. Massip.*

7. Caractère volontaire du désintérêt. V. ss. l'empire de l'anc. art. 350 : le manque d'intérêt prévu par l'art. 350 doit être volontaire. • Civ. 1re, 23 oct. 1973, n° 72-80.006 P : *R. 1973-1974, p. 19 ; D. 1974. 135, note Gaury* • 28 mai 1980, n° 79-10.874 P (application du texte résultant de la L. du 22 déc. 1976) • 12 oct. 1999, n° 97-05.002 : *Defrénois 2000. 662, obs. Massip ; Dr. fam. 2000, n° 3, note Murat (absence de mise en œuvre du droit de visite par l'aide sociale et ignorance par les parents du lieu de résidence de la famille d'accueil)* • 23 nov. 2011, n° 10-30.714 : *Dr. fam. 2012, n° 29, obs. Raymond.* ♦ Lorsque n'est relevée pendant le délai légal aucune marque d'intérêt pour l'enfant, seul le caractère involontaire de ce comportement ou l'intérêt de l'enfant peuvent fonder le rejet de la demande en déclaration d'abandon. • Civ. 1re, 29 oct. 1979, n° 78-10.699 P : *JCP 1980. II. 19366.* ♦ Cassation, au visa de l'art. 455 C. pr. civ., de l'arrêt qui déclare un enfant abandonné sans répondre aux conclusions soutenant que le désintérêt avait un caractère involontaire. • Civ. 1re, 8 déc. 1998, n° 97-05.015 P : *Dr. fam. 1999, n° 14, note Murat ; LPA, 14 juin 1999, note Massip.*

8. Il n'y a pas désintérêt volontaire, en présence d'une série d'actions en justice tendant à récupérer l'enfant. • Civ. 1re, 17 déc. 1996, n° 95-05.045 : *Defrénois 1997. 727, obs. Massip ; Dr. fam. 1997. 156, note Murat.*

9. Charge de la preuve du caractère involontaire. S'il appartient au demandeur à l'action en déclaration d'abandon de prouver que les parents n'ont pas entretenu avec l'enfant les relations nécessaires au maintien de liens affectifs, c'est à ceux qui invoquent, en tant que moyen de défense, le caractère involontaire du désintérêt d'en établir la réalité. • Civ. 1re, 6 mars 1985, n° 83-17.320 P : *R., p. 77 ; D. 1986. 193, note J. M. ; RTD civ. 1986. 730, obs. Rubellin-Devichi.*

10. Période de référence. C'est à la date de la présentation de la requête ou déclaration d'abandon qu'il convient d'apprécier si les parents se sont manifestement désintéressés de l'enfant depuis plus d'un an. • Civ. 1re, 29 oct. 1979, n° 78-10.699 : *préc.* ♦ Le désintérêt de l'enfant s'apprécie pendant l'année qui précède le dépôt de la requête et les juges n'ont pas à tenir compte de déclarations de la mère postérieures à cette période. • Civ. 1re, 15 nov. 1994, n° 93-10.458 P : *Defrénois 1995. 728, obs. Massip ; JCP 1995. I. 3855, n° 8, obs. Favier.*

Art. 381-2 **Le tribunal judiciaire déclare délaissé l'enfant recueilli par une personne, un établissement ou un service départemental de l'aide sociale à l'enfance qui se trouve dans la situation mentionnée à l'article 381-1 pendant l'année qui précède l'introduction de la demande en déclaration judiciaire de délaissement parental. La demande en déclaration de délaissement parental est obligatoirement transmise, à l'expiration du délai d'un an prévu à l'article 381-1, par la personne, l'établissement ou le service départemental de l'aide sociale à l'enfance qui a recueilli l'enfant, après que des mesures appropriées de soutien aux parents leur ont été proposées. La demande peut également être présentée par le ministère public agissant d'office ou, le cas échéant, sur proposition du juge des enfants.**

La simple rétractation du consentement à l'adoption, la demande de nouvelles ou l'intention exprimée mais non suivie d'effet de reprendre l'enfant ne constituent pas un acte suffisant pour rejeter de plein droit une demande en déclaration de délaissement parental et n'interrompent pas le délai mentionné au premier alinéa du présent article.

Le délaissement parental n'est pas déclaré si, au cours du délai mentionné au premier alinéa, un membre de la famille a demandé à assumer la charge de l'enfant et si cette demande est jugée conforme à l'intérêt de ce dernier.

Le délaissement parental peut être déclaré à l'endroit des deux parents ou d'un seul.

Lorsqu'il déclare l'enfant délaissé, le tribunal délègue par la même décision l'autorité *parentale sur l'enfant* à la personne, à l'établissement ou au service départemental de l'aide sociale à l'enfance qui a recueilli l'enfant ou à qui ce dernier a été confié.

La tierce opposition n'est recevable qu'en cas de dol, de fraude ou d'erreur sur l'identité de l'enfant.

Sur la procédure applicable à la déclaration judiciaire de délaissement parental, V. C. pr. civ., art. 1202 s. — ***C. pr. civ.***

1. Jurisprudence nouvelle. V. notes 1 s. ss. art. 381-1.

Jurisprudence rendue sous l'empire de l'anc. art. 350.

2. Domaine quant aux enfants. Les enfants « recueillis » au sens de l'art. 350 sont ceux dont un particulier, une œuvre privée ou l'aide sociale à l'enfance ont « la charge » et ont ainsi qualité pour présenter une requête aux fins de déclaration d'abandon. • Civ. 1re, 4 janv. 1978, n° 76-13.470 P. ♦ L'anc. art. 350 n'exclut pas de son champ d'application les mineurs faisant l'objet d'une mesure d'assistance éducative. • Civ. 1re, 18 déc. 1978, n° 77-14.987 P (application de l'art. 350 dans sa rédaction antérieure à la L. du 22 déc. 1976).

3. Conv. EDH. Violation de l'art. 8 Conv. EDH en raison d'une durée de plus de quatre ans pour la restitution au père biologique de sa fille remise irrégulièrement par sa mère à des tiers. • CEDH, sect. II, 22 mai 2012, *Santos Nunes c/ Portugal*, n° 61173/08.

1° INTÉRÊT DE L'ENFANT

4. Désintérêt non établi. Dès lors que le désintérêt des parents n'est pas établi, l'intérêt de l'enfant n'est pas une condition suffisante permettant de déclarer judiciairement l'abandon. • Civ. 1re, 16 juill. 1992, n° 91-12.871 P : *Defrénois 1993. 297, obs. Massip.*

5. Désintérêt établi. Il résulte de l'anc. art. 350 que, même lorsque les conditions d'application de ce texte sont réunies, l'intérêt de l'enfant peut justifier le rejet d'une requête aux fins de déclaration d'abandon. • Civ. 1re, 6 janv. 1981, n° 79-15.746 P : *D. 1981. 495, note Raynaud.* ♦ L'intérêt d'un enfant musulman dont la législation prohibe l'adoption peut commander qu'il soit déclaré judiciairement abandonné, cette procédure ne conduisant pas nécessairement à l'adoption. • Pau, 13 mai 1996 : *Dr. fam. 1997, n° 155, note Murat.*

6. Articulation avec l'adoption. Si un enfant, déclaré abandonné sur le fondement de l'anc. art. 350 C. civ., peut être restitué à ses père et mère dès lors qu'il n'a pas été placé en vue de l'adoption, c'est à la condition que cette restitution soit conforme à son intérêt. • Civ. 1re, 22 juill. 1986, n° 85-11.645 P : *Gaz. Pal. 1988. 1. 5, note J. M. ; RTD civ. 1986. 730, obs. Rubellin-Devichi* • 2 juin 1987, n° 85-13.542 P : *R., p. 136.* ♦ Sur l'impossibilité de faire adopter un enfant qui fait l'objet d'un délaissement parental unilatéral, V. note 2 ss. art. 381-1.

2° RÔLE DE LA FAMILLE

7. Une déclaration judiciaire d'abandon impliquant que les père et mère de l'enfant s'en soient manifestement désintéressés, l'expression « un membre de la famille » au sens de l'anc. art. 350 ne peut désigner que les membres de la famille autres que les père et mère. • Civ. 1re, 3 oct. 1978 : *Bull. civ. I, n° 287.*

8. L'abandon ne peut être déclaré lorsqu'un membre de la famille assume déjà la charge de l'enfant. • Civ. 1re, 24 mars 1987, n° 85-16.727 P : *R., p. 136 ; D. 1988. 153, note E. Roujou de Boubée ; Defrénois 1987. 1078, note Massip ; JCP 1988. II. 21076, note Salvage-Gerest ; RTD civ. 1988. 708, obs. Rubellin-Devichi.*

3° PROCÉDURE

9. Délai d'introduction de la requête. L'anc. art. 350 ne pose aucune condition de délai pour les recueillants qui présentent requête aux fins de déclaration d'abandon. • Civ. 1re, 16 nov. 1976, n° 75-14.800 : *JCP 1978. II. 18906, note Furkel ; RTD civ. 1977. 321, obs. Raynaud.*

10. Tierce opposition. La tierce opposition est irrecevable s'il n'y a pas eu dol, fraude ou erreur sur l'identité de l'enfant. • Civ. 1re, 2 déc. 1997, n° 96-11.323 : *Dr. fam. 1998, n° 21, obs. Murat.*

CHAPITRE II DE L'AUTORITÉ PARENTALE RELATIVEMENT AUX BIENS DE L'ENFANT

(Ord. n° 2015-1288 du 15 oct. 2015, art. 3, en vigueur le 1er janv. 2016)

BIBL. GÉN. ▸ **Patrimoine du mineur :** *Dr. et patr. 11/2000. 53 s.* (dossier). – *AJ fam. 2002. 360* (dossier). – Besse, *Dr. et patr. 7-8/2007. 38* (patrimoine du mineur : gestion en « bon père de famille » ?). – Bouquemont, *Dr. et patr. 6/2014. 28* (vente de titres). – Lécuyer, *Gaz. Pal. 2003. Doctr. 761.* ▸ **Administration légale :** Tardy-Joubert, *Dr. fam. 2007. Étude 22.*

SECTION 1 De l'administration légale

Les art. 3 à 9 de l'Ord. n° 2015-1288 du 15 oct. 2015 sont applicables aux administrations légales en cours au jour de son entrée en vigueur (Ord. préc., art. 17-III).

Art. 382 **L'administration légale appartient aux parents. Si l'autorité parentale est exercée en commun par les deux parents, chacun d'entre eux est administrateur légal. Dans les autres cas, l'administration légale appartient à celui des parents qui exerce l'autorité parentale.**

BIBL. ▸ **Ord. 15 oct. 2015 :** Batteur et Douville, *D. 2015. 2330.* – Bruggeman, *Gaz. Pal. 2016. 3610.* – Combret et Baillon-Wirtz, *JCP N 2015, n° 1238.* – Maria et Raoul-Cormeil, *Dr. fam. 2016. Dossier 4.* – Montoux, *JCP N 2015, n° 1221.* – Peterka, *JCP 2015, n° 1160.* – Salvage-Gerest, *AJ fam. 2015. 601.* – Zattara-Gros, *Gaz. Pal. 2016. 1470.* – Dossier, *AJ fam. 2015. 598 s. ; ibid. 2016. 361.*

Il résulte des art. 371-1, 382, 383 anciens et 488 que l'administration légale des biens de l'enfant mineur par ses parents cesse de plein droit à sa majorité. • Civ. 1re, 9 janv. 2008, n° 05-21.000

P : *D. 2008. AJ 353* ; *JCP 2008. II. 10048, note Lasserre Capdeville* ; *JCP N 2008. 1157, note Plazy* ; *Dr. fam. 2008, n° 47, obs. Fossier* ; *Defrénois 2008. 1124, obs. Massip* ; *Dr. et patr. 5/2008. 80, obs. Fulchiron* ; *RTD civ. 2008. 275, obs. Hauser* (impossibilité pour les parents d'effectuer des retraits, même destinés à l'entretien de l'enfant).

Art. 382-1 **Lorsque l'administration légale est exercée en commun par les deux parents, chacun d'eux est réputé, à l'égard des tiers, avoir reçu de l'autre le pouvoir de faire seul les actes d'administration portant sur les biens du mineur.**

La liste des actes qui sont regardés comme des actes d'administration est définie dans les conditions de l'article 496.

L'établissement financier qui offre ou consent un prêt ou un crédit personnalisé à un mineur sans l'autorisation du juge des tutelles ou, s'agissant des actes de la vie courante, du représentant légal est redevable d'une amende fiscale d'un montant égal au quintuple du montant de la créance figurant au contrat (L. n° 98-657 du 29 juill. 1998, art. 113, JO 31 juill.).

BIBL. ▶ FARGE, *Dr. et patr. 9/2000. 78* (dépassement de pouvoir du représentant légal). – HAUSER, *Mél. Raynaud, Dalloz, 1985, p. 227* (protection de la personne de l'incapable). – FOSSIER, *Dr. fam. 1998, n° 164* (commentaire de l'art. 113 de la L. du 29 juill. 1998, en note ci-dessus).

1. Compte bancaire. L'administrateur légal, même placé sous contrôle judiciaire, a le pouvoir de faire seul les actes d'administration ; il peut, à ce titre, procéder à la réception des capitaux échus au mineur et les retirer du compte de dépôt sur lequel il les a versés ; la banque n'est pas garante de l'emploi des capitaux. • Civ. 1re, 11 oct. 2017, n° 15-24.946 P : *D. 2017. 2405, note Farge* ; *AJ fam. 2017. 645, obs. Viney* ; *AJ contrat 2018. 41, obs. Dagorne-Labbe* ; *RTD civ. 2018. 76, obs. Mazeaud* ; *JCP 2017, n° 1320, note Lasserre-Capdeville.* ♦ Déjà : • Civ. 1re, 20 mars 1989 : *D. 1989. 406, note Massip* ; *JCP N 1990. II. 33, note Fossier.* ♦ V. Décr. 22 déc. 2008, annexe 1, II, 1°.

2. V. dans le cadre de l'art. 389-6 ancien : dès lors qu'une convention de compte bloqué avec versement anticipé des intérêts a été valablement conclue, la perception des intérêts ne nécessite pas une autorisation du juge des tutelles. • Civ. 1re, 17 janv. 1978, n° 75-14.302 P : *D. 1980. 17, note Champenois-Marmier* ; *JCP 1979. II. 19175, note Courbe* (conclusion de la convention nécessitant une autorisation). ♦ V. Décr. 22 déc. 2008, annexe 1, II, 1°.

3. Honoraires d'avocat. V. avant l'Ord. du 15 oct. 2015 : le paiement d'honoraires d'avocat constituant un acte d'administration (rappr. Décr. 22 déc. 2008, annexe 2, I, 1° et 1, IX) nécessitant au moins l'autorisation de l'un des deux administrateurs légaux du mineur, engage sa responsabilité l'avocat qui prélève directement une somme sur le compte client ouvert à la CARPA au nom d'un mineur, sans l'autorisation d'un administrateur légal. • Civ. 1re, 3 juill. 2001, n° 98-16.854 P : *RJPF 2001-12/11, note Garé* ; *RTD civ. 2002. 73, obs. Hauser*. – Sur cet arrêt, V. Fossier et Fresnel, Gaz. Pal. 2002. Doctr. 612. ♦ Comp. pour l'acceptation d'honoraires de résultat, ss. art. 387-1.

4. Location par un bailleur mineur. La conclusion d'un bail de neuf ans au plus est un acte d'administration (Décr. 22 déc. 2008, annexe 1, I). ♦ Sur le régime de l'éventuel droit au renouvellement du locataire, V. aussi art. 504, texte et note. ♦ Rappr. sous l'empire des textes antérieurs à l'Ord. du 15 oct. 2015 : dans le régime de l'administration légale pure et simple, les parents agissant d'un commun accord ont le pouvoir de consentir un bail à long terme sur les biens ruraux appartenant à leurs enfants mineurs mais cette faculté n'exclut pas la règle selon laquelle les baux consentis par le tuteur ne confèrent au preneur, à l'encontre du mineur devenu majeur, aucun droit de renouvellement à l'expiration du bail, nonobstant toutes dispositions légales contraires (art. 456 ancien). • Civ. 1re, 4 juin 2009, n° 08-13.480 : *cité note 16 ss. art. 1137.*

5. Assurance vie. V. sous l'empire de l'anc. art. 389-5 : la renonciation à un contrat d'assurance vie s'analysant en un acte d'administration, un tel acte peut être exercé par un parent, en sa qualité d'administrateur légal de son fils mineur, seul, sans autorisation du juge des tutelles. • Civ. 1re, 18 mai 2011, n° 10-23.114 P : *D. 2011. Actu. 1484* ; *AJ fam. 2011. 344, obs. Verheyde* ; *RTD civ. 2011. 509, obs. Hauser* ; *Dr. fam. 2011, n° 117, obs. Maria* ; *JCP N 2012, n° 1134, obs. Massip* ; *Gaz. Pal. 2011. 1554, obs. Leroy.*

Art. 383 **Lorsque les intérêts de l'administrateur légal unique ou, selon le cas, des deux administrateurs légaux sont en opposition avec ceux du mineur, ces derniers demandent la nomination d'un administrateur *ad hoc* par le juge des tutelles. A défaut de diligence des administrateurs légaux, le juge peut procéder à cette nomination à la demande du ministère public, du mineur lui-même ou d'office.**

Lorsque les intérêts d'un des deux administrateurs légaux sont en opposition avec ceux du mineur, le juge des tutelles peut autoriser l'autre administrateur légal à représenter l'enfant pour un ou plusieurs actes déterminés. — *[Rappr. anc. art. 389-3, al. 2]*

BIBL. ▶ **Administrateur *ad hoc* :** Fossier, *Dr. fam. 1999, n° 131* (Décr. du 16 sept. 1999). – Ghelfi-Tastevin, *LPA 13 mars 1998*. – A. et C. Guery, *Gaz. Pal. 1998. 2. Doctr. 1073*. – Neirinck, *JCP 1991. I. 3496*.

Sur la possibilité pour le procureur de la République ou le juge d'instruction, saisi de faits commis volontairement à l'encontre d'un mineur, de désigner un administrateur ad hoc pour la protection des intérêts du mineur, V. C. pr. pén., art. 706-50. — ***C. pr. pén.***

1. Opposition d'intérêts. Les juges du fond déduisent souverainement des éléments de fait l'existence d'une opposition d'intérêts entre l'administrateur légal et le mineur. • Civ. 1re, 5 janv. 1999, n° 96-19.759 : *Dr. fam. 1999, n° 58, note Fossier ; RTD civ. 1999. 814, obs. Hauser* (en l'espèce, disparité des situations de fortune et résistance de la mère à l'action de l'administrateur *ad hoc* justifiant le maintien de celui-ci) • 25 oct. 2005, n° 03-14.404 : *cité note 2 ss. art. 388-2.*

2. Limites à la désignation : respect des décisions définitives. L'acceptation d'une succession étant définitive, quand l'administrateur légal a accepté sous bénéfice d'inventaire une succession échue au mineur, il n'est pas possible de nommer un administrateur *ad hoc* ayant mission de renoncer à cette succession. • Civ. 1re, 16 avr. 1991, n° 89-10.248 P : *RTD civ. 1991. 500, obs. Hauser ; Defrénois 1991. 952, obs. Massip ;*

3. ... Respect des pouvoirs du mineur. Le mineur pouvant faire lui-même le choix d'un conseil dans la procédure d'assistance éducative, il y a lieu d'annuler l'ordonnance du juge des tutelles désignant un administrateur *ad hoc* à cette fin. • TGI Basse-Terre, 30 mai 1996 : *LPA 11 nov. 1996, note Massip.*

4. Pouvoirs du tuteur ad hoc. De la combinaison des anciens art. 389-3, 389-6 et 464, il résulte que, comme l'administrateur légal, l'administrateur *ad hoc* a, dans les limites de la mission confiée, qualité pour accomplir seul tous les actes civils qu'un tuteur peut faire sans autorisation du conseil de famille. • Civ. 1re, 8 mars 1988, n° 86-16.153 P : *R., p. 155 ; Gaz. Pal. 1989. 1. 43, note Massip.* ♦ V. aussi notes 2 et 5 ss. art. 388-2 (tuteur *ad hoc* ne pouvant avoir plus de droits que le mineur).

5. Illustration : contestation de paternité. Sur la nomination d'un tuteur *ad hoc* dans une contestation de reconnaissance, V. • Civ. 1re, 18 mars 1981, n° 79-16.284 P (distinction avec l'anc. art. 317 spécifique au désaveu).

6. Matière pénale. La désignation d'un administrateur *ad hoc* en application de l'art. 706-50 C. pr. pén. fait obstacle à ce que le représentant légal du mineur puisse également intervenir aux mêmes fins. • Crim. 12 sept. 2000, n° 00-81.871 : *D. 2000. IR 275 ; RTD civ. 2001. 110, obs. Hauser.* ♦ V. aussi note 2 ss. art. 388-2.

Art. 384 Ne sont pas soumis à l'administration légale les biens donnés ou légués au mineur sous la condition qu'ils soient administrés par un tiers.

Le tiers administrateur a les pouvoirs qui lui sont conférés par la donation, le testament ou, à défaut, ceux d'un administrateur légal.

Lorsque le tiers administrateur refuse cette fonction ou se trouve dans une des situations prévues aux articles 395 et 396, le juge des tutelles désigne un administrateur *ad hoc* pour le remplacer.

BIBL. ▶ Boulanger, *JCP N 1994. I. 363* (clauses d'exclusion de la jouissance ou de l'administration légale). – M. Grimaldi, *Defrénois 2020/48. 27* (l'article 384 permet-il de confier à un fiduciaire la gestion des biens donnés ou légués à un mineur ?). – Farge et Guillaud-Bataille, *JCP N 2019, n° 1167* (désignation d'un tiers administrateur aux biens donnés ou légués à un mineur). – Hauser, *Defrénois 2009. 25* (administration des biens légués ou donnés).

1. Intérêt supérieur de l'enfant. Le droit de mener une vie familiale normale n'implique pas que l'administration des biens donnés ou légués à un mineur soit confiée à son père ou à sa mère, administrateur légal et titulaire de l'autorité parentale ; le législateur a prévu, afin d'assurer la protection de l'intérêt de l'enfant en présence d'une clause d'exclusion de l'administration légale, une garantie contre la défaillance du tiers administrateur institué par le donateur ou le testateur, en insérant, à l'al. 3 de l'art. 384, une disposition selon laquelle, lorsque le tiers administrateur refuse cette fonction ou se trouve dans une des situations prévues aux art. 395 et 396, le juge des tutelles désigne un administrateur *ad hoc* pour le remplacer. • Civ. 1re, 15 juin 2017, n° 17-40.035 P : *D. 2017. 1303 ; AJ fam. 2017. 408, obs. Corpart ; RTD civ. 2017. 611, obs. Hauser* (refus de transmettre une QPC).

2. Texte de portée générale. L'ancien art. 389-3, qui permet au disposant, sans aucune distinction, de soustraire à l'administration légale des père et mère les biens qu'il donne ou lègue à un mineur, est une disposition générale qui ne comporte aucune exception pour la réserve héréditaire. • Civ. 1re, 6 mars 2013, n° 11-26.728 P : *D. 2013. Pan. 2073, obs. Bonfils et Gouttenoire ; AJ fam. 2013. 239, obs. Massip ; RTD civ. 2013. 346, obs. Hauser ; ibid. 421, obs. Grimaldi ; Defrénois 2013. 365, obs. Randoux.* ♦ ... Et le juge ne peut annuler la disposition testamentaire prévoyant ce mode d'administration, au motif que cette désignation serait contraire à l'intérêt de l'enfant, ajoutant ainsi à la loi une condition qu'elle ne prévoit pas. • Civ. 1re, 26 juin 2013, n° 11-25.946 P : *D. 2013. Pan. 2073, obs. Bonfils et Gouttenoire ; AJ fam. 2013. 512, obs. Mornet ; RTD civ. 2013. 575, obs. Hauser ; Dr. fam. 2013, n° 124, obs. Maria ; Defrénois 2013. 972, note Massip.* ♦ Dans le même sens : • Civ. 1re, 10 juin 2015, n° 14-18.856 P : *D. 2015. 1318 ; AJ fam. 2015. 551, obs. Casey ; RTD civ. 2015. 584, obs. Hauser ; ibid. 668, obs. Grimaldi* (arrêt cassé ayant imposé plusieurs conditions supplémentaires).

3. Notion de legs. La clause d'exclusion de l'administration légale qui emporte privation de la jouissance légale de la mère a nécessairement pour effet d'augmenter les droits des mineurs sur leur émolument dans la succession de leur père, de sorte qu'une telle clause stipulée par le testateur, – « mon patrimoine qui reviendra à mes enfants » –, caractérise un legs. • Civ. 1re, 11 févr. 2015, n° 13-27.586 P : *D. 2015. 488 ; AJ fam. 2015. 237, obs. Vernières ; RTD civ. 2015. 354, obs. Hauser ; Dr. fam. 2015, n° 75, obs. Nicod ; ibid., n° 80, obs. Maria ; RDC 2015. 901, obs. Godechot-Patris.*

Art. 385 **L'administrateur légal est tenu d'apporter dans la gestion des biens du mineur des soins prudents, diligents et avisés, dans le seul intérêt du mineur.**

Art. 386 **L'administrateur légal est responsable de tout dommage résultant d'une faute quelconque qu'il commet dans la gestion des biens du mineur.**

Si l'administration légale est exercée en commun, les deux parents sont responsables solidairement.

L'État est responsable des dommages susceptibles d'être occasionnés par le juge des tutelles et le *(L. n° 2016-1547 du 18 nov. 2016, art. 16-I)* **« directeur des services de greffe judiciaires » du tribunal judiciaire dans l'exercice de leurs fonctions en matière d'administration légale, dans les conditions prévues à l'article 412.**

L'action en responsabilité se prescrit par cinq ans à compter de la majorité de l'intéressé ou de son émancipation.

Lorsque la mère ne partage pas avec son mari l'administration légale des biens de leur fille, il est justement décidé que le préjudice subi par l'enfant du fait de la dissipation d'une partie du prix de vente d'un immeuble indivis entre la mineure et son père trouve sa cause non dans l'acte de vente lui-même mais dans le défaut de remploi du prix ; en conséquence, les juges du fond écartent à bon droit la responsabilité solidaire des parents et mettent à juste titre la mère hors de cause. • Civ. 1re, 7 déc. 1977, n° 74-14.890 P.

SECTION 2 De la jouissance légale

Art. 386-1 **La jouissance légale est attachée à l'administration légale : elle appartient soit aux parents en commun, soit à celui d'entre eux qui a la charge de l'administration.**

En ce qui concerne la jouissance légale des biens des pupilles de l'État, V. CASF, art. L. 224-9, ss. art. 375-9.

Art. 386-2 **Le droit de jouissance cesse :**

1° Dès que l'enfant a seize ans accomplis ou même plus tôt quand il contracte mariage ;

2° Par les causes qui mettent fin **à l'autorité parentale ou par celles qui mettent fin à l'administration légale ;**

3° Par les causes qui emportent l'extinction de tout usufruit.

BIBL. ▸ HAUSER, *RTD civ. 1993. 813* (anc. art. 384).

1. Amélioration des biens. Sur l'établissement éventuel de comptes, en cas d'amélioration apportée aux biens ayant fait l'objet du droit de jouissance légale, V. * Req. 17 nov. 1903 : *DP 1904. 1. 11.*

2. Dette de restitution : point de départ des intérêts. V. avant la L. du 5 mars 2007 : en fixant le point de départ des intérêts de la somme due par l'administrateur légal au mineur trois mois après la majorité de celui-ci en application de l'ancien art. 474 C. civ., une cour d'appel viole l'ancien art. 384-1°. • Civ. 1re, 19 déc. 1995 : *Defrénois 1996. 1002, obs. Massip* (restitution de sommes dont le mineur avait hérité et que l'administrateur avait utilisées à des fins personnelles).

Art. 386-3 Les charges de cette jouissance sont :

1° Celles auxquelles sont tenus les usufruitiers ;

2° La nourriture, l'entretien et l'éducation de l'enfant, selon sa fortune ;

3° Les dettes grevant la succession recueillie par l'enfant en tant qu'elles auraient dû être acquittées sur les revenus.

Articulation du droit de jouissance légale et de l'obligation alimentaire : lorsque les enfants possèdent des biens personnels, les père et mère ne doivent seuls supporter la dépense des frais d'entretien et d'éducation que s'ils ont l'usufruit légal ; mais, s'ils ont perdu cet usufruit (défaut d'inventaire), ils peuvent imputer ces frais sur les revenus des mineurs ; ce n'est qu'en cas d'insuffisance de ces revenus que l'excédent de la dépense reste à leur charge comme dette personnelle. • Civ. 30 nov. 1910 : *D. 1912. 74.*

Art. 386-4 La jouissance légale ne s'étend pas aux biens :

1° Que l'enfant peut acquérir par son travail ;

2° Qui lui sont donnés ou légués sous la condition expresse que les parents n'en jouiront pas ;

3° Qu'il reçoit au titre de l'indemnisation d'un préjudice extrapatrimonial dont il a été victime.

BIBL. ▶ D. Boulanger, *JCP N 1994. Doctr. 363* (clauses d'exclusion de la jouissance ou de l'administration légale).

Sur le droit pour les mineurs de se faire ouvrir des livrets A sans l'intervention de leur représentant légal, V. C. mon. fin., art. L. 221-3 et, pour le droit d'opposition en cas de retrait, art. R. 221-6. — ***C. mon. fin.***

L'absence de droit de jouissance légale sur les gains et salaires de l'enfant mineur n'interdit pas aux administrateurs légaux d'affecter tout ou partie de ces revenus à son entretien et à son éducation, seul l'excédent devant revenir au mineur. • Civ. 1re, 9 janv. 2008, n° 05-21.000 : *cité ss. art. 382.*

SECTION 3 De l'intervention du juge des tutelles

Art. 387 En cas de désaccord entre les administrateurs légaux, le juge des tutelles est saisi aux fins d'autorisation de l'acte.

Sur la procédure applicable à l'intervention du juge des tutelles en matière d'administration légale, V. C. pr. civ., art. 1180-6 s. — ***C. pr. civ.***

1. Nature juridictionnelle. V. sous l'empire du droit antérieur à l'Ord. du 15 oct. 2005 : le juge des tutelles étant une juridiction, une lettre qui lui est adressée pour l'alerter sur la gestion d'un tuteur est couverte par l'immunité instituée par l'art. 41 de la L. du 29 juill. 1881. • Civ. 2e, 27 mai 1998, n° 95-15.502 P : *Dr. fam. 1998. 110, note Fossier.* ♦ Sur les garanties procédurales découlant de cette qualification, V. ss. art. 432. ♦ V. aussi sur l'obligation de motivation des décisions du juge : • Civ. 1re, 22 oct. 2008, n° 07-19.964 P : *AJ fam. 2008. 479, note Pécaut-Rivolier ; Dr. fam. 2008, n° 176, note Fossier* (autorisation d'une cession).

2. Recours. V. sous l'empire de l'ancien art. 389-7 : l'administrateur légal peut, dans l'intérêt de l'enfant mineur, comme le tuteur à l'égard de délibérations du conseil de famille, former un recours contre les ordonnances du juge des tutelles, quel qu'ait été son avis lors de la décision. • Civ. 1re, 17 mai 1988, n° 87-11.118 P : *R., p. 157 ; Gaz. Pal. 1989. 1. 129, note J. M. ; JCP N 1989. II. 93, note Fossier* • 11 juin 2002, n° 00-14.550 P : *D. 2002. 3174, note Farge ; RTD civ. 2002. 487, obs. Hauser ; Defrénois 2002. 1475, obs. Massip ; AJ fam. 2002. 303, obs. S. D.-B.*

Art. 387-1 L'administrateur légal ne peut, sans l'autorisation préalable du juge des tutelles :

1° Vendre de gré à gré un immeuble ou un fonds de commerce appartenant au *mineur* ;

2° Apporter en société un immeuble ou un fonds de commerce appartenant au mineur ;

3° Contracter un emprunt au nom du mineur ;

4° Renoncer pour le mineur à un droit, transiger ou compromettre en son nom ;

5° Accepter purement et simplement une succession revenant au mineur ;

6° Acheter les biens du mineur, les prendre à bail ; pour la conclusion de l'acte, l'administrateur légal est réputé être en opposition d'intérêts avec le mineur ;

7° Constituer gratuitement une sûreté au nom du mineur pour garantir la dette d'un tiers ;

8° Procéder à la réalisation d'un acte portant sur des valeurs mobilières ou instruments financiers au sens de l'article L. 211-1 du code monétaire et financier, si celui-ci engage le patrimoine du mineur pour le présent ou l'avenir par une modification importante de son contenu, une dépréciation significative de sa valeur en capital ou une altération durable des prérogatives du mineur.

L'autorisation détermine les conditions de l'acte et, s'il y a lieu, le prix ou la mise à prix pour lequel l'acte est passé.

En ce qui concerne la transaction avec l'assureur, en cas d'accident de la circulation intéressant un mineur, V. C. assur., art. L. 211-15, ss. art. 1242.

1. Domaine : ventes forcées (non). V. dans le cadre de l'ancien art. 389-6 : l'autorisation du juge des tutelles n'est pas requise pour les ventes forcées décidées, en vertu de dispositions légales, ou de conventions valables, en l'absence de toute initiative prise par l'administrateur légal des mineurs. • Civ. 1re, 18 déc. 1984, n° 83-15.646 : *Gaz. Pal. 1985. 2. 561, note J. M.*

2. ... Respect d'un engagement antérieur. Il n'y a pas lieu d'obtenir l'autorisation du juge des tutelles pour l'un des héritiers mineur à l'occasion d'une vente dès lors que le promettant avait définitivement consenti à vendre avant son décès, l'option pouvant être valablement levée, après son décès, contre ses héritiers tenus de la dette contractée par leur auteur. • Civ. 3e, 8 sept. 2010, n° 09-13.345 : *cité note 35 ss. art. 1589.*

1° ACTES VISÉS PAR LE TEXTE

3. Vente d'un meuble. Rappr. sous l'empire du droit antérieur : refus d'autoriser une vente de biens meubles légués à l'enfant par ses grands-parents ou leur échange avec des biens de l'administrateur, dans le souci de respecter la volonté des testateurs et de protéger le mineur (administrateur en situation financière difficile), V. • Civ. 1re, 24 févr. 1976, n° 74-14.258 P.

4. Conclusion d'un emprunt (3°). Rappr. : le démarchage, par un établissement de crédit, d'une personne majeure, agissant en qualité de représentant légal d'un mineur, n'est pas illicite. • Civ. 1re, 7 nov. 2006, n° 04-15.799 : *cité note 10.*

5. Renonciation à un droit (4°) : ... successions. V. sous l'empire de l'anc. art. 389-5 : la renonciation à la réduction d'une libéralité ne peut être valable que si elle est spécialement autorisée par le juge des tutelles. • Civ. 1re, 6 juill. 1982 : *Bull. civ. I, n° 252 ; RTD civ. 1983. 373, obs. Patarin.* – V. aussi • TI Biarritz, 12 févr. 1975 : *D. 1975. 753, note J. F. Vouin.* ♦ V. en ce sens Décr. 22 déc. 2008, annexe 1, V. ♦ Le choix de l'une des trois quotités disponibles prévu par l'art. 1094-1 impliquant la renonciation aux deux autres, le tuteur d'un incapable majeur ne peut, en sa qualité d'administrateur légal sous contrôle judiciaire, exercer l'option dont dispose l'incapable sans l'autorisation du juge des tutelles. • Civ. 1re, 1er juin 1994, n° 92-16.823 P : *RTD civ. 1994. 568, obs. Hauser ; ibid. 1995. 416, obs. Patarin ; Defrénois 1994. 1452, obs. Massip.*

6. ... Transaction (4°). V. sous l'empire de l'anc. art. 389-5 : la validité d'un acte qui, tout en se présentant comme une transaction, constitue une renonciation à un droit est subordonnée à l'autorisation du juge des tutelles (en l'espèce, abandon, contre versement d'une somme d'argent, de toute autre prétention relative à la réparation du préjudice subi par une mineure victime de viols). • Cass., ch. mixte, 29 janv. 1971, n° 67-93.320 P : *R. 1970-1971, p. 14 ; D. 1971. 301, concl. Lindon, note Hauser et Abitbol.* ♦ Dans le même sens : hors le cas de tutelle avec conseil de famille, les représentants légaux d'un mineur ayant subi un préjudice résultant de faits volontaires ou non qui présentent le caractère matériel d'une infraction doivent recueillir l'autorisation du juge aux affaires familiales, en sa qualité de juge des tutelles des mineurs, préalablement à l'acceptation de l'offre d'indemnisation prévue par l'art. 706-5-1 C. pr. pén., dès lors qu'elle emporte pour le mineur renonciation à un droit. • Cass., avis, 25 mars 2013, n° 12-70.019 P : *R., p. 518 ; D. 2013. 907 ; AJ fam. 2013. 309, obs. Mornet ; RTD civ. 2013. 347, obs. Hauser.* ♦ V. en ce sens Décr. 22 déc. 2008, annexe 1, IX. ♦ V. aussi, admettant qu'une transaction est soumise à l'autorisation du juge des tutelles : • Civ. 1re, 9 janv. 2008, n° 06-16.783 P : *JCP N 2008. 1157, note Plazy ; Dr. fam. 2008, n° 47, obs. Fossier ; Dr. et patr. 5/2008. 80, obs. Fulchiron.* ♦ En faveur de l'application de la prescription de l'art. 1304 anc. C. civ. : • Colmar, 30 sept. 2005, pourvoi rejeté par • Civ. 1re, 9 janv. 2008, n° 06-16.783 : *préc.* (moyen nouveau non examiné par la Cour, même si le sommaire de l'arrêt confirme la solution). ♦ V. aussi sur les délais de recours : le FIVA ayant été informé, par la copie du livret de famille, que l'enfant était soumis à l'administration légale de ses deux parents, la notification de l'offre d'indemnisation devait être effectuée aux deux administrateurs légaux et à défaut, le délai de recours n'a pas couru à l'égard du père de l'enfant qui n'a pas reçu notification. • Civ. 2e, 25 mai 2022, n° 20-17.101 B : *D. 2022. 1574, obs. Bonfils et Gouttenoire* ; *Dr. fam. 2022, n° 132, obs. Maria ; RCA 2022, n° 169, obs. Bloch* (recevabilité de l'action de l'administrateur *ad hoc* désigné après le refus d'homologuer la transaction).

7. ... Acquiescement. V. sous l'empire de l'anc. art. 389-5 : nécessité d'une autorisation du juge des tutelles pour acquiescer à un jugement qui n'avait accueilli que partiellement l'action en réparation exercée au nom de l'enfant, cet acquiescement emportant renonciation au droit de faire appel et au droit de réclamer la réparation de l'entier préjudice subi par le mineur. • Civ. 1re, 3 mars 1992, n° 90-11.088 P : *JCP 1993. II. 21997, note du Rusquec ; JCP N 1993. II. 45, note Fossier.* ♦ Déjà en ce sens : • Civ. 1re, 6 déc. 1988, n° 87-13.759 P : *Gaz. Pal. 1989. 2. 630, note Massip.*

2° AUTRES ACTES SOUMIS À AUTORISATION

8. Immobilier. V. dans le cadre de l'art. 389-6 ancien : l'administrateur légal peut, avec l'autorisation du juge des tutelles, faire des actes de disposition et, notamment, grever de droits réels les immeubles du mineur lorsque ces actes sont conformes à l'intérêt de celui-ci. • Civ. 1re, 2 déc. 1997, n° 95-20.198 P : *R., p. 189 ; ibid., p. 125, concl. Sainte-Rose ; D. 1998. 469, note Hauser et Delmas Saint-Hilaire* ; *ibid. somm. 303, obs. Vauvillé* ; *ibid. 378, obs. S. Piedelièvre* (validité du cautionnement hypothécaire consenti au nom du mineur) ; *RTD civ. 1998. 342, obs. Hauser* ; *JCP 1998. I. 149, n° 1, obs. Simler ; Defrénois 1998. 727, obs. Massip ; Dr. fam. 1998, n° 31, obs. Fossier ; JCP N 1998. 1046, étude D. Boulanger.* ♦ V. Décr. 22 déc. 2008, annexe 1, I. ♦ Il ne peut être fait exception à la nullité de l'acte de vente d'un bien immobilier appartenant à une SCI résultant de l'absence d'autorisation préalable du juge des tutelles à la délibération ayant décidé de cette vente, au motif que l'acquéreur aurait contracté dans la croyance erronée que le gérant de la SCI propriétaire du bien vendu avait le pouvoir de consentir à la vente. • Civ. 1re, 17 mai 2017, n° 15-24.840 P : *D. 2017. 1190* ; *AJ fam. 2017. 406, obs. Raoul-Cormeil* ; *RTD civ. 2017. 610, obs. Hauser* ; *RDC 2017. 523, obs. Tadros.* ♦ Comp. art. 387-1-7° ci-dessus.

9. Compte bloqué avec paiement anticipé des intérêts. V. dans le cadre de l'art. 389-6 ancien : la conclusion d'une convention de *compte bloqué avec versement anticipé des intérêts* constitue un emploi de capitaux pour lequel l'administrateur légal sous contrôle judiciaire doit se pourvoir d'une autorisation du juge des tutelles. • Civ. 1re, 17 janv. 1978, n° 75-14.302 : *D. 1980. 17, note Champenois-Marmier ; JCP 1979. II. 19175, note Courbe* (mais la perception des intérêts d'une convention valable est un acte d'administration). ♦ V. Décr. 22 déc. 2008, annexe 1, II, 1°.

10. Souscription de parts de SCPI. V. dans le cadre de l'art. 389-6 ancien : la souscription des parts de SCPI réalisée par l'administrateur légal doit être annulée faute d'autorisation préalable du juge des tutelles en l'absence de réitération postérieure de cet acte. • Civ. 1re, 7 nov. 2006, n° 04-15.799 P : *R., p. 245 ; BICC 1er mars 2007, n° 423, et la note ; D. 2006. 3069, note Bouteiller* ; *ibid. AJ 2844, obs. Avena-Robardet* ; *AJ fam. 2006. 466, obs. Pécaut-Rivolier* ; *RTD civ. 2007. 88, obs. Hauser* ; *RTD com. 2007. 206, obs. D. Legeais* ; *RJPF 2007-3/11, obs. Casey* (une autorisation postérieure n'est pas une confirmation).

11. Prêt à une SCI. BIBL. Naudin, *Dr. fam. 2006. Étude 26.* ♦ V. Décr. 22 déc. 2008, annexe 2, II (acte de disposition sauf circonstances d'espèce). ♦ V. avant l'Ord. du 15 oct. 2005 : commet une faute le banquier qui consent un prêt à une SCI comprenant des associés mineurs sans s'être assuré que ceux-ci, qui encouraient un risque élevé de se retrouver personnellement débiteurs, bénéficiaient de la protection qui leur était due. • Civ. 3e, 28 sept. 2005, n° 04-14.756 : *RTD civ. 2005. 757, obs. Hauser* ; *JCP N 2005. 1492, note Garçon ; Rev. sociétés 2006. 103, note Dom* . ♦ Comp. : une société jouissant d'une personnalité distincte de celle des associés et d'un patrimoine propre, l'art. 389-5 n'a pas lieu de s'appliquer dans le cas d'un emprunt souscrit par une SCI dont l'associé majoritaire est mineur. • Civ. 1re, 14 juin 2000, n° 98-13.660 P : *D. 2000. IR 207* ; *Defrénois 2000. 1315, obs. Massip ; ibid. 2001. 528, obs. J. Honorat ; RJPF 2000-10/13, note Pansier,* rejetant le pourvoi contre • Versailles, 29 janv. 1998 : *D. 1998. Somm. 399, obs. Hallouin* ; *RTD civ. 1999. 67, obs. Hauser* ; *JCP 1999. II. 10014, note Petit et Rouxel.*

12. Convention d'honoraires de résultat. V. dans le cadre de l'art. 389-6 ancien : aucuns honoraires de résultat n'est dû à l'avocat s'il n'a pas été expressément stipulé dans une convention préalablement conclue entre celui-ci et son client, laquelle, regardée comme constituant un acte de disposition, est soumise à l'autorisation du juge des tutelles lorsqu'elle intervient au nom d'un mineur sous administration légale sous contrôle judiciaire. • Civ. 2e, 10 sept. 2015, n° 14-23.959 P (cassation de l'arrêt qui a refusé de statuer sur la demande tendant à conclure une telle convention avant que soit intervenue la décision judiciaire sur le résultat de laquelle les *honoraires* étaient pour partie calculés). ♦ V. Décr. 22 déc. 2008, annexe 1, IX. ♦ Comp. pour le paiement des honoraires, ss. art. 382-1.

13. Droits extrapatrimoniaux. Rappr. avant l'Ord. du 15 oct. 2015 : l'action en protection de la vie privée des enfants mineurs présente un caractère extrapatrimonial, même si elle tend à l'allocation de dommages et intérêts ; dès lors, par application combinée des anciens art. 389-4 et 464, elle doit être exercée conjointement par les deux parents ou, en l'absence de consentement de l'un d'eux, être autorisée par le juge des tutelles. • Paris, 25 avr. 2000 : *D. 2000. IR 187 ; RTD civ. 2000. 802, obs. Hauser*. ♦ V. • CEDH, sect. I, 15 janv. 2009, *R. et D. c/ Grèce : cité note 7 ss. art. 9.* ♦ V. aussi Décr. 22 déc. 2008, annexe 1, VI. ♦ Comp. notes ss. art. 388-1-1.

Art. 387-2 **L'administrateur légal ne peut, même avec une autorisation :**

1° Aliéner gratuitement les biens ou les droits du mineur ;

2° Acquérir d'un tiers un droit ou une créance contre le mineur ;

3° Exercer le commerce ou une profession libérale au nom du mineur ;

4° Transférer dans un patrimoine fiduciaire les biens ou les droits du mineur.

Art. 387-3 **A l'occasion du contrôle des actes mentionnés à l'article 387-1, le juge peut, s'il l'estime indispensable à la sauvegarde des intérêts du mineur, en considération de la composition ou de la valeur du patrimoine, de l'âge du mineur ou de sa situation familiale, décider qu'un acte ou une série d'actes de disposition seront soumis à son autorisation préalable.**

Le juge est saisi aux mêmes fins par les parents ou l'un d'eux, le ministère public ou tout tiers ayant connaissance d'actes ou omissions qui compromettent manifestement et substantiellement les intérêts patrimoniaux du mineur ou d'une situation de nature à porter un préjudice grave à ceux-ci.

Les tiers qui ont informé le juge de la situation ne sont pas garants de la gestion des biens du mineur faite par l'administrateur légal.

Al. 2. Le juge, saisi sur le fondement du deuxième al., n'a pas à motiver sa décision au regard de la composition ou de la valeur du patrimoine. • Civ. 1re, 13 mai 2020, n° 19-15.380 P : *D. 2020. 1696, obs. Bonfils et Gouttenoire ; AJ fam. 2020. 422, obs. Thiollier ; JCP 2020, n° 1102, note Mauger-Vielpeau* (nécessité de protéger le patrimoine du mineur avec la désignation d'un administrateur *ad hoc* en raison d'un retrait de fonds non autorisé par le juge des tutelles sur le compte bancaire du mineur, la mère étant incarcérée au titre d'une condamnation pour fraude aux prestations sociales).

Art. 387-4 **A l'occasion du contrôle qu'il exerce en application des articles 387-1 et 387-3, le juge peut demander à l'administrateur légal qu'un inventaire du patrimoine du mineur lui soit transmis ainsi que, chaque année, un inventaire actualisé.**

Une copie de l'inventaire est remise au mineur âgé de seize ans révolus.

Art. 387-5 **A l'occasion du contrôle mentionné à l'article précédent, le juge peut demander à l'administrateur légal de soumettre au** *(L. n° 2016-1547 du 18 nov. 2016, art. 16-I)* **« directeur des services de greffe judiciaires » du tribunal judiciaire un compte de gestion annuel, accompagné des pièces justificatives, en vue de sa vérification.**

Lorsque des comptes ont été demandés, l'administrateur légal doit remettre au *(L. n° 2016-1547 du 18 nov. 2016, art. 16-I)* **« directeur des services de greffe judiciaires », à la fin de sa mission, un compte définitif des opérations intervenues depuis l'établissement du dernier compte annuel.**

Le *(L. n° 2016-1547 du 18 nov. 2016, art. 16-I)* **« directeur des services de greffe judiciaires » peut être assisté dans sa mission de contrôle des comptes dans les conditions fixées par le code de procédure civile. Il peut aussi solliciter des établissements auprès desquels des comptes sont ouverts au nom du mineur un relevé annuel de ceux-ci sans que puisse lui être opposé le secret professionnel ou le secret bancaire.**

S'il refuse d'approuver le compte, le *(L. n° 2016-1547 du 18 nov. 2016, art. 16-I)* **« directeur des services de greffe judiciaires » dresse un rapport des difficultés rencontrées, qu'il transmet au juge. Celui-ci statue sur la conformité du compte.**

Si l'importance et la composition du patrimoine du mineur le justifient, le juge peut décider que la mission de vérification et d'approbation sera exercée, aux frais du mineur et selon les modalités qu'il fixe, par un technicien.

Une copie des comptes de gestion est remise au mineur âgé de seize ans révolus.

L'action en reddition de comptes, en revendication ou en paiement se prescrit par cinq ans à compter de la majorité de l'intéressé.

Al. 6 : information du mineur. Rappr. avant l'Ord. du 15 oct. 2005 : l'administrateur légal est tenu de rendre compte de la gestion des biens de son enfant mineur dès que ce dernier a seize ans accomplis. • Civ. 1re, 9 juill. 2008, n° 07-16.389 P : *AJ fam. 2008. 400, obs. Chénedé* ; *RTD civ. 2008. 656, obs. Hauser* ; *RJPF 2008-11/11, note Corpart.*

Art. 387-6 L'administrateur légal est tenu de déférer aux convocations du juge des tutelles et du procureur de la République et de leur communiquer toute information qu'ils requièrent.

Le juge peut prononcer contre lui des injonctions et le condamner à l'amende civile prévue par le code de procédure civile s'il n'a pas déféré.

Sur le contrôle général des tutelles, V. aussi ss. art. 411-1.

L'amende civile prévue à l'art. 387-6 du code civil ne peut excéder 3 000 € (C. pr. civ., art. 1180-19). — ***C. pr. civ.***

Loi n° 70-459 du 4 juin 1970, en vigueur le 1er janv. 1971, *relative à l'autorité parentale.*

— Modification de textes

Loi n° 87-570 du 22 juillet 1987, *sur l'exercice de l'autorité parentale.*

— Modification de textes

Loi n° 2002-305 du 4 mars 2002, *relative à l'autorité parentale.*

— Modification de textes

Ordonnance n° 58-1301 du 23 décembre 1958,

Relative à la protection de l'enfance et de l'adolescence en danger.

TITRE X DE LA MINORITÉ, DE LA TUTELLE ET DE L'ÉMANCIPATION *(Ord. n° 2015-1288 du 15 oct. 2015, art. 4, en vigueur le 1er janv. 2016).*

Pour les textes applicables antérieurement à la L. n° 2007-308 du 5 mars 2007, en vigueur le 1er janv. 2009, ***V. C. civ., éditions 2014 et antérieures.***

Les art. 3 à 9 de l'Ord. n° 2015-1288 du 15 oct. 2015 sont applicables aux administrations légales en cours au jour de son entrée en vigueur (Ord. n° 2015-1288 du 15 oct. 2015, art. 17-III).

DALLOZ ACTION *Protection de la personne vulnérable 2021/2022.*

CHAPITRE I DE LA MINORITÉ *(L. n° 2007-308 du 5 mars 2007, en vigueur le 1er janv. 2009).*

Depuis le 1er janv. 2016, le chap. I, intitulé « De la minorité », comprend les art. 388 à 388-2. La section 1 « De l'administration légale » (art. 389 à 389-8) a été abrogée et l'intitulé « Section 2 : De la tutelle » est supprimé, les sous-sections 1 et 2 de cette section ancienne devenant respectivement les sections 1 et 2 du chap. II (Ord. n° 2015-1288 du 15 oct. 2015, art. 4, en vigueur le 1er janv. 2016).

BIBL. GÉN. ▸ **Commentaire de la loi du 5 juill. 1974 :** Couchez, *JCP 1975. I. 2684.* – Massip, *Defrénois 1974. 1057 et 1121.* – Poisson, *D. 1976. Chron. 21.*

▸ **Commentaire de la loi du 7 févr. 2022 :** Capelier, *RDSS 2022. 348* . – Maria et Mauger-Vielpeau, Dr. fam. 2022. Étude 1. – Dossier, AJ fam. 2022. 222 .

▸ **Protection de la personne de l'incapable :** Hauser, *Mél. Raynaud, Dalloz, 1985, p. 227.* – Massip, *Trav. Assoc. Capitant, XXX-1979, p. 101* (protection de l'enfant dans l'administration légale et la tutelle).

▸ **Incapacité du mineur :** Bernard-Xémard, *Dr. fam. 2012.* Étude 14 (prélèvements d'organes *post mortem* et incapacité juridique). – L. Boré, *JCP 2002. I. 179* (action et défense devant le juge pénal). - CATALA, *Études Hamel, Dalloz, 1961, p. 149* (mineur héritier en droit commercial). - CONTE et MONTANIER, *JCP N 1986. I. 401* (actes patrimoniaux). - COUZIGOU-SUHAS, *JCP N 2013, n° 1192* (gestion du patrimoine du mineur). - DELGADO, *JCP N 1994. I. 283* (pratique bancaire) ; *ibid. 1995. I. 601* (sociétés civiles). - GRIDEL, *Gaz. Pal. 21-22 mars 2003. Doctr.* (acte éminemment personnel du mineur). - HAUSER, *LPA 17 août 2000* (notion d'incapacité). - JULIENNE, *Dr. fam. 2010. Étude 31* (vie économique) ; *RTD com. 2015. 199* (le mineur associé). - LAROCHE, *Defrénois 2010. 34* (mineur en société civile). - MONTANIER, *JCP 1982. I. 3076* (actes de la vie courante). - RIEUBERNET, *Dr. fam. 2012. Étude 16* (capacité associative des mineurs). - RIZZO, *RJPF 2000-4/12* (opérations bancaires).

▸ **Assistance du mineur :** LEMOULAND, *RTD civ. 1997. 1* .

▸ **Prémajorité :** GISSER, *JCP 1984. I. 3142*. - GRIDEL, *D. 1998. Chron. 90* (âge et capacité civile). - GRIMALDI, *Defrénois 1991. 385* (administration légale et adolescence). - ROQUE, *Dr. fam. 2009. Étude 20*.

▸ **Responsabilité :** ALT-MAES, *JCP 1992. I. 3627* (indemnisation des victimes) ; *LPA 27 juin 2000* (responsabilité civile et pénale). - PAYET, *LPA 20 et 21 août 2002* (irresponsabilité du mineur en matière délictuelle et quasi-délictuelle ?).

▸ **Minorité et IVG :** DUVAL-ARNOULD, *D. 1999. Chron. 471* .

▸ **Réflexions sur l'état du droit :** ASSIER-ANDRIEU, *RTD civ. 2010. 705* (le contrat social de l'enfance). - DURRY et GOBERT, *Mél. Jean Foyer, PUF, 1997, p. 377* (la réforme de la tutelle et de l'administration légale à l'épreuve du temps). - FOSSIER, *Dr. fam. 2002. Chron. 12 et 15* (jurisprudence récente). - MALLEVAEY, *RTD civ. 2020. 291* (regards sur 30 ans d'application de l'art. 12 de la Conv. de New York sur la participation de l'enfant). - PICHARD, *Mél. Payet, Dalloz, 2011, p. 469* (l'enfant).

▸ **Procédures familiales :** GEBLER, *AJ fam. 2007. 390* (l'enfant et ses juges). - MARCHAL et MICALLEF-NAPOLY, *AJ fam. 2009. 472* (place de l'enfant dans les procédures familiales).

▸ **Dossiers :** Dossier, *AJ fam. 2011. 347* (patrimoine des mineurs). - Dossier, *AJ fam. 2014. 83* (mineurs étrangers isolés). - Dossier, *AJ fam. 2015. 253* (santé et protection de l'enfant). - Dossier, *AJ fam. 2016. 195* (réforme de la protection de l'enfance). - Dossier, *AJ fam. 2017. 331* (protection de l'enfant). - Dossier, *RDSS 2017. 789* (la protection de l'enfance, dix ans après). - Dossier, *Dr. fam. 2019. Études 11 s.* (30 ans de CIDE). - Dossier, *AJ fam. 2023. 141* (enfant et fiscalité).

Panoramas Dalloz. - Droit des mineurs : *D. 2022. 1574* (juin 2021 - juin 2022) ; *D. 2021. 1602* (juill. 2020 - juin 2021) ; *D. 2020. 1696* (août 2019 - juin 2020) ; *D. 2019. 1732* (juill. 2018 - juill. 2019) ; *D. 2018. 1664* (févr. 2017 - juin 2018) ; *D. 2017. 1727* (juin 2016 - juin 2017) ; *D. 2016. 1966* (juill. 2015 - juill. 2016) ; *D. 2015. 1919* (juin 2014 - juill. 2015) ; *D. 2014. 1787* (juin 2013 - juin 2014) ; *D. 2013. 2073* (juin 2012 - juin 2013) ; *D. 2012. 2267* (juin 2011 - juin 2012) ; *D. 2011. 1995* (juin 2010 - juin 2011).

Art. 388 *(L. n° 74-631 du 5 juill. 1974)* **Le mineur est l'individu de l'un ou l'autre sexe qui n'a point encore l'âge de dix-huit ans accomplis.**

(L. n° 2016-297 du 14 mars 2016, art. 43) **« Les examens radiologiques osseux aux fins de détermination de l'âge, en l'absence de documents d'identité valables et lorsque l'âge allégué n'est pas vraisemblable, ne peuvent être réalisés que sur décision de l'autorité judiciaire et après recueil de l'accord de l'intéressé.**

« Les conclusions de ces examens, qui doivent préciser la marge d'erreur, ne peuvent à elles seules permettre de déterminer si l'intéressé est mineur. Le doute profite à l'intéressé.

« En cas de doute sur la minorité de l'intéressé, il ne peut être procédé à une évaluation de son âge à partir d'un examen du développement pubertaire des caractères sexuels primaires et secondaires. »

BIBL. ▸ CORNU, *Mél. Roubier, Dalloz/Sirey, 1961, t. 2, p. 9* (âge légal et âge réel). - Dossier, *AJ fam. 2019. 491* (mineurs isolés).

1. Intérêt supérieur de l'enfant : fondements supra-législatifs. L'exigence d'une protection de l'intérêt supérieur de l'enfant résulte des al. 10 et 11 du Préambule de la Constitution de 1946. • Cons. const. 21 mars 2019, n° 2018-768 QPC : *AJDA 2019. 1448, note Escach-Dubourg ; D. 2019. 742, note Parinet ; ibid. 709, obs.. Fulchiron ; RDSS 2019. 453, note Caire ; Rev. crit. DIP 2019. 972, note Jault-Seseke ; AJ fam. 2019. 222, obs. Bouix ; Dr. fam. 2019, n° 107, note Fulchiron ; ibid., n° 135, note Bonfils* (dispositions affirmant que

« la Nation assure à l'individu et à la famille les conditions nécessaires à leur développement » et qu'elle garantit « notamment à l'enfant » « la protection de la santé, la sécurité matérielle, le repos et les loisirs »). ♦ Sur les premiers arrêts consacrant l'applicabilité directe des stipulations de l'art. 3-1 de la Conv. des droits de l'enfant du 26 janv. 1990 (CIDE), V. pour la Cour de cassation • Civ. 1re, 14 juin 2005, n° 04-16.942 P : *cité note 13* , et pour le Conseil d'État : • CE 22 sept. 1997, n° 161364 A : *cité note 14.* ♦ Sur la référence à la CIDE par la CEDH, V. ss. art. 371-3.

Les dispositions de l'art. 17, § 1, c) de la partie II de la Charte sociale européenne révisée, qui requièrent l'intervention d'actes complémentaires pour produire des effets à l'égard des particuliers, ne sont pas d'effet direct. • Civ. 1re, 21 nov. 2019, n° 19-17.726 P : *D. 2019. 2301 ; AJ fam. 2020. 65, obs. Bruggiamosca ; Dr. fam. 2020, n° 7, note Fulchiron.*

2. Domaine : généralité du texte. La référence à une personne handicapée « mineure » dans l'art. D. 245-8 CASF doit être interprétée par référence à l'art. 388 : cassation de la décision estimant que ce terme désigne une personne n'ayant pas atteint l'âge de 20 ans. • Civ. 2e, 22 janv. 2015, n° 13-27.912 P : *D. 2015. 272 ; RDSS 2015. 379, obs. Dagorne-Labbe ; RTD civ. 2015. 351, obs. Hauser .*

3. Conséquences de la majorité sur la procédure (C. pr. civ., art. 369). Sur l'interruption de la procédure par la majorité d'une partie, V. • Civ. 1re, 16 janv. 2019, n° 18-10.279 P (nationalité).

4. Examens radiologiques osseux. Les 2e et 3e al. de l'art. 388, dans sa rédaction résultant de la L. n° 2016-297 du 14 mars 2016 relative à la protection de l'enfant, sont conformes à la Constitution ; compte tenu des garanties entourant le recours aux examens radiologiques osseux à des fins de détermination de l'âge, le législateur n'a pas méconnu l'exigence de protection de l'intérêt supérieur de l'enfant. • Cons. const. 21 mars 2019, n° 2018-768 QPC : *AJDA 2019. 1448, note Escach-Dubourg ; D. 2019. 742, note Parinet ; ibid. 709, note Fulchiron ; RDSS 2019. 453, note Caire ; Rev. crit. DIP 2019. 972, note Jault-Seseke ; AJ fam. 2019. 222, obs. Bouix ; Dr. fam. 2019, n° 107, note Fulchiron ; ibid., n° 135, note Bonfils.* ♦ Transmission d'une QPC : • Civ. 1re, 21 déc. 2018, n° 18-20.480. ♦ V. également : • Civ. 1re, 21 nov. 2019, n° 19-15.890 P : *D. 2020. 506, obs. Douchy-Oudot ; AJ fam. 2020. 65 ; Dr. fam. 2020, n° 8, note Fulchiron.* ♦ La notion de « documents d'identité valables », qui fait référence aux documents dont l'authenticité est établie au regard des règles prévues notamment par l'art. 47 C. civ., est suffisamment précise. • Cons. const. 21 mars 2019, n° 2018-768 QPC : *préc.*

En présence d'un document d'identité ayant les apparences de l'authenticité, le juge peut en déduire, dans l'exercice de son pouvoir souverain d'appréciation, que ce document d'identité valable suffit à établir la minorité de l'intéressé, sans être tenu de s'expliquer sur les autres éléments de preuve produits par le département. • Civ. 1re, 21 nov. 2019, n° 19-17.726 P : *D. 2019. 2301 ; AJ fam. 2020. 65, obs. Bruggiamosca ; Dr. fam. 2020, n° 7, note Fulchiron.* ♦ Cassation de l'arrêt ayant pris en compte un examen radiologique osseux, un examen médical qui ne pouvait être pratiqué qu'en l'absence de documents d'identité valables, alors que le demandeur avait produit un document d'état-civil traduit en français et une décision du juge des enfants, rendue dans une procédure d'assistance éducative. • Crim. 11 déc. 2019, n° 18-84.938 P : *D. 2019. 2414 ; Dr. fam. 2020, n° 60, note Bonfils.* ♦ Dans le même sens : il ne relève pas de l'office du juge pénal d'analyser comme le juge civil les documents d'état civil au regard de l'ordre public international et de la législation civile du pays d'origine du prévenu ; l'examen osseux n'a pas à être pris en considération lorsque la juridiction retient que les documents argués de faux sont authentiques et établissent la minorité. • Crim. 5 janv. 2022, n° 21-80.516 B : *D. 2022. 1574, obs. Bonfils et Gouttenoire ; AJ fam. 2022. 86, obs. Gebler ; AJ pénal 2022. 84, obs. Gallardo ; RTD civ. 2022. 364, obs. Leroyer ; Dr. fam. 2022, n° 60, obs. Bonfils.*

Des examens radiologiques osseux peuvent être ordonnés en présence de documents d'identité contenant des erreurs et/ou de nombreuses contradictions, l'âge allégué n'étant pas vraisemblable, l'expert ayant par ailleurs exclu tout doute raisonnable. • Civ. 1re, 3 oct. 2018, n° 18-19.442 P : *D. 2018. 1911 ; AJ fam. 2018. 676, obs. Gebler ; AJ fam. 2018. 676, obs. Gebler ; RTD civ. 2019. 77, obs. Leroyer ; Dr. fam. 2018, n° 288, note Maria.* ♦ Omission d'indiquer la marge d'erreur. • Crim. 11 déc. 2019, n° 18-84.938 P : *préc.*

La loi n'impose pas que le consentement prenne une forme écrite, dès lors que l'intéressée disposait des conseils de son avocat, que l'expert précisait qu'elle parlait et comprenait parfaitement le français et qu'il avait donc été possible de lui expliquer la mission et de recueillir son consentement, dans le respect des règles de déontologie qui régissent l'exercice de sa profession. • Civ. 1re, 3 oct. 2018, n° 18-19.442 P : *préc.*

5. Bénéfice du doute : domaine. Les conclusions des examens radiologiques osseux réalisés aux fins de détermination de l'âge d'un individu, *en l'absence de documents d'identité valables et* lorsque l'âge allégué n'est pas vraisemblable, ne peuvent à elles seules permettre de déterminer si l'intéressé est mineur, le doute profitant à celui-ci ; cassation de l'arrêt ayant écarté des éléments allant dans le sens de la minorité, alors que seuls les examens radiologiques osseux concluaient à la majorité de l'intéressé, ce qui aurait dû conduire la cour d'appel, au regard des autres éléments recueillis, à faire prévaloir le doute en faveur de l'intéressé. • Civ. 1re, 12 janv. 2022, n° 20-17.343 B : *D. 2022. 71 ; AJ fam. 2022. 88, obs. Gebler ; Dr. fam. 2022, n° 41, obs. Maria ; Rev. crit. DIP 2022. 273, obs. Fleury Graff et Giauffret ; RTD civ. 2022. 364, obs. Leroyer ; JCP 2022, n° 380, note Cheynet de Beaupré.*

Le principe selon lequel le doute profite à l'intéressé ne s'applique que lorsqu'un examen radiologique a été ordonné sur le fondement de l'art. 388 (et non en l'espèce à l'appréciation de documents d'identité). • Civ. 1re, 19 sept. 2019, n° 19-15.976 P : *AJ fam. 2019. 588, obs. Bruggiamosca ; RTD civ. 2019. 829, obs. Leroyer ; JCP 2019, n° 1081, note Grimonprez ; Dr. fam. 2019, n° 224, note Maria.*

6. Office du juge. Lorsque le juge, saisi d'une demande de protection d'un mineur au titre de l'assistance éducative, constate que les actes de l'état civil étrangers produits ne sont pas probants, au sens de l'art. 47 C. civ., il ne peut rejeter cette demande sans examiner le caractère vraisemblable de l'âge allégué et, le cas échéant, ordonner un examen radiologique osseux. • Civ. 1re, 15 oct. 2020, n° 20-14.993 P : *D. 2020. 2065 ; AJ fam. 2020. 666, obs. Gebler ; RTD civ. 2021. 99, obs. Leroyer ; Dr. fam. 2021, n° 2, note Molière.*

Loi n° 74-631 du 5 juillet 1974,

Fixant à dix-huit ans l'âge de la majorité.

Art. 11 Dans toutes les dispositions légales où l'exercice d'un droit civil est subordonné à une condition d'âge de vingt et un ans, cet âge est remplacé par celui de dix-huit ans.

....

Art. 19 Les délais qui doivent être calculés à partir de la majorité d'une personne, le seront à compter de l'entrée en vigueur de la présente loi, toutes les fois que celle-ci a pour effet de rendre cette personne immédiatement majeure.

....

Art. 24 La présente loi ne porte pas atteinte aux actes juridiques antérieurement passés ni aux décisions judiciaires antérieurement rendues sur un intérêt civil lorsque la durée de leurs effets avait été déterminée en considération de la date à laquelle une personne devait accéder à la majorité de vingt et un ans.

....

Art. 29 La présente loi est applicable dans les territoires d'outre-mer, à l'exception de ses dispositions d'ordre pénal. Toutes dispositions contraires y sont abrogées.

Art. 388-1 *(L. n° 93-22 du 8 janv. 1993)* **Dans toute procédure le concernant, le mineur capable de discernement peut, sans préjudice des dispositions prévoyant son intervention ou son consentement, être entendu par le juge ou** *(L. n° 2007-293 du 5 mars 2007, art. 9)* **« , lorsque son intérêt le commande, par » la personne désignée par le juge à cet effet.**

(L. n° 2007-293 du 5 mars 2007, art. 9) **« Cette audition est de droit lorsque le mineur en fait la demande. Lorsque le mineur refuse d'être entendu, le juge apprécie le bien-fondé de ce refus. » Il peut être entendu seul, avec un avocat ou une personne de son choix. Si ce choix n'apparaît pas conforme à l'intérêt du mineur, le juge peut procéder à la désignation d'une autre personne.**

L'audition du mineur ne lui confère pas la qualité de partie à la procédure. — *V. C. pr. civ., art. 338-1 à 338-12.*

(L. n° 2007-293 du 5 mars 2007, art. 9) **« Le juge s'assure que le mineur a été informé de son droit à être entendu et à être assisté par un avocat. »**

BIBL. ▸ Bazin, *Gaz. Pal. 2014. 2137.* – Bruggeman, *AJ fam. 2014. 12* (audition de l'enfant en justice). – Juston et Teixeira, *Dr. fam. 2011. Étude 16.* – Juston, *Gaz. Pal. 2013. 841.* – Karila-Danziger et Copé-Bessis, *AJ fam. 2014. 15* (pratiques juridictionnelles du JAF). – Massip, *Dr. fam. 2010. Étude 22.* – Dossier, *AJ fam. 2009. 321 ; ibid. 2014. 12*. – Dossier, *Dr. fam. 2016, Dossiers 6 s.* (la parole de l'enfant en justice).

Ancien art. 388-1 *(L. n° 93-22 du 8 janv. 1993)* ***Dans toute procédure le concernant, le mineur capable de discernement peut, sans préjudice des dispositions prévoyant son intervention ou son consentement, être entendu par le juge ou la personne désignée par le juge à cet effet.***

Lorsque le mineur en fait la demande, son audition ne peut être écartée que par une décision spécialement motivée. Il peut être entendu seul, avec un avocat ou une personne de son choix. Si ce choix n'apparaît pas conforme à l'intérêt du mineur, le juge peut procéder à la désignation d'une autre personne.

L'audition du mineur ne lui confère pas la qualité de partie à la procédure.

Pour l'application de la loi du 8 janv. 1993, V. Circ. 3 mars 1993 (D. et ALD 1993. 290 ; JO 24 mars).

V. Convention de New York du 26 janv. 1990 relative aux droits de l'enfant, citée ss. art. 8. – Convention européenne sur l'exercice des droits des enfants, adoptée à Strasbourg le 25 janv. 1996 (Décr. n° 2008-36 du 10 janv. 2008, JO 12 janv.), citée ss. art. 8.

BIBL. ▸ **Commentaires de la loi du 8 janv. 1993 :** KROSS, *Gaz. Pal. 1993. 2. Doctr. 1154.* – MASSIP, *Defrénois 1993. 679.* – RUBELLIN-DEVICHI, *JCP 1993. I. 3659.* ▸ **Droits de l'enfant :** GAUDIN DE LAGRANGE, *Mél. Raynaud, Dalloz, 1985, p. 175.* ▸ **Intérêt de l'enfant :** RUBELLIN-DEVICHI, *JCP 1994. I. 3739 ; JCP 1999. I. 160, n° 4.* ▸ **Procédures relatives à l'autorité parentale :** GOUTTENOIRE-CORNUT, *Dr. fam. 1998. Chron. 6.*

▸ **Audition et intervention du mineur :** ALT-MAES, *JCP 1995. I. 3913.* – COURCELLE, *Gaz. Pal. 1995. 2. Doctr. 1408.* – DURIEUX et PIERRE, *R. 1996, p. 113.* – GOUTTENOIRE, *Dr. fam. 2006. Chron. 29.* – MATOCQ et DUPRÉ, *Mél. Huet-Weiller, PU Strasbourg/LGDJ, 1994, p. 309.* – VAISSIER-CATARAME, *Mél. Gebler, PU Nancy, 1998, p. 161.* ▸ **Défense en justice de l'enfant :** BENHAMOU, *D. 1993. Chron. 103.* ▸ **Intervention volontaire de l'enfant – art. 12 de la convention sur les droits de l'enfant :** FENAUX, note *D. 1993. 176.* – GOURON-MAZEL, note *JCP 1992. II. 21904.* – HAUSER, obs. *RTD civ. 1992. 749 ; ibid. 1993. 341.* ▸ **Participation de l'enfant aux procédures :** Dossier *AJ fam. 2003. 368.* – Dossier, *AJ fam. 2019. 115* (parole de l'enfant dans les MARD).

▸ **Convention du 26 janv. 1990 (applicabilité directe) :** ALLAND, *RGDIP 1998. 203.* – BRAUNSCHWEIG et DE GOUTTES, *Gaz. Pal. 1995. 2. Doctr. 878.* – CHABERT, *RRJ 1997/2. 615 ; JCP 2003. I. 129.* – COURBE, *D. 2006. Chron. 1487.* – DEKEUWER-DÉFOSSEZ, obs. *D. 1994. Somm. 34.* – ENCINAS DE MUNAGORRI, *obs. RTD civ. 2005. 556.* – NEIRINCK et MARTIN, *JCP 1993. I. 3677.* – RONDEAU-RIVIER, *D. 1993. Chron. 203.* – RUBELLIN-DEVICHI, *Gaz. Pal. 1995. 2. Doctr. 885 ; JCP 1997. I. 3996, n° 1 s.* ▸ **Pour le Conseil d'État :** BENHAMOU, *Gaz. Pal. 1995. 2. Doctr. 899.* ▸ **Projet de convention européenne sur l'exercice des droits des enfants :** BENHAMOU, *Gaz. Pal. 1995. 2. Doctr. 881.* ▸ **Apports de la CIDE :** MEININGER BOTHOREL, *Gaz. Pal. 2007. Doctr. 3673.* – Dossier, *Dr. fam. 2009. Étude 13* (20 ans après, analyse article par article).

A. AUDITION DU MINEUR

1. QPC (non). L'art. 388-1 permet l'audition du mineur capable de discernement dans les procédures le concernant, sans préjudice des dispositions prévoyant son intervention ou son consentement ; elle est ainsi sans incidence sur la qualité de partie à la procédure du mineur, laquelle dépend de la nature de l'instance et résulte de dispositions expresses, et elle ne porte pas atteinte aux droits de la défense de ce dernier. • Civ. 1re, 23 oct. 2013 : *D. 2013. 2519 ; RTD civ. 2014. 82, obs. Hauser* (absence de caractère sérieux de la QPC et refus de sa transmission).

2. Domaine du texte. L'art. 388-1 a exclusivement vocation à régir l'audition du mineur par le juge, de sorte qu'il est inapplicable en matière d'expertise. • Civ. 1re, 23 mars 2011 : *D. 2011. Pan. 1995, obs. Gouttenoire ; AJ fam. 2011. 256, obs. Gebler ; RTD civ. 2011. 323, obs. Hauser ; Dr. fam. 2011, n° 103, obs. Maria ; RLDC 2011/82, n° 4249, obs. Gallois* (absence d'application des modalités de convocation applicables en la matière à une expertise psychologique).

3. Nature de l'audition. L'audition d'un mineur n'est pas d'une mesure d'instruction. • Civ. 1re, 28 sept. 2011 : *AJ fam. 2011. 546, obs. Briand ; RTD civ. 2011. 757, obs. Hauser.*

4. Demande d'audition : date. Cassation de l'arrêt qui rejette la demande d'audition présentée par un mineur, alors que cette demande peut être présentée en tout état de la procédure, même pour la première fois, en cause d'appel et qu'en l'espèce l'enfant avait sollicité son audition par lettre reçue le lendemain de l'audience de plaidoirie. • Civ. 1re, 24 oct. 2012, n° 11-18.849 P : *D. 2013. Pan. 2073, obs. Bonfils et Gouttenoire ; AJ fam. 2012. 62, obs. Rovinski ; RTD civ. 2013. 106, obs. Hauser ; Dr. fam. 2013, n° 9, obs. Neirinck.*

5. ... Formes. La demande d'audition d'un mineur doit être présentée au juge par l'intéressé. • Civ. 1re, 19 sept. 2007, n° 06-18.3[illegible] P : *D. 2008. Pan. 1857, obs. Gouttenoire ; JCP 2008. II. 10026, note Zelcevic-Duhamel ; ibid. I. 102, n° 6, obs. Bideau ; Gaz. Pal. 16-17 janv. 2008, Somm., obs. Massip ; AJ fam. 2007. 432, obs. Thierry ; Dr. fam. 2007, n° 192, note Mur[illegible] ; RJPF 2008-1/37, note Mulon ; RTD civ. 2008. 1[illegible] obs. Hauser ; Rev. crit. DIP 2008. 606, ob*

Bourdelois (une cour d'appel n'a pas à tenir compte d'une attestation rédigée par un tiers faisant indirectement état du souhait d'un enfant d'être entendu). ♦ Lorsque le juge décide même d'office de l'audition d'un enfant (anc. art. 388-1 C. civ.), le secrétariat de la juridiction doit en aviser les défenseurs des parents ou leurs conseils. • Civ. 1re, 3 déc. 2008, n° 07-11.552 P : *D. 2009. Pan. 773, obs. Granet-Lambrechts ; AJ fam. 2009. 31, obs. Robineau ; Dr. fam. 2009, n° 27, obs. Murat ; RTD civ. 2009. 110, obs. Hauser* .

6. *Opportunité de l'audition et motivation des refus : principe.* Cassation, pour violation des art. 3-1 (intérêt supérieur de l'enfant) et 12-2 (audition de l'enfant) de la CIDE, ensemble les art. 388-1 C. civ. et 338-1 et 338-2 C. pr. civ., de l'arrêt qui, dans le cadre d'une procédure de modification de la résidence d'un enfant mineur, ne s'est pas prononcé sur la demande d'audition d'un enfant, présentée en cours de délibéré par lettre transmise à la cour d'appel, alors que la considération primordiale de l'intérêt supérieur de l'enfant et le droit de celui-ci à être entendu lui imposaient de prendre en compte la demande de l'enfant, cette audition ne pouvant été écartée que par une décision spécialement motivée. • Civ. 1re, 18 mai 2005 : *R., p. 415 ; D. 2005. 1909, note Égéa ; JCP 2005. II. 10081, note Granet-Lambrechts et Strickler ; ibid. 10115, concl. C. Petit, note Chabert ; ibid. 199, nos 7 s., obs. Rubellin-Devichi ; Gaz. Pal. 2005. 2664, note Courdier-Cuisinier ; Defrénois 2005. 1418, note Massip ; AJ fam. 2005. 274, obs. Fossier ; Dr. fam. 2005, n° 156, note Gouttenoire ; RJPF 2005-9/31, note Eudier ; Dr. et patr. 9/2005. 101, obs. Bonfils ; RDSS 2005. 814, note Neirinck ; RTD civ. 2005. 585, obs. Hauser, et 627, obs. Théry ; Rev. crit. DIP 2005. 679, note Bureau* . ♦ Rappr. • Civ. 1re, 22 nov. 2005 : *cité infra* , approuvant, au visa des mêmes art. 3-1 et 12-2 CIDE, le recueil des sentiments de l'enfant par l'intermédiaire d'un avocat • 15 avr. 2010 : *Dr. fam. 2010, n° 96, obs. Larribau-Terneyre.*

7. ... *Assistance éducative.* En matière d'assistance éducative, lorsqu'elle est saisie d'une demande tendant à voir fixer pour la première fois les modalités des relations entre l'enfant placé et un tiers, parent ou non, la cour d'appel ne peut se dispenser d'entendre le mineur, dont elle n'a pas constaté l'absence de discernement, que si celui-ci a été précédemment entendu, relativement à cette demande, par le juge des enfants. • Civ. 1re, 2 déc. 2020, n° 19-20.184 P : *D. 2020. 2453 ; AJ fam. 2021. 127, obs. Mallevaey ; RTD civ. 2021. 118, obs. Leroyer ; Dr. fam. 2021, n° 18, note Siffrein-Blanc.* ♦ Sur le caractère facultatif lorsque l'enfant a été auditionné par le juge des enfants : • 28 nov. 2006 : *cité note 14 ss. art. 375-1* (la convocation, la présence et l'audition du mineur ne sont que facultatives). ♦ Rappr. : • Civ. 1re, 25 juin 1991, n° 90-05.006 P : *R., p. 249 ; D. 1992. 51, note Massip* (cassation de l'arrêt n'ayant pas sollicité une audition à laquelle le juge de l'assistance éducative n'avait pas procédé). ♦ Comp., antérieurement, jugeant l'audition facultative : • Civ. 1re, 29 mai 1985, n° 84-80.026 P : *Gaz. Pal. 1985. 2. 756* (solution applicable même lorsque le juge a convoqué le mineur en application de l'anc. art. 1188 C. pr. civ. ; il ne peut être reproché à la décision de ne comporter aucune mention à cet égard) • Civ. 1re, 11 févr. 1986, n° 84-80.042 P : *R., p. 129 et 131 ; Gaz. Pal. 1986. 2. 609, note J. M.* (aucune disposition n'oblige à rapporter les propos tenus dans la décision).

8. ... *Audition demandée par l'enfant.* Selon l'art. 338-4 C. pr. civ., lorsque la demande d'audition est refusée dans les conditions : ce dernier prévoit, le mineur et les parties en sont avisées par tout moyen et les motifs du refus sont mentionnés dans la décision au fond ; cassation de l'arrêt n'ayant pas repris les motifs du refus notifié par voie de courriel. • Civ. 1re, 16 févr. 2022, n° 21-23.087 B : *AJ fam. 2022. 151, obs. Mallevaey ; RTD civ. 2022. 372, obs. Leroyer ; Dr. fam. 2022, n° 71, obs. Égéa.*

Lorsque la demande est formée par le mineur, le refus d'audition ne peut être fondé que sur son absence de discernement ou sur le fait que la procédure ne le concerne pas [art. 338-4, al. 1 C. pr. civ.] ; cassation de l'arrêt qui rejette une demande d'audition présentée par l'enfant en retenant que celui-ci n'est âgé que de neuf ans et n'est donc pas capable de discernement, et que la demande paraît contraire à son intérêt, alors que le seul âge du mineur ne suffit pas à expliquer en quoi celui-ci n'était pas capable de discernement et que le défaut d'intérêt est un motif impropre à justifier le refus d'audition. • Civ. 1re, 18 mars 2015, n° 14-11.392 P : *D. 2015. 1919, obs. Bonfils et Gouttenoire ; AJ fam. 2015. 282, obs. Thouret ; AJ fam. 2015. 282, obs. Thouret ; RTD civ. 2015. 352, obs. Hauser* .

Aux termes de l'art. 338-5 C. pr. civ., la décision statuant sur la demande d'audition formée par le mineur n'est susceptible d'aucun recours ; en l'absence d'effet dévolutif de l'appel à cet égard, l'enfant qui souhaite être entendu par la cour d'appel doit lui en faire la demande. • Civ. 1re, 14 sept. 2017, n° 17-19.218 P : *AJ fam. 2017. 543, obs. Saulier* .

9. ... *Audition demandée par les parties.* Selon l'art. 338-4, al. 2, C. pr. civ., l'audition peut être refusée si elle n'est pas nécessaire à la solution du litige ou si elle est contraire à l'intérêt de l'enfant.

Inutilité d'une seconde audition. Une cour d'appel estime souverainement qu'il n'y a pas lieu de procéder à une nouvelle audition d'un enfant âgé de plus de treize ans, déjà entendu en première instance. • Civ. 1re, 2 avr. 1996, n° 94-14.149 P (procédure de divorce).

Audition contraire à l'intérêt de l'enfant. V. pour des décisions rendues dans le cadre de l'assistance éducative : si l'audition du mineur est de principe (C. pr. civ., anc. art. 1183), le juge peut décider de ne pas y procéder, non seulement lorsque l'âge, la santé ou les facultés intellectuelles de l'enfant rendent cette audition impossible, mais encore lorsque celle-ci serait de nature à compromettre sa santé ou son état mental. • Civ. 1re, 20 févr. 1985, n° 83-80.055 P : *Gaz. Pal. 1985. 2. 756.* ♦ ... Ou son équilibre. • Civ. 1re, 2 nov. 1994, n° 93-05.078 P : *Defrénois 1995. 1027, obs. Massip.* ♦ Audition refusée pour préserver un enfant de 7 ans, autant que possible, du conflit parental dont il avait déjà subi les conséquences. • Civ. 1re, 16 déc. 2015, n° 15-10.442 P : *D. 2016. 674, obs. Douchy-Oudot ; AJ fam. 2016. 102, obs. Thouret ; RTD civ. 2016. 95, obs. Hauser ; JCP 2016, n° 326, note Mallevaey.*

10. Modalités de l'audition. Sur les modalités de l'audition des enfants, V. C. pr. civ., art. 338-7 s.. – **C. pr. civ.** ♦ V. aussi : • TGI Versailles, 7 oct. 1999 : *Dr. fam. 2001, n° 45, note Lécuyer* • 23 janv. 2001 : *eod. loc.* • Civ. 1re, 2 mars 2004, n° 03-17.768 P : *RTD civ. 2004. 276, obs. Hauser* (audition « sur-le-champ ») • Civ. 1re, 20 juin 2012, n° 11-19.377 P : *D. 2012. 2050, Chron. C. cass ., obs. Vassallo ; AJ fam. 2012. 457, obs. Schenique ; RTD civ. 2012. 523, obs. Hauser ; Dr. fam. 2012, n° 133, obs. Neirinck* (audition de l'enfant, assisté de son avocat, par un membre de la cour, dont il a été rendu compte oralement lors de l'audience en présence des parties ou de leurs représentants). ♦ L'art. 338-8 C. pr. civ. n'est pas applicable à l'audition de l'enfant par le juge de la mise en l'état. • Civ. 1re, 28 janv. 2015, n° 13-27.603 P : *D. 2015. 320 ; AJ fam. 2015. 161, obs. Thouret ; Dr. fam. 2015, n° 72, obs. Réglier.*

11. Compte rendu et suites de l'audition. V. C. pr. civ., art. 338-12. – **C. pr. civ.** ♦ Sur les obligations du juge, V. aussi note 3 ss. art. 373-2-11. ♦ Cassation au visa des art. 16 et 338-12 C. pr. civ. de l'arrêt fixant la résidence en tenant compte de l'audition de l'enfant après la clôture des débats, sans permettre aux parties de formuler, dans un certain délai, leurs observations en cours de délibéré sur le compte rendu qui leur était adressé, ni ordonner la réouverture des débats. • Civ. 1re, 19 sept. 2019, n° 18-15.633 P : *D. 2019. 1833 ; AJ fam. 2019. 589, obs. Eudier ; Dr. fam. 2019, n° 238, note Mallevaey.*

B. CONVENTION INTERNATIONALE SUR LES DROITS DE L'ENFANT

12. Absence d'influence dans le cadre d'un contrôle de constitutionnalité. Si les dispositions de l'art. 55 de la Constitution confèrent aux traités, dans les conditions qu'elles définissent, une autorité supérieure à celle des lois, elles ne prescrivent ni n'impliquent que le respect de ce principe doive être assuré dans le cadre du contrôle de la conformité des lois à la Constitution ; doit ainsi, en tout état de cause, être rejeté le grief tiré de la méconnaissance de la CIDE. • Cons. const. 17 mai 2013, n° 2013-669 DC : *cité note 1 ss. art. 143* (consid. n° 57).

13. Problème de l'applicabilité directe de la CIDE : Cour de cassation. L'art. 3-1 CIDE, selon lequel l'intérêt supérieur de l'enfant est une considération primordiale, est une disposition qui est en application directe devant la juridiction française. • Civ. 1re, 14 juin 2005, n° 04-16.942 P : *R., p. 416 ; D. 2005. 2790, note F. Boulanger ; JCP 2005. II. 10115, concl. C. Petit, note Chabert ; Gaz. Pal. 2005. 3412, note Salamé ; Defrénois 2005. 1418, note Massip ; Dr. et patr. 9/2005. 101, obs. Bonfils ; RDSS 2005. 814, note Neirinck ; RTD civ. 2005. 750, obs. Rémy-Corlay ; Rev. crit. DIP 2005. 679, note Bureau* (application combinée de cette disposition et de celles de la Convention de La Haye sur les aspects civils de l'enlèvement international d'enfant) • 13 juill. 2005, n° 05-10.519 P : *D. 2005. IR 2339 ; Dr. fam. 2006, n° 42, note Farge (idem)* • 8 nov. 2005, n° 02-18.360 P : *D. 2006. 554, note F. Boulanger ; D. 2007. Pan. 2192, obs. Gouttenoire ; Dr. fam. 2006, n° 28, note Gouttenoire ; RTD civ. 2006. 101, obs. Hauser* (application combinée de l'art. 3-1 CIDE et de l'art. 371-1 C. civ.) • 13 mars 2007 : *V. note 6 ss. art. 373-2-1.* ♦ V. déjà : • Civ. 1re, 18 mai 2005 : *préc.* ♦ Rappr., invoquant aussi les art. 3-1 et 12-2 CIDE : • Civ. 1re, 22 nov. 2005, n° 03-17.912 P : *D. 2006. 554, note F. Boulanger ; D. 2006. Pan. 2436, obs. Douchy-Oudot ; D. 2005. IR 3036, obs. Gallmeister ; Dr. fam. 2006, n° 28, note Gouttenoire ; RJPF 2006-2/44, note Eudier ; RDSS 2006. 349, note Bruggeman ; RTD civ. 2006. 101, obs. Hauser .* ♦ ... L'art. 7-1 sur le droit pour l'enfant de connaître ses parents. • Civ. 1re, 7 avr. 2006 : *V. note 4 ss. art. 326* (application directe de l'art. 7-1).

14. ... Conseil d'État. Pour le Conseil d'État, certaines stipulations de la Convention, qui ne produisent pas d'effets directs à l'égard des particuliers, ne peuvent être utilement invoquées pour appuyer une demande d'annulation d'une décision individuelle ou réglementaire. • CE 23 avr. 1997 : *Lebon 142 ; D. 1998. 15, concl. Abraham* (art. 24-1 : droit à la santé ; art. 26-1 : droit à la sécurité sociale ; art. 27-1 : droit à un niveau de vie suffisant) • 29 juill. 1994 : *Lebon 732 ; AJDA 1994. 841, concl. Denis-Linton ; RDSS 1995. 167, note F. Monéger* (art. 9) • 3 juill. 1996 : *Dr. fam. 1997, n° 9, note Murat* (art. 12-1 et 12-2 : audition de l'enfant et droit d'expression ; art. 14-1 : liberté de pensée, de conscience et de religion) • 14 janv.

1998 : *JCP 1998. IV. 2398* (art. 24, 26 et 27) • 30 juin 1999 : *D. 2000. 1, note F. Boulanger ; ibid. Somm. 163, obs. Desnoyer* (art. 2-1 et 2-2 : absence de discrimination).

Mais certaines dispositions bénéficient de l'applicabilité directe : • CE 10 mars 1995 : *Lebon 610 ; D. 1995. 617, note Benhamou* (art. 16 : protection de la vie privée et de l'honneur) • 22 sept. 1997 : *Lebon 320 ; D. 1998. Somm. 297, obs. Desnoyer ; JCP 1998. II. 10052, note Gouttenoire-Cornut ; JCP 1998. I. 101, n° 5, obs. Fossier ; Dr. fam. 1998, n° 56, note Murat ; RTD civ. 1998. 76, obs. Hauser ; RFDA 1998. 562, concl. Abraham ; LPA 26 janv. 1998, note Reydellet ; RDSS 1998. 174, note F. Monéger* (art. 3-1 : attention primordiale à l'intérêt supérieur de l'enfant dans toute décision le concernant) • 5 oct. 2000 : *Lebon 391* (art. 3-2 : droits à la protection et aux soins nécessaires à son bien-être ; art. 5 : rôle des *représentants* légaux). ♦ Rappr. aussi • CE 30 juin 1999 : *préc.* (conformité de l'art. 374 aux dispositions des art. 3-1 et 16).

15. Domaine : notion d'enfant protégé. La protection garantie par la Convention de New York du 26 janv. 1990 concerne l'enfant défini comme l'être humain n'ayant pas encore atteint l'âge adulte. • Civ. 1re, 25 juin 1996, n° 94-14.858 P : *R., p. 444 ; D. 1998. 453, note Brunet ; D. 1997. Somm. 275, obs. Dekeuwer-Défossez ; JCP 1997. II. 22834, note Malaurie ; ibid. 1997. I. 4021, obs. Le Guidec ; Defrénois 1997. 310, obs. Massip ; Dr. fam. 1996, n° 26, note Beignier ; RTD civ. 1996. 873, obs. Hauser , et 1997. 542, obs. Marguénaud* (inapplicabilité de la convention à un litige successoral entre un enfant légitime et un enfant adultérin).

C. CONVENTION EUROPÉENNE DES DROITS DE L'HOMME

16. Conv. EDH et autorité parentale. V. notes ss. art. 371-3.

17. Conv. EDH et prestations sociales. Les dispositions du code de la sécurité sociale qui subordonnent le versement des prestations familiales à la production d'un document attestant d'une entrée régulière des enfants étrangers en France revêtent un caractère objectif justifié par la nécessité dans un état démocratique d'exercer un contrôle des conditions d'accueil des enfants, et ne portent pas une atteinte disproportionnée au droit à la vie familiale. • Cass., ass. plén., 3 juin 2011, n° 09-71.352 P : *D. 2011. 1995, obs. Bonfils et Gouttenoire ; AJ fam. 2011. 375, obs. Sayn ; RDSS 2011. 738, note Tauran ; RTD civ. 2011. 530, obs. Hauser* (absence de violation des art. 8 et 14 Conv. EDH) • 3 juin 2011, n° 09-69.052 P.

18. Garde à vue. L'information de la personne désignée comme représentant légal du mineur ayant pour finalité de permettre à la personne désignée d'assister le mineur dans ses choix de personne gardée à vue dans le seul intérêt de sa défense, est irrégulière la désignation d'un représentant ayant également la qualité de victime des violences du mineur. • Crim. 17 juin 2020, n° 20-80.065 P : *D. 2020. 1696, obs. Bonfils et Gouttenoire ; AJ pénal 2020. 480, obs. Gallardo* .

Art. 388-1-1 *(Ord. n° 2015-1288 du 15 oct. 2015, art. 5, en vigueur le 1er janv. 2016)*

L'administrateur légal représente le mineur dans tous les actes de la vie civile, sauf les cas dans lesquels la loi ou l'usage autorise les mineurs à agir eux-mêmes.

1. Exécution des contrats : absence d'obligation des parents. Les parents ne sont pas tenus des obligations nées des contrats passés par leurs enfants mineurs, que ce soit ou non dans le cadre des actes de la vie courante. • Civ. 1re, 21 juin 1977, n° 75-11.152 P. ♦ Déjà en ce sens : • Civ. 1re, 26 avr. 1963 : *Bull. civ. I, n° 216* (contrat conclu par le père en qualité d'administrateur légal). ♦ En sens contraire : • Paris, 3 mars 2005 : *CCC 2005, n° 197*, note Raymond.

A. REPRÉSENTATION PAR L'ADMINISTRATEUR LÉGAL

2. Nécessité d'agir en qualité de représentant légal. Est irrecevable le moyen dans l'intérêt d'un mineur contenu dans le pourvoi en cassation de son père, le mineur ne s'étant pas pourvu et n'étant pas représenté. • Civ. 2e, 11 janv. 2001, n° 00-50.006 P. ♦ Comp. note 16 ss. art. 371-3 et rappr. notes 5 et 7 ss. art. 388-2. ♦ La notification de l'offre de vente d'un logement loué faite au locataire vaut tant pour lui personnellement qu'en sa qualité d'administrateur légal de son enfant mineur. • Civ. 3e, 15 nov. 2006, n° 04-15.679 P.

3. Conséquences : qualité de partie civile de l'administrateur. La mère d'un mineur, lorsqu'elle intervient en qualité d'administrateur légal de la victime par application des anciens art. 389 s. C. civ., devient partie civile au regard de l'art. 335 C. pr. pén. (audition sans prestation de serment). • Crim. 16 déc. 1992, n° 92-82.179 P : *R., p. 362*.

B. ACTES ACCOMPLIS PERSONNELLEMENT PAR LE MINEUR

BIBL. Stoufflet, *Mél. Voirin, LGDJ, 1967, p. 782.*

1° ACTES EXTRAPATRIMONIAUX

4. Vie privée. La divulgation de faits relatifs à la vie privée d'un mineur est soumise à l'autorisation de la personne ayant autorité sur lui. • Civ. 1re, 18 mai 1972, n° 70-13.377 P : *R. 1971-1972, p. 16 ; JCP 1972. II. 17209, concl. Lindon* (interdiction d'un ouvrage relatant la liaison entre un mineur et une enseignante). ♦ V. aussi pour le droit à l'image : • Civ. 1re, 27 mars 1990, n° 88-18.396 P (convention pour des photographies publicitaires d'un mannequin) • Paris, 1re ch. B, 31 oct. 1991 : *D. 1992. IR 9* (droit à l'image).

5. Soins médicaux. Sur l'information des mineurs, V. CSP, art. L. 1111-2, et sur leur consentement, L. 1111-4.

6. Grossesse. Sur l'interruption volontaire de grossesse par une mineure non émancipée, V. CSP, art. L. 2212-4 (possibilité de garder le secret à l'égard des titulaires de l'autorité parentale) et 2212-7 (possibilité de se faire assister d'une personne majeure). ♦ Sur la possibilité de garder l'anonymat lors de l'accouchement, V. CASF, art. L. 222-6, et • Civ. 1re, 5 nov. 1996, n° 96-11.073 : *préc. note 1 ss. art. 351* (accouchement anonyme).

7. Réfugié. Un enfant mineur, même isolé, peut, s'il remplit les conditions prévues par l'art. 1er, A, 2° de la convention de Genève du 28 juillet 1951, obtenir le statut de réfugié. • CE 9 juill. 1997, n° 145518 : *Lebon 302.* ♦ Rappr. note 2.

2° ACTES PATRIMONIAUX

8. Capacité de recevoir. Le mineur, qui n'est atteint que d'une simple incapacité générale d'exercice de ses droits, est capable de recevoir au sens de l'art. 902 C. civ. ; la donation qu'il reçoit n'est pas frappée par la nullité édictée par l'art. 911, sanctionnant la violation d'une incapacité spéciale de recevoir. • Civ. 1re, 7 janv. 1982, n° 80-15.294 : *D. 1983. 205, note Grimaldi ; RTD civ. 1983. 173, obs. Patarin.*

9. Mandat donné au mineur. Pour une illustration, V. • TI Nîmes, 29 juin 1982 : *D. 1983. 13, note Pansier.*

10. ... Actes autorisés : paiement d'une dette. Le mineur agissant seul peut valablement souscrire une promesse unilatérale de somme d'argent pour éteindre son obligation de réparer les conséquences de sa faute, le paiement d'une dette étant un acte d'administration. • TI Montmorillon, 19 mai 1982 : *JCP 1984. II. 20219, note Montanier.* ♦ Sur la qualification du paiement des dettes, V. désormais Décr. 22 déc. 2008, annexe 2, I, 1°.

11. ... Actes de la vie courante. BIBL. Montanier, *JCP 1982. I. 3076* (actes de la vie courante). ♦ Le mineur ne peut conclure seul un contrat d'achat d'une voiture, lequel n'est pas un acte de la vie courante. • Civ. 1re, 9 mai 1972, n° 70-10.361 P : *R. 1971-1972, p. 13.* ♦ Comp. la solution inverse pour un contrat de location de voiture non lésionnaire : • Civ. 1re, 4 nov. 1970, n° 69-12.788 P : *R. 1970/71, p. 15 ; D. 1971. 186.* ♦ Comp. Décr. 22 déc. 2008, annexe 1, II, 3°.

12. Actes interdits. Sont nuls pour avoir été consentis par un mineur sans le concours de son représentant légal : l'ouverture d'un compte bancaire. • Versailles, 26 oct. 1990 : *D. 1993. Somm. 125, obs. Lucet.* ♦ V. aussi note 3 ss. art. 1352-4 et Décr. 22 déc. 2008, annexe 1, II, 1°. ♦ Pour l'impossibilité d'avaliser une lettre de change : • Com. 28 oct. 1969, n° 68-10.145 P. ♦ Jugé qu'est nul le bail d'un appartement donné en location à une mère et à son fils mineur de 17 ans et signé par le mineur seul. • Aix-en-Provence, 7 juin 2000 : *Loyers et copr. 2000, n° 265.* ♦ Comp. Décr. 22 déc. 2008, annexe 1, I. ♦ Sur les actes lésionnaires, V. notes ss. art. 1149.

13. Prescription des actions en nullité. La prescription de l'action en nullité ouverte à l'égard des actes faits par ou au nom d'un mineur court du jour de sa majorité ou émancipation. • Civ. 1re, 5 mars 2002, n° 99-19.443 P : *D. 2002. 1513, note Gridel ; Defrénois 2002. 1167, obs. Massip ; RJPF 2002-6/14, note Pansier ; RTD civ. 2002. 271, obs. Hauser.*

3° PROCÉDURE

14. Actions en justice. V., en matière d'assistance éducative, note 11 ss. art. 375, pour la possibilité d'action du mineur et la faculté de choisir un conseil. ♦ Comp. : la Commission de recours des réfugiés ne peut opposer à un mineur l'irrecevabilité de sa demande sans l'inviter à régulariser son recours par la signature d'une personne habilitée à le représenter en justice, cette personne pouvant être désignée par le juge des tutelles, saisi le cas échéant par l'administration. • CE 9 juill. 1997 : *Lebon 302.* ♦ Comp. Décr. 22 déc. 2008, annexe 1, IV. ♦ Rapp. note 2.

15. Témoignages et attestations. Le mineur, qui ne peut être entendu en qualité de témoin, ne peut attester. • Civ. 2e, 1er oct. 2009, n° 08-13.167 P.

Art. 388-1-2 *(Ord. n° 2015-1288 du 15 oct. 2015, art. 5, en vigueur le 1er janv. 2016)* **Un mineur âgé de seize ans révolus peut être autorisé, par son ou ses administrateurs légaux, à accomplir seul les actes d'administration nécessaires à la création et à la gestion d'une entreprise individuelle à responsabilité limitée ou d'une société unipersonnelle. Les actes de disposition ne peuvent être effectués que par son ou ses administrateurs légaux.**

L'autorisation mentionnée au premier alinéa revêt la forme d'un acte sous seing privé ou d'un acte notarié et comporte la liste des actes d'administration pouvant être accomplis par le mineur.

Sur l'entreprise individuelle à responsabilité limitée, V. C. com., art. L. 526-6, ss. art. 2285. — Sur la participation d'un mineur à une association, V. L. 1er juill. 1901, art. 2 bis.

Un mineur âgé de seize ans révolus peut être nommé directeur ou codirecteur d'une publication réalisée bénévolement (L. 29 juill. 1881, art. 6 ; L. no 82-652 du 29 juill. 1982, art. 93-2). — Sur la responsabilité, V. ndlr ss. art. 1242.

BIBL. ▶ ZATTARA-GROS, *Defrénois 2016. 938* (le mineur en société après l'ordonnance du 15 oct. 2015).

Art. 388-2 *(L. no 93-22 du 8 janv. 1993)* **Lorsque, dans une procédure, les intérêts d'un mineur apparaissent en opposition avec ceux de ses représentants légaux, le juge des tutelles dans les conditions prévues à l'article** *(Ord. no 2015-1288 du 15 oct. 2015, art. 5, en vigueur le 1er janv. 2016)* **« 383 » ou, à défaut, le juge saisi de l'instance lui désigne un administrateur *ad hoc* chargé de le représenter.**

(L. no 2016-297 du 14 mars 2016, art. 37) **« Dans le cadre d'une procédure d'assistance éducative, l'administrateur *ad hoc* désigné en application du premier alinéa du présent article doit être indépendant de la personne morale ou physique à laquelle le mineur est confié, le cas échéant. »**

Sur cette désignation, V. C. pr. civ., art. 1210-1 à 1210-3. — ***C. pr. civ.***

BIBL. ▶ **Administrateur *ad hoc* :** ESCHYLLE, *Mél. Gebler, PU Nancy, 1998, p. 153.* - GABA, *Dr. fam. 2002. Chron. 9* (défense de l'enfant maltraité par ses représentants légaux). - NEIRINCK, *JCP 2000. I. 228.* - V. aussi ss. art. 388-1 et 383. ▶ **Participation de l'enfant aux procédures :** Dossier, *AJ fam. 2003. 368*.

1. Domaine : instance pénale (oui). Possibilité pour une juridiction pénale de désigner un administrateur *ad hoc* sur le fondement de l'art. 388-2. • Crim. 28 févr. 1996, no 95-81.565 P : *R., p. 423 ; D. 1997. Somm. 280, obs. Desnoyer ; JCP 1996. II. 22707, note Raymond ; Defrénois 1996. 1354, obs. Massip ; RTD civ. 1996. 597, obs. Hauser.* - Déjà dans le même sens : • Civ. 2e, 25 oct. 1995, no 93-16.275 P : *D. 1997. Somm. 282, obs. Thomas-Le Doujet.* ♦ V. aussi note 6 ss. art. 383.

2. ... Articulation avec l'art. 706-50 C. pr. pén. Si l'art. 706-50 C. pr. pén. permet au procureur de la République ou au juge d'instruction saisis de faits commis volontairement à l'encontre d'un mineur de désigner un administrateur *ad hoc* lorsque la protection des intérêts du mineur n'est pas complètement assurée par ses représentants légaux, ces dispositions ne sont pas exclusives, en l'absence de décision du juge d'instruction ou du procureur de la République, de celles de l'art. 388-2 C. civ., de portée générale, qui autorisent le juge des tutelles à procéder à cette désignation dès lors que l'opposition d'intérêts entre l'enfant et ses représentants légaux a été constatée. • Civ. 1re, 25 oct. 2005, no 03-14.404 P : *R., p. 218 ; D. 2005. IR 2825, obs. Girault ; ibid. 2006. Pan. 2436, obs. Douchy-Oudot ; JCP 2005. I. 199, no 12 s., obs. Fossier ; Defrénois 2006. 350, obs. Massip ; Gaz. Pal. 2005. 4131, concl. Sainte-Rose ; Dr. fam. 2006, no 77, note Gouttenoire ; RTD civ. 2006. 103, obs. Hauser.*

3. Notion de conflit d'intérêts. Le juge des tutelles apprécie souverainement l'existence d'une opposition d'intérêts entre l'administrateur légal et le mineur. • Civ. 1re, 25 oct. 2005 : *préc. note 2* (en l'espèce, relation fusionnelle, voire pathologique, d'une mère avec ses filles). ♦ Cassation, pour violation de l'art. 388-2 C. civ., de l'arrêt qui, pour rejeter la demande d'époux désireux d'adopter un enfant, en désignation d'un administrateur *ad hoc* chargé de représenter les intérêts de cet enfant, énonce que dans cette instance en dévolution de l'autorité parentale, la filiation du mineur à l'égard du père biologique n'est pas en cause puisque la mère ne la conteste pas, sans rechercher une éventuelle opposition d'intérêts entre l'enfant et ses représentants légaux. • Civ. 1re, 23 févr. 1999, no 97-15.098 P : *R., p. 306 ; D. 1999. IR 79 ; JCP 2001. I. 293, no 6, obs. Favier ; Dr. fam. 1999, no 146, note Gouttenoire-Cornut ; RTD civ. 1999. 601, obs. Hauser.* ♦ V. aussi ss. art. 383.

V. aussi en matière pénale : il appartient au magistrat qui procède à la désignation d'un administrateur *ad hoc* de motiver l'insuffisante capacité des représentants légaux à assurer complètement la protection du mineur, à partir de son appréciation souveraine des circonstances des faits. • Crim. 11 oct. 2022, no 22-81.126 B : *D. 2022. 1808 ; AJ fam. 2022. 561, obs. Mary ; AJ pénal 2022. 588, obs. Gallardo.* ♦ Dans le cadre de l'art. 706-50 C. pr. pén., la seule circonstance que les faits soient qualifiés d'incestueux ne peut suffire à justifier cette désignation. • Même arrêt (rejet du pourvoi contre l'arrêt ayant estimé que la mère n'avait pas été défaillante et écartant un conflit d'intérêts au seul motif que celle-ci aurait été à la fois la mère de l'auteur et de la victime).

4. Choix de l'administrateur ad hoc. La désignation d'un administrateur *ad hoc* parmi les personnes figurant sur la liste prévue par l'art. R. 53 C. pr. pén. ou dans les conditions définies par l'art. R. 53-6 du même code ne constitue qu'une simple faculté pour le juge procédant à cette désignation en application de l'art. 388-2 et de l'anc. art. 389-3 C. civ. [383]. • Civ. 1re, 25 oct. 2005 : *préc. note 2.*

5. Étendue des pouvoirs de l'administrateur ad hoc. L'administrateur *ad hoc* ne pouvant avoir plus de droits que le mineur qu'il représente, est irrecevable la tierce opposition formée par le mineur avec le concours de l'administrateur *ad hoc* à une décision rendue sur l'autorité parentale, dès lors que l'art. 374, al. 3, ne mentionne pas l'enfant parmi les demandeurs habilités à obtenir une modification des conditions d'exercice de l'autorité parentale. • Cass., ch. mixte, 9 févr. 2001, n° 98-18.661 P : *R., p. 344 ; D. 2001. IR 743 ; JCP 2001. II. 10514, note Fossier ; Dr. fam. 2001, n° 53, note Gouttenoire-Cornut ; RJPF 2001-4/38, obs. Guerder ; RTD civ. 2001. 333, obs. Hauser ; RDSS 2001. 833, note Bruggeman.* – Hauser, *RJPF 2001-6/11.*

6. Fonctionnement : articulation tuteur ad hoc et conseil. A défaut de diligence du représentant légal du mineur, le juge peut procéder à la désignation d'un administrateur *ad hoc* qui pourra lui-même désigner un avocat afin d'assurer la défense des intérêts du mineur ainsi que sa représentation. • TGI La Roche-sur-Yon, JAM, 29 juill. 1993 : *BICC 1er mars 1994, n° 302.* ♦ V. aussi • Rouen, 25 mai 1993 : *BICC 1er nov. 1993, n° 1222 ; RTD civ. 1994. 90, obs. Hauser* (mode de désignation et rôle respectif de l'administrateur *ad hoc* et du conseil investi du droit d'ester en justice au nom du mineur).

7. Sanction de l'absence de nomination. L'autorité parentale étant exercée par les deux parents et les intérêts de l'enfant mineur étant en opposition avec l'un de ceux-ci, est irrecevable le pourvoi en cassation formé par le mineur représenté par son père seul contre l'arrêt ayant déclaré irrecevable son intervention devant la cour d'appel. • Civ. 2e, 22 mai 1996 : *D. 1997. 340, note Massip* (2e esp.) ; *Defrénois 1996. 1352, obs. Massip ; RTD civ. 1996. 582, obs. Hauser.*

8. Recours. L'appel-nullité ne peut être formé que par une partie au procès, ce qui exclut le grand-oncle d'un enfant qui était tiers dans l'instance en désignation d'un administrateur *ad hoc* chargé de représenter le mineur dans le cadre de la procédure d'assistance éducative. • Civ. 1re, 9 juin 2010, n° 09-10.641 P : *D. 2010. Chron. C. cass. 2092, obs. Auroy ; AJ fam. 2010. 393, obs. Durand ; RTD civ. 2010. 545, obs. Hauser.*

Art. 388-3 *Abrogé par Ord. n° 2015-1288 du 15 oct. 2015, art. 5, à compter du 1er janv. 2016.*

Art. 389 à 389-8 *Abrogé par Ord. n° 2015-1288 du 15 oct. 2015, art. 4, à compter du 1er janv. 2016.*

Loi organique n° 2011-333 du 29 mars 2011,

Relative au Défenseur des droits (JO 30 mars).

CHAPITRE II DE LA TUTELLE *(L. n° 2007-308 du 5 mars 2007, en vigueur le 1er janv. 2009).*

RÉP. CIV. v° *Tutelle des mineurs*, par I. Corpart.

BIBL. GÉN. ▸ **Commentaires de la loi n° 2007-308 du 5 mars 2007 :** V. Bibl. gén. précédant art. 414. – Dossier Tutelle des mineurs, *AJ fam. 2010. 413.*

Depuis le 1er janv. 2016, l'intitulé : « Section 2 : De la tutelle » est supprimé, les sous-sections 1 et 2 de cette section devenant respectivement les sections 1 et 2 du nouveau chap. II « De la tutelle » (Ord. n° 2015-1288 du 15 oct. 2015, art. 4, en vigueur le 1er janv. 2016). — V. également 2e ndlr ss. tit. X.

SECTION 1 Des cas d'ouverture et de fin de la tutelle *(L. n° 2007-308 du 5 mars 2007, en vigueur le 1er janv. 2009 ; Ord. n° 2015-1288 du 15 oct. 2015, art. 4, en vigueur le 1er janv. 2016).*

Art. 390 La tutelle s'ouvre lorsque le père et la mère sont tous deux décédés ou se trouvent *(L. n° 2002-305 du 4 mars 2002)* « privés de l'exercice de l'autorité parentale ».

Elle s'ouvre, aussi, à l'égard d'un enfant *(L. n° 2009-61 du 16 janv. 2009, art. 1er)* « *dont la filiation n'est pas légalement établie* ».

Il n'est pas dérogé aux lois particulières qui régissent le service de l'aide sociale à l'enfance.

Parents sous tutelle. Des parents ayant été placés sous le régime de la tutelle des majeurs ne peuvent être administrateurs légaux. Il y a lieu d'ouvrir la tutelle de l'enfant, mais celle-ci peut être limitée aux biens. • TI Saint-Omer, 3 mai 1989 : *JCP 1990. II. 21514, note Fossier.*

Art. 391 *(Ord. nº 2015-1288 du 15 oct. 2015, art. 6, en vigueur le 1er janv. 2016)* **En cas d'administration légale, le juge des tutelles peut, à tout moment et pour cause grave, soit d'office, soit à la requête de parents ou alliés ou du ministère public, décider d'ouvrir la tutelle après avoir entendu ou appelé, sauf urgence, l'administrateur légal. Celui-ci ne peut faire aucun acte de disposition à partir de la demande et jusqu'au jugement définitif sauf en cas d'urgence.**

Si la tutelle est ouverte, le juge des tutelles convoque le conseil de famille, qui peut soit nommer comme tuteur l'administrateur légal, soit désigner un autre tuteur.

Ancien art. 391 *Dans le cas de l'administration légale sous contrôle judiciaire, le juge des tutelles peut, à tout moment, soit d'office, soit à la requête de parents ou alliés ou du ministère public, décider d'ouvrir la tutelle après avoir entendu ou appelé, sauf urgence, l'administrateur légal. Celui-ci ne peut faire, à partir de la demande et jusqu'au jugement définitif, sauf le cas d'urgence, aucun acte qui requerrait l'autorisation du conseil de famille si la tutelle était ouverte.*

Le juge des tutelles peut aussi décider, mais seulement pour cause grave, d'ouvrir la tutelle dans le cas d'administration légale pure et simple.

Dans l'un et l'autre cas, si la tutelle est ouverte, le juge des tutelles convoque le conseil de famille qui pourra soit nommer tuteur l'administrateur légal, soit désigner un autre tuteur.

BIBL. ▸ Salvage-Gerest, *Dr. fam. 2001. Chron. 19* (art. 391 : tutelle aux biens ou tutelle complète ?).

1. Ouverture de tutelle et autorité parentale. La décision d'ouvrir la tutelle, prise en application de l'art. 391, est sans effet sur l'autorité parentale. • Civ. 1re, 13 déc. 1994 : *Defrénois 1995. 325, obs. Massip ; RTD civ. 1995. 599, obs. Hauser*. ♦ En effet, la tutelle prévue à l'art. 391 a pour seul objet de pallier la carence de l'administrateur légal dans la gestion des biens du mineur et ne porte pas atteinte à l'exercice de son autorité parentale. • Cass., avis, 24 mars 2014 : *AJ fam. 2014. 372, obs. Mornet*. ♦ Application de l'art. 391 en cas d'incarcération du père, déchu de l'administration légale ; la tutelle ainsi ouverte n'est limitée à la gestion des biens du mineur qu'à la condition de préciser si le père est, malgré sa détention, en état d'exercer l'autorité parentale. • Civ. 1re, 8 nov. 1982 : *Gaz. Pal. 1983. 2. 517, note Massip.* ♦ La tutelle ayant été déférée au service de l'Aide sociale à l'enfance au motif que le père n'avait plus de relations avec son fils dont il se désintéressait, cette tutelle porte tant sur la personne du mineur que sur l'administration de ses biens. • Civ. 1re, 3 nov. 2004 : *V. note 4 ss. art. 375.* ♦ Rappr. note 1 ss. art. 401.

2. Grands-parents : consultation du dossier (non). En application des art. 1222-2 et 1187 C. pr. civ., le droit de consulter le dossier d'ouverture de tutelle est ouvert au mineur capable de discernement, à ses père et mère et au tuteur de sorte que la demande de consultation formée par les grands-parents ne peut qu'être rejetée. • Civ. 1re, 7 nov. 2012, nº 11-18.529 P : *D. 2013. 798, obs. Douchy-Oudot ; ibid. Pan. 2073, obs. Bonfils et Gouttenoire ; AJ fam. 2012. 621, obs. Lambert ; RTD civ. 2013. 818, obs. Hauser ; Dr. fam. 2013, nº 13, obs. Bruggeman.*

Art. 392 **Si un enfant** *(Abrogé par Ord. nº 2005-759 du 4 juill. 2005, à compter du 1er juill. 2006) « naturel »* **vient à être reconnu par l'un de ses deux parents après l'ouverture de la tutelle, le juge des tutelles pourra, à la requête de ce parent, décider de substituer à la tutelle l'administration légale** *(Abrogé par Ord. nº 2015-1288 du 15 oct. 2015, art. 6, à compter du 1er janv. 2016) « dans les termes de l'article 389-2 ».*

Art. 393 *(L. nº 2007-308 du 5 mars 2007, en vigueur le 1er janv. 2009)* **Sans préjudice des dispositions de l'article 392, la tutelle prend fin à l'émancipation du mineur ou à sa majorité. Elle prend également fin en cas de jugement de mainlevée passé en force de chose jugée ou en cas de décès de l'intéressé.**

SECTION 2 **De l'organisation et du fonctionnement de la tutelle** *(L. nº 2007-308 du 5 mars 2007, en vigueur le 1er janv. 2009).*

§ 1 Des charges tutélaires *(L. nº 2007-308 du 5 mars 2007, en vigueur le 1er janv. 2009 ; Ord. nº 2015-1288 du 15 oct. 2015, art. 4, en vigueur le 1er janv. 2016).*

Art. 394 *(L. nº 2007-308 du 5 mars 2007, en vigueur le 1er janv. 2009)* **La tutelle, protection due à l'enfant, est une charge publique. Elle est un devoir des familles et de la collectivité publique.**

V. aussi art. 415. ♦ Comp. note 6 ss. art. 504.

Art. 395 *(L. n° 2007-308 du 5 mars 2007, en vigueur le 1er janv. 2009)* **Ne peuvent exercer les différentes charges de la tutelle :**

1° Les mineurs non émancipés, sauf s'ils sont le père ou la mère du mineur en tutelle ;

2° Les majeurs qui bénéficient d'une mesure de protection juridique prévue par le présent code ;

3° Les personnes à qui l'autorité parentale a été retirée ;

4° Les personnes à qui l'exercice des charges tutélaires a été interdit en application de l'article 131-26 du code pénal.

Art. 396 *(L. n° 2007-308 du 5 mars 2007, en vigueur le 1er janv. 2009)* **Toute charge tutélaire peut être retirée en raison de l'inaptitude, de la négligence, de l'inconduite ou de la fraude de celui à qui elle a été confiée. Il en est de même lorsqu'un litige ou une contradiction d'intérêts empêche le titulaire de la charge de l'exercer dans l'intérêt du mineur.**

Il peut être procédé au remplacement de toute personne à qui une charge tutélaire a été confiée en cas de changement important dans sa situation.

1. Causes de destitution. Même s'il n'existe aucune des causes de destitution prévues par l'art. 444 anc., le juge des tutelles peut, à condition de motiver sa décision, remplacer un administrateur légal sous contrôle judiciaire par un autre. • Civ. 1re, 6 juill. 2000 : ⚖ *JCP 2001. II. 10529 (2e esp.), note Fossier* • 28 mars 2006 : ⚖ *Dr. fam. 2006, n° 172, note Fossier.*

2. Appréciation souveraine du comportement. C'est dans l'exercice de son pouvoir souverain d'appréciation que le tribunal saisi d'un recours contre une décision d'exclusion estime que l'intéressé a fait preuve de négligence habituelle ou d'inaptitude aux affaires au sens de l'art. 444 anc. • Civ. 1re, 4 janv. 1978 : *Bull. civ. I, n° 3.* – V. aussi • Civ. 1re, 10 oct. 1984 : *Gaz. Pal. 1985. 1. 186, note J. M.*

Art. 397 *(L. n° 2007-308 du 5 mars 2007, en vigueur le 1er janv. 2009)* **Le conseil de famille statue sur les empêchements, les retraits et les remplacements qui intéressent le tuteur et le subrogé tuteur.**

Le juge des tutelles statue sur ceux qui intéressent les autres membres du conseil de famille. – *Sur le débat contradictoire, V. C. pr. civ., art. 1213..* – ***C. pr. civ.***

Une charge tutélaire ne peut être retirée, par celui qui l'a confiée, qu'après que son titulaire a été entendu ou appelé.

Le juge peut, s'il estime qu'il y a urgence, prescrire des mesures provisoires dans l'intérêt du mineur.

§ 2 Du conseil de famille *(L. n° 2007-308 du 5 mars 2007, en vigueur le 1er janv. 2009).*

Art. 398 *(L. n° 2007-308 du 5 mars 2007, en vigueur le 1er janv. 2009)* **Même en présence d'un tuteur testamentaire et sauf vacance, la tutelle est organisée avec un conseil de famille.** – *V. C. pr. civ., art. 1234 s..* – ***C. pr. civ.***

Art. 399 *(L. n° 2007-308 du 5 mars 2007, en vigueur le 1er janv. 2009)* **Le juge des tutelles désigne les membres du conseil de famille pour la durée de la tutelle.**

Le conseil de famille est composé d'au moins quatre membres, y compris le tuteur et le subrogé tuteur, mais non le juge.

Peuvent être membres du conseil de famille les parents et alliés des père et mère du mineur ainsi que toute personne, résidant en France ou à l'étranger, qui manifeste un intérêt pour lui.

Les membres du conseil de famille sont choisis en considération de l'intérêt du mineur et en fonction de leur aptitude, des relations habituelles qu'ils entretenaient avec le père ou la mère de celui-ci, des liens affectifs qu'ils ont avec lui ainsi que de la disponibilité qu'ils présentent.

Le juge doit éviter, dans la mesure du possible, de laisser l'une des deux branches, paternelle ou maternelle, sans représentation.

1. Absence d'information sur l'existence de parents. A défaut, pour le juge des tutelles, d'avoir pu se livrer à l'appréciation de toutes les circonstances du cas, faute d'information sur l'existence de parents, une formalité substantielle est omise lors de la constitution du conseil et la délibération prise ultérieurement est nulle. • Civ. 1re, 26 avr. 1988 : *Gaz. Pal. 1989. 1. 142, note Massip.*

2. Recours. Sur l'admission de principe des recours, V. désormais C. pr. civ., art. 1239. ♦ Comp. antérieurement : la décision par laquelle le juge des tutelles choisit les membres du conseil de famille ne peut faire l'objet du recours prévu à l'anc. art. 882-2 C. pr. civ. (C. pr. civ., art. 1215). • Civ. 1re, 28 avr. 1982, n° 81-11.438 P. – Même sens : • Civ. 1re, 28 mars 1977 : *Defrénois 1978. 160, note Blondy.* ♦ Même solution pour le choix des membres du conseil de famille d'un majeur en tutelle. • Civ. 1re, 2 nov. 1994 : *JCP 1995. II. 22555 (2e esp.), note Fossier ; Defrénois 1995. 1034, obs. Massip.*

Art. 400 *(L. n° 2007-308 du 5 mars 2007, en vigueur le 1er janv. 2009)* **Le conseil de famille est présidé par le juge des tutelles. Ses délibérations sont adoptées par vote de ses membres.**

Toutefois, le tuteur ou le subrogé tuteur, dans le cas où il remplace le tuteur, ne vote pas.

En cas de partage des voix, celle du juge est prépondérante.

Sur la possibilité pour le juge des tutelles d'ordonner une mesure d'instruction ou de faire procéder à une enquête sociale, V. C. pr. civ., art. 1221. — Sur le fonctionnement du conseil de famille, V. C. pr. civ., art. 1234 s. — **C. pr. civ.**

Mesure d'information préalable. Aucun texte n'interdit au juge des tutelles, saisi d'une demande de convocation du conseil de famille en application de l'anc. art. 410, d'ordonner préalablement une mesure d'information, telle une enquête sociale, destinée à apporter au conseil tous les éléments nécessaires à la délibération. • Civ. 1re, 23 févr. 1972 : *Gaz. Pal. 1972. 2. 552.* ♦ V. C. pr. civ., art. 1221.

Art. 401 *(L. n° 2007-308 du 5 mars 2007, en vigueur le 1er janv. 2009)* **Le conseil de famille règle les conditions générales de l'entretien et de l'éducation du mineur en ayant égard à la volonté que les père et mère avaient pu exprimer.**

Il apprécie les indemnités qui peuvent être allouées au tuteur.

Il prend les décisions et donne au tuteur les autorisations nécessaires pour la gestion des biens du mineur conformément aux dispositions du titre XII.

(L. n° 2010-658 du 15 juin 2010, art. 2-II) **« Le conseil de famille autorise le mineur** *(L. n° 2012-387 du 22 mars 2012, art. 32)* **« âgé de seize ans révolus » à accomplir seul les actes d'administration nécessaires pour les besoins de la création et de la gestion d'une entreprise individuelle à responsabilité limitée ou d'une société unipersonnelle.**

« L'autorisation visée à l'alinéa précédent revêt la forme d'un acte sous seing privé ou d'un acte notarié et comporte la liste des actes d'administration pouvant être accomplis par le mineur. »

1. *Personne du mineur.* L'art. 449 anc. (art. 401, al. 1) a pour objet le gouvernement de la personne du mineur et non la gestion de ses biens. • Civ. 1re, 24 oct. 2000, n° 98-20.340 P : *D. 2000. IR 283 ; JCP 2001. II. 10548, note Fossier ; Defrénois 2001. 97, obs. Massip ; LPA 28 août 2001, note Bruggeman ; RTD civ. 2001. 109, obs. Hauser* (substitution justifiée, par les juges du fond, de l'administration légale de l'anc. art. 389-2 C. civ. à une tutelle qui, scindée entre la mère et l'oncle de l'enfant, était génératrice de conflits et n'était plus nécessaire à la bonne gestion de ses biens). – Salvage-Gerest, *Dr. fam. 2001. Chron. 19.* ♦ Rappr. note ss. art. 391.

2. *Choix de la résidence.* Le conseil de famille et, en cas de recours, le tribunal de grande instance qui statue en ses lieu et place, auxquels l'art. 449 anc. (art. 401, al. 1) donne mission de régler les conditions générales de l'éducation de l'enfant, ont qualité pour déterminer le lieu où il sera élevé. • Civ. 1re, 5 mai 1986, n° 84-80.035 P : *Gaz. Pal. 1986. 2. 772, note Massip.*

Art. 402 *(L. n° 2007-308 du 5 mars 2007, en vigueur le 1er janv. 2009)* **Les délibérations du conseil de famille sont nulles lorsqu'elles ont été surprises par dol ou fraude ou que des formalités substantielles ont été omises.**

La nullité est couverte par une nouvelle délibération valant confirmation selon *(Ord. n° 2016-131 du 10 févr. 2016, art. 5-1°, en vigueur le 1er oct. 2016)* **« l'article 1182 ».**

L'action en nullité peut être exercée par le tuteur, le subrogé tuteur, les autres membres du conseil de famille et le procureur de la République dans les deux années de la délibération ainsi que par le mineur devenu majeur ou émancipé dans les deux années de sa majorité ou de son émancipation. La prescription ne court pas s'il y a eu dol ou fraude tant que le fait qui en est à l'origine n'est pas découvert.

Les actes accomplis en vertu d'une délibération annulée sont annulables de la même manière. Le délai court toutefois de l'acte et non de la délibération.

Sur l'entrée en vigueur des dispositions issues de l'Ord. n° 2016-131 du 10 févr. 2016, V. cette Ord., art. 9, ss. art. 1386-1.

1° NOTION DE FORMALITÉ SUBSTANTIELLE

1. Compétence territoriale (non). L'incompétence territoriale du juge des tutelles ne peut être considérée comme une formalité substantielle au sens de l'art. 416 anc. (art. 402) et le défaut de mention dans le procès-verbal de délibération de l'envoi des convocations aux membres du conseil de famille ne peut être considéré comme l'omission d'une formalité substantielle, dès lors que ce procès-verbal porte la signature des membres du conseil. • Civ. 1re, 6 oct. 1982, ☎ n° 81-13.774 P.

2. Défaut de communication d'une enquête (non). Le défaut de communication du rapport de l'enquête sociale ordonnée par le juge des tutelles ne constitue pas l'omission d'une formalité substantielle au sens de l'anc. art. 416 C. civ. (art. 402), et l'art. 16 C. pr. civ. (respect du principe de la contradiction) n'est pas applicable aux délibérations du conseil de famille. • Civ. 1re, 26 juin 1984 : *Gaz. Pal. 1985. 1. 131, note Massip.*

2° RÉGIME PROCÉDURAL

3. Demandeurs. Les dispositions de l'anc. art. 1222 C. pr. civ. relatives aux personnes pouvant former un recours contre les délibérations du conseil de famille sont limitatives. • Civ. 1re, 4 nov. 1987 : *Bull. civ. I, n° 284.* ♦ Même solution en ce qui concerne la possibilité d'intervenir devant le tribunal de grande instance. • Civ. 1re, 13 oct. 1993, ☎ n° 92-10.233 P : *RTD civ. 1994. 80, obs. Hauser* ✎. ♦ V. désormais C. pr. civ., art. 1239-3.

4. Transmission de l'action. L'action en nullité prévue à l'art. 416 anc. (art. 402) se transmet aux successeurs universels de l'incapable dès lors que le droit, objet de la délibération, dont le titulaire était seulement frappé d'une incapacité d'exercice, présente un caractère patrimonial. • Civ. 1re, 6 oct. 1982, ☎ n° 81-13.774 P.

5. Ministère public. La communication de la cause au ministère public n'est pas obligatoire dès lors que le tribunal n'est saisi que d'un litige relatif à l'organisation et au fonctionnement de la tutelle et non à son ouverture ou à la modification de l'étendue de l'incapacité du majeur protégé. • Civ. 1re, 5 juill. 1977, ☎ n° 75-10.336 P. ♦ Sur la communication au Ministère public, V. depuis le Décr. du 5 déc. 2008, C. pr. civ., art. 1225 (avis ou conclusions sur l'opportunité et les modalités de la protection) et art. 1240 (exercice d'un recours après l'avis l'informant de la délibération prise ou de la décision rendue).

6. Pouvoir du TGI. Saisi du recours au fond prévu par l'anc. art. 1222 C. pr. civ., le tribunal de grande instance tire des dispositions de l'anc. art. 1228 du même code le pouvoir d'imposer, même d'office, la décision qu'il estime conforme à l'intérêt de la personne protégée (en l'espèce, décision autorisant le mariage d'un majeur en tutelle). • Civ. 1re, 19 nov. 1991, ☎ n° 90-16.415 P. ♦ V. depuis C. pr. civ., art. 1239-3 et 1246.

7. Appel. V. désormais C. pr. civ., art. 1246. ♦ Antérieurement : l'action en nullité prévue à l'art. 416 anc. (art. 402) étant régie, en l'absence de disposition particulière, par le droit commun de la procédure civile, le jugement rendu sur cette action est susceptible d'appel. • Civ. 1re, 28 mars 1977, ☎ n° 76-10.827 P. ♦ V. aussi • Civ. 1re, 14 déc. 1976 : *Bull. civ. I, n° 402* • 26 sept. 2007 : ☎ *Defrénois 2007. 1646, obs. Massip ; RTD civ. 2008. 81, obs. Hauser* ✎ (irrecevabilité du pourvoi en cassation contre ce jugement, qui n'est pas rendu en dernier ressort).

8. Conseil de famille des pupilles de l'État (CASF, art. L. 224-1 s.). Les décisions et délibérations de toute nature du conseil de famille des pupilles de l'État peuvent être frappées d'un recours devant le TGI. • Civ. 1re, 8 nov. 2005, ☎ n° 03-16.750 P : *D. 2006. Pan. 2438, obs. Douchy-Oudot* ✎ *; Dr. fam. 2006, n° 114, note Fossier ; RTD civ. 2006. 88, obs. Hauser* ✎. ♦ V. désormais C. pr. civ., art. 1261.

§ 3 Du tuteur *(L. n° 2007-308 du 5 mars 2007, en vigueur le 1er janv. 2009).*

Art. 403 *(L. n° 2007-308 du 5 mars 2007, en vigueur le 1er janv. 2009)* **Le droit individuel de choisir un tuteur, qu'il soit ou non parent du mineur, n'appartient qu'au dernier vivant des père et mère s'il a conservé, au jour de son décès, l'exercice de l'autorité parentale.**

Cette désignation ne peut être faite que dans la forme d'un testament ou d'une déclaration spéciale devant notaire.

***Elle s'impose au conseil de famille* à moins que l'intérêt du mineur commande de l'écarter.**

Le tuteur désigné par le père ou la mère n'est pas tenu d'accepter la tutelle.

1. Date du choix. L'art. 397 anc. [devenu art. 403, al. 1] confère à la mère qui a reconnu son enfant naturel le droit exclusif de lui choisir un tuteur, spécialement par testament, dès lors qu'elle est le seul parent et qu'au jour de sa mort elle avait conservé l'exercice de l'administration légale ; peu importe qu'elle ait exercé ce choix avant la naissance de l'enfant. • Civ. 1re, 9 févr. 1988 : *Gaz. Pal. 1988. 2. 854, note Massip ; JCP N 1988. II. 317, note Fossier.*

2. Forme du choix. La désignation du tuteur par un écrit qui ne constitue pas un testament valable est inefficace. • Civ. 1re, 24 oct. 1995, n° 93-20.433 P : *D. 1996. Somm. 235, obs. Vauvillé ; Dr. et patr. 1996. 73, obs. Bénabent ; Defrénois 1996. 999, obs. Massip ; RTD civ. 1996. 131, obs. Hauser ; RDSS 1996. 393, note F. Monéger.* ♦ Sur la possibilité de confier l'éducation de l'enfant à la personne ainsi désignée irrégulièrement, V. ss. l'empire de l'anc. art. 402. • Civ. 1re, 24 oct. 1995, n° 93-20.433 P : *R., p. 220 ; D. 1996. Somm. 235, obs. Vauvillé ; Defrénois 1996. 999, obs. Massip ; RTD civ. 1996. 131, obs. Hauser.*

Art. 404 *(L. n° 2007-308 du 5 mars 2007, en vigueur le 1er janv. 2009)* **S'il n'y a pas de tuteur testamentaire ou si celui qui a été désigné en cette qualité vient à cesser ses fonctions, le conseil de famille désigne un tuteur au mineur.**

Art. 405 *(L. n° 2007-308 du 5 mars 2007, en vigueur le 1er janv. 2009)* **Le conseil de famille peut, en considération de la situation du mineur, des aptitudes des intéressés et de la consistance du patrimoine à Administrer désigner plusieurs tuteurs pour exercer en commun la mesure de protection. Chaque tuteur est réputé, à l'égard des tiers, avoir reçu des autres le pouvoir de faire seul les actes pour lesquels un tuteur n'aurait besoin d'aucune autorisation.**

Le conseil de famille peut décider que l'exercice de la tutelle sera divisé entre un tuteur chargé de la personne du mineur et un tuteur chargé de la gestion de ses biens ou que la gestion de certains biens particuliers sera confiée à un tuteur adjoint.

A moins qu'il en ait été autrement décidé par le conseil de famille, les tuteurs désignés en application du deuxième alinéa sont indépendants et ne sont pas responsables l'un envers l'autre. Ils s'informent toutefois des décisions qu'ils prennent.

En cas de division de la tutelle entre un tuteur à la personne et un tuteur aux biens, une personne morale (en l'espèce, association départementale de sauvegarde de l'enfance) peut être désignée comme tuteur aux biens. • TI Châteaubriant, 9 déc. 1975 : *Gaz. Pal. 1977. 1. 347, note Baranger.*

Art. 406 *(L. n° 2007-308 du 5 mars 2007, en vigueur le 1er janv. 2009)* **Le tuteur est désigné pour la durée de la tutelle.**

Art. 407 *(L. n° 2007-308 du 5 mars 2007, en vigueur le 1er janv. 2009)* **La tutelle est une charge personnelle.**

Elle ne se transmet pas aux héritiers du tuteur.

Art. 408 *(L. n° 2007-308 du 5 mars 2007, en vigueur le 1er janv. 2009)* **Le tuteur prend soin de la personne du mineur et le représente dans tous les actes de la vie civile, sauf les cas dans lesquels la loi ou l'usage autorise le mineur à agir lui-même.**

Il représente le mineur en justice. Toutefois, il ne peut agir, en demande ou en défense, pour faire valoir les droits extrapatrimoniaux qu'après autorisation ou sur injonction du conseil de famille. Celui-ci peut également enjoindre au tuteur de se désister de l'instance ou de l'action, ou de transiger.

Le tuteur gère les biens du mineur et rend compte de sa gestion conformément aux dispositions du titre XII.

(L. n° 2010-658 du 15 juin 2010, art. 2-III) **« Le tuteur, après autorisation du conseil de famille, effectue les actes de disposition nécessaires pour les besoins de la création et de la gestion d'une entreprise individuelle à responsabilité limitée ou d'une société unipersonnelle. »**

1. Défaut d'autorisation. Seul le mineur peut se prévaloir de la nullité d'un acte fait par le tuteur sans l'autorisation du conseil de famille. • Civ. 1re, 10 mars 1998, n° 95-22.111 P : *Defrénois 1998. 1403, obs. Massip ; Dr. fam. 1998, n° 80, note T. F. ; RTD civ. 1998. 656, obs. Hauser.*

2. Mineur héritier du tuteur porte-fort. Le tuteur d'un mineur s'étant porté fort de la ratification par celui-ci, à sa majorité, d'une vente à un tiers, le pupille devenu héritier du tuteur ne peut plus poursuivre l'annulation de la vente, l'engagement du tuteur dont il est maintenant l'ayant cause devenant son engagement personnel. • Lyon, 11 mars 1980 : *D. 1981. 617, note Peyrard.*

Art. 408-1 *(L. n° 2008-776 du 4 août 2008, art. 18-I, en vigueur le 1er févr. 2009)* **Les biens ou droits d'un mineur ne peuvent être transférés dans un patrimoine fiduciaire.**

§ 4 Du subrogé tuteur *(L. n° 2007-308 du 5 mars 2007, en vigueur le 1er janv. 2009).*

Art. 409 *(L. n° 2007-308 du 5 mars 2007, en vigueur le 1er janv. 2009)* **La tutelle comporte un subrogé tuteur nommé par le conseil de famille parmi ses membres.**

Si le tuteur est parent ou allié du mineur dans une branche, le subrogé tuteur est choisi, dans la mesure du possible, dans l'autre branche.

La charge du subrogé tuteur cesse à la même date que celle du tuteur.

Art. 410 *(L. n° 2007-308 du 5 mars 2007, en vigueur le 1er janv. 2009)* **Le subrogé tuteur surveille l'exercice de la mission tutélaire et représente le mineur lorsque les intérêts de celui-ci sont en opposition avec ceux du tuteur.**

Le subrogé tuteur est informé et consulté avant tout acte important accompli par le tuteur.

A peine d'engager sa responsabilité à l'égard du mineur, il surveille les actes passés par le tuteur en cette qualité et informe sans délai le juge des tutelles s'il constate des fautes dans l'exercice de la mission tutélaire.

Il ne remplace pas de plein droit le tuteur en cas de cessation des fonctions de celui-ci ; mais il est tenu, sous la même responsabilité, de provoquer la nomination d'un nouveau tuteur.

1. *Conflit actuel ou éventuel ?* L'anc. art. 420 ne vise que le cas où il y a opposition d'intérêts entre le mineur et le tuteur, et non l'éventualité d'une telle opposition, dont l'appréciation définitive appartient non au conseil de famille, mais aux juges, sous le contrôle de la Cour de cassation. • Civ. 1re, 7 juin 1955, n° 1.957 P. ♦ Jugé cependant que l'opposition d'intérêts qui justifie le remplacement du tuteur par le subrogé tuteur pour l'exercice d'une action déterminée ne s'entend pas seulement d'un conflit actuel, mais aussi des risques d'un conflit qui pourrait naître en raison du comportement du tuteur dans l'exercice même de ladite action. • Paris, 18 nov. 1965 : *D. 1966. 149 ; JCP 1966. II. 14817, note M. B.*

2. *Responsabilité du subrogé tuteur.* V. ss. art. 412.

§ 5 De la vacance de la tutelle *(L. n° 2007-308 du 5 mars 2007, en vigueur le 1er janv. 2009).*

Art. 411 *(L. n° 2022-219 du 21 févr. 2022, art. 24)* **La tutelle est déclarée vacante s'il est impossible de mettre en place une tutelle avec un conseil de famille ou d'admettre l'enfant à la qualité de pupille de l'État. Dans ce cas, le juge des tutelles la défère à la collectivité publique compétente en matière d'aide sociale à l'enfance. La tutelle ne comporte alors ni conseil de famille ni subrogé tuteur.**

La tutelle est levée dès que l'enfant peut être admis à la qualité de pupille de l'État.

Ancien art. 411 *(L. n° 2007-308 du 5 mars 2007, en vigueur le 1er janv. 2009)* ***Si la tutelle reste vacante, le juge des tutelles la défère à la collectivité publique compétente en matière d'aide sociale à l'enfance.***

En ce cas, la tutelle ne comporte ni conseil de famille ni subrogé tuteur.

(Abrogé par Ord. n° 2015-1288 du 15 oct. 2015, art. 6, à compter du 1er janv. 2016) ***« La personne désignée pour exercer cette tutelle a, sur les biens du mineur, les pouvoirs d'un administrateur légal sous contrôle judiciaire. »***

Les art. 3 à 9 de l'Ord. n° 2015-1288 du 15 oct. 2015 sont applicables aux administrations légales en cours au jour de son entrée en vigueur (Ord. n° 2015-1288 du 15 oct. 2015, art. 17-III).

BIBL. ► **Tutelle d'État :** GEFFROY, *JCP 1979. I. 2955 ; ibid. 1990. I. 3472.* – MASSIP, *Defrénois 1975. 481.* – FOSSIER, *Dr. fam. 2004, n° 43* (financement). ► **Curatelle d'État :** GEFFROY et GUIARD, *JCP 1989. I. 3403.*

1. *DIP.* Le juge des tutelles tient de la Convention de la Haye du 5 oct. 1961 sur la protection *des mineurs le pouvoir de prendre des mesures* de protection prévues par la loi française de la résidence habituelle du mineur pouvant conduire à l'organisation de la tutelle. • Civ. 1re, 6 févr. 2001, n° 98-21.598 P : *D. 2001. 2440, note F. Boulanger ; JCP 2002. II. 10115, note Farge ; Defrénois 2001. 1013, obs. Massip ; RJPF 2001-5/12, note Pansier ; Dr. fam. 2002, n° 14, note Fossier ; RDSS 2001. 360, obs. F. Monéger ; Rev. crit. DIP 2002. 114,* note L. François (cassation du jugement refusant d'organiser une tutelle au motif que le droit algérien ne connaîtrait pas de disposition équivalente à l'art. 433 anc.).

2. *Notion de vacance.* La tutelle n'est vacante, au sens de l'art. 433 anc., que si nul n'est en mesure d'en assumer la charge. • Civ. 1re,

20 nov. 1985 : *Bull. civ. I, n° 316* • 17 janv. 1990, n° 88-12.031 P : *Defrénois 1990. 694, obs. Massip* • 2 mai 1990 : *D. 1990. 493, note Massip* ; *JCP 1991. II. 21669, note Fossier et Geffroy* • 5 mai 1998 : *Dr. fam. 1998, n° 163, note Fossier* (curatelle) • 6 oct. 1998, n° 95-22.141 P : *D. 1999. 402, note Massip* ; *RTD civ. 1999. 65, obs. Hauser* • 28 mars 2006 : *Dr. fam. 2006, n° 171, note Fossier ; Defrénois 2006. 1329, obs. Massip.* – V. aussi • Civ. 1re, 30 mai 2000 : *D. 2001. Somm. 1512, obs. Delmas Saint-Hilaire* ; *JCP 2001. II. 10529, note Fossier (1re esp.).*

V. dans le même sens antérieurement pour la tutelle et la curatelle des majeurs pour la vacance d'une tutelle, résultant de la prise en compte des informations communiquées par l'établissement de soins, dont l'équipe avait estimé qu'il était conforme aux intérêts de la personne protégée de voir son père déchargé des contingences de gestion, souhait réitéré par la personne elle-même. • Civ. 1re, 22 oct. 2008 : *D. 2009. Pan. 2183, obs. Lemouland*. ♦ ... De la nécessité d'un suivi impartial, dans un contexte de relations complexes avec la sœur de la majeure protégée, celle-ci risquant d'être perturbée si la personne qui devait gérer ses intérêts lui était trop liée : • Civ. 1re, 8 avr. 2009 : *D. 2009. Pan. 2183, obs. Lemouland* ; *AJ fam. 2009. 262, obs. Pécaut-Rivolier*. ♦ ... Des difficultés des parents de la majeure protégée avec la langue française les obligeant à recourir aux services de tierces personnes pour les démarches administratives, et de la nécessité d'assurer une bonne gestion des comptes de leur fille : • Civ. 1re, 8 avr. 2009 : *D. 2009. Pan. 2183, obs. Lemouland* ; *AJ fam. 2009. 262, obs. Pécaut-Rivolier*.

Validité de la vacance de tutelle prononcée par le tribunal après avoir convoqué tous les enfants de la personne visée et constaté la position de chacun d'eux, la situation de conflit opposant les enfants, nécessitant la désignation d'un tiers étranger à la famille : • Civ. 1re, 12 nov. 2009 : *AJ fam. 2010. 44, obs. Pécaut-Rivolier* ; *RJPF 2010-2/21, obs. Caron-Deglise*. ♦ ... Après avoir relevé qu'il est de l'intérêt de la personne protégée de voir désigner un tiers pour exercer la mesure de protection en raison des tensions familiales : • Civ. 1re, 12 nov. 2009 : *AJ fam. 2010. 44, obs. Pécaut-Rivolier* ; *RJPF 2010-2/21, obs. Caron-Déglise*. ♦ ... Après avoir relevé la position de chacun des membres de la famille susceptible d'être désigné en qualité de tuteur, les conflits d'intérêt de l'entourage proche perturbant gravement la personne protégée et majorant considérablement son état déjà très préoccupant et nécessitant que, dans son intérêt, la mesure de protection soit assumée par un tiers : • Civ. 1re, 12 nov. 2009 : *AJ fam. 2010. 44, obs. Pécaut-Rivolier*. ♦ ... Après avoir estimé, compte tenu des divers handicaps de la personne protégée, qu'il était bon qu'un tiers extérieur à la famille, autre que son épouse, elle-même souffrant d'un important handicap physique soit nommé curateur : • Civ. 1re, 12 nov. 2009 : *AJ fam. 2010. 44, obs. Pécaut-Rivolier*.

3. Désignation du tuteur. Lorsqu'il déclare vacante la tutelle d'un mineur, le juge des tutelles la défère au département, le service de l'aide sociale à l'enfance n'étant qu'un service non personnalisé de cette collectivité territoriale. Il n'appartient pas au président du conseil général de déterminer les modalités selon lesquelles s'exercera la tutelle d'un mineur confiée au département, le choix entre les diverses possibilités prévues par la loi (V. Décr. n° 74-930 du 6 nov. 1974) étant de la compétence du seul juge des tutelles, qui doit se déterminer en fonction de l'aptitude de chacun de ceux à qui peut être confiée la tutelle à exercer ses fonctions dans l'intérêt du mineur. • Civ. 1re, 9 oct. 1991, n° 90-11.492 P.

4. Acceptation du délégué. V. sous l'empire de l'art. 433 anc. pour un majeur : il résulte du Décr. 6 nov. 1974 (art. 8 et 14) que la tutelle ou la curatelle d'État ne peut être confiée à une personne figurant sur la liste établie par le procureur de la République, après avis du préfet, que dans la mesure où elle accepte d'être déléguée à la tutelle ou à la curatelle d'État. • Civ. 1re, 5 mars 1991, n° 89-12.320 P : *R., p. 250 ; D. 1991. 393, note Massip* ; *JCP N 1991. II. 221, note Guihal et Fossier ; RTD civ. 1991. 501, obs. Hauser*.

5. Recours. L'État et son délégataire sont recevables à former un recours contre la décision déclarant la tutelle vacante, la déférant à l'État et désignant l'organisme qui en assumera la charge. • Civ. 1re, 11 déc. 1985 : *D. 1986. 309, note Massip* (tutelle des majeurs).

6. Modification de la mesure. V. sous l'empire de l'art. 433 anc. pour un majeur : aucun recours n'ayant été exercé contre le jugement ayant déféré à l'État la tutelle d'un majeur, ce régime ne peut être modifié qu'en cas de circonstances nouvelles établissant que la tutelle a cessé d'être vacante. • Civ. 1re, 25 mai 1992, n° 90-13.661 P : *R., p. 241 ; D. 1993. 153, note Massip*.

Art. 411-1 *(Ord. n° 2015-1288 du 15 oct. 2015, art. 6, en vigueur le 1er janv. 2016)* **Le juge des tutelles et le procureur de la République exercent une surveillance générale des tutelles de leur ressort.**

Les tuteurs et autres organes tutélaires sont tenus de déférer à leur convocation et de leur communiquer toute information qu'ils requièrent.

Le juge peut prononcer contre eux des injonctions et condamner à l'amende civile prévue par le code de procédure civile ceux qui n'y ont pas déféré.

L'amende civile ne peut excéder 10 000 €. La décision qui la prononce n'est pas susceptible de recours (C. pr. civ., art. 1216).

Sur la procédure devant le juge des tutelles, V. C. pr. civ., art. 1217 s.

Les art. 3 à 9 de l'Ord. n° 2015-1288 du 15 oct. 2015 sont applicables aux administrations légales en cours au jour de son entrée en vigueur (Ord. n° 2015-1288 du 15 oct. 2015, art. 17-III).

1. Nature juridictionnelle. Le juge des tutelles étant une juridiction, une lettre qui lui est adressée pour l'alerter sur la gestion d'un tuteur est couverte par l'immunité instituée par l'art. 41 de la L. du 29 juill. 1881. • Civ. 2e, 27 mai 1998, n° 95-15.502 P : *Dr. fam. 1998. 110, note Fossier.* ♦ Sur les garanties procédurales découlant de cette qualification, V. ss. art. 432. ♦ V. aussi sur l'obligation de motivation des décisions du juge : • Civ. 1re, 22 oct. 2008, n° 07-19.964 P : *AJ fam. 2008. 479, note Pécaut-Rivolier ; Dr. fam. 2008, n° 176, note Fossier* (autorisation d'une cession).

2. Compétence : … détermination. Sur l'option entre le domicile du tuteur et celui de la personne protégée ou à protéger, V. C. pr. civ., art. 1211 et 1259-3 pour le mandat de protection future. ♦ Comp. antérieurement : le mineur en tutelle étant domicilié chez son tuteur, c'est le juge des tutelles dans le ressort duquel est situé ce domicile qui est territorialement compétent ; le placement de l'enfant dans une famille installée dans le ressort d'un autre tribunal d'instance que celui dans le ressort duquel est domicilié le tuteur n'a pas pour effet de modifier le domicile légal du mineur. • Civ. 1re, 20 juin 1995, n° 93-17.865 P : *Defrénois 1996. 340, obs. Massip ; RTD civ. 1995. 864, obs. Hauser .*

3. … Contestation. Une contestation relative à la compétence du juge des tutelles peut faire l'objet d'un recours devant le tribunal de grande instance, mais non d'un contredit. • Paris, 6 avr. 1979 : *Gaz. Pal. 1979. 1. 277, note Massip.* – Barbier, *Gaz. Pal. 1968. 1. Doctr. 1.* ♦ V. aussi ss. art. 430.

§ 6 De la responsabilité *(L. n° 2007-308 du 5 mars 2007, en vigueur le 1er janv. 2009).*

Art. 412 *(L. n° 2007-308 du 5 mars 2007, en vigueur le 1er janv. 2009)* **Tous les organes de la tutelle sont responsables du dommage résultant d'une faute quelconque qu'ils commettent dans l'exercice de leur fonction.**

Lorsque la faute à l'origine du dommage a été commise dans l'organisation et le fonctionnement de la tutelle par le juge des tutelles, le *(L. n° 2016-1547 du 18 nov. 2016, art. 16-I)* **« directeur des services de greffe judiciaires » du** *(L. n° 2009-526 du 12 mai 2009, art. 13, en vigueur le 1er janv. 2010)* **« tribunal judiciaire » ou le greffier, l'action en responsabilité est dirigée contre l'État qui dispose d'une action récursoire.**

A. RESPONSABILITÉ DES ORGANES

1. Tuteur. Sur les conditions de la responsabilité solidaire des parents, V. note ss. art. 386. ♦ Sur l'exclusion de la responsabilité générale du fait d'autrui, V. ss. art. 421.

2. Subrogé tuteur. Responsabilité du subrogé tuteur qui ne justifie pas avoir respecté ses obligations légales, notamment celle prévue par l'anc. art. 470 (sollicitation annuelle des comptes et transmission au juge des tutelles avec ses observations). • Civ. 1re, 3 juill. 1996, n° 94-14.272 P : *Defrénois 1997. 320, obs. Massip.*

B. RESPONSABILITÉ DE L'ÉTAT

3. Compétence. La juridiction administrative est incompétente pour connaître de la responsabilité éventuelle de l'État en l'absence d'un grief tenant à un fait détachable de l'exercice par le juge des tutelles de ses fonctions juridictionnelles. • CAA Nantes, 20 juin 1990 : *Gaz. Pal. 1991. 2. Pan. dr. adm. 82.*

4. Illustrations. Le juge des tutelles qui, d'après l'art. 395 anc., exerce une surveillance sur les tutelles de son ressort, commet une faute engageant la responsabilité de l'État en ne vérifiant pas la solvabilité d'une succession dont le conseil de famille autorise l'acceptation pure et simple. • Civ. 1re, 26 juin 1979 : *Gaz. Pal. 1981. 1. 2, note J. M.* ♦ Pour un autre cas où la responsabilité de l'État a été retenue, V. • Paris, 4 janv. 1994 : *D. 1994. 530, note de La Marnierre ; RTD civ. 1994. 324, obs. Hauser ; Defrénois 1994. 787, obs. Massip,* confirmé par • Civ. 1re, 3 juill. 1996, n° 94-14.272 P : *Defrénois 1997. 320, obs. Massip ; RTD civ. 1996. 879, obs. Hauser .*

5. La faute dans le fonctionnement de la tutelle doit être appréciée au regard de l'adéquation des contrôles exercés en fonction de la mesure choisie pour la protection de l'incapable. • Civ. 1re, 4 juill. 2006, n° 04-20.269 P : *D. 2008. Pan. 317, obs. Plazy ; JCP 2006. II. 10018, avis Sarcelet, note Fossier ; JCP N 2007. 1003, obs. Plazy ; AJ fam. 2006. 328, obs. Pécaut-Rivolier ; RJPF 2006-11/13, obs. Brusorio ; RTD civ. 2006. 739, obs. Hauser .*

6. Responsabilité de l'État pour faute de l'association déléguée, celle-ci ayant l'obligation de veiller au bien-être et à la sécurité de l'incapable, et donc de s'assurer que tout risque a été supprimé pour une personne dont les facultés de discernement sont altérées, à la suite de travaux de remplacement d'une alimentation gaz par une alimentation électrique. • Civ. 1re, 27 févr. 2013, n° 11-17.025 P : *D. 2013. 1320, note Raoul-Cormeil* ; *AJ fam. 2013. 241, obs. Verheyde* ; *RTD civ. 2013. 352, obs. Hauser* ; *Dr. fam. 2013, n° 59, obs. Maria* (incendie dû au fait que le robinet de gaz n'avait pas été neutralisé).

7. Caractère exclusif de la responsabilité. Seul l'État est responsable, ce qui interdit à l'assureur de poursuivre l'association déléguée à la tutelle d'État. • Civ. 1re, 27 févr. 2013 : *préc. note 6.*

Art. 413 *(L. n° 2007-308 du 5 mars 2007, en vigueur le 1er janv. 2009)* **L'action en responsabilité se prescrit par cinq ans à compter de la majorité de l'intéressé, alors même que la gestion aurait continué au-delà, ou de la fin de la mesure si elle cesse avant.**

Sur la prescription des actions en reddition de comptes, V. ss. art. 515.

CHAPITRE III DE L'ÉMANCIPATION

(L. n° 64-1230 du 14 déc. 1964 ; L. n° 2007-308 du 5 mars 2007)

A compter du 1er janv. 2016, le chap. II devient le chap. III du titre X, intitulé « De l'émancipation » et il comprend les art. 413-1 à 413-8 (Ord. n° 2015-1288 du 15 oct. 2015, art. 4, en vigueur le 1er janv. 2016).

Aux termes de la loi n° 2007-308 du 5 mars 2007, art. 1er et 2, qui entrent en vigueur le 1er janv. 2009, le chap. III devient le chap. II et les art. 476 à 482 et 487 deviennent respectivement les art. 413-1 à 413-7 et 413-8. Les art. 483 à 486 étaient abrogés depuis la L. du 14 déc. 1964.

RÉP. CIV. v° *Émancipation*, par I. CORPART.

BIBL. GÉN. ▶ **Commentaire de la loi du 14 déc. 1964 :** V. Bibl. gén. précédant l'art. 389. ▶ **Incidences de la loi du 5 juill. 1974 :** MOREAU, *JCP 1975. I. 2718.* – POISSON, *D. 1976. Chron. 21.* – VAUVILLÉ, *D. 1990. Chron. 283* (pratique de l'émancipation judiciaire). ▶ **Apport de la loi du 3 juin 1971 :** I. TALLON, *JCP 1972. I. 2482.* ▶ **Déclin de l'émancipation :** CORPART, *JCP N 2003. 1523.* ▶ **Autres thèmes :** ESCHYLLE, *RTD com. 2013. 203* (capacité commerciale du mineur émancipé).

Art. 413-1 *(L. n° 74-631 du 5 juill. 1974)* **Le mineur est émancipé de plein droit par le mariage.** – *[Anc. art. 476, à compter du 1er janv. 2009.]*

Art. 413-2 *(L. n° 74-631 du 5 juill. 1974)* **Le mineur, même non marié, pourra être émancipé lorsqu'il aura atteint l'âge de seize ans révolus.**

(L. n° 93-22 du 8 janv. 1993) **« Après audition du mineur, » cette émancipation sera prononcée, s'il y a de justes motifs, par le juge des tutelles, à la demande des père et mère ou de l'un d'eux.**

Lorsque la demande sera présentée par un seul des parents, le juge décidera, après avoir entendu l'autre, à moins que ce dernier soit dans l'impossibilité de manifester sa volonté. – *[Anc. art. 477, à compter du 1er janv. 2009.]*

Justes motifs. La possibilité de suivre une formation à l'étranger, dans un pays qui exige que tout mineur ait un représentant légal sur place, constitue un juste motif d'émancipation. • Fort-de-France, 26 nov. 2010, n° 10/539 : *Dr. fam. 2011, n° 97, obs. Neirinck.*

Art. 413-3 *(L. n° 74-631 du 5 juill. 1974)* **Le mineur resté sans père ni mère pourra de la même manière être émancipé à la demande du conseil de famille.** – *[Anc. art. 478, à compter du 1er janv. 2009.]*

Art. 413-4 Lorsque, dans le cas de l'article précédent, aucune diligence n'ayant été faite par le tuteur, un membre du conseil de famille estimera que le mineur est capable d'être émancipé, il pourra requérir le juge des tutelles de convoquer le conseil pour délibérer à ce sujet. Le mineur lui-même pourra demander cette convocation. – *[Anc. art. 479, à compter du 1er janv. 2009.]*

Art. 413-5 *(Ord. n° 2015-1288 du 15 oct. 2015, art. 7, en vigueur le 1er janv. 2016)* **Le compte de l'administration, le cas échéant, ou de la tutelle est rendu au mineur émancipé dans les conditions prévues respectivement par les articles 387-5 et 514.**

Les art. 3 à 9 de l'Ord. n° 2015-1288 du 15 oct. 2015 sont applicables aux administrations légales en cours au jour de son entrée en vigueur (Ord. n° 2015-1288 du 15 oct. 2015, art. 17-III).

Art. 413-6 Le mineur émancipé est capable, comme un majeur, de tous les actes de la vie civile.

Il doit néanmoins, pour se marier ou se donner en adoption, observer les mêmes règles que s'il n'était point émancipé. — *[Anc. art. 481, à compter du 1er janv. 2009.]*

1. Droits extrapatrimoniaux. Il résulte de la combinaison des art. 340-4, al. 3, et 481 que le mineur émancipé peut exercer, si elle ne l'a pas été antérieurement, une action en recherche de paternité, à compter de son émancipation jusqu'à l'expiration des deux années qui suivent sa majorité. • Civ. 1re, 14 mars 1978, n° 76-12.992 P : *R., p. 31 ; D. 1978. 469, note J. M.* – Sur renvoi : • Nancy, 20 juin 1979 : *D. 1980. IR 424, obs. Huet-Weiller.*

2. Droits patrimoniaux. Un mineur émancipé a seul qualité pour vendre sa part indivise dans des immeubles et l'action par laquelle il prétend faire déclarer inopposable à son égard l'aliénation consentie par son ancien représentant légal qui n'avait pas qualité pour le représenter n'est pas de celles qui se prescrivent par le délai de l'art. 1304 anc. C. civ. • Cass., ass. plén., 28 mai 1982, n° 79-13.660 P : *R., p. 38 ; D. 1983. 117, concl. Cabannes ; D. 1983. 349, note Gaillard.*

3. Le mineur étant émancipé de plein droit par le mariage, son représentant légal cesse d'avoir la capacité et le pouvoir de le représenter en justice (cassation de l'arrêt qui refuse de prononcer la nullité de la licitation faisant suite à une demande en partage formée par l'ancien représentant légal de la mineure émancipée). • Civ. 2e, 23 oct. 1985, n° 84-10.511 P.

Art. 413-7 Le mineur émancipé cesse d'être sous l'autorité de ses père et mère.

Ceux-ci ne sont pas responsables de plein droit, en leur seule qualité de père ou de mère, du dommage qu'il pourra causer à autrui postérieurement à son émancipation. — *[Anc. art. 482, à compter du 1er janv. 2009.]*

1. Dès lors que l'art. 482 écarte expressément la responsabilité du fait du mineur émancipé, ses parents n'appartiennent pas à la catégorie des personnes civilement responsables dont l'art. 388 C. pr. pén. autorise la citation devant le tribunal répressif et le juge pénal n'a pas compétence pour rechercher si les parents ont commis une faute, au sens de l'anc. art. 1382 [1240] C. civ., en recourant à l'émancipation pour échapper à une éventuelle responsabilité. • Crim. 9 mars 1972, n° 71-90.160 P : *R. 1971-1972, p. 83 ; D. 1972. 342.*

2. L'obligation des père et mère de contribuer, à proportion de leurs facultés, à l'entretien et à l'éducation de leurs enfants survit à leur émancipation. • Civ. 2e, 9 juill. 1973 : *Bull. civ. II, n° 222.*

Art. 413-8 *(L. n° 2010-658 du 15 juin 2010, art. 2-IV)* **Le mineur émancipé peut être commerçant sur autorisation du juge des tutelles au moment de la décision d'émancipation et du président du tribunal judiciaire s'il formule cette demande après avoir été émancipé.**

L'art. L. 121-2 C. com. est rédigé dans les mêmes termes (L. n° 2010-658 du 15 juin 2010, art. 2-V). — ***C. com.***

BIBL. ▶ Eschylle, *RTD com. 2013. 203.* – Saintourens, *RTD com. 2010. 686.*

TITRE XI DE LA MAJORITÉ ET DES MAJEURS PROTÉGÉS PAR LA LOI

(L. n° 2007-308 du 5 mars 2007, en vigueur le 1er janv. 2009)

Pour les textes applicables antérieurement à la L. n° 2007-308 du 5 mars 2007, en vigueur le 1er janv. 2009, V. C. civ., éd. 2014 et antérieures.

RÉP. CIV. v° *Majeur protégé,* par F. Marchadier.

DALLOZ ACTION *Protection de la personne vulnérable 2021/2022.*

BIBL. GÉN. ▶ **Commentaires de la loi du 5 mars 2007 :** Caron-Déglise, *RJPF 2009-1/11 et 2009-2/12.* – Combret et Baillon-Wirtz, *JCP N 2017, n° 1119* (dix ans après). – Fossier, *JCP 2007. I. 118.* – Fulchiron, *Dr. et patr. 1/2008. 110.* – Geffroy, *Mél. Goubeaux, Dalloz-LGDJ, 2009, p. 175 (ambivalences de la réforme).* – Gosselin-Gorand, JCP N 2008. 1289. – Isern-Real, *Gaz. Pal. 2009. 1014.* – Lemouland, *D. 2008. Pan. 313.* – Leroyer, *RTD civ. 2007. 394.* – Malaurie, *Defrénois 2007. 557 ; LPA 28 mars 2007 ; JCP 2010, n° 431.* – Peterka, *Dr. et patr. 1/2009. 28* (avocat tuteur). – Potentier, *Dr. et patr. 6/2007. 34.* – Raoul-Cormeil (Dir.), le nouveau droit des majeurs protégés, *Dalloz, 2013.* – Dossier, *AJ fam. 2007. 160 et 198.* – N° spécial, *Dr. fam. mai 2007. Études 14 à 22.* – Dossier, *JCP N 2008. 1266.* – Dossier, *RDSS 2008-5.* – Dossier, *Dr. et patr. 4/2009. 53.* – Dossier, *AJ fam. 2011. 179* (bilan de la réforme).

▸ **Ord. 11 mars 2020 :** Batteur, Mauger-Vielpeau, Rogue et Raoul-Cormeil, *D. 2020. 992* (régime des décisions médico-sociales relatives aux personnes protégées : une ordonnance affligeante). – Peterka, *JCP N 2020, n° 1132* (incidences pour le notariat).

▸ **Mandat de protection future :** Azincourt, *RDSS 2015. 818* (les modes de gestion anticipés du patrimoine de la personne vulnérable). – Combret et Casey, *RJPF 2007-7-8/11* et *2007-9/10*. – Delfosse et Baillon-Wirtz, *JCP N 2007. 1140*. – Glasson, *RDSS 2009. 890* . – Leprovaux, *JCP N 2008. 1266*. – Isern-Réal, *Gaz. Pal. 2009. 1127*. – Pellier, *LPA 25 avr. 2007*. – Klein, *AJ fam. 2009. 56* .

▸ **Principe de primauté de la famille :** Kessler et Zalewski, *RLDC 2007/41, n° 2665*.

▸ **Droit des tutelles et droit de l'action sociale :** Fossier, *RDSS 2007. 672* .

▸ **Bail rural et réforme du droit des majeurs protégés :** Crevel, *RD rur. 2007. Étude 35*.

▸ **L'incapable du nouveau droit des libéralités et des successions :** Raoul-Cormeil, *JCP N 2007. 1202*.

▸ **Études spéciales :** Arhab-Girardin, *RDSS 2009. 875* (décision médicale). – Baudel, *Dr. fam. 2018. Étude 8* (convention relative aux droits des personnes handicapées). – Bernard-Xemard, *Dr. fam. 2012. Étude 14* (prélèvements d'organes *post mortem* et incapacité juridique). – Boulanger, *JCP N 2009. 1240* (majeurs protégés et actes à titre gratuit). – Casey, *Gaz. Pal. 2008. 3717* (divorce du majeur protégé). – Cathelineau-Roulaud, *JCP N 2010, n° 1275* (sociétés et incapacités). – Donnadieu, *JCP N 2013, n° 1193* (gestion du patrimoine). – C. Farge, M.-L. Henry, Dijoux, *JCP N 2022, n° 1176* (assurance-vie : l'acceptation du vivant, outil de protection d'un majeur vulnérable). – C. Farge et Comparot, *JCP N 2022, n° 1177* (contrôler la consommation des capitaux-décès reçus par le bénéficiaire majeur vulnérable). – Favier, *RDSS 2015. 702* (vulnérabilité et fragilité : réflexions autour du consentement des personnes âgées). – Ferré-André, *Mél. G. Goubeaux, Dalloz, 2009. 131* (émergence d'un droit « gérontologique »). – Fresnel, *RJPF 2008-6/11* (certificat médical). – Gogos-Gintrand, *D. 2018. 81* (la décision d'arrêt des traitements pour les majeurs protégés). – Guérin-Seysen, *RDSS 2011. 279* (aspects internationaux). – Henry, *Annales, PU Nancy, 2009-2010. 2. 119* (psychanalyse, inconscient et droit privé). – Jeuland, *RTD civ. 2018. 271* (la nature juridique de la procédure des tutelles : pour la reconnaissance d'un lien procédural de protection). – Lacour, *RDSS 2009. 328* (accouchement anonyme). – Lacroix-de Sousa et Robineau, *Rev. sociétés 2017. 395* (la société civile immobilière et ses associés vulnérables). – Lambert, *RCA 2022. Étude 9* (souscripteur d'une assurance-vie sous tutelle, modification de la clause bénéficiaire et recours contre l'ordonnance du juge des tutelles). – Lavaud-Legendre, *RDSS 2010. 520* (droit de la vulnérabilité). – Le Bourg, *RLDC 2011/84, n° 4311* (volonté et consentement du majeur protégé). – Letellier, *AJ fam. 2015. 205* (fiducie et majeur vulnérable). – Maria, *Gaz. Pal. 2011. 2800* (majeurs protégés et assurance emprunteur) ; *Dr. fam. 2018, Dossier 9* (gestion de l'incapacité en droit international privé). – Massip, *Defrénois 2009. 1549* (fiducie et personnes protégées) ; *Dr. fam. 2010. Étude 18* (actes personnels et médicaux) ; *JCP N 2012, n° 1244*. – Mercat-Bruns, *RDT 2018. 31* (droit du travail). – Mésa, *RLDC 2012/95, n° 4745* (principes de nécessité et subsidiarité). – Moisdon-Chataigner, *Dr. fam. 2017. Étude 6* (protection juridique : maladie d'Alzheimer). – de Montgolfier, *RTD civ. 2021. 41* (privation du droit de vote des majeurs sous tutelle). – Montourcy, *Gaz. Pal. 2016. 2551* (l'éthique de l'avocat) ; *AJ fam. 2020. 353* (médiation en droit des majeurs protégés : sans façon). – Moracchini-Zeidenberg, *RTD civ. 2012. 21* (acte personnel de la personne vulnérable) ; *Dr. fam. 2012. Étude 17* (la personne vulnérable et son enfant). – Noguero, *Defrénois 2017/17. 17* (testament des majeurs protégés). – Norguin, *D. 2011. Chron. 1842* (droit processuel). – Omarjee, *RLDC, 2009/56, n° 3272* (actes de disposition). – Pécaut-Rivolier, *RDSS 2012. 1010* (mesures du code civil et accompagnement). – Peterka, *Dr. et patr. 1/2009. 28* (avocat tuteur) ; *JCP 2010. 33* (la famille dans la réforme de la protection juridique des majeurs). – Plazy, *AJ fam. 2007. 468* (preuves et incapacités). – Pollet, *Dr. fam. 2011. Étude 23* (droits pour la famille d'un adulte dont la protection judiciaire a été confiée à un tiers). – Prétot, *Dr. et patr. 2019/5. 12* (l'exercice d'une activité professionnelle indépendante par les mineurs et majeurs protégés). – Raoul-Cormeil, *Defrénois 2008. 1303* (conjoint de la personne vulnérable) ; *JCP 2019, n° 121* (distorsions entre la théorie et la pratique du droit des majeurs protégés). – Régent, *D. 2014. 1389* (le juge des tutelles et l'exil des majeurs protégés en Belgique). – Rogue, *RDSS 2019. 1066* (recherches impliquant la personne humaine et personnes vulnérables). – Sériaux, *D. 2012. 1195* (testament de vie). – Verheyde, *AJ fam. 2012. 71* (animal et majeurs protégés). – Dossier, *R 2009, p. 74* (personnes vulnérables dans la jurisprudence de la Cour de cassation). – Dossier, *RLDC 2010/73, suppl.* (vulnérabilités, handicap et droit). – Dossier, *Dr. fam. févr. 2011* (protection et autonomie) – Dossier, *Dr. et patr. 1/2011* (le logement du majeur vulnérable). – Dossier, *AJ fam. 2012. 249* (vie familiale du majeur protégé) ; *ibid. 2014. 148* (majeurs protégés). – Dossier,

RDSS 2012. 975 (l'accompagnement, entre droit et pratique). – Dossier, *Dr. fam. 2012. Études 12 s.* (mandataire judiciaire à la protection des majeurs) ; *Dr. fam. 2014. Études 22 s.* (fin de vie du majeur protégé). – Dossier, *AJ fam. 2016. 13* (hospitalisation sans consentement). – Dossier, *Dr. fam. 2017, nos 17 s.* (l'accompagnement des personnes majeures vulnérables). – Dossier, *RDSS 2018. 757* (la personne âgée, sujet de protection du droit). – Dossier, *Dr. fam. 2020. Dossier 10* (le juge des vulnérabilités). – Dossier, *Dr. fam. 2021. Dossiers 16 s.* ; *ibid. 2023, Dossier 1* (vulnérabilité).

▸ **Réforme des tutelles (décrets) :** Dossier, *AJ fam. 2009. 10 et 52*. – Caron-Déglise, *RJPF 2010-3/10* (procédure). – Pécaut-Rivolier, *AJ fam. 2010. 73* (procédure d'appel). – Verheyde, *AJ fam. 2010. 75* (*idem*, tableau récapitulatif).

▸ **Réforme du 15 octobre 2015 :** Dossier *AJ fam. 2016. 182* ; *ibid. 236*.

▸ **Réforme du 23 mars 2019 :** Combret et Noguéro, *Defrénois 29-34. 13* (personnes vulnérables, déjudiciarisation et contrôle des mesures judiciaires : réforme de la justice et prospective). – David, *JCP N 2020, n° 1058* (le rôle accru du notaire à l'aune de la déjudiciarisation). – Lemouland, *D. 2019. 827* (simplifier et recentrer le rôle du juge dans le domaine de la protection des majeurs). – Maria, *Dr. fam. 2019, dossier 15*. – Pecqueur, *AJ fam. 2019. 266* (sort des majeurs protégés dans la réforme). – Peterka, *JCP 2019, n° 437* (déjudiciarisation du droit des personnes protégées par la loi du 23 mars 2019 – Progrès ou recul de la protection ?).

▸ **Convention de La Haye du 13 janv. 2000 sur la protection internationale des adultes :** Barrière-Brousse, *Dr. fam. 2009. Étude 14*. – Revillard, *Defrénois 2009. 35*.

▸ **Loi du 2 août 2021 :** Maria, *Dr. fam. 2021, n° 161* (impact de la loi de bioéthique sur les personnes protégées).

▸ **Panoramas Dalloz. – Majeurs protégés :** *D. 2022 Pan. 1174* (mai 2021 – mai 2022) ; *D. 2021. Pan. 1257* (juin 2020 – mai 2021) ; *D. 2020. Pan. 1485* (juin 2019 – mai 2020) ; *D. 2019. Pan. 1412* (juin 2018 – mai 2019) ; *D. 2018. Pan. 1458* (juin 2017 – mai 2018) ; *D. 2017. Pan. 1490* (juin 2016 – juin 2017) ; *D. 2016. 1523* (juill. 2015 – juin 2016) ; *D. 2015. Pan. 1569* (juill. 2014 – juin 2015) ; *D. 2014. Pan. 2259* (juill. 2013 – juill. 2014) ; *D. 2013. Pan. 2197* (juill. 2012 – juin 2013) ; *D. 2012. Pan. 2699* (juill. 2011 – juin 2012) ; *D. 2011. Pan. 2501* (juin 2010 – juin 2011) ; *D. 2010. Pan. 2115* (juill. 2009 – juill. 2010) ; *D. 2009. Pan. 2183* (janv. 2008 – juill. 2009).

▸ **Dossiers. – Famille et handicap :** *AJ fam. 2002. 400*. – Questions pratiques : *Dr. et patr. 3/2000. 53*.

CHAPITRE I DES DISPOSITIONS GÉNÉRALES

Art. 414 La majorité est fixée à dix-huit ans accomplis ; à cet âge, chacun est capable d'exercer les droits dont il a la jouissance.

V. L. n° 74-631 du 5 juill. 1974, art. 11, 19, 24 et 29, ss. art. 388.

BIBL. ▸ **Âge et capacité civile :** Gridel, *D. 1998. Chron. 90*.

Un pourvoi, indivisible en raison de son objet et dirigé notamment contre l'administrateur légal d'un mineur, est irrecevable lorsque ce dernier est devenu majeur entre le prononcé de l'arrêt attaqué et la déclaration de pourvoi. • Civ. 3e, 26 mai 2016, n° 14-14.566 P : *D. 2016. 1206* ; *RTD civ. 2016. 588, obs. Hauser*.

SECTION 1 Des dispositions indépendantes des mesures de protection

Art. 414-1 **Pour faire un acte valable, il faut être sain d'esprit. C'est à ceux qui agissent en nullité pour cette cause de prouver l'existence d'un trouble mental au moment de l'acte.**

BIBL. ▸ Cordier, *Dr. fam. 2008, Pan. 2* (insanité d'esprit, panorama de jurisprudence). – Deville, *Gaz. Pal. 2016. 3616*. – Finel, *Gaz. Pal. 1997. 2. Doctr. 1273* (démission implicite). – Simon, *RTD civ. 1974. 707*.

1. Droit transitoire. L'art. 414-1, dans sa rédaction issue de la loi du 5 mars 2007, ne s'applique pas aux actes juridiques conclus antérieurement à son entrée en vigueur. • Civ. 1re, 12 juin 2013, n° 12-15.688 P : *D. 2013. 1875, note Marais et Noguero* ; *AJ fam. 2013. 507, obs. Raoul-Cormeil*.

2. Appréciation souveraine du trouble. L'appréciation des juges du fond quant à l'existence d'un trouble mental est souveraine (jurisprudence constante). • Civ. 2e, 23 oct. 1985 : *Bull. civ. II, n° 158* • Civ. 1re, 25 mars 1991, n° 88-15.937 P • 2 déc. 1992, n° 91-11.428 P • Com. 16 déc. 2014, n° 13-21.479 P : *D. 2015. Chron.C.*

cass. 996, note Arbellot ; ibid. 1569, obs. Plazy ; RTD com. 2015. 160, obs. Vallens. ♦ L'ouverture d'une sauvegarde de justice puis d'une curatelle ne fait pas à elle seule présumer le trouble mental. • Civ. 1re, 25 mai 2004 : *Dr. fam. 2005, n° 20, note Fossier.*

3. Date du trouble. Il résulte de l'art. 414-1 (489 anc. al. 1) que le trouble mental dont la preuve doit être rapportée doit exister au moment précis où l'acte attaqué a été fait. • Soc. 8 juill. 1980 : *Bull. civ. V, n° 618* (en l'espèce, démission donnée par un salarié et ultérieurement contestée) • Civ. 1re, 2 déc. 1992, n° 91-11.428 P. ♦ Mais si l'état d'insanité d'esprit existait à la fois dans la période immédiatement antérieure et dans la période immédiatement postérieure à l'acte litigieux, il revient alors au défendeur d'établir en pareil cas l'existence d'un intervalle lucide au moment où l'acte a été passé. • Paris, 10 janv. 1969 : *D. 1969. 331.* – V. aussi • Paris, 5 juill. 2007 : *AJ fam. 2007. 480, obs. Pécaut-Rivolier ; Dr. et patr. 5/2008. 80, obs. Fulchiron.* ♦ Sur la persistance de cette jurisprudence, V. Mégacode civil 2014. ♦ V. aussi notes ss. art. 901.

4. Étendue de la nullité. La nullité du contrat pour existence d'un trouble mental au moment de l'acte s'étend au cautionnement donné à cet acte. • Civ. 1re, 25 nov. 1997 : *Dr. fam. 1998, n° 82, obs. Fossier (2e esp.).*

5. Portée. L'autorisation donnée par le juge des tutelles de vendre la résidence d'un majeur protégé ne fait pas obstacle à l'action en annulation, pour insanité d'esprit, de l'acte passé par celui-ci. • Civ. 1re, 20 oct. 2010, n° 09-13.635 P : *D. actu. 2 nov. 2010, obs. Talarico ; D. 2011. 50, note Raoul-Cormeil ; ibid. Pan. 2501, obs. Plazy ; AJ fam. 2010. 496, obs. Verheyde ; Dr. fam. 2010, n° 191, obs. Maria ; JCP N 2011, n° 1008, note Coutant-Lapalus ; RTD civ. 2011. 103, obs. Hauser.*

Le respect des dispositions relatives à la régularité des actes accomplis par une personne placée sous le régime de curatelle ne fait pas obstacle à l'action en nullité pour insanité d'esprit. • Civ. 1re, 15 janv. 2020, n° 18-26.683 P : *D. 2020. 805, note Raoul-Cormeil ; AJ fam. 2020. 191, obs. J. Houssier ; RTD civ. 2020. 348, obs. Leroyer ; ibid. 372, obs. Barbier ; Dr. fam. 2020, n° 51, note Maria.*

6. Différence avec l'abus de faiblesse. L'art. 223-15-2 C. pén., qui incrimine l'abus frauduleux de l'état d'ignorance ou de la situation de faiblesse, n'exige pas la preuve d'une altération des facultés mentales. • Crim. 11 juill. 2017, n° 17-80.421 P : *RSC 2017. 507, obs. Mayaud.*

Art. 414-2 **De son vivant, l'action en nullité n'appartient qu'à l'intéressé.**

Après sa mort, les actes faits par lui, autres que la donation entre vifs et le testament, ne peuvent être attaqués par ses héritiers, pour insanité d'esprit, que dans les cas suivants :

1° Si l'acte porte en lui-même la preuve d'un trouble mental ;

2° S'il a été fait alors que l'intéressé était placé sous sauvegarde de justice ;

3° Si une action a été introduite avant son décès aux fins d'ouverture d'une curatelle ou d'une tutelle *(Ord. n° 2015-1288 du 15 oct. 2015, art. 11, en vigueur le 1er janv. 2016)* **« ou aux fins d'habilitation familiale » ou si effet a été donné au mandat de protection future.**

L'action en nullité s'éteint par le délai de cinq ans prévu à *(Ord. n° 2016-131 du 10 févr. 2016, art. 5-2°, en vigueur le 1er oct. 2016)* **« l'article 2224 ».**

Sur l'entrée en vigueur des dispositions issues de l'Ord. n° 2016-131 du 10 févr. 2016, V. cette Ord., art. 9, ss. art. 1386-1.

1. Constitutionnalité. L'art. 414-2 C. civ. est conforme à la Constitution. • Cons. const. 17 janv. 2013, n° 2012-288 QPC : *D. 2014. 689, obs. Douchy-Oudot ; RTD civ. 2013. 348, obs. Hauser ; Defrénois 2013. 1141, obs. Massip ; RLDC 2013/103, n° 5053, obs. Mésa.* ♦ V., sur la question transmise : • Civ. 1re, 7 nov. 2012 : *D. 2012. 2738 ; RTD civ. 2013. 87, obs. Hauser ; Dr. fam. 2013, n° 12, obs. Maria ; ibid., n° 46, obs. Maria ; ibid., n° 73, obs. Bruggeman.*

2. Qualité d'héritier. Le légataire universel a qualité pour agir en nullité d'un acte à titre onéreux sur le fondement de l'anc. art. 489-1 [414-2]. • Civ. 1re, 8 juill. 2015, n° 14-17.768 (qualité à agir d'une fondation, légataire universelle, pour demander la nullité des actes de vente pour insanité d'esprit).

3. Notion de trouble. L'anc. art. 489-1 [414-2] vise tous les troubles mentaux, quelle qu'en soit l'origine. • Civ. 1re, 12 nov. 1975, n° 74-12.097 P. ♦ Ce texte est applicable même quand il s'agit d'un acte que le défunt s'est contenté de signer alors qu'il a été rédigé par un tiers. • Même arrêt.

4. Actes visés. Sur la contestation des modifications de changement de bénéficiaire d'un contrat d'assurance vie, V. Mégacode civil 2014 et rappr. note 2 ss. art. 1129.

5. Art. 414-2-1° : preuve intrinsèque. En l'absence d'une mesure de sauvegarde de justice et faute d'introduction, avant le décès de l'intéressé, d'une action tendant à une mesure de tutelle ou de curatelle, l'action en nullité d'une vente ne peut être introduite que si l'acte porte en lui-même la preuve du trouble mental. • Civ. 1re, 15 mars 1977, n° 75-14.642 P • 1er juill. 2009, n° 08-13.402 P : *LPA 10 sept. 2009, note Noguero ; Dr. fam. 2009, n° 117, note Maria ; Defrénois 2009. 2196, obs. Massip ; RTD civ. 2009. 697, obs. Hauser*. ♦ La nullité pour défaut de consentement dû à un trouble mental ne peut être invoquée par les ayants cause à titre universel que dans les cas énumérés par l'anc. art. 489-1 [414-2] ; cassation de l'arrêt qui, pour écarter l'anc. art. 489-1 [414-2], a retenu que l'absence de consentement inclut implicitement tous les vices susceptibles d'affecter l'apparence d'un tel consentement. • Civ. 3e, 20 oct. 2004, n° 03-10.989 P : *D. 2005. 257, note Noguero ; D. 2006. Pan. 1570, obs. Lemouland et Plazy ; CCC 2005, n° 23, note Leveneur ; RJPF 2005-1/39, note Casey ; Dr. fam. 2005, n° 88, note Murat ; Dr. et patr. 2/2005. 127, obs. Chauvel ; RTD civ. 2005. 102, obs. Hauser*. ♦ Viole l'anc. art. 489-1 [414-2] un arrêt ordonnant une mesure d'instruction relative aux conditions dans lesquelles a été conclu un bail par une personne dont, après sa mort, les ayants droit soutiennent qu'elle n'a consenti ce bail qu'en raison du trouble mental dont elle aurait été atteinte. • Civ. 3e, 28 sept. 1982 : *Gaz. Pal. 1983. 2. 455, note J. M.* ♦ Pour l'application du texte par la 3e chambre civile de la Cour de cassation, V. • Civ. 3e, 17 juill. 1986, n° 85-11.654 P • 1er juill. 1987 : *Bull. civ.III, n° 134* • 2 déc. 1987 : *JCP N 1988. II. 175, note Picard ; RTD civ. 1988. 342, obs. Mestre.*

6. Art. 414-2-3° : action antérieure au décès. Pour l'application de l'anc. art. 489-1 [414-2], 3°, il suffit qu'une action en ouverture d'une mesure de protection ait été introduite avant le décès de la personne concernée. • Civ. 1re, 13 mars 2007, n° 06-12.774 P : *AJ fam. 2007. 231, obs. L. P.-R . ; Dr. fam. 2007, n° 133, note Fossier ; RJPF 2007-7-8/12, note Casey ; RTD civ. 2007. 310, obs. Hauser*. ♦ Il se déduit de la combinaison des art. 414-2, 3°, et 466 que, dès lors qu'une action a été introduite aux fins d'ouverture d'une curatelle ou d'une tutelle au profit du contractant, les héritiers peuvent agir en nullité pour insanité d'esprit, que cette action ait ou non été menée à son terme, et, dans le premier cas, nonobstant le respect des règles régissant les actes passés sous un régime de tutelle ou de curatelle. • Civ. 1re, 27 juin 2018, n° 17-20.428 P : *D. 2018. 1732, note Lemouland ; AJDI 2019. 234, obs. Cohet ; RTD civ. 2018. 627, obs. Mazeaud ; Dr. fam. 2018, n° 222, obs. Maria ; JCP N 2018, n° 1333, note Peterka.* ♦ Annulation, en application de l'anc. art. 489-1 [414-2], d'un acte passé par une Française domiciliée en Allemagne et qui avait été placée sous le régime allemand de la curatelle, équivalent au régime français. • Civ. 1re, 14 nov. 2006, n° 05-12.353 P : *AJ fam. 2007. 39, obs. Pécaut-Rivolier ; RJPF 2007-3/15, obs. Casey.*

7. ... Preuve de la date du trouble. Si l'anc. art. 489-1 [414-2] permet en cas d'introduction d'une action aux fins de tutelle d'attaquer pour cause d'insanité d'esprit les actes faits par la personne quand bien même ils ne porteraient pas en eux-mêmes la preuve d'un trouble mental, il reste que le demandeur en nullité doit prouver l'altération des facultés au moment où l'acte a été conclu, que l'action aux fins de tutelle ait été introduite avant ou après l'acte litigieux. • Civ. 1re, 27 janv. 1987, n° 85-16.020 P. ♦ La preuve de l'altération des facultés mentales peut être faite par tous moyens dès lors qu'une action a été introduite, du vivant de l'auteur de l'acte, aux fins de faire ouvrir sa tutelle ou sa curatelle. • Civ. 1re, 18 déc. 1984 : *Gaz. Pal. 1985. 1. 387, note Massip* • 27 janv. 1987, n° 84-15.371 P : *R., p. 142 ; JCP 1988. II. 20981, note Fossier ; Gaz. Pal. 1987. 2. 428, note J. M.*

8. Titulaire de l'action. Aux termes de l'art. 414-2, l'action en nullité fondée sur l'insanité d'esprit n'appartient de son vivant qu'à l'intéressé ; cette action étant exclusivement attachée à la personne protégée, elle est recevable en dépit de la procédure de liquidation judiciaire ouverte à son égard. • Com. 16 déc. 2014, n° 13-21.479 P : *cité note 2 ss. art. 414-1.*

9. Prescription : domaine. L'anc. art. 489-1 [414-2], qui exclut les donations et les testaments de son champ d'application, ne concerne que les modalités d'exercice de l'action en nullité des actes pour insanité d'esprit et non sa prescription. • Civ. 1re, 11 janv. 2005, n° 01-13.133 P : *R., p. 217 ; D. 2005. 1207, note Thomat-Raynaud ; Defrénois 2005. 1065, obs. Massip ; AJ fam. 2005. 146, obs. Bicheron ; Dr. fam. 2005, n° 63, note Beignier ; RJPF 2005-4/46, note Casey ; RLDC 2005/16, n° 667, note Bernard-Xémard.* ♦ Distinction entre l'action exercée à titre d'ayant droit ou de bénéficaire d'un contrat d'assurance vie : • Civ. 1re, 13 juill. 2016, n° 14-27.148 P : *D. 2017. 375, obs. Mekki ; ibid. 1490, obs. Lemouland ; AJ fam. 2016. 496, obs. Casey*. ♦ V. notes ss. art. 1179.

10. Point de départ de la prescription. A l'égard du majeur non protégé, le délai de prescription de l'action en nullité de l'art. 489 anc. [414-2] court du jour de l'acte contesté, l'auteur de l'acte pouvant cependant prouver que la prescription a été suspendue en raison d'une impossibilité d'agir. • Civ. 1re, 19 nov. 1991, n° 90-10.997 P : *D. 1993. 277, note Massip* • 18 févr. 1992, n° 90-17.952 P : *R., p. 242 ; D. 1993. 277, note Massip*. ♦ V. note 3 ss. art. 2234. ♦ L'action en nullité d'un acte à titre gratuit pour insanité d'esprit (art. 901 C. civ.) ne pouvant être introduite par les héritiers qu'à compter du décès du disposant, la prescription ne peut commencer à courir avant le décès du testateur. • Civ. 1re, 20 mars 2013, n° 11-28.318 P : *D. 2013. 838 ; ibid. 1884, note Safi ; AJ fam. 2013. 240, obs. Vernières ; Dr. fam. 2013, n° 77, obs. Maria ; JCP N 2013, n° 1284, obs.*

Massip ; RDC 2013. 868, obs. Savaux • 29 janv. 2014, ☎ n° 12-35.341 P : *cité note 11 ss. art. 901* • 8 mars 2017, ☎ n° 16-12.607 P : *D. 2017. 1490, obs. Lemouland* ✎. ♦ L'exception de nullité d'un testament pour insanité d'esprit peut être invoquée même après l'expiration du délai prévu à l'art. 1304 anc. C. civ. • Civ. 1re, 14 janv. 2015, n° 13-26.279 (afin de s'opposer aux prétentions des cohéritiers invoquant la qualité de légataire en vertu de cet acte).

11. Prescription : suspension. Suspension de l'action en cas d'impossibilité d'agir. • Civ 1re, 1er juill. 2009, ☎ n° 08-13.518 P : *D. 2009. 2660, note Raoul-Cormeil* ✎ *; Gaz. Pal. 2009. 3047, obs. Raoul-Cormeil ; AJ fam. 2009. 402, obs. Pécaut-Rivolier* ✎ *; Dr. fam. 2009, n° 116, note Maria ; Defrénois 2009. 2336, obs. Savaux ; RTD civ. 2009. 507, obs. Hauser* ✎ (suspension jusqu'à l'ouverture de la tutelle).

Art. 414-3 Celui qui a causé un dommage à autrui alors qu'il était sous l'empire d'un trouble mental n'en est pas moins obligé à réparation.

BIBL. ▶ BURST, *JCP 1970. I. 2307.* – GAUDART, *Gaz. Pal. 1973. 1. Doctr. 209.* – GOMAA, *RTD civ. 1971. 29.* – LE TOURNEAU, *JCP 1971. I. 2401.* – RIGOT-MÜLLER, *Archives Phil. dr., t. 36, 1991, p. 265* (étude critique). – VINEY, *RTD civ. 1970. 251.* ▶ **Bilan jurisprudentiel de dix ans :** BARBIÉRI, *JCP 1982. I. 3057.* ▶ **Rapports avec l'assurance :** GOUPIL, *Gaz. Pal. 1972. 1. Doctr. 269.* ▶ **Faute de l'aliéné et contrat :** DAURY-FAUVEAU, *JCP 1998. I. 160.* – LUCAS RAFFALLI, *LPA 29 sept. 1999.*

A. CHAMP D'APPLICATION

1. Nature de l'obligation résultant de l'art. 414-3 (anc. 489-2). L'art. 414-3 (anc. 489-2) ne prévoit aucune responsabilité particulière et s'applique à toutes les responsabilités prévues aux anc. art. 1382 [1240] s. C. civ. • Civ. 2e, 4 mai 1977 : ☎ *D. 1978. 393, note Legeais ; RTD civ. 1977. 772, obs. Durry* • 24 juin 1987 : *Bull. civ. II, n° 137.* ♦ Sur l'art. 489-2 [414-3] et la responsabilité contractuelle : V. Larroumet, note ss. • Civ. 2e, 21 avr. 1982 : ☎ *D. 1982. 403.* ♦ V. aussi • Civ. 1re, 28 janv. 2003 : ☎ *Dr. fam. 2003, n° 152, note Fossier ; Dr. et patr. 1/2004. 84, obs. Chabas ; LPA 24 oct. 2003, note Massip,* (énonçant que la nullité d'un contrat, en l'espèce celle d'un cautionnement pour cause de trouble mental art. 414-1 [489 anc.]) n'exclut pas l'action en responsabilité contre le contractant dont la faute a été caractérisée).

2. Trouble mental ou absence de discernement ? Il est nécessaire que, pour être obligé à réparation, en vertu de l'anc. art. 489-2 [414-3], celui qui a causé un dommage à autrui ait été sous l'empire d'un trouble mental, ce qui n'est pas le cas de la perte de connaissance due à un malaise cardiaque. • Civ. 2e, 4 févr. 1981, ☎ n° 79-11.243 P : *R., p. 69 ; D. 1983. 1, note Gaudrat ; JCP 1981. II. 19656 ; RTD civ. 1982. 148, obs. Durry.*

3. Sanctions et déchéances. Les textes qui édictent des sanctions et des déchéances (faillite personnelle) impliquent, pour leur application, que les faits qu'ils répriment puissent être imputés à faute à leur auteur, et les juges du fond doivent donc rechercher si ce dernier, majeur en tutelle, avait agi avec discernement. • Civ. 1re, 9 nov. 1983, ☎ n° 81-16.549 P : *R., p. 49 ; D. 1984. 139 (1re esp.), note Derrida ; JCP 1984. II. 20316, note Jourdain ; JCP N 1984. II. 123, note Bourgeois-Brusetti ; Gaz. Pal. 1984. 2. 595, note Jourdain.* ♦ Pour la condamnation à supporter personnellement une partie du passif social prononcée contre un majeur en tutelle, dirigeant de fait de la société, V. • Civ. 1re, 9 nov. 1983, ☎ n° 81-16.548 P : *R., p. 49 ; D. 1984. 139 (2e esp.), note Derrida ; JCP N 1984. II. 123, note Bourgeois-Brusetti.* – Même sens : • Com. 17 juin 1986 : *Bull. civ. IV, n° 129.* – V. aussi • Com. 16 févr. 1993, ☎ n° 90-21.331 P.

B. ARTICULATION AVEC LES RESPONSABILITÉS « DE DROIT COMMUN »

4. L'obligation à réparation prévue à l'anc. art. 489-2 [414-3] concerne tous ceux, majeurs ou mineurs, qui, sous l'empire d'un trouble mental, ont causé un dommage à autrui ; la responsabilité civile d'un mineur bénéficiant d'un non-lieu au pénal en raison de son état de démence est donc à bon droit retenue. • Civ. 1re, 20 juill. 1976, n° 70-10.238 P : *R. 1976-1977, p. 95 ; JCP 1978. II. 18793 (1re esp.), note Dejean de la Bâtie ; RTD civ. 1976. 783, obs. Durry.*

5. Un préposé étant, en application de l'anc. art. 489-2 [414-3], obligé à réparer le dommage causé par ses agissements au cours d'une crise de démence, la responsabilité de son employeur se trouve engagée en application des dispositions de l'art. 1384 anc. [1242], al. 5. • Civ. 2e, 3 mars 1977 : ☎ *D. 1977. 501, note Larroumet.*

6. Absence de discernement et responsabilité de droit commun : V. note 7 ss. art. 1241 *(infans).*

C. ASSURANCE

7. Faute intentionnelle. La cour d'appel qui constate souverainement que l'auteur d'un incendie volontaire était atteint, au moment des faits, de troubles mentaux en déduit exactement que l'incendie n'est pas intentionnel et constitue un accident susceptible d'obliger l'assureur à en assumer la charge. • Civ. 1re, 25 mars 1991, n° 88-15.937 P.

8. Clauses d'exclusion. Si n'est pas critiquable la clause d'une police d'assurance excluant de la garantie les dommages « ayant pour origine un état d'arriération mentale ou d'aliénation », lorsqu'ils sont commis par l'assuré, la même clause est contraire aux dispositions de l'art. L. 121-2 C. assur. en ce qu'elle concerne les actes commis par les personnes dont l'assuré est civilement responsable en vertu de l'art. 1384 anc. [1242] C. civ. • Civ. 1re, 26 nov. 1991, n° 89-14.639 P. – V. aussi • Civ. 1re, 26 nov. 1991, n° 89-10.791 P.

SECTION 2 Des dispositions communes aux majeurs protégés

Art. 415 Les personnes majeures reçoivent la protection de leur personne et de leurs biens que leur état ou leur situation rend nécessaire selon les modalités prévues au présent titre.

Cette protection est instaurée et assurée dans le respect des libertés individuelles, des droits fondamentaux et de la dignité de la personne.

Elle a pour finalité l'intérêt de la personne protégée. Elle favorise, dans la mesure du possible, l'autonomie de celle-ci.

Elle est un devoir des familles et de la collectivité publique.

Sur les conséquences de l'état d'urgence sanitaire lié au covid-19 sur les mesures de protection juridique des majeurs, V. Ord. n° 2020-304 du 25 mars 2020, art. 12 ; V. App., v° Mesures d'urgence sanitaire – Covid-19.

1. Intérêt de la personne protégée. La protection des majeurs, de leur personne et de leurs biens, que leur état ou leur situation rend nécessaire, a pour finalité l'intérêt de la personne protégée. • Civ. 1re, 27 févr. 2013, n° 11-28.307 P : *D. 2013. 640 ; AJ fam. 2013. 304, obs. Verheyde ; RTD civ. 2013. 350, obs. J. Hauser ; Dr. fam. 2013, n° 58, obs. Maria.* ♦ Rappr. : • Civ. 1re, 2 avr. 2014, n° 13-10.758 P : *cité ss. art. 459.*

2. Interprétation stricte des limitations. Dans le silence ou l'ambiguïté des textes, ceux-ci doivent être interprétés dans un sens favorable à la capacité de la personne protégée. • Cass., avis, 6 déc. 2018, n° 18-70.011 P : *D. 2019. 365, note Peterka ; ibid. Chron. C. cass. 840, obs. Le Cotty ; AJ fam. 2019. 41, obs. Raoul-Cormeil ; JCP 2018, n° 1338, note Noguéro ; Dr. fam. 2019, n° 64, note Maria ; Defrénois 14 févr. 2019. 21, note Gosselin-Gorand.*

3. ... Appréciation souveraine des juges du fond. Appréciation souveraine de l'intérêt de la personne protégée par les juges du fond qui ont estimé que, eu égard à l'acuité visuelle du majeur protégé, définitivement incompatible avec les impératifs de la sécurité routière, celui-ci ne pouvait être autorisé à acquérir un véhicule. • Civ. 1re, 27 févr. 2013 : *préc. note 1.*

4. Hospitalisation d'office. V. la jurisprudence citée ss. art. 425.

5. Poursuites pénales. Il résulte de l'art. 706-115 C. pr. pén. que toute personne majeure bénéficiant d'une mesure de protection juridique faisant l'objet de poursuites pénales doit être soumise avant tout jugement au fond à une expertise médicale afin d'évaluer sa responsabilité pénale au moment des faits ; le défaut d'expertise porte une atteinte substantielle aux droits de la personne poursuivie bénéficiant d'une mesure de protection juridique à l'époque des faits, en ce qu'il ne lui permet pas d'être jugée conformément à son degré de responsabilité pénale. • Crim. 16 déc. 2020, n° 19-83.619 P : *Dr. fam. 2021, n° 21, note Maria.*

6. Liberté sexuelle. Le respect de la vie sexuelle est une composante de la vie privée et une liberté individuelle et toute restriction doit répondre à des finalités légitimes, être adéquate et proportionnée. • CAA Bordeaux, 6 nov. 2012 : *AJDA 2013. 115, concl. Katz ; D. 2013. 312, obs. Vialla ; RTD civ. 2013. 91, obs. Hauser* (illicéité de la clause du règlement intérieur d'un établissement psychiatrique qui interdit toute activité sexuelle, de façon absolue).

Art. 416 Le juge des tutelles et le procureur de la République exercent une surveillance générale des mesures de protection dans leur ressort.

Ils peuvent visiter ou faire visiter les personnes protégées et celles qui font l'objet d'une demande de protection, quelle que soit la mesure prononcée ou sollicitée.

Les personnes chargées de la protection sont tenues de déférer à leur convocation et de leur communiquer toute information qu'ils requièrent.

Le juge des tutelles et le procureur de la République ont la faculté de faire examiner par un médecin les majeurs relevant de l'art. 416 (C. pr. civ., art. 1212).

Le juge des contentieux de la protection exerce les fonctions de juge des tutelles des majeurs et connaît de la sauvegarde de justice, de la curatelle, de la tutelle des majeurs, de la mesure d'accompagnement judiciaire, des actions relatives à l'exercice du mandat de protection future, des demandes formées par un époux lorsque son conjoint est hors d'état de manifester sa volonté aux fins d'être autorisé à passer seul un acte pour lequel le concours ou le consentement de ce dernier serait nécessaire ou aux fins d'être habilité à le représenter, de la constatation de la présomption d'absence, des demandes de désignation d'une personne habilitée et des actions relatives à l'habilitation familiale (COJ, art. L. 213-4-2, réd. L. n° 2019-222 du 23 mars 2019, art. 95-I-29°, en vigueur le 1er janv. 2020).

Art. 417 **Le juge des tutelles peut prononcer des injonctions contre les personnes chargées de la protection et condamner à l'amende civile prévue par le code de procédure civile celles qui n'y ont pas déféré.**

Il peut les dessaisir de leur mission en cas de manquement caractérisé dans l'exercice de celle-ci, après les avoir entendues ou appelées.

Il peut, dans les mêmes conditions, demander au procureur de la République de solliciter la radiation d'un mandataire judiciaire à la protection des majeurs de la liste prévue à l'article L. 471-2 du code de l'action sociale et des familles.

Sur l'organisation d'un débat contradictoire, V. C. pr. civ., art. 1213, et sur les conséquences du décès du majeur, art. 1215.

L'amende civile ne peut excéder 10 000 euros. La décision qui la prononce n'est pas susceptible de recours (C. pr. civ., art. 1216).

Sur les mandataires judiciaires à la protection des majeurs, V. CASF, art. L. 471-1 s. et L. 472-1 s., .

Dessaisissement. Refus d'exclure le tuteur qui a refusé un acte médical, dans la mesure où si la décision du tuteur semble devoir entraîner des conséquences graves sur la santé du protégé, le médecin a le pouvoir d'agir d'office, ce qui rend inutile et excessive l'exclusion du tuteur, laquelle ne s'impose pas. • Toulouse, 24 nov. 2010, n° 10/00110 : *RTD civ. 2011. 104, obs. Hauser* .

Rappr., avant la L. du 5 mars 2007, dans le cadre d'une tutelle en forme d'administration légale, l'administrateur légal doit remettre directement au juge des tutelles son compte annuel de gestion. En refusant de se soumettre à cette obligation, l'administrateur légal manque à une obligation essentielle de sa charge, ce qui justifie qu'il soit déchargé de la tutelle. • Civ. 1re, 13 déc. 1994, n° 93-13.826 P : *RTD civ. 1995. 327, obs. Hauser* ; *Defrénois 1995. 734, obs. Massip.*

Art. 418 **Sans préjudice de l'application des règles de la gestion d'affaires, le décès de la personne protégée met fin à la mission de la personne chargée de la protection.** — *V. C. pr. civ., art. 1215.*

BIBL. ▶ PETERKA, *Dr. fam. 2014. Étude 24.*

Art. 419 **Les personnes autres que le mandataire judiciaire à la protection des majeurs exercent à titre gratuit les mesures judiciaires de protection. Toutefois, le juge des tutelles ou le conseil de famille s'il a été constitué peut autoriser, selon l'importance des biens gérés ou la difficulté d'exercer la mesure, le versement d'une indemnité à la personne chargée de la protection. Il en fixe le montant. Cette indemnité est à la charge de la personne protégée.**

Si la mesure judiciaire de protection est exercée par un mandataire judiciaire à la protection des majeurs, son financement est à la charge totale ou partielle de la personne protégée en fonction de ses ressources et selon les modalités prévues par le code de l'action sociale et des familles. — *V. ndlr ss. art. 417.*

Lorsque le financement de la mesure ne peut être intégralement assuré par la personne protégée, il est pris en charge par la collectivité publique, selon des modalités de calcul communes à tous les mandataires judiciaires à la protection des majeurs et tenant compte des conditions de mise en œuvre de la mesure, quelles que soient les sources de financement. Ces modalités sont fixées par décret. — *Sur le financement de la protection judiciaire des majeurs, V. CASF, art. L. 361-1 s.* — ***CASF.***

A titre exceptionnel, le juge ou le conseil de famille s'il a été constitué peut, après avoir recueilli l'avis du procureur de la République, allouer au mandataire judiciaire à la protection des majeurs, pour l'accomplissement d'un acte ou d'une série d'actes requis par la mesure de protection et impliquant des diligences particulièrement longues ou complexes, une indemnité en complément des sommes perçues au titre des deux alinéas précédents lorsqu'elles s'avèrent manifestement insuffisantes. Cette indemnité est à la charge de la personne protégée.

Le mandat de protection future s'exerce à titre gratuit sauf stipulations contraires.

1. Rémunération des mandataires judiciaires à la protection des majeurs. Si la rémunération des mandataires judiciaires à la protection des majeurs est déterminée de manière forfaitaire et calculée sur la base d'un barème fixé par arrêté, l'absence de toute diligence fait obstacle à cette rémunération. • Civ. 1re, 11 janv. 2017, n° 15-27.784 P : *D. 2017. 1490, obs. Noguéro ; AJ fam. 2017. 145, obs. Raoul-Cormeil ; RTD civ. 2017. 101, obs. Hauser.*

2. Il résulte de la combinaison des art. 419 et 443 C. civ., et L. 221-9 COJ, que le juge des tutelles est seul compétent pour allouer au mandataire judiciaire à la protection des majeurs une indemnité exceptionnelle au titre des actes requis par la mesure de protection et impliquant des diligences particulièrement longues ou complexes et que cette compétence ne s'éteint pas au décès de la personne protégée. • Civ. 1re, 15 janv. 2020, n° 18-22.503 P : *D. 2020. 810, note Raoul-Cormeil ; AJ fam. 2020. 136, obs. Montourcy.*

3. La participation de la personne protégée au financement de la mesure est fonction de ses ressources et ce n'est que lorsque le juge des tutelles est saisi d'une demande d'indemnité exceptionnelle que des diligences particulièrement longues ou complexes peuvent être prises en considération. • Civ. 1re, 30 sept. 2020, n° 19-17.620 P : *AJ fam. 2020. 676, obs. Montourcy ; Dr. fam. 2021, n° 8, note Maria.*

Art. 420 Sous réserve des aides ou subventions accordées par les collectivités publiques aux personnes morales pour leur fonctionnement général, les mandataires judiciaires à la protection des majeurs ne peuvent, à quelque titre et sous quelque forme que ce soit, percevoir aucune autre somme ou bénéficier d'aucun avantage financier en relation directe ou indirecte avec les missions dont ils ont la charge.

Ils ne peuvent délivrer un mandat de recherche des héritiers de la personne protégée qu'après autorisation du juge des tutelles.

Art. 421 Tous les organes de la mesure de protection judiciaire sont responsables du dommage résultant d'une faute quelconque qu'ils commettent dans l'exercice de leur fonction. Toutefois, sauf cas de curatelle renforcée, le curateur et le subrogé curateur n'engagent leur responsabilité, du fait des actes accomplis avec leur assistance, qu'en cas de dol ou de faute lourde.

1. Absence de responsabilité du tuteur du fait du majeur. S'il résulte de l'anc. art. 490 que la mesure prévue à cet art. concerne non seulement la gestion des biens du majeur mais aussi la protection de sa personne, il ne s'ensuit pas que le tuteur ou l'administrateur légal sous contrôle judiciaire est responsable des agissements de la personne protégée sur le fondement de l'art. 1384 anc. [1242], al. 1er. • Civ. 2e, 25 févr. 1998, n° 95-20.419 P : *R., p. 268 ; D. 1998. 315, concl. Kessous ; D. 1998. Chron. 240, étude Galliou-Scanvion ; JCP 1998. II. 10149, note Viney ; Err. 10162 bis ; JCP N 1998. 1217, note Josselin-Gall ; Defrénois 1998. 1029, obs. Massip ; Gaz. Pal. 1998. 2. 725, note Bonneau ; RJPF 1999-1/52, note Chabas ; RTD civ. 1998. 345, obs. Hauser ; ibid. 388, obs. Jourdain.* ♦ V. ss. art. 1242, note 108.

2. Tiers : action en responsabilité de droit commun. Si l'action de l'art. 473, al. 2, C. civ., applicable aux majeurs en tutelle par renvoi de l'art. 495 du même code, dans sa rédaction antérieure à celle issue de la L. du 5 mars 2007, est réservée au majeur protégé, à son représentant légal ou à ses ayants droit, les tiers sont recevables à rechercher la responsabilité du tuteur sur le fondement de l'anc. art. 1382 [1240] C. civ. • Civ. 1re, 16 déc. 2015, n° 14-27.028 P : *D 2016. 8 ; AJ fam. 2016. 108, obs. Verheyde ; RTD civ. 2016. 85, obs. Hauser.*

Art. 422 Lorsque la faute à l'origine du dommage a été commise dans l'organisation et le fonctionnement de la mesure de protection par le juge des tutelles, le *(L. n° 2016-1547 du 18 nov. 2016, art. 16-I)* « directeur des services de greffe judiciaires » du tribunal judiciaire ou le greffier, l'action en responsabilité diligentée par la personne protégée ou ayant été protégée ou par ses héritiers est dirigée contre l'État qui dispose d'une action récursoire.

Lorsque la faute à l'origine du dommage a été commise par le mandataire judiciaire à la protection des majeurs, l'action en responsabilité peut être dirigée contre celui-ci ou contre l'État qui dispose d'une action récursoire.

1. Compétence. La juridiction administrative est incompétente pour connaître de la responsabilité éventuelle de l'État en l'absence d'un grief tenant à un fait détachable de l'exercice par le juge des tutelles de ses fonctions juridictionnelles. • CAA Nantes, 20 juin 1990 : *Gaz. Pal. 1991. 2. Pan. dr. adm. 82.*

2. Auteur. L'action contre l'État est réservée au majeur protégé, à son représentant légal ou à ses ayants droit. • Civ. 1re, 17 mars 2010, n° 09-11.271 P : *AJ fam. 2010. 238, obs. Pécault-Rivolier ; Dr. fam. 2010, n° 89, note Maria ; RLDC 71/2010, n° 3814, obs. Pouliquen ; RTD civ. 2010. 532, obs. Hauser* (exclusion des nièces du défunt ayant été privées du bénéfice d'un contrat d'assurance vie : décision rendue en application des textes antérieurs à la L. du 5 mars 2007).

Art. 423 L'action en responsabilité se prescrit par cinq ans à compter de la fin de la mesure de protection alors même que la gestion aurait continué au-delà. Toutefois, lorsque la curatelle a cessé par l'ouverture d'une mesure de tutelle, le délai ne court qu'à compter de l'expiration de cette dernière.

Art. 424 Le mandataire de protection future engage sa responsabilité pour l'exercice de son mandat dans les conditions prévues à l'article 1992.

(Ord. n° 2015-1288 du 15 oct. 2015, art. 12, en vigueur le 1er janv. 2016) « La personne habilitée en application des dispositions de la section 6 du chapitre II du présent titre engage sa responsabilité à l'égard de la personne représentée pour l'exercice de l'habilitation qui lui est conférée, dans les mêmes conditions. »

CHAPITRE II DES MESURES DE PROTECTION JURIDIQUE DES MAJEURS

SECTION 1 Des dispositions générales

BIBL. ▶ Gridel, *Gaz. Pal. 2001. Doctr. 408* (sénescence mentale et droit). ▶ **Rôle des médecins :** Fresnel, *D. 2010. Chron. 2656* (certificat médical). – Mémeteau, *RDSS 1973. 403*. – Vialatte, *D. 1972. Chron. 165*.

Art. 425 Toute personne dans l'impossibilité de pourvoir seule à ses intérêts en raison d'une altération, médicalement constatée, soit de ses facultés mentales, soit de ses facultés corporelles de nature à empêcher l'expression de sa volonté peut bénéficier d'une mesure de protection juridique prévue au présent chapitre.

S'il n'en est disposé autrement, la mesure est destinée à la protection tant de la personne que des intérêts patrimoniaux de celle-ci. Elle peut toutefois être limitée expressément à l'une de ces deux missions.

1. Obligations positives des États. Violation de l'art. 8 Conv. EDH lorsque, contrairement aux dispositions d'une loi sur les personnes atteintes de handicap, les autorités n'ont pas mis en place la protection d'une femme atteinte de troubles psychiatriques, sous forme de tutelle ou de curatelle, alors qu'elles étaient informées de son état de santé. • CEDH, sect. III, 19 févr. 2013, *B. c/ Roumanie (n° 2)*, n° 1285/03 (inertie ayant notamment empêché la mère de participer effectivement aux procédures de placement de ses enfants). ♦ Même solution pour l'absence d'assistance lors d'une procédure de déchéance d'autorité parentale et d'adoption. • CEDH, sect. I, 8 janv. 2013, *A.K. et L. c/ Croatie*, n° 37956/11. ♦ Violation de l'art. 8 Conv. EDH lorsque l'autorité tutélaire n'a pas assisté le majeur dans son action en recherche de paternité malgré l'obligation qui lui incombait. • CEDH, sect. III, 14 févr. 2012, *A.M.M. c/ Roumanie*, n° 2151/10. ♦ Absence de violation dans le cas de la nomination d'un tuteur légal pour une personne, compte tenu de l'impossibilité pour l'intéressée de comprendre les explications éventuellement données par un avocat dans la procédure de placement, même si elle n'a pas nécessairement compris que le tuteur pouvait donner l'accord à ce placement contre son gré. • CEDH, sect. IV, 9 oct. 2012, *R.P. et a. c/ Royaume-Uni*, n° 38245/08. ♦ V. aussi : il appartient à la cour d'appel d'ordonner toute mesure permettant de vérifier que le prévenu est accessible à une sanction pénale, et de provoquer, le cas échéant, la mise en œuvre des procédures d'assistance ou de représentation nécessaires à l'exercice des droits de la défense. • Crim. 11 juill. 2017, n° 16-82.960 P (visa des art. 6, § 1 et 3, Conv. EDH et préliminaire C. pr. pén.).

2. Altération des facultés corporelles. Les juges qui placent une personne sous curatelle en raison de l'altération de ses facultés corporelles doivent préciser si l'altération de ses facultés corporelles l'empêche d'exprimer sa volonté. • Civ. 1re, 30 sept. 2009, n° 09-10.127 : *AJ fam. 2009. 457, obs. Pécaut-Rivolier* • 21 nov. 2018, n° 17-22.777 P : *D. 2018. 2306* ; *AJ fam. 2019. 42, obs. Pecqueur* (cassation de l'arrêt ouvrant la procédure en se contentant de constater que les fonctions cognitives ne sont pas altérées mais que l'intéressé minimise ses difficultés d'autonomie physique).

3. Capacité et internement. L'internement d'un malade dans un hôpital psychiatrique n'entraîne, par lui-même, aucune conséquence sur la capacité de ce malade et la gestion de ses biens. • Colmar, 14 nov. 1973 : *JCP 1974. IV. 6443, note J.A.* ♦ V. cep. l'art. L. 3211-6 CSP, qui autorise un médecin à signaler au procureur la nécessité de mettre en place une mesure de protection, cette demande entraînant un placement sous sauvegarde de justice si elle est accompagnée de l'avis conforme d'un psychiatre.

4. Internement : Conv. EDH. Un individu ne peut passer pour « aliéné » et subir une privation de liberté que si les trois conditions suivantes au moins se trouvent réunies : l'aliénation doit avoir été établie de manière probante, c'est-à-dire qu'un trouble mental réel doit avoir été démontré devant l'autorité compétente, au moyen d'une expertise médicale objective ; le trouble doit revêtir un caractère ou une ampleur légitimant l'internement ; l'internement ne peut se prolonger valablement sans la persistance de pareil trouble ; en principe, cette « détention » n'est « régulière » au regard de l'art. 5 § 1 *e)* que si elle se déroule dans un hôpital, une clinique ou un autre établissement approprié. • CEDH 7 janv. 2016, *Bergmann c/ Allemagne,* n° 23279/14. ♦ La privation de liberté d'une personne considérée comme aliénée n'est conforme à l'art. 5 Conv. EDH que si elle est ordonnée, dans un cadre légal, avec l'avis d'un médecin donné avant la mesure ou, en cas d'urgence juste après l'internement, et s'attachant à l'évaluation de l'état actuel de l'intéressé, éventuellement sur dossier si ce dernier refuse de se prêter à l'examen. • CEDH, sect. IV, 5 oct. 2000, *Varbanov c/ Bulgarie,* n° 31365/96. ♦ Pour un placement d'office, V. • CEDH, sect. IV, 10 sept. 2002, *H. L. c/ Royaume-Uni,* n° 45508/99 (personne atteinte de troubles mentaux et invoquant une violation de l'art. 3 lors de son hospitalisation : appréciation des conditions d'accès à un recours effectif). ♦ Violation de l'art. 5 en raison d'un placement pour quelques heures dans un établissement psychiatrique justifié uniquement par le fait que le médecin n'avait pas le pouvoir de remettre l'intéressé en liberté. • CEDH, sect. III, 19 mai 2004, *R. L. c/ France,* n° 44568/98. ♦ Nécessité d'un examen par un psychiatre préalablement à tout internement forcé lorsque la personne n'a pas d'antécédents et ne présente pas de risque pour autrui ou pour elle-même. • CEDH, sect. III, 20 avr. 2010, *C. B. c/ Roumanie,* n° 21207/03. ♦ Sur la nécessité de pouvoir disposer d'un recours contre la mesure : • CEDH, gr. ch., 17 janv. 2012, *Stanev c/ Bulgarie,* n° 36760/06 • CEDH, sect. V, 30 mai 2013, *N. M. c/ Ukraine,* n° 49069/11 (assimilation à un déni de justice, la majeure étant seule en première instance et l'intervention de son tuteur en appel ayant été rejetée). ♦ Sur la nécessité de règles procédurales pour les personnes internées en dehors des cas d'internement d'office : • CEDH, sect. IV, 5 oct. 2004, *H. L. c/ Royaume-Uni,* n° 45508/99. ♦ Cassation de la décision d'un juge des libertés qui a autorisé le maintien sous le régime de l'hospitalisation complète, sans constater que la personne hospitalisée souffrait de troubles mentaux compromettant la sûreté des personnes ou portant gravement atteinte à l'ordre public. • Civ. 1re, 18 mars 2015, n° 14-15.613 P. ♦ Comp., estimant qu'il n'est pas nécessaire de constater que la personne internée a commis de nouveaux actes de nature à compromettre la sécurité des personnes ou à porter atteinte à l'ordre public pour procéder à son retour en hospitalisation complète, dès lors que les modalités de sa prise en charge peuvent être modifiées, sur proposition du psychiatre, pour tenir compte de l'évolution de son état. • Civ. 1re, 15 oct. 2014, n° 13-12.220 P (retour à l'hospitalisation complète après une période de traitement hors milieu hospitalier). ♦ V. note 70 ss. art. 16.

5. … Constitutionnalité. L'hospitalisation sans son consentement d'une personne atteinte de troubles mentaux à la demande d'un tiers doit respecter l'art. 66 Const. Il incombe au législateur de concilier la protection de la santé de cette personne et la prévention des atteintes à l'ordre public avec l'exercice de la liberté d'aller et venir, le respect de la vie privée et la liberté individuelle dont l'art. 66 confie la protection à l'autorité judiciaire. Les atteintes portées à l'exercice de ces libertés doivent être adaptées, nécessaires et proportionnées aux objectifs poursuivis. • Cons. const. 26 nov. 2010, n° 2010-71 QPC : *AJDA 2011. 174, note Bioy ; RDSS 2011. 304, note Renaudie ; Dr. fam. 2011, n° 11, obs. Maria ; Constitutions 2011. 108, obs. Bioy ; RTD civ. 2011. 101, obs. Hauser* . ♦ Conformité à la constitution des dispositions concernant l'admission des intéressés (CSP, art. L. 3222-1, L. 3212-1 à L. 3212-4). • Même décision. ♦ Mais n'est pas conforme à la constitution, et sera abrogé à compter du 1er août 2011, l'art. L. 3212-7 en ce qu'il prévoit le maintien d'une hospitalisation sans le consentement de l'interné au-delà d'un délai de 15 jours sans intervention de l'autorité judiciaire. • Même décision. ♦ Sont conformes à la constitution les art. L. 3211-3 et L. 3211-12 CSP, sous la réserve, s'agissant d'une mesure privative de liberté, que le droit à un recours juridictionnel effectif impose que le juge judiciaire soit tenu de statuer sur la demande de sortie immédiate dans les plus brefs délais compte tenu de la nécessité éventuelle de recueillir des éléments d'information complémentaires sur l'état de santé de la personne hospitalisée. • Même décision.

6. Répartition des compétences : droit postérieur à la L. 5 juill. 2011. A compter du 1er janv. 2013, la régularité des décisions administratives prises en application des chap. I à IV du titre du CSP sur les soins psychiatriques ne peut être contestée que devant le juge judiciaire. ♦ Pour l'application dans le temps, • Civ. 1re, [illegible] oct. 2019, n° 18-16.837 P : *D. 2019. 2043 ; RTD civ. 2020. 73, obs. Leroyer* . ♦ Absence d'obligation pour le juge de relever d'office une telle irrégularité. • Civ. 1re, 5 mars 2020, n° [illegible]-24.080 P. ♦ Sur la purge des vices antérieurs [illegible] l'examen d'une précédente demande : • Civ. 1re, 5 déc. 2019, n° 19-21.127 P : *D. 2019. 2419 ; RDSS 2020. 188, obs. Curier-Roche ; RTD civ. 2020. 73, obs. Leroyer* .

7. Rappel du droit antérieur à la L. 5 juill. 2011. Si le juge des libertés et de la détention est seul chargé de contrôler la procédure de soins psychiatriques sans consentement, et notamment la régularité des décisions administratives, il ne lui appartient pas de se prononcer sur la mise en œuvre d'une mesure médicale, telle que le maintien en UMD. • Civ. 1re, 26 oct. 2022, n° 21-10.706 B. ♦ Si l'autorité judiciaire est seule compétente pour apprécier la nécessité d'une mesure de placement d'office en hôpital psychiatrique et les conséquences qui peuvent en résulter, il appartient à la juridiction administrative d'apprécier la régularité de la décision qui ordonne le placement. • T. confl. 17 févr. 1997, n° 97-03.045 P • 22 mars 2004, n° 04-03.341 P.

Les juridictions judiciaires sont compétentes pour l'indemnisation de toutes les conséquences dommageables des décisions de placement, y compris celles découlant des irrégularités constatées par le juge administratif. • T confl. 22 mars 2004 : *préc.* • T. confl. 17 févr. 1997 : *préc. note 7.* ♦ Les tribunaux judiciaires sont seuls compétents pour apprécier les conséquences dommageables résultant de l'irrégularité des décisions administratives de placement ou de maintien sous le régime de l'hospitalisation d'office. • Civ. 1re, 23 juin 2010, n° 09-66.026 P : *D. 2010. 1787* ; *RTD civ. 2010. 529, obs. Hauser* .

La décision par laquelle le préfet met fin à une hospitalisation d'office a le caractère d'une mesure de police administrative qui ne porte pas atteinte à la liberté individuelle : il appartient à la juridiction administrative d'en apprécier tant la régularité que le bien-fondé. • T confl. 26 juin 2006, n° 06-03.513 P.

8. Illustrations. Illustrations de décisions judiciaires ordonnant la mainlevée. • Civ. 1re, 18 déc. 2014, n° 13-26.816 P (interprétation de l'art. L. 3212-1-II, al. 2, CSP, afin d'exiger l'avertissement des parents de l'épouse internée, et non de son mari avec lequel elle était en conflit). ♦ Mais le directeur d'établissement a pu, à la suite d'une décision judiciaire de mainlevée de l'hospitalisation, décider de l'admission du patient au motif d'un péril imminent, dès lors que les conditions de l'art. L. 3212-1, II, 2° CSP étaient remplies. • Civ. 1re, 10 févr. 2021, n° 19-25.224 P : *D. 2021. 353* ; *RTD civ. 2021. 380, obs. Leroyer* .

Pour des refus de mainlevée : • Civ. 1re, 27 sept. 2017, n° 16-22.544 P : *D. 2017. 1914* ; *RDSS 2018. 125, note Véron* ; *Dr. fam. 2017, n° 232, note Maria* (cassation de la décision du premier président, qui a substitué son avis à l'évaluation, par les médecins, des troubles psychiques du patient).

9. Constitue, au sens de l'art. L. 3212-1, II, 2°, al. 2, CSP, une difficulté particulière dispensant le directeur d'établissement d'informer la famille, le fait, pour la personne qui fait l'objet de soins psychiatriques sans consentement, de refuser que sa famille soit informée de cette mesure dès lors qu'en application de l'art. L. 1110-4 CSP, la personne a droit au respect du secret des informations la concernant. • Civ. 1re, 26 oct. 2022, n° 20-23.333 B.

10. Information des proches. Sur la nécessité de prévenir les proches et l'exception en cas de difficultés particulières : • Civ. 1re, 15 oct. 2020, n° 20-14.271 P : *RTD civ. 2021. 100, obs. Leroyer* .

11. Audition de l'interné. Sur la nécessité de justifier médicalement l'impossibilité de l'audition de l'interné : • Civ. 1re, 12 oct. 2017, n° 17-18.040 P.

12. Indemnisation. Sur les conditions de l'indemnisation après annulation de l'arrêté préfectoral d'hospitalisation d'office, V. • Civ. 2e, 23 sept. 2004, n° 03-14.284 P • Civ. 1re, 31 mars 2010, n° 09-11.803 P : *D. 2010. 1259, avis Sarcelet* ; *R., p. 464* ; *Constitutions 2010. 429, obs. Bioy* ; *RTD civ. 2010. 301, obs. Hauser* . ♦ V. aussi : • CEDH, sect. III, 16 juin 2005, *S. c/ Allemagne*, n° 61603/00 • CEDH, sect. IV, 21 juin 2005, *K. c/ Royaume-Uni*, n° 517/02. ♦ V. aussi : • CEDH, sect. I, 27 mars 2008, *C. c/ Russie*, n° 44009/05.

Le placement irrégulier de leur fils en milieu psychiatrique cause à ses parents un préjudice direct dont ils sont bien fondés à demander réparation. • Civ. 1re, 23 juin 2010 : *préc. note 7.*

13. Prescription. L'action en réparation des conséquences dommageables résultant pour l'intéressé d'une décision administrative d'admission en soins sans consentement est soumise à la prescription quadriennale applicable en matière de responsabilité de l'État. • Civ. 1re, 28 févr. 2018, n° 17-11.362 P (l'action ne relevant pas de la responsabilité médicale n'est pas soumise à l'art. L. 1142-28 CSP). ♦ Fixation du point de départ du délai de la prescription quadriennale à la date à laquelle la mesure d'internement a pris fin. • Civ. 1re, 18 déc. 2013, n° 12-26.621 P.

Art. 426 **Le logement de la personne protégée et les meubles dont il est garni, qu'il s'agisse d'une résidence principale ou secondaire, sont conservés à la disposition de celle-ci aussi longtemps qu'il est possible.**

Le pouvoir d'administrer les biens mentionnés au premier alinéa ne permet que des conventions de jouissance précaire qui cessent, malgré toutes dispositions ou stipulations contraires, dès le retour de la personne protégée dans son logement.

S'il devient nécessaire ou s'il est de l'intérêt de la personne protégée qu'il soit disposé des droits relatifs à son logement ou à son mobilier par l'aliénation, la résiliation

ou la conclusion d'un bail, l'acte est autorisé par le juge ou par le conseil de famille s'il a été constitué, sans préjudice des formalités que peut requérir la nature des biens. *(L. n° 2015-177 du 16 févr. 2015, art. 1er-II)* **« Si l'acte a pour finalité l'accueil de l'intéressé dans un établissement, l'avis préalable d'un médecin, n'exerçant pas une fonction ou n'occupant pas un emploi dans cet établissement, est requis. » Dans tous les cas, les souvenirs, les objets à caractère personnel, ceux indispensables aux personnes handicapées ou destinés aux soins des personnes malades sont gardés à la disposition de l'intéressé, le cas échéant par les soins de l'établissement dans lequel celui-ci est hébergé.**

Sur les actes de gestion du patrimoine des personnes placées en curatelle ou en tutelle, V. Décr. n° 2008-1484 du 22 déc. 2008, ss. art. 496.

BIBL. ► BOURASSIN, *RTD civ. 2011. 433* (sûretés sur le logement du majeur protégé). – DREVEAU, *AJ fam. 2018. 446* (le bail d'habitation à l'épreuve de la solidarité familiale entre les générations). – LOTTI, *AJ fam. 2018. 448* (le bail à nourriture, mode d'organisation d'une cohabitation onéreuse avec un parent vieillissant). – PÉCAUT-RIVOLIER, *AJ fam. 2008. 384* (logement et majeur protégé). – ROGUE, *AJ fam. 2018. 437* (incidence de la cohabitation intergénérationnelle sur la protection du logement du majeur protégé).

1. Domaine : biens. Jugé sous l'empire des dispositions de l'anc. art. 490-2 que la protection du logement n'était pas applicables à un logement n'appartenant à l'incapable protégé que pour une faible part et en nue-propriété. • Paris, 27 mai 1987 : *D. 1988. 216, note Breton.*

2. Appréciation souveraine de l'intérêt. C'est souverainement qu'une cour d'appel a décidé qu'il était, non pas nécessaire, mais de l'intérêt de la personne protégée de vendre son appartement. • Civ. 1re, 7 avr. 1998 : *Defrénois 1998. 1394, obs. Massip (anc. art. 490-2).* ♦ Dans le même sens : • Civ. 2e, 21 mars 2013, n° 11-25.462 P : *D. 2013. 832 ; AJ fam. 2013. 246, obs. Avena-Robardet et Verheyde* (procédure de surendettement).

3. Limites : attribution communautaire. L'anc. art. 490-2 qui, en son al. 3, soumet à une autorisation particulière les actes par lesquels il est disposé, en son nom, des droits relatifs à l'habitation d'un majeur protégé, ne s'applique pas à l'exercice par les tiers des droits qu'ils peuvent avoir sur ces biens (en l'espèce, après divorce, attribution à la femme de la communauté comprenant l'immeuble d'habitation, à titre de dommages-intérêts). • Civ. 1re, 26 janv. 1983, n° 81-16.463 P : *R., p. 49 ; D. 1984. 17 (1re esp.), note Massip.*

4. ... Résiliation du bail. L'anc. art. 490-2 ne peut être opposé à une demande de résiliation du bail dont était titulaire le malade mental, alors que le tuteur de celui-ci n'a pas su empêcher la dégradation du local loué et que la protection de l'incapable n'implique pas au surplus le maintien du bail. • Bourges, 16 déc. 1986 : *JCP N 1988. II. 199, note Fossier.*

5. ... Liquidation d'actif. L'anc. art. 490-2, al. 3, ne saurait faire obstacle au pouvoir du juge-commissaire d'autoriser le liquidateur à réaliser les actifs, y compris ceux relevant de la communauté. • Versailles, 20 juin 1996 : *RJDA 10/96, n° 1267.*

6. ... Saisie immobilière. L'anc. art. 490-2 ne crée pas une insaisissabilité des tiers sur l'habitation et ne vise que les personnes habilitées à administrer le patrimoine de la personne protégée. Dès lors, l'autorisation préalable du juge des tutelles n'est pas une condition nécessaire à une saisie immobilière. • Paris, 18 sept. 2001 : *D. 2002. Somm. 2161, obs. Lemouland ; AJ fam. 2001. 60, et les obs. ; RTD civ. 2002. 75, obs. Hauser.*

Art. 427 *(L. n° 2019-222 du 23 mars 2019, art. 9)* **« La personne chargée de la mesure de protection ne peut pas procéder à la clôture des comptes ou livrets ouverts, avant le prononcé de la mesure, au nom de la personne protégée. Elle ne peut pas non plus procéder à l'ouverture d'un autre compte ou livret auprès d'un nouvel établissement habilité à recevoir des fonds du public. »**

Le juge des tutelles ou le conseil de famille s'il a été constitué peut toutefois l'y autoriser si l'intérêt de la personne protégée le commande.

Un compte est ouvert au nom de la personne protégée auprès de la Caisse des dépôts et consignations par la personne chargée de la protection si le juge ou le conseil de famille s'il a été constitué l'estime nécessaire.

Lorsque la personne protégée n'est titulaire d'aucun compte ou livret, la personne chargée de la mesure de protection lui en ouvre un.

Les opérations bancaires d'encaissement, de paiement et de gestion patrimoniale effectuées au nom et pour le compte de la personne protégée sont réalisées exclusivement au moyen des comptes ouverts au nom de celle-ci *(Abrogé par L. n° 2019-222* *du 23 mars 2019, art. 9-3-b°, à compter du 1er janv. 2020)* **« *, sous réserve des dispositions applicables aux mesures de protection confiées aux personnes ou services préposés des établissements de santé et des établissements sociaux ou médico-sociaux soumis aux règles de la comptabilité publique* ».**

Les fruits, produits et plus-values générés par les fonds et les valeurs appartenant à la personne protégée lui reviennent exclusivement.

Si la personne protégée a fait l'objet d'une interdiction d'émettre des chèques, la personne chargée de la mesure de protection peut néanmoins, avec l'autorisation du juge ou du conseil de famille s'il a été constitué, faire fonctionner sous sa signature les comptes dont la personne protégée est titulaire et disposer de tous les moyens de paiement habituels.

Sur les actes de gestion du patrimoine des personnes placées en curatelle ou en tutelle, V. Décr. n° 2008-1484 du 22 déc. 2008, ss. art. 496.

BIBL. ▶ Dossier, *RDBF mai-juin 2013, n°s 23 à 26* (compte en banque du majeur protégé).

L'art. 427, situé dans la première section du chapitre du code civil consacré aux mesures de protection juridique des majeurs, et contenant les dispositions générales communes à l'ensemble des mesures de protection, s'applique notamment aux mesures de curatelle ; il vise « la personne chargée de la mesure de protection », et non pas seulement le tuteur ou mandataire spécial ; en conséquence, le curateur ne peut concourir, en assistant la personne protégée, à l'ouverture, la modification ou la clôture d'un compte bancaire par celle-ci sans l'autorisation du juge des tutelles. • Cass., avis, 6 déc. 2018, n° 18-70.012 P : *D. 2018. 2414 ; AJ fam. 2019. 39, obs. Raoul-Cormeil ; JCP 2018. 1374, note Noguéro ; Dr. fam. 2019, n° 63, note Maria.*

Nécessité, pour autoriser la clôture de comptes bancaires, d'expliquer en quoi l'intérêt de la personne protégée commande de procéder à cette clôture. • Civ. 1re, 28 janv. 2015, n° 13-26.363 : *AJ fam. 2015. 231, obs. Montourcy ; Dr. fam. 2015, n° 58, obs. Maria ; JCP E 2015, n° 1168, note Raoul-Cormeil.*

SECTION 2 Des dispositions communes aux mesures judiciaires

Art. 428 La mesure de protection *(L. n° 2019-222 du 23 mars 2019, art. 29)* **« judiciaire » ne peut être ordonnée par le juge qu'en cas de nécessité et lorsqu'il ne peut être suffisamment pourvu aux intérêts de la personne** *(L. n° 2019-222 du 23 mars 2019, art. 29)* **« par la mise en œuvre du mandat de protection future conclu par l'intéressé, » par l'application des règles du droit commun de la représentation, de celles relatives aux droits et devoirs respectifs des époux et des règles des régimes matrimoniaux, en particulier celles prévues aux articles 217, 219, 1426 et** *(L. n° 2019-222 du 23 mars 2019, art. 29)* **« 1429 ou » par une autre mesure de protection** *(Abrogé par L. n° 2019-222 du 23 mars 2019, art. 29)* **« *judiciaire* » moins contraignante** *(Abrogé par L. n° 2019-222 du 23 mars 2019, art. 29)* **« *ou par le mandat de protection future conclu par l'intéressé* ».**

La mesure est proportionnée et individualisée en fonction du degré d'altération des facultés personnelles de l'intéressé.

V. C. pr. civ., art. 1216-1 s. — ***C. pr. civ.***

BIBL. ▶ DELBANO, *D. 1999. Chron. 408* (principes de nécessité et de subsidiarité). – PHILIPPE, *Dr. fam. 2006. Étude 24* (régimes matrimoniaux et altération des facultés mentales).

1. Conv. EDH. Viole l'art. 8 Conv. EDH une législation qui, ne connaissant que la capacité ou l'incapacité totales, ne dispose d'aucune solution intermédiaire permettant de proportionner la mesure à la situation de l'intéressé. • CEDH, sect. I, 27 mars 2008, *C. c/ Russie*, n° 44009/05.

2. Les juges du fond apprécient souverainement qu'en application de l'art. 498 anc., il n'y a pas lieu à application de l'art. 508 anc. (ouverture d'une curatelle) • Civ. 1re, 4 oct. 2005 : *RTD civ. 2006. 88, obs. Hauser.*

3. L'art. 428 s'applique, et il n'y a pas lieu de placer un époux sous un régime de protection, les époux ayant opté, au moment de leur mariage, pour le régime de la communauté universelle, et l'épouse étant substituée à son époux dans l'exercice des pouvoirs résultant de ce régime, en l'absence de risque de dilapidation des biens communs. • Civ. 1re, 1er févr. 2012 : *D. 2012. 921, note Raoul-Cormeil ; ibid. 2699, obs. Noguero et Plazy ; AJ fam. 2012. 229, obs. Verheyde ; RTD civ. 2012. 289, obs. Hauser ; Dr. fam. 2012, n° 53, obs. Maria.* ♦ L'art. 219 est applicable, même si le conjoint dont la représentation est demandée aurait pu, en raison de son état, être placé sous le régime de la tutelle. • Civ. 1re, 9 nov. 1981 : *JCP 1982. II. 19808, note Prévault* (cassation de • Paris, 9 juill. 1980 : *D. 1981. 169,* *concl. Le Guillou ; JCP 1981. II. 19636, note Prévault*). ♦ Une mesure de protection ne peut être ordonnée lorsqu'il peut être suffisamment pourvu aux intérêts de la personne par application des règles du droit commun de la représentation ou de celles relatives aux droits et devoirs des époux ou encore des règles du régime matrimonial. • Civ. 1re, 8 déc. 2016, n° 16-20.298 P : *D. 2016. 2569, obs. Vialla ; ibid. 2017. 332, note Saulier ; ibid. 1490, obs. Lemouland ; AJ fam. 2017. 68, obs. Raoul-Cormeil ; RTD civ. 2017. 97, obs. Hauser ; JCP 2017, n° 79, note Hauser ; JCP N, n° 1139, note Peterka ; Dr. fam. 2017, n° 48, note Maria ; RGDM 2017. 133, note Raoul-Cormeil.*

4. En présence d'un mandat de protection future signé mais non encore mis à exécution, il appartient au juge des tutelles de rechercher si la protection juridique ainsi préalablement organisée par le mandant permet ou non de préserver suffisamment les intérêts personnels et patrimoniaux de la personne à protéger. • Paris, 14 janv. 2013 : *D. 2013. 2196, obs. Lemouland, Noguero et Plazy ; AJ fam. 2013. 509, obs. Massip*. ♦ *Contra* : la subsidiarité ne peut jouer que pour autant que le mandat de protection future a pris effet, et non pas au seul motif qu'il a été conclu : • Douai, 7 juin 2013 : *D. 2013. 2196, obs. Lemouland, Noguero et Plazy ; AJ fam. 2013. 641, obs. Massip*.

5. L'art. 219 est applicable même si le conjoint dont la représentation est demandée est déjà placé sous un des régimes de protection institué par la L. du 3 janv. 1968 (en l'espèce, curatelle). • Civ. 1re, 18 févr. 1981, n° 80-10.403 P : *JCP N 1981. II. 155, note Rémy.*

Art. 429 **La mesure de protection judiciaire peut être ouverte pour un mineur émancipé comme pour un majeur.**

Pour un mineur non émancipé, la demande peut être introduite et jugée dans la dernière année de sa minorité. La mesure de protection judiciaire ne prend toutefois effet que du jour de sa majorité.

Art. 430 **La demande d'ouverture de la mesure peut être présentée au juge par la personne qu'il y a lieu de protéger ou, selon le cas, par son conjoint, le partenaire avec qui elle a conclu un pacte civil de solidarité ou son concubin, à moins que la vie commune ait cessé entre eux, ou par un parent ou un allié, une personne entretenant avec le majeur des liens étroits et stables, ou la personne qui exerce à son égard une mesure de protection juridique.**

Elle peut être également présentée par le procureur de la République soit d'office, soit à la demande d'un tiers.

Sur la procédure devant le juge des tutelles, V. C. pr. civ., art. 1217 s., et sur les voies de recours, art. 1239 s. — ***C. pr. civ.***

A. OUVERTURE DE LA TUTELLE (jurisprudence antérieure à la L. du 5 mars 2007)

1. Caractère d'ordre public : limitation des demandeurs (art. 493 anc.). L'art. 493 anc., al. 1er, qui énumère limitativement les personnes qui ont qualité pour requérir l'ouverture de la tutelle, a un caractère d'ordre public et le juge doit relever d'office les fins de non-recevoir fondées sur ce texte. • Civ. 1re, 23 juin 1987 : *Gaz. Pal. 1988. 1. 109, note J. M.*

2. Motivation des décisions. Comp. : sous l'empire de l'art. 493 anc., compte tenu de la possibilité pour le juge, désormais supprimée, de prononcer d'office l'ouverture d'une mesure de protection, la mention de l'identité du requérant dans le jugement ne constituait pas une condition de régularité de cette décision. • *Civ. 1re, 25 juin 1991, n° 89-20.152 P : Defrénois 1991. 1260, obs. Massip.*

3. Appréciation souveraine de la communauté de vie. Les juges du fond apprécient souverainement s'il y a communauté de vie, au sens de l'art. 493 anc. (en l'espèce, ouverture de la curatelle du mari à la requête de la femme qui, bien qu'abandonnée au profit d'une maîtresse, avait systématiquement recherché à reprendre la vie commune). • Civ. 1re, 4 janv. 1978 : *Bull. civ. I, n° 4.* ♦ Dans le même sens : • Civ. 1re, 23 mars 1994 : *JCP 1995. II. 22439, note Paillet ; RTD civ. 1994. 567, obs. Hauser*.

B. RÉGIME DES RECOURS (jurisprudence antérieure à la L. du 5 mars 2007)

1° DÉCISION D'OUVERTURE

4. Personne protégée : droit au recours (oui). L'incapacité d'ester en justice qui résulte d'un jugement de mise sous tutelle ne peut avoir pour effet de priver la personne protégée du droit de former seule un pourvoi contre la décision d'ouverture de la tutelle. • Civ. 1re, 11 juill. 2006, n° 05-10.945 P : *D. 2007. Pan. 1385, obs. Julien ; JCP 2007. II. 10020, note Bouzol ; RTD civ. 2006. 738, obs. Hauser*. ♦ V. aussi : • CEDH, sect. I, 27 mars 2008, C. c/ Russie, n° 44009/05. ♦ Est sans objet le pourvoi contre un jugement ayant rejeté le recours d'un majeur protégé contre la décision le plaçant sous curatelle, au motif qu'un autre jugement avait prononcé la mainlevée de cette mesure. • Civ. 1re, 30 sept.

2003 : *Defrénois 2004. 161, obs. Massip.* ♦ V. désormais C. pr. civ., art. 1239.

5. … Acquiescement (non). Le jugement ouvrant une curatelle intéresse l'ordre public et n'est pas susceptible d'acquiescement de la part de la personne frappée d'incapacité. • Civ. 1re, 21 mai 1975 : *Bull. civ. I, no 173.*

6. Héritiers. L'action par laquelle une personne qui a été placée sous un régime de protection conteste la décision qui a ordonné cette mesure est une action à caractère personnel que les héritiers et légataires peuvent poursuivre. • Civ. 1re, 14 févr. 1995 : *D. 1996. 152, note Massip ; Gaz. Pal. 1997. 1. 94, note Fossier ; RTD civ. 1995. 603, obs. Hauser.*

7. Recours spécial (art. 493 anc., al. 3). Le recours spécial prévu par l'art. 493 anc., al. 3, ne peut être exercé contre les jugements instaurant une incapacité que pour faire supprimer ou atténuer l'incapacité prononcée (irrecevabilité du recours contre une décision d'ouverture de curatelle et tendant à obtenir l'ouverture d'une tutelle). • Civ. 1re, 18 janv. 1989 : *Gaz. Pal. 1989. 2. 762, note Massip ; JCP N 1989. II. 321 (2 arrêts), note Fossier.* ♦ Les amis de la personne placée sous tutelle peuvent former un recours contre le jugement d'ouverture de la tutelle. • Civ. 1re, 19 oct. 1999 : *Defrénois 2000. 667, obs. Massip ; Dr. fam. 2000, no 17, note Fossier.* ♦ Sur ce point, V. aussi • Paris, 16 sept. 2004 : *RTD civ. 2004. 715, obs. Hauser.*

2o DÉCISIONS DE REFUS OU DE MAINLEVÉE

8. Le recours contre une décision de refus n'appartient qu'au requérant : C. pr. civ., art. 1239-2. ♦ Comp. précédemment : sur la limitation des personnes admises à exercer un recours contre la décision disant n'y avoir lieu au prononcé d'une mesure de protection, ou ordonnant sa mainlevée, V. • Civ. 1re, 3 oct. 1978 : *Bull. civ. I, no 290* • 15 juill. 1993, no 91-18.461 P • 19 mars 2002 : *RJPF 2002-6/23, obs. Pansier ; RTD civ. 2002. 485, obs. Hauser* (irrecevabilité du recours de personnes non visées par l'art. 1255 C. pr. civ. même si le juge leur a notifié sa décision) • 8 févr. 2005, no 03-12.694 P : *D. 2006. Pan. 1571, obs. Lemouland et Plazy ; Defrénois 2005. 1062, obs. Massip ; RTD civ. 2005. 365, obs. Hauser* (fin de non-recevoir d'ordre public devant être soulevée d'office).

9. Autres recours. Sur la recevabilité du recours contre d'autres décisions que celles qui ouvrent ou refusent d'ouvrir la tutelle, V. note 11 ss. art. 442.

3o PROCÉDURE

10. Compétence. V. désormais. C. pr. civ., art. 1211. ♦ Comp. : il résulte des dispositions combinées des art. 393 anc., 394 et 495 anc. C. civ. que le juge normalement compétent pour statuer sur la tutelle d'un majeur est celui de son domicile actuel (changement de domicile en cours de procédure et transmission du dossier au juge du nouveau domicile). • Civ. 1re, 3 juill. 1984 : *Bull. civ. I, no 17 ; D. 1984. 577, note Massip.* ♦ En matière de tutelle, le recours formé contre une décision du juge des tutelles doit être porté devant le tribunal de grande instance dans le ressort duquel se trouve le juge qui a rendu la décision. • Civ. 1re, 24 févr. 1993, no 91-16.525 P. ♦ V. aussi ss. art. 411-1.

11. Procès équitable. Le juge des tutelles ne peut faire partie de la formation du TGI qui connaît du recours contre la décision qu'il a rendue. • Civ. 2e, 5 mai 1993, no 91-19.099 P. ♦ V. aussi ss. art. 432.

12. Représentation. Sur la dispense du ministère d'avocat devant les juges du fond, V. • Civ. 1re, 13 janv. 1993, no 91-12.978 P : *Gaz. Pal. 1993. 2. Somm. 548, obs. Massip.* ♦ Mais aucune disposition ne dispense les parties du ministère d'un avocat au Conseil d'État et à la Cour de cassation pour les pourvois concernant les régimes de protection applicables aux majeurs. • Civ. 1re, 25 févr. 1981 : *Bull. civ. I, no 70.* ♦ Sur le rôle de l'avocat, V. ss. art. 432.

13. Point de départ du délai pour agir. V. désormais C. pr. civ., art. 1241 s. ♦ Pour la jurisprudence antérieure : le délai fixé par l'anc. art. 1257 C. pr. civ. pour l'exercice du recours contre le jugement ouvrant la tutelle court, à l'égard des personnes auxquelles le jugement doit être notifié, à compter du jour de la notification, quand bien même le destinataire de celle-ci serait analphabète ou atteint d'une déficience de la vision. • Civ. 1re, 25 mai 1988, no 86-18.633 P. ♦ … Ou même si la notification a été faite par suite d'une erreur du greffe. • Civ. 1re, 11 juill. 2006 : *préc. note 4.* ♦ Quant aux personnes auxquelles le jugement n'est pas notifié, le recours qui leur est ouvert par l'art. 1256 anc. doit être exercé, aux termes de l'art. 1257 anc., dans les quinze jours du jugement et la fin de non-recevoir tirée de l'expiration du délai doit être relevée d'office, en raison de son caractère d'ordre public. • Civ. 1re, 30 juin 1992, no 90-18.493 P.

14. Sur l'interprétation de l'art. 1256 anc. C. pr. civ. [1212], le recours contre la décision qui ouvre la tutelle peut être formé par lettre sommairement motivée et signée par l'une des personnes ayant qualité pour agir ; la lettre recommandée n'est destinée qu'à régler une contestation sur la date du recours qui peut en conséquence être présenté par lettre simple. • Civ. 1re, 2 avr. 2008, no 07-11.657 P : *D. 2008. 1378, note Norguin ; AJ fam. 2008. 211, note Pécaut-Rivolier ; Defrénois 2008. 1848, obs. Massip ; RTD civ. 2008. 454, obs. Hauser.* ♦ Dans le même sens, pour un jugement ouvrant une curatelle : • Civ. 2e, 13 juill. 2006, no 05-14.052 P.

15. Effet suspensif et dévolutif. Le recours contre la décision qui a ouvert la tutelle a, comme l'appel, un effet suspensif et dévolutif. • Civ. 1re, 15 mars 1988 : *Gaz. Pal. 1989. 1. 42, note Massip* • 1er juill. 1997 : *Defrénois 1998. 327, obs. Massip* • 18 nov. 1997 : *Defrénois 1998. 1035, obs. Massip.* ♦ Pour statuer sur ce recours, le tribunal n'est pas tenu de procéder à nouveau à l'instruction de l'affaire ; il n'a pas, notamment, l'obligation d'entendre une seconde fois la personne à protéger ou d'exiger la production d'un autre certificat médical délivré dans les formes de l'anc. art. 493-1. • Mêmes arrêts.

16. Absence d'effet suspensif du pourvoi. Conformément au droit commun, le pourvoi en cassation, en matière de tutelle ou de curatelle des majeurs, ne comporte pas un effet suspensif. • Civ. 1re, 25 juin 1980 : *Bull. civ. I, n° 199.*

17. Désistement d'instance. Dans une procédure aux fins d'ouverture d'une mesure de protection en cours d'instruction devant le juge des tutelles et dès lors qu'aucune décision prononçant une telle mesure n'a encore été prise, le désistement d'instance émanant du requérant met fin à l'instance en application de l'art. 394 C. pr. civ. • Cass., avis, 20 juin 2011 : *D. 2011. Pan. 2501, obs. Plazy ; AJ fam. 2011. 377, obs. Verheyde ; RTD civ. 2011. 512 et 747, obs. Hauser* • Civ. 1re, 2 avr. 2014, n° 13-10.758 P : *cité ss. art. 459* (désistement inefficace dès lors qu'une mesure de sauvegarde de justice a été prononcée).

Art. 431 **La demande est accompagnée, à peine d'irrecevabilité, d'un certificat circonstancié rédigé par un médecin choisi sur une liste établie par le procureur de la République.** *(L. n° 2015-177 du 16 févr. 2015, art. 1er)* **« Ce médecin peut solliciter l'avis du médecin traitant de la personne qu'il y a lieu de protéger. »**

Le coût de ce certificat est fixé par décret en Conseil d'État.

(L. n° 2019-222 du 23 mars 2019, art. 9) **« Lorsque le procureur de la République est saisi par une personne autre que l'une de celles de l'entourage du majeur énumérées au premier alinéa de l'article 430, la requête transmise au juge des tutelles comporte en outre, à peine d'irrecevabilité, les informations dont cette personne dispose sur la situation sociale et pécuniaire de la personne qu'il y a lieu de protéger et l'évaluation de son autonomie ainsi que, le cas échéant, un bilan des actions personnalisées menées auprès d'elle. La nature et les modalités de recueil des informations sont définies par voie réglementaire. Le procureur de la République peut solliciter du tiers qui l'a saisi des informations complémentaires. »**

V. ndlr ss. art. 426.

BIBL. ► FRESNEL, *Gaz. Pal. 9-10 nov. 2007. Doctr.* (médecin choisi sur une liste et certificat circonstancié).

Sur le certificat médical, V. C. pr. civ., art. 1219, et sur sa prise en charge, V. art. 1256.

A. NÉCESSITÉ D'UNE CONSTATATION MÉDICALE (jurisprudence antérieure à la L. du 5 mars 2007)

1. Principe : constatation médicale de l'altération. Le juge ne pouvant placer une personne sous le régime de la tutelle ou de la curatelle, pour altération de ses facultés mentales ou corporelles, que si cette altération a été médicalement constatée, doit être cassée la décision qui ouvre une curatelle alors que le médecin spécialiste désigné par le juge des tutelles avait estimé dans son rapport que l'intéressée ne présentait aucune altération de ses capacités psychiques et corporelles nécessitant une mesure de protection. • Civ. 1re, 15 juin 1994, n° 92-19.680 P : *R., p. 274 ; D. 1995. 37, note Massip.* ♦ Sur le rôle limité du médecin traitant, V. désormais C. pr. civ., art. 1218-1.

2. Problème posé par le refus de l'intéressé. Nouveaux textes : cassation du jugement ayant déclaré recevable une requête aux fins de mise sous protection qui n'était pas accompagnée d'un certificat médical circonstancié rédigé par un médecin agréé, mais d'une attestation du refus de l'intéressé de se soumettre à un examen médical, le tribunal ayant estimé à tort que l'intéressé n'était pas fondée à se prévaloir de l'absence de certificat médical circonstancié dès lors que, par son propre fait, elle avait rendu impossible ce constat. • Civ. 1re, 29 juin 2011, n° 10-21.879 P : *D. 2011. Pan. 2501, obs. Plazy ; AJ fam. 2011. 431, obs. Verheyde ; JCP 2011. 1643, obs. Peterka ; Dr. fam. 2011, n° 133, obs. Maria ; RTD civ. 2011. 511, obs. Hauser*, cassant • TGI Mont-de-Marsan, 8 oct. 2009 : *D. 2010. 2052, note Verheyde.*

Au sens de l'art. 431, le certificat circonstancié peut être établi sur pièces médicales, en cas de carence de l'intéressé. • Civ. 1re, 20 avr. 2017, n° 16-17.672 P : D. 2017. 1455, note Peterka ; *ibid. 1490, obs. Noguéro ; ibid. Chron. C. cass. 1859, obs. Le Cotty ; AJ fam. 2017. 356, obs. Montourcy ; RTD civ. 2017. 612, obs. J. Hauser ; JCP 2017, n° 525, note Noguéro ; Dr. fam. 2017. 140, note Maria* ♦ Déjà : un certificat suppose nécessairement que le médecin se prononce au besoin uniquement au vu des documents médicaux produits par le requérant et/ou après avoir au moins tenté de recueillir l'avis du médecin traitant comme le permet l'art. 431-1. • Douai, 11 janv. 2013 : *AJ fam. 2013. 136, obs. Raoul-Cormeil ; RTD civ. 2013. 348, obs. Hauser ; Dr. fam. 2013, n° 45, obs. Maria.*

Pour la solution admise avant la L. du 5 mars 2007, lorsque l'exigence d'un certificat médical préalable n'était pas systématique. La personne qui fait l'objet d'une tutelle ou d'une curatelle n'est pas fondée à se prévaloir de l'absence de constatation médicale de l'altération de ses facultés lorsque, par son propre fait, elle a rendu cette constatation impossible en se refusant à tout examen médical. • Civ. 1re, 10 juill. 1984 : *D. 1984. 547, note Massip.* – V. déjà en ce sens, • Civ. 1re, 18 janv. 1972 : *D. 1972. 373, note Contamine-Raynaud ; Defrénois 1972. 760, note Massip.* ♦ Cependant, une personne ne peut être placée sous tutelle en considérant que son « comportement d'évitement » établissait l'altération de ses facultés mentales bien que la cause de ses troubles n'ait pu être précisée, par suite de ses dérobades successives, alors qu'aucun document médical constatant cette altération n'est versé au dossier. • Civ. 1re, 23 mai 1979 : *Bull. civ. I, n° 152.*

B. *MODALITÉS D'APPLICATION (jurisprudence antérieure à la L. du 5 mars 2007)*

3. Inscription du médecin. L'altération des facultés mentales ou des facultés corporelles doit être attestée par un médecin spécialiste choisi sur une liste établie par le procureur de la République. • Civ. 1re, 3 janv. 2006, n° 02-19.537 P : *JCP 2006. II. 10154, note Geffroy ; RTD civ. 2006. 282, obs. Hauser.* ♦ Les juges du fond n'ont pas à préciser la spécialité du médecin ; il suffit qu'il figure sur la liste fixée par le procureur de la République. • Civ. 1re, 24 nov. 1987 : *JCP 1988. II. 21129, note Fossier ; Gaz. Pal. 1988. 1. 332, note Massip.* ♦ La question de savoir si le médecin spécialiste figure sur la liste établie par le procureur de la République est une question de fait qui ne peut être soulevée pour la première fois devant la Cour de cassation. • Civ. 1re, 4 avr. 1991, n° 89-15.902 P • 17 déc. 1996 : *Defrénois 1997. 999, obs. Massip.*

4. Rôle du médecin. Sur le contenu du certificat circonstancié, V. C. pr. civ., art. 1219. ♦ V. déjà avant le Décr. du 5 déc. 2008 : il entre dans la mission du médecin spécialiste de donner son avis sur l'opportunité d'une mesure de protection. • Civ. 1re, 24 janv. 1990 : *JCP N 1990. II. 281, note Fossier.* ♦ Mais le juge n'est pas tenu de suivre l'avis médical quant au cadre proposé : • Civ. 1re, 6 déc. 2005 : *cité note 4 ss. art. 440.*

5. Déroulement de l'examen clinique. L'entretien personnel que le ou les experts ont avec une personne soumise à un examen mental revêt, par sa nature même, un caractère intime ; aussi les experts, chargés de rechercher si la cause qui avait déterminé l'ouverture de la tutelle existait notoirement à l'époque des actes litigieux, ne sont-ils pas tenus d'admettre les conseillers médicaux de l'une des parties à assister à l'examen clinique de l'incapable. • Civ. 1re, 25 avr. 1989, n° 87-19.253 P.

6. Prise en compte. Pour une décision allant à l'encontre des préconisations du médecin spécialiste auteur du certificat médical : • Douai, 24 mars 2010 : *AJ fam. 2010. 236, obs. Pécaut-Rivolier.*

Art. 431-1 *Abrogé par L. n° 2015-177 du 16 févr. 2015, art. 1er-II.*

Art. 432 **Le juge statue, la personne entendue ou appelée. L'intéressé peut être accompagné par un avocat ou, sous réserve de l'accord du juge, par toute autre personne de son choix.**

Le juge peut toutefois, par décision spécialement motivée et sur avis *(L. n° 2015-177 du 16 févr. 2015, art. 1er-II)* **« d'un médecin inscrit sur la liste mentionnée » à l'article 431, décider qu'il n'y a pas lieu de procéder à l'audition de l'intéressé si celle-ci est de nature à porter atteinte à sa santé ou s'il est hors d'état d'exprimer sa volonté.**

V. note ss. art. 426.

Sur l'audition de la personne à protéger, V. C. pr. civ., art. 1220 s.

1. Audition du majeur. Sur l'audition de la personne à protéger, V. désormais C. pr. civ., art. 1219 et 1220 s. ♦ Application de l'art. 6 § 1 Conv. EDH. • CEDH, sect. I, 27 mars 2008, *C. c/ Russie,* n° 44009/05 (absence d'audition de l'intéressé). ♦ Cassation du jugement rendu sans que le majeur protégé, auteur du recours, ait été mis en mesure d'assister personnellement aux débats et de prendre connaissance des conclusions de l'expert, de sorte que la procédure suivie a été dépourvue de caractère contradictoire. • Civ. 1re, 13 juill. 2004, n° 01-14.506 P : *D. 2006. Pan. 1571, obs. Lemouland et Plazy ; AJ fam. 2004. 367, obs. Attuel-Mendès ; Dr. fam. 2005, n° 123, note Fossier ; RTD civ. 2004. 716, obs. Hauser.* ♦ Sauf le cas exceptionnel où il serait porté préjudice à la santé de la personne protégée, son audition personnelle par le juge des tutelles constitue une règle d'ordre public et l'omission de cette formalité ne peut être réparée par l'audition de l'intéressé, placé sous le régime de la curatelle pour cause de prodigalité, par la juridiction du second degré en exécution d'une décision avant dire droit. • Civ. 1re, 20 nov. 1979, n° 78-10.369 P (placement sous le régime de la curatelle pour cause de prodigalité).

2. Accès au dossier. Sur les modalités d'accès au dossier, V. désormais C. pr. civ., art. 1222 s. ♦ Application de l'art. 6 § 1 Conv. EDH. • CEDH, sect. I, 27 mars 2008 : *préc. note 1* (nécessité d'une participation à la procédure). ♦ Nullité de la procédure pour défaut de caractère contradictoire lorsque l'intéressé, en l'absence de notification de la possibilité de consulter le dossier au greffe, a été privé de la possibilité de connaître et de discuter les conclusions de l'expertise médicale. • Civ. 1re, 28 nov. 2006, n° 04-18.266 P : *D. 2008. Pan. 316, obs. Plazy ; AJ fam. 2007. 40, obs. Pécaut-Rivolier ; Dr. fam. 2007, n° 21, note Fossier ; RJPF 2007-1/13, obs. Casey ; RTD civ. 2007. 91, obs. Hauser*. – V. aussi • Civ. 1re, 28 nov. 2006, n° 05-13.004 P : *D. 2008. Pan. 316, obs. Plazy ; RJPF 2007-1/12, obs. Casey* • 11 mars 2009, n° 08-10.118 P : *D. 2009. 1864, note Norguin ; ibid. Pan. 2183, obs. Plazy ; Defrénois 2009. 1158, obs. Massip ; Dr. et patr. 11/2009. 104, obs. Fulchiron* • 12 févr. 2014, n° 13-13.581 P : *D. 2014. 481 ; ibid. 2259, obs. Noguero ; AJ fam. 2014. 189, obs. Verheyde ; RTD civ. 2014. 337, obs. Hauser ; JCP 2014, n° 532, note Massip ; Dr. fam. 2014, n° 65, obs. Maria* • 18 nov. 2015, n° 14-28.223 P : *D. 2016. 1523, obs. Noguéro ; AJ fam. 2015. 688, obs. V. A.-R. ; RTD civ. 2016. 84, obs. Hauser ; Dr. fam. 2016, n° 11, obs. Maria* • 19 sept. 2019, n° 18-19.570 P. ♦ Mais la nullité de la procédure d'ouverture d'une curatelle pour inaccomplissement des formalités d'information destinées à permettre la consultation, par la personne à protéger ou son conseil, du dossier au greffe jusqu'à la veille de l'audience est couverte lorsque celui qui l'invoque a fait valoir à l'audience ses défenses au fond sans soulever la nullité. • Civ. 1re, 25 juin 1991, n° 89-20.152 P : *Defrénois 1991. 1260, obs. Massip.*

3. Avocat. Sur le rôle de l'avocat, V. note ss. C. pr. civ., art. 1214 (désignation), 1220-1 et 1244 (notification en vue de l'audience), 1226 (observations à l'audience), 1230-1 (notification à l'avocat pour pallier l'absence de notification à la personne protégée) et 1253 (présence lors de l'inventaire). ♦ Rejet de la demande d'un majeur protégé de voir annuler la mesure de renouvellement de la tutelle, au motif qu'il a été privé des droits tirés de l'art. 6 Conv. EDH, alors qu'il résulte des productions que la convocation adressée l'a informé de son droit à faire le choix d'un avocat ou à demander à la juridiction saisie que le bâtonnier lui en désigne un d'office, et qu'il s'évince des énonciations de l'arrêt que le majeur protégé a comparu sans user de cette faculté, qu'il a fait valoir ses observations et défendu ses intérêts. • Civ. 1re, 27 janv. 2016, n° 15-11.002 P : *D. 2016. 1523, obs. Lemouland, Noguéro et Plazy ; AJ fam. 2016. 166, obs. Montourcy ; RTD civ. 2016. 322, obs. Hauser*.

4. Ministère public. Cassation pour manque de base légale (visa des art. 16 et 431 C. pr. civ.) de l'arrêt ordonnant un placement sous tutelle, avec privation du droit de vote, sans constater que les conclusions écrites du ministère public, non représenté à l'audience, avaient été mises à la disposition de la personne de confiance désignée par le majeur afin qu'il puisse y répondre utilement. • Civ. 1re, 20 nov. 2013, n° 12-27.218 P : *AJ fam. 2014. 56, obs. Verheyde ; RTD civ. 2014. 83, obs. Hauser*. ♦ Sur le respect de l'égalité des armes entre le majeur et le ministère public, notamment quant à la communication des conclusions de ce dernier, V. aussi pour l'argument le moyen rejeté par • Civ. 1re, 20 nov. 2013, n° 12-29.474 P : *AJ fam. 2014. 56 ; RTD civ. 2014. 83, obs. Hauser* (moyen non soumis à la cour d'appel).

5. Garanties en matière pénale. V. C. pr. pén., art. 706-112 s.

Décret n° 75-96 du 18 février 1975,

Fixant les modalités de mise en œuvre d'une action de protection judiciaire en faveur de jeunes majeurs.

Art. 1er Jusqu'à l'âge de vingt et un ans, toute personne majeure ou mineure émancipée éprouvant de graves difficultés d'insertion sociale a la faculté de demander au juge des enfants la prolongation ou l'organisation d'une action de protection judiciaire.

Le juge des enfants peut alors prescrire, avec l'accord de l'intéressé, la poursuite ou la mise en œuvre, à son égard, d'une ou de plusieurs des mesures suivantes, dont il confie l'exécution soit à un service ou établissement public d'éducation surveillée, soit à un service ou établissement privé habilité :

Observation par un service de consultation ou de milieu ouvert ;

Action éducative en milieu ouvert ;

Maintien ou admission dans un établissement spécialisé assurant des fonctions d'accueil, d'orientation, d'éducation ou de formation professionnelle.

Il peut, sous les mêmes conditions, modifier les modalités d'application de la mesure.

Art. 2 L'établissement ou le service chargé de l'exécution de la décision adresse trimestriellement au juge des enfants un rapport sur le comportement du bénéficiaire de la mesure. Il informe, en outre, sans délai ce magistrat de tout événement de nature à entraîner la modification ou la cessation de l'action entreprise.

Art. 3 Cette mesure prend fin à l'expiration du délai fixé en accord avec l'intéressé ou lorsque celui-ci atteint l'âge de vingt et un ans. Il y est de plus mis fin à tout moment soit à l'initiative du juge des enfants, soit de plein droit à la demande du bénéficiaire.

Art. 4 Les frais résultant des mesures intervenues en application de l'article 1er incombent à celui qui les a sollicitées, sauf la faculté pour le juge des enfants de l'en décharger en tout ou partie.

Les dépenses non supportées par le bénéficiaire de la mesure en vertu de l'alinéa précédent sont imputées sur le budget du ministère de la justice.

SECTION 3 De la sauvegarde de justice

Art. 433 **Le juge peut placer sous sauvegarde de justice la personne qui, pour l'une des causes prévues à l'article 425, a besoin d'une protection juridique temporaire ou d'être représentée pour l'accomplissement de certains actes déterminés.**

Cette mesure peut aussi être prononcée par le juge, saisi d'une procédure de curatelle ou de tutelle, pour la durée de l'instance.

Par dérogation à l'article 432, le juge peut, en cas d'urgence, statuer sans avoir procédé à l'audition de la personne. En ce cas, il entend celle-ci dans les meilleurs délais, sauf si, sur avis médical, son audition est de nature à porter préjudice à sa santé ou si elle est hors d'état d'exprimer sa volonté.

Sur la procédure de placement sous sauvegarde de justice, V. C. pr. civ., art. 1248 s.

Le juge des contentieux de la protection exerce les fonctions de juge des tutelles des majeurs et connaît de la sauvegarde de justice (COJ, art. L. 213-4-2, réd. L. n° 2019-222 du 23 mars 2019, art. 95-I-29°, en vigueur le 1er janv. 2020).

BIBL. GÉN. ► O. Farthouat, *JCP N 1999. 879 et 918.* – Massip, *JCP 1970. I. 2314* (sauvegarde de justice et mandat).

1. Placement d'office en cours d'instance. Le juge des tutelles peut, en application de l'art. 491-1, placer un majeur sous la sauvegarde de justice pour la durée de l'instance en tutelle ou en curatelle, quel que soit le mode de sa saisine, y compris lorsqu'il a décidé de se saisir d'office. • Civ. 1re, 30 nov. 1983, n° 83-14.712 P : *R., p. 49 ; Gaz. Pal. 1984. 2. 431, note J. M.* ♦ La décision du juge des tutelles plaçant un majeur sous la sauvegarde de justice ne peut, conformément à l'art. 1249 C. pr. civ. [1239 anc.], faire l'objet d'aucun recours. • Même arrêt. ♦ Rappr. : • Civ. 1re, 29 juin 2011, n° 10-18.960 P : *D. 2011. Actu. 1897 ; AJ fam. 2011. 433, obs. Verheyde ; RTD civ. 2011. 513, obs. Hauser.*

2. Pourvoi : dispense d'avocat (non). Irrecevabilité du pourvoi formé par lettre contre un jugement statuant sur une requête aux fins d'annulation d'une mesure de placement sous sauvegarde de justice, l'affaire n'étant pas de celles où les parties sont dispensées par la loi de constituer avocat à la Cour de cassation. • Civ. 1re, 2 déc. 1992, n° 90-18.231 P : *R., p. 242.*

3. Date de prise d'effet. La décision de placement, qui ne peut faire grief au majeur, est exécutoire de droit dès son prononcé nonobstant son absence de notification. • Civ. 1re, 29 juin 2011 : *préc. note 1.*

Art. 434 **La sauvegarde de justice peut également résulter d'une déclaration faite au procureur de la République dans les conditions prévues par l'article L. 3211-6 du code de la santé publique.** — *V. cet art. ss. art. 515.*

Art. 435 **La personne placée sous sauvegarde de justice conserve l'exercice de ses droits. Toutefois, elle ne peut, à peine de nullité, faire un acte pour lequel un mandataire spécial a été désigné en application de l'article 437.**

Les actes qu'elle a passés et les engagements qu'elle a contractés pendant la durée de la mesure peuvent être rescindés pour simple lésion ou réduits en cas d'excès alors même qu'ils pourraient être annulés en vertu de l'article 414-1. Les tribunaux prennent notamment en considération l'utilité ou l'inutilité de l'opération, l'importance ou la consistance du patrimoine de la personne protégée et la bonne ou mauvaise foi de ceux avec qui elle a contracté.

L'action en nullité, en rescision ou en réduction n'appartient qu'à la personne protégée et, après sa mort, à ses héritiers. Elle s'éteint par le délai de cinq ans prévu à *(Ord. n° 2016-131 du 10 févr. 2016, art. 5-2°, en vigueur le 1er oct. 2016)* **« l'article 2224 ».**

Sur l'entrée en vigueur des dispositions issues de l'Ord. n° 2016-131 du 10 févr. 2016, V. cette Ord., art. 9, ss. art. 1386-1.

1. L'anc. art. 491-2 (invoqué en l'espèce pour fonder une rescision pour lésion) n'est applicable qu'au majeur qui, à la date de l'acte litigieux, était placé sous sauvegarde de justice. • Civ. 1re, 17 juill. 1979, n° 77-12.199 P.

2. L'existence de la lésion relève de l'appréciation souveraine des juges du fond. • Civ. 1re, 1er mars 1989 : *Defrénois 1989. 1347, obs. Massip.* ♦ Ainsi, absence de lésion, appréciée souverainement par la cour d'appel qui a pris en considération l'utilité de l'opération, la consistance du patrimoine de la personne protégée et la bonne foi du cocontractant eu égard à la période d'une durée très limitée pendant laquelle le majeur avait été placé sous sauvegarde de justice. • Civ. 1re, 4 déc. 2013 : *D. 2014. 2259, obs. Noguero ; AJ fam. 2014. 123, obs. Massip .*

Art. 436 Le mandat par lequel la personne protégée a chargé une autre personne de l'administration de ses biens continue à produire ses effets pendant la sauvegarde de justice à moins qu'il ne soit révoqué ou suspendu par le juge des tutelles, le mandataire étant entendu ou appelé.

En l'absence de mandat, les règles de la gestion d'affaires sont applicables.

Ceux qui ont qualité pour demander l'ouverture d'une curatelle ou d'une tutelle sont tenus d'accomplir les actes conservatoires indispensables à la préservation du patrimoine de la personne protégée dès lors qu'ils ont connaissance tant de leur urgence que de l'ouverture de la mesure de sauvegarde. Les mêmes dispositions sont applicables à la personne ou à l'établissement qui héberge la personne placée sous sauvegarde.

1. Pouvoir de révocation du juge. L'irrévocabilité d'un mandat d'intérêt commun, fût-elle expressément stipulée, ne lie pas le juge des tutelles, qui tient de l'art. 491-3, anc., al. 3, la faculté de révoquer les mandats donnés par une personne placée ultérieurement sous sauvegarde de justice. • Civ. 1re, 12 mai 1987, n° 85-12.242 P : *R., p. 142 ; Gaz. Pal. 1988. 1. 8, note J. M. ; JCP 1988. II. 21075, note Fossier.*

2. Révocation implicite. Sur la possibilité d'une révocation implicite partielle, découlant de la désignation d'un mandataire spécial, V. ss. art. 437.

3. Motifs de révocation (art. 491-3 anc.). Le juge des tutelles ne peut révoquer le mandat donné par une personne avant son placement sous sauvegarde de justice que dans l'intérêt de la protection de cette personne. • Civ. 1re, 15 mai 1990 : *JCP N 1990. II. 310, note Fossier ; Defrénois 1990. 964, obs. Massip ; RTD civ. 1991. 295, obs. Hauser .* ♦ Des dissensions graves entre les enfants d'une personne âgée rendant impossible le maintien du mandat donné à l'un d'eux, est justifiée la désignation par le juge des tutelles d'un mandataire spécial étranger à la famille. • Civ. 1re, 8 déc. 1993 : *D. 1994. 360, note Massip ; JCP 1995. II. 22413 (1er arrêt), note Fossier ; RTD civ. 1994. 323, obs. Hauser .*

Art. 437 S'il y a lieu d'agir en dehors des cas définis à l'article 436, tout intéressé peut en donner avis au juge.

Le juge peut désigner un mandataire spécial, dans les conditions et selon les modalités prévues aux articles 445 et 448 à 451, à l'effet d'accomplir un ou plusieurs actes déterminés, même de disposition, rendus nécessaires par la gestion du patrimoine de la personne protégée. Le mandataire peut, notamment, recevoir mission d'exercer les actions prévues à l'article 435.

Le mandataire spécial est tenu de rendre compte de l'exécution de son mandat à la personne protégée et au juge dans les conditions prévues aux articles 510 à 515. — *V. C. pr. civ., art. 1250.*

BIBL. ▸ MASSIP, *LPA 24 juill. 2009.*

A. CONDITIONS DE LA DÉSIGNATION D'UN MANDATAIRE

1° ART. 491-5 ANC.

1. Justification in concreto. Un mandataire spécial ne peut être désigné à un majeur sous la sauvegarde de justice que s'il y a nécessité d'agir pour le compte du majeur protégé et les juges du fond ne peuvent se déterminer par un motif d'ordre général d'où il résulte que la désignation d'un mandataire spécial serait toujours justifiée, quelles que soient les circonstances de la cause. • Civ. 1re, 30 nov. 1983, n° 83-14.712 P : *R., p. 49 ; Gaz. Pal. 1984. 2. 431, note J. M.* • 4 déc. 1990 : *JCP N 1991. II. 198 (1re esp.), note Fossier ; Defrénois 1991. 301, obs. Massip.*

2. Illustrations. La nécessité de désigner un mandataire spécial se trouve suffisamment caractérisée lorsque le majeur sous la sauvegarde de justice a perçu un capital substantiel et n'est pas en état de gérer son budget en raison de son état de santé mis en lumière par une expertise antérieure. • Civ. 1re, 4 déc. 1990, n° 89-18.257 P. – V. aussi • Civ. 1re, 8 déc. 1993 : *D. 1994. 360, note Massip ; JCP 1995. II. 22413 (1er arrêt), note Fossier ; RTD civ. 1994. 323, obs. Hauser*. ♦ ... Lorsque le majeur sous sauvegarde de justice souffre de troubles mnésiques et physiques ne lui permettant plus de s'occuper de ses biens, présente une confusion manifeste dans le maniement de la monnaie et une perte de notion de sa valeur, et a procédé à des mouvements de compte inutiles. • Civ. 1re, 20 mai 2009 : *Defrénois 2010. 80, obs. Hauser ; Dr. fam. 2009, n° 130, note Maria.*

3. Choix du mandataire. Rien ne s'oppose à ce que soit désigné comme mandataire spécial d'une personne placée sous la sauvegarde de justice le préposé de l'établissement de traitement exerçant les fonctions de gérant de tutelle (désignation ès qualités et non nominative). • Civ. 1re, 11 juin 1991 : *JCP 1992. II. 21879, note Fossier ; Defrénois 1991. 1257, obs. Massip.* ♦ ... Même en présence d'un conjoint, dès lors que celui-ci est dans l'ignorance complète des affaires du ménage, qu'il est lui-même en mauvaise santé et qu'il existe un conflit important entre lui et les enfants d'un premier mariage. • Civ. 1re, 16 juill. 1992, n° 91-10.570 P : *R., p. 241 ; Defrénois 1993. 303, obs. Massip.* ♦ V. désormais art. 451.

4. Prohibition des mandats généraux. Le mandataire spécial ne peut recevoir un mandat général à l'effet d'administrer l'ensemble du patrimoine du majeur protégé. • Civ. 1re, 12 janv. 1988, n° 86-14.112 P : *R., p. 155 ; D. 1988. 439, note Massip ; JCP N 1988. II. 236, note Fossier* • 16 juill. 1992 : *préc. note 3.* ♦ ... Ou d'engager toutes actions judiciaires ou procédures utiles à la protection du patrimoine de l'incapable. • Civ. 1re, 8 janv. 1991 : *JCP N 1991. II. 198 (2e esp.), note Fossier ; Defrénois 1991. 678, obs. Massip.*

2° ART. 437

5. Nécessité d'un placement sous sauvegarde de justice. Impossibilité de désigner un mandataire en l'absence de placement sous sauvegarde de justice. • Douai, 16 juin 2010 : *AJ fam. 2010. 438, obs. Pécaut-Rivolier ; RTD civ. 2011.105, obs. Hauser*.

B. EFFETS DE LA DÉSIGNATION D'UN MANDATAIRE (ART. 491-5 ANC.)

6. Pour le majeur. Le mandat spécial confié à une personne par application de l'art. 491-5 anc. laisse l'incapable majeur placé sous sauvegarde de justice assurer la gestion de ses intérêts civils et ne le prive que de l'accomplissement des actes rentrant dans les pouvoirs limités du mandataire, en sorte qu'il ne saurait avoir pour effet d'entraîner la substitution du mandataire au mandant au regard de sa qualité d'employeur et de le faire bénéficier de l'immunité accordée à ce dernier par la législation sur les accidents du travail. • Soc. 24 févr. 1988, n° 85-10.597 P. ♦ La désignation d'un mandataire spécial a pour effet de priver le majeur placé sous sauvegarde de justice du droit d'accomplir les actes entrant dans les pouvoirs du mandataire spécial. • Civ. 1re, 9 nov. 1982 : *D. 1983. 358, note Massip.*

7. Pour un mandataire antérieur. La désignation d'un mandataire spécial chargé de percevoir les revenus de la personne protégée a pour conséquence de révoquer implicitement, pour partie, le mandat général d'administration qui avait été antérieurement conféré à un mandataire conventionnel. • Civ. 1re, 17 juill. 1984 : *Gaz. Pal. 1985. 1. 150, note J. M.* ♦ Sous l'empire de l'art. 491-5 anc., il avait été admis que le mandataire conventionnel conservait un intérêt à remettre éventuellement en cause la validité des actes passés par le mandataire spécial. • Civ. 1re, 8 déc. 1993 : *préc. note 2.*

8. Responsabilité. Engage sa responsabilité le mandataire spécial qui a fermé un compte bancaire sans s'enquérir des obligations contractuelles de la personne protégée, ce qui a entraîné la réalisation d'un contrat par une mutuelle, faute de paiement des cotisations. • Civ. 1re, 16 avr. 2008, n° 07-10.663 P : *AJ fam. 2008. 255, obs. Pécaut-Rivolier ; RTD civ. 2008. 452, obs. Hauser*.

Art. 438 Le mandataire spécial peut également se voir confier une mission de protection de la personne dans le respect des articles 457-1 à 463.

Art. 439 Sous peine de caducité, la mesure de sauvegarde de justice ne peut excéder un an, renouvelable une fois dans les conditions fixées au quatrième alinéa de l'article 442.

Lorsque la sauvegarde de justice a été prononcée en application de l'article 433, le juge peut, à tout moment, en ordonner la mainlevée si le besoin de protection temporaire cesse.

Lorsque la sauvegarde de justice a été ouverte en application de l'article 434, elle peut prendre fin par déclaration faite au procureur de la République si le besoin de protection temporaire cesse ou par radiation de la déclaration médicale sur décision du procureur de la République.

Dans tous les cas, à défaut de mainlevée, de déclaration de cessation ou de radiation de la déclaration médicale, la sauvegarde de justice prend fin à l'expiration du délai ou après l'accomplissement des actes pour lesquels elle a été ordonnée. Elle prend également fin par l'ouverture d'une mesure de curatelle ou de tutelle à partir du jour où la nouvelle mesure de protection juridique prend effet.

SECTION 4 De la curatelle et de la tutelle

Le juge des contentieux de la protection exerce les fonctions de juge des tutelles des majeurs et connaît de la curatelle, de la tutelle des majeurs et de la mesure d'accompagnement judiciaire (COJ, art. L. 213-4-2, réd. L. n° 2019-222 du 23 mars 2019, art. 95-I-29°, en vigueur le 1er janv. 2020).

Art. 440 **La personne qui, sans être hors d'état d'agir elle-même, a besoin, pour l'une des causes prévues à l'article 425, d'être assistée ou contrôlée d'une manière continue dans les actes importants de la vie civile peut être placée en curatelle.**

La curatelle n'est prononcée que s'il est établi que la sauvegarde de justice ne peut assurer une protection suffisante.

La personne qui, pour l'une des causes prévues à l'article 425, doit être représentée d'une manière continue dans les actes de la vie civile, peut être placée en tutelle.

La tutelle n'est prononcée que s'il est établi que ni la sauvegarde de justice, ni la curatelle ne peuvent assurer une protection suffisante.

1. Double condition : curatelle. La mise en curatelle exige la constatation par les juges du fond, d'une part, de l'altération des facultés mentales de l'intéressé et, d'autre part, de la nécessité, pour celui-ci, d'être conseillé ou contrôlé dans les actes de la vie civile. • Civ. 1re, 24 oct. 1995, n° 93-21.484 P : *R., p. 219* • 16 juill. 1998, n° 96-11.970 P : *D. 1998. IR 208 ; Defrénois 1999. 687, obs. Massip ; RTD civ. 1998. 882, obs. Hauser* • 19 oct. 1999 : *Dr. fam. 2000, n° 16, note Fossier* • 12 juin 2001 : *D. 2002. Somm. 2162, obs. Delmas Saint-Hilaire ; Defrénois 2001. 1362, obs. Massip ; RTD civ. 2002. 74, obs. Hauser*. – Déjà en ce sens : • Civ. 1re, 23 juill. 1979 : *Bull. civ. I, n° 225* • 12 déc. 1973, n° 70-10.546 P : *R. 1973-1974, p. 19 ; D. 1974. 229 (1re esp.), note Massip*. – V. aussi • Civ. 1re, 22 juill. 1987 : *Gaz. Pal. 1988. 1. 257, note Massip.*

Sur la même exigence, à propos de l'altération des facultés corporelles, V. • Civ. 1re, 9 mars 1994, n° 92-12.232 P : *RTD civ. 1994. 323, obs. Hauser ; Defrénois 1994. 1103, obs. Massip* (nécessité de rechercher si l'altération des facultés corporelles – très mauvaise vision – empêche la personne d'exprimer sa volonté) • 15 juill. 1999 : *Defrénois 2000. 113, obs. Massip ; Dr. fam. 1999, n° 130, note Fossier* (même sens) • 3 janv. 2006, n° 02-19.537 P : *JCP 2006. II. 10154, note Geffroy ; RTD civ. 2006. 282, obs. Hauser* (même sens) et, sur renvoi, • TGI Les Sables-d'Olonne, 5 juin 2006 : *JCP 2007. II. 10053, note Geffroy et Nissabouri.* – V. aussi • Civ. 1re, 15 mai 2001 : *Defrénois 2001. 1360, obs. Massip ; RTD civ. 2002. 74, obs. Hauser* • 12 déc. 2006 : *D. 2008. Pan. 318, obs. Plazy*.

2. ... Tutelle. Une personne ne peut être placée sous le régime de la tutelle au motif que ses facultés corporelles et mentales sont affaiblies par l'âge, sans qu'il soit constaté que l'altération de ces facultés a été médicalement établie et sans qu'il soit précisé si, compte tenu de cet état, cette personne a besoin d'être représentée d'une manière continue dans les actes de la vie civile. • Civ. 1re, 12 mai 1981, n° 79-16.903 P. ♦ V. aussi, sur la nécessité, pour les juges du fond, de relever l'une des causes d'altération des facultés mentales prévues à l'anc. art. 490 : • Civ. 1re, 2 oct. 2001, n° 99-15.577 P : *D. 2002. Somm. 2161, obs. Delmas Saint-Hilaire ; Defrénois 2002. 197, obs. Massip ; LPA 24 mai 2002, note Chaillé de Néré ; RTD civ. 2002. 74, obs. Hauser*. ♦ En justifiant la décision d'ouvrir une tutelle par l'état mental de l'intéressé et en ajoutant que la protection de l'incapable ne pouvait être assurée autrement, les juges du fond satisfont aux exigences des anc. art. 492 et anc. 498 (protection résultant du régime matrimonial) qui subordonnent la mise sous tutelle d'un incapable majeur marié à cette double constatation. • Civ. 1re, 22 mars 1972 : *Bull. civ. I, n° 94.* ♦ Cas de refus par l'intéressé de tout examen médical : V. note 2 ss. art. 431.

3. Appréciation souveraine/curatelle. Les juges du fond apprécient souverainement l'existence des conditions exigées par les anc. art. 490 et anc. 508 pour le placement sous le régime de la curatelle. • Civ. 1re, 28 oct. 1980 : *Bull. civ. I, n° 274* • 6 avr. 1994 : *JCP 1995. II. 22[illegible]13 (2e arrêt), note Fossier ; Defrénois 1994. 1103, obs. Massip* • 24 oct. 1995 : *préc. note 1.* ♦ Pour des illustrations : • Civ. 1re, 25 mars 2009 : *AJ fam. 2009. 263, obs. Pécaut-Rivolier ; Dr. et patr. 11/2009. 104*, obs. Fulchiron (personne seule, veuve, sans enfant et n'ayant d'autre famille que son frère, n'étant plus à même ni de savoir ce dont son patrimoine est constitué, ni de saisir la valeur de l'euro et incapable de vivre avec son frère ou de chercher seule un nouveau logement) • Civ. 1re, 8 avr. 2009 : *AJ fam. 2009. 263, obs.*

Pécaut-Rivolier ; Dr. et patr. 11/2009. 104, obs. Fulchiron (insuffisance d'un certificat attestant de troubles du comportement).

4. ... Curatelle renforcée. Ils ne peuvent toutefois substituer à la tutelle le régime de la curatelle avec application des pouvoirs élargis du curateur permis par l'anc. art. 512, sans rechercher si l'amélioration constatée de l'état de santé de l'intéressé était telle qu'il n'avait plus besoin d'être représenté de manière continue dans les actes de la vie civile. • Civ. 1re, 30 juin 1992, nº 89-21.670 P. ♦ Il ne peut non plus être décidé que la curatelle s'exercera dans le cadre de l'anc. art. 512 sans rechercher si la personne protégée est, ou non, apte à percevoir ses revenus et à en faire une utilisation normale. • Civ. 1re, 6 avr. 1994 : *préc.* • 12 juin 2001 : *préc. note 1* • Civ. 1re, 28 mai 2008 : *AJ fam. 2008. 347, note Pecaud-Rivolier* . ♦ Mais ces constatations étant faites, la décision des juges du fond de placer l'intéressé sous le régime de la curatelle aggravée est légalement justifiée. • Civ. 1re, 12 juill. 1994, nº 92-15.735 P : *Defrénois 1996. 342, obs. Massip.* ♦ Le tribunal n'est pas tenu de suivre l'avis des médecins pour le choix du cadre dans lequel s'exercerait la mesure de curatelle, en l'espèce l'opposition du médecin au choix d'une curatelle renforcée. • Civ. 1re, 6 déc. 2005 : *RTD civ. 2006. 536, obs. Hauser* .

5. ... Tutelle. La question de savoir si l'intéressé a besoin d'être représenté de manière continue dans les actes de la vie civile en raison des troubles qu'il présente relève d'une appréciation de fait, qui est souveraine. • Civ. 1re, 4 avr. 1991, nº nº 89-15.902 P. ♦ Pour de telles constatations, caractérisant l'altération des facultés personnelles, V. • Civ. 1re, 22 nov. 1989 : *JCP N 1990. II. 109, note Fossier ; Bull. civ. I, nº 359* • 17 déc. 1996 : *Defrénois 1997. 999, obs. Massip* • 24 nov. 1998, nº 96-17.475 P. ♦ V. cep., pour la cassation d'une décision insuffisamment motivée (défaut de base légale) : • Civ. 1re, 18 nov. 1997 : *Defrénois 1998. 1035, obs. Massip.*

6. Tutelle aux prestations sociales. Sur l'articulation entre une tutelle ou une curatelle et une tutelle aux prestations sociales, V. ss. art. 495-1 pour le rappel de la jurisprudence antérieure.

SOUS-SECTION 1 De la durée de la mesure

Art. 441 **Le juge fixe la durée de la mesure sans que celle-ci puisse excéder cinq ans.** – *V. L. nº 2007-308 du 5 mars 2007, art. 45-II, ss. art. 515.*

(L. nº 2015-177 du 16 févr. 2015, art. 1er-II) **« Le juge qui prononce une mesure de tutelle peut, par décision spécialement motivée et sur avis conforme d'un médecin inscrit sur la liste mentionnée à l'article 431 constatant que l'altération des facultés personnelles de l'intéressé décrites à l'article 425 n'apparaît manifestement pas susceptible de connaître une amélioration selon les données acquises de la science, fixer une durée plus longue, n'excédant pas dix ans. »**

V. note ss. art. 426.

1. Contenu de l'avis médical : impossibilité manifeste d'amélioration (oui). Cassation de l'arrêt ayant fixé la durée de la mesure de tutelle à cent vingt mois, en énonçant que cette durée est adaptée à l'état de santé de l'intéressée, alors que le juge n'a pas constaté l'existence d'un avis conforme du médecin inscrit se prononçant sur l'impossibilité manifeste, selon les données acquises de la science, pour l'intéressée, de connaître une amélioration de l'altération de ses facultés personnelles et sans motiver spécialement sa décision sur ce point. • Civ. 1re, 4 mai 2017 nº 16-17.752 P : *RTD civ. 2017. 612, obs. Hauser ; Dr. fam. 2017, nº 170, obs. Maria.*

2. ... Durée de la mesure (non). L'avis conforme du médecin visé par l'art. 441, al. 2, ne concerne pas la durée de la mesure, laquelle relève de l'office du juge. • Civ. 1re, 8 déc. 2016, nº 16-20.298 P : *D. 2016. 2569, obs. Vialla ; ibid. 2017. 332, note Saulier ; ibid. 1490, obs. Lemouland ; AJ fam. 2017. 68, obs. Raoul-Cormeil ; RTD civ. 2017. 97, obs. Hauser ; JCP 2017, nº 79, note Hauser ; JCP N, nº 1139, note Peterka ; Dr. fam. 2017, nº 48, note Maria ; RGDM 2017. 133, note Raoul-Cormeil.*

Art. 442 **Le juge peut renouveler la mesure pour une même durée.**

Toutefois, lorsque l'altération des facultés personnelles de l'intéressé décrite à l'article 425 n'apparaît manifestement pas susceptible de connaître une amélioration selon les données acquises de la science, le juge peut, par décision spécialement motivée et sur avis conforme *(L. nº 2015-177 du 16 févr. 2015, art. 1^er^II-4º)* **« d'un médecin inscrit sur la liste mentionnée » à l'article 431, renouveler la mesure pour une durée plus longue qu'il détermine** *(L. nº 2015-177 du 16 févr. 2015, art. 1er-II-6º)* **« , n'excédant pas vingt ans ».**

Le juge peut, à tout moment, mettre fin à la mesure, la modifier ou lui substituer une autre mesure prévue au présent titre, après avoir recueilli l'avis de la personne chargée de la mesure de protection.

Il statue d'office ou à la requête d'une des personnes mentionnées à l'article 430, au vu d'un certificat médical et dans les conditions prévues à l'article 432. Il ne peut toutefois renforcer le régime de protection de l'intéressé que s'il est saisi d'une requête en ce sens satisfaisant aux articles 430 et 431. — *V. L. n° 2007-308 du 5 mars 2007, art. 45-II, ss. art. 515. — Sur la procédure, V. C. pr. civ., art. 1228.*

La modification issue du 6° du II de l'art. 1er est applicable au renouvellement des mesures de tutelle et de curatelle prononcées à compter de l'entrée en vigueur de la L. n° 2015-177 du 16 févr. 2015 [18 févr. 2015]. Les mesures de curatelle et de tutelle renouvelées pour une durée supérieure à dix ans avant l'entrée en vigueur de ladite loi doivent faire l'objet d'un renouvellement avant l'expiration d'un délai de dix ans à compter de cette entrée en vigueur. A défaut de renouvellement dans le délai précité, les mesures prennent fin de plein droit. Toutefois, dans le cas d'une mesure renouvelée pour une durée comprise entre dix et vingt ans avant l'entrée en vigueur de la présente loi, cette obligation n'a pas lieu d'être avant la fin de ladite mesure dans le cas où un certificat médical produit lors de ce dernier renouvellement a indiqué qu'aucune amélioration de l'état de santé du majeur n'était envisageable (L. préc., art. 26, mod.).

A. TYPOLOGIE DES DÉCISIONS

1. Renouvellement pour une durée supérieure à cinq ans : limitation à 20 ans, application dans le temps de la L. du 16 févr. 2015. Il ressort de l'art. 442, de l'art. 26 de la L. 16 févr. 2015 et des travaux préparatoires que le législateur a entendu appliquer la limitation dans le temps de la durée des mesures renouvelées, plus protectrice des intéressés, à l'ensemble des renouvellements décidés après l'entrée en vigueur de la loi, le 18 février 2015, que les mesures initiales aient été prises avant ou après cette date. • Civ. 1re, 15 juin 2017, n° 15-23.066 P : *D. 2017. 1506, note Noguéro ; AJ fam. 2017. 549, obs. Montourcy ; RTD civ. 2017. 612, obs. Hauser.*

2. ... Sort des mesures de protection renouvelées antérieurement. Aux termes de l'art. 26 de la L. du 16 févr. 2015, la limitation dans le temps de la durée des mesures renouvelées est applicable au renouvellement des mesures de tutelle et de curatelle prononcées à compter de l'entrée en vigueur de la loi ; les mesures de curatelle et de tutelle renouvelées pour une durée supérieure à dix ans avant l'entrée en vigueur de la loi doivent faire l'objet d'un renouvellement avant l'expiration d'un délai de dix ans à compter de cette entrée en vigueur ; à défaut de renouvellement dans ce délai, les mesures prennent fin de plein droit. • Civ. 1re, 15 juin 2017, n° 15-23.066 P : *D. 2017. 1506, note Noguéro ; AJ fam. 2017. 549, obs. Montourcy ; RTD civ. 2017. 612, obs. Hauser.*

3. Conditions du renouvellement : certificat médical. Le certificat du médecin doit préconiser un renouvellement de la mesure pour une durée supérieure à cinq ans. • Civ. 1re, 10 oct. 2012, n° 11-14.441 P : *D. 2012. 2723, note Raoul-Cormeil ; AJ fam. 2012. 619, obs. Verheyde ; RTD civ. 2013. 90, obs. Hauser ; Dr. fam. 2012, n° 184, obs. Maria* • 13 mai 2015, n° 14-14.904 P : *D. 2015. 1569, obs. Plazy ; AJ fam. 2015. 410, obs. Verheyde ; RTD civ. 2015. 587, obs. Hauser ; Dr. fam. 2015, n° 154, obs. Maria.*

4. ... Motivation de la décision. La cour d'appel doit motiver sa décision quant à l'impossibilité manifeste, selon les données acquises de la science, pour l'intéressée, de connaître une amélioration de l'altération de ses facultés personnelles. • Civ. 1re, 13 mai 2015, n° 14-14.904 P : *préc. note 3.* ♦ Insuffisance de la mention selon laquelle l'altération des facultés mentales apparaissait peu susceptible de connaître une amélioration, selon les données acquises de la science. • Civ. 1re, 10 oct. 2012 : *préc. note 3.* ♦ Illustration : • Civ. 1re, 27 janv. 2016, n° 15-11.002 P (dix ans).

5. Aménagement de la mesure. La cour d'appel qui relève, d'une part, qu'il est établi par les éléments médicaux que l'état de santé de la majeure protégée ne s'est pas amélioré et qu'elle est toujours vulnérable et, d'autre part, qu'afin de lui laisser une plus grande autonomie, la curatelle renforcée sera aménagée, a ainsi légalement justifié sa décision de renouveler, en l'aménageant dans le sens de l'autonomie de la personne protégée, la mesure de curatelle renforcée en cours. • Civ. 1re, 16 sept. 2014 : *AJ fam. 2014. 635, obs. Verheyde.*

6. Modification de la nature de la mesure. V. pour la jurisprudence antérieure à la loi du 5 mars 2007 : le tribunal ne peut prononcer la mainlevée de la tutelle pour lui substituer la curatelle sans rechercher si l'amélioration constatée de l'état de santé de l'intéressé était telle qu'il n'avait plus besoin d'être représenté de façon continue dans les actes de la vie civile. • Civ. 1re, 30 juin 1992, n° 89-21.670 P : *Defrénois 1993. 305, obs. Massip.*

7. ... Renforcement de la mesure de protection. La requête tendant au renforcement d'une mesure de protection doit être être accompagnée d'un certificat médical circonstancié établi à cette fin ; cassation de l'arrêt qui a substitué une mesure de curatelle renforcée à la curatelle simple en prenant en compte un certificat médical destiné à l'activation d'un mandat de protection future. • Civ. 1re, 2 mars 2022, n° 20-19.767 B : *D. 2022. 1174, obs. Lemouland et Noguéro ; AJ fam. 2022. 227, obs. Peterka ;*

RTD civ. 2022. 363, obs. Leroyer : JCP 2022, n° 450, note Noguéro ; Dr. fam. 2022, n° 82, obs. Maria. ♦ Cassation du jugement prononçant la conversion d'une curatelle en tutelle sans qu'il ressorte des mentions de la décision que les formalités prescrites à peine de nullité pour l'ouverture de la tutelle aient été observées. • Civ. 1re, 19 janv. 1999 : *D. 2000. Somm. 106, obs. Lemouland ; Dr. fam. 1999, n° 91, note Fossier (1re esp.) ; Defrénois 1999. 946, obs. Massip ; Gaz. Pal. 2000. Somm. 298, obs. Pauchet.*

8. Mainlevée : conditions. La production d'un certificat médical n'est pas une condition de recevabilité de la demande de mainlevée de la mesure. • Civ. 1re, 9 nov. 2016, n° 14-17.735 P : *D. 2016. 2336 ; AJ fam. 2016. 606, obs. Verheyde ; RTD civ. 2017. 99, obs. Hauser ; Dr. fam. 2017, n° 18, obs. Maria.*

9. Cassation pour manque de base légale de l'arrêt rejetant une demande de mainlevée d'une curatelle, sans constater la persistance de l'altération des facultés mentales de l'intéressée et la nécessité pour celle-ci d'être assistée ou contrôlée d'une manière continue dans les actes importants de la vie civile. • Civ. 1re, 15 avr. 2015, n° 14-16.666 P : *AJ fam. 2015. 343, obs. Montourcy ; RTD civ. 2015. 587, obs. Hauser.* ♦ V. déjà sous l'empire de la jurisprudence antérieure à la loi du 5 mars 2007 : le juge ne peut rejeter une demande de mainlevée sans constater, au jour où il statue, l'altération des facultés mentales ou corporelles de l'intéressé et la nécessité pour celui-ci d'être représenté d'une manière continue dans les actes de la vie civile. • Civ. 1re, 31 janv. 1995, n° 93-14.238 P : *D. 1996. 123, note Verheyde ; RTD civ. 1995. 329, obs. Hauser ; Defrénois 1995. 1036, obs. Massip.* ♦ Le juge ne peut rejeter une demande de mainlevée d'une curatelle renforcée en constatant que l'intéressé n'est pas en mesure de produire des justifications médicales qui indiquant que la mesure de protection dont il bénéficie n'est plus adaptée, ceci sans constater la persistance d'une altération des facultés mentales de l'intéressé. • Civ. 1re, 5 nov. 2008, n° 07-17.907 P : *D. 2009. Pan. 2183, obs. Lemouland ; AJ fam. 2008. 478, obs. Pécaut-Rivolier ; RLDC 2009/56, n° 3267, obs. Évenat ; Defrénois 2009. 557 obs Massip.*

B. PROCÉDURE

10. Procédure : ministère public. Sur la nécessité de communiquer au ministère public la requête à fins d'ouverture de la procédure, V. C. pr. civ., art. 1225. – **C. pr. civ.** ♦ V. avant la L. du 5 mars 2007 : il résulte des dispositions des anc. art. 892-2, al. 3, NCPC et 507, al. 1er, C. civ., que la présence du ministère public à l'audience est obligatoire dans les causes concernant la mainlevée de la tutelle d'un majeur. • Civ. 1re, 15 mars 1977, n° 75-15.576 P : *D. 1977. 454 (deux arrêts), note Massip* (cassation de l'arrêt ne permettant pas de constater la présence du ministère public à l'audience). ♦ Même sens pour l'ouverture d'une tutelle : • Civ. 1re, 15 mars 1977, n° 75-15.575 P.

11. Recours : mainlevée. La fin de non-recevoir résultant de l'irrecevabilité de l'appel d'un jugement de mainlevée, interjeté par une personne n'ayant pas la qualité de requérant à la procédure initiale aux fins d'ouverture de la mesure de protection ou à l'instance en mainlevée, doit être relevée d'office. • Civ. 1re, 24 mai 2018, n° 17-18.859 P : *D. 2018. 1371, note Peterka ; ibid. 1458, obs. Lemouland et Noguéro ; AJ fam. 2018. 402, obs. Pecqueur ; RTD civ. 2018. 631, obs. Mazeaud ; Dr. fam. 2018, n° 223, obs. Maria.* ♦ V. avant la L. du 5 mars 2007 : si l'art. 507, al. 2, écarte, à l'encontre des décisions portant mainlevée de la tutelle, le recours spécial prévu par l'art. 493 anc., al. 3, il n'exclut pas l'exercice de tout recours contre ces décisions ; en l'absence de règles particulières, il y a lieu, conformément aux dispositions de l'anc. art. 1243 C. pr. civ., d'appliquer, en la matière, les règles prévues pour la tutelle des mineurs. • Civ. 1re, 17 janv. 1984 : *Gaz. Pal. 1984. 1. 393.*

12. ... Décisions d'organisation de la mesure. V. avant la L. du 5 mars 2007 : les art. 493 anc. et 507 anc. C. civ., comme les anc. art. 1255 et 1256 C. pr. civ., ont pour seul objet de déterminer les personnes qui ont la faculté de former un recours contre les décisions qui ouvrent ou refusent d'ouvrir la tutelle et contre celles qui refusent d'en ordonner mainlevée ; ils n'excluent pas les recours prévus par les anc. art. 1214, 1215 et 1243 C. pr. civ. contre les autres décisions prises par le juge des tutelles, notamment contre celles organisant la tutelle des majeurs. • Civ. 1re, 24 févr. 1987, n° 85-14.338 P : *R., p. 142 ; JCP 1987. II. 20896, note Fossier ; Gaz. Pal. 1988. 1. 9, note J. M.* ♦ Mais est sans objet, en tant qu'il ne porte pas sur le principe même de l'incapacité, le pourvoi formé par un héritier contre une décision transférant à l'État la tutelle du *de cujus*, décédé en cours de procédure. • Civ. 1re, 21 mars 2000 : *Defrénois 2000. 1060, obs. Massip.* ♦ Les recours contre les décisions relatives à la gestion des biens d'une personne sous tutelle ne sont ouverts qu'aux personnes dont la décision modifie les droits et les charges, lesquels s'entendent exclusivement de ceux qui résultent de l'organisation de la tutelle. • Civ. 1re, 5 janv. 1999 : *Dr. fam. 1999, n° 60, note Fossier.* ♦ V. aussi : • Civ. 1re, 23 mars 1994 : *JCP 1995. II. 22439, note Paillet* (refus d'admettre le recours d'un cousin, titulaire d'un mandat général d'administration, contre la décision désignant l'épouse de l'incapable comme administratrice légale sous contrôle judiciaire). • 31 janv. 1995 : *Defrénois 1995. 1391, obs. Massip* (défaut de qualité du conjoint qui vit séparé de la personne protégée). ♦ V., en sens inverse, • Civ. 1re,

25 mars 1997, n° 96-12.028 P : *D. 1998. 333, note Massip ; RTD civ. 1997. 634, obs. Hauser* (recevabilité du recours introduit contre une ordonnance du juge des tutelles confiant la gérance de tutelle à une autre personne morale par le père de la majeure sous tutelle, bien qu'il n'ait eu aucune fonction dans l'organisation de la tutelle) • 8 mars 2005, n° 01-17.738 P : *D. 2006. Pan. 1572, obs. Lemouland et Plazy ; Gaz. Pal. 2005. 1880, concl. Sainte-Rose ; Defrénois 2005. 1359, obs. Massip ; AJ fam. 2005. 197, obs. C. Grimaldi ; RTD civ. 2005. 364, obs. Hauser ; RDSS 2005. 685, obs. F. Monéger* (recevabilité du recours introduit par des neveux contre une ordonnance ayant déclaré la tutelle vacante et l'ayant déférée à l'État sans avoir recherché si une tutelle familiale pouvait être organisée ; visa de l'art. 6.1 Conv. EDH) • 23 janv. 2008, n° 05-20.068 P : *D. 2008. AJ 484 ; AJ fam. 2008. 124, obs. Pécaut-Rivolier* (recours introduit par le gendre de la personne protégée).

C. CALCUL DE LA DURÉE DE 20 ANS

13. L. 16 févr. 2015, application dans le temps. Il ressort de l'art. 442, de l'art. 26 de la L. 16 févr. 2015 et des travaux préparatoires que le législateur a entendu appliquer la limitation dans le temps de la durée des mesures renouvelées, plus protectrice des intéressés, à l'ensemble des renouvellements décidés après l'entrée en vigueur de la loi, le 18 février 2015, que les mesures initiales aient été prises avant ou après cette date. • Civ. 1re, 15 juin 2017, n° 15-23.066 P : *D. 2017. 1506, note Noguéro ; AJ fam. 2017. 549, obs. Montourcy ; RTD civ. 2017. 612, obs. Hauser*.

14. Sort des mesures de protection renouvelées antérieurement. Aux termes de l'art. 26 de la L. du 16 févr. 2015, la limitation dans le temps de la durée des mesures renouvelées est applicable au renouvellement des mesures de tutelle et de curatelle prononcées à compter de l'entrée en vigueur de la loi ; les mesures de curatelle et de tutelle renouvelées pour une durée supérieure à dix ans avant l'entrée en vigueur de la loi doivent faire l'objet d'un renouvellement avant l'expiration d'un délai de dix ans à compter de cette entrée en vigueur ; à défaut de renouvellement dans ce délai, les mesures prennent fin de plein droit. • Civ. 1re, 15 juin 2017, n° 15-23.066 P : *D. 2017. 1506, note Noguéro ; AJ fam. 2017. 549, obs. Montourcy ; RTD civ. 2017. 612, obs. Hauser*.

Art. 443 **La mesure prend fin, en l'absence de renouvellement, à l'expiration du délai fixé, en cas de jugement de mainlevée passé en force de chose jugée ou en cas de décès de l'intéressé.**

Sans préjudice des articles 3 et 15, le juge peut également y mettre fin lorsque la personne protégée réside hors du territoire national, si cet éloignement empêche le suivi et le contrôle de la mesure.

Sur la procédure devant le juge des tutelles, V. C. pr. civ., art. 1217 s.

1. Décès. L'administrateur légal des biens d'un majeur en tutelle n'a plus qualité pour agir au nom de l'incapable à partir du jour où celui-ci est décédé, seuls les héritiers du défunt étant habilités à reprendre éventuellement l'action exercée en vue de poursuivre la réparation du préjudice subi par leur auteur. • Crim. 4 juill. 1983, n° 82-91.042 P.

2. Il résulte de la combinaison des art. 419 et 443 C. civ., et L. 221-9 COJ, que le juge des tutelles est seul compétent pour allouer au mandataire judiciaire à la protection des majeurs une indemnité exceptionnelle au titre des actes requis par la mesure de protection et impliquant des diligences particulièrement longues ou complexes et que cette compétence ne s'éteint pas au décès de la personne protégée. • Civ. 1re, 15 janv. 2020, n° 18-22.503 P : *D. 2020. 810, note Raoul-Cormeil ; AJ fam. 2020. 136, obs. Montourcy*.

3. Expiration du délai. Comp. avant la réforme du 5 mars 2007, refusant une caducité automatique : la curatelle cesse avec les causes qui l'ont déterminée ; cependant, la mainlevée n'en est prononcée qu'en observant les formalités prescrites pour parvenir à son ouverture. • Civ. 1re, 16 mars 1999, n° 97-15.833 P : *D. 2000. Somm. 107, obs. Lemouland ; Defrénois 1999. 1263, obs. Massip ; Dr. fam. 1999, n° 91, note Fossier (2e esp.) ; RTD civ. 2000. 87, obs. Hauser* (cassation de l'arrêt admettant une caducité de la mesure à l'expiration du délai, alors que la mesure avait continué en l'absence de jugement de mainlevée).

4. Jugement de mainlevée. Le jugement de mainlevée n'étant intervenu que postérieurement aux opérations électorales dans lesquelles le majeur protégé était candidat, celui-ci n'était pas éligible. • CE 22 août 2007, n° 29761 : *Dr. fam. 2008, n° 22, obs. Fossier.*

5. Suppression de l'interdiction légale. L'interdiction légale ayant cessé d'être applicable au condamné, à la suite de l'abrogation, par l'art. 372 de la L. n° 92-1336 du 16 déc. 1992, des art. 29 à 31 C. pén., et en l'absence de disposition contraire, la tutelle avait pris fin de plein droit le 1er mars 1994, date d'entrée en vigueur de cette abrogation. • Civ. 1re, 13 avr. 2016, n° 15-15.679 P : *AJ fam. 2016. 270, obs. Montourcy ; RTD civ. 2016. 589, obs. Hauser*.

SOUS-SECTION 2 De la publicité de la mesure

Art. 444 **Les jugements portant ouverture, modification ou mainlevée de la curatelle ou de la tutelle ne sont opposables aux tiers que deux mois après que la mention en a été portée en marge de l'acte de naissance de la personne protégée selon les modalités prévues par le code de procédure civile.** — *V. C. pr. civ., art. 1233.*

Toutefois, même en l'absence de cette mention, ils sont opposables aux tiers qui en ont personnellement connaissance.

1. Remplacement du curateur (non). Une décision portant modification d'une curatelle est soumise aux mêmes règles de publicité que les jugements portant ouverture ou mainlevée ; ce n'est pas le cas d'une ordonnance procédant au remplacement d'un curateur, une décision portant modification d'une curatelle devant s'entendre d'une décision qui modifie l'étendue de l'incapacité du majeur protégé. • Civ. 1re, 18 déc. 1979 : *Gaz. Pal. 1980. 2. 433, note J. M.* (décision rendue antérieurement à la L. du 5 mars 2007).

2. Publicité de la mesure. Nécessité de rechercher si le jugement portant ouverture de la curatelle a fait l'objet des mesures de publicité légale le rendant opposable à une société de crédit, de sorte que celle-ci était tenue de satisfaire, à l'égard du curateur de l'intéressée, à l'obligation annuelle d'information édictée par l'art. L. 311-9 C. consom. dans sa rédaction antérieure à la L. du 1er juill. 2010 [L. 312-16]. • Civ. 1re, 9 nov. 2011 : *D. 2012. 2699, obs. Noguero et Plazy ; AJ fam. 2012. 108, obs. Verheyde ; RTD civ. 2012. 292, obs. Hauser ; RTD com. 2012. 172, obs. Legeais ; Dr. fam. 2012, n° 11, obs. Maria ; Gaz. Pal. 2012. 192, note Poissonnier* (cassation de l'arrêt ayant considéré qu'il ne saurait être exigé d'une société de crédit, dont les clients sont nombreux, de vérifier pour chacun d'eux s'il ne fait pas l'objet d'une mesure d'interdiction légale, même postérieurement à l'ouverture du crédit).

3. Connaissance effective de la mesure. Le défendeur à une action en rescision pour lésion, intentée par le tuteur au nom de l'incapable, a une connaissance personnelle de la décision d'ouverture de la tutelle et de la désignation du tuteur par l'acte introductif d'instance précisant que le tuteur a été désigné en cette qualité par une délibération du conseil de famille prise sous la présidence du juge des tutelles ; il en résulte que le moyen invoquant le défaut de qualité du tuteur pour agir en justice au nom de l'incapable n'est pas fondé. • Civ. 1re, 18 nov. 1975, n° 73-12.683 P.

4. Décision de mainlevée et droit des tiers. Le défaut de publicité d'une décision de mainlevée entraîne un préjudice pour le seul majeur concerné puisqu'il a pour conséquence de le laisser apparaître, aux yeux des tiers, soumis à des mesures de protection. Les tiers ne peuvent se prévaloir de cette situation puisqu'elle n'est pas de nature à affecter la validité de la décision prise par le majeur qui n'est plus soumis à un régime de protection. • Civ. 3e, 1er oct. 2008, n° 07-16.273 P : *Dr. fam. 2008, n° 177, obs. Fossier.*

SOUS-SECTION 3 Des organes de protection

Art. 445 **Les charges curatélaires et tutélaires sont soumises aux conditions prévues pour les charges tutélaires des mineurs par les articles 395 à 397. Toutefois, les pouvoirs dévolus par l'article 397 au conseil de famille sont exercés par le juge en l'absence de constitution de cet organe.**

Les membres des professions médicales et de la pharmacie, ainsi que les auxiliaires médicaux ne peuvent exercer une charge curatélaire ou tutélaire à l'égard de leurs patients.

(L. n° 2008-776 du 4 août 2008, art. 18-I, en vigueur le 1er févr. 2009) **« Le fiduciaire désigné par le contrat de fiducie ne peut exercer une charge curatélaire ou tutélaire à l'égard du constituant. »**

§ 1 Du curateur et du tuteur

Art. 446 **Un curateur ou un tuteur est désigné pour la personne protégée dans les conditions prévues au présent paragraphe et sous réserve des pouvoirs conférés au conseil de famille s'il a été constitué.**

Art. 447 **Le curateur ou le tuteur est désigné par le juge.**

Celui-ci peut, en considération de la situation de la personne protégée, des aptitudes des intéressés et de la consistance du patrimoine à Administrer désigner plusieurs curateurs ou plusieurs tuteurs pour exercer en commun la mesure de protection. Chaque curateur ou tuteur est réputé, à l'égard des tiers, avoir reçu des autres le pouvoir de faire seul les actes pour lesquels un tuteur n'aurait besoin d'aucune autorisation.

Le juge peut diviser la mesure de protection entre un curateur ou un tuteur chargé de la protection de la personne et un curateur ou un tuteur chargé de la gestion patrimoniale. Il peut confier la gestion de certains biens à un curateur ou à un tuteur adjoint.

A moins que le juge en ait décidé autrement, les personnes désignées en application de l'alinéa précédent sont indépendantes et ne sont pas responsables l'une envers l'autre. Elles s'informent toutefois des décisions qu'elles prennent.

Indépendance du tuteur. Le tuteur, chargé de la protection d'un incapable majeur, ne peut se trouver sous la subordination de celui-ci en qualité de salarié. • Soc. 6 mai 1993, n° 90-13.764 P : *R., p. 261 ; JCP 1994. II. 22319 (3ᵉ esp.), note Fossier ; RTD civ. 1993. 560, obs. Hauser*.

Art. 448 La désignation par une personne d'une ou plusieurs personnes chargées d'exercer les fonctions de curateur ou de tuteur pour le cas où elle serait placée en curatelle ou en tutelle s'impose au juge, sauf si la personne désignée refuse la mission ou est dans l'impossibilité de l'exercer ou si l'intérêt de la personne protégée commande de l'écarter. En cas de difficulté, le juge statue.

Il en est de même lorsque les parents ou le dernier vivant des père et mère, ne faisant pas l'objet d'une mesure de curatelle ou de tutelle, qui exercent l'autorité parentale sur leur enfant mineur ou assument la charge matérielle et affective de leur enfant majeur désignent une ou plusieurs personnes chargées d'exercer les fonctions de curateur ou de tuteur à compter du jour où eux-mêmes décéderont ou ne pourront plus continuer à prendre soin de l'intéressé. — *V. C. pr. civ., art. 1255.*

Art. 449 A défaut de désignation faite en application de l'article 448, le juge nomme, comme curateur ou tuteur, le conjoint de la personne protégée, le partenaire avec qui elle a conclu un pacte civil de solidarité ou son concubin, à moins que la vie commune ait cessé entre eux ou qu'une autre cause empêche de lui confier la mesure.

A défaut de nomination faite en application de l'alinéa précédent et sous la dernière réserve qui y est mentionnée, le juge désigne un parent, un allié ou une personne résidant avec le majeur *(L. nº 2009-526 du 12 mai 2009, art. 116)* « protégé ou » entretenant avec lui des liens étroits et stables.

Le juge prend en considération les sentiments exprimés par celui-ci, ses relations habituelles, l'intérêt porté à son égard et les recommandations éventuelles de ses parents et alliés ainsi que de son entourage.

BIBL. ▶ MASSIP, *LPA 4 sept. 1996.*

1. Débat contradictoire (non). Le juge des tutelles tient de l'anc. art. 509-1, al. 2, sous réserve de l'exercice des voies de recours prévues par la loi, le pouvoir de nommer le curateur sans être tenu de provoquer préalablement un débat contradictoire à ce sujet. • Civ. 1ʳᵉ, 21 déc. 1982, n° 81-16.331 P.

2. Éviction du conjoint : principes. Cassation de l'arrêt désignant un mandataire judiciaire en qualité de tuteur aux biens, en écartant l'épouse du majeur à qui rien ne pouvait être reproché sur la tenue du budget, aux seuls motifs qu'il fallait tenir compte des dissensions très vives au sein de cette famille recomposée et désigner un tiers pour que la situation apparaisse comme claire à tous (enfants, fratrie et conjointe), sans expliquer ainsi en quoi une telle décision était commandée par l'intérêt de la personne protégée. • Civ. 1ʳᵉ, 9 juill. 2014, n° 13-20.077 P : *D. 2014. 2259, obs. Noguero ; AJ fam. 2014. 503, obs. Verheyde ; RTD civ. 2014. 858, obs. Hauser*. ♦ Comp. antérieurement : il résulte de l'anc. art. 509-1 C. civ., rédigé en termes généraux, que la décision d'écarter de la curatelle le conjoint de l'incapable est laissée à l'appréciation du juge sans qu'il soit tenu de se limiter aux causes d'exclusion, de destitution ou de récusation des différentes charges tutélaires énumérées par les art. 444 anc. et 445 anc. du même code. • Civ. 1ʳᵉ, 29 févr. 1984 : *D. 1984. 423, note J. M.* ♦ Rappr. aussi notes ss. art. 428. ♦ Inversement, pour la désignation du conjoint malgré les réticences de la personne protégée, rien ne venant les corroborer dans le dossier : • Aix-en-Provence, 20 janv. 2011 : *D. 2011. Pan. 2501, obs. Plazy*.

3. ... Date du mariage. Le fait d'avoir contracté mariage postérieurement au jugement de curatelle, fût-ce pour bénéficier des dispositions de l'anc. art. 509-1, n'est pas à lui seul une cause d'exclusion de la curatelle légale. • Civ. 1ʳᵉ, 5 févr. 1991, n° 89-15.528 P : *R., p. 252 ; Defrénois 1991. 680, obs. Massip.*

4. ... Communauté de vie. La condition de maintien de la communauté de vie, en cas de nomination d'un époux en qualité de curateur de son conjoint, se trouve remplie dès lors que le tribunal constate que la communauté de résidence des époux n'a cessé qu'en raison de la maladie de l'époux placé sous curatelle. • Civ. 1re, 28 mai 1991 : *Defrénois 1991. 1259, obs. Massip.*

Il ne peut être fait grief à l'épouse d'un homme hospitalisé, pour lequel existe un conflit sur l'arrêt des soins, de son éloignement et de sa volonté de se rapprocher de son père avec sa fille, dès lors qu'il existe une pression médiatique importante dont elle souhaite protéger son enfant, l'épouse n'ayant par ailleurs pas failli dans ses devoirs d'épouse et de représentation, la cessation de la vie commune ne lui étant pas imputable. • Civ. 1re, 8 déc. 2016, n° 16-20.298 P : *D. 2016. 2569, obs. Vialla ; ibid. 2017. 332, note Saulier ; ibid. 1490, obs. Lemouland ; AJ fam. 2017. 68, obs. Raoul-Cormeil ; RTD civ. 2017. 97, obs. Hauser ; JCP 2017, n° 79, note Hauser ; JCP N, n° 1139, note Peterka ; Dr. fam. 2017, n° 48, note Maria ; RGDM 2017. 133, note Raoul-Cormeil.*

5. Transformation de la tutelle d'État en administration légale sous contrôle judiciaire confiée à l'épouse, malgré l'opposition de l'époux, en cas de reprise de la vie commune après une séparation de fait, aucun élément objectif ne justifiant plus qu'il soit dérogé au principe posé par l'art. 496 anc. • Civ. 1re, 28 mars 2006 : *D. 2008. Pan. 318, obs. Lemouland ; Dr. fam. 2006, n° 172, note Fossier.*

6. ... Contrariété d'intérêts. Caractérise la cause interdisant de confier la curatelle à l'épouse le tribunal qui relève que la personne protégée était sous la dépendance totale de sa seconde épouse et qu'il existait une contrariété d'intérêts entre eux. • Civ. 1re, 20 déc. 2000 : *LPA 11 juin 2001, note Massip.* ♦ Cause interdisant de confier la tutelle à l'époux : V. • Civ. 1re, 11 mai 1999 : *D. 2000. Somm. 107, obs. Delmas Saint-Hilaire (2e esp.) ; JCP 1999. II. 10143, note Fossier* (situation conflictuelle entre l'époux et sa belle-famille) • 14 avr. 2010 : *Dr. fam. 2010, n° 132, obs. Maria (idem).*

7. Confusion d'intérêts. Confusion d'intérêts entre les fonctions de curateur et celles de salarié de la personne protégée, désignation d'un autre curateur malgré les sentiments exprimés la personne protégée, dans son intérêt. • Civ. 1re, 11 sept. 2013 : *AJ fam. 2014. 377, obs. Montourcy .*

8. Sentiments du majeur protégé. Le juge qui rejette la demande de la personne placée sous curatelle renforcée avec la nomination d'un mandataire judiciaire de voir désigner sa nièce comme curatrice doit préciser ce qui interdit, malgré les sentiments exprimés par la majeure protégée, de confier la curatelle à sa nièce. • Civ. 1re, 5 déc. 2012 : *D. 2012. 2964 ; AJ fam. 2013. 62, obs. Verheyde ; RTD civ. 2013. 89, obs. Hauser ; JCP 2013, n° 104, note Peterka ; Dr. fam. 2013, n° 11, obs. Maria.* ♦ Cassation de l'arrêt qui prononce un changement de curateur alors que le majeur protégé n'avait pas été régulièrement convoqué à l'audience et n'avait donc pas été mis en mesure d'exprimer ses sentiments. • Civ. 1re, 19 nov. 2014 : *AJ fam. 2015. 106, obs. Verheyde .*

9. Intérêt de la personne protégée. Pour apprécier si le frère pouvait être désigné en qualité de curateur, la cour d'appel a souverainement estimé, au regard de l'ensemble des difficultés rencontrées par la majeure protégée, que l'éloignement géographique de son frère ne lui permettait pas de garantir sa protection ; elle a ainsi statué dans l'intérêt de la personne protégée, sans méconnaître la priorité familiale ni la possibilité de diviser la mesure. • Civ. 1re, 24 janv. 2018, n° 17-10.262 P : *D. 2018. 702, note Noguéro ; AJ fam. 2018. 239, obs. Pecqueur ; RTD civ. 2018. 367, obs. Mazeaud ; Dr. fam. 2018, n° 109, obs. Maria.*

Art. 450 **Lorsqu'aucun membre de la famille ou aucun proche ne peut assumer la curatelle ou la tutelle, le juge désigne un mandataire judiciaire à la protection des majeurs inscrit sur la liste prévue à l'article L. 471-2 du code de l'action sociale et des familles. Ce mandataire ne peut refuser d'accomplir les actes urgents que commande l'intérêt de la personne protégée, notamment les actes conservatoires indispensables à la préservation de son patrimoine.** — *V. note ss. art. 417.*

Sur l'impossibilité pour un membre de la famille d'assumer la charge de la mesure, V. aussi ss. anc. art. 411.

Prise en considération de l'intérêt de la personne protégée pour décider de confier la tutelle de la personne à un mandataire judiciaire. • Civ. 1re, 2 avr. 2014, n° 13-10.758 P : *D. 2014. 928 ; AJ fam. 2014. 314, obs. Pecqueur, obs. Montourcy ; Dr. fam. 2014, n° 83, obs. Maria* (parent invoquant un projet de mariage auquel il apparaissait que le majeur était incapable de consentir) • Civ. 1re, 11 sept. 2013 : *AJ fam. 2014. 377, obs. Montourcy* (nécessité de favoriser la prise d'autonomie de la personne protégée par rapport à sa « famille d'adoption »).

Art. 451 **Si l'intérêt de la personne hébergée ou soignée dans un établissement de santé ou dans un établissement social ou médico-social le justifie, le juge peut désigner, en qualité de curateur ou de tuteur, une personne ou un service préposé de l'établissement inscrit sur la liste des mandataires judiciaires à la protection des majeurs au titre du 1° ou du 3° de l'article L. 471-2 du code de l'action sociale et des**

familles, qui exerce ses fonctions dans les conditions fixées par décret en Conseil d'État. – *V. note ss. art. 417.*

La mission confiée au mandataire s'étend à la protection de la personne, sauf décision contraire du juge.

V. Décr. n° 2012-663 du 4 mai 2012 relatif aux modalités de gestion des biens des personnes protégées, dont la protection est confiée à un mandataire judiciaire, personne ou service préposé d'une personne morale de droit public.

1. Pour des illustrations dans le cadre d'une sauvegarde de justice, sous l'empire des textes anciens, V. note 3 ss. art. 437.

2. L'appréciation de la responsabilité d'un mandataire préposé d'un centre hospitalier relève de la juridiction judiciaire. • T. confl. 13 janv. 1992 : *JCP N 1993. II. 54 (2e esp.), note Fossier* • Civ. 1re, 9 janv. 2007 : *D. 2008. Pan. 317, obs. Plazy ; AJ fam. 2007. 144, obs. Pécaut-Rivolier ; Dr. fam. 2007, n° 72, note Fossier ; RTD civ. 2007. 311, obs. Hauser.*

3. Sur l'exercice indépendant par le mandataire judiciaire à la protection des majeurs des mesures de protection confiées par le juge, V. • CE 22 oct. 2014, n° 363263 : *AJDA 2015. 393, note Rihal ; ibid. 2014. 2094 ; AJ fam. 2015. 58, obs. Montourcy.*

Art. 452 La curatelle et la tutelle sont des charges personnelles.

Le curateur et le tuteur peuvent toutefois s'adjoindre, sous leur propre responsabilité, le concours de tiers majeurs ne faisant pas l'objet d'une mesure de protection juridique pour l'accomplissement de certains actes dont la liste est fixée par décret en Conseil d'État. – *V. Décr. n° 2008-1484 du 22 déc. 2008, art. 3, ss. art. 496.*

Art. 453 Nul n'est tenu de conserver la curatelle ou la tutelle d'une personne au-delà de cinq ans, à l'exception du conjoint, du partenaire du pacte civil de solidarité et des enfants de l'intéressé ainsi que des mandataires judiciaires à la protection des majeurs.

La durée de la tutelle des majeurs et celle des fonctions du tuteur étant indépendantes, rejet de la demande de limitation de la mission du tuteur à 5 ans, dans la mesure où la cour d'appel, qui n'a pas fixé la durée de la mission, a exactement rappelé qu'il pourrait à tout moment demander à en être déchargé. • Civ. 1re, 7 oct. 2015, n° 14-23.955 P : *D. 2015. 2072 ; AJ fam. 2016. 58, obs. Verheyde ; RTD civ. 2015. 854, obs. Hauser.*

§ 2 Du subrogé curateur et du subrogé tuteur

Art. 454 Le juge peut, s'il l'estime nécessaire et sous réserve des pouvoirs du conseil de famille s'il a été constitué, désigner un subrogé curateur ou un subrogé tuteur.

Si le curateur ou le tuteur est parent ou allié de la personne protégée dans une branche, le subrogé curateur ou le subrogé tuteur est choisi, dans la mesure du possible, dans l'autre branche.

Lorsqu'aucun membre de la famille ou aucun proche ne peut assumer les fonctions de subrogé curateur ou de subrogé tuteur, un mandataire judiciaire à la protection des majeurs inscrit sur la liste prévue à l'article L. 471-2 du code de l'action sociale et des familles peut être désigné. – *V. note ss. art. 417.*

A peine d'engager sa responsabilité à l'égard de la personne protégée, le subrogé curateur ou le subrogé tuteur surveille les actes passés par le curateur ou par le tuteur en cette qualité et informe sans délai le juge s'il constate des fautes dans l'exercice de sa mission.

Le subrogé curateur ou le subrogé tuteur assiste ou représente, selon le cas, la personne protégée lorsque les intérêts de celle-ci sont en opposition avec ceux du curateur ou du tuteur ou lorsque l'un ou l'autre ne peut lui apporter son assistance ou agir pour son compte en raison des limitations de sa mission.

Il est informé et consulté par le curateur ou le tuteur avant tout acte grave accompli par celui-ci.

La charge du subrogé curateur ou du subrogé tuteur cesse en même temps que celle du curateur ou du tuteur. Le subrogé curateur ou le subrogé tuteur est toutefois tenu de provoquer le remplacement du curateur ou du tuteur en cas de cessation des fonctions de celui-ci sous peine d'engager sa responsabilité à l'égard de la personne protégée.

Sur l'existence de conflits d'intérêts au sujet d'un mineur, rappr. art. 388-2 et 383.

§ 3 Du curateur *ad hoc* et du tuteur *ad hoc*

Art. 455 En l'absence de subrogé curateur ou de subrogé tuteur, le curateur ou le tuteur dont les intérêts sont, à l'occasion d'un acte ou d'une série d'actes, en opposition avec ceux de la personne protégée ou qui ne peut lui apporter son assistance ou agir pour son compte en raison des limitations de sa mission fait nommer par le juge ou par le conseil de famille s'il a été constitué un curateur ou un tuteur *ad hoc*.

Cette nomination peut également être faite à la demande du procureur de la République, de tout intéressé ou d'office.

Sur la nomination de représentants ad hoc pour un mineur, rappr. art. 388-2 et 383.

BIBL. ▸ Raoul-Cormeil, *RGDA 2011. 397* (opposition d'intérêts, obstacle à la magistrature tutélaire, à partir du contrat d'assurance sur la vie).

Conflit d'intérêts : assurance vie. La modification du bénéficiaire d'un contrat d'assurance vie par un majeur en curatelle nécessite l'assistance du curateur ; la substitution du bénéficiaire au profit du curateur ne peut être faite qu'avec l'assistance d'un curateur *ad hoc*. • Civ. 1re, 8 juill. 2009, ☎ n° 08-16.153 P : *D. 2009. AJ 1971, obs. Égéa* ✎ *; ibid. Chron. C. cass. 2058, obs. Auroy* ✎ *; JCP 2009. 574, n° 6, obs. Sérinet ; LPA 29 juill. 2009, note Noguero ; AJ fam. 2009. 352, obs. Pécaut-Rivolier* ✎ *; Dr. fam. 2009, n° 114, note Maria ; RLDC 2009/64, n° 3580, obs. Pouliquen ; Defrénois 2009. 2200, obs. Massip ; RTD civ. 2009. 698, obs. Hauser* ✎ *; RDC 2010. 177, obs. Goldie-Génicon (décision rendue sous l'empire du régime antérieur à la L. du 5 mars 2007).*

L'art. 510-1, dans sa rédaction issue de la L. n° 68-5 du 3 janv. 1968 alors applicable, n'édicte pas une nullité de droit et laisse au juge la faculté d'apprécier s'il doit ou non prononcer la nullité, eu égard aux circonstances de la cause ; ainsi la désignation du curateur comme bénéficiaire d'un contrat d'assurance vie par la personne protégée, manifestant ainsi sa reconnaissance à son curateur pour son amitié de longue date et les soins dévoués dont celui-ci l'avait entouré, notamment dans ses dernières années, correspond à la volonté lucide du majeur protégé. • Civ. 1re, 17 mars 2010, ☎ n° 08-15.658 P : *D. 2010. Actu. 893* ✎ *; Dr. fam. 2010, n° 88, note Maria ; Defrénois 2010. 1441, obs. Noguero ; RJPF 2010-6/36, obs. Sauvage.*

§ 4 Du conseil de famille des majeurs en tutelle

Art. 456 Le juge peut organiser la tutelle avec un conseil de famille si les nécessités de la protection de la personne ou la consistance de son patrimoine le justifient et si la composition de sa famille et de son entourage le permet.

Le juge désigne les membres du conseil de famille en considération des sentiments exprimés par la personne protégée, de ses relations habituelles, de l'intérêt porté à son égard et des recommandations éventuelles de ses parents et alliés ainsi que de son entourage.

Le conseil de famille désigne le tuteur, le subrogé tuteur et, le cas échéant, le tuteur *ad hoc* conformément aux articles 446 à 455.

Il est fait application des règles prescrites pour le conseil de famille des mineurs, à l'exclusion de celles prévues à l'article 398, au quatrième alinéa de l'article 399 et au premier alinéa de l'article 401. Pour l'application du troisième alinéa de l'article 402, le délai court, lorsque l'action est exercée par le majeur protégé, à compter du jour où la mesure de protection prend fin. — *V. C. pr. civ., art. 1234 s.*

Art. 457 Le juge peut autoriser le conseil de famille à se réunir et délibérer hors de sa présence lorsque ce dernier a désigné un mandataire judiciaire à la protection des majeurs comme tuteur ou subrogé tuteur. Le conseil de famille désigne alors un président et un secrétaire parmi ses membres, à l'exclusion du tuteur et du subrogé tuteur.

Le président du conseil de famille transmet préalablement au juge l'ordre du jour de chaque réunion.

Les décisions prises par le conseil de famille ne prennent effet qu'à défaut d'opposition formée par le juge, dans les conditions fixées par le code de procédure civile.

Le président exerce les missions dévolues au juge pour la convocation, la réunion et la délibération du conseil de famille. Le juge peut toutefois, à tout moment, convoquer une réunion du conseil de famille sous sa présidence. — *V. C. pr. civ., art. 1237 s.*

Sur l'information des majeurs protégés usagers du système de santé et l'expression de leur volonté, V. CSP, art. L. 1111-1 s., spécialement art. L. 1111-2, L. 1111-4 et L. 1111-6, ss. art. 16-9.

SOUS-SECTION 4 Des effets de la curatelle et de la tutelle quant à la protection de la personne

BIBL. ▸ **Personne de l'incapable (avant la loi du 5 mars 2007) :** FOSSIER, *JCP 1985. I. 3195* – FRESNEL, *Gaz. Pal. 1999. 2. Doctr. 1239* (tutelle à la personne). – GEFFROY, *JCP 1993-I-3724*. – GRIDEL, *R. 2000, p. 79* (volonté propre du majeur en tutelle). – HAUSER, *Mél. Raynaud, Dalloz, 1985, p. 227*. – OPPELT-REVENEAU, *LPA 4 nov. 1999*. ▸ **Incapable et santé (avant la loi du 5 mars 2007) :** FOSSIER, *JCP 2003. I. 135* (démocratie sanitaire et personnes vulnérables). – HAUSER, *LPA 19 mars 2002* (consentement aux soins). – RAVILLON, *RDSS 1999. 191* (statut juridique de la personne en état végétatif chronique). ▸ **Dignité de l'incapable :** E. PAILLET, *Mél. Bolze, Economica, 1999, p. 283*.

Art. 457-1 **La personne protégée reçoit de la personne chargée de sa protection, selon des modalités adaptées à son état et sans préjudice des informations que les tiers sont tenus de lui dispenser en vertu de la loi, toutes informations sur sa situation personnelle, les actes concernés, leur utilité, leur degré d'urgence, leurs effets et les conséquences d'un refus de sa part.**

1. Rôle du curateur (anc. art. 510) : représentation (non). Le curateur, qui n'a qu'une mission d'assistance et non de représentation, n'est pas responsable des actes de la personne protégée, mais seulement de la gestion de ses biens. • Civ. 2e, 29 mars 2006, n° 03-20.071 P : *D. 2008. Pan. 318, obs. Plazy ; Dr. fam. 2006, n° 173, note crit. Fossier ; RTD civ. 2006. 536, obs. crit. Hauser* (désordres commis par la personne protégée locataire).

2. Surveillance secrète d'une personne vulnérable. Absence de violation de l'art. 8 Conv. EDH de la législation britannique autorisant la surveillance des consultations dans un poste de police entre un détenu vulnérable et un adulte qualifié, proche ou tuteur, dès lors qu'elle comporte des garanties suffisantes contre les abus. • CEDH, sect. IV, 27 oct. 2015, *R.E. c/ Royaume-Uni*, n° 62498/11 (arrêt estimant que les consultations avec un adulte qualifié ne sont pas couvertes par le secret professionnel et ne requièrent pas la « protection renforcée » accordée aux consultations avec les avocats ou avec le personnel médical).

Art. 458 **Sous réserve des dispositions particulières prévues par la loi, l'accomplissement des actes dont la nature implique un consentement strictement personnel ne peut jamais donner lieu à assistance ou représentation de la personne protégée.**

Sont réputés strictement personnels la déclaration de naissance d'un enfant, sa reconnaissance, les actes de l'autorité parentale relatifs à la personne d'un enfant, la déclaration du choix ou du changement du nom d'un enfant et le consentement donné à sa propre adoption ou à celle de son enfant.

Sur le droit de vote, V. note ss. art. 473.

En ce qui concerne le prélèvement d'organe sur un majeur protégé, V. CSP, art. L. 1231-2, L. 1232-2. – **CSP** *; ... le prélèvement de sang sur un majeur protégé en vue d'une utilisation thérapeutique pour autrui, V. CSP, art. L. 1221-5, mod. par L. n° 2004-800 du 6 août 2004, art. 8 (JO 7 août) ; ... la stérilisation à visée contraceptive sur les personnes majeures protégées, V. CSP, art. L. 2123-2, issu de L. n° 2001-588 du 4 juill. 2001 (JO 7 juill.). –* **CSP**.

En ce qui concerne la recherche biomédicale effectuée sur un majeur protégé, V. CSP, art. L. 1121-8 et L. 1122-2, issus de L. n° 2004-806 du 9 août 2004, art. 88 et 89 (JO 11 août). – **CSP**.

BIBL. ▸ KRIEF-SEMITKO, *JCP 2012, n° 1353* (adoption simple des majeurs protégés et Conv. EDH). – MALLET, *JCP N 2013, n° 1210* (actes à consentement strictement personnel) ; *Dr. fam. 2014, n° 4 (idem)*. – OUEDRAOGO, *AJ fam. 2017. 173* (contentieux de l'exercice par le majeur protégé de l'autorité parentale). – SALVAGE-GEREST, *Dr. fam. 2009. Chron. 17*.

1. Reconnaissance d'enfant. Pour l'adoption d'un majeur qui n'est pas en état d'y consentir, V. désormais, art. 350. ♦ Comp. antérieurement : violation de l'art. 8 Conv. EDH *dans l'impossibilité pour une personne privée de* sa capacité de faire établir sa filiation. • CEDH, sect. I, 21 juin 2011, *Kruškovic c/ Croatie*, n° 46185/08 (déclaration de naissance effectuée mais ultérieurement annulée).

2. Adoption. Violation de l'art. 8 Conv. EDH lorsqu'une mère, juridiquement incapable, a été tenue totalement à l'écart de la procédure d'adoption de sa fille, avec qui elle avait maintenu des liens. • CEDH, sect. I, 17 juill. 2008, *X. c/ Croatie*, n° 12233/04. ♦ V. précédemment : ordonnance du juge des tutelles autorisant la personne protégée à donner ou à refuser, avec l'assistance de son tuteur, son consentement à l'adoption de son fils : V. • Nîmes, 7 déc. 2004 : *Dr. fam. 2005, n° 154, note Murat*. ♦ Cassation de l'arrêt qui fait droit à la requête en adoption présentée par un majeur en tutelle assisté de son tuteur sans constater que le majeur en tutelle avait été autorisé par le juge des tutelles, dans les conditions de l'art. 501, à présenter la requête en adoption simple. • Civ. 1re, 4 juin 2007, n° 05-20.243 P : *D. 2007. Chron. C. cass. 2331, n° 4, obs. Chauvin ; ibid. AJ 1791 ; D. 2008. Pan. 320, obs. Lemouland ; JCP N 2007. 1313, obs. Plazy ; Defrénois 2007. 1323, obs. Massip ; AJ fam. 2007. 355, obs. Pécaut-Rivolier ; Dr. fam. 2007, n° 153, note Fossier, ibid. n° 193, note Murat ; RJPF 2007-9/16, obs. Casey ; RTD civ. 2007. 547, obs. Hauser*. ♦ Un mineur handicapé, incapable d'exprimer son consentement à sa propre adoption, ne peut faire ainsi l'objet d'une adoption simple, son consentement étant un acte strictement personnel qui ne peut être donné en ses lieu et place par son tuteur. • Civ. 1re, 8 oct. 2008 : *cité ss. art. 360.* ♦ Comp. • TGI Avesnes-sur-Helpe, 13 juin 2018 : *cité ss. art. 360.*

3. Exploitation de l'image. Rappr. avant la L. du 5 mars 2007 dans le cadre d'une tutelle en gérance (anc. art. 500). ♦ Le gérant de tutelle n'a pas le pouvoir de consentir à l'exploitation de l'image de jeunes adultes handicapés saisie dans l'intimité de leur vie privée pour les besoins de la réalisation d'un film. • Toulouse, 15 janv. 1991 : *D. 1991. 600, note Ravanas ; Defrénois 1992. 736, obs. Massip*, et, rejetant le pourvoi, • Civ. 1re, 24 févr. 1993, n° 91-13.587 P : *R., p. 241 ; D. 1993. 614, note Verheyde ; Defrénois 1993. 1000, obs. Massip ; JCP 1994. II. 22319 (2e esp.), note Fossier ; RTD civ. 1993. 326, obs. Hauser*.

4. Action en justice. L'appel d'une décision du juge des enfants qui restreint l'exercice des droits de l'autorité parentale d'un majeur protégé constitue un acte strictement personnel que celui-ci peut accomplir sans assistance ni représentation. • Civ. 1re, 6 nov. 2013 : *D. 2014. 467, note Raoul-Cormeil ; ibid. 2259, obs. Plazy ; AJ fam. 2013. 717, obs. Verheyde ; RTD civ. 2014. 84, obs. Hauser ; Gaz. Pal. 2013. 3787, obs. Massip ; JCP 2014, n° 14, obs. Peterka ; Dr. fam. 2014, n° 9, obs. Maria.* ♦ V. note 6 ss. art. 468.

5. Mariage. V. note 2 ss. art. 460.

Art. 459 **Hors les cas prévus à l'article 458, la personne protégée prend seule les décisions relatives à sa personne dans la mesure où son état le permet.**

Lorsque l'état de la personne protégée ne lui permet pas de prendre seule une décision personnelle éclairée, le juge ou le conseil de famille s'il a été constitué peut prévoir qu'elle bénéficiera, pour l'ensemble des actes relatifs à sa personne ou ceux d'entre eux qu'il énumère, de l'assistance de la personne chargée de sa protection. Au cas où cette assistance ne suffirait pas, il peut, le cas échéant après *(L. n° 2019-222 du 23 mars 2019, art. 9)* **« le prononcé d'une habilitation familiale ou » l'ouverture d'une mesure de tutelle, autoriser** *(L. n° 2019-222 du 23 mars 2019, art. 9)* **« la personne chargée de cette habilitation ou de cette mesure » à représenter l'intéressé** *(L. n° 2019-222 du 23 mars 2019, art. 9)* **« , y compris pour les actes ayant pour effet de porter gravement atteinte à son intégrité corporelle. Sauf urgence, en cas de désaccord entre le majeur protégé et la personne chargée de sa protection, le juge autorise l'un ou l'autre à prendre la décision, à leur demande ou d'office ».**

(L. n° 2009-526 du 12 mai 2009, art. 116) **« Toutefois, sauf urgence, la personne chargée de la protection du majeur ne peut, sans l'autorisation du juge ou du conseil de famille s'il a été constitué, prendre une décision ayant pour effet de porter gravement atteinte** *(Abrogé par L. n° 2019-222 du 23 mars 2019, art. 9)* ***« à l'intégrité corporelle de la personne protégée ou »*** **à l'intimité de** *(L. n° 2019-222 du 23 mars 2019, art. 9)* **« la » vie privée** *(L. n° 2019-222 du 23 mars 2019, art. 9)* **« de la personne protégée ».**

« La personne chargée de la protection du majeur peut prendre à l'égard de celui-ci les mesures de protection strictement nécessaires pour mettre fin au danger que son propre comportement ferait courir à l'intéressé. Elle en informe sans délai le juge ou le conseil de famille s'il a été constitué. » — *Sur l'organisation d'un débat contradictoire, V. C. pr. civ., art. 1213.* — ***C. pr. civ.***

BIBL. Arhab-Girardin, *RDSS 2009. 875* (décision médicale, articulation avec le CSP). – Batteur, *Dr. fam. 2011. Étude 5.* – Danino, *in* Nouveau Droit des majeurs protégés, *Dalloz 2012, p. 183.*

1. Actes relatifs à la personne. Aucune décision spéciale du juge des tutelles n'étant intervenue pour prévoir l'assistance ou la représentation d'une majeure protégée dans les actes touchant à sa personne, cette dernière peut prendre seule, sans assistance ni représentation, une décision concernant un acte médical. • TI Nice, févr. 2009 : *D. 2009. 1397, obs. Verheyde ; Defrénois 2010. 870, obs. Massip.* ♦ Cependant, exigeant l'autorisation du juge des tutelles pour une ligature des trompes, en application de l'art. L. 2123-2 CSP : • Douai, 12 déc. 2013 : *D. 2014. 2259, obs. Plazy ; Dr. fam. 2014, n° 84, obs. Maria.* ♦ Représentation attribuée au tuteur pour autoriser une vaccination : • Versailles, 10 déc. 2021, n° 21/01249 : *Dr. fam. 2022, n° 59, obs. Raoul-Cormeil.*

Le curateur ou le tuteur qui n'a pas été chargé

d'une mission de protection de la personne par le juge des tutelles ne peut mettre en œuvre seul une mesure d'hospitalisation à la demande d'un tiers urgente sur le fondement de l'art. 459, al. 3 et 4. • Dijon, 9 nov. 2011 : *Dr. fam. 2011, n° 12, obs. Maria* (nécessité d'une autorisation du juge des tutelles).

2. Appréciation du danger. Prise en compte de l'intérêt de la personne protégée pour lui refuser l'autorisation d'acquérir un véhicule, l'acuité visuelle du majeur protégé étant définitivement incompatible avec les impératifs de la sécurité routière. • Civ. 1re, 27 févr. 2013 : *cité note 1 ss. art. 415.*

3. Choix du tuteur. Prise en considération de l'intérêt de la personne protégée pour décider de confier la tutelle à la personne à un mandataire judiciaire. • Civ. 1re, 2 avr. 2014, n° 13-10.758 P : *D. 2014. 2259, obs. Noguero ; AJ fam. 2014. 314, obs. Pecqueur et Montourcy ; RTD civ. 2014. 621, obs. Hauser ; JCP N 2014, n° 1257, note Massip* (parent invoquant un projet de mariage auquel il apparaissait que le majeur était incapable de consentir).

4. Acte grave. V. note 2 ss. art. 459-2.

Art. 459-1 **L'application de la présente sous-section ne peut avoir pour effet de déroger aux dispositions particulières prévues par le code de la santé publique et le code de l'action sociale et des familles prévoyant l'intervention d'un représentant légal.**

(L. n° 2009-526 du 12 mai 2009, art. 116) **« Toutefois, lorsque la mesure a été confiée à une personne ou un service préposé d'un établissement de santé ou d'un établissement social ou médico-social dans les conditions prévues à l'article 451, et que cette personne ou ce service doit soit prendre une décision nécessitant l'autorisation du juge ou du conseil de famille en application du troisième alinéa de l'article 459, soit accomplir au bénéfice de la personne protégée une diligence ou un acte pour lequel le code de la santé publique prévoit l'intervention du juge, ce dernier peut décider, s'il estime qu'il existe un conflit d'intérêts, d'en confier la charge au subrogé curateur ou au subrogé tuteur, s'il a été nommé, et à défaut à un curateur ou à un tuteur *ad hoc*. »**

Art. 459-2 **La personne protégée choisit le lieu de sa résidence.**

Elle entretient librement des relations personnelles avec tout tiers, parent ou non. Elle a le droit d'être visitée et, le cas échéant, hébergée par ceux-ci.

En cas de difficulté, le juge ou le conseil de famille s'il a été constitué statue. – *Sur l'organisation d'un débat contradictoire, V. C. pr. civ., art. 1213.*

Sur la recherche du consentement de la personne à être accueillie dans un établissement d'hébergement, V. CASF, art. L. 311-4. – **CASF.**

BIBL. ▶ NOGUERO, *JCP 2018, n° 156* (pouvoir du juge sur arrière-fond de fin de vie). – POLLET, *AJ fam. 2011. 544*. – VERHEYDE, *D. 2010. Chron. 2460*.

1. Résidence de la personne protégée. S'il est constaté que la personne sous tutelle n'est pas dépourvue de volonté propre et qu'elle émet des souhaits quant à la fixation de sa résidence chez l'un de ses parents, il convient de respecter ce choix. • Civ. 1re, 25 mars 1997, n° 96-12.028 P : *D. 1998. 333, note Massip ; JCP 1997. II. 22882, note Fossier ; RTD civ. 1997. 634, obs. Hauser*.

Pour rejeter la demande d'une personne sous curatelle souhaitant quitter une maison de retraite, où elle avait accepté de résider en raison de problèmes d'alcoolisme, pour résider seule dans une maison dont elle était propriétaire, un jugement avait estimé que la demande était prématurée, car elle n'avait pas encore démontré son aptitude à l'autonomie dans les actes de la vie quotidienne ; ce jugement est censuré en appel, une *telle* approche ne permettant pas, en l'absence de toute difficulté effectivement constatée et avérée, de porter atteinte au droit de la personne protégée de choisir son lieu de vie, sauf à instaurer un régime d'autorisation préalable du juge dans toute situation de retour à domicile présentant un risque potentiel pour la santé de la personne protégée, ce qui n'est ni l'esprit, ni la lettre de la loi. • Douai, 8 févr. 2013 : *AJ fam. 2013. 245, obs. Raoul-Cormeil*.

2. Changement de lieu d'hospitalisation. Le droit fondamental de la personne au libre choix de son établissement de santé, affirmé par l'art. L. 1110-8 CSP, inclut celui de changer d'établissement au cours de la prise en charge ; dans le cas d'un majeur représenté par son tuteur pour les actes relatifs à sa personne, ce droit est exercé par le tuteur ; si tout intéressé peut saisir le juge des tutelles d'une difficulté relative à la fixation du lieu de la résidence de la personne protégée, le tuteur, auquel a été confiée une mission de représentation du majeur pour les actes relatifs à sa personne, est recevable à saisir le juge des tutelles, sur le fondement de l'art. 459, d'une demande relative à une décision ayant pour effet de porter gravement atteinte à l'intégrité corporelle de la personne protégée ou à l'intimité de sa vie privée ; au regard de l'état de santé du patient, son transfert dans un autre établissement de soins constitue un acte grave, au sens de l'art. 459, al. 3, de sorte que seule la tutrice est recevable à présenter la requête. • Civ. 1re, 13 déc. 2017, n° 17-18.437 P : *D. 2018. 333, note Peterka ; AJ fam. 2018. 6, obs. Dionisi-Peyrusse ; ibid. 124, obs. Pecqueur*.

3. Relations personnelles. Autorisation du juge accordée au compagnon de longue date de la personne protégée, dont l'état de santé nécessite qu'elle soit hébergée par sa sœur, pour lui rendre visite une fois par mois. • Versailles, 28 avr. 2011 : *D. 2011. Pan. 2501, obs. Plazy*. ♦ Annulation de la décision d'un directeur d'établissement d'interdire les visites de la fille unique d'un patient âgé pour une durée considérable : • TA Versailles, 25 janv. 2012 : *AJ fam. 2012. 283, obs. Verheyde* (sur le fondement du droit au respect de la vie privée et familiale). ♦ Sur les questions relatives à la personne du majeur en tutelle (à propos de la demande d'un droit de visite sur l'incapable), V. avant la L. du 5 mars 2007. • TI Melun, 18 déc. 1979 : *D. 1980. 623, note Hauser* • Civ. 1re, 28 janv. 2003 : *Dr. fam. 2003, n° 66, note Fossier ; RTD civ. 2003. 480, obs. Hauser* (confirmation d'une ordonnance du juge des tutelles suspendant toute visite familiale au majeur protégé au nom de son propre intérêt). – V. Geffroy, *JCP 1982. II. 19725*.

4. Difficultés : organisation par le juge – Illustration. En présence de conflits familiaux et contestations de la réglementation du droit de visiteil, il importe, dans une perspective d'apaisement, de réglementer les visite, en fonction du bien-être du patient et de la sérénité qui doit lui être assurée dans sa chambre d'hôpital, mais également des nécessités d'un service de soins où sont pris en charge plusieurs autres patients dans des situations complexes, et des contraintes professionnelles des équipes soignantes, tout en préservant les liens familiaux. • Civ. 1re, 13 déc. 2017, n° 17-18.437 P : *préc. note 2* (ordonnance permettant, au total, à une vingtaine de proches de visiter le patient).

5. ... Suppression de visites familiales. Dans l'intérêt de la personne protégée, en application de l'art. 415, une rupture totale du lien familial peut être ordonnée. • Civ. 1re, 24 juin 2020, n° 19-15.781 P : *D. 2020. 1406 ; AJ fam. 2020. 537, obs. Peterka ; RTD civ. 2020. 855, obs. Leroyer ; Dr. fam. 2020, n° 167, note Mauger-Vielpeau* (majeure protégée incapable d'exprimer sa volonté de manière cohérente et adaptée, son frère ayant un comportement intrusif et irrespectueux, leurs contacts étant des facteurs majeurs de déstabilisation psychique).

Art. 460 *(L. n° 2019-222 du 23 mars 2019, art. 10)* **La personne chargée de la mesure de protection est préalablement informée du projet de mariage du majeur qu'il assiste ou représente.**

La célébration du mariage est subordonnée à la justification de l'information de la personne chargée de la mesure de protection (C. civ., art. 63).

Ancien art. 460 *Le mariage d'une personne en curatelle n'est permis qu'avec l'autorisation du curateur ou, à défaut, celle du juge.*

Le mariage d'une personne en tutelle n'est permis qu'avec l'autorisation du juge ou du conseil de famille s'il a été constitué et après audition des futurs conjoints et recueil, le cas échéant, de l'avis des parents et de l'entourage.

Jurisprudence rendue en application de l'anc. art. 460.

1. Conformité à la Constitution. Le premier al. de l'art. 460 est conforme à la Constitution. • Cons. const. 29 juin 2012, n° 2012-260 QPC : *D. 2012. Chron. 1899, obs. Raoul-Cormeil ; AJ fam. 2012. 463, obs. Verheyde ; RTD civ. 2012. 510, obs. Hauser ; Dr. fam. 2012, n° 136, obs. Bruggeman ; ibid. n° 148, obs. Maria*. ♦ Sur la question posée : • Civ. 1re, 12 avr. 2012, n° 11-25.158 : *D. 2012. 2699, obs. Noguéro et Plazy ; ibid. 2013. 1089, obs. Lemouland et Vigneau ; RTD civ. 2012. 293, obs. Hauser*. ♦ V. dans la même affaire : • Civ. 1re, 5 déc. 2012 : *cité note 2* et • CEDH 25 oct. 2018, n° 37646/13 : *D. 2019. 910, obs. Lemouland et Vigneau ; AJ fam. 2018. 693, obs. Raoul-Cormeil ; RTD civ. 2019. 80, obs. Leroyer*. ♦ Contrairement aux situations dans lesquelles des personnes se verraient privées en toutes circonstances du droit de se marier, l'obligation pour le requérant de solliciter une autorisation préalable à son mariage est motivée par l'existence d'une mesure de protection légale ; les autorités disposent dès lors d'une marge d'appréciation, afin d'être en mesure de le protéger effectivement au regard des circonstances, et ainsi anticiper les conséquences susceptibles d'être préjudiciables à ses intérêts. Quant à l'art. 460, al. 1er, C. civ., celui-ci préserve le droit de se marier. • CEDH 25 oct. 2018, n° 37646/13 : *préc.*

2. Consentement du majeur : tutelle. Si le mariage d'un majeur en tutelle doit être autorisé par le juge des tutelles, il constitue un acte dont la nature implique un consentement strictement personnel et qui ne peut donner lieu à représentation ; la demande d'autorisation, présentée par la tutrice, est irrecevable. • Civ. 1re, 2 déc. 2015, n° 14-25.777 P : *D. 2016. 875, note Raoul-Cormeil ; ibid. 1523, obs. Plazy ; ibid. 1334, obs. Lemouland et Vigneau ; AJ fam. 2016. 107, obs. Verheyde ; RTD civ. 2016. 83,* *obs. Hauser* ; *Gaz. Pal. 2016. 258, obs. Montourcy.* ♦ Le mariage d'un majeur en tutelle nécessite, préalablement, le consentement du majeur. Si ce consentement n'a pu être recueilli, le majeur étant muet et privé de toute possibilité de manifester sa volonté, la délibération du conseil de famille autorisant le mariage est à bon droit réformée. • Civ. 1re, 24 mars 1998, n° 97-11.252 P : *GAJC, 12e éd., n° 64* ; *D. 1999. 19, note Lemouland* ; *Defrénois 1998. 1398, obs. Massip* ; *RTD civ. 1998. 658, obs. Hauser* *(décision rendue dans le cadre de l'art. 506 anc.).*

L'appréciation de la capacité du majeur sous tutelle à donner son consentement relève de l'appréciation souveraine des juges du fond. • Civ. 1re, 5 déc. 2012 : *D. 2012. 2699, obs. Noguero et Plazy* ; *RTD civ. 2013. 93, obs. Hauser* • 26 juin 2019, n° 18-15.830 P : *D. 2019. 1865, note Raoul-Cormeil* ; *AJ fam. 2019. 598, obs. Pecqueur* ; *RTD civ. 2019. 554, obs. Leroyer*.

3. ... Curatelle. Le défaut de consentement de l'époux lui-même est un motif de nullité absolue, lequel ouvre au ministère public une action en annulation du mariage, sur le fondement de l'art. 146 C. civ., et la voie de l'opposition prévue à l'art. 171-4, lorsque la célébration est envisagée à l'étranger et que des indices sérieux laissent présumer une cause d'annulation. • Civ. 1re, 20 avr. 2017, n° 16-15.632 P : *D. 2017. 1963, note Raoul-Cormeil* ; *ibid. 1490, obs. Lemouland et Noguéro* ; *RTD civ. 2017. 618, obs. Hauser* ; *Dr. fam. 2017. 141, note Maria.*

4. Autorisation du curateur ou du juge. L'absence d'autorisation préalable du curateur au mariage du majeur en curatelle ne correspond pas à un défaut de consentement, au sens de l'art. 146, mais à un défaut d'autorisation, au sens de l'art. 182, sanctionné par la nullité relative et de nature à être couvert par l'approbation du curateur. • Civ. 1re, 20 avr. 2017 : *préc.* ♦ Contra antérieurement : l'absence de consentement du curateur ou de l'autorisation du juge des tutelles au mariage d'un majeur sous curatelle correspond à un défaut de consentement au sens de l'art. 146. • Lyon, 4 juin 2009 : *Dr. fam. 2009, n° 161, obs. Maria.*

5. Mariage posthume. Dans le cas d'un mariage posthume, le régime de la tutelle auquel était soumis l'époux décédé ayant pris fin à son décès, l'autorisation du Président de la République suffit. • Civ. 1re, 6 déc. 1989 : *D. 1990. 225, note Hauser* ; *JCP 1990. II. 21557, note Boulanger* ; *Defrénois 1990. 292, obs. Massip (art. 506 anc.).*

6. Recours. Pouvoirs du juge saisi d'un recours contre la délibération du conseil de famille dans le cadre de l'art. 506 anc. : V. • Civ. 1re, 19 nov. 1991, n° 90-16.415 P (possibilité d'imposer, même d'office, la décision jugée conforme à l'intérêt de la personne protégée).

7. Délai pour agir en nullité. Il résulte des art. 183 et 514 anc. que le curateur ne peut plus intenter l'action en nullité du mariage contracté sans son consentement lorsqu'il s'est écoulé une année sans réclamation de sa part depuis qu'il a eu connaissance du mariage. • Civ. 1re, 17 mai 1988 : *JCP 1989. II. 21197, note Boulanger* ; *JCP N 1989. II. 45, note Fossier* ; *Defrénois 1988. 1031, obs. Massip* • 5 mai 1993, n° 91-11.700 P : *Defrénois 1993. 1372, obs. Massip.*

8. Conventions matrimoniales. V. note ss. art. 1399.

9. Divorce. V. ss. art. 249 s.

Art. 461 **La personne en curatelle ne peut, sans l'assistance du curateur, signer la convention par laquelle elle conclut un pacte civil de solidarité. Aucune assistance n'est requise lors de la déclaration conjointe** *(L. n° 2016-1547 du 18 nov. 2016, art. 48, en vigueur le 1er nov. 2017)* **« devant l'officier de l'état civil »** *(L. n° 2011-331 du 28 mars 2011, art. 12)* **« ou devant le notaire instrumentaire » prévue au premier alinéa de l'article 515-3.**

Les dispositions de l'alinéa précédent sont applicables en cas de modification de la convention.

La personne en curatelle peut rompre le pacte civil de solidarité par déclaration conjointe ou par décision unilatérale. L'assistance de son curateur n'est requise que pour procéder à la signification prévue au cinquième alinéa de l'article 515-7.

La personne en curatelle est assistée de son curateur dans les opérations prévues aux dixième et onzième alinéas de l'article 515-7.

Pour l'application du présent article, le curateur est réputé en opposition d'intérêts avec la personne protégée lorsque la curatelle est confiée à son partenaire.

L'art. 48 de la L. n° 2016-1547 du 18 nov. 2016 est applicable aux pactes civils de solidarité conclus à compter du 1er nov. 2017. Il est, en outre, applicable aux déclarations de modification et de dissolution des pactes civils de solidarité enregistrés avant cette même date par les greffes des tribunaux d'instance. Ces déclarations sont remises ou adressées à l'officier de l'état civil de la commune du lieu du greffe du tribunal d'instance qui a procédé à l'enregistrement du pacte civil de solidarité (L. préc., art. 114-IV).

Art. 462 *(Abrogé par L. n° 2019-222 du 23 mars 2019, art. 10)* ***« La conclusion d'un pacte civil de solidarité par une personne en tutelle est soumise à l'autorisation du juge ou***

du conseil de famille s'il a été constitué, après audition des futurs partenaires et recueil, le cas échéant, de l'avis des parents et de l'entourage. »

(L. n° 2019-222 du 23 mars 2019, art. 10) « **La personne en tutelle est assistée** » **de son tuteur lors de la signature de la convention** *(L. n° 2019-222 du 23 mars 2019, art. 10)* « **par laquelle elle conclut un pacte civil de solidarité** ». **Aucune assistance ni représentation ne sont requises lors de la déclaration conjointe** *(L. n° 2016-1547 du 18 nov. 2016, art. 48, en vigueur le 1er nov. 2017)* « **devant l'officier de l'état civil** » *(L. n° 2011-331 du 28 mars 2011, art. 12)* « **ou devant le notaire instrumentaire** » **prévue au premier alinéa de l'article 515-3.**

Les dispositions *(L. n° 2019-222 du 23 mars 2019, art. 10)* « **du premier alinéa du présent article** » **sont applicables en cas de modification de la convention.**

La personne en tutelle peut rompre le pacte civil de solidarité par déclaration conjointe ou par décision unilatérale. La formalité de signification prévue au cinquième alinéa de l'article 515-7 est opérée à la diligence du tuteur. Lorsque l'initiative de la rupture émane de l'autre partenaire, cette signification est faite à la personne du tuteur.

La rupture unilatérale du pacte civil de solidarité peut également intervenir sur l'initiative du tuteur, autorisé par le juge ou le conseil de famille s'il a été constitué, après audition de l'intéressé et recueil, le cas échéant, de l'avis des parents et de l'entourage.

Aucune assistance ni représentation ne sont requises pour l'accomplissement des formalités relatives à la rupture par déclaration conjointe.

La personne en tutelle est représentée par son tuteur dans les opérations prévues aux dixième et onzième alinéas de l'article 515-7.

Pour l'application du présent article, le tuteur est réputé en opposition d'intérêts avec la personne protégée lorsque la tutelle est confiée à son partenaire.

Sur l'entrée en vigueur de l'art. 48 de la L. n° 2016-1547 du 18 nov. 2016, V. note ss. art. 461.

La seule opposition des enfants du premier lit ne peut justifier le refus d'une mesure conforme à la volonté exprimée par le majeur protégé, en l'espèce la conclusion d'un PACS (arrêt ayant relevé l'existence d'un enfant commun, d'une longue vie commune et d'une demande en mariage antérieure, la parole du majeur protégé étant claire quant à sa volonté de donner un statut à sa compagne). • Civ. 1re, 15 nov. 2017, n° 16-24.832 P : *D. 2018. 403, note Raoul-Cormeil ; ibid. 2018. 641, obs. Douchy-Oudot ; AJ fam. 2018. 45, obs. Pecqueur ; RTD civ. 2018. 78, obs. Mazeaud ; Dr. fam. 2018, n° 23, note Dumas-Lavenac.*

Art. 463 **A l'ouverture de la mesure ou, à défaut, ultérieurement, le juge ou le conseil de famille s'il a été constitué décide des conditions dans lesquelles le curateur ou le tuteur chargé d'une mission de protection de la personne rend compte des diligences qu'il accomplit à ce titre.**

SOUS-SECTION 5 De la régularité des actes

Art. 464 **Les obligations résultant des actes accomplis par la personne protégée moins de deux ans avant la publicité du jugement d'ouverture de la mesure de protection peuvent être réduites sur la seule preuve que son inaptitude à défendre ses intérêts, par suite de l'altération de ses facultés personnelles, était notoire ou connue du cocontractant à l'époque où les actes ont été passés.**

Ces actes peuvent, dans les mêmes conditions, être annulés s'il est justifié d'un préjudice subi par la personne protégée.

Par dérogation à l'article 2252 *[anc.]*, **l'action doit être introduite dans les cinq ans de la date du jugement d'ouverture de la mesure.**

Les dispositions de l'anc. art. 2252 ont été en substance reprises par l'art. 2235 dans sa réd. issue de la L. n° 2008-561 du 17 juin 2008.

BIBL. ► BÉGUIN-FAYNEL, *RGDA 2014. 421* (assurance sur la vie et trouble mental). – BOILLOT, *RLDC 2007/42, n° 2714.* – MURAT, *Defrénois 2017. 879.*

1. *Droit transitoire.* L'art. 464, dans sa rédaction issue de la loi du 5 mars 2007, ne s'applique pas aux actes juridiques conclus antérieurement à son entrée en vigueur. • Civ. 1re, 12 juin 2013, n° 12-15.688 P : *D. 2013. 1875, note Marais et Noguero ; AJ fam. 2013. 507, obs. Raoul-Cormeil.*

2. *Ouverture d'une tutelle.* Les dispositions de l'art. 503 anc. ne peuvent non plus recevoir application lorsque, pour une cause quelconque (en l'espèce, décès de la personne avant le prononcé de la tutelle), aucun jugement de mise en tutelle n'a été prononcé. • Civ. 1re, 12 févr. 1985, n° 83-14.717 P : *R., p. 88 ; D. 1985. 518, note Massip.*

3. Expropriation (non). Les dispositions de l'art. 503 anc. ne s'appliquent qu'aux actes juridiques volontaires et non point aux actes unilatéraux auxquels l'incapable n'a point participé (expropriation). • Civ. 1re, 8 nov. 1983 : *D. 1984. 325, note J. M.*

4. Articulation avec l'art. 414-1 (art. 489 anc.). Pour l'affirmation de principe, V. art. 466. ♦ Les conditions d'application de l'art. 503 anc., et notamment la condition de notoriété, ne sont pas exigées lorsque, conformément à l'art. 489 anc. (art. 414-1), l'existence d'un trouble mental au moment de l'acte est établie. • Civ. 1re, 10 juin 1981, n° 79-16.663 P.

Les juges du fond ne peuvent refuser l'annulation au motif que la condition de notoriété exigée par l'art. 503 n'était pas remplie sans rechercher si l'altération des facultés mentales visée à l'art. 489 anc. (art. 414-1) n'existait pas au moment de l'acte. • Civ. 1re, 6 juin 1990 : *Defrénois 1990. 1300, obs. Massip.*

5. Double condition. L'existence et la notoriété, à l'époque de l'acte litigieux, de la cause qui a déterminé l'ouverture de la tutelle, constituent deux conditions d'application de l'art. 503 anc. • Civ. 1re, 24 avr. 1979, n° 77-12.468 P • 1er juill. 2003 : *Defrénois 2003. 1499, obs. Massip.* ♦ Mais la nullité prévue par ce texte ne suppose pas la preuve de l'insanité d'esprit au moment précis où l'acte a été passé. • Civ. 1re, 25 févr. 1986 : *Gaz. Pal. 1986. 2. 771, note J. M.* • 28 janv. 2003 : *Defrénois 2003. 1090, obs. Massip ; AJ fam. 2003. 147, obs. F. B. ; JCP N 2004. 1473, étude Cermolacce ; RTD civ. 2003. 478, obs. Hauser* • 24 mai 2007, n° 06-16.957 P : *D. 2007. AJ 1666, obs. Delaporte-Carré ; D. 2008. Pan. 320, obs. Lemouland ; AJ fam. 2007. 316, obs. Pécaut-Rivolier ; RJPF 2007-7-8/16, obs. Casey ; LPA 8 août 2007, note Brusorio-Aillaud.*

6. Connaissance personnelle de la situation. S'agissant de la connaissance personnelle que le bénéficiaire de l'acte litigieux avait, à l'époque de cet acte, de la situation de l'intéressé aucune distinction ne doit être faite entre les conventions et les actes unilatéraux (en l'espèce, connaissance personnelle par le légataire de l'affaiblissement des facultés du testateur). • Civ. 1re, 9 mars 1982 : *JCP 1983. II. 1996, note Rémy ; Gaz. Pal. 1983. 1. 169, note J. M.*

7. Appréciation souveraine de la notoriété. La condition de notoriété est souverainement appréciée par les juges du fond. • Civ. 1re, 19 juill. 1977 : *Bull. civ. I, n° 346* (annulation d'un engagement de caution, la connaissance directe et personnelle du préposé de la banque garantie étant au surplus relevée) • Civ. 1re, 14 mai 1985 : *Bull. civ. I, n° 153* • 24 févr. 1998, n° 95-21.473 P : *JCP 1998. II. 10118, note Fossier ; Defrénois 1998. 1037, obs. Massip.*

8. Nullité. Sur la subordination de la nullité à la preuve d'un préjudice, V. désormais l'al. 3. ♦ Comp. précédemment : la nullité prévue par l'art. 503 anc. ne présente, pour le juge, qu'un caractère facultatif. • Civ. 1re, 28 avr. 1980, n° 79-10.340 P. – Même sens : • Civ. 1re, 3 mai 1983 : *Gaz. Pal. 1983. 2. Pan. 306, obs. Grimaldi* • 25 avr. 1989 : *Bull. civ. I, n° 170.* ♦ Son prononcé ressortit au pouvoir souverain des juges du fond. • Civ. 1re, 14 juin 2005, n° 02-19.038 P : *D. 2006. Pan. 1575, obs. Lemouland et Plazy ; Defrénois 2005. 1858, obs. Massip ; AJ fam. 2005. 362, obs. C. Grimaldi ; RJPF 2005-11/41, note Casey ; RTD civ. 2006. 89, obs. Hauser.* • 4 juill. 2006 : *Defrénois 2007. 211, note Noguero ; Dr. fam. 2006, n° 198, obs. Brusorio* (refus d'annulation d'une vente dès lors que la preuve n'est pas rapportée qu'elle se serait déroulée dans des conditions anormales de consentement ou de prix).

9. Qualité pour agir. Un légataire universel a qualité pour agir en nullité de testament sur le fondement de l'art. 503 anc. • Civ. 1re, 14 juin 2005 : *préc. note 8.*

Art. 465 A compter de la publicité du jugement d'ouverture, l'irrégularité des actes accomplis par la personne protégée ou par la personne chargée de la protection est sanctionnée dans les conditions suivantes :

1° Si la personne protégée a accompli seule un acte qu'elle pouvait faire sans l'assistance ou la représentation de la personne chargée de sa protection, l'acte reste sujet aux actions en rescision ou en réduction prévues à l'article 435 comme s'il avait été accompli par une personne placée sous sauvegarde de justice, à moins qu'il ait été expressément autorisé par le juge ou par le conseil de famille s'il a été constitué ;

2° Si la personne protégée a accompli seule un acte pour lequel elle aurait dû être assistée, l'acte ne peut être annulé que s'il est établi que la personne protégée a subi un préjudice ;

3° Si la personne protégée a accompli seule un acte pour lequel elle aurait dû être représentée, l'acte est nul de plein droit sans qu'il soit nécessaire de justifier d'un préjudice ;

4° Si le tuteur ou le curateur a accompli seul un acte qui aurait dû être fait par la personne protégée soit seule, soit avec son assistance ou qui ne pouvait être accompli

qu'avec l'autorisation du juge ou du conseil de famille s'il a été constitué, l'acte est nul de plein droit sans qu'il soit nécessaire de justifier d'un préjudice.

Le curateur ou le tuteur peut, avec l'autorisation du juge ou du conseil de famille s'il a été constitué, engager seul l'action en nullité, en rescision ou en réduction des actes prévus aux 1°, 2° et 3°.

Dans tous les cas, l'action s'éteint par le délai de cinq ans prévu à *(Ord. n° 2016-131 du 10 févr. 2016, art. 5-2°, en vigueur le 1er oct. 2016)* **« l'article 2224 ».**

Pendant ce délai et tant que la mesure de protection est ouverte, l'acte prévu au 4° peut être confirmé avec l'autorisation du juge ou du conseil de famille s'il a été constitué.

Sur les actes de gestion du patrimoine des personnes placées en curatelle ou en tutelle, V. Décr. n° 2008-1484 du 22 déc. 2008, ss. art. 496.

Sur l'entrée en vigueur des dispositions issues de l'Ord. n° 2016-131 du 10 févr. 2016, V. cette Ord., art. 9, ss. art. 1386-1.

1. Nullité relative (art. 1304 anc.). L'omission des formalités protectrices des intérêts des mineurs est sanctionnée par une nullité relative et l'action destinée à faire prononcer cette nullité se trouve prescrite par le délai prévu par l'art. 1304 anc. C. civ. • Cass., ass. plén., 28 mai 1982, n° 79-13.660 P : *R., p. 38 ; D. 1983. 117, concl. Cabannes ; D. 1983. 349, note Gaillard.*

2. Application : donation. L'action en nullité des actes faits par un majeur protégé, spécialement d'une donation relevant de l'art. 505 anc., est soumise à la prescription quinquennale de l'art. 1304 anc. • Civ. 1re, 4 juill. 2007 : *JCP N 2007. 1315, note Arbellot.*

3. Titulaire de l'action. L'action en nullité de droit des actes passés, postérieurement au jugement d'ouverture de la curatelle, par la personne protégée ou son curateur ne peut être exercée, hors le cas prévu à l'art. 465, al. 2, C. civ., que par le majeur protégé, assisté du curateur, pendant la durée de la curatelle, par le majeur protégé après la mainlevée de la mesure de protection et par ses héritiers après son décès ; l'épouse de la personne sous curatelle n'a pas qualité pour exercer l'action en nullité relative contre un acte passé par le curateur seul. • Civ. 1re, 5 mars 2014, n° 12-29.974 P : *D. 2014. chron. C. cass. 1715, obs. Guyon-Renard ; ibid. 2259, obs. Noguero ; AJ fam. 2014. 315, obs. Montourcy ; RTD civ. 2014. 337, obs. Hauser.*

4. Illustration : 365-4°. Nullité, faute d'autorisation du juge des tutelles, de la convention d'honoraires de résultat, constituant un acte de disposition selon l'Annexe 1 du Décr. n° 2008-1484 du 22 déc. 2008. • Civ. 2e, 6 mai 2021, n° 19-22.141 P : *D. 2021. 1257, obs. Lemouland et Noguéro ; AJ fam. 2021. 564, obs. Montourcy ; JCP 2021, n° 766, note Peterka ; Dr. fam. 2021, n° 135, obs. Maria.*

Art. 466 **Les articles 464 et 465 ne font pas obstacle à l'application des articles 414-1 et 414-2.**

Pour le rappel de la solution antérieure, identique, V. note 4 ss. art. 464.

SOUS-SECTION 6 Des actes faits dans la curatelle

Art. 467 **La personne en curatelle ne peut, sans l'assistance du curateur, faire aucun acte qui, en cas de tutelle, requerrait une autorisation du juge ou du conseil de famille.**

Lors de la conclusion d'un acte écrit, l'assistance du curateur se manifeste par l'apposition de sa signature à côté de celle de la personne protégée.

A peine de nullité, toute signification faite à cette dernière l'est également au curateur.

BIBL. ► NOGUÉRO, *Defrénois 2021/12. 19.*

1. Articulation avec l'art. 219. L'art. 219, qui permet à un époux de demander à représenter son conjoint hors d'état de manifester sa volonté, est applicable même si le conjoint dont la représentation est demandée est déjà placé en curatelle. • Civ. 1re, 18 févr. 1981 : *JCP N 1981. II. 155, note Rémy.*

A. POUVOIRS DU MAJEUR

2. Achat d'un véhicule. Refus de l'autorisation d'acquérir un véhicule, l'acuité visuelle du majeur protégé étant définitivement incompatible avec les impératifs de la sécurité routière. • Civ. 1re, 27 févr. 2013 : *cité note 1 ss. art. 415.*

3. Activité professionnelle : engagement d'un salarié. Selon l'annexe 2, III, du Décr. du 22 déc. 2008, les actes relatifs à la vie professionnelle, tels que la conclusion d'un contrat de travail en qualité d'employeur ou de salarié, constituent des actes d'administration, sauf circonstances d'espèce. ♦ V. déjà validité de l'engagement d'un garde-malade par une personne majeure placée sous le régime de la curatelle renforcée. • Dijon, 7 mai 1996 : *BICC 1er mars 1997, n° 229 ; RTD civ. 1997. 397, obs. Hauser.*

Comp. : s'agissant d'un acte engageant le patrimoine, le contrat de travail conclu par un majeur sous curatelle renforcée, en qualité d'employeur, constitue un acte pour lequel l'assistance du curateur est nécessaire. • Civ. 1re, 3 oct. 2006, n° 04-13.198 P : *JCP 2007. II. 10095, note Geffroy et Nissabouri ; AJ fam. 2006. 421, obs. Pécaut-Rivolier ; RJPF 2007-1/11, note Pansier ; LPA 21 mars 2007, note Noguero ; ibid. 3 avr. 2007, note Massip ; Dr. et patr. 1/2008. 120, obs. Fulchiron ; RTD civ. 2007. 93, obs. Hauser* (anc. art. 512).

4. Exercice du commerce. Aucun texte n'interdit à la personne en curatelle d'exercer le commerce, celle-ci devant toutefois être assistée de son curateur pour accomplir les actes de disposition que requiert l'exercice de cette activité : ainsi, aucun texte n'interdit donc à une personne en curatelle d'exercer une activité d'« apporteur d'affaires en agence immobilière » sous le régime de la micro-entreprise. • Cass., avis, 6 déc. 2018, n° 18-70.011 P : *D. 2019. 365, note Peterka ; ibid. Chron. C. cass. 840, obs. Le Cotty ; AJ fam. 2019. 41, obs. Raoul-Cormeil ; JCP 2018, n° 1338, note Noguéro ; Dr. fam. 2019, n° 64, note Maria ; Defrénois 14 févr. 2019. 21, note Gosselin-Gorand.*

L'affiliation à un régime spécial d'assurance vieillesse des commerçants ne dépendant pas de la capacité d'exercer le commerce de l'assuré, mais de l'exercice effectif par ce dernier d'une activité professionnelle comportant l'inscription au registre du commerce et des sociétés, cassation de l'arrêt rejetant l'action d'une caisse de sécurité sociale en paiement d'arriérés de cotisation correspondant à une période où le commerçant était en curatelle renforcée. • Civ. 2e, 20 janv. 2012, n° 10-27.127 P : *D. 2012. 370 ; AJ fam. 2012. 149, obs. Verheyde ; RDSS 2012. 395, obs. Tauran ; Dr. fam. 2012, n° 51, obs. Maria.*

B. RÉGIME DES SIGNIFICATIONS

1° SIGNIFICATIONS AU MAJEUR

5. Action en justice : rétablissement au rôle. Des conclusions aux fins de rétablissement au rôle, prises par le majeur protégé, même sans l'assistance de son curateur, traduisent sa volonté de poursuivre l'instance ; cassation au visa de l'art. 386 C. pr. civ. de l'arrêt jugeant l'instance périmée et les conclusions irrecevables, comme affectées d'un vice de fond. • Civ. 1re, *18 mars 2020, n° 19-15.160 P : D. 2020. 1485, obs. Lemouland et Noguéro ; Rev. prat. rec. 2020. 7, obs. Cholet et Salati ; AJ fam. 2020. 316, obs. Montourcy ; RTD civ. 2020. 697, obs. Cayrol.*

6. Sanction de l'absence de signification au majeur (anc. art. 510-2). Le majeur en curatelle peut, sauf application des dispositions particulières des anc. art. 511 (471) et anc. 512 (472) C. civ., exercer seul les actions relatives à ses droits patrimoniaux et défendre à de telles actions ; aussi, la signification faite au curateur ne peut-elle avoir d'autre effet que de satisfaire aux exigences de l'anc. art. 510-2 et elle ne peut donc suppléer à l'absence d'acte d'appel déclaré contre le majeur en curatelle dans le délai de la loi. • Civ. 1re, 5 oct. 1994 : *D. 1995. 358 (2e esp.), note Massip ; JCP 1995. II. 22555 (1re esp.), note Fossier ; RTD civ. 1995. 327, obs. Hauser* (nullité du premier acte d'appel en tant que dirigé contre le curateur et irrecevabilité du second, dirigé contre le majeur en curatelle, comme formé hors délai). – Dans le même sens : • Paris, 30 sept. 1999 : *D. 1999. IR 244.*

2° SIGNIFICATIONS AU CURATEUR

7. Domaine de l'exigence : illustrations diverses. Doivent être signifiées au curateur : des ordonnances d'injonction de payer et des dénonciations d'inscriptions d'hypothèques judiciaires. • Civ. 1re, 8 juin 2016, n° 15-19.715 P : *D. 2017. 1490, obs. Noguéro ; AJ fam. 2016. 390, obs. Verheyde ; RTD civ. 2016. 588, obs. Hauser.* ♦ ... La lettre notifiant un indu de prestations sociales. • Civ. 1re, 16 déc. 2020, n° 19-13.762 P : *D. 2021. 10 ; AJ fam. 2021. 132, obs. Montourcy ; Dr. fam. 2021, n° 19, note Maria.*

8. ... Poursuites pénales. **BIBL.** Roth, *AJ fam. 2016. 247.* ♦ Il résulte de l'art. 706-113 C. pr. pén. que le curateur doit être informé des poursuites dont la personne protégée fait l'objet ; la mesure de curatelle faisant l'objet d'une publication, elle est nécessairement connue du ministère public. • Crim. 24 juin 2014, n° 13-84.364 P : *D. 2014. 2259, obs. Plazy ; AJ fam. 2014. 561, obs. Verheyde* (action en relèvement du montant d'une astreinte) • Civ. 1re, 23 févr. 2011 : *cité note 12.* ♦ V. note 1 ss. art. 425.

9. ... Actions en diffamation. L'action en diffamation, qui tend à la protection de l'honneur et de la considération de la personne diffamée, présente, quand bien même elle conduirait à l'allocation de dommages-intérêts, le caractère d'une action extra-patrimoniale à laquelle un majeur sous curatelle ne peut, en application des art. 510 et 464, al. 3, C. civ. dans leur rédaction antérieure à celle issue de la L. du 5 mars 2007, défendre qu'avec l'assistance de son curateur. • Civ. 1re, 23 févr. 2011, n° 10-11.968 P : *D. 2011. Pan. 2501, obs. Noguéro ; AJ fam. 2011. 215, obs. Verheyde ;* RLDC 2011/81, *n° 4212, obs. Gallois* (nullité de l'acte introductif d'instance).

10. Actions exclues. Le curateur d'une personne, à laquelle a été dévolue la fonction de gérante d'une SCI, n'est pas investi du pouvoir d'assister la société, de sorte que la dénonciation de la saisie-attribution destinée à la société n'a pas à lui être signifiée. • Civ. 2e, 7 avr. 2016, n° 15-12.739 P : *D. 2016. 1523, obs. Lemouland, Noguéro et Plazy ; AJ fam. 2016. 272, obs. Verheyde ; RTD civ. 2016. 823, obs. Hauser ; ibid. 927, obs. Cayrol*.

11. Portée de l'exigence : absence d'influence sur la capacité du majeur. L'obligation de signification au curateur est sans incidence sur la capacité d'agir de la personne protégée qui s'apprécie selon le critère posé par l'art. 464 anc. C. civ. (rappr. art. 467 et 475 actuels). • Civ. 1re, 22 nov. 2005, n° 03-14.292 P : *D. 2006. Pan. 1572, obs. Lemouland et Plazy ; JCP 2006. II. 10159, note Pigache ; Defrénois 2006. 355, obs. Massip ; AJ fam. 2006. 74, obs. C. Grimaldi ; RTD civ. 2006. 89, obs. Hauser* (cassation de l'arrêt jugeant irrecevable l'action intentée par le majeur seul en réparation du préjudice que lui causait le non-respect d'une servitude de passage, au motif qu'une telle action ne respectait pas les dispositions de l'anc. art. 510-2, notamment quant aux demandes reconventionnelles du défendeur).

12. Sanctions de l'exigence (anc. art. 510-2). L'omission de la signification de l'assignation au curateur constitue une irrégularité de fond que ne peut couvrir l'intervention volontaire de celui-ci en cause d'appel à l'effet de faire sanctionner cette irrégularité. • Civ. 1re, 23 févr. 2011 : *cité note 6 ss. art. 468.* ♦ V. aussi • Civ. 1re, 6 févr. 1996, n° 93-21.053 P : *Defrénois 1996. 1005, obs. Massip* (l'absence d'acte d'appel déclaré contre le curateur est constitutive d'une nullité de fond qui ne peut être couverte qu'avant l'expiration du délai d'appel) • 20 déc. 2001 : *Defrénois 2002. 696, obs. Massip ; RTD civ. 2002. 272, obs. Hauser*. ♦ Cassation de l'arrêt dont il ne résulte ni des mentions, ni des pièces de procédure, ni d'aucun autre élément de preuve que l'acte d'appel du jugement de divorce d'une personne en curatelle ait été porté à la connaissance du curateur. • Civ. 1re, 17 déc. 1991, n° 90-15.687 P : *D. 1992. 373, note Massip*.

En sens contraire, pour des conclusions : l'absence de signification des conclusions au curateur du majeur protégé est constitutive d'un vice de forme dont l'inobservation n'est susceptible d'entraîner la nullité que dans les conditions prévues par l'art. 114 C. pr. civ., si elle est soulevée avant toute défense au fond et à charge pour celui qui l'invoque de prouver un grief. • Civ. 1re, 8 juill. 2009, n° 07-19.465 P : *D. 2009. AJ 1970, obs. Égéa ; JCP 2009. 391, n° 19, obs. Tisserand-Martin ; AJ fam. 2009. 351, obs. Pécaut-Rivolier ; Dr. fam. 2009, n° 115, note Maria ; RTD civ. 2009. 700, obs. Hauser*. ♦ *Adde* • Civ. 1re, 23 févr. 2011 : *préc. note 9* (substitution d'un motif de pur droit à l'arrêt qui avait retenu une irrégularité de fond pour l'absence de signification d'une action extra-patrimoniale). ♦ V. aussi : est recevable le pourvoi notifié à une personne en curatelle, qui a ensuite été signifié au curateur. • Civ. 1re, 6 janv. 1998, n° 96-16.721 P.

Art. 468 **Les capitaux revenant à la personne en curatelle sont versés directement sur un compte ouvert à son seul nom et mentionnant son régime de protection, auprès d'un établissement habilité à recevoir des fonds du public.**

La personne en curatelle ne peut, sans l'assistance du curateur, *(L. n° 2008-776 du 4 août 2008, art. 18-I, en vigueur le 1er févr. 2009)* **« conclure un contrat de fiducie ni » faire emploi de ses capitaux.**

Cette assistance est également requise pour introduire une action en justice ou y défendre.

Sur les actes de gestion du patrimoine des personnes placées en curatelle ou en tutelle, V. Décr. n° 2008-1484 du 22 déc. 2008, ss. art. 496.

1. Compte bancaire. L'art. 427 exige l'autorisation du juge des tutelles pour la modification ou la clôture des comptes ou livrets par la personne protégée assistée de son curateur, ainsi que pour l'ouverture d'un autre compte ou livret auprès d'un établissement habilité à recevoir des fonds du public. • Cass., avis, 6 déc. 2018, n° 18-70.012 P : *D. 2018. 2414 ; AJ fam. 2019. 39, obs. Raoul-Cormeil ; JCP 2018. 1374, note Noguéro ; Dr. fam. 2019, n° 63, note Maria.*

2. Carte de crédit. V. désormais Décr. 22 déc. 2008, annexe 1, II. ♦ La délivrance d'une carte accréditive donne au majeur en curatelle, fût-ce en ne respectant pas la convention, la possibilité de s'endetter au-delà de ses revenus et exige, dès lors, l'assistance du curateur. • Civ. 1re, 21 nov. 1984, n° 82-16.816 P : *R., p. 62 ; D. 1985. 297, note Lucas de Leyssac ; Gaz. Pal. 1985. 2. 473, note Massip.*

3. Action en justice : principe. Nécessité de l'assistance du curateur : • Civ. 1re, 4 juill. 2012, n° 11-18.475 P : *D. 2012. 2699, obs. Noguero et Plazy ; AJ fam. 2012. 506, obs. Verheyde ; RTD civ. 2012. 712, obs. Hauser* • 23 sept. 2015, n° 14-19.098 P : *AJ fam. 2015. 618, obs. Verheyde ; ibid. 684, obs. Casey ; RTD civ. 2016. 927, obs. N. Cayrol* • 8 juin 2016, n° 15-19.715 P : *D. 2017. 1490, obs. Noguéro ; AJ fam. 2016. 390, obs. Verheyde ; RTD civ. 2016. 588, obs. Hauser* (recours contre une ordonnance d'injonction de payer et les inscriptions d'hypothèque) • Crim. 10 janv. 2017, n° 15-84.469 P (poursuites et condamnations pénales ; le curateur doit être averti de la date de l'audience) • Civ. 3e, 17 déc. 2020, n° 18-24.228 P : *D. 2021. 10* ; *AJ fam. 2021. 188, obs. Montourcy* (annulation d'une donation). ♦ Constitue une violation de l'art. 6 Conv. EDH le fait qu'une personne sous curatelle n'ait bénéficié d'aucune assistance dans sa défense à une accusation pénale portée contre elle. • CEDH 30 janv. 2001 : *D. 2002. 353, note Gouttenoire-Cornut et Rubi-Cavagna* ; *ibid. Somm. 2164, obs. Lemoulant* ; *JCP 2001. II. 10526, note Di Raimondo* ; *Dr. fam. 2001, n° 66, obs. Fossier* ; *LPA 19 nov. 2001, note Massip* ; *RTD civ. 2001. 330, obs. Hauser* ; *ibid. 439, obs. Marguénaud*. ♦ Sur cette question, *adde* : Barberot, *Dr. fam. 2002. Chron. 29* ; Hauser, *RTD civ. 2003. 61* (obs. sur *CRD pén., 27 juin 2002*). ♦ V. aussi L. Boré, *JCP 2002. I. 179* (action et défense devant le juge pénal).

4. ... Pour les actes de procédure. La décision de placement sous curatelle étant intervenue au cours d'un délibéré devant la cour d'appel, sans que l'intéressé, qui était représenté par un avocat, ne soutienne en avoir informé cette juridiction ni avoir sollicité la réouverture des débats, il en résulte qu'il disposait de sa pleine capacité juridique à la date des derniers actes de la procédure, de sorte que l'assistance du curateur n'était pas requise. • Civ. 1re, 24 juin 2020, n° 19-16.337 P ; *D. 2020. 1404* ; *AJ fam. 2020. 538, obs. Montourcy* ; *JCP 2020, n° 1033, note Raoul-Cormeil.*

5. ... Office du juge. Le juge pouvant relever d'office la nullité pour défaut de capacité d'ester en justice, c'est à bon droit qu'un tribunal déclare irrecevable le recours exercé par le majeur en curatelle seul. • Civ. 1re, 2 nov. 1994 : *JCP 1995. II. 22555 (2e esp.), note Fossier* ; *RTD civ. 1995. 327, obs. Hauser* ; *Defrénois 1995. 1034, obs. Massip* (action extra-patrimoniale).

6. ... Régularisation. Sur la nécessité de régulariser en cours de procédure : • Civ. 1re, 4 juill. 2012 : *préc. note 3* (placement en curatelle après avoir interjeté appel). ♦ L'omission de la signification de l'assignation au curateur constitue une irrégularité de fond que ne peut couvrir l'intervention volontaire de celui-ci en cause d'appel à l'effet de faire sanctionner cette irrégularité. • Civ. 1re, 23 févr. 2011, n° 09-13.867 P : *D. 2011. 1265, note Loir* ; *ibid. Pan. 2501, obs. Noguero* ; *AJ fam. 2011. 215, obs. Verheyde* ; *Dr. fam. 2011, n° 58, obs. Maria* ; *RLDC 2011/81, n° 4213, obs. Gallois.* ♦ La régularisation de l'appel interjeté par le curatélaire seul n'est plus possible après l'expiration du délai de ce recours. • Paris, 12 févr. 2002 : *Dr. fam. 2003, n° 7, note Fossier.*

7. ... Actions extrapatrimoniales. L'action en diffamation, qui tend à la protection de l'honneur et de la considération de la personne diffamée, présente, quand bien même elle conduirait à l'allocation de dommages-intérêts, le caractère d'une action extrapatrimoniale à laquelle un majeur sous curatelle ne peut, en application des art. 510 et 464, al. 3, C. civ. dans leur rédaction antérieure à celle issue de la L. du 5 mars 2007, défendre qu'avec l'assistance de son curateur. • Civ. 1re, 23 févr. 2011 : *préc.* (nullité de l'acte introductif d'instance faute de signalisation de l'assignation au curateur).

8. ... Hospitalisation sans consentement. Le curateur est informé de la saisine du juge des libertés et de la détention en charge du contrôle de l'hospitalisation sans le consentement de la personne sous curatelle et convoqué par tout moyen, à peine de nullité ; cassation de l'arrêt ayant rejeté l'exception de nullité pour défaut d'information et de convocation du curateur, en retenant que, si la curatrice et le tiers demandeur ont été avisés tardivement, cela ne porte pas véritablement atteinte aux droits de la défense, l'intéressée ayant été convoquée dans un délai raisonnable et ayant été en mesure d'être assistée par un avocat de son choix. • Civ. 1re, 16 mars 2016, n° 15-13.745 P : *D. 2016. 708* ; *AJ fam. 2016. 267, obs. Verheyde* ; *RTD civ. 2016. 322, obs. Hauser*. ♦ Si le réquisitoire introductif, lorsqu'il est pris contre personne dénommée, constitue à l'égard des personnes qu'il vise un acte de poursuite au sens de l'art. 706-113 C. pr. pén., c'est au moment où ce réquisitoire est porté à la connaissance du majeur protégé, par la mise en examen de celui-ci, que le curateur ou le tuteur de l'intéressé doit en être avisé ; c'est donc au juge d'instruction qu'il incombe de procéder à cet avis. • Crim. 11 mai 2021, n° 20-82.267 P : *D. 2021. 1257, obs. Lemouland et Noguéro* ; *ibid. 1564, obs. Perrier* ; *AJ fam. 2021. 440, obs. Mary* ; *JCP 2021, n° 773, note Ribeyre* ; *Dr. fam. 2021, n° 114, note Maria.* ♦ ... Y compris lorsque le cocurateur qui n'a pas été informé est le tiers ayant demandé l'admission en soins sans consentement. • Civ. 1re, 11 oct. 2017, n° 16-24.869 P : *D. 2017. 2102* ; *AJ fam. 2017. 593, obs. Montourcy* ; *Dr. fam. 2018, n° 17, note Maria.* ♦ L'omission de convocation du curateur constitue une nullité pour irrégularité de fond, qui peut être soulevée en tout état de cause, y compris pour la première fois en appel. • Civ. 1re, 12 mai 2021, n° 20-13.307 P (cassation de l'arrêt ayant jugé le moyen irrecevable, faute d'avoir été invoqué *in limine litis*, en application de l'art. 74 C. pr. civ.).

Art. 469 **Le curateur ne peut se substituer à la personne en curatelle pour agir en son nom.**

Toutefois, le curateur peut, s'il constate que la personne en curatelle compromet gravement ses intérêts, saisir le juge pour être autorisé à accomplir seul un acte déterminé ou provoquer l'ouverture de la tutelle.

Si le curateur refuse son assistance à un acte pour lequel son concours est requis, la personne en curatelle peut demander au juge l'autorisation de l'accomplir seule. – *Sur l'organisation d'un débat contradictoire, V. C. pr. civ., art. 1213.*

BIBL. ▶ VIGUIER, *D. 2009. Chron. 1490*.

1. Il résulte des anc. art. 510 et anc. 512 que le curateur, qui a pour mission d'assister le majeur en curatelle et ne peut le représenter que pour la perception de ses revenus et le règlement de ses dépenses, ne peut être autorisé à vendre le véhicule automobile appartenant au majeur en curatelle. • Civ. 1re, 24 mai 1989 : *Bull. civ. I, n° 214 ; Defrénois 1989. 1015, obs. Massip.* – V. conf. • Civ. 1re, 10 juill. 1990, n° 89-11.213 P : *Defrénois 1990. 1305, obs. Massip* (vente de chevaux de selle).

2. Action en justice : principe (participation nécessaire du majeur). Irrecevabilité du pourvoi formé par le curateur au nom de la personne sous curatelle, cette dernière n'ayant pas elle-même formé le pourvoi, son curateur n'a pas qualité pour agir seul en son nom. • Com. 12 juill. 2011, n° 10-16.873 P : *D. 2011. Pan. 2501, obs. Noguero ; AJ fam. 2011. 434, obs. Verheyde ; RTD civ. 2012. 93, obs. Hauser.* ♦ Irrecevabilité du pourvoi, dirigé contre le curateur, qui ne peut se substituer à la personne en curatelle pour défendre en son nom à une action en justice : • Soc. 18 déc. 2013, n° 12-17.874 P : *AJ fam. 2014. 190, obs. Montourcy ; Dr. fam. 2014, n° 26, obs. Maria* (pourvoi intenté par un salarié du majeur).

3. ... Conséquences (point de départ de la prescription). La mesure de curatelle dont fait l'objet une personne ne constitue pas, à la différence de la situation de la personne sous tutelle, un obstacle de droit à sa capacité d'agir en justice de nature à suspendre la prescription de l'action publique ou à reporter le point de départ du délai de celle-ci, seule étant requise l'assistance du curateur qu'il lui appartient de solliciter. • Crim. 7 juin 2017, n° 16-85.191 P.

4. Motif de refus d'assistance du curateur. Refus d'autoriser l'achat d'une voiture sans permis légitime compte tenu de l'inaptitude à la conduite : • TI Alençon, 14 mars 2011 : *Dr. fam. 2011, n° 116, obs. Raoul-Cormeil.*

Art. 470 **La personne en curatelle peut librement tester sous réserve des dispositions de l'article 901.**

Elle ne peut faire de donation qu'avec l'assistance du curateur.

Le curateur est réputé en opposition d'intérêts avec la personne protégée lorsqu'il est bénéficiaire de la donation.

Il ressort de l'art. L. 132-4-1, al. 1er, C. assur. qui déroge à l'art. 470, al. 1er C. civ., que si une personne en curatelle peut librement tester sous réserve des dispositions de l'art. 901 C. civ., ce n'est qu'avec l'assistance de son curateur qu'elle peut procéder à la substitution du bénéficiaire d'un contrat d'assurance sur la vie pour lequel elle a stipulé ; absence d'efficacité de la substitution de bénéficiaire prévue dans un testament rédigé en l'absence du curateur et alors que l'accord de ce dernier n'avait pas été adressé à l'assureur avant le décès du stipulant. • Civ. 2e, 8 juin 2017, n° 15-12.544 P : *D. 2017. 1819, note Peterka ; ibid. 1490, obs. Lemouland et Noguéro ; ibid. 2018. 1279, obs. Pierre ; AJ fam. 2017. 550, obs. Montourcy ; RTD civ. 2017. 615, obs. Hauser ; Gaz. Pal. 2017. 3385, note Dupire ; RCA 2017. Étude 11, note Gayet ; RDC 2018. 82, note Gaudemet ; JCP 2017, n° 730, note Noguéro ; RGDA 2017. 625, note Lambert.*

Art. 471 **A tout moment, le juge peut, par dérogation à l'article 467, énumérer certains actes que la personne en curatelle a la capacité de faire seule ou, à l'inverse, ajouter d'autres actes à ceux pour lesquels l'assistance du curateur est exigée.**

1. Formes de la décision modificative. Une décision qui modifie l'étendue de l'incapacité du majeur protégé est une décision portant modification d'une curatelle au sens de l'anc. art. 493-2 (art. 444, al. 1) soumise au régime de publicité prévu par ce texte. • Civ. 1re, 18 déc. 1979 : *Gaz. Pal. 1980. 2. 433, note J. M.*

2. Obligation de relever d'office (non). Le juge, seulement saisi d'une demande de mainlevée de la curatelle, n'est pas tenu de rechercher d'office s'il convient de faire application de l'anc. art. 511. • Civ. 1re, 27 janv. 1993, n° 91-14.557.

3. Limitation du droit d'ester : récusation. Lorsque, en application de l'anc. art. 511, il a été fait défense au majeur en curatelle d'ester en justice sans l'assistance de son curateur et qu'une demande en récusation a été présentée par le majeur protégé seul, il y a lieu de déclarer d'office cette requête nulle. • Civ. 2e, 17 juin 1981 : *Bull. civ. II, n° 137.*

4. ... Pourvoi en matière pénale. Un majeur, placé sous le régime de la curatelle avec interdiction d'engager toute procédure judiciaire sans l'assistance de son curateur, en application de l'anc. art. 511, n'a pas la capacité d'agir seul en justice, notamment de former un pourvoi en cassation devant la Chambre criminelle. • Crim. 19 mai 1998, n° 97-80.051 P. ♦ ... Sauf si le pourvoi est dirigé contre une décision le renvoyant devant une juridiction répressive. • 19 mai 1998, n° 97-81.018 P.

5. Poursuites pénales. En application de l'art. 706-113 C. pr. pén., le curateur d'une personne majeure protégée doit être avisé des poursuites et des décisions de condamnation dont cette personne fait l'objet. • Crim. 27 nov. 2012 : *AJ fam. 2013. 62, obs. Verheyde* • 29 janv. 2013 : *D. 2013. 366* • 19 sept. 2017, n° 17-81.919 P : *D. 2017. 1912* ; *AJ pénal 2017. 504, obs. Lasserre Capdeville* ; *RSC 2017. 771, obs. Cordier* (obligation du juge d'instruction ou du procureur, en cas de doute, de vérifier l'existence de la mesure).

Lorsque l'altération des facultés d'une personne mise en examen est telle que celle-ci se trouve dans l'impossibilité de se défendre personnellement contre l'accusation dont elle fait l'objet, fût-ce en présence de son tuteur ou de son curateur et avec l'assistance d'un avocat, il doit être sursis à son renvoi devant la juridiction de jugement après constatation que l'intéressé a recouvré la capacité à se défendre. • Crim. 19 sept. 2018, n° 18-83.868 P.

Art. 472 **Le juge peut également, à tout moment, ordonner une curatelle renforcée. Dans ce cas, le curateur perçoit seul les revenus de la personne en curatelle sur un compte ouvert au nom de cette dernière. Il assure lui-même le règlement des dépenses auprès des tiers et dépose l'excédent sur un compte laissé à la disposition de l'intéressé ou le verse entre ses mains.**

Sans préjudice des dispositions de l'article 459-2, le juge peut autoriser le curateur à conclure seul un bail d'habitation ou une convention d'hébergement assurant le logement de la personne protégée.

La curatelle renforcée est soumise aux dispositions des articles 503 et 510 à 515.

1. Conditions d'ouverture. Sur les conditions d'application de l'anc. art. 512, V. note 4 ss. art. 440. ♦ Sur la coexistence d'une tutelle aux prestations sociales et d'une curatelle, V. note 6 ss. art. 440.

2. Actes permis au majeur. Un commandement de payer n'est pas un acte d'exécution, mais un simple acte préparatoire, de sorte qu'il peut être délivré par le majeur sous curatelle renforcée (anc. art. 512). • Nancy, 7 mai 2007 : *Dr. fam. 2008, n° 21, obs. Fossier.*

3. Procédure. Distinction entre renforcement du régime de protection (art. 431 et 442) et décision prononçant une curatelle renforcée (art. 472) : • Douai, 27 oct. 2011 : *AJ fam. 2011. 611, obs. Pécaut-Rivolier* .

SOUS-SECTION 7 Des actes faits dans la tutelle

Art. 473 **Sous réserve des cas où la loi ou l'usage autorise la personne en tutelle à agir elle-même, le tuteur la représente dans tous les actes de la vie civile.**

Toutefois, le juge peut, dans le jugement d'ouverture ou ultérieurement, énumérer certains actes que la personne en tutelle aura la capacité de faire seule ou avec l'assistance du tuteur.

Sur le droit de vote de la personne protégée, V. C. élect., art. L. 72-1. — ***C. élect.***

1. Actes de la vie courante. Le principe, posé par l'anc. art. 502, de l'incapacité complète du majeur en tutelle ne fait pas obstacle à ce que, par application des dispositions combinées des art. 450 et 495 C. civ., celui-ci puisse valablement accomplir certains actes de la vie courante pouvant être regardés comme autorisés par l'usage. • Civ. 1re, 3 juin 1980 : *Gaz. Pal. 1981. 1. 172, note J. M.* ♦ Nécessité pour le juge de rechercher si l'acte en cause (souscription d'un contrat de financement, en l'espèce) peut être considéré comme un acte de la vie courante. • Civ. 1re, 19 oct. 2004, n° 02-15.035 P : *D. 2006. Pan. 1575, obs. Lemouland* et *Plazy* ; *Defrénois 2005. 444, obs. Massip* ; *AJ fam. 2005. 25, obs. Attuel-Mendès* ; *Dr. fam. 2005, n° 89, note Murat* ; *RJPF 2005-2/12, note Pansier* ; *RTD civ. 2005. 103, obs. Hauser* . ♦ Dans le même sens, pour le versement de loyers entre les mains de la personne protégée, en considération d'une pratique ancienne qui s'était poursuivie avec l'accord implicite du tuteur : • Civ. 1re, 4 juill. 2012 : *JCP N 2013, n° 1029, note Massip.* ♦ Comp. assimilant un contrat de crédit à un acte de disposition, sauf circonstances particulières, Décr. 22 déc. 2008, annexe 2, V.

2. Actes de la vie professionnelle. V. notes ss. art. 509.

3. Assistance d'un avocat. Annulée par application de l'art. 502, la convention conclue entre un majeur sous tutelle et un avocat ne s'est jamais valablement formée, et l'avocat est à bon droit débouté de sa demande en paiement d'honoraires. • Civ. 1re, 27 mai 2003, n° 00-18.136 P : *D. 2004. Somm. 1859, obs. Lemouland*

4. Élections. Une privation automatique du droit de vote en cas de tutelle partielle, sans examen de la situation exacte de l'intéressé, est contraire à l'art. 3 du Protocole n° 1. • CEDH, sect. II, 20 mai 2010, *Alajos Kiss c/ Hongrie,* n° 38832/06. ♦ V. désormais C. élect., art. L. 72-1 « Le majeur protégé exerce personnellement son droit de vote pour lequel il ne peut être représenté par la personne chargée de la mesure de protection le concernant. » ♦ Comp. précédemment : l'anc. art. 501, dont l'objet est d'autoriser le majeur en tutelle à accomplir certains actes, ne permet pas au juge de déroger à la règle de droit public prévue à l'art. L. 5 C. élect., selon laquelle le majeur protégé est radié de la liste électorale. • Civ. 1re, 9 nov. 1982 : *D. 1983. 388, note Massip.* ♦ Il n'entre pas dans les pouvoirs du tribunal d'instance statuant en matière électorale de relever un majeur en tutelle de l'incapacité électorale qui le frappe. • Civ. 2e, 7 juill. 1983 : *Bull. civ. II, n° 147.* ♦ ... Ni de transformer une tutelle en curatelle et de faire application des dispositions de l'art. 501. • Civ. 2e, 7 mai 1981, n° 81-60.715 P. ♦ Jugé, au contraire, qu'aucune disposition particulière ne s'oppose à ce que l'interdiction d'inscrire les majeurs en tutelle sur les listes électorales soit levée par application de l'art. 501. • TGI Caen, j. tutelles, 20 avr. 1979 : *Gaz. Pal. 1979. 2. 600.*

Art. 474 **La personne en tutelle est représentée dans les actes nécessaires à la gestion de son patrimoine dans les conditions et selon les modalités prévues au titre XII.**

Art. 475 **La personne en tutelle est représentée en justice par le tuteur.**

Celui-ci ne peut agir, en demande ou en défense, pour faire valoir les droits extra-patrimoniaux de la personne protégée qu'après autorisation ou sur injonction du juge ou du conseil de famille s'il a été constitué. Le juge ou le conseil de famille peut enjoindre également au tuteur de se désister de l'instance ou de l'action ou de transiger.

Sur les actes de gestion du patrimoine des personnes placées en curatelle ou en tutelle, V. Décr. n° 2008-1484 du 22 déc. 2008, ss. art. 496.

1. Irrégularité : pourvoi contre l'incapable. Dès lors que la déclaration de pourvoi, dirigée contre une personne placée sous tutelle, ne l'est pas contre le tuteur, le pourvoi est irrecevable. • Civ. 3e, 4 mars 1998, n° 95-18.503 P.

2. Poursuite d'une procédure. Cassation de l'arrêt rendu par une cour d'appel statuant postérieurement à l'ouverture de la mesure de protection, sans que la personne protégée n'ait été représentée par son tuteur. • Civ. 1re, 15 janv. 2016, n° 15-10.156 P : *AJ fam. 2016. 165, obs. Verheyde ; RTD civ. 2016. 322, obs. Hauser.*

3. Régularisation : assignation. Rejet de la demande de nullité de la procédure pour irrégularité de l'assignation délivrée à l'incapable seul, dès lors que le tuteur est intervenu volontairement à l'instance et que, au surplus, la tutelle ayant pris fin avant la clôture de la procédure, l'intéressé a conclu au fond en son nom personnel. • Civ. 1re, 20 janv. 2004, n° 00-19.577 P : *RJPF 2004-3/13, note Casey.*

4. Aveu. Une déclaration émanant du représentant légal d'une personne placée sous tutelle ne peut valoir aveu opposable à cette dernière. • Civ. 1re, 2 avr. 2008, n° 07-15.820 P : *RLDC 2008/50, n° 3037, obs. Jeanne ; RTD civ. 2008. 452, obs. Hauser.*

5. Transaction. V. sous l'empire de l'ancienne législation • Civ. 1re, 20 janv. 2010, n° 08-19.627 P : *D. 2010. 2115, obs. Lemouland, Noguero et Plazy ; RLDC 2010/72, n° 3843, note Boillot ; RTD civ. 2010. 302, obs. Hauser.*

6. Nullité du contrat d'assurance et mise en cause du fonds de garantie. Dans le cas où la victime est placée sous tutelle, l'avis que doit lui délivrer, en application de l'art. R. 421-5 C. assur., l'assureur souhaitant invoquer la nullité du contrat doit être adressé à son tuteur. • Crim. 10 mars 2015, n° 13-87.189 P.

7. Poursuites pénales. **BIBL.** Tellier-Cayrol, *D. 2019. 1241* (l'assistance du majeur protégé placé en garde à vue, encore un effort...). ♦ En ne prévoyant pas, lorsque les éléments recueillis au cours de la garde à vue d'une personne font apparaître qu'elle fait l'objet d'une mesure de protection juridique, que l'officier de police judiciaire ou l'autorité judiciaire sous le contrôle de laquelle se déroule la garde à vue soit, en principe, tenu d'avertir son curateur ou son tuteur afin de lui permettre d'être assistée dans l'exercice de ses droits, l'art. 706-113 C. pr. pén., al. 1er, méconnait les droits de la défense et est déclaré inconstitutionnel. • Cons. const. 14 sept. 2018, n° 2018-730 QPC : *AJ pénal 2018. 518, obs. Frinchaboy ; RTD civ. 2018. 868, obs. Leroyer.* ♦ Sur la transmission de la QPC. • Crim. 19 juin 2018, n° 18-80.872 P : *AJ fam. 2018. 477, obs. Pecqueur.* ♦ Comp. sous l'empire du texte, estimant que l'absence d'avertissement du curateur n'était pas irrégulier lors de la garde à vue, lorsque les enquêteurs ignoraient le statut de l'intéressé, ni au moment de l'interrogatoire de première comparution, compte tenu des circonstances d'espèce (urgence et impossibilité de connaître l'identité du curateur). • Crim. 11 déc. 2018, n° 18-80.872 P : *AJ fam. 2018. 477, obs. Pecqueur ; Dr. fam. 2019, n° 68, note Bonfils.*

Il résulte de l'art. 706-113 C. pr. pén. que le tuteur d'une personne majeure protégée doit être avisé des poursuites et des décisions de condamnation dont cette personne fait l'objet et être en outre avisé de la date d'audience. • Crim. 14 avr. 2010, n° 09-83.503 P : *AJ fam. 2010. 282, note Pécaut-Rivolier ; Dr. fam. 2010, n° 120, obs. Maria ; RTD civ. 2010. 763, obs. Hauser.* ♦ V.

aussi Boré, *JCP 2002. I. 179* (action et défense devant le juge pénal). ♦ Dans le même sens : • Crim. 24 juin 2014, n° 13-84.364 P : *cité note 8 ss. art. 467* (action en relèvement du montant d'une astreinte). ♦ ... Et dès lors que le majeur protégé mis en examen ne bénéficie pas de l'assistance de son tuteur ou curateur, l'intéressé ne peut être regardé comme étant en mesure de connaître les éventuelles nullités affectant la procédure, de sorte que le délai correspondant ne court pas. • Crim. 22 juin 2021, n° 21-80.407 B : *D. 2021. 1564, obs. Perrier ; AJ pénal 2021. 485, obs. Engel ; RSC 2021. 666, obs. Delage ; RTD civ. 2021. 621, obs. Leroyer*.

Un majeur protégé, placé sous le régime de la tutelle, qui ne peut valablement donner son consentement à sa remise aux autorités judiciaires requérantes en application d'un mandat d'arrêt européen, se trouve nécessairement soumis à la procédure prévue par l'art. 695-31, al. 4, C. pr. pén., applicable en l'absence de consentement. • Crim. 17 févr. 2016, n° 16-80.653 P : *D. 2016. 1523, obs. Plazy ; AJ fam. 2016. 216, obs. Montourcy ; RTD eur. 2017. 336 -15, obs. Thellier de Poncheville*. ♦ V. note 1 ss. art. 425.

8. Il ne peut être statué sur la culpabilité d'une personne que l'altération de ses facultés physiques ou psychiques met dans l'impossibilité de se défendre personnellement contre l'accusation dont elle fait l'objet, fût-ce en présence de son tuteur et assistée d'un avocat ; en l'absence de l'acquisition de la prescription de l'action publique ou de disposition légale lui permettant de statuer sur les intérêts civils, la juridiction pénale, qui ne peut interrompre le cours de la justice, est tenue de renvoyer l'affaire à une audience ultérieure et ne peut la juger qu'après avoir constaté que l'accusé ou le prévenu a recouvré la capacité de se défendre. • Crim. 5 sept. 2018, n° 17-18.402 P.

Art. 476 **La personne en tutelle peut, avec l'autorisation du juge ou du conseil de famille s'il a été constitué, être assistée ou au besoin représentée par le tuteur pour faire des donations.**

Elle ne peut faire seule son testament après l'ouverture de la tutelle qu'avec l'autorisation du juge ou du conseil de famille s'il a été constitué, à peine de nullité de l'acte. Le tuteur ne peut ni l'assister ni la représenter à cette occasion.

Toutefois, elle peut seule révoquer le testament fait avant ou après l'ouverture de la tutelle.

Le testament fait antérieurement à l'ouverture de la tutelle reste valable à moins qu'il ne soit établi que, depuis cette ouverture, la cause qui avait déterminé le testateur à disposer a disparu.

Sur les actes de gestion du patrimoine des personnes placées en curatelle ou en tutelle, V. Décr. n° 2008-1484 du 22 déc. 2008, ss. art. 496.

BIBL. ▸ GAYET, *RCA 2021. Étude 8* (les pouvoirs du tuteur en matière d'assurance vie). – HOUSSIER, *AJ fam. 2018. 671* (l'autorisation à tester du tutélaire : excursion en *Common law*).

1. Donation. Acte de disposition : Décr. 22 déc. 2008, annexe 1, V. ♦ Pour la jurisprudence antérieure à la L. du 5 mars 2007, V. : autorisation par le juge des tutelles d'une donation portant sur des biens indivis : • Civ. 1re, 11 déc. 1984, n° 83-13.874 P. ♦ Contrôle d'une donation autorisée par le conseil de famille à la suite d'un vote par correspondance : V. • Civ. 1re, 14 janv. 2003 : *LPA 15 juill. 2003, note Massip ; JCP N 2003. 1660, obs. Plazy ; RTD civ. 2003. 268, obs. Hauser*.

2. Assurance vie. V. C. assur., art. L. 132-4-1 et L. 132-9, al. 2 (réd. L. n° 2007-1775 du 17 déc. 2007). – **C. assur.** ♦ Rappr. avant la L. du 5 mars 2007 dans le cadre d'une tutelle en gérance (anc. art. 500) : le gérant de tutelle peut, en application de l'art. 500, al. 2, solliciter du juge des tutelles l'autorisation de faire établir un avenant modifiant la désignation du bénéficiaire d'une assurance vie souscrite par le majeur protégé. • Civ. 2e, 15 mars 2007, n° 05-21.830 P : *D. 2007. 1932, note Noguero ; JCP N 2007. 1191, note S. Hovasse, et 1312, obs. Plazy ; AJ fam. 2007. 185, obs. Pécaut-Rivolier ; Dr. fam. 2007, n° 134, note Nicolas ; RCA 2007, n° 228, note Bary ; Dr. et patr. 1/2008. 118, obs. Fulchiron ; RGDA 2007. 686, note Mayaux ; RTD civ. 2007. 309, obs. Hauser*.

3. Testament. BIBL. Lemouland, *Dr. fam. 2006. Étude 48* (testament de l'incapable). ♦ Il n'incombe pas au juge, à l'occasion de la demande d'autorisation dont il est saisie, d'examiner le contenu du testament établi par le majeur protégé, celui-ci ayant démontré, lors de son audition, être en capacité d'exprimer clairement sa volonté quant à ses dispositions testamentaires et le projet de testament correspondant à ses souhaits. • Civ. 1re, 8 mars 2017, n° 16-10.340 P : *D. 2017. 1490, obs. Lemouland et Noguéro ; AJ fam. 2017. 250, obs. Raoul-Cormeil ; RTD civ. 2017. 354, obs. Hauser ; ibid. 465, obs. Grimaldi ; Dr. fam.* 2017. 109, note Maria ♦ Sur les personnes pouvant former un recours, V. C. pr. civ., art. 1239 s. ♦ Comp. antérieurement : les anc. art. 1214 et 1215 C. pr. civ. n'ouvrant un recours qu'aux personnes dont la décision modifie les droits et les charges, lesquels s'entendent exclusivement de ceux qui résultent de l'organisation de la tutelle, une veuve qui n'a jamais exercé aucun rôle dans la tutelle de son mari est sans qualité pour former un recours contre l'autorisation de tester donnée à ce dernier sur le fondement de l'anc. art. 501. • Civ. 1re, 29 mai 2001 : *D. 2002. Somm. 2167, obs. Lemouland ; JCP 2002. II. 10172, note Courtois-Champenois ; Defrénois 2001. 1358, obs. Massip.*

SECTION 5 Du mandat de protection future

(L. nº 2007-308 du 5 mars 2007, en vigueur le 1er janv. 2009)

RÉP. CIV. vº *Mandat de protection future*, par F. SAUVAGE.

BIBL. GÉN. ▶ CARLI, *JCP N 2009. 1233.* – CASEY, *Gaz. Pal. 2011. 2091.* – CHEVAL et HANNECART-WEYTH, *Dr. et patr. 7-8/2014. 32.* – CHIARINY-DAUDET, *LPA 28 nov. 2007.* – COMBRET et CASEY, *RJPF 2007-7-8/11 et 2007-9/10.* – COMBRET et NOGUÉRO, *Defrénois 2019/24. 25.* – DELFOSSE et BAILLON-WIRTZ, *JCP N 2007. 1140.* – FABRE et VAN STEENLANDT, *Dr. et patr. 10/2009. 36* (mandat de protection future et assurance vie). – FORGEARD et LEVILLAIN, *Defrénois 2008. 529* (mandat de protection future et pratique notariale). – FOSSIER, *Dr. fam. 2008. Étude 2* (mandat de protection future sous seing privé). – FULCHIRON, *Dr. et patr. 1/2008. 123.* – HÉBERT, *D. 2008. Chron. 307.* – JOURDAIN THOMAS, *JCP N 2017, nº 1322.* – MASSIP, *Gaz. Pal. 2008. 1513 et 1527 ; LPA 27 juin 2008.* – PELLIER, *LPA 25 avr. 2007.* – PETERKA, *Defrénois 2017. 497 ; JCP N 2021, nº 1287* (la fiducie au soutien du mandat de protection future). – POTENTIER, *JCP N 2007. 1262 ; Defrénois. 2008. 1533 ; ibid. 2018, nº 10, p. 22.* – REGA, *Defrénois 2020/44. 22* (difficile mise en œuvre pour les Français établis à l'étranger).

SOUS-SECTION 1 Des dispositions communes

Art. 477 **Toute personne majeure ou mineure émancipée ne faisant pas l'objet d'une mesure de tutelle** *(Ord. nº 2015-1288 du 15 oct. 2015, art. 13, en vigueur le 1er janv. 2016)* **« ou d'une habilitation familiale » peut charger une ou plusieurs personnes, par un même mandat, de la représenter pour le cas où, pour l'une des causes prévues à l'article 425, elle ne pourrait plus pourvoir seule à ses intérêts.**

La personne en curatelle ne peut conclure un mandat de protection future qu'avec l'assistance de son curateur.

Les parents ou le dernier vivant des père et mère, ne faisant pas l'objet d'une mesure de curatelle ou de tutelle *(Ord. nº 2015-1288 du 15 oct. 2015, art. 13, en vigueur le 1er janv. 2016)* **« ou d'une habilitation familiale », qui exercent l'autorité parentale sur leur enfant mineur ou assument la charge matérielle et affective de leur enfant majeur peuvent, pour le cas où cet enfant ne pourrait plus pourvoir seul à ses intérêts pour l'une des causes prévues à l'article 425, désigner un ou plusieurs mandataires chargés de le représenter. Cette désignation prend effet à compter du jour où le mandant décède ou ne peut plus prendre soin de l'intéressé.**

Le mandat est conclu par acte notarié ou par acte sous seing privé. Toutefois, le mandat prévu au troisième alinéa ne peut être conclu que par acte notarié. — *V. C. pr. civ., art. 1258 s. —* ***C. pr. civ.***

DIP. Selon l'art. 15 Conv. 13 janv. 2000 sur la protection internationale des adultes, « l'existence, l'étendue, la modification et l'extinction des pouvoirs de représentation conférés par un adulte, soit par un accord soit par un acte unilatéral, pour être exercés lorsque cet adulte sera hors d'état de pourvoir à ses intérêts, sont régies par la loi de l'État de la résidence habituelle de l'adulte au moment de l'accord ou de l'acte unilatéral, à moins qu'une des lois mentionnées au § 2 ait été désignée expressément par écrit » et « les modalités d'exercice de ces pouvoirs de représentation sont régies par la loi de l'État où ils sont exercés. » ; il en résulte que si la mise en œuvre en France d'un mandat qui désigne une loi étrangère, ou qui a été fait dans un État étranger où le mandant avait précédemment sa résidence habituelle, peut être soumise, au titre des modalités d'exercice des pouvoirs de représentation, à une procédure de visa destinée à vérifier que l'altération des facultés du mandant a été médicalement constatée et à fixer la date de prise d'effet du mandat, cette mise en œuvre ne saurait être subordonnée à des conditions propres au droit français, telles que l'exigence d'une prévision expresse, dans le mandat, de modalités de contrôle du mandataire que n'impose pas la loi applicable à cet acte. Cassation de l'arrêt ayant conditionné la mise en œuvre en France d'un mandat d'inaptitude suisse à une condition de validité que n'impose pas la loi suisse. • Civ. 1re, 27 janv. 2021, nº 19-15.059 P : *D. 2021. 923, obs. Clavel et Jault-Seseke ; ibid. 1257, obs. Lemouland et Noguéro ; AJ fam. 2021. 308, obs. Montourcy ; Rev. crit. DIP 2021. 693, note Revillard ; JCP 2021, nº 350, note Raoul-Cormeil et Gosselin-Gorand ; Defrénois 2021/16. 19, note Minois.*

Art. 477-1 *(L. n° 2015-1776 du 28 déc. 2015, art. 35)* Le mandat de protection future est publié par une inscription sur un registre spécial dont les modalités et l'accès sont réglés par décret en Conseil d'État.

Art. 478 Le mandat de protection future est soumis aux dispositions des articles 1984 à 2010 qui ne sont pas incompatibles avec celles de la présente section.

Art. 479 Lorsque le mandat s'étend à la protection de la personne, les droits et obligations du mandataire sont définis par les articles 457-1 à 459-2. Toute stipulation contraire est réputée non écrite.

Le mandat peut prévoir que le mandataire exercera les missions que le code de la santé publique et le code de l'action sociale et des familles confient au représentant de la personne en tutelle ou à la personne de confiance.

Le mandat fixe les modalités de contrôle de son exécution.

Sur les modalités de saisine du juge, V. C. pr. civ., art. 1259-3.

Art. 480 Le mandataire peut être toute personne physique choisie par le mandant ou une personne morale inscrite sur la liste des mandataires judiciaires à la protection des majeurs prévue à l'article L. 471-2 du code de l'action sociale et des familles. — *V. note ss. art. 417.*

Le mandataire doit, pendant toute l'exécution du mandat, jouir de la capacité civile et remplir les conditions prévues pour les charges tutélaires par l'article 395 et *(L. n° 2011-525 du 17 mai 2011, art. 195)* « les deux derniers alinéas » de l'article 445 du présent code.

Il ne peut, pendant cette exécution, être déchargé de ses fonctions qu'avec l'autorisation du juge des tutelles.

Sur les modalités de saisine du juge, V. C. pr. civ., art. 1259-3.

Art. 481 Le mandat prend effet lorsqu'il est établi que le mandant ne peut plus pourvoir seul à ses intérêts. Celui-ci en reçoit notification dans les conditions prévues par le code de procédure civile.

A cette fin, le mandataire produit au greffe du tribunal judiciaire le mandat et un certificat médical émanant d'un médecin choisi sur la liste mentionnée à l'article 431 établissant que le mandant se trouve dans l'une des situations prévues à l'article 425. Le greffier vise le mandat et date sa prise d'effet, puis le restitue au mandataire.

La mise à exécution d'un mandat de protection future relève exclusivement du greffier du tribunal d'instance, et non du juge amené à se prononcer sur une demande d'ouverture d'une mesure de protection juridique. • Douai, 7 juin 2013 : *D. 2013. 2196, obs. Lemouland, Noguero et Plazy* ; *AJ fam. 2013. 641, obs. Massip*.

Art. 482 Le mandataire exécute personnellement le mandat. Toutefois, il peut se substituer un tiers pour les actes de gestion du patrimoine mais seulement à titre spécial.

Le mandataire répond de la personne qu'il s'est substituée dans les conditions de l'article 1994.

Art. 483 Le mandat mis à exécution prend fin par :

1° Le rétablissement des facultés personnelles de l'intéressé constaté à la demande du mandant ou du mandataire, dans les formes prévues à l'article 481 ; — *V. C. pr. civ., art. 1259.* — ***C. pr. civ.***

2° Le décès de la personne protégée ou son placement en curatelle ou en tutelle, sauf décision contraire du juge qui ouvre la mesure ;

3° Le décès du mandataire, son placement sous une mesure de protection ou sa déconfiture ;

4° Sa révocation prononcée par le juge des tutelles à la demande de tout intéressé, ***lorsqu'il s'avère que les conditions prévues*** par l'article 425 ne sont ~~pas réunies~~ *(Abrogé par L. n° 2019-222 du 23 mars 2019, art. 29)* « ***, lorsque les règles du droit commun de la représentation ou celles relatives aux droits et devoirs respectifs des époux et aux régimes matrimoniaux apparaissent suffisantes pour qu'il soit pourvu aux intérêts de la personne par son conjoint avec qui la communauté de vie n'a pas cessé*** » ou lorsque l'exécution du mandat est de nature à porter atteinte aux intérêts du mandant. — *Sur l'organisation d'un débat contradictoire, V. C. pr. civ., art. 1213.* — ***C. pr. civ.***

Le juge peut également suspendre les effets du mandat pour le temps d'une mesure de sauvegarde de justice.

1. Art. 483-2°. Il résulte de la combinaison des art. 483, 2°, et 477, al. 2, C. civ. que seul le mandat de protection future mis à exécution prend fin par le placement en curatelle de la personne protégée, sauf décision contraire du juge qui ouvre la mesure ; En l'absence de mise à exécution du mandat de protection future lors de l'ouverture de la curatelle, cette mesure n'a pas pour effet d'y mettre fin. • Civ. 1re, 4 janv. 2017, n° 15-28.669 P : *D. 2017. 191, note Noguéro ; AJ fam. 2017. 144, obs. Raoul-Cormeil ; RTD civ. 2017. 100, obs. Hauser ; Dr. fam. 2017, n° 49, note Maria ; JCP 2017, n° 200, note Peterka ; Defrénois 2017. 245, note Batteur.* ♦ Déjà : absence de nécessité de statuer sur la fin du mandat de protection future dans le cas d'un placement sous le régime de la curatelle renforcée décidé sans qu'une décision contraire maintienne le mandat de protection future mis à exécution. • Civ. 1re, 12 janv. 2011, n° 09-16.519 P : *D. 2011. 1204, note Noguero ; ibid. Pan. 2501, obs. Noguero ; AJ fam. 2011. 110, obs. Verheyde ; RTD civ. 2011. 323, obs. Hauser ; JCP 2011. 691, obs. Peterka ; Defrénois 2011. 690, note Massip ; Dr. fam. 2011, n° 42, obs. Maria ; JCP N 2011, n° 1115, note Boulanger ; RLDC 2011/80, n° 4176, obs. Gallois* • 29 mai 2013 : *D. 2013. 1815, note Noguero ; AJ fam. 2013. 510, obs. Verheyde ; RTD civ. 2013. 576, obs. Hauser ; JCP 2013, n° 908, note Peterka ; Dr. fam. 2013, n° 155, obs. Maria.*

2. Art. 483, 4°. Révocation d'un mandat de protection future confié à l'épouse, les intérêts patrimoniaux du mandant n'étant pas préservés (inventaire tardif, lacunaire, absence d'explication sur des dépenses importantes, redressement fiscal...). • Civ. 1re, 17 avr. 2019, n° 18-14.250 P : *D. 2019. 1412, obs. Lemouland et Noguéro ; RTD civ. 2019. 555, obs. Leroyer ; AJ fam. 2019. 414, obs. Montourcy.*

Art. 484 **Tout intéressé peut saisir le juge des tutelles aux fins de contester la mise en œuvre du mandat ou de voir statuer sur les conditions et modalités de son exécution.**

Sur l'organisation d'un débat contradictoire, V. C. pr. civ., art. 1213. — **C. pr. civ.** *— Sur les modalités de saisine du juge, V. C. pr. civ., art. 1259-3. —* **C. pr. civ.**

Le juge des contentieux de la protection exerce les fonctions de juge des tutelles des majeurs et connaît des actions relatives à l'exercice du mandat de protection future (COJ, art. L. 213-4-2, réd. L. n° 2019-222 du 23 mars 2019, art. 95-I-29°, en vigueur le 1er janv. 2020).

L'action ouverte lorsque le mandat n'est pas exercé conformément aux intérêts du mandant, personne protégée, est ouverte à tout intéressé, selon les art. 483 et 484 C. civ. • Civ. 1re, 27 janv. 2021, n° 19-15.059 P : *D. 2021. 923, obs. Clavel et Jault-Seseke ; ibid. 1257, obs. Lemouland et Noguéro ; AJ fam. 2021. 308, obs. Montourcy ; Rev. crit. DIP 2021. 693, note Revillard ; JCP 2021, n° 350, note Raoul-Cormeil et Gosselin-Gorand ; Defrénois 2021/16. 19, note Minois* (application à un mandat d'inaptitude suisse).

Art. 485 **Le juge qui met fin au mandat peut ouvrir une mesure de protection juridique dans les conditions et selon les modalités prévues aux sections 1 à 4 du présent chapitre.**

Lorsque la mise en œuvre du mandat ne permet pas, en raison de son champ d'application, de protéger suffisamment les intérêts personnels ou patrimoniaux de la personne, le juge peut ouvrir une mesure de protection juridique complémentaire confiée, le cas échéant, au mandataire de protection future. Il peut aussi autoriser ce dernier ou un mandataire *ad hoc* à accomplir un ou plusieurs actes déterminés non couverts par le mandat.

Le mandataire de protection future et les personnes désignées par le juge sont indépendants et ne sont pas responsables l'un envers l'autre ; ils s'informent toutefois des décisions qu'ils prennent.

Révocation d'un mandat de protection future confié à l'épouse, les intérêts patrimoniaux du mandant n'étant pas préservés par le mandat de protection future auquel il est mis fin au profit d'une curatelle renforcée, l'épouse étant désignée en qualité de curatrice à la personne, au regard des soins apportés à son conjoint. • Civ. 1re, 17 avr. 2019, n° 18-14.250 P : *cité note 2 ss. art. 483.*

Art. 486 **Le mandataire chargé de l'administration des biens de la personne protégée fait procéder à leur inventaire lors de l'ouverture de la mesure. Il assure son actualisation au cours du mandat afin de maintenir à jour l'état du patrimoine.**

Il établit annuellement le compte de sa gestion qui est vérifié selon les modalités définies par le mandat et que le juge peut en tout état de cause faire vérifier selon les modalités prévues à l'article *(L. nº 2019-222 du 23 mars 2019, art. 30)* **« 512** *[ancienne rédaction : 511]* **».**

Sur l'entrée en vigueur et l'application dans le temps des modifications issues de l'art. 30 de la L. nº 2019-222 du 23 mars 2019, V. ndlr ss. art. 512.

Art. 487 A l'expiration du mandat et dans les cinq ans qui suivent, le mandataire tient à la disposition de la personne qui est amenée à poursuivre la gestion, de la personne protégée si elle a recouvré ses facultés ou de ses héritiers l'inventaire des biens et les actualisations auxquelles il a donné lieu ainsi que les cinq derniers comptes de gestion et les pièces nécessaires pour continuer celle-ci ou assurer la liquidation de la succession de la personne protégée.

Art. 488 Les actes passés et les engagements contractés par une personne faisant l'objet d'un mandat de protection future mis à exécution, pendant la durée du mandat, peuvent être rescindés pour simple lésion ou réduits en cas d'excès alors même qu'ils pourraient être annulés en vertu de l'article 414-1. Les tribunaux prennent notamment en considération l'utilité ou l'inutilité de l'opération, l'importance ou la consistance du patrimoine de la personne protégée et la bonne ou mauvaise foi de ceux avec qui elle a contracté.

L'action n'appartient qu'à la personne protégée et, après sa mort, à ses héritiers. Elle s'éteint par le délai de cinq ans prévu à *(Ord. nº 2016-131 du 10 févr. 2016, art. 5-2º, en vigueur le 1er oct. 2016)* **« l'article 2224 ».**

Sur l'entrée en vigueur des dispositions issues de l'Ord. nº 2016-131 du 10 févr. 2016, V. cette Ord., art. 9, ss. art. 1386-1.

SOUS-SECTION 2 Du mandat notarié

Art. 489 Lorsque le mandat est établi par acte authentique, il est reçu par un notaire choisi par le mandant. L'acceptation du mandataire est faite dans les mêmes formes.

Tant que le mandat n'a pas pris effet, le mandant peut le modifier dans les mêmes formes ou le révoquer en notifiant sa révocation au mandataire et au notaire et le mandataire peut y renoncer en notifiant sa renonciation au mandant et au notaire.

Art. 490 Par dérogation à l'article 1988, le mandat, même conçu en termes généraux, inclut tous les actes patrimoniaux que le tuteur a le pouvoir d'accomplir seul ou avec une autorisation.

Toutefois, le mandataire ne peut accomplir un acte de disposition à titre gratuit qu'avec l'autorisation du juge des tutelles.

Art. 491 Pour l'application du second alinéa de l'article 486, le mandataire rend compte au notaire qui a établi le mandat en lui adressant ses comptes, auxquels sont annexées toutes pièces justificatives utiles. Celui-ci en assure la conservation ainsi que celle de l'inventaire des biens et de ses actualisations.

Le notaire saisit le juge des tutelles de tout mouvement de fonds et de tout acte non justifiés ou n'apparaissant pas conformes aux stipulations du mandat.

SOUS-SECTION 3 Du mandat sous seing privé

Art. 492 Le mandat établi sous seing privé est daté et signé de la main du mandant. Il est soit contresigné par un avocat, soit établi selon un modèle défini par décret en Conseil d'État. – *V. Décr. nº 2007-1702 du 30 nov. 2007, mod. par Décr. nº 2009-1628 du 23 déc. 2009,* 🏛.

Le mandataire accepte le mandat en y apposant sa signature.

***Tant que le mandat n'a pas reçu exécution*, le mandant peut le modifier ou le révoquer dans les mêmes formes et le mandataire peut y renoncer en notifiant sa renonciation au mandant.**

Décret n° 2007-1702 du 30 novembre 2007, *relatif au modèle de mandat de protection future sous seing privé.*

Art. 492-1 Le mandat n'acquiert date certaine que dans les conditions de *(Ord. n° 2016-131 du 10 févr. 2016, art. 5-3°, en vigueur le 1er oct. 2016)* **« l'article 1377 ».**

Sur l'entrée en vigueur des dispositions issues de l'Ord. n° 2016-131 du 10 févr. 2016, V. cette Ord., art. 9, ss. art. 1386-1.

Art. 493 Le mandat est limité, quant à la gestion du patrimoine, aux actes qu'un tuteur peut faire sans autorisation.

Si l'accomplissement d'un acte qui est soumis à autorisation ou qui n'est pas prévu par le mandat s'avère nécessaire dans l'intérêt du mandant, le mandataire saisit le juge des tutelles pour le voir ordonner.

Sur les modalités de saisine du juge, V. C. pr. civ., art. 1259-3. — ***C. pr. civ.***

Art. 494 Pour l'application du dernier alinéa de l'article 486, le mandataire conserve l'inventaire des biens et ses actualisations, les cinq derniers comptes de gestion, les pièces justificatives ainsi que celles nécessaires à la continuation de celle-ci.

Il est tenu de les présenter au juge des tutelles ou au procureur de la République dans les conditions prévues à l'article 416.

SECTION 6 De l'habilitation familiale

(Ord. n° 2015-1288 du 15 oct. 2015, art. 10, en vigueur le 1er janv. 2016)

Art. 494-1 Lorsqu'une personne est *(L. n° 2019-222 du 23 mars 2019, art. 29)* **« dans l'impossibilité de pourvoir seule à ses intérêts en raison d'une altération, médicalement constatée***[,]* **soit de ses facultés mentales, soit de ses facultés corporelles de nature à empêcher l'expression de sa volonté », le juge des tutelles peut habiliter une ou plusieurs personnes choisies parmi ses** *(L. n° 2016-1547 du 18 nov. 2016, art. 111)* **« ascendants ou descendants, frères et sœurs ou, à moins que la communauté de vie ait cessé entre eux, le conjoint, le partenaire auquel elle est liée par un pacte civil de solidarité ou le concubin » à la représenter** *(L. n° 2019-222 du 23 mars 2019, art. 29)* **« , à l'assister dans les conditions prévues à l'article 467 » ou à passer un ou des actes en son nom dans les conditions et selon les modalités prévues à la présente section et à celles du titre XIII du livre III qui ne lui sont pas contraires, afin d'assurer la sauvegarde de ses intérêts.**

La personne habilitée doit remplir les conditions pour exercer les charges tutélaires. Elle exerce sa mission à titre gratuit.

Sur la procédure d'habilitation familiale devant le juge des tutelles, V. C. pr. civ., art. 1260-1 s. — ***C. pr. civ.***

Le juge des contentieux de la protection exerce les fonctions de juge des tutelles des majeurs et connaît des demandes de désignation d'une personne habilitée et des actions relatives à l'habilitation familiale (COJ, art. L. 213-4-2, réd. L. n° 2019-222 du 23 mars 2019, art. 95-I-29°, en vigueur le 1er janv. 2020).

BIBL. ▸ Bottineau et Depadt, *JCP N 2019, n° 1158.* – Chapron, *Defrénois 2017. 899.* – Combret et Noguéro, *Defrénois 2019/24. 25.* –Combrey et Baillon-Wirtz, *JCP N 2015, n° 1248.* – Mallet-Bricout, *RTD civ. 2016. 190.* – Maria, *Dr. fam. 2016. Dossier 5.* – Montourcy, *AJ fam. 2015. 605.* – Noguero, *D. 2016. 1510 ; ibid. 1523.* – Peterka, *AJ fam. 2016. 237* (personne hors d'état de manifester sa volonté) ; *Defrénois 2018/7. 15.* – Raoul-Cormeil, *D. 2015. 2335 ; Gaz. Pal. 2015. 2833.* – Verheyde, *AJ fam. 2015. 603 ; ibid. 2016. 188.* – Dossier, *Dr. fam. 2022, Dossier 23* (bilan et perspectives).

Art. 494-2 L'habilitation familiale ne peut être ordonnée par le juge qu'en cas de nécessité et lorsqu'il ne peut être suffisamment pourvu aux intérêts de la personne par l'application des règles du droit commun de la représentation *(L. n° 2016-1547 du 18 nov. 2016, art. 111)* **« , de celles relatives aux droits et devoirs respectifs des époux et des règles des régimes matrimoniaux, en particulier celles prévues aux articles 217, 219, 1426 et 1429, » ou par les stipulations du mandat de protection future conclu par l'intéressé.**

Art. 494-3 La demande aux fins de désignation d'une personne habilitée peut être présentée au juge par *(L. n° 2019-222 du 23 mars 2019, art. 29)* « la personne qu'il y a lieu de protéger, par » l'une des personnes mentionnées à l'article 494-1 ou par le procureur de la République à la demande de l'une d'elles.

La demande est introduite, instruite et jugée conformément aux règles du code de procédure civile et dans le respect des dispositions des articles 429 et 431.

(L. n° 2019-222 du 23 mars 2019, art. 29) « La désignation d'une personne habilitée est également possible à l'issue de l'instruction d'une requête aux fins d'ouverture d'une mesure de protection judiciaire ou lorsque, en application du troisième alinéa de l'article 442, le juge des tutelles substitue une habilitation familiale à une mesure de curatelle ou de tutelle. »

Spécificité de la procédure. Aucune disposition légale n'autorise le juge des tutelles, saisi d'une requête aux fins d'ouverture d'une mesure de protection judiciaire, à ouvrir une mesure d'habilitation familiale. • Civ. 1re, 20 déc. 2017, n° 16-27.507 P : *D. 2018. 223, note Noguéro ; AJ fam. 2018. 125, obs. Raoul-Cormeil ; RTD civ. 2018. 74, obs. Mazeaud ; Dr. fam. 2018, n° 73, obs. Maria ; Gaz. Pal. 2018. 219, note Montourcy ; LPA 25 avr. 2018, note Raoul-Cormeil.*

Art. 494-4 La personne à l'égard de qui l'habilitation est demandée est entendue ou appelée selon les modalités prévues au premier alinéa de l'article 432. Toutefois, le juge peut, par décision spécialement motivée et sur avis du médecin mentionné à l'article 431, décider qu'il n'y a pas lieu de procéder à son audition si celle-ci est de nature à porter atteinte à sa santé ou si la personne est hors d'état de s'exprimer.

Le juge s'assure de l'adhésion ou, à défaut, de l'absence d'opposition légitime à la mesure d'habilitation et au choix de la personne habilitée des proches mentionnés à l'article 494-1 qui entretiennent des liens étroits et stables avec la personne ou qui manifestent de l'intérêt à son égard et dont il connaît l'existence au moment où il statue.

Art. 494-5 Le juge statue sur le choix de la personne habilitée et l'étendue de l'habilitation en s'assurant que le dispositif projeté est conforme aux intérêts patrimoniaux et, le cas échéant, personnels de l'intéressé.

(L. n° 2019-222 du 23 mars 2019, art. 29) « Si l'habilitation familiale sollicitée ne permet pas d'assurer une protection suffisante, le juge peut ordonner une des mesures de protection judiciaire mentionnées aux sections 3 et 4 du présent chapitre. »

Art. 494-6 L'habilitation peut porter sur :

– un ou plusieurs des actes que le tuteur a le pouvoir d'accomplir, seul ou avec une autorisation, sur les biens de l'intéressé ;

– un ou plusieurs actes relatifs à la personne à protéger. Dans ce cas, l'habilitation s'exerce dans le respect des dispositions des articles 457-1 à 459-2 du code civil.

La personne habilitée ne peut accomplir *(L. n° 2019-222 du 23 mars 2019, art. 29)* « en représentation » un acte de disposition à titre gratuit qu'avec l'autorisation du juge des tutelles.

Si l'intérêt de la personne à protéger l'implique, le juge peut délivrer une habilitation générale portant sur l'ensemble des actes ou l'une des deux catégories d'actes mentionnés aux deuxième et troisième alinéas.

La personne habilitée dans le cadre d'une habilitation générale ne peut accomplir un acte pour lequel elle serait en opposition d'intérêts avec la personne protégée. Toutefois, à titre exceptionnel et lorsque l'intérêt de celle-ci l'impose, le juge peut autoriser la personne habilitée à accomplir cet acte.

En cas d'habilitation générale, le juge fixe une durée au dispositif sans que celle-ci puisse excéder dix ans. Statuant sur requête de l'une des personnes mentionnées à l'article 494-1 ou du procureur de la République saisi à la demande de l'une d'elles, il peut renouveler l'habilitation lorsque les conditions prévues aux articles 431 et 494-5 sont remplies. Le renouvellement peut-être prononcé pour la même durée ; toutefois, lorsque l'altération des facultés personnelles de la personne à l'égard de qui l'habilitation a été délivrée n'apparaît manifestement pas susceptible de connaître une amélioration selon les données acquises de la science, le juge peut, par décision spécialement

motivée et sur avis conforme du médecin mentionné à l'article 431, renouveler le dispositif pour une durée plus longue qu'il détermine, n'excédant pas vingt ans.

Les jugements accordant, modifiant ou renouvelant une habilitation générale font l'objet d'une mention en marge de l'acte de naissance selon les conditions prévues à l'article 444. Il en est de même lorsqu'il est mis fin à l'habilitation pour l'une des causes prévues à l'article *(L. n° 2016-1547 du 18 nov. 2016, art. 111)* **« 494-11 ».**

1. Actes interdits. L'habilitation ne pouvant porter que sur les actes que le tuteur peut accomplir, seul ou avec une autorisation, il en résulte qu'elle ne peut porter sur les actes que le tuteur ne peut accomplir, même avec une autorisation, lesquels sont énoncés à l'art. 509 ; la nécessité, pour la personne habilitée, d'obtenir l'autorisation du juge pour accomplir en représentation un acte de disposition à titre gratuit ou, à titre exceptionnel et lorsque l'intérêt de la personne protégée l'impose, un acte pour lequel elle serait en opposition d'intérêts avec celle-ci ne lui confère pas le pouvoir d'agir en dehors des limites ainsi fixées : en conséquence, l'art. 494-6 ne confère pas au juge le pouvoir de délivrer une habilitation familiale en représentation pour les actes visés à l'art. 509 et, *a fortiori*, celui d'autoriser la personne habilitée en représentation à accomplir ces actes. • Civ. 1re, avis, 20 oct. 2022, n° 22-70.011 B : *D. 2022. 2081, note Lemouland et Raoul-Cormeil ; AJ fam. 2022. 605, obs. Montourcy ; Dr. fam. 2023, n° 11, obs. Maria et Mauger-Vielpeau.*

2. Donation. Lorsqu'une personne protégée faisant l'objet d'une mesure d'habilitation familiale est hors d'état de manifester sa volonté, le juge des contentieux de la protection ne peut autoriser la personne habilitée à accomplir en représentation une donation qu'après s'être assuré, d'abord, au vu de l'ensemble des circonstances, passées comme présentes, entourant un tel acte, que, dans son objet comme dans sa destination, la donation correspond à ce qu'aurait voulu la personne protégée si elle avait été capable d'y consentir elle-même, ensuite, que cette libéralité est conforme à ses intérêts personnels et patrimoniaux, en particulier que sont préservés les moyens lui permettant de maintenir son niveau de vie et de faire face aux conséquences de sa vulnérabilité. • Civ. 1re, avis, 15 déc. 2021, n° 21-70.022 B : *D. 2022. 10 ; RTD civ. 2022. 101, obs. Leroyer ; Dr. fam. 2022, n° 40, obs. Maria ; JCP 2022, n° 278, rapp. Fulchiron ; ibid., n° 279, note Raoul-Cormeil.*

Art. 494-7 **La personne habilitée** *(L. n° 2019-222 du 23 mars 2019, art. 29)* **« à représenter la personne protégée » peut, sauf décision contraire du juge, procéder sans autorisation aux actes mentionnés au premier alinéa de l'article 427.**

Art. 494-8 **La personne à l'égard de qui l'habilitation a été délivrée conserve l'exercice de ses droits autres que ceux dont l'exercice a été confié à la personne habilitée** *(L. n° 2019-222 du 23 mars 2019, art. 29)* **« à la représenter » en application de la présente section.**

Toutefois, elle ne peut, en cas d'habilitation générale *(L. n° 2019-222 du 23 mars 2019, art. 29)* **« à la représenter », conclure un mandat de protection future pendant la durée de l'habilitation.**

Art. 494-9 **Si la personne à l'égard de qui l'habilitation a été délivrée passe seule un acte dont l'accomplissement a été confié à la personne habilitée, celui-ci est nul de plein droit sans qu'il soit nécessaire de justifier d'un préjudice.**

(L. n° 2019-222 du 23 mars 2019, art. 29) **« Si elle accomplit seule un acte dont l'accomplissement nécessitait une assistance de la personne habilitée, l'acte ne peut être annulé que s'il est établi que la personne protégée a subi un préjudice. »**

Les obligations résultant des actes accomplis par une personne à l'égard de qui une mesure d'habilitation familiale a été prononcée moins de deux ans avant le jugement délivrant l'habilitation peuvent être réduits ou annulés dans les conditions prévues à l'article 464.

La personne habilitée peut, avec l'autorisation du juge des tutelles, engager seule l'action en nullité ou en réduction prévue aux alinéas ci-dessus.

Si la personne habilitée accomplit seule, en cette qualité, un acte n'entrant pas dans le champ de l'habilitation qui lui a été délivrée ou qui ne pouvait être accompli qu'avec l'autorisation du juge, l'acte est nul de plein droit sans qu'il soit nécessaire de justifier d'un préjudice.

Dans tous les cas, l'action en nullité ou en réduction est exercée dans le délai de cinq ans prévu à *(Ord. n° 2016-131 du 10 févr. 2016, art. 5-2°, en vigueur le 1er oct. 2016)* **« l'article 2224 ».**

Pendant ce délai et tant que la mesure d'habilitation est en cours, l'acte contesté peut être confirmé avec l'autorisation du juge des tutelles.

Sur l'entrée en vigueur des dispositions issues de l'Ord. n° 2016-131 du 10 févr. 2016, V. cette Ord., art. 9, ss. art. 1386-1.

Art. 494-10 Le juge statue à la demande *(L. n° 2019-222 du 23 mars 2019, art. 29)* « de tout intéressé » ou du procureur de la République sur les difficultés qui pourraient survenir dans la mise en œuvre du dispositif.

Saisi à cette fin dans les conditions prévues au premier alinéa de l'article 494-3, le juge peut, à tout moment, modifier l'étendue de l'habilitation ou y mettre fin, après avoir entendu ou appelé la personne à l'égard de qui l'habilitation a été délivrée, dans les conditions prévues au premier alinéa de l'article 494-4 ainsi que la personne habilitée.

Art. 494-11 Outre le décès de la personne à l'égard de qui l'habilitation familiale a été délivrée, celle-ci prend fin :

1° Par le placement de l'intéressé sous sauvegarde de justice, sous curatelle ou sous tutelle ;

2° En cas de jugement de mainlevée passé en force de chose jugée prononcé par le juge à la demande *(L. n° 2019-222 du 23 mars 2019, art. 29)* « de la personne protégée, » de l'une des personnes mentionnées à l'article 494-1 ou du procureur de la République, lorsqu'il s'avère que les conditions prévues à cet article ne sont plus réunies ou lorsque l'exécution de l'habilitation familiale est de nature à porter atteinte aux intérêts de la personne protégée ;

3° De plein droit en l'absence de renouvellement à l'expiration du délai fixé ;

4° Après l'accomplissement des actes pour lesquels l'habilitation avait été délivrée.

Art. 494-12 Les modalités d'application de la présente section sont précisées par décret en Conseil d'État.

CHAPITRE III DE LA MESURE D'ACCOMPAGNEMENT JUDICIAIRE

Art. 495 Lorsque les mesures mises en œuvre en application des articles L. 271-1 à L. 271-5 du code de l'action sociale et des familles au profit d'une personne majeure n'ont pas permis une gestion satisfaisante par celle-ci de ses prestations sociales et que sa santé ou sa sécurité en est compromise, le juge des tutelles peut ordonner une mesure d'accompagnement judiciaire destinée à rétablir l'autonomie de l'intéressé dans la gestion de ses ressources.

Il n'y a pas lieu de prononcer cette mesure à l'égard d'une personne mariée lorsque l'application des règles relatives aux droits et devoirs respectifs des époux et aux régimes matrimoniaux permet une gestion satisfaisante des prestations sociales de l'intéressé par son conjoint. — *Sur la procédure de mise en œuvre d'une mesure d'accompagnement judiciaire, V. C. pr. civ., art. 1262 s.*

Le juge des contentieux de la protection exerce les fonctions de juge des tutelles des majeurs et connaît de la mesure d'accompagnement judiciaire (COJ, art. L. 213-4-2, réd. L. n° 2019-222 du 23 mars 2019, art. 95-I-29°, en vigueur le 1er janv. 2020).

Art. 495-1 La mesure d'accompagnement judiciaire ne peut être prononcée si personne bénéficie d'une mesure de protection juridique prévue au chapitre II du présent titre.

Le prononcé d'une mesure de protection juridique met fin de plein droit à la mesure d'accompagnement judiciaire.

Tutelle aux prestations sociales (jurisprudence antérieure à la L. du 5 mars 2007). Comp. antérieurement : possibilité de la coexistence d'une tutelle de droit civil et d'une tutelle aux prestations sociales. • Civ. 1re, 18 avr. 1989 : *Bull. civ. I, n° 156 ; R., p. 246 ; D. 1989. 493, note Massip ; JCP 1990. II. 21467, note Fossier* • 27 janv. 1993, n° 91-15.862 P : *Defrénois 1993. 1004, obs. Massip ; JCP 1994. II. 22319 (1re e.), note Fossier.* ♦ Même solution pour une cu- telle de l'art. 512. • Civ. 1re, 6 avr. 1994, n° 10.629 P • 3 juin 1998 : *Defrénois 1999. 313, ob Massip ; Dr. fam. 1998, n° 177, note Beignier ; Er févr. 1999, p. 26* • 14 juin 2000 : *Dr. fam. 2000, n° 135, note Fossier* (suppression de la tutelle aux prestations sociales, en l'espèce).

Art. 495-2 La mesure d'accompagnement judiciaire ne peut être prononcée qu'à la demande du procureur de la République qui en apprécie l'opportunité au vu du rapport des services sociaux prévu à l'article L. 271-6 du code de l'action sociale et des familles.

Le juge statue, la personne entendue ou appelée.

Art. 495-3 Sous réserve des dispositions de l'article 495-7, la mesure d'accompagnement judiciaire n'entraîne aucune incapacité.

Art. 495-4 La mesure d'accompagnement judiciaire porte sur la gestion des prestations sociales choisies par le juge, lors du prononcé de celle-ci, dans une liste fixée par décret. – *V. CASF, art. R. 272-2 et D. 272-1.* – **CASF.**

Le juge statue sur les difficultés qui pourraient survenir dans la mise en œuvre de la mesure. A tout moment, il peut, d'office ou à la demande de la personne protégée, du mandataire judiciaire à la protection des majeurs ou du procureur de la République, en modifier l'étendue ou y mettre fin, après avoir entendu ou appelé la personne.

Art. 495-5 Les prestations pour lesquelles le juge des enfants a ordonné la mesure prévue à l'article 375-9-1 sont exclues de plein droit de la mesure d'accompagnement judiciaire.

Les personnes chargées respectivement de l'exécution d'une mesure prévue à l'article 375-9-1 et d'une mesure d'accompagnement judiciaire pour un même foyer s'informent mutuellement des décisions qu'elles prennent.

Art. 495-6 Seul un mandataire judiciaire à la protection des majeurs inscrit sur la liste prévue à l'article L. 471-2 du code de l'action sociale et des familles peut être désigné par le juge pour exercer la mesure d'accompagnement judiciaire.

Art. 495-7 Le mandataire judiciaire à la protection des majeurs perçoit les prestations incluses dans la mesure d'accompagnement judiciaire sur un compte ouvert au nom de la personne auprès d'un établissement habilité à recevoir des fonds du public, dans les conditions prévues au premier alinéa de l'article 472, sous réserve des dispositions applicables aux mesures de protection confiées aux personnes ou services préposés des établissements de santé et des établissements sociaux ou médico-sociaux soumis aux règles de la comptabilité publique.

Il gère ces prestations dans l'intérêt de la personne en tenant compte de son avis et de sa situation familiale.

Il exerce auprès de celle-ci une action éducative tendant à rétablir les conditions d'une gestion autonome des prestations sociales.

Art. 495-8 Le juge fixe la durée de la mesure qui ne peut excéder deux ans. Il peut, à la demande de la personne protégée, du mandataire ou du procureur de la République, la renouveler par décision spécialement motivée sans que la durée totale puisse excéder quatre ans.

Art. 495-9 Les dispositions du titre XII relatives à l'établissement, la vérification et l'approbation des comptes et à la prescription qui ne sont pas incompatibles avec celles du présent chapitre sont applicables à la gestion des prestations sociales prévues à l'article 495-7.

Sur le contrat d'accompagnement social personnalisé, V. CASF, art. L. 271-1 s.

TITRE XII DE LA GESTION DU PATRIMOINE DES MINEURS ET MAJEURS EN TUTELLE

(*L. n° 2007-308 du 5 mars 2007, en vigueur le 1er janv. 2009*)

RÉP. CIV. v° *Administration légale des biens du mineur*, par L. Corpart.

BIBL. GÉN. ▸ **Commentaires de la loi du n° 2007-308 du 5 mars 2007 :** V. Bibl. gén. précédant art. 414.

▸ **Études spéciales :** Azincourt, *RDSS 2015. 818* (les modes de gestion anticipés du patrimoine de la personne vulnérable). – Bernard, *JCP N 1999. I. 826* (patrimoine de l'incapable : histoire). – Fossier, *Defrénois 2001.151* (incapable et entreprise familiale). – S. Hovasse, *JCP N*

2009. 1182 (assurance vie). – MALECKI, *Mél. Bouloc, Dalloz, 2007, p. 695* (protection de l'incapable majeur en droit des sociétés). – MENJUCQ, *JCP N 1999. I. 836* (droit des affaires). – SAUVAGE, *RJPF 2009-5/10* (gestion du patrimoine de la personne vulnérable). – Dossier, *Dr. et patr. 11/2016. 37* (gestion du patrimoine et personnes vulnérables). – Dossier, *Dr. et patr. 9/2018. 23* (la gestion dynamique du patrimoine de la personne protégée). – Dossier, *JCP N 2020, n° 1101* (gestion du patrimoine du mineur).

CHAPITRE I DES MODALITÉS DE LA GESTION

Art. 496 **Le tuteur représente la personne protégée dans les actes nécessaires à la gestion de son patrimoine.**

Il est tenu d'apporter, dans celle-ci, des soins prudents, diligents et avisés, dans le seul intérêt de la personne protégée.

La liste des actes qui sont regardés, pour l'application du présent titre, comme des actes d'administration relatifs à la gestion courante du patrimoine et comme des actes de disposition qui engagent celui-ci de manière durable et substantielle est fixée par décret en Conseil d'État. – *V. Décr. n° 2008-1484 du 22 déc. 2008, ci-dessous.*

BIBL. ▸ **Décr. du 22 déc. 2008 :** FOSSIER, *JCP 2009. Actu. 20 ; JCP N 2009. Actu. 101 ; AJ fam. 2009. 52*. – MARIA, *Dr. fam. 2010. Étude 31*. – NOGUERO, *D. 2009. Pan. 2183*.

▸ **Études spéciales :** LAROCHE, *Defrénois 2010. 34* (mineur en société civile).

1. Selon l'annexe 2 du Décr. n° 2008-1484 du 22 déc. 2008, sauf circonstances d'espèce, constitue un acte de disposition la détermination du vote sur l'ordre du jour relatif à la vente d'un élément d'actif immobilisé dans les groupements dotés de la personnalité morale. • Civ. 1re, 17 mai 2017, n° 15-24.840 P : *D. 2017. 1190 ; AJ fam. 2017. 406, obs. Raoul-Cormeil ; RTD civ. 2017. 610, obs. Hauser ; RDC 2017. 523, obs. Tadros* (la croyance erronée de l'acquéreur que le gérant de la SCI propriétaire du bien vendu a le pouvoir de consentir à la vente ne peut faire exception à la nullité).

2. Modification du bénéficiaire d'une assurance vie : qualité pour contester. Le tuteur ayant été autorisé par le juge à modifier le bénéficiaire d'un contrat d'assurance vie, en remplaçant l'ancienne concubine, avec qui la relation avait cessé, par les enfants du majeur, est irrecevable l'appel exercé par celle-ci, dès lors que les art. 1239-1 à 1239-3 C. pr. civ. limitent le droit d'appel des décisions du juge des tutelles, en matière de protection juridique des majeurs, au procureur de la République, à l'organe de protection et aux membres du cercle étroit des parents et proches qui sont intéressés à la protection du majeur concerné. • Civ. 1re, 27 janv. 2021, n° 19-22.508 P : *D. 2021. 180 ; AJ fam. 2021. 189, obs. Eudier ; JCP 2021, n° 316, note Corpart ; Defrénois 2021/29. 19, note Noguéro ; RGDA 2021/4. 27, note Lambert* (limitation du droit d'appel jugée conforme à l'art. 6 Conv. EDH dès lors qu'elle ménage un rapport raisonnable de proportionnalité entre la restriction du droit d'accès au juge et le but légitime visé, dès lors que les tiers à la mesure de protection disposent des voies de droit commun pour faire valoir leurs intérêts personnels ; N.B. le juge des tutelles avait en l'espèce déclaré irrecevable la tierce opposition).

Décret n° 2008-1484 du 22 décembre 2008,

Relatif aux actes de gestion du patrimoine des personnes placées en curatelle ou en tutelle, et pris en application des articles 452, 496 et 502 du code civil.

BIBL. ▸ Dossier, *Dr. et patr. 11/2016. 37* (gestion du patrimoine et personnes vulnérables).

Art. 1er Constituent des actes d'administration les actes d'exploitation ou de mise en valeur du patrimoine de la personne protégée dénués de risque anormal.

Figure dans la colonne 1 du tableau constituant l'annexe 1 du présent décret une liste des actes qui sont regardés comme des actes d'administration.

Figure dans la colonne 1 du tableau constituant l'annexe 2 du présent décret une liste non exhaustive d'actes qui sont regardés comme des actes d'administration, à moins que les circonstances d'espèce ne permettent pas au tuteur de considérer qu'ils répondent aux critères de l'alinéa 1er en raison de leurs conséquences importantes sur le contenu ou la valeur du patrimoine de la personne protégée, sur les prérogatives de celle-ci ou sur son mode de vie.

Art. 2 Constituent des actes de disposition les actes qui engagent le patrimoine de la personne protégée, pour le présent ou l'avenir, par une modification importante de son contenu, une dépréciation significative de sa valeur en capital ou une altération durable des prérogatives de son titulaire.

Figure dans la colonne 2 du tableau constituant l'annexe 1 du présent décret une liste des actes qui sont regardés comme des actes de disposition.

Figure dans la colonne 2 du tableau constituant l'annexe 2 du présent décret une liste non exhaustive d'actes qui sont regardés comme des actes de disposition, à moins que les circonstances d'espèce ne permettent pas au tuteur de considérer qu'ils répondent aux critères de l'alinéa 1er en raison de leurs faibles conséquences sur le contenu ou la valeur du patrimoine de la personne protégée, sur les prérogatives de celle-ci ou sur son mode de vie.

Art. 3 Les actes pour l'accomplissement desquels le curateur et le tuteur peuvent s'adjoindre le concours de tiers sont :

1° Les actes conservatoires qui permettent de sauvegarder le patrimoine ou de soustraire un bien à un péril imminent ou à une dépréciation inévitable sans compromettre aucune prérogative du propriétaire ;

2° Les actes d'administration énumérés dans la colonne 1 des tableaux constituant les annexes 1 et 2 du présent décret, sous réserve qu'ils n'emportent ni paiement ni encaissement de sommes d'argent par ou pour la personne protégée.

Art. 4 La valeur maximale en capital des biens sur lesquels portent les actes qui peuvent être autorisés par le juge en suppléance du conseil de famille est fixée à la somme de 50 000 €.

Les dispositions du présent article peuvent être modifiées par décret.

ANNEXE 1

Liste des actes regardés comme actes d'administration ou comme actes de disposition

COLONNE 1 : ACTES D'ADMINISTRATION	COLONNE 2 : ACTES DE DISPOSITION
I. – Actes portant sur les immeubles : – convention de jouissance précaire (art. 426, al. 2, du code civil) ; – conclusion et renouvellement d'un bail de neuf ans au plus en tant que bailleur (art. 595 et 1718 du code civil) ou preneur ; – bornage amiable de la propriété de la personne protégée ; – travaux d'améliorations utiles, aménagements, réparations d'entretien des immeubles de la personne protégée ; – résiliation du bail d'habitation en tant que bailleur ; – prêt à usage et autre convention de jouissance ou d'occupation précaire ; – déclaration d'insaisissabilité des immeubles non professionnels de l'entrepreneur individuel (art. 1526-1 *[L. 526-1]* du code de commerce) ; – mainlevée d'une inscription d'hypothèque en contrepartie d'un paiement.	I. – Actes portant sur les immeubles : – disposition des droits relatifs au logement de la personne protégée, par aliénation, résiliation ou conclusion d'un bail (art. 426, al. 3, du code civil) ; – vente ou apport en société d'un immeuble (art. 505, al. 3, du code civil) ; – achat par le tuteur des biens de la personne protégée, ou prise à bail ou à ferme de ces biens par le tuteur (art. 508, al. 1, du code civil) ; – échange (art. 1707 du code civil) ; – acquisition d'immeuble en emploi ou remploi de sommes d'argent judiciairement prescrit (art. 501 du code civil ; – acceptation par le vendeur d'une promesse d'acquisition (art. 1589 du code civil) ; – acceptation par l'acquéreur d'une promesse de vente (art. 1589 du code civil) ; – dation ; – tout acte grave, notamment la conclusion et le renouvellement du bail, relatif aux baux ruraux, commerciaux, industriels, artisanaux, professionnels et mixtes, grosses réparations sur l'immeuble ; – constitution de droits réels principaux (usufruit, usage, servitude...) et de droits réels accessoires (hypothèques...) et autres sûretés réelles ; – consentement à une hypothèque (art. *(Décr. n° 2021-1888 du 29 déc. 2021, art. 5-XXII, en vigueur le 1er janv. 2022)* « 2410 *[ancienne rédaction : 2413]* » du code civil) ; – mainlevée d'une inscription d'hypothèque sans contrepartie d'un paiement.

COLONNE 1 : ACTES D'ADMINISTRATION	COLONNE 2 : ACTES DE DISPOSITION
II. – Actes portant sur les meubles corporels et incorporels : 1° Sommes d'argent : – ouverture d'un premier compte ou livret au nom ou pour le compte de la personne protégée (art. 427, al. 4, du code civil) ; – emploi et remploi de sommes d'argent qui ne sont ni des capitaux ni des excédents de revenus (art. 468 et 501 du code civil) ; – emploi et remploi des sommes d'argent non judiciairement prescrits par le juge des tutelles ou le conseil de famille (art. 501 du code civil) ; – perception des revenus ; – réception des capitaux ; – quittance d'un paiement ; – demande de délivrance d'une carte bancaire de retrait.	II. – Actes portant sur les meubles corporels et incorporels : 1° Sommes d'argent : – modification de tout compte ou livrets ouverts au nom de la personne protégée (art. 427, al. 1 et 2, du code civil) ; – ouverture de tout nouveau compte ou livret au nom ou pour le compte de la personne protégée (art. 427, al. 1 et 2, du code civil) ; – ouverture de tout compte, y compris d'un compte de gestion du patrimoine, auprès de la Caisse des dépôts et consignations (art. 427, al. 3, et art. 501, al. 4, du code civil) ; – lorsque la personne protégée a fait l'objet d'une interdiction d'émettre des chèques, fonctionnement de ses comptes sous la signature de la personne chargée de la mesure de protection et disposition par celle-ci de tous les moyens de paiement habituels (art. 427, al. 7, du code civil) ; – emploi et remploi des capitaux et des excédents de revenus (art. 468 et 501 du code civil) ; – à compter du 1er février 2009 : contrat de fiducie par une personne sous curatelle (art. 468, al. 2, du code civil) ; – clôture d'un compte bancaire ; – ouverture d'un compte de gestion de patrimoine ; – demande de délivrance d'une carte bancaire de crédit.
2° Instruments financiers : – résiliation d'un contrat de gestion de valeurs mobilières et instruments financiers (art. 500, al. 3, du code civil).	2° Instruments financiers (au sens de l'article L. 211-1 du code monétaire et financier) : – conclusion d'un contrat de gestion de valeurs mobilières et instruments financiers (art. 500, al. 3, du code civil) ; – vente ou apport en société d'instruments financiers non admis à la négociation sur un marché réglementé (art. 505, al. 3, du code civil) ; – vente d'instruments financiers (art. 505, al. 4, du code civil).
3° Autres meubles, corporels et incorporels : – louage-prêt-emprunt-vente-échange-dation et acquisition de meubles d'usage courant ou de faible valeur ; – perception des fruits ; – location d'un coffre-fort.	3° Autres meubles, corporels et incorporels : – aliénation des meubles meublants du logement ou résiliation ou conclusion d'un bail sur ces meubles (art. 426, al. 3, du code civil) ; – vente ou apport d'un fonds de commerce en société (art. 505, al. 3, du code civil) ; – louage-prêt-vente-échange-dation de meubles de valeur ou qui constituent, au regard de l'inventaire, une part importante du patrimoine du mineur ou du majeur protégé ; – vente-échange-dation d'un fonds de commerce ; – conclusion d'un contrat de location-gérance sur un fonds de commerce.
III. – Actes relatifs aux groupements dotés de la personnalité morale :	III. – Actes relatifs aux groupements dotés de la personnalité morale : – candidature aux fonctions de gérant et d'administrateur ; – copropriété des immeubles bâtis : actes visés aux art. 25 à 28-1, 30, 35 et 38 de la loi n° 65-557 du 10 juillet 1965.

COLONNE 1 : ACTES D'ADMINISTRATION	COLONNE 2 : ACTES DE DISPOSITION
IV. – Actes relatifs aux groupements dénués de personnalité morale : – en cas d'indivision légale : vente d'un bien indivis pour payer les dettes de l'indivision (art. 815-3 [3°] du code civil).	IV. – Actes relatifs aux groupements dénués de personnalité morale : – communauté conjugale : actes qu'un époux ne peut pas faire seul ; – indivision conventionnelle : actes que le gérant ou l'un des coïndivisaires ne peut pas faire seul ; – en cas de démembrement du droit de propriété : vente-échange-dation du droit démembré, actes auxquels les titulaires des droits démembrés doivent consentir conjointement, grosses réparations non urgentes.
V. – Actes à titre gratuit : – inventaire (art. 503 du code civil) ; – acceptation d'une succession à concurrence de l'actif net (art. 507-1 du code civil) ; – acceptation d'un legs universel ou à titre universel à concurrence de l'actif net (art. 507-1 et 724-1 du code civil) ; – acte de notoriété (art. 730-1 du code civil) ; – action interrogatoire à l'encontre des héritiers taisants (art. 771, al. 2, du code civil) ; – mandat aux fins de partage (art. 837 du code civil) ; – acceptation de legs à titre particulier et de donation non grevés de charge ; – délivrance de legs ; – déclaration de succession ; – attestation de propriété.	V. – Actes à titre gratuit : – donation consentie par une personne protégée majeure (art. 470, al. 2 et 476, al. 1er du code civil) ; – partage amiable (art. 507 du code civil) ; – acceptation pure et simple d'une succession (art. 507-1, al. 1er, du code civil) ; – révocation d'une renonciation à une succession ou à un legs universel ou à titre universel (art. 507-2 du code civil) ; – acceptation pure et simple d'un legs universel ou à titre universel (art. 724-1 du code civil) ; – révocation d'une renonciation à un legs (art. 724-1 du code civil) ; – choix par le donataire de rapporter en nature le bien donné (art. 859 du code civil) ; – renonciation à une succession (art. 507-1, al. 2, du code civil) ; – renonciation à un legs (art. 724-1 du code civil) ; – renonciation à une action en réduction des libéralités excessives après le décès du prémourant (art. 920 du code civil) ; – acceptation de legs à titre particulier et de donations grevés de charges ; – renonciation à un legs universel grevé de charges ; – révocation d'une donation entre époux (art. 953 du code civil) ; – consentement à exécution d'une donation entre époux.
VI. – Actions en justice : – toute action en justice relative à un droit patrimonial de la personne sous tutelle (art. 504, al. 2, du code civil) ; – tout acte de procédure qui n'emporte pas perte du droit d'action.	VI. – Actions en justice : – toute action en justice relative à un droit extrapatrimonial de la personne sous tutelle (art. 475, al. 2, du code civil) ; – toute action en justice relative à un droit patrimonial ou extrapatrimonial de la personne en curatelle (art. 468, al. 3, du code civil) ; – action par la personne chargée de la protection en nullité, rescision ou réduction, selon le cas, des actes accomplis par la personne protégée (art. 465, al. 6, du code civil) ; *(Décr. n° 2009-1628 du 23 déc. 2009, art. 19)* « – tout acte de procédure qui emporte perte du droit d'action. »
VII. – Assurances : – conclusion ou renouvellement d'un contrat d'assurance de biens ou de responsabilité civile.	VII. – Assurances : – demande d'avance sur contrat d'assurance (art. L. 132-21 du code des assurances) ; *(Décr. n° 2015-1669 du 14 déc. 2015, art. 2)* « – l'exercice par le bénéficiaire d'un contrat de l'option irrévocable de remise en titres, parts ou actions (art. L. 131-1 du code des assurances) ».
VIII. – Actes de poursuite et d'exécution : – mesures conservatoires (C. pr. exéc., art. L. 111-9) ; – procédures d'exécution mobilière (C. pr. exéc., art. L. 111-9).	VIII. – Actes de poursuite et d'exécution : – saisie immobilière (C. pr. exéc., art. L. 322-6 et R. 321-1).

COLONNE 1 : ACTES D'ADMINISTRATION	COLONNE 2 : ACTES DE DISPOSITION
IX. – Actes divers : – indivision légale : actes visés par l'article 815-3 (1° et 2°) du code civil (acte d'administration des biens indivis et mandat général d'administration) ; – tout acte relatif à l'animal domestique de la personne protégée.	IX. – Actes divers : – transaction et compromis et clause compromissoire au nom de la personne protégée (art. 506 du code civil) ; – changement ou modification du régime matrimonial (art. 1397 du code civil) ; – souscription ou rachat d'un contrat d'assurance-vie et désignation ou substitution du bénéficiaire (art. L. 132-4-1 du code des assurances et art. L. 223-7-1 du code de la mutualité) ; – révocation du bénéfice non accepté d'un contrat d'assurance-vie (art. L. 132-9 du code des assurances et art. L. 223-11 du code de la mutualité) ; – confirmation de l'acte nul pour insanité d'esprit (art. 414-2 du code civil) ; – confirmation d'un acte nul pour avoir été accompli par le tuteur ou le curateur seul (art. 465, al. 8, du code civil) ; – convention d'honoraires proportionnels en tout ou partie à un résultat, indéterminés ou aléatoires.

ANNEXE 2

LISTE DES ACTES REGARDÉS COMME DES ACTES D'ADMINISTRATION OU DE DISPOSITION SAUF CIRCONSTANCES D'ESPÈCE

COLONNE 1 : ACTES D'ADMINISTRATION	COLONNE 2 : ACTES DE DISPOSITION
I. – Actes portant sur les meubles corporels et incorporels : 1° Sommes d'argent : – paiements des dettes y compris par prélèvement sur le capital ; – octroi de délai raisonnable en vue du recouvrement de créances.	I. – Actes portant sur les meubles corporels et incorporels : 1° Sommes d'argent : – prélèvement sur le capital à l'exclusion du paiement des dettes ; – emprunt de sommes d'argent ; – prêt consenti par la personne protégée.
2° Instruments financiers (au sens de l'art. L. 211-1 du code monétaire et financier) : – actes de gestion d'un portefeuille, y compris les cessions de titres à condition qu'elles soient suivies de leur remplacement ; – exercice du droit de vote dans les assemblées, sauf ce qui est dit à propos des ordres du jour particuliers ; – demandes d'attribution, de regroupement ou d'échanges de titres ; – vente des droits ou des titres formant rompus ; – souscription à une augmentation de capital, sauf ce qui est dit sur le placement de fonds ; – conversion d'obligations convertibles en actions admises à la négociation sur un marché réglementé.	2° Instruments financiers (au sens de l'art. L. 211-1 du code monétaire et financier) : – cession du portefeuille en pleine propriété ou en nue-propriété ; – acquisition et cession d'instruments financiers non inclus dans un portefeuille ; – nantissement et mainlevée du nantissement d'instruments financiers.
3° Autres meubles, corporels et incorporels.	3° Autres meubles, corporels et incorporels : – cession de fruits ; – vente-échange-dation de droits incorporels ; – conclusion d'un contrat d'exploitation d'un droit ou d'un meuble incorporel.

COLONNE 1 : ACTES D'ADMINISTRATION	COLONNE 2 : ACTES DE DISPOSITION
II. – Actes relatifs aux groupements dotés de la personnalité morale : – engagement de conservation de parts ou d'actions.	II. – Actes relatifs aux groupements dotés de la personnalité morale : – tout apport en société non visé à l'annexe 1 ; – détermination du vote sur les ordres du jour suivants : reprise des apports – modification des statuts – prorogation et dissolution du groupement – fusion – scission – apport partiel d'actifs – agrément d'un associé – augmentation et réduction du capital – changement d'objet social – emprunt et constitution de sûreté – vente d'un élément d'actif immobilisé – aggravation des engagements des associés ; – maintien dans le groupement ; – cession et nantissement de titres.
III. – Actes relatifs à la vie professionnelle : – conclusion et rupture d'un contrat de travail en qualité d'employeur ; – conclusion et rupture d'un contrat de travail en qualité de salarié ; – adhésion à un contrat d'assurance de groupe en cas de vie dont les prestations sont liées à la cessation d'activité professionnelle ou adhésion à un contrat de prévoyance complémentaire (sauf en matière d'assurance vie : art. L. 132-4-1 et L. 132-9 du code des assurances, et art. L. 223-7-1 et L. 223-11 du code de la mutualité) ; – adhésion à un contrat d'assurance afférent au risque décès dans le cadre d'un contrat collectif (art. L. 141-5 du code des assurances et L. 233-6 du code de la mutualité).	III. – Actes relatifs à la vie professionnelle.
IV. – Assurances : – acceptation de la clause bénéficiaire d'un contrat d'assurance vie sans charge.	IV. – Assurances : – acceptation de la clause bénéficiaire d'un contrat d'assurance vie avec charges ; – versement de nouvelles primes sur un contrat d'assurance vie.
V. – Actes divers.	V. – Actes divers : – contrat de crédit

Art. 497 **Lorsqu'un subrogé tuteur a été nommé, celui-ci atteste auprès du juge du bon déroulement des opérations que le tuteur a l'obligation d'accomplir.**

Il en est notamment ainsi de l'emploi ou du remploi des capitaux opéré conformément aux prescriptions du conseil de famille ou, à défaut, du juge.

L'art. 453 anc., al. 1er, qui exigeait le contreseing du subrogé tuteur pour donner quittance, est sans application à la réception d'un capital par l'administrateur légal, l'administration légale ne comportant pas l'organe du subrogé tuteur. • Civ. 1re, 17 janv. 1978 : *D. 1980. 17, note Champenois-Marmier ; JCP 1979. II. 19175, note Courbe.*

Art. 498 **Les capitaux revenant à la personne protégée sont versés directement sur un compte ouvert à son seul nom et mentionnant la mesure de tutelle, auprès d'un établissement habilité à recevoir des fonds du public.**

Lorsque la mesure de tutelle est confiée aux personnes ou services préposés des établissements de santé et des établissements sociaux ou médico-sociaux soumis aux règles de la comptabilité publique, cette obligation de versement est réalisée dans des conditions fixées par décret en Conseil d'État.

1. Réception et emploi de capitaux échus. Le tuteur peut procéder à la réception des capitaux échus au mineur et les retirer de la banque dans laquelle il les a déposés. En aucun cas cette banque n'est garante de l'emploi des capitaux. • Civ. 1re, 20 mars 1989 : *D. 1989. 406, note Massip ; JCP N 1990. II. 33, note Fossier.* ♦ V. Décr. 22 déc. 2008, annexe 1, II, 1°. ♦ Comp. ss. art. 505.

2. En cas de détournement des sommes versées à un mineur pour acheter un bien au profit de la communauté, le mineur peut prétendre à l'indemnité versée, avec intérêts légaux, et non à la valeur actuelle du bien acheté. • Montpellier, 15 mai 2014, n° 13/02537 : *RTD civ. 2015. 104, obs. Hauser* ; *Dr. fam. 2014, n° 159, obs. Neirinck.*

Art. 499 **Les tiers peuvent informer le juge des actes ou omissions du tuteur qui leur paraissent de nature à porter préjudice aux intérêts de la personne protégée.**

Ils ne sont pas garants de l'emploi des capitaux. Toutefois, si à l'occasion de cet emploi ils ont connaissance d'actes ou omissions qui compromettent manifestement l'intérêt de la personne protégée, ils en avisent le juge.

La tierce opposition contre les autorisations du conseil de famille ou du juge ne peut être exercée que par les créanciers de la personne protégée et en cas de fraude à leurs droits.

1. La tierce opposition contre les autorisations du conseil de famille ou du juge des tutelles ne peut être exercée que par les créanciers de la personne protégée et en cas de fraude à leurs droits ; le bénéficiaire d'une donation au dernier vivant n'a pas la qualité de créancier de son conjoint ; il en résulte que l'ex-épouse, qui a, conformément à une donation au dernier vivant, bénéficié de l'attribution de l'universalité des biens composant la succession de son époux, n'a pas acquis, par cette libéralité, la qualité de créancier de celui-ci. • Civ. 1re, 5 déc. 2018, n° 18-10.058 P : *D. 2018. 2414* ; *AJ fam. 2019. 50, obs. Levillain.*

2. Le majeur protégé, légalement représenté, ne pouvant former tierce opposition à une ordonnance du juge des tutelles, son ayant cause universel est lui-même irrecevable en sa tierce opposition, hors toute preuve d'une fraude. • Civ. 1re, 12 déc. 2006, n° 05-19.219 P : *D. 2008. Pan. 317, obs. Plazy* ; *AJ fam. 2007. 88, obs. Pécaut-Rivolier* ; *Dr. fam. 2007, n° 71, note Fossier* ; *RJPF 2007-4/17, obs. Casey* ; *RTD civ. 2007. 90, obs. Hauser (décision rendue sous l'empire de l'art. 507 anc.).*

3. Le décès du majeur protégé ne rend pas irrecevable la demande de tierce opposition à l'encontre d'une ordonnance du juge des tutelles. • Civ. 1re, 3 oct. 2006, n° 04-14.391 P : *D. 2008. Pan. 317, obs. Plazy* ; *Defrénois 2007. 310, obs. Massip* ; *AJ fam. 2006. 420, obs. Pécaut-Rivolier* ; *Dr. fam. 2007, n° 71, note Fossier* ; *RTD civ. 2007. 90, obs. Hauser (décision rendue sous l'empire de l'art. 507 anc.).*

SECTION 1 Des décisions du conseil de famille ou du juge

Art. 500 *(L. n° 2015-177 du 16 févr. 2015, art. 1er-II)* **« Le tuteur » arrête le budget de la tutelle en déterminant, en fonction de l'importance des biens de la personne protégée et des opérations qu'implique leur gestion, les sommes annuellement nécessaires à l'entretien de celle-ci et au remboursement des frais d'administration de ses biens.** *(L. n° 2015-177 du 16 févr. 2015, art. 1er-II)* **« Le tuteur en informe le conseil de famille ou, à défaut, le juge. En cas de difficultés, le budget est arrêté par le conseil de famille ou, à défaut, par le juge. »**

(L. n° 2019-222 du 23 mars 2019, art. 9) **« Sous sa propre responsabilité, le tuteur peut inclure dans les frais de gestion la rémunération des administrateurs particuliers dont il demande le concours. »**

(Abrogé par L. n° 2019-222 du 23 mars 2019, art. 9) ***« Le conseil de famille ou, à défaut, le juge peut autoriser le tuteur à conclure un contrat pour la gestion des valeurs mobilières et instruments financiers de la personne protégée. »*** *(L. n° 2019-222 du 23 mars 2019, art. 9)* **« Si le tuteur conclut un contrat avec un tiers pour la gestion des valeurs mobilières et instruments financiers de la personne protégée, » il choisit le tiers contractant en considération de son expérience professionnelle et de sa solvabilité. Le contrat peut, à tout moment et nonobstant toute stipulation contraire, être résilié au nom de la personne protégée.**

V. note ss. art. 426.

Sur les actes de gestion du patrimoine des personnes placées en curatelle ou en tutelle, V. Décr. n° 2008-1484 du 22 déc. 2008, ss. art. 496.

Art. 501 ***Le conseil de famille ou, à défaut,*** **le juge détermine la somme à partir de laquelle commence, pour le tuteur, l'obligation d'employer les capitaux liquides et l'excédent des revenus.** *(L. n° 2019-222 du 23 mars 2019, art. 9)* **« Le tuteur peut toutefois, sans autorisation, placer des fonds sur un compte. »**

Le conseil de famille ou, à défaut, le juge prescrit toutes les mesures qu'il juge utiles quant à l'emploi ou au remploi des fonds soit par avance, soit à l'occasion de chaque opération. L'emploi ou le remploi est réalisé par le tuteur dans le délai fixé par la

décision qui l'ordonne et de la manière qu'elle prescrit. Passé ce délai, le tuteur peut être déclaré débiteur des intérêts.

Le conseil de famille ou, à défaut, le juge peut ordonner que certains fonds soient déposés sur un compte indisponible.

Les comptes de gestion du patrimoine de la personne protégée sont exclusivement ouverts, si le conseil de famille ou, à défaut, le juge l'estime nécessaire compte tenu de la situation de celle-ci, auprès de la Caisse des dépôts et consignations.

Sur les actes de gestion du patrimoine des personnes placées en curatelle ou en tutelle, V. Décr. n° 2008-1484 du 22 déc. 2008, ss. art. 496.

1. Notion d'emploi de capitaux. Une convention de compte bloqué avec versement anticipé des intérêts constitue un emploi de capitaux soumis à l'art. 455 anc., al. 2 (art. 501, al. 2). • Civ. 1re, 17 janv. 1978 : *D. 1980. 17, note Champenois-Marmier ; JCP 1979. II. 19175, note Courbe.* ♦ V. Décr. 22 déc. 2008, annexe 1, II, 1°.

2. Assurance vie. Les dispositions de l'art. 501 autorisant, depuis la L. n° 2019-222 du 23 mars 2019, le tuteur à placer sans autorisation des fonds sur un compte ne sont pas applicables au versement libre de primes sur un contrat d'assurance sur la vie existant, ce type de placement demeurant un acte de disposition soumis, sauf circonstances particulières, à l'autorisation du conseil de famille ou, à défaut, du juge des contentieux de la protection. • Cass., avis, 18 déc. 2020, n° 20-70.003 : *D. 2021. 1371, note Raoul-Cormeil.*

Art. 502 **Le conseil de famille ou, à défaut, le juge statue sur les autorisations que le tuteur sollicite pour les actes qu'il ne peut accomplir seul.**

Toutefois, les autorisations du conseil de famille peuvent être suppléées par celles du juge si les actes portent sur des biens dont la valeur en capital n'excède pas une somme fixée par décret. – *V. Décr. n° 2008-1484 du 22 déc. 2008, art. 4, ss. art. 496.*

1. Modification de la mesure. Les décisions prises, quant à la gestion des biens d'un majeur en tutelle par le conseil de famille et, en cas de recours, par le tribunal de grande instance qui statue en ses lieu et place, peuvent toujours être modifiées lorsque l'intérêt de l'incapable l'exige ; l'appréciation de cet intérêt relève du pouvoir souverain du conseil de famille ou du tribunal de grande instance. • Civ. 1re, 3 juin 1986, n° 84-16.512 P : *R., p. 130.*

2. Contestation de la mesure. Sur la détermination des personnes admises à former un recours contre les décisions du juge des tutelles, V. • Civ. 1re, 24 févr. 1993, n° 91-14.818 P : *R., p. 242 ; D. 1994. 21, note Massip ; RTD civ. 1994. 79, obs. Hauser* (refus d'admettre le recours d'un neveu contre une décision du juge des tutelles relative à la gestion des biens de la personne protégée) • 7 nov. 1995, n° 93-19.318 P (défaut de qualité des enfants de l'incapable qui n'ont jamais exercé aucun rôle dans la tutelle pour contester une opération de restructuration).

SECTION 2 Des actes du tuteur

§ 1 Des actes que le tuteur accomplit sans autorisation

Art. 503 *(Abrogé par L. n° 2019-222 du 23 mars 2019, art. 30)* **« *Dans les trois mois de l'ouverture de la tutelle,* » Le tuteur fait procéder, en présence du subrogé tuteur s'il a été désigné, à un inventaire des biens de la personne protégée** *(L. n° 2019-222 du 23 mars 2019, art. 30)* **« , qui est transmis au juge dans les trois mois de l'ouverture de la tutelle pour les biens meubles corporels, et dans les six mois pour les autres biens, avec le budget prévisionnel** *[ancienne rédaction : et le transmet au juge]* **». Il en assure l'actualisation au cours de la mesure.**

Il peut obtenir communication de tous renseignements et documents nécessaires à l'établissement de l'inventaire auprès de toute personne publique ou privée, sans que puisse lui être opposé le secret professionnel ou le secret bancaire.

(L. n° 2019-222 du 23 mars 2019, art. 30) **« Lorsque le juge l'estime nécessaire, il peut désigner dès l'ouverture de la mesure un commissaire-priseur judiciaire, un huissier de justice ou un notaire pour procéder, aux frais de la personne protégée, à l'inventaire des biens meubles corporels, dans le délai prévu au premier alinéa. »**

Si l'inventaire n'a pas été établi ou se révèle incomplet ou inexact, la personne protégée et, après son décès, ses héritiers peuvent faire la preuve de la valeur et de la consistance de ses biens par tous moyens.

(L. n° 2019-222 du 23 mars 2019, art. 30) **« En cas de retard dans la transmission de l'inventaire, le juge peut désigner un commissaire-priseur judiciaire, un huissier de justice, un notaire ou un mandataire judiciaire à la protection des majeurs pour y procéder aux frais du tuteur. »** – *V. C. pr. civ., art. 1253 s.*

Sur l'entrée en vigueur et l'application dans le temps des modifications issues de l'art. 30 de la L. n° 2019-222 du 23 mars 2019, V. ndlr ss. art. 512.

Sur les actes de gestion du patrimoine des personnes placées en curatelle ou en tutelle, V. Décr. n° 2008-1484 du 22 déc. 2008, ss. art. 496.

Inventaire : sanctions pénales. Constitue un faux l'omission volontaire d'un bien dans l'inventaire établi par un curateur et remis au juge des tutelles, cette omission ayant pour conséquence d'éluder le contrôle judiciaire institué dans l'intérêt des majeurs protégés. • Crim. 5 févr. 2008, n° 07-84.724 P.

Art. 504 **Le tuteur accomplit seul les actes conservatoires et, sous réserve des dispositions du second alinéa de l'article 473, les actes d'administration nécessaires à la gestion du patrimoine de la personne protégée.**

Il agit seul en justice pour faire valoir les droits patrimoniaux de la personne protégée.

Les baux consentis par le tuteur ne confèrent au preneur, à l'encontre de la personne protégée devenue capable, aucun droit de renouvellement et aucun droit à se maintenir dans les lieux à l'expiration du bail, quand bien même il existerait des dispositions légales contraires. Ces dispositions ne sont toutefois pas applicables aux baux consentis avant l'ouverture de la tutelle et renouvelés par le tuteur.

Sur les actes de gestion du patrimoine des personnes placées en curatelle ou en tutelle, V. Décr. n° 2008-1484 du 22 déc. 2008, ss. art. 496.

1. *Expropriation.* S'agissant d'une acquisition de biens immobiliers par voie d'expropriation, il n'y a pas lieu à autorisation préalable du juge des tutelles. • Civ. 3e, 28 mars 2007, n° 98-70.179 P.

1° ACTION EN JUSTICE

2. *Nature de l'action.* L'action intentée par un héritier aux fins d'annulation d'un testament instituant un légataire universel a un caractère patrimonial et ne suppose pas nécessairement son intention d'accepter la succession : elle peut être engagée par son représentant légal sans autorisation préalable du juge des tutelles. • Civ. 1re, 20 sept. 2006, n° 04-18.501 P : *D. 2008. Pan. 319, obs. Lemouland ; Defrénois 2007. 312, obs. Massip ; AJ fam. 2006. 426, obs. Pécaut-Rivolier ; Dr. fam. 2006, n° 212, note Fossier ; RTD civ. 2007. 92, obs. Hauser.* ♦ Dans le même sens (acte d'administration) : Décr. 22 déc. 2008, annexe 1, VI.

3. *Conditions d'exercice.* V. ss. art. 475. ♦ Primauté des héritiers sur le tuteur à compter du décès, V. note ss. art. 443.

4. *... Honoraires de résultat.* Nullité, faute d'autorisation du juge des tutelles, de la convention d'honoraires de résultat, constituant un acte de disposition selon l'Annexe 1 du Décr. n° 2008-1484 du 22 déc. 2008. • Civ. 2e, 6 mai 2021, n° 19-22.141 P : *D. 2021. 1257, obs. Lemouland et Noguéro ; AJ fam. 2021. 564, obs. Montourcy ; JCP 2021, n° 766, note Peterka ; Dr. fam. 2021, n° 135, obs. Maria.*

5. *Voies de recours.* Rappr. avant la L. du 5 mars 2007 dans le cadre d'une tutelle en gérance (anc. art. 500) : le pouvoir de représenter l'incapable en justice, donné par le juge des tutelles au gérant de tutelle, vaut pour l'ensemble du litige, y compris l'exercice des voies de recours ordinaires. • Civ. 1re, 28 févr. 1995, n° 92-19.044 P : *RTD civ. 1995. 603, obs. Hauser ; Defrénois 1995. 1398, obs. Massip.*

6. *Acquiescement.* L'acquiescement donné par son conseil ne saurait engager le tuteur dès lors que ce dernier ne peut seul acquiescer au jugement sans l'autorisation du conseil de famille. • Civ. 1re, 7 mars 2000, n° 97-20.650 P : *D. 2001. Somm. 1513, obs. Lemouland ; Dr. fam. 2000, n° 103, note Fossier ; RTD civ. 2000. 294, obs. Hauser.* ♦ Dans le même sens (acte de disposition, en dépit de l'erreur matérielle mentionnant le même acte dans les deux colonnes) : Décr. 22 déc. 2008, annexe 1, VI.

2° VOIES D'EXÉCUTION

7. *Voies d'exécution.* V. Décr. 22 déc. 2008, annexe 1, VIII. ♦ Rappr. avant la L. du 5 mars 2007 dans le cadre d'une tutelle en gérance (anc. art. 500) : chargé de percevoir les revenus de la personne protégée, le gérant de la tutelle peut poursuivre les voies d'exécution qui s'avéreraient nécessaires ; il peut notamment solliciter, sans autorisation préalable du juge des tutelles, la vente forcée des biens d'un débiteur, objets d'une hypothèque judiciaire. • Civ. 1re, 4 mai 1994 : *JCP 1995. II. 22413 (3e arrêt), note Fossier ; Defrénois 1994. 1455, obs. Massip ; RTD* *civ. 1994. 568, obs. Hauser* ✎. ♦ La désignation judiciaire du préposé du service des gérances de tutelle de l'hôpital où résident les majeurs protégés pour intervenir en qualité de partie civile représentant les majeurs protégés victimes lui confère qualité pour procéder aux actes d'exécution découlant de la décision pénale. • Civ. 2e, 10 févr. 2005, n° 03-11.802 P.

3° BAUX

8. Principes : cessation de plein droit sans congé. Le bail rural consenti par un administrateur légal, ne conférant au preneur, à l'encontre du mineur devenu majeur ou émancipé, aucun droit au renouvellement, cesse de plein droit à l'expiration du terme fixé sans qu'il soit nécessaire de donner congé. • Civ. 3e, 2 févr. 1977 : *Bull. civ. III, n° 56.* – Même sens : • Civ. 3e, 26 avr. 1978 : *Bull. civ. III, n° 159* • 15 mars 2000, n° 98-14.608 P : *D. 2000. AJ 273, obs. Rouquet* ✎ ; *RJPF 2000-6/12, note Valory* (bail commercial).

9. … Maintien des droits de propriété. L'art. 456 anc. (art. 504) ne comporte aucune restriction quant à l'étendue des droits de propriété du mineur sur les biens objet d'un bail consenti par le tuteur (en l'espèce : nue-propriété, l'administrateur légal étant usufruitier). • Civ. 1re, 10 nov. 1987 : *JCP 1989. II. 21165, note Guihal et Fossier.*

10. Régime : date de la demande. L'indivisaire mineur peut se prévaloir de l'art. 456 anc. (art. 504) sans attendre le résultat du partage. • Civ. 1re, 10 mai 1988, n° 86-16.497 P : *R., p. 155 ; D. 1988. 516, note Massip ; JCP N 1989. II. 9, note Fossier.*

11. … Auteur de la demande. La règle protectrice des intérêts du mineur édictée par l'art. 456 anc. (art. 504) ne peut être invoquée après la fin de la tutelle que par l'incapable lui-même. L'acquéreur du fonds donné à bail ne peut donc s'en prévaloir à l'encontre du preneur. • Civ. 1re, 20 mars 1989, n° 87-16.870 P : *R., p. 247 ; D. 1990. 169, note Massip* ✎ ; *JCP N 1989. II. 278, note Fossier.*

12. Exceptions : erreur du preneur (non). Il ne peut être fait exception à la disposition de l'art. 456, al. 3, anc. (art. 504) au prétexte que le preneur aurait contracté dans la croyance erronée que le tuteur était propriétaire des lieux donnés à bail. • Civ. 1re, 14 mai 1996, n° 93-21.829 P : *D. 1996. IR 157 ; JCP 1997. II. 22750, note Fossier ; Defrénois 1997. 319, obs. Massip.*

13. Autorisation du juge (oui). L'art. 456 anc (art. 504) ne concernant que les baux conclus par le tuteur ou l'administrateur légal seul, le juge des tutelles (cas de l'administration légale ; conseil de famille en cas de tutelle) a le droit d'autoriser l'administrateur légal (ou le tuteur) à consentir, sur les biens du mineur, un bail ouvrant droit à renouvellement à l'encontre du mineur devenu majeur. • Civ. 1re, 21 juin 1989 : *Bull. civ. I, n° 244 ; Defrénois 1989. 92, obs. Massip.* – V. déjà • Civ. 1re, 10 mai 1988 : *préc. note 10.* ♦ Solution identique, en cas d'administration légale pure et simple, lorsque l'administrateur légal a, avec l'accord de son conjoint, passé un bail commercial soumis aux dispositions du Décr. du 30 sept. 1953 (C. com., art. L. 145-1 s.) (application de l'art. 389-5 ancien). • Civ. 1re, 18 oct. 1994 : *D. 1995. 529, note Massip* ✎ ; *RTD civ. 1995. 600, obs. Hauser* ✎.

4° AUTRES HYPOTHÈSES

14. Déclaration de créance. Lorsque le créancier est mis sous tutelle, l'avertissement de déclarer sa créance, prévu par l'art. L. 621-43 C. com., doit être adressé à son tuteur. • Com. 6 déc. 2011, n° 10-19.959 P : *D. 2012. 7, obs. Lienhard* ✎ ; *ibid. 1573, obs. Crocq* ✎ ; *RTD civ. 2012. 292, obs. Hauser* ✎ ; *RTD com. 2012. 402, obs. Martin-Serf* ✎ (insuffisance d'un avertissement à domicile élu).

15. Sur la notion d'acte conservatoire, rappr. admettant ce caractère pour le licenciement d'une employée de maison pour faute grave, dans le cadre d'une gestion des affaires de l'employeur incapable de s'occuper de ses affaires par sa fille, devenue par la suite sa tutrice. • Soc. 29 janv. 2013, n° 11-23.267 P.

§ 2 Des actes que le tuteur accomplit avec une autorisation

Art. 505 **Le tuteur ne peut, sans y être autorisé par le conseil de famille ou, à défaut, le juge, faire des actes de disposition au nom de la personne protégée.**

L'autorisation détermine les stipulations et, le cas échéant, le prix ou la mise à prix pour lequel l'acte est passé. L'autorisation n'est pas exigée en cas de vente forcée sur décision judiciaire ou en cas de vente amiable sur autorisation du juge.

(L. n° 2022-267 du 28 févr. 2022, art. 6) **« Si l'autorisation prévoit une vente aux enchères publiques du ou des biens mis à disposition, celle-ci peut être organisée et réalisée par une personne habilitée à réaliser des ventes volontaires de meubles aux enchères publiques en application de l'article L. 321-4 du code de commerce. »**

L'autorisation de vendre ou d'apporter en société un immeuble, un fonds de commerce ou des instruments financiers non admis à la négociation sur un marché réglementé ne peut être donnée qu'après la réalisation d'une mesure d'instruction exécutée par un technicien ou le recueil de l'avis d'au moins deux professionnels qualifiés.

En cas d'urgence, le juge peut, par décision spécialement motivée prise à la requête du tuteur, autoriser, en lieu et place du conseil de famille, la vente d'instruments financiers à charge qu'il en soit rendu compte sans délai au conseil qui décide du remploi.

Sur les actes de gestion du patrimoine des personnes placées en curatelle ou en tutelle, V. Décr. n° 2008-1484 du 22 déc. 2008, ss. art. 496. — Pour les opérations d'assurance sur la vie, V. C. assur., art. L. 132-4-1 et L. 132-9, al. 2 (réd. L. n° 2007-1775 du 17 déc. 2007). — ***C. assur.***

1. Actes exclus : location-gérance. La location-gérance d'un fonds de commerce appartenant à un mineur est un acte qui excède les pouvoirs d'administration du tuteur. • Civ. 1re, 21 mars 1966, n° 63-10.716 P. ♦ Dans le même sens (acte de disposition) : Décr. 22 déc. 2008, annexe 1, III, 3°.

2. ... Solde anticipé de comptes à terme. Le fait pour le tuteur de solder par anticipation des comptes à terme du mineur et d'en employer les capitaux constitue un acte de disposition qui requiert l'autorisation du conseil de famille. • TGI Bordeaux, 30 juill. 1996 : *BICC 1er avr. 1997, n° 402* (responsabilité de la banque qui a laissé faire le tuteur). ♦ Dans le même sens (acte de disposition) : Décr. 22 déc. 2008, annexe 1, II, 1°. ♦ Comp. note ss. art. 498.

3. ... Apport à un GAEC. Ce n'est nullement modifier l'esprit du texte que d'ajouter à l'énumération de l'art. 459 anc., al. 3, l'apport en société (en l'espèce, groupement agricole d'exploitation en commun) de parts dans une exploitation agricole. • TGI Nevers, 8 déc. 1970 : *D. 1973. 67, note Michelet.*

4. Autorisation du conseil de famille. Il n'y a pas violation de l'art. 459 anc. lorsque le conseil de famille s'est borné à voter le principe de la vente, ce qui supposait qu'une nouvelle délibération en préciserait les modalités. • Civ. 1re, 2 mars 1999 : *D. 2000. Somm. 109, obs. Delmas Saint-Hilaire ; Dr. fam. 1999, n° 109, note Fossier.*

5. Demande d'autorisation par un tiers (non). Le tuteur a seul qualité pour représenter la personne protégée dans la gestion de son patrimoine et, à cette fin, pour solliciter les autorisations du juge des tutelles concernant les actes qu'il ne peut accomplir seul ; il en résulte qu'un tiers n'a pas qualité pour saisir le juge des tutelles d'une demande tendant à la modification, à son profit, de la clause bénéficiaire des contrats d'assurance vie conclus par la personne sous tutelle. • Civ. 1re, 19 mars 2014, n° 13-12.016 P : *D. 2014. 722 ; ibid. 2259, obs. Noguero ; AJ fam. 2014. 318, obs. Verheyde ; RTD civ. 2014. 336, obs. Hauser ; JCP N 2014, n° 1358, note Massip.*

6. Un tiers intéressé par l'acquisition d'un bien appartenant à un majeur protégé est sans qualité pour agir devant le juge des tutelles aux fins d'autorisation de la vente à son profit, seul le gérant de tutelle (anc. art. 500) pouvant prendre l'initiative d'une telle demande. • Civ. 1re, 7 nov. 1995, n° 93-21.299 P : *D. 1996. Somm. 134, obs. Julien ; RTD civ. 1996. 362, obs. Hauser.*

7. Jugé, en application de l'art. 505, dans sa rédaction antérieure à celle issue de la L. du 28 févr. 2022, qu'une vente de meubles appartenant à un majeur en tutelle, autorisée par le juge des tutelles à la requête du tuteur, agissant au nom de la personne protégée, et devant avoir lieu aux enchères publiques, constitue, non pas une vente judiciaire prescrite par décision de justice, mais une vente volontaire qui peut être organisée par un opérateur de ventes volontaires. • Civ. 1re, 5 janv. 2023, n° 21-15.650 B.

Art. 506 Le tuteur ne peut transiger ou compromettre au nom de la personne protégée qu'après avoir fait approuver par le conseil de famille ou, à défaut, par le juge les clauses de la transaction ou du compromis et, le cas échéant, la clause compromissoire.

Sur les actes de gestion du patrimoine des personnes placées en curatelle ou en tutelle, V. Décr. n° 2008-1484 du 22 déc. 2008, ss. art. 496.

1. Cas de l'administration légale. V. • Cass., ch. mixte, 29 janv. 1971 : *Bull. civ. n° 1 ; R. 1970-1971, p. 14 ; D. 1971. 301, concl. Lindon, note Hauser et Abitbol.* ♦ Dans le même sens (acte de disposition) : Décr. 22 déc. 2008, annexe 1, IX.

2. *Le tuteur ne peut transiger au nom de la personne protégée qu'après avoir fait approuver par* le conseil de famille ou le juge des tutelles les clauses de la transaction. La transaction n'est pas censée être acceptée du seul fait de la saisine du juge des tutelles ; elle ne l'est que lorsque ce dernier l'a approuvée. • Civ. 2e, 2 juill. 2015, n° 14-21.562 P : *AJ fam. 2015. 502, obs. Montourcy ; RTD civ. 2015. 853, obs. Hauser.*

Art. 507 *(L. n° 2019-222 du 23 mars 2019, art. 9)* **« En cas d'opposition d'intérêts avec la personne chargée de la mesure de protection, le partage à l'égard d'une personne protégée peut être fait à l'amiable sur autorisation du conseil de famille ou, à défaut, du juge. » Il peut n'être que partiel.**

(L. n° 2019-222 du 23 mars 2019, art. 9) « Dans tous les cas, » l'état liquidatif est soumis à l'approbation du conseil de famille ou, à défaut, du juge.

Le partage peut également être fait en justice conformément aux articles 840 et 842. Tout autre partage est considéré comme provisionnel.

Sur les actes de gestion du patrimoine des personnes placées en curatelle ou en tutelle, V. Décr. n° 2008-1484 du 22 déc. 2008, ss. art. 496.

1. *Partage irrégulier (jurisprudence antérieure à la L. du 5 mars 2007).* Le partage opéré à l'amiable, malgré la présence d'un héritier mineur, s'il vaut comme partage provisionnel en ce qui concerne la jouissance des choses partagées, est, en ce qui concerne les attributions faites aux cohéritiers, annulable pour absence des formes prescrites dans l'intérêt des incapables. • Civ. 1re, 11 déc. 1985, n° 84-13.805 P : *R., p. 84 ; D. 1986. 356, note Massip.* ♦ Sur la qualification du partage amiable, V. Décr. 22 déc. 2008, annexe 1, V.

2. Un protocole ayant pour effet de limiter les droits du mineur dans le partage à intervenir est inopposable à ce mineur, dès lors que seraient tenues en échec les dispositions de l'art. 466 anc. qui imposent, en présence d'un mineur, le partage en justice. • Civ. 1re, 3 déc. 1996, n° 94-13.744 P.

3. *Partage amiable homologué.* La disposition finale de l'art. 978 anc. C. pr. civ., qui exige que, en présence de mineurs, les lots soient composés par un expert commis par justice, ne s'applique que dans le cas de partage judiciaire et non dans le cas prévu par l'art. 466 anc., al. 2, C. civ. où, si le partage doit être homologué, il n'en est pas moins l'œuvre de la volonté des parties. • Civ. 1re, 9 juill. 1974 : *D. 1975. 99, note Ponsard.*

4. V. notes ss. art. 442.

Art. 507-1 Par dérogation à l'article 768, le tuteur ne peut accepter une succession échue à la personne protégée qu'à concurrence de l'actif net. *(L. n° 2019-222 du 23 mars 2019, art. 9)* « Toutefois, il peut l'accepter purement et simplement si l'actif dépasse manifestement le passif, après recueil d'une attestation du notaire chargé du règlement de la succession ou, à défaut, après autorisation du conseil de famille ou du juge. »

Le tuteur ne peut renoncer à une succession échue à la personne protégée sans une autorisation du conseil de famille ou, à défaut, du juge. — *Sur les voies de recours, V. C. pr. civ., art. 1239-1.*

Sur les actes de gestion du patrimoine des personnes placées en curatelle ou en tutelle, V. Décr. n° 2008-1484 du 22 déc. 2008, ss. art. 496.

1. *Acceptation d'une succession échue au mineur (jurisprudence antérieure à la L. 23 juin 2006).* La succession échue aux mineurs ne pouvant, en principe, être acceptée que sous bénéfice d'inventaire, ceux-ci doivent être réputés avoir accepté sous ce bénéfice et ne peuvent donc être poursuivis sur leurs biens personnels. • Civ. 1re, 30 juin 1998, n° 96-13.922 P : *Defrénois 1999. 311, obs. Massip ; RTD civ. 1999. 363, obs. Hauser.* ♦ Rappr. Décr. 22 déc. 2008, annexe 1, V.

2. Lorsque les formalités auxquelles est subordonné le bénéfice d'inventaire n'ont pas été accomplies durant la minorité, l'héritier devenu majeur, rentrant sous l'empire du droit commun, ne saurait se prévaloir contre les poursuites des créanciers de la succession de la qualité d'héritier bénéficiaire que pour autant qu'il a fait, au greffe du tribunal, la déclaration prescrite par l'art. 793 [anc.] C. civ., dans les délais fixés par l'art. 795 [anc.] du même code, ou, du moins, dans les nouveaux délais qui lui auraient été accordés par le juge ; à défaut de s'être conformé aux prescriptions de ces art., il doit être considéré comme un héritier pur et simple. • Civ. 27 mars 1888 : *DP 1888. 1. 345.*

3. *Renonciation à la réduction d'une libéralité.* V. Décr. 22 déc. 2008, annexe 1, V (acte de disposition).

4. *Abandon partiel de succession.* Un contrat de révélation de succession, comportant l'engagement d'abandonner une quotité de l'actif net de la succession, constitue un acte de disposition. • Civ. 1re, 10 mars 1998, n° 95-22.111 P : *Defrénois 1998. 1403, obs. Massip ; Dr. fam. 1998, n° 80, note T. F. ; RTD civ. 1998. 656, obs. Hauser.* ♦ V. dans le même sens Décr. 22 déc. 2008, annexe 1, V.

Art. 507-2 Dans le cas où la succession à laquelle il a été renoncé au nom de la personne protégée n'a pas été acceptée par un autre héritier et tant que l'État n'a pas été envoyé en possession, la renonciation peut être révoquée soit par le tuteur autorisé à cet effet par une nouvelle délibération du conseil de famille ou, à défaut, une nouvelle décision du juge, soit par la personne protégée devenue capable. Le second alinéa de l'article 807 est applicable.

Sur les actes de gestion du patrimoine des personnes placées en curatelle ou en tutelle, V. Décr. n° 2008-1484 du 22 déc. 2008, ss. art. 496.

Art. 508 A titre exceptionnel et dans l'intérêt de la personne protégée, le tuteur qui n'est pas mandataire judiciaire à la protection des majeurs peut, sur autorisation du conseil de famille ou, à défaut, du juge, acheter les biens de celle-ci ou les prendre à bail ou à ferme.

Pour la conclusion de l'acte, le tuteur est réputé être en opposition d'intérêts avec la personne protégée.

Sur les actes de gestion du patrimoine des personnes placées en curatelle ou en tutelle, V. Décr. n° 2008-1484 du 22 déc. 2008, ss. art. 496.

§ 3 Des actes que le tuteur ne peut accomplir

Art. 509 Le tuteur ne peut, même avec une autorisation :

1° Accomplir des actes qui emportent une aliénation gratuite des biens ou des droits de la personne protégée sauf ce qui est dit à propos des donations, tels que la remise de dette, la renonciation gratuite à un droit acquis, la renonciation anticipée à l'action en réduction visée aux articles 929 à 930-5, la mainlevée d'hypothèque ou de sûreté sans paiement ou la constitution gratuite d'une servitude ou d'une sûreté pour garantir la dette d'un tiers ;

2° Acquérir d'un tiers un droit ou une créance que ce dernier détient contre la personne protégée ;

3° Exercer le commerce ou une profession libérale au nom de la personne protégée ;

4° Acheter les biens de la personne protégée ainsi que les prendre à bail ou à ferme, sous réserve des dispositions de l'article 508 ;

(L. n° 2008-776 du 4 août 2008, art. 18-I, en vigueur le 1er févr. 2009) « 5° Transférer dans un patrimoine fiduciaire les biens ou droits d'un majeur protégé. »

Vie professionnelle. Sur la qualification des actes relatifs à la vie professionnelle, V. Décr. du 22 déc. 2008, annexe 2, III. ♦ Le tuteur d'une personne protégée à laquelle a été dévolue la fonction de gérant d'une société n'est pas investi du pouvoir de représenter celle-ci. • Civ. 1re, 12 juill. 2012, n° 11-13.161 P : *D. 2012. 1958 ; AJ fam. 2012. 505, obs. Verheyde ; RTD civ. 2012. 711, obs. Hauser ; Rev. sociétés 2013. 86, note Gaudemet ; RTD com. 2013. 104, obs. Monsèrié-Bon ; JCP N 2012, n° 1365, note Azincourt ; Dr. fam. 2012, n° 150, obs. Maria.*

Pour les solutions admises avant la L. du 5 mars 2007 : les actes accomplis par le tuteur en représentation de la personne protégée sont réputés accomplis par celle-ci. Dès lors, le majeur en tutelle doit être considéré comme remplissant les conditions exigées par la loi pour la reconnaissance du caractère professionnel de parts d'une société civile agricole, exonérées en tant que telles de l'impôt sur les grandes fortunes. • Com. 30 oct. 1989, n° 88-14.330 P. ♦ Sur l'étendue du mandat dont est investi l'administrateur judiciaire nommé par le juge des tutelles pour gérer les biens et les intérêts du propriétaire d'une entreprise, qui en était empêché par son état de santé, V. • Soc. 5 janv. 1977, n° 75-40.525 P (administrateur ayant tout pouvoir de décision, y compris de prononcer des licenciements, et faisant fonction d'employeur). ♦ Pour l'application de l'art. 178 de la L. 25 janv. 1985 (C. com., art. L. 624-1) : • Com. 8 déc. 1998, n° 96-15.315 P : *R., p. 234 ; D. 2000. Somm. 109, obs. Lemouland ; D. Affaires 1999. 129, obs. A. L. ; JCP 1999. II. 10130, note Gibirila ; JCP E 1999. 916, note Youego ; Defrénois 1999. 612, obs. J. Honorat ; Dr. fam. 1999, n° 92, note Fossier ; RJPF 1999-1/13, note Valory ; RTD civ. 1999. 359, obs. Hauser.* ♦ Déclaration de créance : • Com. 6 déc. 2011 : *cité note 14 ss. art. 504.*

CHAPITRE II DE L'ÉTABLISSEMENT, DE LA VÉRIFICATION ET DE L'APPROBATION DES COMPTES

Art. 510 Le tuteur établit chaque année un compte de sa gestion auquel sont annexées *toutes les pièces justificatives* utiles.

A cette fin, il sollicite des établissements auprès desquels un ou plusieurs comptes sont ouverts au nom de la personne protégée un relevé annuel de ceux-ci, sans que puisse lui être opposé le secret professionnel ou le secret bancaire.

Le tuteur est tenu d'assurer la confidentialité du compte de gestion. Toutefois, une copie du compte et des pièces justificatives est remise chaque année par le tuteur à la personne protégée lorsqu'elle est âgée d'au moins seize ans, ainsi qu'au subrogé tuteur s'il a été nommé et, si le tuteur l'estime utile, aux autres personnes chargées de la protection de l'intéressé.

En outre, le juge peut, après avoir entendu la personne protégée et recueilli son accord, si elle a atteint l'âge précité et si son état le permet, autoriser le conjoint, le partenaire du pacte civil de solidarité qu'elle a conclu, un parent, un allié de celle-ci ou un de ses proches, s'ils justifient d'un intérêt légitime, à se faire communiquer à leur charge par le tuteur une copie du compte et des pièces justificatives ou une partie de ces documents.

BIBL. ▶ POLLET, *AJ fam. 2014. 362* (obligation de remise annuelle des comptes).

Sur la possibilité de dessaisir un tuteur en cas de non-respect de ses obligations relatives à la remise des comptes, Rappr. notes ss. art. 417.

Art. 511 *(L. nº 2019-222 du 23 mars 2019, art. 30)* **Pour les mineurs sous tutelle, le tuteur soumet au directeur des services de greffe judiciaires du tribunal judiciaire un compte de gestion annuel, accompagné des pièces justificatives, en vue de sa vérification.**

Le subrogé tuteur vérifie le compte avant de le transmettre avec ses observations au directeur des services de greffe judiciaires.

Le directeur des services de greffe judiciaires peut être assisté dans sa mission de contrôle des comptes dans les conditions fixées par le code de procédure civile.

Le juge peut décider que la mission de vérification et d'approbation des comptes dévolue au directeur des services de greffe judiciaires sera exercée par le subrogé tuteur.

Si les ressources du mineur le permettent et si l'importance et la composition de son patrimoine le justifient, le juge peut décider que la mission de vérification et d'approbation sera exercée, aux frais du mineur et selon les modalités qu'il fixe, par un professionnel qualifié.

Sur l'entrée en vigueur et l'application dans le temps des modifications issues de l'art. 30 de la L. nº 2019-222 du 23 mars 2019, V. ndlr ss. art. 512.

Ancien art. 511 *(L. nº 2009-526 du 12 mai 2009, art. 13, en vigueur le 1er janv. 2010)* ***« Le tuteur soumet chaque année le compte de gestion, accompagné des pièces justificatives, en vue de sa vérification, au*** *(L. nº 2016-1547 du 18 nov. 2016, art. 16-I)* ***« directeur des services de greffe judiciaires » :***

« 1º Du tribunal de grande instance, s'agissant des mesures de protection juridique des mineurs ;

« 2º Du tribunal d'instance, s'agissant des mesures de protection juridique des majeurs. »

Lorsqu'un subrogé tuteur a été nommé, il vérifie le compte avant de le transmettre avec ses observations au *(L. nº 2016-1547 du 18 nov. 2016, art. 16-I)* ***« directeur des services de greffe judiciaires ».***

Pour la vérification du compte, le *(L. nº 2016-1547 du 18 nov. 2016, art. 16-I)* ***« directeur des services de greffe judiciaires » peut faire usage du droit de communication prévu au deuxième alinéa de l'article 510. Il peut être assisté dans sa mission de contrôle des comptes dans les conditions fixées par le code de procédure civile.*** *— V. C. pr. civ., art. 1254-1. —* **C. pr. civ.**

S'il refuse d'approuver le compte, le *(L. nº 2016-1547 du 18 nov. 2016, art. 16-I)* ***« directeur des services de greffe judiciaires » dresse un rapport des difficultés rencontrées qu'il transmet au juge. Celui-ci statue sur la conformité du compte.***

Le juge peut décider que la mission de vérification et d'approbation des comptes dévolue au *(L. nº 2016-1547 du 18 nov. 2016, art. 16-I)* ***« directeur des services de greffe judiciaires » sera exercée par le subrogé tuteur s'il en a été nommé un.***

Lorsqu'il est fait application de l'article 457, le juge peut décider que le conseil de famille vérifiera et approuvera les comptes en lieu et place du *(L. nº 2016-1547 du 18 nov. 2016, art. 16-I)* ***« directeur des services de greffe judiciaires ».***

Art. 512 *(L. nº 2019-222 du 23 mars 2019, art. 30)* **Pour les majeurs protégés, les comptes de gestion sont vérifiés et approuvés annuellement par le subrogé tuteur lorsqu'il en a été nommé un ou par le conseil de famille lorsqu'il est fait application de l'article 457. Lorsque plusieurs personnes ont été désignées dans les conditions de l'article 447 pour la gestion patrimoniale, les comptes annuels de gestion doivent être signés par chacune d'elles, ce qui vaut approbation. En cas de difficulté, le juge statue**

sur la conformité des comptes à la requête de l'une des personnes chargées de la mesure de protection.

Par dérogation au premier alinéa du présent article, lorsque l'importance et la composition du patrimoine de la personne protégée le justifient, le juge désigne, dès réception de l'inventaire du budget prévisionnel, un professionnel qualifié chargé de la vérification et de l'approbation des comptes dans des conditions fixées par décret en Conseil d'État. Le juge fixe dans sa décision les modalités selon lesquelles le tuteur soumet à ce professionnel le compte de gestion, accompagné des pièces justificatives, en vue de ces opérations.

En l'absence de désignation d'un subrogé tuteur, d'un co-tuteur, d'un tuteur adjoint ou d'un conseil de famille, le juge fait application du deuxième alinéa du présent article.

Les modifications issues de l'art. 30 de la L. n° 2019-222 du 23 mars 2019 s'appliquent dès le lendemain de la publication de la loi [24 mars 2019] aux mesures de protection ouvertes antérieurement, à l'exception du deuxième al. de l'art. 512 C. civ., dans sa rédaction résultant de l'art. 30, qui entre en vigueur à une date fixée par décret et au plus tard le 31 déc. 2023. La vérification et l'approbation des comptes annuels de gestion établis antérieurement à cette entrée en vigueur restent dévolus au directeur des services de greffe judiciaires dans les conditions prévues aux art. 511 et 513 C. civ. dans leur rédaction antérieure à la publication de la L. du 23 mars 2019 (L. préc., art. 109).

Ancien art. 512 ***Lorsque la tutelle n'a pas été confiée à un mandataire judiciaire à la protection des majeurs, le juge peut, par dérogation aux articles 510 et 511 et en considération de la modicité des revenus et du patrimoine de la personne protégée, dispenser le tuteur d'établir le compte de gestion et de soumettre celui-ci à l'approbation du*** *(L. n° 2016-1547 du 18 nov. 2016, art. 16-I)* ***« directeur des services de greffe judiciaires ».***

La dispense de compte de gestion n'est qu'une faculté pour le juge, qui dispose d'un pouvoir souverain d'appréciation pour en apprécier la nécessité, peu important la modicité des revenus et du patrimoine de la personne protégée. • Civ. 1re, 7 oct. 2015, n° 14-23.955 P : *cité ss. art. 453.*

Art. 513 *(L. n° 2019-222 du 23 mars 2019, art. 30)* **Par dérogation aux articles 510 à 512, le juge peut décider de dispenser le tuteur de soumettre le compte de gestion à approbation en considération de la modicité des revenus ou du patrimoine de la personne protégée.**

Lorsque la tutelle n'a pas été confiée à un mandataire judiciaire à la protection des majeurs, il peut également décider de le dispenser d'établir le compte de gestion.

Sur l'entrée en vigueur et l'application dans le temps des modifications issues de l'art. 30 de la L. n° 2019-222 du 23 mars 2019, V. ndlr ss. art. 512.

Ancien art. 513 ***Si les ressources de la personne protégée le permettent et si l'importance et la composition de son patrimoine le justifient, le juge peut décider, en considération de l'intérêt patrimonial en cause, que la mission de vérification et d'approbation du compte de gestion sera exercée, aux frais de l'intéressée et selon les modalités qu'il fixe, par un technicien.***

Art. 513-1 *(L. n° 2019-222 du 23 mars 2019, art. 30)* **La personne chargée de vérifier et d'approuver les comptes peut faire usage du droit de communication prévu au deuxième alinéa de l'article 510, sans que puisse lui être opposé le secret professionnel ou le secret bancaire. Elle est tenue d'assurer la confidentialité du compte de gestion.**

A l'issue de la vérification du compte de gestion, un exemplaire est versé sans délai au dossier du tribunal par la personne chargée de cette mission.

En cas de refus d'approbation des comptes, le juge est saisi par un rapport de difficulté et statue sur la conformité du compte.

Sur l'entrée en vigueur et l'application dans le temps des modifications issues de l'art. 30 de la L. n° 2019-222 du 23 mars 2019, V. ndlr ss. art. 512.

Art. 514 ***Lorsque sa mission prend fin*** **pour quelque cause que ce soit, le tuteur établit un compte de gestion des opérations intervenues depuis l'établissement du dernier compte** *(Abrogé par L. n° 2019-222 du 23 mars 2019, art. 30)* ***« annuel »*** **et le soumet à la vérification et à l'approbation prévues aux articles** *(L. n° 2019-222 du 23 mars 2019, art. 30)* **« 511 à 513-1** *[ancienne rédaction : 511 et 513]* **».**

En outre, dans les trois mois qui suivent la fin de sa mission, le tuteur ou ses héritiers s'il est décédé remettent une copie des cinq derniers comptes de gestion et du

compte mentionné au premier alinéa du présent article, selon le cas, à la personne devenue capable si elle n'en a pas déjà été destinataire, à la personne nouvellement chargée de la mesure de gestion ou aux héritiers de la personne protégée.

Les alinéas précédents ne sont pas applicables dans le cas prévu à l'article *(L. n° 2019-222 du 23 mars 2019, art. 30)* **« 513** *[ancienne rédaction : 512]* **».**

Dans tous les cas, le tuteur remet aux personnes mentionnées au deuxième alinéa du présent article les pièces nécessaires pour continuer la gestion ou assurer la liquidation de la succession, ainsi que l'inventaire initial et les actualisations auxquelles il a donné lieu.

Sur l'entrée en vigueur et l'application dans le temps des modifications issues de l'art. 30 de la L. n° 2019-222 du 23 mars 2019, V. ndlr ss. art. 512.

Ne sont assimilées par l'art. R. 93-3° C. pr. pén. aux frais de justice criminelle, correctionnelle ou de police que les dépenses qui résultent des procédures suivies en application de la législation en matière de tutelle des mineurs et non les rémunérations dues au tuteur en contrepartie de son activité ni le remboursement des frais qu'il a exposés. • Crim. 2 mai 1990, n° 89-85.921 P. ♦ Comp. l'extension limitée désormais admise par les art. 1252 C. pr. civ. (mesures conservatoires en cas de mise en péril des biens d'un majeur sous sauvegarde de justice) et 1256 (certificat médical de l'art. 431 requis par le juge ou le procureur).

CHAPITRE III DE LA PRESCRIPTION

Art. 515 **L'action en reddition de comptes, en revendication ou en paiement diligentée par la personne protégée ou ayant été protégée ou par ses héritiers relativement aux faits de la tutelle se prescrit par cinq ans à compter de la fin de la mesure, alors même que la gestion aurait continué au-delà.**

1. Domaine : primauté de la tutelle sur l'indivision. La gestion par un tuteur d'un patrimoine indivis entre lui et son pupille n'en demeure pas moins une gestion tutélaire et l'action en reddition de comptes est soumise à la prescription de l'art. 475 anc. • Civ. 1re, 21 juill. 1980, n° 79-11.146 P.

2. ... Actions visées. L'art. 475 anc. est applicable à l'action exercée par l'enfant à l'encontre de l'administrateur légal sous contrôle judiciaire pour obtenir le remboursement des dommages et intérêts que ce dernier a perçus, en cette qualité, pour indemnisation du préjudice matériel et moral de l'enfant. Cassation de l'arrêt analysant cette action en une action en revendication, imprescriptible. • Civ. 1re, 2 oct. 2001, n° 99-18.630 P : *D. 2001. IR 3017 ; Defrénois 2002. 198, obs. Massip ; AJ fam. 2002. 31, et les obs. ; RTD civ. 2002. 73, obs. Hauser .*

3. Point de départ. V. • Montpellier, 15 mai 2014 : *Dr. fam. 2014, n° 159, obs. Neirinck.* ♦ Sur la prise en compte de la continuation de la gestion, V. précédemment ss. art. 475 anc.

4. Fraude. Une administratrice légale ne peut se prévaloir de ce délai de prescription alors que la situation frauduleuse créée et entretenue par elle n'a été connue de sa fille que bien après l'expiration de ce délai. • Civ. 1re, 19 déc. 1995 : *Defrénois 1996. 1002, obs. Massip.*

Décret n° 65-961 du 5 novembre 1965,

Pris pour l'application de certains articles du code civil et relatif au dépôt et à la gestion des fonds et des valeurs mobilières des mineurs

Loi n° 2007-308 du 5 mars 2007, *portant réforme de la protection juridique des majeurs* (*JO 7 mars*). **Art. 1er à 44** *Modification de textes,*

Art. 45 I. — A l'exception des articles 11, 25 à 28, 31, 33 *[Dispositions déclarées non conformes à la Constitution par la décision du Conseil constitutionnel n° 2007-552 DC du 1er mars 2007]* à 43 et du III de l'article 44 qui sont d'application immédiate, *[Dispositions déclarées non conformes à la Constitution par la décision du Conseil constitutionnel n° 2007-552 DC du 1er mars 2007]*, la présente loi entre en vigueur le 1er janvier 2009.

II. — Au 1er janvier 2009, elle s'applique aux mesures de protection ouvertes antérieurement sous les conditions suivantes :

1° Les articles 441 et 442 du code civil sont applicables aux mesures ouvertes avant l'entrée en vigueur de la présente loi à l'expiration d'un délai de cinq ans à compter de *(L. n° 2009-526 du 12 mai 2009, art. 116)* « cette entrée en vigueur », sans préjudice des demandes de mainlevée qui pourront être présentées avant ce délai et de la révision des mesures faites à l'occasion d'une saisine du juge dans ces dossiers.

A défaut de renouvellement dans le délai précité, les mesures prennent fin de plein droit ;

2° Les mesures de tutelle aux prestations sociales ne sont caduques de plein droit qu'au terme de la troisième année qui suit la date d'entrée en vigueur de la présente loi, à moins que le juge en prononce la caducité avant cette date lors d'un réexamen de la mesure, d'office ou sur demande de la personne protégée.

Lors de ce réexamen, le juge peut ordonner une mesure d'accompagnement judiciaire alors même que les conditions du premier alinéa de l'article 495 du code civil ne seraient pas réunies ;

3° L'appel et le pourvoi en cassation sont jugés selon les règles applicables lors du prononcé de la décision de première instance.

III. — Un mandat de protection future peut être confié à une personne physique dès la publication de la présente loi. Toutefois, ce mandat ne peut prendre effet qu'à compter de la date d'entrée en vigueur de celle-ci.

En application des art. 45-I et 45-II-3, un recours contre une mesure de curatelle prononcée en mai 2008 doit être jugé selon les règles applicables à cette date. • Civ. 1re, 27 mai 2010, n° 09-16.094 P : *D. actu. 15 juin 2010, obs. Égéa ; D. 2010. Pan. 2115, obs. Plazy ; AJ fam. 2010. 332, obs. Pécaut-Rivolier ; RLDC 2010/73, n° 3886, obs. Pouliquen ; RTD civ. 2010. 528, obs. Hauser.*

Code de la santé publique

(Ord. n° 2000-548 du 15 juin 2000)

Modalités de soins psychiatriques

Art. L. 3211-1 Une personne ne peut sans son consentement ou, le cas échéant, *(Ord. n° 2020-232 du 11 mars 2020, art. 21, en vigueur le 1er oct. 2020)* « sans l'autorisation de son représentant légal, si elle est mineure, ou celle de la personne chargée de la protection, s'il s'agit d'un majeur faisant l'objet d'une mesure de protection juridique avec représentation relative à la personne, » *(L. n° 2011-803 du 5 juill. 2011, art. 1er, en vigueur le 1er août 2011)* « faire l'objet de soins psychiatriques », hormis les cas prévus par *(L. n° 2011-803 du 5 juill. 2011, art. 1er, en vigueur le 1er août 2011)* « les chapitres II à IV du présent titre et ceux prévus à l'article 706-135 du code de procédure pénale ».

Toute personne *(L. n° 2011-803 du 5 juill. 2011, art. 1er, en vigueur le 1er août 2011)* « faisant l'objet de soins psychiatriques » ou sa famille dispose du droit de s'adresser au praticien ou à l'équipe de santé mentale, publique ou privée, de son choix tant à l'intérieur qu'à l'extérieur du secteur psychiatrique correspondant à son lieu de résidence.

Les dispositions issues de l'Ord. n° 2020-232 du 11 mars 2020 sont applicables aux mesures de protection juridique en cours au jour de son entrée en vigueur et aux situations dans lesquelles aucune décision n'a été prise au jour de son entrée en vigueur, soit au plus tard le 1er oct. 2020 (Ord. préc., art. 46).

Art. L. 3211-2 Une personne *(L. n° 2011-803 du 5 juill. 2011, art. 1er, en vigueur le 1er août 2011)* « faisant l'objet de soins psychiatriques » avec son consentement pour des troubles mentaux est dite en *(L. n° 2011-803 du 5 juill. 2011, art. 1er, en vigueur le 1er août 2011)* « soins psychiatriques libres ». Elle dispose des mêmes droits liés à l'exercice des libertés individuelles que ceux qui sont reconnus aux malades *(L. n° 2011-803 du 5 juill. 2011, art. 1er, en vigueur le 1er août 2011)* « soignés » pour une autre cause.

(L. n° 2011-803 du 5 juill. 2011, art. 1er, en vigueur le 1er août 2011) « Cette modalité de soins est privilégiée lorsque l'état de la personne le permet. »

Art. L. 3211-2-1 *(L. n° 2013-869 du 27 sept. 2013, art. 1er)* I. — Une personne faisant l'objet de soins psychiatriques en application des chapitres II et III du présent titre ou de l'article 706-135 du code de procédure pénale est dite en soins psychiatriques sans consentement.

La personne est prise en charge :

1° Soit sous la forme d'une hospitalisation complète dans un établissement mentionné à l'article L. 3222-1 du présent code ;

2° Soit sous toute autre forme, pouvant comporter des soins ambulatoires, des soins à domicile dispensés par un établissement mentionné au même article L. 3222-1 *(Abrogé par Ord. n° 2021-583 du 12 mai 2021, art. 1er)* « *et, le cas échéant, une hospitalisation à domicile* », des séjours à temps partiel ou des séjours de courte durée à temps complet effectués dans un établissement mentionné audit article L. 3222-1.

II. — Lorsque les soins prennent la forme prévue au 2° du I, un programme de soins est établi par un psychiatre de l'établissement d'accueil et ne peut être modifié, afin de tenir compte de l'évolution de l'état de santé du patient, que dans les mêmes conditions. Le programme de soins définit les types de soins, leur périodicité et les lieux de leur réalisation, dans des conditions déterminées par décret en Conseil d'État.

Pour l'établissement et la modification du programme de soins, le psychiatre de l'établissement d'accueil recueille l'avis du patient lors d'un entretien au cours duquel il donne au patient l'information prévue à l'article L. 3211-3 et l'avise des dispositions du III du présent article et de celles de l'article L. 3211-11.

III. — Aucune mesure de contrainte ne peut être mise en œuvre à l'égard d'un patient pris en charge sous la forme prévue au 2° du I.

....

Art. L. 3211-5-1 *(Ord. n° 2016-131 du 10 févr. 2016, art. 6-XVI, en vigueur le 1er oct. 2016)* Sauf autorisation de justice, il est interdit, à peine de nullité, à quiconque exerce une fonction ou occupe un emploi dans un établissement dispensant des soins psychiatriques de se rendre acquéreur d'un bien ou cessionnaire d'un droit appartenant à une personne admise dans l'établissement ou de prendre à bail le logement occupé par cette personne avant son admission dans l'établissement.

Pour l'application du présent article, sont réputées *[réputés]* personnes interposées,*[:]* le conjoint, le partenaire d'un pacte civil de solidarité, le concubin, les ascendants et les descendants des personnes auxquelles s'appliquent les interdictions ci-dessus édictées.

1. Renvois. Sur le contrôle des actes conclus avec des pensionnaires d'une maison de retraite, V. anc. art. 1125-1 C. civ. pour le droit antérieur à l'Ord. du 10 févr. 2016 et, à compter de l'entrée en vigueur de ce texte, l'art. L. 116-4 CASF.

2. Absence de lien entre les parties (non). V. sous l'empire du droit antérieur à l'Ord. : doit être annulée la vente à la directrice d'une maison de retraite d'un droit d'usage et d'habitation sur une maison appartenant à son beau-frère, pensionnaire de l'établissement, l'anc. art. 1125-1 C. civ., rédigé en termes généraux, ayant vocation à s'appliquer quels que soient les liens affectifs et familiaux unissant les parties. • Civ. 1re, 12 juin 1990, n° 88-14.297 P : *D. 1991. Somm. 160, obs. Paisant ; RTD civ. 1991. 109, obs. Mestre ; Defrénois 1990. 1095, obs. Vermelle ; ibid. 1303, obs. Massip.*

Art. L. 3211-6 Le médecin qui constate que la personne à laquelle il donne ses soins a besoin, pour l'une des causes prévues à l'article *(L. n° 2007-308 du 5 mars 2007, art. 22)* « 425 » du code civil, d'être protégée dans les actes de la vie civile peut en faire la déclaration au procureur de la République du lieu de traitement. Cette déclaration a pour effet de placer le malade sous sauvegarde de justice si elle est accompagnée de l'avis conforme d'un psychiatre.

Lorsqu'une personne est soignée dans *(Ord. n° 2010-177 du 23 févr. 2010, art. 1er-7°)* « un établissement de santé » *(Ord. n° 2018-20 du 17 janv. 2018, art. 11)* « ou un hôpital des armées » *(L. n° 2015-1776 du 28 déc. 2015, art. 37)* « ou hébergée dans un établissement social ou médico-social », le médecin est tenu, s'il constate que cette personne se trouve dans la situation prévue à l'alinéa précédent, d'en faire la déclaration au procureur de la République du lieu de traitement. Cette déclaration a pour effet de placer le malade sous sauvegarde de justice. Le représentant de l'État dans le département doit être informé par le procureur de la mise sous sauvegarde.

Sauf mention contraire, les dispositions de l'Ord. n° 2010-177 du 23 févr. 2010 entrent en vigueur au plus tard le 1er juill. 2010, selon les mêmes modalités que celles prévues par la loi n° 2009-879 du 21 juill. 2009 (Ord. préc., art. 29-II).

....

Art. L. 3211-10 *(L. n° 2011-803 du 5 juill. 2011, art. 1er, en vigueur le 1er août 2011)* « Hormis les cas prévus au chapitre III du présent titre, la décision d'admission en soins psychiatriques d'un mineur ou la levée de cette mesure sont demandées, selon les situations, par les personnes titulaires de l'exercice de l'autorité parentale ou par le tuteur. » En cas de désaccord entre les titulaires de l'exercice de l'autorité parentale, le juge aux affaires familiales statue.

....

Art. L. 3211-12 *à* L. 3211-13 Procédure devant le juge des libertés et de la détention

....

Admission en soins psychiatriques à la demande d'un tiers ou en cas de péril imminent

Art. L. 3212-1 *(L. n° 2011-803 du 5 juill. 2011, art. 2, en vigueur le 1er août 2011)* I. — Une personne atteinte de troubles mentaux ne peut faire l'objet de soins psychiatriques sur la décision du directeur d'un établissement mentionné à l'article L. 3222-1 que lorsque les deux conditions suivantes sont réunies :

1° Ses troubles mentaux rendent impossible son consentement ;

2° Son état mental impose des soins immédiats assortis soit d'une surveillance médicale constante justifiant une hospitalisation complète, soit d'une surveillance médicale régulière justifiant une prise en charge sous la forme mentionnée au 2° *(L. n° 2013-869 du 27 sept. 2013, art. 1er)* « du I » de l'article L. 3211-2-1.

II. — Le directeur de l'établissement prononce la décision d'admission :

1° Soit lorsqu'il a été saisi d'une demande présentée par un membre de la famille du malade ou par une personne justifiant de l'existence de relations avec le malade antérieures à la demande de soins et lui donnant qualité pour agir dans l'intérêt de celui-ci, à l'exclusion des personnels soignants exerçant dans l'établissement prenant en charge la personne malade. *(Ord. n° 2020-232 du 11 mars 2020, art. 23, en vigueur le 1er oct. 2020)* « Lorsqu'elle remplit les conditions prévues au présent alinéa, la personne chargée, à l'égard d'un majeur protégé, d'une mesure de protection juridique à la personne peut faire une demande de soins pour celui-ci. »

La forme et le contenu de cette demande sont fixés par décret en Conseil d'État.

La décision d'admission est accompagnée de deux certificats médicaux circonstanciés datant de moins de quinze jours, attestant que les conditions prévues aux 1° et 2° du I du présent article sont réunies.

Le premier certificat médical ne peut être établi que par un médecin n'exerçant pas dans l'établissement accueillant le malade ; il constate l'état mental de la personne malade, indique les caractéristiques de sa maladie et la nécessité de recevoir des soins. Il doit être confirmé par un certificat d'un second médecin qui peut exercer dans l'établissement accueillant le malade. Les deux médecins ne peuvent être parents ou alliés, au quatrième degré inclusivement, ni entre eux, ni du directeur de l'établissement mentionné à l'article L. 3222-1 qui prononce la décision d'admission, ni de la personne ayant demandé les soins ou de la personne faisant l'objet de ces soins ;

2° Soit lorsqu'il s'avère impossible d'obtenir une demande dans les conditions prévues au 1° du présent II et qu'il existe, à la date d'admission, un péril imminent pour la santé de la personne, dûment constaté par un certificat médical établi dans les conditions prévues au troisième alinéa du même 1°. Ce certificat constate l'état mental de la personne malade, indique les caractéristiques de sa maladie et la nécessité de recevoir des soins. Le médecin qui établit ce certificat ne peut exercer dans l'établissement accueillant la personne malade ; il ne peut en outre être parent ou allié, jusqu'au quatrième degré inclusivement, ni avec le directeur de cet établissement ni avec la personne malade.

Dans ce cas, le directeur de l'établissement d'accueil informe, dans un délai de vingt-quatre heures sauf difficultés particulières, la famille de la personne qui fait l'objet de soins et, le cas échéant, la personne chargée de la protection juridique de l'intéressé ou, à défaut, toute personne justifiant de l'existence de relations avec la personne malade antérieures à l'admission en soins et lui donnant qualité pour agir dans l'intérêt de celle-ci.

Lorsque l'admission a été prononcée en application du présent 2°, les certificats médicaux *mentionnés aux deuxième et troisième alinéas de l'article* L. 3211-2-2 sont établis par deux psychiatres distincts.

Les dispositions issues de l'Ord. n° 2020-232 du 11 mars 2020 sont applicables aux mesures de protection juridique en cours au jour de son entrée en vigueur et aux situations dans lesquelles aucune décision n'a été prise au jour de son entrée en vigueur, soit au plus tard le 1er oct. 2020 (Ord. préc., art. 46).

....

Contentieux

Art. L. 3216-1 La régularité des décisions administratives prises en application des chapitres II à IV du présent titre ne peut être contestée que devant le juge judiciaire.

Le juge des libertés et de la détention connaît des contestations mentionnées au premier alinéa du présent article dans le cadre des instances introduites en application des articles L. 3211-12 et L. 3211-12-1. Dans ce cas, l'irrégularité affectant une décision administrative mentionnée au premier alinéa du présent article n'entraîne la mainlevée de la mesure que s'il en est résulté une atteinte aux droits de la personne qui en faisait l'objet.

Lorsque le tribunal judiciaire statue sur les demandes en réparation des conséquences dommageables résultant pour l'intéressé des décisions administratives mentionnées au premier alinéa, il peut, à cette fin, connaître des irrégularités dont ces dernières seraient entachées.

Le chapitre VI du titre I du livre II de la troisième partie du code de la santé publique entre en vigueur le 1er janv. 2013. La juridiction administrative est compétente pour statuer sur les recours dont elle est saisie antérieurement à cette date (L. n° 2011-803 du 5 juill. 2011, art. 18).

BIBL. ▶ Viallettes et Grosset, *JCP 2013, n° 157.*

TITRE XIII DU PACTE CIVIL DE SOLIDARITÉ ET DU CONCUBINAGE

(L. n° 99-944 du 15 nov. 1999)

Aux termes de la loi n° 2007-308 du 5 mars 2007 portant réforme de la protection juridique des majeurs, art. 1er-3°, le présent titre, qui était le Titre XII, devient le Titre XIII, à compter du 1er janv. 2009.

BIBL. GÉN. ▶ **Commentaires de la loi du 15 nov. 1999 :** Rubellin-Devichi, *JCP 1999, n° 43, Actualité.* – Charbonneau et Pansier, *Gaz. Pal. 1999. Doctr. 1793.* – Courtray, *RDSS 2000. 1* . – Lemouland, *D. 1999. Chron. 483* . – Revet, *chron. lég. RTD civ. 2000. 173* . – *Dr. fam., déc. 1999, numéro hors série 12 ter* (études de B. Beignier, A. Benoît, P. Catala, J. Combret, F. Douet, G. Drago, H. Fulchiron, F. Granet, J. Hauser, C. Le Foyer de Costil, L. Leveneur, P. Malaurie, J.-P. Michel, J.-P. Pouliquen, A. Sériaux et F. Terré). – *Adde : Études Rubellin-Devichi, Litec, 2002.*

▶ **Études spéciales :** Alibhaye-Omarjee, *RLDC 2009/65, n° 3611* (dix ans du Pacs). – Alt-Maes, *JCP 2000. I. 275* (PACS et droit pénal). – Antonini-Cochin, *D. 2005. Chron. 23* (paradoxe de la fidélité). – Beddeleem, *Ann. loyers 2001. 8* (PACS et bail d'habitation). – Beignier, *Defrénois 2000. 620* (indivision). – Castagné, *JCP N 2008. 1325* (comparaison Mariage, PACS, Concubinage). – De Belot, *Administrer juin/2000, p. 11* (concubinage, PACS et ... louage). – Bernigaud, *Études Rubellin-Devichi, préc., p. 183* (PACS et filiation). – Besnard Goudet, *JCP E 2001. 1128* (PACS et droit des sociétés). – Blachèr et Seube, *RD publ. 2000. 203* (décision du Conseil constitutionnel). – Bosse-Platière, *Études Rubellin-Devichi, préc., p. 193* (PACS et autorité parentale). – R. Cabrillac, *Dr. fam. 2000. Chron. 13* (réformes du droit de la famille et PACS). – Chanteloup, *Gaz. Pal. 2000. 2. Doctr. 1715* (le PACS en DIP). – Coutant-Lapalus, *Dr. fam. 2010. Étude 9* (PACS et logement). – Dekeuwer-Défossez, *RTD civ. 2001. 529* (PACS et famille). – Delmas Saint-Hilaire, *JCP N 2000. 458* (aspects fiscaux). – Diloy, *RRJ 2002/1. 115* (cause et PACS). – Douet, *D. 2005. Chron. 1058* (aménagements fiscaux récents). – Fémenia, *RRJ 2002/3. 1199* (décision du Conseil constitutionnel et contrat). – Fulchiron, *Defrénois 2005. 1286* (quel avenir pour le PACS ?) ; *D. 2006. Chron. 1253* (le droit français et les mariages homosexuels étrangers) ; *D. 2009. Chron. 1703* (solidarité dans les couples séparés). – Granet, *JCP N 2000. 371* (aspects comparés et internationaux). – Granet-Lambrechts, *Dr. fam. 2005. Étude 9* (propositions pour une révision du PACS). – Grimaldi, *Defrénois 2003. 813* (réflexions sur le PACS). – Hauser, *JCP N 2000. 411* (statut civil des partenaires) ; *Defrénois 2001. 673* (contrat consensuel ou solennel ?). – Jacotot et Convers, *JCP N 2009. 1269* (PACS et droit des successions et des libéralités). – Josselin-Gall, *JCP N 2000. 489* (DIP). – Khairallah, *Rev. crit. DIP 2000. 317* (DIP). – X. Labbée, *D. 2009. Chron. 2053* (judiciarisation du PACS et du concubinage) ; *JCP 2012. 2* (injustice de la dissolution conventionnelle). – Laforest-Tacchini, *Dr. fam. 2003. Chron. 3* (surendettement et PACS). – Lécuyer, *Dr. fam. 2000. Chron. 1* (décrets d'application). – Lemouland, *JCP N 2000. 406* (formation et dissolution). – Marteau-Petit, *Dr. fam. 2001. Chron. 8* (PACS et fisc). – Mayaux, *Études Rubellin-Devichi, préc., p. 293* (PACS et assurances). – Mirabail, *Gaz. Pal. 2018. 1972* (témoignage du concubin ou du partenaire en matière familiale). – Molfessis, *JCP 2000. I. 210* (décision du Conseil constitutionnel). – F. Monéger, *JCP N 2000. 452* (aspects sociaux). – Monteillet-Geffroy, *JCP N 2001. 744* (le notaire et le contentieux du PACS). – Piastra, *D. 2000. Chron. 203* (décision du Conseil constitutionnel). – Raymond, *CCC 2000. Chron. 14* (PACS et droit des contrats). – Revillard, *Defrénois 2000. 337* (DIP) ; *ibid. 2005. 461* (DIP). – Sauvage, *RJPF 2001-5/11* (protection du partenaire survivant). – Seube, *Dr. et patr. 5/2003. 76* (exécution du PACS). – Vassaux et Vauvillé, *RJPF 2000-5/10* (premières difficultés pratiques). – Vauvillé, *Dr. et patr. 3/2001. 26* (fin du PACS). – *Dr. et patr. 4/2000. 53 s.* (dossier). – Dossier, *AJ fam. 2002. 164* (séparation des couples mariés et logement d'habitation). – Dossier, *AJ fam. 2004. 256* (le PACS, quel avenir ?). – Dossier *AJ fam. 2005. 296* (protection du membre survivant du couple). – Dossier, *Dr. et patr. 9/2008. 57*, par Valory, Sauvage, Mulon, Depondt. – Dossier, *AJ fam. 2010. 105* (judiciarisation du PACS et du concubinage). – Dossier, *AJ fam. 2015. 436* (liquidation des régimes patrimoniaux).

▸ **Études antérieures à la loi du 15 nov. 1999 :** PACS (projet) : Beignier, *Dr. fam. 1999. Chron. 7* (statut unitaire du concubinage). – R. Cabrillac, *D. 1999. Chron. 71*. – Destame, *JCP N 1998. 1536* (formule). – Flour, *Gaz. Pal. 1999. 1. Doctr. 284* (indivision). – Moutouh, *D. 1998. Chron. 369* (couples homosexuels) ; *D. 1999, 2e cahier, Actualité.* – Pansier, *Gaz. Pal. 1999. 1. Doctr. 287.* – Théry, *Dr. fam. 1999. Chron. 8* (journée d'audition au Sénat).

▸ **Contrat d'union civile (projet) :** Beignier, *Dr. fam. 1997. Chron. 5.* – M.-T. Calais-Auloy, *LPA 27 mars 1998.* – Gaudu, *D. 1998. Chron. 19*. – Hauser, obs. *RTD civ. 1998. 78*. – Leveneur, *JCP 1997. I. 4069.* – Libchaber, *RTD civ. 1998. 224*. – Malaurie, *Defrénois 1998. 871.* – Moutouh, *D. 1998. Chron. 369* (couples homosexuels). – Roland, *LPA 6 mars 1998.* – Sériaux, *Dr. fam. 1998. Chron. 4.*

▸ **Droit comparé :** *Études Rubellin-Devichi, préc.* – Brulé-Gadioux et Lamothe, *Defrénois 2005. 647* (le mariage homosexuel en Europe). – Flauss Diem, *Dr. fam. 2000. Chron. 24* (droit anglais ; affaire *Fitzpatrick*). – Fongaro, *JDI 2006. 477* (mariage homosexuel et DIP). – Fulchiron, *D. 2001. Point de vue. 1628* (mariage homosexuel : lois hollandaises du 21 déc. 2000).

CHAPITRE I DU PACTE CIVIL DE SOLIDARITÉ

(L. n° 99-944 du 15 nov. 1999)

RÉP. CIV. v° *Pacte civil de solidarité (PACS)*, par M. Lamarche.

DALLOZ ACTION *Droit de la famille 2023/2024, nos 151.00 s.*

BIBL. GÉN. ▸ **Question de l'acte authentique :** Beignier, *D. 2000, n° 5, p. V Defrénois 2000. 211 ; ibid. 2001. 232* (nécessité du double original). – Pillebout, *JCP N 2000. 385 ; ibid. 2001. 900* (PACS notarié).

▸ **Formules et conseils de rédaction :** Beignier, Combret et Fouquet, *Dr. fam. 2000. Chron. 9 ; Defrénois 2000. 630* (formule commentée par B. Beignier). – Destame, *JCP N 1999. 1698.* – Pillebout et Mathieu, *JCP N 2000. 1473* (conventions relatives à la propriété des biens). – Thouret, *LPA 10 mars 2000.* – Dossier, *AJ fam. 2011. 131* (contractualisation du PACS).

▸ **Circ. n° 00/2 du 11 oct. 2000 :** Sauvage, *JCP N 2001. 959.*

▸ **Réforme du 23 juin 2006 :** Benalcazar, *Dr. fam. 2007. Étude 2.* – Brusorio, *JCP N 2007. 1042.* – Fulchiron, *Defrénois 2006. 1621 ; Dr. et patr. 10/2007. 28.* – Larribau-Terneyre, *Dr. fam. 2007. Étude 1.* – Lemouland et Vigneau, *obs. D. 2007. Pan. 1569.* – Mauger-Vielpeau, *JCP N 2007. 1201.* – Mulon, *RJPF 2007-4/11.* – Simler et Hilt, *JCP 2006. I. 161.* – Malecki, *JCP E 2006. 2409* (droit des sociétés). – Dossier, *AJ fam. 2007. 8* (loi du 23 juin 2006 et décrets du 23 déc. 2006). – Sauvage, *RLDC 2007/34, n° 2367* (régime des biens).

▸ **Loi du 5 mars 2007 réformant la protection juridique des majeurs :** Bosse-Platière, *JCP 2007. I. 170, n° 3 s.* (PACS et majeurs protégés).

▸ **Réforme du 18 nov. 2016 :** Mayer, *Gaz. Pal. 2017. 1. 653.* – Poudre, *Dr. fam. 2017. Étude 6* (le transfert du pacte civil de solidarité à l'officier de l'état civil : entre compétences nouvelles et naturelles).

▸ **Autres thèmes :** Barbier, Martin, Mussier, Passalacqua et Vagost, *AJ fam. 2011. 201* (PACS et prestation compensatoire). – Binet, *Dr. fam. 2019. Étude 15* (Pacs et mariage : vingt ans de vie commune). – Clerget et Dessertenne Brossard, *Dr. et patr. 6/2014. 30* (propriété de l'entreprise individuelle). – Gouëzel, *D. 2017. 2038* (le PACS sans couple). – Labbée, *D. 2012. Chron. 1625* (le PACS *in extremis*). – Petit, *RLDC 2012/90, n° 4557* (PACS et CESEDA). – Dossier, *AJ fam. 2011. 131* (contractualisation du PACS). – Dossier, *ibid. 2012. 527* (partenariats enregistrés). – Dossier, *Dr. et patr. 9/2012. 69* (notaire, PACS et concubinage). – Dossier, *AJ fam. 2015. 13* (mariage, pacs, concubinage).

Art. 515-1 Un pacte civil de solidarité est un contrat conclu par deux personnes physiques majeures, de sexe différent ou de même sexe, pour organiser leur vie commune.

1. Ordre public. A l'exception de celles de l'art. 515-5, qui peuvent être écartées par la volonté des partenaires, les dispositions des art. 515-1 à 515-7 revêtent un caractère obligatoire, les parties ne pouvant y déroger ; tel est le cas de la condition relative à la vie commune, de l'aide mutuelle et matérielle que les partenaires doivent s'apporter, ainsi que des conditions de cessation du pacte ; les dispositions générales du code civil relatives aux contrats et aux obligations conventionnelles auront par ailleurs vocation à s'appliquer, sous le contrôle du juge, sauf en ce qu'elles ont de nécessairement contraire à la loi déférée ; en particulier, les art. 1109 s. anc. C. civ., relatifs au consentement, sont applicables au pacte civil de solidarité. • Cons. const. 9 nov. 1999, n° 99-419 DC : *JO 16 nov. ; D. 2000. Somm. 424, obs. Garneri ; JCP 2000. I. 261, n° 15, 16, 17, 19, obs. Mathieu et Verpeaux ; LPA 1er déc. 1999, note Schoettl ; ibid. 26 juill. 2000, obs. Mathieu et Verpeaux.*

2. Conv. EDH : discrimination. Violation des art. 8 et 14 Conv. EDH par la législation grecque instituant une forme officielle de partenariat à destination des couples non mariés, en limitant cette possibilité aux couples de sexe opposé, alors que pour les couples de même sexe, cette possibilité était la seule base juridique leur permettant d'être reconnus par la loi et que l'objectif de protéger la filiation des enfants nés hors mariage pouvait être atteint par des dispositions spécifiques. • CEDH 7 nov. 2013, *Vallianatos et a. c/ Grèce*, nos 29381/09 et 32684/09 : *AJDA 2014. 147, note Burgorgue-Larsen ; D. 2013. 2888, note Laffaille ; ibid. 2014. 238, obs. Renucci ; ibid. 1342, obs. Lemouland et Vigneau ; AJ fam. 2014. 49, obs. Beaudoin ; RTD civ. 2014. 89, obs. Hauser ; ibid. 301, obs. Marguénaud* (arrêt évoquant l'évolution des législations, seules la Grèce et la Lituanie ayant réservé aux couples hétérosexuels ce type de partenariat parmi les dix-neuf États l'ayant consacré). ♦ Condamnation de l'Italie sur le fondement des dispositions de l'art. 8 Conv. EDH (vies privée et familiale) aux motifs que la loi nationale ne protège pas les couples homosexuels, ne répond pas aux besoins fondamentaux d'un couple de même sexe engagé dans une relation stable et manque de fiabilité. • CEDH 21 juill. 2015, *Oliari c/ Italie*, n° 18766/11 : *D. 2015. 2160, note Fulchiron ; AJ fam. 2015. 615, obs. Rouillard*. ♦ Mais absence de discrimination, compte tenu d'une différence de situation, entre les conditions d'octroi rétroactif d'une pension de réversion aux couples adultères n'ayant pu se marier avant la légalisation du divorce en Espagne, ce qui était un obstacle au remariage, et les couples homosexuels, dont le mariage était juridiquement impossible. • CEDH, sect. III, 24 juin 2016, *Aldeguer Tomas c/ Espagne*, n° 35214/09.

3. Portée de la L. du 15 nov. 1999. Limitée à l'objet voulu par le législateur et défini à l'art. 515-1, la L. du 15 nov. 1999 est sans incidence sur les autres titres du livre I du code civil, notamment ceux relatifs aux actes d'état civil, à la filiation, à la filiation adoptive et à l'autorité parentale, ensemble de dispositions dont les conditions d'application ne sont pas modifiées par la loi déférée. • Cons. const. 9 nov. 1999, n° 99-419 DC : *préc. note 1.* ♦ V. aussi : absence de discrimination dans le fait que la partenaire de même sexe que la mère ne puisse bénéficier de la présomption de paternité prévue dans le cadre des mariages hétérosexuels. • CEDH, sect. V, 7 mai 2013, *Boeckel et Gessner-Boeckel c/ Allemagne*, n° 8017/11 (arrêt notant que la partenaire a pu bénéficier d'une adoption).

4. Extension raisonnée des droits du conjoint : principes. L'art. 2, § 2, ss. a), de la Dir. n° 2000/78/CE du Conseil, du 27 nov. 2000, sur l'égalité de traitement en matière d'emploi et de travail, doit être interprété en ce sens qu'il s'oppose à une disposition d'une convention collective en vertu de laquelle un travailleur salarié qui conclut un pacte civil de solidarité avec une personne de même sexe est exclu du droit d'obtenir des avantages tels que des jours de congés spéciaux et une prime salariale, octroyés aux travailleurs salariés à l'occasion de leur mariage, lorsque la réglementation nationale de l'État membre concerné ne permet pas aux personnes de même sexe de se marier, dans la mesure où, compte tenu de l'objet et des conditions d'octroi de ces avantages, il se trouve dans une situation comparable à celle d'un travailleur qui se marie. • CJUE 12 déc. 2013, *Hay*, n° C-267/12, sur question préjudicielle de • Soc. 23 mai 2012, n° 10-18.341 P et pour l'issue, reprenant la solution de la CJUE, pour la période antérieure à l'entrée en vigueur de la L. du 17 mai 2013 : • Soc. 9 juill. 2014, n° 12-20.864 P : *D. 2014. 1595* • 9 juill. 2014, n° 12-20.864 P : *eod. loc.*

5. La L. du 15 nov. 1999 ne peut être interprétée comme assimilant de manière générale les partenaires liés par un PACS aux personnes mariées. Ces deux catégories de personnes étant placées dans des situations juridiques différentes, le principe d'égalité n'impose pas qu'elles soient traitées, dans tous les cas, de manière identique. • CE 28 juin 2002 : *D. 2003. Somm. 1941, obs. Lemouland ; JCP 2003. I. 101, n° 3, obs. Bosse-Platière ; AJ fam. 2002. 304, obs. S. D.-B. ; RFDA 2002. 723, concl. Boissard ; RTD civ. 2002. 785, obs. Hauser* (arrêt n'excluant pas qu'une condition de durée du pacte puisse être prévue pour l'extension de l'avantage).

6. Absence de violation des art. 14 Conv. EDH et 1 du protocole n° 1 dans le fait que les dispositions fiscales favorables accordées en matière de succession aux époux et aux membres d'un partenariat civil ne soient pas étendues à deux sœurs vivant ensemble, même depuis de longues années. • CEDH, gr. ch., 29 avr. 2008, *Burden c/ Royaume-Uni,* n° 13378/05. ♦ Même solution pour l'absence de bénéfice d'une pension de réversion. • CEDH, sect. V, 21 sept. 2010, *M. c/ France,* n° 66686/09.

7. ... Absence de création d'un lien d'alliance. L'alliance étant établie par le seul effet du mariage, la qualité de partenaire d'un pacte civil de solidarité n'emporte pas incapacité à être témoin lors de l'établissement d'un testament authentique instituant l'autre partenaire légataire. • Civ. 1re, 28 févr. 2018, n° 17-10.876 P : *D. 2018. 991, note Sadi ; ibid. 1104, obs. Lemouland et Vigneau ; AJ fam. 2018. 238, obs. Levillain ; JCP 2018, n° 569, note Molière ; JCP N 2018, n° 1888, note Beignier ; Defrénois 28 juin 2018. 23, note Thoraval ; Dr. fam. 2018, n° 120, note Binet* (cassation de l'arrêt ayant décidé que l'évolution de la société permettait d'inclure le partenaire du légataire dans la notion d'allié dans le but de respecter la finalité protectrice de l'art. 975, les liens unissant les partenaires étant semblables à ceux du mariage).

8. ... Autres illustrations. Les dispositions combinées des art. 1er et 2 de la directive 2000/78 s'opposent à une réglementation en vertu de laquelle, après le décès de son partenaire de vie, le partenaire survivant ne perçoit pas une prestation de survie équivalente à celle octroyée à un époux survivant, alors que, en droit national, le partenariat de vie placerait les personnes de même sexe dans une situation comparable à celle des époux pour cette prestation de survie, ce qu'il appartient à la juridiction de renvoi de vérifier. • CJCE 1er avr. 2008, n° C-267/06 : *D. 2008. Pan. 1795, obs. Lemouland et Vigneau ; ibid. 1873, note Weisse-Marchal ; RTD civ. 2008. 458, obs. Hauser* (à propos du partenariat de vie en droit allemand). ♦ La loi précitée ne rend pas illégales par elle-même, dès son entrée en vigueur, comme contraires au principe d'égalité, les textes réglementaires réservant des droits ou des avantages à des conjoints, mais il appartient au pouvoir réglementaire, afin d'assurer la pleine application de la loi, d'apporter dans un délai raisonnable à la réglementation applicable les modifications nécessaires, en évitant toute différence de traitement manifestement disproportionnée ou sans rapport avec l'objet de la norme en cause. • Même arrêt. – Comp. : la protection du mariage constitue une raison importante et légitime pouvant justifier une différence de traitement entre couples mariés et couples non mariés ; en réservant la pension de réversion aux couples mariés, la législation tire les conséquences d'un statut civil spécifiquement défini par le législateur, la différence de situation entre les personnes mariées et les autres quant aux droits sociaux reposant sur un critère objectif. • Civ. 2e, 23 janv. 2014, n° 13-11.362 P : *D. 2014. 968, note Andreu ; AJ fam. 2014. 197, obs. Roberge ; RDSS 2014. 392, obs. Tauran .*

9. Illégalité d'un décret n'ayant pas été modifié pour tenir compte de la L. du 15 nov. 1999 sur le PACS : • CE 8 juill. 2005 : *D. 2006. Pan. 1422, obs. Lemouland et Vigneau ; AJ fam. 2005. 410, obs. F. C. ; RTD civ. 2005. 760, obs. Hauser .* ♦ L'art. 8 Conv. EDH ne saurait être interprété comme obligeant les États à mettre en place un régime particulier pour les couples non mariés. • CEDH, sect. II, 20 janv. 2009, *S. Y. c/ Turquie,* n° 3976/05 (couple marié uniquement religieusement ne pouvant prétendre au bénéfice d'une pension de réversion). ♦ V. aussi ss. art. 515-3.

10. Le partenaire d'un PACS conclu avec un fonctionnaire bénéficie des dispositions de l'art. L. 30, 1°, C. élect., qui permettent aux fonctionnaires mutés et aux « membres de leur famille domiciliés avec eux » d'être inscrits sur les listes électorales en dehors des périodes de révision de ces listes. • Civ. 2e, 25 mars 2004, n° 04-60.134 P : *D. 2004. IR 1125 ; RTD civ. 2004. 489, obs. Hauser .* ♦ Mais il ne bénéficie pas des dispositions de l'art. L. 11, 2°, réservées au « conjoint ». • Civ. 2e, 5 mars 2008, n° 08-60.230 P : *D. 2008. Pan. 1794, obs. Lemouland et Vigneau ; Dr. fam. 2008, n° 51, obs. Larribau-Terneyre ; RJPF 2008-6/38, obs. Valory ; RTD civ. 2008. 458, obs. Hauser .*

11. Notion de vie commune. Il résulte des dispositions des art. 515-1 à 515-4, éclairées par les débats parlementaires, que la notion de vie commune ne couvre pas seulement une communauté d'intérêts et ne se limite pas à l'exigence d'une simple cohabitation entre deux personnes ; la vie commune suppose, outre une résidence commune, une vie de couple, qui seule justifie que le législateur ait prévu des causes de nullité du pacte qui, soit reprennent les empêchements à mariage visant à prévenir l'inceste, soit évitent une violation de l'obligation de fidélité découlant du mariage. • Cons. const. 9 nov. 1999, n° 99-419 DC : *préc. note 1.*

12. Jugé qu'il découle de l'art. 515-1 une obligation de vie commune entre partenaires d'un PACS, qui doit être exécutée loyalement, et que le manquement à cette obligation justifie une procédure en résiliation du PACS aux torts du partenaire fautif. • TGI Lille, 5 juin 2002 : *D. 2003. 515, note Labbée ; RJPF 2003-3/38, obs. Valory ; Dr. fam. 2003, n° 57, note Beignier ; RTD civ. 2003. 270, obs. Hauser .*

13. Consentement. Refus d'annulation d'un PACS pour vice du consentement, l'erreur déterminante sur les mobiles de l'un des partenaires, prétendument animé d'un seul intérêt financier, n'étant pas démontrée. • Paris, 9 nov. 2006 : *JCP 2007. I. 170, n° 7, obs. Bosse-Platière ; Dr. fam. 2007, n° 30, note Larribau-Terneyre ; RLDC 2007/36, n° 2455, note Kessler et Zalewski.*

Art. 515-2 A peine de nullité, il ne peut y avoir de pacte civil de solidarité :

1° Entre ascendant et descendant en ligne directe, entre alliés en ligne directe et entre collatéraux jusqu'au troisième degré inclus ;

2° Entre deux personnes dont l'une au moins est engagée dans les liens du mariage ;

3° Entre deux personnes dont l'une au moins est déjà liée par un pacte civil de solidarité.

1. Ordre public. V. note 1 ss. art. 515-1.

2. Nullité. Eu égard à la nature des empêchements édictés par l'art. 515-2, justifiés notamment par les mêmes motifs que ceux qui font obstacle au mariage, la nullité prévue par cette disposition ne peut être qu'absolue. • Cons. const. 9 nov. 1999, n° 99-419 DC : *V. note 1 ss. art. 515-1.*

Art. 515-3 *(L. n° 2016-1547 du 18 nov. 2016, art. 48, en vigueur le 1er nov. 2017)* « Les personnes qui concluent un pacte civil de solidarité en font la déclaration conjointe devant l'officier de l'état civil de la commune dans laquelle elles fixent leur résidence commune ou, en cas d'empêchement grave à la fixation de celle-ci, devant l'officier de l'état civil de la commune où se trouve la résidence de l'une des parties. »

(L. n° 2009-1436 du 24 nov. 2009, art. 37) « En cas d'empêchement grave, *(L. n° 2016-1547 du 18 nov. 2016, art. 48, en vigueur le 1er nov. 2017)* « l'officier de l'état civil » *(L. n° 2011-331 du 28 mars 2011, art. 12)* « se transporte » au domicile ou à la résidence de l'une des parties pour enregistrer le pacte civil de solidarité. »

(L. n° 2016-1547 du 18 nov. 2016, art. 48, en vigueur le 1er nov. 2017) « A peine d'irrecevabilité, les personnes qui concluent un pacte civil de solidarité produisent la convention passée entre elles à l'officier de l'état civil, qui la vise avant de la leur restituer. »

(L. n° 2016-1547 du 18 nov. 2016, art. 48, en vigueur le 1er nov. 2017) « L'officier de l'état civil » enregistre la déclaration et fait procéder aux formalités de publicité.

(L. n° 2011-331 du 28 mars 2011, art. 12) « Lorsque la convention de pacte civil de solidarité est passée par acte notarié, le notaire instrumentaire recueille la déclaration conjointe, procède à l'enregistrement du pacte et fait procéder aux formalités de publicité prévues à l'alinéa précédent. »

La convention par laquelle les partenaires modifient le pacte civil de solidarité est remise ou adressée *(L. n° 2016-1547 du 18 nov. 2016, art. 48, en vigueur le 1er nov. 2017)* « à l'officier de l'état civil » *(L. n° 2011-331 du 28 mars 2011, art. 12)* « ou au notaire » qui a reçu l'acte initial afin d'y être enregistrée.

A l'étranger, l'enregistrement de la déclaration conjointe d'un pacte liant deux partenaires dont l'un au moins est de nationalité française et les formalités prévues aux *(L. n° 2009-1436 du 24 nov. 2009, art. 37)* « troisième et cinquième » alinéas sont assurés par les agents diplomatiques et consulaires français ainsi que celles requises en cas de modification du pacte.

L'art. 48 de la L. n° 2016-1547 du 18 nov. 2016 est applicable aux pactes civils de solidarité conclus à compter du 1er nov. 2017. Il est, en outre, applicable aux déclarations de modification et de dissolution des pactes civils de solidarité enregistrés avant cette même date par les greffes des tribunaux d'instance. Ces déclarations sont remises ou adressées à l'officier de l'état civil de la commune du lieu du greffe du tribunal d'instance qui a procédé à l'enregistrement du pacte civil de solidarité (L. préc., art. 114-IV).

La loi du 23 juin 2006 entre en vigueur le 1er janv. 2007. — Pour les dispositions transitoires, V. l'art. 47-I et V de cette loi, ss. art. 515-7. — Pour les dispositions d'application, V. Décr. n° 2006-1806 et n° 2006-1807 du 23 déc. 2006, ss. art. 515-7.

Sur l'enregistrement de la déclaration, de la modification et de la dissolution du pacte civil de solidarité reçu par un notaire, V. Décr. n° 2012-966 du 20 août 2012, ss. art. 515-7.

Sur les modalités du transfert aux officiers de l'état civil de l'enregistrement des déclarations, des modifications et des dissolutions des pactes civils de solidarité, V. Circ. du 10 mai 2017,

BIBL. ▶ LEROYER, *RTD civ. 2012. 780* (PACS enregistré par un notaire). – BICHERON, *Defrénois 2016. 1319* (enregistrement en mairie). – HILT, *AJ fam. 2016. 572* .

Méconnaît le principe d'égalité la circulaire qui, à l'étranger, soumet à un régime de transcription différent, par les agents diplomatiques et consulaires, les PACS dont les deux partenaires sont ressortissants français et ceux associant une personne française et une personne étrangère. • CE, ord., 18 déc. 2007, n° 310837 : *JCP 2008. II. 10013, note Devers.*

Art. 515-3-1 *(L. nº 2006-728 du 23 juin 2006)* **Il est fait mention, en marge de l'acte de naissance de chaque partenaire, de la déclaration de pacte civil de solidarité, avec indication de l'identité de l'autre partenaire. Pour les personnes de nationalité étrangère nées à l'étranger, cette information est portée sur un registre tenu** *(L. nº 2016-1547 du 18 nov. 2016, art. 48, en vigueur le 1er nov. 2017)* **« au service central d'état civil du ministère des affaires étrangères ». L'existence de conventions modificatives est soumise à la même publicité.**

Le pacte civil de solidarité ne prend effet entre les parties qu'à compter de son enregistrement, qui lui confère date certaine. Il n'est opposable aux tiers qu'à compter du jour où les formalités de publicité sont accomplies. Il en va de même des conventions modificatives. — *V. note ss. art. 515-3.*

Sur l'entrée en vigueur de l'art. 48 de la L. nº 2016-1547 du 18 nov. 2016, V. note ss. art. 515-3.

Art. 515-4 *(L. nº 2006-728 du 23 juin 2006)* **Les partenaires liés par un pacte civil de solidarité s'engagent à une vie commune, ainsi qu'à une aide matérielle et une assistance réciproques. Si les partenaires n'en disposent autrement, l'aide matérielle est proportionnelle à leurs facultés respectives.**

Les partenaires sont tenus solidairement à l'égard des tiers des dettes contractées par l'un d'eux pour les besoins de la vie courante. Toutefois, cette solidarité n'a pas lieu pour les dépenses manifestement excessives. *(L. nº 2010-737 du 1er juill. 2010, art. 9, en vigueur le 1er mai 2011)* **« Elle n'a pas lieu non plus, s'ils n'ont été conclus du consentement des deux partenaires, pour les achats à tempérament ni pour les emprunts à moins que ces derniers ne portent sur des sommes modestes nécessaires aux besoins de la vie courante »** *(L. nº 2014-344 du 17 mars 2014, art. 50)* **« et que le montant cumulé de ces sommes, en cas de pluralité d'emprunts, ne soit pas manifestement excessif eu égard au train de vie du ménage ».** — *Sur l'entrée en vigueur des dispositions issues de la L. nº 2010-737 du 1er juill. 2010, V. L. préc., art. 61, ss. art. 1914.*

V. note ss. art. 515-3.

Par dérogation au premier al. de l'art. 4 de la loi nº 71-1130 du 31 déc. 1971 portant réforme de certaines professions judiciaires et juridiques, les parties peuvent se faire assister ou représenter devant le tribunal d'instance, la juridiction de proximité, le tribunal paritaire des baux ruraux, le tribunal du contentieux de l'incapacité, le tribunal des affaires de sécurité sociale et la Cour nationale de l'incapacité et de la tarification de l'assurance des accidents du travail ou en matière prud'homale par leur concubin ou la personne avec laquelle elles ont conclu un pacte civil de solidarité (L. nº 2007-1787 du 20 déc. 2007, art. 2).

La loi nº 2008-776 du 4 août 2008 a étendu aux personnes qui sont liées au chef d'entreprise par un pacte civil de solidarité le bénéfice des art. L. 121-4 s. du C. com. relatives au statut du conjoint du chef d'entreprise. — ***C. com.***

Pour l'extension de la cotitularité d'un bail d'habitation aux partenaires en faisant conjointement la demande, V. art. 1751 dans sa rédaction résultant de la L. nº 2014-366 du 24 mars 2014.

V. Règl. (UE) 2016/1104 du Conseil du 24 juin 2016 mettant en œuvre une coopération renforcée dans le domaine de la compétence, de la loi applicable, de la reconnaissance et de l'exécution des décisions en matière d'effets patrimoniaux des partenariats enregistrés, ss. art. 515-7-1.

BIBL. ▶ Alleaume, *D. 2000. Chron. 450* (la solidarité dans le PACS et dans le mariage). – Belleil, *JCP E 2000. 1074*. – Labbé, *JCP 2008. I. 197* (caractère alimentaire de l'aide matérielle ?). – Dehan-Chantrier, *JCP 2008. Actu. 51* (nouvelles modalités de représentation en justice). – Pierre, *Dr. fam. 2000. Chron. 16*. – Rivier, *Études Rubellin-Devichi, Litec, 2002, p. 97* (solidarité). – Simler, *ibid.* (« régime matrimonial »). – Souleau-Travers, *Defrénois 2002. 569* (solidarité légale dans le mariage et dans le PACS).

Ancien art. 515-4 ***Les partenaires liés par un pacte civil de solidarité s'apportent une aide mutuelle et matérielle. Les modalités de cette aide sont fixées par le pacte.***

Les partenaires sont tenus solidairement à l'égard des tiers des dettes contractées par l'un d'eux pour les besoins de la vie courante et pour les dépenses relatives au logement commun.

1. Ordre public. V. note 1 ss. art. 515-1.

2. Aide mutuelle et matérielle : caractère obligatoire (portée quant aux clauses). Il découle des dispositions combinées des art. 515-4, 1er al., et 515-3, 2e al., que l'aide mutuelle et matérielle s'analyse comme un devoir entre partenaires du pacte ; il en résulte implicitement mais nécessairement que, si la libre volonté des partenaires peut s'exprimer dans la détermination des modalités de cette aide, serait nulle toute clause méconnaissant le caractère obligatoire de ladite aide ; par ailleurs, dans le silence du pacte, il appartiendra au juge du contrat, en cas de litige, de définir les modalités de cette aide en fonction de la situation respective des partenaires. • Cons. const. 9 nov. 1999, n° 99-419 DC : *V. note 1 ss. art. 515-1.* ♦ V. aussi, sur la compétence du juge du contrat : • Douai, 27 févr. 2003 : *V. note 2 ss. art. 515-7.*

3. ... Montant proportionnel aux facultés respectives (absence de clause). Illustrations dans le cas d'une acquisition d'un immeuble en indivision : la cour d'appel, qui a souverainement estimé que les paiements effectués par l'un des partenaires l'avaient été en proportion de ses facultés contributives, a pu décider que les règlements relatifs à l'acquisition du bien immobilier opérés par ledit partenaire participaient de l'exécution de l'aide matérielle entre partenaires et en a exactement déduit qu'il ne pouvait prétendre bénéficier d'une créance à ce titre. • Civ. 1re, 27 janv. 2021, n° 19-26.140 P : *D. 2021. 668, note Goldie-Genicon ; ibid. 819, obs. Lemouland et Vigneau ; AJ fam. 2021. 244, obs. Casey ; JCP 2021, n° 288, note Mignot ; Dr. fam. 2021, n° 52, note Bouchard* (mensualités des prêts réglées intégralement par l'un des partenaires, les partenaires ayant disposé de facultés contributives inégales et la preuve d'économies réalisées par l'autre partenaire, aux revenus notoirement insuffisants pour rembourser la moitié du prêt, n'étant pas rapportée).

4. Solidarité : restitution d'APL. Compte tenu de la finalité de cette réglementation, lorsqu'une APL a été versée à tort, les concubins ou les pacsés qui en ont bénéficié sont solidairement tenus à sa restitution, quand bien même elle n'aurait été attribuée qu'à un seul d'entre eux. • CE 9 juill. 2003 : *D. 2004. Somm. 2967, obs. Lemouland ; RTD civ. 2004. 69, obs. Hauser .*

5. ... Limites. L'instauration de la solidarité prévue à l'art. 515-4, al. 2, ne saurait faire obstacle, en cas d'excès commis par l'un des partenaires, à l'application des règles de droit commun relatives à la responsabilité civile. • Cons. const. 9 nov. 1999, n° 99-419 DC : *préc. note 2.*

Art. 515-5 *(L. n° 2006-728 du 23 juin 2006)* **Sauf dispositions contraires de la convention visée au** *(L. n° 2009-1436 du 24 nov. 2009, art. 37)* **« troisième » alinéa de l'article 515-3, chacun des partenaires conserve l'administration, la jouissance et la libre disposition de ses biens personnels. Chacun d'eux reste seul tenu des dettes personnelles nées avant ou pendant le pacte, hors le cas du dernier alinéa de l'article 515-4.**

Chacun des partenaires peut prouver par tous les moyens, tant à l'égard de son partenaire que des tiers, qu'il a la propriété exclusive d'un bien. Les biens sur lesquels aucun des partenaires ne peut justifier d'une propriété exclusive sont réputés leur appartenir indivisément, à chacun pour moitié.

Le partenaire qui détient individuellement un bien meuble est réputé, à l'égard des tiers de bonne foi, avoir le pouvoir de faire seul sur ce bien tout acte d'administration, de jouissance ou de disposition.

V. note ss. art. 515-3.

Ancien art. 515-5 ***Les partenaires d'un pacte civil de solidarité indiquent, dans la convention visée au deuxième alinéa de l'article 515-3, s'ils entendent soumettre au régime de l'indivision les meubles meublants dont ils feraient l'acquisition à titre onéreux postérieurement à la conclusion du pacte. A défaut, ces meubles sont présumés indivis par moitié. Il en est de même lorsque la date d'acquisition de ces biens ne peut être établie.***

Les autres biens dont les partenaires deviennent propriétaires à titre onéreux postérieurement à la conclusion du pacte sont présumés indivis par moitié si l'acte d'acquisition ou de souscription n'en dispose autrement.

BIBL. ► BOSSE-PLATIÈRE, *Mél. Goubeaux, Dalloz-LGDJ, 2009, p. 37* (indivision et communauté dans le Pacs). – CHAMPENOIS, *Études Rubellin-Devichi, Litec, 2002, p. 83* (présomption d'indivision). – CHARLIN, *JCP N 2000. 1851.* – DEWAILLY, *Gaz. Pal. 2003. Doctr. 1565* (PACS et indivision). – FULCHIRON, *Defrénois 2001. 949* (présomption d'indivision). – LÉCUYER, *Dr. fam. 2001, n° 27* (bien acquis par un partenaire à l'insu de l'autre). – PERNEL, *Dr. et patr. 6/2001. 44* (le patrimoine des concubins).

1. Présomption d'indivision. Les personnes qui ont acheté un bien en indivision en ont acquis la propriété, sans qu'il y ait lieu d'avoir égard à la façon dont cette acquisition a été financée ; cassation de l'arrêt qui tient compte de la participation de chacun au financement de son acquisition. • Civ. 1re, 19 mars 2014, n° 13-14.989 P : *AJDI 2014. 393 ; AJ fam. 2014. 312, obs. Levillain ; RTD civ. 2014. 626, obs. Hauser ; JCP 2014, n° 467, note Périnet-Marquet.*

2. Lorsque la présomption d'indivision posée par l'art. 515-5 ne peut être écartée, ont vocation à s'appliquer les dispositions des art. 815 s. C. civ., notamment celles de l'art. 815 prévoyant que nul ne peut être contraint de demeurer dans l'indivision et celles de l'art. 815-17 préservant les droits des créanciers ; toutefois les parties pourront décider, soit, pour les meubles meublants, dans la convention initiale ou dans un acte la modifiant, soit, pour les biens autres, dans l'acte d'acquisition ou de souscription, d'appliquer le régime conventionnel d'indivision prévu par les art. 1873-1 s. du même code. • Cons. const. 9 nov. 1999, n° 99-419 DC : *cité note 1 ss. art. 515-1 ; RTD civ. 2000. 870, obs. Revet*.

Pour une illustration des difficultés de preuve de l'origine des biens, V. • Paris, 9 nov. 2006 : *Dr. fam. 2007, n° 30, note Larribau-Terneyre ; RLDC 2007/36, n° 2455, note Kessler et Zalewski.*

Art. 515-5-1 *(L. n° 2006-728 du 23 juin 2006)* **Les partenaires peuvent, dans la convention initiale ou dans une convention modificative, choisir de soumettre au régime de l'indivision les biens qu'ils acquièrent, ensemble ou séparément, à compter de l'enregistrement de ces conventions. Ces biens sont alors réputés indivis par moitié, sans recours de l'un des partenaires contre l'autre au titre d'une contribution inégale.** *— Cet art. ajouté par la loi du 23 juin 2006 entre en vigueur le 1er janv. 2007. — Pour les dispositions transitoires, V. l'art. 47-V de cette loi, ss. art. 515-7.*

Le juge aux affaires familiales connaît des demandes relatives au fonctionnement des indivisions entre personnes liées par un pacte civil de solidarité ou entre concubins (COJ, art. L. 213-3) ; V. C. pr. civ., art. 1136-1 s. — ***C. pr. civ.***

BIBL. ▶ AUTEM, *Defrénois 2014. 1155* (partage de l'indivision des acquêts des partenaires). – BOSSE-PLATIÈRE, *Mél. Goubeaux, Dalloz-LGDJ, 2009, p. 37* (indivision et communauté dans le régime des biens du PACS). – JOUBERT et MOREL, *JCP N 2009. 1285.* – LEBEAU, *Defrénois 2010. 2189.* – VAN STEENLANDT, *JCP N 2009. 1251.*

Art. 515-5-2 *(L. n° 2006-728 du 23 juin 2006)* **Toutefois, demeurent la propriété exclusive de chaque partenaire :**

1° Les deniers perçus par chacun des partenaires, à quelque titre que ce soit, postérieurement à la conclusion du pacte et non employés à l'acquisition d'un bien ;

2° Les biens créés et leurs accessoires ;

3° Les biens à caractère personnel ;

4° Les biens ou portions de biens acquis au moyen de deniers appartenant à un partenaire antérieurement à l'enregistrement de la convention initiale ou modificative aux termes de laquelle ce régime a été choisi ;

5° Les biens ou portions de biens acquis au moyen de deniers reçus par donation ou succession ;

6° Les portions de biens acquises à titre de licitation de tout ou partie d'un bien dont l'un des partenaires était propriétaire au sein d'une indivision successorale ou par suite d'une donation.

L'emploi de deniers tels que définis aux 4° et 5° fait l'objet d'une mention dans l'acte d'acquisition. A défaut, le bien est réputé indivis par moitié et ne donne lieu qu'à une créance entre partenaires. *— V. note ss. art. 515-5-1.*

Art. 515-5-3 *(L. n° 2006-728 du 23 juin 2006)* **A défaut de dispositions contraires dans la convention, chaque partenaire est gérant de l'indivision et peut exercer les pouvoirs reconnus par les articles 1873-6 à 1873-8.**

Pour l'administration des biens indivis, les partenaires peuvent conclure une convention relative à l'exercice de leurs droits indivis dans les conditions énoncées aux articles 1873-1 à 1873-15. A peine d'inopposabilité, cette convention est, à l'occasion de chaque acte d'acquisition d'un bien soumis à publicité foncière, publiée *(Ord. n° 2010-638 du 10 juin 2010, art. 11, en vigueur le 1er janv. 2013)* **« au fichier immobilier ».**

Par dérogation à l'article 1873-3, la convention d'indivision est réputée conclue pour la durée du pacte civil de solidarité. Toutefois, lors de la dissolution du pacte, les partenaires peuvent décider qu'elle continue de produire ses effets. Cette décision est soumise aux dispositions des articles 1873-1 à 1873-15. *— V. note ss. art. 515-5-1.*

Art. 515-6 *(L. n° 2006-728 du 23 juin 2006, art. 29-12° et 13°)* **Les dispositions des articles 831, 831-2, 832-3 et 832-4 sont applicables entre partenaires d'un pacte civil de solidarité en cas de dissolution de celui-ci.**

Les dispositions du premier alinéa de l'article 831-3 sont applicables au partenaire survivant lorsque le défunt l'a expressément prévu par testament.

Lorsque le pacte civil de solidarité prend fin par le décès d'un des partenaires, le survivant peut se prévaloir des dispositions des deux premiers alinéas de l'article 763.

La loi du 23 juin 2006 entre en vigueur le 1er janv. 2007. — Pour les dispositions transitoires, V. l'art. 47-II et V de cette loi, ss. art. 515-7.

Ancien art. 515-6 ***Les dispositions de l'article 832 sont applicables entre partenaires d'un pacte civil de solidarité en cas de dissolution de celui-ci, à l'exception de celles relatives à tout ou partie d'une exploitation agricole, ainsi qu'à une quote-part indivise ou aux parts sociales de cette exploitation.***

Art. 515-7 *(L. nº 2006-728 du 23 juin 2006 ; L. nº 2011-331 du 28 mars 2011, art. 12)* **« Le pacte civil de solidarité se dissout par la mort de l'un des partenaires ou par le mariage des partenaires ou de l'un d'eux. En ce cas, la dissolution prend effet à la date de l'événement.**

« *(L. nº 2016-1547 du 18 nov. 2016, art. 48, en vigueur le 1er nov. 2017)* **« L'officier de l'état civil » du lieu d'enregistrement du pacte civil de solidarité ou le notaire instrumentaire qui a procédé à l'enregistrement du pacte, informé du mariage ou du décès par l'officier de l'état civil compétent, enregistre la dissolution et fait procéder aux formalités de publicité.** — *V. Décr. nº 2012-966 du 20 août 2012, art. 3, ss. art. 515-7.*

« Le pacte civil de solidarité se dissout également par déclaration conjointe des partenaires ou décision unilatérale de l'un d'eux.

« Les partenaires qui décident de mettre fin d'un commun accord au pacte civil de solidarité remettent ou adressent *(L. nº 2016-1547 du 18 nov. 2016, art. 48, en vigueur le 1er nov. 2017)* **« à l'officier de l'état civil » du lieu de son enregistrement** *(L. nº 2011-331 du 28 mars 2011, art. 12)* **« ou au notaire instrumentaire qui a procédé à l'enregistrement du pacte » une déclaration conjointe à cette fin.** — *V. Décr. nº 2012-966 du 20 août 2012, art. 4, ss. art. 515-7.*

« Le partenaire qui décide de mettre fin au pacte civil de solidarité le fait signifier à l'autre. Une copie de cette signification est remise ou adressée *(L. nº 2016-1547 du 18 nov. 2016, art. 48, en vigueur le 1er nov. 2017)* **« à l'officier de l'état civil » du lieu de son enregistrement ou au notaire instrumentaire qui a procédé à l'enregistrement du pacte.** — *V. Décr. nº 2012-966 du 20 août 2012, art. 5, ss. art. 515-7.*

« *(L. nº 2016-1547 du 18 nov. 2016, art. 48, en vigueur le 1er nov. 2017)* **« L'officier de l'état civil » ou le notaire » enregistre la dissolution et fait procéder aux formalités de publicité.**

« La dissolution du pacte civil de solidarité prend effet, dans les rapports entre les partenaires, à la date de son enregistrement.

« Elle est opposable aux tiers à partir du jour où les formalités de publicité ont été accomplies.

« A l'étranger, les fonctions confiées par le présent article *(L. nº 2016-1547 du 18 nov. 2016, art. 48, en vigueur le 1er nov. 2017)* **« à l'officier de l'état civil » sont assurées par les agents diplomatiques et consulaires français, qui procèdent ou font procéder également aux formalités prévues au sixième alinéa. »**

Les partenaires procèdent eux-mêmes à la liquidation des droits et obligations résultant pour eux du pacte civil de solidarité. A défaut d'accord, le juge statue sur les conséquences patrimoniales de la rupture, sans préjudice de la réparation du dommage éventuellement subi.

(L. nº 2006-728 du 23 juin 2006) **« Sauf convention contraire, les créances dont les partenaires sont titulaires l'un envers l'autre sont évaluées selon les règles prévues à l'article 1469. Ces créances peuvent être compensées avec les avantages que leur titulaire a pu retirer de la vie commune, notamment en ne contribuant pas à hauteur de ses facultés aux dettes contractées pour les besoins de la vie courante. »**

V. note ss. art. 515-3.

Sur la compétence du juge aux affaires familiales en matière de liquidation et de partage des intérêts patrimoniaux des personnes liées par un pacte civil de solidarité, V. COJ, art. L. 213-3. — **C. pr. civ.**

Sur la possibilité pour l'un des partenaires de demander l'attribution du droit au bail du local d'habitation, V. art. 1751-1.

BIBL. ▶ BABY et NICOD, *JCP N 2013, nº 1104* (notaire et rupture volontaire du PACS). – BICHERON, *Defrénois 2016. 1319* (enregistrement en mairie). –HILT, *AJ fam. 2016. 572* . – MOLIÈRE, *Gaz. Pal. 2015. 2872 (al. 11)*. – POURE, *Dr. fam. 2017. Dossier. 6.*

1. La dissolution du pacte civil de solidarité prend effet, dans ses rapports entre les partenaires, à la date de son enregistrement au greffe. • TI Lille, 7 sept. 2009 : *D. 2010. 69, note Koumdadji et X. Labbée.*

2. Il ne saurait être valablement reproché à une femme d'avoir mis fin à un pacte civil de solidarité de manière unilatérale, la rupture du contrat n'étant en soi pas fautive. • TGI Lille, 7 sept. 2009 : *préc. note 1.*

3. Le pacs étant une convention à laquelle il peut être mis fin à tout moment, la rupture ne peut donner lieu à dommages-intérêts sauf si les circonstances de la rupture sont de nature à établir une faute de son auteur, la rupture fautive impliquant nécessairement une rupture brutale. • Montpellier, 4 janv. 2011, n° 10/00781 : *Dr. fam. 2011, n° 89, obs. Larribau-Terneyre.* ♦ La faute peut consister dans le fait de créer, d'entretenir ou d'aggraver un état de dépendance du partenaire, pour ensuite l'abandonner. • Même arrêt. ♦ Faute d'obligation d'assistance, l'abandon du partenaire malade n'est pas constitutif de faute. • Même arrêt.

4. Sur l'attribution du droit au bail en cas de dissolution d'un pacs, V. art. 1751 dans sa rédaction résultant de la L. n° 2014-366 du 24 mars 2014.

Ancien art. 515-7 *Lorsque les partenaires décident d'un commun accord de mettre fin au pacte civil de solidarité, ils remettent une déclaration conjointe écrite au greffe du tribunal d'instance dans le ressort duquel l'un d'entre eux au moins a sa résidence. Le greffier inscrit cette déclaration sur un registre et en assure la conservation.*

Lorsque l'un des partenaires décide de mettre fin au pacte civil de solidarité, il signifie à l'autre sa décision et adresse copie de cette signification au greffe du tribunal d'instance qui a reçu l'acte initial.

Lorsque l'un des partenaires met fin au pacte civil de solidarité en se mariant, il en informe l'autre par voie de signification et adresse copies de celle-ci et de son acte de naissance, sur lequel est portée mention du mariage, au greffe du tribunal d'instance qui a reçu l'acte initial.

Lorsque le pacte civil de solidarité prend fin par le décès de l'un au moins des partenaires, le survivant ou tout intéressé adresse copie de l'acte de décès au greffe du tribunal d'instance qui a reçu l'acte initial.

Le greffier, qui reçoit la déclaration ou les actes prévus aux alinéas précédents, porte ou fait porter mention de la fin du pacte en marge de l'acte initial. Il fait également procéder à l'inscription de cette mention en marge du registre prévu au cinquième alinéa de l'article 515-3.

A l'étranger, la réception, l'inscription et la conservation de la déclaration ou des actes prévus aux quatre premiers alinéas sont assurées par les agents diplomatiques et consulaires français, qui procèdent ou font procéder également aux mentions prévues à l'alinéa précédent.

Le pacte civil de solidarité prend fin, selon le cas :

1° Dès la mention en marge de l'acte initial de la déclaration conjointe prévue au premier alinéa ;

2° Trois mois après la signification délivrée en application du deuxième alinéa, sous réserve qu'une copie en ait été portée à la connaissance du greffier du tribunal désigné à cet alinéa ;

3° A la date du mariage ou du décès de l'un des partenaires.

Les partenaires procèdent eux-mêmes à la liquidation des droits et obligations résultant pour eux du pacte civil de solidarité. A défaut d'accord, le juge statue sur les conséquences patrimoniales de la rupture, sans préjudice de la réparation du dommage éventuellement subi.

BIBL. ▶ GOUTTENOIRE-CORNUT, *Études Rubellin-Devichi, Litec, 2002, p. 257* (séparation).

1. Ordre public. Dans tous les cas de rupture unilatérale, toute clause du pacte interdisant l'exercice du droit du partenaire à réparation devra être réputée non écrite. • Cons. const. 9 nov. 1999, n° 99-419 DC : *V. note 1 ss. art. 515-1.*

2. Rupture : droit à réparation. L'affirmation de la faculté reconnue au partenaire auquel la rupture est imposée, notamment en cas de faute tenant aux conditions de cette rupture, d'agir en responsabilité met en œuvre l'exigence constitutionnelle posée par l'art. 4 de la Déclaration des droits de l'homme et du citoyen de 1789 dont il résulte que tout fait quelconque de l'homme qui cause à autrui un dommage oblige celui par la faute duquel il est arrivé à le réparer. • Cons. const. 9 nov. 1999, n° 99-419 DC : *V. note 1 ss. art. 515-1.*

Art. 515-7-1 *(L. n° 2009-526 du 12 mai 2009, art. 1er)* **Les conditions de formation et les effets d'un partenariat enregistré ainsi que les causes et les effets de sa dissolution sont soumis aux dispositions matérielles de l'État de l'autorité qui a procédé à son enregistrement.**

BIBL. ▶ Callé, *Defrénois 2009. 1662.* – Devers, *Dr. et patr. 5/2009. 77 ; JCP N 2012, n° 1266.* – Hammje, *Rev. crit. DIP 2009. 483.* – Pouliquen, *RLDC 2009/61, n° 3470.* – Dossier *Dr. fam. 2017. Dossiers 28 s.* (loi applicable aux effets patrimoniaux des partenariats enregistrés).

Le *civil partnership* de droit anglais produit pleinement ses effets juridiques et fiscaux en France. • TGI Bobigny, 8 juin 2010, n° 09/03968 : *AJ fam. 2010. 442, obs. Cressent* (application des art. 796-0 *bis* CGI et de l'art. 515-7-1 C. civ.).

Loi n° 99-944 du 15 novembre 1999,

Relative au pacte civil de solidarité.

Art. 14-1 *(L. n° 2004-801 du 6 août 2004, art. 16)* Les *(L. n° 2016-1547 du 18 nov. 2016, art. 48, en vigueur le 1er nov. 2017)* « officiers de l'état civil » *(L. n° 2011-331 du 28 mars 2011, art. 12)* « et les notaires » établissent des statistiques semestrielles relatives au nombre de pactes civils de solidarité *(L. n° 2011-331 du 28 mars 2011, art. 12)* « qu'ils enregistrent ». Ces statistiques recensent également le nombre des pactes ayant pris fin en distinguant les cas mentionnés à l'article 515-7 du code civil, la durée moyenne des pactes ainsi que l'âge moyen des personnes concernées. Par dérogation *(Ord. n° 2018-1125 du 12 déc. 2018, art. 27)* « à l'article 6 » de la loi n° 78-17 du 6 janvier 1978 relative à l'informatique, aux fichiers et aux libertés, elles distinguent les données relatives aux pactes conclus :

— entre des personnes de sexe différent ;
— entre des personnes de sexe féminin ;
— entre des personnes de sexe masculin.

Sur l'entrée en vigueur de l'art. 48 de la L. n° 2016-1547 du 18 nov. 2016, V. note ss. art. 515-3.

Les dispositions de l'Ord. n° 2018-1125 du 12 déc. 2018 entrent en vigueur le 1er juin 2019 (Ord. préc., art. 29 ; Décr. n° 2019-536 du 29 mai 2019, art. 159).

Loi n° 2006-728 du 23 juin 2006, *portant réforme des successions et des libéralités (JO 24 juin).* **Art. 47** I. — A l'exception de l'abrogation prévue par le 2° de l'article 39 *[abrogation des art. 941 à 1002 de l'ancien code de procédure civile]*, qui ne peut prendre effet avant l'entrée en vigueur des dispositions réglementaires nécessaires à l'application de la présente loi, celle-ci entre en vigueur le 1er janvier 2007.

II. — Les dispositions des articles *[...]* 515-6 *[...]* du code civil, tels qu'ils résultent de la présente loi, sont applicables, dès l'entrée en vigueur de la présente loi, aux indivisions existantes et aux successions ouvertes non encore partagées à cette date. — *Pour le texte de cet alinéa, V. aussi, ss. art. 892.*

Par dérogation à l'alinéa précédent, lorsque l'instance a été introduite avant l'entrée en vigueur de la présente loi, l'action est poursuivie et jugée conformément à la loi ancienne. Cette loi s'applique également en appel et en cassation.

Les autres dispositions de la présente loi sont applicables aux successions ouvertes à compter de son entrée en vigueur, y compris si des libéralités ont été consenties par le défunt antérieurement à celle-ci.

[...]

V. — La présente loi s'applique aux pactes civils de solidarité en cours à la date de son entrée en vigueur, sous les exceptions qui suivent :

1° Pendant un délai d'un an à compter de sa date d'entrée en vigueur, les dispositions relatives à la publicité du pacte civil de solidarité ne sont applicables qu'aux pactes civils de solidarité conclus à compter de sa date d'entrée en vigueur.

Toutefois, dans ce délai, les partenaires engagés dans les liens d'un pacte conclu conformément aux dispositions de la loi n° 99-944 du 15 novembre 1999 relative au pacte civil de solidarité peuvent faire connaître leur accord, par déclaration conjointe remise ou adressée au greffe du tribunal judiciaire du lieu de son enregistrement, pour qu'il soit procédé aux formalités de publicité prévues à l'article 515-3-1 du code civil.

A l'issue de ce délai d'un an, le greffier du tribunal judiciaire du lieu d'enregistrement du pacte civil de solidarité adresse d'office à l'officier de l'état civil détenteur de l'acte de naissance de chaque partenaire, dans un délai maximum de six mois, un avis de mention de la déclaration de pacte civil de solidarité ainsi que des éventuelles conventions modificatives intervenues. Pour les personnes de nationalité étrangère nées à l'étranger, le greffier adresse ce même avis au greffe du tribunal judiciaire de Paris. La mention obéit aux dispositions de l'article 515-3-1 du code civil.

A l'expiration du délai de six mois visé à l'alinéa précédent, les registres tenus au greffe du tribunal judiciaire du lieu de naissance de chaque partenaire ou, en cas de naissance à l'étranger, au tribunal judiciaire de Paris en application du cinquième alinéa de l'article 515-3 du code civil dans sa rédaction antérieure à la promulgation de la présente loi sont versés à l'administration des archives.

Les mêmes dispositions sont applicables aux agents diplomatiques et consulaires français ainsi qu'aux registres tenus par ces derniers ;

2° Les articles 515-5 à 515-5-3 du code civil ne s'appliqueront de plein droit qu'aux pactes civils de solidarité conclus après l'entrée en vigueur de la présente loi. Toutefois, les partenaires ayant conclu un pacte sous l'empire de la loi ancienne auront la faculté de soumettre celui-ci aux dispositions de la loi nouvelle par convention modificative ;

3° Le droit de poursuite des créanciers dont la créance était née à une date antérieure à l'entrée en vigueur de la présente loi restera déterminé par les dispositions en vigueur à cette date.

Sur l'application dans le temps de l'art. 47-II, V. (attribution préférentielle).

• Civ. 1re, 17 juin 2009 : ☎ *cité note 1 ss. art. 831*

Décret n° 2006-1806 du 23 décembre 2006,

Relatif à la déclaration, la modification, la dissolution et la publicité du pacte civil de solidarité (JO 31 déc.).

Les dispositions issues du Décr. n° 2017-889 du 6 mai 2017 entrent en vigueur le 1er nov. 2017.

Elles sont applicables aux pactes civils de solidarité enregistrés à cette date (Décr. préc., art. 38).

Art. 1er *(Décr. n° 2017-889 du 6 mai 2017, art. 2, en vigueur le 1er nov. 2017)* « L'officier de l'état civil de la commune dans laquelle » *(Décr. n° 2009-1628 du 23 déc. 2009, art. 20 ; Décr. n° 2012-966 du 20 août 2012, art. 18)* « les partenaires d'un pacte civil de solidarité fixent leur résidence commune enregistre leur déclaration conjointe. A cette fin, les partenaires produisent l'original de la convention, les pièces d'état civil attestant l'absence d'empêchement au regard des articles 515-1 et 515-2 du code civil, et, pour le partenaire de nationalité étrangère né à l'étranger, le certificat délivré par *(Décr. n° 2017-889 du 6 mai 2017, art. 2, en vigueur le 1er nov. 2017)* « le service central d'état civil du ministère des affaires étrangères » attestant qu'il n'est pas déjà lié à une autre personne par un pacte civil de solidarité. Les partenaires produisent, le cas échéant, les pièces permettant la vérification du respect des dispositions prévues aux articles 461 et 462 du code civil. »

(Décr. n° 2017-889 du 6 mai 2017, art. 2, en vigueur le 1er nov. 2017) « Toutefois, les partenaires sont dispensés de la production de l'extrait avec indication de la filiation de leur acte de naissance lorsque l'officier de l'état civil peut obtenir, par voie dématérialisée, communication des données à caractère personnel contenues dans ces actes de l'état civil auprès de leur dépositaire dans les conditions prévues au troisième alinéa de l'article 101-1 du code civil. L'officier de l'état civil en informe les intéressés. »

Les partenaires justifient de leur identité par un document officiel délivré par une administration publique comportant leur nom, leur prénom, leur date et leur lieu de naissance, leur photographie et leur signature ainsi que l'identification de l'autorité qui a délivré le document, la date et le lieu de délivrance.

(Décr. n° 2017-889 du 6 mai 2017, art. 2, en vigueur le 1er nov. 2017) « L'officier de l'état civil » qui a enregistré la déclaration conjointe de conclusion d'un pacte civil de solidarité vise et date l'original de la convention qu'il restitue aux partenaires. *(Décr. n° 2017-889 du 6 mai 2017, art. 2, en vigueur le 1er nov. 2017)* « Il leur remet un récépissé d'enregistrement. »

Lorsqu'il constate que les conditions d'enregistrement de la déclaration ne sont pas remplies, il prend une décision motivée d'irrecevabilité. Cette décision fait l'objet d'un enregistrement.

Les contestations portant sur l'enregistrement ou le refus d'enregistrement d'un pacte civil de solidarité, de sa modification ou de sa dissolution sont soumises au président du tribunal judiciaire *(Abrogé par Décr. n° 2019-1419 du 20 déc. 2019, art. 20)* « *, ou à son délégué* » statuant *(Décr. n° 2019-1419 du 20 déc. 2019, art. 20)* « selon la procédure accélérée au fond ». Les contestations relatives aux décisions d'irrecevabilité prises par l'autorité diplomatique ou consulaire sont portées devant le président du tribunal judiciaire *(Décr. n° 2017-889 du 6 mai 2017, art. 2, en vigueur le 1er nov. 2017)* « du lieu d'établissement du service central d'état civil du ministère des affaires étrangères » *(Abrogé par Décr. n° 2019-1419 du 20 déc. 2019, art. 20)* « *ou son délégué* » statuant *(Décr. n° 2019-1419 du 20 déc. 2019, art. 20)* « selon la procédure accélérée au fond ».

Les dispositions issues du Décr. n° 2019-1419 du 20 déc. 2019 s'appliquent aux demandes introduites à compter du 1er janv. 2020 (Décr. préc., art. 24-II).

Art. 2 *(Décr. n° 2017-889 du 6 mai 2017, art. 3, en vigueur le 1er nov. 2017)* Lorsque les partenaires d'un pacte civil de solidarité entendent modifier ce dernier, ceux-ci ou l'un d'eux remettent ou adressent par lettre recommandée avec demande d'avis de réception, l'acte sous seing privé ou la copie authentique de l'acte notarié, portant modification de la convention initiale à l'officier de l'état civil de la commune d'enregistrement du pacte civil de solidarité, en indiquant le numéro et la date d'enregistrement du pacte civil de solidarité.

A peine d'irrecevabilité, chaque partenaire remet ou joint à l'envoi la photocopie d'un document d'identité satisfaisant aux conditions prévues au troisième alinéa de l'article 1er.

L'officier de l'état civil procède à l'enregistrement de la convention modificative. Il vise et date celle-ci. Il la restitue aux partenaires ou à celui qui la lui a remise ou l'envoie à chacun d'eux par lettre recommandée avec demande d'avis de réception. La convention est accompagnée d'un récépissé d'enregistrement.

Art. 3 Dans les cas prévus au deuxième alinéa de l'article 515-7 du code civil, l'officier de l'état civil requis pour apposer en marge de l'acte de naissance du ou des partenaires la mention du décès ou du mariage avise sans délai *(Décr. n° 2017-889 du 6 mai 2017, art. 4, en vigueur le 1er nov. 2017)* « l'officier de l'état civil de la commune. Ce dernier » enregistre la dissolution et en informe le partenaire survivant ou, en cas de mariage, les deux partenaires.

Art. 4 *(Décr. n° 2017-889 du 6 mai 2017, art. 5, en vigueur le 1er nov. 2017)* Dans le cas prévu au quatrième alinéa de l'article 515-7 du code civil, la déclaration conjointe de dissolution est remise par les partenaires ou l'un d'eux à l'officier de l'état civil de la commune d'enregistrement du pacte civil de solidarité ou lui est adressée par lettre recommandée avec demande d'avis de réception.

A peine d'irrecevabilité, chaque partenaire remet ou joint à l'envoi la photocopie d'un document d'identité satisfaisant aux conditions prévues au troisième alinéa de l'article 1er.

L'officier de l'état civil enregistre la dissolution. Il remet ou envoie par lettre recommandée avec demande d'avis de réception, à chacun des partenaires, un récépissé d'enregistrement de cette déclaration.

Art. 5 L'huissier de justice qui procède à la signification prévue au cinquième alinéa de l'article 515-7 du code civil remet sans délai, au nom du partenaire ayant décidé de mettre fin au pacte civil de solidarité, une copie de l'acte signifié *(Décr. n° 2017-889 du 6 mai 2017, art. 6, en vigueur le 1er nov. 2017)* « à l'officier de l'état civil de la commune » d'enregistrement du pacte civil de solidarité ou l'adresse par lettre recommandée avec demande d'avis de réception. Après avoir enregistré la dissolution, *(Décr. n° 2017-889 du 6 mai 2017, art. 6, en vigueur le 1er nov. 2017)* « l'officier de l'état civil » en avise les partenaires.

Art. 6 *(Décr. n° 2017-889 du 6 mai 2017, art. 7, en vigueur le 1er nov. 2017)* « L'officier de l'état civil » qui a reçu et enregistré la déclaration conjointe de conclusion ou de modification d'un pacte civil de solidarité, ou sa dissolution, avise, sans délai, l'officier de l'état civil détenteur de l'acte de naissance de chaque partenaire afin qu'il soit procédé aux formalités de publicité dans les conditions prévues au troisième alinéa de l'article 49 du code civil.

Si l'un des partenaires est de nationalité étrangère et né à l'étranger, l'avis est adressé au *(Décr. n° 2017-889 du 6 mai 2017, art. 7, en vigueur le 1er nov. 2017)* « service central d'état civil du ministère des affaires étrangères », à charge pour celui-ci de porter, dans les trois jours, la mention de la déclaration conjointe sur le registre prévu au premier alinéa de l'article 515-3-1 du code civil.

(Décr. n° 2017-889 du 6 mai 2017, art. 7, en vigueur le 1er nov. 2017) « Si l'un des partenaires est placé sous la protection juridique et administrative de l'office français de protection des réfugiés et apatrides, l'avis est adressé à cet office. »

Art. 6-1 *(Décr. n° 2017-889 du 6 mai 2017, art. 8, en vigueur le 1er nov. 2017)* Dans les mentions de déclaration, de modification et de dissolution d'un pacte civil de solidarité, portées en marge des actes de l'état civil ou des certificats en tenant lieu, est autorisé l'acronyme "PACS".

Art. 7 *(Décr. n° 2017-889 du 6 mai 2017, art. 9, en vigueur le 1er nov. 2017)* « Sans préjudice de la sélection prévue à l'article L. 212-3 du code du patrimoine, les pièces suivantes sont conservées, pendant une durée de cinq ans à compter de la date de la dissolution du pacte civil de solidarité, par l'officier de l'état civil auprès duquel la convention est enregistrée ou par les agents diplomatiques et consulaires lorsque le pacte civil de solidarité a fait l'objet d'une déclaration à l'étranger : »

a) Les pièces, autres que la convention, qui doivent être produites en application du présent décret en vue de l'enregistrement de la déclaration de pacte civil de solidarité, parmi lesquelles la photocopie du document d'identité mentionné au *(Décr. n° 2017-889 du 6 mai 2017, art. 9, en vigueur le 1er nov. 2017)* « troisième » alinéa de l'article 1er du présent décret ;

b) La déclaration écrite conjointe prévue au quatrième alinéa de l'article 515-7 du code civil ;

c) La copie de la signification prévue au cinquième alinéa de l'article 515-7 du code civil ;

d) L'avis de mariage ou de décès visé à l'article 3 du présent décret.

Art. 8 Lorsque la résidence commune des partenaires est fixée à l'étranger, les attributions *(Décr. n° 2017-889 du 6 mai 2017, art. 10, en vigueur le 1er nov. 2017)* « de l'officier de l'état civil » définies par le présent décret sont exercées par les agents diplomatiques et consulaires français.

Art. 9 *V. Décr. n° 62-921 du 3 août 1962, art. 10 [abrogé].*

Art. 10 *(Décr. n° 2017-889 du 6 mai 2017, art. 11, en vigueur le 1er nov. 2017)* Les déclarations de pacte civil de solidarité, leurs modifications et dissolutions font l'objet d'un enregistrement sous forme dématérialisée, dans le cadre du traitement automatisé prévu par le décret n° 2006-1807 du 23 décembre 2006 modifié relatif à l'enregistrement, à la conservation et au traitement des données à caractère personnel relatives à la formation, la modification et la dissolution du pacte civil de solidarité.

Ce traitement est mis en œuvre au sein de l'application informatique existante dans chaque commune pour traiter des données d'état civil ainsi que dans les postes diplomatiques et consulaires.

A défaut d'une telle application, l'enregistrement s'effectue dans un registre dédié, dont les conditions de fiabilité, de sécurité et d'intégrité sont fixées par arrêté conjoint du garde des sceaux, ministre de la justice, et du ministre des affaires étrangères. Les pages du registre sont numérotées et utilisées dans l'ordre de leur numérotation. Sans préjudice de la sélection prévue à l'article L. 212-3 du code du patrimoine, le registre dédié est conservé par l'officier d'état civil pendant une durée de soixante-quinze ans à compter de la clôture du registre ou de cinq ans à compter du dernier pacte civil de solidarité dont la dissolution est enregistrée dans le registre, si ce dernier délai est plus bref.

Art. 11 *(Décr. n° 2017-889 du 6 mai 2017, art. 12, en vigueur le 1er nov. 2017)* Le greffe de chaque tribunal judiciaire qui a procédé à l'enregistrement, à la modification et à la dissolution de pactes civils de solidarité avant le 1er novembre 2017, date à laquelle est opéré le transfert aux officiers de l'état civil des attributions conférées aux greffes des tribunaux judiciaires en matière de pacte civil de solidarité, remet ou adresse à l'officier de l'état civil de la commune du lieu du tribunal judiciaire les pièces mentionnées à l'article 7 relatives aux pactes civils de solidarité dont la déclaration de dissolution n'a pas été enregistrée à cette date et à ceux dont la déclaration de dissolution a été enregistrée après le 1er novembre 2012. Lorsqu'elles sont relatives aux pactes civils de solidarité dont la déclaration de dissolution a été enregistrée avant le 1er novembre 2012, ces mêmes pièces font l'objet de la sélection prévue à l'article L. 212-3 du code du patrimoine.

Art. 12 *(Décr. n° 2017-889 du 6 mai 2017, art. 13, en vigueur le 1er nov. 2017)* « I. — Le présent décret est applicable dans les îles de Wallis-et-Futuna dans sa rédaction résultant du » *(Décr. n° 2019-1419 du 20 déc. 2019, art. 23)* « décret n° 2019-1419 du 20 décembre 2019 ».

(Décr. n° 2009-1775 du 30 déc. 2009) II. — Pour l'application du présent décret *(Décr. n° 2017-889 du 6 mai 2017, art. 13, en vigueur le 1er nov. 2017)* « en Nouvelle-Calédonie sous réserve de l'intervention d'une réglementation en la matière prise par les autorités compétentes de cette collectivité postérieurement au transfert de compétences prévu par le III de l'article 21 de la loi organique n° 99-209 du 19 mars 1999 » et dans les îles Wallis-et-Futuna, les mots : "tribunal judiciaire" sont remplacés par les mots : "tribunal de première instance" et au dernier alinéa de l'article 1er, les mots : " tribunal judiciaire " sont remplacés par les mots : "tribunal de première instance".

Pour l'application des articles 2, 4 et 5 du présent décret dans les îles Wallis-et-Futuna, les mots : "lettre recommandée avec demande d'avis de réception" sont remplacés par les mots : "lettre simple contre émargement".

Décret n° 2006-1807 du 23 décembre 2006,

Relatif à l'enregistrement, à la conservation et au traitement des données à caractère personnel relatives à la formation, la modification et la dissolution du pacte civil de solidarité (JO 31 déc.).

Les dispositions issues du Décr. n° 2017-889 du 6 mai 2017 entrent en vigueur le 1er nov. 2017.

Elles sont applicables aux pactes civils de solidarité enregistrés à cette date (Décr. préc., art. 38).

Art. 1er *(Décr. n° 2017-889 du 6 mai 2017, art. 15, en vigueur le 1er nov. 2017)* « Les officiers de l'état civil, le service central d'état civil du ministère des affaires étrangères » ainsi que les agents diplomatiques et consulaires français mettent en œuvre un traitement automatisé des registres sur lesquels sont inscrites les mentions relatives à la déclaration, la modification et la dissolution du pacte civil de solidarité *(Décr. n° 2017-889 du 6 mai 2017, art. 15, en vigueur le 1er nov. 2017)* « sous réserve de la dérogation prévue à l'article 10 du décret n° 2006-1806 du 23 décembre 2006 modifié relatif à la déclaration, la modification, la dissolution et la publicité du pacte civil de solidarité ».

A cette fin, ils collectent et traitent des données à caractère personnel relatives au sexe des personnes en vue de l'application des articles 515-3 et 515-7 du code civil et de l'article 14-1 de la loi du 15 novembre 1999 susvisée *[n° 99-944]*.

Art. 2 Sous réserve des dispositions prévues au 5° de l'article 3, il est interdit de sélectionner une catégorie particulière de personnes à partir des données mentionnées au second alinéa de l'article 1er.

Art. 3 Le traitement automatisé a pour finalité d'assurer :

1° La gestion, assortie de garanties de sécurité, de l'enregistrement et de la conservation des informations relatives à la déclaration, à la modification et à la dissolution du pacte civil de solidarité ;

2° La transmission des données strictement nécessaires à l'inscription des mentions relatives aux enregistrements effectués par *(Décr. n° 2017-889 du 6 mai 2017, art. 16, en vigueur le 1er nov. 2017)* « l'officier de l'état civil » ou l'agent diplomatique et consulaire ayant reçu la déclaration de pacte civil de solidarité, par l'officier de l'état civil détenteur de l'acte de naissance de chaque partenaire ou, lorsque l'un des partenaires est de nationalité étrangère et né à l'étranger, par *(Décr. n° 2017-889 du 6 mai 2017, art. 16, en vigueur le 1er nov. 2017)* « le service central d'état civil du ministère des affaires étrangères » ;

3° L'établissement par *(Décr. n° 2017-889 du 6 mai 2017, art. 16, en vigueur le 1er nov. 2017)* « le service central d'état civil du ministère des affaires étrangères » du certificat attestant que le partenaire de nationalité étrangère né à l'étranger n'est pas déjà lié par un pacte civil de solidarité ;

4° La communication aux tiers, par *(Décr. n° 2017-889 du 6 mai 2017, art. 16, en vigueur le 1er nov. 2017)* « le service central d'état civil du ministère des affaires étrangères », des informations nominatives mentionnées à l'article 6, lorsque l'un des partenaires est né à l'étranger et de nationalité étrangère ;

5° L'élaboration de statistiques limitées à la production d'informations rendues anonymes, destinées à permettre de connaître :

a) Le nombre de déclarations, de modifications et de dissolutions de pactes civils de solidarité ayant fait l'objet d'un enregistrement ;

b) Le nombre de pactes ayant pris fin en application de chacun des cas mentionnés à l'article 515-7 du code civil ;

c) La durée moyenne des pactes ;

d) L'âge moyen des personnes ayant conclu un pacte ;

e) Le nombre de pactes conclus ou ayant pris fin entre personnes de sexe différent, de sexe féminin et de sexe masculin, ainsi que, pour chacune de ces trois catégories de pactes, leur durée moyenne et l'âge moyen des personnes en cause.

(Décr. n° 2017-889 du 6 mai 2017, art. 16, en vigueur le 1er nov. 2017) « Toutefois les catégories de données mentionnées à l'article 4 du présent décret peuvent faire l'objet d'une enquête

statistique dans les conditions prévues à l'article 2 de la loi n° 51-711 du 7 juin 1951 sur l'obligation, la coordination et le secret en matière de statistiques ».

Art. 4 Les catégories de données à caractère personnel enregistrées par *(Décr. n° 2017-889 du 6 mai 2017, art. 17, en vigueur le 1er nov. 2017)* « les officiers de l'état civil, le service central d'état civil du ministère des affaires étrangères » et les agents diplomatiques et consulaires sont les suivantes :

1° Nom et prénoms, date et lieu de naissance des deux personnes liées par un pacte civil de solidarité *(Décr. n° 2017-889 du 6 mai 2017, art. 17, en vigueur le 1er nov. 2017)* « et le cas échéant, leurs modifications » ;

2° Sexe des deux personnes liées par le pacte *(Décr. n° 2017-889 du 6 mai 2017, art. 17, en vigueur le 1er nov. 2017)* « et le cas échéant, leurs modifications » ;

3° Date et lieu de l'inscription conférant date certaine au pacte ;

4° Numéro d'enregistrement de l'inscription ;

5° Date de l'enregistrement des modifications du pacte ;

6° Nature et date de la cause de la dissolution du pacte ;

7° Date d'effet, entre les partenaires, de la dissolution du pacte ;

(Décr. n° 2017-889 du 6 mai 2017, art. 17, en vigueur le 1er nov. 2017) « 8° Date et motif de la décision d'irrecevabilité d'un pacte. »

(Décr. n° 2017-889 du 6 mai 2017, art. 17, en vigueur le 1er nov. 2017) « Le service central d'état civil du ministère des affaires étrangères » enregistre également la date d'effet de la déclaration, de la modification et de la dissolution du pacte à l'égard des tiers.

Art. 5 Sont seuls habilités à enregistrer, conserver, modifier ou traiter les informations incluses dans le traitement automatisé prévu par les articles 1er et 3, dans les limites de leurs missions et de leur compétence territoriale, *(Décr. n° 2017-889 du 6 mai 2017, art. 18, en vigueur le 1er nov. 2017)* « les officiers de l'état civil, le service central d'état civil du ministère des affaires étrangères » ainsi que les agents diplomatiques et consulaires français.

Art. 6 Lorsque l'un des partenaires est né à l'étranger et de nationalité étrangère, tout requérant peut obtenir auprès du *(Décr. n° 2017-889 du 6 mai 2017, art. 19, en vigueur le 1er nov. 2017)* « service central d'état civil du ministère des affaires étrangères » communication des informations suivantes :

1° Nom et prénoms, date et lieu de naissance, sexe du partenaire de nationalité étrangère né à l'étranger pour lequel la demande est formée ;

2° Nom et prénoms, date et lieu de naissance de l'autre partenaire ;

3° Date et lieu de l'inscription conférant date certaine au pacte civil de solidarité ;

4° Date de l'inscription de la déclaration de pacte civil de solidarité sur le registre du *(Décr. n° 2017-889 du 6 mai 2017, art. 19, en vigueur le 1er nov. 2017)* « service central d'état civil du ministère des affaires étrangères » ;

5° Date de l'enregistrement des modifications du pacte sur le registre *(Décr. n° 2017-889 du 6 mai 2017, art. 19, en vigueur le 1er nov. 2017)* « de l'officier de l'état civil ayant enregistré la déclaration de pacte civil de solidarité » ;

6° Date de l'enregistrement des modifications du pacte sur le registre du *(Décr. n° 2017-889 du 6 mai 2017, art. 19, en vigueur le 1er nov. 2017)* « service central d'état civil du ministère des affaires étrangères » ;

7° Date d'effet de la dissolution du pacte entre les partenaires ;

8° Date d'effet de la dissolution du pacte à l'égard des tiers.

Art. 7 *(Décr. n° 2012-966 du 20 août 2012, art. 19)* Toute interconnexion des registres mentionnés à l'article 1er avec d'autres fichiers est interdite.

L'officier de l'état civil détenteur de l'acte de naissance d'un partenaire d'un pacte civil de solidarité, ou le *(Décr. n° 2017-889 du 6 mai 2017, art. 20, en vigueur le 1er nov. 2017)* « service central d'état civil du ministère des affaires étrangères », lorsqu'un des partenaires est de nationalité étrangère et né à l'étranger, est destinataire des données nécessaires à l'inscription des mentions prévues par l'article 515-3-1 du code civil en marge de l'acte de naissance de chaque partenaire *(Décr. n° 2017-889 du 6 mai 2017, art. 20, en vigueur le 1er nov. 2017)* « le cas échéant par voie dématérialisée dans des conditions prévues par arrêté du garde des sceaux, ministre de la justice ».

(Décr. n° 2017-889 du 6 mai 2017, art. 20, en vigueur le 1er nov. 2017) « L'office français de protection des réfugiés et apatrides est destinataire des mêmes données pour la mise à jour des certificats d'état civil tenant lieu d'actes de naissance qu'il a établis pour les personnes placées sous sa protection juridique et administrative. »

Art. 8 Le droit d'accès et de rectification prévu aux articles 39 et 40 de la loi du 6 janvier 1978 susvisée *[nº 78-17, relative à l'informatique, aux fichiers et aux libertés]* s'exerce auprès *(Décr. nº 2017-889 du 6 mai 2017, art. 21, en vigueur le 1er nov. 2017)* « de l'officier de l'état civil » ayant enregistré la déclaration de pacte civil de solidarité, ou, dans le cas d'un pacte ayant fait l'objet d'une déclaration à l'étranger, soit auprès de l'agent diplomatique ou consulaire français ayant enregistré celle-ci, soit auprès du *(Décr. nº 2017-889 du 6 mai 2017, art. 21, en vigueur le 1er nov. 2017)* « service central d'état civil du ministère des affaires étrangères ».

Le partenaire né à l'étranger de nationalité étrangère peut également exercer ce droit auprès du *(Décr. nº 2017-889 du 6 mai 2017, art. 21, en vigueur le 1er nov. 2017)* « service central d'état civil du ministère des affaires étrangères ».

Art. 9 Le droit d'opposition prévu au premier alinéa de l'article 38 de la loi du 6 janvier 1978 susvisée ne s'applique pas au traitement prévu par le présent décret.

Art. 10 Les informations mentionnées à l'article 4 sont conservées sur le registre tenu par *(Décr. nº 2017-889 du 6 mai 2017, art. 22, en vigueur le 1er nov. 2017)* « l'officier de l'état civil » et, lorsque le pacte civil de solidarité a fait l'objet d'une déclaration à l'étranger, par les agents diplomatiques et consulaires pendant une durée de cinq ans à compter de la date de la dissolution du pacte.

Lorsqu'elles sont inscrites sur le registre tenu par *(Décr. nº 2017-889 du 6 mai 2017, art. 22, en vigueur le 1er nov. 2017)* « le service central d'état civil du ministère des affaires étrangères », ces informations sont conservées pendant une durée de trente ans à compter de la date de dissolution du pacte.

Art. 11 *(Décr. nº 2017-889 du 6 mai 2017, art. 23, en vigueur le 1er nov. 2017)* I. — Le greffe de chaque tribunal judiciaire met en œuvre le transfert des données enregistrées au sein du traitement automatisé du registre des pactes civils de solidarité prévu à l'article premier au profit de l'officier de l'état civil de la commune du lieu du tribunal judiciaire, dans les conditions prévues aux articles R. 212-3 et R. 212-4 du code du patrimoine. Le transfert des données doit être effectif au 1er novembre 2017, date à laquelle est opéré le transfert aux officiers de l'état civil des attributions conférées aux greffes des tribunaux judiciaires en matière de pacte civil de solidarité.

II. — Le greffe du tribunal judiciaire de Paris, qui tient le registre des informations relatives aux pactes civils de solidarité conclus par l'un au moins des partenaires de nationalité étrangère né à l'étranger, met en œuvre le transfert, au service central d'état civil du ministère des affaires étrangères, des données enregistrées au sein du traitement automatisé du registre des informations relatives aux pactes civils de solidarité prévu à l'article 1er. Ce transfert doit être effectif au 1er novembre 2017, date à laquelle est opéré le transfert à ce dernier des attributions conférées au greffe du tribunal judiciaire de Paris en matière de pacte civil de solidarité.

III. — Les données mentionnées à l'article 4 relatives aux pactes civils de solidarité dont la déclaration de dissolution a été enregistrée avant le 1er novembre 2012 font l'objet d'un versement à l'administration des archives par le greffe de chaque tribunal judiciaire qui a procédé à la dissolution de ces pactes, dans les conditions prévues à l'article R. 212-16 du code du patrimoine.

Art. 12 *(Décr. nº 2017-889 du 6 mai 2017, art. 24, en vigueur le 1er nov. 2017)* I. — Le présent décret est applicable dans les îles Wallis-et-Futuna dans sa rédaction résultant du décret nº 2017-889 du 6 mai 2017.

II. — Pour son application dans les îles Wallis-et-Futuna, les mots : "la commune" sont remplacés par les mots : "la circonscription administrative" et les mots : "tribunal judiciaire" sont remplacés par les mots : "tribunal de première instance".

Décret nº 2012-966 du 20 août 2012,

Relatif à l'enregistrement de la déclaration, de la modification et de la dissolution du pacte civil de solidarité reçu par un notaire.

Les dispositions issues du Décr. nº 2017-889 du 6 mai 2017 entrent en vigueur le 1er nov. 2017. Elles sont applicables aux pactes civils de solidarité enregistrés à cette date (Décr. préc., art. 38).

BIBL. ► BAILLON-WIRTZ, *JCP N 2012, nº 1313.*

Art. 1er Lorsque la convention de pacte civil de solidarité est rédigée sous la forme d'un acte authentique, le notaire instrumentaire recueille et enregistre la déclaration conjointe de conclusion du pacte.

Il remet aux partenaires un récépissé d'enregistrement.

(Décr. n° 2017-889 du 6 mai 2017, art. 26, en vigueur le 1er nov. 2017) « Le notaire instrumentaire procède à la vérification des données à caractère personnel contenues dans les actes de l'état civil des partenaires par voie dématérialisée, dans les conditions prévues au troisième alinéa de l'article 101-1 du code civil, lorsque ces actes sont détenus par un officier de l'état civil utilisant ce dispositif. »

Art. 2 Le notaire ayant procédé à l'enregistrement du pacte civil de solidarité enregistre l'acte portant modification de la convention initiale que lui remettent ou lui adressent par lettre recommandée avec demande d'avis de réception les partenaires du pacte *(Décr. n° 2017-889 du 6 mai 2017, art. 27, en vigueur le 1er nov. 2017)* « ou l'un deux ». Chaque partenaire justifie de son identité en joignant à l'envoi la photocopie d'un document officiel délivré par une administration publique comportant son nom, son prénom, sa date et son lieu de naissance, sa photographie et sa signature ainsi que l'identification de l'autorité qui a délivré le document, la date et le lieu de délivrance.

Il remet ou adresse aux partenaires un récépissé d'enregistrement.

Art. 3 Dans les cas prévus au deuxième alinéa de l'article 515-7 du code civil, l'officier de l'état civil requis pour apposer en marge de l'acte de naissance du ou des partenaires la mention du décès ou du mariage avise sans délai le notaire ayant procédé à l'enregistrement du pacte civil de solidarité.

Le notaire instrumentaire enregistre la dissolution et en informe le partenaire survivant ou, en cas de mariage, les deux partenaires.

Art. 4 Dans le cas prévu au quatrième alinéa de l'article 515-7 du code civil, la déclaration conjointe de dissolution est remise *(Décr. n° 2017-889 du 6 mai 2017, art. 28, en vigueur le 1er nov. 2017)* « , par les partenaires ou l'un deux, » au notaire ayant procédé à l'enregistrement du pacte civil de solidarité ou lui est adressée par lettre recommandée avec demande d'avis de réception. *(Décr. n° 2017-889 du 6 mai 2017, art. 28, en vigueur le 1er nov. 2017)* « Chaque partenaire justifie de son identité » en joignant à l'envoi la photocopie d'un document officiel délivré par une administration publique comportant son nom, son prénom, sa date et son lieu de naissance, sa photographie et sa signature ainsi que l'identification de l'autorité qui a délivré le document, la date et le lieu de délivrance.

Le notaire instrumentaire enregistre la dissolution *(Décr. n° 2017-889 du 6 mai 2017, art. 28, en vigueur le 1er nov. 2017)* « . Il remet ou adresse à chacun des partenaires un récépissé d'enregistrement ».

Art. 5 L'huissier de justice qui procède à la signification prévue au cinquième alinéa de l'article 515-7 du code civil remet sans délai, au nom du partenaire ayant décidé de mettre fin au pacte civil de solidarité, une copie de l'acte signifié au notaire ayant procédé à l'enregistrement du pacte civil de solidarité ou l'adresse par lettre recommandée avec demande d'avis de réception.

Le notaire instrumentaire enregistre la dissolution et en informe les partenaires.

Art. 6 Le notaire qui a reçu et enregistré la déclaration conjointe de conclusion ou de modification d'un pacte civil de solidarité, ou sa dissolution, avise, sans délai, l'officier de l'état civil détenteur de l'acte de naissance de chaque partenaire afin qu'il soit procédé aux formalités de publicité dans les conditions prévues au troisième alinéa de l'article 49 du code civil.

Si l'un des partenaires est de nationalité étrangère et né à l'étranger, l'avis est adressé au *(Décr. n° 2017-889 du 6 mai 2017, art. 29, en vigueur le 1er nov. 2017)* « service central d'état civil du ministère des affaires étrangères », à charge pour celui-ci de porter, dans les trois jours, la mention de la déclaration conjointe sur le registre prévu au premier alinéa de l'article 515-3-1 du code civil.

(Décr. n° 2017-889 du 6 mai 2017, art. 29, en vigueur le 1er nov. 2017) « Si l'un des partenaires est placé sous la protection juridique et administrative de l'office français de protection des réfugiés et apatrides, l'avis est adressé à cet office. »

Art. 6-1 *(Décr. n° 2017-889 du 6 mai 2017, art. 30, en vigueur le 1er nov. 2017)* Dans les mentions de déclaration, de modification et de dissolution d'un pacte civil de solidarité, portées en marge des actes de l'état civil ou des certificats en tenant lieu, est autorisé l'acronyme "PACS".

Art. 7 Sont conservés par le notaire auprès duquel la convention de pacte civil de solidarité est enregistrée :

a) La déclaration écrite conjointe prévue au quatrième alinéa de l'article 515-7 du code civil ;

b) La copie de la signification prévue au cinquième alinéa de l'article 515-7 du code civil ;

c) L'avis de mariage ou de décès visé à l'article 3.

Les dispositions des art. 7 à 16 du Décr. n° 2012-966 du 20 août 2012 sont applicables aux pactes civils de solidarité dont le notaire a procédé à l'enregistrement depuis l'entrée en vigueur de la loi n° 2011-331 du 28 mars 2011 (Décr. préc., art. 21).

Art. 8 Les pactes civils de solidarité sont enregistrés par le notaire dans le registre des conventions notariées de pacte civil de solidarité. Ce registre est tenu par chaque étude notariale, le cas échéant sous forme électronique.

Il reprend l'ensemble des données relatives aux pactes civils de solidarité pour lesquels le notaire a procédé à l'enregistrement depuis l'entrée en vigueur de la loi du 28 mars 2011 susvisée.

Art. 9 Le Conseil supérieur du notariat ou son délégataire met en œuvre un traitement automatisé des registres sur lesquels sont inscrites les mentions relatives à la déclaration, la modification et la dissolution des pactes civils de solidarité ayant fait l'objet d'une convention initiale par acte notarié.

A cette fin, il collecte et traite des données à caractère personnel relatives au sexe des personnes en vue de l'application des articles 515-3 et 515-7 du code civil et de l'article 14-1 de la loi du 15 novembre 1999 susvisée.

Art. 10 Sous réserve des dispositions prévues au 4° de l'article 11, il est interdit de sélectionner une catégorie particulière de personnes à partir des données mentionnées au second alinéa de l'article 9.

Art. 11 Le traitement automatisé a pour finalité d'assurer :

1° La gestion, assortie de garanties de sécurité, de l'enregistrement et de la conservation des informations relatives à la déclaration, à la modification et à la dissolution du pacte civil de solidarité ;

2° La transmission des données strictement nécessaires à l'inscription des mentions relatives aux enregistrements effectués par le notaire ayant reçu la déclaration de pacte civil de solidarité, par l'officier de l'état civil détenteur de l'acte de naissance de chaque partenaire ou, lorsque l'un des partenaires est de nationalité étrangère et né à l'étranger, par *(Décr. n° 2017-889 du 6 mai 2017, art. 31, en vigueur le 1er nov. 2017)* « le service central d'état civil du ministère des affaires étrangères » ;

3° L'établissement par *(Décr. n° 2017-889 du 6 mai 2017, art. 31, en vigueur le 1er nov. 2017)* « le service central d'état civil du ministère des affaires étrangères » du certificat attestant que le partenaire de nationalité étrangère né à l'étranger n'est pas déjà lié par un pacte civil de solidarité ;

4° L'élaboration de statistiques limitées à la production d'informations rendues anonymes, destinées à permettre de connaître :

a) Le nombre de déclarations, de modifications et de dissolutions de pactes civils de solidarité ayant fait l'objet d'un enregistrement notarié ;

b) Le nombre de pactes ayant pris fin en application de chacun des cas mentionnés à l'article 515-7 du code civil ;

c) La durée moyenne des pactes ;

d) L'âge moyen des personnes ayant conclu un pacte ;

e) Le nombre de pactes conclus ou ayant pris fin entre personnes de sexe différent, de sexe féminin et de sexe masculin, ainsi que, pour chacune de ces trois catégories de pactes, la durée moyenne et l'âge moyen des personnes en cause.

(Décr. n° 2017-889 du 6 mai 2017, art. 31, en vigueur le 1er nov. 2017) « Toutefois les catégories de données mentionnées à l'article 12 du présent décret peuvent faire l'objet d'une enquête statistique dans les conditions prévues à l'article 2 de la loi n° 51-711 du 7 juin 1951 sur l'obligation, la coordination et le secret en matière de statistiques ».

Art. 12 Les catégories de données à caractère personnel enregistrées par les notaires sont les suivantes :

1° Nom et prénoms, date et lieu de naissance des deux personnes liées par un pacte civil de solidarité *(Décr. n° 2017-889 du 6 mai 2017, art. 32, en vigueur le 1er nov. 2017)* « et, le cas échéant, leurs modifications » ;

2° Sexe des deux personnes liées par le pacte *(Décr. n° 2017-889 du 6 mai 2017, art. 32, en vigueur le 1er nov. 2017)* « et, le cas échéant, leurs modifications » ;

3° Date et lieu de l'inscription conférant date certaine au pacte ;

4° Numéro d'enregistrement de l'inscription ;

5° Date de l'enregistrement des modifications du pacte ;

6° Nature et date de la cause de la dissolution du pacte ;

7° Date d'effet, entre les partenaires, de la dissolution du pacte.

Art. 13 Les notaires sont seuls habilités à enregistrer, conserver, modifier ou traiter les informations relatives aux pactes civils de solidarité inscrits sur le registre de leur étude notariale incluses dans le traitement automatisé prévu par les articles 9 et 11.

Art. 14 Toute interconnexion des registres mentionnés à l'article 9 avec d'autres fichiers est interdite.

L'officier de l'état civil détenteur de l'acte de naissance d'un partenaire d'un pacte civil de solidarité, ou le *(Décr. n° 2017-889 du 6 mai 2017, art. 33, en vigueur le 1er nov. 2017)* « service central d'état civil du ministère des affaires étrangères », lorsqu'un des partenaires est de nationalité étrangère et né à l'étranger, est destinataire des données nécessaires à l'inscription des mentions prévues par l'article 515-3-1 du code civil en marge de l'acte de naissance de chaque partenaire *(Décr. n° 2017-889 du 6 mai 2017, art. 33, en vigueur le 1er nov. 2017)* « , le cas échéant par voie dématérialisée dans des conditions prévues par arrêté du garde des sceaux, ministre de la justice ».

(Décr. n° 2017-889 du 6 mai 2017, art. 33, en vigueur le 1er nov. 2017) « L'office français de protection des réfugiés et apatrides est destinataire des mêmes données pour la mise à jour des certificats d'état civil tenant lieu d'actes de naissance qu'il a établis pour les personnes placées sous sa protection juridique et administrative. »

Art. 15 Le droit d'accès et de rectification prévu aux articles 39 et 40 de la loi du 6 janvier 1978 susvisée s'exerce auprès du notaire ayant enregistré la déclaration de pacte civil de solidarité.

Le partenaire né à l'étranger et de nationalité étrangère peut également exercer ce droit auprès du *(Décr. n° 2017-889 du 6 mai 2017, art. 34, en vigueur le 1er nov. 2017)* « service central d'état civil du ministère des affaires étrangères ».

Art. 16 Les informations mentionnées à l'article 12 sont conservées dans le traitement automatisé mentionné à l'article 9 pendant une durée de cinq ans à compter de la date de la dissolution du pacte.

....

Art. 20 *(Décr. n° 2017-889 du 6 mai 2017, art. 35, en vigueur le 1er nov. 2017)* I. — Le présent décret est applicable dans les îles Wallis-et-Futuna dans sa rédaction résultant du décret n° 2017-889 du 6 mai 2017.

II. — Pour son application dans les îles Wallis-et-Futuna, les mots : "lettre recommandée avec demande d'avis de réception" sont remplacés par les mots : "lettre simple contre émargement".

Règlement (UE) 2016/1104 du Conseil du 24 juin 2016

Mettant en œuvre une coopération renforcée dans le domaine de la compétence, de la loi applicable, de la reconnaissance et de l'exécution des décisions en matière d'effets patrimoniaux des partenariats enregistrés.

V. Circ. 24 avr. 2019 de présentation des dispositions des règlements (UE) nos 2016/1103 et 2016/1104 du Conseil du 24 juin 2016 mettant en œuvre une coopération renforcée dans le domaine de la compétence, de la loi applicable, la reconnaissance et l'exécution des décisions, en matière de régimes matrimoniaux et d'effets patrimoniaux des partenariats emegistrés,

BIBL. ▶ Collectif, *Commentaire Dalloz, 2018* (commentaire des règlements européens sur la liquidation des régimes matrimoniaux et les partenariats enregistrés). – FONGARO et FRÉMONT,

JCP N 2017, n° 1320. - Dossiers, *Dr. fam. 2017, n*os *28 s.* - Dossier, *JCP N 2018, n*os *1162 s.* - Dossier, *AJ fam. 2019. 13* ; *ibid. 67* .

Sur l'entrée en vigueur, V. Règl., art. 70.

Sur les formulaires mentionnés dans le Règl. (UE) 2016/1104, V. Règl. d'exécution (UE) 2018/1990 de la Commission du 11 déc. 2018 .

CHAPITRE I. *CHAMP D'APPLICATION ET DÉFINITIONS*

Art. 1er *Champ d'application.* 1. Le présent règlement s'applique aux effets patrimoniaux des partenariats enregistrés.

Il ne s'applique pas aux matières fiscales, douanières ou administratives.

2. Sont exclus du champ d'application du présent règlement :

a) la capacité juridique des partenaires ;

b) l'existence, la validité ou la reconnaissance d'un partenariat enregistré ;

c) les obligations alimentaires ;

d) la succession du partenaire décédé ;

e) la sécurité sociale ;

f) le droit au transfert ou à l'adaptation entre partenaires, en cas de dissolution ou d'annulation du partenariat enregistré, des droits à la pension de retraite ou d'invalidité acquis au cours du partenariat enregistré et qui n'ont pas produit des revenus de retraite au cours du partenariat enregistré ;

g) la nature des droits réels portant sur un bien ; et

h) toute inscription dans un registre de droits immobiliers ou mobiliers, y compris les exigences légales applicables à une telle inscription, ainsi que les effets de l'inscription ou de l'absence d'inscription de ces droits dans un registre.

Art. 2 *Compétences en matière d'effets patrimoniaux des partenariats enregistrés dans les États membres.* Le présent règlement ne porte pas atteinte aux compétences des autorités des États membres en matière d'effets patrimoniaux des partenariats enregistrés.

Art. 3 *Définitions.* 1. Aux fins du présent règlement, on entend par :

a) "partenariat enregistré", le régime régissant la vie commune de deux personnes prévu par la loi, dont l'enregistrement est obligatoire en vertu de ladite loi et qui répond aux exigences juridiques prévues par ladite loi pour sa création ;

b) "effets patrimoniaux d'un partenariat enregistré", l'ensemble des règles relatives aux rapports patrimoniaux des partenaires entre eux et à l'égard des tiers, qui résultent du lien juridique créé par l'enregistrement du partenariat ou par la dissolution de celui-ci ;

c) "convention partenariale", tout accord entre partenaires ou futurs partenaires par lequel ils organisent les effets patrimoniaux de leur partenariat enregistré ;

d) "acte authentique", un acte relatif aux effets patrimoniaux d'un partenariat enregistré, dressé ou enregistré formellement en tant qu'acte authentique dans un État membre et dont l'authenticité :

i) porte sur la signature et le contenu de l'acte authentique ; et

ii) a été établie par une autorité publique ou toute autre autorité habilitée à cet effet par l'État membre d'origine ;

e) "décision", toute décision relative aux effets patrimoniaux d'un partenariat enregistré rendue par une juridiction d'un État membre, quelle que soit la dénomination qui lui est donnée, y compris une décision concernant la fixation par le greffier du montant des frais du procès ;

f) "transaction judiciaire", une transaction en matière d'effets patrimoniaux du partenariat enregistré approuvée par une juridiction ou conclue devant une juridiction au cours d'une procédure ;

g) "État membre d'origine", l'État membre dans lequel la décision a été rendue, l'acte authentique a été établi ou la transaction judiciaire a été approuvée ou conclue ;

h) "État membre d'exécution", l'État membre dans lequel est demandée la reconnaissance et/ou l'exécution de la décision, de l'acte authentique ou de la transaction judiciaire.

2. Aux fins du présent règlement, on entend par "juridiction" toute autorité judiciaire, ainsi que toute autre autorité et tout professionnel du droit compétents en matière d'effets patrimoniaux des partenariats enregistrés qui exercent des fonctions juridictionnelles ou agissent en vertu d'une délégation de pouvoirs d'une autorité judiciaire ou sous le contrôle de celle-ci, pour autant que ces autres autorités et professionnels du droit offrent des garanties en ce qui concerne leur impartialité et le droit de toutes les parties à être entendues, et que

les décisions qu'ils rendent conformément au droit de l'État membre dans lequel ils exercent leurs fonctions :

a) puissent faire l'objet d'un recours devant une autorité judiciaire ou d'un contrôle par une telle autorité ; et

b) aient une force et un effet équivalents à ceux d'une décision prononcée par une autorité judiciaire dans la même matière.

Les États membres notifient à la Commission les autres autorités et professionnels du droit visés au premier alinéa, conformément à l'article 64.

....

CHAPITRE III. *LOI APPLICABLE*

Art. 20 *Application universelle.* La loi désignée comme la loi applicable par le présent règlement s'applique même si cette loi n'est pas celle d'un État membre.

Art. 21 *Unité de la loi applicable.* La loi applicable aux effets patrimoniaux d'un partenariat enregistré s'applique à l'ensemble des biens qui sont soumis à ces effets, quel que soit le lieu où les biens se trouvent.

Art. 22 *Choix de la loi applicable.* 1. Les partenaires ou futurs partenaires peuvent convenir de désigner ou de modifier la loi applicable aux effets patrimoniaux de leur partenariat enregistré ou en changer, pour autant que ladite loi attache des effets patrimoniaux à l'institution du partenariat enregistré et qu'il s'agisse de l'une des lois suivantes :

a) la loi de l'État dans lequel au moins l'un des deux partenaires ou futurs partenaires a sa résidence habituelle au moment où la convention est conclue ;

b) la loi d'un État dont l'un des partenaires ou futurs partenaires a la nationalité au moment où la convention est conclue ; ou

c) la loi de l'État selon le droit duquel le partenariat enregistré a été créé.

2. Sauf convention contraire des partenaires, le changement de loi applicable aux effets patrimoniaux du partenariat enregistré effectué au cours du partenariat n'a d'effet que pour l'avenir.

3. Aucun changement rétroactif de la loi applicable en vertu du paragraphe 2 ne porte atteinte aux droits des tiers résultant de cette loi.

Art. 23 *Validité quant à la forme de la convention sur le choix de la loi applicable.* 1. La convention visée à l'article 22 est formulée par écrit, datée et signée par les deux partenaires. Toute transmission par voie électronique qui permet de consigner durablement la convention est considérée comme revêtant une forme écrite.

2. Si la loi de l'État membre dans lequel les deux partenaires ont leur résidence habituelle au moment de la conclusion de la convention prévoit des règles formelles supplémentaires pour les conventions partenariales, ces règles s'appliquent.

3. Si, au moment de la conclusion de la convention, les partenaires ont leur résidence habituelle dans des États membres différents et si les lois de ces États prévoient des règles formelles différentes pour les conventions partenariales, la convention est valable quant à la forme si elle satisfait aux conditions fixées par l'une de ces lois.

4. Si, au moment de la conclusion de la convention, seul l'un des partenaires a sa résidence habituelle dans un État membre et si cet État prévoit des règles formelles supplémentaires pour les conventions partenariales, ces règles s'appliquent.

Art. 24 *Consentement et validité au fond.* 1. L'existence et la validité d'une convention sur le choix de la loi ou de toute clause de celle-ci sont soumises à la loi qui serait applicable en vertu de l'article 22 si la convention ou la clause était valable.

2. Toutefois, pour établir son absence de consentement, un partenaire peut se fonder sur la loi du pays dans lequel il a sa résidence habituelle au moment où la juridiction est saisie s'il ressort des circonstances qu'il ne serait pas raisonnable de déterminer l'effet du comportement de ce partenaire conformément à la loi visée au paragraphe 1.

Art. 25 *Validité quant à la forme d'une convention partenariale.* 1. La convention partenariale est formulée par écrit, datée et signée par les deux partenaires. Toute transmission par voie électronique qui permet de consigner durablement la convention est considérée comme revêtant une forme écrite.

2. Si la loi de l'État membre dans lequel les deux partenaires ont leur résidence habituelle au moment de la conclusion de la convention prévoit des règles formelles supplémentaires pour les conventions partenariales, ces règles s'appliquent.

Si, au moment de la conclusion de la convention, les partenaires ont leur résidence habituelle dans des États membres différents et si les lois de ces États prévoient des règles formelles différentes pour les conventions partenariales, la convention est valable quant à la forme si elle satisfait aux conditions fixées par l'une de ces lois.

Si, au moment de la conclusion de la convention, seul l'un des partenaires a sa résidence habituelle dans un État membre et si cet État prévoit des règles formelles supplémentaires pour les conventions partenariales, ces règles s'appliquent.

3. Si la loi applicable aux effets patrimoniaux d'un partenariat enregistré prévoit des règles formelles supplémentaires, ces règles s'appliquent.

Art. 26 *Loi applicable à défaut de choix par les parties.* 1. A défaut de convention sur le choix de la loi applicable conformément à l'article 22, la loi applicable aux effets patrimoniaux du partenariat enregistré est la loi de l'État selon la loi duquel le partenariat enregistré a été créé.

2. A titre exceptionnel et à la demande de l'un des partenaires, l'autorité judiciaire compétente pour statuer sur des questions relatives aux effets patrimoniaux d'un partenariat enregistré peut décider que la loi d'un État autre que l'État dont la loi est applicable en vertu du paragraphe 1 régit les effets patrimoniaux du partenariat enregistré si la loi de cet autre État attache des effets patrimoniaux à l'institution du partenariat enregistré et si le partenaire qui a fait la demande démontre que :

a) les partenaires avaient leur dernière résidence habituelle commune dans cet autre État pendant une période d'une durée significative ; et

b) les deux partenaires s'étaient fondés sur la loi de cet autre État pour organiser ou planifier leurs rapports patrimoniaux.

La loi de cet autre État s'applique à partir de la date de création du partenariat enregistré, à moins que l'un des partenaires ne s'y oppose. Dans ce dernier cas, la loi de cet autre État produit ses effets à partir de la date de l'établissement de leur dernière résidence habituelle commune dans cet autre État.

L'application de la loi de l'autre État ne porte pas atteinte aux droits des tiers résultant de la loi applicable en vertu du paragraphe 1.

Le présent paragraphe ne s'applique pas lorsque les partenaires ont passé une convention partenariale avant la date de l'établissement de leur dernière résidence habituelle commune dans cet autre État.

Art. 27 *Portée de la loi applicable.* La loi applicable aux effets patrimoniaux des partenariats enregistrés en vertu du présent règlement régit, entre autres :

a) la classification des biens des deux partenaires ou de chacun d'entre eux en différentes catégories pendant et après le partenariat enregistré ;

b) le transfert de biens d'une catégorie à une autre ;

c) les obligations d'un partenaire qui découlent des engagements pris par l'autre partenaire et des dettes de ce dernier ;

d) les pouvoirs, les droits et les obligations de l'un des partenaires ou des deux partenaires à l'égard des biens ;

e) la division, la répartition ou la liquidation des biens après dissolution du partenariat enregistré ;

f) les incidences des effets patrimoniaux des partenariats enregistrés sur un rapport juridique entre un partenaire et des tiers ; et

g) la validité au fond d'une convention partenariale.

Art. 28 *Opposabilité aux tiers.* 1. Nonobstant l'article 27, point f), la loi applicable aux effets patrimoniaux d'un partenariat enregistré entre les partenaires ne peut être opposée par un partenaire à un tiers lors d'un litige entre le tiers et les deux partenaires ou l'un d'entre eux, sauf si le tiers a eu connaissance de cette loi ou aurait dû en avoir connaissance en faisant preuve de la diligence voulue.

2. Le tiers est réputé avoir connaissance de la loi applicable aux effets patrimoniaux d'un partenariat enregistré si :

a) ladite loi est la loi :

i) de l'État dont la loi est applicable à la convention conclue entre l'un des partenaires et le tiers ;

ii) de l'État où le partenaire contractant et le tiers ont leur résidence habituelle ; ou

iii) dans des dossiers portant sur des biens immeubles, de l'État dans lequel le bien est situé ;

ou

b) l'un des partenaires s'est conformé aux obligations en matière de publicité ou d'enregistrement des effets patrimoniaux du partenariat enregistré prévues par la loi :

i) de l'État dont la loi est applicable à la convention conclue entre l'un des partenaires et le tiers ;

ii) de l'État où le partenaire contractant et le tiers ont leur résidence habituelle ; ou

iii) dans des dossiers portant sur des biens immeubles, de l'État dans lequel le bien est situé.

3. Lorsque la loi applicable aux effets patrimoniaux d'un partenariat enregistré ne peut être opposée par un partenaire à un tiers en vertu du paragraphe 1, les effets patrimoniaux du partenariat enregistré à l'égard du tiers sont régis :

a) par la loi de l'État dont la loi est applicable à la convention conclue entre l'un des partenaires et le tiers ; ou

b) dans des dossiers portant sur des biens immeubles ou des biens ou des droits enregistrés, par la loi de l'État dans lequel le bien immeuble est situé ou dans lequel les biens ou les droits sont enregistrés.

Art. 29 *Adaptation des droits réels.* Lorsqu'une personne fait valoir un droit réel auquel elle peut prétendre en vertu de la loi applicable aux effets patrimoniaux d'un partenariat enregistré et que la loi de l'État membre dans lequel le droit est invoqué ne connaît pas le droit réel en question, ce droit est, si nécessaire et dans la mesure du possible, adapté à son équivalent le plus proche en vertu du droit de cet État, en tenant compte des objectifs et des intérêts visés par le droit réel en question et des effets qui y sont liés.

Art. 30 *Lois de police.* 1. Les dispositions du présent règlement ne portent pas atteinte à l'application des lois de police du juge saisi.

2. Une loi de police est une disposition impérative dont le respect est jugé crucial par un État membre pour la sauvegarde de ses intérêts publics, tels que son organisation politique, sociale ou économique, au point d'en exiger l'application à toute situation entrant dans son champ d'application, quelle que soit par ailleurs la loi applicable, en vertu du présent règlement, aux effets patrimoniaux d'un partenariat enregistré.

Art. 31 *Ordre public.* L'application d'une disposition de la loi d'un État désignée par le présent règlement ne peut être écartée que si cette application est manifestement incompatible avec l'ordre public du for.

Art. 32 *Exclusion du renvoi.* Lorsque le présent règlement prescrit l'application de la loi d'un État, il entend les règles de droit en vigueur dans cet État, à l'exclusion de ses règles de droit international privé.

Art. 33 *Systèmes non unifiés – conflits de lois territoriaux.* 1. Lorsque la loi désignée par le présent règlement est celle d'un État qui comprend plusieurs unités territoriales dont chacune a ses propres règles de droit en matière d'effets patrimoniaux des partenariats enregistrés, ce sont les règles internes de conflits de lois de cet État qui déterminent l'unité territoriale concernée dont les règles de droit doivent s'appliquer.

2. En l'absence de telles règles internes de conflits de lois :

a) toute référence à la loi de l'État mentionné au paragraphe 1 s'entend, aux fins de la détermination de la loi applicable en vertu des dispositions relatives à la résidence habituelle des partenaires, comme faite à la loi de l'unité territoriale dans laquelle les partenaires ont leur résidence habituelle ;

b) toute référence à la loi de l'État mentionné au paragraphe 1 s'entend, aux fins de la détermination de la loi applicable en vertu des dispositions relatives à la nationalité des partenaires, comme faite à la loi de l'unité territoriale avec laquelle les partenaires présentent les liens les plus étroits ;

c) toute référence à la loi de l'État mentionné au paragraphe 1 s'entend, aux fins de la détermination de la loi applicable en vertu de toute autre disposition se référant à d'autres éléments comme à des facteurs de rattachement, comme faite à la loi de l'unité territoriale dans laquelle l'élément concerné est situé.

Art. 34 *Systèmes non unifiés – conflits de lois interpersonnels.* Lorsqu'un État a plusieurs systèmes de droit ou ensembles de règles applicables à différentes catégories de personnes en matière d'effets patrimoniaux des partenariats enregistrés, toute référence à la loi d'un tel État s'entend comme faite au système de droit ou à l'ensemble de règles déterminé par les règles en vigueur dans cet État. En l'absence de telles règles, le système de droit ou l'ensemble de règles avec lequel les partenaires présentent les liens les plus étroits s'applique.

Art. 35 *Non-application du présent règlement aux conflits de lois internes.* Un État membre qui comprend plusieurs unités territoriales dont chacune a ses propres règles de droit en matière d'effets patrimoniaux des partenariats enregistrés n'est pas tenu d'appliquer le présent règlement aux conflits de lois qui concernent uniquement ces unités.

CHAPITRE IV. *RECONNAISSANCE, FORCE EXÉCUTOIRE ET EXÉCUTION DES DÉCISIONS*

Art. 36 *Reconnaissance.* 1. Les décisions rendues dans un État membre sont reconnues dans les autres États membres, sans qu'il soit nécessaire de recourir à aucune procédure particulière.

2. En cas de contestation, toute partie intéressée qui invoque à titre principal la reconnaissance d'une décision peut demander, conformément aux procédures prévues aux articles 44 à 57, que la décision soit reconnue.

3. Si la reconnaissance est invoquée de façon incidente devant une juridiction d'un État membre, celle-ci est compétente pour en connaître.

Art. 37 *Motifs de non-reconnaissance.* Une décision rendue n'est pas reconnue :

a) si la reconnaissance est manifestement contraire à l'ordre public de l'État membre dans lequel la reconnaissance est demandée ;

b) dans le cas où elle a été rendue par défaut, si l'acte introductif d'instance ou un acte équivalent n'a pas été signifié ou notifié au défendeur en temps utile et de telle manière qu'il puisse se défendre, à moins qu'il n'ait pas exercé de recours à l'encontre de la décision alors qu'il était en mesure de le faire ;

c) si elle est inconciliable avec une décision rendue dans une procédure entre les mêmes parties dans l'État membre dans lequel la reconnaissance est demandée ;

d) si elle est inconciliable avec une décision rendue antérieurement dans un autre État membre ou dans un État tiers entre les mêmes parties dans un litige ayant le même objet et la même cause, lorsque la décision rendue antérieurement réunit les conditions nécessaires à sa reconnaissance dans l'État membre dans lequel la reconnaissance est demandée.

Art. 38 *Droits fondamentaux.* Les juridictions et les autres autorités compétentes des États membres appliquent l'article 37 du présent règlement dans le respect des droits et principes fondamentaux consacrés par la Charte, et notamment son article 21 relatif au principe de non-discrimination.

Art. 39 *Interdiction du contrôle de la compétence de la juridiction d'origine.* 1. Il ne peut être procédé au contrôle de la compétence de la juridiction de l'État membre d'origine.

2. Le critère de l'ordre public visé à l'article 37 ne s'applique pas aux règles de compétence visées aux articles 4 à 12.

Art. 40 *Absence de révision quant au fond.* En aucun cas une décision rendue dans un État membre ne peut faire l'objet d'une révision quant au fond.

Art. 41 *Sursis à statuer.* La juridiction d'un État membre saisie d'une demande de reconnaissance d'une décision rendue dans un autre État membre peut surseoir à statuer si cette décision fait l'objet d'un recours ordinaire dans l'État membre d'origine.

Art. 42 *Force exécutoire.* Les décisions rendues dans un État membre et qui sont exécutoires dans cet État sont exécutoires dans un autre État membre lorsque, à la demande de toute partie intéressée, elles y ont été déclarées exécutoires conformément à la procédure prévue aux articles 44 à 57.

Art. 43 *Détermination du domicile.* Pour déterminer, aux fins de la procédure prévue aux articles 44 à 57, si une partie a un domicile dans l'État membre d'exécution, la juridiction saisie applique la loi interne de cet État membre.

Art. 44 *Compétence territoriale.* 1. La demande de déclaration constatant la force exécutoire est présentée à la juridiction ou à l'autorité compétente de l'État membre d'exécution dont cet État membre a communiqué le nom à la Commission conformément à l'article 64.

2. La compétence territoriale est déterminée par le domicile de la partie contre laquelle l'exécution est demandée, ou par le lieu de l'exécution.

Art. 45 *Procédure.* 1. La procédure de dépôt de la demande est régie par la loi de l'État membre d'exécution.

2. Le demandeur n'est pas tenu d'avoir, dans l'État membre d'exécution, une adresse postale ni un représentant autorisé.

3. La demande est accompagnée des documents suivants :

a) une copie de la décision réunissant les conditions nécessaires pour en établir l'authenticité ;

b) l'attestation délivrée par la juridiction ou l'autorité compétente de l'État membre d'origine au moyen du formulaire établi en conformité avec la procédure consultative visée à l'article 67, paragraphe 2, sans préjudice de l'article 46.

Art. 46 *Défaut de production de l'attestation.* 1. A défaut de production de l'attestation visée à l'article 45, paragraphe 3, point b), la juridiction ou l'autorité compétente peut impartir un délai pour la produire ou accepter un document équivalent ou, si elle s'estime suffisamment éclairée, en dispenser.

2. Il est produit une traduction ou une translittération des documents si la juridiction ou l'autorité compétente l'exige. La traduction est faite par une personne habilitée à effectuer des traductions dans l'un des États membres.

Art. 47 *Déclaration constatant la force exécutoire.* La décision est déclarée exécutoire dès l'achèvement des formalités prévues à l'article 45, sans examen au titre de l'article 37. La partie contre laquelle l'exécution est demandée ne peut, à ce stade de la procédure, présenter d'observations concernant la demande.

Art. 48 *Communication de la décision relative à la demande de déclaration constatant la force exécutoire.* 1. La décision relative à la demande de déclaration constatant la force exécutoire est aussitôt portée à la connaissance du demandeur conformément à la procédure fixée par la loi de l'État membre d'exécution.

2. La déclaration constatant la force exécutoire est signifiée ou notifiée à la partie contre laquelle l'exécution est demandée, accompagnée de la décision si celle-ci n'a pas encore été signifiée ou notifiée à cette partie.

Art. 49 *Recours contre la décision relative à la demande de déclaration constatant la force exécutoire.* 1. L'une ou l'autre partie peut former un recours contre la décision relative à la demande de déclaration constatant la force exécutoire.

2. Le recours est porté devant la juridiction dont l'État membre concerné a communiqué le nom à la Commission conformément à l'article 64.

3. Le recours est examiné selon les règles de la procédure contradictoire.

4. Si la partie contre laquelle l'exécution est demandée ne comparaît pas devant la juridiction saisie du recours formé par le demandeur, l'article 16 s'applique, même si la partie contre laquelle l'exécution est demandée n'est pas domiciliée dans l'un des États membres.

5. Le recours contre la déclaration constatant la force exécutoire est formé dans un délai de trente jours à compter de la signification ou de la notification de celle-ci. Si la partie contre laquelle l'exécution est demandée est domiciliée dans un autre État membre que celui dans lequel la déclaration constatant la force exécutoire a été délivrée, le délai de recours est de soixante jours et court à compter du jour où la signification ou la notification a été faite à personne ou à domicile. Ce délai ne peut être prorogé pour des raisons de distance.

Art. 50 *Pourvoi contre la décision rendue sur le recours.* La décision rendue sur le recours ne peut faire l'objet d'un pourvoi qu'au moyen de la procédure que l'État membre concerné a communiquée à la Commission conformément à l'article 64.

Art. 51 *Refus ou révocation d'une déclaration constatant la force exécutoire.* La juridiction saisie d'un recours formé en vertu de l'article 49 ou 50 ne peut refuser ou révoquer une déclaration constatant la force exécutoire que pour l'un des motifs prévus à l'article 37. Elle statue sans retard.

Art. 52 *Sursis à statuer.* La juridiction saisie d'un recours formé en vertu de l'article 49 ou 50 surseoit à statuer, à la demande de la partie contre laquelle l'exécution est demandée, si la force exécutoire de la décision est suspendue dans l'État membre d'origine du fait de l'exercice d'un recours.

Art. 53 *Mesures provisoires et conservatoires.* (*Rect. JOUE du 4 juill. 2018*) « 1. Lorsqu'une décision doit être reconnue conformément au présent chapitre, rien n'empêche le demandeur de solliciter qu'il soit procédé à des mesures provisoires ou conservatoires, conformément au droit de l'État membre d'exécution, sans qu'une déclaration constatant la force exécutoire de cette décision au titre de l'article 47 soit nécessaire. »

2. La déclaration constatant la force exécutoire emporte de plein droit l'autorisation de procéder à des mesures conservatoires.

3. Pendant le délai prévu à l'article 49, paragraphe 5, pour former un recours contre la déclaration constatant la force exécutoire et jusqu'à ce qu'il ait été statué sur celui-ci, il ne peut être procédé à aucune mesure d'exécution sur les biens de la partie contre laquelle l'exécution est demandée, hormis des mesures conservatoires.

Art. 54 *Force exécutoire partielle.* 1. Lorsque la décision rendue porte sur plusieurs chefs de la demande et que la déclaration constatant la force exécutoire ne peut être délivrée pour tous ces chefs, la juridiction ou l'autorité compétente la délivre pour l'un ou plusieurs d'entre eux.

2. Le demandeur peut demander que la déclaration constatant la force exécutoire soit limitée à certaines parties d'une décision.

Art. 55 *Aide juridictionnelle.* Tout demandeur qui, dans l'État membre d'origine, a bénéficié en tout ou en partie de l'aide juridictionnelle ou d'une exemption de frais et dépens a droit, dans le cadre de toute procédure visant à obtenir une déclaration constatant la force exécutoire, à l'aide juridictionnelle la plus favorable ou à l'exemption de frais et dépens la plus large prévue par le droit de l'État membre d'exécution.

Art. 56 *Caution ou dépôt.* Aucune caution ni aucun dépôt, sous quelque dénomination que ce soit, ne peut être imposé à la partie qui demande dans un État membre la reconnaissance, la force exécutoire ou l'exécution d'une décision rendue dans un autre État membre en raison soit de la qualité d'étranger, soit du défaut de domicile ou de résidence dans l'État membre d'exécution.

Art. 57 *Impôt, droit ou taxe.* Aucun impôt, droit ou taxe proportionnel à la valeur de l'affaire en cause ne peut être perçu dans l'État membre d'exécution dans le cadre d'une procédure visant à obtenir une déclaration constatant la force exécutoire.

CHAPITRE V. *ACTES AUTHENTIQUES ET TRANSACTIONS JUDICIAIRES*

Art. 58 *Acceptation des actes authentiques.* 1. Un acte authentique établi dans un État membre a la même force probante dans un autre État membre que dans l'État membre d'origine ou y produit les effets les plus comparables, pour autant que cela ne soit pas manifestement contraire à l'ordre public de l'État membre concerné.

Une personne souhaitant utiliser un acte authentique dans un autre État membre peut demander à l'autorité établissant l'acte authentique dans l'État membre d'origine de remplir le formulaire établi en conformité avec la procédure consultative visée à l'article 67, paragraphe 2, en décrivant la force probante de l'acte authentique dans l'État membre d'origine.

2. Les juridictions de l'État membre d'origine sont saisies de toute contestation portant sur l'authenticité d'un acte authentique et statuent sur celle-ci en vertu de la loi de cet État. L'acte authentique attaqué ne produit aucune force probante dans un autre État membre tant que le recours est pendant devant la juridiction compétente.

3. Les juridictions compétentes en vertu du présent règlement sont saisies de toute contestation relative aux actes juridiques ou relations juridiques consignés dans un acte authentique et statuent sur celle-ci en vertu de la loi applicable conformément au chapitre III. L'acte authentique attaqué ne produit aucune force probante dans un autre État membre que l'État membre d'origine en ce qui concerne la question contestée tant que le recours est pendant devant la juridiction compétente.

4. Si l'issue d'une procédure devant une juridiction d'un État membre dépend d'une question incidente relative aux actes juridiques ou aux relations juridiques consignés dans un acte authentique en matière d'effets patrimoniaux des partenariats enregistrés qui doit être tranchée, ladite juridiction est compétente pour en connaître.

Art. 59 *Force exécutoire des actes authentiques.* 1. Un acte authentique qui est exécutoire dans l'État membre d'origine est déclaré exécutoire dans un autre État membre, à la demande de toute partie intéressée, conformément à la procédure prévue aux articles 44 à 57.

2. Aux fins de l'article 45, paragraphe 3, point b), l'autorité ayant établi l'acte authentique délivre, à la demande de toute partie intéressée, une attestation au moyen du formulaire établi en conformité avec la procédure consultative visée à l'article 67, paragraphe 2.

3. La juridiction auprès de laquelle un recours est formé en vertu de l'article 49 ou 50 ne refuse ou ne révoque une déclaration constatant la force exécutoire que si l'exécution de l'acte authentique est manifestement contraire à l'ordre public de l'État membre d'exécution.

Art. 60 *Force exécutoire des transactions judiciaires.* 1. Les transactions judiciaires qui sont exécutoires dans l'État membre d'origine sont déclarées exécutoires dans un autre État membre à la demande de toute partie intéressée, conformément à la procédure prévue aux articles 44 à 57.

2. Aux fins de l'article 45, paragraphe 3, point b), la juridiction qui a approuvé la transaction ou devant laquelle la transaction a été conclue délivre, à la demande de toute partie intéressée, une attestation au moyen du formulaire établi en conformité avec la procédure consultative visée à l'article 67, paragraphe 2.

3. La juridiction auprès de laquelle un recours est formé en vertu de l'article 49 ou 50 ne refuse ou ne révoque une déclaration constatant la force exécutoire que si l'exécution de la transaction judiciaire est manifestement contraire à l'ordre public de l'État membre d'exécution.

CHAPITRE VI. *DISPOSITIONS GÉNÉRALES ET FINALES*

Art. 61 *Légalisation et formalités analogues.* Aucune légalisation ni autre formalité analogue n'est exigée pour les documents délivrés dans un État membre dans le cadre du présent règlement.

Art. 62 *Relations avec les conventions internationales existantes.* 1. Le présent règlement est sans incidence sur l'application des conventions bilatérales ou multilatérales auxquelles un ou plusieurs États membres sont parties lors de l'adoption du présent règlement ou d'une décision en vertu de l'article 331, paragraphe 1, deuxième ou troisième alinéa, du TFUE et qui concernent des matières régies par le présent règlement, sans préjudice des obligations incombant aux États membres au titre de l'article 351 du TFUE.

2. Nonobstant le paragraphe 1, le présent règlement prévaut, entre les États membres, sur les conventions conclues entre eux dans la mesure où ces conventions concernent des matières régies par le présent règlement.

Art. 63 *Informations mises à la disposition du public.* Les États membres fournissent à la Commission, en vue de mettre les informations à la disposition du public dans le cadre du réseau judiciaire européen en matière civile et commerciale, un résumé succinct de leur législation et de leurs procédures nationales relatives aux effets patrimoniaux des partenariats enregistrés, y compris des informations concernant le type d'autorité compétente en matière d'effets patrimoniaux des partenariats enregistrés et l'opposabilité aux tiers visée à l'article 28.

Les États membres tiennent ces informations à jour en permanence.

Art. 64 *Informations concernant les coordonnées et les procédures.* 1. Au plus tard le 29 avril 2018, les États membres communiquent à la Commission :

a) les juridictions ou autorités compétentes pour statuer sur les demandes de déclaration constatant la force exécutoire, conformément à l'article 44, paragraphe 1, et sur les recours formés contre les décisions rendues sur ces demandes, conformément à l'article 49, paragraphe 2 ;

b) les procédures permettant d'attaquer la décision rendue sur le recours visées à l'article 50.

Les États membres communiquent à la Commission toute modification ultérieure de ces informations.

2. La Commission publie au *Journal officiel de l'Union européenne* les informations communiquées conformément au paragraphe 1, à l'exception des adresses et autres coordonnées des juridictions et autorités visées au paragraphe 1, point a).

3. La Commission tient toutes les informations communiquées conformément au paragraphe 1 à la disposition du public par tout moyen approprié, notamment par l'intermédiaire du réseau judiciaire européen en matière civile et commerciale.

Art. 65 *Établissement et modification ultérieure de la liste contenant les informations visées à l'article 3, paragraphe 2.* 1. Sur la base des informations communiquées par les États membres, la Commission établit la liste des autres autorités et professionnels du droit visée à l'article 3, paragraphe 2.

2. Les États membres notifient à la Commission toute modification ultérieure à apporter aux informations contenues dans ladite liste. La Commission modifie la liste en conséquence.

3. La Commission publie la liste et toute modification ultérieure au *Journal officiel de l'Union européenne*.

4. La Commission tient toutes les informations notifiées conformément aux paragraphes 1 et 2 à la disposition du public par tout autre moyen approprié, notamment par l'intermédiaire du réseau judiciaire européen en matière civile et commerciale.

Art. 66 *Établissement et modification ultérieure des attestations et des formulaires visés à l'article 45, paragraphe 3, point b), et aux articles 58, 59 et 60.* La Commission adopte des actes d'exécution établissant et modifiant ultérieurement les attestations et les formulaires visés à l'article 45, paragraphe 3, point b), et aux articles 58, 59 et 60. Ces actes d'exécution sont adoptés en conformité avec la procédure consultative visée à l'article 67, paragraphe 2.

Art. 67 *Comité.* 1. La Commission est assistée par un comité. Ledit comité est un comité au sens du règlement (UE) n° 182/2011.

2. Lorsqu'il est fait référence au présent paragraphe, l'article 4 du règlement (UE) n° 182/2011 s'applique.

Art. 68 *Clause de réexamen.* 1. Au plus tard le 29 janvier 2027, et tous les cinq ans par la suite, la Commission présente au Parlement européen, au Conseil et au Comité économique et social européen un rapport relatif à l'application du présent règlement. Ce rapport est accompagné, si nécessaire, de propositions visant à modifier le présent règlement.

2. Au plus tard le 29 janvier 2024, la Commission présente au Parlement européen, au Conseil et au Comité économique et social européen un rapport sur l'application des articles 9 et 38 du présent règlement. Elle y évalue notamment dans quelle mesure ces articles ont contribué à garantir l'accès à la justice.

3. Aux fins des rapports visés aux paragraphes 1 et 2, les États membres informent la Commission des éléments pertinents concernant l'application du présent règlement par leurs juridictions.

Art. 69 *Dispositions transitoires.* 1. Le présent règlement ne s'applique qu'aux procédures engagées, aux actes authentiques formellement dressés ou enregistrés et aux transactions judiciaires approuvées ou conclues à sa date de mise en application ou après le 29 janvier 2019, sous réserve des paragraphes 2 et 3.

(Rect. JOUE du 29 avr. 2017) « 2. Si l'action engagée dans l'État membre d'origine a été intentée avant le 29 janvier 2019, les décisions rendues à partir de cette date sont reconnues et exécutées conformément aux dispositions du chapitre IV, dès lors que les règles de compétence appliquées sont conformes à celles prévues par le chapitre II.

« 3. Le chapitre III n'est applicable qu'aux partenaires qui enregistrent leur partenariat ou qui ont désigné la loi applicable aux effets patrimoniaux de leur partenariat enregistré à partir du 29 janvier 2019. »

Art. 70 *Entrée en vigueur.* 1. Le présent règlement entre en vigueur le vingtième jour suivant celui de sa publication au *Journal officiel de l'Union européenne*.

2. Le présent règlement est applicable dans les États membres qui participent à une coopération renforcée dans le domaine de la compétence, de la loi applicable, de la reconnaissance et de l'exécution des décisions en matière de régimes patrimoniaux des couples internationaux, concernant les questions relatives tant aux régimes matrimoniaux qu'aux effets patrimoniaux des partenariats enregistrés, tels qu'ils sont autorisés par la décision (UE) 2016/954.

Il est applicable à partir du 29 janvier 2019, sauf en ce qui concerne les articles 63 et 64, qui s'appliquent à partir du 29 avril 2018, et les articles 65, 66 et 67, qui s'appliquent à partir du 29 juillet 2016. Pour les États membres qui participent à une coopération renforcée en vertu d'une décision adoptée conformément à l'article 331, paragraphe 1, deuxième ou troisième alinéa, du TFUE, le présent règlement est applicable à partir de la date indiquée dans la décision concernée.

Le présent règlement est obligatoire dans tous ses éléments et directement applicable dans les États membres participants, conformément aux traités.

Circulaire du 10 mai 2017,

De présentation des dispositions en matière de pacte civil de solidarité issues de la loi n° 2016-1547 du 18 novembre 2016 de modernisation de la justice du XXIe siècle et du décret du 6 mai 2017 relatif au transfert aux officiers de l'état civil de l'enregistrement des déclarations, des modifications et des dissolutions des pactes civils de solidarité.

CHAPITRE II **DU CONCUBINAGE**

(L. n° 99-944 du 15 nov. 1999)

RÉP. CIV. v° *Concubinage,* par S. BEN HADJ YIAHIA.

DALLOZ ACTION *Droit de la famille 2023/2024, n°s 141.00 s.*

BIBL. GÉN. ▶ Études Rubellin-Devichi, *Litec, 2002.* – ALT-MAES, *RTD civ. 1983. 641.* – ASCENCIO, *RTD civ. 1975. 248* (libéralités). – BEIGNIER, *D. 1998. Chron. 215* (concubinage homosexuel) ; *Dr. fam. 1999. Chron. 7* (pour un statut unitaire du concubinage). – BELLIS, *AJ fam. 2021. 620* (pour un principe de refus des remboursements et indemnités à la séparation d'un couple de concubins). – BEN HADJ YAHIA, *Dr. fam. 2016. Étude 6* (droits patrimoniaux). – BENOÎT, *Dr. fam. 1997. Chron. 8* (concubinage et protection sociale). – BLOUGH, *Dr. fam. 2009. Étude n° 19.* – BOLZE, *Dr. fam. 2001. Chron. 5* (rapports patrimoniaux des couples en dehors de la communauté légale). – CHARLIN, *JCP N 1991. I. 459* (formule de contrat de concubinage). – CHÉNEDÉ, *D. 2010. Chron. 718* (quasi-contrats et liquidation patrimoniale du concubinage) ; *D. 2017. 71* (gestion d'affaires intéressée, le concubinage). – CRÉMONT, *JCP N 1999. 271* (logement des concubins). – DAGNEAUX, PANISSIÉ et SECK, *Gaz. Pal. 2003. Doctr. 1560* (logement des concubins). – DELMAU, *JCP N 2014, hors-série août 2014, p. 25* (achat d'un bien immobilier). – EDEL, *Dr. et patr. 2/2009. 42* (action *de in rem verso*). – FARGE, *Dr. fam. 2002. Chron. 23* (art. 555 C. civ. et concubins). – GAZEAU, LEMAIRE et VANCLEEMPUT, *JCP N 2010. 1201* (acquisition par les couples non mariés) ; *Defrénois 2010. 1673* (effets propres à la rupture volontaire du concubinage). – HAUKSSON-TRESCH, *note LPA 21 juill. 1997* (concubinage et obligation naturelle). – HAUSER, *RTD civ. 1998. 884* (relations pécuniaires). – HÉNAFF, *RTD civ. 1996. 551* (communauté de vie). – HÉRAIL, *JCP N 1994. Prat. 3002* (fin du concubinage). – HÉRAUD, *JCP N 2008. 1326* (concubinage en droit fiscal). – LEQUETTE, *Études Ghestin, LGDJ, 2001, p. 547* (libéralités entre concubins). – MALAURIE, *Archives Phil. dr., t. 20, 1975, p. 17* (concubinage). – MATHIEU, *JCP N 1993. I. 333* (formules de liquidation). – MATTEI, *JCP 1996. I. 3903, n° 3* (concubinage homosexuel). – F. MAURY, *D. 2002. Chron. 1578* (liquidation d'une indivision après rupture d'un concubinage). – MOLIÈRE, *RTD civ. 2018. 21* (et si le concubinage était un acte juridique ?) ; *D. 2019. 721* (contribution des concubins aux charges du ménage). – MULLER, *D. 1986. Chron. 328* (indemnisation du concubin abandonné). – PERNEL, *Dr. et patr. 6/2001. 44* (le patrimoine des concubins). – PHILIPPE BARRIÈRE, *Gaz. Pal. 1989. 2. 740* (preuve). – PROTHAIS, *D. 1987. Chron. 237 et 245* (dettes ménagères) ; *JCP 1990. I. 3440* (droit commun et relations pécuniaires). – RECEVEUR, *Gaz. Pal. 2017. 2575* (rupture du concubinage et SCI). – ROCHE-DAHAN, *Dr. et patr. 11/2000. 42* (remise de sommes d'argent entre concubins). – RUBELLIN-DEVICHI, *RTD civ. 1984. 389 ; ibid. 1990. 53* ; *JCP 1986. I. 3241 ; Mél. Huet-Weiller, PU Strasbourg/LGDJ, 1994, p. 389.* – SAINT-JOURS, *JCP N 1993. I. 138* (statut social). – SAULIER, *AJ fam. 2018. 457* (les concubins peuvent-ils s'abstenir de contribuer aux charges du ménage ?). – VAUVILLÉ, *Defrénois 2010. 2249* (acquisition et construction d'un immeuble par des cohabitants). – VIAL-PEDROLETTI, *Loyers et copr. 2003, chron. n° 3* (concubin du locataire). ▶ Dossiers, *AJ fam. 2005. 296* (protection du membre survivant du couple) ; *Dr. et patr. 9/2012. 69* (notaire, PACS et concubinage) ; *AJ fam. 2015. 13* (mariage, PACS, concubinage) ; *AJ fam. 2020. 147* (convention de concubinage).

Art. 515-8 Le concubinage est une union de fait, caractérisée par une vie commune présentant un caractère de stabilité et de continuité, entre deux personnes, de sexe *différent ou de même sexe, qui vivent en couple.*

Sur la possibilité pour une partie de se faire assister ou représenter par son concubin devant certaines juridictions civiles, V. note ss. art. 515-4.

1. Portée de la L. du 15 nov. 1999. La définition du concubinage figurant à l'art. 515-8 a pour objet de préciser que la notion de concubinage peut s'appliquer indifféremment à un couple formé par des personnes de sexe différent ou de même sexe ; pour le surplus, la définition des éléments constitutifs du concubinage reprend celle donnée par la jurisprudence. • Cons. const. 9 nov. 1999, n° 99-419 DC : *V. note 1 ss. art. 515-1.* ♦ Sur le droit de ne pas se marier : • Civ. 1re, 4 nov. 2010 : *cité note 18 ss. art. 309.* ♦ Sur l'extension du mariage aux personnes de même sexe, V. désormais art. 143 C. civ.

A. NOTION

2. Condition de stabilité. Le concubinage est une union de fait, caractérisée par une vie commune présentant un caractère de stabilité et de continuité, entre deux personnes qui vivent en couple. • Civ. 1re, 3 oct. 2018, n° 17-13.113 P : *D. 2019. 505, obs. Douchy-Oudot ; ibid. 910, obs. Lemouland et Vigneau ; RTD civ. 2019. 84, obs. Leroyer ; AJ fam. 2018. 608, obs. Saulier ; Dr fam. 2018, n° 274, note Ben Hadj Yahia ; RGDA 2018. 567, note Mayaux.* ♦ Comp. • Montpellier, 8 juin 1982 : *D. 1983. 607, note Dhavernas* (l'union libre n'est susceptible de produire certains effets juridiques que lorsque la situation des concubins est empreinte d'une certaine stabilité imitée du mariage). ♦ Stabilité de l'union reconnue en l'absence de cohabitation véritable, s'agissant de l'indemnisation d'une victime du SIDA contaminée par contage : V. • Paris, 23 sept. 1999 : *JCP 2000. II. 10339, note Verny ; RTD civ. 2000. 546, obs. Hauser .* ♦ Un concubinage stable donne à la concubine qualité suffisante pour, en connaissance de la volonté du défunt, organiser ses obsèques. • Douai, 7 juill. 1998 : *JCP 1998. II. 10173, note Labbée.* ♦ Dans le même sens : • Agen, 20 janv. 1999 : *JCP 1999. II. 10159, note Garé* (restitution des cendres à la concubine) • Versailles, 26 mars 1999 : *Dr. fam. 2001, n° 9, note Beignier (2e esp.)* (vocation du concubin homosexuel à organiser les obsèques de son compagnon). ♦ V. aussi • Bordeaux, 25 mars 1997 : *Dr. fam. 1997, n° 132, note Lécuyer* (l'état de concubinage ne se caractérise pas essentiellement par une communauté de vie, mais par des relations stables et continues, ainsi qu'il résulte de l'art. 340-4, al. 2, C. civ.). ♦ V. cep., préférant le fils légitime à la concubine pour déterminer le lieu de sépulture : • Douai, 19 avr. 1975 : *D. 1978. 86, note Cazals.* ♦ Comp. : la vie maritale du père ou de la mère, prise en considération par l'art. L. 543-6 CSS (actuellement L. 523-2, al. 2) pour l'exclusion du bénéfice de l'allocation d'orphelin, comporte une existence commune et non des relations intermittentes, mêmes poursuivies pendant plusieurs années qui, si elles peuvent constituer un concubinage, ne présentent pas le caractère de la vie en commun. • Soc. 22 févr. 1978 : *Bull. civ. V, n° 142.* ♦ Recherche de la preuve de la vie commune au jour du décès pour apprécier le droit au capital décès, preuve qui n'était rapportée ni par les factures d'électricité ni par la mention des noms sur le bail locatif, ni par les avis d'imposition faisant apparaître une tierce personne. • Civ. 1re, 3 oct. 2018, n° 17-13.113 P : *D. 2019. 505, obs. Douchy-Oudot ; ibid. 910, obs. Lemouland et Vigneau ; RTD civ. 2019. 84, obs. Leroyer ; AJ fam. 2018. 608, obs. Saulier ; Dr fam. 2018, n° 274, note Ben Hadj Yahia ; RGDA 2018. 567, note Mayaux.*

La circonstance qu'une personne ait réglé le coût de la concession au cimetière de la victime par un chèque tiré sur un compte commun domicilié à une adresse distincte de celle de la victime exclut qu'elle puisse revendiquer la qualité de concubine, au sens d'une personne vivant maritalement avec une autre personne, malgré une certaine communauté de vie. • Crim. 5 oct. 2010 : *D. 2011. 1040, obs. Lemouland et Vigneau .*

3. Concubinage notoire. La notion de concubinage notoire, qui sous-entend une communauté de vie et d'intérêts, suppose une relation stable hors mariage, connue des tiers. • Paris, 16 janv. 2001 : *D. 2002. Somm. 536, obs. Lemouland ; RTD civ. 2001. 336, obs. Hauser* (pour la détermination de l'assuré dans un contrat d'assurance). ♦ Elle n'exige pas le partage à temps complet d'un même domicile. • Douai, 12 déc. 2002 : *Dr. fam. 2003, n° 139, note Lécuyer.* ♦ Pour apprécier l'existence d'un « concubinage notoire », notion prévue dans une convention définitive relative au divorce antérieure à l'art. 515-8, il convient de se référer au but poursuivi par les parties dans la convention. • Civ. 1re, 28 févr. 2006, n° 04-13.786 P : *D. 2007. Pan. 1568, obs. Lemouland et Vigneau ; RTD civ. 2006. 285, obs. Hauser .*

4. Différence de sexe (non). V. note 1. ♦ Les différences fondées sur l'orientation sexuelle doivent être justifiées par des raisons particulièrement sérieuses et si la protection de la famille traditionnelle est en principe une raison solide et légitime pouvant justifier une différence de traitement, lorsque la marge d'appréciation est étroite, comme en l'espèce, le principe de proportionnalité exige de prouver, non seulement que la mesure est adaptée à la réalisation du but, mais aussi qu'il est nécessaire, pour atteindre ce but, d'exclure les couples homosexuels de son domaine d'application ; cette preuve n'est pas jugée rapportée pour la transmission du bail au concubin homosexuel survivant. • CEDH, sect. I, 24 juill. 2003, *Karner c/ Autriche*, n° 40016/98. ♦ Compte tenu de l'évolution de la société, il est impossible de refuser de manière générale la transmission d'un bail, en l'espèce à la suite d'un décès, aux personnes vivant une relation homosexuelle. • CEDH, sect. IV, 2 mars 2010, *K. c/ Pologne*, n° 13102/02 (violation de l'art. 8 Conv. EDH par discrimination). ♦ En décidant de traiter, aux fins de l'octroi du permis de séjour pour raison familiale, les couples homosexuels de la même manière que des couples hétérosexuels n'ayant pas régularisé leur situation, l'État italien a enfreint le droit des requérants de ne pas subir de discrimination fondée sur l'orientation sexuelle dans la jouissance de leurs droits dans la mesure où ils n'avaient pas dans ce pays la possibilité de se marier. • CEDH 30 juin 2016, n° 51362/09 : *D. 2016. 2100, note Fulchiron* ; *RTD civ. 2016. 799, obs. Marguénaud*. ♦ Violation des art. 8 et 14, par la législation croate admettant le regroupement familial pour les couples hétérosexuels non mariés, mais refusant ce droit aux couples homosexuels. • CEDH, sect. II, 23 févr. 2016, *Pajić c/ Croatie*, n° 68453/13 (impossibilité pour la concubine de faire venir sa partenaire).

B. EXCLUSION DES RÈGLES DU MARIAGE

5. Honneur, substitut de fidélité. V., sur l'atteinte à l'honneur de la concubine que pourrait constituer, dans le cas d'un couple vivant en union libre de manière stable, le fait pour le concubin de vivre avec une autre femme à leur domicile, V. • Aix-en-Provence, 22 juin 1978 : *D. 1979. 192, note Prévault* (motifs).

6. Contribution aux charges. BIBL. Molière, *D. 2019. 721* (contribution des concubins aux charges du ménage). ♦ L'obligation de contribuer aux charges du ménage ne peut s'appliquer à une période de concubinage antérieure à l'union. • Civ. 1re, 9 janv. 1979 : *Bull. civ. I, n° 11.* ♦ Aucune disposition légale ne réglant la contribution des concubins aux charges de leur vie commune, chacun d'eux doit, en l'absence de volonté exprimée à cet égard, supporter les dépenses de la vie courante qu'il a exposées. • Civ. 1re, 19 mars 1991, n° 88-19.400 P : *R., p. 255 ; Defrénois 1991. 942, obs. Massip* • 17 oct. 2000, n° 98-19.527 P : *D. 2001. 497, note R. Cabrillac* ; *D. 2002. Somm. 611, obs. Lemouland* ; *JCP 2001. II. 10568, note Garé ; Defrénois 2001. 93, obs. Massip ; Dr. fam. 2000, n° 139, obs. Beignier* • 28 nov. 2006, n° 04-15.480 P : *AJ fam. 2007. 33, obs. Chénedé* • 19 déc. 2018, n° 18-12.311 P : *D. 2019. 910, obs. Lemouland et Vigneau* ; *AJ fam. 2019. 94, obs. Houssier* ; *Dr. fam. 2019, n° 40, note Ben Hadj Yahia* • 2 sept. 2020, n° 19-10.477 P : *D. 2020. 2444, note Hartman* ; *ibid. 2021. 499, obs. Douchy-Oudot* ; *RDI 2020. 591, obs. Tranchant* ; *AJ fam. 2020. 531, obs. Saulier*. ♦ Sur la question de la preuve, V. • Civ. 1re, 28 juin 2005, n° 02-12.767 P : *D. 2006. Pan. 1422, obs. Lemouland et Vigneau* ; *Dr. fam. 2005, n° 179, note Larribau-Terneyre ; RTD civ. 2005. 760, obs. Hauser*.

7. Obligation alimentaire. Absence d'obligation alimentaire du concubin de la fille envers la mère. • Civ. 1re, 28 mars 2006, n° 04-10.684 P.

8. Solidarité. Gogos-Gintrand, *Dr. fam. 2012. Études 10.* ♦ L'art. 220 n'est pas applicable en cas de concubinage. • Civ. 1re, 11 janv. 1984 : *Gaz. Pal. 1985. 1. 133, note J. M. ; Defrénois 1984. 933, obs. Champenois ; RTD civ. 1985. 171, obs. Mestre* • 2 mai 2001, n° 98-22.836 P : *D. 2002. Somm. 612, obs. Lemouland* ; *Defrénois 2001. 1003, obs. Massip ; Dr. fam. 2001, n° 79, note Perrouin ; RTD civ. 2001. 565, obs. Hauser* ; *ibid. 2002. 556, obs. Vareille* • 27 avr. 2004, n° 02-16.291 P : *D. 2004. Somm. 2968, obs. Vigneau* ; *JCP 2005. II. 10008, note Cavalier ; Defrénois 2004. 1232, obs. Massip ; Dr. fam. 2004, n° 140, note Larribau-Terneyre ; RTD civ. 2004. 487, obs. Hauser*. – Prothais, *D. 1987. Chron. 237 ; JCP 1990. I. 3440* (palliatifs du droit commun). ♦ L'indivisibilité de l'obligation de remboursement d'une somme d'argent par des concubins ne peut résulter de plein droit de sa fixation globale, sans ventilation. • Civ. 1re, 11 janv. 1984 : *préc.*

Comp. : compte tenu de la finalité de cette réglementation, lorsqu'une APL a été versée à tort, les concubins ou les pacsés qui en ont bénéficié sont solidairement tenus à sa restitution, quand bien même elle n'aurait été attribuée qu'à un seul d'entre eux. • CE 9 juill. 2003 : *D. 2004. Somm. 2967, obs. Lemouland* ; *RTD civ. 2004. 69, obs. Hauser*. ♦ Sur les conditions d'admission d'une solidarité conventionnelle, V. note 2 ss. art. 1202.

9. Pension de réversion. Les conjoints sont assujettis à une solidarité financière et à d'autres obligations légales, telle la contribution aux charges du mariage, qui ne pèsent pas sur les concubins ; cette différence de situation justifie la différence de traitement au regard du droit à pension de réversion, sans qu'il y ait violation de l'art. 14 Conv. EDH prohibant les discriminations. • CE 6 déc. 2006 : *D. 2007. AJ 155* ; *JCP 2007. I. 170, n° 12, obs. Lapalus ; AJDA 2007. 142, concl. Vallée* ; *AJ fam. 2007. 34, obs. Chénedé* ; *Dr. fam. 2007, n° 27, note Larribau-Terneyre ; RTD civ. 2007. 86, obs. Hauser*. ♦ Absence de violation de l'art. 8 Conv. EDH de la législation turque qui n'attache d'effets qu'au mariage civil, à l'exclusion des mariages purement religieux et qui ne prévoit pas de régime particulier pour les couples non mariés. • CEDH, sect. II, 20 janv. 2009, *S. Y. c/ Turquie*, n° 3976/05 (l'art. 8 ne saurait être interprété comme obligeant les États à mettre en place un tel régime).

10. Cotitularité. L'art. 1751 est inapplicable à des concubins. • TI Privas, 7 sept. 1993 : *RTD civ. 1994. 81, obs. Hauser*. ♦ L'expulsion d'un concubin du logement loué par son partenaire est une ingérence dans le droit au respect de son domicile. • CEDH, sect. I, 18 nov. 2004, *P. c/ Russie*, n° 58255/00 (absence de violation en l'espèce).

11. Bail rural. Refus d'appliquer à une concubine le droit de reprise que l'art. L. 411-58, al. 1er, C. rur. accorde au bailleur au profit du « conjoint ». • Montpellier, 18 oct. 2004 : *Dr. fam. 2005, n° 26, note Grosclaude.*

C. COMMUNAUTÉ D'INTÉRÊTS

12. Surendettement. La mauvaise foi du concubin de nature à le priver du bénéfice de la procédure de surendettement n'est pas une cause d'irrecevabilité de la même demande formée par la concubine. • Civ. 1re, 27 févr. 1997 : CCC

1997, n° 89, note Raymond. ♦ Comp., décidant que les juges du fond ont pu, en présence d'une demande conjointe de deux concubins, subordonner les mesures de redressement judiciaire civil à la vente amiable de l'immeuble appartenant à l'un d'eux : • Civ. 1re, 17 nov. 1998 : *CCC 1999, n° 48, note Raymond.*

13. Saisie. Aucune disposition législative ou réglementaire ne prévoit l'obligation, pour le créancier poursuivant, de signifier le commandement de payer valant saisie au concubin du débiteur. • Civ. 2e, 30 avr. 2009, n° 08-12.105 P : *D. 2009. 2255, note Leborgne ; AJ fam. 2009. 258, obs. Chénedé ; RJPF 2009-6/41, obs. Garé ; RLDC 2009/62, n° 3504, obs. Pouliquen ; RTD civ. 2009. 701, obs. Hauser* (emploi du seul terme « conjoint »).

14. Cautionnement. Pour la reconnaissance de l'intérêt patrimonial personnel de la caution, concubin d'un commerçant, V. • Com. 22 avr. 1997 : *D. Affaires 1997. 701.*

15. Sécurité sociale. Le remboursement d'allocations d'orphelin, de salaire unique et de logement versées indûment à une femme vivant en concubinage peut être demandé à son concubin dès lors que celui-ci, ayant vécu continuellement avec sa compagne, en a profité, soit personnellement, soit par son enfant envers lequel il était tenu de l'obligation alimentaire. • Soc. 1er juill. 1981, n° 79-15.206 P. ♦ *Contra,* la vie maritale étant insuffisante pour rendre la concubine codébitrice de la dette de restitution : • Soc. 26 avr. 1984, n° 82-15.535 P.

Refus d'application au concubin de la présomption prévue pour le conjoint par l'art. L. 242-8° CSS (actuellement L. 313-3-11°). • Soc. 12 mai 1971 : *Bull. civ. V, n° 353* • 13 mars 1985, n° 83-11.326 P. ♦ Refus d'assimilation des concubins à un ménage pour l'application de l'ancien art. L. 253 CSS en matière de pension d'invalidité. • Soc. 18 janv. 1984 : *Bull. civ. V, n° 27.* ♦ Mais la relation de concubinage pouvant exister entre un patient et son médecin ne supprime pas le droit qu'a tout assuré social d'être remboursé, dans les limites légales, des frais médicaux dont le paiement est attesté par une feuille de soins. • Soc. 25 juin 1992, n° 90-17.702 P.

16. Droit électoral. Les dispositions de l'art. L. 11-2° C. élect. en faveur du conjoint ne s'étendent pas aux personnes vivant maritalement. • Civ. 2e, 12 mars 1981, n° 80-60.147 P • 2 mars 1983 : *Bull. civ. II, n° 62.* ♦ Comp., pour l'inscription sur les listes électorales aux chambres d'agriculture : • Civ. 2e, 25 janv. 2001, n° 00-60.486 P • 21 févr. 2002, n° 01-60.019 P.

D. RUPTURE

1° RESPONSABILITÉ

17. Principes. Principe de la liberté de rupture : V. • Civ. 1re, 20 juin 2006, n° 05-17.475 P : *D. 2006. IR 1841 ; AJ fam. 2006. 324, obs. Chénedé ; Dr. fam. 2006, n° 155, note Larribau-Terneyre ; RJPF 2006-9/49, obs. Valory ; RTD civ. 2006. 735, obs. Hauser* (nullité d'une clause sur la contribution à l'entretien des enfants constituant, par son caractère particulièrement contraignant, un moyen de dissuader le concubin de toute velléité de rupture contraire au principe de la liberté individuelle). ♦ La rupture d'un concubinage ne constitue pas, en elle-même, une faute susceptible d'ouvrir droit à des dommages et intérêts. • Civ. 1re, 31 janv. 1978 : *Bull. civ. I, n° 39* • 30 juin 1992, n° 90-20.367 P : *Defrénois 1992. 1436, obs. Massip.* ♦ V. déjà pour une liaison illégitime : • Civ. 1re, 22 févr. 1960 : *Bull. civ. I, n° 117.* ♦ Comp., pour le refus d'indemnisation du chef de la rupture joint à l'octroi de dommages et intérêts pour le préjudice causé du fait de la carence du concubin à subvenir aux besoins des enfants communs : • Civ. 1re, 17 mai 1977, n° 76-11.762 P. ♦ Le fait, pour un époux, d'interrompre une procédure de divorce et de se réconcilier avec son épouse ne peut constituer en soi un comportement fautif à l'égard de sa maîtresse. • Toulouse, 23 janv. 2001 : *D. 2002. Somm. 614, obs. Lemouland ; Dr. fam. 2001, n° 69, note Lécuyer.*

18. Fautes. Si la rupture d'une liaison illégitime ne peut, en principe, justifier l'allocation de dommages et intérêts, il en est autrement lorsqu'il existe des circonstances de nature à établir une faute de son auteur ; tel est le cas lorsque le concubin marié abandonne sa concubine après l'avoir incitée à déménager en quittant son emploi tout en lui interdisant de travailler et après s'être engagé formellement à subvenir à ses besoins. • Civ. 1re, 29 nov. 1977 : *Bull. civ. I, n° 449 ; Gaz. Pal. 1978. 2. 345, note Massip.* – Dans le même sens : • Civ. 1re, 7 avr. 1998 : *JCP N 1998. 921 ; Dr. fam. 1998, n° 81, note Lécuyer ; Defrénois 1998. 1385, obs. Massip (1re esp.)* • 3 janv. 2006 : *JCP 2006. I. 199, n° 7, obs. Bosse-Platière ; AJ fam. 2006. 111, obs. Chénedé* (départ brutal du concubin après quarante années de vie commune) • 25 juin 2008 : *D. 2010. Pan. 728, obs. Lemouland et Vigneau ; Defrénois 2008. 2420, obs. Massip* (départ en laissant la concubine dans un désarroi matériel et moral pour aller vivre avec sa propre fille épousée par la suite). ♦ Le fait que la mère d'un enfant ait su que son amant était marié et père de plusieurs enfants légitimes n'est pas de nature à la priver du droit de demander réparation du préjudice qu'elle a subi en raison du comportement fautif de son amant à son égard. • Civ. 1re, 15 mai 1990 : *Defrénois 1990. 943, obs. Massip.*

Absence de faute : • Pau, 30 janv. 2012 : *Dr. fam. 2012, n° 76, obs. Larribau-Terneyre.*

2° SOCIÉTÉ CRÉÉE DE FAIT

19. Insuffisance de la seule vie commune. La seule cohabitation, même prolongée, de personnes non mariées qui se sont en apparence comportées comme des époux, ne suffit pas à donner naissance entre elles à une société. • Com. 30 juin 1970, n° 68-12.120 P. ♦ Une société de fait entre concubins exige la réunion des éléments caractérisant tout contrat de société : existence d'apports, intention de collaborer à un projet commun et intention de participer aux bénéfices et aux pertes, ces éléments cumulatifs devant être établis séparément et ne pouvant se déduire les uns des autres. • Com. 23 juin 2004, n° 01-14.275 P : *BICC 15 oct. 2004, n° 1521, et la note ; D. 2004. Somm. 2969, obs. Vigneau ; AJ fam. 2004. 324, obs. Bicheron ; JCP 2005. I. 116, n° 3, obs. Favier ; JCP E 2004. 1510, n° 9, obs. Caussain, Deboissy et Wicker ; Dr. fam. 2004, n° 168, note Larribau-Terneyre ; Defrénois 2010. 1361, obs. Massip ; RJPF 2004-10/22, note Vauvillé ; Dr. et patr. 12/2004. 96, obs. Poracchia ; RTD civ. 2004. 487, obs. Hauser ; RTD com. 2004. 740, obs. Champaud et Danet ; Rev. sociétés 2005. 131, note F.-X. Lucas* (l'intention de s'associer ne peut se déduire de la participation financière à la réalisation d'un projet immobilier) • 23 juin 2004, n° 01-10.106 P : *Just. et cass., 2005, p. 349, concl. Petit* • 20 janv. 2010, n° 08-13.200 P : *D. 2010. Chron. 719, obs. Chénedé ; ibid. 2010. Chron. C. cass. 522, n° 3, obs. Auroy ; JCP 2010, n° 911, note Coutant-Lapalus ; AJ fam. 2010. 132, obs. Milleville ; Dr. fam. 2010, n° 35, note Larribau-Terneyre ; Defrénois 2010. 1361, obs. Massip ; RJPF 2010-4/18, note Vauvillé ; RLDC 2010/69, n° 2756, obs. Pouliquen ; Banque et Dr. n° 130/2010. 71, obs. Riassetto ; Rev. sociétés 2010. 430, note Dondero ; RTD civ. 2010. 306, obs. Hauser ; RTD com. 2010. 355, obs. Champaud et Danet* (idem) • 20 janv. 2010, n° 08.16.105 P : *D. 2010. Chron. 719 obs. Chénedé ; ibid. 2010. Chron. C. cass. 522, n° 3, obs. Auroy ; JCP 2010, n° 911, note Coutant-Lapalus ; AJ fam. 2010. 132, obs. Milleville ; Dr. fam. 2010, n° 35, note Larribau-Terneyre ; Defrénois 2010. 1361, obs. Massip ; RJPF 2010-4/18, note Vauvillé ; RLDC 2010/69, n° 2756, obs. Pouliquen ; Banque et Dr. n° 130/2010. 71 obs. Riassetto ; Rev. sociétés 2010. 430, note Dondero ; RTD civ. 2010. 306, obs. Hauser ; RTD com. 2010. 355, obs. Champaud et Danet* (entraide dans le cadre d'une entreprise). ♦ Déjà en ce sens : • Civ. 1re, 5 mars 1985 : *Bull. civ. I, n° 85* • 23 juin 1987 : *Bull. civ. I, n° 205* (la participation aux dépenses de la vie commune ne suffit pas) • Com. 7 avr. 1998 : *Dr. fam. 1998, n° 82, note Lécuyer* • 9 oct. 2001, n° 98-20.394 P : *Defrénois 2002. 620, obs. J. Honorat ; Dr. fam. 2002, n° 18 et 55, notes Lécuyer ; RTD civ. 2002. 489, obs. Hauser* • Civ. 1re, 12 mai 2004, n° 01-03.909 P : *D. 2004. AJ 1672, et les obs. ; ibid. Somm. 2928, obs. Lamazerolles ; JCP E 2004. 1510, n° 8, obs. Caussain, Deboissy et Wicker ; Dr. fam. 2004, n° 168, note Larribau-Terneyre ; RTD civ. 2004. 487, obs. Hauser ; RTD com. 2004. 743, obs. Champaud et Danet ; Rev. sociétés 2005. 131, note F.-X. Lucas* (absence d'intention de s'associer distincte de la mise en commun d'intérêts inhérente à la vie maritale) • Paris, 31 oct. 2007 : *RTD com. 2008. 113, obs. Champaud et Danet*. ♦ Sur l'interdiction de la constitution d'un GAEC entre concubins, V. Hauser, obs. *RTD civ. 1996. 133.*

20. Illustrations. Décisions admettant l'existence d'une société de fait (antérieurement aux arrêts des 12 mai et 23 juin 2004, préc. note 19) : • Civ. 1re, 2 oct. 1974 : *Bull. civ. I, n° 249* (participation active de la concubine à une entreprise commune) • Civ. 1re, 4 nov. 1983, n° 82-12.450 P (attribution de l'immeuble d'habitation) • Civ. 1re, 11 févr. 1997, n° 95-13.029 P : *JCP 1997. II. 22820, note Garé ; JCP 1997. I. 4045, n° 1, obs. Farge ; ibid. 4074, n° 1, obs. Viandier et Caussain ; D. Affaires 1997. 446 ; Dr. fam. 1997, n° 56, note Lécuyer ; Defrénois 1997. 923 (2e esp.), note Milhac ; LPA 7 juill. 1997, note Gibirila* (cautionnement de l'un par l'autre, mise en commun de ressources pour la construction du logement familial) • Civ. 1re, 26 juin 2001 : *Dr. fam. 2002, n° 28, note Lécuyer* (mise en commun des ressources financières pour la réalisation d'un projet immobilier commun). ♦ ... Ou invitant les juges du fond à cette recherche. • Civ. 1re, 20 mars 1989 : *Bull. civ. I, n° 130 ; Gaz. Pal. 1989. 2. 765, note Massip* (partage du logement et des meubles). ♦ V. également, postérieurement aux arrêts des 12 mai et 23 juin 2004 précités : • Com. 3 nov. 2004 : *AJ fam. 2005. 21, obs. Chénedé*.

Décisions refusant l'existence d'une société de fait dans l'hypothèse d'une simple vie privée commune : • Civ. 1re, 4 nov. 1976 : *Bull. civ. I, n° 328* • 5 mars 1985 : *préc.* • 18 juill. 1995, n° 93-15.033 P : *RTD civ. 1996. 133, obs. Hauser* • TGI Paris, 17 sept. 1990 : *JCP N 1991. II. 349, note Mallet* (incompatibilité avec une clause de tontine) • Paris, 17 avr. 1991 : *JCP N 1992. II. 275, note Guyon* (insuffisance de l'ouverture d'un compte joint). ♦ Pour des refus, dans le cas de participation des concubins à une entreprise commune : • Com. 30 juin 1970 : *préc.* (absence de preuve d'apport) • 9 nov. 1981 : *Bull. civ. IV, n° 385* (absence de constatation de la volonté des concubins d'exploiter leur commerce sur un pied d'égalité, avec partage des bénéfices et contribution aux pertes) • Civ. 1re, 15 oct. 1996, n° 94-20.472 P : *D. 1997. Somm. 177, obs. Libchaber ; Defrénois 1997. 923 (1re esp.), note Milhac ; RTD civ. 1997. 102, obs. Hauser ; LPA 5 sept. 1997, note Enama* (absence de preuve d'*affectio societatis* dans la collaboration de la concubine au commerce du concubin) • 1er juill. 1997 : *Dr. fam. 1997, n° 153, note Lécuyer* • 4 juin 2007 : *D. 2008. Pan. 1793, obs. Lemouland et Vigneau ; JCP 2008. I. 102, n° 2, obs. Coutant-Lapalus ; Dr. fam. 2007, n° 185, note Larribau-Terneyre* (absence de preuve d'apport et de contribution aux dettes)

• Aix-en-Provence, 30 mai 2007 : *Dr. fam. 2008, n° 37, obs. Larribau-Terneyre* (absence d'*affectio societatis*).

21. Régime de la liquidation. Dans la liquidation d'une société créée de fait, il n'y a lieu ni à la reprise, ni au remboursement des apports en industrie ; dès lors, le concubin qui a réalisé des travaux sur l'immeuble de sa concubine, s'il a vocation à une partie de la plus-value sur l'immeuble, ne peut prétendre à aucune créance du chef de cet apport en industrie. • Civ. 1re, 19 avr. 2005, n° 01-17.226 P : *D. 2006. Pan. 1422, obs. Lemouland et Vigneau ; Dr. fam. 2005, n° 127, note Larribau-Terneyre ; RTD civ. 2005. 576, obs. Hauser ; RTD com. 2005. 527, obs. Champaud et Danet ; ibid. 785, obs. Grosclaude ; Rev. sociétés 2006. 111, note Poracchia*.

3° RÈGLES DE DROIT COMMUN

22. Enrichissement sans cause. La subsidiarité de l'action en enrichissement sans cause ne peut permettre à un concubin de tourner les règles du contrat qu'il avait évoqué à titre principal, en l'occurrence l'existence d'une société de fait avec sa concubine. • Civ. 1re, 8 déc. 1987, n° 85-15.776 P. ♦ V. aussi • Civ. 3e, 29 avr. 1971 : *Gaz. Pal. 1971. 2. 554* (impossibilité de prouver l'existence d'un contrat d'entreprise). ♦ V. déjà : • Civ. 1re, 12 nov. 1998 : *Dr. fam. 1999, n° 12, note Lécuyer* (l'appauvrissement du concubin qui a effectué des travaux sur l'immeuble de sa concubine a une cause, constituée par son hébergement pendant dix-huit ans dans cet immeuble). ♦ Rejet de l'action d'une concubine qui ne rapporte pas la preuve de l'enrichissement sans cause. • Civ. 1re, 18 juin 1980 : *Bull. civ. I, n° 191.* ♦ Cassation pour fausse application de l'anc. art. 1371 de l'arrêt qui retient que les comptes entre concubins doivent être établis sur le fondement de l'enrichissement sans cause à défaut de toute autre action ouverte au demandeur. • Civ. 1re, 28 nov. 2006, n° 04-15.480 P : *D. 2007. Pan. 1569, obs. Lemouland et Vigneau ; JCP 2007. I. 170, n° 10, obs. Lapalus ; Dr. fam. 2007, n° 32, note Larribau-Terneyre ; RTD civ. 2007. 94, obs. Hauser* . ♦ Rejet de l'action lorsque le concubin a, dans son intérêt personnel, financé les travaux de rénovation avec l'intention de s'installer dans l'immeuble avec sa concubine. • Civ. 1re, 24 sept. 2008, n° 06-11.29 P : *D. 2008. AJ 2430, obs. Gallmeister ; ibid. 2009. 140, note Lemouland ; JCP 2009, n° 8, p. 45, obs. Favier ; LPA 24 nov. 2008, note Boussard ; AJ fam. 2008. 431, obs. Chénedé ; RJPF 2008-12/19, obs. Vauvillé ; Defrénois 2008. 2516, obs. Savaux ; ibid. 2009. 545, obs. Massip ; RLDC 2008/54, n° 3198, obs. Jeanne ; ibid. 2008/55, n° 3231, obs. Serra ; ibid. 2009/60, n° 3427, obs. Bernard-Xémard ; RTD civ. 2008. 660, obs. Hauser* . ♦ ... Lorsque l'assistance apportée sur le plan administratif par la concubine à la bonne marche de l'entreprise artisanale constituée avec son concubin n'excède pas une simple entraide. • Civ. 1re, 20 janv. 2010 : *D. 2010. AJ 32 ; AJ fam. 2010. 132, obs. Milleville ; Defrénois 2010. 1361, obs. Massip ; RJPF 2010-4/18, note Vauvillé.*

V. au contraire, admettant l'action : • Civ. 1re, 19 mai 1969 : *Bull. civ. I, n° 187* • 15 oct. 1996 : *préc. note 20 in fine* (la collaboration de la concubine à l'exploitation du fonds de commerce sans rétribution, qui se distingue d'une participation aux dépenses communes du couple, implique par elle-même un appauvrissement de la concubine et un enrichissement du concubin) • 4 mars 1997 : *Dr. fam. 1997, n° 67, note Lécuyer.* ♦ Aucune disposition légale ne règle la contribution des concubins aux charges de la vie commune de sorte que chacun d'eux doit, en l'absence de volonté exprimée à cet égard, supporter les dépenses de la vie courante qu'il a engagées ; les juges du fond apprécient souverainement si les travaux réalisés et les frais exceptionnels engagés par un concubin dans l'immeuble appartenant à l'autre excèdent, par leur ampleur, sa participation normale à ces dépenses et s'ils ne peuvent être considérés comme une contrepartie des avantages dont il a profité pendant la période du concubinage, ce qui exclut ainsi une intention libérale. • Civ. 1re, 24 sept. 2008, n° 07-11.928 P : *D. 2008. AJ 2430, obs. Gallmeister ; ibid. 2009. 140, note Lemouland ; LPA 24 nov. 2008, note Boussard ; AJ fam. 2008. 431, obs. Chénedé ; RJPF 2008-12/19, obs. Vauvillé ; Defrénois 2008. 2516, obs. Savaux ; ibid. 2009. 545, obs. Massip ; RLDC 2008/54, n° 3198, obs. Jeanne ; ibid. 2008/55, n° 3231, obs. Serra ; RTD civ. 2008. 660, obs. Hauser* . ♦ Pour l'intention libérale caractérisée par le règlement par le concubin du montant de la soulte due par sa concubine à son ex-mari et du solde de l'emprunt destiné à financer l'achat du pavillon, dans le but de dégager sa compagne d'une dette envers son ex-mari et de lui permettre de bénéficier en toute sécurité d'un logement avec l'enfant issu de leur union : • Civ. 1re, 20 janv. 2010 : *D. 2010. AJ 325 ; AJ fam. 2010. 132, obs. Milleville ; RJPF 2010-4/18, note Vauvillé.* ♦ Comp. : le rejet de la demande fondée sur l'existence d'un contrat de mandat de gestion rend recevable celle, subsidiaire, fondée sur l'enrichissement sans cause. • Civ. 1re, 25 juin 2008, n° 06-19.556 P : *D. 2010. Pan. 728, obs. Lemouland et Vigneau ; RDC 2008. 1139, obs. Laithier ; Defrénois 2008. 2421, obs. Massip.* – *Adde*, Edel, *Dr. et patr. 2/2009. 42.*

Lorsque la liquidation des intérêts pécuniaires d'époux a été ordonnée par une décision de divorce passée en force de chose jugée, la liquidation à laquelle il est procédé englobe tous les rapports pécuniaires entre les parties, y compris les créances nées avant le mariage ; il appartient dès lors à l'époux qui se prétend créancier de l'autre de faire valoir sa créance contre son conjoint lors de l'établissement des comptes s'y rapportant. • Civ. 1re, 26 mai 2021, n° 19-23.723 P : *AJ fam. 2021. 433, obs. Casey ; RTD civ. 2021. 627, obs. Leroyer* (irrecevabilité de la demande formulée après le partage).

23. Indemnité d'occupation. L'hébergement d'une personne par son concubin, dans le cadre de leur vie commune, ne donne pas lieu à versement d'une indemnité d'occupation, sauf convention particulière. • Civ. 1re, 16 juin 1998 : *Dr. fam. 1998, n° 114, note Lécuyer ; Dr. et patr. 10/1998. 84, obs. Bénabent.* ♦ Comp. • Civ. 1re, 12 nov. 1998 : *préc. note 22.*

24. Règles de preuve. La preuve de la remise de fonds à une personne ne suffit pas à justifier l'obligation pour celle-ci de restituer la somme perçue et il appartient au concubin, qui établit avoir payé entre les mains du notaire le prix d'un immeuble acquis par sa concubine, de rapporter la preuve du contrat de prêt qu'il allègue. • Civ. 1re, 17 mai 1978, n° 76-13.176 P. ♦ Sur l'impossibilité morale de se procurer un écrit, • Civ. 1re, 10 oct. 1984 : *Gaz. Pal. 1985. 1. 186, note J. M. ; RTD civ. 1985. 733, obs. Mestre* • Civ. 3e, 29 avr. 1971 : *préc. note 22* • Limoges, 20 avr. 1995 : *BICC, n° 412, p. 20 ; RTD civ. 1995. 867, obs. Hauser*.

25. Possession. Les juges du fond qui constatent que des concubins ont toujours vécu ensemble dans un immeuble en déduisent justement que leur possession est équivoque et n'a pu permettre à l'un d'entre eux d'acquérir par prescription la propriété de cet immeuble. • Civ. 1re, 7 déc. 1977, n° 76-13.044 P : *RTD civ. 1978. 674, obs. Giverdon.*

26. Indivision. Si, à défaut de précision dans l'acte d'acquisition, des concubins, acquéreurs indivis, sont réputés être propriétaires par moitié chacun, cette présomption supporte la preuve contraire. • Civ. 1re, 6 févr. 2001 : *Defrénois 2001. 593, obs. crit. Massip.* ♦ La proportion dans laquelle le partage du bien doit être effectué, au vu des éléments fournis par les parties, relève du pouvoir souverain d'appréciation des juges du fond. • Même arrêt. ♦ Travaux réalisés par un concubin indivisaire sur l'immeuble indivis : V. note 2 ss. art. 815-13 ancien. ♦ Nullité d'une convention d'indivision entre concubins interdisant à chacune des parties de solliciter la vente de l'appartement dans un délai minimum de 25 ans, pour avoir été conclue sans respecter les exigences de l'art. 1873-3 : • Paris, 24 juin 2009 : *cité note 2 ss. art. 1873-3.* ♦ Ceux qui achètent un bien en indivision en acquièrent la propriété indépendamment des modalités de financement de ce bien ; cassation de l'arrêt ayant retenu que chacun des deux indivisaires possédaient des droits indivis inégaux, proportionnels à leurs participations financières respectives lors de l'acquisition du bien alors que le bien avait été acheté en indivision chacun pour moitié. • Civ. 1re, 10 janv. 2018, n° 16-25.190 P : *D. 2018. 1772, obs. Neyret et Reboul-Maupin ; AJ fam. 2018. 183, obs. Casey ; AJDI 2018. 454, obs. Le Rudulier ; RTD civ. 2018. 434, obs. Gautier ; ibid. 440, obs. Dross*.

27. Accession. L'art. 555 a vocation à régir les relations entre concubins, sauf convention contraire, qui ne peut se déduire de la seule existence du concubinage. • Civ. 3e, 2 oct. 2002 : *cité note 6 ss. art. 555* • 16 mars 2017, n° 15-12.384 P : *D. 2017. 1068, chron. Méano et Collomp ; ibid. 1789, obs. Reboul-Maupin ; Gaz. Pal. 2017. 1232, note Berlaud ; ibid. 2715, note Guiguet-Schielé* (l'indemnisation de celui qui a concouru à la construction d'ouvrage sur le terrain d'autrui n'est pas subordonnée au caractère exclusif de sa participation). ♦ Pour la prise en considération des dépenses engagées par un concubin pour une construction sur le terrain de sa concubine, l'immeuble ayant constitué le logement de la famille, au titre de sa contribution aux dépenses de la vie courante et non en qualité de tiers possesseur des travaux au sens de l'art. 555, V. : • Civ. 1re, 2 sept. 2020, n° 19-10.477 P : *D. 2020. 2444, note Hartman ; ibid. 2021. 499, obs. Douchy-Oudot ; RDI 2020. 591, obs. Tranchant ; AJ fam. 2020. 531, obs. Saulier*.

28. Reconnaissance de dette. V. note 3 ss. anc. art. 1132.

29. Saisie : compte joint. Refus de mainlevée de la saisie-attribution sur le compte joint, dès lors qu'il n'est pas établi que les fonds s'y trouvant appartenaient en propre au concubin demandeur. • Civ. 2e, 21 mars 2019, n° 18-10.408 P.

30. Poursuites pénales : circonstance aggravante. Nécessité, pour caractériser la circonstance aggravante des art. 132-80 et 221-4, 9°, C. pén., de caractériser l'existence, entre le demandeur et la victime, dans le passé d'une relation de concubinage, ou d'indiquer les éléments d'où il résulte que les faits ont pu avoir été commis en raison des relations ayant existé entre eux. • Crim. 27 mai 2021, n° 21-81.82 P : *RSC 2021. 616, obs. Mayaud*.

TITRE XIV **DES MESURES DE PROTECTION DES VICTIMES DE VIOLENCE**

(L. n° 2010-769 du 9 juill. 2010, art. 1er, en vigueur le 1er oct. 2010)

Art. 515-9 Lorsque les violences exercées au sein du couple *(L. n° 2019-1480 du 28 déc. 2019, art. 3)* « , y compris lorsqu'il n'y a pas de cohabitation, » ou par un

ancien conjoint, un ancien partenaire lié par un pacte civil de solidarité ou un ancien concubin *(L. nº 2019-1480 du 28 déc. 2019, art. 3)* **« , y compris lorsqu'il n'y a jamais eu de cohabitation, » mettent en danger la personne qui en est victime, un ou plusieurs enfants, le juge aux affaires familiales peut délivrer en urgence à cette dernière une ordonnance de protection.** — *V. C. pr. civ., art. 1136-3 s.* — ***C. pr. civ.***

Sur la délivrance d'une carte de séjour temporaire portant la mention « vie privée et familiale » à l'étranger qui bénéficie d'une ordonnance de protection, V. CESEDA, art. L. 313-6. — ***CESEDA.***

Les garanties prévues par les art. L. 412-1 à L. 412-7 C. pr. exéc. pour les expulsions de locaux d'habitation ou à usage professionnel ne sont pas applicables à l'expulsion du conjoint, du partenaire lié par un pacte civil de solidarité ou du concubin violent ordonnée par le juge aux affaires familiales sur le fondement de l'art. 515-9 (C. pr. exéc., art. L. 412-8). — ***C. pr. exéc.***

Sur les conséquences de l'état d'urgence sanitaire lié au covid-19 sur les mesures de protection prises en application des art. 515-9 à 515-13, V. Ord. nº 2020-304 du 25 mars 2020, art. 12 ; V. App., vº Mesures d'urgence sanitaire - Covid-19,.

BIBL. ▶ AMBROISE-CASTÉROT et FRICERO, *RJPF 2010-9/11.* – B. ANCEL, *Dr. fam. 2022, Étude 18* (violences conjugales dans le monde : reliquat de la tradition patriarcale ou réponse juridique inadaptée ?). – BAZIN, *JCP 2010, nº 957* (compétences du JAF). – BONNAL, *Gaz. Pal. 2013. 2212* (pratique de l'ordonnance de protection). – BOURRAT GUÉGUEN, *JCP 2010, nº 805.* – BOYARD et DEFFERRARD, *D. 2021. 2010* (pour un « droit à la preuve » en matière d'ordonnance de protection). – CORPART, *Dr. fam. 2010. Étude 28.* – A. DEJEAN DE LA BÂTIE, *D. 2023. 51* (violences conjugales et légitime défense : l'unité des fautes à l'épreuve du patriarcat). – DEKEUWER-DÉFOSSEZ, *RLDC 2010/75, nº 3970.* – DIONISI-PEYRUSSE et PICHARD, *AJ fam. 2018. 34* (prise en compte des violences conjugales en matière d'autorité parentale). – KESSLER, *Dr. fam. 2017. Étude 7* (caractère vraisemblable des violences – ordonnance de protection). – GATTO, *RTD civ. 2014. 567* (l'intérêt de l'enfant exposé aux violences conjugales). – MIRABAIL, *Dr. fam. 2022. Étude 9* (couple et absence de cohabitation). – MULON et CASEY, *Gaz. Pal. 2010. 3265.* – SANNIER, *Gaz. Pal. 2015. 3568* (après la loi du 4 août 2014). – SANNIER et BARBE, *AJ fam. 2021. 479*. – Dossier, *AJ fam. 2010. 513 ; ibid. 2017. 221* (ordonnance de protection) ; *ibid. 2020. 331* ; *ibid. 383* ; *ibid. 2023. 13* (violences conjugales – 1re partie) ; *ibid. 77* (2e partie).

▶ **Loi du 28 déc. 2019 :** BONFILS, *Dr. fam. 2020. Étude 10* (renforcement de la lutte contre les violences au sein de la famille). – MAUGER-VIELPEAU, *Dr. fam. 2020. Étude 11.*

1. Application dans le temps. Application aux instances en cours : • Pau, 30 nov. 2010 : *Dr. fam. 2011, nº 51, obs. Larribau-Terneyre.*

2. ... Faits anciens. Des faits anciens, antérieurs à l'entrée en vigueur de la L. du 9 juill. 2010, peuvent toujours être pris en considération s'ils sont de nature à faire craindre une réitération dans l'avenir. • Orléans, 13 juill. 2011 : *JCP 2011. 1740.*

3. Conv. EDH : obligations positives. Un État qui ne protège pas les femmes contre les violences domestiques viole leur droit à une protection égale devant la loi. • CEDH, sect. III, 28 mai 2013, *Eremia c/ République de Moldova, nº 3564/11 (violation des art. 3 et 14 Conv. EDH).* ♦ Violation de l'art. 3 à l'égard d'une épouse, et de ses enfants, lorsque après l'ordonnance de protection, les autorités ont suspendu l'instance pénale dirigée contre le mari, en dépit de ses violences et du non-respect de cette ordonnance, lui assurant par là même une quasi-impunité. • Même arrêt. ♦ Dès lors qu'il existe des éléments crédibles selon lesquels un mari a représenté pour son épouse, pendant une longue période, une menace pour son intégrité physique et qu'il l'a agressée à maintes reprises, les autorités de l'État ont l'obligation positive de la protéger des violences de celui-ci. • CEDH, sect. I, 14 oct. 2010, *A. c/ Croatie*, nº 55164/08 (violation en l'espèce, compte tenu de l'inefficacité des procédures, trop dispersées, et de l'inexécution des mesures prises). ♦ V. aussi : • CEDH, sect. III, 30 oct. 2012, *E.M. c/ Roumanie*, nº 43994/05 • CEDH, sect. II, 26 mars 2013, *Valiulien c/ Lituanie*, nº 33234/07 (mauvais traitements suffisamment graves pour relever des obligations positives au titre de l'art. 3). ♦ Violation de l'art. 3 en raison de la passivité des autorités vis-à-vis des plaintes et demandes de protection de la requérante, une telle tolérance de la part du système judiciaire à l'égard des violences domestiques constitue une discrimination à l'égard des femmes, révélant un manque d'engagement de l'État dans la lutte contre les violences faites aux femmes, malgré le dispositif législatif existant sur cette question. • CEDH 23 mai 2017, *Balsan c/ Roumanie*, nº 49645/09 : *AJ fam. 2017. 412, obs. Garcia*.

Art. 515-10 **L'ordonnance de protection est délivrée par le juge, saisi par la personne en danger, si besoin assistée, ou, avec l'accord de celle-ci, par le ministère public.** *(L.*

nº 2019-1480 du 28 déc. 2019, art. 2) « Sa délivrance n'est pas conditionnée à l'existence d'une plainte pénale préalable. »

Dès la réception de la demande d'ordonnance de protection, le juge convoque, par tous moyens adaptés, pour une *(L. nº 2019-1480 du 28 déc. 2019, art. 2)* « audience », la partie demanderesse et la partie défenderesse, assistées, le cas échéant, d'un avocat, ainsi que le ministère public *(L. nº 2019-1480 du 28 déc. 2019, art. 2)* « à fin d'avis ». Ces auditions peuvent avoir lieu séparément. *(L. nº 2019-1480 du 28 déc. 2019, art. 2)* « L'audience se tient en » chambre du conseil. *(L. nº 2019-1480 du 28 déc. 2019, art. 2)* « A la demande de la partie demanderesse, les auditions se tiennent séparément. »

Art. 515-11 L'ordonnance de protection est délivrée *(L. nº 2019-1480 du 28 déc. 2019, art. 4)* « par le juge aux affaires familiales, dans un délai maximal de six jours à compter de la fixation de la date de l'audience, » s'il estime, au vu des éléments produits devant lui et contradictoirement débattus, qu'il existe des raisons sérieuses de considérer comme vraisemblables la commission des faits de violence allégués et le danger auquel la victime *(L. nº 2014-873 du 4 août 2014, art. 32)* « ou un ou plusieurs enfants sont exposés ». A l'occasion de sa délivrance, *(L. nº 2019-1480 du 28 déc. 2019, art. 4)* « après avoir recueilli les observations des parties sur chacune des mesures suivantes, » le juge aux affaires familiales est compétent pour :

1º Interdire à la partie défenderesse de recevoir ou de rencontrer certaines personnes spécialement désignées par le juge aux affaires familiales, ainsi que d'entrer en relation avec elles, de quelque façon que ce soit ;

(L. nº 2019-1480 du 28 déc. 2019, art. 4) « 1º *bis* Interdire à la partie défenderesse de se rendre dans certains lieux spécialement désignés par le juge aux affaires familiales dans lesquels se trouve de façon habituelle la partie demanderesse ; »

2º Interdire à la partie défenderesse de détenir ou de porter une arme *(Abrogé par L. nº 2022-52 du 24 janv. 2022, art. 19)* ***« et, le cas échéant, lui ordonner de remettre au service de police ou de gendarmerie qu'il désigne les armes dont elle est détentrice en vue de leur dépôt au greffe »***. *(L. nº 2019-1480 du 28 déc. 2019, art. 4)* « Lorsque l'ordonnance de protection édicte la mesure prévue au 1º, la décision de ne pas interdire la détention ou le port d'arme est spécialement motivée » ;

(L. nº 2022-52 du 24 janv. 2022, art. 19) « 2º *bis* Ordonner à la partie défenderesse de remettre au service de police ou de gendarmerie le plus proche du lieu de son domicile les armes dont elle est détentrice ;

« 2º *ter* » *(L. nº 2019-1480 du 28 déc. 2019, art. 4)* « Proposer à la partie défenderesse une prise en charge sanitaire, sociale ou psychologique ou un stage de responsabilisation pour la prévention et la lutte contre les violences au sein du couple et sexistes. En cas de refus de la partie défenderesse, le juge aux affaires familiales en avise immédiatement le procureur de la République ;

« 3º Statuer sur la résidence séparée des époux. *(L. nº 2020-936 du 30 juill. 2020, art. 1er)* « La jouissance du logement conjugal est attribuée, sauf ordonnance spécialement motivée justifiée par des circonstances particulières, au conjoint qui n'est pas l'auteur des violences, et ce même s'il a bénéficié d'un hébergement d'urgence. » Dans ce cas, la prise en charge des frais afférents peut être à la charge du conjoint violent ;

« 4º Se prononcer sur le logement commun de partenaires liés par un pacte civil de solidarité ou de concubins. *(L. nº 2020-936 du 30 juill. 2020, art. 1er)* « La jouissance du logement commun est attribuée, sauf ordonnance spécialement motivée justifiée par des circonstances particulières, au partenaire lié par un pacte civil de solidarité ou au concubin qui n'est pas l'auteur des violences, et ce même s'il a bénéficié d'un hébergement d'urgence. » Dans ce cas, la prise en charge des frais afférents peut être à la charge du partenaire ou concubin violent ; »

5º Se prononcer sur les modalités d'exercice de l'autorité parentale et *(L. nº 2019-1480 du 28 déc. 2019, art. 4)* « , au sens de l'article 373-2-9, sur les modalités du droit de visite et d'hébergement, ainsi que », le cas échéant, sur la contribution aux charges du mariage pour les couples mariés, sur l'aide matérielle au sens de l'article 515-4 pour les partenaires d'un pacte civil de solidarité et sur la contribution à l'entretien et à l'éducation des enfants. *(L. nº 2019-1480 du 28 déc. 2019, art. 4)* « Lorsque l'ordonnance de protection édicte la mesure prévue au 1º du présent article,

la décision de ne pas ordonner l'exercice du droit de visite dans un espace de rencontre désigné ou en présence d'un tiers de confiance est spécialement motivée ; »

6° Autoriser la partie demanderesse à dissimuler son domicile ou sa résidence et à élire domicile chez l'avocat qui l'assiste ou la représente ou auprès du procureur de la République près le tribunal judiciaire pour toutes les instances civiles dans lesquelles elle est également partie. Si, pour les besoins de l'exécution d'une décision de justice, l'huissier chargé de cette exécution doit avoir connaissance de l'adresse de cette personne, celle-ci lui est communiquée, sans qu'il puisse la révéler à son mandant ;

(L. n° 2014-873 du 4 août 2014, art. 32) **« 6° *bis* Autoriser la partie demanderesse à dissimuler son domicile ou sa résidence et à élire domicile pour les besoins de la vie courante chez une personne morale qualifiée ; »**

7° Prononcer l'admission provisoire à l'aide juridictionnelle *(L. n° 2020-936 du 30 juill. 2020, art. 26)* **« des deux parties ou de l'une d'elles » en application du premier alinéa de l'article 20 de la loi n° 91-647 du 10 juillet 1991 relative à l'aide juridique.**

Le cas échéant, le juge présente à la partie demanderesse une liste des personnes morales qualifiées susceptibles de l'accompagner pendant toute la durée de l'ordonnance de protection. Il peut, avec son accord, transmettre à la personne morale qualifiée les coordonnées de la partie demanderesse, afin qu'elle la contacte.

(L. n° 2014-873 du 4 août 2014, art. 32) **« Lorsque le juge délivre une ordonnance de protection** *(Abrogé par L. n° 2020-936 du 30 juill. 2020, art. 2)* ***« en raison de violences susceptibles de mettre en danger un ou plusieurs enfants »*, il en informe sans délai le procureur de la République »** *(L. n° 2020-936 du 30 juill. 2020, art. 2)* **« , auquel il signale également les violences susceptibles de mettre en danger un ou plusieurs enfants ».**

1. Appréciation des violences. L'appréciation du caractère vraisemblable de la commission de faits de violence et du danger auquel la victime est exposée relève du pouvoir souverain d'appréciation des juges du fond. • Civ. 1re, 5 oct. 2016, n° 15-24.180 P : *AJ fam. 2016. 537, obs. Sannier* • 10 févr. 2021, n° 19-22.793 P : *D. 2021. 819, obs. Lemouland et Vigneau* ; *AJ fam. 2021. 235, obs. Sannier* ; *RTD civ. 2021. 389, obs. Leroyer* ; *Dr. fam. 2021, n° 78, obs. Mauger-Vielpeau.* ♦ ... Dans le même sens pour le caractère actuel du danger : • Orléans, 13 juill. 2011 : *JCP 2011. 1740.* ♦ Pour des illustrations : • Pau, 30 nov. 2010 : *Dr. fam. 2011, n° 51, obs. Larribau-Terneyre* • Paris, 15 déc. 2016, n° 16/18251 : *AJ fam. 2017. 244, obs. Sannier* (danger non établi) • Saint-Denis de la Réunion, 19 mai 2017, n° 17/00607 : *AJ fam. 2017. 648, obs. Sannier*.

2. Sanctions : caractère limitatif. Lorsqu'il est saisi d'une demande de protection sur le fondement des art. 519-9 et 519-10, le juge aux affaires familiales ne peut prononcer que les mesures limitativement énoncées à l'art. 515-11 ; cassation de l'arrêt ayant condamné le mari à verser des dommages-intérêts pour avoir provoqué de façon abusive l'hospitalisation sous contrainte de son épouse. • Civ. 1re, 13 juill. 2016, n° 14-26.203 P : *AJ fam. 2016. 538, obs. Sannier* ; *RTD civ. 2016. 825, obs. Hauser*.

Art. 515-11-1 *(L. n° 2019-1480 du 28 déc. 2019, art. 4)* **I. — Lorsque l'interdiction prévue au 1° de l'article 515-11 a été prononcée, le juge aux affaires familiales peut** *(L. n° 2020-936 du 30 juill. 2020, art. 3)* **« prononcer une interdiction de se rapprocher de la partie demanderesse à moins d'une certaine distance qu'il fixe et » ordonner, après avoir recueilli le consentement des deux parties, le port par chacune d'elles d'un dispositif électronique mobile anti-rapprochement permettant à tout moment de signaler que la partie défenderesse** *(L. n° 2020-936 du 30 juill. 2020, art. 3)* **« ne respecte pas cette distance. » En cas de refus de la partie défenderesse faisant obstacle au prononcé de cette mesure, le juge aux affaires familiales en avise immédiatement le procureur de la République.**

II. — Ce dispositif fait l'objet d'un traitement de données à caractère personnel, dont les conditions et les modalités de mise en œuvre sont définies par décret en Conseil d'État.

Art. 515-12 **Les mesures mentionnées à l'article 515-11 sont prises pour une durée maximale de** *(L. n° 2014-873 du 4 août 2014, art. 32)* **« six mois à compter de la notification de l'ordonnance ». Elles peuvent être prolongées au-delà si, durant ce délai, une** *(L. n° 2019-222 du 23 mars 2019, art. 22, en vigueur le 1er janv. 2021)* **« demande** *[ancienne rédaction : requête]* **» en divorce ou en séparation de corps a été déposée** *(L. n° 2014-873 du 4 août 2014, art. 32)* **« ou si le juge aux affaires familiales a été saisi**

d'une *(L. nº 2019-222 du 23 mars 2019, art. 22, en vigueur le 1er janv. 2021)* **« demande** *[ancienne rédaction : requête]* **» relative à l'exercice de l'autorité parentale ». Le juge aux affaires familiales peut, à tout moment, à la demande du ministère public ou de l'une ou l'autre des parties, ou après avoir fait procéder à toute mesure d'instruction utile, et après avoir invité chacune d'entre elles à s'exprimer, supprimer ou modifier tout ou partie des mesures énoncées dans l'ordonnance de protection, en décider de nouvelles, accorder à la personne défenderesse une dispense temporaire d'observer certaines des obligations qui lui ont été imposées ou rapporter l'ordonnance de protection.**

Sur l'entrée en vigueur et l'application dans le temps des modifications issues de l'art. 22 de la L. nº 2019-222 du 23 mars 2019, V. ndlr ss. art. 233.

Concubinage (non). Absence de renouvellement d'une ordonnance de protection au bénéfice d'une concubine, le texte conditionnant ce renouvellement à une requête en divorce ou en séparation de corps. • TGI Lille, 11 févr. 2013 : *AJ fam. 2013. 234, obs. Labbée.*

Art. 515-13 **Une ordonnance de protection peut également être délivrée** *(L. nº 2014-873 du 4 août 2014, art. 32)* **« en urgence » par le juge à la personne majeure menacée de mariage forcé, dans les conditions fixées à l'article 515-10.**

Le juge est compétent pour prendre les mesures mentionnées aux 1º, 2º *(L. nº 2022-52 du 24 janv. 2022, art. 19)* **« , 2º** ***bis*** **», 6º et 7º de l'article 515-11. Il peut également ordonner, à sa demande, l'interdiction temporaire de sortie du territoire de la personne menacée. Cette interdiction de sortie du territoire est inscrite au fichier des personnes recherchées par le procureur de la République. L'article 515-12 est applicable aux mesures prises sur le fondement du présent article.** — *V. C. pr. civ., art. 1136-3 s.* — ***C. pr. civ.***

Ordonnance de protection en cas de risque de mariage forcé : • TGI Pontoise, 12 mai 2014 : *AJ fam. 2014. 378, obs. Dervieux.*

Circulaire du 7 août 2014,

De présentation des dispositions de la L. nº 2014-873 pour l'égalité réelle entre les femmes et les hommes.

LIVRE II DES BIENS ET DES DIFFÉRENTES MODIFICATIONS DE LA PROPRIÉTÉ

RÉP. CIV. v° *Biens*, par R. Libchaber.

BIBL. GÉN. ▸ **Le code civil et le régime des biens :** Revet, *Dr. et patr. 3/2004. 20.* ▸ **Notion de biens :** Battifol, *Archives Phil. dr., t. 24, 1979, p. 9* (problèmes contemporains). – Gutmann, *Archives Phil. dr., t. 43, 1999, p. 65* (immatériel en droit des biens). – Zenati, *ibid. p. 79* (immatériel et choses). ▸ **Distinction des valeurs, biens et droits :** Mousseron, *Mél. Breton/Derrida, Dalloz, 1991, p. 277.* ▸ **Classification juridique des biens :** R. Savatier, *RTD civ. 1958. 1 et 331.* ▸ **Corporel-incorporel :** D. R. Martin, *D. 2004. Chron. 2285* (du corporel). – Savouret, *D. Affaires 1997. 750 ; Err. 1137* (incorporels). – Strickler, *Mél. Goubeaux, Dalloz-LGDJ, 2009, p. 525* (rôle de la volonté dans la qualification des biens). ▸ **Valeurs mobilières :** Jeantin, *Mél. Jeantin, Dalloz, 1999, p. 3* (biens du droit financier). – Libchaber, *Defrénois 1997. 65* (portefeuille de valeurs mobilières : bien unique ou pluralité de biens). – D. Martin, *D. 1996. Chron. 47* (nature corporelle) ; *D. 2001. Chron. 1228* (*idem*) ; *D. 2004. Chron. 2285* (du corporel). ▸ **Biens culturels :** Saujot, *Clés pour le siècle, Dalloz, 2000, p. 79 ; JCP N 2002. 1022* (vestiges archéologiques). – Audit, *Trav. Assoc. Capitant, XL-1989, p. 203* (protection). – Lhuilier, *RRJ 1998/2. 513* (œuvres d'art, *res sacrae* ?). – Peletan, *RRJ 1998/1. 245* (protection juridique internationale). ▸ **Biens naturels :** Del Rey-Bouchentouf, *D. 2004. Chron. 1615* . – Trébulle, *Études Malinvaud, Litec, 2007, p. 659* (le patrimoine commun : renouveau du domaine universel). ▸ **Biens intellectuels :** Binctin, *CCE 2006. Étude 14.* – Loiseau, *D. 2006. Chron. 3015* (pour un droit des choses).

▸ **Autres thèmes :** Bernelin, *JCP 2019, n° 1172* (patrimonialisation des données personnelles : entre représentation(s) et réalité(s) juridiques). – Carre, *Rev. crit. DIP 2017. 337* (loi applicable aux droits réels portant sur des biens virtuels). – Catala, *Mél. Terré, Dalloz/PUF/J.-Cl., 1999, p. 557* (la matière et l'énergie) ; *RRJ 1983. 185* (l'information). – M. Cornu, *RTD civ. 2000. 697* (intangibilité de certains biens). – Corpart, *JCP 2020, n° 1471* (cadeaux de Noël). – Didier, *Mél. Guyon, Dalloz, 2003* (les biens négociables). – François, *Mél. Larroumet, Economica, 2010, p. 149* (créances). – Frison-Roche, *Études P. Catala, Litec, 2001, p. 759* (droit d'accès à l'information). – Grimonprez (dir.), *Thèmes et commentaires, Dalloz, 2018* (le droit des biens au service de la transition écologique). – Lamoureux, *RTD com. 2009. 239* (énergie). – Legeais, *RTD com. 2019. 191* (actifs numériques). – Masson, *RTD civ. 2022. 777* (quel « modèle propriétaire » pour les données personnelles ?). – Mestrot, *RRJ 1995/3. 809* (rôle de la volonté dans la destruction des biens). – Orlandini, *AJDA 2016. 2042* (biens meubles archéologiques). – Parance et de Saint Victor (dir.), *CNRS édition, 2014* (repenser les biens communs). – Périnet-Marquet, *JCP 2010, n° 1100* (nouveaux biens) ; *ibid. 2017, n° 454.* – Reboul-Maupin, *D. 2020. 1689* (le droit spécial des biens à l'épreuve du droit réel de jouissance spéciale : droit réel de jouissance spéciale et copropriété). – Seube, *LPA 15 juin 2005* (le droit des biens hors le code civil). – Vivant, *Mél. Burst, Litec, 1997, p. 651* (l'information). – Dossier, *RLDC, nov. 2009, suppl.* (appréhension par le droit de l'incorporalité). – Dossier, *RDC 2020/4. 111* (conventions et droits réels : la liberté contractuelle sans limites ?).

▸ **Projet de réforme :** Atias, *D. 2009. Chron. 1165* ; *RLDC 2009/62, n° 3514.* – Burgard, *LPA 27 juill. 2009.* – Dross et Mallet-Bricout, *D. 2009. Chron. 508* . – Lardeux, *Dr. et patr. 10/2009. 58* (meubles). – Mémeteau, *RTD civ. 2008. 613* (servitudes). – Roman, *Defrénois 2009. 50[illegible]* (patrimoine). – Zenati-Castaing, *RTD civ. 2009. 211* .

▸ **Panoramas Dalloz – Droit des biens :** *D. 2022. Pan. 1528* (juin 2021 – juin 2022) ; *D. 2021. Pan. 1509* (juin 2020 – juin 2021) ; *D. 2020. Pan. 1761* (juin 2019 – juin 2020) ; *D. 2019. 1801* (juin 2018 – juin 2019) ; *D. 2018. 1772* (juin 2017 – juin 2018) ; *D. 2017. Pan. 1789* (juin 2016 – juin 2017) ; *D. 2016. Pan. 1779* (juin 2015 – juin 2016) ; *D. 2015. Pan. 1863* (juin 2014 – juin 2015) ; *D. 2014. Pan. 1844* (juin 2013 – juin 2014) ; *D. 2013. Pan. 2123* (juill. 2012 – juill. 2013) ; *D. 2012. Pan. 2128* (sept. 2011 – juill. 2012) ; *D. 2011. Pan. 2298* (juin 2010 – juin 2011) ; *D. 2010. Pan. 783* (juill. 2009 – juill. 2010) ; *D. 2009. Pan. 2300* (mai 2008 – juill. 2009) ; *D. 2008. Pan. 2458* (sept. 2007 – juill. 2008) ; *D. 2007. Pan. 2490* (sept. 2006 – juill. 2007).

Art. 515-14 *(L. n° 2015-177 du 16 févr. 2015, art. 2)* **Les animaux sont des êtres vivants doués de sensibilité. Sous réserve des lois qui les protègent, les animaux sont soumis au régime des biens.**

RÉP. CIV. v° *Animal*, par M. Redon.

BIBL. ▸ **Animal :** Antoine, *Gaz. Pal. 1994. 1. Doctr. 594* (un animal est-il une chose ?) ; *D. 2003. Chron. 2651* (l'animal et le droit des biens). – Burgat, *Archives Phil. dr., t. 38,*

1993, p. 279 (*res nullius*, l'animal est objet d'appropriation). – Carbonnier, *ibid., t. 34, 1989, p. 197* (sur les traces du non-sujet de droit). – Delage, *D. 2014. 1097*. – Dumont, *RLDC 2006/23, n° 975* (l'animal, être juridiquement en devenir). – Jestaz, *RTD civ. 2022. 81* (existe-t-il un pré-droit animal ?). – Labbée, *D. 1999. 350* ; *D. 2000. 750* (le chien-prothèse ; notes ss. TGI Lille, 23 mars 1999 et 7 juin 2000). – Lardeux, *RTD civ. 2021. 573*. – Leroy, *JCP 2021, n° 1339* (renforcement de la lutte contre la maltraitance animale et du lien entre les animaux et les hommes – loi n° 2021-1539 du 30 novembre 2021). – Libchaber, *chron. RTD civ. 2001. 239* ; *D. 2014. 380* (statut de l'animal). – Malaurie, *Defrénois 1999. 1050* (*idem*). – Marguénaud, *D. 1998. Chron. 459* (personnalité juridique des animaux) ; *D. 2017. 996* (droit animalier) ; *RTD civ. 2021. 591* (l'animal sujet de droit ou la modernité d'une vieille idée de René Demogue). – Marguénaud et alii, *D. 2004. Chron. 3009* (protection juridique du lien d'affection envers un animal). – Marguénaud et Burgat, *D. 2020. 28* (la personnalité animale). – Pasqualini, *D. 1997. Chron. 257* (l'animal et la famille). – Proutière-Maulion, *D. 2000. Chron. 647* (nature juridique du poisson de mer). – Reeves, *AJDA 2021. 1515* (à propos du supposé « droit à la vie d'un animal »). – Regad, *JCP 2021, n° 751* (l'ébranlement d'un droit anthropocentré, signe d'une nouvelle ère ?). – Ringel et Putman, *RRJ 1995/1. 45* (l'animal aimé par le droit). – Seube, *Dr. et patr. 11/2005. 95* (obs. sur le rapport sur le régime juridique de l'animal). – Simler, *JCP 2020, n° 544* (les animaux, « êtres vivants doués de sensibilité »). – Sohm-Bourgeois, *D. 1990. Chron. 33* (personnification de l'animal). – Chénedé, *AJ fam. 2012. 72* (personnification de l'animal). – Dossier, *AJ contrat 2017. 307* (cheval et contrat).

▸ **Loi du 6 janv. 1999 sur la protection des animaux :** Antoine, *D. 1999. Chron. 167*. – Revet, *chron. lég. RTD civ. 1999. 479*.

▸ **Loi du 16 févr. 2015 :** Reboul-Maupin, *D. 2015. 573*. – Malinvaud, *D. 2015. 87*. – Marguénaud, *JCP 2015, n° 305*. – Reboul-Maupin, *D. 2015. 573*. – Reignié, *JCP 2015, n° 242*.

1. Animaux de compagnie. Affirmation, dans le cadre d'un litige sur le défaut de conformité d'un animal, que le chien en cause est un être vivant, unique et irremplaçable, et un animal de compagnie destiné à recevoir l'affection de son maître, sans aucune vocation économique, son remplacement étant impossible compte tenu également de l'attachement de son maître. • Civ. 1re, 9 déc. 2015, n° 14-25.910 P : *D. 2016. 360, note Desmoulin-Canselier* ; *ibid. 566, obs. Mekki* ; *ibid. 617, obs. Aubry, Poillot et Sauphanor-Brouillaud* ; *ibid. 1779, obs. Neyret* ; *RTD civ. 2016. 356, obs. Barbier* ; *RTD com. 2016. 179, obs. Bouloc* ; *JCP 2016, n° 173, note Paisant.* ♦ Les animaux étant « soumis au régime des biens » selon l'art. 515-14, en l'absence de toute disposition spéciale applicable aux animaux figurant dans la L. n° 85-677 du 5 juil. 1985, le décès d'un animal des suites d'un accident de la circulation constitue une atteinte aux biens de son propriétaire, de sorte que l'art. 5 de cette loi, selon lequel la faute commise par la victime a pour effet de limiter ou d'exclure l'indemnisation des dommage aux biens qu'elle a subis, est susceptible de trouver application, étant entendu que la victime au sens de ce texte est le propriétaire de l'animal décédé, et non l'animal lui-même. • Bourges, 1re ch. 7 juill. 2022, n° 21/00895 : *D. 2023. 226, note Mouly*.

2. Animaux attachés à un fonds. Caractère immobilier des animaux que le propriétaire d'un fonds livre au fermier ou au métayer pour la culture, V. art. 522. ♦ Caractère mobilier des animaux donnés à cheptel à d'autres qu'au fermier ou au métayer, V. art. 522, al. 2. ♦ Animaux nécessaires à l'exploitation d'un fonds, soumis au régime des immeubles par destination, V. art. 524 et la jurisprudence citée.

TITRE I DE LA DISTINCTION DES BIENS

Art. 516 Tous les biens sont meubles ou immeubles.

Le droit à indemnité de dommages de guerre a le même caractère mobilier ou immobilier que le bien sinistré (L. n° 46-2389 du 28 oct. 1946, art. 32, al. 4).

BIBL. ▸ Jambu-Merlin, *Études Flour, Defrénois, 1979, p. 305* (le navire : hybride de meuble et d'immeuble ?). – Kalieu, *LPA 17 oct. 2001* (fongibilité des immeubles). – Malinvaud, *Études Houin, Dalloz, 1985, p. 201* (problèmes posés par les sociétés d'attribution). – Périnet-Marquet, *1804-2004 Le code civil, Dalloz, 2004, p. 395* (l'immeuble et le code civil) ; *Études Béguin, Litec, 2005, p. 642* (évolution de la distinction meubles-immeubles depuis le code civil). – Reboul-Maupin, *RDI 2021. 464* (statut du déchet de chantier et droit des biens).

▸ Sériaux, *Mél. Goubeaux, Dalloz-LGDJ, 2009, p. 483.*

La nature immobilière ou mobilière d'un bien est définie par la loi et la convention des parties ne peut avoir d'incidence à cet égard. • Civ. 3e, 26 juin 1991 : *D. 1993. 93, note Freij-Dalloz* ;

D. 1993. Somm. 291, obs. Pérochon ; *JCP 1992. II. 21825, note Barbiéri.* ♦ V. cependant le cas particulier de la mobilisation par anticipation : notes ss. art. 518, 520, 521 et 532.

CHAPITRE I DES IMMEUBLES

BIBL. ▶ CASTON et POUMARÈDE, *RDI 2020. 647* (l'obligation de démolir l'immeuble). – Dossier, *JCP N 2018, n°s 1334 s.* (les accessoires de l'immeuble).

Art. 517 Les biens sont immeubles, ou par leur nature, ou par leur destination, ou par l'objet auquel ils s'appliquent.

Des fresques, immeubles par nature, deviennent des meubles du fait de leur arrachement des murs d'une église désaffectée. • Cass., ass. plén., 15 avr. 1988, n° 85-10.262 P : *R., p. 198 ; D. 1988. 325, concl. Cabannes, note Maury ; JCP 1988. II. 21066, rapport Grégoire, note Barbiéri,* cassant • Montpellier, 18 avr. 1984 : *D. 1985. 208, note Maury,* arrêt qui avait considéré que les fresques étaient immeubles par destination selon les règles de l'art. 525 et qu'elles le demeureraient malgré leur séparation de l'immeuble principal, dès lors que cette séparation avait eu lieu contre le gré du propriétaire. ♦ Dans le même sens, sur le caractère d'immeuble par nature et non d'immeuble par destination de bas-reliefs en marbre formant un tout indivisible avec le bâtiment auquel ils ont été incorporés, V. note 2 ss. art. 518.

Art. 518 Les fonds de terre et les bâtiments sont immeubles par leur nature.

1. Construction adhérant au sol. Un bien est un immeuble par nature dès lors que le dispositif de liaison, d'ancrage ou de fondation révèle qu'il ne repose pas simplement sur le sol et n'y est pas maintenu par son seul poids, même s'il s'agit de constructions légères et temporaires. • Com. 10 juin 1974, n° 73-10.696 P. ♦ Il en est ainsi d'une chambre froide construite en briques, pierres et moellons incorporés au sol. • Angers, 1er déc. 1964 : *JCP 1965. II. 14258.* ♦ ... De poteaux destinés à supporter les câbles de transmission d'énergie électrique, même s'ils ne sont pas implantés sur un socle en maçonnerie, dès lors qu'ils sont incorporés au sol, avec lequel ils adhèrent profondément. • Civ. 4 mai 1937 : *DH 1937. 471.* ♦ ... De serres dont les charpentes métalliques sont fixées au moyen d'un système d'écrous de façon à permettre un démontage sans détérioration. • Com. 1er févr. 1984, n° 82-15.900 P : *RTD civ. 1985. 738, obs. Giverdon et Salvage-Gerest.* ♦ ... Des serres fixées au sol par des dés de béton assimilables à des fondations. • Com. 9 juin 2004, n° 01-13.349 P : *D. 2004. Somm. 2405, obs. Reboul-Maupin* ; *Defrénois 2004. 1460, obs. Gelot.* ♦ Comp. note 7 ss. art. 525.

2. Accessoires incorporés à la construction. Constituent des immeubles par nature des *boiseries intimement et spécialement incorporées* à un bâtiment, dont elles ne sauraient être séparées sans porter atteinte à son intégrité. • Civ. 1re, 19 mars 1963 : *JCP 1963. II. 13190, note Esmein.* ♦ Des bas-reliefs en marbre ont le caractère d'immeuble par nature et non d'immeuble par destination dès lors qu'ils forment avec le bâtiment auquel ils ont été, dès l'origine, intimement et spécialement incorporés un tout indivisible (en conséquence, le classement comme monument historique du château s'étend à ces bas-reliefs). • CE 24 févr. 1999, *Sté Transurba : D. 1999. IR 110* ; *JCP 2000. II. 10232, note Deumier ; JCP 1999. I. 175, n° 1, obs. Périnet-Marquet* (rejet de la requête en annulation de • CAA Paris, 11 juill. 1997 : *RFDA 1998. 6, concl. Paitre, note Pacteau*, annulant • TA Versailles, 4 juill. 1996 : *D. 1997. 33, concl. Demouveaux)*. ♦ V. aussi • TA Versailles, 28 févr. 1995 : *D. 1995. 462, note Demouveaux* . ♦ V. également, au sujet de fresques figurant sur les murs d'une église, qualifiées d'immeubles par nature devenus meubles du fait de leur arrachement, note ss. art. 517.

Inversement ne sont pas immeubles par nature des convecteurs électriques dont il n'est pas constaté qu'ils sont indissociablement liés à l'immeuble et ne peuvent être enlevés sans porter atteinte à son intégrité. • Civ. 3e, 23 janv. 2002, n° 99-18.102 P : *D. 2002. 2365, note Depadt-Sebag* ; *ibid. Somm. 2504, obs. Reboul-Maupin* ; *JCP 2002. I. 176, n° 1, obs. Périnet-Marquet.*

3. Fonds de terre. Les améliorations apportées à un fonds de terre par les pratiques culturales, qui ne peuvent être matériellement dissociées du fonds de terre auquel elles ont profité, sont des immeubles par nature. • Com. 24 mars 1981, n° 79-15.258 P. ♦ Dès lors, leur cession séparée (par le propriétaire du fonds) est une vente immobilière. • Même arrêt. ♦ En revanche, si la cession est faite par le fermier sortant à son successeur, elle ne peut avoir pour objet que la créance du cédant sur le bailleur à la suite des améliorations faites et non un immeuble rural dont le fermier pourrait disposer, car ces améliorations ne peuvent être matériellement dissociées du fonds. • Com. 19 janv. 1982, n° 80-15.442 P • 28 nov. 1984 : *JCP N 1985. II. 137, note Thuillier* • 6 févr. 1985 : *Bull. civ. IV, n° 51.*

4. Lot de copropriété. Constitue un immeuble par nature (susceptible de saisie immobilière) le lot de copropriété composé du droit exclusif d'utiliser une surface déterminée du sol pour y édifier des constructions, ainsi que d'une quote-part de la propriété du sol et des parties communes. • Civ. 3e, 15 nov. 1989, n° 88-12.779 P : *R., p. 299 ; D. 1990. 216, note Capoulade et Giverdon ; RTD civ. 1990. 304, obs. Zenati*.

5. Mobilisation par anticipation : droit d'extraction de matériaux d'une carrière. BIBL. Larroumet, *Mél. Colomer, Litec, 1993, p. 209* (publicité des contrats de fortage). ♦ La cession du droit d'extraction de sable, de gravier, de matériaux d'une carrière... peut constituer une vente portant sur les matériaux considérés dans leur état futur de meubles. • Civ. 3e, 30 mai 1969 : *D. 1969. 561 ; JCP 1970. II. 16173, note Hubrecht* • 3 oct. 1969 : *D. 1970. 49* • Civ. 1re, 13 juill. 1982 : *Gaz. Pal. 1982. 2. 670, note Piedelièvre* • Civ. 3e, 23 oct. 1983, n° 82-11.610 P. – V. aussi Fréjaville, note *DP 1929. 2. 91.* ♦ Pour d'autres cas de vente de meubles par anticipation, V. notes ss. art. 520, 521 et 532.

6. ... Pollution de terrain. Nature de déchet d'un terrain contaminé par un déversement accidentel d'hydrocarbures. • CJCE 7 déc. 2004, n° C-1/03 : *D. 2005. Pan. 2353, obs. Reboul-Maupin ; RDI 2005. 31, obs. Trébulle*.

Art. 519 **Les moulins à vent ou à eau, fixés sur piliers et faisant partie du bâtiment, sont aussi immeubles par leur nature.**

Autres accessoires incorporés à un bâtiment : V. note 2 ss. art. 518.

Art. 520 **Les récoltes pendantes par les racines, et les fruits des arbres non encore recueillis, sont pareillement immeubles.**

Dès que les grains sont coupés et les fruits détachés, quoique non enlevés, ils sont meubles.

Si une partie seulement de la récolte est coupée, cette partie seule est meuble.

Mobilisation par anticipation : récolte sur pied. La vente de récoltes sur pied a pour objet les récoltes détachées du sol et constitue ainsi une vente de meubles par anticipation. • Montpellier, 23 juin 1927 : *DH 1927. 472.* ♦ Contrat de vente d'herbe au regard du statut du fermage après la L. du 4 juill. 1980 (C. rur., art. 809-1, al. 2, devenu art. L. 411-1, al. 2) : V. Ecary, *Defrénois 1981. 575* • Pau, 28 nov. 1985 : *JCP 1986. II. 20662, note Ourliac et de Juglart* • Riom, 21 mars 1988 : *Gaz. Pal. 1989. 2. 537, note Prévault* • Civ. 3e, 2 juin 1993, n° 91-14.521 P : *JCP N 1994. II. 62, n° 6, obs. Moreau.*

Art. 521 **Les coupes ordinaires des bois taillis ou de futaies mises en coupes réglées ne deviennent meubles qu'au fur et à mesure que les arbres sont abattus.**

Mobilisation par anticipation : arbres à abattre. Ayant retenu qu'un exploitant forestier n'avait eu en vue dès l'acquisition d'un bois, que l'exploitation de sa superficie, un tribunal a pu en déduire que les arbres à abattre avaient été mobilisés par anticipation, peu important que certains de ces arbres fussent de haute futaie. • Com. 24 nov. 1981, n° 80-13.395 P. ♦ Mais jugé qu'une vente d'arbres à abattre ne saurait s'analyser qu'en une vente immobilière et se trouve assujettie à publicité foncière au titre de restriction au droit de disposer. • Reims, 10 mai 1982 : *JCP 1984. II. 20225, note critique Dagot ; RTD civ. 1984. 334, obs. Giverdon.*

Art. 522 **Les animaux que le propriétaire du fonds livre au fermier ou au métayer pour la culture, estimés ou non, sont** *(L. n° 2015-177 du 16 févr. 2015, art. 2)* **« soumis au régime des » immeubles tant qu'ils demeurent attachés au fonds par l'effet de la convention.**

Ceux qu'il donne à cheptel à d'autres qu'au fermier ou métayer, sont *(L. n° 2015-177 du 16 févr. 2015, art. 2)* **« soumis au régime des » meubles.**

Art. 523 **Les tuyaux servant à la conduite des eaux dans une maison ou autre héritage sont immeubles et font partie du fonds auquel ils sont attachés.**

Caractère mobilier ou immobilier (par nature) d'une installation de chauffage central : V. • Crim. 29 mai 1925 : *S. 1926. 1. 185, note Roux* (immeuble incorporé au bâtiment) • Soc. 1er *déc. 1944 : D. 1946. 56 (meuble, enlevé par le* locataire qui avait fait l'installation). ♦ Pour la discussion, V. Wiederkehr, note *JCP 1967. II. 14971.* ♦ Sur l'immobilisation par destination, V. notes ss. art. 524 et 525.

Art. 524 *(L. n° 2015-177 du 16 févr. 2015, art. 2)* **« Les objets que le propriétaire d'un fonds y a placés pour le service et l'exploitation de ce fonds sont immeubles par destination.**

« Les animaux que le propriétaire d'un fonds y a placés aux mêmes fins sont soumis au régime des immeubles par destination. »

(L. n° 99-5 du 6 janv. 1999) **Ainsi, sont immeubles par destination, quand ils ont été placés par le propriétaire pour le service et l'exploitation du fonds :**

(Abrogé par L. n° 2015-177 du 16 févr. 2015, art. 2) « Les animaux attachés à la culture ; »

Les ustensiles aratoires ;

Les semences données aux fermiers ou *(L. n° 2009-526 du 12 mai 2009, art. 10)* **« métayers » ;**

(Abrogé par L. n° 2015-177 du 16 févr. 2015, art. 2) « Les pigeons des colombiers ;

« Les lapins des garennes ; »

Les ruches à miel ;

(Abrogé par L. n° 2015-177 du 16 févr. 2015, art. 2) (L. n° 84-512 du 29 juin 1984) « Les poissons des eaux non visées à l'article 402 [art. L. 231-3] du code rural et de la pêche maritime et des plans d'eau visés aux articles 432 et 433 [art. L. 231-6 et L. 231-7] du même code ; »

Les pressoirs, chaudières, alambics, cuves et tonnes ;

Les ustensiles nécessaires à l'exploitation des forges, papeteries et autres usines ;

Les pailles et engrais.

Sont aussi immeubles par destination, tous effets mobiliers que le propriétaire a attachés au fonds à perpétuelle demeure.

A. CONDITIONS GÉNÉRALES DE L'IMMOBILISATION PAR DESTINATION

1. Unité de propriété. Peut seul conférer à des objets mobiliers le caractère d'immeubles par destination celui qui est propriétaire à la fois des objets mobiliers et de l'immeuble au service duquel il les a placés. • Civ. 3e, 5 mars 1980, n° 78-15.535 P : *R., p. 62 ; D. 1980. IR 477, obs. A. Robert.* – Déjà en ce sens : • Civ. 1re, 18 févr. 1957 : *D. 1957. 249.* ♦ Par suite, lorsque la personne qui a procédé à des aménagements (scellement de casiers dans un magasin) n'a pu être déterminée et qu'on ignore donc s'ils ont été faits par le propriétaire ou par un locataire, il ne saurait en vertu des dispositions de l'art. 524 y avoir immobilisation. • Reims, 1er déc. 1975 : *JCP N 1977. II. 154.*

2. Clause de réserve de propriété. Refus de prendre en considération l'incidence d'une clause de réserve de propriété pour déterminer la nature mobilière ou immobilière d'un bien : V. • Com. 6 janv. 1987 : *D. 1987. 242, note Prévault* • Civ. 3e, 26 juin 1991 : *D. 1993. 93, note Freij-Dalloz ; D. 1993. Somm. 291, obs. Pérochon ; JCP 1992. II. 21825, note Barbiéri.* ♦ Le champ d'application de la revendication en cas de procédure collective est défini par l'art. L. 624-16 *C. com.*, qui ne se réfère pas à la notion d'immobilisation par destination. • Com. 10 mars 2015, n° 13-23.424 P (refus de censurer un arrêt ayant autorisé la restitution d'éléments de cuisine professionnelle au fournisseur bénéficiant d'une clause de réserve de propriété).

3. Intention du propriétaire. Est justifié le rejet de la demande des acheteurs d'un immeuble tendant à la restitution d'éléments de décoration enlevés par les vendeurs dès lors qu'il est constaté que les demandeurs n'avaient pas rapporté la preuve qui leur incombait que le propriétaire eût jamais l'intention d'immobiliser ces éléments. • Civ. 1re, 3 juin 1958 : *Bull. civ. I, n° 283.* – Dans le même sens : • Civ. 1re, 18 mars 1968 : *Bull. civ. I, n° 101.*

4. Liaison matérielle ou intellectuelle entre les meubles et l'immeuble par nature. Liaison matérielle (attache à perpétuelle demeure) : V. notes ss. art. 525. ♦ Affectation, principe : on ne peut considérer comme immeubles par destination, dans le sens des art. 524 et 525, d'autres objets mobiliers que ceux qui ont été placés par le propriétaire sur le fonds comme étant absolument indispensables et affectés directement à l'exploitation de ce fonds. • Req. 23 mars 1926 : *DP 1928. 22.* ♦ Applications : V. notes suivantes.

B. CAS D'AFFECTATION DE BIENS MEUBLES AU SERVICE D'UN IMMEUBLE

1° AFFECTATION À UNE EXPLOITATION AGRICOLE, HORTICOLE OU VITICOLE

5. Animaux nécessaires à l'exploitation d'un fonds. On ne peut étendre les dispositions de l'art. 524 à d'autres animaux qu'à ceux qui ont été placés par le propriétaire sur son fonds à titre d'accessoires nécessaires à l'exploitation de ce fonds (en l'espèce, immobilisation de soixante bêtes à cornes suffisant à la culture et à l'élevage, le surplus du cheptel restant mobilier). • Req. 19 oct. 1938 : *DH 1938. 613.*

6. Terre de bruyère destinée à l'exploitation d'un fonds horticole. La terre de bruyère placée soit dans des serres, soit dans des bacs, étant destinée par le propriétaire au service et à l'exploitation d'un fonds horticole est immeuble par destination. • Civ. 3e, 5 mai 1981 : *Bull. civ. III, n° 89 ; RTD civ. 1982. 163, obs. Giverdon.*

7. Stock de liqueur produit par un domaine viticole (non). Un stock de cognac produit par un domaine agricole et viticole, destiné à être vendu, ne peut être considéré comme affecté spécialement à l'exploitation du domaine, cette exploitation pouvant s'exercer sans l'existence d'un stock ; le cognac stocké n'est donc pas immeuble par destination. • Civ. 1re, 1er déc. 1976 : *JCP 1977. II. 18735, concl. Gulphe ; RTD civ. 1978. 158, obs. Giverdon.*

2° AFFECTATION À UNE EXPLOITATION COMMERCIALE

8. Hôtellerie. Immobilisation du mobilier et du matériel d'un hôtel : V. • Paris, 28 nov. 1935 : *DP 1936. 2. 30, note Lalou* • Nancy, 4 déc. 1936 : *DH 1937. 123* • Civ. 3e, 29 oct. 1984, n° 82-14.037 P : *RTD civ. 1985. 739, obs. Giverdon et Salvage-Gerest* • Com. 31 mars 2009, n° 08-14.180 P : *D. 2009. AJ 1139, obs. Chevrier ; Defrénois 2009. 1962, obs. Thullier ; Dr. et patr. 6/2009. 80, obs. Seube et Revet ; RTD com. 2009. 686, obs. Saintourens ; RTD civ. 2010. 139, obs. Revet .*

3° AFFECTATION À UNE EXPLOITATION INDUSTRIELLE

9. Équipements industriels destinés à améliorer la productivité. Jugé que des matériels d'équipement industriel mis en place pour améliorer la productivité et les conditions de travail, même s'ils n'étaient pas indispensables à l'exploitation, sont devenus, du fait de leur installation par la volonté de l'exploitant, partie intrinsèque de l'exploitation et doivent être tenus pour immeubles par destination. • Agen, 1er déc. 1988 : *Defrénois 1989. 1213, note Vialard ; RTD civ. 1990. 107, obs. Zenati .*

10. Emballages. Les emballages et récipients sont immeubles par destination lorsqu'ils sont l'accessoire indispensable du fonds parce que les produits ne pourraient pas sortir de l'usine sans eux : ainsi les tonneaux d'une brasserie. • Civ. 24 janv. 1912 : *DP 1913. 1. 337, note F. P.* ♦ ... Les sacs d'une cimenterie. • Chambéry, 19 janv. 1904 : *DP 1907. 2. 361, note Poncet.* ♦ V. cependant • Lyon, 17 févr. 1900 : *DP 1903. 2. 249, note Valéry.* ♦ La qualité d'immeuble par destination est toutefois perdue lorsque les emballages et récipients sont facturés aux clients. • Civ. 8 févr. 1926 : *DH 1926. 162.*

4° AFFECTATION AU SERVICE D'UN IMMEUBLE

11. Immeuble de rapport. Immobilisation des objets, placés par le propriétaire, servant à l'exploitation d'un immeuble de rapport, V. notes 5 s. ss. art. 525.

C. CESSATION DE L'IMMOBILISATION

12. Circonstances impropres à entraîner une cessation de l'immobilisation. Lorsqu'un matériel est immeuble par destination, son affectation à une exploitation commerciale ne saurait lui faire perdre ce caractère. • Civ. 27 juin 1944 : *DC 1944. 93, note A. C.* ♦ La location du fonds de commerce ne peut faire perdre au matériel d'exploitation son caractère immobilier ni conférer au loyer produit par ce matériel le caractère d'un revenu mobilier. • Com. 30 juin 1966, n° 63-10.290 P.

13. Insuffisance de la seule volonté du propriétaire. La seule volonté du propriétaire, impuissante à créer arbitrairement des immeubles par destination, ne saurait non plus suffire à leur faire perdre cette qualité, s'il n'y a pas eu soit séparation effective entre l'immeuble par nature et l'immeuble par destination, soit aliénation de l'un ou de l'autre. • Civ. 27 juin 1944 : *préc.* ♦ En l'absence d'enlèvement effectivement réalisé, l'immobilisation de machines industrielles ne cesse qu'après leur vente séparée. • Civ. 1re, 7 avr. 1998, n° 95-20.504 P : *D. 1998. Somm. 344, obs. A. Robert ; JCP 1998. I. 171, n° 1, obs. Périnet-Marquet ; Defrénois 1998. 1173, obs. Atias ; CCC 1998, n° 99, note Leveneur.*

14. Séparation résultant d'une aliénation. Le caractère d'immeuble par destination disparaît lorsque l'objet immobilisé, institué pour le service de l'exploitation du fonds, se trouve séparé de celui-ci. Ainsi, une installation frigorifique aménagée par un propriétaire dans le fonds de commerce qu'il exploitait dans un immeuble lui appartenant perd le caractère immobilier lorsque l'immeuble, d'une part, et le fonds comprenant cette installation, d'autre part, sont cédés à des acquéreurs différents. • Civ. 1re, 4 juin 1962, n° 58-10.977 P. ♦ Comp., dans le cas de location du fonds de commerce, note 12. ♦ Les poissons d'une pisciculture cédés indépendamment du terrain sur lequel les bassins sont implantés ne peuvent présenter le caractère d'immeubles par destination. • Civ. 1re, 11 janv. 2005, n° 01-17.736 P : *D. 2005. Pan. 2352, obs. Reboul-Maupin ; Dr. et patr. 11/2005. 93, obs. Seube.*

15. La cession du matériel d'exploitation d'une champignonnière avec les bâtiments d'exploitation mais sans le fonds de terre fait cesser l'immobilisation du matériel, les bâtiments, bien qu'ils soient immeubles par nature, ne constituant pas à eux seuls une partie du fonds rural auquel sont attachés les objets mobiliers servant à son exploitation. • Com. 21 juill. 1987 : *JCP N 1988. II. 312.*

16. Moment précis de la cessation de l'immobilisation en cas de vente séparée. V. Sagos, rapport sur • Civ. 1re, 20 juill. 1994 : *Defrénois 1994. 1316* (arrêt qui énonce que, pour l'application de la portée du monopole des commissaires-priseurs, le point de savoir si les immeubles par destination non encore détachés de l'immeuble par nature à l'exploitation duquel ils sont affectés conservent cette qualité jusqu'au moment de la vente, constitue une contestation sérieuse).

Art. 525 **Le propriétaire est censé avoir attaché à son fonds des effets mobiliers à perpétuelle demeure, quand ils y sont scellés en plâtre ou à chaux ou à ciment, ou lorsqu'ils ne peuvent être détachés sans être fracturés et détériorés, ou sans briser ou détériorer la partie du fonds à laquelle ils sont attachés.**

Les glaces d'un appartement sont censées mises à perpétuelle demeure, lorsque le parquet sur lequel elles sont attachées fait corps avec la boiserie.

Il en est de même des tableaux et autres ornements.

Quant aux statues, elles sont immeubles lorsqu'elles sont placées dans une niche pratiquée exprès pour les recevoir, encore qu'elles puissent être enlevées sans fracture ou détérioration.

A. CONDITION DE LIAISON MATÉRIELLE AVEC L'IMMEUBLE OU D'AMÉNAGEMENT SPÉCIAL

1. *Éléments décoratifs.* Ne sont pas attachées à perpétuelle demeure des boiseries qui n'adhèrent pas aux murs et sont simplement posées sur le sol, même si par endroits elles sont unies au gros œuvre par de simples clous, dès lors qu'elles peuvent être arrachées sans aucun dommage pour elles ni pour l'immeuble. • Civ. 2e, 5 avr. 1965 : *JCP 1965. II. 14233.* ♦ Solution inverse pour une importante bibliothèque construite aux dimensions exactes de la pièce et fixée à l'immeuble où elle a été placée. • Civ. 1re, 5 mars 1991, n° 89-14.626 P : *D. 1991. Somm. 304, obs. A. Robert ; Defrénois 1991. 735, obs. Souleau* (immeuble par destination). ♦ Mais sont immeubles par nature, et non par destination, des bas-reliefs réalisés pour être intégrés dans le décor du grand salon d'un château et qui y ont été dès l'origine intimement et spécialement incorporés (le classement du château s'étend, dès lors, à ces bas-reliefs) : V. note 2 ss. art. 518.

2. *Accessoires de cheminée.* Des plaques de cheminée qui n'ont pu être enlevées sans occasionner des détériorations sur les murs auxquels elles étaient scellées constituaient des immeubles par destination ; en revanche, un trumeau, posé à une époque récente sur un emplacement jusqu'alors recouvert de papier peint et seulement fixé au mur par quelques pitons, ne saurait être considéré comme un immeuble par destination. • Poitiers, 23 avr. 1968 : *JCP 1969. II. 15857.*

3. *Éléments de cuisine.* Des éléments préfabriqués de cuisine ne peuvent être compris parmi les meubles attachés à perpétuelle demeure, même s'ils ont été fixés par des crampons dans un mur, car celui qui les emporte peut aisément, sans altérer la substance de l'immeuble, les détacher en effectuant au besoin de légers travaux de replâtrage sur le mur auquel ils étaient attachés. • TI Lille, 7 mars 1975 : *Gaz. Pal. 1975. 2. 579, note Raymond.* – Dans le même sens : • Civ. 3e, 8 juin 1982 : *Gaz. Pal. 1982. 2. Pan. 351, obs. A. P.*

4. *Éléments d'équipement.* N'étaient pas immeubles par destination des radiateurs électriques simplement vissés à l'installation par des dominos et dont l'enlèvement avait seulement laissé sur le mur quelques traces faciles à cacher, sans fracture ni détérioration. • Civ. 3e, 7 juill. 1981 : *D. 1983. IR 13, obs. Robert.* ♦ Même solution pour des tablettes de radiateurs en marbre simplement posées sur des pitons et interchangeables. • Civ. 3e, 8 juin 1982 : *préc. note 3.*

B. CONDITION D'AFFECTATION AU SERVICE DE L'IMMEUBLE

5. *Éléments d'équipement : installations sanitaires.* L'action en revendication, exercée par l'acquéreur d'un immeuble, relativement aux installations sanitaires d'une salle de bains que les héritiers du vendeur ont enlevées, ne peut être rejetée sans rechercher si ces appareils ne constituaient pas des immeubles par destination en raison de leur affectation au service de l'immeuble. • Civ. 1re, 18 juin 1963 : *Bull. civ. I, n° 327.*

6. *... Installation de chauffage central.* Doivent être déclarés immeubles par destination une installation de chauffage central et des appareils sanitaires, dès lors que les différents éléments qui composent une telle installation, par leur agencement avec les différentes parties de l'appartement, la manière dont ils sont fixés, manifestent l'intention du propriétaire d'en faire des accessoires de l'immeuble et de les y fixer à perpétuelle demeure. • Civ. 1re, 19 mars 1957 : *Bull. civ. I, n° 145.*

7. *Serres.* Des serres sont attachées à perpétuelle demeure, malgré leur mobilité très limitée sur des rails, en raison de leur incorporation à la propriété, à l'exploitation de laquelle elles ont été affectées de manière définitive. • Civ. 3e, 6 janv. 1972 : *D. 1972. 398.* ♦ Comp. note 1 ss. art. 518. ♦ A défaut d'être fixées au sol, des serres peuvent d'ailleurs constituer des immeubles par destination en raison de leur affectation au service et à l'exploitation du fonds sur lequel elles ont été placées par le propriétaire. • Civ. 3e, 23 mai 1984, n° 83-10.313 P.

8. *Caravane.* Obligation pour le juge de rechercher, comme il le lui était demandé, si la caravane implantée sur le terrain cédé était attachée au fonds à perpétuelle demeure, de sorte qu'elle pouvait être regardée comme constituant un immeuble et, par suite, relever du champ d'application de l'exonération prévue à l'art. 150 U-II CGI. • Civ. 1re, 22 mai 2019, n° 18-12.101 P.

9. Ensemble ornemental. Les objets d'ornementation sont réputés immeubles par destination à cette seule condition que l'intention du propriétaire de les attacher au fonds à perpétuelle demeure ne puisse être douteuse. • Paris, 27 mars 1963 : *D. 1964. 27.* ♦ L'appréciation des faits révélant l'intention du propriétaire ressortit au pouvoir souverain des juges du fond. • Civ. 3e, 3 juill. 1968 : *D. 1969. 161 ; JCP 1968. II. 15685, note Goubeaux.* ♦ Ainsi, pour une statue simplement posée sur un socle, selon les circonstances l'immobilisation est-elle admise. • Paris, 27 mars 1963 : *préc.* ♦ ... Ou refusée. • Civ. 3e, 3 juill. 1968 : *préc.* ♦ Des vases, non scellés et posés seulement sur des socles, mais destinés à former avec ceux-ci un ensemble ornemental pour la décoration du parc d'un château, doivent être considérés comme des immeubles par destination. • Poitiers, 23 avr. 1968 : *préc. note 2.*

Art. 526 **Sont immeubles, par l'objet auquel ils s'appliquent :**
L'usufruit des choses immobilières ;
Les servitudes ou services fonciers ;
Les actions qui tendent à revendiquer un immeuble.

BIBL. ► **Droits de plantation, de replantation et d'arrachage :** PÉTEL, *Mél. Cabrillac, Litec, 1999, p. 799.* – PEYRAT, *R. 2001, p. 299.*

1. Autorisation d'exploiter une source. Le droit au bénéfice de l'arrêté ministériel autorisant l'exploitation d'une source d'eau minérale, ne pouvant exister indépendamment du bien en faveur duquel il a été institué, en prend le caractère immobilier. • Civ. 15 juill. 1952 : *D. 1952. 702.*

2. Jouissance d'un anneau d'amarrage. La cession d'actions d'une société donnant droit à la jouissance d'un anneau d'amarrage dans un port de plaisance confère aux acquéreurs un droit de jouissance d'un immeuble et entre ainsi dans le champ d'application de l'art. 728 CGI. • Com. 15 mars 1994 : *JCP N 1995. Prat. 3252* • 4 oct. 1994 : *eod. loc.*

3. Droits de plantation. Nature des droits de plantation, attachés à l'exploitation viticole : V. • Civ. 3e, 17 avr. 1996 : *D. 1997. 318, note Agostini ; JCP 1997. II. 22783, note Roussel* • 7 janv. 1998, no 95-20.785 P : *D. 1998. 582, note Agostini* • 18 nov. 1998, no 96-22.102 P : *JCP N 1999. 354, note Rochard (1re esp.) ; RTD civ. 1999. 649, obs. Zenati* • 18 nov. 1998, no 96-18.438 P : *JCP N, ibid. (2e esp.)* • 10 nov. 1999, no 97-22.503 P : *D. 1999. IR 269 ; JCP 2000. II. 10328, note Roussel* • 29 mars 2000, no 98-18.794 P : *D. 2000. 709, note Agostini et Roussel.* ♦ Rappr., pour des quotas betteraviers : • Civ. 3e, 1er oct. 2003 : *RTD civ. 2003. 730, obs. Revet.*

CHAPITRE II DES MEUBLES

BIBL. GÉN. ► ORLANDINI, *AJDA 2016. 2042* (biens meubles archéologiques). – PÉDAMON, *Mél. R. Savatier, Dalloz, 1965, p. 739* (l'or au regard du droit).

Art. 527 **Les biens sont meubles par leur nature, ou par la détermination de la loi.**

Art. 528 *(L. no 2015-177 du 16 févr. 2015, art. 2)* **Sont meubles par leur nature les biens qui peuvent se transporter d'un lieu à un autre.**

1. Titres au porteur. Des titres au porteur (en l'espèce, des bons de caisse) obéissent au régime des meubles corporels. • Com. 25 févr. 1975, no 73-12.064 P : *R., p. 55 ; JCP 1975. II. 18133 bis, note Bost et Stemmer.*

2. Mobilisation par anticipation. Meubles par anticipation : V. notes ss. art. 518, 520, 521 et 532.

Art. 529 **Sont meubles par la détermination de la loi, les obligations et actions qui ont pour objet des sommes exigibles ou des effets mobiliers, les actions ou intérêts dans les compagnies de finance, de commerce ou d'industrie, encore que des immeubles dépendant de ces entreprises appartiennent aux compagnies. Ces actions ou intérêts sont réputés meubles à l'égard de chaque associé seulement, tant que dure la société.**

Sont aussi meubles par la détermination de la loi, les rentes perpétuelles ou viagères, soit sur l'État, soit sur des particuliers.

1. Créance du prix de vente d'un immeuble. Le prix d'un immeuble vendu, mais non payé, est une créance purement mobilière. • Poitiers, 21 mai 1906 : *DP 1909. 2. 209.*

2. Bénéfice d'une promesse de vente d'immeuble. Nature mobilière ou immobilière du bénéfice d'une promesse de vente d'immeuble : V. note 27 ss. art. 1589.

3. Parts d'une société civile immobilière. Les parts d'un associé dans une société civile immobilière d'attribution ont un caractère mobilier ; bien que les parts donnent droit non seulement à la jouissance d'un appartement mais aussi à son attribution en pleine propriété, leur cession ne peut donner ouverture à une action en rescision pour lésion. • Civ. 3e, 9 avr. 1970 : *D. 1970. 726 ; JCP 1971. II. 16925, note Petot-Fontaine.*

Art. 530 **Toute rente établie à perpétuité pour le prix de la vente d'un immeuble, ou comme condition de la cession à titre onéreux ou gratuit d'un fonds immobilier, est essentiellement rachetable.**

Il est néanmoins permis au créancier de régler les clauses et conditions du rachat.

Il lui est aussi permis de stipuler que la rente ne pourra lui être remboursée qu'après un certain terme, lequel ne peut jamais excéder trente ans ; toute stipulation contraire est nulle.

RÉP. CIV. v° *Rentes*, par Y. DAGORNE-LABBE.

Art. 531 **Les bateaux, bacs, navires, moulins et bains sur bateaux, et généralement toutes usines non fixées par des piliers, et ne faisant point partie de la maison, sont meubles : la saisie de quelques-uns de ces objets peut cependant, à cause de leur importance, être soumise à des formes particulières, ainsi qu'il sera expliqué dans le code de la procédure civile.**

Sur la question de l'exigence du permis de construire pour l'installation de bateaux-logements ou de maisons flottantes : V. • TGI Nanterre, 8 nov. 1979 : *D. 1980. 377, note Charles ;* sur appel : • Versailles, 21 mai 1980 : *JCP 1981. II. 19571, note Liet-Veaux.* – V. aussi Liet-Veaux, *D. 1979. Chron. 260.*

Art. 532 **Les matériaux provenant de la démolition d'un édifice, ceux assemblés pour en construire un nouveau, sont meubles jusqu'à ce qu'ils soient employés par l'ouvrier dans une construction.**

1. Matériaux constituant un immeuble dont la démolition a été judiciairement ordonnée. Les pierres constituant un bâtiment dont la démolition a été judiciairement ordonnée ne peuvent faire l'objet d'une saisie-exécution tant que le bâtiment n'a pas été effectivement démoli. • Civ. 3e, 10 juin 1981, n° 79-15.907 P : *RTD civ. 1982. 164, obs. Giverdon.*

2. Mobilisation par anticipation. En cas de vente d'un cabanon à emporter, situé sur un terrain vendu à un autre acquéreur, les parties ont voulu que se réalise le transfert de propriété d'une construction que les puissants moyens techniques actuels permettaient de détacher du sol, soit d'un seul tenant, soit en éléments importants. Elles ont donc valablement considéré cet immeuble par nature comme un meuble par anticipation. • Aix-en-Provence, 15 févr. 1985 : *Gaz. Pal. 1985. 2. 443, note Dureuil.*

Art. 533 **Le mot *meuble*, employé seul dans les dispositions de la loi ou de l'homme, sans autre addition ni désignation, ne comprend pas l'argent comptant, les pierreries, les dettes actives, les livres, les médailles, les instruments des sciences, des arts et métiers, le linge de corps, les** *(Abrogé par L. n° 2015-177 du 16 févr. 2015, art. 2) « chevaux, »* **équipages, armes, grains, vins, foins et autres denrées ; il ne comprend pas aussi ce qui fait l'objet d'un commerce.**

Art. 534 **Les mots *meubles meublants* ne comprennent que les meubles destinés à l'usage et à l'ornement des appartements, comme tapisseries, lits, sièges, glaces, pendules, tables, porcelaines et autres objets de cette nature.**

Les tableaux et les statues qui font partie du meuble d'un appartement y sont aussi compris, mais non les collections de tableaux qui peuvent être dans les galeries ou pièces particulières.

Il en est de même des porcelaines : celles seulement qui font partie de la décoration d'un appartement sont comprises sous la dénomination de *meubles meublants*.

BIBL. ▸ CHARPENTIER, *Gaz. Pal. 1998. 2. Doctr. 1201.*

Fiscalité : meubles entrant dans le forfait mobilier. Un tableau ne faisant pas partie d'une collection et ornant un appartement est un meuble meublant ; l'administration fiscale est donc mal fondée à soutenir que, ce tableau étant susceptible d'être exposé dans des galeries ou dans des pièces particulières, sa valeur doit être comptée en dehors du forfait d'évaluation des meubles meublants pour le calcul des droits de succession. • Com. 17 oct. 1995, n° 94-10.196 P : *R., p. 295 ; D. 1996. 33, note Robert ; Defrénois 1997. 527, note Chappert ; JCP N 1996. I. 451, étude Jadaud ; ibid. 1998. 818, et la note ; RTD civ. 1996. 650, obs. Zenati.*

Art. 535 L'expression *biens meubles,* celle de *mobilier ou d'effets mobiliers,* comprennent généralement tout ce qui est censé meuble d'après les règles ci-dessus établies.

La vente ou le don d'une maison meublée ne comprend que les meubles meublants.

Art. 536 La vente ou le don d'une maison, avec tout ce qui s'y trouve, ne comprend pas l'argent comptant, ni les dettes actives et autres droits dont les titres peuvent être déposés dans la maison ; tous les autres effets mobiliers y sont compris.

1. Interprétation des legs : principe. Des livrets de caisse d'épargne contenus dans une chambre ne sauraient être compris dans le legs « d'une chambre complète », à défaut de volonté contraire certaine de la testatrice. • Paris, 1er juin 1977 : *JCP N 1979. II. 264.*

2. ... Manifestation de volonté contraire émanant du testateur. Le legs d'un château de famille « tel qu'il se comporte » comprend celui du mobilier le garnissant dès lors qu'il ressort des faits de la cause que le testateur avait entendu faire du mobilier l'accessoire nécessaire de la chose léguée. • TGI Nevers, 5 mars 1975 : *JCP 1976. II. 18324, note Dagot ;* sur appel : • Bourges, 15 nov. 1976 : *JCP N 1977. II. 202.*

CHAPITRE III DES BIENS DANS LEURS RAPPORTS AVEC CEUX QUI LES POSSÈDENT

RÉP. CIV. v[is] *Domaine privé de l'État,* par N. Lerousseau ; *Propriété,* par A. Sériaux.

BIBL. GÉN. ▸ Distinction du domaine public par rapport au domaine privé : De Gastines, *D. 1978. Chron. 249.* – Lavialle, *JCP 1994. I. 3766* (domaine public comme fiction). ▸ **Loi du 5 janv. 1988 d'amélioration de la décentralisation :** Poujade, *JCP 1988. I. 3354.* ▸ **Loi du 25 juill. 1994 sur la constitution de droits réels sur le domaine public :** V. ss. art. 537.

Art. 537 Les particuliers ont la libre disposition des biens qui leur appartiennent, sous les modifications établies par les lois.

Les biens qui n'appartiennent pas à des particuliers, sont administrés et ne peuvent être aliénés que dans les formes et suivant les règles qui leur sont particulières.

Sur la consistance du domaine public, V. CGPPP, art. L. 2111-1 s. — **CGPPP.**

Sur la consistance du domaine privé des personnes publiques, V. CGPPP, art. L. 2211-1, L. 2212-1. — **CGPPP.**

BIBL. ▸ Simonian-Gineste, *RDI 1989. 169* (avenir du principe d'inaliénabilité du domaine public). ▸ **Commentaires de la loi du 25 juill. 1994 relative à la constitution de droits réels sur le domaine public :** De David Beauregard-Berthier, *JCP 1995. I. 3812.* – Dufau, *JCP N 1995. Prat. 3210.* – Fournier et Jacquot, *ibid. 3489.* – *JCP N 1996. I. 1231, n° spécial.* ▸ **Droits réels sur le domaine public :** Combe, *JCP N 2002. 1295 et 1307.*

1. Biens susceptibles d'appropriation. Un enregistrement d'images et de sons constitue un bien susceptible d'appropriation de sorte que sa destruction peut faire l'objet d'un abus de confiance et du délit de destruction d'un bien appartenant à autrui, quand bien même ledit enregistrement ne pourrait être qualifié d'œuvre de l'esprit au sens des dispositions du code de la propriété intellectuelle. • Crim. 16 déc. 2015, n° 14-83.140 P : *D. 2016. 587, note Saenko ; ibid. 1779, obs. Neyret ; AJ pénal 2016. 144, obs. Kerloegan ; Dalloz IP/IT 2016. 140, obs. Daleau ; RTD com. 2016. 345, obs. Bouloc.*

2. Biens abandonnés. C'est dans l'exercice de son pouvoir souverain d'appréciation qu'une cour d'appel, après avoir relevé que des biens laissés sur place lors d'une expulsion n'avaient pas une valeur suffisante pour couvrir les frais d'une vente publique, en a déduit qu'ils étaient dépourvus de valeur marchande et qu'ils devaient être déclarés abandonnés. • Civ. 2e, 4 oct. 2007, n° 06-16.685 P (application du Décr. du 31 juill. 1992).

♦ Cassation de l'arrêt ayant déclaré une salariée coupable d'avoir soustrait des denrées alimentaires au préjudice d'une société alors que les objets soustraits, devenus impropres à la commercialisation, avaient été retirés de la vente et mis à la poubelle dans l'attente de leur destruction, de sorte que la société avait clairement manifesté son intention de les abandonner. • Crim. 15 déc. 2015, n° 14-84.906 P.

3. Biens appartenant au domaine public. Toute personne est fondée à invoquer la règle de l'inaliénabilité du domaine public lorsque cette règle est nécessaire à la défense de ses droits. Une telle action, lorsqu'elle est engagée par un tiers, n'a pas pour effet d'entraîner la nullité de la cession entre les parties à l'acte, mais de la rendre inopposable au tiers intéressé, vis-à-vis duquel le titulaire du droit de propriété ne pourra exercer les prérogatives de son droit. • Civ. 1re, 3 mai 1988, n° 86-13.931 P : *R., p. 250 ; JCP 1989. II. 21203, note Hervouet.*

Art. 538 *Abrogé par Ord. n° 2006-460 du 21 avr. 2006, art. 7-II, à compter du 1er juill. 2006.*

Art. 539 *(L. n° 2004-809 du 13 août 2004, art. 147-I)* **Les biens des personnes qui décèdent sans héritiers ou dont les successions sont abandonnées appartiennent à l'État.**

Successions abandonnées. Nature des droits de l'État sur les successions en déshérence : V. notes ss. art. 811.

V. aussi note ss. art. 713.

Code général de la propriété des personnes publiques

(Ord. n° 2006-460 du 21 avr. 2006, en vigueur le 1er juill. 2006)

Successions en déshérence

Art. L. 1122-1 Par application des dispositions des articles 539 et 768 *[ancien]* du code civil, l'État peut prétendre aux successions des personnes qui décèdent sans héritiers ou aux successions qui sont abandonnées, à moins qu'il ne soit disposé autrement des biens successoraux par des lois particulières.

Conformément à l'article 724 du code civil, l'État doit demander l'envoi en possession selon les modalités fixées au premier alinéa de l'article 770 *[ancien]* du même code.

Art. 540 et 541 *Abrogés par Ord. n° 2006-460 du 21 avr. 2006, art. 7-II, à compter du 1er juill. 2006.*

Art. 542 **Les biens communaux sont ceux à la propriété ou au produit desquels les habitants d'une ou plusieurs communes ont un droit acquis.**

1. Nature juridique des biens communaux. Les règles régissant les biens communaux ne modifient pas leur nature juridique de biens relevant du domaine privé de la commune et, comme tels, pouvant être acquis par prescription. • Civ. 3e, 15 juin 1988, ☎ n° 87-10.687 P.

2. Compétence exclusive de la juridiction administrative. La juridiction administrative est seule compétente pour connaître des contestations qui peuvent s'élever en matière de partage et de jouissance des biens communaux. • Civ. 1re, 24 nov. 1993, ☎ n° 92-11.594 P.

Art. 543 **On peut avoir sur les biens, ou un droit de propriété, ou un simple droit de jouissance, ou seulement des services fonciers à prétendre.**

TITRE II DE LA PROPRIÉTÉ

Art. 544 **La propriété est le droit de jouir et disposer des choses de la manière la plus absolue, pourvu qu'on n'en fasse pas un usage prohibé par les lois ou par les règlements.**

Sur les troubles de voisinage, V. note ss. art. 651.

RÉP. CIV. vis *Propriété,* par A. SÉRIAUX ; *Troubles de voisinage,* par V. GAILLOT-MERCIER.

BIBL. ▸ *Droits, 1985/1. 5* (destins du droit de propriété). – *Dr. et patr. 3/2001* (renouveau du droit de propriété : dossier). – *BICC 15 mars 2010* (confrontation du droit de propriété et du droit au logement). – CATALA, *Archives Phil. dr., t. 43, 1999, p. 61* (immatériel et propriété). – CHAZAL, *RTD civ. 2014. 763* (la propriété : dogme ou instrument politique). – DELVOLVÉ, *Mél. Bon, Dalloz 2014, p. 145* (QPC et propriété). – DOS-REIS, *LPA 27 févr. 2017* (droit de vue). – DROSS, *RTD civ. 2012. 419* (approche structurale). – EDELMAN, *D. 2004. Chron. 155* (de la propriété-personne à la valeur-désir). – LARDEUX, *RTD civ. 2013. 741*. – D. R. MARTIN, *D. 2007. Chron. 1977* (surpropriété, subpropriété). – MOUSSERON, RAYNARD et REVET, *Mél. Colomer, Litec, 1993, p. 281* (de la propriété comme modèle). – PFISTER, *RDC 2013. 1261* (particuliers et droits réels, controverse doctrinale du XIXe siècle). – ZENATI-CASTAING, *RTD civ. 2006. 445* (la propriété, mécanisme fondamental du droit) ; *Mél. Goubeaux, Dalloz-LGDJ, 2009, p. 589* (la propriété collective existe-t-elle ?). – Étude annuelle, *Cour de cassation 2019* (la propriété dans la jurisprudence de la Cour de cassation). – Dossier, *Justice et cassation 2015* (la propriété). – Dossier, *RDC 2016. 151* (restrictions conventionnelles au pouvoir de disposer).

▸ ALBIGES, *RTD civ. 2014. 795* (obligation d'exploiter un bien). – ATIAS, *D. 2011. Chron. 2062* (effet translatif de la vente immobilière). – BERGEL, *RDI 2017. 124* (sanction de l'empiètement). – Bonnet, *RRJ 2002/1. 273* (durée de la propriété). – Boudot, *AJDI 2015. 247* (copropriété du code civil). – Chauchis et Briand, *RDI 2011. 360* (QPC et droit des biens). – Chazal, *D. 2014. 1101* (propriété et entreprise) ; *RTD civ. 2020. 1* (le propriétaire souverain : archéologie d'une idole doctrinale). – Delage, *D. 2016. 551* (appropriation privée des ressources naturelles célestes). – Dross, *RTD civ. 2015. 27* (art. 544 et propriété). – Duvert, *LPA 6 mai 2002* (propriété collective). – Fabre-Magnan, *RTD civ. 1997. 583* (propriété, patrimoine et lien social). – É.-U. Goût, *RTD civ. 2020. 315* (sommes-nous propriétaires de notre corps ?). – Grimonprez, *RTD civ. 2015. 539* (fonction environnementale de la propriété). – Guédé, Letellier, Cevaër et Davèze, *AJDI 2015. 188* (servitude et empiétement : une question de sécurité juridique). – M. Huet, *Études Malinvaud, Litec, 2007, p. 263* (le droit de jouir). – Kamina, *RRJ 1998/3. 881* (indépendance des propriétés corporelles et intellectuelles). – Lamarche, *RTD civ. 2004. 403* (imprescriptibilité et droit des biens). – Lardeux, *RTD civ. 2013. 741* (propriété, jurisprudence et histoire). – Marty, *LPA 21 et 22 nov. 2000* (indisponibilité conventionnelle des biens). – Matuchansky, *Just. et cass., 2005, p. 234* (application de l'art. 1er du 1er Protocole additionnel à la Conv. EDH par le Conseil d'État et la Cour de cassation). – V. Mazeaud, *RTD civ. 2014. 29* (droit réel, propriété et créance dans la jurisprudence du Conseil constitutionnel). – Moutouh, *D. 2013. 581* (droit de propriété, rempart contre les impositions confiscatoires). – Périnet-Marquet, *RDI 2009. 16* (dissociation des droits dur le sol). – Reboul-Maupin, *D. 2022. 1917* (du droit de propriété au devoir d'assumer sa propriété squattée). – Rose-Ackerman, *RRJ 1987/2. 533* (inaliénabilité et théorie du droit de propriété). – Théron, *D. 2018. 2424* (« la propriété inopposable » des biens non revendiqués). – Zenati, *RTD civ. 1993. 305* (pour une rénovation de la théorie de la propriété). ▸ **Protection constitutionnelle :** Mongolfier, *Cah. Cons. const. 2011. 35* – Morange, *Droits, 1988/8. 101.* ▸ **Protection par la Cour européenne des droits de l'homme :** Sudre, *D. 1988. Chron. 71.* – Sermet, *Gaz. Pal. 1991. 1. Doctr. 142.* ▸ **Protection par le juge administratif :** Pez, *RFDA 2003. 370* (référé-liberté). ▸ **Usage du droit de propriété :** R. Martin, *RTD civ. 1975. 52.* ▸ **Évolution de la propriété immobilière :** Laurent, *Gaz. Pal. 1976. 1. Doctr. 157.* – Carrias, *D. 1985. Chron. 293* (expropriation). – Périnet-Marquet, *D. 1986. Chron. 127* (effets de la décentralisation). – Pauliat, *D. 1995. Chron. 283* (incidence du droit au logement). – Grillet-Ponton, *JCP 2000. I. 240* (propriété et droit du bail d'habitation). – Saint-Alary Houin, *Trav. Assoc. Capitant, XLI-1990, p. 487* (maîtrise du sol). – Saulier, *RTD civ. 2016. 555* (possession et possession d'état). ▸ **Propriété et environnement :** Depincé, *RLDC 2008/51, nº 3079.* – Jégoudo, *Defrénois 1994. 449.* – de Malafosse, *Études Flour, Defrénois, 1979, p. 335.* ▸ **« Propriété » de l'information :** P. Catala, *Mél. Raynaud, Dalloz, 1985, p. 97.* – Frison-Roche, *Études P. Catala, Litec, 2001, p. 759* (droit d'accès à l'information). – Passa, *Dr. et patr. 3/2001. 64.* ▸ **Propriété d'un portefeuille de valeurs mobilières :** M. Storck, *Études P. Catala, Litec, 2001, p. 695.* ▸ **Garanties résultant de la propriété :** Malaurie et Aynès, *Defrénois 1987.679.* – Crocq, *Mél.Gobert, Economica, 2004, p. 347* (évolution récente). ▸ **Revendication des sommes d'argent :** Libchaber, *Defrénois 2003.1163.* – D.R. Martin, *D. 2002. Chron. 3279* .

▸ **Abus du droit de propriété :** Giannotti, *RDI 1991. 303* . – Ménard, *RTD civ. 2022. 1* (contrôle de proportionnalité : vers une deuxième vie de la théorie de l'abus de droit ? Prospection à partir de l'abus du droit de propriété).

Plan des annotations

1. Conformité à la Constitution. L'art. 544 est conforme à la Constitution. • Cons. const. 30 sept. 2011, no 2011-169 QPC : *JO 1er oct., p. 16527 ; AJDI 2011. 885, obs. Le Rudulier* ; *JCP 2011, no 1298, § 1, obs. Périnet-Marquet.*

I. VALEUR SUPRALÉGISLATIVE DU DROIT DE PROPRIÉTÉ

A. PROTECTION CONSTITUTIONNELLE DU DROIT DE PROPRIÉTÉ

BIBL. Chérot, *Mél. Mouly, Litec, 1998, t. 1, p. 405.* – Zenati, *D. 1985. Chron. 171.*

1o PRINCIPE

2. Affirmation du caractère fondamental du droit de propriété. Si, postérieurement à 1789 et jusqu'à nos jours, les finalités et les conditions d'exercice du droit de propriété ont subi une évolution, caractérisée à la fois par une notable extension de son champ d'application à des domaines individuels nouveaux et par des limitations exigées par l'intérêt général, les principes mêmes énoncés par la Déclaration des droits de l'homme ont pleine valeur constitutionnelle tant en ce qui concerne le caractère fondamental du droit de propriété dont la conservation constitue l'un des buts de la société politique et qui est mis au même rang que la liberté, la sûreté et la résistance à l'oppression, qu'en ce qui concerne les garanties données aux titulaires de ce droit et les prérogatives de la puissance publique. • Cons. const. 16 janv. 1982 : *GAJC, 12e éd., no 2* ; *D. 1983. 169, note L. Hamon ; JCP 1982. II. 19788, note Nguyen Quoc Vinh et C. Franck ; Gaz. Pal. 1982. 1. 67, note Dupichot et Piedelièvre.* – V. aussi Luchaire, *RTD civ. 1982. 245, spéc. 266* s. et, à propos de l'arrêt précité : L. Hamon, *D. 1983. Chron. 79* ; J. L. Mestre, *D. 1984. Chron. 1* ; Savy, *D. 1983. Chron. 105* ; Sudre, *D. 1988. Chron. 71.* ♦ Le droit de propriété est un droit fondamental de valeur constitutionnelle. • Civ. 1re, 4 janv. 1995, no 92-20.013 P : *D. 1995. Somm. 328, obs. Grimaldi* ; *JCP 1996. I. 3921, no 1, obs. Périnet-Marquet ; RTD civ. 1996. 932, obs. Zenati*.

2o CONSÉQUENCES

3. Inconstitutionnalité des atteintes à la propriété disproportionnées par rapport au but poursuivi. L'art. L. 624-6 C. com. qui permet, dans le cadre d'une procédure collective d'un débiteur, de réunir à l'actif des biens dont son conjoint est propriétaire mais qui ont été acquis avec des valeurs qu'il a fournies, poursuit un but d'intérêt général mais porte au droit de propriété du conjoint du débiteur une atteinte disproportionnée au regard du but poursuivi, faute d'encadrement des conditions dans lesquelles la réunion à l'actif est possible. • Cons. const. 20 janv. 2012, no 2011-212 QPC : *AJ fam. 2012. 231, obs. Regis* ; *Rev. sociétés 2012. 192, obs. Roussel Galle* ; *RTD com. 2012. 198, obs. Martin-Serf* ; *JCP N 2012, no 1315, note Lebel ; Defrénois 2012. 815, note Vauvillé.* ♦ Inconstitutionnalité des art. 374 et 376 C. douanes prévoyant la confiscation de marchandises saisies en douane sans préserver les droits de leurs propriétaires. • Cons. const. 13 janv. 2012, no 2011-208 QPC. ♦ Dans le même sens pour l'art. 389, relatif à la vente des biens saisis par l'administration douanière avant la fin de la procédure : • Cons. const. 2 déc. 2011, no 2011-203 QPC : *AJ pénal 2012. 232, obs. Roussel*. ♦ Comp. : la confiscation du véhicule en cas de grand excès de vitesse est une sanction, à caractère principalement dissuasif, dont l'objet est de lutter plus efficacement contre les grands excès de vitesse et de réduire le nombre de morts et de blessés causés par les accidents de la route, répondant à un impératif d'intérêt général. • Crim. 10 févr. 2016, no 15-82.324 P.

4. Interdiction de dénaturer le sens et la portée du droit de propriété. S'il est loisible au législateur d'apporter au droit de propriété les limitations qu'il estime nécessaires afin de mettre en œuvre l'objectif de valeur constitutionnelle que constitue la possibilité, pour toute personne, de disposer d'un logement décent, c'est à la condition que ces limitations n'aient pas un caractère de gravité tel que le sens et la portée du droit de propriété en soient dénaturés. En conséquence sont déclarées contraires à la Constitution : l'obligation faite à un créancier poursuivant d'acquérir un immeuble à un prix qu'il n'aurait pas lui-même fixé ; la possibilité pour le préfet de refuser le concours de la force publique en cas d'absence de proposition de relogement des personnes expulsées. • Cons. const. 29 juill. 1998 : *JO 31 juill., p. 11710 ; JCP 1998. I. 171, no 2, obs. Périnet-Marquet* (décision relative à la validité de certaines dispositions de la loi sur les exclusions).

5. Protection de la propriété en cas de voie de fait ou d'empiétement. Protection de la propriété en cas d'atteinte constitutive de voie de fait : V. notes ss. art. 545. ♦ ... En cas d'empiétement : V. notes ss. art. 545.

6. Protection de la propriété en cas de spoliation. Les art. 2 et 4 de l'Ord. n° 45-770 du 21 avr. 1945, interdisant aux sous-acquéreurs d'un bien ayant fait l'objet d'une spoliation objet d'une revendication de rapporter utilement la preuve de leur bonne foi, assurent la protection du droit de propriété des personnes victimes de spoliation ; dans le cas où une spoliation est intervenue et où la nullité de la confiscation a été irrévocablement constatée et la restitution d'un bien confisqué ordonnée, les acquéreurs ultérieurs de ce bien, même de bonne foi, ne peuvent prétendre en être devenus légalement propriétaires ; ils disposent de recours contre leur auteur, de sorte que les dispositions contestées, instaurées pour protéger le droit de propriété des propriétaires légitimes, ne portent pas atteinte au droit des sous-acquéreurs à une procédure juste et équitable. • Civ. 1re, 11 sept. 2019, n° 18-25.695 P : *D. 2019. 1756* ; *RTD civ. 2019. 908 et les obs.* (non-lieu à QPC).

7. Intervention du juge préalablement à toute atteinte à la propriété (non). La protection constitutionnelle du droit de propriété n'implique pas une intervention préalable du juge avant toute mesure susceptible de porter atteinte à ce droit, cette protection étant suffisamment garantie par l'intervention *a posteriori* du juge. • Civ. 2e, 12 oct. 2011, n° 11-40.060 P (non-lieu à QPC à propos de l'exercice du privilège du préalable et de l'exécution d'office dont bénéficient les personnes morales de droit public).

3° COMPATIBILITÉ AVEC CERTAINES LIMITATIONS DU DROIT DE PROPRIÉTÉ

8. Limitation de la propriété répondant à un objectif d'intérêt général : surendettement des particuliers. L'art. L. 331-3-2 [L. 722-6 s.] C. consom. répond à l'objectif d'intérêt général de faciliter le traitement des situations de surendettement des particuliers et les atteintes qui résultent, pour le droit de propriété et la liberté individuelle, de la suspension temporaire des mesures d'expulsion du débiteur de son logement sont proportionnées à cet objectif, dès lors que le prononcé de la suspension de la mesure d'expulsion par le juge est entouré de garanties de fond et de procédure définies par le législateur qui n'est pas demeuré en deçà de sa compétence. • Civ. 3e, 11 juill. 2012, n° 12-40.043 P (non-lieu à QPC).

9. ... Protection des salariés. L'atteinte portée au droit de propriété et au droit au recours effectif de l'employeur qui conteste le recours à un expert, en raison du maintien limité dans le temps d'une disposition déclarée inconstitutionnelle, est nécessaire et proportionnée au but poursuivi par les art. 2 et 8 de la Conv. EDH protégeant la santé et la vie des salariés en raison des risques liés à leur domaine d'activité professionnelle ou à leurs conditions matérielles de travail. • Soc. 31 mai 2017, n° 16-16.949 P : *D. 2017. 1130* ; *Dr. soc. 2017. 784, obs. Mouly*.

10. ... Protection de l'acquéreur d'un lot de copropriété. L'art. 46 de la L. du 10 juill. 1965, et la portée effective qui lui est donnée par la jurisprudence de la troisième chambre civile de la Cour de cassation, ne privent pas le vendeur d'un lot de copropriété qui a subi un préjudice à cause d'une erreur de mesurage de son droit d'en demander réparation sur le fondement de la responsabilité de droit commun ; l'atteinte à la liberté contractuelle est limitée à certaines ventes et justifiée par un motif d'intérêt général, la protection de l'acquéreur d'un lot de copropriété, et il n'en résulte aucune dépossession du droit de propriété au sens de l'art. 17 de la Déclaration des droits de l'homme et du citoyen. • Civ. 3e, 10 janv. 2013, n° 12-40.084 P : *D. 2013. 178* (non-lieu à QPC).

11. Préservation de la communication entre les fonds pour leur exploitation. Les propriétaires d'un chemin d'exploitation ne sont pas privés de leur droit de propriété, mais en voient seulement restreindre l'exercice ; l'art. L. 162-1 C. rur., tel qu'interprété par la jurisprudence constante de la Cour de cassation, tend à permettre exclusivement la communication entre les fonds traversés et leur exploitation et à assurer des relations de bon voisinage par l'édiction de règles réciproques relatives à leur usage, réservé aux intéressés, et à leur entretien, proportionnées à cet objectif d'intérêt général. • Civ. 3e, 14 janv. 2016, n° 15-20.286 P (non-lieu à QPC).

12. Limitation de la propriété résultant du respect des droits des tiers : principe. Si, selon l'art. 544, tout propriétaire a le droit de jouir et de disposer de la chose de la manière la plus absolue, ce ne peut être qu'à la condition de n'en pas faire un usage prohibé par les lois ou les règlements ou de nature à nuire aux droits des tiers. • Civ. 3e, 20 mars 1978, n° 76-12.598 P.

13. Illustrations : droit de préemption. Les dispositions prévoyant un droit de préemption au profit des collectivités publiques dans les zones d'aménagement différé, qui touche aux conditions d'exercice du droit de propriété, trouvent leur justification dans la réalisation d'actions et d'opérations à des fins d'intérêt général, instituent des garanties suffisantes à la protection du droit de propriété et ne portent pas atteinte au principe d'égalité devant la loi. • Civ. 3e, 20 févr. 2014, n° 13-40.076. ♦ Et sur le droit de préemption accordé aux SAFER pour leur permettre de réaliser la mission d'intérêt général qui leur est confiée : • Civ. 3e, 3 avr. 2014, n° 14-40.006 P.

14. ... Respect des dispositions d'un règlement de copropriété. La liberté religieuse, pour fondamentale qu'elle soit, ne pouvant avoir pour effet de rendre licites les violations des dispositions d'un règlement de copropriété, peut être poursuivi en justice l'enlèvement d'une « cabane » édifiée sur le balcon d'un appartement à l'occasion de la fête juive des « cabanes », dès lors qu'un tel ouvrage est prohibé par le règlement de copropriété. • Civ. 3e, 8 juin 2006, n° 05-14.774 P : *D. 2006. IR 1772 ; Gaz. Pal. 2006. 3967, note C. et D. Amson ; RJPF 2006-10/12, note Putman ; AJDI 2007. 311, obs. Capoulade ; Loyers et copr. 2006, n° 189, obs. Vigneron ; Rev. loyers 2006. 355, obs. Dubaele ; Dr. et patr. 7-8/2007. 83, obs. Seube ; LPA 5 juill. 2006, note Fenouillet ; RTD civ. 2006. 722, obs. Marguénaud* . ♦ *Adde.* Ract et C. Amson, *Gaz. Pal. 2007. Doctr. 1594* (religion et copropriété).

15. ... Respect du droit au renouvellement du preneur à bail rural. La disposition qui limite le droit du bailleur de refuser le renouvellement du bail au preneur ayant atteint l'âge de la retraite, en invoquant la conservation d'une exploitation de subsistance, n'a ni pour objet ni pour effet de priver le propriétaire bailleur de son droit de propriété. • Civ. 3e, 17 juin 2011, n° 11-40.013 P : *D. 2011. 1820* (non-lieu à QPC).

16. Régime particulier des biens placés sous main de justice. S'agissant des biens placés sous main de justice, il résulte des dispositions de l'art. 41-4 C. pr. pén. que, si la restitution n'a pas été demandée ou décidée dans un délai de six mois à compter de la décision par laquelle la dernière juridiction saisie a épuisé sa compétence, les biens qui n'ont pas été restitués deviennent propriété de l'État, sous réserve des droits des tiers ; ces dispositions ne distinguant pas selon la nature des biens placés sous main de justice, elles s'appliquent notamment aux créances figurant sur les contrats d'assurance sur la vie saisies en application des art. 706-153 et 706-155, al. 2, C. pr. pén. Cette dévolution entraîne de surcroît la résolution du contrat d'assurance sur la vie et le transfert des fonds, objet de la créance, à l'État en application de l'art. L. 160-9 C. assur., L. 223-29 C. mut. ou L. 932-23-2 CSS, disposant que la décision définitive de confiscation d'une somme ou d'une créance figurant sur un contrat d'assurance sur la vie, prononcée par une juridiction pénale, entraîne de plein droit la résolution judiciaire du contrat et le transfert des fonds confisqués à l'État. • Crim. 8 mars 2023, n° 22-81.100 B.

B. PROTECTION DU DROIT DE PROPRIÉTÉ PAR LA CONVENTION EUROPÉENNE DES DROITS DE L'HOMME

BIBL. Naudet et Sermet, *RRJ 1990/1. 15.*

1° RÉGIME GÉNÉRAL

a. Fondement de la protection

17. Rattachement au droit au respect de ses biens : principe. En reconnaissant à chacun le droit au respect de ses biens, l'art. 1er du Protocole n° 1 de la Conv. EDH garantit en substance le droit de propriété. • CEDH 13 juin 1979, *Marckx c/ Belgique : Série A, n° 31* • CEDH 23 sept. 1982, *Sporrong et Lönnroth c/ Suède : Série A, n° 52.* ♦ Sur l'application dans le temps de l'art. 1 du protocole n° 1 : • CEDH, sect. I, 17 janv. 2008, *Pupkov c/ Russie,* n° 42453/02 (le texte ne peut être invoqué pour le refus de restitution de sommes déposées dans une banque, fondée sur sa liquidation, privation instantanée qui s'est produite avant l'adhésion de la Russie à la convention) • CEDH, sect. IV, 22 févr. 2005, *Hutten-Czapska c/ Pologne,* n° 35014/97 (législation de plafonnement des loyers continuant après l'entrée en vigueur). ♦ Est nouveau, comme mélangé de fait et de droit, et comme tel irrecevable, le moyen qui invoque pour la première fois devant la Cour de cassation la méconnaissance des dispositions de l'art. 6 Conv. EDH et de son premier protocole additionnel. • Crim. 23 mai 2013 : *D. 2013. 1352* • 27 mai 2014, n° 13-80.574 P : *RDI 2014. 465, obs. Roujou de Boubée* • 28 mai 2014, n° 13-83.197 : *AJ pénal 2014. 542, obs. Ascensi ; JCP 2014, n° 1028, obs. Maron.* ♦ L'art. 1er du Protocole n° 1 s'applique à la propriété intellectuelle. • CEDH, sect. V, 10 janv. 2013, *Ashby Donald et a. c/ France,* n° 36769/08.

18. Conséquence : nécessité d'établir l'existence d'un bien protégé par la convention. Ne peut se prévaloir d'un bien au sens de l'art. 1 du protocole n° 1 le demandeur qui n'a pas pu rapporter la preuve de la propriété du bien qu'il revendiquait. • CEDH, sect. V, 14 févr. 2008, *Glaser c/ Rép. tchèque,* n° 55179/00 (demande de restitution d'objets déposés en 1948, avant l'émigration du requérant). ♦ La destruction totale du bien loué ayant entraîné la résiliation de plein droit du bail, une cour d'appel en déduit exactement, sans violer l'art. 1er Prot. add., ni l'art. 17 de la Charte UE, que le locataire commerçant ne pouvait plus prétendre au versement d'une indemnité d'éviction qui ne lui était pas définitivement acquise au jour du sinistre et qui n'était pas entrée dans son patrimoine. • Civ. 3e, 29 juin 2011 : *V. note 4 ss. art. 1722.* ♦ Des gamètes humains ne constituent pas des biens au sens de l'art. 1er du Prot. add. n° 1 à la Conv. EDH. V. : • Civ. 1re, 15 juin 2022, n° 21-17.654 B : *D. 2022. 1157 ; AJ fam. 2022. 352, obs. Dionisi-Peyrusse ; RTD civ. 2022. 598, obs. Leroyer* . ♦ Sur la notion de bien protégé par la convention, V. ci-dessous notes 28 s.

19. Rattachement au droit au respect de la vie privée et familiale. Protection de la propriété du domicile familial sur le fondement de l'art. 8 de la Conv. EDH, V. jur. citée ss. art. 102.

b. Champ d'application de la protection

20. Extension aux relations interindividuelles. Le respect effectif du droit de propriété peut impliquer l'adoption par l'État de mesures positives, même dans les litiges entre simples particuliers. • CEDH, sect. IV, 20 sept. 2011, n° 17854/04 (manquement lorsque les détenteurs de la moitié des parts sociales d'une SARL ont été évincés par des tiers de la direction de la société à la suite d'une intervention illégale d'un juge). ♦ Le principe du respect de la propriété garanti par l'art. 1er du Protocole n° 1 Conv. EDH entraîne l'obligation positive pour l'État partie d'adopter les mesures nécessaires pour protéger le droit de propriété, même dans le cas où il s'agit d'un litige entre des personnes physiques ou morales. Notamment, l'État partie a l'obligation de fournir une procédure judiciaire qui soit dotée des garanties de procédure nécessaires et qui permette donc aux tribunaux de trancher efficacement et équitablement tout éventuel litige entre des personnes privées. • CEDH 25 juill. 2002, *Sovtransavto Holding c/ Ukraine : D. 2003. Somm. 2275, obs. Birsan ; JCP 2003. I. 109, n° 24, obs. Sudre* (en l'espèce, la requérante se plaignait de la perte de contrôle de l'activité et des biens d'une société, suite à la dévalorisation de ses actions consécutive aux décisions illégales du directeur général : manquement par l'État à son obligation d'assurer à la requérante la jouissance effective de son droit de propriété en raison du caractère inéquitable de la procédure litigieuse). ♦ Application de l'art. 1 du protocole n° 1 au prélèvement de 1,5 pour cent des salaires opéré par un syndicat pour les frais de vérification du respect de la réglementation des conventions collectives : si l'État peut laisser à des organismes privés le soin de contrôler l'application du droit du travail, il doit imposer que ceux-ci fournissent une information suffisante garantissant la bonne utilisation des sommes perçues. • CEDH, sect. II, 13 févr. 2007, *Evaldsson c/ Suède,* n° 75252/01.

Absence d'obligations positives des États de prendre des mesures préventives pour protéger la propriété privée dans toutes les zones ou situations susceptibles de subir des inondations ou d'autres catastrophes naturelles. • CEDH, sect. IV, 15 mai 2012, *Hadzhiyska c/ Bulgarie,* n° 20701/09.

21. Prise en compte des expropriations de fait. Sur la prohibition des expropriations de fait, V. aussi : • CEDH, sect. II, *27 mai 2010, Sarica et Dilaver c/ Turquie,* n° 11765/05 (décision insistant notamment sur l'absence de sécurité juridique découlant de l'obligation faite aux propriétaires d'être demandeurs et non défendeurs). • CEDH, sect. III, 14 oct. 2008, *Blumberga c/ Lettonie,* n° 70930/01. ♦ Violation en l'absence d'enquête effective : • CEDH, sect. II, 22 févr. 2005, *N. c/ Ukraine,* n° 47148/99 (biens meubles dérobés pendant que le logement était attribué par l'autorité publique à des occupants). ♦ Mais absence de violation des obligations positives, en raison de vols perpétrés au domicile d'une personne pendant son incarcération, dès lors que les autorités ont mené une enquête effective.

c. Conséquences de la protection

22. Principe : indemnisation du propriétaire victime d'une atteinte. En cas de privation de l'usage d'un bien, le principe de l'octroi d'une indemnité compensatrice constitue non seulement un attribut de la propriété, mais encore un moyen de maintenir un juste équilibre entre les exigences de l'intérêt général de la communauté et les impératifs de sauvegarde des droits de l'individu. • CEDH 23 sept. 1982, *Sporrong et Lönnroth c/ Suède : préc. note 17.* ♦ L'obligation d'indemniser découle implicitement de l'art. 1er du Protocole n° 1 pris dans son ensemble. Seul le versement d'une somme raisonnablement en rapport avec la valeur du bien permet la sauvegarde de ce juste équilibre. • CEDH 8 juill. 1986, *Lithgow : Série A, n° 102.* ♦ La législation doit contraindre les autorités à payer automatiquement les indemnités et non imposer aux propriétaires de formuler une demande d'indemnisation pour privation de propriété. • CEDH, sect. III, 19 oct. 2006, *B. c/ Turquie,* n° 58650/00 ♦ Dans le même sens : • CEDH 29 mars 2006, *Scordino c/ Italie,* n° 36813/ 97. • CEDH, sect. IV, 9 janv. 2007, *Intersplav c/ Ukraine,* n° 803/02 (retards systématiques dans le remboursement de TVA). ♦ Absence de perception du produit de la vente d'objets périssables saisis à tort par les autorités douanières. • CEDH, sect. III, 8 janv. 2008, *Jucys c/ Lituanie,* n° 5457/03. ♦ Retard excessif dans l'octroi d'une indemnité pour absence de restitution d'un terrain. • CEDH, sect. III, 9 déc. 2008, *Viasu c/ Roumanie,* n° 75951/01 • 20 janv. 2009, *Faimblat et Katz c/ Roumanie,* nos 23066/02 et 29739/03. ♦ Sur la responsabilité des États impliqués dans les événements de l'ex-Yougoslavie pour garantir les dépôts en devises des clients de banques nationalisées. • CEDH, sect. IV, 6 nov. 2012, n° 60642/08 (arrêt « pilote »).

23. Tempérament : compatibilité avec le principe de non-indemnisation des servitudes d'urbanisme. Le principe de non-indemnisation des servitudes d'urbanisme (art. L. 160-5 C. urb.) n'est pas intrinsèquement incompatible avec la Conv. EDH dès lors qu'il prévoit une indemnisation dans le cas exceptionnel où la servitude en cause entraîne pour le propriétaire concerné une charge spéciale et exorbitante, hors de proportion avec l'objectif d'intérêt général poursuivi. • CE 3 juill. 1998, *Bitouzet : RFDA 1998. 1243* .

24. ... Compatibilité avec une marge d'ap-

préciation laissée aux États dans certaines situations. V., pour la justification de l'absence d'indemnisation d'expropriations de fait, prévue par le traité de réunification allemand, par la nécessité de préserver les capacités financières de la RFA : • CEDH, sect. V, 23 oct. 2006, *Weber c/ Allemagne,* n° 55878/00. ♦ V. égal. • CEDH, sect. II, 11 janv. 2005, *Blücher c/ Rép. tchèque,* n° 58580/00 (règles de restitution de biens à des personnes dépossédées par un régime communiste). ♦ ... Ou pour la large marge d'appréciation laissée aux États lorsqu'ils décident d'accorder une indemnisation pour des dommages de guerre pour lesquels ils ne portent aucune responsabilité. • CEDH, sect. II, 8 janv. 2008, *Epstein c/ Belgique,* n° 9717/05. ♦ Mais violation pour des terrains indemnisés à une valeur cadastrale très faible. • CEDH, gr. ch., 25 oct. 2012, n° 71243/01 (marge d'appréciation dépassée), prenant une solution contraire à • CEDH, sect. III, 8 mars 2011, n° 71243/01 (arrêt tenant compte, en dépit d'un fondement juridique différent, de l'indemnisation importante des expropriés au titre d'arriérés de baux).

25. ... *Compatibilité avec les stipulations d'un contrat tendant à priver une des parties d'une créance indemnitaire.* La déchéance de garantie en cas de fausse déclaration relative au sinistre, que les parties peuvent librement stipuler en caractères très apparents dans un contrat d'assurance et qui n'est encourue par l'assuré que pour autant que l'assureur établit sa mauvaise foi, ne saurait constituer une sanction disproportionnée. • Civ. 2e, 15 déc. 2022, n° 20-22.836 B : *D. 2023. 7 ; JCP 2023, n° 122, obs. Mayaux ; RGDA 2023/3. 23, note A. Pélissier.*

26. *Fixation de l'indemnité compensatrice.* Éléments à prendre en considération lors de la fixation de l'indemnisation : V. • CEDH 21 févr. 1997, *G. c/ France : JCP 2001. I. 305, n° 5, obs. Périnet-Marquet* (une indemnisation ne peut constituer une réparation adéquate qu'en prenant en considération le délai raisonnable de sa survenance) • CEDH 14 nov. 2000, *T. c/ France : JCP 2001. I. 305, n° 5, obs. Périnet-Marquet* (nécessité de rediscuter l'indemnisation déjà prononcée lorsqu'un temps important s'est écoulé depuis la décision en fixant le montant) • CEDH, sect. II, 14 mars 2001, *Malama c/ Grèce,* n° 43622/98 (violation de l'art. 1er du Protocole n° 1 résultant de la fixation d'une indemnité d'expropriation sans tenir compte de la durée excessive de la procédure) • CEDH 11 avr. 2002, *L. c/ France,* n° 46044/99 (lorsque l'expropriation litigieuse a eu pour effet d'empêcher le requérant de poursuivre de manière rentable son activité sur la superficie restante de son exploitation et a aussi entraîné la perte de son « outil de travail », l'indemnité versée au requérant doit couvrir spécifiquement cette perte) • CEDH, sect. I, 31 mai 2007, *Bistrovic c/ Croatie,* n° 25774/05 (absence de prise en compte des conséquences d'une expropriation partielle sur la valeur globale du bien) • CEDH, sect. II, 31 juill. 2007, *Kozacioglu c/ Turquie,* n° 2334/03 (expropriation légitimement justifiée par la protection du patrimoine culturel ; nécessité de prendre en compte la valeur historique du bien). • CEDH, sect. V, 2 juill. 2009, *Zaharievi c/ Bulgarie,* n° 22627/03 (indemnisation par transfert d'actions d'une société : nécessité de réévaluer la solution lorsque l'absorption de la société par une autre a conduit à une diminution de leur valeur) • CEDH, sect. II, 4 août 2009, *Perdigao c/ Portugal,* n° 24768/06 (violation de l'art. 1 prot. n° 1 lorsque les frais nécessaires pour l'action en justice des expropriés absorbent le montant de l'indemnité accordée) • CEDH, sect. II, 16 mars 2010, *Di Belmonte c/ Italie,* n° 72638/01 (absence de violation pour l'instauration d'un impôt sur les indemnités d'expropriation, mais violation dans le fait que le requérant a été soumis à cette imposition uniquement en raison du retard des autorités à payer l'indemnité) • CEDH 26 avr. 2011 : *D. 2011. Pan. 2298, obs. Mallet-Bricout et Reboul-Maupin ; RDI 2011. 387, obs. Hostiou* (prise en comte de la perte de l'outil de travail) • CEDH, sect. II, 6 juill. 2010, *Yetis et a. c/ Turquie,* n° 40349/05 (l'absence d'intérêts moratoires impose une charge disproportionnée lorsque l'écart entre la date de fixation de l'indemnité et celle de son versement aboutit à une différence importante de valeur, en l'espèce 15 et 43 %).

27. *Paiement de l'indemnité compensatrice.* Le retard dans le paiement des sommes que l'État a décidé d'allouer peut violer la Conv. EDH. • CEDH, sect. IV, 3 nov. 2009, *Suljagic c/ Bosnie-Herzégovine,* n° 27912/02 (remboursement échelonné et partiel des avoirs déposés dans des banques et qui avaient été bloqués pendant les hostilités).

2° NOTION DE BIENS PROTÉGÉS PAR LA CONVENTION

28. *Créance indemnitaire.* Constitue un bien, au sens de la convention, la créance de réparation du préjudice résultant de la naissance d'un enfant handicapé que des requérants peuvent légitimement espérer voir reconnaître en justice, en l'état du droit applicable. • CEDH, gr. ch., 6 oct. 2005 (2 arrêts) : *V. note 5 ss. art. L. 114-5 CASF ss. art. 1242 C. civ.* ♦ V. conf. • Civ. 1re, 24 janv. 2006 : *eod. loc.* • CE 24 févr. 2006 : *eod. loc.* • 8 juill. 2008, n° 07-12.159 P : *R., p. 315 ; D. 2008. AJ 1995, obs. Gallmeister ; ibid. 2765, obs. Porchy-Simon ; JCP 2008. I. 186, n° 10, obs. Stoffel-Munck ; RJPF 2008-12/28, note Chabas ; CCC 2008, n° 266, obs. Leveneur ; RLDC 2008/52, n° 3105, obs. Gaudin ; ibid. 2008/53, n° 3167, obs. Parance ; ibid. 2009/56, n° 3251, note Coulon* • CEDH, sect. IV, 7 juill. 2009, *Plechanow c/ Pologne,* n° 22279/04 (droit à indemnisation dès lors que l'illégalité d'une décision administrative avait été constatée).

29. Intérêt patrimonial constituant une « espérance légitime ». Constitue un bien l'intérêt patrimonial qui constitue une « espérance légitime » de pouvoir obtenir le paiement de rappels de salaires pour les compléments différentiels de salaires prévus par un accord collectif en vue d'assurer aux salariés la garantie du maintien de leur rémunération mensuelle en vigueur à la date de la réduction collective du temps de travail. • Soc. 24 nov. 2010 : *D. 2010. 2914, obs. Perrin ; R., p. 365 ; RDT 2011. 257, obs. Flores ; RLDC 2011/80, n° 4188, obs. Parance.* ♦ Caractérise un bien protégé par la convention l'intérêt patrimonial qui constitue une « espérance légitime » de pouvoir obtenir le paiement de rappels de salaires au titre des temps de responsabilité de surveillance nocturne. • Soc. 21 mars 2012, n° 04-47.532 P. ♦ Notion d'espérance légitime, V. également • Civ. 1re, 30 oct. 2007 : *Gaz. Pal. 25-26 janv. 2008, avis Sarcelet ; ibid. 2008. 977, note Cerveau.* ♦ Dans le même sens : • CEDH 14 févr. 2006, *L. c/ France : D. 2006. AJ 717, obs. Rondey ; JCP 2006. II. 10171, note Thioye ; ibid. I. 164, nos 4 et 13, obs. Sudre ; JCP E 2006. 2062, note J. Raynaud ; ibid. 2364, étude S. Piedelièvre ; Defrénois 2006. 1102, étude Rouzet ; LPA 3 mai 2006, note Garaud ; RDC 2006. 879, obs. Debet ; RTD civ. 2006. 261, obs. Marguénaud* (valeur patrimoniale dont les requérants pouvaient légitimement espérer obtenir en justice le remboursement ; affaire de la validation des offres de crédit immobilier irrégulières, dite du « tableau d'amortissement »). ♦ Pour l'appréciation d'une espérance légitime en matière successorale : • CEDH, sect. IV, 8 janv. 2008, *Nacaryan et Deryan c/ Turquie*, n° 19558/02 et 27904/02 (décision n'abordant pas de façon directe la régularité de la législation turque soumettant la possibilité pour les étrangers de devenir propriétaire d'un immeuble situé en Turquie à une condition de réciprocité) • CEDH, sect. V, 21 oct. 2008, *A.-B. et A.-M. c/ France*, n° 44421/04 (dispositions transitoires de la L. du 25 juin 1982 sur la possession d'état : condition non remplie pour les successions liquidées antérieurement à l'entrée en vigueur de la loi) • CEDH, sect. I, 3 mars 2011, *Klein c/ Autriche*, n° 57028/00 (droit d'un avocat à percevoir une pension de retraite après avoir été soumis à cotisation obligatoire ; violation lorsque l'avocat est privé de ses droits alors qu'il a été radié pour faillite au moment où il sollicite le versement de sa pension ; solution contraire justifiée si la radiation résulte d'une sanction pénale) • CEDH, sect. III, 25 sept. 2012, *Archidiocèse catholique d'Alba Iulia c/ Roumanie*, n° 33003/03 (inaction prolongée de l'État, grâce à des procédures dilatoires, de son obligation de restitution d'une bibliothèque illégalement confisquée).

Mais ne peuvent prétendre avoir été privés d'une espérance légitime ou d'une valeur patrimoniale préexistante faisant partie de leurs biens au sens de l'art. 1er du Protocole n° 1 annexé à la Conv. EDH les salariés qui n'ont saisi la juridiction prud'homale que postérieurement à l'entrée en vigueur de la loi, pour obtenir des rappels de salaires au titre de permanences nocturnes antérieures. • Soc. 5 juin 2008, n° 06-46.295 P. ♦ Dans le même sens pour la déchéance du droit aux intérêts dont aurait été privé l'emprunteur par application de l'art. 87-1 de la L. du 12 avr. 1996, sanction civile laissée à la discrétion du juge, par nature incertaine et ne pouvant donc faire naître une espérance légitime avant toute décision au fond. • Civ. 1re, 30 sept. 2010, n° 09-67.930 P : *D. actu. 15 oct. 2010, obs. Avena-Robardet ; JCP 2011, n° 63, obs. Mekki.* ♦ Absence d'intérêt patrimonial substantiel pour un protocole d'accord de bornage qui n'est pas translatif d'un droit de propriété ni ne crée une quelconque espérance légitime et raisonnable d'obtenir la jouissance effective d'un tel droit. • CEDH 4 janv. 2012, *La Roseraie (Sté) c/ France*, n° 14819/08 : *D. 2012. 2128, obs. Mallet-Bricout et Reboul-Maupin ; AJDI 2012. 455, obs. Le Rudulier ; ibid. 2013. 22, étude François .* ♦ Absence d'espérance légitime de bénéficier de la prescription d'une dette fiscale dès lors que, même si, dans certaines circonstances, un droit du débiteur à être libéré de sa dette peut être qualifié de « valeur patrimoniale » et donc de « bien », cette analyse n'est pas applicable à une dette non certaine et liquide. • CEDH, sect. II, 11 sept. 2012, *Optim et Industerre c/ Belgique*, n° 23819/06. ♦ L'obligation, pour l'employeur, de supporter les conséquences financières résultant, d'une part, de l'illicéité de la conclusion d'un contrat de travail intermittent malgré l'absence de tout accord collectif permettant le recours à un tel contrat et, d'autre part, de la durée pendant laquelle cette situation illicite a été maintenue ne peut, en l'absence de base suffisante en droit interne, constituer l'atteinte à un « bien » au sens de l'art. 1er du Protocole n° 1 annexé à la Conv. EDH. • Soc. 19 mars 2014, n° 13-10.759.

30. Parts sociales ou actions. Constitue un bien : une part sociale de SARL. • CEDH, sect. III, 5 oct. 2006, *Pokis c/ Lettonie*, n° 528/02 (impossibilité d'invoquer une atteinte lorsque les mesures critiquées, prises lors de la liquidation, concernent la société, personne morale distincte). ♦ V. également, considérant que les actions sont des biens au sens de l'art. 1er du Protocole n° 1 Conv. EDH, susceptibles d'être protégés au titre de la norme générale du principe du respect de la propriété : • CEDH 25 juill. 2002, *Sovtransavto Holding c/ Ukraine : préc. note 20.*

31. Prestations sociales. Constitue un bien au sens de la convention une prestation sociale versée automatiquement. • Civ. 2e, 21 déc. 2006, n° 04-30.586 P : *Dr. fam. 2007, n° 138, note De-*

vers (application de l'art. 1er du protocole n° 1 Conv. EDH). ♦ ... Une allocation accordée par erreur et dont il est ultérieurement demandé le remboursement. • CEDH, sect. V, 20 nov. 2006, *Chroust c/ République tchèque,* n° 4295/03 (violation non retenue). ♦ ... Une pension de retraite d'un membre de la fonction publique. • CEDH, sect. I, 22 oct. 2009, *A. c/ Grèce,* n° 39574/07 (violation de la Conv. EDH dans la suppression automatique de cette pension en cas d'infraction pénale, quand bien même son bénéfice serait transmis au conjoint, son montant étant réduit et la pérennité de l'union ne pouvant être garantie) • CEDH, sect. IV, 14 mai 2013, *Cichopek c/ Pologne,* n° 15189/10 (absence de violation dans la diminution du montant des pensions des anciens membres du Service de sûreté de l'État polonais, poursuivant le but légitime d'abolir les privilèges injustifiés ou illégitimes, afin d'assurer une plus grande équité en matière de pensions, le montant restant même après réduction supérieur au montant moyen dans le pays). ♦ ... Une pension de retraite attribuée aux mères de famille nombreuse. • CEDH, sect. I, 9 juill. 2009, *Zeibek c/ Grèce,* n° 46368/06 (traitement discriminatoire dans le fait de supprimer cette pension à la suite d'un retrait de nationalité). ♦ ... Le droit individuel à pension d'une personne assujettie à titre obligatoire à un régime de retraite à caractère essentiellement contributif qui constitue un intérêt patrimonial substantiel. • Civ. 2e, 2 juin 2022, n° 21-16.072 B : *D. 2022. 1096* ; *RDSS 2022. 764, obs. Tauran*. ♦ V. aussi • CEDH, sect. V, 7 nov. 2013, *Pichkur c/ Ukraine,* n° 10441/06 (violation en cas de suppression d'une pension de retraite au seul motif que son titulaire réside à titre permanent à l'étranger). ♦ ... Une pension complémentaire découlant d'un accord collectif. • CEDH, sect. III, 2 févr. 2010, *A. O. c/ Espagne,* n° 42430/05 (absence de violation pour la diminution de son montant, à la suite de la révision de l'accord collectif, compte tenu des difficultés financières de l'entreprise). ♦ ... Une pension d'invalidité. • CEDH, sect. IV, 8 déc. 2009, *Wieczorek c/ Pologne,* n° 18176/05 (absence de violation dans la possibilité de contrôler le maintien de l'état d'invalidité). ♦ Ne présente pas de caractère rétroactif et ne méconnaît pas le droit au respect de ses biens garanti par l'art. 1er du Prot. n° 1, la modification, à compter de l'entrée en vigueur de la réforme des retraites, des règles d'attribution des points de retraite au titre des périodes de chômage résultant de l'art. 8 de l'Arr. du 23 sept. 2008. • Civ. 2e, 6 janv. 2022, n° 19-24.501 B : *D. 2022. Chron. C. cass. 864, obs. Vigneras et Dudit* ; *RDSS 2022. 362, note Riancho*.

32. *Propriété commerciale.* Rappelant que la « propriété commerciale » du preneur d'un bail commercial, protégée par l'art. 1er du Prot. n° 1 à la Conv. EDH, s'entend du droit au renouvellement du bail commercial consacré par les art. L. 145-8 à L. 145-30 C. com., une cour d'appel en a exactement retenu que l'atteinte alléguée, qui ne concerne que le prix du loyer du bail renouvelé, n'entre pas dans le champ de cette protection. • Civ. 3e, 15 févr. 2023, n° 21-25.849 B.

33. *Propriété intellectuelle.* L'art. 1er du protocole n° 1 Conv. EDH s'applique à la propriété intellectuelle en tant que telle. • CEDH, gr. ch., 11 janv. 2007 : *JCP E 2007. 1409, note Zollinger ; CCE 2007, n° 67, note Caron.*

34. *Nom de domaine.* Si le titulaire d'un nom de domaine peut se prévaloir d'un intérêt patrimonial susceptible de relever de la protection conventionnelle, c'est à la condition que les prérogatives, dont il entend se prévaloir à ce titre, soient suffisamment reconnues et protégées par le droit interne applicable, l'interprétation et l'application à donner à ce droit ne devant pas être l'objet d'un différend ; l'enregistrement d'un nom de domaine ne confère pas à son titulaire un droit de propriété au sens des art. 544 et 545 et, si l'usage d'un nom de domaine peut être cédé ou faire l'objet d'une protection en droit interne, c'est à la condition qu'il ne porte pas atteinte aux droits des tiers. • Com. 6 avr. 2022, n° 17-28.116 B : *D. 2022. Chron. C. cass. 1419, obs. Bellino* ; *Dalloz IP/IT 2022. 509, obs. Benassar et Goutorbe* ; *RTD com. 2022. 245, obs. Passa* ; *ibid. 253, obs. Passa* ; *JCP 2022. 710, note Basire* (en l'espèce, caractère illicite de la mise en vente du nom de domaine dont l'exploitation avait cessé et absence de bien protégé au sens de l'art. 1er du Prot.).

35. *Jouissance de fait d'un logement confortée par le temps.* Le temps écoulé peut faire naître l'existence d'un intérêt patrimonial à jouir d'une maison construite sur le « domaine public maritime », droit suffisamment reconnu et important pour constituer un « bien ». • CEDH 29 mars 2010, n° 34078/02 : *D. 2010. 2024, note Quézel-Ambrunaz* ; *JCP 2010, n° 1162, § 6, obs. Périnet-Marquet ; AJDA 2010. 1311, note Canedo-Paris* ; *ibid. 1515, note Alhama* ; *RDI 2010. 389, obs. Foulquier* ; *RFDA 2010. 543, note Hostiou* • CEDH 29 mars 2010, n° 34044/02 : *eod. loc.* ♦ Même solution pour une maison construite en partie sur le domaine public maritime et bénéficiant d'une simple autorisation précaire. • CEDH, gr. ch., 29 mars 2010, *Depalle et a. c/ France,* n° 34044/02 (absence de violation pour l'obligation de démolir aux frais des occupants à la suite de la loi littoral). ♦ ... Pour l'occupation d'un logement par des réfugiés, faite initialement à titre provisoire mais sans durée déterminée, qui a duré plus de dix ans. • CEDH, sect. II, 27 mai 2010, *Saghinadze c/ Géorgie,* n° 18768/05 (situation qualifiée de « possession de bonne foi » et excluant une expulsion par décision unilatérale, sans recours judiciaire). ♦ Assimilation à un bien, au sens de la convention, d'une maison construite sans autorisation dans un bidonville, dès lors que les autorités, par leur tolérance de la situation, ont *de facto* admis l'intérêt patrimonial du requérant sur cette habitation et les meubles qui s'y trouvent. • CEDH, gr. ch., 30 nov. 2004, *O. c/ Turquie : AJDA 2005. 550, chron. Flauss ; ibid. 1133, note Rabiller ; RDI 2005. 98, obs. Trébulle ; RTD civ. 2005. 422, obs. Revet*. ♦ V. aussi : • CEDH, sect. IV, 24 avr. 2012, *Yordanova et a. c/ Bulgarie*, n° 25446/06 (expulsion de centaines de Roms, vivant dans des habitations de fortune depuis des décennies, sans tenir compte de cette durée et sans proposition de relogement ; condamnation du système légal ne prévoyant aucune prise en compte de la condition de proportionnalité).

36. Droit de construire. L'engagement contractuel par lequel l'État reconnaît à un propriétaire la faculté de construire certains types de bâtiments confère à l'intéressé un « droit de construire » constitutif d'un bien. • CEDH 18 nov. 2010, n° 18990/07 : *AJDA 2010. 2236 ; D. 2011. Pan. 2298, obs. Mallet-Bricout ; RTD civ. 2011. 150, obs. Revet*.

37. Droit d'exercer la profession d'avocat (non). Le droit d'exercer la profession d'avocat ne constitue pas, par lui-même, un bien protégé par l'art. 1er du protocole n° 1 Conv. EDH en dehors de toute atteinte à la valeur patrimoniale qui pourrait s'y trouver attachée. • Civ. 1re, 22 nov. 2007, n° 06-17.048 P : *D. 2008. 944, obs. Blanchard*.

38. Quotas laitiers attribués aux producteurs (non). Le droit de propriété garanti dans l'ordre juridique communautaire ne comporte pas le droit à la commercialisation d'un avantage, tel que les quantités de référence laitière attribuées à un producteur, qui ne constituent qu'une autorisation administrative non négociable. • Civ. 3e, 31 oct. 2012, n° 10-17.851 P : *D. 2012. 2662 ; ibid. 2013. 2123, obs. Reboul-Maupin ; RTD civ. 2013. 157, obs. Dross* (absence de discrimination au sens de la Conv. EDH et sans porter atteinte au droit de propriété).

39. Droit d'acquérir des biens par succession ou testament. L'inégalité successorale instituée au détriment des enfants adultérins par l'[anc.] art. 760 C. civ. constitue une violation de l'art. 1er du Protocole n° 1 de la Conv. EDH combiné avec l'art. 14 de la convention. • CEDH 1er févr. 2000, *Mazurek : GAJC, 12e éd., n° 99 ; D. 2000. 332, note Thierry ; JCP 2000. II. 10286, note Gouttenoire-Cornut et Sudre ; ibid. I. 278, n° 1, obs. Le Guidec ; Defrénois 2000. 654, obs. Massip ; Gaz. Pal. 2000. 2. 2407, note Bollon et Portefaix ; Dr. fam. 2000, n° 33, note de Lamy ; LPA 21 juill. 2000, note Canaple ; RTD civ. 2000. 311, obs. Hauser ; ibid. 429, obs. Marguénaud ; ibid. 601, obs. Patarin*. ♦ *Adde* : Josselin-Gall, *JCP N 2001. 834*. – Vareille, *D. 2000. Chron. 626*. ♦ Confirmation de la solution : • CEDH, sect. I, 22 déc. 2004, *Merger et Cros c/ France*, n° 68864/01 : *Dr. fam. 2005. Étude 17, par Le Chuiton ; RTD civ. 2005. 335, obs. Marguénaud* (application de la solution aux libéralités, tout en admettant que l'art. 8 Conv. EDH n'exige pas la reconnaissance d'un droit général à des libéralités ou à une certaine part d'une succession). ♦ S'agissant de l'acquisition de droits successoraux par l'effet d'un testament, l'intérêt patrimonial d'une veuve à succéder à son mari est suffisamment important et reconnu pour constituer un bien au sens de l'art. 1er du protocole n° 1 ; la différence de traitement subie par cette veuve en tant que bénéficiaire d'un testament établi conformément au code civil par un testateur de confession musulmane, par rapport à une bénéficiaire d'un testament établi conformément au code civil par un testateur n'étant pas de confession musulmane, n'a pas de justification objective et raisonnable. • CEDH, gr. ch., 19 déc. 2018, *Molla Sali c/ Grèce*, n° 20452/14 : *AJDA 2019. 169, note Burgorgue-Larsen ; D. 2019. 316, obs. Fulchiron ; AJ fam. 2019. 158, obs. Houssier ; RTD civ. 2019. 281, obs. Marguénaud* (en l'espèce, discrimination résultant de l'application de la charia au testament d'un Grec membre de la communauté musulmane de Thrace). ♦ Comp. : Le droit au respect des biens garanti par l'art. 1er du protocole n° 1 Conv. EDH ne garantit pas celui d'en acquérir par voie de succession légale ou de libéralités. Ne sont pas fondés à exciper une atteinte à leur droit de propriété les descendants réservataires privés de la possibilité d'invoquer le droit de prélèvement consacré par l'art. 2 de la L. du 14 juill. 1819 en raison de l'abrogation de ce texte par le Cons. const. alors que ces descendants, auxquels le droit de prélèvement en vigueur au moment du décès de leur père n'avait conféré aucun droit héréditaire définitivement reconnu, ne disposaient pas de biens au sens de l'art. 1er du protocole n° 1. • Civ. 1re, 27 sept. 2017, n° 16-17.198 P : *cité note 3 ss. art. 912*.

3° ATTEINTES AUX BIENS INCOMPATIBLES AVEC LA CONVENTION

40. Privation totale de l'usage d'un bien. L'exercice du droit de préemption par l'administration fiscale peut conduire à une privation de propriété faisant supporter à la requérante une charge spéciale exorbitante sans qu'elle puisse utilement contester la mesure qui la frappe, entraînant ainsi une rupture du juste équilibre entre la sauvegarde du droit de propriété et les exigences de l'intérêt général. • CEDH 22 sept. 1994, *H. c/ France : Série A, n° 296-A*. ♦ Absence d'équilibre entre le but légitime de sanctionner une fraude fiscale et l'imposition de sanctions disproportionnées, incluant des frais de recouvrement au taux injustifié de 7 %, des délais de paiement très courts et l'exercice de voies d'exécution privilégiant l'unité principale de production au risque de mettre en cause la survie de l'entreprise. • CEDH, sect. I, 20 sept. 2011, *Yukos c/ Russie*, n° 14902/04. ♦ L'art. 1er du Protocole n° 1 oblige les États contractants à prémunir les individus contre le risque d'un usage de la technique des réserves foncières autorisant ce qui pourrait être perçu comme une forme de spéculation foncière à leur détriment. • CEDH 2 juill. 2002, *aff. Motais de Narbonne c/ France : BICC 15 sept. 2002, n° 855 ; JCP 2003. I. 109, n° 25, obs. Sudre* (en l'espèce, expropriation pour la constitution de réserves foncières destinées à l'habitat social, non réalisées sur une très longue période, mais ayant engendré une forte plus-value foncière dont les intéressés ont été indûment privés). ♦ V. aussi : • CEDH, sect. IV, 14 nov. 2006, *Skibinscy c/ Pologne*, n° 52589/99 (impossibilité de fait pour les propriétaires de construire pendant dix ans, dans l'attente de projets d'utilité publique jamais réalisés) • CEDH, sect. I, 7 juin 2007, *Smirnov c/ Russie*, n° 71362/01 (conservation d'une durée excessive de l'ordinateur d'un avocat saisi à titre de preuve dans le cadre d'une enquête) • CEDH, sect. II, 1er oct. 2013, *Hüseyin Kaplan c/ Turquie*, n° 24508/09 (restriction d'usage d'un terrain pendant vingt ans dans l'attente d'une expropriation) • CEDH, sect. IV, 29 mars 2011, n° 33949/05 (achat d'un terrain en vue de construire, rendu inconstructible au titre des monuments historiques par une décision ultérieure des autorités, sans possibilité de les forcer à réaliser une expropriation). ♦ Respect de l'art. 1er du protocole n° 1 et prescription acquisitive abrégée : V. note 3 ss. art. 2219 [ancien]. ♦ Comp. • CEDH, sect. II, 9 janv. 2007, *F. c/ Turquie*, n° 34478/97 (violation de l'art. 1 du protocole n° 1 en cas d'annulation de titres de propriété plus de trente ans après leur acquisition).

41. Impossibilité d'obtenir le remboursement d'une créance. Violation de l'art. 1er du Protocole n° 1 résultant de l'impossibilité d'obtenir le remboursement par l'État des sommes indûment versées au titre de la TVA, cet art. trouvant à s'appliquer car la créance s'analyse en une valeur patrimoniale et a le caractère d'un bien. • CEDH 16 avr. 2002, *SA Dangeville c/ France*, n° 36677/97. ♦ Comp. • CEDH, sect. III, 3 avr. 2012, nos 57583/10, 1245/11 et 4189/11 (taxe contraire au droit de l'Union ; créance jugée incertaine, en raison de l'incertitude affectant le droit national, laquelle n'a été tranchée que postérieurement par la CJUE). ♦ Un texte qui dispose qu'une pension n'est saisissable que par certains créanciers constitue, à l'égard du créancier ne rentrant pas dans les prévisions de ce texte et ne disposant pas d'autres voies d'exécution, une mesure discriminatoire portant une atteinte non justifiée à son droit de propriété (violation de l'art. 14 Conv. EDH et de l'art. 1er du Protocole n° 1). • Civ. 2e, 3 mai 2007, n° 05-19.439 P : *LPA 9 janv. 2008, note Berlioz.* ♦ V. aussi • CEDH, sect. II, 24 sept. 2013, *De Luca c/ Italie*, n° 43870/04 (impossibilité de recouvrer une dette reconnue par un jugement définitif contre une autorité locale en redressement judiciaire).

42. Atteintes aux biens résultant de réglementations ou de pratiques touchant à l'usage des biens. Interdiction ou limitation du droit de construire résultant de la réglementation d'urbanisme. • CEDH 25 oct. 1989, *Allan Jacobson : Série A, n° 163* • 29 nov. 1991, *Pine Valley Developments et a. c/ Irlande : Série A, n° 222* (terrains rendus inconstructibles par suite de l'annulation contentieuse de certificats d'urbanisme préalablement délivrés par l'autorité administrative) • CEDH, sect. V, 7 juin 2011, *Ehrmann et SCI VHI c/ France*, n° 2777/10 (absence de violation de l'art. 10 protégeant la liberté d'expression dans l'obligation de remettre en état des aménagements de façade contraires aux règles d'urbanisme, la condamnation et l'astreinte ne remettant pas en cause l'activité artistique à l'intérieur des bâtiments). ♦ Abrogation au nom des exigences de protection de l'environnement d'autorisations d'exploitations. • CEDH 18 févr. 1991, *Fredin : Série A, n° 192.* ♦ Condamnation de la L. du 10 juill. 1964 dite « Loi Verdeille » qui prévoyait l'obligation pour les petits propriétaires d'adhérer aux associations communales de chasse agréées et par là même de laisser les chasseurs pénétrer sur leurs terrains. • CEDH 29 avr. 1999, *Chassagnou et a. c/ France : AJDA 1999. 922, note Priet ; JCP 1999. II. 10172, note de Malafosse ; ibid. I. 175, n° 3, obs. Périnet-Marquet ; RTD civ. 1999. 913, obs. Marguénaud ; ibid. 2000. 360, obs. Revet.* – Sur cette décision, V. aussi : Michaud, *Gaz. Pal. 2000. 1. Doctr. 880.* – Charollois, *D. 1999. Chron. 389.* – Alfandari, *D. 2000. Chron. 141.* ♦ Comp., pour le droit local d'Alsace-Moselle : • Civ. 3e, 25 sept. 2002, n° 01-11.141 P. ♦ Et désormais, sur les dispositions du 5e de l'art. L. 422-10 et de l'art. 422-14 C. envir., V. note 52.

43. Atteinte aux biens résultant d'une absence de juste équilibre entre l'intérêt de la collectivité et la charge imposée à un groupe particulier. Viole l'art. 1 prot. n° 1 une législation imposant des loyers trop bas, inférieurs aux coûts d'entretien, dès lors que, si l'intérêt légitime de la collectivité réclame une répartition équitable de la charge qu'impliquent la transformation et la réforme de l'offre du pays en logements, celle-ci ne peut peser sur un groupe particulier. • CEDH, sect. III, 28 janv. 2014, *Bittó et a. c/ Slovaquie*, n° 30255/09 (absence de juste équilibre entre l'intérêt général et la protection du droit des bailleurs au respect de leurs biens).

44. Atteintes aux biens résultant d'une absence de cohérence raisonnable entre des décisions relatives aux mêmes biens. Violation de l'art. 1er du Protocole n° 1 résultant de la différence entre l'évaluation faite d'une propriété pour le calcul d'une indemnité d'expropriation et l'évaluation de cette même propriété retenue pour le calcul des droits de succession, le droit au respect des biens comprenant le droit d'espérer une cohérence raisonnable entre des décisions présentant une relation et concernant les mêmes biens. • CEDH 21 mai 2002, *Jokela c/ Finlande*, n° 28856/95.

45. Atteinte aux biens résultant du refus d'exécuter une décision de justice. Pour le refus d'exécuter une décision judiciaire constatant la propriété d'une personne sur un immeuble, à la suite d'une expropriation irrégulière au profit de l'État. • CEDH, sect. III, 26 juill. 2007, *Hirschhorn c/ Roumanie*, n° 29294/02 : (le fait que l'immeuble ait été loué à une organisation bénéficiant de l'immunité diplomatique n'est pas une justification suffisante). ♦ V. aussi : • CEDH, sect. II, 22 févr. 2005, *N. c/ Ukraine*, n° 47148/99 • CEDH, sect. II, 15 janv. 2009, *Bourdov c/ Russie*, n° 33509/04 • CEDH, sect. IV, 31 juill. 2012, *M. P. c/ Albanie*, n° 604/07. ♦ V. aussi pour l'impossibilité d'exécuter un jugement de paiement d'arriérés de salaires de la part d'une société dépendant étroitement de l'État : • CEDH, sect. II, 30 nov. 2004, *M. et a. c/ Ukraine*, n° 35091/02.

46. Atteintes à la substance du droit de propriété. Interdiction de construire assortie d'une expropriation de propriété immobilière qui n'a pas reçu un commencement d'exécution pendant un très long délai (le propriétaire reste juridiquement et formellement titulaire de son droit mais il perd en fait la disponibilité de son bien). • CEDH 23 avr. 1996, *Phocas c/ France*, n° 39/1994/486/568. ♦ Violation de l'art. 1er du Protocole n° 1 en cas de déni d'accès à des biens entraînant la perte de maîtrise de ceux-ci. • CEDH 23 mars 1995, *Loizidou c/ Turquie : Série A, n° 310* • 18 déc. 1996, *Loizidou c/ Turquie : CEDH 96-VI, p. 2227-2238, § 31-66.* ♦ *Adde :* • CEDH 10 mai 2001, *Chypre c/ Turquie*, n° 25781/94 (violation continue de l'art. 1er du Protocole n° 1 en ce que les Chypriotes grecs possédant des biens dans le nord de Chypre se sont vu refuser l'accès à leurs biens, la maîtrise, l'usage et la jouissance de ceux-ci, ainsi que toute réparation de l'ingérence dans leur droit de propriété).

47. Privation pour les copropriétaires de leur droit d'accès au juge dans le cadre de la procédure de carence. Cassation, aux visas de l'art. 6-1 Conv. EDH et de l'art. L. 615-6 CCH, de l'arrêt qui, pour déclarer irrecevable la tierce opposition des copropriétaires, retient que la procédure de carence concerne le syndicat des copropriétaires en sa qualité de personne morale représentant la collectivité des copropriétaires et que l'ordonnance de carence est opposable aux copropriétaires pris individuellement, alors que le syndicat ne représente pas les copropriétaires dans cette procédure qui peut aboutir à l'expropriation de l'immeuble en vue de sa réhabilitation ou de sa démolition. • Civ. 3e, 28 janv. 2015, n° 13-19.080 P : *D. 2015.599, obs. Mallet-Brricout*.

4° RESTRICTIONS COMPATIBLES AVEC LA CONVENTION

a. Restrictions justifiées par un but légitime d'utilité publique

48. Expropriation pour cause d'utilité publique. Conformité à la Conv. EDH, art. 6, § 1, de la procédure d'expropriation : V. • Civ. 3e, 29 mai 2002, n° 01-70.175 P. ♦ ... Des modalités de fixation des indemnités d'expropriation : V. • Civ. 3e, 25 sept. 2002, n° 01-70.042 P. ♦ Toutefois, prévue à l'art. L. 322-2 C. expr., la règle d'évaluation des biens expropriés, selon leur usage effectif à la date de référence et sans prise en compte des changements de valeur intervenus depuis cette date, lorsqu'elle est appliquée à l'évaluation d'un bien destiné à être revendu par l'expropriant dans des conditions déjà déterminées et lui permettant de bénéficier d'une plus-value certaine, est de nature à créer un déséquilibre entre les intérêts de l'exproprié et de l'expropriant, celui-ci étant protégé de la spéculation foncière qui aurait pu bénéficier à l'exproprié, tout en étant assuré d'en tirer lui-même profit (renvoi d'une QPC au Cons. const.). • Civ. 3e, 1er avr. 2021, n° 21-40.004 P : *AJDI 2021. 377, obs. Hamel* • 1er avr. 2021, n° 20-17.133 P : *AJDI 2021. 377, obs. Hamel*. ♦ N'était pas tenue de procéder à un contrôle inopérant relatif à l'atteinte disproportionnée au droit au respect des biens, qui résulterait de la plus-value bénéficiant à l'expropriant lors de la revente des parcelles, la cour d'appel, devant qui il n'était pas contesté que les biens expropriés avaient été revendus pour la réalisation du projet déclaré d'utilité publique, et qui a retenu, d'une part, que la plus-value, que devaient générer ces ventes en raison de l'opération d'utilité publique conduite par l'expropriant, n'avait pas à être prise en compte pour déterminer l'indemnité réparant la dépossession et, d'autre part, que l'indemnisation était en rapport avec la valeur du bien exproprié, la valorisation des biens ayant été faite sur la base d'éléments de comparaison portant sur des biens comparables. • Civ. 3e, 2 mars 2022, n° 20-17.133 B : *AJDI 2021. 377, obs. Hamel*. ♦ Ne porte pas une atteinte disproportionnée au droit au respect de leurs biens, garanti part l'art. 1er du prot. n° 1, la cour d'appel qui, après avoir relevé que l'expropriant avait réalisé l'opération en conformité avec le projet déclaré d'utilité publique, que les biens expropriés avaient été affectés dans leur quasi-totalité à l'usage prévu par ce projet d'intérêt général, a jugé que, dans ces conditions, les expropriés ne bénéficiaient pas d'un droit de priorité lors de la cession à un tiers des parcelles non affectées à l'usage prévu par la déclaration d'utilité publique et n'avaient pas été indûment privés d'une plus-value. • Civ. 3e, 1er mars 2023, n° 22-12.455 B.

49. Crise économique, politiques d'austé-

rité, réduction des coûts. Absence de violation de l'art. 1 prot. n° 1 dans la réduction importante des salaires et pensions des fonctionnaires, compte tenu de l'ampleur exceptionnelle de la crise grecque et du fait que la situation des requérants ne s'est pas dégradée à un point tel que leur subsistance serait mise en danger. • CEDH, sect. I, 7 mai 2013, *Koufaki et Adedy c/ Grèce*, n°s 57665/12 et 57657/12 (réduction de ... 20 %). ♦ V. dans le même sens pour la réduction de primes imposée à des retraités du secteur public au Portugal. • CEDH, sect. II, 8 oct. 2013, *D. C. M. et S. J. c/ Portugal*, n°s 62235/12 et 57725/12 (diminution de près de 11 %).

Absence de contrariété à l'art. 1er du Protocole n° 1, au regard des objectifs d'utilité publique de simplification de la procédure et de réduction de son coût, de la suppression du monopole de représentation des avoués prévu par la L. du 25 janv. 2011 dans le cadre de la réforme de la représentation devant les cours d'appel, mesure d'ingérence justifiée dans le droit au respect des biens. • Civ. 1re, 6 juill. 2016, n° 15-17.346 P.

50. Restrictions justifiées par la protection des réserves de change. L'insaisissabilité des réserves de change prévue à l'al. 1er de l'art. L. 153-1 C. mon. fin. est instituée, en raison de la nature des biens concernés, afin de garantir le fonctionnement des banques centrales et autorités monétaires, indépendamment de l'immunité d'exécution reconnue aux États étrangers. Si cette insaisissabilité constitue une ingérence dans l'exercice du droit à l'exécution et du droit de propriété du créancier, elle poursuit un but légitime en ce qu'elle vise à préserver le fonctionnement d'institutions qui concourent à la définition et à la mise en œuvre de la politique monétaire et à prévenir un blocage des réserves de change placées en France. Elle se trouve proportionnée, dès lors qu'elle ne s'applique qu'aux valeurs ou biens détenus en France par les banques centrales ou les autorités monétaires étrangères et non à l'ensemble du patrimoine de l'État ou des États étrangers dont elles relèvent. • Civ. 1re, 12 mai 2021, n° 19-13.853 P.

51. Réglementation de l'usage des biens. La loi qui a instauré un droit d'objection à la chasse n'est pas contraire à la Conv. EDH dès lors que les atteintes au droit de propriété sont justifiées par des considérations d'intérêt public tenant à l'entretien et à la mise en valeur des espaces réservés à la chasse, ces règles visant à prévenir une pratique désordonnée de la chasse et à favoriser une gestion rationnelle du patrimoine cynégétique. • Civ. 3e, 9 déc. 2009, n° 09-11.333 P : *D. 2010. 94, obs. Forest ; ibid. Pan. 2183, obs. Mallet-Bricout ; RTD civ. 2010. 133, obs. Revet* (en l'espèce, impossibilité pour l'acquéreur du terrain, auquel se rapporte le droit de chasse apporté par un précédent propriétaire, de faire lui-même partie de l'ACCA en raison du caractère limitatif de la liste des personnes énumérées par l'art. L. 422-21-I C. envir.) ♦ Rappr. • CE 13 oct. 2008 : *cité note 42* (conformité à la Conv. EDH des dispositions du 5° de l'art. L. 422-10 et de l'art. L. 422-14 du code de l'environnement, les limitations apportées à l'usage des biens n'étant pas disproportionnées au regard du but légitime poursuivi par la législation relative aux ACCA tendant à assurer une bonne organisation technique de la pratique de la chasse et le respect de l'équilibre « agro-sylvo-cynégétique »). ♦ Conformité à l'art. 1er du Protocole n° 1 de la Conv. EDH de la réglementation de la possibilité de valider les titres établissant des droits sur la réserve domaniale dite des cinquante pas géométriques (art. L. 89-2 C. dom. État). • Civ. 3e, 16 nov. 2005, n° 04-16.936 P : *RFDA 2006. 251, note Lavialle (3e esp.)* .

52. Réglementation visant à assurer une bonne organisation de la pratique de la chasse. Les dispositions du 5° de l'art. L. 422-10 et de l'art. L. 422-14 C. envir., selon lesquelles les propriétaires qui, au nom de convictions personnelles opposées à la pratique de la chasse, demandent le retrait de leurs parcelles de l'emprise d'une association communale de chasse agréée, doivent renoncer pour eux-mêmes à l'exercice du droit de chasse sur ces terrains, n'ont pas pour effet de priver ces derniers de leur droit de propriété, mais apportent seulement des limitations à leur droit d'usage ; ces limitations ne sont pas disproportionnées au regard du but légitime poursuivi par la législation relative à ces associations tendant à assurer une bonne organisation technique de la pratique de la chasse et le respect de l'équilibre « agro-sylvo-cynégétique ». • CE 13 oct. 2008 : *JCP 2009. II. 10007, note Damarey* (absence de contrariété à l'art. 1er du premier protocole additionnel à la Conv. EDH). ♦ Dans le même sens : • CEDH 22 sept. 2011, n° 29953/08 : *D. 2011. Actu. 2335* • CEDH, gr. ch., 26 juin 2012, *Herrmann c/ Allemagne*, n° 9300/07 (violation), adoptant la position inverse de celle prise par • CEDH, sect. V, 20 janv. 2011, n° 9300/07 • CEDH, gr. ch., 4 oct. 2012, *Chabauty c/ France*, n° 57412/08 : *D. 2012. 2391, et les obs. ; RTD civ. 2012. 703, obs. Marguénaud ; ibid. 2013. 151, obs. Dross ; Gaz. Pal. 2012. 3309, obs. Lagier* (absence de violation au surplus dans la distinction en fonction de la taille des propriétés) ; • CEDH 4 oct. 2012, *Chabauty c/ France*, n° 57412/08 : – *Adde* • Civ. 3e, 9 déc. 2009 : *préc. note 51.*

53. Réglementation visant à assurer la sécurité et la fluidité du trafic aérien. Les servitudes aériennes de dégagement poursuivent un objectif d'intérêt général, assurant la sécurité et la fluidité du trafic aérien, avec des restrictions au droit de propriété qui sont graduelles et proportionnées au but poursuivi. • Civ. 3e, 17 oct. 2019, n° 19-18.995 P.

54. Réglementation visant à répondre à un

besoin de logement. Ne constitue pas une violation du droit de propriété une législation favorisant le rachat de logement par un locataire dans la mesure où le législateur national peut s'immiscer dans les relations contractuelles entre particuliers pour protéger le besoin de logement dans une société moderne. • CEDH 21 févr. 1986, *James et a. c/ Royaume-Uni : Série A, n° 98.* ♦ Restent compatibles avec les exigences de protection du droit de propriété, en raison du but légitime d'utilité publique poursuivi, une réduction de loyers imposée par la loi. • CEDH 19 déc. 1989, *Mellacher et a. c/ Autriche : Série A, n° 169.* ♦ ... Une législation visant à limiter les possibilités de résiliation d'un bail. • CEDH 21 nov. 1995, *Velosa Barretto c/ Portugal : Série A, n° 334* • CEDH, sect. II, 21 févr. 2010, *Ferreira c/ Portugal*, n° 41696/07 (impossibilité pour le bailleur de résilier le bail, même pour reloger un parent, dès lors que le locataire peut invoquer plus de 20 ans d'occupation ; arrêt soulignant l'importance de la date de conclusion du bail postérieure à la loi consacrant ce droit du locataire). ♦ ... Une législation visant à protéger le maintien dans les lieux de locataires âgés à faibles revenus. • CEDH 28 sept. 1995, *Spadia et Scalabrino c/ Italie*, n° 315-B. ♦ Comp. • CEDH, sect. IV, 12 juin 2012, *Lindheim et a. c/ Norvège*, n°s 13221/08 et 2139/10 (absence de juste équilibre entre les droits des bailleurs de terrain et les locataires constructeurs, dans le droit accordé à ces derniers d'obtenir une prorogation à durée indéterminée aux conditions antérieures, le loyer n'étant modifié qu'en vertu d'une indexation). ♦ Les dispositions de la L. du 1er sept. 1948 ont en particulier pour objet d'encadrer les loyers susceptibles d'être pratiqués dans des zones urbaines marquées par le manque de logements disponibles et en considération de cet objet, elles ne méconnaissent pas les exigences des dispositions du Prot. n° 1 ; en conséquence, celui qui a acquis un logement donné à bail sous le régime de cette loi, en toute connaissance des restrictions qu'elle imposait quant au montant du loyer et à la faculté de reprise des lieux par le bailleur, ne peut se prévaloir d'une atteinte disproportionnée portée par ce régime locatif au droit au respect de ses biens. • Civ. 3e, 24 sept. 2020, n° 19-17.068 P : *D. 2021. 310, obs. Boffa et Mekki* ; *RTD civ. 2021. 158, obs. Gautier*.

55. Réglementation visant à favoriser l'installation de jeunes agriculteurs. Les dispositions de l'art. 1er du Prot. n° 1 ne portent pas atteinte au droit que possèdent les États de mettre en vigueur les lois qu'ils jugent nécessaires pour *réglementer l'usage des biens conformément à* l'intérêt général ; ne méconnaît pas les exigences de ce texte l'al. 1er de l'art. L. 732-39 C. rur. qui subordonne la liquidation des droits à une pension de retraite au titre du régime des travailleurs non-salariés des professions agricoles à la cessation définitive de l'activité non salariée agricole, cette disposition ayant pour objet de favoriser l'installation des jeunes agriculteurs et poursuivant un but d'intérêt général. • Civ. 2e, 29 nov. 2018, n° 17-27.943 P.

56. Réglementation visant à protéger les consommateurs. La majoration des sommes dues par le professionnel à la suite de l'exercice de son droit de rétractation par le consommateur, sanction prévue à l'art. L. 121-21-4 devenu L. 242-4 C. consom., ne porte pas atteinte au droit de propriété et reste proportionnée à l'objectif poursuivi. En effet, cette sanction a pour but d'assurer une protection effective des consommateurs en ce qu'elle est dissuasive, et la majoration des sommes dues reste progressive puisqu'elle ne s'applique qu'à l'issue d'un délai de dix jours après l'expiration du délai de 14 jours à compter de la date à laquelle le professionnel est informé de la décision du consommateur de se rétracter. • Civ. 1re, 17 janv. 2018, n° 17-10.255 P : *D. 2018. Chron. C. cass. 748, obs. Le Gall*.

57. Réglementation visant à encadrer la profession d'agent immobilier. Si l'annulation du mandat de vente prive l'agent immobilier et l'intermédiaire de la rémunération prévue au mandat, qui constitue une créance entrant dans le champ d'application de l'art. 1er du Prot. n° 1, cette mesure est proportionnée à l'objectif poursuivi par les dispositions de la L. du 2 janv. 1970 et du Décr. du 20 juill. 1972 d'organiser l'accès à la profession d'agent immobilier, d'assurer la compétence et la moralité des agents immobiliers et de protéger le mandant qui doit pouvoir s'assurer que la personne à qui il confie le mandat est habilitée par l'agent immobilier, est titulaire de l'attestation légale et dispose des pouvoirs nécessaires. • Civ. 1re, 12 nov. 2020, n° 19-14.025 P.

58. Droit de percevoir des impôts. Une ingérence de l'autorité publique dans le droit au respect des biens reconnu par l'art. 1er du Prot. n° 1 doit être conforme à la loi et doit, par conséquent, reposer sur une norme interne. Tout en reconnaissant aux États le droit d'assurer le paiement des impôts, le 2^d^ al. de ce texte pose la condition que ce droit s'exerce par la mise en vigueur de lois, c'est-à-dire, au sens de ce texte, de toute norme de droit interne suffisamment accessible, précise et prévisible. • CEDH 19 juin 2006, *Hutten-Czapska c/ Pologne [GC]*, n°s 35014/97, 163. et • Civ. 1re, 30 nov. 2016, n° 1521.946 P (en l'espèce, condition de légalité de l'ingérence satisfaite par l'art. L. 632-6 C. rur.) : ♦ De plus, l'art. 1er du Prot. n° 1 n'interdit pas, en tant que telle, l'application rétroactive d'une loi fiscale. • Com. 2 déc. 2020, n° 18-26.480 P. ♦ Même lorsque se trouve en cause le droit qu'ont les États de mettre en vigueur les lois qu'ils jugent nécessaires pour assurer le paiement des impôts, le respect de l'art. 1er du Prot. n° 1 exige un rapport raisonnable de proportionnalité entre les moyens employés et le but visé ; la mesure en cause est proportionnelle lorsqu'il apparaît que l'équilibre a été maintenu entre les exigences de l'intérêt général et l'intérêt des individus concernés. • CEDH 16 nov. 2010, *Perdigao c/ Pologne [GC]*, n° 24768/06. ♦ L'art. 1er du premier Prot. add. à la Conv. EDH n'interdit pas, en tant que telle, l'application rétroactive d'une loi fiscale. • Com, 12 mai 2021, n° 20-14.596 P. ♦ Violation de l'art. 1er Prot. n° 1 : pour l'imposition d'une indemnité de licenciement d'un fonctionnaire à un taux très supérieur à celui applicable à tous les autres revenus (52 % au lieu de 16 % en moyenne). • CEDH, sect. II, 14 mai 2013, *N.K.M. c/ Hongrie*, n° 66529/11. ♦ ... En cas de mise à la charge des dirigeants d'une société des dettes fiscales de cette dernière, alors qu'une telle sanction n'était pas prévue par le droit positif. • CEDH, sect. I, 25 juill. 2013, *Khodorkovskiy et Lebedev c/ Russie*, nos 11082/06 et 13772/05.

59. *Réglementation visant à protéger l'environnement.* Ne constitue pas une violation du droit de propriété la législation, fondée sur la protection de l'environnement, qui vise à protéger une zone forestière non bâtissable. • CEDH, sect. II, 27 nov. 2007, *Hamer c/ Belgique*, n° 21861/03 : *D. 2008. 884, note Marguénaud ; ibid. Pan. 2469, obs. Reboul-Maupin ; ibid. Pan. 2390, obs. Trébulle ; RLDC 2008/50, n° 3041, obs. Parance.* ♦ Mais violation de la Conv. EDH pour une décision de classement en espace forestier public, en vue de protéger l'environnement, d'un terrain acheté comme terre agricole, sans recours interne efficace et sans indemnisation. • CEDH, sect. II, 22 juill. 2008, *Köktepe c/ Turquie*, n° 35785/03 • CEDH, sect. II, 8 juill. 2008, *Turgut c/ Turquie*, n° 1411/03 (hypothèse voisine d'une annulation d'un titre de propriété pour placer le terrain dans le domaine forestier d'état). – *Adde* : Train, Droit de propriété et protection de l'environnement, *AJDI 2011. 513*.

60. *Responsabilité liée aux rapports de voisinage.* La restriction apportée au droit de propriété par le principe selon lequel nul ne doit causer à autrui aucun trouble anormal de voisinage ne constitue pas une atteinte disproportionnée au droit protégé par l'art. 1er du Premier protocole additionnel à la Conv. EDH. • Civ. 2e, 23 oct. 2003 : *cité note 1 ss. art. 651.* ♦ V. *notes ss. art. 651.* ♦ *Faute du propriétaire* qui comble un fossé de remembrement afin de créer un étang sur sa propriété, sans s'informer auprès de son voisin des conséquences que cela peut entraîner sur le système d'évacuation des eaux traitées situées à proximité alors que la modification du parcours de ces eaux entraîne un surcoût pour les propriétaires voisins. • Civ. 3e, 27 mars 2013 : *cité note 6 ss. art. 703.*

61. *... Respect des quotas imposés par la législation communautaire.* Ne constitue pas une violation du droit de propriété la législation, fondée sur le droit communautaire, prévoyant des sanctions en cas de dépassement des quotas laitiers. • CEDH, sect. II, 10 oct. 2006, n° 16931/04.

62. *... Statut du fermage.* Conformité à la Conv. EDH de la législation française relative à la possibilité de reprise du bail rural par un descendant du fermier. • CEDH, sect. V, 19 juin 2008, *Gauchin c/ France*, n° 7801/03. ♦ Mais nécessité de rechercher si la conversion du métayage en fermage, en ce qu'elle prive le propriétaire de la perception en nature des fruits de la parcelle louée et en ce qu'elle est dépourvue de tout système effectif d'indemnisation, ne porte pas une atteinte disproportionnée au droit au respect de ses biens au regard du but légitime poursuivi. • Civ. 3e, 10 oct. 2019, n° 17-28.862 P : *D. 2019. 1936 ; RTD civ. 2020. 138, obs. Dross ; JCP N 2020, n° 1073, note Bue.*

63. *... Incessibilité des actions de dirigeants sociaux.* Justifiée par l'intérêt général, l'incessibilité des actions de dirigeants sociaux prononcée en application de l'art. L. 621-59 C. com. ne constitue pas une atteinte au droit de propriété. • Com. 12 juill. 2005, n° 03-14.045 P : *JCP E 2005. 1414 ; Rev. sociétés 2006. 162, note F.-X. Lucas .*

64. *Restrictions justifiées par le caractère plural d'une propriété.* Ne constitue pas une violation du droit de propriété une législation édictant que toute disposition d'une propriété indivise doit faire l'objet du consentement unanime des propriétaires indivis et prescrivant la démolition d'une construction édifiée en violation de cette règle. • CEDH 24 juin 2003, *Allard c/ Suède : RTD civ. 2003. 763, obs. Marguénaud ; AJDI 2008. 316, obs. Raynaud .*

65. *Restrictions justifiées par l'existence d'un engagement collectif : cas des actionnaires minoritaires.* Dans un litige relatif à une opération de « coup d'accordéon » menée par une société en vue de sa restructuration et de sa reprise par une autre société, jugé que la réduction du capital à zéro ne constitue pas une atteinte aux droits de propriété des actionnaires mais sanctionne leur obligation de contribuer aux pertes sociales dans la mesure de leurs apports, alors que l'opération litigieuse avait été décidée par l'assemblée générale des actionnaires pour reconstituer les fonds propres de la société et dans le but d'assurer la pérennité de l'entreprise sans nuire aux actionnaires, fussent-ils minoritaires, les actionnaires majoritaires subissant par ailleurs le même sort. • Com. 18 juin 2002, n° 99-11.999 P : *D. 2002. AJ 2190, obs. A. Lienhard ; ibid. Somm. 3264, obs. Hallouin ; JCP 2002. II. 10180, note Hovasse.*

66. *Restrictions justifiées par l'existence d'une procédure collective.* Conformité à la Conv. EDH de l'art. 115 de la L. du 24 janv. 1985 (C. com., art. L. 621-115) fixant à trois mois le délai d'exercice de l'action en revendication du vendeur avec réserve de propriété : V. • Com. 8 mars 1994 : *cité note 89.* ♦ Absence de violation de l'art. 1er du Protocole n° 1 de la Conv. EDH par l'art. L. 725-5 C. rur., qui dispose qu'en cas de redressement judiciaire les pénalités et majorations de retard dues par le redevable sont remises, s'agissant d'un secteur d'activité que le législateur français a choisi de soustraire au droit commun. • Civ. 2e, 14 févr. 2007, n° 05-21.815 P. ♦ Rappr. : violation de l'art. 8 Conv. EDH dans le refus opposé à une coopérative par l'administrateur judiciaire, qui l'avait prise en charge à la suite d'une décision d'un organe étatique, de lui communiquer les éléments d'information justifiant cette mesure et qui lui auraient permis de la contester. • CEDH, sect. V, 31 juill. 2008, *D.Z.P. c/ Rép. tchèque*, n° 2034/01. ♦ Absence de violation dans l'inopposabilité du droit de propriété à la procédure, en l'absence de revendication par le propriétaire d'un bien dans le délai prévu par l'art. L. 624-9 C. com., qui se justifie par un motif d'intérêt général, dès lors que l'encadrement de la revendication a pour but de déterminer rapidement et avec certitude les actifs susceptibles d'être appréhendés par la procédure collective afin qu'il soit statué, dans un délai raisonnable, sur l'issue de celle-ci dans l'intérêt de tous. • Com. 3 avr. 2019, n° 18-11.247 P : *D. 2019. 1801, obs. Reboul-Maupin et Strickler ; ibid. 1903, obs. Lucas et Cagnoli ; RTD civ. 2019. 617, obs. Dross ; RTD com. 2019. 490, obs. Martin-Serf*. ♦ Violation de l'art. 1 Prot. n° 1 en raison d'une distribution des actifs par le liquidateur d'une banque privée sans respecter l'ordre des créanciers. • CEDH, sect. I, 14 janv. 2010, *Kotov c/ Russie*, n° 54522/00 (manquement engageant la responsabilité de l'État compte tenu du statut légal du liquidateur et du contrôle de sa mission par les autorités judiciaires), solution non reprise par • CEDH, gr. ch., 3 avr. 2012, n° 54522/00 (administrateur ayant un statut privé, l'État se contentant de mettre en place le cadre légal et judiciaire de sa nomination ; responsabilité pouvant être engagée à titre personnel, mais uniquement après l'achèvement des opérations de liquidation).

67. Restrictions justifiées par l'existence d'une enquête pénale ou d'une instruction. L'obligation, faite au titulaire d'un compte bancaire sur lequel ont été saisies des sommes d'argent au cours de l'enquête pénale ou de l'instruction, de se conformer aux modalités et délais prévus par l'art. 41-4 C. pr. pén. pour obtenir restitution des fonds ainsi bloqués ne met pas en cause les principes fondamentaux du régime de la propriété à laquelle ce texte ne porte pas une atteinte disproportionnée. • Crim. 19 févr. 2014, n° 13-81.159 P : *D. 2014. 546*.

68. Restriction justifiée par la volonté de protéger les emprunteurs. Dans une offre de crédit, la sanction civile de l'indication d'un taux effectif global erroné, laquelle correspond à la perte d'une partie des intérêts convenus par suite de la substitution du taux d'intérêt légal au taux d'intérêt contractuel, est fondée sur l'absence de consentement des emprunteurs au coût global du prêt et ne constitue pas une atteinte disproportionnée au droit de l'établissement de crédit prêteur au respect de ses biens garanti par l'art. 1er du Prot. add. n° 1 à la Conv. EDH. • Civ. 1re, 14 déc. 2016, n° 15-26.306 P : *D. 2017. 443, note Lasserre Capdeville ; ibid. 539, obs. Aubry, Poillot et Sauphanor-Brouillaud*. ♦ La nullité du cautionnement dont la mention manuscrite n'est pas conforme à celle prévue par la loi, qui est fondée sur la protection de la caution, ne constitue pas une atteinte disproportionnée au droit de l'établissement de crédit prêteur au respect de ses biens garanti par l'art. 1er du Prot. add. n° 1 à la Conv. EDH. • Com. 21 oct. 2020, n° 19-11.700 P : *D. 2020. 2116 ; RTD civ. 2021. 120, obs. Barbier ; RDC 2021/1. 76, note Houtcieff*. ♦ Mais les magistrats d'appel qui rejettent une requête en mainlevée d'un cautionnement ordonné dans le cadre d'un contrôle judiciaire et la demande de restitution de biens saisis doivent s'expliquer d'une part sur la nécessité actuelle de la mesure de cautionnement et, d'autre part, à supposer que les biens saisis ne constituent pas en totalité, en nature ou en valeur, le produit de l'infraction, sur l'atteinte disproportionnée alléguée au droit au respect des biens par le maintien des saisies pénales. • Crim. 19 déc. 2018, n° 18-85.712 P.

b. Nécessité de respecter un principe de proportionnalité entre la gravité de l'atteinte et le but poursuivi

69. Exigence d'un rapport raisonnable de proportionnalité : principe. Pour être compatible avec l'art. 1er Prot. n° 1, une atteinte au droit d'une personne au respect de ses biens doit ménager un juste équilibre entre les exigences de l'intérêt général de la communauté et les impératifs de la sauvegarde des droits fondamentaux de l'individu, même lorsque se trouve en cause le droit qu'ont les États de mettre en vigueur les lois qu'ils jugent nécessaires pour assurer le paiement des impôts ou d'autres contributions ; il doit exister un rapport raisonnable de proportionnalité entre les moyens employés et le but visé ; la mesure en cause est proportionnelle lorsqu'il apparaît que l'équilibre a été maintenu entre les exigences de l'intérêt général et l'intérêt des individus concernés. • CEDH 16 nov. 2010, *Perdigao c/ Portugal [GC]*, n° 24768/06.

70. ... Charge de la preuve. Appréciation du rapport raisonnable de proportionnalité entre une cotisation professionnelle obligatoire due par une société et le but poursuivi par une association professionnelle : cassation de l'arrêt qui fait peser sur la société débitrice la charge de démontrer l'absence de rapport raisonnable de proportionnalité entre le montant des cotisations dues et le but poursuivi par l'association professionnelle. • Civ. 1re, 23 sept. 2020, n° 18-25.260 P.

71. Illustrations : recherche d'un juste équilibre entre droit du propriétaire et droit de l'occupant. Absence d'atteinte disproportionnée au droit de l'occupant résultant d'une mesure d'expulsion et de démolition d'un bien construit illégalement sur le terrain d'autrui compte tenu de la gravité de l'atteinte portée au droit de propriété, ces mesures étant les seules de nature à permettre au propriétaire de recouvrer la plénitude de son droit. • Civ. 3e, 17 mai 2018 n° 16-15.792 P : *D. 2018. 1772, obs. Neyret et Reboul-Maupin ; RDI 2018. 446, obs. Bergel ; RTD civ. 2018. 708, obs. Dross ; JCP 2018, n° 790, note Laurent ; RDC 2018. 452, obs. Tadros.* ♦ Dans le même sens : l'expulsion étant la seule mesure de nature à permettre au propriétaire de recouvrer la plénitude de son droit sur le bien occupé illicitement, l'ingérence qui en résulte dans le droit au respect du domicile de l'occupant, protégé par l'art. 8 Conv. EDH, ne saurait être disproportionnée eu égard à la gravité de l'atteinte portée au droit de propriété ; le droit de propriété ayant un caractère absolu, toute occupation sans droit ni titre du bien d'autrui constitue un trouble manifestement illicite permettant aux propriétaires d'obtenir en référé l'expulsion des occupants. • Civ. 3e, 4 juill. 2019, n° 18-17.119 P : *D. 2019. 2163, note Boffa ; ibid. Chron. C. cass. 2199, obs. Collomp ; ibid. 2020. 1148, obs. Damas ; ibid. 1380, obs. Leborgne ; ibid. 1761, obs. Reboul-Maupin et Strickler ; AJDI 2020. 139, obs. Le Rudulier* • 28 nov. 2019, n° 17-22.810 P. ♦ Rappr. note 64 ss. art. 16 et note 20 ss. art. 102. ♦ Absence d'atteinte disproportionnée, en l'espèce, à la Conv. EDH, Protocole n° 1, art. 1er, dans le refus de renouvellement d'un bail commercial opposé à des époux séparés de biens en raison du défaut d'immatriculation au registre du commerce de l'un d'eux. • Civ. 3e, 18 mai 2005, n° 04-11.349 P : *D. 2005. AJ 1477, obs. Rouquet ; D. 2006. Pan. 926, obs. Rozès ; JCP E 2005. 1733, n° 11, obs. Kenfack ; Defrénois 2006. 434, obs. Ruet ; Dr. et patr. 11/2005. 100, obs. Seube.* ♦ Caractère disproportionné de l'atteinte résultant de la réquisition pendant 65 ans d'un immeuble, contre un loyer modique, au profit de ministères ou d'administrations. • CEDH, sect. IV, 26 sept. 2006, *Fleri Soler et Camilleri c/ Malte*, n° 35349/05. ♦ ... D'une législation limitant les loyers à un montant inférieur aux frais d'entretien des immeubles pesant sur les propriétaires. • CEDH, sect. IV, 22 févr. 2005, *Hutten-Czapska c/ Pologne*, n° 35014/97. ♦ .... De la possibilité pour le locataire d'obtenir la prolongation de leurs baux au même prix et sans limitation de durée. • CEDH 12 juin 2012, *Lindheim c/ Norvège : D. 2012. 2007, note Marchadier ; ibid. 2128, obs. Mallet-Bricout et Reboul-Maupin ; AJDI 2012. 747, obs. Raynaud ; RDC 2013. 31, note Rochfeld.* ♦ Absence de juste équilibre entre le droit des propriétaires et ceux des locataires dès lors que les premiers ont été privés de loyers pendant plusieurs années, pour la seule raison qu'ils n'avaient pas respecté les règles de forme, lacunaires et imprécises, réglementant la conclusion des baux à la suite de la rétrocession des biens appartenant à l'État sous la période communiste. • CEDH, sect. III, 2 nov. 2006, *Radovici et Stanescu c/ Roumanie*, nos 68479/01, 71351/01 et 71352/01. ♦ Violation de l'art. 8 Conv EDH pour une mesure d'expulsion n'ayant pas tenu compte de la situation difficile de la locataire et s'étant bornée à constater son absence de titre. • CEDH, sect. I, 15 janv. 2009, *Cosic c/ Croatie*, n° 28261/06.

72. .... Recherche d'un juste équilibre entre les exigences de financement d'un régime de retraite obligatoire à caractère contributif et les droits individuels à pension des cotisants. L'art. 1er du Prot. n° 1 implique, lorsqu'une personne est assujettie à titre obligatoire à un régime de retraite à caractère essentiellement contributif, un rapport raisonnable de proportionnalité exprimant un juste équilibre entre les exigences de financement du régime de retraite considéré et les droits individuels à pension des cotisants. Les art. L. 644-1 CSS et 2 du Décr. du 22 avr. 1949 modifié relatif au régime d'assurance vieillesse complémentaire des médecins, d'une part, les art. L. 645-2 CSS et 2 du Décr. du 27 oct. 1972 modifié tendant à rendre obligatoire le régime des prestations supplémentaires de vieillesse des médecins conventionnés, d'autre part, prévoient que, en dehors des cas qu'ils visent, seul le paiement intégral de la cotisation annuelle due au titre de chacun de ces régimes ouvre droit à l'attribution de points de retraite ; pour la détermination des droits d'un assuré faisant l'objet d'une procédure de liquidation judiciaire clôturée pour insuffisance d'actif, au titre de ces régimes à caractère essentiellement contributif, l'exclusion des années durant lesquelles des cotisations n'ont pas été intégralement payées, sans aucune prise en compte des paiements partiels, si elle contribue à l'équilibre financier de ces régimes, porte une atteinte excessive au droit fondamental garanti en considération du but qu'elle poursuit, et ne ménage pas un juste équilibre entre les intérêts en présence. • Civ. 2e, 25 nov. 2021, n° 20-17.234 B. ♦ Dans le même sens, à propos de l'ingérence au droit de propriété des affiliés à un régime de retraite dont le dispositif de calcul exclut toute prise en considération des cotisations payées plus de 5 ans suivant leur date d'exigibilité, jugé que le défaut de prise en compte des cotisations payées au-delà du délai de 5 ans suivant leur date d'exigibilité, mais avant la liquidation du droit à pension, porte une atteinte excessive au droit fondamental garanti en considération du but poursuivi et ne ménage pas un juste équilibre entre les intérêts en présence. • Civ. 2e, 2 juin 2022, n° 21-16.072 B : *D. 2022. 1096* ; *RDSS 2022. 764, obs. Tauran*.

73. Liquidation d'une astreinte. L'astreinte, qui impose au stade de sa liquidation une condamnation pécuniaire au débiteur de l'obligation et porte atteinte à un intérêt substantiel de celui-ci, entre dans le champ d'application de la protection des biens garantie par le Prot. n° 1. Si l'astreinte ne constitue pas, en elle-même, une mesure contraire aux exigences du Prot. en ce qu'elle tend, dans l'objectif d'une bonne administration de la justice, à assurer l'exécution effective des décisions de justice dans un délai raisonnable, tout en imposant au juge appelé à la liquider de tenir compte des difficultés rencontrées par le débiteur pour exécuter l'obligation et de sa volonté de se conformer à l'injonction, il n'en appartient pas moins au juge saisi d'apprécier encore, de manière concrète, s'il existe un rapport raisonnable de proportionnalité entre le montant auquel il liquide l'astreinte et l'enjeu du litige. • Civ. 2e, 20 janv. 2022, nos 19-23.721 B et 20-15.261 B (2 arrêts) : *D. 2022. Chron. C. cass. 864, obs. Talabardon et Guého* ; *RTD civ. 2022. 452, obs. Cayrol*. ♦ Pour une hypothèse où le montant de l'astreinte liquidée est jugé raisonnablement proportionné à l'enjeu du litige : • Civ. 2e, 20 janv. 2022, n° 19-22.435 B : *D. 2022. Chron. C. cass. 864, obs. Talabardon et Guého* ; *RTD civ. 2022. 452, obs. Cayrol* (la Cour qui a pris en compte tant le comportement des débiteurs de l'obligation que les difficultés auxquelles ils s'étaient heurtés pour l'exécuter, et qui s'est assurée que le montant de l'astreinte liquidée était raisonnablement proportionné à l'enjeu du litige, n'avait pas à prendre en considération les facultés financières des débiteurs). ♦ Cassation de l'arrêt qui, pour liquider une astreinte provisoire, retient que la disproportion flagrante entre la somme réclamée au titre de l'astreinte et l'enjeu du litige ne peut être admise comme cause de minoration, sans examiner de façon concrète s'il existait un rapport raisonnable de proportionnalité entre le montant auquel l'astreinte était liquidée et l'enjeu du litige. • Civ. 2e, 20 janv. 2022, n° 20-15.261 B : *D. 2022. chron. C. cass. 864, obs. Talabardon et Guého* ; *RDT 2022. 180, obs. F. Guiomard*.

74. ... Ingérence d'une collectivité territoriale dans l'exercice du droit au respect de ses biens. La mesure qui prive de toute indemnisation consécutive à l'absence de droit de rétrocession le propriétaire ayant exercé son droit de délaissement sur un bien mis en emplacement réservé et donc inconstructible, puis revendu après avoir été déclaré constructible, constitue une ingérence dans l'exercice du droit au respect de ses biens ; cette ingérence est justifiée par le but légitime visant à permettre à la personne publique de disposer, sans contrainte de délai, dans l'intérêt général, d'un bien dont son propriétaire a exigé qu'elle l'acquière, mais il convient de s'assurer, concrètement, qu'une telle ingérence ménage un juste équilibre entre les exigences de l'intérêt général et les impératifs de la sauvegarde des droits fondamentaux et, en particulier, qu'elle est proportionnée au but légitime poursuivi. • Civ. 3e, 18 avr. 2019, n° 18-11.414 P : *RDI 2019. 390, obs. Hostiou* ; *AJCT 2019. 356, obs. Peynet* ; *Defrénois 2019/29-34. 27, note Bouathong* (atteinte excessive au droit au respect des biens en l'espèce, justifiant l'allocation de dommages et intérêts en raison de la modification par la commune de l'affectation du bien, initialement affecté à des espaces verts et transformé en terrain constructible, en dépit d'un délai de 25 ans entre les deux actes).

75. Appréciation du caractère excessif d'une mesure de confiscation : principes. Le juge qui prononce une mesure de confiscation de tout ou partie d'un patrimoine doit motiver sa décision au regard de la gravité des faits, de la personnalité de leur auteur et de sa situation personnelle, et apprécier le caractère proportionné de l'atteinte portée au droit de propriété de l'intéressé : cassation de l'arrêt qui, pour ordonner la confiscation de la propriété du prévenu à titre de peine complémentaire, se contente de retenir que cette peine est adaptée à la nature des faits délictueux commis. • Crim 8 mars 2017, n° 15-87.422 P : *D. 2017. 2501, obs. Ginestet* ; *RDI 2017. 240, obs. G. Roujou de Boubée*. ♦ Hormis le cas où la confiscation, qu'elle soit en nature ou en valeur, porte sur un bien qui, dans sa totalité, constitue le produit ou l'objet de l'infraction, le juge, en ordonnant une telle mesure, doit apprécier le caractère proportionné de l'atteinte portée au droit de propriété de l'intéressé lorsqu'une telle garantie est invoquée ou procéder à cet examen d'office lorsqu'il s'agit d'une confiscation de tout ou partie du patrimoine ; il incombe en conséquence au juge qui décide de confisquer un bien, après s'être assuré de son caractère confiscable en application des conditions légales, de préciser la nature et l'origine de ce bien ainsi que le fondement de la mesure et, le cas échéant, de s'expliquer sur la nécessité et la proportionnalité de l'atteinte portée au droit de propriété du prévenu. • Crim. 12 juin 2019, n° 18-83.396 P : *D. 2019. 1858, obs. Mascala* ; *AJ pénal 2019. 444, obs. Mayaud* • 24 juin 2020, n° 19-85.074 P • 9 juin 2021, n° 14-82.945 P. ♦ Cassation de l'arrêt qui confirme, sans aucun motif, la confiscation ordonnée par le jugement, lui-même dépourvu de motivation sur ce point, la Cour de cassation n'étant pas en mesure d'exercer son contrôle sur la légalité de la décision. • Crim. 14 févr. 2023, n° 21-85.689 B. ♦ Cependant le moyen qui invoque pour la première fois devant la Cour de cassation le caractère disproportionné de l'atteinte spécifique au droit de propriété occasionné par la mesure de confiscation est nouveau, mélangé de fait et, comme tel, irrecevable. • Crim. 13 juin 2017, n° 16-83.201 P. ♦ Et constitue un grief inopérant le grief qui invoque le caractère disproportionné de la saisie, non pas avec la gravité concrète des faits et la situation personnelle du demandeur, mais avec la seule créance découlant du préjudice causé par l'infraction, que la saisie n'a pas pour fonction de garantir. • Crim. 16 janv. 2019, n° 17-83.006 P.

76. ... Exemples de mesures de confiscation présentant un caractère excessif. ♦ Caractère excessif d'une mesure de confiscation d'une somme d'argent, introduite en provenance de l'étranger sans déclaration aux autorités, alors que l'origine non frauduleuse des fonds n'était pas discutée et que la sanction pénale du contrevenant était suffisante. • CEDH, sect. I, 6 nov. 2008, *Ismayilov c/ Russie,* n° 30352/03. ♦ Caractère excessif d'une mesure de confiscation pouvant s'étendre à des biens appartenant à des tiers sans recours possible même s'ils étaient de bonne foi et non impliqués dans la commission de l'infraction. • CEDH, sect. V, 23 juill. 2009, *Bowler International Unit c/ France,* n° 1946/06.

77. ... Exemples de mesures de confiscation nécessaires et proportionnées. Absence de violation pour la confiscation de biens appartenant à l'auteur d'une infraction. • CEDH, sect. II, 12 mai 2009, *Tas c/ Belgique,* n° 44614/06 (décisions judiciaires ayant apprécié la situation individuelle sans se contenter d'une application automatique de la mesure) • CEDH 4 nov. 2014, *Aboufadda c/ France,* n° 28457/10 : *D. actu. 6 janv. 2015, obs. Devouèze* (trafic de stupéfiant : art. 222-49, 321-6 et 321-10-1 C. pén.). ♦ Nécessité et proportionnalité de l'atteinte portée au droit de propriété du condamné par la mesure de confiscation de tout ou partie des biens lui appartenant en application de l'art. 131-21, al. 6, C. pén. • Crim. 7 déc. 2016, n° 15-85.136 P. ♦ Nécessité et proportionnalité de l'atteinte portée au droit de propriété et au droit au respect de la vie privée et familiale par la mesure de confiscation intégrale d'un bien immobilier acquis à l'aide du produit de l'infraction mêlé à des fonds d'origine licite en application de l'art. L. 131-21, al. 3, C. pén. • Crim. 22 mars 2017, n° 16-82.051 P. ♦ Possibilité de confisquer un hôtel particulier servant de mise en scène à la vente du mobilier et des objets d'art, déterminant les clients à acheter des articles de grande valeur, et constituant dès lors l'instrument de la tromperie, cet immeuble, dont les différentes composantes forment un tout indivisible, ayant permis la commission de l'infraction. • Crim. 24 juin 2020, n° 19-85.874 P.

78. ... Cas dans lequel le bien confisqué est un bien indivis. Lorsque le bien dont la confiscation est envisagée est en état d'indivision entre la personne condamnée et son époux de bonne foi, cette peine ne peut porter que sur la part indivise de la personne condamnée, les droits de l'époux de bonne foi devant lui être restitués, y compris lorsque le bien constitue le produit direct ou indirect de l'infraction. • Crim. 7 nov. 2018, n° 17-87.424 B : *D. 2018. 2138* ; *AJ pénal 2019. 45, obs. Hy* . ♦ Cependant, lorsque le bien confisqué est un bien indivis de la personne condamnée pour non-justification de ressources, celle-ci n'a pas qualité pour invoquer une atteinte aux droits de son coindivisaire dans le bien confisqué, dévolu en situation d'indivision à l'État. • Crim. 3 nov. 2016, n° 15-85.751 P : *D. 2016. 2283* . ♦ V. également • Crim. 31 mai 2017, n° 16-86.872 P : *D. 2017. 2138, note Lennon* (confiscation d'un bien donné à leurs enfants, en nue-propriété seulement, par les auteurs d'une infraction fiscale, la donation n'ayant pas effectivement privé les donateurs des attributs inhérents aux droits du propriétaire, compte tenu de ses modalités).

79. ... Cas dans lequel le bien confisqué est un bien commun. Lorsque le bien dont la confiscation est envisagée est commun à des époux mariés sous le régime de la communauté et que l'époux non condamné pénalement est de bonne foi, la confiscation ne peut qu'emporter sa dévolution pour le tout à l'État, sans qu'il puisse demeurer grevé des droits de l'époux de bonne foi, la confiscation faisant naître un droit à récompense pour la communauté lors de la dissolution de celle-ci en application de l'art. 1477. • Crim. 9 sept. 2020, n° 18-84.619 B : *D. 2020. 2051, note Allix* ; *AJ fam. 2020. 602, obs. Casey, obs. Mary* ; *AJ pénal 2020. 465, note Duval-Stalla et de Tonquédec* ; *RTD civ. 2021. 191, obs. Nicod* ; *JCP 2020, n° 1326, n° 10* • Crim. 30 mars 2022, n° 21-82.217 B : *D. 2022. 656* ; *AJ fam. 2022. 293, obs. Casey* ; *AJ pénal 2022. 277, obs. Hy* ; *RTD civ. 2022. 690, obs. Dauriac* . ♦ En conséquence, il appartient à la cour saisie de l'appel interjeté par l'époux de bonne foi contre le jugement rejetant sa requête en restitution d'un bien commun placé sous main de justice, d'abord de s'assurer du caractère confiscable du bien dont la restitution est sollicitée, en application des conditions légales, et ensuite d'apprécier si, nonobstant la reconnaissance d'un droit à récompense pour la communauté, il y a lieu de confirmer la confiscation en tout ou partie, en restituant tout ou partie du bien à la communauté, au regard des circonstances de l'infraction, de la personnalité et de la situation de son auteur, ainsi que de la situation personnelle de l'époux de bonne foi, en s'expliquant, hormis le cas où la confiscation, qu'elle soit en nature ou en valeur, porte sur un bien qui, dans sa totalité, constitue l'objet ou le produit de l'infraction, sur le caractère proportionné de l'atteinte portée au droit de propriété de l'époux de bonne foi lorsqu'une telle garantie est invoquée, ou procéder à cet examen d'office lorsqu'il s'agit d'une confiscation de tout ou partie du patrimoine. • Crim. 30 mars 2022, n° 21-82.217 B : *préc.*

80. … Cas dans lequel le bien confisqué fait l'objet d'un démembrement de propriété. Méconnaît l'art. 131-21, al. 6, C. pén. et encourt la cassation, la cour d'appel qui ordonne la confiscation d'un bien immobilier sur lequel les condamnés possèdent des droits en usufruit en ajoutant que les nus-propriétaires, qui ne sont pas visées par la peine complémentaire, doivent recevoir les sommes représentant la valeur de leurs droits après confiscation du bien ; la cour qui n'avait pas constaté que les condamnés, simples usufruitiers, avaient la libre disposition dudit bien ne pouvait dès lors ordonner que la seule confiscation des droits d'usufruit et non la confiscation en pleine propriété de ce bien, fût-ce en ordonnant la restitution aux nus-propriétaires des sommes représentant la valeur de leurs droits. • Crim. 30 juin 2021, n° 16-80.657 P : *AJ pénal 2021. 430, obs. Hy*.

81. … Cas dans lequel le bien confisqué fait l'objet d'un pacte tontinier. La clause de tontine, ou clause d'accroissement, est celle par laquelle, lorsque plusieurs personnes acquièrent un bien, le survivant des acquéreurs est réputé avoir été seul propriétaire depuis l'acquisition ; tant que la condition de survie demeure pendante, un acquéreur en tontine a, sous réserve de stipulations contraires, la possibilité d'aliéner seul les droits qu'il tient du pacte tontinier et qui consistent, d'une part, en la jouissance indivise du bien, d'autre part, en la propriété du bien conditionnée au prédécès de ses coacquéreurs. En application du principe selon lequel une personne ne peut transférer à autrui plus de droits qu'elle n'en a elle-même, la condition de survie demeure, en ce cas, appréciée en la personne de l'acquéreur initial, et le transfert des droits tontiniers au profit d'une personne morale, de droit privé ou de droit public, reste sans effet sur l'aléa inhérent à la condition de survie. Il s'en déduit que la confiscation des droits que l'un des acquéreurs tient de la clause de tontine ne peut, sans excéder ces droits, affecter l'aléa du pacte tontinier et, partant, l'existence et l'économie de celui-ci. • Cass., avis, 15 juin 2022 n° 21-80.743 B : *D. 2022. 2225* ; *AJ pénal 2023. 93, obs. Hy*. ♦ Si les acquéreurs d'un immeuble grevé d'une clause de tontine ne sont pas titulaires d'un droit privatif de propriété sur le bien ou une partie de ce bien tant que la condition suspensive de survie n'est pas réalisée, les droits concurrents sur cet immeuble, dont est titulaire *la personne mise en cause, constituent* un bien dont la confiscation est prévue par l'art. 131-21 C. pén. et dont la saisie, qui ne suspend ni l'usage du bien ni le droit d'en percevoir les fruits, s'étend nécessairement à la totalité de l'immeuble. La confiscation encourue des droits concurrents du condamné ne porte pas atteinte aux droits du coacquéreur du bien grevé de la clause de tontine, dès lors que ce dernier demeure titulaire de ses propres droits, la condition de survie continuant à devoir être appréciée en la personne des coacquéreurs ; le bien est en revanche confiscable dans sa totalité dans le cas où il est à la libre disposition du condamné, le coacquéreur n'étant pas de bonne foi. • Crim. 7 déc. 2022, n° 21-80.743 B : *préc.*

82. … Cas particulier de la confiscation en valeur prévue à l'art. 131-21, al. 9, C. pén. Selon l'al. 9 de l'art. 131-21 C. pén., la peine complémentaire de confiscation porte notamment sur les biens qui sont l'instrument, l'objet ou le produit direct ou indirect de l'infraction, à l'exception des biens susceptibles de restitution à la victime, et la confiscation peut être ordonnée en valeur ; en conséquence, il incombe au juge qui décide de confisquer un bien en valeur de s'assurer que celle-ci n'excède pas celle de l'instrument, de l'objet ou du produit de l'infraction. Cassation de l'arrêt qui ordonne la confiscation en valeur d'un immeuble et d'un véhicule automobile sans rechercher, pour déduire de la valeur de l'immeuble confisqué le capital restant dû à l'établissement bancaire prêteur, si ce bien se trouvait grevé d'un privilège ou d'une hypothèque opposable par celui-ci à l'État à la suite de sa dévolution à ce dernier, ni estimer la valeur du véhicule automobile confisqué. • Crim. 23 nov. 2022, n° 21-85.668 B : *AJ pénal 2023. 46, obs. Hy*.

83. … Cas dans lequel le propriétaire du bien est irresponsable pénalement. Cassation de l'arrêt qui, après avoir énoncé à bon droit que la confiscation, étant une peine complémentaire, ne peut être prononcée lorsque la personne a été déclarée irresponsable, refuse néanmoins la restitution du véhicule saisi au motif que, compte tenu de la confusion mentale dans laquelle se trouve sa propriétaire, cette restitution constitue un danger pour la sécurité des personnes et justifie qu'il soit fait application de l'art. 41-4 C. pén. afin que ce véhicule devienne la propriété de l'État ; la chambre de l'instruction, saisie d'une demande de restitution, devait rechercher en l'espèce si, lors de la remise du bien aux services compétents de l'État en application de l'art. 41-4 du code préc., la privation du droit de propriété de la demanderesse sur cet élément de son patrimoine n'aurait pas des conséquences excessives de sorte que, dans ce cas, il y aurait eu lieu pour elle, non pas de restituer le véhicule, mais d'ordonner sa remise à l'Agence de gestion et de recouvrement des avoirs saisis et confisqués, et, en cas d'aliénation du bien, la restitution du solde du produit de la vente à la personne déclarée pénalement irresponsable pour cause de trouble mental. • Crim. 21 mai 2019, n° 18-84.004 P : *D. 2019. 1109* ; *AJ pénal 2019. 400, obs. Hy*.

84. … Cas particulier des mesures de confiscation prévues à l'art. 131-21, al. 3, C. pén. Le principe de proportionnalité, dont dépend le caractère excessif de la mesure de confiscation, ne peut concerner la confiscation spéciale prévue à l'art. 131-21, al. 3, C. pén., s'agissant d'un bien qui, dans sa totalité, est le produit ou l'objet des infractions dont le prévenu a été déclaré coupable. • Crim. 7 déc. 2016, n° 16-80.879 P : *AJ pénal 2017. 142, obs. Violeau* • 5 janv. 2017, n° 16-80.275 P • Crim. 15 janv. 2020, n° 19-80.891 P : *D. 2020. 1643, obs. Pradel ; AJ pénal 2020. 145, obs. Hy* (non-application du principe de proportionnalité à la saisie provisoire aux fins de garantir la confiscation d'un bien qui, dans sa totalité, est le produit ou l'objet des infractions d'escroquerie, de blanchiment et d'abus de biens sociaux objet de la poursuite). ♦ Mais cassation de l'arrêt qui énonce que le principe de proportionnalité ne s'applique pas aux saisies opérées sur le produit direct ou indirect de l'infraction, en application de l'art. 131-21, al. 3, C. pén., sans rechercher si la saisie immobilière ordonnée, en ce qu'elle concerne un bien acquis pour partie avec des fonds d'origine licite, ne portait pas une atteinte disproportionnée au droit de propriété de la demanderesse. • Crim. 27 juin 2018, n° 17-84.280 P. ♦ Appréciation de la proportionnalité de la mesure de confiscation concernant la totalité d'un immeuble qui constituait pour partie, le produit de l'infraction, en ce qu'il avait bénéficié de travaux d'amélioration financés par le produit de l'escroquerie dont le prévenu avait été déclaré coupable, V. : • Crim. 7 déc. 2022, n° 20-87.111 B. ♦ Si le moyen pris de la violation du principe de proportionnalité au regard du droit de propriété est inopérant lorsque la saisie a porté sur la valeur du produit direct ou indirect de l'infraction, le juge qui ordonne la saisie en valeur d'un bien appartenant ou étant à la libre disposition d'une personne, alors qu'il n'apparaît pas qu'elle a bénéficié de la totalité du produit de l'infraction, doit cependant apprécier le caractère proportionné de l'atteinte portée au droit de propriété de l'intéressé s'agissant de la partie du produit de l'infraction dont il n'aurait pas tiré profit. • Crim. 24 oct. 2018, n° 18-80.834 P : *D. 2019. 53, note Petitprez*. ♦ Et même lorsque le bien constitue le produit direct ou indirect de l'infraction, les droits du propriétaire de bonne foi, qui sollicite la restitution d'un bien placé sous main de justice, doivent être *réservés. • Crim. 7 nov. 2018, n° 17-87.424 P : D. 2018. 2138 ; AJ pénal 2019. 45, obs. Hy ; JCP 2019, n° 75, note Beaussonie.*

II. CARACTÈRES ET ATTRIBUTS DE LA PROPRIÉTÉ

A. CARACTÈRE PERPÉTUEL DU DROIT DE PROPRIÉTÉ

BIBL. Hébraud, *Mél. Kayser, PU Aix-Marseille, 1979, t. 2, p. 1* (notion et rôle du temps en droit civil).

85. Imprescriptibilité de la propriété elle-même : absence d'extinction par le non-usage. La propriété ne s'éteint pas par le non-usage. • Civ. 3e, 22 juin 1983 : *Gaz. Pal. 1983. 2. Pan. 309, note Piedelièvre* • 9 juill. 2003, n° 02-11.612 P : *JCP 2004. I. 125, n° 4, obs. Périnet-Marquet ; Defrénois 2004. 816, obs. Atias.* – Déjà en ce sens : • Req. 12 juill. 1905 : *GAJC, 12e éd., n° 66 ; DP 1907. 1. 141, rapp. Potier ; S. 1907. 1. 273, note Wahl* • Civ. 3e, 9 juill. 1970 : *D. 1971. 111 ; JCP 1971. II. 16579, note Goubeaux.* ♦ V. aussi, à propos d'un chemin d'exploitation : • Civ. 3e, 4 févr. 1998, n° 96-12.554 P. ♦ ... D'un droit de crû et à croître : • Civ. 3e, 23 mai 2012, n° 11-13.202 P : *D. 2012. 1934, note d'Avout ; RTD civ. 2012. 553, obs. Revet ; JCP 2012, n° 930, note Dross ; Defrénois 2012. 1067, note Danos.* ♦ La renonciation à un droit réel immobilier ne se déduit pas de la seule inaction de son titulaire et ne peut résulter que d'actes manifestant sans équivoque la volonté de renoncer. • Civ. 3e, 1er avr. 1992, n° 90-14.066 P : *D. 1993. Somm. 35, obs. A. Robert ; RTD civ. 1993. 851, obs. Zenati .*

86. Réintégration du propriétaire dans ses droits. Le propriétaire qui a été privé de ses droits par la perte de son immeuble sous le seul effet des forces de la nature, se trouve réintégré dans sa propriété lorsque, de la même manière, l'obstacle qui l'en avait privé a disparu (en l'espèce, un étang avait été temporairement réuni à la mer, par l'effet de la disparition du cordon littoral, lequel s'était ensuite reconstitué – étang Napoléon). • Cass., ass. plén., 23 juin 1972, n° 70-12.966 P : *R. 1972-1973, p. 69 ; D. 1972. 705, concl. Lindon ; JCP 1973. II. 17331, note Goubeaux et Jégouzo ; Gaz. Pal. 1972. 2. 579, note Cabanac.*

87. Imprescriptibilité de l'action en revendication en application de la L. n° 2008-561 du 17 juin 2008. L'action en expulsion d'un occupant sans droit ni titre, fondée sur le droit de propriété, constitue une action en revendication qui n'est pas susceptible de prescription ; cassation de l'arrêt ayant déclaré irrecevable comme prescrite l'action tendant à l'expulsion de l'occupante d'un logement de fonction constituant l'accessoire d'un contrat de travail ayant pris fin au motif erroné qu'il ne s'agissait pas d'une action de nature réelle immobilière, mais d'une action dérivant d'un contrat soumise à la prescription quinquennale de droit commun. • Civ. 3e, 25 mars 2021, n° 20-10.947 P : *D. 2021. 1048, obs. Damas ; ibid. 1509, obs. Strickler et Reboul-Maupin ; RDI 2021. 348, obs. Bergel .* ♦ Sur les interrogations nées des nouveaux art. 2224 et 2227 issus de la L. n° 2008-561 du 17 juin 2008 portant réforme de la prescription en matière civile quant au caractère prescriptible ou non de l'action en revendication, V. en doctrine B. Mallet-Bricout et N. Reboul-Maupin, *D. 2008. 2458 s.* ; *Adde* M. Mignot, Aperçu critique de l'avant-projet de loi sur la prescription,

RRJ 2007 p. 1639, spéc. n° 23. – Amrani-Mekki, Liberté, simplicité, efficacité, la nouvelle devise de la prescription ?, *JCP 2008. I. 160, spéc. nos 24 s.*

88. *Imprescriptibilité de l'action en revendication antérieurement à la L. du 17 juin 2008.* L'action en revendication n'est pas susceptible de prescription extinctive. • Civ. 1re, 2 juin 1993, n° 91-10.971 P : *D. 1993. Somm. 306, obs. A. Robert ; ibid. 1994. 582, note Fauvarque-Cosson ; Defrénois 1994. 414, obs. Souleau-Defrénois* (propriété mobilière) • Civ. 3e, 5 juin 2002, n° 00-16.077 P : *D. 2003. 1461, note Pillet ; ibid. Somm. 2044, obs. Reboul-Maupin ; JCP 2002. II. 10190, note du Rusquec ; ibid. 2003. I. 117, n° 1, obs. Périnet-Marquet ; Defrénois 2002. 1310, obs. Atias ; LPA 7 mars 2003, note Barbiéri ; RDI 2002. 386, obs. Bergel*. ♦ ... Elle échappe à la forclusion de l'anc. art. L. 311-52 C. consom. (cas d'une location avec promesse de vente soumise aux dispositions relatives au crédit à la consommation). • Civ. 1re, 20 déc. 1994, n° 93-11.624 : *JCP 1995. II. 22423, note Monachon-Duchêne.* ♦ Comp. pour l'application de la prescription quadriennale à la demande d'indemnisation d'un propriétaire d'un terrain sur lequel une commune a édifié une école sans vente, échange ou expropriation. • Civ. 3e, 19 janv. 2011, n° 09-17.032 P : *AJDA 2011. 637*.

89. *Action en revendication et procédures collectives.* Conformité à la Déclaration des droits de l'homme et à la convention EDH de l'art. 115 de la L. du 24 janv. 1985 (C. com., art. L. 621-115) fixant à trois mois le délai d'exercice de l'action en revendication du vendeur avec réserve de propriété : • Com. 8 mars 1994, n° 92-14.394 P • 9 mai 1995, n° 92-20.565 P • 5 déc. 1995, n° 94-10.385 P. – Pérochon, *D. 1996. Somm. 215.* – Zenati, obs. *RTD civ. 1996. 653.* ♦ Rappr. • Civ. 1re, 16 mai 2000, n° 98-10.489 P : *JCP 2000. I. 269, n° 8, obs. Pétel.*

B. PRÉROGATIVES DU PROPRIÉTAIRE SUR LE BIEN

BIBL. Aubert, *Études Flour, Defrénois, 1979, p. 1* (droit de disposer de l'immeuble). – Bouyssou, *Mél. Hébraud, Univ. Toulouse, 1981, p. 75* (plafond légal de densité et droit de propriété).

90. *Usage, jouissance et disposition du bien.* Usage et jouissance : V. notes ss. art. 586 et note 3 ss. art. 637 ; disposition : V. notes ss. art. 900-1 (clauses d'inaliénabilité) ; droit de construire : V. ss. art. 552 (art. L. 112-1 C. urb.) ; en cas d'indivision : V. notes ss. anc. art. 815-2 s. *(prérogatives des indivisaires).* ♦ Responsabilité du propriétaire pour troubles anormaux du voisinage, V. notes ss. art. 651.

91. *Droit de démembrer sa propriété : modèles consacrés par la loi.* Pour les démembrements du droit de propriété auxquels un propriétaire peut consentir qui sont expressément visés par le code civil, V. *Usufruit*, art. 578 s. ; *Usage et habitation*, art. 625 s. ; *Servitudes établies par le fait de l'homme*, art. 686 s.

92. *... Consécration de la constitution de droits réels sui generis.* BIBL. François, *D. 2019. 1660* (qu'est-ce qu'un droit réel de jouissance spéciale ?). – Kilgus, *RTD civ. 2022. 515* (le droit réel *sui generis* : plaidoyer pour une utilisation décomplexée et raisonnée). – Laurent-Bonne, *AJ fam. 2019. 144* (le droit réel de jouissance spéciale dans un contexte familial). – Hoang, *D. 2020. 663* (limites à l'aménagement contractuel d'un droit réel de jouissance spéciale sur les droits sociaux). ♦ Ni les art. 544, 546 et 552 C. civ., ni aucune autre loi n'excluent les diverses modifications et décompositions dont le droit ordinaire de propriété est susceptible. • Req. 13 févr. 1834 : *S. 1834. 1, p. 205 ; H. Capitant, F. Terré et Y. Lequette, Les grands arrêts de la jurisprudence civile, tome 1, Dalloz, 12e éd., 2007, n° 65 (arrêt Caquelard).* ♦ Existence d'un droit de jouissance exclusif et perpétuel sur une partie commune d'un immeuble en copropriété. • Civ. 3e, 4 mars 1992, n° 90-13.145 P. ♦ Si le seul droit de jouissance exclusif sur un ou plusieurs emplacements de stationnement ne confère pas la qualité de copropriétaire, son titulaire bénéficie néanmoins d'un droit réel et perpétuel. • Civ. 3e, 2 déc. 2009, n° 08-20.310 P. ♦ Constitution d'un droit réel conférant le bénéfice d'une jouissance spéciale, V. • Civ. 3e, 31 oct. 2012, n° 11-16.304. ♦ Est perpétuel un droit réel attaché à un lot de copropriété conférant le bénéfice d'une jouissance spéciale d'un autre lot ; les droits attachés à un lot de copropriété à usage de piscine, par lesquels la SCI propriétaire de ce lot s'engage à assumer les frais de fonctionnement de la piscine et à assurer son accès gratuit aux copropriétaires, constituent des droits réels *sui generis* perpétuels trouvant leur source dans le règlement de copropriété et correspondant à la volonté des parties de créer des droits et des obligations attachés aux lots des copropriétaires. • Civ. 3e, 7 juin 2018, n° 17-17.240 P : *D. 2018. 1577, note Masson ; ibid. 1772, obs. Neyret et Reboul-Maupin ; ibid. chron. C. cass. 2435, obs. Jariel ; AJ contrat 2019. 170, note Drouiller ; AJDI 2019. 216, obs. Tomasin ; RDI 2018. 448, obs. Bergel ; RTD civ. 2018. 712, obs. Dross ; JCP 2018, n° 892, rapp. Jariel ; ibid., n° 893, note Périnet-Marquet ; Defrénois, 25 oct. 2018, p. 33, note Laurent ; RDC 2018. 436, obs. Danos.*

Application à la constitution d'un droit de jouissance spéciale. Le propriétaire peut consentir, sous réserve des règles d'ordre public, un droit réel conférant le bénéfice d'une jouissance spéciale de son bien. • Civ. 3e, 31 oct. 2012, n° 11-16.304 P : *R. 444 ; D. 2012. 2596, obs. Tadros ; ibid. 2013. 53, note d'Avout et Mallet-Bricout ; ibid. Pan. 2123, obs. Reboul-Maupin ; RDI 2013. 80, obs. Bergel ; RTD civ. 2013. 138, obs.*

Gautier ; *ibid. 169, obs. Théry* ; *JCP 2012, n° 1400, note Testu* ; *RLDC 2013/101, n° 4964, note Dubarry et Julienne* ; *RDC 2013. 584, obs. Libchaber* ; *ibid. 627, obs. Seube*. – *Adde*, Mortier, *JCP N 2014, n° 1284*. ♦ Et sur renvoi : • Paris, 18 sept. 2014 : *D. 2014. 1874, obs. Andreu* ; *RDI 2014. 634, obs. Bergel* ; *RTD civ. 2014. 920, obs. Dross* ; *RDC 2015. 131, note Tadros*. ♦ Pour l'issue de l'affaire : les parties avaient entendu instituer, par l'acte de vente, un droit réel distinct du droit d'usage et d'habitation régi par le code civil, droit concédé pour la durée de la fondation, et non à perpétuité, ce dont il résulte que ce droit n'était pas régi par les dispositions des art. 619 et 625, aucune disposition légale ne prévoyant par ailleurs qu'il soit limité à une durée de trente ans. • Civ. 3e, 8 sept. 2016, n° 14-26.953 P : *D. 2016. 2237, note Méano* ; *ibid. 2017. 134, note d'Avout et Mallet-Bricout* ; *ibid. 2017. 375, obs. Mekki* ; *ibid. 1789, obs. Reboul-Maupin* ; *RDI 2016. 598, obs. Bergel* ; *RTD civ. 2016. 894, obs. W. Dross* ; *JCP 2016, n° 1172, note Laurent* ; *JCP N 2016, n° 1294, note Dubarry et Streiff* ; *Defrénois 2016. 1119, note Périnet-Marquet* ; *RDC 2017. 60, note Boffa* ; *ibid. 123, note Danos*. ♦ Comp. : Lorsque le propriétaire consent un droit réel, conférant le bénéfice d'une jouissance spéciale de son bien, ce droit, s'il n'est pas limité dans le temps par la volonté des parties, ne peut être perpétuel et s'éteint dans les conditions prévues par les art. 619 et 625. • Civ. 3e, 28 janv. 2015, n° 14-10.013 P : *D. 2015. 599, note Mallet-Bricout* ; *ibid. Chron. C. cass. 988, note Méano* ; *AJDI 2015. 304, note Le Rudulier* ; *RDI 2015. 175, obs. Bergel* ; *Just. & cass. 2015. 270, rapp. Feydeau* ; *ibid. 277, avis Sturlèse* ; *RTD civ. 2015. 413, obs. Dross* ; *ibid. 619, obs. Barbier* ; *JCP 2015, n° 250, note Feydeau* ; *ibid., n° 251, avis Sturlèse* ; *ibid., n° 252, note Revet* ; *ibid., n° 148, note Milleville* ; *ibid. n° 546, obs. Perinet-Marquet JCP N 2015, n° 1083, note Julienne et Dubarry* ; *Defrénois 2015. 419, note Andreu et Thomassin*. ♦ V. cependant le caractère perpétuel reconnu à un droit réel *sui generis* attaché à un lot de copropriété correspondant au bénéfice d'une jouissance spéciale d'un autre lot : • Civ. 3e, 7 juin 2018, n° 17-17.240 P : *D. 2018. 1577, note Masson* ; *ibid. 1772, obs. Neyret et Reboul-Maupin* ; *ibid. chron. C. cass. 2435, obs. Jariel* ; *AJ contrat 2019. 170, note Drouiller* ; *AJDI 2019. 216, obs. Tomasin* ; *RDI 2018. 448, obs. Bergel* ; *RTD civ. 2018. 712, obs. Dross* ; *JCP 2018, n° 892, rapp. Jariel* ; *ibid., n° 893, note Périnet-Marquet* ; *Defrénois, 25 oct. 2018, p. 33, note Laurent* ; *RDC 2018. 436, obs. Danos*. – *Adde, Defrénois 23 août 2018. 15*, note Echappé ; *ibid. 28*, note Dross.

93. Droit de disposer de son bien : principe. La clause d'un prêt immobilier qui interdit à l'emprunteur, sous peine de déchéance du terme, de vendre ou de louer l'immeuble porte atteinte au droit constitutionnellement reconnu de disposer de son bien de la manière la plus absolue. • Civ. 1re, 13 déc. 2005 : *JCP E 2006. 2743, note Lamoureux* ; *CCC 2006, n° 35, note Raymond* ; *RLDC 2007/34, n° 2380, étude Pillet* ; *JCP N 2009, n° 1333, note Pillet* ; *ibid. 2010, n° 1071, note Leveneur* ; *RTD civ. 2006. 557, obs. Mestre et Fages*. ♦ La stipulation librement convenue d'un acte de vente selon laquelle la commune qui vend un terrain se réserve pendant vingt ans la faculté, avant toute revente, de le racheter au prix initial, actualisé en fonction de l'indice INSEE du coût de la construction, a pour but d'empêcher la spéculation sur le bien, les acheteurs ayant bénéficié en contrepartie de la possibilité d'accéder à un marché protégé de la spéculation immobilière ; elle n'est pas, au regard de la nature et de l'objet de l'opération réalisée, constitutive d'une atteinte au droit de propriété. • Civ. 3e, 23 sept. 2009, n° 08-18.187 P : *D. 2009. Chron. C. cass. 2573, obs. Nési* ; *AJDA 2010. 685, note Bouyssou* ; *JCP 2009. 479, note Pillet* ; *ibid. 2010, n° 336, § 5, obs. Périnet-Marquet* ; *JCP N 2009, n° 1333, note Pillet* ; *ibid. 2010, n° 1071, note Leveneur* ; *Defrénois 2010. 104, obs. Libchaber* ; *Dr. et patr. 1/2010. 71, obs. Seube et Revet* ; *RTD civ. 2009. 717, obs. Fages* ; *ibid. 2010. 127, obs. Gautier* ; *RDC 2010. 32, obs. Génicon* ; *ibid. 660, obs. Pimont*.

94. ... Réserves particulières liées à la présence d'une sépulture. L'existence d'une sépulture n'a pas pour effet de rendre inaliénable et incessible la propriété dans laquelle celle-ci est située, dont la vente amiable ou judiciaire est possible sous réserve qu'il en soit fait mention dans le cahier des charges et qu'un accès soit réservé à la famille. • Civ. 2e, 17 oct. 2013 : *D. 2014. 630, obs. Amrani-Mekki et Mekki* ; *JCP 2013, n° 1300, note Barbiéri*.

95. Droit à une utilisation normale de sa propriété. Le droit du propriétaire d'opérer des modifications de sa propriété conformes à son utilisation normale ne peut être tenu en échec par le droit conféré au concessionnaire bénéficiaire d'une déclaration d'utilité publique (EDF). • Civ. 3e, 19 juin 2002, n° 00-11.904 P : *D. 2003. 587, note de Bertier-Lestrade* ; *Defrénois 2003. 36, obs. Atias* ; *RDI 2002. 383, obs. Bergel*.

96. Libre accès du propriétaire à sa propriété. Le libre accès à sa propriété constitue un accessoire du droit de propriété. • Civ. 1re, 28 nov. 2006, n° 04-19.134 P : *JCP 2007. I. 117, n° 1, obs. Périnet-Marquet* ; *AJDA 2006. 2421* ; *Dr. et patr. 7-8/2007. 82, obs. Seube*.

97. Droit d'accès d'un tiers. La fixation des prix par le libre jeu de la concurrence commande que les concurrents puissent comparer leurs prix et en conséquence en faire pratiquer des relevés par leurs salariés dans leurs magasins respectifs ; cassation de l'arrêt ayant refusé un droit d'accès au nom du droit de propriété.

• Com. 4 oct. 2011, n° 10-21.862 P : *D. 2011. 2900, note Durez ; JCP 2011, n° 1298, § 2, obs. Périnet-Marquet.* ♦ Rappr. note 21 ss. art. 102 (droit du propriétaire d'un supermarché d'interdire la distribution de tracts dans son enceinte). ♦ Comp. : Une association, seule propriétaire d'un lieu affecté à l'usage de mosquée, a le droit de n'accepter en ce lieu que les personnes qu'elle souhaite y accueillir, et peut refuser l'accès à l'ancien imam, n'étant pas adhérent de l'association, nonobstant l'ouverture du lieu au public. • Orléans, 7 sept. 2009 : *JCP 2010, n° 962, obs. Leroy.*

98. Absence de droit exclusif sur l'image des biens. BIBL. Benabou, *Dr. et patr. 3/2001. 84.* – Dreyer, *CCE 2006. Étude 20* (l'énigme du trouble anormal). – Ducrey et Lancrenon, *Gaz. Pal. 2000. 2. Doctr. 2231.* – De Grandmaison, *LPA 27 mars 1998.* – Hamou, *Gaz. Pal. 2000. 2. Doctr. 2242.* – Kayser, *D. 1995. Chron. 291* . – kenderian, *D. 2002. Chron. 1161* ; *D. 2004. Chron. 1470* (fondement de la protection de l'image des biens). – Mercier, *LPA 11 juill. 2006.* – Ravanas, *D. 2000. Chron. 19* ; *D. 2002. Chron. 1502* . – Zenati, *D. 2004. Chron. 962* . ♦ Le propriétaire d'une chose ne dispose pas d'un droit exclusif sur l'image de celle-ci ; il peut toutefois s'opposer à l'utilisation de cette image par un tiers lorsqu'elle lui cause un trouble anormal. • Cass., ass. plén., 7 mai 2004, n° 02-10.450 P : *R., p. 201 et 344 ; BICC 15 juill. 2004, rapp. Collomp, concl. Sainte-Rose ; GAJC, 12e éd., n° 68-69 (II) ; D. 2004. 1545, notes Bruguière et Dreyer ; ibid. Somm. 2406, obs. Reboul-Maupin ; JCP 2004. II. 10085, note Caron ; ibid. I. 147, n° 12, obs. Tricoire ; ibid. I. 163, nos 24 s., obs. Viney ; ibid. I. 171, n° 1, obs. Périnet-Marquet ; Gaz. Pal. 2005. 1256, note Tellier-Loniewski et Revel de Lambert ; Defrénois 2004. 1554, note S. Piedelièvre et Tenenbaum ; Dr. et patr. 7-8/2004. 34, étude Revet ; LPA 10 janv. 2005, concl. Sainte-Rose ; CCE 2004. Étude 35, par Siiriainen ; Cah. dr. entr. 2004, n° 6, étude Roman ; RDI 2004. 437, obs. Gavin-Millan-Oosterlynck ; RTD civ. 2004. 528, obs. Revet* (trouble non établi, en l'espèce, par le propriétaire d'un hôtel particulier dont la façade a été reproduite sur les dépliants publicitaires d'une résidence immobilière). – Atias, *D. 2004. 1459* . – Dans le même sens : • Civ. 1re, 5 juill. 2005, n° 02-21.452 P : *D. 2006. Pan. 2367, obs. Reboul-Maupin ; Gaz. Pal. 2005. 3473, note Daussy-Roman ; ibid. 2006. Somm. 4158, obs. Guerder ; CCE 2005, n° 148, note Caron* • Paris, 27 sept. 2006 : *D. 2006. IR 2693.* ♦ *Rappr. • Civ. 2e, 5 juin 2003 : cité note 40 ss. art. 9* (qualifiant d'« erroné » le motif selon lequel le droit à l'image serait un attribut du droit de propriété) • Civ. 1re, 28 juin 2012 : *D. 2012. 2218, note Pollaud-Dulian* (trouble anormal caractérisé). ♦ V. déjà, exigeant la preuve d'un trouble certain porté au droit d'usage ou de jouissance du propriétaire : • Civ. 1re, 2 mai 2001, n° 99-10.709 P : *R., p. 419 ; D. 2001. 1973, note Gridel ; JCP 2001. II. 10553, note Caron ; JCP E 2001. 1386, note Serna ; Defrénois 2002. 329, note S. Piedelièvre ; LPA 21 juin 2001, note Charbonneau ; ibid. 20 juill. 2001, note Derieux ; ibid. 22 août 2001, note Bruguière ; Gaz. Pal. 2001. 788, note Pansier ; ibid. Somm. 2079, obs. Vray et alii ; RDI 2001. 358, obs. Bruschi ; RTD civ. 2001. 618, obs. Revet* .

99. Absence de trouble anormal résultant de l'exploitation par un tiers de l'image des biens. L'exploitation par un tiers de l'image d'un bien ne peut constituer en elle-même le trouble anormal exigé pour s'opposer à cette utilisation. • Orléans, 15 févr. 2007 : *CCE 2007, n° 78, note Caron.* ♦ Comp., antérieurement : l'exploitation d'un bien sous la forme de photographies porte atteinte au droit de jouissance du propriétaire. • Civ. 1re, 10 mars 1999, n° 96-18.699 P : *R., p. 390 ; GAJC, 12e éd., n° 68-69 (I) ; D. 1999. 319, concl. Sainte-Rose, note Agostini ; D. 1999. Somm. 247, obs. Durrande ; D. 2000. Somm. 281, obs. Tournafond ; JCP 1999. II. 10078, note Gautier ; ibid. I. 175, n° 2, obs. Périnet-Marquet ; JCP E 1999. 819, note Serna ; ibid. 1482, obs. Chevet ; Defrénois 1999. 897, étude Caron ; LPA 24 févr. 2000, note Meralli et Bosse ; RTD civ. 1999. 859, obs. Zenati* (cassation de l'arrêt ayant refusé la saisie de cartes postales représentant un café). ♦ La commercialisation de cartes postales représentant, comme sujet principal, la péniche dont une personne est propriétaire cause à celle-ci un trouble manifestement illicite. • Civ. 1re, 25 janv. 2000, n° 98-10.671 P : *D. 2000. IR 61 ; JCP 2001. II. 10554, note Tenenbaum ; LPA 24 nov. 2000, note Le Bars ; RTD civ. 2001. 618, obs. Revet* .

C. ABUS DU DROIT DE PROPRIÉTÉ

100. Principe. L'installation sur un terrain d'un dispositif ne présentant aucune utilité et n'ayant d'autre but que de nuire à autrui constitue un abus du droit de propriété. • Req. 3 août 1915, *Coquerel c/ Clément-Bayard : GAJC, 12e éd., n° 67 ; DP 1917. 1. 79.* ♦ V. déjà dans le même sens : • Colmar, 2 mai 1855 : *DP 1856. 2. 9* (édification d'une fausse cheminée dans la seule intention de nuire à autrui).

1° COMPORTEMENTS CONSTITUTIFS D'UN ABUS

101. Réalisation d'ouvrages dépourvus d'utilité dans une intention malveillante. • Civ. 1re, 20 janv. 1964 : D. 1964. 518 ; JCP 1965. *II. 14035, note Oppetit ; RTD civ. 1965. 117, obs. Rodière* (plantation d'un rideau de fougères devant une fenêtre dans la seule intention de nuire au voisin) • Civ. 3e, 30 oct. 1972 : *Bull. civ. III, n° 576 ; D. 1973. Somm. 43* (construction d'un mur privant l'habitation voisine de vue et de lumière, inspirée par une intention malveillante) • Pau, 30 sept. 1986 : *D. 1989. Somm. 32, obs. A. Robert* (implantation de peupliers dans l'axe de descente des avions) • Civ. 3e, 9 mai 2001 (2 arrêts) : *Defrénois 2001. 1123, obs. Atias* (abus du droit de se clore). ♦ Doit être condamné à indemniser son voisin, propriétaire du mur privatif de séparation des deux fonds, celui qui a édifié sur son fonds une véranda et a comblé, par remplissage de mortier, l'espace existant entre sa véranda et le mur privatif du voisin. • Civ. 3e, 19 déc. 2001, n° 00-15.300 P : *RDI 2002. 140, obs. Bruschi ; Rev. loyers 2002. 144, obs. J. Rémy.*

102. Opposition ou refus injustifié du propriétaire. Un propriétaire commet un abus de droit en s'opposant sans raisons valables à la démolition de constructions vétustes ayant fait l'objet de deux arrêtés de péril et en empêchant, par ce refus, un propriétaire voisin de procéder sur son fonds à des travaux autorisés. • Civ. 3e, 20 mars 1978 : *Bull. civ. III, n° 128.* ♦ ... En s'opposant à l'installation d'un échafaudage pour réaliser des travaux sur la toiture du pavillon voisin, les travaux étant impossibles à partir de la voie publique et toute autre solution ayant un coût disproportionné au regard de la valeur des travaux à effectuer. • Civ. 3e, 15 févr. 2012, n° 10-22.899 P : *D. 2012. 1308, note Thomassin ; RDI 2012. 272, obs. Bergel ; JCP 2012, n° 465, 13, obs. Périnet-Marquet.*

2° LIMITES À LA RÉPRESSION DES ABUS

103. Agissements non constitutifs d'abus. Le fait, pour l'exproprié, entrepreneur de travaux publics, de déposer des gravats sur le terrain exproprié entre la date de fixation de l'indemnité et celle de la prise de possession ne constitue pas un abus de droit, dès lors qu'il continuait d'en avoir la jouissance jusqu'à la prise de possession. • Civ. 3e, 8 nov. 2000, n° 99-10.953 P. ♦ Jugé que ne constitue nullement un abus de droit le fait pour un propriétaire de s'opposer à l'enlèvement de la clôture qu'il a fait édifier sur son fonds, empêchant de procéder à l'édification d'un immeuble en limite séparative conformément à un permis de construire, un tel permis étant toujours accordé sous réserve des droits des tiers. • TGI Beauvais, réf., 2 mars 1983 : *Gaz. Pal. 1983. 1. 250.*

104. Intention malicieuse non établie. Refus non abusif d'un propriétaire d'autoriser des travaux destinés à assurer l'étanchéité de l'immeuble voisin et devant comporter apport de matériaux sur son fonds, l'intention malicieuse n'étant pas établie. • Versailles, 20 mai 1994 : *D. 1996. Somm. 58, obs. Robert .*

105. Abus du droit de propriété et principe de précaution. Ne constitue pas un abus du droit de propriété un forage dont il ne résulte ni absence d'utilité, ni intention de nuire, ni dommage causé à la société exploitant la source voisine, la cour d'appel ayant pris en compte le principe de précaution prévu par l'art. L. 110-1 C. envir. • Civ. 3e, 3 mars 2010, n° 08-19.108 P : *D. 2010. AJ 706, obs. Forest ; ibid. Pan. 2183, obs. Mallet-Bricout ; ibid. 2419, note Bouchet-Le-Mappian ; JCP 2010, n° 658, note Tapinos ; ibid. n° 1162, § 9, obs. Périnet-Marquet ; AJDI 2010. 573, obs. Prigent ; RLDC 2010/70, n° 3773, obs. Le Nestour-Drelon.*

III. PREUVE DE LA PROPRIÉTÉ

106. Appréciation des contestations relatives à la propriété par la juridiction répressive saisie d'une demande de restitution. En vertu de l'art. 41-4 C. pr. pén., il appartient en principe au président de la chambre de l'instruction ou à la chambre de l'instruction à qui est déférée la décision de non-restitution rendue par le procureur de la République ou le procureur général sur la requête présentée par la personne entre les mains de laquelle le bien a été saisi, non pas de rechercher si le demandeur justifie d'un droit lui permettant de détenir légitimement celui-ci, mais seulement de rechercher si la propriété est contestée ou susceptible de l'être. Néanmoins, lorsque aucune juridiction n'a été saisie au terme de l'enquête ou lorsque la juridiction saisie a épuisé sa compétence sans avoir statué sur la restitution des objets placés sous main de justice, le président de la chambre de l'instruction ou la chambre de l'instruction est tenu de trancher la contestation relative à la propriété des objets réclamés si la décision sur la restitution en dépend. • Crim. 6 janv. 2021, n° 20-80.128 P. ♦ Il appartient à la chambre de l'instruction à laquelle est déférée la décision de non-restitution de l'instrument de l'infraction rendue par le ministère public après que la juridiction de jugement saisie a épuisé sa compétence sans avoir statué sur la restitution des objets placés sous main de justice, d'apprécier, sans porter atteinte aux droits du propriétaire de bonne foi, s'il y a lieu ou non de restituer le bien au regard des circonstances de l'infraction, de la personnalité de son auteur et de sa situation personnelle. Justifie légalement sa décision d'ordonner la restitution des biens placés sous main de justice, l'arrêt qui énonce que, s'agissant de la gravité concrète des faits, il y a lieu de prendre en considération la durée des infractions, qui n'a pas excédé cinq mois, le nombre limité des ventes évalué entre trente et cinquante, et le faible bénéfice qui en est résulté pour le requérant alors que les sommes allouées en réparation des préjudices subis par les parties civiles ont été payées et que les objets saisis (ordinateurs et téléphone portables) sont susceptibles de contenir des données personnelles et familiales. • Crim. 20 janv. 2021, n° 20-81.118 P : *D. 2021. 138 ; AJ pénal 2021. 164, obs. Hy .*

A. PREUVE DE LA PROPRIÉTÉ IMMOBILIÈRE

107. Liberté des modes de preuve. Les modes de preuve de la propriété immobilière sont libres. • Civ. 3e, 20 juill. 1988, n° 87-10.998 P : *Defrénois 1989. 359, obs. Souleau ; RTD civ. 1989. 776, obs. Zenati.* ♦ Lorsqu'aucun titre commun n'est invoqué, elle peut résulter de la production d'attestations. • Même arrêt • Civ. 3e, 17 avr. 1991, n° 89-15.898 P : *RTD civ. 1995. 400, obs. Zenati.* ♦ Le juge de la revendication dispose d'un pouvoir souverain pour dégager les présomptions de propriété les meilleures et les plus caractérisées. • Civ. 3e, 12 juill. 1977 : *Bull. civ. III, n° 311* (jurisprudence constante). ♦ Mais il ne lui appartient pas de limiter par avance les preuves admissibles. • Civ. 1re, 20 juin 1995, n° 93-15.371 P.

108. Titres de propriété. Celui qui soutient être propriétaire d'un fonds peut invoquer, à titre de présomption vis-à-vis des tiers, les titres translatifs ou déclaratifs de propriété, la preuve de la propriété étant étrangère à la question de l'opposabilité des actes aux tiers. • Civ. 3e, 5 mai 1982 : *Bull. civ. III, n° 116* • 2 juill. 1997, n° 95-20.190 P : *Defrénois 1997. 1420, obs. Atias.* ♦ Des titres de propriété publiés établissent la propriété privée d'un chemin qualifié de rural par la commune si celle-ci ne justifie pas d'un droit de propriété préférable à celui résultant de ces titres. • Civ. 3e, 27 juin 2001, n° 99-21.865 P : *JCP 2002. I. 126, n° 3, obs. Périnet-Marquet.* ♦ Les modes de preuve de la propriété immobilière échappent aux règles de la publicité foncière dont la finalité est distincte et différente. • Civ. 3e, 23 avr. 1981, n° 79-14.044 P : *RTD civ. 1982. 168, obs. Giverdon.* ♦ En présence de deux actes d'acquisition concordant parfaitement, les actes de propriété antérieurs sont sans incidence. • Civ. 3e, 2 avr. 2008, n° 07-12.501 P : *JCP N 2008. 1328, obs. Périnet-Marquet* (litige portant sur la propriété de la moitié d'une terrasse, chacune des parties en ayant acquis la moitié, mais l'une d'entre elles invoquant un acte antérieur de partage différent).

109. En revanche, s'il est exact que pour déterminer la propriété d'un bien, les juges doivent examiner les titres sans avoir à appliquer l'art. 1165 anc. C. civ., il en va autrement lorsque le procès relatif à la propriété d'un bien se déroule entre les ayants droit d'un auteur commun ; c'est ainsi qu'un partage amiable n'est pas opposable aux ayants droit d'un des héritiers qui n'avait pas été appelé à ce partage. • Civ. 1re, 1er avr. 1981 : *JCP 1982. II. 19897, note Tomasin.* ♦ *Lorsque existe un acte commun* aux parties à la revendication immobilière (ou à leurs auteurs), les stipulations de cet acte doivent prévaloir sur les énonciations des actes postérieurs modifiant d'une manière unilatérale le régime juridique instauré précédemment. • Civ. 3e, 31 mai 1978, n° 76-14.865 P. – Jurisprudence constante.

110. Indices : indications du cadastre. La valeur qui peut être reconnue aux indications du cadastre et les conséquences de celle-ci relativement à la solution du litige sur la propriété immobilière, sont déterminées souverainement par les juridictions du fond. • Civ. 3e, 21 mai 1970, n° 68-12.572 P. – Jurisprudence constante. – V. aussi : Alibert, *D. 1978. 253.*

111. Conflits de preuve. Lorsque deux personnes revendiquent l'une contre l'autre la propriété d'un immeuble, le juge qui reconnaît que ce bien appartient nécessairement à l'un ou à l'autre de ces deux revendiquants, ne peut rejeter les deux revendications sous prétexte qu'aucune des parties n'a prouvé la supériorité de son droit. • Civ. 3e, 16 avr. 1970 : *D. 1970. 474, note Contamine-Raynaud.* ♦ Il ne peut, dans les mêmes conditions, déclarer que les parties sont chacune propriétaire pour moitié. • Civ. 3e, 18 juin 1980 : *RDI 1981. 41, obs. Bergel ; JCP 1980. IV. 332 ; Gaz. Pal. 1980. 2. Somm. 563, note A. P.* ♦ En revanche, lorsqu'il ne résulte pas des énonciations des juges du fond que l'immeuble revendiqué ne pouvait appartenir qu'à l'une ou l'autre des parties, les deux demandes (principale et reconventionnelle) peuvent être rejetées par les magistrats qui relèvent qu'aucune des parties n'apporte la preuve de sa propriété. • Civ. 3e, 3 déc. 1980, n° 79-11.984 P.

112. Rôle de la possession et de la prescription acquisitive. Sur la prescription acquisitive résultant de la possession, en matière immobilière, V. art. 2272 s. ♦ Jurisprudence antérieure à la L. du 17 juin 2008 portant réforme de la prescription en matière civile. ♦ Le juge ne peut accueillir une action en revendication au motif que le défendeur, se prévalant d'un acte de notoriété acquisitive, n'avait pu acquérir la propriété du bien par prescription trentenaire, sans constater que le demandeur établissait lui-même son droit de propriété. • Civ. 3e, 26 juin 1996, n° 94-17.461 P : *Defrénois 1997. 385, obs. Atias.* ♦ Sur la présomption de propriété découlant de la possession, V. : • Req. 6 févr. 1946 : *D. 1947. 50* • Civ. 3e, 16 mars 1969, n° 67-14.239 P. ♦ Sur l'usucapion comme mode de preuve de la propriété, V. Jestaz, *D. 1984. Chron. 27* (prescription et possession en droit français des biens). ♦ *Adde :* notes ss. art. 2255, spécialement notes ss. art. 2272.

113. Conflit entre les stipulations du cahier des charges et les mentions des actes de vente. Les clauses du cahier des charges d'un lotissement engageant les colotis entre eux pour toutes les stipulations qui y sont contenues, prévalent sur les stipulations contraires des actes individuels de vente. • Civ. 3e, 17 juin 2009, n° 06-19.347 P : *D. 2009. AJ 1829, obs. Vincent ; AJDI 2009. 741, note Porcheron ; Defrénois 2009. 2442, obs. Benoît-Cattin ; RDC 2009. 1473, obs. Brun.*

B. PREUVE DE LA PROPRIÉTÉ MOBILIÈRE

114. Liberté des modes de preuve. La propriété d'un bien se prouve par tous moyens ; la production d'une facture d'achat au nom de la concubine suffit à établir le droit de propriété de celle-ci sur des meubles se trouvant au domicile de son concubin. • Civ. 1re, 11 janv. 2000, n° 97-15.406 P : *D. 2001. 890, note A. Donnier ; Defrénois 2000. 779, obs. Atias ; JCP 2000. I. 265, n° 2, obs. Périnet-Marquet ; JCP E 2001. 33, note Ferries ; RDI 2000. 145, obs. Bruschi ; RTD civ. 2002. 121, obs. Revet*. – V. aussi • Civ. 1re, 19 nov. 2002 : *cité note 3 ss. art. 716* • 21 févr. 2006 : *cité note 25 ss. art. 931.* ♦ Un bien appartient à celui qui l'a acquis, sans égard à son financement. • Civ. 1re, 19 mars 2008, n° 07-12.300 P : *Defrénois 2008.1348, obs. Libchaber.*

115. Valeurs mobilières. L'inscription d'actions au nom d'une personne sur le registre des transferts de la société constitue au bénéfice de cette personne une présomption de propriété. • Com. 10 juin 1997, n° 95-16.235 P : *R., p. 246 ; D. 1999. 89, note Causse*. ♦ D. R. Martin, *D. 1998. Chron. 15.* – P. Goutay, *D. Affaires 1997. 1173.* ♦ Dans le même sens : • Com. 22 oct. 2002 : *D. 2003. Somm. 1225, obs. Reygrobellet ; RTD com. 2003. 324, obs. Chazal et Reinhard ; Rev. sociétés 2003. 511, note Dubertret* (présomption renversée par la preuve contraire, en l'espèce).

116. Clichés photographiques : preuve de la propriété de l'objet matériel. Aux visas de l'art. 544 et de l'art. L. 111-3 CPI, cassation de l'arrêt qui accorde une indemnisation à un photographe en réparation du préjudice patrimonial résultant de la non-restitution de clichés photographiques par une société de presse au motif que cette dernière ne rapporte pas la preuve de l'acquisition des supports transformés par l'intervention du photographe alors que la société, ayant financé les supports vierges et les frais techniques de développement, devait être considérée comme le propriétaire originaire desdits supports. • Civ. 1re, 28 oct. 2015, n° 14-22.207 P : *D. 2016. 238, note Latil ; ibid. 449, obs. Fricero ; Dalloz IP/IT 2016. 34, obs. Dissaux ; RTD civ. 2016. 163, obs. Dross ; JCP 2016, n° 153, obs. Treppoz ; RDC 2016. 325, note Berlioz.*

117. Rôle de la possession et de la prescription acquisitive. Sur la prescription acquisitive résultant de la possession, en matière mobilière V. art. 2258 s. ♦ **Jurisprudence antérieure à la L. du 17 juin 2008 portant réforme de la prescription en matière civile : droits de propriété incorporelle.** ♦ En l'absence de revendication de la propriété d'un modèle par la personne physique qui l'a réalisé, la possession de ce modèle par une société fait présumer à l'égard des tiers contrefacteurs qu'elle en est titulaire. • Com. 7 avr. 1998, n° 96-15.048 P • Civ. 1re, 11 mai 1999, n° 97-10.963 P • 22 févr. 2000, n° 97-21.098 P. ♦ De ce qu'une cour d'appel, ayant écarté la qualification d'œuvre de collaboration, a retenu qu'une société fabriquait et diffusait des meubles qui avaient fait l'objet d'une reproduction quasi servile, il se déduit qu'elle était présumée titulaire, sur les produits litigieux, des droits de propriété incorporelle de l'auteur, et partant, recevable à invoquer la contrefaçon. • Civ. 1re, 13 oct. 1998, n° 96-14.201 P.

IV. PROPRIÉTÉ APPARENTE

BIBL. Leroux, *RTD civ. 1974. 509.* – J. Monéger, *JCP N 1993. I. 103* (apparence et baux commerciaux).

118. QPC (non). La construction jurisprudentielle de la théorie de l'apparence, en ce qu'elle est appliquée dans le domaine de la propriété immobilière, ne concerne pas une disposition législative de sorte que sa constitutionnalité ne peut faire l'objet d'une QPC sous couvert d'une contestation de la constitutionnalité de la portée effective qu'une interprétation jurisprudentielle constante conférerait à l'art. 544. • Civ. 3e, 30 mars 2017, n° 16-22.058 P : *D. 2017. 1344, note Lakssimi*.

A. CONDITIONS

119. Erreur commune et bonne foi. Si les tiers peuvent valablement acquérir de l'héritier apparent un immeuble de la succession, c'est à la condition qu'ils aient été de bonne foi et, en outre, qu'ils aient traité sous l'influence de l'erreur commune ; si leur bonne foi individuelle est présumée, ils doivent, au contraire, le cas échéant, prouver l'erreur commune. • Req. 20 mai 1935 : *DP 1935. 1. 97, rapport Pilon.* – V. aussi • Civ. 1re, 12 janv. 1988 : *JCP N 1988. II. 333, note Salvage.* ♦ La bonne foi et l'erreur commune commise par le propriétaire de bâtiments, assigné en expulsion et en démolition d'ouvrages construits sur une parcelle dépendant de la zone des cinquante pas géométriques, s'apprécient au jour de son acquisition, peu important le fait qu'il ait ultérieurement pris connaissance de ce que sa maison était pour partie édifiée sur le domaine public maritime. • Civ. 3e, 30 mars 2017, n° 15-21.790 P : *D. 2017. 1789, obs. Reboul-Maupin ; RTD civ. 2017. 684, obs. Dross ; RDC 2017. 512, note Danos ; Gaz. Pal. 2017. 2716, note Bertier-Lestrade.*

120. Exclusion du bien acquis à titre gratuit. La qualité de propriétaire apparent ne s'applique pas à une personne ayant acquis les biens litigieux à titre gratuit, en l'espèce par succession. • Civ. 1re, 7 oct. 2015, n° 14-16.946 P : *D. 2016. 243, note Zinty ; AJ fam. 2015. 626, obs. Ferré-André ; AJDI 2016. 134, obs. de La Vaissière ; RTD civ. 2016. 146, obs. W. Dross*.

B. EFFETS

121. Validité des actes accomplis par le propriétaire apparent. Les tiers de bonne foi qui agissent sous l'empire de l'erreur commune ne tiennent leur droit ni du propriétaire apparent ni du propriétaire véritable, mais en sont investis par l'effet de la loi et la nullité du titre du propriétaire apparent, serait-elle d'ordre public, est sans influence sur la validité de l'aliénation par lui consentie, dès lors que la cause de la nullité est demeurée et devait nécessairement être ignorée de tous. • Civ. 1re, 22 juill. 1986, n° 84-17.004 P : *R., p. 161 ; Gaz. Pal. 1987. 1. Somm. 60, obs. Piedelièvre* • 9 janv. 1996, n° 93-20.460 P : *JCP 1997. I. 4010, n° 3, obs. Périnet-Marquet.* ♦ Lorsque les acquéreurs ont traité avec celui qu'une erreur commune et légitime leur a imposé de considérer comme habilité à vendre divers lots de terrain au nom de la société dont il n'était que le trésorier, les juges du fond peuvent admettre la validité desdites ventes. • Civ. 3e, 22 mars 1968, n° 65-14.166 P.

122. Application : conclusion d'un bail. Bail consenti par le propriétaire apparent : V. note 22 ss. art. 595. ♦ Constitution d'hypothèque par le propriétaire apparent : V. note 1.

123. Cas particulier des actes passés au cours de la période suspecte. Ni l'erreur commune, ni l'apparence ne peuvent faire obstacle aux conséquences vis-à-vis des tiers, sous-acquéreurs, même de bonne foi, de la nullité frappant certains actes passés au cours de la période suspecte (C. com., art. L. 621-107 et L. 621-108, devenus L. 632-1 et L. 632-2). • Com. 3 févr. 1998, n° 95-20.389 P : *D. 1999. 185, note Bénabent ; RTD civ. 1998. 362, obs. Mestre* • 30 juin 2004, n° 02-13.465 P.

Art. 545 **Nul ne peut être contraint de céder sa propriété, si ce n'est pour cause d'utilité publique, et moyennant une juste et préalable indemnité.**

BIBL. ► BONDON, *D. 2020. 1964* (empiétement, pour la fin d'une approche moniste). – BOREL, *AJDI 2017. 415* (contentieux de la voie de fait et de l'emprise irrégulière des ouvrages publics). – GAVIN-MILLAN-OOSTERLYNCK, *RDI 2018. 17* (empiètement : exclusivité *versus* proportionnalité). – GIANNOTTI, *R. 1990, p. 191* (abus du droit de propriété et empiétement). – M. MARTIN, *JCP 2014, n° 1355* (compétence judiciaire en matière de voie de fait). – PERINET-MARQUET, *Defrénois 2017. 359* (jurisprudence sur la démolition). – STREIFF et POMMIER, *Dr. et patr. 5/2016. 42* (nouveaux droits réels).

I. PROTECTION DE LA PROPRIÉTÉ À L'ÉGARD DE L'ADMINISTRATION

A. ATTEINTES À LA PROPRIÉTÉ CONSTITUTIVES DE VOIES DE FAIT

1° DOMAINE DE LA VOIE DE FAIT

1. Définition de la voie de fait : exigence d'une atteinte à la liberté individuelle ou aboutissant à l'extinction du droit de propriété. Il n'y a voie de fait de la part de l'administration, justifiant, par exception au principe de séparation des autorités administratives et judiciaires, la compétence des juridictions de l'ordre judiciaire pour en ordonner la cessation ou la réparation, que dans la mesure où l'administration soit a procédé à l'exécution forcée, dans des conditions irrégulières, d'une décision, même régulière, portant atteinte à la liberté individuelle ou aboutissant à l'extinction d'un droit de propriété, soit a pris une décision qui a les mêmes effets d'atteinte à la liberté individuelle ou d'extinction d'un droit de propriété et qui est manifestement insusceptible d'être rattachée à un pouvoir appartenant à l'autorité administrative ; en conséquence, l'implantation, même sans titre, d'un ouvrage public sur le terrain d'une personne privée ne procède pas d'un acte manifestement insusceptible de se rattacher à un pouvoir dont dispose l'administration. • T. confl. 17 juin 2013, *M. B. c/ Sté ERDF Annecy,* n° 13-03.911 P : *AJDA 2013. 1568, note Domino et Bretonneau ; D. 2014. 1844, obs. Mallet-Bricout et Reboul-Maupin ; AJDI 2014. 124, note Gilbert ; RFDA 2013. 1041, note Delvolvé ; JCP 2013. 1057, note Biagini-Girard ; JCP N 2013, n° 1248, obs. Perrinet-Marquet.* ♦ Dans le même sens, reprenant cette définition restrictive de la voie de fait pour exclure de son domaine une atteinte à la propriété constitutive d'une emprise irrégulière, V. • Civ. 1re, 15 oct. 2014, n° 13-27.484 P • Civ. 3e, 24 mars 2015, n° 13-24.133 P • Civ. 1re, 19 mars 2015, n° 14-14.571 P • 9 déc. 2015, n° 14-24.880 P. ♦ Comp., précédemment, se contentant d'une atteinte grave à la propriété, sans exiger l'extinction du droit de propriété. • T. confl. 23 avr. 2007, n° 07-03.590 (déboisement d'une parcelle privée au-delà de la servitude de passage convenue).

2. ... Absence de voie de fait à défaut d'une atteinte à une liberté individuelle. La liberté syndicale n'entrant pas dans le champ de la liberté individuelle au sens de l'art. 66 de la Constitution, l'atteinte qui lui est prétendument portée n'est pas susceptible de caractériser une voie de fait. • Civ. 1re, 19 mars 2015, n° 14-14.571 P : préc. note 1.

3. ... Absence de voie de fait à défaut d'extinction d'un droit de propriété. Cassation de l'arrêt ayant retenu la voie de fait alors que les travaux de la commune (modification du cloutage au sol et ajout de points d'ancrage lumineux sur une façade) n'ont pas abouti à l'extinction du droit de propriété de l'intéressé. • Civ. 1re, 13 mai 2014, n° 12-28.248 P : *AJDA 2014. 1006* ; *D. 2014. 1155* • Civ. 3e, 24 mars 2015, n° 13-24.133 P : *préc. note 1* (création d'une servitude au bénéfice de la société RTE avec versement d'une juste indemnisation non constitutive de voie de fait à défaut d'une extinction de la propriété) • Civ. 3e, 18 janv. 2018, n° 16-21.993 P : *AJDI 2018. 545, obs. Le Rudulier* ; *RDC 2021/1. 69, note Huet* (la remise en état des lieux étant possible, l'emprise irrégulière n'avait pas eu pour effet l'extinction du droit de propriété : aménagement d'un parking et d'une piste cyclable sur un terrain nu dans le cadre de la création d'une ZAC ultérieurement annulée) • Civ. 3e, 24 oct. 2019, n° 17-13.550 P : *D. 2019. 2096* ; *RDI 2020. 80, obs. Ripoche* (l'abattage, même sans titre, d'une haie implantée sur le terrain d'une personne privée qui en demande la remise en état ne procède pas d'un acte manifestement insusceptible de se rattacher à un pouvoir appartenant à l'administration et n'a pas pour effet l'extinction d'un droit de propriété, de sorte que la demande de remise en état des lieux relève de la seule compétence de la juridiction administrative) • Civ. 1re, 6 juill. 2022, n° 21-13.550 B (implantation d'un transformateur électrique). ♦ Comp. : extinction du droit de propriété à l'occasion de l'arrachage, par une commune, d'une haie constituée d'arbres sur toute sa longueur. • Civ. 1re, 5 févr. 2020, n° 19-11.864 P : *D. 2020. 284* ; *RDI 2020. 379, obs. Ripoche* ; *AJCT 2020. 431, obs. Péchillon*.

Rejet de la demande d'indemnisation présentée par l'acheteur d'un terrain qui n'a pas demandé la vérification de son titre prévue pour les terrains de la zone des cinquante pas géométriques en Guadeloupe et qui a renoncé à la condition suspensive de reconnaissance des droits de propriété du vendeur par l'État pour les parties du terrain cadastrées au nom de ce dernier. • Civ. 3e, 17 mars 2016, n° 14-20.205 P.

4. ... Absence de voie de fait à défaut d'une atteinte à un bien au sens de l'art. 1er du Prot. add. n° 1 à la Conv. EDH. Dès lors que des gamètes humains ne constituent pas des biens au sens de l'art. 1er du Prot. add. n° 1 à la Conv. EDH, le refus opposé par l'AP-HP à la restitution de gamètes se rattache à ses prérogatives, ce qui exclut l'existence d'une voie de fait. • Civ. 1re, 15 juin 2022, n° 21-17.654 B : *D. 2022. 1157* ; *AJ fam. 2022. 352, obs. Dionisi-Peyrusse* ; *RTD civ. 2022. 598, obs. Leroyer*.

5. ... Absence de voie de fait lorsque l'atteinte ne procède pas d'un acte manifestement insusceptible de se rattacher à un pouvoir de l'administration. L'implantation, même sans titre, d'un ouvrage public sur le terrain d'une personne privée ne procède pas d'un acte manifestement insusceptible de se rattacher à un pouvoir dont dispose l'administration et ne saurait, dès lors, constituer une voie de fait. • Civ. 3e, 11 oct. 2018, n° 17-17.806 P (en l'espèce, demande en retrait d'une canalisation d'eau potable traversant un terrain privé, compétence de la juridiction administrative). ♦ Le classement erroné d'un bien dans la voirie communale, bien qu'illégal, n'est constitutif d'une voie de fait que s'il procède d'un acte manifestement insusceptible de se rattacher à l'un des pouvoirs de l'administration. • Civ. 3e, 16 mai 2019, n° 17-26.210 P : *D. 2019. 1052* ; *RDI 2019. 446, obs. Bergel* ; *AJCT 2019. 466, obs. Bonnefont*.

6. ... Absence de voie de fait en présence d'un accord du propriétaire. Dans le cas d'une décision administrative portant atteinte à la propriété privée, l'accord du propriétaire exclut l'existence d'une voie de fait ou d'une emprise irrégulière, à moins que l'action de l'administration n'ait excédé substantiellement les limites prévues par cet accord. • Civ. 1re, 5 févr. 2020, n° 19-11.864 P : *D. 2020. 284* ; *RDI 2020. 379, obs. Ripoche* ; *AJCT 2020. 431, obs. Péchillon* (en l'espèce, voie de fait caractérisée : arrachage de la totalité de la haie alors que le propriétaire n'avait donné son accord que pour une partie de celle-ci).

7. ... Compétence du juge administratif en cas d'absence de voie de fait. Dans le cas d'une décision administrative portant atteinte à la propriété privée, le juge administratif, compétent pour statuer sur le recours en annulation d'une telle décision et, le cas échéant, pour adresser des injonctions à l'administration, l'est également pour connaître de conclusions tendant à la réparation des conséquences dommageables de cette décision administrative, hormis le cas où elle aurait pour effet l'extinction du droit de propriété. • Civ. 3e, 15 déc. 2016, n° 15-20.953 P : *AJDA 2016. 2464*. ♦ En l'absence de voie de fait, il n'appartient pas au juge judiciaire d'enjoindre à l'administration de déclasser un bien ayant fait par erreur l'objet d'une décision de classement dans la voirie communale. • Civ. 3e, 16 mai 2019, n° 17-26.210 P : *D. 2019. 1052* ; *RDI 2019. 446, obs. Bergel* ; *AJCT 2019. 466, obs. Bonnefont*. ♦ V. aussi • Civ. 3e, 24 oct. 2019, n° 17-13.550 P : *préc. note 3*.

La décision d'une personne publique d'implanter un ouvrage public sur une parcelle appartenant à une personne privée porte atteinte au libre exercice de son droit de propriété, elle n'a pas pour effet l'extinction de ce droit, de sorte que la juridiction administrative est compétente pour statuer sur le recours en annulation de cette décision ainsi que sur la réparation de ses conséquences dommageables. • Civ. 1re, 6 juill. 2022, n° 21-13.550 B.

8. Condamnation de la notion d'expropriation de fait. L'acte de vente d'un terrain sur lequel avait été construit un barrage ayant été annulé, viole l'art. 545 la cour d'appel qui, pour constater qu'EDF était propriétaire du terrain en cause, énonce qu'en raison de l'intangibilité de l'ouvrage public, le terrain avait fait l'objet d'une expropriation de fait, alors que le transfert de propriété ne peut intervenir qu'à la suite d'une procédure régulière d'expropriation. • Cass., ass. plén., 6 janv. 1994, n° 89-17.049 P : *R., p. 308 ; D. 1994. 153, concl. Jéol ; JCP 1994. II. 22207, concl. Jéol ; JCP 1994. I. 3750, n° 2, obs. Périnet-Marquet ; RTD civ. 1994. 889, obs. Zenati*. – Carrias, *D. 1994. Chron. 327.*

9. Autres illustrations : actes non constitutifs d'une voie de fait. Ne constitue pas une voie de fait administrative, relevant de la compétence des juridictions de l'ordre judiciaire, la destruction d'un véhicule, dont la mise en fourrière a été ordonnée par un officier de police judiciaire, dès lors que cette décision n'est pas manifestement insusceptible d'être rattachée à un pouvoir appartenant à l'administration. • T confl. 15 déc. 2008, n° 08-03.673 P. ♦ ... Une nouvelle délimitation de l'aire d'une appellation d'origine contrôlée, le droit à l'appellation d'origine ne constituant pas un droit acquis attaché aux parcelles en tant qu'accessoire du droit de propriété, l'INAO ayant le pouvoir de procéder à une telle révision. • Civ. 1re, 30 sept. 2009, n° 08-17.438 P : *D. 2010. 309, note Visse-Causse*. ♦ Une mauvaise exécution d'une décision de démolition décidée en application des dispositions du code de l'urbanisme est une faute purement administrative et ne constitue pas une mesure détachable de l'exécution forcée réalisée dans l'exercice de pouvoirs de l'administration. • Civ. 3e, 9 sept. 2009, n° 07-20.189 P : *JCP 2010, n° 336, § 3, obs. Périnet-Marquet ; RDI 2009. 669, note Bailleul*. ♦ Absence de voie de fait résultant du passage d'une ligne aérienne électrique, quand bien même ERDF ne pouvait justifier d'un titre, la ligne étant ancienne et l'inaction pendant de longues années des propriétaires successifs des parcelles concernées, en pleine connaissance de l'ouvrage réalisé, caractérisant une acceptation tacite de cet ouvrage. • Civ. 3e, 19 déc. 2012, n° 11-21.616 P : *AJDA 2013. 11 ; D. 2013. 83* (décision antérieure à l'arrêt rendu par le T. confl. le 17 juin 2013, adoptant une définition plus restrictive de la voie de fait, V., note 1).

2° CONSÉQUENCES DE LA VOIE DE FAIT

10. Réparations des préjudices : compétence exclusive du juge judiciaire. Sur la compétence exclusive des juridictions de l'ordre judiciaire pour ordonner la cessation des atteintes à la propriété lorsque celles-ci relèvent de la qualification de voie de fait, ainsi que pour statuer sur la réparation des préjudices qui découlent de ces atteintes, V. jurisprudence citée *supra*, note 1.

11. ... Possibilité pour le juge judiciaire d'ordonner la démolition d'un ouvrage public. Si les juridictions judiciaires ne peuvent prescrire aucune mesure de nature à porter atteinte à l'intégrité ou au fonctionnement d'un ouvrage public, il en va autrement d'un acte qui est manifestement insusceptible de se rattacher à un pouvoir dont dispose l'autorité administrative et lorsque aucune procédure de régularisation appropriée n'a été engagée. • Civ. 3e, 30 avr. 2003, n° 01-14.148 P : *R., p. 471 ; BICC 15 sept. 2003, n° 1096, et la note ; D. 2003. 1932, note S. Petit ; JCP 2003. I. 172, n° 1, obs. Périnet-Marquet ; AJDI 2003. 613, note Abram ; RDI 2003. 571, obs. Bruschi* (cassation de l'arrêt ayant refusé d'ordonner la démolition et attribué des dommages-intérêts) • Civ. 1re, 28 juin 2005, n° 03-14.165 P : *D. 2005. IR 1962* (*idem*). ♦ Cassation de l'arrêt qui, en cas de voie de fait, refuse d'ordonner la remise en état des lieux sans constater qu'une procédure de régularisation appropriée a été engagée. • Civ. 3e, 12 juill. 2006, n° 05-16.107 P : *AJDI 2007. 412, note de La Vaissière* (décisions rendues antérieurement à l'arrêt rendu par le T. confl. le 17 juin 2013, adoptant une définition plus restrictive de la voie de fait, V., note 1).

12. Consécration d'un droit à réparation indépendant de l'existence de préjudices. Indépendamment de préjudices particuliers dont il appartient aux demandeurs de justifier, la seule constatation d'une voie de fait ouvre droit à réparation. • Civ. 3e, 9 sept. 2009, n° 08-11.154 P : *D. 2009. AJ 2220, obs. Forest ; RDI 2009. 583, obs. Morel ; JCP 2010, n° 456, § 2, obs. Bloch ; Dr. et patr. 1/2010. 71, obs. Seube et Revet* (travaux commencés par une commune avant l'ordonnance d'expropriation).

B. ATTEINTE À LA PROPRIÉTÉ CONSTITUTIVE D'UNE EMPRISE IRRÉGULIÈRE

13. Compétence du juge administratif pour la réparation des dommages liés à l'emprise irrégulière. Dans le cas d'une décision administrative portant atteinte à la propriété privée, le juge administratif, compétent pour statuer sur le recours en annulation d'une telle décision et, le cas échéant, pour adresser des injonctions à l'administration, l'est également pour statuer sur la réparation des conséquences dommageables de cette décision hormis le cas où elle aurait pour effet l'extinction du droit de propriété. • T. confl. 9 déc. 2013, n° 13-03.931 P (en l'espèce, occupation irrégulière d'une parcelle de terrain n'ayant pas eu pour effet d'en déposséder définitivement les propriétaires). ♦ Absence de voie de fait et compétence du juge administratif en cas d'emprise irrégulière résultant de l'implantation sans titre d'un ouvrage sur le terrain d'une personne privée. • T. confl. 17 juin 2013 : *cité supra note 1.* ♦ Comp. antérieurement retenant la compétence du juge judiciaire pour statuer sur la réparation des préjudices en cas d'emprise irrégulière constitutive, ou non, d'une voie de fait. • Civ. 1re, 12 juin 1990, n° 89-11.632 P • 9 janv. 2007, n° 05-15.439 P : *RDI 2007. 346, obs. Gavin-Millan-Oosterlynck ; Dr. et patr. 2/2008. 87, obs. Seube et Revet* • T. confl. 23 avr. 2007, n° 07-03.590 P. ♦ ...Ou qualifiant de voie de fait une emprise irrégulière • Civ. 3e, 20 févr. 2013, n° 12-11.994 P : *AJDA 2013. 437* (travaux de débroussaillement et d'élargissement d'un sentier) • Civ. 3e, 21 févr. 2007, n° 06-10.071 P : *RDI 2007. 344, obs. Gavin-Millan-Oosterlynck ; Dr. et patr. 2/2008. 88, obs. Seube et Revet* (pose de canalisations sans autorisation sur des terrains privés) • T. confl. 23 avr. 2007 : *préc. note 1* (déboisement d'une parcelle privée au-delà de la servitude de passage convenue) • Civ. 3e, 5 mai 2010, n° 09-66.131 P : *D. actu. 14 mai 2010, obs. Forest ; D. 2010. Pan. 2183, obs. Mallet-Bricout ; JCP 2010, n° 1162, § 8, obs. Périnet-Marquet ; AJDI 2010. 574, obs. Porcheron ; RDI 2010. 374, obs. Bergel ; RLDC 2010/75, n° 3984, obs. Perruchot-Triboulet* (travaux d'édification d'un canal sur une propriété privée réalisés sans titre).

14. *Compétence du juge judiciaire lorsque l'emprise irrégulière a pour effet l'extinction de la propriété.* La seule constatation d'une emprise irrégulière ayant pour effet l'extinction du droit de propriété donne lieu à indemnisation devant le juge judiciaire. • Civ 1re, 15 juin 2016, n° 15-21.628 P : *AJDA 2016. 1267 ; RTD civ. 2016. 889, obs. Dross* (en l'espèce, cassation de l'arrêt refusant toute indemnisation au motif que la dépossession de la parcelle n'avait entraîné aucun préjudice pour le propriétaire victime de l'emprise irrégulière).

15. *... Ou l'extinction d'un autre droit réel.* La prise de possession intervenue sans fixation ni paiement préalable d'une indemnité d'expropriation constitue une emprise irrégulière qui ouvre droit à indemnisation au profit des titulaires de droits réels immobiliers sur le bien exproprié dont l'expropriant connaissait l'existence ; même en l'absence de voie de fait, les emphytéotes, dont le droit est éteint par l'ordonnance d'expropriation, ont droit à indemnisation. • Civ. 3e, 28 janv. 2021, n° 19-21.089 P : *RDI 2021. 217, obs. Hostiou*.

C. AUTRES CAS

16. *Compétence du juge judiciaire pour délivrer l'autorisation de procéder à la démolition d'un ouvrage menaçant ruine.* Il résulte tant des termes de l'art. L. 511-2 CCH que de l'objet de la mesure qui est la démolition d'un immeuble par exécution forcée que le législateur a donné compétence au juge judiciaire statuant en la forme des référés pour autoriser le maire de la commune à procéder d'office, dans le cadre de la procédure de péril ordinaire, à la démolition d'un immeuble menaçant ruine. • T. confl. 6 juill. 2009, n° 09-03.702 P.

17. *Incorporation illégale d'une voie dans le domaine public routier communal.* Ni l'ouverture d'une voie à la circulation publique, ni son classement dans la voirie communale ne peuvent, en l'absence d'acte translatif de propriété, avoir pour effet d'incorporer cette voie dans le domaine public routier communal. • Civ. 1re, 1er juill. 2015, n° 14-14.807 P.

II. PROTECTION DE LA PROPRIÉTÉ À L'ÉGARD DES PERSONNES PRIVÉES

A. EMPIÉTEMENT

BIBL. Frank, *Administrer 1986. 10.* – Giannotti, *RDI 1991. 303*. – Hennion-Moreau, *ibid. 1983. 303.* – Méano, *Defrénois 23 août 2018. 19.* – Raynal, *JCP 1976. I. 2800.* – Sturlèse, *Defrénois 23 août 2018. 24.* – Zenati, *RTD civ. 1991. 562*.

1° DOMAINE D'APPLICATION

18. *Règles évincées par l'empiétement : accession.* L'art. 555 C. civ. ne trouve pas son application lorsqu'un constructeur étend ses ouvrages au-delà des limites de son héritage ; par suite, en vertu de l'art. 545 C. civ., la démolition de la partie de construction reposant sur le fonds voisin doit être ordonnée, quand le propriétaire de ce fonds l'exige, malgré l'importance relativement minime de l'empiétement. • Civ. 3e, 26 juin 1979 : *Bull. civ. III, n° 142* • 5 déc. 2001, n° 00-13.077 P : *RDI 2002. 139, obs. Bruschi* • 20 mars 2002, n° 00-16.015 P : *D. 2002. 2075, note Caron ; ibid. Somm. 2507, obs. Mallet-Bricout ; JCP 2002. II. 10189, note Bonnet ; ibid. I. 176, n° 6, obs. Périnet-Marquet ; JCP N 2002. 1648, note Planque ; RTD civ. 2002. 333, obs. Revet* (peu importe la mesure de l'empiétement). – Déjà en ce sens : • Civ. 3e, 11 juill. 1969 : *D. 1969. 654 ; JCP 1971. II. 16658, note Plancqueel.* ♦ Dès lors, la bonne foi du constructeur est indifférente. • Civ. 3e, 12 juill. 1977 : *Bull. civ. III, n° 313* • 19 déc. 1983 : *ibid. III, n° 269* • 29 févr. 1984 : *ibid. III, n° 57.* – Déjà en ce sens : • Civ. 3e, 21 nov. 1969, n° 67-13.796 P : *R. 1969-1970, p. 35 ; GAJC, 12e éd., n° 70-71 (II) ; D. 1970. 426, note Lindon.*

19. *... Servitude.* Une servitude ne peut conférer le droit d'empiéter sur la propriété d'autrui. • Civ. 3e, 27 juin 2001, n° 98-15.216 P : *JCP 2002. I. 126, n° 18, obs. Périnet-Marquet ; ibid. 2003. II. 10141, note Elhoueiss ; RDI 2002. 141, obs. Bergel* • 12 juin 2003 : *D. 2003. 2111, note Desgorces* • 12 déc. 2007 : *cité note 3 ss. art. 637* • 1er avr. 2009, n° 08-11.079 P : *D. 2009. Pan. 2300, obs. Mallet-Bricout ; JCP 2009. 337, n° 14, obs. Périnet-Marquet ; Dr. et patr. 6/2010. 34, note Cicile-Delfosse ; RLDC 2009/61, n° 3481, obs. Parance* (servitude de passage ayant amené le propriétaire à réaliser un escalier dont les marches empiètent sur le fonds servant). ♦ Comp. : • Civ. 3e, 12 mars 2008, n° 07-10.164 P : *D. 2008. AJ 919, obs. Forest ; ibid. Chron. C. cass. 1224, n° 2, note Monge ; ibid. Pan. 2463, obs. Mallet-Bricout ; AJDI 2008. 795, obs. Prigent ; JCP 2008. II. 10161, note Dechenaud ; JCP N 2008. 1328, n° 15, obs. Périnet-Marquet ; Dr. et patr. 7-8/2008. 93, obs. Seube ; RTD civ. 2009. 142, obs. Revet* (servitude de surplomb admise pour une corniche intégrée à un immeuble de caractère, formant un tout sur le plan architectural).

20. ... Abus de droit. La défense du droit de propriété contre un empiétement ne saurait dégénérer en abus. • Civ. 3e, 7 juin 1990, n° 88-16.277 P • 7 nov. 1990, n° 88-18.601 P • Versailles, 11 févr. 2004 : *D. 2004. 2819, note Planque* (sur renvoi de • Civ. 3e, 20 mars 2002 : *cité note 18*).

21. Auteur de l'empiétement : propriétaire actuel de l'immeuble indépendamment de sa qualité de constructeur. Justifie légalement sa décision d'accueillir une demande en démolition l'arrêt qui constate que les fondations de l'immeuble appartenaient au défendeur sans avoir à rechercher si ce dernier avait construit ou fait construire l'immeuble. • Civ. 3e, 16 déc. 1998, n° 96-14.760 P : *RTD civ. 1999. 638, obs. Jourdain*. – Même sens : • Civ. 3e, 14 déc. 2005, n° 04-17.925 P : *D. 2006. Pan. 2369, obs. Reboul-Maupin ; JCP 2006. I. 127, n° 1, obs. Périnet-Marquet ; AJDI 2006. 227, obs. Boyard ; RDI 2006. 207, obs. Gavin-Millan-Oosterlynck*.

22. ... Maître de l'ouvrage indépendamment de sa qualité de propriétaire actuel. L'action en démolition peut être exercée contre l'auteur de l'empiétement pris en sa qualité de maître de l'ouvrage, peu important qu'il ne soit plus le propriétaire actuel. • Civ. 3e, 28 juin 2006, n° 02-15.640 P : *Gaz. Pal. 2007. 3290, note Billemont ; RDI 2006. 462, obs. Gavin-Millan-Oosterlynck*.

23. ... Propriétaire indivis du fonds objet de l'empiétement. L'art. 545 ne distingue pas selon que l'auteur de l'empiétement possède ou non des droits de propriété indivis sur le fonds objet de l'empiétement. • Versailles, 9 mai 1996 : *D. 1998. Somm. 58, obs. A. Robert*.

24. Autorisation de l'empiétement : nécessité de justifier d'un titre ou d'un accord amiable. Il appartient à l'auteur d'un empiétement, même partiel ou temporaire, de justifier d'un titre l'y autorisant ou d'un accord amiable du propriétaire ; à défaut, l'empiétement réalisé par une personne publique est constitutif d'une *voie de fait*. • *Civ. 1re, 8 mars 1988 : Bull. civ. I, n° 68.*

25. ... Silence gardé par le propriétaire victime (non). Le silence gardé pendant la durée des travaux par le propriétaire victime de l'empiétement ne saurait à lui seul faire la preuve de son consentement à l'aliénation d'une partie de son immeuble. • Civ. 1re, 1er juill. 1965 : *D. 1965. 650 ; JCP 1966. II. 14499 (2e esp.), note R. L.* • Civ. 3e, 18 avr. 1985 : *Gaz. Pal. 1985. 2. Pan. 268, obs. Piedelièvre* • 18 févr. 1998, n° 95-19.106 P : *Defrénois 1998. 810, obs. Atias.*

26. Antériorité de l'empiétement par rapport à l'acquisition de l'immeuble : circonstance indifférente. Quant à la circonstance que le propriétaire a acquis l'immeuble postérieurement à l'empiétement, en connaissance de l'état des lieux, elle n'est pas, à elle seule, de nature à le priver du droit d'exercer l'action qu'il a reçue de son vendeur, comme ayant cause de celui-ci. • Civ. 3e, 7 nov. 1978, n° 77-13.300 P.

2° SANCTION DE L'EMPIÉTEMENT

27. Démolition de l'ouvrage. Les juges du fond ne peuvent décider que le demandeur n'est pas fondé à opposer abusivement son droit de propriété, lorsqu'il réclame la démolition d'un ouvrage construit sur son sol, cet ouvrage fût-il destiné à servir l'intérêt commun du constructeur et du demandeur. • Civ. 3e, 14 mars 1973, n° 72-11.752 P. ♦ V. aussi note 20. ♦ Emprise en sous-sol sanctionnée par la démolition de l'ouvrage. • Civ. 3e, 8 nov. 1978, n° 77-13.563 P • 10 nov. 2009, n° 08-17.526 P : *D. 2010. 2183, obs. Mallet-Bricout et Reboul-Maupin ; JCP 2010, n° 336, § 4, obs. Périnet-Marquet ; RDI 2010. 96, obs. Boubli ; ibid. 204, obs. Bergel.*

28. Compatibilité avec le droit au respect de l'occupant protégé par la Conv. EDH. Les mesures d'expulsion et de démolition d'un bien construit illégalement sur le terrain d'autrui caractérisent une ingérence dans le droit au respect du domicile de l'occupant protégé par l'art. 8 Conv. EDH ; fondée sur les art. 544 et 545 C. civ., une telle ingérence vise à garantir au propriétaire du terrain le droit au respect de ses biens et ne saurait être considérée comme disproportionnée eu égard à la gravité de l'atteinte portée au droit de propriété, l'expulsion et la démolition étant les seules mesures propres à permettre au propriétaire de recouvrer la plénitude de son droit sur le bien. • Civ. 3e, 17 mai 2018, n° 16-15.792 P : *D. 2018. 1772, obs. Neyret et Reboul-Maupin ; RDI 2018. 446, obs. Bergel ; RTD civ. 2018. 708, obs. Dross ; JCP 2018, n° 790, note Laurent ; RDC 2018. 452, obs. Tadros.* ♦ Cependant, dans l'hypothèse d'une construction qui empiète sur l'assiette d'une servitude de passage, cassation, au visa de l'art. 8 Conv. EDH, de l'arrêt ayant ordonné la démolition, sans rechercher, comme il le lui était demandé, si la mesure de démolition n'était pas disproportionnée au regard du droit au respect du domicile des propriétaires du fonds servant. • Civ. 3e, 19 déc. 2019, n° 18-25.113 P : *D. 2020. 1092, note Boffa ; ibid. Chron. C. cass. 1248, obs. Jariel ; AJDI 2020. 255, note Niel ; ibid. 317, obs. Mazure ; RDI 2020. 142, obs.*

Bergel ; *RTD civ. 2020. 416, obs. Dross* ; *Defrénois 2020/35. 29, note Laurent.*

29. Obstacle résultant du caractère minime de l'empiétement (non). Alors que les propriétaires victimes d'un empiétement en surplomb étaient en droit d'obtenir la démolition de la partie du toit empiétant sur leur propriété, cassation de l'arrêt qui oppose à leur demande des motifs inopérants comme le fait que l'empiétement n'est que de vingt centimètres, que la démolition des éléments de la toiture serait disproportionnée en l'absence de préjudice et inadaptée compte tenu de la configuration des lieux. • Civ. 3e, 10 nov. 2016, n° 15-19.561 P : *D. 2017. 1068, chron. Méano* ; *ibid. 1789, obd. Neyret* ; *AJDI 2017. 454, obs. Dreveau* ; *JCP N 2017, n° 1001, note Bosc* ; *RDC 2017. 349, note Tadros.* ♦ L'auteur de l'empiétement n'est pas fondé à invoquer les dispositions de l'art. 1er du Protocole additionnel n° 1 à la Conv. EDH pour faire constater la disproportion de la démolition au regard du caractère minime de l'empiétement, dès lors que l'ouvrage qu'il a construit méconnaît le droit au respect des biens de la victime de l'empiétement, en droit d'obtenir la démolition de cet ouvrage, sans que son action puisse donner lieu à faute ou à abus. • Civ. 3e, 21 déc. 2017, n° 16-25.406 P : *D. 2018. Chron. C. cass. 1328, obs. Méano* ; *AJDI 2018. 375, obs. Cohet* ; *RDI 2018. 215, obs. Gavin-Millan-Oosterlynck* ; ; *AJDI 2018. 375, obs. Cohet* ; *ibid. 582, obs. Leyrat* ; *RDI 2018. 215, obs. Gavin-Millan-Oosterlynck* ; *JCP N 2018, n° 1190, note Destreguil* ; *RDC 2018. 267, note Tadros* (absence de prise en compte du caractère limité de l'empiètement et du fait qu'il affecte un mur porteur).

30. Rétablissement de la construction dans ses limites. Lorsque les juges du fond estiment qu'il est techniquement possible de supprimer l'empiétement, ils ordonnent à bon droit le rétablissement de la construction dans ses limites, sans qu'il y ait lieu de la démolir en entier. • Civ. 3e, 26 nov. 1975, n° 74-12.036 P. ♦ Cassation de l'arrêt de cour d'appel qui ordonne la démolition, sans rechercher, comme il le lui était demandé, si un rabotage du mur n'était pas de nature à mettre fin à l'empiétement constaté. • Civ. 3e, 10 nov. 2016, n° 15-25.113 P : *D. 2017. 1068, chron. Méano* ; *ibid. 1789, obs. Neyret* ; *AJDI 2017. 454, obs. Dreveau* ; *JCP N 2017, n° 1001, note Bosc* ; *RDC 2017. 349, note Tadros.*

31. Régime de l'action tendant à la remise en état. L'action tendant à la remise en état des lieux par la suppression d'un empiétement est une action immobilière non soumise à la prescription de dix ans applicable aux actions personnelles. • Civ. 3e, 11 févr. 2015, n° 13-26.023 P : *D. 2015. 1867, obs.Neyret* ; *AJDI 2015. 460, obs. Le Rudulier* ; *RDC 2015. 941, obs. Tadros.*

Mais, dans l'hypothèse où l'empiétement est invoqué au titre d'un manquement contractuel du preneur à ses obligations issues d'un bail emphytéotique, cette action en responsabilité contractuelle est soumise à la prescription quinquennale de l'art. 2224, courant à compter du jour où le titulaire d'un droit a connu ou aurait dû connaître les faits lui permettant de l'exercer, soit à la date de la connaissance de l'empiétement, et non à celle de la cessation de celui-ci. • Civ. 3e, 8 févr. 2023, n° 21-20.535 B.

32. Mise en œuvre de la responsabilité civile. L'empiétement sur la propriété d'autrui suffit à caractériser la faute visée à l'anc. art. 1382 [1240]. • Civ. 3e, 10 nov. 1992, n° 90-19.944 P : *D. 1993. Somm. 305, obs. A. Robert* ; *RTD civ. 1993. 360, obs. Jourdain* ; *ibid. 850, obs. Zenati* ; *Defrénois 1993. 349, obs. Defrénois-Souleau.*

3° ILLUSTRATIONS PARTICULIÈRES

33. Empiétement en sous-sol. Une activité d'extraction industrielle au-delà de la limite séparative d'une propriété constitue un empiétement par appropriation du sous-sol. • Civ. 3e, 11 févr. 2015, n° 13-26.023 P.

34. Empiétement en surplomb. Empiétement en surplomb sur le fonds voisin réalisé par une construction autoportante et sanctionné par le retrait de cette construction jusqu'à la ligne divisoire de la propriété située au milieu du mur mitoyen. • Civ. 3e, 6 juill. 2017, n° 15-17.278 P : *D. 2018. 1772, obs. Neyret et Reboul-Maupin* ; *AJDI 2018. 138, obs. Le Rudulier* ; *RDI 2017. 526, obs. Bergel* ; *RTD civ. 2017. 891, obs. Dross*.

35. Empiétement résultant d'une décision du juge de proximité. En prescrivant, moyennant indemnisation, le doublage d'un mur séparatif en réparation des dégradations et nuisances occasionnées par un voisin, le juge de proximité impose une perte de surface utile au fonds d'un propriétaire et viole les art. 545 et 544 C. civ. • Civ. 3e, 11 juill. 2007, n° 06-16.753 P : *JCP 2007. I. 197, n° 1, obs. Périnet-Marquet* ; *AJDI 2007. 771, obs. Prigent* ; *RDI 2008. 143, note Trébulle*.

36. Empiétement et acquisition de la mitoyenneté. Pour le cas d'un mur séparatif construit à cheval sur la limite des fonds. V. note 6 ss. art. 661.

37. Empiétement et copropriété. Sur la prescription des actions en empiétement selon qu'elles concernent une partie privative ou commune, V. ss. art. 2227.

B. AUTRES CAS

38. Percement d'un passage dans un mur de clôture. L'atteinte au droit de propriété, commise par un particulier qui a fait percer un passage dans un mur de clôture, constitue par elle-même une voie de fait et cause un trouble manifestement illicite que le juge des référés a le devoir de faire cesser. • Civ. 3e, 22 mars 1983, n° 81-14.547 P.

39. Occupation sans droit ni titre. L'occupation sans droit ni titre d'un immeuble appartenant à autrui constitue un trouble manifestement illicite au sens de l'art. 809, al. 1er, C. pr. civ. • Civ. 3e, 20 janv. 2010, n° 08-16.088 P : *D. 2010. 326, obs. Forest* ; *ibid. 2010. Chron. C. cass. 1103, note Monge et Nési* ; *AJDI 2010. 544, obs. Damas* (en l'espèce, occupation par des personnes hébergées sous des tentes d'un terrain appartenant à une société HLM). ♦ L'occupation sans droit ni titre du bien d'autrui constitue un trouble manifestement illicite qui justifie le recours à la procédure de référé prévue à l'art. 849, al. 1er C. pr. civ. • Civ. 3e, 21 déc. 2017, n° 16-25.469 P : *D. 2018. Chron. C. cass. 1328, obs. Méano* ; *AJDI 2018. 450, obs. Le Rudulier* ; *RTD civ. 2018. 158, obs. Dross*.

Code de l'expropriation pour cause d'utilité publique

Art. L. 1 *(Ord. n° 2014-1345 du 6 nov. 2014, en vigueur le 1er janv. 2015)* L'expropriation, en tout ou partie, d'immeubles ou de droits réels immobiliers ne peut être prononcée qu'à la condition qu'elle réponde à une utilité publique préalablement et formellement constatée à la suite d'une enquête et qu'il ait été procédé, contradictoirement, à la détermination des parcelles à exproprier ainsi qu'à la recherche des propriétaires, des titulaires de droits réels et des autres personnes intéressées.

Elle donne lieu à une juste et préalable indemnité.

Art. 546 La propriété d'une chose, soit mobilière, soit immobilière, donne droit sur tout ce qu'elle produit, et sur ce qui s'y unit accessoirement, soit naturellement, soit artificiellement.

Ce droit s'appelle *droit d'accession.*

1. Caractère simple de la présomption de propriété par accession. L'art. 546 instaure, en faveur de celui qui l'invoque, une présomption de propriété par accession qui peut être renversée par la preuve contraire résultant de la prescription. Cassation de l'arrêt ayant retenu que le principe selon lequel l'accessoire suit le principal s'oppose à ce qu'une prescription acquisitive fasse échec au droit d'accession. • Civ. 3e, 27 avr. 2017, n° 16-10.753 P : *D. 2017. 1789, obs. Reboul-Maupin* ; *ibid. Chron. C. cass. 2321, note Méano* ; *RDC 2017. 516, note Danos* ; *Gaz. Pal. 2017. 2975, note Guiguet-Schielé*.

2. Propriété de l'accessoire : bief d'amenée d'eau accessoire d'un moulin. S'il est constaté qu'un bief d'amenée d'eau est un ouvrage artificiel et différent du lit de la rivière, créé dès l'origine à l'usage exclusif d'un moulin, ce bief est réputé appartenir en entier au propriétaire du moulin. • Civ. 3e, 5 janv. 1978, n° 76-12.611 P. ♦ Mais si un moulin désaffecté, puis transformé en maison d'habitation, a ultérieurement fait partie d'un domaine loti, l'actuel propriétaire ne peut bénéficier de la présomption édictée par l'art. 546 en ce qui concerne les parties du canal ou ruisseau aboutissant à son lot. • *Civ. 3e, 27 janv. 1976 : Bull. civ. III, n° 32.* ♦ V. aussi : • Civ. 3e, 3 oct. 1969 : *D. 1970. 12* (exclusion de la présomption si le canal n'a pas été créé au profit exclusif du moulin) • 5 mai 1975 : *Bull. civ. III, n° 153* (exclusion de la présomption en cas d'aménagement du lit du cours d'eau, à la différence d'un canal creusé par l'homme) • 12 juill. 2006, n° 05-14.001 P : *D. 2006. IR 2127* (exclusion de la présomption de propriété pour un bief, même artificiel, qui recueille la totalité des eaux du ruisseau en amont) • Civ. 3e, 20 oct. 2016, n° 15-20.044 P (la propriété du bief et de ses francs-bords ne peut être acquise par accession sur le fondement de l'art. 546 lorsque le bief recueille la totalité des eaux de la rivière) • Civ. 3e, 27 avr. 2017, n° 16-10.753 P : *D. 2017. 1789, obs. Reboul-Maupin* ; *ibid. Chron. C. cass. 2321, note Méano* ; *RDC 2017. 516, note Danos* ; *Gaz. Pal. 2017. 2975, note Guiguet-Schielé* (présomption de propriété par accession tenue en échec par la prescription acquisitive invoquée par le propriétaire des parcelles sur lesquelles sont situés le bief amont et les ouvrages accessoires au moulin).

3. ... Canal d'irrigation accessoire du fonds traversé. Le caractère d'utilité publique d'un canal d'irrigation n'établit pas la propriété de l'État sur ce canal, de nature à s'opposer à la présomption de propriété par accession dont bénéficie le propriétaire du fonds traversé. • Civ. 3e, 14 nov. 2002, n° 01-00.699 P. ♦ Mais un canal d'irrigation relève du domaine public de l'État par application de l'art. L. 90 C. dom. Ét., faute de validation de ses titres de propriété sur le canal par le propriétaire du terrain traversé, qui ne peut plus, dès lors, bénéficier de la présomption de propriété édictée par l'art. 546, cette présomption jouant en faveur de l'État, détenteur d'un titre par détermination de la loi. • Civ. 3e, 3 mai 2007, n° 06-16.705 P : *D. 2007. AJ 1417* ; *AJDA 2007. 1756, note Dufau* ; *AJDI*

2008. 48, note Graëffly ; *Dr. et patr. 2/2008. 87, obs. Seube et Revet.*

4. ... Droits de plantation accessoires d'une exploitation. BIBL. Agostini et Roussel, *D. 2001. Chron. 1813* (droits de replantation). ♦ Les droits de plantation et de replantation étant attachés à l'exploitation, le preneur sortant n'a pas qualité pour solliciter la condamnation du bailleur à l'arrachage des pieds de vigne devenus la propriété de celui-ci en application de l'art. 551. • Civ. 3e, 7 janv. 1998, nº 95-20.785 P : *D. 1998. 582, note Agostini* • 18 nov. 1998, nº 96-22.102 P : *JCP N 1999. 354, note Rochard (1re esp.)* ; *RTD civ. 1999. 649, obs. Zenati* • 18 nov. 1998, nº 96-18.438 P : *JCP N, ibid. (2e esp.)* • 10 nov. 1999, nº 97-22.503 P : *D. 1999. IR 269* ; *JCP 2000. II. 10328, note Roussel.* – V. aussi • Civ. 3e, 24 mars 1999, nº 97-14.303 P : *D. 2000. 139, concl. Weber, note Agostini et Roussel* • Amiens, 6 mars 2000 : *D. 2001. 2442, note Agostini et Roussel* (sur renvoi après cassation par • Civ. 3e, 18 nov. 1998 : *préc.*).

5. ... Quotas betteraviers. Les droits betteraviers sont attachés au fonds supportant l'exploitation donnée à bail. • Civ. 3e, 27 mars 2002, nº 00-15.602 P.

6. ... Monument funéraire accessoire d'une concession de sépulture. Le droit réel immobilier dont bénéficie le concessionnaire d'une sépulture s'étend, par accession, au monument construit sur la concession par un tiers ; quant au droit d'usage du monument ainsi incorporé au droit du concessionnaire, il est, comme ce droit, hors du commerce en ce qu'il résulte de la concession et ne peut donc être acquis par prescription. • Civ. 1re, 13 mai 1980 : *JCP 1980. II. 19439, concl. Gulphe.*

Nul ne peut apposer de publicité ni installer une préenseigne sur un immeuble sans l'autorisation écrite du propriétaire (C. envir., art. L. 581-24). — **C. envir.**

CHAPITRE I DU DROIT D'ACCESSION SUR CE QUI EST PRODUIT PAR LA CHOSE

RÉP. CIV. vº *Accession*, par F. COHET.

Art. 547 **Les fruits naturels ou industriels de la terre,**

Les fruits civils,

Le croît des animaux, appartiennent au propriétaire par droit d'accession.

Acquisition des fruits civils par le droit d'accession : application aux loyers issus d'une sous-location prohibée. Sauf lorsque la sous-location a été autorisée par le bailleur, les sous-loyers perçus par le preneur constituent des fruits civils qui appartiennent par accession au propriétaire ; ayant relevé que les locataires avaient sous-loué l'appartement pendant plusieurs années sans l'accord du bailleur, la cour d'appel en a déduit, à bon droit, nonobstant l'inopposabilité de la sous-location au bailleur, que les sommes perçues à ce titre devaient lui être remboursées. • Civ. 3e, 12 sept. 2019, nº 18-20.727 P : *D. 2019. 2025, note Pellier* ; *ibid. Chron. C. cass. 2199, obs. Jariel* ; *ibid. 2020. 353, obs. Mekki* ; *AJDI 2019. 796, obs. Houtcieff* ; *Dalloz IP/IT 2020. 122, obs. Serror Fienberg, Gagnaire et Briquet* ; *RTD civ. 2019. 865, obs. Barbier* ; *ibid. 888, obs. Gautier* ; *JCP 2019, nº 1051, note Grimonprez* ; *Defrénois 2019/51-52. 25, note Soulié* ; *RDC 2019/4. 105, note Danos* ; *ibid. 2020/1. 25, note Libchaber.*

Art. 548 *(L. nº 60-464 du 17 mai 1960)* **Les fruits produits par la chose n'appartiennent au propriétaire qu'à la charge de rembourser les frais des labours, travaux et semences faits par des tiers et dont la valeur est estimée à la date du remboursement.**

1. Remboursement des frais exposés indépendamment de leur caractère nécessaire. Le vendeur ayant finalement renoncé à la cession, le bénéficiaire d'une promesse de vente entré en jouissance immédiatement est en droit d'obtenir le remboursement des frais qu'il a exposés pour parvenir à la perception des fruits (pré-taillage de vignes) sans avoir à rapporter la preuve de la nécessité d'engager ces travaux sans attendre. • Civ. 3e, 12 févr. 2003, nº 01-15.051 P : *D. 2003. Somm. 2040, obs. Mallet-Bricout* ; *JCP 2003. I. 172, nº 4, obs. Périnet-Marquet* ; *AJDI 2004. 912, note Cohet-Cordey* .

2. Évaluation des frais remboursables. Il appartient aux juges du fond d'apprécier le montant des frais et, s'ils ne peuvent les évaluer autrement que de façon forfaitaire, de les fixer à un pourcentage de la valeur de la récolte. • Civ. 1re, 8 mai 1973, nº 72-11.818 P : *D. 1973. Somm. 119.*

Art. 549 *(L. nº 60-464 du 17 mai 1960)* **Le simple possesseur ne fait les fruits siens que dans le cas où il possède de bonne foi. Dans le cas contraire, il est tenu de res-**

tituer les produits avec la chose au propriétaire qui la revendique ; si lesdits produits ne se retrouvent pas en nature, leur valeur est estimée à la date du remboursement.

1° SITUATION DU POSSESSEUR DE BONNE FOI

1. Conservation des fruits par le possesseur de bonne foi : application en faveur du constructeur en cas d'accession. Le constructeur de bonne foi, qui fait les fruits siens, ne peut être condamné à payer une indemnité d'occupation au propriétaire. • Civ. 3e, 19 janv. 1983 : *Gaz. Pal. 1983. 1. Pan. 153, obs. Piedelièvre.*

2. ... Application en cas de résolution d'une vente immobilière. Si la restitution des fruits générés par le bien depuis la vente constitue, en principe, une conséquence légale de l'anéantissement du contrat de vente, une telle restitution demeure subordonnée à la bonne foi du possesseur, en l'espèce l'acquéreur évincé, en application des art. 549 et 550 ; par conséquent, en l'absence de demande, le juge ne peut prononcer d'office la restitution des fruits. • Civ. 3e, 11 févr. 2021, n° 20-11.037 P.

3. Obligation de restituer les fruits à compter de la demande en revendication. Le possesseur de bonne foi doit restituer les fruits au propriétaire qui revendique la chose à compter de la demande. Il n'est donc pas permis de fixer à la date de l'arrêt ayant statué sur la revendication le point de départ de l'indemnité d'utilisation de la chose mise à la charge du défendeur, au motif que jusqu'à cette date celui-ci avait pu de bonne foi estimer que le bien lui appartenait. • Civ. 3e, 28 juin 1983, n° 81-14.889 P. ♦ V. également, en matière de brevets : • Com. 28 avr. 2004, n° 02-21.585 P. ♦ V. note 2 ss. art. 550.

4. Évaluation des fruits restituables : prise en compte de l'état du bien possédé. Si le possesseur doit restituer les fruits au propriétaire qui revendique la chose, à compter du jour de la demande, le propriétaire ne saurait prétendre qu'aux fruits qu'aurait produits la chose dans l'état où le possesseur en a pris possession. • Civ. 1re, 20 juin 1967 : *D. 1968. 32 ; JCP 1967. II. 15262 (2e esp.), note J. A.*

2° SITUATION DU POSSESSEUR DE MAUVAISE FOI

5. Remboursement de l'intégralité des fruits par le possesseur de mauvaise foi. Cassation de l'arrêt ayant évalué les fruits issus de la sous-location non autorisée d'un logement conventionné et condamné le preneur à rembourser au bailleur une somme moindre en déduisant les loyers perçus par ce dernier en exécution du bail, alors que le loyer constitue un fruit civil de la propriété et que le preneur, auteur de la sous-location interdite, ne pouvait être un possesseur de bonne foi. • Civ. 3e, 22 juin 2022, n° 21-18.612 B : *D. 2022. 1206 ; AJDI 2022. 659, obs. de Plater ; ibid. 827, obs. Damas .*

6. ... Sous réserve du remboursement des frais exposés par le possesseur de mauvaise foi. Le propriétaire d'une chose étant, en règle générale, aux termes des art. 547 et 548, propriétaire, par voie d'accession, des fruits naturels et civils, à charge de rembourser les frais des labours, travaux et semences faits par des tiers, l'art. 549 édicte une exception à cette règle en disposant que le simple possesseur fait les fruits siens dans le cas où il possède de bonne foi. Par conséquent, lorsque le possesseur est de mauvaise foi, le propriétaire ne peut exiger la restitution des fruits qu'à la charge de rembourser les frais faits par ce tiers pour parvenir à leur perception. • Civ. 3e, 5 juill. 1978, n° 77-11.157 P.

7. ... Et de l'indemnisation des impenses utiles. Indemnisation des impenses faites par le possesseur évincé même s'il est de mauvaise foi : V. notes ss. anc. art. 1371.

Art. 550 Le possesseur est de bonne foi quand il possède comme propriétaire, en vertu d'un titre translatif de propriété dont il ignore les vices.

Il cesse d'être de bonne foi du moment où ces vices lui sont connus.

1. Appréciation souveraine de la bonne foi par les juridictions du fond. Les juges du fond apprécient souverainement la bonne foi du possesseur. • Com. 5 mai 1970, n° 68-13.523 P (en l'espèce, mauvaise foi du sous-acquéreur d'actions, qui ne pouvait ignorer la précarité des droits du premier acquéreur) • 13 avr. 1972 : *Bull. civ. IV, n° 98* (en l'espèce, impossibilité pratique pour les fondateurs d'une société à laquelle avait été fait apport d'un brevet de connaître la fraude de l'apporteur en raison de l'apparence créée).

2. Disparition de la bonne foi à compter de la demande en justice. A compter de la demande en justice tendant à la résolution de la vente, le possesseur ne peut invoquer la bonne foi. • Civ. 3e, 27 nov. 2002, n° 01-12.444 P : *D. 2003. IR 40 ; LPA 6 mars 2003, note Abram.* ♦ A compter de la demande en annulation du testament, le légataire universel a cessé d'être possesseur de bonne foi. • Civ. 1re, 21 juin 2005, n° 02-14.172 P : *D. 2005. IR 1884* . ♦ V. aussi notes 1 et 3 ss. art. 549.

Il importe peu à cet égard que la demande en résolution ou en annulation émane d'un tiers au contrat de vente. • Civ. 3e, 1er oct. 2020, n° 19-20.737 P : *D. 2021. 310, obs. Boffa et Mekki ; RDC 2021/1. 134, note Danos* (nullité de la vente immobilière demandée par le locataire).

3. Prise en compte du titre putatif. Le simple possesseur ne fait les fruits siens que s'il possède comme propriétaire, soit en vertu d'un titre translatif de propriété dont il ignore les vices, soit en vertu d'un titre putatif. • Civ. 1re, 5 déc. 1960, n° 59-10.820 P.

4. Prise en compte de l'erreur de droit. A l'exception du cas où le vice du titre consiste dans une infraction à une loi d'ordre public, il importe peu que l'ignorance du possesseur provienne d'une erreur de fait ou de droit, puisque l'art. 550 ne distingue pas entre ces deux causes d'erreur ; au surplus, la mauvaise foi ne se présume pas, et doit être prouvée contre celui dont la possession est établie dans les conditions prescrites par ce texte. • Civ. 11 janv. 1887 : *S. 1887. 1. 225.* ♦ N'est pas fondé à invoquer une erreur de droit constitutive de la bonne foi l'acquéreur d'un immeuble, qui, ayant contracté sous condition suspensive défaillie de son fait, n'a pas pu se tromper sur le caractère non translatif de son titre. • Civ. 3e, 23 mars 1968, n° 66-12.007 P.

5. Cas de la construction sur le terrain d'autrui. Bonne ou mauvaise foi du possesseur en cas de construction sur le terrain d'autrui : V. notes ss. art. 555.

CHAPITRE II DU DROIT D'ACCESSION SUR CE QUI S'UNIT ET S'INCORPORE À LA CHOSE

RÉP. CIV. v° *Accession*, par F. Cohet.

Art. 551 **Tout ce qui s'unit et s'incorpore à la chose appartient au propriétaire, suivant les règles qui seront ci-après établies.**

BIBL. ▸ **Clause de renonciation à l'accession :** Fabre et Schmitt, *RDI 1990. 453.*

1. Caractère supplétif de la règle de l'accession par incorporation. Les dispositions de l'art. 551 suivant lesquelles tout ce qui s'unit et s'incorpore à la chose appartient au propriétaire ne sont pas d'ordre public et peuvent être écartées par la renonciation expresse de celui-ci. • Civ. 3e, 6 nov. 1970 : *D. 1971. 395.*

2. Accession par incorporation et réserve de propriété. Inopposabilité à la procédure collective d'une « clause de renonciation à l'accession foncière » : V. • Com. 2 mars 1999, n° 95-18.643 P : *D. 2000. Somm. 69, obs. Pérochon et Mainguy ; D. Affaires 1999. 597, obs. A. L. ; JCP 1999. II. 10180, note Cutajar ; RTD civ. 1999. 442, obs. Crocq ; ibid. 2000. 866, obs. Revet* (inopposabilité à la procédure collective d'une « clause de renonciation à l'accession foncière »).

3. Accession par incorporation et responsabilité civile. Le propriétaire d'un terrain, étant devenu, par le seul fait de leur incorporation au sol, propriétaire des dalles de ciment construites par l'armée allemande durant la dernière guerre, en vertu du principe général posé par l'art. 551, est responsable du dommage causé à un tiers par l'effondrement d'une de ces dalles. • Civ. 2e, 21 nov. 1973 : *Bull. civ. II, n° 306* (rejet du pourvoi contre • Bordeaux, 9 mai 1972 : *JCP 1972. II. 17258, note Cheminade*).

4. Accession par incorporation et propriété indivise. Il résulte de l'art. 551 que les constructions élevées sur un immeuble indivis par l'un des copropriétaires deviennent propriété commune des indivisaires si leur démolition n'est pas demandée. • Civ. 3e, 30 avr. 1975 : *Bull. civ. III, n° 147.* – Dans le même sens : • Civ. 3e, 9 mars 1994 : *D. 1994. Somm. 162, obs. A. Robert.* ♦ Sur l'exclusion des règles spécifiques prévues par l'art. 555 quant à l'indemnisation du constructeur, V. notes ss. art. 555.

5. Accession par incorporation et théorie des impenses. S'il est vrai, conformément à l'art. 551, que tout ce qui s'unit et s'incorpore à la chose appartient au propriétaire, il ne s'ensuit pas que celui-ci puisse bénéficier des améliorations faites par le possesseur évincé, sans lui tenir compte de ses impenses. • Civ. 11 janv. 1887 : *S. 1887. 1. 225* • Civ. 3e, 12 mars 1985, n° 83-16.548 P. ♦ V. l'indemnisation des impenses, notes 9 ss. art. 1303.

6. Accession par incorporation à un meuble. Sur l'accession de meuble à meuble : V. art. 565 à 577.

7. Accession par incorporation à un immeuble. Sur l'accession naturelle à un immeuble : V. art. 556 à 564. ♦ Sur l'accession artificielle à un immeuble et les règles spécifiques relatives à l'indemnisation du constructeur évincé : V. art. 553 à 555.

SECTION 1 Du droit d'accession relativement aux choses immobilières

Art. 552 **La propriété du sol emporte la propriété du dessus et du dessous.**

Le propriétaire peut faire au-dessus toutes les plantations et constructions qu'il juge à propos, sauf les exceptions établies au titre *Des servitudes ou services fonciers.*

Il peut faire au-dessous toutes les constructions et fouilles qu'il jugera à propos, et tirer de ces fouilles tous les produits qu'elles peuvent fournir, sauf les modifications résultant des lois et règlements relatifs aux mines, et des lois et règlements de police.

BIBL. ▸ **Propriété de l'espace :** DE LAUBADÈRE, *Mél. Marty, Univ. Toulouse, 1978, p. 761* (propriété du dessus et plafond légal de densité). – R. SAVATIER, *D. 1965. Chron. 213.* ▸ **Division de la propriété en volumes cessibles :** BERTREL, *Dr. et patr. 1994. 44.* – CHAMBELLAND, GINGRAS et HALOCHE, *Defrénois 1975. 1217.* – GOUBEAUX, *Études Weill, Dalloz/Litec, 1983, p. 279.* – R. SAVATIER, *D. 1976. Chron. 103.* – SIMLER, *Études P. Catala, Litec, 2001, p. 679* (copropriété et propriété en volume). – SIZAIRE, *JCP 1988. I. 3367.* ▸ **Superposition de la propriété privée et du domaine public :** AGLAÉ, *RDI 1993. 313* ✎. – Y. GAUDEMET, *D. 1978. Chron. 293.* ▸ **Fortage :** ATIAS, *Ann. loyers 2000. 1815.* ▸ **Vestiges archéologiques :** SAUJOT, *JCP N 2002. 1022.*

▸ **Réparation des dommages consécutifs à l'exploitation minière et prévention des risques miniers (L. n° 99-245 du 30 mars 1999) :** D. BOULANGER, *JCP N 1999. 1555.*

A. PRÉSOMPTION DE PROPRIÉTÉ AU PROFIT DU PROPRIÉTAIRE DU SOL

1° FORCE DE LA PRÉSOMPTION

1. Preuve contraire résultant d'un titre ou de la prescription. La présomption de propriété du dessous au profit du propriétaire du sol n'est susceptible d'être combattue que par la preuve contraire résultant d'un titre ou de la prescription acquisitive. • Civ. 3e, 12 juill. 2000, n° 97-13.107 P : *JCP 2001. I. 305, n° 1, obs. Périnet-Marquet ; Defrénois 2001. 451, obs. Atias ; RDI 2000. 525, obs. Bruschi* ✎ *; RTD civ. 2002. 539, obs. Revet* ✎. – V. déjà : • Civ. 1re, 18 déc. 1967 : *D. 1968. 244* • Civ. 3e, 15 nov. 1977 : *Bull. civ. III, n° 389 ; RTD civ. 1978. 674, obs. Giverdon.* – Dans le même sens : • Civ. 3e, 26 mai 1992, n° 90-22.145 P (cave située sous deux immeubles contigus) • 7 oct. 1998, n° 96-18.748 P : *Defrénois 1999. 424, obs. Atias ; RTD civ. 1999. 142, obs. Zenati* ✎ (terrasse aménagée sur le toit d'une remise appartenant à un autre propriétaire) • Civ. 3e, 3 juill. 2013, n° 12-20.237 P : *D. 2013. 1838* ✎ (absence de renversement de la présomption de propriété d'une commune sur une passerelle surplombant une voie publique, qui a été édifiée par une personne privée en vertu d'une autorisation caduque). ♦ ... Et quel que soit le titulaire des titres produits. • Civ. 3e, 13 mai 2015, n° 13-27.342 P : *D. 2015. 1863, obs. Reboul-Maupin* ✎ *; ibid. 2016. 167, obs. Bretzner et Aynès* ✎ *; AJDI 2015. 858, obs. Le Rudulier* ✎ *; RTD civ. 2015. 902, obs. Dross* ✎ *; RDC 2015. 949, obs. Tadros* (titres émanant du propriétaire du dessus ou de son auteur, auxquels les propriétaires du dessous n'étaient pas parties).

2° DOMAINE D'APPLICATION

2. Renversement de la présomption au profit du propriétaire du dessus (non). La présomption résultant de l'art. 552 ne saurait s'appliquer, en renversant cette règle, au propriétaire du dessus qui n'est pas, par principe, présumé propriétaire du sol (en l'espèce, un passage situé sous le premier étage d'un immeuble construit en avancement sur le rez-de-chaussée et soutenu par des piliers). • Req. 24 juin 1941 : *DA 1941. 293.*

3. Application au profit d'un copropriétaire (non). Le copropriétaire de partie d'un appartement, qui n'est nullement propriétaire du sol, ne peut se prétendre, en application de l'art. 552, al. 1er, propriétaire du dessus (en l'espèce, un conduit, à la hauteur du plafond d'un couloir). • Civ. 1re, 10 mai 1965, n° 63-11.291 P.

4. Application au profit d'un époux. L'immeuble bâti sur le terrain propre à l'un des époux pendant la durée du mariage à l'aide de fonds provenant de la communauté constitue lui-même un bien propre sauf récompense. • Civ. 1re, 6 juin 1990, n° 88-10.532 P. ♦ Dans le même sens, V. également notes ss. art. 1406. ♦ Application de l'art. 552 dans le régime de séparation de biens : V. note 12 ss. art. 1538.

B. PROPRIÉTÉ DU DESSUS

5. Droit de s'opposer aux empiétements en surface. Il résulte de l'art. 552 que le propriétaire d'un terrain a la propriété du dessus, en ce sens qu'il peut seul en user pour y établir des constructions et qu'il est autorisé à demander la démolition des ouvrages qui, d'une hauteur quelconque, empiètent sur cet espace et ce, quelque minime que puisse être l'anticipation. • Civ. 1re, 24 mai 1965, n° 63-10.859 P (avancée d'un toit) • Civ. 3e, 3 nov. 1983 : *Gaz. Pal. 1984. 1. Pan. 77, obs. Piedelièvre* (appui d'une fenêtre débordant sur une ruelle commune).

6. Limitations résultant de la configuration naturelle des lieux. L'art. 552 ne s'oppose pas à l'existence de deux parcelles formant deux sols distincts situés à des niveaux différents et séparés par une falaise infranchissable, bien que cette falaise surplombe partiellement le fonds inférieur. • Civ. 3e, 29 févr. 1984, n° 83-10.040 P : *R., p. 77 ; JCP 1984. II. 20307, note Goubeaux.*

C. PROPRIÉTÉ DU DESSOUS

7. Droit de s'opposer aux empiétements en sous-sol. Les fondations d'un pavillon qui dépassent la limite séparative de deux fonds constituent une emprise sur la propriété voisine. En vertu des art. 552 et 545 combinés, la démolition de l'ouvrage réalisant une emprise en sous-sol doit être ordonnée. • Civ. 3e, 8 nov. 1978, n° 77-13.563 P • 3 févr. 1982 : *D. 1983. IR 14, obs. Robert.*

8. Droit aux produits du sous-sol : captation des eaux souterraines. En vertu des art. 552 et 642 C. civ., un propriétaire a le droit de capter sur son fonds non seulement les eaux d'une source qui y prend naissance, mais aussi les eaux souterraines qui s'y infiltrent ou s'écoulent dans son héritage et ce, quel que soit le dommage qui en résulte pour les propriétaires des fonds inférieurs, à condition toutefois qu'il n'abuse pas de ce droit et que notamment il n'agisse pas par malveillance ou sans utilité pour lui-même. • Civ. 3e, 26 nov. 1974, ☎ n° 73-12.124 P.

9. Indemnisation du propriétaire de la surface en cas d'expropriation en tréfonds : principe. L'art. 21 de l'Ord. 23 oct. 1958 [C. expropr., art. L. 13-14 s.] n'a nullement écarté l'application de l'art. 552 C. civ. et de la législation minière, en application desquels, en cas d'expropriation, le propriétaire de la surface est en droit d'exiger, pour les produits du sous-sol, une juste indemnité. • Civ. 3e, 10 juill. 1969, n° 68-70.075 P (gisement de sable) • 17 juin 1970 : *Bull. civ. III, n° 410* (gisement de graviers) • 13 juin 1972 : *Bull. civ. III, n° 389* (gisement d'argile).

10. ... Expropriations successives en tréfonds. En cas d'expropriation successive de deux emprises différentes en tréfonds, il n'y a pas lieu de déduire l'indemnité déjà versée pour la première de l'indemnité due pour la seconde. • Civ. 3e, 20 nov. 1996, ☎ n° 95-70.091 P : *R., p. 291 ; JCP 1997. I. 4010, n° 2, obs. Périnet-Marquet ; RDI 1998. 65, obs. Bergel* ✎.

11. Limitations par suite d'un détachement du sol et du sous-sol. Les dispositions de l'art. 552 ne font pas obstacle à ce qu'un dessous du sol puisse être détaché du sol ou du reste du sous-sol par fractions qui forment à leur tour et par elles-mêmes une chose essentiellement distincte et susceptible d'appropriation. • Paris, 25 sept. 1997 : *D. 1998. Somm. 343, obs. A. Robert* ✎ *; JCP N 1998. 847, note Sizaire.*

Code minier *(Ord. n° 2011-91 du 20 janv. 2011)* **Art. L. 131-4** Les mines sont immeubles. Sont aussi immeubles, outre les bâtiments des exploitations des mines, les machines, puits, galeries et autres travaux établis à demeure.

Sont immeubles par destination les machines et l'outillage servant à l'exploitation.

Les actions ou intérêts dans une société ou entreprise pour l'exploitation de mines sont meubles.

Sont également meubles les matières extraites, les approvisionnements et autres objets mobiliers.

.....

Art. L. 132-8 L'institution d'une concession, même au profit du propriétaire de la surface, crée un droit immobilier distinct de la propriété de la surface. Ce droit n'est pas susceptible d'hypothèque.

.....

Art. L. 611-17 Le permis d'exploitation confère un droit exclusif d'exploitation indivisible sur les substances mentionnées dans la décision d'octroi. Il crée un droit immobilier non susceptible d'hypothèque.

.....

Code du patrimoine

(Ord. n° 2004-178 du 20 févr. 2004)

FOUILLES ARCHÉOLOGIQUES PROGRAMMÉES

Art. L. 531-1 Nul ne peut effectuer sur un terrain lui appartenant ou appartenant à autrui des fouilles ou des sondages à l'effet de recherches de monuments ou d'objets pouvant intéresser la préhistoire, l'histoire, l'art ou l'archéologie, sans en avoir au préalable obtenu l'autorisation.

La demande d'autorisation doit être adressée à l'autorité administrative ; elle indique l'endroit exact, la portée générale et la durée approximative des travaux à entreprendre.

Dans le délai, fixé par voie réglementaire, qui suit cette demande et après avis de l'organisme scientifique consultatif compétent, l'autorité administrative accorde, s'il y a lieu, l'autorisation de fouiller. Elle fixe en même temps les prescriptions suivant lesquelles les recherches devront être réalisées. — *[L. 27 sept. 1941, art. 1er.]*

.....

Art. L. 531-9 L'État est autorisé à procéder d'office à l'exécution de fouilles ou de sondages pouvant intéresser la préhistoire, l'histoire, l'art ou l'archéologie sur les terrains ne lui appartenant pas, à l'exception toutefois des terrains attenant à des immeubles bâtis et clos de murs ou de clôtures équivalentes.

A défaut d'accord amiable avec le propriétaire, l'exécution des fouilles ou sondages est déclarée d'utilité publique par décision de l'autorité administrative, qui autorise l'occupation temporaire des terrains.

Cette occupation est ordonnée par une décision de l'autorité administrative qui détermine l'étendue des terrains à occuper ainsi que la date et la durée probable de l'occupation. La durée peut être prolongée, en cas de nécessité, par de nouveaux arrêtés sans pouvoir en aucun cas excéder cinq années. — *[L. 27 sept. 1941, art. 9.]*

....

DÉCOUVERTES FORTUITES

Art. L. 531-14 Lorsque, par suite de travaux ou d'un fait quelconque, des monuments, des ruines, substructions, mosaïques, éléments de canalisation antique, vestiges d'habitation ou de sépulture anciennes, des inscriptions ou généralement des objets pouvant intéresser la préhistoire, l'histoire, l'art, l'archéologie ou la numismatique sont mis au jour, l'inventeur de ces vestiges ou objets et le propriétaire de l'immeuble où ils ont été découverts sont tenus d'en faire la déclaration immédiate au maire de la commune, qui doit la transmettre sans délai au préfet. Celui-ci avise l'autorité administrative compétente en matière d'archéologie.

Si des objets trouvés ont été mis en garde chez un tiers, celui-ci doit faire la même déclaration.

Le propriétaire de l'immeuble est responsable de la conservation provisoire des monuments, substructions ou vestiges de caractère immobilier découverts sur ses terrains. Le dépositaire des objets assume à leur égard la même responsabilité.

L'autorité administrative peut faire visiter les lieux où les découvertes ont été faites ainsi que les locaux où les objets ont été déposés et prescrire toutes les mesures utiles pour leur conservation. — *[L. 27 sept. 1941, art. 14.]*

....

RÉGIME DE PROPRIÉTÉ DU PATRIMOINE ARCHÉOLOGIQUE

Biens archéologiques immobiliers
(L. nº 2016-925 du 7 juill. 2016, art. 70)

Art. L. 541-1 Les dispositions de l'article 552 du code civil relatives aux droits du propriétaire du sol ne sont pas applicables aux biens archéologiques immobiliers mis au jour à la suite d'opérations archéologiques ou de découvertes fortuites réalisées sur des terrains dont la propriété a été acquise après la publication de la loi nº 2001-44 du 17 janvier 2001 relative à l'archéologie préventive. Ces biens archéologiques immobiliers appartiennent à l'État dès leur mise au jour à la suite d'opérations archéologiques ou en cas de découverte fortuite.

L'État verse au propriétaire du fonds où est situé le bien une indemnité destinée à compenser le dommage qui peut lui être occasionné pour accéder audit bien. A défaut d'accord amiable sur le montant de l'indemnité, celle-ci est fixée par le juge judiciaire.

Art. L. 541-2 Lorsque les biens archéologiques immobiliers sont mis au jour sur des terrains dont la propriété a été acquise avant la promulgation de la loi nº 2001-44 du 17 janvier 2001 relative à l'archéologie préventive, l'autorité administrative statue sur les mesures définitives à prendre à l'égard de ces biens. Elle peut, à cet effet, ouvrir pour ces biens une instance de classement en application de l'article L. 621-7.

L'Ord. nº 2017-651 du 27 avr. 2017 relative aux immeubles et objets mobiliers classés ou inscrits au titre des monuments historiques avait modifié le présent art. (art. 13, JO 28 avr.). N'ayant pas été ratifiée dans les délais prévus, cette Ord. est « caduque » au 28 oct. 2017. L'art. L. 541-2 est par conséquent ici reproduit dans sa rédaction antérieure à l'intervention de ladite Ord.

Art. L. 541-3 Lorsque le bien est découvert fortuitement et qu'il donne lieu à une exploitation, la personne qui assure cette exploitation verse à l'inventeur une indemnité forfaitaire ou, à défaut, intéresse ce dernier au résultat de l'exploitation du bien. L'indemnité forfaitaire et l'intéressement sont calculés en relation avec l'intérêt archéologique de la découverte.

Biens archéologiques mobiliers

(L. n° 2016-925 du 7 juill. 2016, art. 70)

Propriété

Art. L. 541-4 Les articles 552 et 716 du code civil ne sont pas applicables aux biens archéologiques mobiliers mis au jour à la suite d'opérations de fouilles archéologiques ou de découvertes fortuites réalisées sur des terrains dont la propriété a été acquise après la date d'entrée en vigueur de la loi n° 2016-925 du 7 juillet 2016 relative à la liberté de la création, à l'architecture et au patrimoine. Ces biens archéologiques mobiliers sont présumés appartenir à l'État dès leur mise au jour au cours d'une opération archéologique et, en cas de découverte fortuite, à compter de la reconnaissance de l'intérêt scientifique justifiant leur conservation.

Lors de la déclaration de la découverte fortuite qu'elle doit faire en application de l'article L. 531-14 du présent code, la personne déclarante est informée, par les services de l'État chargés de l'archéologie, de la procédure de reconnaissance de l'intérêt scientifique de l'objet susceptible d'être engagée. L'objet est placé sous la garde des services de l'État jusqu'à l'issue de la procédure.

La reconnaissance de l'intérêt scientifique de l'objet est constatée par un acte de l'autorité administrative, pris sur avis d'une commission d'experts scientifiques. L'autorité administrative se prononce au plus tard cinq ans après la déclaration de la découverte fortuite. La reconnaissance de l'intérêt scientifique de l'objet emporte son appropriation publique. Cette appropriation peut être contestée pour défaut d'intérêt scientifique de l'objet devant le juge administratif dans les délais réglementaires courant à compter de l'acte de reconnaissance.

Quel que soit le mode de découverte de l'objet, sa propriété publique, lorsqu'elle a été reconnue, peut être à tout moment contestée devant le juge judiciaire par la preuve d'un titre de propriété antérieur à la découverte.

Art. L. 541-5 Les biens archéologiques mobiliers mis au jour sur des terrains acquis avant la date d'entrée en vigueur de la loi n° 2016-925 du 7 juillet 2016 relative à la liberté de la création, à l'architecture et au patrimoine sont confiés, dans l'intérêt public, aux services de l'État chargés de l'archéologie pendant le délai nécessaire à leur étude scientifique, dont le terme ne peut excéder cinq ans.

L'État notifie leurs droits au propriétaire du terrain et, en cas de découverte fortuite, à l'inventeur. Si, à l'issue d'un délai d'un an à compter de cette notification, le propriétaire et, en cas de découverte fortuite, l'inventeur n'ont pas fait valoir leurs droits, une nouvelle notification leur est adressée dans les mêmes formes.

Si, à l'issue d'un délai d'un an à compter de cette nouvelle notification, le propriétaire et, en cas de découverte fortuite, l'inventeur n'ont pas fait valoir leurs droits, la propriété des biens archéologiques mobiliers mis au jour est transférée à titre gratuit à l'État.

Chacune des notifications adressées au propriétaire et, le cas échéant, à l'inventeur comporte la mention du délai dont il dispose pour faire valoir ses droits et précise les conséquences juridiques qui s'attachent à son inaction dans ce délai.

Lorsque seul l'un des deux a fait valoir ses droits, les biens archéologiques mobiliers sont partagés entre l'État et celui-ci, selon les règles de droit commun.

Les biens qui sont restitués à leur propriétaire à l'issue de leur étude scientifique peuvent faire l'objet de prescriptions destinées à assurer leur bonne conservation et leur accès par les services de l'État. Les sujétions anormales qui peuvent en résulter sont compensées par une indemnité. A défaut d'accord amiable, l'action en indemnité est portée devant le juge judiciaire.

Ensemble archéologique mobilier et aliénation des biens mobiliers

Art. L. 541-6 Lorsque les biens archéologiques mobiliers mis au jour constituent un ensemble cohérent dont l'intérêt scientifique justifie la conservation dans son intégrité, l'autorité administrative reconnaît celui-ci comme tel. Cette reconnaissance est notifiée au propriétaire.

Toute aliénation à titre onéreux ou gratuit d'un bien archéologique mobilier ou d'un ensemble n'appartenant pas à l'État reconnu comme cohérent sur le plan scientifique en application du premier alinéa, ainsi que toute division par lot ou pièce d'un tel ensemble, est soumise à déclaration préalable auprès des services de l'État chargés de l'archéologie.

Transfert et droit de revendication

Art. L. 541-7 *Abrogé par Ord. n° 2017-1134 du 5 juill. 2017, art. 5.*

Art. L. 541-8 L'État peut revendiquer, dans l'intérêt public, pour son propre compte ou pour le compte de toute personne publique qui en fait la demande, la propriété des biens archéologiques mobiliers, moyennant une indemnité fixée à l'amiable ou à dire d'expert désigné conjointement.

A défaut d'accord sur la désignation de l'expert, celui-ci est nommé par le juge judiciaire. A défaut d'accord sur le montant de l'indemnité, celle-ci est fixée par le juge judiciaire.

Art. 553 **Toutes constructions, plantations et ouvrages sur un terrain ou dans l'intérieur, sont présumés faits par le propriétaire à ses frais et lui appartenir, si le contraire n'est prouvé ; sans préjudice de la propriété qu'un tiers pourrait avoir acquise ou pourrait acquérir par prescription, soit d'un souterrain sous le bâtiment d'autrui, soit de toute autre partie du bâtiment.**

BIBL. ▶ Chaput et Rochegude, *Defrénois 2007. 573* (droit de superficie et volume immobilier).

1. Présomption de construction en faveur du propriétaire du sol. Une construction élevée sur un terrain avant sa vente, est réputée, sauf preuve contraire, avoir été faite par le propriétaire du terrain (et non par l'acquéreur prétendant avoir exécuté l'engagement de construire pris à l'égard de l'administration fiscale). • Com. 28 juin 1983, n° 81-14.682 P.

2. Caractère simple de la présomption : preuve contraire. La présomption de l'art. 553 est détruite s'il est établi que le propriétaire du sol s'est engagé à reprendre à la fin du contrat les constructions qui y ont été élevées par l'occupant. • Civ. 1re, 1er juill. 1963, n° 60-12.298 P. ♦ ... S'il est établi que c'est pour son propre compte, sur ses plans et en partie de ses mains et en justifiant de dépenses par lui engagées pour la construction qu'un père a édifié une maison sur un terrain appartenant à sa fille, du consentement de celle-ci. • Civ. 3e, 7 nov. 1978 : *Bull. civ. III, n° 335.* ♦ ... Si le vendeur d'un terrain sur lequel étaient édifiés des boxes pour automobiles, dont l'existence n'a pas été mentionnée au contrat de vente, est demeuré après la vente du terrain, le paisible possesseur des boxes. • Civ. 3e, 15 nov. 1977 : *Bull. civ. III, n° 388 ; RTD civ. 1978. 674, obs. Giverdon.*

Art. 554 *(L. n° 60-464 du 17 mai 1960)* **Le propriétaire du sol qui a fait des constructions, plantations et ouvrages avec des matériaux qui ne lui appartenaient pas, doit en payer la valeur estimée à la date du paiement ; il peut aussi être condamné à des dommages-intérêts, s'il y a lieu : mais le propriétaire des matériaux n'a pas le droit de les enlever.**

Art. 555 *(L. n° 60-464 du 17 mai 1960)* **Lorsque les plantations, constructions et ouvrages ont été faits par un tiers et avec des matériaux appartenant à ce dernier, le propriétaire du fonds a le droit, sous réserve des dispositions de l'alinéa 4, soit d'en conserver la propriété, soit d'obliger le tiers à les enlever.**

Si le propriétaire du fonds exige la suppression des constructions, plantations et ouvrages, elle est exécutée aux frais du tiers, sans aucune indemnité pour lui ; le tiers peut, en outre, être condamné à des dommages-intérêts pour le préjudice éventuellement subi par le propriétaire du fonds.

Si le propriétaire du fonds préfère conserver la propriété des constructions, plantations et ouvrages, il doit, à son choix rembourser au tiers, soit une somme égale à celle dont le fonds a augmenté de valeur, soit le coût des matériaux et le prix de la main-d'œuvre estimés à la date du remboursement, compte tenu de l'état dans lequel se trouvent lesdites constructions, plantations et ouvrages.

Si les plantations, constructions et ouvrages ont été faits par un tiers évincé qui n'aurait pas été condamné, en raison de sa bonne foi, à la restitution des fruits, le propriétaire ne pourra exiger la suppression desdits ouvrages, constructions et plantations, mais il aura le choix de rembourser au tiers l'une ou l'autre des sommes visées à l'alinéa précédent.

BIBL. ▶ **Accession différée :** Bergel, *Études Malinvaud, Litec, 2007, p. 17.* – T. Lamarche, *RTD civ. 2006. 1*. ▶ **Accession et droit de superficie :** Bertrel, *RTD civ. 1994. 737*. ▶ **Aménagement des effets de l'accession :** Patarin, *Mél. Jean Foyer, PUF, 1997, p. 417.* – Gain, *JCP N 2001. 1755* (dissociation de la propriété du sol et des plantations ou constructions).

▶ **Constructions et plantations par le preneur :** Saint-Alary, *RTD civ. 1947. 263.* – Biasca, *Gaz. Pal. 1976. 2. Doctr. 530.* ▶ **Accession et bail commercial :** Brault, *Loyers et copr. 2002. Chron. 11.* – Denizot, *AJDI 2005. 8* ✎. ▶ **Application de l'art. 555 C. civ. entre personnes unies par un lien d'obligation :** Delmas Saint-Hilaire, *RTD civ. 1959. 411.* ▶ Art. 555 et concubins : Farge, *Dr. fam. 2002. Chron. 23.* ▶ **Conventions relatives à la construction sur le terrain d'autrui :** Mathieu, *JCP N 2000. 484.* ▶ **Empiétement :** Giannotti, *RDI 1991. 303* ✎. – Raynal, *JCP 1976. I. 2800.* ▶ **Aspect fiscal :** Chappert, *Defrénois 1991. 705, 769 et 833.* ▶ **Voisinage :** A. Lepage, *Defrénois 1999. 257.*

I. DOMAINE DE L'ACCESSION ARTIFICIELLE À UN IMMEUBLE

A. NATURE ET IMPLANTATION DES OUVRAGES

1. Construction sur le terrain d'autrui : caractère nouveau de l'ouvrage. Les dispositions de l'art. 555 ne concernent que des constructions nouvelles et sont étrangères au cas où les travaux exécutés, s'appliquant à des ouvrages préexistants avec lesquels ils sont identifiés, ne présentent que le caractère de réparations ou de simples améliorations. • Civ. 3e, 5 juin 1973, ☎ n° 72-12.323 P • 9 sept. 2021, ☎ n° 20-15.713 B : *D. 2022. 452, note Roussel* ✎ ; *RDI 2021. 658, obs. Bergel* ✎ ; *RTD civ. 2021. 918, obs. Dross* ✎ (cassation de l'arrêt ayant retenu que, compte tenu de l'importance de la rénovation effectuée, les travaux devaient être regardés comme l'édification d'une construction neuve alors que les murs subsistaient, de sorte que les travaux avaient été exécutés sur une construction préexistante avec laquelle ils s'étaient identifiés). – V. déjà en ce sens : • Civ. 1re, 18 juin 1970 : *D. 1970. 561, note A. B. ; JCP 1972. II. 17165, note Thuillier.* ♦ V. cependant, pour l'application de l'art. 555 à une installation de chauffage central, • Colmar, 13 janv. 1966 : *JCP 1967. II. 14971, note Wiederkehr.*

2. Exclusion des règles de l'accession en cas d'empiétement. L'art. 555 ne trouve pas application lorsqu'un constructeur étend une construction au-delà des limites de son héritage et empiète ainsi sur la parcelle voisine. • Civ. 3e, 19 déc. 1983 : *Bull. civ. III, n° 269.* – Jurisprudence constante : V. note 18 ss. art. 545.

3. ... En cas de mitoyenneté. Les dispositions de l'art. 555 sont étrangères aux rapports nés entre voisins de la mitoyenneté, laquelle est soumise au régime qui lui est propre. • Civ. 3e, 8 mars 1972 : *Bull. civ. III, n° 169.*

B. RELATIONS DES PARTIES

1° PRINCIPES

4. Application dans les rapports entre propriétaire du sol et possesseur des travaux. L'art. 555 n'est applicable que dans les rapports du propriétaire du sol et du possesseur des travaux. • Civ. 3e, 30 nov. 1988, ☎ n° 87-12.387 P : *D. 1990. Somm. 85, obs. A. Robert* ✎ ; *RTD civ. 1989. 772, obs. Zenati.*

5. Application aux constructions réalisées par un possesseur pour son propre compte. L'art. 555 suppose que les plantations, constructions et ouvrages ont été faits par un tiers possesseur pour son propre compte, et non pour le compte d'autrui (locataire). • Civ. 1re, 27 mai 1963 : *Bull. civ. I, n° 281* • 21 nov. 1967 : *Bull. civ. I, n° 340* • Civ. 3e, 28 mai 1986, ☎ n° 85-10.367 P : *RTD civ. 1987. 366, obs. Rémy.*

6. Application dans les rapports entre concubins. En l'absence de convention particulière réglant le sort de la construction, les dispositions de l'art. 555 ont vocation à régir les rapports entre les concubins. • Civ. 3e, 16 mars 2017, ☎ n° 15-12.384 P : *D. 2017. 1068, chron. Méano et Collomp* ✎ ; *ibid. 1789, obs. Reboul-Maupin* ✎ ; *Gaz. Pal. 2017. 1232, note Berlaud ; ibid. 2715, note Guiguet-Schielé.* ♦ V. déjà : l'art. 555 a vocation à régir les rapports entre concubins. • Civ. 3e, 2 oct. 2002 : ☎ *Defrénois 2003. 116, obs. Massip ; Dr. fam. 2002, n° 141, note Farge ; RJPF 2003-3/31, obs. Vauvillé.* ♦ Rappr. • Civ. 3e, 29 avr. 2009, ☎ n° 08-11.431 P : *D. 2009. 2595, note Bonnet* ✎ ; *JCP 2009. 337, n° 3, obs. Périnet-Marquet ; RLDC 2009/62, n° 3510, obs. Pouliquen ; RTD civ. 2009. 511, obs. Hauser* ✎ (remboursement au concubin des sommes empruntées pour construire sur le terrain de sa compagne). ♦ L'indemnisation de celui qui a concouru à la construction d'ouvrage sur le terrain d'autrui n'est pas subordonnée au caractère exclusif de sa participation. • Civ. 3e, 16 mars 2017, ☎ n° 15-12.384 P : *préc.*

Mais non-application de l'art. 555 dans une hypothèse où les juges ont considéré que les dépenses engagées par un concubin pour une construction sur le terrain de sa concubine, l'immeuble ayant constitué le logement de la famille, relevaient de sa contribution aux dépenses de la vie courante. • Civ. 1re, 2 sept. 2020, ☎ n° 19-10.477 P : *D. 2020. 2444, note Hartman* ✎ ; *ibid. 2021. 499, obs. Douchy-Oudot* ✎ ; *RDI 2020. 591, obs. Tranchant* ✎ ; *AJ fam. 2020. 531, obs. Saulier* ✎ • Civ. 1re, 9 févr. 2022, ☎ n° 20-22.533 : *Dr. fam. 2022, n° 47, note Ben Hadj Yahia.*

7. Rapports entre époux : éviction de l'art. 555 au profit des dispositions de l'art. 1469, al. 3. Dans un régime de communauté, le règlement des récompenses dues pour des constructions édifiées au moyen de fonds communs sur un terrain propre ne peut être opéré par référence à l'art. 555. • Civ. 1re, 19 juill.

1966 : *D. 1966. 713, note Dedieu.* ♦ Dans un régime de séparation de biens, l'évaluation de la créance due à l'époux qui a financé tout ou partie d'une construction édifiée sur le terrain personnel de son conjoint se fait en fonction du profit subsistant en application des art. 1469, al. 3, 1479, al. 2, et 1543, de sorte qu'il n'y a pas lieu d'appliquer l'art. 555, al. 2 et 3, pour fixer le montant de l'indemnité due au conjoint constructeur. • Civ. 1re, 25 avr. 2006, n° 04-11.359 P : *D. 2006. Pan. 2366, obs. Mallet-Bricout ; JCP 2006. I. 193, n° 26, obs. Storck ; AJ fam. 2006. 253, obs. Hilt* • 15 mai 2008 : *cité note 3 ss. art. 1538* • 8 avr. 2009 : *Dr. fam. 2009. 60, obs. Beignier ; AJ fam. 2009. 305, obs. Hilt*. ♦ Comp. • Civ. 3e, 27 mars 2002, n° 00-18.201 P : *JCP 2003. I. 111, n° 20, obs. Storck ; ibid. 117, n° 2, obs. Périnet-Marquet ; RDI 2002. 384, obs. Bruschi ; Rev. loyers 2002. 329, obs. J. Rémy* (l'immeuble construit sur le terrain personnel d'un époux séparé de biens devient de plein droit propriété exclusive de cet époux par le mécanisme de l'accession, son conjoint ayant financé la construction est seulement en droit de réclamer une indemnité mais ne peut s'opposer à une saisie exercée sur l'immeuble).

8. Exclusion dans les rapports entre copropriétaires ou coïndivisaires. Les dispositions de l'art. 555 précisent le droit du propriétaire d'un fonds dans le cas où les ouvrages ont été l'œuvre d'un tiers ; le copropriétaire ne saurait être considéré comme tel dans ses rapports avec les autres copropriétaires. • Civ. 3e, 28 févr. 1969 : *JCP 1970. II. 16220, note Béchade* • 22 févr. 1984 : *Gaz. Pal. 1984. 2. Pan. 190, obs. Piedelièvre* (coïndivisaires).

9. Exclusion dans les rapports entre usufruitier et nu-propriétaire. L'art. 555 est sans application en cas d'améliorations apportées par l'usufruitier au fonds sous forme de constructions nouvelles, l'usufruitier ne pouvant, à la cessation de sa jouissance, être assimilé, sous aucun rapport, à un tiers possesseur évincé. • Req. 4 nov. 1885 : *DP 1886. 1. 361, rapport Alméras-Latour.*

10. Exclusion en cas d'attribution préférentielle. Le bénéficiaire d'une attribution préférentielle, qui réunit sur sa tête la double qualité de propriétaire et de constructeur, ne peut se prévaloir de l'art. 555. • Civ. 1re, 8 nov. 2005, n° 03-13.890 P : *RJPF 2006-1/34, obs. Casey ; LPA 3 mai 2006, note Chamoulaud-Trapiers.*

2° INCIDENCE DES LIENS CONTRACTUELS ENTRE CONSTRUCTEUR ET PROPRIÉTAIRE

11. Exclusion de l'art. 555 en présence d'une convention réglant le sort des constructions. Les dispositions de l'art. 555 régissent exclusivement le cas où le constructeur n'est pas avec le propriétaire du sol dans les liens d'un contrat se référant aux ouvrages élevés. • Civ. 3e, 6 nov. 1970 : *D. 1971. 395* (jurisprudence constante). ♦ L'art. 555 est inapplicable lorsque les travaux ont été effectués en vertu d'une convention ou de tout autre acte faisant la loi des parties (en l'espèce, arrêté préfectoral autorisant l'occupation d'une parcelle en vue de l'exploitation d'une mine). • Civ. 3e, 24 juin 1975 : *Bull. civ. III, n° 215.*

12. Absence d'incidence de l'annulation de la convention à l'origine de l'intervention du constructeur. Une cour d'appel retient à bon droit que l'annulation d'un contrat de construction de maison individuelle n'a pas pour effet de permettre au maître de l'ouvrage d'invoquer les dispositions de l'art. 555, afin d'obtenir la démolition de l'ouvrage, contre le constructeur intervenu en vertu de ce contrat et qui n'était donc pas un tiers. • Civ. 3e, 24 avr. 2013, n° 12-11.640 P : *D. 2013. 1134 ; RDI 2013. 432, obs. Tomasin ; RTD civ. 2013. 638, obs. Dross*.

13. Preuve de l'existence d'une convention réglant le sort des constructions. C'est au tiers constructeur d'un immeuble sur le terrain d'autrui qu'il appartient, pour écarter l'application des dispositions de l'art. 555, de rapporter la preuve d'une convention réglant le sort de ce bien. • Civ. 3e, 15 janv. 1971 : *Bull. civ. III, n° 40.* ♦ L'existence d'une convention réglant le sort des constructions ne peut se déduire de la seule situation de concubinage des parties. • Civ. 3e, 2 oct. 2002 : *Defrénois 2003. 116, obs. Massip ; Dr. fam. 2002, n° 141, note Farge ; RJPF 2003-3/31, obs. Vauvillé* • 16 mars 2017, n° 15-12.384 P : *D. 2017. 1068, chron. Méano et Collomp ; ibid. 1789, obs. Reboul-Maupin ; Gaz. Pal. 2017. 1232, note Berlaud ; ibid. 2715, note Guiguet-Schielé.*

14. Applications : contrat d'entreprise. L'art. 555 est inapplicable à l'entrepreneur qui a exécuté des travaux pour le compte d'autrui : V. note 5.

15. ... Bail emphytéotique. Les dispositions de l'art. 555 ne sont pas applicables en cas de bail emphytéotique, dont la caractéristique est la faible redevance versée au bailleur qui, en compensation, devient propriétaire à l'expiration du bail des constructions édifiées pendant la location sans verser aucune indemnité. • Civ. 3e, 16 avr. 1970 : *Bull. civ. III, n° 251.*

16. Cas particulier du bail. L'art. 555 est applicable aux rapports entre propriétaires et locataires. L'autorisation du bailleur d'effectuer des travaux n'est pas de nature à écarter l'application de l'art. 555, à défaut d'une convention réglant le sort des constructions réalisées par le locataire. • Civ. 3e, 10 nov. 1999, n° 97-21.942 P : *D. 2000. AJ 77, obs. Rouquet ; Defrénois 2000. 312, obs. Atias ; Gaz. Pal. 2000. 2. 1975, note Barbier ; RDI 2000. 20, obs. Bruschi*. ♦ V. déjà : • Civ. 1re, 7 mars 1955 : *D. 1955. 590, note Saint-Alary ; JCP 1956. II. 9053, note Weill et Bec-*

qué • Com. 1er mars 1960 : *S. 1961. 1. 204, note Plancqueel* • Civ. 3e, 9 janv. 1979 : *Gaz. Pal. 1979. 2. 309, note Plancqueel* • 3 oct. 1990, n° 88-18.415 P. ♦ Comp., décidant que l'art. 555 ne peut s'appliquer lorsque le locataire a été autorisé par le propriétaire à faire des travaux d'amélioration : • Civ. 3e, 8 janv. 1997, n° 95-10.339 P : *LPA 29 mai 1998, note Ralser.* ♦ Pour un comportement du bailleur considéré comme équivalant à une autorisation expresse, prévue par la convention des parties : • Civ. 3e, 26 nov. 1997 : *Defrénois 1998. 393, obs. Atias.*

II. CONSÉQUENCES DE L'ACCESSION ARTIFICIELLE À UN IMMEUBLE

17. Acquisition de la propriété de plein droit. Sauf convention contraire, l'accession opère de plein droit et l'acquisition de la propriété des constructions n'est pas soumise à l'action du propriétaire du sol ou à celle du créancier poursuivant. • Civ. 3e, 27 mars 2002, n° 00-18.201 P : *JCP 2003. I. 111, n° 20, obs. Storck ; ibid. 117, n° 2, obs. Périnet-Marquet ; RDI 2002. 384, obs. Bruschi ; Rev. loyers 2002. 329, obs. J. Rémy.*

A. MOMENT OÙ S'OPÈRE L'ACCESSION (CAS DU BAIL)

BIBL. Hilt, *JCP 2003. I. 183.*

1° EN L'ABSENCE DE CLAUSE RELATIVE AU SORT DES AMÉLIORATIONS

18. Principe : expiration du bail. Si, en l'absence d'accord des parties, le sort des constructions élevées par le preneur est réglé à l'expiration du bail par l'art. 555, al. 1er et 2, le preneur reste propriétaire, pendant la durée de la location, des constructions qu'il a édifiées sur le terrain du bailleur. • Civ. 1re, 1er déc. 1964 : *GAJC, 12e éd., n° 72 ; JCP 1965. II. 14213, note Esmein ; RTD civ. 1965. 373, obs. Bredin* • Civ. 2e, 23 nov. 1966 : *Bull. civ. II, n° 916* • Civ. 1re, 23 oct. 1990, n° 88-20.296 P. ♦ V. note 2 ss. art. 1349.

19. ... Renouvellement du bail. Le bail renouvelé étant un nouveau bail, les constructions édifiées avant le renouvellement du bail deviennent la propriété du bailleur lors de ce renouvellement. • Civ. 3e, 15 avr. 2015, n° 13-26.101 : *Rev. loyers juill. 2015, obs. Peignot.* ♦ Cassation de l'arrêt qui rejette la demande du bailleur en remboursement des constructions édifiées et détruites par le preneur sans rechercher, comme il le lui était demandé, si les aménagements n'avaient pas eu lieu avant le renouvellement du bail de sorte qu'ils étaient devenus la propriété du bailleur lors de ce renouvellement. • Civ. 3e, 25 févr. 2016, n° 14-26.845. ♦ Cassation de l'arrêt qui déclare irrecevable la demande du bailleur en résiliation des baux ruraux et en dommages et intérêts à la suite de l'arrachage fautif d'arbres fruitiers par le preneur sans rechercher si les plantations n'étaient pas intervenues avant le renouvellement des baux de sorte qu'elles étaient devenues la propriété du bailleur lors de ce renouvellement. • Civ. 3e, 23 nov. 2017, n° 16-16.815 P : *D. 2018. 781, note Roussel ; RTD civ. 2018. 436, obs. Dross ; Defrénois 17 mai 2018, p. 25, note Delorme et Gelot ; JCP N 2017, n° 1341, note Grimonprez ; RDC 2018. 54, note Seube ; ibid. 105, note Danos.*

20. ... Résiliation amiable du bail antérieurement au terme prévu. La résiliation amiable du bail avant le terme initialement prévu entraîne l'accession au bailleur des aménagements réalisés par les preneurs successifs. • Civ. 3e, 19 mars 2008, n° 07-10.679 P : *JCP N 2008. 1328, n° 4, obs. Périnet-Marquet.*

21. ... Expropriation en cours de bail. Le preneur reste propriétaire, pendant la durée de la location, des constructions qu'il a régulièrement édifiées sur le terrain loué ; la résiliation anticipée du bail du fait de l'expropriation ne le prive pas de son droit à indemnité pour ces constructions. • Civ. 3e, 5 janv. 2012, n° 10-26.965 P : *D. 2012. 217 ; RDI 2012. 271, obs. Bergel ; JCP 2012, n° 465, § 3, obs. Périnet-Marquet.*

22. Conséquences : destruction des constructions en cours de bail. N'accédant à la propriété des améliorations réalisées qu'en fin de bail, le bailleur ne peut prétendre au paiement de leur contre-valeur lorsqu'elles ont été détruites avant même la fin du bail. • Civ. 3e, 2 avr. 2003, n° 01-17.017 P : *AJDI 2003. 501, note Laporte-Leconte*

23. ... Fixation du loyer en cas de renouvellement du bail. Le bail renouvelé étant un nouveau bail, le bailleur peut, lors du renouvellement, en l'absence de clause, solliciter la prise en compte des modifications intervenues dans les biens loués pour la fixation du prix du nouveau loyer. • Civ. 3e, 27 sept. 2006, n° 05-13.981 P : *D. 2006. AJ 2530, obs. Rouquet ; D. 2007. 1188, note Tellier ; JCP 2007. I. 117, n° 5, obs. Périnet-Marquet ; AJDI 2007. 34, obs. Blatter ; RDC 2007. 371, obs. Lardeux.*

2° EN PRÉSENCE D'UNE CLAUSE RÉGLANT LE SORT DES AMÉLIORATIONS

24. Fixation du loyer en cas de reconduction ou de renouvellement du bail. Le propriétaire ne peut pas se prévaloir, pour une majoration de loyer, d'une clause d'accession portant sur les améliorations réalisées par le locataire, dès lors que celui-ci, resté sans interruption dans les lieux, a bénéficié d'une reconduction de bail, la clause d'accession ne pouvant produire effet qu'à la fin de l'occupation des lieux. • Civ. 3e, 4 oct. 1972, n° 71-20.059 P. ♦ Solution contraire, en présence d'un bail stipulant que les améliorations faites par le locataire resteraient « à la propriété à l'expiration du présent bail », les améliorations étant, en vertu de cette clause, acquises au bailleur lors du renouvellement du bail, un bail renouvelé étant un nouveau bail. • Civ. 3e, 26 nov. 1985 : *Gaz. Pal. 1986. 1. 114, note Brault.* – V. aussi : • Civ. 3e, 20 déc. 1971 : *JCP 1972. II. 17197, note Lehmann.* ♦ Comp. • Civ. 3e, 4 avr. 2002 : *cité note 26* (selon lequel la clause d'accession ne peut jouer qu'à la fin du bail et à défaut de renouvellement).

25. Portée de la clause d'accession sans indemnité au profit du bailleur. Une clause d'accession sans indemnité stipulée au profit du bailleur ne fait pas obstacle au droit du preneur d'être indemnisé des frais de réinstallation dans un nouveau local bénéficiant d'aménagements et d'équipements similaires à celui qu'il a été contraint de quitter. • Civ. 3e, 13 sept. 2018, n° 16-26.049 P : *Defrénois, 13 déc. 2018, p. 23, note Ruet* (rejet du pourvoi formé contre un arrêt fixant l'indemnité d'éviction en fonction de la valeur des locaux au jour du non-renouvellement en ce compris les améliorations apportées par le preneur).

26. Sort de l'indemnité afférente aux constructions en cas d'expropriation. En présence d'une clause d'accession en fin de bail, l'indemnité d'expropriation afférente aux constructions doit être attribuée au preneur, dès lors que le bail ne visait pas le cas de l'expropriation et que celle-ci a pour effet, en mettant fin au bail, de transférer directement du locataire à l'autorité expropriante la propriété des constructions. • Civ. 3e, 16 janv. 1980 : *Bull. civ. III, n° 16.* ♦ En présence d'une telle clause, la résiliation anticipée du bail du fait de l'expropriation ne peut priver le locataire de son droit à indemnité pour les constructions édifiées. • Civ. 3e, 4 avr. 2002, n° 01-70.061 P : *D. 2002. Somm. 2508, obs. Mallet-Bricout ; JCP 2003. II. 10022, note Keita ; JCP E 2003. 585, n° 9, obs. Raynard ; RTD civ. 2003. 114, obs. Revet .*

27. Sort de l'indemnité d'assurance compensant les désordres affectant les constructions. Le bailleur, devenu en application de la clause d'accession propriétaire des constructions réalisées par le preneur, est titulaire d'une action directe contre l'assureur et a qualité pour recevoir l'indemnité correspondant aux désordres affectant ces ouvrages. • Civ. 3e, 4 avr. 2007, n° 06-11.154 P: *RGDA 2007. 705, note Mayaux.*

B. BONNE ET MAUVAISE FOI DU CONSTRUCTEUR

1° BONNE FOI DU CONSTRUCTEUR

28. Définition de la bonne foi : exigence d'un titre translatif de propriété. Le terme de bonne foi employé par l'al. 4 de l'art. 555 s'entend par référence à l'art. 550, et ne vise que celui qui possède comme propriétaire en vertu d'un titre translatif de propriété dont il ignore les vices. • Civ. 3e, 17 nov. 1971 : *Bull. civ. III, n° 565* • 8 déc. 1971 : *ibid. III, n° 619* • 8 juill. 1987 : *D. 1987. IR 193* • 30 nov. 1988, n° 87-12.387 P : *RTD civ. 1989. 772, obs. Zenati* • 29 mars 2000, n° 98-15.734 P : *D. 2000. IR 143 ; JCP 2000. I. 265, n° 3, obs. Périnet-Marquet ; RDI 2000. 317, obs. Bruschi ; AJDI 2001. 273, obs. Talon* • 12 juill. 2000, n° 98-18.857 P : *D. 2000. IR 252 ; JCP 2001. II. 10537, note Chalas ; ibid. I. 305, n° 2, obs. Périnet-Marquet ; JCP N 2001. 1587, note Lasserre-Kiesow ; RDI 2000. 530, obs. Bruschi* (constructions nouvelles, avec l'accord du bailleur, sur une longue période) • 14 nov. 2002 : *Loyers et copr. 2003, n° 28, obs. Vial-Pedroletti* • 15 juin 2010 : *RTD civ. 2010. 590, obs. T. Revet* • 15 avr. 2021, n° 20-13.649 P : *D. 2021. 1509, obs. Strickler et Reboul-Maupin ; RDI 2021. 480, obs. Bergel ; RDC 2021/3. 86, note Tadros* (le père, ayant construit sur un terrain appartenant à sa fille avec l'accord de celle-ci, ne disposant d'aucun titre translatif de propriété, n'a pas la qualité de constructeur de bonne foi de sorte que la démolition requise de l'immeuble en cause doit être ordonnée).

29. ... Prise en compte du titre putatif. Pour interdire au propriétaire du terrain d'exiger du constructeur la suppression des ouvrages, il suffit que ce dernier ait cru à l'existence d'un titre. • Civ. 1re, 10 avr. 1967 : *Bull. civ. I, n° 118.* ♦ Un acte de vente ne valant pas juste titre au sens de l'art. 2265 [ancien] C. civ. peut constituer pour l'acquéreur un titre putatif lui permettant d'invoquer la qualité de tiers évincé de bonne foi. • Civ. 3e, 8 oct. 1974 : *D. 1975. 431, note Fabre ; JCP 1975. II. 17930, note Thuillier ; Defrénois 1975. 613, note Goubeaux.*

30. ... Incidence de l'autorisation du propriétaire. L'autorisation de demander un permis de construire donnée par le propriétaire d'un terrain à une personne désirant l'acquérir peut constituer un titre putatif pour le bénéficiaire qui a cru, de bonne foi, avoir un titre l'autorisant à bâtir en qualité de propriétaire avant même que l'acte de vente soit signé. • Civ. 3e, 3 mai 1983 : *Bull. civ. III, n° 102 ; RTD civ. 1984. 333, obs. Giverdon.* ♦ Jugé qu'est de bonne foi le preneur qui a édifié des constructions avec l'autorisation du bailleur. • Civ. 3e, 3 oct. 1990, n° 88-18.415 P. ♦ Application à des constructions édifiées, avec l'assentiment des propriétaires, sur des terrains donnés à bail et en l'absence de toute convention réglant le sort de ces constructions. • Civ. 3e, 17 déc. 2013, n° 12-15.916 P : *D. 2014. 1844, obs. Reboul-Maupin ; AJDI 2014. 612, obs. Le Rudulier et Simler ; RDI 2014. 207, obs. Simler ; JCP 2014, n° 232, note Ravenne ; RDC 2014. 225, obs. Seube.*

Inapplication de l'art. 555 à des occupants précaires, ne justifiant pas d'une possession des terrains litigieux à titre de propriétaires, l'occupation du terrain ayant été autorisée dans la perspective d'un lotissement qui n'avait pas vu le jour. • Civ. 3e, 5 juin 2013 : *cité note 22 ss. art. 2261*.

31. Conséquences de la bonne foi : sort des fruits. Le constructeur de bonne foi, qui fait les fruits siens, ne peut être condamné à payer une indemnité d'occupation au propriétaire. • Civ. 3e, 19 janv. 1983 : *Gaz. Pal. 1983. 1. Pan. 153, obs. Piedelièvre*.

32. ... Exclusion d'une indemnité pour moins-value. Lorsque le constructeur est de bonne foi, l'art. 555 ne prévoit de remboursement qu'à la charge du propriétaire du fonds, et interdit de mettre à la charge du constructeur une indemnité pour moins-value d'encombrement. • Civ. 3e, 12 oct. 2011, nº 10-18.175 P : *D. 2012. 2128, obs. Mallet-Bricout et Reboul-Maupin ; AJDI 2012. 297, obs. Le Rudulier ; RDI 2012. 89, obs. Bergel ; JCP 2011, nº 1298, § 3, obs. Périnet-Marquet*.

2º MAUVAISE FOI DU CONSTRUCTEUR

33. Définition de la mauvaise foi : conscience de construire sur le terrain d'autrui. Est de mauvaise foi, au sens de l'art. 555, celui qui construit sciemment sur un terrain qui ne lui appartient pas. • Civ. 3e, 15 janv. 1971 : *Bull. civ. III, nº 40* • 1er mars 1995, nº 93-14.418 P : *D. 1996. Somm. 57, obs. A. Robert ; Defrénois 1995. 1120, obs. Atias ; RTD civ. 1996. 363, obs. Hauser ; ibid. 658, obs. Zenati* (père ayant construit sur des terrains acquis par lui-même au nom de sa fille mineure).

34. ... Illustrations. Est de mauvaise foi au sens de l'art. 555, celui qui a reçu sommation du propriétaire d'avoir à supprimer l'ouvrage édifié et communication des documents établissant la preuve du droit de propriété. • Civ. 3e, 30 nov. 1988, nº 87-12.387 P : *D. 1990. Somm. 85, obs. A. Robert ; Defrénois 1989. 771, obs. Souleau*. ♦ ... Celui qui, connaissant le caractère litigieux de son titre, construit sur un terrain dont il avait été reconnu propriétaire par une décision judiciaire, dès lors que celle-ci était frappée de pourvoi en cassation. • Civ. 3e, 12 mai 1976 : *Bull. civ. III, nº 205*. ♦ Même sens, à propos d'un remembrement frappé de recours : • Civ. 3e, 12 juin 1991, nº 89-13.487 P.

35. Conséquences de la mauvaise foi : option offerte au propriétaire du sol entre l'indemnisation du constructeur ou la destruction des ouvrages. Il résulte de la combinaison des art. 550 et 555 que le propriétaire d'un terrain peut exiger la destruction de ce qui a été construit par un tiers sur son terrain postérieurement au jour où ce tiers, possesseur du terrain en vertu d'un titre de propriété, a eu connaissance des vices de son titre (en l'espèce, démolition de la partie de la villa dont la construction a été poursuivie après connaissance des vices du titre). • Civ. 3e, 1er juin 1977, nº 75-40.460 P.

36. ... Exercice de l'option par le propriétaire du sol. L'option du propriétaire peut s'induire des circonstances de la cause et notamment du fait que le bailleur a repris les lieux sans exiger leur remise en état. • Civ. 1re, 25 janv. 1961 : *Bull. civ. I, nº 65*. ♦ ... Du fait que l'acte de vente conclu par le propriétaire précise expressément que la cession porte sur les constructions édifiées par un tiers. • Civ. 3e, 29 janv. 1980 : *Bull. civ. III, nº 26*.

37. ... Caractère discrétionnaire du droit de demander la démolition. La démolition, demandée par le propriétaire, d'ouvrages édifiés par un constructeur de mauvaise foi ne peut être refusée au motif que les travaux ne semblent pas causer au propriétaire une gêne sérieuse et que ce préjudice léger pourrait être réparé par l'allocation de dommages-intérêts. • Civ. 1re, 13 janv. 1965, nº 62-10.951 P.

38. Condition de l'indemnité : bonne foi (non). La mauvaise foi du tiers ne peut le priver de son droit à indemnisation. • Civ. 3e, 29 avr. 2009 : *préc. note 6*. ♦ V. aussi note 46.

C. INDEMNISATION DU CONSTRUCTEUR ÉVINCÉ

39. Titulaire du droit à indemnisation. Le droit à indemnisation du tiers évincé n'est pas attaché à la propriété d'un fonds mais à la personne qui a accompli l'acte de planter. • Civ. 1re, 13 mai 2015, nº 13-26.680 P : *D. 2015. 1863, obs. Reboul-Maupin ; JCP 2015, nº 911, note Simler* (cassation de l'arrêt qui considère que la qualité de tiers a été cédée avec le fonds).

40. Défendeur à l'action exercée par le constructeur : propriétaire actuel bénéficiant de l'accession. L'action fondée sur l'art. 555 doit être dirigée contre le propriétaire, détenteur de l'immeuble et bénéficiaire de l'accession ; ainsi, en cas de vente de l'immeuble, c'est contre l'acquéreur que le constructeur doit porter son action, laquelle est irrecevable contre le précédent propriétaire. • Civ. 3e, 30 oct. 1968 : *Bull. civ. III, nº 437*.

41. Choix du mode de calcul de l'indemnité par le propriétaire. Les al. 3 et 4 de l'art. 555 réservent dans tous les cas au propriétaire du sol qui conserve les constructions et plantations, pour le calcul de l'indemnité compensatrice due au tiers qui les a faites, la même option, sans distinction suivant la bonne ou la mauvaise foi de ce dernier. • Civ. 3e, 23 avr. 1974 (3e moyen) : *JCP 1975. II. 18170, note Thuillier*.

42. Impossibilité pour le juge de se substituer au propriétaire pour exercer ce choix. Le juge ne peut se substituer au revendiquant qui n'a pas comparu pour choisir le mode de calcul de l'indemnité le plus équitable. • Civ. 3e, 24 oct.

1990, n° 89-12.280 P : *D. 1991. Somm. 307, obs. A. Robert*. ♦ ... Ni de condamner le propriétaire au remboursement de la plus-value du fonds sans avoir recherché quel a été le choix fait par ce propriétaire. • Civ. 3e, 13 oct. 1999, n° 97-18.010 P : *D. 1999. IR 248 ; RDI 2000. 20, obs. Bruschi* • 4 mai 2006, n° 05-13.330 P.

43. Cas du propriétaire taisant après mise en demeure de prendre parti. Mais, dès lors que le propriétaire, mis en demeure d'exercer son choix, est demeuré taisant, la demande du constructeur tendant à l'application de l'un des deux critères d'évaluation prévus par la loi est juridiquement fondée. • Civ. 3e, 17 juill. 1996, n° 94-14.669 P : *D. 1997. Somm. 20, obs. A. Robert ; JCP 1997. I. 4010, n° 1, obs. Périnet-Marquet ; RTD civ. 1997. 457, obs. Zenati ; RDI 1997. 207, obs. Bergel* • 10 nov. 1999 : *préc. note 16.*

44. Date d'évaluation de l'indemnité. La date d'évaluation de l'indemnité n'est ni celle du transfert de la propriété des constructions au maître du sol, ni celle où celui-ci manifeste son intention de les conserver, mais celle où il doit effectivement verser l'indemnité légale. • Civ. 3e, 12 mars 1970, n° 69-10.216 P : *R. 1969-1970, p. 35.* ♦ Comp. • Civ. 3e, 22 févr. 2006, n° 04-19.852 P : *D. 2006. IR 676 ; JCP 2006. I. 178, n° 2, obs. Périnet-Marquet ; AJDI 2006. 487, obs. Prigent ; RDI 2006. 208, obs. Bergel* (date à laquelle le juge statue).

45. Calcul des dépenses. Le tiers évincé peut prétendre, sur le fondement de l'art. 555, au remboursement intégral de ses dépenses sans qu'il y ait lieu de tenir compte du profit subsistant, il en résulte que l'expert chargé de cette évaluation n'a pas à rechercher le montant des amortissements comptables et fiscaux qui pourraient être réalisés par le propriétaire grâce aux plantations. • Civ. 3e, 27 oct. 2016, n° 15-21.495 P : *D. 2017. 375, obs. Mekki ; ibid. 1789, obs. Reboul-Maupin ; RTD civ. 2017. 187, obs. Dross*.

46. Droit de rétention du tiers constructeur. Les juges du fond qui fixent l'indemnité due au tiers constructeur même de mauvaise foi, par application de l'al. 3 de l'art. 555, peuvent décider qu'en raison de la connexité entre l'indemnité et les constructions faites par lui, le tiers évincé pourrait exercer son droit de rétention sur celles-ci jusqu'au paiement de sa créance. • Civ. 3e, 23 avr. 1974 (2e moyen) : *JCP 1975. II. 18170, note Thuillier* • 12 mars 1985, n° 83-16.548 P. ♦ Droit de rétention du fonds bénéficiant de la plus-value : • Civ. 3e, 3 oct. 1990, n° 88-18.415 P.

Art. 556 Les atterrissements et accroissements qui se forment successivement et imperceptiblement aux fonds riverains d'un *(Ord. n° 2006-460 du 21 avr. 2006, art. 3-III)* « cours d'eau » s'appellent *alluvion*.

L'alluvion profite au propriétaire riverain, *(Ord. n° 2006-460 du 21 avr. 2006, art. 3-III)* « qu'il s'agisse d'un cours d'eau domanial ou non » ; à la charge, dans le premier cas, de laisser le marchepied ou chemin de halage, conformément aux règlements. — *Les dispositions issues de l'Ord. n° 2006-460 du 21 avr. 2006, art. 3-III, sont applicables à compter du 1er juill. 2006.*

1. Définition des alluvions : apports constitutifs d'un atterrissement. Il incombe au propriétaire riverain d'un cours d'eau d'établir, en cas de contestation, que les apports d'alluvions dont il se prétend propriétaire par voie d'accession ont le caractère d'un atterrissement. Pour constituer un atterrissement, ces apports doivent dépasser le plus haut niveau qu'atteignent sans débordement les eaux de la rivière (compte tenu, dans le cas d'un estuaire, du reflux périodique résultant des marées ordinaires). • Civ. 3e, 9 mars 1976 : *D. 1978. 24, note Prévault ; RTD civ. 1978. 159, obs. Giverdon* • Versailles, 12 janv. 1995 : *D. 1996. Somm. 57, obs. A. Robert*.

2. ... Apports naturels. Constituent des alluvions des atterrissements apparus à la suite de phénomènes naturels, indépendamment de travaux hydrauliques postérieurs. • *Civ. 3e, 30 juin 1999,* n° 96-21.752 P : *JCP 2000. I. 211, n° 1, obs. Périnet-Marquet ; Defrénois 1999. 1056, obs. Atias.*

3. Exclusion des apports artificiels. Ne constituent pas des alluvions au sens de l'art. 556 les apports formés consécutivement à des travaux. • Civ. 3e, 20 janv. 1988 : *Bull. civ. III, n° 18* • CE 11 avr. 1986, *Min. Transports c/ Daney : JCP 1987. II. 20856, note Davignon.*

4. Perte du droit de profiter des alluvions. Une digue construite dans le lit d'un fleuve navigable, c'est-à-dire dans le domaine public fluvial, ayant pour effet de séparer radicalement le fleuve de la propriété privée, fait perdre aux riverains le droit de profiter des alluvions venant ultérieurement à maturité, même au cas où elles seraient parsemées d'alluvions naturelles. • Civ. 1re, 22 nov. 1955 : Bull. civ. I, n° 404.

Code de l'environnement *(Ord. n° 2000-914 du 18 sept. 2000, JO 21 sept)*. **Art. L. 215-6** La propriété des alluvions, relais, atterrissements, îles et îlots qui se forment dans les cours d'eau non domaniaux est et demeure régie par les dispositions des articles 556, 557, 559, 561 et 562 du code civil. – *[Ancien C. rur., art. 102.]*

Art. L. 215-7-1 *(L. n° 2016-1087 du 8 août 2016, art. 118)* Constitue un cours d'eau un écoulement d'eaux courantes dans un lit naturel à l'origine, alimenté par une source et présentant un débit suffisant la majeure partie de l'année.

L'écoulement peut ne pas être permanent compte tenu des conditions hydrologiques et géologiques locales.

Code général de la propriété des personnes publiques *(Ord. n° 2006-460 du 21 avr. 2006, JO 22 avr. [entrée en vigueur le 1er juill. 2006])*. **Art. L. 2111-13** La propriété des alluvions, relais, atterrissements, îles et îlots qui se forment naturellement dans les cours d'eau domaniaux est soumise aux dispositions des articles 556, 557, 560 et 562 du code civil.

En ce qui concerne les lacs domaniaux, les dispositions de l'article 558 du même code sont applicables.

Art. 557 **Il en est de même des relais que forme l'eau courante qui se retire insensiblement de l'une de ses rives en se portant sur l'autre : le propriétaire de la rive découverte profite de l'alluvion, sans que le riverain du côté opposé y puisse venir réclamer le terrain qu'il a perdu.**

Ce droit n'a pas lieu à l'égard des relais de la mer.

S'il est établi que des terrains, revendiqués sur le fondement des art. 556 et 557, n'ont jamais été détruits d'une manière suffisante pour perdre leur caractère de terrains émergés et font l'objet de titres non contestés, les textes invoqués ne sont pas applicables. • Civ. 1re, 29 nov. 1960, n° 58-12.629 P.

Art. 558 **L'alluvion n'a pas lieu à l'égard des lacs et étangs, dont le propriétaire conserve toujours le terrain que l'eau couvre quand elle est à la hauteur de la décharge de l'étang, encore que le volume de l'eau vienne à diminuer.**

Réciproquement, le propriétaire de l'étang n'acquiert aucun droit sur les terres riveraines que son eau vient à couvrir dans des crues extraordinaires.

1. Caractère simple de la présomption. L'art. 558, selon lequel le propriétaire d'un étang conserve toujours le terrain que l'eau couvre quand elle est à la hauteur de la décharge de l'étang, édicte une présomption qui peut être combattue par la preuve contraire, et notamment par un titre. • Req. 29 déc. 1924 : *DP 1925. 1. 173* • Amiens, 18 mars 1988 : *RDI 1989. 33, obs. Bergel.*

2. Régime particulier. Cas particulier du lac Léman : V. • Civ. 1re, 4 janv. 1967 : *D. 1967. 187.*

Art. 559 **Si un** *(Ord. n° 2006-460 du 21 avr. 2006, art. 3-III, en vigueur le 1er juill. 2006)* **« cours d'eau, domanial ou non », enlève par une force subite une partie considérable et reconnaissable d'un champ riverain, et la porte vers un champ inférieur ou *sur la rive opposée*, le propriétaire de la partie enlevée peut réclamer sa propriété ; mais il est tenu de former sa demande dans l'année : après ce délai, il n'y sera plus recevable, à moins que le propriétaire du champ auquel la partie enlevée a été unie, n'eût pas encore pris possession de celle-ci.**

Art. 560 *(Ord. n° 2006-460 du 21 avr. 2006, art. 3-III, en vigueur le 1er juill. 2006)* **Les îles, îlots, atterrissements, qui se forment dans le lit des cours d'eau domaniaux, appartiennent à la personne publique propriétaire du domaine concerné, en l'absence de titre ou de prescription contraire.**

Art. 561 **Les îles et atterrissements qui se forment dans les** *(Ord. n° 2006-460 du 21 avr. 2006, art. 3-III)* **« cours d'eau non domaniaux » appartiennent aux propriétaires riverains du côté où l'île s'est formée : si l'île n'est pas formée d'un seul côté,**

elle appartient aux propriétaires riverains des deux côtés, à partir de la ligne qu'on suppose tracée au *(Ord. n° 2006-460 du 21 avr. 2006, art. 3-III)* **« milieu du cours d'eau ».** – *Les dispositions issues de l'Ord. n° 2006-460 du 21 avr. 2006, art. 3-III, sont applicables à compter du 1er juill. 2006.*

Domaine d'application : îles de formation récente. L'art. 561 ne concerne que les îles de formation récente, dont la propriété demeure encore incertaine, et non des îles de formation ancienne figurant déjà au cadastre sous un numéro déterminé. • Req. 25 févr. 1907 : *DP 1908. 1. 281* • Civ. 1re, 10 mars 1953 : *JCP 1953. II. 7842, note Weill.*

Code de l'environnement *(Ord. n° 2000-914 du 18 sept. 2000, JO 21 sept.).* **Art. L. 215-2** Le lit des cours d'eau non domaniaux appartient aux propriétaires des deux rives.

Si les deux rives appartiennent à des propriétaires différents, chacun d'eux a la propriété de la moitié du lit, suivant une ligne que l'on suppose tracée au milieu du cours d'eau, sauf titre ou prescription contraire.

Chaque riverain a le droit de prendre, dans la partie du lit qui lui appartient, tous les produits naturels et d'en extraire de la vase, du sable et des pierres, à la condition de ne pas modifier le régime des eaux et d'en exécuter *(L. n° 2006-1772 du 30 déc. 2006, art. 8)* « l'entretien conformément à l'article L. 215-14 ».

Sont et demeurent réservés les droits acquis par les riverains ou autres intéressés sur les parties des cours d'eau qui servent de voie d'exploitation pour la desserte de leurs fonds. – *[Ancien C. rur., art. 98.]*

Art. 562 *(Ord. n° 2006-460 du 21 avr. 2006, art. 3-III, en vigueur le 1er juill. 2006)* **Si un cours d'eau, en se formant un bras nouveau, coupe et embrasse le champ d'un propriétaire riverain, et en fait une île, ce propriétaire conserve la propriété de son champ, encore que l'île se soit formée dans un cours d'eau domanial.**

Art. 563 *(L. 8 avr. 1898)* **Si un** *(Ord. n° 2006-460 du 21 avr. 2006, art. 3-III)* **« cours d'eau domanial » forme un nouveau cours en abandonnant son ancien lit, les propriétaires riverains peuvent acquérir la propriété de cet ancien lit, chacun en droit soi, jusqu'à une ligne qu'on suppose tracée** *(Ord. n° 2006-460 du 21 avr. 2006, art. 3-III)* **« au milieu du cours d'eau ». Le prix de l'ancien lit est fixé par des experts nommés par le président du tribunal de la situation des lieux, à la requête** *(Ord. n° 2006-460 du 21 avr. 2006, art. 3-III)* **« de l'autorité compétente ».**

A défaut par les propriétaires riverains de déclarer, dans les trois mois de la notification qui leur sera faite *(Ord. n° 2006-460 du 21 avr. 2006, art. 3-III)* **« par l'autorité compétente », l'intention de faire l'acquisition aux prix fixés par les experts, il est procédé à l'aliénation de l'ancien lit selon les règles qui président aux aliénations du domaine** *(Ord. n° 2006-460 du 21 avr. 2006, art. 3-III)* **« des personnes publiques ».**

Le prix provenant de la vente est distribué aux propriétaires des fonds occupés par le nouveau cours, à titre d'indemnité, dans la proportion de la valeur du terrain enlevé à chacun d'eux. – *Les dispositions issues de l'Ord. n° 2006-460 du 21 avr. 2006, art. 3-III, sont applicables à compter du 1er juill. 2006.*

L'inondation, même prolongée, d'un fonds par une rivière du domaine public ne fait pas disparaître les droits du propriétaire mais en paralyse seulement l'exercice ; en revanche, s'il ne s'agit pas d'une simple inondation, mais de l'installation d'un nouveau lit de la rivière, le fonds se trouve par cela seul incorporé dans le domaine public ; le lit abandonné demeure propriété de l'État mais ne relève plus qu'à son domaine privé et devient aussitôt aliénable et prescriptible. • Riom, 30 janv. 1968 : *D. 1969. 243, note Chavrier.*

Code général de la propriété des personnes publiques *(Ord. n° 2006-460 du 21 avr. 2006, JO 22 avr. [entrée en vigueur le 1er juill. 2006]).* **Art. L. 3211-16** Lorsqu'un cours d'eau domanial forme un nouveau cours en abandonnant son ancien lit ou lorsqu'à la suite de travaux légalement exécutés, des portions de l'ancien lit cessent de faire partie du domaine public, l'aliénation de cet ancien lit est régie par les dispositions de l'article 563 du code civil.

Code de l'environnement *(Ord. n° 2000-914 du 18 sept. 2000, JO 21 sept.).* **Art. L. 215-3** Lorsque le lit d'un cours d'eau est abandonné, soit naturellement soit par suite de travaux légalement exécutés, chaque riverain en reprend la libre disposition suivant les limites déterminées par l'article précédent. — *[Ancien C. rur., art. 99.] — V. art. L. 215-2, ss. art. 561 C. civ.*

Art. L. 215-4 Lorsqu'un cours d'eau non domanial abandonne naturellement son lit, les propriétaires des fonds sur lesquels le nouveau lit s'établit sont tenus de souffrir le passage des eaux sans indemnité ; mais ils peuvent, dans l'année qui suit le changement de lit, prendre les mesures nécessaires pour rétablir l'ancien cours des eaux *(L. n° 2006-1772 du 30 déc. 2006, art. 8)* « , sous réserve que ces mesures ne fassent pas obstacle à la réalisation d'une opération entreprise pour la gestion de ce cours d'eau en application de l'article L. 211-7 ».

Les propriétaires riverains du lit abandonné jouissent de la même faculté et peuvent, dans l'année *(L. n° 2006-1772 du 30 déc. 2006, art. 8)* « et dans les mêmes conditions », poursuivre l'exécution des travaux nécessaires au rétablissement du cours primitif. — *[Ancien C. rur., art. 100.]*

Art. 564 **Les pigeons, lapins, poissons, qui passent dans un autre colombier, garenne ou** *(L. n° 84-512 du 29 juin 1984)* **« plan d'eau visé aux articles L. 431-6 et L. 431-7 du code de l'environnement », appartiennent au propriétaire de** *(L. n° 2015-177 du 16 févr. 2015, art. 2)* **« ces derniers », pourvu qu'ils n'y aient point été attirés par fraude et artifice.**

BIBL. ▶ **Commentaire de la loi n° 84-512 du 29 juin 1984 :** BERGEL, *RDI 1984. 391.*

Code rural et de la pêche maritime *(Ord. n° 2000-550 du 15 juin 2000 ; Ord. n° 2000-914 du 18 sept. 2000, art. 11).* **Art. L. 211-4** I. — Les volailles et autres animaux de basse-cour qui s'enfuient dans les propriétés voisines ne cessent pas d'appartenir à leur maître quoi qu'il les ait perdus de vue.

Néanmoins, celui-ci ne peut plus les réclamer un mois après la déclaration qui doit être faite à la mairie par les personnes chez lesquelles ces animaux se sont enfuis.

....

Art. L. 211-9 Le propriétaire d'un essaim a le droit de le réclamer et de s'en ressaisir, tant qu'il n'a pas cessé de le suivre ; autrement l'essaim appartient au propriétaire du terrain sur lequel il s'est fixé.

SECTION 2 Du droit d'accession relativement aux choses mobilières

BIBL. GÉN. ▶ GAVIN-MILLAN-OOSTERLYNCK, *RLDC 2004/7, n° 299.*

Art. 565 **Le droit d'accession, quand il a pour objet deux choses mobilières appartenant à deux maîtres différents, est entièrement subordonné aux principes de l'équité naturelle.**

Les règles suivantes serviront d'exemple au juge pour se déterminer, dans les cas non prévus, suivant les circonstances particulières.

BIBL. ▶ **Accession mobilière en matière d'œuvres de l'esprit :** GAUTIER, *D. 1988. Chron. 152.*

Éviction des règles de l'accession mobilière en présence d'un contrat d'entreprise. Les règles de l'accession mobilière sont supplétives et n'ont pas vocation à s'appliquer lorsque le bien a été réalisé en exécution d'un contrat d'entreprise ; cassation de l'arrêt ayant déclaré une banque ayant commandé des billets, par un contrat d'entreprise, propriétaire de billets volés chez leur fabricant, en application des art. 565 et 566 C. civ., au motif que la banque aurait eu la partie principale de la chose mobilière. • Civ. 1re, 16 mars 2022, n° 20-13.552 B : *D. 2022. 1528, obs. Strickler ; RTD civ. 2022. 432, obs. Dross ; RDC 2022/2. 130, note Danos ; RCA 2022, n° 138, obs. Hourdeau ; RGDA 2022/4. 55, note Kullmann.*

Art. 566 *(L. n° 60-464 du 17 mai 1960)* **Lorsque deux choses appartenant à différents maîtres, qui ont été unies de manière à former un tout, sont néanmoins séparables, en sorte que l'une puisse subsister sans l'autre, le tout appartient au maître de la chose qui forme la partie principale, à la charge de payer à l'autre la valeur, estimée à la date du paiement, de la chose qui a été unie.**

1. Il résulte des art. 566 s. que le droit d'accession mobilière ne s'applique qu'aux choses corporelles et matérielles et ne peut être invoqué lorsque deux droits de propriété incorporelle tels que des droits d'auteur sont en cause. • Paris, 13 janv. 1993 : *D. 1993. IR 90.* ♦ V. aussi pour le rejet d'un moyen, jugé inopérant, invoquant les règles de l'accession mobilière pour déterminer la propriété de plaques de zinc sur lesquelles aurait été transféré le dessin d'un artiste (lithographie) : • Civ. 1re, 1er déc. 2011 : *D. 2011. 2995* ; *RTD civ. 2012. 131, obs. Revet* ; *RTD com. 2012. 110, obs. Pollaud-Dulian* (propriété des plaques attribuée à l'imprimeur *ab initio*).

2. Contrat d'entreprise. Les règles de l'accession mobilière sont supplétives et n'ont pas vocation à s'appliquer lorsque le bien a été réalisé en exécution d'un contrat d'entreprise ; cassation de l'arrêt ayant déclaré une banque ayant commandé des billets par un contrat d'entreprise propriétaire de billets volés chez leur fabricant en application des art. 565 et 566 C. civ., au motif que la banque aurait eu la partie principale de la chose mobilière. • Civ. 1re, 16 mars 2022, no 20-13.552 B : *D. 2022. 1528, obs. Strickler* ; *RTD civ. 2022. 432, obs. Dross* ; *RDC 2022/2. 130, note Danos ; RCA 2022, no 138, obs. Hourdeau ; RGDA 2022/4. 55, note Kullmann.*

Art. 567 Est réputée partie principale celle à laquelle l'autre n'a été unie que pour l'usage, l'ornement ou le complément de la première.

Art. 568 Néanmoins, quand la chose unie est beaucoup plus précieuse que la chose principale, et quand elle a été employée à l'insu du propriétaire, celui-ci peut demander que la chose unie soit séparée pour lui être rendue, même quand il pourrait en résulter quelque dégradation de la chose à laquelle elle a été jointe.

Art. 569 Si de deux choses unies pour former un seul tout, l'une ne peut point être regardée comme l'accessoire de l'autre, celle-là est réputée principale qui est la plus considérable en valeur, ou en volume, si les valeurs sont à peu près égales.

Art. 570 *(L. no 60-464 du 17 mai 1960)* Si un artisan ou une personne quelconque a employé une matière qui ne lui appartenait pas à former une chose d'une nouvelle espèce, soit que la matière puisse ou non reprendre sa première forme, celui qui en était le propriétaire a le droit de réclamer la chose qui en a été formée en remboursant le prix de la main-d'œuvre estimée à la date du remboursement.

Art. 571 *(L. no 60-464 du 17 mai 1960)* Si, cependant, la main-d'œuvre était tellement importante qu'elle surpassât de beaucoup la valeur de la matière employée, l'industrie serait alors réputée la partie principale, et l'ouvrier aurait le droit de retenir la chose travaillée, en remboursant au propriétaire le prix de la matière, estimée à la date du remboursement.

Art. 572 *(L. no 60-464 du 17 mai 1960)* Lorsqu'une personne a employé en partie la matière qui lui appartenait et en partie celle qui ne lui appartenait pas à former une chose d'une espèce nouvelle, sans que ni l'une ni l'autre des deux matières soit entièrement détruite, mais de manière qu'elles ne puissent pas se séparer sans inconvénient, la chose est commune aux deux propriétaires, en raison, quant à l'un, de la matière qui lui appartenait, quant à l'autre, en raison à la fois et de la matière qui lui appartenait et du prix de sa main-d'œuvre. Le prix de la main-d'œuvre est estimé à la date de la licitation prévue à l'article 575.

Art. 573 Lorsqu'une chose a été formée par le mélange de plusieurs matières appartenant à différents propriétaires, mais dont aucune ne peut être regardée comme la matière principale, si les matières peuvent être séparées, celui à l'insu duquel les matières ont été mélangées peut en demander la division.

Si les matières ne peuvent plus être séparées sans inconvénient, ils en acquièrent en commun la propriété dans la proportion de la quantité, de la qualité et de la valeur des matières appartenant à chacun d'eux.

Art. 574 *(L. no 60-464 du 17 mai 1960)* Si la matière appartenant à l'un des propriétaires était de beaucoup supérieure à l'autre par la quantité et le prix, en ce cas le propriétaire de la matière supérieure en valeur pourrait réclamer la chose provenue du mélange, en remboursant à l'autre la valeur de sa matière, estimée à la date du remboursement.

Art. 575 Lorsque la chose reste en commun entre les propriétaires des matières dont elle a été formée, elle doit être licitée au profit commun.

Art. 576 *(L. no 60-464 du 17 mai 1960)* Dans tous les cas où le propriétaire dont la matière a été employée, à son insu, à former une chose d'une autre espèce peut réclamer la

propriété de cette chose, il a le choix de demander la restitution de sa matière en même nature, quantité, poids, mesure et bonté, ou sa valeur estimée à la date de la restitution.

Art. 577 **Ceux qui auront employé des matières appartenant à d'autres, et à leur insu, pourront aussi être condamnés à des dommages-intérêts, s'il y a lieu, sans préjudice des poursuites par voie extraordinaire, si le cas y échet.**

TITRE III DE L'USUFRUIT, DE L'USAGE ET DE L'HABITATION

CHAPITRE I DE L'USUFRUIT

RÉP. CIV. v° *Usufruit,* par A. Chamoulaud-Trapiers.

BIBL. GÉN. ▶ **Études d'ensemble :** Aulagnier, *Dr. et patr. 10/2013. 30* (l'investissement en nue-propriété). – Delmas Saint-Hilaire, *Defrénois 2017. 807* (gestion civile de l'usufruit en droit familial). – Depadt-Sebag, *RTD civ. 2010. 669* (usufruit temporaire des personnes physiques). – Dockès, *RTD civ. 1995. 479*. – H. Hovasse, *JCP N 2021, n° 1265* (quasi-usufruit successif). – Kouraleva, *LPA 19 juin 2009*. – Kuhn, *JCP N 2022, n° 1286* (usufruit et bail d'habitation). – Kuhn et Malard, *JCP N 2018, n° 1288* (usufruit, construction et substance). – Libchaber, *Defrénois 2008. 1656* (cession temporaire d'usufruit ?). – Pillebout, *JCP N 1977. I. 173 ; ibid. 1997. I. 191* (formules). – Planckeel, *RTD civ. 2009. 639* (usufruit et bail).

▶ Dossier, *AJ fam. 2004. 160*.

▶ **Aspects fiscaux :** Patat, *JCP N 1990. Prat. 1627*. – Ponton-Grillet, *D. 1989. Chron. 250*.

▶ **Évaluation de l'usufruit et de la nue-propriété :** Aulagnier, *Dr. et patr. 11/1999. 64*. – Castagné, *JCP N 1997. I. 691*. – Pommier, *AJ fam. 2004. 160*. ▶ **Libre disposition de l'usufruit par le nu-propriétaire :** Gelot, *Defrénois 1997. 961*. ▶ **Usufruit consenti par le nu-propriétaire :** Dross, *D. 2004. Chron. 1253*. ▶ **Usufruit sur usufruit :** Zenati, *RTD civ. 1998. 414*. ▶ **Usufruits successifs :** Durand, *JCP N 2000. 1839*.

▶ **Usufruit de droits sociaux :** Godon, *Rev. sociétés 2010. 143*. – Kilgus et de Ravel d'Esclapon, *D. 2020. 398* (droit de l'usufruitier de participer aux décisions collectives : quelques interrogations au lendemain de la loi Soilihi du 19 juillet 2019). – D. Martin, *D. 2009. 2444*. – Serlooten, *Rev. sociétés 2013. 7*.

Art. 578 **L'usufruit est le droit de jouir des choses dont un autre a la propriété, comme le propriétaire lui-même, mais à la charge d'en conserver la substance.**

I. NOTION D'USUFRUIT

A. DÉFINITION ET CARACTÈRES

1. Caractère nécessairement temporaire. Ne constitue pas un usufruit, mais une servitude, l'affectation de terrains à l'usage de jardin public pour l'agrément des acquéreurs de lots dans un lotissement, cette affectation étant prévue comme devant se prolonger aussi longtemps que l'association syndicale des propriétaires durerait et entretiendrait le jardin. • Civ. 3e, 9 juill. 1980 : *Bull. civ. III, n° 135.* ♦ Ne peut être qualifié d'usufruit un droit d'affichage perpétuel réservé à une personne par l'acte constitutif d'une copropriété. • Civ. 3e, 18 janv. 1984, n° 82-16.003 P : *R., p. 76 ; D. 1985. 504, note Zenati ; JCP 1986. II. 20547, note J.-F. Barbiéri.* ♦ Sur le droit d'affichage et la copropriété, V. aussi : • Civ. 3e, 19 nov. 1985 : *D. 1986. 497, note Zenati ; ibid. 575, note Saluden ; RTD civ. 1986. 383, obs. Giverdon et Salvage-Gerest ; JCP N 1987. Prat. 69.* ♦ Sur le caractère nécessairement temporaire de l'usufruit, V. également notes ss. art. 619.

2. Caractère réel. Il résulte de l'art. 578 que l'usufruitier d'une quotité d'une succession a droit au partage en nature, quant à la jouissance, des biens composant la succession et ne saurait être réduit à une créance d'une fraction des revenus de ces biens. • Civ. 1re, 24 janv. 1979, n° 77-11.809 P.

3. Caractère viager. Sur le caractère viager de l'usufruit, V. note ss. art. 617 et 620.

4. Indépendance de l'usufruit et de la nue-propriété : absence d'indivision entre usufruitier et nu-propriétaire. Il n'y a pas d'indivision quant à la propriété entre l'usufruitier et le nu-propriétaire qui sont titulaires de droits différents et indépendants l'un de l'autre. • Civ. 2e, 18 oct. 1989 : *Bull. civ. II, n° 192* • Civ. 3e, 7 juill. 1993, n° 92-19.193 P. ♦ Mais dès lors qu'une personne, même si elle est usufruitière, a un droit en pleine propriété sur une quote-part d'un bien et qu'une autre est nue-propriétaire du surplus, il y a indivision entre elles quant à la nue-propriété. • Civ. 1re, 6 févr. 1996, n° 94-12.085 P • 2 mars 2004, n° 01-17.708 P : *JCP 2005. I. 187, n° 3, obs. Le Guidec* (indivision entre le conjoint survivant qui détient des droits en pleine propriété sur la moitié des biens de la communauté et l'enfant qui détient des droits en nue-propriété sur l'autre moitié). ♦ Sur la consécration de la thèse de la dualité d'indivision, l'une en usufruit, l'autre en nue-propriété, en présence d'un ou plusieurs usufruitiers dont les droits portent sur tout ou partie d'une indivision successorale et des indivisaires nus-propriétaires seulement, V. également art. 815-18. ♦ Mais sur la possibilité d'adopter une convention d'indivision commune aux usufruitiers et aux nus-propriétaires, V. art. 1873-16 s.

5. *Tempérament : solidarité entre usufruitier et nu-propriétaire résultant d'un règlement de copropriété.* Est licite la clause d'un règlement de copropriété instaurant une solidarité entre nu-propriétaire et usufruitier, envers le syndicat des copropriétaires, pour le paiement des charges de copropriété. • Civ. 3e, 14 avr. 2016, no 15-12.545 P : *D. 2016. 897 ; RTD civ. 2016. 661, obs. Dross ; RDC 2016. 741, note Tadros.*

B. SITUATION DE L'USUFRUITIER ET DU NU-PROPRIÉTAIRE

1o PRÉROGATIVES ET CHARGES DE L'USUFRUITIER

6. *Pouvoir de jouir par soi-même : droit d'exiger la remise des biens.* Un usufruitier peut, comme un propriétaire, exiger la remise des biens sur lesquels est assis son droit et cette faculté ne rencontre aucun obstacle dans le fait que ces biens se trouvent dans les mains d'un nu-propriétaire. • Civ. 1re, 8 mai 1973 : *JCP 1973. II. 17566, note Goubeaux.*

7. *Pouvoir de jouir par autrui : requalification d'un droit d'habitation en usufruit.* Constitue un véritable usufruit et non un simple droit d'habitation le droit de jouissance d'un immeuble d'habitation avec condition d'habitation personnelle, celle-ci demeurant compatible avec une location partielle des locaux à des tiers. • TGI Avesnes-sur-Helpe, 26 févr. 1964 : *JCP 1964. II. 13904, note Désiry.* – V. aussi • Civ. 1re, 11 juill. 1962, no 60-13.223 P.

8. *Limite au pouvoir de jouir tenant à l'absence de propriété : impossibilité d'exercer l'action en garantie décennale.* L'usufruitier, quoique titulaire du droit de jouir de la chose comme le propriétaire, n'en est pas le propriétaire et ne peut donc exercer, en sa seule qualité d'usufruitier, l'action en garantie décennale que la loi attache à la propriété de l'ouvrage et non à sa jouissance ; il peut néanmoins agir, sur le fondement de la responsabilité contractuelle de droit commun, en réparation des dommages que lui cause la mauvaise exécution des contrats qu'il a conclus pour la construction de l'ouvrage, y compris les dommages affectant l'ouvrage. • Civ. 3e, 16 nov. 2022, no 21-23.505 B : *D. 2023. 387, note Laurent ; JCP 2023, no 85, note Le Normand-Caillère ; JCP N 2023, no 1010, note Zalewski-Sicard ; RCA 2023, no 4, note Bertolaso.*

9. *Charge de conserver et de rendre : interdiction de disposer de la chose.* L'échange d'un bien par l'usufruitier sans l'accord du nu-propriétaire est entaché d'une nullité relative dont seul le coéchangiste peut se prévaloir et qui peut être couverte par la ratification du nu-propriétaire. • Civ. 3e, 23 mai 2002, no 00-17.604 P : *D. 2003. Somm. 2050, obs. Mallet-Bricout ; Defrénois 2002. 1311, obs. Atias ; CCC 2002, no 136, note Leveneur.* ♦ Un juge de l'exécution ne peut sans excéder ses pouvoirs, ordonner, sur le fondement d'une mesure de redressement personnel ordonnée à l'encontre de l'usufruitier, la vente forcée de la pleine propriété de biens meubles et immeubles grevés d'un usufruit, contre la volonté du nu-propriétaire. • Civ. 3e, 18 nov. 2009, no 08-19.875 P : *D. 2010. Pan. 2183, obs. Mallet-Bricout ; JCP 2010, no 336, obs. Périnet-Marquet ; CCC 2010, no 64, note Raymond ; RDBF 2010, no 25, note Piedelièvre.*

10. *... Interdiction de modifier la destination de la chose.* L'usufruitier qui transforme une maison de plaisance en maison de commerce contrevient aux dispositions de l'art. 578 qui l'obligent à conserver la substance de la chose. • Civ. 3e, 5 déc. 1968 : *D. 1969. 274.* ♦ En adoptant un mode de jouissance ne lui permettant pas de respecter son obligation de garde et de conservation des biens, l'usufruitier engage sa responsabilité ; tel est le cas lorsqu'en maintenant un troupeau sous le régime du cheptel de fer, il n'a pu en affecter le croît à la reconstitution de la souche. • Soc. 24 janv. 1963 : *Bull. civ. IV, no 100.* ♦ V. aussi notes ss. art. 618.

11. *Obligation de restituer à l'extinction de l'usufruit : portée.* Aucun grief ne peut être fait à l'usufruitier qui restitue le fonds dans l'état où il l'a trouvé ; c'est donc à bon droit qu'une indemnité est refusée au nu-propriétaire du fait de l'abattage par l'usufruitier de peupliers qu'il avait lui-même plantés. • Civ. 3e, 11 oct. 1968 : *Bull. civ. III, no 377.* ♦ L'usufruitier doit entretenir l'immeuble de telle sorte qu'il puisse le restituer à la fin de l'usufruit dans l'état où il se trouvait à l'ouverture de l'usufruit ; obliger l'usufruitier à restituer ce bien entretenu « à neuf » aboutirait à enrichir injustement le nu-propriétaire lorsque ce bien se trouvait en mauvais état au début de l'usufruit. • Aix-en-Provence, 24 juin 1982 : *RDI 1983. 323, note Bergel.*

12. *Cas particulier : usufruit d'un portefeuille de valeurs mobilières.* Si l'usufruitier d'un portefeuille de valeurs mobilières, lesquelles ne sont pas consomptibles par le premier usage, est autorisé à gérer cette universalité en cédant des titres dans la mesure où ils sont remplacés, il n'en a pas moins la charge d'en conserver la substance et de la rendre, la circonstance que l'usufruitier ait été dispensé de donner caution étant indifférente à cet égard. • Civ. 1re, 12 nov. 1998, no 96-18.041 P : *GAJC, 12e éd., no 77 ; D. 1999. 167, note Aynès ; ibid. 633, note Fiorina ; JCP 1999. II. 10027, note Piedelièvre ; ibid. I. 120, no 29, obs. Périnet-Marquet ; JCP N 1999. 351, note*

Hovasse ; RTD civ. 1999. 422, obs. Zenati ; *ibid. 674, obs. Patarin*. – Pacaud, *Defrénois 2000. 465* (compte de titres démembrés). – Fiorina, *Dr. fam. 2001. Chron. 25* (obligation de conserver la substance). ♦ V. aussi, sur cette question : • Paris, 18 mars 2004 : *Defrénois 2004. 1637, note Fiorina.*

2° PRÉROGATIVES ET CHARGES DU NU-PROPRIÉTAIRE

13. Possibilité de solliciter des mesures conservatoires. Refus d'ordonner les mesures conservatoires sollicitées par les nus-propriétaires alors qu'aucune initiative déraisonnable ne pouvait être reprochée à l'usufruitière dispensée de fournir caution par l'acte constitutif de l'usufruit, le fait de prêter à un prestigieux musée une œuvre appartenant à la collection, objet de l'usufruit, ne pouvant être considéré comme tel, et alors que le placement des œuvres dans un garde-meuble sécurisé, dépourvu de fondement en l'absence d'une mise en péril de la collection par l'usufruitière, contreviendrait totalement aux droits de celle-ci. • Civ. 1re, 6 mars 2019, n° 18-11.640 P : *D. 2019. 1265, note Julienne* ; *AJ fam. 2019. 297, obs. Ferré-André* ; *RTD civ. 2019. 388, obs. Grimaldi* ; *Dr. fam. 2019, n° 110, note Tani.*

14. Interdiction d'aliéner la pleine propriété. En cas d'expropriation, seul celui qui a la pleine propriété peut requérir l'emprise totale et lorsque la nue-propriété et l'usufruit sont séparés, cette réquisition ne peut émaner du nu-propriétaire sans le consentement de l'usufruitier. • Civ. 3e, 19 juill. 1984 : *Bull. civ. III, n° 148.* – V. aussi • Civ. 3e, 4 juill. 1990, n° 89-11.707 P. ♦ Sur l'impossibilité pour le juge d'ordonner, à la demande d'un nu-propriétaire, la vente de la pleine propriété d'un bien grevé d'usufruit contre la volonté de l'usufruitier, V. art. 815-5, al. 2.

II. CAS PARTICULIER : USUFRUIT DE DROITS SOCIAUX

A. QUALITÉ D'ASSOCIÉ

15. Qualité d'associé reconnue au seul nu-propriétaire à l'exclusion de l'usufruitier : principe. L'usufruitier de parts sociales ne peut se voir reconnaître la qualité d'associé qui n'appartient qu'au nu-propriétaire, mais il doit pouvoir provoquer une délibération des associés sur une question susceptible d'avoir une incidence directe sur son droit de jouissance. • Civ. 3e, 16 févr. 2022, n° 20-15.164 B : *D. 2022. 440, note Jullian* ; *ibid. Chron. C. cass. 1419, obs. de Cabarrus* ; *AJDI 2022. 543, obs. Porcheron* ; *AJ fam. 2022. 220, obs. Casey* ; *Rev. sociétés 2022. 280, note Godon* ; *RTD com. 2022. 320, obs. Lecourt* ; *JCP 2022, n° 288, note Laurent ; RDC 2022/2. 123, note Danos* (application de l'art. 39, al. 1er et 3, du Décr. n° 78-704 du 3 juill. 1978). ♦ Dans la même affaire, V. : • Com., avis, 1er déc. 2021, n° 20-15.164 : *D. 2022. 223, obs. Daigre* ; *Rev. sociétés 2022. 135, obs. Godon*.

16. ... Conséquences. L'usufruitier de parts sociales ne peut se voir reconnaître la qualité d'associé qui n'appartient qu'au nu-propriétaire de sorte que la cession de l'usufruit de droits sociaux ne peut être qualifiée de cession de droits sociaux. En conséquence, la cession de l'usufruit de droits sociaux, qui n'emporte pas mutation de la propriété des droits sociaux, n'est pas soumise au droit d'enregistrement applicable aux cessions de droits sociaux prévu par l'art. 726 CGI. • Com. 30 nov. 2022, n° 20-18.884 B : *D. 2023. 375, note Douet et Jullian* ; *AJ fam. 2023. 7, obs. Paillard* ; *JCP 2023, n° 128, note Laurent.*

B. EXERCICE DES PRÉROGATIVES ATTACHÉES AUX TITRES

17. Exercice des droits de vote attachés aux parts sociales : décisions concernant l'affectation des bénéfices. Le droit d'user de la chose et d'en percevoir les fruits, prérogative essentielle que l'art. 578 attache à l'usufruit, emporte pour l'usufruitier d'actions de société le droit de voter les décisions concernant les bénéfices, nonobstant toute clause statutaire. • Com. 31 mars 2004, n° 03-16.694 P : *D. 2004. AJ 1167, obs. Lienhard* ; *ibid. Somm. 2925, obs. Hallouin* ; *JCP N 2004. 1303, note Hovasse ; ibid. 1453, note Rabreau ; JCP E 2004. 1290, étude Deboissy et Wicker ; Defrénois 2005. 505, note Fiorina ; ibid. 896, obs. Honorat ; Gaz. Pal. 2004. 1887, concl. Lafortune ; Dr. et patr. 7-8/2004. 42, étude Monsèrié-Bon et Grosclaude ; ibid. p. 110, obs. Poracchia ; Dr. fam. 2005, n° 66, note Grosclaude ; LPA 10 déc. 2004, note Kaddouch ; RTD civ. 2004. 318, obs. Revet* ; *RTD com. 2004. 542, obs. Le Cannu* ; *Rev. sociétés 2004. 317, note Le Cannu*.

18. ... Autres décisions collectives. Une assemblée générale ayant pour objet des décisions collectives autres que celles qui concernent l'affectation des bénéfices ne saurait être annulée au motif que l'usufruitière des parts sociales n'y a pas été convoquée. • Civ. 3e, 15 sept. 2016, n° 15-15.172 P : *D. 2016. 2199, note Danos* ; *AJDI 2017. 139, obs. Porcheron* ; *Rev. sociétés 2017. 30, note de Ravel d'Esclapon* ; *RTD civ. 2017. 184, obs. Dross* ; *Gaz. Pal. 2016. 2645, note Dondero.*

19. Répartition conventionnelle des droits de vote : principe et limites. Si les statuts d'une société peuvent déroger aux règles légales de répartition des droits de vote entre nu-propriétaire et usufruitier, est illicite la clause d'une donation de parts de groupement forestiers avec réserve d'usufruit attribuant à l'usufruitier seul le droit de participer aux assemblées et tous les droits de vote, les associés, c'est-à-dire les nus-propriétaires, ne pouvant être privés du droit de participer aux décisions collectives. • Com. 4 janv. 1994, n° 91-20.256 P : *R., p. 335 ; Defrénois 1994. 556, obs. Le Cannu ; RTD civ. 1994. 644,* obs. Zenati. – V. Garçon, *JCP N 1995. I. 269.* – Rose, *Gaz. Pal. 31 août-4 sept. 2001, Doctr.*

20. Possibilité de solliciter une délibération des associés. L'usufruitier de parts sociales, qui ne peut se voir reconnaître la qualité d'associé, doit néanmoins pouvoir provoquer une délibération des associés sur une question susceptible d'avoir une incidence directe sur son droit de jouissance. Cependant, en l'espèce, les usufruitiers de parts sociales d'une société civile n'ayant pas soutenu que la question à soumettre à l'assemblée générale avait une incidence directe sur leur droit de jouissance, la cour d'appel a retenu à bon droit que leur demande de désignation d'un mandataire chargé de provoquer la délibération des associés était irrecevable. • Civ. 3e, 16 févr. 2022, n° 20-15.164 B : *D. 2022. 440, note Jullian ; ibid. Chron. C. cass. 1419, obs. de Cabarrus ; AJDI 2022. 543, obs. Porcheron ; AJ fam. 2022. 220, obs. Casey ; Rev. sociétés 2022. 280, note Godon ; RTD com. 2022. 320, obs. Lecourt ; JCP 2022, n° 288, note Laurent ; RDC 2022/2. 123, note Danos* (application de l'art. 39, al. 1er et 3, du Décr. n° 78-704 du 3 juill. 1978). ♦ Dans la même affaire, V. : • Com., avis, 1er déc. 2021, n° 20-15.164 : *D. 2022. 223, obs. Daigre ; Rev. sociétés 2022. 135, obs. Godon.*

Art. 579 L'usufruit est établi par la loi, ou par la volonté de l'homme.

1. Usufruit constitué par la volonté de l'homme. Validité de la clause de réserve d'usufruit assortissant un don manuel : V. • Lyon, 20 mars 1969 : *JCP 1970. II. 16492, note Rabut.* – Déjà en ce sens : • Civ. 11 août 1880 : *DP 1880. 1. 461* • Req. 15 nov. 1881 : *DP 1882. 1. 67.*

2. Condamnation de l'usufruit judiciaire en l'absence de disposition légale. L'usufruit d'un immeuble ne peut être accordé à titre de dommages-intérêts dans un cas où la loi ne le prévoit pas (séparation de corps) si le propriétaire s'y oppose. • Civ. 2e, 11 oct. 1989, n° 88-13.364 P : *RTD civ. 1991. 768, obs. Zenati.*

Art. 580 L'usufruit peut être établi, ou purement, ou à certain jour, ou à condition.

Constitution d'usufruits successifs. Sur la possibilité de constituer un second usufruit sur un bien déjà grevé d'usufruit, sous réserve de respecter les droits du premier usufruitier, V. notes ss. art. 578.

Art. 581 Il peut être établi sur toute espèce de biens meubles ou immeubles.

BIBL. ▶ **Usufruit des créances :** Françon, *RTD civ. 1957. 1.* – Libchaber, *RTD civ. 1997. 615.* ▶ **Usufruit et assurance vie :** Depondt, *JCP N 1995. I. 449.* – M. Robineau, *RGDA 2005. 21.* – Sauphanor, *Dr. et patr. 7-8/1999. 42* (démembrement de la clause bénéficiaire dans le contrat d'assurance-décès). ▶ **Usufruit de titres et valeurs mobilières :** Colloque Sénat 17 oct. 1994, *Dr. et patr. Hors série, 1/1995.* – Bosgiraud, Noël et Poiraud, *Gaz. Pal. 27-29 févr. 2000* (donation). – Cathou et Gentilhomme, *JCP N 2000. 1773* (usufruit et quasi-usufruit). – Chazal, *Defrénois 2000. 743* (usufruitier et associé). – Delfosse, *JCP N 1996. Prat. 3626* (apport de titres et donation-partage). – Derruppé, *Defrénois 1994. 1137 ; ibid. 1997. 290* (parts sociales ou actions). – Fiorina, *RTD civ. 1995. 43* (usufruit d'un portefeuille de valeurs mobilières). – Gentilhomme, *JCP N 1994. Prat. 2989* (apports à holding). – Grimaldi et Roux, *Defrénois 1994. 3 ou D. 1994. Chron. 219* (donation). – Jadaud, *JCP N 1995. Prat. 3569, p. 1791* (donation-partage). – Le Calvez, *D. 1994. Chron. 125* (valeurs mobilières de capitalisation). – Lécuyer, *Dr. et patr. 5/2005. 57* (usufruit et portefeuille de valeurs mobilières). – Pietrancosta, *Dr. et patr. 5/2005. 63* (usufruit et droit des sociétés). – Prieur, Ferret et Roussel, *Dr. et patr. 11/1999. 71.* – Robert-Cadet, *LPA 19 mai 2000* (droits sociaux). ▶ **Usufruit d'un fonds de commerce :** Chazal, *Defrénois 2001. 167.* ▶ **Usufruit et propriété intellectuelle :** Caron, *Dr. et patr. 5/2005. 90.* – Dauchez et Marguénaud, *Defrénois 2004. 1695* (usufruit sur droits d'auteur). ▶ V. aussi Bibl. ss. art. 587.

1. Usufruit portant sur une universalité. Usufruit d'un portefeuille de valeurs mobilières : V. • Civ. 1re, 12 nov. 1998, n° 96-18.041 P : *V. note 12 ss. art. 578.* ♦ Usufruit d'un fonds de commerce : V. • Com. 18 nov. 1968 : *V. note 2 ss. art. 587* • Com. 28 janv. 1980 : *V. note 7 ss. art. 617.*

2. Usufruit portant sur des droits incorporels : droit au bail. Usufruit d'un bail à ferme : V. • Req. 19 janv. 1857 : *DP 1859. 1. 279.* ♦ Usufruit d'une sous-location : V. • Com. 25 avr. 1974 : *D. 1974. 644, note Cozian.*

3. ... Valeurs mobilières ou parts sociales. Usufruit de valeurs mobilières et de parts sociales : V. • Com. 31 mars 2004, n° 03-16.694 P : *préc. note 17 ss. art. 578* • Com. 4 janv. 1994, n° 91-20.256 P : *V. note 19 ss. art. 578.* ♦ Les droits de l'usufruitier doivent s'exercer sur les titres selon des modalités sauvegardant ceux du nu-propriétaire. • Com. 12 juill. 1993, n° 91-15.667 P : *Defrénois 1993. 1463, obs. Hovasse.* ♦ Sur les droits irréductibles du nu-propriétaire, V. notes ss. art. 1844.

4. Usufruit portant sur des choses consomptibles : quasi-usufruit. Sur la possibilité de constituer un quasi-usufruit ayant pour objet des choses consomptibles, V. notes ss. art. 587.

SECTION 1 Des droits de l'usufruitier

RÉP. CIV. v° *Fruits*, par S. PIEDELIÈVRE.

BIBL. GÉN. ▶ GOUTTENOIRE-CORNUT, *RRJ 2001/4. 1225* (la richesse des fruits). – MORTIER et KERAMBRUN, *JCP N 2009. 1264* (réserves distribuées). – HECKETSWEILER, *RDBF 2017. Étude 8* (l'intérêt, le dividende).

Art. 582 **L'usufruitier a le droit de jouir de toute espèce de fruits, soit naturels, soit industriels, soit civils, que peut produire l'objet dont il a l'usufruit.**

BIBL. ▶ CHAKIRIAN, *RRJ 2002/4. 1803* (pouvoir de disposer d'une universalité de fait).

Art. 583 **Les fruits naturels sont ceux qui sont le produit spontané de la terre. Le produit et le croît des animaux sont aussi des fruits naturels.**

Les fruits industriels d'un fonds sont ceux qu'on obtient par la culture.

Droit de l'usufruitier aux fruits naturels et industriels. La résine de pins gemmés est un produit régulier et périodique dont l'usufruitier a le droit de disposer. • T. civ. Bazas, 7 mars 1911, ss. • Bordeaux, 28 mai 1912 : *DP 1913. 2. 209, note Thomas.*

Art. 584 **Les fruits civils sont les loyers des maisons, les intérêts des sommes exigibles, les arrérages des rentes.**

Les prix des baux à ferme sont aussi rangés dans la classe des fruits civils.

1. Droit de l'usufruitier aux fruits civils : cas particulier des bénéfices sociaux. Nature de fruits civils reconnue aux seuls bénéfices distribués sur décision de l'assemblée générale et non pas aux bénéfices distribuables mis en réserve par la société. V. notes ss. art. 586.

2. … Exclusion des avantages extraordinaires et des distributions de réserve ne prenant pas la forme de dividendes. Ne sont pas des fruits civils les avantages extraordinaires accordés par la voie de tirage au sort aux porteurs de certaines obligations, les répartitions entre actionnaires d'un fonds de réserve constitué avec des bénéfices non distribués en dividendes, ni les actions qu'une société répartit entre ses actionnaires. • T. civ. Seine, 28 mars 1930 : *S. 1931. 2. 9, note Solus.*

Si l'usufruitier a droit aux bénéfices distribués, il n'a aucun droit sur les bénéfices mis en réserve, lesquels constituent l'accroissement de l'actif social et reviennent en tant que tel au nu-propriétaire ; en l'espèce, les fonds provenant de la distribution des réserves, bénéficiant aux seuls nus-propriétaires, doivent figurer à l'actif de l'indivision successorale. • Civ 1re, 22 juin 2016, n° 15-19.471 P : *D. 2016. 1976, note Rabreau ; AJ fam. 2016. 444, obs. Casey ; Rev. sociétés 2016. 531, note Donzel-Taboucou ; JCP 2016, n° 1005, note Laurent ; JCP N 2016, n° 1278, note Hovasse ; ibid. n° 1289, note Le Normand Caillère ; Gaz. Pal. 2016. 2599, note Barrillon ; RDC 2016. 732, note Danos.* ♦ Comp. • Com. 27 mai 2015, n° 14-16.246 P : *cité note 4 ss. art. 587* (exercice par l'usufruitier d'un quasi-usufruit sur les dividendes distribués par prélèvement sur les réserves et dette de restitution à inscrire au passif de la succession de l'usufruitier).

Art. 585 **Les fruits naturels et industriels, pendants par branches ou par racines au moment où l'usufruit est ouvert, appartiennent à l'usufruitier.**

Ceux qui sont dans le même état au moment où finit l'usufruit, appartiennent au propriétaire, sans récompense de part ni d'autre des labours et des semences, mais aussi sans préjudice de la portion des fruits qui pourrait être acquise au *(L. n° 2009-526 du 12 mai 2009, art. 10)* **« métayer », s'il en existait un au commencement ou à la cessation de l'usufruit.**

Art. 586 **Les fruits civils sont réputés s'acquérir jour par jour et appartiennent à l'usufruitier, à proportion de la durée de son usufruit. Cette règle s'applique aux prix des baux à ferme, comme aux loyers des maisons et autres fruits civils.**

Non-application aux bénéfices sociaux distribuables. C'est la décision de l'assemblée générale de distribuer tout ou partie des bénéfices réalisés au cours de l'exercice sous forme de dividendes qui confère à ceux-ci l'existence juridique. • Com. 23 oct. 1990 : *D. 1991. 173, note Reinhard ; JCP N 1991. II. 97, note Marteau-Petit ; RTD civ. 1991. 361, obs. Zenati.* ♦ V. aussi • Com. 5 oct. 1999, n° 97-17.377 P : *R., p. 370 ; D. 1999. AJ 69, obs. M. B. ; D. 2000. 552, note Morris-Becquet ; JCP 2000. I. 205, n° 2, obs. Viandier et Caussain ; JCP E 2000. 612, note Besnard Goudet ; Defrénois 2000. 40, obs. Le Cannu ; Gaz. Pal. 2000. Somm. 396, obs. Guével,* reconnaissant aux bénéfices distribuables la nature de fruits, mais non de fruits civils • 28 nov. 2006, n° 04-17.486 P : *R., p. 360 ; D. 2006. AJ 3055, obs. A. Lienhard ; D. 2007. Chron. C. cass.*

1305, obs. Salomon ; *JCP 2007. II. 10008, note Gallois-Cochet ; JCP E 2007. 1361, note Deboissy et Wicker ; Defrénois 2007. 1545, obs. Thullier ; Dr. et patr. 7-8/2007. 85, obs. Seube ; RTD civ. 2007. 149, obs. Revet* . ♦ Avant leur attribution sous forme de dividendes, l'usufruitier des parts sociales n'a pas de droit sur les bénéfices, et on ne peut pas considérer qu'en participant à l'assemblée générale qui décide d'affecter les bénéfices distribuables à un compte de réserve, l'usufruitier consent une donation au nu-propriétaire. • Com. 10 févr. 2009, n° 07-21.806 P : *D. 2009. AJ 560, obs. Lienhard* ; *ibid. 1512, note Barabé-Bouchard* ; *ibid. Pan. 2300, obs. Mallet-Bricout* ; *ibid. 2010. Pan. 287, obs. Rabreau* ; *JCP 2009. I. 127, n° 9, obs. Périnet-Marquet ; AJ fam. 2009. 175, obs. Tisserand-Martin* ; *JCP N 2009. 1112, note H. Hovasse ; ibid. 1235, note Gentilhomme ; Banque et Dr. 3-4/2009. 58, obs. Riassetto ; Dr. et patr. 6/2009. 40, note Pellet ; ibid. 80, obs. Seube et Revet ; Defrénois 2011. 711, obs.Fiorina ; RJPF 2009-6/45, note Valory ; RLDC 2009/61, n° 3481, obs. Parance ; RTD civ. 2009. 348, obs. Revet* ; *RTD com. 2009. 357, obs. Champaud et Danet* ; *ibid. 394, obs. Monsèrié-Bon* ; *RDC 2009. 1185, obs. Neau-Leduc.* ♦ *Contra*, antérieurement : • Civ. 21 oct. 1931 : *DP 1933. 1. 100, note Cordonnier* (reconnaissant la nature de fruits civils aux bénéfices des sociétés commerciales et en tirant la conséquence qu'ils sont réputés s'acquérir jour par jour, au cours de chaque exercice social). – *Adde* : R. Martin, *D. 2009. Chron. 2444* .

Art. 587 *(L. n° 60-464 du 17 mai 1960)* **Si l'usufruit comprend des choses dont on ne peut faire usage sans les consommer, comme l'argent, les grains, les liqueurs, l'usufruitier a le droit de s'en servir, mais à la charge de rendre, à la fin de l'usufruit, soit des choses de même quantité et qualité soit leur valeur estimée à la date de la restitution.**

BIBL. ▸ Bonfils, *RRJ 2003/1. 181* (consomptibilité). ▸ **Quasi-usufruit :** Castagné, *JCP N 1997. Prat. 4099 ; ibid. 2000. 537 et 577.* – Gentilhomme et Iwanesko, *JCP N 2009. 1165* (extinction anticipée du quasi-usufruit). – Hamou, *Dr. et patr. 10/2003. 48* (fiducie-gestion et quasi-usufruit). – Hublot, *Dr. et patr. 12/2003. 48.* – Sauvage, *JCP N 2000. 691.* – Zenati, *Études P. Catala, Litec, 2001, p. 605* (nature juridique). ▸ **Donation de choses non consomptibles avec réserve de quasi-usufruit :** Boitelle, *JCP N 1996. I. 1761 ; JCP N 1997. I. 1567* (situation au décès du quasi-usufruitier). – Chappert, *Defrénois 1997. 906* (aspect fiscal). ▸ **Convention de quasi-usufruit généralisée après décès :** Brault, *Defrénois 1997. 2.* ▸ Conjoint survivant quasi-usufruitier : protection du nu-propriétaire : Iwanesko, *JCP N 1995. Prat. 3226.* ▸ **Emploi des deniers grevés d'usufruit :** Grimaldi, *LPA 23 juill. 1999.* ▸ V. aussi Bibl. ss. art. 581.

1° DOMAINE DU QUASI-USUFRUIT

1. *Choses consomptibles : deniers dépendant d'une succession.* L'usufruit ne revêt la forme d'un quasi-usufruit que lorsqu'il porte sur les deniers qui existaient dans la succession au jour du décès et non lorsqu'il s'exerce sur d'autres biens qui ne sont pas consomptibles par le premier usage et dans le cas de vente simultanée de la nue-propriété et de l'usufruit de tels biens, l'usufruitier ne peut prétendre qu'à la part du prix total correspondant à la valeur de son usufruit. • Civ. 1re, 7 juin 1988, n° 86-14.809.

2. *... Stock d'un fonds de commerce.* L'usufruitier d'un fonds de commerce a, sur les marchandises se trouvant dans le fonds et destinées par leur nature à être vendues, un quasi-usufruit lui permettant de les aliéner. • Com. 18 nov. 1968, n° 66-11.105 P.

3. *... Créances échues.* Transformation d'un usufruit sur créance en quasi-usufruit à l'échéance, l'usufruitier ayant le droit d'en percevoir le montant, *V.* • *Civ. 1re*, 4 oct. 1989 : *cité note 9.* ♦ ... Déductibilité de l'assiette de l'ISF jusqu'à la survenance de ce terme. • Com. 24 mai 2016, n° 15-17.788 P : *D. 2016. 1198* ; *AJ fam. 2016. 359, obs. Jolivet* ; *Rev. sociétés 2016. 691, note Vabres* .

4. *... Dividendes distribués par prélèvement sur les réserves.* Dans le cas où la collectivité des associés décide de distribuer un dividende par prélèvement sur les réserves, le droit de jouissance de l'usufruitier de droits sociaux s'exerce, sauf convention contraire entre celui-ci et le nu-propriétaire, sous la forme d'un quasi-usufruit, sur le produit de cette distribution revenant aux parts sociales grevées d'usufruit, de sorte que l'usufruitier se trouve tenu, en application de l'art. 587, d'une dette de restitution exigible au terme de l'usufruit et qui, prenant sa source dans la loi, est déductible de l'actif successoral lorsque l'usufruit s'éteint par la mort de l'usufruitier. • Com. 27 mai 2015, n° 14-16.246 P : *D. 2015. 1752, note Rabreau* ; *AJ fam. 2015. 416, obs. Vernières* ; *RTD civ. 2015. 658, obs. Dross* ; *Gaz. Pal. 2015. 2213, obs. Dondero ; Defrénois 2015. 744, obs. Gentilhomme ; Dr. fam. 2015, n° 151, obs. Beignier et Torricelli-Chrifi.* ♦ Comp. • Civ 1re, 22 juin 2016, n° 15-19.471 P : *cité note 2 ss. art. 584* (absence de droit de l'usufruitier sur les bénéfices mis en réserve, les fonds provenant de la distribution de réserve devant bénéficier aux seuls nus-propriétaires et figurer à l'actif de l'indivision successorale).

5. *Exclusion des bénéfices mis en réserve.* Si l'usufruitier a droit aux bénéfices distribués, il n'a aucun droit sur les bénéfices qui ont été mis en réserve, lesquels constituent l'accroissement de l'actif social et reviennent en tant que tel au nu-propriétaire ; ainsi les fonds provenant de la distribution des réserves doivent bénéficier aux seuls nus-propriétaires et figurer à l'actif de l'indivision successorale. • Civ. 1re, 22 juin 2016, n° 15-19.516 P.

6. Exclusion des valeurs mobilières. Les dispositions de l'art. 587 ne sont pas applicables à l'usufruit portant sur des titres au porteur qui ne sont pas consomptibles par le premier usage. • Civ. 1re, 4 avr. 1991, n° 89-17.351 P • 12 nov. 1998, n° 96-18.041 P : *V. note 12 ss. art. 578.*

2° RÉGIME DU QUASI-USUFRUIT

7. Droit de se servir de la chose. L'usufruitier d'une somme d'argent, perçue par le légataire universel, est créancier de cette somme pour exercer sur elle le droit que lui reconnaît l'art. 587 C. civ. ; il ne peut demander les intérêts de sa créance que dans les conditions prévues par l'art. 1153 anc. C. civ. • Civ. 1re, 19 févr. 1980, n° 78-16.158 P. ♦ Dans le cas d'un quasi-usufruit portant sur des deniers dépendants d'une succession, opposabilité du prêt consenti par l'usufruitière aux héritiers nus-propriétaires, ceux-ci étant également ayants cause universels de l'usufruitière décédée, V. • Civ. 1re, 5 déc. 2012 : *D. 2013. 482, note Tadros ; ibid. 2123, obs. Mallet-Bricout et Reboul-Maupin ; RTD civ. 2013. 402, obs. Dross ; JCP 2013, n° 231, note C. Simler.*

8. Droit d'aliéner la chose. Droit, pour l'usufruitier d'un fonds de commerce, d'aliéner le stock sur lequel il dispose d'un quasi-usufruit : V. • Com. 18 nov. 1968 : *préc. note 2.*

9. Droit d'agir en recouvrement d'une créance échue. Le conjoint survivant, usufruitier de la totalité de la succession, a seul droit d'agir en recouvrement d'une créance de la communauté conjugale et peut se prévaloir des sanctions stipulées pour le non-paiement de cette créance. • Civ. 1re, 4 oct. 1989 : *JCP 1990. II. 21519, note Pillebout ; RTD civ. 1990. 687, obs. Zenati .*

10. Restitution au terme de l'usufruit. Après avoir relevé que le titulaire d'un usufruit sur les comptes bancaires de la défunte disposait, en application de l'art. 587, du droit d'utiliser les sommes figurant sur ces comptes mais à charge de restituer leur valeur à la fin de l'usufruit, et après avoir énoncé, à bon droit, que, dès avant le décès de l'usufruitier, la fille de la défunte, nue-propriétaire de ces sommes, avait vocation à la pleine propriété de ces comptes alors même qu'elle n'en était pas encore titulaire et n'en avait pas la jouissance, une cour d'appel en déduit justement qu'au décès de l'usufruitier, cet usufruit avait rejoint la nue-propriété échue entre-temps à la succession de la nue-propriétaire, de sorte que les légataires universels de l'usufruitier étaient tenus de restituer à la succession de la nue-propriétaire la valeur desdits comptes bancaires. • Civ. 1re, 4 nov. 2020, n° 19-14.421 P : *AJ fam. 2021. 66, obs. Casey .*

Art. 588 **L'usufruit d'une rente viagère donne aussi à l'usufruitier, pendant la durée de son usufruit, le droit d'en percevoir les arrérages, sans être tenu à aucune restitution.**

BIBL. ▶ FAUQUET, *JCP N 1990. I. 413* (réserve et libéralité au conjoint portant sur une rente viagère).

Art. 589 **Si l'usufruit comprend des choses qui, sans se consommer de suite, se détériorent peu à peu par l'usage, comme du linge, des meubles meublants, l'usufruitier a le droit de s'en servir pour l'usage auquel elles sont destinées, et n'est obligé de les rendre, à la fin de l'usufruit, que dans l'état où elles se trouvent, non détériorées par son dol ou par sa faute.**

Art. 590 **Si l'usufruit comprend des bois taillis, l'usufruitier est tenu d'observer l'ordre et la quotité des coupes, conformément à l'aménagement ou à l'usage constant des propriétaires ; sans indemnité toutefois en faveur de l'usufruitier ou de ses héritiers, pour les coupes ordinaires, soit de taillis, soit de baliveaux, soit de futaie, qu'il n'aurait pas faites pendant sa jouissance.**

Les arbres qu'on peut tirer d'une pépinière sans la dégrader, ne font aussi partie de l'usufruit qu'à la charge par l'usufruitier de se conformer aux usages des lieux pour le remplacement.

Obligation de pratiquer des coupes conformément à l'usage. En pratiquant des coupes rases de jeunes pins sur une partie de la superficie totale soumise à son usufruit, l'usufruitier qui s'est conformé à l'usage constant pour les coupes de jeunes pins destinés à l'industrie n'a commis aucun abus de jouissance. • Civ. 3e, 8 déc. 1981 : *Bull. civ. III, n° 208.* ♦ V. aussi, pour des coupes « d'éclaircissage » : • Civ. 17 juill. 1911 : *DP 1911. 1. 457* • Bordeaux, 28 mai 1912 : *DP 1913. 2. 209, note Thomas.*

Art. 591 L'usufruitier profite encore, toujours en se conformant aux époques et à l'usage des anciens propriétaires, des parties de bois de haute futaie qui ont été mises en coupes réglées, soit que ces coupes se fassent périodiquement sur une certaine étendue de terrain, soit qu'elles se fassent d'une certaine quantité d'arbres pris indistinctement sur toute la surface du domaine.

Droit de profiter des arbres mis en coupe réglée avant l'ouverture de l'usufruit. Lorsque des bois de haute futaie ont été mis en coupe réglée avant l'ouverture de l'usufruit, l'usufruitier est autorisé à en profiter, à la condition de se conformer aux époques et à l'usage des anciens propriétaires et ce régime subsiste, après renonciation par l'usufruitier à son droit sur une partie du domaine, pour les parcelles sur lesquelles a été conservé l'usufruit, sans que le nu-propriétaire puisse établir des règles de coupe différentes. • Civ. 3e, 30 janv. 1979, ☎ no 77-12.641 P.

Art. 592 Dans tous les autres cas, l'usufruitier ne peut toucher aux arbres de haute futaie : il peut seulement employer, pour faire les réparations dont il est tenu, les arbres arrachés ou brisés par accident ; il peut même, pour cet objet, en faire abattre s'il est nécessaire, mais à la charge d'en faire constater la nécessité avec le propriétaire.

1. Notion d'arbres de haute futaie : cas des peupliers. Les peupliers entrent dans la catégorie des arbres de haute futaie et si la peupleraie n'a pas été aménagée en coupes réglées, l'usufruitier n'a pas le droit de procéder à la vente de ces arbres. • Civ. 1re, 3 déc. 1963 : *D. 1964. 164, note Barrot ; JCP 1964. II. 13487, note R. L.* – Dans le même sens : • Pau, 24 juin 1993 : *JCP N 1993. II. 368, note Cuvreau-Dauga et Mesplede.*

Des peupliers épars sont des arbres de haute futaie ; n'étant pas soumis à un aménagement proprement dit, ils ne peuvent constituer des fruits appartenant à l'usufruitier. • Civ. 17 juill. 1911 : *DP 1911. 1. 457.* ♦ Une peupleraie ne peut être considérée comme aménagée qu'autant que des coupes successives et régulières y sont prévues et non lorsqu'elle est plantée en une seule fois, ce qui implique que tous les arbres arriveront à maturité en même temps et devront faire l'objet d'une coupe unique et totale. • TGI La Roche-sur-Yon, 7 déc. 1965 : *JCP 1966. II. 14670, note Bulté.*

2. Droit de jouissance de l'usufruitier sur les arbres de haute futaie. La qualification d'arbre de haute futaie n'empêche pas l'usufruitier d'avoir un droit de jouissance sur cet arbre, l'art. 592 interdisant seulement et sous certaines réserves à l'usufruitier de disposer dudit arbre. • Civ. 1re, 2 mars 1971, ☎ no 69-11.486 P.

3. Emploi des arbres arrachés ou brisés aux réparations. Les juges du fond relevant que les usufruitiers ont employé des arbres abattus par une tempête ne sont pas tenus, en l'absence de toute contestation élevée sur ce point par les nus-propriétaires dans leurs conclusions, de rechercher si ces arbres ont été employés aux réparations dont les usufruitiers sont tenus. • Civ. 3e, 8 déc. 1981 : *Bull. civ. III, no 208.*

Art. 593 Il peut prendre, dans les bois, des échalas pour les vignes ; il peut aussi prendre, sur les arbres, des produits annuels ou périodiques ; le tout suivant l'usage du pays ou la coutume des propriétaires.

Art. 594 Les arbres fruitiers qui meurent, ceux mêmes qui sont arrachés ou brisés par accident, appartiennent à l'usufruitier, à la charge de les remplacer par d'autres.

Art. 595 *(L. no 65-570 du 13 juill. 1965)* L'usufruitier peut jouir par lui-même, donner à bail à un autre, même vendre ou céder son droit à titre gratuit.

Les baux que l'usufruitier seul a faits pour un temps qui excède neuf ans, ne sont, en cas de cessation de l'usufruit, obligatoires à l'égard du nu-propriétaire que pour le temps qui reste à courir, soit de la première période de neuf ans, si les parties s'y trouvent encore, soit de la seconde, et ainsi de suite de manière que le preneur n'ait que le droit d'achever la jouissance de la période de neuf ans où il se trouve.

Les baux de neuf ans ou au-dessous que l'usufruitier seul a passés ou renouvelés plus de trois ans avant l'expiration du bail courant s'il s'agit de biens ruraux, et plus de *deux ans avant la même époque* s'il s'agit de maisons, sont sans effet, à moins que leur exécution n'ait commencé avant la cessation de l'usufruit.

L'usufruitier ne peut, sans le concours du nu-propriétaire, donner à bail un fonds rural ou un immeuble à usage commercial, industriel ou artisanal. A défaut d'accord du nu-propriétaire, l'usufruitier peut être autorisé par justice à passer seul cet acte. – *V. L. no 65-570 du 13 juill. 1965, art. 22, 1er al., ss. art. 1581. – V. C. pr. civ., art. 1270.*

Les deuxième à quatrième alinéas de l'art. 595 ne s'appliquent pas aux baux conclus dans le cadre d'une convention d'usufruit des art. L. 253-1 s. CCH (CCH, art. L. 253-4, al. 2, issu de L. n° 2006-872 du 13 juill. 2006, art. 42, JO 16 juill.). — **CCH.**

Sur les actes de gestion du patrimoine des personnes placées en curatelle ou en tutelle, V. Décr. n° 2008-1484 du 22 déc. 2008, ss. art. 496.

I. RÉGIME DES BAUX ORDINAIRES

A. BAUX DONT LA DURÉE N'EXCÈDE PAS NEUF ANS

1. Validité du bail consenti par l'usufruitier seul : location d'un fonds de commerce. L'usufruitier peut, sans le concours du nu-propriétaire, donner à bail un fonds de commerce. • Civ. 1re, 25 nov. 1986 : *D. 1987. 141, note G. Morin ; JCP 1987. II. 20866, note Cohen* • Civ. 3e, 7 juill. 1993, n° 92-19.193 P.

2. Obligations de l'usufruitier bailleur. L'usufruitier qui consent un bail est tenu de toutes les obligations du bailleur à l'égard de son locataire. Il doit notamment réparation du décès de celui-ci, asphyxié par le fonctionnement défectueux d'un chauffe-bain. • Civ. 2e, 7 déc. 1961, n° 60-10.445 P. ♦ De même, dans le cas d'incendie, l'art. 1733 C. civ. ne distingue pas selon que le bailleur est propriétaire ou usufruitier du bien loué. • Civ. 3e, 22 juin 1977 : *Bull. civ. III, n° 277.*

3. Délivrance d'un congé pour reprise : conditions de validité. En vertu de l'art. 595, seul l'usufruitier, ayant qualité de bailleur en vertu de son droit de jouissance sur le bien dont la propriété est démembrée, peut délivrer un congé et agir en validité du congé pour reprise ; par l'effet combiné de ce texte avec l'art. 25-8, al. 3, de la L. n° 89-462 du 6 juill. 1989, les conditions de validité du congé pour reprise ne peuvent être appréciées qu'au regard du lien existant entre le bénéficiaire de la reprise et l'usufruitier. • Civ. 3e, 26 janv. 2022, n° 20-20.223 B : *D. 2022. 1007, obs. Damas ; AJDI 2022. 526, obs. Damas ; AJ fam. 2022. 163, obs. Casey ; RTD civ. 2022. 419, obs. Dross ; JCP N 2022, n° 1164, obs. Vern.*

4. Nullité du bail consenti en fraude aux droits du nu-propriétaire. Les juges peuvent annuler pour fraude aux droits du nu-propriétaire un bail de neuf ans consenti par un usufruitier, ce bail ne devant avoir plein effet qu'au décès de l'usufruitier. • Civ. 3e, 4 oct. 1972 : *Bull. civ. III, n° 498.*

B. BAUX D'UNE DURÉE SUPÉRIEURE À NEUF ANS

5. Droits du nu-propriétaire à l'extinction de l'usufruit. Le nu-propriétaire n'est pas tenu de respecter le bail consenti par l'usufruitier pour une durée de plus de neuf ans et il en est ainsi alors même que l'usufruit ayant pris fin par le décès de l'usufruitier, le nu-propriétaire est devenu l'héritier de celui-ci, car les obligations de l'usufruitier cessant avec l'usufruit lui-même, l'usufruitier n'a pu transmettre à ses héritiers des obligations que l'extinction de l'usufruit avait fait disparaître. • Req. 13 avr. 1897 : *DP 1898. 1. 76.* ♦ En application de l'art. 595, al. 2, le nu-propriétaire est fondé, suite au décès de l'usufruitier, à délivrer congé au locataire pour la fin de la période de neuf ans en cours, quel que soit le régime juridique de la location consentie. • Versailles, 16 oct. 1998 : *D. 1999. Somm. 136, obs. CRDP Nancy 2.*

II. RÉGIME DES BAUX EXIGEANT LE CONCOURS DU NU-PROPRIÉTAIRE

BIBL. Lachaud, *Gaz. Pal. 1974. 1. Doctr. 57 ; 1981. 2. Doctr. 477.* – Lorvellec, *RD rur. 1973. 477.*

A. DOMAINE DE L'EXIGENCE DE CONCOURS

1° QUANT AUX BAUX

6. Baux de biens ruraux. L'art. 595, dernier al., s'applique à tous les baux de biens ruraux, qu'ils paraissent ou non soumis au statut du fermage à l'époque de la conclusion du contrat. • Civ. 3e, 14 nov. 1972, n° 71-12.924 P : *R. 1972-1973, p. 65 ; D. 1973. 252, note Chesné* • 27 févr. 1973 : *D. 1974. 209 (1re esp.), note R. Savatier.* ♦ Application de ce principe au droit d'exploiter résultant d'une convention pluriannuelle de pâturage qui ne se réduit pas à la tolérance d'une occupation précaire. • Civ. 3e, 29 nov. 2018, n° 17-17.442 P.

7. Baux de locaux commerciaux. Application de l'art. 595 à un bail de local commercial consenti pour 23 mois. • Civ. 3e, 5 avr. 1995, n° 93-16.963 P : *D. 1997. Somm. 303, obs. Rozès ; Defrénois 1995. 1457, obs. Atias.*

8. Non-application aux conventions d'occupation précaire. L'art. 595, al. 4, n'est pas applicable à une convention d'occupation précaire, mais une telle convention ne peut se justifier que par des circonstances particulières et ne saurait faire échec à l'annulation d'un bail consenti au mépris des droits du nu-propriétaire. • Civ. 3e, 4 juill. 1978 : *Bull. civ. III, n° 276.* ♦ Les conventions d'occupation précaire prévues par l'art. L. 411-2 C. rur. ne relèvent pas des dispositions de l'art. 595 C. civ. • Civ. 3e, 29 nov. 1995, n° 94-11.735 P : *D. 1997. Somm. 22, obs. A. Robert ; JCP 1996. I. 3921, n° 18, obs. Périnet-Marquet ; RTD civ. 1996. 941, obs. Zenati ; RDI 1996. 177, obs. Bergel.* ♦ Le droit d'exploiter résultant d'une convention pluriannuelle de pâturage ne se réduit pas à la tolérance d'une occupation précaire. • Civ. 3e, 29 nov. 2018, n° 17-17.442 P.

2° QUANT AUX ACTES

9. Actes exigeant le concours du nu-propriétaire : renouvellement du bail. L'art. 595, al. 4, ne comporte aucune distinction entre renouvellement et conclusion du bail initial. En conséquence, un usufruitier ne peut renouveler un bail commercial sans le consentement du nu-propriétaire. • Civ. 3e, 24 mars 1999, n° 97-16.856 P : *D. Affaires 1999. 789, obs. Y. R. ; JCP 1999. I. 175, n° 23, obs. Périnet-Marquet ; JCP N 1999. 1081, note Pillebout ; ibid. 2000. 894, note Bernard de Saint Affrique.* ♦ Dans le même sens pour l'exercice du droit de repentir dans le cadre de la fixation d'une indemnité d'éviction : • Civ. 3e, 31 mai 2012, n° 11-17.534 P : *D. 2012. 1543, obs. Rouquet .* ♦ Mais une convention conclue en cours de bail qui n'est qu'une mise à jour des modifications intervenues n'est pas soumise à l'art. 595, dernier al. • Civ. 3e, 12 nov. 1980 : *Bull. civ. III, n° 176.*

10. Actes pouvant être accomplis par l'usufruitier seul : exécution de travaux. L'art. 595 ne concernant pas l'exécution de travaux, un usufruitier bailleur d'un domaine agricole a valablement donné son accord à la construction d'un atelier hors sol, d'une chèvrerie et d'une salle de traite sans l'accord du nu-propriétaire. • Civ. 3e, 20 mai 1992, n° 90-18.090 P : *D. 1993. Somm. 41, obs. A. Robert ; Defrénois 1993. 367, obs. Vermelle.*

11. ... Délivrance d'un congé au preneur. Les dispositions de l'art. 595, al. 4, si elles interdisent à l'usufruitier de donner à bail un fonds rural sans le concours du nu-propriétaire ou l'autorisation de justice, ne font pas obstacle à ce que l'usufruitier délivre seul congé au preneur. • Civ. 3e, 29 janv. 1974, n° 72-13.968 P • 20 mai 1974 : *ibid. III, n° 216* • 16 mars 1988 : *ibid. III, n° 61 ; RTD civ. 1989. 104, obs. Rémy.* ♦ Ainsi, l'usufruitier d'un bien rural donné en location, qui a seul la qualité de bailleur, est fondé à exercer la reprise en faveur de son petit-fils. • Civ. 3e, 16 janv. 1979 : *Bull. civ. III, n° 18.* ♦ L'usufruitier d'un immeuble à usage commercial donné à bail a le pouvoir de délivrer seul un congé au preneur, tout comme le refus de renouvellement qui a les mêmes effets qu'un congé. • Civ. 3e, 9 déc. 2009, n° 08-20.512 P : *D. 2010. AJ 14, obs. Rouquet ; ibid. Pan. 2183, obs. Mallet-Bricout ; JCP 2010, n° 336, § 10, obs. Périnet-Marquet.*

12. Conséquences quant au débiteur de l'indemnité d'éviction. L'usufruitier, qui a le pouvoir de mettre fin au bail commercial et de notifier au preneur, sans le concours du nu-propriétaire, un congé avec refus de renouvellement, a seul la qualité de bailleur dont il assume toutes les obligations à l'égard du preneur de sorte que l'indemnité d'éviction due en application de l'art. L. 145-14 C. com. qui a pour objet de compenser le préjudice causé par le défaut de renouvellement est à sa charge. • Civ. 3e, 19 déc. 2019, n° 18-26.162 P : *D. 2020. Chron. C. cass. 1248, obs. Corbel ; AJDI 2020. 507, obs. Blatter ; JCP 2020, n° 232, note Kilgus ; JCP N 2020, n° 1172, note Lemay ; RDC 2020/2. 108, note Danos ; Defrénois 2020/13. 23, note Ruet* (cassation de l'arrêt ayant condamné la nue-propriétaire *in solidum* avec l'usufruitière alors que l'indemnité d'éviction n'était due que par cette dernière).

13. ... Résiliation judiciaire du bail. L'art. 595, al. 4, ne fait pas obstacle à ce que l'usufruitier poursuive seul la résiliation du bail. • Civ. 3e, 4 mai 1976, n° 74-13.538 P : *RTD civ. 1976. 801, obs. Giverdon.*

14. ... Autorisation de cession de bail rural. L'usufruitier peut donner seul son autorisation à la cession d'un bail rural. • Civ. 3e, 15 mars 2000, n° 98-18.322 P : *D. 2000. IR 112 ; JCP N 2001.1876, note Brelet.*

B. PORTÉE DE L'EXIGENCE DE CONCOURS

1° AUTORISATION JUDICIAIRE À DÉFAUT DE CONCOURS

15. Absence de conditions particulières. L'art. 595 ne subordonnant l'autorisation de justice à aucune condition, ne peut être critiquée l'autorisation donnée à l'usufruitier de conclure des baux ruraux avec les fermiers de son choix. • Civ. 3e, 29 nov. 1995 : *préc. note 8.*

16. Autorisation accordée : illustrations. Autorisation judiciaire donnée à l'usufruitier d'un domaine agricole de conclure un bail commercial sur une petite fraction du domaine, dans la mesure où ce bail, dicté par l'évolution économique, ne porte pas atteinte à la substance de la chose, le preneur s'engageant à remettre les lieux en l'état à l'expiration du bail. • Civ. 3e, 2 févr. 2005, n° 03-19.729 P : *D. 2005. AJ 568, obs. Rouquet ; JCP 2005. I. 181, n° 6, obs. Périnet-Marquet ; JCP N 2005. 1303, étude Barabé-Bouchard ; RTD civ. 2005. 804, obs. Revet .*

17. Refus d'autorisation : illustrations. Pour refuser l'autorisation sollicitée par l'usufruitier en application de l'art. 595, al. 4, le juge retient souverainement que la location est appelée à devenir préjudiciable au nu-propriétaire. • Civ. 3e, 4 mars 1987 : *Bull. civ. III, n° 43.*

2° SANCTION DU DÉFAUT DE CONCOURS

18. Nature de la sanction : nullité relative du bail. L'infraction à la règle impérative de l'art. 595, al. 4, est de nature à entraîner la nullité du bail à l'égard du nu-propriétaire, qui peut invoquer celle-ci sans attendre la fin de l'usufruit. • Civ. 3e, 26 janv. 1972 : *D. 1975. 22, note*

Penneau ; JCP 1972. II. 17104, note G. G. • 11 févr. 1975 : *Bull. civ. III, n° 53* • 16 déc. 1987 : *ibid. III, n° 210 ; JCP N 1988. II. 233, note Pillebout.* ♦ La sanction de l'inobservation de l'art. 595, al. 4, n'étant pas une inopposabilité, le preneur n'est pas en droit de terminer la période de neuf ans pour laquelle le bail a été conclu. • Civ. 3e, 17 juill. 1986 : *Gaz. Pal. 1986. 2. 792, note Challine et Lepetit.*

19. Titulaire de l'action : nu-propriétaire. Cette nullité est une nullité relative qui ne peut être invoquée que par le nu-propriétaire, et l'action en nullité, qui est personnelle, ne peut être transmise à l'acquéreur de l'immeuble. • Civ. 3e, 14 nov. 2007, n° 06-17.412 P : *D. 2008. AJ 15, obs. Rouquet ; Gaz. Pal. 2008. 2521, obs. Barbier ; AJDI 2008. 287, obs. Dumont-Lefrand ; Defrénois 2009. 158, obs. Ruet.* ♦ La nullité d'un bail commercial signé par le seul usufruitier est relative et ne peut être invoquée par le signataire, de sorte que l'opposition du bailleur n'est pas de nature à constituer un vice caché du fonds de commerce cédé. • Com. 24 févr. 1998 : *D. Affaires 1998. 1080, obs. Y. R.* ♦ Le décès de l'usufruitier entraînant la réunion en la personne de la nue-propriétaire de ces deux qualités pour lui conférer la pleine propriété des biens loués, il n'en résulte pas qu'elle n'est plus recevable à contester le non-respect des dispositions de l'art. 595, al. 4, la confusion n'éteignant pas son droit personnel à se prévaloir de la nullité d'un bail rural consenti par le seul usufruitier. • Civ. 3e, 9 déc. 2009, n° 08-20.133 P : *D. 2010. Pan. 2183, obs. Mallet-Bricout ; JCP 2010, n° 336, § 10, obs. Périnet-Marquet ; ibid. n° 516, obs. Ghestin.*

20. Prescription de l'action en nullité : point de départ du délai de prescription. Décisions rendues en application du droit antérieur à la L. du 17 juin 2008 portant réforme de la prescription en matière civile. Le délai de prescription de l'action en nullité pour non-respect de l'art. 595, al. 4, court à compter de la connaissance par le nu-propriétaire de l'existence du bail. • Civ. 3e, 5 févr. 2003, n° 01-14.002 P : *AJDI 2003. 434, note Plazy*. – V. déjà • Bourges, 30 mai 1979 : *Gaz. Pal. 1979. 2. 617, note Lachaud.* ♦ Il appartient au preneur, qui prétend que le droit du nu-propriétaire d'agir en nullité du bail conclu sans son concours est prescrit, d'établir que ce dernier a eu connaissance de ce bail depuis plus de cinq ans à la date de l'assignation. • Civ. 3e, 22 nov. 1995 : *JCP N 1997. II. 24, obs. Moreau.* ♦ Dès lors que le nu-propriétaire a eu connaissance du bail rural plus de cinq ans avant la saisine du tribunal, et que le bail a été exécuté, il ne peut plus en poursuivre la nullité, même par voie d'exception. • Civ. 3e, 9 juill. 2003, n° 02-15.061 P : *Rev. loyers 2003. 491, obs. Peignot.*

21. Conséquences de l'annulation : survivance du bail antérieur. Une convention novatoire ayant été passée entre le preneur d'un bien rural et l'usufruitier seul, son annulation entraîne la survivance du bail antérieur auquel elle s'était substituée. • Civ. 3e, 12 févr. 1986, n° 84-14.889 P. ♦ Dans le même sens : • Civ. 3e, 9 juill. 2003, n° 02-11.192 P : *Rev. loyers 2003. 491, obs. Peignot* (survivance du bail antérieur tacitement renouvelé).

22. ... Indemnité due par l'occupant sans titre. Un bail commercial consenti par l'usufruitier seul ayant été annulé à la demande du nu-propriétaire, l'indemnité due par l'occupant qui se maintient indûment dans les lieux n'est pas due au nu-propriétaire pour la période comprise entre la date de l'arrêt ayant annulé le bail et celle de l'extinction de l'usufruit ; cette indemnité réparant le préjudice subi par le propriétaire qui a été privé de la jouissance de son bien est due à l'usufruitier. • Civ. 3e, 5 mars 1986 : *Bull. civ. III, n° 25.*

23. Action en responsabilité. L'usufruitier a seul l'obligation de s'assurer du concours du nu-propriétaire pour consentir le bail. • Civ. 3e, 16 avr. 2008, n° 07-12.381 P : *D. 2008. AJ 1348, obs. Mbotaingar ; JCP 2008. II. 10156, note Étienney ; Dr. et patr. 2/2009. 140, obs. Seube et Revet ; RTD civ. 2009. 140, obs. Revet* (cassation de l'arrêt ayant rejeté l'action en responsabilité du locataire contre l'usufruitier au motif que le locataire n'ignorait pas que le bailleur n'était qu'usufruitier).

3° APPLICATION DE LA THÉORIE DE L'APPARENCE

24. Bénéficiaire : locataire de bonne foi victime d'une erreur commune. Le bail consenti par le propriétaire apparent de la chose louée est opposable au véritable propriétaire lorsque le locataire a traité de bonne foi sous l'empire de l'erreur commune ; les juges du fond ne peuvent donc annuler le bail rural passé par l'usufruitier seul sans rechercher si, comme le soutenait le locataire, l'usufruitier s'était comporté à son égard en propriétaire apparent. • Civ. 3e, 21 janv. 1981 : *D. 1983. 36, note Diener.* – Même sens : • Paris, 10 juill. 1987 : *JCP N 1988. II. 159, note Guérin* • Civ. 3e, 27 nov. 1987 : *Defrénois 1988. 483, obs. Vermelle* • Nîmes, 1er févr. 1990 : JCP N 1991. II. 207, note Ph. H. B. ♦ V. aussi : • Civ. 3e, 4 mai 1982, n° 81-11.415 P • 23 nov. 1988 : *JCP N 1990. II. 73, n° 1 (2e esp.), obs. Moreau* (mandat apparent) • 17 juill. 1992, n° 90-17.327 P.

25. Caractère légitime de l'erreur invoquée : obligation pour le preneur de vérifier les pouvoirs de son cocontractant. Ne peut être invoquée la croyance légitime des preneurs qu'ils traitaient avec le véritable propriétaire, alors qu'ils savaient que la signataire du bail n'était pas seule propriétaire et qu'ils avaient dès lors l'obligation de vérifier l'étendue de ses pouvoirs. • Civ. 3e, 5 avr. 1995, n° 93-16.963 P : *Defrénois 1995. 1457, obs. Atias.* ♦ L'ignorance du preneur de la qualité d'usufruitier de son cocontractant ne prive pas le nu-propriétaire du droit de contester la validité du bail passé sans son concours. • Civ. 3e, 1er mars 1989 : *Bull. civ. III, n° 53 ; RTD civ. 1990. 103, obs. Rémy* • 17 juill. 1992, n° 90-17.327 P. ♦ Le fait qu'aux yeux du locataire l'usufruitier s'était comporté comme le seul et unique propriétaire et avait durant des années perçu lui-même les loyers ne caractérise pas la qualité de propriétaire apparent de l'usufruitier. • Civ. 3e, 18 janv. 1995, n° 92-11.572 P • 4 févr. 1998, n° 96-12.302 P : *JCP 1998. I. 171, n° 19, obs. Périnet-Marquet.*

Art. 596 **L'usufruitier jouit de l'augmentation survenue par alluvion à l'objet dont il a l'usufruit.**

Art. 597 **Il jouit des droits de servitude, de passage, et généralement de tous les droits dont le propriétaire peut jouir, et il en jouit comme le propriétaire lui-même.**

1. Pouvoir de l'usufruitier d'agir en justice : défense de son droit de jouissance. L'usufruitier peut ester en justice dans la mesure où il agit pour défendre son droit de jouissance ; est recevable son action tendant à faire libérer de toute emprise le terrain grevé d'usufruit. • Civ. 3e, 7 avr. 2004, n° 02-13.703 P.

2. ... Intérêt à agir. L'usufruitier qui n'a consenti qu'un droit d'usage et d'habitation sur une parcelle en a nécessairement conservé l'usufruit ; il a, dès lors, un intérêt légitime à agir contre le propriétaire du fonds voisin en reconstruction du mur entre les deux fonds. • Civ. 3e, 7 avr. 2004, n° 02-18.979 P : *D. 2004. Somm. 2469, obs. Reboul-Maupin ; JCP 2004. I. 171, n° 7, obs. Périnet-Marquet ; RDI 2004. 369, obs. Bruschi.*

3. Usucapion : jonction de possession. L'usufruit étant un droit réel, démembrement du droit de propriété, le possesseur d'un tel droit peut joindre à la sienne la possession à titre de propriétaire de son auteur. • Civ. 1re, 13 févr. 1963, n° 61-12.144 P.

Art. 598 **Il jouit aussi, de la même manière que le propriétaire, des mines et carrières qui sont en exploitation à l'ouverture de l'usufruit ; et néanmoins, s'il s'agit d'une exploitation qui ne puisse être faite sans une concession, l'usufruitier ne pourra en jouir qu'après en avoir obtenu la permission du Roi** *[du président de la République]*.

Il n'a aucun droit aux mines et carrières non encore ouvertes, ni aux tourbières dont l'exploitation n'est point encore commencée, ni au trésor qui pourrait être découvert pendant la durée de l'usufruit.

Art. 599 **Le propriétaire ne peut, par son fait, ni de quelque manière que ce soit, nuire aux droits de l'usufruitier.**

De son côté, l'usufruitier ne peut, à la cessation de l'usufruit, réclamer aucune indemnité pour les améliorations qu'il prétendrait avoir faites, encore que la valeur de la chose en fût augmentée.

Il peut cependant, ou ses héritiers, enlever les glaces, tableaux et autres ornements qu'il aurait fait placer, mais à la charge de rétablir les lieux dans leur premier état.

BIBL. ▶ AULAGNIER, *Dr. et patr. 10/2012. 26* (transmission de patrimoine).

1. Respect des droits de l'usufruitier. Un nu-propriétaire méconnaît les droits de l'usufruitier en défrichant et clôturant un domaine, anéantissant toute possibilité de chasse. • Civ. 1re, 28 nov. 1972 : *Bull. civ. I, n° 264.*

2. Usufruit de parts sociales ou de valeurs mobilières. Lorsque l'usufruit porte sur des parts, puis sur des actions, d'une société qui doit prendre fin à une date proche et qu'à partir de cette date l'usufruit ne pourra s'exercer que selon des modes différents, le nu-propriétaire ne porte aucune atteinte aux droits de l'usufruitier en refusant de voter la prorogation de la société. • Civ. 1re, 8 mars 1988 : *JCP N 1988. II. 297, note Pillebout.*

3. Absence d'indemnisation pour les améliorations : application aux constructions faites par l'usufruitier. On doit considérer comme améliorations soit les constructions nouvelles s'ajoutant au fonds et en augmentant la valeur, soit les constructions ayant pour effet d'achever un bâtiment commencé, ou bien d'agrandir un édifice préexistant ; l'art. 555 C. civ. est sans application, l'usufruitier ne pouvant, à la cessation de sa jouissance, être assimilé, sous aucun rapport, à un tiers possesseur évincé. • Req. 4 nov. 1885 : *DP 1886. 1. 361, rapp. Alméras-Latour.* ♦ Rappr. : • Civ. 3e, 19 sept. 2012, n° 11-15.460 P : *D. 2012. 2871, note Tadros ; ibid. 2013. 2123, obs. Reboul-Maupin ; RTD civ. 2012. 751, obs. Revet ; ibid. 2013. 148, obs. Dross ; JCP 2012, n° 1267, note Travely et Collard ; JCP N 2013, n° 1011, note Steenlandt ; Defrénois 2012. 1187, note Fiorina.* ♦ Sur la notion d'amélioration, V. aussi : • Com. 12 juin 2012 : *cité note 1 ss.*

art. 606 (travaux de démolition, de reconstruction d'une habitation d'une superficie supérieure, de construction d'une piscine et d'aménagement du terrain qualifiés de travaux d'amélioration, ne donnant pas droit à indemnité).

4. ... Tempérament en cas de création d'un bien indépendant du bien objet de l'usufruit. Mais encore faut-il que l'exécution de ces constructions n'ait pas eu pour résultat de créer une chose distincte du fonds sur lequel elles ont été élevées (en l'espèce, chambre de bonne, distincte de l'appartement objet de l'usufruit). • Paris, 4 mars 1966 : *Gaz. Pal. 1966. 2. 6, note Cabanac ; RTD civ. 1966. 835, obs. Bredin.*

5. ... Tempérament en cas de grosses réparations. L'usufruitier qui a procédé à une grosse réparation est fondé à réclamer au nu-propriétaire le montant de la plus-value en résultant lors de la cessation de l'usufruit. • Civ. 17 juill. 1911 : *DP 1911. 1. 457* • Paris, 31 oct. 1961 : *Gaz. Pal. 1962. 1. 75* • TGI Pontoise, 17 mars 1976 : *Gaz. Pal. 1976. 2. 573, note Plancqueel.* ♦ Mais le nu-propriétaire ne pourrait être tenu de rembourser à l'usufruitier le coût des réparations effectuées par ce dernier que s'il avait diminué ou troublé la jouissance de l'usufruitier. Tel n'est pas le cas lorsque les dégâts ont été causés par la chute d'un arbre à la suite d'une tempête si l'arbre était sain et que rien n'eût justifié son abattage. • Civ. 1re, 2 mars 1971, n° 69-11.486 P. ♦ Sur l'absence de recours de l'usufruitier contre le nu-propriétaire en cours d'usufruit V. notes ss. art. 605.

SECTION 2 Des obligations de l'usufruitier

RÉP. CIV. v° *Fruits*, par S. Piedelièvre.

Art. 600 **L'usufruitier prend les choses dans l'état où elles sont, mais il ne peut entrer en jouissance qu'après avoir fait dresser, en présence du propriétaire, ou lui dûment appelé, un inventaire des meubles et un état des immeubles sujets à l'usufruit.**

1. Obligation de prendre les choses dans l'état où elles se trouvent. Jugé, sur le fondement de l'art. 600 que l'usufruitier n'a pas qualité pour intenter les actions ayant pour but de faire rentrer dans le patrimoine des héritiers des biens qui ne s'y trouvaient plus au moment de l'ouverture de l'usufruit. • Civ. 1re, 26 nov. 1962 : *D. 1963. 60 ; RTD civ. 1963. 383, obs. Bredin.*

2. Obligation de faire dresser inventaire : sanction. Le défaut d'inventaire par l'usufruitier avant son entrée en jouissance ne saurait être considéré comme une cause nécessaire de déchéance dudit usufruit. • Req. 17 juill. 1861 : *DP 1861. 1. 480.* ♦ Il permet seulement au nu-propriétaire de prouver par tous moyens la consistance des biens soumis à usufruit. • Paris, 15 sept. 1993 : *D. 1994. Somm. 162, obs. A. Robert*.

Art. 601 **Il donne caution de jouir** *(L. n° 2014-873 du 4 août 2014, art. 26)* **« raisonnablement », s'il n'en est dispensé par l'acte constitutif de l'usufruit ; cependant les père et mère ayant l'usufruit légal du bien de leurs enfants, le vendeur ou le donateur, sous réserve d'usufruit, ne sont pas tenus de donner caution.**

1. Obligation de fournir caution : remplacement par une garantie équivalente. L'usufruitier peut remplacer la caution qu'il est tenu de fournir par une garantie équivalente, telle qu'une hypothèque. • Civ. 3 févr. 1897 : *DP 1897. 1. 601, note Planiol.* ♦ Pour la jouissance en bon père de famille : V. notes ss. art. 618.

2. Dispense de fournir caution : domaine. La dispense de fournir caution doit être admise *même au cas où l'usufruit porte sur* des objets qui se trouvent pour la nue-propriété compris dans la réserve. • Civ. 5 juill. 1876 : *DP 1877. 1. 277.*

3. ... Portée. En dépit d'une dispense de caution et d'emploi, des mesures de sauvegarde peuvent être ordonnées s'il est constaté que l'usufruitier se trouve à même d'organiser son insolvabilité et que le nu-propriétaire est exposé à voir ses droits mis en péril. • Req. 27 mars 1946 : *D. 1946. 240.* ♦ Mais le refus d'ordonner des mesures conservatoires pour sauvegarder les intérêts des nus-propriétaires est justifié si cette prétention se heurte aux stipulations du contrat de mariage dispensant l'époux survivant de caution et d'emploi et si les allégations des héritiers relatives à des abus de jouissance ne sont étayées d'aucune preuve. • Civ. 1re, 22 juin 1964 : *Bull. civ. I, n° 328.*

Art. 602 **Si l'usufruitier ne trouve pas de caution, les immeubles sont donnés à ferme ou mis en séquestre ;**

Les sommes comprises dans l'usufruit sont placées ;

Les denrées sont vendues, et le prix en provenant est pareillement placé ;

Les intérêts de ces sommes et les prix des fermes appartiennent, dans ce cas, à l'usufruitier.

BIBL. ▶ Grimaldi, *Defrénois 1999. 193* (emploi des deniers grevés d'usufruit).

Art. 603 A défaut d'une caution de la part de l'usufruitier, le propriétaire peut exiger que les meubles qui dépérissent par l'usage soient vendus, pour le prix en être placé comme celui des denrées ; et alors l'usufruitier jouit de l'intérêt pendant son usufruit : cependant l'usufruitier pourra demander, et les juges pourront ordonner, suivant les circonstances, qu'une partie des meubles nécessaires pour son usage lui soit délaissée, sous sa simple caution juratoire, et à la charge de les représenter à l'extinction de l'usufruit.

Art. 604 Le retard de donner caution ne prive pas l'usufruitier des fruits auxquels il peut avoir droit ; ils lui sont dus du moment où l'usufruit a été ouvert.

Art. 605 L'usufruitier n'est tenu qu'aux réparations d'entretien.

Les grosses réparations demeurent à la charge du propriétaire, à moins qu'elles n'aient été occasionnées par le défaut de réparations d'entretien, depuis l'ouverture de l'usufruit ; auquel cas l'usufruitier en est aussi tenu.

BIBL. ► COURBE, *JCP 1982. I. 3070.*

1° PRINCIPE DE RÉPARTITION DES CHARGES DE RÉPARATION : DOMAINE D'APPLICATION

1. Application limitée aux rapports entre usufruitier et nu-propriétaire : cas de l'usufruitier bailleur. L'art. 605 ne règle que les rapports entre l'usufruitier et le nu-propriétaire ; l'usufruitier ayant conclu un bail est, en qualité de bailleur, tenu de faire toutes les réparations qui s'avèrent nécessaires pour entretenir la chose en état de servir à l'usage pour lequel elle a été louée. • Soc. 20 mai 1949 : *D. 1949. 424.* ♦ Même sens : • Civ. 3ᵉ, 28 juin 2006, n° 05-15.563 P : *D. 2007. Pan. 905, obs. Damas* ; *JCP 2006. I. 178, n° 15, obs. Périnet-Marquet ; AJDI 2006. 730, obs. Rouquet* ; *RTD civ. 2006. 788, obs. Gautier* (l'usufruitier est tenu aux obligations du bailleur à l'égard des locataires de l'immeuble sur lequel porte son usufruit).

2. … Cas du nu-propriétaire occupant. La personne qui cumule les qualités de nu-propriétaire de l'immeuble et d'occupant, assimilé au locataire, ne peut réclamer à l'usufruitier que le remboursement des travaux qui, tout en constituant des réparations autres que locatives mises à la charge du bailleur par l'art. 1720 C. civ., ne sont pas des grosses réparations imputées au propriétaire par l'art. 605. • Civ. 1ʳᵉ, 5 mai 1998, n° 96-16.500 P : *D. Affaires 1998. 1119, obs. Y. R. ; Defrénois 1998. 1381, note Dagorne-Labbe* • 2 mars 2022, n° 20-21.641 B : *AJ fam. 2022. 296, obs. Casey* ; *Dr. fam. 2022, n° 77, obs. Tani ; Defrénois 2023/6. 11, obs. Vareille et Chamoulaud-Trapiers.* ♦ Pour l'admission de l'existence d'une clause dérogatoire : • Civ. 1ʳᵉ, 23 janv. 2007, n° 06-16.062 P : *JCP 2007. I. 197, n° 11, obs. Périnet-Marquet ; Dr. et patr. 2/2008. 96, obs. Seube et Revet.*

3. … Clause de solidarité entre usufruitier et nu-propriétaire. Une clause de solidarité entre le nu-propriétaire et l'usufruitier peut être prévue par un règlement de copropriété de façon licite, afin de permettre au syndicat des copropriétaires d'obtenir la condamnation solidaire de l'usufruitier et du nu-propriétaire au paiement des charges de copropriété. • Civ. 3ᵉ, 14 avr. 2016, n° 15-12.545 P : *D. 2016. 897* ; *RTD civ. 2016. 661, obs. Dross* ; *RDC 2016. 741, note Tadros.*

2° RÉGIME DES GROSSES RÉPARATIONS INCOMBANT AU NU-PROPRIÉTAIRE

4. Absence d'obligation pesant sur le nu-propriétaire. Sauf clause contraire, l'usufruitier ne peut contraindre le nu-propriétaire à effectuer les grosses réparations ni obtenir réparation de son préjudice sur le fondement de l'art. 599 C. civ. • Civ. 3ᵉ, 10 juill. 2002 : *Rev. loyers 2002. 562, obs. J. Rémy* • 18 déc. 2013 : *D. 2014. 77* ; *AJ fam. 2014. 240, obs. Thouret* ; *RTD civ. 2014. 149, obs. Dross* ; *RDC 2014. 742, note Tadros* (l'usufruitier ne peut se prévaloir d'un trouble de jouissance causé par la carence du nu-propriétaire à effectuer les grosses réparations pour contourner cette solution). ♦ Sous réserve de dérogation par les clauses de l'acte constitutif de l'usufruit aux principes applicables en la matière, l'art. 605 n'autorise pas l'usufruitier à agir contre le nu-propriétaire pour le contraindre à exécuter les grosses réparations nécessaires à la conservation de l'immeuble soumis à l'usufruit. • Civ. 3ᵉ, 30 janv. 1970 : *Bull. civ. III, n° 83* • 10 juill. 2002 : *Rev. loyers 2002. 562, obs. J. Rémy.* ♦ V. déjà en ce sens : • Req. 10 déc. 1900 : *GAJC, 12ᵉ éd., n° 74-75 (II) ; DP 1901. 1. 209, note Guénée* • Paris, 27 juill. 1928 : *DP 1929. 2. 1, note Josserand* (exclusion de l'abus de droit en cas de refus du nu-propriétaire) • Civ. 1ʳᵉ, 28 oct. 2009 : *RJPF 2010-1/45, note Delmas Saint-Hilaire.*

5. Clause dérogatoire : qualification. En présence de la clause d'une donation avec réserve d'usufruit stipulant seulement que les grosses réparations seraient à la charge du donataire, les juges du fond ne peuvent condamner un nu-propriétaire, ayant droit d'un des donataires, à effectuer les grosses réparations, sans préciser en quoi l'acte de donation dérogeait aux règles du droit commun qui n'imposent au nu-propriétaire aucune obligation en la matière. • Civ. 3ᵉ, 3 mai 1989 : *Bull. civ. III, n° 100 ; Defrénois 1990. 362, obs. Souleau.*

6. Indemnisation de l'usufruitier ayant procédé à une grosse réparation. L'usufruitier qui a procédé à une grosse réparation est fondé à réclamer au nu-propriétaire le montant de la plus-value en résultant lors de la cessation de l'usufruit. • Civ. 17 juill. 1911 : *DP 1911. 1. 457* • Paris, 31 oct. 1961 : *Gaz. Pal. 1962. 1. 75* • TGI Pontoise, 17 mars 1976 : *Gaz. Pal. 1976. 2. 573, note Plancqueel.* ♦ V. aussi note 2 ss. art. 599.

7. Notion de grosses réparations. Sur la notion de grosses réparations à la charge du nu-propriétaire : V. notes ss. art. 606.

3° RÉGIME DES RÉPARATIONS D'ENTRETIEN INCOMBANT À L'USUFRUITIER

8. Possibilité de contraindre l'usufruitier à effectuer les réparations d'entretien. Le nu-propriétaire peut, pendant la durée de l'usufruit, contraindre l'usufruitier à effectuer les réparations d'entretien tendant à la conservation de l'immeuble ; le nu-propriétaire qui a fait faire lui-même les travaux peut en exiger le remboursement de l'usufruitier même si les travaux ont été entrepris sans l'accord préalable de ce dernier. • Civ. 1re, 21 mars 1962 : *JCP 1963. II. 13272, note H. G. ; RTD civ. 1962. 527, obs. Solus.*

9. Clause dérogatoire : portée. Un donataire ayant reçu toute la quotité disponible ne peut prétendre au bénéfice d'une disposition testamentaire qui, le déchargeant de partie de ses obligations d'usufruitier, aboutirait à lui donner au-delà de ce dont le défunt pouvait disposer. • Civ. 1re, 18 oct. 1994, n° 93-11.384 P : *RTD civ. 1995. 414, obs. Patarin.*

10. Sanction du défaut d'entretien. Déchéance de l'usufruit pour défaut d'entretien imputable à l'usufruitier : V. note 3 ss. art. 618.

Art. 606 **Les grosses réparations sont celles des gros murs et des voûtes, le rétablissement des poutres et des couvertures entières.**

Celui des digues et des murs de soutènement et de clôture aussi en entier.

Toutes les autres réparations sont d'entretien.

BIBL. ▶ BERREBI, *AJDI 2016. 826.* – DENIZOT, *AJDI 2004. 627* (application de l'art. 606 aux baux commerciaux).

1. Notion de grosses réparations : caractère limitatif de l'énumération. L'art. 606 énumère limitativement les grosses réparations. • Civ. 3e, 27 nov. 2002, n° 01-12.816 P : *RDI 2003. 171, obs. M. B.* • Com. 12 juin 2012, n° 11-11.424 P : *D. 2012. 2128, obs. Mallet-Bricout et Reboul-Maupin ; RDI 2012. 499, obs. Bergel ; Dr. et patr. 10/2012. 32, note Julienne.* – V. déjà • Civ. 3e, 25 oct. 1983, n° 82-11.261 P.

2. ... Applications jurisprudentielles. L'appréciation du caractère des réparations est une question de fait abandonnée à l'appréciation des tribunaux. • Civ. 2e, 7 déc. 1961, n° 60-10.445 P. ♦ Ainsi jugé que sont des grosses réparations : la reconstitution d'un vignoble ravagé par le phylloxéra. • Civ. 17 juill. 1911 : *DP 1911. 1. 457.* ♦ ... La réfection de zingueries affectant une partie importante de l'immeuble et nécessitant une dépense exceptionnelle. • Civ. 1re, 2 févr. 1955 : *Bull. civ. I, n° 55.* ♦ ... La réfection des souches de cheminées. • Civ. 1re, 15 mars 1961 : *Bull. civ. I, n° 166.* ♦ ... Tandis que le recrépissement ou le ravalement d'un immeuble est une réparation d'entretien qui reste à la charge de l'usufruitier. • Civ. 1re, 21 mars 1962 : *JCP 1963. II. 13272, note H. G.* ♦ ... De même que le remplacement de la climatisation d'un immeuble. • Civ. 3e, 10 févr. 1999 : *JCP N 1999. 501.*

3. Clause d'un contrat de bail se référant à la notion de grosses réparations. Sur l'interprétation de la clause d'un bail commercial mettant à la charge du preneur les réparations à effectuer en cours d'exécution, à l'exception des grosses réparations énoncées à l'art. 606 C. civ., V. • Civ. 3e, 13 juill. 2005, n° 04-13.764 P : *AJDI 2005. 828, note Rouquet ; RTD civ. 2005. 795, obs. Gautier.* – *Adde*, Ghestin, *RTD civ. 2015. 1.*

Art. 607 **Ni le propriétaire, ni l'usufruitier, ne sont tenus de rebâtir ce qui est tombé de vétusté, ou ce qui a été détruit par cas fortuit.**

BIBL. ▶ M.P. LUCAS DE LEYSSAC, *RTD civ. 1978. 757.*

Un immeuble ayant été rendu inutilisable à la suite d'un séisme, s'il est constaté que la remise en état, possible, aurait entraîné des dépenses hors de proportion avec la valeur antérieure de l'immeuble, l'immeuble peut être considéré comme totalement détruit et le nu-propriétaire n'est pas tenu de le reconstruire. • Civ. 3e, 23 oct. 1979, n° 78-12.909 P.

Art. 608 **L'usufruitier est tenu, pendant sa jouissance, de toutes les charges annuelles de l'héritage, telles que les contributions et autres qui dans l'usage sont censées charges des fruits.**

1. Obligation de l'usufruitier aux charges usufructuaires : caractère supplétif de la règle. L'art. 608 n'étant pas d'ordre public, l'acquéreur de la nu-propriété d'un bien, devenu juridiquement possesseur du bien au jour de la vente, doit rembourser à l'usufruitier la taxe foncière, conformément aux stipulations du contrat, dérogatoires à l'art. 608. • Civ. 1re, 3 juin 1997, n° 95-16.484 P : *Defrénois 1997. 1321, note Dagorne-Labbe ; JCP 1997. I. 4060, n° 19, obs. Périnet-Marquet.*

2. Notion de charges usufructuaires : arrérages d'une rente viagère. Il résulte de la combinaison de l'art. 724 avec les art. 608 et 612 que l'usufruitier universel ou à titre universel est tenu des dettes dans les proportions et de la manière indiquées par ces textes, peu important la nature de son titre. Un usufruitier universel peut donc être poursuivi en paiement des dettes qui sont la charge des fruits et revenus. Il est, par conséquent, tenu d'acquitter les arrérages de la rente viagère dont son auteur était débiteur ainsi que les intérêts dus sur les arrérages échus. • Civ. 1re, 16 févr. 1999, n° 96-21.097 P : *D. 1999. IR 84 ; JCP 2000. I. 211, n° 14, obs. Périnet-Marquet ; RTD civ. 1999. 449, obs. Patarin.*

Art. 609 **A l'égard des charges qui peuvent être imposées sur la propriété pendant la durée de l'usufruit, l'usufruitier et le propriétaire y contribuent ainsi qu'il suit :**

Le propriétaire est obligé de les payer, et l'usufruitier doit lui tenir compte des intérêts ;

Si elles sont avancées par l'usufruitier, il a la répétition du capital à la fin de l'usufruit.

Art. 610 **Le legs fait par un testateur, d'une rente viagère ou pension alimentaire, doit être acquitté par le légataire universel de l'usufruit dans son intégrité, et par le légataire à titre universel de l'usufruit dans la proportion de sa jouissance, sans aucune répétition de leur part.**

BIBL. ▶ ÉLIARD, *JCP N 1996. I. 669* (l'art. 610 à l'épreuve du divorce).

L'art. 610 met à la charge du légataire universel de l'usufruit la seule rente viagère née de la volonté testamentaire du défunt. • Civ. 1re, 4 juill. 2006, n° 05-17.227 P : *D. 2006. IR 2278 ; Defrénois 2006. 1776, obs. Massip ; RJPF 2006-10/50, obs. Casey ; LPA 19 mars 2008, obs. Pétroni-Maudière.* ♦ Il n'est pas applicable au cas d'une rente viagère à laquelle le défunt avait été condamné, cas qui relève de l'art. 612. • Civ. 1re, 8 juin 2004, n° 00-15.279 P : *D. 2004. IR 2550, et les obs. ; JCP 2004. II. 10174, note Sauvage (1re esp.) ; ibid. 2005. I. 187, n° 1, obs. Le Guidec ; Defrénois 2004. 1680, obs. Massip ; AJ fam. 2004. 283, obs. S. David ; Dr. fam. 2004, n° 147, note Larribau-Terneyre ; RTD civ. 2004. 720, obs. Hauser* (prestation compensatoire) • 28 mars 2006, n° 04-10.406 P : *LPA 19 mars 2008, obs. Pétroni-Maudière (idem).* ♦ V. déjà • Lyon, 16 sept. 1999 : *JCP N 2000. 653, note Berthet,* pourvoi rejeté par • Civ. 1re, 8 juin 2004 : *JCP eod. loc. (2e esp.) ; Defrénois eod. loc.*

Art. 611 **L'usufruitier à titre particulier n'est pas tenu des dettes auxquelles le fonds est hypothéqué : s'il est forcé de les payer, il a son recours contre le propriétaire, sauf ce qui est dit à l'article 1020, au titre *Des donations entre vifs et des testaments.***

Art. 612 **L'usufruitier, ou universel, ou à titre universel, doit contribuer avec le propriétaire au payement des dettes, ainsi qu'il suit :**

On estime la valeur du fonds sujet à usufruit ; on fixe ensuite la contribution aux dettes à raison de cette valeur.

Si l'usufruitier veut avancer la somme pour laquelle le fonds doit contribuer, le capital lui en est restitué à la fin de l'usufruit, sans aucun intérêt.

Si l'usufruitier ne veut pas faire cette avance, le propriétaire a le choix, ou de payer cette somme, et, dans ce cas, l'usufruitier lui tient compte des intérêts pendant la durée de l'usufruit, ou de faire vendre jusqu'à due concurrence une portion des biens soumis à l'usufruit.

1. Contribution aux dettes de l'usufruitier universel ou à titre universel : caractère supplétif de la règle. Il est loisible au testateur de déroger, en exprimant une volonté contraire, aux dispositions de l'art. 612. • Civ. 24 oct. 1905 : *DP 1906. 1. 153.*

2. ... Étendue de la contribution. Il résulte des art. 612 et 767 (réd. antérieure à la L. du 3 déc. 2001) que le conjoint survivant, usufruitier légal du quart des biens de la succession en présence d'un enfant, est tenu, à proportion de sa vocation, des seuls intérêts de la dette successorale, qui sont la charge des fruits, à l'exclusion du capital. • Civ. 1re, 9 déc. 2003, n° 99-17.576 P : *D. 2004. Somm. 2336, obs. Brémond ; JCP 2004. I. 155, n° 3, obs. Le Guidec ; Defrénois 2004. 1218, note Fiorina ; Dr. fam. 2004, n° 53, note Nicod ; RJPF 2004-5/37, note Casey.*

3. Cas particulier des dettes de nature successorale. De la combinaison des art. 724, 608 et 612 C. civ., il résulte que si l'usufruitier universel ou à titre universel est tenu de contribuer aux dettes dans les proportions et de la manière indiquées par ces textes, et si le créancier a le droit de le poursuivre directement dans ces limites, ce créancier n'en conserve pas moins celui de poursuivre directement l'héritier ou le légataire universel, comme il aurait pu poursuivre le défunt dont ils sont les continuateurs, sauf tel recours que de droit de leur part. • Civ. 1re, 16 mai 1960 : *D. 1960. 681 (2e esp.), note Holleaux ; JCP 1961. II. 12148, note Ponsard* • 8 avr. 1970 : *Bull. civ. I, n° 108* • 11 févr. 1981 : *JCP 1981. II. 19693, note Rémy ; RTD civ. 1981. 884, obs. Patarin* • Civ. 2e, 18 janv. 2005, n° 02-30.577 P : *D. 2005. Pan. 2119, obs. Brémond ; AJ fam. 2005. 200, obs. F. B. ; RJPF 2005-5/43, note Casey ; Dr. fam. 2005, n° 257, note Devers.* – Déjà en ce sens : • Civ. 23 avr. 1888 : *DP 1889. 1. 233.* ♦ Sur la possibilité de poursuivre l'usufruitier universel en paiement des dettes qui sont la charge des fruits et revenus, V. • Civ. 1re, 16 févr. 1999 : *V. note 2 ss. art. 608.* ♦ Mais le successeur en usufruit n'est pas tenu personnellement de payer une dette en capital dépendant de la succession. • Civ. 1re, 16 juin 1993, n° 90-11.063 P : *RTD civ. 1994. 391, obs. Patarin.* ♦ En conséquence, le nu-propriétaire héritier ou légataire universel peut être poursuivi pour toute la dette mais non l'usufruitier, qui ne peut être poursuivi que pour les intérêts de celle-ci. • Civ. 1re, 11 févr. 1981 : *préc.* ♦ Comp. • Bordeaux, 6 janv. 1986 : *D. 1986. 599, note Duclos.* ♦ V. aussi note ss. art. 610.

4. Vente des biens soumis à usufruit par le nu-propriétaire. Les dispositions de l'art. 815-5, al. 2, ne font pas obstacle au droit du nu-propriétaire de faire vendre des biens soumis à usufruit dans les conditions prévues à l'art. 612, al. 4. • Civ. 1re, 6 mars 2001, n° 99-11.982 P : *JCP 2001. I. 358, n° 13, obs. Périnet-Marquet ; RTD civ. 2001. 937, obs. Patarin.*

Art. 613 L'usufruitier n'est tenu que des frais des procès qui concernent la jouissance, et des autres condamnations auxquelles ces procès pourraient donner lieu.

Art. 614 Si, pendant la durée de l'usufruit, un tiers commet quelque usurpation sur le fonds, ou attente autrement aux droits du propriétaire, l'usufruitier est tenu de le dénoncer à celui-ci : faute de ce, il est responsable de tout le dommage qui peut en résulter pour le propriétaire, comme il le serait de dégradations commises par lui-même.

Art. 615 Si l'usufruit n'est établi que sur un animal qui vient à périr sans la faute de l'usufruitier, celui-ci n'est pas tenu d'en rendre un autre, ni d'en payer l'estimation.

Art. 616 *(L. n° 60-464 du 17 mai 1960)* Si le troupeau sur lequel un usufruit a été établi périt entièrement par accident ou par maladie et sans la faute de l'usufruitier, celui-ci n'est tenu envers le propriétaire que de lui rendre compte des cuirs, ou de leur valeur estimée à la date de la restitution.

Si le troupeau ne périt pas entièrement, l'usufruitier est tenu de remplacer, jusqu'à concurrence du croît, les têtes des animaux qui ont péri.

SECTION 3 Comment l'usufruit prend fin

RÉP. CIV. v° *Fruits*, par S. Piedelièvre.

Art. 617 L'usufruit s'éteint :

Par la mort *(Abrogé par L. n° 2009-526 du 12 mai 2009, art. 10)* « ***naturelle et par la mort civile*** » de l'usufruitier ;

Par l'expiration du temps pour lequel il a été accordé ;

Par la consolidation ou la réunion sur la même tête, des deux qualités d'usufruitier et de propriétaire ;

Par le non-usage du droit pendant trente ans ;

Par la perte totale de la chose sur laquelle l'usufruit est établi.

BIBL. ▶ Delmas Saint-Hilaire, *Defrénois 19 avr. 2018, p. 13* (réversion d'usufruit). – Losfeld, *RTD civ. 2007. 1* (consolidation). – Mortier, *JCP N 2013, n° 1214* (usufruit dont est titulaire une société).

1° MORT DE L'USUFRUITIER

1. Principe d'extinction de l'usufruit. Sauf stipulation d'une réserve d'usufruit, la promesse de vente de la nue-propriété d'un bien grevé d'usufruit a nécessairement pour objet, en cas d'extinction de l'usufruit, la pleine propriété de ce bien. • Civ. 3e, 28 janv. 2009, n° 08-12.649 P : *D. 2009. Pan. 2300, obs. Mallet-Bricout ; LPA 30 sept. 2009, obs. Burdin ; Dr. et patr. 6/2009. 80, obs. Seube et Revet ; JCP N 2009. 1250, note Deville ; RTD civ. 2009. 342, obs. Revet.* ♦ Le décès de l'usufruitier entraîne l'extinction de l'usufruit ainsi que du droit d'agir en contestation du bail rural consenti sans son consentement par le nu-propriétaire. • Civ. 3e, 6 juill.

2017, n° 15-22.482 P : *D. 2017. 1528* ; *AJ fam. 2017. 556, obs. Casey* ; *RTD civ. 2017. 903, obs. Dross* ; *RDC 2017. 674, note Danos.*

2. Application en cas de donation de l'usufruit. Il résulte de la combinaison des art. 595, al 1er, et 617, qu'en cas de donation d'un usufruit déjà constitué à titre viager, l'usufruit s'éteint à la mort du donateur et non du donataire. • Civ. 1re, 5 janv. 2023, n° 21-13.966 B : *D. 2023. 73* ; *AJ fam. 2023. 118, obs. Levillain* ; *JCP N 2023, n° 1052, note Farge.*

3. Cas particulier : usufruit des époux sur des biens dépendant de leur communauté. En présence d'une donation-partage conjonctive ayant porté sur des parts sociales communes, jugé que l'acte par lequel des époux distribuent et partagent leurs biens communs entre leurs héritiers présomptifs n'a pas eu pour effet, s'ils s'en réservent l'usufruit, de le diviser entre eux, cet usufruit leur demeurant commun ; en conséquence, au décès du prémourant des époux, cet usufruit subsiste et continue de grever l'intégralité des biens objets de la donation. • Civ. 1re, 11 mai 2016, n° 14-16.967 P : *D. 2016. 1078* ; *AJ fam. 2016. 350, obs. Levillain* ; *RTD civ. 2016. 673, obs. Grimaldi* ; *JCP N 2016, n° 1251, note Randoux.*

2° CAUSES D'EXTINCTION DE L'USUFRUIT : ARRIVÉE DU TERME

4. Droit nécessairement temporaire. Il résulte de l'art. 617 que le nu-propriétaire d'un bien a vocation à la pleine propriété de ce bien, de telle sorte qu'il peut en léguer l'usufruit à un tiers, bien que n'étant pas encore titulaire de ce droit, la jouissance du second usufruitier ne commençant qu'à la date où le premier aura pris fin. • Com. 30 mai 1995, n° 93-16.978 P.

5. Impossibilité de qualifier usufruit un droit perpétuel d'affichage : V. note 1 ss. art. 578.

3° ... PERTE DE LA CHOSE

6. Perte par cas fortuit : charge de la preuve. L'usufruitier d'un immeuble, qui a la charge de le conserver et de le rendre, est comptable de la perte éprouvée par le nu-propriétaire si l'immeuble, objet de l'usufruit, a péri dans un incendie, sauf à lui, comme tout débiteur de corps certain, de justifier que la chose a péri par cas fortuit. • Civ. 3e, 26 juin 1991, n° 89-18.242 P : *R., p. 311* ; *RTD civ. 1993. 168, obs. Zenati* .

7. Disparition d'un fonds de commerce indépendamment de la volonté de l'usufruitier. Il n'y a pas lieu de faire grief à l'usufruitier d'un fonds de commerce d'avoir cessé son activité et d'avoir radié l'inscription du fonds du registre du commerce si, eu égard aux circonstances dans lesquelles a évolué le fonds de commerce, cette mesure s'imposait et était indépendante de la volonté de l'usufruitier. • Com. 28 janv. 1980 : *JCP 1980. II. 19416, note Atias.* ♦ V. aussi notes ss. art. 618.

4° ... CONSOLIDATION

8. Acquisition simultanée de l'usufruit et de la nue-propriété. Les effets d'une acquisition simultanée de l'usufruit et de la propriété d'un fonds rural loué à un tiers ne peuvent être artificiellement dissociés dans le temps, de sorte que la venderesse de l'usufruit ne peut se prévaloir de la qualité de nu-propriétaire de l'acquéreur pour échapper au droit de préemption du preneur. • Civ. 3e, 16 janv. 1991 : *JCP N 1991. II. 210, note Gilardeau.*

9. Limites de l'effet extinctif de la consolidation. L'extinction de l'usufruit par consolidation suppose la réunion sur une même tête des deux qualités d'usufruitier et de propriétaire ; à cet égard, le cessionnaire de l'usufruit ne saurait être assimilé à l'usufruitier ; en cas de cession de la nue-propriété et de l'usufruit à une même personne par deux actes distincts, le cessionnaire reste donc tenu d'une obligation de garantie née du chef de l'usufruitier envers un preneur. • Civ. 3e, 26 janv. 1972 : *D. 1975. 22, note Penneau* ; *JCP 1972. II. 17104, note G. G.*

10. Vente simultanée de l'usufruit et de la nue-propriété. Sur la répartition du prix de vente entre usufruitier et nu-propriétaire dans cette hypothèse, V. note 1 ss. anc. art. 621.

Art. 618 L'usufruit peut aussi cesser par l'abus que l'usufruitier fait de sa jouissance, soit en commettant des dégradations sur le fonds, soit en le laissant dépérir faute d'entretien.

Les créanciers de l'usufruitier peuvent intervenir dans les contestations, pour la conservation de leurs droits ; ils peuvent offrir la réparation des dégradations commises, et des garanties pour l'avenir.

Les juges peuvent, suivant la gravité des circonstances, ou prononcer l'extinction *absolue de l'usufruit, ou n'o*rdonner la rentrée du propriétaire dans la jouissance de l'objet qui en est grevé, que sous la charge de payer annuellement à l'usufruitier, ou à ses ayants cause, une somme déterminée, jusqu'à l'instant où l'usufruit aurait dû cesser.

A. NOTION D'ABUS DE JOUISSANCE

1° DÉGRADATIONS SUR LE FONDS OU FAUTE PAR COMMISSION

1. Conclusion d'un bail commercial sur des lieux destinés à un autre usage. La conclusion par l'usufruitier d'un bail commercial sur des lieux destinés à un autre usage constitue en elle-même une altération de la substance de la chose soumise à usufruit, et peut caractériser un abus de jouissance de nature à entraîner la déchéance de l'usufruit. • Civ. 3e, 4 juin 1975, n° 74-10.777 P. – Déjà en ce sens : • Soc. 10 févr. 1955 : *D. 1955. 379* • Civ. 3e, 5 déc. 1968 : *D. 1969. 274.*

2. Vente des animaux composant un cheptel. L'usufruitier d'un cheptel doit maintenir et restituer à la fin de l'usufruit la consistance de ce troupeau, le remplacement des bêtes s'effectuant au moyen du croît. En mettant en vente les animaux donnés en usufruit sans le consentement des nus-propriétaires, l'usufruitier a abusé de son droit de jouissance. • TGI Vannes, 7 juill. 1976 : *JCP 1977. II. 18638, note Pillebout.*

2° DÉFAUT D'ENTRETIEN OU FAUTE PAR OMISSION

3. Défaut d'entretien entraînant une détérioration du gros œuvre. Un défaut d'entretien prolongé ayant entraîné la détérioration du gros œuvre de l'immeuble justifie la déchéance de l'usufruit, même si le nu-propriétaire n'a pas non plus exécuté les travaux confortatifs qui lui incombaient. • Civ. 3e, 12 mars 1970 : *Bull. civ. III, n° 205.* ♦ Mais les actes de démolition, effectués par l'usufruitier d'un immeuble vétuste et dictés par la nécessité de lutter contre une isolation thermique inexistante et l'écroulement de partie d'un bâtiment, ne constituent pas un abus de jouissance pouvant entraîner la déchéance du droit d'usufruit. • Pau, 28 févr. 1979 : *D. 1980. IR 84.*

4. Maintien dans les lieux d'un occupant sans titre. Un usufruitier commet un abus de jouissance en s'obstinant à maintenir dans les lieux les occupants d'un domaine rural dont le bail, conclu par l'usufruitier seul, a été annulé à la requête des nus-propriétaires. • Civ. 3e, 4 juill. 1978 : *Bull. civ. III, n° 276.*

5. Défaut d'exploitation d'un fonds de commerce. Cas d'une cessation d'exploitation d'un fonds de commerce par l'usufruitier : V. note 7 ss. art. 617.

B. SANCTION DE L'ABUS DE JOUISSANCE

6. Pouvoir d'appréciation des juges du fond. Les juges du fond disposent d'un pouvoir d'appréciation pour l'application de la sanction de l'art. 618. • Civ. 3e, 12 mars 1970 : *D. 1970. 692.*

7. Réparation du dommage causé à la chose. Le nu-propriétaire, qui a le droit de demander la cessation de l'usufruit contre l'usufruitier qui abuse de sa jouissance, peut également, lorsque l'usufruitier méconnaît ses obligations, le contraindre à réparer le dommage causé à la chose. Cette action est ouverte du jour où le fait a été commis et le préjudice éprouvé. • Civ. 1re, 10 juill. 1963, n° 60-13.493 P.

Art. 619 **L'usufruit qui n'est pas accordé à des particuliers, ne dure que trente ans.**

BIBL. ▸ **Usufruit réservé par une personne morale :** HOVASSE, *JCP N 2009. 1059* (usufruit et dissolution de la société). – POITRINAL, *Dr. et patr. 10/1996. 46.*

1. Caractère nécessairement temporaire de l'usufruit. Un des caractères essentiels de l'usufruit est d'être temporaire. L'art. 619 ne saurait recevoir application à des droits de pâturage et d'usage en bois concédés à perpétuité aux habitants d'une commune par un titre de l'an 1467. • Civ. 10 mai 1950 : *D. 1950. 482.* ♦ Sur le caractère temporaire de l'usufruit utilisé comme critère de qualification, V. également note 1 ss. *art. 578.*

2. Cas de l'usufruit accordé à une personne morale. L'usufruit accordé à une personne morale ne peut excéder trente ans ; des conventions successives ne peuvent avoir pour effet de déroger à la règle instituée par l'art. 619. • Civ. 3e, 7 mars 2007, n° 06-12.568 P : *D. 2007. 2084, note Julienne ; ibid. Pan. 2497, obs. Reboul-Maupin ; JCP 2007. I. 179, n° 1, obs. Caussain, Deboissy et Wicker ; ibid. 197, n° 11, obs. Périnet-Marquet ; JCP N 2007. 1219, note Hovasse ; Dr. et patr. 2/2008. 96, obs. Seube et Revet.* ♦ Comp. : jugé qu'une association peut donner la nue-propriété d'un bien en s'en réservant l'usufruit pour sa propre durée, la durée de trente ans étant une durée calculée de façon moyenne, à appliquer simplement lorsque le contrat n'en a pas prévu. • Caen, 24 janv. 1995 : *Defrénois 1996. 392, obs. Atias.*

Art. 620 **L'usufruit accordé jusqu'à ce qu'un tiers ait atteint un âge fixe dure jusqu'à cette époque, encore que le tiers soit mort avant l'âge fixé.**

1. Caractère viager de l'usufruit. Tout usufruit, fût-il constitué pour une durée fixe, s'éteint de plein droit par la mort de l'usufruitier. • Cass., Ch. réun., 16 juin 1933 : *DH 1933. 393.*

2. Cas de l'usufruit accordé à une personne morale. L'usufruit accordé à une personne morale ne peut excéder trente ans. • Civ. 3e, 7 mars 2007 : *V. note 2 ss. art. 619.*

Art. 621 *(L. nº 2006-728 du 23 juin 2006, art. 29-14º)* En cas de vente simultanée de l'usufruit et de la nue-propriété d'un bien, le prix se répartit entre l'usufruit et la nue-propriété selon la valeur respective de chacun de ces droits, sauf accord des parties pour reporter l'usufruit sur le prix.

La vente du bien grevé d'usufruit, sans l'accord de l'usufruitier, ne modifie pas le droit de ce dernier, qui continue à jouir de son usufruit sur le bien s'il n'y a pas expressément renoncé. – *Entrée en vigueur le 1er janv. 2007.*

BIBL. ▶ IWANESKO, *Dr. et patr. 9/2006. 20* (nouvel art. 621).

1. Vente simultanée de l'usufruit et de la nue-propriété : répartition du prix de vente. *(Décisions rendues sous l'empire du droit antérieur à la L. du 23 juin 2006).* Si la chose vendue simultanément et pour un même prix appartient pour l'usufruit à l'un des vendeurs, pour la nue-propriété à l'autre, chacun d'eux a droit à une portion du prix total correspondant à la valeur comparative de l'usufruit avec la nue-propriété. • Civ. 1re, 20 oct. 1987, nº 86-13.197 P : *GAJC, 12e éd., nº 76 ; D. 1988. 85, note Morin ; JCP N 1988. II. 165, note Rémy ; RTD civ. 1989. 580, obs. Zenati* • 7 juin 1988, nº 86-14.809 P : *R., p. 161 ; Defrénois 1988. 1381, note Morin.* ♦ Par suite, l'usufruitier ayant un droit propre à la portion du prix correspondant à la valeur de son usufruit, un créancier de l'usufruitier peut pratiquer, dans cette limite, une saisie-arrêt sur le prix de vente du bien. • Civ. 2e, 18 oct. 1989 : *JCP 1990. II. 21502, note Pillebout ; RTD civ. 1990. 115, obs. Zenati* . ♦ ... Et les intérêts dus sur le prix de vente doivent être partagés dans les mêmes proportions sans que l'usufruitier puisse prétendre à la totalité de ceux-ci. • Civ. 3e, 3 juill. 1991, nº 89-21.541 P. ♦ V. aussi, Brault, *Defrénois 1995. 449* (aliénation de la propriété démembrée). ♦ Sur le mode de calcul de la valeur de l'usufruit, V. • Civ. 1re, 25 févr. 1997, nº 94-20.785 P. – Micha-Goudet, *JCP N 1997. I. 1317.*

2. ... Conséquences. Par suite de la vente simultanée de l'usufruit et de la nue-propriété d'un immeuble successoral indivis en nue-propriété, le conjoint survivant dont les droits dans la succession s'élèvent au quart en propriété et aux trois quarts en usufruit, obtient sur le prix de vente total, un droit propre à la portion du prix correspondant à la valeur de son usufruit, de sorte qu'un créancier personnel du conjoint survivant, peut valablement pratiquer une saisie-attribution sur la portion du prix correspondant à la valeur de l'usufruit. • Civ. 1re, 15 mai 2019, nº 18-12.779 P : *cité note 16 ss. art. 815-17.*

3. Impossibilité de procéder à la vente du bien grevé d'usufruit sans l'accord de l'usufruitier : application en cas de vente forcée. Le juge ne peut, à la demande du créancier personnel d'un indivisaire, ordonner la vente de la pleine propriété d'un bien grevé d'usufruit contre la volonté de l'usufruitier ; cassation de l'arrêt qui, pour ordonner la licitation de biens et droits immobiliers indivis entre plusieurs nus-propriétaires, et dont l'usufruit est détenu par une autre personne, retient que le démembrement de propriété n'interdit pas l'exercice de l'action oblique, qui n'est exercée que sur les droits des coïndivisaires en nue-propriété et que l'usufruitière verra son droit reporté sur le prix de vente, alors qu'en énonçant que le droit de l'usufruitière serait reporté sur le prix de vente, la cour d'appel a nécessairement ordonné la licitation de la pleine propriété des biens litigieux malgré l'opposition de l'usufruitière. • Civ. 1re, 13 juin 2019, nº 18-17.347 P : *AJ fam. 2019. 472, obs. Casey* .

4. ... Sanction. Cassation de l'arrêt qui prononce la nullité de la vente de la chose sujette à usufruit alors qu'il peut seulement constater l'inopposabilité de cette vente à l'usufruitier. • Civ. 3e, 28 mars 1990, nº 88-16.418 P : *D. 1991. Somm. 163, obs. Paisant ; RTD civ. 1991. 564, obs. Zenati ; RDI 1990. 469, obs. Bergel (décision rendue sous l'empire du droit antérieur à la L. du 23 juin 2006).*

5. Renonciation à l'usufruit. La renonciation à un usufruit n'est soumise à aucune forme particulière ; il suffit qu'elle soit certaine et non équivoque. • Civ. 3e, 7 févr. 1979 : *D. 1979. IR 396* • Com. 1er juill. 2008, nº 07-17.786 P : *D. 2008. AJ 2079 ; Defrénois 2008. 2284, note Sauvage ; RJPF 2008-10/40, note Valory ; RLDC 2008/53, nº 3162, obs. Jeanne.*

Art. 622 Les créanciers de l'usufruitier peuvent faire annuler la renonciation qu'il aurait faite à leur préjudice.

Art. 623 Si une partie seulement de la chose soumise à l'usufruit est détruite, l'usufruit se conserve sur ce qui reste.

Art. 624 Si l'usufruit n'est établi que sur un bâtiment, et que ce bâtiment soit détruit par un incendie ou autre accident, ou qu'il s'écroule de vétusté, l'usufruitier n'aura le droit de jouir ni du sol ni des matériaux.

Si l'usufruit était établi sur un domaine dont le bâtiment faisait partie, l'usufruitier jouirait du sol et des matériaux.

CHAPITRE II DE L'USAGE ET DE L'HABITATION

RÉP. CIV. v° *Usage-Habitation*, par S. PIEDELIÈVRE.

BIBL. GÉN. ▶ BONFILS, *Gaz. Pal. 2002. Doctr. 1612*. – PILLEBOUT, *JCP N 1976. I. 2826 ; JCP 1981. I. 3049*. – PONTON-GRILLET, *D. 1992. Chron. 235* ; *Dr. fam. 2001. Chron. 20*. – CHAPPERT, *Defrénois 1999. 330* (droit d'usage et d'habitation et pacte tontinier). – R. MARTIN, *D. 2009. Chron. 687* (dualité du droit d'habitation).

Art. 625 **Les droits d'usage et d'habitation s'établissent et se perdent de la même manière que l'usufruit.**

1° ÉTABLISSEMENT DES DROITS D'USAGE ET D'HABITATION

1. *Assujettissement à la publicité foncière.* Une convention établissant un droit d'usage et d'habitation confère au bénéficiaire un droit réel immobilier qui, s'il n'a été ni publié ni mentionné dans l'acte de vente de l'immeuble, est inopposable aux acquéreurs. • Civ. 3e, 23 juin 1981 : *JCP 1983. II. 19928, note Pillebout.* ♦ V. aussi • Civ. 3e, 16 mai 2001 : *AJDI 2002. 26, obs. Beaugendre* (publication de la cession d'un « droit de jeu » – analysé comme un droit d'usage – consentie par la société exploitant un terrain de golf aux pratiquants de ce sport).

2. *Requalification d'un bail en droit d'usage et d'habitation.* La cession, moyennant le versement immédiat d'une somme fixe globale, d'un droit de jouissance viager portant sur un pavillon ne constitue pas un bail mais un droit d'usage et d'habitation d'une durée indéterminée, qui n'ouvre pas droit à l'allocation logement instituée notamment au profit des personnes âgées par la L. du 16 juill. 1971. • Soc. 25 mai 1976 : *Bull. civ. V, n° 322.* ♦ V. cependant, pour la qualification de bail, dans un cas de versements annuels : • Soc. 6 janv. 1961, n° 60-20.061 P. ♦ Sur les conséquences de la requalification d'un bail en droit d'usage et d'habitation, V. également • Civ. 3e, 18 mai 1994 : *JCP N 1994. II. 359, note Pillebout ; D. 1996. Somm. 363 ; RTD civ. 1995. 921, obs. Zenati* .

3. *Réserve du droit d'usage et d'habitation au profit du vendeur.* La réserve au profit du vendeur d'un droit d'usage et d'habitation, en privant l'acquéreur de la jouissance immédiate des biens et en lui imposant des obligations d'une durée et d'un coût indéterminés, donne à la vente un caractère aléatoire rendant impossible l'action en rescision pour lésion. • Civ. 1re, 19 juill. 1983, n° 82-13.162 P. ♦ Mais les juges du fond peuvent apprécier souverainement que la réserve du droit d'usage et d'habitation est de trop minime importance pour conférer à la vente un caractère aléatoire. • Civ. 3e, 25 janv. 1978, n° 76-15.199 P. ♦ Pour l'application du droit de préemption du locataire en cas de vente d'un appartement avec prix partiellement converti en concession d'un droit d'usage et d'habitation sur un autre appartement, V. • TGI Paris, 31 oct. 1985 : *JCP 1986. II. 20637, note Dagot.*

2° EXTINCTION DES DROITS D'USAGE ET D'HABITATION

4. *Extinction au décès de son titulaire : caractère viager.* Le droit d'usage et d'habitation s'éteint au décès de son titulaire. • Civ. 1re, 24 févr. 1987, n° 85-13.682 P : *R., p. 170 ; JCP N 1987. II. 165, note Pillebout.* ♦ Par suite, le légataire universel de l'usager ne peut s'en prévaloir pour exercer sur l'immeuble un droit de rétention à l'encontre du propriétaire débiteur de la succession. • Même arrêt. ♦ Le légataire universel du titulaire d'un droit d'usage et d'habitation ne saurait trouver dans la succession ce droit, qui n'est pas transmissible héréditairement. • Civ. 1re, 29 janv. 1974 : *D. 1974. 730.*

5. *Extinction pour abus de jouissance.* Les juges du fond, qui constatent que le bénéficiaire d'un droit de jouissance et d'habitation n'a pas entretenu normalement l'immeuble et qu'il en est résulté de graves dégradations pour l'immeuble, usent de leur pouvoir souverain d'apprécier les conséquences des abus de jouissance commis en prononçant l'extinction de ce droit. • Civ. 3e, 12 juill. 1983, n° 82-13.682 P. ♦ La sanction peut être limitée, en fonction des circonstances, à la conversion du droit d'usage et d'habitation en une rente annuelle jusqu'au décès du titulaire, par application combinée des art. 618, al. 3, et 625. • Bordeaux, 2 déc. 1996 : *BICC 1er juin 1997, n° 722 ; D. 1998. Somm. 59, obs. A. Robert* . ♦ Mais c'est l'abus de jouissance et non l'abandon des lieux par le titulaire du droit d'habitation qui peut entraîner l'extinction de son droit ; aussi les juges du fond ayant constaté que la dégradation des relations entre les parties s'opposait à l'exécution en nature du droit d'habitation, ont pu ordonner son exécution par équivalent en convertissant ce droit en une rente viagère. • Civ. 1re, 10 juin 1981 : *Bull. civ. I, n° 201.* ♦ Dans le même sens, le départ étant lié à l'état de santé de la bénéficiaire et l'état de saleté du logement n'étant pas significatif d'une inexécution suffisamment grave pour établir le dépérissement de l'immeuble. • Civ. 3e, 2 févr. 2011, n° 09-17.108 P : *D. 2011.1950, note Viaud ; AJDI 2011. 722, obs. Damas ; JCP N 2011, n° 1201, note Donner ; Defrénois 2011. 801, note Dagorne-Labbe.*

Art. 626 **On ne peut en jouir, comme dans le cas de l'usufruit, sans donner préalablement caution, et sans faire des états et inventaires.**

Art. 627 **L'usager, et celui qui a un droit d'habitation, doivent jouir** *(L. n° 2014-873 du 4 août 2014, art. 26)* **« raisonnablement ».**

1. Caractère personnel ou familial du droit d'usage : principe. Le titulaire d'un droit d'usage et d'habitation qui a logé dans la maison une personne étrangère à la famille commet une faute en ne respectant pas l'obligation d'utilisation personnelle ou familiale qui lui incombait. • Civ. 3e, 6 janv. 1981 : *Bull. civ. III, n° 1.* ♦ Sur la déchéance pour abus de jouissance de la part de l'usager, V. aussi note 5 ss. art. 625 et note 2 ss. art. 631. ♦ Sur l'interdiction de céder ou de louer, V. notes ss. art. 631. ♦ Sur le caractère personnel ou familial du droit d'habitation, V. aussi notes ss. art. 632.

2. ... Requalification d'un droit d'usage en usufruit. Constitue un usufruit et non un droit d'usage et d'habitation un droit de jouissance avec condition d'habitation personnelle, si rien dans l'acte constitutif ne s'oppose à ce que le titulaire loge des tiers dans la maison pourvu qu'il continue à y habiter lui-même. • TGI Avesnes-sur-Helpe, 26 févr. 1964 : *JCP 1964. II. 13904, note Désiry.*

3. ... Licéité de la clause d'inaliénabilité confortant le caractère personnel du droit d'usage. Les donateurs d'un immeuble ont intérêt à avoir comme débiteur du droit d'usage et d'habitation qu'ils se sont réservé leur fils donataire plutôt qu'un tiers, de sorte qu'il est licite de compléter cette réserve par une clause d'inaliénabilité. • Civ. 1re, 10 juill. 1990 : *JCP N 1991. II. 197, note Salvage.*

Art. 628 **Les droits d'usage et d'habitation se règlent par le titre qui les a établis, et reçoivent, d'après ses dispositions, plus ou moins d'étendue.**

Sur la suspension ou la modification, à la demande d'une association foncière agricole, des droits d'usage ou des servitudes de droit privé incompatibles avec la réalisation de l'objet de cette association, V. C. rur., art. L. 136-11. — ***C. rur.***

1. Étendue du droit d'usage et d'habitation réglée par le titre constitutif : principes d'interprétation. Une convention selon laquelle le propriétaire de l'immeuble devait mettre à la disposition du titulaire d'un droit d'habitation toutes commodités pour une vie normale d'habitation s'interprète en faveur de celui qui a contracté l'obligation et ne met donc pas à sa charge le paiement des frais de fonctionnement des installations. • Civ. 1re, 23 mai 1977, n° 76-10.751 P. ♦ Sur les conséquences d'une requalification d'un bail en concession d'un droit d'usage et d'habitation, V. note 2 ss. art. 625.

2. Nature juridique de l'obligation d'effectuer les réparations d'entretien. L'obligation souscrite par l'acquéreur d'un bien immobilier d'effectuer les réparations d'entretien qui deviendraient nécessaires à l'immeuble dont le vendeur s'est réservé un droit d'usage et d'habitation est une charge réelle dont l'exécution peut être imposée à tous les propriétaires successifs de l'immeuble. • Civ. 3e, 14 oct. 1981 : *JCP N 1982. II. 113, note Pillebout.*

Art. 629 **Si le titre ne s'explique pas sur l'étendue de ces droits ils sont réglés ainsi qu'il suit.**

Art. 630 **Celui qui a l'usage des fruits d'un fonds, ne peut en exiger qu'autant qu'il lui en faut pour ses besoins et ceux de sa famille.**

Il peut en exiger pour les besoins même des enfants qui lui sont survenus depuis la concession de l'usage.

Art. 631 **L'usager ne peut céder ni louer son droit à un autre.**

1. Interdiction de céder ou de louer. En donnant en location à des tiers une partie de l'appartement, le titulaire d'un droit d'usage et d'habitation commet une faute dont les juges du fond apprécient souverainement les conséquences (en l'espèce : extinction du droit). • Civ. 3e, 16 juill. 1974, n° 73-12.181 P • Civ. 3e, 9 nov. 2011 : *D. 2011. 2866 ; AJ fam. 2012. 56, obs. Vernières ; Defrénois 2012. 72, note Tadros* (nullité du bail rural susceptible d'être invoquée par l'héritier de l'usager, nonobstant l'art. 1122). ♦ Sur le régime dérogatoire des droits d'usage et d'habitation viagers dont bénéficie le conjoint successible, V. art. 764, al. 5.

2. Validité de la clause de substitution stipulée dans le titre constitutif. Si les art. 631 et 634 interdisent au titulaire de se substituer, par voie de cession ou de location, à une tierce personne pour l'exercice d'un droit qui a pour étendue la satisfaction de ses besoins individuels ou familiaux, ces dispositions sont de droit étroit et n'interdisent pas une substitution prévue dans l'acte constitutif et rendue nécessaire pour la satisfaction des besoins mêmes que le droit d'usage et d'habitation devait assurer. • Civ. 3e, 5 mars 1971, n° 70-11.423 P.

3. Insaisissabilité du droit d'usage. Le droit d'usage est insaisissable. • Paris, 21 mars 1928 : *Gaz. Pal. 1928. 1. 711.*

Art. 632 **Celui qui a un droit d'habitation dans une maison, peut y demeurer avec sa famille, quand même il n'aurait pas été marié à l'époque où ce droit lui a été donné.**

1. Caractère familial du droit d'habitation. La clause de l'acte de vente indiquant que le droit d'usage et d'habitation est conféré personnellement au vendeur n'emporte pas dérogation à l'art. 632. • Civ. 3e, 7 déc. 2005, n° 04-15.218 P : *D. 2006. IR 102 ; JCP 2006. I. 127, n° 11, obs. Périnet-Marquet ; JCP N 2006. 1278, n° 15, obs. S. Piedelièvre.* ♦ Sur le caractère personnel ou familial du droit d'usage, V. aussi notes ss. art. 627.

2. Membres de la famille pouvant bénéficier du droit d'habitation : concubin (non). Jugé qu'il est impossible d'assimiler sans abus un concubin à un membre de la famille. • Besançon, 30 oct. 1956 : *Gaz. Pal. 1956. 2. 425.* ♦ Comp. note 12 ss. art. 1728.

3. ... Sœur du titulaire du droit (non). Le droit d'habitation étant un droit attaché à la personne du bénéficiaire et à sa famille entendue strictement, une cour d'appel juge à bon droit que le titulaire du droit a commis un manquement à son obligation d'utilisation personnelle ou familiale en autorisant sa sœur à s'installer dans les lieux. • Civ. 3e, 14 nov. 2007, n° 06-16.968 P : *D. 2007. AJ 3067 ; AJDI 2008. 419, obs. Zalewski ; Dr. et pr. 2008. 77, note Schütz ; Dr. et patr. 7-8/2008. 92, obs. Seube et Revet ; RTD civ. 2008. 89, obs. Hauser .*

Art. 633 **Le droit d'habitation se restreint à ce qui est nécessaire pour l'habitation de celui à qui ce droit est concédé, et de sa famille.**

1. Étendue du droit d'habitation : caractère supplétif de la règle. L'art. 633 ne s'applique pas si le titre s'est clairement prononcé sur l'étendue du droit concédé et le propriétaire ne peut se prévaloir de ce texte pour troubler de quelque façon que ce soit le bénéficiaire dans la jouissance des lieux sur lesquels porte le droit d'usage et d'habitation. • TGI Nevers, 5 mars 1991 : *JCP N 1991. II. 279, note Pillebout.*

2. ... Caractère personnel et familial de l'occupation. A défaut de stipulation particulière, les termes de l'art. 633 font obstacle à ce que le local concerné soit occupé, même à titre gratuit, par un tiers étranger à la famille du bénéficiaire. • Civ. 3e, 9 nov. 1988 : *JCP N 1989. II. 137, note Pillebout ; D. 1990. Somm. 90, obs. A. Robert ; Defrénois 1990. 178, note Vion ; RDI 1989. 339, obs. Bergel ; RTD civ. 1990. 308, obs. Zenati .* ♦ Sur le caractère personnel et familial du droit d'habitation, V. aussi notes ss. art. 632.

3. ... Interprétation stricte de l'habitation susceptible d'occupation. Lorsqu'un jugement de divorce ne contient aucune disposition particulière sur l'étendue du droit d'habitation laissé à l'épouse divorcée, l'exercice de ce droit doit être limité à la seule occupation de la maison, sans qu'il puisse être tiré argument du fait qu'avant le divorce l'épouse jouissait de l'ensemble de la propriété et notamment des terres qu'elle exploitait. • Civ. 3e, 12 juin 1991 : *JCP N 1991. II. 304, note Pillebout ; Defrénois 1991. 1014, obs. Souleau.*

Art. 634 **Le droit d'habitation ne peut être ni cédé ni loué.**

V. notes ss. art. 631.

Art. 635 **Si l'usager absorbe tous les fruits du fonds, ou s'il occupe la totalité de la maison, il est assujetti aux frais de culture, aux réparations d'entretien, et au payement des contributions, comme l'usufruitier.**

S'il *ne prend qu*'une partie des fruits, ou s'il n'occupe qu'une partie de la maison, il contribue au prorata de ce dont il jouit.

Assujettissement de l'usager aux charges de copropriété. Le droit d'usage et d'habitation portant sur la totalité de l'appartement objet du lot de copropriété, le titulaire de ce droit est tenu des mêmes charges que l'usufruitier et non des charges incombant normalement à un locataire. • Civ. 3e, 14 nov. 1996, n° 94-14.846 P : *JCP 1997. I. 4010, n° 18, obs. Périnet-Marquet ; RDI 1997. 401, obs. Bergel .*

Art. 636 **L'usage des bois et forêts est réglé par des lois particulières.**

TITRE IV DES SERVITUDES OU SERVICES FONCIERS

RÉP. CIV. v° *Servitudes*, par J. Djoudi.

Art. 637 **Une servitude est une charge imposée sur un héritage pour l'usage et l'utilité d'un héritage appartenant à un autre propriétaire.**

BIBL. ▸ Brenot, *Defrénois 23 août 2018. 43* (enclave et contentieux relatif aux arbres). – Dross, *Defrénois 23 août 2018. 51.* – Grimonprez, *LPA 5 mars 2008* (la part personnelle des servitudes réelles). – Jacques, *R. 2004, p. 151* (jurisprudence récente de la Cour de cassation). – X. Pradel, *Defrénois 2005. 829* (servitudes et droit des obligations). – Letellier, *JCP N 2014, n° 1384* (notion de servitude). – Meiller, Collard et Travely, *JCP N 2018, n° 1332.* ▸ **Obligation réelle accessoire :** Hansenne, *Études Weill, Dalloz/Litec, 1983, p. 325.* ▸ **Chasse :** Alauze, *Gaz. Pal. 1981. 1. Doctr. 203.* ▸ **Copropriété :** Atias, *D. 1987. Chron. 285.* – Aubert, *JCP 1993. I. 3726.* – Gélinet, *Rev. loyers 2000. 81.* ▸ **Environnement :** Gilardeau, *JCP N 1994. Prat. 2972.* – Reboul-Maupin et Grimonprez, *D. 2016. 2074* (obligations réelles environnementales). – Sarlat et Olivier, *JCP N 2011, n° 1089.* ▸ **Non-concurrence :** E. Moreau, *D. 1994. Chron. 331*. – Astruc, *D. 2002. Chron. 908* (clause de non-concurrence accessoire à la cession d'un bien immobilier). ▸ **Voisinage :** A. Lepage, *Defrénois 1999. 257.*

1. Non-application du régime des servitudes aux chemins d'exploitation. Le régime des servitudes n'est pas applicable aux chemins d'exploitation et le propriétaire d'une parcelle desservie par un chemin d'exploitation ne peut imposer aux riverains un nouvel aménagement. • Civ. 3e, 24 juin 2015, n° 14-12.999 P : *RTD civ. 2015. 912, obs. Dross*. ♦ Pour une autre illustration, V. note 6 ss. art. 685-1. ♦ Mais l'existence de servitudes de passage n'excluent pas en soi la qualification de chemin d'exploitation. • Civ. 3e, 14 juin 2018, n° 17-20.567 P.

I. ÉLÉMENTS CONSTITUTIFS DE LA SERVITUDE

A. CHARGE PESANT SUR UN FONDS SERVANT

2. Existence d'une servitude conventionnelle : intention des parties. La question de savoir si les stipulations d'un acte engagent les seuls contractants à titre personnel ou affectent les fonds eux-mêmes d'une charge réelle relève de la recherche de la commune intention des parties à laquelle les juges du fond procèdent souverainement d'après les stipulations de l'acte et les circonstances de la cause. • Civ. 3e, 6 mai 1980 : *Bull. civ. III, n° 91* (jurisprudence constante). ♦ V. aussi • Civ. 3e, 13 oct. 2004 : *D. 2005. 934, note Mary*, et notes ss. art. 686.

3. Portée de la charge grevant le fonds servant : compatibilité avec l'usage et la jouissance de la propriété. Une servitude ne peut être constituée par un droit exclusif interdisant au propriétaire du fonds servant toute jouissance de sa propriété. • Civ. 3e, 24 mai 2000, n° 97-22.255 P : *D. 2001. 151, note Libchaber* ; *JCP 2000. I. 265, n° 21, obs. Périnet-Marquet ; Defrénois 2000. 1170, obs. Atias ; RDI 2000. 316, obs. Bergel* • 12 déc. 2007 : *RDI 2008. 268, obs. Gavin-Millan-Oosterlynck* • 6 juin 2019, n° 18-14.547 P : *D. 2019. 1684, avis Sturlèse* ; *ibid. 1689, note Dubarry* ; *ibid. 1801, obs. Reboul-Maupin et Strickler* ; *AJDI 2020. 260, étude G. Trédez* ; *RDI 2019. 510, obs. Bergel* ; *RTD civ. 2019. 622, obs. Dross* ; *JCP 2019. 729, note Danos ; Defrénois 2019/27. 26, avis Sturlèse ; ibid. 30, note Laurent ; RDC 2019/4. 111, note Tadros.* ♦ ... Ou toute modification de sa propriété conforme à son usage normal. • Civ. 3e, 19 juin 2002, n° 00-11.904 P : *D. 2003. 587, note de Bertier-Lestrade* ; *Defrénois 2003. 36, obs. Atias ; RDI 2002. 383, obs. Bergel* (servitude au profit d'EDF pour l'implantation des poteaux électriques).

4. ... Impossibilité de conférer un droit d'empiétement. Une servitude ne peut conférer le droit d'empiéter sur la propriété d'autrui. • Civ. 3e, 27 juin 2001, n° 98-15.216 P : *JCP 2002. I. 126, n° 18, obs. Périnet-Marquet ; ibid. 2003. II. 10141, note Elhoueiss ; RDI 2002. 141, obs. Bergel* (servitude par destination du père de famille, véranda édifiée en surplomb d'un autre fonds) • 12 juin 2003 : *D. 2003. 2111, note Desgorces* ; *AJDI 2004. 318, obs. Abram* (dépassement d'une toiture) • 1er avr. 2009 : *cité note 19 ss. art. 545* (servitude de passage ayant amené le propriétaire à réaliser un escalier dont les marches empiètent sur le fonds servant). ♦ Comp. : • Civ. 3e, 12 mars 2008 : *cité note 19 ss. art. 545* (servitude de surplomb pour une corniche intégrée à un immeuble de caractère, formant un tout sur le plan architectural).

B. AU PROFIT D'UN FONDS DOMINANT

5. Absence de fonds dominant : cas des avantages collectifs. Le droit de seconde herbe, qui représente une charge pour le fonds sur lequel il s'exerce, ne bénéficiant pas à un fonds dominant mais profitant seulement aux habitants d'une entité territoriale et n'impliquant pas d'être propriétaire foncier à l'endroit considéré, ne constitue pas une servitude. • Civ. 3e, 25 mars 1992 : *D. 1993. 65, note E. S. de La Marnierre* ; *D. 1993. Somm. 306, obs. A. Robert*. ♦ ... Non plus qu'un droit de passage stipulé, non au profit d'un fonds dominant, mais au profit des habitants de la ville de Paris et de l'ensemble des passants. • Civ. 3e, 6 mars 1996 : *RDI 1996. 536, obs. Bergel*. ♦ Dans le même sens, pour le « droit au bois bourgeois », droit personnel et exclusivement individuel, inaliénable, incessible et non transmissible par voie de succession. • Civ. 3e, 13 mai 2009, n° 08-16.525 P : *D. 2009. Pan. 2300, obs. Mallet-Bricout ; Dr. et patr. 1/2010. 71, obs. Seube et Revet.*

Sur le cas des servitudes légales n'exigeant pas nécessairement un fonds servant et un fonds dominant, V. note 1 ss. art. 649.

6. ... Cas du réseau électrique. Le réseau de distribution électrique ne peut constituer un fonds dominant ; cassation de l'arrêt estimant que le bail conclu avec EDF pour l'installation d'un transformateur s'analysait en une convention de servitude ayant pour objet d'instaurer une charge grevant le terrain en cause au profit d'un fonds dominant. • Civ. 3e, 13 juin 2012, n° 10-21.788 P : *D. 2012. 1673*.

7. Absence d'utilité pour le fonds dominant : cas du droit de chasse. L'existence d'une servitude exige un fonds dominant et un fonds servant. Ainsi, la concession d'un droit de chasse ne saurait avoir le caractère d'une servitude réelle, le fonds en faveur duquel il est accordé n'en recueillant aucune utilité et le profit ou l'agrément que ce droit peut amener ne concernant que la personne du propriétaire du fonds et non le fonds lui-même. • Civ. 3e, 22 juin 1976 : *Defrénois 1977. 46, note Frank* • 19 févr. 1980, n° 78-15.281 P. ♦ Comp., analysant le droit de chasse en un droit réel d'usage viager attaché au fonds : • Civ. 3e, 2 oct. 2002 : *RDI 2003. 317, obs. Jégouzo et Trébulle*.

C. FONDS INDÉPENDANTS APPARTENANT À DES PROPRIÉTAIRES DIFFÉRENTS

8. Principe : exigence d'une appartenance privative à des propriétaires différents. Les juges du fond ne peuvent reconnaître l'existence d'une servitude sans rechercher si les terrains et les bâtiments visés appartiennent de façon privative à des propriétaires différents. • Civ. 3e, 2 déc. 1980, n° 79-11.182 P. ♦ Un droit de passage et d'entreposage, nécessaire à l'entretien d'un canal alimentant un moulin situé sur un fonds voisin, ne peut être reconnu en faveur du propriétaire de ce fonds alors que ce dernier n'est pas propriétaire, ni par titre ni par accession, de la rive droite du canal. • Civ. 3e, 20 oct. 2016, n° 15-20.044 P.

9. Applications : indivision. Il n'est donc pas possible de reconnaître à certains propriétaires indivis d'un fonds un droit de passage sur ce même fonds. • Civ. 3e, 6 févr. 1973, n° 71-13.828 P • 27 mai 2009, n° 08-14.376 P : *D. 2009. Pan. 2300, obs. Mallet-Bricout ; Dr. et patr. 1/2010. 71, obs. Seube et Revet.* ♦ V. aussi note 11.

10. ... Démembrement de propriété. Impossibilité de reconnaître un droit de passage dans le cas où un fonds unique fait l'objet d'un démembrement de la propriété (en l'espèce, droit d'usage et d'habitation). • Paris, 4 juin 1970 : *JCP 1970. II. 16497, note G. G.*

11. ... Copropriété. Le titulaire d'un lot de copropriété disposant d'une propriété exclusive sur la partie privative de son lot et d'une propriété indivise sur la quote-part de partie commune attachée à ce lot, la division d'un immeuble en lots de copropriété n'est pas incompatible avec l'établissement de servitudes entre les parties privatives de deux lots, ces héritages appartenant à des propriétaires distincts. • Civ. 3e, 30 juin 2004, n° 03-11.562 P : *R., p. 272 ; D. 2005. 1134, note Giverdon et Capoulade ; ibid. Pan. 2358, obs. Mallet-Bricout ; JCP 2004. I. 171, n° 15, obs. Périnet-Marquet ; Defrénois 2005. 1180, obs. Atias ; RDI 2004. 440, obs. Bergel ; AJDI 2005. 193 et 218, étude Bayard-Jammes ; RTD civ. 2004. 753, obs. Revet ; Just. et cass., 2005, p. 334, concl. Gariazzo* • 1er juill. 2009, n° 08-14.963 P : *D. 2009. AJ 1975, obs. Rouquet ; JCP 2009. 337, n° 9, obs. Périnet-Marquet ; Dr. et patr. 1/2010. 71, obs. Seube et Revet ; RLDC 2009/64, n° 3592, obs. Parance.* ♦ *Contra*, antérieurement : • Civ. 3e, 6 mars 1991, n° 89-14.374 P : *R., p. 305 ; D. 1991. 355, note Souleau ; JCP N 1991. II. 205 (2e esp.), note Stemmer ; RDI 1991. 187, obs. Bergel ; RTD civ. 1991. 565, obs. Zenati* • 30 juin 1992 : *D. 1993. 156, note Aubert ; D. 1993. Somm. 39, obs. A. Robert ; JCP 1993. II. 22131, note Giverdon ; RTD civ. 1993. 618, obs. Zenati*.

Mais il y a incompatibilité entre la division de l'immeuble en lots de copropriété et la création d'une servitude sur une partie commune au profit d'un lot privatif. • Civ. 3e, 11 janv. 1989 : *Bull. civ. III, n° 11 ; RTD civ. 1990. 310, obs. Zenati* • 9 déc. 1998 : *Loyers et copr. 1999, Comm. 77.* – V. aussi en ce sens : • Civ. 3e, 10 janv. 1984 : *D. 1985. 335, note Aubert ; RTD civ. 1985. 741, obs. Giverdon et Salvage-Gerest* • Paris, 23 mai 1986 : *JCP N 1986. II. 305, note Stemmer.*

12. Conflit : cumul des qualités de propriétaire du fonds dominant et de bailleur. Le bénéficiaire d'une servitude, démembrement du droit de propriété, est acquéreur d'un droit réel grevant la propriété du fonds. Il est l'ayant cause direct du propriétaire de ce fonds et, comme tel, tenu d'exécuter les obligations incombant à celui-ci en qualité de bailleur. L'institution d'une servitude de passage par le bailleur au profit d'un voisin, sur la parcelle donnée à bail, entraîne une modification substantielle de la chose louée. Tenu d'exécuter les obligations du bailleur, le bénéficiaire de la servitude ne peut donc revendiquer l'exercice de celle-ci pendant la durée du bail. • Civ. 3e, 23 oct. 1991, n° 89-14.147 P.

13. Extinction de la servitude résultant de la réunion de la propriété des fonds servant et dominant. Pour les hypothèses d'extinction de la servitude en cas de réunion en une seule main de la propriété du fonds servant et de celle du fonds dominant, V. art. 705 et la jurisprudence citée.

II. CARACTÈRES DE LA SERVITUDE

A. CARACTÈRE RÉEL ET IMMOBILIER

14. Droit attaché au fonds et non à la personne. Les servitudes constituent des droits réels qui restent attachés aux deux fonds entre lesquels elles ont été constituées en quelque main que l'un ou l'autre passe, malgré toutes mutations de propriété. • Civ. 3e, 5 déc. 1969, no 68-12.299 P. ♦ Servitude ou obligation personnelle : V. notes ss. art. 686. ♦ Une servitude étant attachée à un fonds et non à une personne, le propriétaire du fonds servant ne peut interdire à un tiers l'usage de celle-ci pour se rendre chez le propriétaire du fonds dominant. • Riom, 12 juin 2003 : *BICC 1er juin 2004, no 900.*

15. Existence d'une contrepartie à la servitude : impossibilité de se prévaloir de l'exception d'inexécution. S'il était prévu une contrepartie à la servitude, l'absence de cette contrepartie ne peut être invoquée par le propriétaire du fonds servant pour s'affranchir unilatéralement de la servitude. • Civ. 3e, 21 janv. 1998, no 95-16.630 P : *D. 1999. 571, note Mallet-Bricout ; D. 1998. Somm. 351, obs. A. Robert ; JCP 1998. I. 171, no 21, obs. Périnet-Marquet ; Defrénois 1998. 397, obs. Atias.*

B. CARACTÈRE PERPÉTUEL

16. Caractère perpétuel du droit attaché à un lot de copropriété conférant une jouissance spéciale d'un autre lot. Constituent une charge, imposée à un lot de copropriété pour l'usage et l'utilité des autres lots, les engagements relatifs à l'entretien et à l'accès à une piscine souscrits, dans le règlement de copropriété, par la SCI propriétaire du lot à usage de piscine. En conséquence, ces droits réels *sui generis* sont perpétuels. • Civ. 3e, 7 juin 2018, no 17-17.240 P : *D. 2018. 1577, note Masson ; ibid. 1772, obs. Neyret et Reboul-Maupin ; ibid. chron. C. cass. 2435, obs. Jariel ; AJ contrat 2019. 170, note Drouiller ; AJDI 2019. 216, obs. Tomasin ; RDI 2018. 448, obs. Bergel ; RTD civ. 2018. 712, obs. Dross ; JCP 2018, no 892, rapp. Jariel ; ibid., no 893, note Périnet-Marquet ; Defrénois, 25 oct. 2018, p. 33, note Laurent ; RDC 2018. 436, obs. Danos.*

17. Différence avec une autorisation temporaire. Les juges du fond, retenant qu'en vertu des obligations normales de voisinage et en cas de nécessité le propriétaire d'un mur peut être autorisé à passer, à titre temporaire, chez son voisin afin d'effectuer des réparations indispensables, ne reconnaissent aucune servitude au profit du fonds du propriétaire de ce mur. • Civ. 3e, 15 avr. 1982 : *Bull. civ. III, no 93.*

18. Pouvoir de la volonté : licéité de la création d'une servitude temporaire. La stipulation d'une servitude temporaire est licite. • Civ. 3e, 22 mars 1989, no 87-17.454 P : *D. 1990. Somm. 90, obs. A. Robert ; RTD civ. 1989. 592, obs. Zenati ; RDI 1989. 447, obs. Bergel.*

Art. 638 La servitude n'établit aucune prééminence d'un héritage sur l'autre.

Art. 639 Elle dérive ou de la situation naturelle des lieux, ou des obligations imposées par la loi, ou des conventions entre les propriétaires.

Des servitudes établies par conventions passées entre les propriétaires, conformément à l'art. 639, peuvent grever des biens des personnes publiques mentionnées à l'art. L. 1 du code général de la propriété des personnes publiques, qui relèvent du domaine public, dans la mesure où leur existence est compatible avec l'affectation de ceux de ces biens sur lesquels ces servitudes s'exercent (CGPPP, art. L. 2122-4).

BIBL. ▸ FOULQUIER, *Dr. et patr. 3/2009. 69.* – HOURQUEBIE, *RFDA 2007. 1165* (les servitudes conventionnelles sur le domaine public).

CHAPITRE I DES SERVITUDES QUI DÉRIVENT DE LA SITUATION DES LIEUX

RÉP. CIV. vo *Servitudes*, par J. DJOUDI.

Art. 640 *Les fonds inférieurs sont* assujettis envers ceux qui sont plus élevés, à recevoir les eaux qui en découlent naturellement sans que la main de l'homme y ait contribué.

Le propriétaire inférieur ne peut point élever de digue qui empêche cet écoulement.

Le propriétaire supérieur ne peut rien faire qui aggrave la servitude du fonds inférieur.

A. DOMAINE DE LA SERVITUDE D'ÉCOULEMENT DES EAUX

1. Combinaison de la servitude de l'art. 640 et de l'égout des toits : V. notes ss. art. 681.

2. Pente naturelle. Pour bénéficier de la servitude légale de l'art. 640, le demandeur doit prouver que, selon la pente naturelle du terrain, les eaux ruissellent de sa propriété sur celle du propriétaire du fonds servant. • Riom, 27 oct. 1970 : *D. 1971. 138, note Robert.*

3. Contiguïté des fonds (non). L'art. 640 n'exige pas que l'héritage supérieur et l'héritage inférieur soient attenants l'un à l'autre ; il importe peu qu'il existe une portion de voie publique entre les deux fonds. • Req. 3 août 1852 : *DP 1852. 1. 220.*

4. Écoulements visés. La servitude imposée par l'art. 640 ne concerne que les eaux dont l'écoulement est le résultat naturel de la configuration des lieux et notamment les eaux pluviales, à l'exclusion des eaux ménagères ou résiduaires. • Civ. 1re, 1er juin 1965, n° 63-13.582 P. ♦ Et si l'application des art. 640 et 681 a été étendue aux eaux ménagères, les servitudes prévues par ces textes ne concernent pas les eaux qui ont été altérées par le fait de l'homme, telles que les eaux industrielles, usées, fétides ou insalubres. • Civ. 1re, 4 déc. 1963 : *Bull. civ. I, n° 535.*

B. CONSÉQUENCES DE LA SERVITUDE D'ÉCOULEMENT DES EAUX

5. Interdiction des obstacles. L'obligation de recevoir les eaux du fonds supérieur, étant une servitude, grève le fonds inférieur dans quelque main qu'il passe ; les propriétaires actuels, n'ayant pas remédié à l'obstacle créé à l'écoulement des eaux du fonds supérieur par des travaux effectués par le précédent propriétaire, ont commis une faute qui engage leur responsabilité. • Civ. 3e, 29 mai 1973, n° 71-14.758 P.

6. Interdiction des digues. L'art. 640, al. 2, qui interdit au propriétaire du fonds inférieur d'élever des digues, ne s'applique pas aux eaux de débordement des cours d'eau. • Civ. 3e, 18 mars 1987 : *JCP 1988. II. 20956, note Gazzaniga et Ourliac.*

7. Absence d'indemnisation des dommages au fonds servant. Les servitudes naturelles ne donnent lieu à aucun règlement entre les propriétaires respectifs des fonds servant et dominant ; le propriétaire du fonds inférieur ne peut donc prétendre se faire indemniser par le propriétaire du fonds supérieur des dommages causés à son bâtiment par le ruissellement des eaux de pluie. • Civ. 3e, 14 déc. 1983 : *Bull. civ. III, n° 264.* – Dans le même sens : • Civ. 3e, 2 févr. 2000, n° 97-14.935 P : *JCP 2000. I. 265, n° 5, obs. Périnet-Marquet ; JCP N 2000. 1441, obs. Rochard.*

8. Interdiction des aggravations : augmentation du débit. Est justifiée la décision des juges du fond qui retiennent que l'augmentation du débit de l'eau résultant de travaux ne constitue pas une aggravation préjudiciable de la servitude sous la condition qu'il ne soit déversé dans la mare où l'eau s'écoule ni eaux ménagères ni eaux souillées. • Civ. 3e, 30 janv. 1970, n° 67-13.985 P.

9. ... Travaux de remblai provoquant des inondations. Les juges du fond qui ont constaté que les travaux de remblai provoquant l'inondation du fonds inférieur ont entraîné une aggravation de la condition du fonds servant peuvent, par une appréciation souveraine des modalités de la réparation des dommages, ordonner au propriétaire du fonds supérieur de faire cesser le déversement des eaux provenant de son terrain sur le fonds inférieur. • Civ. 2e, 6 mai 1976, n° 75-12.619 P. – Dans le même sens : • Civ. 1re, 11 juin 1965 : *Bull. civ. I, n° 379.*

10. ... Conséquence sur les travaux. Le propriétaire du fonds inférieur ne peut être contraint, afin de remédier à une aggravation de la servitude naturelle d'écoulement des eaux causée par le propriétaire du fonds supérieur, d'accepter la réalisation d'un ouvrage sur son propre fonds. • Civ. 3e, 29 sept. 2010, n° 09-69.608 P : *D. 2011. Chron. C. cass. 1171, obs. Monge ; ibid. 2298, obs. Reboul-Maupin ; JCP 2010, n° 1162, § 21, obs. Périnet-Marquet.*

C. EXTINCTION DE LA SERVITUDE D'ÉCOULEMENT DES EAUX

11. Prescription extinctive et droit au maintien des ouvrages trentenaires. (Décisions rendues sous l'empire du droit antérieur à la L. du 17 juin 2008 réformant la prescription en matière civile). Le propriétaire du fonds inférieur peut se libérer de la servitude créée par l'art. 640 par la prescription extinctive résultant d'un ouvrage construit depuis plus de trente ans. • Civ. 1re, 2 nov. 1953 : *D. 1954. 39.* ♦ Ainsi, lorsqu'un barrage retenant la plus grande partie de l'eau d'une rivière a été édifié depuis plus de trente ans, le propriétaire du barrage, qui refusait de l'entretenir, peut être condamné à rétablir l'état de choses antérieur à la dégradation de l'ouvrage. • Civ. 3e, 25 janv. 1972 : *Bull. civ. III, n° 51.* ♦ Mais c'est au propriétaire du fonds inférieur réclamant le rétablissement d'un ouvrage du fonds supérieur réduisant la servitude d'écoulement normal des eaux de ruissellement qu'il appartient d'établir que cet ouvrage avait été construit depuis plus de trente ans. • Civ. 3e, 3 mai 1977, n° 75-13.493 P.

12. Non-usage (non). La servitude d'écoulement des eaux, attribut ou prolongement légal du droit de propriété, lequel est perpétuel, ne s'éteint pas par le non-usage. • Angers, 9 déc. 1968 : *JCP 1969. II. 15783, note Goubeaux.*

Art. 641 *(L. 8 avr. 1898)* **Tout propriétaire a le droit d'user et de disposer des eaux pluviales qui tombent sur son fonds.**

Si l'usage de ces eaux ou la direction qui leur est donnée aggrave la servitude naturelle d'écoulement établie par l'article 640, une indemnité est due au propriétaire du fonds inférieur.

La même disposition est applicable aux eaux de sources nées sur un fonds.

Lorsque, par des sondages ou des travaux souterrains, un propriétaire fait surgir des eaux dans son fonds, les propriétaires des fonds inférieurs doivent les recevoir ; mais ils ont droit à une indemnité en cas de dommages résultant de leur écoulement.

Les maisons, cours, jardins, parcs et enclos attenant aux habitations ne peuvent être assujettis à aucune aggravation de la servitude d'écoulement dans les cas prévus dans les paragraphes précédents.

Les contestations auxquelles peuvent donner lieu l'établissement et l'exercice des servitudes prévues par ces paragraphes et le règlement, s'il y a lieu, des indemnités dues aux propriétaires des fonds inférieurs sont portées, en premier ressort, devant le juge du tribunal judiciaire du canton, qui, en prononçant, doit concilier les intérêts de l'agriculture et de l'industrie avec le respect dû à la propriété.

S'il y a lieu à expertise, il peut n'être nommé qu'un seul expert.

Les dispositions de l'art. 641 C. civ. sont applicables, en ce qui concerne les eaux pluviales, dans les départements de la Guadeloupe, de la Guyane, de la Martinique et de la Réunion (L. n° 73-550 du 28 juin 1973, art. 2).

1. Réparation des aggravations : possibilité d'ordonner le partage des eaux. Pour remédier aux inconvénients résultant d'une modification du régime d'écoulement des eaux, les juges peuvent ordonner le partage des eaux d'une source entre le fonds supérieur et des fonds inférieurs. • Lyon, 15 nov. 1973 : *D. 1974. 588, note Prévault.* ♦ L'aggravation qui résulte d'un branchement qui modifie la direction de l'écoulement des eaux et a pour effet d'acheminer toutes les eaux de pluie vers le fonds servant doit être indemnisée. • Civ. 3e, 15 févr. 2011 : *AJDI 2011. 470, obs. Gavin-Millan-Oosterlynck.*

2. Compétence du tribunal d'instance : contestations limitativement énumérées. La compétence spéciale du juge de paix (tribunal d'instance) prévue par l'art. 641 ne s'applique qu'aux contestations limitativement prévues par ce texte. • Req. 14 nov. 1928 : *DH 1929. 4* • Civ. 3e, 6 déc. 1978 : *D. 1979. IR 200.* ♦ Le tribunal d'instance ne peut connaître que des contestations auxquelles peuvent donner lieu l'établissement et l'exercice des servitudes résultant de l'écoulement des eaux pluviales qui tombent sur un fonds supérieur, d'eaux de sources nées sur ce fonds ou d'eaux que le propriétaire y a fait surgir par des sondages ou des travaux souterrains. • Civ. 3e, 6 déc. 1978 : *préc.*

3. ... Contestations relatives aux eaux usées ou industrielles (non). Le tribunal d'instance n'est pas compétent pour trancher un litige concernant l'aménagement et la modernisation d'une servitude d'écoulement d'eaux usées. • Civ. 3e, 6 déc. 1978 : *préc. note 2.* ♦ Jugé cependant que le tribunal d'instance est compétent pour statuer sur une demande de réparation du dommage résultant du déversement d'eaux polluées par un vivier. • Lyon, 15 nov. 1973 : *préc. note 1.* ♦ ... Ni pour examiner l'action tendant à faire défense à un riverain d'un canal de déverser dans celui-ci les eaux qu'il tire du sous-sol de son fonds par pompage. • Civ. 1re, 19 nov. 1962 : *Bull. civ. I, n° 487.* ♦ Comp., pour une action visant à faire réparer une brèche ouverte dans des douves du fonds supérieur : • TGI Charleville-Mézières, 22 févr. 1980 : *JCP 1981. II. 19575, note Goubeaux.*

Art. 642 *(L. 8 avr. 1898)* **Celui qui a une source dans son fonds peut toujours user des eaux à sa volonté dans les limites et pour les besoins de son héritage.**

Le propriétaire d'une source ne peut plus en user au préjudice des propriétaires des fonds inférieurs qui, depuis plus de trente ans, ont fait et terminé, sur le fonds où jaillit la source, des ouvrages apparents et permanents destinés à utiliser les eaux ou à en faciliter le passage dans leur propriété.

Il ne peut pas non plus en user de manière à enlever aux habitants d'une commune, village ou hameau, l'eau qui leur est nécessaire ; mais si les habitants n'en n'ont pas acquis ou prescrit l'usage, le propriétaire peut réclamer une indemnité, laquelle est réglée par experts.

1. Captage et accession. Droit de captage des eaux souterraines par le propriétaire du fonds : V. note 8 ss. art. 552.

2. Droit d'usage reconnu aux habitants : application aux seules eaux vives. L'art. 642, al. 3, n'a entendu restreindre le droit du propriétaire d'une source qu'autant qu'il s'agit d'eaux vives qui, s'écoulant à l'extérieur du fonds d'émergence, constituent une eau courante. • Civ. 21 juin 1909 (deux arrêts) : *DP 1909. 1. 460.* ♦ ... Et ne s'applique pas à l'eau provenant d'un étang. • Civ. 3e, 25 nov. 2009, no 08-21.675 P : *JCP N 2010, no 1170, note Kervella.*

3. ... *Condition de nécessité.* La condition de nécessité est souverainement appréciée par les juges du fond. • Civ. 3e, 14 déc. 2005, no 04-18.994 P : *D. 2006. IR 102 ; AJDI 2006. 666, obs. Prigent ; RDI 2006. 126, obs. Gavin-Millan-Oosterlynck .* ♦ Une commune ne peut invoquer l'art. 642, al. 3, bien que les eaux en litige fussent pour elle d'un usage plus commode, si elles ne présentent pas le caractère de nécessité qu'exige le texte. • Req. 7 févr. 1905 : *DP 1906. 1. 396.* – V. aussi • Civ. 3e, 21 févr. 2001 : *JCP N 2001. 1399, obs. Grimonprez et Pitaud (2e esp.).* ♦ Mais une cour d'appel justifie légalement sa décision de condamner le propriétaire de la source au rétablissement de la situation antérieure en constatant que la commune avait à plusieurs reprises prélevé de l'eau du bassin alimenté par la source pour son réseau d'eau potable en périodes de fort étiage. • Civ. 3e, 2 juill. 1997, no 95-13.457 P : *Defrénois 1997. 1421, obs. Atias.*

4. ... *Condition relative à l'existence d'un hameau.* L'existence d'un hameau s'apprécie au jour de la demande en justice. • Civ. 3e, 19 janv. 2000, no 97-13.207 P : *Defrénois 2000. 779, obs. Atias.*

5. ... *Droit de pénétrer sur le fonds d'émergence de la source (non).* Le droit d'usage reconnu aux habitants d'une commune, d'un village ou d'un hameau ne comporte pas celui de pénétrer sur le fonds où jaillit la source dont les eaux leur sont nécessaires. • Civ. 3e, 14 déc. 2005 : *préc. note 3.* ♦ Une cour d'appel ne peut reconnaître aux habitants d'un hameau le droit d'user de l'eau d'une source recueillie dans un lavoir-abreuvoir établi sur le fonds de particuliers sans préciser si la situation de l'abreuvoir permettait d'y puiser de l'eau sans pénétrer sur le fonds d'émergence de la source. • Civ. 3e, 15 mai 1996 : *D. 1996. 457, note A. Robert ; Defrénois 1996. 1070, obs. Atias ; RTD civ. 1997. 175, obs. Zenati .*

6. *Indemnisation du propriétaire.* Ne justifie pas de la prescription de l'usage d'une source en vertu d'une possession continue et non interrompue lui permettant de s'opposer au versement d'une indemnité, le syndicat intercommunal qui a exploité cette source en vertu d'une convention par laquelle l'ancien propriétaire du terrain avait autorisé le captage et l'exploitation de la source en contrepartie d'une indemnisation sous forme de travaux d'amélioration et de fourniture gratuite d'eau traitée. • Civ. 3e, 6 juill. 2017, no 16-19.539 P : *D. 2017. Chron. C. cass. 2321, obs. Méano ; RDI 2017. 529, obs. Gavin Millan Oosterlynck ; Gaz. Pal. 2017. 2378, note Berlaud ; ibid. 3386, note Thomat-Raynaud.*

Art. 643 *(L. 8 avr. 1898)* **Si, dès la sortie du fonds où elles surgissent, les eaux de source forment un cours d'eau offrant le caractère d'eaux publiques et courantes, le propriétaire ne peut les détourner de leur cours naturel au préjudice des usagers inférieurs.**

Les dispositions des art. 642 et 643 C. civ. ne sont pas applicables dans les départements de la Guadeloupe, de la Guyane, de la Martinique et de la Réunion (L. no 68-1092 du 4 déc. 1968, art. 4).

Condition : cours d'eau dès l'émergence. Il faut, pour que l'art. 643 soit applicable, qu'il s'agisse d'une source d'un débit suffisant pour former un véritable ruisseau et pouvant être considéré, dès son point d'émergence, comme la tête d'un cours d'eau, les eaux ayant, dans ce cas, le caractère d'eaux courantes et publiques, ces eaux cessant d'être la propriété unique et privée du propriétaire du fonds d'émergence, alors que les sources ordinaires, c'est-à-dire celles ne donnant pas naissance à un cours d'eau, restent placées sous le régime de l'appropriation individuelle réglementée par l'art. 641. • Nancy, 20 oct. 1954 : *D. 1956. Somm. 16 ; Gaz. Pal. 1954. 2. 387.* – Déjà en ce sens : • Civ. 11 févr. 1903 : *DP 1904. 1. 13.*

Art. 644 **Celui dont la propriété borde une eau courante, autre que celle qui est déclarée dépendance du domaine public par l'article 538** *[abrogé]* **au titre *De la distinction des biens*, peut s'en servir à son passage pour l'irrigation de ses propriétés.**

Celui dont cette eau traverse l'héritage, peut même en user dans l'intervalle qu'elle y parcourt, mais à la charge de la rendre, à la sortie de ses fonds, à son cours ordinaire.

1. *Action visant à la reconnaissance d'un droit d'eau : juridiction compétente.* L'action qui porte sur la reconnaissance d'un droit d'eau fondée en titre pose une question de compétence soulevant une difficulté sérieuse mettant en cause la séparation des pouvoirs. En effet, les recours contre les décisions prises par l'administration modifiant ou abrogeant un droit fondé en titre relèvent de la compétence de la juridiction administrative et la présente action est dirigée contre l'administration et vise à la reconnaissance par celle-ci de l'existence d'un tel droit. De plus, il n'est allégué aucune voie de fait et l'action a un lien étroit avec la police de l'eau et le service public de l'eau. Cependant, un droit d'eau fondé en titre pourrait être qualifié de droit réel immobilier. L'action, qui porte sur l'existence d'un tel droit attaché à une parcelle appartenant à l'exploitant pourrait, de ce fait, ressortir au juge judiciaire. Il y a lieu, en conséquence, de renvoyer au Tribunal des conflits le soin de décider sur cette question de compétence, en application de l'art. 35 du Décr. nº 2015-233 du 27 févr. 2015 relatif au Tribunal des conflits et aux questions préjudicielles. • Civ. 1re, 5 févr. 2020, nº 19-12.751 P.

2. Droit d'accès conséquence du droit de jouissance. Pour l'exercice du droit de jouissance de l'eau établi par l'art. 644 en faveur des riverains, il y a lieu, le cas échéant, de faire application des art. 697 et 698 C. civ., ce qui peut impliquer un droit d'accès sur le fonds d'un autre riverain. • Civ. 18 févr. 1931 : *DP 1931. 1. 96.*

3. Restitution des eaux : lieu d'exécution. Si, en principe, c'est à la sortie du fonds que les eaux doivent être rendues à leur cours naturel, en cas d'obstacle résultant de la situation des lieux, ou en cas d'impossibilité matérielle, il suffit que ces eaux soient conduites à l'endroit le plus rapproché où la pente du sol rend possible la restitution. • Civ. 3e, 6 janv. 1972, nº 70-12.183 P.

4. Restitution d'une eau pure. Si le propriétaire riverain d'un cours d'eau non compris dans le domaine public a la faculté de s'en servir pour les besoins d'une industrie, aussi bien que dans un but agricole, il ne peut user de cette faculté qu'à la charge de ne pas porter atteinte aux droits des riverains inférieurs, notamment en dénaturant les eaux et en les rendant impropres à leur usage normal. • Civ. 6 juill. 1897 : *DP 1897. 1. 536.* ♦ Ainsi, les juges du fond peuvent condamner une société à réaliser une station d'épuration de nature à remédier à la pollution des eaux usées qu'elle déverse dans la rivière, au motif qu'en application des art. 640 et 644, le propriétaire riverain doit restituer l'eau prise à la rivière, à la sortie de son fonds, avec la pureté naturelle (fondement de la condamnation relayé, en l'espèce, par les règles de la responsabilité pour la période où l'industriel avait cessé d'utiliser les eaux de la rivière). • Civ. 3e, 12 févr. 1974, nº 72-14.671 P : *R. 1973-1974, p. 51 ; JCP 1975. II. 18106, note Despax.*

5. Abus d'irrigation. Les rapports respectifs des riverains relativement à l'utilisation d'une eau courante non domaniale étant soumis aux dispositions de l'art. 644, il appartient aux juges du fond de rechercher si les riverains situés en amont n'ont pas abusé de leur droit d'irrigation et ils usent à cet égard de leur pouvoir souverain d'appréciation des faits de la cause. • Civ. 3e, 4 févr. 1975, nº 73-13.975 P : *R., p. 64.* – V. aussi • Civ. 3e, 21 févr. 2001 : *RCA 2001, nº 139 ; JCP N 2001. 1399, obs. Grimonprez et Pitaud (1re esp.) ; RDI 2002. 373, obs. Trébulle.*

6. Renonciation à la force hydraulique. La cour d'appel qui relève que les propriétaires d'un ancien moulin à blé situé en bordure d'une rivière, fondés en titre, disposaient sur la rivière d'une prise d'eau qui, amenée par un bief puis une conduite forcée, agissait sur deux roues à aubes faisant naguère tourner un moulin et dont l'une faisait actuellement tourner un alternateur qui alimentait en électricité la chaudière de chauffage central de leur immeuble et qui constate que le propriétaire d'une ancienne scierie possédant un bief alimenté par une prise d'eau grâce à une levée située en aval de l'installation hydraulique des premiers ne rapportait pas la preuve que pendant l'exploitation de leur porcherie qui n'était pas installée dans le moulin, ils avaient renoncé à l'exploitation du moulin ou de la force hydraulique qu'il représentait, peut en déduire qu'ils avaient conservé leur droit et étaient en conséquence recevables à agir. • Civ. 3e, 10 févr. 1999, nº 96-14.573 P. ♦ Renonciation résultant d'une convention organisant la cessation d'activité et le démontage du matériel du moulin et prévoyant la perception d'une contrepartie en indemnité, le démontage ayant été effectué : • Civ. 3e, 28 nov. 2012, nº 11-20.156 P : *D. 2012. 2888 ; AJDI 2013. 222, obs. Le Rudulier ; RTD civ. 2013. 400, obs. Dross.*

Code de l'environnement

(Ord. nº 2000-914 du 18 sept. 2000, JO 21 sept.)

Droits des riverains des cours d'eau non domaniaux

Art. L. 215-1 Les riverains n'ont le droit d'user de l'eau courante qui borde ou qui traverse leurs héritages que dans les limites déterminées par la loi. Ils sont tenus de se conformer, *dans l'exercice de ce droit,* aux dispositions des règlements et des autorisations émanant de l'administration. – *[Ancien C. rur., art. 97.]*

Code rural et de la pêche maritime

LIVRE I. L'AMÉNAGEMENT ET L'ÉQUIPEMENT DE L'ESPACE RURAL

(L. nº 92-1283 du 11 déc. 1992)

Servitude dite d'aqueduc

Art. L. 152-14 Toute personne physique ou morale, qui veut user pour l'alimentation en eau potable, pour l'irrigation ou, plus généralement, pour les besoins de son exploitation, des eaux dont elle a le droit de disposer, peut obtenir le passage par conduite souterraine de ces eaux sur les fonds intermédiaires, dans les conditions les plus rationnelles et les moins dommageables à l'exploitation présente et future de ces fonds, à charge d'une juste et préalable indemnité.

Sont exceptés de cette servitude les habitations et les cours et jardins y attenant.

Cette servitude s'applique également en zone de montagne pour obtenir le passage des eaux destinées à l'irrigation par aqueduc ou à ciel ouvert dans les mêmes conditions que celles prévues au premier alinéa.

Art. L. 152-15 Les propriétaires des fonds inférieurs doivent recevoir les eaux qui s'écoulent des terrains ainsi arrosés, sauf l'indemnité qui peut leur être due.

Sont exceptés de cette servitude les habitations et les cours, jardins, parcs et enclos y attenant.

Les eaux usées, provenant des habitations alimentées et des exploitations desservies en application de l'article L. 152-14, peuvent être acheminées par canalisation souterraine vers des ouvrages de collecte et d'épuration sous les mêmes conditions et réserves énoncées à l'article L. 152-14, concernant l'amenée de ces eaux.

Art. L. 152-16 Les contestations auxquelles peuvent donner lieu l'établissement de la servitude, la fixation du parcours de la conduite d'eau, de ses dimensions et de sa forme, et les indemnités dues soit au propriétaire du fonds traversé, soit à celui du fonds qui reçoit l'écoulement des eaux sont portées devant les tribunaux de l'ordre judiciaire qui, en prononçant, doivent concilier l'intérêt de l'opération avec le respect dû à la propriété.

Servitude d'appui

Art. L. 152-17 Tout propriétaire qui veut se servir, pour l'irrigation de ses propriétés, des eaux naturelles ou artificielles dont il a le droit de disposer, peut obtenir la faculté d'appuyer sur la propriété du riverain opposé les ouvrages d'art nécessaires à sa prise d'eau, à la charge d'une juste et préalable indemnité.

Sont exceptés de cette servitude les bâtiments, cours et jardins attenant aux habitations.

Art. L. 152-18 Le riverain sur les fonds duquel l'appui est réclamé peut toujours demander l'usage commun du barrage, en contribuant pour moitié aux frais d'établissement et d'entretien ; aucune indemnité n'est respectivement due dans ce cas, et celle qui aurait été payée doit être rendue.

Lorsque cet usage commun n'est réclamé qu'après le commencement ou la confection des travaux, celui qui le demande doit supporter seul l'excédent auquel donnent lieu les changements à faire au barrage pour le rendre propre à l'irrigation des deux rives.

Art. L. 152-19 Les contestations auxquelles peut donner lieu l'application des articles L. 152-17 et L. 152-18 sont portées devant les tribunaux de l'ordre judiciaire.

Servitude d'écoulement

Art. L. 152-20 Tout propriétaire qui veut assainir son fonds par le drainage ou un autre mode d'assèchement peut, moyennant une juste et préalable indemnité, en conduire les eaux souterrainement ou à ciel ouvert à travers les propriétés qui séparent ce fonds d'un cours d'eau ou de toute autre voie d'écoulement.

Sont exceptés de cette servitude les habitations et les cours, jardins, parcs et enclos y attenant.

Art. L. 152-21 Les propriétaires de fonds voisins ou traversés ont la faculté de se servir des travaux faits en vertu de l'article L. 152-20, pour l'écoulement des eaux et de leurs fonds.

Ils supportent dans ce cas :

1° Une part proportionnelle dans la valeur des travaux dont ils profitent ;

2° Les dépenses résultant des modifications que l'exercice de cette faculté peut rendre nécessaires ;

3° Pour l'avenir, une part contributive dans l'entretien des travaux devenus communs.

Art. L. 152-22 Les associations syndicales, pour l'assainissement des terres par le drainage et par tout autre mode d'assèchement, et l'État, pour le dessèchement de marais ou la mise en valeur de terres incultes appartenant aux communes ou sections de communes, jouissent des mêmes droits et supportent les mêmes obligations.

Art. L. 152-23 Les contestations auxquelles peuvent donner lieu l'établissement et l'exercice de la servitude, la fixation du parcours des eaux, l'exécution des travaux de drainage ou d'assèchement, les indemnités et les frais d'entretien sont portées devant les tribunaux de l'ordre judiciaire qui, en prononçant, doivent concilier les intérêts de l'opération avec le respect dû à la propriété.

Art. 645 S'il s'élève une contestation entre les propriétaires auxquels ces eaux peuvent être utiles, les tribunaux, en prononçant, doivent concilier l'intérêt de l'agriculture avec le respect dû à la propriété ; et, dans tous les cas, les règlements particuliers et locaux sur le cours et l'usage des eaux doivent être observés.

1. Domaine de l'intervention judiciaire. L'autorité judiciaire est compétente pour statuer sur les contestations privées qui s'élèvent à raison de l'inexécution des règlements d'eau par l'autorité administrative. Le pouvoir que lui confère l'art. 645 comprend nécessairement celui de déterminer les droits respectifs des riverains, de régler le mode de jouissance des eaux et d'ordonner les ouvrages destinés à garantir aux intéressés le libre exercice de leurs droits. • Civ. 1re, 29 janv. 1958 : *D. 1958. 187.*

2. Pouvoir discrétionnaire d'appréciation. Les juges du fond, investis en vertu de l'art. 645 d'un pouvoir discrétionnaire en matière de contestations relatives à l'usage des eaux, ne sont pas tenus d'imposer d'office aux parties un règlement d'eau. • Civ. 3e, 6 janv. 1972, n° 70-12.183 P • 4 févr. 1975, n° 73-13.101 P : *R., p. 64.*

3. Modification des circonstances. Un règlement d'eau, émanant du pouvoir discrétionnaire conféré aux juges par l'art. 645, est susceptible de recevoir ultérieurement des modifications suivant les circonstances. • Req. 16 juin 1884 : *DP 1885. 1. 151.*

Art. 646 Tout propriétaire peut obliger son voisin au bornage de leurs propriétés contiguës. Le bornage se fait à frais communs.

RÉP. CIV. v° *Bornage*, par C. Atias et B. Grimonprez.

A. CONDITIONS DE L'ACTION EN BORNAGE

1. Existence de deux fonds contigus, objets de propriété privée. L'action en bornage doit être rejetée lorsque le juge estime que les pièces produites par le demandeur n'établissent pas sa qualité de propriétaire de la parcelle à borner ainsi que la contiguïté exigée pour la délimitation des héritages. • Civ. 3e, 5 mars 1974 : *Bull. civ. III, n° 100.* – Dans le même sens : • Civ. 3e, 16 janv. 2002, n° 00-12.163 P : *Defrénois 2002. 393, obs. Atias.*

2. Fonds contigus : chemin d'exploitation (oui). Un chemin d'exploitation n'exclut pas la contiguïté des héritages et le juge peut décider qu'en cas de suppression du sentier commun la ligne séparative des fonds serait l'axe médian du chemin. • Civ. 3e, 20 juin 1972, n° 71-11.295 P. ♦ Dans le même sens : • Civ. 3e, 8 déc. 2010, n° 09-17.005 P : *BICC 1er avr. 2011, n° 394.*

3. ... Limite naturelle (non). L'action en bornage ayant pour objet de fixer définitivement la ligne séparative de deux héritages contigus et d'assurer, par la plantation de pierres-bornes, le maintien de la limite ainsi déterminée, est, par sa nature même, inapplicable à des fonds séparés par un ruisseau formant entre eux une limite naturelle. • Civ. 11 déc. 1901 : *DP 1902. 1. 353.* ♦ Dans le même sens pour des parcelles séparées par une falaise dessinant en l'espèce une limite non seulement naturelle mais encore infranchissable sans moyens techniques appropriés. • Civ. 3e, 13 déc. 2018, n° 17-31.270 P : *D. 2019. 5 ; RDI 2019. 90, obs. Bergel .*

4. ... Bâtiments jointifs (non). L'action en bornage cesse de pouvoir s'exercer lorsqu'il s'agit de bâtiments qui se touchent. • Civ. 3e, 25 juin 1970, n° 68-13.674 P. ♦ Mais l'art. 646 doit recevoir application même si les héritages sont en partie couverts de constructions, s'il ne s'agit pas de bâtiments qui se touchent. • Civ. 1re, 28 déc. 1957 : *D. 1958. 95.*

5. Propriété privative : fonds en indivision. Est recevable l'action en bornage de deux fonds contigus dont l'un appartient privativement au demandeur et l'autre est indivis entre lui et d'autres personnes. • Civ. 3e, 19 déc. 1978, n° 77-13.211 P.

6. ... *Copropriété (non).* Est irrecevable l'action en bornage concernant un jardin dont l'utilisation est partagée entre les deux copropriétaires de l'immeuble dont dépend le jardin. • Civ. 3e, 27 avr. 2000, n° 98-17.693 P : *D. 2001. Somm. 347, obs. Capoulade ; JCP 2000. I. 265, n° 4, obs. Périnet-Marquet ; Defrénois 2000. 1171, obs. Atias ; RDI 2000. 315, obs. Bergel ; LPA 20 nov. 2000, note Michel.* ♦ Irrecevabilité de l'action en bornage de deux lots résultant de l'état descriptif de division d'un terrain acquis en indivision, les parties, initialement propriétaires indivis, étant devenues copropriétaires d'un même ensemble immobilier comportant des parties privatives et des parties communes à la suite du partage de cette indivision. • Civ. 3e, 19 nov. 2015, n° 14-25.403 P.

7. ... *Domaine privé communal.* Une action en bornage dirigée contre une commune ne peut viser que le domaine privé de celle-ci. • Civ. 3e, 10 juill. 1973 : *Bull. civ. III, n° 477.*

8. *Absence de délimitation antérieure.* Une demande en bornage judiciaire n'est irrecevable que si la limite divisoire fixée entre les fonds a été matérialisée par des bornes. • Civ. 3e, 19 janv. 2011, n° 09-71.207 P : *D. actu. 10 févr. 2011, obs. Forest ; D. 2011. Actu. 375* (insuffisance d'une matérialisation sur un document signé par les parties). ♦ Comp. : C'est dans l'exercice de son pouvoir souverain que le juge refuse d'accueillir une demande en bornage lorsqu'il constate un accord antérieur des parties sur la délimitation de leurs propriétés respectives. • Civ. 3e, 16 nov. 1971 : *Bull. civ. III, n° 557* • 17 juill. 1972, n° 71-10.414 P. ♦ ... Ou lorsqu'il déduit, de la découverte de bornes anciennes constituant un titre à la délimitation des propriétés telle qu'elle résultait d'un bornage antérieur ainsi révélé, que la nouvelle demande en bornage n'a pas d'objet. • Civ. 3e, 18 déc. 1972 : *Bull. civ. III, n° 680.*

9. *Caractère nécessaire du bornage.* L'action en bornage suppose la détermination précise des limites des propriétés contiguës. Viole dès lors les dispositions des art. 544 et 646, la cour d'appel qui déboute un propriétaire de sa demande en bornage au motif que le propriétaire voisin a acquis la portion de terre allant de la limite terrestre fixée par l'expert jusqu'à la rive de l'étang, quel que soit le niveau d'étiage de cette pièce. • Civ. 3e, 8 juill. 2009, n° 08-17.809 P : *AJDI 2009. 817*.

B. OBJET ET NATURE DE L'ACTION EN BORNAGE

10. *Distinction avec la vente d'une parcelle à prélever.* Dans le cas de vente d'une surface déterminée de terre à prélever sur un fonds plus vaste, les constatations relatives à la délimitation du terrain vendu ne relèvent pas de la compétence du juge du bornage. • Civ. 3e, 2 mai 1972 : *Bull. civ. III, n° 271.*

11. ... *Avec les actions possessoires.* Une action tendant au replacement de bornes est une complainte possessoire qui implique l'idée d'un bornage préexistant et non une action en revendication, laquelle tend directement à la restitution d'une parcelle dont le demandeur se prétend propriétaire. • Civ. 3e, 24 avr. 1970, n° 68-13.313 P. ♦ Pour le rejet d'une action en bornage compte tenu d'une erreur sur la contenance du lot attribué au demandeur, la demande en bornage étant en réalité une action en revendication de propriété : • Civ. 3e, 8 juill. 2009, n° 08-15.042 P : *D. 2010. Pan. 2183, obs. Reboul-Maupin ; JCP 2009. 337, n° 2, obs. Périnet-Marquet.*

12. *Non-application de la règle du non-cumul du possessoire et du pétitoire.* La prohibition édictée par l'art. 25 anc. C. pr. civ. (devenu art. 1265 C. pr. civ. : non-cumul du possessoire et du pétitoire), qui constitue une règle propre aux actions possessoires, est étrangère à l'instance en bornage, de nature pétitoire. • Civ. 1re, 4 nov. 1963 : *D. 1964. 50* • Civ. 3e, 2 mai 1978, n° 77-10.038 P : *RTD civ. 1979. 154, obs. Giverdon.*

13. *Acte d'administration et de disposition.* Une action en bornage entre dans la catégorie des actes d'administration et de disposition, requérant le consentement de tous les indivisaires. • Civ. 3e, 9 juill. 2003, n° 01-15.613 P : *D. 2004. 725, note Werthe Talon ; JCP 2004. I. 125, n° 5, obs. Périnet-Marquet ; Gaz. Pal. 2004. Somm. 2086, obs. S. Piedelièvre ; AJ fam. 2003. 350, obs. S. D.-B. ; AJDI 2003. 693, obs. Abram ; RDI 2003. 569, obs. Bergel.* ♦ V. note 10 ss. art. 815-3.

C. COMPÉTENCE JURIDICTIONNELLE

14. *Compétence du tribunal d'instance : principes.* Le tribunal d'instance a le pouvoir de statuer, à charge d'appel, sur toute exception ou moyen de défense impliquant l'examen d'une question de nature immobilière pétitoire. Par suite, le juge saisi d'une action en bornage est compétent pour statuer sur la prétention d'une partie à la propriété d'une parcelle. • Civ. 3e, 24 mai 1976 : *Bull. civ. III, n° 219* • 18 déc. 2002, n° 01-12.210 P : *R., p. 413 ; D. 2003. Somm. 2041, obs. Reboul-Maupin* (exception de prescription acquisitive).

15. *Limites : transformation de l'action en présence d'une contestation sérieuse sur les titres ou la propriété.* Saisi d'une action en bornage, le tribunal d'instance étant compétent pour statuer à charge d'appel sur une exception ou un moyen de défense impliquant l'examen d'une question de nature immobilière pétitoire, une telle action n'est susceptible de se transformer en revendication qu'en cas de contestation réelle et sérieuse sur les titres ou la propriété. • Civ. 3e, 6 mars 1974 : *Bull. civ. III, n° 104.* ♦ Pour une telle contestation relative à la prescription acquisitive, V. • Civ. 3e, 3 janv. 1969 : *Bull. civ. III, n° 4.* ♦ Le juge d'instance n'a pas compétence pour statuer sur la demande accessoire à une demande en bornage tendant à voir englober dans le fonds du demandeur une bande de terrain, cette question, de nature immobilière pétitoire, étant soulevée par le demandeur. • Civ. 3e, 4 janv. 1978 : *Bull. civ. III, n° 7.*

16. Compétence du juge de l'exécution. Seul le juge de l'exécution est compétent pour connaître des difficultés liées à l'implantation de bornes en exécution d'un jugement ayant préalablement et définitivement fixé la limite de deux fonds. • Civ. 3e, 26 sept. 2001, n° 99-14.330 P.

17. Limite à la compétence des juridictions de l'ordre judiciaire. Une juridiction de l'ordre judiciaire ne peut, pour un bornage, remettre en cause les limites d'un remembrement dont les opérations ont été clôturées. • Civ. 3e, 8 juin 1983 : *Bull. civ. III, n° 133.* ♦ V. aussi note 1 ss. art. 35, Décr. 4 janv. 1955, ss. art. 2474.

D. FIXATION DE LA LIGNE DIVISOIRE

18. Lien avec l'arpentage. Les opérations de bornage ne comprennent pas nécessairement l'arpentage des terrains. • Civ. 3e, 5 oct. 1994, n° 92-10.827 P.

19. Valeur probante des éléments produits. Appréciation souveraine. Le juge du bornage apprécie souverainement la valeur probante des titres et autres éléments de décision soumis à son examen. Il lui est loisible d'écarter un titre commun aux parties, s'il ne l'estime pas déterminant, et de retenir des actes émanant des auteurs de l'une d'elles. • Civ. 1re, 3 janv. 1963 : *Bull. civ. I, n° 5.* ♦ ... D'écarter des titres estimés non déterminants, pour ne retenir qu'un rapport d'expertise. • Civ. 3e, 26 févr. 1970 : *Bull. civ. III, n° 150.* ♦ ... De se fonder sur une présomption unique. • Civ. 3e, 28 nov. 1972 : *Bull. civ. III, n° 636.* ♦ ... De retenir les seules énonciations d'un acte en écartant les indications du cadastre, qui ne constituent que de simples présomptions. • Civ. 3e, 7 nov. 1972 : *Bull. civ. III, n° 579* • 20 déc. 1982 : *ibid. n° 259.*

20. Rôle du cahier des charges d'un lotissement. Les clauses du cahier des charges d'un lotissement engageant les colotis entre eux pour toutes les stipulations qui y sont contenues, prévalent sur les stipulations contraires des actes individuels de vente. • Civ. 3e, 17 juin 2009, n° 06-19.347 P : *D. 2009. AJ 1829, obs. Vincent ; AJDI 2009. 741, note Porcheron ; Defrénois 2009. 2442, obs. Benoît-Cattin ; RDC 2009. 1473, obs. Brun* (fixation de la ligne divisoire).

21. Portée de l'accord. L'action en bornage a seulement eu pour effet de fixer les limites des fonds contigus sans attribuer la propriété du terrain concerné. • Civ. 3e, 10 juill. 2013, nos 12-19.416 P et 12-19.610 P : *D. actu. 9 sept. 2013, obs. Le Rudulier* • 10 juin 2015, n° 14-14.311 P : *D. 2015. 1317 ; AJDI 2015. 858, obs. Le Rudulier ; RTD civ. 2015. 899, obs. Dross ; JCP N 2015, n° 1196, note Grimonprez.* ♦ Dans le même sens, en cas d'accord des parties sur l'implantation des bornes : l'instance en bornage ne tranchant pas une question de propriété, l'accord sur l'implantation des bornes n'implique pas un accord des parties sur la propriété de la parcelle litigieuse. • Civ. 1re, 13 juill. 1960 : *Bull. civ. I, n° 394* • Civ. 3e, 5 janv. 1978, n° 76-12.611 P • 27 nov. 2002, n° 01-03.936 P : *D. 2003. Somm. 2045, obs. Reboul-Maupin* • 23 mai 2013, n° 12-13.898. ♦ Un procès-verbal de bornage, qui ne constitue pas un acte translatif de propriété, ne peut fonder l'attibution de la propriété d'une parcelle. • Civ. 3e, 8 déc. 2004, n° 03-17.241 P : *Defrénois 2005. 1177, obs. Atias ; RDI 2005. 333, obs. Bergel* • 10 nov. 2009, n° 08-20.951 P : *D. 2010. Pan. 2183, obs. Reboul-Maupin ; ibid. 2010. Pan. 2671, obs. Delebecque ; AJDI 2010. 408, obs. Gavin-Millan-Oosterlynck .*

E. FRAIS ET DÉPENS

22. Répartition des frais et dépens. Si le bornage se fait à frais communs lorsque les parties sont d'accord, il en est autrement en cas de contestation de l'une d'elles. La partie qui échoue dans ses réclamations doit supporter tout ou partie des dépens que le débat par elle provoqué a occasionnés. • Civ. 1re, 17 avr. 1961 : *Bull. civ. I, n° 202* • Civ. 3e, 16 juin 1976 : *Bull. civ. III, n° 273.*

23. Expertise inexploitable. Réparation de la faute commise par l'expert chargé du bornage d'un terrain qui remet un rapport critiquable et inexploitable : • Civ. 2e, 13 sept. 2012, n° 11-16.216 P : *D. 2013 Chron. C. cass. 599, obs. Bouvier et Adida-Canac .*

Art. 647 Tout propriétaire peut clore son héritage, sauf l'exception portée en l'article 682.

1. Caractère d'ordre public du droit de se clore (non). L'art. 647 n'étant pas d'ordre public, les stipulations d'un règlement de copropriété interdisant de poser une clôture s'imposent à tous les copropriétaires. • Civ. 3e, 7 mars 2007, n° 06-12.702 P : *D. 2007. AJ 942, obs. Rouquet ; LPA 13 juin 2007, note Barbiéri ; Dr. et patr. 2/2008. 93, obs. Seube et Revet ; AJDI 2008. 215, obs. Capoulade .*

2. Abus du droit de se clore. Ne constitue pas un abus de droit le fait pour un propriétaire de s'opposer à l'enlèvement de la clôture qu'il a fait édifier sur son fonds, son voisin entendant procéder à l'édification d'un immeuble en limite séparative ; la délivrance par l'administration d'un permis de construire précisant que la construction jouxtera exactement les limites séparatives ne peut créer, même indirectement, une servitude d'échelage. • TGI Beauvais réf., 2 mars 1983 : *Gaz. Pal. 1983. 1. 250 ; RTD civ. 1983. 562, obs. Giverdon.*

3. Compatibilité du droit de se clore avec une servitude de passage : principe. Le propriétaire d'un fonds grevé d'une servitude de passage conserve le droit de se clore, à la condition de ne pas porter atteinte au droit de passage et de ne pas en rendre l'exercice plus incommode ; l'appréciation des circonstances modificatives de cet usage entre dans les pouvoirs souverains des juges du fond. • Civ. 3e, 21 nov. 1969, no 68-13.440 P (jurisprudence constante).

4. ... Applications. Suivant les cas, l'établissement d'une porte avec remise des clefs au bénéficiaire du droit de passage n'occasionne aucune gêne à l'exercice de la servitude. • Civ. 1re, 3 déc. 1962, no 61-10.589 P. ♦ ... Ou, au contraire, rend l'exercice de la servitude plus incommode. • Civ. 3e, 16 avr. 1969, no 67-13.081 P • Montpellier, 7 mars 2006 : *BICC 1er févr. 2007, no 234* (pose d'un portail électrique). ♦ De même la pose d'une chaîne cadenassée à l'entrée d'un chemin, tantôt ne diminue pas l'usage de la servitude. • Civ. 3e, 21 mars 1972 : *Bull. civ. III, no 200.* ♦ ... Tantôt rend l'exercice de la servitude plus difficile. • Civ. 3e, 20 juin 1979 : *Bull. civ. III, no 140.* ♦ Pour la possibilité de contraindre le titulaire d'un droit de passage à refermer les barrières mobiles clôturant le fonds servant, V. • Civ. 3e, 6 juin 1969 : *JCP 1969. II. 16070, note G. G.*

Art. 648 Le propriétaire qui veut se clore perd son droit au parcours et vaine pâture, en proportion du terrain qu'il y soustrait.

*Sur le droit de vaine pâture, V. C. rur., art. L. 651-1 s. — **C. rur.***

Loi du 29 décembre 1892,

Sur les dommages causés à la propriété privée par l'exécution des travaux publics (DP 1893. 4. 56).

Art. 1er Les agents de l'Administration ou les personnes auxquelles elle délègue ses droits ne peuvent pénétrer dans les propriétés privées pour y exécuter les opérations nécessaires à l'étude des projets de travaux publics, civils ou militaires, exécutés pour le compte de l'État, *(L. no 2009-526 du 12 mai 2009, art. 86)* « des collectivités territoriales et de leurs groupements, ainsi que des établissements publics », qu'en vertu d'un arrêté préfectoral indiquant les communes sur le territoire desquelles les études doivent être faites. L'arrêté est affiché à la mairie de ces communes au moins 10 jours avant et doit être représenté à toute réquisition. — *V. L. 6 juill. 1943, art. 1er.*

Pour l'application de la loi du 29 déc. 1892 dans le territoire de la Polynésie française et la collectivité territoriale de Saint-Pierre-et-Miquelon, V. L. no 93-1 du 4 janv. 1993, art. 22, 23 et 48 (JO 5 janv.).

....

Loi no 43-374 du 6 juillet 1943,

Relative à l'exécution des travaux géodésiques et cadastraux et à la conservation des signaux, bornes et repères. — Validée par L. no 57-391 du 28 mars 1957.

Art. 1er Nul ne peut s'opposer à l'exécution sur son terrain des travaux de triangulation, d'arpentage ou de nivellement entrepris pour le compte de l'État, des départements ou des communes, ni à l'installation de bornes, repères et balises ou à l'établissement d'infrastructures et de signaux élevés, sous réserve de l'application des dispositions du 1er paragraphe de l'article 1er de la loi du 29 décembre 1892 et du payement ultérieur d'une indemnité pour dommages, s'il y a lieu.

Art. 2 *(L. no 57-391 du 28 mars 1957)* Tout dommage causé aux propriétés, champs et récoltes par les travaux désignés à l'article précédent est réglé, à défaut d'accord amiable entre l'intéressé et l'Administration, par le conseil de préfecture *[tribunal administratif]*, dans les formes indiquées par la loi du 22 juillet 1889 *[code des tribunaux administratifs]*.

Art. 3 *(L. no 57-391 du 28 mars 1957)* Lorsque l'Administration entend donner un caractère permanent à certains des signaux, bornes et repères implantés au cours des travaux visés à l'article 1er, elle notifie sa décision aux propriétaires intéressés. A partir de cette notification, la servitude de droit public qui résulte de la présence de ces signaux, bornes et repères ne peut prendre fin qu'en vertu d'une décision de l'Administration.

La constitution de cette servitude peut donner lieu, indépendamment de la réparation des dommages causés par les travaux visés à l'article 1er, au versement d'une indemnité en capital.

Art. 4 Les ouvrages auxquels l'Administration entend donner un caractère permanent et qui comportent une emprise qui dépasse un mètre carré ne peuvent être maintenus sur les propriétés bâties, ainsi que dans les cours et jardins y attenant, qu'en vertu d'un accord avec le propriétaire.

Dans les autres immeubles, le propriétaire peut requérir de l'Administration l'acquisition de la propriété du terrain soit à l'amiable, soit par voie d'expropriation.

Dans ce cas, l'utilité publique est déclarée par un arrêté du secrétaire d'État intéressé, à condition, toutefois, que la surface expropriée n'excède pas cent mètres carrés.

Art. 5 Lorsque l'Administration décide qu'un édifice ou qu'une partie d'un édifice tel qu'un clocher, une tour, une cheminée constituera un point de triangulation permanent, elle le notifie au propriétaire ou à la personne ayant la charge de l'édifice, lesquels ne peuvent en modifier l'état qu'après en avoir averti l'Administration un mois à l'avance par lettre recommandée, sous peine des sanctions prévues à l'article 6. Cette disposition s'applique également aux repères qui auraient été scellés dans les murs des propriétés bâties.

Toutefois, en cas de péril imminent, les modifications peuvent être effectuées aussitôt après l'envoi de l'avertissement.

Art. 6 La destruction, la détérioration ou le déplacement des signaux, bornes et repères donne lieu à l'application des dispositions de l'article *(L. n° 92-1336 du 16 déc. 1992, art. 283)* « 322-2 » du code pénal.

En outre, les dommages-intérêts pouvant être dus éventuellement à l'État et aux autres collectivités prévues à l'article 1er de la présente loi pourront atteindre le montant des dépenses nécessitées par la reconstitution des éléments de signalisation, y compris celles afférentes aux opérations de géodésie, d'arpentage ou de nivellement qu'entraîne cette reconstitution.

Les agents des services publics intéressés dûment assermentés ainsi que les officiers de police judiciaire et les gendarmes sont chargés de rechercher les délits prévus au présent article ; ils dressent procès-verbaux des infractions constatées.

....

Art. 8 Les articles 19 à 22 inclus de la loi de finances du 13 avril 1900 sont abrogés.

CHAPITRE II DES SERVITUDES ÉTABLIES PAR LA LOI

RÉP. CIV. v° *Servitudes*, par J. Djoudi.

Art. 649 **Les servitudes établies par la loi ont pour objet l'utilité publique ou communale, ou l'utilité des particuliers.**

1. Conditions d'existence des servitudes légales. L'existence d'un fonds dominant et d'un fonds servant n'est pas essentielle à l'existence d'une servitude créée par la loi. • Civ. 1re, 30 avr. 1963 : *Bull. civ. I, n° 239* • Civ. 3e, 11 déc. 1970 : *Bull. civ. III, n° 699.* ♦ V. aussi • Civ. 3e, 15 déc. 1999, n° 97-22.161 P : *JCP 2000. I. 265, n° 22, obs Périnet-Marquet ; JCP N 2000. 682, obs. Sizaire ; Defrénois 2000. 314, obs. Atias ; RDI 2000. 147, obs. Bergel* (servitude de cour commune).

2. Droit des tiers. L'inobservation des servitudes d'utilité publique ne peut être invoquée par tout tiers intéressé que si elle est pour lui la cause d'un trouble personnel. • Civ. 3e, 6 janv. 1972, n° 70-11.806 P. ♦ Pour le refus de la protection possessoire, V. • Civ. 3e, 23 juin 1971 : *JCP 1972. II. 16965, note Goubeaux.*

3. Obligations du vendeur. Question de l'obligation du vendeur de déclarer l'existence de servitudes légales grevant le fonds vendu : V. art. 1638.

4. Prescription extinctive (non). Les servitudes imposées par l'autorité administrative lors de la division d'un fonds, poursuivant un intérêt général et ayant un caractère d'ordre public, ne sont pas éteintes par leur non-usage trentenaire. • Civ. 3e, 18 déc. 2002, n° 00-14.176 P : *D. 2003. Somm. 2048, obs. Reboul-Maupin ; JCP 2003. I. 172, n° 14, obs. Périnet-Marquet ; RDI 2003. 171,* obs. J.-L. B. (décision rendue sous *l'empire du droit antérieur à la L. du 17 juin 2008 réformant la prescription en matière civile).*

5. Modification. ... Et la modification de ces servitudes ne peut résulter d'une décision judiciaire. • Civ. 3e, 3 déc. 2003, n° 01-12.598 P.

Art. 650 **Celles établies pour l'utilité publique ou communale ont pour objet le marchepied le long des** *(Ord. n° 2006-460 du 21 avr. 2006, art. 3-III, en vigueur le 1er juill. 2006)* **« cours d'eau domaniaux », la construction ou réparation des chemins et autres ouvrages publics ou communaux.**

Tout ce qui concerne cette espèce de servitude, est déterminé par des lois ou des règlements particuliers.

Servitude d'utilité publique : non-application des règles régissant les servitudes de droit privé. Les règles applicables aux servitudes établies pour l'utilité publique ou communale sont déterminées par des lois ou des règlements particuliers ce qui exclut le recours à celles régissant les servitudes de droit privé instituées pour l'utilité des particuliers. • Civ. 3e, 7 mars 2007, n° 05-15.057 P : *BICC 1er juill. 2007, et la note ; D. 2007. AJ 866, obs. Bigot de la Touanne ; JCP 2007. I. 197, n° 12, obs. Périnet-Marquet ; Gaz. Pal. 2007. 2566, note Niel ; RDI 2007. 414, obs. Gavin-Millan-Oosterlynck ; Dr. et patr. 2/2008. 87, obs. Seube et Revet ; Defrénois 2009. 1503, obs. Atias.*

Sur les servitudes d'urbanisme, V. C. urb., art. L. 112-2 s. — ***C. urb.***

Pour l'énumération des servitudes d'utilité publique affectant l'utilisation du sol qui doivent être annexées au plan d'occupation des sols [plan local d'urbanisme], V. liste annexée à C. urb., art. R. 126-1. — ***C. urb.***

Sur les servitudes instituées autour des installations de défense, V. C. défense, art. L. 5111-1 à L. 5114-3. — ***C. défense.***

Sur les servitudes de halage et de marchepied concernant le domaine public fluvial, V. CGPPP, art. L. 2131-2 s. — ***CGPPP.***

En ce qui concerne les servitudes de visibilité sur les voies publiques, V. C. voirie rout., art. L. 114-1 à L. 114-6.

En ce qui concerne les servitudes en matière de communications électroniques, V. CPCE, art. L. 45-9 s., L. 48, L. 54 s., R. 20-45 s. — ***CPCE.***

Sur les servitudes aéronautiques, V. C. transp., art. L. 6351-1. — ***C. transp.***

Sur la servitude pour l'entretien des milieux aquatiques, V. C. envir., art. L. 211-7 et L. 215-14 s. — ... la servitude de passage pour l'exécution des travaux ruraux d'intérêt général, V. C. rur., art. L. 151-37-1. — ... pour effectuer les mesures nécessaires à la mise en œuvre et au suivi du programme de surveillance de l'état des eaux, V. C. envir., art. L. 212-2-2. — ... la servitude pour l'établissement de canalisations publiques d'eau ou d'assainissement, la servitude de passage des conduites d'irrigation, la servitude de passage des engins mécaniques et de dépôt pour l'entretien des canaux d'irrigation et de certains canaux d'assainissement, V. C. rur., art. L. 152-1 à L. 152-13. — ... la servitude relative à l'utilisation du sol résultant de la présence d'un ouvrage hydraulique présentant un danger pour la sécurité publique, V. C. envir., art. L. 214-4-1. — ***C. envir. — C. rur.***

Sur les servitudes d'utilité publique au voisinage des cours d'eau pour la création de zones de rétention des eaux de crues ou de ruissellement ou de zones de mobilité des cours d'eau, V. C. envir., art. L. 211-12. — ***C. envir.***

Sur l'établissement des servitudes en rapport avec les énergies : C. énergie, art. L. 323-3 s. (ouvrages de transport et de distribution de l'électricité), L. 343-3 (lignes directes), L. 433-1 s. (ouvrages de transport et de distribution du gaz), L. 521-7 s. (installations hydrauliques), L. 632-1 s. (transport par canalisation de pétrole), L. 721-1 s. (passage des canalisations de transport et de distribution de chaleur et de froid). — ***C. énergie.***

Sur la servitude destinée à assurer le passage des piétons sur les propriétés privées riveraines du domaine public maritime, V. C. urb., art. L. 121-31 s. — ***C. urb.***

Sur la servitude d'utilité publique en tréfonds pour les infrastructures souterraines de transport public ferroviaire ou guidé déclarée d'utilité publique, V. C. transp., art. L. 2113-1. — ***C. transp.***

Sur les servitudes d'utilité publique pour le transport par câbles en milieu urbain, V. C. transp., art. L. 1251-3 s. — ***C. transp.***

Sur la servitude destinée à assurer le passage des pistes de ski, l'installation des remontées mécaniques ainsi que les accès aux voies d'alpinisme et d'escalade en zone de montagne, V. C. tourisme, art. L. 342-20 à L. 342-26. — ***C. tourisme.***

Sur la servitude de passage et d'aménagement établie par l'État pour assurer la continuité des voies de défense des bois et forêts contre l'incendie, V. C. for., art. L. 134-1 s. — ... De passage et d'aménagement nécessaire à l'enlèvement des bois en zone de montagne, V. C. for., art. L. 155-1. — ***C. rur.***

Sur la servitude instituée en vue d'installer et d'exploiter sur les toits, terrasses et superstructures des édifices publics et privés les ouvrages nécessaires à la diffusion par voie hertzienne, V. L. n° 82-652 du 29 juill. 1982, art. 34-1, ajouté par L. n° 85-1361 du 23 déc. 1985 (D. et ALD 1986. 68). — ... Et sur celle instituée pour l'installation et l'entretien des réseaux câblés de télévision, V. L. n° 86-1067 du 30 sept. 1986, art. 34-3, issu de L. n° 92-653 du 13 juill. 1992, art. 4 (D. et ALD 1992. 390) ; Décr. n° 93-534 du 27 mars 1993 (D. et ALD 1993. 313). — ***C. communic.***

Sur les servitudes au voisinage des installations classées, C. envir., art. L. 515-8 à L. 515-12. — ***C. envir.***

Sur la servitude résultant de l'approbation d'un plan de prévention des risques naturels prévisibles, V. L. n° 87-565 du 22 juill. 1987, art. 40-4, codifié au C. envir., art. L. 562-4. — ***C. envir.***

Sur les servitudes destinées à protéger la visibilité des amers, feux et phares et les champs de vue des centres de surveillance de la navigation maritime, V. L. n° 87-954 du 27 nov. 1987 (D. et ALD 1987. 455).

Code du patrimoine *(Ord. n° 2004-178 du 20 févr. 2004)* **Art. L. 621-16** *(Al. 1er)* Les servitudes légales qui peuvent causer la dégradation des monuments ne sont pas applicables aux immeubles classés au titre des monuments historiques. — *[L. 31 déc. 1913, art. 12, al. 3.]*

....

Art. 651 La loi assujettit les propriétaires à différentes obligations l'un à l'égard de l'autre, indépendamment de toute convention.

RÉP. CIV. v° *Troubles de voisinage*, par V. GAILLOT-MERCIER.

DALLOZ ACTION *Droit de la responsabilité et des contrats 2023/2024, nos 2241.00 s.*

BIBL. ▸ **Troubles de voisinage :** BEAUGENDRE, *Dr. et patr. 3/2000. 44.* – BRUGUIÈRE, *D. 2020. 1183* (bruit et odeur des campagnes : trouble du voisinage et/ou patrimoine commun ?). – CHANTEPIE et LEBLOND, *Defrénois 2012. 943* (rapports de voisinage en lotissement). – MIGNOT, *RDI 2008. 408* (construction, troubles de voisinage et obligation *in solidum*). – BOREL, *RDI 2007. 313* (de la réparation à la prévention). – KENNEFICK, *RDC 2019/4. 210* (troubles de voisinage et antériorité du trouble : la frontière poreuse entre la responsabilité délictuelle et les servitudes en Angleterre et en France). – A. LEPAGE, *Defrénois 1999. 257.* – LIBCHABER, *Mél. Mouly, Litec, 1998, t. 1, p. 421.* – MALINVAUD, *RDI 2001. 479* (dommages aux voisins dus aux opérations de construction). – MARÉCHAL POLLAUD-DULIAN, *AJDI 2019. 814* (les troubles anormaux de voisinage, notion autonome ?). – A. PENNEAU, *RLDC 2006/23, n° 947* (nature du trouble ; responsabilité propre des constructeurs). – PÉRINET-MARQUET, *RDI 2005. 161* (extension du champ d'application). – PERRUCHOT-TRIBOULET, *RLDC 2011/80, n° 4161* (perspectives de réforme). – REBOUL-MAUPIN, *LPA 25 oct. 2007* (constructeurs et troubles anormaux de voisinage). – SERMET, *RRJ 1995/3. 713* (le sommeil et le droit). – STOFFEL-MUNCK, *D. 2009. Chron. 2817* (principe de précaution, antennes relais). – VILLIEN, *R. 1999, p. 263* ; *RDI 2000. 275* (construction immobilière).

Responsabilité pour troubles anormaux du voisinage

I. RÉGIME DE LA RESPONSABILITÉ

A. CONFORMITÉ À LA CONVENTION EDH

1. Absence d'atteinte disproportionnée au droit au respect de ses biens. La restriction *apportée au droit de propriété par le principe* selon lequel nul ne doit causer à autrui aucun trouble anormal de voisinage ne constitue pas une atteinte disproportionnée au droit protégé par l'art. 1er du Premier protocole additionnel à la Conv. EDH. • Civ. 2e, 23 oct. 2003, n° 02-16.303 P : *D. 2004. Somm. 2467, obs. Mallet-Bricout ; JCP 2004. I. 125, n° 2, obs. Périnet-Marquet ; Gaz. Pal. 2004. Somm. 2087, obs. S. Piedelièvre ; Dr. et patr. 3/2004. 91, obs. Houtcieff ; AJDI 2004. 189, étude Boucard ; RDI 2004. 276, obs. Bergel ; RTD civ. 2004. 315, obs. Revet.*

2. Prise en compte des troubles anormaux du voisinage par la CEDH. Nécessité de ménager un juste équilibre entre l'intérêt de la collectivité de bénéficier d'une usine de traitement de déchets industriels et la jouissance effective par l'occupant d'un logement voisin du droit au respect de son domicile et de sa vie privée et familiale. • CEDH, sect. III, 2 nov. 1996, *Giacomelli c/ Italie*, n° 59909/00 (violation pendant plusieurs années de la réglementation sur les études d'impact et absence d'exécution des décisions la sanctionnant). ♦ V. aussi : • CEDH, sect. II, 5 juin 2007, *Lemke c/ Turquie*, n° 17381/02 : *D. 2008. Pan. 2390, obs. Trébulle* (exploitation d'une mine d'or par cyanuration). • CEDH, sect. III, 26 févr. 2008, *Fägerskiöld c/ Suède*, n° 37664/04 (nuisances sonores d'une éolienne insuffisamment établies) • CEDH, sect. IV, 18 mars 2008, *Furlepa c/ Pologne*, n° 62101/00 (absence de violation, faute d'établir un trouble d'une gravité suffisante, l'illégalité de la construction voisine ne pouvant suffire) • CEDH, sect. IV, 1er juill. 2008, *Borysiewicz c/ Pologne*, n° 71146/01 (nuisances sonores d'un atelier insuffisamment établies). • CEDH, sect. III, 7 avr. 2009, *Branduse c/ Roumanie*, n° 6586/03 (nuisances olfactives d'une décharge illicite à proximité d'une prison). ♦ Sur l'exigence d'un seuil minimum de gravité des nuisances pour pouvoir invoquer l'art. 8 Conv. EDH. • CEDH, sect. V, 29 sept. 2009, *Galev c/ Bulgarie*, n° 18324/04.

Sur les obligations environnementales des États, notamment d'information préventive sur les risques avant leur survenance : • CEDH, sect. III, 27 janv. 2009, *Tatar c/ Roumanie*, n° 29002/06. ♦ La convention ne reconnaît pas expressément le droit à un environnement sain et calme. • CEDH, sect. V, 12 mai 2009, *Greenpeace E.V. c/ Allemagne*, n° 18215/06 (action d'habitants résidant à proximité d'axes et d'intersections routiers bruyants et polluants).

B. AUTONOMIE DE LA RESPONSABILITÉ

3. Responsabilité étrangère à la notion de faute. Le droit pour un propriétaire de jouir de sa chose de la manière la plus absolue, sauf usage prohibé par la loi ou les règlements, est limité par l'obligation qu'il a de ne causer à la propriété d'autrui aucun dommage dépassant les inconvénients normaux du voisinage • Civ. 3e, 4 févr. 1971 (deux arrêts), n° 69-12.327 P : *R. 1970-1971, p. 46 ; GAJC, 12e éd., n° 79-80 (II) ; JCP 1971. II. 16781, note Lindon* (arrêts cassant des décisions ayant subordonné la réparation du dommage à la preuve d'une faute). ♦ Encourt la cassation l'arrêt qui, pour débouter le maître de l'ouvrage de son action récursoire, relève que celui-ci, agissant contre l'entrepreneur sur un fondement qui n'est pas l'art. 1792 C. civ., doit démontrer l'existence d'une faute et que la preuve de cette faute n'est pas rapportée, alors qu'il constate que le maître de l'ouvrage est subrogé dans les droits et actions de ses voisins, victimes de troubles anormaux de voisinage. • Civ. 3e, 21 juill. 1999, n° 96-22.735 P : *D. 1999. IR 228 ; RCA 1999. Chron. 23, obs. Groutel (3e esp.) ; RDI 1999. 656, obs. Malinvaud ; RTD civ. 2000. 120, obs. Jourdain*. ♦ Courtieu, *RCA 2000. Chron. 6.* – Groutel, *ibid. Chron. 20.* – Grataloup, *CCC 2001. Chron. 8.* – V. aussi • Civ. 1re, 18 sept. 2002, n° 99-20.297 P • Civ. 3e, 24 sept. 2003 : *cité note 75 ss. art. 1792.*

4. Responsabilité indépendante des autres régimes de responsabilité civile. L'art. 1384 anc. [1242 nouv], al. 1er, est étranger à la réparation des troubles de voisinage. • Civ. 2e, 20 juin 1990, n° 89-12.874 P. – V. aussi • Civ. 2e, 19 juin 2003 : *V. note 10 ss. art. 1242.* ♦ Le grief tiré de la violation des art. 1384 anc. [1242], al. 1er, et 1386 anc. [1244] est inopérant dès lors que les juges du fond, saisis d'une demande dont le fondement juridique n'était pas précisé, ont statué en faisant application de la responsabilité pour troubles de voisinage. • Civ. 2e, 18 juill. 1984, n° 83-10.230 P. ♦ V. aussi : Blaise, *RTD civ. 1965. 261.* – M.-F. Nicolas, *ibid. 1976. 673.* – Théron, *JCP 1976. I. 2802.*

5. Indifférence du caractère anormal du trouble dans les autres régimes de responsabilité. Le caractère anormal de l'inconvénient subi n'a pas à être établi, si les conditions ordinaires de la responsabilité civile sont remplies. • Civ. 1re, 27 mai 1975, n° 74-11.480 P : *R., p. 75 ; D. 1976. 318, note Viney* (faute) • Civ. 3e, 8 mars 1978 : *D. 1978. 641, note Larroumet* (fait d'une chose inanimée) • 2 mars 1976 : *D. 1976. 545, note Larroumet* (inexécution d'une obligation contractuelle).

6. Exclusion de la responsabilité pour trouble du voisinage en cas de communication d'incendie. La notion de troubles de voisinage ne peut être étendue au cas de communication d'un incendie entre immeubles voisins. • Civ. 3e, 15 nov. 1978, n° 77-12.285 P • Civ. 2e, 7 févr. 2019, n° 18-10.727 P : *RDI 2019. 449, obs. Latil* (application de l'art. 1242, al. 2).

7. ... En cas de dégâts matériels causés aux cultures par un gibier. Le régime spécial de responsabilité et d'indemnisation des dégâts matériels causés aux cultures et aux récoltes par un gibier quelconque et aux dommages qui en découlent, institué et organisé par les art. L. 426-1 à L. 426-8 C. envir. a une portée générale et s'applique à toute action en réparation des dommages de toute nature, y compris celle fondée sur les art. 1382 et 1383 anc. [1240 et 1241] C. civ. et celle fondée sur l'art. 544 du même code et sur le principe selon lequel nul ne doit causer à autrui un trouble excédant les inconvénients normaux du voisinage. • Civ. 2e, 13 déc. 2012, n° 11-27.538 P : *D. 2013. 17*.

C. CARACTÈRE ANORMAL DU TROUBLE

8. Obligation pour le juge de rechercher le caractère excessif du trouble invoqué par rapport aux inconvénients normaux du voisinage. Du principe que nul ne doit causer à autrui un trouble anormal de voisinage, il résulte que les juges du fond doivent rechercher si les nuisances, même en l'absence de toute infraction aux règlements, n'excèdent pas les inconvénients normaux du voisinage. • Civ. 3e, 24 oct. 1990, n° 88-19.383 P. ♦ Ils ne peuvent débouter une partie, propriétaire d'un fonds grevé d'une servitude, de sa demande en cessation d'un trouble anormal de voisinage sans rechercher si les troubles subis du fait de l'exercice de la servitude excédaient les inconvénients normaux du voisinage. • Civ. 3e, 26 juin 1996 : *JCP 1997. I. 4060, n° 3, obs. Périnet-Marquet.* ♦ Les juges du fond ne peuvent déduire l'existence de troubles anormaux du voisinage de la seule infraction à une disposition administrative, sans rechercher s'ils avaient excédé les troubles normaux du voisinage. • Civ. 2e, 17 févr. 1993, n° 91-16.928 P • Pau, 15 févr. 2011 : *D. 2011. 2298, obs. Reboul-Maupin* (dans le même sens pour un cahier des charges). ♦ V. aussi • Civ. 3e, 11 févr. 1998, n° 96-10.257 P : *D. 1999. 529, note Beaugendre ; JCP 1998. I. 171, n° 6, obs. Périnet-Marquet* • Civ. 2e, 18 déc. 2003, n° 02-13.092 P : *RTD civ. 2004. 294, obs. Jourdain* (contradiction des juges du fond qui, tout en déboutant une partie de sa demande de dommages-intérêts faute de préjudice prouvé, condamnent l'autre partie à la démolition de l'ouvrage irrégulièrement édifié).

9. Pouvoir d'appréciation des juridictions du fond. Les juges du fond apprécient souverainement en fonction des circonstances de temps et de lieu la limite de la normalité des troubles de voisinage. • Civ. 3e, 3 nov. 1977 : *D. 1978. 434, note Caballero* • Civ. 2e, 19 mars 1997 : *D. 1998. Somm. 60, obs. A. Robert* • 27 mai 1999, n° 97-20.488 P : *RDI 2000. 17, obs. Bergel* • 31 mai 2000 : *cité note 15.* ♦ V. cependant, *contra* (contrôle par la Cour de cassation du caractère d'anormalité du trouble de voisinage) : • Civ. 3e, 6 juill. 1988 : *Gaz. Pal. 1989. 1. Somm. 168, obs. Piedelièvre.* ♦ Pour une appréciation dans un cadre international : • CJCE 18 mai 2006, n° C-343/04 : *D. 2007. Pan. 2494, obs. Reboul-Maupin ; RDI 2006. 356, note Trébulle.*

10. Compatibilité de l'anormalité avec une absence d'infraction aux règlements. Le respect des dispositions légales n'exclut pas l'existence éventuelle de troubles excédant les inconvénients normaux du voisinage. • Civ. 3e, 12 oct. 2005, n° 03-19.759 P : *RDI 2005. 459, obs. Malinvaud ; ibid. 2006. 43, obs. Trébulle ; ibid. 205, obs. Bergel* (vues régulières sur le fonds voisin).

II. RÉGIME DE L'ACTION EN RÉPARATION

A. PARTIES À L'ACTION

1° VICTIME DU TROUBLE

11. Victime : propriétaire du fonds troublé. Un propriétaire, même s'il ne réside pas sur son fonds, est recevable à demander qu'il soit mis fin aux troubles anormaux de voisinage provenant d'un fonds voisin. • Civ. 2e, 28 juin 1995, n° 93-12.681 P : *R., p. 320 ; D. 1996. Somm. 59, obs. A. Robert ; Defrénois 1995. 1412, obs. Aubert ; RTD civ. 1996. 179, obs. Jourdain ; RDI 1996. 175, obs. Bergel.*

12. ... Occupants d'un immeuble en copropriété. Le principe selon lequel nul ne doit causer à autrui un trouble du voisinage s'applique à tous les occupants d'un immeuble en copropriété, quel que soit leur titre d'occupation. • Civ. 2e, 17 mars 2005, n° 04-11.279 P : *D. 2005. Pan. 2357, obs. Reboul-Maupin ; RDI 2005. 197, note Trébulle.*

13. Recevabilité de l'action exercée par le syndic de copropriété. L'action, engagée par le syndic de copropriété sur le fondement du trouble anormal du voisinage, est recevable en présence d'une habilitation donnée par l'assemblée générale du syndicat des copropriétaires précisant suffisamment la nature de la procédure suivie, l'objet de celle-ci, les parties de l'immeuble concernées par les désordres ainsi que les personnes visées. • Civ. 3e, 21 mai 2008, n° 06-20.587 P : *RDI 2008. 394, obs. Malinvaud.*

2° RESPONSABLE DU TROUBLE

14. Propriétaire actuel de l'immeuble à l'origine du trouble. L'acheteur d'un immeuble est responsable des troubles du voisinage subsistant lorsqu'il en est devenu propriétaire, peu important qu'il n'ait pas été propriétaire du fonds lorsque ce trouble a commencé à se produire. • Civ. 3e, 16 mars 2022, n° 18-23.954 B : *D. 2022. 1528, obs. Reboul-Maupin ; ibid. 2023. 34, obs. Gout ; RDI 2022. 295, obs. Charbonneau ; ibid. 332, obs. Leray ; RTD civ. 2022. 639, obs. Jourdain ; RDC 2022/2. 140, note Danos* (infiltrations d'eau provenant de canalisations).

15. Propriétaire d'un immeuble donné en location. La victime d'un trouble de voisinage émanant d'un immeuble donné en location peut en demander réparation au propriétaire, qui ne peut s'exonérer en arguant de l'inaction de son locataire mis en demeure de mettre un terme aux nuisances. • Civ. 3e, 17 avr. 1996, n° 94-15.876 P : *D. 1997. Somm. 271, obs. CRDP Nancy 2 ; JCP 1996. I. 3972, n° 7, obs. Périnet-Marquet ; RTD civ. 1996. 638, obs. Jourdain* • Civ. 2e, 31 mai 2000, n° 98-17.532 P : *D. 2000. IR 171 ; JCP 2000. I. 265, n° 6, obs. Périnet-Marquet ; Defrénois 2001. 607, étude Archer ; RDI 2000. 527, obs. Bruschi.* – Même sens : • Civ. 3e, 30 juin 2004, n° 03-11.562 P : *D. 2004. IR 2082.*

Condamnation *in solidum*, avec le franchisé, du franchiseur d'une station de lavage de voitures occasionnant des nuisances : • Civ. 2e, 21 mai 1997, n° 95-17.743 P : *D. 1998. 150, note Fages ; JCP 1998. II. 10057, note Mauger-Vielpeau ; RTD civ. 1998. 115, obs. Jourdain.*

16. Constructeurs pendant le chantier.

Reboul-Maupin, *D. 2011. 2607* (voisin occasionnel). – Wester-Ouisse, *RCA 2011. Étude 9.* ♦ Le propriétaire de l'immeuble auteur des nuisances et les constructeurs à l'origine de celles-ci sont responsables de plein droit vis-à-vis des voisins victimes, sur le fondement de la prohibition du trouble anormal de voisinage, ces constructeurs étant, pendant le chantier, les voisins occasionnels des propriétaires lésés. • Civ. 3e, 22 juin 2005, nº 03-20.068 P : *R., p. 289 ; BICC 15 oct. 2005, nº 1925, et la note ; D. 2006. 40, note Karila ; RCA 2005, nº 288, note Groutel ; Defrénois 2006. 72, obs. Périnet-Marquet ; RDI 2005. 330, obs. Gavin-Millan-Oosterlynck , et 339, obs. Malinvaud ; RTD civ. 2005. 788, obs. Jourdain .* – Déjà en ce sens : • Civ. 3e, 11 mai 2000, nº 98-18.249 P : *D. 2001. Somm. 2231, obs. Jourdain ; JCP 2000. I. 265, nº 7, obs. Périnet-Marquet ; RDI 2000. 313, obs. Bruschi ; RCA 2000, nº 263, note Groutel* (formule voisine : propriétaire actuel du bien où ont eu lieu les travaux à l'origine des troubles et entrepreneur auteur de ces travaux ; cassation de l'arrêt refusant d'engager la responsabilité de l'acquéreur des locaux postérieurement à leur construction). ♦ Pour la première chambre civile : l'entrepreneur auteur des travaux est responsable de plein droit des troubles de voisinage constatés dans le fonds voisin. • Civ. 1re, 18 mars 2003, nº 99-18.720 P : *Defrénois 2003. 1282, obs. Périnet-Marquet ; RCA 2003. Chron. 11, par Groutel ; RDI 2003. 284, obs. Malinvaud ; ibid. 314, obs. L. G. ; RTD civ. 2003. 513, obs. Jourdain ; RDC 2003. 134, obs. Bénabent.* ♦ Même sens : • Civ. 3e, 13 avr. 2005 : *cité note 39.*

Responsabilité de plein droit de l'entrepreneur de travaux publics dont l'activité est en relation directe avec le trouble anormal de voisinage, nonobstant le fait que l'origine du dommage, causé par un véhicule, soit située sur le domaine public. • Civ. 3e, 8 nov. 2018, nº 17-24.333 P : *D. 2018. 2184 ; RDI 2019. 167, obs. Charbonneau ; RTD civ. 2019. 140, obs. Dross* (en l'espèce, immeuble endommagé à la suite de l'explosion consécutive au percement d'une canalisation de gaz lors de travaux de voirie).

17. Architecte et bureau d'études. Le fait que des architectes et des bureaux d'études n'occupent pas *matériellement* le fonds voisin ne suffit pas à exclure l'existence d'une relation de cause directe entre les troubles subis et leurs missions respectives. • Civ. 3e, 28 avr. 2011, nº 10-14.516 P : *D. 2011. 1282 ; RDI 2011. 402, obs. Malinvaud .* ♦ Comp. : Nécessité de relever une relation de cause directe entre les nuisances et la réalisation des missions d'études de sol, de maîtrise d'œuvre, de contrôle technique. • Civ. 3e, 9 févr. 2011 : *D. 2011. 2298, obs. Reboul-Maupin ; RDI 2011. 227, obs. Malinvaud ; RTD civ. 2011. 361, obs. Jourdain ; RCA 2011, nº 179, obs. Groutel.*

18. Héritier de l'occupant décédé. L'héritier de l'occupant d'un appartement étant saisi de plein droit des biens de celui-ci dès son décès, il est responsable à raison des dommages anormaux qui ont été causés à l'appartement du dessous, souillé par des écoulements et odeurs provenant de l'appartement de l'occupant, du fait que sa dépouille mortelle est restée plusieurs jours sans être enlevée. • Paris 28 janv. 2009 : *D. 2009. 1804, note Bert ; ibid. Pan. 2300, obs. Reboul-Maupin ; RLDC 2009/62, nº 3494, obs. Bugnicourt ; ibid. 2009/64, nº 3592, obs. Parance ; RTD civ. 2009. 501, obs. Hauser .*

19. Cas particulier de la sous-traitance. L'entrepreneur principal, qui a fait réaliser des travaux par un sous-traitant, n'est pas l'auteur du trouble de voisinage et ne peut être poursuivi à ce titre. • Civ. 3e, 21 mai 2008, nº 07-13.769 P : *R., p. 274 ; BICC 15 oct. 2008, nº 1512, et la note ; D. 2008. AJ 1551, obs. Bigot de la Touanne ; ibid. Pan. 2466, obs. Reboul-Maupin ; ibid. Pan. 2894, obs. Jourdain ; Defrénois 2009. 87, obs. Périnet-Marquet ; RCA 2008, nº 260, obs. Groutel.*

Sur les actions récursoires du maître de l'ouvrage contre l'entrepreneur ou des entrepreneurs entre eux, V. notes 72 s. ss. art. 1792. ♦ Comp. antérieurement • Civ. 3e, 30 juin 1998, nº 96-13.039 P : *R., p. 224 ; JCP 1999. I. 120, nº 13, obs. Périnet-Marquet ; RTD civ. 1999. 114, obs. Jourdain* (responsabilité de plein droit du sous-traitant auteur des travaux).

20. Action entre copropriétaires. Le règlement de copropriété ne peut pas exonérer un copropriétaire de sa responsabilité à l'égard d'un autre pour trouble de voisinage. • Civ. 3e, 20 févr. 1973 : *Gaz. Pal. 1973. 1. 471, note Morand ; RTD civ. 1974. 610, obs. Durry.* ♦ Mais, saisi d'une demande de réparation de trouble de voisinage, le juge ne peut apporter à l'utilisation et à la jouissance des parties privatives d'un lot de copropriété aucune restriction excédant celles stipulées au règlement de copropriété. • Civ. 3e, 17 janv. 1996 : *JCP 1996. I. 3972, nº 8, obs. Périnet-Marquet ; RDI 1997. 399, obs. Bergel .*

21. Locataire agissant contre son bailleur (non). L'action en réparation du trouble anormal de voisinage subi par le locataire, du fait de la réalisation par son bailleur d'une opération de construction immobilière, ne peut être engagée que sur le fondement du bail. • Civ. 3e, 10 nov. 1998, nº 96-15.483 P : *D. 1999. Somm. 260, obs. Jourdain .*

B. AUTRES CONDITIONS D'EXERCICE DE L'ACTION

22. Prescription. L'action en responsabilité fondée sur un trouble anormal du voisinage constitue, non une action réelle immobilière, mais une action en responsabilité civile extracontractuelle soumise à une prescription de dix ans en application de l'anc. art. 2270-1 C. civ., réduite à cinq ans à compter de l'entrée en vigueur de l'art. 2224 dans sa rédaction issue de la L. n° 2008-561 du 17 juin 2008. • Civ. 3e, 16 janv. 2020, n° 16-24.352 P : *D. 2020. 466, note Rias ; ibid. 1761, obs. Reboul-Maupin et Strickler ; RDI 2020. 120, obs. Charbonneau ; RDC 2020/2. 113, note Danos.* ♦ Déjà, dans le même sens, pour des nuisances sonores, même lorsqu'il est soutenu que le trouble est à l'origine d'une perte de valeur du bien immobilier voisin. • Civ. 2e, 13 sept. 2018, n° 17-22.474 P : *D. 2018. 1806 ; AJDI 2019. 470, obs. Le Rudulier ; RTD civ. 2018. 948, obs. Dross .*

23. Interruption de la prescription résultant d'une reconnaissance non équivoque. Ne caractérise pas une reconnaissance non équivoque de son obligation d'indemniser un trouble anormal de voisinage, susceptible d'interrompre la prescription quinquennale, le fait que le propriétaire du fonds dont les arbres empiétaient sur le toit de sa voisine n'ait pas contesté la teneur du courrier de celle-ci lui rappelant son engagement de consulter un spécialiste de l'élagage. • Civ. 3e, 7 janv. 2021, n° 19-23.262 P.

24. Absence de mise en demeure préalable. La réparation des troubles anormaux de voisinage n'est pas subordonnée à l'existence d'une mise en demeure préalable. • Civ. 2e, 25 nov. 1992, n° 91-15.192 P.

25. Compétence judiciaire. La compétence exclusive du préfet en matière d'installations classées ne fait pas obstacle à la mise en jeu de la responsabilité de l'exploitant pour trouble de voisinage devant le juge judiciaire. • Civ. 1re, 15 mai 2001, n° 99-20.339 P : *JCP 2002. I. 126, n° 5, obs. Périnet-Marquet ; RDI 2001. 360, obs. Bruschi ; ibid. 2002. 370, obs. Trébulle .* ♦ Les tribunaux judiciaires ont compétence pour se prononcer tant sur les dommages-intérêts à allouer aux tiers lésés par le voisinage d'une installation classée que sur les mesures propres à faire cesser le préjudice que cette installation pourrait causer dans l'avenir, mais seulement à condition que ces mesures ne contrarient pas les prescriptions édictées par l'administration en vertu des pouvoirs de police spéciale qu'elle détient, le principe de la séparation des pouvoirs s'opposant à ce que le juge judiciaire substitue sa propre appréciation à celle que l'autorité administrative a portée sur les dangers ou inconvénients que peuvent présenter ces installations. Une cour d'appel retient à bon droit que la demande tendant à obtenir l'enlèvement d'éoliennes, au motif que leur implantation et leur fonctionnement seraient à l'origine d'un préjudice visuel et esthétique et de nuisances sonores, implique une immixtion du juge judiciaire dans l'exercice de cette police administrative spéciale et doit être approuvée pour avoir, en conséquence, relevé d'office l'incompétence de la juridiction judiciaire pour en connaître. • Civ. 1re, 25 janv. 2017, n° 15-25.526 P : *D. 2017. 1789, obs. Reboul-Maupin .* ♦ Dans le même sens, compétence du juge administratif pour les troubles du voisinage résultant des nuisances sonores provoquées par les hélicoptères d'une base navale. • Civ. 1re, 23 févr. 2012, n° 10-27.336 P (nuisances provenant des hélicoptères d'une base navale).

26. Compatibilité avec une action fondée sur le dol. Une action en réparation de trouble de voisinage dirigée contre un copropriétaire n'exclut pas une action pour dol dirigée contre le vendeur, les deux actions ne se confondant pas. • Civ. 3e, 11 févr. 1998, n° 96-10.257 P : *D. 1998. Somm. 348, obs. A. Robert ; JCP 1998. I. 171, n° 7, obs. Périnet-Marquet.*

27. Prescription. L'action pour troubles anormaux du voisinage constitue une action en responsabilité extra contractuelle et non une action immobilière réelle ; une telle action est soumise à la prescription de dix années aux termes de l'anc. art. 2270-1 C. civ. (applicable en la cause). • Civ. 2e, 13 sept. 2018, n° 17-22.474 P : *D. 2018. 1806 ; AJDI 2019. 470, obs. Le Rudulier ; RTD civ. 2018. 948, obs. Dross .*

C. CAUSES D'EXONÉRATION

28. Force majeure. Les juges du fond ont souverainement apprécié que des troubles qui, en raison de leur durée, ne résultaient pas d'un cas de force majeure excédaient les inconvénients normaux du voisinage. • Civ. 2e, 5 févr. 2004, n° 02-15.206 P : *D. 2004. 2520, note Beaugendre ; ibid. Somm. 2468, obs. Reboul-Maupin ; RDI 2004. 258, obs. Trébulle ; RCA 2004, n° 137, note Groutel ; RTD civ. 2004. 740, obs. Jourdain .* ♦ Un fait dommageable ne relève pas de la force majeure, si le risque de sa réalisation existait auparavant sous la forme d'un trouble de voisinage. • Civ. 3e, 10 déc. 2014, n° 12-26.361 P : *D. actu. 12 janv. 2014, obs. Le Rudulier ; D. 2015. 188, note V. Mazeaud ; ibid. 124, obs. Brun et Gout ; ibid. 362, note Dubarry et Dubois ; RTD civ. 2015. 134, obs. Barbier ; ibid. 177, obs. Dross ; ibid. 399, obs. Jourdain.*

29. Immunité de l'art. L. 112-16 CCH : activités agricoles, industrielles ou artisanales. BIBL. Trémorin, *JCP N 2004. 1327, 1340 et 1371.* ♦ L'art. L. 112-16 CCH [V. note ss. l'art. 544] ne visant que les activités agricoles, industrielles, artisanales et commerciales, l'État français ne peut s'en prévaloir pour l'évolution d'aéronefs militaires. • Civ. 3e, 8 juill. 1992, n° 90-11.170 P. ♦ Les dispositions de l'art. L. 112-16 CCH ne peuvent être utilement invoquées dans un litige relatif à un dommage de travaux publics. • CE 25 nov. 1988, *Sté Citroën : Gaz. Pal. 1989. 1. Somm. 71.* ♦ Jugé que le refus d'indemnisation en cas d'installation postérieure à la création des nuisances (bruit d'un aérodrome) ne peut s'appliquer à l'implantation de bâtiments publics (lycée) qui relève de paramètres incontournables s'imposant aux édiles. • Paris, 23 nov. 1993 : *Gaz. Pal. 1995. 1. Somm. 264 ; JCP 1995. I. 3878, n° 9, obs. Périnet-Marquet.*

30. ... Antériorité de l'activité. L'art. L. 112-16 CCH, substitué à l'art. L. 421-9 C. urb. par la L. du 4 juill. 1980, précise que c'est seulement lorsque les activités auxquelles les nuisances sont dues se sont exercées antérieurement à la demande de permis de construire faite par le réclamant, en conformité avec les dispositions législatives ou réglementaires en vigueur et lorsqu'elles se sont poursuivies dans les mêmes conditions que le dommage n'entraîne pas droit à réparation ; la condition ainsi formulée se trouvait déjà implicitement incluse dans l'art. L. 421-9 C. urb. • Civ. 2e, 5 janv. 1983 : *Bull. civ. II, n° 3.* ♦ Constitutionnalité de cette disposition : • Cons. const. 8 avr. 2011 : *AJDA 2011. 1158, note Foucher ; D. 2011. 1258, note V. Rebeyrol ; ibid. 2011. 2298, obs. Reboul-Maupin ; RDI 2011. 369, étude Trébulle ; Constitutions 2011. 411, obs. Nési ; JCP 2011, n° 1298, § 1, obs. Périnet-Marquet.* – V. aussi • Civ. 3e, 27 avr. 2000, n° 98-18.836 P • Civ. 2e, 17 févr. 2011 : *D. 2011. 2298, obs. Reboul-Maupin.* ♦ Une piste de karting ayant été homologuée par arrêté d'une certaine date, il peut en être déduit que l'homologation n'existait pas avant et que donc l'antériorité, au sens de l'art. L. 112-16 CCH, n'était pas établie. • Civ. 2e, 13 janv. 2005 : *D. 2005. Pan. 2356, obs. Reboul-Maupin.* ♦ Antériorité de la décision administrative de construire un aéroport par rapport à l'acquisition de leur parcelle par les riverains : V. • Civ. 2e, 14 juin 2007, n° 05-19.616 P : *RDI 2007. 393, note Trébulle ; AJDI 2008. 320, obs. Forest.*

31. ... Conformité de l'activité à la réglementation en vigueur. BIBL. Endreo, *RDI 1981. 460.* ♦ L'antériorité de l'activité industrielle occasionnant des nuisances n'exonère pas son auteur de sa responsabilité à l'égard des voisins si cette activité n'est pas exercée en conformité avec les dispositions législatives et réglementaires. • Civ. 3e, 10 oct. 1984 : *Bull. civ. III, n° 165* • Civ. 2e, 16 mai 1994, n° 92-19.880 P. – V. aussi • Civ. 3e, 13 déc. 2005 : *RDI 2006. 188, obs. Trébulle* (activité conforme) • Civ. 2e, 5 oct. 2006, n° 05-17.602 P : *RDI 2007. 124, obs. Trébulle ; Dr. et patr. 7-8/2007. 89, obs. Seube* (nécessité pour les juges du fond de constater la conformité de l'activité). ♦ *En l'absence de texte définissant les* règles d'exploitation d'un terrain de golf, l'exploitant d'un golf ne peut invoquer l'art. L. 112-16 CCH, qui ne prévoit une exonération de responsabilité que si l'activité génératrice de trouble s'exerce conformément aux dispositions en vigueur. • Civ. 2e, 10 juin 2004, n° 03-10.434 P : *D. 2005. Pan. 186, obs. D. Mazeaud ; RDI 2004. 348, obs. Trébulle ; LPA 12 août 2005, note Zalewski ; RTD civ. 2004. 738, obs. Jourdain.*

32. ... Modification ultérieure de l'activité. Le trouble de voisinage peut être retenu malgré l'antériorité de l'installation de l'entreprise si, postérieurement à l'acquisition ou à la demande de permis de construire par le propriétaire voisin, l'activité de l'entreprise ne s'est pas poursuivie dans les mêmes conditions, de telle sorte que les nuisances ont été aggravées. • Civ. 2e, 7 nov. 1990, n° 89-16.241 P • 17 juill. 1991, n° 90-15.747 P • Civ. 2e, 3 févr. 1993, n° 91-14.715 P • Civ. 3e, 18 janv. 2005 : *D. 2005. Pan. 2356, obs. Reboul-Maupin.* – V. aussi • Civ. 2e, 5 oct. 2006 : *préc. note 31* • 15 mars 2007 : *RDI 2007. 334, obs. Trébulle* • 10 mai 2007 : *eod. loc.*

33. ... Non-application dans les rapports entre copropriétaires. Les dispositions de l'art. L. 112-16 CCH ne sont pas applicables aux rapports de copropriétaires entre eux. • Civ. 3e, 23 janv. 1991, n° 89-16.163 P : *R., p. 302.*

D. RÉPARATIONS ACCORDÉES

34. Diversité des modes de réparation. Une cour d'appel apprécie souverainement la mesure propre à faire cesser le trouble anormal de voisinage. • Civ. 2e, 9 oct. 1996, n° 94-16.616 P (circuit de karting : interdiction, sous astreinte, de toute épreuve en attendant la mise en conformité) • 12 nov. 1997, n° 96-10.603 P • Civ. 1re, 13 juill. 2004, n° 02-15.176 P : *D. 2004. IR 2349 ; AJDA 2005. 1235, note Moliner-Dubost* (porcherie : suspension d'activité sous astreinte, nonobstant l'autorisation administrative).

III. EXEMPLES DE TROUBLES DE VOISINAGE

A. NUISANCES SONORES, VISUELLES OU OLFACTIVES

35. Bruit. Bruit provenant d'un appartement : • Civ. 2e, 3 janv. 1969 : *D. 1969. 323 ; JCP 1969. II. 15920, note Mourgeon* (aspirateur, radio, vide-ordures, etc.) • Lyon, 23 déc. 1980 : *D. 1983. 605, note Aubert* (instrument de musique) • Paris, 2 mai 1983 : *Gaz. Pal. 1983. 2. 457, note Morand* (pas et chocs sur un plancher). ♦ Bruit d'un cinéma : • Civ. 2e, 12 janv. 1966 : *D. 1966. 473.* ♦ Bruit d'une usine : • Civ. 2e, 11 mai 1966 : *D. 1966. 753, note Azard* • 27 avr. 1979 : *JCP 1980. II. 19408, note Mourocq.* ♦ Chants de coqs : • Dijon, 2 avr. 1987 : *Gaz. Pal. 1987. 2. 601, note Goguey.* ♦ *Contra :* • Riom, 7 sept. 1995 : *JCP 1996. II. 22625, note Djigo.* ♦ Batraciens : • Civ. 2e, 14 déc. 2017, n° 16-22.509 : *D. 2018. 995, note Leray ; AJDI 2018. 142.* – V. aussi : • Bordeaux, 17 déc. 2019, n° 18/03044 : *D. 2020. 757, note Leray.* ♦ Bruits d'aéronefs : • Civ. 2e, 14 juin 2007, n° 05-19.616 P : *RDI 2007. 393, note Trébulle ; AJDI 2008. 320, obs. Forest* (preuve non rapportée, en l'espèce, d'une gêne excédant la mesure des inconvénients normaux du voisinage d'un aéroport).

36. Privation de vue. Hauteur dommageable d'une construction : • Civ. 3e, 27 juin 1973 : *JCP*

1975. II. 18014, note Jaubert (obstacle au fonctionnement des cheminées) • Agen, 2 févr. 1971 : *Gaz. Pal. 1971. 1. 328* (obstacle à la réception d'émissions de télévision) • Civ. 2e, 28 avr. 2011 : *RCA 2011, n° 254* (privation d'ensoleillement). ♦ ... De plantations : • Civ. 3e, 18 janv. 2011 : *D. 2011. 2298, obs. Reboul-Maupin*. – Comp. l'application de l'art. L. 112-12 CCH : • Civ. 3e, 14 nov. 1990, n° 88-10.741 P • Civ. 3e, 18 juill. 1972, n° 72-12.880 P : *R. 1972-1973, p. 59 ; JCP 1972. II. 17203, rapport Fabre* (privation d'ensoleillement) • 26 janv. 1993 : *Gaz. Pal. 1993. 1. 277, note Liet-Veaux* (privation de vue et dépréciation du fonds) • 14 janv. 2004, n° 02-18.564 P : *D. 2004. Somm. 2409, obs. Reboul-Maupin* (privation d'ensoleillement et bruit). ♦ Mais les propriétaires de lot ne peuvent bénéficier sur un lotissement permettant la construction de villas individuelles d'un droit de vue sur la mer. • Civ. 1re, 8 juin 2004, n° 02-20.906 P : *JCP N 2005. 1219, note Liet-Veaux.* ♦ Nul n'est assuré de conserver son environnement qu'un plan d'urbanisme peut toujours remettre en question, et le propriétaire d'un appartement situé dans une zone très urbanisée doit, dans un lotissement, s'attendre à être privé d'un avantage d'ensoleillement déjà réduit. • Civ. 3e, 21 oct. 2009, n° 08-16.692 P : *D. 2010. Pan. 2183, obs. Mallet-Bricout ; AJDI 2010. 388, obs. Tomasin ; RDI 2010. 161, obs. Nési*.

Gêne esthétique : • Civ. 2e, 24 févr. 2005, n° 04-10.362 P : *JCP 2005. II. 10100, note Trébulle ; ibid. I. 149, n° 10, obs. Viney ; ibid. I. 181, n° 5, obs. Périnet-Marquet ; AJDI 2005. 593, note Prigent ; LPA 1er juin 2006, note Rakotovahiny* (dépôt de ferrailles et matériels usagés en limite de fonds).

37. Pollutions diverses. Émission de poussières, fumées, etc. • Civ. 2e, 22 oct. 1964 : *D. 1965. 344, note Raymond ; JCP 1965. II. 14288, note Esmein* (poussière de ricin) • Civ. 1re, 1er mars 1977, n° 75-12.174 P (fumée corrosive) • Civ. 2e, 30 janv. 1985 : *ibid. II, n° 24* (émanations fluorées) • Civ. 3e, 9 nov. 1976 : *D. 1977. 561, note Denis* (lumière d'une enseigne) • 24 janv. 1973, n° 72-10.585 P : *R. 1972-1973, p. 60 ; JCP 1973. II. 17440, rapport Fabre* (jet de détritus, émanation de gaz d'échappement). ♦ Pour un trouble de voisinage résultant de la décomposition d'un cadavre, V. • Paris, 28 janv. 2009 : *préc. note 18.*

B. AUTRES CAS

38. Transformation de l'environnement. Exploitation d'une carrière d'argile bouleversant le sol à proximité d'une maison ayant vocation de résidence secondaire : • Civ. 2e, 29 nov. 1995, n° 93-18.036 P. ♦ Construction d'un ensemble immobilier sur un terrain auparavant planté de vignes, nonobstant la conformité aux règles d'urbanisme : • Civ. 3e, 9 mai 2001 : *RD rur. 2002. 229, note Mémeteau.* ♦ Ensablement : • Civ. 3e, 12 févr. 1992, n° 89-19.297 P (ensablement de la totalité d'une propriété suite à la suppression du cordon dunaire pour la construction d'un parking).

39. Désordres affectant une propriété voisine. Désordres, lézardes, fissures, etc., provoqués par un chantier de construction : • Civ. 3e, 25 oct. 1972, n° 71-12.434 P : *R. 1972-1973, p. 59 ; D. 1973. 756, note Souleau ; JCP 1973. II. 17491, note Goubeaux* • 8 févr. 1977 : *Bull. civ. III, n° 66* • 8 mai 1979 : *Gaz. Pal. 1980. 2. 684, note Plancqueel.* – V. aussi : Lambert-Piéri, *RDI 1980. 367.* ♦ Privation d'électricité par suite de l'arrachage d'un câble électrique lors de travaux sur le fonds voisin. • Civ. 3e, 13 avr. 2005, n° 03-20.575 P : *Defrénois 2006. 72, obs. Périnet-Marquet ; RDI 2005. 279, obs. Gavin-Millan-Oosterlynck , et 299, obs. Malinvaud*. ♦ Présence d'arbres tombés du fonds voisin à la suite des tempêtes de fin 1999 : • Civ. 2e, 5 févr. 2004, n° 02-15.206 P : *D. 2004. 2520, note Beaugendre ; ibid. Somm. 2468, obs. Reboul-Maupin ; RDI 2004. 258, obs. Trébulle ; RCA 2004, n° 137, note Groutel ; RTD civ. 2004. 740, obs. Jourdain*.

40. Trouble résultant d'un risque de dommages. V. : • Civ. 2e, 10 juin 2004 : *préc. note 31* (proximité d'un terrain de golf) • 24 févr. 2005 : *préc. note 36* (stockage de paille à proximité immédiate d'une maison d'habitation) • Civ. 3e, 10 déc. 2014, n° 12-26.361 P : *cité note 28* (risque lié à la présence d'arbres penchant sur le terrain voisin et mettant en danger la sécurité des personnes et des biens).

41. Cas particulier : risques liés aux antennes-relais et compétence du juge administratif. Le juge administratif est compétent pour connaître de l'action, quel que soit son fondement, aux fins d'obtenir l'interruption de l'émission, l'interdiction de l'implantation, l'enlèvement ou le déplacement d'une station radioélectrique régulièrement autorisée et implantée sur une propriété privée ou sur le domaine public par les autorités publiques compétentes en la matière dans l'exercice de leur pouvoir spécial de police, au motif que son fonctionnement serait susceptible de compromettre la santé des personnes vivant dans le voisinage ou de provoquer des brouillages ; cassation de l'arrêt qui, pour dire la juridiction judiciaire compétente pour connaître de la demande de suspension des travaux et d'interdiction de mise en service d'une antenne-relais de téléphonie mobile, retient que le juge judiciaire est compétent pour prendre toute mesure propre à faire cesser le préjudice invoqué alors que la requête est fondée sur les troubles anormaux de voisinage, qu'elle vise non seulement un risque pour la santé globale des riverains, mais plus précisément un risque vital pour le demandeur, atteint d'une affection neurodégénérative et d'hypersensibilité aux ondes électromagnétiques, et que la demande de cessation des travaux a vocation à être provisoire dans l'attente du débat au fond. • Civ. 1re, 15 juin 2022, n° 21-14.928 B. ♦ Sur les six décisions rendues par le T. confl. le 14 mai 2012 afin de préciser le partage de compétence entre le juge administratif et le juge judiciaire concernant les litiges relatifs aux antennes-relais, V. • T. confl. 14 mai 2012, nos C3846, C3850, C3852, C3854, C3844 et C3848 : *D. 2013. 1489*, *add. Viney* (contentieux des antennes-relais). ♦ Sur les divergences jurisprudentielles antérieures, V. • TGI Nanterre, 18 sept. 2008 : *D. 2008. AJ 2502, obs. Gallmeister ; ibid. 2916, note Boutonnet ; JCP 2008. II. 10208, note Borel ; ibid. 2009. I. 123, n° 4, obs. Stoffel-Munck ; RDI 2008. 489, obs. Trebulle ; RLDC 2008/55, n° 3215, obs. Bugnicourt,* conf. par • Versailles, 4 févr. 2009 : *D. 2009. 1369, note Feldman ; ibid. Pan. 2300, obs. Reboul-Maupin ; JCP 2009, n° 38, p. 41, obs. Stoffel-Munck ; AJDA 2009. 712, obs. Bourillon ; RCA 2009, n° 75, obs. Courtieu ; RLDC 2009/59, n° 3374, note Quézel-Ambrunaz ; ibid., n° 3379, obs. Bugnicourt ; ibid. 2009/61, n° 3481, obs. Parance ; RTD civ. 2009. 327, obs. Jourdain* (risque lié aux ondes émises par une antenne de téléphonie mobile). – *Adde* : Boutonnet, *D. 2009. Chron. 819 ; Gaz. Pal. 2009. 3430.* ♦ *Contra* : • Chambéry, 4 févr. 2010 : *JCP 2010, n° 531, note Parance* • Bastia, 21 juill. 2010 : *JCP 2011, n° 435, § 5, obs. Stoffel-Munck* • Lyon, 3 févr. 2011 : *CCE 2011, n° 35, obs. Stoffel-Munck.* – *Adde* : Leblond, *RCA 2010. Étude 10.* – P. Martin, *Mél. Jeantet, Litec 2010* (juge compétent pour la téléphonie mobile).

Art. 652 **Partie de ces obligations est réglée par les lois sur la police rurale ;**

Les autres sont relatives au mur et au fossé mitoyens, au cas où il y a lieu à contre-mur, aux vues sur la propriété du voisin, à l'égout des toits, au droit de passage.

SECTION 1 Du mur et du fossé mitoyens

RÉP. CIV. v° *Mitoyenneté*, par M. Boudot.

BIBL. GÉN. ► Choteau, *JCP 1953. I. 1125.* – Jestaz, *Mél. Aubert, Dalloz, 2005, p. 471.* – Liet-Veaux, *JCP 1966. I. 1991.*

Art. 653 **Dans les villes et les campagnes, tout mur servant de séparation entre bâtiments jusqu'à l'héberge, ou entre cours et jardins, et même entre enclos dans les champs, est présumé mitoyen, s'il n'y a titre ou marque du contraire.**

I. RÉGIME DE LA MITOYENNETÉ

1. *Nature juridique de la mitoyenneté.* La mitoyenneté est un droit de propriété dont deux personnes jouissent en commun, non une servitude. • Civ. 3e, 20 juill. 1989, n° 88-12.883 P : *RTD civ. 1990. 686, obs. Zenati*.

2. *Acquisition de la mitoyenneté.* Acquisition de la mitoyenneté par volonté unilatérale, V. art. 661 (cession forcée) et V. art. 663 (droit d'obliger à construire). ♦ Acquisition de la mitoyenneté par le jeu de la prescription acquisitive, V note 4 ss. art. 657.

3. *Preuve de la mitoyenneté : rôle des présomptions légales.* Mitoyenneté des murs, V. ci-dessous, notes 9 s. ♦ Mitoyenneté des autres clôtures, V. art. 666 s.

4. *... Prise en compte des présomptions de fait.* En l'absence de preuve de mitoyenneté par titres, par la présomption légale de l'art. 653 ou par la prescription acquisitive, les juges du fond doivent rechercher si les présomptions simples invoquées n'établissent pas le caractère mitoyen du mur. • Civ. 3e, 19 avr. 1989 : *Bull. civ. III, n° 87.*

5. *Obligations des copropriétaires.* Obligation d'entretenir et de réparer, V. art. 655 pour les murs et art. 667 pour les autres clôtures.

6. *Droit des copropriétaires.* Mitoyenneté des murs : droit de construire, V. art. 657 et 662, droit d'exhaussement, V. art. 658 et 659. ♦ Mitoyenneté des autres clôtures : droit de percevoir les produits et fruits des haies, V. art. 669 et art. 670, droit de destruction, V. art. 668, droit d'exiger l'arrachage des arbres mitoyen, V. art. 670.

7. *Cessation de la mitoyenneté : fin de la contiguïté.* Si la mitoyenneté suppose l'existence d'héritages contigus et cesse avec ses effets propres sur tous les points où la contiguïté des héritages n'existe plus, la cessation de cet état laisse subsister le droit de copropriété. • Civ. 1re, 28 mars 1966 : *D. 1966. 503 ; JCP 1966. II. 14671, note Esmein ; RTD civ. 1966. 554, obs. Bredin* • Civ. 3e, 10 juill. 1969 : *JCP 1970. II. 16172, note Goubeaux ; RTD civ. 1970. 380, obs. Bredin* • 18 mai 1994, n° 92-19.763 P.

8. *... Faculté d'abandon.* Sur la faculté d'abandon offerte au copropriétaire d'un mur mitoyen pour se dispenser de contribuer aux réparations et reconstructions, V. art. 656. ♦ Pour le cas des clôtures mitoyennes, V. art. 667.

II. PRÉSOMPTIONS LÉGALES RELATIVES AUX MURS SÉPARATIFS

A. PRÉSOMPTION GÉNÉRALE DE MITOYENNETÉ : DOMAINE D'APPLICATION

9. *Notion de cours et jardins.* Les juges du fond apprécient souverainement si les terrains situés autour d'un immeuble à usage d'habitation et d'une construction à usage de garage sont assimilables aux cours et jardins. • Civ. 3e, 12 févr. 1970 : *Bull. civ. III, no 104.*

10. Construction à frais communs. A défaut de titre, les juges du fond peuvent retenir la présomption de mitoyenneté résultant de la construction à frais communs du mur. • Civ. 3e, 4 janv. 1973, no 71-12.119 P.

11. Domaine : terrain non bâti (non). La présomption de mitoyenneté d'un mur séparatif n'a pas lieu lorsqu'il n'existe de bâtiment que d'un seul côté. • Civ. 3e, 7 mars 1973, no 72-10.554 P. ♦ La présomption est donc écartée s'il est prouvé qu'à l'époque de l'édification du mur il n'existait pas de bâtiments sur un des terrains. • Req. 10 juill. 1865 : *DP 1865. 1. 483* • 24 oct. 1951 : *D. 1951. 772.*

12. ... Plafond (non). Elle ne concerne que les murs séparatifs, et non pas un plafond. • Civ. 3e, 8 juin 1988 : *Bull. civ. III, no 107 ; D. 1989. Somm. 33, obs. A. Robert ; RDI 1989. 189, obs. Bergel ; RTD civ. 1990. 113, obs. Zenati.*

13. ... Mur de soutènement. Un mur de soutènement n'est pas un mur de clôture et, par conséquent, ne peut être considéré comme un mur mitoyen. • Civ. 3e, 15 juin 1994, no 92-13.487 P. ♦ Les murs de soutènement doivent être présumés appartenir à celui dont ils soutiennent les terres et qui en profite. • Même arrêt. • TGI Tours, 10 juill. 1980 : *D. 1981. IR 513, obs. Robert.* ♦ Un mur de soutènement peut être partiellement mitoyen, pour la portion à l'usage commun des deux voisins, et, pour le surplus de sa longueur, présumé appartenir au propriétaire dont il soutient les terres. • Civ. 3e, 4 janv. 1995, no 92-19.818 P : *Defrénois 1995. 1121, obs. Atias.*

14. Empiétement. Cas du mur construit par un des voisins, à ses frais, à cheval sur la ligne séparative des fonds : V. note 6 ss. art. 661. ♦ Les règles de la mitoyenneté ne s'appliquent pas dans le cas d'une construction édifiée à l'emplacement d'un mur mitoyen préalablement détruit lorsque cette construction empiète sur le fonds voisin. • Civ. 3e, 18 févr. 1998, no 95-19.106 P : *Defrénois 1998. 810, obs. Atias ; Gaz. Pal. 1999. 1. Somm. 122, obs. S. Piedelièvre.* ♦ La présomption de mitoyenneté de l'art. 653 ne saurait s'appliquer à un mur qui ne suit pas la ligne divisoire des fonds mais est implanté de manière irrégulière alternativement sur l'un et l'autre fonds. • Civ. 3e, 5 nov. 2003, no 03-11.668 P : *D. 2003. IR 2868 ; JCP 2004. I. 125, no 14, obs. Périnet-Marquet ; Defrénois 2004. 1164, obs. Atias.*

B. PREUVES CONTRAIRES

15. Titres. Un titre de propriété, dont il appartient aux juges du fond d'apprécier le sens et la portée, peut faire tomber la présomption de mitoyenneté, dès lors qu'il en résulte que le mur a été construit sur l'un des deux fonds et que le propriétaire de l'autre n'établit pas avoir acquis la mitoyenneté. • Civ. 3e, 10 avr. 1973, no 71-14.086 P. ♦ L'art. 653 n'exige d'ailleurs pas que les titres, dont il appartient aux juges du fait d'apprécier le sens et la portée, soient communs aux deux propriétaires voisins. • Civ. 3e, 3 juill. 1973 : *Bull. civ. III, no 459.*

16. Prescription acquisitive. La prescription trentenaire, en vertu de laquelle l'un des voisins, indépendamment de tout titre ou de toute marque de non-mitoyenneté, prétend avoir acquis la propriété exclusive du mur, fait disparaître la présomption légale de l'art. 653. • Civ. 8 nov. 1905 : *DP 1906. 1. 52.*

17. Autres hypothèses. En l'absence de preuve de mitoyenneté par titres, par la présomption légale de l'art. 653 ou par la prescription acquisitive, les juges du fond doivent rechercher si les présomptions simples invoquées n'établissent pas le caractère mitoyen du mur. • Civ. 3e, 19 avr. 1989 : *Bull. civ. III, no 87.*

C. PRÉSOMPTIONS DE NON-MITOYENNETÉ

18. Murs. Marques de non-mitoyenneté relatives aux murs, V. art. 654.

19. Fossé. Marque de non-mitoyenneté, lorsque le rejet de la terre se trouve d'un côté seulement du fossé, V. art. 666, al. 2 et 3.

Art. 654 **Il y a marque de non-mitoyenneté lorsque la sommité du mur est droite et à plomb de son parement d'un côté, et présente de l'autre un plan incliné.**

Lors encore qu'il n'y a que d'un côté ou un chaperon ou des filets et corbeaux de pierre qui y auraient été mis en bâtissant le mur.

Dans ces cas, le mur est censé appartenir exclusivement au propriétaire du côté duquel sont l'égout ou les corbeaux et filets de pierre.

1. Marques de non-mitoyenneté relatives aux murs : caractère non limitatif des indices légaux. *Les énonciations de l'art. 654 n'ont pas un* caractère limitatif et les juges du fait jouissent d'un pouvoir souverain pour apprécier les signes caractéristiques de non-mitoyenneté. • Civ. 1re, 1er mars 1961 : *Bull. civ. I, no 135.* ♦ ... Ou de mitoyenneté. • Civ. 3e, 18 févr. 1971 : *Bull. civ. III, no 126.*

2. ... Possibilité de prendre en compte des marques matérielles contraires. Une marque de non-mitoyenneté prévue à l'art. 654 ne saurait suffire à combattre les marques matérielles contraires et les indications qui ressortent des actes écrits. • Civ. 1re, 6 févr. 1967 : *D. 1967. 430.*

Art. 655 **La réparation et la reconstruction du mur mitoyen sont à la charge de tous ceux qui y ont droit, et proportionnellement au droit de chacun.**

BIBL. ▶ HANSENNE, *Études Weill, Dalloz/Litec, 1983, p. 325* (obligation réelle accessoire).

A. OBLIGATION D'ENTRETENIR ET DE CONSERVER LE MUR MITOYEN

1. Nature juridique : obligation réelle. L'obligation de participer au coût de réfection d'un mur mitoyen, à laquelle sont tenus les copropriétaires, est une obligation réelle liée à la chose qui leur appartient et cette charge cesse lorsqu'ils ne sont plus copropriétaires du mur. • Civ. 3e, 17 juin 1981 : *Gaz. Pal. 1982. 1. Pan. 46, obs. A. P.*

2. Modalités d'exécution des travaux d'entretien ou de conservation. Le copropriétaire d'un mur mitoyen ne peut exiger que le mur soit crépi à sa convenance du côté de la propriété de son coïndivisaire. • Civ. 3e, 30 juin 1981 : *Gaz. Pal. 1982. 1. Pan. 47, obs. A. P.*

B. SORT DES FRAIS DE RÉPARATION ET DE RECONSTRUCTION

3. Partage des frais par moitié : conditions. Le copropriétaire qui fait exécuter seul des travaux sur le mur mitoyen ne peut obtenir le remboursement de la moitié de leur coût que s'il établit que ces travaux étaient urgents ou que l'autre copropriétaire avait donné son accord. • Civ. 3e, 14 juin 2006, n° 05-14.146 P.

4. Frais à la charge exclusive d'un copropriétaire fautif. Le propriétaire qui, dans son intérêt exclusif, démolit et reconstruit un mur mitoyen suffisant pour sa destination actuelle doit en supporter les frais. • Civ. 3e, 2 déc. 1975 : *Bull. civ. III, n° 356.* ♦ Il en est ainsi lorsque la démolition et la reconstruction du mur ont pour cause des travaux effectués sans précaution par un des voisins sur son propre immeuble. • Même arrêt. – V. conf. • Civ. 3e, 21 déc. 1988 : *Bull. civ. III, n° 188* • 4 janv. 1990, n° 89-16.040 P : *D. 1991. Somm. 19, obs. A. Robert* • 17 juill. 1991, n° 90-11.613 P. ♦ Pour un cas où le mur mitoyen assure d'un côté une fonction de soutènement des terres, V. • Lyon, 27 janv. 1993 : *D. 1993. Somm. 304, obs. A. Robert*.

5. ... Ou non fautif. Le propriétaire d'un mur mitoyen doit supporter seul les frais de réparation de ce mur lorsque les réparations sont rendues nécessaires par son fait. • Civ. 3e, 23 janv. 1991, n° 89-16.867 P • 28 sept. 2005, n° 04-12.606 P. ♦ ... Ou par le fait des choses qu'il a sous sa garde. • Civ. 3e, 19 oct. 2005, n° 04-15.828 P.

6. Faculté d'abandon. Sur la faculté d'abandon offerte au copropriétaire d'un mur mitoyen pour se dispenser de contribuer aux réparations et reconstructions, V. art. 656.

Art. 656 **Cependant tout copropriétaire d'un mur mitoyen peut se dispenser de contribuer aux réparations et reconstructions en abandonnant le droit de mitoyenneté, pourvu que le mur mitoyen ne soutienne pas un bâtiment qui lui appartienne.**

BIBL. ▶ BOUBLI, *JCP 1973. I. 2518.*

1. Preuve de l'exercice de la faculté d'abandon. Si la renonciation à un droit ne se présume pas, elle peut résulter de faits impliquant sans aucun doute la volonté de renoncer et les juges du fond peuvent avoir recours à une enquête ; ils peuvent ainsi, appréciant la valeur des témoignages, décider qu'un propriétaire a fait abandon du droit de mitoyenneté. • Civ. 3e, 4 oct. 1973 : *Bull. civ. III, n° 511.*

2. Limites au droit d'abandon : mur de soutènement. La faculté d'abandon ne peut être exercée par l'un des propriétaires lorsqu'il retire du mur litigieux un avantage particulier, tel le soutien de terres. • Civ. 3e, 23 nov. 1976 : *Bull. civ. III, n° 419* • 20 déc. 1989 : *ibid. III, n° 249 ; Defrénois 1990. 751, obs. Souleau ; RTD civ. 1991. 769, obs. Zenati* • 25 sept. 2002, n° 00-22.701 P : *D. 2003. Somm. 2046, obs. Mallet-Bricout ; RDI 2003. 170, obs. M. B.*

3. ... Fuite des conséquences de son comportement. La faculté d'abandon ne peut être exercée par l'un des copropriétaires pour se soustraire aux dépenses de réparation ou de construction rendues nécessaires par son fait. • Civ. 3e, 23 nov. 1976 : *préc.* ♦ Lorsque les dégradations d'un mur mitoyen sont dues à la faute d'un propriétaire, c'est seulement après qu'il a été pourvu, par qui de droit, au rétablissement du mur mitoyen en état que l'auteur du dommage peut être dispensé, pour l'avenir, des charges de la mitoyenneté. • Civ. 1re, 4 nov. 1963 : *Bull. civ. I, n° 473* • TGI Riom, 26 nov. 1969 : *D. 1970. 579.*

4. ... Cas de l'ayant cause. A défaut de tout engagement de sa part, l'acheteur d'un immeuble ne répond pas des faits générateurs de responsabilité commis par son vendeur à l'occasion de travaux ayant endommagé un mur mitoyen ; l'acheteur peut donc, en tant que copropriétaire du mur, procéder à l'abandon de la mitoyenneté. • Civ. 1re, 11 juin 1960 : *Bull. civ. I, n° 323.*

Art. 657 **Tout copropriétaire peut faire bâtir contre un mur mitoyen, et y faire placer des poutres ou solives dans toute l'épaisseur du mur, à cinquante-quatre millimètres**

[*deux pouces*] près, sans préjudice du droit qu'a le voisin de faire réduire à l'ébauchoir la poutre jusqu'à la moitié du mur, dans le cas où il voudrait lui-même asseoir des poutres dans le même lieu, ou y adosser une cheminée.

1° DROIT D'APPUYER DES CONSTRUCTIONS CONTRE UN MUR SÉPARATIF

1. Domaine d'application du droit d'appui : mur mitoyen. Pour éviter d'avoir à cesser ses actes d'utilisation d'un mur séparatif, un propriétaire est tenu d'acquérir la mitoyenneté, car l'art. 657 ne permet de faire bâtir contre un mur de séparation que s'il s'agit d'un mur mitoyen. • Civ. 3e, 9 juin 1982 : *Gaz. Pal. 1982. 2. Pan. 358, obs. A. P.* ♦ Sur l'exigence d'un appui véritable, et non d'une simple contiguïté, V. • Civ. 3e, 12 mars 2003 : *AJDI 2003. 530, note Abram*.

2. Adossement d'une construction sur un mur séparatif non mitoyen. L'adossement d'une construction sur un mur séparatif n'en fait pas, à lui seul, acquérir la mitoyenneté et ne constitue qu'une entreprise de fait, qui peut engager la responsabilité de son auteur. • Civ. 1re, 30 juin 1965 : *JCP 1966. II. 14499, note R. L.* ♦ V. aussi note 1 et note 3.

3. Conditions de mise en œuvre du droit d'appui : accord préalable du voisin ou intervention des experts pour garantir l'absence de nuisance. Les juges du fond ne peuvent déclarer régulière une construction appuyée contre un mur mitoyen sans rechercher si le propriétaire avait préalablement obtenu l'accord de son voisin et sans s'assurer que le nouvel ouvrage n'était pas nuisible aux droits de celui-ci. • Civ. 3e, 4 janv. 1973, nº 71-12.119 P. ♦ Sur l'appréciation du caractère nuisible ou non de l'ouvrage, V. notes ss. art. 662.

4. Conséquences de l'appui : jeu de la prescription acquisitive. Le fait d'appuyer une construction contre un mur constitue un acte de possession caractérisé, car le propriétaire de ladite construction se comporte comme si le mur était sa propriété exclusive ou s'il était mitoyen ; le maintien de cette situation pendant trente ans peut donner lieu à acquisition de la mitoyenneté par prescription. • Civ. 3e, 8 déc. 1971 : *Gaz. Pal. 1972. 2. 492 ; RTD civ. 1972. 618, obs. Bredin.* – Déjà en ce sens : • Civ. 1re, 10 mai 1965 : *D. 1965. 820 ; JCP 1965. II. 14367, note Bulté ; RTD civ. 1966. 110, obs. Bredin.* ♦ Mais l'acquisition est limitée à la partie du mur sur laquelle a lieu l'appui. • Civ. 3e, 7 oct. 1980, nº 79-11.610 P : *D. 1981. IR 234, obs. Robert.*

2° CAS D'ABSENCE D'APPUI

5. Absence d'obligation d'acquérir la mitoyenneté. Un propriétaire qui n'a pris aucun appui sur des murs du fonds voisin mais a fait procéder à leur ravalement ne saurait être contraint d'en acquérir la mitoyenneté, mais doit enlever l'enduit. • Paris, 14 oct. 1972 : *JCP 1973. II. 17422, note Liet-Veaux.* ♦ Le fait de juxtaposer un immeuble au mur du voisin et de profiter de ce mur pour assurer la protection du bâtiment sans qu'il y ait appui, ne constitue ni une manifestation de la volonté d'acquérir la mitoyenneté, ni une atteinte au droit de propriété du voisin. • Civ. 3e, 8 mars 1972 : *JCP 1972. II. 17248, note Goubeaux* • 18 févr. 1987 : *Bull. civ. III, nº 32.*

Art. 658 (*L. nº 60-464 du 17 mai 1960*) **Tout copropriétaire peut faire exhausser le mur mitoyen ; mais il doit payer seul la dépense de l'exhaussement et les réparations d'entretien au-dessus de la hauteur de la clôture commune ; il doit en outre payer seul les frais d'entretien de la partie commune du mur dus à l'exhaussement et rembourser au propriétaire voisin toutes les dépenses rendues nécessaires à ce dernier par l'exhaussement.**

1° CONDITIONS D'APPLICATION DU DROIT D'EXHAUSSEMENT

1. Non-application lorsque le mur mitoyen est partiellement privatif. L'art. 658 n'est pas applicable lorsque le mur, mitoyen jusqu'à l'héberge, est privatif dans sa partie supérieure. • Douai, 16 févr. 1989 : *RDI 1989. 445, note Bergel.*

2. Non-application à une construction *autoportante : • Civ. 3e, 6 juill. 2017, nº 15-17.278 P : D. 2018. 1772, obs. Neyret et Reboul-Maupin ; AJDI 2018. 138, obs. Le Rudulier ; RDI 2017. 526, obs. Bergel ; RTD civ. 2017. 891, obs. Dross.*

3. Exigence du consentement du copropriétaire voisin (non). Le propriétaire qui veut exhausser le mur mitoyen n'est nullement obligé d'obtenir au préalable le consentement du voisin. • Req. 18 avr. 1866 : *DP 1866. 1. 336.*

4. Combinaison du droit d'exhaussement avec les dispositions de l'art. 662. Les dispositions de l'art. 662 sont applicables lorsqu'un copropriétaire appuie une construction sur l'exhaussement. • Civ. 1re, 27 avr. 1963 : *Bull. civ. I, nº 227* • Lyon, 28 avr. 1976 : *D. 1977. 268, note Prévault.* ♦ En sens contraire, V. • Req. 18 avr. 1866 : préc. note 3 • Civ. 3e, 12 avr. 1972 : *JCP 1972. IV. 132.*

5. Modalités matérielles : obligation d'établir l'exhaussement sur toute l'épaisseur du mur (non). Le copropriétaire qui exhausse, à ses frais exclusifs, le mur mitoyen dans les conditions autorisées par l'art. 658 n'est pas obligé d'établir l'exhaussement sur toute l'épaisseur du mur. • Civ. 1re, 1er mars 1961 : *Bull. civ. I, n° 135.*

6. *Cas particulier dans lequel le mur ne peut supporter l'exhaussement.* Sur l'obligation de reconstruction préalable à l'exhaussement, V. art. 659.

2° CONSÉQUENCES DE L'EXHAUSSEMENT

7. *Réparation des troubles causés par l'exhaussement.* Le propriétaire voisin peut prétendre au remboursement des frais de transformation et de surélévation des cheminées placées à proximité du mur, dès lors qu'il y a relation de cause à effet entre l'exhaussement de celui-ci et le mauvais fonctionnement des cheminées. • Civ. 1re, 28 juin 1967 : *D. 1967. 672* • Civ. 3e, 9 oct. 1985 : *Bull. civ. III, n° 118.*

8. *Impossibilité de procéder à un nouvel exhaussement sur l'exhaussement privatif réalisé.* La construction d'un nouvel exhaussement sur un exhaussement privatif constitue une atteinte au droit de propriété. • Civ. 3e, 22 mars 2006, n° 05-10.093 P : *AJDI 2006. 762, obs. Boyard ; RDI 2006. 296, obs. Gavin-Millan-Oosterlynck .* ♦ L'auteur du nouvel exhaussement ne peut échapper à la demande en démolition faite par l'auteur du premier exhaussement en offrant d'acquérir la mitoyenneté de ce premier exhaussement. • Même arrêt.

9. *Faculté d'acquérir la mitoyenneté offerte au copropriétaire voisin.* Sur la faculté pour le copropriétaire voisin d'acquérir la mitoyenneté de l'exhaussement, V. art. 660. ♦ Pour une application particulière, V. • Civ. 3e, 22 mars 2006 : *préc. note 8.*

Art. 659 **Si le mur mitoyen n'est pas en état de supporter l'exhaussement, celui qui veut l'exhausser doit le faire reconstruire en entier à ses frais, et l'excédent d'épaisseur doit se prendre de son côté.**

Art. 660 *(L. n° 60-464 du 17 mai 1960)* **Le voisin qui n'a pas contribué à l'exhaussement peut en acquérir la mitoyenneté en payant la moitié de la dépense qu'il a coûté et la valeur de la moitié du sol fourni pour l'excédent d'épaisseur, s'il y en a. La dépense que l'exhaussement a coûté est estimée à la date de l'acquisition, compte tenu de l'état dans lequel se trouve la partie exhaussée du mur.**

1. *Domaine d'application.* En présence d'une construction autoportante qui ne prend pas appui sur les murs, le bris de toiture et le chéneau ne font pas obstacle au droit d'exhaussement ouvert par l'art. 660. • Civ. 3e, 6 juill. 2017, n° 15-17.278 P : *D. 2018. 1772, obs. Neyret et Reboul-Maupin ; AJDI 2018. 138, obs. Le Rudulier ; RDI 2017. 526, obs. Bergel ; RTD civ. 2017. 891, obs. Dross .*

2. *Caractère supplétif.* Les dispositions de l'art. 660 ne sont que supplétives de la volonté des parties et si une convention a prévu le montant de l'indemnité, elle leur tient lieu de loi. • Civ. 3e, 3 mai 1972 : *Bull. civ. III, n° 280.*

Art. 661 *(L. n° 60-464 du 17 mai 1960)* **Tout propriétaire joignant un mur a la faculté de le rendre mitoyen en tout ou en partie, en remboursant au maître du mur la moitié de la dépense qu'il a coûté, ou la moitié de la dépense qu'a coûté la portion du mur qu'il veut rendre mitoyenne et la moitié de la valeur du sol sur lequel le mur est bâti. La dépense que le mur a coûté est estimée à la date de l'acquisition de sa mitoyenneté, compte tenu de l'état dans lequel il se trouve.**

I. DOMAINE DE LA CESSION FORCÉE

A. PRINCIPE : CARACTÈRE GÉNÉRAL ET ABSOLU DU DROIT D'ACQUÉRIR

1. *Constitutionnalité.* La cession forcée de mitoyenneté prévue par l'art. 661 ne méconnaît pas les art. 2 et 17 de la Déclaration de 1789. • Cons. const. 12 nov. 2010, n° 2010-60 QPC : *D. 2010. Actu. 2771, obs. Forest ; ibid. 2011. 652, note Cheynet de Beaupré ; RDI 2011. 99, obs. Tranchant ; RTD civ. 2011. 144, obs. Revet .*

2. *Faculté d'acquérir la mitoyenneté d'un mur : portée générale, sauf exhaussement.* L'art. 661 a une portée générale, sous réserve seulement des cas prévus à l'art. 660 où le voisin, qui n'a pas contribué à l'exhaussement d'un mur mitoyen, veut acquérir la mitoyenneté de l'exhaussement. • Civ. 1re, 30 juin 1965 : *JCP 1966. II. 14499, note R. L.*

3. *... Caractère discrétionnaire et absolu.* La faculté d'acquérir la mitoyenneté d'un mur par un propriétaire qui le joint est absolue, en l'absence de convention contraire, et la seule condition imposée à ce dernier est de payer le prix de la mitoyenneté à acquérir. La faculté d'acquérir la mitoyenneté appartient ainsi au propriétaire privatif du terrain voisin, même si le mur fait partie d'un immeuble en copropriété dont le voisin est lui-même copropriétaire. • Civ. 3e, 25 avr. 1972 : *D. 1972. 660 ; JCP 1972. II. 17152, note Guillot.* – Dans le même sens : • Civ. 3e, 4 juin 1975, n° 74-11.151 P. ♦ V. aussi notes 5 et 7.

4. *Non-application aux autres clôtures.* Rejet de la cession forcée de la mitoyenneté d'un fossé ou d'une haie, V. art. 668.

B. CAS PARTICULIERS D'IMPLANTATION DU MUR

5. *Retrait insignifiant.* Les juges du fond déduisent valablement du fait que la ligne formée par la face extérieure du mur n'est que légèrement en biais par rapport à la limite de la parcelle, que celui qui l'a construit avait la volonté de bâtir en bordure de son terrain et que le propriétaire du fonds voisin est en droit d'en acquérir la mitoyenneté, bien qu'à l'une de ses extrémités il soit construit en retrait, ce retrait étant insignifiant. • Civ. 1re, 27 févr. 1957 : *Bull. civ. I, n° 107.*

6. *Mur séparatif construit en partie sur le sol du voisin.* Lorsque le mur séparatif a été construit en partie sur le sol du voisin il en résulte que ce mur a, dès l'origine, vocation à la mitoyenneté et celui sur le sol duquel le mur empiète peut en acquérir la mitoyenneté en remboursant au constructeur la moitié du coût de sa construction, actualisé au jour de l'acquisition de la mitoyenneté, la valeur de la moitié du sol n'ayant pas à être remboursée puisqu'elle lui appartient déjà. • Civ. 3e, 11 mai 1982 : *Gaz. Pal. 1982. 2. Pan. 357, obs. A. P. ; RTD civ. 1983. 560, obs. Giverdon* • 9 juill. 1984 : *D. 1985. 409, note Souleau ; RTD civ. 1985. 740, obs. Giverdon et Salvage-Gerest.*

7. *Empiétement.* Un empiétement fait obstacle à l'acquisition de la mitoyenneté. • Civ. 3e, 19 sept. 2007, n° 06-16.384 P : *D. 2007. AJ 2467 ; JCP 2008. I. 127, n° 6, obs. Périnet-Marquet ; Defrénois 2008. 882, obs. Atias ; RDI 2008. 204, obs. Tranchant ; AJDI 2008. 791, obs. Prigent ; RLDC 2008/50, n° 3041, obs. Parance* (empiétement consistant dans l'exhaussement, reposant sur le mur de la maison voisine, d'une construction adossée à ce mur). ♦ ... Quel qu'en soit l'auteur. • Civ. 3e, 19 févr. 2014, n° 13-12.107 P : *D. 2014. 1844, obs. Mallet-Bricout et Reboul-Maupin ; AJDI 2014. 801, obs. Le Rudulier ; RDI 2014. 403, obs.Tranchant ; RTD civ. 2014. 410, obs. Dross ; JCP 2014, n° 467, note Périnet-Marquet.*

C. OBSTACLE RÉSULTANT DE L'EXISTENCE D'UNE SERVITUDE INCOMPATIBLE

8. *Appréciation souveraine de l'incompatibilité de la servitude.* Les juges du fond apprécient souverainement la question d'incompatibilité entre l'exercice d'une servitude et l'acquisition de la mitoyenneté ; s'ils constatent qu'une servitude de vue existante est incompatible avec la mitoyenneté, c'est le droit d'acquérir lui-même qui ne peut être exercé. • Civ. 3e, 10 juill. 1969 : *Bull. civ. III, n° 563* • 23 oct. 1985 : *ibid. III, n° 130.* ♦ Déjà en ce sens : • Req. 25 janv. 1869 : *DP 1870. 1. 72* (servitude incompatible) • 27 déc. 1933 : *DH 1934. 68* (servitude compatible).

II. RÉGIME DE LA CESSION FORCÉE

A. MÉCANISME DU TRANSFERT DE PROPRIÉTÉ

9. *Absence d'accord : influence sur la date de la cession.* En l'absence d'une convention, la cession de la copropriété d'un mur mitoyen s'opère par l'effet de la demande d'acquisition et à sa date. • Civ. 1re, 3 juill. 1958 : *D. 1958. 618* • Civ. 3e, 18 janv. 1972 : *Bull. civ. III, n° 41.* ♦ Le transfert de propriété ne dépend donc pas d'un accord de volonté. • Civ. 1re, 19 janv. 1954 : *D. 1954. 240.*

10. *... Absence de formalisme pouvant donner lieu aux formalités de publicité foncière.* La cession de mitoyenneté d'un exhaussement s'opère par l'effet de la demande d'acquisition et à sa date, à la seule condition imposée au bénéficiaire de payer le prix de la mitoyenneté à acquérir, sans formalisme pouvant donner lieu aux formalités de publicité foncière. • Civ. 3e, 30 sept. 2021, n° 20-18.778 B : *RDI 2021. 655, obs. Bergel ; RTD civ. 2022. 173, obs. Dross .*

B. OBJET DU TRANSFERT

11. *Licéité des cessions partielles.* L'art. 661 autorise tout propriétaire joignant un mur à n'en acquérir la mitoyenneté que pour partie, suivant les besoins de sa construction. • Req. 27 févr. 1939 : *DH 1939. 226.* ♦ Mais l'acquisition ne peut être limitée à une partie de l'épaisseur du mur. • TGI Laval, 1er févr. 1972 : *Gaz. Pal. 1972. 2. 498.*

C. CONSÉQUENCES DE LA CESSION

12. *Créancier du prix.* Le droit de superficie ne confère à son titulaire aucun droit de propriété sur le sol sur lequel sont édifiés les murs dont la mitoyenneté est acquise par le voisin et c'est donc au propriétaire du sol que doit être versée la portion du prix de cession représentant la moitié de sa valeur vénale. • Civ. 3e, 14 janv. 1975, n° 73-13.157 P.

13. *Montant du prix.* Pour le cas d'un mur réalisant un empiétement, V. note 7.

14. *Exercice de ses prérogatives par l'acquéreur.* L'art. 661 qui accorde au propriétaire joignant un mur la faculté de le rendre mitoyen lui attribue, au cas d'exercice de cette faculté, tous les droits que lui confère la mitoyenneté. Il lui est ainsi loisible de faire cesser tous les faits de propriété exclusive qui, quoique exécutés par le vendeur avant l'acquisition de la mitoyenneté, n'en sont pas moins demeurés subordonnés à l'exercice possible du droit de mitoyenneté. • Civ. 28 juill. 1936 : *DH 1936. 492.*

15. *Absence d'obligation de garantie.* Les art. 1641 s. C. civ. ne sont pas applicables au cas où le propriétaire joignant un mur use de la faculté de le rendre mitoyen, la cession n'étant régie que par les dispositions particulières du statut de la mitoyenneté. • Civ. 3e, 2 oct. 1980, n° 79-10.447 P : *D. 1981. IR 234, obs. Robert.*

Art. 662 L'un des voisins ne peut pratiquer dans le corps d'un mur mitoyen aucun enfoncement, ni y appliquer ou appuyer aucun ouvrage sans le consentement de l'autre, ou sans avoir, à son refus, fait régler par experts les moyens nécessaires pour que le nouvel ouvrage ne soit pas nuisible aux droits de l'autre.

1. Droit de réaliser des ouvrages dans un mur mitoyen : condition de mise en œuvre. Obligation de recueillir le consentement du copropriétaire voisin ou de recourir à un expert afin de ne pas nuire aux droits du voisin, V. note 2 ss. art. 657.

2. ... Appréciation souveraine de la sanction applicable en cas de non-respect. C'est souverainement que les juges du fond apprécient si la démolition des ouvrages faits dans le mur mitoyen sans l'observation des mesures imposées par l'art. 662 doit ou non être ordonnée. • Civ. 3e, 19 juin 1973 : *Bull. civ. III, n° 426* • 28 janv. 1987 : *ibid. III, n° 14* • 16 juin 2004, n° 03-11.083 P. ♦ Ils peuvent, usant de ce pouvoir, prononcer une condamnation à des dommages-intérêts. • Civ. 3e, 3 oct. 1974 : *D. 1975. 151.*

3. ... Appréciation souveraine du caractère nuisible de l'ouvrage. Les juges du fond qui, dans l'exercice de leur pouvoir d'appréciation, estiment qu'un ouvrage fait sans observer les mesures imposées par l'art. 662 n'est pas nuisible aux droits du voisin, justifient leur décision qui rejette une demande en démolition et en dommages-intérêts. • Civ. 3e, 25 oct. 1972 : *Bull. civ. III, n° 559* • Lyon, 28 avr. 1976 : *D. 1977. 268, note Prévault.*

4. Non-application en cas d'utilisation du mur mitoyen par un tiers. Il n'est pas possible à un propriétaire mitoyen, sans l'accord de l'autre propriétaire mitoyen, de concéder à un propriétaire non contigu ou tolérer en sa faveur l'usage des murs mitoyens et les dispositions de l'art. 662 ne jouent qu'au bénéfice de l'un des voisins. • Civ. 1re, 20 juin 1962 : *D. 1962. 607.*

Art. 663 Chacun peut contraindre son voisin, dans les villes et faubourgs, à contribuer aux constructions et réparations de la clôture faisant séparation de leurs maisons, cours et jardins assis ès dites villes et faubourgs : la hauteur de la clôture sera fixée suivant les règlements particuliers ou les usages constants et reconnus ; et, à défaut d'usages et de règlements, tout mur de séparation entre voisins, qui sera construit ou rétabli à l'avenir, doit avoir au moins trente-deux décimètres [dix pieds] de hauteur, compris le chaperon, dans les villes de cinquante mille âmes et au-dessus, et vingt-six décimètres [huit pieds] dans les autres.

RÉP. CIV. v° *Clôture*, par B. GRIMONDREZ.

1. Domaine de la clôture forcée : non-application aux murs pignons. L'art. 663 ne peut être étendu à un mur pignon, qui fait partie d'un édifice. • Civ. 3e, 15 mars 1968, n° 66-11.326 P.

2. ... Non-application aux murs privatifs. Le propriétaire d'un mur privatif ne peut contraindre son voisin, sur le fondement de l'art. 663, ni à acquérir la mitoyenneté de ce mur, ni à participer aux frais de sa reconstruction. • Civ. 3e, 25 oct. 1983 : *Bull. civ. III, n° 198* • 30 juin 1992, n° 91-11.311 P.

3. Incidence de l'existence d'un mur déjà construit. Un propriétaire ne saurait imposer au propriétaire d'un fonds contigu l'obligation de rembourser la moitié du prix d'un mur séparatif de leurs propriétés, mais déjà construit, c'est-à-dire le forcer à en acheter la mitoyenneté. • Req. 25 juill. 1928 : *DP 1929. 1. 29, note Fréjaville* • Civ. 3e, 9 juill. 1984 : *D. 1985. 409, note Souleau ; RTD civ. 1985. 740, obs. Giverdon et Salvage-Gerest* • 30 juin 1992, n° 91-11.311 P. ♦ Mais une cour d'appel ne saurait rejeter une demande fondée sur l'art. 663, en retenant l'existence d'un mur ancien sur le fonds appartenant aux voisins, en retrait de la limite séparative, faute de clôture en limite séparative. • Civ. 3e, 19 mars 2008, n° 07-10.287 P : D. 2008. AJ *986 ; LPA 22 mai 2008, note Barbiéri.*

Art. 664 *Abrogé par L. 28 juin 1938.*

Loi n° 65-557 du 10 juillet 1965,

Fixant le statut de la copropriété des immeubles bâtis.

Sur les adaptations des conditions de renouvellement du contrat de syndic ou du mandat des membres du conseil syndical en raison de l'état d'urgence sanitaire lié au covid-19, V. Ord. n° 2020-304 du 25 mars 2020, art. 22 s. ; V. App., v° Mesures d'urgence sanitaire - Covid-19,

RÉP. CIV. v[is] *Copropriété des immeubles bâtis : droits et obligations et Copropriété des immeubles bâtis : statut et structures*, par Ch. ATIAS et N. LE RUDULIER.

CHAPITRE I. *DÉFINITION ET ORGANISATION DE LA COPROPRIÉTÉ*

Art. 1er *(Ord. nº 2019-1101 du 30 oct. 2019, art. 2, en vigueur le 1er juin 2020)* « I. — La présente loi régit tout immeuble bâti ou groupe d'immeubles bâtis à usage total ou partiel d'habitation dont la propriété est répartie par lots entre plusieurs personnes. »

(L. nº 2018-1021 du 23 nov. 2018, art. 206) « Le lot de copropriété comporte obligatoirement une partie privative et une quote-part de parties communes, lesquelles sont indissociables.

« Ce lot peut être un lot transitoire. Il est alors formé d'une partie privative constituée d'un droit de construire précisément défini quant aux constructions qu'il permet de réaliser *(Abrogé par Ord. nº 2019-1101 du 30 oct. 2019, art. 2, à compter du 1er juin 2020) « sur une surface déterminée du sol, »* et d'une quote-part de parties communes correspondante.

« La création et la consistance du lot transitoire sont stipulées dans le règlement de copropriété. »

(Abrogé par Ord. nº 2019-1101 du 30 oct. 2019, art. 2, à compter du 1er juin 2020) « A défaut de convention contraire créant une organisation différente, la présente loi est également applicable aux ensembles immobiliers qui, outre des terrains, des aménagements et des services communs, comportent des parcelles, bâties ou non, faisant l'objet de droits de propriété privatifs. »

(Ord. nº 2019-1101 du 30 oct. 2019, art. 2, en vigueur le 1er juin 2020) « II. — A défaut de convention y dérogeant expressément et mettant en place une organisation dotée de la personnalité morale et suffisamment structurée pour assurer la gestion de leurs éléments et services communs, la présente loi est également applicable :

« 1° A tout immeuble ou groupe d'immeubles bâtis à destination totale autre que d'habitation dont la propriété est répartie par lots entre plusieurs personnes ;

« 2° A tout ensemble immobilier qui, outre des terrains, des volumes, des aménagements et des services communs, comporte des parcelles ou des volumes, bâtis ou non, faisant l'objet de droits de propriété privatifs.

« Pour les immeubles, groupes d'immeubles et ensembles immobiliers mentionnés aux deux alinéas ci-dessus et déjà régis par la présente loi, la convention mentionnée au premier alinéa du présent II est adoptée par l'assemblée générale à l'unanimité des voix de tous les copropriétaires composant le syndicat. »

Art. 1er-1 *(L. nº 2018-1021 du 23 nov. 2018, art. 207)* En cas de mise en copropriété d'un immeuble bâti existant, l'ensemble du statut s'applique à compter du premier transfert de propriété d'un lot.

Pour les immeubles à construire, le fonctionnement de la copropriété découlant de la personnalité morale du syndicat de copropriétaires prend effet lors de la livraison du premier lot.

L'immatriculation du syndicat de copropriétaires est sans conséquence sur l'application du statut.

Art. 2 Sont privatives les parties des bâtiments et des terrains réservées à l'usage exclusif d'un copropriétaire déterminé.

Les parties privatives sont la propriété exclusive de chaque copropriétaire.

Art. 3 Sont communes les parties des bâtiments et des terrains affectées à l'usage ou à l'utilité de tous les copropriétaires ou de plusieurs d'entre eux.

Dans le silence ou la contradiction des titres, sont réputés parties communes :

— le sol, les cours, les parcs et jardins, les voies d'accès ;

— le gros œuvre des bâtiments, les éléments d'équipement commun, y compris les parties de canalisations y afférentes qui traversent des locaux privatifs ;

— les coffres, gaines et têtes de cheminées ;

— les locaux des services communs ;

— *les passages et corridors* ;

(L. nº 2018-1021 du 23 nov. 2018, art. 208) « — tout élément incorporé dans les parties communes ; » *[.]*

Sont réputés droits accessoires aux parties communes dans le silence ou la contradiction des titres :

— le droit de surélever un bâtiment affecté à l'usage commun ou comportant plusieurs locaux qui constituent des parties privatives différentes, ou d'en affouiller le sol ;

— le droit d'édifier les bâtiments nouveaux dans des cours, parcs ou jardins constituant des parties communes ;

— le droit d'affouiller de tels cours, parcs ou jardins ;

— le droit de mitoyenneté afférent aux parties communes ;

(L. nº 2018-1021 du 23 nov. 2018, art. 208) « — le droit d'affichage sur les parties communes ;

« — le droit de construire afférent aux parties communes. »

Art. 4 Les parties communes sont l'objet d'une propriété indivise entre l'ensemble des copropriétaires ou certains d'entre eux seulement ; *(Ord. nº 2019-1101 du 30 oct. 2019, art. 3, en vigueur le 1er juin 2020)* « selon le cas, elles sont générales ou spéciales. Leur » administration et leur jouissance sont organisées conformément aux dispositions de la présente loi.

Art. 5 Dans le silence ou la contradiction des titres, la quote-part des parties communes *(Ord. nº 2019-1101 du 30 oct. 2019, art. 3, en vigueur le 1er juin 2020)* « , tant générales que spéciales, » afférente à chaque lot est proportionnelle à la valeur relative de chaque partie privative par rapport à l'ensemble des valeurs desdites parties, telles que ces valeurs résultent lors de l'établissement de la copropriété, de la consistance, de la superficie et de la situation des lots, sans égard à leur utilisation.

Art. 6 Les parties communes et les droits qui leur sont accessoires ne peuvent faire l'objet, séparément des parties privatives, d'une action en partage ni d'une licitation forcée.

Art. 6-1 A *(Ord. nº 2019-1101 du 30 oct. 2019, art. 4, en vigueur le 1er juin 2020)* Aucune servitude ne peut être établie sur une partie commune au profit d'un lot.

Art. 6-1 *(L. nº 79-2 du 2 janv. 1979)* En cas de modification dans les quotes-parts des parties communes afférentes aux lots, quelle qu'en soit la cause, les droits soumis ou admis à publicité dont les lots sont l'objet s'éteignent sur les quotes-parts qui en sont détachées et s'étendent à celles qui y sont rattachées.

En cas de changement de l'emprise d'une copropriété résultant de l'aliénation volontaire ou forcée ou de l'acquisition de parties communes, les droits soumis ou admis à publicité, autres que les servitudes, dont les lots sont l'objet, s'éteignent sur le bien cédé et s'étendent au bien acquis.

Toutefois, l'extension prévue à l'alinéa précédent, qui s'opère avec le rang attaché à la publicité primitive, n'a lieu que par la publication au fichier immobilier de la déclaration faite par le syndic ou un créancier que le bien acquis est libre de tout droit de même nature au jour de la mutation ou qu'il est devenu libre de ces mêmes droits. L'inexactitude de cette déclaration entraîne le rejet de la formalité de publicité.

Art. 6-2 *(L. nº 2018-1021 du 23 nov. 2018, art. 209-I)* Les parties communes spéciales sont celles affectées *(Ord. nº 2019-1101 du 30 oct. 2019, art. 5, en vigueur le 1er juin 2020)* « à l'usage ou à l'utilité » de plusieurs copropriétaires. Elles sont la propriété indivise de ces derniers.

La création de parties communes spéciales est indissociable de l'établissement de charges spéciales à chacune d'entre elles.

Les décisions afférentes aux seules parties communes spéciales peuvent être prises soit au cours d'une assemblée spéciale, soit au cours de l'assemblée générale de tous les copropriétaires. Seuls prennent part au vote les copropriétaires *(Ord. nº 2019-1101 du 30 oct. 2019, art. 5, en vigueur le 1er juin 2020)* « à l'usage ou à l'utilité » desquels sont affectées ces parties communes.

Art. 6-3 *(L. nº 2018-1021 du 23 nov. 2018, art. 209-I)* Les parties communes à jouissance privative sont les parties communes affectées *(Ord. nº 2019-1101 du 30 oct. 2019, art. 5, en vigueur le 1er juin 2020)* « à l'usage ou à l'utilité » exclusifs d'un lot. Elles appartiennent indivisément à tous les copropriétaires.

Le droit de jouissance privative est nécessairement accessoire au lot de copropriété auquel il est attaché. Il ne peut en aucun cas constituer la partie privative d'un lot.

(Ord. nº 2019-1101 du 30 oct. 2019, art. 5, en vigueur le 1er juin 2020) « Le règlement de copropriété précise, le cas échéant, les charges que le titulaire de ce droit de jouissance privative supporte. »

Art. 6-4 *(L. nº 2018-1021 du 23 nov. 2018, art. 209-I)* L'existence des parties communes spéciales et de celles à jouissance privative est subordonnée à leur mention expresse dans le règlement de copropriété.

Art. 7 Les cloisons ou murs, séparant des parties privatives et non compris dans le gros œuvre, sont présumés mitoyens entre les locaux qu'ils séparent.

Art. 8 *(Ord. n° 2014-1090 du 26 sept. 2014, art. 1er)* « I. — » Un règlement conventionnel de copropriété, incluant ou non l'état descriptif de division, détermine la destination des parties tant privatives que communes, ainsi que les conditions de leur jouissance ; il fixe également, sous réserve des dispositions de la présente loi, les règles relatives à l'administration des parties communes. *(Ord. n° 2019-1101 du 30 oct. 2019, art. 6, en vigueur le 1er juin 2020)* « Il énumère, s'il y a lieu, les parties communes spéciales et celles à jouissance privative. »

Le règlement de copropriété ne peut imposer aucune restriction aux droits des copropriétaires en dehors de celles qui seraient justifiées par la destination de l'immeuble, telle qu'elle est définie aux actes, par ses caractères ou sa situation.

(Ord. n° 2014-1090 du 26 sept. 2014, art. 1er) « II. — Le règlement de copropriété des immeubles dont le permis de construire est délivré conformément à un plan local d'urbanisme ou à d'autres documents d'urbanisme imposant la réalisation d'aires de stationnement prévoit qu'une partie des places de stationnement adaptées prévues au titre de l'obligation d'accessibilité définie à l'article *(Ord. n° 2020-71 du 29 janv. 2020, art. 5, en vigueur le 1er juill. 2021)* « L. 161-1 » du code de la construction et de l'habitation est incluse dans les parties communes.

« Le règlement de copropriété des immeubles prévoit, dans des conditions définies par décret, les modalités selon lesquelles ces places de stationnement adaptées sont louées de manière prioritaire aux personnes handicapées habitant la copropriété. »

Les modifications issues de l'art. 1er de l'Ord. n° 2014-1090 du 26 sept. 2014 sont applicables respectivement aux logements et aux copropriétés des immeubles bâtis dont la demande de permis de construire est déposée à compter du 1er janv. 2015 (Ord. préc., art. 18).

Art. 8-1 *(L. n° 2009-323 du 25 mars 2009, art. 20)* Le règlement de copropriété des immeubles dont le permis de construire a été délivré conformément à un plan local d'urbanisme ou d'autres documents d'urbanisme imposant la réalisation d'aires de stationnement peut prévoir une clause attribuant un droit de priorité aux copropriétaires à l'occasion de la vente de lots exclusivement à usage de stationnement au sein de la copropriété.

Dans ce cas, le vendeur doit, préalablement à la conclusion de toute vente d'un ou plusieurs lots à usage de stationnement, faire connaître au syndic par lettre recommandée avec demande d'avis de réception son intention de vendre, en indiquant le prix et les conditions de la vente.

Cette information est transmise sans délai à chaque copropriétaire par le syndic par lettre recommandée avec demande d'avis de réception, aux frais du vendeur. Elle vaut offre de vente pendant une durée de deux mois à compter de sa notification.

Art. 8-2 *(L. n° 2014-366 du 24 mars 2014, art. 54-I)* Le syndic établit une fiche synthétique de la copropriété regroupant les données financières et techniques essentielles relatives à la copropriété et à son bâti, dont le contenu est défini par décret. Le syndic met à jour la fiche synthétique de la copropriété chaque année.

Le syndic met cette fiche à disposition des copropriétaires.

(Ord. n° 2019-1101 du 30 oct. 2019, art. 7, en vigueur le 1er juin 2020) « En l'absence de mise à disposition d'un copropriétaire de la fiche synthétique au-delà d'un délai d'un mois à compter de la demande, des pénalités par jour de retard, dont le montant est fixé par décret, sont imputées sur la rémunération forfaitaire annuelle du syndic. Ces pénalités sont déduites de la rémunération du syndic lors de l'arrêté des comptes à soumettre à l'assemblée générale ».

Ces dispositions ne sont pas applicables aux syndics administrant des immeubles à destination totale autre que d'habitation.

L'art. 8-2 est applicable à compter du :

— 31 déc. 2016, pour les syndicats de copropriétaires comportant plus de 200 lots ;

— 31 déc. 2017, pour les syndicats de copropriétaires comportant plus de 50 lots ;

— 31 déc. 2018, pour les autres syndicats de copropriétaires (L. n° 2014-366 du 24 mars 2014, art. 54-IV).

Art. 9 *(Ord. n° 2019-1101 du 30 oct. 2019, art. 8, en vigueur le 1er juin 2020)* I. — Chaque copropriétaire dispose des parties privatives comprises dans son lot ; il use et jouit librement des parties privatives et des parties communes sous la condition de ne porter atteinte ni aux droits des autres copropriétaires ni à la destination de l'immeuble.

Les travaux supposant un accès aux parties privatives doivent être notifiés aux copropriétaires concernés au moins huit jours avant le début de leur réalisation, sauf impératif de sécurité ou de conservation des biens.

II. — Un copropriétaire ne peut faire obstacle à l'exécution, même sur ses parties privatives, de travaux d'intérêt collectif régulièrement décidés par l'assemblée générale des copropriétaires, dès lors que l'affectation, la consistance ou la jouissance des parties privatives n'en sont pas altérées de manière durable. La réalisation de tels travaux sur une partie privative, lorsqu'il existe une autre solution n'affectant pas cette partie, ne peut être imposée au copropriétaire concerné que si les circonstances le justifient.

Pour la réalisation de travaux d'intérêt collectif sur des parties privatives, le syndicat exerce les pouvoirs du maître d'ouvrage jusqu'à la réception des travaux.

III. — Les copropriétaires qui subissent un préjudice par suite de l'exécution des travaux, en raison soit d'une diminution définitive de la valeur de leur lot, soit d'un trouble de jouissance grave, même s'il est temporaire, soit de dégradations, ont droit à une indemnité. En cas de privation totale temporaire de jouissance du lot, l'assemblée générale accorde au copropriétaire qui en fait la demande une indemnité provisionnelle à valoir sur le montant de l'indemnité définitive.

L'indemnité provisionnelle ou définitive due à la suite de la réalisation de travaux d'intérêt collectif est à la charge du syndicat des copropriétaires. Elle est répartie en proportion de la participation de chacun des copropriétaires au coût des travaux.

Art. 9-1 *(L. n° 2014-366 du 24 mars 2014, art. 58-I-1°)* Chaque copropriétaire est tenu de s'assurer contre les risques de responsabilité civile dont il doit répondre en sa qualité soit de copropriétaire occupant, soit de copropriétaire non occupant. Chaque syndicat de copropriétaires est tenu de s'assurer contre les risques de responsabilité civile dont il doit répondre.

Art. 10 Les copropriétaires sont tenus de participer aux charges entraînées par les services collectifs et les éléments d'équipement commun en fonction de l'utilité *(Ord. n° 2019-1101 du 30 oct. 2019, art. 9, en vigueur le 1er juin 2020)* « objective » que ces services et éléments présentent à l'égard de chaque lot *(Ord. n° 2019-1101 du 30 oct. 2019, art. 9, en vigueur le 1er juin 2020)* « , dès lors que ces charges ne sont pas individualisées ».

Ils sont tenus de participer aux charges relatives à la conservation, à l'entretien et à l'administration des parties communes *(Ord. n° 2019-1101 du 30 oct. 2019, art. 9, en vigueur le 1er juin 2020)* « , générales et spéciales, » *(L. n° 2014-366 du 24 mars 2014, art. 58-I-2°, en vigueur le 1er janv. 2017)* « et de verser au fonds de travaux mentionné à l'article *(L. n° 2021-1104 du 22 août 2021, art. 171-I-4°)* « 14-2-1 *[ancienne rédaction : 14-2]* » la cotisation prévue au même article, » proportionnellement aux valeurs relatives des parties privatives comprises dans leurs lots, telles que ces valeurs résultent des dispositions de l'article 5.

(Ord. n° 2019-1101 du 30 oct. 2019, art. 9, en vigueur le 1er juin 2020) « Le règlement de copropriété fixe la quote-part afférente à chaque lot dans chacune des catégories de charges *[V. Décr. du 17 mars 1967, art. 1er]* et indique les éléments pris en considération ainsi que la méthode de calcul ayant permis de fixer les quotes-parts de parties communes et la répartition des charges.

« Lorsque le règlement de copropriété met à la seule charge de certains copropriétaires les dépenses d'entretien et de fonctionnement entraînées par certains services collectifs ou éléments d'équipements, il peut prévoir que ces copropriétaires prennent seuls part au vote sur les décisions qui concernent ces dépenses. Chacun d'eux dispose d'un nombre de voix proportionnel à sa participation auxdites dépenses. »

La mod. issue de l'art. 171 de la L. n° 2021-1104 du 22 août 2021 entre en vigueur :

1° Le 1er janv. 2023, pour les syndicats de copropriétaires comprenant plus de deux cents lots à usage de logements, de bureaux ou de commerces ;

2° Le 1er janv. 2024, pour les syndicats de copropriétaires comprenant un nombre de lots à usage de logements, de bureaux ou de commerces compris entre cinquante et un et deux cents ;

3° Le 1er janv. 2025, pour les syndicats de copropriétaires comprenant au plus cinquante lots à usage de logements, de bureaux ou de commerces (L. préc., art. 171-VI).

Art. 10-1 *(L. n° 2006-872 du 13 juill. 2006, art. 90)* « Par dérogation aux dispositions du deuxième alinéa de l'article 10, sont imputables au seul copropriétaire concerné :

« *a)* Les frais nécessaires exposés par le syndicat, notamment les frais de mise en demeure, de relance et de prise d'hypothèque à compter de la mise en demeure, pour le recouvrement d'une créance justifiée à l'encontre d'un copropriétaire ainsi que les droits et émoluments des actes des commissaires de justice et le droit de recouvrement ou d'encaissement à la charge du débiteur ; »

(Ord. n° 2019-1101 du 30 oct. 2019, art. 10, en vigueur le 1er juin 2020) « *b)* Les frais et honoraires du syndic afférents aux prestations effectuées au profit de ce copropriétaire. Les honoraires et frais perçus par le syndic au titre des prestations qu'il doit effectuer pour l'établissement de l'état daté à l'occasion de la mutation à titre onéreux d'un lot, ou de plusieurs lots objets de la même mutation, ne peuvent excéder un montant fixé par décret ; »

(L. n° 2010-788 du 12 juill. 2010, art. 7 ; L. n° 2014-366 du 24 mars 2014, art. 59-I-2°) « *c)* Les dépenses pour travaux d'intérêt collectif réalisés sur les parties privatives *(Abrogé par Ord. n° 2019-1101 du 30 oct. 2019, art. 10, à compter du 1er juin 2020)* « *notamment* » en application du *c* du II de l'article 24 et du *f* de l'article 25. »

(Ord. n° 2019-1101 du 30 oct. 2019, art. 10, en vigueur le 1er juin 2020) « *d)* Les astreintes, fixées par lot, relatives à des mesures ou travaux prescrits par l'autorité administrative compétente ayant fait l'objet d'un vote en assemblée générale et qui n'ont pu être réalisés en raison de la défaillance du copropriétaire. »

(L. n° 2000-1208 du 13 déc. 2000, art. 81-1°) « Le copropriétaire qui, à l'issue d'une instance judiciaire l'opposant au syndicat, voit sa prétention déclarée fondée par le juge, est dispensé *(L. n° 2009-526 du 12 mai 2009, art. 7-2°)* « , même en l'absence de demande de sa part, » de toute participation à la dépense commune des frais de procédure, dont la charge est répartie entre les autres copropriétaires.

« Le juge peut toutefois en décider autrement en considération de l'équité ou de la situation économique des parties au litige. »

Art. 11 Sous réserve des dispositions de l'article 12 ci-dessous, la répartition des charges ne peut être modifiée qu'à l'unanimité des copropriétaires. Toutefois, lorsque des travaux ou des actes d'acquisition ou de disposition sont décidés par l'assemblée générale statuant à la majorité exigée par la loi, la modification de la répartition des charges ainsi rendue nécessaire peut être décidée par l'assemblée générale statuant à la même majorité.

En cas d'aliénation séparée d'une ou plusieurs fractions d'un lot, la répartition des charges entre ces fractions est, lorsqu'elle n'est pas fixée par le règlement de copropriété, soumise à l'approbation de l'assemblée générale statuant à la majorité prévue à l'article 24.

A défaut de décision de l'assemblée générale modifiant les bases de répartition des charges dans les cas prévus aux alinéas précédents, tout copropriétaire pourra saisir le tribunal judiciaire de la situation de l'immeuble à l'effet de faire procéder à la nouvelle répartition rendue nécessaire.

Art. 12 Dans les cinq ans de la publication du règlement de copropriété au fichier immobilier, chaque propriétaire peut poursuivre en justice la révision de la répartition des charges si la part correspondant à son lot est supérieure de plus d'un quart, ou si la part correspondant à celle d'un autre copropriétaire est inférieure de plus d'un quart, dans l'une ou l'autre des catégories de charges, à celle qui résulterait d'une répartition conforme aux dispositions de l'article 10. Si l'action est reconnue fondée, le tribunal procède à la nouvelle répartition des charges.

Cette action peut également être exercée par le propriétaire d'un lot avant l'expiration d'un délai de deux ans à compter de la première mutation à titre onéreux de ce lot intervenue depuis la publication du règlement de copropriété au fichier immobilier.

Art. 13 Le règlement de copropriété et les modifications qui peuvent lui être apportées ne sont opposables aux ayants cause à titre particulier des copropriétaires qu'à dater de leur publication au fichier immobilier.

Art. 14 La collectivité des copropriétaires est constituée en un syndicat qui a la personnalité civile.

Le syndicat peut revêtir la forme d'un syndicat coopératif régi par les dispositions de la présente loi. *(Abrogé par Ord. n° 2019-1101 du 30 oct. 2019, art. 11, à compter du 1er juin 2020) (L. n° 85-1470 du 31 déc. 1985)* « *Le règlement de copropriété doit expressément prévoir cette modalité de gestion.* »

(Ord. n° 2019-1101 du 30 oct. 2019, art. 11, en vigueur le 1er juin 2020) « Il a pour objet la conservation et l'amélioration de l'immeuble ainsi que l'administration des parties communes.

« Le syndicat est responsable des dommages causés aux copropriétaires ou aux tiers ayant leur origine dans les parties communes, sans préjudice de toutes actions récursoires. »

Art. 14-1 *(L. n° 2000-1208 du 13 déc. 2000, art. 75-I) (L. n° 2021-1104 du 22 août 2021, art. 171-I-1°)* « I. — » Pour faire face aux dépenses courantes de maintenance, de fonctionnement et d'administration des parties communes et équipements communs de l'immeuble, le syndicat des copropriétaires vote, chaque année, un budget prévisionnel. L'assemblée générale des copropriétaires appelée à voter le budget prévisionnel est réunie dans un délai de six mois à compter du dernier jour de l'exercice comptable précédent.

Les copropriétaires versent au syndicat des provisions égales au quart du budget voté. Toutefois, l'assemblée générale peut fixer des modalités différentes.

La provision est exigible le premier jour de chaque trimestre ou le premier jour de la période fixée par l'assemblée générale.

(L. nº 2021-1104 du 22 août 2021, art. 171-I-1º) « II. — Ne sont pas comprises dans le budget prévisionnel les dépenses du syndicat pour travaux, dont la liste est fixée par décret en Conseil d'État. Les sommes afférentes à ces dépenses sont exigibles selon les modalités votées par l'assemblée générale. »

Sur l'entrée en vigueur des mod. issues de la L. nº 2021-1104 du 22 août 2021, art. 171, V. ndlr ss. art. 10.

Ancien art. 14-1 *(L. nº 2000-1208 du 13 déc. 2000, art. 75-I) Pour faire face aux dépenses courantes de maintenance, de fonctionnement et d'administration des parties communes et équipements communs de l'immeuble, le syndicat des copropriétaires vote, chaque année, un budget prévisionnel. L'assemblée générale des copropriétaires appelée à voter le budget prévisionnel est réunie dans un délai de six mois à compter du dernier jour de l'exercice comptable précédent.*

Les copropriétaires versent au syndicat des provisions égales au quart du budget voté. Toutefois, l'assemblée générale peut fixer des modalités différentes.

La provision est exigible le premier jour de chaque trimestre ou le premier jour de la période fixée par l'assemblée générale.

Cet art. est entré en vigueur le 1er janv. 2002 (L. nº 2000-1208 du 13 déc. 2000, art. 75-III).

Art. 14-2 *(L. nº 2021-1104 du 22 août 2021, art. 171-I-2º)* I. — A l'expiration d'un délai de quinze ans à compter de la date de réception des travaux de construction de l'immeuble, un projet de plan pluriannuel de travaux est élaboré dans les immeubles à destination partielle ou totale d'habitation soumis à la présente loi. Il est actualisé tous les dix ans.

Ce projet de plan pluriannuel de travaux comprend, à partir d'une analyse du bâti et des équipements de l'immeuble ainsi que du diagnostic de performance énergétique mentionné à l'article L. 126-31 du code de la construction et de l'habitation, sauf lorsque l'exemption prévue au deuxième alinéa du même article L. 126-31 s'applique, et, le cas échéant, à partir du diagnostic technique global prévu à l'article L. 731-1 du même code dès lors que ce dernier a été réalisé :

1º La liste des travaux nécessaires à la sauvegarde de l'immeuble, à la préservation de la santé et de la sécurité des occupants, à la réalisation d'économies d'énergie et à la réduction des émissions de gaz à effet de serre ;

2º Une estimation du niveau de performance au sens de l'article L. 173-1-1 dudit code que les travaux mentionnés au 1º du présent I permettent d'atteindre ;

3º Une estimation sommaire du coût de ces travaux et leur hiérarchisation ;

4º Une proposition d'échéancier pour les travaux dont la réalisation apparaît nécessaire dans les dix prochaines années.

Si le diagnostic technique global mentionné au deuxième alinéa du présent I ne fait apparaître aucun besoin de travaux au cours des dix années qui suivent son élaboration, le syndicat est dispensé de l'obligation d'élaborer un projet de plan pluriannuel de travaux.

Le projet de plan pluriannuel de travaux est établi par une personne disposant des compétences et des garanties précisées par décret, pouvant différer de celles du tiers mentionné à l'article L. 731-1 du code de la construction et de l'habitation.

Le syndic inscrit à l'ordre du jour de l'assemblée générale des copropriétaires les modalités d'élaboration du projet de plan pluriannuel de travaux, qui sont votées à la majorité des voix exprimées des copropriétaires présents, représentés ou ayant voté par correspondance.

Les travaux prescrits dans le plan pluriannuel de travaux ainsi que leur échéancier et, le cas échéant, ceux prescrits par le diagnostic technique global sont intégrés dans le carnet d'entretien de l'immeuble prévu à l'article 18 de la présente loi.

II. — Le projet de plan pluriannuel de travaux est présenté à la première assemblée générale des copropriétaires qui suit son élaboration ou sa révision. Lorsque ce projet de plan fait apparaître la nécessité de réaliser des travaux au cours des dix prochaines années, le syndic inscrit à l'ordre du jour de cette assemblée générale la question de l'adoption de tout ou partie du projet de plan pluriannuel de travaux, qui est soumise à la majorité des voix de tous les copropriétaires.

Au regard des décisions prises par l'assemblée générale mentionnée au premier alinéa du présent II, le syndic inscrit à l'ordre du jour de chaque assemblée générale appelée à approuver les comptes soit la question de l'adoption de tout ou partie du projet de plan pluriannuel de travaux, s'il n'a pas été adopté, soit les décisions relatives à la mise en œuvre de l'échéancier du plan pluriannuel de travaux adopté.

III. — Dans le cadre de l'exercice de la police de la sécurité et de la salubrité des immeubles, locaux et installations prévue au titre I du livre V du code de la construction et de l'habitation, l'autorité administrative compétente peut à tout moment demander au syndic de lui transmettre le plan pluriannuel de travaux adopté dans les conditions prévues au II du présent article, afin de vérifier que les travaux programmés permettent de garantir la sauvegarde de l'immeuble et la sécurité de ses occupants.

A défaut de transmission du plan pluriannuel de travaux adopté dans un délai d'un mois à compter de la notification de la demande ou si le plan transmis ne prescrit manifestement pas les travaux nécessaires à la préservation de la sécurité des occupants de l'immeuble, l'autorité administrative peut élaborer ou actualiser d'office le projet de plan pluriannuel de travaux, en lieu et place du syndicat des copropriétaires et aux frais de ce dernier.

Dès réception du projet de plan pluriannuel de travaux notifié par l'autorité administrative, le syndic convoque l'assemblée générale, qui se prononce sur la question de l'adoption de tout ou partie de ce projet de plan.

Sur l'entrée en vigueur des modifications de l'art. 14-2 issues de la L. n° 2021-1104 du 22 août 2021, V. ndlr ss. art. 10.

Ancien art. 14-2 *(L. n° 2000-1208 du 13 déc. 2000, art. 75-I ; L. n° 2014-366 du 24 mars 2014, art. 58-I-3°, en vigueur le 1er janv. 2017) I. — Ne sont pas comprises dans le budget prévisionnel les dépenses pour travaux dont la liste est fixée par décret en Conseil d'État. — V. Décr. du 17 mars 1967, art. 35, 35-2, 44 et 45. — V. aussi App., v° Règles comptables spécifiques, Décr. n° 2005-240 du 14 mars 2005 et Arr. du 14 mars 2005. —* ***C. baux.***

Les sommes afférentes à ces dépenses sont exigibles selon les modalités votées par l'assemblée générale.

II. — Dans les immeubles à destination partielle ou totale d'habitation soumis à la présente loi, le syndicat des copropriétaires constitue un fonds de travaux à l'issue d'une période de cinq ans suivant la date de la réception des travaux pour faire face aux dépenses résultant :

1° Des travaux prescrits par les lois et règlements ;

2° Des travaux décidés par l'assemblée générale des copropriétaires au titre du I du présent article.

Ce fonds de travaux est alimenté par une cotisation annuelle obligatoire versée par les copropriétaires selon les mêmes modalités que celles décidées par l'assemblée générale pour le versement des provisions du budget prévisionnel.

L'assemblée générale, votant dans les conditions de majorité prévues aux articles 25 et 25-1, peut affecter tout ou partie des sommes déposées sur le fonds de travaux au financement des travaux mentionnés aux 1° et 2° du présent II. (L. n° 2018-1021 du 23 nov. 2018, art. 204) « Cette affectation doit tenir compte de l'existence de parties communes spéciales ou de clefs de répartition des charges. »

Par exception, lorsque, en application de l'article 18, le syndic a, dans un cas d'urgence, fait procéder de sa propre initiative à l'exécution de travaux nécessaires à la sauvegarde de l'immeuble, l'assemblée générale, votant dans les conditions de majorité prévues aux articles 25 et 25-1, peut affecter tout ou partie des sommes déposées sur le fonds de travaux au financement de ces travaux.

Le montant, en pourcentage du budget prévisionnel, de la cotisation annuelle est décidé par l'assemblée générale votant dans les conditions de majorité prévues aux articles 25 et 25-1. Ce montant ne peut être inférieur à 5 % du budget prévisionnel mentionné à l'article 14-1.

Si le diagnostic technique global prévu à l'article L. 731-1 du code de la construction et de l'habitation a été réalisé et qu'il ne fait apparaître aucun besoin de travaux dans les dix prochaines années, le syndicat est dispensé de l'obligation de constituer un fonds de travaux pendant la durée de validité du diagnostic.

Les sommes versées au titre du fonds de travaux sont attachées aux lots et définitivement acquises au syndicat des copropriétaires. Elles ne donnent pas lieu à un remboursement par le syndicat à l'occasion de la cession d'un lot.

III. — Lorsque l'immeuble comporte moins de dix lots, le syndicat peut décider de ne pas constituer de fonds de travaux par une décision unanime de l'assemblée générale.

IV. — Lorsque le montant du fonds de travaux atteint un montant supérieur au budget prévisionnel mentionné à l'article 14-1, le syndic inscrit à l'ordre du jour de l'assemblée générale :

1° La question de l'élaboration du plan pluriannuel de travaux mentionné à l'article L. 731-2 du code de la construction et de l'habitation ;

2° La question de la suspension des cotisations au fonds de travaux, en fonction des décisions prises par l'assemblée générale sur le plan pluriannuel de travaux.

Art. 14-2-1 *(L. n° 2021-1104 du 22 août 2021, art. 171-I-3°)* I. — Dans les immeubles à destination totale ou partielle d'habitation, le syndicat des copropriétaires constitue un fonds de travaux au terme d'une période de dix ans à compter de la date de la réception des travaux de construction de l'immeuble, pour faire face aux dépenses résultant :

1° De l'élaboration du projet de plan pluriannuel de travaux mentionné à l'article 14-2 et, le cas échéant, du diagnostic technique global mentionné à l'article L. 731-1 du code de la construction et de l'habitation ;

2° De la réalisation des travaux prévus dans le plan pluriannuel de travaux adopté par l'assemblée générale des copropriétaires ;

3° Des travaux décidés par le syndic en cas d'urgence, dans les conditions prévues au troisième alinéa du I de l'article 18 de la présente loi ;

4° Des travaux nécessaires à la sauvegarde de l'immeuble, à la préservation de la santé et de la sécurité des occupants et à la réalisation d'économies d'énergie, non prévus dans le plan pluriannuel de travaux.

Ce fonds de travaux est alimenté par une cotisation annuelle obligatoire. Chaque copropriétaire contribue au fonds selon les mêmes modalités que celles décidées par l'assemblée générale pour le versement des provisions du budget prévisionnel.

L'assemblée générale peut, par un vote à la même majorité que celle applicable aux dépenses concernées, affecter tout ou partie des sommes déposées sur le fonds de travaux au financement des dépenses mentionnées aux 1° à 4° du présent I. Cette affectation doit tenir compte de l'existence de parties communes spéciales ou de clefs de répartition des charges.

Lorsque l'assemblée générale a adopté le plan pluriannuel de travaux mentionné à l'article 14-2, le montant de la cotisation annuelle ne peut être inférieur à 2,5 % du montant des travaux prévus dans le plan adopté et à 5 % du budget prévisionnel mentionné à l'article 14-1. A défaut d'adoption d'un plan, le montant de la cotisation annuelle ne peut être inférieur à 5 % du budget prévisionnel mentionné au même article 14-1.

L'assemblée générale, votant à la majorité des voix de tous les copropriétaires, peut décider d'un montant supérieur.

II. — L'assemblée générale se prononce sur la question de la suspension des cotisations au fonds de travaux lorsque son montant excède le montant du budget prévisionnel mentionné à l'article 14-1. Lorsqu'un plan pluriannuel de travaux a été adopté par l'assemblée générale, celle-ci se prononce sur cette suspension lorsque le montant du fonds de travaux excède, en outre, 50 % du montant des travaux prévus dans le plan adopté.

III. — Les sommes versées au titre du fonds de travaux sont attachées aux lots et entrent définitivement, dès leur versement, dans le patrimoine du syndicat des copropriétaires. Elles ne donnent pas lieu à un remboursement par le syndicat des copropriétaires à l'occasion de la cession d'un lot. L'acquéreur peut consentir à verser au vendeur un montant équivalent à ces sommes en sus du prix de vente du lot.

Sur l'entrée en vigueur de l'art. 14-2-1 issu de la L. n° 2021-1104 du 22 août 2021, V. ndlr ss. art. 10.

Art. 14-3 *(L. n° 2000-1208 du 13 déc. 2000, art. 75-I)* Les comptes du syndicat comprenant le budget prévisionnel, les charges et produits de l'exercice, la situation de trésorerie, ainsi *que les annexes au budget* prévisionnel sont établis conformément à des règles comptables spécifiques fixées par décret. Les comptes sont présentés avec comparatif des comptes de l'exercice précédent approuvé.

Les charges et les produits du syndicat, prévus au plan comptable, sont enregistrés dès leur engagement juridique par le syndic indépendamment de leur règlement. L'engagement est soldé par le règlement. *(Abrogé par Ord. n° 2019-1101 du 30 oct. 2019, art. 40, à compter du 1er juin 2020) (L. n° 2006-872 du 13 juill. 2006, art. 92)* « *Toutefois, un syndicat comportant moins de dix lots à usage de logements, de bureaux ou de commerces, dont le budget prévisionnel moyen sur une période de trois exercices consécutifs est inférieur à 15 000 €, n'est pas tenu à une comptabilité en partie double ; ses engagements peuvent être constatés en fin d'exercice.* »

Les dispositions des articles 1er à 5 de la loi n° 98-261 du 6 avril 1998 portant réforme de la réglementation comptable et adaptation du régime de la publicité foncière *[auj. abrogées et remplacées par Ord. n° 2009-79 du 22 janv. 2009 créant l'Autorité des normes comptables]* ne sont pas applicables aux syndicats de copropriétaires.

Art. 15 Le syndicat a qualité pour agir en justice, tant en demandant qu'en défendant, même contre certains des copropriétaires ; il peut notamment agir, conjointement ou non avec un ou plusieurs de ces derniers, en vue de la sauvegarde des droits afférents à l'immeuble.

Tout copropriétaire peut néanmoins exercer seul les actions concernant la propriété ou la jouissance de son lot, à charge d'en informer le syndic.

(Ord. n° 2019-1101 du 30 oct. 2019, art. 12, en vigueur le 1er juin 2020) « En cas de carence ou d'inaction du syndic, le président du conseil syndical peut également, sur délégation expresse de l'assemblée générale, exercer une action contre le syndic, en réparation du préjudice subi par le syndicat des copropriétaires. Lorsque la copropriété n'a pas de conseil syndical, cette action peut être exercée par un ou plusieurs copropriétaires représentant au moins un quart des voix de tous les copropriétaires.

« En cas de condamnation, les dommages et intérêts sont alloués au syndicat des copropriétaires.

« Si, à l'issue de l'instance judiciaire, l'action exercée dans l'intérêt du syndicat est déclarée bien fondée par le juge, la charge des frais de procédure non supportés par le syndic est répartie entre tous les copropriétaires proportionnellement aux quotes-parts de parties communes afférentes à leur lot. »

Art. 16 Tous actes d'acquisition ou d'aliénation des parties communes ou de constitution de droits réels immobiliers au profit ou à la charge de ces dernières, à la condition qu'ils aient été décidés conformément aux dispositions des articles 6, 25 et 26, sont valablement passés par le syndicat lui-même et de son chef.

Le syndicat peut acquérir lui-même, à titre onéreux ou gratuit, des parties privatives sans que celles-ci perdent pour autant leur caractère privatif. Il peut les aliéner dans les conditions prévues à l'alinéa précédent. Il ne dispose pas de voix, en assemblée générale, au titre des parties privatives acquises par lui.

Art. 16-1 *(L. n° 79-2 du 2 janv. 1979)* Les sommes représentant le prix des parties communes cédées se divisent de plein droit entre les copropriétaires dans les lots desquels figuraient ces parties communes et proportionnellement à la quotité de ces parties afférentes à chaque lot.

La part du prix revenant à chaque copropriétaire lui est remise directement par le syndic *(Ord. n° 2019-1101 du 30 oct. 2019, art. 13, en vigueur le 1er juin 2020)* « , après déduction des sommes exigibles par le syndicat des copropriétaires ».

(Abrogé par Ord. n° 2019-1101 du 30 oct. 2019, art. 13, à compter du 1er juin 2020) « Les présentes dispositions ne dérogent pas à celles de l'article L. 12-3 du code de l'expropriation pour cause d'utilité publique. »

Art. 16-2 *(Ord. n° 2014-1345 du 6 nov. 2014, art. 4, en vigueur le 1er janv. 2015)* L'expropriation pour cause d'utilité publique d'un immeuble bâti, d'un groupe d'immeubles bâtis ou d'un ensemble immobilier soumis à la présente loi est poursuivie et prononcée dans les conditions prévues par l'article L. 221-2 du code de l'expropriation pour cause d'utilité publique.

CHAPITRE II. *ADMINISTRATION DE LA COPROPRIÉTÉ*

SECTION 1. *Dispositions générales (L. n° 94-62 du 21 juill. 1994).*

Art. 17 Les décisions du syndicat sont prises en assemblée générale des copropriétaires ; leur exécution est confiée à un syndic placé éventuellement sous le contrôle d'un conseil syndical.

Dans les cas où, avant la réunion de la première assemblée générale *(L. n° 2014-366 du 24 mars 2014, art. 55-I-1°)* « suivant la mise en copropriété », un syndic *(L. n° 2014-366 du 24 mars 2014, art. 55-I-1°) « provisoire »* a été désigné par le règlement de copropriété ou par tout autre accord des parties, *(L. n° 2014-366 du 24 mars 2014, art. 55-I-1°)* « ce syndic ne peut être maintenu que par décision de l'assemblée générale, après mise en concurrence préalable de plusieurs contrats de syndics *[syndic]* effectuée par le conseil syndical, s'il en existe un, ou les copropriétaires ».

A défaut de nomination *(L. n° 2015-990 du 6 août 2015, art. 88-I-1°)* « du syndic par l'assemblée générale des copropriétaires convoquée à cet effet », le syndic est désigné par le président du tribunal judiciaire saisi à la requête d'un ou plusieurs copropriétaires *(L. nº 2014-366 du 24 mars 2014, art. 55-I-1º)* « , du maire de la commune ou du président de l'établissement public de coopération intercommunale compétent en matière d'habitat du lieu de situation de l'immeuble ».

(L. nº 2015-990 du 6 août 2015, art. 88-I-2º) « Dans tous les autres cas où le syndicat est dépourvu de syndic, l'assemblée générale des copropriétaires peut être convoquée par tout copropriétaire, aux fins de nommer un syndic. A défaut d'une telle convocation, le président du tribunal judiciaire, statuant par ordonnance sur requête à la demande de tout intéressé, désigne un administrateur provisoire de la copropriété qui est notamment chargé de convoquer l'assemblée des copropriétaires en vue de la désignation d'un syndic. »

Art. 17-1 AA *(Ord. nº 2019-1101 du 30 oct. 2019, art. 23, en vigueur le 1er juin 2020)* Tout copropriétaire peut solliciter du syndic la convocation et la tenue, à ses frais, d'une assemblée générale pour faire inscrire à l'ordre du jour une ou plusieurs questions ne concernant que ses droits ou obligations.

Art. 17-1 A *(L. nº 2018-1021 du 23 nov. 2018, art. 211-II)* Les copropriétaires peuvent participer à l'assemblée générale par présence physique, par visioconférence ou par tout autre moyen de communication électronique permettant leur identification.

(Ord. nº 2019-1101 du 30 oct. 2019, art. 35, en vigueur le 1er juin 2020) « Les copropriétaires peuvent, par ailleurs, voter par correspondance avant la tenue de l'assemblée générale, au moyen d'un formulaire établi conformément à un modèle fixé par arrêté. Si la résolution objet du vote par correspondance est amendée en cours d'assemblée générale, le votant par correspondance ayant voté favorablement est assimilé à un copropriétaire défaillant pour cette résolution.

« Les conditions d'identification des copropriétaires usant de moyens de communication électronique pour participer à l'assemblée générale et les modalités de remise au syndic du formulaire de vote par correspondance sont définies par décret en Conseil d'État. »

Art. 17-1 *(L. nº 2000-1208 du 13 déc. 2000, art. 75-IV)* Dans le cas où l'administration de la copropriété est confiée à un syndicat coopératif, la constitution d'un conseil syndical est obligatoire et le syndic est élu par les membres de ce conseil et choisi parmi ceux-ci. Il exerce de plein droit les fonctions de président du conseil syndical. En outre, le conseil syndical peut élire, dans les mêmes conditions, un vice-président qui supplée le syndic en cas d'empêchement de celui-ci.

Le président et le vice-président sont l'un et l'autre révocables dans les mêmes conditions. L'assemblée générale désigne une ou plusieurs personnes physiques ou morales qui peuvent être des copropriétaires ou des personnes extérieures qualifiées pour assurer le contrôle des comptes du syndicat.

L'adoption ou l'abandon de la forme coopérative du syndicat est décidée à la majorité de l'article 25 et le cas échéant de l'article 25-1.

Art. 17-1-1 *(Abrogé par Ord. nº 2019-1101 du 30 oct. 2019, art. 40, à compter du 1er juin 2020)* *(L. nº 2014-366 du 24 mars 2014, art. 56) Lorsque le syndicat de copropriétaires comporte moins de dix lots à usage de logements, de bureaux ou de commerces et que son budget prévisionnel moyen sur une période de trois exercices consécutifs est inférieur à 15 000 €, le syndicat peut bénéficier des dérogations suivantes aux articles 17-1 et 26 :*

A. — La modification du règlement de copropriété en vue de prévoir la possibilité d'adopter la forme coopérative est approuvée à la majorité de l'article 25 et, le cas échéant, à la majorité de l'article 25-1.

B. — Lorsque l'assemblée générale de ce syndicat a décidé d'adopter la forme coopérative, elle peut également décider, par une délibération spéciale, à la majorité de l'article 25, de ne pas constituer de conseil syndical et de procéder directement à la désignation du syndic parmi ses membres.

Dans ce cas, et par dérogation à l'article 17-1 :

1º La désignation du syndic se fait par vote séparé à la majorité de l'article 25. L'assemblée générale peut également désigner un copropriétaire pour suppléer le syndic en cas d'empêchement de celui-ci. Le syndic et son suppléant sont l'un et l'autre révocables dans les mêmes conditions. L'assemblée générale désigne une ou plusieurs personnes physiques ou morales, qui peuvent être des copropriétaires ou des personnes extérieures qualifiées, pour assurer le contrôle des comptes du syndicat ;

2º En cas d'empêchement du syndic ou de défaillance de celui-ci mettant en péril la conservation de l'immeuble, la santé ou la sécurité des occupants, chaque copropriétaire peut prendre l'initiative de convoquer une assemblée générale extraordinaire pour désigner un nouveau syndic ou prendre les décisions nécessaires à la conservation de l'immeuble, de la santé ou de la sécurité de ses occupants.

Art. 17-2 *(Ord. nº 2019-1101 du 30 oct. 2019, art. 14, en vigueur le 1er juin 2020)* Seul un copropriétaire d'un ou plusieurs lots dans la copropriété qu'il est amené à gérer peut être syndic non professionnel.

Si cette condition disparaît, le mandat devient caduc à l'expiration d'un délai de trois mois suivant l'événement. Durant ce délai, le syndic convoque une assemblée générale et inscrit à l'ordre du jour la question de la désignation d'un nouveau syndic.

Art. 18 *(L. nº 2014-366 du 24 mars 2014, art. 55-I-3º)* « I. — » Indépendamment des pouvoirs qui lui sont conférés par d'autres dispositions de la présente loi ou par une délibération spéciale de l'assemblée générale, le syndic est chargé, dans les conditions qui seront éventuellement définies par le règlement d'administration publique *[décret en Conseil d'État]* prévu à l'article 47 ci-dessous :

— d'assurer l'exécution des dispositions du règlement de copropriété et des délibérations de l'assemblée générale ;

— d'administrer l'immeuble, de pourvoir à sa conservation, à sa garde et à son entretien et, en cas d'urgence, de faire procéder de sa propre initiative à l'exécution de tous travaux nécessaires à la sauvegarde de celui-ci ;

(L. nº 2014-366 du 24 mars 2014, art. 55-I-3º) « — de soumettre au vote de l'assemblée générale, à la majorité de l'article 24, la décision de souscrire un contrat d'assurance contre les risques de responsabilité civile dont le syndicat doit répondre. En cas de refus de l'assemblée générale, l'assurance peut être contractée par le syndic pour le compte du syndicat des copropriétaires, en application de l'article L. 112-1 du code des assurances ;

« — de représenter le syndicat dans tous les actes civils et en justice dans les cas mentionnés aux articles 15 et 16 de la présente loi, ainsi que pour la publication de l'état descriptif de division et du règlement de copropriété ou des modifications apportées à ces actes, sans que soit nécessaire l'intervention de chaque copropriétaire à l'acte ou à la réquisition de publication ; »

(Ord. nº 2019-1101 du 30 oct. 2019, art. 15-1º, en vigueur le 1er juin 2020) « — d'assurer la conservation des archives relatives au syndicat des copropriétaires. La décision de confier les archives du syndicat des copropriétaires à une entreprise spécialisée aux frais dudit syndicat est prise à la majorité des voix de tous les copropriétaires. Une telle décision ne peut donner lieu à aucune rémunération complémentaire au profit du syndic ; »

(L. nº 2000-1208 du 13 déc. 2000, art. 78 ; L. nº 2014-366 du 24 mars 2014, art. 55-I-3º) « — d'établir et de tenir à jour et à disposition des copropriétaires un carnet d'entretien de l'immeuble conformément à un contenu défini par décret ; »

(L. nº 2014-366 du 24 mars 2014, art. 55-I-3º) « — de réaliser les démarches prévues aux articles L. 711-1 à L. 711-6 du code de la construction et de l'habitation relatifs à l'immatriculation du syndicat de copropriétaires, sous peine de l'astreinte prévue au même article L. 711-6 ;

« — d'assurer l'information des occupants de chaque immeuble de la copropriété des décisions prises par l'assemblée générale, selon des modalités définies par décret ;

« — de proposer *(Abrogé par L. nº 2018-1021 du 23 nov. 2018, art. 205)* « *, à compter du 1er janvier 2015,* » lorsque le syndic est un syndic professionnel, un accès en ligne sécurisé aux documents dématérialisés relatifs à la gestion de l'immeuble ou des lots gérés, sauf décision contraire de l'assemblée générale prise à la majorité de l'article 25 de la présente loi. Cet accès est différencié selon la nature des documents mis à la disposition des membres du syndicat de copropriétaires ou de ceux du conseil syndical. *(L. nº 2018-1021 du 23 nov. 2018, art. 205)* « Un décret précise la liste minimale des documents devant être accessibles en ligne dans un espace sécurisé. »

« II. — Le syndic assure la gestion comptable et financière du syndicat et, à ce titre, est chargé : »

(L. nº 2000-1208 du 13 déc. 2000, art. 75-II, en vigueur le 1er janv. 2007 ; L. nº 2014-366 du 24 mars 2014, art. 55-I-3º) « — d'établir le budget prévisionnel en concertation avec le conseil syndical, les comptes du syndicat et leurs annexes, de les soumettre au vote de l'assemblée générale et de tenir pour chaque syndicat une comptabilité séparée qui fait apparaître la position de chaque copropriétaire à l'égard du syndicat *[al. entré en vigueur le 1er janv. 2007 (en vertu de l'art. 75-II et III de L. nº 2000-1208 du 13 déc. 2000, mod. par L. nº 2003-590 du*

2 juill. 2003, art. 89, par L. n° 2005-32 du 18 janv. 2005, art. 119 et par L. n° 2006-872 du 13 juill. 2006, art. 94-II)] ; »

(L. n° 2014-366 du 24 mars 2014, art. 55-I-3°) « — d'ouvrir, dans l'établissement bancaire qu'il choisit, un compte séparé au nom du syndicat, sur lequel sont versées sans délai toutes les sommes ou valeurs reçues au nom ou pour le compte du syndicat. L'assemblée générale peut décider, à la majorité de l'article 25, que ce compte est ouvert dans un autre établissement bancaire de son choix. Ce compte bancaire ne peut faire l'objet ni d'une convention de fusion, ni d'une compensation avec tout autre compte. Les éventuels intérêts produits par ce compte sont définitivement acquis au syndicat. La méconnaissance par le syndic de ces obligations emporte la nullité de plein droit de son mandat à l'expiration du délai de trois mois suivant sa désignation. Toutefois, les actes qu'il a passés avec des tiers de bonne foi demeurent valables. Le syndic met à disposition du conseil syndical une copie des relevés périodiques du compte, dès réception de ceux-ci. » *(Abrogé par Ord. n° 2019-1101 du 30 oct. 2019, art. 15-2°, à compter du 31 déc. 2020)* « *Toutefois, lorsque le syndicat comporte au plus quinze lots à usage de logements, de bureaux ou de commerces, l'assemblée générale peut, à la majorité de l'article 25 et, le cas échéant, de l'article 25-1, dispenser le syndic soumis à la loi n° 70-9 du 2 janvier 1970 réglementant les conditions d'exercice des activités relatives à certaines opérations portant sur les immeubles et les fonds de commerce, ou dont l'activité est soumise à une réglementation professionnelle organisant le maniement des fonds du syndicat, d'ouvrir un compte bancaire séparé au nom du syndicat. Le compte unique fait apparaître dans les écritures de l'établissement bancaire un sous-compte individualisant comptablement les versements et prélèvements afférents au syndicat. Le syndic effectue sur ce sous-compte, sans délai, les versements des sommes et valeurs appartenant au syndicat et y reporte les dépenses effectuées pour son compte. Le syndic transmet au président du conseil syndical une copie des relevés périodiques bancaires du sous-compte, dès réception de ceux-ci. Dans ce cas, le syndic ne peut pas proposer une rémunération différenciée en fonction de la décision de l'assemblée relative à la dispense de compte bancaire séparé* ; » — *Cet al. entre en vigueur dans le délai d'un an à compter de la promulgation de la L. n° 2014-366 du 24 mars 2014. Il s'applique aux mandats en cours à compter de leur renouvellement (L. préc., art. 55-III).*

(L. n° 2014-366 du 24 mars 2014, art. 58-I-4°, en vigueur le 1er janv. 2017) « — d'ouvrir, dans l'établissement bancaire qu'il a choisi ou que l'assemblée générale a choisi pour le compte mentionné au troisième alinéa du présent II, un compte séparé rémunéré au nom du syndicat, sur lequel sont versées sans délai les cotisations au fonds de travaux prévu à l'article *(L. n° 2021-1104 du 22 août 2021, art. 171-I-4°)* « 14-2-1 *[ancienne rédaction : 14-2]* ». Ce compte bancaire ne peut faire l'objet d'aucune convention de fusion, ni d'une compensation avec tout autre compte. Les virements en provenance du compte mentionné au troisième alinéa du présent II sont autorisés. Les intérêts produits par ce compte sont définitivement acquis au syndicat. La méconnaissance par le syndic de ces obligations emporte la nullité de plein droit de son mandat à l'expiration du délai de trois mois suivant sa désignation. Toutefois, les actes qu'il a passés avec des tiers de bonne foi demeurent valables. Le syndic met à disposition du conseil syndical une copie des relevés périodiques du compte, dès réception de ceux-ci ; »

(L. n° 2014-366 du 24 mars 2014, art. 55-I-3°) « A l'exception du syndic provisoire *(L. n° 2017-86 du 27 janv. 2017, art. 122-I-2°)* « et de l'administrateur provisoire désigné en application des articles 29-1 et 29-11 », le syndic de copropriété ne peut avancer de fonds au syndicat de copropriétaires.

« III. — Le syndic est également chargé : »

(L. n° 2010-788 du 12 juill. 2010, art. 216-I) « — de notifier sans délai au représentant de l'État dans le département et aux copropriétaires l'information selon laquelle les deux tiers des copropriétaires, représentant au moins deux tiers des quotes-parts de parties communes, ont exercé leur droit de délaissement dans les conditions *(Ord. n° 2015-1324 du 22 oct. 2015, art. 5-V)* « prévues par l'article L. 515-16-3 » *(L. n° 2010-788 du 12 juill. 2010, art. 216-I)* « du code de l'environnement. La notification aux copropriétaires mentionne expressément les dispositions » *(Ord. n° 2015-1324 du 22 oct. 2015, art. 5-V)* « du IV de cet article » ; »

(L. n° 2007-309 du 5 mars 2007, art. 8) « — lorsqu'un réseau de communications électroniques interne à l'immeuble distribue des services de télévision et si l'installation permet l'accès aux services nationaux en clair de télévision par voie hertzienne terrestre en mode numérique, d'informer de manière claire et visible les copropriétaires de cette possibilité et de fournir les coordonnées du distributeur de services auquel le copropriétaire doit s'adresser pour bénéficier du "service antenne" numérique, tel que prévu au deuxième alinéa de l'article 34-1 de la loi n° 86-1067 du 30 septembre 1986 relative à la liberté de communica-

tion ; » *(Abrogé par Ord. n° 2019-1101 du 30 oct. 2019, art. 15-3°, en vigueur le 1er juin 2020)* « *A compter de la publication de la loi n° 2007-309 du 5 mars 2007 relative à la modernisation de la diffusion audiovisuelle et à la télévision du futur [JO 7 mars] et jusqu'au 30 novembre 2011, cette information est fournie dans le relevé de charges envoyé régulièrement par le syndic aux copropriétaires ;* »

(L. n° 2020-105 du 10 févr. 2020, art. 18, en vigueur le 1er janv. 2022) « — d'informer les copropriétaires des règles locales en matière de tri des déchets et de l'adresse, des horaires et des modalités d'accès des déchetteries dont dépend la copropriété. Cette information est affichée de manière visible dans les espaces affectés à la dépose des ordures ménagères par les occupants de la copropriété et transmise au moins une fois par an à ces occupants ainsi qu'aux copropriétaires ; »

(L. n° 2021-1104 du 22 août 2021, art. 63-V-1) « — sur les territoires dont les rejets d'eaux usées et pluviales ont une incidence sur la qualité de l'eau pour les épreuves olympiques de nage libre et de triathlon en Seine, de faire réaliser le contrôle des raccordements de l'immeuble au réseau public de collecte des eaux usées mentionné au II de l'article L. 2224-8 du code général des collectivités territoriales *[V. App., v° Diagnostic technique]* et de tenir à la disposition des copropriétaires qui en font la demande le document établi à l'issue de ce contrôle. »

(L. n° 2014-366 du 24 mars 2014, art. 55-I-3°) « IV. — » Seul responsable de sa gestion, il ne peut se faire substituer. L'assemblée générale peut seule autoriser, à la majorité prévue par l'article 25, une délégation de pouvoir à une fin déterminée.

(Ord. n° 2019-1101 du 30 oct. 2019, art. 15-4° et 5°, en vigueur le 1er juin 2020) « V. — En cas d'empêchement du syndic, pour quelque cause que ce soit, le président du conseil syndical peut convoquer une assemblée générale appelée à désigner un nouveau syndic. En cas de carence du syndic et à défaut de stipulation du règlement de copropriété, un administrateur *ad hoc* peut être désigné par décision de justice.

« VI. — Le contrat de syndic est conclu pour une durée déterminée. Il est approuvé par une décision expresse de l'assemblée générale.

« VII. — Lorsqu'une partie ne souhaite pas conclure un nouveau contrat de syndic avec le même cocontractant, il peut y être mis fin sans indemnité, dans les conditions suivantes.

« Les questions de la désignation d'un nouveau syndic ainsi que de la fixation d'une date anticipée de fin de contrat sont portées à l'ordre du jour d'une assemblée générale tenue dans les trois mois précédant le terme du contrat. Lorsque l'initiative émane du syndic, celui-ci informe le conseil syndical de son intention de ne pas conclure un nouveau contrat au plus tard trois mois avant la tenue de cette assemblée générale.

« L'assemblée générale désigne un nouveau syndic et fixe les dates de fin du contrat en cours et de prise d'effet du nouveau contrat, qui interviennent au plus tôt un jour franc après la tenue de cette assemblée.

« VIII. — Le contrat de syndic peut être résilié par une partie en cas d'inexécution suffisamment grave de l'autre partie.

« Lorsque le syndic est à l'initiative de la résiliation du contrat, il notifie sa volonté de résiliation au président du conseil syndical, ou à défaut de conseil syndical, à l'ensemble des copropriétaires, en précisant la ou les inexécutions reprochées au syndicat des copropriétaires.

« Dans un délai qui ne peut être inférieur à deux mois à compter de cette notification, le syndic convoque une assemblée générale et inscrit à l'ordre du jour la question de la désignation d'un nouveau syndic. La résiliation du contrat prend effet au plus tôt un jour franc après la tenue de l'assemblée générale.

« Lorsqu'au cours de cette assemblée générale le syndicat des copropriétaires désigne un nouveau syndic, il fixe la date de prise d'effet du contrat.

« Lorsque le conseil syndical est à l'initiative de la résiliation du contrat, il notifie au syndic une demande motivée d'inscription de cette question à l'ordre du jour de la prochaine assemblée générale, en précisant la ou les inexécutions qui lui sont reprochées.

« L'assemblée générale se prononce sur la question de la résiliation du contrat et, le cas échéant, fixe sa date de prise d'effet au plus tôt un jour franc après la tenue de cette assemblée.

« Lorsqu'au cours de la même assemblée le syndicat des copropriétaires désigne un nouveau syndic, il fixe la date de prise d'effet du contrat. »

Les dispositions de l'art. 15 de l'Ord. n° 2019-1101 du 30 oct. 2019 créant les VI à VIII de l'art. 18 s'appliquent aux contrats de syndics conclus postérieurement au 1er juin 2020, y compris pour leurs effets légaux (Ord. préc., art. 41-IV).

Pour les territoires dont les rejets d'eaux usées et pluviales ont une incidence sur la qualité de l'eau pour les épreuves olympiques de nage libre et de triathlon en Seine et dont la liste est fixée par décret (en application de l'art. 11-1 de la L. n° 2018-202 du 26 mars 2018), les dispositions issues de l'art. 63 de la L. n° 2021-1104 du 22 août 2021 entrent en vigueur le 1er janv. 2022 (L. n° 2021-1104 préc., art. 63-VI). Pour les territoires non concernés par le Décr. préc., les dispositions issues de l'art. 63 de la L. n° 2021-1104 du 22 août 2021 entrent en vigueur le 1er janv. 2023 (L. n° 2021-1104 préc., art. 63-VII).

Sur l'entrée en vigueur de la mod. issue de l'art. 171 de la L. n° 2021-1104 du 22 août 2021, V. ndlr ss. art. 10.

Art. 18-1 AA *(L. n° 2014-366 du 24 mars 2014, art. 55-I-4°)* Pour les immeubles à destination totale autre que d'habitation, lorsqu'un syndicat de copropriétaires est composé exclusivement de personnes morales, les copropriétaires peuvent décider, à la majorité définie à l'article 25, de déroger à l'article 18 et, le cas échéant, de définir avec le syndic, dans le cadre de son contrat, les missions du syndic, les honoraires de celui-ci, la durée du mandat, les modalités de fonctionnement du compte bancaire unique ou séparé et les modalités de perception des fonds.

Art. 18-1 A *(Ord. n° 2019-1101 du 30 oct. 2019, art. 16, en vigueur le 1er juin 2020)* « I. — La rémunération du syndic, pour les prestations qu'il fournit au titre de sa mission, est déterminée de manière forfaitaire. Toutefois, une rémunération spécifique complémentaire peut être perçue à l'occasion de prestations particulières de syndic qui ne relèvent pas de la gestion courante et qui sont définies par décret en Conseil d'État. »

(L. n° 2014-366 du 24 mars 2014, art. 55-I-5°) « Le décret prévu au premier alinéa fait l'objet d'une concertation bisannuelle en vue de son éventuelle révision. Cette concertation est organisée par le ministre chargé du logement et associe notamment le Conseil national de la transaction et de la gestion immobilières créé en application de l'article 13-1 de la loi n° 70-9 du 2 janvier 1970 réglementant les conditions d'exercice des activités relatives à certaines opérations portant sur les immeubles et les fonds de commerce. »

(Ord. n° 2019-1101 du 30 oct. 2019, art. 16, en vigueur le 1er juin 2020) « Tout contrat ou projet de contrat relatif à l'exercice de la mission de syndic respecte un contrat type défini par décret en Conseil d'État. Le projet de contrat est accompagné d'une fiche d'information sur le prix et les prestations proposées par le syndic selon un modèle fixé par arrêté.

« Tout manquement aux obligations mentionnées aux premier et troisième alinéas du présent article est passible d'une amende administrative dont le montant ne peut excéder 3 000 € pour une personne physique et 15 000 € pour une personne morale. Cette amende est prononcée dans les conditions prévues au chapitre II du titre II du livre V du code de la consommation.

« II. — Le syndic peut conclure avec le syndicat une convention portant sur des prestations de services autres que celles relevant de sa mission de syndic, après autorisation expresse de l'assemblée générale donnée à la majorité des voix exprimées de tous les copropriétaires présents, représentés ou ayant voté par correspondance. Ces prestations ne peuvent figurer dans le contrat de syndic.

« Le syndic soumet à l'autorisation de l'assemblée générale prise à la même majorité toute convention passée entre le syndicat et une personne ou une entreprise avec laquelle le syndic a des liens de nature capitalistique ou juridique, en précisant la nature des liens qui rendent nécessaire l'autorisation de la convention.

« Les conventions conclues en méconnaissance de ces dispositions ne sont pas opposables au syndicat.

« III. — » *(L. n° 2009-323 du 25 mars 2009, art. 17 ; L. n° 2014-366 du 24 mars 2014, art. 55-I-5°)* « Les travaux mentionnés *(L. n° 2021-1104 du 22 août 2021, art. 171-I-5°)* « au II de l'article 14-1 *[ancienne rédaction : à l'article 14-2]* » et votés par l'assemblée générale des copropriétaires en application des articles 24, 25, *(Abrogé par Ord. n° 2019-1101 du 30 oct. 2019, art. 16, à compter du 1er juin 2020) « 26, »* 26-3 et 30 peuvent faire l'objet d'honoraires spécifiques au profit du syndic. Ces honoraires sont votés lors de la même assemblée générale que les travaux concernés, aux mêmes règles de majorité. »

(Ord. n° 2019-1101 du 30 oct. 2019, art. 16, en vigueur le 1er juin 2020) « La rémunération fixée dans le projet de résolution soumis au vote de l'assemblée générale doit être exprimée en pourcentage du montant hors taxes des travaux, à un taux dégressif selon l'importance des travaux préalablement à leur exécution. – *V. Décr. du 17 mars 1967, art. 29.*

« IV. — Les dispositions du présent article ne s'appliquent pas lorsque le syndic n'est pas rémunéré. Celui-ci peut néanmoins proposer à l'assemblée générale un contrat de syndic conforme au contrat type. »

Sur l'entrée en vigueur des mod. issues de la L. n° 2021-1104 du 22 août 2021, art. 171, V. ndlr ss. art. 10.

Art. 18-1 *(Ord. n° 2020-866 du 15 juill. 2020, art. 4, en vigueur le 25 oct. 2020)* Pendant le délai s'écoulant entre la convocation de l'assemblée générale appelée à connaître des comptes et la tenue de celle-ci, les pièces justificatives des charges de copropriété, notamment les factures, les contrats de fourniture et d'exploitation en cours et leurs avenants, la quantité consommée et le prix unitaire ou forfaitaire de chacune des catégories de charges, ainsi que, le cas échéant, une note d'information sur les modalités de calcul des charges de chauffage, de refroidissement et de production d'eau chaude sanitaire collectifs, sont tenues à la disposition de tous les copropriétaires par le syndic, selon des modalités précisées par décret en Conseil d'État.

Art. 18-1-1 *(L. n° 2018-1021 du 23 nov. 2018, art. 193-I) (Ord. n° 2020-1144 du 16 sept. 2020, art. 10, en vigueur le 1er janv. 2021)* « Le syndic signale au procureur de la République les faits qui sont susceptibles de constituer une des infractions prévues aux articles 225-14 du code pénal et L. 511-22 du code de la construction et de l'habitation. »

Ce signalement est effectué sans préjudice, le cas échéant, de la déclaration prévue à l'article L. 561-15 du code monétaire et financier.

Ces dispositions ne sont pas applicables aux syndics mentionnés à l'article 17-2 de la présente loi.

Art. 18-2 *(L. n° 85-1470 du 31 déc. 1985 ; Ord. n° 2019-1101 du 30 oct. 2019, art. 17, en vigueur le 1er juin 2020)* « En cas de changement de syndic, l'ancien syndic est tenu de remettre au nouveau syndic, dans le délai de quinze jours à compter de la cessation de ses fonctions, la situation de trésorerie, les références des comptes bancaires du syndicat et les coordonnées de la banque. Il remet, dans le délai d'un mois à compter de la même date, l'ensemble des documents et archives du syndicat ainsi que, le cas échéant, l'ensemble des documents dématérialisés relatifs à la gestion de l'immeuble ou aux lots gérés mentionnés à l'alinéa 11 du I de l'article 18, dans un format téléchargeable et imprimable ». *(L. n° 2009-323 du 25 mars 2009, art. 18)* « Dans l'hypothèse où *(L. n° 2014-366 du 24 mars 2014, art. 55-I-7°)* « le syndicat des copropriétaires a fait le choix de confier tout ou partie de ses archives » à un prestataire spécialisé, il est tenu, dans ce même délai, d'informer le prestataire de ce changement en communiquant les coordonnées du nouveau syndic. »

(Ord. n° 2019-1101 du 30 oct. 2019, art. 17, en vigueur le 1er juin 2020) « Dans le délai de deux mois suivant l'expiration du délai mentionné ci-dessus, l'ancien syndic est tenu de fournir au nouveau syndic l'état des comptes des copropriétaires ainsi que celui des comptes du syndicat, après apurement et clôture ».

Après mise en demeure restée infructueuse, le syndic nouvellement désigné ou le président du conseil syndical pourra demander au *(L. n° 2009-526 du 12 mai 2009, art. 7-3°)* « président du *(Ord. n° 2019-738 du 17 juill. 2019, art. 17)* « tribunal judiciaire statuant en référé », *(Ord. n° 2019-1101 du 30 oct. 2019, art. 17, en vigueur le 1er juin 2020)* « d'ordonner sous astreinte la remise des pièces, informations et documents dématérialisés mentionnés » aux deux premiers alinéas ainsi que le versement des intérêts *(Ord. n° 2019-738 du 17 juill. 2019, art. 17)* « provisionnels » dus à compter de la mise en demeure, sans préjudice de *(Ord. n° 2019-738 du 17 juill. 2019, art. 17)* « toute provision à valoir sur dommages et intérêts ».

Les dispositions de l'Ord. n° 2019-738 du 17 juill. 2019 s'appliquent aux demandes introduites à compter du 1er janv. 2020 (Ord. préc., art. 30).

Pour les syndicats de copropriétaires ayant été dispensés de l'obligation d'ouvrir un compte séparé au nom du syndicat par décision de l'assemblée générale, les dispositions de l'art. 17 de l'Ord. n° 2019-1101 du 30 oct. 2019 entrent en vigueur le 31 déc. 2020 (Ord. préc., art. 41-III).

Art. 19 Les créances de toute nature du syndicat à l'encontre de chaque copropriétaire sont, qu'il s'agisse de provision ou de paiement définitif, garanties par une hypothèque légale sur son lot. L'hypothèque peut être inscrite soit après mise en demeure restée infructueuse d'avoir à payer une dette devenue exigible, soit dès que le copropriétaire invoque les dispositions de l'article 33 de la présente loi.

(Ord. n° 2019-1101 du 30 oct. 2019, art. 18, en vigueur le 1er juin 2020) « Le syndic a qualité, sans autorisation préalable de l'assemblée générale, pour faire inscrire cette hypothèque au

profit du syndicat, en consentir la main levée et, en cas d'extinction de la dette, en requérir la radiation ».

Le copropriétaire défaillant peut, même en cas d'instance au principal, sous condition d'une offre de paiement suffisante ou d'une garantie équivalente, demander mainlevée totale ou partielle au président du *(Ord. nº 2019-738 du 17 juill. 2019, art. 17)* « tribunal judiciaire statuant selon la procédure accélérée au fond ».

Aucune inscription ou inscription complémentaire ne peut être requise pour des créances exigibles depuis plus de cinq ans.

Les créances visées à l'alinéa 1er bénéficient, en outre, du privilège prévu par l'article 2332-1 du code civil en faveur du bailleur. Ce privilège porte sur *(Ord. nº 2019-1101 du 30 oct. 2019, art. 18, en vigueur le 1er juin 2020)* « les meubles garnissant les lieux appartenant au copropriétaire ainsi que sur les sommes dues par le locataire à son bailleur ».

(Abrogé par Ord. nº 2019-1101 du 30 oct. 2019, art. 18, à compter du 1er juin 2020) « Dans ce dernier cas, il est reporté sur les loyers dus par le locataire. »

Les dispositions de l'Ord. nº 2019-738 du 17 juill. 2019 s'appliquent aux demandes introduites à compter du 1er janv. 2020 (Ord. préc., art. 30).

En vertu de l'art. 32 de la L. nº 84-595 du 12 juill. 1984, dans le cas d'un contrat de location-accession, le vendeur est tenu de garantir le paiement des charges incombant à l'accédant en application de l'art. 29 de la loi nº 84-595 du 12 juill. 1984 et l'hypothèque légale, prévue à l'art. 19 ci-dessus, ne peut être inscrite qu'après mise en demeure restée infructueuse adressée par le syndic au vendeur.

Art. 19-1 *(Ord. nº 2019-1101 du 30 oct. 2019, art. 19, en vigueur le 1er juin 2020)* Toutes les créances mentionnées au premier alinéa de l'article 19 sont garanties par *(Ord. nº 2021-1192 du 15 sept. 2021, art. 35, en vigueur le 1er janv. 2022)* « l'hypothèque légale prévue au 3º de l'article 2402 » du code civil.

Art. 19-2 *(L. nº 2018-1021 du 23 nov. 2018, art. 210)* « A défaut du versement à sa date d'exigibilité d'une provision due au titre de l'article 14-1 *(Abrogé par L. nº 2021-1104 du 22 août 2021, art. 171-I-6º) « ou du I de l'article 14-2 »*, et après mise en demeure restée infructueuse passé un délai de trente jours, les autres provisions non encore échues en application *(L. nº 2021-1104 du 22 août 2021, art. 171-I-6º)* « du même article 14-1 *[ancienne rédaction : des mêmes articles 14-1 ou 14-2]* » ainsi que les sommes restant dues appelées au titre des exercices précédents après approbation des comptes deviennent immédiatement exigibles.

« Le président du *(Ord. nº 2019-738 du 17 juill. 2019, art. 17)* « tribunal judiciaire statuant selon la procédure accélérée au fond », après avoir constaté, selon le cas, l'approbation par l'assemblée générale des copropriétaires du budget prévisionnel, des travaux ou des comptes annuels, ainsi que la défaillance du copropriétaire, condamne ce dernier au paiement des provisions ou sommes exigibles. »

(L. nº 2014-366 du 24 mars 2014, art. 58-I-6º, en vigueur le 1er janv. 2017) « Le présent article est applicable aux cotisations du fonds de travaux mentionné à l'article » *(L. nº 2021-1104 du 22 août 2021, art. 171-I-4º)* « 14-2-1 *[ancienne rédaction : 14-2]*. »

(L. nº 2000-1208 du 13 déc. 2000, art. 81-2º) « Lorsque la mesure d'exécution porte sur une créance à exécution successive du débiteur du copropriétaire défaillant, notamment une créance de loyer ou d'indemnité d'occupation, cette mesure se poursuit jusqu'à l'extinction de la créance du syndicat résultant de l'ordonnance. »

(L. nº 2014-366 du 24 mars 2014, art. 55-I-8º) « Si l'assemblée générale vote pour autoriser le syndic à agir en justice pour obtenir la saisie en vue de la vente d'un lot d'un copropriétaire débiteur vis-à-vis du syndicat, la voix de ce copropriétaire n'est pas prise en compte dans le décompte de la majorité et ce copropriétaire ne peut recevoir mandat pour représenter un autre copropriétaire en application de l'article 22. »

Les dispositions de l'Ord. nº 2019-738 du 17 juill. 2019 s'appliquent aux demandes introduites à compter du 1er janv. 2020 (Ord. préc., art. 30).

Sur l'entrée en vigueur des mod. issues de la L. nº 2021-1104 du 22 août 2021, art. 171, V. ndlr ss. art. 10.

Art. 20 *(L. nº 2000-1208 du 13 déc. 2000 art. 81-3º ; L. nº 2014-366 du 24 mars 2014, art. 55-I-9º)* « I. — Lors de la mutation à titre onéreux d'un lot, et si le vendeur n'a pas présenté au notaire un certificat du syndic ayant moins d'un mois de date, attestant qu'il est libre de toute obligation à l'égard du syndicat, avis de la mutation doit être donné par le notaire au syndic de l'immeuble par lettre recommandée avec avis de réception dans un délai de quinze jours à compter de la date du transfert de propriété. » *(L. nº 94-624 du 21 juill. 1994 art. 34-*

III) « Avant l'expiration d'un délai de quinze jours à compter de la réception de cet avis, le syndic peut former au domicile élu, par acte extrajudiciaire, opposition au versement des fonds dans la limite ci-après pour obtenir le paiement des sommes restant dues par l'ancien propriétaire. Cette opposition contient élection de domicile dans le ressort du tribunal judiciaire de la situation de l'immeuble et, à peine de nullité, énonce le montant et les causes de la créance. » *(L. nº 2014-366 du 24 mars 2014, art. 55-I-9º)* « Le notaire libère les fonds dès l'accord entre le syndic et le vendeur sur les sommes restant dues. A défaut d'accord, dans un délai de trois mois après la constitution par le syndic de l'opposition régulière, il verse les sommes retenues au syndicat, sauf contestation de l'opposition devant les tribunaux par une des parties. » *(L. nº 94-624 du 21 juill. 1994, art. 34-IV)* « Les effets de l'opposition sont limités au montant ainsi énoncé.

« Tout paiement ou transfert amiable ou judiciaire du prix opéré en violation des dispositions de l'alinéa précédent est inopposable au syndic ayant régulièrement fait opposition.

« L'opposition régulière vaut au profit du syndicat mise en œuvre du privilège mentionné à l'article 19-1. »

(L. nº 2014-366 du 24 mars 2014, art. 55-I-9º) « II. — Préalablement à l'établissement de l'acte authentique de vente d'un lot ou d'une fraction de lot, le cas échéant après que le titulaire du droit de préemption instauré en application du dernier alinéa de l'article L. 211-4 du code de l'urbanisme a renoncé à l'exercice de ce droit, le notaire notifie au syndic de la copropriété le nom du candidat acquéreur ou le nom des mandataires sociaux et des associés de la société civile immobilière ou de la société en nom collectif se portant acquéreur, ainsi que le nom de leurs conjoints ou partenaires liés par un pacte civil de solidarité.

« Dans un délai d'un mois, le syndic délivre au notaire un certificat datant de moins d'un mois attestant :

« 1º Soit que l'acquéreur ou les mandataires sociaux et les associés de la société se portant acquéreur, leurs conjoints ou partenaires liés à eux par un pacte civil de solidarité ne sont pas copropriétaires de l'immeuble concerné par la mutation ;

« 2º Soit, si l'une de ces personnes est copropriétaire de l'immeuble concerné par la mutation, qu'elle n'a pas fait l'objet d'une mise en demeure de payer du syndic restée infructueuse depuis plus de quarante-cinq jours.

« Si le copropriétaire n'est pas à jour de ses charges au sens du 2º du présent II, le notaire notifie aux parties l'impossibilité de conclure la vente.

« Dans l'hypothèse où un avant-contrat de vente a été signé préalablement à l'acte authentique de vente, l'acquéreur ou les mandataires sociaux et les associés de la société se portant acquéreur, leurs conjoints ou partenaires liés à eux par un pacte civil de solidarité, dont les noms ont été notifiés par le notaire, disposent d'un délai de trente jours à compter de cette notification pour s'acquitter de leur dette vis-à-vis du syndicat. Si aucun certificat attestant du règlement des charges n'est produit à l'issue de ce délai, l'avant-contrat est réputé nul et non avenu aux torts de l'acquéreur. »

Art. 21 *(L. nº 85-1470 du 31 déc. 1985)* Dans tout syndicat de copropriétaires, un conseil syndical assiste le syndic et contrôle sa gestion.

En outre, il donne son avis au syndic ou à l'assemblée générale sur toutes questions concernant le syndicat, pour lesquelles il est consulté ou dont il se saisit lui-même. L'assemblée générale des copropriétaires, statuant à la majorité de l'article 25, arrête un montant des marchés et des contrats à partir duquel la consultation du conseil syndical est rendue obligatoire. *(L. nº 2000-1208 du 13 déc. 2000, art. 81-4º ; L. nº 2014-366 du 24 mars 2014, art. 55-I-10º)* « A la même majorité, elle arrête un montant des marchés et des contrats autres que celui de syndic à partir duquel une mise en concurrence est rendue obligatoire. »

(Ord. nº 2019-1101 du 30 oct. 2019, art. 20, en vigueur le 1er juin 2020) « En vue de l'information de l'assemblée générale appelée à se prononcer sur la désignation d'un syndic professionnel et sans que cette formalité ne soit prescrite à peine d'irrégularité de la décision de désignation du syndic, le conseil syndical met en concurrence plusieurs projets de contrats de syndic, établis conformément au contrat type mentionné à l'article 18-1-A et accompagnés de la fiche d'information mentionnée au même article. Le conseil syndical peut être dispensé de mise en concurrence par décision votée à la majorité des voix de tous les copropriétaires. A cette fin, il fait inscrire la demande à l'ordre du jour de l'assemblée générale précédente.

« Dans tous les cas, un copropriétaire peut demander au syndic d'inscrire à l'ordre du jour de l'assemblée générale, appelée à se prononcer sur la désignation du syndic, l'examen de projets de contrat de syndic qu'il communique à cet effet. »

(L. n° 2014-366 du 24 mars 2014, art. 55-I-10°) « Le conseil syndical peut se prononcer, par un avis écrit, sur tout projet de contrat de syndic. Si un tel avis est émis, il est joint à la convocation de l'assemblée générale, concomitamment avec les projets de contrat concernés.

« Lorsque la copropriété n'a pas institué de conseil syndical, la mise en concurrence n'est pas obligatoire. »

(Ord. n° 2019-1101 du 30 oct. 2019, art. 20, en vigueur le 1er juin 2020) « Le conseil syndical peut prendre connaissance, et copie, à sa demande, et après en avoir donné avis au syndic, de toutes pièces ou documents, correspondances ou registres se rapportant à la gestion du syndic et, d'une manière générale, à l'administration de la copropriété. En cas d'absence de transmission de ces pièces, au-delà d'un délai d'un mois à compter de la demande du conseil syndical, des pénalités par jour de retard, dont le montant est fixé par décret, sont imputées sur la rémunération forfaitaire annuelle du syndic. Ces pénalités sont déduites de la rémunération du syndic lors de l'établissement des comptes définitifs à clôturer et à soumettre à l'assemblée générale pour approbation. A défaut, le président du conseil syndical peut demander au président du tribunal judiciaire, statuant selon la procédure accélérée au fond, la condamnation du syndic au paiement de ces pénalités au profit du syndicat des copropriétaires.

« Il » *(L. n° 2014-366 du 24 mars 2014, art. 55-I-10°)* « reçoit », sur sa demande, communication de tout document intéressant le syndicat.

Les membres du conseil syndical sont désignés par l'assemblée générale parmi les copropriétaires, *(Ord. n° 2019-1101 du 30 oct. 2019, art. 20, en vigueur le 1er juin 2020)* « leurs ascendants ou descendants, » les associés dans le cas prévu par le premier alinéa de l'article 23 de la présente loi, les accédants ou les acquéreurs à terme *(L. n° 2009-526 du 12 mai 2009, art. 7-4°)*« , leurs conjoints, les partenaires liés à eux par un pacte civil de solidarité, leurs représentants légaux, ou leurs usufruitiers ». Lorsqu'une personne morale est nommée en qualité de membre du conseil syndical, elle peut s'y faire représenter *(Ord. n° 2019-1101 du 30 oct. 2019, art. 20, en vigueur le 1er juin 2020)* « soit par son représentant légal ou statutaire, soit par » un fondé de pouvoir spécialement habilité à cet effet.

(Ord. n° 2019-1101 du 30 oct. 2019, art. 20, en vigueur le 1er juin 2020) « Le syndic, ses préposés, leurs conjoints, leurs partenaires liés à eux par un pacte civil de solidarité, leurs concubins, leurs ascendants ou descendants, leurs parents en ligne collatérale jusqu'au deuxième degré, même s'ils sont copropriétaires, associés ou acquéreurs à terme, ne peuvent être membres du conseil syndical. Les dispositions du présent alinéa ne sont pas applicables aux syndicats gérés par des syndics non professionnels. »

Le conseil syndical élit son président parmi ses membres.

Lorsque l'assemblée générale ne parvient pas, faute de candidature ou faute pour les candidats d'obtenir la majorité requise, à la désignation des membres du conseil syndical, le procès-verbal, qui en fait explicitement mention, est notifié, dans un délai d'un mois, à tous les copropriétaires.

(Ord. n° 2019-1101 du 30 oct. 2019, art. 20, en vigueur le 1er juin 2020) « L'assemblée » générale peut décider par une délibération spéciale, à la majorité prévue par l'article 26, de ne pas instituer de conseil syndical. La décision contraire est prise à la majorité des voix de tous les copropriétaires.

A défaut de désignation par l'assemblée générale à la majorité requise, et sous réserve des dispositions de l'alinéa précédent, le juge, saisi par un ou plusieurs copropriétaires ou par le syndic, peut, avec l'acceptation des intéressés, désigner les membres du conseil syndical ; il peut également constater l'impossibilité d'instituer un conseil syndical. — V. Décr. du 17 mars *1967, art. 11, 19-2, 22, 24 à 27, 48 et 64.*

Art. 21-1 *(Ord. n° 2019-1101 du 30 oct. 2019, art. 21, en vigueur le 1er juin 2020)* Sans préjudice des dispositions du *a* de l'article 25, lorsque le conseil syndical est composé d'au moins trois membres, l'assemblée générale peut, par décision prise à la majorité des voix de tous les copropriétaires, lui déléguer le pouvoir de prendre tout ou partie des décisions relevant de la majorité des voix exprimées des copropriétaires présents, représentés, ou votant par correspondance.

La délégation de pouvoirs ne peut toutefois porter sur l'approbation des comptes, sur la détermination du budget prévisionnel, ou sur les adaptations du règlement de copropriété rendues nécessaires par les modifications législatives et règlementaires intervenues depuis son établissement.

Art. 21-2 *(Ord. n° 2019-1101 du 30 oct. 2019, art. 21, en vigueur le 1er juin 2020)* L'assemblée générale fixe le montant maximum des sommes allouées au conseil syndical pour mettre en œuvre sa délégation de pouvoirs.

Art. 21-3 *(Ord. n° 2019-1101 du 30 oct. 2019, art. 21, en vigueur le 1er juin 2020)* La délégation de pouvoirs mentionnée à l'article 21-1 est accordée au conseil syndical pour une durée maximale de deux ans. Elle est renouvelable par une décision expresse de l'assemblée générale.

Art. 21-4 *(Ord. n° 2019-1101 du 30 oct. 2019, art. 21, en vigueur le 1er juin 2020)* Le syndicat des copropriétaires souscrit, pour chacun des membres du conseil syndical, une assurance de responsabilité civile.

Art. 21-5 *(Ord. n° 2019-1101 du 30 oct. 2019, art. 21, en vigueur le 1er juin 2020)* Les décisions du conseil syndical pour l'exercice de la délégation de pouvoirs mentionnée à l'article 21-1 sont prises à la majorité de ses membres. En cas de partage des voix, le président du conseil syndical a voix prépondérante.

Le conseil syndical rend compte de l'exercice de sa délégation de pouvoirs devant l'assemblée générale votant l'approbation des comptes.

Il établit un rapport en vue de l'information des copropriétaires.

Art. 22 *(Ord. n° 2019-1101 du 30 oct. 2019, art. 6, en vigueur le 1er juin 2020)* « I. — Le règlement de copropriété détermine, dans le respect des dispositions de la présente loi, les règles de fonctionnement et les pouvoirs des assemblées générales. »

(L. n° 66-1006 du 28 déc. 1966) « Chaque copropriétaire dispose d'un nombre de voix correspondant à sa quote-part dans les parties communes. Toutefois, lorsqu'un copropriétaire possède une quote-part des parties communes supérieure à la moitié, le nombre de voix dont il dispose est réduit à la somme des voix des autres copropriétaires. »

(L. n° 85-1470 du 31 déc. 1985) « Tout copropriétaire peut déléguer son droit de vote à un mandataire, que ce dernier soit ou non membre du syndicat. Chaque mandataire ne peut *(L. n° 2009-526 du 12 mai 2009, art. 7-5°)* « , à quelque titre que ce soit, » recevoir plus de trois délégations de vote. Toutefois, un mandataire peut recevoir plus de trois délégations de vote si le total des voix dont il dispose lui-même et de celles de ses mandants n'excède pas : *(L. n° 2018-1021 du 23 nov. 2018, art. 211-I)* « 10 % » des voix du syndicat. *(L. n° 2018-1021 du 23 nov. 2018, art. 211-I)* « Chacun des époux copropriétaires communs ou indivis d'un lot peut recevoir personnellement des délégations de vote, dans les conditions prévues au présent article. Tout mandataire désigné peut subdéléguer son mandat à une autre personne, à condition que cela ne soit pas interdit par le mandat. » Le mandataire peut, en outre, recevoir plus de trois délégations de vote s'il participe à l'assemblée générale d'un syndicat principal et si tous ses mandants appartiennent à un même syndicat secondaire ». *(L. n° 2018-1021 du 23 nov. 2018, art. 211-I)* « Lorsque le syndic a reçu des mandats sans indication de mandataire, il ne peut ni les conserver pour voter en son nom, ni les distribuer lui-même aux mandataires qu'il choisit.

« Ne peuvent ni recevoir de mandat pour représenter un copropriétaire, ni présider l'assemblée générale :

« 1° Le syndic, son conjoint, le partenaire lié à lui par un pacte civil de solidarité, son concubin ;

« 2° Les ascendants et descendants du syndic ainsi que ceux de son conjoint ou du partenaire lié à lui par un pacte civil de solidarité ou de son concubin ;

« 3° Les préposés du syndic, leur conjoint, le partenaire lié à eux par un pacte civil de solidarité, leur concubin ;

« 4° Les ascendants et descendants des préposés du syndic ainsi que ceux de leur conjoint ou du partenaire lié à eux par un pacte civil de solidarité ou de leur concubin. »

(L. n° 2014-366 du 24 mars 2014, art. 55-I-11°) « II. — L'assemblée générale d'un syndicat secondaire statuant à la majorité mentionnée à l'article 25 peut mandater, pour une durée d'un an, le président du conseil syndical secondaire pour représenter les copropriétaires à l'assemblée générale du syndicat principal. Par dérogation au I du présent article, le mandat confié au président du conseil syndical secondaire emporte délégation de vote de tous les copropriétaires pour les décisions inscrites à l'ordre du jour de l'assemblée générale du syndicat principal nécessitant un vote relevant de l'article 24.

« Pour les décisions inscrites à l'ordre du jour de l'assemblée générale du syndicat principal nécessitant la majorité mentionnée aux articles 25 ou 26 ou l'unanimité, le président du conseil syndical secondaire ne peut prendre part au vote que s'il dispose d'une délibération de l'assemblée générale du syndicat secondaire se prononçant sur cette décision aux majorités requises par la présente loi.

« Le président du conseil syndical secondaire rend compte de son activité à chaque assemblée générale du syndicat secondaire. Le renouvellement de son mandat est inscrit chaque année à l'ordre du jour de l'assemblée générale.

« III. — Le II est applicable pour la représentation au sein de l'assemblée générale des associations syndicales libres des membres du syndicat des copropriétaires des immeubles inclus dans le périmètre de l'association syndicale libre.

« Pour les décisions inscrites à l'ordre du jour de l'assemblée générale de l'association syndicale libre pour lesquelles les statuts de ladite association prévoient une majorité qualifiée, le mandataire désigné dans les conditions prévues au II ne peut prendre part au vote s'il ne dispose *[pas]* d'une délibération de l'assemblée générale des copropriétaires le mandatant et se prononçant sur cette décision à la même majorité. »

Art. 23 Lorsque plusieurs lots sont attribués à des personnes qui ont constitué une société propriétaire de ces lots, chaque associé participe néanmoins à l'assemblée du syndicat et y dispose d'un nombre de voix égal à la quote-part dans les parties communes correspondant au lot dont il a la jouissance.

(Ord. n° 2019-1101 du 30 oct. 2019, art. 22, en vigueur le 1er juin 2020) « En cas d'indivision, les indivisaires sont représentés par un mandataire commun qui est, à défaut d'accord, désigné par le président du tribunal judiciaire saisi par l'un d'entre eux ou par le syndic.

« En cas d'usufruit, les intéressés sont, à défaut d'accord, représentés par le nu-propriétaire. En cas de pluralité de nus-propriétaires, le mandataire commun est, à défaut d'accord, désigné par le président du tribunal judiciaire saisi par l'un d'entre eux ou par le syndic.

« La désignation judiciaire d'un mandataire commun en application des dispositions des deux alinéas précédents est aux frais des indivisaires ou des nus-propriétaires.

« Dans les autres hypothèses de démembrement du droit de propriété, à défaut d'accord, les intéressés sont représentés par le propriétaire. »

Art. 24 *(L. n° 2000-1208 du 13 déc. 2000, art. 81-7° ; L. n° 2014-366 du 24 mars 2014, art. 59-I-4°)* « I. — Les décisions de l'assemblée générale sont prises à la majorité des voix exprimées des copropriétaires *(Ord. n° 2019-1101 du 30 oct. 2019, art. 24, en vigueur le 1er juin 2020)* « présents, représentés ou ayant voté par correspondance », s'il n'en est autrement ordonné par la loi. »

(L. n° 2014-366 du 24 mars 2014, art. 59-I-4°) « II. — Sont notamment approuvés dans les conditions de majorité prévues au I :

« *a)* Les travaux nécessaires à la conservation de l'immeuble ainsi qu'à la préservation de la santé et de la sécurité physique des occupants, qui incluent les travaux portant sur la stabilité de l'immeuble, le clos, le couvert ou les réseaux et les travaux permettant d'assurer la mise en conformité des logements avec les normes de salubrité, de sécurité et d'équipement définies par les dispositions prises pour l'application de l'article 1er de la loi n° 67-561 du 12 juillet 1967 relative à l'amélioration de l'habitat ; *— V. ce texte,* ***C. baux****, App., v° Amélioration de l'habitat.*

« *b)* Les modalités de réalisation et d'exécution des travaux rendus obligatoires en vertu de dispositions législatives ou réglementaires ou d'un arrêté de police administrative relatif à la sécurité ou à la salubrité publique, notifié au syndicat des copropriétaires pris en la personne du syndic ;

« *c)* Les modalités de réalisation et d'exécution des travaux notifiés en vertu de l'article L. 313-4-2 du code de l'urbanisme *[V. App., v° Restauration immobilière]*, notamment la faculté pour le syndicat des copropriétaires d'assurer la maîtrise d'ouvrage des travaux notifiés portant sur les parties privatives de tout ou partie des copropriétaires et qui sont alors réalisés aux frais du copropriétaire du lot concerné ;

« *d)* Les travaux d'accessibilité aux personnes handicapées ou à mobilité réduite, sous réserve qu'ils n'affectent pas la structure de l'immeuble ou ses éléments d'équipement essentiels ; »

(Ord. n° 2019-1101 du 30 oct. 2019, art. 24, en vigueur le 1er juin 2020) « *e)* La suppression des vide-ordures pour des impératifs d'hygiène ; »

(L. n° 2014-366 du 24 mars 2014, art. 59-I-4°) « *f)* Les adaptations du règlement de copropriété rendues nécessaires par les modifications législatives et réglementaires intervenues depuis son établissement. La publication de ces modifications du règlement de copropriété est effectuée au droit fixe ;

« *g)* La décision d'engager le diagnostic prévu à l'article L. 731-1 du code de la construction et de l'habitation ainsi que ses modalités de réalisation ; »

(L. n° 2021-1520 du 25 nov. 2021, art. 20) « *h)* L'autorisation permanente accordée à la police municipale de pénétrer dans les parties communes ; »

(L. n° 2019-1428 du 24 déc. 2019, art. 54 et 69) « *i)* La décision d'équiper les emplacements de stationnement d'accès sécurisé à usage privatif avec des bornes de recharge pour véhicules électriques et hybrides rechargeables et de réaliser l'étude mentionnée au III de l'article 24-5 ;

« *j)* L'autorisation donnée à un ou plusieurs copropriétaires d'effectuer à leurs frais les travaux permettant le stationnement sécurisé des vélos dans les parties communes, sous réserve que ces travaux n'affectent pas la structure de l'immeuble, sa destination ou ses éléments d'équipement essentiels et qu'ils ne mettent pas en cause la sécurité des occupants ; »

(L. n° 2023-175 du 10 mars 2023, art. 44) « *k)* La décision d'installer des ouvrages nécessaires à la production d'énergie solaire photovoltaïque et thermique sur les toits, les façades et les garde-corps. »

(Abrogé par Ord. n° 2019-1101 du 30 oct. 2019, art. 24, à compter du 1er juin 2020) (L. n° 2014-366 du 24 mars 2014, art. 59-I-4°) « III. — Lorsque le règlement de copropriété met à la charge de certains copropriétaires seulement les dépenses d'entretien d'une partie de l'immeuble ou celles d'entretien et de fonctionnement d'un élément d'équipement, il peut être prévu par ledit règlement que ces copropriétaires seuls prennent part au vote sur les décisions qui concernent ces dépenses. Chacun d'eux vote avec un nombre de voix proportionnel à sa participation auxdites dépenses. »

Art. 24-1 *(L. n° 2007-309 du 5 mars 2007, art. 9)* Lorsqu'un réseau de communications électroniques interne à l'immeuble distribue des services de télévision, l'ordre du jour de l'assemblée générale comporte de droit, si l'installation ne permet pas encore l'accès aux services nationaux en clair de télévision par voie hertzienne terrestre en mode numérique et si le distributeur de services dispose d'une offre en mode numérique, l'examen de toute proposition commerciale telle que visée à la deuxième phrase du deuxième alinéa de l'article 34-1 de la loi n° 86-1067 du 30 septembre 1986 relative à la liberté de communication.

Par dérogation au *(L. n° 2014-366 du 24 mars 2014, art. 59-I-5°)* « *h* » de l'article 25 de la présente loi, la décision d'accepter cette proposition commerciale est acquise à la majorité prévue au premier alinéa *(L. n° 2014-366 du 24 mars 2014, art. 59-I-5°)* « du I » de l'article 24.

Art. 24-2 *(L. n° 2008-776 du 4 août 2008, art. 109-I)* Lorsque l'immeuble n'est pas équipé de lignes de communications électroniques à très haut débit en fibre optique, toute proposition émanant d'un opérateur de communications électroniques d'installer *(Abrogé par Ord. n° 2014-329 du 12 mars 2014, art. 7) « , à ses frais, »* de telles lignes en vue de permettre la desserte de l'ensemble des occupants par un réseau de communications électroniques à très haut débit ouvert au public dans le respect des articles L. 33-6 et L. 34-8-3 du code des postes et des communications électroniques est inscrite de droit à l'ordre du jour de la prochaine assemblée générale.

L'assemblée générale est tenue de statuer sur toute proposition visée au premier alinéa *(L. n° 2018-1021 du 23 nov. 2018, art. 228)* « au plus tard douze mois suivant la date de réception de celle-ci par le syndic ».

Par dérogation au *(L. n° 2014-366 du 24 mars 2014, art. 59-I-6°)* « *h* » de l'article 25 de la présente loi, la décision d'accepter cette proposition est acquise à la majorité prévue au premier alinéa *(L. n° 2014-366 du 24 mars 2014, art. 59-I-6°)* « du I » de l'article 24.

(L. n° 2015-990 du 6 août 2015, art. 114-I) « L'assemblée générale peut également, dans les mêmes conditions, donner mandat au conseil syndical pour se prononcer sur toute proposition future émanant d'un opérateur de communications électroniques en vue d'installer des lignes de communication électroniques à très haut débit mentionnées au premier alinéa du présent article. Tant qu'une telle installation n'a pas été autorisée, l'ordre du jour de l'assemblée générale comporte de droit un projet de résolution donnant au conseil syndical un tel mandat. »

(L. n° 2016-1321 du 7 oct. 2016, art. 74) « Lorsqu'une demande de raccordement à un réseau de communications électroniques à très haut débit en fibre optique est effectuée par le propriétaire, le locataire ou un occupant de bonne foi d'un logement d'un immeuble comportant plusieurs logements ou d'un immeuble à usage mixte dans les conditions prévues à l'article 1er de la loi n° 66-457 du 2 juillet 1966 relative à l'installation d'antennes réceptrices de radiodiffusion, le syndicat des copropriétaires ne peut s'opposer, nonobstant toute convention contraire, sans motif sérieux et légitime conformément au II du même article 1er, à l'ins-

tallation de telles lignes dans les parties communes de l'immeuble de manière à permettre la desserte de chacun des logements, sous réserve que l'immeuble dispose des infrastructures d'accueil adaptées.

« Cette installation, réalisée aux frais de l'opérateur conformément à l'article L. 34-8-3 du code des postes et des communications électroniques, fait l'objet d'une convention conclue dans les conditions prévues à l'article L. 33-6 du même code avec le syndicat des copropriétaires, après avis du conseil syndical lorsque celui-ci a été institué. »

L'obligation relative à l'ordre du jour de l'assemblée générale des copropriétaires mentionnée au dern. al. de l'art. 24-2 de la L. n° 65-557 du 10 juill. 1965 fixant le statut de la copropriété des immeubles bâtis est applicable aux assemblées générales convoquées après la promulgation de la L. n° 2015-990 du 6 août 2015 (L. préc., art. 114-II).

Art. 24-3 *(L. n° 2009-258 du 5 mars 2009, art. 78)* Lorsque l'immeuble reçoit des services de télévision par voie hertzienne terrestre par une antenne collective, l'ordre du jour de l'assemblée générale comporte, avant la fin de la mise en œuvre dans la commune du schéma national d'arrêt de la diffusion analogique et de basculement vers le numérique, un projet de résolution sur les travaux et les modifications nécessaires à la réception, par l'antenne collective de l'immeuble, des services de télévision par voie hertzienne terrestre en mode numérique.

Par dérogation au *(L. n° 2014-366 du 24 mars 2014, art. 59-I-6°)* « *h* » de l'article 25 de la présente loi, la décision d'accepter cette proposition est acquise à la majorité prévue au premier alinéa *(L. n° 2014-366 du 24 mars 2014, art. 59-I-6°)* « du I » de l'article 24.

L'assemblée générale peut également, dans les mêmes conditions, donner mandat au conseil syndical ou, à défaut, au syndic pour conduire, dans la limite d'un montant de dépenses, les modifications nécessaires à la continuité de la réception par l'antenne collective des services de télévision lors de l'arrêt de la télévision analogique ou lors des changements des fréquences d'émission des services de télévision par voie hertzienne terrestre en mode numérique.

Art. 24-4 *(L. n° 2010-788 du 12 juill. 2010, art. 7)* Pour tout immeuble équipé d'une installation collective de chauffage ou de refroidissement, le syndic inscrit à l'ordre du jour de l'assemblée générale des copropriétaires qui suit l'établissement d'un diagnostic de performance énergétique prévu à l'article *(Ord. n° 2020-71 du 29 janv. 2020, art. 5, en vigueur le 1er juill. 2021)* « L. 126-26 » du code de la construction et de l'habitation ou d'un audit énergétique prévu à l'article *(Ord. n° 2020-71 du 29 janv. 2020, art. 5, en vigueur le 1er juill. 2021)* « L. 126-31 » du même code la question d'un plan de travaux d'économies d'énergie ou d'un contrat de performance énergétique.

Avant de soumettre au vote de l'assemblée générale un projet de conclusion d'un tel contrat, le syndic procède à une mise en concurrence de plusieurs prestataires et recueille l'avis du conseil syndical.

(L. n° 2014-366 du 24 mars 2014, art. 58-I-7°, en vigueur le 1er janv. 2017) « L'obligation prévue au premier alinéa est satisfaite si le plan pluriannuel de travaux, inscrit à l'ordre du jour de l'assemblée générale en application de l'article L. 731-2 du code de la construction et de l'habitation, comporte des travaux d'économie d'énergie. »

Un décret en Conseil d'État fixe les conditions d'application du présent article.

Nouvel art. 24-4 *(L. n° 2010-788 du 12 juill. 2010, art. 7) (Abrogé par L. n° 2021-1104 du 22 août 2021, art. 158-II-1°) « Pour tout immeuble équipé d'une installation collective de chauffage ou de refroidissement, » Le syndic inscrit à l'ordre du jour de l'assemblée générale des copropriétaires qui suit l'établissement d'un diagnostic de performance énergétique (L. n° 2021-1104 du 22 août 2021, art. 158-II-2°) « prévu à l'article L. 126-31 du code de la construction et de l'habitation [ancienne rédaction : prévu à l'article L. 126-26 du code de la construction et de l'habitation ou d'un audit énergétique prévu à l'article L. 126-31 du même code] » la question d'un plan de travaux d'économies d'énergie ou d'un contrat de performance énergétique.*

Avant de soumettre au vote de l'assemblée générale un projet de conclusion d'un tel contrat, le syndic procède à une mise en concurrence de plusieurs prestataires et recueille l'avis du conseil syndical.

(L. n° 2014-366 du 24 mars 2014, art. 58-I-7°, en vigueur le 1er janv. 2017) « L'obligation prévue au premier alinéa est satisfaite si le plan pluriannuel de travaux, inscrit à l'ordre du jour de l'assemblée générale en application de l'article (L. n° 2021-1104 du 22 août 2021, art. 171-I-7°) « 14-2 de la présente loi [ancienne rédaction : L. 731-2 du code de la construction et de l'habitation] », comporte des travaux d'économie d'énergie. »

Un décret en Conseil d'État fixe les conditions d'application du présent article.

Sur l'entrée en vigueur de la mod. issue de l'art. 171 de la L. n° 2021-1104 du 22 août 2021, V. ndlr ss. art. 10.

Les dispositions issues de l'art. 158 de la L. n° 2021-1104 du 22 août 2021 entrent en vigueur le 1er janv. 2024. Par dérogation, pour les bâtiments relevant de la L. n° 65-557 du 10 juill. 1965 et comprenant au plus deux cents lots à usage de logements, de bureaux ou de commerces, ces dispositions ne sont toutefois applicables que :

1° Le 1er janv. 2025, pour les copropriétés entre cinquante et deux cents lots ;

2° Le 1er janv. 2026, pour les copropriétés d'au plus cinquante lots (L. n° 2021-1104 préc., art. 158-VI).

Par dérogation, en Guadeloupe, en Martinique, en Guyane, à La Réunion et à Mayotte, les dispositions issues de l'art. 158 de la L. n° 2021-1104 préc. entrent en vigueur le 1er janv. 2028 (L. n° 2021-1104 préc., art. 158-IX).

Art. 24-5 *(L. n° 2010-788 du 12 juill. 2010, art. 57-V) (L. n° 2019-1428 du 24 déc. 2019, art. 69)* « I. — » Lorsque l'immeuble possède des emplacements de stationnement d'accès sécurisé à usage privatif et n'est pas équipé *(L. n° 2014-366 du 24 mars 2014, art. 58-I-7°, en vigueur le 1er janv. 2017)* « de stationnements sécurisés pour les vélos » *(Abrogé par L. n° 2019-1428 du 24 déc. 2019, art. 69) « ou des installations électriques intérieures permettant l'alimentation de ces emplacements pour permettre la recharge des véhicules électriques ou hybrides ou des installations de recharge électrique permettant un comptage individuel pour ces mêmes véhicules »*, le syndic inscrit à l'ordre du jour de l'assemblée générale la question des travaux permettant *(L. n° 2014-366 du 24 mars 2014, art. 58-I-7°, en vigueur le 1er janv. 2017)* « le stationnement sécurisé des vélos *(Abrogé par L. n° 2019-1428 du 24 déc. 2019, art. 69) « ou la recharge des véhicules électriques ou hybrides et des conditions de gestion ultérieure du nouveau réseau électrique »*, ainsi que la présentation des devis élaborés à cet effet.

(L. n° 2019-1428 du 24 déc. 2019, art. 69) « II. — Les III et IV du présent article sont applicables lorsque l'immeuble possède des emplacements de stationnement d'accès sécurisé à usage privatif et n'est pas équipé des installations électriques intérieures et extérieures permettant l'alimentation de ces emplacements pour permettre la recharge des véhicules électriques et hybrides rechargeables ou des installations de recharge électrique permettant un comptage individuel pour ces mêmes véhicules.

« III. — Quand les travaux permettant de réaliser les installations mentionnées au II n'ont pas été réalisés, le syndic inscrit à l'ordre du jour de l'assemblée générale des copropriétaires la question de la réalisation d'une étude portant sur l'adéquation des installations électriques existantes aux équipements de recharge et, le cas échéant, les travaux à réaliser à cet effet.

« IV. — Le syndic inscrit à l'ordre du jour de l'assemblée générale des copropriétaires la question des travaux mentionnés au *i* du II de l'article 24 ou au *j* de l'article 25 et, le cas échéant, les conditions de gestion ultérieure du nouveau réseau électrique.

« Sont joints à la convocation à l'assemblée générale des copropriétaires :

« 1° Le détail des travaux à réaliser ;

« 2° Les devis et les plans de financement élaborés à cet effet ;

« 3° Le cas échéant, le projet de contrat fixant les conditions de gestion du réseau électrique modifié ;

« 4° Lorsqu'elle a été réalisée, l'étude mentionnée au III du présent article.

« Un ou plusieurs copropriétaires peuvent demander au syndic d'inscrire à l'ordre du jour de l'assemblée générale des copropriétaires la question des travaux mentionnés au premier alinéa du présent IV pour qu'ils soient réalisés sous la responsabilité du syndicat des copropriétaires et aux frais des seuls copropriétaires demandeurs. Cette délibération est adoptée dans les conditions prévues au I de l'article 24. »

Art. 24-5-1 *(L. n° 2021-1104 du 22 août 2021, art. 111-II)* Par dérogation au *j* de l'article 25, sont acquises à la majorité prévue au premier alinéa de l'article 24 :

1° La décision de conclure une convention avec le gestionnaire du réseau public de distribution d'électricité ayant pour objet l'installation, sans frais pour le syndicat des copropriétaires, d'une infrastructure collective, relevant du réseau public d'électricité, qui rend possible l'installation ultérieure de points de recharge pour véhicules électriques ou hybrides rechargeables, dans les conditions prévues à l'article L. 353-12 du code de l'énergie ;

2° La décision de conclure une convention avec un opérateur d'infrastructures de recharge ayant pour objet l'installation, sans frais pour le syndicat des copropriétaires, d'une infrastructure collective qui rend possible l'installation ultérieure de points de recharge pour véhicules électriques ou hybrides rechargeables.

La convention mentionnée au 2° du présent article est conclue dans les conditions prévues à l'article L. 353-13 du code de l'énergie, après avis du conseil syndical lorsque celui-ci a été institué.

Art. 24-6 *(L. nº 2010-788 du 12 juill. 2010, art. 216-I)* Lorsque l'immeuble est situé dans l'un des secteurs *(Ord. nº 2015-1324 du 22 oct. 2015, art. 5-V)* « mentionnés au *a* du 2° de l'article L. 515-16 » du code de l'environnement, le syndic inscrit à l'ordre du jour de l'assemblée générale l'information sur l'exercice par les copropriétaires du droit de délaissement prévu au même article.

Il notifie en même temps que l'ordre du jour un état actualisé des lots délaissés. Cet état comprend le nombre de copropriétaires ayant exercé leur droit de délaissement, ainsi que les quotes-parts des parties communes qu'ils représentent, et mentionne les dispositions du *(L. nº 2014-366 du 24 mars 2014, art. 55-I-12°)* « deuxième alinéa du III » de l'article 18 de la présente loi et de l'article L. 515-16-1 du code de l'environnement.

Art. 24-7 *(L. nº 2014-366 du 24 mars 2014, art. 60)* Sauf dans le cas où le syndicat des copropriétaires assure la maîtrise d'ouvrage des travaux portant sur les parties communes et les parties privatives de l'immeuble en application du *c* du II de l'article 24, le syndicat des copropriétaires peut délibérer sur la création ou l'adhésion à une association foncière urbaine prévue au 5° de l'article L. 322-2 du code de l'urbanisme. Dans ce cas, par dérogation à l'article 14, l'association foncière urbaine exerce les pouvoirs du syndicat des copropriétaires portant sur les travaux de restauration immobilière relatifs aux parties communes de l'immeuble jusqu'à leur réception définitive.

Art. 24-8 *(L. nº 2014-366 du 24 mars 2014, art. 79-VIII-2°)* Lorsque, en application *(Ord. nº 2020-1144 du 16 sept. 2020, art. 10, en vigueur le 1er janv. 2021)* « de l'article L. 511-15 » du code de la construction et de l'habitation, une astreinte applicable à chaque lot a été notifiée au syndicat des copropriétaires, pris en la personne du syndic, par une autorité publique, le syndic en informe immédiatement les copropriétaires.

Lorsque l'inexécution des travaux et mesures prescrits par l'arrêté de police administrative résulte de la défaillance de certains copropriétaires, le syndic en informe l'autorité publique compétente, en lui indiquant les démarches entreprises et en lui fournissant une attestation de défaillance. Sont réputés défaillants les copropriétaires qui, après avoir été mis en demeure par le syndic, n'ont pas répondu aux appels de fonds nécessaires à la réalisation des travaux dans le délai de quinze jours après la sommation de payer. Au vu de l'attestation de défaillance, l'autorité publique notifie le montant de l'astreinte aux copropriétaires défaillants et procède à sa liquidation et à son recouvrement comme il est prévu *(Ord. nº 2020-1144 du 16 sept. 2020, art. 10, en vigueur le 1er janv. 2021)* « à l'article L. 511-15 du code de la construction et de l'habitation ».

Lorsque l'assemblée générale des copropriétaires n'a pas été en mesure de voter les modalités de réalisation des travaux prescrits par un des arrêtés de police administrative mentionnés aux mêmes articles et que le syndicat des copropriétaires est lui-même défaillant, chacun des copropriétaires est redevable du montant de l'astreinte correspondant à son lot de copropriété notifié par l'autorité publique compétente.

Art. 24-9 *(Ord. nº 2020-866 du 15 juill. 2020, art. 4, en vigueur le 25 oct. 2020)* Lorsque l'immeuble est pourvu d'une installation centrale de chauffage, de froid ou d'eau chaude sanitaire, commune à tout ou partie des locaux occupés à titre privatif, et est soumis à l'obligation d'individualisation des frais en application de l'article *(Ord. nº 2020-71 du 29 janv. 2020, art. 5, en vigueur le 1er juill. 2021)* « L. 174-2 du code de la construction et de l'habitation », le syndic inscrit à l'ordre du jour de l'assemblée générale la question des travaux permettant de munir l'immeuble d'un tel dispositif d'individualisation, ainsi que la présentation des devis élaborés à cet effet.

Lorsque ce dispositif est installé et qu'il est télé-relevable, le syndicat des copropriétaires transmet à chaque copropriétaire une évaluation de la consommation de chaleur, de froid et d'eau chaude sanitaire de ses locaux privatifs, selon des modalités précisées par décret en Conseil d'État, notamment en ce qui concerne la fréquence de cette information.

Le syndic transmet à chaque copropriétaire, concomitamment avec la convocation de l'assemblée générale appelée à connaître des comptes, une note d'information sur la consommation de chaleur, de froid et d'eau chaude sanitaire de son logement, selon des modalités prévues par décret en Conseil d'État.

Art. 24-10 *(L. nº 2021-1104 du 22 août 2021, art. 63-V-2°)* Lorsque le syndicat ne dispose pas du document mentionné au II de l'article L. 2224-8 du code général des collectivités territoriales, en cours de validité, il en fait la demande auprès de la commune. Le document établi à l'issue de ce contrôle lui est délivré dans les conditions prévues au même article L. 2224-8.

Sur l'entrée en vigueur de l'art. 24-10, V. ndlr ss. art. 18.

Art. 24-11 *(Ord. n° 2022-1611 du 22 déc. 2022, art. 6)* Lorsque le contrat de fourniture d'eau n'est pas individualisé, le syndic transmet à chaque copropriétaire la facture établie dans les conditions prévues à l'article L. 2224-12-1 du code général des collectivités territoriales ainsi que les informations complémentaires sur la qualité de l'eau qui lui ont été adressées, concomitamment à la convocation de l'assemblée générale appelée à connaître des comptes ou, à défaut, au moins une fois par an.

Art. 25 Ne sont adoptées qu'à la majorité des voix de tous les copropriétaires les décisions concernant :

(Ord. n° 2019-1101 du 30 oct. 2019, art. 25, en vigueur le 1er juin 2020) « *a)* Toute délégation du pouvoir donnée au syndic, au conseil syndical ou à toute personne de prendre un acte ou une décision mentionné à l'article 24. Lorsque l'assemblée autorise le délégataire à décider de dépenses, elle fixe le montant maximum des sommes allouées à ce titre » ;

b) L'autorisation donnée à certains copropriétaires d'effectuer à leurs frais des travaux affectant les parties communes ou l'aspect extérieur de l'immeuble, et conformes à la destination de celui-ci ;

c) La désignation ou la révocation du ou des syndics et des membres du conseil syndical ;

d) Les conditions auxquelles sont réalisés les actes de disposition sur les parties communes ou sur des droits accessoires à ces parties communes, lorsque ces actes résultent d'obligations légales ou réglementaires telles que celles relatives à l'établissement de cours communes, d'autres servitudes ou à la cession de droits de mitoyenneté ;

(L. n° 2014-366 du 24 mars 2014, art. 59-I-7°) « *e)* » La modification de la répartition des charges visées à l'alinéa 1er de l'article 10 ci-dessus rendue nécessaire par un changement de l'usage d'une ou plusieurs parties privatives ;

(L. n° 2010-788 du 12 juill. 2010, art. 7 ; L. n° 2014-366 du 24 mars 2014, art. 59-I-7°) « *f)* *(Abrogé par L. n° 2018-1021 du 23 nov. 2018, art. 212)* « *A moins qu'ils ne relèvent de la majorité prévue par l'article 24,* » Les travaux d'économies d'énergie ou de réduction des émissions de gaz à effet de serre. Ces travaux peuvent comprendre des travaux d'intérêt collectif réalisés sur les parties privatives et aux frais du copropriétaire du lot concerné, sauf dans le cas où ce dernier est en mesure de produire la preuve de la réalisation de travaux équivalents dans les dix années précédentes. » *(Abrogé par L. n° 2014-366 du 24 mars 2014, art. 59-I-7°)* « *Pour la réalisation des travaux d'intérêt collectif réalisés sur les parties privatives, le syndicat exerce les pouvoirs du maître d'ouvrage jusqu'à réception des travaux.* »

(L. n° 2010-788 du 12 juill. 2010, art. 7 ; L. n° 2014-366 du 24 mars 2014, art. 59-I-7°) « Un décret en Conseil d'État précise les conditions d'application du présent *f* » ;

(Ord. n° 2019-1101 du 30 oct. 2019, art. 25, en vigueur le 1er juin 2020) « *g)* Les modalités d'ouverture des portes d'accès aux immeubles. En cas de fermeture totale de l'immeuble, celle-ci doit être compatible avec l'exercice d'une activité autorisée par le règlement de copropriété ; »

(L. n° 92-653 du 13 juill. 1992, art. 1er ; L. n° 2007-309 du 5 mars 2007, art. 9 ; L. n° 2014-366 du 24 mars 2014, art. 59-I-7° ; L. n° 2015-990 du 6 août 2015, art. 114-III-1°) « *h)* L'installation d'une station radioélectrique nécessaire au déploiement d'un réseau radioélectrique ouvert au public ou l'installation ou la modification d'une antenne collective ou d'un réseau de communications électroniques interne à l'immeuble » *(L. n° 2004-669 du 9 juill. 2004, art. 122 ; L. n° 2015-990 du 6 août 2015, art. 114-III-2°)* « dès lors qu'elles portent sur des parties communes » ;

(Ord. n° 2019-1101 du 30 oct. 2019, art. 25, en vigueur le 1er juin 2020) « *i)* La délégation de pouvoir au président du conseil syndical d'introduire une action judiciaire contre le syndic en réparation du préjudice subi par le syndicat des copropriétaires ; »

(L. n° 2014-366 du 24 mars 2014, art. 59-I-7°) « *j)* »*(L. n° 2010-788 du 12 juill. 2010, art. 57-VI)* « L'installation ou la modification des installations électriques intérieures *(L. n° 2019-1428 du 24 déc. 2019, art. 69)* « ou extérieures » permettant l'alimentation des emplacements de stationnement d'accès sécurisé à usage privatif pour permettre la recharge des véhicules électriques ou hybrides *(L. n° 2019-1428 du 24 déc. 2019, art. 69)* « rechargeables », ainsi que la réalisation des installations de recharge électrique permettant un comptage individuel pour ces mêmes véhicules ; »

(L. n° 2014-366 du 24 mars 2014, art. 59-I-7°) « *k)* » *(L. n° 2000-1208 du 13 déc. 2000, art. 81-6°)* « L'installation de compteurs d'eau froide divisionnaires ; »

(L. n° 2014-366 du 24 mars 2014, art. 59-I-7°) « *l)* » *(L. n° 2010-788 du 12 juill. 2010, art. 7)* « L'installation de compteurs d'énergie thermique ou de répartiteurs de frais de chauffage ; »

(L. n° 2011-267 du 14 mars 2011, art. 23-II ; L. n° 2014-366 du 24 mars 2014, art. 59-I-7°) « *m)* L'autorisation de transmettre aux services chargés du maintien de l'ordre les images réalisées en vue de la protection des parties communes, dans les conditions prévues à l'article *(Ord. n° 2020-71 du 29 janv. 2020, art. 5, en vigueur le 1er juill. 2021)* « L. 172-2 du code de la sécurité intérieure ; »

(L. n° 2014-366 du 24 mars 2014, art. 59-I-7°) « *n)* L'ensemble des travaux comportant transformation, addition ou amélioration ;

« *o)* La demande d'individualisation des contrats de fourniture d'eau et la réalisation des études et travaux nécessaires à cette individualisation. »

Art. 25-1 *(Ord. n° 2019-1101 du 30 oct. 2019, art. 26, en vigueur le 1er juin 2020)* Lorsque l'assemblée générale des copropriétaires n'a pas décidé à la majorité des voix de tous les copropriétaires, en application de l'article 25 ou d'une autre disposition, mais que le projet a recueilli au moins le tiers de ces voix, la même assemblée se prononce à la majorité prévue à l'article 24 en procédant immédiatement à un second vote. — *V. Décr. n° 67-223 du 17 mars 1967, art. 19.*

Art. 25-2 *(Ord. n° 2019-1101 du 30 oct. 2019, art. 27, en vigueur le 1er juin 2020)* Chaque copropriétaire peut faire réaliser, à ses frais, des travaux pour l'accessibilité des logements aux personnes handicapées ou à mobilité réduite qui affectent les parties communes ou l'aspect extérieur de l'immeuble. A cette fin, le copropriétaire notifie au syndic une demande d'inscription d'un point d'information à l'ordre du jour de la prochaine assemblée générale, accompagnée d'un descriptif détaillé des travaux envisagés.

Jusqu'à la réception des travaux, le copropriétaire exerce les pouvoirs du maître d'ouvrage.

L'assemblée générale peut, à la majorité des voix des copropriétaires, s'opposer à la réalisation de ces travaux par décision motivée par l'atteinte portée par les travaux à la structure de l'immeuble ou à ses éléments d'équipements essentiels, ou leur non-conformité à la destination de l'immeuble.

Art. 25-3 *(Ord. n° 2019-1101 du 30 oct. 2019, art. 27, en vigueur le 1er juin 2020)* Lorsque l'assemblée générale des copropriétaires est appelée à se prononcer sur les travaux mentionnés à l'article 26-4, la question de la souscription d'un emprunt collectif destiné à financer ces travaux est inscrite à l'ordre du jour de la même assemblée générale.

Art. 26 Sont prises à la majorité des membres du syndicat représentant au moins les *(L. n° 85-1470 du 31 déc. 1985)* « deux tiers des voix » les décisions concernant :

a) Les actes d'acquisition immobilière et les actes de disposition autres que ceux visés à l'article 25 *d* ;

b) La modification, ou éventuellement l'établissement, du règlement de copropriété dans la mesure où il concerne la jouissance, l'usage et l'administration des parties communes ;

(Abrogé par Ord. n° 2019-1101 du 30 oct. 2019, art. 28, à compter du 1er juin 2020) « *(L. n° 2014-366 du 24 mars 2014, art. 59-I-9°)* « *c)* » *(L. n° 2007-297 du 5 mars 2007, art. 15)* « *Les modalités d'ouverture des portes d'accès aux immeubles. En cas de fermeture totale de l'immeuble, celle-ci doit être compatible avec l'exercice d'une activité autorisée par le règlement de copropriété.* » »

(Ord. n° 2019-1101 du 30 oct. 2019, art. 28, en vigueur le 1er juin 2020) « *c)* » *(L. n° 2014-366 du 24 mars 2014, art. 59-I-9°)* « La suppression du poste de concierge ou de gardien et l'aliénation du logement affecté au concierge ou au gardien lorsqu'il appartient au syndicat. Les deux questions sont inscrites à l'ordre du jour de la même assemblée générale.

« Lorsqu'en *[Lorsque en]* vertu d'une clause du règlement de copropriété, la suppression du service de conciergerie porte atteinte à la destination de l'immeuble ou aux modalités de jouissance des parties privatives, la suppression du poste de concierge ou de gardien et l'aliénation du logement affecté au concierge ou au gardien lorsqu'il appartient au syndicat ne peuvent être décidées qu'à l'unanimité. »

L'assemblée générale ne peut, à quelque majorité que ce soit, imposer à un copropriétaire une modification à la destination de ses parties privatives ou aux modalités de leur jouissance, telles qu'elles résultent du règlement de copropriété.

Elle ne peut, sauf à l'unanimité des voix de tous les copropriétaires, décider l'aliénation des parties communes dont la conservation est nécessaire au respect de la destination de l'immeuble *(Ord. n° 2019-1101 du 30 oct. 2019, art. 28, en vigueur le 1er juin 2020)* « ou la modification des stipulations du règlement de copropriété relatives à la destination de l'immeuble ».

Art. 26-1 *(Ord. n° 2019-1101 du 30 oct. 2019, art. 29, en vigueur le 1er juin 2020)* Nonobstant toute disposition contraire, lorsque l'assemblée générale n'a pas décidé à la majorité prévue au premier alinéa de l'article 26 mais que le projet a au moins recueilli l'approbation de la moitié des membres du syndicat des copropriétaires présents, représentés ou ayant voté par correspondance, représentant au moins le tiers des voix de tous les copropriétaires, la même assemblée se prononce à la majorité des voix de tous les copropriétaires en procédant immédiatement à un second vote.

Art. 26-2 *Abrogé par L. n° 2006-872 du 13 juill. 2006.*

Art. 26-3 *(L. n° 2000-1208 du 13 déc. 2000, art. 81-9°)* Par dérogation aux dispositions *(L. n° 2019-753 du 22 juill. 2019, art. 14-II, en vigueur le 1er janv. 2020)* « du dernier » alinéa de l'article 26, l'assemblée générale décide, à la double majorité qualifiée prévue au premier alinéa dudit article, les aliénations de parties communes et les travaux à effectuer sur celles-ci, pour l'application *(L. n° 2019-753 du 22 juill. 2019, art. 14-II, en vigueur le 1er janv. 2020)* « du IV de l'article L. 1231-2 du code général des collectivités territoriales. »

Les dispositions issues de l'art. 14-II de la L. n° 2019-753 du 22 juill. 2019 entrent en vigueur le 1er janv. 2020 (L. préc., art. 14-I ; Décr. n° 2019-1190 du 18 nov. 2019, art. 14).

Art. 26-4 *(L. n° 2012-387 du 22 mars 2012, art. 103-I-1°, en vigueur le 14 mai 2013 ; L. n° 2015-992 du 17 août 2015, art. 23-VII-1°)* L'assemblée générale ne peut, sauf à l'unanimité des voix des copropriétaires, décider la souscription d'un emprunt au nom du syndicat des copropriétaires pour le financement soit de travaux régulièrement votés concernant les parties communes ou de travaux d'intérêt collectif sur parties privatives régulièrement votés, soit des *[d']* actes d'acquisition conformes à l'objet du syndicat et régulièrement votés.

Par dérogation au premier alinéa, l'assemblée générale peut également, à la même majorité que celle nécessaire au vote des travaux concernant les parties communes ou de travaux d'intérêt collectif sur parties privatives, voter la souscription d'un emprunt au nom du syndicat des copropriétaires lorsque cet emprunt a pour unique objectif le préfinancement de subventions publiques accordées au syndicat pour la réalisation des travaux votés.

Par dérogation au premier alinéa, l'assemblée générale peut, à la même majorité que celle nécessaire au vote soit des travaux concernant les parties communes ou de travaux d'intérêt collectif sur parties privatives, soit des actes d'acquisition conformes à l'objet du syndicat, voter la souscription d'un emprunt au nom du syndicat des copropriétaires au bénéfice des seuls copropriétaires décidant d'y participer.

Les copropriétaires qui décident de participer à l'emprunt doivent notifier leur décision au syndic en précisant le montant de l'emprunt qu'ils entendent solliciter, dans la limite de leur quote-part des dépenses. A peine de forclusion, la notification au syndic doit intervenir dans le délai de deux mois à compter de la notification du procès-verbal d'assemblée générale *(Ord. n° 2019-1101 du 30 oct. 2019, art. 30, en vigueur le 1er juin 2020)* « , sans ses annexes, à tous les copropriétaires ».

Art. 26-5 *(L. n° 2015-992 du 17 août 2015, art. 23-VII-2° ; L. n° 2017-203 du 21 févr. 2017, art. 16)* « Les prêts mentionnés à l'article 26-4 sont conformes aux prescriptions de l'article L. 313-4, du 1° de l'article L. 313-5 et des articles L. 314-1 à L. 314-5 du code de la consommation. » *(L. n° 2012-387 du 22 mars 2012, art. 103-I-1°, en vigueur le 14 mai 2013)* Le contrat de prêt conclu en application *(L. n° 2015-992 du 17 août 2015, art. 23-VII-2°)* « du même article 26-4 », conforme aux conditions générales et particulières du projet de contrat de prêt jointes à l'ordre du jour de l'assemblée générale, ne peut être signé par le syndic avant l'expiration du délai de recours de deux mois prévu au deuxième alinéa de l'article 42.

Art. 26-6 *(L. n° 2012-387 du 22 mars 2012, art. 103-I-1°, en vigueur le 14 mai 2013)* Le montant de l'emprunt mentionné à l'article 26-4, qui ne peut excéder le montant total des quotes-parts de dépenses des copropriétaires décidant d'y participer, est versé par l'établissement bancaire au syndicat des copropriétaires, représenté par le syndic.

Seuls les copropriétaires bénéficiant de l'emprunt sont tenus de contribuer :

1° A son remboursement au syndicat, en fonction du montant pour lequel ils participent à l'emprunt et selon la grille générale établie pour la répartition des quotes-parts de dépenses selon les principes prévus aux articles 10, 10-1 et 30 ;

2° Au paiement au syndicat des intérêts, des frais et des honoraires y afférents, en fonction du montant pour lequel ils participent à l'emprunt et selon la grille spécifique établie pour la répartition des accessoires.

(L. n° 2014-366 du 24 mars 2014, art. 59-I-10°) « L'assemblée générale peut autoriser le syndic, dans les conditions prévues au IV de l'article 18, à déléguer à l'établissement prêteur la faculté de prélever les sommes dues au titre du remboursement de l'emprunt collectif et du paiement des accessoires directement sur les comptes bancaires des copropriétaires y participant, ainsi qu'à mettre en œuvre les voies de recouvrement en cas d'impayé. »

Art. 26-7 *(L. n° 2012-387 du 22 mars 2012, art. 103-I-1°, en vigueur le 14 mai 2013)* Le syndicat des copropriétaires est garanti en totalité, sans franchise et sans délai de carence, par un cautionnement solidaire après constat de la défaillance d'un copropriétaire bénéficiant de l'emprunt mentionné à l'article 26-4 pour les sommes correspondant à son remboursement ainsi qu'au paiement des accessoires.

Le cautionnement solidaire ne peut résulter que d'un engagement écrit fourni par une entreprise d'assurance spécialement agréée, par un établissement de crédit *(Ord. n° 2013-544 du 27 juin 2013, art. 22-2°, en vigueur le 1er janv. 2014)* « , une société de financement » ou une institution mentionnée à l'article L. 518-1 du code monétaire et financier.

(L. n° 2014-366 du 24 mars 2014, art. 59-I-11°) « Le cautionnement solidaire prévu aux deux premiers alinéas est facultatif lorsque le prêt souscrit par le syndicat a pour unique objectif le préfinancement de subventions publiques accordées au syndicat pour la réalisation des travaux votés. Les décisions attributives de subventions sont alors obligatoirement communiquées à l'organisme prêteur par le syndic. »

Au regard *(Ord. n° 2021-1192 du 15 sept. 2021, art. 35, en vigueur le 1er janv. 2022)* « de l'hypothèque légale prévue au 3° de l'article 2402 » du code civil, les sommes correspondant au remboursement de l'emprunt ainsi qu'au paiement des accessoires sont assimilées au paiement des charges et travaux. Après mise en œuvre de la caution, celle-ci est subrogée de plein droit dans l'exercice du privilège du syndicat des copropriétaires prévu au même 1° *bis*.

Les modalités d'application des art. 26-4 à 26-8 sont fixées par décret en Conseil d'État (L. n° 2012-387 du 22 mars 2012, art. 103-II). Ces art. sont applicables à l'expiration d'un délai de deux mois suivant la publication du décret en Conseil d'État, soit le 14 mai 2013 (L. préc., art. 103-III ; Décr. n° 2013-205 du 11 mars 2013, JO 13 mars).

Art. 26-8 *(L. n° 2012-387 du 22 mars 2012, art. 103-I-1°, en vigueur le 14 mai 2013)* Lors d'une mutation entre vifs du lot d'un copropriétaire bénéficiant de l'emprunt mentionné à l'article 26-4, même si cette mutation est réalisée par voie d'apport en société, les sommes restant dues par le copropriétaire au titre du remboursement de l'emprunt ainsi que du paiement des accessoires deviennent immédiatement exigibles. Toutefois, en cas d'accord du prêteur et de la caution, l'obligation de payer ces sommes peut être transmise au nouveau copropriétaire avec son accord. Le notaire informe le syndic de ces accords.

Les modalités d'application des art. 26-4 à 26-8 sont fixées par décret en Conseil d'État (L. n° 2012-387 du 22 mars 2012, art. 103-II). Ces art. sont applicables à l'expiration d'un délai de deux mois suivant la publication du décret en Conseil d'État, soit le 14 mai 2013 (L. préc., art. 103-III ; Décr. n° 2013-205 du 11 mars 2013, JO 13 mars).

Art. 27 *(Ord. n° 2019-1101 du 30 oct. 2019, art. 31, en vigueur le 1er juin 2020)* « Lorsque l'immeuble comporte plusieurs bâtiments ou plusieurs entités homogènes susceptibles d'une gestion autonome, les copropriétaires dont les lots composent l'un ou plusieurs de ces bâtiments ou entités homogènes peuvent, réunis en assemblée spéciale, décider, à la majorité des voix de tous les copropriétaires, la constitution entre eux d'un syndicat, dit secondaire ».

Ce syndicat a pour objet d'assurer la gestion, l'entretien et l'amélioration interne de ce ou ces bâtiments *(Ord. n° 2019-1101 du 30 oct. 2019, art. 31, en vigueur le 1er juin 2020)* « ou entités homogènes », sous réserve des droits résultant pour les autres copropriétaires des dispositions du règlement de copropriété. Cet objet peut être étendu avec l'accord de l'assemblée générale de l'ensemble des copropriétaires statuant à la majorité prévue à l'article 24.

Le syndicat secondaire est doté de la personnalité civile. Il fonctionne dans les conditions prévues par la présente loi. Il est représenté au conseil syndical du syndicat principal, s'il en existe un.

Selon le Décr. n° 2008-1484 du 22 déc. 2008, relatif aux actes de gestion du patrimoine des personnes placées en curatelle ou en tutelle, et pris en application des art. 452, 496 et 502 C. civ., les actes visés aux art. 25 à 28-1 [28-I], 30, 35 et 38 de la loi n° 65-557 du 10 juill. 1965 sont des actes de disposition.

Art. 28 *(L. n° 2000-1208 du 13 déc. 2000, art. 81-10°)* I. — Lorsque l'immeuble comporte plusieurs bâtiments et que la division de la propriété du sol est possible :

a) Le propriétaire d'un ou de plusieurs lots correspondant à un ou plusieurs bâtiments peut demander que ce ou ces bâtiments soient retirés du syndicat initial pour constituer une propriété séparée. L'assemblée générale statue sur la demande formulée par ce propriétaire à la majorité des voix de tous les copropriétaires ;

b) Les propriétaires dont les lots correspondent à un ou plusieurs bâtiments peuvent, réunis en assemblée spéciale et statuant à la majorité des voix de tous les copropriétaires composant cette assemblée, demander que ce ou ces bâtiments soient retirés du syndicat initial pour constituer un ou plusieurs syndicats séparés. L'assemblée générale du syndicat initial statue à la majorité des voix de tous les copropriétaires sur la demande formulée par l'assemblée spéciale.

II. — Dans les deux cas, l'assemblée générale du syndicat initial statue à la même majorité sur les conditions matérielles, juridiques et financières nécessitées par la division.

L'assemblée générale du ou des nouveaux syndicats, sauf en ce qui concerne la destination de l'immeuble, procède, à la majorité de l'article 24, aux adaptations du règlement initial de copropriété et de l'état de répartition des charges rendues nécessaires par la division.

(L. n° 2014-366 du 24 mars 2014, art. 59-I-12°) « La répartition des créances et des dettes est effectuée selon les principes suivants :

« 1° Les créances du syndicat initial sur les copropriétaires anciens et actuels et les hypothèques du syndicat initial sur les lots des copropriétaires sont transférées de plein droit aux syndicats issus de la division auquel *[auxquels]* le lot est rattaché, en application du *[de]* *(Ord. n° 2016-131 du 10 févr. 2016, art. 6-XXVII, en vigueur le 1er oct. 2016)* « l'article 1346 » du code civil ;

« 2° Les dettes du syndicat initial sont réparties entre les syndicats issus de la division à hauteur du montant des créances du syndicat initial sur les copropriétaires transférées aux syndicats issus de la division.

« III. — » Si l'assemblée générale du syndicat initial décide de constituer une union de syndicats pour la création, la gestion et l'entretien des éléments d'équipements communs qui ne peuvent être divisés, cette décision est prise à la majorité de l'article 24.

Le règlement de copropriété du syndicat initial reste applicable jusqu'à l'établissement d'un nouveau règlement de copropriété du syndicat ou de chacun des syndicats selon le cas.

La division ne prend effet que lorsque sont prises les décisions mentionnées aux alinéas précédents. Elle emporte la dissolution du syndicat initial.

(L. n° 2014-366 du 24 mars 2014, art. 59-I-12°) « IV. — *(Ord. n° 2019-1101 du 30 oct. 2019, art. 32, en vigueur le 1er juin 2020)* « La procédure prévue au présent article peut également être employée pour la division en volumes d'un ensemble immobilier complexe comportant soit plusieurs bâtiments distincts sur dalle, soit plusieurs entités homogènes affectées à des usages différents, pour autant que chacune de ces entités permette une gestion autonome. »

« La procédure ne peut en aucun cas être employée pour la division en volumes d'un bâtiment unique.

« En cas de division en volumes, la décision de constituer une union de syndicats pour la création, la gestion et l'entretien des éléments d'équipements à usage collectif est prise à la majorité mentionnée à l'article 25.

« Par dérogation au troisième alinéa de l'article 29, les statuts de l'union peuvent interdire à ses membres de se retirer de celle-ci. »

Selon le Décr. n° 2008-1484 du 22 déc. 2008, relatif aux actes de gestion du patrimoine des personnes placées en curatelle ou en tutelle, et pris en application des art. 452, 496 et 502 C. civ., les actes visés aux art. 25 à 28-1 [28-I], 30, 35 et 38 de la loi n° 65-557 du 10 juill. 1965 sont des actes de disposition.

Sur l'entrée en vigueur des dispositions issues de l'Ord. n° 2016-131 du 10 févr. 2016, V. cette Ord., art. 9, ss. art. 1386-1.

Art. 29 *(L. n° 2000-1208 du 13 déc. 2000, art. 81-16°)* Un syndicat de copropriétaires peut être membre d'une union de syndicats, groupement doté de la personnalité civile, dont l'objet est d'assurer la création, la gestion et l'entretien d'éléments d'équipement communs ainsi que la gestion de services d'intérêt commun.

Cette union peut recevoir l'adhésion d'un ou de plusieurs syndicats de copropriétaires, de sociétés immobilières, de sociétés d'attribution régies par les articles L. 212-1 et suivants du code de la construction et de l'habitation et de tous autres propriétaires dont les immeubles sont contigus ou voisins de ceux de ses membres.

Les statuts de l'union déterminent les conditions de son fonctionnement sous réserve des dispositions de la présente loi. Ils ne peuvent interdire à l'un de ses membres de se retirer de l'union.

L'adhésion à une union constituée ou à constituer est décidée par l'assemblée générale de chaque syndicat à la majorité prévue à l'article 25. Le retrait de cette union est décidé par l'assemblée générale de chaque syndicat à la majorité prévue à l'article 26.

L'assemblée générale de l'union est constituée par les syndics des syndicats, par le représentant légal de chaque société et par les propriétaires qui ont adhéré à l'union. Les syndics participent à cette assemblée générale en qualité de mandataire du ou des syndicats qu'ils représentent.

L'exécution des décisions de l'union est confiée à un président de l'union désigné par l'assemblée générale de l'union.

Il est institué un conseil de l'union chargé d'assister le président et de contrôler sa gestion. Ce conseil est composé d'un représentant désigné par chaque membre de l'union.

SECTION 2. *Dispositions particulières aux copropriétés en difficulté (L. nº 94-624 du 21 juill. 1994)*

Art. 29-1 A *(L. nº 2009-323 du 25 mars 2009, art. 19)* Lorsqu'à la clôture des comptes, les impayés atteignent 25 % des sommes exigibles en vertu des articles 14-1 et *(L. nº 2021-1104 du 22 août 2021, art. 171-I-4º)* « 14-2-1 *[ancienne rédaction : 14-2]* », le syndic en informe le conseil syndical et saisit sur requête le *(L. nº 2014-366 du 24 mars 2014, art. 63-1º)* « juge » d'une demande de désignation d'un mandataire *ad hoc*. *(L. nº 2014-366 du 24 mars 2014, art. 63-1º)* « Pour les copropriétés de plus de deux cents lots, le pourcentage des impayés déclenchant la saisine est fixé à 15 %.

« En l'absence d'action du syndic dans un délai d'un mois à compter de la clôture des comptes, le juge peut être saisi d'une même demande par :

« 1° Des copropriétaires représentant ensemble au moins 15 % des voix du syndicat *(Ord. nº 2019-1101 du 30 oct. 2019, art. 33, en vigueur le 1er juin 2020)* « ou le président du conseil syndical » ;

« 2° Un créancier lorsque les factures d'abonnement et de fourniture d'eau ou d'énergie ou les factures de travaux, votés par l'assemblée générale et exécutés, restent impayées depuis six mois et si le créancier a adressé au syndic un commandement de payer resté infructueux ;

« 3° Le représentant de l'État dans le département ou le procureur de la République près le tribunal judiciaire ;

« 4° Le maire de la commune du lieu de situation de l'immeuble ;

« 5° Le président de l'organe délibérant de l'établissement public de coopération intercommunale compétent en matière d'habitat du lieu de situation de l'immeuble. »

Dans les cas *(L. nº 2014-366 du 24 mars 2014, art. 63-1º ; L. nº 2017-86 du 27 janv. 2017, art. 122-I-3º)* « mentionnés au premier alinéa et aux 1° et 2° », le représentant de l'État dans le département, le maire de la commune où est implanté l'immeuble et *(Abrogé par L. nº 2014-366 du 24 mars 2014, art. 63-1º)* «, *le cas échéant,* » le président de l'organe délibérant de l'établissement public de coopération intercommunale compétent en matière d'habitat sont informés de la saisine par le ou les demandeurs.

Sur l'entrée en vigueur des mod. issues de la L. nº 2021-1104 du 22 août 2021, art. 171, V. ndlr ss. art. 10.

Art. 29-1 B *(L. nº 2009-323 du 25 mars 2009, art. 19)* Le *(Ord. nº 2019-738 du 17 juill. 2019, art. 17)* « président du tribunal judiciaire », saisi dans les conditions prévues à l'article 29-1 A et statuant par ordonnance sur requête ou *(Ord. nº 2019-738 du 17 juill. 2019, art. 17)* « selon la procédure accélérée au fond », peut désigner un mandataire *ad hoc* dont il détermine la mission *(L. nº 2014-366 du 24 mars 2014, art. 63-2º)* « et la rémunération. Les modalités d'intervention des mandataires *ad hoc* sont fixées par décret.

« Le *(Ord. nº 2019-738 du 17 juill. 2019, art. 17)* « président du tribunal judiciaire » précise et motive spécialement dans *(Ord. nº 2019-738 du 17 juill. 2019, art. 17)* « sa décision » l'imputation des frais entre le syndicat des copropriétaires et les autres parties à la procédure, ou le partage des frais entre eux. »

Dans un délai de trois mois renouvelable une fois par décision du *(Ord. nº 2019-738 du 17 juill. 2019, art. 17)* « président du tribunal judiciaire », le mandataire *ad hoc* adresse au *(Ord. nº 2019-738 du 17 juill. 2019, art. 17)* « président du tribunal judiciaire » un rapport présentant l'analyse de la situation financière du syndicat des copropriétaires et de l'état de l'immeuble, les préconisations faites pour rétablir l'équilibre financier du syndicat et, le cas échéant, assurer la sécurité de l'immeuble, ainsi que le résultat des actions de médiation ou de négociation qu'il aura éventuellement menées avec les parties en cause. *(L. n° 2014-366 du 24 mars 2014, art. 63-2°)* « Lorsqu'il constate d'importantes difficultés financières ou de gestion, il saisit le *(Ord. n° 2019-738 du 17 juill. 2019, art. 17)* « président du tribunal judiciaire » aux fins de désignation d'un administrateur provisoire en application de l'article 29-1.

« Le syndic est tenu de fournir au mandataire *ad hoc* tous les documents nécessaires à l'accomplissement de sa mission dans un délai de quinze jours à compter de la notification de *(Ord. n° 2019-738 du 17 juill. 2019, art. 17)* « la décision » du *(Ord. n° 2019-738 du 17 juill. 2019, art. 17)* « président du tribunal judiciaire » au syndic. Le mandataire *ad hoc* peut saisir le *(Ord. n° 2019-738 du 17 juill. 2019, art. 17)* « président du tribunal judiciaire » des difficultés dans l'exercice de sa mission. Pour l'accomplissement de sa mission, le mandataire *ad hoc* peut obtenir de l'autorité publique compétente les pièces relatives aux procédures de police engagées à l'encontre du syndicat. »

Le greffe du tribunal judiciaire adresse ce rapport au syndic, au conseil syndical, au maire de la commune où est implanté l'immeuble, *(Abrogé par L. n° 2014-366 du 24 mars 2014, art. 63-2°)* *« le cas échéant »* au président de l'organe délibérant de l'établissement public de coopération intercommunale compétent en matière d'habitat, ainsi qu'au représentant de l'État dans le département.

Le syndic inscrit à l'ordre du jour de la prochaine assemblée générale les projets de résolution nécessaires à la mise en œuvre de ce rapport. *(L. n° 2014-366 du 24 mars 2014, art. 63-2°)* « Si la prochaine assemblée générale n'intervient pas dans les six mois à compter de la remise du rapport, le syndic convoque une assemblée générale spécialement à cet effet. Si le rapport du mandataire *ad hoc* préconise des mesures d'urgence, ce délai est ramené à trois mois.

« Le procès-verbal de l'assemblée générale statuant sur les résolutions mettant en œuvre le rapport du mandataire est notifié par le syndic aux auteurs de la saisine, au *(Ord. n° 2019-738 du 17 juill. 2019, art. 17)* « président du tribunal judiciaire » et au mandataire *ad hoc*. En l'absence de notification dans le délai de six mois prévu au sixième alinéa, le mandataire *ad hoc* ou les parties à l'origine de la procédure peuvent saisir le *(Ord. n° 2019-738 du 17 juill. 2019, art. 17)* « président du tribunal judiciaire statuant selon la procédure accélérée au fond » aux fins :

« 1° D'obtenir *(Ord. n° 2019-738 du 17 juill. 2019, art. 17)* « un jugement » enjoignant au syndic de convoquer sans délai l'assemblée générale ;

« 2° De désignation d'un administrateur provisoire, si les auteurs de la saisine sont habilités à le faire par l'article 29-1. »

Les dispositions de l'Ord. n° 2019-738 du 17 juill. 2019 s'appliquent aux demandes introduites à compter du 1er janv. 2020 (Ord. préc., art. 30).

Art. 29-1 C *(L. n° 2014-366 du 24 mars 2014, art. 63-3°)* I. — Pour exercer les fonctions de mandataire *ad hoc* prévues à l'article 29-1 A, le juge peut désigner un administrateur judiciaire inscrit sur la liste des administrateurs judiciaires mentionnée à l'article L. 811-2 du code de commerce.

II. — Toutefois, à titre exceptionnel, le juge peut également désigner, par décision spécialement motivée, une personne physique ou morale justifiant d'une expérience ou d'une qualification particulière au regard de la nature de l'affaire et remplissant des conditions définies par décret.

III. — Les mandataires *ad hoc* désignés en application du II du présent article ne doivent pas, au cours des cinq années précédentes :

1° Avoir perçu à quelque titre que ce soit, directement ou indirectement, une rétribution ou un paiement de la part du syndic, du syndicat des copropriétaires ou des créanciers à l'origine de la procédure, ni d'une personne qui détient le contrôle du syndic ou d'un de ses créanciers, au sens des II et III de l'article L. 233-16 du code de commerce ;

2° S'être trouvés en situation de conseil du syndic, du syndicat des copropriétaires ou des créanciers concernés ou de subordination par rapport à eux ;

3° Avoir un intérêt dans le mandat qui leur est donné ;

4° Être au nombre des anciens administrateurs ou mandataires judiciaires ayant fait l'objet d'une décision de radiation ou de retrait des listes, en application des articles L. 811-6, L. 811-12 et L. 812-4 du code de commerce.

IV. — Les mandataires *ad hoc* ne peuvent être désignés syndic à l'issue de leur mission.

Art. 29-1 *(L. nº 94-624 du 21 juill. 1994, art. 35-III ; L. nº 2014-366 du 24 mars 2014, art. 64-I-1º)* « I. — Si l'équilibre financier du syndicat des copropriétaires est gravement compromis ou si le syndicat est dans l'impossibilité de pourvoir à la conservation de l'immeuble, le *(Ord. nº 2019-738 du 17 juill. 2019, art. 17)* « président du tribunal judiciaire statuant selon la procédure accélérée au fond » ou sur requête peut désigner un administrateur provisoire du syndicat. Le *(Ord. nº 2019-738 du 17 juill. 2019, art. 17)* « président du tribunal judiciaire » ne peut être saisi à cette fin que par des copropriétaires représentant ensemble 15 p. 100 au moins des voix du syndicat, par le syndic, par le maire de la commune du lieu de situation de l'immeuble, par le président de l'établissement public de coopération intercommunale compétent en matière d'habitat, par le représentant de l'État dans le département, par le procureur de la République ou, si le syndicat a fait l'objet de la procédure prévue aux articles 29-1 A et 29-1 B, par le mandataire *ad hoc.* »

(L. nº 2000-1208 du 13 déc. 2000, art. 81-11º ; L. nº 2014-366 du 24 mars 2014, art. 64-I-1º) « Le *(Ord. nº 2019-738 du 17 juill. 2019, art. 17)* « président du tribunal judiciaire » charge l'administrateur provisoire de prendre les mesures nécessaires au rétablissement du fonctionnement normal de la copropriété. A cette fin, il lui confie tous les pouvoirs du syndic dont le mandat cesse de plein droit sans indemnité et tout ou partie des pouvoirs de l'assemblée générale des copropriétaires, à l'exception de ceux prévus aux *a* et *b* de l'article 26, et du conseil syndical. Le conseil syndical et l'assemblée générale, convoqués et présidés par l'administrateur provisoire, continuent à exercer ceux des autres pouvoirs qui ne seraient pas compris dans la mission de l'administrateur provisoire. » *(L. nº 2003-710 du 1er août 2003, art. 19)* « L'administrateur provisoire exécute personnellement la mission qui lui est confiée. Il peut toutefois, lorsque le bon déroulement de la mission le requiert, se faire assister par un tiers désigné par le *(Ord. nº 2019-738 du 17 juill. 2019, art. 17)* « président du tribunal judiciaire » sur sa proposition et rétribué sur sa rémunération. Dans tous les cas, le syndic en place ne peut être désigné au titre d'administrateur provisoire de la copropriété. »

(L. nº 2009-323 du 25 mars 2009, art. 19) « La décision désignant l'administrateur provisoire fixe la durée de sa mission, qui ne peut être inférieure à douze mois. Si aucun rapport mentionné à l'article 29-1 B n'a été établi au cours de l'année précédente, l'administrateur rend, au plus tard à l'issue des six premiers mois de sa mission, un rapport intermédiaire présentant les mesures à adopter pour redresser la situation financière du syndicat. Le *(Ord. nº 2019-738 du 17 juill. 2019, art. 17)* « président du tribunal judiciaire » peut, à tout moment, modifier la mission de l'administrateur provisoire, la prolonger ou y mettre fin à la demande de l'administrateur provisoire *(L. nº 2014-366 du 24 mars 2014, art. 64-I-1º)* « même si celui-ci n'a été désigné que pour convoquer l'assemblée générale en vue de désigner un syndic », d'un ou plusieurs copropriétaires, du représentant de l'État dans le département, *(L. nº 2014-366 du 24 mars 2014, art. 64-I-1º)* « du maire de la commune du lieu de situation de l'immeuble, du président de l'établissement public de coopération intercommunale compétent en matière d'habitat, » du procureur de la République ou d'office.

« Un administrateur provisoire peut également être nommé pour liquider les dettes d'un syndicat en cas d'expropriation ou de dissolution du syndicat. La personnalité morale du syndicat exproprié ou dissous subsiste pour les besoins de la liquidation des dettes jusqu'à ce que le *(Ord. nº 2019-738 du 17 juill. 2019, art. 17)* « président du tribunal judiciaire » mette fin à la mission de l'administrateur provisoire. Pour les besoins de liquidation des dettes, les dispositions de la présente section sont applicables dans des conditions précisées par décret en Conseil d'État. — *V. Décr. du 17 mars 1967, art. 62-28.*

« II. — Les modalités de rémunération de l'administrateur provisoire sont fixées par décret. — *V. Décr. du 17 mars 1967, art. 61-1-5.*

« III. — Pour exercer les fonctions d'administrateur provisoire prévues au I, le *(Ord. nº 2019-738 du 17 juill. 2019, art. 17)* « président du tribunal judiciaire » peut désigner un administrateur judiciaire inscrit sur la liste des administrateurs judiciaires mentionnée à l'article L. 811-2 du code de commerce.

« Le *(Ord. nº 2019-738 du 17 juill. 2019, art. 17)* « président du tribunal judiciaire » peut également désigner une personne physique ou morale justifiant d'une expérience ou d'une qualification particulière au regard de la nature de l'affaire et remplissant des conditions définies par décret. — *V. Décr. du 17 mars 1967, art. 61-1-2.*

« Si le syndicat a fait l'objet de la procédure prévue aux articles 29-1 A et 29-1 B de la présente loi, le mandataire *ad hoc* peut être désigné comme administrateur provisoire sur décision motivée du *(Ord. nº 2019-738 du 17 juill. 2019, art. 17)* « président du tribunal judiciaire » et après audition du conseil syndical. Dans les autres cas, les administrateurs provisoires désignés dans les conditions prévues au deuxième alinéa du présent III ne doivent pas, au cours des cinq années précédentes :

« 1° Avoir perçu à quelque titre que ce soit, directement ou indirectement, une rétribution ou un paiement de la part du syndic, du syndicat des copropriétaires ou des créanciers à l'origine de la procédure, ni d'une personne qui détient le contrôle du syndic ou d'un des créanciers, au sens des II et III de l'article L. 233-16 du code de commerce ;

« 2° S'être trouvés en situation de conseil du syndic, du syndicat des copropriétaires ou des créanciers concernés ou de subordination par rapport à eux ;

« 3° Avoir un intérêt dans le mandat qui leur est donné ;

« 4° Être au nombre des anciens administrateurs ou mandataires judiciaires ayant fait l'objet d'une décision de radiation ou de retrait des listes, en application des articles L. 811-6, L. 811-12 et L. 812-4 du même code.

« Ils sont tenus d'exécuter les mandats qui leur sont confiés en se conformant, dans l'accomplissement de leurs diligences professionnelles, aux mêmes obligations que celles qui s'imposent aux administrateurs judiciaires. »

(L. n° 2017-86 du 27 janv. 2017, art. 122-I-4°, applicable aux procédures ouvertes à compter du 29 janv. 2017) « IV. — L'administrateur provisoire ne peut, dans un délai de cinq ans à compter de l'issue de sa mission, être désigné syndic de la copropriété. »

Les dispositions de l'Ord. n° 2019-738 du 17 juill. 2019 s'appliquent aux demandes introduites à compter du 1er janv. 2020 (Ord. préc., art. 30).

Art. 29-2 *(L. n° 2014-366 du 24 mars 2014, art. 64-I-2°)* Une copie de l'ordonnance de désignation de l'administrateur provisoire ainsi que les rapports établis par celui-ci sont portés à la connaissance des copropriétaires.

Une copie de l'ordonnance de désignation est également adressée par le greffe du tribunal judiciaire au procureur de la République, au représentant de l'État dans le département, au maire de la commune et au président de l'établissement public de coopération intercommunale compétent en matière d'habitat du lieu de situation de l'immeuble concerné. A leur demande, les rapports établis par l'administrateur provisoire leur sont communiqués par le greffe du tribunal judiciaire.

Art. 29-3 *(L. n° 2014-366 du 24 mars 2014, art. 64-I-2°)* I. — *(Ord. n° 2019-738 du 17 juill. 2019, art. 17)* « La décision » de désignation d'un administrateur provisoire prévue à l'article 29-1 emporte suspension de l'exigibilité des créances, autres que les créances publiques et sociales, ayant leur origine antérieurement à cette décision, pour une période de douze mois.

Elle interrompt ou interdit toute action en justice de la part de tous les créanciers dont la créance a son origine antérieurement à cette décision et tendant à :

1° La condamnation du syndicat débiteur au paiement d'une somme d'argent ;

2° La résolution d'un contrat pour défaut de paiement d'une somme d'argent.

Elle arrête ou interdit également toute procédure d'exécution de la part de ces créanciers ainsi que toute procédure de distribution n'ayant pas produit un effet attributif avant cette décision.

(Ord. n° 2019-738 du 17 juill. 2019, art. 17) « La décision » de désignation emporte également suspension des stipulations contractuelles prévoyant des majorations ou des pénalités de retard ainsi que la résolution de plein droit du contrat.

Le présent I est applicable aux emprunts collectifs conclus par le syndicat des copropriétaires. Si, en application de l'article 26-6, le prêteur bénéficie d'une délégation du syndic l'autorisant à prélever directement auprès de chaque copropriétaire les sommes dues par ce dernier au titre du remboursement de l'emprunt collectif et du paiement des accessoires, cette délégation est suspendue par *(Ord. n° 2019-738 du 17 juill. 2019, art. 17)* « la décision » de désignation.

II. — *(Ord. n° 2019-738 du 17 juill. 2019, art. 17)* « Le président du tribunal judiciaire, statuant selon la procédure accélérée au fond », peut, sur demande de l'administrateur provisoire, proroger *(L. n° 2017-86 du 27 janv. 2017, art. 122-I-5°-a)* « les suspensions et interdictions prévues » au I du présent article jusqu'à trente mois. — *V. Décr. du 17 mars 1967, art. 62-16.*

III. — *(Ord. n° 2019-738 du 17 juill. 2019, art. 17)* « Le président du tribunal judiciaire, statuant selon la procédure accélérée au fond », peut, sur demande de l'administrateur provisoire, prononcer la résiliation d'un contrat ou ordonner la poursuite de l'exécution du contrat. — *V. Décr. du 17 mars 1967, art. 62-21.*

IV. — Les actions en justice et les voies d'exécution autres que celles suspendues, interdites ou arrêtées dans les conditions prévues au présent article sont poursuivies à l'encontre du syndicat des copropriétaires, après mise en cause *(L. n° 2017-86 du 27 janv. 2017, art. 122-I-5°-b)* « de » l'administrateur provisoire.

Les dispositions de l'Ord. n° 2019-738 du 17 juill. 2019 s'appliquent aux demandes introduites à compter du 1er janv. 2020 (Ord. préc., art. 30).

Art. 29-4 *(L. n° 2014-366 du 24 mars 2014, art. 64-I-2°)* I. — Dans un délai de deux mois à compter de sa nomination, l'administrateur provisoire procède à des mesures de publicité pour permettre aux créanciers de produire les éléments nécessaires à l'évaluation du montant de leurs créances.

II. — A partir de la publication de l'ordonnance de désignation de l'administrateur provisoire, les créanciers du syndicat des copropriétaires déclarent leurs créances dans un délai fixé par décret en Conseil d'État. — *V. Décr. du 17 mars 1967, art. 62-18.*

Après vérification des créances déclarées, l'administrateur provisoire établit et publie la liste des créances déclarées.

Les créanciers disposent d'un délai de deux mois à compter de la publication de la liste pour contester son contenu auprès du président du tribunal judiciaire.

III. — Les créances non déclarées régulièrement dans les délais prévus au II sont inopposables à la procédure.

(L. n° 2017-86 du 27 janv. 2017, art. 122-I-6°) « Dans un délai et selon des modalités fixés par décret en Conseil d'État, une action en relevé de forclusion peut être exercée par un créancier qui établit que sa défaillance n'est pas due à son fait. » — *Cet al. est applicable aux procédures ouvertes à compter du 1er janv. 2018 (L. n° 2017-86 du 27 janv. 2017, art. 122-II).*

Art. 29-5 *(L. n° 2014-366 du 24 mars 2014, art. 64-I-2°)* I. — L'administrateur provisoire établit un plan d'apurement des dettes.

Ce plan, d'une durée maximale de cinq ans, comporte un échéancier des versements auprès des créanciers du syndicat des copropriétaires.

II. — Le projet d'échéancier est notifié aux créanciers figurant dans la liste prévue au deuxième alinéa du II de l'article 29-4.

Les créanciers disposent d'un délai de deux mois à compter de cette notification pour faire part de leurs observations. Les créanciers peuvent formuler individuellement des propositions de remise de dettes.

L'administrateur provisoire notifie le plan d'apurement définitif aux créanciers et au conseil syndical. Les créanciers disposent d'un délai de deux mois à compter de cette notification pour saisir le juge d'une contestation.

A défaut de contestation dans ce délai, le juge homologue le plan à la demande de l'administrateur provisoire. L'ordonnance d'homologation est notifiée aux créanciers et au conseil syndical avec le plan d'apurement définitif.

III. — La notification de l'ordonnance ou du jugement entraîne, tant que le plan d'apurement est respecté, le maintien *(L. n° 2017-86 du 27 janv. 2017, art. 122-I-7°)* « les *[des]* suspensions et interdictions prévues » aux I et II de l'article 29-3.

Le plan d'apurement est mis en œuvre par le syndic à l'issue de la mission de l'administrateur provisoire.

IV. — Si la situation financière du syndicat des copropriétaires évolue, le plan d'apurement peut être prorogé ou modifié par décision du juge, saisi par le syndicat des copropriétaires, des copropriétaires représentant au moins 15 % des voix, les créanciers, le syndic ou l'administrateur provisoire.

V. — Dès lors qu'ils ne compromettent pas la réalisation du plan d'apurement, l'administrateur provisoire peut conclure avec les copropriétaires des échéanciers individualisés de remboursement de leurs dettes vis-à-vis du syndicat.

Art. 29-6 *(L. n° 2014-366 du 24 mars 2014, art. 64-I-2°)* Si le syndicat des copropriétaires dispose d'actifs cessibles, notamment des locaux ou des parcelles de terrain non bâti, de nature à apurer les dettes du syndicat, l'administrateur provisoire peut demander au juge l'autorisation de réaliser les cessions par dérogation au *a* de l'article 26 et au deuxième alinéa du I de l'article 29-1 et de modifier en conséquence le règlement de copropriété et l'état descriptif de division.

A l'appui de cette demande, l'administrateur provisoire produit un rapport faisant état de l'évaluation des biens cessibles et consignant l'avis du conseil syndical.

La durée de l'autorisation fixée par le juge ne peut excéder cinq ans. Si la cession des actifs est réalisée dans ce délai, elle conduit à la modification de l'échéancier des appels de fonds auprès des copropriétaires prévu par le plan d'apurement des dettes, selon la procédure définie au IV de l'article 29-5.

Art. 29-7 *(L. nº 2014-366 du 24 mars 2014, art. 64-I-3º)* L'administrateur provisoire évalue, dans le cadre de l'élaboration du plan d'apurement soumis au juge, la somme des créances irrécouvrables du syndicat sur les copropriétaires.

En l'absence d'actifs du syndicat des copropriétaires pouvant être cédés dans les conditions définies à l'article 29-6 ou si les cessions n'ont pas trouvé preneur, l'administrateur provisoire peut demander au juge d'effacer partiellement les dettes du syndicat pour un montant équivalant au montant des créances irrécouvrables.

Le juge peut effacer tout ou partie des dettes. Le montant effacé est réparti entre les créanciers du syndicat proportionnellement au montant de leur créance et intégré par l'administrateur provisoire au plan d'apurement des dettes, qui est ensuite homologué par le juge dans les conditions prévues au II de l'article 29-5. Le jugement ordonne également mainlevée des éventuelles inscriptions hypothécaires relatives à ces dettes inscrites sur les locaux appartenant au syndicat des copropriétaires.

Art. 29-8 *(L. nº 2014-366 du 24 mars 2014, art. 64-I-3º)* I. — Si la gestion et le fonctionnement normal de la copropriété ne peuvent être rétablis autrement, le juge peut prononcer aux conditions qu'il fixe et sur demande de l'administrateur provisoire :

1º La constitution d'un ou plusieurs syndicats secondaires ;

2º La division du syndicat.

Lorsque l'administrateur provisoire demande une division en volumes, le juge statue au vu des conclusions du rapport d'un expert désigné par ses soins, aux frais du syndicat des copropriétaires, établissant que l'immeuble ou l'ensemble immobilier peuvent être scindés en volumes sans parties communes indivises et fonctionnant de façon autonome, et après consultation du maire de la commune du lieu d'implantation et du président de l'établissement public de coopération intercommunale compétent en matière d'habitat.

A l'appui de ces demandes, l'administrateur provisoire établit un rapport faisant état de l'avis du conseil syndical et précisant les conditions matérielles, juridiques et financières de division du syndicat ou de constitution d'un syndicat secondaire. Il établit notamment la répartition des parties communes du syndicat initial, les projets de règlement de copropriété et les états descriptifs de division des nouveaux syndicats, dresse un état des créances et des dettes du syndicat et en établit la répartition selon les principes définis au II de l'article 28.

L'administrateur provisoire établit, concomitamment à l'état des créances et des dettes, un plan d'apurement des dettes transmises pour chacun des syndicats créés par la division. Ce plan est validé et s'impose aux syndicats issus de la division, qui le mettent en œuvre selon les modalités définies à l'article 29-5.

La répartition validée des dettes entre les syndicats est notifiée individuellement à chacun des créanciers connus du syndicat initial.

II. — Si des travaux préalables pour réaliser la constitution d'un syndicat secondaire ou les divisions prévues au présent article sont nécessaires, le juge peut autoriser l'administrateur provisoire à faire réaliser les travaux aux frais des copropriétaires.

III. — Le jugement autorisant la division ou la constitution d'un syndicat secondaire homologue également les nouveaux règlements de copropriété et *[les]* états descriptifs de division des syndicats issus de la division ou les modifications du règlement de copropriété résultant de la constitution d'un syndicat secondaire.

Le jugement prononçant la division du syndicat emporte dissolution du syndicat initial.

Le juge désigne, pour chaque syndicat des copropriétaires issu des divisions prévues au présent article ou pour chaque syndicat secondaire constitué en application du présent article, la personne chargée de convoquer l'assemblée générale en vue de la désignation d'un syndic.

Art. 29-9 *(L. nº 2014-366 du 24 mars 2014, art. 64-I-3º)* Sur saisine motivée de l'administrateur provisoire et si le rétablissement financier de la copropriété le nécessite, le juge peut l'autoriser à modifier le règlement de copropriété afin de tenir compte de travaux concourant au redressement de la copropriété, notamment d'individualisation du chauffage, et modifiant la répartition des charges. Dans le cas de travaux d'individualisation du chauffage, le juge autorise par la même décision la réalisation de ces travaux.

Sur saisine motivée de l'administrateur provisoire et si leurs coûts d'entretien, de gestion ou de remise à niveau compromettent de façon irrémédiable l'équilibre financier du syndicat des copropriétaires, le juge peut autoriser l'administrateur provisoire à céder à titre gracieux à la commune ou à l'établissement public de coopération intercommunale compétent en matière d'habitat les parcelles de terrain non bâti d'intérêt public ou des locaux ou équipements communs pouvant relever d'une gestion publique et modifier en conséquence le règlement de copropriété et l'état descriptif de division.

Art. 29-10 *(L. n° 2014-366 du 24 mars 2014, art. 64-I-3°)* L'administrateur provisoire peut proposer au représentant de l'État dans le département d'initier un plan de sauvegarde en application de l'article L. 615-1 du code de la construction et de l'habitation.

Lorsque la démarche d'élaboration d'un plan de sauvegarde est engagée, l'administrateur provisoire est membre de plein droit de la commission mentionnée au I du même article.

Si, lors de l'élaboration du plan de sauvegarde ou en cours d'exécution d'un tel plan, l'administrateur provisoire constate que des mesures du plan de sauvegarde sont en contradiction avec la mission qui lui est confiée par le juge, il en informe le représentant de l'État dans le département, le maire et le président de l'établissement public de coopération intercommunale compétent en matière d'habitat, qui peuvent soit modifier le plan de sauvegarde, soit demander au juge de modifier le contenu de la mission de l'administrateur provisoire.

L'administrateur provisoire peut signer toute convention financière en vue de l'attribution de subventions publiques au syndicat des copropriétaires, dès lors que cette convention n'est pas contradictoire avec la mission qui lui est confiée.

Art. 29-11 *(L. n° 2014-366 du 24 mars 2014, art. 64-I-3°)* I. — Si la situation financière de la copropriété ne permet pas de réaliser les travaux nécessaires à la conservation et la mise en sécurité de l'immeuble, la protection des occupants, la préservation de leur santé et la réduction des charges de copropriété permettant son redressement financier, le juge peut placer l'immeuble sous administration provisoire renforcée :

1° Sur saisine du maire de la commune du lieu de situation, du président de l'établissement public de coopération intercommunale compétent en matière d'habitat ou du représentant de l'État dans le département ;

2° Ou sur saisine de l'administrateur provisoire déjà désigné en vertu de l'article 29-1.

II. — Dans le cadre du placement sous administration provisoire renforcée, le juge autorise l'administrateur provisoire, désigné en vertu de l'article 29-1, à conclure une convention à durée déterminée, au nom du syndicat des copropriétaires, avec un ou plusieurs opérateurs compétents en matière de maîtrise d'ouvrage de travaux et de mise au point de financement d'opération de travaux, qui peut être notamment l'un des organismes mentionnés aux articles L. 321-14, L. 321-29 et L. 326-1 du code de l'urbanisme et aux articles L. 411-2 et L. 481-2 du code de la construction et de l'habitation.

La décision du juge est notifiée aux parties intéressées ainsi qu'au maire de la commune du lieu de situation, au président de l'établissement public de coopération intercommunale compétent en matière d'habitat et au représentant de l'État dans le département.

III. — L'administrateur provisoire peut confier à l'opérateur, par cette convention, toutes les missions concourant au redressement de la copropriété, notamment la maîtrise d'ouvrage d'un programme de travaux et la mise au point du financement de l'opération. Un décret précise les modalités de rémunération de l'opérateur à la charge des copropriétaires.

Le juge homologue la convention conclue entre l'opérateur et l'administrateur provisoire.

L'exécution de la convention peut se poursuivre même si la mission de l'administrateur provisoire est terminée. La convention prend fin à l'expiration du terme fixé par elle.

IV. — Le maire de la commune du lieu de situation de l'immeuble ou le président de l'établissement public de coopération intercommunale compétent en matière d'habitat peuvent engager à tout moment la procédure prévue à l'article L. 615-6 du code de la construction et de l'habitation. La conclusion de la convention mentionnée au II du présent article est alors suspendue dans l'attente de la décision du juge, mais la mission de l'administrateur provisoire se poursuit dans les conditions prévues à l'article 29-1.

Art. 29-12 *(L. n° 2014-366 du 24 mars 2014, art. 64-I-3°)* I. — Lorsque la mission de l'opérateur mentionné au II de l'article 29-11 prévoit la réalisation d'une division du syndicat dans les conditions prévues à l'article 29-8, la convention mentionnée à l'article 29-11 prévoit la répartition de la rémunération de l'opérateur entre les syndicats ainsi créés. Chaque syndicat issu de cette division est subrogé, chacun pour ce qui le concerne, dans les droits et obligations conventionnelles du syndicat dissous selon les modalités prévues par la convention.

II. — La mission de l'opérateur ne peut prendre fin de façon anticipée que sur décision du juge. La convention prévoit obligatoirement les modalités d'indemnisation de l'opérateur qui a engagé des fonds pour la réalisation des travaux prévus par la convention en cas de résiliation anticipée prononcée par le juge.

III. — Le juge, saisi par des copropriétaires représentant 15 % des voix, peut autoriser l'administrateur provisoire à inclure dans le contrat de l'opérateur la réalisation de travaux d'amélioration.

IV. — Si la mission de l'administrateur provisoire est terminée et la copropriété financièrement redressée, le juge peut autoriser le syndic à conclure un avenant à la convention en cours, après approbation des travaux supplémentaires par l'assemblée générale des copropriétaires statuant dans les conditions de majorité prévues par la présente loi.

Art. 29-13 *(L. nº 2014-366 du 24 mars 2014, art. 64-I-3º)* Pour les propriétaires occupants, la rémunération de l'opérateur prévue à l'article 29-11 ouvre droit aux allocations de logement prévues *(Ord. nº 2019-770 du 17 juill. 2019, art. 11, en vigueur le 1er sept. 2019)* « au 2º de l'article L. 821-1 du code de la construction et de l'habitation ».

Art. 29-14 *(L. nº 2014-366 du 24 mars 2014, art. 64-I-3º)* Le juge peut :

1º Suspendre le versement des cotisations au fonds de travaux sur demande de l'administrateur provisoire ou des copropriétaires représentant au moins 15 % des voix lorsque l'immeuble fait l'objet d'un plan de sauvegarde en application de l'article L. 615-1 du code de la construction et de l'habitation ;

2º Autoriser l'administrateur provisoire à utiliser les sommes déposées sur le fonds de travaux pour engager les actions nécessaires au redressement de la copropriété ou permettre le maintien de la gestion courante.

Art. 29-15 *(L. nº 2014-366 du 24 mars 2014, art. 64-I-3º)* Les procédures prévues au livre VI du code de commerce ne sont pas applicables aux syndicats de copropriétaires.

CHAPITRE III. *AMÉLIORATIONS, ADDITIONS DE LOCAUX PRIVATIFS ET EXERCICE DU DROIT DE SURÉLÉVATION*

Art. 30 L'assemblée générale des copropriétaires, statuant à la *(Abrogé par L. nº 2014-366 du 24 mars 2014, art. 59-I-13º)* « *double* » majorité prévue à l'article *(L. nº 2014-366 du 24 mars 2014, art. 59-I-13º)* « 25 », peut, à condition qu'elle soit conforme à la destination de l'immeuble, décider toute amélioration, telle que la transformation d'un ou de plusieurs éléments d'équipement existants, l'adjonction d'éléments nouveaux, l'aménagement de locaux affectés à l'usage commun ou la création de tels locaux.

Elle fixe alors, à la même majorité, la répartition du coût des travaux et de la charge des indemnités prévues à l'article 36 ci-après, en proportion des avantages qui résulteront des travaux envisagés pour chacun des copropriétaires, sauf à tenir compte de l'accord de certains d'entre eux pour supporter une part de dépenses plus élevée.

Elle fixe, à la même majorité, la répartition des dépenses de fonctionnement, d'entretien et de remplacement des parties communes ou des éléments transformés ou créés.

Lorsque l'assemblée générale refuse l'autorisation prévue à l'article 25 *b*, tout copropriétaire ou groupe de copropriétaires peut être autorisé par le tribunal judiciaire à exécuter, aux conditions fixées par le tribunal, tous travaux d'amélioration visés à l'alinéa 1er ci-dessus ; le tribunal fixe en outre les conditions dans lesquelles les autres copropriétaires pourront utiliser les installations ainsi réalisées. Lorsqu'il est possible d'en réserver l'usage à ceux des copropriétaires qui les ont exécutées, les autres copropriétaires ne pourront être autorisés à les utiliser qu'en versant leur quote-part du coût de ces installations, évalué à la date où cette faculté est exercée.

Selon le Décr. nº 2008-1484 du 22 déc. 2008, relatif aux actes de gestion du patrimoine des personnes placées en curatelle ou en tutelle, et pris en application des art. 452, 496 et 502 C. civ., les actes visés aux art. 25 à 28-1 [28-I], 30, 35 et 38 de la loi nº 65-557 du 10 juill. 1965 sont des actes de disposition.

Art. 31 *Abrogé par L. nº 85-1470 du 31 déc. 1985, art. 12-II.*

Art. 32 Sous réserve des dispositions de l'article 34, la décision prise oblige les copropriétaires à participer, dans les proportions fixées par l'assemblée, au paiement des travaux, à la charge des indemnités prévues à l'article 36, ainsi qu'aux dépenses de fonctionnement, d'administration, d'entretien et de remplacement des parties communes ou des éléments transformés ou créés.

Art. 33 La part du coût des travaux, des charges financières y afférentes, et des indemnités incombant aux copropriétaires qui n'ont pas donné leur accord à la décision prise peut n'être payée que par annuités égales au dixième de cette part. *(L. n° 2012-387 du 22 mars 2012, art. 103-I-2°, en vigueur le 14 mai 2013)* « Les copropriétaires qui entendent bénéficier de cette possibilité doivent, à peine de forclusion, notifier leur décision au syndic dans le délai de deux mois suivant la notification du procès-verbal d'assemblée générale. » Lorsque le syndicat n'a pas contracté d'emprunt en vue de la réalisation des travaux, les charges financières dues par les copropriétaires payant par annuités sont égales au taux légal d'intérêt en matière civile.

Toutefois, les sommes visées au précédent alinéa deviennent immédiatement exigibles lors de la première mutation entre vifs du lot de l'intéressé, même si cette mutation est réalisée par voie d'apport en société.

Les dispositions qui précèdent ne sont pas applicables lorsqu'il s'agit de travaux imposés par le respect d'obligations légales ou réglementaires.

Les dispositions issues de la L. n° 2012-387 du 22 mars 2012 sont applicables à l'expiration d'un délai de deux mois suivant la publication du décret en Conseil d'État fixant les modalités d'application des art. 26-4 à 26-8, soit à compter du 14 mai 2013 (L. préc., art. 103-III ; Décr. n° 2013-205 du 11 mars 2013, JO 13 mars).

Art. 34 La décision prévue à l'article 30 n'est pas opposable au copropriétaire opposant qui a, dans le délai prévu à l'article 42, alinéa 2, saisi le tribunal judiciaire en vue de faire reconnaître que l'amélioration décidée présente un caractère somptuaire eu égard à l'état, aux caractéristiques et à la destination de l'immeuble.

Art. 35 La surélévation ou la construction de bâtiments aux fins de créer de nouveaux locaux à usage privatif ne peut être réalisée par les soins du syndicat que si la décision en est prise *(L. n° 2014-366 du 24 mars 2014, art. 61-1°)* « à la majorité prévue à l'article 26 ».

La décision d'aliéner aux mêmes fins le droit de surélever un bâtiment existant exige la majorité prévue à l'article 26 et, si l'immeuble comprend plusieurs bâtiments, la confirmation par une assemblée spéciale des copropriétaires des lots composant le bâtiment à surélever, statuant à la majorité indiquée ci-dessus.

(L. n° 2009-526 du 12 mai 2009, art. 8) « Toutefois, lorsque le bâtiment est situé dans un périmètre sur lequel est institué un droit de préemption urbain en application de l'article L. 211-1 du code de l'urbanisme, la décision d'aliéner le droit de surélever ce bâtiment est prise à la majorité des voix de tous les copropriétaires. Cette décision exige », *(L. n° 2009-526 du 12 mai 2009, art. 8)* « si l'immeuble comprend plusieurs bâtiments, la confirmation par une assemblée spéciale des copropriétaires des lots composant le bâtiment à surélever, statuant à la majorité des voix des copropriétaires concernés. »

(Ord. n° 2019-1101 du 30 oct. 2019, art. 36, en vigueur le 1er juin 2020) « Les copropriétaires de locaux situés, en tout ou partie, sous la surélévation projetée bénéficient d'un droit de priorité à l'occasion de la vente par le syndicat des locaux privatifs créés ou en cas de cession par le syndicat de son droit de surélévation. Préalablement à la conclusion de toute vente d'un ou plusieurs lots, le syndic notifie à chaque copropriétaire bénéficiant d'un droit de priorité l'intention du syndicat de vendre, en indiquant le prix et les conditions de la vente. Cette notification vaut offre de vente pendant une durée de deux mois à compter de sa notification. »

Selon le Décr. n° 2008-1484 du 22 déc. 2008, relatif aux actes de gestion du patrimoine des personnes placées en curatelle ou en tutelle, et pris en application des art. 452, 496 et 502 C. civ., les actes visés aux art. 25 à 28-1 [28-I], 30, 35 et 38 de la loi n° 65-557 du 10 juill. 1965 sont des actes de disposition.

Art. 36 *(L. n° 85-1470 du 31 déc. 1985)* Les copropriétaires qui subissent, par suite de l'exécution des travaux de surélévation prévus à l'article 35, un préjudice répondant aux conditions fixées à l'article 9 ont droit à une indemnité. Celle-ci, qui est à la charge de l'ensemble des copropriétaires, est répartie selon la proportion initiale des droits de chacun dans les parties communes.

Art. 37 Toute convention par laquelle un propriétaire ou un tiers se réserve l'exercice de l'un des droits accessoires visés à l'article 3 autre que le droit de mitoyenneté devient caduque si ce droit n'a pas été exercé dans les dix années qui suivent ladite convention.

Si la convention est antérieure à la promulgation de la présente loi, le délai de dix ans court de ladite promulgation.

Avant l'expiration de ce délai, le syndicat peut, statuant à la majorité prévue à l'article 25, s'opposer à l'exercice de ce droit, sauf à en indemniser le titulaire dans le cas où ce dernier justifie que la réserve du droit comportait une contrepartie à sa charge.

Toute convention postérieure à la promulgation de la présente loi, et comportant réserve de l'un des droits visés ci-dessus, doit indiquer, à peine de nullité, l'importance et la consistance des locaux à construire et les modifications que leur exécution entraînerait dans les droits et charges des copropriétaires.

Art. 37-1 *(L. nº 2018-1021 du 23 nov. 2018, art. 208)* Par dérogation à l'article 37, les droits de construire, d'affouiller et de surélever ne peuvent faire l'objet d'une convention par laquelle un propriétaire ou un tiers se les réserverait. Ces droits peuvent toutefois constituer la partie privative d'un lot transitoire.

CHAPITRE IV. *RECONSTRUCTION*

Art. 38 En cas de destruction totale ou partielle, l'assemblée générale des copropriétaires dont les lots composent le bâtiment sinistré peut décider à la majorité des voix de ces copropriétaires, la reconstruction de ce bâtiment ou la remise en état de la partie endommagée. Dans le cas où la destruction affecte moins de la moitié du bâtiment, la remise en état est obligatoire si la majorité des copropriétaires sinistrés la demande. Les copropriétaires qui participent à l'entretien des bâtiments ayant subi les dommages sont tenus de participer dans les mêmes proportions et suivant les mêmes règles aux dépenses des travaux.

Selon le Décr. nº 2008-1484 du 22 déc. 2008, relatif aux actes de gestion du patrimoine des personnes placées en curatelle ou en tutelle, et pris en application des art. 452, 496 et 502 C. civ., les actes visés aux art. 25 à 28-1 [28-I], 30, 35 et 38 de la loi nº 65-557 du 10 juill. 1965 sont des actes de disposition.

Art. 38-1 *(L. nº 2003-699 du 30 juill. 2003, art. 20)* En cas de catastrophe technologique, le syndic d'un immeuble géré en copropriété dont les parties communes sont endommagées convoque sous quinze jours l'assemblée générale des copropriétaires.

Cette réunion se tient dans les deux mois suivant la catastrophe ; les décisions visant à autoriser le syndic à engager des travaux de remise en état rendus nécessaires par l'urgence sont prises à la majorité des copropriétaires présents ou représentés.

Art. 39 En cas d'amélioration ou d'addition par rapport à l'état antérieur au sinistre, les dispositions du chapitre III sont applicables.

Art. 40 Les indemnités représentatives de l'immeuble détruit sont, sous réserve des droits des créanciers inscrits, affectées par priorité à la reconstruction.

Art. 41 Si la décision est prise, dans les conditions prévues à l'article 38 ci-dessus, de ne pas remettre en état le bâtiment sinistré, il est procédé à la liquidation des droits dans la copropriété et à l'indemnisation de ceux des copropriétaires dont le lot n'est pas reconstitué.

CHAPITRE IV *BIS*. *RÉSIDENCES-SERVICES*
(L. nº 2006-872 du 13 juill. 2006, art. 95-I)

Les art. 41-1 à 41-6 de la L. nº 65-557 du 10 juill. 1965, dans leur rédaction résultant du I de l'art. 14 de la L. nº 2015-1776 du 28 déc. 2015, s'appliquent à compter du 28 juin 2016. Les résidences-services dont le règlement de copropriété a été publié avant cette date restent régies par les art. 41-1 à 41-5 dans leur rédaction antérieure (V. ***C. baux****). Pour ces résidences-services, le syndic inscrit chaque année à l'ordre du jour de l'assemblée générale des copropriétaires la question de la mise en conformité du règlement de copropriété. La décision de procéder à la modification du règlement de copropriété est prise à la majorité prévue à l'art. 26 de la L. nº 65-557 du 10 juill. 1965 (L. nº 2015-1776 du 28 déc. 2015, art. 91).*

Art. 41-1 *(L. nº 2015-1776 du 28 déc. 2015, art. 14-I)* Le règlement de copropriété peut étendre l'objet d'un syndicat de copropriétaires à la fourniture aux résidents de l'immeuble de services spécifiques dont les catégories sont précisées par décret et qui, du fait qu'ils bénéficient par nature à l'ensemble de ses résidents, ne peuvent être individualisés.

Les services non individualisables sont fournis en exécution de conventions conclues avec des tiers. Les charges relatives à ces services sont réparties en application du premier alinéa de l'article 10. Les charges de fonctionnement constituent des dépenses courantes, au sens *de l'article 14-1.*

Les décisions relatives à la création ou à la suppression des services non individualisables sont prises à la majorité prévue au premier alinéa de l'article 26. La décision de suppression d'un service non individualisable ne peut intervenir qu'à la condition que l'assemblée générale ait eu connaissance au préalable d'un rapport portant sur l'utilité de ce service pour l'ensemble des résidents et sur les conséquences de la suppression de ce service sur l'équilibre financier de la copropriété.

Si l'équilibre financier d'un ou de plusieurs services mentionnés au présent article est gravement compromis ou si le déséquilibre financier d'un ou de plusieurs services compromet l'équilibre financier de la copropriété, et après que l'assemblée générale s'est prononcée, *(Ord. n° 2019-738 du 17 juill. 2019, art. 17)* « le président du tribunal judiciaire statuant selon la procédure accélérée au fond », saisi par des copropriétaires représentant 15 % au moins des voix du syndicat, peut décider soit la suspension, soit la suppression de ces services.

Le statut de la copropriété des immeubles bâtis est incompatible avec l'octroi de services de soins ou d'aide et d'accompagnement exclusivement liés à la personne, qui ne peuvent être fournis que par des établissements et des services relevant du I de l'article L. 312-1 du code de l'action sociale et des familles ou par des établissements, des services ou des professionnels de santé relevant des quatrième et sixième parties du code de la santé publique.

Les dispositions de l'Ord. n° 2019-738 du 17 juill. 2019 s'appliquent aux demandes introduites à compter du 1er janv. 2020 (Ord. préc., art. 30).

Art. 41-2 *(L. n° 2015-1776 du 28 déc. 2015, art. 14-I)* Le règlement de copropriété peut prévoir l'affectation de certaines parties communes à la fourniture, aux occupants de l'immeuble, de services spécifiques individualisables. Il précise la charge des dépenses d'entretien et de fonctionnement liées à ces parties communes et sa répartition.

Art. 41-3 *(L. n° 2015-1776 du 28 déc. 2015, art. 14-I)* Les conditions d'utilisation par les tiers des parties communes destinées à des services spécifiques individualisables sont fixées dans une convention stipulée à titre gratuit, en application du chapitre I du titre X du livre III du code civil. Cette convention est conclue pour une durée qui ne peut excéder cinq ans. Elle est renouvelable.

Art. 41-4 *(L. n° 2015-1776 du 28 déc. 2015, art. 14-I)* L'assemblée générale, sur proposition du conseil syndical, choisit, à la majorité de l'article 25 ou, le cas échéant, de l'article 25-1, les prestataires appelés à fournir les services spécifiques individualisables. Elle approuve, par un vote distinct et selon les mêmes modalités, les termes de la convention envisagée avec les prestataires choisis ayant pour objet le prêt gratuit des parties communes affectées à ces services, établie dans les conditions prévues à l'article 41-3.

La durée des contrats de prestations conclus par chaque occupant avec les prestataires ne peut excéder celle du prêt dont ces derniers bénéficient.

Art. 41-5 *(L. n° 2015-1776 du 28 déc. 2015, art. 14-I)* Les modifications du règlement de copropriété emportant désaffectation des parties communes affectées aux services mentionnés à l'article 41-3 sont prises à la majorité prévue à l'article 26. Elles sont notifiées par le syndic aux prestataires concernés. Elles entraînent la résiliation de plein droit des conventions de prêt et de fourniture de services conclues avec les prestataires.

Art. 41-6 *(L. n° 2015-1776 du 28 déc. 2015, art. 14-I)* Le syndicat des copropriétaires d'une copropriété avec services ne peut déroger à l'obligation d'instituer un conseil syndical.

L'assemblée générale peut déléguer au conseil syndical, à la majorité prévue à l'article 25, les décisions relatives à la gestion courante de services spécifiques.

Lorsqu'il ne reçoit pas de délégation à cet effet, le conseil syndical donne son avis sur les projets des conventions mentionnées au deuxième alinéa de l'article 41-1 et à l'article 41-4. Il en surveille l'exécution et présente un bilan chaque année à l'assemblée générale.

Le prestataire des services individualisables et non individualisables ne peut être le syndic, ses préposés, son conjoint, le partenaire lié à lui par un pacte civil de solidarité, son concubin, ni ses parents ou alliés jusqu'au troisième degré inclus, ni les entreprises dans le capital desquelles les personnes physiques mentionnées précédemment détiennent une participation ou dans lesquelles elles exercent des fonctions de direction ou de contrôle, ou dont elles sont préposées. Lorsque le syndic est une personne morale, l'interdiction d'être prestataire des services individualisables et non individualisables est étendue aux entreprises dans lesquelles le syndic détient une participation et aux entreprises qui détiennent une participation dans le capital du syndic.

Art. 41-7 *(L. n° 2015-1776 du 28 déc. 2015, art. 14-I)* Les personnes demeurant à titre principal dans la résidence constituent le conseil des résidents.

Cette instance consultative relaie les demandes et les propositions des résidents auprès des copropriétaires.

Le conseil des résidents est réuni par le syndic avant la tenue de l'assemblée générale des copropriétaires. L'ordre du jour de cette assemblée lui est communiqué. Le conseil des résidents peut également se réunir de sa propre initiative, dans un local mis à sa disposition à cet effet par le syndic.

Le syndic communique au conseil des résidents les comptes rendus de l'assemblée générale ainsi que toutes les informations relatives aux services fournis dans la résidence, afin que le conseil émette un avis notamment sur le besoin de créer ou de supprimer un service.

Lors de la réunion du conseil des résidents, un secrétaire de séance est désigné. Le secrétaire rédige le compte rendu de la séance, qui est cosigné par le syndic et adressé à tous les résidents et aux copropriétaires en même temps et selon les mêmes modalités que l'ordre du jour de la prochaine assemblée générale. Le compte rendu des réunions du conseil des résidents des trois années précédentes est remis à toute personne intéressée préalablement à la signature d'un contrat de bail d'habitation ou à la cession d'un lot dans la résidence.

CHAPITRE IV *TER*. *DISPOSITIONS PARTICULIÈRES À CERTAINES COPROPRIÉTÉS*
(Ord. n° 2019-1101 du 30 oct. 2019, art. 34, en vigueur le 1er juin 2020)

SECTION 1. *Dispositions particulières aux petites copropriétés*

Art. 41-8 Les dispositions de la présente section s'appliquent lorsque le syndicat des copropriétaires comporte au plus cinq lots à usage de logements, de bureaux ou de commerces, ou lorsque le budget prévisionnel moyen du syndicat des copropriétaires sur une période de trois exercices consécutifs est inférieur à 15 000 €.

Art. 41-9 Par dérogation aux dispositions des articles 21 et 17-1, le syndicat n'est pas tenu de constituer un conseil syndical.

Art. 41-10 Par dérogation à l'article 14-3, le syndicat n'est pas tenu à une comptabilité en partie double ; ses engagements peuvent être constatés en fin d'exercice.

Art. 41-11 Par dérogation aux dispositions de l'article 17-1, dans le cas où le syndicat a adopté la forme coopérative et n'a pas institué de conseil syndical, l'assemblée générale, à la majorité des voix de tous les copropriétaires, désigne le syndic parmi ses membres. L'assemblée générale peut également désigner un copropriétaire pour suppléer le syndic en cas d'empêchement de celui-ci. Le syndic et son suppléant sont l'un et l'autre révocables dans les mêmes conditions. L'assemblée générale désigne une ou plusieurs personnes physiques ou morales, qui peuvent être des copropriétaires ou des personnes extérieures qualifiées, pour assurer le contrôle des comptes du syndicat.

En cas d'empêchement du syndic ou de défaillance de celui-ci mettant en péril la conservation de l'immeuble, la santé ou la sécurité des occupants, chaque copropriétaire peut prendre l'initiative de convoquer une assemblée générale extraordinaire afin qu'elle désigne un nouveau syndic ou qu'elle prenne les décisions nécessaires à la conservation de l'immeuble, de la santé ou de la sécurité de ses occupants.

Art. 41-12 Par dérogation aux dispositions de l'article 17, les décisions, à l'exclusion de celles relatives au vote du budget prévisionnel et à l'approbation des comptes, peuvent être prises à l'unanimité des voix des copropriétaires à l'occasion d'une consultation écrite, sans qu'il y ait lieu de convoquer une assemblée générale. Les copropriétaires peuvent également être consultés au cours d'une réunion.

La consultation est organisée par le syndic, à son initiative ou à la demande d'un copropriétaire.

Lorsqu'un copropriétaire a été consulté par écrit, la décision est formalisée au terme du délai fixé par le syndic pour répondre à la consultation.

SECTION 2. *Dispositions particulières aux syndicats dont le nombre de voix est réparti entre deux copropriétaires*

Art. 41-13 Les dispositions de la présente section s'appliquent aux syndicats dont le nombre de voix est réparti entre deux copropriétaires.

Art. 41-14 *Par dérogation* au IV de l'article 18, lorsque le syndic est non professionnel, il peut solliciter l'autorisation de l'autre copropriétaire afin de déléguer à un tiers sa mission à une fin déterminée.

Art. 41-15 En cas de conflits d'intérêts du syndic non professionnel, le copropriétaire qui n'est pas syndic peut exercer une action contre l'autre copropriétaire en paiement des provisions sur charges dues au titre des articles 14-1 et *(L. n° 2021-1104 du 22 août 2021, art. 171-*

I-4°) « 14-2-1 *[ancienne rédaction : 14-2]* ». En cas d'absence ou de carence du syndic, cette action est ouverte à chacun des copropriétaires.

Sur l'entrée en vigueur des mod. issues de la L. n° 2021-1104 du 22 août 2021, art. 171, V. ndlr ss. art. 10.

Art. 41-16 Par dérogation aux dispositions de l'article 17, du troisième alinéa du I de l'article 18, du *a* du II de l'article 24, du *a* de l'article 25 et du deuxième alinéa du I de l'article 22 :

1° Les décisions de l'assemblée générale relevant de la majorité des voix exprimées des copropriétaires présents, représentés ou ayant voté par correspondance, ainsi que la désignation du syndic peuvent être prises par le copropriétaire détenant plus de la moitié des voix ;

2° Les décisions de l'assemblée générale relevant de la majorité des voix de tous les copropriétaires sont prises par le copropriétaire détenant au moins deux tiers des voix ;

3° Indépendamment du nombre de voix dont il dispose, chaque copropriétaire peut prendre les mesures nécessaires à la conservation de l'immeuble en copropriété, même si elles ne présentent pas un caractère d'urgence.

Art. 41-17 Par dérogation aux dispositions de l'article 17, toutes mesures conservatoires et les décisions mentionnées à l'article 41-16, à l'exclusion de celles portant sur le vote du budget prévisionnel et l'approbation des comptes, peuvent être prises sans réunion de l'assemblée générale. Dans ce cas, le copropriétaire décisionnaire est chargé de leur exécution.

Il est tenu de les notifier à l'autre copropriétaire, à peine d'inopposabilité.

Chaque copropriétaire est tenu de contribuer aux dépenses au titre de ces décisions et mesures proportionnellement aux quotes-parts de parties communes afférentes à ses lots.

Lorsqu'un copropriétaire a fait l'avance des sommes, il peut obliger l'autre copropriétaire à supporter avec lui les dépenses nécessaires.

Art. 41-18 Par dérogation aux dispositions de l'article 17 :

1° Les deux copropriétaires composant le syndicat peuvent se réunir sans convocation préalable et prendre toutes décisions dans les conditions mentionnées à l'article 41-15 ainsi que les décisions relevant de l'unanimité ;

2° Chaque copropriétaire peut convoquer l'autre copropriétaire à une assemblée générale en lui notifiant les points à l'ordre du jour. Chaque copropriétaire peut ajouter des points à l'ordre du jour sous réserve d'en informer préalablement l'autre.

Art. 41-19 Par dérogation au deuxième alinéa de l'article 42, le copropriétaire peut, à peine de déchéance, contester la décision prise par l'autre copropriétaire dans un délai de deux mois à compter de la notification de la décision.

Sauf urgence, l'exécution d'une décision prise par un copropriétaire sans l'accord de l'autre est suspendue pendant ce délai.

Art. 41-20 Sans préjudice des dispositions de l'article 14-3, le copropriétaire non syndic qui perçoit des revenus ou expose des frais au titre de l'administration et de la gestion de la copropriété tient un état des dépenses et créances laissé à la disposition de l'autre copropriétaire.

Art. 41-21 Par dérogation à l'article 17 et au deuxième alinéa de l'article 22, un copropriétaire peut être autorisé judiciairement à passer seul un acte pour lequel le consentement de l'autre copropriétaire serait nécessaire, si le refus de celui-ci met en péril l'intérêt commun.

L'acte passé dans les conditions fixées par l'autorisation de justice est opposable au copropriétaire dont le consentement a fait défaut.

Art. 41-22 Le président du tribunal judiciaire peut prescrire ou autoriser toutes les mesures urgentes que requiert l'intérêt commun.

Il peut, notamment, autoriser un copropriétaire à percevoir des débiteurs du syndicat ou de l'autre copropriétaire une provision destinée à faire face aux besoins urgents, en prescrivant, au besoin, les conditions de l'emploi.

Art. 41-23 L'aliénation d'une partie commune peut être autorisée judiciairement à la demande d'un copropriétaire disposant d'au moins deux tiers des tantièmes, suivant les conditions et modalités définies à l'article 815-5-1 du code civil.

CHAPITRE V. *DISPOSITIONS D'ORDRE GÉNÉRAL*

Art. 42 *(L. nº 2018-1021 du 23 nov. 2018, art. 213)* Les dispositions de l'article 2224 du code civil relatives au délai de prescription et à son point de départ sont applicables aux actions personnelles relatives à la copropriété entre copropriétaires ou entre un copropriétaire et le syndicat.

Les actions en contestation des décisions des assemblées générales doivent, à peine de déchéance, être introduites par les copropriétaires opposants ou défaillants dans un délai de deux mois à compter de la notification du procès-verbal d'assemblée *(Ord. nº 2019-1101 du 30 oct. 2019, art. 37, en vigueur le 1er juin 2020)* « , sans ses annexes ». Cette notification est réalisée par le syndic dans le délai d'un mois à compter de la tenue de l'assemblée générale.

Sauf urgence, l'exécution par le syndic des travaux décidés par l'assemblée générale en application des articles 25 et 26 de la présente loi est suspendue jusqu'à l'expiration du délai de deux mois mentionné au deuxième alinéa du présent article.

S'il est fait droit à une action contestant une décision d'assemblée générale portant modification de la répartition des charges, le tribunal judiciaire procède à la nouvelle répartition. Il en est de même en ce qui concerne les répartitions votées en application de l'article 30.

Art. 42-1 *(L. nº 2014-366 du 24 mars 2014, art. 55-I-13º)* Les notifications et mises en demeure, sous réserve de l'accord exprès des copropriétaires, sont valablement faites par voie électronique.

Art. 43 Toutes clauses contraires aux dispositions *(Ord. nº 2019-1101 du 30 oct. 2019, art. 38, en vigueur le 1er juin 2020)* « des articles 1er, 1-1, 4, 6 à 37, 41-1 à 42-1 et 46 » et celles du règlement d'administration publique *[décret en Conseil d'État]* prises pour leur application sont réputées non écrites.

(L. nº 85-1470 du 31 déc. 1985) « Lorsque le juge, en application de l'alinéa premier du présent article, répute non écrite une clause relative à la répartition des charges, il procède à leur nouvelle répartition. » *(Ord. nº 2019-1101 du 30 oct. 2019, art. 38, en vigueur le 1er juin 2020)* « Cette nouvelle répartition prend effet au premier jour de l'exercice comptable suivant la date à laquelle la décision est devenue définitive. »

Art. 44 Les associations syndicales existantes sont autorisées à se transformer en unions de syndicats coopératifs définies à l'article 29 ci-dessus sans que cette opération entraîne création d'une nouvelle personne morale.

Art. 45 Pour les copropriétés antérieures à la date d'entrée en vigueur de la présente loi, l'action en révision de la répartition des charges prévue à l'article 12 ci-dessus est ouverte pendant un délai de deux ans à compter de l'entrée en vigueur de la présente loi.

Art. 45-1 *Abrogé par L. nº 2014-366 du 24 mars 2014, art. 74-1º.*

Art. 46 *(L. nº 96-1107 du 18 déc. 1996)* Toute promesse unilatérale de vente ou d'achat, tout contrat réalisant ou constatant la vente d'un lot ou d'une fraction de lot mentionne la superficie de la partie privative de ce lot ou de cette fraction de lot. La nullité de l'acte peut être invoquée sur le fondement de l'absence de toute mention *(L. nº 2014-1545 du 20 déc. 2014, art. 15)* « de superficie.

« Cette superficie est définie par le décret en Conseil d'État prévu à l'article 47. »

(L. nº 2014-366 du 24 mars 2014, art. 54-II-3º ; L. nº 2014-1545 du 20 déc. 2014, art. 15) « Les dispositions du premier alinéa » ci-dessus ne sont pas applicables aux caves, garages, emplacements de stationnement ni aux lots ou fractions de lots d'une superficie inférieure à un seuil fixé par le décret en Conseil d'État prévu à l'article 47.

Le bénéficiaire en cas de promesse de vente, le promettant en cas de promesse d'achat ou l'acquéreur peut intenter l'action en nullité, au plus tard à l'expiration d'un délai d'un mois à compter de l'acte authentique constatant la réalisation de la vente.

La signature de l'acte authentique constatant la réalisation de la vente mentionnant la superficie de la partie privative du lot ou de la fraction de lot entraîne la déchéance du droit à engager ou à poursuivre une action en nullité de la promesse ou du contrat qui l'a précédé, fondée sur l'absence de mention de cette superficie.

Si la superficie est supérieure à celle exprimée dans l'acte, l'excédent de mesure ne donne lieu à aucun supplément de prix.

Si la superficie est inférieure de plus d'un vingtième à celle exprimée dans l'acte, le vendeur, à la demande de l'acquéreur, supporte une diminution du prix proportionnelle à la moindre mesure.

L'action en diminution du prix doit être intentée par l'acquéreur dans un délai d'un an à compter de l'acte authentique constatant la réalisation de la vente, à peine de déchéance.

Art. 46-1 *(Ord. n° 2019-1101 du 30 oct. 2019, art. 39, en vigueur le 1er juin 2020)* La réunion de tous les lots entre les mains d'un même propriétaire entraîne de plein droit la disparition de la copropriété et la dissolution du syndicat des copropriétaires qui ne survit que pour les besoins de sa liquidation, laquelle n'est pas soumise aux dispositions de la présente loi.

Le syndic procède aux opérations de liquidation. A défaut, un mandataire *ad hoc* peut être désigné judiciairement.

Art. 47 *(L. n° 2014-366 du 24 mars 2014, art. 74-2°)* « Un décret en Conseil d'État précise les conditions d'application de la présente loi.

La présente loi est applicable dans les territoires d'outre-mer. Des règlements d'administration publique *[décrets en Conseil d'État]* préciseront les modalités de son application dans ces territoires.

Art. 47-1 *(Ord. n° 2013-516 du 20 juin 2013, art. 10) Application en Nouvelle-Calédonie.*

Art. 48 Le chapitre II de la loi du 28 juin 1938 tendant à régler le statut de la copropriété des immeubles divisés par appartement est abrogé. L'article 664 du code civil demeure abrogé.

Art. 49 *Abrogé par L. n° 2014-366 du 24 mars 2014, art. 74-1°.*

Art. 50 *(Ord. n° 2012-578 du 26 avr. 2012, art. 10-I) Application à Mayotte.*

Décret n° 67-223 du 17 mars 1967,

Pris pour l'application de la loi n° 65-557 du 10 juillet 1965 fixant le statut de la copropriété des immeubles bâtis.

SECTION 1. *Actes concourant à l'établissement et à l'organisation de la copropriété d'un immeuble bâti*

Art. 1er Le règlement de copropriété mentionné par l'article 8 de la loi du 10 juillet 1965 susvisée comporte les stipulations relatives aux objets visés par *(Décr. n° 2020-834 du 2 juill. 2020, art. 2-1°, en vigueur le 4 juill. 2020)* « le premier alinéa » *(Décr. n° 2016-1515 du 8 nov. 2016, art. 1er)* « du I et par le premier alinéa du II » dudit article ainsi que l'état de répartition des charges prévu au *(Décr. n° 2004-479 du 27 mai 2004, art. 2, en vigueur le 1er sept. 2004)* « troisième » alinéa de l'article 10 de ladite loi.

Cet état définit les différentes catégories de charges et distingue celles afférentes à la conservation, à l'entretien et à l'administration de l'immeuble, celles relatives au fonctionnement et à l'entretien de chacun des éléments d'équipement communs et celles entraînées par chaque service collectif.

(Décr. n° 2020-834 du 2 juill. 2020, art. 2-2°, en vigueur le 4 juill. 2020) « L'état de répartition des charges fixe, conformément aux dispositions du troisième alinéa et, s'il y a lieu, du dernier alinéa de l'article 10 de la loi du 10 juillet 1965, la quote-part qui incombe à chaque lot dans chacune des catégories de charges.

« Il précise les éléments pris en considération et la méthode de calcul ayant permis de fixer la quote-part de charges afférente à chaque lot :

« 1° Proportionnellement aux valeurs relatives des parties privatives comprises dans chaque lot, telles que ces valeurs résultent des critères posés à l'article 5 de la loi du 10 juillet 1965, s'agissant des charges relatives à la conservation, à l'entretien et à l'administration des parties communes ;

« 2° En fonction de l'utilité objective que les services et éléments d'équipement commun présentent à l'égard de chaque lot, en précisant les bases selon lesquelles la répartition a été effectuée, s'agissant des charges entraînées par lesdits services et éléments, dès lors que ces charges ne sont pas individualisées. »

Art. 2 Le règlement de copropriété peut également comporter :

1° L'état descriptif de division de l'immeuble, établi *(Décr. n° 2012-1462 du 26 déc. 2012, art. 33, en vigueur le 1er janv. 2013)* « conformément aux dispositions des articles 71-1 à 71-13 du décret n° 55-1350 du 14 octobre 1955 modifié » ;

2° La ou les conventions prévues à l'article 37 de la loi du 10 juillet 1965 et relatives à l'exercice de l'un des droits accessoires aux parties communes.

Art. 3 Les règlements, états et conventions énumérés aux articles qui précèdent peuvent faire l'objet d'un acte conventionnel ou résulter d'un acte judiciaire, suivant le cas, ayant pour objet de réaliser, constater ou ordonner la division de la propriété d'un immeuble dans les conditions fixées par *(Décr. n° 2020-834 du 2 juill. 2020, art. 3 en vigueur le 4 juill. 2020)* « le I de » l'article 1er de la loi du 10 juillet 1965.

Si le règlement de copropriété comprend un état descriptif de division et les conventions visées à l'article 2 ci-dessus, il doit être rédigé de manière à éviter toute confusion entre ses différentes parties et les clauses particulières au règlement de copropriété doivent se distinguer nettement des autres.

Dans ce cas, seules les stipulations dont l'objet est précisé à l'article 1er du présent décret constituent le règlement de copropriété au sens et pour l'application de ladite loi.

Art. 4 Tout acte conventionnel réalisant ou constatant le transfert de propriété d'un lot ou d'une fraction de lot, ou la constitution sur ces derniers d'un droit réel, doit mentionner expressément que l'acquéreur ou le titulaire du droit a eu préalablement connaissance, s'ils ont été publiés dans les conditions prévues par l'article 13 de la loi du 10 juillet 1965, du règlement de copropriété ainsi que des actes qui l'ont modifié.

Il en est de même en ce qui concerne l'état descriptif de division et des actes qui l'ont modifié, lorsqu'ils existent et ont été publiés.

Le règlement de copropriété, l'état descriptif de division et les actes qui les ont modifiés, même s'ils n'ont pas été publiés au fichier immobilier, s'imposent à l'acquéreur ou au titulaire du droit s'il est expressément constaté aux actes visés au présent article qu'il en a eu préalablement connaissance et qu'il a adhéré aux obligations qui en résultent.

Art. 4-1 *(Décr. n° 97-532 du 23 mai 1997)* La superficie de la partie privative d'un lot ou d'une fraction de lot mentionnée à l'article 46 de la loi du 10 juillet 1965 est la superficie des planchers des locaux clos et couverts après déduction des surfaces occupées par les murs, cloisons, marches et cages d'escalier, gaines, embrasures de portes et de fenêtres. Il n'est pas tenu compte des planchers des parties des locaux d'une hauteur inférieure à 1,80 mètre.

Art. 4-2 *(Décr. n° 97-532 du 23 mai 1997)* Les lots ou fractions de lots d'une superficie inférieure à 8 mètres carrés ne sont pas pris en compte pour le calcul de la superficie mentionnée à l'article 4-1.

Art. 4-3 *(Décr. n° 97-532 du 23 mai 1997)* Le jour de la signature de l'acte authentique constatant la réalisation de la vente, le notaire, ou l'autorité administrative qui authentifie la convention, remet aux parties, contre émargement ou récépissé, une copie simple de l'acte signé ou un certificat reproduisant la clause de l'acte mentionnant la superficie de la partie privative du lot ou de la fraction du lot vendu, ainsi qu'une copie des dispositions de l'article 46 de la loi du 10 juillet 1965 lorsque ces dispositions ne sont pas reprises intégralement dans l'acte ou le certificat.

Art. 4-4 *(Abrogé par Décr. n° 2020-834 du 2 juill. 2020, art. 4, à compter du 4 juill. 2020) (Décr. n° 2004-479 du 27 mai 2004, art. 3) Lorsque le candidat à l'acquisition d'un lot ou d'une fraction de lot le demande, le propriétaire cédant est tenu de porter à sa connaissance le carnet d'entretien de l'immeuble ainsi que le diagnostic technique.*

Art. 5 *(Décr. n° 2004-479 du 27 mai 2004, art. 4)* Le syndic, avant l'établissement de l'un des actes mentionnés à l'article 4, adresse au notaire chargé de recevoir l'acte, à la demande de ce dernier ou à celle du copropriétaire qui transfère tout ou partie de ses droits sur le lot *(Décr. n° 2020-834 du 2 juill. 2020, art. 5-1°, en vigueur le 4 juill. 2020)* « ou les lots objets d'une même mutation », un état daté comportant trois parties.

1° Dans la première partie, le syndic indique, d'une manière même approximative et sous réserve de l'apurement des comptes, les sommes pouvant rester dues, *(Décr. n° 2020-834 du 2 juill. 2020, art. 5-2°, en vigueur le 4 juill. 2020)* « pour chaque lot considéré » au syndicat par *le copropriétaire cédant*, au titre :

a) Des provisions exigibles du budget prévisionnel ;

b) Des provisions exigibles des dépenses non comprises dans le budget prévisionnel ;

c) Des charges impayées sur les exercices antérieurs ;

d) Des sommes mentionnées *(Décr. n° 2013-205 du 11 mars 2013, art. 2)* « aux articles 26-6 et » 33 de la loi du 10 juillet 1965 ;

e) Des avances exigibles.

Ces indications sont communiquées par le syndic au notaire ou au propriétaire cédant, à charge pour eux de les porter à la connaissance, le cas échéant, des créanciers inscrits.

2° Dans la deuxième partie, le syndic indique, d'une manière même approximative et sous réserve de l'apurement des comptes, les sommes dont le syndicat pourrait être débiteur, *(Décr. n° 2020-834 du 2 juill. 2020, art. 5-2°, en vigueur le 4 juill. 2020)* « pour chaque lot considéré » à l'égard du copropriétaire cédant, au titre :

a) Des avances mentionnées à l'article 45-1 ;

b) Des provisions *(Abrogé par Décr. n° 2019-650 du 27 juin 2019, art. 2) « du budget prévisionnel »* pour les périodes postérieures à la période en cours et rendues exigibles en raison de la déchéance du terme prévue par l'article 19-2 de la loi du 10 juillet 1965.

3° Dans la troisième partie, le syndic indique les sommes qui devraient incomber au nouveau copropriétaire, *(Décr. n° 2020-834 du 2 juill. 2020, art. 5-2°, en vigueur le 4 juill. 2020)* « pour chaque lot considéré », au titre :

a) De la reconstitution des avances mentionnées à l'article 45-1 et ce d'une manière même approximative ;

b) Des provisions non encore exigibles du budget prévisionnel ;

c) Des provisions non encore exigibles dans les dépenses non comprises dans le budget prévisionnel.

Dans une annexe à la troisième partie de l'état daté, le syndic indique la somme correspondant, pour les deux exercices précédents, à *(Décr. n° 2020-834 du 2 juill. 2020, art. 5-3°, en vigueur le 4 juill. 2020)* « la quote-part afférente à chaque lot considéré » dans le budget prévisionnel et dans le total des dépenses hors budget prévisionnel. Il mentionne, s'il y a lieu, l'objet et l'état des procédures en cours dans lesquelles le syndicat est partie.

Art. 5-1 *(Décr. n° 95-162 du 15 févr. 1995)* Pour l'application des dispositions de l'article 20 de la loi du 10 juillet 1965 modifiée, il n'est tenu compte que des créances du syndicat effectivement liquides et exigibles à la date de la mutation.

L'opposition éventuellement formée par le syndic doit énoncer d'une manière précise :

1° Le montant et les causes *(Décr. n° 2020-834 du 2 juill. 2020, art. 6, en vigueur le 4 juill. 2020)* « des créances de toute nature du syndicat » de l'année courante et des deux dernières années échues ;

2° Le montant et les causes *(Décr. n° 2020-834 du 2 juill. 2020, art. 6, en vigueur le 4 juill. 2020)* « des créances de toute nature du syndicat » des deux années antérieures aux deux dernières années échues ;

3° Le montant et les causes des créances de toute nature du syndicat garanties par une hypothèque légale et non comprises dans les créances privilégiées, visées aux 1° et 2° ci-dessus ;

4° Le montant et les causes des créances de toute nature du syndicat non comprises dans les créances visées aux 1°, 2° et 3° ci-dessus.

Si le lot fait l'objet d'une vente sur licitation ou sur saisie immobilière, l'avis de mutation prévu par l'article 20 de la loi du 10 juillet 1965 précitée est donné au syndic, selon le cas, soit par le notaire, soit par l'avocat du demandeur ou du créancier poursuivant ; si le lot fait l'objet d'une expropriation pour cause d'utilité publique ou de l'exercice d'un droit de préemption publique, l'avis de mutation est donné au syndic, selon le cas, soit par le notaire ou par l'expropriant, soit par le titulaire du droit de préemption ; si l'acte est reçu en la forme administrative, l'avis de mutation est donné au syndic par l'autorité qui authentifie la convention.

Art. 5-2 *(Décr. n° 2010-391 du 20 avr. 2010, art. 3, en vigueur le 1er juin 2010)* Pour l'application du *(Décr. n° 2021-1888 du 29 déc. 2021, art. 5-XIX, en vigueur le 1er janv. 2022)* « 3° de l'article 2402 et du deuxième alinéa de l'article 2418 » du code civil, l'année s'entend de l'exercice comptable au sens de l'article 5 du décret du 14 mars 2005 relatif aux comptes du syndicat des copropriétaires.

Art. 6 Tout transfert de propriété d'un lot ou d'une fraction de lot, toute constitution sur ces derniers d'un droit d'usufruit, de nue-propriété, d'usage ou d'habitation, tout transfert de l'un de ces droits est notifié, sans délai, au syndic, soit par les parties, soit par le notaire qui établit l'acte, *(Décr. n° 95-162 du 15 févr. 1995 ; Décr. n° 2012-634 du 3 mai 2012)* « soit par l'avocat » qui a obtenu la décision judiciaire, acte ou décision qui, suivant le cas, réalise, atteste, constate ce transfert ou cette constitution.

Cette notification comporte la désignation du lot ou de la fraction de lot intéressé ainsi que l'indication des nom, prénoms, domicile réel ou élu *(Décr. n° 2020-834 du 2 juill. 2020, art. 7-1°, en vigueur le 4 juill. 2020)* « et, sous réserve de leur accord exprès, l'adresse électronique » de l'acquéreur ou du titulaire de droit et, le cas échéant, du mandataire commun prévu *(Décr. n° 2020-834 du 2 juill. 2020, art. 7-2°, en vigueur le 4 juill. 2020)* « aux deuxième et troisième alinéas de l'article 23 » de la loi du 10 juillet 1965. *(Décr. n° 2013-205 du 11 mars 2013, art. 3)* « Elle comporte *(Abrogé par Décr. n° 2020-834 du 2 juill. 2020, art. 7-3°, à compter du 4 juill. 2020)* « *également* », le cas échéant, l'indication des accords prévus à l'article 26-8 de cette loi. »

(Décr. n° 95-162 du 15 févr. 1995) « Cette notification doit être faite indépendamment de l'avis de mutation prévu à l'article 20 de la loi du 10 juillet 1965 modifiée. »

Art. 6-1 *(Décr. n° 95-162 du 15 févr. 1995)* Le notaire, ou, selon le cas, l'une des personnes mentionnées au dernier alinéa de l'article 5-1, informe les créanciers inscrits de l'opposition formée par le syndic et, sur leur demande, leur en adresse copie.

Art. 6-2 *(Décr. n° 2004-479 du 27 mai 2004)* A l'occasion de la mutation à titre onéreux d'un lot :

1° Le paiement de la provision exigible du budget prévisionnel, en application du troisième alinéa de l'article 14-1 de la loi du 10 juillet 1965, incombe au vendeur ;

2° Le paiement des provisions des dépenses non comprises dans le budget prévisionnel incombe à celui, vendeur ou acquéreur, qui est copropriétaire au moment de l'exigibilité ;

3° Le trop ou moins perçu sur provisions, révélé par l'approbation des comptes, est porté au crédit ou au débit du compte de celui qui est copropriétaire lors de l'approbation des comptes. – *Entrée en vigueur le 1er sept. 2004.*

Art. 6-3 *(Décr. n° 2004-479 du 27 mai 2004)* Toute convention contraire aux dispositions de l'article 6-2 n'a d'effet qu'entre les parties à la mutation à titre onéreux. – *Entrée en vigueur le 1er sept. 2004.*

SECTION 2. *Les assemblées générales de copropriétaires*

Art. 7 Dans tout syndicat de copropriété, il est tenu, au moins une fois chaque année, une assemblée générale des copropriétaires.

(Décr. n° 2020-834 du 2 juill. 2020, art. 8, en vigueur le 4 juill. 2020) « Sauf s'il en est disposé autrement dans la loi du 10 juillet 1965 ou le présent décret, l'assemblée générale est convoquée par le syndic. »

(Décr. n° 2010-391 du 20 avr. 2010, art. 4, en vigueur le 1er juin 2010) « Les dispositions des alinéas précédents ne sont pas applicables lorsque l'administrateur provisoire est investi par le président du tribunal judiciaire, sur le fondement de l'article 62-7, de tous les pouvoirs de l'assemblée générale. Lorsqu'il n'est investi que d'une partie de ces pouvoirs, les dispositions du deuxième alinéa ne s'appliquent que dans la limite des pouvoirs conservés par l'assemblée générale. »

Art. 8 La convocation de l'assemblée est de droit lorsqu'elle est demandée au syndic soit par le conseil syndical, s'il en existe un, soit par un ou plusieurs copropriétaires représentant au moins un quart des voix de tous les copropriétaires, à moins que le règlement de copropriété ne prévoie un nombre inférieur de voix. La demande, qui est notifiée au syndic, précise les questions dont l'inscription à l'ordre du jour de l'assemblée est demandée.

Dans les cas prévus au précédent alinéa, l'assemblée générale des copropriétaires est valablement convoquée par le président du conseil syndical, s'il en existe un, après mise en demeure au syndic restée infructueuse pendant plus de huit jours.

Dans les mêmes cas, s'il n'existe pas de conseil syndical ou si les membres de ce conseil n'ont pas été désignés ou si le président de ce conseil ne procède pas à la convocation de l'assemblée, tout copropriétaire peut alors provoquer ladite convocation dans les conditions prévues à l'article 50 du présent décret.

Lorsque l'assemblée est convoquée en application du présent article, la convocation est notifiée au syndic.

(Décr. n° 2010-391 du 20 avr. 2010, art. 5, en vigueur le 1er juin 2010) « Les dispositions des alinéas précédents ne sont pas applicables lorsque l'administrateur provisoire est investi par le président du tribunal judiciaire, sur le fondement de l'article 62-7, de tous les pouvoirs de l'assemblée générale. Lorsqu'il n'est investi que d'une partie de ces pouvoirs, les dispositions des alinéas précédents ne s'appliquent que dans la limite des pouvoirs conservés par l'assemblée générale et le conseil syndical. »

Art. 8-1 *(Décr. n° 2020-834 du 2 juill. 2020, art. 9, en vigueur le 31 déc. 2020)* La demande faite par un ou plusieurs copropriétaires de convoquer une assemblée générale à leurs frais, en application de l'article 17-1 AA de la loi du 10 juillet 1965, est notifiée au syndic et précise la ou les questions dont l'inscription à l'ordre du jour est demandée.

Elle est accompagnée d'un projet de résolution pour chaque question et comporte, le cas échéant, les documents requis au deuxième alinéa de l'article 10 et au 3° du I de l'article 11.

Lorsque l'assemblée générale est convoquée à la demande de plusieurs copropriétaires, ils précisent la répartition des frais et honoraires entre eux. A défaut de précision, les frais sont répartis entre ces copropriétaires à parts égales.

Dans les quinze jours qui suivent la notification mentionnée au premier alinéa, le syndic informe le ou les copropriétaires demandeurs des frais prévisionnels et de ses honoraires.

Il convoque l'assemblée générale qui se tient dans le délai de quarante-cinq jours suivant le paiement de ces frais et honoraires.

Les dispositions de l'art. 8-1 s'appliquent aux assemblées générales de copropriétaires tenues à compter du 31 déc. 2020 (Décr. n° 2020-834 du 2 juill. 2020, art. 53-V).

Art. 9 La convocation contient l'indication des lieu, date et heure de la réunion, ainsi que l'ordre du jour qui précise chacune des questions soumises à la délibération de l'assemblée. A défaut de stipulation du règlement de copropriété ou de décision de l'assemblée générale, la personne qui convoque l'assemblée fixe le lieu et l'heure de la réunion. *(Décr. n° 2015-1907 du 30 déc. 2015)* « La convocation indique le lieu, le ou les jours et les heures de consultation des pièces justificatives des charges. »

(Décr. n° 2020-834 du 2 juill. 2020, art. 10-1°, en vigueur le 4 juill. 2020) « Le formulaire de vote par correspondance mentionné au deuxième alinéa de l'article 17-1 A est joint à la convocation. »

Sauf urgence, cette convocation est notifiée au moins *(Décr. n° 2007-285 du 1er mars 2007, art. 1er, en vigueur le 1er avr. 2007)* « vingt et un jours » avant la date de la réunion, à moins que le règlement de copropriété n'ait prévu un délai plus long. *(Décr. n° 2019-650 du 27 juin 2019, art. 3)* « Sans que cette formalité soit prescrite *(Décr. n° 2020-834 du 2 juill. 2020, art. 10-2°, en vigueur le 4 juill. 2020)* « à peine de nullité de l'assemblée générale », le syndic indique, par voie d'affichage, aux copropriétaires, la date de la prochaine assemblée générale et la possibilité qui leur est offerte de solliciter l'inscription d'une ou plusieurs questions à l'ordre du jour. L'affichage, qui reproduit les dispositions de l'article 10, est réalisé dans un délai raisonnable permettant aux copropriétaires de faire inscrire leurs questions à l'ordre du jour. »

Sous réserve des stipulations du règlement de copropriété, l'assemblée générale est réunie dans la commune de la situation de l'immeuble.

Les dispositions du Décr. n° 2007-285 du 1er mars 2007 entrent en vigueur le 1er avr. 2007. Elles s'appliquent aux notifications et mises en demeure adressées à compter de cette date.

Les dispositions du Décr. n° 2015-1907 du 30 déc. 2015 s'appliquent aux convocations des assemblées générales des copropriétaires appelées à connaître des comptes, qui seront notifiées à compter du 1er avr. 2016 (Décr. n° 2015-1907 du 30 déc. 2015, art. 4).

Art. 9 *bis* *(Décr. n° 2020-834 du 2 juill. 2020, art. 11, en vigueur le 4 juill. 2020)* Pour être pris en compte lors de l'assemblée générale, le formulaire de vote par correspondance est réceptionné par le syndic au plus tard trois jours francs avant la date de la réunion.

Lorsque le formulaire de vote est transmis par courrier électronique à l'adresse indiquée par le syndic, il est présumé réceptionné à la date de l'envoi.

Art. 9-1 *(Décr. n° 2015-1907 du 30 déc. 2015)* Pendant le délai s'écoulant entre la convocation de l'assemblée générale appelée à connaître des comptes et la tenue de celle-ci, le syndic tient les pièces justificatives des charges mentionnées à l'article 18-1 de la loi du 10 juillet 1965 susvisée *(Décr. n° 2019-650 du 27 juin 2019, art. 4-1°)* « , en original ou en copie, et classées par catégories à la disposition de chaque copropriétaire » pendant une durée qui ne peut être inférieure à un jour ouvré et doit être, en tout cas, appropriée à la dimension de la copropriété.

Le syndic fixe le lieu de la consultation des pièces justificatives des charges, soit à son siège, soit au lieu où il assure habituellement l'accueil des copropriétaires, le ou les jours et les heures auxquels elle s'effectue, qui doivent être indiqués dans la convocation mentionnée à l'article 9.

Lorsqu'il s'agit d'un syndic professionnel, ces jours et heures doivent être fixés pendant les jours et heures d'accueil physique déterminés dans le contrat de syndic.

(Décr. n° 2019-650 du 27 juin 2019, art. 4-2°) « Le copropriétaire peut se faire assister par un membre du conseil syndical.

« Pendant le délai mentionné au premier alinéa, il peut également se faire assister par son locataire ou autoriser ce dernier à consulter en ses lieu et place les pièces justificatives de charges récupérables mentionnées à l'article 23 de la loi n° 89-462 du 6 juillet 1989 tendant à améliorer les rapports locatifs et portant modification de la loi n° 86-1290 du 23 décembre 1986.

« Tout copropriétaire peut obtenir une copie des pièces justificatives à ses frais. » — *V. art. 33.*

Les dispositions de l'art. 9-1 s'appliquent aux convocations des assemblées générales des copropriétaires appelées à connaître des comptes, qui seront notifiées à compter du 1er avr. 2016 (Décr. n° 2015-1907 du 30 déc. 2015, art. 4).

Art. 10 *(Décr. n° 2004-479 du 27 mai 2004)* A tout moment, un ou plusieurs copropriétaires, ou le conseil syndical, peuvent notifier au syndic la ou les questions dont ils demandent qu'elles soient inscrites à l'ordre du jour d'une assemblée générale. Le syndic porte ces questions à l'ordre du jour de la convocation de la prochaine assemblée générale. Toutefois, si la ou les questions notifiées ne peuvent être inscrites à cette assemblée compte tenu de la date de réception de la demande par le syndic, elles le sont à l'assemblée suivante. — *Entrée en vigueur le 1er sept. 2004.*

(Décr. n° 2020-834 du 2 juill. 2020, art. 12-1°, en vigueur le 4 juill. 2020) « Lorsque la convocation de l'assemblée générale est sollicitée en application de l'article 17-1 AA de la loi du 10 juillet 1965, le syndic ne porte à l'ordre du jour de cette assemblée que les questions relatives aux droits et obligations du ou des copropriétaires demandeurs. »

(Décr. n° 2010-391 du 20 avr. 2010, art. 6, en vigueur le 1er juin 2010) « Le ou les copropriétaires ou le conseil syndical qui demandent l'inscription d'une question à l'ordre du jour notifient au syndic, avec leur demande, le projet de résolution lorsque cette notification est requise en application des 7° et 8° du I de l'article 11. Lorsque le projet de résolution porte sur l'application *(Abrogé par Décr. n° 2020-834 du 2 juill. 2020, art. 12-2°, à compter du 4 juill. 2020) (Décr. n° 2019-650 du 27 juin 2019, art. 5-1°)* « *du e du II de l'article 24* » *et* » du *b* de l'article 25 de la loi du 10 juillet 1965, il est accompagné d'un document précisant l'implantation et la consistance des travaux. »

(Décr. n° 2019-650 du 27 juin 2019, art. 5-2°) « Le syndic rappelle les dispositions du présent article sur les appels de fonds qu'il adresse aux copropriétaires. »

Art. 10-1 *(Décr. n° 2020-834 du 2 juill. 2020, art. 13, en vigueur le 31 déc. 2020)* Le descriptif détaillé mentionné au premier alinéa de l'article 25-2 de la loi du 10 juillet 1965 précise la nature, l'implantation, la durée et les conditions d'exécution des travaux envisagés, ainsi que les éléments essentiels de l'équipement ou de l'ouvrage, tels que les marques, modèles, notices, garanties et documents relatifs à l'utilisation et à l'entretien. Il est assorti d'un plan technique d'intervention, et, le cas échéant, d'un schéma de raccordement électrique.

A défaut de notification par le copropriétaire au syndic de ce descriptif détaillé des travaux, le point d'information n'est pas inscrit à l'ordre du jour de l'assemblée générale.

Le descriptif peut également comprendre tous éléments nécessaires à la compréhension des travaux prévus, notamment des documents graphiques ou photographiques.

Les dispositions de l'art. 13 du Décr. n° 2020-834 du 2 juill. 2020 s'appliquent aux assemblées générales de copropriétaires tenues à compter du 31 déc. 2020 (Décr. préc., art. 53-V).

Art. 10-2 *(Décr. n° 2020-834 du 2 juill. 2020, art. 13, en vigueur le 31 déc. 2020)* Pour l'application de l'article 25-2 de la loi du 10 juillet 1965, le syndic inscrit à l'ordre du jour de la même assemblée générale :

— le point d'information relatif aux travaux d'accessibilité ;

— la question de l'opposition éventuelle à la réalisation de ces travaux par décision motivée de l'assemblée générale, accompagnée d'un projet de résolution reproduisant les termes du dernier alinéa de cet article.

V. note ss. art. 10-1.

Art. 10-3 *(Décr. n° 2020-834 du 2 juill. 2020, art. 13, en vigueur le 31 déc. 2020)* En l'absence d'opposition motivée de l'assemblée générale dans les conditions prévues au dernier alinéa de l'article 25-2 de la loi du 10 juillet 1965, le copropriétaire peut faire réaliser les travaux conformément au descriptif détaillé présenté à l'assemblée générale, à l'expiration du délai de deux mois mentionné au deuxième alinéa de l'article 42 de la loi du 10 juillet 1965.

V. note ss. art. 10-1.

Art. 11 *(Décr. n° 2004-479 du 27 mai 2004, art. 7)* Sont notifiés au plus tard en même temps que l'ordre du jour :

I. — Pour la validité de la décision :

1° L'état financier du syndicat des copropriétaires et son compte de gestion général, lorsque l'assemblée est appelée à approuver les comptes. Ces documents sont présentés avec le comparatif des comptes de l'exercice précédent approuvé ;

2° Le projet du budget présenté avec le comparatif du dernier budget prévisionnel voté, lorsque l'assemblée est appelée à voter le budget prévisionnel ;

La présentation des documents énumérés au 1° et au 2° ci-dessus est conforme aux modèles établis par le décret relatif aux comptes du syndicat des copropriétaires et ses annexes ;

3° Les conditions essentielles du contrat ou, en cas d'appel à la concurrence, des contrats proposés, lorsque l'assemblée est appelée à approuver un contrat, un devis ou un marché, notamment pour la réalisation de travaux *(Décr. n° 2013-205 du 11 mars 2013, art. 4)* « ainsi que les conditions générales et particulières du projet de contrat et la proposition d'engagement de caution mentionné au deuxième alinéa de l'article 26-7 de la loi du 10 juillet 1965 lorsque le contrat proposé a pour objet la souscription d'un prêt bancaire au nom du syndicat dans les conditions prévues à l'article 26-4 de cette loi » ;

4° Le ou les projets de contrat du syndic, *(Décr. n° 2020-834 du 2 juill. 2020, art. 14-1°, en vigueur le 4 juill. 2020)* « accompagné*[s]* de la fiche d'information prévue au troisième alinéa du I de l'article 18-1 A, » lorsque l'assemblée est appelée à désigner le représentant légal du syndicat ;

5° Le projet de convention, ou la convention, mentionné à l'article 39 outre les projets mentionnés au 4° ci-dessus ;

6° Le projet de règlement de copropriété, de l'état descriptif de division, de l'état de répartition des charges ou le projet de modification desdits actes, lorsque l'assemblée est appelée, suivant le cas, à établir ou à modifier ces actes ;

7° Le projet de résolution lorsque l'assemblée est appelée à statuer sur l'une des questions mentionnées aux articles 14-1 (2e et 3e alinéas), 14-2 (2e alinéa), *(Décr. n° 2020-834 du 2 juill. 2020, art. 14-2°, en vigueur le 4 juill. 2020)* « 18-1 A (1er et 2e alinéas du II), 24 II », 25, *(Décr. n° 2010-391 du 20 avr. 2010, art. 7, en vigueur le 1er juin 2010)* « 26 », 30 (alinéas 1er, 2 et 3), 35, 37 (alinéas 3 et 4) et 39 de la loi du 10 juillet 1965 ;

8° Le projet de résolution tendant à autoriser, s'il y a lieu, le syndic à introduire une demande en justice ;

9° Les conclusions du rapport de l'administrateur provisoire lorsqu'il en a été désigné un par le président du tribunal judiciaire en application des dispositions de l'article 29-1 de la loi du 10 juillet 1965 et lorsque l'assemblée est appelée à statuer sur une question dont la mention à l'ordre du jour résulte de ces conclusions ;

(Décr. n° 2010-391 du 20 avr. 2010, art. 7, en vigueur le 1er juin 2010) « 10° Les conclusions du rapport du mandataire *ad hoc* lorsqu'il en a été désigné un par le président du tribunal judiciaire en vertu de l'article 29-1B de la loi du 10 juillet 1965 et que l'assemblée générale est appelée à statuer sur les projets de résolution nécessaires à la mise en œuvre de ce rapport ;

« 11° Les projets de résolution mentionnant, d'une part, la saisie immobilière d'un lot, d'autre part, le montant de la mise à prix, ainsi que le montant des sommes estimées définitivement perdues, lorsque l'assemblée générale est appelée à autoriser le syndic à poursuivre la saisie immobilière d'un lot ; »

(Décr. n° 2016-1446 du 26 oct. 2016, art. 2, en vigueur le 1er nov. 2016) « 12° Les projets des conventions et l'avis du conseil syndical mentionnés au troisième alinéa de l'article 41-6 de la loi du 10 juillet 1965 ou le projet de résolution portant délégation en application du deuxième alinéa de cet article ;

« 13° Le rapport mentionné au troisième alinéa de l'article 41-1 de la loi du 10 juillet 1965 » ;

(Décr. n° 2020-834 du 2 juill. 2020, art. 14-3°, en vigueur le 4 juill. 2020) « 14° Lorsque l'assemblée générale est appelée à se prononcer sur des travaux d'intérêt collectif réalisés sur parties privatives, en application du II de l'article 9 de la loi du 10 juillet 1965, une analyse des solutions éventuelles n'affectant pas ces parties. »

II. — Pour l'information des copropriétaires :

1° Les annexes au budget prévisionnel ;

2° L'état détaillé des sommes perçues par le syndic au titre de sa rémunération ;

3° L'avis rendu par le conseil syndical lorsque sa consultation est obligatoire, en application du deuxième alinéa de l'article 21 de la loi du 10 juillet 1965 ;

(Décr. n° 2010-391 du 20 avr. 2010, art. 7, en vigueur le 1er nov. 2010) « 4° Le compte rendu de l'exécution de la mission du conseil syndical prévu au deuxième alinéa de l'article 22 du présent décret et le bilan établi par le conseil syndical en application *(Décr. n° 2016-1446 du 26 oct. 2016, art. 2, en vigueur le 1er nov. 2016)* « du troisième alinéa de l'article 41-6 » de la loi du 10 juillet 1965 ;

« 5° En vue de l'approbation des comptes par l'assemblée générale, le projet d'état individuel de répartition des comptes de chaque copropriétaire ; »

(Décr. n° 2012-475 du 12 avr. 2012) « 6° L'état actualisé des lots délaissés prévu au second alinéa de l'article 24-6 de la loi n° 65-557 du 10 juillet 1965 fixant le statut de la copropriété des immeubles bâtis » ;

(Décr. n° 2016-1446 du 26 oct. 2016, art. 2, en vigueur le 1er nov. 2016) « 7° Le compte rendu de la dernière réunion du conseil des résidents mentionnant l'avis émis en application du quatrième alinéa de l'article 41-7 de la loi du 10 juillet 1965 » ;

(Décr. n° 2020-834 du 2 juill. 2020, art. 14-4°, en vigueur le 31 déc. 2020) « 8° Le descriptif détaillé des travaux, mentionné au premier alinéa de l'article 25-2 de la loi du 10 juillet 1965 ;

« 9° Une présentation générale des principales caractéristiques du recours à l'emprunt collectif, lorsque la question de la souscription d'un tel emprunt est inscrite à l'ordre du jour de l'assemblée générale ;

« 10° Le rapport prévu au dernier alinéa de l'article 21-5 de la loi du 10 juillet 1965. »

Le contenu de ces documents ne fait pas l'objet d'un vote par l'assemblée des copropriétaires.

Les dispositions de l'art. 11 issues du Décr. n° 2004-479 du 27 mai 2004 ci-dessus entrent en vigueur le 1er sept. 2004, à l'exception des 1° et 2° du I, qui entrent en vigueur le 1er janv. 2005.

Le Décr. n° 2016-1446 du 26 oct. 2016 entre en vigueur le 1er nov. 2016. Toutefois, les dispositions des art. 1er à 8 de ce Décr. ne s'appliquent pas aux résidences-services dont le règlement de copropriété a été publié avant l'expiration du délai mentionné à l'art. 91 de la L. n° 2015-1776 du 28 déc. 2015. La mise en conformité du règlement de copropriété dans les conditions prévues au même art. entraîne l'application des art. 1er à 8 du Décr. n° 2016-1446 du 26 oct. 2016 préc. (Décr. préc., art. 11).

Les dispositions de l'art. 14-4° du Décr. n° 2020-834 du 2 juill. 2020 s'appliquent aux assemblées générales de copropriétaires tenues à compter du 31 déc. 2020 (Décr. préc., art. 53-V).

Art. 12 Pour l'application de l'article 23 de la loi du 10 juillet 1965, chacun des associés reçoit notification des convocations ainsi que des documents visés au précédent article et il participe aux assemblées générales du syndicat dans les mêmes conditions que les copropriétaires.

A cet effet, le représentant légal de la société est tenu de communiquer, sans frais, au syndic ainsi que, le cas échéant, à toute personne habilitée à convoquer l'assemblée, et à la demande de ces derniers, les nom et domicile, réel ou élu, de chacun des associés. Il doit immédiatement informer le syndic de toute modification des renseignements ainsi communiqués.

A l'égard du syndicat, la qualité d'associé résulte suffisamment de la communication faite en application de l'alinéa qui précède.

La convocation de l'assemblée générale des copropriétaires est également notifiée au représentant légal de la société visée audit article 23 (alinéa 1er) ; ce dernier peut assister à la réunion avec voix consultative.

Art. 13 *(Décr. n° 2004-479 du 27 mai 2004)* L'assemblée générale ne prend de décision valide que sur les questions inscrites à l'ordre du jour et dans la mesure où les notifications ont été faites conformément aux dispositions des articles 9 à 11-I.

Elle peut, en outre, examiner sans effet décisoire toutes questions non inscrites à l'ordre du jour. – *Entrée en vigueur le 1er sept. 2004.*

Art. 13-1 *(Décr. n° 2019-650 du 27 juin 2019, art. 6)* Pour l'application de l'article 17-1 A de la loi du 10 juillet 1965, l'assemblée générale décide des moyens et supports techniques permettant aux copropriétaires de participer aux assemblées générales par visioconférence, par audioconférence ou par tout autre moyen de communication électronique ainsi que des garanties permettant de s'assurer de l'identité de chaque participant. La décision est prise sur la base de devis élaborés à cet effet à l'initiative du syndic ou du conseil syndical. Le syndicat des copropriétaires en supporte les coûts.

Pour garantir la participation effective des copropriétaires, ces supports doivent, au moins, transmettre leur voix et permettre la retransmission continue et simultanée des délibérations.

Art. 13-2 *(Décr. n° 2019-650 du 27 juin 2019, art. 6)* Le copropriétaire qui souhaite participer à l'assemblée générale par visioconférence, par audioconférence ou par tout autre moyen de communication électronique en informe par tout moyen le syndic trois jours francs au plus tard avant la réunion de l'assemblée générale.

Art. 14 *(Décr. n° 2019-650 du 27 juin 2019, art. 7)* Il est tenu une feuille de présence, pouvant comporter plusieurs feuillets, qui indique les nom et domicile de chaque copropriétaire ou associé :

— présent physiquement ou représenté ;

— participant à l'assemblée générale par visioconférence, par audioconférence ou par un autre moyen de communication électronique ;

(Décr. n° 2020-834 du 2 juill. 2020, art. 15-1°, en vigueur le 4 juill. 2020) « — ayant voté par correspondance avec mention de la date de réception du formulaire par le syndic. »

Dans le cas où le copropriétaire ou l'associé est représenté, la feuille de présence mentionne les nom et domicile du mandataire désigné et précise le cas échéant si ce dernier participe par visioconférence, par audioconférence ou par un autre moyen de communication électronique.

Cette feuille indique pour chaque copropriétaire le nombre de voix dont il dispose, le cas échéant en faisant application des dispositions des *(Décr. n° 2020-834 du 2 juill. 2020, art. 15-2°, en vigueur le 4 juill. 2020)* « deuxième et troisième alinéas du I de l'article 22 et du dernier alinéa de l'article 10 de la loi du 10 juillet 1965 ».

Elle est émargée par chaque copropriétaire ou associé présent physiquement, ou par son mandataire. *(Abrogé par Décr. n° 2020-834 du 2 juill. 2020, art. 15-3°, à compter du 4 juill. 2020)* *« L'émargement n'est pas requis pour les participants à l'assemblée par visioconférence, par audioconférence ou par un moyen électronique de communication. »*

Elle est certifiée exacte par le président de séance désigné par l'assemblée générale.

Elle peut être tenue sous forme électronique dans les conditions définies par les articles 1366 et 1367 du code civil.

Art. 14-1 *(Décr. n° 2020-834 du 2 juill. 2020, art. 16, en vigueur le 4 juill. 2020)* Au moment du vote, le formulaire de vote par correspondance n'est pas pris en compte lorsque le copropriétaire, l'associé ou leur mandataire est présent à l'assemblée générale, quelle que soit la date à laquelle a été établi ou reçu le formulaire de vote par correspondance ou le mandat avec délégation de vote, y compris en cas de délégation de vote sans désignation d'un mandataire.

Art. 15 Au début de chaque réunion, l'assemblée générale désigne, sous réserve des dispositions *(Décr. n° 2010-391 du 20 avr. 2010, art. 9, en vigueur le 1er juin 2010)* « de l'article 29-1 de la loi du 10 juillet 1965 et » de l'article 50 (alinéa 1er) du présent décret, son président et, *(Décr. n° 2004-479 du 27 mai 2004)* « s'il y a lieu, un ou plusieurs scrutateurs ». *— Les dispositions ci-dessus du décret du 27 mai 2004 entrent en vigueur le 1er sept. 2004.*

Le syndic assure le secrétariat de la séance, sauf décision contraire de l'assemblée générale.

Art. 15-1 *(Décr. n° 2019-650 du 27 juin 2019, art. 8)* Le syndic qui reçoit, en application du troisième alinéa du I de l'article 22 de la loi du 10 juillet 1965, un mandat avec délégation de vote sans indication du nom du mandataire, remet ce mandat en début de réunion au président du conseil syndical *(Décr. n° 2020-834 du 2 juill. 2020, art. 17-1°, en vigueur le 4 juill. 2020)* « , ou à défaut à un membre du conseil syndical, » afin qu'il désigne un mandataire pour exercer cette délégation de vote. *(Décr. n° 2020-834 du 2 juill. 2020, art. 17-2°, en vigueur le 4 juill. 2020)* « En leur absence » ou à défaut de conseil syndical, le syndic remet aux *mêmes fins ce mandat* au président de séance désigné par l'assemblée générale.

Art. 16 Les majorités de voix exigées par les dispositions de la loi du 10 juillet 1965 pour le vote des décisions de l'assemblée générale et le nombre de voix prévu à l'article 8 (alinéa 1er) du présent décret sont calculés en tenant compte de la réduction résultant, s'il y a lieu, de l'application du deuxième alinéa de l'article 22 modifié de ladite loi *(Décr. n° 2010-391 du 20 avr. 2010, art. 10, en vigueur le 1er juin 2010)* « , sous réserve des dispositions de l'avant-dernier alinéa de l'article L. 443-15 du code de la construction et de l'habitation. »

Art. 17 *(Décr. n° 2004-479 du 27 mai 2004, art. 11, en vigueur le 1er sept. 2004)* Il est établi un procès-verbal des décisions de chaque assemblée qui est signé, à la fin de la séance *(Décr. n° 2020-834 du 2 juill. 2020, art. 18-1°, en vigueur le 4 juill. 2020)* « , ou dans les huit jours suivant la tenue de l'assemblée », par le président, par le secrétaire et par le ou les scrutateurs. *(Abrogé par Décr. n° 2019-650 du 27 juin 2019, art. 9-1°)* *« Lorsque le registre est tenu sous* *forme électronique, ces signatures sont établies conformément au deuxième alinéa de l'article 1367 du code civil.* »

(*Décr. nº 2019-650 du 27 juin 2019, art. 9-2º*) « Le procès-verbal précise, le cas échéant, si les mandats de vote ont été distribués par le président du conseil syndical (*Décr. nº 2020-834 du 2 juill. 2020, art. 18-2º, en vigueur le 4 juill. 2020*) « , par un membre du conseil syndical » ou par le président de séance dans les conditions prévues à l'article 15-1. »

Le procès-verbal comporte, sous l'intitulé de chaque question inscrite à l'ordre du jour, le résultat du vote. (*Décr. nº 2020-834 du 2 juill. 2020, art. 18-3º, en vigueur le 4 juill. 2020*) « Il précise les noms et nombre de voix des copropriétaires ou associés qui se sont opposés à la décision, qui se sont abstenus, ou qui sont assimilés à un copropriétaire défaillant en application du deuxième alinéa de l'article 17-1 A de la loi du 10 juillet 1965. »

Le procès-verbal mentionne les réserves éventuellement formulées par les copropriétaires ou associés opposants sur la régularité des décisions.

(*Décr. nº 2019-650 du 27 juin 2019, art. 9-3º*) « Les incidents techniques ayant empêché le copropriétaire ou l'associé qui a eu recours à la visioconférence, à l'audioconférence ou à tout autre moyen de communication électronique de faire connaître son vote sont mentionnés dans le procès-verbal.

« La feuille de présence est annexée au procès-verbal.

« Les procès-verbaux des assemblées générales sont inscrits, à la suite les uns des autres, sur un registre spécialement ouvert à cet effet.

« Ce registre peut être tenu sous forme électronique dans les conditions définies par l'article 1366 du code civil. Dans ce cas, la feuille de présence et les procès-verbaux peuvent être établis sous forme électronique et sont signés dans les conditions prévues au second alinéa de l'article 1367 du code civil. »

Art. 17-1 (*Décr. nº 2020-834 du 2 juill. 2020, art. 19, en vigueur le 4 juill. 2020*) L'irrégularité formelle affectant le procès-verbal d'assemblée générale ou la feuille de présence, lorsqu'elle est relative aux conditions de vote ou à la computation des voix, n'entraîne pas nécessairement la nullité de l'assemblée générale dès lors qu'il est possible de reconstituer le sens du vote et que le résultat de celui-ci n'en est pas affecté.

Art. 18 Le délai prévu (*Décr. nº 2020-834 du 2 juill. 2020, art. 20-2º, en vigueur le 4 juill. 2020*) « au deuxième alinéa de l'article 42 » de la loi du 10 juillet 1965 pour contester les décisions de l'assemblée générale court (*Décr. nº 2020-834 du 2 juill. 2020, art. 20-2º, en vigueur le 4 juill. 2020*) « à compter de la notification du procès-verbal d'assemblée » à chacun des copropriétaires opposants ou défaillants. Dans le cas prévu (*Décr. nº 2020-834 du 2 juill. 2020, art. 20-1º, en vigueur le 4 juill. 2020*) « au premier alinéa de l'article 23 » de la loi du 10 juillet 1965, cette notification est adressée au représentant légal de la société lorsqu'un ou plusieurs associés se sont opposés ou ont été défaillants.

La notification ci-dessus prévue doit mentionner les résultats du vote et reproduire le texte (*Décr. nº 2020-834 du 2 juill. 2020, art. 20-3º, en vigueur le 4 juill. 2020*) « du deuxième alinéa de l'article 42 » de ladite loi.

En outre, dans le cas prévu (*Décr. nº 2020-834 du 2 juill. 2020, art. 20-1º, en vigueur le 4 juill. 2020*) « au premier alinéa de l'article 23 » de la loi du 10 juillet 1965, un extrait du procès-verbal de l'assemblée est notifié au représentant légal de la société propriétaire de lots, s'il n'a pas assisté à la réunion.

Art. 19 (*Décr. nº 2020-834 du 2 juill. 2020, art. 21, en vigueur le 4 juill. 2020*) Pour l'application des articles 25-1 et 26-1 de la loi du 10 juillet 1965, lorsque l'assemblée est appelée à approuver un contrat, un devis ou un marché mettant en concurrence plusieurs candidats, elle ne peut procéder au second vote prévu à ces articles qu'après avoir voté sur chacune des candidatures à la majorité applicable au premier vote.

Art. 19-1 (*Décr. nº 2020-834 du 2 juill. 2020, art. 22, en vigueur le 4 juill. 2020*) Pour l'application de l'article 26-1 de la loi du 10 juillet 1965, lorsque l'assemblée générale des copropriétaires n'a pas décidé à la majorité des voix de tous les copropriétaires lors du second vote, les dispositions de l'article 25-1 de la loi du 10 juillet 1965 ne sont pas applicables aux décisions relevant de la majorité prévue au premier alinéa de l'article 26 de ladite loi.

Art. 19-2 (*Décr. nº 2010-391 du 20 avr. 2010, art. 11, en vigueur le 1er juin 2010*) La mise en concurrence pour les marchés de travaux et les contrats autres que le contrat de syndic, prévue par le deuxième alinéa de l'article 21 de la loi du 10 juillet 1965, lorsque l'assemblée générale n'en a pas fixé les conditions, résulte de la demande de plusieurs devis ou de l'établissement d'un devis descriptif soumis à l'évaluation de plusieurs entreprises.

Art. 20 *(Décr. nº 2020-834 du 2 juill. 2020, art. 23, en vigueur le 4 juill. 2020)* Il est procédé pour les assemblées spéciales des copropriétaires de la même manière que pour les assemblées générales des copropriétaires.

Art. 21 *(Décr. nº 2020-834 du 2 juill. 2020, art. 24, en vigueur le 4 juill. 2020)* La délégation de pouvoir accordée en application du *a* de l'article 25 de la loi du 10 juillet 1965 mentionne expressément l'acte ou la décision déléguée. A l'issue de cette délégation, le délégataire rend compte à l'assemblée de son exécution.

Elle ne peut, en aucun cas, priver l'assemblée générale de son pouvoir de contrôle sur l'administration de l'immeuble et la gestion du syndic.

Art. 21-1 *(Décr. nº 2020-834 du 2 juill. 2020, art. 25, en vigueur le 31 déc. 2020)* Les décisions prises par le conseil syndical, lorsqu'il bénéficie d'une délégation de pouvoirs en application des articles 21-1 et suivants de la loi du 10 juillet 1965, sont consignées dans un procès-verbal, signé par deux de ses membres.

Le procès-verbal mentionne le nom des membres du conseil syndical ayant participé à la délibération et le sens de leur vote.

Le procès-verbal des décisions du conseil syndical est transmis au syndic qui l'inscrit au registre des procès-verbaux des assemblées générales.

Les dispositions de l'art. 21-1 issues de l'art. 25 du Décr. nº 2020-834 du 2 juill. 2020 s'appliquent aux assemblées générales de copropriétaires tenues à compter du 31 déc. 2020 (Décr. préc., art. 53-V).

SECTION 3. *Le conseil syndical*

Art. 22 *(Décr. nº 2004-479 du 27 mai 2004)* « A moins que le règlement de copropriété n'ait fixé les règles relatives à l'organisation et au fonctionnement du conseil syndical, ces règles sont fixées ou modifiées par l'assemblée générale à la majorité de l'article 24 de la loi du 10 juillet 1965.

« Le conseil syndical rend compte à l'assemblée, chaque année, de l'exécution de sa mission. » — *Les dispositions ci-dessus du décret du 27 mai 2004 entrent en vigueur le 1er sept. 2004.*

(Décr. nº 86-768 du 9 juin 1986) « Le mandat des membres du conseil syndical ne peut excéder trois années renouvelables. »

Pour assurer la représentation prévue au dernier alinéa de l'article 27 de la loi du 10 juillet 1965, il est tenu compte, en cas de constitution d'un ou plusieurs syndicats secondaires, des dispositions de l'article 24 ci-après pour fixer le nombre des membres du conseil syndical principal. Chaque syndicat secondaire dispose de plein droit d'un siège au moins à ce conseil.

Art. 23 *Abrogé par Décr. nº 86-768 du 9 juin 1986, art. 16.*

Art. 24 Lorsqu'il existe un ou plusieurs syndicats secondaires, la représentation au conseil syndical du syndicat principal attribuée à un syndicat secondaire est proportionnelle à l'importance du ou des lots qui constituent ce syndicat secondaire par rapport à celle de l'ensemble des lots qui composent le syndicat principal.

Le ou les copropriétaires du ou des lots qui ne se sont pas constitués en syndicat secondaire disposent ensemble, s'il y a lieu, des autres sièges au conseil syndical du syndicat principal.

En l'absence de stipulation particulière du règlement de copropriété du syndicat principal, *les copropriétaires désign*ent leurs représentants au conseil syndical de ce syndicat au cours d'une assemblée générale soit du syndicat secondaire, dans le cas prévu à l'alinéa 1er du présent article, soit du syndicat principal dans le cas prévu à l'alinéa précédent.

Art. 25 Un ou plusieurs membres suppléants peuvent être désignés, dans les mêmes conditions que les membres titulaires. En cas de cessation définitive des fonctions du membre titulaire, ils siègent au conseil syndical, à mesure des vacances, dans l'ordre de leur élection s'il y en a plusieurs, et jusqu'à la date d'expiration du mandat du membre titulaire qu'ils remplacent.

Dans tous les cas, le conseil syndical n'est plus régulièrement constitué si plus d'un quart des sièges devient vacant pour quelque cause que ce soit.

Art. 26 *(Décr. nº 86-768 du 9 juin 1986)* Le conseil syndical contrôle la gestion du syndic, notamment la comptabilité du syndicat, la répartition des dépenses, les conditions dans lesquelles sont passés et exécutés les marchés et tous autres contrats, ainsi que l'élaboration du budget prévisionnel dont il suit l' *(Décr. n° 2020-834 du 2 juill. 2020, art. 26-1°, en vigueur le 4 juill. 2020)* « exécution ».

Il peut recevoir d'autres missions ou délégations de l'assemblée générale dans les conditions prévues *(Décr. n° 2020-834 du 2 juill. 2020, art. 26-2°, en vigueur le 31 déc. 2020)* « aux articles 21-1 à 21-5 et 25 *a* de la loi du 10 juillet 1965, ainsi qu'aux articles 21 et 21-1 du présent décret ». — *Les dispositions de l'art. 26-2° du Décr. n° 2020-834 du 2 juill. 2020 s'appliquent aux assemblées générales de copropriétaires tenues à compter du 31 déc. 2020 (Décr. préc., art. 53-V).*

Un ou plusieurs membres du conseil syndical *(Abrogé par Décr. n° 2020-834 du 2 juill. 2020, art. 26-3°, à compter du 4 juill. 2020)* « *, habilités à cet effet par ce dernier,* » peuvent prendre connaissance et copie au bureau du syndic, ou au lieu arrêté en accord avec lui, des diverses catégories de documents mentionnés au *(Décr. n° 2020-834 du 2 juill. 2020, art. 26-3°, en vigueur le 4 juill. 2020)* « septième alinéa » de l'article 21 de la loi du 10 juillet 1965.

(Décr. n° 2010-391 du 20 avr. 2010, art. 12, en vigueur le 1er juin 2010) « Lorsqu'une communication écrite doit être faite au conseil syndical, elle est valablement faite à la personne de son président, lorsqu'il en a été désigné un, ou, à défaut, à chacun de ses membres. Lorsque la communication est demandée par le conseil syndical, elle est faite à chacun de ses membres.

« L'ordre du jour de l'assemblée générale est établi en concertation avec le conseil syndical. »

(Décr. n° 2020-834 du 2 juill. 2020, art. 26-4°, en vigueur le 4 juill. 2020) « Lorsque l'assemblée générale est appelée à se prononcer sur la désignation d'un syndic professionnel, et sauf dispense de mise en concurrence dans les conditions prévues à l'article 21 de la loi du 10 juillet 1965 susvisée, le conseil syndical communique au syndic un ou plusieurs projets de contrats issus de la mise en concurrence prévue au même article. »

Art. 26-1 *(Décr. n° 2020-834 du 2 juill. 2020, art. 27, en vigueur le 31 déc. 2020)* Pour l'application des dispositions de l'article 21-2 de la loi du 10 juillet 1965, un montant spécifique est alloué au conseil syndical au sein du budget prévisionnel voté chaque année pour l'exercice de sa délégation de pouvoirs.

Par dérogation à l'alinéa précédent, lorsque la délégation de pouvoirs porte sur des dépenses pour travaux non comprises dans le budget prévisionnel, l'assemblée générale précise le montant maximum alloué pour chacune d'elles. Les sommes afférentes à ces dépenses sont appelées selon les mêmes modalités que celles prévues au second alinéa du I de l'article 14-2 de la loi du 10 juillet 1965.

Les dispositions de l'art. 26-1 s'appliquent aux assemblées générales de copropriétaires tenues à compter du 31 déc. 2020 (Décr. n° 2020-834 du 2 juill. 2020, art. 53-V).

Art. 27 Les fonctions de président et de membre du conseil syndical ne donnent pas lieu à rémunération.

(Décr. n° 2004-479 du 27 mai 2004) « Le conseil syndical peut, pour l'exécution de sa mission, prendre conseil auprès de toute personne de son choix. Il peut aussi, sur une question particulière, demander un avis technique à tout professionnel de la spécialité.

« Les dépenses nécessitées par l'exécution de la mission du conseil syndical constituent des dépenses courantes d'administration. Elles sont supportées par le syndicat et réglées par le syndic. » — *Les dispositions ci-dessus du Décr. du 27 mai 2004 entrent en vigueur le 1er sept. 2004.*

SECTION 4. *Le syndic*

Art. 28 Sous réserve des dispositions de *(Décr. n° 86-768 du 9 juin 1986 ; Décr. n° 2004-479 du 27 mai 2004)* « l'article L. 443-15 du code de la construction et de l'habitation » et des stipulations particulières du règlement de copropriété, les fonctions de syndic peuvent être assumées par toute personne physique ou morale. — *Sauf s'il y renonce, les fonctions de syndic de la copropriété sont assurées, en cas de vente de logements sociaux par un organisme d'habitations à loyer modéré, par l'organisme vendeur tant que celui-ci y demeure propriétaire de logements (V. CCH, art. L. 443-15, issu de L. n° 86-1290 du 23 déc. 1986, art. 61, D. et ALD 1987. 26).*

(Décr. n° 2010-391 du 20 avr. 2010, art. 13, en vigueur le 1er juin 2010) « En dehors de l'hypothèse prévue par l'article L. 443-15 du code de la construction et de l'habitation, la durée des fonctions du syndic ne peut excéder trois années. Toutefois, pendant les délais prévus à l'article 1792-4-1 du code civil, elle ne peut dépasser une année lorsque le syndic, son conjoint, le partenaire lié à lui par un pacte civil de solidarité, *(Décr. n° 2020-834 du 2 juill. 2020, art. 28, en vigueur le 4 juill. 2020)* « le concubin, » leurs commettants ou employeurs, leurs

préposés, leurs parents ou alliés *(Décr. n° 2020-834 du 2 juill. 2020, art. 28, en vigueur le 4 juill. 2020)* « jusqu'au deuxième degré » inclus ont, directement ou indirectement, à quelque titre que ce soit, même par personne interposée, participé à la construction de l'immeuble. »

(Décr. n° 2004-479 du 27 mai 2004) « Le syndic peut être de nouveau désigné par l'assemblée générale pour les durées prévues à l'alinéa précédent. »

Les dispositions issues du Décr. n° 2004-479 du 27 mai 2004 entrent en vigueur le 1er sept. 2004.

Art. 29 *(Décr. n° 2010-391 du 20 avr. 2010, art. 14, en vigueur le 1er juin 2010)* « Le contrat de mandat du syndic fixe sa durée et précise ses dates calendaires de prise d'effet et d'échéance, ainsi que les éléments de détermination de la rémunération du syndic. Il détermine les conditions d'exécution de la mission de ce dernier en conformité avec les dispositions des articles 14 et 18 de la loi du 10 juillet 1965. »

(Décr. n° 2015-342 du 26 mars 2015) « Le contrat type de syndic prévu au troisième alinéa de l'article 18-1 A de la loi du 10 juillet 1965 susvisée est celui figurant en annexe 1 du présent décret.

« Le syndicat de copropriétaires mentionné à l'article 18-1 AA de cette même loi peut déroger aux stipulations du contrat type dans les conditions prévues audit article.

« Le contrat de syndic conclu entre les parties est rédigé en caractères dont la hauteur ne peut être inférieure à celle du corps huit.

« La liste limitative des prestations particulières pouvant donner lieu à versement au profit du syndic d'une rémunération spécifique complémentaire conformément à l'alinéa 1 de l'article 18-1 A de la même loi figure en annexe 2 du présent décret. »

(Décr. n° 2004-479 du 27 mai 2004) « La décision qui désigne le syndic et qui approuve le contrat de mandat est votée par l'assemblée générale à la majorité de l'article 25 de la loi du 10 juillet 1965. » — *Entrée en vigueur le 1er sept. 2004.*

Les dispositions du Décr. n° 2015-342 du 26 mars 2015 sont applicables aux contrats de syndic conclus ou renouvelés après le 1er juill. 2015. — Sur les annexes, V. ***C. copr.***

Art. 29-1 *(Abrogé par Décr. n° 2020-834 du 2 juill. 2020, art. 29 et 53-I, à compter du 31 déc. 2020) (Décr. n° 2004-479 du 27 mai 2004, art. 19) La décision, prise en application du septième alinéa de l'article 18 de la loi du 10 juillet 1965, par laquelle l'assemblée générale dispense le syndic de l'obligation d'ouvrir un compte bancaire ou postal séparé au nom du syndicat fixe la durée pour laquelle la dispense est donnée.*

Cette dispense est renouvelable. Elle prend fin de plein droit en cas de désignation d'un autre syndic.

Art. 30 A l'occasion de l'exécution de sa mission, le syndic peut se faire représenter par l'un de ses préposés.

Art. 31 Le syndic engage et congédie le personnel *(Décr. n° 2004-479 du 27 mai 2004)* « employé par le » syndicat et fixe les conditions de son travail suivant les usages locaux et les textes en vigueur. — *Les dispositions ci-dessus du décret du 27 mai 2004 entrent en vigueur le 1er sept. 2004.*

L'assemblée générale a seule qualité pour fixer le nombre et la catégorie des emplois.

Art. 32 *(Décr. n° 2010-391 du 20 avr. 2010, art. 15, en vigueur le 1er juin 2010)* Le syndic établit et tient à jour une liste de tous les copropriétaires avec l'indication des lots qui leur appartiennent, ainsi que de tous les titulaires des droits mentionnés à l'article 6 ; il mentionne leur état civil ainsi que leur domicile réel ou élu, et, s'il s'agit d'une personne morale, sa forme, sa dénomination, son siège social et l'organe qui la représente légalement ou statutairement. *(Décr. n° 2015-1325 du 21 oct. 2015, art. 2)* « Il fait aussi mention de leur adresse électronique, lorsque le copropriétaire a donné son accord. »

Lorsqu'un copropriétaire fait l'objet d'une mesure de protection en application des articles 447, 437, 477 ou 485 du code civil, le tuteur ou, selon le cas, le curateur, le mandataire spécial, le mandataire de protection future, lorsque son mandat prend effet, ou le mandataire *ad hoc* notifie son mandat au syndic qui porte cette mention sur la liste prévue au premier alinéa. Il en est de même de l'administrateur légal d'un mineur copropriétaire, du mandataire commun désigné en application de l'article 23 de la loi du 10 juillet 1965 en cas d'indivision ou d'usufruit d'un lot de copropriété et du mandataire qui a reçu mission d'administrer ou de gérer à effet posthume un lot de copropriété en application de l'article 812 du code civil.

Art. 33 *(Décr. n° 2010-391 du 20 avr. 2010, art. 16, en vigueur le 1er juin 2010)* Le syndic détient les archives du syndicat, notamment une expédition ou une copie des actes énumérés aux articles 1er à 3 ci-dessus, ainsi que toutes conventions, pièces, correspondances, plans, registres, documents et décisions de justice relatifs à l'immeuble et au syndicat. Il détient, en particulier, les registres contenant les procès-verbaux des assemblées générales des copropriétaires et les pièces annexes ainsi que les documents comptables du syndicat, le carnet d'entretien de l'immeuble et, le cas échéant, les diagnostics techniques.

Il délivre, en les certifiant, des copies ou extraits des procès-verbaux des assemblées générales, ainsi que des copies des annexes de ces procès-verbaux.

(Décr. nº 2020-834 du 2 juill. 2020, art. 30, en vigueur le 4 juill. 2020) « Il délivre dans les mêmes conditions, copies ou extraits des procès-verbaux, des décisions prises par voie de consultation dans les petites copropriétés, par un seul copropriétaire ou lors d'une réunion sans convocation préalable dans les syndicats dont le nombre de voix est réparti entre deux copropriétaires, ainsi que par le conseil syndical dans le cadre d'une délégation de pouvoirs. »

Il remet au copropriétaire qui en fait la demande, aux frais de ce dernier, *(Décr. nº 2015-1907 du 30 déc. 2015)* « copie des pièces justificatives des charges de copropriété mentionnées à l'article 9-1 du présent décret, » copie du carnet d'entretien de l'immeuble et, le cas échéant, des diagnostics techniques mentionnés au premier alinéa du présent article.

La conservation et la gestion des archives sont comprises dans la mission ordinaire du syndic.

Les dispositions du Décr. nº 2015-1907 du 30 déc. 2015 s'appliquent aux convocations des assemblées générales des copropriétaires appelées à connaître des comptes, qui seront notifiées à compter du 1er avr. 2016 (Décr. préc., art. 4).

Art. 33-1 *(Décr. nº 2004-479 du 27 mai 2004, art. 22, en vigueur le 1er sept. 2004)* En cas de changement de syndic, la transmission des documents et archives du syndicat *(Décr. nº 2020-834 du 2 juill. 2020, art. 31, en vigueur le 4 juill. 2020)* « , ainsi que, le cas échéant, l'ensemble des documents dématérialisés relatifs à la gestion de l'immeuble ou aux lots gérés figurant dans l'espace en ligne sécurisé prévu au dixième alinéa du I de l'article 18, » doit être accompagnée d'un bordereau récapitulatif de ces pièces. Copie de ce bordereau est remise au conseil syndical. – *Entrée en vigueur le 1er sept. 2004.*

Art. 33-1-1 *(Décr. nº 2019-650 du 27 juin 2019, art. 10)* L'espace en ligne sécurisé mentionné au dernier alinéa du I de l'article 18 de la loi du 10 juillet 1965 est accessible aux membres du conseil syndical et aux copropriétaires au moyen d'un code personnel sécurisé garantissant la fiabilité de l'identification des copropriétaires. Les documents mis à disposition par le syndic dans cet espace sont téléchargeables et imprimables.

L'ensemble des documents relatifs à la gestion de l'immeuble et des lots gérés mis à disposition dans cet espace, dont la liste minimale est définie par décret sont, le cas échéant, actualisés au minimum une fois par an par le syndic, dans les trois mois *(Décr. nº 2020-834 du 2 juill. 2020, art. 32, en vigueur le 4 juill. 2020)* « suivant la dernière assemblée générale annuelle ayant été appelée à connaître des comptes ».

Art. 33-2 *(Décr. nº 2010-391 du 20 avr. 2010, art. 17, en vigueur le 1er juin 2010)* L'obligation prévue à la *(Décr. nº 2020-834 du 2 juill. 2020, art. 33, en vigueur le 4 juill. 2020)* « troisième phrase » du premier alinéa de l'article 18-2 de la loi du 10 juillet 1965 ne se substitue pas à l'obligation faite à l'ancien syndic de transférer les documents et archives du syndicat au nouveau syndic, telle que prévue à la première phrase du même alinéa.

Art. 34 *(Décr. nº 86-768 du 9 juin 1986)* L'action visée au troisième alinéa de l'article 18-2 de la loi du 10 juillet 1965 peut être introduite après mise en demeure effectuée dans les formes prévues par l'article 64 du présent décret ou par acte de commissaire de justice, adressée à l'ancien syndic et restée infructueuse pendant un délai de huit jours. Elle est portée devant le président du tribunal judiciaire du lieu de situation de l'immeuble.

Art. 35 *(Décr. nº 2004-479 du 27 mai 2004, art. 23)* Le syndic peut exiger le versement :

1º De l'avance constituant la réserve prévue au règlement de copropriété, laquelle ne peut *excéder 1/6 du montant du budget prévisionnel* ;

2º Des provisions du budget prévisionnel prévues aux *(Décr. nº 2020-834 du 2 juill. 2020, art. 34-1º, en vigueur le 4 juill. 2020)* « deuxième et troisième alinéas » de l'article 14-1 de la loi du 10 juillet 1965 ;

3º Des provisions pour les dépenses non comprises dans le budget prévisionnel, prévues *(Décr. nº 2020-834 du 2 juill. 2020, art. 34-2º, en vigueur le 4 juill. 2020)* « au I de l'article 14-2 » de la loi du 10 juillet 1965 et énoncées à l'article 44 du présent décret ;

4° Des avances correspondant à l'échéancier prévu dans le plan pluriannuel de travaux adopté par l'assemblée générale ;

(Décr. n° 2020-834 du 2 juill. 2020, art. 34-3°, en vigueur le 4 juill. 2020) « 5° Des cotisations au fonds de travaux prévues au II de l'article 14-2 de la loi du 10 juillet 1965 ;

« 6° Des provisions sur les sommes allouées au conseil syndical au titre des dépenses non comprises dans le budget prévisionnel, pour la mise en œuvre de sa délégation, prévues à l'article 21-2 de la loi du 10 juillet 1965 ;

« 7° Des avances décidées en assemblée générale et destinées à pallier un manque temporaire de trésorerie du syndicat des copropriétaires. »

(Décr. n° 2010-391 du 20 avr. 2010, art. 19, en vigueur le 1er juin 2010) « Lors de la mise en copropriété d'un immeuble, le syndic provisoire peut exiger le versement d'une provision, lorsque celle-ci est fixée par le règlement de copropriété, pour faire face aux dépenses de maintenance, de fonctionnement et d'administration des parties et équipements communs de l'immeuble.

« Lorsque cette provision est consommée ou lorsque le règlement de copropriété n'en prévoit pas, le syndic provisoire peut appeler auprès des copropriétaires le remboursement des sommes correspondant aux dépenses régulièrement engagées et effectivement acquittées, et ce jusqu'à la première assemblée générale réunie à son initiative qui votera le premier budget prévisionnel et approuvera les comptes de la période écoulée. »

Art. 35-1 *(Décr. n° 2004-479 du 27 mai 2004)* L'assemblée générale décide, s'il y a lieu, du placement des fonds recueillis et de l'affectation des intérêts produits par ce placement. — *Entrée en vigueur le 1er sept. 2004.*

Art. 35-2 *(Décr. n° 2004-479 du 27 mai 2004)* Pour l'exécution du budget prévisionnel, le syndic adresse à chaque copropriétaire *(Abrogé par Décr. n° 2019-650 du 27 juin 2019, art. 11)* « *, par lettre simple,* » préalablement à la date d'exigibilité déterminée par la loi, un avis indiquant le montant de la provision exigible.

Pour les dépenses non comprises dans le budget prévisionnel, le syndic adresse à chaque copropriétaire *(Abrogé par Décr. n° 2019-650 du 27 juin 2019, art. 11)* « *, par lettre simple,* » préalablement à la date d'exigibilité déterminée par la décision d'assemblée générale, un avis indiquant le montant de la somme exigible et l'objet de la dépense. — *Entrée en vigueur le 1er sept. 2004.*

(Décr. n° 2019-650 du 27 juin 2019, art. 11) « Les avis mentionnés aux deux premiers alinéas sont adressés par lettre simple ou, sous réserve de l'accord exprès du copropriétaire, par message électronique à l'adresse déclarée par lui à cet effet. »

Art. 36 Sauf stipulation contraire du règlement de copropriété, les sommes dues au titre *(Décr. n° 2004-479 du 27 mai 2004)* « de l'article 35 » portent intérêt au profit du syndicat. Cet intérêt, fixé au taux légal en matière civile, est dû à compter de la mise en demeure adressée par le syndic au copropriétaire défaillant. — *Les dispositions ci-dessus du décret du 27 mai 2004 entrent en vigueur le 1er sept. 2004.*

Art. 37 Lorsqu'en cas d'urgence le syndic fait procéder, de sa propre initiative, à l'exécution de travaux nécessaires à la sauvegarde de l'immeuble, il en informe les copropriétaires et convoque immédiatement une assemblée générale.

Par dérogation aux dispositions de l'article 35 ci-dessus, il peut, dans ce cas, en vue de l'ouverture du chantier et de son premier approvisionnement, demander, sans délibération préalable de l'assemblée générale mais après avoir pris l'avis du conseil syndical, s'il en existe un, le versement d'une provision qui ne peut excéder le tiers du montant du devis estimatif *des travaux.*

(Décr. n° 2010-391 du 20 avr. 2010, art. 20, en vigueur le 1er juin 2010) « Il ne peut demander de nouvelles provisions pour le paiement des travaux qu'en vertu d'une décision de l'assemblée générale qu'il doit convoquer immédiatement et selon les modalités prévues par le deuxième alinéa de l'article 14-2 de la loi du 10 juillet 1965. »

Art. 38 *(Décr. n° 2013-205 du 11 mars 2013)* Le constat de la défaillance du copropriétaire, mentionnée au premier alinéa de l'article 26-7 de la loi du 10 juillet 1965, résulte d'une mise en demeure par lettre recommandée avec demande d'avis de réception adressée par le syndic dès la première échéance impayée du remboursement de l'emprunt et restée infructueuse pendant plus de trente jours.

Art. 39 *(Décr. n° 2010-391 du 20 avr. 2010, art. 21, en vigueur le 1er juin 2010)* « Doit être spécialement autorisée par une décision de l'assemblée générale toute convention entre le syndicat et le syndic, ses préposés, son conjoint, le partenaire lié à lui par un pacte civil de solidarité, *(Décr. n° 2020-834 du 2 juill. 2020, art. 35-1°, en vigueur le 4 juill. 2020)* « son concubin, » ses parents ou alliés *(Décr. n° 2020-834 du 2 juill. 2020, art. 35-1°, en vigueur le 4 juill. 2020)* « jusqu'au deuxième degré » inclus. »

(Décr. n° 2004-479 du 27 mai 2004) « Il en est de même des conventions entre le syndicat et une entreprise dont les personnes mentionnées à l'alinéa précédent sont propriétaires ou détiennent une participation dans son capital, ou dans lesquelles elles exercent des fonctions de direction ou de contrôle, ou dont elles sont salariées ou préposées.

« Le syndic, lorsqu'il est une personne morale, ne peut, sans y avoir été spécialement autorisé par une décision de l'assemblée générale, contracter pour le compte du syndicat avec une entreprise qui détient, directement ou indirectement, une participation dans son capital ».

(Décr. n° 2010-391 du 20 avr. 2010, art. 21, en vigueur le 1er juin 2010) « Le syndic précise la nature des liens qui rendent nécessaire l'autorisation de la convention. »

(Abrogé par Décr. n° 2020-834 du 2 juill. 2020, art. 35-2°, à compter du 4 juill. 2020) (Décr. n° 2004-479 du 27 mai 2004) « *Les décisions d'autorisation prévues au présent article sont prises à la majorité de l'article 24 de la loi du 10 juillet 1965.* »

Les dispositions ci-dessus du décret du 27 mai 2004 entrent en vigueur le 1er sept. 2004.

Art. 39-1 *(Décr. n° 2004-479 du 27 mai 2004)* Lorsque certains copropriétaires peuvent bénéficier de subventions publiques pour la réalisation de travaux sur les parties communes, le syndic, s'il est soumis à une réglementation professionnelle organisant le maniement des fonds d'autrui, peut être le mandataire de ces copropriétaires. Ce mandat est soumis aux dispositions des articles 1984 et suivants du code civil. — *Entrée en vigueur le 1er sept. 2004.*

SECTION 4 *BIS*. *Dispositions particulières aux résidences-services* *(Décr. n° 2010-391 du 20 avr. 2010, art. 22, en vigueur le 1er nov. 2010)*

Art. 39-2 *(Décr. n° 2016-1446 du 26 oct. 2016, art. 3, en vigueur le 1er nov. 2016)* Les catégories de services non individualisables mentionnées à l'article 41-1 de la loi du 10 juillet 1965 sont :

1° L'accueil personnalisé et permanent des résidents et de leurs visiteurs ;

2° La mise à disposition d'un personnel spécifique attaché à la résidence, le cas échéant complétée par des moyens techniques, permettant d'assurer une veille continue quant à la sécurité des personnes et *[à]* la surveillance des biens ;

3° Le libre accès aux espaces de convivialité et aux jardins aménagés.

Sur l'entrée en vigueur des dispositions issues du Décr. n° 2016-1446 du 26 oct. 2016, V. note ss. art. 11 du présent Décr.

Art. 39-2-1 *(Décr. n° 2016-1446 du 26 oct. 2016, art. 4, en vigueur le 1er nov. 2016)* Les conventions prévues au deuxième alinéa de l'article 41-1 de la loi du 10 juillet 1965 précisent notamment leur durée, les conditions de leur renouvellement et de leur dénonciation, les modalités de surveillance par le conseil syndical de leur exécution, les conditions de communication par le prestataire des documents relatifs à cette exécution, l'objet et les conditions financières de la fourniture du ou des services ainsi que les conditions matérielles et financières d'occupation des locaux.

Sur l'entrée en vigueur des dispositions issues du Décr. n° 2016-1446 du 26 oct. 2016, V. note ss. art. 11 du présent Décr.

Art. 39-3 *(Décr. n° 2016-1446 du 26 oct. 2016, art. 5, en vigueur le 1er nov. 2016)* « Le bilan mentionné au troisième alinéa de l'article 41-6 de la loi du 10 juillet 1965 porte sur les conditions financières d'exécution des conventions de services spécifiques non individualisables, la qualité et le contenu des services dispensés, leur conformité aux attentes des résidents ainsi que, s'agissant des conventions prévues à l'article 41-3 de cette loi, sur les conditions d'exécution du ou des contrats de prêt. »

(Décr. n° 2010-391 du 20 avr. 2010, art. 22, en vigueur le 1er nov. 2010) Il est signé par le président du conseil syndical et notifié par le syndic conformément aux prescriptions du 4° du II de l'article 11.

En cas de difficulté d'exécution de la convention, le conseil syndical informe sans délai le syndic qui prend les mesures appropriées.

Sur l'entrée en vigueur des dispositions issues du Décr. n° 2016-1446 du 26 oct. 2016, V. note ss. art. 11 du présent Décr.

Art. 39-4 *(Décr. nº 2016-1446 du 26 oct. 2016, art. 6, en vigueur le 1er nov. 2016)* Le rapport mentionné au troisième alinéa de l'article 41-1 de la loi du 10 juillet 1965 est établi, sur demande d'un ou plusieurs copropriétaires, par le syndic ou, en cas de carence, par le conseil syndical.

Sur l'entrée en vigueur des dispositions issues du Décr. nº 2016-1446 du 26 oct. 2016, V. note ss. art. 11 du présent Décr.

Art. 39-5 Tous les litiges relatifs à l'exécution *(Décr. nº 2016-1446 du 26 oct. 2016, art. 7, en vigueur le 1er nov. 2016)* « des conventions de prêt mentionnées à l'article 41-3 de la loi du 10 juillet 1965 ainsi que des conventions de prestations de services individualisables et non individualisables » sont de la compétence de la juridiction du lieu de situation de l'immeuble.

Sur l'entrée en vigueur des dispositions issues du Décr. nº 2016-1446 du 26 oct. 2016, V. note ss. art. 11 du présent Décr.

Art. 39-6 Pour l'application *(Décr. nº 2016-1446 du 26 oct. 2016, art. 8, en vigueur le 1er nov. 2016)* « du quatrième alinéa de l'article 41-1 » de la loi du 10 juillet 1965, l'instance est diligentée contre le syndicat des copropriétaires et, le cas échéant, contre le tiers qui fournit le ou les services. Le juge peut entendre le président du conseil syndical.

Sur l'entrée en vigueur des dispositions issues du Décr. nº 2016-1446 du 26 oct. 2016, V. note ss. art. 11 du présent Décr.

Art. 39-7 La décision prise en application *(Décr. nº 2016-1446 du 26 oct. 2016, art. 8, en vigueur le 1er nov. 2016)* « du quatrième alinéa de l'article 41-1 » de la loi du 10 juillet 1965 est portée à la connaissance des copropriétaires qui n'étaient pas partie à l'instance à l'initiative du syndic, dans le mois de son prononcé, par remise contre émargement ou par lettre recommandée avec demande d'avis de réception.

Sur l'entrée en vigueur des dispositions issues du Décr. nº 2016-1446 du 26 oct. 2016, V. note ss. art. 11 du présent Décr.

Art. 39-8 *(Décr. nº 2016-1446 du 26 oct. 2016, art. 9, en vigueur le 1er nov. 2016)* Pour l'application de l'article 41-7 de la loi du 10 juillet 1965, les personnes demeurant à titre principal dans la résidence sont celles qui y occupent un logement au moins huit mois par an, sauf obligation professionnelle ou raison de santé, soit en tant que titulaire d'un droit d'occupation réel ou personnel, soit en tant que conjoint ou partenaire d'un pacte civil de solidarité du titulaire d'un tel droit.

Sur l'entrée en vigueur des dispositions issues du Décr. nº 2016-1446 du 26 oct. 2016, V. note ss. art. 11 du présent Décr.

Art. 39-9 *(Décr. nº 2016-1446 du 26 oct. 2016, art. 9, en vigueur le 1er nov. 2016)* Pour permettre au conseil des résidents de se réunir de sa propre initiative, une demande de convocation est adressée au syndic par des résidents représentant au moins trente pour cent du nombre total des lots d'habitation composant la résidence.

Dans tous les cas où le conseil des résidents doit se réunir, le syndic avertit ses membres des lieu, date et heure de la réunion au moins un mois à l'avance par un affichage à l'emplacement prévu à cet effet au sein de la résidence. Cet emplacement doit être visible et accessible. Le document affiché rappelle les conditions de participation à la réunion.

L'ordre du jour de la prochaine assemblée générale est communiqué par le syndic au conseil des résidents par affichage à l'emplacement mentionné à l'alinéa précédent au moins sept jours avant la réunion du conseil, après anonymisation des documents contenant des informations à caractère personnel.

Le conseil est présidé par un résident élu au scrutin secret à la majorité des votants. En cas de partage des voix, le candidat le plus âgé est déclaré élu. Le syndic préside en cas de carence.

Sur l'entrée en vigueur des dispositions issues du Décr. nº 2016-1446 du 26 oct. 2016, V. note ss. art. 11 du présent Décr.

SECTION 5. *Dispositions particulières aux syndicats de forme coopérative (Décr. nº 2004-479 du 27 mai 2004).*

Art. 40 Outre les dispositions de la loi du 10 juillet 1965, le syndicat des copropriétaires de forme coopérative, prévu aux articles 14 et 17-1 de cette loi, est régi par les dispositions de la présente section et celles non contraires du présent décret. — *Entrée en vigueur le 1er sept. 2004.*

Art. 41 Dans un syndicat de forme coopérative, les actes et documents établis au nom du syndicat doivent préciser sa forme coopérative. En aucun cas, le syndic et le vice-président, s'il existe, ne peuvent conserver ces fonctions après l'expiration de leur mandat de membre du conseil syndical. — *Entrée en vigueur le 1er sept. 2004.*

Art. 42 Les dispositions de l'article 27 sont applicables au syndic. Celui-ci peut, en outre, sous sa responsabilité, confier l'exécution de certaines tâches à une union coopérative ou à d'autres prestataires extérieurs. — *Entrée en vigueur le 1er sept. 2004.*

Art. 42-1 L'assemblée générale désigne, à la majorité de l'article 24 de la loi du 10 juillet 1965, le ou les copropriétaires chargés de contrôler les comptes du syndicat, à moins qu'elle ne préfère confier cette mission à un expert comptable ou à un commissaire aux comptes.

Le ou les copropriétaires désignés, l'expert-comptable ou le commissaire aux comptes, rendent compte chaque année à l'assemblée générale de l'exécution de leur mission.

Le mandat du ou des copropriétaires désignés pour contrôler les comptes du syndicat ne peut excéder trois ans renouvelables. Il ne donne pas lieu à rémunération.

Le ou les copropriétaires désignés ne peuvent être le conjoint, *(Décr. no 2020-834 du 2 juill. 2020, art. 36, en vigueur le 4 juill. 2020)* « le concubin, » les descendants, ascendants ou préposés du syndic ou d'un des membres du conseil syndical ou être liés à eux par un pacte civil de solidarité. — *Entrée en vigueur le 1er sept. 2004.*

Art. 42-2 Les syndicats de forme coopérative peuvent, même si les immeubles ne sont pas contigus ou voisins, constituer entre eux des unions coopératives ayant pour objet de créer et gérer des services destinés à faciliter leur gestion.

Ces unions coopératives sont soumises aux dispositions de la section 8 du présent décret.

Chaque syndicat décide, parmi les services proposés par une union coopérative, ceux dont il veut bénéficier. — *Entrée en vigueur le 1er sept. 2004.*

SECTION 5 *BIS*. *Dispositions particulières à certaines copropriétés*

(Décr. no 2020-834 du 2 juill. 2020, art. 37, en vigueur le 4 juill. 2020)

SOUS-SECTION 1. *Dispositions particulières aux petites copropriétés*

Art. 42-3 En application de l'article 41-12 de la loi du 10 juillet 1965, les décisions prises par voie de de consultation sont valables dès lors que tous les copropriétaires composant le syndicat ont chacun exprimé leur vote selon l'une des modalités suivantes :

— par présence physique, y compris dans le cadre d'une délégation de vote ;

— par visioconférence, audioconférence ou tout autre moyen de communication électronique admis par décision de l'assemblée générale dans les conditions de l'article 13-1 du présent décret ;

— par courrier, sur support papier ou électronique.

Art. 42-4 Pour l'application du deuxième alinéa de l'article 41-12 de la loi du 10 juillet 1965, le syndic organise la consultation du syndicat dans les vingt et un jours suivant la demande adressée par un copropriétaire.

Art. 42-5 Chaque décision prise par voie de consultation est consignée sur un procès-verbal établi et signé par le syndic, comportant le sens du vote de chaque copropriétaire et la signature des copropriétaires présents.

Ce procès-verbal est annexé au registre des procès-verbaux des assemblées générales.

Lorsque le copropriétaire a participé à la consultation par visioconférence ou audioconférence, il confirme le sens de son vote par tout moyen dans les quarante-huit heures qui suivent la réunion. A défaut, la décision n'est pas valablement prise.

Sont annexés au procès-verbal mentionné au premier alinéa les écrits par lesquels les copropriétaires ont exprimé ou confirmé le sens de leur vote.

SOUS-SECTION 2. *Dispositions particulières aux syndicats dont le nombre de voix est réparti entre deux copropriétaires*

Art. 42-6 *L'action* en paiement des provisions sur charges peut être exercée par le copropriétaire mentionné à l'article 41-15 de la loi du 10 juillet 1965 dans les conditions prévues à l'article 19-2 de la loi précitée.

Art. 42-7 Les décisions ou mesures prises par les deux copropriétaires ou par l'un d'entre eux sont portées à la connaissance de la personne qui exerce tout ou partie des missions de syndic sans être copropriétaire.

Art. 42-8 La notification d'une décision prise en application de l'article 41-17 de la loi du 10 juillet 1965 précise la nature de la décision et, le cas échéant, son coût, justifié par des devis ou contrats.

Art. 42-9 Les décisions prises au cours d'une réunion rassemblant les copropriétaires en application de l'article 41-18 de la loi du 10 juillet 1965 ou prises par un seul copropriétaire sont consignées par écrit et versées au registre des procès-verbaux des assemblées générales.

Art. 42-10 La contestation d'une décision prise par l'un des copropriétaires n'est possible que devant le tribunal judiciaire.

Art. 42-11 Sont annexées à l'état des dépenses et créances tenu en application des dispositions de l'article 41-20 de la loi du 10 juillet 1965, toutes pièces permettant de justifier la nature et le montant de chaque dépense et créance, ainsi que la réalité de leur paiement.

Art. 42-12 Le président du tribunal judiciaire saisi en application de l'article 41-22 de la loi du 10 juillet 1965 statue selon la procédure accélérée au fond.

SECTION 6. *La comptabilité du syndicat (Décr. n° 2004-479 du 27 mai 2004).*

Art. 43 *(Décr. n° 2004-479 du 27 mai 2004)* Le budget prévisionnel couvre un exercice comptable de douze mois. Il est voté avant le début de l'exercice qu'il concerne.

Toutefois, si le budget prévisionnel ne peut être voté qu'au cours de l'exercice comptable qu'il concerne, le syndic, préalablement autorisé par l'assemblée générale des copropriétaires, peut appeler successivement deux provisions trimestrielles, chacune égale au quart du budget prévisionnel précédemment voté. La procédure prévue à l'article 19-2 de la loi du 10 juillet 1965 ne s'applique pas à cette situation.

Art. 44 *(Décr. n° 2004-479 du 27 mai 2004)* Les dépenses non comprises dans le budget prévisionnel sont celles afférentes :

1° Aux travaux de conservation ou d'entretien de l'immeuble, autres que ceux de maintenance ;

2° Aux travaux portant sur les éléments d'équipement communs, autres que ceux de maintenance ;

3° Aux travaux d'amélioration, tels que la transformation d'un ou de plusieurs éléments d'équipement existants, l'adjonction d'éléments nouveaux, l'aménagement de locaux affectés à l'usage commun ou la création de tels locaux, l'affouillement du sol et la surélévation de bâtiments ;

4° Aux études techniques, telles que les diagnostics et consultations ;

5° Et, d'une manière générale, aux travaux qui ne concourent pas à la maintenance et à l'administration des parties communes ou à la maintenance et au fonctionnement des équipements communs de l'immeuble.

Art. 45 *(Décr. n° 2004-479 du 27 mai 2004)* Les travaux de maintenance sont les travaux d'entretien courant, exécutés en vue de maintenir l'état de l'immeuble ou de prévenir la défaillance d'un élément d'équipement commun ; ils comprennent les menues réparations.

Sont assimilés à des travaux de maintenance, les travaux de remplacement d'éléments d'équipement communs, tels que ceux de la chaudière ou de l'ascenseur, lorsque le prix de ce remplacement est compris forfaitairement dans le contrat de maintenance ou d'entretien y afférent.

Sont aussi assimilées à des travaux de maintenance, les vérifications périodiques imposées par les réglementations en vigueur sur les éléments d'équipement communs.

Art. 45-1 *(Décr. n° 2004-479 du 27 mai 2004)* Les charges sont les dépenses incombant définitivement aux copropriétaires, chacun pour sa quote-part. L'approbation des comptes du syndicat par l'assemblée générale ne constitue pas une approbation du compte individuel de chacun des copropriétaires.

Au sens et pour l'application des règles comptables du syndicat :

— sont nommées provisions sur charges les sommes versées ou à verser en attente du solde définitif qui résultera de l'approbation des comptes du syndicat ;

— sont nommés avances les fonds destinés, par le règlement de copropriété ou une décision de l'assemblée générale, à constituer des réserves *(Abrogé par Décr. n° 2020-834 du 2 juill. 2020, art. 38, en vigueur le 4 juill. 2020)* *« , ou qui représentent un emprunt du syndicat auprès des copropriétaires ou de certains d'entre eux ».*

Les avances sont remboursables.

SECTION 7. *Procédures judiciaires applicables aux syndicats de copropriétaires (Décr. n° 2015-999 du 17 août 2015, art. 2).*

SOUS-SECTION 1. *Dispositions générales (Décr. n° 95-162 du 15 févr. 1995).*

Art. 46 A défaut de nomination du syndic par l'assemblée des copropriétaires dûment convoqués à cet effet, le président du tribunal judiciaire désigne le syndic par ordonnance sur requête d'un ou plusieurs copropriétaires *(Décr. n° 86-768 du 9 juin 1986)* « ou sur requête d'un ou plusieurs membres du conseil syndical » *(Décr. n° 2015-999 du 17 août 2015, art. 3-1°)* « ou du maire de la commune ou du président de l'établissement public de coopération intercommunale compétent en matière d'habitat du lieu de situation de l'immeuble ».

(Décr. n° 2010-391 du 20 avr. 2010, art. 23, en vigueur le 1er juin 2010) « La même ordonnance fixe la durée de la mission du syndic. Cette durée peut être prorogée. Il peut être mis fin à la mission suivant la même procédure. »

Indépendamment de missions particulières qui peuvent lui être confiées par l'ordonnance visée à l'alinéa 1er du présent article, le syndic ainsi désigné administre la copropriété dans les conditions prévues par *(Décr. n° 2015-999 du 17 août 2015, art. 3-2°)* « les articles 18 à 18-2 de la loi du 10 juillet 1965 » et par le présent décret. Il doit notamment convoquer l'assemblée générale en vue de la désignation d'un syndic deux mois avant la fin de ses fonctions.

La mission du syndic désigné par le président du tribunal cesse de plein droit à compter de l'acceptation de son mandat par le syndic désigné par l'assemblée générale.

Les dispositions du Décr. n° 2015-999 du 17 août 2015 ne sont pas applicables aux procédures en cours au 19 août 2015 (Décr. préc., art. 27).

Art. 47 *(Décr. n° 86-768 du 9 juin 1986)* « Dans tous les cas, autres que celui prévu par le précédent article, où le syndicat est dépourvu de syndic, le président du tribunal judiciaire, statuant par ordonnance sur requête, à la demande de tout intéressé, désigne un administrateur provisoire de la copropriété qui est notamment chargé, dans les délais fixés par l'ordonnance, de se faire remettre *(Décr. n° 2020-834 du 2 juill. 2020, art. 39, en vigueur le 4 juill. 2020)* « les références des comptes bancaires du syndicat, les coordonnées de la banque » et l'ensemble des documents et archives du syndicat et » *(Abrogé par Décr. n° 2015-999 du 17 août 2015, art. 4-1°)* « *, sous réserve de l'application des dispositions de l'article 9 ci-dessus,* » *(Décr. n° 86-768 du 9 juin 1986)* « de convoquer l'assemblée en vue de la désignation d'un syndic » *(Décr. n° 2015-999 du 17 août 2015, art. 4-2°)* « dans les conditions prévues à l'article 9. » — *V. art. 59.*

Les fonctions de cet administrateur provisoire cessent de plein droit à compter de l'acceptation de son mandat par le syndic désigné par l'assemblée générale.

Les dispositions du Décr. n° 2015-999 du 17 août 2015 ne sont pas applicables aux procédures en cours au 19 août 2015 (Décr. préc., art. 27).

Pour les syndics ayant été dispensés de l'obligation d'ouvrir un compte séparé au nom du syndicat par décision de l'assemblée générale, les dispositions de l'art. 39 du Décr. n° 2020-834 du 2 juill. 2020 entrent en vigueur le 31 déc. 2020 (Décr. préc., art. 53-III).

Art. 47-1 *(Décr. n° 2020-834 du 2 juill. 2020, art. 40, en vigueur le 4 juill. 2020)* Le mandataire *ad hoc* mentionné à l'article 46-1 de la loi du 10 juillet 1965 est désigné par le président du tribunal judiciaire, statuant par ordonnance sur requête, à la demande de tout intéressé. Il a pour mission de procéder aux opérations de liquidation du syndicat des copropriétaires et de le représenter pour introduire ou poursuivre les actions en justice nécessaires à la liquidation.

La procédure prévue à l'alinéa précédent est applicable en l'absence de syndic et, dans les cas d'empêchement ou de carence du syndic mentionnés au V de l'article 18 de la loi du 10 juillet 1965, s'il est justifié d'une mise en demeure adressée au syndic restée infructueuse pendant plus de huit jours.

Art. 48 *(Décr. n° 86-768 du 9 juin 1986)* « A défaut de désignation dans les conditions prévues par *(Décr. n° 2015-999 du 17 août 2015, art. 5-1°)* « l'article » 21 de la loi du 10 juillet 1965 et au troisième alinéa de l'article 24 du présent décret, le président du tribunal judiciaire, sur requête du syndic ou d'un ou plusieurs copropriétaires, désigne par ordonnance les membres du conseil syndical. — *V. art. 59.*

« S'il s'agit de désigner les membres du conseil syndical du syndicat principal, la requête peut être *(Décr. n° 2015-999 du 17 août 2015, art. 5-2°)* « présentée » aussi bien par le syndic du syndicat principal que par celui du syndicat secondaire. »

L'ordonnance qui désigne les membres du conseil syndical fixe la durée de leurs fonctions. Ces fonctions cessent de plein droit à compter de l'acceptation de leur mandat par les membres du conseil syndical désignés par l'assemblée générale.

Les dispositions du Décr. n° 2015-999 du 17 août 2015 ne sont pas applicables aux procédures en cours au 19 août 2015 (Décr. préc., art. 27).

Art. 49 Sous réserve des dispositions des articles 8 et 50 du présent décret, dans le cas d'empêchement ou de carence du syndic visés *(Décr. n° 2015-999 du 17 août 2015, art. 6-1°)* « au V de l'article 18 » de la loi du 10 juillet 1965, le syndic en fonction peut être assigné par tout intéressé devant le président du tribunal judiciaire statuant en *(Abrogé par Décr. n° 2019-1419 du 20 déc. 2019, art. 14-1°)* « *matière de* » référé en vue de la désignation d'un administrateur *(Décr. n° 2020-834 du 2 juill. 2020, art. 41, en vigueur le 4 juill. 2020)* « *ad hoc* » de la copropriété.

L'ordonnance fixe la durée de la mission de l'administrateur *(Décr. n° 2020-834 du 2 juill. 2020, art. 41, en vigueur le 4 juill. 2020)* « *ad hoc* » ; sauf si cette ordonnance la limite expressément à un ou plusieurs objets, la mission ainsi confiée est celle qui est définie par l'article 18 de la loi susvisée du 10 juillet 1965 et par le présent décret.

Sauf s'il y a urgence à faire procéder à l'exécution de certains travaux nécessaires à la sauvegarde de l'immeuble et au fonctionnement des services d'équipement commun, *(Décr. n° 2015-999 du 17 août 2015, art. 6-2°)* « ou de travaux prescrits par un arrêté de police administrative relatif à la sécurité ou la salubrité publique, » la demande ne sera recevable que s'il est justifié d'une mise en demeure adressée au syndic et demeurée infructueuse pendant plus de huit jours.

Les dispositions du Décr. n° 2015-999 du 17 août 2015 ne sont pas applicables aux procédures en cours au 19 août 2015 (Décr. préc., art. 27).

Les dispositions issues du Décr. n° 2019-1419 du 20 déc. 2019 s'appliquent aux demandes introduites à compter du 1er janv. 2020 (Décr. préc., art. 24-II).

Art. 49-1 *(Décr. n° 2020-834 du 2 juill. 2020, art. 42, en vigueur le 4 juill. 2020)* L'action en justice prévue au troisième alinéa de l'article 15 de la loi du 10 juillet 1965 est portée devant le président du tribunal judiciaire statuant selon la procédure accélérée au fond.

Lorsqu'elle est exercée par un ou plusieurs copropriétaires représentant au moins un quart des voix de tous les copropriétaires, le président du tribunal judiciaire saisi désigne un mandataire *ad hoc* représentant les intérêts du syndicat.

Cette action est exercée aux frais avancés du ou des copropriétaires représentant au moins un quart des voix de tous les copropriétaires, qui en supporteront définitivement la charge si l'action est rejetée par le juge.

Art. 50 Dans l'hypothèse prévue à l'article 8 (3e alinéa) ci-dessus, le président du tribunal judiciaire, statuant en matière de référé, peut, à la requête de tout copropriétaire, habiliter un copropriétaire ou un mandataire de justice à l'effet de convoquer l'assemblée générale. Dans ce cas, il peut charger ce mandataire de présider l'assemblée.

Une mise en demeure, restée infructueuse pendant plus de huit jours, faite au syndic et, le cas échéant, au président du conseil syndical doit précéder l'assignation à peine d'irrecevabilité. Celle-ci est délivrée au syndic et, le cas échéant, au président du conseil syndical.

Art. 51 Copie de toute assignation délivrée par un copropriétaire qui, en vertu de l'article 15 (alinéa 2) de la loi du 10 juillet 1965, exerce seul les actions concernant la propriété ou la jouissance de son lot, est adressée par le commissaire de justice au syndic par lettre recommandée avec demande d'avis de réception.

Art. 52 L'action en justice visée à l'article 12 de la loi du 10 juillet 1965 est intentée à l'encontre du syndicat lorsqu'elle est fondée sur le fait que la part, dans l'une ou l'autre des catégories de charges, incombant au lot du demandeur est supérieure de plus d'un quart à celle qui résulterait d'une répartition conforme à l'article 10 de cette loi.

Art. 53 Si la part d'un copropriétaire est inférieure de plus d'un quart, dans l'une ou l'autre des catégories de charges, à celle qui résulterait d'une répartition conforme aux dispositions de l'article 10 de la loi du 10 juillet 1965, l'action en justice visée à l'article 12 de ladite loi est intentée à l'encontre de ce copropriétaire.

A peine d'irrecevabilité de l'action, le syndicat est appelé en cause.

Art. 54 Chaque fois qu'une action en justice intentée contre le syndicat a pour objet ou peut avoir pour conséquence une révision de la répartition des charges, et indépendamment du droit pour tout copropriétaire d'intervenir personnellement dans l'instance, le syndic ou tout copropriétaire peut, s'il existe des oppositions d'intérêts entre les copropriétaires qui ne sont pas demandeurs, présenter requête au président du tribunal judiciaire en vue de la désignation d'un mandataire *ad hoc*.

Dans ce cas, la signification des actes de procédure est valablement faite aux copropriétaires intervenants ainsi qu'au mandataire *ad hoc*.

Art. 55 *(Décr. nº 86-768 du 9 juin 1986)* Le syndic ne peut agir en justice au nom du syndicat sans y avoir été autorisé par une décision de l'assemblée générale.

(Décr. nº 2019-650 du 27 juin 2019, art. 12-1º) « Seuls les copropriétaires peuvent se prévaloir de l'absence d'autorisation du syndic à agir en justice. »

Une telle autorisation n'est pas nécessaire pour les actions en recouvrement de créance, la mise en œuvre des voies d'exécution forcée à l'exception de la saisie en vue de la vente d'un lot, les mesures conservatoires *(Décr. nº 2019-650 du 27 juin 2019, art. 12-2º)* « , l'opposition aux travaux permettant la recharge normale des véhicules électriques prévue à l'article R. 136-2 du code de la construction et de l'habitation » et les demandes qui relèvent des pouvoirs du juge des référés, ainsi que pour défendre aux actions intentées contre le syndicat. *(Décr. nº 2010-391 du 20 avr. 2010, art. 24, en vigueur le 1er juin 2010)* « Elle n'est pas non plus nécessaire lorsque le président du tribunal judiciaire est saisi en application des premiers alinéas des articles 29-1A et 29-1 de la loi du 10 juillet 1965 ou du premier alinéa de l'article L. 615-6 du code de la construction et de l'habitation. »

Dans tous les cas, le syndic rend compte à la prochaine assemblée générale des actions introduites.

Art. 56 Tout intéressé peut demander au président du tribunal judiciaire, statuant sur requête, de désigner un mandataire *ad hoc* pour ester en justice au nom du syndicat lorsque celui-ci est partie dans une instance relative à l'exécution de la construction de l'immeuble, aux garanties dues ou aux responsabilités encourues à cette occasion, si le syndic, son conjoint, *(Décr. nº 2020-834 du 2 juill. 2020, art. 43, en vigueur le 4 juill. 2020)* « son concubin, » *(Décr. nº 2010-391 du 20 avr. 2010, art. 25, en vigueur le 1er juin. 2010)* « le partenaire lié à lui par un pacte civil de solidarité, » leurs commettants ou employeurs, leurs préposés, leurs parents ou alliés *(Décr. nº 2020-834 du 2 juill. 2020, art. 43, en vigueur le 4 juill. 2020)* « jusqu'au deuxième degré » inclus ont, directement ou indirectement, à quelque titre que ce soit, même par personne interposée, participé à ladite construction.

Art. 57 *(Décr. nº 2020-834 du 2 juill. 2020, art. 44, en vigueur le 4 juill. 2020)* Le président du conseil syndical exerce aux frais avancés du syndicat des copropriétaires les procédures judiciaires prévues à l'article 18-2, au septième alinéa de l'article 21 ainsi qu'à l'article 29-1 A de la loi du 10 juillet 1965.

Un état des frais de justice prévisionnels accompagné de devis est présenté au syndic afin qu'il procède aux avances nécessaires à la conduite de ces procédures.

Art. 58 *Abrogé par Décr. nº 92-755 du 31 juill. 1992, art. 305, à compter du 1er janv. 1993.*

Art. 59 A l'occasion de tous litiges dont est saisie une juridiction et qui concernent le fonctionnement d'un syndicat ou dans lesquels le syndicat est partie, le syndic avise chaque copropriétaire de l'existence et de l'objet de l'instance.

Les actes de procédure concernant le syndicat des copropriétaires sont régulièrement signifiés, suivant les cas, au syndic ou à la requête de celui-ci.

(Décr. nº 86-768 du 9 juin 1986) « Dans les cas prévus aux articles 46 à 48 ci-dessus, l'ordonnance est notifiée dans le mois de son prononcé, par le syndic ou l'administrateur provisoire désigné, à tous les copropriétaires qui peuvent en référer au président du tribunal judiciaire dans les quinze jours de cette notification. »

Art. 60 Nonobstant toutes dispositions contraires, toute demande formée par le syndicat à l'encontre d'un ou plusieurs copropriétaires, suivant la procédure d'injonction de payer, est portée devant la juridiction du lieu de la situation de l'immeuble.

Art. 61 *(Décr. nº 2020-834 du 2 juill. 2020, art. 45, en vigueur le 4 juill. 2020)* Pour l'application des deuxième et troisième alinéas de l'article 23 de la loi du 10 juillet 1965, le président du tribunal judiciaire statue, selon la procédure accélérée au fond lorsque l'absence d'accord entre les indivisaires ou nus-propriétaires impose la désignation judiciaire d'un mandataire commun.

Art. 61-1 *(Décr. nº 2010-391 du 20 avr. 2010, art. 26, en vigueur le 1er juin 2010)* Tous les litiges nés de l'application de la loi du 10 juillet 1965 et du présent décret sont de la compétence de la juridiction du lieu de la situation de l'immeuble. — *Ancien art. 62.*

Art. 61-1-1 *(Décr. nº 2015-999 du 17 août 2015, art. 7)* Les demandes formées par le ministère public dans le cadre des procédures prévues aux articles 29-1 A et 29-1 de la loi du 10 juillet 1965 le sont par requête. La requête indique les faits de nature à motiver la demande. Le président du tribunal judiciaire, par les soins du greffier, fait convoquer les personnes qu'il désigne par lettre recommandée avec demande d'avis de réception.

A la convocation est jointe la requête du ministère public.

Les dispositions du Décr. nº 2015-999 du 17 août 2015 ne sont pas applicables aux procédures en cours au 19 août 2015 (Décr. préc., art. 27).

SOUS-SECTION 2. *De la désignation et de la rémunération des mandataires ad hoc et des administrateurs provisoires*
(Décr. nº 2015-999 du 17 août 2015, art. 9)

Les dispositions des art. 61-1-2 à 61-1-5 ne sont pas applicables aux procédures en cours au 19 août 2015 (Décr. nº 2015-999 du 17 août 2017, art. 27).

Art. 61-1-2 I. — La personne physique désignée par le président du tribunal judiciaire pour exercer les fonctions de mandataire *ad hoc* ou d'administrateur provisoire, en application du II de l'article 29-1 C ou du III de l'article 29-1 de la loi du 10 juillet 1965, doit justifier par tous moyens qu'elle remplit les conditions cumulatives suivantes :

1° Une expérience d'au moins trois ans dans la gestion d'une copropriété ou, pour les mandataires *ad hoc*, dans le conseil des syndicats de copropriétaires ;

2° Un diplôme de niveau master 2 attestant de compétences dans les trois domaines suivants :

— droit civil ;

— comptabilité ;

— construction ou gestion immobilière.

II. — Lorsque le président du tribunal judiciaire nomme une personne morale en application du II de l'article 29-1 C ou du III de l'article 29-1 de la loi du 10 juillet 1965, il désigne en son sein une personne physique ayant le pouvoir de la représenter dans l'accomplissement du mandat qui lui est confié.

Les conditions de compétence mentionnées au I s'appliquent à cette personne désignée.

III. — Pour être désigné administrateur provisoire en application du III de l'article 29-1 de la loi du 10 juillet 1965, l'expérience de gestion de copropriété exigée au 1° du I doit avoir concerné une ou des copropriétés faisant l'objet de mesures de police au titre de la sécurité ou de la salubrité sur les parties communes ou inscrites dans les dispositifs prévus aux articles L. 303-1, L. 615-1, L. 741-1 ou L. 741-2 du code de la construction et de l'habitation ou faisant l'objet d'une procédure d'administration provisoire.

Art. 61-1-3 La personne désignée en application du II de l'article 29-1 C ou du III de l'article 29-1 de la loi du 10 juillet 1965 en qualité de mandataire *ad hoc* ou d'administrateur provisoire doit, lors de l'acceptation de son mandat, attester sur l'honneur qu'elle remplit les conditions fixées aux 1° à 4° du III des articles 29-1 C et 29-1 de cette même loi. Elle doit en outre justifier d'une assurance couvrant les conséquences pécuniaires de la responsabilité civile encourue du fait de ses négligences, de ses fautes ou de celles de ses préposés, commises dans l'exercice de son mandat.

La personne désignée en qualité d'administrateur provisoire doit également justifier d'une garantie affectée au remboursement des fonds, effets ou valeurs qu'elle est amenée à détenir dans le cadre de son mandat ainsi que des sommes versées au fonds de travaux mentionné à l'article 14-2 de la loi du 10 juillet 1965.

Un arrêté conjoint du ministre de la justice et du ministre chargé du logement fixe les conditions d'application de ces dispositions.

Art. 61-1-4 Le mandataire *ad hoc* désigné en application des articles 29-1 A à 29-1 C de la loi du 10 juillet 1965 reçoit pour l'ensemble de sa mission une rémunération forfaitaire fixée par arrêté conjoint du ministre de la justice et du ministre chargé du logement, lorsque la copropriété concernée comporte un nombre de lots de copropriété inférieur à des seuils fixés par ce même arrêté.

Au-delà de ces seuils, le président du tribunal judiciaire fixe les conditions de la rémunération du mandataire *ad hoc* dans l'ordonnance de désignation.

A l'issue de la mission, le président du tribunal judiciaire arrête la rémunération revenant au mandataire *ad hoc*. Le greffier notifie cette ordonnance au mandataire *ad hoc*, au syndic et aux parties supportant la charge de la rémunération.

Cette décision est susceptible de recours conformément aux dispositions des articles 714 à 718 du code de procédure civile.

Art. 61-1-5 I. — L'administrateur provisoire désigné en application de l'article 29-1 de la loi du 10 juillet 1965 reçoit pour l'ensemble de sa mission un droit fixe dont le montant est fixé par arrêté conjoint du ministre de la justice et du ministre chargé du logement. Il perçoit ce droit fixe dès que la décision le désignant est portée à sa connaissance.

Il lui est en outre alloué :

1° Des droits fixes calculés en fonction notamment des éléments suivants :

— le nombre de lots ;

— le nombre de créances ;

— les actes de procédure prévus aux sous-sections 4 à 6 ;

— les actes d'administration de la copropriété ;

— le plan d'apurement du passif ;

2° Des droits proportionnels dégressifs par tranche, calculés en fonction notamment des éléments suivants :

— les dépenses courantes ;

— le montant des travaux exceptionnels ;

— les actifs du syndicat cédés ;

— le montant des sommes recouvrées pour le syndicat des copropriétaires.

Les montants de ces droits fixes et proportionnels sont fixés par arrêté conjoint du ministre de la justice et du ministre chargé du logement.

Cet arrêté fixe le montant de la réduction de la rémunération du mandataire *ad hoc* en cas de succession de missions. Il détermine en outre la liste des actes pouvant faire l'objet d'une rémunération non soumise aux droits fixes et proportionnels.

II. — Sans préjudice du premier alinéa du I, le président du tribunal judiciaire fixe chaque année le montant des acomptes à valoir sur la rémunération de l'administrateur provisoire sur justification des diligences accomplies et au vu d'un compte provisoire détaillé des émoluments. Les acomptes dus au titre des droits précisés par arrêté conjoint du ministre de la justice et du ministre chargé du logement ne peuvent excéder le montant de la somme hors taxe mentionnée au deuxième alinéa du III.

III. — A l'issue de la mission, le président du tribunal judiciaire arrête la rémunération de l'administrateur provisoire. Le greffier notifie cette ordonnance arrêtant la rémunération à l'administrateur provisoire et au syndic.

Lorsque la rémunération calculée en application des droits fixes ou proportionnels prévus au I excède, pour ceux qui seront précisés par arrêté conjoint du ministre de la justice et du ministre chargé du logement, un montant hors taxe fixé par cet arrêté, la rémunération due à l'administrateur provisoire est arrêtée par le président du tribunal judiciaire en considération des frais engagés, des prestations effectuées et de leur efficacité sans qu'il puisse être fait référence au tarif prévu par le présent article.

Dans ce cas, la rémunération de l'administrateur provisoire ne peut être inférieure au montant hors taxe fixé par arrêté conjoint du ministre de la justice et du ministre chargé du logement.

Cette décision est susceptible de recours conformément aux dispositions des articles 714 à 718 du code de procédure civile.

SOUS-SECTION 3. *De la procédure du mandat ad hoc (Décr. n° 2015-999 du 17 août 2015, art. 8).*

(Décr. n° 2010-391 du 20 avr. 2010, art. 27-II, en vigueur le 1er juin 2010)

Art. 61-2 Ne sont pas considérées comme impayées, pour l'application du premier alinéa de l'article 29-1A de la loi du 10 juillet 1965, les sommes devenues exigibles dans le mois précédant la date de clôture de l'exercice.

Art. 61-3 La demande tendant à la désignation d'un mandataire *ad hoc* prévue à l'article 29-1A de la loi du 10 juillet 1965 est portée devant le président du tribunal judiciaire du lieu de situation de l'immeuble.

Art. 61-4 Pour l'information du conseil syndical mentionnée au premier alinéa de l'article 29-1A de la loi du 10 juillet 1965, le syndic adresse sans délai à chacun de ses membres l'état des impayés avant répartition à la date de la clôture de l'exercice comptable.

Art. 61-5 *(Décr. n° 2010-391 du 20 avr. 2010, art. 27-II, en vigueur le 1er juin 2010)* L'information mentionnée au *(Décr. n° 2015-999 du 17 août 2015, art. 10)* « dernier » alinéa de l'article 29-1A de la loi du 10 juillet 1965 est assurée par l'envoi d'une copie de la requête ou de l'assignation.

Les dispositions du Décr. n° 2015-999 du 17 août 2015 ne sont pas applicables aux procédures en cours au 19 août 2015 (Décr. préc., art. 27).

Art. 61-6 *(Décr. n° 2015-999 du 17 août 2015, art. 11)* Lorsque la demande tendant à la désignation d'un mandataire *ad hoc* n'émane pas du syndic, le président du tribunal judiciaire statue *(Décr. n° 2019-1419 du 20 déc. 2019, art. 14)* « selon la procédure accélérée au fond ». L'assignation est délivrée au syndicat.

Les dispositions du Décr. n° 2015-999 du 17 août 2015 ne sont pas applicables aux procédures en cours au 19 août 2015 (Décr. préc., art. 27).

Art. 61-7 La requête ou l'assignation qui tend à la désignation d'un mandataire *ad hoc* est accompagnée des pièces de nature à justifier la demande.

Avant de statuer, le président du tribunal judiciaire peut entendre *(Décr. n° 2015-999 du 17 août 2015, art. 12)* « toute personne de son choix ».

Les dispositions du Décr. n° 2015-999 du 17 août 2015 ne sont pas applicables aux procédures en cours au 19 août 2015 (Décr. préc., art. 27).

Art. 61-8 *(Abrogé par Décr. n° 2019-1419 du 20 déc. 2019, art. 14) L'ordonnance rendue sur la demande mentionnée à l'article 61-6 n'est pas exécutoire de droit à titre provisoire.*

Art. 61-9 *(Décr. n° 2019-1419 du 20 déc. 2019, art. 14)* « La décision » est portée sans délai, par le mandataire *ad hoc* qu'elle désigne, à la connaissance des copropriétaires par remise contre émargement ou par lettre recommandée avec demande d'avis de réception.

Cette communication reproduit le texte *(Décr. n° 2019-1419 du 20 déc. 2019, art. 14)* « du 7° de l'article 481-1 » du code de procédure civile lorsque le président a statué *(Décr. n° 2019-1419 du 20 déc. 2019, art. 14)* « selon la procédure accélérée au fond » ou celui de l'article 496 du même code s'il a statué sur requête.

Les dispositions du Décr. n° 2015-999 du 17 août 2015 ne sont pas applicables aux procédures en cours au 19 août 2015 (Décr. préc., art. 27).

Art. 61-10 *(Décr. n° 2015-999 du 17 août 2015, art. 14)* Le président du tribunal judiciaire peut autoriser le mandataire *ad hoc*, à la demande de celui-ci, sous sa responsabilité et à ses frais, à se faire assister de tout tiers pour l'accomplissement de tâches relevant de la mission qui lui a été confiée lorsque le bon déroulement de la procédure le requiert.

Les dispositions du Décr. n° 2015-999 du 17 août 2015 ne sont pas applicables aux procédures en cours au 19 août 2015 (Décr. préc., art. 27).

Art. 61-11 Le syndic informe les copropriétaires qu'ils peuvent prendre connaissance du rapport du mandataire *ad hoc* dans les conditions de l'article 62-12. Une copie de tout ou partie du rapport est adressée par le syndic aux copropriétaires qui en font la demande, aux frais de ces derniers.

Art. 61-12 *(Décr. n° 2015-999 du 17 août 2015, art. 15)* I. — Le rapport du mandataire *ad hoc* comprend au moins les parties suivantes :

1° Un état des lieux de l'organisation juridique et foncière de la copropriété ;

2° Un état des lieux de la situation technique de l'immeuble, comprenant notamment l'analyse des charges mentionnées aux articles 3 et 4 du décret n° 2005-240 du 14 mars 2005 relatif aux comptes du syndicat des copropriétaires et les diagnostics techniques existants ;

3° Une analyse du fonctionnement des instances de la copropriété ;

4° Une analyse de l'ensemble des comptes, des impayés des copropriétaires, des dettes et des créances non recouvrées du syndicat ;

5° Une analyse des procédures contentieuses en cours ainsi que des contrats souscrits par le syndicat ;

6° En fonction des états des lieux et analyses précités, des préconisations détaillant les actions à mettre en œuvre pour notamment :

— améliorer le fonctionnement et l'organisation de la copropriété ;
— se conformer aux obligations légales et réglementaires ;
— améliorer le recouvrement des impayés ;
— améliorer l'état de l'immeuble ;
— dégager des économies, notamment sur les différents postes de charges et sur les contrats d'entretien.

Ces préconisations sont priorisées et inscrites dans un calendrier de mise en œuvre. Le cas échéant, les mesures urgentes sont signalées. Une estimation sommaire des dépenses et recettes en résultant est jointe au rapport.

II. — Lorsque, pour mener à bien les analyses prévues par le présent article et formuler ses préconisations, le mandataire *ad hoc* doit avoir recours, sur un sujet requérant une haute technicité, à une personne ayant une qualification particulière dont il ne dispose pas, il peut solliciter du président du tribunal judiciaire, *(Décr. n° 2019-1419 du 20 déc. 2019, art. 14)* « sur requête », l'autorisation de s'adjoindre une telle personne. Le président du tribunal judiciaire, *(Abrogé par Décr. n° 2019-1419 du 20 déc. 2019, art. 14)* « *statuant en la forme des référés,* » détermine la mission et les conditions de rémunération de ce tiers ainsi que l'imputation de cette rémunération dans les conditions prévues au deuxième alinéa de l'article 29-1 B de la loi du 10 juillet 1965.

Les dispositions du Décr. n° 2015-999 du 17 août 2015 ne sont pas applicables aux procédures en cours au 19 août 2015 (Décr. préc., art. 27).

SOUS-SECTION 4. *De la procédure d'administration provisoire (Décr. n° 2015-999 du 17 août 2015, art. 8).*
(Décr. n° 95-162 du 15 févr. 1995)

Art. 62-1 La demande tendant à la désignation d'un administrateur provisoire du syndicat est portée devant le président du tribunal judiciaire du lieu de situation de l'immeuble.

Art. 62-2 *(Décr. n° 2015-999 du 17 août 2015, art. 16)* Lorsque la demande émane du syndic *(Décr. n° 2018-11 du 8 janv. 2018)* « ou, le cas échéant, de l'administrateur provisoire désigné en application de l'article 47 », le président du tribunal judiciaire est saisi par la voie d'une requête accompagnée des pièces de nature à justifier de la demande, notamment les pièces comptables, après consultation du conseil syndical*[.]*

Dans les autres cas et sans préjudice des dispositions de l'article 61-1-1, le président du tribunal judiciaire est saisi par la voie d'une assignation délivrée au syndicat représenté par le syndic.

Les dispositions du Décr. n° 2015-999 du 17 août 2015 ne sont pas applicables aux procédures en cours au 19 août 2015 (Décr. préc., art. 27).

Art. 62-3 Toute demande tendant à la désignation d'un administrateur provisoire du syndicat est communiquée au procureur de la République, qui est avisé, s'il y a lieu, de la date de l'audience.

Art. 62-4 *(Décr. n° 2015-999 du 17 août 2015, art. 17)* Lorsqu'il détermine la mission de l'administrateur provisoire, le président du tribunal judiciaire peut entendre toute personne de son choix.

Les dispositions du Décr. n° 2015-999 du 17 août 2015 ne sont pas applicables aux procédures en cours au 19 août 2015 (Décr. préc., art. 27).

Art. 62-5 *(Décr. n° 2015-999 du 17 août 2015, art. 18 ; Décr. n° 2019-1419 du 20 déc. 2019, art. 14)* « La décision » qui désigne l'administrateur provisoire fixe la durée et l'étendue de sa mission. Elle est portée a la connaissance des copropriétaires dans le mois de son prononcé, à l'initiative de l'administrateur provisoire, soit par remise contre émargement, soit par lettre recommandée avec demande d'avis de réception, soit par voie électronique après accord du copropriétaire préalablement informé de cette possibilité.

S'il s'agit *(Décr. n° 2019-1419 du 20 déc. 2019, art. 14)* « d'un jugement du président statuant *selon la procédure accélérée au fond* », cette communication reproduit le texte *(Décr. n° 2019-1419 du 20 déc. 2019, art. 14)* « du 7° de l'article 481-1 » du code de procédure civile. S'il s'agit d'une ordonnance sur requête, la communication précise que tout intéressé peut en référer au juge ayant rendu l'ordonnance dans le délai de deux mois à compter de la publication de celle-ci.

Lorsque le président du tribunal judiciaire ne fait pas droit à la demande de désignation d'un administrateur provisoire et qu'il statue par une ordonnance sur requête, la communication prévue au premier alinéa précise que l'ordonnance peut être frappée d'appel dans le délai de quinze jours. L'appel est alors formé, instruit et jugé comme en matière gracieuse.

Les dispositions du Décr. n° 2015-999 du 17 août 2015 ne sont pas applicables aux procédures en cours au 19 août 2015 (Décr. préc., art. 27).

Art. 62-6 *(Décr. n° 2004-479 du 27 mai 2004)* L'ancien syndic est tenu à l'égard de l'administrateur provisoire des obligations prévues à l'article 18-2 de la loi du 10 juillet 1965. — *Entrée en vigueur le 1er sept. 2004.*

Art. 62-7 Lorsque l'administrateur provisoire est investi par le président du tribunal judiciaire de tout ou partie des pouvoirs de l'assemblée générale, il doit avant de prendre à ce titre les décisions qui lui paraissent nécessaires à l'accomplissement de sa mission, sauf urgence, recueillir l'avis du conseil syndical.

Il peut aussi convoquer les copropriétaires pour les informer et les entendre.

A ces occasions, il doit préciser le mode de financement pour la mise en œuvre de la ou des décisions envisagées.

Art. 62-8 Les décisions prises par l'administrateur provisoire sont mentionnées, à leur date, *(Décr. n° 2004-479 du 27 mai 2004)* « sur le registre des décisions » prévu à l'article 17 du présent décret. — *Les dispositions ci-dessus du Décr. du 27 mai 2004 entrent en vigueur le 1er sept. 2004.*

Art. 62-9 L'administrateur provisoire *(Abrogé par Décr. n° 2004-479 du 27 mai 2004) « , ou le syndic si ce pouvoir lui est maintenu, »* adresse copie aux copropriétaires de la ou des décisions prises et joint, s'il y a lieu, l'appel de fonds correspondant.

Art. 62-10 *(Décr. n° 2015-999 du 17 août 2015, art. 19)* Lorsque la conception et la mise en œuvre des mesures de redressement de la copropriété requièrent une haute technicité et l'intervention d'une personne ayant une qualification particulière dont l'administrateur provisoire ne dispose pas, celui-ci peut solliciter du président du tribunal judiciaire, *(Décr. n° 2019-1419 du 20 déc. 2019, art. 14)* « sur requête », l'autorisation de s'adjoindre une telle personne. Le président du tribunal judiciaire *(Décr. n° 2018-11 du 8 janv. 2018)* « détermine dans l'ordonnance » la mission et les conditions de rémunération de ce tiers.

Les dispositions du Décr. n° 2015-999 du 17 août 2015 ne sont pas applicables aux procédures en cours au 19 août 2015 (Décr. préc., art. 27).

Art. 62-11 *(Décr. n° 2015-999 du 17 août 2015, art. 20)* I. — L'administrateur provisoire rend compte par écrit de sa mission au président du tribunal judiciaire à la demande de ce dernier et au moins une fois par an. Cette obligation est satisfaite la première année de la mission si le rapport mentionné au troisième alinéa du I de l'article 29-1 de la loi du 10 juillet 1965 a été établi.

Au compte rendu de fin de mission sont jointes les annexes comptables prévues par le décret n° 2005-240 du 14 mars 2005 relatif aux comptes du syndicat des copropriétaires.

II. — Il dépose son rapport au greffe de la juridiction qui en adresse une copie au procureur de la République, au syndic désigné, au président du conseil syndical, lorsqu'il en a été désigné un, ou, à défaut à chacun de ses membres *[,]* aux personnes mentionnées au deuxième alinéa de l'article 29-2 de la loi du 10 juillet 1965 qui en font la demande.

Lorsqu'un pré-rapport est établi, dans les conditions prévues à l'article 62-13, le greffe de la juridiction en adresse copie au procureur de la République et au président du conseil syndical.

III. — Les observations des personnes mentionnées au II *[,]* auxquelles ces documents ont été adressés, doivent être formulées au plus tard à l'expiration d'un délai d'un mois à compter de leur réception.

Elles sont transmises au greffe du tribunal judiciaire qui les communique au président de ce tribunal et à l'administrateur provisoire.

IV. — Pour l'application de la dernière phrase du troisième alinéa du I de l'article 29-1 de la loi du 10 juillet 1965, le président du tribunal judiciaire statue *(Décr. n° 2019-1419 du 20 déc. 2019, art. 14)* « selon la procédure accélérée au fond », le cas échéant, au vu des rapports ou pré-rapports susmentionnés ainsi que des réponses écrites faites par l'administrateur provisoire aux observations régulièrement transmises au greffe *(Décr. n° 2018-11 du 8 janv. 2018)* « , sauf en cas de demande émanant de l'administrateur provisoire, auquel cas il est saisi par requête. » En cas de saisine d'office, il fait convoquer l'administrateur provisoire désigné ainsi que le président du conseil syndical.

Les dispositions du Décr. n° 2015-999 du 17 août 2015 ne sont pas applicables aux procédures en cours au 19 août 2015 (Décr. préc., art. 27).

Art. 62-12 *(Décr. n° 95-162 du 15 févr. 1995)* Le syndic *(Décr. n° 2004-479 du 27 mai 2004, art. 40, en vigueur le 1er sept. 2004)* « désigné » informe les copropriétaires, par lettre recommandée avec demande d'avis de réception ou remise contre émargement, qu'ils peuvent prendre connaissance du rapport de l'administrateur provisoire à son bureau, ou en tout autre lieu fixé par l'assemblée générale, pendant les heures ouvrables, dans le mois qui suit. Un extrait du rapport peut être joint, le cas échéant, à la lettre. Une copie de tout ou partie du rapport peut être adressée par le syndic *(Décr. n° 2004-479 du 27 mai 2004, art. 40)* « désigné » aux copropriétaires qui en feraient la demande, aux frais de ces derniers *(Décr. n° 2015-999 du 17 août 2015, art. 21)* « , y compris par voie dématérialisée ».

Les dispositions du Décr. n° 2015-999 du 17 août 2015 ne sont pas applicables aux procédures en cours au 19 août 2015 (Décr. préc., art. 27).

Art. 62-13 *(Décr. n° 95-162 du 15 févr. 1995)* Si un prérapport est déposé par l'administrateur provisoire avant la fin de sa mission, le prérapport est porté à la connaissance des copropriétaires, à l'initiative de l'administrateur provisoire *(Abrogé par Décr. n° 2004-479 du 27 mai 2004, art. 41, en vigueur le 1er sept. 2004) « ou, le cas échéant, du syndic, »* dans les formes et conditions prévues à l'article 62-12 *(Décr. n° 2015-999 du 17 août 2015, art. 22)* « et aux personnes mentionnées au deuxième alinéa de l'article 29-2 de la loi du 10 juillet 1965 qui en font la demande ».

Art. 62-14 Si les conclusions du rapport ou du prérapport de l'administrateur provisoire préconisent que certaines questions soient soumises à l'assemblée générale, elles doivent être portées à l'ordre du jour de la prochaine assemblée générale ou d'une assemblée générale convoquée spécialement à cet effet.

Art. 62-15 *(Décr. n° 2004-479 du 27 mai 2004, art. 42, en vigueur le 1er sept. 2004)* Après le dépôt du rapport de l'administrateur, des copropriétaires représentant ensemble 15 % au moins des voix du syndicat peuvent assigner devant le président du tribunal judiciaire statuant *(Décr. n° 2019-1419 du 20 déc. 2019, art. 14)* « selon la procédure accélérée au fond » le syndic désigné en vue de voir prononcer la division du syndicat. La même procédure peut être mise en œuvre par le procureur de la République si l'ordre public l'exige.

Le syndic désigné informe de la date d'audience les copropriétaires. Ceux-ci peuvent être entendus par le juge *(Abrogé par Décr. n° 2015-999 du 17 août 2015, art. 23-2°) « selon les dispositions du nouveau code de procédure civile ».*

Les dispositions du Décr. n° 2015-999 du 17 août 2015 ne sont pas applicables aux procédures en cours au 19 août 2015 (Décr. préc., art. 27).

SOUS-SECTION 5. *De la procédure d'apurement des dettes et de la liquidation du syndicat (Décr. n° 2015-999 du 17 août 2015, art. 24)*

Les dispositions du Décr. n° 2015-999 du 17 août 2015 ne sont pas applicables aux procédures en cours le 19 août 2015 (Décr. préc., art. 27).

Art. 62-16 *(Abrogé par Décr. n° 2019-1419 du 20 déc. 2019, art. 14) Pour l'application du II de l'article 29-3 de la loi du 10 juillet 1965, l'administrateur provisoire saisit le président du tribunal judiciaire par requête.*

Art. 62-17 Un avis de *(Décr. n° 2019-1419 du 20 déc. 2019, art. 14)* « la décision le désignant » est adressé par l'administrateur provisoire pour insertion au *Bulletin officiel* des annonces civiles et commerciales. Cette insertion contient l'indication du nom du syndicat concerné, de son adresse, de son numéro d'immatriculation et de la date de *(Décr. n° 2019-1419 du 20 déc. 2019, art. 14)* « la décision » qui l'a désigné administrateur provisoire. Elle précise également son nom et son adresse et comporte l'avis aux créanciers d'avoir à déclarer leurs créances entre ses mains et le délai imparti pour cette déclaration. Elle précise enfin le délai pendant lequel l'exigibilité des créances est suspendue en application du I de l'*article 29-3 de la loi du 10 juillet 1965.*

Le même avis est publié dans un journal d'annonces légales du département du lieu de situation de l'immeuble.

L'administrateur provisoire informe par tout moyen les créanciers connus d'avoir à lui déclarer leurs créances dans le délai mentionné à l'article 62-18.

(Décr. n° 2019-1419 du 20 déc. 2019, art. 14) « La décision » de prorogation prévue par le II de l'article 29-3 de la loi du 10 juillet 1965 fait l'objet des mêmes mesures de publicité.

Art. 62-18 Le délai de déclaration fixé en application du II de l'article 29-4 de la loi du 10 juillet 1965 est de trois mois à compter de la publication mentionnée à l'article 62-17.

Art. 62-18-1 *(Décr. n° 2018-11 du 8 janv. 2018)* L'action en relevé de forclusion mentionnée au III de l'article 29-4 de la loi du 10 juillet 1965 susvisée ne peut être exercée que dans le délai de six mois à compter de la publication de *(Décr. n° 2019-1419 du 20 déc. 2019, art. 14)* « la décision » de désignation de l'administrateur provisoire.

Le président du tribunal statue *(Décr. n° 2019-1419 du 20 déc. 2019, art. 14)* « selon la procédure accélérée au fond ».

Les frais de l'instance en relevé de forclusion sont supportés par le créancier défaillant.

Le créancier déclare sa créance dans le délai d'un mois à compter de la notification *(Décr. n° 2019-1419 du 20 déc. 2019, art. 14)* « du jugement » du président du tribunal judiciaire le relevant de sa forclusion.

Art. 62-19 La déclaration de créance est faite auprès de l'administrateur provisoire par lettre recommandée avec demande d'avis de réception.

Elle doit contenir :

1° L'identité du créancier et les coordonnées de la personne habilitée à le représenter ;

2° Le montant de la créance due au jour de l'ordonnance de désignation de l'administrateur provisoire avec, le cas échéant, l'indication des sommes à échoir et de la date de leurs échéances ;

3° Les éléments de nature à prouver l'existence et le montant de la créance si elle ne résulte pas d'un titre, à défaut, une évaluation de la créance si son montant n'a pas encore été fixé ;

4° Les modalités de calcul des intérêts dont le cours n'est pas arrêté, cette indication valant déclaration pour le montant ultérieurement arrêté ;

5° La nature du privilège ou de la sûreté dont la créance est éventuellement assortie ;

6° L'indication de la juridiction saisie si la créance fait l'objet d'un litige.

A cette déclaration sont joints sous bordereau les documents justificatifs ; ceux-ci peuvent être produits en copie. A tout moment, l'administrateur provisoire peut demander la production de documents qui n'auraient pas été joints.

Les créances résultant d'un contrat de travail ne sont pas soumises à l'obligation de déclaration.

Art. 62-20 I. — S'il y a discussion sur tout ou partie d'une créance, l'administrateur provisoire en avise le créancier intéressé en l'invitant à faire connaître ses explications. Le défaut de réponse dans le délai de trente jours interdit toute contestation ultérieure de la liste des créances établie par l'administrateur provisoire.

II. — Cette liste contient les indications prévues à l'article 62-19. Elle est déposée au greffe du tribunal. Tout intéressé peut en prendre connaissance. Le greffier fait publier au *Bulletin officiel* des annonces civiles et commerciales une insertion indiquant ce dépôt.

III. — L'administrateur provisoire avise par lettre simple les créanciers ou, le cas échéant, leur mandataire, de l'admission de leur créance et du montant retenu.

Il informe sans délai par lettre recommandée avec demande d'avis de réception, les créanciers dont la créance n'est pas admise.

Ces avis précisent les délais et voie de recours prévus au II de l'article 29-4 de la loi du 10 juillet 1965 ou, le cas échéant, les dispositions du I.

Art. 62-21 Pour application du III de l'article 29-3 de la loi du 10 juillet 1965, le président du tribunal, par les soins du greffier, fait convoquer l'administrateur provisoire et le cocontractant par lettre recommandée avec demande d'avis de réception à la date qu'il fixe. A la convocation est jointe une copie de la demande.

Le cocontractant visé par le III de l'article 29-3 de la loi du 10 juillet 1965 bénéficie d'un délai d'un mois à compter de la notification de l'ordonnance du juge pour déclarer sa créance auprès de l'administrateur provisoire.

Art. 62-22 Le plan d'apurement des dettes mentionné à l'article 29-5 de la loi du 10 juillet 1965 comporte :

1° Dans une première partie, un état des dettes, précisant notamment les créances déclarées, ainsi qu'une évaluation du montant des créances irrécouvrables ;

2° Dans une deuxième partie, la trésorerie prévisionnelle du syndicat sur la durée du plan d'apurement des dettes prenant notamment en compte les dépenses liées à la préservation de l'immeuble et, si cela apparaît nécessaire, les dépenses concourant à la réduction des charges et au respect du plan d'apurement ;

3° Dans une troisième partie :
— l'échéancier des appels de fonds auprès des copropriétaires ;
— les échéanciers détaillés par créancier.

Art. 62-23 L'administrateur provisoire notifie le projet d'échéancier à chacun des créanciers par lettre recommandée avec demande d'avis de réception ou par lettre remise contre émargement.

Ce projet comprend :
— l'échéancier global ;
— l'échéancier détaillé concernant le créancier.

La lettre de notification rappelle *[,]* selon le cas, les délais prévus par le II de l'article 29-5 de la loi du 10 juillet 1965 ou les dispositions du I de l'article 62-20 et peut inviter le créancier à accorder des remises de dettes ou à accepter des délais de paiement supérieurs à la durée du plan.

Le délai de deux mois prévu par le deuxième alinéa du II de l'article 29-5 de la loi du 10 juillet 1965 court à compter de la date d'envoi de la lettre de notification. Les créanciers font connaître à l'administrateur provisoire leurs observations par lettre recommandée avec demande d'avis de réception ou par lettre remise contre émargement.

Art. 62-24 Les délais imposés aux créanciers dans le cadre du plan d'apurement des dettes ne peuvent être qu'uniformes.

Art. 62-25 L'administrateur provisoire dépose au greffe du tribunal judiciaire le plan d'apurement définitif. Sont joints en annexe :

a) La liste des travaux à engager nécessaires au redressement financier de la copropriété et à la préservation de l'immeuble ;

b) La liste indicative des mesures de gestion et des procédures de recouvrement amiable ou contentieuse des impayés envisagées pour permettre le respect du plan d'apurement ;

c) Les observations du conseil syndical et des créanciers ;

d) Les accords de remise des dettes des créanciers ainsi que les délais de paiement octroyés par ces derniers ;

e) Un état détaillé des impayés des copropriétaires identifiant les créances irrécouvrables au sens de l'article 62-29 ;

f) L'inventaire des biens cessibles du syndicat ;

g) Le cas échéant, le projet de convention prévu à l'article 29-11 de la loi du 10 juillet 1965 ou la convention signée.

Il notifie ce plan d'apurement définitif à chacun des créanciers par lettre recommandée avec demande d'avis de réception ou par lettre remise contre émargement. La lettre de notification aux créanciers reprend les termes du troisième alinéa du II de l'article 29-5 de la loi du 10 juillet 1965.

Il porte également ce plan à la connaissance des copropriétaires selon les modalités prévues par l'article 62-5.

Art. 62-26 Les créanciers adressent leurs contestations par lettre recommandée avec demande d'avis de réception au greffe du tribunal judiciaire ou les y déposent contre récépissé dans le délai mentionné au II de l'article 29-5 de la loi du 10 juillet 1965.

Le créancier intéressé entendu ou dûment appelé, le président du tribunal judiciaire statue sur chacune des contestations. Sa décision n'est pas susceptible de recours.

L'administrateur provisoire modifie, s'il y a lieu, le plan d'apurement des dettes au vu des décisions rendues par le président du tribunal judiciaire.

Le président du tribunal judiciaire arrête le plan sur la demande de l'administrateur provisoire.

Sa décision est notifiée par le greffier aux créanciers, ainsi qu'à l'administrateur provisoire. Elle est communiquée au ministère public et portée à la connaissance des copropriétaires selon les modalités prévues par l'article 62-5.

Elle est exécutoire de plein droit à titre provisoire.

Elle est susceptible d'appel ou de pourvoi en cassation de la part de l'administrateur provisoire ainsi que du ministère public.

Art. 62-27 A peine d'irrecevabilité, la requête ayant pour objet une modification ou la prorogation du plan d'apurement des dettes en application du IV de l'article 29-5 de la loi du 10 juillet 1965 comporte le projet de plan d'apurement modifié qui respecte les dispositions de l'article 62-24.

Le projet de plan est notifié par lettre recommandée avec demande d'avis de réception par le greffe au syndic ou à l'administrateur provisoire et, le cas échéant, à chacun des créanciers affecté par le projet de modification. Les créanciers concernés disposent d'un délai de quinze jours, à compter de l'envoi de cette lettre, pour faire valoir leurs observations selon les mêmes modalités.

Le président du tribunal judiciaire statue sur la requête, le syndic ou l'administrateur provisoire entendus ou dûment appelés. Les frais de l'instance en modification ou prorogation sont à la charge du syndicat des copropriétaires ou du créancier lorsqu'il est requérant.

Les trois derniers alinéas de l'article 62-26 sont applicables.

Art. 62-28 Lorsque l'administrateur provisoire a été désigné en application du dernier alinéa du I de l'article 29-1 de la loi du 10 juillet 1965, les dispositions de la présente sous-section sont applicables sous réserve des dispositions suivantes :

— l'avis publié au *Bulletin officiel des annonces civiles et commerciales* précise la mission de l'administrateur provisoire ;

— le délai de déclaration des créances mentionné à l'article 62-18 est de quatre mois.

Art. 62-29 Constituent des créances irrécouvrables au sens de l'article 29-7 de la loi du 10 juillet 1965 :

— les créances à l'encontre d'un copropriétaire dont les dettes ont été effacées par jugement ;

— les créances dues par un copropriétaire à l'égard duquel une procédure de liquidation judiciaire a été ouverte et clôturée pour insuffisance d'actif ;

— en cas de liquidation de succession vacante ou non réclamée, les créances dues par un copropriétaire décédé lorsque ni la vente du lot ni l'actif successoral n'en permettent le paiement.

SOUS-SECTION 6. *De la procédure d'administration provisoire renforcée*
(Décr. n° 2015-999 du 17 août 2015, art. 24)

Les dispositions du Décr. n° 2015-999 du 17 août 2015 ne sont pas applicables aux procédures en cours le 19 août 2015 (Décr. préc., art. 27).

Art. 62-30 La requête demandant le placement sous administration renforcée est accompagnée d'un dossier établi par l'auteur de la saisine mentionnée au I de l'article 29-11 de la loi du 10 juillet 1965 précisant les raisons pour lesquelles il est demandé le placement sous administration provisoire renforcée ainsi que les aides et mesures d'accompagnement publiques mobilisées pour assurer la réussite de la procédure.

Art. 62-31 La convention mentionnée au II de l'article 29-11 de la loi du 10 juillet 1965 prévoit au minimum :

1° La liste des études juridiques, financières et techniques nécessaires pour définir le contenu des travaux et effectuer les choix techniques en résultant ;

2° Le calendrier prévisionnel des études, du choix des prestataires et des travaux ;

3° La nature des travaux envisagés et l'enveloppe financière prévisionnelle associée ;

4° En cas de division, les plans sommaires avant et après division ;

5° Les modalités d'organisation de la maîtrise d'ouvrage, en particulier :

— les modalités de choix et de réalisation des travaux mentionnés au 1° ainsi que les modalités d'information du conseil syndical et des copropriétaires à ces décisions ;

— les missions pour lesquelles l'opérateur est mandaté, notamment en ce qui concerne la préparation, la consultation et le choix des maîtres d'œuvre, des entrepreneurs et fournisseurs ainsi que la conclusion et la gestion des contrats en résultant ;

— les modalités de compte rendu à l'administrateur provisoire, au syndic si la mission de l'administrateur provisoire est terminée et, le cas échéant, au conseil syndical ;

— les modalités d'information des résidents notamment sur les aides financières mobilisables en lien avec les dispositifs publics d'accompagnement.

L'opérateur ne peut exercer directement une mission de maîtrise d'œuvre ou réaliser directement des travaux ;

6° Les modalités financières de l'opération qui précisent au minimum :

— le plan de financement prévisionnel global de l'opération tenant compte des aides publiques contractualisées ou confirmées et faisant apparaître le reste à charge pour le syndicat des copropriétaires ;

— la rémunération de l'opérateur à la charge du syndicat des copropriétaires fixée selon les règles définies par l'article 62-32 ainsi que l'échéancier de versement de cette rémunération et la quote-part de rémunération due par chaque copropriétaire ;

— l'organisation de la gestion comptable et administrative des opérations de travaux ;

— les modalités de préparation des dossiers de demande de subvention et leur mobilisation ;

— le cas échéant*[,]* les modalités de préfinancement de l'opération par l'opérateur dans l'attente du versement des subventions publiques et des versements du syndicat ;

— en cas de division, la répartition de la rémunération de l'opérateur entre les syndicats de copropriétaires créés par la division conformément au I de l'article 29-12 de la loi du 10 juillet 1965 ;

7° Les modalités de gestion des contentieux avec l'ensemble des prestataires et les modalités de souscription et de gestion des contrats d'assurance ;

8° Les modalités d'indemnisation mentionnées au II de l'article 29-12 de la loi du 10 juillet 1965 ;

9° Les modalités de passation des avenants rendus nécessaires pour la mise en œuvre des dispositions de l'article 29-12 de la loi du 10 juillet 1965 ou pour la bonne exécution de la convention dès lors que ceux-ci ne bouleversent pas l'économie générale de la convention et respectent les objectifs de la convention.

Art. 62-32 La rémunération de l'opérateur est calculée par application d'un pourcentage sur le montant des travaux hors taxe. Si la convention prévoit un préfinancement des dépenses, la rémunération de l'opérateur intègre alors également le remboursement des avances et frais financiers supportés par l'opérateur pour l'accomplissement de cette mission.

La durée de l'échéancier de versement de la rémunération de l'opérateur prévu par la convention peut être supérieure à la durée d'exécution des études et travaux sans pouvoir être supérieure à la durée de la convention.

L'échéancier peut prévoir une rémunération progressive dans le temps si la convention prévoit une phase d'études pour la finalisation des travaux et dans l'attente de la passation par l'opérateur de l'ensemble des contrats nécessaires à la réalisation de l'opération afin d'en déterminer le coût définitif.

La rémunération est à la charge du syndicat des copropriétaires et distincte de la rémunération de l'administrateur provisoire.

Art. 62-33 Le président du tribunal judiciaire est saisi par requête conjointe des parties signataires de la convention aux fins d'homologation de celle-ci. Sa décision est notifiée aux parties et communiquée par l'administrateur provisoire aux personnes qu'il aura désignées dans son ordonnance.

Art. 62-34 I. — Si des subventions publiques ou privées pour la rénovation des parties communes et, le cas échéant, des parties privatives d'intérêt collectif peuvent être accordées à titre individuel à des copropriétaires, l'administrateur provisoire ou l'opérateur peuvent être le mandataire de ces copropriétaires dans les conditions prévues par les articles 1984 et suivants du code civil.

Si le mandat le prévoit, les subventions publiques ou privées peuvent être versées directement à l'opérateur sur un compte spécifique dont les relevés sont mis à disposition du mandant. L'opérateur rend compte de l'usage de la subvention selon des modalités prévues par le mandat.

II. — Lorsque la subvention est accordée au syndicat des copropriétaires, l'opérateur peut être mandaté par l'administrateur provisoire pour solliciter et percevoir la subvention qui est versée sur un compte spécifique dont les relevés sont mis à disposition de l'administrateur provisoire.

Le mandat peut être intégré à la convention prévue à l'article 62-31 ou faire l'objet d'un acte séparé. Il prévoit les modalités de rendu compte de l'usage de la subvention par *l'opérateur.*

Art. 62-35 Pour la mise en œuvre de l'article 29-13 la loi du 10 juillet 1965, l'administrateur provisoire, le syndic ou l'opérateur remettent, sur demande du copropriétaire, une quittance pour le règlement de sa quote-part de rémunération.

Sans préjudice des réglementations particulières applicables aux allocations logements, le copropriétaire est tenu d'informer l'organisme payeur des subventions dont il a bénéficié.

SECTION 8. *Les unions de syndicats de copropriétaires*
(Décr. n° 2004-479 du 27 mai 2004)

Art. 63 L'union de syndicats, mentionnée à l'article 29 de la loi du 10 juillet 1965, peut être propriétaire des biens nécessaires à son objet.

Lorsqu'un syndicat de copropriétaires est membre d'une union de syndicats, le syndic soumet, préalablement pour avis à l'assemblée générale des copropriétaires du syndicat concerné ou, le cas échéant, au conseil syndical, les questions portées à l'ordre du jour de l'assemblée générale de l'union.

Le syndic rend compte à l'assemblée générale des copropriétaires des décisions prises par l'union. — *Entrée en vigueur le 1er sept. 2004.*

Art. 63-1 Le conseil de l'union donne son avis au président ou à l'assemblée générale de l'union sur toutes les questions la concernant pour lesquelles il est consulté ou dont il se saisit lui-même.

Il peut prendre connaissance et copie, à sa demande, de toutes pièces ou documents, correspondances ou registres se rapportant à la gestion du président et, d'une manière générale, à l'administration de l'union, au bureau du président ou au lieu arrêté en accord avec lui. Il peut déléguer cette mission à un ou plusieurs de ses membres. — *Entrée en vigueur le 1er sept. 2004.*

Art. 63-2 Le mandat des membres du conseil de l'union ne peut excéder trois ans renouvelables. Il ne donne pas lieu à rémunération. — *Entrée en vigueur le 1er sept. 2004.*

Art. 63-3 *(Décr. n° 2010-391 du 20 avr. 2010, art. 30, en vigueur le 1er juin 2010)* « Lorsqu'un syndicat de copropriétaires est membre d'une union de syndicats, son représentant au conseil de l'union est désigné parmi les copropriétaires, les associés dans le cas prévu par le premier alinéa de l'article 23 de la loi du 10 juillet 1965, les accédants ou les acquéreurs à terme, leurs conjoints, *(Décr. n° 2020-834 du 2 juill. 2020, art. 46-1°, en vigueur le 4 juill. 2020)* « leurs concubins, » les partenaires liés à eux par un pacte civil de solidarité ou leurs représentants légaux. »

(Décr. n° 2004-479 du 27 mai 2004, art. 46, en vigueur le 1er sept. 2004) « Il est désigné à la majorité de l'article 24 de la loi du 10 juillet 1965.

« Lorsqu'une personne morale est désignée en qualité de représentant d'un membre du conseil de l'union, *(Décr. n° 2020-834 du 2 juill. 2020, art. 46-2°, en vigueur le 4 juill. 2020)* « elle y est représentée soit par son représentant légal ou statutaire, soit par un fondé de pouvoir » spécialement habilité à cet effet. »

Art. 63-4 Des membres suppléants peuvent être désignés dans les mêmes conditions que les membres titulaires du conseil de l'union. En cas de cessation définitive des fonctions du membre titulaire, son suppléant siège au conseil de l'union jusqu'à la date d'expiration du mandat du membre titulaire qu'il remplace.

Le conseil de l'union n'est plus régulièrement constitué si plus d'un quart des sièges devient vacant pour quelque cause que ce soit. — *Entrée en vigueur le 1er sept. 2004.*

SECTION 9. *Dispositions diverses*

La présente section 9 reprend sans changement l'ancienne section 8 ; les art. 64 à 66 ci-dessous reprennent sans changement les anciens art. 63 à 65 (Décr. n° 2004-479 du 27 mai 2004, art. 43 et 44).

Art. 64 *(Décr. n° 2015-1325 du 21 oct. 2015, art. 3)* « Toutes les notifications et mises en demeure prévues par la loi du 10 juillet 1965 [n° 65-557] susvisée et le présent décret sont valablement faites par lettre recommandée avec demande d'avis de réception. » *(Décr. n° 2000-293 du 4 avr. 2000 ; Décr. n° 2015-1325 du 21 oct. 2015, art. 3)* « Le délai qu'elles font, le cas échéant, courir a pour point de départ le lendemain du jour de la première présentation de la lettre recommandée au domicile du destinataire ».

(Abrogé par Décr. n° 2020-834 du 2 juill. 2020, art. 47, à compter du 4 juill. 2020) (Décr. n° 2015-1325 du 21 oct. 2015) « Ces notifications et mises en demeure peuvent également être valablement faites par voie électronique dans les conditions et selon les modalités fixées aux articles 64-1 à 64-4. »

(Décr. n° 2004-479 du 27 mai 2004, art. 44, en vigueur le 1er sept. 2004) Toutefois, la notification des convocations prévues au présent décret ainsi que celle de l'avis mentionné à l'article 59 ci-dessus peuvent valablement résulter d'une remise contre récépissé ou émargement.

Art. 64-1 *(Décr. nº 2020-834 du 2 juill. 2020, art. 48, en vigueur le 4 juill. 2020)* Lorsque la copropriété est dotée d'un espace en ligne sécurisé, la notification des documents mentionnés à l'article 11 peut, sous réserve de l'accord exprès du copropriétaire, valablement résulter d'une mise à disposition dans un espace du site dont l'accès est réservé aux copropriétaires. La convocation mentionnée à l'article 9 précise expressément que ces documents sont accessibles en ligne et la durée de leur mise à disposition.

Art. 64-2 *(Décr. nº 2020-834 du 2 juill. 2020, art. 48, en vigueur le 4 juill. 2020)* Pour l'application de l'article 42-1 de la loi du 10 juillet 1965, toutes les notifications et mises en demeure peuvent également être faites soit par lettre recommandée électronique dans les conditions prévues par les articles R. 53 à R. 53-4 du code des postes et des communications électroniques, soit au moyen d'un procédé électronique mis en œuvre par l'intermédiaire d'un prestataire de services de confiance qualifié et garantissant l'intégrité des données, la sécurité, ainsi que la traçabilité des communications, dans les conditions prévues aux articles 64-5 à 64-9.

Le délai que les notifications et mises en demeure par voie électronique font courir a pour point de départ le lendemain de la transmission, par le prestataire de service de confiance qualifié, de l'avis électronique informant le destinataire d'un envoi électronique.

Art. 64-3 *(Décr. nº 2020-834 du 2 juill. 2020, art. 48, en vigueur le 4 juill. 2020)* I. — L'accord exprès du copropriétaire mentionné à l'article 42-1 de la loi du 10 juillet 1965 précise s'il porte sur les notifications, les mises en demeure ou les deux. Cet accord exprès peut ne porter que sur les modalités particulières de notification mentionnées à l'article 64-1.

Lorsqu'il est formulé lors de l'assemblée générale, cet accord est mentionné sur le procès-verbal d'assemblée générale. Il peut également être adressé à tout moment au syndic par tout moyen permettant d'établir avec certitude la date de sa réception.

II. — Lorsque les notifications et mises en demeure mentionnées au I sont faites au moyen du procédé électronique mis en œuvre par l'intermédiaire d'un prestataire de services de confiance qualifié mentionné à l'article 64-2, chaque copropriétaire concerné en est informé au moins quinze jours avant le premier envoi effectué par ce moyen, sans que cette formalité soit prescrite à peine d'irrégularité de l'acte.

Art. 64-4 *(Décr. nº 2020-834 du 2 juill. 2020, art. 48, en vigueur le 4 juill. 2020)* Le copropriétaire peut à tout moment retirer son accord exprès selon les mêmes formes que celles prévues au I de l'article 64-3. Si cette décision est formulée lors de l'assemblée générale, le syndic en fait mention sur le procès-verbal.

Cette décision prend effet le lendemain du huitième jour suivant la réception par le syndic de l'information adressée selon les modalités mentionnées au I de l'article 64-3.

Art. 64-5 *(Décr. nº 2020-834 du 2 juill. 2020, art. 48, en vigueur le 4 juill. 2020)* Le prestataire de service de confiance qualifié chargé, en application de l'article 64-2, de la transmission par voie électronique des mises en demeure et notifications délivre à l'expéditeur un récépissé du dépôt électronique de l'envoi ainsi qu'un justificatif de la transmission de l'envoi par ses soins au destinataire. Ces documents comportent les informations suivantes :

1º Le nom et le prénom ou la raison sociale de l'expéditeur, ainsi que son adresse électronique ;

2º Le nom et le prénom ou la raison sociale du destinataire ainsi que son adresse électronique ;

3º Un numéro d'identification unique de l'envoi attribué par le prestataire ;

4º La liste des pièces remises par l'expéditeur en vue de leur envoi ;

5º La date et l'heure du dépôt électronique de l'envoi ainsi que celles de la transmission au destinataire de l'envoi indiquées par un horodatage électronique qualifié tel que défini par l'article 3 du règlement (UE) nº 910/2014 du Parlement européen et du Conseil du 23 juillet 2014 sur l'identification électronique et les services de confiance pour les transactions électroniques au sein du marché intérieur et abrogeant la directive 1999/93/CE ;

6º La signature électronique et le cachet électronique avancés tels que définis par l'article 3 du règlement (UE) nº 910/2014 mentionné ci-dessus, utilisés par le prestataire lors de l'envoi.

Le prestataire conserve ces preuves de dépôt et de transmission pour une durée minimale d'un an.

Art. 64-6 *(Décr. n° 2020-834 du 2 juill. 2020, art. 48, en vigueur le 4 juill. 2020)* Un avis électronique est adressé au destinataire par le prestataire de service de confiance qualifié afin de l'informer qu'un envoi électronique lui a été transmis. Cet avis comporte :

1° Le nom de l'expéditeur de l'envoi électronique ;

2° L'objet de l'envoi électronique ;

3° Un lien hypertexte invitant le destinataire à télécharger le contenu de l'envoi adressé par l'expéditeur, disponible pendant au moins vingt et un jours à compter de la transmission de l'avis électronique ;

4° La reproduction de la mention suivante : "En application du second alinéa de l'article 64-2 du décret n° 67-223 du 17 mars 1967, le délai que les notifications et mises en demeure par voie électronique font courir a pour point de départ le lendemain de la transmission de l'avis électronique au destinataire. Pour le présent envoi, la date de transmission est le : (date à préciser)."

Art. 64-7 *(Décr. n° 2020-834 du 2 juill. 2020, art. 48, en vigueur le 4 juill. 2020)* Si le prestataire de service de confiance qualifié constate, passé un délai de 48 heures après la transmission de l'avis électronique au destinataire, que ce dernier n'a pas procédé au téléchargement du contenu de l'envoi électronique qui lui a été adressé, le prestataire lui adresse un message de rappel comportant les mentions prévues à l'article 64-6. Ce nouveau message est sans incidence sur le point de départ du délai mentionné au second alinéa de l'article 64-2.

Art. 64-8 *(Décr. n° 2020-834 du 2 juill. 2020, art. 48, en vigueur le 4 juill. 2020)* Le prestataire de service de confiance qualifié conserve la preuve de l'historique de la transmission et des éventuels incidents survenus durant celle-ci pendant une durée minimale d'un an. L'expéditeur a accès à ces informations pendant un an.

Art. 64-9 *(Décr. n° 2020-834 du 2 juill. 2020, art. 48, en vigueur le 4 juill. 2020)* Les articles 64-1 à 64-4 sont applicables lorsqu'un administrateur provisoire est désigné en application de l'article 29-1 de la loi du 10 juillet 1965 susvisée ou lorsque l'assemblée générale est convoquée par le président du conseil syndical ou par un copropriétaire dans les conditions définies aux articles 8 et 50.

Art. 65 *(Décr. n° 2004-479 du 27 mai 2004, art. 44, en vigueur le 1er sept. 2004)* En vue de l'application *(Décr. n° 2020-834 du 2 juill. 2020, art. 49-1°, en vigueur le 4 juill. 2020)* « des articles 64 et 64-2 », chaque copropriétaire ou titulaire d'un droit d'usufruit ou de nue-propriété sur un lot ou une fraction de lot *(Décr. n° 2007-285 du 1er mars 2007, art. 3-1°)* « notifie » au syndic son domicile réel ou élu *(Décr. n° 2015-1325 du 21 oct. 2015)* « ainsi que son adresse électronique, s'il a donné son accord pour recevoir des notifications et mises en demeure par voie électronique ».

Les notifications et mises en demeure prévues *(Décr. n° 2020-834 du 2 juill. 2020, art. 49-2°, en vigueur le 4 juill. 2020)* « par les articles 64 et 64-2 » du présent décret sont valablement faites au dernier domicile *(Décr. n° 2015-1325 du 21 oct. 2015)* « ou à la dernière adresse électronique *(Décr. n° 2020-834 du 2 juill. 2020, art. 49-2°, en vigueur le 4 juill. 2020)* « indiquée » au syndic ».

Les notifications, mises en demeure ou significations intéressant le syndicat sont valablement faites au siège du syndicat ou au domicile du syndic.

(Décr. n° 2020-834 du 2 juill. 2020, art. 49-3°, en vigueur le 4 juill. 2020) « En cas de retard dans la réception ou en cas de perte des données, la responsabilité du prestataire est engagée dans les conditions prévues au 3° de l'article R. 2-1 du code des postes et des communications électroniques. »

Art. 66 Le présent décret est applicable dans les territoires d'outre-mer, sous réserve des règles de procédure particulières à ces territoires.

....

Art. 66-1 *(Décr. n° 2015-999 du 17 août 2015, art. 25)* Pour l'application du présent décret à Mayotte, les mots : "fichier immobilier" sont remplacés par les mots : "livre foncier".

Les dispositions du Décr. n° 2015-999 du 17 août 2015 ne sont pas applicables aux procédures en cours le 19 août 2015 (Décr. préc., art. 27).

Art. 66-2 *(Décr. n° 2016-1446 du 26 oct. 2016, art. 10, en vigueur le 1er nov. 2016)* Les dispositions de l'article 39-2 peuvent être modifiées par décret.

Sur l'entrée en vigueur des dispositions issues du Décr. n° 2016-1446 du 26 oct. 2016, V. note ss. art. 11 du présent Décr.

Loi n° 79-2 du 2 janvier 1979,

Relative aux droits grevant les lots d'un immeuble soumis au statut de la copropriété.

Art. 1er et 2 *V. L. n° 65-557 du 10 juill. 1965, art. 6-1 et 16-1.*

Art. 3 et 4 *V. C. civ., art. 2148-1 [2429] et 2217 [ancien, abrogé].*

Art. 5 et 6 *(Complètent la loi du 1er juin 1924 mettant en vigueur la législation civile française dans les départements du Bas-Rhin, du Haut-Rhin et de la Moselle, art. 45 et 47-1).*

Art. 7 Les dispositions de la présente loi s'appliquent aux inscriptions de privilèges ou d'hypothèques et aux saisies non encore périmées ou radiées à la date de son entrée en vigueur, ainsi qu'à tous les droits visés à l'article 6-1 de la loi du 10 juillet 1965 non encore éteints à la même date.

Art. 8 Tout créancier inscrit antérieurement à l'entrée en vigueur de la présente loi peut s'opposer à la remise prévue à l'article 16-1, alinéa 2, de la loi du 10 juillet 1965. Cette opposition est notifiée au notaire détenteur de la minute du règlement initial de copropriété antérieurement à la constatation de la cession en la forme authentique. Dans ce cas, la part du copropriétaire intéressé doit être consignée au profit du ou des créanciers opposants pour leur être distribuée, compte tenu du rang de préférence des inscriptions portant sur les parties privatives comprises dans les lots concernés par ces oppositions. – *La notification de l'opposition est faite par lettre recommandée avec demande d'avis de réception (Décr. n° 79-405 du 21 mai 1979, art. 17).*

Art. 9 Les conditions et modalités d'application de la présente loi et, notamment, les cas de refus du dépôt ou de rejet de la formalité seront fixés par décret. – *V. Décr. n° 79-405 du 21 mai 1979 modifiant le Décr. du 14 oct. 1955, art. 16-1, 44, 45, 71 et 85-3, ss. art. 2474.*

Art. 10 La présente loi entrera en vigueur le premier jour du deuxième mois suivant la publication du décret pris pour son application et au plus tard le premier jour du septième mois suivant sa propre publication. – *Entrée en vigueur le 1er juill. 1979.*

Art. 11 La présente loi, à l'exception de ses articles 5 et 6, est applicable dans les territoires d'outre-mer et à Mayotte.

Art. 665 Lorsqu'on reconstruit un mur mitoyen ou une maison, les servitudes actives et passives se continuent à l'égard du nouveau mur ou de la nouvelle maison, sans toutefois qu'elles puissent être aggravées, et pourvu que la reconstruction se fasse avant que la prescription soit acquise.

Art. 666 *(L. 20 août 1881)* **Toute clôture qui sépare des héritages est réputée mitoyenne, à moins qu'il n'y ait qu'un seul des héritages en état de clôture, ou s'il n'y a titre, prescription ou marque contraire.**

Pour les fossés, il y a marque de non-mitoyenneté lorsque la levée ou le rejet de la terre se trouve d'un côté seulement du fossé.

Le fossé est censé appartenir exclusivement à celui du côté duquel le rejet se trouve.

1. Appréciation souveraine des présomptions. Les termes de l'art. 666 sont purement énonciatifs et il appartient aux juges du fond d'apprécier souverainement la valeur des présomptions de mitoyenneté ou de non-mitoyenneté. • Civ. 1re, 9 avr. 1959 : *Bull. civ. I, n° 173.*

2. Illustration. Par une appréciation souveraine, les juges du fond peuvent décider que la présomption de propriété exclusive d'un mur de pierres sèches découlant d'un titre, dont il n'est pas nécessaire qu'il soit commun aux deux parties, l'emporte sur la présomption légale de mitoyenneté. • Civ. 3e, 6 juill. 1976 : *Bull. civ. III, n° 299.*

3. Référence à des marques antérieures à la division du fonds. La circonstance que le fossé ait été creusé à une époque fort ancienne par le propriétaire des fonds non encore divisés n'est pas de nature à priver de sa signification la marque de non-mitoyenneté constituée par le rejet des terres. • Paris, 9 juin 1976 : *Gaz. Pal. 1977. 1. 252.*

Art. 667 *(L. 20 août 1881)* **La clôture mitoyenne doit être entretenue à frais communs ; mais le voisin peut se soustraire à cette obligation en renonçant à la mitoyenneté.**

Cette faculté cesse si le fossé sert habituellement à l'écoulement des eaux.

Art. 668 *(L. 20 août 1881)* **Le voisin dont l'héritage joint un fossé ou une haie non mitoyens ne peut contraindre le propriétaire de ce fossé ou de cette haie à lui céder la mitoyenneté.**

Le copropriétaire d'une haie mitoyenne peut la détruire jusqu'à la limite de sa propriété, à la charge de construire un mur sur cette limite.

La même règle est applicable au copropriétaire d'un fossé mitoyen qui ne sert qu'à la clôture.

Art. 669 *(L. 20 août 1881)* **Tant que dure la mitoyenneté de la haie, les produits en appartiennent aux propriétaires par moitié.**

Art. 670 *(L. 20 août 1881)* **Les arbres qui se trouvent dans la haie mitoyenne sont mitoyens comme la haie. Les arbres plantés sur la ligne séparative de deux héritages sont aussi réputés mitoyens. Lorsqu'ils meurent ou lorsqu'ils sont coupés ou arrachés, ces arbres sont partagés par moitié. Les fruits sont recueillis à frais communs et partagés aussi par moitié, soit qu'ils tombent naturellement, soit que la chute en ait été provoquée, soit qu'ils aient été cueillis.**

Chaque propriétaire a le droit d'exiger que les arbres mitoyens soient arrachés.

1. Domaine. L'art. 670, et singulièrement son al. 2, ne concerne que les arbres mitoyens isolés se trouvant dans une haie ou plantés sur la ligne séparative et non une rangée d'arbustes constituant une haie clôturant un jardin. • Civ. 3e, 11 févr. 1976 : *D. 1976. 561, note Prévault.*

2. Partage des fruits. S'agissant d'émondes, les branches et feuillages provenant de l'élagage d'arbres mitoyens constituent des fruits. • Civ. 3e, 25 janv. 1972, no 70-12.137 P. ♦ Pour le partage d'un arbre mitoyen, V. • Civ. 1re, 16 juill. 1963 : *D. 1963. 697, note Esmein ; JCP 1963. II. 13363, note R. L.*

3. Arrachage et élagage : conditions d'exercice. Si, à défaut d'un usage local contraire, chaque propriétaire peut exiger l'arrachage des arbres mitoyens, il ne peut y procéder de son seul et propre chef ; de même, s'il peut exiger de son voisin que l'on procède à l'élagage, la taille doit être effectuée en commun par les deux propriétaires. • Civ. 3e, 25 janv. 1972 : *préc. note 2.*

Art. 671 *(L. 20 août 1881)* **Il n'est permis d'avoir des arbres, arbrisseaux et arbustes près de la limite de la propriété voisine qu'à la distance prescrite par les règlements particuliers actuellement existants, ou par des usages constants et reconnus, et, à défaut de règlements et usages, qu'à la distance de deux mètres de la ligne séparative des deux héritages pour les plantations dont la hauteur dépasse deux mètres, et à la distance d'un demi-mètre pour les autres plantations.**

Les arbres, arbustes et arbrisseaux de toute espèce peuvent être plantés en espaliers, de chaque côté du mur séparatif, sans que l'on soit tenu d'observer aucune distance, mais ils ne pourront dépasser la crête du mur.

Si le mur n'est pas mitoyen, le propriétaire seul a le droit d'y appuyer ses espaliers.

BIBL. ► BÉRAUD, *Gaz. Pal. 1968. 2. Doctr. 65.* – LACHAUD, *ibid. 1996. 2. Doctr. 825.* – PICARD, *JCP N 2001. 8.*

1. Conformité à la Constitution. Les art. 671 *et 672 C. civ. sont conformes à la Constitution.* • Cons. const. 7 mai 2014, no 2014-394 QPC : *JO 10 mai 2014 ; D. 2014. 1039 ; AJDI 2014. 541, obs. de Gaudemont ; JCP 2014, no 761, obs. Mekki.* ♦ D'une part, eu égard à l'objet et à la portée des dispositions contestées, l'arrachage de végétaux ainsi prévu est insusceptible d'avoir des conséquences sur l'environnement ; le grief tiré de la méconnaissance de la Charte de l'environnement est inopérant. • Même décision. ♦ D'autre part, les servitudes de voisinage sont au nombre des mesures qui tendent à assurer la conciliation des droits des propriétaires de fonds voisins ; en imposant le respect de certaines distances pour les plantations en limite de la propriété voisine, le législateur a entendu assurer des relations de bon voisinage et prévenir les litiges ; les dispositions contestées poursuivent donc un but d'intérêt général, et l'atteinte portée par les dispositions contestées à l'exercice du droit de propriété ne revêt pas un caractère disproportionné au regard du but poursuivi ; par conséquent, les griefs tirés de l'atteinte au droit de propriété doivent être écartés. • Même décision. ♦ V. : Transmission de la QPC relative à la compatibilité des art. 671 et 672 au regard des art. 1 à 4 de la Charte de l'environnement, dans la mesure où les textes contestés autorisent l'arrachage ou la réduction d'arbres, d'arbustes et d'arbrisseaux, plantés à une distance de la ligne séparative moindre que la distance légale, sans que le voisin ait à justifier d'un préjudice particulier : • Civ. 3e, 5 mars 2014, n° 13-22.608 P.

2. *Caractère supplétif.* La règle posée par l'art. 671 n'a qu'un caractère supplétif ; la demande d'enlèvement des arbres litigieux doit être rejetée quand les juges du fait constatent, dans l'exercice du pouvoir souverain dont ils disposent à cet égard, l'existence d'un usage local d'après lequel les plantations dont s'agit ne sont assujetties à aucune distance. • Civ. 1re, 27 nov. 1963 : *D. 1964. 102* • Versailles, 18 mars 1988 : *D. 1989. Somm. 35, obs. A. Robert* • Pau, 22 mars 2004 : *JCP 2004. IV. 3547.* ♦ En présence d'un règlement dans un lotissement, l'art. 671, qui a un caractère supplétif, n'a pas vocation à s'appliquer, y compris lorsque la hauteur prévue par le règlement est inférieure à la hauteur légale. • Civ. 3e, 27 mars 2013, n° 11-21.221 P : *D. 2013. 2123, obs. Reboul-Maupin ; RDI 2013. 427, obs. Tranchant.*

3. *Usages locaux parisiens.* Portée géographique des usages parisiens permettant la plantation jusqu'à l'extrême limite des jardins, sous réserve de l'élagage : V. • Civ. 3e, 14 févr. 1984 : *Gaz. Pal. 1984. 2. 437*, rejetant le pourvoi formé contre • Paris, 6 juill. 1982 : *Gaz. Pal. 1982. 2. 578* • Versailles, 18 mars 1988 : *préc. note 2* • Paris, 10 oct. 1990 : *D. 1991. Somm. 313, obs. A. Robert* • Versailles, 21 nov. 1997 : *D. 1998. Somm. 349, obs. A. Robert (1re esp.)* • Paris, 20 juin 2002 : *Gaz. Pal. 2003. Somm. 1310.*

4. *Calcul de la hauteur.* Pour le calcul de la hauteur des arbres, seule leur hauteur intrinsèque est à considérer, indépendamment du relief des lieux. • Civ. 3e, 4 nov. 1998, n° 96-19.708 P : *JCP N 1999. 512.* ♦ Sur la non-prise en compte de la croissance naturelle des arbres et de la date habituelle de leur taille : • Civ. 3e, 19 mai 2004, n° 03-10.077 P : *D. 2004. Somm. 2408, obs. Mallet-Bricout ; RDI 2004. 374, obs. Gavin-Millan-Oosterlynck ; Dr. et patr. 5/2005. 101, obs. Macorig-Venier.*

5. *Calcul de la distance.* La distance existant entre les arbres et la ligne séparative des héritages doit être déterminée depuis cette ligne jusqu'à l'axe médian des troncs des arbres. • Civ. 3e, 1er avr. 2009, n° 08-11.876 P : *D. 2009. AJ 1087, obs. Chenu ; JCP 2009. 337, n° 16, obs. Périnet-Marquet ; AJDI 2010. 69, obs. Prigent.*

6. *Régime de l'action en arrachage et élagage.* Sur le régime juridique de l'action en arrachage et élagage, V. décisions citées ss. art. 672.

7. *Droit de couper les branches et les racines.* Sur le droit, pour le propriétaire du fond voisin de couper les racines, ronces et brindilles qui avancent sur son héritage, V. décisions citées ss. art. 673.

8. *Troubles de voisinage : tempéraments aux usages locaux.* Un propriétaire, responsable des désordres causés par ses plantations et ne pouvant se prévaloir d'usage existant en banlieue parisienne que dans la mesure où cela ne cause aucun trouble aux voisins, peut être condamné à déplacer celles-ci en fonction des distances légales prévues à l'art. 671. • Versailles, 21 sept. 1990 : *JCP 1991. II. 21772, note Prévault.*

9. *... Ou aux distances légales.* L'abattage d'arbres plantés à la distance légale peut être ordonné s'il est constaté, sur une action fondée sur la notion de trouble de voisinage, que c'est le seul moyen de faire cesser le trouble excédant les inconvénients normaux de voisinage qu'ils causaient. • Civ. 3e, 4 janv. 1990, n° 87-18.724 P.

Art. 672 *(L. 20 août 1881)* **Le voisin peut exiger que les arbres, arbrisseaux et arbustes, plantés à une distance moindre que la distance légale, soient arrachés ou réduits à la hauteur déterminée dans l'article précédent, à moins qu'il n'y ait titre, destination du père de famille ou prescription trentenaire.**

Si les arbres meurent, ou s'ils sont coupés ou arrachés, le voisin ne peut les remplacer qu'en observant les distances légales.

BIBL. ▶ PELLIER, *D. 2023. 19* (le double visage de la prescription de l'article 672 du code civil).

1. *Conformité à la Constitution.* Les art. 671 et 672 C. civ. sont conformes à la Constitution. • Cons. const. 7 mai 2014, n° 2014-394 QPC : *cité note 1 ss. art. 671.*

2. *Régime de l'action en arrachage et élagage : défendeur à l'action.* L'action fondée sur les art. 671 s. ne peut pas prospérer contre une personne occupant, sans en être propriétaire, le fonds sur lequel sont plantés les arbres objet du litige. Rejet de l'action contre l'occupant du terrain qui n'en est pas propriétaire. • Civ. 3e, 5 févr. 2014, n° 12-28.701 P : *D. 2014 812, note Julienne ; ibid. chron. C. cass. 2191, obs. Méano ; RTD civ. 2014. 673, obs. Dross ; RDC 2014. 746, note Tadros.*

3. *Titulaire de l'option entre arrachage et élagage.* En sa qualité de propriétaire du fonds, une personne est fondée à réclamer l'application des art. 671 et 672 sans avoir à justifier d'un préjudice particulier. • Civ. 3e, 16 mai 2000 : *AJDI 2000. 1053, obs. Teilliais* • Dijon, 5 avr. 2005 : *BICC 1er mars 2006, n° 437.* ♦ Sur l'absence d'atteinte au droit de propriété, V. note 1 ss. art. 671.

4. *Titulaire de l'option.* Le propriétaire d'un héritage peut avoir des arbres à la distance de moins de deux mètres de l'héritage voisin à la double condition qu'ils soient plantés à un demi-mètre au moins de cet héritage et qu'ils soient tenus à la hauteur de deux mètres au plus. En cas de contravention, le propriétaire voisin peut exiger que les arbres ainsi plantés à plus d'un demi-mètre soient arrachés ou réduits à la hauteur de deux mètres et l'option appartient en ce cas au propriétaire des arbres. • Civ. 3e, 17 juill. 1985 : *Bull. civ. III, n° 112.* ♦ V. aussi : • Civ. 3e, 14 oct. 1987, n° 86-13.286 P.

5. *Servitude par destination du père de famille.* V. note 9 ss. art. 694.

6. *Prescription trentenaire : point de départ.* Le point de départ de la prescription trentenaire pour la réduction des arbres à la hauteur déterminée par l'art. 671, n'est pas la date à laquelle les arbres ont été plantés, mais la date à laquelle ils ont dépassé la hauteur maximum permise. • Civ. 3e, 8 déc. 1981 : *Bull. civ. III, n° 207 ; RTD civ. 1982. 436, obs. Giverdon* • 13 juin 2007, n° 06-14.376 P : *JCP 2007. I. 197, n° 13, obs. Périnet-Marquet ; AJDI 2007. 770, obs. Prigent*.

Art. 673 *(L. 12 févr. 1921)* **Celui sur la propriété duquel avancent les branches des arbres, arbustes et arbrisseaux du voisin peut contraindre celui-ci à les couper. Les fruits tombés naturellement de ces branches lui appartiennent.**

Si ce sont des racines, ronces ou brindilles qui avancent sur son héritage, il a le droit de les couper lui-même à la limite de la ligne séparative.

Le droit de couper les racines, ronces et brindilles ou de faire couper les branches des arbres, arbustes et arbrisseaux est imprescriptible.

1. *QPC (non).* Les dispositions de l'art. 673 qui n'ont ni pour objet, ni pour effet de priver le propriétaire des arbres de son droit de propriété, mais seulement d'en restreindre l'exercice, tendent à assurer des relations de bon voisinage par l'édiction de règles relatives aux végétaux débordant les limites de propriété, proportionnées à cet objectif d'intérêt général. • Civ. 3e, 3 mars 2015, n° 14-40.051 P : *D. 2015. 1139, note Rebeyrol ; ibid. 1863, obs. Neyret ; AJDI 2015. 463, obs. Le Rudulier*.

1° DROIT D'ÉLAGAGE

2. *Domaine d'application : fonds contigus.* Les dispositions de l'art. 673, conférant au propriétaire du fonds, sur lequel s'étendent les branches d'un arbre implanté sur le fonds de son voisin, le droit imprescriptible de contraindre celui-ci à les couper, ne sont applicables qu'aux fonds contigus ; ayant relevé que la parcelle des demandeurs ne jouxtait pas celle du propriétaire du cèdre dont elle était séparée par une voie publique au-dessus de laquelle débordaient quelques branches du cèdre implanté sur la propriété voisine, le tribunal, qui a exactement retenu que ces branches, proches du mur de clôture de la propriété des demandeurs, n'avançaient pas, au sens de l'art. 673, sur cette propriété, a, par ces seuls motifs et sans contradiction, légalement justifié sa décision. • Civ. 3e, 20 juin 2019, n° 18-12.278 P : *D. 2019. 1334 ; RDI 2019. 514, obs. Latil*.

3. *... Non-application aux fonds séparés par un chemin privé.* L'art. 673 n'est pas applicable aux fonds séparés par un chemin privé dont l'usage commun par les riverains ne saurait être limité à la circulation et au passage. • Civ. 3e, 2 févr. 1982, n° 81-12.532 P : *R., p. 63.*

4. *... Droit réel protégé.* L'art. 673 ouvre l'exercice de l'action en élagage quelle que soit la nature du droit réel à protéger ; elle s'applique au débordement de branches des conifères sur l'assiette de la servitude dont bénéficie le fonds voisin. • Civ. 3e, 5 juin 2013, n° 11-25.627 P : *D. 2013. 2252, note Tadros ; ibid. Chron. C. cass. 2544, obs. Pic*.

5. *Caractère imprescriptible.* Le droit imprescriptible tiré de l'art. 673 ne peut être restreint en considération du fait que l'arbre litigieux aurait acquis, par l'art. 672, le droit d'être maintenu en place et en vie. • Civ. 3e, 16 janv. 1991, n° 89-13.698 P. ♦ V. égal. • Civ. 3e, 30 juin 2010, n° 09-16.257 P : *D. 2011. 148, note Mémeteau ; ibid. 2298, obs. Reboul-Maupin ; JCP 2010, n° 1162, § 22, obs. Périnet-Marquet ; RLDC 2010/75, n° 3984, obs. Perruchot-Triboulet ; AJDI 2011. 313, obs. Prigent*. ♦ Le droit de faire couper les branches étant imprescriptible, une demande d'élagage doit être accueillie nonobstant les dispositions applicables dans une zone soumise, par le code de l'urbanisme, à une déclaration préalable des coupes et abattages d'arbres, dans la mesure où une demande d'élagage n'emporte pas obligation de les détruire et où l'élagage n'est pas, en l'espèce, nuisible à l'arbre. • Civ. 3e, 27 avr. 2017, n° 16-13.953 P : *D. 2017. 979 ; AJDI 2017. 698, obs. Le Rudulier ; RDI 2017. 428, obs. Revert ; Gaz. Pal. 2017. 2975, note Guiguet-Schielé.* ♦ Faute de faire partie d'un espace boisé classé soumis aux dispositions de l'art. L. 130-1 C. envir., aucune restriction ne peut être apportée, si ce n'est d'un commun accord, au droit imprescriptible des propriétaires sur les fonds desquels s'étendent les branches des arbres voisins de demander la réduction des ramures qui empiètent sur leur propriété. • Civ. 3e, 2 oct. 2013, n° 11-28.704 P : *D. 2013. Chron. C. cass. 2544, obs. Pic* (absence de prise en compte des engagements de la commune de pallier les conséquences préjudiciables du surplomb des propriétés).

6. *Absence de caractère d'ordre public.*

L'art. 673 n'est pas d'ordre public et il peut y être dérogé ; refus d'ordonner l'élagage d'un pin parasol dès lors que le règlement du lotissement impose le maintien et la protection des plantations quelles que soient leurs distances aux limites séparatives. • Civ. 3e, 13 juin 2012, n° 11-18.791 P : *D. 2012. 2128, obs. Mallet-Bricout et Reboul-Maupin ; RDI 2012. 498, obs. Bergel ; RTD civ. 2012. 549, obs. Revet ; JCP N 2012, n° 1363, note Meiller ; Dr. et patr. 1/2013. 26, note Tadros* (cour d'appel ayant souverainement apprécié que cet élagage entraînerait une mutilation contraire à l'objectif contractualisé de conservation de la végétation existante).

2° DROIT DE COUPER LES RACINES OU RONCES

7. Domaine d'application. Assimilation des chardons et des orties aux ronces, V. • Civ. 3e, 19 mai 2004, n° 03-10.077 P : *D. 2004. Somm. 2408, obs. Mallet-Bricout ; RDI 2004. 374, obs. Gavin-Millan-Oosterlynck* (les chardons et orties sont assimilés aux ronces).

8. Compatibilité avec l'obligation du propriétaire de l'arbre de couper les racines. Le droit pour le propriétaire de couper lui-même à la limite de la ligne séparative les racines qui avancent sur son héritage n'implique pas pour lui l'obligation d'y procéder et la dispense d'obligation à la charge du propriétaire de l'arbre. • TI Bordeaux, 10 juill. 1986 : *D. 1987. 277, note Diener.*

9. Compatibilité avec le droit à la réparation du dommage causé par les racines. Le législateur n'a pas entendu, par les dispositions de l'art. 673, restreindre le droit à réparation du dommage réalisé, mais assurer une protection plus efficace en instituant des mesures de prévention ; le propriétaire d'un arbre, même planté à la distance réglementaire, est responsable des dommages causés par les racines s'étendant sur les héritages voisins. • Civ. 1re, 6 avr. 1965 : *D. 1965. 432,* rejetant le pourvoi formé contre • Paris, 13 déc. 1960 : *JCP 1961. II. 11937, note J. Mazeaud.*

10. Conséquences du non-exercice du droit de couper les branches et racines. Le non-exercice de la faculté prévue par l'art. 673, en l'absence de convention expresse, constitue une tolérance et ne saurait caractériser une servitude dont la charge s'aggraverait avec les années. • Civ. 3e, 17 juill. 1975 : *Bull. civ. III, n° 262* • 18 oct. 2006, n° 04-20.370 P : *Procédures 2007, n° 17, obs. Junillon ; JCP 2007. I. 117, n° 3, obs. Périnet-Marquet ; RDI 2007. 148, obs. Gavin-Millan-Oosterlynck ; Dr. et patr. 7-8/2007. 92, obs. Seube.*

SECTION 2 De la distance et des ouvrages intermédiaires requis pour certaines constructions

Art. 674 Celui qui fait creuser un puits ou une fosse d'aisances près d'un mur mitoyen ou non ;

Celui qui veut y construire cheminée ou âtre, forge, four ou fourneau,

Y adosser une étable,

Ou établir contre ce mur un magasin de sel ou amas de matières corrosives,

Est obligé à laisser la distance prescrite par les règlements et usages particuliers sur ces objets, ou à faire les ouvrages prescrits par les mêmes règlements et usages, pour éviter de nuire au voisin.

Relation entre les dispositions de l'art. 674 et la théorie des troubles de voisinage : Blaise, *RTD civ. 1965. 261.* ♦ Question des troubles de voisinage : V. notes ss. art. 544.

Code de l'urbanisme

(Décr. n° 73-1022 du 8 nov. 1973)

Cours communes

Art. L. 471-1 *(Ord. n° 2005-1527 du 8 déc. 2005)* Lorsqu'en application des dispositions d'urbanisme la délivrance du permis de construire est subordonnée, en ce qui concerne les distances qui doivent séparer les constructions, à la création, sur un terrain voisin, de servitudes de ne pas bâtir ou de ne pas dépasser une certaine hauteur en construisant, ces servitudes, dites « de cours communes », peuvent, à défaut d'accord amiable entre les propriétaires intéressés, être imposées par la voie judiciaire dans des conditions définies par décret. — *V. C. urb., art. R. 471-1 à R. 471-5.* — **C. urb.**

(Ord. n° 2011-1916 du 22 déc. 2011, art. 3) « Les mêmes servitudes peuvent être instituées en l'absence de document d'urbanisme ou de mention explicite dans le document d'urbanisme applicable. »

Art. L. 471-2 *(Ord. n° 2005-1527 du 8 déc. 2005)* Si, dans un délai de un an à compter de l'institution de la servitude de cours communes, le permis de construire n'a pas été délivré ou si, dans le même délai à compter de la délivrance du permis de construire, le demandeur n'a pas commencé les travaux ou si les travaux sont interrompus pendant au moins une année, la décision judiciaire qui a institué la servitude, même passée en force de chose jugée, pourra, sans préjudice de tous dommages-intérêts, être rapportée à la demande du propriétaire du terrain grevé.

Toutefois, le délai prévu à l'alinéa premier du présent article est suspendu, en cas de recours devant la juridiction administrative contre le permis de construire ou de recours devant la juridiction civile en application de l'article L. 480-13, jusqu'à l'intervention de la décision juridictionnelle irrévocable.

Art. L. 471-3 *(Ord. n° 2005-1527 du 8 déc. 2005)* Les indemnités définitives dues par les bénéficiaires des servitudes aux propriétaires des terrains grevés sont fixées, à défaut d'accord amiable, par voie judiciaire.

SECTION 3 Des vues sur la propriété de son voisin

BIBL. GÉN. ▶ FRANK, *D. 1985. Chron. 249* (protection de la vue sur l'horizon). – GODFRIN, *JCP N 2010. 1011* (vues et jours). – A. ROBERT, *RDI 1992. 467* (jours et vues).

Art. 675 **L'un des voisins ne peut, sans le consentement de l'autre, pratiquer dans le mur mitoyen aucune fenêtre ou ouverture, en quelque manière que ce soit, même à verre dormant.**

1. Domaine : paroi translucide (non). En cas d'installation de briques en verre translucide, les juges du fond, qui usent de leur pouvoir souverain en se prononçant sur le caractère des travaux au regard des art. 675 et 676, peuvent décider qu'il ne s'agit ni de fenêtres ni de jours mais d'une paroi translucide. • Civ. 1re, 26 nov. 1964 : *JCP 1965. II. 14185, note Bulté.* – Même sens : • Civ. 1re, 22 juill. 1964 : *D. 1964. 710* • Orléans, 5 mai 1987 : *JCP N 1989. II. 52.* – V. aussi : Béraud, *JCP 1960. I. 1538.*

2. Illustrations : ouverture d'une porte. La destination d'un mur mitoyen est de clore à la fois les deux héritages ; l'application de ce principe interdit, en l'absence du consentement de l'autre copropriétaire du mur, d'y aménager une porte. Une autorisation de justice ne peut remplacer le consentement du voisin pour l'aménagement ou le maintien d'une ouverture. • TGI Paris, 8 juill. 1980 : *RDI 1981. 192, obs. Bergel.*

3. Prescription acquisitive d'une servitude de vue. L'ouverture pratiquée dans un mur mitoyen, contrairement à la prohibition établie par l'art. 675, est susceptible d'être acquise par prescription lorsqu'elle ne constitue pas un simple jour mais une servitude de vue. • Civ. 3e, 10 avr. 1975, n° 73-14.136 P.

Art. 676 **Le propriétaire d'un mur non mitoyen, joignant immédiatement l'héritage d'autrui, peut pratiquer dans ce mur des jours ou fenêtres à fer maillé et verre dormant.**

Ces fenêtres doivent être garnies d'un treillis de fer, dont les mailles auront un décimètre *[environ trois pouces huit lignes]* **d'ouverture au plus, et d'un châssis à verre dormant.**

1. QPC (non). Les dispositions des art. 676 et 677, réglementant les jours susceptibles d'être pratiqués dans un mur non mitoyen joignant immédiatement le fonds voisin, n'ont ni pour objet ni pour effet de priver le propriétaire du mur de son droit de propriété, mais seulement d'en restreindre l'exercice et tendent à assurer des relations de bon voisinage par l'édiction de règles de construction proportionnées à cet objectif d'intérêt général. • Civ. 3e, 2 nov. 2011 : *D. 2012. 2128, obs. Mallet-Bricout et Reboul-Maupin ; AJDI 2012. 54 ; RDI 2012. 88, obs. Bergel.*

2. Remise en état. Doit être ordonnée la remise en état, conformément aux exigences de l'art. 676, d'une ouverture constituant un jour, nonobstant le fait que, donnant sur un toit, elle ne permettait aucune indiscrétion et échappait ainsi à la réglementation des servitudes de vue. • Civ. 3e, 10 juill. 1996, n° 95-13.575 P : *JCP 1997. I. 4010, n° 20, obs. Périnet-Marquet ; RTD civ. 1998. 417, obs. Zenati.* ♦ *Contra*, en présence de garanties suffisantes de discrétion : • Civ 3e, 27 mai 2009 : *V. note 2 ss. art. 677.*

Art. 677 **Ces fenêtres ou jours ne peuvent être établis qu'à vingt-six décimètres** *[huit pieds]* **au-dessus du plancher ou sol de la chambre qu'on veut éclairer, si c'est à rez-de-**

chaussée, et à dix-neuf décimètres *[six pieds]* **au-dessus du plancher pour les étages supérieurs.**

1. Domaine : servitudes conventionnelles (non). Si une servitude conventionnelle comporte au bénéfice d'une des parties une vue sur le fonds de l'autre, les prescriptions de l'art. 676 ne peuvent être imposées au titulaire de cette servitude dont l'exercice est réglé par le titre. • Civ. 3e, 11 févr. 1971, n° 69-12.735 P.

2. Appréciation souveraine du caractère des ouvertures. La détermination du caractère des ouvertures, alors même qu'elles auraient été établies en dehors de certaines conditions prévues par les art. 676 et 677, relève de l'appréciation souveraine des juges du fond. • Civ. 3e, 31 janv. 1984 : *Bull. civ. III, n° 24* (jurisprudence constante) • Versailles, 12 nov. 1980 : *JCP 1982. II. 19709, note Goubeaux* • 27 avr. 1989 : *RDI 1989. 337, note Bergel* • Paris, 30 janv. 1990 : *ibid. 1990. 191, note Bergel* • Civ. 3e, 28 sept. 2005, n° 04-14.769 P. ♦ Ainsi, il n'y a pas à s'assurer de la hauteur par rapport au plancher de jours, garnis d'un treillis métallique et d'un châssis fixe sur lequel est monté un matériau translucide mais opaque, offrant au fonds servant des garanties de discrétion suffisantes. • Civ. 3e, 27 mai 2009, n° 08-12.819 P : *JCP 2009. 337, n° 15, obs. Périnet-Marquet.*

3. Prescription acquisitive. Les juges du fond, qui ont apprécié qu'une fenêtre constituait un simple jour et non une vue droite, décident valablement que l'ouverture ne saurait entraîner l'acquisition par prescription d'une servitude de vue. • Civ. 1re, 31 janv. 1966 : *D. 1966. 433* • 16 juin 1966, n° 64-13.020 P. – Même sens : • Civ. 3e, 7 avr. 2004, n° 02-20.502 P : *D. 2004. Somm. 2466, obs. Mallet-Bricout* ; *JCP 2004. II. 10195, note Pierroux* ; *RDI 2004. 373, obs. Bruschi*.

Art. 678 *(L. n° 67-1253 du 30 déc. 1967)* **On ne peut avoir des vues droites ou fenêtres d'aspect, ni balcons ou autres semblables saillies sur l'héritage clos ou non clos de son voisin s'il n'y a dix-neuf décimètres de distance entre le mur où on les pratique et ledit héritage, à moins que le fonds ou la partie du fonds sur lequel s'exerce la vue ne soit déjà grevé, au profit du fonds qui en bénéficie, d'une servitude de passage faisant obstacle à l'édification de constructions.**

I. DOMAINE DE L'OBLIGATION DE RESPECTER LA DISTANCE LÉGALE

A. NOTION DE VUE

1. Appréciation souveraine des juridictions du fond. La détermination du caractère des vues et ouvertures pratiquées sur l'héritage d'autrui est une question de fait qu'il appartient aux juges du fond de trancher souverainement. • Civ. 3e, 1er juill. 1975 : *Bull. civ. III, n° 231.* – Jurisprudence constante. ♦ V. aussi note 2 ss. art. 677.

2. Caractère non limitatif de l'énumération. Les termes de l'art. 678 ne sont pas limitatifs et s'appliquent non seulement aux fenêtres et balcons, mais aussi aux terrasses, plates-formes ou autres exhaussements de terrain d'où l'on peut exercer une servitude de vue sur le fonds voisin. • Civ. 3e, 29 nov. 1983 : *Bull. civ. III, n° 247.* – Jurisprudence constante.

3. Illustrations : prise en compte du risque d'indiscrétion. Est une vue soumise à l'art. 678 une fenêtre donnant sur un toit lui-même pourvu d'ouverture, lucarne ou ciel ouvert vitré, d'où résulte un risque d'indiscrétion. • Civ. 1re, 6 déc. 1965 : *D. 1965. 839, note Voulet.* ♦ Mais les conditions de distance prescrites par les art. 678 et 679 sont inapplicables à des vues qui s'exercent sur un toit dépourvu d'ouverture. • Civ. 3e, 3 juill. 1969 : *D. 1969. 685* • 29 avr. 1986, n° 85-10.150 P. ♦ ... Ou sur un toit pourvu d'ouvertures trop éloignées pour que la vue puisse s'exercer sans accéder à ce toit. • Civ. 3e, 28 avr. 1971, n° 69-13.400 P. ♦ ... Ou sur un mur aveugle. • Bordeaux, 7 janv. 1966 : *D. 1966. 202* ; *JCP 1966. II. 14648, note H. G.*

4. ... Prise en compte de la réciprocité de la vue. Ne constituent pas des vues droites, au sens de l'art. 678, les intervalles existant entre les barreaux d'une grille de clôture dès lors qu'ils rendent possible la réciprocité de la vue. • Civ. 3e, 17 janv. 1973 : *Bull. civ. III, n° 59.* ♦ Même solution pour un hangar, simple couverture supportée par des piliers. • Civ. 3e, 6 mars 1973 : *Bull. civ. III, n° 173.*

5. Portée de la restriction à la propriété découlant de la vue. Le propriétaire du fonds servant, seulement tenu de ne pas construire à moins de dix-neuf décimètres du mur où l'ouverture est faite, ne peut se voir imposer d'autres restrictions à son droit de propriété, telle une interdiction de faire stationner des véhicules à une distance inférieure à la distance légale. • Civ. 3e, 13 juill. 2005, n° 04-13.137 P : *D. 2005. IR 2179* ; *JCP 2006. I. 127, n° 13, obs. Périnet-Marquet* ; *AJDI 2005. 937, note Prigent*.

B. SITUATION JURIDIQUE DES FONDS

6. Application de l'interdiction aux propriétés privatives contiguës. Les prescriptions de l'art. 678 ne concernent que les propriétés contiguës. • Civ. 3e, 21 déc. 1987, n° 86-16.177 P • 22 mars 1989 : *ibid. III, n° 74* ; *RTD civ. 1991. 147, obs. Zenati* • 23 nov. 2017, n° 15-

26.240 P : *D. 2018. 1772, obs. Neyret et Reboul-Maupin ; AJDI 2018. 218, obs. Cohet ; RDI 2018. 162, obs. Bergel ; RDC 2021/1. 102, note Fenouillet.* ♦ La présence d'une voie publique fait obstacle à l'application des dispositions sur les servitudes de vue. • Civ. 3e, 28 sept. 2005, n° 04-13.942 P : *D. 2005. IR 2631 ; JCP 2006. I. 127, n° 12, obs. Périnet-Marquet ; RDI 2006. 43, obs. Trébulle , et 205, obs. Bergel .* ♦ ... Mais non celle d'une bande de terrain rattachée au fonds revendiquant la vue, qui n'a pas perdu son caractère privatif du fait de l'utilisation par les habitants comme passage public. • Civ. 3e, 5 avr. 2006 : *JCP 2006. II. 10137, note Boizard.*

7. Exception : fonds servant déjà grevé d'un droit de passage au profit du fonds dominant. Les dispositions des art. 678 et 679 ne sont pas applicables au cas où le fonds sur lequel s'exerce la vue est déjà grevé au profit du fonds qui en bénéficie d'une servitude de passage. • Civ. 3e, 14 mars 1973 : *Bull. civ. III, n° 208.* ♦ Jugé qu'il en est de même si la bande de terrain sur laquelle donnent les fenêtres est un passage privé ouvert au public. • TGI Dijon, 12 avr. 1967 : *JCP 1967. II. 15087, note J. P.* ♦ *Contra :* • Civ. 1re, 28 déc. 1962, n° 61-13.341 P. ♦ L'exception au principe de l'interdiction des vues ne joue pas lorsque la servitude de passage existe au profit d'un fonds autre que celui qui bénéficie de la vue. • Civ. 3e, 23 févr. 2005, n° 03-20.110 P : *R., p. 293 ; D. 2005. IR 799 ; JCP 2005. I. 181, n° 13, obs. Périnet-Marquet ; AJDI 2005. 507, obs. Prigent .*

8. Non-application de l'interdiction dans les rapports entre copropriétaires. Les règles du code civil relatives aux servitudes légales de vue ne s'appliquent que si les terrains et les bâtiments appartiennent de façon privative à des propriétaires différents et ne jouent pas dans les rapports entre copropriétaires d'un ensemble immobilier. • Civ. 3e, 2 déc. 1980 : *JCP N 1981. II. 266, note Stemmer* • 10 janv. 1984 : *D. 1985. 335, note Aubert ; JCP N 1984. II. 238, note Stemmer ; RTD civ. 1985. 741, obs. Giverdon et Salvage-Gerest* • 19 juill. 1995, n° 93-12.325 P : *RTD civ. 1998. 145, obs. Zenati .*

9. Non-application de l'interdiction au profit d'une parcelle indivise. Une partie peut avoir toutes ouvertures dans un mur donnant, non sur l'héritage privatif de son voisin, mais sur une parcelle indivise entre eux. • Civ. 3e, 24 oct. 1990, n° 88-15.667 P : *RTD civ. 1992. 798, obs. Zenati .*

C. RENONCIATION À LA SERVITUDE DE VUE

10. Rôle de la publicité foncière. Une servitude de vue passe à l'acquéreur du fonds, dès lors que la renonciation du précédent propriétaire n'a pas fait l'objet d'un acte authentique et transcrit. • Civ. 3e, 5 nov. 1970, n° 69-10.593 P (en l'espèce, servitude conventionnelle, mais la renonciation à une servitude légale est également soumise à publicité, comme portant mutation d'un droit réel immobilier : • Civ. 3e, 5 févr. 1970 : *JCP 1970. II. 16404, note G. G.*).

II. CONSÉQUENCES DE L'INOBSERVATION DE LA DISTANCE LÉGALE

A. SANCTIONS DE L'ÉTABLISSEMENT DE VUES IRRÉGULIÈRES

11. Suppression de la vue irrégulière : appréciation souveraine des juges du fond. Les juges du fond statuent souverainement sur la suppression des vues inférieures à la distance légale. • Civ. 3e, 19 févr. 1971 : *Bull. civ. III, n° 133.* ♦ Ils peuvent refuser d'ordonner la démolition s'ils constatent que des travaux (pose d'une cloison translucide) sont de nature à interdire toute vue sur le fonds voisin. • Civ. 3e, 11 mars 1970, n° 68-10.040 P • 8 déc. 1971 : *Gaz. Pal. 1972. 2. 492.*

Mais jugé que, la solution préconisée par l'expert (pose sur un balcon construit en limite de propriété d'une cloison en plexiglass opaque) n'étant pas conforme à l'art. 678, force est, devant le désaccord des parties, de faire respecter la loi et d'ordonner le reculement de la barrière du balcon à 1,90 m de la limite de propriété. • Lyon, 30 mars 1988 : *JCP 1989. II. 21163, note Prévault.*

Comp., pour la sanction d'une servitude de vue du fait de l'homme, note 17.

12. ... Débiteur de l'obligation de suppression. L'obligation de supprimer des vues incombe au propriétaire du fonds, même si c'est un tiers qui a la jouissance de la terrasse de laquelle existe la vue. • Civ. 3e, 17 juin 1970 : *Bull. civ. III, n° 409.*

13. ... Prescription de l'action en suppression. Jugé que l'action en suppression des vues irrégulières s'éteint par la prescription trentenaire. • Civ. 3e, 12 nov. 1975 : *JCP 1976. II. 18400, note Goubeaux* (ainsi jugé, dans un cas où une servitude du fait de l'homme contraire à la servitude légale n'avait pu être acquise par prescription) *(décision rendue sous l'empire du droit antérieur à la L. du 17 juin 2008 portant réforme de la prescription en matière civile).*

B. ACQUISITION PAR PRESCRIPTION D'UNE SERVITUDE DU FAIT DE L'HOMME

14. Principe. Après avoir relevé que les fenêtres d'un immeuble constituaient des vues et non de simples jours de souffrance et que ces ouvertures avaient été aménagées depuis plus de trente ans, les juges du fond en déduisent exactement l'acquisition par prescription d'une servitude de vue sur le fonds voisin. • Civ. 3e, 21 juill. 1981 : *Gaz. Pal. 1982. 1. Pan. 72, obs. A. P.* – Jurisprudence constante. ♦ V. aussi notes suivantes.

15. Conditions. Une servitude de vue est une servitude continue et apparente qui existe du fait même de la présence de l'ouverture donnant sur l'héritage d'autrui et dont la possession subsiste tant qu'il n'y est pas matériellement contredit. • Civ. 1re, 22 févr. 1965, n° 63-12.786 P. ♦ Mais encore faut-il que la situation soit de nature à éveiller l'attention du propriétaire du fonds voisin et à provoquer au besoin sa contradiction. • Civ. 3e, 14 mars 1972, n° 70-13.340 P.

16. Effets. Le propriétaire du fonds grevé d'une servitude de vue droite est tenu de ne pas édifier de construction dans un rayon de dix-neuf décimètres à partir du parement extérieur du mur où l'ouverture est faite. • Civ. 1re, 12 oct. 1966 : *D. 1966. 613, note Voulet ; JCP 1966. II. 14892, note Liet-Veaux* • Civ. 3e, 25 oct. 1972 : *D. 1973. 756, note Souleau ; JCP 1973. II. 17491, note Goubeaux* • 3 déc. 2003, n° 01-17.293 P : *JCP 2004. I. 171, n° 16 s., obs. Périnet-Marquet ; Gaz. Pal. 2004. Somm. 1414, obs. S. Piedelièvre.*

17. Sanction du non-respect de la servitude de vue du fait de l'homme. Le propriétaire d'un fonds dominant bénéficiaire d'une servitude de vue est en droit d'obtenir la démolition du mur édifié en deçà de la distance légale par rapport aux fenêtres par lesquelles s'exerce la servitude, pour maintenir, en faveur de son héritage, la plénitude du droit réel qui s'y rattache. • Civ. 3e, 3 juill. 1973, n° 72-10.877 P. – Jurisprudence constante. ♦ Les juges ne peuvent substituer à la démolition demandée l'allocation de dommages-intérêts. • Civ. 1re, 4 mai 1964, n° 62-14.012 P. ♦ Comp. la sanction de l'inobservation de la servitude légale : note 11.

Art. 679 *(L. n° 67-1253 du 30 déc. 1967)* **On ne peut, sous la même réserve, avoir des vues par côté ou obliques sur le même héritage, s'il n'y a six décimètres de distance.**

Pour l'application de l'art. 679 à une fenêtre de toit : • Civ. 3e, 27 mai 2008 : *RDI 2009. 105, obs. Gavin-Millan-Oosterlynck.*

Art. 680 La distance dont il est parlé dans les deux articles précédents, se compte depuis le parement extérieur du mur où l'ouverture se fait, et, s'il y a balcons ou autres semblables saillies, depuis leur ligne extérieure jusqu'à la ligne de séparation des deux propriétés.

1. Séparation des fonds par un espace d'usage commun. Lorsque les fonds sont séparés par un espace, quelle que soit sa qualification : passage, ruelle, chemin d'exploitation, cour, etc., affecté à un usage commun aux deux fonds, la distance légale pour l'établissement des vues droites se compte depuis la limite du fonds voisin, située non pas au milieu de l'espace commun, mais de l'autre côté de ladite voie. • Civ. 3e, 12 avr. 1972 : *Bull. civ. III, n° 217* • 14 janv. 2004, n° 02-18.564 P : *R., p. 274 ; D. 2004. Somm. 2409, obs. Reboul-Maupin ; JCP 2004. I. 171, n° 16 s., obs. Périnet-Marquet ; RDI 2004. 279, obs. Gavin-Millan-Oosterlynck.* ♦ V. aussi Goubeaux, note *JCP 1968. II. 15655.*

2. Calcul de la distance. La distance légale pour l'établissement des vues droites se compte jusqu'à la limite du fonds sur lequel s'exerce la vue même en présence de balcons ou autres saillies avançant au-delà de cette limite. • Civ. 3e, 14 janv. 2004 : *préc. note 1.*

3. Servitude acquise par prescription. Dans le cas d'une servitude de vue acquise par prescription, la distance se calcule, selon l'art. 680, depuis le parement extérieur du mur où l'ouverture se fait et non pas à l'aplomb de la fenêtre. • Civ. 3e, 25 oct. 1972 : *D. 1973. 756, note Souleau ; JCP 1973. II. 17491, note Goubeaux.*

SECTION 4 De l'égout des toits

Art. 681 Tout propriétaire doit établir des toits de manière que les eaux pluviales s'écoulent sur son terrain ou sur la voie publique ; il ne peut les faire verser sur le fonds de son voisin.

1. Notion d'eaux pluviales. Si l'application des art. 640 et 681 C. civ. a été étendue aux eaux ménagères, les servitudes prévues par ces textes ne concernent pas les eaux qui ont été altérées *par* le fait de l'homme, telles que les eaux industrielles, usées, fétides ou insalubres. • Civ. 1re, 4 déc. 1963 : *D. 1964. 104.*

2. Déversement sur la voie publique. Dès lors que les eaux d'égout du toit de son immeuble se déversent sur la voie publique, il n'incombe pas au propriétaire de répondre de leur sort ultérieur, quand bien même elles rejailliraient sur le mur du voisin. • Civ. 3e, 4 févr. 1976 : *Bull. civ. III, n° 52.*

3. Déversement sur le terrain du propriétaire du toit : art. 640. Les eaux pluviales provenant du toit d'un immeuble, une fois tombées sur le terrain du propriétaire de celui-ci, peuvent s'écouler sur le fonds voisin dans les conditions fixées par l'art. 640 C. civ. • Civ. 3e, 7 nov. 1972 : *Bull. civ. III, n° 583* • 11 mai 1976 : *ibid. III, n° 195.*

4. ... Indivision. Le droit de déverser les eaux

pluviales provenant d'un toit sur une bande de terrain indivise ne peut être refusé à un des indivisaires sans préciser en quoi ce déversement n'est pas conforme à la destination des lieux et est incompatible avec le droit du coïndivisaire. • Civ. 3e, 9 janv. 1985 : *Bull. civ. III, n° 9.*

5. Déversement sur le terrain d'autrui. La saillie du toit sur le fonds voisin n'établit pas une présomption de propriété sur la bande de terrain qui est surplombée, mais ne peut conduire qu'à l'acquisition, à titre de servitude, du droit de surplomber et de déverser les eaux provenant de l'égout des toits. • TI Saint-Girons, 4 avr. 1996 : *RDI 1996. 337, obs. Bergel.* ♦ Il n'existe pas de présomption légale au profit du propriétaire du bâtiment dont le toit fait saillie de la propriété de la bande de terrain située au-dessous de la saillie du toit et il appartient à celui qui la revendique d'en faire la preuve. • Pau, 20 mars 2006 : *D. 2006. 3038, note Mémeteau.*

SECTION 5 Du droit de passage

Art. 682 *(L. n° 67-1253 du 30 déc. 1967)* **Le propriétaire dont les fonds sont enclavés et qui n'a sur la voie publique aucune issue ou qu'une issue insuffisante, soit pour l'exploitation agricole, industrielle ou commerciale de sa propriété, soit pour la réalisation d'opérations de construction ou de lotissement, est fondé à réclamer sur les fonds de ses voisins un passage suffisant pour assurer la desserte complète de ses fonds, à charge d'une indemnité proportionnée au dommage qu'il peut occasionner.**

BIBL. ▶ DUNI, *Gaz. Pal. 1968. 1. Doctr. 135.* – FAVRE-REGUILLON et MORATI, *AJDI 2018. 187* (juste valorisation d'une servitude de passage – revue de jurisprudence). – LANDREAU, *JCP 1963. I. 1784.*

I. EXISTENCE DE LA SERVITUDE

A. NOTION D'ENCLAVE

1. Pouvoir souverain d'appréciation des juridictions du fond. Les juges du fond disposent d'un pouvoir souverain pour apprécier, d'après l'état des lieux et les circonstances de la cause, si un fonds est ou non enclavé ; de même, ils apprécient souverainement si l'issue dont dispose un fonds sur la voie publique pour son exploitation est suffisante et si l'enclave est ou non le résultat d'opérations volontaires. • Civ. 3e, 5 mars 1974 : *Bull. civ. III, n° 102.* – Jurisprudence constante. ♦ V. aussi notes suivantes.

2. Enclave résultant d'un obstacle juridique : preuve de l'existence de la servitude. Il incombe au propriétaire, qui revendique une servitude de passage pour cause d'enclave du fait d'un panneau d'interdiction de circuler, en raison d'un obstacle juridique à l'accès à la voie publique, d'établir, en cas de contestation, l'existence d'une décision administrative prescrivant cette interdiction ; inverse la charge de la preuve la cour d'appel qui, pour reconnaître l'existence de la servitude pour cause d'enclave, relève que *la circulation est prohibée par la présence* du panneau de sens interdit, sans restriction au profit des riverains, et retient que le propriétaire du fonds servant, qui conteste l'existence d'une décision administrative à l'origine de cette signalisation, ne rapporte pas la preuve de la véracité de ses allégations. • Civ. 3e, 17 déc. 2020, n° 19-11.376 P : *D. 2021. 6 ; RDI 2021. 150, obs. Bergel.*

3. Appréciation de l'état d'enclave afin de déterminer l'origine légale ou conventionnelle d'une servitude de passage et de se prononcer sur les conséquences de la disparition de cet état quant à l'existence de la servitude, V. notes 2 s. ss. art. 685-1.

1° ISSUE SUR LA VOIE PUBLIQUE

4. Notion de voie publique. Les termes « voie publique » ne concernent pas seulement les voies terrestres mais aussi les voies d'eau. • Lyon, 18 mai 1989 : *D. 1989. IR 193 ; RTD civ. 1989. 783, obs. Zenati.* ♦ Pour la nécessité de recherche si des voies sont ouvertes au public : • Civ. 3e, 13 mai 2009, n° 08-14.640 P : *JCP 2009. 337, n° 17, obs. Périnet-Marquet.*

5. Accès impossible : prise en compte d'un obstacle juridique. Enclave reconnue pour un fonds bordé par une route départementale à laquelle le certificat d'urbanisme interdit tout accès direct, le propriétaire ne pouvant se voir contraint à exercer un recours à l'encontre de cet acte. • Civ. 3e, 14 janv. 2016, n° 14-26.640 P : *D. 2016. 1779, obs. Neyret et Reboul-Maupin.*

6. Accès nécessitant un aménagement : prise en compte du coût des travaux. Un fonds peut être déclaré enclavé lorsque les chemins ruraux qui pourraient le desservir, bien que n'étant pas déclassés, sont impraticables et que la dépense pour leur remise en état serait hors de proportion avec l'usage qui en serait fait et la valeur du bien. • Civ. 3e, 4 juin 1971, n° 70-11.857 P • Civ. 3e, 17 déc. 2013 : *AJDI 2014. 470, obs. Gavin-Millan-Oosterlynck.* ♦ Déjà en ce sens : • Civ. 1re, 2 mai 1961 : *Bull. civ. I, n° 220* • 16 févr. 1966 : *ibid. I, n° 125* (coût excessif des travaux). ♦ Les juges du fond ne sont pas tenus de rechercher d'office si le coût des travaux serait disproportionné. • Civ. 3e, 8 avr. 1999, n° 97-11.716 P : *JCP 2000. I. 211, n° 15, obs. Périnet-Marquet.* ♦ Cassation de l'arrêt ne recherchant pas, comme il était demandé, si des travaux, dont le coût ne serait pas disproportionné par rapport à la valeur du fonds, ne pourraient pas permettre un accès à la voie publique. • Civ. 3e, 8 juill. 2009, n° 08-11.745 P : *JCP 2009. 337, n° 17, obs. Périnet-Marquet ; RLDC 2009/64, n° 3592, obs. Parance.*

7. Accès insuffisant : refus de prendre en compte un souci de commodité. Un simple souci de commodité et de convenance ne permet pas de caractériser l'insuffisance de l'issue sur la voie publique. • Civ. 3e, 24 juin 2008 : *RDI 2009. 107, obs. Gavin-Millan-Oosterlynck* • TGI Bordeaux, 24 juin 1969 : *JCP 1969. II. 16109, note Ghestin.*

2° UTILISATION NORMALE DU FONDS

8. Principe : variété des modes d'exploitation. Le droit, pour le propriétaire d'une parcelle enclavée, de réclamer un passage sur les fonds de ses voisins est fonction de l'utilisation normale du fonds quelle qu'en soit la destination. • Civ. 1re, 2 mai 1961 : *Bull. civ. I, n° 220* • Civ. 3e, 7 avr. 1994, n° 89-20.964 P : *Defrénois 1994. 1160, obs. Souleau-Defrénois.* ♦ Ainsi en est-il de l'exploitation d'une salle de cinéma exigeant une issue de secours. • Civ. 3e, 5 mars 1974 : *préc. note 1.* ♦ ... De l'exploitation agricole exigeant le passage de machines. • Civ. 3e, 9 mars 1976 : *Bull. civ. III, n° 107.* ♦ ... De la construction d'un ensemble immobilier. • Civ. 3e, 29 avr. 1981 : *Gaz. Pal. 1982. 1. 212, note E. S. de La Marnierre* • 25 juin 1997, n° 95-15.772 P. ♦ ... De l'habitation d'une maison exigeant le passage d'une automobile, compte tenu des conditions actuelles de la vie et de la nécessité de permettre un secours rapide en cas d'incendie. • Civ. 3e, 28 oct. 1974, n° 73-12.270 P. – Dans le même sens : • Civ. 3e, 19 mai 1993, n° 91-14.819 P : *D. 1993. Somm. 307, obs. A. Robert* • 14 janv. 2016, n° 14-25.089 P : *D. 2016. 1779, obs. Neyret et Reboul-Maupin ; AJDI 2016. 535, obs. Le Rudulier ; RDC 2016. 337, note Tadros.*

9. Exploitation du tréfonds. Il peut y avoir enclave du tréfonds. • Civ. 1re, 3 déc. 1962 : *Bull. civ. I, n° 515* (champignonnière).

10. Utilisation normale par un autre que le propriétaire. L'art. 682 n'interdit nullement que l'utilisation du fonds soit mise en œuvre par un autre que le propriétaire auquel celui-ci a donné son agrément ; ainsi, l'établissement d'un fils vivant sous le même toit que ses parents et qui organise son atelier d'artisan dans la maison paternelle fait partie intégrante de l'exploitation normale et des besoins normaux de l'immeuble. • *Civ. 3e, 6 juin 1969 : D. 1969. 602.*

11. Achat en vue d'une utilisation normale. Les juges du fond ne peuvent rejeter une demande d'établissement d'une servitude de passage au motif que le demandeur avait acquis en connaissance de cause un terrain en vue d'une utilisation supposant l'existence d'un passage qui faisait défaut, sans rechercher si l'opération de construction projetée par le propriétaire constituait une utilisation normale de son fonds. • Civ. 3e, 17 avr. 1991, n° 89-20.680 P.

12. L'état d'enclave ne suffit pas, par lui-même, à écarter la qualification de terrain à bâtir. • Civ. 3e, 4 avr. 1978 : *JCP 1980. II. 19323, note A.H.B.* ♦ Comp. • Civ. 3e, 17 nov. 1982 : *JCP 1983. II. 20024, note Liet-Veaux.*

13. Changement de destination. Constitue une utilisation normale, pour un fonds antérieurement à vocation agricole et devenu constructible, le projet d'une opération de lotissement, nécessitant une desserte accrue. • Civ. 3e, 4 oct. 2000 : *JCP 2001. I. 305, n° 14, obs. Périnet-Marquet ; JCP N 2001. 242, obs. Sizaire.*

B. SITUATIONS EXCLUANT LA SERVITUDE LÉGALE

1° ORIGINE VOLONTAIRE DE L'ÉTAT D'ENCLAVE

14. Principe. Le propriétaire qui a lui-même obstrué l'issue donnant accès à la voie publique ne peut se prévaloir d'un droit de passage pour cause d'enclave (jurisprudence constante). • Civ. 1re, 4 mai 1964 : *Bull. civ. I, n° 230* • Versailles, 20 mai 1994 : *D. 1996. Somm. 58, obs. A. Robert*

15. Pouvoir souverain d'appréciation des juridictions du fond. Les juges du fond ont un pouvoir souverain pour apprécier le caractère volontaire de l'état d'enclave. • Civ. 3e, 7 févr. 1969 : *Bull. civ. III, n° 128* • 4 oct. 1989 : *ibid. III, n° 182* (jurisprudence constante). ♦ V. aussi • Civ. 3e, 17 juin 1992, n° 90-19.610 P : *JCP 1993. I. 3668, n° 12, obs. Périnet-Marquet* (exigeant des juges du fond qu'ils recherchent si l'état d'enclave ne résulte pas du fait de l'auteur du propriétaire actuel).

16. Illustrations. Il n'y a pas enclave volontaire de la part des auteurs du demandeur (SCI) lorsque le passage établi en 1942, suffisant pour une habitation individuelle, ne l'est plus pour un immeuble collectif. • Civ. 3e, 25 juin 1997, n° 95-15.772 P. ♦ L'état d'enclave ne peut résulter des dispositions du code du travail réglementant les issues et dégagements des locaux d'entreprise, dès lors que le fonds sur lequel ces locaux sont situés n'est pas lui-même enclavé (fonds comportant deux bâtiments dont l'un n'a pas un accès à la voie publique conforme aux exigences de la réglementation du travail en raison de la présence de l'autre). • Civ. 3e, 8 juin 1988, n° 87-12.892 P. ♦ Ne peut donner lieu à droit de passage un garage dont l'état d'enclave résulte du fait que les propriétaires de la parcelle l'ont construit sans s'assurer que cette construction était accessible. • Civ. 3e, 24 juin 2008 : *RDI 2009. 107, obs. Gavin-Millan-Oosterlynck* .

♦ Rappr. : • Civ. 3e, 12 mai 2009 : *D. 2009. Pan. 2300, obs. Mallet-Bricout*.

2° AUTRES SITUATIONS

17. Tolérance d'un voisin. N'est pas enclavé le fonds qui bénéficie d'une tolérance de passage permettant un libre accès à la voie publique pour les besoins de son exploitation tant que cette tolérance est maintenue. • Civ. 3e, 16 juin 1981 : *Bull. civ. III, n° 126* (jurisprudence constante). – Même sens : • Civ. 3e, 27 sept. 2006, n° 05-16.451 P : *JCP 2006. IV. 3050.*

18. Desserte entre parcelles enclavées. Les exigences de desserte entre elles de deux parcelles enclavées sont étrangères à l'objet de la servitude de l'art. 682. • Civ. 3e, 7 janv. 1987, n° 85-13.157 P.

19. Enclave par le domaine public. En raison du principe de l'inaliénabilité des biens du domaine public, ceux-ci ne peuvent être grevés de servitudes légales de droit privé et notamment d'un droit de passage en cas d'enclave. • Civ. 1re, 2 mars 1994, n° 87-16.932 P.

20. Importance du préjudice subi par le fonds voisin (non). Le droit du propriétaire dont le fonds est enclavé de réclamer un passage sur le fonds voisin n'est pas limité par l'importance du dommage causé au voisin. • Civ. 3e, 25 janv. 1977 : *Bull. civ. III, n° 42.*

II. MISE EN ŒUVRE DE LA SERVITUDE LÉGALE

A. OBTENTION DE LA SERVITUDE

21. Demandeur à l'action en revendication de servitude : propriétaire du fonds dominant. Dès lors que le caractère de terrain à bâtir de la parcelle n'est pas discuté, il importe peu, lorsque ce fonds est mis en vente, que la réclamation de la servitude de passage émane du vendeur ou de l'acquéreur, la loi n'imposant pas au propriétaire du fonds dominant de réaliser lui-même l'opération de construction projetée sur ce fonds. • Civ. 3e, 18 déc. 1991, n° 89-19.245 P. ♦ Mais un fermier est sans droit à se prévaloir de l'état d'enclave pour réclamer une servitude de passage au profit du fonds qui lui est donné à bail. • *Civ. 3e, 2 mars 1983 : Bull. civ. III, n° 67 ; RTD civ. 1983. 761, obs. Giverdon.*

22. Absence d'obstacle lié au rejet d'une demande visant à la reconnaissance d'une servitude du fait de l'homme. La demande de reconnaissance d'une servitude de passage du fait de l'homme et celle d'une servitude légale n'ont pas le même objet, de sorte que, le principe de concentration des moyens n'étant pas applicable, la seconde demande ne se heurte pas à l'autorité de la chose jugée sur la première. • Civ. 3e, 25 mars 2021, n° 19-20.603 P : *D. 2021. Chron. C. cass. 980, obs. Jariel ; ibid. 1509, obs. Strickler et Reboul-Maupin ; RDI 2021. 419, obs. Bergel*.

23. Indemnité due par le bénéficiaire : montant. L'indemnité est proportionnée au dommage que le passage peut occasionner ; elle est indépendante du profit procuré au propriétaire du fonds enclavé. • Civ. 3e, 16 avr. 1973 : *D. 1973. 501.* ♦ Devant être fixée en considération du seul dommage occasionné, elle ne peut se monter à la valeur vénale du terrain correspondant à l'assiette du passage. • Civ. 3e, 9 févr. 1994, n° 92-11.500 P : *D. 1994. Somm. 166, obs. A. Robert ; Defrénois 1994. 1160, obs. Souleau-Defrénois.* ♦ ... Ni prendre en considération un risque de non-respect d'utilisation de la servitude, pas plus qu'une vue droite sur le fonds servant, compte tenu de la faible fréquence des passages. • Reims, 2 juill. 2007 : *BICC 15 mars 2008, n° 468.*

24. ... Paiement. L'exercice du droit de passage n'est pas subordonné au paiement préalable de l'indemnité de désenclavement. • Civ. 3e, 25 mars 2021, n° 20-15.155 P : *RDI 2021. 351, obs. Bergel ; JCP N 2021, n° 1260, note Meiller* (rejet de la demande en cessation des travaux permettant l'exercice du passage présentée par les propriétaires du fonds servant se prévalant d'une absence de paiement intégral de leur indemnité).

B. EXERCICE DE LA SERVITUDE

25. Fonds assujettis. La cessation de l'état d'enclave au moyen d'un droit de passage n'implique ni que l'assiette du passage se situe exclusivement sur les fonds contigus du fonds enclavé, ni qu'elle doive grever un seul fonds. • Civ. 3e, 18 janv. 1989 : *Bull. civ. III, n° 17 ; RTD civ. 1991. 365, obs. Zenati*.

26. Modalités du passage : passage de canalisations. L'assiette du chemin sur lequel s'exerce le droit de passage peut être utilisée par le propriétaire du fonds enclavé pour la pose des canalisations nécessaires à la satisfaction des besoins de la construction édifiée sur sa propriété. • Civ. 3e, 14 déc. 1977, n° 76-11.254 P. – Déjà en ce sens : • Civ. 22 nov. 1937 : *DP 1938. 1. 62, note Voirin.* ♦ Comp. • Civ. 24 févr. 1930 : *DP 1932. 1. 9, note Besson* (câbles aériens).

27. Changements du passage. Le bénéficiaire de la servitude est en droit d'en obtenir l'élargissement lorsque la largeur du passage est devenue insuffisante du fait des progrès techniques réalisés dans les modes de transport. • Civ. 3e, 4 févr. 1987 : *Bull. civ. III, n° 21 ; RTD civ. 1990. 117, obs. Zenati*. – V. aussi • Civ. 3e, 28 oct. 1974 : *ibid. III, n° 387.* ♦ V. note 6.

28. Action en réintégration. L'action en réintégration peut avoir pour objet une servitude de passage. • Civ. 3e, 15 févr. 1995, n° 93-13.102 P : *RTD civ. 1995. 925, obs. Zenati* (en l'espèce, servitude conventionnelle résultant d'un acte sous seing privé). ♦ V. déjà, dans le même sens : • Civ. 3e, 12 nov. 1980 : *Bull. civ. III, n° 172 ; D. 1981. IR 509, obs. A. Robert.* ♦ V. antérieurement, *contra*, • Civ. 3e, 11 mai 1976 : *Bull. civ. III, n° 192* (l'action en réintégrande, supposant la détention matérielle et actuelle de la chose litigieuse, ne peut être exercée lorsqu'il s'agit de servitudes, qu'elles soient légales ou conventionnelles, si elles sont discontinues et non apparentes, puisque celles-ci ne peuvent faire l'objet d'une telle détention ; la dépossession violente qui sert de fondement à l'action en réintégrande ne peut, en principe, se concevoir en l'absence de détention matérielle).

29. Complainte. Le juge, en matière de servitude de passage dont l'état d'enclave constitue le titre légal, peut, sans contrevenir à la prohibition du cumul du possessoire et du pétitoire, vérifier le fait même de l'enclave et admettre la complainte s'il constate, en fait, que le fonds est enclavé. • Civ. 3e, 6 janv. 1972 : *Bull. civ. III, n° 5* (jurisprudence constante).

30. Limites tenant au principe du non-cumul du possessoire et du pétitoire. Mais méconnaît l'interdiction de cumuler la protection possessoire et le fond du droit l'arrêt qui, pour débouter une partie d'une action possessoire fondée sur l'existence d'une servitude de passage, énonce dans son dispositif que les parcelles ne sont pas enclavées. • Civ. 3e, 4 janv. 1990, n° 88-16.702 P. ♦ ... Ainsi que celui qui dit, dans son dispositif, que l'un des fonds bénéficie d'une servitude de passage sur l'autre fonds, du côté où le trajet est le plus court et à l'endroit le moins dommageable pour le fonds servant. • Civ. 3e, 20 mars 1991, n° 89-12.578 P. ♦ L'état d'enclave ne peut résulter des énonciations d'un jugement du tribunal d'instance statuant au possessoire, qui n'a pas au pétitoire l'autorité de la chose jugée. • Civ. 3e, 25 mars 1992, n° 90-15.995 P : *D. 1993. Somm. 32, obs. A. Robert*. ♦ *Contra* : • Civ. 3e, 4 avr. 2007, n° 06-11.375 P : *AJDI 2007. 678, obs. Mbotaingar ; RDI 2007. 412, obs. Bergel*. ♦ Cessation de l'enclave et action possessoire : V. note 8 ss. art. 685-1.

31. Compétence du juge des référés en cas de trouble manifestement illicite. Les bénéficiaires ayant utilisé sans violence ni voie de fait une servitude de passage préalablement consentie, l'obstacle mis par la personne dont la propriété a été ultérieurement reconnue sur le fonds servant constitue un trouble manifestement illicite (compétence du juge des référés). • Cass., ass. plén., 28 juin 1996, n° 94-15.935 P : *R., p. 349 ; BICC 15 sept. 1996, concl. Weber, note Séné ; D. 1996. 497, concl. Weber, note Coulon ; JCP 1996. II. 22712, note Mémeteau ; ibid. I. 3972, n° 1, obs. Périnet-Marquet ; Gaz. Pal. 1996. 2. 398, note Perdriau ; Defrénois 1996. 1427, obs. Atias ; RTD civ. 1997. 216, obs. Normand , et 463, obs. Zenati ; RDI 1996. 536, obs. Bergel* .

Art. 683 *(L. 20 août 1881)* **Le passage doit régulièrement être pris du côté où le trajet est le plus court du fonds enclavé à la voie publique.**

Néanmoins il doit être fixé dans l'endroit le moins dommageable à celui sur le fonds duquel il est accordé.

1. Domaine. Les règles prescrites par l'art. 683 en matière d'enclave sont étrangères à la question de l'extension d'une servitude conventionnelle. • Civ. 3e, 21 nov. 1974, n° 73-12.397 P.

2. Nécessité d'une intervention judiciaire. Si la servitude de passage existe de plein droit en faveur d'un fonds enclavé et grève tous les fonds qui l'entourent, il n'en est pas de même de l'assiette de ce passage qui, à défaut d'entente entre les parties intéressées, ne peut être déterminée que par le juge conformément aux prescriptions de l'art. 683 ; la création d'un chemin de sa propre initiative par le propriétaire du fonds enclavé peut donc être une faute engageant sa responsabilité. • Civ. 3e, 3 juill. 1969 : *D. 1969. 646.* – V. conf. • Civ. 3e, 4 janv. 1991, n° 89-18.492 P.

3. Détermination de l'assiette du passage par le juge. Lorsque les propriétaires intéressés sont parties à l'instance, le juge qui constate l'état d'enclave d'un fonds est légalement tenu de déterminer, conformément aux dispositions de l'art. 683, l'assiette de la servitude de passage en faveur de ce fonds. • Civ. 3e, 20 mai 2021, n° 20-15.082 P.

4. Qualité pour agir. Un locataire est sans qualité pour agir en fixation de l'assiette d'une servitude. • Civ. 3e, 2 déc. 1992, n° 90-19.446 P : *RDI 1993. 52, note Bergel ; Defrénois 1993. 357, obs. Souleau-Defrénois ; JCP 1993. I. 3668, n° 11, obs. Périnet-Marquet ; RTD civ. 1994. 896, obs. Zenati* .

5. Appréciation souveraine des exigences de l'art. 683. Les juges du fond disposent d'un pouvoir souverain d'appréciation pour déterminer le passage répondant aux exigences de l'art. 683. • Civ. 1re, 19 janv. 1966 : *Bull. civ. I, n° 47* • Civ. 3e, 6 nov. 1969 : *ibid. III, n° 722.* ♦ Dès lors que tous les propriétaires concernés ont été mis en cause, les juges du fond sont tenus de fixer l'assiette de la servitude conformément aux dispositions de l'art. 683. • Civ. 3e, 23 avr. 1992, n° 90-13.071 P : *RTD civ. 1993. 620, obs. Zenati* .

6. ... Sous réserve de respecter les contraintes d'urbanisme et environnementales. Cassation de l'arrêt qui a fixé l'assiette de la servitude selon un trajet plus long, mais le moins dommageable pour le fonds servant, sans rechercher si ce tracé était compatible avec les contraintes d'urbanisme et environnementales applicables à cette parcelle située en zone de protection du patrimoine architectural, urbain et paysager. • Civ. 3e, 5 sept. 2012, n° 11-22.276 P : *D. 2012. 2093 ; D. 2013. 2123, obs. Reboul-Maupin* .

7. Illustrations. On ne saurait reprocher aux juges du fond de ne pas avoir ordonné un aménagement du passage existant, dès lors qu'ils relèvent que le trajet est plus long que celui qu'ils déterminent. • Civ. 1re, 17 oct. 1967 : *Bull. civ. I, n° 303* • Civ. 3e, 8 juill. 1974, n° 73-11.181 P. ♦ Le caractère du moindre dommage prime sur celui de la longueur. • Reims, 2 juill. 2007 : *BICC 15 mars 2008, n° 468.*

8. Charge des frais de modification. Le propriétaire du fonds servant qui sollicite, pour sa seule commodité, la modification de l'assiette de la servitude de passage doit supporter les frais d'implantation afférents à la nouvelle assiette. • Civ. 3e, 20 déc. 1989 : *Bull. civ. III, n° 250 ; Defrénois 1990. 752, obs. Souleau* • 27 oct. 1993, n° 91-17.024 P.

Art. 684 *(L. 20 août 1881)* **Si l'enclave résulte de la division d'un fonds par suite d'une vente, d'un échange, d'un partage ou de tout autre contrat, le passage ne peut être demandé que sur les terrains qui ont fait l'objet de ces actes.**

Toutefois, dans le cas où un passage suffisant ne pourrait être établi sur les fonds divisés, l'article 682 serait applicable.

1. Domaine de la servitude de passage : enclave résultant de la division d'un fonds. Les dispositions de l'art. 684 ne sont applicables que lorsque l'état d'enclave est la conséquence directe de la division d'un fonds. • Civ. 3e, 31 mai 2007, n° 06-11.668 P : *D. 2007. AJ 1784 ; Dr. et patr. 2/2008. 94, obs. Seube et Revet* (parcelle divisée dont l'état d'enclave préexistait au partage). ♦ Application dans l'hypothèse où des parcelles issues d'une division ont été cédées à la SAFER, qui les a ensuite cédées à un tiers, l'enclave du fonds étant la conséquence directe de la division du fonds. • Civ. 3e, 17 oct. 2012, n° 11-24.811 P : *D. 2012. 2517* . ♦ Pour que l'assiette de la servitude de passage soit déterminée conformément à l'art. 684, peu importe que l'actuel propriétaire du fonds, issu de la division, sur lequel le passage peut être pris ne soit pas l'auteur du propriétaire du fonds enclavé. • TGI Aix-en-Provence, 15 mars 1974 : *D. 1975. 298, note Bihr.* ♦ V. aussi la critique des décisions contraires : Goubeaux, *JCP 1970. II (note).*

2. Non-application lorsque la division du fonds résulte d'une procédure d'expropriation. L'art. 684, qui prévoit que si l'enclave résulte de la division d'un fonds par suite d'une vente ou de tout autre contrat, le passage ne peut être demandé que sur les terrains qui ont fait l'objet de ces actes, ne s'applique pas en cas d'enclave résultant de la division d'un fonds par *suite d'une expropriation pour* cause d'utilité publique. • Civ. 3e, 28 janv. 2021, n° 19-21.089 P : *RDI 2021. 217, obs. Hostiou* .

3. Détermination de l'assiette du passage. Bien qu'elle provienne du même héritage, une parcelle cédée antérieurement au partage ayant constitué l'enclave ne doit pas supporter le passage. Celui-ci doit être pris sur le terrain demeuré la propriété de l'auteur de la division. • Civ. 3e, 17 juin 1992, n° 89-18.651 P.

4. Non-application en cas de détermination du passage par usage trentenaire. La détermination de l'assiette d'un passage par trente ans d'usage continu rend inapplicables les dispositions de l'art. 684. • Civ. 3e, 19 mars 2003, n° 11-00.855 P : *JCP 2003. I. 172, n° 15, obs. Périnet-Marquet ; Dr. et patr. 3/2004. 99, obs. Macorig-Venier.*

5. Régime : impossibilité d'opposer à l'acquéreur du fonds enclavé la renonciation d'un précédent propriétaire au bénéfice de la servitude légale. Il résulte des dispositions de l'art. 684, al. 1er, que le fondement de la servitude en cas d'état d'enclave consécutif à la division d'un fonds est un fondement légal. En conséquence, le propriétaire du fonds issu de la division, sur lequel le passage est réclamé, ne saurait invoquer, pour refuser au propriétaire du fonds enclavé l'existence d'une servitude légale, une renonciation de leur auteur commun au bénéfice de cette servitude. • Civ. 3e, 21 juin 1983 : *Bull. civ. III, n° 143* • Versailles, 20 mars 1989 : *RDI 1989. 336, obs. Bergel.* ♦ L'acquéreur d'une parcelle enclavée ne peut se voir opposer la renonciation de l'auteur de la division antérieure au bénéfice de la servitude légale de passage conventionnellement aménagée. • Civ. 3e, 23 janv. 2008, n° 06-20.544 P : *D. 2008. Pan. 2464, obs. Reboul-Maupin ; ibid. 2407, note Penneau ; RDI 2008. 330, obs. Gavin-Millan-Oosterlynck* • 24 oct. 2019, n° 18-20.119 P : *D. 2019. 2089 ; RDI 2020. 78, obs. Bergel* .

6. Obligation d'indemnisation. Cassation de l'arrêt qui, pour rejeter la demande d'indemnisation formée par les propriétaires du fonds servant, retient que l'obligation d'indemnisation n'existe que pour la servitude de passage résultant de l'état d'enclave prévue par l'art. 682, alors que l'état d'enclave résultait de la division d'un fonds par suite d'un acte de partage et que cet acte, qui n'avait pas pour effet de modifier le fondement légal de la servitude, ne contenait aucune renonciation des propriétaires du fonds servant à la perception d'une indemnité. • Civ. 3e, 15 oct. 2013, n° 12-19.563. ♦ Obligation pour le vendeur d'une parcelle d'indemniser l'acquéreur en contrepartie de la servitude de passage pour cause d'enclave résultant de la division du fonds à la suite de la vente, cette vente n'ayant pas eu pour effet de modifier le fondement légal de la servitude et le vendeur ne soutenant pas par ailleurs que l'état d'enclave ait été pris en compte lors de la fixation du prix de vente ou que l'acquéreur eût renoncé à se faire indemniser. • Civ. 3e, 21 juill. 1999, n° 97-10.900 P. ♦ Conséquence de la nature légale de la servitude visée à l'art. 684 en cas de cessation de l'état d'enclave : V. note 3 ss. art. 685-1.

7. Impossibilité d'établir un passage suffisant sur les fonds issus du fonds divisé. Les juges du fond qui relèvent souverainement que le passage qui pourrait être établi sur les fonds issus du fonds divisé serait insuffisant en déduisent exactement que l'assiette du passage doit être fixée par application des art. 682 et 683. • Civ. 3e, 28 juin 1983, n° 81-15.943 P.

Art. 685 *(L. 20 août 1881)* **L'assiette et le mode de servitude de passage pour cause d'enclave sont déterminés par trente ans d'usage continu.**

L'action en indemnité, dans le cas prévu par l'article 682, est prescriptible, et le passage peut être continué, quoique l'action en indemnité ne soit plus recevable.

1. Prescription acquisitive d'une nouvelle assiette. Si, au cas de changement dans l'assiette d'une servitude conventionnelle de passage, le propriétaire du fonds dominant doit justifier de l'autorisation du propriétaire du fonds servant, il en est autrement lorsque la servitude résulte d'un état d'enclave et que le propriétaire de l'héritage enclavé prouve que depuis plus de trente ans il a cessé d'user de l'ancienne assiette pour se servir uniquement de la nouvelle. • Civ. 1re, 17 juin 1964 : *JCP 1964. II. 13882, note Bulté.*

2. Utilisation simultanée de deux tracés : équivoque. Lorsqu'il est établi que les usagers ont utilisé simultanément deux itinéraires, le passage s'exerçant en des points différents rend la possession équivoque et ne permet pas d'acquérir par prescription l'assiette d'une servitude de passage, même si les passages ont duré trente ans. • Montpellier, 25 janv. 1984 : *Gaz. Pal. 1984. 1. 218, note Alauze.*

3. Extinction par non-usage. A la différence de l'assiette du passage, le droit découlant de la servitude de passage accordé par la loi en cas d'enclave ne s'éteint pas par le non-usage. • Civ. 3e, 11 févr. 1975, n° 73-13.974 P : *R., p. 64.* ♦ Il incombe à celui qui réclame le maintien de l'assiette d'une servitude de passage pour enclave, dont il n'a pas la possession actuelle, de prouver qu'il a exercé depuis moins de trente ans la servitude par cette assiette de manière à en empêcher l'extinction par non-usage. • Civ. 3e, 7 nov. 1984 : *Bull. civ. III, n° 186.*

Art. 685-1 *(L. n° 71-494 du 25 juin 1971)* **En cas de cessation de l'enclave et quelle que soit la manière dont l'assiette et le mode de la servitude ont été déterminés, le propriétaire du fonds servant peut, à tout moment, invoquer l'extinction de la servitude si la desserte du fonds dominant est assurée dans les conditions de l'article 682.**

A défaut d'accord amiable, cette disparition est constatée par une décision de justice.

BIBL. ▶ BIHR, *D. 1972. Chron. 27.* – GOUBEAUX, *JCP 1971. I. 2416.*

A. DOMAINE D'APPLICATION DE L'ART. 685-1

1. Application même en cas d'exercice trentenaire du passage. En l'absence de toute convention ou d'une décision judiciaire devenue irrévocable, l'art. 685-1 permet d'accueillir une demande de suppression de la servitude légale de passage en cas d'enclave, après la cessation de cet état, bien que l'exercice de cette servitude se soit prolongé pendant plus de trente ans. • Civ. 3e, 12 mai 1975, n° 74-11.679 P : *R., p. 63 ; JCP 1976. II. 18223, note Goubeaux* • 21 nov. 1978 : *Bull. civ. III, n° 353.*

2. Non-application aux servitudes conventionnelles : principe. L'art. 685-1, qui ne vise que l'extinction du titre légal fondant la servitude de passage pour cause d'enclave, laisse en dehors de son champ d'application les servitudes conventionnelles. • Civ. 3e, 27 févr. 1974 : *Bull. civ. III, n° 96* • 27 mars 1979 : *ibid. III, n° 78* • 19 janv. 1983 : *Gaz. Pal. 1983. 1. Pan. 154, obs. A. P.* • Versailles, 13 janv. 1988 : *Defrénois 1988. 1083, note Goubeaux.* – V. aussi • Civ. 3e, 5 mai 1993, n° 91-21.833 P : *D. 1993. Somm. 308, obs. A. Robert ; JCP 1994. I. 3750, n° 13, obs. Périnet-Marquet* • 27 oct. 1993, n° 91-16.433 P.

3. ... Appréciation de l'origine de la servitude. Les juges du fond ne peuvent pas refuser de faire application de l'art. 685-1, au motif que ce texte ne concerne pas les servitudes conventionnelles, sans rechercher si la servitude litigieuse, visée dans un acte authentique, n'était pas fondée sur l'état d'enclave du fonds dominant et si cet acte ne s'était pas borné à fixer l'assiette et l'aménagement de cette servitude. • Civ. 3e, 3 nov. 1982 : Gaz. Pal. 1983. 1. Pan. 71, *obs. Piedelièvre* • 10 juill. 1984, n° 83-12.215 P. ♦ L'art. 685-1 est applicable si l'état d'enclave a été la cause déterminante de la clause d'une convention qui a fixé l'assiette et les modalités d'exercice du passage, mais n'a pas eu pour effet d'en modifier le fondement légal. • Civ. 3e,

13 déc. 1983, n° 82-15.224 P. – Déjà en ce sens : • Civ. 3e, 16 juill. 1974 : *Bull. civ. III, n° 310.*

4. … Application en cas d'enclave résultant de la division d'un fonds. L'art. 685-1 est applicable en cas d'enclave résultant de la division d'un fonds par un acte de partage, l'enclave constituant le titre légal de la servitude de desserte du fonds et la convention afférente au titre n'ayant eu pour fin que la fixation de l'assiette et l'aménagement du passage. • Civ. 3e, 23 nov. 1976 : *D. 1977. 158, note Frank* • 13 déc. 1983 : *préc. note 3.* ♦ Cassation, au visa de l'art. 682, de l'arrêt d'appel ayant jugé que le fonds dominant ne pouvait bénéficier, à la date de l'acte de division mentionnant l'existence de la servitude de passage, d'une issue sur la voie publique, de sorte que la disparition de cet état entraînait l'extinction de cette charge, alors que ce fonds, propre à un époux marié sous un régime communautaire, n'était pas enclavé à cette date, dès lors qu'il disposait d'un accès à la voie publique au travers d'un autre fonds dépendant de la communauté de biens unissant son propriétaire à sa seconde épouse. • Civ. 6 févr. 2013, n° 11-21.252 P : *D. 2013. 496, obs. Tadros ; ibid. Pan. 2123, obs. Reboul-Maupin.*

5. Non-application aux servitudes par destination du père de famille. L'art. 685-1 n'est pas applicable aux servitudes de passage établies par destination du père de famille. • Civ. 3e, 16 juill. 1974 : *Bull. civ. III, n° 309* • 11 déc. 1974 : *ibid. III, n° 463* • 22 mars 1977 : *ibid. III, n° 142.*

6. Non-application à la suppression d'un droit d'usage sur un chemin d'exploitation. Les dispositions de l'art. 685-1, relatives aux seules servitudes légales de passage, ne peuvent être invoquées pour demander la suppression du droit d'usage d'un chemin d'exploitation, fondé sur l'art. 92 (devenu L. 162-1) C. rur. • Civ. 3e, 27 janv. 1982 : *Bull. civ. III, n° 28.*

B. CONSTATATION DE LA CESSATION DE L'ÉTAT D'ENCLAVE

7. Illustrations. Les juges du fond qui relèvent que, par suite de l'achat par le propriétaire du fonds enclavé de parcelles voisines, le tracé d'un passage sur ces parcelles n'entraînerait que des aménagements minimes, en déduisent souverainement que la parcelle ne doit plus être considérée comme enclavée. • Civ. 3e, 30 juin 1981 : *Bull. civ. III, n° 136.* ♦ Extinction d'une servitude de passage, qui n'avait été instituée qu'en raison de l'état d'enclave, par suite de l'acquisition d'une parcelle supportant l'assiette de la servitude. • Civ. 1re, 24 sept. 2020, n° 19-19.179 P : *RDI 2020. 673, obs. Bergel ; JCP 2020, n° 1410, avis Sturlèse ; ibid., n° 1411, note Strickler ; RDC 2020/4. 103, note Danos.* ♦ Reste enclavée la parcelle dont le propriétaire a acquis une seconde parcelle voisine, avec un droit de passage spécialement affecté à la desserte de cette seconde parcelle. • Civ. 3e, 4 janv. 1991, n° 88-19.949 P.

8. Non-cumul du possessoire et du pétitoire. Contrevient à la prohibition du cumul de la protection possessoire et du fond du droit le juge qui, pour débouter une partie de son action possessoire en rétablissement d'une servitude de passage, constate dans son dispositif l'extinction de cette servitude par application des dispositions de l'art. 685-1. • Civ. 3e, 12 janv. 1982 : *Bull. civ. III, n° 7.* ♦ Entre la disparition de l'enclave et le jugement la constatant, une servitude de passage pour cause d'enclave subsiste, fondée sur ce titre légal ; une partie ne peut donc interdire le passage avant que la disparition de l'enclave ait été constatée par décision du juge du pétitoire et le juge du possessoire la condamne justement à rendre libre le passage. • Civ. 3e, 1er juill. 1980 : *JCP 1981. II. 19626, note Goubeaux.*

9. Effets de l'extinction de la servitude. L'extinction de la servitude de passage autorise le propriétaire du fonds servant à demander la suppression, par voie de conséquence, de tous les ouvrages installés en vertu de cette servitude, même non nécessaires à son exercice. • Civ. 3e, 14 déc. 2005, n° 04-14.495 P : *D. 2006. Pan. 2371, obs. Mallet-Bricout ; AJDI 2006. 490, obs. Boyard ; RDI 2006. 131, obs. Bergel.*

CHAPITRE III DES SERVITUDES ÉTABLIES PAR LE FAIT DE L'HOMME

RÉP. CIV. v° *Servitudes,* par J. DJOUDI.

SECTION 1 Des diverses espèces de servitudes qui peuvent être établies sur les biens

Art. 686 Il est permis aux propriétaires d'établir sur leurs propriétés, ou en faveur de leurs propriétés, telles servitudes que bon leur semble, pourvu néanmoins que les services établis ne soient imposés ni à la personne, ni en faveur de la personne, mais seulement à un fonds et pour un fonds, et pourvu que ces services n'aient d'ailleurs rien de contraire à l'ordre public.

L'usage et l'étendue des servitudes ainsi établies se règlent par le titre qui les constitue ; à défaut de titre, par les règles ci-après.

BIBL. ▸ COLLARD et TRAVELY, *JCP N 2014, n° 1145* (servitude interdisant d'affecter un fonds à un usage déterminé). – GRIMONPREZ, *LPA 5 mars 2008* (la part personnelle des servitudes réelles). – PRADEL, *Defrénois 2005. 829* (servitudes et droit des obligations).

1. Notion de servitude. L'interdiction faite à l'acquéreur d'un fonds immobilier de l'affecter à un usage déterminé peut revêtir le caractère d'une obligation personnelle ; cassation de l'arrêt ayant déclaré une telle clause nulle faute d'avoir déterminé un fonds dominant. • Civ. 3e, 4 juill. 2001, n° 99-14.784 P : *D. 2002. 433, note Libchaber ; ibid. Somm. 2513, obs. Reboul-Maupin ; JCP 2002. I. 126, n° 17, obs. Périnet-Marquet ; RTD civ. 2002. 125, obs. Revet.* ♦ Qualification de servitude : V. aussi notes ss. art. 637. – Zenati, *RTD civ. 1989. 577.* ♦ ... Spécialement, dans le cas des clauses dites d'habitation bourgeoise : Dagot, *JCP 1967. I. 2108.*

2. Nature et preuve du titre. V. notes ss. art. 691 et 695.

3. Obligations réelles. La règle posée par l'art. 686 ne prohibe pas absolument l'institution de servitudes *in faciendo,* c'est-à-dire l'obligation pour le propriétaire du fonds servant d'accomplir une prestation positive, mais à condition que la prestation de service ne puisse être assurée que par le propriétaire du fonds et soit telle qu'elle pourrait aussi l'être indistinctement par tous les propriétaires successifs de ce fonds servant (condition non remplie s'agissant de la fourniture de froid industriel). • Montpellier, 16 janv. 1967 : *Gaz. Pal. 1967. 1. 233.* ♦ Comp. prestations positives accessoires d'une servitude : V. notes ss. art. 698.

4. Affectation d'un fonds à un usage déterminé. L'interdiction faite à l'acquéreur d'un fonds de l'affecter à un usage déterminé (notamment, un commerce déterminé) peut revêtir le caractère d'une servitude du fait de l'homme, dans l'intérêt d'un autre fonds et être valable si ce service n'est pas contraire à l'ordre public. • Com. 15 juill. 1987 : *D. 1988. 360, note Atias et Mouly ; RTD civ. 1989. 351, obs. Zenati* • Civ. 3e, 24 mars 1993, n° 91-11.690 P : *D. 1993. Somm. 306, obs. A. Robert ; JCP N 1994. II. 94, note Raffray ; RTD civ. 1993. 853, obs. Zenati.* ♦ Mais ne constitue pas une servitude, faute d'être prise en faveur de l'immeuble, la clause d'un acte de vente par laquelle un médecin se réserve la faculté de s'opposer à la création d'un cabinet médical dans l'immeuble, clause reproduite au règlement de copropriété. • Paris, 7 juill. 1989 : *D. 1990. Somm. 89, obs. A. Robert.* ♦ Sur la « servitude de non-concurrence », V. E. Moreau, *D. 1994. Chron. 331.*

5. Force obligatoire du titre constitutif : obstacle aux modifications de la servitude non consenties. S'agissant d'une servitude établie par le fait de l'homme, le juge ne saurait, sans méconnaître le principe de l'autonomie de la volonté des parties, porter atteinte au lien contractuel résultant de l'accord commun de celles-ci, en autorisant des modifications à la servitude, auxquelles les propriétaires intéressés n'ont pas consenti. • Civ. 1re, 30 juin 1964, n° 63-10.707 P.

6. ... Illustrations. Une servitude de passage ne confère le droit de faire passer des canalisations dans le sous-sol de l'assiette de la servitude que si le titre instituant cette servitude le prévoit. • Civ. 3e, 8 avr. 2010 : *D. 2010. Actu. 1019* • 14 juin 2018, n° 17-20.280 P.

Art. 687 Les servitudes sont établies ou pour l'usage des bâtiments, ou pour celui des fonds de terre.

Celles de la première espèce s'appellent *urbaines,* soit que les bâtiments auxquels elles sont dues, soient situés à la ville ou à la campagne.

Celles de la seconde espèce se nomment *rurales.*

Art. 688 Les servitudes sont ou continues, ou discontinues.

Les servitudes continues sont celles dont l'usage est ou peut être continuel sans avoir besoin du fait actuel de l'homme : tels sont les conduites d'eau, les égouts, les vues et autres de cette espèce.

Les servitudes discontinues sont celles qui ont besoin du fait actuel de l'homme pour être exercées : tels sont les droits de passage, puisage, pacage, et autres semblables.

1. Servitude continue et apparente : vue. Une servitude de vue constitue une servitude continue et apparente qui existe du fait même de la présence de l'ouverture donnant sur l'héritage d'autrui et dont la possession subsiste tant qu'il n'y est pas matériellement contredit ; elle ne change pas de caractère du fait que la fenêtre est garnie de verre cathédrale et que la vue ne s'exerce qu'au moment de son ouverture. • Civ. 1re, 22 févr. 1965, n° 63-12.786 P. ♦ Protection possessoire : V. note 8 ss. art. 2282 [ancien].

2. Continuité et ouvrages permanents. Une servitude d'égout d'eaux usées exige pour son exercice le fait de l'homme et ne peut se perpétuer sans son intervention renouvelée. Elle a un caractère discontinu, même si elle s'exerce au moyen de canalisations permanentes et apparentes. • Civ. 3e, 11 mai 1976 : *Bull. civ. III, n° 198* • 15 févr. 1995, n° 93-13.093 P : *Defrénois 1995. 1459, obs. Atias* • 21 juin 2000, n° 97-22.064 P • 8 déc. 2004, n° 03-17.225 P : *JCP 2005. I. 119, n° 13, obs. Périnet-Marquet ; RDI*

2005. 213, obs. Gavin-Millan-Oosterlynck. ♦ En revanche, ne saurait être considérée comme discontinue une servitude qui peut s'exercer d'elle-même de façon continue, au moyen d'ouvrages permanents aménagés à cet effet, encore que l'usage n'en soit qu'intermittent et comporte, pour sa suspension ou sa reprise, l'intervention de l'homme (prise d'eau dans un étang s'exerçant au moyen d'un ouvrage permanent dont l'usage s'apparente à celui d'une vanne). • Civ. 3e, 23 juin 1981 : *Bull. civ. III, no 133.* ♦ Dans le même sens : • Civ. 3e, 29 juin 1983, no 82-12.317 P (servitude d'aqueduc révélée par la présence d'un canal permettant l'écoulement des eaux). ♦ Comp. • Civ. 3e, 19 mai 2004, no 03-12.451 P : *D. 2004. Somm. 2471, obs. Mallet-Bricout* ; *JCP 2004. I. 171, no 22, obs. Périnet-Marquet ; Defrénois 2005. 702, obs. Atias ; AJDI 2005. 60, note Prigent* ; *RDI 2004. 370, obs. Gavin-Millan-Oosterlynck* ; *Dr. et patr. 5/2005. 99, obs. Macorig-Venier* (estimant qu'une servitude (de puisage, en l'espèce) reste discontinue quand bien même elle serait rendue artificiellement permanente au moyen d'un outillage approprié dès lors que cet outillage ne peut fonctionner que sous le contrôle de l'homme). ♦ Dans le même sens, jugé, en présence de canalisations empiétant sur le fonds voisin dont la suppression était demandée, que la servitude d'écoulement des eaux usées, dont l'exercice exige le fait de l'homme et ne peut se perpétuer sans son intervention renouvelée, a un caractère discontinu ne permettant pas son acquisition par prescription. • Civ. 3e, 17 juin 2021, no 20-19.968 B : *D. 2022. 1528, obs. Strickler* ; *AJDI 2022. 59, obs. Le Rudulier* ; *RDI 2021. 482, obs. Bergel*.

Art. 689 **Les servitudes sont apparentes, ou non apparentes.**

Les servitudes apparentes sont celles qui s'annoncent par des ouvrages extérieurs, tels qu'une porte, une fenêtre, un aqueduc.

Les servitudes non apparentes sont celles qui n'ont pas de signe extérieur de leur existence, comme, par exemple, la prohibition de bâtir sur un fonds, ou de ne bâtir qu'à une hauteur déterminée.

Caractère apparent et ouvrages souterrains. Par une appréciation souveraine des éléments de preuve qui leur sont soumis, les juges du fond peuvent retenir qu'un ouvrage en maçonnerie visible et permanent, au moyen duquel l'eau d'une source était captée, suffisait à conférer à une servitude de prise d'eau un caractère apparent, bien que la canalisation fût souterraine. • Civ. 3e, 12 mai 1975 : *Bull. civ. III, no 164.* ♦ ... Mais, à l'inverse, que des canalisations enterrées ne pouvaient être considérées comme un ouvrage apparent, même si les extrémités des canalisations étaient visibles. • Civ. 3e, 21 oct. 1975 : *Bull. civ. III, no 304.*

SECTION 2 Comment s'établissent les servitudes

BIBL. ► BERTOLASO, *RTD civ. 2011. 273* (preuve des servitudes conventionnelles).

Art. 690 **Les servitudes continues et apparentes s'acquièrent par titre, ou par la possession de trente ans.**

1. Prescription trentenaire : domaine. La prescription trentenaire de l'art. 690 ne constitue un mode d'établissement des servitudes que pour celles qui résultent du fait de l'homme. • Civ. 3e, 15 mai 1996 : *D. 1996. 457, note A. Robert* ; *Defrénois 1996. 1070, obs. Atias ; RTD civ. 1997. 175, obs. Zenati* ; *RDI 1997. 206, obs. Bergel* (inapplicabilité à une servitude légale d'usage de l'eau d'une source : art. 642 C. civ.). ♦ *Une servitude de surplomb peut être acquise* par prescription trentenaire. • Civ. 3e, 12 mars 2008 : *V. note 18 ss. art. 545.* ♦ Une servitude de vue constitue une servitude continue et apparente qui existe du fait même de la présence de l'ouverture donnant sur l'héritage d'autrui et dont la possession subsiste tant qu'elle n'est pas matériellement contredite ; l'absence de déclaration préalable d'urbanisme et le défaut d'autorisation des travaux de percement par l'assemblée générale des copropriétaires ne font pas obstacle à l'acquisition d'une servitude de vue par prescription. • Civ. 3e, 21 avr. 2022, no 21-12.240 B : *D. 2022. Chron. C. cass. 2308, obs. Schmitt* ; *AJDI 2022. 685, obs. Lagraulet* ; *RDI 2022. 388, obs. Bergel*.

2. ... Conditions. Les juges du fond ne peuvent reconnaître l'existence d'une servitude sans constater les caractères apparent et continu qui auraient permis son acquisition par la possession de trente ans ou sans relever un titre légal ou conventionnel qui pourrait la fonder. • Civ. 3e, 9 janv. 1974, no 72-14.075 P.

3. La seule prescription applicable aux servitudes continues et apparentes est la prescription trentenaire, à l'exclusion de toute autre prescription. • Civ. 3e, 21 mai 1979, no 77-14.873 P.

4. Les actes de prescription sur lesquels peut se fonder l'acquisition d'une servitude par usucapion trentenaire doivent être de nature à éveiller l'attention du propriétaire du fonds voisin et à provoquer au besoin sa contradiction. • Civ. 3e, 14 mars 1972, no 70-13.340 P. ♦ Le propriétaire dont les vues, donnant sur le toit aveugle du voisin, ne peuvent causer aucune gêne susceptible de provoquer la contradiction de celui-ci, ne peut invoquer aucune possession utile pour prescrire. • Civ. 3e, 12 avr. 1972 : *Bull. civ. III, n° 220* • 29 avr. 1986, n° 85-10.150 P.

5. Titres. Établissement par titre : V. notes ss. art. 691.

Art. 691 Les servitudes continues non apparentes, et les servitudes discontinues, apparentes ou non apparentes, ne peuvent s'établir que par titres.

La possession même immémoriale ne suffit pas pour les établir, sans cependant qu'on puisse attaquer aujourd'hui les servitudes de cette nature déjà acquises par la possession, dans les pays où elles pouvaient s'acquérir de cette manière.

1° NÉCESSITÉ D'UN TITRE

1. Principe. Il résulte de l'art. 691 que les faits de possession, même immémoriaux, ne doivent être pris en considération que dans la mesure où ils ne s'appliquent pas à une servitude discontinue qui ne peut s'acquérir que par titre. • Civ. 1re, 26 janv. 1965 : *D. 1965. 372.*

2. Servitude de tour d'échelle. BIBL. Bruguière, *RRJ 1999/1. 121* (droit de passer sur le fonds voisin pour faire des réparations). – Debruche, *RTD civ. 2000. 507*. ♦ Une servitude de tour d'échelle, qui ne saurait avoir qu'un fondement contractuel, ne peut être consacrée sans que soit relevée l'existence d'un titre l'établissant. • Civ. 3e, 30 oct. 1978 : *D. 1979. 654, note Prévault.* ♦ Une cour d'appel retient souverainement que le non-respect strict de la distance prévue aux usages locaux repris dans les stipulations conventionnelles n'est pas de nature à empêcher l'exercice du tour d'échelle, qui n'est pas une servitude de passage, mais une occupation très temporaire. • Civ. 3e, 28 sept. 2005, n° 04-14.769 P : *D. 2006. Pan. 2372, obs. Mallet-Bricout ; JCP 2006. II. 10192, note Nicoletti ; ibid. I. 127, n° 14, obs. Périnet-Marquet.*

3. Ne peut être reproché à des juges d'avoir consacré l'existence d'une servitude d'échelage en l'absence de tout titre conventionnel, s'ils retiennent qu'en vertu des obligations normales de voisinage et en cas de nécessité, le propriétaire d'un mur peut être autorisé à passer, à titre temporaire, chez son voisin afin d'effectuer des réparations indispensables, une telle décision ne reconnaissant aucune servitude. • Civ. 3e, 15 avr. 1982 : *Bull. civ. III, n° 93.* – Dans le même sens : • Civ. 2e, 8 janv. 1992, n° 90-17.870 P : *D. 1993. Somm. 32, obs. A. Robert ; RTD civ. 1993. 855, obs. Zenati*. ♦ V. aussi Goubeaux, *JCP 1971. II. 16797 ;* A. Robert, *D. 1993. Somm. 32*.

4. Servitude de passage. Viole les art. 685 et 691 l'arrêt qui accueille la demande en reconnaissance d'une servitude de passage en raison de la prescription, alors que seuls l'assiette et le mode de passage pour cause d'enclave sont déterminés par trente ans d'usage continu. • Civ. 3e, 27 oct. 2004, n° 03-14.603 P : *D. 2004. IR 3039 ; JCP 2005. I. 119, n° 12, obs. Périnet-Marquet ; Defrénois 2005. 1176, obs. Atias ; RDI 2005. 212, obs. Gavin-Millan-Oosterlynck*. ♦ Si l'état d'enclave est constaté, les juges du fond qui prennent en considération des faits de passage depuis plus de trente ans, ne méconnaissent pas l'art. 691 mais font application de l'art. 685 pour la détermination de l'assiette et du mode de la servitude de passage. • Civ. 3e, 4 juin 1971, n° 70-11.857 P. ♦ Au contraire, s'il s'agit d'une servitude conventionnelle, le titre fixe définitivement l'étendue de la servitude et ses modalités d'exercice, qui ne peuvent être modifiées que d'un commun accord entre les propriétaires des fonds dominant et servant, sans qu'il soit possible de se prévaloir de l'acquisition par prescription du droit d'exercer le passage sur une assiette différente de celle originairement convenue. • Civ. 3e, 7 mars 1984, n° 82-16.448 P. – Même sens : • Civ. 3e, 23 févr. 2005, n° 03-20.015 P : *D. 2005. IR 738 ; JCP 2005. I. 181, n° 14, obs. Périnet-Marquet ; AJDI 2005. 505, obs. Prigent*. ♦ Le propriétaire d'un fonds bénéficiant d'une servitude conventionnelle de passage ne peut prescrire une assiette différente de celle convenue ; cassation d'un arrêt ayant déclaré non éteinte une servitude conventionnelle ayant fait l'objet d'un déplacement d'assiette. • Civ. 3e, 19 janv. 2011, n° 10-10.528 P : *D. actu. 10 févr. 2011, obs. Prigent ; D. 2011. Pan. 2298, obs. Mallet-Bricout*.

L'existence d'une servitude de passage n'est pas de nature à exclure l'acquisition par prescription du sol du fonds servant. • Civ. 3e, 4 oct. 2000, n° 98-23.150 P : *D. 2000. IR 262 ; JCP 2001. I. 305, n° 3, obs. Périnet-Marquet ; LPA 9 oct. 2001, note Wenner.* ♦ Un arrêté de classement aux monuments historiques d'une parcelle faisant partie d'un site préhistorique, auquel elle apporte un accès commode, ne constitue pas un titre pour une servitude de passage, laquelle peut en revanche résulter de l'accord du propriétaire. • Civ. 3e, 22 janv. 2003, n° 00-18.601 P.

5. Si une servitude de passage ne peut être établie que par titre, il en est autrement de la copropriété d'un chemin, qui peut l'être par la prescription. • Req. 7 févr. 1883 : *DP 1884. 1. 128.*

6. Servitude d'écoulement des eaux usées, servitude de puisage. La servitude d'écoulement des eaux usées, dont l'exercice exige le fait de l'homme et ne peut se perpétuer sans son intervention renouvelée, a un caractère discontinu ne permettant pas son acquisition par prescription. V. note 2 ss. art. 688. ♦ Au visa des art. 688 et 691, cassation de l'arrêt qui, pour rejeter une demande en suppression des canalisations empiétant sur un fonds, retient que les propriétaires du fonds voisin ont acquis une servitude d'écoulement des eaux usées par prescription trentenaire, alors que la servitude d'écoulement des eaux usées, dont l'exercice exige le fait de l'homme et ne peut se perpétuer sans son intervention renouvelée, a un caractère discontinu ne permettant pas son acquisition par prescription. • Civ. 3e, 17 juin 2021, n° 20-19.968 B : *D. 2022. 1528, obs. Strickler ; AJDI 2022. 59, obs. Le Rudulier ; RDI 2021. 482, obs. Bergel* . ♦ Même sens, pour une servitude de puisage : V. note 2 ss. art. 688.

2° NATURE ET PREUVE DU TITRE

7. Procès-verbal de conciliation. Le procès-verbal de conciliation entre les propriétaires des fonds servant et dominant, établi antérieurement par le juge d'instance, peut être considéré comme constituant un acte qui, par sa nature, est propre à établir le droit de servitude. • Civ. 3e, 8 nov. 1976 : *Bull. civ. III, n° 389.*

8. Bail. Il en est de même pour un bail entre ces propriétaires reconnaissant l'existence de la servitude de passage. • Civ. 3e, 9 déc. 1987 : *D. 1989. Somm. 34, obs. A. Robert.*

9. Référence au titre du fonds servant. La création ou l'existence d'une servitude au profit d'un fonds dominant ne peut trouver son fondement que dans le titre du fonds servant ; peu importe qu'il n'en soit pas fait mention dans les titres de propriété du fonds dominant. • Civ. 1re, 21 déc. 1964, n° 62-12.188 P. – V. aussi • Civ. 3e, 9 juill. 2003, n° 01-13.879 P : *JCP 2004. I. 125, n° 11, obs. Périnet-Marquet ; Gaz. Pal. 2004. Somm. 2101, obs. S. Piedelièvre ; AJDI 2004. 148, obs. Abram ; Dr. et patr. 3/2004. 97, obs. Macorig-Venier.* ♦ Comp., en matière possessoire, notes 14 s.

La seule circonstance qu'une servitude n'ait pas été reportée au procès-verbal de remembrement n'est pas suffisante pour purger une servitude de puisage, les servitudes existant avant le remembrement subsistant sans modification selon le code rural. • *Civ. 3e, 27 mars 2013 : cité note 6 ss. art. 703.*

10. Preuve. Il peut être suppléé par témoins ou présomptions à l'insuffisance de l'acte invoqué comme titre d'une servitude lorsqu'il existe un commencement de preuve par écrit. • Civ. 1re, 17 juill. 1965 : *Bull. civ. I, n° 483.* – Dans le même sens : • Civ. 3e, 3 juill. 1969 : *Gaz. Pal. 1969. 2. 267.* ♦ V. aussi, pour une lettre considérée comme ne valant pas commencement de preuve par écrit : • Civ. 3e, 21 févr. 2006 : *D. 2007. Pan. 1910, obs. T. Vasseur* .

3° PUBLICITÉ ET OPPOSABILITÉ

11. Principe. BIBL. Dagot, *JCP N 1991. I. 76.* ♦ Les servitudes établies par le fait de l'homme ne sont opposables aux acquéreurs que si elles sont mentionnées dans leur titre de propriété ou si elles font l'objet de la publicité foncière. • Civ. 3e, 27 oct. 1993, n° 91-19.874 P : *D. 1994. Somm. 165, obs. A. Robert* . – V. aussi • Civ. 3e, 14 déc. 2005, n° 04-14.245 P : *D. 2006. IR 181 ; RDI 2006. 128, obs. Bergel* . ♦ Une servitude est opposable à l'acquéreur de l'immeuble grevé si elle a été publiée, si son acte d'acquisition en fait mention, ou encore s'il en connaissait l'existence au moment de l'acquisition. • Civ. 3e, 16 sept. 2009, n° 08-16.499 P : *D. 2010. Pan. 2183, obs. Reboul-Maupin ; JCP 2010, n° 336, § 17, obs. Périnet-Marquet ; AJDI 2010. 246, obs. Prigent ; Defrénois 2010. 979, obs. Atias* • 24 sept. 2020, n° 19-19.179 P : *RDI 2020. 673, obs. Bergel ; JCP 2020, n° 1410, avis Sturlèse ; ibid., n° 1411, note Strickler ; RDC 2020/4. 103, note Danos* (mention de la servitude constituée par une promesse de vente reproduite dans un jugement ordonnant la vente forcée de la parcelle, lequel avait été publié et avait été mentionné dans le titre de propriété).

12. Servitudes de lotissement. Si les servitudes de lotissement sont opposables aux acquéreurs, même si elles ne figurent pas dans leur titre de propriété, encore faut-il que les documents contenant lesdites règles ou ceux modifiant les règles initiales du lotissement aient fait l'objet de la publicité foncière permettant aux intéressés de s'y référer. • Civ. 3e, 23 mai 1991, n° 89-19.363 P : *Defrénois 1991. 1318, obs. Aynès.* ♦ Validité d'une servitude conventionnelle instituée entre deux lots d'un lotissement et limitant la hauteur de construction en deçà du maximum autorisé par le cahier des charges. • Civ. 3e, 17 nov. 2004, n° 03-15.116 P : *D. 2005. Pan. 2359, obs. Mallet-Bricout* .

13. Servitude non aedificandi. La figuration d'une zone *non aedificandi* sur un plan annexé à un acte publié qui n'en fait pas état, ne permet pas de la rendre opposable aux tiers, s'il s'agit d'une servitude conventionnelle ; il en irait autrement d'une servitude administrative, dispensée en principe de publicité. • Civ. 3e, 4 févr. 1971, n° 69-11.259 P.

4° TITRE ET ACTIONS POSSESSOIRES

14. Opposabilité des titres. Le titre du bénéficiaire de la servitude, antérieur à celui du propriétaire du fonds servant, dans lequel celui-ci s'engage à souffrir les servitudes de toute nature, et émanant du même vendeur, est opposable au propriétaire du fonds servant, l'auteur de ce dernier y ayant été partie. • Civ. 3e, 11 juin 1992, n° 90-16.308 P : *D. 1993. Somm. 307, obs. Robert* . ♦ Le propriétaire d'un fonds peut se prévaloir, pour établir l'existence de la servitude dont bénéficie son héritage, du titre du fonds servant, même si le titulaire du fonds dominant n'y a pas été partie. • Civ. 3e, 10 oct. 1990, n° 89-12.568 P : *RTD civ. 1992. 599, obs. Zenati*. – Dans le même sens : • Civ. 3e, 12 janv. 2005, n° 03-17.273 P : *D. 2005. 2061, note Quievy ; Defrénois 2005. 1174, obs. Atias.*

15. Protection possessoire : cas des servitudes discontinues. Une servitude discontinue (passage sur le fonds d'autrui) ne peut faire l'objet d'une action possessoire qu'autant que la jouissance du demandeur est fondée sur un titre duquel il résulte qu'il a entendu exercer un droit et non profiter d'une simple tolérance. • Civ. 1re, 14 juin 1965 : *Bull. civ. I, n° 387.* – Jurisprudence constante. ♦ Application à la mise en œuvre de l'action en réintégration en cas de servitude conventionnelle de passage : • Civ. 3e, 15 févr. 1995, n° 93-13.102 P : *RTD civ. 1995. 925, obs. Zenati*.

16. Si une servitude discontinue n'est pas susceptible de protection possessoire, il en est autrement lorsque son existence est appuyée par un titre opposable au propriétaire du fonds servant. Le juge du possessoire n'excède nullement les limites de sa compétence en examinant le titre invoqué, dans la mesure seulement où cet examen est nécessaire pour statuer sur la possession contestée. • Civ. 1re, 26 oct. 1966, n° 65-10.214 P. – Jurisprudence constante.

17. Non-cumul du possessoire et du pétitoire. N'enfreint pas l'interdiction de cumuler le possessoire et le pétitoire l'arrêt qui, pour accorder la protection possessoire à une partie qui invoque une servitude discontinue, constate que celle-ci jouit sur le passage litigieux d'une possession annale qui est corroborée par son acte d'achat et par le titre de ses auteurs. • Civ. 3e, 18 févr. 1971, n° 69-12.178 P.

18. Enclave. Cas de l'enclave : V. notes 28 s. ss. art. 682.

Code de l'environnement *(Ord. n° 2000-914 du 18 sept. 2000, JO 21 sept.).* **Art. L. 341-14** ... Aucune servitude ne peut être établie par convention sur un monument naturel ou un site classé qu'avec l'agrément du ministre chargé des sites. – *[L. 2 mai 1930, art. 13 (partie).] – V. disposition analogue pour les réserves naturelles : C. envir., art. L. 332-13, al. 2.*

Code du patrimoine *(Ord. n° 2004-178 du 20 févr. 2004).* **Art. L. 621-16** *(Al. 2)* Aucune servitude ne peut être établie par convention sur un immeuble classé sans l'agrément de l'autorité administrative. – *[L. 31 déc. 1913, art. 12, al. 4.]*

Art. 692 **La destination du père de famille vaut titre à l'égard des servitudes continues et apparentes.**

Cas des servitudes apparentes, mais discontinues : V. note 2 ss. art. 694.

Art. 693 **Il n'y a destination du père de famille que lorsqu'il est prouvé que les deux fonds actuellement divisés ont appartenu au même propriétaire, et que c'est par lui que les choses ont été mises dans l'état duquel résulte la servitude.**

1. Conditions : intention de l'auteur. Les juges du fond ont un pouvoir souverain d'appréciation de l'intention de l'auteur commun qui a divisé le fonds d'assujettir l'un des fonds issu de la division au profit de l'autre. • Civ. 3e, 15 mai 1991, n° 89-21.384 P.

2. ... Propriétaires indivis (non). Des propriétaires indivis ne peuvent constituer une servitude par destination du père de famille. • Civ. 3e, 6 juin 2007, n° 06-15.044 P : *R., p. 396 ; BICC 15 oct. 2007, n° 2100, et la note ; D. 2007. 2851, note Boffa ; JCP 2007. I. 197, n° 14, obs. Périnet-Marquet ; Defrénois 2007. 1682, obs. Atias ; AJDI 2007. 769, obs. Prigent ; Dr. et patr. 2/2008. 94, obs. Seube et Revet.*

3. ... Aménagement du fonds. La servitude par destination du père de famille ne peut résulter que de l'état des choses dans lequel elles ont été mises avant la division du fonds, et non de la simple éventualité de l'installation d'ouvrages. • Civ. 3e, 7 janv. 1987 : *D. 1988. Somm. 16, obs. A. Robert.* ♦ La servitude ne peut être établie par destination du père de famille que lorsqu'elle est apparente au moment de la division du fonds. • Civ. 3e, 10 janv. 1996, n° 94-13.194 P : *D. 1997. Somm. 24, obs. A. Robert ; RDI 1996. 338, obs. Bergel*. ♦ Ne peut exiger la suppression d'une fenêtre le propriétaire qui connaissait cette situation, parfaitement visible, au moment de l'achat du fonds. • Besançon, 15 mars 2007 : *BICC 15 mars 2008, n° 466.*

4. Rôle du locataire (non). Les agissements d'un locataire ne peuvent, en l'absence d'autre circonstance, équivaloir à un aménagement des lieux du fait du propriétaire, l'abstention, la tolérance, l'absence de protestation, le silence même prolongé de celui-ci ne pouvant faire obstacle aux dispositions de l'art. 693. • Civ. 3e, 29 oct. 1973 : *Bull. civ. III, n° 556.* – Dans le même sens : • Civ. 3e, 26 juin 1979, n° 77-15.375 P.

5. Cas de la réunion de deux fonds (servant et dominant). Il y a servitude par destination du père de famille lorsqu'une personne, ayant réuni entre ses mains deux fonds dont l'un était grevé d'une servitude au profit de l'autre, a maintenu l'aménagement des lieux consécutif de cet assujettissement. • Civ. 3e, 10 oct. 1984, n° 83-14.443 P.

Art. 694 Si le propriétaire de deux héritages entre lesquels il existe un signe apparent de servitude, dispose de l'un des héritages sans que le contrat contienne aucune convention relative à la servitude, elle continue d'exister activement ou passivement en faveur du fonds aliéné ou sur le fonds aliéné.

BIBL. ► MIALON, *D. 1974. Chron. 15.*

1° EXISTENCE D'UN SIGNE APPARENT

1. Éléments d'appréciation. Les juges du fond apprécient souverainement l'existence, après la division des héritages, opérée par l'auteur commun, d'un signe apparent de servitude établie par destination du père de famille, et se déterminent d'après l'intention du constituant et les circonstances dans lesquelles la charge a été créée. Afin de s'éclairer sur l'intention réelle des parties, ils peuvent tenir compte des circonstances extrinsèques et de l'exécution donnée aux actes ou conventions et même prendre en considération des éléments postérieurs au partage des fonds. • Civ. 3e, 25 janv. 1972, n° 70-12.137 P • 23 janv. 1991, n° 89-14.243 P. – Jurisprudence constante.

2. Signe apparent résultant d'une situation de fait. En l'absence de signe apparent sur le plan annexé à l'acte de vente, ce signe apparent doit être recherché dans la situation même des lieux. • Civ. 3e, 11 juin 1992, n° 90-16.144 P.

3. Date d'appréciation des conditions d'existence de la servitude. L'état de fait apparent, caractéristique de la servitude par destination du père de famille, doit exister au moment de la division du fonds. • Soc. 27 déc. 1945 : *D. 1946. 136* • Civ. 1re, 19 déc. 1966 : *Bull. civ. I, n° 552* • Civ. 3e, 19 nov. 1986, n° 85-13.349 P : *D. 1988. Somm. 16, obs. A. Robert* • 19 févr. 2003, n° 00-21.465 P. ♦ Les conditions d'existence d'une servitude par destination du père de famille doivent s'apprécier au jour de la division des fonds concernés. • Civ. 3e, 18 janv. 2023, n° 22-10.019 B. ♦ S'agissant d'installations d'amenée d'eau, il faut que les juges du fond aient constaté qu'elles étaient en état de fonctionner et fonctionnaient au moment de la division des fonds pour constituer le signe apparent de servitude. • Civ. 3e, 5 déc. 1978 : *Defrénois 1979. 1226, obs. Souleau.*

2° ABSENCE DE VOLONTÉ CONTRAIRE

4. Rôle de l'acte de division : principe. En vertu de l'art. 694, l'existence d'une servitude par destination du père de famille, lorsqu'il existe des signes apparents de servitude, ne peut être écartée que par des dispositions contraires de l'acte de division (application à une servitude discontinue : passage). • Civ. 3e, 16 mars 1977, n° 76-12.154 P. – Jurisprudence constante : V. • Civ. 3e, 28 mai 2003, n° 01-00.566 P : *D. 2003. IR 1605 ; JCP 2004. I. 125, n° 13, obs. Périnet-Marquet ; AJDI 2003. 695, note Abram ; Dr. et patr. 3/2004. 96, obs. Macorig-Venier.* ♦ La destination du père de famille ne vaut titre à l'égard des servitudes discontinues, en présence de signes apparents de la servitude lors de la division d'un fonds, que si l'acte de division ne contient aucune stipulation contraire à son maintien : absence de maintien d'une servitude, l'acte d'échange de parcelles prévoyant expressément l'absence de servitude, cette stipulation ne constituant pas une simple clause de style. • Civ. 3e, 18 janv. 2023, n° 22-10.019 B : *préc. note 3.* ♦ L'art. 694 exige, notamment, pour son application, que soit produit l'acte par lequel s'est opérée la séparation des héritages ayant une origine commune, afin que le juge puisse vérifier s'il ne contient aucune stipulation contraire à l'existence de la servitude. • Civ. 1re, 15 mai 1961 : *Bull. civ. I, n° 247* • 21 nov. 1962 : *ibid. I, n° 498.* ♦ L'acte visé par l'art. 694 est celui qui opère la division des fonds. Ne peuvent être retenues les énonciations de l'acte opérant vente du fonds déjà divisé. • Civ. 3e, 5 oct. 1971 : *D. 1972. 77.* – Dans le même sens : • Civ. 3e, 29 févr. 1972 : *Bull. civ. III, n° 144.*

5. Acte de division dépourvu de stipulation contraire au maintien de la servitude. La destination du père de famille vaut titre à l'égard des servitudes discontinues lorsqu'existent des signes apparents de servitude lors de la division et que l'acte de division ne contient aucune stipulation contraire. • Civ. 3e, 24 nov. 2004, n° 03-16.366 P : *JCP 2005. I. 119, n° 14, obs. Périnet-Marquet ; Defrénois 2005. 1175, obs. Atias ; RDI 2005. 209, obs. Bergel .* ♦ V. égal. : • 23 mars 2022, n° 21-11.986 B : *D. 2022. 1528, obs. Strickler ; RDI 2022. 336, obs. Bergel ;* RDC 2022/3. 86, note Tadros (servitude d'écoulement des eaux usées matérialisée par un regard).

6. Pouvoir d'appréciation des juridictions du fond. Les juges du fond apprécient souverainement l'existence, dans l'acte de division, de dispositions contraires au maintien de la servitude (servitude de vue, en l'espèce). • Civ. 3e, 4 mai 1988 : *D. 1989. 446, note Fauré.*

7. Charge de la preuve. Il appartient à celui qui invoque l'existence d'une servitude discontinue constituée par destination du père de famille de produire l'acte par lequel s'est opérée la séparation des deux héritages et d'établir qu'il ne contient aucune disposition contraire à l'existence de cette servitude. • Civ. 3e, 16 sept. 2009 : *cité note 84 ss. art. 1353.*

3° AUTRES CONDITIONS

8. *Conditions relatives aux fonds divisés : exigence de contiguïté (non).* La contiguïté des fonds n'est pas une condition indispensable de l'établissement d'une servitude par destination du père de famille. • Civ. 1re, 27 juin 1960 : *Bull. civ. I, n° 349.*

9. *Non-application en cas de division par suite d'une expropriation du fonds servant.* L'ordonnance d'expropriation éteint par elle-même et à sa date tous droits réels ou personnels existant sur l'immeuble exproprié (C. expropr., art. L. 12-2). Par suite, une plantation d'arbres irrégulière au regard de l'art. 671 C. civ. ne peut être maintenue sur le fonds voisin par reconnaissance d'une servitude par destination du père de famille. • Civ. 3e, 20 juin 2001, n° 99-14.536 P : *JCP 2002. II. 10040, note A. Bernard.*

Art. 695 **Le titre constitutif de la servitude, à l'égard de celles qui ne peuvent s'acquérir par la prescription, ne peut être remplacé que par un titre récognitif de la servitude, et émané du propriétaire du fonds asservi.**

1. *Exigence d'un titre récognitif et non d'un aveu.* La preuve d'une servitude de passage doit être établie en se fondant sur l'existence d'un titre récognitif et non sur un aveu du droit. • Civ. 3e, 15 déc. 1993, n° 91-20.085 P : *D. 1994. Somm. 166, obs. A. Robert ; Defrénois 1994. 417, obs. Souleau-Defrénois ; RTD civ. 1994. 647, obs. Zenati* • 7 avr. 1994, n° 92-17.039 P • 7 avr. 2004, n° 03-10.047 P : *D. 2004. Somm. 2472, obs. Mallet-Bricout* (servitude d'écoulement des eaux). – V. déjà • Civ. 3e, 27 avr. 1988 : *D. 1989. 275, note Beignier* • 22 mars 1989 : *Bull. civ. III, n° 72 ; RTD civ. 1989. 589, obs. Zenati.* ♦ Sur la jurisprudence antérieure contraire, V. notes préc. et, notamment, • Civ. 3e, 5 mars 1971 : *D. 1971. 673 ; RTD civ. 1972. 155, obs. Bredin* • 8 janv. 1980 : *Bull. civ. III, n° 8 ; D. 1980. IR 482, obs. Robert* (admission d'un aveu implicite).

2. *Notion de titre récognitif.* Un acte de partage portant reconnaissance d'une servitude par le propriétaire du fonds servant constitue un acte récognitif de servitude pour la validité duquel il importe peu que le propriétaire de l'héritage dominant n'ait pas été partie. • Civ. 3e, 18 nov. 1981 : *Bull. civ. III, n° 193.* ♦ Une lettre du propriétaire du fonds dominant adressée à son notaire, où il reconnaît l'existence d'un droit de passage, est insuffisante pour constituer un titre récognitif. • Civ. 3e, 4 févr. 1998, n° 95-17.896 P : *JCP 1998. I. 171, n° 20, obs. Périnet-Marquet ; Defrénois 1998. 812, obs. Atias ; RDI 1998. 189, obs. Bergel ; RTD civ. 1999. 871, obs. Zenati.* ♦ Dans le même sens, pour une correspondance adressée au propriétaire du fonds prétendument enclavé par celui du fonds voisin, à l'occasion d'une difficulté en relation avec le litige : • Civ. 3e, 13 oct. 1999, n° 97-11.328 P : *D. 1999. IR 250 ; JCP 2000. I. 211, n° 17, obs. Périnet-Marquet ; Defrénois 1999. 1356, obs. Atias.* ♦ Le titre récognitif doit faire référence au titre constitutif de la servitude. • Civ. 3e, 9 mars 2011 : *D. 2011. 2298, obs. Reboul-Maupin* • 12 avr. 2012 : *D. 2012. 1124.*

3. *Force probante.* La force probante d'un acte récognitif d'une servitude n'est pas subordonnée aux conditions requises par l'art. 1337 anc. C. civ. (relation de la teneur de l'acte initial) et il n'est pas besoin que la reconnaissance renfermée dans un tel acte soit acceptée par le propriétaire de l'héritage dominant. • Civ. 29 janv. 1913 : *DP 1914. 1. 152.* ♦ Mais le titre récognitif doit faire référence au titre constitutif de la servitude. • Civ. 3e, 30 avr. 2003, n° 00-21.710 P : *D. 2003. IR 1605 ; Dr. et patr. 3/2004. 97, obs. Macorig-Venier* • 13 mai 2009, n° 08-15.819 P : *D. 2009. AJ 1478 ; Dr. et patr. 1/2010. 71, obs. Seube et Revet* • 27 mai 2009, n° 08-11.665 P : *Dr. et patr. 1/2010. 71, obs. Seube et Revet.* ♦ Il ne peut être suppléé au titre récognitif par une autorisation de travaux valant commencement de preuve par écrit rendant admissibles les présomptions et les témoignages. • Civ. 3e, 15 nov. 2000, n° 98-17.808 P : *D. 2000. IR 308 ; JCP 2001. I. 305, n° 13, obs. Périnet-Marquet ; Dr. et patr. 11/2001. 106, obs. Macorig-Vernier.* ♦ Comp. • Civ. 3e, 24 nov. 2004, n° 03-15.168 P (admission d'un commencement de preuve par écrit conforté par divers éléments établissant la preuve de la servitude).

Art. 696 **Quand on établit une servitude, on est censé accorder tout ce qui est nécessaire pour en user.**

Ainsi la servitude de puiser de l'eau à la fontaine d'autrui, emporte nécessairement le *droit de passage.*

1. *Domaine.* L'art. 696 s'applique aussi bien aux servitudes acquises par prescription qu'à celles qui sont établies par titre ou par destination du père de famille. • Req. 10 nov. 1908 : *DP 1909. 1. 268.*

2. *Servitude de passage accessoire.* Les juges du fond ne créent pas une servitude de passage en l'absence d'un titre conventionnel ou légal lorsqu'ils déclarent que le passage constitue l'accessoire indispensable d'une servitude de vue établie par une convention. • Civ. 1re, 1er juin 1960, n° 58-12.997 P. ♦ Une servitude de passage qui est l'accessoire nécessaire d'une servitude de puisage n'a pas à être établie par un titre distinct. • Civ. 3e, 7 mai 1986 : *Bull. civ. III, n° 68.*

3. Conditions d'exercice d'une servitude de passage. Un testament ayant institué un droit de passage à pied, à cheval, charrue et charrette, c'est-à-dire selon tous les modes d'exercice alors connus en vue d'une exploitation agricole, la servitude peut s'exercer actuellement pour le passage des véhicules à moteur ou tractés. • Civ. 1re, 28 juin 1967 : *D. 1967. 726.* ♦ De même, une servitude conventionnelle de passage peut, selon l'interprétation souveraine des juges du fond, comprendre le droit d'établir des canalisations souterraines, expression actuelle et simplifiée du droit de faire passer des porteurs d'eau. • Civ. 1re, 14 oct. 1963 : *D. 1964. 513, note Tallon.* ♦ Comp. • Civ. 3e, 16 déc. 1998, n° 97-10.400 P • 24 nov. 1999, n° 97-10.301 P. ♦ Une servitude de passage étant destinée à desservir un immeuble d'habitation situé en ville, les juges du fond, appréciant souverainement l'intention des parties à l'acte constitutif, peuvent décider que le bénéficiaire peut maintenir une plaque, une sonnette et une boîte aux lettres qui sont des accessoires indispensables de la servitude et ne sont pas incompatibles avec le caractère discontinu de celle-ci. • Civ. 3e, 15 févr. 1972 : *Bull. civ. III, n° 104.* ♦ Rappr. : établissement, sous l'assiette d'une servitude de passage, d'une canalisation rejoignant l'égout public, par application de l'art. L. 33 (devenu L. 1331-1) CSP rendant obligatoire le raccordement des immeubles au réseau d'égouts publics soit directement, soit par l'intermédiaire de voies privées ou de servitudes de passage. • Civ. 3e, 11 janv. 1977 : *Bull. civ. III, n° 12.*

4. Prestation personnelle accessoire d'une servitude : V. notes ss. art. 698.

SECTION 3 Des droits du propriétaire du fonds auquel la servitude est due

Art. 697 **Celui auquel est due une servitude, a droit de faire tous les ouvrages nécessaires pour en user et pour la conserver.**

Domaine. Les art. 697 et 698 s'appliquent quel que soit le mode d'établissement de la servitude. • Civ. 3e, 12 mars 2014, n° 12-28.152 P. ♦ V. aussi ss. art. 628.

Art. 698 **Ces ouvrages sont à ses frais, et non à ceux du propriétaire du fonds assujetti, à moins que le titre d'établissement de la servitude ne dise le contraire.**

1. Principe de prise en charge des frais d'entretien des ouvrages par le propriétaire du fonds dominant. Les travaux de réfection d'un mur de soutènement nécessaires pour que l'exercice de la servitude soit conforme à son entière assiette incombent au propriétaire du fonds dominant. • Civ. 3e, 12 mars 2014, n° 12-28.152 P (absence d'opposition des propriétaires du fonds servant à la réalisation de ces travaux).

2. Tempérament : modification de l'assiette de la servitude à l'initiative du propriétaire du fonds servant. Si le propriétaire du fonds servant sollicite, pour sa seule commodité, la modification de l'assiette de la servitude de passage, c'est lui qui doit supporter les frais d'implantation afférents à la nouvelle assiette. • Civ. 3e, 20 déc. 1989 : *Bull. civ. III, n° 250.*

3. ... Communauté d'intérêts entre le propriétaire du fonds dominant et le propriétaire du fonds servant. Dès lors qu'il existe une communauté d'usage de l'assiette de la servitude de passage par le propriétaire du fonds dominant et celui du fonds servant, ce dernier doit contribuer aux frais d'entretien et de réparation de cette servitude. • Civ. 3e, 22 mars 1989 : *Bull. civ. III, n° 71 ; RTD civ. 1990. 526, obs. Zenati* • 14 nov. 1990, n° 89-10.210 P.

4. Faute du propriétaire du fonds servant. Il résulte du rapprochement des art. 696, 698, 701 et anc. 1382 [1240] C. civ. que le propriétaire, dont le fonds est grevé d'une servitude de passage, n'est pas tenu d'améliorer ou d'entretenir l'assiette de la servitude, mais seulement d'observer une attitude purement passive, en ne faisant rien qui tende à diminuer l'usage de la servitude ou à la rendre plus incommode. Ce propriétaire ne peut donc être condamné à réparation qu'en cas d'infraction à cette obligation de ne pas faire. • Civ. 3e, 5 déc. 1972 : *Gaz. Pal. 1973. 1. 136.* ♦ V. aussi. : • Civ. 3e, 5 juin 2013 : *cité note 4 ss. art. 673* (cassation de l'arrêt ne recherchant pas si les blocs de pierre portant atteinte à la servitude avaient été posés par le propriétaire du fonds servant). ♦ En effet, les art. 697 et 698 sont étrangers au cas où les travaux sont devenus nécessaires à l'exercice de la servitude par suite d'une faute du propriétaire du fonds servant, dont la responsabilité relève du droit commun. • Civ. 3e, 30 janv. 1970, n° 67-13.985 P. ♦ En ce cas, le propriétaire du fonds servant peut devoir supporter la charge des travaux qui sont, par son fait, devenus nécessaires à l'exercice de la servitude. • Civ. 3e, 8 juin 1982 : *Bull. civ. III, n° 148* • 4 févr. 2009, n° 07-21.451 P. ♦ V. également pour l'élagage, note 4 ss. art. 673.

5. Principe d'interprétation souveraine du titre d'établissement par les juridictions du fond. Dans l'exercice de leur pouvoir souverain d'interprétation des actes, les juges du fond peuvent décider que la prestation personnelle de curage d'un canal, imposée au propriétaire, est l'accessoire de la servitude portant sur la fourniture d'eau aux arrosants de la commune. • Civ. 1re, 4 nov. 1963 : *Bull. civ. I, n° 470.* ♦ V. aussi note 1 ss. art. 628.

Art. 699 **Dans le cas même où le propriétaire du fonds assujetti est chargé par le titre de faire à ses frais les ouvrages nécessaires pour l'usage ou la conservation de la servitude, il peut toujours s'affranchir de la charge, en abandonnant le fonds assujetti au propriétaire du fonds auquel la servitude est due.**

BIBL. ▶ Boubli, *JCP 1973. I. 2518.*

1. Caractère unilatéral du droit d'abandon. Le droit d'abandon est unilatéral. L'abandon n'a pas à être accepté par le propriétaire du fonds dominant. • Amiens, 18 mars 1969 : *JCP 1969. II. 16045, note Goubeaux.* – Déjà en ce sens : • Req. 11 mai 1908 : *DP 1908. 1. 365.*

2. Obstacles à l'abandon créés par le propriétaire du fonds servant. Les juges du fond peuvent décider que le propriétaire prétendant exercer l'abandon est privé de ce droit, à la suite d'une appréciation souveraine de l'étendue de l'abandon, jugée insuffisante, et du comportement fautif du propriétaire qui s'en prévalait, les travaux qui lui incombaient n'ayant pas été faits malgré des mises en demeure réitérées. • Civ. 1re, 4 nov. 1963 : *Bull. civ. I, n° 470.* – Déjà en ce sens : • Civ. 1re, 1er déc. 1958 : *Bull. civ. I, n° 529.* ♦ Pour l'obstacle à l'abandon provenant de la faute lourde du propriétaire, V. • Civ. 1re, 1er déc. 1958 : *Bull. civ. I, n° 528.* ♦ ... Ou de toute faute de celui-ci, V. • Grenoble, 21 oct. 1942 : *DC 1943. 37, note Lalou.* ♦ Comp. • Amiens, 18 mars 1969 : *préc. note 1.*

Art. 700 **Si l'héritage pour lequel la servitude a été établie vient à être divisé, la servitude reste due pour chaque portion, sans néanmoins que la condition du fonds assujetti soit aggravée.**

Ainsi, par exemple, s'il s'agit d'un droit de passage, tous les copropriétaires seront obligés de l'exercer par le même endroit.

1. Antériorité de la servitude. Lorsque le propriétaire d'un fonds l'a divisé en trois parcelles antérieurement à la création de l'interdiction de construire le long des lignes divisoires entre la parcelle centrale et les parcelles voisines, les dispositions de l'art. 700, qui supposent que la servitude préexiste à la division de l'héritage, ne sont pas applicables. • Cass., ass. plén., 23 mars 2001, n° 98-19.018 P : *R., p. 334 ; BICC 15 mai 2001, concl. Joinet, rapp. Vigneron ; D. 2002. 1109, note Perrouin ; JCP 2001. I. 358, n° 15, obs. Périnet-Marquet ; JCP N 2001. 1778, note Lochouarn ; RDI 2001. 361, obs. Bergel.*

2. Maintien de la servitude au profit de l'ayant cause partiel. L'acquéreur d'une parcelle faisant partie d'un fonds au profit duquel a été constituée une servitude est bénéficiaire de cette servitude. • Civ. 1re, 15 juin 1967 : *Bull. civ. I, n° 220* • Civ. 3e, 25 juin 1974 : *ibid. III, n° 267.*

3. Interdiction d'aggravation de la situation du fonds servant. La division du fonds dominant ne pouvant aggraver la situation du fonds servant, l'extinction d'une servitude *non aedificandi* par maintien d'une construction pendant plus de trente ans est acquise à l'égard des deux fonds issus de la division du fonds dominant. • Civ. 3e, 11 déc. 1996, n° 95-10.696 P : *Defrénois 1997. 380 ; JCP 1997. I. 4010, n° 19, obs. Périnet-Marquet ; RDI 1997. 400, obs. Bergel ; RTD civ. 1998. 939, obs. Zenati.*

4. L'indivisibilité de la servitude ne saurait avoir pour conséquence de faire supporter la servitude, par voie d'extension, à des fonds que le propriétaire de l'héritage assujetti y aurait ultérieurement réunis. • Civ. 1re, 29 mai 1963 : *D. 1963. 718.*

5. Al. 2 : illustration. Après division de l'héritage pour lequel une servitude de passage a été établie, tous les copropriétaires sont obligés de l'exercer par le même endroit et l'ouverture pratiquée par l'un d'entre eux constituerait une violation des dispositions de l'al. 2 de l'art. 700. • Civ. 3e, 8 mai 1969 : *Bull. civ. III, n° 372.*

Art. 701 **Le propriétaire du fonds débiteur de la servitude ne peut rien faire qui tende à en diminuer l'usage ou à le rendre plus incommode.**

Ainsi, il ne peut changer l'état des lieux, ni transporter l'exercice de la servitude dans un endroit différent de celui où elle a été primitivement assignée.

Mais cependant, si cette assignation **primitive était devenue plus onéreuse au propriétaire du fonds assujetti, ou si elle l'empêchait d'y faire des réparations avantageuses, il pourrait offrir au propriétaire de l'autre fonds un endroit aussi commode pour l'exercice de ses droits, et celui-ci ne pourrait pas le refuser.**

BIBL. ▶ Atias, *RTD civ. 1979. 245.*

A. FIXITÉ DE LA SERVITUDE

1. *Obligation de respecter l'usage et la commodité de la servitude.* Si le propriétaire d'un fonds grevé d'une servitude de passage conserve le droit d'y faire tous travaux qu'il juge convenables et de se clore, il ne doit cependant rien entreprendre qui puisse diminuer l'usage de la servitude ou la rendre moins commode, l'appréciation des circonstances modificatives de cet usage ressortissant aux pouvoirs souverains des juges du fond. • Civ. 3e, 21 nov. 1969, no 68-13.440 P. – Jurisprudence constante. ♦ Pour des applications en cas de servitude de passage, lorsque le propriétaire du fonds servant établit une clôture, V. notes 3 et 4 ss. art. 647.

2. *... Application à une servitude commune à un groupe d'immeubles.* Deux propriétaires ne peuvent, sans l'accord de tous les propriétaires, déroger par une stipulation particulière à un règlement instituant une servitude commune à un groupe d'immeubles. • Civ. 3e, 8 déc. 2004, no 03-16.970 P : *D. 2005. Pan. 2359, obs. Mallet-Bricout* ; *RDI 2005. 281, obs. Bergel* .

3. *... Nature de charge réelle.* L'obligation imposée au propriétaire d'un bien grevé d'une servitude de ne rien faire qui puisse y contrevenir ou en diminuer l'usage ou le rendre plus incommode est une charge réelle pesant sur le fonds lui-même et suivant le bien en quelque main qu'il passe. Le propriétaire actuel d'un fonds grevé de servitude *non aedificandi* doit donc exécuter les travaux de démolition d'ouvrages faits par son auteur en violation de la servitude. • Civ. 3e, 26 nov. 1970, no 68-12.197 P. ♦ V. aussi note 4 ss. art. 698.

4. *... Sanction : démolition.* La démolition est la sanction d'un droit réel transgressé ; viole l'art. 701 la cour d'appel qui énonce qu'elle a le choix d'ordonner la destruction d'une construction élevée en violation d'une servitude *non altius tollendi* ou d'allouer des dommages-intérêts. • Civ. 3e, 4 oct. 1989, no 88-10.753 P : *Defrénois 1990. 1028, obs. Souleau* ; *D. 1991. Somm. 26, obs. A. Robert* ; *RTD civ. 1990. 682, obs. Zenati* ; *RDI 1990. 470, obs. Bergel* • 19 juill. 1995, no 93-17.134 P : *Defrénois 1996. 798, obs. Atias* • 17 déc. 2003, no 02-10.300 P : *Defrénois 2004. 1164, obs. Atias* ; *RDI 2004. 167, obs. Trébulle* ; *ibid. 281, obs. Gavin-Millan-Oosterlynck* . ♦ La démolition pour violation d'une servitude de passage n'est pas soumise à l'annulation préalable du permis de construire. • Civ. 3e, 23 mai 2002, no 00-20.861 P : *Gaz. Pal. 2003. Somm. 594, obs. Peisse.*

5. *... Tempérament résultant d'une exigence de proportionnalité.* Dans l'hypothèse d'une construction qui empiète sur l'assiette d'une servitude de passage, cassation de l'arrêt ayant ordonné la démolition, sans rechercher, comme il le lui était demandé, si la mesure de démolition n'était pas disproportionnée au regard du droit au respect du domicile des propriétaires du fonds servant. • Civ. 3e, 19 déc. 2019, no 18-25.113 P : *D. 2020. 1092, note Boffa* ; *ibid. Chron. C. cass. 1248, obs. Jariel* ; *AJDI 2020. 255, note Niel* ; *ibid. 317, obs. Mazure* ; *RDI 2020. 142, obs. Bergel* ; *RTD civ. 2020. 416, obs. Dross* ; *Defrénois 2020/35. 29, note Laurent.*

6. *... Qualité pour agir.* Alors que la parcelle bénéficiant de la servitude conventionnelle de passage appartient à la commune, une cour d'appel retient, à bon droit, qu'un syndicat de copropriétaires, simple occupant de cette parcelle en vertu d'une convention d'occupation, n'a pas qualité pour se prévaloir de la servitude de passage et demander la suspension de travaux de construction affectant le passage. • Civ. 3e, 14 nov. 2019, no 18-21.136 P : *D. 2019. 2245* ; *RTD civ. 2020. 420, obs. Dross* .

B. DÉPLACEMENT DE L'ASSIETTE DE LA SERVITUDE

1o À L'INITIATIVE DU PROPRIÉTAIRE DU FONDS SERVANT

7. *Respect d'une double condition.* Le propriétaire d'un fonds assujetti ne peut demander la modification de l'assiette de la servitude qu'à la double condition que l'assignation primitive soit devenue plus onéreuse pour lui et que le nouvel endroit proposé au propriétaire de l'autre fonds soit aussi commode pour l'exercice de ses droits. Les juges qui retiennent que le nouveau passage proposé serait plus difficile justifient leur refus de la modification, sans avoir à rechercher si le passage actuel est ou non devenu plus onéreux pour le propriétaire du fonds servant. • Civ. 3e, 24 mars 1982, no 81-70.436 P. ♦ Dans le même sens, pour un changement d'assiette qui ne serait bénéfique pour tous que si le propriétaire du fonds dominant effectuait aussi des aménagements sur son terrain. • Reims, 12 nov. 2007 : *BICC 15 mars 2008, no 467.*

8. *Appréciation souveraine par les juges du fond de la commodité de la nouvelle assiette.* Les juges du fond apprécient souverainement si la nouvelle assiette proposée présente les mêmes commodités que l'assiette actuelle. • Civ. 1re, 14 mars 1962 : *Bull. civ. I, no 159* • 10 oct. 1962 : *ibid. I, no 412.*

9. *Exigence d'un accord entre les deux propriétaires (non).* L'art. 701, al. 3, de portée générale, n'exige pas un commun accord entre les propriétaires des fonds dominant et servant pour la modification de l'assiette d'une servitude de passage pour cause d'enclave acquise par prescription. • Civ. 3e, 18 mars 1987 : *JCP 1988. II. 21127, note Benet* ; *RTD civ. 1989. 595, obs. Zenati.* – V. aussi • Civ. 3e, 10 mars 1993, no 91-

17.910 P : *RTD civ. 1996. 659, obs. Zenati*. ♦ Une modification irrégulière de l'assiette d'une servitude de passage à l'initiative du propriétaire du fond servant, sans accord du propriétaire du fond dominant ni autorisation judiciaire, n'interdit pas au propriétaire du fond servant, dès lors que l'assiette d'origine du passage a été rétablie, d'invoquer les dispositions de l'art. 701, al. 3, pour solliciter une modification de l'assiette de la servitude. • Civ. 3e, 18 janv. 2023, n° 22-10.700 B.

10. Appréciation de l'intérêt du propriétaire du fonds servant : illustrations. L'intérêt du propriétaire du fonds servant à demander une modification de l'assiette de la servitude peut être, notamment, la nécessité de clôturer le fonds. • Aix-en-Provence, 24 juin 1975 : *D. 1975. 751, note Goubeaux*. ♦ ... Les exigences de l'administration pour la délivrance d'un permis de construire. • TGI Compiègne, 19 avr. 1977 : *JCP N 1980. II. 40*. ♦ ... Le changement de destination du fonds dominant, la servitude étant devenue plus onéreuse du fait de la proximité du chemin avec l'habitation, de l'augmentation des passages et des sollicitations fréquentes, faisant ainsi ressortir l'existence d'une gêne substantielle liée à l'assiette primitive de la servitude. • Civ. 3e, 18 janv. 2023, n° 22-10.700 B : *préc.*

11. Obligation de supporter les frais. Sauf stipulation contraire, le propriétaire du fonds servant qui sollicite la modification de l'assiette de la servitude doit en supporter les frais. • Civ. 3e, 31 oct. 2006, n° 05-17.519 P : *D. 2006. IR 2812* ; *Dr. et patr. 7-8/2007. 93, obs. Seube*.

12. Limites au déplacement de l'assiette : impossibilité d'imposer la charge à un autre fonds. Les dispositions de l'art. 701 ne permettent pas au propriétaire du fonds débiteur d'une servitude de demander que la charge de celle-ci soit imposée à un autre fonds. • Civ. 3e, 26 oct. 1983 : *Bull. civ. III, n° 204* • 10 nov. 1999, n° 97-15.606 P : *D. 1999. IR 274* ; *JCP 2000. I. 211, n° 19, obs. Périnet-Marquet* ; *RDI 2000. 19, obs. Bergel*.

13. ... Impossibilité de supprimer une servitude. N'est pas satisfactoire une offre qui, par confusion d'assiette, tendrait à supprimer un droit de passage sur les deux dont bénéficie le fonds dominant. • Civ. 3e, 4 déc. 1991, n° 90-15.649 P. ♦ La possibilité de modifier l'assiette d'une servitude prévue par l'art. 701, al. 3, ne s'applique pas au cas où la servitude a été supprimée au préalable sans l'accord des propriétaires du fonds dominant. • Civ. 3e, 8 juill. 2009, n° 08-15.763 P : *D. 2010. Pan. 2183, obs. Reboul-Maupin* ; *Dr. et patr. 1/2010. 71, obs. Seube et Revet*.

2° À L'INITIATIVE DU PROPRIÉTAIRE DU FONDS DOMINANT

14. Caractère obligatoire de l'accord du propriétaire du fonds servant. Le propriétaire du fonds dominant ne saurait, sans l'autorisation du propriétaire du fonds servant, justifier le changement d'assiette d'une servitude de passage en alléguant l'absence d'aggravation de la servitude. • Civ. 21 janv. 1947 : *D. 1947. 185* ; *JCP 1947. II. 3754, note Becqué* • Civ. 3e, 26 avr. 1979, n° 77-16.110 P.

Art. 702 **De son côté, celui qui a un droit de servitude ne peut en user que suivant son titre, sans pouvoir faire ni dans le fonds qui doit la servitude, ni dans le fonds à qui elle est due, de changement qui aggrave la condition du premier.**

BIBL. ▶ ATIAS, *RTD civ. 1979. 245*. – TEILLIAIS, *JCP N 1999. 258*.

1. Fixité de la servitude. Le propriétaire du fonds dominant est soumis à la règle de la fixité de la servitude, qui lui interdit d'apporter à l'état des lieux des modifications entraînant une aggravation de la charge grevant le fonds servant. • Civ. 3e, 13 nov. 1970 : *Bull. civ. III, n° 600* • 3 oct. 1991, n° 90-10.917 P.

2. Qualité pour invoquer la fixité. Des bénéficiaires d'une servitude de passage, bien que n'étant pas propriétaires du fonds servant, ont qualité pour agir contre d'autres bénéficiaires de la même servitude qui, excédant les limites déterminées par l'acte constitutif de la servitude, l'aggravent et leur causent de ce fait un préjudice (*utilisation d'un chemin desservant des pavillons pour l'approvisionnement de magasins à grande surface*). • Civ. 3e, 13 mai 1971, n° 69-14.315 P.

3. Notion d'aggravation. Les juges du fond apprécient souverainement s'il y a eu ou non aggravation d'une servitude. • Civ. 3e, 16 déc. 1970 : *Bull. civ. III, n° 713* • 8 janv. 1992, n° 90-11.852 P. – Jurisprudence constante. ♦ Ainsi, selon l'interprétation du titre, le passage de véhicules automobiles aggrave ou non une servitude antérieurement exercée par d'autres modes. • Civ. 1re, 28 juin 1967 : *Bull. civ. I, n° 243* • Civ. 3e, 17 oct. 1969 : *ibid. III, n° 662* (pas d'aggravation) • Civ. 1re, 3 juill. 1961 : *ibid. I, n° 364* (aggravation) • Civ. 3e, 22 mars 2011 : *D. 2011. 2298, obs. Reboul-Maupin* (nécessités de la vie moderne compatibles avec l'usage pour lequel la servitude avait été consentie). ♦ ... La desserte de constructions nouvelles est ou non une aggravation d'une servitude de passage. • Civ. 1re, 12 nov. 1963, n° 62-10.511 P (pas d'aggravation) • Civ. 1re, 1er févr. 1965 : *ibid. I, n° 87* (aggravation). ♦ Aggravation d'une servitude conventionnelle de passage résultant de la création d'une ZAC sur le fond dominant, celle-ci conduisant à la desserte de plusieurs centaines de logements. • Civ. 3e, 14 juin 2018, n° 17-20.280 P. ♦ Est à bon droit rejetée, comme contraire au titre, la demande de modernisation d'une servitude de passage pour l'accès à une grange, dès lors qu'elle ne tend pas à une adaptation aux conditions actuelles de la vie et ne répond pas à un besoin agricole, l'exploitation agricole ayant cessé. • Civ. 3e, 3 nov. 2005, n° 04-11.424 P : *RDI 2006. 129, obs. Bergel*.

4. Charge réelle. L'obligation imposée par l'art. 702 au propriétaire du fonds dominant de ne rien faire qui aggrave la servitude, est une charge réelle pesant sur le fonds lui-même et suivant ce dernier en quelque main qu'il passe. C'est donc à juste titre que le propriétaire actuel du fonds, encore que successeur à titre particulier de l'auteur du trouble, est condamné à exécuter à ses frais des travaux de remise en état d'une canalisation. • Civ. 7 févr. 1949 : *D. 1949. 405, note Lenoan ; JCP 1949. II. 5159, note Becqué.*

5. Sanction. Les juges du fond apprécient souverainement les modalités de réparation du dommage résultant de l'aggravation d'une servitude. Ils peuvent ordonner au propriétaire du fonds dominant de faire cesser l'aggravation. • Civ. 2e, 6 mai 1976, n° 75-12.619 P. ♦ ... Ou estimer qu'il doit seulement compenser les conséquences de l'aggravation moyennant une indemnité. • Civ. 3e, 11 juin 1974 : *JCP 1975. II. 17902, note Goubeaux.* ♦ Mais ils ne peuvent débouter le demandeur au motif que l'aggravation de la servitude de vue n'était pas telle qu'elle justifiât la suppression des ouvertures et qu'il n'était demandé ni la réduction de la superficie des fenêtres ni des dommages et intérêts. • Civ. 3e, 16 juill. 1998, n° 96-13.662 P.

SECTION 4 Comment les servitudes s'éteignent

Art. 703 Les servitudes cessent lorsque les choses se trouvent en tel état qu'on ne peut plus en user.

BIBL. ▸ **Servitude conventionnelle devenue inutile :** MOULOUNGUI, *LPA 27 nov. 1996.*

1. Cause d'extinction : impossibilité d'usage (oui). Lorsque l'usage d'une servitude est devenu définitivement impossible, en raison des modifications résultant, dans l'état matériel des lieux, d'ouvrages permanents, les juges du fond peuvent en déduire l'extinction de la servitude par application de l'art. 703. • Civ. 3e, 9 avr. 1974 : *Bull. civ. III, n° 144.* ♦ Dans le même sens : • Civ. 3e, 10 févr. 1976 : *Bull. civ. III, n° 60* (dénivellation empêchant le passage, due à des travaux effectués par le propriétaire du fonds dominant) • 3 avr. 1996, n° 94-15.350 P : *D. 1997. Somm. 24, obs. A. Robert ; Defrénois 1996. 1069, obs. Atias ; JCP N 1997. II. 569, note Mouloungui* (création d'un trottoir sur le fonds dominant rendant impossible l'usage d'un droit de passage) • 9 juill. 2003, n° 01-00.876 P : *D. 2004. 1115, note Fernandez ; JCP 2004. I. 125, n° 15, obs. Périnet-Marquet ; Gaz. Pal. 2004. Somm. 2099, obs. S. Piedelièvre ; AJDI 2004. 53, note Abram ; RDI 2003. 570, obs. Bruschi ; Dr. et patr. 3/2004. 100, obs. Macorig-Venier* (usage conforme au titre devenu impossible).

2. Le propriétaire du fonds servant ne saurait se prévaloir de l'impossibilité pour le propriétaire du fonds dominant d'user d'une servitude de passage alors que le chemin où elle s'exerce a été rendu inutilisable par ses propres agissements illicites. • Versailles, 13 janv. 1988 : *Defrénois 1988. 1083, note Goubeaux ; RDI 1988. 435, obs. Bergel ; RTD civ. 1990. 118, obs. Zenati*.

3. ... Inutilité (non). L'inutilité d'une servitude n'est pas une cause d'extinction d'une servitude, mais l'impossibilité d'en user. • Civ. 3e, 3 nov. 1981 : *JCP 1982. II. 19909, note Barbiéri ; RTD civ. 1982. 623, obs. Giverdon.* – V. aussi • Civ. 3e, 28 sept. 2005, n° 04-14.558 P : *D. 2006. Pan. 2371, obs. Mallet-Bricout ; AJDI 2006. 49, obs. Prigent* • 25 oct. 2011 : *JCP N 2012, n° 1154, note Massip.* – Déjà en ce sens : • Civ. 1re, 7 déc. 1966 : *D. 1967. 21, note Voulet.* ♦ Mais jugé que, lorsqu'une servitude ne présente plus aucune utilité pour le propriétaire du fonds dominant, celui-ci ne saurait continuer à en user sans abus de droit manifeste. • Pau, 17 déc. 1968 : *JCP 1969. II. 15878, note M. B.* ♦ V. Gautier, *RTD civ. 1995. 797.*

4. ... Aggravation de la situation du fonds servant (non). L'aggravation de la condition du fonds servant n'est pas une cause d'extinction d'une servitude conventionnelle de passage. • Civ. 3e, 7 nov. 1990, n° 88-14.886 P : *RDI 1991. 321, obs. Bergel*.

5. ... Non-respect des conditions d'exercice (non). Le non-respect de ses conditions d'exercice ne peut entraîner l'extinction d'une servitude. • Civ. 3e, 10 mars 1999, n° 95-22.093 P : *R., p. 337 ; D. 1999. IR 105 ; JCP 2000. I. 211, n° 22, obs. Périnet-Marquet* • 23 févr. 2005, n° 03-15.421 P : D. 2005. IR 799 ; RTD *civ. 2005. 806, obs. Revet*.

6. ... Remembrement (non). Absence d'extinction d'une servitude de puisage, même non mentionnée dans les documents de remembrement. • Civ. 3e, 27 mars 2013, n° 11-28.559 P : *D. 2013. 2123, obs. Mallet-Bricout*.

7. Conséquences de l'extinction. V. note 9 ss. art. 685-1.

Art. 704 Elles revivent si les choses sont rétablies de manière qu'on puisse en user ; à moins qu'il ne se soit déjà écoulé un espace de temps suffisant pour faire présumer l'extinction de la servitude, ainsi qu'il est dit à l'article 707.

Art. 705 Toute servitude est éteinte lorsque le fonds à qui elle est due, et celui qui la doit, sont réunis dans la même main.

1. Extinction de la servitude consécutive à l'acquisition du fonds servant par le propriétaire du fonds dominant. L'acquisition par le propriétaire du fonds dominant de parcelles issues de la division du fonds servant éteint la servitude grevant ces parcelles. • Civ. 3e, 8 sept. 2016, no 15-20.371 P : *D. 2016. 2387, note Dos-Reis ; ibid. Chron. C. cass. 2237, obs. Méano ; ibid. 2017. 1789, obs. Reboul-Maupin ; RTD civ. 2016. 897, obs. Dross ; JCP N 2016, no 1306, note Meiller et Collard ; RDC 2017. 130, note Danos.*

2. Absence d'extinction en cas d'acquisition par le propriétaire du fonds servant de la seule nue-propriété du fonds dominant. La servitude n'est pas éteinte à la suite de l'acquisition, par le propriétaire du fonds servant, de la seule nue-propriété du fonds dominant. • Civ. 3e, 17 avr. 1996, no 94-16.873 P : *R., p. 286 ; JCP 1997. I. 4010, no 19, obs. Périnet-Marquet ; RTD civ. 1997. 460, obs. Zenati .*

Art. 706 La servitude est éteinte par le non-usage pendant trente ans.

1. Domaine : servitudes du fait de l'homme. Les servitudes s'éteignent en principe par le non-usage trentenaire. • Civ. 3e, 10 oct. 1984, no 83-14.443 P. ♦ La division du fonds dominant est sans incidence sur cette prescription extinctive. • Civ. 3e, 11 déc. 1996 : *JCP 1997. I. 4010, no 19, obs. Périnet-Marquet.* ♦ Application de cette prescription à une servitude *non aedificandi*, considérée comme éteinte en raison de l'existence depuis trente ans d'une construction. • Civ. 3e, 11 déc. 1996, no 95-10.696 P • 27 févr. 2002, no 00-13.907 P : *R., p. 411 ; JCP 2002. I. 176, no 24, obs. Périnet-Marquet ; RDI 2002. 307, obs. Trébulle .*

2. Servitudes légales. Cas des servitudes légales au regard de la prescription extinctive : V. note 12 ss. art. 640 ; note 13 ss. art. 678 ; note 3 ss. art. 685 ; ... et pour les servitudes administratives, note 4 ss. art. 649.

3. Mitoyenneté (non). L'art. 706, qui ne concerne que les servitudes, est inapplicable à la mitoyenneté, qui constitue un droit de propriété indivise. • Civ. 3e, 19 févr. 1985 : *JCP 1986. II. 20565, note Barbiéri.*

4. Charge de la preuve de l'usage. Il incombe au propriétaire du fonds dominant de démontrer que la servitude de passage, dont il n'a pas la possession actuelle, a été exercée depuis moins de trente ans. • Civ. 3e, 17 févr. 1993, no 90-19.364 P : *D. 1993. Somm. 308, obs. A. Robert .*

5. Non-usage : appréciation souveraine. Les juges du fond apprécient souverainement si les faits allégués sont constitutifs du non-usage d'une servitude. • Civ. 3e, 9 avr. 1970 : *Bull. civ. III, no 239* • 6 juin 1972 : *ibid. III, no 373.*

6. ... Illustrations. Le juge du possessoire, souverain pour apprécier si la possession du demandeur réunit les conditions légales et si les faits que l'on présente comme des actes de possession ne sont pas des actes de pure tolérance, a, en accueillant une complainte, nécessairement estimé que le demandeur avait exercé depuis moins de trente ans une servitude de passage de manière à en empêcher l'extinction par le non-usage. • Civ. 3e, 15 oct. 1970 : *Bull. civ. III, no 512.*

7. N'est pas justifiée une décision qui, pour refuser d'ordonner la démolition d'une construction édifiée depuis moins de trente ans en infraction à une servitude *non altius tollendi,* retient que l'attitude du propriétaire du fonds dominant implique l'intention de la laisser subsister. • Civ. 1re, 27 févr. 1963, no 59-11.232 P. ♦ Dans le même sens : • Civ. 3e, 5 nov. 1970, no 69-10.593 P (l'obturation d'une fenêtre n'emporte pas renonciation à une servitude de vue, à défaut d'acte authentique transcrit).

8. Renonciation au bénéfice de la prescription. Une servitude non exercée depuis plus de trente ans demeure éteinte par la prescription, quoique l'exercice en ait été repris après ce délai, sans opposition du maître du fonds assujetti, à moins que cet acte d'exercice ultérieur ne puisse s'interpréter comme valant renonciation, de la part du propriétaire du fonds servant, au bénéfice de la prescription. • Civ. 1re, 7 juin 1961, no 59-13.016 P.

Art. 707 Les trente ans commencent à courir, selon les diverses espèces de servitudes, ou du jour où l'on a cessé d'en jouir, lorsqu'il s'agit de servitudes discontinues, ou du jour où il a été fait un acte contraire à la servitude, lorsqu'il s'agit de servitudes continues.

1. Servitudes continues : servitude non aedificandi. Une servitude continue, comme la servitude *non aedificandi,* est éteinte par le non-usage pendant trente ans à partir du commencement des travaux effectués au mépris de cette servitude. • Civ. 3e, 16 déc. 1970, no 69-10.639 P.

2. Servitudes relatives aux plantations. Point de départ de la prescription trentenaire pour la réduction des arbres à la hauteur requise par le règlement d'un lotissement fixé à la date à laquelle les arbres ont dépassé la hauteur maximum autorisée. • Civ. 3e, 27 mars 2013 : *cité note 2 ss. art. 671.*

3. Servitudes discontinues : servitude de passage. Le délai de prescription extinctive d'une servitude discontinue commence à courir à compter du jour du dernier acte d'exercice de cette servitude. • Civ. 3e, 11 janv. 2006, n° 04-16.400 P : *D. 2006. Pan. 2370, obs. Mallet-Bricout ; JCP 2006. I. 178, n° 16, obs. Périnet-Marquet ; LPA 28 févr. 2006, note Barbiéri.*

Art. 708 Le mode de la servitude peut se prescrire comme la servitude même, et de la même manière.

Art. 709 Si l'héritage en faveur duquel la servitude est établie appartient à plusieurs par indivis, la jouissance de l'un empêche la prescription à l'égard de tous.

Art. 710 Si parmi les copropriétaires il s'en trouve un contre lequel la prescription n'ait pu courir, comme un mineur, il aura conservé le droit de tous les autres.

TITRE V DE LA PUBLICITÉ FONCIÈRE

(L. n° 2011-331 du 28 mars 2011, art. 9)

CHAPITRE UNIQUE DE LA FORME AUTHENTIQUE DES ACTES

Art. 710-1 Tout acte ou droit doit, pour donner lieu aux formalités de publicité foncière, résulter d'un acte reçu en la forme authentique par un notaire exerçant en France, d'une décision juridictionnelle ou d'un acte authentique émanant d'une autorité administrative.

Le dépôt au rang des minutes d'un notaire d'un acte sous seing privé, contresigné ou non, même avec reconnaissance d'écriture et de signature, ne peut donner lieu aux formalités de publicité foncière. Toutefois, même lorsqu'ils ne sont pas dressés en la forme authentique, les procès-verbaux des délibérations des assemblées générales préalables ou consécutives à l'apport de biens ou droits immobiliers à une société ou par une société ainsi que les procès-verbaux d'abornement peuvent être publiés au bureau des hypothèques à la condition d'être annexés à un acte qui en constate le dépôt au rang des minutes d'un notaire.

Le premier alinéa n'est pas applicable aux formalités de publicité foncière des assignations en justice, des commandements valant saisie, des différents actes de procédure qui s'y rattachent et des jugements d'adjudication, des documents portant limitation administrative au droit de propriété ou portant servitude administrative, des procès-verbaux établis par le service du cadastre, des documents d'arpentage établis par un géomètre et des modifications provenant de décisions administratives ou d'événements naturels.

Sur les formalités relatives à la publicité foncière, V. textes reproduits ss. art. 2474.

Les avocats sont habilités à procéder aux formalités de publicité foncière, pour les actes prévus au dernier alinéa de l'art. 710-1, pour les actes dressés par eux ou avec leur concours (Décr. n° 55-22 du 4 janv. 1955, art. 32).

BIBL. ▶ LAFOND, *JCP N 2022, n° 1185* (procès-verbal de bornage et publicité foncière).

Une sommation délivrée à un notaire d'avoir à convoquer le maire d'une commune afin qu'il signe un contrat d'échange de parcelles n'entre pas dans la catégorie des actes énumérés par l'art. 710-1 pouvant donner lieu aux formalités de publicité foncière : recevabilité de l'action en référé de la commune pour obtenir la levée de la publication. • Civ. 3e, 15 juin 2017, n° 16-12.817 P.

LIVRE III DES DIFFÉRENTES MANIÈRES DONT ON ACQUIERT LA PROPRIÉTÉ

DISPOSITIONS GÉNÉRALES

Art. 711 **La propriété des biens s'acquiert et se transmet par succession, par donation entre vifs ou testamentaire, et par l'effet des obligations.**

Art. 712 **La propriété s'acquiert aussi par accession ou incorporation et par prescription.**

BIBL. ▶ Lafargue, *Defrénois 2021/44. 13* (pratique notariale de la notoriété acquisitive).

Accession : V. notes ss. art. 546 s. – *Prescription acquisitive :* V. notes ss. art. 2258 s. – *Preuve de la propriété :* V. notes ss. art. 544.

Art. 713 *(L. n° 2014-366 du 24 mars 2014, art. 152-I)* **Les biens qui n'ont pas de maître appartiennent à la commune sur le territoire de laquelle ils sont situés. Par délibération du conseil municipal, la commune peut renoncer à exercer ses droits, sur tout ou partie de son territoire, au profit de l'établissement public de coopération intercommunale à fiscalité propre dont elle est membre. Les biens sans maître sont alors réputés appartenir à l'établissement public de coopération intercommunale à fiscalité propre.**

(L. n° 2016-1087 du 8 août 2016, art. 109) **« Si la commune ou l'établissement public de coopération intercommunale à fiscalité propre renonce à exercer ses droits, la propriété est transférée de plein droit :**

« 1° Pour les biens situés dans les zones définies à l'article L. 322-1 du code de l'environnement, au Conservatoire de l'espace littoral et des rivages lacustres lorsqu'il en fait la demande ou, à défaut, au conservatoire régional d'espaces naturels agréé au titre de l'article L. 414-11 du même code lorsqu'il en fait la demande ou, à défaut, à l'État ;

« 2° Pour les autres biens *(L. n° 2022-217 du 21 févr. 2022, art. 98)* **« , après accord du représentant de l'État dans la région, au conservatoire régional d'espaces naturels agréé au titre du même article L. 414-11 lorsqu'il en fait la demande ou, à défaut », à l'État. »**

Sur la procédure de déclaration d'abandon manifeste des immeubles situés en agglomération, V. CGCT, art. L. 2243-1 à L. 2243-4. – V. aussi CGCT, art. L. 2213-25 (obligation de remise en état des terrains non entretenus). – **CGCT.**

Tout bien meuble abandonné ou que son détenteur destine à l'abandon est un déchet au sens de l'art. L. 541-1-II C. envir. – ***C. envir.***

BIBL. ▶ Lamiaux, *JCP N 2015, n° 1184.*

▶ Sériaux, *Mél. Goubeaux, Dalloz-LGDJ, 2009, p. 483.*

1. Parcelles vacantes et sans maître. Sont vacantes et sans maître des parcelles dont les propriétaires n'ont pas été identifiés lors des opérations de remembrement et que le procès-verbal de ces opérations attribue à une entité de propriétaires sans précision sur l'identité des personnes qui la composent. • Civ. 3e, 23 mars 2005, n° 04-10.980 P.

2. Absence d'atteinte disproportionnée au droit de propriété. Le délai de trente ans au-delà duquel les héritiers sont présumés avoir renoncé à la succession est suffisamment long pour que les dispositions des art. 713 C. civ. et L. 1123-1, 1°, CGPPP, prévoyant l'appropriation, au profit de la commune, des biens faisant partie d'une succession ouverte depuis plus de trente ans et pour laquelle aucun successible ne s'est présenté, ne portent pas une atteinte disproportionnée au droit de propriété au regard de l'utilité publique que peut représenter l'appropriation par une commune de terrains délaissés pendant une telle durée. • Civ. 3e, 12 juill. 2018, n° 17-16.103 P : *D. 2018. 1554* ; *RDI 2018. 547, obs. Bergel* (depuis la L. du 23 juin 2006, le délai au-delà duquel les héritiers sont présumés avoir renoncé à la succession est de 10 ans à compter de son ouverture en application de l'art. 780).

Code général de la propriété des personnes publiques

(Ord. n° 2006-460 du 21 avr. 2006, en vigueur le 1er juill. 2006).

Biens sans maître

Art. L. 1123-1 Sont considérés comme n'ayant pas de maître les biens autres que ceux relevant de l'article L. 1122-1 et qui :

1° Soit font partie d'une succession ouverte depuis plus de trente ans et pour laquelle aucun successible ne s'est présenté. *(L. n° 2022-217 du 21 févr. 2022, art. 98-II-1°)* « Ce délai est ramené à dix ans lorsque les biens se situent dans le périmètre d'une grande opération d'urbanisme au sens de l'article L. 312-3 du code de l'urbanisme ou d'une opération de revitalisation de territoire au sens de l'article L. 303-2 du code de la construction et de l'habitation, dans une zone de revitalisation rurale au sens de l'article 1465 A du code général des impôts ou dans un quartier prioritaire de la politique de la ville au sens de l'article 5 de la loi n° 2014-173 du 21 février 2014 de programmation pour la ville et la cohésion urbaine ; la présente phrase ne fait pas obstacle à l'application des règles de droit civil relatives à la prescription ; »

2° Soit sont des immeubles qui n'ont pas de propriétaire connu et pour lesquels depuis plus de trois ans *(L. n° 2022-217 du 21 févr. 2022, art. 99)* « les taxes foncières n'ont pas été acquittées ou ont été acquittées » par un tiers. Ces dispositions ne font pas obstacle à l'application des règles de droit civil relatives à la prescription ;

(Abrogé par L. n° 2022-217 du 21 févr. 2022, art. 99) (L. n° 2014-1170 du 13 oct. 2014, art. 72) « 3° Soit sont des immeubles qui n'ont pas de propriétaire connu, qui ne sont pas assujettis à la taxe foncière sur les propriétés bâties et pour lesquels, depuis plus de trois ans, la taxe foncière sur les propriétés non bâties n'a pas été acquittée ou a été acquittée par un tiers. Le présent 3° ne fait pas obstacle à l'application des règles de droit civil relatives à la prescription. »

Le 1° de l'art. L. 1123-1 CGPPP, dans sa rédaction résultant du 1° du II de l'art. 98 de la L. n° 2022-217 du 21 févr. 2022, est applicable, dès l'entrée en vigueur de la L., aux successions ouvertes à compter du 1er janv. 2007 et non encore partagées (L. préc., art. 98-IV).

Art. L. 1123-2 Les règles relatives à la propriété des biens mentionnés au 1° de l'article L. 1123-1 sont fixées par l'article 713 du code civil.

Art. L. 1123-3 *(L. n° 2022-217 du 21 févr. 2022, art. 99)* « I. — » L'acquisition des immeubles mentionnés au 2° de l'article L. 1123-1 est opérée selon les modalités suivantes.

Un arrêté du maire *(L. n° 2014-366 du 24 mars 2014, art. 152-II-1°)* « ou du président de l'établissement public de coopération intercommunale à fiscalité propre » pris dans les conditions fixées par décret en Conseil d'État *[V. art. R. 1123-1]* constate que l'immeuble satisfait aux conditions mentionnées au 2° de l'article L. 1123-1. Il est procédé par les soins du maire *(L. n° 2014-366 du 24 mars 2014, art. 152-II-1°)* « ou du président de l'établissement public de coopération intercommunale à fiscalité propre » à une publication et à un affichage de cet arrêté et, s'il y a lieu, à une notification aux derniers domicile et résidence du dernier propriétaire connu. Une notification est également adressée, si l'immeuble est habité ou exploité, à l'habitant ou à l'exploitant ainsi qu'au tiers qui aurait acquitté les taxes foncières. Cet arrêté est, dans tous les cas, notifié au représentant de l'État dans le département.

Les dispositions du deuxième alinéa *(L. n° 2022-217 du 21 févr. 2022, art. 99)* « du présent I » sont applicables lorsque les taxes foncières font l'objet d'une exonération ou ne sont pas mises en recouvrement conformément aux dispositions de l'article 1657 du code général des impôts.

Dans le cas où un propriétaire ne s'est pas fait connaître dans un délai de six mois à dater de l'accomplissement de la dernière des mesures de publicité mentionnées au deuxième alinéa *(L. n° 2022-217 du 21 févr. 2022, art. 99)* « du présent I », l'immeuble est présumé sans maître. *(L. n° 2014-366 du 24 mars 2014, art. 152-II-1°)* « La commune ou l'établissement public de coopération intercommunale à fiscalité propre peut, par délibération de son organe délibérant, l'incorporer dans son domaine. Cette incorporation est constatée par arrêté du maire ou du président de l'établissement public de coopération intercommunale à fiscalité propre. »

A défaut de délibération prise dans un délai de six mois à compter de la vacance présumée du bien, la propriété de celui-ci est attribuée à l'État. *(L. n° 2016-1087 du 8 août 2016, art. 109-II-1°)* « Toutefois, lorsque le bien est situé dans l'une des zones définies à l'article L. 322-1 du code de l'environnement, la propriété est transférée au Conservatoire de l'espace littoral et des rivages lacustres lorsqu'il en fait la demande ou, à défaut, au conservatoire régional d'espaces naturels agréé au titre de l'article L. 414-11 du même code lorsqu'il en fait la demande. *(L. n° 2022-217 du 21 févr. 2022, art. 98)* « Lorsque le bien est situé en dehors de ces zones, la propriété peut également être transférée, après accord du représentant de l'État dans la région, au conservatoire régional d'espaces naturels agréé au titre du même article L. 414-11 lorsqu'il en fait la demande. » Le transfert du bien est constaté par un acte administratif » *(L. n° 2022-217 du 21 févr. 2022, art. 98)* « ou notarié ».

(L. n° 2022-217 du 21 févr. 2022, art. 99) « Les bois et forêts acquis dans les conditions prévues au présent article sont soumis au régime forestier prévu à l'article L. 211-1 du code forestier à l'expiration d'un délai de cinq ans à compter de l'incorporation au domaine communal ou du transfert dans le domaine de l'État. Au cours de cette période, il peut être procédé à toute opération foncière.

« II. — L'administration fiscale transmet au maire ou au président de l'établissement public de coopération intercommunale à fiscalité propre, à leur demande, les informations nécessaires à la mise en œuvre de la procédure d'acquisition prévue au I du présent article. »

Sur la restitution des immeubles sans maître, V. CGPPP, art. L. 2222-20. – ***CGPPP.***

Art. 714 **Il est des choses qui n'appartiennent à personne et dont l'usage est commun à tous.**

Des lois de police règlent la manière d'en jouir.

BIBL. ▶ **Biens naturels :** Camproux-Duffrène, *RLDC 2009/56, n° 3282* (biodiversité). – Chardeaux, *D. 2019. 2195* (nommer la prérogative d'usage des choses communes). – Del Rey-Bouchentouf, *D. 2004. Chron. 1615*. – Proutière-Maulion, *D. 2000. Chron. 647* (nature juridique du poisson de mer). – Rémond-Gouilloud, *D. 1985. Chron. 27* (ressources naturelles et choses sans maître).

Art. 715 **La faculté de chasser ou de pêcher est également réglée par des lois particulières.**

V. ***C. envir.***

Art. 716 **La propriété d'un trésor appartient à celui qui le trouve dans son propre fonds : si le trésor est trouvé dans le fonds d'autrui, il appartient pour moitié à celui qui l'a découvert, et pour l'autre moitié au propriétaire du fonds.**

Le trésor est toute chose cachée ou enfouie sur laquelle personne ne peut justifier sa propriété, et qui est découverte par le pur effet du hasard.

RÉP. CIV. v° *Trésor*, par P. Berchon.

BIBL. ▶ Drapier, *RRJ 2003/1. 209*. – Galloux, *RRJ 1991/2. 387* (droit de l'inventeur). – Saujot, *Clés pour le siècle, Dalloz, 2000, p. 79* (biens culturels).

En ce qui concerne les vestiges archéologiques, V. C. patr., art. L. 531-14 s., ss. art. 552.

A. DÉFINITION DU TRÉSOR

1. Chose mobilière corporelle dissociable de son contenant ou de son support. Seules peuvent recevoir la qualification de trésor les *choses corporelles matériellement* dissociables du fonds dans lequel elles ont été trouvées et, comme telles, susceptibles d'appropriation ; ne constitue pas un trésor l'œuvre d'un grand peintre dissimulée sous la peinture visible d'un support en bois de sorte que cette œuvre est indissociable de son support matériel, dont la propriété est établie. • Civ. 1re, 5 juill. 2017, n° 16-19.340 P : *D. 2017. 2196, note Kilgus ; RTD civ. 2017. 887, obs. Dross ; RTD com. 2017. 908, obs. Pollaud-Dulian ; RDC 2017. 672, note Danos ; Gaz. Pal. 2017. 2378, obs. Berlaud.*

2. Chose cachée ou enfouie. Le caractère de trésor réside non dans sa plus ou moins grande valeur, mais dans le fait que, jusque-là cachée et ignorée, son existence a été révélée par le hasard de la découverte ; c'est l'ouvrier qui a découvert un pot contenant des pièces d'or qui est l'inventeur du trésor et non le propriétaire de l'immeuble qui a lui-même mis à jour les pièces contenues dans le pot. • Rennes, 9 janv. 1951 : *D. 1951. 443.*

3. Chose sur laquelle nul ne peut justifier d'un droit de propriété : principe. Les biens dont une personne justifie être propriétaire ne peuvent constituer un trésor ; une cour d'appel apprécie souverainement que les vendeurs d'une cuisinière ont établi la preuve qu'ils étaient propriétaires des lingots d'or trouvés à l'intérieur. • Civ. 1re, 19 nov. 2002, n° 00-22.471 P : *D. 2003. Somm. 2049, obs. Mallet-Bricout ; JCP*

2003. I. 172, n° 2, obs. Périnet-Marquet ; Gaz. Pal. 2003. 1093, note Battistini ; LPA 9 mai 2003, note Barbiéri. – V. déjà, dans la même affaire, • TGI Cusset, 26 nov. 1998 : *D. 1999. IR 14.* ♦ Le fait que le vendeur d'un immeuble où ont été découvertes des pièces d'or est l'héritier des anciens propriétaires de l'immeuble ne peut, à lui seul, avoir une influence sur la détermination de la propriété des pièces. • Civ. 1re, 25 oct. 1955 : *Bull. civ. I, n° 361,* rejetant le pourvoi formé contre • Paris, 18 déc. 1950 : *D. 1951. 144.* ♦ V. aussi • TGI Sarreguemines, 13 mars 2001 : *LPA 17 oct. 2001, note Béguin* (rejet de l'action en revendication des héritiers). ♦ *Contra,* antérieurement : • T. civ. Seine, 1er juin 1949 : *D. 1949. 350, note Ripert* (affaire du trésor de la rue Mouffetard).

4. ... Impossibilité d'invoquer l'art. 2276 pour faire échec à une revendication. Celui qui découvre, par le pur effet du hasard, une chose cachée ou enfouie a nécessairement conscience, au moment de la découverte, qu'il n'est pas le propriétaire de cette chose, et ne peut être considéré comme possesseur de bonne foi ; par suite, il ne saurait se prévaloir des dispositions de l'art. 2276 pour faire échec à l'action en revendication de la chose ainsi découverte dont il prétend qu'elle constitue un trésor au sens de l'art. 716, al. 2. • Civ. 1re, 6 juin 2018, ☎ n° 17-16.091 P : *D. 2018. Chron. C. cass. 2039, obs. Barel* ⊘ *; RTD civ. 2018. 940, obs. Dross* ⊘ *; JCP N 2019, n° 1163, note Drapier ; RDC 2018. 444, obs. Danos.*

B. ATTRIBUTION DU TRÉSOR

5. Partage par moitié : caractère fortuit de la découverte de l'inventeur. L'inventeur d'un trésor s'entend de celui qui, par le seul effet du hasard, met le trésor à découvert, serait-il au service d'une entreprise, dès lors que les travaux ayant amené la découverte n'ont pas été effectués à cette fin. • Crim. 20 nov. 1990, ☎ n° 89-80.529 P : *D. 1991. Somm. 272, obs. Azibert* ⊘ *; RTD civ. 1991. 765, obs. Zenati* ⊘. ♦ Des ouvriers qui ont découvert des pièces d'or en travaillant au déblaiement des décombres d'un immeuble sinistré peuvent se voir attribuer la qualité d'inventeurs, sauf si le propriétaire de la maison peut démontrer avoir lui-même ordonné et dirigé des recherches en vue de la découverte d'un trésor, auquel cas il serait lui-même, à l'exclusion des ouvriers employés au déblaiement, l'inventeur de ce trésor. • Paris, 9 nov. 1948 : *JCP 1949. II. 4976, note Carbonnier.*

6. Cas particulier : découvertes successives se rapportant à un trésor unique. Jugé que constituent un « seul et unique trésor » deux lots de pièces anciennes découverts sur le même site, l'un fortuitement et l'autre à la suite de fouilles archéologiques provoquées par la première découverte. • TGI Le Mans, 7 sept. 1999 : *JCP 2000. II. 10258, note Saujot ; LPA 3 août 2000, note Béguin.*

7. ... Pluralité d'inventeurs. Lorsque la découverte du trésor procède directement d'une action de plusieurs personnes, chacune d'elles doit être qualifiée d'inventeur ; cassation de l'arrêt ayant jugé que, l'art. 716 n'évoquant que celui qui a découvert le trésor, la notion de co-inventeur était étrangère à ce texte, écartant ainsi à tort la possibilité d'une pluralité d'inventeurs. • Civ. 1re, 16 juin 2021, ☎ n° 19-21.567 P : *CCC 2021, n° 130, note Leveneur.*

8. ... Renonciation expresse de l'inventeur. Le fait que l'inventeur ait remis volontairement les pièces d'or au propriétaire de l'immeuble et qu'il ait accepté de celui-ci une récompense ne constitue pas une renonciation à ses droits, laquelle doit être expresse et ne peut se présumer. • Lyon, 29 oct. 1970 : *D. 1971. 522, note Prévault.*

Art. 717 **Les droits sur les effets jetés à la mer, sur les objets que la mer rejette, de quelque nature qu'ils puissent être, sur les plantes et herbages qui croissent sur les rivages de la mer, sont aussi réglés par des lois particulières.**

Il en est de même des choses perdues dont le maître ne se représente pas.

BIBL. ▶ LAVIALLE, *JCP 1991. I. 3489* (loi du 1er déc. 1989 sur les biens culturels maritimes).

1. Nature d'épave fluviale (appartenant à l'État) et non d'épave terrestre d'une sphère métallique destinée au transport du courrier lors du siège de Paris en 1871, dite « boule de Moulins » : V. • Civ. 1re, 17 févr. 1976 : *D. 1976. 698,* rejetant le pourvoi formé contre • Rouen, 5 mars 1974 : *JCP 1974. II. 17739, concl. Meurant ; Gaz. Pal. 1974. 2. 728, note Doll.*

2. Choses abandonnées par leur propriétaire. Caractère non « abandonné » des objets laissés dans une sépulture : V. • Crim. 25 oct. 2000 : ☎ *D. 2001. 1052, note Garé* ⊘. ♦ La saisie par les enquêteurs, dans le but de rechercher les auteurs d'une infraction, d'un objet découvert abandonné sur la voie publique ou dans un conteneur collectif d'ordures ménagères ne constitue pas une atteinte à la vie privée, au sens de l'art. 8 Conv. EDH, nécessitant une autorisation judiciaire préalable à l'exploitation de son contenu, la cour d'appel a justifié sa décision. • Crim. 6 avr. 2022, ☎ n° 21-84.092 B : D. 2022. *1487, obs. Perrier* ⊘ *; AJ pénal 2022. 323, obs. Coste* ⊘ *; RSC 2022. 399, obs. Valat* ⊘.

En ce qui concerne les objets abandonnés ou laissés en gage par les voyageurs aux aubergistes ou hôteliers, V. L. 31 mars 1896, ss. art. 2350. — ... les épaves maritimes, V. C. transp., art. L. 5141-1 s. — ... les biens culturels maritimes, V. C. patr., art. L. 532-1 à L. 532-13.

TITRE I DES SUCCESSIONS

RÉP. CIV. v^is *Succession : dévolution, – ... : transmission, – ... : liquidation et règlement du passif héréditaire,* par R. LE GUIDEC et C. CHABOT ; v° *Exécution testamentaire,* par F. Sauvage.

DALLOZ ACTION *Droit patrimonial de la famille 2021/2022, n°s 211.00 s.*

DALLOZ RÉFÉRENCE *Liquidation des successions, 2023/2024.*

BIBL. GÉN. ▸ **Étude d'ensemble :** BEAUBRUN, *Mél. Goubeaux, Dalloz-LGDJ, 2009, p. 1* (nouvel ordre public successoral). – BRENNER, *1804-2004 Le code civil, Dalloz, 2004, p. 427* (la succession). – BRÈTHE DE LA GRESSAYE, *Mél. Voirin, LGDJ, 1967, p. 55* (sociologie et technique du droit successoral). – LIBCHABER, *RTD civ. 2016. 729* (des successions en quête d'avenir). – MALAURIE, *D. 1989. Chron. 99.* ▸ **Droit international privé :** REVILLARD, *Defrénois 1981. 1505 et 1585* (pratique notariale). ▸ **Assurance vie et successions :** GRIMALDI, *Defrénois 1994. 737.* – LÉCUYER, *Dr. fam. 1998. Chron. 7 ; AJ fam. 2007. 414* . – SAUVAGE, *RGDA 1997. 13.* – Dossier, *AJ fam. 2007. 376* et *2007. 414* .

▸ **Réformes (projets et propositions) :** CARBONNIER, *JCP 1998. I. 184.* – CATALA, *Defrénois 1999. 449 ; Dr. fam. 2000, n° 12 bis hors série, p. 34* (perspectives ; colloque Grenoble, nov. 1999). – LANCIN, *Gaz. Pal. 1994. 2. Doctr. 916* (DIP). – NICOD, *Dr. fam. 2018. Étude 14* (réformes du droit des successions après J21). – VOUIN, *Mél. Derruppé, Litec/GLN-Joly, 1991, p. 307* (égalité successorale).

▸ **Autres thèmes :** B. ANCEL, *Dr. fam. 2018. Étude 17.* – BARAT, *R. 1989, p. 191* (appréciation souveraine des juges du fond en droit des successions et des libéralités). – BEAUCHARD, *Études J. Savatier, PUF, 1992, p. 55* (les héritiers de l'employeur). – BERRE, *D. 2010. Chron. 462* (droit méditerranéen des successions). – BUAT-MÉNARD, *AJ fam. 2012. 80* (animal et succession). – CARON, *Defrénois 2001. 1112* (propriété littéraire et successions *ab intestat*). – CASEY, *AJ fam. 2008. 10* (preuve). – CHAVANAT, *RLDC 2008/55, n° 3232* (droit de retour). – DAUCHEZ, *Dr. et patr. 12/2008. 45* (succession composée d'œuvres d'art). – FAUCHEUX-BUREAU, *RRJ 1987/1. 241* (contentieux successoral entre 1975 et 1984). – FULCHIRON, *Defrénois 1994. 833* (transmission des biens dans les familles recomposées). – GAUDEMET et VINCENT, *Defrénois 2017. 8* (dévolution successorale). – GELOT, *Defrénois 1996. 438* (transmission successorale des armes et munitions). – GROFFE, *D. 2015. 1609* (la mort numérique). – LE GUIDEC, *Defrénois 2011. 599* (EIRL). – LAMBERT, *RGDA 2014. 579* (assurance vie et indivisions familiales). – LETELLIER, *JCP N 2017, n° 1301* (le rôle du notaire après le 1er nov. 2017). – LEVILLAIN, *JCP N 2013, n° 1074* (stratégies successorales et code civil). – PÉGLION-ZIKA, *RTD civ. 2018. 1* (existe-t-il un droit de l'homme à hériter ?). –PETERKA, *LPA 5 oct. 2005* (le droit des successions et des libéralités hors le code civil). – RÉMY, *Trav. Assoc. Capitant, XXXIX-1988, p. 251* (évolution récente du droit de la famille). – TEILLIAIS, *JCP N 1997. Prat. 3924* (succession de l'absent). – VAREILLE, *RTD civ. 2009. 1* (imputation en droit des successions). – Dossier, *JCP N 2011, n°s 1128 s.* (sécuriser le règlement successoral). – *Dossier, JCP N 2017, n°s 1142 s.* (sûretés et successions). – Dossier, *Defrénois 2017. 8* (10e anniversaire de la loi du 23 juin 2006). – Dossier, *AJ fam. 2018. 321* (successions et familles recomposées). – Dossier, *AJ fam. 2019. 437* (combien coûte un dossier de succession ?). – Dossier, *Dr. et patr. 2019/10. 21* (successions internationales).

▸ **Loi du 3 déc. 2001 :** V. Bibl. gén. relative à cette loi, ss. art. 767.

▸ ***Loi du 23 juin 2006*** *: V. Bibl. gén. relative à cette loi, ss. art. 892.*

▸ **Loi du 16 févr. 2015 :** GRIMALDI et VERNIÈRES, *Defrénois 2015. 250.*

▸ **Règl. (UE) n° 650/2012 du 4 juill. 2012 :** Commentaire du Réglement européen sur les successions, *Dalloz commentaire, 2015.* – BECKER, *JCP N 2012, n° 1271* (pacte successoral). – BOULANGER, *JCP 2012, n° 1120 ; JCP N 2013, n° 1180 ; ibid. 2022, n° 1233* (utiliser le certificat successoral européen). – CHASSAONG, *JCP N 2012, n° 1270.* – DAMASCELLI, *Rev. crit. DIP 2013. 425* . – GASTE et RICARD, *Defrénois 2017/18. 15.* – GODECHOT-PATRIS, *D. 2012. Chron. 2462* . – GORE, *Dr. et patr. 4/2013. 34.* – JACOBY, *JCP N 2012, n° 777* (le compte à rebours a commencé !) ; *ibid. n° 1272* (acte de notoriété ou certificat successoral européen). – LAGARDE, *Rev. crit. DIP 2012. 691* . – MARMISSE-D'ABBADIE D'ARRAST, *LPA 22 mars 2018* (certificat successoral européen). – NOURISSAT, *JCP 2015, n° 935.* – REVILLARD, *Defrénois 2012. 743.* – Dossier, *Dr. et patr. 6/2013. 41 ; ibid. mai 2014, p. 51 ; ibid. avr. 2015, p. 40.* – Dossier, *Dr. fam. 2013.*

Études 35 s. – Dossier, *AJ fam. 2015. 367* (successions internationales). – Dossier, *JCP N 2015, n°s 1142 s.*

▸ **Panorama Dalloz – Droit interne et international des successions et des libéralités :** *D. 2022. Pan. 2063* (sept. 2021 – sept. 2022) ; *D. 2021. Pan. 2064* (sept. 2020 – sept. 2021).

CHAPITRE I DE L'OUVERTURE DES SUCCESSIONS, DU TITRE UNIVERSEL ET DE LA SAISINE

(L. n° 2001-1135 du 3 déc. 2001, art. 18)

Les dispositions du chapitre I, issues de la loi du 3 déc. 2001, entrent en vigueur le 1er juill. 2002. Elles sont applicables aux successions ouvertes à compter de cette date : V. L. n° 2001-1135 du 3 déc. 2001, art. 25, ss. art. 767.

V. le chapitre I ancien, abrogé, ss. art. 892.

Art. 720 **Les successions s'ouvrent par la mort, au dernier domicile du défunt.**

Sur la loi applicable et la compétence en matière de successions internationales, V. Règl. (UE) n° 650/2012 du Parlement européen et du Conseil du 4 juill. 2012, relatif à la compétence, la loi applicable, la reconnaissance et l'exécution des décisions, et l'acceptation et l'exécution des actes authentiques en matière de successions et à la création d'un certificat successoral européen, ci-dessous.

1. Compatibilité du régime des droits de succession avec la Conv. EDH. L'obligation de s'acquitter de droits de succession relève de l'art. 1er du protocole n° 1. Ne viole pas l'art. 14 Conv. EDH le système juridique qui attribue un régime plus favorable aux époux et aux couples homosexuels par rapport aux membres d'une même famille, en l'espèce deux sœurs célibataires ayant toujours vécu ensemble. • CEDH, sect. IV, 12 déc. 2006, *Burden c/ Royaume-Uni*, n° 13378/05 : *RTD civ. 2007. 290, obs. Marguénaud*.

2. Extinction de la personnalité juridique au décès : extinction de la capacité d'ester en justice. L'acte délivré au nom d'une personne décédée, et comme telle dénuée de la capacité d'ester en justice, est affecté d'une irrégularité de fond, peu important que le destinataire ait eu connaissance de ce décès. • Civ. 2e, 18 oct. 2018, n° 17-19.249 P (en l'espèce, nullité de l'acte de signification d'un jugement mentionnant comme requérante une personne décédée).

3. ... Nullité de l'acte accompli au nom d'une personne décédée. Un acte accompli au nom d'une personne décédée est nul et la reprise d'instance faite par ses ayants droit ne peut avoir pour effet de régulariser un tel acte. • Cass., prés., 13 nov. 2008, n° 08-92.907 P.

4. ... Condamnation post mortem. Violation de l'art. 6, § 1, en cas de condamnation pénale *post mortem* et de l'art. 6, § 2, pour la condamnation des héritiers au paiement des dommages et intérêts aux parties civiles, dès lors que celle-ci est la conséquence de la première. • CEDH, sect. V, 12 avr. 2012, *L. c/ France*, n° 18851/07.

5. ... Fixation de l'actif successoral au jour du décès. Détermination de l'actif successoral au jour du décès : • Com. 23 oct. 1990, n° 89-13.999 : *D. 1991. 173, note Reinhard* ; *JCP N 1991. II. 97, note Marteau-Petit* (exclusion de dividendes mis en distribution postérieurement au décès). ♦ Dans le cadre d'une rupture conventionnelle du contrat de travail, la convention de rupture définit les conditions de celle-ci, notamment le montant de l'indemnité spécifique de rupture, et fixe la date de rupture du contrat de travail, qui ne peut intervenir avant le lendemain du jour de l'homologation ; en application des art. L. 1237-11, L. 1237-13, L. 1234-9 et L. 1237-14 C. trav. pris ensembles, la créance d'indemnité de rupture conventionnelle, si elle n'est exigible qu'à la date fixée par la rupture, naît dès l'homologation de la convention. Une cour d'appel, ayant constaté que la convention de rupture avait été conclue et homologuée antérieurement au décès du salarié, en a exactement déduit que la créance d'indemnité de rupture conventionnelle était entrée dans le patrimoine de celui-ci antérieurement à son décès, de sorte que ses ayants droit étaient fondés à en réclamer le paiement, peu important que le décès du salarié soit survenu antérieurement à la date de rupture fixée par la convention. • Soc. 11 mai 2022, n° 20-21.103 B.

6. Droit international privé : compétence des juridictions de l'État membre dans lequel le défunt avait sa résidence habituelle au moment du décès (Régl. UE n° 650/2012, art. 4). Afin de déterminer la résidence habituelle, l'autorité chargée de la succession doit procéder à une évaluation d'ensemble des circonstances de la vie du défunt au cours des années précédant son décès et au moment de son décès, prenant en compte tous les éléments de fait pertinents, notamment la durée et la régularité de la présence du défunt dans l'État concerné ainsi que les conditions et les raisons de cette présence, la résidence habituelle ainsi déterminée devant révéler un lien étroit et stable avec l'État concerné, compte tenu des objectifs spécifiques du Règl. (UE) n° 650/2012 du Parlement européen et du Conseil du 4 juill. 2012 relatif à la compétence ; dans les cas où il s'avère complexe de déterminer la résidence habituelle du défunt, par exemple lorsque celui-ci vivait de façon alternée dans plusieurs États ou voyageait d'un État à un autre sans s'être installé de façon permanente dans un État, sa nationalité ou le lieu de situation de ses principaux biens pourrait constituer un critère particulier pour l'appréciation globale de toutes les circonstances de fait. • Civ. 1re, 29 mai 2019, n° 18-13.383 P : *D. 2019. 1376, note Guillaumé ; JCP 2019, n° 926, note Perreau-Saussine ; JCP N 2020, n° 1055, note Latil* (en l'espèce, résidence habituelle du défunt à New York et incompétence des juridictions françaises alors que le défunt partageait son temps entre les États-Unis et la France, sans que la durée des séjours dans l'un ou l'autre pays puisse être déterminante pour la solution du litige, compte tenu de sa nationalité américaine et de la situation de l'ensemble de ses principaux biens aux États-Unis, critères particuliers retenus pour l'appréciation globale des circonstances de fait permettant de déterminer sa résidence habituelle).

Règlement (UE) n° 650/2012 du Parlement européen et du Conseil du 4 juillet 2012,

Relatif à la compétence, la loi applicable, la reconnaissance et l'exécution des décisions, et l'acceptation et l'exécution des actes authentiques en matière de successions et à la création d'un certificat successoral européen (JOUE 27 juill., L. 201/107).

Ce Règl. est applicable à partir du 17 août 2015, à l'exception des art. 77 et 78 qui sont applicables à partir du 16 nov. 2014 et des art. 79, 80 et 81 qui sont applicables à partir du 5 juill. 2012 (Régl., art. 84).

BIBL. ► Becker, *JCP N 2012, n° 1271* (pacte successoral). – Boulanger, *JCP 2012, n° 1120 ; JCP N 2013, n° 1180.* – Chassaong, *JCP N 2012, n° 1270.* – Damascelli, *Rev. crit. DIP 2013. 425.* – Godechot-Patris, *D. 2012. Chron. 2462.* – Jacoby, *JCP N 2012. 777* (le compte à rebours a commencé !) ; *ibid., n° 1272* (acte de notoriété ou certificat successoral européen). – Revillard, *Defrénois 2012. 743.*

CHAPITRE I. *CHAMP D'APPLICATION ET DÉFINITIONS*

Art. 1er *Champ d'application.* 1. Le présent règlement s'applique aux successions à cause de mort. Il ne s'applique pas aux matières fiscales, douanières et administratives.

2. Sont exclus du champ d'application du présent règlement :

a) l'état des personnes physiques ainsi que les relations de famille et les relations réputées avoir des effets comparables en vertu de la loi applicable ;

b) la capacité juridique des personnes physiques, sans préjudice de l'article 23, paragraphe 2, point c), et de l'article 26 ;

c) les questions relatives à la disparition, à l'absence ou à la mort présumée d'une personne physique ;

d) les questions liées aux régimes matrimoniaux et aux régimes patrimoniaux relatifs aux relations qui, selon la loi qui leur est applicable, sont réputées avoir des effets comparables au mariage ;

e) les obligations alimentaires autres que celles résultant du décès ;

f) la validité quant à la forme des dispositions à cause de mort formulées oralement ;

g) les droits et biens créés ou transférés autrement que par succession, par exemple au moyen de libéralités, de la propriété conjointe avec réversibilité au profit du survivant, de plans de retraite, de contrats d'assurance et d'arrangements analogues, sans préjudice de l'article 23, paragraphe 2, point i) ;

h) les questions régies par le droit des sociétés, associations et personnes morales telles que les clauses contenues dans les actes constitutifs et dans les statuts de sociétés, d'associations et de personnes morales qui fixent le sort des parts à la mort de leurs membres ;

i) la dissolution, l'extinction et la fusion de sociétés, d'associations et de personnes morales ;

j) la constitution, le fonctionnement et la dissolution des trusts ;

k) la nature des droits réels ; et

l) toute inscription dans un registre de droits immobiliers ou mobiliers, y compris les exigences légales applicables à une telle inscription, ainsi que les effets de l'inscription ou de l'absence d'inscription de ces droits dans un registre.

L'art. 1er, § 2, ss. k) et l), ainsi que l'art. 31 du Règl. du 4 juill. 2012, doivent être interprétés en ce sens qu'ils s'opposent au refus de la reconnaissance, par une autorité d'un État membre, des effets réels du legs « par revendication », connu par le droit applicable à la succession, pour lequel un testateur a opté conformément à l'art. 22, § 1, de ce Règl., dès lors que ce refus repose sur le motif que ce legs porte sur le droit de propriété d'un immeuble situé dans cet État membre, dont la législation ne connaît pas l'institution du legs avec effet réel direct à la date d'ouverture de la succession. • CJUE 12 oct. 2017, nº C-218/16 : *D. 2017. 2101* .

Art. 2 *Compétences en matière de successions dans les États membres.* Le présent règlement ne porte pas atteinte aux compétences des autorités des États membres en matière de règlement des successions.

Art. 3 *Définitions.* 1. Aux fins du présent règlement, on entend par :

a) "succession", la succession à cause de mort, ce terme recouvrant toute forme de transfert de biens, de droits et d'obligations à cause de mort, qu'il s'agisse d'un acte volontaire de transfert en vertu d'une disposition à cause de mort ou d'un transfert dans le cadre d'une succession *ab intestat* ;

b) "pacte successoral", un accord, y compris un accord résultant de testaments mutuels, qui confère, modifie ou retire, avec ou sans contre-prestation, des droits dans la succession future d'une ou de plusieurs personnes parties au pacte ;

c) "testament conjonctif", un testament établi par deux ou plusieurs personnes dans le même acte ;

d) "disposition à cause de mort", un testament, un testament conjonctif ou un pacte successoral ;

e) "État membre d'origine", l'État membre dans lequel, selon le cas, la décision a été rendue, la transaction judiciaire approuvée ou conclue, l'acte authentique établi ou le certificat successoral européen délivré ;

f) "État membre d'exécution", l'État membre dans lequel est demandée la déclaration constatant la force exécutoire ou l'exécution de la décision, de la transaction judiciaire ou de l'acte authentique ;

g) "décision", toute décision en matière de successions rendue par une juridiction d'un État membre, quelle que soit la dénomination qui lui est donnée, y compris une décision concernant la fixation par le greffier du montant des frais du procès ;

h) "transaction judiciaire", une transaction en matière de successions approuvée par une juridiction ou conclue devant une juridiction au cours d'une procédure ;

i) "acte authentique", un acte en matière de succession dressé ou enregistré formellement en tant qu'acte authentique dans un État membre et dont l'authenticité :

i) porte sur la signature et le contenu de l'acte authentique ; et

ii) a été établie par une autorité publique ou toute autre autorité habilitée à le faire par l'État membre d'origine.

2. Aux fins du présent règlement, le terme "juridiction" désigne toute autorité judiciaire, ainsi que toute autre autorité et tout professionnel du droit compétents en matière de successions qui exercent des fonctions juridictionnelles ou agissent en vertu d'une délégation de pouvoirs d'une autorité judiciaire ou sous le contrôle d'une autorité judiciaire, pour autant que ces autres autorités et professionnels du droit offrent des garanties en ce qui concerne leur impartialité et le droit de toutes les parties à être entendues, et que les décisions qu'ils rendent en vertu du droit de l'État membre dans lequel ils exercent leurs fonctions :

a) puissent faire l'objet d'un recours devant une autorité judiciaire ou d'un contrôle par une telle autorité ; et

b) aient une force et un effet équivalents à une décision rendue par une autorité judiciaire dans la même matière.

Les États membres notifient à la Commission les autres autorités et professionnels du droit visés au premier alinéa conformément à l'article 79.

CHAPITRE II. COMPÉTENCE

Art. 4 *Compétence générale.* Sont compétentes pour statuer sur l'ensemble d'une succession les juridictions de l'État membre dans lequel le défunt avait sa résidence habituelle au moment de son décès.

Art. 5 *Accord d'élection de for.* (*Rect. JOUE du 23 sept. 2019*) « 1. Lorsque la loi choisie par le défunt pour régir sa succession en vertu de l'article 22 est la loi d'un État membre, les parties concernées peuvent convenir que la ou les juridictions de cet État membre ont compétence exclusive pour statuer sur toute question concernant la succession. »

2. Cet accord d'élection de for est conclu par écrit, daté et signé par les parties concernées. Toute transmission par voie électronique qui permet de consigner durablement la convention est considérée comme revêtant une forme écrite.

Art. 6 *Déclinatoire de compétence en cas de choix de loi.* Lorsque la loi choisie par le défunt pour régir sa succession en vertu de l'article 22 est la loi d'un État membre, la juridiction saisie en vertu de l'article 4 ou 10 :

a) peut, à la demande de l'une des parties à la procédure, décliner sa compétence si elle considère que les juridictions de l'État membre dont la loi a été choisie sont mieux placées pour statuer sur la succession compte tenu des circonstances pratiques de celle-ci, telles que la résidence habituelle des parties et la localisation des biens ; ou

b) décline sa compétence si les parties à la procédure sont convenues, conformément à l'article 5, de conférer la compétence à la ou aux juridictions de l'État membre dont la loi a été choisie.

Art. 7 *Compétence en cas de choix de loi.* Les juridictions d'un État membre dont la loi avait été choisie par le défunt en vertu de l'article 22 sont compétentes pour statuer sur la succession, à condition :

a) qu'une juridiction préalablement saisie ait décliné sa compétence dans la même affaire, en vertu de l'article 6 ;

b) que les parties à la procédure soient convenues, conformément à l'article 5, de conférer la compétence à la ou aux juridictions de cet État membre ; ou

c) que les parties à la procédure aient expressément accepté la compétence de la juridiction saisie.

Art. 8 *Clôture de la procédure devant la juridiction saisie d'office en cas de choix de loi.* Une juridiction qui a engagé d'office une procédure en matière de succession en vertu de l'article 4 ou 10 clôt la procédure si les parties à la procédure sont convenues de régler la succession à l'amiable par voie extrajudiciaire dans l'État membre dont la loi avait été choisie par le défunt en vertu de l'article 22.

Art. 9 *Compétence fondée sur la comparution.* 1. Lorsque, au cours de la procédure devant une juridiction d'un État membre exerçant la compétence en vertu de l'article 7, il apparaît que toutes les parties à ladite procédure n'étaient pas parties à l'accord d'élection de for, la juridiction continue d'exercer sa compétence si les parties à la procédure qui n'étaient pas parties à l'accord comparaissent sans contester la compétence de la juridiction.

2. Si la compétence de la juridiction visée au paragraphe 1 est contestée par des parties à la procédure qui n'étaient pas parties à l'accord, la juridiction décline sa compétence.

Dans ce cas, la compétence pour statuer sur la succession appartient aux juridictions compétentes en vertu de l'article 4 ou 10.

Art. 10 *Compétences subsidiaires.* 1. Lorsque la résidence habituelle du défunt au moment du décès n'est pas située dans un État membre, les juridictions de l'État membre dans lequel sont situés des biens successoraux sont néanmoins compétentes pour statuer sur l'ensemble de la succession dans la mesure où :

a) le défunt possédait la nationalité de cet État membre au moment du décès ; ou, à défaut,

b) le défunt avait sa résidence habituelle antérieure dans cet État membre, pour autant que, au moment de la saisine de la juridiction, il ne se soit pas écoulé plus de cinq ans depuis le changement de cette résidence habituelle.

2. Lorsque aucune juridiction d'un État membre n'est compétente en vertu du paragraphe 1, les juridictions de l'État membre dans lequel sont situés des biens successoraux sont néanmoins compétentes pour statuer sur ces biens.

Art. 11 *Forum necessitatis.* Lorsque aucune juridiction d'un État membre n'est compétente en vertu d'autres dispositions du présent règlement, les juridictions d'un État membre peuvent, dans des cas exceptionnels, statuer sur la succession si une procédure ne peut raisonnablement être introduite ou conduite, ou se révèle impossible dans un État tiers avec lequel l'affaire a un lien étroit.

L'affaire doit présenter un lien suffisant avec l'État membre dont relève la juridiction saisie.

Art. 12 *Limitation de la procédure.* 1. Lorsque la masse successorale comprend des biens situés dans un État tiers, la juridiction saisie pour statuer sur la succession peut, à la demande d'une des parties, décider de ne pas statuer sur l'un ou plusieurs de ces biens si l'on peut s'attendre à ce que la décision qu'elle rendrait sur les biens en question ne soit pas reconnue ou, le cas échéant, ne soit pas déclarée exécutoire dans ledit État tiers.

2. Le paragraphe 1 ne porte pas atteinte au droit des parties de limiter la portée de la procédure en vertu du droit de l'État membre dont la juridiction est saisie.

Art. 13 *Acceptation de la succession, d'un legs ou d'une réserve héréditaire, ou renonciation à ceux-ci.* Outre la juridiction compétente pour statuer sur la succession au titre du présent règlement, les juridictions de l'État membre de la résidence habituelle de toute personne qui, en vertu de la loi applicable à la succession, peut faire une déclaration devant une juridiction concernant l'acceptation de la succession, d'un legs ou d'une réserve héréditaire ou la renonciation à ceux-ci, ou une déclaration visant à limiter la responsabilité de la personne concernée à l'égard des dettes de la succession, sont compétentes pour recevoir ce type de déclarations lorsque, en vertu de la loi de cet État membre, ces déclarations peuvent être faites devant une juridiction.

Art. 14 *Saisine d'une juridiction.* Aux fins du présent chapitre, une juridiction est réputée saisie :

a) à la date à laquelle l'acte introductif d'instance ou un acte équivalent est déposé auprès de la juridiction, à condition que le demandeur n'ait pas négligé par la suite de prendre les mesures qu'il était tenu de prendre pour que l'acte soit notifié ou signifié au défendeur ;

b) si l'acte doit être notifié ou signifié avant d'être déposé auprès de la juridiction, à la date à laquelle il est reçu par l'autorité chargée de la notification ou de la signification, à condition que le demandeur n'ait pas négligé par la suite de prendre les mesures qu'il était tenu de prendre pour que l'acte soit déposé auprès de la juridiction ; ou

c) si la procédure est engagée d'office, à la date à laquelle la décision d'engager la procédure est prise par la juridiction, ou, si une telle décision n'est pas requise, à la date à laquelle l'affaire est enregistrée par la juridiction.

Art. 15 *Vérification de la compétence.* La juridiction d'un État membre saisie d'une affaire de succession pour laquelle elle n'est pas compétente en vertu du présent règlement se déclare d'office incompétente.

Art. 16 *Vérification de la recevabilité.* 1. Lorsque le défendeur qui a sa résidence habituelle dans un État autre que l'État membre où l'action a été intentée ne comparaît pas, la juridiction compétente sursoit à statuer aussi longtemps qu'il n'est pas établi que le défendeur a été mis à même de recevoir l'acte introductif d'instance ou un acte équivalent en temps utile pour pouvoir se défendre ou que toute diligence a été faite à cette fin.

2. L'article 19 du règlement (CE) n° 1393/2007 du Parlement et du Conseil du 13 novembre 2007 relatif à la signification et à la notification dans les États membres des actes judiciaires et extrajudiciaires en matière civile et commerciale (signification ou notification des actes) *[JO L 324 du 10.12.2007, p. 79.]* s'applique en lieu et place du paragraphe 1 du présent article si l'acte introductif d'instance ou un acte équivalent a dû être transmis d'un État membre à un autre en exécution dudit règlement.

3. Lorsque le règlement (CE) n° 1393/2007 n'est pas applicable, l'article 15 de la convention de La Haye du 15 novembre 1965 relative à la signification et à la notification à l'étranger des actes judiciaires et extrajudiciaires en matière civile ou commerciale s'applique si l'acte introductif d'instance ou un acte équivalent a dû être transmis à l'étranger en vertu de cette convention.

Art. 17 *Litispendance.* 1. Lorsque des demandes ayant le même objet et la même cause sont formées entre les mêmes parties devant des juridictions d'États membres différents, toute juridiction saisie en second lieu sursoit d'office à statuer jusqu'à ce que la compétence de la juridiction première saisie soit établie.

2. Lorsque la compétence de la juridiction première saisie est établie, la juridiction saisie en second lieu se dessaisit en faveur de celle-ci.

Art. 18 *Connexité.* 1. Lorsque des demandes connexes sont pendantes devant des juridictions d'États membres différents, la juridiction saisie en second lieu peut surseoir à statuer.

2. Lorsque ces demandes sont pendantes au premier degré, la juridiction saisie en second lieu peut également se dessaisir, à la demande de l'une des parties, à condition que la juridiction première saisie soit compétente pour connaître des demandes en question et que sa loi permette leur jonction.

3. Sont connexes, aux fins du présent article, les demandes liées entre elles par un rapport si étroit qu'il y a intérêt à les instruire et à les juger en même temps afin d'éviter des décisions qui pourraient être inconciliables si les causes étaient jugées séparément.

Art. 19 *Mesures provisoires et conservatoires.* Les mesures provisoires et conservatoires prévues par la loi d'un État membre peuvent être demandées aux juridictions de cet État, même si, en vertu du présent règlement, les juridictions d'un autre État membre sont compétentes pour connaître du fond.

CHAPITRE III. *LOI APPLICABLE*

Art. 20 *Application universelle.* Toute loi désignée par le présent règlement s'applique même si cette loi n'est pas celle d'un État membre.

Art. 21 *Règle générale.* 1. Sauf disposition contraire du présent règlement, la loi applicable à l'ensemble d'une succession est celle de l'État dans lequel le défunt avait sa résidence habituelle au moment de son décès.

2. Lorsque, à titre exceptionnel, il résulte de l'ensemble des circonstances de la cause que, au moment de son décès, le défunt présentait des liens manifestement plus étroits avec un État autre que celui dont la loi serait applicable en vertu du paragraphe 1, la loi applicable à la succession est celle de cet autre État.

Art. 22 *Choix de loi.* 1. Une personne peut choisir comme loi régissant l'ensemble de sa succession la loi de l'État dont elle possède la nationalité au moment où elle fait ce choix ou au moment de son décès.

Une personne ayant plusieurs nationalités peut choisir la loi de tout État dont elle possède la nationalité au moment où elle fait ce choix ou au moment de son décès.

2. Le choix est formulé de manière expresse dans une déclaration revêtant la forme d'une disposition à cause de mort ou résulte des termes d'une telle disposition.

3. La validité au fond de l'acte en vertu duquel le choix de loi est effectué est régie par la loi choisie.

4. La modification ou la révocation du choix de loi satisfait aux exigences de forme applicables à la modification ou à la révocation d'une disposition à cause de mort.

Art. 23 *Portée de la loi applicable.* 1. La loi désignée en vertu de l'article 21 ou 22 régit l'ensemble d'une succession.

2. Cette loi régit notamment :

a) les causes, le moment et le lieu d'ouverture de la succession ;

b) la vocation successorale des bénéficiaires, la détermination de leurs parts respectives et des charges qui peuvent leur être imposées par le défunt, ainsi que la détermination d'autres droits sur la succession, y compris les droits successoraux du conjoint ou du partenaire survivant ;

c) la capacité de succéder ;

d) l'exhérédation et l'indignité successorale ;

e) le transfert des biens, des droits et des obligations composant la succession aux héritiers et, selon le cas, aux légataires, y compris les conditions et les effets de l'acceptation de la succession ou du legs ou de la renonciation à ceux-ci ;

f) les pouvoirs des héritiers, des exécuteurs testamentaires et autres administrateurs de la succession, notamment en ce qui concerne la vente des biens et le paiement des créanciers, sans préjudice des pouvoirs visés à l'article 29, paragraphes 2 et 3 ;

g) la responsabilité à l'égard des dettes de la succession ;

h) la quotité disponible, les réserves héréditaires et les autres restrictions à la liberté de disposer à cause de mort ainsi que les droits que les personnes proches du défunt peuvent faire valoir à l'égard de la succession ou des héritiers ;

i) le rapport et la réduction des libéralités lors du calcul des parts des différents bénéficiaires ;

j) le partage successoral.

Art. 24 *Dispositions à cause de mort autres que les pactes successoraux.* 1. La recevabilité et la validité au fond d'une disposition à cause de mort autre qu'un pacte successoral sont régies par la loi qui, en vertu du présent règlement, aurait été applicable à la succession de la personne ayant pris la disposition si elle était décédée le jour de l'établissement de la disposition.

2. Nonobstant le paragraphe 1, une personne peut choisir comme loi régissant sa disposition à cause de mort, quant à sa recevabilité et à sa validité au fond, la loi que cette personne aurait pu choisir en vertu de l'article 22, selon les conditions qui y sont fixées.

3. Le paragraphe 1 s'applique, selon le cas, à la modification ou à la révocation d'une disposition à cause de mort autre qu'un pacte successoral. En cas de choix de loi effectué conformément au paragraphe 2, la modification ou la révocation est régie par la loi choisie.

Art. 25 *Pacte successoral.* 1. Un pacte successoral qui concerne la succession d'une seule personne est régi, quant à sa recevabilité, sa validité au fond et ses effets contraignants entre les parties, y compris en ce qui concerne les conditions de sa dissolution, par la loi qui, en vertu du présent règlement, aurait été applicable à la succession de cette personne si elle était décédée le jour où le pacte a été conclu.

2. Un pacte successoral qui concerne la succession de plusieurs personnes n'est recevable que s'il l'est en vertu de chacune des lois qui, conformément au présent règlement, aurait régi la succession de chacune des personnes concernées si elles étaient décédées le jour où le pacte a été conclu.

Un pacte successoral qui est recevable en vertu du premier alinéa est régi, quant à sa validité au fond et à ses effets contraignants entre les parties, y compris en ce qui concerne les conditions de sa dissolution, par celle des lois visées au premier alinéa avec laquelle il présente les liens les plus étroits.

3. Nonobstant les paragraphes 1 et 2, les parties peuvent choisir comme loi régissant leur pacte successoral, quant à sa recevabilité, sa validité au fond et ses effets contraignants entre les parties, y compris en ce qui concerne les conditions de sa dissolution, la loi que la personne ou l'une des personnes dont la succession est concernée aurait pu choisir en vertu de l'article 22, selon les conditions qui y sont fixées.

Art. 26 *Validité au fond des dispositions à cause de mort.* 1. Aux fins des articles 24 et 25, les éléments ci-après relèvent de la validité au fond :

a) la capacité de la personne qui dispose à cause de mort de prendre une telle disposition ;

b) les causes particulières qui empêchent la personne qui prend la disposition de disposer en faveur de certaines personnes ou qui empêchent une personne de recevoir des biens successoraux de la personne qui dispose ;

c) l'admissibilité de la représentation aux fins de l'établissement d'une disposition à cause de mort ;

d) l'interprétation de la disposition ;

e) la fraude, la contrainte, l'erreur ou toute autre question relative au consentement ou à l'intention de la personne qui dispose.

2. Lorsqu'une personne a la capacité de disposer à cause de mort en vertu de la loi applicable conformément à l'article 24 ou 25, une modification ultérieure de la loi applicable n'affecte pas sa capacité de modifier ou de révoquer une telle disposition.

Art. 27 *Validité quant à la forme des dispositions à cause de mort établies par écrit.* 1. Une disposition à cause de mort établie par écrit est valable quant à la forme si celle-ci est conforme à la loi :

a) de l'État dans lequel la disposition a été prise ou le pacte successoral a été conclu ;

b) d'un État dont le testateur ou au moins une des personnes dont la succession est concernée par un pacte successoral possédait la nationalité, soit au moment où la disposition a été prise ou le pacte conclu, soit au moment de son décès ;

c) d'un État dans lequel le testateur ou au moins une des personnes dont la succession est concernée par un pacte successoral avait son domicile, soit au moment où la disposition a été prise ou le pacte conclu, soit au moment de son décès ;

d) de l'État dans lequel le testateur ou au moins une des personnes dont la succession est concernée par un pacte successoral avait sa résidence habituelle, soit au moment de l'établissement de la disposition ou de la conclusion du pacte, soit au moment de son décès ; ou

e) pour les biens immobiliers, de l'État dans lequel les biens immobiliers sont situés.

Pour déterminer si le testateur ou toute personne dont la succession est concernée par un pacte successoral avait son domicile dans un État particulier, c'est la loi de cet État qui s'applique.

2. Le paragraphe 1 s'applique également aux dispositions à cause de mort modifiant ou révoquant une disposition antérieure. La modification ou la révocation est également vala-

ble quant à la forme si elle est conforme à l'une des lois en vertu desquelles, conformément au paragraphe 1, la disposition à cause de mort modifiée ou révoquée était valable.

3. Aux fins du présent article, toute disposition légale qui limite les formes admises pour les dispositions à cause de mort en faisant référence à l'âge, à la nationalité ou à d'autres qualités personnelles du testateur ou des personnes dont la succession est concernée par un pacte successoral, est considérée comme relevant du domaine de la forme. Il en est de même des qualités que doit posséder tout témoin requis pour la validité d'une disposition à cause de mort.

Art. 28 *Validité quant à la forme de la déclaration concernant l'acceptation ou la renonciation.* Une déclaration concernant l'acceptation de la succession, d'un legs ou d'une réserve héréditaire ou la renonciation à ceux-ci, ou une déclaration visant à limiter la responsabilité de la personne qui fait la déclaration est valable quant à la forme lorsqu'elle respecte les exigences :

a) de la loi applicable à la succession en vertu de l'article 21 ou 22 ; ou

b) de la loi de l'État dans lequel la personne qui fait la déclaration a sa résidence habituelle.

Art. 29 *Dispositions spéciales applicables, dans certains cas, à la nomination et aux pouvoirs de l'administrateur de la succession.* 1. Lorsque la nomination d'un administrateur est obligatoire ou obligatoire sur demande en vertu de la loi de l'État membre dont les juridictions sont compétentes pour statuer sur la succession en application du présent règlement et que la loi applicable à la succession est une loi étrangère, les juridictions de cet État membre peuvent, si elles sont saisies, nommer un ou plusieurs administrateurs de la succession en vertu de leur propre loi, sous réserve des conditions définies au présent article.

Les administrateurs nommés en vertu du présent paragraphe sont des personnes habilitées à exécuter le testament du défunt et/ou à administrer sa succession au titre de la loi applicable à la succession. Si ladite loi ne prévoit pas que la succession puisse être administrée par une personne autre qu'un bénéficiaire, les juridictions de l'État membre dans lequel un administrateur doit être nommé peuvent nommer à cet effet un administrateur tiers conformément à leur propre loi si celle-ci l'exige et s'il existe un grave conflit d'intérêt entre les bénéficiaires ou entre les bénéficiaires et les créanciers ou d'autres personnes ayant garanti les dettes du défunt, un désaccord entre les bénéficiaires sur l'administration de la succession ou si la succession est difficile à administrer en raison de la nature des biens.

Les administrateurs nommés en vertu du présent paragraphe sont les seules personnes habilitées à exercer les pouvoirs visés aux paragraphes 2 ou 3.

2. Les personnes nommées en qualité d'administrateurs en vertu du paragraphe 1 exercent les pouvoirs en matière d'administration de la succession qu'ils peuvent exercer conformément à la loi applicable à la succession. La juridiction procédant à la nomination peut fixer, dans sa décision, des modalités particulières d'exercice desdits pouvoirs en vertu de la loi applicable à la succession.

Si la loi applicable à la succession ne prévoit pas de pouvoirs suffisants pour préserver les biens successoraux ou pour protéger tant les droits des créanciers que ceux d'autres personnes ayant garanti les dettes du défunt, la juridiction procédant à la nomination peut décider de permettre aux administrateurs d'exercer, sur une base résiduelle, les pouvoirs prévus à cet effet dans sa propre loi et peut fixer dans sa décision des modalités particulières d'exercice desdits pouvoirs conformément à ladite loi.

Dans l'exercice de ces pouvoirs résiduels, les administrateurs respectent toutefois la loi applicable à la succession en ce qui concerne le transfert de la propriété du bien successoral, la responsabilité à l'égard des dettes de la succession, les droits des bénéficiaires, y compris, le cas échéant, le droit d'accepter ou de renoncer à la succession, ainsi que, le cas échéant, les pouvoirs de l'exécuteur testamentaire de la succession.

3. Nonobstant le paragraphe 2, la juridiction nommant un ou plusieurs administrateurs en vertu du paragraphe 1, peut, à titre dérogatoire, si la loi applicable à la succession est la loi d'un État tiers, décider de confier à ces administrateurs la totalité des pouvoirs d'administration prévus par la loi de l'État membre dans lequel ils sont nommés.

Toutefois, dans l'exercice de ces pouvoirs, les administrateurs respectent, en particulier, la vocation successorale des bénéficiaires et la détermination de leurs droits successoraux, y compris leurs droits à une réserve héréditaire ou leurs droits à l'égard de la succession ou des héritiers en vertu de la loi applicable à la succession.

Art. 30 *Dispositions spéciales imposant des restrictions concernant la succession portant sur certains biens ou ayant une incidence sur celle-ci.* Lorsque la loi de l'État dans lequel sont situés certains biens immobiliers, certaines entreprises ou d'autres catégories particulières de biens comporte des dispositions spéciales qui, en raison de la destination économique, familiale ou sociale de ces biens, imposent des restrictions concernant la succession portant sur ces biens ou ayant une incidence sur celle-ci, ces dispositions spéciales sont applicables à la succession dans la mesure où, en vertu de la loi de cet État, elles sont applicables quelle que soit la loi applicable à la succession.

Art. 31 *Adaptation des droits réels.* Lorsqu'une personne fait valoir un droit réel auquel elle peut prétendre en vertu de la loi applicable à la succession et que la loi de l'État membre dans lequel le droit est invoqué ne connaît pas le droit réel en question, ce droit est, si nécessaire et dans la mesure du possible, adapté au droit réel équivalent le plus proche en vertu de la loi de cet État en tenant compte des objectifs et des intérêts poursuivis par le droit réel en question et des effets qui y sont liés.

V. note ss. art. 1er.

Art. 32 *Comourants.* Lorsque deux ou plusieurs personnes dont les successions sont régies par des lois différentes décèdent dans des circonstances qui ne permettent pas de déterminer l'ordre des décès, et que ces lois règlent cette situation par des dispositions différentes ou ne la règlent pas du tout, aucune de ces personnes décédées n'a de droit dans la succession de l'autre ou des autres.

Art. 33 *Succession en déshérence.* Dans la mesure où, en vertu de la loi applicable à la succession au titre du présent règlement, il n'y a pour aucun bien d'héritier ou de légataire institué par une disposition à cause de mort, ou de personne physique venant au degré successible, l'application de la loi ainsi déterminée ne fait pas obstacle au droit d'un État membre ou d'une institution désignée à cet effet par ledit État membre d'appréhender, en vertu de sa propre loi, les biens successoraux situés sur son territoire, pour autant que les créanciers soient habilités à faire valoir leurs créances sur l'ensemble des biens successoraux.

Art. 34 *Renvoi.* 1. Lorsque le présent règlement prescrit l'application de la loi d'un État tiers, il vise l'application des règles de droit en vigueur dans cet État, y compris ses règles de droit international privé, pour autant que ces règles renvoient :

a) à la loi d'un État membre ; ou

b) à la loi d'un autre État tiers qui appliquerait sa propre loi.

2. Aucun renvoi n'est applicable pour les lois visées à l'article 21, paragraphe 2, à l'article 22, à l'article 27, à l'article 28, point b), et à l'article 30.

Art. 35 *Ordre public.* L'application d'une disposition de la loi d'un État désignée par le présent règlement ne peut être écartée que si cette application est manifestement incompatible avec l'ordre public du for.

Art. 36 *Systèmes non unifiés — conflits de lois territoriaux.* 1. Lorsque la loi désignée par le présent règlement est celle d'un État qui comprend plusieurs unités territoriales dont chacune a ses propres règles de droit en matière de succession, ce sont les règles internes de conflits de lois de cet État qui déterminent l'unité territoriale concernée dont les règles de droit doivent s'appliquer.

2. En l'absence de telles règles internes de conflits de lois :

a) toute référence à la loi de l'État mentionné au paragraphe 1 s'entend, aux fins de la détermination de la loi applicable en vertu des dispositions se référant à la résidence habituelle du défunt, comme faite à la loi de l'unité territoriale dans laquelle le défunt avait sa résidence habituelle au moment de son décès ;

b) toute référence à la loi de l'État mentionné au paragraphe 1 s'entend, aux fins de la détermination de la loi applicable en vertu des dispositions se référant à la nationalité du défunt, comme faite à la loi de l'unité territoriale avec laquelle le défunt présentait les liens les plus étroits ;

c) toute référence à la loi de l'État mentionné au paragraphe 1 s'entend, aux fins de la détermination de la loi applicable en vertu de toute autre disposition se référant à d'autres éléments comme facteurs de rattachement, comme faite à la loi de l'unité territoriale dans laquelle l'élément concerné est situé.

3. Nonobstant le paragraphe 2, toute référence à la loi de l'État mentionné au paragraphe 1 s'entend, aux fins de la détermination de la loi applicable en vertu de l'article 27, en

l'absence de règles internes de conflit de lois dans ledit État, comme faite à la loi de l'unité territoriale avec laquelle le testateur ou les personnes dont la succession est concernée par le pacte successoral présentaient les liens les plus étroits.

Art. 37 *Systèmes non unifiés — conflits de lois interpersonnels.* Lorsqu'un État a plusieurs systèmes de droit ou ensembles de règles applicables à différentes catégories de personnes en matière de succession, toute référence à la loi de cet État s'entend comme faite au système de droit ou à l'ensemble de règles déterminé par les règles en vigueur dans cet État. En l'absence de telles règles, le système de droit ou l'ensemble de règles avec lequel le défunt présentait les liens les plus étroits s'applique.

Art. 38 *Non-application du présent règlement aux conflits de lois internes.* Un État membre qui comprend plusieurs unités territoriales dont chacune a ses propres règles de droit en matière de succession ne sera pas tenu d'appliquer le présent règlement aux conflits de lois qui surviennent uniquement entre ces unités.

CHAPITRE IV. *RECONNAISSANCE, FORCE EXÉCUTOIRE ET EXÉCUTION DES DÉCISIONS*

Art. 39 *Reconnaissance.* 1. Les décisions rendues dans un État membre sont reconnues dans les autres États membres, sans qu'il soit nécessaire de recourir à aucune procédure.

2. En cas de contestation, toute partie intéressée qui invoque à titre principal la reconnaissance d'une décision peut demander, conformément à la procédure prévue aux articles 45 à 58, que la décision soit reconnue.

3. Si la reconnaissance est invoquée de façon incidente devant une juridiction d'un État membre, celle-ci est compétente pour en connaître.

Art. 40 *Motifs de non-reconnaissance.* Une décision rendue n'est pas reconnue :

a) si la reconnaissance est manifestement contraire à l'ordre public de l'État membre dans lequel la reconnaissance est demandée ;

b) dans le cas où elle a été rendue par défaut, si l'acte introductif d'instance ou un acte équivalent n'a pas été signifié ou notifié au défendeur en temps utile et de telle manière qu'il puisse se défendre, à moins qu'il n'ait pas exercé de recours à l'encontre de la décision alors qu'il était en mesure de le faire ;

c) si elle est inconciliable avec une décision rendue dans une procédure entre les mêmes parties dans l'État membre dans lequel la reconnaissance est demandée ;

d) si elle est inconciliable avec une décision, rendue antérieurement dans un autre État membre ou dans un État tiers entre les mêmes parties dans une procédure ayant le même objet et la même cause, lorsque la décision rendue antérieurement réunit les conditions nécessaires à sa reconnaissance dans l'État membre dans lequel la reconnaissance est demandée.

Art. 41 *Absence de révision quant au fond.* En aucun cas, la décision rendue dans un État membre ne peut faire l'objet d'une révision quant au fond.

Art. 42 *Sursis à statuer.* La juridiction d'un État membre saisie d'une demande de reconnaissance d'une décision rendue dans un autre État membre peut surseoir à statuer si cette décision fait l'objet d'un recours ordinaire dans l'État membre d'origine.

Art. 43 *Force exécutoire.* Les décisions rendues dans un État membre qui sont exécutoires dans cet État sont exécutoires dans un autre État membre lorsque, à la demande de toute partie intéressée, elles y ont été déclarées exécutoires conformément à la procédure prévue aux articles 45 à 58.

Art. 44 *Détermination du domicile.* Pour déterminer, aux fins de la procédure prévue aux articles 45 à 58, si une partie a un domicile dans l'État membre d'exécution, la juridiction saisie applique la loi interne de cet État membre.

Art. 45 *Compétence territoriale.* 1. La demande de déclaration constatant la force exécutoire est portée devant la juridiction ou à l'autorité compétente de l'État membre d'exécution dont cet État membre a communiqué le nom à la Commission conformément à l'article 78.

2. La compétence territoriale est déterminée par le domicile de la partie contre laquelle l'exécution est demandée, ou par le lieu de l'exécution.

Art. 46 *Procédure.* 1. La procédure de dépôt de la demande est régie par la loi de l'État membre d'exécution.

2. Le demandeur n'est pas tenu d'avoir, dans l'État membre d'exécution, une adresse postale ni un représentant autorisé.

3. La demande est accompagnée des documents suivants :

a) une copie de la décision réunissant les conditions nécessaires pour en établir l'authenticité ;

b) l'attestation délivrée par la juridiction ou l'autorité compétente de l'État membre d'origine sous la forme du formulaire établi conformément à la procédure consultative visée à l'article 81, paragraphe 2, sans préjudice de l'article 47.

Art. 47 *Défaut de production de l'attestation.* 1. A défaut de production de l'attestation visée à l'article 46, paragraphe 3, point b), la juridiction ou l'autorité compétente peut impartir un délai pour la produire ou accepter un document équivalent ou, si elle s'estime suffisamment éclairée, en dispenser.

2. Il est produit une traduction des documents si la juridiction ou l'autorité compétente l'exige. La traduction est faite par une personne habilitée à effectuer des traductions dans l'un des États membres.

Art. 48 *Déclaration constatant la force exécutoire.* La décision est déclarée exécutoire dès l'achèvement des formalités de l'article 46, sans examen au titre de l'article 40. La partie contre laquelle l'exécution est demandée ne peut, à ce stade de la procédure, présenter d'observations concernant la demande.

Art. 49 *Communication de la décision relative à la demande de déclaration constatant la force exécutoire.* 1. La décision relative à la demande de déclaration constatant la force exécutoire est aussitôt portée à la connaissance du demandeur conformément à la procédure fixée par la loi de l'État membre d'exécution.

2. La déclaration constatant la force exécutoire est signifiée ou notifiée à la partie contre laquelle l'exécution est demandée, accompagnée de la décision si celle-ci n'a pas encore été signifiée ou notifiée à cette partie.

Art. 50 *Recours contre la décision relative à la demande de déclaration constatant la force exécutoire.* 1. L'une ou l'autre partie peut former un recours contre la décision relative à la demande de déclaration constatant la force exécutoire.

2. Le recours est porté devant la juridiction dont l'État membre concerné a communiqué le nom à la Commission conformément à l'article 78.

3. Le recours est examiné selon les règles de la procédure contradictoire.

4. Si la partie contre laquelle l'exécution est demandée ne comparaît pas devant la juridiction saisie du recours formé par le demandeur, l'article 16 s'applique, même si la partie contre laquelle l'exécution est demandée n'est pas domiciliée dans l'un des États membres.

5. Le recours contre la déclaration constatant la force exécutoire est formé dans un délai de trente jours à compter de sa signification ou de sa notification. Si la partie contre laquelle l'exécution est demandée est domiciliée dans un autre État membre que celui dans lequel la déclaration constatant la force exécutoire a été délivrée, le délai de recours est de soixante jours et court à compter du jour où la signification ou la notification a été faite à personne ou à domicile. Ce délai ne comporte pas de prorogation à raison de la distance.

Art. 51 *Pourvoi contre la décision rendue sur le recours.* La décision rendue sur le recours ne peut faire l'objet d'un pourvoi qu'au moyen de la procédure que l'État membre concerné a communiquée à la Commission conformément à l'article 78.

Art. 52 *Refus ou révocation d'une déclaration constatant la force exécutoire.* La juridiction saisie d'un recours au titre de l'article 50 ou 51 ne peut refuser ou révoquer une déclaration constatant la force exécutoire que pour l'un des motifs prévus à l'article 40. Elle statue sans délai.

Art. 53 *Sursis à statuer.* La juridiction saisie d'un recours prévu au titre de l'article 50 ou 51 sursoit à statuer, à la demande de la partie contre laquelle l'exécution est demandée, si la force exécutoire de la décision est suspendue dans l'État membre d'origine, du fait de l'exercice d'un recours.

Art. 54 *Mesures provisoires et conservatoires.* 1. Lorsqu'une décision doit être reconnue conformément au présent chapitre, rien n'empêche le demandeur de solliciter qu'il soit procédé à des mesures provisoires ou conservatoires, conformément au droit de l'État membre d'exécution, sans qu'il soit nécessaire qu'une déclaration constatant la force exécutoire de cette décision soit requise au titre de l'article 48.

2. La déclaration constatant la force exécutoire emporte de plein droit l'autorisation de procéder à des mesures conservatoires.

3. Pendant le délai du recours prévu à l'article 50, paragraphe 5, contre la déclaration constatant la force exécutoire et jusqu'à ce qu'il ait été statué sur celui-ci, il ne peut être procédé à aucune mesure d'exécution sur les biens de la partie contre laquelle l'exécution est demandée, hormis des mesures conservatoires.

Art. 55 *Force exécutoire partielle.* 1. Lorsque la décision rendue porte sur plusieurs chefs de la demande et que la déclaration constatant la force exécutoire ne peut être délivrée pour le tout, la juridiction ou l'autorité compétente la délivre pour un ou plusieurs d'entre eux.

2. Le demandeur peut demander que la déclaration constatant la force exécutoire soit limitée à certaines parties d'une décision.

Art. 56 *Aide judiciaire.* Le demandeur qui, dans l'État membre d'origine, a bénéficié en tout ou en partie de l'aide judiciaire ou d'une exemption de frais et dépens a droit, dans le cadre de toute procédure visant à obtenir une déclaration constatant la force exécutoire, à l'aide judiciaire la plus favorable ou à l'exemption de frais et dépens la plus large prévue par le droit de l'État membre d'exécution.

Art. 57 *Caution ou dépôt.* Aucune caution ni aucun dépôt, sous quelque dénomination gue ce soit, n'est imposé à la partie qui demande dans un État membre la reconnaissance, la force exécutoire ou l'exécution d'une décision rendue dans un autre État membre en raison, soit de la qualité d'étranger, soit du défaut de domicile ou de résidence dans l'État membre d'exécution.

Art. 58 *Impôt, droit ou taxe.* Aucun impôt, droit ou taxe proportionnel à la valeur de l'affaire n'est perçu dans l'État membre d'exécution à l'occasion de la procédure visant à obtenir une déclaration constatant la force exécutoire.

CHAPITRE V. *ACTES AUTHENTIQUES ET TRANSACTIONS JUDICIAIRES*

Art. 59 *Acceptation des actes authentiques.* 1. Les actes authentiques établis dans un État membre ont la même force probante dans un autre État membre que dans l'État membre d'origine ou y produisent les effets les plus comparables, sous réserve que ceci ne soit pas manifestement contraire à l'ordre public de l'État membre concerné.

Une personne souhaitant utiliser un acte authentique dans un autre État membre peut demander à l'autorité établissant l'acte authentique dans l'État membre d'origine de remplir le formulaire établi conformément à la procédure consultative visée à l'article 81, paragraphe 2, en décrivant la force probante de l'acte authentique dans l'État membre d'origine.

2. Les juridictions de l'État membre d'origine sont saisies de toute contestation portant sur l'authenticité d'un acte authentique et statuent sur celle-ci en vertu de la loi de cet État. L'acte authentique contesté ne produit aucune force probante dans un autre État membre tant que le recours est pendant devant la juridiction compétente.

3. Les juridictions compétentes en vertu du présent règlement sont saisies de toute contestation relative aux actes juridiques ou relations juridiques consignés dans un acte authentique et statuent sur celle-ci en vertu de la loi applicable au titre du chapitre III. L'acte authentique contesté ne produit aucune force probante dans un autre État membre que l'État membre d'origine en ce qui concerne la question contestée tant que le recours est pendant devant la juridiction compétente.

4. Si un point relatif aux actes juridiques ou aux relations juridiques consignés dans un acte authentique en matière de successions est soulevé de façon incidente devant une juridiction d'un État membre, celle-ci est compétente pour en connaître.

Art. 60 *Force exécutoire des actes authentiques.* 1. Un acte authentique qui est exécutoire dans l'État membre d'origine est déclaré exécutoire dans un autre État membre, à la demande de toute partie intéressée, conformément à la procédure prévue aux articles 45 à 58.

2. Aux fins de l'article 46, paragraphe 3, point b), l'autorité ayant établi l'acte authentique délivre, à la demande de toute partie intéressée, une attestation sous la forme du formulaire établi conformément à la procédure consultative visée à l'article 81, paragraphe 2.

3. La juridiction auprès de laquelle un recours est formé en vertu de l'article 50 ou 51 ne refuse ou ne révoque une déclaration constatant la force exécutoire que si l'exécution de l'acte authentique est manifestement contraire à l'ordre public de l'État membre d'exécution.

Art. 61 *Force exécutoire des transactions judiciaires.* 1. Les transactions judiciaires qui sont exécutoires dans l'État membre d'origine sont déclarées exécutoires dans un autre État membre à la demande de toute partie intéressée, conformément à la procédure prévue aux articles 45 à 58.

2. Aux fins de l'article 46, paragraphe 3, point b), la juridiction qui a approuvé la transaction ou devant laquelle la transaction a été conclue délivre, à la demande de toute partie intéressée, une attestation sous la forme du formulaire établi conformément à la procédure consultative visée à l'article 81, paragraphe 2.

3. La juridiction auprès de laquelle un recours est formé en vertu de l'article 50 ou 51 ne refuse ou ne révoque une déclaration constatant la force exécutoire que si l'exécution de la transaction judiciaire est manifestement contraire à l'ordre public de l'État membre d'exécution.

CHAPITRE VI. *CERTIFICAT SUCCESSORAL EUROPÉEN*

Art. 62 *Création d'un certificat successoral européen.* 1. Le présent règlement crée un certificat successoral européen (ci-après dénommé "certificat"), qui est délivré en vue d'être utilisé dans un autre État membre et produit les effets énumérés à l'article 69.

2. Le recours au certificat n'est pas obligatoire.

3. Le certificat ne se substitue pas aux documents internes utilisés à des fins similaires dans les États membres. Toutefois, dès lors qu'il est délivré en vue d'être utilisé dans un autre État membre, le certificat produit également les effets énumérés à l'article 69 dans l'État membre dont les autorités l'ont délivré en vertu du présent chapitre.

Art. 63 *Finalité du certificat.* 1. Le certificat est destiné à être utilisé par les héritiers, les légataires ayant des droits directs à la succession et les exécuteurs testamentaires ou les administrateurs de la succession qui, dans un autre État membre, doivent respectivement invoquer leur qualité ou exercer leurs droits en tant qu'héritiers ou légataires, et/ou leurs pouvoirs en tant qu'exécuteurs testamentaires ou administrateurs de la succession.

2. Le certificat peut être utilisé, en particulier, pour prouver un ou plusieurs des éléments suivants :

a) la qualité et/ou les droits de chaque héritier ou, selon le cas, de chaque légataire mentionné dans le certificat et la quote part respective leur revenant dans la succession ;

b) l'attribution d'un bien déterminé ou de plusieurs biens déterminés faisant partie de la succession à l'héritier/aux héritiers ou, selon le cas, au(x) légataire(s) mentionné(s) dans le certificat ;

c) les pouvoirs de l'exécuteur testamentaire ou de l'administrateur de la succession mentionné dans le certificat.

Art. 64 *Compétence pour délivrer le certificat.* Le certificat est délivré dans l'État membre dont les juridictions sont compétentes en vertu de l'article 4, 7, 10 ou 11. L'autorité émettrice est :

a) une juridiction telle que définie à l'article 3, paragraphe 2 ; ou

b) une autre autorité qui, en vertu du droit national, est compétente pour régler les successions. — *V. C. pr. civ., art. 1381-1 s.* — ***C. pr. civ.***

Art. 65 *Demande de certificat.* 1. Le certificat est délivré à la demande de toute personne visée à l'article 63, paragraphe 1 (ci-après dénommée "demandeur").

2. Pour déposer une demande, le demandeur peut utiliser le formulaire établi conformément à la procédure consultative visée à l'article 81, paragraphe 2.

3. La demande contient les informations énumérées ci-après, pour autant que le demandeur en ait connaissance et que ces informations soient nécessaires pour que l'autorité émettrice puisse certifier les éléments que le demandeur souhaite voir certifier et est accompagnée, soit de l'original de tous les documents pertinents, soit de copies répondant aux conditions requises pour en établir l'authenticité, sans préjudice de l'article 66, paragraphe 2 :

a) les renseignements concernant le défunt : nom (le cas échéant, nom à la naissance), prénom(s), sexe, date et lieu de naissance, état civil, nationalité, numéro d'identification (le cas échéant), adresse au moment du décès, date et lieu du décès ;

b) les renseignements concernant le demandeur : nom (le cas échéant, nom à la naissance), prénom(s), sexe, date et lieu de naissance, état civil, nationalité, numéro d'identification (le cas échéant), adresse et lien éventuel avec le défunt ;

c) les renseignements concernant le représentant éventuel du demandeur : nom (le cas échéant, nom à la naissance), prénom(s), adresse et qualité de représentant ;

d) les renseignements concernant le conjoint ou le partenaire du défunt et, le cas échéant, concernant le ou les ex-conjoints ou le ou les anciens partenaires : nom (le cas échéant, nom à la naissance), prénom(s), sexe, date et lieu de naissance, état civil, nationalité, numéro d'identification (le cas échéant) et adresse ;

e) les renseignements concernant d'autres bénéficiaires éventuels en vertu d'une disposition à cause de mort et/ou en vertu de la loi : nom et prénom(s) ou raison sociale, numéro d'identification (le cas échéant) et adresse ;

f) la finalité à laquelle est destiné le certificat conformément à l'article 63 ;

g) les coordonnées de la juridiction ou de l'autorité compétente qui règle ou a réglé la succession en tant que telle, le cas échéant ;

h) les éléments sur lesquels le demandeur se fonde pour faire valoir, selon le cas, ses droits sur les biens successoraux en tant que bénéficiaire et/ou son droit d'exécuter le testament du défunt et/ou d'administrer la succession du défunt ;

i) une indication concernant l'établissement ou non, par le défunt, d'une disposition à cause de mort ; si ni l'original ni une copie ne sont joints, l'indication de la localisation de l'original ;

j) une indication concernant la conclusion ou non, par le défunt, d'un contrat de mariage ou d'un contrat relatif à une relation pouvant avoir des effets comparables au mariage ; lorsque ni l'original ni une copie du contrat ne sont joints, l'indication de la localisation de l'original ;

k) une indication quant à la déclaration faite ou non par l'un des bénéficiaires concernant l'acceptation de la succession ou la renonciation à celle-ci ;

l) une déclaration établissant que, à la connaissance du demandeur, aucun litige portant sur les éléments à certifier n'est pendant ;

m) toute autre information que le demandeur considère utile aux fins de la délivrance du certificat.

Art. 66 *Examen de la demande.* 1. Dès réception de la demande, l'autorité émettrice vérifie les informations et les déclarations fournies par le demandeur ainsi que les documents et les autres moyens de preuve présentés par celui-ci. Elle mène les enquêtes nécessaires à cette vérification d'office, lorsque son droit national le prévoit ou l'autorise, ou invite le demandeur à fournir tout élément de preuve complémentaire qu'elle estime nécessaire.

2. Si le demandeur n'a pas pu produire des copies des documents pertinents répondant aux conditions requises pour en établir l'authenticité, l'autorité émettrice peut décider d'accepter d'autres moyens de preuve.

3. Si son droit national le prévoit et sous réserve des conditions qui y sont fixées, l'autorité émettrice peut demander que des déclarations soient faites sous serment ou sous forme d'une déclaration solennelle en lieu et place d'un serment.

4. L'autorité émettrice prend toutes les mesures nécessaires pour informer les bénéficiaires de la demande de certificat. Si cela est nécessaire aux fins de l'établissement des éléments à certifier, elle entend toute personne intéressée, ainsi que tout exécuteur ou administrateur, et procède à des annonces publiques visant à donner à d'autres bénéficiaires éventuels la possibilité de faire valoir leurs droits.

5. Aux fins du présent article, l'autorité compétente d'un État membre fournit, sur demande, à l'autorité émettrice d'un autre État membre les informations détenues, notamment, dans les registres fonciers, les registres de l'état civil et les registres consignant les documents et les faits pertinents pour la succession ou pour le régime matrimonial ou un régime patrimonial équivalent du défunt, dès lors que cette autorité compétente est autorisée, *en vertu du droit national*, à fournir ces informations à une autre autorité nationale.

Art. 67 *Délivrance du certificat.* 1. L'autorité émettrice délivre sans délai le certificat conformément à la procédure fixée dans le présent chapitre lorsque les éléments à certifier ont été établis en vertu de la loi applicable à la succession ou de toute autre loi applicable à des éléments spécifiques. Elle utilise le formulaire établi conformément à la procédure consultative visée à l'article 81, paragraphe 2.

L'autorité émettrice ne délivre pas le certificat en particulier :

a) si les éléments à certifier sont contestés ; ou

b) si le certificat s'avère ne pas être conforme à une décision portant sur les mêmes éléments.

2. L'autorité émettrice prend toutes les mesures nécessaires pour informer les bénéficiaires de la délivrance du certificat.

Art. 68 *Contenu du certificat.* Le certificat comporte les informations suivantes dans la mesure où elles sont nécessaires à la finalité pour laquelle il est délivré :

a) le nom et l'adresse de l'autorité émettrice ;

b) le numéro de référence du dossier ;

c) les éléments sur la base desquels l'autorité émettrice s'estime compétente pour délivrer le certificat ;

d) la date de délivrance ;

e) les renseignements concernant le demandeur : nom (le cas échéant, nom à la naissance), prénom(s), sexe, date et lieu de naissance, état civil, nationalité, numéro d'identification (le cas échéant), adresse et lien éventuel avec le défunt ;

f) les renseignements concernant le défunt : nom (le cas échéant, nom à la naissance), prénom(s), sexe, date et lieu de naissance, état civil, nationalité, numéro d'identification (le cas échéant), adresse au moment du décès, date et lieu du décès ;

g) les renseignements concernant les bénéficiaires : nom (le cas échéant, nom à la naissance), prénom(s) et numéro d'identification (le cas échéant) ;

h) les renseignements concernant un contrat de mariage conclu par le défunt ou, le cas échéant, un contrat passé par le défunt dans le cadre d'une relation qui, selon la loi qui lui est applicable, est réputée avoir des effets comparables au mariage et les renseignements concernant le régime matrimonial ou un régime patrimonial équivalent ;

i) la loi applicable à la succession et les éléments sur la base desquels cette loi a été déterminée ;

j) les renseignements permettant d'établir si la succession s'ouvre *ab intestat* ou en vertu d'une disposition à cause de mort, y compris les informations concernant les éléments donnant naissance aux droits et/ou pouvoirs des héritiers, légataires, exécuteurs testamentaires ou administrateurs de la succession ;

k) le cas échéant, la mention pour chaque bénéficiaire de la nature de l'acceptation de la succession ou de la renonciation à celle-ci ;

l) la part revenant à chaque héritier et, le cas échéant, la liste des droits et/ou des biens revenant à un héritier déterminé ;

m) la liste des droits et/ou des biens revenant à un légataire déterminé ;

n) les restrictions portant sur les droits de l'héritier ou des héritiers et, selon le cas, du ou des légataires en vertu de la loi applicable à la succession et/ou en vertu de la disposition à cause de mort ;

o) les pouvoirs de l'exécuteur testamentaire et/ou de l'administrateur de la succession et les restrictions portant sur ces pouvoirs en vertu de la loi applicable à la succession et/ou en vertu de la disposition à cause de mort.

Art. 69 *Effets du certificat.* 1. Le certificat produit ses effets dans tous les États membres, sans qu'il soit nécessaire de recourir à aucune procédure.

2. Le certificat est présumé attester fidèlement l'existence d'éléments qui ont été établis en vertu de la loi applicable à la succession ou en vertu de toute autre loi applicable à des éléments spécifiques. La personne désignée dans le certificat comme étant l'héritier, le légataire, l'exécuteur testamentaire ou l'administrateur de la succession est réputée avoir la qualité mentionnée dans ledit certificat et/ou les droits ou les pouvoirs énoncés dans ledit certificat sans que soient attachées à ces droits ou à ces pouvoirs d'autres conditions et/ou restrictions que celles qui sont énoncées dans le certificat.

3. Toute personne qui, agissant sur la base des informations certifiées dans un certificat, effectue des paiements ou remet des biens à une personne désignée dans le certificat comme étant habilitée à accepter des paiements ou des biens est réputée avoir conclu une transaction avec une personne ayant le pouvoir d'accepter des paiements ou des biens, sauf si elle sait que le contenu du certificat ne correspond pas à la réalité ou si elle l'ignore en raison d'une négligence grave.

4. Lorsqu'une personne désignée dans le certificat comme étant habilitée à disposer de biens successoraux dispose de ces biens en faveur d'une autre personne, cette autre personne, si elle agit sur la base des informations certifiées dans le certificat, est réputée avoir conclu une transaction avec une personne ayant le pouvoir de disposer des biens concernés, sauf si elle sait que le contenu du certificat ne correspond pas à la réalité ou si elle l'ignore en raison d'une négligence grave.

5. Le certificat constitue un document valable pour l'inscription d'un bien successoral dans le registre pertinent d'un État membre, sans préjudice de l'article 1er, paragraphe 2, points k) et l).

Art. 70 *Copies certifiées conformes du certificat.* 1. L'autorité émettrice conserve l'original du certificat et délivre une ou plusieurs copies certifiées conformes au demandeur et à toute personne justifiant d'un intérêt légitime.

2. L'autorité émettrice tient, aux fins de l'article 71, paragraphe 3, et de l'article 73, paragraphe 2, une liste des personnes qui se sont vu délivrer des copies certifiées conformes en application du paragraphe 1.

3. Les copies certifiées conformes délivrées ont une durée de validité limitée à six mois, qui doit être indiquée sur la copie concernée sous la forme d'une date d'expiration. Dans des cas exceptionnels dûment justifiés, l'autorité émettrice peut, à titre dérogatoire, décider d'allonger la durée de validité. Une fois ce délai expiré, toute personne en possession d'une copie certifiée conforme doit, afin de pouvoir utiliser le certificat aux fins énoncées à l'article 63, demander une prorogation de la durée de validité de la copie certifiée conforme ou demander à l'autorité émettrice une nouvelle copie certifiée conforme.

Art. 71 *Rectification, modification ou retrait du certificat.* 1. A la demande de toute personne justifiant d'un intérêt légitime ou d'office, l'autorité émettrice rectifie le certificat en cas d'erreur matérielle.

2. A la demande de toute personne justifiant d'un intérêt légitime ou, lorsque le droit national le permet, d'office, l'autorité émettrice modifie le certificat ou procède à son retrait lorsqu'il a été établi que ledit certificat ou certains de ses éléments ne correspondent pas à la réalité.

3. L'autorité émettrice informe sans délai toutes les personnes qui se sont vu délivrer des copies certifiées conformes en application de l'article 70, paragraphe 1, de toute rectification, modification, ou de tout retrait du certificat.

Art. 72 *Voies de recours.* 1. Toute personne habilitée à présenter une demande de certificat peut former un recours contre toute décision rendue par l'autorité émettrice en application de l'article 67.

Toute personne justifiant d'un intérêt légitime peut former un recours contre toute décision prise par l'autorité émettrice en application de l'article 71 et de l'article 73, paragraphe 1, point a).

Le recours est formé devant une autorité judiciaire de l'État membre dont relève l'autorité émettrice conformément au droit de cet État.

2. Si, à la suite du recours visé au paragraphe 1, il est établi que le certificat délivré ne correspond pas à la réalité, l'autorité judiciaire compétente rectifie ou modifie le certificat, procède à son retrait ou veille à ce qu'il soit rectifié, modifié ou retiré par l'autorité émettrice.

Si, à la suite du recours visé au paragraphe 1, il est établi que le refus de délivrance du certificat est infondé, l'autorité judiciaire compétente délivre le certificat ou veille à ce que l'autorité émettrice réexamine le dossier et prenne une nouvelle décision.

Art. 73 *Suspension des effets du certificat.* 1. Les effets du certificat peuvent être suspendus par :

a) l'autorité émettrice, à la demande de toute personne justifiant d'un intérêt légitime, dans l'attente d'une modification ou d'un retrait du certificat en application de l'article 71 ; ou

b) l'autorité judiciaire, à la demande de toute personne habilitée à former un recours contre une décision prise par l'autorité émettrice en application de l'article 72, pendant l'exercice d'un tel recours.

2. L'autorité émettrice ou, le cas échéant, l'autorité judiciaire informe sans délai toutes les personnes qui se sont vu délivrer des copies certifiées conformes, en application de l'article 70, paragraphe 1, de toute suspension des effets du certificat.

Pendant la période de suspension des effets du certificat, aucune nouvelle copie certifiée conforme du certificat ne peut être délivrée.

CHAPITRE VII. *DISPOSITIONS GÉNÉRALES ET FINALES*

Art. 74 *Légalisation ou formalité analogue.* Aucune légalisation ni autre formalité analogue n'est exigée pour les documents délivrés dans un État membre dans le contexte du présent règlement.

Art. 75 *Relations avec les conventions internationales existant es.* 1. Le présent règlement n'affecte pas l'application des conventions internationales auxquelles un ou plusieurs États membres sont parties lors de l'adoption du présent règlement et qui portent sur des matières régies par le présent règlement.

En particulier, les États membres qui sont parties à la convention de La Haye du 5 octobre 1961 sur les conflits de lois en matière de forme des dispositions testamentaires continuent à appliquer les dispositions de cette convention au lieu de l'article 27 du présent règlement pour ce qui est de la validité quant à la forme des testaments et des testaments conjonctifs.

2. Nonobstant le paragraphe 1, le présent règlement prévaut, entre les États membres, sur les conventions conclues exclusivement entre deux ou plusieurs d'entre eux dans la mesure où ces conventions concernent des matières régies par le présent règlement.

3. Le présent règlement ne fait pas obstacle à l'application de la convention du 19 novembre 1934 conclue entre le Danemark, la Finlande, l'Islande, la Norvège et la Suède, qui comporte des dispositions de droit international privé relatives aux successions, aux testaments et à l'administration des successions, telle que révisée par l'accord intergouvernemental conclu entre lesdits États le 1er juin 2012, par les États membres qui y sont parties, dans la mesure où elle prévoit :

a) des règles relatives aux aspects procéduraux de l'administration des successions définies par la convention et une assistance en cette matière de la part des autorités des États qui sont parties contractantes à la convention ; et

b) une simplification et une accélération des procédures de reconnaissance et d'exécution des décisions en matière de successions.

Art. 76 *Relation avec le règlement (CE) n° 1346/2000 du Conseil.* Le présent règlement ne fait pas obstacle à l'application du règlement (CE) n° 1346/2000 du Conseil du 29 mai 2000 relatif aux procédures d'insolvabilité *[JO L 160 du 30.6.2000, p. 1.]*.

Art. 77 *Informations mises à la disposition du public.* Les États membres fournissent à la Commission, en vue de la mise à la disposition de ces informations au public dans le cadre du réseau judiciaire européen en matière civile et commerciale, un résumé succinct de leur législation et de leurs procédures nationales relatives aux successions, y compris des informations concernant le type d'autorité compétente en matière de succession et des informations relatives au type d'autorité compétente pour recevoir les déclarations d'acceptation de la succession, d'un legs ou d'une réserve héréditaire ou de renonciation à ceux-ci.

Les États membres fournissent également des fiches descriptives énumérant tous les documents et/ou informations habituellement exigés aux fins de l'inscription de biens immobiliers situés sur leur territoire.

Les États membres tiennent en permanence ces informations à jour.

Art. 78 *Informations concernant les coordonnées et les procédures.* (*Rect. JOUE du 2 mars 2013*) 1. Au plus tard le 16 novembre 2014, les États membres communiquent à la Commission :

a) le nom et les coordonnées des juridictions ou autorités compétentes pour statuer sur les demandes de déclaration constatant la force exécutoire, conformément à l'article 45, paragraphe 1, et sur les recours formés contre les décisions rendues sur ces demandes, conformément à l'article 50, paragraphe 2 ;

b) les procédures de pourvoi contre la décision rendue sur le recours visées à l'article 51 ;

c) les informations pertinentes relatives aux autorités compétentes aux fins de la délivrance du certificat en vertu de l'article 64 ; et

d) les procédures de recours visées à l'article 72.

Les États membres communiquent à la Commission toute modification ultérieure de ces informations.

2. La Commission publie au *Journal officiel de l'Union européenne* les informations communiquées conformément au paragraphe 1, à l'exception des adresses et autres coordonnées des juridictions et autorités visées au paragraphe 1, point a).

3. La Commission tient toutes les informations communiquées conformément au paragraphe 1 à la disposition du public par tout autre moyen approprié, notamment par le biais du réseau judiciaire européen en matière civile et commerciale.

Art. 79 *Établissement et modification ultérieure de la liste contenant les informations visées à l'article 3, paragraphe 2.* 1. Sur la base des informations communiquées par les États membres, la Commission établit la liste des autres autorités et professionnels du droit visée à l'article 3, paragraphe 2.

2. Les États membres notifient à la Commission toute modification ultérieure à apporter aux informations contenues dans ladite liste. La Commission modifie la liste en conséquence.

3. La Commission publie la liste et toute modification ultérieure au *Journal officiel de l'Union européenne*.

4. La Commission tient toutes les informations notifiées conformément aux paragraphes 1 et 2 à la disposition du public par tout autre moyen approprié, notamment par le biais du réseau judiciaire européen en matière civile et commerciale.

Art. 80 *Établissement et modification ultérieure des attestations et des formulaires visés aux articles 46, 59, 60, 61, 65 et 67.* La Commission adopte des actes d'exécution établissant et modifiant ultérieurement les attestations et les formulaires visés aux articles 46, 59, 60, 61, 65 et 67. Ces actes d'exécution sont adoptés en conformité avec la procédure consultative visée à l'article 81, paragraphe 2.

Art. 81 *Comité.* 1. La Commission est assistée par un comité. Ledit comité est un comité au sens du règlement (DE) n° 182/2011.

2. Lorsqu'il est fait référence au présent paragraphe, l'article 4 du règlement (DE) n° 182/2011 s'applique.

Art. 82 *Réexamen.* Au plus tard le 18 août 2025 la Commission présente au Parlement européen, au Conseil et au Comité économique et social européen un rapport relatif à l'application du présent règlement comprenant une évaluation de tout problème pratique rencontré dans le cadre de transactions extrajudiciaires en matière de successions intervenues parallèlement dans différents États membres ou d'une transaction extrajudiciaire intervenue dans un État membre parallèlement à une transaction conclue devant une juridiction d'un autre État membre. Ce rapport est accompagné, le cas échéant, de propositions de modifications.

Art. 83 *Dispositions transitoires.* 1. Le présent règlement s'applique aux successions des personnes qui décèdent le 17 août 2015 ou après le 17 août 2015.

2. Lorsque le défunt avait, avant le 17 août 2015, choisi la loi applicable à sa succession, ce choix est valable s'il remplit les conditions fixées au chapitre III ou s'il est valable en application des règles de droit international privé gui étaient en vigueur, au moment où le choix a été fait, dans l'État dans lequel le défunt avait sa résidence habituelle ou dans tout État dont il possédait la nationalité.

3. Une disposition à cause de mort prise avant le 17 août 2015 est recevable et valable quant au fond et à la forme si elle remplit les conditions prévues au chapitre III ou si elle est recevable et valable sur le fond et en la forme en application des règles de droit international privé qui étaient en vigueur, au moment où la disposition a été prise, dans l'État dans lequel le défunt avait sa résidence habituelle, dans tout État dont il possédait la nationalité ou dans l'État membre de l'autorité chargée de régler la succession.

4. Si une disposition à cause de mort, prise avant le 17 août 2015, est rédigée conformément à la loi que le défunt aurait pu choisir en vertu du présent règlement, cette loi est réputée avoir été choisie comme loi applicable à la succession.

Art. 84 *Entrée en vigueur. (Rect. JOUE du 14 déc. 2012)* Le présent règlement entre en vigueur le vingtième jour suivant celui de sa publication au *Journal officiel de l'Union européenne*.

Il est applicable à partir du 17 août 2015, à l'exception des articles 77 et 78 qui sont applicables à partir du 16 novembre 2014 et des articles 79, 80 et 81 qui sont applicables à partir du 5 juillet 2012.

Le présent règlement est obligatoire dans tous ses éléments et directement applicable dans les États membres conformément aux traités.

Art. 721 **Les successions sont dévolues selon la loi lorsque le défunt n'a pas disposé de ses biens par des libéralités.**

Elles peuvent être dévolues par les libéralités du défunt dans la mesure compatible avec la réserve héréditaire.

A. DÉVOLUTIONS PARTICULIÈRES : PROPRIÉTÉ LITTÉRAIRE ET ARTISTIQUE

1. Prérogatives transmises aux héritiers de l'auteur. L'art. L. 212-2 CPI limite les prérogatives du droit moral de l'artiste-interprète au seul respect de son nom, de sa qualité et de son interprétation, et celles transmises à ses héritiers à la seule protection de cette interprétation et à la mémoire du défunt, ce qui exclut la reconnaissance d'un droit moral de divulgation sur les interprétations réalisées. • Civ. 1re, 27 nov. 2008, n° 07-12.109 P. ♦ La volonté de l'auteur de transmettre le droit moral sur son œuvre devant être exprimée selon les formes requises pour l'établissement des testaments, un testament olographe nul à défaut d'avoir été intégralement écrit de la main du testateur, ne peut avoir pour effet de transmettre le droit moral de l'auteur sur son œuvre. • Civ. 3e, 28 mai 2015, n° 14-14.506 P : *D. 2015. 2094, obs. Nicod* ; *AJ fam. 2015. 407, obs. Levillain* ; *RTD civ. 2015. 676, obs. Grimaldi* ; *RTD com. 2015. 526, obs. Pollaud-Dulian*. ♦ V. art. L. 123-1, al. 2, L. 123-6 et L. 123-7 CPI, ss. art. 767.

B. ... SOUVENIRS DE FAMILLE

BIBL. Barbiéri, *JCP 1984. I. 3156 ; ibid. 1989. II. 21240 et 1990. II. 21572*. – Demogue, *RTD civ. 1928. 27*. – Grimaldi, *D. 1993. Somm. 222*. – Ourliac, *Mél. Raynaud, Dalloz, 1985, p. 587* (archives privées). – Reynaud-Chanon, *D. 1987. Chron. 264*. – Salvage, *JCP N 1989. II. 165*. – Zenati, *RTD civ. 1989. 773*.

2. Soumission à un régime dérogatoire. Les souvenirs de famille échappent aux règles de dévolution successorale et de partage établies par le code civil et peuvent être confiés, à titre de dépôt, à celui des membres de la famille que les tribunaux estiment le plus qualifié, cependant cette exception aux règles normales ne saurait être étendue à des documents qui ne concernent pas la famille, n'émanent pas de ses membres et ne leur ont pas été adressés. • Civ. 1re, 21 févr. 1978, *Méneval : GAJC, 12e éd., n° 98* ; *D. 1978. 505, note Lindon* ; *JCP 1978. II. 18836, concl. Gulphe* (lettres de Napoléon).

3. Qualification de souvenirs de famille. Ni le caractère historique des biens, ni la seule perpétuation de leur possession par la famille ne suffisant à établir que chacun ait revêtu pour celle-ci une valeur morale telle qu'ils puissent être qualifiés de souvenirs de famille. • Civ. 1re, 12 nov. 1998, n° 96-20.236 P : *D. 1999. 624, note Robichez* ; *Dr. fam. 1999, n° 8, note Beignier* ; *LPA 9 mars 1999, note Barbiéri* (souvenirs de la Maison d'Orléans). ♦ V., pour les manuscrits de Zola, prescrivant le sursis à la vente, • Paris, 7 déc. 1987 : *D. 1988. 182, note Lindon* ; *JCP 1988. II. 21148, note Barbiéri* ; *RTD civ. 1989. 118, obs. Patarin*. ♦ Pour des archives de famille, avec désignation du dépositaire par testament : • Paris, 6 mars 1990 : *JCP 1990. II. 21572, note Barbiéri*. ♦ Pour les souvenirs de la Maison d'Orléans : • Paris, 2 juill. 1993 : *JCP 1994. II. 22191, note Hovasse-Banget* ; *RTD civ. 1995. 663, obs. Patarin*, pourvoi rejeté par • Civ. 2e, 29 mars 1995, n° 93-18.769 P : *D. 1995. Somm. 330, obs. Grimaldi* ; *JCP 1995. II. 22477, note Hovasse-Banget* ; *RTD civ. 1996. 420, obs. Zenati* (saisie-revendication). – *Adde*. • Civ. 1re, 12 nov. 1998 : *préc.*

4. Pouvoir du juge de désigner l'attributaire. Il appartient aux juges, en cas de désaccord entre héritiers, de faire eux-mêmes l'attribution d'objets, tels que décorations, armes de guerre, portraits de famille, qui, en raison de leur caractère particulier de souvenirs de famille, ayant une valeur essentiellement morale, peuvent ne pas être soumis aux règles habituelles des partages. • Req. 14 mars 1939 : *DP 1940. 1. 9, note R. Savatier*. ♦ La détermination de celui des membres de la famille le plus qualifié pour se voir confier les souvenirs familiaux appartient au juge, dans l'exercice de son pouvoir souverain. • Civ. 1re, 29 nov. 1994, n° 92-21.993 P : *RTD civ. 1995. 663, obs. Patarin*. ♦ Attribution à la mère, veuve du *de cujus*, de l'album de photographies qualifié de souvenir de famille remis par ce dernier à l'un des enfants. • Caen, 22 janv. 2004 : *JCP N 2005. 1088, note Alfroy*.

5. Qualité de dépositaire de l'attributaire. Vu le caractère spécial de ces biens, souvenirs de famille, ils peuvent être attribués au fils aîné, à titre de dépôt. • Req. 30 juin 1942 : *JCP 1943. II. 2254, note R. S.*

C. SÉPULTURES ET URNES FUNÉRAIRES

BIBL. R. Savatier, *Defrénois 1928, art. 21707*. – Cheynet de Beaupré, *Dr. fam. 2006. Étude 42* (la concession à perpétuité). – J. Julien, *Dr. fam. 2004. Étude 21* (la dernière demeure). – Marguénaud, *RTD civ. 1998. 1012* (sources onusiennes – lieux de sépulture ancestraux et droit au respect de la vie privée et familiale).

6. Affectation familiale d'une sépulture. Au sujet des tombeaux de famille, V. • Civ. 1re, 23 oct. 1968 : *JCP 1969. II. 15715, note Lindon*, et, dans la même affaire, • Civ. 1re, 6 mars 1973 : *JCP 1973. II. 17420, note Lindon* (donation d'une concession funéraire et affectation familiale du caveau). ♦ L'affectation familiale d'une sépulture s'oppose à ce qu'une personne étrangère à la famille du fondateur y soit inhumée, à défaut du consentement de tous les ayants droit de ce dernier. • Civ. 1re, 15 mai 2001, n° 99-12.363 P : *D. 2001. IR 1852* ; *Dr. fam. 2001, n° 114, note Beignier (1re esp.)*. – V. aussi • Paris, 15 févr. 2000 : *JCP 2000. IV. 2865* ; *Dr. fam. 2001, n° 9, note Beignier (6e esp.)*.

7. Prise en considération de la volonté du fondateur de la concession. Il est permis au fondateur d'une concession funéraire d'y accepter l'inhumation de personnes étrangères à la famille. • Montpellier, 11 sept. 2007 : *JCP N 2008. 1178, note Dutrieux.* ♦ En obtenant une concession pour y fonder la sépulture de « MM. X... frères et familles », les fondateurs ont entendu affecter le caveau familial à l'ensemble de la fratrie et aux descendants de chacun des membres. • Civ. 1re, 25 avr. 2006, n° 05-16.681 P.

8. Statut juridique des objets laissés dans la sépulture. Caractère non « abandonné » des objets laissés dans une sépulture : V. • Crim. 25 oct. 2000 : *D. 2001. 1052, note Garé* ; *JCP 2001. II. 10566, note Mistretta.*

9. Statut juridique de l'urne funéraire et des cendres du défunt. Sur le statut juridique de l'urne funéraire et des cendres qu'elle contient, V. • TGI Lille, 23 sept. 1997 : *LPA 27 janv. 1999. 17, note Mory et Labbée* • Bordeaux, 14 janv. 2003 : *RJPF 2003-9/42, note Casey* (copropriété familiale soumise aux dispositions de l'art. 815-3). ♦ Sur le partage des cendres du défunt, V. • Paris, 27 mars 1998 : *V. note 6 ss. art. 895.* ♦ Autorisation donnée à une mère de disposer à son domicile de l'urne cinéraire de sa fille, malgré l'opposition du père. • TGI Lille, 25 janv. 2001 : *D. 2001. 2545, note Labbée* . – V. Labbée, *JCP 2008. Actu. 239.* – Sur cette question, V. CGCT, art. L. 2223-18-1 s. – **CGCT.**

Art. 722 **Les conventions qui ont pour objet de créer des droits ou de renoncer à des droits sur tout ou partie d'une succession non encore ouverte ou d'un bien en dépendant ne produisent effet que dans les cas où elles sont autorisées par la loi.**

BIBL. ▶ Baillon-Wirtz, *Dr. fam. 2006. Étude 44* (les pactes sur succession future après la L. du 23 juin 2006). – Brochard, *JCP N 1986. I. 381* (distinction entre promesse *post-mortem* et pacte successoral prohibé). – Coiffard, *JCP N 2004. 1223* (l'impossible succession contractuelle). – Delmas Saint-Hilaire, *Dr. et patr. 1/1998. 52* (pacte tontinier). – Donnier, *RTD civ. 1956. 627.* – Hébraud, *Mél. R. Savatier, Dalloz, 1965, p. 341* (contrats entre un futur *de cujus* et son héritier présomptif). – Lemaire, *JCP N 1998. 7 ; Rect. 152 ; ibid. 846* (clause d'accroissement à durée limitée). – Lucas, *RTD civ. 1976. 455.* – Lucet, *Defrénois 1993. 1009* (souscriptions conjointes en assurance vie). – Martel, *RLDC 2006/25, n° 1047.* – Najjar, *Mél. Raynaud, Dalloz, 1985, p. 499* (mandat *post-mortem* et libéralités). – Picard, *JCP N 1989. Prat. 299* (rente temporaire). ◆ Clause d'accroissement ou tontine : Abry, *JCP N 1992. Prat. 169.* – Dagot, *JCP 1972. I. 2442.* – Dumortier, *RTD civ. 1987. 653 ; JCP 1995. I. 3857* (tontine et société). – Goulletquer et Talon, *Gaz. Pal. 1981. 1. Doctr. 318.* – Henry, *JCP 1987. I. 3281.* – J. Lafond, *JCP N 1992. I. 53.* – J. Mazeaud, *Defrénois 1961. 281.* – Morin, *D. 1971. Chron. 55.* – Pacaud et Pujol, *Defrénois 1991. 641* (analyse fiscale). – Patarin, *RTD civ. 1998. 432* . – Pillebout, *JCP N 1979. I. 333.* – Raffray, *JCP 1988. I. 3327 ; JCP N 1996. I. 375* (tontine et société).

A. DÉFINITION ET SANCTION DES PACTES SUR SUCCESSION FUTURE

1° ÉLÉMENTS CONSTITUTIFS DU PACTE PROHIBÉ

1. Attribution d'un droit privatif sur tout ou partie d'une succession non ouverte. Toute stipulation ayant pour objet d'attribuer un droit privatif sur tout ou partie d'une succession non ouverte, constitue un pacte sur succession future prohibé par la loi, encore que celui de la succession duquel il s'agit y ait consenti ; cette prohibition est formelle et d'ordre public et ne comporte d'autres dérogations que celles qui sont limitativement déterminées par la loi. • Civ. 11 janv. 1933 : *GAJC, 12e éd., n° 133-136 (II) ; DP 1933. 1. 10, note Capitant* (jurisprudence constante, relative en l'espèce à la « clause commerciale » depuis lors expressément validée : V. art. 1390 C. civ.). ♦ En prohibant sans distinction les conventions sur une succession non ouverte, le code civil a compris dans ses dispositions tout aussi bien l'aliénation d'une chose particulière que celle de la totalité ou d'une quote-part de cette succession. • Civ. 11 nov. 1845 : *DP 1846. 1. 25.*

2. Convention ou acte unilatéral. Les actes unilatéraux sont soumis à la prohibition des pactes sur succession future édictée par l'[anc.] art. 1130, al. 2. ; constitue un pacte prohibé l'acte qui n'a pas été fait dans les formes prévues par la loi sur les donations ou testaments et qui contient des stipulations attribuant aux futurs héritiers, et avec leur accord, des biens qui dépendent d'une succession non ouverte. • Civ. 1re, 17 mars 1987 : *JCP N 1988. II. 2, note Salvage ; RTD civ. 1987. 755, obs. Mestre ; ibid. 784, obs. Patarin.*

3. Caractère éventuel du droit transmis : cas des reconnaissances de dette. Constituent un pacte sur succession future prohibé les stipulations attribuant un droit privatif éventuel sur tout ou partie d'une succession non ouverte : la reconnaissance de dette attribuant un droit éventuel sur le cinquième d'une succession en cas de prédécès porte atteinte à la liberté de tester en raison de la constatation de l'engagement dans un contrat irrévocable, et ne confère pas un droit actuel de créance sur un bien déterminé dont l'exécution serait différée à l'ouverture de la succession. • Civ. 1re, 6 févr. 1996, n° 94-13.072 P : *D. 1997. 369, note Najjar* ; *D. 1997. Somm. 368, obs. Grimaldi* ; *RTD civ. 1996. 679,* *obs. Patarin* . ♦ De même, l'acte par lequel une personne reconnaît devoir une certaine somme et stipule que cette somme sera prélevée à son décès sur la part revenant à tels de ses héritiers constitue un pacte sur succession future prohibé. • Civ. 1re, 4 oct. 2005, n° 02-13.395 P : *D. 2006. Pan. 2072, obs. Nicod* ; *AJ fam. 2006. 77, obs. Bicheron* ; *Dr. fam. 2005, n° 252, note Beignier* ; *RJPF 2005-12/43, note Casey*. – V. aussi Najjar, *D. 2006. Tribune 993*. ♦ Mais ne constitue pas un pacte sur succession future prohibé la convention qui fait naître au profit de son bénéficiaire un droit actuel de créance qui s'exercera contre la succession du débiteur. • Civ. 1re, 3 avr. 2002, n° 00-10.301 P : *D. 2002. 2753, note Najjar* ; *Defrénois 2002. 1244, obs. Libchaber* ; *AJ fam. 2002. 188, obs. S. D.-B* . ; *Dr. fam. 2002, n° 94, obs. Beignier* ; *RJPF 2002-9/43, note Casey* ; *RTD civ. 2003. 131, obs. Patarin* (reconnaissance de dette, dont l'exécution était différée à l'ouverture de la succession et qui était par ailleurs garantie par l'affectation hypothécaire d'un immeuble) • 9 juill. 2003, n° 00-20.681 P : *D. 2004. 1848, note Bouzol* ; *JCP N 2004. 1435, étude Mahinga* ; *Defrénois 2003. 1566, obs. Libchaber* ; *AJ fam. 2003. 354, obs. S. D.-B* . ; *Dr. fam. 2003, n° 136, note Beignier* (prêt conférant à l'emprunteur le droit de ne pas rembourser les sommes empruntées, sous la condition que le prêteur décède avant l'échéance du prêt) • 22 oct. 2014, n° 13-23.657 P : *D. 2015. 2094, obs. Brémond* ; *AJ fam. 2015. 64, obs. Vernières* (même principe ; reconnaissances de dette du défunt à l'égard de sa concubine, payables à sa mort s'il ne les avait pas remboursées avant). ♦ V. également ci-dessous le cas de la promesse de vente *post-mortem*.

2° SANCTION DU PACTE PROHIBÉ

4. Étendue de la nullité. Lorsque la nullité résultant de la prohibition des pactes sur succession future n'affecte qu'une ou plusieurs clauses de l'acte, elle n'emporte sa nullité en son entier que si cette ou ces clauses en constituent une condition essentielle et déterminante. • Civ. 1re, 25 janv. 2023, n° 19-25.478 B : *D. 2023. 370, note Barrillon* (clause d'un pacte d'actionnaires).

B. ILLUSTRATIONS : PACTES PROHIBÉS

5. Renonciation à une succession antérieurement à son ouverture. Lorsque la renonciation à une succession non ouverte est la condition d'un legs, elle en a pour conséquence nécessaire la nullité. • Civ. 1re, 30 avr. 1968 : *D. 1969. 110, note Simler* ; *JCP 1968. II. 15580, note R. L.*

6. Renonciation à un droit successoral antérieurement à l'ouverture de la succession : droit de retour des père et mère. Le droit de retour institué par l'art. 738-2 au profit des père et mère étant un droit de nature successorale, l'art. 722 interdit aux parents donateurs d'y renoncer avant l'ouverture de la succession du donataire, et la renonciation de ces derniers au droit de retour conventionnel prévu à l'acte de donation, intervenue antérieurement à cette date, est sans effet sur ce droit de retour légal. • Civ. 1re, 21 oct. 2015, n° 14-21.337 P : *D. 2015. 2182* ; *AJ fam. 2015. 687, obs. Casey* ; *RTD civ. 2015. 918, obs. Grimaldi* ; *JCP N 2015, n° 1249, note Goldie-Génicon* ; *Dr. fam. 2016, n° 8, note Nicod*.

7. Renonciation au bénéfice d'une institution contractuelle antérieurement à l'ouverture de la succession. Le bénéficiaire d'une institution contractuelle, titulaire sur la succession du disposant d'un droit seulement éventuel quant à son objet, n'acquiert l'entier bénéfice de la libéralité qu'au décès de l'instituant, et ne peut donc y renoncer avant cette date. • Civ. 1re, 16 juill. 1981 : *D. 1983. 333, note Grimaldi* ; *RTD civ. 1983. 176, obs. Patarin*.

8. Renonciation à l'action en réduction d'une libéralité antérieurement à l'ouverture de la succession. Est nulle, comme constituant un pacte sur succession future, la renonciation des héritiers, avant l'ouverture de la succession à l'exercice de l'action en réduction des libéralités pour atteinte à la réserve. • TGI Paris, 12 mai 1993 : *JCP N 1994. II. 301 (3e esp.), note Bonnin et Bonduelle*. ♦ Sur la consécration par la L. du 23 juin 2006 d'une renonciation anticipée à l'action en réduction, V. art. 929 s.

9. Renonciation au paiement fractionné d'une créance à compter du décès du vendeur. Constitue un pacte sur succession future la clause d'un contrat de vente d'immeuble selon laquelle tout règlement du prix, payable en plusieurs annuités, serait éteint et amorti et l'acquéreur entièrement libéré soit à l'expiration du terme convenu, soit encore au jour du décès du vendeur si ce décès survenait avant cette date, dès lors que les juges du fond ont constaté que le contrat n'avait pas un caractère aléatoire et que la clause litigieuse avait pour seul but de priver la succession du vendeur des annuités du prix de vente échues postérieurement au décès. • Civ. 1re, 7 déc. 1983 : *Bull. civ. I, n° 290* ; *R., p. 48* ; *D. 1984. 563, note Mayaux* ; *JCP N 1985. II. 57, note Dagot* ; *Defrénois 1984. 1227, note Olivier* ; *RTD civ. 1985. 184, obs. Patarin*. ♦ V. aussi • Civ. 1re, 15 janv. 1991 : *JCP N 1992. II. 13* (responsabilité envers l'acquéreur de l'intermédiaire et du notaire suite à l'annulation de la clause). ♦ Comp. • Civ. 1re, 22 juin 1977 : *Bull. civ. I, n° 297* (validité de la clause prévoyant la libération de l'acquéreur, débiteur d'une rente viagère, au décès du vendeur, sans avoir à payer les termes échus et non versés, pour lesquels il n'aurait été exercé aucune poursuite).

C. ... PACTES AUTORISÉS

10. Promesse de vente post-mortem. Une promesse de vente déterminée dans son objet et dans son prix, engageant le promettant immédiatement et de façon irrévocable et faisant naître au profit du bénéficiaire un droit actuel pur et simple et dont seule l'exécution est différée jusqu'au décès du promettant, constitue non un pacte sur succession future, mais une promesse *post-mortem* valable comme n'ayant suspendu que l'exécution d'un droit déjà né. • Civ. 1re, 30 mai 1985 : *Bull. civ. I, n° 173 ; R., p. 85 ; D. 1986. 65, note Najjar ; RTD civ. 1986. 391, obs. Patarin* • 5 mai 1986 : *Bull. civ. I, n° 114 ; R., p. 138 ; JCP 1987. II. 20851, note Barret.* ♦ Comp. • Civ. 1re, 13 juin 1979 : *D. 1980. 553, note Najjar.* ♦ Rappr., pour une reconnaissance de dette : • Civ. 1re, 11 mars 2009 : *RJPF 2009-5/34, obs. Delmas Saint-Hilaire ; RTD civ. 2009. 557, obs. Grimaldi.* ♦ Mais, en l'absence de toute clause différant la réalisation de la vente au décès du donateur ou à la renonciation de celui-ci et de son épouse à l'usufruit, constitue un pacte sur succession future prohibé la promesse de vente consentie par un héritier présomptif portant sur un terrain lui « revenant par partage de famille » alors que ce terrain ne lui a été attribué qu'ultérieurement à la promesse, par voie de donation-partage avec réserve d'usufruit au profit du donateur et de son épouse. • Civ. 1re, 26 oct. 2011, n° 10-11.894 P : *D. 2011. 2976, note Najjar ; AJ fam. 2011. 619, obs. Vernières ; Dr. fam. 2011, n° 180, obs. Beignier ; RDC 2013. 902, obs. Goldie-Génicon.*

11. Réversion d'usufruit. **BIBL.** Réversion d'usufruit : Durand, *JCP N 2001. 592 et 620.* – Iwanesko, *Dr. et patr. 3/1999. 34.* ♦ La clause de réversibilité de l'usufruit s'analyse en une donation à terme de bien présent, le droit d'usufruit du bénéficiaire lui étant définitivement acquis dès le jour de l'acte et seul l'exercice de ce droit étant différé au décès du donateur. • Civ. 1re, 21 oct. 1997, n° 95-19.759 P : *JCP 1997. II. 22969, note Harel-Dutirou ; JCP 1999. I. 132, n° 5, obs. Le Guidec ; LPA 18 août 1999, note Teilliais ; RTD civ. 1998. 721, obs. Patarin ; ibid. 937, obs. Zenati* • Civ. 3e, 6 nov. 2002, n° 01-00.681 P : *D. 2002. IR 3308 ; JCP N 2003. 1448, note Dagot ; Defrénois 2003. 792, obs. S. Piedelièvre ; AJ fam. 2003. 32, obs. S. D.-B. ; RTD civ. 2003. 133, obs. Patarin.* ♦ Le bénéficiaire doit donc être déterminé au jour de la donation. • Civ. 1re, 21 oct. 1997 : *préc.* ♦ ... Et, au décès du donateur, il n'est pas nécessaire que le bénéficiaire fasse établir et publier une attestation notariée pour que ses droits soient opposables aux tiers. • Civ. 3e, 6 nov. 2002 : *préc.* ♦ *Contra*, antérieurement, analysant la clause en une donation de biens à venir, l'usufruit faisant l'objet de la lbéralité ne prenant effet qu'au décès du donateur, et en déduisant que la renonciation au bénéfice de cette clause constituait un pacte sur succession future : • Civ. 1re, 20 avr. 1983 : *Bull. civ. I, n° 124 ; R., p. 48 ; D. 1986. 31, note Grimaldi ; JCP 1984. II. 20257, note E. S. de La Marnierre ; JCP N 1985. II. 30, note Rémy ; RTD civ. 1984. 349, obs. Patarin.*

12. Pacte tontinier ou clause d'accroissement : validité. La clause dite « d'accroissement », conférant à chacun des acquéreurs la propriété de l'immeuble tout entier à partir du jour de son acquisition, sous condition du prédécès du cocontractant, ne peut tomber sous la prohibition des pactes sur succession future. • Cass., ch. mixte, 27 nov. 1970 : *GAJC, 12e éd., n° 133-136 (IV) ; D. 1971. 81, concl. contraires Lindon ; JCP 1971. II. 16823, note Blin ; RTD civ. 1971. 400, obs. R. Savatier et 620, obs. Nerson.* – Déjà en ce sens : • Civ. 1re, 3 févr. 1959 : *D. 1960. 592, note de La Marnierre ; JCP 1960. II. 11823, note Voirin ; RTD civ. 1960. 692, obs. R. Savatier.* – V. aussi • Civ. 1re, 27 mai 1986 : *D. 1987. 139, note Morin ; JCP 1987. II. 20763, note Dagot ; RTD civ. 1987. 382, obs. Patarin* • 18 nov. 1997, n° 95-20.842 P : *JCP 1998. II. 10051, note du Rusquec ; ibid. I. 171, n° 10, obs. Périnet-Marquet ; JCP N 1998. 1498, étude Dumortier ; Defrénois 1998. 377, note Mazeron ; RTD civ. 1998. 432, obs. Patarin ; ibid. 946, obs. Zenati* (insaisissabilité du bien par le créancier de l'un des acquéreurs). • Civ. 3e, 5 déc. 2012 : *cité note 5 ss. art. 1304.* (la clause conférant à l'acquéreur dernier vivant la propriété de l'immeuble tout entier à partir du jour de son acquisition, il n'existe pas dans les rapports entre les parties un débiteur d'obligation et un créancier ; l'art. 1178 anc. C. civ. n'est pas applicable à une tontine). ♦ La part d'un immeuble acquis en tontine recueillie par le survivant n'est pas transmise par voie successorale et le survivant n'est pas tenu à ce titre de la dette du défunt. • Com. 8 nov. 2005, n° 03-16.133 P : *AJDI 2006. 759, obs. Maublanc* (impossibilité pour lui de se prévaloir de l'art. 768 CGI prévoyant la déductibilité fiscale de la dette). ♦ Pour le cas d'acquisition conjointe, faite par un mari commun en biens et sa concubine, avec clause d'accroissement, V. • Civ. 1re, 11 janv. 1983, n° 81-16.307 P : *R., p. 43 ; D. 1983. 501, note Larroumet ; JCP 1984. II. 20127, note F. Boulanger ; JCP N 1983. II. 329,* note Brochard ; ibid. 1984. II. 247, note Lemoine ; *Defrénois 1983. 985, note G. Morin.* – V. aussi Henry, *JCP 1987. I. 3281* (clause d'accroissement en fraude du régime matrimonial).

13. ... Requalification en libéralité en l'absence d'aléa. L'acquisition d'un bien avec clause d'accroissement constitue un contrat aléatoire et non une libéralité. • Civ. 1re, 14 déc. 2004, n° 02-11.088 P : *D. 2005. 2263, note Le Gallou ; ibid. Pan. 2122, obs. Nicod ; JCP 2005. I. 187, n° 8, obs. Le Guidec ; Defrénois 2005. 617, obs. Libchaber ; AJ fam. 2005. 109, obs. Chénedé ; Dr. fam. 2005, n° 61, note Beignier ; RDC 2005.*

693, obs. Bénabent. ♦ Mais les juges du fond, dans leur pouvoir souverain, ont pu déduire du fait que le défunt avait financé seul le bien ainsi que de son état de santé à l'époque de l'acquisition et de la différence d'âge entre les deux acquéreurs que l'opération litigieuse, qui ne présentait aucun aléa, constituait une libéralité. • Civ. 1re, 10 mai 2007, n° 05-21.011 P : *D. 2007. AJ 1510, obs. Delaporte-Carré ; ibid. Pan. 2134, obs. Nicod ; JCP N 2007. 1215, note Garçon ; AJ fam. 2007. 316, obs. Bicheron ; LPA 18 mars 2008, obs. Vareille ; RJPF 2007-9/31, note Valory ; RLDC 2007/41, n° 2672, note Bernard-Xémard ; RDC 2007. 1165, obs. Bénabent.* – V. déjà en ce sens : • TGI Villefranche-sur-Saône, 10 nov. 1989 : *D. 1991. 7, note D. R. Martin .* ♦ Une telle clause, constituant une donation déguisée, est valable jusqu'à concurrence de la quotité disponible. • Montpellier, 13 nov. 2001 : *BICC 1er mars 2002, n° 224.*

14. Convention visant à aménager les règles du rapport des libéralités. Ne constitue pas un pacte sur succession future l'acte par lequel les héritiers conviennent, avant l'ouverture de la succession, que les dons manuels reçus seraient rapportés à la succession affectés d'un indice à déterminer lors du partage, cette stipulation faisant naître au profit des héritiers un droit actuel au rapport des dons manuels affectés d'une indexation, ce qui n'est qu'une modification licite des règles du rapport. • Civ. 1re, 18 mai 1994, n° 92-11.829 P : *Defrénois 1995. 175, note Forgeard ; D. 1995. Somm. 48, obs. Grimaldi ; RTD civ. 1994. 649, obs. Patarin* [cassation de • Paris, 17 oct. 1991 : *JCP N 1994. II. 301 (2e esp.), note Bonnin et Bonduelle*]. ♦ Rappr., pour un acte fixant les modalités de remboursement d'une dette : • Civ. 1re, 24 nov. 1998 : *Dr. fam. 1999, n° 33, note Beignier.*

15. Autres illustrations. Ne constitue pas un pacte sur succession future la renonciation au bénéfice d'une donation par le legs d'un bien compris dans cette donation, cette libéralité résultant d'un testament, acte unilatéral par nature révocable et ne portant pas atteinte à la liberté de tester de l'auteur. • Civ. 1re, 28 mai 2008, n° 07-14.066 P : *AJ fam. 2008. 353, obs. Bicheron ; RLDC 2008/51, n° 3074, obs. Jeanne ; RTD civ. 2008. 711, obs. Grimaldi .*

Art. 723 *(Abrogé par L. n° 2006-728 du 23 juin 2006, art. 29-15°, à compter du 1er janv. 2007)* ***Les successeurs universels ou à titre universel sont tenus d'une obligation indéfinie aux dettes de la succession.***

Art. 724 Les héritiers désignés par la loi sont saisis de plein droit des biens, droits et actions du défunt.

Les légataires et donataires universels sont saisis dans les conditions prévues au titre II du présent livre.

A leur défaut, la succession est acquise à l'État, qui doit se faire envoyer en possession.

BIBL. ► **Saisine successorale :** DROSS, *Defrénois 2004. 471.*

1° DÉTERMINATION DES HÉRITIERS SAISIS

1. Conjoint survivant. Le conjoint survivant, investi de la saisine sur l'universalité de l'hérédité, a, dès le jour du décès et quelle que soit l'étendue de la vocation conférée par le legs qui lui a été consenti, la jouissance de tous les biens composant la succession, laquelle comprend la perception des fruits et est exclusive de toute indemnité d'occupation. • Civ. 1re, 3 févr. 2004, n° 02-19.077 P : *D. 2004. Somm. 2337, obs. Vareille ; JCP N 2004. 1570, étude Mahinga ; Dr. fam. 2004, n° 39, note Beignier* • 6 déc. 2005, n° 03-10.211 P : *LPA 4 mai 2006, note Vareille.* ♦ Le conjoint survivant ayant la qualité d'héritier, la cession par les filles du défunt à leur mère de parts sociales héritées de leur père ne constitue pas une cession à un tiers soumise à l'approbation unanime des associés. • *Civ. 1re, 19 févr. 2002,* n° 99-19.706 P : *Dr. fam. 2002, n° 46, obs. Beignier ; RJPF 2002-5/52, obs. P. D. S.-H.*

2. État. V. note ss. art. 811.

3. Légataire universel. V. art. 1004 et 1006.

4. Légataire particulier ayant la qualité d'héritier. BIBL. Guerriero, *Mél. Hébraud, Univ. Toulouse, 1981, p. 441.* ♦ Chacun des héritiers légitimes étant saisi de l'universalité de l'hérédité est, en vertu de cette saisine légale, en possession de toute l'hérédité ; en conséquence doit être cassé l'arrêt ayant décidé que le fils de la défunte ne pouvait prétendre aux fruits et intérêts du legs particulier que sa mère lui avait fait que du jour de la demande en délivrance. • Civ. 1re, 24 nov. 1969 : *D. 1970. 164, note Dedieu ; JCP 1970. II. 16506, note Dagot.*

2° CONSÉQUENCES DE LA SAISINE

5. Appréhension des biens du défunt. Il résulte de la combinaison des art. 724, 1005 et 815-9 que l'héritier à réserve, légataire universel, en possession complète de l'hérédité, en vertu de la saisine légale, est habile à prétendre à la jouissance du bien légué à compter du jour du décès, et que cette jouissance est exclusive de toute indemnité au profit de l'indivision pour l'occupation du bien légué. • Civ. 1re, 24 sept. 2014, n° 12-26.486 P : *AJ fam. 2014. 643, obs. Vernières ; RTD civ. 2014. 926, obs. Grimaldi ;*

Defrénois 2015. 389, obs. Chamoulard-Trapiers. ♦ Déjà, dans le même sens, sous l'empire du droit antérieur à la L. du 23 juin 2006 : • Civ. 1re, 2 juin 1987, n° 85-16.269 P : *R., p. 149 ; D. 1988. 137, note Breton* • 24 sept. 2008, n° 06-21.445 P : *BICC 1er févr. 2009, n° 128, et la note ; D. 2008. AJ 2431, obs. Égéa ; RJPF 2008-10/42, obs. Valory ; Dr. fam. 2008. 175, obs. Beignier ; RLDC 2008/54, n° 3201, obs. Jeanne ; Defrénois 2009. 1613, obs. Vareille.* ♦ En conséquence, le fait que l'héritier réservataire, qui est également légataire particulier d'un immeuble, ait pris possession de cet immeuble ne peut s'analyser en un commencement d'exécution du testament emportant prescription de l'exception de nullité alors que sa qualité d'héritier saisi lui permettait d'entrer en possession de toute l'hérédité dès le jour du décès et de bénéficier de la jouissance exclusive du bien légué en sa seule qualité d'indivisaire. • Civ. 1re, 25 oct. 2017, n° 16-24.766 P : *D. 2018. 1458, obs. Lemouland et Noguéro ; AJ fam. 2018. 53, obs. Casey ; RTD civ. 2018. 192, obs. Grimaldi ; Defrénois 7 juin 2018, p. 37, note Noguéro.*

6. Lieu de l'appréhension de la succession. L'héritier se trouve saisi des biens de la succession au lieu où ils se trouvent au moment du décès et c'est en ce lieu qu'il doit les appréhender. • Civ. 1re, 17 janv. 1995, n° 92-20.907 P.

7. Gestion de l'hérédité : introduction d'une action en justice. Tout héritier est fondé, même avant partage et même sans le concours de ses coïndivisaires, à agir en cette qualité contre le tiers détenteur d'un bien qui aurait été soustrait à l'actif de la succession (en l'espèce, action en annulation, fondée sur l'anc. art. 1125-1 C. civ., d'une vente en viager consentie par le *de cujus* quelque temps avant sa mort). • Civ. 1re, 20 mai 1981 : *JCP 1982. II. 19795, note Rémy ; RTD civ. 1982. 452, obs. Patarin.* ♦ V. conf. • Civ. 1re, 21 mai 1990, n° 87-14.420 P : *RTD civ. 1991. 776, obs. Patarin ; Defrénois 1991. 873, obs. Champenois* • 5 nov. 2008, n° 07-15.374 P : *AJ fam. 2009. 38, obs. Bicheron ; RLDC 2008/55, n° 3234, obs. Le Gallou ; ibid. 2009/56, n° 3275, obs. Évenat* et, pour une action en indemnisation d'un préjudice subi par le *de cujus*, • Civ. 1re, 25 oct. 2005, n° 04-06.045 P. ♦ Le droit de demander la disqualification d'un contrat de *prestation de services en contrat* de travail étant entré dans le patrimoine du défunt, ses héritiers en sont saisis de plein droit, peu important qu'il n'ait pas intenté cette action de son vivant et que celle des ayants droit ait pour finalité de leur permettre de bénéficier des effets du contrat d'assurance groupe souscrit par l'employeur et qui constitue un avantage accessoire au contrat de travail. • Soc. 13 mai 2009, n° 07-40.934 P.

8. ... Sous réserve de certaines restrictions. Les héritiers ne peuvent opposer l'incapacité du mineur avec lequel le défunt a contracté pour contester un acte passé par le défunt. • Civ. 1re, 14 janv. 2009, n° 07-16.451 P : *D. 2009. AJ 371 ; RLDC 2009/58, n° 3349, obs. Pouliquen ; RTD civ. 2009. 297, obs. Hauser.* ♦ Un héritier ne peut agir sur le fondement de la responsabilité délictuelle en invoquant un manquement contractuel commis envers son auteur qu'en réparation d'un préjudice qui lui est personnel ; n'est pas un préjudice personnel subi par l'héritier celui qui aurait pu être effacé, du vivant de son auteur, par une action en indemnisation exercée par ce dernier ou qui peut l'être, après son décès, par une action exercée au profit de la succession en application de l'art. 724. • Com. 15 juin 2022, n° 19-25.750 B : *D. 2023. 34, obs. Gout ; JCP 2022, n° 814, note Oudot ; ibid., n° 942, note Barbieri ; JCP N 2022, n° 1268, note Randoux ; RCA 2022, n° 186, obs. Maire.*

9. ... Poursuite d'une action en justice. Chacun des héritiers légitimes, saisi de plein droit de l'action du défunt, a qualité pour la poursuivre seul (action en révocation d'une donation entre vifs pour ingratitude ; art. 957, al. 2). • Civ. 1re, 8 janv. 1991, n° 89-12.384 P : *RTD civ. 1991. 776, obs. Patarin* • 28 mars 2012, n° 10-30.713 P : *D. 2012. 945 ; AJ fam. 2012. 292, obs. Levillain ; RTD civ. 2012. 373, obs. Perrot* (même principe pour une action en résolution d'une vente, sans que l'art. 815-3 puisse y faire obstacle). ♦ Les héritiers du titulaire d'un droit à caractère personnel peuvent, sauf exception, poursuivre l'instance engagée par leur auteur ; en l'espèce, poursuite par les héritières du donateur de l'instance visant à faire constater qu'il avait révoqué les donations consenties à l'épouse en application de l'anc. art. 1096 afin d'obtenir la restitution des biens donnés. • Civ. 1re, 4 nov. 2015, n° 15-10.774 P : *D. 2015. 2318 ; AJ fam. 2015. 683, obs. Casey.*

10. Transmissibilité passive de l'obligation d'indemniser la victime d'un désordre relevant de la garantie décennale du maître d'œuvre. Un contrat de louage d'ouvrage, dissous par la mort de l'architecte, ayant été exécuté par celui-ci avant son décès, et alors que ce maître d'œuvre avait été attrait à l'instance pour répondre des conséquences dommageables de son exécution, une cour d'appel retient à bon droit que les héritiers de cet architecte en étaient tenus en raison de la transmissibilité passive des obligations du défunt. • Civ. 3e, 30 janv. 2019, n° 18-10.941 P (rejet du pourvoi qui faisait valoir que l'action en garantie décennale, exercée contre le maître d'œuvre, étant exclusivement attachée à la personne, ne pouvait être poursuivie contre ses héritiers).

11. Transmissibilité passive du droit à réparation du préjudice moral. Le droit à réparation du dommage résultant de la souffrance physique éprouvée par la victime avant son décès, étant né dans son patrimoine, se transmet à ses héritiers. • Cass., ch. mixte, 30 avr. 1976 (2 arrêts) : *Bull. civ. nos 2 et 3 ; R. 1976-1977,* *p. 96 ; D. 1977. 185, note Contamine-Raynaud.* ♦ Dans le même sens : pour le dommage résultant de la souffrance morale éprouvée par une victime avant son décès, en raison d'une perte de chance de survie. • Civ. 1re, 13 mars 2007, n° 05-19.020 P : *D. 2007. AJ 1015 ; RCA 2007, n° 207, note Hocquet-Berg.* ♦ ... Pour des demandes relatives au préjudice subi par le défunt du fait d'un harcèlement moral : • Soc. 12 févr. 2014, n° 12-28.571 P : *D. 2014. 488* .

12. *Transmissibilité passive des conventions.* En application des art. 724 et 1122 anc., les héritiers qui ont accepté purement et simplement la succession sont tenus par les conventions que leur auteur a passées, lesquelles leur sont opposables. V. les décisions citées ss. art. 1203, notes 2 s. ♦ Les délais prévus pour exercer l'option de l'héritier (C. civ., art. 771 et 780) ne peuvent permettre aux héritiers de s'affranchir des stipulations d'une convention et d'imposer au cocontractant des modifications du contrat et des charges et conditions nouvelles ; les dispositions de la convention signée par le défunt prévoyant un délai de trois mois pour exercer une option de vente à compter du lendemain du décès doivent s'appliquer. • Civ. 1re, 4 juill. 2012, n° 11-10.594 P : *D. 2012. 1886 ; AJ fam. 2012. 510, obs. Vernières ; RDC 2012. 1298, obs. Goldie-Génicon.*

13. *Situation de l'héritier saisi à l'égard des créanciers du défunt.* L'héritier légitime, saisi de plein droit des biens, droits et actions du défunt, peut être poursuivi par les créanciers de la succession, sauf à lui à renoncer à celle-ci ou à démontrer qu'il est primé par des héritiers plus proches ou exclu par un légataire universel ou encore que la dette doit être divisée entre les héritiers au prorata de leurs droits respectifs ; cassation de l'arrêt qui déboute un créancier au motif qu'il ne rapporte pas la preuve de l'acceptation de la succession par l'héritier. • Civ. 1re, 7 juin 2006, n° 04-30.863 P. ♦ Le conjoint survivant étant saisi de plein droit des biens, droits et actions du défunt, sous l'obligation d'acquitter toutes les charges de la succession, il peut être poursuivi par les créanciers, sauf à renoncer à celle-ci s'il est dans les délais, ou à démontrer qu'il est primé par des héritiers plus proches ou exclu par un légataire universel. • Civ. 1re, 15 mars 1988, n° 86-15.791 P : *Defrénois 1988. 933, obs. Champenois ; RTD civ. 1988. 799, obs. Patarin.* ♦ ... Ou que la dette doit être divisée entre les héritiers au prorata de leurs droits respectifs. • Civ. 1re, 5 avr. 2005, n° 03-18.371 P : *D. 2005. 2373, note Brémond* .

14. *... À l'égard de l'administration fiscale.* *L'héritier, saisi de plein droit de la succession*, a l'obligation de procéder à la déclaration dans les délais légaux, sans pouvoir invoquer, pour se soustraire à cette obligation, l'existence d'un litige ayant pour objet de contester la dévolution successorale. • Com. 26 mars 2008, n° 07-11.703 P : *RJPF 2008-6/41, note Léandri* • 20 mai 2008 : *RJPF-7-8/37, obs. Casey* • 8 mars 2005, n° 02-12.721 P.

15. *... À l'égard de la sécurité sociale.* L'action intentée par un organisme payeur en recouvrement de prestations indûment versées au bénéficiaire décédé à l'encontre de ses héritiers, lesquels sont saisis de plein droit de ses actions, est soumise à la prescription biennale prévue par l'art. L. 332-1 CSS. • Civ. 2e, 3 mars 2011, n° 10-12.251 P. ♦ Mais l'action en répétition des arrérages d'une pension de vieillesse, en cas de versement de celle-ci postérieurement au décès du bénéficiaire, est soumise à la prescription de droit commun et non à la prescription biennale de l'art. L. 355-3 CSS. • Civ. 2e, 24 janv. 2019, n° 18-10.994 P.

16. *Intransmissibilité des droits et actions attachés à la personne.* La pension de vieillesse du régime général de la sécurité sociale étant un avantage personnel qui n'est dû qu'au bénéficiaire qui en fait la demande, ses héritiers ne peuvent la réclamer si leur auteur ne s'en est pas prévalu. • Soc. 18 juill. 1996, n° 94-16.131 P. ♦ L'héritier est irrecevable en son action en résolution de la vente consentie par son auteur et dont le prix a été converti en une obligation personnelle prise par les acquéreurs d'entretenir le vendeur sa vie durant, dès lors que ce dernier n'a pas, de son vivant, exercé l'action résolutoire alors que lui seul était en mesure d'apprécier le respect des obligations souscrites. • Civ. 1re, 19 sept. 2007 : *JCP 2007. IV. 2880 ; ibid. N 2007. 1302, n° 16, obs. S. Piedelièvre ; Defrénois 2008. 1212, obs. Dagorne-Labbe ; RDSS 2008. 182, obs. Megerlin* . ♦ Intransmissibilité d'une action dont le fondement est un avantage à caractère viager : V. aussi note 13 ss. art. 900-1. ♦ Mais le caractère personnel de l'astreinte ne s'oppose pas à ce que sa liquidation, qui tend à une condamnation pécuniaire, puisse être poursuivie contre les héritiers du débiteur pour la période antérieure à son décès. • Civ. 2e, 18 déc. 2008, n° 07-20.562 P.

17. *Tempérament : possibilité pour les héritiers de poursuivre l'instance engagée par leur auteur.* Sur la possibilité offerte, sauf exception, aux héritiers du titulaire d'un droit à caractère personnel de poursuivre l'instance engagée par leur auteur, V. note 9.

18. *Dessaisissement des héritiers au profit d'un mandataire.* V. art. 812 s. (mandat à effet posthume) ; art. 813-1 s. (mandataire successoral désigné en justice).

Art. 724-1 Les dispositions du présent titre, notamment celles qui concernent l'option, l'indivision et le partage, s'appliquent en tant que de raison aux légataires et donataires universels ou à titre universel, quand il n'y est pas dérogé par une règle particulière.

Sur les actes de gestion du patrimoine des personnes placées en curatelle ou en tutelle, V. Décr. n° 2008-1484 du 22 déc. 2008, ss. art. 496.

CHAPITRE II DES QUALITÉS REQUISES POUR SUCCÉDER — DE LA PREUVE DE LA QUALITÉ D'HÉRITIER

(L. n° 2001-1135 du 3 déc. 2001, art. 19 et 20)

Les dispositions du chapitre II, issues de la loi du 3 déc. 2001, entrent en vigueur le 1er juill. 2002. Elles sont applicables aux successions ouvertes à compter de cette date : V. L. n° 2001-1135 du 3 déc. 2001, art. 25, ss. art. 767. — En ce qui concerne l'indignité successorale (art. 727), V. cependant les dispositions particulières énoncées au II, 3°, dudit art. 25.

V. le chapitre II ancien, abrogé, ss. art. 892.

DALLOZ ACTION *Droit patrimonial de la famille 2021/2022, nos 222.00 s.*

BIBL. GÉN. ▸ **Loi du 3 déc. 2001 :** BELLIVIER et ROCHFELD, *chron. lég. RTD civ. 2002. 156*. – CASEY, *RJPF 2002-1/11 et 2002-2/11*. – COSSIC, *RRJ 2003/1. 313*. – S. PIEDELIÈVRE, *Gaz. Pal. 2002. Doctr. 576*. – SAUVAGE, *JCP N 2001. 1727*. ▸ **Loi du 23 juin 2006 :** VIGNEAU, *D. 2006. 2556* (nouvelles règles de dévolution successorale). – BEAUBRUN, *Études Normand, Litec, 2003* (fondements du droit à l'héritage).

▸ **La nouvelle indignité successorale :** ACQUAVIVA, *Gaz. Pal. 2002. Doctr. 1396*. – DAVIAUD, *D. 2002. Chron. 1856*. – BRÉMOND, *JCP N 2002. 1541* (dispositions transitoires). – MARY, *LPA 2 août 2004* (notion d'indignité en droit civil). – NOBLOT, *LPA 22 juin 2004* (le pardon en droit de la famille – art. 728).

▸ **La qualité d'héritier et sa preuve :** AURIOL-BALLAROTTA, *JCP N 2022, n° 1277* (la réserve de souche : une porte ouverte à l'exhérédation ?). – BEIGNIER, *Dr. fam. 2002. Chron. 10*. – PÉRÈS, *D. 2011. Chron. 2416* (prescription de la pétition d'hérédité).

▸ **Constatation du décès et ouverture de la succession :** CORPART, *JCP N 2002. 1483*.

▸ **Dévolution successorale :** PETERKA, *Dr. fam. 2006. Étude 52*.

SECTION 1 Des qualités requises pour succéder

Art. 725 **Pour succéder, il faut exister à l'instant de l'ouverture de la succession ou, ayant déjà été conçu, naître viable.**

Peut succéder celui dont l'absence est présumée selon l'article 112.

BIBL. ▸ **Viabilité de l'enfant nouveau-né :** PHILIPPE, *D. 1996. Chron. 29* ; *RDSS 2003. 316*. – SALVAGE, *RTD civ. 1976. 725*.

▸ **Situation juridique de l'enfant conçu :** BAUDIN-MAURIN, *D. 2002. Point de vue 1763*. – LABBÉE, *D. 1999. 177*. – MÉMETEAU, *RTD civ. 1990. 611*. – RICHARD, *RRJ 2001/3. 1361*.

Art. 725-1 **Lorsque deux personnes, dont l'une avait vocation à succéder à l'autre, périssent dans un même événement, l'ordre des décès est établi par tous moyens.**

Si cet ordre ne peut être déterminé, la succession de chacune d'elles est dévolue sans que l'autre y soit appelée.

Toutefois, si l'un des codécédés laisse des descendants, ceux-ci peuvent représenter leur auteur dans la succession de l'autre lorsque la représentation est admise.

Circonstances de fait propres à établir l'ordre des décès. Appréciation des circonstances de fait, particulièrement en cas de tentative de réanimation : • Lyon, 18 nov. 1981 : *JCP N 1983. II. 304* • Douai, 16 janv. 1995 : *JCP 1996. II. 22717, note Buffelan-Lanore.* ♦ ... En cas de meurtres successifs par arme à feu : • Lyon, 13 mars 1997 : *Dr. fam. 1998, n° 75, note Beignier.* ♦ V. aussi : A. Lucas, *JCP N 1977. I. 163*. – R. Savatier, *D. 1981. Chron. 45*.

Art. 726 **Sont indignes de succéder et, comme tels, exclus de la succession :**

1° Celui qui est condamné, comme auteur ou complice, à une peine criminelle pour avoir volontairement donné ou tenté de donner la mort au défunt ;

2° Celui qui est condamné, comme auteur ou complice, à une peine criminelle pour avoir volontairement porté des coups ou commis des violences ou voies de fait ayant entraîné la mort du défunt sans intention de la donner.

1. Principe d'interprétation stricte. La sanction de l'indignité successorale, peine civile, de nature personnelle et d'interprétation stricte, ne peut être étendue au-delà des textes qui l'instituent. • Civ. 1re, 18 déc. 1984, n° 83-16.028 P : *R., p. 58.*

2. Non-application au conjoint meurtrier bénéficiaire d'un avantage matrimonial. Pour le maintien d'un avantage matrimonial (attribution de la communauté au dernier survivant) au profit du mari meurtrier de son épouse, V. • Civ. 1re, 7 avr. 1998, n° 96-14.508 P : *D. 1998. 529, note Thierry ; JCP 1998. I. 10197, note Puigelier ; JCP N 1998. 689 ; Defrénois 1998. 825, obs. Champenois ; Dr. fam. 1998, n° 102, note Beignier ; RTD civ. 1998. 457, obs. Vareille ; ibid. 882, obs. Hauser ; LPA 10 mars 1999, note Mahinga* (décision déclarant l'anc. art. 727 non applicable).

3. Conv. EDH. Pour une décision estimant que la sanction de l'indignité aurait dû en l'espèce être appliquée, compte tenu des éléments déjà recueillis, même si le successible était décédé avant sa condamnation pénale. • CEDH, sect. III, 1er déc. 2009, *Velcea et Mazare c/ Roumanie,* n° 64301/01.

Art. 727 Peuvent être déclarés indignes de succéder :

1° Celui qui est condamné, comme auteur ou complice, à une peine correctionnelle pour avoir volontairement donné ou tenté de donner la mort au défunt ;

2° Celui qui est condamné, comme auteur ou complice, à une peine correctionnelle pour avoir volontairement commis des violences ayant entraîné la mort du défunt sans intention de la donner ;

(L. n° 2020-936 du 30 juill. 2020, art. 8) « 2° *bis* Celui qui est condamné, comme auteur ou complice, à une peine criminelle ou correctionnelle pour avoir commis des tortures et actes de barbarie, des violences volontaires, un viol ou une agression sexuelle envers le défunt ; »

3° Celui qui est condamné pour témoignage mensonger porté contre le défunt dans une procédure criminelle ;

4° Celui qui est condamné pour s'être volontairement abstenu d'empêcher soit un crime soit un délit contre l'intégrité corporelle du défunt d'où il est résulté la mort, alors qu'il pouvait le faire sans risque pour lui ou pour les tiers ;

5° Celui qui est condamné pour dénonciation calomnieuse contre le défunt lorsque, pour les faits dénoncés, une peine criminelle était encourue.

Peuvent également être déclarés indignes de succéder ceux qui ont commis les actes mentionnés aux 1° et 2° et à l'égard desquels, en raison de leur décès, l'action publique n'a pas pu être exercée ou s'est éteinte.

Pour les modalités particulières d'entrée en vigueur de cet art., V. L. n° 2001-1135 du 3 déc. 2001, art. 25-II, 3°, ss. art. 767.

BIBL. ▶ GAUDEMET, *Defrénois 2021/23. 15* (L. du 30 juill. 2020).

Art. 727-1 La déclaration d'indignité prévue à l'article 727 est prononcée après l'ouverture de la succession par le tribunal judiciaire à la demande d'un autre héritier. La demande doit être formée dans les six mois du décès si la décision de condamnation ou de déclaration de culpabilité est antérieure au décès, ou dans les six mois de cette décision si elle est postérieure au décès.

En l'absence d'héritier, la demande peut être formée par le ministère public.

Art. 728 N'est pas exclu de la succession le successible frappé d'une cause d'indignité prévue aux articles 726 et 727, lorsque le défunt, postérieurement aux faits et à la connaissance qu'il en a eue, a précisé, par une déclaration expresse de volonté en la forme testamentaire, qu'il entend le maintenir dans ses droits héréditaires ou lui a fait une libéralité universelle ou à titre universel.

Art. 729 L'héritier exclu de la succession pour cause d'indignité est tenu de rendre tous les fruits et tous les revenus dont il a eu la jouissance depuis l'ouverture de la succession.

Art. 729-1 Les enfants de l'indigne ne sont pas exclus par la faute de leur auteur, soit qu'ils viennent à la succession de leur chef, soit qu'ils y viennent par l'effet de la représentation ; mais l'indigne ne peut, en aucun cas, réclamer, sur les biens de cette succession, la jouissance que la loi accorde aux père et mère sur les biens de leurs enfants.

SECTION 2 De la preuve de la qualité d'héritier

BIBL. GÉN. ▸ Abadie, *JCP N 2008. 1002* (vers une inscription des enfants en marge de l'acte de naissance de leurs parents ?). – Dagot, *JCP N 2002. 1221.* – Picard, *ibid. 1309 ; ibid. 1391* (acte de notoriété : formules). – Sauvage, *JCP N 2005. 1507* (certificats d'hérédité).

Art. 730 La preuve de la qualité d'héritier s'établit par tous moyens.

Il n'est pas dérogé aux dispositions ni aux usages concernant la délivrance de certificats de propriété ou d'hérédité par des autorités judiciaires ou administratives.

Les art. 73 s. de la L du 1er juin 1924 mettant en vigueur la législation civile française dans les départements du Bas-Rhin, du Haut-Rhin et de la Moselle prévoient le maintien du certificat d'héritier dans ces départements.

Sur le certificat successoral européen, V. Règl. (UE) n° 650/2012 du 4 juill. 2012, art. 62, ss. art. 720.

BIBL. ▸ **Certificat successoral européen :** Reynis, *Defrénois 2012. 767.*

1. Preuve par tous moyens de la qualité d'héritier. Preuve par la production d'un livret de famille de la qualité d'héritière de la fille du défunt, devenue à ce titre titulaire du droit au bail soumis à la L. du 1er sept. 1948. V. : • Civ. 3e, 24 sept. 2020, n° 19-17.068 P : *D. 2021. 310, obs. Boffa et Mekki ; RTD civ. 2021. 158, obs. Gautier .*

2. Certificat successoral européen (Règl. UE n° 650/2012 du 4 juill. 2012). Le certificat successoral européen (Règl. (UE) n° 650/2012 du 4 juill. 2012) a une efficacité probatoire mais ne constitue pas un titre exécutoire, de sorte que, s'il atteste de la qualité et des droits d'héritier, il n'épuise pas nécessairement les formalités à mettre en œuvre pour obtenir l'exécution de ces droits. De plus, le règlement exclut de son domaine matériel les questions fiscales et administratives de sorte que l'exigence d'enregistrement de tout testament établi à l'étranger, qui ne remet pas en cause l'efficacité probatoire du certificat successoral européen et ne constitue pas une condition d'exécution des testaments prohibée par le Règl., ne porte pas atteinte au principe d'application directe du Règl. ni ne le prive de son effet utile. • Civ. 1re, 13 avr. 2022, n° 20-23.530 B : *D. 2022. 792 ; AJ fam. 2022. 343, obs. Guichard* (absence de faute de la banque ayant soumis la délivrance des fonds à la preuve de l'enregistrement du testament auprès de l'administration fiscale française par application de l'art. 1000).

3. Certificat d'héritier. Le certificat d'héritier *en vigueur* en Alsace-Moselle ne constitue qu'une modalité de preuve non exclusive et ne fait pas obstacle à ce qu'un héritier puisse prouver sa qualité selon les modes de preuve du droit commun de l'art. 730. • Civ. 1re, 10 mai 2007, n° 05-12.140 P : *D. 2007. AJ 1602 .*

4. Action en pétition d'hérédité : preuve de la parenté. Il ne peut être admis de dérogation aux principes qui régissent la démonstration de la filiation que dans les questions de « généalogie », c'est-à-dire dans les cas où, d'une part, il s'agit de relations de parenté remontant à des temps éloignés et dont les preuves régulières sont, par suite, impossibles à réunir, et où, d'autre part, l'état du successible n'étant pas en jeu, il y a lieu seulement de déterminer son degré de parenté avec le *de cujus.* • Civ. 9 mars 1926 : *DP 1926. 1. 225, note Rouast.* ♦ A propos des contrats de révélation de succession passés avec un généalogiste : V. note 16 ss. anc. art. 1131. ♦ … Et, en cas d'intervention spontanée : V. notes ss. art. 1301-4.

5. … Prescription. Antérieurement à l'entrée en vigueur de la L. 23 juin 2006, sur la prescription de l'action en pétition d'hérédité : V. • Paris, 3 oct. 1990, *(affaire Vollard) : Gaz. Pal. 1991. 1. 113, note Frémond.* ♦ Sur la prescription décennale désormais attachée à la faculté d'option, V. art. 780 et 781.

6. Restitution de la succession. Étendue de l'obligation de restitution de l'héritier *ab intestat* en cas de découverte tardive d'un testament : V. • Chambéry, 14 mars 1990 : *JCP N 1991. II. 25, note Salvage.*

Art. 730-1 La preuve de la qualité d'héritier peut résulter d'un acte de notoriété dressé par un notaire, à la demande d'un ou plusieurs ayants droit.

Al. 2 abrogé par L. n° 2007-1787 du 20 déc. 2007, art. 9.

L'acte de notoriété doit viser l'acte de décès de la personne dont la succession est ouverte et faire mention des pièces justificatives qui ont pu être produites, tels les actes de l'état civil et, éventuellement, les documents qui concernent l'existence de libéralités à cause de mort pouvant avoir une incidence sur la dévolution successorale.

Il contient l'affirmation, signée du ou des ayants droit auteurs de la demande, qu'ils ont vocation, seuls ou avec d'autres qu'ils désignent, à recueillir tout ou partie de la succession du défunt.

Toute personne dont les dires paraîtraient utiles peut être appelée à l'acte.

(L. nº 2007-1787 du 20 déc. 2007, art. 9) **« Il est fait mention de l'existence de l'acte de notoriété en marge de l'acte de décès. »**

Sur les actes de gestion du patrimoine des personnes placées en curatelle ou en tutelle, V. Décr. nº 2008-1484 du 22 déc. 2008, ss. art. 496.

Art. 730-2 **L'affirmation contenue dans l'acte de notoriété n'emporte pas, par elle-même, acceptation de la succession.**

Art. 730-3 **L'acte de notoriété ainsi établi fait foi jusqu'à preuve contraire.**

Celui qui s'en prévaut est présumé avoir des droits héréditaires dans la proportion qui s'y trouve indiquée.

Force probante de l'acte de notoriété antérieurement à la L. 23 juin 2006. Sauf lorsqu'il s'agit d'une action en pétition d'hérédité, l'acte de notoriété, dressé par un notaire sous la responsabilité de cet officier public, établit la qualité d'héritier dans la mesure où la véracité de ses énonciations n'est pas contestée. • Civ. 1re, 24 oct. 1984, nº 83-12.096 P : *R., p. 57.* ♦ En présence d'une contestation, les juges du fond apprécient souverainement la valeur probante de l'acte de notoriété produit. • Civ. 1re, 24 oct. 1984, nº 83-12.558 P : *R., p. 57.*

Art. 730-4 **Les héritiers désignés dans l'acte de notoriété ou leur mandataire commun sont réputés, à l'égard des tiers détenteurs de biens de la succession, avoir la libre disposition de ces biens et, s'il s'agit de fonds, la libre disposition de ceux-ci dans la proportion indiquée à l'acte.**

Art. 730-5 **Celui qui, sciemment et de mauvaise foi, se prévaut d'un acte de notoriété inexact, encourt les pénalités de recel prévues à l'article** *(L. nº 2006-728 du 23 juin 2006, art. 29-16º)* **« 778, sans préjudice de dommages et intérêts** *[ancienne rédaction : 792, sans préjudice de dommages-intérêts]* **».** — *La loi du 23 juin 2006 entre en vigueur le 1er janv. 2007.*

CHAPITRE III DES HÉRITIERS

(L. nº 2001-1135 du 3 déc. 2001, art. 1er à 4 et 9)

Les dispositions du chapitre III, issues de la loi du 3 déc. 2001, entrent en vigueur le 1er juill. 2002, à l'exception du nouvel art. 763 et de l'abrogation des dispositions relatives aux droits des enfants adultérins. Sur ces modalités d'entrée en vigueur, V. L. nº 2001-1135 du 3 déc. 2001, art. 25, ss. art. 767.

V. le chapitre III ancien, abrogé, ss. art. 892.

BIBL. GÉN. ▸ V. avant art. 725.

Art. 731 **La succession est dévolue par la loi aux parents et au conjoint successibles du défunt dans les conditions définies ci-après.**

Art. 732 **Est conjoint successible le conjoint survivant non divorcé** *(Abrogé par L. nº 2006-728 du 23 juin 2006, art. 29-17º, à compter du 1er janv. 2007)* **« , *contre lequel n'existe pas de jugement de séparation de corps ayant force de chose jugée* ».**

Sur la contradiction entre les art. 732 et 301 (réd. issue de L. nº 2004-439 du 26 mai 2004), V. * Rép. min. nº 77812 du 27 juin 2006 : *JOAN Q, p. 6860 ; Defrénois 2006. 1882.*

SECTION 1 Des droits des parents en l'absence de conjoint successible

BIBL. GÉN. ▸ D. Boulanger, *JCP N 2002. 1286.* - Berry, *JCP N 2004. 1257* (sort de la fente entre ascendants privilégiés et ordinaires après la loi de 2001).

Art. 733 **La loi ne distingue pas** *(Ord. nº 2005-759 du 4 juill. 2005, en vigueur le 1er juill. 2006)* **« selon les modes d'établissement de la filiation » pour déterminer les parents appelés à succéder.**

***Les droits résultant de la filiation adoptive* sont réglés au titre de l'adoption.**

§ 1 Des ordres d'héritiers

Art. 734 **En l'absence de conjoint successible, les parents sont appelés à succéder ainsi qu'il suit :**

1º Les enfants et leurs descendants ;

2° Les père et mère ; les frères et sœurs et les descendants de ces derniers ;
3° Les ascendants autres que les père et mère ;
4° Les collatéraux autres que les frères et sœurs et les descendants de ces derniers.
Chacune de ces quatre catégories constitue un ordre d'héritiers qui exclut les suivants.

Art. 735 Les enfants ou leurs descendants succèdent à leurs père et mère ou autres ascendants, sans distinction de sexe, ni de primogéniture, même s'ils sont issus d'unions différentes.

Art. 736 Lorsque le défunt ne laisse ni postérité, ni frère, ni sœur, ni descendants de ces derniers, ses père et mère lui succèdent, chacun pour moitié.

Art. 737 Lorsque les père et mère sont décédés avant le défunt et que celui-ci ne laisse pas de postérité, les frères et sœurs du défunt ou leurs descendants lui succèdent, à l'exclusion des autres parents, ascendants ou collatéraux.

Art. 738 Lorsque les père et mère survivent au défunt et que celui-ci n'a pas de postérité, mais des frères et sœurs ou des descendants de ces derniers, la succession est dévolue, pour un quart, à chacun des père et mère et, pour la moitié restante, aux frères et sœurs ou à leurs descendants.

Lorsqu'un seul des père et mère survit, la succession est dévolue pour un quart à celui-ci et pour trois quarts aux frères et sœurs ou à leurs descendants.

Art. 738-1 *(L. nº 2006-728 du 23 juin 2006, art. 29-18º)* Lorsque seul le père ou la mère survit et que le défunt n'a ni postérité ni frère ni sœur ni descendant de ces derniers, mais laisse un ou des ascendants de l'autre branche que celle de son père ou de sa mère survivant, la succession est dévolue pour moitié au père ou à la mère et pour moitié aux ascendants de l'autre branche. – *Entrée en vigueur le 1er janv. 2007.*

Les dispositions à caractère interprétatif du 18º de l'art. 29 [insérant dans le code civil l'art. 738-1 ci-dessus] de la loi nº 2006-728 du 23 juin 2006 sont applicables aux instances en cours et aux successions ouvertes à compter de l'entrée en vigueur [fixée au 1er juill. 2002] de la loi nº 2001-1135 du 3 déc. 2001 relative aux droits du conjoint survivant et des enfants adultérins et modernisant diverses dispositions de droit successoral (L. nº 2006-728 du 23 juin 2006, art. 47-IV).

Art. 738-2 *(L. nº 2006-728 du 23 juin 2006, art. 29-19º)* Lorsque les père et mère ou l'un d'eux survivent au défunt et que celui-ci n'a pas de postérité, ils peuvent dans tous les cas exercer un droit de retour, à concurrence des quote-parts fixées au premier alinéa de l'article 738, sur les biens que le défunt avait reçus d'eux par donation.

La valeur de la portion des biens soumise au droit de retour s'impute en priorité sur les droits successoraux des père et mère.

Lorsque le droit de retour ne peut s'exercer en nature, il s'exécute en valeur, dans la limite de l'actif successoral. – *Entrée en vigueur le 1er janv. 2007.*

BIBL. ▶ BLANCHARD, *Defrénois 2009. 2047* (conflit avec le droit viager au logement du conjoint). – DELECRAZ, *Defrénois 2017. 823.* – GEMIGNANI et BONNET, *RJPF 2010-5/11.* – LEPROVAUX, *LPA 2 juill. 2007.* – LEVILLAIN, *JCP N 2007. 1135.* – PARIS, *Defrénois 2015. 13.* – PÉNIN, *RTD civ. 2014. 49* (évolution des droits de retour dans le code civil depuis les lois de 2001 et 2006).

Impossibilité de renoncer au droit de retour légal avant l'ouverture de la succession. Le droit de retour institué par l'art. 738-2 au profit des père et mère est un droit de nature successorale, de sorte qu'il ne peut y être renoncé avant l'ouverture de la succession. Une renonciation des donateurs au droit de retour conventionnel prévu à l'acte de donation, antérieurement à l'ouverture de la succession du donataire, est sans effet sur le droit de retour légal prévu par ce texte. • Civ. 1re, 21 oct. 2015, nº 14-21.337 P.

Art. 739 A défaut d'héritier des deux premiers ordres, la succession est dévolue aux ascendants autres que les père et mère.

Art. 740 A défaut d'héritier des trois premiers ordres, la succession est dévolue aux parents collatéraux du défunt autres que les frères et sœurs et les descendants de ces derniers.

§ 2 Des degrés

Art. 741 La proximité de parenté s'établit par le nombre de générations ; chaque génération s'appelle un degré.

Art. 742 La suite des degrés forme la ligne ; on appelle ligne directe la suite des degrés entre personnes qui descendent l'une de l'autre ; ligne collatérale, la suite des degrés entre personnes qui ne descendent pas les unes des autres, mais qui descendent d'un auteur commun.

On distingue la ligne directe descendante et la ligne directe ascendante.

Art. 743 *(L. nº 2009-526 du 12 mai 2009, art. 10)* « En ligne directe, on compte autant de degrés qu'il y a de générations entre les personnes : ainsi, l'enfant est, à l'égard du père et de la mère, au premier degré, le petit-fils ou la petite-fille au second ; et réciproquement du père et de la mère à l'égard de l'enfant et des aïeuls à l'égard du petit-fils ou de la petite-fille ; ainsi de suite. »

En ligne collatérale, les degrés se comptent par génération, depuis l'un des parents jusques et non compris l'auteur commun, et depuis celui-ci jusqu'à l'autre parent.

(L. nº 2009-526 du 12 mai 2009, art. 10) « Ainsi, les frères et sœurs sont au deuxième degré ; l'oncle ou la tante et le neveu ou la nièce sont au troisième degré ; les cousins germains et cousines germaines au quatrième ; ainsi de suite. »

Art. 744 Dans chaque ordre, l'héritier le plus proche exclut l'héritier plus éloigné en degré.

A égalité de degré, les héritiers succèdent par égale portion et par tête.

Le tout sauf ce qui sera dit ci-après de la division par branches et de la représentation.

Art. 745 Les parents collatéraux *(L. nº 2015-177 du 16 févr. 2015, art. 3)* « relevant de l'ordre d'héritiers mentionné au 4º de l'article 734 » ne succèdent pas au-delà du sixième degré.

§ 3 De la division par branches, paternelle et maternelle

Art. 746 La parenté se divise en deux branches, selon qu'elle procède du père ou de la mère.

Art. 747 Lorsque la succession est dévolue à des ascendants, elle se divise par moitié entre ceux de la branche paternelle et ceux de la branche maternelle.

Art. 748 Dans chaque branche succède, à l'exclusion de tout autre, l'ascendant qui se trouve au degré le plus proche.

Les ascendants au même degré succèdent par tête.

A défaut d'ascendant dans une branche, les ascendants de l'autre branche recueillent toute la succession.

Art. 749 Lorsque la succession est dévolue à des collatéraux autres que les frères et sœurs ou leurs descendants, elle se divise par moitié entre ceux de la branche paternelle et ceux de la branche maternelle.

Art. 750 Dans chaque branche succède, à l'exclusion de tout autre, le collatéral qui se trouve au degré le plus proche.

Les collatéraux au même degré succèdent par tête.

A défaut de collatéral dans une branche, les collatéraux de l'autre branche recueillent toute la succession.

§ 4 De la représentation

BIBL. GÉN. ▶ BERTRAND-MIRKOVIC, *Dr. fam.* 2006. Étude 56 (représentation de l'héritier renonçant).

Art. 751 *(L. nº 2006-728 du 23 juin 2006, art. 29-20º)* La représentation est une fiction juridique qui a pour effet d'appeler à la succession les représentants aux droits du représenté. — *Entrée en vigueur le 1er janv. 2007.*

Ancien art. 751 *La représentation est une fiction de la loi, dont l'effet est de faire entrer les représentants dans les droits du représenté.*

Art. 752 **La représentation a lieu à l'infini dans la ligne directe descendante.**

Elle est admise dans tous les cas, soit que les enfants du défunt concourent avec les descendants d'un enfant prédécédé, soit que tous les enfants du défunt étant morts avant lui, les descendants desdits enfants se trouvent entre eux en degrés égaux ou inégaux.

Exigence d'une pluralité de souches. Il ne peut y avoir représentation dans la ligne directe descendante que si le défunt a eu plusieurs enfants ; cassation de l'arrêt ayant débouté les petits-enfants du défunt de leur demande en réduction d'une libéralité consentie à un tiers au motif que, venant à la succession par représentation de leur père prédécédé, ils devaient le rapport des dons que le défunt avait consentis à leur auteur lesquels excédaient la réserve héréditaire, alors que, leur père étant le fils unique du défunt, ils venaient à la succession de leur propre chef et non par représentation, de sorte qu'ils ne devaient pas le rapport des donations dont celui-ci avait bénéficié. • Civ. 1re, 25 sept. 2013, n° 12-17.556 P : *D. 2013. 2273 ; AJ fam. 2013. 652, obs. Levillain ; RTD civ. 2013. 875, obs. Grimaldi ; JCP N 2013, n° 1279, obs. Nicod (décision rendue en application du droit antérieur à la L. du 23 juin 2006).*

Art. 752-1 **La représentation n'a pas lieu en faveur des ascendants ; le plus proche, dans chacune des deux lignes, exclut toujours le plus éloigné.**

Art. 752-2 **En ligne collatérale, la représentation est admise en faveur des enfants et descendants de frères ou sœurs du défunt, soit qu'ils viennent à sa succession concurremment avec des oncles ou tantes, soit que tous les frères et sœurs du défunt étant prédécédés, la succession se trouve dévolue à leurs descendants en degrés égaux ou inégaux.**

1. Domaine d'application : exigence d'une pluralité de souches. Il résulte de l'art. 752-2 qu'il ne peut y avoir de représentation, en ligne collatérale, en présence d'une seule souche ; les enfants de l'unique sœur du défunt, prédécédée, ne venaient pas à la succession en concours avec des frères ou sœurs du défunt ou leurs descendants, mais font valoir leurs droits propres d'héritiers. • Civ. 1re, 14 mars 2018, n° 17-14.583 P : *AJ fam. 2018. 304, obs. Casey ; RTD civ. 2018. 716, obs. Grimaldi ; Dr. fam. 2018, n° 155, note Nicod.*

2. Fiscalité. Les dispositions fiscales relatives au calcul des droits de succession dus en ligne collatérale par les frères et sœurs, figurant aux art. 777 et 779 CGI, ne s'appliquent à leurs représentants que s'ils viennent à la succession par l'effet de la dévolution légale, telle que prévue aux art. 751, 752-2, 754 et 755 ; tel n'est pas le cas du descendant d'un héritier exhérédé par testament, pour lequel la loi ne prévoit pas la représentation. • Civ. 1re, 17 avr. 2019, n° 17-11.508 P : *D. 2019. 888 ; AJ fam. 2019. 418, obs. Vernières ; ibid. 361, obs. Paillard ; RTD civ. 2019. 383, obs. Grimaldi ; Dr. fam. 2019, n° 154, obs. Nicod.*

Art. 753 **Dans tous les cas où la représentation est admise, le partage s'opère par souche, comme si le représenté venait à la succession ; s'il y a lieu, il s'opère par subdivision de souche. A l'intérieur d'une souche ou d'une subdivision de souche, le partage se fait par tête.**

Partage par souche. Lorsque le partage se fait par souches, il doit être procédé à la composition d'autant de lots égaux qu'il y a de souches copartageantes, et la subdivision des lots entre les différents membres d'une souche ne doit être envisagée qu'ultérieurement. • Civ. 1re, 26 oct. 1982, n° 81-13.346 P : *RTD civ. 1983. 767, obs. Patarin.*

Art. 754 **On représente les prédécédés,** *(L. n° 2006-728 du 23 juin 2006, art. 29-21°)* **« *on ne représente les renonçants* que dans les successions dévolues en ligne directe ou collatérale.**

« Les enfants du renonçant conçus avant l'ouverture de la succession dont le renonçant a été exclu rapportent à la succession de ce dernier les biens dont ils ont hérité en son lieu et place, s'ils viennent en concours avec d'autres enfants conçus après l'ouverture de la succession. Le rapport se fait selon les dispositions énoncées à la section 2 du chapitre VIII du présent titre.

« Sauf volonté contraire du disposant, en cas de représentation d'un renonçant, les donations faites à ce dernier s'imputent, le cas échéant, sur la part de réserve qui aurait dû lui revenir s'il n'avait pas renoncé. » — *La loi du 23 juin 2006 entre en vigueur le 1er janv. 2007.*

On peut représenter celui à la succession duquel on a renoncé.

BIBL. ▸ **Représentation de l'héritier renonçant :** Berry-Bertin, *RLDC 2006/33, n° 2320, et 2007/34, n° 2373*. – Grimaldi, *Defrénois 2008. 25*.

Ancien art. 754 *On représente les prédécédés, on ne représente pas les renonçants.*
On peut représenter celui à la succession duquel on a renoncé.

Art. 755 **La représentation est admise en faveur des enfants et descendants de l'indigne, encore que celui-ci soit vivant à l'ouverture de la succession.**
(L. n° 2006-728 du 23 juin 2006, art. 29-22°) **« Les dispositions prévues au deuxième alinéa de l'article 754 sont applicables aux enfants de l'indigne de son vivant. »** – *Entrée en vigueur le 1er janv. 2007.*

Ancien art. 755 (al. 2 et 3) *Les enfants de l'indigne conçus avant l'ouverture de la succession dont l'indigne avait été exclu rapporteront à la succession de ce dernier les biens dont ils avaient hérité en son lieu et place, s'ils viennent en concours avec d'autres enfants conçus après l'ouverture de la première succession.*
Le rapport se fera selon les dispositions énoncées à la section 2 du chapitre VI du présent titre.

SECTION 2 Des droits du conjoint successible

BIBL. GÉN. ▸ **Nouveaux droits du conjoint survivant :** Beignier, *Dr. et patr. 5/2003. 83 ; Dr. fam. 2002. Chron. 8* (le conjoint héritier). – Corpart, *D. 2002. Chron. 2952*. – Cossic, *RRJ 2003/1. 313*. – Delory et Fruleux, *JCP N 2002. 1576* (aspects fiscaux). – Desfossé, *LPA 29 mai 2003* (petits ajouts sur le cumul). – Do Carmo Silva, *Defrénois 2011. 329*. – Ferré-André, *Defrénois 2002. 863* (difficultés). – Y. Flour, *Gaz. Pal. 2002. Doctr. 1412*. – Gilles, *JCP N 2003. 1593* (nouveaux droits du conjoint survivant et volonté du disposant). – Grillon, *JCP 2002. I. 133*. – Grimaldi, *AJ fam. 2002. 48*. – Hauser et Delmas Saint-Hilaire, *Defrénois 2003. 739* (les quotités disponibles et la loi du 3 déc. 2001). – Jubault, *Dr. fam. 2003. Chron. 24* (l'exercice de l'usufruit *ab intestat* du conjoint survivant) ; *Defrénois 2004. 81* (libéralités entre époux et vocation successorale *ab intestat* du conjoint survivant). – Levillain, *JCP N 2002. 1163* (formules) ; *ibid. 2011, n° 1104* (conversion de l'usufruit). – M. Mathieu, *JCP N 2002. 1192* (vocation légale du conjoint survivant en présence d'enfants ; formules). – Mazeron-Gabriel, *JCP N 2003. 1215* (le conjoint successible : un héritier comme les autres ?). – Merville, *JCP 2002. I. 185* (le conjoint est-il un membre à part entière de la famille ?). – Nicod, *JCP N 2022, n° 1188* (quelques propositions pour parachever l'œuvre de la loi du 3 déc. 2001). – Pelletier, *D. 2002. Chron. 2280*. – E. Prieur, *JCP N 2003. 1026* (la place de la liberté). – Prigent, *Dr. fam. 2003. Chron. 33* (limites de la quotité disponible entre époux). – Renaud, *AJ fam. 2002. 54* (approche notariale). – Rousseau, *RTD civ. 2019. 499* (les caractères de la succession conjugale au service d'une liquidation efficiente des droits du conjoint héritier, gratifié). – Sauvage, *Defrénois 2003. 1470* (vocation successorale des épouses d'un mari polygame). – Sénéchal, *Defrénois 2003. 207* (obligation du conjoint survivant aux dettes du défunt). – Tani, *JCP N 2022, n° 1187* (la promotion successorale du conjoint 20 ans après la loi du 3 déc. 2001). – Thomas-David, *JCP N 2002. 1242*. – Tournier, *LPA 5 févr. 2003* (faute du conjoint survivant et droits successoraux ou alimentaires). – Vareille, *LPA 4 mai 2006* (cumul, pour le conjoint survivant, des droits *ab intestat* et des libéralités). – Vigneau, *LPA 30 sept. 2002*.

▸ **Dossier,** *AJ fam. 2005. 296* (protection du membre survivant du couple). – Dossier, *JCP N 2018, n°s 1318 s.*

▸ **Loi du 23 juin 2006 :** Dauriac, *JCP N 2007. 1203*.

§ 1 De la nature des droits, de leur montant et de leur exercice

Art. 756 **Le conjoint successible est appelé à la succession, soit seul, soit en concours avec les parents du défunt.**

1. Exhérédation du conjoint non réservataire. La forme authentique n'est pas requise pour la validité du testament qui prive le conjoint survivant de sa vocation légale dans la succession de son époux. • Civ. 1re, 25 juin 2008, n° 07-13.438 P : *D. 2008. AJ 1999 ; AJ fam. 2008. 346, obs. Bicheron ; RLDC 2008/52, n° 3127, obs. Jeanne.*

2. Droits particuliers du conjoint survivant : usufruit du droit d'exploitation de l'auteur. En application de l'art. L. 123-6 CPI, dans sa rédaction antérieure à la L. 23 juin 2006, pendant l'année civile en cours et les soixante-dix années qui suivent le décès de l'auteur, le conjoint survivant, contre lequel n'existe pas de jugement de séparation de corps passé en force de chose jugée, indépendamment des droits qu'il tient des art. 756 s. sur les autres biens de la succession, bénéficie de l'usufruit des droits d'exploitation dont l'auteur n'a pas disposé ; n'entrent pas dans le champ d'application de cet usufruit des tirages en bronze numérotés qui, coulés à partir du modèle en plâtre ou en terre cuite réalisé par le sculpteur personnellement, doivent être considérés comme l'œuvre elle-même émanant de la main de l'artiste. • Civ. 1re, 22 mai 2019, n° 17-28.314 P : *D. 2019. Chron. C. cass. 1784, note Canas ; ibid. 2216, obs. Godechot-Patris et Grare-Didier ; Dalloz IP/IT 2019. 558, obs. Delayen ; RTD civ. 2019. 893, obs. Dross ; RTD com. 2019. 665, obs. Pollaud-Dulian.*

Art. 757 **Si l'époux prédécédé laisse des enfants ou descendants, le conjoint survivant recueille, à son choix, l'usufruit de la totalité des biens existants ou la propriété du quart des biens lorsque tous les enfants sont issus des deux époux et la propriété du quart en présence d'un ou plusieurs enfants qui ne sont pas issus des deux époux.**

BIBL. ► JULIENNE, *D. 2013. 2283* (assiette de l'usufruit légal du conjoint survivant).

1. Cumul des droits successoraux légaux avec des libéralités consenties au conjoint survivant. S'agissant des successions ouvertes depuis le 1er juill. 2002, la L. n° 2001-1135 du 3 déc. 2001 ayant abrogé la règle de l'imputation prescrite par l'art. 767, al. 6, ancien C. civ., le conjoint survivant peut cumuler les droits successoraux prévus aux art. 757, 757-1 et 757-2 C. civ. avec une ou des libéralités consenties en application de l'art. 1094 ou de l'art. 1094-1 du même code, sans toutefois porter atteinte à la nue-propriété de la réserve héréditaire ni dépasser l'une des quotités disponibles spéciales permises entre époux. • Cass., avis, 26 sept. 2006, n° 06-00.009 P : *R., p. 508 ; BICC 1er déc. 2006, rapp. Chauvin, concl. Sarcelet ; D. 2006. IR 2419 ; Dr. fam. 2007, n° 18, note Beignier ; RJPF 2006-12/43, obs. Delmas Saint-Hilaire.* ♦ S'agissant des successions ouvertes à compter du 1er janv. 2007, la L. n° 2006-728 du 23 juin 2006 ayant réintroduit la règle de l'imputation en insérant un art. 758-6 dans le code civil, le conjoint survivant ne peut plus bénéficier d'un tel cumul. • Même avis. ♦ Pour une application : • Civ. 1re, 4 juin 2009, n° 08-15.799 P : *D. 2009. Chron. C. cass. 2058, obs. Chauvin ; ibid. Pan. 2508, obs. Nicod ; JCP 2010, n° 203, § 1, obs. Le Guidec ; AJ fam. 2009. 306, obs. Tisserand-Martin ; JCP N 2010, n° 1072, note Gilles ; Dr. fam. 2009, n° 111, note Beignier ; RTD civ. 2010. 141, obs. Grimaldi.*

2. Règle de l'imputation. V. notes ss. art. 758-6.

Art. 757-1 **Si, à défaut d'enfants ou de descendants, le défunt laisse ses père et mère, le conjoint survivant recueille la moitié des biens. L'autre moitié est dévolue pour un quart au père et pour un quart à la mère.**

Quand le père ou la mère est prédécédé, la part qui lui serait revenue échoit au conjoint survivant.

V. notes ss. art. 757.

Art. 757-2 **En l'absence d'enfants ou de descendants du défunt et de ses père et mère, le conjoint survivant recueille toute la succession.**

V. notes ss. art. 757.

Art. 757-3 **Par dérogation à l'article 757-2, en cas de prédécès des père et mère, les biens que le défunt avait reçus** *(L. n° 2006-728 du 23 juin 2006, art. 29-23°)* **« de ses ascendants** *[ancienne rédaction : d'eux]* **» par succession ou donation et qui se retrouvent en nature dans la succession sont, en l'absence de descendants, dévolus pour moitié aux frères et sœurs du défunt ou à leurs descendants, eux-mêmes descendants du ou des parents prédécédés à l'origine de la transmission.** — *La loi du 23 juin 2006 entre en vigueur le 1er janv. 2007.*

BIBL. ► GODIN, *Defrénois 30 août 2018. 12* (droit de retour des collatéraux privilégiés). – GOUBEAUX, *Defrénois 2002. 427.* – LEPROVAUX, *LPA 2 juill. 2007.* – LEYRAT, *Defrénois 2021/28. 13* (réflexions autour du droit de retour légal des collatéraux privilégiés). – PÉNIN, *RTD civ. 2014. 49* (évolution des droits de retour dans le code civil depuis les lois de 2001 et 2006).

1° DROIT DE RETOUR DES COLLATÉRAUX PRIVILÉGIÉS : CONDITIONS

1. Non-application en faveur des collatéraux privilégiés en présence d'un partenaire légataire universel. Les collatéraux privilégiés en présence d'un partenaire survivant qui a été gratifié d'un legs universel ne se trouvent pas dans une situation identique, de nature à justifier une égalité de traitement, à celle des collatéraux privilégiés en présence d'un conjoint survivant qui n'a pas été gratifié d'un legs universel, lequel ferait échec à leur droit de retour prévu à l'art. 757-3. • Civ. 1re, 28 janv. 2015 : *AJ fam. 2015. 178, obs. Levillain ; RTD civ. 2015. 363,* *obs. Hauser ; ibid. 446, obs. Grimaldi ; Dr. fam. 2015, n° 76* (non-lieu à QPC).

2. Application aux biens reçus à charge de soulte. Ayant énoncé que, par l'effet déclaratif du partage, dès le fait générateur de l'indivision née des décès successifs de ses parents, le défunt était devenu propriétaire des biens immobiliers qui lui avaient été attribués moyennant le versement d'une soulte lors du partage successoral, une cour d'appel en déduit à bon droit qu'il avait reçu ces biens de ses ascendants par succession et que ces biens, dont il n'était pas contesté qu'ils se retrouvaient en nature dans sa succession, devaient être dévolus pour moitié à ses sœurs et aux descendants de son frère, l'art. 757-3 n'opérant aucune distinction selon que les biens reçus par le défunt l'ont été ou non à charge de soulte. • Civ. 1re, 28 févr. 2018, n° 17-12.040 P : *D. 2018. 939, note Rousseau ; AJ fam. 2018. 245, obs. Levillain ; RTD civ. 2018. 717, obs. Grimaldi ; JCP 2018, n° 693, note Sauvage ; JCP N 2018, n° 1142, note Boulanger et Peuble ; ibid. n° 1310, note Epailly ; LPA 24 mai 2018, note Rieubernet ; Dr. fam. 2018, n° 134, note Nicod.*

3. ... Non-application aux biens reçus en règlement d'une créance de salaire différé. Les biens reçus de son ascendant par le défunt en règlement d'une créance de salaire différé échappent au droit de retour légal des collatéraux privilégiés (application des art. 757-3 C. civ. et L. 321-17, al. 1er, C. rur.). • Civ. 1re, 1er déc. 2021, n° 20-12.315 B : *AJ fam. 2022. 53, obs. Levillain ; JCP N 2022, n° 1215, note Boulanger.*

2° ... EFFETS

4. Absence d'indemnisation de la succession ordinaire en cas d'acquisition du bien moyennant soulte. L'art. 757-3 ne subordonne pas l'exercice du droit de retour des collatéraux privilégiés sur des biens reçus par le défunt dans la succession de ses ascendants, après attribution contre paiement d'une soulte, au versement d'une indemnité à la succession ordinaire. • Civ. 1re, 28 févr. 2018, n° 17-12.040 P : *préc. note 2.*

5. Absence d'indemnisation de la succession ordinaire en cas d'amélioration du bien. Le droit de retour prévu à l'art. 757-3 a pour objet la moitié des biens en nature tels qu'ils se retrouvent dans la succession au jour de son ouverture ; à défaut de disposition en ce sens, les améliorations apportées aux biens par le défunt n'ouvrent pas droit à une indemnisation au bénéfice de la succession ordinaire. • Civ. 1re, 28 févr. 2018, n° 17-12.040 P : *préc. note 2.*

6. Compatibilité avec le droit au logement viager du conjoint survivant. L'application combinée des art. 757-3 et 764 ne pose aucune difficulté de compatibilité. En effet, le fait que le logement des époux soit soumis au droit de retour mis en place par l'art. 757-3 C. civ., ne fait pas obstacle au bénéfice du droit d'habitation viager prévu à l'art. 764 dès lors que le conjoint survivant remplit toutes les conditions imposées par cet art. * Rép. min. n° 104803, *JOAN Q, 14 nov. 2006, p. 11972.*

Art. 758 Lorsque le conjoint survivant recueille la totalité ou les trois quarts des biens, les ascendants du défunt, autres que les père et mère, qui sont dans le besoin bénéficient d'une créance d'aliments contre la succession du prédécédé.

Le délai pour la réclamer est d'un an à partir du décès ou du moment à partir duquel les héritiers cessent d'acquitter les prestations qu'ils fournissaient auparavant aux ascendants. Le délai se prolonge, en cas d'indivision, jusqu'à l'achèvement du partage.

La pension est prélevée sur *(L. n° 2009-526 du 12 mai 2009, art. 10)* « la succession ». Elle est supportée par tous les héritiers et, en cas d'insuffisance, par tous les légataires particuliers, proportionnellement à leur émolument.

Toutefois, si le défunt a expressément déclaré que tel legs sera acquitté de préférence aux autres, il sera fait application de l'article 927.

Art. 758-1 Lorsque le conjoint a le choix de la propriété ou de l'usufruit, ses droits sont incessibles tant qu'il n'a pas exercé son option.

Art. 758-2 L'option du conjoint entre l'usufruit et la propriété se prouve par tout moyen.

Art. 758-3 Tout héritier peut inviter par écrit le conjoint à exercer son option. Faute d'avoir pris parti par écrit dans les trois mois, le conjoint est réputé avoir opté pour l'usufruit. – *V. C. pr. civ., art. 1341 (Décr. n° 2006-1805 du 23 déc. 2006, art. 2, JO 31 déc.).* – ***C. pr. civ.***

Art. 758-4 Le conjoint est réputé avoir opté pour l'usufruit s'il décède sans avoir pris parti.

Art. 758-5 Le calcul du droit en toute propriété du conjoint prévu aux articles 757 et 757-1 sera opéré sur une masse faite de tous les biens existant au décès de son époux

auxquels seront réunis fictivement ceux dont il aurait disposé, soit par acte entre vifs, soit par acte testamentaire, au profit de successibles, sans dispense de rapport.

Le conjoint ne pourra exercer son droit que sur les biens dont le prédécédé n'aura disposé ni par acte entre vifs, ni par acte testamentaire, et sans préjudicier aux droits de réserve ni aux droits de retour.

BIBL. ▶ Iwanesko, *LPA 3 sept. 2002* (libéralités atypiques et art. 758-5). – Levillain, *JCP N 2014, n° 1267* (le quart en propriété du conjoint survivant). – Rousseau, *RTD civ. 2019. 499* (les caractères de la succession conjugale au service d'une liquidation efficiente des droits du conjoint héritier, gratifié).

Art. 758-6 *(L. n° 2006-728 du 23 juin 2006, art. 29-24°)* **Les libéralités reçues du défunt par le conjoint survivant s'imputent sur les droits de celui-ci dans la succession. Lorsque les libéralités ainsi reçues sont inférieures aux droits définis aux articles 757 et 757-1, le conjoint survivant peut en réclamer le complément, sans jamais recevoir une portion des biens supérieure à la quotité définie à l'article 1094-1.** – *Entrée en vigueur le 1er janv. 2007.*

BIBL. ▶ **Imputation des libéralités faites au conjoint survivant :** Epailly, *JCP N 2018, n° 1245*. – Jussaume, *LPA 21 févr. 2008*. – Levillain, *AJ fam. 2022. 267* (traitement liquidatif des libéralités faites au conjoint). – Mazeron-Gabriel, *JCP N 2022, n° 1183* (pour le conjoint successible, imputer n'est pas rapporter). – Zalewski, *Defrénois 2007. 1184*. – Effets civils et fiscaux : De Los Santos et Guilbert, *JCP N 2015, n° 1074*. – Usufruit : *AJ fam. 2018. 326* (familles recomposées).

Règle de l'imputation : jurisprudence antérieure à la L. du 23 juin 2006 (application de l'anc. art. 767)

1° LIBÉRALITÉS IMPUTABLES

1. *Libéralités concernées par la règle de l'imputation : legs particuliers.* Il résulte de la combinaison des art. 758-5 et 758-6 que le conjoint survivant est tenu à un rapport spécial en moins prenant des libéralités reçues par lui du défunt dans les conditions définies à l'art. 758-6 ; dès lors, la présomption de dispense de rapport des legs prévue à l'art. 843 du code civil est inapplicable au conjoint survivant bénéficiaire d'un legs particulier soumis à la règle de l'imputation dans les conditions de l'art. 758-6. • Civ. 1re, 12 janv. 2022, n° 19-25.158 B : *D. 2022. chron. C. cass. 856, obs. Buat-Ménard ; AJ fam. 2022. 100 ; Defrénois 2022/6. 16, note Boisson.*

2. *... Donations déguisées.* Il résulte de la combinaison des art. 758-5 et 758-6 que le conjoint survivant est tenu à un rapport spécial en moins prenant des libéralités reçues par lui du défunt dans les conditions définies à l'art. 758-6 ; la cour d'appel ayant retenu que le pacte tontinier compris dans l'acte d'achat de l'appartement constituait une donation déguisée en faveur du conjoint survivant, cette donation est soumise au rapport dans les limites et selon les modalités prévues à l'art. 758-6. • Civ. 1re, 12 janv. 2022, n° 20-12.232 B : *D. 2022. chron. C. cass. 856, obs. Buat-Ménard ; AJ fam. 2022. 100, obs. Casey ; ibid. 62, obs. Paillard ; RTD civ. 2022. 437, obs. Grimaldi ; Defrénois 2022/6. 16, note Boisson ; Dr. fam. 2022, n° 36, obs. Nicod ; JCP N 2022, n° 1130, obs. Zalewski-Sicard.*

2° MODALITÉS DE L'IMPUTATION

3. *Imputation sur l'usufruit légal du conjoint survivant.* Il résulte de l'anc. art. 767, al. 4 et 6, que les libéralités consenties au conjoint survivant s'imputent sur l'usufruit légal et non sur la valeur des biens en pleine propriété, fussent-ils l'assiette de l'usufruit. • Civ. 1re, 6 févr. 2001, n° 99-10.845 P : *R., p. 345 ; D. 2001. 3566, note Aubert de Vincelles ; JCP 2001. I. 366, n° 4, obs. Le Guidec ; RJPF 2001-4/47, obs. Sauvage ; Dr. fam. 2001. Chron. 11, par Binet ; RTD civ. 2001. 637, obs. Patarin .*

3° OBSTACLES À L'IMPUTATION

4. *Volonté du disposant.* L'imputation sur l'usufruit légal des libéralités faites par l'époux prémourant au survivant, même par préciput et hors part, ne s'applique pas, dans la limite de la quotité disponible, lorsque le disposant a manifesté la volonté de faire bénéficier son conjoint de ces libéralités en sus de cet usufruit. • Civ. 1re, 10 mai 1960 : *D. 1963. 38, note Vidal.*

5. *Résolution ou révocation de la libéralité.* Si le conjoint survivant cesse d'exercer son droit d'usufruit lorsqu'il a reçu du défunt des libéralités dont le montant atteint celui de l'usufruit légal, cette règle est inapplicable dans le cas où, par suite d'une résolution ou d'une révocation prononcée, le donataire est rétroactivement réputé, du moins à l'égard du donateur, n'avoir reçu de lui aucune libéralité. • Civ. 13 nov. 1905 : *DP 1906. 1. 5, note Planiol* • Req. 3 août 1911 : *DP 1912. 1. 180.* ♦ Comp. • Chambéry, 5 févr. 1957 : *JCP 1957. II. 10186, note Voirin.* ♦ Solution identique en cas de renonciation expresse à la libéralité : • Toulouse, 26 févr. 1946 : *D. 1946. 276.*

§ 2 De la conversion de l'usufruit

Art. 759 Tout usufruit appartenant au conjoint sur les biens du prédécédé, qu'il résulte de la loi, d'un testament ou d'une donation de biens à venir, donne ouverture à une faculté de conversion en rente viagère, à la demande de l'un des héritiers nus-propriétaires ou du conjoint successible lui-même.

Art. 759-1 La faculté de conversion n'est pas susceptible de renonciation. Les cohéritiers ne peuvent en être privés par la volonté du prédécédé.

Art. 760 A défaut d'accord entre les parties, la demande de conversion est soumise au juge. Elle peut être introduite jusqu'au partage définitif.

S'il fait droit à la demande de conversion, le juge détermine le montant de la rente, les sûretés que devront fournir les cohéritiers débiteurs, ainsi que le type d'indexation propre à maintenir l'équivalence initiale de la rente à l'usufruit.

Toutefois, le juge ne peut ordonner contre la volonté du conjoint la conversion de l'usufruit portant sur le logement qu'il occupe à titre de résidence principale, ainsi que sur le mobilier le garnissant.

1. Détermination du montant de la rente : pouvoir souverain d'appréciation des juridictions du fond. C'est dans l'exercice de son pouvoir souverain d'appréciation qu'une cour d'appel décide, par une décision motivée prenant en compte le revenu que procure le bien soumis à usufruit, de fixer le montant de la rente viagère mensuelle sans ordonner une expertise, ni retenir une valeur d'usufruit. • Civ. 1re, 9 sept. 2015, n° 14-15.957 P : *AJ fam. 2015. 555, obs. Levillain*.

Jurisprudence antérieure à la L. 3 déc. 2001 (application de l'anc. art. 767).

2. Nature juridique de la conversion. La conversion de l'usufruit en rente viagère constitue une opération de partage. • Civ. 1re, 23 nov. 1982 : *Bull. civ. I, n° 338 ; RTD civ. 1984. 129, obs. Patarin.* ♦ ... Dès lors rescindable pour cause de lésion. • Civ. 1re, 18 oct. 1955 : *D. 1956. 4.* ♦ ... Et le conjoint survivant peut donc, même lorsque son droit d'usufruit a été converti en rente viagère, exercer, comme tout copartageant, contre son cohéritier l'action en rescision d'un partage réalisé entre ce dernier et le défunt. • Civ. 1re, 24 mars 1965 : *Bull. civ. I, n° 218 ; RTD civ. 1966. 115, obs. R. Savatier.* ♦ Sur la notion de partage définitif, mettant obstacle à la faculté de conversion de l'usufruit en rente viagère, V. • Civ. 22 avr. 1950 : *JCP 1950. II. 5811, note Mihura.*

La demande en conversion ne peut produire ses effets que pour l'avenir, sans porter atteinte à l'effet déclaratif du partage, et non pas rétroactivement au jour du décès. • Civ. 1re, 24 nov. 1987, n° 85-18.285 P : *R., p. 147 ; Defrénois 1988. 546, obs. Champenois ; RTD civ. 1988. 379, obs. Patarin ; JCP 1988. II. 21061, note Salvage.*

3. Fixation provisionnelle de la rente viagère. Le montant de la rente viagère peut être fixé à titre provisionnel pour le temps nécessaire aux opérations de partage de la communauté et de liquidation de la succession qui permettront d'établir définitivement l'étendue de l'usufruit et le montant de la rente viagère qui lui sera substitué. • Civ. 1re, 23 nov. 1982 : *préc. note 2.*

4. Équivalence entre la rente et l'usufruit. Pour assurer l'équivalence de la rente et de l'usufruit, c'est sur le calcul de ce dernier que doit être établi le chiffre de la rente, en tenant compte dans les appréciations du revenu de toutes causes de nature à augmenter la valeur de l'usufruit tant au jour de la conversion que même postérieurement, notamment en matière de biens en formation ou de loyers sujets à prorogation. • Civ. 22 avr. 1931 : *DH 1931. 347.*

Art. 761 Par accord entre les héritiers et le conjoint, il peut être procédé à la conversion de l'usufruit du conjoint en un capital.

Jurisprudence antérieure à la L. 23 juin 2006 (application de l'anc. art. 767)

1. Exigence d'un accord des parties. En l'absence d'accord des parties sur le prix de cession de l'usufruit, il n'appartient pas au juge de convertir en capital le droit d'usufruit du conjoint survivant. • Civ. 1re, 6 juin 1990 : *JCP 1991. II. 21686, note Pillebout ; Defrénois 1991. 229, note X. Savatier.* – V. aussi • Civ. 1re, 20 nov. 2001, n° 00-10.136 P : *JCP 2002. I. 178, n° 5, obs. Le Guidec ; RJPF 2002-1/43, obs. Delmas Saint-Hilaire ; Dr. fam. 2002, n° 11, obs. B. B.* ♦ Sur la capitalisation de l'usufruit organisée par la L. 23 juin 2006 en cas de cession simultanée de l'usufruit et de la nue-propriété d'un bien, V. art. 621.

2. Méthode d'évaluation en capital de l'usufruit. A défaut d'accord des parties sur une méthode d'évaluation en capital de l'usufruit légué, il convient d'appliquer la seule méthode qui soit énoncée dans une disposition légale, à savoir la méthode dite « fiscale » fondée sur les dispositions du CGI. • Paris, 3 mai 1984 : *Gaz. Pal. 1984. 2. 487.* ♦ Cependant, la méthode fiscale d'évaluation forfaitaire de l'usufruit ne s'impose pas au juge civil. • Civ. 1re, 17 sept. 2003 : *Dr. fam. 2003, n° 150, note Beignier.*

Art. 762 **La conversion de l'usufruit est comprise dans les opérations de partage. Elle ne produit pas d'effet rétroactif, sauf stipulation contraire des parties.**

§ 3 Du droit au logement temporaire et du droit viager au logement

BIBL. GÉN. ▶ Beignier, *Dr. fam. 2002. Chron. 5.* – Blanchard, *Defrénois 2009. 2047* (conflit entre le droit viager au logement du conjoint et droit de retour des père et mère). – Bouchard, *JCP N 2018, n° 1318.* – Casado, *Gaz Pal. 2018. 782.* – Fruleux, *JCP N 2007. 1048* (aspects fiscaux). – Herbaut et Moriou, *Gaz. Pal. 2003. Doctr. 1556.* – Dagrenat, *Gaz. Pal. 2002. Doctr. 1405.* – Lesbats, *JCP N 2005. 1078* (droit viager au logement et option du conjoint survivant). – S. Piedelièvre, *Mél. Decottignies, PU Grenoble, 2003, p. 269* (droit au logement du conjoint survivant). – Poivey-Leclercq, *Rev. loyers 2002. 197.* – Sauvage, *Dr. et patr. 1/2003. 32.* – Vauvillé, *Defrénois 2002. 1277.* – Vial-Pedroletti, *Loyers et copr. 2002. Chron. 2.* ▶ Brémond, *LPA 30 juill. 2002* (nouveaux droits locatifs du conjoint survivant). – Garçon, *JCP N 2002. 1402* (détention indirecte de la résidence principale). – Levillain, *JCP N 2002. 1140* (droit au logement temporaire) ; *ibid. 2003. 1043* (droit viager). – Monteillet-Geffroy, *JCP N 2002. 1649* (attribution préférentielle du logement conjugal). – Sagaut, *AJ fam. 2008. 368* (logement après le décès). – Vareille, *Mél. Prieur, Dalloz, 2007, p. 1721* (les droits au logement du conjoint survivant). – Marbaud de Brénignan, *Defrénois 2021/25. 22* (droit au logement du conjoint survivant en maison de retraite) ; *ibid. 26* (limites du droit au logement du conjoint survivant).

Art. 763 **Si, à l'époque du décès, le conjoint successible occupe effectivement, à titre d'habitation principale, un logement appartenant aux époux ou dépendant totalement de la succession, il a de plein droit, pendant une année, la jouissance gratuite de ce logement, ainsi que du mobilier, compris dans la succession, qui le garnit.**

Si son habitation était assurée au moyen d'un bail à loyer *(L. n° 2006-728 du 23 juin 2006, art. 29-25°)* **« ou d'un logement appartenant pour partie indivise au défunt, les loyers ou l'indemnité d'occupation » lui en seront remboursés par la succession pendant l'année, au fur et à mesure de leur acquittement.** — *La loi du 23 juin 2006 entre en vigueur le 1er janv. 2007.*

Les droits prévus au présent article sont réputés effets directs du mariage et non droits successoraux.

Le présent article est d'ordre public. — *Pour l'entrée en vigueur de l'art. 763, V. L. n° 2001-1135 du 3 déc. 2001, art. 25, ss. art. 767.*

Ancien art. 763 (al. 2) ***Si son habitation était assurée au moyen d'un bail à loyer, les loyers lui en seront remboursés par la succession pendant l'année, au fur et à mesure de leur acquittement.***

Art. 764 **Sauf volonté contraire du défunt exprimée dans les conditions de l'article 971, le conjoint successible qui occupait effectivement, à l'époque du décès, à titre d'habitation principale, un logement appartenant aux époux ou dépendant totalement de la succession, a sur ce logement, jusqu'à son décès, un droit d'habitation et un droit d'usage sur le mobilier, compris dans la succession, le garnissant.**

La privation de ces droits d'habitation et d'usage exprimée par le défunt dans les conditions mentionnées au premier alinéa est sans incidence sur les droits d'usufruit que le conjoint recueille en vertu de la loi ou d'une libéralité, qui continuent à obéir à leurs règles propres.

Ces droits d'habitation **et d'usage s'exercent dans les conditions prévues aux articles 627, 631, 634 et 635.**

Le conjoint, les autres héritiers ou l'un d'eux peuvent exiger qu'il soit dressé un inventaire des meubles et un état de l'immeuble soumis aux droits d'usage et d'habitation.

Par dérogation aux articles 631 et 634, lorsque la situation du conjoint fait que le logement grevé du droit d'habitation n'est plus adapté à ses besoins, le conjoint ou son représentant peut le louer à usage autre que commercial ou agricole afin de dégager les ressources nécessaires à de nouvelles conditions d'hébergement.

BIBL. ▶ Levillain, *AJ fam. 2018. 322* (droit viager au logement et familles recomposées).

1. Existence du droit d'usage et d'habitation : compétence juridictionnelle. La contestation ayant pour objet l'existence même du droit d'usage et d'habitation relève de la compétence exclusive du TGI. Excède ses pouvoirs, relatifs aux seules modalités d'exercice des droits indivis, la cour d'appel qui, statuant en la forme des référés, accueille une demande tendant au paiement d'une indemnité d'occupation au motif que le droit d'habitation revendiqué n'est pas établi alors que le TGI saisi de la contestation relative à l'existence de ce droit n'a pas encore statué. • Civ. 1re, 24 oct. 2012, n° 11-17.094 P : *D. 2012. 2601*.

2. ... *Logement dépendant de la succession.* Non-application du droit viager d'usage et d'habitation en faveur du conjoint survivant, alors que le logement occupé au décès était un immeuble donné sous la condition résolutoire du prédécès du donataire et que, la condition s'étant réalisée, ce bien avait nécessairement réintégré le patrimoine de la donatrice, de sorte qu'il ne dépendait aucunement de la succession de l'époux donataire prédécédé. • Civ. 1re, 23 sept. 2015, n° 14-18.131 P : *cité note 2 ss. art. 1526.*

3. ... *Incidence du dessaisissement résultant de la liquidation judiciaire de l'époux décédé.* Cassation, aux visas de l'art. 764 et de l'art. L. 622-9 C. com., dans sa rédaction antérieure à celle issue de la L. 26 juill. 2005, de l'arrêt ayant reconnu le bénéfice du droit viager au profit du conjoint survivant, alors que le logement occupé par celui-ci au décès faisait partie des actifs dont son conjoint avait été dessaisi à la date de son décès en raison d'un jugement de liquidation judiciaire intervenu à son encontre, ce jugement emportant de plein droit, de façon rétroactive à partir de sa date, dessaisissement pour le débiteur de l'administration et de la disposition de ses biens jusqu'à la clôture de liquidation, les droits et actions du débiteur concernant son patrimoine étant exercés, pendant toute la durée de la liquidation judiciaire, par le liquidateur. • Civ. 1re, 30 janv. 2019, n° 18-10.002 P : *AJ fam. 2019. 299, obs. Mochkovitch*.

4. *Privation du droit d'usage et d'habitation : exigence d'un testament authentique.* Il résulte des art. 764 et 971 que le conjoint survivant ne peut être privé du droit d'habitation du logement servant d'habitation principale et d'usage du mobilier le garnissant que par la volonté du défunt exprimée dans un testament authentique reçu par deux notaires ou par un notaire assisté de deux témoins. • Civ. 1re, 15 déc. 2010, n° 09-68.076 P : *D. 2011. 578, note Pérès ; ibid. Pan. 1040, obs. Lemouland et Vigneau ; ibid. Pan. 2624, obs.Nicod ; AJ fam. 2011. 114, obs. Bicheron ; JCP 2011, n° 265, note Sauvage ; JCP N 2011, n° 1189, note Lesbats ; Dr. fam. 2011, n° 22, obs. Beignier.*

5. *Appréciation de l'objet du droit viager.* En présence de plusieurs lots distincts dans un immeuble dépendant de la succession, limitation du droit viager au seul lot effectivement occupé à titre d'habitation principale par le défunt et son épouse à l'époque du décès : • Civ. 1re, 25 sept. 2013, n° 12-21.569 P : *AJ fam. 2013. 654, obs. Levillain ; RTD civ. 2013. 874, obs. Grimaldi*.

Art. 765 **La valeur des droits d'habitation et d'usage s'impute sur la valeur des droits successoraux recueillis par le conjoint.**

Si la valeur des droits d'habitation et d'usage est inférieure à celle de ses droits successoraux, le conjoint peut prendre le complément sur les biens existants.

Si la valeur des droits d'habitation et d'usage est supérieure à celle de ses droits successoraux, le conjoint n'est pas tenu de récompenser la succession à raison de l'excédent.

Art. 765-1 **Le conjoint dispose d'un an à partir du décès pour manifester sa volonté de bénéficier de ces droits d'habitation et d'usage.**

1. *Expression de la volonté de bénéficier du droit viager : prise en compte de la volonté tacite.* Manifeste tacitement sa volonté de bénéficier de son droit viager au logement le conjoint survivant qui se maintient dans les lieux postérieurement au décès, exprime son souhait de conserver l'appartement « conformément à la loi » dans une assignation en justice délivrée dans l'année du décès et déclare, dans un projet d'acte de notoriété, établi avant toute opposition de *son cohéritier, confirmer* sa volonté de bénéficier de son droit viager au logement. • Civ. 1re, 13 févr. 2019, n° 18-10.171 P : *AJ fam. 2019. 352, obs. Levillain ; RTD civ. 2020. 167, obs. Grimaldi*.

2. ... *Insuffisance du seul maintien dans les lieux.* Si la manifestation de volonté du conjoint survivant de bénéficier de son droit viager au logement peut être tacite, elle ne peut résulter du seul maintien dans les lieux. • Civ. 1re, 2 mars 2022, n° 20-16.674 B : *D. 2022. 2063, obs. Godechot-Patris et Grare-Didier ; AJ fam. 2022. 233, obs. Levillain ; RTD civ. 2022. 439, obs. Grimaldi ; Dr. fam. 2022, n° 75, obs. Nicod ; JCP N 2022, n° 1161, obs. Zalewski-Sicard.*

Art. 765-2 **Lorsque le logement faisait l'objet d'un bail à loyer, le conjoint successible qui, à l'époque du décès, occupait effectivement les lieux à titre d'habitation principale bénéficie du droit d'usage sur le mobilier, compris dans la succession, le garnissant.**

Art. 766 Le conjoint successible et les héritiers peuvent, par convention, convertir les droits d'habitation et d'usage en une rente viagère ou en capital.

S'il est parmi les successibles parties à la convention un mineur ou un majeur protégé, la convention doit être autorisée par le juge des tutelles.

§ 4 Du droit à pension

Art. 767 La succession de l'époux prédécédé doit une pension au conjoint successible qui est dans le besoin. Le délai pour la réclamer est d'un an à partir du décès ou du moment où les héritiers cessent d'acquitter les prestations qu'ils fournissaient auparavant au conjoint. Le délai se prolonge, en cas d'indivision, jusqu'à l'achèvement du partage.

La pension alimentaire est prélevée sur *(L. nº 2009-526 du 12 mai 2009, art. 10)* « la succession ». Elle est supportée par tous les héritiers et, en cas d'insuffisance, par tous les légataires particuliers, proportionnellement à leur émolument.

Toutefois, si le défunt a expressément déclaré que tel legs sera acquitté de préférence aux autres, il sera fait application de l'article 927.

1. Prolongation du délai jusqu'à l'achèvement du partage. Les dispositions de l'art. 767 selon lesquelles, en cas d'indivision, le délai d'un an imparti au conjoint successible pour réclamer une pension à la succession de l'époux prédécédé se prolonge jusqu'à l'achèvement du partage, ne s'appliquent que si le conjoint successible a des droits dans l'indivision. • Civ. 1re, 26 janv. 2011, nº 09-71.840 P: *D. actu. 1er mars 2011, obs. Le Douaron ; AJ fam. 2011. 274, obs. Vernières ; RLDC 2011/80, nº 4184, obs. Gallois.*

2. Appréciation des ressources de la succession. Viole l'art. 767, en ajoutant à la loi une condition qui n'y figure pas, l'arrêt qui, après avoir constaté l'état de besoin du conjoint survivant, rejette sa demande en fixation d'une pension alimentaire à la charge de la succession au motif que la déclaration de succession laisse apparaître un actif successoral principalement composé de droits indivis sur un immeuble dont l'un des indivisaire jouit actuellement pour y loger sa famille, ce qui rend ce bien non mobilisable, de sorte que les ressources de la succession ne permettent pas le règlement de la pension sollicitée. • Civ. 1re, 30 janv. 2019, nº 18-13.526 P: *D. 2019. 256 ; AJ fam. 2019. 164, obs. Levillain ; RTD civ. 2019. 385, obs. Grimaldi ; Dr. fam. 2019, nº 83, obs. Nicod.*

Loi nº 2001-1135 du 3 décembre 2001,

Relative aux droits du conjoint survivant et des enfants adultérins et modernisant diverses dispositions de droit successoral (JO 4 déc.).

BIBL. GÉN. ▸ **Commentaire de la loi :** Beaubrun, *Defrénois 2003. 73.* – Bellivier et Rochfeld, *RTD civ. 2002. 156.* – Casey, *RJPF 2002-1/11 et 2002-2/11.* – Kéravec et Mallet, *JCP N 2002. 117 et 118.* – S. Piedelièvre, *Gaz. Pal. 2002. Doctr. 576.* – Sauvage, *JCP N 2001. 1727.* – Dossier, *Dr. fam. 2022, Dossier 1* (20 ans après).

▸ **Thèmes particuliers :** Beignier, *Dr. fam. 2002. Chron. 3* (dispositions politiques) ; *ibid. Chron. 4* (statut du logement familial). – Chodzko et Vannier, *JCP N 2006. 1015* (incidence outre-mer). – Dagot, *JCP N 2002. 1221* (preuve de la qualité d'héritier). – Delmas Saint-Hilaire, *Defrénois 2002. 153* (action en retranchement – art. 1527, al. 2 – : problème de droit transitoire). – Delory et Fruleux, *JCP N 2002. 1523* (aspects fiscaux). – Fossier et Fresnel, *RJPF 2002-9/10* (successions et incapacités). – Gourdon, *JCP N 2002. 1025* (suppression des discriminations touchant les enfants adultérins : les risques de l'application rétroactive). – Nicod, *LPA 30 sept. 2002* (vocation successorale des enfants adultérins). – Robinne, *Dr. et patr. 12/2002. 24* (interrogations).

▸ V. aussi Bibl. précédant art. 725 et 756.

CHAPITRE I. *DISPOSITIONS RELATIVES AUX DROITS DU CONJOINT SURVIVANT*

Art. 1er à 4 *V. C. civ., art. 731 à 766.*

Art. 5 *V. C. assur., art. L. 132-7 et L. 132-18.* – ***C. assur.***

Art. 6 *(Modifie C. mutualité, art. L. 223-9 et L. 223-18).* – ***CSS.***

Art. 7 *V. C. assur., art. L. 132-2.* – ***C. assur.***

Art. 8 Pour la liquidation des droits de mutation à titre gratuit, la valeur des droits d'habitation et d'usage est de 60 % de la valeur de l'usufruit déterminée conformément au I de l'article 762 du code général des impôts.

Art. 9 à 13 *V. C. civ., art. 207-1, 342-5, 767, 832 anc., 832-1 anc. et 914-1.*

Art. 14 I. – *V. C. civ., art. 1751.*

II. – *V. L. n° 89-462 du 6 juill. 1989, art. 14, ss. art. 1778 C. civ.*

Art. 15 I à III. – *V. C. civ., art. 301, 1481, 1491.*

IV. – *V. CPI, art. L. 123-6, ci-dessous.*

V. – *(Modifie art. L. 23 C. dom. Ét.).*

CHAPITRE II. *DISPOSITIONS RELATIVES AUX DROITS DES ENFANTS NATURELS ET ADULTÉRINS*

Art. 16 et 17 *V. C. civ., art. 334, 334-7, 908, 908-1, 913, 915 à 915-2 (anciens), 1097, 1097-1, 1527.*

CHAPITRE III. *AUTRES DISPOSITIONS RÉFORMANT LE DROIT DES SUCCESSIONS*

Art. 18 à 20 *V. C. civ., art. 720 à 730-5.*

Art. 21 I. – *V. C. civ., art. 110, 1094-2, 1600.*

II. – *V. C. mon. fin., art. L. 112-2, ss. art. 1243 C. civ.*

CHAPITRE IV. *DISPOSITIONS DIVERSES*

Art. 22 *V. ss. art. 63 C. civ.*

Art. 23 *V. C. civ., art. 279.*

Art. 24 *V. L. n° 2000-596 du 30 juin 2000, art. 21-1 .*

Art. 25 I. — La présente loi entrera en vigueur le premier jour du septième mois suivant sa publication au *Journal officiel* de la République française *[soit le 1er juill. 2002]*, à l'exception :

— de l'article 763 du code civil dans sa rédaction issue de l'article 4 ;

— des articles L. 132-2, L. 132-7 et L. 132-18 du code des assurances dans leur rédaction issue des articles 5 et 7 et des articles L. 223-9 et L. 223-18 du code de la mutualité dans leur rédaction résultant de l'article 6 ;

— de l'abrogation de l'article 1481 du code civil et de la suppression de la dernière phrase de l'article 1491 du même code résultant des II et III de l'article 15 ;

— de l'abrogation des dispositions du même code relatives au droit des enfants naturels dont le père ou la mère était, au temps de la conception, engagé dans les liens du mariage, résultant de l'article 16 et de la nouvelle rédaction des articles 759 à 764 opérée par les articles 3 et 4 ;

— des dispositions du second alinéa de l'article 1527 du même code, dans sa rédaction issue de l'article 17 ;

— des dispositions prévues aux articles 22 à 24.

II. — La présente loi sera applicable aux successions ouvertes à compter de la date prévue au I, sous les exceptions suivantes :

1° L'article 763 du code civil dans sa rédaction issue de l'article 4 et l'article 15 de la présente loi sera applicable aux successions ouvertes à compter de la publication de celle-ci au *Journal officiel* de la République française.

2° Sous réserve des accords amiables déjà intervenus et des décisions judiciaires irrévocables, seront applicables aux successions ouvertes à la date de publication de la présente loi au *Journal officiel* de la République française et n'ayant pas donné lieu à partage avant cette date :

— *les dispositions relatives aux nouveaux* droits successoraux des enfants naturels (Abrogé *par L. n° 2006-728 du 23 juin 2006, art. 41, à compter du 1er janv. 2007) « dont le père ou la mère était, au temps de la conception, engagé dans les liens du mariage »* ;

— les dispositions du second alinéa de l'article 1527 du code civil dans sa rédaction issue de l'article 17.

3° Les causes de l'indignité successorale sont déterminées par la loi en vigueur au jour où les faits ont été commis.

Cependant, le 1° et le 5° de l'article 727 du code civil, en tant que cet article a rendu facultative la déclaration de l'indignité, seront applicables aux faits qui ont été commis avant l'entrée en vigueur de la présente loi.

BIBL. ▸ **Dispositions transitoires :** Brémond, *JCP N 2002. 1375 ; ibid. 1541* (indignité et droit transitoire). – Dauchez, *Defrénois 2008. 1554* (enfants adultérins). – Delmas Saint-Hilaire, *RJPF janv. 2002, p. 9.* – Forgeard, *Defrénois 2002. 1195.* – Jubault, *Defrénois 2003. 275.* – Marguénaud et Dauchez, *Defrénois 2002. 1366* (dispositions transitoires et CEDH).

1. Application généralisée de l'art. 25-II-2° concernant les enfants adultérins. Selon l'art. 25-II-2° de la L. du 3 déc. 2001, dont les dispositions prévalent sur celles de l'art. 14 de la L. du 3 janv. 1972, les dispositions relatives aux nouveaux droits successoraux des enfants adultérins sont applicables aux successions ouvertes au 4 déc. 2001 et n'ayant pas donné lieu à partage avant cette date, sous réserve des accords amiables déjà intervenus et des décisions judiciaires irrévocables. • Civ. 1re, 6 janv. 2004, n° 02-13.901 P : *D. 2004. Somm. 2338, obs. Nicod ; JCP 2004. I. 155, n° 1, obs. Le Guidec ; Defrénois 2004. 590, obs. Massip* • 7 juin 2006, n° 04-19.176 P : *D. 2006. IR 1845 ; Defrénois 2006. 1784, obs. Massip ; Dr. fam. 2006, n° 197, note Beignier ; RTD civ. 2006. 748, obs. Hauser* • 14 nov. 2007, n° 06-13.806 P : *D. 2008. 133, note Mbotaingar ; JCP 2009. I. 109, n° 1, obs. Le Guidec ; AJ fam. 2008. 40, obs. Bicheron ; RJPF 2008-1/55, obs. Casey ; RTD civ. 2008. 90, obs. Hauser ; ibid. 337, obs. Grimaldi* • 15 mai 2008, n° 06-19.331 P : *D. 2008. AJ 1482 ; JCP 2009. I. 109, n° 1, obs. Le Guidec ; JCP N 2008. 1287, note Brémond. – Adde* : Marguénaud et Dauchez, *Defrénois 2009. 732.* ♦ V. • Civ. 1re, 11 avr. 2018, n° 17-19.313 P : *cité ss. art. 887-1.*

2. Conformité à la Conv. EDH. L'exclusion du bénéfice de la loi du 3 déc. 2001 d'un enfant adultérin, dans une hypothèse où la prise de possession des biens dépendant de la succession est intervenue plus de trente ans au moins avant l'entrée en vigueur de cette loi, ne porte pas une atteinte excessive aux droits garantis par les art. 8 et 14 Conv. EDH, compte tenu du but légitime de garantir le principe de sécurité juridique et les droits acquis de longue date par les héritiers. • Civ. 1re, 30 janv. 2019, n° 18-10.164 P : *D. 2019. 256 ; AJ fam. 2019. 163, obs. Levillain*. ♦ Caractère non discriminatoire des dispositions de l'art. 25-II-2°. • CEDH 21 juill. *2011 : D. 2011. 2036, obs. Gallmeister ; AJ fam. 2011. 556, obs. Vernières ; RTD civ. 2011. 732, obs. Marguénaud ; ibid. 753, obs. Hauser ; JCP 2011. 1555, obs. Gonzalez ; RDC 2012. 33, note Pérès.* ♦ Mais inversement, dans la même affaire, la grande chambre de la CEDH considère que la différence de traitement n'est pas proportionnée à ce but légitime. • CEDH 7 févr. 2013 : *D. 2013. 434, obs. Gallmeister ; ibid. 1436, obs. Granet-Lambrechts ; AJ fam. 2013. 189, obs. Levillain ; RTD civ. 2013. 333, obs. Marguénaud ; ibid. 358, obs. Hauser ; Gaz. Pal. 2013. 934, obs. Robbe et Travade-Lannoy* (cas d'une donation-partage pouvant donner lieu à une action en réduction).

3. Existence d'un partage. Lorsqu'il n'existe qu'un unique héritier, la succession liquidée vaut partage. • Civ. 1re, 30 janv. 2019, n° 18-10.164 P : *D. 2019. 256 ; AJ fam. 2019. 163, obs. Levillain* (prise en compte des actes de propriétaire accomplis avant le 4 déc. 2001 par l'unique héritière à l'époque).

4. Existence d'un accord amiable. Un héritier peut valablement renoncer à ses droits dans la succession ; validité de l'accord amiable à l'occasion duquel un enfant adultérin a, en connaissance de cause, renoncé à une partie de ses droits dans la succession, conformément aux dispositions de l'art. 25-II-2°, lesquelles ne sont pas incompatibles avec les dispositions de la Conv. EDH. • Civ. 1re, 20 nov. 2013, n° 12-23.118 P : *D. 2014. Chron. C. cass. 563, obs. Capitaine ; AJ fam. 2014. 65, obs. de Guillenchmidt-Guignot ; RTD civ. 2014. 99, obs. Hauser* (transaction prévoyant que la succession serait réglée conformément aux dispositions des anc. art. 759 et anc. art. 760, et en connaissance de la teneur de l'arrêt du 1er févr. 2000 de la CEDH).

5. Existence d'une décision judiciaire irrévocable. Après avoir constaté qu'en 1993 un jugement, devenu irrévocable, avait déterminé les droits successoraux des héritiers et après avoir énoncé que la sécurité juridique résultant d'un tel jugement satisfait un but légitime en ce qu'elle fait obstacle à la remise en cause d'une répartition définitivement arrêtée en justice de l'actif successoral entre les héritiers, une cour d'appel en déduit justement qu'une nouvelle demande de répartition des droits successoraux entre les parties ne peut être accueillie, fût-ce au regard d'une jurisprudence postérieure de la Cour européenne des droits de l'homme (jurisprudence *Mazurek c/ France* du 18 janv. 2000). • Civ. 1re, 22 mars 2017, n° 16-13.946 P : *D. 2017. 704 ; AJ fam. 2017. 366, obs. Casey ; RTD civ. 2017. 364, obs. Hauser ; ibid. 458, obs. Grimaldi ; Dr. fam. 2017. 137, note Nicod.*

Art. 26 I. — 1. Les dispositions du I de l'article 14, du IV de l'article 15, des articles 22 et 25 de la présente loi ainsi que celles des articles 112 à 132 et 1751 du code civil sont applicables à Mayotte. — *V. aussi C. civ., art. 2492 et 2496.*

2 *et* 3. *(Modifient les art. 832 et 832-1 du C. civ. tel qu'applicable à Mayotte).*

4. *V. L. n° 2000-596 du 30 juin 2000, art. 19-1.*

II. — Les dispositions du I de l'article 14, du IV de l'article 15 et des articles 22 et 25 de la présente loi sont applicables en Nouvelle-Calédonie.

III. — Les dispositions de l'article 14, du IV de l'article 15 et des articles 22 et 25 de la présente loi sont applicables en Polynésie française.

IV. — Les dispositions du I de l'article 14, du IV de l'article 15, des articles 22 et 25 de la présente loi et de l'article 1751 du code civil sont applicables à Wallis-et-Futuna.

Code de la propriété intellectuelle

(L. n° 92-597 du 1er juill. 1992)

DROITS DES AUTEURS

DROITS MORAUX

Art. L. 121-1 L'auteur jouit du droit au respect de son nom, de sa qualité et de son œuvre.

Ce droit est attaché à sa personne.

Il est perpétuel, inaliénable et imprescriptible.

Il est transmissible à cause de mort aux héritiers de l'auteur.

L'exercice peut être conféré à un tiers en vertu de dispositions testamentaires.

Art. L. 121-2 L'auteur a seul le droit de divulguer son œuvre. Sous réserve des dispositions de l'article L. 132-24, il détermine le procédé de divulgation et fixe les conditions de celle-ci.

Après sa mort, le droit de divulgation de ses œuvres posthumes est exercé leur vie durant par le ou les exécuteurs testamentaires désignés par l'auteur. A leur défaut, ou après leur décès, et sauf volonté contraire de l'auteur, ce droit est exercé dans l'ordre suivant : par les descendants, par le conjoint contre lequel n'existe pas un jugement passé en force de chose jugée de séparation de corps ou qui n'a pas contracté un nouveau mariage, par les héritiers autres que les descendants qui recueillent tout ou partie de la succession et par les légataires universels ou donataires de l'universalité des biens à venir.

Ce droit peut s'exercer même après l'expiration du droit exclusif d'exploitation déterminé à l'article L. 123-1.

…………………………………………………………………………………………

DURÉE DE LA PROTECTION

Art. L. 123-1 L'auteur jouit, sa vie durant, du droit exclusif d'exploiter son œuvre sous quelque forme que ce soit et d'en tirer un profit pécuniaire.

(L. n° 97-283 du 27 mars 1997) « Au décès de l'auteur, ce droit persiste au bénéfice de ses ayants droit pendant l'année civile en cours et les soixante-dix années qui suivent. »

…………………………………………………………………………………………

Art. L. 123-6 Pendant la période prévue à l'article L. 123-1, le conjoint survivant, contre lequel n'existe pas un jugement passé en force de chose jugée de séparation de corps, bénéficie, quel que soit le régime matrimonial et indépendamment des droits *(L. n° 2001-1135 du 3 déc. 2001, art. 15)* « qu'il tient des articles 756 à 757-3 et 764 à 766 *[ancienne rédaction : d'usufruit qu'il tient de l'article 767]* » du code civil sur les autres biens de la succession, de l'usufruit du droit d'exploitation dont l'auteur n'aura pas disposé. Toutefois, si l'auteur laisse des héritiers à réserve, cet usufruit est réduit au profit des héritiers, suivant les proportions et distinctions établies par *(L. n° 2006-728 du 23 juin 2006, en vigueur le 1er janv. 2007)* « l'article 913 » du code civil. – *Ancienne rédaction, issue de la L. n° 2001-1135 du 3 déc. 2001, art. 15 : « les articles 913 et 914 du code civil ». – Rédaction antérieure : « les articles 913 et suivants du code civil ».*

Ce droit s'éteint au cas où le conjoint contracte un nouveau mariage. – *Les modifications issues de la loi du 3 déc. 2001 entrent en vigueur le 1er juill. 2002 ; V. l'art. 25, de cette loi, ci-dessus.*

Art. L. 123-7 *(L. n° 2016-925 du 7 juill. 2016, art. 31)* I. — Après le décès de l'auteur, le droit de suite mentionné à l'article L. 122-8 subsiste au profit de ses héritiers et, pour l'usufruit prévu à l'article L. 123-6, de son conjoint, pendant l'année civile en cours et les soixante-dix années suivantes.

Sous réserve des droits des descendants et du conjoint survivant non divorcé, l'auteur peut transmettre le droit de suite par legs.

En l'absence d'héritier et de legs du droit de suite, ce dernier revient au légataire universel ou, à défaut, au détenteur du droit moral.

II. — En l'absence d'ayant droit connu, ou en cas de vacance ou de déshérence, le tribunal judiciaire peut confier le bénéfice du droit de suite à *(Ord. n° 2016-1823 du 22 déc. 2016, art. 2)* « un organisme de gestion collective régi par le titre II du livre III de la présente partie, agréé » à cet effet par arrêté du ministre chargé de la culture. Le tribunal peut être saisi par le ministre chargé de la culture ou par la société agréée.

Les sommes perçues par *(Ord. n° 2016-1823 du 22 déc. 2016, art. 2)* « l'organisme agréé » sont affectées à la prise en charge d'une fraction des cotisations dues par les auteurs des arts graphiques et plastiques au titre de la retraite complémentaire.

La gestion du droit de suite prévue au premier alinéa du présent II prend fin lorsqu'un ayant droit justifiant de sa qualité se fait connaître auprès de la société agréée.

III. — L'agrément *(Ord. n° 2016-1823 du 22 déc. 2016, art. 2)* « des organismes » prévu au II est délivré en considération :

1° De la diversité *(Ord. n° 2016-1823 du 22 déc. 2016, art. 2)* « des membres » ;

2° De la qualification professionnelle des dirigeants ;

3° De l'importance de leur répertoire et de la représentation des auteurs d'œuvres originales graphiques et plastiques bénéficiaires du droit de suite, au sens de l'article L. 122-8, au sein des organes dirigeants ;

4° Des moyens humains et matériels qu'ils proposent de mettre en œuvre pour permettre la prise en charge du droit de suite prévue au deuxième alinéa du II du présent article.

IV. — Les modalités d'application du présent article, notamment de la délivrance et du retrait de l'agrément prévu au II, sont précisées par décret en Conseil d'État.

L'art. L. 123-7 CPI, dans sa rédaction résultant de l'art. 31 de la L. n° 2016-925 du 7 juill. 2016, est applicable aux successions ouvertes à compter du 8 juill. 2016. Il est également applicable aux successions ouvertes avant la publication de la L. préc., y compris celles qui auraient été réglées à cette date, lorsqu'il n'existe aucun héritier régulièrement investi du droit de suite en application des règles de transmission en vigueur au jour du décès (L. préc., art. 31-II).

CHAPITRE IV DE L'OPTION DE L'HÉRITIER

(L. n° 2006-728 du 23 juin 2006, art. 1er)

La loi n° 2006-728 du 23 juin 2006 modifiant le présent chapitre entre en vigueur le ***1er janv. 2007****. — Pour les dispositions transitoires, V. l'art. 47-I et II de cette loi, ss. art. 892. — V. aussi l'ensemble des dispositions antérieures (Titre I ancien) à la suite de ce même art. 892.*

DALLOZ ACTION *Droit patrimonial de la famille 2021/2022, nos 240.00 s.*

BIBL. GÉN. ▸ Arteil, *Defrénois 2008. 145* (intérêt pour les héritiers de solliciter le redressement ou la liquidation judiciaire *post-mortem*). – Binet, *Dr. fam. 2006. Étude 55* (option successorale). – Brémond, *D. 2006. 2561* (nouveau régime du passif successoral) ; *JCP N 2006. 1366* (les nouveaux tempéraments à l'obligation *ultra vires successionis*). – Leroy, *Dr. et patr. 2/2009. 28* (renonciation successorale, transmission intergénérationnelle). – Mazeaud-Leveneur, *JCP N 2012, n° 1399* (silence de l'héritier). – Mehdi-Ayoub et Pfaff, *RLDC 2007/43, n° 2752* (option successorale).

SECTION 1 Dispositions générales

Art. 768 **L'héritier peut accepter la succession purement et simplement ou y renoncer. Il peut également accepter la succession à concurrence de l'actif net lorsqu'il a une vocation universelle ou à titre universel.**

Est nulle l'option conditionnelle ou à terme.

1. Caractère personnel de l'option. La faculté d'accepter une succession ou d'y renoncer étant un droit attaché à la personne, le débiteur en liquidation judiciaire l'exerce seul, sans préjudice de la mise en œuvre éventuelle par le liquidateur, en sa qualité de représentant des créanciers, de l'action prévue par l'anc. art. 788. • Com. 3 mai 2006, n° 04-10.115 P : *R., p. 354 ; BICC 1er août 2006, n° 1605, et la note ; D. 2006. AJ 1368, obs. A. Lienhard ; ibid. Pan. 2253, obs. F.-X. Lucas ; JCP 2006. I. 185, n° 6, obs. Cabrillac ; JCP N 2006. 1267, note Garçon, et 1373,* *note Vauvillé ; AJ fam. 2006. 332, obs. Bicheron ; RJPF 2006-9/48, note Casey ; Defrénois 2006. 1904, obs. Gibirila.*

2. Exercice de l'option par les créanciers personnels d'un héritier. V. art. 779.

Art. 769 L'option est indivisible.

Toutefois, celui qui cumule plus d'une vocation successorale à la même succession a, pour chacune d'elles, un droit d'option distinct.

1. Indivisibilité de l'option. L'acceptation fixe définitivement sur la tête de son auteur à la fois la qualité d'héritier ou de légataire, laquelle est indivisible et incompatible avec la situation d'acceptant à l'égard des uns et de renonçant à l'égard des autres, et la propriété de sa part dans l'hérédité ou des choses léguées, dont la transmission ne peut plus, dès lors, s'opérer par voie d'accroissement ou de dévolution ; il s'ensuit que l'acceptation est irrévocable à l'égard de tous et qu'une renonciation postérieure, simple acte d'abandon d'où ne peut résulter aucun droit pour les tiers, est sans valeur. • Req. 29 oct. 1929 : *DP 1930. 1. 19, rapport Dumas.*

2. Exercice de l'option en cas de legs distincts. La personne qui bénéficie à la fois d'un legs universel et d'un legs particulier peut renoncer au premier sans renoncer au second, aucune indivisibilité n'existant entre les deux libéralités, tant au regard de leur objet que de la volonté de la testatrice. • Civ. 1re, 18 déc. 2013 : *AJ fam. 2014. 122, obs. Levillain ; RTD civ. 2014. 421, obs. Grimaldi .*

Art. 770 L'option ne peut être exercée avant l'ouverture de la succession, même par contrat de mariage.

Art. 771 L'héritier ne peut être contraint à opter avant l'expiration d'un délai de quatre mois à compter de l'ouverture de la succession.

A l'expiration de ce délai, il peut être sommé, par acte extrajudiciaire, de prendre parti à l'initiative d'un créancier de la succession, d'un cohéritier, d'un héritier de rang subséquent ou de l'État.

Sur les actes de gestion du patrimoine des personnes placées en curatelle ou en tutelle, V. Décr. nº 2008-1484 du 22 déc. 2008, ss. art. 496.

1. Possibilité de renoncer à la succession à l'expiration du délai. L'héritier, qui ne peut être tenu de prendre parti sur la succession qui lui est échue pendant les délais pour faire inventaire et délibérer, peut encore renoncer à la succession s'il n'a pas fait par ailleurs acte d'héritier, tant qu'il n'existe pas contre lui de jugement passé en force de chose jugée qui le condamne en qualité d'héritier pur et simple. • Civ. 1re, 4 mars 1975 : *Gaz. Pal. 1975. 2. 485 (décision rendue en application de l'anc. art. 789).*

2. Impossibilité d'écarter les stipulations conventionnelles prévoyant un délai d'option. Le délai de quatre mois pendant lequel l'héritier ne peut être contraint par les créanciers de prendre parti sur la succession ne peut permettre aux héritiers de s'affranchir des stipulations d'une convention prévoyant un délai d'option pour réaliser une vente et d'imposer au cocontractant des modifications du contrat et des charges et conditions nouvelles. • Civ. 1re, 4 juill. 2012 : *cité note 12 ss. art. 724.*

Art. 772 Dans les deux mois qui suivent la sommation, l'héritier doit prendre parti ou solliciter un délai supplémentaire auprès du juge lorsqu'il n'a pas été en mesure de clôturer l'inventaire commencé ou lorsqu'il justifie d'autres motifs sérieux et légitimes. Ce délai est suspendu à compter de la demande de prorogation jusqu'à la décision du juge saisi.

A défaut d'avoir pris parti à l'expiration du délai de deux mois ou du délai supplémentaire accordé, l'héritier est réputé acceptant pur et simple.

Art. 773 A défaut de sommation, l'héritier conserve la faculté d'opter, s'il n'a pas fait par ailleurs acte d'héritier et s'il n'est pas tenu pour héritier acceptant pur et simple en application des articles 778, 790 ou 800.

Art. 774 Les dispositions des articles 771, 772 et 773 s'appliquent à l'héritier de rang subséquent appelé à succéder lorsque l'héritier de premier rang renonce à la succession ou est indigne de succéder. Le délai de quatre mois prévu à l'article 771 court à compter du jour où l'héritier subséquent a eu connaissance de la renonciation ou de l'indignité.

Art. 775 Les dispositions visées à l'article 774 s'appliquent également aux héritiers de celui qui décède sans avoir opté. Le délai de quatre mois court à compter de l'ouverture de la succession de ce dernier.

Les héritiers de celui qui décède sans avoir opté exercent l'option séparément, chacun pour sa part.

Transmissibilité passive de l'option. L'héritier de celui qui est appelé à une succession sans avoir pris parti dispose de tous les droits de son auteur ; les héritiers qui acceptent la succession de leur grand-mère, décédée moins de trois ans après le décès de sa propre mère sans avoir manifesté une quelconque volonté d'acceptation ou de renonciation à la succession de ses parents, peuvent exercer le droit d'option héréditaire et renoncer à la succession de leurs arrière-grands-parents. • Civ. 1re, 14 nov. 2006, n° 03-13.473 P *(décision rendue en application de l'anc. art. 781).*

Art. 776 L'option exercée a un effet rétroactif au jour de l'ouverture de la succession.

Art. 777 L'erreur, le dol ou la violence est une cause de nullité de l'option exercée par l'héritier.

L'action en nullité se prescrit par cinq ans à compter du jour où l'erreur ou le dol a été découvert ou du jour où la violence a cessé.

Nullité pour dol. Dol consistant, de la part de la concubine du *de cujus*, dans la dissimulation de l'existence d'un testament en sa faveur et d'un passif important dont elle était créancière. • Angers, 3 nov. 2004 : *Dr. fam. 2005, n° 118, note Beignier (décision rendue en application de l'anc. art. 783).*

Art. 778 Sans préjudice de dommages et intérêts, l'héritier qui a recelé des biens ou des droits d'une succession ou dissimulé l'existence d'un cohéritier est réputé accepter purement et simplement la succession, nonobstant toute renonciation ou acceptation à concurrence de l'actif net, sans pouvoir prétendre à aucune part dans les biens ou les droits *(L. n° 2009-526 du 12 mai 2009, art. 10)* « détournés » ou recelés. Les droits revenant à l'héritier dissimulé et qui ont ou auraient pu augmenter ceux de l'auteur de la dissimulation sont réputés avoir été recelés par ce dernier.

Lorsque le recel a porté sur une donation rapportable ou réductible, l'héritier doit le rapport ou la réduction de cette donation sans pouvoir y prétendre à aucune part.

L'héritier receleur est tenu de rendre tous les fruits et revenus produits par les biens recelés dont il a eu la jouissance depuis l'ouverture de la succession.

BIBL. ► GUILHERMONT, *Dr. fam. 2007. Étude 27* (dissimulation d'héritier).

I. EXISTENCE DU RECEL

1. *Généralité du recel.* Le recel vise toutes les fraudes au moyen desquelles un héritier cherche, au détriment de ses cohéritiers, à rompre l'égalité du partage, soit qu'il divertisse des effets de la succession en se les appropriant indûment, soit qu'il les recèle en dissimulant sa possession dans les circonstances où il serait, d'après la loi, tenu de la déclarer. • Civ. 21 mars 1894 : *DP 1894. 1. 345, rapport Monod* • 30 mars 1898 : *DP 1899. 1. 22* • 30 déc. 1947 : *JCP 1948. II. 4591, note Voirin (décisions rendues en application de l'anc. art. 792).*

2. *Appréciation souveraine des juridictions du fond.* *(Décisions rendues en application de l'anc. art. 792).* La loi n'ayant pas déterminé les circonstances constitutives du recel et du divertissement en a abandonné l'appréciation souveraine aux juges du fond. • Req. 14 déc. 1859 : *DP 1860. 1. 191* • 24 oct. 1932 : *DH 1932. 537* • 24 mars 1941 : *DA 1941. J. 197* • Civ. 1re, 13 juin 1960, n° 57-12.236 P.

3. *Nécessité de caractériser un préjudice (non).* Il n'est pas nécessaire que les juges du fond constatent l'existence d'un préjudice. • Civ. 1re, 12 juill. 1983, n° 82-13.199 P : *R., p. 48 ; D. 1984. 237, note Souleau ; RTD civ. 1984. 339, obs. Patarin (décision rendue en application de l'anc. art. 792).*

A. DOMAINE DU RECEL

1° PARTAGES CONCERNÉS

4. *Non-application du recel au partage des indivisions conventionnelles.* Le recel ne s'applique pas au cas où il est intervenu entre les héritiers une convention par laquelle un ou plusieurs d'entre eux ont été chargés d'administrer la succession indivise ; en ce cas les rapports des héritiers entre eux sont régis non par l'art. 792, mais par les dispositions contenues au titre du mandat, et au besoin, par l'art. 408 C. pén. [ancien ; V. C. pén., art. 314-1 s.]. • Civ. 5 juill. 1893 : *DP 1894. 1. 145, note Planiol (décision rendue en application de l'anc. art. 792).* ♦ Les peines du recel ne sont pas applicables au conjoint survivant pour des sommes prélevées par lui au préjudice de l'indivision conventionnelle ayant existé entre les époux. • Civ. 1re, 15 nov. 1994, n° 93-10.039 P : *D. 1995. Somm. 333, obs. Grimaldi (décisions rendues en application de l'anc. art. 792).*

5. *Non-cumul du recel successoral et du re-*

cel de communauté. Le recel successoral n'est pas applicable au conjoint survivant qui prélève des sommes au préjudice de l'indivision post-communautaire ayant existé entre les époux. • Civ. 1re, 19 mars 2008, n° 07-10.810 P : *RLDC 2008/5, n° 3001, obs. Jeanne* (application du recel de communauté). ♦ Seul un recel de communauté, à l'exclusion d'un recel successoral, peut être retenu à l'encontre du conjoint survivant qui prélève des sommes au préjudice de l'indivision post-communautaire, celui-ci étant débiteur des sommes correspondantes envers cette seule indivision, non en sa qualité d'héritier, mais en sa qualité d'indivisaire tenu au rapport de ce qu'il a prélevé dans l'indivision avant le partage. • Civ. 1re, 27 sept. 2017, n° 16-22.150 P : *D. 2017. 1977 ; AJ fam. 2017. 602, obs. Casey ; Dr. fam. 2017, n° 229, note Nicod ; JCP N 2018, n° 1098, note Vareille* (décision rendue en application de l'anc. art. 792) • 29 janv. 2020, n° 18-25.592 P : *D. 2020. 282 ; AJ fam. 2020. 260, obs. Casey* (idem).

2° AUTEUR DU RECEL

6. Faits commis en qualité d'héritier. La sanction de recel n'est pas applicable à un associé qui détourne des sommes au préjudice d'une personne morale, celui-ci répondant de ces actes non pas en sa qualité d'héritier d'un autre des associés, mais comme auteur du délit dont elle seule a été victime et qui n'a pas eu pour conséquence la distraction d'effets de la succession, les parts sociales subsistant dans l'actif successoral. • Civ. 1re, 18 mai 2011, n° 10-12.127 P : *D. 2011. Actu. 1414 ; AJ fam. 2011. 385, obs. Vernières ; RTD civ. 2011. 572, obs. Grimaldi (décision rendue en application de l'anc. art. 792).*

7. Prise en compte des actes accomplis par le défunt. La sanction du recel successoral est applicable dans le cas même où la fraude est l'œuvre du défunt, lorsque l'héritier avantagé tente sciemment de s'assurer le bénéfice du dol commis par son auteur (vente fictive réalisant un avantage indirect au profit d'héritiers qui, loin de déclarer la libéralité lors de l'inventaire, en ont contesté la réalité). • Req. 22 oct. 1928 : *DP 1929. 1. 101, note Desbois.* – Dans le même sens : • Req. 7 juin 1943 : *DA 1943. J. 49 ; JCP 1943. II. 2571, note Voirin* • Civ. 1re, 23 mai 1959 : *D. 1959. 470 (décisions rendues en application de l'anc. art. 792).*

8. Faits accomplis par un copartageant : légataires universels ou à titre universel. *(Décisions rendues en application de l'anc. art. 792).* Les peines édictées par l'art. 792 s'appliquent à toutes les personnes appelées à venir au partage de la succession en vertu d'un titre universel, et donc à un légataire universel. • Civ. 1re, 5 janv. 1983, n° 81-16.655 P : *R., p. 44 ; RTD civ. 1984. 340, obs. Patarin.* – Même solution : • Paris, 10 juill. 1946 : *JCP 1947. II. 3392, note R. Savatier.*

9. ... Conjoint survivant. Les peines du recel successoral peuvent frapper le conjoint survivant alors même que le montant de son usufruit légal est inférieur à celui des legs particuliers qui lui ont été consentis. • Civ. 1re, 11 oct. 1988, n° 86-14.841 P : *R., p. 164 ; D. 1990. 1, note Breton [arrêt reproduit avec une rédaction différente de celle ci-dessus] ; JCP 1989. II. 21321, note E. S. de La Marnierre ; RTD civ. 1989. 362, obs. Patarin.* ♦ Le conjoint survivant qui prétend ignorer ce qu'il est advenu de fonds propres du de cujus qui lui ont été remis à titre de dépôt se rend coupable de recel. • Civ. 1re, 24 nov. 1998 : *Dr. fam. 1999, n° 106, note Fouquet (1re esp.) (décision rendue en application du droit antérieur à l'anc. art. 792).*

10. Exclusion du conjoint survivant usufruitier de la totalité de la succession. Le conjoint ayant opté pour l'usufruit de la totalité de la succession ne dispose pas de droits de même nature que ceux de l'héritier nu-propriétaire, de sorte qu'il n'y a pas lieu à partage entre les héritiers en l'absence d'indivision et que la dissimulation des fonds ne peut être qualifiée de recel successoral. • Civ. 1re, 9 sept. 2015, n° 14-18.906 P : *AJ fam. 2015. 629, obs. Vernières ; RTD civ. 2015. 925, obs. Grimaldi .* ♦ Déjà, en application de l'anc. art. 792 : le conjoint survivant, bénéficiaire d'une institution contractuelle, qui a opté pour l'usufruit de la totalité de la succession est réputé avoir, dès l'ouverture de celle-ci, la jouissance de tous les biens la composant, et ne dispose pas de droits de même nature que ceux des autres héritiers, de sorte qu'il n'y a pas lieu à partage entre lui et ces derniers et que la dissimulation des fonds ne peut être qualifiée de recel successoral. • Civ. 1re, 29 juin 2011, n° 10-13.807 P : *AJ fam. 2011. 507, obs. Vernières ; RTD civ. 2011. 788, obs. Grimaldi ; Dr. fam. 2011, n° 154, obs. Beignier ; RJPF 2011-10/47, note Casey.*

B. ÉLÉMENT MATÉRIEL DU RECEL

11. Diversité des procédés susceptibles d'être mis en œuvre. Le recel successoral peut résulter de tout procédé tendant à frustrer les cohéritiers d'un bien de la succession. • Civ. 1re, 4 mai 1977 : *Bull. civ. I, n° 208* • 7 déc. 1982 : *D. 1983. 176, note G. Morin.* ♦ Le recel et le divertissement existent dès que sont établis des faits matériels manifestant l'intention de porter atteinte à l'égalité du partage, et ce, quels que soient les moyens mis en œuvre. • Civ. 1re, 7 juill. 1982 : *Bull. civ. I, n° 255.* – V. aussi • Civ. 1re, 10 mars 1993, n° 90-19.279 P : *RTD civ. 1994. 142, obs. Patarin* • 2 mars 1999 : *Dr. fam. 1999, n° 105, note Fouquet (2e esp.)* • 28 juin 2005, n° 04-13.776 P : *D. 2005. IR 2105 ; JCP 2008. I. 108, n° 3, obs. Le Guidec ; Defrénois 2005.*

1522, obs. Champenois ; LPA 26 juin 2007, note Vareille (décisions rendues en application de l'anc. art. 792).

12. Prise en compte de l'efficacité du procédé employé. Un héritier ne peut être déchu de sa part dans la quotité disponible pour avoir tenté de se la faire attribuer au moyen d'un faux testament dès lors que cet acte ne pouvait avoir aucun effet, la quotité disponible ayant été entièrement absorbée par des libéralités antérieures irrévocables dont lui-même et son cohéritier avaient bénéficié. • Civ. 1re, 4 déc. 1990, n° 87-18.256 P : *RTD civ. 1992. 423, obs. Patarin (décision rendue en application de l'anc. art. 792).*

1° SOUSTRACTION DE BIENS OU DE FONDS

13. Soustraction de biens immeubles. Le recel peut porter sur des immeubles : • Paris, 10 juill. 1946 : *JCP 1947. II. 3392, note R. Savatier* • Civ. 1re, 16 juill. 1992, n° 90-12.471 P : *Defrénois 1993. 806, obs. Champenois ; JCP 1993. I. 3713, obs. Testu ; RTD civ. 1993. 388, obs. Patarin*. ♦ ... Mais non sur l'offre de vente faite au preneur avant son décès. • Civ. 1re, 5 nov. 2008 : *RLDC 2009/56, n° 3274, obs. Evenat ; D. 2010. Pan. 224, obs. Amrani-Mekki (décision rendue en application de l'anc. art. 792).*

14. Soustraction de fruits ou revenus de biens dépendant de l'indivision successorale (non). Les loyers d'un immeuble dépendant d'une indivision successorale perçus après l'ouverture de la succession n'en constituent pas des effets, et ne peuvent donc pas faire l'objet d'un recel. • Civ. 1re, 25 nov. 2003, n° 01-03.877 P : *D. 2004. Somm. 2343, obs. Brémond ; JCP 2004. I. 155, n° 4, obs. Le Guidec ; Dr. fam. 2004, n° 9, note Beignier (décision rendue en application de l'anc. art. 792).*

2° DISSIMULATION D'UNE LIBÉRALITÉ

15. Principe : caractère volontaire de la dissimulation. La dissimulation volontaire par l'héritier gratifié des libéralités qui lui ont été consenties est constitutive d'un recel. • Civ. 1re, 4 juin 2009, n° 08-15.093 P : *JCP 2010, n° 203, § 4, obs. Le Guidec ; Dr. fam. 2009, n° 110, note Beignier ; RCA 2009. Étude 12, note Ph. Pierre ; RDC 2010. 170, obs. Goldie-Génicon* (recherche du caractère manifestement exagéré des primes d'un contrat d'assurance vie) *(décision rendue en application de l'anc. art. 792).*

16. ... Caractère rapportable ou réductible de la libéralité dissimulée. La sanction prévue à l'art. 778, al. 2, n'est applicable à l'héritier donataire que si le recel a porté sur une donation rapportable ou réductible. • Civ. 1re, 25 mai 2016, n° 15-14.863 P : *D. 2016. 2086, obs. Brémond ; AJ fam. 2016. 394, obs. Vernières ; RTD civ. 2016. 910, obs. Grimaldi*. ♦ Les libéralités consenties par le *de cujus* à un légataire universel ne sont pas rapportables et, en l'absence d'héritier réservataire, elles ne sont pas non plus susceptibles d'être réductibles, de sorte que leur dissimulation ne peut être qualifiée de recel successoral. • Civ. 1re, 20 oct. 2010 : *cité note 12 ss. art. 843 (décision rendue en application de l'anc. art. 792).* ♦ En l'absence d'héritier réservataire, la donation préciputaire n'étant pas susceptible de réduction, sa dissimulation ne peut être constitutive d'un recel successoral. • Civ. 1re, 26 janv. 2011, n° 09-68.368 P : *D. 2011. Chron. C. cass. 622, obs. Auroy*.

17. ... Nécessité de caractériser des faits positifs de recel imputables à l'héritier. Justifie légalement sa décision refusant d'appliquer les peines du recel à un héritier la cour d'appel qui, après avoir exactement énoncé qu'il ne suffit pas qu'une libéralité soit déguisée ou indirecte pour que le recel existe, déduit souverainement de ses constatations que, malgré une attitude procédurale manifestant son intention de fausser le partage, aucun fait positif de recel n'était imputable à cet héritier (transfert d'un fonds de commerce, du père à l'un de ses enfants, dissimulé, à des fins fiscales, sous le couvert d'une radiation du registre du commerce du père suivie d'une inscription nouvelle du fils). • Civ. 1re, 20 févr. 1996, n° 94-10.262 P : *JCP 1996. I. 3968, n° 2, obs. Le Guidec ; RTD civ. 1996. 447, obs. Patarin (décision rendue en application de l'anc. art. 792).* ♦ Recel non retenu dans le cas d'une donation déguisée, l'intention frauduleuse du gratifié n'ayant pas été établie, V. jurisprudence citée ci-dessous.

18. Applications : donations rapportables. Les donations rapportables, par cela même qu'elles font partie de la masse à partager, sont nécessairement comprises dans les « effets de la succession », au sens qu'ont ces mots dans l'art. 792. • Civ. 11 juill. 1893 : *DP 1893. 1. 561, note M. B.* • 21 mars 1894 : *DP 1894. 1. 345, rapp. Monod* • 14 avr. 1897 : *DP 1897. 1. 287 (décisions rendues en application de l'anc. art. 792).*

19. ... Donations réductibles. Les donations non rapportables qui sont sujettes à la réduction font partie de la masse partageable dans la mesure où elles excèdent la quotité disponible, et, par suite, sont des effets de la succession au sens de l'art. 792. • Civ. 30 mars 1898 : *DP 1899. 1. 23.* – Dans le même sens : • Civ. 30 déc. 1947 : *JCP 1948. II. 4591, note Voirin.* – V. conf. • Civ. 1re, 19 juill. 1989, n° 88-11.323 P : *Defrénois 1989. 1426, obs. Champenois ; RTD civ. 1992. 424, obs. Patarin (décisions rendues en application de l'anc. art. 792).*

20. Non-révélation d'un contrat d'assurance vie (non). La non-révélation de l'existence d'un contrat d'assurance vie par un héritier n'est pas constitutive, par elle-même, d'un recel successoral, faute d'élément intentionnel, dès lors que le capital ou la rente payables au décès du souscripteur et que les primes versées par lui, sauf preuve judiciairement constatée du caractère manifestement exagéré de celles-ci eu égard à ses facultés, ne sont pas soumis à rapport à la succession. • Civ. 1re, 12 déc. 2007, n° 06-19.653 P : *JCP 2009. I. 109, n° 3, obs. Le Guidec ; JCP N 2008. 1210, note S. Hovasse ; Gaz. Pal. 2009. 476, note Leducq ; RTD civ. 2008. 135, obs. Grimaldi*.

3° OMISSION D'HÉRITIER

21. Application du recel en cas d'omission intentionnelle d'un héritier. *(Décisions rendues en application de l'anc. art. 792).* La sanction du recel successoral s'applique à l'omission intentionnelle d'un héritier. • Civ. 1re, 20 sept. 2006, n° 04-20.614 P : *D. 2006. 2969, note Jacotot ; JCP 2007. II. 10014, note Eschylle ; JCP 2008. I. 108, n° 3, obs. Le Guidec ; LPA 26 juin 2007, note Vareille.* – Guilhermont, *Dr. fam. 2007. Étude 27* (dissimulation d'héritier) *(décision rendue en application de l'anc. art. 792).* ♦ Rappr., déjà : • Civ. 1re, 16 juill. 1992 : *préc. note 13.*

C. ÉLÉMENT INTENTIONNEL DU RECEL

22. Applications : non-révélation d'une donation rapportable. BIBL. Mésa, *RLDC 2010/76, n° 4011.* ♦ Un héritier ne peut être frappé des peines du recel que lorsque est rapportée la preuve de son intention frauduleuse, constitutive de ce délit civil. • Civ. 1re, 27 janv. 1987 : *GAJC, 12e éd., n° 113 ; D. 1987. 253, note Morin* • 7 juin 1995, n° 93-16.597 P • 19 déc. 1995, n° 93-16.953 P : *RTD civ. 1996. 447, obs. Patarin ; JCP 1996. I. 3968, n° 2, obs. Le Guidec* • 12 déc. 2006, n° 05-18.573 P : *JCP 2008. I. 108, n° 3, obs. Le Guidec ; AJ fam. 2007. 92, obs. Bicheron ; RJPF 2007-4/38, obs. J. C. ; LPA 26 juin 2007, note Vareille.* ♦ En ce sens, également, l'intention frauduleuse est un élément constitutif du recel : • Paris, 19 janv. 1953 : *JCP 1953. II. 7427, note H. Mazeaud* (affaire *Bonnard* ; rédaction d'un faux testament) • Civ. 1re, 2 juill. 1962 : *D. 1962. 677, note Voirin (décisions rendues en application de l'anc. art. 792).*

23. ... Non-révélation d'une donation préciputaire. L'intention frauduleuse du receleur est souverainement appréciée par les juges du fond. • Civ. 1re, 27 janv. 1987 : *préc. note 22* • 6 mai 1997 : *Dr. fam. 1997, n° 147, note Beignier* • 30 janv. 2001, n° 98-14.930 P *(décisions rendues en application de l'anc. art. 792).*

24. ... Non-révélation d'une donation soumise à imputation. Le recel suppose l'intention frauduleuse et ce n'est pas à l'héritier auquel le recel est reproché de démontrer sa bonne foi. • Paris, 10 juill. 1946 : *JCP 1947. II. 3392, note R. Savatier (décision rendue en application de l'anc. art. 792).*

25. ... Non-révélation d'une donation déguisée. Recel résultant de la non révélation d'une donation déguisée sous forme d'une acquisition immobilière réalisée par le donataire et financée par le défunt, alors que l'acte notarié dressé à l'occasion de l'acquisition de l'immeuble comportait une déclaration mensongère relative à l'origine des fonds utilisés au titre de l'apport initial et que la donation n'avait pas été déclarée au notaire en charge de la succession à laquelle le donataire a très rapidement renoncé afin d'en favoriser la clôture, le donataire ayant, de surcroît, continué d'occulter la donation à la suite d'un courrier des aux autres héritiers faisant expressément référence au financement de l'immeuble. • Civ. 1re, 1er févr. 2017, n° 16-14.323 P : *Gaz. Pal. 2017. 948, obs. Piedelièvre* (décision rendue en application de l'anc. art. 792). ♦ Cependant la simulation n'emporte pas en elle-même présomption de recel à l'égard du successible, gratifié par une libéralité déguisée, qui ne peut être frappé de la peine du recel que lorsque est rapportée la preuve de son intention frauduleuse, élément constitutif de ce délit civil. • Civ. 1re, 9 févr. 1983 : *Bull. civ. I, n° 57* • 3 juin 1986 : *ibid. I, n° 155* • 29 mai 1996 : *D. 1997. 163, note Ph. Malaurie* • 28 févr. 2006, n° 03-19.206 P : *JCP 2008. I. 108, n° 3, obs. Le Guidec* • 12 déc. 2006, n° 05-18.573 P : *JCP 2008. I. 108, n° 3, obs. Le Guidec ; AJ fam. 2007. 92, obs. Bicheron ; RJPF 2007-4/38, obs. J. C. ; LPA 26 juin 2007, note Vareille (décisions rendues en application de l'anc. art. 792).*

II. SANCTION DU RECEL

A. FACULTÉ DE REPENTIR

26. Prise en compte du repentir : principe. Si le recel peut résulter d'actes antérieurs à l'ouverture de la succession, il ne saurait cependant exister s'il ne se maintient pas après son ouverture. • Orléans, 15 avr. 1953 : *D. 1953. 689.* ♦ Si le recel se trouve constitué par un divertissement de valeurs appartenant au *de cujus,* commis avant l'ouverture de la succession, par un successible éventuel qui, après le décès, a tenté, par réticence, dissimulation, ou de toute autre manière, de tirer un bénéfice de sa fraude, il en est autrement lorsque ce successible a restitué les valeurs soustraites, du vivant même du *de cujus,* eût-il été contraint à cette restitution sur la plainte de celui-ci, l'acte frauduleux pouvant alors subsister au titre de délit pénal, mais n'étant pas susceptible de recevoir la qualification juridique de « recel d'effets de succession ». • Civ. 17 oct. 1950 : *D. 1950. 755 (décision rendue en application de l'anc. art. 792).*

27. ... Conditions. Le repentir suppose une restitution spontanée et antérieure aux poursuites. • Civ. 1re, 14 juin 2005, n° 04-10.755 P : *JCP 2008. I. 108, n° 3, obs. Le Guidec ; Defrénois 2005. 1524, obs. Champenois ; AJ fam. 2005. 326,* *obs. Bicheron* ; *Dr. fam. 2005, n° 221, note Beignier ; LPA 26 juin 2007, note Vareille* • 17 janv. 2006, n° 04-17.675 P : *JCP 2008. I. 108, n° 3, obs. Le Guidec ; AJ fam. 2006. 117, obs. Bicheron* ; *Dr. fam. 2006, n° 112, note Binet ; LPA 26 juin 2007, note Vareille (décisions rendues en application de l'anc. art. 792).*

B. ACTION EN RESTITUTION

28. Impossibilité de former l'action indépendamment d'une action en partage judiciaire. Les demandes en rapport d'une libéralité dont aurait bénéficié un héritier et en application de la sanction du recel successoral ne peuvent être formées qu'à l'occasion d'une action en partage judiciaire. Par suite, la demande fondée sur le recel successoral est irrecevable lorsqu'une action en partage judiciaire ne peut plus être engagée car les parties, ayant déjà procédé au partage amiable de la succession, ne sont plus en indivision et alors qu'aucune action en nullité de ce partage, ni en complément de part ou en partage complémentaire, n'a été engagée. • Civ. 1re, 6 nov. 2019, n° 18-24.332 P : *D. 2020. 506, obs. Douchy-Oudot* ; *AJ fam. 2019. 658, obs. Casey* ; *Dr. fam. 2020, n° 14, note Nicod.* ♦ Viole les art. 792, 822 et 843, dans leur rédaction antérieure à la L. du 23 juin 2006, la cour d'appel qui accueille les demandes formées par un héritier à l'encontre d'un cohéritier, en application des sanctions du recel successoral et en rapport des libéralités dont ce dernier aurait été gratifié alors qu'elle n'était pas saisie d'une demande concomitante en partage de la succession. • Civ. 1re, 2 sept. 2020, n° 19-15.955 P : *D. 2020. 2206, obs. Godechot-Patris et Grare-Didier* ; *AJ fam. 2020. 539, obs. Levillain* ; *Dr. fam. 2020, n° 152, note Tani.*

1° TITULAIRES DE L'ACTION

29. Conjoint d'un héritier, attributaire de l'intégralité de la communauté universelle. L'épouse qui a recueilli, en vertu d'une clause d'attribution de la communauté universelle, les droits que son conjoint tenait de sa qualité d'héritier peut se prévaloir de l'art. 792 à l'encontre du cohéritier de son mari qui aurait diverti ou recelé des effets de la succession échue à ce dernier. • *Civ. 1re, 29 mai 1996 : D. 1997. 163, note Malaurie (décision rendue en application de l'anc. art. 792).*

30. Descendant du défunt ayant perdu la qualité d'héritier par prescription (non). L'inaction de la fille du défunt lui ayant fait perdre, à l'expiration du délai de prescription, la qualité d'héritier, il en résulte que la demande de ses ayants droit tendant à l'application de la sanction du recel successoral est irrecevable. • Civ. 1re, 28 janv. 2009, n° 07-19.573 P : *D. 2009. AJ 500, obs. Égéa* ; *ibid. Pan. 2508, obs. Nicod* ; *JCP 2010, n° 203, § 3, obs. Le Guidec ; AJ fam. 2009. 135, obs. Bicheron* ; *Dr. fam. 2009, n° 47, obs. Beignier ; RLDC 2009/62, n° 3508, note Chauchat-Rozier.*

2° ÉTENDUE DES RESTITUTIONS : RECEL DE BIENS SUCCESSORAUX

31. Prise en compte de la nature des droits de la victime du recel. Le recel successoral ne prive son auteur de sa part dans les biens recelés que dans la mesure où ces biens devaient être partagés ; il s'ensuit que, lorsque l'héritier, victime du recel, n'avait de droit qu'en usufruit, la sanction du recel ne peut porter que sur la jouissance des biens détournés. • Civ. 1re, 12 juill. 1983, n° 82-13.199 P : *R., p. 48 ; D. 1984. 237, note Souleau ; RTD civ. 1984. 339, obs. Patarin (décision rendue en application de l'anc. art. 792).*

32. Restitution des fruits des biens recelés. L'héritier victime du recel a droit aux fruits des biens recelés depuis le décès, mais il ne peut, dès lors, prétendre aux intérêts au taux légal. • Civ. 1re, 8 nov. 2005, n° 03-18.236 P *(décision rendue en application de l'anc. art. 792).*

33. Restitution par équivalent en cas de disparition du bien recelé : application du mécanisme de la dette de valeur. Lorsque la restitution en nature du bien recelé n'est pas possible, celui-ci ayant été vendu, le receleur doit restituer à la succession la valeur actuelle de ce bien et, s'agissant d'une dette de valeur, les intérêts ne sont dus qu'à compter du jour où cette dette est liquidée. • Civ. 1re, 19 nov. 2014, n° 13-24.644 P : *D. 2015. Chron. C. cass. 511, note Guyon-Renard* ; *AJ fam. 2014. 711, obs. Casey* ; *Defrénois 2015. 391, obs. Chamoulaud-Trapiers.*

3° ... RECEL D'UNE SOMME D'ARGENT

34. Donation de deniers ayant servi à l'acquisition d'un bien : absence de restitution en nature du bien acquis. En présence d'une donation portant sur une somme d'argent et non sur les actions que les deniers avaient permis d'acquérir, les héritiers lésés ne peuvent prétendre, au titre d'un recel successoral, à la restitution des actions et dividendes ainsi acquis. • Civ. 1re, 8 oct. 2014, n° 13-10.074 P : *D. actu. 23 oct. 2014, obs. Marrocchella ; AJ fam. 2014. 710, obs. Casey* ; *RTD civ. 2014. 930, obs. Grimaldi* ; *Dr. fam. 2015, n° 16, obs. Nicod.*

35. Restitution de la valeur du bien acquis au jour du partage et application de la dette de valeur. L'héritier qui s'est rendu coupable de recel en dissimulant la donation de deniers employés à l'acquisition d'un bien est redevable d'une somme représentant la valeur de ce bien à la date du partage ; s'agissant d'une dette de valeur, les intérêts ne sont dus qu'à compter du jour où elle est déterminée. • Civ. 1re, 15 déc. 2021, nº 20-15.345 B (décision rendue en application de l'anc. art. 792). ♦ V. précédemment en sens contraire : • Civ. 1re, 31 mai 2005, nº 02-17.162 P (décision rendue en application de l'anc. art. 792).

36. Restitution des intérêts de la somme détournée. Celui qui s'est rendu coupable de recel doit les intérêts de la somme détournée à compter de l'appropriation injustifiée. • Civ. 1re, 18 oct. 1994, nº 91-22.330 P • 31 oct. 2007, nº 06-14.399 P. ♦ Lorsque les sommes détournées sont susceptibles de produire des intérêts, ceux-ci, qui font partie intégrante des valeurs elles-mêmes, tombent, à partir de la date de l'indue appropriation, sous l'application de l'art. 792. • Civ. 14 avr. 1897 : *DP 1897. 1. 287 (décisions rendues en application de l'anc. art. 792).* ♦ Mais, lorsque la restitution fait appel à la dette de valeur, en cas de disparition du bien recelé ou en cas d'acquisition d'un bien à l'aide de la somme donnée, les intérêts ne sont dus qu'à compter du jour où cette dette est liquidée. • Civ. 1re, 15 déc. 2021, nº 20-15.345 B : *cité note 35.*

37. Exclusion de la compensation. Il résulte des art. 792 et 1293-1º anc. que l'héritier receleur doit restituer l'intégralité des sommes diverties sans pouvoir effectuer de compensation. • Civ. 1re, 6 mai 1997, nº 94-18.446 P : *JCP 1997. II. 22932, note Loiseau (décision rendue en application de l'anc. art. 792).*

38. Cas particuliers : pluralité de receleurs. En présence de deux héritiers ayant chacun connaissance du recel commis par l'autre, l'un et l'autre ne peuvent prétendre à aucune part sur la totalité de la somme recelée. • Civ. 1re, 20 juin 2012, nº 11-17.383 P : *D. 2012. Chron. C. cass. 2050, obs. Vassallo ; AJ fam. 2012. 470, obs. Vernières ; JCP N 2012, nº 1401, note Massip.*

39. ... Valeurs recelées situées à l'étranger. Lorsqu'il est établi que toutes les valeurs recélées se trouvent à l'étranger, les juges peuvent prescrire que la sanction du recel s'exécutera par prélèvement sur la partie des biens successoraux demeurés en France. • Req. 6 nov. 1945 : *D. 1946. 154 (décision rendue en application de l'anc. art. 792).*

C. AUTRES SANCTIONS

40. Déchéance de l'option successorale : principe. L'héritier qui a diverti ou recelé des effets d'une succession est déchu de la faculté d'y renoncer et cette déchéance est absolue ; elle peut être prononcée, quelle que soit l'époque à laquelle se sont produits les faits qui la motivent, lors même qu'ils ont été concertés entre le défunt et son successible, et sur la poursuite des créanciers de la succession comme à la demande des autres héritiers. • Civ. 28 oct. 1907 : *DP 1910. 1. 292 (décision rendue en application de l'anc. art. 792).* ♦ Sur la déchéance de l'acceptation à concurrence de l'actif net, V. art. 800.

41. ... Personnes susceptibles de se prévaloir de la déchéance. La déchéance édictée par l'art. 792 peut être prononcée sur la poursuite des créanciers de la succession comme à la demande des autres héritiers. • Civ. 28 oct. 1907 : *DP 1910. 1. 292 (décision rendue en application de l'anc. art. 792).*

42. Compatibilité avec d'autres sanctions pénales. Les dispositions des art. 792 et 801 n'apportent aucun obstacle à l'application de la loi pénale, dès lors que l'enlèvement a le caractère d'un vol et que le détournement constitue un abus de confiance. • Crim. 7 oct. 1981 : *Bull. crim. nº 265 (décision rendue en application des anc. art. 792 et 801).*

43. Impossibilité pour le receleur sanctionné d'obtenir réparation de son préjudice. La sanction du recel successoral, qui suppose l'intention frauduleuse de rompre l'égalité du partage, ne constitue pas, pour celui qui le commet, un préjudice ouvrant droit à réparation ; ainsi, les cohéritiers ayant dissimulé la seconde union de leur père, et par conséquent l'existence d'autres héritiers, ne peuvent engager la responsabilité du notaire qui n'a pas vérifié l'acte de naissance du défunt, ce qui lui aurait permis de découvrir la seconde union. • Civ. 1re, 9 avr. 2014, nº 13-16.348 P : *D. 2014. 929 ; AJ fam. 2014. 325, obs. Gilles.*

Art. 779 Les créanciers personnels de celui qui s'abstient d'accepter une succession ou qui renonce à une succession au préjudice de leurs droits peuvent être autorisés en justice à accepter la succession du chef de leur débiteur, en son lieu et place.

L'acceptation n'a lieu qu'en faveur de ces créanciers et jusqu'à concurrence de leurs créances. Elle ne produit pas d'autre effet à l'égard de l'héritier.

A. DOMAINE D'APPLICATION

1. Personnes visées : créancier du défunt (non). La règle de l'art. 788 ne peut être invoquée par le créancier du défunt qui n'est pas créancier personnel du renonçant. • Req. 29 mars 1909 (2e et 3e arrêts) : *DP 1910. 1. 421 (décision rendue en application de l'anc. art. 788).*

2. ... Légataire (non). Le bénéfice de l'art. 788, exclusivement réservé aux créanciers personnels de l'héritier, ne peut être réclamé par le légataire contre une renonciation qui lui préjudicie (renonciation par les héritiers du testateur à une succession échue à ce dernier et non acceptée par lui avant son décès). • Req. 15 mars 1859 : *D. 1859. 1. 321 (décision rendue en application de l'anc. art. 788).*

3. Nécessité d'établir l'insolvabilité du débiteur. Rejet de la demande présentée par le créancier qui n'établit pas l'insolvabilité, au moins apparente, de son débiteur, à la date de la renonciation à la succession : • Civ. 1re, 19 déc. 2012, n° 11-25.578 P : *D. 2013. 85 ; AJ fam. 2013. 141, obs. Vernières ; Defrénois 2013. 478, obs. Autem (décision rendue en application de l'anc. art. 788).*

B. CONSÉQUENCES DE L'AUTORISATION

4. Effets limités de l'acceptation. Le créancier autorisé à accepter la succession en lieu et place de son débiteur ne devient pas héritier du défunt ; son action est sans incidence sur l'option exercée par le renonçant, dont la part accroît à ses cohéritiers, qui sont tenus de payer les dettes successorales au prorata de leur part héréditaire. • Civ. 1re, 14 nov. 2006, n° 03-30.230 P : *JCP 2008. I. 108, n° 2, obs. Le Guidec ; RJPF 2007-1/45, note Casey ; LPA 26 juin 2007, note Yildirim ; RTD civ. 2007. 600, obs. Grimaldi (décision rendue en application de l'anc. art. 788).*

Art. 780 **La faculté d'option se prescrit par dix ans à compter de l'ouverture de la succession.**

L'héritier qui n'a pas pris parti dans ce délai est réputé renonçant.

La prescription ne court contre l'héritier qui a laissé le conjoint survivant en jouissance des biens héréditaires qu'à compter de l'ouverture de la succession de ce dernier.

La prescription ne court contre l'héritier subséquent d'un héritier dont l'acceptation est annulée qu'à compter de la décision définitive constatant cette nullité.

La prescription ne court pas tant que le successible a des motifs légitimes d'ignorer la naissance de son droit, notamment l'ouverture de la succession.

1. Personnes auxquelles la prescription est opposable. La loi ne fait aucune différence entre les héritiers du sang et les successeurs irréguliers ; en conséquence, l'héritier n'est plus recevable, passé le délai de trente ans, à réclamer la succession à laquelle il était appelé contre ceux à qui elle a été légalement dévolue et qui l'ont recueillie à son défaut (en l'espèce, l'État). • Civ. 13 juin 1855 : *DP 1855. 1. 253 (décision rendue en application de l'anc. art. 789).*

2. Personnes susceptibles de se prévaloir de la prescription. Passé le délai de prescription, l'héritier prétendu resté inactif doit être considéré comme étranger à la succession et son défaut de qualité peut, conformément à l'art. 2225 C. civ. [ancien], lui être opposé par toute personne y ayant intérêt (en l'espèce, un donataire du défunt actionné en révocation pour inexécution des charges). • Civ. 13 févr. 1911 : *DP 1911. 1. 391 (décision rendue en application de l'anc. art. 789).*

3. Pouvoir du juge. Les juges ne peuvent relever d'office la prescription de l'art. 789. • *Civ. 1re, 17 mars 1987 : Bull. civ. I, n° 98 (décision rendue en application de l'anc. art. 789).*

4. Suspension et interruption de la prescription. Le délai de trente ans visé à l'art. 789 est sujet aux causes légales de suspension et d'interruption de la prescription. • Civ. 1re, 24 févr. 1970 : *cité note 3 ss. art. 781.* – Déjà en ce sens : • Req. 27 janv. 1941 : *JCP 1941. II. 1635, note Voirin.* ♦ Mais si l'ignorance de l'ouverture d'une succession peut empêcher de courir la prescription extinctive de l'art. 789, c'est à la condition que le successible ait une juste raison d'ignorer la naissance de son droit. • Req. 27 janv. 1941 : *préc.* ♦ L'ignorance légitime de l'ouverture d'une succession, à l'exclusion de celle de l'existence d'un successible, peut suspendre le délai de la prescription extinctive trentenaire. • Civ. 1re, 7 juin 2006, n° 04-11.141 P : *D. 2006. IR 2213 (décisions rendues en application de l'anc. art. 789).*

5. Preuve d'une acceptation antérieure à l'expiration du délai. V. notes 1 et 2 ss. art. 781.

6. Effet rétroactif de la prescription acquise. La succession d'un défunt n'ayant pas été réclamée pendant plus de trente ans, ses héritiers sont censés n'avoir jamais hérité, de sorte que sa veuve est devenue rétroactivement propriétaire de l'immeuble qu'elle avait acquis avec son défunt époux. • Paris, 18 mai 2006 : *Gaz. Pal. 2006. 3890* (validité de la promesse de vente consentie sur cet immeuble par l'épouse de son vivant) *(décision rendue en application de l'anc. art. 789).*

7. Absence d'effet sur les conventions en cours. Le délai de prescription de dix ans de la faculté d'option de l'héritier ne peut permettre aux héritiers de s'affranchir des stipulations d'une convention prévoyant un délai d'option pour réaliser une vente et d'imposer au cocontractant des modifications du contrat et des charges et conditions nouvelles. • Civ. 1re, 4 juill. 2012 : *cité note 13 ss. art. 724.*

Art. 781 **Lorsque le délai de prescription mentionné à l'article 780 est expiré, celui qui se prévaut de sa qualité d'héritier doit justifier que lui-même ou celui ou ceux dont il tient cette qualité ont accepté cette succession avant l'expiration de ce délai.**

1. Charge de la preuve d'une acceptation. C'est à celui qui réclame une succession ouverte depuis plus de trente ans de justifier que lui-même ou ses auteurs l'ont acceptée au moins tacitement avant l'expiration du délai : • Civ. 1re, 18 janv. 1989 : *Bull. civ. I, n° 34 ; Defrénois 1989. 487, obs. Champenois ; RTD civ. 1989. 606, obs. Patarin* • 27 oct. 1993, n° 91-13.286 P : *D. 1995. Somm. 332, obs. Grimaldi* • 19 oct. 1999 : *Dr. fam. 2000, n° 31, note Beignier* ♦ V. précédemment en sens contraire : • Civ. 1re, 9 mai 1975 : *JCP 1976. II. 18453, note Dagot ; RTD civ. 1975. 577 et 1976. 588, obs. R. Savatier* • 29 mars 1978 : *Bull. civ. I, n° 128 ; D. 1978. IR 470, obs. D. Martin* (c'est à celui qui invoque la prescription à titre d'exception d'établir que trente ans se sont écoulés sans acceptation de la succession) *(décisions rendues en application de l'anc. art. 789.)*

2. Acceptation tacite antérieure à l'expiration du délai : illustration. Le fait que la veuve du défunt ait détenu les biens successoraux, jusqu'à son décès, avec l'accord des héritiers, tant pour leur compte que pour le sien propre, en sa qualité d'usufruitière, permet aux juges du fond de retenir une acceptation tacite de la succession de la part des héritiers, intervenue avant l'expiration du délai de prescription. • Civ. 1re, 19 déc. 1979, n° 78-15.049 P : *D. 1980. IR 402, obs. D. Martin.*

3. Acceptation à titre éventuel par les héritiers de degré subséquent. Tout parent au degré successible a, sur l'hérédité, un droit éventuel subordonné à la renonciation des parents plus proches ou à l'extinction de leur droit par l'effet de la prescription ; en cas d'inaction du premier appelé, celui qui vient à son défaut peut, dès lors, accepter la succession tant que sa propre vocation héréditaire n'a pas elle-même pris fin de l'une ou l'autre façon. • Civ. 1re, 24 févr. 1970 : *GAJC, 12e éd., n° 101 ; D. 1970. 336, note Breton ; JCP 1971. II. 16790, note Patarin ; RTD civ. 1970. 595, obs. R. Savatier.* – Déjà en ce sens : • Civ. 20 juin 1898 : *DP 1899. 1. 441, note H. Capitant.* ♦ V. cependant, depuis l'entrée en vigueur de la L. 23 juin 2006, la possibilité de sommer l'héritier de prendre parti prévue à l'art. 771, al. 2.

SECTION 2 De l'acceptation pure et simple de la succession

Art. 782 **L'acceptation pure et simple peut être expresse ou tacite. Elle est expresse quand le successible prend le titre ou la qualité d'héritier acceptant dans un acte authentique ou sous seing privé. Elle est tacite quand le successible saisi fait un acte qui suppose nécessairement son intention d'accepter et qu'il n'aurait droit de faire qu'en qualité d'héritier acceptant.**

A. RÈGLES COMMUNES À TOUS LES CAS D'ACCEPTATION

1. Héritier acceptant. L'art. 778 est applicable au légataire universel comme à l'héritier *ab intestat.* • Civ. 17 déc. 1894 : *DP 1895. 1. 228 (décision rendue en application de l'anc. art. 778).*

2. Preuve de l'acceptation. L'acceptation d'une succession ne se présumant pas, c'est au créancier héréditaire d'établir que l'ensemble des conditions de nature à lui permettre de réclamer paiement à l'héritier sont réunies. • Civ. 1re, 23 avr. 1981, n° 79-16.756 P : *RTD civ. 1983. 166, obs. Patarin (décision rendue en application de l'anc. art. 778).* ♦ Charge de la preuve de l'acceptation lorsqu'est opposée la prescription prévue par l'art. 780 (anc. art. 789) : V. note ss. art. 780.

B. ACCEPTATION EXPRESSE

3. Forme. La manifestation de la volonté d'accepter purement et simplement une succession ne résulte pas clairement de ce que le successible a été désigné comme héritier dans un acte dressé en vertu de ses instructions, puisque le mot héritier a un sens équivoque ; il appartient donc aux juges du fond de déterminer, d'après les circonstances de la cause, le sens de cette expression, en dégageant l'intention avec laquelle elle a été employée. • Req. 10 déc. 1888 : *DP 1889. 1. 154.* – Dans le même sens : • Civ. 1re, 12 oct. 1969 : *JCP 1970. II. 16235, note Dagot, et Rect. 16466 ; RTD civ. 1970. 383, obs. R. Savatier* • Paris, 15 févr. 1974 : *Gaz. Pal. 1974. 1. 297, note Hanine (décisions rendues en application de l'anc. art. 778).*

C. ACCEPTATION TACITE

1° RÉGIME

4. Pouvoir d'appréciation des juridictions du fond. Il appartient aux juges du fond d'apprécier les faits d'où peut résulter l'acceptation tacite d'une succession. • Civ. 1re, 12 oct. 1969 : *préc. note 3* • 23 juin 1982 : *Bull. civ. I, n° 240* • 9 juill. 1985 : *D. 1986. 206, note Muir Watt* • 14 nov. 2006, n° 03-13.473 P : *JCP 2008. I. 108, n° 1, obs. Le Guidec (décisions rendues en application de l'anc. art. 778).*

5. Nécessité de caractériser un élément

intentionnel. L'acceptation tacite d'une succession implique, de la part de l'héritier, des actes qui supposent nécessairement son intention d'accepter. • Civ. 1re, 7 juin 1988, n° 86-10.399 P : *R., p. 160.* ♦ L'inexécution ultérieure d'un tel acte est sans effet sur l'acceptation et ne permet pas à l'héritier de se rétracter. • Civ. 1re, 7 juin 1995 : *D. 1995. 616 ; RTD civ. 1995. 941, obs. Patarin (décisions rendues en application de l'anc. art. 778).* ♦ L'action intentée par un héritier aux fins d'annulation d'un testament instituant un légataire universel ne suppose pas nécessairement son intention d'accepter la succession. • Civ. 1re, 20 sept. 2006 : *préc. note 1 ss. art. 464.* ♦ L'acceptation tacite n'est pas subordonnée à la rédaction d'un écrit. • Civ. 1re, 15 mai 2008 : *cité note 9.*

6. *Opposabilité aux autres héritiers.* Dès lors qu'elle est contenue dans un acte sous seing privé, l'acceptation tacite se trouve soumise à l'application de l'art. 1328 anc. ; les autres héritiers sont donc en droit de ne pas se laisser opposer l'acceptation incluse dans cet acte si celui-ci n'a pas date certaine. • Civ. 1re, 14 nov. 1972 : *D. 1973. 109, note A. B.* (en l'espèce, après l'acte portant acceptation tacite, était intervenue une renonciation dont se prévalaient les cohéritiers) *(décision rendue en application de l'anc. art. 778).*

2° *ILLUSTRATIONS*

a. Faits impliquant acceptation tacite

7. *Confusion des biens personnels et des biens successoraux.* Les légataires universels qui ont confondu leurs biens personnels avec ceux de la succession sont réputés avoir accepté purement et simplement. • Civ. 29 mai 1894 : *DP 1894. 1. 545, note Planiol (décision rendue en application de l'anc. art. 778).*

8. *Demande en partage.* Une demande en partage de la succession est un acte de la nature de ceux visés par l'anc. art. 778 et l'héritier qui a déposé de telles conclusions a tacitement accepté la succession. • Lyon, 19 mai 1952 : *D. 1953. 48.* ♦ Cette acceptation, définitive dès l'introduction de la demande en partage, ne peut être révoquée par le désistement de ladite demande. • Civ. 3 mai 1865 : *DP 1865. 1. 153 (décisions rendues en application de l'anc. art. 778).*

9. *Délivrance de legs.* Le légataire à titre particulier qui a demandé et obtenu la délivrance de son legs a accepté irrévocablement la succession et ne peut plus y renoncer. • Civ. 1re, 26 sept. 2007, n° 06-15.191 P : *D. 2007. AJ 2612 ; JCP 2009. I. 109, n° 2, obs. Le Guidec ; Dr. fam. 2007, n° 225, note Beignier.* ♦ La délivrance d'un legs ne constitue pas un acte conservatoire, mais un acte qui, valant reconnaissance des droits du légataire et renonciation à se prévaloir des causes d'inefficacité du legs, ne peut être accompli qu'en qualité d'héritier. • Civ. 1re, 15 mai 2008, n° 06-19.535 P : *D. 2008. Pan. 2250, obs. Nicod ; JCP 2008. Actu. 362, obs. Thouret ; ibid. 2009. I. 109, n° 2, obs. Le Guidec ; AJ fam. 2008. 302, obs. Bicheron ; LPA 23 juill. 2008, note Malaurie ; RTD civ. 2008. 522, obs. Grimaldi ; RJPF 2008-7-8/36, note Casey ; RLDC 2008/51, n° 3075, obs. Jeanne ; ibid. 2008/54, n° 3197, note Mahinga ; Defrénois 2008. 1685, note Malaurie (décision rendue en application de l'anc. art. 778).*

10. *Actes de disposition sur les biens successoraux.* Le fait de disposer des biens d'une succession (vente par acte sous seing privé d'une parcelle indivise) suppose nécessairement sans équivoque possible, et quelle que soit la valeur intrinsèque de l'acte par lequel il la manifeste, la volonté du successible d'accepter purement et simplement la succession de manière définitive. • Paris, 27 avr. 1964 : *JCP 1964. II. 13812, note Patarin.* ♦ Le congé valant offre de vente donné en qualité de propriétaire indivis implique acceptation tacite de la succession dont dépend l'immeuble. • Civ. 1re, 17 mars 1992, n° 90-14.547 P : *D. 1993. Somm. 223, obs. Lucet ; JCP 1993. I. 3676, n° 1, obs. Testu ; RTD civ. 1993. 863, obs. Patarin (décisions rendues en application de l'anc. art. 778).* ♦ Cependant, pour des actes de disposition n'impliquant pas acceptation tacite, V. note 14.

11. *Transaction fiscale.* L'héritier qui fait une transaction avec le fisc accepte tacitement la succession. • Civ. 1re, 7 juin 1995 : *D. 1995. 616 ; RTD civ. 1995. 941, obs. Patarin (décision rendue en application de l'anc. art. 778).*

12. *Cession de droits successifs.* V. art. 783, al. 1er.

13. *Renonciations impliquant acceptation.* V. art. 783, 1° et 2°.

b. Faits n'impliquant pas acceptation tacite

14. *Actes de disposition sur les biens héréditaires ne valant pas acceptation.* L'héritier qui dispose d'un bien héréditaire n'est pas réputé acceptant lorsqu'il est justifié qu'il ignorait que ce bien dépendait en tout ou en partie de la succession. • Civ. 1re, 17 mai 1977 : *Bull. civ. I, n° 239.* ♦ ... Ou lorsqu'il est relevé que, s'il avait connu les conséquences de cette vente, il aurait renoncé à la succession. • Civ. 1re, 5 mars 2002, n° 99-15.695 P : *D. 2002. 3294, note Mirabail ; JCP 2003. I. 180, n° 2, obs. Le Guidec ; AJ fam. 2002. 186, obs. S. D.-B. ; Dr. fam. 2002, n° 119, obs. Beignier ; RTD civ. 2002. 836, obs. Patarin.*

15. *Perception d'un capital-décès.* La perception du capital-décès par un héritier ne constitue pas un acte d'acceptation de la succession. • Reims, 26 mai 1977 : *JCP N 1978. II. 234.*

16. *Exercice du droit d'usufruit en cas de clause de réversibilité.* L'exercice de ce droit d'usufruit, différé au jour du décès du donateur, ne constitue pas la manifestation de la volonté de son bénéficiaire d'accepter la succession du défunt. • Cass., ch. mixte, 8 juin 2007 : *V. note 1 ss. art. 1093.*

17. Poursuite de l'occupation d'un immeuble successoral. Le simple fait de conserver la possession d'un immeuble après l'ouverture de la succession ne peut, en l'absence de tout acte d'immixtion ou d'addition d'hérédité, et en l'absence également d'intention nettement décelable chez le successible, être considéré comme valant acceptation tacite, alors surtout que ledit successible habitait déjà l'immeuble dont s'agit avec ses grands-parents. • TGI Beauvais, réf., 26 nov. 1980 : *D. 1982. IR 22, obs. D. Martin.*

18. Actes conservatoires et actes d'administration provisoire. V. notes ss. art. 784.

19. Actes requis par l'intérêt de la succession. V. notes ss. art. 784.

Art. 783 Toute cession, à titre gratuit ou onéreux, faite par un héritier de tout ou partie de ses droits dans la succession emporte acceptation pure et simple.

Il en est de même :

1° De la renonciation, même gratuite, que fait un héritier au profit d'un ou de plusieurs de ses cohéritiers ou héritiers de rang subséquent ;

2° De la renonciation qu'il fait, même au profit de tous ses cohéritiers ou héritiers de rang subséquent indistinctement, à titre onéreux.

A. RENONCIATION EN FAVEUR D'UNE PERSONNE DÉTERMINÉE

1. Formalisme. La renonciation à succession faite au profit d'un héritier ou d'un tiers présente le caractère d'une convention translative de propriété et n'est pas soumise aux règles de forme édictées par l'anc. art. 784 C. civ. • Civ. 1re, 6 juin 1973 : *D. 1973. 738 (décision rendue en application de l'anc. art. 780).*

B. RENONCIATION À TITRE ONÉREUX

2. Notion : renonciation incluse dans une transaction. La renonciation incluse dans une transaction, assortie de contreparties qui en constituent le prix, emporte acceptation de la succession. • Com. 26 juin 2012, n° 11-21.160 P : *D. 2012. 1743 ; AJ fam. 2012. 511, obs. Vernières ; Dr. fam. 2012, n° 135, obs. Mangiavillano.*

3. Régime : détermination des bénéficiaires de la renonciation. L'acte par lequel un légataire universel renonce à titre onéreux à son legs sans désigner de bénéficiaire est réputé accompli au profit de tous les héritiers indistinctement. • Civ. 1re, 8 juill. 2010, n° 09-65.007 P : *JCP 2011, n° 251, § 10, obs. Le Guidec ; AJ fam. 2010. 437, obs. Vernières ; RLDC 2010/75, n° 3979, obs. Serra ; Dr. fam. 2010, n° 152, obs. Beignier (décision rendue en application de l'anc. art. 780).*

4. ... Rescision pour lésion. L'acte par lequel un héritier renonce à la succession en contrepartie d'une somme d'argent peut être attaqué en rescision pour lésion ; il résulte en effet de l'art. 780 que la renonciation intervenue dans ces conditions vaut acceptation tacite, ce qui rend inopérant l'argument tiré d'un prétendu défaut de qualité pour agir en raison de la renonciation à la succession. • Civ. 1re, 22 oct. 1968, n° 66-13.912 P *(décision rendue en application de l'anc. art. 780).*

Art. 784 Les actes purement conservatoires ou de surveillance et les actes d'administration provisoire peuvent être accomplis sans emporter acceptation de la succession, si le successible n'y a pas pris le titre ou la qualité d'héritier.

Tout autre acte que requiert l'intérêt de la succession et que le successible veut accomplir sans prendre le titre ou la qualité d'héritier doit être autorisé par le juge.

Sont réputés purement conservatoires :

1° Le paiement des frais funéraires et de dernière maladie, des impôts dus par le défunt, des loyers et autres dettes successorales dont le règlement est urgent ;

2° Le recouvrement des fruits et revenus des biens successoraux ou la vente des biens périssables, à charge de justifier que les fonds ont été employés à éteindre les dettes visées au 1° ou ont été déposés chez un notaire ou consignés ;

3° L'acte destiné à éviter l'aggravation du passif successoral ;

(L. n° 2015-177 du 16 févr. 2015, art. 5) « 4° Les actes liés à la rupture du contrat de travail du salarié du particulier employeur décédé, le paiement des salaires et indemnités dus au salarié ainsi que la remise des documents de fin de contrat. »

Sont réputés être des actes d'administration provisoire les opérations courantes nécessaires à la continuation à court terme de l'activité de l'entreprise dépendant de la succession.

Sont également réputés pouvoir être accomplis sans emporter acceptation tacite de la succession le renouvellement, en tant que bailleur ou preneur à bail, des baux qui, à défaut, donneraient lieu au paiement d'une indemnité, ainsi que la mise en œuvre de décisions d'administration ou de disposition engagées par le défunt et nécessaires au bon fonctionnement de l'entreprise.

Sur l'application à l'outre-mer des dispositions de l'art. 5 de la L. n° 2015-177 du 16 févr. 2015, V. L. préc., art. 25.

1. Principe. Les actes purement conservatoires, de surveillance et d'administration provisoire, ne supposent pas l'acceptation tacite. • Civ. 1re, 13 déc. 1988 : *Bull. civ. I, n° 362 (décision rendue en application de l'anc. art. 778).*

2. Actes conservatoires : défense à une action exercée par un créancier successoral. Le fait de défendre à une action intentée par le créancier d'une succession n'a, par lui-même, qu'un caractère conservatoire et n'implique pas l'intention d'accepter la succession. • Civ. 1re, 13 déc. 1988 : *préc. note 1.* – V. aussi • Civ. 1re, 7 juin 1988, n° 86-10.399 P : *R., p. 160* • 19 déc. 1989 : *ibid. I, n° 401 ; D. 1992. Somm. 225, obs. Lucet.* – Patarin, *RTD civ. 1989. 603.* ♦ Également en ce sens que la défense à une action exercée par un créancier de la succession, acte purement conservatoire de la part d'un héritier, ne suppose pas nécessairement son intention d'accepter : • Civ. 1re, 6 avr. 1994, n° 92-13.120 P : *Defrénois 1995. 604, note Bernard de Saint Affrique* (arrêt qui ajoute qu'une simple déclaration de cet héritier lors de l'instance ne peut, en raison de son caractère équivoque, être qualifiée, comme l'avait fait à tort la cour d'appel, « d'acte d'addition d'hérédité » constituant une acceptation expresse). ♦ Mais il en est autrement si la défense au fond est accompagnée d'une demande reconventionnelle, qui a la même nature qu'une demande principale et caractérise une acceptation tacite de la succession. • Civ. 1re, 3 déc. 2002, n° 00-13.788 P : *D. 2003. Somm. 1872, obs. Nicod ; JCP 2003. I. 180, n° 2, obs. Le Guidec ; AJ fam. 2003. 73, obs. S. D.-B. ; RJPF 2003-2/53, note Casey ; Dr. fam. 2003. Chron. 28, par Binet ; RTD civ. 2003. 334, obs. Patarin.* ♦ ... Ou si la défense, par un appel incident, s'accompagne de prétentions impliquant nécessairement, en connaissance de cause, acceptation de la succession. • Civ. 1re, 31 janv. 2006, n° 02-21.666 P : *JCP 2008. I. 108, n° 1, obs. Le Guidec ; AJ fam. 2006. 165, obs. Bicheron.*

Le fait d'avoir été condamné par défaut dans une instance engagée par un créancier de la succession n'empêche pas une renonciation ultérieure à cette succession dès lors que la condamnation a eu lieu en qualité d'« héritier non acceptant ». • Civ. 1re, 28 févr. 2006, n° 03-21.048 P.

3. ... Défense et appel en garantie. Une demande de garantie, à la différence d'une demande reconventionnelle, ne présente en elle-même qu'un caractère conservatoire et n'implique pas l'intention d'accepter une succession. • Civ. 1re, 19 avr. 2005, n° 02-20.542 P : *D. 2005. IR 1251 ; JCP 2008. I. 108, n° 1, obs. Le Guidec ; AJ fam. 2005. 242, obs. Bicheron ; Dr. fam. 2005, n° 145, note Beignier.*

Art. 785 **L'héritier universel ou à titre universel qui accepte purement et simplement la succession répond indéfiniment des dettes et charges qui en dépendent.**

Il n'est tenu des legs de sommes d'argent qu'à concurrence de l'actif successoral net des dettes.

1. Obligation illimitée de l'héritier acceptant au paiement des dettes successorales. Sur les dettes et charges de la succession dont l'acceptant pur et simple doit répondre indéfiniment et la composition du passif successoral, V. art. 870.

2. Obligation limitée de l'héritier acceptant au paiement des legs de somme d'argent. Assimilation du legs du prix de vente d'un bien à un legs de somme d'argent, V. • Civ. 1re, 26 sept. 2012, n° 11-16.244 P : *D. 2012. 2306 ; AJ fam. 2012. 558, obs. Vernières ; RTD civ. 2012. 763, obs. Grimaldi ; RDC 2013. 561, obs. Libchaber.*

Art. 786 **L'héritier acceptant purement et simplement ne peut plus renoncer à la succession ni l'accepter à concurrence de l'actif net.**

Toutefois, il peut demander à être déchargé en tout ou partie de son obligation à une dette successorale qu'il avait des motifs légitimes d'ignorer au moment de l'acceptation, lorsque l'acquittement de cette dette aurait pour effet d'obérer gravement son patrimoine personnel.

L'héritier doit introduire l'action dans les cinq mois du jour où il a eu connaissance de l'existence et de l'importance de la dette.

1. Irrévocabilité de l'acceptation pure et simple : principe. L'acceptation d'une succession résultant d'une demande en partage est définitive dès l'introduction de cette demande et ne peut être révoquée par le désistement de ladite demande. • Civ. 3 mai 1865 : *DP 1865. 1. 153.*

2. ... Application à l'acceptation d'une institution contractuelle. L'institution contractuelle est, quant à ses effets, un droit successif et lorsque l'institué l'a formellement acceptée après le décès de l'instituant et a ainsi déterminé irrévocablement la situation créée aux autres intéressés à l'hérédité par cette acceptation, il ne peut plus y renoncer. • Civ. 11 janv. 1853 : *DP 1853. 1. 17 (1re esp.).*

3. Décharge prévue à l'al. 2 : droit transitoire. La possibilité offerte par l'art. 786 à l'héritier acceptant pur et simple de demander à être déchargé de son obligation à une dette successorale qu'il avait des motifs légitimes d'ignorer au moment de l'acceptation lorsque son acquittement aurait pour effet d'obérer gravement son patrimoine personnel n'est applicable, en vertu de l'art. 47 de la L. du 23 juin 2006, que pour les successions ouvertes à compter du 1er janv. 2007. • Civ. 2e, 22 mai 2014, n° 13-10.561 P : *D. 2014. 1201 ; RTD civ. 2014. 665, obs. Jourdain ; RGDA 2014. 455, obs. Landel.*

4. ... Domaine d'application. La décharge prévue à l'art. 786, al. 2 ne vise que les dettes successorales, nées avant le décès, qui sont le fait du défunt ; cette décharge ne s'applique pas à la récupération, en application de l'art. L. 815-13 CSS, des sommes servies au titre de l'allocation de solidarité aux personnes âgées, qui constituent des charges de la succession, nées après le décès de l'allocataire. • Civ. 1re, 7 févr. 2018, n° 17-10.818 P : *D. 2018. 1458, obs. J.-J. Lemouland et Noguéro ; AJ fam. 2018. 243, obs. Casey ; RDSS 2018. 365, obs. Tauran ; Defrénois 26 juill. 2018, note Sauvage ; Dr. fam. 2018, n° 135, note Nicod ; RCA 2018. Étude 4, note Gayet ; RGDA 2018. 292, note Robineau ; RDC 2018. 394, obs. Godechot-Patris.*

5. Compétence juridictionnelle. Même lorsqu'elle procède d'une action en paiement engagée par un créancier du défunt, la demande de décharge, présentée par les héritiers acceptants avant le partage définitif de la succession, relève de la compétence de la juridiction dans laquelle la succession a été ouverte, en application de l'art. 45 C. pr. civ., et non de la compétence de la juridiction ayant à statuer sur la créance elle-même. • Civ. 1re, 4 juill. 2018, n° 17-20.570 P : *D. 2018. 2384, obs. Godechot-Patris et Grare-Didier ; AJ fam. 2018. 485, obs. Casey ; Dr. fam. 2018, n° 246, obs. Tani.*

6. Nécessité de caractériser les motifs légitimes propre à décharger l'héritier. Cassation de l'arrêt qui décharge un héritier du paiement de la dette successorale correspondant à un engagement de caution, en constatant que le légataire n'a pas été informé de la créance revendiquée par la banque avant son acceptation pure et simple de la succession et que son consentement a été entaché d'une erreur substantielle sans laquelle il n'aurait pas accepté la succession, laquelle s'est révélée déficitaire, alors que ce motif est étranger aux conditions propres à décharger l'héritier de son obligation à la dette successorale. • Civ. 1re, 4 janv. 2017, n° 16-12.293 P : *D. 2017. 62 ; AJ fam. 2017. 206, obs. Casey ; Defrénois 2017. 383, obs. Brémond ; Gaz. Pal. 2017. 160, note Piedelièvre ; JCP N 2017, n° 1187, note Sauvage ; RDC 2017. 258, note Libchaber.*

SECTION 3 De l'acceptation de la succession à concurrence de l'actif net

BIBL. GÉN. ▶ Brémond, *JCP N 2006. 1331.* – Gasnier, *JCP N 2014, n° 1354.* – Levillain, *JCP N 2008. 1058 ; JCP N 2009. 1006.*

§ 1 Des modalités de l'acceptation de la succession à concurrence de l'actif net

Art. 787 Un héritier peut déclarer qu'il n'entend prendre cette qualité qu'à concurrence de l'actif net.

Personnes pouvant accepter à concurrence de l'actif net : légataire universel. Le légataire universel peut recourir au bénéfice d'inventaire, s'il craint de ne pas trouver dans son émolument des ressources suffisantes pour le paiement des dettes ; sous ce rapport la position de l'héritier légitime et celle de l'héritier institué sont identiquement les mêmes. • Civ. 13 août 1851 : *GAJC, 12e éd., n° 104 ; DP 1851. 1. 281.* – V. aussi : • Civ. 1re, 28 mai 1968 : *D. 1969. 95 ; JCP 1969. II. 15714, note Dagot (décisions rendues en application de l'anc. art. 793).*

Art. 788 La déclaration doit être faite au greffe du tribunal judiciaire dans le ressort duquel la succession est ouverte *(L. n° 2016-1547 du 18 nov. 2016, art. 46)* « ou devant notaire ». Elle comporte élection d'un domicile unique, qui peut être le domicile de l'un des acceptants à concurrence de l'actif net, ou celui de la personne chargée du règlement de la succession. Le domicile doit être situé en France.

La déclaration est enregistrée et fait l'objet d'une publicité nationale, qui peut être faite par voie électronique.

Les dispositions issues de l'art. 46 de la L. n° 2016-1547 du 18 nov. 2016 sont applicables aux successions ouvertes à partir du 1er nov. 2017. Les instances introduites antérieurement sont régies par les dispositions applicables avant cette date (L. préc., art. 114-III).

Sur l'acceptation à concurrence de l'actif net, V. C. pr. civ., art. 1334 à 1338 (Décr. n° 2006-1805 du 23 déc. 2006, art. 2, JO 31 déc.). — ***C. pr. civ.***

Sur la nécessité de respecter le domicile élu : • Civ. 1re, 8 mars 2017, n° 16-14.360 P : *cité note 3 ss. art. 792.*

Art. 789 **La déclaration est accompagnée ou suivie de l'inventaire de la succession qui comporte une estimation, article par article, des éléments de l'actif et du passif.**

L'inventaire est établi par un commissaire-priseur judiciaire, un huissier *[commissaire de justice]* **ou un notaire, selon les lois et règlements applicables à ces professions.**

BIBL. ▶ DAGOT, *JCP N 2007. 1327* (compétence pour établir l'inventaire).

1. Omissions ou inexactitudes de l'inventaire : V. note ss. art. 800.

2. La mention du montant d'une créance portée à un inventaire notarié clôturé, signé sans réserve par les héritiers, ne vaut que comme commencement de preuve par écrit, les héritiers conservant la possibilité de contester la créance. • Civ. 1re, 12 déc. 2006, n° 04-16.290 P *(décision rendue en application du droit antérieur à la L. 23 juin 2006).*

Art. 790 **L'inventaire est déposé au tribunal dans le délai de deux mois à compter de la déclaration.**

L'héritier peut solliciter du juge un délai supplémentaire s'il justifie de motifs sérieux et légitimes qui retardent le dépôt de l'inventaire. En ce cas, le délai de deux mois est suspendu à compter de la demande de prorogation.

Le dépôt de l'inventaire est soumis à la même publicité que la déclaration.

Faute d'avoir déposé l'inventaire dans le délai prévu, l'héritier est réputé acceptant pur et simple.

Les créanciers successoraux et légataires de sommes d'argent peuvent, sur justification de leur titre, consulter l'inventaire et en obtenir copie. Ils peuvent demander à être avisés de toute nouvelle publicité.

Sur l'inventaire, V. C. pr. civ., art. 1328 à 1333 (Décr. n° 2006-1805 du 23 déc. 2006, art. 2, JO 31 déc.). — ***C. pr. civ.***

Pendant la prorogation de délai, aucune condamnation ne peut être obtenue contre l'héritier, l'instance devant être suspendue. • Civ. 1re, 6 juill. 2005, n° 03-17.240 P : *AJ fam. 2005. 365, obs. Bicheron (décision rendue en application de l'anc. art. 798).*

§ 2 Des effets de l'acceptation de la succession à concurrence de l'actif net

Art. 791 **L'acceptation à concurrence de l'actif net donne à l'héritier l'avantage :**

1° D'éviter la confusion de ses biens personnels avec ceux de la succession ;

2° De conserver contre celle-ci tous les droits qu'il avait antérieurement sur les biens du défunt ;

3° De n'être tenu au paiement des dettes de la succession que jusqu'à concurrence de la valeur des biens qu'il a recueillis.

1. Absence de confusion entre les biens personnels de l'héritier et ceux de la succession. Les tiers, contre lesquels l'héritier bénéficiaire poursuit en son propre nom des droits ou des actions qui lui sont personnels, ne peuvent lui opposer aucune exception du chef du défunt et prise de sa qualité d'héritier ; ainsi doit-il être admis à revendiquer les immeubles lui appartenant qui auraient été vendus par le défunt, sans que le tiers acquéreur puisse lui opposer l'exception de garantie. • Civ. 15 juill. 1924 : *DP 1926. 1. 127 ; DH 1924. 559.* ♦ Aucune compensation n'est possible entre les créances personnelles de l'héritier bénéficiaire et les dettes de la succession. • Civ. 1re, 2 mai 2001, n° 98-22.637 P : *D. 2001. IR 1672 ; JCP 2002. I. 178, n° 1,* obs. Le Guidec ; *RTD civ. 2002. 131, obs. Patarin (décisions rendues en application du droit antérieur à la L. du 23 juin 2006).*

2. Conservation des droits antérieurement acquis par l'héritier sur les biens du défunt. L'acceptation sous bénéfice d'inventaire entraînant la séparation des patrimoines, l'héritier bénéficiaire n'est pas tenu à garantie et peut en conséquence poursuivre la rescision pour cause de lésion de l'acte par lequel il avait cédé au défunt ses droits indivis dans un immeuble, sans être inquiété par l'acheteur auquel le *de cujus* avait ensuite vendu cet immeuble. • Civ. 1re, 12 janv. 1988, n° 86-12.218 P : *R., p. 161 ; JCP N 1988. II. 333, note Salvage (décision rendue en application du droit antérieur à la L. 23 juin 2006).*

3. Limitation de l'obligation aux dettes. L'acceptation bénéficiaire a pour seul résultat de limiter l'obligation aux dettes des héritiers et demeure sans effet dans les rapports entre cohéritiers. • Civ. 1re, 11 déc. 1973 : *JCP 1974. II. 17826, note Dagot (décision rendue en application du droit antérieur à la L. 23 juin 2006).*

4. Conséquences fiscales. L'acceptation sous bénéfice d'inventaire ne privant pas l'héritier de la libre disposition des produits de la succession, celui-ci est par suite imposable à l'impôt sur le revenu sur lesdits produits. • CE 9 janv. 1991 : *JCP N 1991. II. 235, note D. F. (décision rendue en application du droit antérieur à la L. 23 juin 2006).*

Art. 792 **Les créanciers de la succession déclarent leurs créances en notifiant leur titre au domicile élu de la succession. Ils sont payés dans les conditions prévues à l'article 796. Les créances dont le montant n'est pas encore définitivement fixé sont déclarées à titre provisionnel sur la base d'une évaluation.**

Faute de déclaration dans un délai de quinze mois à compter de la publicité prévue à l'article 788, les créances non assorties de sûretés sur les biens de la succession sont éteintes à l'égard de celle-ci. Cette disposition bénéficie également aux cautions et coobligés, ainsi qu'aux personnes ayant consenti une garantie autonome portant sur la créance ainsi éteinte.

1. Constitutionnalité. Le second al. de l'art. 792 C. civ., dans sa rédaction résultant de la L. n° 2006-728 du 23 juin 2006, est conforme à la Constitution. Cette disposition, en ce qu'elle prévoit l'extinction définitive de la créance non déclarée dans le délai légal, est susceptible d'entraîner une atteinte au droit de propriété des créanciers de la succession ; toutefois, d'une part, en adoptant ces dispositions, le législateur a cherché, en assurant l'efficacité de l'acceptation de la succession à concurrence de l'actif net, à faciliter la transmission des patrimoines et a ainsi poursuivi un objectif d'intérêt général ; d'autre part, des garanties sont offertes aux créanciers, qui disposent d'un délai de quinze mois pour déclarer leurs créances, et les créances assorties d'une sûreté réelle échappent à l'extinction ; par ailleurs, en vertu du dernier al. de l'art. 800 C. civ., l'héritier qui a omis, sciemment et de mauvaise foi, de signaler l'existence d'une créance au passif de la succession est déchu de l'acceptation à concurrence de l'actif net. Compte tenu de l'objectif poursuivi et des garanties prévues, le législateur n'a pas porté une atteinte disproportionnée au droit de propriété. • Cons. const. 5 oct. 2016, n° 2016-574 QPC : *JO 7 oct. ; D. 2016. 2001 ; Constitutions 2016. 546 ; RTD civ. 2016. 908, obs. Grimaldi .*

2. Déclaration de créance : nécessité de respecter la procédure spécifique. Ne peut être considérée comme une déclaration de créance au sens de l'art. 792 la signification d'un jugement de condamnation, faite au notaire chargé de la succession, avant que l'acceptation *à concurrence de l'actif net n'ait* été régulièrement portée à la connaissance de l'ensemble des créanciers par une mesure de publicité nationale conformément aux prévisions de l'art. 788. Les créanciers, tenus de déclarer leurs créances, étant désintéressés dans l'ordre des déclarations en vertu de l'art. 796, une telle signification, effectuée en méconnaissance de la procédure spécifique instituée en la matière, aurait pour effet de faire bénéficier le créancier qui en a pris l'initiative d'une priorité de paiement illégitime par rupture d'égalité devant la loi. • Civ. 1re, 31 mars 2016, n° 15-10.799 P : *D. 2016. 2086, obs. V. Brémond ; AJ fam. 2016. 346, obs. Ferré-André ; RTD civ. 2016. 423, obs. Grimaldi ; Gaz. Pal. 2016. 1561, note Valory* (extinction de la créance considérée comme non déclarée). ♦ Le fait qu'un créancier du défunt ait obtenu un titre exécutoire antérieurement à l'ouverture de la succession ne saurait le dispenser de l'obligation de déclarer sa créance dans un délai de quinze mois à compter de la publicité nationale dont la déclaration d'acceptation à concurrence de l'actif net fait l'objet. • Civ. 1re, 22 mars 2017, n° 15-25.545 P : *D. 2017. 2119, obs. Brémond ; AJ fam. 2017. 310, obs. Levillain .*

3. ... Nécessité de respecter le domicile élu. Lorsque la succession a été acceptée par un héritier à concurrence de l'actif net, les créanciers de la succession doivent déclarer leurs créances en notifiant leur titre au domicile élu de la succession. • Civ. 1re, 8 mars 2017, n° 16-14.360 P : *D. 2017. 2119, obs. Brémond ; AJ fam. 2017. 311, obs. Levillain ; RTD civ. 2017. 459, obs. Grimaldi ; Dr. fam. 2017. 106, obs. Tani* (cassation de l'arrêt ayant rejeté la demande de mainlevée de la mesure conservatoire adressé directement à l'héritier, et non à domicile élu). ♦ Le fait de délivrer une assignation en paiement à l'héritier ne respecte pas l'obligation de déclaration au domicile élu, peu important que les héritiers aient été informés de la créance. • Civ. 1re, 16 janv. 2019, n° 18-11.916 P.

4. ... Créances concernées. Pour échapper à l'extinction de sa créance, non déclarée au domicile élu dans le délai imparti par l'art. 792, un créancier ne saurait invoquer le fait que celle-ci n'avait pas encore été consacrée par un titre dès lors que la déclaration provisionnelle est admise par ce texte. • Civ. 1re, 16 janv. 2019, n° 18-11.916 P. ♦ Le paiement entraînant l'extinction des créances, les créances dont le paiement a été effectué en vertu d'un titre exécutoire par provision rendu contre le défunt, antérieurement à son décès, ne sont pas soumises à l'obligation de déclaration à la succession ayant fait l'objet d'une acceptation à concurrence de l'actif net. • Civ. 1re, 12 oct. 2022, n° 20-21.016 B : *D. 2022. 2203, note Bouathong ; AJ fam. 2023. 178, obs. Casey ; AJDI 2022. 828 ; JCP 2023, n° 12, obs. C. Leveneur ; Dr. fam. 2023, n° 9, obs. Tani.*

Art. 792-1 **A compter de sa publication et pendant le délai prévu à l'article 792, la déclaration arrête ou interdit toute voie d'exécution et toute nouvelle inscription de sûreté de la part des créanciers de la succession, portant tant sur les meubles que sur les immeubles.**

Toutefois, pour l'application des dispositions de la présente section et sous réserve de la signification prévue à l'article 877, les créanciers saisissants sont considérés comme titulaires de sûretés sur les biens et droits antérieurement saisis.

Art. 792-2 **Lorsque la succession a été acceptée par un ou plusieurs héritiers purement et simplement et par un ou plusieurs autres à concurrence de l'actif net, les règles applicables à cette dernière option s'imposent à tous les héritiers jusqu'au jour du partage.**

Les créanciers d'une succession acceptée par un ou plusieurs héritiers purement et simplement et par d'autres à concurrence de l'actif net peuvent provoquer le partage dès lors qu'ils justifient de difficultés dans le recouvrement de la part de leur créance incombant aux héritiers acceptants à concurrence de l'actif net.

Art. 793 **Dans le délai prévu à l'article 792, l'héritier peut déclarer qu'il conserve en nature un ou plusieurs biens de la succession. En ce cas, il doit la valeur du bien fixée dans l'inventaire.**

Il peut vendre les biens qu'il n'entend pas conserver. En ce cas, il doit le prix de leur aliénation.

BIBL. ▶ **Conservation d'un bien par l'héritier :** DAGOT, *Defrénois 2007. 337.*

Art. 794 **La déclaration de l'aliénation ou de la conservation d'un ou de plusieurs biens est faite dans les quinze jours au tribunal qui en assure la publicité.**

Sans préjudice des droits réservés aux créanciers munis de sûretés, tout créancier successoral peut contester devant le juge, dans un délai de trois mois après la publicité mentionnée au premier alinéa, la valeur du bien conservé ou, lorsque la vente a été faite à l'amiable, le prix de l'aliénation en prouvant que la valeur du bien est supérieure.

Lorsque la demande du créancier est accueillie, l'héritier est tenu du complément sur ses biens personnels, sauf à restituer à la succession le bien conservé et sans préjudice de l'action prévue à *(Ord. n° 2016-131 du 10 févr. 2016, art. 5-4°, en vigueur le 1er oct. 2016)* **« l'article 1341-2** *[ancienne rédaction : l'article 1167]* **».**

Sur l'entrée en vigueur des dispositions issues de l'Ord. n° 2016-131 du 10 févr. 2016, V. cette Ord., art. 9, ss. art. 1386-1.

Art. 795 **La déclaration de conserver un bien n'est pas opposable aux créanciers tant qu'elle n'a pas été publiée.**

Le défaut de déclaration de l'aliénation d'un bien dans le délai prévu à l'article 794 *engage l'héritier* **sur ses biens personnels à hauteur du prix de l'aliénation.**

Art. 796 **L'héritier règle le passif de la succession.**

Il paye les créanciers inscrits selon le rang de la sûreté assortissant leur créance.

Les autres créanciers qui ont déclaré leur créance sont désintéressés dans l'ordre des déclarations.

Les legs de sommes d'argent sont délivrés après paiement des créanciers.

Art. 797 **L'héritier doit payer les créanciers dans les deux mois suivant soit la déclaration de conserver le bien, soit le jour où le produit de l'aliénation est disponible.**

Lorsqu'il ne peut s'en dessaisir au profit des créanciers dans ce délai, notamment en raison d'une contestation portant sur l'ordre ou la nature des créances, il consigne les sommes disponibles tant que la contestation subsiste.

Art. 798 Sans préjudice des droits des créanciers munis de sûretés, les créanciers de la succession et les légataires de sommes d'argent ne peuvent poursuivre le recouvrement que sur les biens recueillis de la succession qui n'ont été ni conservés ni aliénés dans les conditions prévues à l'article 793.

Les créanciers personnels de l'héritier ne peuvent poursuivre le recouvrement de leurs créances sur ces biens qu'à l'issue du délai prévu à l'article 792 et après le désintéressement intégral des créanciers successoraux et des légataires.

Art. 799 Les créanciers successoraux qui, dans le délai prévu à l'article 792, déclarent leurs créances après l'épuisement de l'actif n'ont de recours que contre les légataires qui ont été remplis de leurs droits.

Art. 800 L'héritier est chargé d'administrer les biens qu'il recueille dans la succession. Il tient le compte de son administration, des créances qu'il paye et des actes qui engagent les biens recueillis ou qui affectent leur valeur.

Il répond des fautes graves dans cette administration.

Il doit présenter le compte à tout créancier successoral qui en fait la demande et répondre dans un délai de deux mois à la sommation, signifiée par acte extrajudiciaire, de lui révéler où se trouvent les biens et droits recueillis dans la succession qu'il n'a pas aliénés ou conservés dans les conditions prévues à l'article 794. A défaut, il peut être contraint sur ses biens personnels.

L'héritier qui a omis, sciemment et de mauvaise foi, de comprendre dans l'inventaire des éléments actifs ou passifs de la succession ou qui n'a pas affecté au paiement des créanciers de la succession la valeur des biens conservés ou le prix des biens aliénés est déchu de l'acceptation à concurrence de l'actif net. Il est réputé acceptant pur et simple à compter de l'ouverture de la succession.

Omissions ou inexactitudes de l'inventaire. Les omissions ou les inexactitudes de l'inventaire n'emportent déchéance du bénéfice d'inventaire que lorsqu'elles ont eu lieu sciemment et de mauvaise foi. • Civ. 11 août 1863 : *DP 1863. 1. 362* • Req. 11 janv. 1926 : *DH 1926. 49* • Civ. 1re, 22 nov. 1978, n° 77-11.629 P : *RTD civ. 1980. 141, obs. R. Savatier (décisions rendues en application de l'anc. art. 801).*

Art. 801 Tant que la prescription du droit d'accepter n'est pas acquise contre lui, l'héritier peut révoquer son acceptation à concurrence de l'actif net en acceptant purement et simplement. Cette acceptation rétroagit au jour de l'ouverture de la succession.

L'acceptation à concurrence de l'actif net empêche toute renonciation à la succession.

1. Mise en œuvre de la faculté d'accepter purement et simplement : élément intentionnel. Seuls les actes impliquant nécessairement la volonté de leur auteur de se comporter comme héritier pur et simple peuvent être considérés comme une renonciation au bénéfice d'inventaire. • Civ. 1re, 7 avr. 1998 : *Dr. fam. 1998, n° 139, note Beignier.* ♦ Il ne suffit pas, pour que les actes accomplis par l'héritier soient considérés comme une renonciation au bénéfice d'inventaire, qu'ils constituent des actes de propriétaire ; ils doivent, en outre, impliquer nécessairement la volonté de leur auteur de se conduire en héritier pur et simple. • Civ. 1re, 28 oct. 1980, n° 79-12.316 P : *D. 1981. IR 467, obs. D. Martin (décisions rendues sous l'empire du droit antérieur à la L. du 23 juin 2006).*

2. ... Pouvoir d'appréciation des juridictions du fond. *Il appartient aux juges du fond* d'apprécier les faits présentés comme impliquant de la part des héritiers bénéficiaires une renonciation volontaire au bénéfice qu'ils s'étaient procuré dans les conditions prescrites par les art. 793 s. C. civ. • Civ. 7 janv. 1936 : *DP 1936. 1. 129 (2e esp.), note Fréjaville.* ♦ Faute de relever aucun acte impliquant nécessairement la volonté de renoncer au bénéfice d'inventaire, les juges du fond, qui ne constatent pas d'autre circonstance que la demande des héritiers bénéficiaires en liquidation et partage et qui déduisent de cette demande l'intention des héritiers de se comporter comme héritiers acceptants et non plus comme héritiers bénéficiaires, violent les art. 774, 778 et 793 C. civ. • Civ. 1re, 14 mai 1996, n° 93-20.972 P : *JCP 1997. I. 4021, obs. Le Guidec ; Defrénois 1996. 1095, obs. Champenois ; RTD civ. 1998. 162, obs. Patarin (décisions rendues sous l'empire du droit antérieur à la L. du 23 juin 2006).*

3. Impossibilité de renoncer à la succession. Celui qui a accepté une succession sous bénéfice d'inventaire ne peut plus, par la suite, renoncer à l'hérédité. • Civ. 1re, 16 avr. 1991, n° 89-10.248 P • Civ. 1re, 18 oct. 1994, n° 92-21.692 P : *R., p. 277* • 11 févr. 2015, n° 14-14.419 P : *AJ fam. 2015. 235, obs. Casey* (même solution alors qu'aucun inventaire notarié n'avait été dressé). ♦ L'acceptation sous bénéfice d'inventaire est irrévocable en ce sens que l'héritier n'a plus la possibilité de répudier l'hérédité et qu'à cet égard il est exactement dans la même situation que l'acceptant pur et simple ; se trouve ainsi justifiée la décision qui ordonne la remise à l'héritier bénéficiaire d'actions d'une société qui figuraient dans l'actif successoral. • Civ. 1re, 11 juill. 1972 : *JCP 1973. II. 17426, note Dagot.* ♦ L'acceptation sous bénéfice d'inventaire étant irrévocable, son auteur ne peut ultérieurement renoncer valablement à la succession en accomplissant les formalités prévues par l'anc. art. 784. • Civ. 1re, 24 janv. 1990, n° 88-19.443 P. *(Décisions rendues sous l'empire du droit antérieur à la L. du 23 juin 2006.)* ♦ L'acte afférent à cette renonciation ne peut être considéré comme un abandon de biens au sens de l'anc. art. 802 (1°). • Même arrêt.

Art. 802 **Malgré la déchéance ou la révocation de l'acceptation à concurrence de l'actif net, les créanciers successoraux et les légataires de sommes d'argent conservent l'exclusivité des poursuites sur les biens mentionnés au premier alinéa de l'article 798.**

Art. 803 **Les frais de scellés, d'inventaire et de compte sont à la charge de la succession. Ils sont payés en frais privilégiés de partage.**

SECTION 4 De la renonciation à la succession

Art. 804 **La renonciation à une succession ne se présume pas.**

Pour être opposable aux tiers, la renonciation opérée par l'héritier universel ou à titre universel doit être *(L. n° 2009-526 du 12 mai 2009, art. 5)* **« adressée ou déposée » au tribunal dans le ressort duquel la succession s'est ouverte** *(L. n° 2016-1547 du 18 nov. 2016, art. 45)* **« ou faite devant notaire.** – *V. C. pr. civ., art. 1339.* – **C. pr. civ.**

« Dans le mois suivant la renonciation, le notaire qui l'a reçue en adresse copie au tribunal dans le ressort duquel la succession s'est ouverte. »

Les dispositions issues de l'art. 45 de la L. n° 2016-1547 du 18 nov. 2016 sont applicables aux successions ouvertes à partir du 1er nov. 2017. Les instances introduites antérieurement sont régies par les dispositions applicables avant cette date (L. préc., art. 114-III).

BIBL. ► CHAMOULAUD-TRAPIERS, *Defrénois 2016. 1321.* – LEVILLAIN, *AJ fam. 2016. 589.*

1. Renonciation souscrite par un mandataire : exigence d'un mandat exprès. Celui qui se présente comme mandataire pour souscrire une déclaration de renonciation à succession doit avoir reçu mandat exprès de renoncer. • Rouen, 31 mai 1950 : *D. 1950. 742 (décision rendue en application de l'anc. art. 784).*

2. Cas particulier des renonciations impliquant acceptation. Sur la renonciation à succession au profit d'un héritier ou d'un tiers, V. art. 783, 2°. ♦ Sur la renonciation à titre onéreux, V. art. 783, 1°.

3. Renonciations frauduleuses. Contestation, par un enfant adultérin, de la renonciation, faite par son père, à la succession de son grand-père paternel : application de l'adage *fraus omnia corrumpit* : V. • Civ. 1re, 4 déc. 1990, n° 88-17.991 P : *Defrénois 1991. 497, obs. Champenois.* ♦ Pour le cas de la renonciation faite au préjudice des droits d'un créancier personnel du renonçant, V. art. 779. ♦ La renonciation frauduleuse suppose de caractériser la règle obligatoire que la renonciation à la succession aurait permis à l'héritier d'éluder. L'existence d'une fraude ne peut être déduite des avantages tirés par l'héritier de l'usage de la faculté légale de renoncer à la succession et du préjudice causé aux légataires par la réduction consécutive de la quotité disponible. • Civ. 1re, 15 mai 2008 : *V. note 9 ss. art. 782.*

Art. 805 **L'héritier qui renonce est censé n'avoir jamais été héritier.**

Sous réserve des dispositions de l'article 845, la part du renonçant échoit à ses représentants ; à défaut, elle accroît à ses cohéritiers ; s'il est seul, elle est dévolue au degré subséquent.

BIBL. ► DAURIAC, *Defrénois 2012. 1023* (renonciation et droit de retour conventionnel).

1° SITUATION DU RENONÇANT

1. Disparition rétroactive de la qualité d'héritier : principe. Les effets de la renonciation remontant au jour de l'ouverture de la succession, les juges du second degré ne peuvent écarter la demande de mise hors de cause des cohéritiers qui ont renoncé postérieurement au jugement les condamnant en qualité d'héritiers, sans rechercher si leurs conclusions de mise hors de cause n'avaient pas valeur d'appel incident. • Civ. 1re, 17 janv. 1984, n° 82-16.270 P *(décision rendue en application de l'anc. art. 785).* ♦ Sur l'assimilation du descendant renonçant au descendant prédécédé pour l'exercice d'un droit de retour stipulé au cas de prédécès du donataire et de ses descendants, V. • Civ. 1re, 16 sept. 2014, n° 13-16.164 P : *cité note 2 ss. art. 951.*

2. ... Limites. Les significations et dénonciations auxquelles donnent lieu les mesures d'exécution dirigées contre une succession ne peuvent être annulées au seul motif que les héritiers ont renoncé par la suite à la succession. • Civ. 2e, 11 juill. 2002, n° 00-22.455 P *(décision rendue en application de l'anc. art. 785).*

3. Possibilité d'être présent aux opérations de compte, liquidation et partage. La renonciation de l'un des héritiers ne fait pas obstacle à sa présence aux opérations de compte, liquidation et partage, notamment en ce qui concerne l'évaluation de la masse partageable. • Civ. 1re, 6 mars 2007, n° 05-10.216 P.

2° SITUATION DES AUTRES HÉRITIERS

4. Acquisition rétroactive de la qualité d'héritier. En raison du caractère rétroactif de la renonciation, l'héritier du degré subséquent à qui est dévolue la succession est censé avoir eu la qualité d'héritier dès le jour du décès. • Soc. 19 nov. 1954 : *D. 1955. 22 ; RTD civ. 1955. 141, obs. R. Savatier (décision rendue en application de l'anc. art. 785).*

5. Intransmissibilité de la qualité de réservataire. Si un héritier collatéral a été écarté de la succession par l'institution d'un légataire universel, la renonciation par l'ascendant du défunt à sa part de réserve est impuissante à rendre à ce collatéral son droit héréditaire et à lui faire attribuer les biens revenant nécessairement au légataire universel, lequel, par la nature même de son titre, a la vocation éventuelle à recueillir tous les biens qui, en raison d'événements postérieurs au décès, restent ou rentrent dans l'hérédité. • Req. 9 mai 1938 : *GAJC, 11e éd., n° 136-138 (III) ; DP 1939. 1. 65, note E. P.*

6. Sur l'incidence de la renonciation sur le taux de la réserve globale, V. art. 913, al. 2.

Art. 806 **Le renonçant n'est pas tenu au paiement des dettes et charges de la succession. Toutefois, il est tenu à proportion de ses moyens au paiement des frais funéraires de l'ascendant ou du descendant à la succession duquel il renonce.**

1. Disparition de l'obligation au passif successoral. Un arriéré de pension alimentaire dû à l'ex-épouse du défunt ne peut être réclamé à l'héritier qui a renoncé à la succession. • Civ. 1re, 28 janv. 2003 : *Defrénois 2003. 1079, obs. Massip.* ♦ Les héritiers qui ont renoncé à la succession ne peuvent être condamnés à payer aux créanciers du défunt certaines sommes sans qu'ait été constatée la nullité de leur renonciation. • Soc. 25 avr. 1990 : *JCP 1991. II. 21696, note Beauchard (décisions rendues en application de l'anc. art. 785).*

2. Maintien de l'obligation alimentaire et participation aux frais d'hospitalisation ou d'obsèques.. Aucune corrélation n'existe entre l'obligation alimentaire et la dévolution de l'hérédité, de telle sorte que la renonciation du débiteur à la succession du créancier des aliments ne peut la faire disparaître. En conséquence, la demande en remboursement de frais d'hospitalisation, formée contre les enfants et petits-enfants du défunt, en vertu de l'action directe que la loi reconnaît aux hôpitaux et hospices civils, doit être accueillie, nonobstant leur renonciation à la succession. • Lyon, 13 nov. 1952 : *D. 1953. 755, note Gervésie.*

3. ... Sous réserve d'un manquement grave de l'ascendant à l'égard du débiteur d'aliments. Il résulte de la combinaison des art. 205, 371 et 806 que lorsque l'actif successoral ne permet pas de faire face aux frais d'obsèques, l'enfant doit, même s'il a renoncé à la succession de son auteur, assumer la charge de ces frais, dans la proportion de ses ressources, en sa qualité de débiteur d'aliments ; cependant, l'exception d'indignité de l'art. 207 permet à l'enfant d'être affranchi de son obligation alimentaire, et par conséquent de sa participation aux frais d'obsèques, s'il établit le comportement gravement fautif de son parent à son égard. En l'espèce, constitue un tel manquement le fait, pour le défunt, de n'avoir jamais cherché à entrer en contact avec son fils dont il s'est désintéressé et de s'être abstenu de toute participation à son entretien et à son éducation. • Civ. 1re, 31 mars 2021, n° 20-14.107 P : *D. 2021. 1461, note Molière ; ibid. Chron. C. cass. 1784, obs. Mouty-Tardieu ; ibid. 2064, obs. Godechot-Patris ; AJ fam. 2021. 299, obs. Houssier ; RTD civ. 2021. 391, obs. Leroyer ; Dr. fam. 2021, n° 97, obs. Beignier ; JCP N 2021, n° 1254, note Beignier ; Gaz. Pal. 2021. 1740, note Rieubernet ; ibid. 2044, note Bruggeman.*

Art. 807 **Tant que la prescription du droit d'accepter n'est pas acquise contre lui, l'héritier peut révoquer sa renonciation en acceptant la succession purement et simplement, si elle n'a pas été déjà acceptée par un autre héritier ou si l'État n'a pas déjà été envoyé en possession.**

Cette acceptation rétroagit au jour de l'ouverture de la succession, sans toutefois remettre en cause les droits qui peuvent être acquis à des tiers sur les biens de la succession par prescription ou par actes valablement faits avec le curateur à la succession vacante.

1° CONDITIONS DE LA RÉTRACTATION

1. Forme de la rétractation : droit commun de l'acceptation. L'acceptation d'une succession déjà répudiée, valant rétractation de la renonciation, n'est subordonnée à aucune forme spéciale et reste par conséquent soumise aux règles édictées par le droit commun. • Req. 5 juin 1860 : *DP 1860. 1. 351 (décision rendue en application de l'anc. art. 790).*

2. Acceptations faisant obstacle à la rétractation : acceptation bénéficiaire. L'acceptation sous bénéfice d'inventaire fait obstacle, comme l'acceptation pure et simple, à la rétractation par un autre héritier de sa renonciation. • Civ. 1re, 4 oct. 1977, n° 75-15.581 P *(décision rendue en application de l'anc. art. 790).*

3. ... Acceptation par un légataire universel. Le mot « héritiers », qui figure à deux reprises à l'art. 790 et qui vise d'abord ceux dont la renonciation peut être rétractée, et ensuite les « autres héritiers » dont l'acceptation met obstacle à toute rétractation postérieure, doit être entendu dans son sens large et comprendre non seulement les héritiers du sang, mais encore les légataires universels, et il n'y a pas lieu de distinguer entre le légataire universel qui, en concours avec des héritiers réservataires, n'est saisi de la possession que sur sa demande, et le légataire qui, dans le cas contraire, s'en trouve investi de plein droit. • Civ. 1re, 1er févr. 1955 : *D. 1955. 437, rapport Chavanne ; JCP 1955. II. 8646, note Becqué (décision rendue en application de l'anc. art. 790).*

4. ... Acceptation émise par un héritier primé. Sur la combinaison d'une acceptation mettant obstacle à la rétractation d'un héritier avec le droit, pour un autre héritier n'ayant pas encore pris parti, mais de rang préférable à celui dont l'acceptation est déjà intervenue, d'accepter lui-même la succession, V. • Paris, 23 nov. 1948 : *D. 1949. 107, note Lalou ; JCP 1949. II. 4777, note R. Savatier (décision rendue en application de l'anc. art. 790).*

5. ... Acceptation valant rétractation d'une renonciation. L'acceptation de la succession par un héritier, qui a rétracté le premier sa renonciation, met obstacle à la rétractation postérieure du deuxième héritier, la circonstance qu'ils avaient renoncé en même temps étant indifférente. • Civ. 1re, 23 janv. 1996, n° 94-10.790 P : *Defrénois 1996. 1093, obs. Champenois ; JCP 1996. I. 3968, n° 1, obs. Le Guidec ; RTD civ. 1996. 959, obs. Patarin (décision rendue en application de l'anc. art. 790).*

2° EFFETS DE LA RÉTRACTATION

6. Respect des droits acquis. Si l'héritier qui a renoncé à une succession est autorisé à l'accepter ensuite lorsqu'elle n'a pas été acceptée par d'autres héritiers, il résulte de l'art. 790 et de l'art. 462 C. civ. qu'il ne peut la reprendre que dans l'état où elle existe alors et à la condition de respecter tous les droits acquis ; la renonciation de l'héritier réservataire ayant pour effet immédiat d'affranchir les donations de l'action en réduction à laquelle elles étaient soumises, l'acceptation ultérieure de l'hérédité ne saurait modifier cet état de choses, toujours subsistant, et anéantir, au préjudice des donataires, des droits acquis, consolidés par le fait du renonçant lui-même. • Civ. 5 juin 1878 : *DP 1878. 1. 344 (décision rendue en application de l'anc. art. 790).*

Art. 808 Les frais légitimement engagés par l'héritier avant sa renonciation sont à la charge de la succession.

Sur la renonciation, V. C. pr. civ., art. 1339 et 1340. — ***C. pr. civ.***

CHAPITRE V DES SUCCESSIONS VACANTES ET DES SUCCESSIONS EN DÉSHÉRENCE

(L. n° 2006-728 du 23 juin 2006, art. 1er)

La loi n° 2006-728 du 23 juin 2006 modifiant le présent chapitre est entrée en vigueur le ***1er janv. 2007****. — Pour les dispositions transitoires, V. l'art. 47-I et II de cette loi, ss. art. 892. — V. aussi l'ensemble des dispositions antérieures (Titre I ancien) à la suite de ce même art. 892.*

BIBL. GÉN. ▶ LAMIAUX, *JCP N 2015, n° 1179* (immeubles vacants successoraux). – LEPROVAUX, *Dr. fam. 2006. Étude 57.*

SECTION 1 Des successions vacantes

§ 1 De l'ouverture de la vacance

Art. 809 La succession est vacante :

1° Lorsqu'il ne se présente personne pour réclamer la succession et qu'il n'y a pas d'héritier connu ;

2° Lorsque tous les héritiers connus ont renoncé à la succession ;

3° Lorsque, après l'expiration d'un délai de six mois depuis l'ouverture de la succession, les héritiers connus n'ont pas opté, de manière tacite ou expresse.

Art. 809-1 Le juge, saisi sur requête de tout créancier, de toute personne qui assurait, pour le compte de la personne décédée, l'administration de tout ou partie de son patrimoine, *(L. n° 2016-1547 du 18 nov. 2016, art. 47)* « d'un notaire, » de toute autre personne intéressée ou du ministère public, confie la curatelle de la succession vacante, dont le régime est défini à la présente section, à l'autorité administrative chargée du domaine.

L'ordonnance de curatelle fait l'objet d'une publicité.

Art. 809-2 Dès sa désignation, le curateur fait dresser un inventaire estimatif, article par article, de l'actif et du passif de la succession par un commissaire-priseur judiciaire, un huissier *[commissaire de justice]* ou un notaire, selon les lois et règlements applicables à ces professions, ou par un fonctionnaire assermenté appartenant à l'administration chargée du domaine.

L'avis au tribunal, par le curateur, de l'établissement de l'inventaire est soumis à la même publicité que la décision de curatelle.

Les créanciers et légataires de sommes d'argent peuvent, sur justification de leur titre, consulter l'inventaire et en obtenir copie. Ils peuvent demander à être avisés de toute nouvelle publicité.

Situation des créanciers. Dès lors que le seul appelant est décédé et que son héritier a renoncé à la succession, le jugement de première instance, prononçant une condamnation civile contre le défunt, rendu à l'encontre de sa succession, peut constituer un titre exécutoire au bénéfice du créancier du défunt, opposable à la succession représentée par son curateur. • Civ. 2e, 6 janv. 2012, n° 10-26.644 P.

Art. 809-3 La déclaration des créances est faite au curateur.

§ 2 Des pouvoirs du curateur

Art. 810 Dès sa désignation, le curateur prend possession des valeurs et autres biens détenus par des tiers et poursuit le recouvrement des sommes dues à la succession.

Il peut poursuivre l'exploitation de l'entreprise individuelle dépendant de la succession, qu'elle soit commerciale, industrielle, agricole ou artisanale.

Après prélèvement des frais d'administration, de gestion et de vente, il consigne les sommes composant l'actif de la succession ainsi que les revenus des biens et les produits de leur réalisation. En cas de poursuite de l'activité de l'entreprise, seules les recettes qui excèdent le fonds de roulement nécessaire au fonctionnement de celle-ci sont consignées.

Les sommes provenant à un titre quelconque d'une succession vacante ne peuvent, en aucun cas, être consignées autrement que par l'intermédiaire du curateur.

1. L'art. 813 C. civ. et l'art. 9 de l'arrêté du 2 nov. 1971 conférant au service des Domaines la qualité de curateur des successions vacantes et l'exercice et la gestion des droits en dépendant, ce service peut exercer le droit de préemption de l'indivisaire décédé sur les droits indivis cédés par un coïndivisaire. • Civ. 3e, 14 mars 2007, n° 06-16.618 P : *RLDC 2007/39, n° 2579, note Campels (décision rendue en application du droit antérieur à la L. du 23 juin 2006).*

2. Les actes accomplis par le directeur des services fiscaux en qualité de curateur à une succession vacante, selon les voies de droit commun des art. 813 et 814 C. civ., relèvent exclusivement du contrôle du juge judiciaire. • T. confl. 20 janv. 2003 : *Lebon 569 (Jugement rendu en application du droit antérieur à la L. du 23 juin 2006).*

Art. 810-1 Pendant les six mois qui suivent l'ouverture de la succession, le curateur ne peut procéder qu'aux actes purement conservatoires ou de surveillance, aux actes d'administration provisoire et à la vente des biens périssables.

Art. 810-2 A l'issue du délai mentionné à l'article 810-1, le curateur exerce l'ensemble des actes conservatoires et d'administration.

Il procède ou fait procéder à la vente des biens jusqu'à l'apurement du passif.

Il ne peut céder les immeubles que si le produit prévisible de la vente des meubles apparaît insuffisant. Il procède ou fait procéder à la vente des biens dont la conservation est difficile ou onéreuse, alors même que leur réalisation n'est pas nécessaire à l'acquittement du passif.

Art. 810-3 La vente a lieu soit par commissaire-priseur judiciaire, huissier *[commissaire de justice]* ou notaire selon les lois et règlements applicables à ces professions, soit par le tribunal, soit dans les formes prévues par le code général de la propriété des personnes publiques pour l'aliénation, à titre onéreux, du domaine immobilier ou du domaine mobilier appartenant à l'État.

Elle donne lieu à publicité.

Lorsqu'il est envisagé une vente amiable, tout créancier peut exiger que la vente soit faite par adjudication. Si la vente par adjudication a lieu pour un prix inférieur au prix convenu dans le projet de vente amiable, le créancier qui a demandé l'adjudication est tenu, à l'égard des autres créanciers, de la perte qu'ils ont subie.

Art. 810-4 Le curateur est seul habilité à payer les créanciers de la succession. Il n'est tenu d'acquitter les dettes de la succession que jusqu'à concurrence de l'actif.

Il ne peut payer, sans attendre le projet de règlement du passif, que les frais nécessaires à la conservation du patrimoine, les frais funéraires et de dernière maladie, les impôts dus par le défunt, les loyers et autres dettes successorales dont le règlement est urgent.

1. Antérieurement à la L. du 23 juin 2006, V. déjà : en vertu des anc. art. 802 et 814 C. civ., le curateur n'est tenu au paiement que jusqu'à concurrence de la valeur des biens qu'il a recueillis. • Civ. 1re, 5 oct. 1994, n° 92-19.132 P : *D. 1995. Somm. 331, obs. Grimaldi*.

2. Arrêt du cours des inscriptions hypothécaires. Les règles qui organisent le paiement des créanciers de la succession n'excluent pas l'application du principe de l'arrêt du cours des inscriptions hypothécaires (art. 2427 anc.) et la mainlevée d'une inscription hypothécaire faite postérieurement au décès peut être demandée par le curateur d'une succession déclarée vacante. • Civ. 3e, 5 janv. 2022, n° 20-21.359 B : *D. 2022. 68* ; *RDI 2022. 603, obs. Laurent* ; *RTD civ. 2022. 182, obs. Gijsbers*.

Art. 810-5 Le curateur dresse un projet de règlement du passif.

Le projet prévoit le paiement des créances dans l'ordre prévu à l'article 796.

Le projet de règlement est publié. Les créanciers qui ne sont pas intégralement désintéressés peuvent, dans le mois de la publicité, saisir le juge afin de contester le projet de règlement.

Art. 810-6 Les pouvoirs du curateur s'exercent sous réserve des dispositions applicables à la succession d'une personne faisant l'objet d'une procédure de sauvegarde, de redressement ou de liquidation judiciaires.

§ 3 De la reddition des comptes et de la fin de la curatelle

Art. 810-7 Le curateur rend compte au juge des opérations effectuées par lui. Le dépôt du compte fait l'objet de publicité.

Le curateur présente le compte à tout créancier ou tout héritier qui en fait la demande.

Art. 810-8 Après réception du compte, le juge autorise le curateur à procéder à la réalisation de l'actif subsistant.

Le projet de réalisation est notifié aux héritiers connus. S'ils sont encore dans le délai pour accepter, ils peuvent s'y opposer dans les trois mois en réclamant la succession. La réalisation ne peut avoir lieu qu'à l'expiration de ce délai, selon les formes prescrites au premier alinéa de l'article 810-3.

Art. 810-9 Les créanciers qui déclarent leur créance postérieurement à la remise du compte ne peuvent prétendre qu'à l'actif subsistant. En cas d'insuffisance de cet actif, ils n'ont de recours que contre les légataires qui ont été remplis de leurs droits.

Ce recours se prescrit par deux ans à compter de la réalisation de la totalité de l'actif subsistant.

Art. 810-10 Le produit net de la réalisation de l'actif subsistant est consigné. Les héritiers, s'il s'en présente dans le délai pour réclamer la succession, sont admis à exercer leur droit sur ce produit.

Art. 810-11 Les frais d'administration, de gestion et de vente donnent lieu au privilège du 1° des articles 2331 et *(Ord. n° 2021-1192 du 15 sept. 2021, art. 34-I, en vigueur le 1er janv. 2022)* « 2377 ».

Art. 810-12 La curatelle prend fin :

1° Par l'affectation intégrale de l'actif au paiement des dettes et des legs ;

2° Par la réalisation de la totalité de l'actif et la consignation du produit net ;

3° Par la restitution de la succession aux héritiers dont les droits sont reconnus ;

4° Par l'envoi en possession de l'État.

Sur les successions vacantes, V. C. pr. civ., art. 1342 à 1353. — ***C. pr. civ.***

SECTION 2 Des successions en déshérence

Art. 811 Lorsque l'État prétend à la succession d'une personne qui décède sans héritier ou à une succession abandonnée, il doit en demander l'envoi en possession au tribunal. — *V. C. pr. civ., art. 1354 (Décr. n° 2006-1805 du 23 déc. 2006, art. 2, JO 31 déc.). —* ***C. pr. civ.***

1. Fondement de la vocation de l'État. C'est en vertu de sa souveraineté que l'État recueille les biens d'une succession en déshérence, l'envoi en possession qu'il est tenu de demander ayant pour effet de lui conférer la saisine, mais non la qualité d'héritier ; il s'ensuit que cet envoi en possession ne met pas obstacle à la rétractation d'une renonciation à succession effectuée antérieurement par un héritier. • Civ. 1re, 6 avr. 1994, n° 92-13.462 P : *D. 1994. 505, note Boulanger ; D. 1995. Somm. 45, obs. Grimaldi ; JCP 1995. I. 3876, n° 1, obs. Le Guidec ; RTD civ. 1994. 652, obs. Patarin.*

2. Inefficacité d'une clause d'exhérédation générale à l'égard de l'État. Une clause d'exhérédation générale, valable à l'égard des parents du testateur, ne peut, à défaut de désignation des légataires, faire échec au droit de l'État de recueillir les successions, à défaut d'héritiers, par droit de déshérence. • Civ. 1re, 11 mars 1968 : *D. 1968. 541, note Voirin.* ♦ Dans la même affaire, V. aussi : • Civ. 1re, 3 mars 1965 : *GAJC, 12e éd., n° 97 ; D. 1965. 428, note J. Mazeaud ; JCP 1965. II. 14280, note Spitéri.* ♦ Sur cet arrêt, V. Ponsard, *Mél. Voirin, LGDJ, 1967, p. 666.*

3. Date à laquelle se produit l'acquisition des biens successoraux par l'État. L'acquisition par l'État des biens visés aux art. 539 et 713 se produit de plein droit ; l'acte de renonciation à une succession étant valide et opposable à l'État, celui-ci était devenu titulaire du droit de propriété sur l'immeuble dès le jour de l'ouverture de la succession, même sans en avoir demandé l'envoi en possession ou en l'absence des formalités nécessaires à la déclaration de vacance. • Civ. 1re, 14 nov. 2006, n° 03-13.473 P *(décision rendue en application du droit antérieur à la L. 23 juin 2006).*

Art. 811-1 Si l'inventaire prévu à l'article 809-2 n'a pas été établi, l'autorité administrative mentionnée à l'article 809-1 y fait procéder dans les formes prévues par l'article 809-2.

Art. 811-2 La déshérence de la succession prend fin en cas d'acceptation de la succession par un héritier.

Art. 811-3 Lorsqu'il n'a pas accompli les formalités qui lui incombent, l'État peut être condamné à des dommages et intérêts envers les héritiers, s'il s'en présente.

CHAPITRE VI DE L'ADMINISTRATION DE LA SUCCESSION PAR UN MANDATAIRE

(L. n° 2006-728 du 23 juin 2006, art. 1er)

La loi n° 2006-728 du 23 juin 2006 modifiant le présent chapitre entre en vigueur le ***1er janv. 2007****. — Pour les dispositions transitoires, V. l'art. 47-I et II de cette loi, ss. art. 892. — V. aussi l'ensemble des dispositions antérieures (Titre I ancien) à la suite de ce même art. 892.*

BIBL. GÉN. ▸ BRENNER, *D. 2006. 2559* (gestion de la succession). – CASEY, RJPF 2006-11/12 (mandats de gestion de l'hérédité). – COMBRET et BRENNER, *Defrénois 2017. 30* (administration de la succession). – JAMBORT, *Dr. fam. 2006. Étude 54* (gestion de la succession).

SECTION 1 Du mandat à effet posthume

BIBL. ▸ BOUQUEMONT, *JCP N 2014, n° 1209* (mandat à effet posthume et titres sociaux). – CASEY, *Dr. fam. 2006. Étude 53.* – CHIARINY-DAUDET, *LPA 28 nov. 2007.* – COMBRET, *JCP N 2013, n° 1191.*

– Delfosse et Péniguel, *JCP N 2006. 1371.* – Grimaldi, *Defrénois 2007. 3.* – Hébert, *D. 2008. Chron. 307* . – Jourdain-Thomas et Schiller, *JCP N 2013, n° 1212* (pouvoirs du mandataire à effet posthume). – Mallet, *JCP N 2006. 1372* (formule). – Papaïs, *Dr. fam. 2014. Étude 18* (proposition de réforme).

§ 1 Des conditions du mandat à effet posthume

Art. 812 **Toute personne peut donner à une ou plusieurs autres personnes, physiques ou morales, mandat d'administrer ou de gérer, sous réserve des pouvoirs confiés à l'exécuteur testamentaire, tout ou partie de sa succession pour le compte et dans l'intérêt d'un ou de plusieurs héritiers identifiés.**

Le mandataire peut être un héritier.

Il doit jouir de la pleine capacité civile et ne pas être frappé d'une interdiction de gérer lorsque des biens professionnels sont compris dans le patrimoine successoral.

Le mandataire ne peut être le notaire chargé du règlement de la succession.

Les pouvoirs d'administration ou de gestion, qui peuvent être conférés au mandataire posthume en vertu des art. 812, al. 1er, et 812-1 C. civ., ne lui permettent pas de s'opposer à l'aliénation par les héritiers des biens mentionnés dans le mandat, laquelle constitue l'une des causes d'extinction de celui-ci prévues par l'art. 812-4. • Civ. 1re, 12 mai 2010, n° 09-10.556 P : *D. actu. 3 juin 2010, obs. Égéa ; D. 2010. 2392, obs. Nicod ; JCP 2011, n° 251, § 2, obs. Le Guidec ; AJ fam. 2010. 287, obs. Vernières ; Dr. fam. 2010, n° 104, obs. Beignier ; Defrénois 2010. 1583, note Massip ; ibid. 1776, note Sauvage ; ibid. 2373, obs. Chamoulaud-Trapiers ; JCP N 2010, n° 1351, note Mahinga ; RLDC 2010/75, n° 3977, obs. Omarjee ; RDC 2011. 203, obs. Bicheron ; RTD civ. 2010. 527, obs. Hauser ; ibid. 602, obs. Grimaldi* .

Art. 812-1 **Le mandataire exerce ses pouvoirs alors même qu'il existe un mineur ou un majeur protégé parmi les héritiers.**

Art. 812-1-1 **Le mandat n'est valable que s'il est justifié par un intérêt sérieux et légitime au regard de la personne de l'héritier ou du patrimoine successoral, précisément motivé.**

Il est donné pour une durée qui ne peut excéder deux ans, prorogeable une ou plusieurs fois par décision du juge, saisi par un héritier ou par le mandataire. Toutefois, il peut être donné pour une durée de cinq ans, prorogeable dans les mêmes conditions, en raison de l'inaptitude, de l'âge du ou des héritiers, ou de la nécessité de gérer des biens professionnels.

Il est donné et accepté en la forme authentique.

Il doit être accepté par le mandataire avant le décès du mandant.

Préalablement à son exécution, le mandant et le mandataire peuvent renoncer au mandat après avoir notifié leur décision à l'autre partie.

Art. 812-1-2 **Les actes réalisés par le mandataire dans le cadre de sa mission sont sans effet sur l'option héréditaire.**

Art. 812-1-3 **Tant qu'aucun héritier visé par le mandat n'a accepté la succession, le mandataire ne dispose que des pouvoirs reconnus au successible à l'article 784.**

Art. 812-1-4 **Le mandat à effet posthume est soumis aux dispositions des articles 1984 à 2010 qui ne sont pas incompatibles avec les dispositions de la présente section.**

§ 2 De la rémunération du mandataire

Art. 812-2 **Le mandat est gratuit s'il n'y a convention contraire.**

S'il est prévu une rémunération, celle-ci doit être expressément déterminée dans le mandat. Elle correspond à une part des fruits et revenus perçus par *(L. n° 2009-526 du 12 mai 2009, art. 10)* **« la succession » et résultant de la gestion ou de l'administration du mandataire. En cas d'insuffisance ou d'absence de fruits et revenus, elle peut être complétée par un capital ou prendre la forme d'un capital.**

Art. 812-3 **La rémunération du mandataire est une charge de la succession qui ouvre droit à réduction lorsqu'elle a pour effet de priver les héritiers de tout ou partie de leur réserve. Les héritiers visés par le mandat ou leurs représentants peuvent deman-**

der en justice la révision de la rémunération lorsqu'ils justifient de la nature excessive de celle-ci au regard de la durée ou de la charge résultant du mandat.

§ 3 De la fin du mandat à effet posthume

Art. 812-4 Le mandat prend fin par l'un des événements suivants :

1° L'arrivée du terme prévu ;

2° La renonciation du mandataire ;

3° La révocation judiciaire, à la demande d'un héritier intéressé ou de son représentant, en cas d'absence ou de disparition de l'intérêt sérieux et légitime ou de mauvaise exécution par le mandataire de sa mission ;

4° La conclusion d'un mandat conventionnel entre les héritiers et le mandataire titulaire du mandat à effet posthume ;

5° L'aliénation par les héritiers des biens mentionnés dans le mandat ;

6° Le décès ou la mise sous mesure de protection du mandataire personne physique, ou la dissolution du mandataire personne morale ;

7° Le décès de l'héritier intéressé ou, en cas de mesure de protection, la décision du juge des tutelles de mettre fin au mandat.

Un même mandat donné pour le compte de plusieurs héritiers ne cesse pas entièrement pour une cause d'extinction qui ne concerne que l'un d'eux. De même, en cas de pluralité de mandataires, la fin du mandat intervenant à l'égard de l'un ne met pas fin à la mission des autres.

Révocation judiciaire du mandat à effet posthume. Constitue des motifs impropres à caractériser l'absence ou la disparition de l'intérêt sérieux et légitime de nature à justifier la révocation d'un mandat à effet posthume le fait que les dispositions prises par le défunt aboutissent à dessaisir la mère de l'héritier mineur des prérogatives afférentes à la gestion des biens de celui-ci et font peser une charge sur sa part de réserve. En outre, inverse la charge de la preuve l'arrêt qui prononce la révocation du mandat au motif qu'il n'est pas démontré, par des éléments objectifs, en quoi l'organisation de la succession justifiait l'éviction de la représentante légale de l'héritier mineur au profit d'un mandataire. • Civ. 1re, 10 juin 2015, n° 14-10.377 P : *D. 2015. 1827, note Dissaux ; AJ fam. 2015. 556, obs. Casey ; RTD civ. 2015. 585, obs. Hauser ; ibid. 670, obs. Grimaldi ; JCP 2015, n° 995, note Le Normand-Caillère ; JCP N 2015, n° 1186, note Nicod ; Dr. fam. 2015, n° 173, obs. Nicod ; ibid. n° 174, obs. Bruggeman ; RDC 2015. 913, obs. Goldie-Génicon.*

Art. 812-5 La révocation pour cause de disparition de l'intérêt sérieux et légitime ne donne pas lieu à la restitution par le mandataire de tout ou partie des sommes perçues au titre de sa rémunération, sauf si elles ont été excessives eu égard à la durée ou à la charge effectivement assumée par le mandataire.

Sans préjudice de dommages et intérêts, lorsque la révocation est intervenue en raison d'une mauvaise exécution de sa mission, le mandataire peut être tenu de restituer tout ou partie des sommes perçues au titre de sa rémunération.

Art. 812-6 Le mandataire ne peut renoncer à poursuivre l'exécution du mandat qu'après avoir notifié sa décision aux héritiers intéressés ou à leurs représentants.

Sauf convention contraire entre le mandataire et les héritiers intéressés ou leurs représentants, la renonciation prend effet à l'issue d'un délai de trois mois à compter de la notification.

Sans préjudice de dommages et intérêts, le mandataire rémunéré par un capital peut être tenu de restituer tout ou partie des sommes perçues.

Art. 812-7 Chaque année et en fin de mandat, le mandataire rend compte de sa gestion aux héritiers intéressés ou à leurs représentants et les informe de l'ensemble des actes accomplis. A défaut, une révocation judiciaire peut être demandée par tout intéressé.

Si le mandat prend fin par suite du décès du mandataire, cette obligation incombe à ses héritiers.

SECTION 2 Du mandataire désigné par convention

Pour les dispositions transitoires concernant la présente section, V. L. n° 2006-728 du 23 juin 2006, art. 47-I et II, ss. art. 892.

Art. 813 Les héritiers peuvent, d'un commun accord, confier l'administration de la succession à l'un d'eux ou à un tiers. Le mandat est régi par les articles 1984 à 2010.

Lorsqu'un héritier au moins a accepté la succession à concurrence de l'actif net, le mandataire ne peut, même avec l'accord de l'ensemble des héritiers, être désigné que par le juge. Le mandat est alors régi par les articles 813-1 à 814.

SECTION 3 Du mandataire successoral désigné en justice

BIBL. GÉN. ▶ GIL, *RLDC 2007/44, nº 2800.*

Pour les dispositions transitoires concernant la présente section, V. L. nº 2006-728 du 23 juin 2006, art. 47-I et II, ss. art. 892.

Art. 813-1 Le juge peut désigner toute personne qualifiée, physique ou morale, en qualité de mandataire successoral, à l'effet d'administrer provisoirement la succession en raison de l'inertie, de la carence ou de la faute d'un ou de plusieurs héritiers dans cette administration, de leur mésentente, d'une opposition d'intérêts entre eux ou de la complexité de la situation successorale.

La demande est formée par un héritier, un créancier, toute personne qui assurait, pour le compte de la personne décédée, l'administration de tout ou partie de son patrimoine de son vivant, toute autre personne intéressée ou par le ministère public.

1. Domaine : application en présence d'un légataire universel. L'art. 813-1 n'est pas réservé aux successions indivises, mais a vocation à s'appliquer à toute succession ; si le légataire universel n'est pas en indivision avec les autres héritiers réservataires, la mauvaise gestion et la diminution du patrimoine successoral compromettent leur intérêt commun de sorte que la situation conflictuelle entre le légataire universel et les autres héritiers réservataires, ainsi que l'inertie et la carence du légataire universel dans l'administration de la succession justifie la désignation d'un mandataire successoral. • Civ. 1re, 17 oct. 2019, nº 18-23.409 P : *D. 2020. Chron. C. cass. 1058, obs. Mouty-Tardieu ; AJ fam. 2019. 660, obs. Levillain ; Dr. fam. 2019, nº 247, note Tani.*

2. Procédure. L'art. 1380 C. pr. civ. exigeant que la demande soit portée devant le président du TGI en la forme des référés, doit être écartée la demande d'un syndicat de copropriétaires introduite par voie de requête. • Civ. 1re, 4 déc. 2013, nº 12-10.183 P.

Art. 813-2 Le mandataire successoral ne peut agir que dans la mesure compatible avec les pouvoirs de celui qui a été désigné en application du troisième alinéa de l'article 815-6, du mandataire désigné en application de l'article 812 ou de l'exécuteur testamentaire, nommé par le testateur en application de l'article 1025.

Art. 813-3 La décision de nomination est enregistrée et publiée. — *V. C. pr. civ., art. 1355.* — ***C. pr. civ.***

Art. 813-4 Tant qu'aucun héritier n'a accepté la succession, le mandataire successoral ne peut accomplir que les actes mentionnés à l'article 784, à l'exception de ceux prévus à son deuxième alinéa. Le juge peut également autoriser tout autre acte que requiert l'intérêt de la succession. Il peut autoriser le mandataire successoral à dresser un inventaire dans les formes prescrites à l'article 789, ou le demander d'office.

Art. 813-5 Dans la limite des pouvoirs qui lui sont conférés, le mandataire successoral représente l'ensemble des héritiers pour les actes de la vie civile et en justice.

Il exerce ses pouvoirs alors même qu'il existe un mineur ou un majeur protégé parmi les héritiers.

Le paiement fait entre les mains du mandataire successoral est valable.

Dessaisissement des héritiers dans la limite des pouvoirs conférés au mandataire. La désignation du mandataire ayant dessaisi les héritiers de l'exercice des prérogatives entrant dans la mission de celui-ci, rejet du pourvoi des héritiers tendant à obtenir la liste des œuvres détenues par la première épouse du défunt, l'établissement de l'inventaire relevant des missions confiées au mandataire successoral. • Civ. 1re, 1er juin 2017, nº 16-18.314 P : *D. 2018. Chron. C. cass. 748, obs. Mouty-Tardieu.*

Art. 813-6 Les actes visés à l'article 813-4 accomplis par le mandataire successoral dans le cadre de sa mission sont sans effet sur l'option héréditaire.

Art. 813-7 A la demande de toute personne intéressée ou du ministère public, le juge peut dessaisir le mandataire successoral de sa mission en cas de manquement caractérisé dans l'exercice de celle-ci. Il désigne alors un autre mandataire successoral, pour une durée qu'il définit.

Art. 813-8 Chaque héritier peut exiger du mandataire successoral la consultation, à tout moment, des documents relatifs à l'exécution de sa mission.

Chaque année et à la fin de sa mission, le mandataire successoral remet au juge et à chaque héritier sur sa demande un rapport sur l'exécution de sa mission.

Art. 813-9 Le jugement désignant le mandataire successoral fixe la durée de sa mission ainsi que sa rémunération. A la demande de l'une des personnes mentionnées au deuxième alinéa de l'article 813-1 ou à l'article 814-1, il peut la proroger pour une durée qu'il détermine.

La mission cesse de plein droit par l'effet d'une convention d'indivision entre les héritiers ou par la signature de l'acte de partage. Elle cesse également lorsque le juge constate l'exécution complète de la mission confiée au mandataire successoral.

Fin du mandat successoral judiciaire : signature d'une convention d'indivision. Une convention d'indivision, signée par une seule personne, agissant tant en son nom qu'en celui de deux héritiers mineurs malgré l'existence d'un conflit d'intérêts entre elle et ces derniers, ne peut avoir pour effet de mettre fin à la mission du mandataire successoral conformément à l'art. 813-9. • Civ. 1re, 25 oct. 2017, n° 16-25.525 P : *AJ fam. 2017. 659, obs. Levillain* ; *Gaz. Pal. 2017. 2484, note Berlaud.*

Art. 814 Lorsque la succession a été acceptée par au moins un héritier, soit purement et simplement, soit à concurrence de l'actif net, le juge qui désigne le mandataire successoral en application des articles 813-1 et 814-1 peut l'autoriser à effectuer l'ensemble des actes d'administration de la succession.

Il peut également l'autoriser, à tout moment, à réaliser des actes de disposition nécessaires à la bonne administration de la succession et en déterminer les prix et stipulations.

1. Pouvoirs du mandataire successoral après acceptation : signature de l'acte de partage (non). Un mandataire successoral ne peut être désigné pour consentir à un partage, lequel met fin à l'indivision ; cassation pour violation des art. 813-1 et 814 de l'arrêt qui, pour désigner un mandataire successoral et l'autoriser à signer l'acte de partage à la place des copartageants, retient que le mandat donné d'accomplir une formalité obligatoire imposée par une décision judiciaire n'excède pas la notion d'acte d'administration et que, si la signature de l'acte de partage peut constituer un acte de disposition mettant fin à l'indivision, le juge peut l'autoriser pour passer outre l'attitude dilatoire d'un cohéritier. • Civ. 1re, 13 mai 2020, n° 18-26.702 P : *D. 2020. 1173* ; *AJ fam. 2020. 360, obs. Casey* ; *RTD civ. 2020. 930, obs. M. Grimaldi*.

2. Prise en charge des dépenses d'entretien par le mandataire successoral. La prise en charge des dépenses d'entretien par le mandataire successoral est justifiée dès lors que celui-ci perçoit les fruits de la succession. Cassation de l'arrêt qui rejette la demande tendant au paiement, par le mandataire successoral, des dépenses d'entretien et de conservation d'un immeuble dépendant de la succession au motif que le demandeur ayant opté pour l'usufruit des biens constituant la succession, il doit à ce jour assurer l'entretien des biens soumis à son administration. • Civ. 1re, 27 janv. 2016, n° 14-19.816 P : *AJ fam. 2016. 167, obs. Casey* ; *RDC 2016. 512, note Tadros.* ♦ Mais, en refusant d'étendre la mission du mandataire successoral au remboursement des dépenses d'entretien déjà prises en charge par un héritier dans le passé, le juge, auquel l'art. 814 ne confère qu'une simple faculté d'autoriser le mandataire à effectuer l'ensemble des actes d'administration de la succession, ne fait qu'user de son pouvoir discrétionnaire. • Même arrêt.

Art. 814-1 En toute circonstance, l'héritier acceptant à concurrence de l'actif net peut demander au juge de désigner toute personne qualifiée en qualité de mandataire successoral à l'effet de le substituer dans la charge d'administrer et de liquider la succession.

V. C. pr. civ., art. 1355 à 1357 (Décr. n° 2006-1805 du 23 déc. 2006, art. 2, JO 31 déc.). – **C. pr. civ.**

CHAPITRE VII DU RÉGIME LÉGAL DE L'INDIVISION *(L. n° 2006-728 du 23 juin 2006, art. 2).*

*La loi n° 2006-728 du 23 juin 2006 modifiant le présent chapitre entre en vigueur le **1er janv. 2007**. Elle est applicable dès son entrée en vigueur aux indivisions existantes et aux successions ouvertes non encore partagées à cette date. — Pour le texte complet des dispositions transitoires, V. l'art. 47-I et II de cette loi, ss. art. 892. — V. aussi l'ensemble des dispositions antérieures (Titre I ancien) à la suite de ce même art. 892.*

RÉP. CIV. v^is *Indivision : Généralités ; Indivision : régime conventionnel ; Indivision : régime légal*, par C. ALBIGES.

DALLOZ ACTION *Droit patrimonial de la famille 2021/2022, n°s 251.00 s.*

BIBL. GÉN. ▶ BOTREL, *AJDI 2019. 116* (outre-mer : favoriser la sortie des indivisions successorales de longue durée). – BOUDOT, *AJDI 2015. 247* (copropriété du code civil). – BRENNER, *D. 2006. 2559* (gestion de la succession). – CASEY, *RJPF 2007-1/10*. – COUZIGOU-SUHAS, et CLAUX, *AJ fam. 2006. 313* (gestion de l'indivision successorale). – FERRY, *D. 2022. 1002* (indivision et clause d'inaliénabilité). – FORGEARD, *JCP N 2008. 1146* (droit au partage). – HÉRAUD, *RLDC 2009/65, n° 3617* (partage de l'indivision). – JAMBORT, *Dr. fam. 2006. Étude 54*. – LEPROVAUX, *JCP N 2006. 1381* (règles de gestion de l'indivision successorale). – S. PRÉTOT, *AJ fam. 2019. 89* (L. du 27 déc. 2018 visant à faciliter la sortie de l'indivision successorale et à relancer la politique du logement en outre-mer). – PRIGENT, *AJDI 2007. 8*. – SCHILLER et FABRE, *JCP N 2014, n° 1333* (indivision de droits sociaux). – Dossier, *AJ fam. 2010. 303*. – Dossier, *Defrénois 5 juill. 2018. 17* (les comptes de l'indivision). – Dossier, *JCP N 2019, n° 1255* (le notaire et l'indivision). – Dossier, *AJ fam. 2022. 519* (séparation et financement du bien indivis).

Art. 815 *(L. n° 2006-728 du 23 juin 2006, art. 2)* **Nul ne peut être contraint à demeurer dans l'indivision et le partage peut toujours être provoqué, à moins qu'il n'y ait été sursis par jugement ou convention.**

Sur les dispositions visant à faciliter la sortie de l'indivision successorale outre-mer, V. L. n° 2018-1244 du 27 déc. 2018, JO 28 déc.

A. ABSENCE DE PERSONNALITÉ JURIDIQUE

1. Absence de personnalité juridique. Une indivision est dépourvue de personnalité juridique. • Civ. 2e, 9 juin 2011, n° 10-19.241 P : *D. 2011. 2188, note Julienne ; JCP 2011, n° 1298, § 6, obs. Périnet-Marquet.*

2. Absence de capacité juridique. L'indivision existant entre les ex-époux ne constituant pas une personne morale ayant la personnalité juridique, le conjoint divorcé d'un débiteur en redressement judiciaire doit déclarer sa créance issue de la liquidation du régime matrimonial et née antérieurement au jugement d'ouverture. Faute d'avoir sollicité un relevé de forclusion dans l'année suivant le jugement d'ouverture, cette créance, qui n'a pas été déclarée à la procédure collective dans le délai prévu par la loi, est éteinte (art. L. 621-46 C. com. [ancien, abrogé]). • Civ. 1re, 25 oct. 2005, n° 03-20.382 P : *D. 2005. AJ 2873, obs. A. Lienhard ; D. 2006. Pan. 87, obs. Le Corre, et 1382, obs. Danis-Fatôme ; AJ fam. 2006. 34, obs. Hilt.* ♦ Pour l'absence de personne morale d'une indivision, V. également • Civ. 3e, 3 oct. 2007, n° 06-16.716 P : *D. 2008. Pan. 2250, obs. Brémond ; JCP 2008. I. 127, n° 8, obs. Périnet-Marquet ; Dr. et patr. 7-8/2008. 96, obs. Seube et Revet* (transmission de droits de chasse à tous les indivisaires) • Civ. 3e, 11 juill. 2007 : *JCP 2008. I. 127, n° 11, obs. Périnet-Marquet* (nécessité de notifier un congé à tous les indivisaires).

3. Irrégularité de l'acte accompli au nom de « l'indivision ». Le bail conclu au nom d'une indivision dépourvue de personnalité juridique est atteint de nullité absolue mais cette nullité ne saurait être invoquée par voie d'exception par le locataire, assigné en validité d'un congé pour vendre, alors que ce locataire a exécuté le bail en réglant le loyer entre les mains du mandataire des propriétaires indivis. • Civ. 3e, 16 mars 2017, n° 16-13.063 P : *D. 2017. 1149, obs. Damas ; AJDI 2017. 507, obs. Damas ; RTD civ. 2017. 647, obs. Barbier.* ♦ L'indivision n'ayant pas la capacité juridique, cassation de l'arrêt qui accueille l'action introduite par les indivisaires en validité de congés délivrés par « l'indivision X... représentée par M. Y... ». • Civ. 3e, 25 avr. 2001, n° 99-14.368 P : *D. 2001. IR 1591 ; JCP 2001. I. 358, n° 3, obs. Périnet-Marquet ; RJPF 2001-9/50, obs. Casey ; RTD civ. 2002. 130, obs. Patarin.* ♦ Un congé à bail ne mentionnant pas le nom de chacun des coïndivisaires qui le délivrent est entaché d'irrégularité. • Civ. 3e, 5 déc. 2001, n° 00-10.731 P : *D. 2002. AJ 1072, obs. Rouquet ; JCP E 2002. 415, note Quément ; Rev. loyers 2002. 80, obs. de Maillard ; RTD com. 2002. 274, obs. J. Monéger.* ♦ Cette irrégularité est couverte par l'intervention ultérieure de l'indivisaire dont le nom avait été omis, dans l'assignation et les actes subséquents. • Même arrêt. ♦ ... Par la saisine du tribunal d'instance par chacun des coïndivisaires pris individuellement. • Civ. 3e, 16 sept. 2009, n° 08-13.701 P : *D. 2009. AJ 2281, obs. Rouquet*.

4. *Irrecevabilité de l'appel ne mentionnant pas tous les indivisaires.* L'appel formé par certains seulement des coïndivisaires est irrecevable dès lors que le défendeur est en droit de se prévaloir de l'irrégularité de fond tenant au défaut de pouvoir des coïndivisaires. • Civ. 3e, 19 juin 2002, n° 00-21.869 P : *JCP 2003. I. 117, n° 7, obs. Périnet-Marquet ; AJ fam. 2002. 305, obs. S. D.-B*.

5. *Inopposabilité de la qualité d'indivisaire aux tiers non avertis.* Après avoir relevé que si la volonté du souscripteur pouvait être recherchée dans les liens familiaux avec les autres propriétaires indivis du bien assuré, il apparaissait cependant que le régime juridique de la propriété du bien n'était pas connu de l'assureur dès la souscription du contrat ni ultérieurement, une cour d'appel, tirant les conséquences légales de ses constatations, a pu en déduire que la volonté des deux parties de souscrire une assurance pour le compte des deux autres copropriétaires indivis de l'immeuble n'était pas établie. • Civ. 2e, 25 juin 2020, n° 18-26.685 P : *D. 2020. 1404 ; AJ fam. 2020. 490, obs. Casey*.

6. *Inopposabilité aux autres indivisaires de la décision rendue à l'encontre d'un seul d'entre eux.* L'action introduite contre un seul indivisaire est recevable, mais la décision rendue sur celle-ci est inopposable aux autres indivisaires à défaut de leur mise en cause. • Civ. 1re, 12 juin 2013, n° 11-23.137 P : *D. 2013. 1546 ; AJ fam. 2013. 506, obs. de Guillenchmidt-Guignot* (cassation, au visa des art. 31 et 32 C. pr. civ., de l'arrêt jugeant l'action irrecevable au motif qu'elle n'aurait pas été dirigée contre les deux époux indivisaires) • 18 déc. 2013 : *AJ fam. 2014. 120, obs. de Guillenchmidt-Guignot ; RTD civ. 2014. 405, obs. Dross*.

7. *... Application en cas de procédure collective ouverte à l'encontre d'un indivisaire.* Un indivisaire ne peut se voir opposer l'inaliénabilité temporaire de l'immeuble indivis résultant de la déclaration prise par le juge arrêtant le plan de redressement du débiteur dans le cadre de la procédure collective ouverte à l'encontre d'un autre indivisaire. • Com. 10 févr. 2015, n° 13-24.659 P : *D. 2015. 429*.

8. *Tempérament : représentation obligatoire des copropriétaires d'une part sociale indivise.* Obligation faite aux copropriétaires de parts sociales indivises de se faire représenter par un mandataire unique pour l'exercice de leurs droits sociaux, V. art. 1844, al. 2, et la jurisprudence citée.

B. DROIT DE DEMANDER LE PARTAGE

1° PRINCIPE

9. *Caractère imprescriptible du droit.* Le droit de demander le partage est imprescriptible. • Civ. 1re, 12 déc. 2007, n° 06-20.830 P : *JCP 2008. I. 127, n° 9, obs. Périnet-Marquet ; Dr. et patr. 7-8/2008. 97, obs. Seube et Revet.*

10. *Caractère absolu du droit.* Nullité de la clause pénale, insérée dans un testament qui, en attachant des conséquences préjudiciables au refus d'un indivisaire de procéder à un partage amiable, porte une atteinte excessive au droit absolu reconnu à tout indivisaire de demander le partage. • Civ. 1re, 13 avr. 2016, n° 15-13.312 P : *D. 2016. 896 ; AJ fam. 2016. 275, obs. Casey ; RTD civ. 2016. 424, obs. Grimaldi ; Defrénois 2016. 683, note Leyrat.*

11. *Personne recevable à agir en partage : liquidateur d'un débiteur indivisaire.* Le liquidateur d'un débiteur en liquidation judiciaire propriétaire indivis d'un immeuble, qui exerce les droits et actions du débiteur dessaisi, est recevable à agir en partage de l'indivision sur le fondement de l'art. 815. • Com. 3 déc. 2003, n° 01-01.390 P : *R., p. 384 ; RJPF 2004-4/26, obs. Vauvillé* • Civ. 1re, 29 juin 2011, n° 10-25.098 P : *D. 2011. Actu. 1970* (sans avoir à justifier d'une créance).

En présence d'un bien ayant fait l'objet d'une déclaration d'insaisissabilité régulièrement publiée avant le jugement d'ouverture de la liquidation judiciaire, les droits indivis du débiteur ne sont pas appréhendés par la procédure collective ; dès lors le liquidateur n'a pas qualité pour agir en partage et licitation sur le fondement de l'art. 815. • Com. 14 mars 2018, n° 16-27.302 P.

12. *Application : indivisions entre époux séparés de biens.* Des époux séparés de biens justifient d'un droit au partage de leurs biens indivis qu'ils peuvent exercer à tout moment et sans même attendre la dissolution du mariage. • Civ. 1re, 14 nov. 2000, n° 98-22.936 P : *D. 2001. 1755, note Lipinski ; Dr. fam. 2001, n° 8, note Beignier.* ♦ V. déjà • Civ. 1re, 22 oct. 1985 : *D. 1986. 241, note Breton.*

13. *... Entre propriétaire et nu-propriétaire.* Il existe une indivision entre le titulaire d'un droit en pleine propriété portant sur une quote-part de l'universalité des biens de la communauté et le nu-propriétaire du surplus. • Civ. 1re, 12 janv. 2011, n° 09-17.298 P : *D. actu. 31 janv. 2011, obs. Chenu ; JCP 2011, n° 323, § 7, obs. Périnet-Marquet ; AJ fam. 2011. 165, obs. Vernières ; Dr. fam. 2011, n° 41, obs. Beignier.*

14. *... Entre titulaires d'un droit d'usage et d'habitation.* Il existe entre le propriétaire d'un bien et le titulaire d'un droit d'usage et d'habitation sur ce bien une indivision quant à ce droit d'usage et d'habitation. • Civ. 3e, 7 juill. 2016, nº 15-10.278 P : *D. 2016. 2263, note Julienne ; AJDI 2017. 136, obs. Morin et Niel ; RDI 2016. 541, obs. Bergel ; AJ fam. 2016. 439, obs. Casey ; RTD civ. 2017. 180, obs. Dross ; JCP 2016, nº 1102, avis Sturlèse ; RDC 2016. 737, note Danos.*

15. Conséquences particulières. Irrecevabilité d'une demande de traitement de situation de surendettement, le débiteur, propriétaire indivis d'un patrimoine immobilier, pouvant mettre fin à l'indivision et procéder à la vente amiable de l'immeuble, de nature à permettre l'apurement de sa situation. • Civ. 2e, 16 oct. 2003, nº 02-04.115 P : *RTD com. 2004. 165, obs. Paisant .*

16. Droit international privé. Application de l'anc. art. 815 aux biens situés en France : V. • Civ. 1re, 22 oct. 1985 : *D. 1986. 241, note Breton.* ♦ La règle du transfert au syndic de la propriété des biens du débiteur, personne physique, mis en liquidation judiciaire, résultant de la loi anglaise, ne produit pas des effets manifestement contraires à la conception française de l'ordre public international. • Com. 16 juill. 2020, nº 17-16.200 P : *D. 2020. 1814, note Jault-Seseke et Robine ; Rev. sociétés 2020. 514, obs. L. C. Henry* (droit d'agir du syndic en partage de l'indivision sur un bien situé sur le territoire français comme étant une conséquence de la reconnaissance de l'ouverture en Angleterre de la procédure d'insolvabilité, conformément au Règl. Insolvabilité).

2º EXCEPTIONS OU TEMPÉRAMENTS

17. État d'indivision normal ou perpétuel : dépendance commune à plusieurs propriétés. Toutes les fois qu'une dépendance de plusieurs propriétés a été créée ou conservée pour être utilisée en commun en vue de l'exploitation de ces propriétés, il n'y a pas lieu à partage de la dépendance et l'indivision constitue un état normal et perpétuel auquel il ne peut être mis fin que du consentement unanime de tous les propriétaires des biens dont la dépendance constitue l'accessoire. • Civ. 3e, 12 mars 1969 : *D. 1969. 587.* – V. aussi • Civ. 1re, 12 févr. 1985, nº 84-10.301 P : *R., p. 87.*

18. Biens acquis en commun avec clause d'accroissement. Absence d'indivision, excluant le droit au partage. • Civ. 1re, 27 mai 1986, nº 84-16.528 P : *R., p. 142 ; D. 1987. 139, note G. Morin ; JCP 1987. II. 20763, note Dagot.* ♦ Tant que la condition de prédécès de l'un des acquéreurs ne s'est pas réalisée, ceux-ci ont sur le bien des droits concurrents, dont celui, pour chacun d'eux, d'en jouir indivisément, droit dont l'exercice peut être organisé par le juge. • Civ. 1re, 9 févr. 1994 : *D. 1994. 417, rapp. Thierry ; D. 1995. Somm. 51, obs. Grimaldi ; JCP 1995. I. 3876, obs. Le Guidec ; RTD civ. 1995. 151, obs. Zenati ; ibid. 159 et 165, obs. Patarin .* ♦ Bien que la clause d'accroissement soit exclusive de l'indivision, tant que la condition du prédécès de l'une des parties n'est pas réalisée, celles-ci ont des droits concurrents tel le droit de jouir indivisément du bien ; en conséquence, l'époux qui, sur décision du juge, bénéficie de la jouissance exclusive de l'immeuble doit une indemnité pour son occupation à son conjoint co-titulaire du droit de jouissance. • Civ. 1re, 9 nov. 2011 : *D. 2012. 971, obs. Lemouland et Vigneau ; RTD civ. 2012. 95, obs. Hauser ; Defrénois 2012. 343, note Leblond ; Dr. fam. 2012, nº 10, obs. Beignier ; ibid. nº 49, obs. Brun-Wauthier ; JCP N 2012, nº 1123, note Leveneur ; CCC 2012, nº 57, obs. Leveneur ; RDC 2012. 445, obs. Libchaber.* ♦ Dans le même sens : une indemnité d'occupation est due à la partie cotitulaire du droit de jouissance par celle qui a la jouissance exclusive du bien. • Civ. 3e, 17 déc. 2013, nº 12-15.453 P : *D. 2014. 78 ; AJDI 2014. 807, obs. Cohet ; RTD civ. 2014. 407, obs. Dross ; JCP N 2014, nº 127, obs. Faucher ; RDC 2014. 425, note Pellet.*

19. Obstacle au partage résultant de la protection du logement de la famille. L'art. 215, al. 3, est applicable à une demande en partage d'un bien indivis par lequel est assuré le logement de la famille ; cassation de l'arrêt qui, pour accueillir la demande en partage et en licitation formée par le liquidateur à la procédure collective ouverte contre le mari, retient que l'art. 215 n'est pas applicable lorsqu'une vente forcée est poursuivie par le liquidateur judiciaire d'un des époux, alors que le liquidateur agissait aux lieu et place de l'époux débiteur dessaisi et que l'immeuble en indivision dont il était demandé le partage et la licitation en un seul lot constituait le logement de la famille. • Civ. 1re, 3 avr. 2019, nº 18-15.177 P : *AJDI 2019. 815, obs. Cohet ; AJ fam. 2019. 339, obs. Casey ; RTD civ. 2019. 613, obs. Dross ; ibid. 640, obs. Vareille .*

20. Régime particulier de certaines indivisions. L'art. 815 C. civ., al. 1er, ne saurait trouver application dans le cas de biens et droits indivis entre plusieurs communes dès lors que l'art. L. 162-4 C. communes [devenu art. L. 5222-4 CGCT] y déroge expressément. • CE 11 juin 1999 : *D. 1999. IR 227 .* ♦ Mais aucun texte ne fait échapper les biens d'utilité religieuse, du seul fait de leur nature ou de leur destination, à la règle de l'art. 815, al. 1er. • Civ. 3e, 25 sept. 2002, nº 99-20.765 P : *Defrénois 2003. 464, obs. Atias ; LPA 9 déc. 2003, note Corbion.*

Art. 815-1 *(L. nº 2006-728 du 23 juin 2006, art. 2)* **Les indivisaires peuvent passer des conventions relatives à l'exercice de leurs droits indivis, conformément aux articles 1873-1 à 1873-18.**

SECTION 1 Des actes relatifs aux biens indivis *(L. nº 2006-728 du 23 juin 2006, art. 2).*

§ 1 Des actes accomplis par les indivisaires *(L. nº 2006-728 du 23 juin 2006, art. 2).*

Art. 815-2 *(L. nº 76-1286 du 31 déc. 1976)* **Tout indivisaire peut prendre les mesures nécessaires à la conservation des biens indivis** *(L. nº 2006-728 du 23 juin 2006, art. 2)* **« même si elles ne présentent pas un caractère d'urgence ».**

Il peut employer à cet effet les fonds de l'indivision détenus par lui et il est réputé en avoir la libre disposition à l'égard des tiers.

A défaut de fonds de l'indivision, il peut obliger ses coïndivisaires à faire avec lui les dépenses nécessaires.

Lorsque des biens indivis sont grevés d'un usufruit, ces pouvoirs sont opposables à l'usufruitier dans la mesure où celui-ci est tenu des réparations.

A. DÉFINITION DES ACTES CONSERVATOIRES

1. Actes matériels ou juridiques. Les mesures nécessaires à la conservation de la chose indivise s'entendent des actes matériels ou juridiques ayant pour objet de soustraire le bien indivis à un péril imminent sans compromettre sérieusement le droit des indivisaires. • Civ. 3e, 25 janv. 1983 : *Bull. civ. III, nº 24 ; R., p. 45 ; RTD civ. 1984. 133, obs. Patarin* • Civ. 1re, 25 nov. 2003, nº 01-10.639 P : *D. 2004. IR 33 ; JCP 2004. I. 125, nº 5, obs. Périnet-Marquet ; Dr. fam. 2004, nº 25, note Beignier ; RDI 2004. 278, obs. Bruschi* • 4 juill. 2006 : *LPA 13 oct. 2006, note Bérenger (décisions rendues en application de l'anc. art. 815-2, l'acte conservatoire supposant alors un péril imminent, condition supprimée par la nouvelle rédaction de l'al. 1er de l'art. 815-2).*

2. Actions possessoires. Un indivisaire peut agir individuellement, par voie de complainte, contre le tiers auquel il reproche d'avoir troublé sa possession sur l'immeuble dont la jouissance est commune ; en effet, l'art. 815-3, al. 1er, ne concerne que les actes d'administration du bien indivis et n'interdit pas une telle action. • Civ. 3e, 9 mars 1982, nº 80-16.070 P.

3. Expulsion d'occupants sans droit ni titre. L'action engagée tendant à l'expulsion d'occupants sans droit ni titre et au paiement d'une indemnité d'occupation, qui a pour objet la conservation des droits des coïndivisaires, entre dans la catégorie des actes conservatoires que tout indivisaire peut accomplir seul, sans avoir à justifier d'un péril imminent. • Civ. 1re, 4 juill. 2012, nº 10-21.967 P : *D. 2012. 1886*. ♦ V. égal. note 4.

4. Liquidation d'une astreinte. Constitue un acte conservatoire qui, par conséquent, n'implique pas le consentement d'indivisaires titulaires d'au moins deux tiers des droits indivis, la demande en liquidation de l'astreinte et de la remise en état des terres agricoles irrégulièrement occupées après un jugement d'expulsion. • Civ. 1re, 23 sept. 2015, nº 14-19.098 P. ♦ Dans le même sens pour la liquidation d'une astreinte prononcée en vue d'assurer la remise en état d'un vignoble indivis : • Civ. 3e, 28 mai 2020, nº 19-14.156 P : *D. 2020. 1173 ; AJ fam. 2020. 427, obs. Casey ; JCP N 2020, nº 1184, note Poux.*

5. Commandement de payer des loyers visant la clause résolutoire prévue au contrat de bail. Le commandement de payer visant la clause résolutoire prévue au contrat de bail commercial constitue un acte conservatoire qui n'implique donc pas le consentement d'indivisaires titulaires d'au moins deux tiers des droits indivis. • Civ. 1re, 9 juill. 2014, nº 13-21.463 P : *D. 2014. 1715, chron. Guyon-Renard ; ibid. 2015. 529, obs. Amrani-Mekki et Mekki ; RDI 2014. 558, note Bergel ; AJ fam. 2014. 503, obs. Levillain* (en l'espèce, commandement de payer valablement délivré par des indivisaires représentant 50% seulement des droits indivis). ♦ V. également sous l'empire du droit antérieur à la L. du 23 juin 2006 : • Civ. 3e, 30 oct. 1991, nº 90-16.340 P (les mises en demeure de payer les fermages constituent des actes conservatoires et peuvent être valablement faites par un seul indivisaire). ♦ V. conf. • Civ. 1re, 17 mars 1992, nº 90-14.547 P • Civ. 3e, 30 juin 1999, nº 97-17.010 P : *JCP 2000. I. 211, nº 6, obs. Périnet-Marquet ; JCP 2000. I. 278, nº 4, obs. Le Guidec ; JCP N 1999. 1620, note Moreau ; RDI 1999. 619, obs. Bruschi (2e esp.) ; RTD civ. 2000. 607, obs. Patarin* • 15 juin 2005, nº 03-21.061 P • 31 oct. 2007, nº 06-18.338 P : *D. 2007. AJ 2873 ; JCP 2008. I. 127, nº 10, obs. Périnet-Marquet.* ♦ L'appel d'un jugement déclarant valable un congé et ordonnant une expulsion constitue un acte conservatoire. • Civ. 3e, 8 déc. 2004, nº 03-17.902 P : *D. 2005. IR 244 ; RDI 2005. 207, obs. Bruschi*.

6. Actions en revendication. L'action par laquelle est revendiquée la propriété indivise d'une parcelle, ayant pour objet la conservation des droits des indivisaires, entre dans la catégorie des actes conservatoires que tout indivisaire peut accomplir seul. • Civ. 3e, 17 avr. 1991, nº 89-15.898 P : *Defrénois 1992. 233, note Beaubrun.* ♦ V. conf., pour une action en revendication de la propriété indivise d'un cimetière familial : • Civ. 3e, 19 juin 2002, nº 01-01.201 P : *JCP 2003. I.*

117, n° 6, obs. Périnet-Marquet ; Defrénois 2003. 35, obs. Atias. ♦ ... Pour une action en revendication d'une servitude de passage : • Civ. 3e, 4 déc. 1991, n° 89-19.989 P. ♦ V. aussi • Civ. 3e, 11 juin 1986 : *Bull. civ. III, n° 96 ; RTD civ. 1987. 384, obs. Patarin* (recevabilité de l'action d'un indivisaire tendant à faire constater l'aggravation d'une servitude de passage grevant le fonds indivis).

L'action en revendication de la propriété indivise et en contestation d'actes conclus sans le consentement des indivisaires a pour objet la conservation des droits de ceux-ci et entre dans la catégorie des actes conservatoires que chacun d'eux peut accomplir seul. • Civ. 3e, 24 oct. 2019, n° 18-20.068 P : *D. 2019. 2088 ; RDI 2020. 76, obs. Bergel ; AJ fam. 2019. 656, obs. Casey.*

7. Actions en indemnisation ou en restitution consécutives à une expropriation. Le droit de propriété indivis comporte notamment celui de demander, sans le concours des coïndivisaires, le relèvement de l'indemnité d'expropriation pour cause d'utilité publique. • Ch. temp. expr. 20 janv. 1967 : *JCP 1968. II. 15362, note A. Homont.* ♦ Violation de l'art. 6, § 1, Conv. EDH en cas de rejet d'une action en restitution de terrains expropriés au motif qu'elle n'a pas été intentée par tous les indivisaires. • CEDH, sect. III, 14 déc. 2006, *Lupas c/ Roumanie,* n° 1434/02.

8. Action en indemnisation consécutive au non-renouvellement d'une concession. Entre dans la catégorie des actes conservatoires que tout indivisaire peut accomplir seul, l'action en paiement d'une indemnité de résiliation, consécutive à la décision d'une commune de ne pas reconduire un contrat de concession. • Civ. 1re, 10 sept. 2015, n° 14-24.690 P : *D. 2015. 1840.*

9. Déclaration de créance à une procédure collective. Tout indivisaire peut déclarer une créance de l'indivision à la procédure collective du débiteur de l'indivision. • Com. 11 juin 2003, n° 00-11.913 P : *JCP 2004. I. 115, n° 9, obs. Pétel ; RTD com. 2004. 595, obs. Martin-Serf* • Civ. 1re, 14 mars 2012, n° 10-10.006 P : *D. 2012. 813 ; RTD civ. 2012. 377, obs. Perrot ; Defrénois 2012. 836, note Leblond.* ♦ En application de l'art. 400 C. pr. civ., si plusieurs parties forment ensemble un appel principal, le désistement d'une partie laisse subsister l'appel principal formé par les autres ; il en résulte que le désistement des autres coïndivisaires n'interdit pas à l'un d'entre eux de poursuivre l'appel interjeté initialement par tous. • Civ. 1re, 14 mars 2012 : *préc.*

10. Application à un portefeuille de valeurs mobilières. Le nu-propriétaire indivis avec ses cohéritiers d'un portefeuille de valeurs mobilières dépendant d'une succession peut prendre les mesures nécessaires à la conservation des biens indivis et en demander le partage ; il est donc fondé à demander à l'usufruitier de ce portefeuille de lui en indiquer la consistance et la valeur, éléments nécessaires pour que la nue-propriété en soit partagée. • Civ. 1re, 12 nov. 1998, n° 96-18.041 P : *GAJC, 11e éd., n° 71 ; D. 1999. 167, note Aynès ; ibid. 633, note Fiorina ; JCP 1999. II. 10027, note S. Piedelièvre ; JCP N 1999. 351, note Hovasse ; RTD civ. 1999. 674, obs. Patarin.* ♦ V. aussi, dans la même affaire, sur l'obligation de l'usufruitier de communiquer au nu-propriétaire tous renseignements sur l'évolution du portefeuille depuis le début de l'usufruit jusqu'au jour du partage pour apprécier les changements de sa valeur et de sa substance, • Civ. 1re, 3 déc. 2002 : *D. 2003. 2495, note Fiorina ; JCP 2003. II. 10158, note S. Piedelièvre ; RTD civ. 2003. 118, obs. Revet.*

B. FINANCEMENT DES ACTES CONSERVATOIRES

11. Contribution des coïndivisaires à la dépense nécessaire. Les frais de conservation et de gestion de la chose indivise profitent à tous les indivisaires et ne peuvent être mis à la charge de l'un d'eux que s'ils ont été la conséquence d'une faute de celui-ci. • Civ. 1re, 23 juin 1964 : *JCP 1964. II. 13819, note Patarin* • 16 juill. 1968 : *JCP 1969. II. 15833, note Dagot.* – V. aussi : • Civ. 1re, 11 mai 1982, n° 81-11.850 P : *RTD civ. 1983. 570, obs. Patarin.* ♦ V., pour le remboursement des mensualités d'un emprunt, • Paris, 16 mars 1978 : *D. 1979. IR 43, obs. Breton ; Defrénois 1978. 711, note Souleau* • 1er juill. 1982 : *D. 1983. IR 173, obs. D. Martin,* et, sur pourvoi, • Civ. 1re, 18 oct. 1983, n° 82-14.798 P : *D. 1984. 289, note Rambure ; JCP 1984. II. 20245, note de La Marnierre* • 4 mars 1986 : *Bull. civ. I, n° 51 ; JCP 1986. II. 20701, note Simler.*

C. AUTRES ACTES POUVANT ÊTRE ACCOMPLIS PAR UN INDIVISAIRE SEUL

12. Actes visant à protéger les droits de l'indivisaire. Tout indivisaire, pour assurer la protection de ses droits indivis, peut agir seul en justice à l'encontre d'un autre indivisaire ayant passé un acte sans son consentement et au mépris des dispositions de l'art. 815-3. • Civ. 3e, 15 juin 1994, n° 92-15.608 P. ♦ Tout indivisaire peut agir seul en justice pour la défense de ses droits indivis ; ainsi est recevable une action en nullité d'un bail commercial en raison d'un vice de son consentement et en réparation de son préjudice consécutif à la conclusion du bail, action personnelle, étrangère aux dispositions de l'art. 815-3 [ancien]. • Civ. 1re, 6 mai 2009, n° 07-20.635 P : *D. 2009. AJ 1414 ; JCP 2009. 337, n° 7, obs. Périnet-Marquet ; AJDI 2009. 783, obs. Zalewski ; RLDC 210/72, n° 3863, obs. Perruchot-Triboulet (décisions rendues en application de l'anc. art. 815-3).* ♦ Tout propriétaire est recevable à faire reconnaître son droit de propriété indivis. • Civ. 3e, 28 nov. 1973 : D. 1974. 725, note Souleau ; RTD civ. 1975. 329, obs. Giverdon.

13. Action civile de la victime décédée d'une infraction. L'action engagée par la partie civile qui vient à décéder en cours d'instance se transmet à ses héritiers et chacun d'eux l'exerce dans son intégralité et est fondé à obtenir la réparation du préjudice que l'infraction avait causé à son auteur ; une telle action est étrangère aux actes d'administration et de disposition relatifs aux biens indivis pour lesquels le consentement de tous les indivisaires est requis par l'art. 815-3. • Crim. 9 oct. 1985 : *D. 1987. 93, note Breton* • 28 juin 2000 : *D. 2000. IR 227*.

14. Action en réparation d'un préjudice subi personnellement par l'indivisaire. Chaque copropriétaire d'actions indivises ayant, notamment, le droit d'être individuellement informé de la tenue des assemblées, de l'ordre du jour et des projets de résolution, un défaut d'information à ce sujet lui ouvre une action en réparation du préjudice subi personnellement. • Crim. 11 avr. 1996, nº 94-81.166 P. ♦ Dans le même sens, à propos d'une action en réparation du préjudice résultant de l'infraction (allégation d'une dépréciation de l'immeuble indivis du fait de l'édification d'une construction irrégulièrement entreprise) : • Crim. 28 juin 1995, nº 93-85.047 P.

15. Annulation d'une ordonnance d'expropriation. L'annulation d'une ordonnance d'expropriation, prononcée pour vice de forme, au motif qu'un indivisaire n'a pas disposé d'un délai suffisant pour formuler ses observations, produit effet à l'égard de tous les propriétaires indivis. • Civ. 3e, 2 juill. 2008, nº 07-14.218 P.

16. Défense du droit moral du défunt. Chaque cohéritier a qualité et intérêt légitime à agir seul en défense du droit moral du *de cujus*, indépendamment du défaut d'exercice de l'option successorale. • Civ. 1re, 15 févr. 2005, nº 03-12.159 P : *CCE 2005, nº 62, note Caron ; RTD com. 2005. 316, obs. Pollaud-Dulian (décision rendue sous l'empire du droit antérieur à la L. du 23 juin 2006).*

17. Collusion frauduleuse des autres indivisaires. Une cour d'appel ne peut rejeter la demande d'un coïndivisaire au motif qu'il ne peut agir seul sans rechercher, comme elle y était invitée, si les actes attaqués ne résultaient pas d'une collusion frauduleuse de la part des autres coïndivisaires. • Civ. 1re, 17 mars 1992, nº 90-16.606 P : *D. 1992. Somm. 401, obs. Delebecque ; D. 1993. Somm. 226, obs. Grimaldi ; RTD civ. 1993. 390, obs. Patarin*.

18. Actes portant sur la quote-part de droits indivis. Sur la faculté pour chaque indivisaire de disposer librement de sa quote-part de droits sur un bien indivis, V. notes ss. art. 815-3.

Art. 815-3 *(L. nº 2006-728 du 23 juin 2006, art. 2)* **« Le ou les indivisaires titulaires d'au moins deux tiers des droits indivis peuvent, à cette majorité :**

« 1º Effectuer les actes d'administration relatifs aux biens indivis ;

« 2º Donner à l'un ou plusieurs des indivisaires ou à un tiers un mandat général d'administration ;

« 3º Vendre les meubles indivis pour payer les dettes et charges de l'indivision ;

« 4º Conclure et renouveler les baux autres que ceux portant sur un immeuble à usage agricole, commercial, industriel ou artisanal.

« Ils sont tenus d'en informer les autres indivisaires. A défaut, les décisions prises sont inopposables à ces derniers.

« Toutefois, le consentement de tous les indivisaires est requis pour effectuer tout acte qui ne ressortit pas à l'exploitation normale des biens indivis et pour effectuer tout acte de disposition autre que ceux visés au 3º. »

(L. nº 76-1286 du 31 déc. 1976) **Si un indivisaire prend en main la gestion des biens indivis, au su des autres et néanmoins sans opposition de leur part, il est censé avoir reçu un mandat tacite, couvrant les actes d'administration mais non les actes de disposition ni la conclusion ou le renouvellement des baux.**

Si un bail commercial est consenti à plusieurs preneurs ou indivisaires, l'exploitant du fonds de commerce ou du fonds artisanal bénéficie des dispositions des art. L. 145-1 s. C. com. sur le bail commercial, même en l'absence d'immatriculation au registre du commerce et des sociétés ou au répertoire des métiers de ses copreneurs ou coïndivisaires non exploitants du fonds. De même, en cas de décès du titulaire du bail, ces mêmes dispositions s'appliquent à ses héritiers ou ayants droit qui, bien que n'exploitant pas de fonds de commerce ou de fonds artisanal, demandent le maintien de l'immatriculation de leur ayant cause pour les besoins de sa succession (C. com., art. L. 145-1-III, réd. issue de L. nº 2008-776 du 4 août 2008, art. 42). — ***C. com.***

Pour les indivisions constatées par un acte notarié de notoriété à défaut de titre de propriété existant en Corse, V. L. nº 2017-285 du 6 mars 2017, art. 2, ss. C. civ., art. 2272.

Sur les actes de gestion du patrimoine des personnes placées en curatelle ou en tutelle, V. Décr. nº 2008-1484 du 22 déc. 2008, ss. art. 496.

cours de l'indivision la vente d'un immeuble indivis est inopposable à l'indivisaire qui n'y a pas consenti) • 9 mai 1978 : *Bull. civ. I, n° 183 ; JCP 1979. II. 19257, note Dagot* (l'opposabilité d'une vente de biens indivis à un coïndivisaire qui n'y a pas concouru dépend de l'attribution qui est faite de ce bien dans l'acte de partage ; il s'ensuit que, dans les rapports entre coïndivisaires, ce bien doit faire l'objet d'une attribution dans l'acte de partage préalablement à toute décision sur la validité de son aliénation). *(Décision rendue en application de l'anc. art. 815-3).*

16. ... Application à une promesse de vente. La promesse de vente d'un immeuble indivis consentie par un seul des indivisaires est valable pour la portion indivise qui lui appartient. • Civ. 3e, 21 juin 1995, n° 93-17.522 P : *RDI 1995. 715, obs. Bergel*.

17. ... À une constitution d'hypothèque. Validité, jusqu'à concurrence de la part de la femme *in bonis*, de l'hypothèque constituée par deux époux sur un immeuble indivis postérieurement au jugement d'ouverture de redressement judiciaire du mari. Report de cette hypothèque, à la suite de la vente de l'immeuble grevé, sur la fraction du prix attribuée au constituant. • Com. 20 juin 1995, n° 93-10.331 P : *R., p. 272 ; D. 1997. 1, rapp. Rémery ; D. 1996. Somm. 207, obs. S. Piedelièvre ; JCP 1995. I. 3889, n° 12, obs. Delebecque (décision rendue en application de l'anc. art. 815-3).*

C. MANDAT TACITE

18. Existence du mandat tacite : actes accomplis au su des autres indivisaires. Nécessité de rechercher si le coïndivisaire prétendument titulaire d'un mandat tacite pour la défense en justice des intérêts de l'indivision a défendu au su de l'autre coïndivisaire. • Civ. 1re, 12 juin 2013, n° 12-17.419 P : *D. 2013. 1546*.

19. Portée du mandat tacite : actes d'administration. Nécessité pour les juges du fond, qui admettent la représentation à une assemblée des membres d'une indivision portant sur des droits sociaux sur le fondement du mandat tacite, de vérifier si les actes de représentation accomplis entraient, eu égard aux résolutions prises par l'assemblée, dans la catégorie des actes d'administration. • Com. 16 nov. 2004 : *Rev. sociétés 2005. 650, note Dondero*.

20. Illustrations : actes couverts par le mandat tacite. L'indivisaire gérant l'exploitation au su de son coïndivisaire et sans opposition de sa part est censé avoir reçu pouvoir de contracter un emprunt pour payer le passif de l'exploitation. • Civ. 1re, 12 nov. 1986 : *Bull. civ. I, n° 259 ; RTD civ. 1987. 786, obs. Patarin.* ♦ ... De commander des travaux de conservation ou d'amélioration du bien. • Civ. 1re, 10 oct. 1995, n° 93-14.788 P : *Defrénois 1996. 405, obs. Grimaldi ; RDI 1996. 335, obs. Bergel ; RTD civ. 1996. 963, obs. Patarin*. ♦ ... Mais non de conclure un bail portant sur le bien indivis, acte qui nécessite un mandat spécial. • Civ. 1re, 25 oct. 2005, n° 03-14.320 P : *JCP 2006. I. 127, n° 6, obs. Périnet-Marquet ; Dr. fam. 2006, n° 16, note Beignier (1re esp.) ; AJDI 2006. 272, note Beaugendre*.

21. Conséquences à l'égard de coïndivisaires mineurs. Le mandat tacite exclut la qualité de tuteur de fait à l'égard des coïndivisaires mineurs pendant le temps de leur minorité. • Civ. 1re, 7 oct. 1997, n° 95-19.347 P : *Defrénois 1998. 729, obs. Massip ; Dr. fam. 1997, n° 185, note Beignier ; ibid. 1998, n° 30, note Fossier ; RTD civ. 1998. 74, obs. Hauser*.

22. Impossibilité de contester le mandat donné. Le mandat tacite de l'indivisaire qui a pris en main la gestion des biens indivis au su des autres coïndivisaires et sans opposition de leur part ne peut être ultérieurement contesté par ceux-ci. • Civ. 1re, 11 oct. 2000 : *D. 2001. Somm. 3580, obs. Bouyeure ; Dr. fam. 2000, n° 148, note Beignier.*

§ 2 Des actes autorisés en justice *(L. n° 2006-728 du 23 juin 2006, art. 2).*

Art. 815-4 *(L. n° 76-1286 du 31 déc. 1976)* Si l'un des indivisaires se trouve hors d'état de manifester sa volonté, un autre peut se faire habiliter par justice à le représenter, d'une manière générale ou pour certains actes particuliers, les conditions et l'étendue de cette représentation étant fixées par le juge.

A défaut de pouvoir légal, de mandat ou d'habilitation par justice, les actes faits par un indivisaire en représentation d'un autre ont effet à l'égard de celui-ci, suivant les règles de la gestion d'affaires.

Art. 815-5 *(L. n° 76-1286 du 31 déc. 1976)* Un indivisaire peut être autorisé par justice à passer seul un acte pour lequel le consentement d'un coïndivisaire serait nécessaire, si le refus de celui-ci met en péril l'intérêt commun.

(L. n° 87-498 du 6 juill. 1987) « Le juge ne peut, à la demande d'un nu-propriétaire, ordonner la vente de la pleine propriété d'un bien grevé d'usufruit contre la volonté de l'usufruitier. »

L'acte passé dans les conditions fixées par l'autorisation de justice est opposable à l'indivisaire dont le consentement a fait défaut.

A. AUTORISATION JUDICIAIRE DE PASSER L'ACTE

1. *Compétence juridictionnelle.* Si, lorsqu'il est saisi en application des art. 815-6, 815-7, 815-9 et 815-11, le juge statue en la forme des référés, il en est autrement lorsqu'il est saisi sur le fondement de l'art. 815-5, ce texte ne désignant pas la juridiction compétente, ce qui doit conduire à faire application du droit commun. • Civ. 1re, 15 févr. 2012, n° 10-21.457 P : *D. 2012. 553* ; *Defrénois 2012. 569, obs. Leblond* (absence d'autorité de la chose jugée de l'ordonnance du juge des référés ordonnant la vente). ♦ L'autorisation d'agir ne peut résulter d'une ordonnance sur requête. • Civ. 3e, 28 nov. 2012, n° 11-19.585 P : *D. 2012. 2891*.

1° CONDITION DE MISE EN PÉRIL DE L'INTÉRÊT COMMUN

2. *Caractère nécessaire.* L'autorisation judiciaire prévue à l'art. 815-5 exige la preuve préalable que le refus opposé par l'un des indivisaires met en péril l'intérêt de tous les coïndivisaires, et pas seulement que l'opération projetée est avantageuse. • Paris, 25 janv. 1983 : *Gaz. Pal. 1983. 1. 190 ; RTD civ. 1984. 135, obs. Patarin.* ♦ Refus d'ordonner la signature d'une vente en exécution d'une promesse, l'acte étant contraire à l'intérêt de l'indivision. • Civ. 1re, 15 févr. 2012 : *préc. note 1.*

3. *Pouvoir d'appréciation des juridictions du fond.* L'appréciation de l'intérêt commun de l'indivision par les juges du fond est souveraine. • Civ. 3e, 10 mai 1983 : *Bull. civ. III, n° 113 ; RTD civ. 1984. 135, obs. Patarin* • Civ. 1re, 29 nov. 1988 : *JCP 1989. II. 21364, note Testu ; RTD civ. 1989. 609, obs. Patarin* • 3 mars 1992 : *JCP 1993. II. 22002, note J.-M. G.* ♦ L'art. 815-5 n'impose au juge aucune obligation, mais lui ouvre une faculté laissée à son appréciation ; constituant l'une des exceptions admises au maintien de la règle de l'unanimité, la notion de « mise en péril de l'intérêt commun » doit être strictement entendue. • TGI Dieppe, 14 févr. 1979 : *Gaz. Pal. 1979. 2. 495 (1re esp.), note E. S. de La Marnierre ; RTD civ. 1980. 130, obs. Giverdon.* ♦ Cassation de l'arrêt qui accorde l'autorisation de résilier un bail pour défaut de paiement sans rechercher si le refus de l'un des indivisaires de s'associer à l'action mettait en péril l'intérêt de l'indivision. • Civ. 3e, 28 nov. 2012 : *préc. note 1.*

4. *Condition d'urgence (non).* L'urgence n'est pas une condition exigée par l'art. 815-5 • Civ. 1re, 12 juill. 2001 : *Dr. fam. 2001, n° 113, obs. B. B.*

5. *Illustrations : aliénation nécessaire au paiement d'une dette.* Le refus de l'un des indivisaires de consentir à l'aliénation des biens indivis pour assurer le paiement des droits de succession met en péril l'intérêt commun des indivisaires ; en effet, bien que constituant une dette personnelle de chaque héritier, les droits de succession peuvent être poursuivis solidairement contre les divers héritiers et sur les biens de la succession. • Civ. 1re, 14 févr. 1984, n° 82-16.526 P : *R., p. 59 ; D. 1984. 453, note Breton ; JCP 1985. II. 20381, note E. S. de La Marnierre ; RTD civ. 1985. 189, obs. Patarin.* ♦ Il importe peu que la dette dont le paiement est poursuivi soit personnelle à l'un des coïndivisaires dès lors que cette poursuite peut affecter le bien indivis et atteindre ainsi l'intérêt commun des indivisaires ; ayant estimé souverainement que le refus de l'un des indivisaires mettait en péril l'intérêt commun, les juges peuvent autoriser la vente amiable du bien. • Civ. 1re, 6 nov. 1990, n° 89-15.220 P : *RDI 1991. 33, obs. Bergel*.

6. *... Cession d'un bail rural.* Le refus d'un ex-époux, copreneur d'un bien rural avec son ex-épouse, de consentir à la cession du bail à leur enfant commun, seule alternative au refus de renouvellement du bailleur, met en péril l'intérêt commun des deux coïndivisaires. • Civ. 1re, 3 mars 1992 : *JCP 1993. II. 22002, note J.-M. G. ; RTD civ. 1993. 392, obs. Patarin*.

2° PORTÉE DE L'AUTORISATION

7. *Compatibilité avec la protection supra-législative de la propriété.* La preuve de la mise en péril de l'intérêt commun étant rapportée, il y a lieu d'autoriser l'un des coïndivisaires à passer seul l'acte (vente de la totalité des parts sociales d'une SARL) ; cette vente forcée n'est contraire ni à l'art. 545 C. civ., ni à la Convention européenne des droits de l'homme et des libertés fondamentales, ni enfin à la Déclaration universelle des droits de l'homme. Ces textes, qui protègent le droit de propriété, ne concernent pas les droits d'un propriétaire indivis et ne sauraient mettre en échec les dispositions du code civil sur l'indivision. • Lyon, 23 mai 1990 : *Gaz. Pal. 1991. 1. 125, note A. Piedelièvre.*

8. *Effets de la cession autorisée.* La cession d'un bien indivis autorisée sur le fondement de l'art. 815-5 ne réalise pas un partage, le prix de cession se substituant dans l'indivision au bien vendu ; elle n'est donc pas soumise à l'anc. art. 826 et aux règles fixant les modalités du partage. • Civ. 1re, 30 juin 1992, n° 90-19.052 P. ♦ Une telle aliénation ne donne pas ouverture au droit de préemption de l'art. 815-14. • Même arrêt. ♦ V. aussi • Civ. 1re, 3 déc. 1996, n° 94-13.744 P (impossibilité de procéder, sur le fondement de l'anc. art. 826 C. civ., à un allotissement en nature au profit du coïndivisaire qui s'est opposé à la vente de titres d'une société lorsqu'une cession partielle de ces titres a été autorisée judiciairement en vertu de l'art. 815-5).

9. *Régularisation d'un acte irrégulier (non).* Un indivisaire ne saurait être autorisé à faire régulariser un acte qu'il a antérieurement accompli au mépris de la loi. • TGI Dieppe, 14 févr. 1979 : *préc. note 3.* ♦ Mais il importe peu que la vente autorisée par le juge malgré le refus de l'un des coïndivisaires ait été précédée d'une promesse de vente à laquelle ce dernier n'avait pas donné son accord. • Civ. 1re, 29 nov. 1988 : *JCP 1989. II. 21364, note Testu ; RTD civ. 1989. 609, obs. Patarin ; ibid. 1990. 110, obs. Zenati.*

B. PROTECTION DE L'USUFRUITIER EN CAS DE VENTE DE LA PROPRIÉTÉ

10. Droit transitoire. Application dans le temps de la L. du 6 juill. 1987 ayant modifié l'al. 2 : V. • Civ. 1re, 13 déc. 1989 : *D. 1990. 214, note Morin ; RTD civ. 1990. 523, obs. Zenati ; JCP N 1990. II. 145, note Salvage* • 14 mai 1992, no 90-20.384 P : *D. 1993. Somm. 41, obs. A. Robert* • 2 févr. 1999, no 96-22.563 P : *D. 1999. IR 78 ; RTD civ. 1999. 891, obs. Patarin.*

11. Prérogatives de l'usufruitier. Absence d'abus de droit dans le refus opposé au nu-propriétaire désireux de vendre le bien, l'usufruit d'un bien, attribué à un ex-époux à titre de prestation compensatoire sans limitation dans le temps, lui permettant soit de jouir du bien personnellement, soit de le donner à bail. • Civ. 1re, 8 déc. 1998 : *Dr. fam. 1999, no 42, note Lécuyer.* ♦ Viole l'art. 815-5, al. 2, l'arrêt qui ordonne la licitation en pleine propriété d'un bien grevé d'usufruit, sans l'accord de l'usufruitier, au motif que celui-ci n'occupe plus le bien. • Civ. 1re, 17 janv. 2006, no 04-13.789 P.

12. Respect des dispositions prévues par l'art. 612, al. 4. Droit du nu-propriétaire de faire vendre des biens soumis à usufruit pour le paiement des dettes successorales : V. note 3 ss. art. 612.

Art. 815-5-1 *(L. no 2009-526 du 12 mai 2009, art. 6)* **Sauf en cas de démembrement de la propriété du bien ou si l'un des indivisaires se trouve dans l'un des cas prévus à l'article 836, l'aliénation d'un bien indivis peut être autorisée par le tribunal judiciaire, à la demande de l'un ou des indivisaires titulaires d'au moins deux tiers des droits indivis, suivant les conditions et modalités définies aux alinéas suivants.**

Le ou les indivisaires titulaires d'au moins deux tiers des droits indivis expriment devant un notaire, à cette majorité, leur intention de procéder à l'aliénation du bien indivis.

Dans le délai d'un mois suivant son recueil, le notaire fait signifier cette intention aux autres indivisaires.

Si l'un ou plusieurs des indivisaires s'opposent à l'aliénation du bien indivis ou ne se manifestent pas dans un délai de trois mois à compter de la signification, le notaire le constate par procès-verbal.

Dans ce cas, le tribunal judiciaire peut autoriser l'aliénation du bien indivis si celle-ci ne porte pas une atteinte excessive aux droits des autres indivisaires.

Cette aliénation s'effectue par licitation. Les sommes qui en sont retirées ne peuvent faire l'objet d'un remploi sauf pour payer les dettes et charges de l'indivision.

L'aliénation effectuée dans les conditions fixées par l'autorisation du tribunal judiciaire est opposable à l'indivisaire dont le consentement a fait défaut, sauf si l'intention d'aliéner le bien du ou des indivisaires titulaires d'au moins deux tiers des droits indivis ne lui avait pas été signifiée selon les modalités prévues au troisième alinéa.

BIBL. ▶ CASEY, *RJPF 2009-9/11.* – LAFOND, *JCP N 2009. 1180.* – LEBLOND, *Defrénois 2010. 2173 ; RLDC 2011/82, no 4255* (personnification de l'indivision). – PIERRE, *LPA 22 sept. 2009.*

1. Application dans le temps. Sauf si elle en dispose autrement, une loi nouvelle s'applique immédiatement aux situations juridiques non contractuelles en cours au moment de son entrée en vigueur ; dès lors, à défaut de dispositions contraires, l'art. 815-5-1, dans sa rédaction issue de la L. no 2009-526 du 12 mai 2009, était applicable aux effets à venir d'une indivision existante au jour de l'entrée en vigueur de cette loi. • Civ. 1re, 15 janv. 2014 : *AJ fam. 2014. 186, obs. Ferré-André.*

2. Signification de l'intention d'aliéner : dépassement du délai d'un mois. Le dépassement du délai d'un mois prévu par l'art. 815-5-1, al. 3, pour signifier l'acte par lequel certains indivisaires ont exprimé leur intention de vendre l'immeuble indivis, est indifférent, dès lors que ce délai n'est assorti d'aucune sanction, que la signification avait été effective et que l'intéressé avait disposé de trois mois pour manifester son opposition avant l'établissement du procès-verbal par le notaire, conformément aux prescriptions de l'al. 4 du même texte. • Civ. 1re, 20 nov. 2019, no 18-23.762 P : *D. 2019. 2246 ; AJ fam. 2020. 134, obs. Casey ; Dr. fam. 2020, no 30, note Tani ; RDC 2020/1. 77, note Tadros.*

Art. 815-6 *(L. no 76-1286 du 31 déc. 1976)* **Le président du tribunal judiciaire peut prescrire ou autoriser toutes les mesures urgentes que requiert l'intérêt commun.**

Il peut, notamment, autoriser un indivisaire à percevoir des débiteurs de l'indivision ou des dépositaires de fonds indivis une provision destinée à faire face aux besoins urgents, en prescrivant, au besoin, les conditions de l'emploi. Cette autorisation n'entraîne pas prise de qualité pour le conjoint survivant ou pour l'héritier.

Il peut également soit désigner un indivisaire comme administrateur en l'obligeant s'il y a lieu à donner caution, soit nommer un séquestre. Les articles 1873-5 à 1873-9 du présent code s'appliquent en tant que de raison aux pouvoirs et aux obligations de l'administrateur, s'ils ne sont autrement définis par le juge.

A. DOMAINE D'APPLICATION

1. *Principe : application généralisée à toutes les indivisions.* L'art. 815-6 est applicable à toutes les indivisions, quelles que soient leur origine et leur nature. • Civ. 1re, 13 oct. 1993, n° 91-19.819 P : *Defrénois 1994. 436, obs. Aynès.*

2. *Compatibilité avec l'autorisation judiciaire prévue par l'art. 815-5.* L'art. 815-5 n'exclut pas la faculté pour le président du TGI saisi sur le fondement de l'art. 815-6 de donner à l'administrateur qu'il désigne le pouvoir de conclure un bail rural, dès lors que les conditions prévues par ce texte sont remplies. • Civ. 1re, 19 oct. 2004, n° 02-11.366 P : *JCP 2005. I. 119, n° 3, obs. Périnet-Marquet ; RDI 2005. 208, obs. Bruschi.*

3. *Limites : exclusion des demandes dirigées contre des tiers.* Le président du tribunal de grande instance est incompétent pour statuer sur une demande dirigée contre un tiers à l'indivision. • Civ. 1re, 16 mai 2000 : *Dr. fam. 2000, n° 116, note Beignier.*

4. *Compétence concurrente du TGI.* Saisi à la demande d'un indivisaire, le tribunal de grande instance peut, en vertu de sa compétence générale d'attribution, nommer un administrateur provisoire de la succession lorsque les intérêts de celle-ci sont mis en péril par les conflits entre héritiers et légataires. • Civ. 1re, 17 janv. 2006, n° 04-11.267 P : *LPA 9 oct. 2006, note Yildirim.*

5. *Impossibilité pour la juridiction des référés de faire application de l'art. 815-6.* La juridiction des référés ne peut faire application de l'art. 815-6. • Civ. 3e, 16 déc. 2009, n° 08-21.200 P : *D. 2010. AJ 150 ; JCP 2010, n° 336, § 12, obs. Périnet-Marquet.*

B. MESURES SUSCEPTIBLES D'ÊTRE ORDONNÉES

1° RÉGIME JURIDIQUE

6. *Notion d'intérêt commun.* Appréciation souveraine des juges du fond : • Civ. 1re, 8 janv. 1991, n° 89-15.271 P : *RTD civ. 1991. 780, obs. Patarin.* ♦ ... Même en cas de désignation par *une décision de justice* étrangère d'exécuteurs testamentaires. • Civ. 1re, 4 mai 1994, n° 92-10.671 P.

7. *Nature des mesures ordonnées.* L'art. 808 C. pr. civ. donnant compétence au juge des référés lorsqu'il n'y a pas de contestation sérieuse n'est pas applicable aux cas prévus par l'art. 815-6, de sorte que les mesures ordonnées en vertu de ce texte peuvent préjudicier au principal. • Civ. 1re, 16 févr. 1988, n° 86-16.489 P : *RTD civ. 1989. 371, obs. Patarin.* – Même sens : • Civ. 1re, 3 févr. 2004, n° 01-02.758 P. ♦ Solution identique en ce qui concerne l'art. 809 C. pr. civ., qui est sans application en la matière. • Civ. 1re, 8 janv. 1991, n° 89-15.271 P • 3 févr. 2004 : *préc.*

8. *Exécution provisoire.* Recevabilité d'une demande adressée au premier président de la cour d'appel statuant en référé, en vue de faire statuer sur l'exécution provisoire d'une ordonnance prise sur le fondement de l'art. 815-6. • Aix-en-Provence, 12 juill. 1991 : *JCP 1992. II. 21949, note Hendrycksen.*

9. *Respect du principe de la contradiction.* Sur l'exigence du respect du principe de la contradiction, V. • Civ. 3e, 27 mai 1998, n° 96-13.173 P.

2° ILLUSTRATION : DÉSIGNATION D'UN ADMINISTRATEUR PROVISOIRE

10. *Personne pouvant être désignée par le juge : qualité d'indivisaire non exigée.* Malgré les termes de l'art. 815-6, l'administrateur désigné judiciairement n'est pas obligatoirement un indivisaire, et rien n'exige qu'il soit pris parmi les notaires. • Reims, 4 janv. 1978 : *D. 1979. IR 44, obs. Breton.*

11. *... Cas d'une superposition d'indivisions en nue-propriété et en usufruit.* L'indivisaire désigné comme administrateur ne pouvant disposer de plus de pouvoirs que ceux de l'indivision dont il est membre, il s'ensuit qu'en cas de superposition de deux indivisions distinctes portant respectivement sur l'usufruit et sur la nue-propriété d'un bien, l'administrateur, pouvant être amené à prendre des décisions concernant tant les droits des nus-propriétaires que ceux des usufruitiers, ne peut être choisi parmi les coïndivisaires en usufruit. • Civ. 1re, 6 févr. 2001, n° 98-19.060 P : *D. 2001. Somm. 2942, obs. Vareille ; JCP 2001. I. 358, n° 4, obs. Périnet-Marquet ; JCP N 2002. 1143, étude Montravers ; Dr. fam. 2001, n° 77 ; RTD civ. 2001. 640, obs. Patarin.*

12. *Caducité du mandat de l'administrateur à la suite du décès d'un indivisaire.* Une seconde indivision ayant succédé, au décès de l'un des indivisaires, à une première indivision, le juge a pu désigner un indivisaire en qualité d'administrateur, le mandat du précédent étant devenu caduc. • Civ. 1re, 13 oct. 1993 : *préc. note 1.*

13. Pouvoirs de l'administrateur : non-application des art. 1873-5 à 1873-9. Lorsque le président du TGI saisi sur le fondement de l'art. 815-6 définit les pouvoirs de l'administrateur, les art. 1873-5 à 1873-9 ne s'appliquent pas. • Civ. 1re, 19 oct. 2004 : *préc. note 2.*

14. Illustrations : pouvoir de solliciter l'expulsion d'un occupant. Il résulte des art. 815-6 et 1873-6 que l'administrateur judiciaire désigné pour administrer un immeuble et un fonds de commerce d'hôtel meublé a le pouvoir de solliciter l'expulsion des occupants de l'hôtel. • Civ. 1re, 3 nov. 2004, n° 01-03.064 P. ♦ Comp. les restrictions apportées par la L. n° 2014-366 du 24 mars 2014 et not. le nouv. art. 25-8 de la L. 6 juill. 1989.

15. ... Pouvoir d'effectuer des actes conservatoires sur des biens situés à l'étranger. Les pouvoirs de l'administrateur nommé par le juge peuvent le conduire, dans la mesure où ils seraient reconnus sur un territoire étranger, à y effectuer des actes conservatoires qui trouveraient nécessairement leur limite dans le respect de la loi et des décisions judiciaires locales. • Civ. 1re, 4 mai 1994, n° 92-10.671 P.

16. ... Pouvoir d'adhérer à une société ayant pour objet l'administration des droits relatifs à l'œuvre du défunt. Désignation judiciaire d'un indivisaire comme administrateur de l'indivision, avec pouvoir d'adhérer à la société dont l'objet social est d'exercer et d'administrer les droits relatifs à l'utilisation des œuvres du défunt (Picasso). • Civ. 1re, 4 avr. 1991 : *D. 1992. 261, note Gautier.*

17. ... Pouvoir d'effectuer un acte de disposition. Il entre dans les pouvoirs que le président du TGI tient de l'art. 815-6 d'autoriser un administrateur provisoire à accomplir un acte de disposition pourvu qu'une telle mesure soit justifiée par l'urgence et l'intérêt commun. • Civ. 1re, 10 juin 2015, n° 14-18.944 P : *AJ fam. 2015. 545, obs. Casey ; RTD civ. 2015. 672, obs. Grimaldi.*

18. Régime des actes effectués par l'administrateur. Seule la désignation de l'administrateur prescrite en application de l'art. 815-6 est soumise aux conditions prévues par ce texte, à l'exclusion des actes conclus par l'administrateur en vertu de ses pouvoirs et obligations. • Civ. 1re, 19 oct. 2004 : *préc. note 2.*

3° AUTRES MESURES

19. Vente de biens indivis. Il entre dans les pouvoirs du président du tribunal de grande instance d'autoriser un indivisaire à conclure seul un acte de vente d'un bien indivis pourvu qu'une telle mesure soit justifiée par l'urgence et l'intérêt commun. • Civ. 1re, 4 déc. 2013, n° 12-20.158 P : *D. 2013. 2914 ; AJ fam. 2014. 120, obs. Levillain.* ♦ Le président du tribunal peut ordonner la vente de titres pour payer les frais de partage, dans l'intérêt commun des indivisaires. • Civ. 1re, 16 févr. 1988, n° 86-16.489 P : *RTD civ. 1989. 371, obs. Patarin.* ♦ La licitation de biens indivis, autorisée sur le fondement de l'art. 815-6, ne constituant pas un partage puisque le prix de vente se substitue dans l'indivision aux biens vendus, l'art. 377 du C. pr. civ. ne lui est pas applicable et le juge peut l'ordonner sans avoir préalablement vérifié que les biens n'étaient pas aisément partageables. • Civ. 1re, 2 déc. 2015, n° 15-10.978 P : *AJ fam. 2016. 55, obs. Casey ; RDC 2016. 331, note Tadros.*

20. QPC (non). Les dispositions de l'art. 815-6 n'ont pour effet ni de priver un indivisaire de son droit de propriété sur un bien de l'indivision dont la propriété ne sera attribuée personnellement qu'au moment du partage, avec effet au jour de l'ouverture de l'indivision, de sorte que les coïndivisaires seront censés n'en avoir jamais été propriétaires, ni de porter atteinte à l'exercice de ce droit, la cession du bien ne réduisant pas la valeur des droits indivis dès lors que le prix se substitue au bien dans l'indivision. • Civ. 1re, 18 déc. 2014, n° 14-18.944 P : *D. actu. 8 janv. 2015, obs. Le Rudulier ; AJ fam. 2015. 104, obs. Casey.*

Art. 815-7 *(L. n° 76-1286 du 31 déc. 1976)* **Le président du tribunal peut aussi interdire le déplacement des meubles corporels sauf à spécifier ceux dont il attribue l'usage personnel à l'un ou à l'autre des ayants droit, à charge pour ceux-ci de donner caution s'il l'estime nécessaire.**

Art. 815-7-1 *(L. n° 2009-594 du 27 mai 2009, art. 34)* **En Guadeloupe, en Guyane, en Martinique, à La Réunion et à Saint-Martin, lorsqu'un immeuble indivis à usage d'habitation ou à usage mixte d'habitation et professionnel est vacant ou n'a pas fait l'objet d'une occupation effective depuis plus de deux années civiles, un indivisaire peut être autorisé en justice, dans les conditions prévues aux articles 813-1 à 813-9, à exécuter les travaux d'amélioration, de réhabilitation et de restauration de l'immeuble ainsi qu'à accomplir les actes d'administration et formalités de publicité, ayant pour seul objet de le donner à bail à titre d'habitation principale.**

SECTION 2 **Des droits et des obligations des indivisaires** *(L. n° 2006-728 du 23 juin 2006, art. 2).*

Art. 815-8 *(L. n° 76-1286 du 31 déc. 1976)* **Quiconque perçoit des revenus ou expose des frais pour le compte de l'indivision doit en tenir un état qui est à la disposition des indivisaires.**

L'art. 815-8 n'est pas applicable dans le cas d'une location gratuite, aucune somme n'ayant été effectivement perçue. • Civ. 1re, 6 déc. 2005, n° 03-11.489 P : *JCP 2006. I. 127, n° 4, obs. Périnet-Marquet.*

Art. 815-9 *(L. n° 76-1286 du 31 déc. 1976)* **Chaque indivisaire peut user et jouir des biens indivis conformément à leur destination, dans la mesure compatible avec le droit des autres indivisaires et avec l'effet des actes régulièrement passés au cours de l'indivision. A défaut d'accord entre les intéressés, l'exercice de ce droit est réglé, à titre provisoire, par le président du tribunal.**

L'indivisaire qui use ou jouit privativement de la chose indivise est, sauf convention contraire, redevable d'une indemnité.

BIBL. ▸ BARTHELET et GUILLAUTEAU-PALISSE, *JCP N 2016, n° 1210* (le notaire et l'indemnité d'occupation de l'art. 815-9).

1. Financement par la communauté d'une retraite au bénéfice exclusif d'un conjoint. Cassation de l'arrêt ayant décidé que l'alimentation de deux comptes d'épargne de retraite complémentaire de l'époux par des revenus communs n'ouvre pas droit à récompense, au motif que ces contrats désignant comme bénéficiaire en cas de décès le conjoint de l'adhérent et profitent ainsi au conjoint du souscripteur alors que, par l'effet du divorce, l'épouse ne pouvait plus être considérée comme l'épouse bénéficiaire et que la désignation du bénéficiaire en cas de décès du souscripteur est révocable par ce dernier. • Civ. 1re, 1er févr. 2017, n° 16-11.599 P : *D. 2017. 351 ; ibid. 1213, obs. Bacache, Grynbaum, Noguéro et Pierre ; AJ fam. 2017. 305, obs. Hilt ; RTD civ. 2017. 371, obs. Hauser ; Gaz. Pal. 2017. 594, note Berlaud ; JCP N 2017, n° 1181, comm. Godron et Randoux ; RGDA 2017. 209, note Mayaux.* ♦ Les droits nés d'un tel contrat devant nécessairement être attribués, après la dissolution de la communauté, au souscripteur ou au bénéficiaire désigné, il doit être tenu compte dans les opérations de partage de la valeur du contrat au jour de la dissolution de la communauté (en l'espèce, récompense pour la communauté). • Civ. 1re, 23 mai 2006, n° 05-11.512 P : *D. 2006. IR 1634 ; JCP 2006. I. 193, n° 11, obs. Simler ; Dr. fam. 2007, n° 66, note Trescases ; RTD civ. 2008. 141, obs. Vareille.* ♦ L'achat de points de retraite sans réversion au profit de l'épouse constitue une dette personnelle de l'époux dont sa succession doit récompense à la communauté. • Civ. 1re, 31 oct. 2007, n° 06-18.572 P : *D. 2007. AJ 2879 ; AJ fam. 2007. 483, obs. Hilt ; RJPF 2008-2/29, obs. Vauvillé ; RTD civ. 2008. 141, obs. Vareille.*

I. JOUISSANCE DES BIENS INDIVIS : PRINCIPES GÉNÉRAUX

A. DROITS ÉGAUX ET CONCURRENTS DES INDIVISAIRES

2. Actes incompatibles avec les droits des autres indivisaires : illustrations. Pour un maintien dans les lieux d'un indivisaire incompatible avec les droits concurrents d'un autre indivisaire sur l'immeuble indivis : • Civ. 1re, 26 oct. 2011, n° 10-21.802 P : *D. 2011. 2729 ; JCP 2012, n° 31, § 3, obs. Coutant-Lapalus et Lamarche* (occupation de l'immeuble indivis depuis plus de quinze ans sans avoir versé aucune somme au titre de l'indemnité d'occupation et mandat tardif donné au notaire de le mettre en vente malgré un accord amiable constaté par le juge). • Civ. 1re, 30 janv. 2019, n° 18-12.403 P : *AJ fam. 2019. 155, obs. Casey* (occupation de l'immeuble indivis sans paiement de l'indemnité d'occupation depuis plusieurs années et, à la suite du jugement ayant ordonné la licitation de ce bien, impossibilité pour le notaire et l'huissier d'obtenir des réponses à leurs sollicitations).

3. Droit des autres indivisaires : droit d'agir en justice sans attendre le partage. Il résulte de l'art. 815-9 que tout copropriétaire est en droit de faire cesser les actes accomplis par un autre indivisaire, qui ne respectent pas la destination de l'immeuble ou qui portent atteinte à ses droits égaux et concurrents sur la chose indivise, et d'agir à cet effet, ainsi que pour obtenir réparation du préjudice consécutif auxdits actes, sans attendre le partage ; l'effet déclaratif du partage ne saurait effacer les conséquences de tels actes dans les rapports entre les indivisaires. • Civ. 1re, 15 avr. 1980 : *D. 1981. 101, note Breton ; RTD civ. 1981. 173, obs. Giverdon.* ♦ Rappr. : • Civ. 1re, 12 mai 2010, n° 09-65.362 P : *cité note 12 ss. art. 883.*

4. ... Droit de demander une expertise de gestion. Droit pour des actionnaires indivis de demander une expertise de gestion sur le fondement de l'art. L. 225-231 C. com., dès lors qu'ils remplissent les conditions prévues par ce texte. • Com. 4 déc. 2007 : *D. 2008. AJ 78, obs. A. Lienhard ; ibid. Pan. 1251, note Gaudon ; JCP 2008. I. 138, n° 8, obs. Clay ; ibid. I. 147, n° 6, obs. Caussain, Deboissy et Wickler ; Dr. et patr. 6/2008. 100, obs. Poracchia ; RTD com. 2008. 133, obs. Le Cannu et Dondero.*

5. Vol. Le détenteur de biens meubles indivis qui se les approprie ou en dispose à l'insu des autres coïndivisaires commet un vol au préjudice de ces derniers. • Crim.12 mai 2015, n° 13-87.668 P.

B. INTERVENTION DU PRÉSIDENT DU TRIBUNAL

6. Règlement provisoire de la jouissance des biens indivis. Le président du tribunal de grande instance, saisi en application de l'art. 815-9, statue en la forme des référés et non en référé, de sorte que l'art. 809 C. pr. civ. n'est pas applicable. Il appartient au juge, constatant l'existence d'un désaccord entre les indivisaires sur l'exercice de leurs droits d'usage et de jouissance respectifs sur les biens indivis, de régler provisoirement l'exercice de ces droits indépendamment de l'existence d'un trouble manifestement illicite. • Civ. 1re, 20 avr. 2017, n° 16-16.457 P : *AJ fam. 2017. 355, obs. Casey* • Civ. 1re, 20 mai 2009, n° 07-21.679 P : *D. 2009. Chron. C. cass. 2058, obs. Chauvin ; RLDC 2009/64, n° 3592, obs. Perruchot-Triboulet.* ♦ Le président du tribunal saisi en application des art. 815-6, 815-7, 815-9 ou 815-11 C. civ. statue en la forme des référés et non en référé, de sorte que les art. 808 et 809 C. pr. civ. ne sont pas applicables. • Civ. 1re, 20 mai 2009, nos 07-21.679 P et 08-10.413 P : *D. 2009. Chron. C. cass. 2058, obs. Chauvin ; RLDC 2009/64, n° 3592, obs. Perruchot-Triboulet.* ♦ Pour un refus d'un tel règlement provisoire compte tenu des circonstances, V. • Civ. 3e, 12 juill. 2000 : *JCP 2001. I. 305, n° 6, obs. Périnet-Marquet.*

7. Exclusion des demandes relevant de la compétence exclusive du TGI. Une cour d'appel, saisie d'une demande tendant à la fixation d'une indemnité d'occupation sur le fondement des art. 815-6 et 815-9 et statuant en la forme des référés, ne peut, pour accueillir cette demande, trancher une contestation portant sur l'existence même d'un droit d'usage et d'habitation au profit du conjoint survivant, laquelle relève de la compétence exclusive du TGI. • Civ. 1re, 24 oct. 2012 : *cité note 1 ss. art. 764.*

II. INDEMNISATION EN CAS DE JOUISSANCE PRIVATIVE

A. CONDITIONS DE L'INDEMNISATION

1° PERSONNES DÉBITRICES DE L'INDEMNITÉ

8. Bénéficiaire de l'attribution préférentielle. En cas d'attribution préférentielle, ce n'est qu'au terme du partage que se produit l'attribution privative de propriété ; il en résulte que, jusqu'à cette date, l'indivisaire qui use privativement des biens ainsi attribués préférentiellement *doit, sauf convention contraire, une indemnité* à ses coïndivisaires. • Civ. 1re, 23 nov. 1982, n° 81-15.037 P.

9. Bénéficiaire de la jouissance exclusive d'un bien acquis en commun avec clause d'accroissement. Si l'achat en commun d'un bien immobilier avec clause d'accroissement est exclusif de l'indivision, il confère aux parties des droits concurrents de jouissance indivise sur le bien tant que la condition de prédécès d'un des acquéreurs ne s'est pas réalisée ; dès lors une indemnité d'occupation est due à la partie cotitulaire du droit de jouissance par celle qui a la jouissance exclusive du bien. • Civ. 3e, 17 déc. 2013, n° 12-15.463 P.

10. Usufruitier en cas d'indivision en jouissance. Il existe une indivision en jouissance entre l'usufruitier de la moitié des biens d'une succession, et celui qui a la pleine propriété d'une moitié des mêmes biens. Faute d'accord sur la jouissance divise des immeubles, et en l'absence de partage, l'usufruitier occupant des biens indivis doit à l'indivision une indemnité pour jouissance privative. • Civ. 1re, 19 janv. 1999, n° 96-18.303 P : *JCP 1999. I. 189, n° 2, obs. Le Guidec.* ♦ ... Et l'indemnité est due pour sa totalité ; cassation de l'arrêt qui réduit l'indemnité à proportion des droits que possèdent les autres indivisaires dans l'indivision. • Civ. 1re, 4 juin 2007, n° 05-21.842 P : *JCP 2007. I. 197, n° 3, obs. Périnet-Marquet.*

11. Usufruitier en l'absence d'indivision en jouissance (non). Lorsque le conjoint survivant, donataire de la plus large quotité disponible entre époux, opte pour le quart des biens en pleine propriété et les trois quarts en usufruit, il n'existe aucune indivision en jouissance entre ce conjoint et la fille du défunt, héritière en nue-propriété seulement, de sorte qu'aucune indemnité d'occupation ne peut être mise à la charge du conjoint survivant. • Civ. 1re, 15 mai 2013 : *D. 2013. Chron. C. cass. 2050, note Capitaine ; AJ fam. 2013. 381, obs. Levillain ; Dr. fam. 2013, n° 106, obs. Beignier et Binet.*

12. Légataire saisi de l'universalité de la succession (non). L'héritier saisi de l'universalité de la succession est habile à prétendre à la jouissance du bien légué à compter du jour du décès. Cette jouissance est exclusive de toute indemnité au profit de l'indivision pour l'occupation de ce bien. • Civ. 1re, 2 juin 1987, n° 85-16.269 P : *R., p. 149 ; D. 1988. 137, note Breton* • 6 déc. 2005, n° 03-10.211 P : *LPA 4 mai 2006, note Vareille* (conjoint survivant) • 24 sept. 2014, n° 12-26.486 P : *AJ fam. 2014. 643, obs. Vernières, Dr. fam. 2014, n° 164, obs. Nicod.* ♦ Mais en cas d'annulation du testament instituant l'héritier *ab intestat* légataire universel, celui-ci est redevable envers l'indivision d'une indemnité prévue par l'art. 815-9 à compter de la demande d'annulation, car, le testament annulé n'ayant pu produire aucun effet, cet héritier est réputé avoir la qualité de coïndivisaire dès le décès et a cessé d'être de bonne foi à compter de la demande en annulation du titre en vertu duquel il a joui privativement du bien dépendant de la succession. • Civ. 1re, 21 juin 2005, n° 02-14.172 P : *D. 2005. IR 1884.*

2° BIEN INDIVIS OCCUPÉ

13. Bien indivis non productif de revenus. Il n'est pas nécessaire, pour l'attribution d'une indemnité d'occupation, qu'il soit établi que le bien indivis ait été productif de revenus. • Civ.

1re, 12 mai 2010, n° 09-65.362 P : *cité note 12 ss. art. 883.* ♦ V égal. en ce sens • Civ. 1re, 11 juill. 2019, n° 17-31.091 P : *D. 2020. Chron. C. cass. 1058, obs. Mouty-Tardieu ; AJ fam. 2019. 528, obs. Casey ; RTD civ. 2019. 833, obs. Leroyer* (indemnité d'occupation due alors que le logement indivis, à défaut d'occupation privative, aurait été laissé libre d'occupation en vue de sa vente).

14. Bien indivis vétuste. L'état de vétusté du bien, incompatible avec sa mise en location, est un motif impropre à décharger l'occupant de son obligation d'indemniser l'indivision en raison de son occupation privative du bien indivis. • Civ. 1re, 3 oct. 2019, n° 18-20.430 P : *D. 2020. 64, note Hartman ; AJ fam. 2019. 606, obs. Ferré-André ; RTD civ. 2019. 919 et les obs. ; JCP 2019, n° 1254, note Sauvage ; JCP N 2020, n° 1049, note Randoux ; Dr. fam. 2019, n° 243, note Torricelli-Chrifi.*

15. Logement occupé en qualité de locataire (non). Cassation de l'arrêt qui déclare l'occupante d'un logement indivis redevable envers l'indivision d'une indemnité d'occupation, au motif que la valeur locative de l'immeuble est nettement supérieure au montant du loyer que celle-ci acquitte en exécution du bail verbal dont elle est titulaire. alors que, occupant l'immeuble indivis en qualité de locataire, elle ne porte pas atteinte aux droits égaux et concurrents des coïndivisaires. • Civ. 1re, 18 mars 2020, n° 19-11.206 P : *D. 2020. 1216, note Jullian ; ibid. 2206, obs. Godechot-Patris et Grare-Didier ; RDI 2020. 457, obs. Bergel ; AJ fam. 2020. 315, obs. Casey ; Dr. fam. 2020, n° 104, note Tani ; RDC 2020/3. 50, note Seube.*

16. Logement occupé en vertu d'un contrat de location-attribution (non). Un logement en location-attribution n'étant pas propriété de la communauté des époux acquéreurs, son occupation privative après dissolution de la communauté ne peut donner lieu à indemnité d'occupation. • Civ. 1re, 17 mars 1992, n° 90-14.279 P : *JCP 1992. I. 3614, n° 7, obs. Simler ; RTD civ. 1992. 635 et 810, obs. Lucet et Vareille.* ♦ Dans le même sens, pour des époux séparés de biens avec société d'acquêts : • Civ. 1re, 23 janv. 2000 : *JCP N 2001. 963, note Casey.* ♦ Un droit indivis d'accession à la propriété ne peut donner lieu à paiement d'une indemnité d'occupation au titre d'une jouissance privative. • Civ. 1re, 25 juin 2002, n° 00-14.376 P : *D. 2002. 2430, note Barberot ; JCP 2003. I. 111, n° 14, obs. Tisserand.*

3° CARACTÈRE PRIVATIF DE L'OCCUPATION

17. Définition du caractère privatif de l'occupation : impossibilité pour les autres indivisaires d'user de la chose. La jouissance privative d'un immeuble indivis résulte de l'impossibilité de droit ou de fait, pour les coïndivisaires, d'user de la chose : caractère privatif de la jouissance d'un immeuble par des indivisaires ayant refusé de remettre à l'un d'entre eux une clé de l'unique porte d'entrée permettant d'accéder à l'immeuble dès lors que la détention des clés de la porte d'entrée leur permettait d'avoir seuls la libre disposition de l'immeuble indivis. • Civ. 1re, 31 mars 2016, n° 15-10.748 P : *D. 2016. 782 ; AJ fam. 2016. 263, obs. Casey.*

18. ... Impossibilité de jouissance des autres indivisaires imputable à l'occupant exclusif. Refus de condamner au versement d'une indemnité pour jouissance privative, l'indivisaire qui occupe seul l'immeuble indivis à la suite du départ en maison de retraite de son coïndivisaire, alors que l'impossibilité, pour ce coïndivisaire, d'occuper l'immeuble est liée à la dégradation de son état de santé et ne procède pas du fait de l'indivisaire occupant. • Civ. 1re, 3 oct. 2018, n° 17-26.020 P : *D. 2018. 1969 ; AJ fam. 2018. 691, obs. Levillain.*

19. Critère d'appréciation : prise en compte de la situation des autres indivisaires. L'indemnité n'est pas due si l'occupation de l'immeuble par un indivisaire n'exclut pas la même utilisation par ses coïndivisaires. • Civ. 1re, 13 janv. 1998, n° 95-12.471 P : *JCP 1998. I. 171, n° 11, obs. Périnet-Marquet.* ♦ Le caractère privatif de l'occupation, qui s'apprécie uniquement par rapport aux autres indivisaires, n'est pas remis en cause par le fait que les enfants du couple en indivision habitaient avec l'indivisaire bénéficiant de l'occupation privative. • Civ. 1re, 7 juin 2006, n° 04-12.331 P : *JCP 2006. I. 193, n° 22, obs. Tisserand-Martin ; RTD civ. 2006. 542, obs. Hauser.* ♦ Rejet de la demande d'indemnité d'occupation présentée par un indivisaire qui ne démontre pas en quoi l'aménagement d'un jardin et d'un poulailler, par un autre indivisaire, de quelque manière que ce soit son propre usage de la cour commune et portait atteinte aux droits égaux et concurrents des autres indivisaires entravait sur l'immeuble indivis. • Civ. 5 nov. 2014, n° 13-11.304 P : *AJ fam. 2014. 700, obs. Casey ; Defrénois 2015. 8, note Tranchant ; ibid. 258, note Collet.*

20. Compatibilité avec la persistance de l'indivision. La jouissance divise d'un bien n'implique pas qu'il ait été mis fin à l'indivision sur ce bien, laquelle ne peut cesser que par un partage. • Civ. 1re, 3 nov. 2005, n° 04-11.424 P : *JCP 2006. I. 127, n° 7, obs. Périnet-Marquet.*

21. Compatibilité avec une absence d'occupation effective. L'indemnité, contrepartie du droit de jouir privativement, est due même en l'absence d'occupation effective des lieux. • Civ. 1re, 12 janv. 1994 : *D. 1994. 311 (2e esp.), note R. Cabrillac ; Defrénois 1994. 430, obs. Aynès* • 22 avr. 1997 : *Dr. et patr. 1997, n° 1806, obs. Bénabent ; RTD civ. 1999. 167, obs. Patarin* • 26 mai 1999 : *Dr. fam. 1999, n° 87, note Beignier* • 14 juin 2000, n° 98-19.255 P : *JCP 2001.*

I. 305, n° 6, obs. Périnet-Marquet ; Defrénois 2000. 1308, obs. Massip ; Dr. fam. 2000, n° 117 ; RJPF 2000-10/48, obs. Casey ; LPA 21 nov. 2000, note Belloir • 30 juin 2004, n° 02-20.085 P (indemnité due par l'indivisaire disposant d'un jeu de clés) • 23 juin 2010, n° 09-13.250 P : *D. actu. 27 juill. 2010, obs. Le Douaron ; JCP 2010 n° 1220, note Storck ; Defrénois 2010. 2384, note Chamoulaud-Trapiers ; JCP N 2011, n° 1001, note Tissand-Martin.* ♦ Mais ne doit pas d'indemnité, faute de jouissance privative, l'indivisaire simplement domicilié dans des locaux où il ne réside pas. • Civ. 1re, 30 juin 2004 : *préc.*

22. Compatibilité avec les mesures prises lors de l'instance en divorce : principes actuels. Obligation faite au juge, lorsqu'il décide d'attribuer la jouissance du logement indivis à l'un des époux, au titre des mesures provisoires, de préciser le caractère gratuit ou non de cette jouissance et, le cas échéant de constater l'accord des époux sur le montant d'une indemnité d'occupation : V. art. 255, 4° (réd. L. n° 2004-439 du 26 mai 2004). ♦ Cassation de l'arrêt qui rejette la demande d'indemnité présentée par une ex-épouse au motif que celle-ci ne justifie pas de ce que son conjoint a bénéficié d'une jouissance privative et exclusive sans rechercher, comme il lui était demandé, si l'ordonnance de non-conciliation n'attribuait pas la jouissance de ce bien au mari. • Civ. 1re, 9 juill. 2014, n° 13-15.948 P. ♦ Dès lors que l'épouse a eu la jouissance à titre privatif du bien indivis entre l'ordonnance de non-conciliation et la vente de celui-ci, sans que cette jouissance ait été accordée à titre gratuit, elle est débitrice d'une indemnité d'occupation, sans que la cour d'appel n'ait à rechercher si cette occupation n'avait causé aucune perte à l'indivision post-communautaire. • Civ. 1re, 11 juill. 2019, n° 17-31.091 P : *D. 2020. Chron. C. cass. 1058, obs. Mouty-Tardieu ; AJ fam. 2019. 528, obs. Casey ; RTD civ. 2019. 833, obs. Leroyer.* ♦ La caducité d'un titre exécutoire ne le prive pas de son efficacité pour la période antérieure à la caducité de l'ordonnance de non-conciliation par l'effet du désistement d'instance. • Civ. 1re, 9 févr. 2011, n° 09-72.653 P : *D. 2011. 594 ; AJ fam. 2011. 153, obs. S. David ; RTD civ. 2011. 329, obs. Hauser ; ibid. 591, obs. Perrot ; Dr. fam. 2011, n° 54, obs. Larribau-Terneyre.*

23. ... Jurisprudence antérieure à l'entrée en vigueur de la L. du 26 mai 2004. Il résulte des dispositions combinées des art. 262-1 (rédaction antérieure à la L. du 26 mai 2004) et 815-9 C. civ. que, à compter de la date de l'assignation en divorce, à laquelle le jugement du divorce prend effet dans les rapports patrimoniaux entre époux, et sauf convention contraire, une indemnité est due par le conjoint qui jouit privativement d'un bien indivis. • Civ. 2e, 11 févr. 1998, n° 96-14.901 P : *D. 1998. 493, note Malaurie ; Gaz. Pal. 1999. 1. Somm. 124, obs. S. Piedelièvre ; Dr. fam. 1998, n° 154, note Lécuyer (1re esp.) ; RTD civ. 1999. 68, obs. Hauser* • Civ. 1re, 7 juin 2006 : *préc. note 19.* – V. aussi • Civ. 1re, 3 févr. 2004, n° 01-03.414 P : *Dr. fam. 2004, n° 50, note V. L.-T.* (indemnité due à compter de la date où les époux ont cessé de cohabiter et de collaborer dans l'hypothèse d'un report de la date de la dissolution du mariage).

24. Compatibilité avec l'obligation de contribuer à l'entretien des enfants. Pour décider de l'attribution d'une indemnité d'occupation pour l'occupation du logement commun devenu indivis après le divorce, les juges doivent rechercher si l'occupation de l'appartement commun par le père avec les enfants issus de l'union ne constituait pas une modalité d'exécution, par la mère, de son devoir de contribuer à l'entretien des enfants, de nature à exclure toute indemnité d'occupation ou à en réduire le montant. • Civ. 1re, 28 mai 2014, n° 13-14.884 P : *D. 2014. 1203* • 1er févr. 2017, n° 16-11.599 P : *D. 2017. 351 ; ibid. 1213, obs. Bacache, Grynbaum, Noguéro et Pierre ; AJ fam. 2017. 305, obs. Hilt ; RTD civ. 2017. 371, obs. Hauser ; Gaz. Pal. 2017. 594, note Berlaud ; JCP N 2017, n° 1181, comm. Godron et Randoux.* ♦ V. aussi sous l'empire du droit antérieur à la L. du 26 mai 2004 • Civ. 1re, 25 nov. 2003 : *Dr. fam. 2004, n° 35, note Larribau-Terneyre* (viole l'autorité de la chose jugée l'arrêt qui met à la charge de l'épouse une indemnité d'occupation alors que la contribution à l'entretien des enfants mineurs a été fixée en tenant compte de l'occupation gratuite de l'immeuble indivis par elle et ses enfants).

B. ÉVALUATION DE L'INDEMNITÉ

25. Pouvoirs du juge. Appréciation souveraine des juges du fond. • Civ. 1re, 30 juin 1987 : *Bull. civ. I, n° 213* • 25 juin 1996, n° 94-18.879 P : *JCP 1997. I. 4010, n° 9, obs. Périnet-Marquet.*

26. Critères d'évaluation : prise en compte de la perte des fruits et revenus subie par l'indivision. Pour calculer l'indemnité, doit être retenue la perte des fruits et revenus subie par l'indivision pendant la seule durée de la jouissance privative. • Civ. 1re, 26 avr. 1988 : *D. 1988. IR 133.* ♦ L'indemnité d'occupation ayant pour objet de réparer le préjudice causé à l'indivision par la perte des fruits et revenus et de se substituer à ces derniers, dont elle emprunte le caractère, elle ne peut être augmentée d'une autre indemnité destinée à compenser la perte de ces fruits et revenus. • Civ. 1re, 27 oct. 1993, n° 91-15.611 P. – Même sens : • Civ. 1re, 3 oct. 2006, n° 04-18.435 P : *D. 2006. IR 2483 ; LPA 25 juin 2007, note Chamoulaud-Trapiers.*

27. ... Prise en compte de la valeur locative du bien occupé. Cassation de l'arrêt qui se base sur la valeur du bien déclarée dans la succession sans tenir compte de sa valeur locative.

• Civ. 1re, 17 févr. 2004 : *Dr. fam. 2004, n° 86, note Beignier.* ♦ Cassation de l'arrêt qui, pour fixer l'indemnité due au titre de l'occupation privative de deux parcelles, l'une construite et l'autre non, se fonde sur la valeur locative de la première seulement au motif que la seconde n'aurait pu être louée séparément alors que l'indivisaire occupant avait la jouissance des deux parcelles. • Civ. 1re, 24 sept. 2014, n° 13-21.005 P. ♦ Prise en compte de la valeur locative, V. • Civ. 1re, 27 oct. 1992, n° 91-10.773 P : *JCP 1993. I. 3713, n° 3, obs. Testu ; RTD civ. 1993. 630, obs. Patarin.* ♦ Mais pour déterminer le montant de l'indemnité d'occupation, les juges du fond ne sont pas tenus de se fonder sur la seule valeur locative du bien. • Civ. 1re, 13 déc. 1994 : *D. 1995. 496 ; JCP 1995. I. 3878, n° 16, obs. Périnet-Marquet ; RTD civ. 1995. 659, obs. Patarin.* ♦ Et l'état de vétusté du bien occupé privativement, incompatible avec sa mise en location, ne constitue pas un motif propre à décharger l'occupant de toute indemnisation de l'indivision. • Civ. 1re, 3 oct. 2019, n° 18-20.430 P : *D. 2020. 64, note Hartman ; AJ fam. 2019. 606, obs. Ferré-André ; RTD civ. 2019. 919 et les obs. ; JCP 2019, n° 1254, note Sauvage ; JCP N 2020, n° 1049, note Randoux ; Dr. fam. 2019, n° 243, note Torricelli-Chrifi.*

28. ... Prise en compte des dépenses de conservation (non). Les dépenses effectuées par un indivisaire pour la conservation du bien indivis, compensées par l'indemnité fixée selon l'art. 815-13 C. civ., sont sans incidence sur l'évaluation de l'indemnité d'occupation. • Civ. 1re, 25 juin 1996, n° 94-18.579 P : *JCP 1997. I. 4010, n° 9, obs. Périnet-Marquet.*

C. RÉGIME DE L'INDEMNITÉ

29. Intérêts. A compter de la décision qui en détermine le montant, l'indemnité d'occupation porte intérêt. • Civ. 1re, 13 déc. 1994 : *D. 1995. 496 ; RTD civ. 1995. 659, obs. Patarin ; ibid. 1997. 170, obs. Zenati.*

30. Prescription quinquennale. Application à l'indemnité due pour jouissance privative d'un bien indivis de la prescription quinquennale de l'art. 815-10 : V. note 4 ss. art. 815-10.

31. Validité des dérogations conventionnelles. Si, en principe, une indemnité est due pour usage privatif d'un bien indivis, rien ne s'oppose à ce que les indivisaires dérogent conventionnellement à cette règle. • Civ. 1re, 7 juin 2006, n° 04-11.524 P : *JCP 2006. I. 193, n° 22, obs. Tisserand-Martin ; AJ fam. 2006. 326, obs. S. David* (ex-mari étant réputé, en l'espèce, avoir implicitement renoncé à réclamer une indemnité pour l'utilisation du véhicule automobile indivis par l'ex-épouse). ♦ Si l'indemnité pour occupation privative doit revenir à l'indivision, rien ne s'oppose à ce que deux indivisaires concluent une convention sur l'indivision par laquelle l'un reconnaît devoir à l'autre la part revenant à ce dernier dans l'indemnité d'occupation. • Civ. 1re, 4 oct. 2005, n° 03-19.459 P : *D. 2005. IR 2705 ; JCP 2006. I. 127, n° 2, obs. Périnet-Marquet.*

32. Déclaration de la créance à la procédure collective ouverte contre l'époux débiteur. Les créances résultant de l'occupation d'un immeuble indivis par le débiteur après la dissolution de son mariage, tant au titre de l'indemnité d'occupation due à l'indivision que des charges de copropriété acquittées par elle, ne naissent pas du partage mais du fait de l'occupation. En conséquence, ces créances doivent être déclarées à la procédure collective ouverte contre le débiteur postérieurement au jugement de divorce mais antérieurement au partage. • Com. 10 févr. 2015, n° 13-24.659 P : *D. 2015. 429 ; AJ fam. 2015. 227, obs. Casey.*

Art. 815-10 *(L. n° 2006-728 du 23 juin 2006, art. 2)* « Sont de plein droit indivis, par l'effet d'une subrogation réelle, les créances et indemnités qui remplacent des biens indivis, ainsi que les biens acquis, avec le consentement de l'ensemble des indivisaires, en emploi ou remploi des biens indivis. »

(L. n° 76-1286 du 31 déc. 1976) Les fruits et les revenus des biens indivis accroissent à l'indivision, à défaut de partage provisionnel ou de tout autre accord établissant la jouissance divise.

Aucune recherche relative aux fruits et revenus ne sera, toutefois, recevable plus de cinq ans après la date à laquelle ils ont été perçus ou auraient pu l'être.

Chaque indivisaire a droit aux bénéfices provenant des biens indivis et supporte les pertes proportionnellement à ses droits dans l'indivision.

I. BIENS INDIVIS PAR L'EFFET DE LA SUBROGATION RÉELLE

1. Créance du prix de vente d'un bien indivis. Si l'adjudication sur licitation d'un immeuble dépendant d'une hérédité doit, au regard de l'adjudicataire, quand il est un tiers étranger à l'indivision, être considérée comme une vente, elle constitue, dans les relations des cohéritiers entre eux, une opération préliminaire du partage ; la vente ainsi faite l'est en réalité pour le compte de la masse successorale, et la créance du prix entre dans l'actif à partager, pour y être soumise, comme l'aurait été l'immeuble même qu'elle remplace, aux règles ordinaires du partage (en conséquence, lorsque l'un des héritiers, rempli de ses droits par un rapport en moins prenant, a consenti une hypothèque sur l'immeuble licité, et que le prix en est attribué à un autre cohéritier, le créancier hypothécaire ne peut demander sa collocation sur ce prix). • Cass., ch. réun., 5 déc. 1907, *Chollet c/ Dumoulin : GAJC, 12ᵉ éd., n° 119 ; DP 1908. 1. 113, note Colin ; S. 1908. 1. 5, concl. Baudouin, note Lyon-Caen.* – Dans le même sens : • Civ. 1re, 26 oct. 1976, n° 74-12.930 P. *(Décisions rendues sous l'empire du droit antérieur à la L. du 23 juin 2006.)*

II. ACCROISSEMENTS DE L'INDIVISION

A. PLUS-VALUE D'UN BIEN INDIVIS

2. Plus-value résultant de la gestion d'un indivisaire. La plus-value résultant de la gestion par un époux, durant l'indivision post-communautaire, d'un fonds de commerce, accroît à l'indivision, l'époux ayant droit à une rémunération de sa gérance, dont les juges du fond apprécient souverainement le montant. • Civ. 1re, 29 mai 1996, n° 94-14.632 P : *JCP N 1997. II. 702, note J. Piedelièvre ; ibid. 1996. I. 3968, n° 4, obs. Le Guidec ; ibid. 3972, n° 11, obs. Périnet-Marquet ; JCP 1997. I. 4008, n° 17, obs. Tisserand ; RDI 1996. 535, obs. Bergel ; RTD civ. 1997. 713, obs. Patarin* • 2 mai 2001, n° 99-11.336 P : *D. 2002. 759, note Dross ; JCP 2002. I. 103, n° 11, obs. Simler ; ibid. II. 10062, note Barret ; Defrénois 2001. 1519, obs. Champenois* (pour la plus-value d'un fonds d'exercice libéral). ♦ Déjà en ce sens : • Civ. 1re, 12 janv. 1994, n° 91-18.104 P : *R., p. 281 ; D. 1994. 311 (2ᵉ esp.), note R. Cabrillac ; Defrénois 1994. 430, obs. Aynès ; RTD civ. 1994. 642, obs. Zenati ; ibid. 1996. 231, obs. Vareille*. ♦ Rappr., en ce qui concerne le partage de la communauté : • Civ. 1re, 7 avr. 1998 : *cité note 11 ss. art. 1476* (la valeur des biens compris dans la masse partageable doit être fixée au jour le plus proche du partage compte tenu des modifications apportées à l'état de ces biens au cours de l'indivision post-communautaire).

B. FRUITS ET REVENUS DE BIENS INDIVIS

3. Revenus de parts sociales. La valeur patrimoniale des parts d'une SCP titulaire d'une charge d'huissier constituant un bien dépendant de la communauté, une cour d'appel en déduit justement que les fruits et revenus de ce bien perçus par le mari en sa qualité d'associé pendant l'indivision post-communautaire ont accru à l'indivision. • Civ. 1re, 10 févr. 1998, n° 96-16.735 P : *D. Affaires 1998. 769, obs. M. B. ; Defrénois 1998. 1119, note Milhac ; Gaz. Pal. 1999. 1. Somm. 124, obs. S. Piedelièvre ; RTD civ. 1998. 435, obs. Patarin*.

Dès lors que la valeur des parts sociales, acquises au cours du mariage et détenues par un époux au sein d'un groupe de société, dépendent de la communauté, les bénéfices et dividendes perçus par l'époux associé de toutes les sociétés du groupe pendant l'indivision post-communautaire constituent des fruits qui accroissent à l'indivision. • Civ. 1re, 28 mars 2018, n° 17-16.198 P : *D. 2018. 2056, obs. Lamazerolles et Rabreau ; AJ fam. 2018. 304, obs. Hilt ; RTD civ. 2018. 472, obs. Nicod ; ibid. 701, obs. Dross*.

4. Fiscalité. L'avantage fiscal de défiscalisation dont bénéficie, en fonction de ses droits indivis et de ses revenus, un indivisaire qui a acquis des biens indivis neufs destinés à la location ne constitue pas un fruit des biens de l'indivision, au sens de l'art. 815-10, de nature à accroître à l'indivision. • Civ. 1re, 14 nov. 2007, n° 06-17.086 P : *D. 2007. AJ 3076 ; JCP 2008. I. 127, n° 12, obs. Périnet-Marquet.* ♦ Le forfait fiscal destiné à la taxation de l'exploitant en l'absence de comptabilité réelle ne peut valoir évaluation de la réalité des revenus et des fruits tirés de l'exploitation agricole indivise. • Civ. 1re, 18 mai 2011, n° 10-14.518 P : *D. 2011. Actu. 1414 ; JCP 2011, n° 1298, § 8, obs. Périnet-Marquet.*

5. Indemnité d'occupation. L'indemnité d'occupation versée par un occupant sans droit ni titre suite à l'action d'un coïndivisaire doit bénéficier à l'indivision. • Civ. 1re, 4 juill. 2012 : *cité note 3 ss. art. 815-2.* ♦ L'indemnité d'occupation privative doit être assimilée à un revenu accroissant à l'indivision • Civ. 1re, 5 févr. 1991, n° 89-11.136 P : *Defrénois 1991. 494, obs. Champenois ; RTD civ. 1992. 615, obs. Patarin*. ♦ Sur cette indemnité, V. notes ss. art. 815-9.

6. Non-application de l'effet déclaratif du partage. Non-application de l'effet déclaratif aux fruits et revenus produits par les biens indivis avant le partage, V. note 1 ss. art. 883.

C. PRESCRIPTION QUINQUENNALE

7. Domaine d'application. La disposition prévue à l'al. 2 de l'art. 815-10 bénéficie à l'indivisaire qui a géré les biens indivis et elle s'applique aussi à l'indemnité mise par l'art. 815-9 à la charge de l'indivisaire qui jouit privativement d'un bien indivis. • Civ. 1re, 6 juill. 1983, n° 82-12.747 P : *R., p. 45 ; D. 1984. 168, note G. Morin ; RTD civ. 1984. 341, obs. Patarin* • 6 nov. 1985 : *D. 1987. 125, note Breton* • 10 janv. 1990, n° 87-10.453 P.

8. Application à l'indemnité d'occupation. Si, depuis l'entrée en vigueur de la L. du 17 juin 2008, le créancier peut poursuivre pendant dix ans l'exécution du jugement portant condamnation au paiement d'une somme payable à termes périodiques, il ne peut, en vertu de l'art. 2224 C. civ., applicable en raison de la nature de la créance, obtenir le recouvrement des arriérés échus plus de cinq ans avant la date de sa demande et non encore exigibles à la date à laquelle le jugement a été obtenu. • Civ. 1re, 8 juin 2016, n° 15-19.614 P : *D. 2016. chron. C.*

cass. 1881, obs. Guyon-Renard ; ibid. 2017. 470, obs. Douchy-Oudot ; ibid. 1388, obs. Leborgne ; AJ fam. 2016. 388, obs. Casey ; RTD civ. 2016. 593, obs. Hauser ; ibid. 2017. 474, obs. Vareille . ♦ L'indemnité d'occupation due par un indivisaire est régie, à l'exclusion de l'art. 2277 [ancien], par les art. 815-9, al. 2, et 815-10, al. 2 (cassation de l'arrêt ayant énoncé que la prescription quinquennale de l'art. 2277 [ancien] n'était pas applicable en raison de ce que le montant de cette créance n'avait pu être connu qu'à la suite d'une expertise alors que, si l'art. 2277 [ancien] est sans application, aucune recherche relative à l'indemnité due par un indivisaire pour la jouissance privative d'un bien indivis n'est recevable plus de cinq ans après la date à laquelle cette indemnité aurait pu être perçue, sans qu'il soit nécessaire que le montant en ait été connu). • Civ. 1re, 5 févr. 1991, n° 89-15.234 P. – V. aussi • Civ. 1re, 12 déc. 2006, n° 05-17.515 P.

9. *Point de départ.* Dans le cas d'une indivision post-communautaire, le délai de cinq ans ne court que du jour où le jugement de divorce est passé en force de chose jugée. • Civ. 1re, 18 févr. 1992, n° 90-16.954 P : *Defrénois 1992. 1206, note Forgeard ; JCP 1993. I. 3676, n° 2, obs. Testu ; RTD civ. 1993. 165, obs. Zenati , et 172, obs. Patarin* • 7 juin 2006 : *préc. note 19 ss. art. 815-9.* ♦ Lorsque la demande a été présentée plus de cinq ans après la date à laquelle le jugement de divorce a acquis force de chose jugée, l'indemnité d'occupation due ne peut porter que sur les cinq dernières années qui précèdent la demande. • Civ. 1re, 15 mai 2008, n° 06-20.822 P : *D. 2009. Pan. 53, obs. Douchy-Oudot ; RJPF 2008-9/21, obs. Garé ; JCP N 2008. 1328, n° 8, obs. Périnet-Marquet ; RLDC 2008/51, n° 3068, obs. Marraud des Grottes ; Defrénois 2009. 1619, obs. Chamouland-Trapiers.*

10. *Décision judiciaire antérieure : portée de l'interversion.* Seuls les arriérés échus postérieurement à une décision judiciaire, ayant force exécutoire, qui a reconnu une créance d'indemnité d'occupation échappent, en raison de la nature de la créance, à l'interversion de prescription résultant de cette décision ; ainsi, la prescription quinquennale ne s'applique que pour la période postérieure à un arrêt passé en force de chose jugée sur le principe et le montant de l'indemnité d'occupation. • Civ. 1re, 10 juill. 2013, n° 12-13.850 P : *D. 2013. 1835 ; AJ fam. 2013. 520, obs. Vernières .* ♦ Si, depuis l'entrée en vigueur de la L. 17 juin 2008, le créancier peut poursuivre pendant dix ans l'exécution du jugement portant condamnation au paiement d'une somme payable à termes périodiques, il ne peut, en vertu de l'art. 2224 applicable en raison de la nature de la créance, obtenir le recouvrement des arriérés échus plus de cinq ans avant la date de sa demande et non encore exigibles à la date du jugement ; ainsi, pour la période postérieure à l'arrêt portant condamnation au paiement d'une indemnité d'occupation mensuelle, la prescription quinquennale s'oppose au recouvrement des arriérés échus plus de cinq ans avant la date de la demande et non encore exigibles à la date de cet arrêt. • Civ 1re, 8 juin 2016, n° 15-19.614 P : *D. 2016. chron. C. cass. 1881, obs. Guyon-Renard ; ibid. 2017. 470, obs. Douchy-Oudot ; ibid. 1388, obs. Leborgne ; AJ fam. 2016. 388, obs. Casey ; RTD civ. 2016. 593, obs. Hauser ; ibid. 2017. 474, obs. Vareille .*

11. *Interruption.* Un procès-verbal de difficulté notarié interrompt la prescription dès lors qu'il fait état de réclamations concernant les fruits et revenus. • Civ. 1re, 10 févr. 1998 : *préc. note 3* • 6 déc. 2005, n° 03-14.708 P • 10 mai 2007, n° 05-19.789 P : *D. 2007. AJ 1602 ; JCP 2007. I. 197, n° 3, obs. Périnet-Marquet ; AJ fam. 2007. 275, obs. Bicheron* (pour un projet d'acte liquidatif non signé par l'un des cohéritiers, dont la contestation était annexée, et récapitulant les fruits impayés) • 7 févr. 2018, n° 16-28.686 P : *AJ fam. 2018. 231, obs. Casey* (divorce devenu définitif en mai 2002, prescription interrompue par le procès-verbal de difficultés consignant la demande d'indemnité d'occupation dressé en sept. 2006, interruption n'ayant pas pris fin en raison de la poursuite de l'instance en partage, indemnité d'occupation due à compter de la date de la dissolution, soit en l'espèce le 21 mai 1997). ♦ Un dire adressé à l'expert, désigné par le juge saisi d'une action en partage, interrompt la prescription quinquennale dès lors qu'il fait état de réclamations concernant les fruits et les revenus. • Civ. 1re, 20 nov. 2013, n° 12-23.752 P : *D. 2013. 2771 .* ♦ Mais une assignation en vue de la désignation d'un nouveau notaire ne peut interrompre le délai pour agir en recherche des fruits et revenus, dès lors qu'elle ne mentionne pas une telle demande. • Civ. 1re, 10 févr. 1998 : *préc. note 3.* ♦ Comp., pour l'effet interruptif d'une assignation contenant une demande implicite d'indemnité (assignation tendant à obtenir une expertise pour fixer la valeur locative de l'immeuble occupé privativement) : • Civ. 1re, 26 juin 2001, n° 99-15.487 P : *JCP 2002. I. 178, n° 3, obs. Le Guidec ; AJ fam. 2001. 30, et les obs.* ♦ L'appel limité du mari et l'appel incident limité de l'épouse ne remettant pas en cause le prononcé du divorce, la cour d'appel en a exactement déduit que le jugement de divorce était passé en force de chose jugée à la date de l'appel incident limité, et que le délai de cinq ans de l'art. 815-10 n'avait pu courir qu'à compter de cette date : • Civ. 1re, 23 mai 2012, n° 11-12.813 P : *D. 2012. 1403 ; AJ fam. 2012. 462, obs. Elkouby Salomon .*

En présence d'une demande d'indemnité d'occupation, la décision du tribunal qui se borne à ouvrir les opérations de comptes, liquidation et partage de l'indivision et à renvoyer les parties devant un notaire n'a pas dessaisi le tribunal et le délai de prescription demeure interrompu. • Civ. 1re, 25 sept. 2013, n° 12-24.996 P : *AJ fam. 2013. 712, obs. de Guillenschmidt-Guignot*.

12. Possibilité de convention contraire. La prescription quinquennale n'opérant pas de plein droit et ne constituant pas un délai préfix, rien n'empêche les indivisaires d'y déroger conventionnellement. • Civ. 1re, 4 oct. 2005, n° 03-19.459 P : *D. 2005. IR 2705 ; JCP 2006. I. 127, n° 2, obs. Périnet-Marquet.*

13. Entrée en application de la déchéance quinquennale. Le délai de la déchéance quinquennale de l'art. 815-10 n'a commencé à courir qu'à compter du 1er juill. 1977, date d'entrée en vigueur de la L. du 31 déc. 1976, qui a introduit cet art., applicable aux indivisions en cours, dans le code civil. • Civ. 1re, 11 juin 1991, n° 89-11.269 P : *Defrénois 1992. 391, obs. Aynès.*

III. RÉPARTITION DES PERTES DE L'INDIVISION

A. PERTES ET CHARGES DE L'INDIVISION

14. Assurance habitation. L'assurance habitation, qui tend à la conservation de l'immeuble, incombe à l'indivision, en dépit de l'occupation privative : V. note 8 ss. art. 815-13.

15. Impôts locaux et charges de copropriété. Les impôts locaux et les charges de copropriété qui ne sont pas relative à l'occupation privative et personnelle d'un indivisaire incombent à l'indivision et sont supportés par tous les indivisaires proportionnellement à leur droits, V. jurisprudence citée ss. art. 815-13.

16. Exclusion des charges liées à une occupation privative et personnelle. Les charges de copropriété relatives à l'occupation privative et personnelle par l'un des indivisaires de l'immeuble indivis et concernant notamment l'entretien courant, l'eau et le chauffage collectif, incombent à l'occupant ; seules les autres charges de copropriété doivent figurer au passif du compte de l'indivision. • Civ. 1re, 12 déc. 2007, n° 06-11.877 P : *D. 2008. Pan. 2249, obs. Revel ; JCP 2008. I. 127, n° 13, obs. Périnet-Marquet.*

17. Exclusion de l'impôt afférent aux revenus produits par un fonds indivis. Obligation pour chacun des copartageants de supporter l'impôt sur le revenu sur la part lui revenant dans les bénéfices nets réalisés par un fonds de commerce indivis, V. jurisprudence citée ss. art. 815-12.

B. PRINCIPE DE RÉPARTITION

18. Répartition proportionnelle aux droits de chaque indivisaire. Le déficit que fait apparaître le total des dépenses justifiées ne peut être réparti entre les coïndivisaires en proportion de leurs dépenses respectives ; l'art. 815-10, al. 3, en effet, impose une répartition proportionnelle aux droits de chacun dans l'indivision. • Civ. 1re, 25 nov. 1980 : *Bull. civ. I, n° 305.* ♦ Viole l'art. 815-10, al. 3, l'arrêt qui décide qu'à compter de la date de la jouissance divise de biens de communauté à partager entre deux époux l'un d'eux supporterait seul les charges afférentes à un de ces biens jusqu'à sa licitation. • Civ. 1re, 24 mai 1989 : *Bull. civ. I, n° 213.* ♦ V. également en ce sens, à propos des frais de gestion et de conservation des biens indivis, note 11 ss. art. 815-2.

19. Prise en compte de la faute commise par un indivisaire. En cas de faute de l'indivisaire gérant le bien indivis, les juges du fond peuvent décider que son coïndivisaire se trouve exonéré de son obligation de supporter les pertes nées, contre son gré et à son insu, pendant l'indivision postcommunautaire. • Civ. 1re, 4 avr. 1991, n° 89-20.351 P : *Defrénois 1991. 869, obs. Champenois.*

Art. 815-11 *(L. n° 76-1286 du 31 déc. 1976)* **Tout indivisaire peut demander sa part annuelle dans les bénéfices, déduction faite des dépenses entraînées par les actes auxquels il a consenti ou qui lui sont opposables.**

A défaut d'autre titre, l'étendue des droits de chacun dans l'indivision résulte de l'acte de notoriété ou de l'intitulé d'inventaire établi par le notaire.

En cas de contestation, le président **du tribunal judiciaire peut ordonner une répartition provisionnelle des bénéfices sous réserve d'un compte à établir lors de la liquidation définitive.**

A concurrence des fonds disponibles, il peut semblablement ordonner une avance en capital sur les droits de l'indivisaire dans le partage à intervenir.

A. RÉPARTITION ANNUELLE DES BÉNÉFICES

1. Notion de bénéfices : indemnité d'occupation pour jouissance privative. L'indemnité d'occupation privative devant être assimilée à un revenu accroissant à l'indivision, chaque indivisaire peut solliciter sa part annuelle dans les bénéfices en résultant pour celle-ci, conformément à l'art. 815-11. • Civ. 1re, 5 févr. 1991, n° 89-11.136 P : *Defrénois 1991. 494, obs. Champenois ; RTD civ. 1992. 615, obs. Patarin*.

2. Déduction des dépenses entraînées par la gestion des biens indivis. Sur la notion de déduction des dépenses entraînées par les actes auxquels l'indivisaire a consenti ou qui lui sont opposables, V. • Civ. 1re, 25 oct. 2005, n° 03-12.579 P : *JCP 2006. I. 127, n° 4, obs. Périnet-Marquet ; Dr. fam. 2006, n° 16, note Beignier (2e esp.) ; AJDI 2006. 273, note Beaugendre*.

3. Nécessité d'établir un compte annuel de gestion. Les bénéfices ne peuvent être déterminés que par l'établissement préalable d'un compte annuel de gestion portant sur l'ensemble des biens dépendant de l'indivision. • Civ. 1re, 27 oct. 1993 : *Defrénois 1994. 433, obs. Aynès.*

4. Répartition provisionnelle ordonnée par le juge. La répartition provisionnelle des bénéfices est une faculté laissée à l'appréciation des juges du fond. • Civ. 1re, 16 mars 1999, n° 97-11.972 P : *JCP 1999. I. 175, n° 10, obs. Périnet-Marquet ; ibid. 278, n° 5, obs. Le Guidec ; RTD civ. 1999. 887, obs. Patarin*.

B. AVANCE EN CAPITAL

BIBL. Digard, *JCP N 1993. I. 459.*

5. Compétence juridictionnelle. En l'absence de consentement unanime des indivisaires, le président du TGI a seul compétence pour fixer le montant de l'avance en capital. • Civ. 1re, 3 nov. 2004, n° 01-16.031 P.

6. Prélèvement sur l'indivision : tempérament. Les fils du défunt peuvent être déclarés personnellement tenus de payer l'avance sur les droits dans le partage demandée par la seconde épouse de leur père, s'il est constaté qu'ils se sont approprié la totalité des biens dépendant de l'indivision post-communautaire. • Civ. 1re, 20 juin 2006, n° 05-14.281 P. ♦ Condamnation personnelle de l'époux à payer une avance à l'épouse, l'époux étant redevable d'importantes liquidités envers l'indivision depuis de nombreuses années et compte tenu des difficultés rencontrées par l'épouse pour en obtenir le paiement. • Civ. 1re, 24 mai 2018, n° 17-17.846 P: *AJ fam. 2018. 618, obs. Casey*.

7. Réévaluation de l'avance accordée au jour du partage (non). Les sommes d'argent que l'indivisaire reçoit à titre d'avance en capital, dont l'allocation ne constitue pas un partage partiel, ne peuvent, en l'absence de dispositions légales, faire l'objet d'une réévaluation au jour du partage que si celle-ci a été prévue par l'accord des parties. • Civ. 1re, 1er mars 1988 : *D. 1988. 408, note Morin ; RTD civ. 1988. 556, obs. Patarin ; ibid. 1989. 587, obs. Zenati.*

8. Cours des intérêts. V. notes ss. art. 856 anc.

Art. 815-12 *(L. n° 76-1286 du 31 déc. 1976)* **L'indivisaire qui gère un ou plusieurs biens indivis est redevable des produits nets de sa gestion. Il a droit à la rémunération de son activité, dans les conditions fixées à l'amiable, ou, à défaut, par décision de justice.**

1° RESTITUTION DES PRODUITS NETS

1. Notion de revenus restituables. Sur les fruits et revenus de biens indivis qui accroissent à l'indivision et qui, par conséquent, doivent être restitués par l'indivisaire gérant lorsqu'ils n'ont pas fait l'objet d'un partage provisionnel, V. jurisprudence citée note 3 s. ss. art. 815-10.

2. Impossibilité de déduire l'impôt sur le revenu des bénéfices restituables. Chacun des copartageants doit supporter l'impôt sur le revenu sur la part lui revenant dans les bénéfices nets réalisés par le bien indivis. • Civ. 1re, 10 mai 2006, n° 04-12.473 P. ♦ L'impôt sur le revenu, que chacun des copartageants doit supporter sur la part lui revenant dans les bénéfices nets réalisés par un fonds de commerce indivis, constitue une dette personnelle et non une dette de l'indivision ; dès lors, si les bénéfices nets du fonds de commerce indivis perçus par le mari pendant la durée de l'indivision post-communautaire entrent dans l'actif de l'indivision, la fraction de l'impôt sur le revenu payé par ce dernier sur la part revenant à son épouse n'a pas à être inscrite à son crédit au compte d'indivision. • Civ. 1re, 23 juin 2010 : *D. actu. 27 juill. 2010, obs. Le Douaron.*

2° RÉMUNÉRATION DE L'INDIVISAIRE GÉRANT : PRINCIPE

3. Rémunération de l'activité réellement fournie. L'indivisaire qui a géré l'indivision a droit à la rémunération de l'activité qu'il a réellement fournie. • Civ. 1re, 20 nov. 1984 : *D. 1985. 557, note Breton.* ♦ Mais absence de droit à indemnité pour l'indivisaire qui gère l'indivision essentiellement pour son compte. • Civ. 1re, 30 sept. 2009 : *V. note 4 ss. art. 894.*

4. Prise en compte des résultats de la gestion (non). Le pouvoir souverain dont disposent, à défaut d'accord amiable, les juges du fond pour fixer les conditions de rémunération de l'indivisaire qui gère une indivision n'est pas limité par les résultats de la gestion, sauf à tenir compte, le cas échéant, de la responsabilité éventuelle du gérant pour ses actes de gestion. • Civ. 1re, 28 févr. 1984, n° 82-15.270 P : *R., p. 60 ; D. 1984. 549, note Breton ; JCP 1986. II. 20558, note Fiorina ; RTD civ. 1985. 430, obs. Patarin* • 15 nov. 1994, n° 92-10.039 P : *D. 1995. Somm. 333, obs. Grimaldi*. ♦ V. aussi • Civ. 1re, 29 mai 1996 : *V. note 1 ss. art. 815-10* • 25 oct. 2005, n° 02-13.787 P : *Dr. fam. 2006, n° 16, note Beignier (3e esp.).*

3° ... RÉGIME DE L'INDEMNITÉ

5. Fixation judiciaire du montant. Éléments à prendre en compte pour la fixation judiciaire de la rémunération due à l'indivisaire gérant : V. • Civ. 1re, 16 mars 1982 : *JCP 1983. II. 20076, note de La Marnierre ; RTD civ. 1983. 167, obs. Patarin* (gestion d'une pharmacie) • 29 mai 1996 : *préc. note 1 ss. art. 815-10* (gestion d'une pharmacie).

6. Moment auquel présenter la demande. Possibilité de présenter la demande pour la première fois en cause d'appel. • Civ. 2e, 3 févr. 1983 : *Bull. civ. II, n° 28.*

7. Période de référence. L'indemnité à laquelle a droit l'indivisaire cesse d'être due à compter de la date de la jouissance divise. • Civ. 1re, 7 juin 1988 : *Bull. civ. I, n° 178 ; D. 1988. IR 181.*

8. Non-application de la prescription quinquennale. La prescription prévue par l'art. 2277 [ancien] C. civ. n'est pas applicable à la rémunération due à un indivisaire pour gestion des biens indivis, dès lors que cette somme, fixée par le juge conformément aux dispositions de l'art. 815-12, n'est pas payable par année ou par termes successifs. • Civ. 1re, 19 déc. 1995, n° 93-19.800 P : *D. 1998. 24, note Malaurie ; Defrénois 1996. 406, obs. Grimaldi ; RDI 1996. 336, obs. Bergel ; RTD civ. 1996. 938, obs. Zenati.*

9. Cours des intérêts. A défaut de fixation amiable, la rémunération due à un indivisaire pour avoir géré l'indivision n'est déterminée que par la décision de justice qui statue sur la demande ; les intérêts de cette somme courent de plein droit à partir du jour où l'indivision est constituée débiteur et non pas de la demande en justice. • Civ. 1re, 11 juin 1996, n° 94-14.293 P : *RTD civ. 1999. 147, obs. Zenati.*

Art. 815-13 *(L. n° 76-1286 du 31 déc. 1976)* **Lorsqu'un indivisaire a amélioré à ses frais l'état d'un bien indivis, il doit lui en être tenu compte selon l'équité, eu égard à ce dont la valeur du bien se trouve augmentée au temps du partage ou de l'aliénation. Il doit lui être pareillement tenu compte des** *(L. n° 2009-526 du 12 mai 2009, art. 10)* **« dépenses » nécessaires qu'il a faites de ses deniers personnels pour la conservation desdits biens, encore qu'elles ne les aient point améliorés.**

Inversement, l'indivisaire répond des dégradations et détériorations qui ont diminué la valeur des biens indivis par son fait ou par sa faute.

A. DOMAINE D'APPLICATION

1. Liquidations concernées. L'art. 815-13 est applicable lors de toute liquidation mettant fin à l'indivision et notamment en cas de cessation de l'indivision du fait du décès de l'un des coïndivisaires, laissant l'autre pour lui succéder. • Com. 23 févr. 1993, n° 91-10.638 P. – Dans le même sens : • CE 11 juin 2007, n° 277305 : *RDSS 2007. 865, concl. Derepas* (dans une affaire de récupération de prestations d'aide sociale sur la succession du bénéficiaire). ♦ Il s'applique à la liquidation entre époux séparés de biens, dans le cas de l'acquisition d'un terrain en indivision, et de la construction réalisée sur ce terrain, elle-même indivise par voie d'accession. • Civ. 1re, 14 oct. 2009 : *AJ fam. 2010. 90, obs. Hilt.* ♦ En revanche, il n'a plus vocation à s'appliquer après la signature de l'acte de partage. • *Civ. 1re, 10 mai 2006,* n° 03-13.537 P.

2. Travaux réalisés par un indivisaire. L'art. 815-13 ne peut être appliqué à des travaux faits par un enfant sur des biens appartenant alors à ses parents et dont il n'est devenu propriétaire par indivis que plusieurs années après l'exécution de ces travaux. • Civ. 1re, 23 juin 1987 : *D. 1987. IR 168.*

3. Travaux d'entretien (non). Des travaux d'entretien, qui ne constituent pas des dépenses d'amélioration ni de conservation, n'ouvrent pas droit à indemnité au titre de l'art. 815-13. • Civ. 1re, 28 mars 2006, n° 04-10.596 P : *JCP 2006. I. 178, n° 6, obs. Périnet-Marquet.* ♦ Cassation de l'arrêt qui exclut l'indemnisation d'un solde de dépenses correspondant à des travaux, sans rechercher, comme cela lui était demandé, si ce solde correspondait à des dépenses nécessaires à la conservation de l'immeuble. • Civ. 1re, 24 sept. 2014, n° 13-18.197 P : *D. 2014. 1938 ; AJ fam. 2014. 633, obs. Thouret ; RTD civ. 2015. 447, obs. Grimaldi ; Defrénois 2014. 1324, note Massip ; JCP N 2015, n° 1001, obs. Tisserand-Martin ; JCP 2014, n° 1129, note. Périnet-Marquet.*

4. Exclusion des dépenses d'acquisition. L'art. 815-13, qui permet à un indivisaire de prétendre à une indemnité évaluée selon les modalités qu'il prévoit lorsqu'il a, à ses frais, amélioré l'état d'un bien indivis ou fait de ses deniers personnels des dépenses nécessaires à la conservation de ce bien, n'est pas applicable aux dépenses d'acquisition ; il en résulte qu'un époux séparé de biens qui finance, par un apport de ses deniers personnels, la part de son conjoint dans l'acquisition d'un bien indivis peut invoquer à son encontre une créance évaluable selon les règles auxquelles renvoie l'art. 1543 C. civ. • Civ. 1re, 26 mai 2021, n° 19-21.302 P : *D. 2021. 1615, note Rousseau ; ibid. Chron. C. cass. 1784, obs. Buat-Ménard ; ibid. 2064, obs. Godechot-Patris ; AJ fam. 2021. 435, obs. David ; Dr. fam. 2021, n° 112, note Torricelli-Chrifi ; Defrénois 2021/39. 19, note Bey ; ibid. 44. 19, note Chamoulaud-Trapiers et Vareille ; JCP N 2022, n° 1122, obs. Zalewski-Sicard.*

B. DÉPENSES DE CONSERVATION

1° NOTION

5. *Pouvoir d'appréciation des juridictions du fond.* Une cour d'appel apprécie souverainement que les travaux réalisés constituent une dépense nécessaire à la conservation du bien indivis. • Civ. 1re, 10 mai 2006, n° 03-19.001 P : *D. 2006. IR 1483 ; RTD civ. 2006. 542, obs. Hauser*.

6. *Illustrations : remboursement par un indivisaire de l'emprunt contracté lors de l'acquisition du bien indivis.* Les règlements d'échéances d'emprunts immobiliers effectués par un époux au moyen de ses deniers personnels au cours de l'indivision post-communautaire constituent des dépenses nécessaires à la conservation de l'immeuble indivis et donnent lieu à indemnité sur le fondement de l'art. 815-13, al. 1er. • Civ. 1re, 7 juin 2006, n° 04-11.524 P : *D. 2006. IR 1913 ; JCP 2006. I. 193, n° 23, obs. Tisserand-Martin* • Com. 10 févr. 2015, n° 13-24.659 P : *D. 2015. 429*. ♦ Le règlement d'échéances d'emprunts ayant permis l'acquisition d'un immeuble indivis, lorsqu'il est effectué par un indivisaire au moyen de ses deniers personnels au cours de l'indivision, constitue une dépense nécessaire à la conservation de ce bien et donne lieu à indemnité sur le fondement de l'art. 815-13, al. 1er, peu important que le prêt soit un prêt amortissable ou un crédit relais. • Civ. 1re, 26 janv. 2022, n° 20-17.898 B : *D. 2022. 1528, obs. Strickler et Reboul-Maupin ; AJDI 2022. 305 ; AJ fam. 2022. 160, obs. Casey*.

7. *... Remboursement par le biais d'une assurance-invalidité de l'emprunt contracté lors de l'acquisition du bien indivis (non).* Dans l'hypothèse où, à la suite de l'invalidité de l'indivisaire, l'assureur a réglé l'intégralité des mensualités de remboursement des emprunts souscrits, une cour d'appel retient à bon droit que l'indivisaire n'a exposé aucune dépense au moyen de ses deniers personnels pendant cette période et n'est pas fondé à obtenir de l'indivision une indemnité correspondant aux sommes ainsi versées pour son compte : en effet, l'établissement prêteur ayant, par l'effet de la stipulation ainsi faite à son profit, directement recueilli l'indemnité versée par l'assureur qui s'était substitué à l'assuré pour le remboursement du solde des prêts garantis, cette indemnité n'est jamais entrée dans le patrimoine de l'indivisaire. • Civ. 1re, 20 oct. 2021, n° 20-11.921 B : *D. 2021. 2300, note Lledo ; AJ fam. 2021. 633, obs. Casey ; RDI 2022. 586, obs. Bruttin ; Defrénois 2022/4. 27, note Couzigou-Suhas ; Dr. fam. 2022, n° 13, note Gayet.*

8. *Paiement de l'assurance habitation.* L'assurance habitation, qui tend à la conservation de l'immeuble, incombe à l'indivision, en dépit de l'occupation privative. • Civ. 1re, 20 janv. 2004, n° 01-17.124 P : *JCP 2005. I. 128, n° 15, obs. Tisserand-Martin ; AJ fam. 2004. 103, obs. Deis-Beauquesne* • 5 mars 2008 : *AJ fam. 2008. 215, obs. Hilt.* ♦ Les sommes payées au titre de l'assurance habitation, qui participent à la conservation de l'immeuble, doivent être imputées au passif de l'indivision, après déduction de la fraction correspondant aux garanties couvrant les dommages subis personnellement par le titulaire du contrat et sa responsabilité civile. • Civ. 1re, 20 oct. 2021, n° 20-11.921 B : *D. 2021. 2300, note Lledo ; AJ fam. 2021. 633, obs. Casey ; RDI 2022. 586, obs. Bruttin ; Defrénois 2022/4. 27, note Couzigou-Suhas ; Dr. fam. 2022, n° 13, note Gayet.*

9. *... Redevances de télésurveillance (non).* Des redevances de télésurveillance de l'immeuble ne constituent pas des dépenses nécessaires à la conservation de ce bien indivis. • Civ. 1re, 20 janv. 2004, n° 01-17.124 P : *préc. note 8.*

10. *Impôts fonciers et charges de copropriété.* Les impôts locaux et les charges de copropriété qui ne sont pas relatives à l'occupation privative et personnelle d'un indivisaire doivent figurer au passif du compte de l'indivision et seront supportés par les coïndivisaires proportionnellement à leurs droits dans l'indivision. • Civ. 1re, 16 avr. 2008 : *JCP 2008. I. 194, n° 7, obs. Périnet-Marquet ; JCP N 2008. 1328, n° 7, obs. Périnet-Marquet.* ♦ L'impôt foncier, qui tend à la conservation de l'immeuble indivis incombe à l'indivision jusqu'au jour du partage en dépit de l'occupation privative. • Civ. 1re, 13 janv. 2016, n° 14-24.767 P : *D. 2016. 1779, obs. Neyret et Reboul-Maupin ; AJDI 2016. 219 ; AJ fam. 2016. 163, obs. Casey*. ♦ L'impôt foncier incombe à l'indivision ; reconnaissance d'une créance sur l'indivision post-communautaire en faveur d'un ex-époux au titre du paiement de taxes foncières. • Civ. 1re, 27 janv. 2016, n° 15-11.151 P : *AJ fam. 2016. 207, obs. Thouret ; RTD civ. 2016. 327, obs. Hauser*. ♦ La taxe d'habitation, dont le règlement a permis la conservation de l'immeuble, incombe à l'indivision et doit être supportée par les coïndivisaires proportionnellement à leurs droits dans l'indivision ; la jouissance privative dont l'immeuble a fait l'objet reste sans incidence à cet égard, le préjudice résultant de l'occupation privative étant compensé par l'indemnité prévue à l'art. 815-9. • Civ. 1re, 5 déc. 2018, n° 17-31.189 P : *D. 2018. 2415 ; AJ fam. 2019. 157, obs. Casey ; RTD civ. 2019. 362, obs. Dross ; Dr. fam. 2019, n° 52, note Tani.*

11. Interruption de la prescription de droit *commun.* Une assignation en liquidation et partage d'une indivision n'interrompt la prescription de créances invoquées par un indivisaire à l'encontre de l'indivision, au titre du remboursement de prêts, que si elle contient une réclamation, ne serait-ce qu'implicite, à ce titre. • Civ.

1re, 18 mai 2022, n° 20-22.234 B : *D. 2022. 1548, note Nicolle ; AJ fam. 2022. 436, obs. Casey ; Defrénois 2022/25. 25, obs. Hartman.*

2° RÉGIME DE L'INDEMNITÉ

12. Fixation du montant : dépense faite ou profit subsistant. Lorsqu'un indivisaire a avancé de ses deniers les sommes nécessaires à la conservation d'un bien indivis, il doit lui en être tenu compte selon l'équité, eu égard à la dépense faite ou à l'importance de la plus-value prise par ce bien au jour du partage (en l'espèce, indexation du remboursement sur le coût de la construction – indice INSEE). • Civ. 1re, 18 oct. 1983 : *D. 1984. 289, note Rambure ; JCP 1984. II. 20245, note E. S. de La Marnierre ; RTD civ. 1984. 750, obs. Patarin* • 22 oct. 1985 : *Bull. civ. I, n° 266* • 7 juin 1988, n° 86-15.090 P : *R., p. 162 ; D. 1989. 141, note Breton ; JCP N 1989. II. 89, note Philippe ; Defrénois 1988. 1079, note Morin ; RTD civ. 1989. 120, obs. Patarin* • 20 janv. 2004 : *préc. note 8* (peu importe la modicité de la dépense). – V. aussi • Civ. 1re, 1er juill. 2003 : *D. 2004. Somm. 2342, obs. Brémond*. ♦ Il doit être tenu compte à l'indivisaire des dépenses nécessaires qu'il a exposées, encore qu'elles n'aient pas amélioré les biens. • Civ. 1re, 8 déc. 1993 : *Defrénois 1994. 434, obs. Aynès.*

13. ... Créance consécutive au remboursement de l'emprunt. A compter de la dissolution de la communauté, les dispositions relatives aux récompenses sont inapplicables et le règlement des échéances des emprunts immobiliers par le mari au cours de l'indivision donnent lieu à une indemnité calculée selon les modalités prévues par l'art. 815-13. • Civ. 1re, 11 mai 2012, n° 11-17.497 P : *D. 2012. 1330 ; AJ fam. 2012. 414, obs. Hilt ; RTD civ. 2012. 561, obs. Vareille*. ♦ Revalorisation de l'indemnité due pour le remboursement de l'emprunt en application de l'art. 815-13 : cassation de l'arrêt qui calcule le profit subsistant en rapportant la contribution du patrimoine créancier à la valeur du bien à la date de la dissolution de la communauté et non à sa date d'acquisition. • Civ. 1re, 1er févr. 2017, n° 16-11.599 P : *D. 2017. 351 ; ibid. 1213, obs. Bacache, Grynbaum, Noguéro et Pierre ; AJ fam. 2017. 305, obs. Hilt ; RTD civ. 2017. 371, obs. Hauser ; Gaz. Pal. 2017. 594, note Berlaud ; JCP N 2017, n° 1181, comm. Godron et Randoux ; RGDA 2017. 209, note Mayaux.* ♦ Fixation par la cour d'appel, selon l'équité, de l'indemnité due pour le remboursement de l'emprunt à une somme supérieure à la dépense faite mais inférieure au profit subsistant. • Civ., 24 sept. 2014, n° 13-18.197 P. ♦ Comp. lorsque le montant de la pension alimentaire due par l'époux a été fixée en fonction du montant des échéances de l'emprunt réglées par l'épouse seule, ce dont il résulte que l'époux a indirectement contribué à la conservation du bien indivis. • Civ. 1re, 23 janv. 2008, n° 07-10.753 P : *D. 2008. Pan. 2248, obs. Revel ; JCP N 2009. 1151, obs. Lesbats ; AJ fam. 2008. 164, obs. S. David*.

14. Application de la prescription quinquennale de droit commun. La créance prévue par l'art. 815-13, immédiatement exigible, se prescrit selon les règles de droit commun édictées par l'art. 2224 ; cassation de l'arrêt ayant énoncé que l'indemnité due à l'indivisaire s'apprécie à la date du partage ou de l'aliénation du bien indivis, indépendamment de la date à laquelle les impenses ont été exposées, dès lors que la créance revendiquée était exigible dès le paiement de chaque échéance de l'emprunt immobilier destiné à financer le bien indivis. • Civ. 1re, 14 avr. 2021, n° 19-21.313 P : *D. 2021. 1059, note Rouvière ; ibid. 1509, obs. Strickler et Reboul-Maupin ; ibid. 2022. 528, obs. Douchy-Oudot ; AJ fam. 2021. 372, obs. Levillain ; RTD civ. 2021. 669, obs. Dross ; RDI 2021. 421, obs. Tranchant ; Dr. fam. 2021, n° 93, obs. Tani ; JCP N 2021, n° 1290, note Tani.* ♦ Comp. antérieurement, ayant jugé que la prescription des créances et salaires de l'anc. art. 2277, dans sa rédaction antérieure à la L. n° 2008-561 du 17 juin 2008, ne s'appliquait pas à la créance due par l'indivision à un indivisaire ayant géré les biens indivis, • Civ. 1re, 19 déc. 1995, n° 93-19.800 P : *Defrénois 1996. 406, obs. Grimaldi.*

15. Recouvrement de la créance sur les biens indivis. BIBL. Patarin, obs. *RTD civ. 1994. 144*. ♦ Il ressort des art. 815-13 et 815-17, al. 1er, que l'indivisaire titulaire d'une créance résultant de la conservation des biens indivis peut poursuivre la saisie de certains de ces biens, sans être tenu d'attendre l'issue des opérations de partage. • Civ. 1re, 20 févr. 2001, n° 98-13.006 P : *D. 2001. IR 906 ; JCP 2001. I. 358, n° 5, obs. Périnet-Marquet ; RJPF 2001-5/49, note Casey ; Dr. fam. 2002, n° 12, obs. B. B. ; RTD civ. 2001. 642, obs. Patarin ; ibid. 916, obs. Revet*.

C. DÉPENSES D'AMÉLIORATION

1° NOTION

16. Prise en compte des dépenses faites dans l'intérêt d'un seul indivisaire. L'art. 815-13, al. 1er, n'exclut pas les dépenses faites dans l'intérêt d'un seul des indivisaires, pourvu qu'elles aient amélioré l'ensemble indivis. • Civ. 1re, 18 déc. 1990 : *JCP 1992. II. 21847, note Salvage ; RTD civ. 1991. 576, obs. Patarin*. ♦ Également en ce sens qu'il n'y a donc pas à distinguer selon que les dépenses ont été faites dans l'intérêt des indivisaires ou d'un seul : • Civ. 1re, 29 nov. 1994, n° 92-21.151 P • 6 déc. 2005, n° 03-11.489 P : *JCP 2006. I. 127, n° 3, obs. Périnet-Marquet* • CE 11 juin 2007, n° 277305 : *préc. note 1.* ♦ Les juges doivent alors rechercher si les travaux d'amélioration réalisés par un seul indivisaire n'ont pas entraîné une augmentation de la valeur de l'immeuble indivis. • Civ. 1re, 15 mai 2008, n° 07-17.645 P : *AJ fam. 2008. 253, obs. Bicheron ; JCP 2008. I. 194, n° 6, obs. Périnet-Marquet ; JCP N 2008. 1328, n° 6, obs. Périnet-Marquet.* ♦ Est sans influence le fait que l'apport fait par un indivisaire au fonds de commerce indivis l'ait été après qu'il fût devenu locataire-gérant de ce fonds. • Civ. 1re, 24 nov. 1998, n° 96-14.002 P : *JCP 1999. I. 189, n° 1, obs. Le Guidec.*

17. Prise en compte de l'activité personnelle déployée par l'indivisaire ayant effectué les travaux d'amélioration sur l'immeuble indivis. L'activité personnelle déployée par un indivisaire ayant contribué à améliorer un bien indivis ne peut être assimilée à une dépense d'amélioration, dont le remboursement donnerait lieu à application de l'art. 815-13 ; il en résulte que la plus-value de l'immeuble accroît l'indivision, l'indivisaire pouvant seulement prétendre à la rémunération de son activité, conformément à l'art. 815-12. • Civ. 1re, 23 juin 2010, n° 09-13.688 P : *D. actu. 12 juill. 2010, obs. Chenu ; D. 2010. Actu. 1708 ; Defrénois 2010. 2380, obs. Fiorina ; JCP N 2011, n° 1001, obs. Tissand-Martin ; RLDC 2010/74, n° 3945, obs. Pouliquen.* ♦ Comp. : Le concubin indivisaire qui a amélioré l'immeuble indivis à la suite de travaux réalisés personnellement, à partir de matériaux achetés en commun, a droit à la rémunération de cette activité, souverainement estimée au montant de la plus-value apportée à l'immeuble. • Civ. 1re, 13 mars 2007, n° 05-13.320 P : *JCP 2007. I. 197, n° 4, obs. Périnet-Marquet ; LPA 19 mars 2008, obs. Chamoulaud-Trapiers ; Defrénois 2008. 1093, note Fiorina ; RTD civ. 2007. 801, obs. Vareille.*

18. Prise en compte de l'activité déployée par un indivisaire gérant un fonds indivis (non). L'activité de l'époux, gérant d'un fonds de commerce durant l'indivision post-communautaire, ne peut être assimilée à une dépense d'amélioration d'un bien indivis, dont le remboursement donnerait lieu à application de l'art. 815-13 C. civ. ; il en résulte que la plus-value de ce fonds, constatée au jour du partage, accroît à l'indivision, l'époux ayant droit à une rémunération de sa gérance, dont les juges du fond apprécient souverainement le montant. • Civ. 1re, 29 mai 1996, n° 94-14.632 P : *JCP N 1997. II. 702, note J. Piedelièvre ; JCP 1996. I. 3968, n° 4, obs. Le Guidec ; ibid. 3972, n° 11, obs. Périnet-Marquet ; ibid. 1997. I. 4008, n° 17, obs. Tisserand ; RTD civ. 1997. 713, obs. Patarin ; RDI 1996. 535, obs. Bergel.* ♦ V. cependant, plus récemment : • Civ. 1re, 13 mars 2007 : *préc. note 17.*

2° *RÉGIME DE L'INDEMNITÉ*

19. Fixation de l'indemnité : référence à l'équité. Un ex-époux ayant, au cours de l'indivision post-communautaire, assumé seul le remboursement de l'emprunt contracté pour l'acquisition de l'immeuble commun, c'est dans l'exercice de son pouvoir souverain d'appréciation qu'une cour d'appel, faisant usage du pouvoir que lui confère l'art. 815-13, a fixé selon l'équité l'indemnité due par l'indivision à une somme supérieure à la dépense faite mais inférieure au profit subsistant. • Civ. 1re, 24 sept. 2014, n° 13-18.197 P : *cité note 3.*

20. ... Évaluation du profit subsistant en cas d'aliénation du bien amélioré. En cas d'amélioration d'un bien qui a été aliéné avant le partage, la plus-value doit être calculée au jour de l'aliénation (cassation de l'arrêt qui, sans avoir recherché si les sommes investies dans l'amélioration du bien ont réalisé pour l'indivision une plus-value au jour de l'aliénation, a prescrit l'indexation de l'indemnité sur l'indice du coût de la construction, du jour de la décision à celui du partage). • Civ. 1re, 23 mars 1994, n° 92-14.703 P.

21. ... Absence de profit subsistant. S'il n'est pas justifié de l'utilité des dépenses, les juges du fond peuvent décider qu'il n'y a pas lieu à indemnisation de l'indivisaire en relevant par une appréciation souveraine que ce dernier avait été imprudent d'engager de telles dépenses. • Civ. 1re, 13 déc. 1994 : *D. 1995. 496 ; JCP 1995. I. 3878, n° 16, obs. Périnet-Marquet ; RTD civ. 1995. 659, obs. Patarin ; ibid. 1997. 168, obs. Zenati.*

22. Règlement de l'indemnité par compensation avec une indemnité de jouissance privative. L'indivisaire qui a amélioré à ses frais le bien indivis dont il jouit privativement a droit à l'indemnité de l'art. 815-13, qui se compense avec l'indemnité d'occupation dont il est redevable en vertu de l'art. 815-9. • Civ. 1re, 27 oct. 1992, n° 91-10.773 P : *JCP 1993. I. 3713, n° 3, obs. Testu.*

23. Règlement de l'indemnité intégrée au partage de l'indivision. L'indemnité due à un indivisaire qui a amélioré l'immeuble grâce à son activité personnelle, constituant une créance sur l'indivision, doit être déduite de l'actif net à partager ; cassation de l'arrêt qui attribue au concubin la moitié du prix de vente de l'immeuble indivis et la totalité de la plus-value apportée par lui à ce bien. • Civ. 1re, 13 mars 2007 : *préc. note 17.*

Art. 815-14 *(L. n° 76-1286 du 31 déc. 1976)* **L'indivisaire qui entend céder, à titre onéreux, à une personne étrangère à l'indivision, tout ou partie de ses droits dans les biens indivis ou dans un ou plusieurs de ces biens est tenu de notifier par acte extrajudiciaire aux autres indivisaires le prix et les conditions de la cession projetée ainsi que les nom, domicile et profession de la personne qui se propose d'acquérir.**

Tout indivisaire peut, dans le délai d'un mois qui suit cette notification, faire connaître au cédant, par acte extrajudiciaire, qu'il exerce un droit de préemption aux prix et conditions qui lui ont été notifiés.

En cas de préemption, celui qui l'exerce dispose pour la réalisation de l'acte de vente d'un délai de deux mois à compter de la date d'envoi de sa réponse au vendeur. Passé ce délai, sa déclaration de préemption est nulle de plein droit, quinze jours après une mise en demeure restée sans effet, et sans préjudice des dommages-intérêts qui peuvent lui être demandés par le vendeur.

Si plusieurs indivisaires exercent leur droit de préemption, ils sont réputés, sauf convention contraire, acquérir ensemble la portion mise en vente en proportion de leur part respective dans l'indivision.

Lorsque des délais de paiement ont été consentis par le cédant, l'article *(L. nº 2006-728 du 23 juin 2006, art. 2)* **« 828 » est applicable.**

BIBL. ▸ DONNIER, *JCP 2015, nº 110* (extension du domaine de la préemption en matière d'indivision ?). – TADROS, *D. 2014. 2537* (réécriture du domaine de la préemption en matière d'indivision).

A. DOMAINE

1º PRINCIPE

1. Application à toutes les indivisions. Les dispositions de l'art. 815-14 sont applicables à toutes les indivisions, qu'elles soient ou non d'origine successorale. • Civ. 1re, 23 avr. 1985 : *D. 1985. 437, note Breton.*

2. ... En cas de cession de droits dans le bien indivis. Le droit de préemption de l'art. 815-14 n'est applicable qu'en cas de cession de droits dans le bien indivis, non en cas de cession du bien indivis lui-même. • Civ. 1re, 30 juin 1992, nº 90-19.052 P : *JCP 1993. I. 3713, nº 2, obs. Testu.*

3. ... Nonobstant la qualité d'usufruitier du cessionnaire. Le fait que la cession de droits indivis ait lieu en considération de la qualité d'usufruitier du cessionnaire, titulaire dans l'une des indivisions en cause de droits en usufruit, ne suffit pas pour dispenser de la notification de la cession aux autres indivisaires, ainsi que le prescrit l'art. 815-14. • Civ. 1re, 17 mai 1983, nº 82-11.931 P : *R., p. 45 ; D. 1984. 83, note G. Morin ; JCP 1984. II. 20311, note Dagot ; RTD civ. 1984. 345, obs. Patarin.*

4. Application en cas de vente déguisée (simulation d'une donation). En cas de donation constituant une vente déguisée, la cause de l'acte secret n'étant pas illicite, la cession n'est pas nulle en elle-même et le droit pour les coïndivisaires de se prévaloir de cet acte et de la qualification d'acte à titre onéreux qu'il révèle constitue en conséquence une sanction suffisante leur permettant ensuite de réclamer la nullité de la vente sur le fondement de l'art. 815-16, sauf prescription. • Civ. 1re, 18 oct. 2005, nº 02-14.219 P : *JCP 2006. I. 127, nº 5, obs. Périnet-Marquet.*

5. Notion d'identité de l'acquéreur. Le compromis de vente indiquant expressément que les acquéreurs se réservaient la faculté de se substituer toute personne physique ou morale ne répond pas aux exigences de l'art. 815-14, l'identité de l'acquéreur n'ayant pas été notifiée à l'indivisaire bénéficiaire du droit de préemption. • Civ. 1re, 28 janv. 2009, nº 07-18.120 P : *D. 2009. Pan. 2300, obs. Mallet-Bricout ; JCP 2009. I. 127, nº 8, obs. Périnet-Marquet ; ibid., nº 37, p. 54, obs. Billiau ; ibid. 2010, nº 203, § 6, obs. Le Guidec ; JCP N 2009. 1112, note Rivière ; Gaz. Pal. 2009. 1259, avis Legoux ; RJPF 2009-5/32, obs. Casey ; RLDC 2009/58, nº 3350, obs. Pouliquen ; ibid. 2009/61, nº 3481, obs. Parance ; Defrénois 2009. 1622, obs. Chamoulaud-Trapiers.*

2º EXCEPTIONS

6. Non-application à une indivision forcée et perpétuelle. En s'abstenant de rechercher, ainsi que les y invitaient les conclusions du défendeur, si une parcelle, servant de desserte aux parcelles divises qui l'entourent, n'avait pas le caractère d'accessoire indispensable de l'immeuble qu'elle dessert et ne se trouvait pas, ainsi, dans une indivision forcée et perpétuelle échappant aux dispositions des art. 815-14 et 815-16, les juges du fond ne donnent pas de base légale à leur décision. • Civ. 1re, 12 févr. 1985, nº 84-10.301 P : *R., p. 87.* – Même sens : • Civ. 1re, 28 févr. 2006, nº 04-15.937 P : *JCP 2006. I. 178, nº 7, obs. Périnet-Marquet ; RDI 2006. 298, obs. Bergel* • Civ. 3e, 27 mai 2010, nº 09-65.338 P : *JCP 2010, nº 1162, § 13, obs. Périnet-Marquet.*

7. ... Lorsque le cessionnaire a souscrit une obligation de soin. L'obligation de soins stipulée à l'acte de vente de droits indivis donne au contrat un caractère incompatible avec le droit de préemption reconnu aux indivisaires. • Civ. 3e, 3 oct. 1985 : *D. 1986. 373, note Breton.*

8. ... En cas de donation. Une donation peut porter sur des biens indivis, sauf à voir son effet subordonné au résultat du partage, et n'est pas soumise au droit de préemption prévu par les art. 815-14 et 815-16. • Civ. 1re, 11 déc. 1984 : *Defrénois 1986. 183, note Breton.*

9. ... En cas d'échange. Le droit de préemption de l'art. 815-14 ne peut trouver lieu à application en cas d'échange, et non de cession, l'indivisaire désireux d'exercer ce droit se trouvant alors dans l'impossibilité absolue de fournir au co-échangiste la prestation convenue. • Civ. 1re, 21 mai 1997, n° 95-12.460 P : *JCP 1998. I. 133, n° 3, obs. Le Guidec ; RTD civ. 1997. 973, obs. Patarin*. ♦ Même solution en cas d'apport en société. • Paris, 11 sept. 1997 : *Defrénois 1998. 119, note Malaurie.*

10. ... *En cas de cession entre coïndivisaires.* Une cession entre coïndivisaires d'une partie des droits indivis portant sur un fonds de terre ou un bien rural ne constitue pas une aliénation à titre onéreux ouvrant droit de préemption au preneur en place. • Civ. 3e, 24 nov. 2010, n° 09-69.327 P : *JCP 2011, n° 251, § 3, obs. Le Guidec ; D. 2010. Actu. 2912*.

B. RÉGIME

11. Possibilité de renoncer à la cession projetée. A défaut de disposition le précisant dans l'art. 815-14, qui a seulement pour but d'éviter l'intrusion d'un tiers étranger à l'indivision, la notification faite au titulaire du droit de préemption de l'intention de céder les droits indivis ne vaut pas offre de vente ; il en résulte que l'indivisaire qui a fait cette notification peut renoncer à son projet de vente malgré la manifestation de volonté d'un autre indivisaire d'exercer le droit de préemption. • Civ. 1re, 5 juin 1984 : *JCP 1985. II. 20469, note Dagot ; Defrénois 1986. 1162, note Vion ; RTD civ. 1985. 428, obs. Patarin* • 9 févr. 2011, n° 10-10.759 P : *D. 2011. Actu. 594 ; JCP 2011, n° 323, § 10, obs. Périnet-Marquet ; AJ fam. 2011. 219, obs. Vernières ; Defrénois 2011. 1339, note Becqué-Ickowicz ; RLDC 2011/81, n° 4191, obs. Paulin ; RDC 2011. 921, note Goldie-Génicon.*

12. Conditions d'exercice du droit de préemption. La réalisation de l'acte de vente, à défaut de laquelle la déclaration de préemption est nulle de plein droit, suppose le strict respect des conditions de la cession initialement projetée. • Civ. 1re, 18 janv. 2012, n° 10-28.311 P : *D. 2012. 282, obs. Da Silva ; Defrénois 2012. 509, note Leblond* (en l'espèce, nullité de la déclaration de préemption, le projet d'acte soumis au cédant comportant une condition d'octroi d'un prêt non prévue dans l'offre initiale).

13. Substitution de l'indivisaire à l'acquéreur pressenti. L'indivisaire qui exerce son droit de préemption se substitue à l'acquéreur évincé en tous ses droits et toutes ses obligations (commission due à l'agent immobilier). • Civ. 1re, 26 mars 1996, n° 93-17.574 P : *JCP 1997. I. 4010, n° 11, obs. Périnet-Marquet ; Defrénois 1997. 92 (1er arrêt), note Gélot ; RTD civ. 1997. 478, obs. Patarin*.

14. Nullité de la préemption exercée par un indivisaire : régime de l'action. Seul le cédant, et non le tiers évincé, peut se prévaloir de la nullité de la déclaration de préemption prévue par l'art. 815-14, al. 3. • Civ. 1re, 12 déc. 2007, n° 06-19.531 P : *D. 2008. AJ 293 ; JCP 2008. I. 127, n° 14, obs. Périnet-Marquet.* ♦ Application du régime de l'action oblique en cas de demande formée par le bénéficiaire d'une promesse de vente de biens indivis et tendant à l'annulation de la préemption exercée par un indivisaire : • Civ. 1re, 9 oct. 1991 : *D. 1992. 421, note Barret ; Defrénois 1992. 388, obs. Aynès ; RTD civ. 1992. 613, obs. Patarin*.

Art. 815-15 *(L. n° 76-1286 du 31 déc. 1976)* **S'il y a lieu à l'adjudication de tout ou partie des droits d'un indivisaire dans les biens indivis ou dans un ou plusieurs de ces biens, l'avocat ou le notaire doit en informer les indivisaires par notification un mois avant la date prévue pour la vente.** *(L. n° 78-627 du 10 juin 1978)* **« Chaque indivisaire peut se substituer à l'acquéreur dans un délai d'un mois à compter de l'adjudication, par déclaration au** *(Ord. n° 2006-461 du 21 avr. 2006)* **« greffe » ou auprès du notaire. »**

Le *(Ord. n° 2006-461 du 21 avr. 2006)* **« cahier des conditions de vente » établi en vue de la vente doit faire mention des droits de substitution.**

1° DROIT DE SUBSTITUTION : DOMAINE

1. Principe de non-application en cas d'adjudication des biens indivis eux-mêmes. L'art. 815-15 ne peut être appliqué qu'en cas d'adjudication portant sur les droits d'un indivisaire dans les biens indivis, et non sur les biens indivis eux-mêmes. • Civ. 1re, 14 févr. 1989 : *D. 1989. 278, note Morin ; RTD civ. 1989. 588, obs. Zenati, et 792, obs. Patarin* • Lyon, 23 mai 1990 : *Gaz. Pal. 1991. 1. 125, note A. Piedelièvre* • Civ. 1re, 30 juin 1992, n° 90-19.052 P.

2. Tempérament : clause du cahier des charges prévoyant un droit de substitution lors de la licitation d'un bien indivis. Mais aucune loi ou règle d'ordre public n'interdit qu'un droit de substitution soit prévu par les indivisaires au profit de chacun d'eux par une clause du cahier des charges établi en vue de la licitation d'un bien indivis. • Civ. 3e, 3 mai 1989, n° 87-17.094 P : *RTD civ. 1990. 683, obs. Zenati ; RDI 1990. 65, obs. Bergel*. ♦ Lorsqu'une telle clause a été prévue au cahier des charges établi en vue de la licitation du bien indivis, elle produit effet et autorise un indivisaire à se substituer à l'adjudicataire. • Civ. 1re, 18 mars 2015, n° 14-11.299.

2° ... EXERCICE

3. Délai d'exercice en cas de surenchère. La suspension des effets de l'adjudication par la surenchère emporte celle du délai d'exercice de la faculté de substitution jusqu'à la décision prise par le tribunal sur cette surenchère. • Civ. 1re, 18 mars 2015, no 14-11.299 P.

4. *Conflit de déclarations de substitution.* L'indivisaire qui a le premier fait la déclaration de substitution se trouve seul substitué comme acquéreur à l'adjudicataire. • Civ. 1re, 7 oct. 1997, no 95-17.071 P : *D. 1998. 145, concl. Sainte-Rose ; JCP 1998. I. 117, no 7, obs. Périnet-Marquet ; JCP 1999. I. 132, no 1, obs. Le Guidec ; RTD civ. 1998. 168, obs. Patarin.*

3o … *CONSÉQUENCES*

5. *Cessation de l'indivision à compter de l'adjudication.* Ne peut être condamné au versement d'une indemnité d'occupation pour une période postérieure à l'adjudication l'indivisaire qui, s'étant prévalu de la faculté de substitution prévue au cahier des charges, a été déclaré adjudicataire du bien, ce qui emporte transfert de propriété à son profit et cessation de l'indivision à compter du jour de l'adjudication. • Civ. 1re, 11 avr. 2018, no 17-17.495 P : *AJ fam. 2018. 399, obs. Casey.*

Art. 815-16 *(L. no 76-1286 du 31 déc. 1976)* **Est nulle toute cession ou toute licitation opérée au mépris des dispositions des articles 815-14 et 815-15. L'action en nullité se prescrit par cinq ans. Elle ne peut être exercée que par ceux à qui les notifications devaient être faites ou par leurs héritiers.**

1. *Absence de notification de la cession.* Sanction de l'absence de notification de la cession : V. • TGI Saint-Quentin, 7 juin 1979 : *Gaz. Pal. 1979. 2. 495 (2e esp.), note E. S. de La Marnierre ; D. 1981. IR 28, obs. Breton.*

2. *Irrégularité de la notification : non-application de l'art. 114 C. pr. civ.* Lorsque la notification n'a pas respecté la forme prévue par l'art. 815-14, l'irrégularité ainsi relevée ne peut être couverte par le jeu de l'art. 114 C. pr. civ. (pas de nullité sans grief), cet art. ne pouvant recevoir application à propos d'un acte extrajudiciaire. • Civ. 1re, 5 mars 2002, no 00-13.511 P : *D. 2002. IR 1530 ; JCP 2002. I. 176, no 9, obs. Périnet-Marquet ; RJPF 2002-9/48, obs. Casey.*

3. *… Prescription de l'action en nullité.* La prescription prévue par l'art. 815-16 court à compter du jour où le coïndivisaire du vendeur a eu connaissance de la vente ; les coïndivisaires sont réputés en avoir eu connaissance à la date de publication de la vente. • Civ. 1re, 5 mars 2014, no 12-28.348 P : *D. 2014. 1259, note Traullé ; AJDI 2014. 392 ; AJ fam. 2014. 247, obs. Levillain ; JCP N 2014, no 1151, obs. Le Guidec.*

SECTION 3 **Du droit de poursuite des créanciers** *(L. no 2006-728 du 23 juin 2006, art. 2).*

Art. 815-17 *(L. no 76-1286 du 31 déc. 1976)* **Les créanciers qui auraient pu agir sur les biens indivis avant qu'il y eût indivision, et ceux dont la créance résulte de la conservation ou de la gestion des biens indivis, seront payés par prélèvement sur l'actif avant le partage. Ils peuvent en outre poursuivre la saisie et la vente des biens indivis.**

Les créanciers personnels d'un indivisaire ne peuvent saisir sa part dans les biens indivis, meubles ou immeubles.

Ils ont toutefois la faculté de provoquer le partage au nom de leur débiteur ou d'intervenir dans le partage provoqué par lui. Les coïndivisaires peuvent arrêter le cours de l'action en partage en acquittant l'obligation au nom et en l'acquit du débiteur. Ceux qui exerceront cette faculté se rembourseront par prélèvement sur les biens indivis.

I. *PRÉROGATIVES RECONNUES AUX CRÉANCIERS DE L'INDIVISION*

A. *INTERDICTION DE SAISIR LES BIENS INDIVIS ET LA PART DE L'INDIVISAIRE DÉBITEUR*

1. *Liquidateur représentant des créanciers antérieurs à la naissance de l'indivision.* La liquidation judiciaire étant antérieure à la transcription du jugement de divorce, le liquidateur, qui représentait les créanciers, aurait pu agir sur l'immeuble litigieux avant la création de l'indivision post-communautaire ; il est donc recevable, en application des dispositions de l'art. 815-17, al. 1er, à poursuivre la vente forcée de cet immeuble. • Civ. 1re, 21 mai 1997, no 95-14.102 P : *JCP 1997. I. 4054, no 15, obs. Pétel ; Dr. fam. 1997, no 122, note Lécuyer.* – Dans le même sens : • Com. 18 févr. 2003, no 00-13.100 P : *R., p. 384 ; D. 2003. AJ 766, obs. A. Lienhard (2e esp.) ; ibid. Somm. 1620, obs. Le Corre (2e esp.) ; JCP 2003. I. 180, no 4, obs. Le Guidec ; Dr. et patr. 6/2003. 98, obs. Monsérié-Bon.*

2. *Créancier titulaire d'une sûreté légale antérieure à la naissance de l'indivision.* Même dans l'hypothèse où un prêt est souscrit par l'un seulement des acquéreurs d'un bien immobilier pour financer sa part, l'assiette du privilège de prêteur de deniers est constituée par la totalité de l'immeuble et le prêteur, titulaire d'une sûreté légale née antérieurement à l'indivision, peut se prévaloir des dispositions du 1er al. de l'art. 815-17 ; dès lors, ce privilège grève de plein droit la totalité de l'immeuble acquis, même s'il est né du chef d'un seul acquéreur, et le prêteur peut poursuivre la vente forcée de l'immeuble indivis sans engager préalablement une procédure de partage. • Civ. 1re, 9 janv. 2019, n° 17-27.411 P : *D. 2019. 1428, note Théry et Gijsbers ; AJ fam. 2019. 219, obs. Casey ; RDI 2019. 211, obs. Heugas-Darraspen ; RTD civ. 2019. 155, obs. Crocq ; JCP N 2019, n° 1131, note Simon-Michel ; RDC 2/2019. 97, note Tadros.*

3. Indivisaire dont la créance résulte de la conservation des biens indivis. Il ressort des art. 815-13 et 815-17, al. 1er, que l'indivisaire titulaire d'une créance résultant de la conservation des biens indivis peut poursuivre la saisie de certains de ces biens, sans être tenu d'attendre l'issue des opérations de partage. • Civ. 1re, 20 févr. 2001 : *cité note 15 ss. art. 815-13.* ♦ L'épouse coïndivisaire qui a remboursé personnellement une partie des échéances des emprunts est créancière personnelle de l'indivision pour avoir assuré des dépenses de conservation de l'immeuble indivis, et est, dès lors, fondée à faire valoir sa créance par prélèvement sur l'actif de l'indivision avant son partage. • Civ. 1re, 26 juin 2013, n° 12-11.818 P. ♦ V. conf., pour l'indivisaire titulaire d'une créance sur l'indivision ne résultant pas de la conservation des biens indivis. • Civ. 1re, 4 juill. 2007, n° 06-13.770 P : *D. 2008. Pan. 2248, obs. Revel ; JCP 2007. I. 197, n° 4, obs. Périnet-Marquet ; Defrénois 2008. 399, note Chamoulaud-Trapiers.*

B. DROIT DE POURSUIVRE LES BIENS INDIVIS

4. Droit de saisir les biens indivis : principe. En vertu de l'art. 815-17, les créanciers titulaires de créances antérieures à la date à laquelle la dissolution de la communauté est opposable aux tiers peuvent saisir un bien dépendant de l'indivision post-communautaire dès lors qu'ils auraient pu agir sur le bien objet de la poursuite avant la dissolution de la communauté dont il dépendait. • Civ. 1re, 9 juill. 1991, n° 90-12.764 P. – Même sens : • Civ. 1re, 17 mars 1987 : *JCP 1988. II. 21021 (1re esp.), note Simler* • 7 mars 1989 : *Bull. civ. I, n° 110 ; Defrénois 1989. 931, obs. Champenois.* ♦ Les créanciers dont la créance est née antérieurement à la dissolution de la communauté peuvent poursuivre la saisie et la vente des biens dépendant de l'indivision post-communautaire. • Civ. 1re, 13 déc. 2005, n° 02-17.778 P : *R., p. 301 ; D. 2006. AJ 302, obs. A. Lienhard.*

5. Licitation consécutive à la saisie des biens indivis. Lorsqu'un créancier de la succession est autorisé à poursuivre la saisie et la vente d'un immeuble indivis, il doit être procédé à cette vente par licitation devant le tribunal, sauf si les parties en conviennent autrement. • Civ. 1re, 29 nov. 1994, n° 93-11.317 P.

6. Paiement par prélèvement avant partage. L'action ouverte aux créanciers par l'art. 815-17, al. 1er, pour leur permettre d'être payés par prélèvement avant partage ne tend pas aux mêmes fins que la demande en partage, propre aux créanciers d'un coïndivisaire, qui est destinée à faire cesser l'indivision. • Civ. 1re, 3 déc. 1996, n° 94-19.229 P : *JCP 1998. I. 133, n° 2, obs. Le Guidec ; Defrénois 1997. 409, obs. Grimaldi.*

7. Prise en compte de la protection du logement de la famille. L'art. 215, al. 3, est applicable à une demande en partage d'un bien indivis par lequel est assuré le logement de la famille ; cassation de l'arrêt qui, pour accueillir la demande en partage et en licitation formée par le liquidateur à la procédure collective ouverte contre le mari, retient que l'art. 215 n'est pas applicable lorsqu'une vente forcée est poursuivie par le liquidateur judiciaire d'un des époux, alors que le liquidateur agissait aux lieu et place de l'époux débiteur dessaisi et que l'immeuble en indivision dont il était demandé le partage et la licitation en un seul lot constituait le logement de la famille. • Civ. 1re, 3 avr. 2019, n° 18-15.177 P : *AJDI 2019. 815, obs. Cohet ; AJ fam. 2019. 339, obs. Casey ; RTD civ. 2019. 613, obs. Dross ; ibid. 640, obs. Vareille.*

8. Compatibilité avec les règles relatives au passif subsistant à la dissolution de la communauté. Compatibilité de l'art. 815-17, al. 1er, avec le droit de poursuivre le conjoint de l'époux débiteur à hauteur de la moitié de la dette après la dissolution de la communauté prévue par l'art. 1483 : V. note 3 ss. art. 1483.

9. Application en cas de procédure collective ouverte à l'encontre d'un indivisaire. L'indivisaire dont la créance résulte de la conservation ou de la gestion des biens indivis peut faire valoir les droits qu'il tient de l'art. 815-17, al. 1er, après l'ouverture de la procédure collective de l'un des indivisaires, sans avoir à déclarer sa créance à celle-ci. • Com. 2 juin 2015, n° 12-29.405 P : *D. 2015. 1270 ; AJ fam. 2015. 546, obs. Casey ; RTD civ. 2015. 905, obs. Dross ; RTD com. 2015. 747, obs. Martin-Serf.* ♦ Les créanciers qui auraient pu agir sur les biens indivis avant la naissance de l'indivision conservent le droit de poursuivre la saisie des biens indivis, malgré l'ouverture d'une procédure collective à l'encontre de l'un des indivisaires, sans avoir à déclarer leur créance à la procédure collective. • Civ. 1re, 13 déc. 2005 : *préc. note 4.*

10. Compatibilité avec les mesures prises dans le cadre de la procédure collective. Impossibilité d'opposer aux créanciers de l'indivision l'inaliénabilité temporaire résultant du plan de continuation arrêté par le tribunal dans le cadre de la procédure collective ouverte à l'encontre d'un indivisaire, postérieurement à la naissance de l'indivision. • Com. 7 févr. 2012, n° 11-12.787 P : *D. 2012. 499* ♦ La banque créancière d'un indivisaire ne peut être privée du droit de poursuite qu'elle tient de l'art. 815-17 ; bénéficiant, antérieurement à l'ouverture de la procédure collective d'un indivisaire, d'un jugement ordonnant la licitation des biens indivis, il n'est pas nécessaire qu'elle saisisse le juge-commissaire d'une requête afin d'être autorisée à continuer ses poursuites sur des biens dont, après l'adoption du plan de continuation, le débiteur a retrouvé la libre disposition à son égard. • Même arrêt. ♦ L'épouse, autorisée par le tribunal à signer seule, pour le compte de la communauté, un acte de prêt garanti par l'affectation hypothécaire d'un bien commun, la banque créancière bénéficie sur ce bien, devenu indivis après la dissolution de la communauté, d'une hypothèque constituée du chef de tous les indivisaires et peut exercer son droit de poursuite sur l'immeuble indivis par application de l'art. 815-17, al. 1er ; les dispositions des art. 154 et 161 de la L. du 25 janv. 1985 n'étant pas applicables au créancier hypothécaire de l'indivision préexistante à l'ouverture de la procédure collective d'un indivisaire, la banque qui entend poursuivre la saisie immobilière du bien indivis, en vertu de l'art. 815-17, n'est pas tenue de saisir le juge-commissaire. • Civ. 1re, 24 mai 2018, n° 16-26.378 P : *AJDI 2019. 140, obs. Cohet* ; *AJ fam. 2018. 549, obs. Casey* . ♦ Rappr. : • Civ. 2e, 16 mai 2013 : *D. 2013. 1268* (la banque créancière de l'indivision, qui préexistait à l'ouverture de la procédure collective de l'ex-épouse, pouvait poursuivre la saisie et la vente de l'immeuble indivis pour être payée, avant le partage, par prélèvement sur l'actif).

II. SITUATION FAITE AUX CRÉANCIERS PERSONNELS D'UN INDIVISAIRE

A. INTERDICTION DE SAISIR LA PART DE L'INDIVISAIRE DÉBITEUR

11. *Principe.* Le créancier personnel d'un indivisaire ne peut saisir la part de son débiteur dans les biens indivis, ni prendre aucune mesure ayant pour effet de rendre cette part indisponible. • Civ. 1re, 15 juill. 1999, n° 97-14.361 P : *JCP 2000. I. 278, n° 6, obs. Le Guidec (1re esp.)* • Civ. 2e, 4 oct. 2001 : *RTD civ. 2002. 150, obs. Perrot* . ♦ L'art. 815-17, al. 2, interdit au créancier personnel d'un indivisaire de faire saisir et vendre la part de son débiteur. • Civ. 1re, 20 oct. 1982, n° 81-15.560 P : *R., p. 49* • 1er déc. 1999, n° 97-20.965 P : *D. 2000. IR 6* ; *JCP 2000. I. 278, n° 6, obs. Le Guidec (2e esp.)*.

12. *Application : créancier bénéficiaire d'une sûreté réelle inscrite sur la quote-part d'un indivisaire.* Même dans l'hypothèse où un prêt est souscrit par l'un seulement des acquéreurs d'un bien immobilier pour financer sa part, l'assiette du privilège de prêteur de deniers est constituée par la totalité de l'immeuble. Engage sa responsabilité vis-à-vis de la banque prêteuse, le notaire qui a inscrit le privilège du prêteur de deniers sur la seule quote-part indivise de l'emprunteur, la banque ayant de ce fait la qualité de créancier personnel du seul coïndivisaire emprunteur et se trouvant dans l'impossibilité d'exercer son droit de poursuite sur l'immeuble indivis. • Civ. 1re, 9 janv. 2019, n° 17-27.411 P : *D. 2019. 1428, note Théry et Gijsbers* ; *AJ fam. 2019. 219, obs. Casey* ; *RDI 2019. 211, obs. Heugas-Darraspen* ; *RTD civ. 2019. 155, obs. Crocq* ; *JCP N 2019, n° 1131, note Simon-Michel ; RDC 2/2019. 97, note Tadros.*

13. *Tempérament : droit de prendre des sûretés sur la part de leur débiteur.* L'interdiction édictée par l'art. 815-17, al. 2, à l'encontre des créanciers personnels d'un indivisaire, de saisir la part indivise de leur débiteur ne restreint pas leur droit de prendre des sûretés sur cette part indivise. • Civ. 2e, 17 févr. 1983, n° 81-15.566 P. – Dans le même sens : • Civ. 3e, 2 nov. 1983 : *JCP 1985. II. 20354, note Joly ; Defrénois 1985. 55, note Théry ; RTD civ. 1984. 174, obs. Perrot.*

14. *... Qualité de codébiteurs solidaires de tous les indivisaires.* Il résulte des art. 815-17, anc.1200, 2092 [2284] et 2093 [2285] que, si le créancier a tous les coïndivisaires comme codébiteurs solidaires, il n'est pas tenu de provoquer le partage ; il peut poursuivre la saisie. • Civ. 1re, 6 nov. 2001, n° 98-20.518 P : *JCP 2002. I. 176, n° 8, obs. Périnet-Marquet ; ibid. 178, n° 4, obs. Le Guidec ; JCP N 2002. 1583, étude Brémond ; Dr. fam. 2002, n° 12, obs. B. B.*

15. *... Constitution d'hypothèque consentie par tous les indivisaires.* Pour le cas où la constitution d'hypothèque a été consentie par tous les coïndivisaires (art. 2125 [2414], al. 2) et où, en conséquence, le créancier peut pratiquer une saisie immobilière sur le bien, V. • Civ. 1re, 20 nov. 1990, n° 89-13.876 P : *Defrénois 1991. 1054, note X. Savatier ; Gaz. Pal. 1991. 2. Somm. 265, obs. Véron ; RDI 1991. 371, obs. Delebecque et Simler* ; *RTD civ. 1992. 147, obs. Zenati* • 14 juin 2000, n° 98-10.577 P : *D. 2000. AJ 318, obs. A. Lienhard* ; *D. 2001. Somm. 696, obs. Aynès* ; *JCP 2001. I. 309, n° 11, obs. Storck ; JCP N 2000. 1357, étude Vauvillé ; Defrénois 2001. 368, obs. Sénéchal* ; Dr. et patr. 1/2001. 96, obs. *Monsérié-Bon* • 28 juin 2005, n° 02-20.452 P : *JCP 2005. I. 185, n° 14, obs. Delebecque ; JCP N 2006. 1025, note Brémond.*

16. *... Vente du bien indivis dont la propriété est démembrée.* Le conjoint survivant, ayant droit dans la succession à un quart en propriété et trois quarts en usufruit, possède, par suite de la vente de l'immeuble successoral indivis, un droit propre à la portion correspondant à la valeur de son usufruit, sur laquelle une saisie peut être valablement pratiquée par l'un de ses créanciers ; cassation de l'arrêt qui ordonne la mainlevée de la saisie pratiquée par un créancier du conjoint survivant au motif que l'art. 815-17 interdit à ce créancier personnel d'un indivisaire de saisir des fonds dépendant de l'indivision. • Civ. 1re, 15 mai 2019, n° 18-12.779 P : *D. 2019. 1102* ; *AJ fam. 2019. 536, obs. Casey*.

B. DROIT DE PROVOQUER LE PARTAGE ET LA LICITATION

17. *QPC (non).* La question de savoir si les dispositions de l'art. 815-17 portent atteinte au principe à valeur constitutionnelle de sauvegarde de la dignité de la personne humaine et à l'objectif de valeur constitutionnelle que constitue le droit au logement ne présente pas un caractère sérieux en ce que le droit des créanciers d'un indivisaire de demander le partage du bien indivis assure la protection du droit de propriété de ces créanciers en leur permettant de passer outre le caractère indivis du bien et ne porte pas une atteinte disproportionnée aux droits du coïndivisaire, qui se voit reconnaître la faculté d'arrêter le cours de l'action en partage et qui, par ailleurs, bénéficie d'un droit d'attribution préférentielle s'il en remplit les conditions, notamment s'il s'agit de son logement. • Civ. 1re, 28 mars 2012, n° 12-40.002 P.

1° SOUMISSION AUX CONDITIONS DE L'ACTION OBLIQUE

18. *Nécessité d'établir la carence de l'indivisaire débiteur.* Si les créanciers peuvent exercer tous les droits et actions de leurs débiteurs, autres que ceux exclusivement attachés à leur personne, y compris l'action en partage d'une indivision, c'est aux conditions que ceux-ci refusent d'en faire usage et que l'intérêt des créanciers soit compromis. • Civ. 1re, 17 mai 1982, n° 81-12.312 P • 11 mars 2003, n° 01-12.170 P : *AJ fam. 2003. 189, obs. S. D.-B*. • 23 mai 2006, n° 05-18.065 P (volonté délibérée du débiteur de ne pas honorer sa dette).

19. *Prise en compte des droits de l'indivisaire débiteur dans le partage.* Lorsqu'un héritier est débiteur envers la succession de sommes supérieures à sa part héréditaire, il ne peut lui être fait dans le partage aucune attribution et ses créanciers personnels, agissant par l'action oblique, ne peuvent avoir plus de droits que lui ; la demande en partage et licitation qu'ils ont formée est donc rejetée à bon droit par les juges du fond. • Civ. 1re, 14 déc. 1983, n° 82-14.725 P: *R., p. 47 ; D. 1984. 310, note Breton ; RTD civ. 1985. 191, obs. Patarin.*

20. *Juridiction compétente : indivision entre époux.* Cassation de l'arrêt ayant retenu la compétence exclusive du TGI pour statuer sur l'action en partage d'un bien indivis entre deux époux séparés de biens, exercée par le créancier personnel de l'un des conjoints indivisaires, alors que la compétence spéciale du juge aux affaires familiales pour connaître de la liquidation et du partage des intérêts patrimoniaux des époux (COJ, art. L. 213-3) n'est pas subordonnée à la séparation des époux et que l'action exercée par le créancier personnel d'un indivisaire doit être portée devant le juge compétent pour connaître de l'action de ce débiteur. • Civ. 1re, 1er juin 2017, n° 15-28.344 P : *D. 2017. 2012, note Pierre et Pierre-Maurice* ; *AJ fam. 2017. 487, obs. Casey* ; *RTD civ. 2017. 620, obs. Hauser* ; *Gaz. Pal. 2017. 1974, note Berlaud ; JCP N 2017, n° 1282, note Mauger-Vielpau.*

2° RÉGIME DE L'ACTION EN PARTAGE

21. *Titulaire de l'action : créanciers personnels d'un indivisaire.* Droit des créanciers personnels d'un indivisaire de provoquer le partage et la licitation : • Civ. 1re, 23 mai 2006 : *préc. note 18.* – V. aussi • Paris, 20 nov. 1984 : *JCP 1986. II. 20584, note Ragot.*

22. *... Liquidateur judiciaire.* Dès lors que l'indivision préexistait à l'ouverture de la procédure collective, le liquidateur, représentant des créanciers personnels de l'indivisaire en liquidation, est fondé à solliciter la licitation de l'immeuble indivis. • Com. 3 oct. 2006, n° 05-16.463 P : *D. 2006. AJ 2602, obs. A. Lienhard* ; *JCP 2007. I. 142, n° 29, obs. Tisserand-Martin.*

23. *Non-application des règles relatives à la réalisation des actifs de la procédure collective.* La licitation d'un immeuble indivis, correspondant à l'une des opérations de liquidation et de partage de l'indivision préexistante au jugement d'ouverture de la liquidation judiciaire de l'un des indivisaires, échappe aux règles applicables en matière de réalisation des actifs de la procédure collective et ne peut être ordonnée qu'après examen des demandes d'un autre indivisaire tendant au maintien dans l'indivision et à l'attribution préférentielle de cet immeuble. • Com. 20 sept. 2017, n° 16-14.295 P : *D. 2017. 1831* ; *RTD civ. 2017. 898, obs. Dross*.

24. *Non-application de l'art. 1360 C. pr. civ.* Les dispositions de l'art. 1360 C. pr. civ., qui imposent à l'indivisaire demandeur en partage de préciser les diligences entreprises en vue de parvenir à un partage amiable, ne sont pas applicables lorsque l'action en partage est exercée par le créancier personnel d'un indivisaire agissant par la voie oblique. • Civ. 1re, 25 sept. 2013, n° 12-21.272 P : *D. 2013. 2273* ; *AJ fam. 2013. 714, obs. de Guillenchmidt-Guignot* ; *RDC 2014. 204, note Libchaber* • 13 janv. 2016, n° 14-29.534 P : *D. 2016. 779, obs. Neyret* ; *AJDI 2016. 220* ; *AJ fam. 2016. 163, obs. Casey*.

25. *Compatibilité de l'action en partage avec une action en réduction de libéralité.* Articulation entre l'action en réduction de libéralités excessives, exercée par le créancier d'un héritier réservataire, et la faculté ouverte à ce créancier de provoquer le partage au nom de son débiteur (art. 815-17, al. 3) : V. • Civ. 1re, 20 oct. 1982, n° 81-16.092 P : *R., p. 48 ; D. 1983. 120, note Rémy ; Defrénois 1983. 627, note Breton ; RTD civ. 1983. 771, obs. Patarin.*

26. Compatibilité de l'action en partage avec la protection du logement familial. Les dispositions protectrices du logement familial de l'art. 215, al. 3, ne peuvent, hors le cas de fraude, être opposées aux créanciers personnels d'un indivisaire usant de la faculté de provoquer le partage au nom de leur débiteur en application de l'art. 815-17, al. 3. • Civ. 1re, 16 sept. 2020, n° 19-15.939 P : *D. 2020. 1837 ; AJ fam. 2020. 598, obs. Casey ; RTD civ. 2021. 187, obs. Vareille ; JCP N 2021, n° 1109, note Torricelli-Chrifi ; Dr. fam. 2020, n° 147, obs. Torricelli-Chrifi.*

27. Possibilité d'opposer à l'action en partage une demande d'attribution préférentielle. Une demande d'attribution préférentielle peut être opposée à l'action en partage formée par les créanciers d'un indivisaire. • Civ. 1re, 8 mars 1983 : *D. 1983. 613, note Breton ; RTD civ. 1984. 539, obs. Patarin* • Com. 3 oct. 2006 : *préc. note 22* (en l'espèce, rejet de la demande fondé sur le risque que cette attribution ferait courir aux créanciers de l'un des indivisaires sous le coup d'une procédure collective, en raison de la situation précaire de l'attributaire). ♦ V. également • Com. 20 sept. 2017, n° 16-14.295 P : *cité note 23.*

28. Obstacle à l'action résultant de l'indétermination du montant de la dette. En l'absence de décision définitive d'admission des créances au passif de la liquidation judiciaire de l'indivisaire débiteur, ses coïndivisaires ne sont pas en mesure de connaître le montant de la dette qu'ils devraient acquitter pour arrêter l'action en partage du mandataire liquidateur, et, dès lors, celle-ci doit être rejetée. • Civ. 1re, 20 déc. 1993 : *D. 1994. 358, note Derrida et A. Honorat ; RTD civ. 1994. 393, obs. Patarin ; ibid. 895, obs. Zenati .* ♦ Dans le même sens, déclarant recevable une demande tendant à obtenir la détermination du montant actualisé de la dette : • Civ. 1re, 27 mai 2010, n° 09-11.460 P : *D. actu. 2 juin 2010, obs. de la Touanne ; RLDC 2010/73, n° 3893, obs. Pouliquen.*

29. Arrêt du cours de l'action par les coïndivisaires : impossibilité de contester le montant de la créance. Les dispositions de l'art. 815-17, al. 3, ne permettent pas au coïndivisaire qui désire arrêter le cours de l'action en partage exercée par le créancier d'un autre indivisaire de contester le montant de la créance en vertu de laquelle le créancier poursuit le partage, mais seulement d'en acquitter le montant tel qu'il résulte des titres produits. • Paris, 27 mai 1987 : *D. 1988. 216, note Breton.*

SECTION 4 De l'indivision en usufruit *(L. n° 2006-728 du 23 juin 2006, art. 2).*

Art. 815-18 *(L. n° 76-1286 du 31 déc. 1976)* **Les dispositions des articles 815 à 815-17 sont applicables aux indivisions en usufruit en tant qu'elles sont compatibles avec les règles de l'usufruit.**

Les notifications prévues par les articles 815-14, 815-15 et 815-16 doivent être adressées à tout nu-propriétaire et à tout usufruitier. Mais un usufruitier ne peut acquérir une part en nue-propriété que si aucun nu-propriétaire ne s'en porte acquéreur ; un nu-propriétaire ne peut acquérir une part en usufruit que si aucun usufruitier ne s'en porte acquéreur.

Rémunération de la gestion de l'indivision. Il existe entre le conjoint survivant, bénéficiant de un quart de la succession en usufruit, et ses enfants, bénéficiant des trois quarts en pleine propriété et de un quart en nue-propriété, une indivision en jouissance qui justifie que le conjoint survivant puisse prétendre, en application des art. 815-12 et 815-18, à la rémunération de son activité de gardien de l'immeuble. • Civ. 1re, 26 sept. 2007, n° 06-14.422 P.

CHAPITRE VIII DU PARTAGE *(L. n° 2006-728 du 23 juin 2006, art. 3).*

*La loi n° 2006-728 du 23 juin 2006 modifiant le présent chapitre entre en vigueur le **1er janv. 2007**. Elle est applicable dès son entrée en vigueur aux indivisions existantes et aux successions ouvertes non encore partagées à cette date. — Pour le texte complet des dispositions transitoires, V. l'art. 47-I et II de cette loi, ss. art. 892. — V. aussi l'ensemble des dispositions antérieures (Titre I ancien) à la suite de ce même art. 892.*

RÉP. CIV. v° *Partage : modes d'attribution spécifiques, Partage : notion, Partage judiciaire,* par C. Brenner.

BIBL. GÉN. ► Forgeard, *JCP N 2008. 1146* (droit au partage). - Vareille et Kroell, *Defrénois 2017. 49* (liquidation et partage). - Dossier, *Defrénois 2019/26. 13* (liquidation des successions).

SECTION 1 Des opérations de partage

(L. n° 2006-728 du 23 juin 2006, art. 4)

DALLOZ ACTION *Droit patrimonial de la famille 2021/2022, n°s 271.00 s.*

BIBL. GÉN. ▶ J. Julien, *Dr. fam. 2006. Étude 58.* – Fressenon, *JCP N 2009. 1326* (notaire et partage judiciaire). – Golhen, *Defrénois 2007. 1413* (déjudiciarisation du partage). – Grimaldi, *Defrénois 2012. 1123.* – Poivey-Leclercq, *Defrénois 2012. 1138* (observation d'un praticien). – Yildirim, *D. 2006. 2570* (modernisation des opérations de partage).

SOUS-SECTION 1 Dispositions communes

§ 1 Des demandes en partage

Art. 816 **Le partage peut être demandé, même quand l'un des indivisaires a joui séparément de tout ou partie des biens indivis, s'il n'y a pas eu d'acte de partage ou une possession suffisante pour acquérir la prescription.**

1. Recevabilité de la demande conditionnée par les diligences entreprises en vue d'un partage amiable. Irrecevabilité de l'assignation en partage ne mentionnant pas les diligences entreprises en vue d'un partage amiable, l'inobservation des exigences de l'art. 1360 C. pr. civ. n'étant pas susceptible d'être régularisée par la signification, postérieure à l'assignation, d'une sommation interpellative à la partie adverse afin qu'elle prenne position sur la possibilité de procéder à un partage amiable. • Civ. 1re, 21 sept. 2016, n° 15-23.250 P : *AJ fam. 2016. 498, obs. Casey* ; *RTD civ. 2016. 913, obs. Grimaldi* .

2. Superposition d'indivisions. Lorsqu'il existe entre les mêmes personnes plusieurs indivisions d'origine distincte, certains des indivisaires ne peuvent imposer aux autres un partage unique englobant tous les biens indivis. • Civ. 1re, 30 juin 1969 : *Bull. civ. I, n° 251* ; dans le même sens : • Civ. 1re, 20 mai 1981 : *D. 1982. 318, note Rondeau-Rivier, et 515* ; *JCP 1982. II. 19831, note Dagot* • 21 oct. 1981 : *Bull. civ. I, n° 305* ; *RTD civ. 1982. 776, obs. Patarin.*

Mais rien n'interdit à tous les indivisaires, lorsqu'ils y consentent, de partager ensemble plusieurs indivisions dans lesquelles ils ont des droits. • Civ. 1re, 21 oct. 1981 : *préc.* ♦ A défaut d'accord des parties : V. • Civ. 1re, 20 mai 1981 : *préc.* (méthode à suivre pour partager séparément deux indivisions) • Civ. 1re, 11 févr. 1969 : *D. 1969. 233, note Breton* ; *JCP 1969. II. 15889 (2e esp.), note Dagot* (licitation unique ordonnée en raison des avantages qu'elle présente pour les copartageants).

3. Irrecevabilité de la demande en partage judiciaire postérieurement au partage amiable. Une demande en partage judiciaire ne peut plus être engagée lorsque les parties, ayant déjà procédé au partage amiable de la succession, ne sont plus en indivision. Par suite, et alors qu'aucune action en nullité du partage, en complément de part ou en partage complémentaire, n'a été engagée, sont irrecevables les demandes en rapport d'une libéralité et en application de la sanction du recel, de telles demandes ne pouvant être formées qu'à l'occasion d'une action en partage judiciaire. • Civ. 1re, 6 nov. 2019, n° 18-24.332 P : *D. 2020. 506, obs. Douchy-Oudot* ; *AJ fam. 2019. 658, obs. Casey* ; *Dr. fam. 2020, n° 14, note Nicod.*

4. Possession suffisante pour acquérir par prescription. L'indivisaire ne peut prescrire les biens de l'hérédité à l'encontre de ses coïndivisaires que s'il justifie d'une possession non équivoque, et le vice d'équivoque peut être opposé à ses héritiers. • Civ. 1re, 17 avr. 1985, n° 83-14.683 P : *R., p. 87* ; *D. 1986. 82, note Breton* ; *JCP 1985. II. 20464, concl. Gulphe.* ♦ L'héritier qui prétend avoir acquis un immeuble par usucapion doit rapporter la preuve d'actes manifestant à l'encontre de ses cohéritiers son intention de se comporter en propriétaire exclusif. • Civ. 1re, 27 oct. 1993, n° 91-13.286 P : *D. 1995. Somm. 332, obs. Grimaldi* . ♦ Le caractère exclusif de la possession d'un propriétaire indivis ne peut être établi que par l'existence d'actes incompatibles avec cette seule qualité. • Civ. 3e, 27 nov. 1985 : *Bull. civ. III, n° 158.*

Art. 817 **Celui qui est en indivision pour la jouissance peut demander le partage de l'usufruit indivis par voie de cantonnement sur un bien ou, en cas d'impossibilité, par *voie de licitation de l'usufruit*. Lorsqu'elle apparaît seule protectrice de l'intérêt de tous les titulaires de droits sur le bien indivis, la licitation peut porter sur la pleine propriété.**

Art. 818 **La même faculté appartient à l'indivisaire en nue-propriété pour la nue-propriété indivise. En cas de licitation de la pleine propriété, le deuxième alinéa de l'article 815-5 est applicable.**

Art. 819 Celui qui est pour partie plein propriétaire et qui se trouve en indivision avec des usufruitiers et des nus-propriétaires peut user des facultés prévues aux articles 817 et 818.

Le deuxième alinéa de l'article 815-5 n'est pas applicable en cas de licitation en pleine propriété.

Antérieurement à la L. du 23 juin 2006. V. déjà : si les biens soumis pour une fraction à usufruit appartiennent, pour le surplus, à la même personne en pleine propriété, il existe une indivision quant à la nue-propriété. • Civ. 1re, 6 févr. 1996, n° 94-12.085 P : *JCP N 1997. II. 425, note Hérail ; JCP 1996. I. 3972, n° 10, obs. Périnet-Marquet ; Defrénois 1996.1425, obs. Atias ; RTD civ. 1996. 683, obs. Patarin* ; *ibid. 1997. 172, obs. Zenati* (droit du nu-propriétaire de provoquer le partage pour faire déterminer les biens composant sa part en nue-propriété). ♦ V. également • Civ. 1re, 20 sept. 2006 : *RJPF 2006-12/41, obs. Delmas-Saint-Hilaire.* ♦ En l'absence de tout partage entre la veuve qui a opté pour un quart de la succession de son mari en pleine propriété et les trois quarts en usufruit, et ses trois enfants, est ainsi caractérisée la situation d'indivision légale entre cette veuve et ses enfants. • Civ. 1re, 3 juin 1997 : *D. 1998. 201, rapp. Thierry* .

Art. 820 A la demande d'un indivisaire, le tribunal peut surseoir au partage pour deux années au plus si sa réalisation immédiate risque de porter atteinte à la valeur des biens indivis ou si l'un des indivisaires ne peut reprendre l'entreprise agricole, commerciale, industrielle, artisanale ou libérale dépendant de la succession qu'à l'expiration de ce délai. Ce sursis peut s'appliquer à l'ensemble des biens indivis ou à certains d'entre eux seulement.

S'il y a lieu, la demande de sursis au partage peut porter sur des droits sociaux.

Domaine d'application. Lorsque le partage de l'indivision a été ordonné par une décision de justice irrévocable, une demande de sursis à la licitation formée sur le fondement de l'art. 820 ne peut être accueillie, la licitation constituant une modalité du partage. • Civ. 1re, 3 oct. 2019, n° 18-21.200 P : *D. 2020. Chron. C. cass. 1058, obs. Mouty-Tardieu* ; *AJDI 2020. 300, obs. Niel* ; *AJ fam. 2019. 596, obs. Casey* ; *Dr. fam. 2019, n° 246, note Tani.*

Art. 821 A défaut d'accord amiable, l'indivision de toute entreprise agricole, commerciale, industrielle, artisanale ou libérale, dont l'exploitation était assurée par le défunt ou par son conjoint, peut être maintenue dans les conditions fixées par le tribunal à la demande des personnes mentionnées à l'article 822.

S'il y a lieu, la demande de maintien de l'indivision peut porter sur des droits sociaux.

Le tribunal statue en fonction des intérêts en présence et des moyens d'existence que la famille peut tirer des biens indivis.

Le maintien de l'indivision demeure possible lors même que l'entreprise comprend des éléments dont l'héritier ou le conjoint était déjà propriétaire ou copropriétaire avant l'ouverture de la succession.

Caractère personnel du droit de demander le maintien dans l'indivision. Le droit de demander le maintien dans l'indivision est un droit strictement personnel que le conjoint survivant, en liquidation judiciaire, peut opposer au liquidateur judiciaire. • Versailles, 17 févr. 2005 : *JCP 2005. IV. 2527.*

Art. 821-1 L'indivision peut également être maintenue, à la demande des mêmes personnes et dans les conditions fixées par le tribunal, en ce qui concerne la propriété du local d'habitation ou à usage professionnel qui, à l'époque du décès, était effectivement utilisé pour cette habitation ou à cet usage par le défunt ou son conjoint. Il en est de même des objets mobiliers garnissant le local d'habitation ou servant à l'exercice de la profession.

Art. 822 Si le défunt laisse un ou plusieurs descendants mineurs, le maintien de l'indivision peut être demandé soit par le conjoint survivant, soit par tout héritier, soit par le représentant légal des mineurs.

A défaut de descendants mineurs, le maintien de l'indivision ne peut être demandé que par le conjoint survivant et à la condition qu'il ait été, avant le décès, ou soit devenu du fait du décès, copropriétaire de l'entreprise ou des locaux d'habitation ou à usage professionnel.

S'il s'agit d'un local d'habitation, le conjoint doit avoir résidé dans les lieux à l'époque du décès.

1. Présence de descendants mineurs. L'art. 815, al. 5 (devenu sans changement art. 815-1 puis art. 822), concerne seulement les descendants mineurs que le défunt laisse pour héritiers à son décès et non les petits-enfants qui, après décès de leur père, reçoivent dans la succession de ce dernier la part qu'il a recueillie dans la succession du *de cujus,* la représentation successorale, prévue aux art. 739 s. C. civ. étant sans application en l'espèce. • Civ. 1re, 28 oct. 1969, n° 67-14.803 P : *R. 1969-1970, p. 36 ; D. 1970. 41, note Breton.*

2. Conjoint copropriétaire. Le droit de copropriété du conjoint survivant peut tenir à sa qualité de commun en biens. • Civ. 1re, 12 nov. 1986 : *JCP 1987. II. 20852, note Salvage.* ♦ Le droit de demander le maintien dans l'indivision d'un local d'habitation n'est accordé qu'aux personnes limitativement énumérées par l'art. 815-1 (devenu sans changement art. 822). En l'espèce, rejet de la demande de maintien dans l'indivision formée par la veuve du père adoptif du défunt et concernant un immeuble dont l'usufruit lui avait été légué par le *de cujus.* • Civ. 1re, 21 juill. 1980 : *Bull. civ. I, n° 230 ; D. 1981. IR 30, obs. Breton.* ♦ L'usufruit successoral dont se prévaut le conjoint survivant ne lui conférant pas la qualité de copropriétaire de la maison d'habitation ayant appartenu au défunt, c'est à bon droit que les juges du fond, en l'absence de descendants mineurs, déclarent l'époux survivant sans droit à demander en justice le maintien dans l'indivision de cet immeuble. • Civ. 1re, 14 mars 1984, n° 83-10.196 P : *R., p. 61 ; D. 1984. 385, note Breton ; JCP N 1985. II. 29, note Rémy.*

Art. 823 Le maintien dans l'indivision ne peut être prescrit pour une durée supérieure à cinq ans. Il peut être renouvelé, dans le cas prévu au premier alinéa de l'article 822, jusqu'à la majorité du plus jeune des descendants et, dans le cas prévu au deuxième alinéa du même article, jusqu'au décès du conjoint survivant.

Durée initiale du maintien dans l'indivision. En l'absence de descendant mineur, le maintien de l'indivision demandé par le conjoint survivant, usufruitier de la totalité de la succession et copropriétaire des locaux d'habitation indivis en nue-propriété, ne peut être initialement prescrit pour une durée supérieure à cinq ans et peut être renouvelé jusqu'au décès du conjoint ; cassation de l'arrêt ayant directement ordonné le maintien de l'indivision jusqu'au décès du conjoint survivant. • Civ. 1re, 12 juill. 2017, n° 16-20.915 P : *AJ fam. 2017. 489, obs. Ferré-André ; Gaz. Pal. 2017. 2969, note Berlaud ; Dr. fam. 2017, n° 213, note Nicod ; JCP N 2018, n° 1102, note Sauvage.*

Art. 824 Si des indivisaires entendent demeurer dans l'indivision, le tribunal peut, à la demande de l'un ou de plusieurs d'entre eux, en fonction des intérêts en présence et sans préjudice de l'application des articles 831 à 832-3, attribuer sa part à celui qui a demandé le partage.

S'il n'existe pas dans l'indivision une somme suffisante, le complément est versé par ceux des indivisaires qui ont concouru à la demande, sans préjudice de la possibilité pour les autres indivisaires d'y participer, s'ils en expriment la volonté. La part de chacun dans l'indivision est augmentée à proportion de son versement.

1. Nécessité d'une demande en partage. L'attribution éliminatoire ne peut être invoquée que par ceux contre lesquels est formée une demande de partage. • Civ. 1re, 6 janv. 1987 : *D. 1987. 394, note A. B. ; RTD civ. 1987. 576, obs. Patarin.* ♦ L'attribution éliminatoire suppose que l'attributaire ait demandé un partage global ; en sollicitant l'attribution préférentielle, par voie de partage, de tous les biens dépendants de l'indivision et en s'opposant à la demande de maintien dans l'indivision de l'ensemble de ces biens formée par un coïndivisaire, un indivisaire devient demandeur au partage. • Civ. 1re, 15 mai 2008, n° 07-13.179 P : *RTD civ. 2009. 151, obs. Grimaldi.* ♦ Cette disposition n'est édictée que dans l'intérêt des parties souhaitant rester dans l'indivision, ce qui n'est pas le cas des personnes à l'initiative de la demande en partage. • Civ. 1re, 28 nov. 2007, n° 06-18.490 P : *D. 2008. AJ 18.*

2. Exigence d'une pluralité d'indivisaires désireux de rester en indivision. En ce qu'elle implique un maintien partiel de l'indivision, l'attribution éliminatoire suppose la présence d'au moins trois indivisaires (exclusion dans le cas d'une indivision entre époux). • Civ. 1re, 1er oct. 1996, n° 94-19.097 P : *D. 1996. Somm. 393, obs. Grimaldi ; JCP 1997. I. 4010, n° 7, obs. Périnet-Marquet.*

3. Application aux indivisions conventionnelles. L'attribution éliminatoire peut être demandée, sous les conditions prévues par la loi, lors du partage d'une indivision conventionnelle. • Civ. 1re, 3 déc. 2014, n° 13-27.627 P : *cité ss. art. 1873-13* (rejet du pourvoi soutenant que seule l'attribution préférentielle est possible).

4. Obligation d'examiner préalablement une demande d'attribution préférentielle. Il résulte de l'art. 815, al. 3, qu'une demande d'attribution préférentielle doit être examinée préalablement à une demande de maintien dans l'indivision et indépendamment de celle-ci. • Civ. 1re, 22 mai 2007, n° 04-20.205 P : *D. 2007. AJ 1733* (*décision rendue en application du droit antérieur à la L. du 23 juin 2006*).

5. Pouvoir d'appréciation du juge. L'attribution éliminatoire n'est pas de droit, et il appartient à la juridiction saisie d'apprécier si elle doit ou non être accordée en fonction des intérêts en présence et après expertise ; comme l'attribution préférentielle, elle peut être demandée en tout état de cause, tant que l'indivision n'a pas cessé et que le partage n'est pas consommé. • Lyon, 11 avr. 1979 : *D. 1980. 254 (2e esp.), note Breton ; JCP 1980. II. 19293, note Dagot.* ♦ Absence de nécessité d'une expertise : • Civ. 1re, 20 mai 2009 : *cité note 1 ss. art. 832.* ♦ Il peut être recouru à l'attribution éliminatoire lorsqu'un indivisaire s'oppose au maintien de l'indivision. • Civ. 1re, 8 oct. 1985 : *D. 1986. 277, note Breton ; RTD civ. 1987. 576, obs. Patarin.* ♦ Comp. • Civ. 1re, 6 janv. 1987 : *D. 1987. 394, note A. B. ; Defrénois 1987. 697, note Breton ; RTD civ. 1987. 576, obs. Patarin.*

6. Conséquences de l'attribution : partage partiel. L'attribution éliminatoire, qui permet de maintenir l'indivision entre certains indivisaires, aboutit aussi à l'allotissement de certains autres, et donc à la réalisation d'un partage partiel ; l'application de ce texte n'est donc pas contraire aux dispositions d'une décision judiciaire antérieure, même passée en force de chose jugée, qui se borne à ordonner le partage des biens indivis sans prescrire de licitation préalable. • Civ. 1re, 7 juin 1995 : *D. 1995. 615 ; JCP 1996. I. 3921, n° 5, obs. Périnet-Marquet ; RTD civ. 1995. 943, obs. Patarin.* ♦ V. déjà en ce sens : • Civ. 1re, 10 juill. 1990 : *Defrénois 1991. 415, note Lucet ; RDI 1991. 186, obs. Bergel ; RTD civ. 1991. 576, obs. Patarin ; ibid. 1992. 596, obs. Zenati.*

Code rural et de la pêche maritime

LIVRE III. L'EXPLOITATION AGRICOLE
(L. n° 93-934 du 22 juill. 1993)

Art. L. 323-6 Sous réserve des dispositions des articles 1870 et 1870-1 du code civil, les dispositions des articles *(L. n° 2006-728 du 23 juin 2006, art. 2-IV, en vigueur le 1er janv. 2007)* « 821 à 824, 832-1 et 924 *[ancienne rédaction : 815, 832 et 866]* » du code civil permettant le maintien dans l'indivision, l'attribution préférentielle et la donation avec dispense de rapport en nature d'une exploitation agricole sont applicables à la dévolution successorale, aux partages de communautés conjugales et aux dons et legs de parts sociales d'un groupement agricole d'exploitation, lesdites parts étant, dans ce cas, considérées comme si elles constituaient l'exploitation agricole, objet du groupement. – *[L. n° 62-917 du 8 août 1962, art. 1er, al. 11.]*

§ 2 Des parts et des lots

Art. 825 La masse partageable comprend les biens existant à l'ouverture de la succession, ou ceux qui leur ont été subrogés, et dont le défunt n'a pas disposé à cause de mort, ainsi que les fruits y afférents.

Elle est augmentée des valeurs soumises à rapport ou à réduction, ainsi que des dettes des copartageants envers le défunt ou envers l'indivision.

1. Biens subrogés aux biens existant au décès. Sur le jeu de la subrogation réelle au sein de la masse partageable, V. note 1 ss. art. 815-10.

2. Fruits et revenus des biens existant au décès. Sur l'accroissement de la masse partageable résultant des fruits et revenus des biens indivis, V. notes 2 s. ss. art. 815-10.

3. Dettes des copartageants. Sur le régime des dettes des copartageants, V. art. 864 s. ♦ Sur la répartition des pertes de l'indivision, V. notes ss. art. 815-10.

4. Rapport et réduction des libéralités. Sur le rapport des libéralités, V. art. 843 s. ♦ Sur la réduction des libéralités, V. art. 918 s.

5. Volonté du souscripteur d'une assurance vie d'inclure le capital dans sa succession. Après avoir relevé que le testament énonce que le défunt déclare léguer le capital du contrat d'assurance vie à sa fille et aux deux enfants de celle-ci, c'est par une appréciation souveraine de sa volonté qu'une cour d'appel a admis que le souscripteur avait entendu inclure ce capital dans sa succession et en gratifier les bénéficiaires désignés. • Civ. 1re, 10 oct. 2012, n° 11-17.891 P : *D. 2012. 2449 ; AJ fam. 2012. 627, obs. Vernières.*

Art. 826 L'égalité dans le partage est une égalité en valeur.

Chaque copartageant reçoit des biens pour une valeur égale à celle de ses droits dans l'indivision.

S'il y a lieu à tirage au sort, il est constitué autant de lots qu'il est nécessaire.

Si la consistance de la masse ne permet pas de former des lots d'égale valeur, leur inégalité se compense par une soulte.

A. CONSTITUTION DES LOTS

1° PERSONNES CHARGÉES DE LA CONSTITUTION DES LOTS

1. *Notaires désignés par le jugement ordonnant le partage.* Les notaires désignés par le jugement ordonnant le partage doivent procéder ensemble aux opérations de formation des lots et de tirage au sort; l'état liquidatif dressé par deux seulement des trois notaires qui avaient été commis doit être annulé, la difficulté n'ayant pas été signalée au tribunal qui aurait pu la résoudre soit par le remplacement du notaire, soit par l'autorisation de passer outre à son absence. • Civ. 1re, 6 juin 1990, n° 88-19.657 P.

2. *Recours à un expert.* La formation des lots par un expert commis par justice, prescrite en termes impératifs lorsque les parties sont en désaccord ou qu'il y a parmi elles des incapables, est une formalité substantielle, qui ne saurait être remplacée par aucune autre. • Civ. 18 janv. 1927 : *DP 1927. 1. 143.* ♦ Mais rien ne s'oppose à ce que le juge choisisse en qualité d'expert, pour composer les lots, le notaire chargé de la liquidation de la succession. • Civ. 1re, 16 avr. 1991 : *JCP 1991. II. 21755, note Pillebout; Defrénois 1991. 1330, obs. Champenois.*

2° NOMBRE DE LOTS À FORMER

3. *Principe : nombre déterminé en considération de la part la plus faible.* Lorsque le défunt a disposé de la quotité disponible en faveur d'un tiers, il convient de former le nombre de lots nécessaire pour permettre l'attribution d'un lot à celui des copartageants qui reçoit la part la plus faible. • Civ. 1re, 12 nov. 1987 : *Bull. civ. I, n° 292; JCP N 1988. II. 309, note Salvage; RTD civ. 1989. 123, obs. Patarin.*

4. *Exigence d'une pluralité de lots.* Un allotissement en nature au profit d'un seul des copartageants n'est pas possible, l'inégalité des lots en nature compensée par une soulte impliquant la pluralité de ceux-ci. • Civ. 1re, 18 juill. 1984 : *Bull. civ. I, n° 239; RTD civ. 1986. 615, obs. Patarin.*

5. *Représentation successorale et partage par souche.* Lorsque le partage se fait par souches, *il doit être procédé à la composition* d'autant de lots égaux qu'il y a de souches copartageantes, et la subdivision des lots entre les différents membres d'une souche ne doit être envisagée qu'ultérieurement. • Civ. 1re, 26 oct. 1982, n° 81-13.346 P : *RTD civ. 1983. 767, obs. Patarin* • 12 déc. 2006, n° 04-12.996 P.

B. ATTRIBUTION DES LOTS

6. *Principe du tirage au sort.* A défaut d'entente entre les héritiers majeurs et maîtres de leurs droits, les lots doivent obligatoirement être tirés au sort, les tribunaux ne pouvant en aucun cas procéder par voie d'attribution. • Civ. 1re, 28 déc. 1962 : *Bull. civ. I, n° 571* • 22 juill. 1985 : *D. 1986. 261, note A.B.; RTD civ. 1986. 615, obs. Patarin* (partage par souche) • 14 mai 1992, n° 90-20.498 P : *D. 1993. Somm. 226, obs. Grimaldi* • 18 juill. 1995, n° 93-17.253 P : *JCP N 1996. II. 935, note Piedelièvre-Delgado* • 30 juin 1998, n° 96-13.313 P : *JCP 1999. I. 132, n° 2, obs. Le Guidec; Defrénois 2000. 32, note Crône; Dr. fam. 1998, n° 161, note Beignier; RTD civ. 1999. 161, obs. Patarin* • 13 janv. 2016, n° 14-29.651 P (attribution de bijoux pour des raisons sentimentales).

7. *Exception au tirage au sort : attributions préférentielles.* De par leur nature, les attributions préférentielles échappent nécessairement aux dispositions de l'art. 834, prescrivant le tirage au sort des lots entre les cohéritiers. • Civ. 1re, 5 nov. 1975 : *Bull. civ. I, n° 317* • 30 juin 1993, n° 91-17.804 P : *Defrénois 1993. 1452, obs. Champenois.*

8. *... Abus de droit.* La règle du tirage au sort doit être écartée lorsque l'application qui en est demandée est constitutive d'un abus de droit. • Civ. 1re, 28 nov. 2007, n° 06-18.490 P : *D. 2008. AJ 18; Dr. et patr. 7-8/2008. 98, obs. Seube et Revet; RTD civ. 2008. 525, obs. Grimaldi* (tirage au sort pouvant conduire à la dévolution, à chacune des deux branches, du lot situé devant la propriété de l'autre).

C. SOULTE COMPENSANT L'INÉGALITÉ DES LOTS

9. *Date d'exigibilité de la soulte.* Les soultes compensant l'inégalité des lots ne sont dues qu'au moment du partage. • Com. 3 nov. 2010, n° 09-14.600 P : *D. 2010. Actu. 2700; RTD civ. 2011. 160, obs. Grimaldi* (absence d'admission d'une créance de soulte établie au moment de l'état liquidatif valant partage définitif, et postérieure à l'ouverture de la liquidation judiciaire de la débitrice) • Civ. 1re, 13 oct. 1998, n° 96-18.140 P : *JCP 1999. I. 189, n° 6, obs. Le Guidec; JCP N 1998. 1834; RTD civ. 1999. 447, obs. Patarin* (impossibilité d'ordonner le versement d'une provision sur soulte avant achèvement des opérations de partage) • 6 févr. 2008, n° 07-13.154 P : *D. 2008. AJ 547* (*idem*).

Art. 827 Le partage de la masse s'opère par tête. Toutefois, il se fait par souche quand il y a lieu à représentation. Une fois opéré le partage par souche, une répartition distincte est opérée, le cas échéant, entre les héritiers de chaque souche.

Art. 828 Lorsque le débiteur d'une soulte a obtenu des délais de paiement et que, par suite des circonstances économiques, la valeur des biens qui lui sont échus a augmenté ou diminué de plus du quart depuis le partage, les sommes restant dues augmentent ou diminuent dans la même proportion, sauf exclusion de cette variation par les parties.

1° SOULTE RÉVISABLE

1. Application à une soulte stipulée payable à terme. Les dispositions légales prévoyant la révision des soultes dans tout partage sont destinées à protéger le créancier de la soulte contre le risque économique résultant de son paiement différé, et ont une portée générale ; dès lors elles s'appliquent aux soultes stipulées payables à terme (en l'espèce, six mois après le décès du survivant des ascendants donateurs). • Civ. 1re, 19 févr. 1980 : *Defrénois 1981. 216, note Breton.*

2. Application à une soulte associée à une donation-partage. La soulte attribuée à un donataire copartagé lui procure un avantage immédiat sous la forme d'une créance certaine, dont seule l'exigibilité est reportée à la date du décès du disposant ; une telle soulte peut être révisée en application des art. 1075-2 et 833-1 C. civ. • Civ. 1re, 30 nov. 1982 : *D. 1983. 195, note G. Morin ; RTD civ. 1983. 578, obs. Patarin.*

3. Application au prix du bien licité au profit d'un indivisaire. Il résulte de l'art. 883 que la licitation à un indivisaire constitue un partage partiel revêtant un caractère définitif à l'égard du bien licité qui est sorti de l'indivision en contrepartie d'un prix, lequel est assimilable à une soulte devant revenir divisément aux autres coïndivisaires. • Civ. 1re, 14 mai 2014, n° 13-10.830 P : *D. 2014. 1152 ; AJ fam. 2014. 374, obs. Ferré-André ; RTD civ. 2014. 925, obs. Grimaldi ; JCP 2014, n° 890, note Sauvage (décision rendue en application de l'anc. art. 833-1).*

2° VARIATION EXIGÉE

4. Appréciation des circonstances économiques à l'origine de la variation. Ne relèvent pas de circonstances économiques, justifiant la revalorisation de la soulte, l'augmentation de la valeur des actions qui résulte de la mise en vente en bloc de la totalité des actions d'une société permettant au cessionnaire de prendre le contrôle complet de la société et des aléas des transactions commerciales, ce qui permet de distinguer la valeur d'un bien de son prix. • Civ. 1re, 11 sept. 2013, n° 12-14.843 P.

5. Exigence d'une variation de plus du quart. La soulte ou portion de soulte n'est sujette à révision que si les biens composant le lot ont augmenté ou diminué de plus du quart entre le jour du partage et celui où la dette vient à échéance. • Civ. 1re, 30 mars 2004, n° 01-14.542 P : *JCP 2005. I. 187, n° 5, obs. Le Guidec ; Dr. fam. 2004, n° 110, note Beignier.*

6. Valeur prise en compte pour apprécier l'importance de la variation. Doit être cassé l'arrêt qui condamne le donataire au paiement d'une soulte complémentaire en prenant en considération la valeur des biens mis dans son lot à la date de leur aliénation et non à la date, antérieure, du paiement de la soulte convenue. • Civ. 1re, 30 janv. 2001, n° 98-14.930 P : *JCP 2001. I. 366, n° 9, obs. Le Guidec ; RTD civ. 2001. 646, obs. Patarin .*

3° CLAUSES DÉROGATOIRES

7. Donations-partages : principe de prohibition. Doit être considérée comme non écrite, en ce qu'elle permet d'exclure la variabilité légale d'ordre public, la clause d'un acte de donation-partage prévoyant une variation conventionnelle susceptible de conduire à une diminution de la soulte mise à la charge de l'un des copartagés, tandis que la variabilité légale pouvait aboutir à une augmentation de celle-ci. • Civ. 1re, 6 juill. 2011, n° 10-21.134 P : *D. 2011. 1970 ; AJ fam. 2011. 552, obs. Vernières ; Dr. fam. 2011, n° 153, obs. Beignier ; JCP N 2011, n° 1278, obs. Sauvage ; Defrénois 2011. 1533, note Autem ; RDC 2012. 136, note Goldie-Génicon (décision rendue en application des art. 1075-2 et 833-1 dans leur rédaction antérieure à la L. du 23 juin 2006).*

8. ... Tempérament. L'interdiction de déroger, dans les donations-partages, aux dispositions légales relatives à la révision des soultes n'interdit pas une telle dérogation dans une convention passée, après le décès des ascendants donateurs, entre les donataires copartagés. • Civ. 1re, 19 janv. 1982 : *Bull. civ. I, n° 31 ; D. 1982. IR 474, obs. D. Martin (décision rendue en application des art. 1075-2 et 833-1 dans leur rédaction antérieure à la L. du 23 juin 2006).*

Art. 829 En vue de leur répartition, les biens sont estimés à leur valeur à la date de la jouissance divise telle qu'elle est fixée par l'acte de partage, en tenant compte, s'il y a lieu, des charges les grevant.

Cette date est la plus proche possible du partage.

Cependant, le juge peut fixer la jouissance divise à une date plus ancienne si le choix de cette date apparaît plus favorable à la réalisation de l'égalité.

Pour l'application des art. 829, 860 et 922 C. civ., lorsqu'un immeuble classé ou inscrit au titre des monuments historiques, transmis par donation ou succession, est affecté d'une clause d'inaliénabilité, l'évaluation de l'immeuble est diminuée des charges, y compris d'entretien, nécessaires à sa préservation durant toute la durée de la clause (C. patr., art. L. 621-29-7, issu de L. n° 2006-728 du 23 juin 2006, art. 37).

1. Fixation de la date de la jouissance divise : pouvoir d'appréciation des juridictions du fond. Il appartient aux juges du fond de déterminer souverainement, eu égard aux circonstances de la cause, et en s'inspirant de l'intérêt respectif des copartageants, la date, sans doute la plus rapprochée possible de l'acte de partage, à laquelle seront évalués les biens et d'où partira la jouissance divise. • Civ. 1re, 18 déc. 1967 : *D. 1968. 198.* – Solution constante depuis • Civ. 11 janv. 1937, *Mulle : GAJC, 12e éd., n° 114 ; DH 1937. 101 ; S. 1938. 1. 377, note Batiffol.*

2. ... Nécessité d'une décision présentant un caractère définitif. La décision par laquelle le juge de la mise en état accorde une provision à valoir sur le paiement d'une soulte ne revêtant pas un caractère définitif, elle ne peut avoir pour effet de fixer la date de la jouissance divise. • Civ. 1re, 1er févr. 2017, n° 16-11.599 P : *D. 2017. 351 ; ibid. 1213, obs. Bacache, Grynbaum, Noguéro et Pierre ; AJ fam. 2017. 305, obs. Hilt ; RTD civ. 2017. 371, obs. Hauser ; Gaz. Pal. 2017. 594, note Berlaud ; JCP N 2017, n° 1181, comm. Godron et Randoux ; RGDA 2017. 209, note Mayaux.*

3. ... Nécessité de sauvegarder l'intérêt de toutes les parties. La loi n'a pas fixé l'époque où doit commencer, pour les héritiers, la jouissance divise des biens d'une succession ; il appartient donc aux juges du fond de reconnaître si, à raison des circonstances, de la nature et de l'importance des opérations de liquidation et de partage, le notaire, en fixant la date de la jouissance divise, a sauvegardé les intérêts de toutes les parties. • Civ. 9 déc. 1890 : *DP 1891. 1. 369.* – Dans le même sens : • Civ. 1re, 17 juin 1981 : *Defrénois 1983. 52, note Guimbellot ; RTD civ. 1982. 638, obs. Patarin.* ♦ Au visa du principe de l'égalité dans les partages, cassation de l'arrêt ayant fixé la date de la jouissance divise sans avoir eu égard aux intérêts respectifs des copartageants. • Civ. 1re, 26 juin 2013, n° 12-13.366 P : *AJ fam. 2013. 517, obs. de Guillenchmidt-Guignot* (en l'espèce, fixation de la date de la jouissance divise par la cour d'appel plus de 12 ans avant le partage au motif que l'expert avait déposé son rapport à cette date alors que cet écart était préjudiciable à certaines des parties).

4. Éléments caractéristiques de la jouissance divise. En présence d'un accord pour l'attribution au mari d'un immeuble dépendant d'une indivision post-communautaire, avec remise des clés à ce dernier, mais sans que le prix n'en ait été payé ni même arrêté, les juges du fond estiment avec raison que les éléments de nature à caractériser la jouissance divise ne sont pas réunis. • Civ. 1re, 20 nov. 1990, n° 89-14.194 P : *Defrénois 1990. 289, obs. Massip.*

5. Évaluation des biens à partager. C'est par une appréciation souveraine des intérêts en présence que les juges du fond tiennent compte des valeurs actuelles de parcelles de terre en fonction d'un élément futur (la constructibilité du terrain). • Civ. 1re, 9 juill. 1985 : *préc.* ♦ Comp. • Civ. 1re, 21 mai 1985 : *Bull. civ. I, n° 157 ; RTD civ. 1986. 619, obs. Patarin.* ♦ Une cour d'appel peut décider que les évaluations des biens à partager faites par un expert seront majorées en fonction de la valeur de l'indice trimestriel du coût de la construction pour tenir compte de la croissance du marché de l'immobilier entre l'expertise et le partage. • Civ. 1re, 25 juin 2008, n° 07-17.766 P : *D. 2008. AJ 1900 ; AJDI 2009. 137, obs. Heugas-Darraspen ; RLDC 2008/52, n° 3125, obs. Jeanne ; RTD civ. 2009. 153, obs. Grimaldi .*

Art. 830 **Dans la formation et la composition des lots, on s'efforce d'éviter de diviser les unités économiques et autres ensembles de biens dont le fractionnement entraînerait la dépréciation.**

Composition des lots : exclusion du tirage au sort. La loi n'autorise le tirage au sort que pour l'attribution des lots et non pour leur composition. • Civ. 1re, 11 mars 1986, n° 84-16.596 P : *R., p. 161 ; RTD civ. 1987. 129, obs. Patarin.*

§ 3 Des attributions préférentielles

Art. 831 **Le conjoint survivant ou tout héritier copropriétaire peut demander l'attribution préférentielle par voie de partage, à charge de soulte s'il y a lieu, de toute entreprise, ou partie d'entreprise agricole, commerciale, industrielle, artisanale ou libérale ou quote-part indivise d'une telle entreprise, même formée pour une part de biens**

dont il était déjà propriétaire ou copropriétaire avant le décès, à l'exploitation de laquelle il participe ou a participé effectivement. Dans le cas de l'héritier, la condition de participation peut être ou avoir été remplie par son conjoint ou ses descendants.

S'il y a lieu, la demande d'attribution préférentielle peut porter sur des droits sociaux, sans préjudice de l'application des dispositions légales ou des clauses statutaires sur la continuation d'une société avec le conjoint survivant ou un ou plusieurs héritiers.

*En cas de partage, les associés d'un groupement foncier agricole qui participent ou ont participé à l'exploitation peuvent, sauf dispositions statutaires contraires, solliciter le bénéfice de la dévolution des biens fonciers selon les modalités des art. 831, 832-1, 832-3, 832-4, 833 et 834 C. civ. (C. rur., art. L. 322-14, al. 1*er*). —* ***C. rur. ; C. sociétés.***

I. ATTRIBUTION PRÉFÉRENTIELLE : RÉGIME GÉNÉRAL

1. Droit transitoire. Il résulte de l'al. 2 de l'art. 47-II de la L. du 23 juin 2010, qu'en matière d'attributions préférentielles, par dérogation à l'al. précédent, lorsque l'instance a été introduite avant la date d'entrée en vigueur de la loi, l'action est poursuivie et jugée conformément à la loi ancienne. • Civ. 1re, 17 juin 2009, n° 08-16.075 P : *D. 2009. AJ 1836, obs. Égéa.*

2. Loi applicable. Les règles relatives à l'attribution préférentielle sont, en raison de leur destination économique et sociale, des lois de police de sorte qu'ont vocation à s'appliquer celles que fixe la loi du lieu de situation de l'immeuble. • Civ. 1re, 10 oct. 2012 : *cité note 27 ss. art. 3.*

3. Procédure civile : demande présentée pour la première fois en appel. En application de l'art. 565 C. pr. civ., ne constitue pas une demande nouvelle, irrecevable en cause d'appel, une demande d'attribution préférentielle qui a pour objet le règlement de la succession et tend aux mêmes fins que les prétentions initiales visant à priver un légataire universel de tout droit dans la succession dont celle formulée au titre du recel successoral. • Civ. 1re, 22 oct. 2014, n° 13-24.617 P : *D. 2014. 2180 ; AJ fam. 2014. 713, obs. V. A.-R.*

A. DOMAINE

4. Exclusion des indivisions conventionnelles non familiales. L'attribution préférentielle ne peut être obtenue par un coïndivisaire dans le cadre du partage d'une indivision conventionnelle *non familiale qui ne la prévoit pas.* • Civ. 1re, 26 sept. 2012, n° 11-12.838 P : *Defrénois 2013. 246, obs. Autem.* ♦ Admission de l'attribution préférentielle dans le partage d'une indivision conventionnelle entre époux, V. notes ss. art. 833, 1476 et 1542.

5. Bénéficiaires éventuels. Sur la qualité de copartageant ou de copropriétaire dont dépend la désignation des bénéficiaires éventuels de l'attribution préférentielle, V. notes ss. art. 833. ♦ Sur l'impossibilité, pour l'héritier réservataire, de bénéficier de l'attribution préférentielle en présence d'un légataire universel dont le legs est réductible en valeur, V. notes ss. art. 924. ♦ Sur l'application de l'attribution préférentielle entre partenaires d'un pacte civil de solidarité à la dissolution de celui-ci, V. art. 515-6.

6. Biens concernés. Entreprise agricole, commerciale, industrielle, artisanale ou libérale, V. ci-dessous. ♦ Propriété ou droit au bail du local à usage d'habitation et du mobilier le garnissant, V. notes ss. art. 831-2. ♦ Propriété ou droit au bail du local à usage professionnel et des objets mobiliers à usage professionnel garnissant ce local, V. notes ss. art. 831-2. ♦ Éléments mobiliers nécessaires à l'exploitation d'un bien rural, V. art. 831-2, 3°.

B. MISE EN ŒUVRE

7. Obligation de procéder à une évaluation préalable des biens concernés (non). L'attribution préférentielle n'est pas subordonnée à l'évaluation préalable du bien, ni à l'établissement d'un compte entre les copartageants. • Civ. 1re, 9 déc. 2009, n° 08-70.340 P : *D. 2010. AJ 91 ; JCP 2010, n° 487, § 19, obs. Tisserand-Martin ; AJ fam. 2010. 47, obs. Hilt ; Dr. fam. 2010, n° 26, obs. Beignier ; RLDC 2010/68, n° 3225, obs. Pouliquen.*

8. Mise en œuvre de l'attribution préférentielle facultative. Sur le régime de la demande d'attribution préférentielle et les pouvoirs du juge, V. notes ss. art. 832-3.

9. Attribution préférentielle de droit. Attribution préférentielle de droit de la propriété du local à usage d'habitation pour le conjoint survivant, V. art. 831-3. ♦ Attribution préférentielle de droit des exploitations agricoles ne dépassant pas certaines limites de superficie, V. art. 832. ♦ Attribution préférentielle de droit en vue de constituer un groupement foncier agricole, V. art. 832-1.

C. EFFETS

10. Évaluation du bien attribué. Sur l'évaluation du bien atribué et le versement éventuel d'une soulte par l'attributaire, V. notes ss. art. 832-4.

11. Transfert de la propriété du bien attribué. Sur la date à laquelle se produit le transfert de propriété du bien attribué et sur le régime du droit à attribution, V. notes ss. art. 834.

II. ... ENTREPRISES CONCERNÉES

A. ENTREPRISE AGRICOLE

1° NOTION

12. Condition d'unité économique. Dans sa rédaction issue de la L. du 23 juin 2006, l'art. 831 ne mentionne plus expressément la condition d'unité économique, néanmoins celle-ci est nécessairement comprise dans la notion d'entreprise, de sorte que la jurisprudence antérieure relative à cette condition conserve un intérêt.

Jurisprudence antérieure à la L. du 23 juin 2006. L'attribution préférentielle d'une exploitation agricole est subordonnée à la condition que cette exploitation constitue une unité économique, cette condition n'ayant pas cessé d'être requise par la loi et concernant l'attribution de droit aussi bien que l'attribution facultative pour le juge. • Civ. 1re, 26 avr. 1967, n° 65-11.701 P. ♦ L'appréciation des juges du fond en cette matière est souveraine et échappe, dès lors, au contrôle de la Cour de cassation. • Civ. 1re, 26 avr. 1967 : *préc.* ♦ Mais manque de base légale l'arrêt qui conclut à l'existence d'une unité économique en se déterminant par des motifs étrangers à la composante immobilière de celle-ci. • Civ. 1re, 21 sept. 2005, n° 04-13.852 P : *D. 2005. IR 2482* ; *JCP 2008. I. 108, n° 5, obs. Le Guidec* ; *Defrénois 2006. 861, obs. Gelot.* ♦ L'unité économique que doit constituer une exploitation agricole pour pouvoir faire l'objet d'une attribution préférentielle peut être formée pour une part de biens dont le demandeur était déjà propriétaire ou copropriétaire avant le décès. • Civ. 1re, 24 oct. 2012, n° 11-19. 326 (décision rendue en application de l'anc. art. 832, al. 3).

13. Appréciation de la destination agricole du bien. Rejet de la demande d'attribution préférentielle d'un domaine, ce dernier étant destiné, dans une proportion difficile à déterminer en l'état, à devenir constructible. • Civ. 1re, 26 juin 1985, n° 84-12.190 P : *R., p. 83* ; *RTD civ. 1986. 618, obs. Patarin.*

N'est pas une exploitation agricole : un espace forestier d'intérêt cynégétique dépourvu de la vocation rurale, laquelle implique la possibilité d'appropriation des produits du sol. • Civ. 1re, 24 févr. 1987 : *D. 1988. 257, note Breton* ; *RTD civ. 1988. 557, obs. Patarin.* ♦ ... Ni une propriété en état d'abandon complet depuis de longues années, et du vivant même du *de cujus*. • Civ. 1re, 24 nov. 1987 : *D. 1988. 257, note Breton* ; *JCP 1989. II. 21208, note Testu.* – Même sens : • Civ. 1re, 6 juill. 2005, n° 01-10.937 P : *JCP 2008. I. 108, n° 5, obs. Le Guidec* ; *AJ fam. 2005. 364, obs. Bicheron*.

14. Appréciation de la consistance de l'exploitation : pouvoir des juridictions du fond. Les juges du fond disposent d'un pouvoir souverain pour déterminer la consistance des bâtiments de l'exploitation agricole qui font l'objet de l'attribution préférentielle. • Civ. 1re, 25 mai 1971 : *JCP 1973. II. 17365* • 22 déc. 1971 : *Bull. civ. I, n° 327* • 13 déc. 1994, n° 93-10.875 P : *R., p. 279* (refus de faire droit à une demande de rattachement à l'exploitation d'une parcelle, cette adjonction ne portant pas sur un accessoire indétachable ou indivisible du bien attribué).

15. ... Prise en compte de biens appartenant au conjoint du demandeur. Pour l'appréciation de la consistance de l'exploitation, il peut être tenu compte de biens appartenant au conjoint de l'héritier demandeur et formant, avec ceux dont cet héritier est copropriétaire, l'unité économique exigée par la loi. • Civ. 1re, 10 déc. 1980, n° 79-13.059 P : *R. 1981, p. 47* ; *D. 1981. 85, note Breton* ; *RTD civ. 1981. 668, obs. Patarin.*

16. Appréciation de la viabilité de l'exploitation (non). L'attribution préférentielle de l'exploitation n'est pas subordonnée à la condition qu'elle constitue une exploitation viable en elle-même. • Civ. 1re, 28 janv. 1997, n° 95-13.003 P : *JCP 1998. I. 133, n° 5, obs. Le Guidec* ; *Defrénois 1997. 1453, obs. Champenois* ; *Dr. fam. 1997, n° 66, note Beignier* ; *RTD civ. 1998. 714, obs. Patarin*.

17. Location de certaines parcelles de l'exploitation. La circonstance qu'une partie des biens est donnée à bail à un tiers ne fait pas obstacle à ce que ces biens soient inclus dans l'attribution préférentielle de l'ensemble des parcelles composant une ferme constituant une unité économique. • Civ. 1re, 8 mars 1988, n° 86-15.058 P : *R., p. 162* ; *D. 1989. 49, note Breton.* ♦ En prévoyant le cas où le demandeur à l'attribution préférentielle était déjà propriétaire ou copropriétaire avant le décès d'une partie des biens formant une unité économique, le législateur n'a pas entendu exclure le cas où il bénéficierait d'un bail rural. • Civ. 1re, 18 mai 2005, n° 02-13.502 P : *D. 2005. IR 1450*.

18. Pluralité d'exploitations agricoles. Lorsque l'indivision successorale comporte plusieurs exploitations agricoles constituant des unités économiques, l'attribution préférentielle peut être demandée pour chacune d'entre elles. • Civ. 1re, 8 mars 1977 : *Bull. civ. I, n° 125.*

19. Domaine baillé à métayage. Les juges du fond ne peuvent dénier la qualité d'exploitation agricole susceptible d'attribution préférentielle à un domaine baillé à métayage. • Civ. 1re, 18 juill. 1972 : *D. 1972. 654, note A. B.* ; *JCP 1973. II. 17383, note Dagot.*

20. Exclusion du bail rural. Sur l'exclusion du bail rural de la liste des biens susceptibles de faire l'objet d'une attribution préférentielle en vertu de l'anc. art. 832, V. note 12 ss. art. 1476. ♦ Sur la continuation du bail rural au profit des héritiers du preneur, V. cependant art. L. 461-6 C. rur. – **C. rur.**

2° CONDITION DE PARTICIPATION EFFECTIVE À L'EXPLOITATION

21. Prise en compte de l'aptitude du demandeur à gérer le bien. La participation effective à la mise en valeur d'une exploitation agricole implique chez tout postulant l'aptitude à gérer correctement le bien ; ayant constaté l'inaptitude du demandeur, les juges du fond ont pu en déduire qu'il ne remplissait pas les conditions pour prétendre à l'attribution préférentielle. • Civ. 1re, 23 avr. 1985, n° 83-16.528 P : *R., p. 83.*

22. Indifférence des conditions juridiques d'exploitation. La participation effective à la mise en valeur de parcelles agricoles par l'un des descendants de l'héritier suffit à justifier l'attribution préférentielle de ces biens à ce dernier, peu important les conditions juridiques de leur exploitation (en l'espèce sous forme de GAEC). • Civ. 1re, 2 déc. 2015, n° 14-25.622 P.

B. ENTREPRISE COMMERCIALE, INDUSTRIELLE, ARTISANALE OU LIBÉRALE

1° NOTION

23. Fonds de commerce : extension à l'immeuble dans lequel le fonds est exploité. Les murs dans lesquels un fonds de commerce ayant fait l'objet d'une donation antérieure est exploité constituent une composante de l'entreprise qui justifie l'attribution préférentielle des murs au donataire au moment de la succession. • Civ. 1re, 6 févr. 2008, n° 06-19.089 P : *D. 2008. AJ 547 ; JCP 2009. I. 109, n° 4, obs. Le Guidec ; RTD civ. 2008. 341, obs. Grimaldi .* ♦ V. déjà : • Pau, 3 juill. 1963 : *JCP 1963. II. 13427, note Voirin.*

24. ... Exclusion du droit au bail. Le droit au bail ne constitue pas un élément nécessaire du fonds de commerce qui peut exister en dehors de lui et il ne peut être conféré que par le propriétaire de l'immeuble où le fonds était exploité ; il s'ensuit que le mari, ayant bénéficié, après divorce, de l'attribution préférentielle du fonds de commerce exploité dans un immeuble appartenant en propre à son épouse, ne peut exiger la conclusion d'un tel bail à son profit. • Civ. 1re, 11 juin 1968 : *D. 1969. 1, note Voirin.*

2° CONDITION DE PARTICIPATION EFFECTIVE À L'EXPLOITATION

25. Date d'appréciation. Si, d'une manière générale, les conditions exigées en vue de l'attribution préférentielle d'une entreprise commerciale dans un partage, tant en la personne du demandeur que dans la consistance et la nature de l'entreprise, doivent être remplies à la date de l'ouverture de la succession, il en va autrement de la participation effective à la mise en valeur, laquelle peut se placer, aussi bien que lors de cette ouverture, avant ou après elle. • Civ. 1re, 16 déc. 1968 : *D. 1969. 109, note Breton* • 7 juill. 1971 : *JCP 1973. II. 17366, note M. D.* • 4 mai 1977 : *Bull. civ. I, n° 207* • 20 mars 1978 : *ibid. I, n° 117* • 9 janv. 1980 : *ibid. I, n° 22 ; D. 1980. IR 394, obs. Martine ; RTD civ. 1981. 668, obs. Patarin* • 29 avr. 1980 : *Bull. civ. I, n° 133* • 27 oct. 1993, n° 91-15.611 P.

Code rural et de la pêche maritime

LIVRE III. L'EXPLOITATION AGRICOLE
(L. n° 93-934 du 22 juill. 1993)

Art. L. 321-24 Nonobstant toute disposition contraire, les articles *(L. n° 2006-728 du 23 juin 2006, art. 4-II, en vigueur le 1er janv. 2007)* « 831 à 834 *[ancienne rédaction : 832 et suivants]* » du code civil sont applicables au conjoint survivant ou à tout héritier copropriétaire remplissant les conditions personnelles prévues *(L. n° 2006-728 du 23 juin 2006, art. 2-IV, en vigueur le 1er janv. 2007)* « au premier alinéa de l'article 831 *[ancienne rédaction : au troisième alinéa de l'article 832]* » lorsque les biens et droits immobiliers à destination agricole dépendant de la succession font l'objet d'un apport en jouissance ou d'une mise à disposition au profit d'une société à objet exclusivement agricole constituée entre agriculteurs personnes physiques se consacrant à l'exploitation des biens mis en valeur par celle-ci, en participant sur les lieux aux travaux, de façon effective et permanente selon les usages de la région et en fonction de l'importance de l'exploitation et soit dotée de la personnalité morale, soit, s'il s'agit d'une société en participation, régie par des statuts établis par un écrit ayant acquis date certaine. – *[L. n° 80-502 du 4 juill. 1980, art. 32.]*

Art. 831-1 Au cas où ni le conjoint survivant, ni aucun héritier copropriétaire ne demande l'application des dispositions prévues à l'article 831 ou de celles des articles 832 ou 832-1, l'attribution préférentielle prévue en matière agricole peut être accordée à tout copartageant sous la condition qu'il s'oblige à donner à bail dans un délai de six mois le bien considéré dans les conditions fixées au chapitre VI du titre I du livre IV du code rural et de la pêche maritime à un ou plusieurs des cohéritiers remplissant les conditions personnelles prévues à l'article 831 ou à un ou plusieurs descendants de ces cohéritiers remplissant ces mêmes conditions.

Art. 831-2 Le conjoint survivant ou tout héritier copropriétaire peut également demander l'attribution préférentielle :

1° De la propriété ou du droit au bail du local qui lui sert effectivement d'habitation, s'il y avait sa résidence à l'époque du décès, et du mobilier le garnissant *(L. n° 2015-177 du 16 févr. 2015, art. 6)* « , ainsi que du véhicule du défunt dès lors que ce véhicule lui est nécessaire pour les besoins de la vie courante » ;

2° De la propriété ou du droit au bail du local à usage professionnel servant effectivement à l'exercice de sa profession et des objets mobiliers *(L. n° 2015-177 du 16 févr. 2015, art. 6)* « nécessaires à l'exercice de sa profession » ;

3° De l'ensemble des éléments mobiliers nécessaires à l'exploitation d'un bien rural cultivé par le défunt à titre de fermier ou de métayer lorsque le bail continue au profit du demandeur ou lorsqu'un nouveau bail est consenti à ce dernier.

A. LOCAL À USAGE D'HABITATION

BIBL. Grimaldi, *Trav. Assoc. Capitant, XXXIII-1982, p. 421 ; Defrénois 1983. 1105.*

1° NOTION

1. Bâtiment à usage d'habitation détachable d'une exploitation. Lorsqu'une propriété entière fait l'objet d'une attribution préférentielle, les juges du fond ne peuvent écarter une demande subsidiaire d'attribution préférentielle portant sur une maison d'habitation se trouvant sur le domaine sans rechercher si les bâtiments litigieux étaient nécessaires à la mise en valeur de l'exploitation ou pouvaient au contraire en être détachés pour être attribués à la demanderesse. • Civ. 1re, 20 mars 1978 : *Bull. civ. I, n° 118 ; D. 1978. IR 470, obs. D. Martin.*

Attribution préférentielle séparée d'un immeuble d'habitation susceptible d'une attribution distincte des bâtiments d'exploitation, les bâtiments d'habitation et ceux d'exploitation pouvant être desservis par des accès séparés : • Civ. 3e, 22 mars 2018, n° 16-24.052 P : *AJ fam. 2018. 356, obs. Casey.*

2. Accessoires non détachables du local à usage d'habitation. La loi n'exclut pas l'attribution préférentielle des accessoires qui ne sont pas détachables du local qui sert effectivement d'habitation au demandeur en attribution, même s'ils n'en sont pas le complément nécessaire. • Civ. 1re, 11 avr. 1995, n° 93-14.461 P : *D. 1995. Somm. 335, obs. Grimaldi.* ♦ Mais n'est pas autorisé pour autant l'attribution de locaux distincts de ceux qu'habite le demandeur. • Civ. 1re, 24 mars 1993, n° 91-13.178 P : *RTD civ. 1994. 397, obs. Patarin (décisions rendues en application de l'anc. art. 832).*

3. Parts de la société civile immobilière propriétaire du local à usage d'habitation. Une cour d'appel ne peut accueillir la demande d'attribution préférentielle des parts de la société civile immobilière propriétaire du logement familial présentée par un ex-époux au seul motif que l'attribution préférentielle de parts sociales n'est exclue par aucun texte, sans rechercher, comme elle y était invitée, si l'attribution préférentielle de ces parts dépendant de l'indivision post-communautaire emportait dévolution exclusivement au profit du demandeur de la pleine propriété du seul local, et de ses accessoires, qui servait d'habitation aux époux. • Civ. 1re, 24 oct. 2012, n° 11-20.075 P : *D. 2013. Chron. C. cass. 591, obs. Capitaine ; AJ fam. 2013. 63, obs. Hilt ; Rev. sociétés 2013. 167, note Naudin.*

4. Bail emphytéotique. Droit de demander l'attribution préférentielle, en application de l'art. 1751, d'un bien relevant d'un bail emphytéotique, bien qui a été le logement de la famille et a été attribué à l'épouse pendant la procédure de divorce. • Civ. 1re, 12 juin 2013, n° 12-11.724 P : *D. 2013. 1548 ; RDI 2013. 473, obs. Poumarède ; AJ fam. 2013. 440, obs. Blanc-Pélissier* (cassation de l'arrêt qui retient que ce texte n'est pas applicable à l'emphytéose qui relève du code rural).

5. Prise en compte des besoins du demandeur (non). La circonstance que l'immeuble excède les besoins de la personne qui y vit n'est pas de nature à faire obstacle à l'attribution préférentielle de cet immeuble, dès lors que sont réunies les conditions prévues par la loi, laquelle n'exige pas que le local corresponde aux besoins normaux de logement du demandeur en attribution. • Civ. 1re, 9 juill. 1980 : *Bull. civ. I, n° 213 ; RTD civ. 1981. 670, obs. Patarin (décision rendue en application de l'anc. art. 832).*

6. Exclusion de la résidence secondaire. Pour permettre l'attribution préférentielle d'un local d'habitation, il faut que l'attributaire y ait sa résidence, avec le caractère d'habitude que suppose cette expression, et une résidence secondaire ne saurait présenter ce caractère. • TGI Nevers, 16 avr. 1975 : *JCP 1975. II. 18192, note Dagot* • Civ. 1re, 1er juill. 1997 : *Dr. fam. 1997, n° 144, note Beignier.*

7. Exclusion du local appartenant indivisément aux héritiers et à un tiers. Un local servant d'habitation ne peut faire l'objet d'une attribution préférentielle lorsque ce bien appartient indivisément aux héritiers et à un tiers. • Civ. 1re, 15 janv. 2014, n° 12-25.322 P : *AJ fam. 2014. 188, obs. Levillain*.

2° CONDITION DE RÉSIDENCE EFFECTIVE

8. Caractère nécessaire. L'attributaire ne peut obtenir, outre son immeuble, une partie du fonds attribué à son cohéritier, pour laquelle il ne remplit pas la condition de résidence effective au jour du décès (les deux fonds étant contigus, impossibilité de détacher une bande de terrain et un garage de l'un des fonds au profit de l'autre). • Civ. 1re, 10 mars 1993, n° 91-15.105 P : *RTD civ. 1994. 396, obs. Patarin*. ♦ V. également • Civ. 1re, 24 mars 1993 : *préc. note 2.* ♦ V. aussi, sur la notion de résidence effective, • Civ. 1re, 21 avr. 1971 : *JCP 1972. II. 17149, note M. D.*

9. Compatibilité avec une occupation des lieux résultant d'une décision de justice. L'occupation des lieux peut résulter d'une décision de justice. • Civ. 1re, 2 nov. 1994, n° 93-11.613 P. ♦ V. cependant, sur l'absence d'incidence négative des mesures provisoires prises par le juge du divorce • Civ. 1re, 10 mai 2006 : *cité note 11.* ♦ ... Et sur l'absence d'incidence négative d'une décision d'incarcération • Civ. 1re, 12 déc. 2007 : *cité note 13.*

10. Date d'appréciation : local dépendant de plusieurs successions. Pour l'attribution préférentielle d'un local d'habitation dépendant de plusieurs successions, la condition de résidence peut être remplie à l'époque de l'un ou l'autre des décès (enfant venu vivre auprès de sa mère, après le décès de son père). • Civ. 1re, 20 nov. 1984, n° 83-10.865 P : *R., p. 54 ; D. 1985. 252, note Breton ; RTD civ. 1985. 757, obs. Patarin (décision rendue en application de l'anc. art. 832).*

11. ... Dissolution de la communauté. La condition de résidence doit s'apprécier, non seulement à la date de la dissolution de la communauté, mais également à la date à laquelle le juge statue. • Civ. 1re, 22 nov. 2005, n° 02-19.283 P : *AJ fam. 2006. 76, obs. Hilt* • 10 mai 2007 : *AJ fam. 2007. 400, obs. Hilt*. ♦ Mais ne peut être retenue pour rejeter la demande d'attribution préférentielle de l'époux sa non-résidence dans l'immeuble au jour de l'assignation, dès lors qu'elle est la conséquence de l'ordonnance de non-conciliation, mesure provisoire ayant autorisé les époux à résider séparément et qui ne peut avoir pour effet de préjuger de l'attribution préférentielle. • Civ. 1re, 10 mai 2006, n° 03-19.001 P : *D. 2006. IR 1483 ; RTD civ. 2006. 542, obs. Hauser*.

12. ... Prise en compte des violences conjugales. Lorsque c'est pour échapper aux violences que lui faisait subir son mari que, peu avant de présenter sa requête en divorce, l'épouse a été contrainte et forcée de quitter avec ses enfants le domicile conjugal, les juges du fond peuvent en déduire que la femme devait être considérée comme remplissant la condition d'habitation. • Civ. 1re, 19 févr. 1985, n° 84-11.463 P : *R., p. 83 ; D. 1985. 405, note Breton ; JCP N 1986. II. 80, note Simler* (en l'espèce, indivision post-communautaire). – Dans le même sens : • Civ. 1re, 13 avr. 1992, n° 90-16.893 P.

13. ... Prise en compte d'une incarcération. Ne peut être déboutée de sa demande d'attribution préférentielle d'un immeuble la personne dont la non-résidence dans l'immeuble est la conséquence d'une décision de justice ordonnant son incarcération, cette décision l'ayant contrainte à quitter son domicile, au moins temporairement. • Civ. 1re, 12 déc. 2007, n° 07-10.308 P.

B. LOCAL À USAGE PROFESSIONNEL

14. Condition d'exercice effectif de la profession : date d'appréciation. Il est nécessaire que le local dont l'attribution préférentielle est demandée serve à l'exercice de la profession à l'époque à laquelle les juges statuent. • Civ. 1re, 24 nov. 1969, n° 68-11.817 P : *R. 1969-1970, p. 38 ; D. 1970. 382, note Breton ; RTD civ. 1970. 596, obs. R. Savatier.* ♦ Lorsque le demandeur a abandonné l'activité commerciale qu'il exerçait dans l'immeuble dont il sollicite l'attribution préférentielle, il n'existe plus, au jour où statuent les juges, une entreprise commerciale de nature à faire l'objet d'une attribution préférentielle. • Civ. 1re, 16 juin 1993, n° 91-19.812 P : *D. 1995. Somm. 46, obs. Grimaldi*.

Art. 831-3 *(L. n° 2006-728 du 23 juin 2006, art. 4 ; L. n° 2015-177 du 16 févr. 2015, art. 6)* **L'attribution préférentielle visée au 1° de l'article 831-2 est de droit pour le conjoint survivant.**

Les droits résultant de l'attribution préférentielle ne préjudicient pas aux droits viagers d'habitation et d'usage que le conjoint peut exercer en vertu de l'article 764.

Art. 832 **L'attribution préférentielle visée à l'article 831 est de droit pour toute exploitation agricole qui ne dépasse pas les limites de superficie fixées par décret en Conseil d'État, si le maintien dans l'indivision n'a pas été ordonné.**

1. Notion d'exploitation agricole. Ne peut faire l'objet d'une attribution préférentielle, faute de constituer une exploitation agricole, au sens de l'art. 832, dans sa rédaction antérieure à la L. du 23 juin 2006, la propriété d'agrément dont les indivisaires, qui n'étaient pas exploitants agricoles, se bornaient à partager entre eux la récolte de truffes en fonction du travail par eux accompli, cette activité s'analysant en un « hobby ». • Civ. 1re, 20 mai 2009 n° 08-14.536 P.

2. Surface prise en compte. La superficie à prendre en considération en vue de l'attribution préférentielle de droit est celle des parcelles indivises, objets de la demande, jointe à celle dont le candidat est déjà propriétaire. • Civ. 3e, 22 mars 2018, n° 16-24.052 P : *AJ fam. 2018. 356, obs. Casey*.

3. Pluralité de demandes : prise en compte de l'aptitude des différents postulants. En cas de pluralité de demandes, l'appréciation de l'aptitude des différents postulants doit être faite en vue de l'avenir et en considération des personnes qui postulent effectivement l'attribution, et non des individus déjà décédés, aux droits desquels elles peuvent être. • Civ. 1re, 7 juill. 1971 : *D. 1971. 650, note Breton (décision rendue en application de l'anc. art. 832-1).* ♦ L'appréciation de l'aptitude des différents postulants doit être faite en considération des personnes qui postulent effectivement l'attribution et non de leurs descendants. • Civ. 1re, 2 mai 2001, n° 98-19.639 P : *JCP 2002. I. 178, n° 7, obs. Le Guidec ; JCP N 2001. 1519, obs. Grimonprez ; RJPF 2001-10/43, obs. Casey ; Dr. fam. 2002, n° 34, note Perrouin (décisions rendues en application de l'anc. art. 832-1).*

Art. 832-1 Si le maintien dans l'indivision n'a pas été ordonné et à défaut d'attribution préférentielle en propriété dans les conditions prévues à l'article 831 ou à l'article 832, le conjoint survivant ou tout héritier copropriétaire peut demander l'attribution préférentielle de tout ou partie des biens et droits immobiliers à destination agricole dépendant de la succession en vue de constituer avec un ou plusieurs cohéritiers et, le cas échéant, un ou plusieurs tiers, un groupement foncier agricole.

Cette attribution est de droit si le conjoint survivant ou un ou plusieurs des cohéritiers remplissant les conditions personnelles prévues à l'article 831, ou leurs descendants participant effectivement à l'exploitation, exigent que leur soit donné à bail, dans les conditions fixées au chapitre VI du titre I du livre IV du code rural et de la pêche maritime, tout ou partie des biens du groupement.

En cas de pluralité de demandes, les biens du groupement peuvent, si leur consistance le permet, faire l'objet de plusieurs baux bénéficiant à des cohéritiers différents.

Si les clauses et conditions de ce bail ou de ces baux n'ont pas fait l'objet d'un accord, elles sont fixées par le tribunal.

Les biens et droits immobiliers que les demandeurs n'envisagent pas d'apporter au groupement foncier agricole, ainsi que les autres biens de la succession, sont attribués par priorité, dans les limites de leurs droits successoraux respectifs, aux indivisaires qui n'ont pas consenti à la formation du groupement. Si ces indivisaires ne sont pas remplis de leurs droits par l'attribution ainsi faite, une soulte doit leur être versée. Sauf accord amiable entre les copartageants, la soulte éventuellement due est payable dans l'année suivant le partage. Elle peut faire l'objet d'une dation en paiement sous la forme de parts du groupement foncier agricole, à moins que les intéressés, dans le mois suivant la proposition qui leur en est faite, n'aient fait connaître leur opposition à ce mode de règlement.

Le partage n'est parfait qu'après la signature de l'acte constitutif du groupement foncier agricole et, s'il y a lieu, du ou des baux à long terme.

Sur l'attribution préférentielle de parts sociales d'un groupement agricole d'exploitation, V. C. rur., art. L. 323-6, ss. art. 824.

Art. 832-2 Si une exploitation agricole constituant une unité économique et non exploitée sous forme sociale n'est pas maintenue dans l'indivision et n'a pas fait l'objet d'une attribution préférentielle dans les conditions prévues aux articles 831, 832 ou 832-1, le conjoint survivant ou tout héritier copropriétaire qui désire poursuivre l'exploitation à laquelle il participe ou a participé effectivement peut exiger, nonobs*tant toute demande de licitation*, que le partage soit conclu sous la condition que ses copartageants lui consentent un bail à long terme dans les conditions fixées au chapitre VI du titre I du livre IV du code rural et de la pêche maritime, sur les terres de l'exploitation qui leur échoient. Dans le cas de l'héritier, la condition de participation peut avoir été remplie par son conjoint ou ses descendants. Sauf accord amiable entre les parties, celui qui demande à bénéficier de ces dispositions reçoit par priorité dans sa part les bâtiments d'exploitation et d'habitation.

Les dispositions qui précèdent sont applicables à une partie de l'exploitation agricole pouvant constituer une unité économique. Cette unité économique peut être formée, pour une part, de biens dont le conjoint survivant ou l'héritier était déjà propriétaire ou copropriétaire avant le décès.

Il est tenu compte, s'il y a lieu, de la dépréciation due à l'existence du bail dans l'évaluation des terres incluses dans les différents lots.

Les articles L. 412-14 et L. 412-15 du code rural et de la pêche maritime déterminent les règles spécifiques au bail mentionné au premier alinéa du présent article.

Si, en raison de l'inaptitude manifeste du ou des demandeurs à gérer tout ou partie de l'exploitation, les intérêts des cohéritiers risquent d'être compromis, le tribunal peut décider qu'il n'y a pas lieu d'appliquer les trois premiers alinéas du présent article.

1. Condition d'unité économique : pouvoir d'appréciation des juridictions du fond. C'est dans l'exercice de leur pouvoir d'appréciation que les juges du fond décident que l'exploitation ne constitue pas une unité économique. • Civ. 1re, 20 nov. 1984 : *D. 1985. 166, note A. B.* ♦ Mais l'absence d'unité économique ne peut résulter des modalités d'exploitation du domaine ou de la productivité des cultures qui y sont pratiquées. • Civ. 1re, 20 sept. 2006, n° 04-18.798 P : *D. 2007. Pan. 613, obs. G. Serra ; JCP 2008. I. 108, n° 5, obs. Le Guidec ; Defrénois 2007. 1628, obs. Gelot ; AJ fam. 2006. 422, obs. Hilt*.

2. ... Date d'appréciation. C'est à la date de la demande d'attribution préférentielle qu'il convient d'apprécier si l'exploitation agricole constitue une unité économique. • Civ. 1re, 14 mai 1992, n° 90-20.498 P : *D. 1993. Somm. 226, obs. Grimaldi* • 13 déc. 1994, n° 93-10.875 P : *R., p. 279.*

3. ... Charge de la preuve. Il incombe au demandeur en attribution préférentielle de prouver que les parcelles constituaient, au jour de la demande, une unité économique. • Civ. 1re, 10 mai 2007, n° 05-20.177 P.

Art. 832-3 L'attribution préférentielle peut être demandée conjointement par plusieurs successibles afin de conserver ensemble le bien indivis.

A défaut d'accord amiable, la demande d'attribution préférentielle est portée devant le tribunal qui se prononce en fonction des intérêts en présence.

En cas de demandes concurrentes, le tribunal tient compte de l'aptitude des différents postulants à gérer les biens en cause et à s'y maintenir. Pour l'entreprise, le tribunal tient compte en particulier de la durée de la participation personnelle à l'activité.

A. MISE EN ŒUVRE DE L'ATTRIBUTION PRÉFÉRENTIELLE

1. Moment de la demande. L'attribution préférentielle, procédé d'allotissement qui met fin à l'indivision, peut être demandée tant que le partage n'a pas été ordonné, selon une autre modalité incompatible, par une décision judiciaire devenue irrévocable. • Civ. 1re, 8 mars 1983 : *D. 1983. 613, note Breton* (demande d'attribution préférentielle formée en réplique à une action en partage exercée par un créancier d'un des indivisaires). ♦ Déjà en ce sens : • Civ. 1re, 10 mars 1971 : *Bull. civ. I, n° 78* (recevabilité d'une demande d'attribution préférentielle formée en cause d'appel). – Rappr. : • Civ. 1re, 5 juill. 1967 : *D. 1968. 638, note Ghestin* • 9 janv. 2008, n° 06-20.167 P.

2. Obstacle à la demande : convention prévoyant un partage en nature. L'attribution préférentielle étant une modalité incompatible avec le partage en nature, une convention prévoyant un tel partage exclut toute demande d'attribution préférentielle. • Civ. 1re, 19 mars 1973 : *D. 1973. 573, note Breton.*

3. ... Décision irrévocable ordonnant la licitation du bien. La licitation constitue une modalité de partage incompatible avec l'attribution préférentielle, et dès lors que la licitation a été ordonnée par une décision devenue irrévocable, il est impossible, sans méconnaître l'autorité de la chose jugée, de prononcer l'attribution préférentielle du même bien indivis. • Civ. 1re, 19 nov. 1968 : *D. 1969. 57, note Breton* • 9 mars 1971 : *Bull. civ. I, n° 77.*

4. ... Volonté contraire du « de cujus ». Les dispositions relatives à l'attribution préférentielle ne réglementent qu'une modalité du partage et ne peuvent trouver application lorsque, par son testament, le *de cujus* a attribué l'exploitation agricole dont il était propriétaire à un héritier autre que celui qui réunissait les conditions fixées pour l'attribution préférentielle d'une telle exploitation. • Req. 28 juill. 1947 : *D. 1947. 475 (décisions rendues en application de l'anc. art. 832).* – Dans le même sens : • Civ. 18 déc. 1950 : *D. 1951. 37, note Lenoan.* ♦ V. cependant • Civ. 1re, 5 nov. 1996, n° 94-15.886 P : *JCP 1998. I. 133, n° 4, obs. Le Guidec ; Dr. fam. 1997, n° 113 ; RTD civ. 1997. 486, obs. Patarin* (impossibilité matérielle et juridique de réaliser la volonté du testateur d'exclure l'attribution préférentielle).

5. Libéralités compatibles avec l'attribu-

tion préférentielle. Si les dispositions relatives à l'attribution préférentielle ne portent pas atteinte au droit que possédait le *de cujus* de disposer de ses biens et d'en régler l'attribution, le droit à l'attribution préférentielle d'un des cohéritiers ne peut être écarté que par une manifestation de volonté ou par une clause incompatible avec la possibilité d'une telle attribution ; dès lors, si la donation n'a porté que sur une quote-part de la succession et en l'absence de toute attribution en nature par l'ascendant donateur, la donation n'a pu mettre obstacle à l'exercice du droit d'attribution préférentielle par l'un des héritiers. • Civ. 1re, 29 avr. 1965 : *D. 1965. 600 (décision rendue en application des anc. art. 832 et 832-1).* – Dans le même sens : • Civ. 1re, 26 janv. 1977 : *D. 1977. 485, note M. P. Lucas de Leyssac ; JCP 1978. II. 18953, note Dagot ; RTD civ. 1978. 174, obs. R. Savatier.*

B. POUVOIRS DU JUGE

6. Appréciation souveraine des intérêts en présence par les juridictions du fond. **BIBL.** Patarin, *Mél. Voirin, LGDJ, 1967, p. 618.* ♦ L'appréciation comparative des intérêts en présence est une question de fait qui échappe au contrôle de la Cour de cassation. • Civ. 1re, 3 juin 1966 : *D. 1966. 593, note Breton.* – Dans le même sens : • Civ. 1re, 27 oct. 1971 : *Bull. civ. I, n° 277* • 7 juill. 1982 : *ibid. I, n° 254 ; RTD civ. 1983. 573, obs. Patarin* • 2 nov. 1994, n° 93-11.613 P.

La règle de l'appréciation des intérêts en présence s'applique aussi bien à une demande formée par un seul héritier qu'à des demandes concurrentes. • Civ. 1re, 6 avr. 1994, n° 92-13.933 P.

7. Personne en droit de contester la demande d'attribution préférentielle : cessionnaire de droits indivis. Si la cession de droits indivis à un tiers étranger à une indivision post-communautaire ou successorale ne lui confère pas la qualité de conjoint survivant ou d'héritier qu'avait son cédant, elle n'en a pas moins pour effet de lui permettre de contester, comme aurait pu le faire ce cédant, que le demandeur en attribution réunit les conditions exigées par la loi. • Civ. 1re, 9 janv. 1980 : *D. 1980. 293, note Breton ; JCP 1980. II. 19420, note Patarin ; Gaz. Pal. 1981. 1. 231, note Rozier.*

8. Prise en compte des demandes concurrentes. Si la loi recommande aux juges de prendre en considération l'aptitude des différents postulants à gérer et à se maintenir, lorsque des demandes concurrentes d'attribution préférentielle intéressent une exploitation ou une entreprise, cela n'interdit nullement de telles demandes, lorsqu'elles ont l'un des autres objets prévus par la loi ; les juges doivent alors se prononcer en fonction des intérêts en présence, et non de l'ordre selon lequel les demandes leur ont été soumises. • Civ. 1re, 10 mars 1971 : *Bull. civ. I, n° 78 (décision rendue en application de l'anc. art. 832, al. 7).*

9. Prise en compte du risque d'insolvabilité de l'attributaire. Il n'est pas interdit aux juges de tenir compte, pour rejeter la demande d'attribution préférentielle facultative, du risque que cette attribution ferait courir aux copartageants à raison de l'insolvabilité de l'attributaire. • Civ. 1re, 17 mars 1987, n° 85-17.241 P : *R., p. 148 ; D. 1987. 589, note Breton* • 21 juin 1988 : *D. 1989. 365, note Breton* • Com. 3 oct. 2006, n° 05-16.463 P : *JCP 2007. I. 142, n° 29, obs. Tisserand-Martin.* ♦ Sur le contrôle de la Cour de cassation sur cette appréciation portée par les juges du fond, V. • Civ. 1re, 11 avr. 1995, n° 93-14.461 P : *D. 1995. Somm. 335, obs. Grimaldi.*

10. Prise en compte de l'aptitude du demandeur à gérer le bien. Un fonctionnaire ne peut prétendre à l'attribution préférentielle d'un bien en vue d'une exploitation (terrain de camping) qui lui est interdite par son statut. • Civ. 1re, 31 janv. 1995, n° 92-21.571 P.

Art. 832-4 Les biens faisant l'objet de l'attribution sont estimés à leur valeur à la date fixée conformément à l'article 829.

Sauf accord amiable entre les copartageants, la soulte éventuellement due est payable comptant. Toutefois, dans les cas prévus aux articles 831-3 et 832, l'attributaire peut exiger de ses copartageants, pour le paiement d'une fraction de la soulte, égale au plus à la moitié, des délais ne pouvant excéder dix ans. Sauf convention contraire, les sommes restant dues portent intérêt au taux légal.

En cas de vente de la totalité des biens attribués, la fraction de la soulte y afférente devient immédiatement exigible ; en cas de ventes partielles, le produit de ces ventes est versé aux copartageants et imputé sur la fraction de la soulte encore due.

A. ÉVALUATION DU BIEN ATTRIBUÉ

1. Évaluation selon la valeur du bien à la date de la jouissance divise. La décision faisant droit à une demande d'attribution préférentielle, et ayant fixé la valeur du bien au jour de son prononcé, n'a pas statué sur cette valeur au jour de la jouissance divise et n'a donc pas l'autorité de la chose jugée quant à l'estimation définitive du bien, qui doit être faite à la date la plus proche possible du partage à intervenir. • Civ. 1re, 28 févr. 1978 : *Bull. civ. I, n° 80.* – Dans la même affaire, V. • Civ. 1re, 17 juin 1981 : *Bull. civ. I, n° 225 ; Defrénois 1983. 52, note Guimbellot ;*

RTD civ. 1982. 638, obs. Patarin. – Même sens : • Civ. 1re, 24 janv. 1990, n° 87-18.575 P : *Defrénois 1991. 868, obs. Champenois* • 7 juin 2006, n° 03-18.807 P • 8 avr. 2009, n° 07-21.561 P. ♦ Les juges du fond fixent souverainement la date de la jouissance divise et peuvent ordonner que le bien sera réévalué à cette date. • Civ. 1re, 20 mai 1981, n° 79-16.211 P. ♦ Mais rien ne leur interdit de fixer immuablement, en considération des circonstances de la cause, la date du partage au jour où ils statuent. • Civ. 1re, 28 avr. 1986 : *Bull. civ. I, n° 105* • 18 sept. 2002, n° 00-17.555 P : *D. 2002. IR 2849* ; *JCP 2003. I. 180, n° 5, obs. Le Guidec ; Defrénois 2003. 1363, obs. Champenois ; AJ fam. 2002. 386, obs. S. D.-B* . ; *RJPF 2002-12/48, obs. J. C. ; Dr. fam. 2002, n° 151, note B. B.*

2. *Possibilité de fixer à l'avance la valeur du bien au jour du partage.* Les biens devant être évalués à la date du partage, il n'est pas interdit aux juges du fond de déterminer à l'avance cette valeur en utilisant des éléments qui concernent spécialement les biens qu'il s'agit d'évaluer. • Civ. 1re, 8 déc. 1981, n° 80-15.941 P : *RTD civ. 1982. 639, obs. Patarin* (indexation de la somme portée dans l'état liquidatif sur l'indice du coût de la construction pour l'évaluation d'une villa attribuée préférentiellement à l'ancien mari). ♦ Comp. • Civ. 1re, 20 mars 1990 : *JCP 1991. II. 21671, note de La Marnierre ; Defrénois 1991. 868 (II), obs. Champenois.* ♦ Sur la charge de prouver que l'évaluation ainsi réactualisée correspond à la valeur du bien au jour du partage, V. • Civ. 1re, 9 oct. 1990, n° 89-11.425 P.

3. *Évaluation selon l'état du bien au jour du partage.* *(Décisions rendues sous l'empire du droit antérieur à la L. du 23 juin 2006).* L'héritier bénéficiaire d'une attribution préférentielle ne devenant propriétaire du bien attribué que par l'effet du partage, les biens attribués préférentiellement doivent être évalués d'après leur état à la date du partage. • Civ. 1re, 23 juin 1982 : *Bull. civ. I, n° 236* • 20 mars 1990 : *JCP 1991. II. 21671, note de La Marnierre.*

4. *Évaluation du bien donné à bail : bail consenti à un tiers.* Dans l'évaluation, il y a lieu de tenir compte du bail consenti à un tiers sur une partie de l'exploitation. • Civ. 1re, 8 mars 1988, n° 86-15.058 P : *R., p. 162 ; D. 1989. 49, note Breton (décision rendue sous l'empire du droit antérieur à la L. du 23 juin 2006).*

5. *... Bail consenti à l'attributaire.* Lorsqu'une exploitation agricole fait, dans un partage, l'objet d'une attribution préférentielle au profit de l'héritier qui la tient à ferme, elle doit être estimée comme libre de bail. • Civ. 1re, 8 déc. 1965 : *D. 1967. 407, note R. Savatier* • 12 mai 1966 : *Bull. civ. I, n° 289 ; GAJC, 12e éd., n° 115* • 13 mai 1968 : *D. 1968. 561, note Breton* • 16 juill. 1968 : *D. 1968. 617, note A. B. ; JCP 1968. II. 15694, note M. D.* • 17 mars 1987, n° 85-15.700 P. ♦ ... Sans qu'il y ait lieu de distinguer selon que le bail (en l'espèce bail commercial) a été consenti par le *de cujus* lui-même ou qu'il ait fait l'objet d'une cession par le vendeur du fonds de commerce. • Civ. 1re, 11 juin 1996, n° 94-16.608 P : *D. 1997. Somm. 369, obs. Grimaldi* ; *JCP 1997. I. 4021, obs. Le Guidec ; Defrénois 1996. 1447, obs. Champenois ; RTD civ. 1997. 197, obs. Patarin* . ♦ Comp. • Civ. 1re, 18 mars 1980 : *D. 1981. 17, note Breton ; RTD civ. 1981. 189, obs. Patarin* (continuation du bail dans les conditions de l'art. 831 [art. L. 411-34 nouv.] C. rur.).

6. *... Bail consenti au profit du conjoint de l'attributaire.* Lorsque c'est le conjoint de l'héritier attributaire qui est titulaire du bail, la règle de l'égalité du partage conduit à décider que l'évaluation du bien ne peut être faite comme s'il était libre de toute occupation, dès lors que le bail rural, étant strictement personnel au preneur et ne tombant pas en communauté, ne confère de droit qu'audit conjoint. • Civ. 1re, 21 nov. 1995, n° 93-17.719 P : *R., p. 220 ; JCP 1996. I. 3968, n° 5, obs. Le Guidec ; Defrénois 1996. 413, obs. Champenois ; RTD civ. 1996. 450, obs. Patarin* . – V. aussi • Civ. 1re, 11 déc. 2001, n° 99-19.528 P : *JCP N 2002. 1275, note Gravillou ; ibid. 1522, étude Barabé-Bouchard ; RJPF 2002-2/42, note Casey* (conjoints cotitulaires du bail).

7. *Aliénation du bien avant le partage : prise en compte de la valeur d'aliénation.* La vente, pendant les opérations de partage, du bien attribué préférentiellement par une décision devenue irrévocable, n'a pas pour effet de rendre caduque cette attribution, le bien ou la créance de prix qui lui est subrogé ayant été définitivement placé dans le lot de l'attributaire dont les héritiers ont recueilli les droits, de sorte que, par l'effet du partage, ils en seront propriétaires depuis l'origine de l'indivision donnant lieu au partage ; mais seul le prix de la vente est à considérer, de sorte que les dispositions d'un précédent arrêt passé en force de chose jugée et relatives au calcul de la soulte ne peuvent plus être prises en compte. • Civ. 1re, 4 avr. 1991, n° 89-20.351 P : *Defrénois 1991. 869, obs. Champenois ; RTD civ. 1992. 429, obs. Patarin* .

B. VERSEMENT D'UNE SOULTE PAR L'ATTRIBUTAIRE

8. *Nécessité d'une mise en demeure pour faire courir les intérêts.* S'agissant d'un partage amiable, les intérêts au taux légal ne sont dus qu'à compter du commandement de saisie-vente valant mise en demeure, et ne peuvent pas l'être pour une période antérieure. • Civ. 1re, 17 juin 2009, n° 08-10.142 P : *BICC, 15 déc. 2009, n° 1682 ; D. 2009. AJ 1759, obs. Égéa* ; *Defrénois 2009. 2187, obs. Massip.* ♦ Si la loi admet l'exigibilité immédiate de la soulte, elle ne dit nullement que cette absence de terme emporte mise en demeure et cours des intérêts de plein droit ; et à défaut d'une disposition particulière contraire, l'art. 1153 anc. C. civ. exige une sommation pour faire courir les intérêts d'une somme d'argent. • Civ. 1re, 2 févr. 1971 : *Bull. civ. I, n° 39* • Civ. 1re, 20 nov. 1979 : *Defrénois 1981. 1400 (1re esp.), note Guimbellot* (la soulte ne peut porter intérêt qu'à partir du jour auquel est fixé le point de départ de la jouissance divise) *(décisions rendues en application de l'anc. art. 832).*

9. Sanction du défaut de paiement : déchéance du bénéfice de l'attribution (non). La loi ne prévoit aucune cause de déchéance du droit à l'attribution préférentielle ; les juges ne peuvent donc décider que, faute pour le débiteur de payer la soulte dans les conditions fixées par eux, celui-ci sera déchu du bénéfice de l'attribution préférentielle. • Civ. 1re, 28 oct. 1975 : *JCP 1976. II. 18403, note Dagot ; Gaz. Pal. 1976. 1. 169, note G. R. (décision rendue en application de l'anc. art. 832).* ♦ Mais il en va autrement lorsque l'attribution préférentielle n'entre pas uniquement dans une opération de partage, le bénéficiaire ne pouvant l'obtenir qu'après remboursement des deniers reçus à titre gratuit (conséquence de l'annulation d'une donation déguisée). • Civ. 1re, 2 oct. 1985 : *D. 1986. 325, note Breton ; RTD civ. 1987. 130, obs. Patarin.*

Art. 833 **Les dispositions des articles 831 à 832-4 profitent au conjoint ou à tout héritier appelé à succéder en vertu de la loi, qu'il soit copropriétaire en pleine propriété ou en nue-propriété.**

Ces dispositions, à l'exception de celles de l'article 832, profitent aussi à l'héritier ayant une vocation universelle ou à titre universel à la succession en vertu d'un testament ou d'une institution contractuelle.

A. BÉNÉFICIAIRES DE L'ATTRIBUTION : QUALITÉ DE COPARTAGEANT

1° PARTAGES CONCERNÉS

1. Partage d'une indivision conventionnelle entre époux. L'attribution préférentielle peut être demandée, sous les conditions prévues par la loi, dans le partage des indivisions de nature familiale, même si cette indivision a pris naissance entre les époux par une convention antérieure au mariage. • Civ. 1re, 7 juin 1988, ☎ n° 86-15.090 P : *R., p. 162 ; D. 1989. 141, note Breton ; JCP N 1989. II. 89, note Philippe ; Defrénois 1988. 1079, note Morin ; RTD civ. 1989. 121, obs. Patarin (décision rendue en application des art. 832 anc., 1476 et 1542).* ♦ ... Et même si elle est partagée pendant le mariage. • Civ. 1re, 9 oct. 1990, ☎ n° 89-10.429 P : *R., p. 261 ; JCP 1991. II. 21641, note Simler ; JCP N 1991. 43, note Salvage ; Defrénois 1991. 808, note X. Savatier ; RTD civ. 1991. 380, obs. Patarin* ✎. ♦ Exclusion de l'attribution préférentielle dans le partage des indivisions conventionnelles non familiales, V. notes ss. art. 831.

2. Difficultés particulières en présence d'une pluralité d'indivisions. Une exploitation agricole constituant une unité économique ne peut faire dans son intégralité l'objet d'une attribution préférentielle lorsqu'elle est formée pour une part de biens dont la propriété appartient à des tiers et qui ne figurent à aucun titre *dans la masse à partager.* • *Civ. 1re, 13 nov. 1967 : D. 1968. 44, note Breton.* ♦ Même solution lorsque l'attribution préférentielle demandée a pour objet un bien immobilier dont l'un des cohéritiers est déjà copropriétaire indivis pour une cause étrangère et antérieure à l'indivision successorale. • Civ. 1re, 4 janv. 1977 : *D. 1978. 2, note Chanteux-Bui.* ♦ Pour un autre cas de superposition d'indivisions, V. • Civ. 1re, 17 oct. 1984, ☎ n° 83-15.107 P : *R., p. 54 ; D. 1985. 138, note Breton ; RTD civ. 1985. 598, obs. Patarin.*

2° PERSONNES CONCERNÉES

3. Héritiers d'un bénéficiaire éventuel. La faculté de demander l'attribution préférentielle, par voie de partage, d'une exploitation agricole, peut, lorsque son bénéficiaire remplissant lui-même les conditions légales, décède sans s'en être prévalu, être exercée de son chef par son héritier, si toutefois celui-ci remplit lui-même les conditions légales pour s'en prévaloir. • Civ. 1re, 1er févr. 1966 : *D. 1966. 329, note A. B. ; Gaz. Pal. 1966. 1. 360, note Esmein ; RTD civ. 1966. 559, obs. R. Savatier* (rejet du pourvoi formé contre • Angers, 11 juin 1963 : *D. 1963. 634, note Esmein ; RTD civ. 1964. 148, obs. R. Savatier)* – Dans le même sens : • Civ. 1re, 7 juill. 1971 : *D. 1971. 650, note Breton* • Civ. 1re, 10 juin 1987, ☎ n° 85-17.000 P : *R., p. 148 ; GAJC, 11e éd., n° 112-113 (II) ; D. 1987. 537, note Breton ; RTD civ. 1988. 160, obs. Patarin (décisions rendues en application des anc. art. 832 s.).*

4. Exclusion du concubin. L'attribution préférentielle ne peut être demandée par un concubin. • Civ. 1re, 9 déc. 2003, ☎ n° 02-12.884 P : *D. 2004. Somm. 2967, obs. Vigneau* ✎ *; JCP 2004. II. 10035, note Devers ; Defrénois 2004. 585, obs. Massip ;* AJ fam. 2004. 63, obs. Bicheron ✎ *; Dr. fam. 2004, n° 40, note B. B. ; RTD civ. 2004. 69, obs. Hauser* ✎ *(décision rendue sous l'empire du droit antérieur à la L. du 23 juin 2006).* ♦ Application de l'attribution préférentielle entre partenaires d'un pacte civil de solidarité en cas de dissolution de celui-ci, V. art. 515-6.

B. ... QUALITÉ DE COPROPRIÉTAIRE

5. ... Exclusion du conjoint simplement usufruitier. L'usufruit successoral dont bénéficie le conjoint survivant ne peut justifier une attribution préférentielle en usufruit du local lui servant d'habitation. • Civ. 1re, 10 mai 1966 : *D. 1966. 467, note A. B.* – Dans le même sens : • Civ. 1re, 15 juin 1967 : *Bull. civ. I, n° 221* • 27 juin 2000, n° 98-17.177 P : *RJPF 2000-11/58, obs. Casey (décisions rendues en application du droit antérieur aux réformes du 3 décembre 2001 et du 23 juin 2006).*

Art. 834 **Le bénéficiaire de l'attribution préférentielle ne devient propriétaire exclusif du bien attribué qu'au jour du partage définitif.**

Jusqu'à cette date, il ne peut renoncer à l'attribution que lorsque la valeur du bien, telle que déterminée au jour de cette attribution, a augmenté de plus du quart au jour du partage indépendamment de son fait personnel.

A. TRANSFERT DE LA PROPRIÉTÉ DU BIEN ATTRIBUÉ

1. Attribution privative de la propriété au terme du partage : principe. L'attribution préférentielle ne constitue qu'une modalité du partage au même titre que la formation de lots suivie du tirage au sort ou de la licitation ; les biens attribués par préférence sont donc placés dans le lot de l'attributaire et imputés sur ses droits à concurrence de leur valeur. • Grenoble, 27 janv. 1965 : *D. 1965. 330, note Gervésie.* ♦ Le jugement accordant l'attribution préférentielle ne confère pas à celui qui en bénéficie la propriété des biens qui en sont l'objet et ce n'est qu'au terme du partage que se produit l'attribution privative de propriété. • Civ. 1re, 20 déc. 1976, n° 75-13.288 P • 11 janv. 1977 : *Bull. civ. I, n°, n° 21* • 20 nov. 1979 : *D. 1980. IR 399, obs. D. Martin ; Defrénois 1981. 1400, note Guimbellot* • 20 mars 1990 : *JCP 1991. II. 21671, note de La Marnierre.*

2. ... Conséquences quant au sort des fruits. Jusqu'à la date du partage, les fruits produits par le bien qui fait l'objet de l'attribution préférentielle appartiennent à l'indivision. • Civ. 1re, 11 janv. 1977 : *préc. note 1* • Agen, 11 juill. 1950 : *D. 1951. 12, note R. Savatier.*

3. ... Conséquences quant à la gestion du bien. L'attributaire ne peut, avant le partage, donner congé au gérant libre du fonds qui lui est attribué sans le concours de ses cohéritiers. • Civ. 1re, 20 déc. 1976 : *Bull. civ. I, n° 419.*

4. ... Conséquences quant aux frais exposés pour la gestion ou la conservation du bien. Il doit être tenu compte à l'attributaire, conformément à l'art. 815-13, des frais de conservation et de gestion du bien qu'il a exposés après le jugement d'attribution. • Civ. 1re, 20 mars 1990 : *JCP 1991. II. 21671, note de La Marnierre ; RTD civ. 1991. 575, obs. Patarin ; Defrénois 1991. 868 (II), obs. Champenois.*

5. Obligation d'indemniser l'indivision en cas de jouissance privative avant partage. Jusqu'au partage, l'indivisaire qui use privativement des biens faisant l'objet de l'attribution préférentielle doit, sauf convention contraire, une indemnité à ses coïndivisaires. • Civ. 1re, 23 nov. 1982, n° 81-15.037 P • 28 avr. 1987 : *D. 1987. IR 121.*

B. RÉGIME DU DROIT À L'ATTRIBUTION

6. Transmissibilité passive du droit à l'attribution en cas de décès de l'attributaire. Lorsque le droit à l'attribution préférentielle est entré dans le patrimoine du bénéficiaire, par suite d'un jugement irrévocable, ce droit se transmet, au décès de celui-ci, à ses héritiers et ceux-ci n'ont pas à justifier qu'ils remplissent personnellement les conditions requises par l'art. 832. • Civ. 1re, 10 mars 1969 : *D. 1969. 305 (1re esp.), note Breton.*

7. Incompatibilité avec le tirage au sort des lots. Le juge ne peut prescrire le partage par voie de tirage au sort dès lors qu'il se réserve la faculté d'attribuer un bien à titre préférentiel. • Civ. 1re, 30 juin 1993, n° 91-17.804 P : *Defrénois 1993. 1452, obs. Champenois ; JCP 1994. I. 3791, n° 8, obs. Le Guidec.*

8. Renonciation au droit à l'attribution préférentielle. Lorsque le jugement qui a accueilli la demande d'attribution préférentielle a été frappé d'un appel général, de sorte qu'il n'a pas l'autorité de chose jugée, le bénéficiaire peut renoncer à l'attribution préférentielle même si les conditions édictées au 2d al. de l'art. 834 ne sont pas remplies. • Civ. 1re, 29 mai 2019, n° 18-18.823 P.

SOUS-SECTION 2 Du partage amiable

Art. 835 **Si tous les indivisaires sont présents et capables, le partage peut intervenir dans la forme et selon les modalités choisies par les parties.**

Lorsque l'indivision porte sur des biens soumis à la publicité foncière, l'acte de partage est passé par acte notarié.

BIBL. ▶ DE GUILLENCHMIDT-GUIGNOT, *Dr. fam. 2020. Dossier 4* (enjeux et perspectives du partage amiable).

1. Forme du partage amiable. La validité d'un partage n'est pas subordonnée à la rédaction d'un écrit ; mais la preuve en reste soumise au droit commun. • Req. 21 janv. 1867 : *DP 1867. 1. 97* • Civ. 1re, 29 avr. 1968 : *JCP 1968. II. 15667, note M. D.* ♦ Le partage peut être conclu par acte sous seing privé ; lorsqu'il est soumis à publicité foncière, il doit être passé par acte notarié, cette formalité ayant pour but d'assurer l'effectivité de la publicité obligatoire, mais le défaut d'authenticité de l'acte n'affecte pas sa validité. • Civ. 1re, 24 oct. 2012, n° 11-19.855 P : *D. 2012. 2599 ; RTD civ. 2013. 160, obs. Grimaldi ; JCP N 2013, n° 1008, note Brenner ; Defrénois 2013. 71, obs. Massip.*

2. Consentements des indivisaires. Projet de partage signé par certains indivisaires seulement : V. • Civ. 1re, 3 févr. 1982 : *JCP 1983. II. 19989 (2e esp.), note Rémy ; RTD civ. 1982. 780, obs. Patarin.*

3. Indivisaire en liquidation judiciaire : pouvoir du liquidateur. N'est pas fondé le moyen selon lequel le partage successoral est strictement attaché à la personne car subordonné à des considérations d'ordre moral et familial ; dans la mesure où le partage successoral est un acte d'administration et de disposition d'un patrimoine pouvant constituer le gage des créanciers, la signature d'un tel acte relève du seul pouvoir du liquidateur. • Com. 13 janv. 2015, n° 13-12.590 P.

4. Acceptation tacite du projet de partage. L'acceptation tacite du projet de partage établi par un notaire caractérise l'existence d'un partage définitif dont le seul comportement d'une partie (versement d'une fraction seulement de la soulte) n'a pu entraîner la résolution. • Civ. 1re, 13 oct. 1993, n° 91-20.511 P : *Defrénois 1994. 902, obs. Champenois.*

5. Requête en homologation d'un acte de partage. Un avocat est sans pouvoir pour présenter, au nom des cohéritiers, une requête en homologation d'un acte de partage de la succession, alors que l'un des requérants est décédé antérieurement au dépôt de la requête, de sorte que le jugement ayant homologué le partage, intervenu en matière gracieuse, doit être annulé. • Civ. 1re, 28 oct. 2009, n° 08-18.053 P.

Art. 836 **Si un indivisaire est présumé absent ou, par suite d'éloignement, se trouve hors d'état de manifester sa volonté, un partage amiable peut intervenir dans les conditions prévues à l'article 116.**

De même, si un indivisaire fait l'objet d'un régime de protection, un partage amiable peut intervenir dans les conditions prévues aux titres X *(L. n° 2019-222 du 23 mars 2019, art. 9)* **« , XI et XII** *[ancienne rédaction : et XI]* **» du livre I.**

Art. 837 **Si un indivisaire est défaillant, sans qu'il soit néanmoins dans l'un des cas prévus à l'article 836, il peut, à la diligence d'un copartageant, être mis en demeure, par acte extrajudiciaire, de se faire représenter au partage amiable.**

Faute pour cet indivisaire d'avoir constitué mandataire dans les trois mois de la mise en demeure, un copartageant peut demander au juge de désigner toute personne qualifiée qui représentera le défaillant jusqu'à la réalisation complète du partage. Cette personne ne peut consentir au partage qu'avec l'autorisation du juge.

Sur les actes de gestion du patrimoine des personnes placées en curatelle ou en tutelle, V. Décr. n° 2008-1484 du 22 déc. 2008, ss. art. 496.

BIBL. ▶ LEVILLAIN, *JCP N 2022, n° 1147* (recours à une personne qualifiée).

Art. 838 **Le partage amiable peut être total ou partiel. Il est partiel lorsqu'il laisse subsister l'indivision à l'égard de certains biens ou de certaines personnes.**

Partage partiel : accord de tous les indivisaires. Un partage partiel suppose l'accord de tous les coïndivisaires alors même que la demande en est faite au cours de l'instance en partage global des biens héréditaires ; en effet, même dans cette dernière hypothèse, le partage partiel peut avoir pour résultat d'empêcher la formation de lots égaux en nature ou en valeur dans le partage définitif en distrayant de la masse un certain nombre de biens dépendant de la succession. • Civ. 1re, 11 déc. 1973 : *JCP 1974. II. 17826, note Dagot.*

Art. 839 **Lorsque plusieurs indivisions existent exclusivement entre les mêmes personnes, qu'elles portent sur les mêmes biens ou sur des biens différents, un partage amiable unique peut intervenir.**

SOUS-SECTION 3 Du partage judiciaire

RÉP. CIV. v° *Partage : partage judiciaire,* par C. BRENNER.

Art. 840 **Le partage est fait en justice lorsque l'un des indivisaires refuse de consentir au partage amiable ou s'il s'élève des contestations sur la manière d'y procéder ou de le terminer ou lorsque le partage amiable n'a pas été autorisé ou approuvé dans l'un des cas prévus aux articles 836 et 837.**

1. Impossibilité d'ordonner un partage judiciaire en l'absence d'indivision. Viole l'art. 840 la cour d'appel qui ordonne le partage judiciaire d'une succession alors que les descendants, issus d'une première union du défunt, ne pouvaient revendiquer de droits indivis avec le conjoint survivant, bénéficiaire de l'entière communauté universelle des époux, sur les biens dépendant de cette succession. • Civ. 1re, 7 déc. 2016, n° 16-12.216 P : *D. 2016. 2570 ; AJ fam. 2017. 78, obs. Casey ; RDC 2017. 74, note Barthez.* ♦ Dans le même sens : • Civ. 1re, 19 déc. 2018, n° 18-10.244 P : *D. 2019. Chron. C. cass. 840, obs. Mouty-Tardieu ; AJ fam. 2019. 104, obs. Levillain ; Dr. fam. 2019, n° 57, note Nicod.* ♦ Mais cassation de l'arrêt qui retient qu'il n'y a aucune masse successorale à partager par l'effet de l'adoption, par le défunt et son épouse, du régime de la communauté universelle de biens avec clause d'attribution intégrale au conjoint survivant alors que l'héritière réservataire du défunt, sollicitant l'ouverture d'une procédure de partage judiciaire, pouvait prétendre au rapport et à la réduction de libéralités qui, consenties par le défunt avant le changement de régime matrimonial, avaient pour objet un bien qui n'était pas entré en communauté. • Civ. 1re, 3 avr. 2019, n° 18-13.890 P.

2. Impossibilité d'ordonner la licitation d'un bien indivis en l'absence d'une instance en partage judiciaire. La demande en licitation d'un bien indivis prévue par l'art. 1686 ne peut être formée qu'à l'occasion d'une instance en partage judiciaire. • Civ. 1re, 15 juin 2017, n° 16-16.031 : *D. 2017. Chron. C. cass. 1859, obs. Roth ; AJ fam. 2017. 486, obs. Casey .* ♦ Comp. : La licitation peut intervenir bien qu'il n'y ait aucune indivision juridique entre les parties au procès, quand elle est le moyen de dénouer par la vente simultanée de divers droits réels une situation de fait dont la complication s'oppose à l'exercice immédiat du droit privatif de chaque partie (enchevêtrement de diverses constructions existantes). • Civ. 27 nov. 1918 : *DP 1922. 1. 238.*

Art. 840-1 **Lorsque plusieurs indivisions existent exclusivement entre les mêmes personnes, qu'elles portent sur les mêmes biens ou sur des biens différents, un partage unique peut intervenir.**

Art. 841 **Le tribunal du lieu d'ouverture de la succession est exclusivement compétent pour connaître de l'action en partage et des contestations qui s'élèvent soit à l'occasion du maintien de l'indivision soit au cours des opérations de partage. Il ordonne les licitations et statue sur les demandes relatives à la garantie des lots entre les copartageants et sur celles en nullité de partage ou en complément de part.**

1. Régime des demandes nouvelles dans le cadre du partage judiciaire. En matière de partage judiciaire, selon les art. 1373 et 1374 C. pr. civ., toute demande distincte de celles portant sur les points de désaccord subsistants dont le juge commis a fait rapport au tribunal est irrecevable à moins que le fondement des prétentions ne soit né ou ne soit révélé que postérieurement à ce rapport. • *Civ. 1re, 7 déc. 2016, n° 15-27.576 : D. actu. 2 janv. 2017, obs. Louis ; D. 2016. 2570 ; AJ fam. 2017. 74, obs. Casey ; Dr. fam. 2017, n° 3, chron. 1, nos 31 et 32, obs. Egea.* ♦ Cependant, dans le cadre d'un partage judiciaire, si, en raison de la carence de l'une des parties, le notaire n'a pas dressé de procès-verbal reprenant les dires respectifs et que le juge commis n'a pas établi de rapport au tribunal sur les points de désaccord subsistant entre les parties, les demandes postérieures au procès-verbal de carence ne sont pas irrecevables sur le fondement des art. 1373 et 1374 C. pr. civ. • Civ. 1re, 14 févr. 2018, n° 17-16.045 P. ♦ Seules sont irrecevables, sur le fondement des art. 1373 et 1374 C. pr. civ., les demandes distinctes de celles relatives aux points de désaccord subsistants évoqués dans le procès-verbal de difficultés établi par le notaire chargé du projet liquidatif et dont le juge commis a fait rapport au tribunal ; cassation de l'arrêt qui, pour déclarer irrecevables les demandes en ouverture des opérations de comptes, liquidation et partage d'une succession, retient que les opérations ouvertes par le jugement dont appel n'ont pu donner lieu ni à l'établissement d'un projet d'état liquidatif ni, en cas de désaccord des copartageants, à la rédaction d'un procès-verbal de dires des parties en application de l'art. 1373 C. pr. civ. alors que, saisie d'une demande d'ouverture des opérations successorales, il incombait à la cour de trancher les difficultés qui lui étaient soumises avant de renvoyer les parties devant le notaire. • Civ. 1re, 3 avr. 2019, n° 18-14.179 P.

2. Obstacle à une demande de licitation :

acte fixant certaines modalités du partage. L'acte prévoyant certaines modalités du partage s'impose aux parties et fait obstacle à une demande ultérieure de licitation. • Civ. 1re, 20 janv. 1982 : *JCP 1983. II. 19989 (1re esp.), note Rémy ; RTD civ. 1982. 780, obs. Patarin.* ♦ L'acte par lequel est déterminé le sort de certains biens de la succession s'impose aux indivisaires qui y ont été parties et fait obstacle à ce que l'un d'eux forme ultérieurement une demande de licitation. • Civ. 1re, 20 janv. 1982, n° 80-16.909 P. – V. aussi • Civ. 1re, 3 févr. 1982 : *JCP N 1982. II. 198, note Rémy ; RTD civ. 1982. 780, obs. Patarin.*

Art. 841-1 **Si le notaire commis pour établir l'état liquidatif se heurte à l'inertie d'un indivisaire, il peut le mettre en demeure, par acte extrajudiciaire, de se faire représenter.**

Faute pour l'indivisaire d'avoir constitué mandataire dans les trois mois de la mise en demeure, le notaire peut demander au juge de désigner toute personne qualifiée qui représentera le défaillant jusqu'à la réalisation complète des opérations.

BIBL. ▶ LEVILLAIN, *JCP N 2022, n° 1147* (recours à une personne qualifiée). – MEESEMAECKER, *Defrénois 2011. 1031.*

Art. 842 **A tout moment, les copartageants peuvent abandonner les voies judiciaires et poursuivre le partage à l'amiable si les conditions prévues pour un partage de cette nature sont réunies.**

A. CONVENTIONS EN COURS DE PARTAGE JUDICIAIRE

1. *Portée.* Il est loisible aux coïndivisaires, au cours des opérations de partage judiciaire, de conclure une convention amiable se rapportant au partage de tout ou partie des éléments d'actif, et le notaire commis doit tenir compte de cette convention lors de l'établissement de son état liquidatif ; les cohéritiers ne peuvent donc remettre en cause, lors de l'instance d'homologation, l'accord qu'ils avaient conclu et qui portait sur la composition des lots et leur attribution. • Civ. 1re, 29 mars 1978 : *Bull. civ. I, n° 129.*

B. CRÉANCE DE SALAIRE DIFFÉRÉ

1° BÉNÉFICIAIRE DE LA CRÉANCE

a. Condition de participation à l'exploitation

2. *Conjoint du descendant participant à l'exploitation de ses beaux-parents.* En application de l'art. L. 321-15 C. rur., le conjoint du descendant ne peut prétendre à une créance de salaire différé que s'il a travaillé, concomitamment avec celui-ci, sur l'exploitation de ses beaux-parents ; tel n'est pas le cas lorsqu'une créance de salaire différé est sollicitée pour une période distincte de celle pour laquelle le descendant en bénéficiait. • Civ. 1re, 29 mai 2019, n° 18-18.376 P : *AJ fam. 2019. 420, obs. Levillain.*

3. *Exploitations successives par les deux parents.* Au cas où chacun des parents a été successivement exploitant de la même exploitation, leur descendant ne peut se prévaloir d'un *unique contrat de travail à salaire différé* pour exercer son droit de créance sur l'une ou l'autre des successions qu'à la condition que ce contrat ait reçu exécution au cours de l'une et de l'autre des deux périodes d'exploitation ; prescription de l'action engagée lors d'opérations portant sur la succession de l'épouse alors que celle-ci n'avait dirigé l'exploitation qu'après le décès de son mari et qu'il s'était écoulé plus de trente ans depuis le décès du père pour lequel le descendant avait travaillé. • Civ. 1re, 27 févr. 2013, n° 11-28.359 P : *D. 2013. 640* • 17 oct. 2018, n° 17-26.725 P.

b. Condition d'absence de rémunération

4. *Donation de l'exploitant emportant règlement de la créance : principe.* L'art. L. 321-17 C. rur. n'interdit pas à l'exploitant, de son vivant, de remplir le bénéficiaire de ses droits de créance de salaire différé lors d'une donation. • Civ. 1re, 31 mai 2005, n° 02-17.541 P : *Defrénois 2006. 859, obs. Gelot ; JCP N 2005. 1432, note Gain ; ibid. 2006. 1274, obs. Roussel.* ♦ Le règlement d'une créance de salaire différé pouvant intervenir par le biais d'une donation dispensée de rapport, une cour d'appel a souverainement estimé qu'il résultait suffisamment de la manifestation de volonté non équivoque des donateurs et de l'acceptation du donataire dans l'acte de donation notarié que la créance de salaire différé a été réglée par cet acte. • Civ. 1re, 22 mars 2005, n° 02-21.332 P : *JCP N 2006. 1274, obs. Roussel.*

5. *… Nécessité de caractériser la commune intention des parties de procéder à un tel règlement.* Si l'exploitant peut, de son vivant, remplir le bénéficiaire d'un contrat de travail à salaire différé de ses droits de créance, notamment par une donation-partage, c'est à la condition que soit caractérisée la commune intention des parties de procéder à un tel paiement ; cassation de l'arrêt ayant rejeté une demande de salaire différé au motif que la preuve d'une rémunération, rendant cette demande sans objet, résultait d'un acte de donation que les parents n'étaient pas tenus de motiver alors qu'il ne résultait pas de tels motifs que la donation ait, dans la commune intention de l'exploitant donateur et de son fils, eu vocation à remplir ce dernier de ses droits de créance au titre du contrat de travail à salaire différé. • Civ. 1re, 11 févr. 2015, n° 13-27.923 P : *AJ fam. 2015. 238, obs. Casey* ; *Dr. fam. 2015, n° 152, obs. Torricelli-Chrifi.*

6. ... Exclusion du droit de retour légal des collatéraux privilégiés sur les biens reçus en règlement de la créance. Les biens reçus de son ascendant par le défunt en règlement d'une créance de salaire différé échappent au droit de retour légal des collatéraux privilégiés (application des art. 757-3 C. civ. et L. 321-17, al. 1er, C. rur.). • Civ. 1re, 1er déc. 2021, n° 20-12.315 B : *AJ fam. 2022. 53, obs. Levillain* ; *JCP N 2022, n° 1215, note Boulanger.*

2° DÉBITEUR DE LA CRÉANCE

7. Dette de l'exploitant. La créance de salaire différé est une dette, non pas du propriétaire du fonds rural, mais de l'exploitant, de sorte que le bénéficiaire d'un contrat de salaire différé est créancier de l'exploitant et exerce son droit au cours du règlement de la succession de celui-ci. En l'espèce, irrecevabilité de la demande de salaire différé présentée à l'encontre de la succession de l'épouse de l'exploitant, celle-ci n'ayant fourni qu'une aide occasionnelle sans avoir eu la qualité de coexploitante par rapport à l'activité de son mari. • Civ. 1re, 6 nov. 2013 : *D. 2014. 259, note Roussel* .

8. Cas de la coexploitation conjugale. Si les parents du bénéficiaire d'un salaire différé étaient coexploitants ou exploitants successifs, il peut se prévaloir d'un unique contrat de travail et exercer son droit de créance sur l'une ou l'autre des successions. • Civ. 1re, 23 janv. 2008, n° 06-21.301 P : *JCP N 2008. 1262, note Roussel.*

3° RÉGIME DE LA CRÉANCE

9. Droit transitoire : cas de la co-exploitation. Le droit à une créance de salaire différé est déterminé selon la loi applicable au jour de l'ouverture de la succession de l'exploitant et au cours du règlement de sa succession. Il en résulte qu'en cas de co-exploitation, ce droit doit être déterminé au jour de l'ouverture de la succession du premier parent décédé ; cassation de l'arrêt qui décide que la créance d'un descendant sur les successions de ses parents devait se calculer en fonction de la loi applicable au jour de l'ouverture de la succession du second parent exploitant agricole alors que, la créance de salaire différé étant née en son entier à l'ouverture de la succession du prémourant des époux, survenue le jour de son décès, son montant devait être déterminé en application des dispositions légales en vigueur à cette date. • Civ. 1re, 13 juin 2019, n° 18-19.155 P : *AJ fam. 2019. 419, obs. Levillain* .

10. Caractère patrimonial du droit. La demande de reconnaissance d'une créance de salaire différé à l'égard de la succession n'entre pas dans la catégorie des droits propres du débiteur en liquidation judiciaire, dessaisi de son droit patrimonial au profit du liquidateur. • Com. 11 juin 2014, n° 12-28.769 P : *D. 2014. 1860, note Barbièri et Roussel* ; *JCP 2015, n° 101, note Le Guidec* ; *Defrénois 2015. 244, note Vauvillé.*

11. Transmissibilité passive de la créance. La créance de salaire différé, ayant été définitivement fixée avant le décès de la bénéficiaire, et entrée dans le patrimoine de cette dernière, doit se retrouver dans sa succession, de sorte que le mari est fondé à demander qu'il en soit tenu compte dans la succession de l'exploitant qui en était débiteur. • Civ. 1re, 20 juin 2012 : *D. 2012. 2229, note Roussel* ; *AJ fam. 2012. 471, obs. Levillain* . ♦ Comp. • Civ. 1re, 15 mai 2008, n° 07-13.179 P : *RTD civ. 2009. 151, obs. Grimaldi* (les frères et sœurs, légataires universels du bénéficiaire prédécédé d'une créance de salaire différé, ne peuvent se prétendre créanciers de cette créance).

Sur le partage, V. C. pr. civ., art. 1358 à 1381. — ***C. pr. civ.***

Code rural et de la pêche maritime

LIVRE III. L'EXPLOITATION AGRICOLE

(L. n° 93-934 du 22 juill. 1993)

Le contrat de travail à salaire différé

BIBL. GÉN. ▶ Castella, *Dr. fam. 2010. Étude 5* (salaire différé). – Goujon, *RD rur. 1972. 243* (évolution). – Jallais, *JCP N 1981. I. 247* (réforme par la loi du 4 juill. 1980). – Prévault, *Études Weill, Dalloz/Litec, 1983, p. 433* (élargissement du concept de salaire différé). – X. Savatier, *R. 1996, p. 205* (jurisprudence récente).

RÉP. CIV. v° *Partage : modes d'attribution spécifiques*, par C. Brenner.

Art. L. 321-13 Les descendants d'un exploitant agricole qui, âgés de plus de dix-huit ans, participent directement et effectivement à l'exploitation, sans être associés aux bénéfices ni aux pertes et qui ne reçoivent pas de salaire en argent en contrepartie de leur collaboration, sont réputés légalement bénéficiaires d'un contrat de travail à salaire différé sans que la prise en compte de ce salaire pour la détermination des parts successorales puisse donner lieu au paiement d'une soulte à la charge des cohéritiers.

Le taux annuel du salaire sera égal, pour chacune des années de participation, à la valeur des deux tiers de la somme correspondant à 2 080 fois le taux du salaire minimum interprofessionnel de croissance en vigueur, soit au jour du partage consécutif au décès de l'exploitant, soit au plus tard à la date du règlement de la créance, si ce règlement intervient du vivant de l'exploitant.

(Abrogé par L. n° 2013-1278 du 29 déc. 2013, art. 26-III) « Les sommes attribuées à l'héritier de l'exploitant au titre du contrat de travail à salaire différé sont exemptes de l'impôt sur le revenu en application de l'article 81 du code général des impôts. » — [Décr.-L. 29 juill. 1939, art. 63 et 74].

Art. L. 321-14 Le bénéfice du contrat de travail à salaire différé constitue pour le descendant de l'exploitant agricole un bien propre dont la dévolution, par dérogation aux règles du droit civil et nonobstant toutes conventions matrimoniales, est exclusivement réservée à ses enfants vivants ou représentés.

Cette transmission est dispensée de tout droit de mutation par décès. — *[Décr.-L. 29 juill. 1939, art. 64.]*

Art. L. 321-15 Si le descendant est marié et si son conjoint participe également à l'exploitation dans les conditions mentionnées à l'article L. 321-13, chacun des époux sera réputé légalement bénéficiaire d'un contrat de travail à salaire différé au taux fixé au deuxième alinéa dudit article L. 321-13.

En cas de divorce ou de séparation de corps prononcé aux torts exclusifs de l'époux qui n'est pas le descendant de l'exploitant, ledit époux perdra le bénéfice des dispositions de l'alinéa précédent. — *[Décr.-L. 29 juill. 1939, art. 65.]*

Art. L. 321-16 En cas de prédécès du descendant marié, si celui-ci laisse de son mariage un ou plusieurs enfants âgés de moins de dix-huit ans, le conjoint survivant qui participe à l'exploitation dans les conditions fixées à l'article L. 321-13 bénéficie des droits mentionnés audit article jusqu'à ce que le plus jeune des enfants ait atteint sa dix-huitième année ou achevé les études poursuivies dans un établissement d'enseignement agricole. — *[Décr.-L. 29 juill. 1939, art. 66.]*

Art. L. 321-17 Le bénéficiaire d'un contrat de salaire différé exerce son droit de créance après le décès de l'exploitant et au cours du règlement de la succession ; cependant l'exploitant peut, de son vivant, remplir le bénéficiaire de ses droits de créance, notamment lors de la donation-partage à laquelle il procéderait.

Toutefois, le bénéficiaire des dispositions de la présente sous-section, qui ne serait pas désintéressé par l'exploitant lors de la donation-partage comprenant la majeure partie des biens, et alors que ceux non distribués ne seraient plus suffisants pour le couvrir de ses droits, peut lors du partage exiger des donataires le paiement de son salaire.

Les droits de créance résultant des dispositions de la présente sous-section ne peuvent en aucun cas, et quelle que soit la durée de la collaboration apportée à l'exploitant, dépasser, pour chacun des ayants droit, la somme représentant le montant de la rémunération due pour une période de dix années, et calculée sur les bases fixées au deuxième alinéa de l'article L. 321-13.

Le paiement du salaire différé ou l'attribution faite au créancier, pour le remplir de ses droits de créance, ne donne lieu à la perception d'aucun droit d'enregistrement. Les délais et modalités de paiement sont fixés, s'il y a lieu, dans les conditions prévues à l'article *(L. n° 2006-728 du 23 juin 2006, en vigueur le 1er janv. 2007)* « 924-3 *[ancienne rédaction : 868]* » du code civil. — *[Décr.-L. 29 juill. 1939, art. 67.]*

Art. L. 321-18 L'abandon de l'activité agricole par l'ascendant n'éteint pas les droits de créance du descendant qui a participé à l'exploitation.

Les enfants et petits-enfants mentionnés à l'article L. 321-16 qui n'ont jamais travaillé sur un fonds rural sont privés desdits droits sauf si, lors du règlement de la créance, de la donation-partage ou du décès de l'exploitant, ils se trouvent encore soumis à l'obligation scolaire ou poursuivent leurs études dans un établissement d'enseignement agricole. — *[Décr.-L. 29 juill. 1939, art. 68.]*

Art. L. 321-19 La preuve de la participation à l'exploitation agricole dans les conditions définies aux articles L. 321-13 à L. 321-18 pourra être apportée par tous moyens.

En vue de faciliter l'administration de cette preuve, les parties pourront effectuer chaque année une déclaration à la mairie, laquelle devra être visée par le maire qui en donnera récépissé. – *[Décr.-L. 29 juill. 1939, art. 70.]*

Art. L. 321-20 Les règles spéciales régissant le contrat de travail, ainsi que toutes les dispositions de la législation du travail, ne sont pas applicables dans les cas prévus par la présente sous-section. – *[Décr.-L. 29 juill. 1939, art. 72.]*

Art. L. 321-21 Les droits de créances résultant du contrat de salaire différé sont garantis sur la généralité des meubles par le privilège inscrit à l'article *(Ord. nº 2021-1192 du 15 sept. 2021, art. 34, en vigueur le 1er janv. 2022)* « 2331, 3° », du code civil, sur la généralité des immeubles par le privilège inscrit à l'article *(Ord. nº 2021-1192 du 15 sept. 2021, art. 34, en vigueur le 1er janv. 2022)* « 2377, 2° », du code civil et sur les immeubles par une hypothèque légale. – *[Décr.-L. 29 juill. 1939, art. 73.]*

Art. L. 321-21-1 *(L. nº 99-574 du 9 juill. 1999, art. 35)* Le conjoint survivant du chef d'une exploitation agricole ou de l'associé exploitant une société dont l'objet est l'exploitation agricole qui justifie par tous moyens avoir participé directement et effectivement à l'activité de l'exploitation pendant au moins dix années, sans recevoir de salaire ni être associé aux bénéfices et aux pertes de celle-ci, bénéficie d'un droit de créance d'un montant égal à trois fois le salaire minimum de croissance annuel en vigueur au jour du décès dans la limite de 25 % de l'actif successoral. Ce droit est garanti sur la généralité des meubles par le privilège inscrit au *(Ord. nº 2021-1192 du 15 sept. 2021, art. 34, en vigueur le 1er janv. 2022)* « 3° » de l'article 2331 du code civil, sur la généralité des immeubles par le privilège inscrit au 2° de l'article *(Ord. nº 2021-1192 du 15 sept. 2021, art. 34, en vigueur le 1er janv. 2022)* « 2377 » du code civil et sur les immeubles par une hypothèque légale. Le cas échéant, le montant des droits propres du conjoint survivant dans les opérations de partage successoral est diminué de celui de cette créance.

Loi nº 89-1008 du 31 décembre 1989, *relative au développement des entreprises commerciales et artisanales et à l'amélioration de leur environnement économique, juridique et social.* **Art. 14** I. — Le conjoint survivant du chef d'une entreprise *(L. nº 2005-882 du 2 août 2005, art. 16-V)* « artisanale, commerciale ou libérale » qui justifie par tous moyens avoir participé directement et effectivement à l'activité de l'entreprise pendant au moins dix années, sans recevoir de salaire ni être associé aux bénéfices et aux pertes de l'entreprise, bénéficie d'un droit de créance d'un montant égal à trois fois le salaire minimum interprofessionnel de croissance annuel en vigueur au jour du décès dans la limite de 25 p. 100 de l'actif successoral. Ce droit est garanti sur la généralité des meubles par le privilège inscrit au *(Ord. nº 2021-1192 du 15 sept. 2021, art. 35, en vigueur le 1er janv. 2022)* « 3° » de l'article 2331 du code civil, sur la généralité des immeubles par le privilège inscrit au 2° de l'article *(Ord. nº 2021-1192 du 15 sept. 2021, art. 35, en vigueur le 1er janv. 2022)* « 2377 » du code civil et sur les immeubles par une hypothèque légale. Le cas échéant, le montant des droits propres du conjoint survivant dans les opérations de partage successoral et de liquidation du régime matrimonial est diminué de celui de cette créance. Pour la liquidation des droits de succession, cette créance s'ajoute à la part du conjoint survivant.

II *et* III. *– V. C. civ., art. 2331-4° et 2375-2°.*

BIBL. ▶ DAGOT, *JCP N 1990. I. 317.*

SECTION 2 **Du rapport des libéralités** *(L. nº 2006-728 du 23 juin 2006, art. 3).*

La loi nº 2006-728 du 23 juin 2006 modifiant la présente section entre en vigueur le ***1er janv. 2007****. – V. les dispositions transitoires à l'art. 47 de cette loi, ss. art. 892, et l'ensemble des dispositions antérieures (Titre I ancien) à la suite de ce même art. 892.*

RÉP. CIV. vº *Rapport des dons et legs*, par J. BOISSON, D. GUÉVEL.

BIBL. GÉN. ▶ FÉNARDON, *JCP N 2008. 1300* (fruits et intérêts). - GROSJEAN, *JCP N 2022, nº 1288* (incidence du rapport civil des libéralités sur le traitement fiscal de la succession). - KARM, *JCP N 2022, nº 1287* (pour le rétablissement de la logique du rapport civil des libéralités). - LETELLIER, *JCP N 2019, nº 1314* (le rapport à l'épreuve des renonciations). - VAREILLE, *D. 2006. 2565* (nouveau rapport, nouvelle réduction). - VIGNEAU, *JCP N 2008. 1193* (rapport des art. 845 et 848 en cas de représentation d'un donataire renonçant).

Art. 843 *(L. 24 mars 1898)* **Tout héritier, même** *(L. n° 2006-728 du 23 juin 2006, art. 5)* **« ayant accepté à concurrence de l'actif », venant à une succession, doit rapporter à ses cohéritiers tout ce qu'il a reçu du défunt, par donations entre vifs, directement ou indirectement : il ne peut retenir les dons à lui faits par le défunt, à moins qu'ils ne lui aient été faits expressément** *(L. n° 2006-728 du 23 juin 2006, art. 5)* **« hors part successorale ».**

Les legs faits à un héritier sont réputés faits *(L. n° 2006-728 du 23 juin 2006, art. 5)* **« hors part successorale », à moins que le testateur n'ait exprimé la volonté contraire, auquel cas le légataire ne peut réclamer son legs qu'en moins prenant.**

I. CARACTÈRE RAPPORTABLE DES DONATIONS

A. DOMAINE DE LA PRÉSOMPTION DE RAPPORT

1° QUANT AUX LIBÉRALITÉS

a. Application généralisée de la règle

1. Application aux donations non notariées. Sauf dispense expresse de rapport, les dons manuels et les donations indirectes sont présumés rapportables ; en l'absence de demande, les juges du fond ne sont pas tenus de rechercher le caractère rapportable d'une aide en nature dont aurait bénéficié un héritier. • Civ. 1re, 22 nov. 2005, n° 03-17.512 P. ♦ Rapport de la donation indirecte résultant de la location-gérance d'un fonds de commerce consentie en faveur d'une société dans laquelle l'un des héritiers était associé, ce fonds ayant été incorporé à un autre fonds exploité par la société et n'ayant jamais été restitué. • Civ. 1re, 24 janv. 2018, n° 17-13.017 P : *D. 2018. 239* ; *AJ fam. 2018. 188, obs. Levillain* ; *JCP N 2018, n° 1125, note Zalewski-Sicard ; Dr. fam. 2018, n° 102, obs. Nicod* ♦ Les donations déguisées ne sont pas, par elles-mêmes, et à raison du seul déguisement, nécessairement dispensées de rapport ; ne donne pas de base légale à sa décision la cour d'appel qui écarte le rapport d'une donation déguisée sans constater la volonté du donateur de dispenser le donataire du rapport. • Civ. 1re, 17 janv. 1995, n° 93-11.412 P : *D. 1995. 585, note S. Aubert* ; *D. 1995. Somm. 334, obs. Vareille* ; *JCP 1996. I. 3968, n° 6, obs. Le Guidec* • 20 févr. 2001 : *D. 2001. Somm. 2939, obs. Vareille* ; *Dr. fam. 2001, n° 42, note Beignier.*

2. Donation de fruits et revenus. V. Desbois, *Sem. jur. 1929. 939* ; Esmein, *Defrénois 1934, art. 23958 et 23987* ; Flour, *note DC 1943. 104* ; Voirin, *note JCP 1941. II. 1655.* • Civ. 1re, 3 nov. 1988 : *JCP 1989. II. 21375, note Hassler ; JCP N 1990. II. 27, note Pillebout ; RTD civ. 1989. 570, obs. Rémy.* ♦ L'art. 843 sur le rapport des libéralités n'opère aucune distinction selon que le défunt a donné un bien ou seulement les fruits de celui-ci ; est inopérante, pour déclarer une donation non rapportable, la seule circonstance que le défunt n'avait disposé que des fruits. • Civ. 1re, 14 janv. 1997, n° 94-16.813 P : *R., p. 190 ; GAJC, 12e éd., n° 112 ; D. 1997. 607, note Barabé-Bouchard* ; *JCP 1998. I. 133, n° 8, obs. Le Guidec ; JCP N 1998. 356, étude Barthe ; Defrénois 1997. 1136, note Malaurie ; RTD civ. 1997. 480, obs. Patarin*. – V. aussi Najjar, *D. 1999. Chron. 155.* ♦ Mais la modification de la répartition de la part de chaque associé dans les bénéfices de la société qui résulte d'une décision collective des associés, émanant d'un organe social, ne vaut pas donation d'un élément de leur patrimoine de la part des parents participant au vote et détenant, avec leurs enfants, les parts sociales d'une société civile immobilière. • Com. 18 déc. 2012, n° 11-27.745 P : *D. 2013. 82* ; *ibid. 2729, obs. Rabreau* ; *Rev. sociétés 2013. 203, note Le Nabasque* ; *RTD com. 2013. 165, obs. Neau-Leduc* ; *JCP N 2013, n° 1010, note Garçon ; RDC 2013. 1015, obs. Goldie-Génicon.*

3. Application aux avantages indirects. Rapport des avantages indirects consentis par le défunt à un héritier *ab intestat*, V. ci-dessous.

4. Applications diverses. Rapport des donations faites par contrat de mariage aux futurs époux : V. • Civ. 8 févr. 1898 : *DP 1899. 1. 265, note Sarrut.* ♦ Rapport des donations faites en nue-propriété : V. • Civ. 1re, 5 févr. 1975 : *D. 1975. 673, note Guimbellot ; JCP 1976. II. 18249, note Dagot.*

5. Application indépendante des règles fiscales déterminant l'assiette des droits de mutation à titre gratuit. La détermination de l'assiette des droits de mutation par décès est sans effet sur les règles du droit civil sur la liquidation des successions, notamment quant aux règles du rapport. • Civ. 1re, 11 mars 1997, n° 95-15.341 P : *JCP N 1997. II. 1577, note Raffray ; ibid. I. 1417, étude Buffeteau ; Dr. fam. 1997, n° 146 (2e arrêt), note Beignier ; RCA 1997, n° 141, obs. G. C.* ♦ Rapport de l'avantage indirect résultant de la prise en charge par le donateur des frais et droits, V. note 1.

6. Application indépendante de la fonction du bien donné. L'obligation au rapport d'un bien est indépendante de sa fonction. • Civ. 1re, 11 juill. 2006, n° 04-20.530 P : *D. 2006. IR 2349* ; *JCP 2008. I. 108, n° 8, obs. Le Guidec* (à propos de matériels ostréicoles, dispensés de rapport par les juges du fond au prétendu motif que leur valeur ne tient qu'à leur fonction professionnelle).

7. Exclusion des donations-partages. Les biens qui font l'objet d'une donation-partage ne sont pas soumis au rapport, qui n'est qu'une opération préliminaire au partage en ce qu'il tend à constituer la masse partageable. • Civ. 1re, 16 juill. 1997, n° 95-13.316 P : *D. 1997. Somm. 370, obs. Grimaldi*. ♦ La donation antérieure, incorporée à la donation-partage, n'est plus soumise au rapport. • Civ. 1re, 4 juill. 2018, n° 16-15.915 P : *D. 2018. 1491 ; AJ fam. 2018. 556, obs. Levillain ; Gaz. Pal. 2018. 2468, obs. Valory ; Dr. fam. 2018, n° 264, note Tani.*

8. Exclusion des donations consenties au conjoint soumises à la règle de l'imputation de l'art. 758-6. Il résulte de la combinaison des art. 758-5 et 758-6 que le conjoint survivant est tenu à un rapport spécial en moins prenant des libéralités reçues par lui du défunt dans les conditions définies à l'art. 758-6 ; la cour d'appel ayant retenu que le pacte tontinier compris dans l'acte d'achat de l'appartement constituait une donation déguisée en faveur du conjoint survivant, cette donation est soumise au rapport, non pas en application de la présomption édictée à l'art. 843, mais dans les limites et selon les modalités prévues à l'art. 758-6. • Civ. 1re, 12 janv. 2022, n° 20-12.232 B : *D. 2022. chron. C. cass. 856, obs. Buat-Ménard ; AJ fam. 2022. 100, obs. Casey ; ibid. 62, obs. Paillard ; RTD civ. 2022. 437, obs. Grimaldi ; Defrénois 2022/6. 16, note Boisson ; Dr. fam. 2022, n° 36, obs. Nicod ; JCP N 2022, n° 1130, obs. Zalewski-Sicard.*

b. Nécessité d'établir l'existence d'une véritable donation

9. Preuve d'une intention libérale : principe. Les juges du fond ayant exclu, faute d'intention libérale, l'existence de donations faites par le *de cujus* au profit d'un héritier, leur décision disant n'y avoir lieu à rapport est justifiée par ce seul motif, dès lors qu'il n'a pas été soutenu que cet héritier était débiteur de la succession. • Civ. 1re, 17 janv. 1995 : *préc. note 1.* ♦ Il n'y a pas lieu à rapport successoral pour des chèques tirés du compte de la défunte et déposés sur le compte du fils, celui-ci démontrant avoir payé de nombreuses factures pour le compte de sa mère, notamment les notes d'honoraires et de séjour d'une résidence spécialisée, ce qui exclut l'existence de dons manuels. • Civ. 1re, 14 nov. 2006, n° 04-18.879 P. ♦ Cassation de l'arrêt qui ordonne le rapport d'un avantage indirect lié au défaut de paiement de fermages sur le fondement du rapport des dons sans avoir constaté l'intention libérale des donateurs. • Civ. 1re, 21 oct. 2015, n° 14-24.847 P : *AJ fam. 2015. 686, obs. Casey*.

10. … Applications. Obligation pour l'héritier de rapporter à la succession une somme correspondant à l'avantage indirect dont il a bénéficié, l'intention libérale de la défunte ayant été établie au regard du contenu d'un premier testament olographe révoqué par un testament postérieur. • Civ. 1re, 19 mars 2014, n° 13-14.139 P : *D. 2014. 2487, obs. Darret-Courgeon ; AJ fam. 2014. 325, obs. Levillain ; RTD civ. 2014. 876, obs. Hauser ; JCP 2015, n° 101, note Le Guidec ; Defrénois 2014. 762, note Chamoulaud-Trapiers ; RDC 2014. 446, note Goldie-Génicon ; Dr. fam. 2014, n° 77, obs. Nicod.* ♦ Prise en compte, pour caractériser la volonté de gratifier l'un des enfants, de la sous-évaluation systématique du montant des transactions intervenues entre les parties pour la vente d'un bien immobilier et le caractère occulte des avantages ainsi consentis. • Civ. 1re, 21 oct. 2015, n° 14-24.926 P : *AJ fam. 2015. 686, obs. Casey*. ♦ Pour d'autres applications particulières, V., ci-dessous, le rapport des avantages indirects.

11. Modes de preuve admissibles. Le cohéritier qui demande le rapport d'une libéralité indirecte ou déguisée agit en son nom personnel et non comme ayant cause du donateur ; pour arriver à la constatation de la remise occulte alléguée, tous les genres de preuves sont admissibles. • Civ. 2 déc. 1903 : *DP 1903. 1. 608.* ♦ Recevabilité de tous les modes de preuve pour établir l'intention libérale à l'origine de l'avantage indirect consenti par le défunt à l'un de ses héritiers, V. • Civ. 1re, 19 mars 2014 : *préc. note 10.*

2° QUANT AUX PERSONNES

12. Personnes débitrices du rapport : héritiers « ab intestat ». Le rapport des libéralités à la succession n'est dû que par les héritiers *ab intestat* et non par les légataires à titre universel. • Civ. 1re, 20 oct. 2010, n° 09-16.157 P : *D. actu. 12 nov. 2010, obs. Le Douaron ; D. 2011. Chron. C. cass. 622, obs. Auroy ; AJ fam. 2010. 549, obs. Vernières ; Defrénois 2011. 733, obs. Vareille ; Dr. fam. 2010, n° 190, obs. Beignier ; JCP N 2011, n° 1143, obs. Bonneau ; RTD civ. 2011. 161, obs. Grimaldi* • 8 mars 2017, n° 16-10.384 P : *D. 2017. 646 ; AJ fam. 2017. 306, obs. Levillain*. ♦ Seule l'héritière *ab intestat* peut être tenue au rapport, de sorte que la mise en cause de son époux, fût-il commun en biens, n'est pas nécessaire. • Civ. 1re, 4 juill. 2018, n° 17-22.269 P : *D. 2018. 2384, obs. Godechot-Patris et Grare-Didier ; AJ fam. 2018. 483, obs. Levillain ; Dr. fam. 2018, n° 245, obs. Tani.* ♦ La qualité de réservataire est indifférente à l'obligation de rapport pesant sur tout héritier. • Civ. 2e, 10 sept. 2015, n° 14-20.017 P : *AJ fam. 2015. 625, obs. Casey ; RDC 2016. 288, note Gaudemet* (rapport de primes d'assurance vie manifestement excessives). ♦ Personnes débitrices et créancières du rapport, V. également notes ss. art. 857.

B. FORCE DE LA PRÉSOMPTION DE RAPPORT

13. Caractère simple de la présomption : dispense de rapport expresse ou tacite. Si la loi n'exige pas que la dispense de rapport soit formulée en termes sacramentels, il faut du moins que la volonté d'affranchir de l'obligation de rapport l'héritier donataire venant à la succession résulte soit d'une disposition précise et spéciale, soit de la combinaison entre elles des différentes clauses de l'acte de donation ; cette volonté doit s'induire de toutes dispositions dont l'exécution est incompatible avec l'obligation dont il s'agit, mais il appartient aux tribunaux, quand une pareille incompatibilité n'existe pas, manifeste et certaine, d'apprécier souverainement la portée des clauses invoquées. * Req. 14 déc. 1908 : *DP 1909. 1. 388.*

14. Dispense de rapport associée à un don manuel. Pour dispenser du rapport les dons manuels, le donateur n'a pas besoin de recourir à la déclaration expresse visée par l'art. 843 ; mais il est nécessaire que cette dispense résulte de la volonté nettement établie du donateur, volonté dont l'appréciation est abandonnée au pouvoir souverain des juges du fait. • Req. 19 oct. 1903 : *DP 1903. 1. 600.*

15. Dispense de rapport associée à une donation déguisée. Si la donation déguisée n'est pas par elle-même et à raison du seul déguisement nécessairement dispensée de rapport, il appartient aux juges du fond d'examiner si la volonté du donateur a été de l'en dispenser. • Req. 11 janv. 1897 : *DP 1897. 1. 473, note Guénée.* – Dans le même sens : • Civ. 1re, 3 nov. 1976 : *JCP 1978. II. 18871, note Dagot ; RTD civ. 1979. 415, obs. Savatier.* ♦ Les juges du fond peuvent décider que les opérations en cause constituent une donation déguisée dont les disposants ont entendu qu'elle ne soit pas soumise à rapport. • Civ. 1re, 1er juill. 1997 : *Defrénois 1998. 417, obs. Champenois.*

II. APPLICATIONS AUX AVANTAGES INDIRECTS

A. OCCUPATION GRATUITE D'UN IMMEUBLE

BIBL. Barabé-Bouchard, *JCP N 2006. 1220.*

16. Nécessité d'établir une intention libérale. Ne donne pas de base légale à sa décision la cour d'appel qui ordonne le rapport à la succession de l'avantage indirect résultant de l'hébergement à titre gratuit d'un héritier, sans rechercher, comme il le lui était demandé, si, nonobstant l'absence de paiement de loyers, le règlement par cet héritier de diverses dépenses ne constituait pas la contrepartie de son hébergement, excluant ainsi toute libéralité, dont la reconnaissance exige la preuve d'une intention libérale. • *Civ. 1re, 18 janv. 2012,* n° 11-12.863 P : *D. 2012. 2476, obs. Brémond, Nicod et Revel ; AJ fam. 2012. 235, obs. Buat-Ménard ; RTD civ. 2012. 307, obs. Hauser ; ibid. 353, obs. Grimaldi ; RLDC 2012/ 94, n° 4710, note Mésa.* ♦ Seule une libéralité, qui suppose un appauvrissement du disposant dans l'intention de gratifier son héritier, est rapportable à la succession ; la cour d'appel ayant admis que l'intention libérale n'était pas établie a légalement justifié sa décision de rejeter la demande de rapport de l'avantage indirect résultant de la jouissance gratuite d'un logement. • Civ. 1re, 18 janv. 2012, n° 09-72.542 P. ♦ V. également sur la nécessité d'établir une intention libérale • Civ. 1re, 18 janv. 2012, n° 10-27.325 P • Civ. 1re, 18 janv. 2012, n° 10-25.685 P : *D. 2012. 2476, obs. Brémond, Nicod et Revel ; AJ fam. 2012. 156, obs. Régis ; RLDC 2012/ 94, n° 4710, note Mésa.* ♦ Comp. antérieurement • Civ. 1re, 8 nov. 2005, n° 03-13.890 P : *D. 2006. Pan. 2072, obs. Nicod ; JCP 2008. I. 108, n° 8, obs. Le Guidec ; RJPF 2006-1/34, obs. Casey ; LPA 3 mai 2006, note Chamoulaud-Trapiers* (même en l'absence d'intention libérale établie, le bénéficiaire d'un avantage indirect résultant de l'occupation gratuite d'un immeuble en doit compte à ses cohéritiers). ♦ Rapport de l'avantage indirect résultant de l'usage gratuit d'une maison conféré, par l'usufruitière, au nu-propriétaire dans une intention libérale ; indemnité de rapport égale aux loyers qui auraient dû être payés si les lieux avaient été loués, après déduction du seul montant des réparations et frais d'entretien incombant normalement à l'usufruitière. • Civ. 1re, 2 mars 2022, n° 20-21.641 B : *AJ fam. 2022. 296, obs. Casey ; Dr. fam. 2022, n° 77, obs. Tani ; Defrénois 2023/6. 11, obs. Vareille et Chamoulaud-Trapiers.*

17. Incompatibilité avec la qualification de prêt à usage. Le prêt à usage constitue un contrat de service gratuit, qui confère seulement à son bénéficiaire un droit à l'usage de la chose prêtée mais n'opère aucun transfert d'un droit patrimonial à son profit, notamment de propriété sur la chose ou ses fruits et revenus, de sorte qu'il n'en résulte aucun appauvrissement du prêteur ; ayant retenu que la mise à disposition par une personne à son fils d'un appartement pendant une décennie sans contrepartie financière relevait d'un prêt à usage, une cour d'appel en déduit à bon droit qu'un tel contrat est incompatible avec la qualification d'avantage indirect rapportable. • Civ. 1re, 11 oct. 2017, n° 16-21.419 P.

18. Non-application de la prescription quinquennale spécifique à l'occupation privative d'un bien indivis. Les dispositions légales gouvernant l'indivision sont étrangères au rapport des libéralités, lesquelles supposent l'existence d'une intention libérale. Cassation de l'arrêt qui, ayant conclu au rapport de l'avantage indirect résultant de l'occupation gratuite d'un logement, décide qu'en application de l'art. 815-10, al. 2, il ne pourra être réclamé à l'héritier ainsi avantagé que la valeur locative du bien occupé dans la limite des cinq années précédant l'ouverture de la succession. • Civ. 1re, 18 janv. 2012 : *préc. note 16.*

B. AVANTAGES INDIRECTS DE NATURE PROFESSIONNELLE

19. Représentant de commerce. L'avantage pécuniaire résultant, pour un héritier, de la situation privilégiée qui lui a permis de remplacer le défunt dans sa profession de représentant de commerce, constitue une valeur patrimoniale qui doit figurer dans la masse successorale, à laquelle il est éventuellement rapportable. • Civ. 1re, 19 nov. 1968 : *JCP 1969. II. 15899, note M. D.*

20. Exploitant d'un taxi. L'avantage pécuniaire résultant, pour l'exploitant d'un taxi, de l'usage permettant de demander, moyennant rémunération, le transfert à un tiers de l'autorisation de stationner à un emplacement déterminé, constitue une valeur patrimoniale qui doit figurer dans la masse successorale, à laquelle il est éventuellement rapportable. • Civ. 1re, 27 déc. 1963 : *JCP 1964. II. 13513, note R. L.*

21. Clientèle civile. Rapport de l'avantage indirect résultant de la transmission d'une clientèle de cabinet dentaire : • Civ. 1re, 19 nov. 2002, n° 00-18.339 P : *D. 2003. 1590, note Mirabail ; JCP 2003. I. 180, n° 6, obs. Le Guidec* (appréciation souveraine de la valeur par les juges du fond).

22. Concession ostréicole. Ne constitue pas une libéralité rapportable l'avantage résultant pour un fils de l'exploitation exclusive de la concession ostréicole dont il était conjointement concessionnaire avec sa mère, à la suite du retrait unilatéral de celle-ci, dès lors que ce retrait unilatéral ne constitue ni une cession de droit, ni un don manuel, le fils étant titulaire de la concession en vertu d'une autorisation administrative personnelle. • Civ. 1re, 11 juill. 2006 : *préc. note 6.*

C. AUTRES AVANTAGES INDIRECTS

23. Avantage indirect résultant de la prise en charge par le donateur des frais et droits. Les dispositions fiscales concernant la prise en charge par le donateur des droits, frais et émoluments de la donation-partage sont étrangères à l'appréciation du caractère rapportable de cette donation indirecte. • Civ. 1re, 25 févr. 2009, n° 07-20.010 P : *D. 2009. AJ 812 ; JCP 2010, n° 203, § 7, obs. Le Guidec ; JCP N 2009. 1303, obs. Sauvage ; RLDC 2009/60, n° 3438, obs. Pouliquen ; Defrénois 2009. 1545, obs. Douet ; ibid. 1598, obs. Vareille ; RTD civ. 2009. 559, obs. Grimaldi .* ♦ Mais une cour d'appel ne peut décider que le paiement, par les donateurs, des frais de l'acte de donation constitue une libéralité rapportable à la succession sans constater l'intention libérale des donateurs au donataire, bénéficiaire de cet avantage indirect. • Civ. 1re, 18 janv. 2012 : *préc. note 16.*

24. Avantage indirect résultant d'un bail. Pour décider que doit être rapportée la valeur de l'avantage indirect résultant du bail consenti à un héritier par le défunt, une cour d'appel ne peut se borner à affirmer que ce bail a entraîné une diminution de la valeur des terres louées, sans préciser en quoi cet héritier, légataire des terres qui lui avaient été antérieurement données à bail, avait tiré avantage indirect de cette location. • Civ. 1re, 10 juill. 1996, n° 94-13.301 P : *Defrénois 1998. 465, note Bernard de Saint-Affrique ; RTD civ. 1997. 485, obs. Patarin .* ♦ V., pour l'appréciation souveraine de l'absence d'avantage indirect résultant du bail rural consenti à un héritier : • Civ. 1re, 10 mai 1995 : *D. 1996. 262, note Tendler ; Defrénois 1996. 1279, note Bernard de Saint-Affrique ; RTD civ. 1996. 212, obs. Patarin .* ♦ Comp., antérieurement : • Civ. 1re, 31 mars 1981 : *Bull. civ. 1982. 183, obs. Patarin.*

25. Avantage indirect résultant de la cession de terrains agricoles au profit d'un héritier déjà titulaire d'un bail rural : évaluation. Pour évaluer l'avantage indirect résultant de la vente d'une parcelle agricole, consentie de son vivant par le *de cujus* à l'un de ses héritiers pour un prix modique, les terrains litigieux doivent être estimés comme libres de bail dès lors que cette estimation concerne un bien qui, par l'effet de son attribution à l'héritier preneur et de la réunion sur la tête de celui-ci des qualités incompatibles de propriétaire et de fermier, avait cessé d'être grevé du bail. • Civ. 1re, 21 oct. 2015, n° 14-24.926 P : *préc. note 10.* ♦ Rappr. jurisprudence relative à l'évaluation d'un bien grevé d'un bail et faisant l'objet d'une attribution préférentielle en faveur du preneur citée note 5 ss. art. 832-4.

26. Défaut de paiement de sommes dues au défunt par un héritier. Ayant retenu souverainement que la renonciation de la mère, bailleur, à recouvrer les fermages échus au cours d'une période antérieure à son décès l'avait été dans une intention libérale vis-à-vis de sa fille, preneur à bail, la cour d'appel, qui s'est ainsi justement fondée sur le rapport des libéralités et non pas sur le rapport des dettes et qui a considéré que la remise de ces fermages était intervenue à une époque où ceux-ci n'étaient pas prescrits, en a exactement déduit l'existence d'une libéralité rapportable par la gratifiée à la succession de sa mère. • Civ. 1re, 21 sept. 2022, n° 20-22.139 B : *Dr. fam. 2022, n° 170, obs. Tani.* ♦ Comp. précédemment : ne constitue pas un avantage indirect rapportable à la succession en application de l'art. 843, mais une créance à l'encontre d'un copartageant, le défaut de paiement de sommes, dues au défunt par l'un de ses héritiers, au titre de fermages et d'une reconnaissance de dettes ; cassation de l'arrêt ayant condamné le débiteur de ces sommes à en faire le rapport à la succession sur le fondement de l'art. 843 sans rechercher si ces dettes étaient prescrites au jour de l'ouverture de la succession comme le soutenait le débiteur. • Civ. 1re, 15 mai 2013 : *D. 2013. 1208* ; *AJ fam. 2013. 445, obs. Vernières*. ♦ Comp. • Civ. 1re, 21 oct. 2015, nº 14-24.847 P : *AJ fam. 2015. 686, obs. Casey*. (seule une dette existante pouvant faire l'objet d'une libéralité, c'est au jour de l'ouverture des successions des parents donateurs qu'il convenait de se placer pour apprécier si les dettes de fermages impayées étaient ou non prescrites).

III. CAS PARTICULIER DE L'ASSURANCE VIE

BIBL. Sur les arrêts du 23 nov. 2004 : Delmas Saint-Hilaire, *RJPF 2005-2/47*. – Ghestin, *JCP 2005. I. 111*. – Lécuyer, *Dr. fam. 2005. Étude 6*. – Leduc et Pierre, *RCA 2005. Étude 3*. – Périer, *Gaz. Pal. 2005. Doctr. 1771*.

A. RÉGIME DÉROGATOIRE

27. Domaine d'application. L'art. L. 132-13 C. assur., en ce qu'il prévoit que les règles successorales du rapport et de la réduction ne s'appliquent pas aux sommes versées par le souscripteur d'un contrat d'assurance vie à titre de primes, n'opère pas une distinction entre les héritiers réservataires selon qu'ils sont ou non bénéficiaires du contrat, dès lors qu'il ne soumet aucun d'eux à ces règles. • Civ. 1re, 19 mars 2014, nº 13-12.076 P : *AJ fam. 2014. 322, obs. Levillain*.

28. Non application en cas de rachat du contrat par le souscripteur. L'art. L. 132-13 C. assur. ne s'applique pas aux primes versées sur un contrat d'assurance sur la vie racheté par son souscripteur. • Civ. 1re, 9 févr. 2022, nº 20-18.544 B : *D. 2022. 1117, obs. Pierre* ; *AJ fam. 2022. 167, obs. Levillain* ; *Dr. fam. 2022, nº 57, obs. Tani* ; *RCA 2022, nº 118, obs. Pierre* ; *RGDA 2022/9. 39, note Mayaux*.

29. Caractère aléatoire du contrat, caractère non rapportable du capital ou des primes versées. Le contrat d'assurance dont les effets dépendent de la durée de la vie humaine comporte un aléa au sens des art. 1964 C. civ., L. 310-1-1º, et R. 321-1-20º, C. assur. et constitue un contrat d'assurance sur la vie. • Cass., ch. mixte, 23 nov. 2004, nº 01-13.592 P : *R., p. 205 et 354* ; *BICC 15 févr. 2005, rapp. Crédeville, concl. de Gouttes* ; *GAJC, 12e éd., nº 132* ; *D. 2005. 1905, note Beignier* ; *JCP 2005. I. 187, nº 13, obs. Le Guidec* ; *JCP N 2005. 1003, étude Grosjean* ; *RLDC 2005/12, nº 504, note Leroy* ; *AJ fam. 2005. 70, obs. Bicheron* ; *RDI 2005. 11, obs. Grynbaum* ; *RDC 2005. 297, obs. Bénabent* ; *RGDA 2005. 110, note Mayaux* ; *RTD civ. 2005. 435, obs. Grimaldi* • 23 nov. 2004 : *eod. loc.* • 23 nov. 2004 : *eod. loc.* • 23 nov. 2004 : *eod. loc.* ; *JCP E 2005. 82, note Mélin* ; *Defrénois 2005. 607, obs. Aubert* • Civ. 2e, 22 oct. 2009 : *RLDC 2009/66, nº 3661, obs. Pouliquen*. ♦ Dès lors qu'à la date de souscription du contrat, le souscripteur ignore qui de lui ou du bénéficiaire recevra le capital puisque le créancier diffère selon que l'adhérent est vivant ou non au moment du versement, est caractérisé l'aléa inhérent au contrat d'assurance sur la vie. • Cass., ch. mixte, 23 nov. 2004 : *préc.* ♦ Cassation de l'arrêt qui, pour dire que le contrat est un contrat de capitalisation et non d'assurance sur la vie, retient que la survie de l'assuré est sans influence sur les versements et que les obligations de l'assureur sont indépendantes de la durée de vie de l'assuré. • Cass., ch. mixte, 23 nov. 2004 : *préc.*

30. Jurisprudence antérieure aux arrêts du 23 nov. 2004 relative aux contrats de capitalisation. Comp., antérieurement : dès lors que le contrat d'assurance vie souscrit par le défunt au bénéfice d'un de ses enfants correspond, en réalité, à une opération de capitalisation, la somme versée en exécution de cette convention doit être rapportée à la succession, les art. L. 132-12 et L. 132-13 C. assur. ne s'appliquant pas aux opérations de capitalisation. • Civ. 1re, 18 juill. 2000, *Leroux*, nº 97-21.535 P : *R., p. 403* ; *D. 2001. Somm. 1607, obs. Revel* ; *JCP 2000. II. 10434* ; *ibid., nº 49. Actu., obs. J. Bigot* ; *JCP N 2000. 1683, étude Sauvage et Faucher* ; *Gaz. Pal. 2001. 1450, note Pansier* ; *Defrénois 2001. 3, étude Grimaldi* ; *Dr. fam. 2000, nº 149, note Leroy* ; *LPA 29 mai 2001, note M. Jourdain* ; *RCA 2000. Chron. 28, note Courtieu*. – Sur cet arrêt, V. aussi : Buffeteau, *JCP N 2001. 507* ; *ibid. 1270*. – Ghestin et Billiau, *JCP 2001. I. 329*. – Julien Saint-Amand et Coquema, *Dr. et patr. 1/2001. 28*. ♦ Dans le même sens : • Civ. 1re, 29 janv. 2002, nº 00-12.967 P : *JCP 2002. I. 178, nº 11, obs. Le Guidec* ; *Dr. fam. 2002. Chron. 18, note Vigneau*.

31. Éviction du régime dérogatoire de l'assurance vie en l'absence d'aléa postérieurement aux arrêts du 23 nov. 2004. Ayant constaté que les versements importants faits par une personne ne pouvaient être destinés à lui assurer un complément de retraite alors qu'elle se trouvait dans un état avancé de maladie, les juges du fond ont caractérisé l'absence d'aléa et exclu à bon droit la qualification de contrat d'assurance vie. • Civ. 1re, 4 juill. 2007, nº 05-10.254 P : *AJ fam. 2007. 361, obs. Bicheron* ; *Dr. fam. 2007, nº 176, note Nicolas (1re esp.)* ; *RJPF 2007-10/28, note Casey (1re esp.)*.

32. Éviction du régime dérogatoire de l'assurance vie lorsqu'il y a volonté du souscripteur d'inclure le capital dans sa succession. En présence d'un testament dans lequel le souscripteur d'une assurance vie a déclaré léguer le capital devant être versé à son décès à sa fille et aux deux enfants de celle-ci, c'est par une appréciation souveraine de la volonté du testateur qu'une cour d'appel admet que celui-ci avait entendu inclure le capital dans sa succession et en gratifier les bénéficiaires désignés, une telle libéralité pouvant être réductible en cas d'atteinte à la réserve. • Civ. 1re, 10 oct. 2012 : *cité note 5 ss. art. 825.*

B. RAPPORT DES PRIMES MANIFESTEMENT EXAGÉRÉES

1° APPRÉCIATION DU CARACTÈRE MANIFESTEMENT EXAGÉRÉ

BIBL. Leroy, *Dr. et patr. 10/2012. 71.* – Maurice, *JCP N 2005. 1197.* – Ohnet, *Dr. et patr. 10/2012. 63.* – Pierre, *JCP N 2014, n° 1338.*

33. Domaine d'application. Pour une application de l'art. L. 132-13 C. assur. en faveur de la CARSAT, agissant en récupération des sommes versées au titre de l'allocation de solidarité aux personnes âgées, et demandant la réintégration à la succession d'un majeur protégé des primes manifestement excessives placées sur un contrat d'assurance vie par son tuteur avec l'autorisation du juge des tutelles, V. • Civ. 1re, 7 févr. 2018, n° 17-10.818 P : *D. 2018. 1458, obs. J.-J. Lemouland et Noguéro ; AJ fam. 2018. 243, obs. Casey ; RDSS 2018. 365, obs. Tauran ; Defrénois 26 juill. 2018, note Sauvage ; Dr. fam. 2018, n° 135, note Nicod ; RCA 2018. Étude 4, note Gayet ; RGDA 2018. 292, note Robineau ; RDC 2018. 394, obs. Godechot-Patris.*

34. Pouvoir des juridictions du fond. Les juges du fond apprécient souverainement si le montant de primes d'assurance vie est manifestement exagéré eu égard aux facultés du souscripteur et si, dans l'affirmative, il y a lieu à rapport (C. assur., art. L. 132-13). • Civ. 1re, 1er juill. 1997, n° 95-15.674 P : *D. 1998. 543, note Choisez ; Defrénois 1998. 414, obs. Champenois ; JCP 1998. I. 133. n° 11. obs. Le Guidec ; JCP N 1997. I. 1417, étude Buffeteau ; Dr. fam. 1997, n° 146, note Beignier* • 20 févr. 2001 : *RCA 2001, n° 167, note Groutel* • Civ. 2e, 4 juill. 2007, n° 06-14.048 P : *D. 2007. AJ 2101 ; AJ fam. 2007. 361, obs. Bicheron ; Dr. fam. 2007, n° 176, note Nicolas (2e esp.) ; RJPF 2007-10/28, note Casey (2e esp.)* • Civ. 1re, 31 oct. 2007 : *JCP 2007. IV. 3168 ; AJ fam. 2007. 484, obs. Bicheron ; RJPF 2007-12/37, obs. Casey.* ♦ Pour une illustration : • Civ. 1re, 17 juin 2009, n° 08-13.620 P : *D. 2009. AJ 1825, obs. Huc-Beauchamps* (chef d'entreprise âgé, sans enfant, disposant de revenus élevés, et pour lequel compte tenu de son espérance de vie, de la nature de ses obligations familiales et de la possibilité de rachat en cas de difficultés de trésorerie, le contrat souscrit présente une utilité certaine).

35. Date à laquelle apprécier le caractère exagéré des primes. Le caractère manifestement exagéré des primes s'apprécie au moment du versement des primes. • Civ. 2e, 10 avr. 2008, n° 06-16.725 P : *RLDC 2008/50, n° 3040, obs. Jeanne ; RDSS 2008. 583, obs. Tauran* • Cass., ch. mixte, 23 nov. 2004 : *préc. note 29.*

36. Critères d'appréciation. Le caractère manifestement exagéré s'apprécie au moment du versement, au regard de l'âge et des situations patrimoniale et familiale du souscripteur. • Cass., ch. mixte, 23 nov. 2004 : *préc. note 29* • Civ. 2e, 4 juill. 2007 : *préc. note 34* • Civ. 1re, 31 oct. 2007 : *préc. note 34* • 10 juill. 2008 : *RJPF 2008-11/31, note Pansier.* ♦ L'utilité de la souscription est l'un des critères devant être pris en compte pour évaluer le caractère exagéré ou non des primes versées. • Civ. 2e, 10 avr. 2008 : *préc. note 35.*

2° CONSÉQUENCES DU CARACTÈRE MANIFESTEMENT EXAGÉRÉ

37. Application des sanctions du recel en cas de dissimulation. Lorsqu'elles sont manifestement exagérées eu égard aux facultés du souscripteur, les sommes versées à titre de primes d'un contrat d'assurance vie constituent des libéralités dont il doit être tenu compte dans la liquidation de la succession. Dès lors, se rend coupable de recel l'héritier gratifié qui dissimule volontairement les libéralités qui lui ont été ainsi consenties. • Civ. 1re, 4 juin 2009 : *cité note 15 ss. art. 778.*

IV. CARACTÈRE PRÉCIPUTAIRE DES LEGS

38. Caractère simple de la présomption de dispense de rapport. Si les legs faits à un héritier sont réputés par préciput et hors part, et si l'on peut admettre qu'une présomption de même nature s'attache aux libéralités faites sous condition de substitution conformément à l'art. 1048 C. civ., en raison de l'obligation imposée au grevé de conserver et de rendre les choses qui en font l'objet, ces présomptions cessent d'avoir effet lorsque le disposant a manifesté sa volonté de soumettre la disposition au rapport. • Civ. 29 avr. 1918 : *DP 1922. 1. 23.* ♦ Pour une manifestation de volonté – implicite – en ce sens, V. • Paris, 27 nov. 1924 : *DH 1925. 10* (hypothèse où le légataire, par suite d'une déclaration judiciaire de paternité postérieure au décès du testateur, vient à être appelé en qualité d'héritier à sa succession).

39. Non-application de la présomption au legs particulier consenti au conjoint soumis à la règle de l'imputation de l'art. 758-6. La présomption de dispense de rapport des legs prévue à l'art. 843 est inapplicable au conjoint survivant bénéficiaire d'un legs particulier soumis à la règle de l'imputation dans les conditions de l'art. 758-6. • Civ. 1re, 12 janv. 2022, n° 20-12.232 B : *D. 2022. chron. C. cass. 856, obs. Buat-Ménard ; AJ fam. 2022. 100, obs. Casey ; ibid. 62, obs. Paillard ; RTD civ. 2022. 437, obs. Grimaldi ; Defrénois 2022/6. 16, note Boisson ; Dr. fam. 2022, n° 36, obs. Nicod ; JCP N 2022, n° 1130, obs. Zalewski-Sicard.*

Art. 844 *(L. nº 71-523 du 3 juill. 1971)* Les dons faits *(L. nº 2006-728 du 23 juin 2006, art. 5)* « hors part successorale » ne peuvent être retenus ni les legs réclamés par l'héritier venant à partage que jusqu'à concurrence de la quotité disponible : l'excédent est sujet à réduction.

Réduction des libéralités hors part : avantage indirect résultant d'une clause de rapport forfaitaire. En application de l'[anc] art. 844, les dons faits par préciput ou avec dispense de rapport ne peuvent être retenus par l'héritier venant à partage que jusqu'à concurrence de la quotité disponible, l'excédent étant sujet à réduction. Cassation de l'arrêt qui, en présence d'une donation de la nue-propriété d'un immeuble consentie à un héritier réservataire et stipulée rapportable pour la valeur du bien immobilier au jour de la donation, retient que le gratifié doit rapporter à la succession la valeur du bien immobilier au jour de la donation comme stipulé à l'acte, cette valeur s'imputant sur sa réserve, et qu'il doit également rapporter, à titre préciputaire, pour le surplus, la différence que constitue la valeur du bien au jour de la donation et celle au moment de l'ouverture de la succession, cette différence constituant un avantage indirect qui s'imputera sur la quotité disponible avec réduction dans les termes de l'art. 922 dans l'hypothèse où cet avantage empièterait sur la part de réserve d'un autre réservataire, alors que la réduction, pour tout ce qui excédait le disponible, obligeait le gratifié à restituer l'excédent à la masse partageable. • Civ. 1re, 5 déc. 2018, nº 17-27.982 P : *D. 2018. 2415* ; *AJ fam. 2019. 48, obs. Levillain* ; *RTD civ. 2019. 158, obs. Grimaldi* ; *Dr. fam. 2019, nº 58, note Tani.*

Art. 845 L'héritier qui renonce à la succession, peut cependant retenir le don entre vifs, ou réclamer le legs à lui fait, jusqu'à concurrence de la portion disponible *(L. nº 2006-728 du 23 juin 2006, art. 5)* « à moins que le disposant ait expressément exigé le rapport en cas de renonciation.

« Dans ce cas, le rapport se fait en valeur. Lorsque la valeur rapportée excède les droits qu'il aurait dû avoir dans le partage s'il y avait participé, l'héritier renonçant indemnise les héritiers acceptants à concurrence de cet excédent. »

BIBL. ▶ VIGNEAU, *JCP N 2006. 1327* (rapport d'une donation à un renonçant).

Art. 846 *(L. nº 2006-728 du 23 juin 2006, art. 5)* Le donataire qui n'était pas héritier présomptif lors de la donation, mais qui se trouve successible au jour de l'ouverture de la succession, ne doit pas le rapport, à moins que le donateur ne l'ait expressément exigé.

Art. 847 Les dons et legs faits au fils de celui qui se trouve successible à l'époque de l'ouverture de la succession, sont toujours réputés faits avec dispense du rapport.

Le père venant à la succession du donateur, n'est pas tenu de les rapporter.

Cassation de l'arrêt qui décide que doivent être rapportées les sommes données par le défunt à l'épouse et à la fille de l'un des héritiers appelé à la succession en concours avec les autres enfants du *de cujus*. • Civ. 1re, 10 oct. 1995, nº 93-17.610 P : *RTD civ. 1996. 448, obs. Patarin* . ♦ Dans le même sens, cassation pour violation de l'art. 847 de l'arrêt qui, pour décider du rapport de sommes d'argent données à deux petits-enfants, retient que les disposants avaient entendu remettre une somme égale à chacun de leurs trois enfants peu important que l'un d'entre eux ait préféré faire remettre cette somme à ses propres enfants. • Civ. 1re, 6 mars 2019, nº 18-13.236 P : *AJ fam. 2019. 223, obs. Levillain* ; *RTD civ. 2020. 442, obs. Grimaldi* ; *Dr. fam. 2019, nº 109, note Nicod.*

Art. 848 Pareillement, le fils venant de son chef à la succession du donateur, n'est pas tenu de rapporter le don fait à son père, même quand il aurait accepté la succession de celui-ci : mais si le fils ne vient que par représentation, il doit rapporter ce qui avait été donné à son père, même dans le cas où il aurait répudié sa succession.

Art. 849 Les dons et legs faits au conjoint d'un époux successible, sont réputés faits avec dispense du rapport.

Si les dons et legs sont faits conjointement à deux époux, dont l'un seulement est successible, celui-ci en rapporte la moitié ; si les dons sont faits à l'époux successible, il les rapporte en entier.

Cassation de l'arrêt qui décide que doivent être rapportées les sommes données par le défunt à l'épouse et à la fille de l'un des héritiers appelé à la succession en concours avec les autres enfants du *de cujus*. • Civ. 1re, 10 oct. 1995 : *note ss. art. 847.* ♦ Dons et legs faits conjointement à deux époux dont l'un seulement est successible, V. • Civ. 1re, 20 févr. 2001 : *cité note 1 ss. art. 843.*

Art. 850 Le rapport ne se fait qu'à la succession du donateur.

1. Rapport d'une donation de biens communs faite à un enfant commun. Dans le cas d'une donation de biens communs par des époux à l'un de leurs enfants, le rapport doit, sauf clause particulière, se faire par moitié à la succession de chacun des époux codonateurs. • Civ. 1re, 14 déc. 2004, no 01-01.946 P : *JCP 2005. I. 187, no 12, obs. Le Guidec ; AJ fam. 2005. 151, obs. Chénedé*. – Déjà en ce sens : • Civ. 1re, 12 juill. 1989 : *D. 1989. 525, note Morin.* • Civ. 1re, 18 janv. 2012 : *cité note 16 ss. art. 843.* ♦ Le rapport des dons et legs ne se fait qu'à la succession du donateur ; sauf clause particulière, la donation d'un bien commun est rapportable par moitié à la succession de chacun des époux codonateurs. Cassation de l'arrêt ayant jugé que le rapport devait se faire de la totalité de la valeur du bien commun donné à la succession de l'époux survivant attributaire de l'intégralité de la communauté universelle à lui transmise à la suite du décès de son épouse. • Civ. 1re, 17 avr. 2019, no 18-16.577 P : *AJ fam. 2019. 422, obs. Vernières ; Dr. fam. 2019, no 155, obs. Nicod.*

2. Impossibilité de présenter une demande relative au rapport en l'absence de demande tendant à la liquidation et au partage de la succession. Lorsque les juges du fond n'ont pas été saisis d'une demande tendant à la liquidation et au partage de la succession du donateur, les demandes de l'héritier relatives au rapport d'une libéralité ne peuvent qu'être écartées. • Civ. 1re, 4 janv. 2017, no 15-26.827 P : *D. 2017. Chron. C. cass. 599, obs. Guyon-Renard ; AJ fam. 2017. 205, obs. Casey*.

3. Impossibilité de présenter une demande de rapport indépendamment d'une demande en partage judiciaire. Les demandes en rapport d'une libéralité dont aurait bénéficié un héritier et en application de la sanction du recel successoral ne peuvent être formées qu'à l'occasion d'une action en partage judiciaire ; une telle action ne peut plus être engagée lorsque les parties, ayant déjà procédé au partage amiable de la succession, ne sont plus en indivision. • Civ. 1re, 6 nov. 2019, no 18-24.332 P : *D. 2020. 506, obs. Douchy-Oudot ; AJ fam. 2019. 658, obs. Casey ; Dr. fam. 2020, no 14, note Nicod.*

Art. 851 Le rapport est dû de ce qui a été employé pour l'établissement d'un des cohéritiers, ou pour le payement de ses dettes.

(L. no 2006-728 du 23 juin 2006, art. 5) « Il est également dû en cas de donation de fruits ou de revenus, à moins que la libéralité n'ait été faite expressément hors part successorale. »

Art. 852 *(L. no 2006-728 du 23 juin 2006, art. 5)* Les frais de nourriture, d'entretien, d'éducation, d'apprentissage, les frais ordinaires d'équipement, ceux de noces et les présents d'usage ne doivent pas être rapportés, sauf volonté contraire du disposant.

Le caractère de présent d'usage s'apprécie à la date où il est consenti et compte tenu de la fortune du disposant.

1. Caractère supplétif de la dispense de rapport. Si, aux termes de l'art. 852, les frais de nourriture, d'entretien et d'éducation ne doivent pas être rapportés, il en est autrement lorsque le défunt a manifesté la volonté d'obliger le successible au rapport. • Req. 29 juin 1921 : *DP 1922. 1. 66* • Civ. 1re, 3 mars 2010, no 08-20.428 P : *JCP 2011, no 251, § 8, obs. Le Guidec ; AJ fam. 2010. 236, obs. Bicheron ; Defrénois 2011. 721, obs. Vareille ; Dr. fam. 2010, no 62, note Beignier ; JCP N 2010. 1184, note Barabé-Bouchard ; RTD civ. 2010. 604, obs. Grimaldi*.

2. Caractère général de la dispense de rapport. Les dispositions de l'art. 852 ne renferment aucune distinction, et la dispense de rapport qu'elles édictent peut être invoquée alors même qu'il n'existait pour le défunt aucune obligation légale de payer les frais désignés dans ce texte, et que le successible avantagé avait les ressources personnelles suffisantes pour les acquitter. • Civ. 27 janv. 1904 (2e arrêt) : *DP 1904. 1. 521.*

3. Présents d'usage : notion et régime. BIBL. Teillais, *JCP N 1997. Prat. 4151.* ♦ Définition, V. • Civ. 1re, 30 déc. 1952 *(affaire Sacha Guitry) : D. 1953. 161 ; JCP 1953. II. 7475, note Mihura ; RTD civ. 1953. 360, obs. R. Savatier* • 19 déc. 1979 : *D. 1981. 449, note Cl.-I. Foulon-Piganiol* (bague de fiançailles) • 6 déc. 1988, no 87-15.083 P : *JCP N 1989. II. 305, note Venandet* • 10 mai 1995, no 93-15.187 P : *R., p. 221 ; D. 1996. 262, note Tendler ; Defrénois 1996. 1279, note Bernard de Saint Affrique ; RTD civ. 1995. 662, obs. Patarin ; JCP 1996. I. 3968, no 7, obs. Le Guidec* (le caractère de présent d'usage d'une donation s'apprécie en se plaçant à l'époque de celle-ci et compte tenu de la fortune du donateur). ♦ Sur la notion de bijoux de famille : V. • Civ. 1re, 20 juin 1961 *(affaire La Rochefoucauld) : D. 1961. 641, note R. Savatier ;*

JCP 1961. II. 12352, note Ponsard • 23 mars 1983 : *GAJC, 12e éd., n° 92* ; *D. 1984. 81, note Breton ; JCP 1984. II. 20202, note Barbiéri.* ♦ V. aussi : Carbonnier, *Defrénois 1950, art. 26885 et 26890.* – Nerson et Rubellin-Devichi, *RTD civ. 1981. 129.* ♦ Caractère irrévocable des présents d'usage entre époux : V. note 3 ss. art. 1096.

4. ... Nécessité de caractériser les circonstances dans lesquelles le don est intervenu. Cassation, pour manque de base légale, de l'arrêt qui, pour exonérer du rapport l'héritier bénéficiaire de deux dons manuels, retient la qualification de présents d'usage sans préciser à l'occasion de quel évènement et selon quel usage le défunt avait fait de tels cadeaux. • Civ. 1re, 25 sept. 2013 : *cité ss. art. 752.*

5. Frais d'entretien. Ne sont pas rapportables à la succession des sommes constituant des frais d'entretien représentant l'expression d'un devoir familial sans pour autant entraîner un appauvrissement significatif du disposant, ces sommes constituant la plus grande partie des revenus du bénéficiaire, peu important que les sommes litigieuses soient susceptibles de représenter une part importante de l'actif successoral dès lors qu'elles doivent s'apprécier au regard des revenus du disposant. • Civ. 1re, 1er févr. 2012 : *D. 2012. 437* ; *AJ fam. 2012. 147, obs. Levillain* ; *RTD civ. 2012. 307, obs. Hauser ; ibid. 352, obs. Grimaldi* ; *JCP 2012, n° 512, note Donnier ; Dr. fam. 2012, n° 72, obs. Beignier.*

Art. 853 Il en est de même des profits que l'héritier a pu retirer de conventions passées avec le défunt, si ces conventions ne présentaient aucun avantage indirect, lorsqu'elles ont été faites.

Art. 854 Pareillement, il n'est pas dû de rapport pour les associations faites sans fraude entre le défunt et l'un de ses héritiers, lorsque les conditions en ont été réglées par un acte authentique.

1. Application de la dispense de rapport aux avantages que l'héritier a pu retirer d'un contrat de société passé avec le *de cujus* et non constaté par acte authentique : V. • Req. 31 déc. 1855 : *DP 1856. 1. 358* • 23 juin 1919 : *DP 1920. 1. 159.*

2. Exclusion du rapport lorsque les produits d'une association formée entre le successible et le *de cujus* et non constatée par acte authentique constituent pour le successible, non une libéralité, mais une juste indemnité soit de son concours aux affaires sociales, soit des risques courus par ses capitaux : V. • Req. 17 août 1864 : *DP 1865. 1. 304* • Douai, 21 juin 1906 : *DP 1908. 2. 225, note Planiol.*

3. Allocation d'une indemnité, à titre de rémunération, au successible tenu du rapport des avantages retirés d'une association avec le *de cujus* et non constatée par acte authentique : V. • Req. 19 nov. 1861 : *DP 1862. 1. 139.*

Art. 855 *(L. n° 71-523 du 3 juill. 1971)* Le bien qui a péri par cas fortuit et sans la faute du donataire n'est pas sujet à rapport.

Toutefois, si ce bien a été reconstitué au moyen d'une indemnité perçue en raison de sa perte, le donataire doit le rapporter dans la proportion où l'indemnité a servi à sa reconstitution.

Si l'indemnité n'a pas été utilisée à cette fin, elle est elle-même sujette à rapport.

Art. 856 *(L. n° 2006-728 du 23 juin 2006, art. 5)* Les fruits des choses sujettes à rapport sont dus à compter du jour de l'ouverture de la succession.

Les intérêts ne sont dus qu'à compter du jour où le montant du rapport est déterminé.

1° RAPPORT DES FRUITS

1. Prise en compte de l'état du bien donné. L'obligation imposée par l'art. 856 de tenir compte à la succession, à compter du jour du décès, des fruits et des intérêts des choses sujettes à rapport suppose que le bien donné soit, au jour de la donation, dans un état lui permettant de *produire un revenu* ; *dès lors* que les biens donnés ne pouvaient être loués en l'état lorsqu'ils ont été donnés, il n'y a pas lieu à rapport des fruits qui n'ont été produits que par suite de l'activité du donataire. • Civ. 1re, 14 mars 2006, n° 03-21.046 P : *AJ fam. 2006. 254, obs. Bicheron* ; *LPA 9 oct. 2006, note Chamoulaud-Trapiers ; RTD civ. 2006. 809, obs. Grimaldi*.

2° INTÉRÊTS DES CHOSES SUJETTES À RAPPORT

2. Point de départ des intérêts en cas de rapport en valeur. Lorsque le rapport se fait en valeur sous la forme d'une indemnité, celle-ci n'est productive d'intérêts que du jour où elle est déterminée. • Civ. 1re, 27 janv. 1987 : *GAJC, 12e éd., n° 113 ; D. 1987. 253, note Morin ; RTD civ. 1987. 578, obs. Patarin* • 4 oct. 1988 : *D. 1989. 119, note Morin ; RTD civ. 1990. 128, obs. Patarin*. ♦ Sur la date à laquelle l'indemnité de rapport est déterminée (point de départ des intérêts), V. art. 860.

3. Capitalisation des intérêts. Application de l'art. 1154 anc. C. civ. (anatocisme) : V. • Civ. 15 févr. 1865 : *DP 1865. 1. 430* • 8 déc. 1884 : *DP 1886. 1. 74.* ♦ La circonstance que le paiement des intérêts d'une somme empruntée et sujette à rapport n'était pas exigible avant le partage et que le capital a été remboursé ne saurait faire obstacle à leur capitalisation. • Civ. 1re, 23 mars 1994, n° 92-13.345 P : *RTD civ. 1994. 912, obs. Patarin.*

Art. 857 **Le rapport n'est dû que par le cohéritier à son cohéritier ; il n'est pas dû aux légataires ni aux créanciers de la succession.**

1° PERSONNES DÉBITRICES DU RAPPORT

1. Qualité de cohéritiers. Ne doivent pas être rapportés les dons faits à des personnes qui ne sont pas héritières. • Civ. 1re, 26 avr. 1988, n° 86-18.473 P.

2. … Exclusion des légataires. Lorsque les héritiers présomptifs du défunt ont été appelés par testament de ce dernier à recueillir sa succession non comme héritiers mais comme légataires, les uns particuliers, les autres universels, ils ne peuvent avoir de rapports à faire. • Civ. 28 mai 1894 : *DP 1895. 1. 86* • Civ. 1re, 20 oct. 2010 : *cité note 12 ss. art. 843.*

3. … Exclusion du gratifié seul héritier. Le gratifié, s'il est seul héritier, n'est pas tenu de rapporter à la succession le bien donné. • Civ. 1re, 1er juill. 2003, n° 00-19.710 P : *D. 2004. Somm. 2339, obs. Vareille ; JCP 2004. I. 155, n° 6, obs. Le Guidec ; Gaz. Pal. 2003. 3799, concl. Sainte-Rose ; Dr. fam. 2003, n° 108, note B. B.*

4. … Exclusion du conjoint de l'héritier. Seule l'héritière *ab intestat* peut être tenue au rapport, de sorte que la mise en cause de son époux, fût-il commun en biens, n'est pas nécessaire. • Civ. 1re, 4 juill. 2018, n° 17-22.269 P : *D. 2018. 2384, obs. Godechot-Patris et Grare-Didier ; AJ fam. 2018. 483, obs. Levillain ; Dr. fam. 2018, n° 245, obs. Tani.*

2° PERSONNES CRÉANCIÈRES DU RAPPORT

5. Qualité de cohéritiers. Le rapport n'est dû par l'héritier qu'à ses cohéritiers, et à eux seuls, sans que les créanciers puissent en profiter ; d'où il suit que l'héritier, qui se trouve en même temps créancier de la succession, ne peut profiter du rapport que comme copartageant, mais non pour se payer de sa créance ; ce payement au moyen du rapport, que la loi interdit, se réaliserait si l'héritier qui est tenu de rapporter pouvait opérer la compensation entre le don qu'il doit rapporter comme copartageant et la somme qui lui est due comme créancier de la succession. • Req. 8 mai 1867 : *DP 1867. 1. 309, rapp. Nachet.* ♦ Cassation de l'arrêt qui ordonne le rapport à la succession du défunt de primes d'assurance vie manifestement exagérées. • Civ. 1re, 25 juin 2014 : *RGDA 2014. 471, obs. Mayaux.*

6. Créancier personnel d'un héritier suivant la voie oblique. Le droit de demander le rapport peut être exercé au nom de chaque héritier par ses créanciers personnels suivant la voie oblique de l'art. 1166 anc. C. civ. • Civ. 1re, 12 mars 1968, n° 65-14.268 P.

Art. 858 *(L. n° 2006-728 du 23 juin 2006, art. 5)* **« Le rapport se fait en moins prenant, sauf dans le cas du deuxième alinéa de l'article 845.**

« Il ne peut être exigé en nature, sauf stipulation contraire de l'acte de donation. »

(L. n° 71-523 du 3 juill. 1971) **Dans le cas d'une telle stipulation, les aliénations et constitutions de droits réels consenties par le donataire s'éteindront par l'effet du rapport à moins que le donateur n'y ait consenti.**

1. Exécution du rapport en moins prenant, V. antérieurement à la L. du 23 juin 2006. Si, en principe, les prélèvements à faire par le cohéritier auquel le rapport est dû doivent s'effectuer avant la composition des lots, et si les lots doivent être constitués sur ce qui reste dans la masse à partager après ces prélèvements, il dépend de la volonté des parties de déroger à cette procédure, en intervertissant l'ordre légal des opérations du partage. • Req. 27 mai 1903 : *DP 1904. 1. 137, note critique Planiol.* ♦ Le mode légal d'exécution du rapport en moins prenant consiste en un prélèvement sur la masse successorale des biens d'une valeur égale et non supérieure au montant du rapport qui est dû. • Civ. 1re, 1er déc. 1987, n° 85-17.277 P : *Defrénois 1988. 544, obs. Champenois ; RTD civ. 1988. 377, obs. Patarin.*

2. Exécution du rapport en valeur par un héritier mis en liquidation judiciaire. Le rapport s'effectue en valeur, par voie d'imputation de la valeur de la libéralité rapportable sur la part de l'héritier gratifié et il résulte de l'art. 826 C. civ. que ce n'est qu'au moment du partage qu'est due l'éventuelle créance de soulte compensant l'inégalité des lots et dont le gratifié peut être débiteur envers ses cohéritiers ; il s'ensuit que l'instance tendant au rapport à une succession par un débiteur mis en liquidation judiciaire ne s'analyse pas en une instance en cours au sens de l'art. L. 622-22 C. com., de sorte que les cohéritiers qui demandent le rapport ne sont pas tenus, dans le cadre d'une telle instance, de déclarer une créance au passif de la liquidation judiciaire. • Com. 21 nov. 2018, n° 17-12.761 P : *D. 2019. 505, obs. Douchy-Oudot ; AJ fam. 2019. 165, obs. Casey ; Dr. fam. 2019, n° 34, note Nicod.*

Art. 859 *(L. nº 71-523 du 3 juill. 1971)* **L'héritier a aussi la faculté de rapporter en nature le bien donné qui lui appartient encore à condition que ce bien soit libre de toute charge ou occupation dont il n'aurait pas déjà été grevé à l'époque de la donation.**

1. Sur l'impossibilité pour les héritiers donataires d'effectuer le rapport en nature lorsqu'il résulte des écritures des parties en première instance qu'un accord est intervenu sur le mode et la valeur du rapport, V. • Civ. 1re, 24 nov. 1987, nº 86-11.682 P : *R., p. 151 ; D. 1988. 260, note Morin ; JCP 1989. II. 21193, note Testu.*

2. Sur l'interprétation d'un acte de donation pour déterminer si cet acte écarte la faculté offerte à l'héritier de rapporter en nature : • Civ. 1re, 12 janv. 2011, nº 09-15.298 P : *D. actu. 28 janv. 2011, obs. Marrocchella ; AJ fam. 2011. 164, obs. Vernières ; RTD civ. 2011. 573, obs. Grimaldi ; Defrénois 2011. 773, obs. Autem ; Dr. fam. 2011, nº 40, obs. Beignier ; RLDC 2011/80, nº 4187, obs. Gallois* (insuffisance de la reproduction des dispositions légales du rapport en moins prenant).

Art. 860 *(L. nº 71-523 du 3 juill. 1971)* **Le rapport est dû de la valeur du bien donné à l'époque du partage, d'après son état à l'époque de la donation.**

(L. nº 2006-728 du 23 juin 2006, art. 5) **« Si le bien a été aliéné avant le partage, on tient compte de la valeur qu'il avait à l'époque de l'aliénation. Si un nouveau bien a été subrogé au bien aliéné, on tient compte de la valeur de ce nouveau bien à l'époque du partage, d'après son état à l'époque de l'acquisition. Toutefois, si la dépréciation du nouveau bien était, en raison de sa nature, inéluctable au jour de son acquisition, il n'est pas tenu compte de la subrogation. »**

Le tout sauf stipulation contraire dans l'acte de donation.

S'il résulte d'une telle stipulation que la valeur sujette à rapport est inférieure à la valeur du bien déterminé selon les règles d'évaluation prévues par l'article 922 ci-dessous, cette différence forme un avantage indirect acquis au donataire *(L. nº 2006-728 du 23 juin 2006, art. 5)* **« hors part successorale ».**

V. note ss. art. 829.

I. ÉVALUATION DE LA VALEUR RAPPORTABLE

A. VALEUR DU BIEN À L'ÉPOQUE DU PARTAGE

1. Prise en compte de la valeur vénale du bien au jour du partage. La valeur vénale du bien au jour du partage est constituée par le prix qui pourrait en être obtenu par le jeu de l'offre et de la demande, dans un marché réel, compte tenu de l'état du bien avant la donation et des clauses de l'acte la constatant. • Civ. 1re, 4 oct. 2005, nº 02-16.576 P : *AJ fam. 2006. 454, obs. Bicheron ; RTD civ. 2005. 811, obs. Grimaldi.*

2. Refus de prendre en compte une évolution de la situation juridique du bien qui n'est qu'éventuelle au jour du partage. Ne se place pas au jour du partage pour évaluer le bien donné et viole l'art. 860 la cour d'appel, qui prend en compte un hypothétique changement de destination du terrain, objet de la donation, pour fixer le montant rapportable en fonction des perspectives de constructibilité de ce bien alors que ce terrain n'était pas constructible au *jour du partage. • Civ. 1re, 13 févr. 2013,* nº 11-24.138 P : *D. 2013. 497 ; AJ fam. 2013. 191, obs. Levillain.*

3. Refus de prendre en compte les perspectives de constructibilité du bien. Cassation de l'arrêt qui retient un hypothétique changement de destination de l'objet de la donation, en tenant compte du rapport d'expert retenant des perspectives de constructibilité différées dans le temps, ne se plaçant pas ainsi à l'époque du partage pour apprécier la valeur du rapport. • Civ. 1re, 13 févr. 2013, nº 11-24.138 P : *D. 2013. 497 ; AJ fam. 2013. 191, obs. Levillain ; Dr. fam. 2013, nº 122, note Beignier.*

4. Cas particuliers : donation avec charges. Lorsqu'une donation est consentie avec charges, le rapport n'est dû qu'à concurrence de l'émolument gratuit procuré par la donation ; s'agissant d'une donation avec charge de rente viagère, seuls les arrérages effectivement payés, diminués des revenus retirés du bien donné jusqu'au jour du partage, sont déductibles de la valeur du bien donné à cette même date. • Civ. 1re, 23 mars 1994, nº 92-15.191 P : *D. 1995. Somm. 333, obs. Vareille.*

Lorsqu'une donation est assortie de la charge pour le donataire de régler une certaine somme, par versements périodiques ou en capital, le rapport n'est dû qu'à concurrence de l'émolument net procuré par la libéralité, calculé en déduisant de la valeur du bien donné à l'époque du partage, d'après son état à l'époque de la donation, le montant de la charge déterminé au jour de son exécution ; s'agissant d'une donation avec charge payable au jour de la donation, la valeur de l'émolument net s'établit par la déduction du montant de la charge grevant la donation, sans réévaluation de celle-ci au jour du partage. • Civ. 1re, 16 nov. 2022, nº 21-11.837 B :

D. 2022. 2037 ; AJ fam. 2022. 610, obs. Levillain ; Dr. fam. 2023, n° 24, obs. Nicod.

5. ... *Donation en nue-propriété.* En cas de donation faite en nue-propriété, la valeur à prendre en compte pour le rapport est celle de la pleine propriété du bien. • Civ. 1re, 5 févr. 1975 : *D. 1975. 673, note Guimbellot ; JCP 1976. II. 18249, note Dagot.*

6. ... *Donation réalisée par interposition d'une société.* En cas de donation faite par le défunt à l'héritier par interposition d'une société dont ce dernier est associé, le rapport est dû à la succession en proportion du capital détenu par cet héritier au sein de la société. Cassation de l'arrêt ayant fixé le montant du rapport à la totalité de la valeur du fonds de commerce donné en location-gérance à la société, mais non restitué au terme du contrat. • Civ. 1re, 24 janv. 2018, n° 17-13.017 P : *D. 2018. 239 ; AJ fam. 2018. 188, obs. Levillain ; JCP N 2018, n° 1125, note Zalewski-Sicard ; Dr. fam. 2018, n° 102, obs. Nicod.*

7. ... *Donation d'un bien immobilier : rapport d'une indemnité d'occcupation (non).* Le donataire d'un bien immobilier, qui n'est pas tenu d'une indemnité pour l'occupation de ce bien postérieure à l'acte de donation, ne saurait être tenu du rapport d'une telle indemnité. • Civ. 1re, 14 déc. 2004 : *AJ fam. 2005. 151, obs. Chénedé .*

B. ÉTAT DU BIEN À L'ÉPOQUE DE LA DONATION

8. *Caractère obligatoire de la référence à l'état du bien au jour de la donation.* Doit être cassé l'arrêt qui, lorsque le bien donné a été aliéné, condamne l'héritier à rapporter à la succession la valeur de ce bien (véhicule automobile) calculée au jour de l'aliénation sans se référer à l'état de ce bien au jour de la donation. • Civ. 1re, 27 juin 2000, n° 98-14.886 P : *D. 2001. Somm. 2941, obs. Vareille ; JCP 2001. I. 366, n° 8, obs. Le Guidec ; JCP N 2001. 1554, note Pillebout ; Dr. fam. 2000, n° 133, note Beignier.*

9. *Neutralisation des changements d'état imputables au gratifié.* Viole l'art. 860 par fausse application l'arrêt qui, en vue du rapport, déduit de la valeur actuelle de la maison donnée le montant des travaux d'amélioration effectués par le donataire depuis la donation sans rechercher la valeur du bien à l'époque du partage sur la base de son état à la date de la donation. • Civ. 1re, 31 mai 2005, n° 03-11.133 P : *AJ fam. 2005. 327, obs. Bicheron ; RJPF 2005-9/36, note Casey ; RLDC 2005/20, n° 842, note Campels ; RTD civ. 2005. 813, obs. Grimaldi .* ♦ Cassation de l'arrêt qui, après avoir évalué l'immeuble donné dans son état à la date de l'expertise, postérieure de plusieurs décennies à la donation, se contente de minorer cette valeur pour tenir compte des travaux réalisés par le donataire au vu des factures produites par celui-ci alors qu'il incombait à la cour de rechercher la valeur que le bien donné aurait eue à l'époque du partage dans l'état où il se trouvait à la date de la donation, sans qu'il y ait lieu de s'attacher aux travaux réalisés par le donataire. • Civ. 1re, 14 janv. 2015, n° 13-24.921 P : *AJ fam. 2015. 111, obs. Vernières ; Dr. fam. 2015, n° 54, obs. Nicod (Décision rendue au visa de l'art. 860 dans sa rédaction antérieure à la L. du 23 juin 2006).*

10. *Prise en compte des changements d'état imputables à une cause étrangère au gratifié.* Après avoir relevé qu'à l'époque de la donation, la faible superficie de la parcelle donnée constituait un frein à l'acquisition et diminuait sa valeur vénale, les juges du fond, qui ont constaté qu'il avait été convenu d'attribuer une portion de terrain supplémentaire jouxtant le corps de ferme donné dans le cadre du partage de la succession, en ont exactement déduit qu'il n'y avait pas lieu de retenir une moins-value en raison de la faible superficie du bien donné dès lors qu'à l'époque du partage, l'état de ce bien était modifié pour une cause étrangère à l'industrie du gratifié. • Civ. 1re, 29 mai 2013 : *AJ fam. 2013. 447, obs. Levillain .*

II. CLAUSES DÉROGATOIRES

A. CLAUSE DE RAPPORT FORFAITAIRE

11. *Validité et efficacité de la clause.* La clause de rapport forfaitaire doit produire effet dès lors que la valeur du bien, déduction faite de la somme rapportée, n'excède pas la quotité disponible. • Civ. 1re, 12 janv. 1983, n° 81-16.698 P : *D. 1983. IR 175, obs. D. Martin.* ♦ Mais, lorsque la valeur du bien, déduction faite de la somme rapportée, excède la quotité disponible, la réduction, pour tout ce qui excède le disponible, oblige le gratifié à restituer l'excédent à la masse partageable en application de l'[anc.] art. 844. • Civ. 1re, 5 déc. 2018, n° 17-27.982 P : *D. 2018. 2415 ; AJ fam. 2019. 48, obs. Levillain ; RTD civ. 2019. 158, obs. Grimaldi ; Dr. fam. 2019, n° 58, note Tani.*

12. *Évaluation de l'avantage indirect préciputaire consenti au donataire.* Même en l'absence d'intention libérale établie, l'avantage indirect résultant de la différence entre la valeur sujette à rapport et la valeur du bien calculée au jour de l'ouverture de la succession, conformément à l'art. 922 C. civ., est acquis au donataire par préciput et hors part. • Civ. 1re, 1er oct. 1986, n° 85-11.611 P : *R., p. 139 ; D. 1987. 158, note G. Morin ; D. 1987. Somm. 124, obs. D. Martin ; RTD civ. 1987. 582, obs. Patarin.*

13. *Compatibilité avec une donation de somme d'argent.* La circonstance que la somme donnée était destinée à acquérir un bien n'est pas de nature à priver d'effet une clause de rapport forfaitaire insérée dans la donation. • Civ. 1re, 19 mai 1998, n° 96-12.408 P : *JCP 1999. I.*

132, n° 8, obs. Le Guidec ; Dr. fam. 1998, n° 126, note Beignier (1re esp.) ; RTD civ. 1998. 959, obs. Patarin.

14. Point de départ des intérêts en cas de rapport forfaitaire. Lorsque l'indemnité de rapport est de la valeur des biens donnés, telle que fixée par l'acte de donation, son montant est déterminé au jour de l'ouverture de la succession et elle est productive d'intérêts à compter de ce jour. • Civ. 1re, 14 mai 1992, n° 90-12.275 P : *D. 1993. Somm. 225, obs. Grimaldi ; RTD civ. 1993. 175, obs. Patarin*.

B. AUTRES CLAUSES

15. Évaluation du rapport à l'ouverture de la succession. Rapport stipulé pour la valeur du bien au jour de l'ouverture de la succession : • Civ. 1re, 17 nov. 2010 : *Defrénois 2011. 724, obs. Vareille*.

Art. 860-1 *(L. n° 71-523 du 3 juill. 1971 ; L. n° 2006-728 du 23 juin 2006, art. 5)* **Le rapport d'une somme d'argent est égal à son montant. Toutefois, si elle a servi à acquérir un bien, le rapport est dû de la valeur de ce bien, dans les conditions prévues à l'article 860.** — *[Anc. art. 869.]*

1. Rapport d'une donation de somme d'argent investie dans une acquisition. Lorsqu'il a été fait don d'une somme d'argent ayant servi à acquérir un bien, le rapport dû, à la succession du donateur, est de la valeur du bien ainsi acquis à l'époque du partage, d'après son état à l'époque de l'acquisition, en tenant compte, à concurrence du profit subsistant, des améliorations qui lui ont été apportées, depuis la donation, pour une cause étrangère au fait du gratifié. • Civ. 1re, 30 juin 1992, n° 90-20.699 P : *RTD civ. 1993. 631, obs. Patarin*.

2. Rapport d'une donation de somme d'argent utilisée au financement de travaux de construction. Ne constitue pas une acquisition au sens de l'art. 860-1 le financement, par des fonds donnés, de travaux de construction effectués par le propriétaire du terrain. • Civ. 1re, 14 mai 2014, n° 12-25.735 P : *AJ fam. 2014. 384, obs. Levillain*. ♦ Déjà : ne constituent pas l'acquisition d'un bien au sens de l'art. 869 les sommes reçues par un héritier pour contribuer au financement d'une construction sur un terrain lui appartenant ; dès lors, le rapport dû est du montant des sommes reçues. • Civ. 1re, 21 mai 1997, n° 95-19.121 P : *JCP 1998. I. 133, n° 9, obs. Le Guidec ; Defrénois 1997. 1140, note Malaurie*.

Art. 861 *(L. n° 71-523 du 3 juill. 1971)* **Lorsque le rapport se fait en nature et que l'état des objets donnés a été amélioré par le fait du donataire, il doit lui en être tenu compte, eu égard à ce dont leur valeur se trouve augmentée au temps du partage ou de l'aliénation.**

Il doit être pareillement tenu compte au donataire des *(L. n° 2009-526 du 12 mai 2009, art. 10)* **« dépenses » nécessaires qu'il a faites pour la conservation du bien, encore qu'elles ne l'aient point amélioré.**

Art. 862 *(L. n° 71-523 du 3 juill. 1971)* **Le cohéritier qui fait le rapport en nature peut retenir la possession du bien donné jusqu'au remboursement effectif des sommes qui lui sont dues pour** *(L. n° 2009-526 du 12 mai 2009, art. 10)* **« dépenses » ou améliorations.**

Art. 863 *(L. n° 71-523 du 3 juill. 1971)* **Le donataire, de son côté, doit, en cas de rapport en nature, tenir compte des dégradations et détériorations qui ont diminué la valeur du bien donné par son fait ou par sa faute.**

Possibilité d'ordonner une mesure d'instruction à l'effet de rechercher si le donataire a usé normalement et en bon père de famille des droits et prérogatives attachés à des actions d'une société anonyme données et rapportées en nature : V. • Paris, 22 févr. 1982 : *JCP 1983. II. 19964, note Gobin*.

SECTION 3 Du paiement des dettes *(L. n° 2006-728 du 23 juin 2006, art. 3)*.

La loi n° 2006-728 du 23 juin 2006 modifiant la présente section entre en vigueur le ***1er janv. 2007****. — V. les dispositions transitoires à l'art. 47 de cette loi, ss. art. 892, et l'ensemble des dispositions antérieures (titre I ancien) à la suite de ce même art. 892.*

§ 1 Des dettes des copartageants

Art. 864 **Lorsque la masse partageable comprend une créance à l'encontre de l'un des copartageants, exigible ou non, ce dernier en est alloti dans le partage à concurrence de ses droits dans la masse.**

A due concurrence, la dette s'éteint par confusion. Si son montant excède les droits du débiteur dans cette masse, il doit le paiement du solde sous les conditions et délais qui affectaient l'obligation.

A. RAPPORT DES DETTES : DOMAINE

1. Dettes rapportables : débiteur tenu envers la succession. Deux époux unis sous un régime communautaire ayant consentis un prêt à un de leur fils, alors qu'en raison de la convention matrimoniale des époux, s'agissant d'une créance commune, l'épouse survivante, seule, doit être considérée comme titulaire de cette créance, le fils emprunteur n'a pas à rapporter la moitié de la somme restant due à la succession de son père dont il n'est pas débiteur. • Civ. 1re, 29 févr. 2012, n° 10-20.999 P : *D. 2012. 681* ; *Dr. fam. 2012, n° 123, obs. Azincourt.*

2. ... Débiteur tenu en qualité de copartageant. Donnent lieu à rapport les dettes dont les intéressés peuvent être tenus respectivement, à titre de copartageants, pour causes même postérieures à l'ouverture de la succession faisant l'objet du partage, pourvu qu'elles soient relatives à l'indivision consécutive à ladite ouverture de succession ; constitue ainsi un élément du rapport la dette de réparation à la charge du copartageant qui, s'étant chargé de l'administration des biens indivis pendant la période précédant le partage, aurait, par ses abus ou fautes de gestion, diminué l'actif net de l'indivision. • Civ. 17 nov. 1936 : *DH 1937. 3* (dette de réparation à la charge du copartageant, ayant administré les biens indivis, qui, par ses abus ou fautes de gestion, a diminué l'actif indivis).

3. Exclusion des sommes dont les copartageants sont tenus les uns envers les autres. Ne peuvent donner lieu à rapport les sommes dont les copartageants peuvent être créanciers ou débiteurs les uns envers les autres en dehors des relations nées de l'indivision successorale. • Civ. 1re, 26 mars 1974 : *D. 1975. 41, note Sortais ; JCP 1975. II. 17970, note Dagot.*

4. Exclusion des créances détenues par un copartageant sur la succession. Les art. 864 et 865 ne régissent pas les créances détenues par l'un des copartageants sur la succession, lesquelles relèvent de la prescription de droit commun édictée à l'art. 2224. • Civ. 1re, 28 mars 2018, n° 17-14.104 P : *AJ fam. 2018. 355, obs. Casey* .

B. ... RÉGIME

5. Charge de la preuve de l'existence de la dette. Il appartient aux cohéritiers, qui demandent le rapport de sommes dues par l'un d'entre eux au défunt, de prouver l'existence, au jour de l'ouverture de la succession, des dettes envers leur auteur, cassation de l'arrêt d'appel qui, pour condamner un héritier à rapporter à la succession des sommes dues au défunt, inverse la charge de la preuve en retenant qu'il appartient à cet héritier de rapporter la preuve du remboursement de ces dettes et décide que, à défaut d'établir cette preuve, le non-paiement constitue un avantage indirect rapportable à la succession. • Civ. 1re, 15 mai 2013 : *cité note 26 ss. art. 843.* ♦ Cependant, il résulte de la combinaison de l'art. 864, al. 1er, et de l'art. 1353, en vertu duquel celui qui se prétend libéré doit justifier le paiement ou le fait qui a produit l'extinction de son obligation, que s'il appartient à l'héritier qui demande le rapport d'une dette par l'un de ses copartageants de prouver son existence, une fois cette preuve rapportée, le copartageant qui prétend s'en être libéré doit justifier le paiement ou le fait qui a produit l'extinction de son obligation. • Civ. 1re, 12 févr. 2020, n° 18-23.573 P : *D. 2020. 337* ; *AJ fam. 2020. 258, obs. Ferré-André* ; *Dr. fam. 2020, n° 73, note Nicod.*

6. Montant rapportable. Le rapport des dettes n'est qu'une technique de règlement et n'obéit pas aux règles prévues exclusivement pour le rapport des dons. En conséquence, il y a lieu de respecter le principe du nominalisme monétaire. • Civ. 1re, 29 juin 1994 : *cité note 7* • 4 juin 2007, n° 05-15.253 P. ♦ Distinction entre rapport de libéralités et rapports de dettes : • Civ. 1re, 17 nov. 2010 : *Defrénois 2011. 727, obs. Vareille.*

7. Principe du règlement en moins prenant. Si le rapport de dettes n'est qu'une technique de règlement qui n'obéit pas aux règles prévues pour le rapport des dons, le cohéritier débiteur n'en doit pas moins réaliser le rapport de sa dette en moins prenant, par imputation sur sa part, et non en effectuer le paiement. • Civ. 1re, 29 juin 1994, n° 92-15.253 P : *GAJC, 12e éd., n° 109-110 (II) ; D. 1995. 88, note Grimaldi* ; *RTD civ. 1995. 161, obs. Patarin* ; *JCP 1995. I. 3876, n° 5, obs. Le Guidec ; JCP N 1995. II. 1745, note Pillebout.* ♦ Mais lorsque l'héritier n'a pas demandé à s'acquitter de sa dette en moins prenant et que les cohéritiers n'ont demandé le paiement qu'après l'établissement de l'état liquidatif, une cour d'appel est autorisée à en diviser le paiement entre les cohéritiers. • Civ. 1re, 10 oct. 1995, n° 93-17.610 P : *RTD civ. 1996. 448, obs. Patarin* .

8. Persistance du droit de copropriété de l'héritier sur la totalité des biens successoraux. Aucune compensation légale ne saurait se produire entre le droit réel de copropriété qui appartient à un héritier sur l'ensemble des biens meubles et immeubles laissés par le *de cujus,* et la dette, obligation personnelle, dont il peut être tenu envers l'hérédité ; loin de s'éteindre à l'instant où s'ouvre la succession, la dette rapportable de cet héritier est productive d'intérêts depuis ce moment jusqu'au partage ; par voie de réciprocité, cet héritier reste, jusqu'à l'acte mettant fin à l'indivision, investi de son droit de copropriété sur la totalité des biens successoraux. • Civ. 11 janv. 1937, *Mulle : GAJC, 12ᵉ éd., nº 114 ; DH 1937. 101 ; S. 1938. 1. 377, note Batiffol.*

Art. 865 **Sauf lorsqu'elle est relative aux biens indivis, la créance n'est pas exigible avant la clôture des opérations de partage. Toutefois, l'héritier débiteur peut décider à tout moment de s'en acquitter volontairement.**

Date d'exigibilité de la créance et prescription. Les sommes dues à la succession par un héritier étant sujettes à rapport, la dette n'est pas exigible pendant la durée de l'indivision et ne peut se prescrire avant la clôture des opérations de partage. • Civ. 1ʳᵉ, 30 juin 1998, nº 96-13.313 P : *JCP 1999. I. 132, nº 2, obs. Le Guidec ; Dr. fam. 1998, nº 161, note Beignier.* – V. déjà • Civ. 1ʳᵉ, 5 déc. 1978 : *Bull. civ. I, nº 377.* ♦ Selon l'art. 865, sauf lorsqu'elle est relative aux biens indivis, la créance de la succession à l'encontre de l'un des copartageants n'est pas exigible et ne peut se prescrire avant la clôture des opérations de partage ; après avoir à bon droit énoncé que les créances de l'époux sur son conjoint, séparé de biens, constituent, au décès du premier, des dettes du second à l'égard de la succession, la cour d'appel, qui a retenu que la succession disposait d'une créance à l'encontre du conjoint survivant au titre du financement d'une soulte, mise à la charge de celui-ci pour l'acquisition d'un immeuble qui lui était personnel, en a exactement déduit que cette créance n'était soumise à aucune prescription avant la clôture des opérations de partage de la succession. • Civ. 1ʳᵉ, 26 mai 2021, nº 19-21.302 P : *D. 2021. 1615, note Rousseau ; ibid. Chron. C. cass. 1784, obs. Buat-Ménard ; ibid. 2064, obs. Godechot-Patris ; AJ fam. 2021. 435, obs. David ; Dr. fam. 2021, nº 112, note Torricelli-Chrifi ; Defrénois 2021/39. 19, note Bey ; ibid./44. 19, note Chamoulaud-Trapiers et Vareille ; JCP N 2022, nº 1122, obs. Zalewski-Sicard.*

Art. 866 **Les sommes rapportables produisent intérêt au taux légal, sauf stipulation contraire.**

Ces intérêts courent depuis l'ouverture de la succession lorsque l'héritier en était débiteur envers le défunt et à compter du jour où la dette est exigible, lorsque celle-ci est survenue durant l'indivision.

Non-application de la prescription quinquennale. Les intérêts de ces sommes ne sont pas soumis à la prescription de cinq ans édictée par l'art. 2277 [ancien] C. civ., tant que dure l'indivision. • Civ. 1ʳᵉ, 11 janv. 1972 : *Bull. civ. I, nº 16.*

Art. 867 **Lorsque le copartageant a lui-même une créance à faire valoir, il n'est alloti de sa dette que si, balance faite, le compte présente un solde en faveur de la masse indivise.**

Héritier à la fois créancier et débiteur de la succession. Lorsqu'un héritier est à la fois créancier et débiteur de la succession, le montant du rapport dont il est tenu doit être diminué du montant de ses créances contre la succession, alors même qu'aucune compensation légale ne se serait produite de plein droit, avant la liquidation, entre ces dettes et créances. • Civ. 5 déc. 1933 : *DP 1934. 1. 25, note H. Capitant.*

Art. 868 et 869 *Abrogés. – V. art. 860-1 et 924-3.*

§ 2 Des autres dettes *(L. nº 2006-728 du 23 juin 2006, art. 3).*

Art. 870 **Les cohéritiers contribuent entre eux au payement des dettes et charges de la succession, chacun dans la proportion de ce qu'il y prend.**

1. Composition du passif successoral : sommes dues à un établissement public de santé. Lorsqu'une personne hospitalisée n'acquitte pas les sommes dues à l'établissement public de santé à raison de son séjour, la créance de celui-ci figure au passif de la succession ; cassation de l'arrêt ayant appliqué le principe selon lequel les « aliments ne s'arréragent pas ». • Com. 11 mars 2014, nº 13-12.153 P : *AJDA 2014. 591 ; D. 2014. 722 ; AJ fam. 2014. 257, obs. Briand.*

2. ... Dette de restitution de l'allocation de solidarité aux personnes âgées. Les sommes servies au titre de l'allocation de solidarité aux personnes âgées constituent des charges de la succession, nées après le décès de l'allocataire, qui peuvent être récupérées sur une fraction de l'actif successoral net en application de l'art. L. 815-13 CSS. Ainsi, la CARSAT, demandant aux héritiers la récupération des sommes versées au défunt, est en droit de revendiquer la réintégration à la succession des primes manifestement excessives d'un contrat d'assurance vie, l'autorisation donnée par le juge des tutelles de placer des capitaux revenant à un majeur protégé n'ayant pas pour effet de priver les créanciers du droit qu'ils tiennent de l'art. L. 132-13 C. assur. • Civ. 1re, 7 févr. 2018, n° 17-10.818 P : *D. 2018. 1458, obs. J.-J. Lemouland et Noguéro ; AJ fam. 2018. 243, obs. Casey ; RDSS 2018. 365, obs. Tauran ; Defrénois 26 juill. 2018, note Sauvage ; Dr. fam. 2018, n° 135, note Nicod ; RCA 2018. Étude 4, note Gayet ; RGDA 2018. 292, note Robineau ; RDC 2018. 394, obs. Godechot-Patris.*

3. ... Dette de restitution du quasi-usufruitier. Lorsque l'usufruit porte sur des droits sociaux, le droit de jouissance de l'usufruitier sur des dividendes de réserves, distribués en cours d'usufruit, s'exerce sous forme d'un quasi-usufruit de sorte que la dette de restitution, exigible au terme de l'usufruit, prend sa source dans la loi et est, en conséquence, déductible de l'actif de la succession de l'usufruitier. • Com. 27 mai 2015, n° 14-16.246 : *cité note 4 ss. art. 587.*

4. ... Legs de somme d'argent. Le legs d'une somme d'argent, fût-elle représentative du prix de vente d'un bien, a nécessairement pour effet de rendre le légataire créancier de la succession ; cassation de l'arrêt qui a rejeté la demande de délivrance au motif que l'intégralité du prix de vente avait été utilisée pour souscrire une assurance sur la vie. • Civ. 1re, 26 sept. 2012 : *cité ss. art. 785.* ♦ Sur l'obligation au paiement des successeurs universels ou à titre universel, limitée à l'actif successoral net, V. art. 785.

5. ... Créance d'aide sociale (non). La créance d'aide sociale du département ne constitue pas un élément du passif successoral de sorte que son montant n'a pas à être pris en compte dans la détermination de l'actif net successoral. • Civ. 2e, 22 janv. 2015, n° 13-26.257 P.

Art. 871 **Le légataire à titre universel contribue avec les héritiers, au prorata de son émolument ; mais le légataire particulier n'est pas tenu des dettes et charges, sauf toutefois l'action hypothécaire sur l'immeuble légué.**

1. Contribution au passif du légataire universel. La dette de répétition incombant à une personne (restitution d'arrérages indûment perçus de la caisse nationale d'assurance vieillesse) se transmet au légataire universel. • Civ. 1re, 19 déc. 1995, n° 94-10.831 P.

2. Legs résiduel. En cas de legs *de residuo*, pour la contribution respective de l'héritier du premier légataire et du second légataire aux dettes et charges de la succession, V. note ss. art. 1057.

Art. 872 **Lorsque des immeubles d'une succession sont grevés de rentes par hypothèque spéciale, chacun des cohéritiers peut exiger que les rentes soient remboursées et les immeubles rendus libres avant qu'il soit procédé à la formation des lots. Si les cohéritiers partagent la succession dans l'état où elle se trouve, l'immeuble grevé doit être estimé au même taux que les autres immeubles ; il est fait déduction du capital de la rente sur le prix total : l'héritier dans le lot duquel tombe cet immeuble, demeure seul chargé du service de la rente, et il doit en garantir ses cohéritiers.**

Art. 873 **Les héritiers sont tenus des dettes et charges de la succession, personnellement pour leur part** *(L. n° 2006-728 du 23 juin 2006, art. 6)* **« successorale », et hypothécairement pour le tout ; sauf leur recours, soit contre leurs cohéritiers, soit contre les légataires universels, à raison de la part pour laquelle ils doivent y contribuer.**

1. Gage indivisible des créanciers successoraux sur l'hérédité tout entière avant partage. Malgré la division légale, entre les héritiers, des dettes de la succession, l'intégralité de chacune de ces dettes, tant que le partage n'a pas été effectué, est garantie par l'hérédité tout entière. V. note 1 ss. art. 1309 et note 1 ss. art. 815-17.

2. Droit des créanciers successoraux de poursuivre personnellement les successeurs avant le partage. Si les créanciers disposent du droit de poursuivre la totalité de la succession, ils ne sont pas obligés d'user de cette garantie et peuvent valablement poursuivre le recouvrement de leur créance contre chacun des héritiers, au prorata de leurs droits respectifs. V. notes 2 et 3 ss. art. 1309.

3. Application à l'héritier détenant une créance sur la succession. En application des art. 873 et 1220, ce dernier dans sa rédaction antérieure à l'Ord. 10 févr. 2016, chaque héritier est personnellement tenu des dettes de la succession pour la part successorale dont il est saisi ; en conséquence, est recevable l'action engagée par un héritier à l'encontre d'un seul de ses cohéritiers aux fins de voir fixer sa créance à l'encontre de la succession, la décision rendue sur celle-ci étant inopposable aux autres indivisaires à défaut de mise en cause de ces derniers ; cassation de l'arrêt qui écarte la demande en paiement d'une créance sur la succession engagée à l'encontre d'un héritier au motif que le demandeur est lui-même héritier et qu'un partage judiciaire de succession doit intervenir, alors que la demande d'un héritier tendant à voir fixer sa créance à l'égard de la succession, qui ne tend ni à la liquidation de l'indivision successorale ni à l'allotissement de cet héritier, ne constitue pas une opération de partage et n'est, dès lors, pas subordonnée à l'ouverture des opérations de comptes, liquidation et partage de la succession. • Civ. 1re, 16 déc. 2020, n° 19-16.295 P : *AJ fam. 2021. 138, obs. Levillain ; RTD civ. 2021. 461, obs. M. Grimaldi .*

4. Limitation de l'obligation aux dettes : acceptation à concurrence de l'actif net. Sur la limitation de l'obligation au passif qui pèse sur l'héritier en cas d'acceptation à concurrence de l'actif net, V. art. 791.

5. ... Dettes inconnues au moment de l'acceptation. Sur la possibilité pour l'acceptant pur et simple de demander à être déchargé de l'obligation à une dette dont il ignorait l'existence au moment de son acceptation, V. art. 786, al. 2.

6. ... Cas particulier des legs de sommes d'argent. Sur la limitation, à concurrence de l'actif successoral, de l'obligation de délivrer un legs de sommes d'argent, V. art. 785.

7. ... Cas particulier de la prestation compensatoire. Sur la transmissibilité passive limitée à l'actif successoral de la prestation compensatoire, à la mort de l'époux débiteur, V. art. 280.

Art. 874 **Le légataire particulier qui a acquitté la dette dont l'immeuble légué était grevé, demeure subrogé aux droits du créancier contre les** *(L. n° 2006-728 du 23 juin 2006, art. 6)* **« héritiers ».**

Art. 875 **Le** *(L. n° 2006-728 du 23 juin 2006, art. 6)* **« cohéritier », qui, par l'effet de l'hypothèque, a payé au[-]delà de sa part de la dette commune, n'a de recours contre les autres** *(L. n° 2006-728 du 23 juin 2006, art. 6)* **« cohéritiers », que pour la part que chacun d'eux doit personnellement en supporter, même dans le cas où le cohéritier qui a payé la dette se serait fait subroger aux droits des créanciers ; sans préjudice néanmoins des droits d'un cohéritier qui, par l'effet** *(L. n° 2006-728 du 23 juin 2006, art. 6)* **« de l'acceptation à concurrence de l'actif net », aurait conservé la faculté de réclamer le payement de sa créance personnelle, comme tout autre créancier.**

Art. 876 **En cas d'insolvabilité d'un des** *(L. n° 2006-728 du 23 juin 2006, art. 6)* **« cohéritiers », sa part dans la dette hypothécaire est répartie sur tous les autres, au marc le franc.**

Art. 877 *(L. n° 2006-728 du 23 juin 2006, art. 6)* **Le titre exécutoire contre le défunt l'est aussi contre l'héritier, huit jours après que la signification lui en a été faite.**

1. Exigence d'une signification à l'héritier : principe. En cas de procédure de saisie immobilière engagée sur un immeuble qui appartenait à deux époux, une nouvelle signification du titre exécutoire est nécessaire suite au décès du survivant des époux en cours d'instance. • Civ. 2e, 18 mars 1987 : *Bull. civ. II, n° 69* ♦ Irrégularité de la signification selon procès-verbal de recherches infructueuses. • Civ. 1re, 1er févr. 2012 : *D. 2012. 436 .*

2. ... Conséquences du défaut de signification. Sanction du défaut de signification à l'héritier des titres exécutoires : V. • Civ. 1re, 15 janv. 1974 : *D. 1974. 307* (annulation de l'adjudication faisant suite aux poursuites exercées par les créanciers du défunt).

3. ... Renonciation de l'héritier. Si les titres exécutoires contre le défunt sont exécutoires contre l'héritier personnellement en vertu de l'art. 877, les créanciers ne peuvent en poursuivre l'exécution que huit jours après leur signification à la personne ou au domicile de l'héritier. La cour d'appel, qui a souverainement constaté que tel n'avait pas été le cas en l'espèce, en a exactement déduit que l'héritier avait conservé la faculté de renoncer à la succession et qu'en raison de cette renonciation, le créancier ne pouvait poursuivre l'exécution de titres exécutoires, prononçant une condamnation exclusivement à l'encontre du défunt, sur les droits et biens personnels de l'héritier renonçant. • Civ. 1re, 1er févr. 2012 : *préc. note 1.* ♦ Alors que le seul appelant est décédé et que son héritier a renoncé à la succession, le jugement de première instance, prononçant une condamnation civile contre le défunt, rendu à l'encontre de sa succession, peut constituer un titre exécutoire au bénéfice du créancier du défunt, opposable à la succession représentée par son curateur. • Civ. 2e, 6 janv. 2012 : *cité ss. art. 809-2.*

Art. 878 *(L. n° 2006-728 du 23 juin 2006, art. 6)* **Les créanciers du défunt et les légataires de sommes d'argent peuvent demander à être préférés sur l'actif successoral à tout créancier personnel de l'héritier.**

Réciproquement, les créanciers personnels de l'héritier peuvent demander à être préférés à tout créancier du défunt sur les biens de l'héritier non recueillis au titre de la succession.

(Ord. n° 2021-1192 du 15 sept. 2021, art. 34-I, en vigueur le 1er janv. 2022) « **Le droit de préférence donne lieu à hypothèque légale spéciale prévue au 5° de l'article 2402 et il est sujet à inscription conformément à l'article 2418** *[ancienne rédaction : Le droit de préférence donne lieu au privilège sur les immeubles prévu au 6° de l'article 2374 et il est sujet à inscription conformément à l'article 2383]*. »

BIBL. ▶ BRÉMOND, *JCP N 2006. 1366, n°s 12 s.* (bilatéralisation du privilège de la séparation des patrimoines).

1. Séparation des patrimoines de plein droit en cas d'acceptation à concurrence de l'actif net. *(Décisions rendues en application du droit antérieur à la L. du 23 juin 2006).* L'acceptation sous bénéfice d'inventaire empêche que les biens de la succession se confondent avec ceux de l'héritier et opère ainsi de plein droit la séparation des patrimoines, sans que les créanciers du défunt aient à remplir les formalités prescrites par l'art. 878 ; la séparation des patrimoines une fois opérée persiste au profit des créanciers, tant qu'ils ont intérêt à s'en prévaloir, et, le droit de préférence qui en résulte pour eux en vertu de l'art. 2111 [2383] leur étant acquis, ils ne peuvent en être privés par le fait de celui qui a accepté bénéficiairement. • Civ. 11 janv. 1882 : *DP 1882. 1. 364.* ♦ Dans le même sens : • Civ. 20 juin 1908 : *DP 1908. 1. 575* (application en cas de déchéance encourue par l'héritier).

2. Créanciers pouvant demander à être préférés sur l'actif successoral : cohéritiers créanciers du rapport (non). Celui qui est soumis à rapporter n'est proprement débiteur que de la masse de la succession, et si ses cohéritiers ont le droit d'exiger que le rapport soit fait, c'est à titre de copartageants, afin de faire reconstituer l'hérédité à partager ; ils ne sont donc pas investis d'une créance directe et personnelle sur leur cohéritier et, dès lors, ils ne sont pas compris parmi les créanciers de l'héritier au sens où l'ont entendu les art. 878 et 2111 [2374] C. civ. (séparation des patrimoines). • Civ. 10 juill. 1893 : *GAJC, 12e éd., n° 105 ; DP 1894. 1. 5, note de Loynes.*

3. Effets de la séparation des patrimoines : absence de préférence entre créanciers successoraux. La séparation des patrimoines demandée par application de l'art. 878, et inscrite en vertu de l'art. 2111 [2383], ne confère de privilège que contre les créanciers de l'héritier, mais ne modifie en rien les rapports des créanciers du défunt entre eux, lesquels, ne venant pas en concours avec les créanciers de l'héritier, doivent partager, proportionnellement à leurs créances, les biens du défunt réservés par la séparation des patrimoines. • Req. 4 déc. 1871 : *GAJC, 12e éd., n° 106 ; DP 1871. 1. 249, concl. Reverchon.* – Dans le même sens : • Civ. 15 juill. 1891 : *DP 1893. 1. 465, note de Loynes* • Req. 10 avr. 1906 : *DP 1909. 1. 113.*

4. Régime du privilège de la séparation des patrimoines. V. art. 2374, 6°, et 2383.

Art. 879 *(L. n° 2006-728 du 23 juin 2006, art. 6)* **Ce droit peut s'exercer par tout acte par lequel un créancier manifeste au créancier concurrent son intention d'être préféré sur un bien déterminé.**

Art. 880 *(L. n° 2006-728 du 23 juin 2006, art. 6)* **Il ne peut pas être exercé lorsque le créancier demandeur y a renoncé.**

Art. 881 *(L. n° 2006-728 du 23 juin 2006, art. 6)* **Il se prescrit, relativement aux meubles, par deux ans à compter de l'ouverture de la succession.**

A l'égard des immeubles, l'action peut être exercée tant qu'ils demeurent entre les mains de l'héritier.

Interruption de la prescription. La prescription peut être interrompue soit par une demande en justice, soit par toute autre mesure conservatoire régulièrement prise en vue de se préserver de la déchéance. • Req. 30 mars 1897 : *DP 1898. 1. 153, note Guénée* (convention passée par acte public avec le légataire universel et prévoyant que les valeurs faisant l'objet de legs particuliers seraient, par mesure conservatoire, versées à la Caisse des dépôts et consignations ou retenues par l'exécuteur testamentaire).

Art. 882 **Les créanciers d'un copartageant, pour éviter que le partage ne soit fait en fraude de leurs droits, peuvent s'opposer à ce qu'il y soit procédé hors de leur présence : ils ont le droit d'y intervenir à leurs frais ; mais ils ne peuvent attaquer un partage consommé, à moins toutefois qu'il n'y ait été procédé sans eux et au préjudice d'une opposition qu'ils auraient formée.**

A. CONDITIONS DE L'OPPOSITION AU PARTAGE

1. Partages concernés : donation-partage (non). Les dispositions de l'art. 882 sont inapplicables à la donation-partage. • Civ. 1re, 8 juin 2004, nº 01-15.644 P : *AJ fam. 2004. 332, obs. Deis-Beauquesne*. – Même sens : • Civ. 1re, 13 juin 2006, nº 03-20.407 P : *D. 2006. IR 2051*.

2. Personne en droit de faire opposition. Toute personne justifiant d'un intérêt légitime peut invoquer l'art. 882 pour s'opposer à ce qu'il soit procédé au partage hors de sa présence. • Civ. 1re, 7 déc. 1964 : *Bull. civ. I, nº 545*.

3. Formes de l'opposition. L'art. 882 ne détermine pas la forme de l'opposition au partage et n'impose pas l'obligation de la signifier. • Req. 18 févr. 1862 : *DP 1862. 1. 224.* ♦ Les formes spéciales de la saisie-arrêt n'ont pas à être suivies. • Req. 28 mars 1892 : *DP 1892. 1. 265.*

4. Actes valant opposition. Lorsque le créancier de la succession a obtenu un jugement condamnant l'héritier au payement de la créance, cette condamnation équivaut à une opposition et fait obstacle à ce que les légataires soient payés avant ce dernier. • Civ. 11 janv. 1882 : *DP 1882. 1. 364.* ♦ Même solution en matière d'assignation en partage, délivrée aux héritiers à la requête des créanciers de l'un d'eux, cette assignation valant opposition à partage. • Civ. 1re, 10 avr. 1973 : *Bull. civ. I, nº 137.*

B. EFFETS DE L'OPPOSITION AU PARTAGE

5. Indisponibilité des droits du débiteur : interdiction de disposer. L'opposition à partage autorisée par l'art. 882 met obstacle à ce que le copartageant débiteur puisse disposer de ses droits dans la succession au préjudice des opposants, et rendre ainsi illusoire la mesure conservatoire prise par ses créanciers. • Civ. 30 juill. 1895 : *DP 1896. 1. 369, rapport Faye, note Glasson* • 18 juill. 1899 : *GAJC, 12e éd., nº 116 ; DP 1900. 1. 17, note de Loynes.*

6. ... Maintien du droit d'administrer. Les effets de cette opposition ne vont pas jusqu'à paralyser le droit d'administration de ce copartageant et à l'empêcher de céder sa part dans les loyers et fermages des immeubles de la succession. • Civ. 30 juill. 1895 : *préc. note 5.*

7. ... Maintien des prérogatives accordées à l'héritier ayant accepté sous bénéfice d'inventaire. L'opposition à partage ne saurait être valablement formée par les créanciers d'une succession acceptée sous bénéfice d'inventaire en vue de porter atteinte aux pouvoirs accordés par la loi à l'héritier bénéficiaire quant à l'administration et à la liquidation des biens successoraux ; en conséquence, une telle opposition ne peut avoir pour effet de paralyser l'exercice des droits de l'adjudicataire d'un bien successoral mis en vente suivant les formes légales. • Civ. 1re, 30 janv. 1979 : *JCP 1980. II. 19456, note Dagot.*

8. Conséquences de l'inopposabilité du partage. Conséquences de l'inopposabilité du partage sur la cession consentie par l'un des copartageants, avant la décision sur l'action paulienne : • Civ. 3e, 19 déc. 1990 : *JCP 1991. II. 21739, note Béhar-Touchais.*

9. Absence de droit de préférence. Le créancier opposant peut critiquer les opérations de partage pour faire entrer dans le lot de son débiteur tous les biens qui auraient dû y être compris ; mais ce lot une fois fixé devient le gage commun de tous les créanciers sans qu'il y ait au profit de l'intervenant aucun droit de préférence ; à moins qu'il ne prouve l'existence d'une fraude à son égard, le créancier d'un cohéritier, intervenant au partage ne peut modifier les règles de ce partage et avoir plus de droits vis-à-vis de la succession que n'en a son débiteur (opposabilité au créancier des libéralités faites en avancement d'hoirie au cohéritier, son débiteur, et du rapport en moins prenant effectué en conséquence). • Civ. 1re, 16 mai 1972, nº 70-13.553 P.

10. Responsabilité du créancier opposant. Responsabilité du créancier opposant qui ne peut se prévaloir d'aucun titre à l'appui de son opposition : V. • TGI Créteil, réf., 15 nov. 1979 : *Gaz. Pal. 1981. 2. 495, note Claux.*

C. SITUATION DU CRÉANCIER À DÉFAUT D'OPPOSITION À PARTAGE

11. Recevabilité de l'action en rescision pour lésion exercée par la voie oblique. L'art. 882 ne concerne que l'action paulienne et n'interdit pas l'exercice par un créancier, agissant sur le fondement de l'art. 1166 anc. C. civ., de l'action en rescision pour lésion. • Civ. 1re, 22 janv. 1980, nº 78-15.551 P : *D. 1980. IR 400, obs. D. Martin.*

12. Recevabilité de l'action paulienne en cas de partage hâtif. Un partage consommé peut être attaqué par l'action paulienne s'il y a été procédé hâtivement en vue d'empêcher l'opposition et l'intervention du créancier demandeur. • Civ. 1re, 16 juin 1981 : *Bull. civ. I, nº 212* • 3 déc. 1985, nº 84-11.556 P : *RTD civ. 1986. 601, obs. Mestre.* – V. aussi • Civ. 1re, 25 févr. 1986 : *Bull. civ. I, nº 35 ; RTD civ. 1987. 134, obs. Patarin.*

13. Recevabilité de l'action paulienne en cas de partage fictif. Lorsqu'une donation pure et simple est dissimulée sous l'aspect d'un partage, les juges du fond déduisent à bon droit de cette simulation que l'art. 882 est inapplicable et que l'action paulienne est recevable dans les mêmes conditions que contre les actes à titre gratuit (partage de communauté faisant suite à un changement de régime matrimonial). • Civ. 1re,

29 mai 1979 : *Bull. civ. I, n° 157 ; D. 1979. IR 496, obs. D. Martin ; Defrénois 1980. 605, obs. Champenois* • Paris, 21 mars 1984 : *D. 1986. 131, note Potiron.* ♦ Dans le même sens : • Civ. 1re, 6 mars 1996, n° 93-17.910 P : *JCP 1996. I. 3962, n° 8, obs. Wiederkehr ; Defrénois 1996. 1348, obs. Champenois.* ♦ Ils apprécient souverainement si la preuve du caractère fictif du partage est ou non rapportée. • Civ. 1re, 5 nov. 1991, n° 90-16.258 P : *Defrénois 1992. 895, note Forgeard ; RTD civ. 1992. 805, obs. Patarin.*

SECTION 4 Des effets du partage et de la garantie des lots *(L. n° 2006-728 du 23 juin 2006, art. 3).*

La loi n° 2006-728 du 23 juin 2006 modifiant la présente section entre en vigueur le ***1er janv. 2007****. — V. les dispositions transitoires à l'art. 47 de cette loi, ss. art. 892, et l'ensemble des dispositions antérieures (titre I ancien) à la suite de ce même art. 892.*

Art. 883 *(L. n° 76-1286 du 31 déc. 1976)* **Chaque cohéritier est censé avoir succédé seul et immédiatement à tous les effets compris dans son lot, ou à lui échus sur licitation, et n'avoir jamais eu la propriété des autres effets de la succession.**

Il en est de même des biens qui lui sont advenus par tout autre acte ayant pour effet de faire cesser l'indivision. Il n'est pas distingué selon que l'acte fait cesser l'indivision en tout ou partie, à l'égard de certains biens ou de certains héritiers seulement.

Toutefois, les actes valablement accomplis soit en vertu d'un mandat des coïndivisaires, soit en vertu d'une autorisation judiciaire, conservent leurs effets quelle que soit, lors du partage, l'attribution des biens qui en ont fait l'objet.

A. DOMAINE DE L'EFFET DÉCLARATIF

1° QUANT AUX ACTES

1. Cession de droits successifs au profit d'un cohéritier. Il résulte de la combinaison des art. 790 (art. L. 412-1) C. rur. et 883 C. civ. que l'acquisition par un cohéritier des parts de ses coïndivisaires ne constitue pas, en raison de l'effet déclaratif du partage, une aliénation à titre onéreux donnant au preneur en place le bénéfice du droit de préemption. • Civ. 3e, 16 avr. 1970 : *JCP 1971. II. 16863, note Ourliac et de Juglart* • Civ. 1re, 25 juin 1996, n° 94-20.395 P. ♦ ... Même en présence d'une clause d'attribution insérée dans le cahier des charges. • Civ. 3e, 30 sept. 1998, n° 96-21.322 P : *Defrénois 1999. 189, note Levillain.* ♦ Dans le même sens, pour l'adjudication d'un bien successoral au profit d'un cohéritier : • Civ. 3e, 28 oct. 2009, n° 08-17.019 P. ♦ La cession de droits indivis intervenue entre deux coïndivisaires preneurs a le caractère prééminent d'un partage, de sorte que, en raison de l'effet déclaratif du partage, les formalités prévues au bail en cas de cession n'ont pas lieu de s'appliquer. • Civ. 3e, 13 oct. 2004, n° 03-12.968 P : *D. 2004. AJ 2935, obs. Rouquet ; D. 2005. Pan. 1093, obs. Rozès ; Defrénois 2005. 1169, obs. Ruet ; AJDI 2005. 383, obs. Blatter ; RDC 2005. 358, obs. Seube.*

2° QUANT AUX BIENS

2. Application à la créance du prix d'adjudication d'un bien indivis licité au profit d'un tiers. En raison de l'effet déclaratif du partage, lorsque l'un des héritiers, rempli de ses droits par un rapport en moins prenant, a consenti une hypothèque sur l'immeuble licité, et que le prix en est attribué à un autre cohéritier, le créancier hypothécaire ne peut demander sa collocation sur ce prix. • Cass., ch. réun., 5 déc. 1907, *Chollet c/ Dumoulin : V. note 1 ss. art. 815-10.*

3. Non-application aux fruits et revenus des biens indivis. L'effet déclaratif ne s'applique pas aux fruits et revenus produits par les biens indivis avant le partage. • Civ. 1re, 10 mai 2007 : *D. 2007. AJ 1601, obs. Delaporte-Carré ; RTD civ. 2007. 593, obs. Revet.*

B. CONSÉQUENCES DE L'EFFET DÉCLARATIF

1° PRINCIPE

4. Absence d'effet translatif du partage : sanction du défaut de publicité foncière. Le défaut de publicité des actes déclaratifs n'ayant pas pour sanction leur inopposabilité aux tiers (art. 28-4° et 30-4, Décr. 4 janv. 1955), le partage amiable des biens d'une succession est opposable au créancier qui, postérieurement, a pris inscription d'hypothèque judiciaire sur des immeubles mis dans le lot d'un autre héritier que son débiteur. • Civ. 1re, 21 nov. 1967 : *Bull. civ. I, n° 342 ; D. 1968. 349.*

5. Caractère aléatoire de la cession par un indivisaire de ses droits indivis dans un bien dépendant de la succession. L'efficacité de la cession, par certains indivisaires, de leurs droits indivis dans un des biens dépendant de l'indivision successorale, est subordonnée au résultat du partage ; cassation de l'arrêt constatant que les parties à l'acte de cession ont expressément entendu faire cesser l'indivision successorale entre elles sur les parts cédées sans prévoir que l'effectivité de l'acte sera soumise à l'aléa du partage de l'indivision successorale dans son ensemble. • Civ. 1re, 4 nov. 2020, n° 19-10.179 P : *AJ fam.*

2020. 680, obs. Casey ; Defrénois 2021/18. 17, note Vareille.

6. *Rétroactivité du transfert de propriété au jour du décès.* Par l'effet déclaratif du partage, l'héritier adjudicataire d'un domaine est devenu propriétaire dès le jour du décès et titulaire des droits qui s'y sont trouvés attachés, dès leur entrée dans l'indivision ; les juges du fond ont pu en déduire que cet héritier était seul titulaire du droit de préférence accordé à l'indivision, pour le cas où l'acquéreur de certaines parcelles faisant partie du domaine les revendrait. • Civ. 1re, 14 janv. 1981, n° 79-15.038 P.

Application à la contestation d'une assemblée générale de copropriétaires ne nécessitant pas la régularisation de l'acte introductif d'instance antérieur au partage : • Civ. 3e, 9 févr. 2022, n° 20-22.159 B : *AJ fam. 2022. 161, obs. Casey* .

7. *Consolidation des droits consentis par l'attributaire du bien au cours de l'indivision.* Lorsqu'un partage en nature met fin à l'indivision par la constitution d'une copropriété comportant attribution aux coïndivisaires d'un nombre de lots, l'hypothèque, qui au cours de l'indivision avait été inscrite sur les parts indivises, continue à grever les lots divis de copropriété ; si les lots attribués aux indivisaires correspondent exactement à leur part indivise, l'assiette de l'hypothèque n'ayant subi aucune modification, la conservation des droits du créancier n'exige ni la constitution d'une nouvelle hypothèque, ni la réitération de l'inscription. • Civ. 3e, 21 oct. 1980 : *Bull. civ. III, n° 160 ; JCP N 1981. II. 57, note Stemmer ; RTD civ. 1984. 348, obs. Patarin.*

8. *Résolution des droits nés du chef d'un cohéritier non attributaire du bien : application au congé donné à bail.* Le congé donné par un indivisaire, sans l'accord des autres, ne peut produire effet si cet indivisaire n'est pas devenu propriétaire du bien en vertu d'un partage intervenu avant la fin du bail. • Civ. 3e, 12 janv. 1978 : *Bull. civ. III, n° 36.*

9. *... Application à une inscription d'hypothèque.* S'agissant d'un bien acquis en indivision pendant le mariage, l'époux à qui le bien est attribué dans l'acte de partage est, en vertu de l'effet déclaratif du partage, censé en être seul propriétaire depuis la date de son acquisition ; cassation de l'arrêt qui refuse d'ordonner la mainlevée d'une hypothèque inscrite sur ce bien après cette date du chef de l'autre époux. • Civ. 1re, 5 avr. 2005, n° 02-11.011 P : *D. 2005. IR 1250 ; Dr. fam. 2005, n° 142, note Beignier.*

2° LIMITES

10. *Opposabilité de la cession d'un bien indivis par un indivisaire seul à hauteur de sa quote-part.* La cession d'un bien indivis par un indivisaire seul est opposable aux indivisaires à concurrence de la quote-part de son auteur. • Civ. 1re, 5 avr. 2005, n° 02-15.459. ♦ Pour une application à une promesse de vente, V. note 16 ss. art. 815-3. ♦ Pour une application à une constitution d'hypothèque, V. note 17 ss. art. 815-3.

11. *Réparation du préjudice causé à un tiers par un bien indivis.* Lorsqu'un bien a été attribué à l'un des copartageants, l'effet déclaratif du partage ne prive pas le tiers qui invoque un préjudice causé par ce bien au cours de l'indivision du droit d'agir à l'encontre des anciens indivisaires. • Civ. 1re, 31 oct. 2007, n° 06-16.228 P : *D. 2007. AJ 2880 ; JCP 2009. I. 109, n° 5, obs. Le Guidec ; JCP N 2008. 1006, note Alfroy ; RJPF 2008-1/48, obs. Casey ; AJDI 2008. 793, obs. Prigent ; RTD civ. 2008. 131, obs. Grimaldi* .

12. *Réparation du préjudice causé aux coïndivisaires par un acte accompli irrégulièrement sur un bien indivis.* Il résulte de l'art. 815-9 C. civ. que tout copropriétaire est en droit de faire cesser les actes accomplis par un autre indivisaire, qui ne respectent pas la destination de l'immeuble ou qui portent atteinte à ses droits égaux et concurrents sur la chose indivise et d'agir à cet effet, ainsi que pour obtenir réparation du préjudice consécutif auxdits actes, sans attendre le partage ; l'effet déclaratif du partage ne saurait effacer les conséquences de tels actes dans les rapports entre les indivisaires. • Civ. 1re, 15 avr. 1980 : *D. 1981. 101, note Breton.* ♦ Rappr. : • Civ. 1re, 12 mai 2010, n° 09-65.362 P : *D. 2010. 1346 ; JCP 2010, n° 1162, § 11, obs. Périnet-Marquet ; AJ fam. 2010. 336, obs. Vernières ; Defrénois 2010. 2077, obs. Pierre ; ibid. 2387, obs. Chamoulaud-Trapiers ; RLDC 2010/75, n° 3984, obs. Parance ; RTD civ. 2010. 587, obs. Revet* .

13. *Date d'évaluation de l'indemnité de garantie en cas d'éviction.* L'effet déclaratif du partage, s'il fixe la date à laquelle naît le droit de chaque copartageant sur son lot, ne détermine pas celle à laquelle il faut se placer pour évaluer l'indemnité de garantie en cas d'éviction (cette date est celle de l'éviction). • Civ. 1re, 9 juin 1970 : *D. 1970. 545, note Breton.*

14. *Répartition des frais de gestion et de conservation des biens indivis.* Les frais de gestion et de conservation de la chose indivise profitent à tous les cohéritiers et ne peuvent être mis à la charge d'un indivisaire que s'ils ont été la conséquence d'une faute de celui-ci ; encourt la cassation l'arrêt qui a laissé ces frais à la charge exclusive de l'héritier s'étant porté adjudicataire du bien, au motif que, par l'effet déclaratif du partage, cet héritier devait être considéré comme propriétaire du jour de l'ouverture de la succession. • Civ. 1re, 23 juin 1964 : *JCP 1964. II. 13819, note Patarin.*

Art. 884 Les cohéritiers demeurent respectivement garants, les uns envers les autres, des troubles et évictions seulement qui procèdent d'une cause antérieure au partage. *(L. n° 2006-728 du 23 juin 2006, art. 7)* « Ils sont également garants de l'insolvabilité du débiteur d'une dette mise dans le lot d'un copartageant, révélée avant le partage. »

La garantie n'a pas lieu, si l'espèce d'éviction soufferte a été exceptée par une clause particulière et expresse de l'acte de partage ; elle cesse, si c'est par sa faute que le cohéritier souffre l'éviction.

1. Obstacle à la garantie : liberté du commerce (non). La liberté du commerce ne peut autoriser l'un des copartageants à vider le fonds de commerce attribué à l'autre, et dont la clientèle constitue un élément essentiel, d'une partie de sa substance, et ce même en l'absence de toute clause particulière d'interdiction de concurrence dans l'acte de partage. • Com. 8 déc. 1966 : *Bull. civ. III, n° 476.* – Rappr. : • Com. 4 févr. 1970 : *ibid. IV, n° 45.*

2. Domaine d'application de la garantie : éviction ayant une cause antérieure au partage. Lorsque, suite à une donation-partage, l'un des donataires est évincé par l'autre, il n'est fondé à agir en garantie contre ce dernier que s'il est établi que l'éviction procède d'une cause antérieure au partage ; tel n'est pas le cas du jeu de la prescription trentenaire dès lors qu'elle a commencé à courir après le partage. • Civ. 3e, 22 mai 1990, n° 89-10.200 P.

3. Illustration : éviction consécutive à la résolution d'une donation. Éviction d'un copartageant auquel ont été attribués des biens provenant d'une donation dont la révocation est prononcée pour inexécution des charges incombant à l'ensemble des héritiers : V. • Civ. 1re, 3 mars 1976 : *Bull. civ. I, n° 95,* et dans la même affaire, • Civ. 1re, 18 janv. 1983 : *ibid. I, n° 25.*

Art. 885 *(L. n° 2006-728 du 23 juin 2006, art. 7)* « Chacun des cohéritiers est personnellement obligé, à proportion de son émolument, d'indemniser le cohéritier évincé de la perte qu'il a subie, évaluée au jour de l'éviction. »

Si l'un des cohéritiers se trouve insolvable, la portion dont il est tenu doit être également répartie entre le garanti et tous les cohéritiers solvables.

1. Fixation de l'indemnité d'éviction : compensation du préjudice réellement subi. En déclarant les copartageants obligés en proportion de leur part héréditaire, l'art. 885 se borne à fixer les bases selon lesquelles la charge de l'indemnité due se répartit entre les garants, et cette indemnité doit être calculée d'après le préjudice réel que souffre l'héritier du fait de l'éviction ; ce préjudice étant égal à la valeur du bien quand il lui a été enlevé, la perte doit être appréciée eu égard à la valeur de ce bien au moment de l'éviction. • Civ. 1re, 9 juin 1970 : *D. 1970. 545, note Breton ; JCP 1972. II. 17199, note Plancqueel.*

2. ... Prise en compte des clauses d'une donation-partage. Incidence des clauses de la donation-partage sur la fixation de l'indemnité d'éviction : V. • Civ. 1re, 18 janv. 1983, n° 81-12.638 P : *JCP 1984. II. 20254, note Dagot ; RTD civ. 1984. 144, obs. Patarin.* ♦ Dans la même affaire, sur l'origine de l'éviction, V. • Civ. 1re, 3 mars 1976 : *cité note 3 ss. art. 884.*

Art. 886 *(L. n° 2006-728 du 23 juin 2006, art. 7)* L'action en garantie se prescrit par deux ans à compter de l'éviction ou de la découverte du trouble.

SECTION 5 Des actions en nullité du partage ou en complément de part

(L. n° 2006-728 du 23 juin 2006, art. 8)

La loi n° 2006-728 du 23 juin 2006 modifiant la présente section entre en vigueur le ***1er janv. 2007****. – V. les dispositions transitoires à l'art. 47 de cette loi, ss. art. 892, et l'ensemble des dispositions antérieures (titre I ancien) à la suite de ce même art. 892.*

§ 1 Des actions en nullité du partage

Art. 887 Le partage peut être annulé pour cause de violence ou de dol.

Il peut aussi être annulé pour cause d'erreur, si celle-ci a porté sur l'existence ou la quotité des droits des copartageants ou sur la propriété des biens compris dans la masse partageable.

S'il apparaît que les conséquences de la violence, du dol ou de l'erreur peuvent être réparées autrement que par l'annulation du partage, le tribunal peut, à la demande de l'une des parties, ordonner un partage complémentaire ou rectificatif.

1. Rejet de la nullité pour erreur sur les qualités substantielles d'un bien compris dans le partage. Ne saurait être retenue comme cause de rescision une erreur sur les qualités substantielles d'un bien compris dans la masse partageable (authenticité d'une œuvre d'art). • Montpellier, 28 mai 2002 : *JCP 2003. I. 158, n° 18, obs. Tisserand.*

2. Rejet de la nullité pour erreur en cas d'omission de l'indemnité de réduction due par un réservataire dans un partage partiel. L'omission de l'indemnité de réduction éventuellement due par les héritiers réservataires n'est pas de nature à entraîner la nullité d'un partage partiel pour cause d'erreur. • Civ. 1re, 19 mars 2014, n° 13-10.033 P : *RTD civ. 2014. 422, obs. Grimaldi ; RDC 2014. 711, note Goldie-Génicon ; JCP 2015, n° 101, note Le Guidec ; Defrénois 2015. 392, obs. B. Vareille.*

3. Rejet de la nullité pour erreur en cas d'évaluation erronée des biens. Une évaluation erronée des biens à partager ou d'un allotissement dont la valeur est inférieure à celle à laquelle le copartageant était en droit de prétendre dans la masse partageable n'ouvre pas droit à une action pour erreur, faute de remplir les conditions prévues par l'art. 887, mais ouvre droit à une action en complément de part pour lésion si les conditions en sont réunies. • Civ. 1re, 7 févr. 2018, n° 17-12.480 P : *D. 2018. 350 ; AJ fam. 2018. 242, obs. Casey.* ♦ L'erreur commise sur l'existence ou la quotité des droits d'un copartageant, de nature à justifier l'annulation d'une convention de partage, ne peut être déduite du seul constat d'une différence entre la valeur du lot attribué à celui-ci et celle des biens partagés. • Civ. 1re, 17 oct. 2018, n° 17-26.945 P : *D. 2018. 2089 ; AJ fam. 2019. 96, obs. Casey.*

4. Prise en compte de l'erreur consécutive à l'inclusion dans le partage de la dette prescrite d'un indivisaire envers l'indivision. Annulation d'un partage de communauté pour erreur à la suite de l'inclusion, dans la masse à partager, de la dette d'un indivisaire envers l'indivision correspondant à une indemnité de jouissance privative, alors que cette dette était prescrite. • Aix-en-Provence, 20 déc. 2001 : *JCP 2002. I. 167, n° 14, obs. Tisserand.*

5. Prise en compte de l'erreur sur la quotité des droits des copartageants consécutive à la découverte tardive d'un testament. Découverte, après le partage, d'un testament instituant l'un des copartageants légataire universel. Nullité du partage pour erreur : V. • Alger, 20 avr. 1948 : *D. 1948. 476, note Fréjaville*, et • Civ. 1re, 27 janv. 1953 : *GAJC, 12e éd., n° 117-118 (II) ; D. 1953. 334, note M. F.*, rejetant le pourvoi • 3 févr. 2010 : *JCP 2010, n° 497, note Ghestin.*

6. Nullité pour erreur et action en pétition d'hérédité. Distinction entre action en pétition d'hérédité et action en annulation d'un partage : V. • Civ. 1re, 19 déc. 1962 : *D. 1963. 145, note Voirin ; JCP 1963. II. 13115, note Esmein.*

7. Nullité pour erreur et cession de droits successifs. Application à la cession de droits successifs de la nullité pour erreur : V. • Civ. 17 nov. 1930 : *DH 1931. 3.*

Art. 887-1 Le partage peut être également annulé si un des cohéritiers y a été omis.

L'héritier omis peut toutefois demander de recevoir sa part, soit en nature, soit en valeur, sans annulation du partage.

Pour déterminer cette part, les biens et droits sur lesquels a porté le partage déjà réalisé sont réévalués de la même manière que s'il s'agissait d'un nouveau partage.

Application de la loi dans le temps. Selon l'art. 47, II, de la L. du 23 juin 2006, l'art. 887-1 est applicable, dès l'entrée en vigueur de cette loi, aux indivisions existantes et aux successions ouvertes non encore partagées à cette date ; selon l'art. 25, II, 2°, de la L. du 3 déc. 2001, sous réserve des accords amiables déjà intervenus et des décisions judiciaires irrévocables, les nouveaux droits successoraux des enfants naturels sont applicables aux successions ouvertes à la date de publication de cette loi et n'ayant pas donné lieu à partage avant cette date ; ayant constaté que la succession de son père avait été partagée par acte notarié en 1996, une cour d'appel en a exactement déduit qu'un enfant naturel, dont la filiation paternelle avait été établie par suite d'une action en recherche de paternité introduite en 1997, ne pouvait invoquer le bénéfice de l'art. 887-1, ni se prévaloir des droits que sa filiation lui conférait dans la succession de son père conformément à L. du 3 déc. 2001. • Civ. 1re, 11 avr. 2018, n° 17-19.313 P : *D. 2018. 848 ; AJ fam. 2018. 357, obs. Levillain ; RTD civ. 2018. 720, obs. Grimaldi ; Dr. fam. 2018, n° 187, obs. Nicod ; RDC 2018. 577, note Gaudemet.*

Art. 888 Le copartageant qui a aliéné son lot en tout ou partie n'est plus recevable à intenter une action fondée sur le dol, l'erreur ou la violence, si l'aliénation qu'il a faite est postérieure à la découverte du dol ou de l'erreur ou à la cessation de la violence.

Domaine d'application de la présomption de confirmation. La présomption légale de confirmation ne s'applique qu'en cas de dol ou de violence et doit être interprétée restrictivement ; elle ne peut donc pas être étendue à l'action fondée sur une lésion de plus du quart. • Civ. 1re, 11 févr. 1981 : *Bull. civ. I, n° 53 ; RTD civ. 1982. 186, obs. Patarin.*

§ 2 De l'action en complément de part

Art. 889 Lorsque l'un des copartageants établit avoir subi une lésion de plus du quart, le complément de sa part lui est fourni, au choix du défendeur, soit en numéraire, soit en nature. Pour apprécier s'il y a eu lésion, on estime les objets suivant leur valeur à l'époque du partage.

L'action en complément de part se prescrit par deux ans à compter du partage.

A. APPRÉCIATION DE L'EXISTENCE DE LA LÉSION

1. Origine de la lésion : erreur dans la composition de la masse partageable ou dans l'évaluation des biens à partager. La lésion peut être due à une erreur dans l'établissement de l'actif partageable aussi bien qu'à une mauvaise évaluation de certains biens. • Civ. 1re, 18 déc. 1990, n° 89-10.396 P : *RTD civ. 1991. 578, obs. Patarin*. ♦ V., déjà, en cas d'erreur portant sur l'inclusion dans la masse partageable d'une parcelle étrangère à l'indivision, • Civ. 1re, 6 janv. 1987 : *D. 1987. 377, note Breton ; RTD civ. 1987. 789, obs. Patarin.* ♦ Une évaluation erronée des biens à partager, ou d'un allotissement dont la valeur est inférieure à celle à laquelle le copartageant était en droit de prétendre, ouvre droit à une action en complément de part pour lésion si les conditions en sont réunies et non pas à une action en nullité pour erreur. • Civ. 1re, 7 févr. 2018, n° 17-12.480 P : *D. 2018. 350 ; AJ fam. 2018. 242, obs. Casey* (prise en compte d'un redressement fiscal pour insuffisance taxable). ♦ La lésion ne peut jamais résulter que d'une mauvaise évaluation des biens à partager ou d'un allotissement dont la valeur est inférieure à celle à laquelle le co-partageant était en droit de prétendre dans la masse partageable, à l'exclusion du défaut de paiement prétendu d'une partie de la soulte. • Civ. 1re, 6 juin 2012, n° 11-20.062 P : *D. 2012. 1611 ; AJ fam. 2012. 469, obs. Vernières*.

2. ... Erreur dans la composition passive de la masse partageable. Pour apprécier le caractère lésionnaire du partage, il faut reconstituer, à la date de l'acte litigieux, la masse à partager dans tous ses éléments actifs et passifs, de sorte qu'il y a lieu de tenir compte de l'emprunt souscrit par les époux. • Civ. 1re, 18 mars 2015, n° 14-10.730 P : *AJ fam. 2015. 290, obs. Casey*.

3. Vérification de l'existence de la lésion : pouvoir des juges du fond. Les juges du fond, saisis d'une action visant à santicionner la lésion contre un partage, ne sont pas tenus, comme en matière de vente immobilière, de vérifier par voie d'expertise l'existence de la lésion. • Civ. 1re, 19 oct. 1960 : *Bull. civ. I, n° 448.* – Même sens : • Civ. 1re, 13 avr. 1988, n° 86-17.736 P : *R., p. 163.* ♦ Lorsqu'ils relèvent que le partage a fait sortir du patrimoine du débiteur des biens importants pour y laisser les parts d'une société en règlement judiciaire, ou sur le point d'y être mise, et des créances sans valeur, ils peuvent en conclure qu'il y a lésion de plus du quart. • Civ. 1re, 22 janv. 1980, n° 78-15.551 P : *D. 1980. IR 400, obs. D. Martin.*

4. Évaluation de la lésion : calcul à la date du partage. La lésion doit être calculée en comparant, en se plaçant à la date du partage, la valeur du lot attribué au copartageant qui se prétend désavantagé et la valeur de la part qui aurait dû lui revenir dans l'actif. • Civ. 1re, 3 janv. 1979 : *Bull. civ. I, n° 3* • 7 avr. 1998, n° 96-15.015 P : *JCP 1999. I. 132, n° 3, obs. Le Guidec ; JCP N 1999. 320, note Schaeffer ; Defrénois 1998. 1472, obs. Champenois ; RTD civ. 1998. 712, obs. Patarin*. – Déjà en ce sens : • Civ. 1re, 10 nov. 1970 : *D. 1971. 205.* ♦ Comp., en matière de partage partiel : • Civ. 1re, 29 avr. 1975 : *Bull. civ. I, n° 151.*

5. ... Nécessité de se référer à la valeur réelle des biens au jour du partage. Manque de base légale l'arrêt qui applique à une estimation immobilière réalisée par un expert l'indice des prix à la construction entre la date de l'expertise et celle de la jouissance divise, sans préciser en quoi l'évolution de l'indice pouvait correspondre à celle de la valeur des biens à l'époque du partage. • Civ. 1re, 14 nov. 2006, n° 04-18.879 P : *JCP 2008. I. 108, n° 4, obs. Le Guidec.*

6. ... Possibilité de prendre en compte une évolution prévisible dès la date du partage. Si, lors du partage, certaines parcelles étaient encore situées hors du périmètre urbain, il peut néanmoins être tenu compte des circonstances permettant de les considérer comme n'étant plus des terrains purement agricoles et ayant, dès l'époque du partage, vocation de terrains à bâtir (qualités physiques des terrains, proximité des quartiers périphériques de la ville, expansion de celle-ci, implantation proche de plusieurs lotissements). • Civ. 1re, 19 avr. 1977 : *Gaz. Pal. 1978. 1. 14, note Plancqueel.*

7. ... Prise en compte des indemnités dont chaque indivisaire est créancier ou débiteur envers l'indivision. Il doit être tenu compte de ce dont chacun des indivisaires est respectivement créancier ou débiteur vis-à-vis de l'indivision, et spécialement de la créance d'un indivisaire pour améliorations faites par lui sur un bien indivis (art. 815-13). • Civ. 1re, 5 mars 1991, n° 89-18.311 P : *D. 1992. Somm. 227, obs. Grimaldi ; RTD civ. 1991. 578, obs. Patarin* (arrêt daté du 6 mars).

8. ... Absence de prise en compte de délais de paiement. L'avantage résultant du délai accordé pour le paiement du surplus payable à terme, sans intérêt, ni indexation, est sans incidence sur le calcul de la lésion. • Civ. 1re, 6 juin 2012 : cité note 1.

9. Évaluation de la lésion en cas de partage partiel. Éléments à prendre en considération pour l'évaluation de la lésion en cas de partage partiel : V. • Civ. 1re, 30 janv. 1963, n° 59-11.213 P. ♦ Comp. • Civ. 1re, 29 avr. 1975 : *Bull. civ. I, n° 151.*

10. Évaluation de la lésion dans le partage de communauté. Pour apprécier le caractère lésionnaire d'un partage de communauté, nécessité de prendre en compte la liquidation et le règlement d'ensemble des droits des copartageants sans omettre le montant des soldes des comptes de récompenses. • Civ. 1re, 16 juin 2011 : *cité note 4 ss. art. 1476.*

B. RÉGIME DE L'ACTION FONDÉE SUR LA LÉSION

11. Caractère d'ordre public : impossibilité de renoncer à l'avance à l'action. L'égalité des lots étant la règle fondamentale du partage, les cohéritiers ne peuvent, à l'avance, renoncer à l'exercice de l'action visant à sanctionner la lésion soit expressément, soit indirectement en s'engageant à garantir les effets de la convention. • Civ. 2 juin 1897 : *DP 1897. 1. 384.* ♦ La renonciation ne peut résulter que d'actes postérieurs au partage et dépourvus d'équivoque. • Civ. 1re, 12 janv. 1994, n° 91-11.221 P : *D. 1995. Somm. 47, obs. Grimaldi.*

12. ... Nullité de la clause permettant la révision de l'évaluation des biens partagés. La clause permettant la révision de l'évaluation des biens compris dans le partage contrevient à la règle d'ordre public sanctionnant la lésion de plus du quart. • Civ. 1re, 8 juin 2004, n° 01-16.230 P : *JCP 2005. I. 187, n° 4, obs. Le Guidec ; Dr. fam. 2004, n° 154, note Beignier.*

13. Titulaires de l'action : créancier d'un copartageant agissant par la voie oblique. Tout créancier du copartageant lésé peut exercer l'action de ce dernier, conformément à l'art. 1166 anc. C. civ., sans avoir à prouver autre chose que la lésion. • Req. 25 juin 1935 : *DH 1935. 474.* ♦ Dans le même sens : • Civ. 1re, 17 mai 1977, n° 75-15.309 P (à propos de l'action en rescision introduite par le créancier d'un cessionnaire de droits successifs) • Civ. 1re, 22 janv. 1980, n° 78-15.551 P : *D. 1980. IR 400, obs. D. Martin.*

14. Exercice préventif de l'action. L'action fondée sur la lésion peut être exercée préventivement, dès lors qu'il apparaît que l'attribution de l'immeuble pour la valeur de la dernière enchère opérerait la lésion alléguée. • Civ. 1re, 3 juin 1997, n° 94-21.387 P : *D. 1997. Somm. 369, obs. Grimaldi ; RTD civ. 1997. 979, obs. Patarin.*

15. Point de départ de la prescription. La lésion s'appréciant à la date du partage, le point de départ de la prescription de l'action se situe à la date à laquelle a été conclu l'acte de partage. • Civ. 1re, 20 janv. 1982 : *Bull. civ. I, n° 36 ; RTD civ. 1983. 169, obs. Patarin* • Civ. 1re, 22 févr. 2007, n° 05-21.157 P. ♦ Comp., en présence de manœuvres dolosives : • Civ. 1re, 22 oct. 1968, n° 66-13.912 P. ♦ La clause d'attribution insérée dans le cahier des charges d'une licitation n'emporte pas à elle seule partage et la prescription ne commence à courir que du jour du partage total ou partiel. • Civ. 1re, 4 mai 1983, n° 82-11.928 P : *R., p. 47.* – Dans le même sens : • Civ. 1re, 3 juin 1997 : *préc. note 14.* ♦ Comp., en cas de vente, au profit d'un des copartageants, de la nue-propriété d'un bien indivis : • Civ. 1re, 16 mai 1972 : *Bull. civ. I, n° 129.*

16. Interruption de la prescription. En matière de partage, la sanction de la lésion, qui remet en question les droits de toutes les parties, est indivisible ; par suite, lorsqu'un copartageant agit contre un autre, il interrompt la prescription de l'art. 1304 anc. C. civ. à l'égard de tous les copartageants. • Civ. 1re, 5 janv. 1966 : *JCP 1966. II. 14592, note Voirin* • 14 mars 2006, n° 03-13.409 P : *D. 2006. IR 1001 ; AJ fam. 2006. 211, obs. Bicheron.* ♦ Si sa demande est rejetée, l'interruption de la prescription est regardée comme non avenue à l'égard de cette demande, mais non à l'égard de celle formée par un autre copartageant, bien que déclarée recevable par l'effet de la première. • Civ. 1re, 14 mars 2006 : *préc.*

17. Non-application de la présomption de confirmation. Absence d'application de la présomption légale de confirmation prévue par l'art. 888 en cas d'action fondée sur la lésion : V. note ss. art. 888.

18. Publicité foncière (non). L'action en complément de part ayant pour objet non l'annulation du partage mais le paiement d'un complément de part en numéraire, la recevabilité de la demande n'est pas soumise à la publication de l'assignation au bureau des hypothèques. • Civ. 1re, 6 nov. 2013 : *AJ fam. 2014. 52, obs. Thouret.*

C. FOURNITURE D'UN COMPLÉMENT DE PART

19. Complément de part en numéraire : évaluation au jour du paiement. Si l'existence et l'étendue de la lésion doivent être appréciées à la date du partage, il résulte, tant du principe de l'égalité des copartageants que de l'équivalence des deux modes de libération prévus par l'art. 891, que le complément versé au copartageant lésé doit être apprécié à sa valeur actuelle. • Cass., ass. plén., 9 mars 1961, *Cons. Ramain c/ Cons. Coste : D. 1961. 505, note Ancel ; JCP 1961. II. 12091, note Voirin.* – Dans le même sens : • Civ. 1re, 12 mars 1963 : *D. 1963. 567.*

20. … Intérêts. Si la rescision d'un partage pour cause de lésion efface, en principe, rétroactivement les attributions résultant du partage, l'héritier peut cependant, en vertu de l'art. 549 C. civ., conserver les fruits des biens à lui attribués qu'il a perçus de bonne foi jusqu'au jour de la demande de rescision. De l'équivalence des deux modes de libération prévus par l'art. 891, il résulte que le complément de part versé au copartageant lésé ne peut produire intérêts que dans les mêmes conditions. • Civ. 1re, 19 avr. 1977 : *Gaz. Pal. 1978. 1. 14, note Plancqueel (Décision rendue en application du droit antérieur à la L. du 23 juin 2006).*

21. Complément de part en nature : conditions. Si le défendeur à la demande en rescision peut en arrêter le cours en offrant et en fournissant au demandeur le supplément en nature de sa portion héréditaire, c'est à la condition que, comme le nouveau partage qu'elle a pour but d'éviter, cette fourniture ne laisse pas subsister une indivision sur les biens qui en sont l'objet. • Civ. 1re, 19 mars 1975, n° 74-10.965 P *(Décision rendue en application du droit antérieur à la L. du 23 juin 2006).*

Art. 890 **L'action en complément de part est admise contre tout acte, quelle que soit sa dénomination, dont l'objet est de faire cesser l'indivision entre copartageants.**

L'action n'est plus admise lorsqu'une transaction est intervenue à la suite du partage ou de l'acte qui en tient lieu sur les difficultés que présentait ce partage ou cet acte.

En cas de partages partiels successifs, la lésion s'apprécie sans tenir compte ni du partage partiel déjà intervenu lorsque celui-ci a rempli les parties de leurs droits par parts égales ni des biens non encore partagés.

1° ACTES EXPOSÉS À UNE ACTION FONDÉE SUR LA LÉSION

1. Partage transactionnel : principe. Distinction entre la transaction opérant partage et celle consécutive à un partage : V. • Civ. 1re, 4 févr. 1976, n° 73-14.680 P, et dans la même affaire, • Civ. 1re, 5 déc. 1978 : *ibid. I, n° 376 ; Defrénois 1979. 645, note Ponsard.* ♦ V. également note 15 ss. art. 2052. ♦ L'irrecevabilité de l'action fondée sur la lésion contre la transaction faite sur les difficultés réelles présentées par un premier acte de partage ne s'applique que si ce premier acte a effectivement opéré le partage des biens visés dans la transaction. • Civ. 1re, 9 janv. 2008, n° 06-16.454 P : *D. 2008. AJ 293 ; JCP 2009. I. 109, n° 6, obs. Le Guidec ; RTD civ. 2008. 342, obs. Grimaldi .* ♦ Comp. note 2.

2. … Application aux partages de communauté. La convention ayant pour objet de faire cesser l'indivision existant sur les biens communs entre anciens époux est sujette à l'action visant à sanctionner la lésion, cette convention aurait-elle comporté des concessions réciproques entre les parties. • Civ. 1re, 6 juill. 1982, n° 81-13.444 P : *RTD civ. 1983. 769, obs. Patarin* • 30 oct. 2006, n° 03-19.595 P : *JCP 2007. I. 142, n° 27, obs. Tisserand-Martin ; Defrénois 2007. 300, obs. Massip ; RTD civ. 2007. 321, obs. Hauser* • 14 nov. 2006, n° 05-11.465 P : *D. 2006. IR 2948 ; JCP 2007. II. 10065, note Mahinga ; ibid. I. 142, n° 27, obs. Tisserand-Martin* • 9 janv. 2008 : *préc. note 1.*

3. Acte entraînant la cessation de l'indivision pour certains biens. L'action visant à sanctionner la lésion est recevable non seulement contre les partages proprement dits, mais également contre les actes qui, en vue du partage et concourant à sa réalisation, même sans comporter de décompte de soultes, ni lotissement des copartageants, attribuent des biens successoraux à certains cohéritiers, moyennant fixation d'un prix déterminé, dès lors que, par cette opération, assimilable à un partage, ces biens sont définitivement sortis de l'indivision entre les parties qui y ont figuré. • Civ. 1re, 9 mars 1966 : *D. 1966. 573, rapport Frank ; JCP 1966. II. 14738, note Voirin.* ♦ Comp. • Civ. 1re, 20 janv. 1982, n° 80-16.909 P. ♦ Dans le même sens, à l'encontre d'une convention contenant des attributions faisant cesser l'indivision et qui, interdisant aux ex-époux d'introduire une action en complément de partage, a pour effet d'attribuer à l'épouse la propriété des valeurs mobilières qu'elle détenait : • Civ. 1re, 17 déc. 2008, n° 07-15.459 P : *D. 2009. AJ 229 ; JCP 2009. I. 140, n° 15, obs. Tisserand-Martin ; RLDC 2009/57, n° 3316, obs. Pouliquen ; ibid. 2009/59, n° 3397, obs. Bentejac.*

4. Acte entraînant la cessation de l'indivision à l'égard de certains indivisaires. La lésion peut être sanctionnée même lorsque l'acte ne fait cesser l'indivision qu'entre quelques-uns des cohéritiers seulement, la loi ne faisant aucune distinction. • Civ. 2 juin 1897 : *DP 1897. 1. 384.* ♦ Lésion sanctionnée dans un acte contenant abandon par l'un des indivisaires, au profit de l'autre, pour éteindre une dette envers ce dernier, de sa part dans les lots immobiliers indivis entre eux deux, dès lors que par l'effet de cet acte l'indivision avait définitivement cessé. • Civ. 3e, 25 mai 1983 : *Bull. civ. III, n° 120.*

2° ACTES POUR LESQUELS LA LÉSION EST EXCLUE

5. Partage aléatoire. Le caractère aléatoire d'un acte de partage, de nature à entraîner le rejet d'une demande fondée sur la lésion, est souverainement apprécié par les juges du fond. • Civ. 1re, 4 juin 2007, n° 05-11.950 P : *JCP*

2007. I. 208, n° 22, obs. Tisserand-Martin (aléa tenant à l'incertitude du versement de l'indemnité d'assurance à la suite de l'incendie d'un immeuble indivis, cet immeuble ayant été construit sans permis).

6. Cession de droits successifs comportant un aléa. Exclusion de l'action en complément de part contre une cession de droits indivis comportant un aléa défini et accepté par le cessionnaire : V. art. 891 et les notes.

7. Partage forfaitaire associé à un divorce par consentement mutuel. V. note 1 ss. art. 250-1.

8. Licitations par autorité de justice ou par suite d'un désaccord entre les héritiers. Exclusion de l'action fondée sur la lésion en cas de partage partiel issu d'une procédure publique (adjudication ordonnée en justice à l'audience des criées du tribunal) : V. • Civ. 1re, 17 déc. 1956 : *D. 1957. 281, note Lenoan.*

Art. 891 L'action en complément de part n'est pas admise contre une vente de droits indivis faite sans fraude à un indivisaire par ses co-indivisaires ou par l'un d'eux, lorsque la cession comporte un aléa défini dans l'acte et expressément accepté par le cessionnaire.

1. Exclusion de la lésion en cas de cession aléatoire. Pour qu'une cession de droits successifs entre cohéritiers échappe à la sanction de la lésion, les juges du fond doivent constater l'accord exprès ou tacite par lequel les parties ont mis effectivement à la charge du cessionnaire les risques et périls d'une opération réellement aléatoire à raison de l'incertitude qui aurait existé sur la consistance et la valeur des droits cédés. • Civ. 1re, 25 mai 1965 : *D. 1965. 745.* – Déjà en ce sens : • Civ. 19 janv. 1931 : *DH 1931. 179.* ♦ L'appréciation des juges du fond à cet égard est souveraine. • Civ. 1re, 23 janv. 1967 : *Bull. civ. I, n° 31* • 13 avr. 1988, n° 86-17.736 P : *R., p. 163.* ♦ V. aussi : • Civ. 1re, 7 janv. 1964 : *Bull. civ. I, n° 17* (cession comportant la charge d'une rente viagère) • 9 mars 1971 : *ibid. I, n° 76* (cession de droits successifs principalement constitués par des créances de dommages de guerre dont le montant n'avait pas encore été calculé) • 4 févr. 1981 : *JCP 1981. II. 19694, note Rémy ; D. 1982. IR 21, obs. D. Martin ; RTD civ. 1982. 185, obs. Patarin* (passif successoral indéterminé au moment de la cession et dont une portion était prise en charge par le cessionnaire). ♦ En revanche, l'engagement pris par le cessionnaire de supporter, le cas échéant, la charge totale de l'obligation alimentaire dont le cédant pourrait être tenu avec lui ne constitue pas un aléa susceptible d'exclure une action fondée sur la lésion. • Civ. 1re, 28 avr. 1982 : *Bull. civ. I, n° 153.*

2. Date à laquelle apprécier l'existence d'un aléa. L'élément essentiel de l'exercice du droit de préemption étant l'acte par lequel l'indivisaire, conformément à l'art. 815-14, al. 2, fait connaître son intention de l'exercer aux prix et conditions qui lui ont été notifiés, c'est à ce moment que doit être appréciée l'existence d'un aléa dans la cession. • Civ. 1re, 2 mai 1989 : *JCP N 1989. II. 341, note Salvage ; RTD civ. 1990. 533, obs. Patarin.*

Art. 892 La simple omission d'un bien indivis donne lieu à un partage complémentaire portant sur ce bien.

1. Action en partage complémentaire : domaine. L'omission de biens communs dans la masse partageable, même de faible valeur, impose un partage complémentaire pour déterminer les droits de chaque époux. • Civ. 1re, 15 mai 2008, n° 06-19.416 P. ♦ La cour d'appel ne saurait renvoyer les époux devant le juge aux affaires familiales dans le but d'élaborer une nouvelle convention. • Civ. 1re, 30 sept. 2009, n° 07-12.592 P : *D. 2010. 132, obs. Théron ; ibid. 2010. Pan. 1243, obs. Serra ; JCP 2010, n° 487, § 22, obs. Tisserand-Martin ; AJ fam. 2009. 492, obs. David ; Defrénois 2010. 862, obs. Massip ; Dr. fam. 2009, n° 137, note Larribau-Terneyre ; RJPF 2010-2/29, obs. Vauvillé ; RTD civ. 2009. 707, obs. Hauser ; RDC 2010. 165, obs. S. Gaudemet.*

2. Prescription. L'action en partage complémentaire de biens communs omis prévue par l'art. 892 n'est pas soumise au délai prévu par l'art. 889, al. 2, pour l'action en complément de part ; elle est imprescriptible. • Civ. 1re, 20 nov. 2013, n° 12-21.621 P : *AJ fam. 2014. 49, obs. Thouret.*

Loi n° 2006-728 du 23 juin 2006,

Portant réforme des successions et des libéralités (JO 24 juin).

BIBL. GÉN. ▶ Beaubrun, *Mél. Goubeaux, Dalloz-LGDJ, 2009, p. 1* (nouvel ordre public successoral). – Casey, *RJPF 2006-10/11, 11/12 et 2007-1/10.* – Catala, *Dr. fam. 2006. Étude 43.* – Guerchoun et S. Piedelièvre, *Gaz. Pal. 2006. Doctr. 2421.* – Le Guidec, *JCP 2006. I. 160* (vue panoramique) ; *Mél. Goubeaux, Dalloz-LGDJ, 2009, p. 345* (anticipation successorale). – Leroyer, *chron. lég. RTD civ. 2006. 612.* – Malaurie, *Defrénois 2006. 1719.* – Dossier, *AJ* *fam. 2006. 308* ✐ *(1re partie)*, par PANSIER, SAGAUT, COUZIGOU-SUHAS et CLAUX, *et 346 (2e partie)*, par NICOD, TISSERAND-MARTIN, SAUVAGE, PETERKA, BONNET, LETELLIER ET DECLERCQ. – Dossier, *D. 2006. 2550*, par GRIMALDI, VIGNEAU, BRENNER, BRÉMOND, VAREILLE, YILDIRIM, DAURIAC, CHAMOULAUD-TRAPIERS, PETERKA, LE GUIDEC, NICOD et REVEL. – Dossier, *Dr. fam. 2006. Études 52 à 60*, par PETERKA, CASEY, JAMBORT, BINET, BERTRAND-MIRKOVIC, LEPROVAUX, JULIEN, NAUDIN. – Dossier, *Dr. et patr. 3/2007. 39*, par DELMAS SAINT-HILAIRE, CASEY, S. PIEDELIÈVRE, GRARE-DIDIER, WICKER et DEBOISSY. – Dossier, *RLDC, déc. 2006, suppl. au no 33*. – Dossier, *JCP N 2008. 1243 à 1250*, par KHAIRALLAH, LAMBERT-WIBER, A. AYNÈS, MAZEAUD-LEVENEUR, SAUVAGE, NICOD et LE GUIDEC (bilan provisoire). – TISSERAND-MARTIN, *Mél. Goubeaux, Dalloz-LGDJ, 2009, p. 533* (régime de l'option successorale).

▸ **Aspects fiscaux :** DELFOSSE et PENIGUEL, *JCP N 2007. 1016*. – DOUET, *Dr. fam. 2006. Étude 50 ; D. 2007. Chron. 2049* ✐. – FRULEUX, *JCP N 2006. 1362 ; ibid. 2007. 1048 ; ibid. 2008. 1171*. – GONZALEZ-GHARBI, *RJPF 2007-2/10*. ▸ **Place de l'ascendant :** ARTEIL, *Defrénois 2007. 477*. ▸ **Prohibition des pactes sur succession future :** BAILLON-WIRTZ, *Dr. fam. 2006. Étude 44*. ▸ **Dévolution de la succession de l'adopté :** LEVILLAIN, *JCP N 2007. 1223*.

▸ Colloque Univ. Paris-Dauphine 27 juin 2006, *JCP N 2006. 1296 à 1308* (réforme des successions et des libéralités et transmission de l'entreprise familiale). – Colloque Univ. Caen 15-16 mars 2007, *JCP N 2007. 1199 à 1206* (nouveau droit patrimonial de la famille).

TITRE I. DISPOSITIONS RELATIVES AUX SUCCESSIONS

Art. 1er *V. C. civ., art. 768 à 814-1.*

Art. 2 I *et* II. — *(Structure du chapitre VII du titre I).*

III. — *(Modification des art. 815 à 815-3, 815-10 et 815-14 C. civ.).*

IV. — *(Modification des art. L. 321-25, L. 323-6 et L. 411-2 C. rur.).*

Art. 3 *(Structure du chapitre VIII du titre I).*

Art. 4 I. — *V. C. civ., art. 816 à 842.*

II. — *(Modification des art. L. 143-6, L. 321-23, L. 321-24 et L. 322-14 C. rur. ; ... de l'art. 1722 bis CGI ; ... de l'art. 1873-13 C. civ. ; ... de l'art. 14 de la loi no 61-1378 du 19 déc. 1961, ss. art. 832-4 anc. C. civ.).*

Art. 5 *V. C. civ., art. 843 à 846, 851, 852, 856, 860, 860-1.*

Art. 6 *V. C. civ., art. 864 à 867, 873 à 881.*

Art. 7 *V. C. civ., art. 884 à 886.*

Art. 8 *V. C. civ., art. 887 à 892.*

TITRE II. DISPOSITIONS RELATIVES AUX LIBÉRALITÉS

....

TITRE III. DISPOSITIONS DIVERSES ET TRANSITOIRES

....

BIBL. GÉN. ▸ **Dispositions transitoires et interprétatives :** FLEURY-LE GROS, *Dr. fam. 2006. Étude 51*. – LE CHUITON, *JCP N 2007. 1041*. – NICOD, *D. 2006. 2587* ✐.

Art. 36 Hormis le cas des successions soumises au régime de la vacance ou de la déshérence, nul ne peut se livrer ou prêter son concours à la recherche d'héritier dans une succession ouverte ou dont un actif a été omis lors du règlement de la succession s'il n'est porteur d'un mandat donné à cette fin. Le mandat peut être donné par toute personne qui a un intérêt direct et légitime à l'identification des héritiers ou au règlement de la succession.

Aucune rémunération, sous quelque forme que ce soit, et aucun remboursement de frais n'est dû aux personnes qui ont entrepris ou se sont prêtées aux opérations susvisées sans avoir été préalablement mandatées à cette fin dans les conditions du premier alinéa.

BIBL. ▸ M. COUTURIER, *JCP N 2007. 1100*. – DAGOT, *Defrénois 2006. 1745*. – NAUDIN, *Dr. fam. 2006. Étude 59*.

Art. 37 *V. note ss. art. 829 C. civ.*

Art. 38 Dans les actes juridiques établis antérieurement à l'entrée en vigueur de la présente loi, les termes : "par préciput" et "préciputaire" doivent s'entendre comme : "hors part successorale", et les termes : "en avancement d'hoirie" comme : "en avancement de part successorale".

Art. 39 Sont abrogés :

1° La loi du 20 novembre 1940 confiant à l'administration de l'enregistrement la gestion des successions non réclamées et la curatelle des successions vacantes ;

2° Les articles 941 à 1002 du code de procédure civile *[ancien]* ;

3° Les dispositions spécifiques à l'administration des successions et biens vacants dans les départements de Guadeloupe, de Guyane, de Martinique et de La Réunion, notamment le décret sur l'administration des successions vacantes dans les colonies de la Martinique, de la Guadeloupe et de la Réunion du 27 janvier 1855, les textes qui en ont étendu l'application et les textes pris pour son application.

....

Art. 46 *V. note ss. art. 1096 C. civ.*

Art. 47 I. — A l'exception de l'abrogation prévue par le 2° de l'article 39, qui ne peut prendre effet avant l'entrée en vigueur des dispositions réglementaires nécessaires à l'application de la présente loi, celle-ci entre en vigueur le 1er janvier 2007.

II. — Les dispositions des articles 2, 3, 4, 7 et 8 de la présente loi ainsi que les articles 116, 466, 515-6 et 813 à 814-1 du code civil, tels qu'ils résultent de la présente loi, sont applicables, dès l'entrée en vigueur de la présente loi, aux indivisions existantes et aux successions ouvertes non encore partagées à cette date.

Par dérogation à l'alinéa précédent, lorsque l'instance a été introduite avant l'entrée en vigueur de la présente loi, l'action est poursuivie et jugée conformément à la loi ancienne. Cette loi s'applique également en appel et en cassation.

Les autres dispositions de la présente loi sont applicables aux successions ouvertes à compter de son entrée en vigueur, y compris si des libéralités ont été consenties par le défunt antérieurement à celle-ci.

III. — *V. note ss. art. 1096 C. civ.*

IV. — *V. note ss. art. 738-1 C. civ.*

V. — *V. ss. art. 515-7 C. civ.*

Sur l'application dans le temps de l'art. 47-II. • Civ. 1re, 22 févr. 2017, n° 16-11.961 P : *AJ fam. 2017. 256, obs. Ferré-André ; RTD civ. 2017. 463, obs. Grimaldi ; Dr. fam. 2017. 105, note Nicod* (délai de prescription de l'action en réduction, art. 921) • 11 avr. 2018, n° 17-19.313 P : *cité ss. art. 887-1.*

TITRE I *[ANCIEN]* DES SUCCESSIONS

CHAPITRE I *[ANCIEN]* DE L'OUVERTURE DES SUCCESSIONS, ET DE LA SAISINE DES HÉRITIERS

Ancien art. 718 *Les successions s'ouvrent par la mort naturelle et par la mort civile.*

La mort civile a été abolie par la loi du 31 mai 1854.

Ancien art. 719 *Abrogé par L. 31 mai 1854.*

Ancien art. 720 ***Si plusieurs personnes respectivement appelées à la succession l'une de l'autre, périssent dans un même événement, sans qu'on puisse reconnaître laquelle est décédée la première, la présomption de survie est déterminée par les circonstances du fait, et, à leur défaut, par la force de l'âge ou du sexe.***

La présomption légale de survie prévue par les art. 720 et 722 pour les *comorientes* est de droit strict et ne saurait recevoir application pour *déterminer les droits du bénéficiaire* d'une assurance sur la vie. • Civ. 1re, 11 oct. 1988 : *D. 1989. 333, note Breton ; JCP N 1989. II. 150, note Salvage.*

Ancien art. 721 ***Si ceux qui ont péri ensemble avaient moins de quinze ans, le plus âgé sera présumé avoir survécu.***

S'ils étaient tous au-dessus de soixante ans, le moins âgé sera présumé avoir survécu.

Si les uns avaient moins de quinze ans et les autres plus de soixante, les premiers seront présumés avoir survécu.

Ancien art. 722 ***Si ceux qui ont péri ensemble avaient quinze ans accomplis et moins de soixante, le mâle est toujours présumé avoir survécu, lorsqu'il y a égalité d'âge, ou si la différence qui existe n'excède pas une année.***

S'ils étaient du même sexe, la présomption de survie, qui donne ouverture à la succession dans l'ordre de la nature, doit être admise : ainsi le plus jeune est présumé avoir survécu au plus âgé.

Dès lors qu'aucune des présomptions de droit strict des art. 721 et 722 (anciens) n'est applicable à la situation d'ensemble des comourants, eu égard à leurs âges respectifs, l'ordre des décès ne pouvant être établi, la dévolution successorale doit s'opérer sans tenir compte des droits successoraux réciproques de chacun des défunts. • Civ. 1re, 8 févr. 2005, n° 02-18.767 P : *D. 2005. 2055, note Corpart ; AJ fam. 2005. 151, obs. Bicheron*. – V. déjà en ce sens : • TGI Rochefort-sur-Mer, 7 mars 1990 : *D. 1992. Somm. 225, obs. Lucet*.

Ancien art. 723 *(Ord. n° 58-1307 du 23 déc. 1958)* ***La loi règle l'ordre de succéder entre les héritiers légitimes, les héritiers naturels et le conjoint survivant. A leur défaut, les biens passent à l'État.***

BIBL. ▸ **Preuve de la qualité d'héritier :** DAGOT, *JCP N 1974. I. 2618 et 2621* (formule). ▸ **Dangers d'une descendance naturelle ignorée :** BRUN, *Defrénois 1999. 460*. ▸ V. aussi notes ss. ancien art. 731.

Ancien art. 724 *(Ord. n° 58-1307 du 23 déc. 1958)* ***Les héritiers légitimes, les héritiers naturels et le conjoint survivant sont saisis de plein droit des biens, droits et actions du défunt, sous l'obligation d'acquitter toutes les charges de la succession.***

L'État doit se faire envoyer en possession.

L'ordonnance du 23 déc. 1958 a été rendue applicable aux territoires d'outre-mer par L. n° 61-823 du 29 juill. 1961 (D. 1961. 252 ; BLD 1961. 511).

RÉP. CIV. v° *Envoi en possession*, par J. HÉRAIL.

BIBL. ▸ MAURY, *Mél. Mouly, Litec, 1998, t. 1, p. 335* (contre la saisine). – VIALLETON, *Mél. Roubier, Dalloz/Sirey, 1961, t. 2, p. 283* (place de la saisine).

CHAPITRE II *[ANCIEN]* DES QUALITÉS REQUISES POUR SUCCÉDER

Ancien art. 725 ***Pour succéder, il faut nécessairement exister à l'instant de l'ouverture de la succession.***

Ainsi, sont incapables de succéder :

1° Celui qui n'est pas encore conçu ;

2° L'enfant qui n'est pas né viable ;

3° Abrogé par L. 31 mai 1854.

(L. n° 77-1447 du 28 déc. 1977) ***« Peut succéder celui dont l'absence est présumée selon l'article 112. »***

Ancien art. 726 *Abrogé par L. 14 juill. 1819.*

Ancien art. 727 ***Sont indignes de succéder, et, comme tels, exclus des successions :***

1° Celui qui sera condamné pour avoir donné ou tenté de donner la mort au défunt ;

2° Celui qui a porté contre le défunt une accusation capitale jugée calomnieuse ;

3° L'héritier majeur qui, instruit du meurtre du défunt, ne l'aura pas dénoncé à la justice.

BIBL. ▸ MIMIN, *D. 1952. Chron. 147*.

1. La sanction de l'indignité successorale est inapplicable à l'épouse condamnée pour coups et blessures volontairement portés à son époux, sans intention de donner la mort, alors que celle-ci s'en est ensuivie. • Civ. 1re, 3 oct. 2006, n° 02-13.829 P : *AJ fam. 2006. 424, obs. Bicheron ; RJPF 2006-12/42, obs. Casey ; RLDC 2007/36, n° 2461, note Mahinga ; RTD civ. 2007. 600, obs. Grimaldi*. ♦ Dans la même affaire, annulant le mariage pour défaut de consentement : • Civ. 1re, 19 déc. 2012 : *cité note 10 ss. art. 146.*

2. Jugé que, une accusation capitale étant l'imputation d'un crime puni de mort et non pas seulement l'imputation de faits d'une gravité particulière, l'art. 727, 2°, est tombé en désuétude depuis l'abolition de la peine de mort puisqu'il ne peut plus être porté d'accusation capitale contre quiconque. • Bourges, 18 janv. 1999 : *Dr. fam. 1999, n° 73, note Beignier.*

3. Élément intentionnel. L'indignité successorale suppose l'intention coupable, que la loi exige en posant comme condition à son prononcé que l'auteur du geste homicide ait été condamné à une peine criminelle ou correctionnelle, elle ne s'applique pas dans l'hypothèse d'un non-lieu prononcé en raison de l'abolissement total du discernement et du contrôle de ses actes par l'enfant parricide. • Civ. 1re, 28 mars 2012 : *AJ* *fam. 2012. 354, obs. Levillain* ; *RTD civ. 2012. 757, obs. Grimaldi* .

4. *Office du juge.* Le juge n'a pas la faculté de prononcer la sanction de l'indignité successorale en raison de circonstances particulières non prévues par les textes. • Civ. 1re, 28 mars 2012 : *préc. note 3.*

Ancien art. 728 *Le défaut de dénonciation ne peut être opposé aux ascendants et descendants du meurtrier, ni à ses alliés au même degré, ni à son époux ou à son épouse, ni à ses frères ou sœurs, ni à ses oncles et tantes, ni à ses neveux et nièces.*

Ancien art. 729 *L'héritier exclu de la succession pour cause d'indignité, est tenu de rendre tous les fruits et les revenus dont il a eu la jouissance depuis l'ouverture de la succession.*

Ancien art. 730 *Les enfants de l'indigne, venant à la succession de leur chef, et sans le secours de la représentation, ne sont pas exclus pour la faute de leur père ; mais celui-ci ne peut, en aucun cas, réclamer, sur les biens de cette succession, l'usufruit que la loi accorde aux pères et mères sur les biens de leurs enfants.*

CHAPITRE III *[ANCIEN]* DES DIVERS ORDRES DE SUCCESSION

SECTION 1 *[ANCIENNE]* Dispositions générales

Ancien art. 731 (*Ord. n° 58-1307 du 23 déc. 1958*) *Les successions sont déférées aux enfants et descendants du défunt, à ses ascendants, à ses parents collatéraux et à son conjoint survivant, dans l'ordre et suivant les règles ci-après déterminées.*

BIBL. ▸ **Transmission patrimoniale à cause de mort :** Méau-Lautour, *D. 2000, suppl. au n° 16, p. 266-14.* ▸ **Preuve de la qualité d'héritier (acte de notoriété) :** Dagot, *JCP N 1974. I. 2618 et 2621* (formules). – L. C. Henry, *RTD civ. 1994. 11* . – Nuytten, *JCP N 1997. I. 453 ; ibid. 2000. 11* (acte de désignation d'héritiers). ▸ **Pour un fichier des reconnaissances :** Roehrig, *Defrénois 1992. 694.* ▸ **Dangers d'une descendance naturelle ignorée :** Brun, *Defrénois 1999. 460.* – Lemoine, *JCP N 2000. 697.*

Ancien art. 732 *La loi ne considère ni la nature ni l'origine des biens pour en régler la succession.*

Ancien art. 733 (*L. n° 72-3 du 3 janv. 1972*) *« Toute succession échue à des ascendants ou à des collatéraux, qu'ils soient légitimes ou naturels, se divise en deux parts égales : l'une pour les parents de la ligne paternelle, l'autre pour les parents de la ligne maternelle. »*

Les parents utérins ou consanguins ne sont pas exclus par les germains ; mais ils ne prennent part que dans leur ligne, sauf ce qui sera dit à l'article 752. Les germains prennent part dans les deux lignes.

(*L. n° 57-379 du 26 mars 1957*) *« Sous réserve des dispositions de l'article 753, il ne se fait aucune dévolution d'une ligne à l'autre que lorsqu'il ne se trouve aucun ascendant ni collatéral de l'une des deux lignes. »*

BIBL. ▸ **Commentaire L. 3 janv. 1972 :** V. Bibl. gén. précédant art. 310. ▸ **Commentaire L. 26 mars 1957 :** Le Breton, *Mél. Maury, Dalloz, 1960, t. 2, p. 491.* – Vialleton, *D. 1957. L. 289.*

Ancien art. 734 *Cette première division opérée entre les lignes paternelle et maternelle, il ne se fait plus de division entre les diverses branches ; mais la moitié dévolue à chaque ligne appartient à l'héritier ou aux héritiers les plus proches en degrés, sauf le cas de la représentation, ainsi qu'il sera dit ci-après.*

Ancien art. 735 *La proximité de parenté s'établit par le nombre de générations ; chaque génération s'appelle un degré.*

Ancien art. 736 *La suite des degrés forme la ligne : on appelle ligne directe la suite des degrés entre personnes qui descendent l'une de l'autre ; ligne collatérale, la suite des degrés entre personnes qui ne descendent pas les unes des autres, mais qui descendent d'un auteur commun.*

On distingue la ligne directe, en ligne directe descendante et ligne directe ascendante.

La première est celle qui lie le chef avec ceux qui descendent de lui ; la deuxième est celle qui lie une personne avec ceux dont elle descend.

Ancien art. 737 *En ligne directe, on compte autant de degrés qu'il y a de générations entre les personnes : ainsi le fils est, à l'égard du père, au premier degré ; le petit-fils, au second ; et réciproquement du père et de l'aïeul à l'égard des fils et petits-fils.*

Ancien art. 738 *En ligne collatérale, les degrés se comptent par les générations, depuis l'un des parents jusques et non compris l'auteur commun, et depuis celui-ci jusqu'à l'autre parent.*

Ainsi, deux frères sont au deuxième degré ; l'oncle et le neveu sont au troisième degré ; les cousins germains au quatrième ; ainsi de suite.

SECTION 2 *[ANCIENNE]* De la représentation

Ancien art. 739 *La représentation est une fiction de la loi, dont l'effet est de faire entrer les représentants dans la place, dans le degré et dans les droits du représenté.*

Ancien art. 740 *La représentation a lieu à l'infini dans la ligne directe descendante.*

Elle est admise dans tous les cas, soit que les enfants du défunt concourent avec les descendants d'un enfant prédécédé, soit que tous les enfants du défunt étant morts avant lui, les descendants desdits enfants se trouvent entre eux en degrés égaux ou inégaux.

Ancien art. 741 *La représentation n'a pas lieu en faveur des ascendants ; le plus proche, dans chacune des deux lignes, exclut toujours le plus éloigné.*

Ancien art. 742 *En ligne collatérale, la représentation est admise en faveur des enfants et descendants de frères ou sœurs du défunt, soit qu'ils viennent à sa succession concurremment avec des oncles ou tantes, soit que tous les frères et sœurs du défunt étant prédécédés, la succession se trouve dévolue à leurs descendants en degrés égaux ou inégaux.*

Ancien art. 743 *Dans tous les cas où la représentation est admise, le partage s'opère par souche : si une même souche a produit plusieurs branches, la subdivision se fait aussi par souche dans chaque branche, et les membres de la même branche partagent entre eux par tête.*

Ancien art. 744 *(L. n° 72-3 du 3 janv. 1972) On ne représente pas les personnes vivantes, mais seulement celles qui sont mortes.*

On peut représenter celui à la succession duquel on a renoncé.

La loi ne distingue pas, pour l'exercice de la représentation, entre la filiation légitime et la filiation naturelle.

SECTION 3 *[ANCIENNE]* Des successions déférées aux descendants

Ancien art. 745 *Les enfants ou leurs descendants succèdent à leurs père et mère, aïeuls, aïeules, ou autres ascendants sans distinction de sexe ni de primogéniture, et encore qu'ils soient issus de différents mariages.*

Ils succèdent par égales portions et par tête, quand ils sont tous au premier degré et appelés de leur chef : ils succèdent par souche, lorsqu'ils viennent tous ou en partie par représentation.

SECTION 4 *[ANCIENNE]* Des successions déférées aux ascendants

Ancien art. 746 *Si le défunt n'a laissé ni postérité, ni frère, ni sœur, ni descendants d'eux, la succession se divise par moitié entre les ascendants de la ligne paternelle et les ascendants de la ligne maternelle.*

L'ascendant qui se trouve au degré le plus proche recueille la moitié affectée à sa ligne, à l'exclusion de tous autres.

Les ascendants au même degré succèdent par tête.

Ancien art. 747 *(Abrogé par L. n° 72-3 du 3 janv. 1972, art. 4) Les ascendants succèdent, à l'exclusion de tous autres, aux choses par eux données à leurs enfants ou descendants décédés sans postérité, lorsque les objets donnés se retrouvent en nature dans la succession.*

Si les objets ont été aliénés, les ascendants recueillent le prix qui peut en être dû. Ils succèdent aussi à l'action en reprise que pouvait avoir le donataire.

V. L. n° 72-3 du 3 janv. 1972, art. 14, al. 3, ss. art. 764 ancien.

Ancien art. 748 *Lorsque les père et mère d'une personne morte sans postérité lui ont survécu, si elle a laissé des frères, sœurs, ou des descendants d'eux, la succession se divise en deux portions égales, dont moitié seulement est déférée au père et à la mère, qui la partagent entre eux également.*

L'autre moitié appartient aux frères, sœurs ou descendants d'eux, ainsi qu'il sera expliqué dans la section 5 du présent chapitre.

Ancien art. 749 *Dans le cas où la personne morte sans postérité laisse des frères, sœurs, ou des descendants d'eux, si le père ou la mère est prédécédé, la portion qui lui aurait été dévolue conformément au précédent article, se réunit à la moitié déférée aux frères, sœurs ou à leurs représentants, ainsi qu'il sera expliqué à la section 5 du présent chapitre.*

SECTION 5 *[ANCIENNE]* Des successions collatérales

Ancien art. 750 *En cas de prédécès des père et mère d'une personne morte sans postérité, ses frères, sœurs ou leurs descendants sont appelés à la succession, à l'exclusion des ascendants et des autres collatéraux.*

Ils succèdent, ou de leur chef, ou par représentation, ainsi qu'il a été réglé dans la section 2 du présent chapitre.

En cas de prédécès des père et mère d'une même personne morte sans postérité, s'il existe dans la ligne non vacante des frères ou sœurs consanguins ou utérins, ou des descendants de ceux-ci, la totalité de la succession leur est dévolue, ce qui empêche toute transmission à l'autre ligne et exclut des biens de celle-ci le conjoint survivant, qui est seulement appelé à remplacer les collatéraux ordinaires. • Civ. 1re, 19 mai 1981, n° 79-17.000 P : *R., p. 46 ; GAJC, 11e éd., n° 96 ; D. 1981. 609, note Rondeau-Rivier ; JCP 1982. II. 19821, note Dagot ; JCP N 1982. II. 27, note Rémy.*

Ancien art. 751 *Si les père et mère de la personne morte sans postérité lui ont survécu, ses frères, sœurs ou leurs représentants ne sont appelés qu'à la moitié de la succession. Si le père ou la mère seulement a survécu, ils sont appelés à recueillir les trois quarts.*

Ancien art. 752 *Le partage de la moitié ou des trois quarts dévolus aux frères ou sœurs, aux termes de l'article précédent, s'opère entre eux par égales portions, s'ils sont tous du même lit : s'ils sont de lits différents, la division se fait par moitié entre les deux lignes paternelle et maternelle du défunt ; les germains prennent part dans les deux lignes, et les utérins ou consanguins chacun dans leur ligne seulement : s'il n'y a de frères ou sœurs que d'un côté, ils succèdent à la totalité, à l'exclusion de tous autres parents de l'autre ligne.*

Pour la combinaison de ce texte avec l'anc. art. 750, V. notes ss. anc. art. 750.

Ancien art. 753 *(L. n° 57-379 du 26 mars 1957) « A défaut de frères ou sœurs ou de descendants d'eux et à défaut d'ascendants dans une ligne, la succession est dévolue en totalité aux ascendants de l'autre ligne ; à défaut d'ascendants dans l'une et l'autre ligne, la succession est dévolue pour moitié aux parents les plus proches dans chaque ligne. »*

S'il y a concours de parents collatéraux au même degré, ils partagent par tête.

Ancien art. 754 *Abrogé par L. n° 57-379 du 26 mars 1957.*

Ancien art. 755 *(L. 31 déc. 1917, art. 17) Les parents collatéraux au delà du sixième degré ne succèdent pas, à l'exception, toutefois, des descendants des frères et sœurs du défunt.*

Toutefois, les parents collatéraux succèdent jusqu'au douzième degré lorsque le défunt n'était pas capable de tester et n'était pas frappé d'interdiction légale.

(L. 3 déc. 1930) A défaut de parents au degré successible dans une ligne et de conjoint contre lequel il n'existe pas de jugement de séparation de corps passé en force de chose jugée, les parents de l'autre ligne succèdent pour le tout.

Incapacité de tester au sens de l'art. 755, al. 2 : V. note Laurent ss. • Req. 2 déc. 1931 et • Civ. 8 nov. 1932 : *DP 1933. 1. 105.*

SECTION 6 *[ANCIENNE]* Des droits successoraux résultant de la filiation naturelle

(L. n° 72-3 du 3 janv. 1972)

RÉP. CIV. v° *Dévolution*, par R. Le Guidec et C. Chabot.

BIBL. GÉN. ▸ **Études d'ensemble :** Barbier, *Gaz. Pal. 1972. 2. Doctr. 544.* – Bez, *JCP N 1972. I. 2467 et 2477 bis (Rect.).* – Chauveau, *Gaz. Pal. 1973. 1. Doctr. 4* (application pratique). ▸ **Filiation naturelle :** Hocquet-Berg, *LPA 10 mai 2000.* ▸ **Filiation adultérine :** Beignier, *Dr. fam. 2001. Chron. 27.* – Dekeuwer-Défossez, *Dr. et patr. 9/2000. 65.* – Tisserand, *JCP N 1993. I. 53.* ▸ **Droit local d'Alsace-Lorraine :** Weill et Lotz, *JCP 1973. I. 2564.* ▸ V. aussi Bibl. gén. précédant art. 310.

Ancien art. 756 *(L. n° 72-3 du 3 janv. 1972) La filiation naturelle ne crée de droits successoraux qu'autant qu'elle est légalement établie.*

Ancien art. 757 *(L. n° 72-3 du 3 janv. 1972) L'enfant naturel a, en général, dans la succession de ses père et mère et autres ascendants, ainsi que de ses frères et sœurs et autres collatéraux, les mêmes droits qu'un enfant légitime.*

Ancien art. 758 *(L. n° 72-3 du 3 janv. 1972) Réciproquement, les père et mère et autres ascendants de l'enfant naturel, ainsi que ses frères et sœurs et autres collatéraux, viennent à sa succession comme s'il était un enfant légitime.*

Ancien art. 759 *(L. nº 72-3 du 3 janv. 1972)* ***Les enfants naturels dont le père ou la mère était, au temps de leur conception, engagé dans les liens du mariage avec une autre personne, n'excluent pas celle-ci de la succession de leur auteur, lorsque, à leur défaut, elle y eût été appelée par application des articles 765 et 766 ci-dessous.***

En pareil cas, ils ne recevront, quel que soit leur nombre, que la moitié de ce qui, en leur absence, aurait été dévolu au conjoint selon les articles précités, le calcul étant fait ligne par ligne.

La répartition de la succession se fixe d'après l'état des vocations héréditaires au jour du décès, nonobstant toutes renonciations ultérieures.

V. L. nº 72-3 du 3 janv. 1972, art. 19, ss. art. 767 ancien.

BIBL. ▶ VIATTE, *Gaz. Pal. 1973. 1. Doctr. 381.*

1. L'art. 759 ne s'applique que lorsque le conjoint survivant aurait été, en l'absence de l'enfant, appelé à succéder en pleine propriété en vertu des art. 765 et 766 ; il n'en est pas ainsi lorsque le défunt laisse des collatéraux privilégiés, que ceux-ci aient été ou non exhérédés. • Civ. 1re, 21 mai 1986, nº 84-14.754 P : *R., p. 136 ; D. 1986. 340.*

2. Sur l'incompatibilité des limitations apportées aux droits successoraux des enfants adultérins avec l'art. 1er du Protocole nº 1 combiné avec l'art. 14 de la Convention EDH, V. note 1 ss. ancien art. 760.

Ancien art. 760 *(L. nº 72-3 du 3 janv. 1972)* ***Les enfants naturels dont le père ou la mère était, au temps de leur conception, engagé dans les liens d'un mariage d'où sont issus des enfants légitimes, sont appelés à la succession de leur auteur en concours avec ces enfants ; mais chacun d'eux ne recevra que la moitié de la part à laquelle il aurait eu droit si tous les enfants du défunt, y compris lui-même, eussent été légitimes.***

La fraction dont sa part héréditaire est ainsi diminuée accroîtra aux seuls enfants issus du mariage auquel l'adultère a porté atteinte ; elle se divisera entre eux à proportion de leurs parts héréditaires.

BIBL. ▶ BEZ, *JCP 1973. I. 2530.* – MASSIP, *Defrénois 1989. 1233.* – RUBELLIN-DEVICHI, *obs. JCP 2001. I. 293, nº 1.* – THIERRY, *D. 2000. Chron. 157.* – VAREILLE, *RTD civ. 1991. 475 ; D. 2000. Chron. 626.*

1. Non-conformité à la Conv. EDH : principe. L'inégalité successorale instituée au détriment des enfants adultérins constitue une violation de l'art. 1er du Protocole nº 1 de la Conv. EDH combiné avec l'art. 14 de la convention. • CEDH 1er févr. 2000, *Mazurek : GAJC, 12e éd., nº 99 ; D. 2000. 332, note Thierry ; JCP 2000. II. 10286, note Gouttenoire-Cornut et Sudre ; ibid. I. 278, nº 1, obs. Le Guidec ; Defrénois 2000. 654, obs. Massip ; Gaz. Pal. 2000. 2. 2407, note Bollon et Portefaix ; Dr. fam. 2000, nº 33, note de Lamy ; LPA 21 juill. 2000, note Canaple ; RTD civ. 2000. 311, obs. Hauser ; ibid. 429, obs. Marguénaud ; ibid. 601, obs. Patarin.* ♦ *Adde :* Josselin-Gall, *JCP N 2001. 834.* – Vareille, *D. 2000. Chron. 626.* ♦ Confirmation de la solution : • CEDH, sect. I, 22 déc. 2004, *Merger et Cros c/ France, nº 68864/01 : Dr. fam. 2005. Étude 17, par Le Chuiton ; RTD civ. 2005. 335, obs. Marguénaud* (application de la solution aux libéralités, tout en admettant que l'art. 8 Conv. EDH n'exige pas la reconnaissance d'un droit général à des libéralités ou à une certaine part d'une succession). ♦ V. également, conf., • TGI Montpellier, 2 mai 2000 : *D. 2001. 1270, note Pelletier ; D. 2001. Somm. 2794, obs. Vasseur-Lambry ; Defrénois 2000. 1435, note Massip ; Dr. fam. 2000, nº 99, note Gouttenoire-Cornut ; RTD civ. 2000. 930, obs. Marguénaud ; ibid. 2001. 124, obs. Hauser* • Pau, 28 nov. 2000 : *D. 2001. Somm. 1068, obs. Bosse-Platière ; Defrénois 2001. 1011, obs. Massip ; Dr. fam. 2001, nº 60.* ♦ *Contra,* antérieurement : • Civ. 1re, 25 juin 1996, nº 94-14.858 P : *R., p. 444 ; D. 1998. 453, note Brunet ; D. 1997. Somm. 275, obs. Dekeuwer-Défossez ; JCP 1997. II. 22834, note Malaurie ; ibid. 1997. I. 4021, obs. Le Guidec ; Defrénois 1997. 310, obs. Massip ; Dr. fam. 1996, nº 26, note Beignier ; RTD civ. 1996. 873, obs. Hauser, et 1997. 542, obs. Marguénaud.* ♦ V. aussi • Reims, 15 janv. 1998 : *Dr. fam. 1999, nº 17, note Beignier ; RTD civ. 1999. 497, obs. Marguénaud*

2. ... Limites. La contrariété de l'art. 760 à la Conv. EDH ne saurait permettre à un enfant adultérin de remettre en cause, *a posteriori,* sur le fondement de l'erreur de droit, un partage définitif. • Toulouse, 29 janv. 2004 : *Dr. fam. 2004, nº 41, note B. B.*

3. Domaine d'application. V., antérieurement à la condamnation de la discrimination résultant de l'application de l'art. 760 par la CEDH, • Civ. 1re, 26 avr. 1988, nº 86-13.650 P : *R., p. 161 ; D. 1988. 469, rapport Massip ; JCP 1989. II. 21246, note Testu ; Err. 21300 bis,* et, sur renvoi, V. • Poitiers, 14 déc. 1988 : *JCP 1989. II. 21355, note Testu* (la limitation apportée par l'art. 760 aux droits des enfants naturels doit s'appliquer dans les successions de tous les ascendants, auxquelles ils sont appelés concurremment avec des enfants légitimes). ♦ Sur l'application de la limitation des droits de l'enfant adultérin dans toute succession à laquelle il est appelé concurremment avec des enfants légitimes « protégés » : V. également note 1 ss. art. 915. ♦ Sur l'assimilation de l'enfant adoptif à l'enfant légitime « protégé » lorsqu'il est en concours avec un enfant adultérin, V. note 2 ss. art. 915.

Ancien art. 761 *(L. n° 72-3 du 3 janv. 1972)* ***Si le conjoint survivant ou les enfants issus du mariage demandent, à charge de soulte s'il y a lieu, que certains biens de la succession leur soient attribués par préférence dans les conditions de l'article 832, les enfants naturels visés aux deux articles précédents ne pourront s'opposer à cette attribution préférentielle. La même faculté s'étend au local d'habitation dans lequel le ou les demandeurs avaient leur résidence secondaire.***

Le conjoint peut exercer ce droit lorsqu'il vient à la succession par application, soit de l'article 759, soit de l'article 767, et il peut, dans tous les cas, l'exercer en demandant une attribution préférentielle sur ces mêmes biens en usufruit seulement.

Sur l'incompatibilité des limitations apportées aux droits successoraux des enfants adultérins avec l'art. 1er du Protocole n° 1 combiné avec l'art. 14 de la Conv. EDH, V. note 1 ss. ancien art. 760.

Ancien art. 762 *(L. n° 72-3 du 3 janv. 1972)* ***Dans le cas des articles 759 et 760, le père ou la mère pourra écarter les enfants naturels de toute participation personnelle aux opérations futures de liquidation et de partage, en leur faisant, de son vivant, une attribution suffisante de biens, sous la stipulation expresse qu'elle a lieu en règlement anticipé de leurs droits successoraux.***

BIBL. ► BRETON, *Defrénois 1974. 801.*

Sur l'incompatibilité des limitations apportées aux droits successoraux des enfants adultérins avec l'art. 1er du Protocole n° 1 combiné avec l'art. 14 de la Conv. EDH, V. note 1 ss. ancien art. 760.

Ancien art. 763 *(L. n° 72-3 du 3 janv. 1972)* ***L'attribution se fait en la forme des donations. Elle emportera transfert de la propriété par l'acceptation de l'attributaire ou de son représentant légal.***

Tant qu'elle n'est pas acceptée, elle peut être révoquée ou modifiée par son auteur dans les mêmes formes. Si l'attributaire ne veut ou ne peut en percevoir les revenus, ils seront employés pour son compte et à son nom.

L'attribution prend effet à l'ouverture de la succession lorsqu'elle n'a pas été antérieurement acceptée par l'attributaire.

Ancien art. 763-1 *(L. n° 72-3 du 3 janv. 1972)* ***Si, à l'ouverture de la succession, les estimations ayant été faites comme en matière de rapport, il est constaté que la valeur des biens attribués excède les droits successoraux d'un attributaire, ou, à l'inverse, leur est inférieure, il y aura lieu à réduction ou à complément, selon le cas, sans toutefois que les autres héritiers ou l'enfant puissent élever aucune réclamation quant aux revenus perçus en trop ou en moins avant le décès.***

S'il y a lieu à complément, celui-ci est fourni en argent ou en nature, au gré des autres héritiers.

Ancien art. 763-2 *(L. n° 72-3 du 3 janv. 1972)* ***L'attribution ne vaut règlement anticipé de la succession que si elle confère à un tiers, désigné dans les catégories professionnelles qui seront agréées par décret, le pouvoir exclusif et irrévocable de représenter l'attributaire dans toutes les opérations à venir de liquidation et de partage, ainsi que d'agir et de défendre pour son compte dans toutes les instances qui pourraient s'élever au sujet de ses droits successoraux.***

Ancien art. 763-3 *(L. n° 72-3 du 3 janv. 1972)* ***Le tiers constitué par le défunt pour représenter un attributaire est tenu envers celui-ci de toutes les obligations d'un mandataire.***

Ancien art. 764 *(L. n° 72-3 du 3 janv. 1972)* ***Si, à l'ouverture de la succession, il n'y a ni conjoint survivant, ni enfant issu du mariage, ou s'ils renoncent, les pouvoirs du représentant cesseront de plein droit, et les attributions seront traitées comme avancements d'hoiries.***

La loi n° 72-3 du 3 janv. 1972 a inséré dans la section 7 concernant les droits du conjoint survivant les numéros des articles 765 et 766 devenus libres.

Loi nº 72-3 du 3 janvier 1972, *sur la filiation.* **Art. 14** Les droits successoraux institués par la présente loi ou résultant des règles nouvelles concernant l'établissement de la filiation ne pourront être exercés dans les successions ouvertes avant son entrée en vigueur.

Les droits de réservataires institués par la présente loi ou résultant des règles nouvelles concernant l'établissement de la filiation ne pourront être exercés au préjudice des donations entre vifs consenties avant son entrée en vigueur.

Les donations entre vifs consenties avant l'entrée en vigueur de la loi nouvelle continueront de donner lieu au droit de retour légal, tel qu'il était prévu par l'ancien article 747 du code civil.

En ce qui concerne le texte des articles anciens, V. **C. civ.**, *édition 1976-1977 ou antérieure.*

SECTION 7 *[ANCIENNE]* Des droits du conjoint survivant

(L. nº 72-3 du 3 janv. 1972)

RÉP. CIV. vº *Succession : dévolution*, par R. Le Guidec et C. Chabot.

BIBL. GÉN. ▶ Barat, *R. 1988, p. 101* (jurisprudence de la Cour de cassation). – Lévy, *Mél. Rodière, Dalloz, 1981, p. 177* (aperçu historique). – Ravanas, *RRJ 1999/2. 313* (approche comparée). – Rémy, *Mél. Cornu, PUF, 1994, p. 377* (projet de réforme des successions). – V. aussi Bibl. gén. précédant art. 756.

▶ **Proposition de loi portant réforme :** Beaubrun, *Defrénois 2001. 899.* – P. Catala, *JCP 2001, nº 18. Actu. 861.*

Ancien art. 765 *(L. nº 72-3 du 3 janv. 1972)* ***Lorsque le défunt ne laisse pas de parenté au degré successible, ou s'il ne laisse que des collatéraux autres que des frères ou sœurs ou des descendants de ceux-ci, les biens de sa succession appartiennent en pleine propriété au conjoint non divorcé qui lui survit et contre lequel n'existe pas de jugement de séparation de corps passé en force de chose jugée.***

Ancien art. 766 *(L. nº 72-3 du 3 janv. 1972)* ***Lorsque le défunt ne laisse dans une ligne, paternelle ou maternelle, aucun parent au degré successible, ou s'il ne laisse, dans cette ligne, que des collatéraux autres que des frères ou sœurs ou des descendants de ceux-ci, la moitié de sa succession est dévolue, nonobstant les dispositions de l'article 753, au conjoint non divorcé qui lui survit et contre lequel n'existe pas de jugement de séparation de corps passé en force de chose jugée.***

Combinaison des art. 750, 753 et 766 (exclusion du conjoint survivant en présence de frères et sœurs consanguins ou utérins du défunt) : V. note ss. ancien art. 750.

Ancien art. 767 *(L. nº 72-3 du 3 janv. 1972)* ***« Le conjoint survivant non divorcé, qui ne succède pas à la pleine propriété et contre lequel n'existe pas de jugement de séparation de corps passé en force de chose jugée a, sur la succession du prédécédé, un droit d'usufruit qui est :***

« D'un quart, si le défunt laisse un ou plusieurs enfants soit légitimes, issus ou non du mariage, soit naturels ;

« De moitié, si le défunt laisse des frères et sœurs, des descendants de frères et sœurs, des ascendants ou des enfants naturels conçus pendant le mariage. »

(L. 9 mars 1891) ***Le calcul sera opéré sur une masse faite de tous les biens existant au décès du de cujus, auxquels seront réunis fictivement ceux dont il aurait disposé, soit par acte entre vifs, soit par acte testamentaire, au profit de successibles, sans dispense de rapport.***

Mais l'époux survivant ne pourra exercer son droit que sur les biens dont le prédécédé n'aura disposé ni par acte entre vifs, ni par acte testamentaire, et sans préjudicier aux droits de réserve ni aux droits de retour.

Il cessera de l'exercer dans le cas où il aurait reçu du défunt des libéralités, même faites par préciput et hors part, dont le montant atteindrait celui des droits que la présente loi lui attribue, et, si ce montant était inférieur, il ne pourrait réclamer que le complément de son usufruit.

Jusqu'au partage définitif, les héritiers peuvent exiger, moyennant sûretés suffisantes *(L. nº 63-699 du 13 juill. 1963)* ***« et garantie du maintien de l'équivalence initiale », que l'usufruit de l'époux survivant soit converti en une rente viagère équivalente. S'ils sont en désaccord, la conversion sera facultative pour les tribunaux.***

Dernier al. abrogé par L. 3 avr. 1917.

BIBL. ▶ Argney, *JCP N 1985. I. 231.* – Dagot, *JCP 1995. I. 3822 ; JCP N 1994. I. 233* (projet de loi relatif aux successions). – Jubault, *JCP N 2005. 1372* (libéralités antérieures à la loi du 3 déc. 2001 et droits nouveaux du conjoint survivant).

1. Le conjoint survivant, s'il bénéficie d'un usufruit légal, n'est pas un héritier réservataire, et, en disposant de la totalité de sa succession au profit d'un tiers institué légataire universel, le testateur a nécessairement privé son conjoint de son droit d'usufruit légal. • Civ. 1re, 25 avr. 1984 : *D. 1984. 534, note Malaurie.*

2. Composition de la masse de calcul et de la masse d'exercice. Les biens qui font l'objet d'un droit de retour légal au profit d'un ascendant donateur (ancien art. 747), formant en dehors de la succession ordinaire une succession spéciale, ne doivent pas être compris dans la masse sur laquelle se calcule l'usufruit du conjoint survivant, et la solution doit être la même en cas de droit de retour conventionnel. • Civ. 22 juill. 1903 : *D. 1904. 1. 33, concl. Baudouin, note Planiol.*

3. L'usufruit de l'art. 767 peut-il s'exercer sur les apports qui font l'objet d'une reprise par les héritiers de l'époux prédécédé, en vertu de l'art. 1525 ? En faveur de la négative : • Colmar, 11 janv. 1938 : *DH 1938. 233 ;* implicitement en faveur de l'affirmative : • Civ. 1re, 15 janv. 1974 : *D. 1974. 393 ; Rect. 438, concl. Blondeau, note Cornu.*

4. Conversion de l'usufruit en rente viagère. La conversion en rente viagère prévue à l'art. 767, dernier al., ne concerne que l'usufruit légal du conjoint survivant. • Civ. 1re, 16 janv. 1968 : *D. 1968. 361.* ♦ Pour la conversion des libéralités faites en usufruit : V. art. 1094-2.

Loi nº 72-3 du 3 janvier 1972, *sur la filiation.* **Art. 19** Les limitations que les nouveaux articles 759 et 767 du code civil apportent aux droits du conjoint survivant, tels qu'ils étaient antérieurement prévus, ne pourront être invoquées que dans les successions qui s'ouvriront plus de deux années après l'entrée en vigueur de la présente loi. – *V. aussi art. 14 de cette loi, ss. art. 764 ancien C. civ.*

CHAPITRE IV *[ANCIEN]* DES DROITS DE L'ÉTAT

(Ord. nº 58-1307 du 23 déc. 1958, art. 2)

Ancien art. 768 *A défaut d'héritiers, la succession est acquise à l'État.*

BIBL. ▶ M. H., *JCP N 1993. I. 388* (nature du droit de l'État). – Lesguillier, *JCP N 2001. 796* (successions non réclamées, vacantes ou en deshérence).

▶ **Aides sociales récupérables sur la succession :** Beignier et Plé, *Dr. fam. 2006. Étude 21.*

Ancien art. 769 (Ord. nº 58-1307 du 23 déc. 1958) ***L'administration des Domaines qui prétend droit à la succession est tenue de faire apposer les scellés et de faire faire inventaire dans les formes prescrites pour l'acceptation des successions sous bénéfice d'inventaire.***

Ancien art. 770 (Ord. nº 58-1307 du 23 déc. 1958) ***« Elle doit demander l'envoi en possession au tribunal de grande instance dans le ressort duquel la succession est ouverte.***

« Elle est dispensée de recourir au ministère d'un avoué [avocat] ***; le tribunal statue sur la demande trois mois et quarante jours après une publication et affiche dans les formes usitées, et après avoir entendu le procureur de la République.***

« Lorsque, la vacance ayant été régulièrement déclarée, l'administration des Domaines a été nommée curateur, elle peut, avant de former sa demande, procéder par elle-même aux formalités de publicité prévues à l'alinéa précédent. »

(Ord. nº 58-1007 du 24 oct. 1958) ***Dans tous les cas, il sera justifié de l'affichage par un exemplaire du placard signé du directeur des Domaines et revêtu d'un certificat du maire du lieu d'ouverture de la succession.***

RÉP. CIV. vº *Envoi en possession*, par J. Hérail.

Ancien art. 771 *Abrogé par Ord. nº 58-1307 du 23 déc. 1958, art. 3.*

Ancien art. 772 (Ord. nº 58-1307 du 23 déc. 1958) ***L'administration des Domaines qui n'aurait pas rempli les formalités qui lui sont prescrites pourra être condamnée aux dommages et intérêts envers les héritiers, s'il s'en représente.***

Ancien art. 773 *Abrogé par L. 25 mars 1896.*

CHAPITRE V *[ANCIEN]* DE L'ACCEPTATION ET DE LA RÉPUDIATION DES SUCCESSIONS

SECTION 1 *[ANCIENNE]* De l'acceptation

Ancien art. 774 *Une succession peut être acceptée purement et simplement, ou sous bénéfice d'inventaire.*

Ancien art. 775 *Nul n'est tenu d'accepter une succession qui lui est échue.*

BIBL. ▶ Pilon, *DH 1934. Chron. 33.*

Ancien art. 776 *(L. 18 févr. 1938) Les successions échues aux mineurs et aux majeurs en tutelle ne pourront être valablement acceptées que conformément aux dispositions du titre* De la minorité, de la tutelle et de l'émancipation.

BIBL. ▶ Delmas Saint-Hilaire, *JCP N 1999. I. 857* (successions et libéralités au profit de l'incapable majeur).

Ancien art. 777 *L'effet de l'acceptation remonte au jour de l'ouverture de la succession.*

Ancien art. 778 *L'acceptation peut être expresse ou tacite : elle est expresse, quand on prend le titre ou la qualité d'héritier, dans un acte authentique ou privé ; elle est tacite, quand l'héritier fait un acte qui suppose nécessairement son intention d'accepter, et qu'il n'aurait droit de faire qu'en sa qualité d'héritier.*

BIBL. ▶ Mauger-Vielpeau, *LPA 16 août 1999* (acceptation tacite pure et simple et déchéance protectrice).

Ancien art. 779 *Les actes purement conservatoires, de surveillance et d'administration provisoire, ne sont pas des actes d'adition d'hérédité, si l'on n'y a pas pris le titre ou la qualité d'héritiers.*

Ancien art. 780 *La donation, vente ou transport que fait de ses droits successifs un des cohéritiers, soit à un étranger, soit à tous ses cohéritiers, soit à quelques-uns d'eux, emporte de sa part acceptation de la succession.*

Il en est de même : 1° de la renonciation, même gratuite, que fait un des héritiers au profit d'un ou de plusieurs de ses cohéritiers ;

2° De la renonciation qu'il fait même au profit de tous ses cohéritiers indistinctement, lorsqu'il reçoit le prix de sa renonciation.

Ancien art. 781 *Lorsque celui à qui une succession est échue est décédé sans l'avoir répudiée ou sans l'avoir acceptée expressément ou tacitement, ses héritiers peuvent l'accepter ou la répudier de son chef.*

Ancien art. 782 *Si ces héritiers ne sont pas d'accord pour accepter ou pour répudier la succession, elle doit être acceptée sous bénéfice d'inventaire.*

Ancien art. 783 *Le majeur ne peut attaquer l'acceptation expresse ou tacite qu'il a faite d'une succession, que dans le cas où cette acceptation aurait été la suite d'un dol pratiqué envers lui : il ne peut jamais réclamer sous prétexte de lésion, excepté seulement dans le cas où la succession se trouverait absorbée ou diminuée de plus de moitié, par la découverte d'un testament inconnu au moment de l'acceptation.*

Rejet de la révocation pour erreur. On ne saurait, sans violer l'art. 783, admettre que l'acceptation puisse être révoquée au cas où il a été découvert depuis l'acceptation de l'héritier un testament qui contient au profit de cet héritier un legs sans clause de préciput ; si, en pareille circonstance, le successible peut dire qu'il a accepté l'hérédité par erreur, ignorant le legs qui lui avait été fait, et qu'il a été ainsi privé du droit qui devait lui appartenir de choisir entre la qualité d'héritier et celle de légataire, les termes précis et restrictifs de l'art. 783 ne permettent pas d'attaquer pour ces causes une acceptation de succession qui n'a été viciée, ni par le dol, ni par la lésion spécialement déterminée par ce texte. • Civ. 3 mai 1865 : *DP 1865. 1. 153.* ♦ Sur le caractère limitatif ou non de l'art. 783, V. aussi Rép. civ., v° *Succession (2° transmission),* n°s 112 s.

SECTION 2 *[ANCIENNE]* De la renonciation aux successions

RÉP. CIV. v° *Succession : transmission,* par R. Le Guidec et C. Chabot.

BIBL. GÉN. ▶ **Erreur dans la renonciation à succession :** Bourrel, *RTD civ. 1961. 233.* ▶ **Conséquences de la renonciation (droit civil, droit international et droit fiscal) :** Bianchi, *JCP N 1992. I. 69.*

Ancien art. 784 ***La renonciation à une succession ne se présume pas ; elle ne peut plus être faite qu'au greffe du tribunal de grande instance dans l'arrondissement duquel la succession s'est ouverte, sur un registre particulier tenu à cet effet.***

1. L'art. 784 ne s'applique qu'à la renonciation à une succession *ab intestat* et ne saurait être étendu à la renonciation à un legs, fût-il universel ou à titre universel. • Civ. 1re, 12 févr. 1968 : *Bull. civ. I, n° 58* • 20 avr. 1982 : *ibid. I, n° 139* • 20 juill. 1982, n° 81-13.870 P : *RTD civ. 1983. 370, obs. Patarin.*

2. Le mari, bénéficiaire d'une donation de biens à venir qu'il avait acceptée en tant que telle, s'est trouvé, au décès de son épouse, investi en tant qu'héritier contractuel du droit d'accepter la succession ou d'y renoncer sans que cette renonciation fût soumise à aucune forme particulière. • Civ. 1re, 22 janv. 1985, n° 83-16.018 P : *R., p. 86.*

Ancien art. 785 ***L'héritier qui renonce est censé n'avoir jamais été héritier.***

Ancien art. 786 ***La part du renonçant accroît à ses cohéritiers ; s'il est seul, elle est dévolue au degré subséquent.***

Ancien art. 787 ***On ne vient jamais par représentation d'un héritier qui a renoncé : si le renonçant est seul héritier de son degré, ou si tous ses cohéritiers renoncent, les enfants viennent de leur chef et succèdent par tête.***

Ancien art. 788 ***Les créanciers de celui qui renonce au préjudice de leurs droits, peuvent se faire autoriser en justice à accepter la succession du chef de leur débiteur, en son lieu et place.***

Dans ce cas, la renonciation n'est annulée qu'en faveur des créanciers, et jusqu'à concurrence seulement de leurs créances : elle ne l'est pas au profit de l'héritier qui a renoncé.

Les juges du fond ayant constaté que la renonciation à succession était le résultat d'un calcul frauduleux destiné à frustrer les créanciers personnels de l'héritier renonçant, la nullité de la renonciation se trouve justifiée par application de l'art. 788 C. civ. • Req. 28 déc. 1938 : *DC 1941. J. 132.* – V. aussi • Civ. 1re, 7 nov. 1984, n° 83-15.433 P : *R., p. 58.*

Ancien art. 789 ***La faculté d'accepter ou de répudier une succession se prescrit par le laps de temps requis pour la prescription la plus longue des droits immobiliers.***

Ancien art. 790 ***Tant que la prescription du droit d'accepter n'est pas acquise contre les héritiers qui ont renoncé, ils ont la faculté d'accepter encore la succession, si elle n'a pas été déjà acceptée par d'autres héritiers ; sans préjudice néanmoins des droits qui peuvent être acquis à des tiers sur les biens de la succession, soit par prescription, soit par actes valablement faits avec le curateur à la succession vacante.***

L'envoi en possession de l'État ne met pas obstacle à la rétractation d'une renonciation à succession effectuée antérieurement par un héritier. • Civ. 1re, 6 avr. 1994 : *D. 1994. 505, note Boulanger ; D. 1995. Somm. 45, obs. Grimaldi ; RTD civ. 1994. 652, obs. Patarin ; JCP 1995. I. 3876, n° 1, obs. Le Guidec.*

Ancien art. 791 ***On ne peut, même par contrat de mariage, renoncer à la succession d'un homme vivant, ni aliéner les droits éventuels qu'on peut avoir à cette succession.***

BIBL. ▸ V. ss. art. 1130.

Ancien art. 792 ***Les héritiers qui auraient diverti ou recélé des effets d'une succession, sont déchus de la faculté d'y renoncer : ils demeurent héritiers purs et simples, nonobstant leur renonciation, sans pouvoir prétendre aucune part dans les objets divertis ou recélés.***

BIBL. ▸ ZALEWSKI, *LPA 18 oct. 2005.*

Il résulte de l'art. 792 que, si les donations déguisées, entre personnes capables de donner et de recevoir, sont valables jusqu'à concurrence de la quotité disponible même lorsqu'elles tendent à porter atteinte à la réserve des héritiers et si le droit de ceux-ci se borne, en ce cas, à la faculté de demander la réduction de ces donations à la quotité disponible, il en va autrement lorsque le donataire, en dissimulant ces donations, s'est rendu coupable de recel ; dans ce dernier cas, le donataire, privé de toute part dans les objets divertis ou recélés, ne peut rien garder des biens à lui donnés, sans qu'il y ait à rechercher si ces biens excèdent ou non la mesure de la quotité disponible. • Civ. 1re, 30 mai 1973 : *D. 1974. 1, note A. B. ; JCP 1975. II. 17921, note Thuillier ; RTD civ. 1974. 439, obs. R. Savatier.* – Dans le même sens : • Civ. 1re, 5 janv. 1983, n° 81-16.655 P : *R., p. 44 ; RTD civ. 1984. 340, obs. Patarin.*

SECTION 3 *[ANCIENNE]* Du bénéfice d'inventaire, de ses effets, et des obligations de l'héritier bénéficiaire

Ancien art. 793 *La déclaration d'un héritier, qu'il entend ne prendre cette qualité que sous bénéfice d'inventaire, doit être faite au greffe du tribunal de grande instance dans l'arrondissement duquel la succession s'est ouverte : elle doit être inscrite sur le registre destiné à recevoir les actes de renonciation.*

Ancien art. 794 *Cette déclaration n'a d'effet qu'autant qu'elle est précédée ou suivie d'un inventaire fidèle et exact des biens de la succession, dans les formes réglées par les lois sur la procédure, et dans les délais qui seront ci-après déterminés.*

BIBL. ► **A propos de l'inventaire :** CAMOZ, *JCP N 1984. I. 163.*

Ancien art. 795 *L'héritier a trois mois pour faire inventaire, à compter du jour de l'ouverture de la succession.*

Il a de plus, pour délibérer sur son acceptation ou sur sa renonciation, un délai de quarante jours, qui commencent à courir du jour de l'expiration des trois mois donnés pour l'inventaire, ou du jour de la clôture de l'inventaire s'il a été terminé avant les trois mois.

1. Point de départ du délai. Le délai court du jour du décès, non du jour où l'héritier en a connaissance. • Civ. 1re, 3 févr. 2004, n° 00-17.126 P : *RTD civ. 2004. 261, obs. Hauser*. ♦ Nonobstant l'intervalle écoulé entre la découverte du corps sans vie et la date estimée du décès, le délai pour faire inventaire et délibérer n'était pas expiré et l'héritier disposait du temps utile pour les formalités requises. • Même arrêt (rejet de l'exception dilatoire).

2. Perte de l'exception dilatoire à l'expiration du délai. Si l'expiration du délai pour faire inventaire et délibérer établi par l'art. 795 n'a pas pour effet de rendre acceptant pur et simple le successible qui n'a pas encore fait connaître sa position, elle l'oblige du moins à prendre parti ; s'il n'a pas pris parti, le successible, qui ne dispose plus d'une exception dilatoire, doit être condamné comme héritier pur et simple à l'égard du créancier successoral qui l'a poursuivi. • Civ. 1re, 11 mai 1966 : *Bull. civ. I, n° 284.* – Dans le même sens : • Civ. 1re, 30 avr. 1968 : *Bull. civ. I, n° 129* • 10 juill. 1990, n° 88-17.186 P : *Defrénois 1991. 486, note Lucet* • Soc. 18 déc. 1997, n° 96-11.793 P.

Ancien art. 796 *Si cependant il existe dans la succession des objets susceptibles de dépérir ou dispendieux à conserver, l'héritier peut, en sa qualité d'habile à succéder, et sans qu'on puisse en induire de sa part une acceptation, se faire autoriser par justice à procéder à la vente de ces effets.*

Cette vente doit être faite par officier public, après les affiches et publications réglées par les lois sur la procédure.

Ancien art. 797 *Pendant la durée des délais pour faire inventaire et pour délibérer, l'héritier ne peut être contraint à prendre qualité, et il ne peut être obtenu contre lui de condamnation : s'il renonce lorsque les délais sont expirés ou avant, les frais par lui faits légitimement jusqu'à cette époque sont à la charge de la succession.*

Ancien art. 798 *Après l'expiration des délais ci-dessus, l'héritier, en cas de poursuite dirigée contre lui, peut demander un nouveau délai, que le tribunal saisi de la contestation accorde ou refuse suivant les circonstances.*

Ancien art. 799 *Les frais de poursuite, dans le cas de l'article précédent, sont à la charge de la succession, si l'héritier justifie, ou qu'il n'avait pas eu connaissance du décès, ou que les délais ont été insuffisants, soit à raison de la situation des biens, soit à raison des contestations survenues : s'il n'en justifie pas, les frais restent à sa charge personnelle.*

Ancien art. 800 *L'héritier conserve néanmoins, après l'expiration des délais accordés par l'article 795, même de ceux donnés par le juge conformément à l'article 798, la faculté de faire encore inventaire et de se porter héritier bénéficiaire, s'il n'a pas fait d'ailleurs acte d'héritier, ou s'il n'existe pas contre lui de jugement passé en force de chose jugée, qui le condamne en qualité d'héritier pur et simple.*

1. Faculté de dresser inventaire à l'expiration du délai : principe. Le silence ou l'inaction de l'héritier bénéficiaire ne sauraient avoir pour conséquence de le faire considérer comme héritier pur et simple, s'il n'a par ailleurs encouru aucune des causes de déchéance spécifiées par la loi. • Civ. 3 avr. 1901 : *DP 1901. 1. 291.* – Dans le même sens : • Civ. 1re, 21 mars 1979, n° 77-15.689 P : *RTD civ. 1979. 819, obs. R. Savatier.* ♦ Sur la déchéance du bénéfice d'inventaire résultant d'un recel successoral, V. note ss. anc. art. 801.

2. Condamnation en qualité d'héritier pur et simple à l'égard d'un créancier successoral. Il résulte des art. 794 et 800 que l'héritier qui, ayant déclaré accepter sous bénéfice d'inventaire, n'a pas fait inventaire dans le délai de la loi, doit être condamné comme héritier pur et simple à l'égard du créancier successoral qui l'a poursuivi. • Civ. 1re, 13 oct. 1982 : *D. 1983. 301, note Breton* • 24 janv. 1990, n° 88-19.443 P • 5 nov. 1991, n° 90-10.075 P • 29 juin 1994, n° 92-19.684 P : *R., p. 277 ; Defrénois 1996. 673* (application au profit de l'administration fiscale) • 18 nov. 1997 : *Dr. fam. 1998, n° 139, note Beignier* • 22 févr. 2000, n° 97-20.541 P.

Ancien art. 801 *L'héritier qui s'est rendu coupable de recelé, ou qui a omis, sciemment et de mauvaise foi, de comprendre dans l'inventaire des effets de la succession, est déchu du bénéfice d'inventaire.*

Ne peuvent être déchus du bénéfice d'inventaire les héritiers qui ont, malgré l'existence de créanciers opposants, procédé au paiement des autres créanciers sans observer les formes légales, dès lors que les juges du fond n'ont pas recherché si, dans une procédure régulière de distribution par contribution, les créanciers opposants auraient pu obtenir paiement de la totalité de leur créance. • Civ. 1re, 22 nov. 1978, n° 77-11.629 P : *D. 1979. IR 257, obs. D. Martin ; RTD civ. 1980. 141, obs. R. Savatier.*

Ancien art. 802 *L'effet du bénéfice d'inventaire est de donner à l'héritier l'avantage :*

1° De n'être tenu du payement des dettes de la succession que jusqu'à concurrence de la valeur des biens qu'il a recueillis, même de pouvoir se décharger du payement des dettes en abandonnant tous les biens de la succession aux créanciers et aux légataires ;

2° De ne pas confondre ses biens personnels avec ceux de la succession, et de conserver contre elle le droit de réclamer le payement de ses créances.

1. L'héritier bénéficiaire ne peut être assimilé à un tiers détenteur et c'est à bon droit qu'est déclaré valable le commandement de saisie immobilière sur un immeuble provenant d'une succession acceptée sous bénéfice d'inventaire. • Civ. 2e, 30 juin 1993, n° 91-11.784 P.

2. Portée de l'acte d'abandon visé à l'art. 802-1° : V. • Civ. 1re, 28 mars 1995 : *Defrénois 1997. 174, note Bernard de Saint Affrique.*

Ancien art. 803 *L'héritier bénéficiaire est chargé d'administrer les biens de la succession et doit rendre compte de son administration aux créanciers et aux légataires.*

Il ne peut être contraint sur ses biens personnels qu'après avoir été mis en demeure de présenter son compte, et faute d'avoir satisfait à cette obligation.

Après l'apurement du compte, il ne peut être contraint sur ses biens personnels que jusqu'à concurrence seulement des sommes dont il se trouve reliquataire.

1. Lorsqu'il s'élève des difficultés pour l'administration d'une succession, que l'intervention d'un administrateur provisoire permettra seule de surmonter, le juge des référés peut prendre toutes mesures nécessaires à cet égard. • Req. 27 mai 1936, *(affaire Stavisky) : DH 1936. 506.*

2. Le pouvoir des tribunaux de nommer un administrateur provisoire, reconnu à l'égard des héritiers, même réservataires, ne saurait disparaître par ce seul fait que le testateur aurait désigné un exécuteur testamentaire avec les pouvoirs les plus étendus. • Req. 15 avr. 1924 : *DP 1924. 1. 169, note R. Savatier.*

Ancien art. 804 *Il n'est tenu que des fautes graves dans l'administration dont il est chargé.*

Ancien art. 805 *Il ne peut vendre les meubles de la succession que par le ministère d'un officier public, aux enchères, et après les affiches et publications accoutumées.*

S'il les représente en nature, il n'est tenu que de la dépréciation ou de la détérioration causée par sa négligence.

Ancien art. 806 *Il ne peut vendre les immeubles que dans les formes prescrites par les lois sur la procédure ; il est tenu d'en déléguer le prix aux créanciers hypothécaires qui se sont fait connaître.*

BIBL. ▸ **Vente amiable des biens échus à l'héritier bénéficiaire mineur :** Cabie, *JCP 1968. I. 2134.*

Ancien art. 807 *Il est tenu, si les créanciers ou autres personnes intéressées l'exigent, de donner caution bonne et solvable de la valeur du mobilier compris dans l'inventaire, et de la portion du prix des immeubles non déléguée aux créanciers hypothécaires.*

Faute par lui de fournir cette caution, les meubles sont vendus, et leur prix est déposé, ainsi que la portion non déléguée du prix des immeubles, pour être employés à l'acquit des charges de la succession.

Ancien art. 808 ***S'il y a des créanciers opposants, l'héritier bénéficiaire ne peut payer que dans l'ordre et de la manière réglés par le juge.***

S'il n'y a pas de créanciers opposants, il paye les créanciers et les légataires à mesure qu'ils se présentent.

BIBL. ▶ BRENNER, *D. 2002. Chron. 1769* (organisation des paiements dans les successions acceptées sous bénéfice d'inventaire).

1. La loi n'ayant soumis les oppositions visées à l'art. 808 à aucune forme déterminée, elles résultent de tous actes établissant que l'héritier bénéficiaire n'a pu ignorer l'existence de la créance et la volonté du créancier d'en être remboursé. • Req. 4 juill. 1892 : *DP 1892. 1. 481.* ♦ V. aussi • Civ. 2e, 18 oct. 2001, n° 00-12.369 P : *JCP 2002. II. 10144, note Boutitie* (créanciers opposants s'étant manifestés auprès du notaire chargé de régler la succession et ayant été nommément cités dans un acte d'abandon de biens des héritiers bénéficiaires).

2. La demande de délivrance formée par des légataires équivaut à l'opposition prévue par l'art. 808. • Angers, 16 nov. 1892 : *DP 1894. 2. 374* et, sur pourvoi, V. l'arrêt de rejet : • Req. 17 déc. 1894 : *DP 1895. 1. 193, note Boistel.*

3. En présence de créanciers opposants, la saisie-attribution pratiquée sur des sommes détenues pour le compte des héritiers bénéficiaires n'emporte pas d'effet attributif au profit du créancier saisissant, la créance se trouvant, en application de l'art. 808, al. 1er, indisponible. • Civ. 2e, 18 oct. 2001 : *préc. note 1.*

4. Lorsque, malgré l'existence de créanciers opposants, il a été procédé au paiement des autres créanciers sans observer les formes légales, les héritiers ne peuvent être déchus du bénéfice d'inventaire dès lors que les juges du fond n'ont pas recherché si, dans une procédure régulière de distribution par contribution, les créanciers opposants auraient pu obtenir paiement de la totalité de leur créance. • Civ. 1re, 22 nov. 1978, n° 77-11.629 P : *D. 1979 IR 257, obs. D. Martin ; RTD civ. 1980. 141, obs. R. Savatier.*

Ancien art. 809 ***Les créanciers non opposants qui ne se présentent qu'après l'apurement du compte et le payement du reliquat, n'ont de recours à exercer que contre les légataires.***

Dans l'un et l'autre cas, le recours se prescrit par le laps de trois ans, à compter du jour de l'apurement du compte et du payement du reliquat.

Les créanciers qui se présentent avant l'apurement du compte et le payement du reliquat n'ont de recours que contre l'héritier bénéficiaire, à raison des valeurs de la succession qu'il détient encore, et non contre les créanciers qui ont été régulièrement payés. • Montpellier, 14 mars 1850 : *D. 1854. 5. 727.*

Ancien art. 810 ***Les frais de scellés, s'il en a été apposé, d'inventaire et de compte, sont à la charge de la succession.***

SECTION 4 *[ANCIENNE]* Des successions vacantes

Ancien art. 811 ***Lorsqu'après l'expiration des délais pour faire inventaire et pour délibérer, il ne se présente personne qui réclame une succession, qu'il n'y a pas d'héritiers connus, ou que les héritiers connus y ont renoncé, cette succession est réputée vacante.***

BIBL. ▶ BARRIÈRE, *Gaz. Pal. 1987. 1. Doctr. 258* (frais d'inhumation des personnes seules décédées sans parenté connue. – Décr. n° 86-951 du 30 juill. 1986).

La vacance d'une succession n'a pas pour effet de suspendre les poursuites individuelles des créanciers sur l'actif héréditaire. • Civ. 1re, 15 juin 1994, n° 92-17.070 P : *R., p. 278 ; D. 1995. Somm. 331, obs. Grimaldi ; JCP 1994. II. 22330, note Testu ; JCP 1995. I. 3876, obs. Le Guidec ; RTD civ. 1995. 409, obs. Patarin.*

Ancien art. 812 ***Le tribunal de grande instance dans l'arrondissement duquel elle est ouverte, nomme un curateur sur la demande des personnes intéressées ou sur la réquisition du procureur du Roi** [du procureur de la République].*

Ancien art. 813 ***Le curateur à une succession vacante est tenu, avant tout, d'en faire constater l'état par un inventaire : il en exerce et poursuit les droits ; il répond aux demandes formées contre elle ; il administre, sous la charge de faire verser le numéraire qui se trouve dans la succession, ainsi que les deniers provenant du prix des meubles ou immeubles vendus, dans la caisse du receveur de la Régie royale** [nationale] **pour la conservation des droits, et à la charge de rendre compte à qui il appartiendra.***

Ancien art. 814 ***Les dispositions de la section 3 du présent chapitre, sur les formes de l'inventaire, sur le mode d'administration et sur les comptes à rendre de la part de l'héritier bénéficiaire, sont,***

au surplus, communes aux curateurs à successions vacantes (*Ord. n° 58-1007 du 24 oct. 1958*) *« en ce qu'elles ne sont pas contraires aux dispositions des articles 1000 et 1001 du code de procédure civile* [ancien] *».*

Arrêté du 2 novembre 1971,

Concernant l'administration provisoire et la curatelle des successions.

CHAPITRE VI *[ANCIEN]* DU PARTAGE ET DES RAPPORTS

SECTION 1 *[ANCIENNE]* De l'indivision et de l'action en partage (*L. n° 76-1286 du 31 déc. 1976*).

RÉP. CIV. v^is *Indivision*, par C. ALBIGES ; *Partage ...*, par C. BRENNER.

BIBL. GÉN. ▶ **Études d'ensemble sur la réforme de l'indivision :** CATALA, *Defrénois 1979. 3, 81, 1601 ; 1980. 3 ; 1981. 241, 321.* – DAGOT, *JCP 1977. I. 2858, 2862 ; 1978. I. 2918.* – D. MARTIN, *D. 1977. Chron. 221.* – G. MORIN, *Defrénois 1977. 1049 et 1113.* ▶ **Attribution dite éliminatoire :** CORNILLE, *JCP N 1988. I. 37.* – DAGOT, *JCP 1981. I. 3036.* ▶ **Pratique notariale :** PICARD, *JCP N 1978. I. 115.* – PILLEBOUT, *JCP N 1994. Prat. 3045.*

▶ **Autres thèmes :** BEAUCHARD, *Études J. Savatier, PUF, 1992, p. 55* (les héritiers de l'employeur). – P. CATALA, *Mél. Hébraud, Univ. Toulouse, 1981, p. 185* (indivision entre époux). – CHABOT, *LPA 26 mars 2002* (le fonds libéral en droit patrimonial de la famille). – DAGOT, *JCP 1979. I. 2959* (indivision et copropriété). – DEBOISSY et WICKER, *RTD civ. 2000. 225* (indivision et société). – DEKEUWER-DÉFOSSEZ, *JCP 1980. I. 2970* (indivision et société en participation). – F. MAURY, *D. 2002. Chron. 1578* (liquidation d'une indivision après rupture d'un concubinage). – NERSON, *Mél. R. Savatier, Dalloz, 1965, p. 707* (indivisions complexes et forcées). – NIVELON-ANDRIEU, *Defrénois 2001. 1168* (propriété littéraire et artistique et indivision). – PATARIN, *Mél. Voirin, LGDJ, 1967, p. 618* (appréciation par le juge des intérêts en présence) ; *Mél. Holleaux, Litec, 1990, p. 331* (droits individuels des indivisaires et intérêt commun) ; *Mél. Colomer, Litec, 1993, p. 335* (égalité dans le partage). – SÉNÉCHAL, *Defrénois 1992. 609* (indivision et redressement judiciaire). – TEILLIAIS, *LPA 11 juill. 1997* (administration et gestion des biens indivis). – TESTU, *D. 1996. Chron. 176* (nature de l'indivision : pure technique ou institution ?). – VAUVILLÉ, *JCP N 2000. 1357* (indivision et procédure collective). – WATINE-DROUIN, *RTD civ. 1988. 267* (gestion et utilisation des biens indivis).

Ancien art. 815 (*L. n° 76-1286 du 31 déc. 1976*) ***Nul ne peut être contraint à demeurer dans l'indivision et le partage peut être toujours provoqué, à moins qu'il n'y ait été sursis par jugement ou convention.***

(*L. n° 78-627 du 10 juin 1978*) ***« A la demande d'un indivisaire, le tribunal peut surseoir au partage » pour deux années au plus si sa réalisation immédiate risque de porter atteinte à la valeur des biens indivis*** (*L. n° 80-502 du 4 juill. 1980*) ***« ou si l'un des indivisaires ne peut s'installer sur une exploitation agricole dépendant de la succession qu'à l'expiration de ce délai ». Ce sursis peut s'appliquer à l'ensemble des biens indivis ou à certains d'entre eux seulement.*** – *Les dispositions ci-dessus de la L. n° 78-627 du 10 juin 1978 sont applicables à toute demande de sursis au partage formée après l'entrée en vigueur de cette loi, quelle que soit la date de la demande en partage (L. préc., art. 5).*

En outre, si des indivisaires entendent demeurer dans l'indivision, le tribunal peut, à la demande de l'un ou de plusieurs d'entre eux, en fonction des intérêts en présence, et sans préjudice de l'application des articles 832 à 832-3, attribuer sa part, après expertise, à celui qui a demandé le partage, soit en nature, si elle est aisément détachable du reste des biens indivis, soit en argent, si l'attribution en nature ne peut être commodément effectuée, ou si le demandeur en exprime la préférence ; s'il n'existe pas dans l'indivision une somme suffisante, le complément est versé par ceux des indivisaires qui ont concouru à la demande, sans préjudice de la possibilité pour les autres indivisaires d'y participer s'ils en expriment la volonté. La part de chacun dans l'indivision est augmentée en proportion de son versement.

Sur les conventions relatives à l'exercice des droits indivis, V. art. 1873-1 s.

Ancien art. 815 ***Nul ne peut être contraint à demeurer dans l'indivision, et le partage peut être toujours provoqué, nonobstant prohibitions et conventions contraires.***

On peut cependant convenir de suspendre le partage pendant un temps limité : cette convention ne peut être obligatoire au delà de cinq ans ; mais elle peut être renouvelée.

(L. nº 61-1378 du 19 déc. 1961) « A défaut d'accord amiable, l'indivision de toute exploitation agricole constituant une unité économique et dont la mise en valeur était assurée par le défunt ou par son conjoint peut être maintenue, dans les conditions fixées par le tribunal, à la demande des personnes visées aux alinéas 5 et 6 ci-dessous. Le tribunal statue en fonction des intérêts en présence et des possibilités d'existence que la famille peut tirer des biens indivis. Le maintien de l'indivision demeure possible lorsque l'exploitation comprend des éléments dont l'héritier ou le conjoint était déjà propriétaire ou copropriétaire avant l'ouverture de la succession.

« L'indivision peut également être maintenue à la demande des mêmes personnes et dans les conditions fixées par le tribunal, en ce qui concerne la propriété du local d'habitation ou à usage professionnel qui, à l'époque du décès, était effectivement utilisé pour cette habitation ou à cet usage par le défunt ou son conjoint. Il en est de même des objets mobiliers servant à l'exercice de la profession.

« Si le défunt laisse un ou plusieurs descendants mineurs, le maintien de l'indivision peut être demandé, soit par le conjoint survivant, soit par tout héritier, soit par le représentant légal des mineurs.

« A défaut de descendants mineurs, le maintien de l'indivision ne peut être demandé que par le conjoint survivant et à la condition qu'il ait été avant le décès ou soit devenu du fait du décès, copropriétaire de l'exploitation agricole ou des locaux d'habitation ou à usage professionnel. S'il s'agit d'un local d'habitation, le conjoint doit avoir résidé dans les lieux à l'époque du décès.

« Le maintien dans l'indivision ne peut être prescrit pour une durée supérieure à cinq ans. Il peut être renouvelé, dans le cas prévu à l'alinéa 5, jusqu'à la majorité du plus jeune des descendants et, dans le cas prévu à l'alinéa 6, jusqu'au décès du conjoint survivant. »

Ancien art. 815-1 *(L. nº 76-1286 du 31 déc. 1976) A défaut d'accord amiable, l'indivision de toute exploitation agricole constituant une unité économique et dont la mise en valeur était assurée par le défunt ou par son conjoint peut être maintenue, dans les conditions fixées par le tribunal, à la demande des personnes visées aux alinéas 3 et 4 ci-dessous. Le tribunal statue en fonction des intérêts en présence et des possibilités d'existence que la famille peut tirer des biens indivis. Le maintien de l'indivision demeure possible lorsque l'exploitation comprend des éléments dont l'héritier ou le conjoint était déjà propriétaire ou copropriétaire avant l'ouverture de la succession.*

L'indivision peut également être maintenue à la demande des mêmes personnes et dans les conditions fixées par le tribunal, en ce qui concerne la propriété du local d'habitation ou à usage professionnel qui, à l'époque du décès, était effectivement utilisé pour cette habitation ou à cet usage par le défunt ou son conjoint. Il en est de même des objets mobiliers servant à l'exercice de la profession.

Si le défunt laisse un ou plusieurs descendants mineurs, le maintien de l'indivision peut être demandé, soit par le conjoint survivant, soit par tout héritier, soit par le représentant légal des mineurs.

A défaut de descendants mineurs, le maintien de l'indivision ne peut être demandé que par le conjoint survivant et à la condition qu'il ait été avant le décès ou soit devenu du fait du décès, copropriétaire de l'exploitation agricole ou des locaux d'habitation ou à usage professionnel. S'il s'agit d'un local d'habitation, le conjoint doit avoir résidé dans les lieux à l'époque du décès.

Le maintien dans l'indivision ne peut être prescrit pour une durée supérieure à cinq ans. Il peut être renouvelé, dans le cas prévu à l'alinéa 3, jusqu'à la majorité du plus jeune des descendants et, dans le cas prévu à l'alinéa 4, jusqu'au décès du conjoint survivant.

Ancien art. 815-2 *(L. nº 76-1286 du 31 déc. 1976) Tout indivisaire peut prendre les mesures nécessaires à la conservation des biens indivis.*

Il peut employer à cet effet les fonds de l'indivision détenus par lui et il est réputé en avoir la libre disposition à l'égard des tiers.

A défaut de fonds de l'indivision, il peut obliger ses coïndivisaires à faire avec lui les dépenses nécessaires.

Lorsque des biens indivis sont grevés d'un usufruit, ces pouvoirs sont opposables à l'usufruitier dans la mesure où celui-ci est tenu des réparations.

Ancien art. 815-3 *(L. nº 76-1286 du 31 déc. 1976) Les actes d'administration et de disposition relatifs aux biens indivis requièrent le consentement de tous les indivisaires. Ceux-ci peuvent donner à l'un ou à plusieurs d'entre eux un mandat général d'administration. Un mandat spécial est nécessaire pour tout acte qui ne ressortit pas à l'exploitation normale des biens indivis, ainsi que pour la conclusion et le renouvellement des baux.*

Si un indivisaire prend en main la gestion des biens indivis, au su des autres et néanmoins sans opposition de leur part, il est censé avoir reçu un mandat tacite, couvrant les actes d'administration mais non les actes de disposition ni la conclusion ou le renouvellement des baux.

BIBL. ▸ **Actes de disposition :** JOURDAIN, *RTD civ. 1987. 498.* – PATARIN, obs. *RTD civ. 1981. 663* (conséquences de la vente d'un bien indivis par certains indivisaires seulement). ▸ **Bail d'un bien indivis :** DAGOT, *JCP 1985. I. 3178.* – GUÉRIN, *JCP N 1986. Prat. 9701, p. 133* (renouvellement du bail commercial d'un bien indivis). – LAMOURE et TALON, *Gaz. Pal. 1999. 2. Doctr. 1333.* ▸ **Hypothèque de l'immeuble indivis :** DAGOT, *JCP N 1980. I. 227* (avec formules) ; *JCP 1980. I. 2994.* – FIGEROU et GUILMOIS, *Gaz. Pal. 2003. Doctr. 1551.* – GROSJEAN, *Defrénois 1998. 1345* (débiteur en redressement judiciaire). ▸ **Lot de copropriété indivis :** DAGOT, *JCP 1979. I. 2959.* ▸ **Représentation dans la gestion d'une indivision :** COSTES, *JCP 1985. I. 3181.*

Ancien art. 815-4 *(L. n° 76-1286 du 31 déc. 1976) Si l'un des indivisaires se trouve hors d'état de manifester sa volonté, un autre peut se faire habiliter par justice à le représenter, d'une manière générale ou pour certains actes particuliers, les conditions et l'étendue de cette représentation étant fixées par le juge.*

A défaut de pouvoir légal, de mandat ou d'habilitation par justice, les actes faits par un indivisaire en représentation d'un autre ont effet à l'égard de celui-ci, suivant les règles de la gestion d'affaires.

Ancien art. 815-5 *(L. n° 76-1286 du 31 déc. 1976) Un indivisaire peut être autorisé par justice à passer seul un acte pour lequel le consentement d'un coïndivisaire serait nécessaire, si le refus de celui-ci met en péril l'intérêt commun.*

(L. n° 87-498 du 6 juill. 1987) « Le juge ne peut, à la demande d'un nu-propriétaire, ordonner la vente de la pleine propriété d'un bien grevé d'usufruit contre la volonté de l'usufruitier. »

L'acte passé dans les conditions fixées par l'autorisation de justice est opposable à l'indivisaire dont le consentement a fait défaut.

La loi du 6 juill. 1987 est applicable dans les territoires d'outre-mer *(L. n° 93-1 du 4 janv. 1993, art. 15).*

Ancien art. 815-5 *(al. 2) Le juge ne peut toutefois, sinon aux fins de partage, autoriser la vente de la pleine propriété d'un bien grevé d'usufruit, contre la volonté de l'usufruitier.*

BIBL. ▸ **Vente d'un immeuble indivis contre le gré d'un indivisaire :** LAFOND, *JCP N 2008. 1000.* ▸ **Vente en pleine propriété d'un bien grevé d'usufruit :** DAGOT, *JCP 1987. I. 3301.* – MATHIEU, *JCP N 1988. Prat. 535.* – PATARIN, *RTD civ. 1997. 198.* ▸ **Situation de l'usufruitier en cas de demande en licitation du bien sur lequel porte son droit :** MORIN, *ALD 1987. 151 ; Defrénois 1987. 1025.*

Ancien art. 815-6 *(L. n° 76-1286 du 31 déc. 1976) Le président du tribunal de grande instance peut prescrire ou autoriser toutes les mesures urgentes que requiert l'intérêt commun.*

Il peut, notamment, autoriser un indivisaire à percevoir des débiteurs de l'indivision ou des dépositaires de fonds indivis une provision destinée à faire face aux besoins urgents, en prescrivant, au besoin, les conditions de l'emploi. Cette autorisation n'entraîne pas prise de qualité pour le conjoint survivant ou pour l'héritier.

Il peut également soit désigner un indivisaire comme administrateur en l'obligeant s'il y a lieu à donner caution, soit nommer un séquestre. Les articles 1873-5 à 1873-9 du présent code s'appliquent en tant que de raison aux pouvoirs et aux obligations de l'administrateur, s'ils ne sont autrement définis par le juge.

BIBL. ▸ ATIAS, *Defrénois 2001. 623* (fondement de la désignation judiciaire d'un administrateur de l'indivision).

Ancien art. 815-7 *(L. n° 76-1286 du 31 déc. 1976) Le président du tribunal peut aussi interdire le déplacement des meubles corporels sauf à spécifier ceux dont il attribue l'usage personnel à l'un ou à l'autre des ayants droit, à charge pour ceux-ci de donner caution s'il l'estime nécessaire.*

Ancien art. 815-8 *(L. n° 76-1286 du 31 déc. 1976) Quiconque perçoit des revenus ou expose des frais pour le compte de l'indivision doit en tenir un état qui est à la disposition des indivisaires.*

Ancien art. 815-9 *(L. n° 76-1286* du 31 déc. 1976) Chaque indivisaire peut user et jouir des biens *indivis conformément à leur destination, dans la mesure compatible avec le droit des autres indivisaires et avec l'effet des actes régulièrement passés au cours de l'indivision. A défaut d'accord entre les intéressés, l'exercice de ce droit est réglé, à titre provisoire, par le président du tribunal.*

L'indivisaire qui use ou jouit privativement de la chose indivise est, sauf convention contraire, redevable d'une indemnité.

BIBL. ▸ ATIAS, *JCP 1979. I. 2937.*

▸ **Indemnité d'occupation dans les instances en divorce :** Batteur, *Dr. fam. 2001. Chron. 14.* – S. David, *AJ fam. 2002. 283.* ✐ – Massip, *obs. Defrénois 2001. 595 ; ibid. 2002. 1155.* – Vassaux, *Dr. et patr. 2/2003. 24.*

Ancien art. 815-10 *(L. nº 76-1286 du 31 déc. 1976)* ***Les fruits et les revenus des biens indivis accroissent à l'indivision, à défaut de partage provisionnel ou de tout autre accord établissant la jouissance divise.***

Aucune recherche relative aux fruits et revenus ne sera, toutefois, recevable plus de cinq ans après la date à laquelle ils ont été perçus ou auraient pu l'être.

Chaque indivisaire a droit aux bénéfices provenant des biens indivis et supporte les pertes proportionnellement à ses droits dans l'indivision.

BIBL. ▸ Fiorina, *Defrénois 2004. 543* (fruits et plus-values industriels des biens indivis).

Ancien art. 815-11 *(L. nº 76-1286 du 31 déc. 1976)* ***Tout indivisaire peut demander sa part annuelle dans les bénéfices, déduction faite des dépenses entraînées par les actes auxquels il a consenti ou qui lui sont opposables.***

A défaut d'autre titre, l'étendue des droits de chacun dans l'indivision résulte de l'acte de notoriété ou de l'intitulé d'inventaire établi par le notaire.

En cas de contestation, le président du tribunal de grande instance peut ordonner une répartition provisionnelle des bénéfices sous réserve d'un compte à établir lors de la liquidation définitive.

A concurrence des fonds disponibles, il peut semblablement ordonner une avance en capital sur les droits de l'indivisaire dans le partage à intervenir.

Ancien art. 815-12 *(L. nº 76-1286 du 31 déc. 1976)* ***L'indivisaire qui gère un ou plusieurs biens indivis est redevable des produits nets de sa gestion. Il a droit à la rémunération de son activité, dans les conditions fixées à l'amiable, ou, à défaut, par décision de justice.***

BIBL. ▸ Olive, *RRJ 1997/1. 69* (peine et salaire dans le droit de l'indivision).

Ancien art. 815-13 *(L. nº 76-1286 du 31 déc. 1976)* ***Lorsqu'un indivisaire a amélioré à ses frais l'état d'un bien indivis, il doit lui en être tenu compte selon l'équité, eu égard à ce dont la valeur du bien se trouve augmentée au temps du partage ou de l'aliénation. Il doit lui être pareillement tenu compte des impenses nécessaires qu'il a faites de ses deniers personnels pour la conservation desdits biens, encore qu'elles ne les aient point améliorés.***

Inversement, l'indivisaire répond des dégradations et détériorations qui ont diminué la valeur des biens indivis par son fait ou par sa faute.

Ancien art. 815-14 *(L. nº 76-1286 du 31 déc. 1976)* ***L'indivisaire qui entend céder, à titre onéreux, à une personne étrangère à l'indivision, tout ou partie de ses droits dans les biens indivis ou dans un ou plusieurs de ces biens est tenu de notifier par acte extrajudiciaire aux autres indivisaires le prix et les conditions de la cession projetée ainsi que les nom, domicile et profession de la personne qui se propose d'acquérir.***

Tout indivisaire peut, dans le délai d'un mois qui suit cette notification, faire connaître au cédant, par acte extrajudiciaire, qu'il exerce un droit de préemption aux prix et conditions qui lui ont été notifiés.

En cas de préemption, celui qui l'exerce dispose pour la réalisation de l'acte de vente d'un délai de deux mois à compter de la date d'envoi de sa réponse au vendeur. Passé ce délai, sa déclaration de préemption est nulle de plein droit, quinze jours après une mise en demeure restée sans effet, et sans préjudice des dommages-intérêts qui peuvent lui être demandés par le vendeur.

Si plusieurs indivisaires exercent leur droit de préemption, ils sont réputés, sauf convention contraire, acquérir ensemble la portion mise en vente en proportion de leur part respective dans l'indivision.

Lorsque des délais de paiement ont été consentis par le cédant, l'article 833-1 est applicable.

BIBL. ▸ **Acquisition des parts indivises d'un bien propre :** D. Martin, *D. 1974. Chron. 165.* ▸ **Acquisition de parts indivises en nue-propriété ou en usufruit par un époux commun en biens :** Rémy, *JCP 1982. I. 3056.* ▸ **Cas où le droit de préemption du coïndivisaire est exclu :** Abry, *JCP N 1985. Prat. 9593, p. 649.*

Ancien art. 815-15 *(L. nº 76-1286 du 31 déc. 1976)* ***S'il y a lieu à l'adjudication de tout ou partie des droits d'un indivisaire dans les biens indivis ou dans un ou plusieurs de ces biens, l'avocat ou le notaire doit en informer les indivisaires par notification un mois avant la date prévue pour la vente.*** *(L. nº 78-627 du 10 juin 1978)* ***« Chaque indivisaire peut se substituer à l'acquéreur dans un délai d'un mois à compter de l'adjudication, par déclaration au*** *(Ord. nº 2006-461 du 21 avr. 2006)* ***« greffe » ou auprès du notaire. »***

Le (Ord. n° 2006-461 du 21 avr. 2006) « cahier des conditions de vente » établi en vue de la vente doit faire mention des droits de substitution.

Ancien art. 815-16 *(L. n° 76-1286 du 31 déc. 1976) Est nulle toute cession ou toute licitation opérée au mépris des dispositions des articles 815-14 et 815-15. L'action en nullité se prescrit par cinq ans. Elle ne peut être exercée que par ceux à qui les notifications devaient être faites ou par leurs héritiers.*

Ancien art. 815-17 *(L. n° 76-1286 du 31 déc. 1976) Les créanciers qui auraient pu agir sur les biens indivis avant qu'il y eût indivision, et ceux dont la créance résulte de la conservation ou de la gestion des biens indivis, seront payés par prélèvement sur l'actif avant le partage. Ils peuvent en outre poursuivre la saisie et la vente des biens indivis.*

Les créanciers personnels d'un indivisaire ne peuvent saisir sa part dans les biens indivis, meubles ou immeubles.

Ils ont toutefois la faculté de provoquer le partage au nom de leur débiteur ou d'intervenir dans le partage provoqué par lui. Les coïndivisaires peuvent arrêter le cours de l'action en partage en acquittant l'obligation au nom et en l'acquit du débiteur. Ceux qui exerceront cette faculté se rembourseront par prélèvement sur les biens indivis.

BIBL. ▸ **Droit de poursuite des créanciers de l'indivision :** RAFFRAY et SÉNÉCHAL, *JCP N 1985. I. 129.* ▸ **Hypothèque sur un immeuble indivis :** DAGOT, *JCP 1980. I. 2994.* – NAVARRE-LAROCHE, *Gaz. Pal. 2000. 1. Doctr. 718.* – PATARIN, obs. *RTD civ. 1984. 348.* ▸ **Hypothèque de droits immobiliers indivis :** LAFOND, *JCP N 2002. 1399.* ▸ **Indivision et redressement judiciaire :** SÉNÉCHAL, *Defrénois 1992. 609 ; note ibid. 1996. 267.* – GATSI, *JCP N 1999. 1497* (sauvegarde des intérêts des coïndivisaires du débiteur) ; *ibid. 1650* (les créanciers du coïndivisaire). – C. HENRY et FABIANI, *LPA 12 janv. 2000.* – LECOURT, *RTD com. 2004. 1* ✎ (procédures collectives et droit de la famille). ▸ **Entreprise indivise et créanciers personnels des indivisaires :** LUCET, *Mél. Derruppé, Litec/GLN-Joly, 1991, p. 315.* ▸ **Séparation des patrimoines et art. 815-17 :** LEMAIRE, *JCP N 2001. 700.* – LEQUETTE, *Études Weill, Dalloz/Litec, 1983, p. 371.*

Ancien art. 815-18 *(L. n° 76-1286 du 31 déc. 1976, en vigueur le 1er juill. 1977) Les dispositions des articles 815 à 815-17 sont applicables aux indivisions en usufruit en tant qu'elles sont compatibles avec les règles de l'usufruit.*

Les notifications prévues par les articles 815-14, 815-15 et 815-16 doivent être adressées à tout nu-propriétaire et à tout usufruitier. Mais un usufruitier ne peut acquérir une part en nue-propriété que si aucun nu-propriétaire ne s'en porte acquéreur ; un nu-propriétaire ne peut acquérir une part en usufruit que si aucun usufruitier ne s'en porte acquéreur.

BIBL. ▸ **Acquisition de parts indivises en nue-propriété ou en usufruit par un époux commun en biens :** RÉMY, *JCP 1982. I. 3056.*

Ancien art. 816 *Le partage peut être demandé même quand l'un des cohéritiers aurait joui séparément de partie des biens de la succession, s'il n'y a eu un acte de partage, ou possession suffisante pour acquérir la prescription.*

Ancien art. 817 *(L. 19 juin 1939) L'action en partage, à l'égard des cohéritiers mineurs ou majeurs en tutelle, peut être exercée par leurs tuteurs spécialement autorisés par un conseil de famille.*

A l'égard des cohéritiers absents, l'action appartient aux parents envoyés en possession.

Ancien art. 818 *Abrogé par L. n° 85-1372 du 23 déc. 1985, art. 46, à compter du 1er juill. 1986.*

Ancien art. 819 *(L. n° 85-1372 du 23 déc. 1985, art. 47) Si tous les héritiers sont présents et capables, le partage peut être fait dans la forme et par tel acte que les parties jugent convenables.*

La L. n° 85-1372 du 23 déc. 1985 entre en vigueur le 1er juill. 1986 (L. préc., art. 56).

Ancien art. 819 *Si tous les héritiers sont présents et majeurs, l'apposition de scellés sur les effets de la succession n'est pas nécessaire, et le partage peut être fait dans la forme et par tel acte que les parties intéressées jugent convenable.*

Si tous les héritiers ne sont pas présents, s'il y a parmi eux des mineurs ou des majeurs en tutelle, le scellé doit être apposé dans le plus bref délai, soit à la requête des héritiers, soit à la diligence du procureur de la République près le tribunal de grande instance, soit d'office par le juge du tribunal d'instance dans l'arrondissement duquel la succession est ouverte.

Ancien art. 820 *(L. n° 85-1372 du 23 déc. 1985, art. 47) Les biens successoraux peuvent, en tout ou partie, faire l'objet de mesures conservatoires, telles que l'apposition de scellés, à la requête d'un intéressé ou du ministère public, dans les conditions et suivant les formes déterminées par le* *code de procédure civile. — V. note ss. anc. art. 819. — V. C. pr. civ., art. 1304 à 1327 (Décr. n° 86-951 du 30 juill. 1986). —* ***C. pr. civ.***

Ancien art. 820 ***Les créanciers peuvent aussi requérir l'apposition des scellés, en vertu d'un titre exécutoire ou d'une permission du juge.***

L'apposition de scellés ne peut avoir lieu après que le partage a été effectué. • Civ. 1re, 13 mars 2001, n° 00-12.790 P : *RTD civ. 2001. 934, obs. Patarin.*

Ancien art. 821 *Abrogé par L. n° 85-1372 du 23 déc. 1985, art. 48, à compter du 1er juill. 1986.*

Ancien art. 822 *(Décr.-L. 17 juin 1938)* ***L'action en partage et les contestations qui s'élèvent, soit à l'occasion du maintien de l'indivision, soit au cours des opérations de partage, sont, à peine de nullité, soumises au seul tribunal du lieu de l'ouverture de la succession ; c'est devant ce tribunal qu'il est procédé aux licitations et que doivent être portées les demandes relatives à la garantie des lots entre copartageants, et celles en rescision du partage. Dans le cas où il y aurait lieu à la tentative de conciliation prévue par l'article 48*** *[abrogé]* ***du code de procédure civile*** *[ancien]*, ***le juge du tribunal d'instance du lieu de l'ouverture de la succession sera seul compétent à peine de nullité.***

(L. 15 déc. 1921) ***Si toutes les parties sont d'accord, le tribunal peut être saisi de la demande en partage par une requête collective signée par leurs avoués*** *[avocats]*. ***S'il y a lieu à licitation, la requête contiendra une mise à prix qui servira d'estimation. Dans ce cas, le jugement est rendu en chambre du conseil et n'est pas susceptible d'appel si les conclusions de la requête sont admises par le tribunal sans modification.***

(L. 19 juin 1939) ***Les dispositions des paragraphes précédents sont applicables sans qu'il soit besoin d'une autorisation préalable, quelle que soit la capacité de l'intéressé et même s'il est représenté par un mandataire de justice.***

Ancien art. 823 ***Si l'un des cohéritiers refuse de consentir au partage, ou s'il s'élève des contestations soit sur le mode d'y procéder, soit sur la manière de le terminer, le tribunal prononce comme en matière sommaire, ou commet, s'il y a lieu, pour les opérations de partage, un des juges, sur le rapport duquel il décide les contestations.***

Ancien art. 824 ***L'estimation des immeubles est faite par experts choisis par les parties intéressées, ou, à leur refus, nommés d'office.***

Le procès-verbal des experts doit présenter les bases de l'estimation ; il doit indiquer si l'objet estimé peut être commodément partagé ; de quelle manière ; fixer enfin, en cas de division, chacune des parts qu'on peut en former, et leur valeur.

BIBL. ▶ **Date d'évaluation des biens dans les partages :** E. S. DE LA MARNIERRE, *D. 1967. Chron. 227.*

Il résulte de l'art. 970, al. 2, anc. C. pr. civ. que l'expertise prévue par les art. 824 et 825 C. civ. n'est qu'une faculté pour le juge qui a toute liberté pour l'ordonner ou la refuser. • Civ. 1re, 28 avr. 1964 : *Bull. civ. I, n° 219.* ♦ L'accomplissement de formalités particulières, tel un inventaire, ne fait pas obstacle à ce qu'une telle expertise soit ordonnée. • Civ. 1re, 1er juin 1964 : *Bull. civ. I, n° 287.*

Ancien art. 825 ***L'estimation des meubles, s'il n'y a pas eu de prisée faite dans un inventaire régulier, doit être faite par gens à ce connaissant, à juste prix et sans crue.***

Caractère facultatif de l'expertise : V. note ss. anc. art. 824.

Ancien art. 826 ***Chacun des cohéritiers peut demander sa part en nature des meubles et immeubles de la succession : néanmoins, s'il y a des créanciers saisissants ou opposants, ou si la majorité des cohéritiers juge la vente nécessaire pour l'acquit des dettes et charges de la succession, les meubles sont vendus publiquement en la forme ordinaire.***

BIBL. ▶ **Règlements en nature dans les partages matrimoniaux :** CONTIN, *RTD civ. 1977. 435.* ▶ **Division des immeubles par appartements dans les partages :** DECOCQ, *ibid. 1960. 569.*

1. En principe, le partage est toujours préférable à la licitation, à laquelle il doit être procédé seulement si les immeubles ne peuvent être commodément partagés ou attribués dans les conditions prévues par la loi, et à la vente publique des meubles. • Civ. 1re, 22 janv. 1985 : *Bull. civ. I, n° 34 ; RTD civ. 1986. 618, obs. Patarin* • 12 mai 1987 : *Defrénois 1987. 1000 (3e esp.), note Breton ; Bull. civ. I, n° 152* • 19 oct. 1999 : *Dr. fam. 2000, n° 50, note Beignier.* ♦ Le caractère commodément partageable ou non des immeubles est le seul critère à prendre en considération. • Civ. 1re, 17 juin 1997 : *Dr. fam. 1997, n° 128, note Beignier.*

2. Il appartient aux juges du fond d'apprécier souverainement si le partage peut ou non s'effectuer en nature. • Civ. 1re, 30 avr. 1965 : *Bull. civ. I, n° 284* • 28 avr. 1987 : *D. 1987. IR 121* (solution constante). ♦ Même sens : • Civ. 1re, 8 juin 1998 : *Dr. fam. 1999, n° 88, note Beignier* (office du juge). ♦ V. aussi notes 2 s. ss. art. 827.

3. Si l'art. 826 permet à chacun des indivisaires de demander sa part en nature des meubles et immeubles de la succession, il ne dispense pas celui qui a bénéficié d'une attribution préférentielle de certains biens, en vertu de la loi, d'une décision judiciaire ou d'une convention, d'imputer sur sa part en nature les biens qui lui ont été attribués ; il s'ensuit que le copartageant qui ne bénéficie pas de l'attribution préférentielle doit recevoir des biens de valeur égale à celle des biens attribués selon ce procédé, au besoin en dérogeant à la règle du tirage au sort des lots. • Civ. 1re, 5 mai 1981 : *Bull. civ. I, n° 150 ; RTD civ. 1982. 455, obs. Patarin.*

4. Exception au partage en nature en cas de rapport en valeur (art. 830 C. civ.), V. • Civ. 1re, 1er déc. 1987, n° 85-17.277 P : *Defrénois 1988. 544, obs. Champenois ; RTD civ. 1988. 377, obs. Patarin.* ♦ Partage en nature et indivisibilité de l'hypothèque grevant l'immeuble indivis : V. note 1 ss. art. 2391.

5. En présence de deux successibles, la majorité étant impossible pour décider de la vente des meubles pour l'acquit des dettes et charges, il appartient au juge de se prononcer sur la nécessité de la licitation. • Civ. 1re, 24 févr. 1998, n° 95-22.260 P : *RTD civ. 1999. 163, obs. Patarin.*

Ancien art. 827 *(Décr.-L. 17 juin 1938)* ***« Si les immeubles ne peuvent être commodément partagés ou attribués dans les conditions prévues par le présent code, il doit être procédé à la vente par licitation devant le tribunal. »***

Cependant les parties, si elles sont toutes majeures, peuvent consentir que la licitation soit faite devant un notaire, sur le choix duquel elles s'accordent.

BIBL. ▸ DIGARD, *JCP N 1990. I. 307* (immeubles « commodément partageables »). – L. MARTIN, *JCP N 1997. I. 653* (aspect fiscal).

A. DOMAINE DE LA VENTE PAR LICITATION

1. Application à toutes les indivisions. L'art. 827 est applicable à toutes les indivisions quelle qu'en soit l'origine et le juge ne peut substituer aux deux seuls modes de partage prévus par la loi un procédé différent, arbitrairement choisi par lui, sauf le cas où toutes les parties y donneraient leur consentement. • Civ. 8 déc. 1914 : *DP 1917. 1. 78.*

2. Caractère subsidiaire de la licitation. Il résulte des art. 826 et 827 que, lorsqu'il n'y a pas lieu à attributions dans les conditions prévues par la loi, le partage en nature d'immeubles indivis ne saurait être écarté que s'il ne peut y être commodément procédé ; la division des immeubles en lots de valeur sensiblement égale ne présentant par elle-même aucune difficulté particulière, leur licitation ne peut être ordonnée au prétexte que l'allotissement par voie de tirage au sort risquerait de ne pas répondre aux vœux de certains cohéritiers. • Civ. 1re, 19 déc. 1979, n° 78-12.994 P. ♦ Ne donne pas de base légale à sa décision la cour qui, pour ordonner la licitation de l'ensemble de la succession, se fonde uniquement sur la multiplicité et la diversité des biens et droits respectifs des copartageants. • *Civ. 1re, 31 janv. 1989 : Bull. civ. I, n° 54.*

3. Notion de bien commodément partageable : immeuble loué à un indivisaire. L'existence ou l'absence de location sur des biens dépendant de l'indivision successorale ne peut avoir d'incidence sur leur caractère commodément partageable en nature, l'avantage que le bail aurait conféré à l'un des indivisaires devant seulement être rapporté en moins prenant à la masse successorale. • Civ. 1re, 19 mars 1991, n° 89-20.352 P : *RTD civ. 1992. 427, obs. Patarin.*

4. … Appréciation d'ensemble. Le caractère impartageable de chaque immeuble pris séparément ne fait pas obstacle au partage en nature s'il apparaît que la totalité des immeubles peut se partager commodément. • Civ. 1re, 18 mai 1983, n° 82-12.305 P : *R., p. 46 ; Defrénois 1984. 713, note Guimbellot ; RTD civ. 1984. 754, obs. Patarin.* ♦ Lorsqu'une succession comprend plusieurs immeubles, rien n'interdit d'ordonner la licitation de celui ou de ceux qui ne peuvent être commodément inclus dans un lot et de prescrire le partage en nature des autres immeubles. • Civ. 1re, 11 juill. 1983, n° 82-11.815 P : *R., p. 46.*

5. … Appréciation économique. C'est dans l'exercice de leur pouvoir souverain d'appréciation que les juges du fond, eu égard aux caractéristiques particulières des parcelles litigieuses et au fait que la division en deux lots de l'ensemble qu'elles forment réduirait leur valeur à une valeur de principe et leur retirerait toute utilité d'occupation, ont considéré qu'elles n'étaient pas commodément partageables en nature. • Civ. 1re, 11 juin 1985, n° 84-12.325 P : *R., p. 87 ; RTD civ. 1986. 618, obs. Patarin.* ♦ Dans le même sens : • Civ. 1re, 13 oct. 1998, n° 96-15.256 P : *JCP 1999. I. 189, n° 7, obs. Le Guidec ; Dr. fam. 1998, n° 171, note Beignier ; RTD civ. 1999. 446, obs. Patarin* (demeure historique) • 3 mai

2000, n° 98-12.137 P : *D. 2000. IR 152* • 20 déc. 2000 : *Dr. fam. 2001, n° 50* (la commodité de la division ne s'apprécie pas seulement matériellement mais aussi économiquement).

B. CLAUSE D'ATTRIBUTION

BIBL. Licitation et clause d'attribution : Catala, *JCP 1971. I. 2441.* – Chalaron, *RTD civ. 1968. 652.* – Fréjaville, *RTD civ. 1950. 151.* – Piedelièvre, *JCP 1967. I. 2104.* – R. Savatier, *Rép. notariat 1962. 289.*

6. Condition : accord de tous les héritiers. En cas de licitation, une clause d'attribution de nature contractuelle ne peut être insérée au cahier des charges qu'avec l'accord de tous les héritiers. • Civ. 1re, 20 avr. 1983, n° 82-11.717 P : *R., p. 47 ; JCP 1984. II. 20150, note E. S. de La Marnierre.* ♦ Dans le même sens : • Civ. 1re, 27 janv. 1998, n° 95-15.296 P : *RTD civ. 1999. 164, obs. Patarin* (« le cahier des charges fait la loi des parties »).

7. Effets : promesse d'attribution. La clause d'attribution insérée dans le cahier des charges d'une adjudication sur licitation n'emporte pas par elle-même et à elle seule partage partiel au cas où l'immeuble est adjugé à un cohéritier, mais constitue seulement une promesse appelée à se réaliser au moment du partage définitif. • Civ. 1re, 27 févr. 1963 : *Bull. civ. I, n° 134* • 5 juill. 1989 : *ibid. I, n° 280* • 13 oct. 1998, n° 96-18.140 P : *JCP 1999. I. 189, n° 6, obs. Le Guidec ; JCP N 1998. 1834 ; RTD civ. 1999. 447, obs. Patarin* (absence d'exigibilité de la soulte). ♦ La clause d'attribution n'emportant pas à elle seule partage, la prescription de l'action en rescision pour lésion ne commence à courir que du jour du partage total ou partiel. • Civ. 1re, 4 mai 1983, n° 82-11.928 P : *R., p. 47.*

8. ... Évaluation du bien attribué. En dehors du cas où l'application de cette clause entraînerait une lésion dans les conditions prévues par l'art. 887 C. civ., l'attribution doit être faite, suivant la convention, à la valeur déterminée par la dernière enchère, sans réévaluation. • Civ. 1re, 4 janv. 1979 : *Defrénois 1979. 726, note Ponsard ; RTD civ. 1982. 778, obs. Patarin.* – V. conf. • Civ. 1re, 21 févr. 1989 : *JCP 1989. II. 21340, note Simler.* ♦ Comp. • Civ. 1re, 9 févr. 1970 : *JCP 1970. II. 16394, note Mourgeon,* et, en cas de simple adjudication sur licitation d'un bien indivis à un colicitant, • Civ. 1re, 26 févr. 1975 : *D. 1977. 93, note Guimbellot ; JCP 1976. II. 18294, note Mourgeon.*

9. Droit de former surenchère. Possibilité pour les tiers et les colicitants de former surenchère : V. • Civ. 1re, 21 févr. 1978, n° 76-10.096 P : *RTD civ. 1982. 778, obs. Patarin.* ♦ Remise du bien en adjudication pour folle enchère : V. • Civ. 1re, 7 oct. 1981, n° 80-12.799 P : *RTD civ. 1982. 778, obs. Patarin.*

10. Résolution pour inexécution. Résolution pour inexécution d'une promesse d'attribution : V. • TGI Nîmes, 7 juin 1972 : *JCP 1973. II. 17391, note Rieg.*

Ancien art. 828 *Après que les meubles et immeubles ont été estimés et vendus, s'il y a lieu, le juge-commissaire renvoie les parties devant un notaire dont elles conviennent, ou nommé d'office, si les parties ne s'accordent pas sur le choix.*

On procède, devant cet officier, aux comptes que les copartageants peuvent se devoir, à la formation de la masse générale, à la composition des lots, et aux fournissements à faire à chacun des copartageants.

1. Notaire liquidateur : désignation. L'exécuteur testamentaire n'étant pas l'un des copartageants, les juges du fond décident à juste titre que le notaire liquidateur doit être désigné par le légataire universel, en l'absence de tout désaccord entre les parties au sens de l'art. 828. • Civ. 1re, 15 févr. 1965 : *Bull. civ. I, n° 130.*

2. ... Commission d'office. Lorsque les parties ne s'accordent pas sur le choix d'un notaire pour procéder aux opérations de partage, les juges sont investis à cet égard d'un pouvoir discrétionnaire et peuvent se dispenser d'exprimer les motifs de leur décision. • Civ. 1re, 6 mars 1963 : *D. 1963. 327, note Lindon ; JCP 1963. II. 13136, note J. Mazeaud.* – Même sens : • Civ. 1re, 5 mai 1986, n° 84-14.847 P : *R., p. 137.*

3. Faculté de nommer deux notaires. Les art. 828 C. civ. et 969 anc. C. pr. civ., lorsqu'ils prévoient la nomination d'un notaire, n'ont rien d'impératif et n'excluent pas la faculté de nommer deux notaires si les circonstances l'exigent. • Req. 8 janv. 1947 : *D. 1947. 117* • Civ. 1re, 20 févr. 2001 : *Dr. fam. 2001, n° 49.* ♦ Dans ce cas, les deux notaires commis judiciairement doivent procéder ensemble aux opérations de partage ; n'est pas valide le partage effectué par l'un des deux notaires en collaboration avec l'ex-associé de l'autre notaire désigné, démissionnaire. • Civ. 1re, 17 déc. 2002 : *JCP N 2003. Actu. 40.* ♦ ... Et si l'un d'eux, en s'abstenant d'apporter son concours à l'exécution de leur mission commune, rend impossible le partage, il doit en être rendu compte au juge. • Civ. 1re, 22 oct. 2008, n° 07-16.590 P : *D. 2008. AJ 2794 ; JCP N 2008. 1336, note Rivière ; RLDC 2008/55, n° 3235, note Le Gallou.*

4. Récusation du notaire liquidateur. La disposition d'une décision désignant un notaire liquidateur n'est pas revêtue de l'autorité de la chose jugée ; en tant que technicien commis pour procéder aux opérations de compte, liquidation et partage d'une succession, le notaire ainsi désigné peut être récusé pour les causes prévues à l'art. 341 C. pr. civ. • Civ. 1re, 3 juill. 1996, ☎ n° 94-14.597 P.

5. Comptes. L'art. 828 règle les formes dans lesquelles doivent être dressés les comptes préalables des sommes dont les cohéritiers peuvent être tenus les uns envers les autres, pour quelque cause que ce soit ; ces dispositions sont exclusives de la procédure en reddition de comptes prévue par les art. 526 s. anc. C. pr. civ. • Civ. 1re, 18 mai 1960, n° 57-11.327 P.

Ancien art. 829 *Chaque cohéritier fait rapport à la masse, suivant les règles qui seront ci-après établies, des dons qui lui ont été faits, et des sommes dont il est débiteur.*

Ancien art. 830 *Si le rapport n'est pas fait en nature, les cohéritiers à qui il est dû, prélèvent une portion égale sur la masse de la succession.*

Les prélèvements se font, autant que possible, en objets de même nature, qualité et bonté que les objets non rapportés en nature.

Ancien art. 831 *Après ces prélèvements, il est procédé, sur ce qui reste dans la masse, à la composition d'autant de lots égaux qu'il y a d'héritiers copartageants, ou de souches copartageantes.*

1. Principe d'égalité des lots en valeur : conditions d'application. Si l'art. 832 dispose que les lots en vue du partage en nature doivent être, autant que possible, d'une valeur équivalente, cette équivalence n'implique pas une égalité rigoureusement absolue, d'une réalisation difficile, et souffre une marge raisonnable d'approximation. • Civ. 1re, 30 mai 1985, ☎ n° 84-12.314 P : *RTD civ. 1986. 617, obs. Patarin.*

2. ... Possibilité de soultes. Les modifications des paragraphes 1 et 2 de l'art. 832 résultant du Décr.-L. du 17 juin 1938 autorisent éventuellement la formation, à charge de soulte, de lots inégaux en nature. • Civ. 21 avr. 1947 : *D. 1947. 282.* ♦ V. également art. 833 et 833-1.

3. Division des biens à partager. La division d'une parcelle de moins de 67 ares, permettant la réalisation d'un partage jugé conforme au mieux des intérêts en présence, ne constitue pas le morcellement des héritages ou la division des exploitations au sens de l'art. 832, al. 1er. • Civ. 1re, 9 juill. 1985, ☎ n° 84-12.478 P : *RTD civ. 1986. 617, obs. Patarin.*

Ancien art. 832 (*Décr.-L. 17 juin 1938*) *Dans la formation et la composition des lots, on doit éviter de morceler les héritages et de diviser les exploitations.*

Dans la mesure où le morcellement des héritages et la division des exploitations peuvent être évités, chaque lot doit, autant que possible, être composé, soit en totalité, soit en partie, de meubles ou d'immeubles, de droits ou de créances de valeur équivalente.

(*L. n° 82-596 du 10 juill. 1982*) *« Le conjoint survivant ou tout héritier copropriétaire peut demander l'attribution préférentielle par voie de partage, à charge de soulte s'il y a lieu, de toute exploitation agricole, ou partie d'exploitation agricole, constituant une unité économique, ou quote-part indivise d'exploitation agricole, même formée pour une part de biens dont il était déjà propriétaire ou copropriétaire avant le décès, à la mise en valeur de laquelle il participe ou a participé effectivement ; dans le cas de l'héritier, la condition de participation peut avoir été remplie par son conjoint. S'il y a lieu, la demande d'attribution préférentielle peut porter sur des parts sociales, sans préjudice de l'application des dispositions légales ou des clauses statutaires sur la continuation d'une société avec le conjoint survivant ou un ou plusieurs héritiers.*

« Les mêmes règles sont applicables en ce qui concerne toute entreprise commerciale, industrielle ou artisanale, dont l'importance n'exclut pas un caractère familial. »

(*L. n° 80-502 du 4 juill. 1980*) *« Au cas où ni le conjoint survivant, ni aucun héritier copropriétaire ne demande l'application des dispositions prévues au troisième alinéa ci-dessus ou celles des articles 832-1 ou 832-2, l'attribution préférentielle peut être accordée à tout copartageant sous la condition qu'il s'oblige à donner à bail dans un délai de six mois le bien considéré dans les conditions fixées au chapitre VII du titre I du livre VI du code rural* [C. rur., liv. IV, tit. I, chap. VI : bail rural à long terme] *à un ou plusieurs des cohéritiers remplissant les conditions personnelles prévues au troisième alinéa ci-dessus ou à un ou plusieurs descendants de ces cohéritiers remplissant ces mêmes conditions. »*

(*L. n° 61-1378 du 19 déc. 1961*) *« Le conjoint survivant ou tout héritier copropriétaire peut également demander l'attribution préférentielle :*

« De la propriété ou du droit au bail du local qui lui sert effectivement d'habitation, s'il y avait sa résidence à l'époque du décès (*L. n° 2001-1135 du 3 déc. 2001, art. 10, en vigueur le 1er juill. 2002*) *« , et du mobilier le garnissant » ;*

« De la propriété ou du droit au bail du local à usage professionnel servant effectivement à l'exercice de sa profession et des objets mobiliers à usage professionnel garnissant ce local ;

« De l'ensemble des éléments mobiliers nécessaires à l'exploitation d'un bien rural cultivé par le défunt à titre de fermier ou de métayer lorsque le bail continue au profit du demandeur, ou lorsqu'un nouveau bail est consenti à ce dernier.

« L'attribution préférentielle peut être demandée conjointement par plusieurs successibles. » (L. n° 2001-1135 du 3 déc. 2001, art. 11) *« L'attribution préférentielle de la propriété du local et du mobilier le garnissant visée au septième alinéa est de droit pour le conjoint survivant.*

« Dans l'hypothèse prévue à l'alinéa précédent, le conjoint survivant attributaire peut exiger de ses copartageants pour le paiement d'une fraction de la soulte, égale au plus à la moitié, des délais ne pouvant excéder dix ans. Sauf convention contraire, les sommes restant dues portent intérêt au taux légal.

« En cas de vente du local ou du mobilier le garnissant, la fraction de la soulte y afférente devient immédiatement exigible ; en cas de ventes partielles, le produit de ces ventes est versé aux copartageants et imputé sur la fraction de la soulte encore due.

« Les droits résultant de l'attribution préférentielle ne préjudicient pas aux droits viagers d'habitation et d'usage que le conjoint peut exercer en vertu de l'article 764. » – Entrée en vigueur le 1er juill. 2002.

(L. n° 82-596 du 10 juill. 1982) *« A défaut d'accord amiable, la demande d'attribution préférentielle est portée devant le tribunal, qui se prononce en fonction des intérêts en présence. En cas de pluralité de demandes concernant une exploitation ou une entreprise, le tribunal tient compte de l'aptitude des différents postulants à gérer cette exploitation ou cette entreprise et à s'y maintenir et en particulier de la durée de leur participation personnelle à l'activité de l'exploitation ou de l'entreprise. »*

(L. n° 61-1378 du 19 déc. 1961) *« Les biens faisant l'objet de l'attribution sont estimés à leur valeur au jour du partage.*

« Sauf accord amiable entre les copartageants, la soulte éventuellement due est payable comptant. »

BIBL. ▶ **Commentaires L. 19 déc. 1961 :** Chevallier, *JCP 1962. I. 1687.* – Esmein, *Gaz. Pal. 1962. 1. Doctr. 4.* – Patarin, *Rép. notariat 1962. 185.* – Raymond, *RTD civ. 1966. 427.* – R. Savatier, *Mél. Voirin, LGDJ, 1967, p. 763.* – Weill et Maus, *D. 1962. Chron. 65.* ▶ **Commentaires L. 4 juill. 1980 :** Dagot, *JCP 1980. I. 3000.* – R. Savatier, *D. 1981. Chron. 187.* ▶ **Commentaire L. 10 juill. 1982 :** Amiel-Donat, *Mél. Colomer, Litec, 1993, p. 7.* – Breton, *Mél. Raynaud, Dalloz, 1985, p. 67.* – Dagot, *JCP 1983. I. 3118.* ▶ **Jurisprudence de la Cour de cassation :** Barat, *R. 1986, p. 76.*

Ancien art. 832-1 (L. n° 80-502 du 4 juill. 1980) *« Par dérogation aux dispositions des alinéas* (L. n° 2001-1135 du 3 déc. 2001, art. 12, en vigueur le 1er juill. 2002) *« quatorzième et seizième » de l'article 832 et à moins que le maintien de l'indivision ne soit demandé en application des articles 815 (deuxième alinéa) et 815-1, l'attribution préférentielle visée au troisième alinéa de l'article 832 est de droit pour toute exploitation agricole qui ne dépasse pas les limites de superficies fixées par décret en Conseil d'État. En cas de pluralité de demandes, le tribunal désigne l'attributaire ou les attributaires conjoints en fonction des intérêts en présence et de l'aptitude des différents postulants à gérer l'exploitation et à s'y maintenir.*

« Dans l'hypothèse prévue à l'alinéa précédent, même si l'attribution préférentielle a été accordée judiciairement, l'attributaire peut exiger de ses copartageants pour le paiement d'une fraction de la soulte, égale au plus à la moitié, des délais ne pouvant excéder dix ans. Sauf convention contraire, les sommes restant dues portent intérêt au taux légal. »

(L. n° 61-1378 du 19 déc. 1961) *« En cas de vente de la totalité du bien attribué, la fraction de soulte restant due devient immédiatement exigible ; en cas de ventes partielles, le produit de ces ventes est versé aux copartageants et imputé sur la fraction de soulte encore due. »*

BIBL. ▶ M. Morin, *Defrénois 1975. 1363.* – Lachaud, *Gaz. Pal. 1988. 1. Doctr. 57.*

Droit transitoire. Application dans le temps des réformes du 19 déc. 1961 et du 4 juill. 1980 : V. • Civ. 1re, 11 déc. 2001, ☎ n° 99-19.323 P.

Ancien art. 832-2 (L. n° 80-502 du 4 juill. 1980) *Si le maintien dans l'indivision n'a pas été ordonné en application des articles 815, deuxième alinéa, et 815-1, et à défaut d'attribution préférentielle en propriété, prévue aux articles 832, troisième alinéa, ou 832-1, le conjoint survivant ou tout héritier copropriétaire peut demander l'attribution préférentielle de tout ou partie des biens et droits immobiliers à destination agricole dépendant de la succession en vue de constituer, avec un ou plusieurs cohéritiers et, le cas échéant, un ou plusieurs tiers, un groupement foncier agricole.*

Cette attribution est de droit si le conjoint survivant ou un ou plusieurs des cohéritiers remplissant les conditions personnelles prévues à l'article 832, troisième alinéa, exigent que leur soit donné à bail, dans les conditions fixées au chapitre VII du titre I du livre VI du code rural [C. rur., liv. IV, tit. I, chap. VI : bail rural à long terme], *tout ou partie des biens du groupement.*

En cas de pluralité de demandes, les biens du groupement peuvent, si leur consistance le permet, faire l'objet de plusieurs baux bénéficiant à des cohéritiers différents ; dans le cas contraire, et à défaut d'accord amiable le tribunal désigne le preneur en tenant compte de l'aptitude des différents postulants à gérer les biens concernés et à s'y maintenir. Si les clauses et conditions de ce bail ou de ces baux n'ont pas fait l'objet d'un accord, elles sont fixées par le tribunal.

Les biens et droits immobiliers que les demandeurs n'envisagent pas d'apporter au groupement foncier agricole, ainsi que les autres biens de la succession, sont attribués par priorité, dans les limites de leurs droits successoraux respectifs, aux indivisaires qui n'ont pas consenti à la formation du groupement. Si ces indivisaires ne sont pas remplis de leurs droits par l'attribution ainsi faite, une soulte doit leur être versée. Sauf accord amiable entre les copartageants, la soulte éventuellement due est payable dans l'année suivant le partage. Elle peut faire l'objet d'une dation en paiement sous la forme de parts du groupement foncier agricole, à moins que les intéressés, dans le mois suivant la proposition qui leur en est faite, n'aient fait connaître leur opposition à ce mode de règlement.

Le partage n'est parfait qu'après la signature de l'acte constitutif du groupement foncier agricole et, s'il y a lieu, du ou des baux à long terme.

BIBL. ▶ Beaubrun, *D. 1981. Chron. 71.* – Chesné et Hérail, *JCP N 1983. I. 111.*

Ancien art. 832-3 (*L. n° 80-502 du 4 juill. 1980*) *Si une exploitation agricole constituant une unité économique et non exploitée sous forme sociale n'est pas maintenue dans l'indivision en application des articles 815, 2e alinéa* [,] *et 815-1, et n'a pas fait l'objet d'une attribution préférentielle dans les conditions prévues aux articles 832, 832-1 ou 832-2, le conjoint survivant ou tout héritier copropriétaire qui désire poursuivre l'exploitation à laquelle il participe ou a participé effectivement peut exiger, nonobstant toute demande de licitation, que le partage soit conclu sous la condition que ses copartageants lui consentent un bail à long terme dans les conditions fixées au chapitre VII du titre I du livre VI du code rural* [C. rur., liv. IV, tit. I, chap. VI], *sur les terres de l'exploitation qui leur échoient. Sauf accord amiable entre les parties, celui qui demande à bénéficier de ces dispositions reçoit par priorité dans sa part les bâtiments d'exploitation et d'habitation.*

Les dispositions qui précèdent sont applicables à une partie de l'exploitation agricole pouvant constituer une unité économique.

Il est tenu compte, s'il y a lieu, de la dépréciation due à l'existence du bail dans l'évaluation des terres incluses dans les différents lots.

Les articles 807 et 808 [art. L. 412-14 et L. 412-15] *du code rural déterminent les règles spécifiques au bail visé au premier alinéa du présent article.*

S'il y a pluralité de demandes, le tribunal de grande instance désigne le ou les bénéficiaires en fonction des intérêts en présence et de l'aptitude des différents postulants à gérer tout ou partie de l'exploitation ou à s'y maintenir.

Si, en raison de l'inaptitude manifeste du ou des demandeurs à gérer tout ou partie de l'exploitation, les intérêts des cohéritiers risquent d'être compromis, le tribunal peut décider qu'il n'y a pas lieu d'appliquer les trois premiers alinéas du présent article.

L'unité économique prévue au premier alinéa peut être formée, pour une part, de biens dont le conjoint survivant ou l'héritier était déjà propriétaire ou copropriétaire avant le décès. Dans le cas de l'héritier, la condition de participation peut avoir été remplie par son conjoint.

Droit transitoire. L'effet immédiat des nouvelles dispositions de l'art. 832-3 (L. 4 juill. 1980) fait qu'elles s'appliquent aux successions déjà ouvertes dont les conditions de règlement n'étaient pas encore arrêtées lors de leur entrée en vigueur, mais non en cas d'accord entre tous les héritiers incompatible avec les droits nouveaux qui ne sont conférés qu'en vue d'un partage non encore fixé. • Aix-en-Provence, 22 sept. 1981 : *JCP N 1983. II. 49, note Rémy ; Gaz. Pal. 1982. 1. 117, note Lachaud.*

Ancien art. 832-4 (*L. n° 80-502 du 4 juill. 1980*) *Les dispositions des articles 832, 832-1, 832-2 et 832-3 profitent au conjoint ou à tout héritier, qu'il soit copropriétaire en pleine propriété ou en nue-propriété.*

Les dispositions des articles 832, 832-2 et 832-3 profitent aussi au gratifié ayant vocation universelle ou à titre universel à la succession en vertu d'un testament ou d'une institution contractuelle.

L'art. 832-4 reprend les dispositions de l'ancien art. 832-3 en ajoutant la mention de l'art. 832-3 dans l'énumération des articles visés dans le texte.

BIBL. ▶ **Commentaires de la loi du 23 déc. 1970 (ancien art. 832-3, devenu art. 832-4) :** Bour, *Gaz. Pal. 1971. 1. Doctr. 265.* – Dagot, *JCP 1971. I. 2387.*

Loi nº 61-1378 du 19 décembre 1961, *modifiant les articles 815, 832, 866, 2103 (3º) et 2019 du code civil, les articles 790, 807, 808 et 831 du code rural et certaines dispositions fiscales.* **Art. 14** Pour l'interprétation des articles *(L. nº 2006-728 du 23 juin 2006, applicable à compter du 1er janv. 2007)* « 820, 821-1, 831-2, 831-3 et 924 *[ancienne rédaction : 815, 832 et 866]* » du code civil, les dispositions relatives à la propriété d'un local d'habitation ou à usage professionnel doivent être considérées comme applicables lorsqu'il s'agit de droits sociaux donnant vocation à l'attribution de ce local en propriété ou en jouissance.

Ancien art. 833 ***L'inégalité des lots en nature se compense par un retour soit en rente, soit en argent.***

Ancien art. 833-1 *(L. nº 71-523 du 3 juill. 1971)* ***Lorsque le débiteur d'une soulte a obtenu des délais de paiement, et que, par suite des circonstances économiques, la valeur des biens mis dans son lot a augmenté ou diminué de plus du quart depuis le partage, les sommes restant dues augmentent ou diminuent dans la même proportion.***

Les parties peuvent toutefois convenir que le montant de la soulte ne variera pas. *— V. L. nº 71-523 du 3 juill. 1971, art. 12 et 13, ss. art. 869.*

BIBL. ▶ D. Martin, *Gaz. Pal. 1973. 1. 448.* – J.F. Vouin, *D. 1974. 356.* – R. Savatier, *RTD civ. 1973. 791* (à propos de Douai, 6 mars 1973, appliquant l'art. 832-1 ancien).

Droit transitoire. Les dispositions de l'art. 833-1 sont applicables aux donations-partages antérieures à 1972, toutes les fois que le décès de l'ascendant donateur est survenu depuis le 1er janv. 1972, date d'entrée en vigueur des dispositions relatives à la révision des soultes. • Civ. 1re, 21 mars 1979 : *D. 1979. IR 496, obs. D. Martin ; JCP N 1980. II. 209, note Thuillier.* ♦ Cassation de l'arrêt qui, suite à une donation-partage consentie par des époux, avec soulte payable au décès du survivant des donateurs, en prescrit la réévaluation au motif que le décès de celui-ci est survenu postérieurement à l'entrée en vigueur de la L. du 3 juill. 1971, sans qu'il y ait lieu de tenir compte de l'origine des biens donnés, alors que la liquidation de la succession du premier mourant s'est achevée avant l'entrée en vigueur de la L. du 3 juill. 1971. • Civ. 1re, 5 oct. 1994, nº 92-16.422 P.

Ancien art. 834 ***Les lots sont faits par l'un des cohéritiers s'ils peuvent convenir entre eux sur le choix, et si celui qu'ils avaient choisi accepte la commission : dans le cas contraire, les lots sont faits par un expert que le juge-commissaire désigne.***

Ils sont ensuite tirés au sort.

Ancien art. 835 ***Avant de procéder au tirage des lots, chaque copartageant est admis à proposer ses réclamations contre leur formation.***

Ancien art. 836 ***Les règles établies pour la division des masses à partager, sont également observées dans la subdivision à faire entre les souches copartageantes.***

Ancien art. 837 ***Si, dans les opérations renvoyées devant un notaire, il s'élève des contestations, le notaire dressera procès-verbal des difficultés et des dires respectifs des parties, les renverra devant le commissaire nommé pour le partage ; et, au surplus, il sera procédé suivant les formes prescrites par les lois sur la procédure.***

BIBL. ▶ **Homologation judiciaire des actes juridiques :** Balensi, *RTD civ. 1978. 42 et 233.*

1. Formalités d'ordre public (non). Il n'appartient pas à l'une des parties de se dispenser d'observer les formalités de l'art. 837 et il ne peut y être renoncé que du consentement de toutes les parties ; si tel n'est pas le cas, les juges peuvent refuser d'examiner les critiques formulées par l'un des copartageants à l'encontre de l'état liquidatif, dès lors que l'intéressé ne les avait pas soumises préalablement au notaire. • Civ. 1re, 6 juill. 1982 : *Bull. civ. I, nº 251.*

2. Le moyen tiré de l'inobservation par le notaire liquidateur des formalités prévues par l'art. 837 ne constitue pas une fin de non-recevoir, au sens de l'art. 122 C. pr. civ., pour l'action que ce copartageant a introduite par voie d'assignation. • Civ. 1re, 14 janv. 1981 : *Bull. civ. I, nº 15.* ♦ L'inobservation desdites formalités, qui ne sont pas d'ordre public, n'est assortie d'aucune sanction et ces formalités n'ont pas un caractère substantiel ; il s'ensuit que la procédure suivie devant les premiers juges ne peut être annulée. • Civ. 1re, 16 juill. 1997, nº 95-13.316

P : *D. 1997. Somm. 370, obs. Grimaldi*. – V. aussi • Civ. 1re, 20 déc. 1993, n° 91-13.688 P • 17 déc. 1996, n° 94-18.346 P (censure de l'arrêt ayant soulevé d'office l'art. 837 C. civ.). ♦ Il ne peut être renoncé aux formalités prévues par l'art. 837 que du consentement de toutes les parties. • 8 juill. 2009, n° 08-15.188 P.

3. Notion de difficultés. Les notaires désignés par le jugement devant procéder ensemble aux opérations, constitue une difficulté provoquant l'impossibilité de procéder au partage, et qui devait être signalée au tribunal, la résistance de l'un des trois notaires qui s'était fait remplacer par un associé dépourvu de toute qualité faute d'avoir été judiciairement désigné. • Civ. 1re, 6 juin 1990, n° 88-19.657 P : *Defrénois 1990. 1159, note X. Savatier.* ♦ L'état liquidatif dressé par deux des trois notaires commis est nul. • Même arrêt.

4. Rien n'interdit à un copartageant de soulever successivement plusieurs contestations contre un même état liquidatif, à condition toutefois que le point qu'il conteste en second lieu soit différent du premier et n'ait pas déjà fait l'objet d'une décision passée en force de chose jugée. • Paris, 18 juin 1966 : *D. 1967. 30.*

Ancien art. 838 *(L. n° 64-1230 du 14 déc. 1964)* ***Si tous les cohéritiers ne sont pas présents, le partage doit être fait en justice, suivant les règles des articles 819 à 837.***

Il en est de même s'il y a parmi eux des mineurs non émancipés ou des majeurs en tutelle, sous réserve de l'article 466.

S'il y a plusieurs mineurs, il peut leur être donné à chacun un tuteur spécial et particulier.

Héritier non comparant. L'héritier qui s'abstient volontairement de comparaître à l'acte de partage n'est pas fondé à se prévaloir du bénéfice de l'art. 838 et de l'art. 235, al. 2, de la L. du 1er juin 1924 (régime applicable en Alsace-Lorraine). • Civ. 1re, 7 juin 1988 : *Bull. civ. I, n° 171.*

Ancien art. 839 *(L. n° 64-1230 du 14 déc. 1964)* ***S'il y a lieu à licitation, dans le cas prévu par l'alinéa 1er de l'article précédent, elle ne peut être faite qu'en justice avec les formalités prescrites pour l'aliénation des biens des mineurs. Les étrangers y sont toujours admis.***

Ancien art. 840 *(L. n° 64-1230 du 14 déc. 1964)* ***Les partages faits conformément aux règles ci-dessus prescrites au nom*** *(L. n° 77-1447 du 28 déc. 1977)* ***« des présumés absents » et non-présents sont définitifs ; ils ne sont que provisionnels si les règles prescrites n'ont pas été observées.***

Ancien art. 841 *(Abrogé par L. n° 76-1286 du 31 déc. 1976, art. 17)* ***Toute personne, même parente du défunt, qui n'est pas successible, et à laquelle un cohéritier aurait cédé son droit à la succession, peut être écartée du partage, soit par tous les cohéritiers, soit par un seul, en lui remboursant le prix de la cession.***

Ancien art. 842 ***Après le partage, remise doit être faite à chacun des copartageants, des titres particuliers aux objets qui lui seront échus.***

Les titres d'une propriété divisée restent à celui qui a la plus grande part, à la charge d'en aider ceux de ses copartageants qui y auront intérêt, quand il en sera requis.

Les titres communs à toute l'hérédité seront remis à celui que tous les héritiers ont choisi pour en être le dépositaire, à la charge d'en aider les copartageants, à toute réquisition. S'il y a difficulté sur ce choix, il est réglé par le juge.

SECTION 2 *[ANCIENNE]* Des rapports, de l'imputation et de la réduction des libéralités faites aux successibles *(L. n° 71-523 du 3 juill. 1971).*

BIBL. GÉN. ▶ **Commentaire de la loi du 3 juill. 1971 :** Arrighi, *D. 1972. Chron. 85.* – Catala, *Defrénois 1972. 1. 785, 1041, 1105, 1201 ; 1973. 129, 209.* – Chauveau, *Gaz. Pal. 1975. 1. Doctr. 199* (tableaux). – Dagot, *JCP 1971. I. 2434.* – G. Morin, *Defrénois 1971. 913, 945, 1009.* – Ponsard, *D. 1973. Chron. 1.*

▶ **Études spéciales :** Bonduelle, *JCP N 1992. I. 25* (état de l'entreprise donnée). – Buffeteau, *JCP N 2003. 1230* (assurance vie). – P. Catala, *Mél. Rodière, Dalloz, 1981, p. 55* (état d'un bien donné exploité sous forme sociale). – Courtieu, *RCA 2003. Chron. 2* (assurance vie : primes *« manifestement exagérées »*). – Duchange, *Dr. et patr. 12/2005. 40* (assurance vie : valeur de rachat et réserve héréditaire). – Grimaldi, *Defrénois 1990. 3* (portée des clauses diminuant le rapport). – L. Martin, *JCP N 1991. I. 415* (rapport de dons de sommes d'argent). – Précigout, *JCP N 1972. I. 2455 et Rect. 2466 bis* (application pratique de la loi du 3 juill. 1971). – Thuillier, *JCP N 1980. I. 239.* – Zattara, *Dr. fam. 2000. Chron. 22* (assurance vie).

Ancien art. 843 *(L. 24 mars 1898)* ***Tout héritier, même bénéficiaire, venant à une succession, doit rapporter à ses cohéritiers tout ce qu'il a reçu du défunt, par donations entre vifs, directement ou***

indirectement : il ne peut retenir les dons à lui faits par le défunt, à moins qu'ils ne lui aient été faits expressément par préciput et hors part, ou avec dispense du rapport.

Les legs faits à un héritier sont réputés faits par préciput et hors part, à moins que le testateur n'ait exprimé la volonté contraire, auquel cas le légataire ne peut réclamer son legs qu'en moins prenant.

Ancien art. 844 (*L. n° 71-523 du 3 juill. 1971*) *Les dons faits par préciput ou avec dispense de rapport ne peuvent être retenus ni les legs réclamés par l'héritier venant à partage que jusqu'à concurrence de la quotité disponible : l'excédent est sujet à réduction.* — *V. L. n° 71-523 du 3 juill. 1971, art. 12 et 13, ss. art. 869.*

Ancien art. 845 *L'héritier qui renonce à la succession, peut cependant retenir le don entre vifs, ou réclamer le legs à lui fait, jusqu'à concurrence de la portion disponible.*

Ancien art. 846 *Le donataire qui n'était pas héritier présomptif lors de la donation, mais qui se trouve successible au jour de l'ouverture de la succession, doit également le rapport, à moins que le donateur ne l'en ait dispensé.*

Ancien art. 847 *Les dons et legs faits au fils de celui qui se trouve successible à l'époque de l'ouverture de la succession, sont toujours réputés faits avec dispense du rapport.*

Le père venant à la succession du donateur, n'est pas tenu de les rapporter.

Ancien art. 848 *Pareillement, le fils venant de son chef à la succession du donateur, n'est pas tenu de rapporter le don fait à son père, même quand il aurait accepté la succession de celui-ci : mais si le fils ne vient que par représentation, il doit rapporter ce qui avait été donné à son père, même dans le cas où il aurait répudié sa succession.*

Ancien art. 849 *Les dons et legs faits au conjoint d'un époux successible, sont réputés faits avec dispense du rapport.*

Si les dons et legs sont faits conjointement à deux époux, dont l'un seulement est successible, celui-ci en rapporte la moitié ; si les dons sont faits à l'époux successible, il les rapporte en entier.

Ancien art. 850 *Le rapport ne se fait qu'à la succession du donateur.*

Ancien art. 851 *Le rapport est dû de ce qui a été employé pour l'établissement d'un des cohéritiers, ou pour le payement de ses dettes.*

Ancien art. 852 *Les frais de nourriture, d'entretien, d'éducation, d'apprentissage, les frais ordinaires d'équipement, ceux de noces et présents d'usage, ne doivent pas être rapportés.*

BIBL. ▶ HAUSER, *Defrénois 1999. 1217* (établissement et entretien des enfants majeurs).

Ancien art. 853 *Il en est de même des profits que l'héritier a pu retirer de conventions passées avec le défunt, si ces conventions ne présentaient aucun avantage indirect, lorsqu'elles ont été faites.*

Ancien art. 854 *Pareillement, il n'est pas dû de rapport pour les associations faites sans fraude entre le défunt et l'un de ses héritiers, lorsque les conditions en ont été réglées par un acte authentique.*

Ancien art. 855 (*L. n° 71-523 du 3 juill. 1971*) *Le bien qui a péri par cas fortuit et sans la faute du donataire n'est pas sujet à rapport.*

Toutefois, si ce bien a été reconstitué au moyen d'une indemnité perçue en raison de sa perte, le donataire doit le rapporter dans la proportion où l'indemnité a servi à sa reconstitution.

Si l'indemnité n'a pas été utilisée à cette fin, elle est elle-même sujette à rapport. — *V. L. n° 71-523 du 3 juill. 1971, art. 12 et 13, ss. art. 869.*

Ancien art. 856 *Les fruits et les intérêts des choses sujettes à rapport ne sont dus qu'à compter du jour de l'ouverture de la succession.*

1. Rapport des fruits : non-application en cas de rapport en valeur. De ce que le rapport devait avoir lieu en valeur, une cour d'appel déduit justement que le gratifié n'était pas tenu à restitution des fruits produits, mais seulement d'une indemnité de rapport productive d'intérêts. • Civ. 1re, 14 mai 1992, n° 90-12.275 P : *D. 1993. Somm. 225, obs. Grimaldi ; RTD civ. 1993. 175, obs. Patarin*. ♦ En cas de rapport en valeur, l'indemnité de rapport comprend une indemnité équivalente aux fruits perçus à compter de l'ouverture de la succession. • Civ. 1re, 5 avr. 2005, n° 01-12.810 P : *AJ fam. 2005. 281, obs. Bicheron ; RTD civ. 2005. 441, obs. Grimaldi*.

2. Intérêts des dettes sujettes à rapport : principe. Le sort des intérêts dus sur les choses sujettes à rapport n'est pas différent selon que le rapport est dû à raison d'un don ou d'une autre cause. • Civ. 1re, 28 févr. 1995, n° 92-21.694 P : *D. 1995. Somm. 334, obs. Grimaldi*.

3. … Point de départ. Les intérêts des dettes sujettes à rapport, même si elles sont nées postérieurement à l'instauration de l'indivision, sont dus de plein droit à compter du jour de l'ouverture de la succession. • Civ. 1re, 21 mars 2000, n° 98-15.650 P • 5 avr. 2005, n° 01-12.810 P : *AJ fam. 2005. 281, obs. Bicheron* ; *RTD civ. 2005. 441, obs. Grimaldi* . ♦ V. déjà • Civ. 15 févr. 1865 : *DP 1865. 1. 430* (cassation de l'arrêt qui n'avait fait courir les intérêts que du jour de la demande en justice). ♦ Dans le même sens : • Civ. 1re, 23 janv. 1968 : *D. 1968. 219, note A. B.* • 21 déc. 1982 : *Bull. civ. I, n° 370* • 6 mai 1997, n° 94-18.446 P : *RTD civ. 1998. 165, obs. Patarin* .

4. ... *Illustrations.* Portent intérêt au taux légal à compter de l'ouverture de la succession les sommes dont un héritier était redevable envers le défunt en sa qualité de mandataire de celui-ci. • Civ. 1re, 21 nov. 1995, n° 93-21.162 P. ♦ En ce qui concerne les avances par prélèvement sur des fonds successoraux consenties par un notaire à un cohéritier, V. • Civ. 1re, 29 nov. 1989 : *JCP 1990. II. 21590, note Salvage ; Defrénois 1990. 222, note Morin ; RTD civ. 1990. 536, obs. Patarin* (cassation de • Paris, 23 oct. 1986 : *D. 1987. 421, note Breton*). – Dans le même sens : • Civ. 1re, 6 mai 1997 : *préc. note 3.*

Ancien art. 857 *Le rapport n'est dû que par le cohéritier à son cohéritier ; il n'est pas dû aux légataires ni aux créanciers de la succession.*

BIBL. ▶ VILLANI-RONDEAU, *Gaz. Pal. 1999. 2. Doctr. 1186* (le légataire et le rapport des libéralités).

Ancien art. 858 *(L. n° 71-523 du 3 juill. 1971) Le rapport se fait en moins prenant. Il ne peut être exigé en nature sauf stipulation contraire de l'acte de donation.*

Dans le cas d'une telle stipulation, les aliénations et constitutions de droits réels consenties par le donataire s'éteindront par l'effet du rapport à moins que le donateur n'y ait consenti. – V. L. n° 71-523 du 3 juill. 1971, art. 12 et 13, ss. art. 869.

Ancien art. 859 *(L. n° 71-523 du 3 juill. 1971) L'héritier a aussi la faculté de rapporter en nature le bien donné qui lui appartient encore à condition que ce bien soit libre de toute charge ou occupation dont il n'aurait pas déjà été grevé à l'époque de la donation. – V. L. n° 71-523 du 3 juill. 1971, art. 12 et 13, ss. art. 869.*

Ancien art. 860 *(L. n° 71-523 du 3 juill. 1971) Le rapport est dû de la valeur du bien donné à l'époque du partage, d'après son état à l'époque de la donation.*

Si le bien a été aliéné avant le partage, on tiendra compte de la valeur qu'il avait à l'époque de l'aliénation et, si un nouveau bien a été subrogé au bien aliéné, de la valeur de ce nouveau bien à l'époque du partage.

Le tout sauf stipulation contraire dans l'acte de donation.

S'il résulte d'une telle stipulation que la valeur sujette à rapport est inférieure à la valeur du bien déterminé selon les règles d'évaluation prévues par l'article 922 ci-dessous, cette différence forme un avantage indirect acquis au donataire par préciput et hors part. – V. L. n° 71-523 du 3 juill. 1971, art. 12 et 13, ss. art. 869.

BIBL. ▶ VAREILLE, *Études P. Catala, Litec, 2001, p. 397* (art. 860, al. 4).

Ancien art. 861 *(L. n° 71-523 du 3 juill. 1971) Lorsque le rapport se fait en nature et que l'état des objets donnés a été amélioré par le fait du donataire, il doit lui en être tenu compte, eu égard à ce dont leur valeur se trouve augmentée au temps du partage ou de l'aliénation.*

Il doit être pareillement tenu compte au donataire des impenses nécessaires qu'il a faites pour la conservation du bien, encore qu'elles ne l'aient point amélioré. – V. L. n° 71-523 du 3 juill. 1971, art. 12 et 13, ss. art. 869.

Ancien art. 862 *(L. n° 71-523 du 3 juill. 1971) Le cohéritier qui fait le rapport en nature peut retenir la possession du bien donné jusqu'au remboursement effectif des sommes qui lui sont dues pour impenses ou améliorations. – V. L. n° 71-523 du 3 juill. 1971, art. 12 et 13, ss. art. 869.*

Ancien art. 863 *(L. n° 71-523 du 3 juill. 1971) Le donataire, de son côté, doit, en cas de rapport en nature, tenir compte des dégradations et détériorations qui ont diminué la valeur du bien donné par son fait ou par sa faute. – V. L. n° 71-523 du 3 juill. 1971, art. 12 et 13, ss. art. 869.*

Ancien art. 864 *(L. n° 71-523 du 3 juill. 1971) La donation faite en avancement d'hoirie à un héritier réservataire qui accepte la succession s'impute sur sa part de réserve et, subsidiairement, sur la quotité disponible, s'il n'en a pas été autrement convenu dans l'acte de donation.*

L'excédent est sujet à réduction.

La donation faite en avancement d'hoirie à un héritier réservataire qui renonce à la succession est traitée comme une donation préciputaire. – V. L. n° 71-523 du 3 juill. 1971, art. 12 et 13, ss. art. 869.

BIBL. ▶ DUCHANGE, *JCP N 1991. I. 373* (clause d'imputation sur la réserve globale).

Ancien art. 865 *(L. n° 71-523 du 3 juill. 1971) La libéralité faite par préciput et hors part s'impute sur la quotité disponible. L'excédent est sujet à réduction. – V. L. n° 71-523 du 3 juill. 1971, art. 12 et 13, ss. art. 869.*

Ancien art. 866 *(L. n° 71-523 du 3 juill. 1971) Les dons faits à un successible, ou à des successibles conjointement, qui excèdent la portion disponible, peuvent être retenus en totalité par les gratifiés, quel que soit l'excédent, sauf à récompenser les cohéritiers en argent. — V. L. n° 71-523 du 3 juill. 1971, art. 12 et 13, ss. art. 869.*

Ancien art. 867 *(L. n° 71-523 du 3 juill. 1971) Lorsque le legs fait à un successible, ou à des successibles conjointement, porte sur un bien ou sur plusieurs biens composant un ensemble, dont la valeur excède la portion disponible, le ou les légataires peuvent, quel que soit cet excédent, réclamer en totalité l'objet de la libéralité, sauf à récompenser les cohéritiers en argent. Il en est de même si la libéralité porte sur des objets mobiliers ayant été à l'usage commun du défunt et du légataire. — V. L. n° 71-523 du 3 juill. 1971, art. 12 et 13, ss. art. 869.*

1. Qualité de successible : conjoint survivant (oui). Aucun texte ne permet de contester au conjoint survivant la qualité de successible lorsqu'il se trouve en concours avec des héritiers réservataires et que la loi ne lui accorde sur la succession qu'un droit d'usufruit (solution donnée en application de l'ancien art. 866 C. civ., dont les termes ont été élargis par la L. du 3 juill. 1971). • Civ. 1re, 7 janv. 1958 : *GAJC, 11e éd., n° 141 ; D. 1958. 441, note Esmein ; JCP 1958. II. 10582, note Ponsard.*

2. ... Héritier primé par un héritier plus proche (non). L'art. 867, qui ne concerne que les legs faits à un successible ou à des successibles conjointement, ne peut être invoqué par celui qui est exclu de la succession *ab intestat* par des héritiers plus proches et acceptants (cassation de l'arrêt qui avait admis la réduction en valeur d'un legs fait par le *de cujus* à un petit-fils, alors que ce dernier était exclu de la succession légale par son père et ses oncles). • Civ. 1re, 29 oct. 1979 : *JCP 1981. II. 19527, note Dagot ; Defrénois 1980. 326, note Ponsard.*

3. Portée d'un legs avec faculté de choix. L'art. 867 peut être invoqué par le bénéficiaire d'un legs universel ou à titre universel, en vue de consolider l'attribution, soit lorsque le testateur a déterminé lui-même les biens qui doivent être attribués au légataire pour le remplir de ses droits, soit lorsqu'il a conféré au légataire la faculté de ce choix ; cette faculté de choix peut s'exercer dans la limite des droits héréditaires du gratifié, quotité disponible et part de réserve cumulées. • Civ. 1re, 18 juill. 1983 : *Defrénois 1984. 95, note Grimaldi ; RTD civ. 1984. 141, obs. Patarin* (cassation de • Paris, 19 avr. 1982 : *D. 1983. 263, note G. Morin ; JCP 1983. II. 20052, note Grimaldi).* ♦ A propos de la faculté pour le légataire de choisir les biens composant le legs, V. aussi • Civ. 1re, 11 juill. 1979 : *JCP 1981. II. 19556, note Dagot.*

Ancien art. 868 *(L. n° 71-523 du 3 juill. 1971) Lorsque la réduction n'est pas exigible en nature, le donataire ou légataire est débiteur d'une indemnité équivalente à la portion excessive de la libéralité réductible. Cette indemnité se calcule d'après la valeur des objets donnés ou légués à l'époque du partage, et leur état au jour où la libéralité a pris effet.*

Elle est payable au moment du partage, sauf accord entre les cohéritiers. Toutefois, lorsque la libéralité a pour objet un des biens pouvant faire l'objet d'une attribution préférentielle, des délais peuvent être accordés par le tribunal, compte tenu des intérêts en présence, s'ils ne l'ont pas été par le disposant. L'octroi de ces délais ne peut, en aucun cas, avoir pour effet de différer le paiement de l'indemnité au-delà de dix années à compter de l'ouverture de la succession. Les dispositions de l'article 833-1 sont alors applicables au paiement des sommes dues.

A défaut de convention ou de stipulation contraire, ces sommes sont productives d'intérêts au taux légal en matière civile. Les avantages résultant des délais et modalités de paiement accordés ne constituent pas une libéralité.

En cas de vente de la totalité du bien donné ou légué, les sommes restant dues deviennent immédiatement exigibles ; en cas de ventes partielles, le produit de ces ventes est versé aux cohéritiers et imputé sur les sommes encore dues. — V. L. n° 71-523 du 3 juill. 1971, art. 12 et 13, ss. art. 869.

Ancien art. 869 *(L. n° 71-523 du 3 juill. 1971) Le rapport d'une somme d'argent est égal à son montant. Toutefois, si elle a servi à acquérir un bien, le rapport est dû de la valeur de ce bien, dans les conditions prévues à l'article 860. — V. L. n° 71-523 du 3 juill. 1971, art. 12 et 13.*

Loi n° 71-523 du 3 juillet 1971, *modifiant certaines dispositions du code civil relatives aux rapports à succession, à la réduction des libéralités excédant la quotité disponible et à la nullité, à la rescision pour lésion et à la réduction dans les partages d'ascendants.*

Art. 1er à 11 *V. C. civ., art. 832-1, 833-1, 844, 855, 858 à 869, 922, 924, 929, 930, 1075 à 1080.*

Art. 12 La présente loi entrera en vigueur à partir du 1er janvier 1972.

Art. 13 Les dispositions de la présente loi seront applicables de plein droit, quelles que soient les dates des libéralités en cause, aux successions ouvertes postérieurement à son entrée en vigueur. Elles s'appliqueront également, à moins de conventions contraires, aux successions non encore liquidées, lorsqu'aucune demande en partage n'aura été introduite avant le 15 avril 1971.

Pour les demandes en partage formées entre le 15 avril 1971 et le 1er janvier 1972, le tribunal sursoit à statuer jusqu'à cette dernière date pour tout ce qui concerne l'application du droit nouveau.

SECTION 3 *[ANCIENNE]* Du payement des dettes

Ancien art. 870 *Les cohéritiers contribuent entre eux au payement des dettes et charges de la succession, chacun dans la proportion de ce qu'il y prend.*

Ancien art. 871 *Le légataire à titre universel contribue avec les héritiers, au prorata de son émolument ; mais le légataire particulier n'est pas tenu des dettes et charges, sauf toutefois l'action hypothécaire sur l'immeuble légué.*

Ancien art. 872 *Lorsque des immeubles d'une succession sont grevés de rentes par hypothèque spéciale, chacun des cohéritiers peut exiger que les rentes soient remboursées et les immeubles rendus libres avant qu'il soit procédé à la formation des lots. Si les cohéritiers partagent la succession dans l'état où elle se trouve, l'immeuble grevé doit être estimé au même taux que les autres immeubles ; il est fait déduction du capital de la rente sur le prix total : l'héritier dans le lot duquel tombe cet immeuble, demeure seul chargé du service de la rente, et il doit en garantir ses cohéritiers.*

Ancien art. 873 *Les héritiers sont tenus des dettes et charges de la succession, personnellement pour leur part et portion virile, et hypothécairement pour le tout ; sauf leur recours, soit contre leurs cohéritiers, soit contre les légataires universels, à raison de la part pour laquelle ils doivent y contribuer.*

Obligation « ultra vires » des successeurs quant aux legs. Il résulte de la combinaison des art. 724, 873 et 1017 C. civ. qu'à défaut d'acceptation bénéficiaire, l'héritier est obligé personnellement d'acquitter, non seulement les dettes, mais les legs ; comme conséquence de cette obligation personnelle, il est tenu, sur ses propres biens, même au-delà des forces de la succession, et le légataire universel, lorsqu'il n'est pas en concours avec des héritiers à réserve, est assimilé par l'art. 1006 du même code à l'héritier légitime. • Civ. 1er août 1904 : *DP 1904. 1. 513, note Guillouard.* – V. aussi • Civ. 1re, 28 mai 1968 : *D. 1969. 95 ; JCP 1969. II. 15714, note Dagot.*

Ancien art. 874 *Le légataire particulier qui a acquitté la dette dont l'immeuble légué était grevé, demeure subrogé aux droits du créancier contre les héritiers et successeurs à titre universel.*

Ancien art. 875 *Le cohéritier ou successeur à titre universel, qui, par l'effet de l'hypothèque, a payé au delà de sa part de la dette commune, n'a de recours contre les autres cohéritiers ou successeurs à titre universel, que pour la part que chacun d'eux doit personnellement en supporter, même dans le cas où le cohéritier qui a payé la dette se serait fait subroger aux droits des créanciers ; sans préjudice néanmoins des droits d'un cohéritier qui, par l'effet du bénéfice d'inventaire, aurait conservé la faculté de réclamer le payement de sa créance personnelle, comme tout autre créancier.*

Ancien art. 876 *En cas d'insolvabilité d'un des cohéritiers ou successeurs à titre universel, sa part dans la dette hypothécaire est répartie sur tous les autres, au marc le franc.*

Ancien art. 877 *Les titres exécutoires contre le défunt sont pareillement exécutoires contre l'héritier personnellement ; et néanmoins les créanciers ne pourront en poursuivre l'exécution que huit jours après la signification de ces titres à la personne ou au domicile de l'héritier.*

Ancien art. 878 *Ils peuvent demander, dans tous les cas, et contre tout créancier, la séparation du patrimoine du défunt d'avec le patrimoine de l'héritier.*

BIBL. ▶ LEMAIRE, *JCP N 2001. 700.*

Ancien art. 879 *Ce droit ne peut cependant plus être exercé, lorsqu'il y a novation dans la créance contre le défunt, par l'acceptation de l'héritier pour débiteur.*

1. La novation qui, d'après l'art. 879, comporte déchéance du privilège de la séparation des patrimoines, diffère de la novation ordinaire ; notamment, elle n'entraîne pas la perte des privilèges et hypothèques attachés à l'ancienne créance. • Civ. 8 déc. 1924 : *DP 1925. 1. 64.*

2. Conditions de la novation particulière prévue par l'art. 879 : V. • Civ. 20 juin 1908 : *DP 1908. 1. 575* (acceptation sans réserve de l'héritier pour seul et unique débiteur). – V. aussi : • Grenoble, 24 mars 1896 : *DP 1898. 2. 89, note de Loynes.* ♦ Comp. : • Aix-en-Provence, 4 déc. 1893 : *DP 1895. 2. 273, note de Loynes* et • Grenoble, 9 janv. 1891 : *DP 1891. 2. 193, note Planiol.*

Ancien art. 880 *Il se prescrit, relativement aux meubles, par le laps de trois ans.*

A l'égard des immeubles, l'action peut être exercée tant qu'ils existent dans la main de l'héritier.

1. La prescription de trois ans édictée par l'art. 880 peut être interrompue soit par une demande en justice, soit par toute autre mesure conservatoire régulièrement prise en vue de se préserver de la déchéance. • Req. 30 mars 1897 : *DP 1898. 1. 153, note Guénée* (convention passée par acte public avec le légataire universel et prévoyant que les valeurs faisant l'objet de legs particuliers seraient, par mesure conservatoire, versées à la Caisse des dépôts et consignations ou retenues par l'exécuteur testamentaire).

2. Prescription de l'action en séparation des patrimoines et prescription de l'action en reddition de compte de l'héritier bénéficiaire : V. • Req. 7 août 1860 : *DP 1860. 1. 506.*

Ancien art. 881 *Les créanciers de l'héritier ne sont point admis à demander la séparation des patrimoines contre les créanciers de la succession.*

Ancien art. 882 *Les créanciers d'un copartageant, pour éviter que le partage ne soit fait en fraude de leurs droits, peuvent s'opposer à ce qu'il y soit procédé hors de leur présence : ils ont le droit d'y intervenir à leurs frais ; mais ils ne peuvent attaquer un partage consommé, à moins toutefois qu'il n'y ait été procédé sans eux et au préjudice d'une opposition qu'ils auraient formée.*

SECTION 4 *[ANCIENNE]* Des effets du partage, et de la garantie des lots

Ancien art. 883 *(L. nº 76-1286 du 31 déc. 1976) Chaque cohéritier est censé avoir succédé seul et immédiatement à tous les effets compris dans son lot, ou à lui échus sur licitation, et n'avoir jamais eu la propriété des autres effets de la succession.*

Il en est de même des biens qui lui sont advenus par tout autre acte ayant pour effet de faire cesser l'indivision. Il n'est pas distingué selon que l'acte fait cesser l'indivision en tout ou partie, à l'égard de certains biens ou de certains héritiers seulement.

Toutefois, les actes valablement accomplis soit en vertu d'un mandat des coïndivisaires, soit en vertu d'une autorisation judiciaire, conservent leurs effets quelle que soit, lors du partage, l'attribution des biens qui en ont fait l'objet.

Ancien art. 884 *Les cohéritiers demeurent respectivement garants, les uns envers les autres, des troubles et évictions seulement qui procèdent d'une cause antérieure au partage.*

La garantie n'a pas lieu, si l'espèce d'éviction soufferte a été exceptée par une clause particulière et expresse de l'acte de partage ; elle cesse, si c'est par sa faute que le cohéritier souffre l'éviction.

Ancien art. 885 *Chacun des cohéritiers est personnellement obligé, en proportion de sa part héréditaire, d'indemniser son cohéritier de la perte que lui a causée l'éviction.*

Si l'un des cohéritiers se trouve insolvable, la portion dont il est tenu doit être également répartie entre le garanti et tous les cohéritiers solvables.

Ancien art. 886 *La garantie de la solvabilité du débiteur d'une rente ne peut être exercée que dans les cinq ans qui suivent le partage. Il n'y a pas lieu à garantie à raison de l'insolvabilité du débiteur, quand elle n'est survenue que depuis le partage consommé.*

SECTION 5 *[ANCIENNE]* De la rescision en matière de partage

Ancien art. 887 *Les partages peuvent être rescindés pour cause de violence ou de dol.*

Il peut aussi y avoir lieu à rescision, lorsqu'un des cohéritiers établit, à son préjudice, une lésion de plus du quart. La simple omission d'un objet de la succession ne donne pas ouverture à l'action en rescision, mais seulement à un supplément à l'acte de partage.

BIBL. ► **Égalité dans le partage :** PATARIN, *Mél. Colomer, Litec, 1993, p. 335.* ► **Causes d'inefficacité du partage :** GRIMALDI, *Defrénois 1990. 74.* ► **Erreur dans le partage :** CABRILLAC, *RTD civ. 1955. 39.* ► **Aléa et lésion :** MÉAU-LAUTOUR, *JCP N 1990. I. 301.*

Obligation de procéder à un nouveau partage. La rescision pour lésion, qui anéantit le partage, doit, en principe, entraîner un nouveau partage, indépendamment de toute faute de celui qui a profité de la lésion ; il en résulte que, si ce nouveau partage est fait en valeur, les droits de chacun doivent être évalués en fonction de la valeur actuelle des biens, même si ceux-ci ont été aliénés. • Civ. 1re, 17 juin 1986, nº 84-17.082 P : *R., p. 139.*

Ancien art. 888 ***L'action en rescision est admise contre tout acte qui a pour objet de faire cesser l'indivision entre cohéritiers, encore qu'il fût qualifié de vente, d'échange et de transaction, ou de toute autre manière.***

Mais après le partage, ou l'acte qui en tient lieu, l'action en rescision n'est plus admissible contre la transaction faite sur les difficultés réelles que présentait le premier acte, même quand il n'y aurait pas eu à ce sujet de procès commencé.

Ancien art. 889 ***L'action n'est pas admise contre une vente de droits successifs faite sans fraude à l'un des cohéritiers, à ses risques et périls, par ses autres cohéritiers, ou par l'un d'eux.***

Ancien art. 890 ***Pour juger s'il y a eu lésion, on estime les objets suivant leur valeur à l'époque du partage.***

Ancien art. 891 ***Le défendeur à la demande en rescision peut en arrêter le cours et empêcher un nouveau partage, en offrant et en fournissant au demandeur le supplément de sa portion héréditaire, soit en numéraire, soit en nature.***

Ancien art. 892 ***Le cohéritier qui a aliéné son lot en tout ou partie n'est plus recevable à intenter l'action en rescision pour dol ou violence, si l'aliénation qu'il a faite est postérieure à la découverte du dol, ou à la cessation de la violence.***

TITRE II DES LIBÉRALITÉS *(L. nº 2006-728 du 23 juin 2006).*

Avant la loi nº 2006-728 du 23 juin 2006, entrée en vigueur le 1er janv. 2007, le titre II s'intitulait « Des donations entre vifs et des testaments ».

RÉP. CIV. vis *Libéralités : détermination et capacité des parties, Libéralités : consentement et cause, Libéralités : conditions et charges,* par NAJJAR et BRÉMOND ; *Donation,* par NAJJAR ; *Testament,* par NICOD.

BIBL. GÉN. ▶ **Assurance vie et libéralités :** ERGAN, *RJPF 2001-7-8/12.* – GRIMALDI, *Defrénois 1994. 737.* – LÉCUYER, *Dr. fam. 1998. Chron. 7 ; ibid. 1999. Chron. 18 ; Dr. et patr. 9/2004. 72.* – LEROY, *Dr. et patr. 3/2005. 39* (rachat, acceptation du bénéfice et libéralité). – MEILLER et LEYRAT, *Defrénois 5 avr. 2018, p. 17.* – SAUVAGE, *RGDA 1997. 13.* – AULAGNIER, *Dr. et patr. 6/1998. 34* (protection des héritiers réservataires). ▶ **Autres thèmes :** ARNAULT, *Dr. fam. 2009, Chron. 21* (libéralités du débiteur en difficulté). – DELMAS SAINT-HILAIRE, *JCP N 1999. 857* (successions et libéralités au profit de l'incapable majeur). – Y. FLOUR, *Defrénois 1995. 993* (libéralités et libertés). – GARÇON, *JCP N 2014, hors-série août 2014, p. 55* (libéralités et jurisprudence récente). – GAYET, *RDSS 2018. 800* (anticipation successorale chez les personnes âgées). – GOLDIE-GÉNICON, *JCP N 2017, nº 1148* (libéralités et sûretés). – GRIMALDI, *Defrénois 1995. 3* (notariat et libéralités). – GUILLAUD-BATAILLE et KUHN, *JCP N 2016, nº 1325* (libéralité et protection des prévisions patrimoniales). – LEYRAT, *Defrénois 2020/41. 21* (une société peut-elle véritablement être partie à une donation ?). – LOUIS-CAPORAL, *RTD civ. 2016. 49* (fiducie-libéralité). – NICOD, *Defrénois 2017. 817* (clauses pénales et droit des libéralités). – PÉNIN, *RTD civ. 2014. 49* (évolution des droits de retour dans le code civil depuis les lois de 2001 et 2006). – PETERKA, *LPA 5 oct. 2005* (le droit des successions et des libéralités hors le code civil). – SALINIÈRE, *RTD civ. 2004. 21* (réversibilité des donations). – SAUVAGE, *AJ fam. 2016. 475* (incidence de la réforme du droit des obligations sur les libéralités). – VABRES, *JCP N 2019, nº 1313* (donation de crypto-monnaies). – VIGNEAU, *JCP N 1999. 850* (libéralités et successions de l'incapable majeur). – Dossier, *AJ fam. 2014. 587 s.* (donations). – Dossier, *Defrénois 19 avr. 2018, p. 23* (libéralités familiales atypiques).

▶ **Loi du 23 juin 2006 :** NICOD, *AJ fam. 2006. 346.* – GUERCHOUN et S. PIEDELIÈVRE, *Gaz. Pal. 2006. Doctr. 2421.* – PETERKA, *Gaz. Pal. 8-9 nov. 2006. Doctr.* ▶ V. aussi Bibl. relative à cette loi, ss. art. 892. ▶ **Aspects fiscaux :** FRULEUX, *JCP N 2006. 1367.*

CHAPITRE I DISPOSITIONS GÉNÉRALES

DALLOZ ACTION *Droit patrimonial de la famille 2021/2022, nos 310.00 s.*

BIBL. GÉN. ▶ LEQUETTE, *Études P. Catala, Litec, 2001, p. 437* (paiement des droits de mutation par le donateur). – NICOD, *Mél. Goubeaux, Dalloz-LGDJ, 2009, p. 375* (la donation entre vifs est-elle toujours un contrat ?).

Art. 893 *(L. nº 2006-728 du 23 juin 2006)* **La libéralité est l'acte par lequel une personne dispose à titre gratuit de tout ou partie de ses biens ou de ses droits au profit d'une autre personne.**

Il ne peut être fait de libéralité que par donation entre vifs ou par testament. – *Entrée en vigueur le 1er janv. 2007.*

Ancien art. 893 ***On ne pourra disposer de ses biens, à titre gratuit, que par donation entre vifs ou par testament, dans les formes ci-après établies.***

1. Distinction des donations entre vifs et des donations à cause de mort (prohibées) : V. • Civ. 22 mars 1848 : *DP 1848. 1. 94* • 8 nov. 1886 : *DP 1887. 1. 487* • Req. 14 mai 1900 : *DP 1900. 1. 358* • Paris, 17 mai 1990 : *JCP 1991. II. 21695, note Salvage ; RTD civ. 1991. 375, obs. Patarin* (application à une donation de parts de société). ♦ V. aussi : Vu Van Mau, *RTD civ. 1953. 247.*

2. Sur le refus de qualifier de libéralité l'acte par lequel deux sœurs ont accepté un partage égalitaire de la succession de leur père entre elles et leur frère alors que celui-ci avait été omis du testament du père, cet acte ayant eu pour conséquence de transformer, en une obligation civile, l'obligation naturelle et le devoir de justice qui incombaient aux deux sœurs envers leur frère, V. : • Civ. 1re, 11 oct. 2017, n° 16-24.533 P.

Art. 894 **La donation entre vifs est un acte par lequel le donateur se dépouille actuellement et irrévocablement de la chose donnée, en faveur du donataire qui l'accepte.**

BIBL. ▸ **Aspect fiscal :** Jadaud, *JCP N 1997. I. 383 et 419.* – L. Martin, *JCP N 1990. I. 433 ; 1994. Doctr. 305.* ▸ **Intention libérale :** Brault, *Defrénois 1998. 1425* (intention libérale dans les relations familiales). ▸ **Donation avec faculté de substitution :** Grimaldi et Gentilhomme, *Defrénois 1999. 129.* – Pierre et Gentilhomme, *JCP N 2008. 1222.* ▸ **Donation en possession :** Najjar, *D. 1999. Chron. 155*. ▸ **Donations alternative et facultative :** Lécuyer, *Dr. fam. 1999. Chron. 6.* ▸ Donations à terme : Grimaldi, *Études P. Catala, Litec, 2001, p. 421.* ▸ **Irrévocabilité :** Dross, *RTD civ. 2011. 25*. – Lécuyer, *Études P. Catala, Litec, 2001, p. 405.*

A. DÉFINITION DE LA DONATION

1. Nécessité d'un dépouillement. La donation consiste essentiellement dans l'aliénation gratuite que le disposant fait de tout ou partie de ses biens ou droits au profit d'une autre personne ; une opération juridique ne présente donc pas le caractère d'une donation si son auteur, même mû par une pensée de bienveillance et agissant pour l'avantage exclusif d'autrui, ne se dépouille volontairement par là d'aucune portion de son patrimoine. • Civ. 5 avr. 1938 : *DH 1938. 305.* ♦ La valeur de la chose aliénée n'étant pas prise en compte, la modicité des sommes données n'exclut pas la qualification de libéralité. • Com. 5 oct. 2004, n° 03-15.709 P : *D. 2005. Pan. 2123, obs. Nicod ; RTD com. 2005. 372, obs. Grosclaude*. ♦ V. également les notes ci-dessous à propos des donations de fruits et revenus.

2. Caractère actuel et irrévocable du dépouillement. L'exigence d'un dépouillement actuel et irrévocable de la chose donnée, qui marque le transfert définitif de la propriété, n'a pas pour corollaire obligatoire le paiement immédiat de la somme donnée, lequel n'est qu'une *modalité, librement arrêtée entre les parties*, du transfert de sa jouissance. • Civ. 1re, 22 févr. 2005, n° 03-14.111 P : *D. 2005. Pan. 2123, obs. Nicod ; Dr. fam. 2005, n° 115, note Beignier ; RTD civ. 2005. 443, obs. Grimaldi*. ♦ Pour des précisions relatives à la tradition propre au don manuel, V. notes 11 s. ss. art. 931. ♦ V. également, à propos de la donation indirecte, note 30 ss. art. 931.

3. Nullité de la promesse de don. Promesse de donation. V. • Aix-en-Provence, 11 janv. 1983 : *D. 1985. 169, note Légier ; RTD civ. 1985. 604, obs. Patarin* (nullité de la promesse pour vice de forme et de fond ; responsabilité du promettant).

4. Nécessité de caractériser une intention libérale principe. Il appartient aux juges du fond : de rechercher si un acte juridique constitue une donation ou un acte à titre onéreux. • Civ. 1re, 24 nov. 1965 : *Bull. civ. I, n° 644.* ♦ ... Et de dire, en interprétant la volonté des parties, si elles ont ou non agi dans une intention libérale. • Civ. 1re, 7 févr. 1967, n° 65-12.018 P • 19 nov. 2002, n° 00-13.276 P : *D. 2003. Somm. 1873, obs. Nicod*. ♦ Impossibilité de qualifier une vente, dont le prix stipulé à l'acte n'a pas été réellement payé, de donation déguisée, sans relever une intention libérale de la part de ceux qui ont transmis le bien à l'égard de celui qui l'a reçu. • Civ. 1re, 4 nov. 1981 : *Bull. civ. I, n° 329* • 19 mars 2014, n° 13-14.795 P : *AJ fam. 2014. 326, obs. Levillain* (paiement d'une partie infime du prix). ♦ Nécessité de rechercher l'intention libérale du défunt, contestée par les autres héritiers, pour qualifier de don manuel la remise d'un chèque alors que le prétendu donataire a lui-même inscrit le montant de la somme sur le chèque litigieux. • Civ. 1re, 4 juill. 2018, n° 17-16.515 P : *D. 2018. 1490 ; AJ fam. 2019. 103, obs. Boiché ; Dr. fam. 2018, n° 243, obs. Tani.* ♦ Qualification de donation rejetée en présence d'une renonciation à un droit d'usage et d'habitation, consécutive à une mésentente entre l'usager et le propriétaire et non à une intention libérale du premier vis-à-vis de ce dernier. • Civ. 1re, 25 mai 2016, n° 15-16.160 P : *JCP N 2016, n° 1277, note Nicod.*

5. ... Compatibilité de l'intention libérale avec une volonté d'exhérédation vis-à-vis d'une autre personne. La volonté de priver un héritier réservataire de la quotité disponible n'exclut pas l'intention libérale du testateur vis-à-vis d'une tierce personne. • Civ. 1re, 30 sept. 2009, n° 08-17.919 P : *D. 2009. AJ 2490 ; JCP 2010,* *n° 203, § 10, obs. Le Guidec ; ibid. n° 336, § 11, obs. Périnet-Marquet ; AJ fam. 2009. 460, obs. Bicheron ; Dr. fam. 2009, n° 144, note Beignier ; Defrénois 2010. 95, obs. Libchaber ; ibid. 2011. 698, obs. Vareille ; RLDC 2010/72, n° 3858, note Mésa ; RTD civ. 2011. 162, obs. Grimaldi .*

6. *Cas particulier : personne placée sous un régime de protection.* Lorsqu'une personne protégée faisant l'objet d'une mesure d'habilitation familiale est hors d'état de manifester sa volonté, le juge des contentieux de la protection ne peut autoriser la personne habilitée à accomplir en représentation une donation qu'après s'être assuré, d'abord, au vu de l'ensemble des circonstances, passées comme présentes, entourant un tel acte, que, dans son objet comme dans sa destination, la donation correspond à ce qu'aurait voulu la personne protégée si elle avait été capable d'y consentir elle-même, ensuite, que cette libéralité est conforme à ses intérêts personnels et patrimoniaux, en particulier que sont préservés les moyens lui permettant de maintenir son niveau de vie et de faire face aux conséquences de sa vulnérabilité. • Civ. 1re, avis, 15 déc. 2021, n° 21-70.022 B : *cité ss. art. 494-6.*

7. *Preuve de l'intention libérale.* Les magistrats du fond ne peuvent mettre à la charge du bénéficiaire des dépenses faites par le défunt la preuve du fait que les dépenses engagées l'ont été dans le cadre de son entretien et de sa subsistance. • Civ. 1re, 8 juill. 2010, n° 09-12.491 P : *D. 2010. Actu. 1870 ; AJ fam. 2010. 445, obs. Bicheron ; RTD civ. 2011. 167, obs. Grimaldi .* ♦ L'intention libérale ne peut être déduite du seul déséquilibre constaté entre les engagements réciproques des contractants. • Civ. 1re, 14 févr. 1989 : *Bull. civ. I, n° 79 ; Defrénois 1992. 181, note Chappert (indiqué par erreur comme étant un arrêt de la chambre commerciale) ; RTD civ. 1989. 802, obs. Patarin* • Com. 4 déc. 1990, n° 88-18.566 P • Civ. 1re, 24 sept. 2002, n° 00-21.035 : *Dr. fam. 2003, n° 16, note Beignier (2e esp.).*

B. ILLUSTRATIONS PARTICULIÈRES

8. *Donations rémunératoires : absence d'intention libérale en présence d'une contrepartie.* Ayant constaté qu'une épouse séparée de biens avait renoncé à sa profession pour aider son mari dans l'exploitation d'un domaine horticole acquis en commun mais payé par le mari seul, une cour d'appel a souverainement retenu que le mari ne prouvait pas son intention libérale puisqu'il pouvait avoir voulu rétribuer à l'avance la collaboration de son épouse, ce que révélait le comportement ultérieur des parties. • Civ. 1re, 9 nov. 1993, n° 91-22.059 : *JCP 1994. II. 22300, note Philippe ; ibid. 1994. I. 3785, n° 3, obs. Storck ; ibid. 1994. I. 3791, n° 8, obs. Le Guidec ; Defrénois 1994. 443, obs. Champenois ; RTD civ. 1994. 662, obs. Patarin .* – V. aussi • Paris, 20 janv. 1998 : *D. 1998. 309, note Najjar* • Civ. 1re, 3 juin 1998, n° 96-11.971 : *Dr. fam. 1999, n° 20, note Beignier.* – Rappr. • Civ. 1re, 7 juin 2006, n° 04-17.550 : *RTD civ. 2006. 817, obs. Vareille .* ♦ En présence de sommes versées en contrepartie de services d'une qualité exceptionnelle, les juges du fond écartent à bon droit l'intention libérale. • Com. 19 déc. 2006, n° 05-17.086 P : *Defrénois 2007. 1239, obs. Chappert ; RTD civ. 2007. 603, obs. Grimaldi .*

9. *Conflit de qualifications : donation et apport à une association.* Une cour d'appel considère souverainement que la volonté de contribuer à l'exercice d'un culte de la part d'auteurs de dons manuels à une association n'exclut pas l'intention libérale. • Com. 5 oct. 2004, n° 03-15.709. ♦ La qualification de la remise d'un bien, faite par un associé à une association simplement déclarée, dépend essentiellement du point de savoir quelle a été la volonté de cet associé, laquelle est souverainement appréciée par les juges du fond. En retenant, pour dénier à l'apport litigieux le caractère d'une donation déguisée tendant à éluder l'application des règles relatives à la réserve héréditaire, que la disposante recevait en contrepartie de ses apports mobiliers et immobiliers un avantage moral profond, parce qu'elle permettait ainsi à l'association de fonctionner pour réaliser ses buts et parce que l'affectation ainsi faite de ses biens correspondait à la destination qu'elle voulait leur donner, la cour d'appel a souverainement exclu l'existence d'une intention libérale. • Civ. 1re, 8 déc. 1982 : *Gaz. Pal. 1983. 1. Pan. 65.* – Dans le même sens : • Civ. 1re, 1er mars 1988, n° 86-13.158 P. ♦ Sur la question des apports aux associations, V. : Potentier, *JCP N 1997. I. 831.*

10. *... Donation et assurance vie : requalification en donation indirecte admise.* Un contrat d'assurance vie peut être requalifié en donation si les circonstances dans lesquelles son bénéficiaire a été désigné révèlent la volonté du souscripteur de se dépouiller de manière irrévocable. • Cass., ch. mixte, 21 déc. 2007, n° 06-12.769 P : *R., p. 333 ; BICC 1er mai 2008, p. 6, rapp. Falcone et avis Sarcelet ; D. 2008. AJ 218, obs. Bruguière-Fontenille ; ibid. 2008. 1314, note Douet ; ibid. 2009. Pan. 253, obs. Groutel ; JCP 2008. II. 10029, note Mayaux ; ibid. 2009. I. 109, n° 10, obs. Le Guidec ; JCP E 2008. 1265, note S. Hovasse ; JCP N 2008. 1174, note Riche ; LPA 4 juill. 2008, note Maublanc ; AJ fam. 2008. 79, obs. Bicheron ; Dr. fam. 2008, n° 30, note Beignier ;* ibid. Chron. 11, note Nicolas ; *RCA 2008. Étude 5, note Pierre et Gentilhomme ; RJPF 2008-3/29, note Delmas-Saint-Hilaire ; RTD civ. 2008. 137, obs. Grimaldi* (assujettissement aux droits de mutation à titre gratuit). ♦ L'administration de l'aide sociale est en droit de rétablir la nature exacte des actes pouvant justifier l'engagement d'une action en récupération et, spécialement, de requalifier un contrat d'assurance vie en donation s'il révèle, pour l'essentiel, une intention libérale, le souscripteur se dépouillant au profit du bénéficiaire de manière actuelle et non aléatoire, eu égard à son espérance de vie et au montant des primes versées par rapport à son patrimoine. • CE 19 nov. 2004, n° 254797 : *Lebon 443 ; D. 2004. IR 3190 ; JCP 2005. II. 10018, concl. Devys (2e esp.) ; Defrénois 2006. 43, note Sauvage ; AJDA 2005. 194, chron. Landais et Lénica (2e esp.) ; RJPF 2005-3/40, note Delmas Saint-Hilaire ; RDC 2005. 302, obs. Bénabent ; RFDA 2005. 375, note Plessix (2e esp.) ; RDSS 2005. 89, concl. Devys (2e esp.) ; RGDA 2005. 485, note Bigot* • 6 févr. 2006, n° 259385 : *D. 2006. IR 527 ; JCP 2006. II. 10144, note Dagorne-Labbe ; LPA 1er déc. 2006, note Everaert-Dumont.* ♦ Sur le régime dérogatoire de l'assurance vie dans le règlement successoral, V. notes 27 s. ss. art. 843.

11. ... Requalification en donation indirecte rejetée. Les assurances décès des époux étant contractées dans l'intérêt de la famille et la désignation de chaque époux comme bénéficiaire ayant pour contrepartie la désignation de l'autre, aucune donation indirecte n'est réalisée faute d'intention libérale. • Civ. 1re, 13 mai 1998, n° 96-16.222 P : *D. 1999. 291, note Raynaud de Lage ; JCP 1999. I. 189, n° 9, obs. Le Guidec ; Defrénois 1998. 937, rapp. Sargos ; RCA 1999. Chron. 4, note Delmas Saint-Hilaire ; LPA 2 oct. 1998, note Lucet* (irrévocabilité de la désignation du bénéficiaire après l'acceptation de celui-ci). ♦ Absence de volonté du souscripteur de se dépouiller de manière irrévocable : • Civ. 1re, 17 mars 2010, n° 08-15.658 P : *D. 2010. Actu. 893 ; Dr. fam. 2010, n° 88, note Maria ; Defrénois 2010. 1441, obs. Noguero ; RJPF 2010-6/36, obs. Sauvage.* ♦ En application de l'art. L. 132-9 C. assur. dans sa rédaction antérieure à la L. n° 2007-1775 du 17 déc. 2007 et de l'art. L. 132-21 du même code, en l'absence de renonciation expresse de sa part, le souscripteur d'un contrat d'assurance sur la vie mixte est fondé à exercer le droit de rachat prévu au contrat même en présence de bénéficiaires ayant accepté le bénéfice de ce contrat ; cassation de l'arrêt qui requalifie en donations indirectes des contrats d'assurances sur la vie mixte au motif que les circonstances dans lesquelles le bénéficiaire de ces contrats a été désigné et le fait que le souscripteur ait consenti à l'acceptation de sa désignation par le bénéficiaire révèlent la volonté du souscripteur de se dépouiller de manière irrévocable, sans constater une renonciation expresse du souscripteur à l'exercice de son droit de rachat garanti par les contrats. • Civ. 1re, 20 nov. 2019, n° 16-15.867 P : *D. 2019. 2246 ; AJ fam. 2020. 193, obs. Hilt ; RTD civ. 2020. 173, obs. Nicod ; JCP 2020, n° 11, note Peterka ; JCP N 2020, n° 1054, note Hélaine ; Dr. fam. 2020, n° 27, note Tani ; ibid., n° 28, note Nicod ; RGDA 2020/1. 56, note Mayaux.*

12. ... Donation et contrat de société. La modification de la répartition de la part de chaque associé dans les bénéfices de la société qui résulte d'une décision collective des associés, émanant d'un organe social, ne vaut pas donation d'un élément de leur patrimoine de la part des parents participant au vote et détenant, avec leurs enfants, les parts sociales d'une société civile immobilière. • Com. 18 déc. 2012, n° 11-27.745 P : *D. 2013. 82 ; ibid. 2729, obs. Rabreau ; Rev. sociétés 2013. 203, note Le Nabasque ; RTD com. 2013. 165, obs. Neau-Leduc ; JCP N 2013, n° 1010, note Garçon ; RDC 2013. 1015, obs. Goldie-Génicon.* ♦ Rejet de la qualification de donation à propos d'une décision de mise en réserve des bénéfices sociaux prise par la collectivité des associés : V. • Lyon, 16 oct. 2007 : *JCP E 2008. 1647, note H. Hovasse.* ♦ Pour une donation réalisée par interposition d'une société, V. : • Civ. 1re, 24 janv. 2018, n° 17-13.017 P.

13. ... Donation avec charge. Une donation constitue une libéralité pour le tout lorsque la charge stipulée par le donateur a une valeur inférieure à la valeur du bien transmis. • Com. 30 mai 1989, n° 87-17.643 P (application en matière fiscale). ♦ A propos de la qualification d'acte à titre onéreux ou gratuit, V. aussi • Civ. 28 nov. 1938 : *DH 1939. 17* (valeur du bien transmis n'atteignant pas le montant des charges imposées). ♦ Sur la prise en compte de la donation avec charge dans le règlement successoral, V. note 7 ss. art. 922 (réduction) et note 4 ss. art. 860 (rapport).

14. ... Prise en charge des droits de mutation par le donateur. Les droits de mutation à titre gratuit ont pour seule assiette la valeur du bien transmis, à l'exclusion des droits de mutation eux-mêmes ; cassation de l'arrêt qui qualifie de libéralité additionnelle la prise en charge des droits de mutation par le donateur au motif qu'elle résulte d'un acte postérieur à la donation. • Com. 28 févr. 2006, n° 03-12.310 P : *D. 2006. 1349, note Douet ; Defrénois 2007. 1243, obs. Chappert ;* AJDI 2007. 220, obs. *Maublanc.* – V. aussi Jadaud, *Defrénois 2006. 1482.*

15. ... Autres cas particuliers. Offres de concours : V. • Civ. 8 nov. 1911 : *DP 1912. 1. 289, note Guillois.* ♦ « Trust » : V. note 6 ss. art. 923. ♦ Donation de fruits et revenus : V. note 2 ss. art. 843. ♦ Présents d'usage, V. art. 852.

Art. 895 Le testament est un acte par lequel le testateur dispose, pour le temps où il n'existera plus, de tout ou partie de ses biens *(L. n° 2006-728 du 23 juin 2006, en vigueur le 1er janv. 2007)* **« ou de ses droits » et qu'il peut révoquer.**

RÉP. CIV. v° *Sépulture*, par P. Berchon.

BIBL. ▶ BEIGNIER, *note Dr. fam. 2001, n° 9* (mode et lieu d'inhumation). – DIENG, *RLDC 2007/36, n° 2469* (dernières volontés d'ordre extrapatrimonial). – GRIMALDI, *Mél. Cornu, PUF, 1994, p. 177* (dernières volontés). – J. JULIEN, *Dr. fam. 2004. Étude 21* (la dernière demeure). – LABBÉE, *AJ fam. 2004. 123* (dévolution successorale des restes mortels). – MÉLIN, *JCP N 2001. 56* (crémation). – J. MICHEL, *D. 2005. Chron. 1742* (cryogénisation et droits de l'homme). – PICARD, *JCP N 1998. 1783* (testament de vie : dernières volontés médicales). – POPU, *Defrénois 2005. 1770* (dernières volontés : organisation des funérailles, cryogénisation). – Dossier, *AJ fam. 2022. 67* (droit funéraire).

▶ **Sort des cendres funéraires :** WOOG, *Gaz. Pal. 1999. 2. Doctr. 1067*. – POPU et TRICOIT, *Defrénois 2004. 1285* (partage des cendres). ▶ **Décret du 12 mars 2007 :** CORPART, *RLDC 2007/42, n° 2709*. – PERI, *LPA 31 août 2007*. – POPU, *Defrénois 2007. 1209 ; ibid. 2009. 410.*

A. FORME DU TESTAMENT

1. *Obligation de respecter l'une des formes prévues par la loi.* La remise d'un chèque ne peut en aucune façon constituer un testament au sens de l'art. 895 C. civ. • Civ. 1re, 5 févr. 2002, n° 99-18.578 P : *D. 2002. Somm. 2447, obs. Nicod ; D. 2003. Somm. 344, obs. D. Martin ; Defrénois 2003. 43, obs. Champenois ; AJ fam. 2002. 108, et les obs. ; Dr. fam. 2002, n° 47, obs. B. B. ; RJPF 2002-6/41, note Casey ; RTD civ. 2002. 551, obs. Patarin*. – Boujeka, *D. 2003. Chron. 2712* (libéralités par chèque). ♦ Cas exceptionnels dans lesquels un testament verbal ou nuncupatif peut être pris en compte, V. note ss. art. 969.

2. *Formes testamentaires reconnues par la loi.* Testament olographe, V. art. 970 et les notes. ♦ Testament par acte public, V. art. 971 s. ♦ Testament mystique, V. art. 976 s. ♦ Testaments des militaires, V. art. 981 s. ♦ Testament faits dans un lieu avec lequel toute communication est impossible, V. art. 985 s. ♦ Testaments faits au cours d'un voyage maritime, V. art. 988 s. ♦ Testament international, V. Convention de Washington du 26 oct. 1973 portant loi uniforme sur la forme d'un testament international, publiée par Décr. n° 94-990 du 8 nov. 1994 : *D. et ALD 1994. 581, JO 16 nov.*

3. *Prohibition des testaments conjonctifs.* Interdiction, pour deux ou plusieurs personnes, de faire un testament dans un même acte, V. art. 968 et les notes.

B. CONTENU DU TESTAMENT

1° DISPOSITIONS D'ORDRE EXTRAPATRIMONIAL

4. *Dispositions relatives au mode de funérailles : principe de liberté.* **BIBL.** Dossier, *Dr. fam. 2014. Études 1 s.* ♦ Sur le respect des dernières volontés quant au mode de funérailles, V. • Req. 23 avr. 1912 : *DP 1913. 1. 41, note H. Capitant* • Civ. 1re, 26 avr. 1984 : *D. 1985. IR 18, obs. Lindon.* ♦ Exhumation, pour respecter la volonté de la défunte, souhaitant que ses cendres soient remises à son concubin. • Poitiers, 7 mars 2007 : *JCP N 2008. 1178, note Dutrieux.*

5. *... Expression des dernières volontés quant au mode de funérailles.* N'a pas la valeur d'un écrit fait sous forme testamentaire le document contenant les volontés du défunt relatives à ses funérailles, mais dont la période de rédaction ne peut être précisément délimitée, les éléments tant intrinsèques qu'extrinsèques ne permettant pas de confirmer que ce document avait été rédigé avant le départ du domicile conjugal. • Civ. 1re, 8 avr. 2009 : *AJ fam. 2009. 266, obs. Bicheron ; RLDC 2009/66, n° 3657, note Mesa.*

6. *... Recherche des intentions du défunt.* Il convient de rechercher par tous moyens quelles ont été les intentions d'un défunt en ce qui concerne ses funérailles et, à défaut, de désigner la personne la mieux qualifiée pour décider de leurs modalités. • Civ. 1re, 15 juin 2005, n° 05-15.839 P : *D. 2005. IR 1807 ; Dr. fam. 2005, n° 193, note Beignier* (inhumation dans le respect de la tradition musulmane). – V. aussi l'arrêt attaqué : • Paris, 3 juin 2005 : *D. 2005. 2431, note Labbée*. – V. déjà : • Paris, 24 juin 1996 : *Dr. fam. 1998, n° 176, note Beignier* • Montpellier, 9 juill. 1997 : *ibid.* • Poitiers, 2 mars 2005 : *BICC 15 févr. 2006, n° 335* (recherche, quant aux conditions des funérailles, de la volonté clairement exprimée du défunt). ♦ Le défunt ayant exprimé, de son vivant, le désir d'être inhumé dans deux endroits différents, il y a lieu, pour respecter sa volonté, de partager ses cendres entre sa famille et sa veuve. • Paris, réf., 27 mars 1998 : *D. 1998. 383, note Malaurie ; JCP 1998. II. 10113, note Garé ; ibid. 1999. I. 149, n° 4, obs. Teyssié ; Dr. fam. 1998, n° 93, note Beignier (2e esp.) ; LPA 4 oct. 1999, note Bourrier et Coutant ; RTD civ. 1998. 655, obs. Hauser.*

7. *... Désignation de la personne la mieux qualifiée pour décider des funérailles à défaut de dispositions de dernières volontés.* Opposition entre la famille du défunt et son épouse : V. • Paris, réf., 6 déc. 1997 : *Gaz. Pal. 1999. 1. 414 ; Dr. fam. 1998, n° 93, note Beignier* (1re esp.) (il y a lieu de faire prévaloir la position traduisant le plus fidèlement le sentiment du défunt) • Douai, 7 juill. 1998 : *JCP 1998. II. 10173, note Labbée ; Dr. fam. 1998, n° 176, note Beignier* (1re esp.) (refus de partager les cendres ; attribution de l'urne funéraire à la famille) • Civ. 1re, 27 mai 2009, n° 09-66.589

P : *D. 2009. AJ 1610* ; *LPA 25 sept. 2009, note Prieur* ; *AJ fam. 2009. 307, obs. Bicheron* ; *Dr. fam. 2009, n° 94, note Beignier* ; *Defrénois 2009. 1475, obs. Popu* ; *RLDC 2009/63, n° 3553, obs. Pouliquen* (funérailles selon la tradition musulmane confiées au mari après avoir retenu l'avis de l'amie de la défunte) • 2 févr. 2010, n° 10-11.295 P : *D. 2010. Actu. 583* ; *RTD civ. 2010. 298, obs. Hauser* ; *RLDC 201/70, n° 2790, obs. Pouliquen* (prise en compte de l'avis de la veuve du défunt, avec laquelle celui-ci a vécu pendant plus de trente ans et dont il a eu quatre enfants, personne la plus qualifiée pour décider de l'organisation des obsèques, compte tenu de cette vie commune et des liens affectifs, non remis en cause, ayant uni ce couple) • Civ. 1re, 30 avr. 2014, n° 13-18.951 : *RTD civ. 2014. 619, obs. Hauser* (prise en compte du fait que la mère du défunt entretenait avec son fils une relation affective forte et constante depuis sa naissance, et était la plus qualifiée pour décider de l'organisation des obsèques et recevoir l'urne contenant les cendres du défunt pour être déposée dans le caveau familial). – V. aussi • TGI Lille, 23 sept. 1997 : *LPA 27 janv. 1999, note Mory et Labbée.* ♦ Restitution des cendres à la concubine, la stabilité et la solidité du lien lui donnant le droit de décider définitivement du lieu et des modalités de la sépulture. • Agen, 20 janv. 1999 : *JCP 1999. II. 10159, note Garé* ; *Dr. fam. 2001, n° 114, note Beignier (5e esp.).* ♦ Sur le statut juridique de la sépulture, de l'urne funéraire ansi que des cendres qu'elle contient, V. également notes ss. art. 721.

8. Limites tenant au respect de la législation en vigueur : rejet de la cryogénisation. Le droit de toute personne de régler librement ou par l'intermédiaire de ses ayants droit les conditions de ses funérailles s'exerce dans le cadre de la législation en vigueur ; la conservation du corps d'une personne décédée par un procédé de congélation (cryogénisation) ne constitue pas un mode d'inhumation prévu par les textes en vigueur. • CE 29 juill. 2002 : *D. 2002. IR 2583* ; *JCP 2003. I. 150, n° 2, obs. Teyssié* ; *RJPF 2002-12/21, obs. Putman* ; *Dr. et patr. 12/2002. 85, obs. Loiseau.* – Dans le même sens : • CE 6 janv. 2006 : *D. 2006. 1875, note Corpart* ; *ibid. Pan. 1207, obs. Galloux* ; *JCP 2006. II. 10059, note Erstein* ; *Defrénois 2006. 500, note Popu* ; *AJDA 2006. 757, note Burgorgue-Larsen*. ♦ Dans le même sens : • TGI Saumur, réf., 13 mars 2002 : *LPA 4 oct. 2002, note B. Rolland* (et, en appel, • Angers, 9 sept. 2002 : *JCP 2003. II. 10052, note Douay,* qui surseoit à statuer jusqu'à décision définitive de la juridiction administrative) • CAA Nantes, 27 juin 2003 : *AJDA 2003. 1871, concl. Millet* (même affaire ; absence d'atteinte aux art. 8 et 9 de la Conv. EDH).

9. … Refus d'autoriser l'inhumation dans une propriété privée. Refus du préfet d'autoriser l'inhumation d'un défunt dans une propriété privée en raison des risques de trouble à l'ordre public. • CE 12 mai 2004 : *JCP 2004. IV. 2954* ; *AJDA 2004. 1109, obs. de Montecler.* ♦ V. déjà, dans la même affaire que CE 29 juill. 2002 cité ci-dessus, pour le refus d'un préfet d'autoriser l'inhumation d'un corps dans une propriété privée après cryogénisation : • TA Saint-Denis de la Réunion, 21 oct. 1999 : *JCP 2000. II. 10287, note Lemaire.*

2° DISPOSITIONS D'ORDRE PATRIMONIAL

10. Définition et régime des différents legs. Legs universel, V. art. 1003 s. ♦ Legs à titre universel, V. art. 1010 s. ♦ Legs particulier ou à titre particulier, V. art. 1014 s. ♦ Rejet de la qualification de legs au profit de celle de donation pour un « *trust* », V. note 6 ss. art. 923.

11. Désignation du bénéficiaire d'un legs. Sur les règles applicables à la désignation du légataire et sur la prohibition du legs avec faculté d'élire, V. notes ss. art. 1002.

C. INTERPRÉTATION DES TESTAMENTS

BIBL. Ponsard, *JCP 1957. I. 1385.*

12. Pouvoir souverain des juridictions du fond. L'interprétation nécessaire donnée par les juges du fond aux termes imprécis d'un testament relève de leur pouvoir souverain. • Civ. 1re, 9 févr. 1988 : *D. 1988. IR 64.*

13. Contrôle de la dénaturation. Impossibilité pour les juges du fond de « refaire » le testament litigieux, sous peine de dénaturation : V. • Civ. 1re, 9 juill. 1958 : *D. 1958. 583* • 25 juin 1968 : *D. 1968. 625* • 8 nov. 2005 : *préc. note 5.* ♦ Comp. • Paris, 22 sept. 1986 : *D. 1987. 150, note Najjar.* ♦ Pour la censure de la dénaturation d'un testament… par la CEDH : • CEDH, sect. IV, 13 juill. 2004, *P. et P. c/ Andorre : cité note 2 ss. art. 310.*

14. Possibilité de prendre en compte des éléments extrinsèques. Pour découvrir la volonté réelle de l'auteur du testament, il n'est pas interdit aux juges du fond d'avoir recours à des éléments extrinsèques, notamment aux usages locaux (Corse) de l'époque de la rédaction de l'écrit. • Civ. 1re, 19 janv. 1982 : *D. 1982. 589, note Prévault.* ♦ Il y a lieu d'interpréter les dispositions testamentaires de deux époux non par rapport à elles-mêmes et dans leur seule lettre, mais en fonction des autres dispositions prises par les testateurs et en considération de l'intention de ceux-ci (testament-partage). • Civ. 1re, 17 avr. 1985, n° 84-11.064 P : *RTD civ. 1986. 166, obs. Patarin.*

Loi du 15 novembre 1887,

Sur la liberté des funérailles (DP 87. 4. 101).

Art. 3 Tout majeur ou mineur émancipé, en état de tester, peut régler les conditions de ses funérailles, notamment en ce qui concerne le caractère civil ou religieux à leur donner et le mode de sa sépulture.

Il peut charger une ou deux personnes de veiller à l'exécution de ses dispositions.

Sa volonté, exprimée dans un testament ou dans une déclaration faite en forme testamentaire, soit par-devant notaire, soit sous signature privée, a la même force qu'une disposition testamentaire relative aux biens, elle est soumise aux mêmes règles quant aux conditions de la révocation.

Toute personne qui donne aux funérailles un caractère contraire à la volonté du défunt ou à une décision judiciaire, volonté ou décision dont elle a connaissance, sera punie de six mois d'emprisonnement et de 7 500 € d'amende (C. pén., art. 433-21-1, issu de L. n° 92-1336 du 16 déc. 1992, art. 366).

*Sur le contentieux des conditions des funérailles, V. COJ, art. R. 211-3-3 et C. pr. civ., art. 1061-1. — **C. pr. civ.***

Art. 896 *(L. n° 2006-728 du 23 juin 2006)* **La disposition par laquelle une personne est chargée de conserver et de rendre à un tiers ne produit d'effet que dans le cas où elle est autorisée par la loi.** — *Entrée en vigueur le 1er janv. 2007.*

Validité des libéralités graduelles et résiduelles. Depuis l'entrée en vigueur de la L. du 23 juin 2006, validité des libéralités à charge de conserver et de transmettre (libéralités graduelles), sans restriction particulière relative aux personnes du grevé et du second gratifié : V. art. 1048 s. ♦ Validité des libéralités résiduelles, donations ou legs : V. art. 1057 s.

Ancien art. 896 *Les substitutions sont prohibées.*

Toute disposition par laquelle le donataire, l'héritier institué, ou le légataire, sera chargé de conserver et de rendre à un tiers, sera nulle, même à l'égard du donataire, de l'héritier institué, ou du légataire.

Al. 3 abrogé par L. 13 mai 1835 et L. 11 mai 1849 qui ont aboli les majorats.

BIBL. ▶ **Prohibition de la substitution fidéicommissaire :** MORAND DE JOUFFREY, *JCP N 1999. 632.* ▶ **Distinction de la substitution prohibée et du double legs en usufruit et nue-propriété :** CARBONNIER, *Defrénois 1946, art. 26421.* – RÉMY, *JCP 1983. II. 20071.* ▶ **La charge de substitution :** LESOURD, *JCP 1964. I. 1873.* – TEILLIAIS, *JCP N 1997. Prat. 3980* (donations à charge de redonner). ▶ **Legs** *de residuo* **:** BUFFETEAU, *Defrénois 1993. 1153.* – GOUBEAUX, *Defrénois 1990. 193* (réserve et legs *de residuo*).

A. DOMAINE DE LA PROHIBITION

1. *Objet de la substitution.* Une substitution est prohibée si elle a pour objet aussi bien une quotité de la succession que des biens individualisés. • Civ. 1re, 13 févr. 1973 : *D. 1973. 633, note Breton.* ♦ Déjà en ce sens que l'art. 896 ne renferme aucune distinction : • Req. 16 juin 1911 : *DP 1913. 1. 382 ; S. 1918-1919. 1. 97, note E. Gaudemet.*

2. *Devoir d'interprétation des juridictions du fond.* Lorsque le sens d'une disposition testamentaire arguée de substitution est incertain, c'est le droit et le devoir des juges du fond de l'interpréter en recherchant quelle a été la volonté du testateur, et ils se conforment aux règles d'une saine interprétation en adoptant le sens qui donne effet au testament plutôt que celui qui le rendrait nul. • Civ. 22 avr. 1907 : *DP 1907. 1. 291.* – Dans le même sens : • Req. 13 nov. 1918 : *DP 1921. 1. 119* • Civ. 1re, 5 nov. 1996, n° 94-21.089 P : *D. 1997. Somm. 366, obs. Nicod.* ♦ Comp. • Civ. 1re, 6 juin 1961 : *JCP 1961. II. 12338, note C. B.*

3. *Substitutions permises.* Substitution entre les père et mère et leurs enfants : V. art. 1048 anc. ♦ Substitution entre frère et sœur : V. art. 1049 anc.

B. CRITÈRES DE LA SUBSTITUTION

1° EXISTENCE D'UNE DOUBLE LIBÉRALITÉ SUCCESSIVE

4. *Principe.* Il n'y a substitution prohibée qu'en présence d'une double libéralité dont la seconde ne se réaliserait qu'au décès du bénéficiaire de la première. • Civ. 1re, 14 mai 1991, n° 90-13.135 P.

5. Legs de la quotité disponible à un enfant, avec charge pour celui-ci d'en capitaliser les revenus au profit de ses enfants nés ou à naître jusqu'à ce que ces derniers aient atteint un certain âge : V. • Req. 6 mai 1908 : *DP 1909. 1. 285, concl. Feuilloley,* rejetant le pourvoi formé contre • Caen, 15 nov. 1906 : *DP 1907. 2. 265, note critique Planiol.*

6. Régularité de la libéralité subsistante en cas d'inefficacité de l'autre libéralité. Pour apprécier la validité d'une disposition testamentaire attaquée comme entachée de substitution prohibée, il y a lieu de se placer au jour du décès du testateur ; il s'ensuit que le prédécès, du vivant du testateur, du légataire institué à charge de substitution a pour effet de donner ouverture, dès le moment du décès du testateur, aux droits du seul gratifié, lequel recueille directement dans la succession du testateur les biens à lui légués ; ainsi le vice de substitution se trouve effacé. • Req. 7 févr. 1923 : *DP 1923. 1. 239* • Civ. 1re, 22 oct. 1968 : *D. 1969. 3, note A. B.*

7. Validité du legs alternatif. Lorsque deux légataires doivent venir à la succession du *de cujus* non l'un après l'autre, mais l'un à défaut de l'autre, et que les biens doivent être recueillis directement par celui des deux légataires au profit duquel la condition se réalisera, il n'y a pas l'ordre successif qui caractérise essentiellement la substitution fidéicommissaire (en l'espèce, condition résolutoire pour le cas où le premier légataire désigné décéderait sans héritier légitime). • Req. 10 janv. 1922 : *DP 1922. 1. 104.* – Dans le même sens : • Req. 7 févr. 1923 : *DP 1923. 1. 239* • 14 nov. 1933 : *DH 1934. 22.* ♦ Combinaison des art. 896 et 898 : V. • Chambéry, 28 mars 1899 : *DP 1901. 2. 300.*

8. Validité des dispositions en usufruit et en nue-propriété. Combinaison des art. 896 et 899 : V. • Req. 31 mai 1897 : *DP 1897. 1. 551.* ♦ V. aussi Carbonnier, *Defrénois 1946, art. 26421.* – Rémy, note *JCP 1983. II. 20071.* ♦ V. aussi : • Paris, 31 mai 1983 : *D. 1985. 74, note Prévault* • TGI Paris, 9 nov. 1981 : *JCP 1983. II. 20071, note Rémy* (double legs en usufruit et nue-propriété résultant de l'interprétation du testament).

2° CHARGE DE CONSERVER ET DE TRANSMETTRE

9. Validité du legs précatif. Pour qu'il y ait substitution prohibée, il faut que le testateur ait imposé expressément au légataire la charge de conserver les objets compris dans le legs et de les rendre à un tiers ; la simple prière ou recommandation exprimée par le testateur, faite à celui qu'il institue légataire, de disposer en faveur d'un tiers des biens légués ne suffit pas pour constituer une substitution prohibée. • Req. 19 mars 1856 : *DP 1856. 1. 123.* – Dans le même sens : • Req. 11 juin 1860 : *DP 1860. 1. 447* • Lyon, 25 févr. 1957 : *JCP 1957. II. 10292, note Voirin.*

10. Validité du legs de residuo. Sur la consécration de la validité du legs *de residuo* par la jurisprudence antérieurement à la L. du 23 juin 2006, V. notes ss. art. 1057.

11. Cas du legs de residuo portant sur la réserve. Le legs *de residuo* peut porter sur l'ensemble des biens du testateur y compris ceux qui constituent la réserve du gratifié en première ligne dès lors qu'il n'est pas porté atteinte aux droits d'héritier réservataire de celui-ci. • Civ. 1re, 31 janv. 1995 : *D. 1996. 24, note Arrault et Delmas-Saint-Hilaire ; JCP 1995. II. 22529, note Vignal ; Defrénois 1995. 1109, note Grimaldi ; RTD civ. 1995. 418, obs. Patarin.*

C. SANCTION DE LA PROHIBITION

12. Caractère d'ordre public de la nullité. La nullité des dispositions entachées de substitution est d'ordre public, et elle ne peut être couverte par une ratification qui n'aboutit pas à décharger le grevé de l'obligation de conserver et de rendre. • Paris, 5 juill. 1977 : *JCP N 1982. II. 71.*

13. Étendue de la nullité. Si la charge de conserver et de rendre entraîne la nullité de l'institution, c'est seulement en ce qui concerne les biens auxquels cette clause s'applique. • Civ. 27 juin 1894 : *DP 1895. 1. 204.* – Dans le même sens : • Civ. 1re, 6 juin 1961 : *JCP 1961. II. 12338, note C. B.* ♦ Mais il en est autrement lorsque la clause de substitution réagit sur l'ensemble de l'acte qui forme alors un tout indivisible. • Civ. 1re, 6 juin 1961 : *préc.* ♦ Tel est le cas lorsque la substitution porte sur une quote-part de l'ensemble du legs universel, car jusqu'à l'ouverture du droit de l'appelé la propriété reste incertaine, et le droit du grevé ne peut se fixer définitivement sur des biens déterminés. • Civ. 20 févr. 1922 : *DP 1925. 1. 163.*

Art. 897 *(Abrogé par L. n° 2006-728 du 23 juin 2006, à compter du 1er janv. 2007)* ***Sont exceptées des deux premiers paragraphes de l'article précédent les dispositions permises aux pères et mères et aux frères et sœurs, au chapitre VI*** *[ancien]* ***du présent titre.***

Art. 898 **La disposition par laquelle un tiers serait appelé à recueillir le don,** *(L. n° 2009-526 du 12 mai 2009, art. 10)* **« la succession » ou le legs, dans le cas où le donataire, l'héritier institué ou le légataire, ne le recueillerait pas, ne sera pas regardée comme une substitution, et sera valable.**

Combinaison des art. 896 et 898 : V. • Chambéry, 28 mars 1899 : *DP 1901. 2. 300.*

Art. 899 **Il en sera de même de la disposition entre vifs ou testamentaire par laquelle l'usufruit sera donné à l'un, et la nue-propriété à l'autre.**

Combinaison des art. 896 et 899 : V. • Req. 31 mai 1897 : *DP 1897. 1. 551.* ♦ V. aussi Carbonnier, *Defrénois 1946, art. 26421*, et Rémy, note *JCP 1983. II. 20071.*

Art. 900 **Dans toute disposition entre vifs ou testamentaire, les conditions impossibles, celles qui seront contraires aux lois ou aux mœurs, seront réputées non écrites.**

BIBL. ▸ **Conditions mettant en jeu la liberté du mariage :** Bénabent, *RTD civ. 1973. 440.* – Coiret, *ibid. 1985. 63.* – A. Huet, *ibid. 1967. 45.*

A. CONDITIONS ET CHARGES : RÉGIME GÉNÉRAL

1. *Sanction des conditions impossibles, illicites ou immorales.* Si, aux termes de l'art. 900, les conditions impossibles ou contraires aux lois sont, dans toute disposition entre vifs ou testamentaire, réputées non écrites, elles peuvent entraîner la nullité de la donation ou du legs, mais il n'en est ainsi qu'autant qu'elles ont été la cause impulsive et déterminante de la libéralité. • Civ. 19 oct. 1910 : *DP 1911. 1. 463.* – Déjà en ce sens : • Req. 3 juin 1863 : *GAJC, 12e éd., n° 121 ; DP 1863. 1. 429.* ♦ Application : • Req. 31 oct. 1922 : *DP 1922. 1. 239.*

2. *Révision des charges et conditions.* Sur la révision judiciaire des charges et conditions grevant les donations ou legs en cas de changement de circonstances, V. art. 900-2 s.

B. CONDITIONS RELATIVES À LA PERSONNE DU GRATIFIÉ

1° CLAUSE DE VIDUITÉ

3. *Conditions de validité.* La condition de viduité imposée par un testateur à sa femme survivante pour qu'elle puisse profiter de ses libéralités peut trouver sa justification soit dans l'intérêt de la légataire, soit dans celui des enfants nés du mariage, soit dans l'affection du disposant pour sa famille personnelle ; une telle condition ne doit pas, en règle générale, être considérée comme contraire aux mœurs et elle ne peut être réputée non écrite que dans le cas où elle aurait été inspirée au testateur par des motifs répréhensibles, dont la preuve incombe à la partie qui en demande l'annulation et qui doivent être précisés par les juges du fond. • Civ. 22 déc. 1896 : *DP 1898. 1. 537, concl. Desjardins.* – Dans le même sens : • Req. 30 mai 1927 : *DH 1927. 448.*

4. *Applications.* La condition de ne pas se marier, imposée par un testateur à son légataire, ne saurait être déclarée « contraire aux mœurs » et, par suite, non écrite, alors que, loin d'avoir été dictée par le caprice ou la pensée de faire échec à l'ordre social, elle a été inspirée soit par un sentiment de bienfaisant intérêt à l'égard du légataire, soit par l'attachement du disposant à sa famille personnelle. • Req. 11 nov. 1912 : *DP 1913. 1. 105, rapport Lardenois, note Ripert.* ♦ V. aussi note Carbonnier, *D. 1949. 468.* ♦ Pour un cas d'annulation : • Civ. 1re, 8 nov. 1965 : *Gaz. Pal. 1966. 1. 55.*

2° CLAUSE DE NON-DIVORCE

5. *Contrariété aux dispositions impératives réglant les conséquences du divorce.* Les dispositions impératives de l'art. 265, al. 1er, font obstacle à l'insertion, dans une donation de biens présents entre époux prenant effet au cours du mariage, d'une clause résolutoire liée au prononcé du divorce ou à une demande en divorce. • Civ. 1re, 14 mars 2012 : *cité note 1 ss. art. 265.* ♦ Comp., antérieurement, • Civ. 1re, 13 déc. 2005, n° 02-14.135 P : *D. 2006. IR 99 ; JCP 2008. I. 108, n° 6, obs. Le Guidec ; JCP N 2006. 1168, note Simler ; Defrénois 2006. 836, note Peterka ; RJPF 2006-4/42, obs. Casey ; LPA 1er-2 mai 2006, note Yildirim* (la clause par laquelle un époux subordonne la donation faite à son conjoint durant le mariage, au cas où celui-ci lui survivrait, à la persistance du lien matrimonial ou à l'absence de toute action entreprise pour y mettre fin, n'est pas en soi illicite et est justifiée, sauf intention de nuire, par la nature même de cette libéralité).

3° AUTRES CLAUSES

6. *Clause portant atteinte à la liberté de conscience.* Cassation de l'arrêt qui rejette la demande en nullité d'un testament sans rechercher si la clause de cet acte subordonnant l'octroi de la libéralité à la condition que le conjoint et les enfants du bénéficiaire soient convertis à la religion juive n'était pas contraire à l'ordre public interne, notamment au regard des art. 8 et 9 Conv. EDH. • Civ. 1re, 21 nov. 2012 : *D. 2013. 880, note Meyzeaud-Garaud ; AJ fam. 2013. 59, obs. Boiché ; RTD civ. 2013. 162, obs. Grimaldi ; JCP 2013, n° 46, note Sauvage ; JCP N 2013, n° 1134, note Devers.*

C. CONDITIONS VISANT À ASSURER LE RESPECT DE LA VOLONTÉ DU DISPOSANT

7. *Clause pénale : principe de validité.* La clause pénale, par laquelle un testateur entend assurer l'exécution de ses dernières volontés, est licite et obligatoire lorsque la disposition ainsi imposée aux héritiers ne porte atteinte qu'à des intérêts privés ; il en est ainsi de la clause qui a pour but d'assurer l'exécution d'un legs de la chose d'autrui ou d'un objet appartenant à l'héritier, la prohibition de l'art. 1021 C. civ. n'intéressant ni l'ordre public, ni les bonnes mœurs. • Civ. 25 févr. 1925 : *DP 1925. 1. 185, note R. Savatier.* – Dans le même sens : • Civ. 17 janv. 1934 : *DH 1934. 145.* ♦ Est déclarée à bon droit licite et obligatoire la clause pénale réduisant l'héritier à sa part de réserve bien que les juges du fond aient estimé que certaines clauses du testament organisant le partage des biens devaient être privées d'effet. • Civ. 1re, 3 déc. 1991 : *Defrénois 1992. 468, note X. Savatier.* ♦ Aucune disposition légale ne prohibe l'insertion, dans un testament, d'une condition faisant dépendre le droit d'un des héritiers dans la quotité disponible d'un événement qu'il est du pouvoir de l'autre de faire arriver ou d'empêcher. • Civ. 1re, 5 oct. 2016, n° 15-25.459 : *D. 2016. 2063* ; *AJ fam. 2016. 550, obs. Casey* ; *JCP 2017, n° 168, note Sauvage* ; *JCP N 2017, n° 1005, note Nicod* ; *Gaz. Pal. 2016. 3328, note Valory* ; *RDC 2017. 95, note Goldie-Génicon* (en l'espèce, clause précisant qu'à défaut, pour les deux enfants du testateur, de se mettre d'accord lors du règlement successoral et de respecter les volontés du défunt, l'un d'entre eux serait légataire de la quotité disponible).

8. ... Nécessité de respecter la réserve héréditaire. Dans le cas où il a été procédé à un partage d'ascendant, l'enfant qui se prétend lésé peut attaquer le partage comme portant atteinte à sa réserve, sans encourir la peine stipulée, s'il est établi qu'effectivement sa réserve est entamée par les dispositions du père de famille. • Civ. 1re, 10 mars 1970 : *D. 1970. 585, note A. B.* ♦ Comp., faisant application de la clause pénale lorsque l'atteinte à la réserve n'est qu'éventuelle : • Civ. 1re, 25 juin 2002, n° 00-11.574 P : *D. 2003. Somm. 1875, obs. Nicod* ; *AJ fam. 2002. 302, obs. D. B.* ; *Dr. fam. 2003, n° 18, note Beignier* ; *RJPF 2002-11/39, obs. J. C.*

9. ... Nécessité de respecter le droit d'agir en justice protégé par la Conv. EDH. Cassation de l'arrêt ayant accueilli une demande reconventionnelle visant à priver de toute part dans la quotité disponible le demandeur à l'action en nullité de la donation-partage pour cause de dol, au motif que cette action contrevenait aux énonciations de la clause pénale figurant à l'acte sans rechercher si l'application de cette clause n'avait pas pour effet de porter une atteinte excessive au droit d'agir en justice protégé par l'art. 6, § 1 de la Conv. EDH. • Civ. 1re, 16 déc. 2015, n° 14-29.285 P : *D. 2016. 578, note Le Bars* ; *ibid. 566, obs. Mekki* ; *AJ fam. 2016. 105, obs. Casey* ; *RTD civ. 2016. 339, obs. Barbier* ; *ibid. 424, obs. Grimaldi* ; *Defrénois 2016. 683, note Leyrat* ; *RDC 2016. 294, note Godechot-Patris.*

10. ... Nécessité de respecter le droit absolu de demander le partage. La clause pénale, insérée dans un testament, visant à interdire, en raison de ses conséquences préjudiciables, la cessation de l'indivision en cas de refus d'un indivisaire de procéder à un partage amiable ou en l'absence d'accord sur les modalités de celui-ci, porte une atteinte excessive au droit absolu de tout indivisaire de demander le partage et doit être réputée non écrite. • Civ. 1re, 13 avr. 2016, n° 15-13.312 P : *D. 2016. 896* ; *AJ fam. 2016. 275, obs. Casey* ; *RTD civ. 2016. 424, obs. Grimaldi* ; *Defrénois 2016. 683, note Leyrat* (en l'espèce, en dépit de partages partiels intervenus, les immeubles litigieux étaient indivis depuis plus de vingt ans).

11. Mise en œuvre de la clause pénale. La clause pénale contenue dans le testament ne peut recevoir effet lorsque les cohéritiers du donataire se sont bornés à demander l'évaluation du bien donné en avancement d'hoirie, sans contester la donation. • Civ. 1re, 19 mars 1996, n° 94-13.119 P : *RTD civ. 1997. 492, obs. Patarin* . ♦ Mais elle doit être appliquée lorsqu'ils exercent une action tendant à voir constater l'existence d'une donation déguisée dans la cession de parts consentie par le testateur. • Civ. 1re, 25 juin 2002 : *préc.*

D. CONDITIONS RELATIVES AUX BIENS OU AU RÈGLEMENT SUCCESSORAL

12. Clause portant atteinte à la liberté de l'option successorale. Lorsque la renonciation à une succession non ouverte est la condition d'un legs, elle en a pour conséquence nécessaire la nullité (C. civ., anc. art. 1130). • Civ. 1re, 30 avr. 1968 : *JCP 1968. II. 15580, note R. L.*

13. Clause relative aux modalités du partage. En présence d'héritiers réservataires, le testateur ne peut imposer qu'un immeuble de la succession soit vendu après sa mort afin que son prix soit distribué. • Civ. 1re, 5 nov. 1996, n° 94-15.886 P : *Dr. fam. 1997, n° 113* ; *RTD civ. 1997. 486, obs. Patarin* .

14. Autres clauses relatives aux biens donnés ou légués. Clause d'inaliénabilité, V. art. 900-1 s. ♦ Clause de retour conventionnel, V. art. 951 s. ♦ Charge de conserver et (ou) de transmettre, sur la prohibition des substitutions, V. art. 896 s., sur les libéralités graduelles et résiduelles, V. art. 1048 s.

Art. 900-1 *(L. n° 71-526 du 3 juill. 1971)* **Les clauses d'inaliénabilité affectant un bien donné ou légué ne sont valables que si elles sont temporaires et justifiées par un intérêt sérieux et légitime. Même dans ce cas, le donataire ou le légataire peut être judiciairement autorisé à disposer du bien si l'intérêt qui avait justifié la clause a disparu ou s'il advient qu'un intérêt plus important l'exige.**

Al. 2 abrogé par L. n° 84-562 du 4 juill. 1984, art. 8.

Les dispositions du présent article ne préjudicient pas aux libéralités consenties à des personnes morales ou même à des personnes physiques à charge de constituer des personnes morales.

Les dispositions de la L. n° 71-526 du 3 juill. 1971 sont applicables aux libéralités entre vifs ou testamentaires intervenues avant la date de son entrée en vigueur (L. préc., art. 2).

RÉP. CIV. v° *Inaliénabilité*, par R.-N. SCHÜTZ.

BIBL. ▸ CONCHON, *LPA 15 avr. 2002* (intérêt légitime). – CORVEST, *Defrénois 1979. 1377*. – FERRY, *D. 2019. 270* (la caducité de la clause d'inaliénabilité). – MARTY, *LPA 21 et 22 nov. 2000* (indisponibilité conventionnelle des biens). – M. MORIN, *Defrénois 1971. 1185*. – ROSE-ACKERMAN, *RRJ 1987/2. 533* (inaliénabilité et théorie du droit de propriété). – SIMLER, *D. 1971. L. 416-1*.

A. VALIDITÉ DE LA CLAUSE D'INALIÉNABILITÉ

1° INTÉRÊT SÉRIEUX ET LÉGITIME

1. Charge de la preuve. La clause d'inaliénabilité déroge au principe de la libre disposition des biens. Dès lors, c'est à celui qui se prévaut d'une telle clause qu'il appartient de justifier de l'intérêt sérieux et légitime qu'il allègue. • Civ. 1re, 15 juin 1994, n° 92-12.139 P : *R., p. 280 ; D. 1995. 342, note Leborgne ; Defrénois 1995. 51, note X. Savatier ; D. 1995. Somm. 50, obs. Grimaldi ; JCP 1995. I. 3876, n° 8, obs. Le Guidec ; RTD civ. 1995. 666, obs. Patarin ; ibid. 919, obs. Zenati*. ♦ Une clause d'inaliénabilité peut être stipulée dans un acte à titre onéreux. • Civ. 1re, 31 oct. 2007 : *cité note 10.*

2. Illustrations : paiement d'une rente viagère. L'interdiction d'aliéner peut être justifiée par l'intérêt des codonateurs de garantir le paiement d'une rente viagère stipulée à leur profit ou à celui du survivant d'entre eux. • Civ. 1re, 20 juill. 1982, n° 81-13.192 P : *RTD civ. 1983. 376, obs. Patarin.*

3. ... Conservation des biens dans la famille du donateur. Cas où l'intérêt sérieux et légitime réside dans la volonté de conserver les biens dans la famille jusqu'au décès de la donatrice : V. • Civ. 1re, 20 nov. 1985 : *Bull. civ. I, n° 313 ; RTD civ. 1986. 620, obs. Patarin.*

4. ... Respect d'un droit de jouissance. L'intérêt sérieux et légitime peut résider, pour les donateurs, dans le souci de bénéficier d'un droit d'usage et d'habitation exempt de tout trouble de jouissance et de conserver, pour ce faire, leur fils comme « débiteur » de ce droit. • Civ. 1re, 10 juill. 1990, n° 87-16.773 P : *JCP N 1991. II. 197, note Salvage ; Defrénois 1991. 272, note Lucet ; RTD civ. 1991. 141, obs. Zenati ; ibid. 580, obs. Patarin*. ♦ Bien que la réserve d'un droit d'usufruit soit opposable à un acquéreur, la clause d'inaliénabilité peut être justifiée pour garantir aux usufruitiers que le nu-propriétaire serait leur fils plutôt qu'un tiers. • Civ. 1re, 15 juin 1994 : *préc. note 1.*

5. ... Efficacité d'un droit de retour conventionnel. Justification de l'inaliénabilité par le souci d'assurer l'efficacité d'un droit de retour conventionnel. • Civ. 1re, 15 juin 1994 : *préc. note 1.*

2° CARACTÈRE TEMPORAIRE

6. Prohibition des clauses d'inaliénabilité perpétuelle. Par application combinée des art. 900-1 et 900, une clause d'inaliénabilité perpétuelle dans un legs au profit d'une personne morale doit être réputée non écrite. • Aix-en-Provence, 21 janv. 1999 : *Dr. fam. 2000, n° 122, note Fouquet.*

7. Caractère temporaire de la clause stipulée pour la durée de vie du donateur. Est temporaire l'inaliénabilité stipulée pour la durée de la vie du donateur (cassation de l'arrêt qui, pour annuler la clause, s'était fondé sur le fait que l'inaliénabilité devait durer jusqu'au décès de la survivante des donatrices). • Civ. 1re, 8 janv. 1975 : *JCP 1976. II. 18240, note Thuillier ; Defrénois 1975. 524, note Ponsard.*

8. Application à la clause de tontine. Est valide la clause de tontine insérée dans une donation, dès lors que, prenant fin au décès du prémourant des gratifiés, elle a, par là même, un caractère temporaire. • Civ. 1re, 8 janv. 2002, n° 99-15.547 P : *D. 2002. IR 542 ; JCP 2002. II. 10036, note Chartier ; ibid. I. 178, n° 9, obs. Le Guidec ; JCP N 2003. 1270, étude Brochard ; AJ fam. 2002. 67, et les obs. ; RTD civ. 2002. 343, obs. Patarin ; ibid. 542, obs. Revet*.

B. CONSÉQUENCES DE L'INALIÉNABILITÉ

9. Maintien du caractère de donation. La circonstance qu'un acte de disposition soit assorti d'une clause d'inaliénabilité la vie durant du donateur ne lui ôte pas son caractère de donation au sens des art. 894, 900-1 et 505 C. civ. • CE 17 mai 1999, *Dpt du Loir-et-Cher c/ Mme Bader : D. 1999. IR 167* (la clause d'inaliénabilité dont est assortie une donation, ne fait pas obstacle à ce qu'un département exerce les droits qu'il tire de l'art. 146 C. fam. – devenu art. L. 132-8 CASF – relatif à la récupération des frais d'aide sociale).

10. Insaisissabilité. Le bien donné ou légué affecté d'une clause d'inaliénabilité ne peut faire l'objet d'une saisie tant que cette clause est en vigueur. • Civ. 1re, 15 juin 1994 : *préc. note 1.* ♦ Même sens : • Civ. 2e, 30 juin 1993, n° 91-14.775 P : *D. 1995. Somm. 50, obs. Grimaldi* • Civ. 1re, 8 févr. 2000, n° 97-20.727 P : *D. 2000. IR 74 ; RJPF 2000-6/46, note Delmas Saint-Hilaire* ; RTD civ. 2000. 383, obs. Patarin ; *ibid. 812, obs. Hauser* (décision précisant que la clause d'inaliénabilité ne saurait s'analyser comme un avantage matrimonial consenti par l'époux donataire à l'époux donateur que celui-ci perdrait en cas de divorce prononcé à ses torts). ♦ Mais l'inscription d'une hypothèque judiciaire ne tient pas en échec une clause d'inaliénabilité en ce sens qu'elle ne permet pas la saisie tant que cette clause est en vigueur. • Civ. 1re, 9 oct. 1985 : *Bull. civ. I, n° 252 ; RTD civ. 1986. 622, obs. Patarin.* ♦ V. aussi, pour une hypothèque légale : • Civ. 1re, 25 juin 1980, n° 79-12.704 P : *D. 1981. IR 90, obs. D. Martin ; Defrénois 1981. 468, obs. Champenois ; RTD civ. 1981. 671, obs. Patarin.* ♦ Comp. • Civ. 1re, 31 oct. 2007, n° 05-14.238 P : *D. 2007. AJ 2954, obs. Bigot de la Touanne ; ibid. 2008. 963, note Thomas-Raynaud ; JCP N 2008. 1064, note Mortier ; AJ fam. 2007. 476, obs. Bicheron ; RLDC 2008/50, n° 3041, obs. Perruchot-Triboulet ; RJPF 2007-12/43, obs. Casey ; Defrénois 2008. 1485, obs. Thullier ; RTD civ. 2008. 126, obs. Revet* , qui attribue au créancier, après licitation du bien, la fraction du prix correspondant à la quote-part du débiteur non affectée par la clause d'inaliénabilité.

11. Renonciation à l'inaliénabilité. Forme de la renonciation à une clause d'inaliénabilité : V. note 7 ss. art. 931. ♦ Si la renonciation ne concerne que certaines parcelles limitativement énumérées, la renonciation au bénéfice de l'interdiction d'aliéner figurant dans la donation-partage n'est pas établie. • Civ. 2e, 8 oct. 1997 : *JCP 1997. IV. 2280.*

12. Intervention du donateur pour délivrer un congé avec offre de vente. Un bien ayant fait l'objet d'une donation assortie d'une clause d'inaliénabilité interdisant aux donataires de vendre sans le consentement du donateur, est irrégulier le congé avec offre de vente faute d'intervention du donateur pour donner son consentement à la vente. • Civ. 3e, 31 mai 2006, n° 05-10.270 P : *D. 2006. IR 1635 ; AJDI 2006. 830, note de La Vaissière* .

13. Sanction de la violation de l'inaliénabilité. L'action en nullité d'une vente consentie au mépris d'une clause d'inaliénabilité stipulée dans une donation pour garantir le paiement d'une rente viagère au donateur ne peut survivre à l'extinction de l'obligation à caractère viager ; engagée de son vivant par le donateur, elle ne peut être poursuivie par ses héritiers. • Civ. 1re, 13 avr. 1992, n° 90-16.071 P : *D. 1993. Somm. 222, obs. Grimaldi ; JCP 1993. I. 3676, n° 6, obs. Testu.*

C. AUTORISATION JUDICIAIRE D'ALIÉNER

14. Pouvoir souverain des juges du fond. Il appartient aux juges du fond de décider, par une appréciation souveraine des intérêts en cause, au sens de l'art. 900-1, si la situation nouvelle survenue depuis l'acte de donation a créé pour le gratifié un intérêt plus important que ceux, toujours actuels, qui avaient justifié l'insertion de la clause d'inaliénabilité dans l'acte de donation. • Civ. 1re, 25 juin 1980 : *Bull. civ. I, n° 198.* ♦ Sur l'exigence d'une appréciation concrète des intérêts en cause, V. • Civ. 1re, 10 juill. 1990 : *préc. note 4.*

15. Action attachée à la personne du donataire. L'action en autorisation judiciaire d'aliéner, subordonnée à des considérations personnelles d'ordre moral et familial inhérentes à la donation, est exclusivement attachée à la personne du donataire. • Civ. 1re, 29 mai 2001, n° 99-15.776 P : *JCP 2001. I. 360, n° 4, obs. Cabrillac ; JCP 2002. I. 178, n° 10, obs. Le Guidec ; RJPF 2001-11/42, note Casey ; AJ fam. 2001. 27, et les obs.* ; *RTD civ. 2001. 644, obs. Patarin* ; *ibid. 882, obs. Mestre et Fages* • Com. 9 nov. 2004, n° 02-18.617 P : *D. 2004. AJ 3068, obs. A. Lienhard ; JCP 2005. I. 147, n° 3, obs. M. Cabrillac ; JCP N 2005. 1201, obs. Vauvillé ; AJ fam. 2005. 67, obs. Bicheron ; Dr. fam. 2005, n° 15, note Beignier ; LPA 13 avr. 2005, note F.-X. Lucas.* ♦ Elle ne peut donc être exercée par le représentant des créanciers de ce donataire. • Mêmes arrêts • Civ. 1re, 3 avr. 2002 : *RJPF 2002-7-8/38, obs. Casey ; Dr. fam. 2002, n° 92, obs. Beignier.* ♦ ... Ni par un créancier agissant par la voie oblique à la place de son débiteur. • Civ. 1re, 3 juin 1998, n° 96-12.372 P : *D. 1998. IR 161 ; JCP 1998. II. 10167, note Casey ; ibid. I. 177, n° 14 s., obs. Loiseau ; ibid. 1999. I. 132, n° 6, obs. Le Guidec ; Defrénois 1999. 93, note X. Savatier ; Dr. fam. 1998, n° 90, note Beignier ; RTD civ. 1998. 677, obs. Mestre ; ibid. 963, obs. Patarin* • 25 mai 2004, n° 02-12.268 P : *Defrénois 2004. 1397, obs. Libchaber ; AJ fam. 2004. 328, obs. Deis-Beauquesne ; Dr. fam. 2004, n° 129, note Beignier,* et après rabat d'arrêt, • 16 nov. 2004, n° 02-12.268 P : *Dr. fam. 2005, n° 15, note Beignier* • 8 mars 2005, n° 03-20.968 P. ♦ ... Ni par le liquidateur. • Civ. 1re, 4 juill. 2006, n° 04-12.825 P : *D. 2006. IR 2275 ; JCP 2007. I. 113, n° 7, obs. Cabrillac ; RJPF 2006-11/45, obs. Casey.*

16. Juge compétent. Il n'entre pas dans les pouvoirs juridictionnels d'une cour d'appel, statuant sur un appel nullité relevé à l'encontre d'un jugement rendu à la suite d'une ordonnance du juge-commissaire prise en application de l'art. L. 642-18 C. com. (vente d'immeuble), de se prononcer sur l'éventuelle cession forcée d'un immeuble grevé d'une clause d'inaliénabilité. • Com. 8 nov. 2011 : *D. 2011. 2789 ; AJ fam. 2012. 107, obs. N. Régis* .

17. Effet de l'autorisation. La disparition de l'intérêt sérieux et légitime ayant justifié la clause n'affecte pas la validité de celle-ci mais permet seulement au juge d'autoriser le donataire à disposer du bien. • Civ. 1re, 8 déc. 1998, n° 96-15.110 P : *JCP 1999. I. 189, n° 10, obs. Le Guidec ; Dr. fam. 1999, n° 32, obs. Beignier ; RTD civ. 2000. 148, obs. Patarin* (cassation de l'arrêt ayant annulé la clause).

D. LIBÉRALITÉS CONSENTIES À DES PERSONNES MORALES (AL. 2)

18. *Impossibilité de lever la clause d'inaliénabilité.* Viole l'art. 900-1, al. 2, par refus d'application, une cour d'appel qui refuse d'annuler des constitutions d'hypothèques et des ventes immobilières intervenues en violation d'une clause d'inaliénabilité, en retenant que celles-ci avaient permis à l'association de continuer à fonctionner et qu'elles correspondaient à un intérêt plus important que celui pour lequel la clause d'inaliénabilité avait été prévue. • Civ. 1re, 23 janv. 2008, n° 06-16.320 P : *JCP 2008. II. 10107, note Mahinga ; AJ fam. 2008. 123, obs. Bicheron ; Dr. fam. 2008, n° 44, obs. Beignier ; Defrénois 2008. 971, note Malaurie ; ibid. 2008. 1485, obs. Thullier.*

19. La circonstance que le décret autorisant l'acceptation d'une libéralité ait rappelé l'intention de la fondation gratifiée de mettre en œuvre la possibilité de faire écarter la clause d'inaliénabilité n'est pas, par elle-même, constitutive d'une illégalité. • CE 8 déc. 2000 : *JCP 2001. II. 10616, concl. Maugüé.*

Art. 900-2 *(L. n° 84-562 du 4 juill. 1984)* **Tout gratifié peut demander que soient révisées en justice les conditions et charges grevant les donations ou legs qu'il a reçus, lorsque, par suite d'un changement de circonstances, l'exécution en est devenue pour lui soit extrêmement difficile, soit sérieusement dommageable.**

En ce qui concerne la révision des dons et legs faits à l'État, V. CGPPP, art. L. 2222-12 s., ss. art. 900-8 ; ... aux collectivités territoriales et à leurs établissements publics, V. CGCT, art. L. 1311-17, ibid.

BIBL. ▸ **Commentaires de la loi du 4 juill. 1984 :** BOULANGER, *JCP 1985. I. 3177.* – D. MARTIN, *ALD 1985. 1.* – WITZ, *D. 1985. Chron. 101.* ▸ **Notion de charges en droit privé :** BOUCHARD, *LPA 24 juill. 2002.*

1. *Domaine de la révision des conditions et charges : libéralité adressée à une commune.* La modification des charges et conditions grevant un bien légué à une commune ou l'aliénation de ce bien ne peuvent avoir lieu que dans les conditions et selon la procédure définies par les art. 900-2 à 900-8, sans que la commune puisse utilement se prévaloir des art. 945, 955 et 1046 C. civ., ni faire état de l'accord éventuel du légataire universel sur la modification des charges et conditions grevant le legs. • CE 19 févr. 1990, *Cne d'Éguilles : JCP 1990. II. 21535, note Boulanger ; D. 1992. Somm. 231, obs. Grimaldi .*

2. *... Libéralité adressée à une fondation.* Si les art. 900-1 à 900-8 donnent au juge judiciaire, dans les cas et dans les conditions qu'ils déterminent, compétence exclusive pour réviser les conditions et charges grevant certaines libéralités, ils n'ont ni pour objet ni pour effet d'abroger les dispositions du Décr. du 13 juin 1966, art. 5, issues du Décr. du 17 mars 1970, pris en application de la L. du 4 févr. 1901 relatives à la tutelle administrative des fondations (nécessité d'une autorisation préfectorale pour les opérations portant sur des droits réels immobiliers, des emprunts, des aliénations des biens mobiliers dépendant de la dotation ou du fonds de réserve). • CE 11 mai 1994, *Fondation du Bocage : Lebon 230 ; AJDA 1994. 912, note Prétot ; D. 1994. IR 167.* ♦ La circonstance que le décret autorisant une fondation à accepter une libéralité n'ait pas rappelé cette obligation ne l'entache pas d'illégalité. • CE 8 déc. 2000 : *JCP 2001. II. 10616, concl. Maugüé.*

3. *Conditions de la révision : exécution extrêmement difficile.* Il appartient au gratifié de rapporter la preuve que l'exécution de la charge du legs est devenue extrêmement difficile pour lui. • Civ. 1re, 25 janv. 2005, n° 02-20.973 P : *Dr. fam. 2005, n° 64, note Beignier.*

Non seulement la difficulté d'exécution, mais aussi l'impossibilité d'exécution de la charge entre dans le champ d'application de l'art. 900-2. • Civ. 1re, 6 avr. 1994 : *JCP 1995. II. 22387, note Brun ; ibid. I. 3876, n° 9, obs. Le Guidec ; D. 1995. Somm. 49, obs. Grimaldi ; RTD civ. 1995. 167, obs. Patarin .* ♦ V. aussi • Civ. 1re, 7 mars 2000, n° 97-20.038 P : *D. 2000. Somm. 431, obs. Vareille ; RTD civ. 2001. 413, obs. Patarin* (incompatibilité de la disposition des maisons léguées avec une destination de maison de retraite).

Art. 900-3 *(L. n° 84-562 du 4 juill. 1984)* **La demande en révision est formée par voie principale ; elle peut l'être aussi par voie reconventionnelle, en réponse à l'action en exécution ou en révocation que les héritiers du disposant ont introduite.**

Elle est formée contre les héritiers ; elle l'est en même temps contre le ministère public s'il y a doute sur l'existence ou l'identité de certains d'entre eux ; s'il n'y a pas d'héritier connu, elle est formée contre le ministère public.

Celui-ci doit, dans tous les cas, avoir communication de l'affaire.

Demande en révision formée par voie reconventionnelle. Lorsque la demande en révision des conditions et charges grevant une libéralité est formée par voie reconventionnelle en réponse à l'action en exécution ou révocation introduite par les héritiers, elle n'a pas à être publiée dans les conditions prévues par l'art. 1er du Décr. n° 84-943 du 19 oct. 1984. • Civ. 1re, 28 janv. 2015, n° 13-27.125 P : *D. 2015. 320* ; *AJ fam. 2015. 169, obs. Casey* ; *RTD civ. 2015. 450, obs. Grimaldi* ; *JCP 2015, n° 399, note Serinet.*

Art. 900-4 *(L. n° 84-562 du 4 juill. 1984)* **Le juge saisi de la demande en révision peut, selon les cas et même d'office, soit réduire en quantité ou périodicité les prestations grevant la libéralité, soit en modifier l'objet en s'inspirant de l'intention du disposant, soit même les regrouper, avec des prestations analogues résultant d'autres libéralités.**

Il peut autoriser l'aliénation de tout ou partie des biens faisant l'objet de la libéralité en ordonnant que le prix en sera employé à des fins en rapport avec la volonté du disposant.

Il prescrit les mesures propres à maintenir, autant qu'il est possible, l'appellation que le disposant avait entendu donner à sa libéralité.

Art. 900-5 *(L. n° 84-562 du 4 juill. 1984)* **La demande n'est recevable que dix années après la mort du disposant ou, en cas de demandes successives, dix années après le jugement qui a ordonné la précédente révision.**

La personne gratifiée doit justifier des diligences qu'elle a faites, dans l'intervalle, pour exécuter ses obligations.

Justification des diligences entreprises. Ne peut prétendre à la révision une commune, donataire d'une maison à charge de l'affecter à une école, qui ne justifie d'aucune diligence pour exécuter ses obligations entre la date où l'école a été fermée par décision administrative et l'assignation en révocation. • Civ. 1re, 6 avr. 1994 : *JCP 1995. II. 22387, note Brun ; ibid. I. 3876, n° 9, obs. Le Guidec ; D. 1995. Somm. 49 (2e esp.), obs. Grimaldi* ; *RTD civ. 1995. 167, obs. Patarin* (révocation de la donation prononcée sur le fondement de l'art. 954 C. civ.).

Art. 900-6 *(L. n° 84-562 du 4 juill. 1984)* **La tierce-opposition à l'encontre du jugement faisant droit à la demande en révision n'est recevable qu'en cas de fraude imputable au donataire ou légataire.**

La rétractation ou la réformation du jugement attaqué n'ouvre droit à aucune action contre le tiers acquéreur de bonne foi.

Art. 900-7 *(L. n° 84-562 du 4 juill. 1984)* **Si, postérieurement à la révision, l'exécution des conditions ou des charges, telle qu'elle était prévue à l'origine, redevient possible, elle pourra être demandée par les héritiers.**

Art. 900-8 *(L. n° 84-562 du 4 juill. 1984)* **Est réputée non écrite toute clause par laquelle le disposant prive de la libéralité celui qui mettrait en cause la validité d'une clause d'inaliénabilité ou demanderait l'autorisation d'aliéner.**

Décret n° 84-943 du 19 octobre 1984, *relatif à la publicité des actions en révision prévues par les articles 900-2 à 900-5 du code civil.* **Art. 1er** Le gratifié qui entend demander en justice, dans les conditions prévues par les articles 900-2 à 900-5 du code civil, la révision des conditions ou charges grevant une libéralité qu'il a reçue fait publier un avis dans un journal diffusé dans le département du dernier domicile ou de la dernière résidence connus en France du disposant.

L'avis indique la juridiction qui sera saisie, mentionne l'identité des défendeurs et précise l'objet de la demande en désignant les biens concernés.

Cette publication doit avoir lieu six mois au plus et trois mois au moins avant la date de l'assignation, à peine de nullité de celle-ci.

Art. 2 Le tribunal ou le juge de la mise en état peut ordonner au demandeur de procéder à toute autre mesure de publicité dans tout lieu où il le juge utile.

Art. 3 S'il fait droit à la demande, le tribunal peut ordonner que sa décision fera l'objet d'une publicité selon les modalités qu'il détermine. La notification de la décision ne peut alors être faite, à peine de nullité, qu'après l'accomplissement de cette formalité.

Code général des collectivités territoriales

Art. L. 1311-17 *(Ord. n° 2006-460 du 21 avr. 2006, art. 3-VII-9°, en vigueur le 1er juill. 2006 ; Ord. n° 2010-177 du 23 févr. 2010, art. 5-I-1°)* La révision des conditions et charges grevant les donations ou legs consentis au profit des collectivités territoriales, de leurs groupements et de leurs établissements publics est régie par les articles 900-2 à 900-8 du code civil. — *V. cet art.*

Code général de la propriété des personnes publiques

(Ord. n° 2006-460 du 21 avr. 2006, en vigueur le 1er juill. 2006).

Révision des libéralités et restitution de biens

Art. L. 2222-12 Lorsque, par suite d'un changement de circonstances, l'exécution des conditions et charges grevant une donation ou un legs fait à l'État dans les conditions fixées aux articles L. 1121-1 et L. 1121-3 devient soit extrêmement difficile, soit sérieusement dommageable, il peut être procédé à la révision des conditions et charges ou à la restitution de ces libéralités dans les conditions fixées aux articles L. 2222-13 à L. 2222-18.

Art. L. 2222-13 La révision des conditions et charges grevant les dons et legs est autorisée par l'autorité administrative compétente si l'auteur de la libéralité ou ses ayants droit acceptent les mesures envisagées par cette autorité. Ces mesures sont celles fixées par l'article 900-4 du code civil.

A défaut d'accord entre l'État et l'auteur de la libéralité ou ses ayants droit, la révision est autorisée dans les conditions fixées aux articles 900-2 à 900-8 du code civil.

Art. L. 2222-14 La restitution des libéralités est autorisée par décision de l'autorité compétente si l'auteur de la libéralité ou ses ayants droit l'acceptent.

Art. L. 2222-15 En cas de restitution des dons et legs faits à l'État, les fonds et les titres sont déposés à la Caisse des dépôts et consignations.

Les autres biens meubles et les immeubles peuvent, s'ils n'ont pas été repris par le donateur, le testateur ou leurs ayants droit à l'expiration d'un délai qui sera fixé par le décret en Conseil d'État prévu par l'article L. 2222-18, être aliénés, le produit de l'aliénation étant déposé à la Caisse des dépôts et consignations.

La restitution porte sur la totalité des biens originairement compris dans la libéralité qui se retrouvent en nature à la date de la décision administrative prévue à l'article L. 2222-14. Elle s'étend en outre au produit net des aliénations effectuées avant cette même date. Le disposant ou ses ayants droit reprennent les biens restitués en l'état où ils se trouvent.

Art. L. 2222-16 Par dérogation au troisième alinéa de l'article L. 2222-15, la restitution peut ne pas porter sur les immeubles classés *(L. n° 2021-710 du 4 juin 2021, art. 1er)* « ou inscrits au titre des monuments historiques » prévu à l'article L. 621-25 du code du patrimoine ou sur les meubles classés en vertu de l'article L. 622-1 du même code.

L'Ord. n° 2017-651 du 27 avr. 2017 relative aux immeubles et objets mobiliers classés ou inscrits au titre des monuments historiques avait modifié le présent art. (art. 18-2°, JO 28 avr.). N'ayant pas été ratifiée dans les délais prévus, cette Ord. est « caduque » au 28 oct. 2017. L'art. L. 2222-16 est par conséquent ici reproduit dans sa rédaction antérieure à l'intervention de ladite Ord.

Art. L. 2222-17 Les dispositions des articles L. 2222-12 à L. 2222-16 sont applicables aux demandes de révision ou de restitution de dons et legs faits aux établissements publics de l'État dans les conditions fixées aux articles L. 1121-2 et L. 1121-3, sous réserve, en ce qui concerne les établissements publics de santé, des dispositions de l'article L. 6145-10 du code de la santé publique. — *V. cet art., infra.*

Art. L. 2222-18 Un décret en Conseil d'État détermine les modalités d'application des articles L. 2222-12 à L. 2222-16 et notamment les formalités propres à mettre les auteurs des libéralités ou leurs ayants droit en mesure de formuler leurs observations.

Code de la santé publique

Art. L. 6145-10 Lorsque, par suite d'un changement de circonstances, l'exécution des conditions et charges grevant une donation ou un legs fait à un établissement public de santé devient soit extrêmement difficile, soit sérieusement dommageable, la révision de ces conditions et charges peut être autorisée par arrêté du représentant de l'État dans le département si l'auteur de la libéralité ou ses ayants droit acceptent les mesures envisagées ; dans les autres cas, la révision est autorisée dans les conditions prévues aux articles 900-2 à 900-8 du code civil.

Art. L. 6145-10-1 *(Ord. n° 2010-177 du 23 févr. 2010, art. 26-42°)* Par dérogation aux articles L. 1121-2 et L. 1121-3 du code général de la propriété des personnes publiques, les dons et legs faits aux établissements publics de santé sont acceptés ou refusés librement par le directeur.

Sauf mention contraire, les dispositions de l'Ord. n° 2010-177 du 23 févr. 2010 entrent en vigueur au plus tard le 1er juill. 2010, selon les mêmes modalités que celles prévues par la L. n° 2009-879 du 21 juill. 2009 (Ord. préc., art. 29-II).

CHAPITRE II DE LA CAPACITÉ DE DISPOSER OU DE RECEVOIR PAR DONATION ENTRE VIFS OU PAR TESTAMENT

RÉP. CIV. v° *Libéralités : détermination et capacité des parties*, par NAJJAR et BRÉMOND.

DALLOZ ACTION *Droit patrimonial de la famille 2021/2022, nos 312.00 s.*

BIBL. ▶ AZINCOURT, *AJ fam. 2014. 593* (capacité des parties). – RIEUBERNET, *Dr. fam. 2014. Étude 7* (incidence du lien familial sur les incapacités de disposer et de recevoir par libéralités).

Art. 901 *(L. n° 2006-728 du 23 juin 2006)* **Pour faire une libéralité, il faut être sain d'esprit. La libéralité est nulle lorsque le consentement a été vicié par l'erreur, le dol ou la violence.** — *Entrée en vigueur le 1er janv. 2007.*

Ancien art. 901 *Pour faire une donation entre vifs ou un testament, il faut être sain d'esprit.*

BIBL. ▶ **Nullité des actes juridiques pour trouble mental :** MÉSA, *RLDC 2011/81, n° 4217.* – SIMON, *RTD civ. 1974. 707.* – TARDIF, *Defrénois 2021/47. 13* (détermination des titulaires de l'action en nullité d'un legs pour insanité d'esprit).

A. INSANITÉ D'ESPRIT

1° DÉFINITION DE L'INSANITÉ D'ESPRIT

1. *Affections mentales.* *(Décisions rendues sous l'empire du droit antérieur à la L. du 23 juin 2006).* L'insanité d'esprit visée par l'art. 901 comprend toutes les variétés d'affections mentales par l'effet desquelles l'intelligence du disposant aurait été obnubilée ou sa faculté de discernement déréglée. • Civ. 4 févr. 1941 : *DA 1941. 113.* ♦ A propos de la haine aveugle et déréglée contre ses enfants, d'une telle intensité qu'elle ne peut s'expliquer que par une véritable insanité d'esprit engendrée par un état maladif, V. • Req. 4 mai 1943 : *DA 1943. 66.*

2. *Infirmités physiques.* *(Décisions rendues sous l'empire du droit antérieur à la L. du 23 juin 2006).* Infirmités physiques et expression du consentement : V. • Req. 17 déc. 1878 : *DP 1879. 1. 409, rapport Connely* • Rouen, 14 avr. 1986 : *Gaz. Pal. 1987. 1. Somm. 141* (sourd-muet) • 23 mai 1887 : *DP 1888. 1. 469* (aveugle) • Civ. 1re, 20 févr. 1968 : *Bull. civ. I, n° 74* (difficultés d'élocution) • 22 déc. 1971, n° 70-13.692 P (paralysie partielle).

2° PREUVE DE L'INSANITÉ D'ESPRIT

3. *Appréciation souveraine des juges du fond.* L'insanité d'esprit est un fait matériel dont la preuve et la portée sont abandonnées à la prudence des juges du fond ; l'appréciation par laquelle ceux-ci estiment que la régularité formelle d'un testament n'empêche pas les dispositions qu'il contient d'être déraisonnables échappe au contrôle de la Cour de cassation. • Civ. 5 déc. 1949 : *D. 1950. 57 (décision rendue sous l'empire du droit antérieur à la L. du 23 juin 2006).* ♦ Appréciation souveraine des juges du fond qui ont estimé que le rapport d'expertise, corroboré par les témoignages, établissait la dégradation de l'état mental de la testatrice et qu'il n'était pas démontré que celle-ci ait pu se trouver dans un instant de lucidité lors de la rédaction des testaments litigieux : • Civ. 1re, 6 mars 2013, n° 12-17.360 P : *AJ fam. 2013. 241, obs. Levillain.*

4. *Conséquences d'une décision pénale.* La juridiction pénale qui retient, pour déclarer les prévenus coupables du délit d'abus de faiblesse, par un motif qui en est le soutien nécessaire, que la victime ne pouvait manifester sa volonté, caractérise ainsi son insanité d'esprit lors de la rédaction de son testament. • Civ. 1re, 24 oct. 2012 : *cité note 125 ss. art. 1355.*

5. Incidence des mesures de protection. *(Décisions rendues sous l'empire du droit antérieur à la L. du 23 juin 2006).* Les juges du fond apprécient souverainement l'insanité d'esprit, sans être liés par le choix de la mesure de protection décidée dans le cadre d'une instance distincte. • Civ. 1re, 28 janv. 2003 : *Defrénois 2003. 1093, obs. Massip ; AJ fam. 2003. 148, obs. F. B. ; JCP N 2004. 1473, étude Cermolacce.* ♦ V. aussi • Civ. 1re, 6 juill. 2000 : *D. 2001. Somm. 1506, obs. Delmas Saint-Hilaire.* ♦ Cassation, pour défaut de base légale, de l'arrêt qui prononce la nullité du testament pour insanité d'esprit de son auteur, au motif que le testament a été rédigé plus de quatorze mois après l'examen médical justifiant la mesure de curatelle simple et que la capacité de ce dernier n'a pu que se dégrader pendant cette période, motif impropre à caractériser l'insanité d'esprit. • Civ. 1re, 14 mars 2018, nº 17-15.406 : *Dr. fam. 2018, nº 137, obs. Maria.*

6. Charge de la preuve. *(Décisions rendues sous l'empire du droit antérieur à la L. du 23 juin 2006).* La charge de la preuve de l'insanité d'esprit du testateur incombe à celui qui agit en annulation du testament. • Civ. 1re, 7 févr. 1984 : *Gaz. Pal. 1984. 2. 433, note J. M.* • Paris, 6 juin 1988 : *JCP N 1989. II. 198, note Salvage* • Civ. 1re, 2 déc. 1992 : *D. 1993. 409, note Boulanger ; Defrénois 1993. 725, obs. Massip ; JCP N 1993. II. 182, note Mallet* • Paris, 16 oct. 1995 : *D. 1995. IR 270* • Civ. 1re, 6 juill. 2000 : *préc. note 5 ss. art. 1373.* (donatrice invoquant sa propre insanité d'esprit). ♦ Si le légataire universel qui n'a pas été envoyé en possession doit rapporter la preuve que l'écriture et la signature figurant sur le testament émanent bien du testateur, il n'a, pas plus que le légataire envoyé en possession, la charge d'établir que le testateur était sain d'esprit. • Civ. 1re, 6 oct. 1981 : *Bull. civ. I, nº 274.* ♦ Pour un refus d'expertise médicale fondé sur l'art. 146 C. pr. civ. (carence des parties dans l'administration de la preuve) : • Civ. 1re, 2 mars 2004, nº 02-15.211 P : *RTD civ. 2004. 485, obs. Hauser.*

7. Preuve de l'intervalle de lucidité. *(Décisions rendues sous l'empire du droit antérieur à la L. du 23 juin 2006).* Les juges peuvent prononcer la nullité d'un testament pour insanité d'esprit de son auteur en se fondant sur l'état habituel du testateur à l'époque où le testament a été rédigé, sauf au bénéficiaire de la *libéralité à établir que le rédacteur* du testament était exceptionnellement dans un intervalle de lucidité au moment de la confection de l'acte. • Civ. 1re, 11 juin 1980 : *Bull. civ. I, nº 184 ; D. 1981. IR 91, obs. D. Martin.* – Déjà en ce sens : • Civ. 1re, 20 oct. 1954: *D. 1955. 66* • 26 mai 1964 : *cité note 8.* ♦ Si la démence du testateur dans le temps qui a précédé et dans le temps qui a suivi la rédaction de l'écrit contenant ses dernières volontés peut constituer une présomption d'insanité d'esprit lors de cette rédaction, il n'y a là qu'une présomption simple dont les juges du fait apprécient souverainement la portée et la valeur probante eu égard aux circonstances particulières de la cause. • Civ. 4 févr. 1941 : *DA 1941. 113.*

8. Mode de preuve : témoignages des médecins. *(Décisions rendues sous l'empire du droit antérieur à la L. du 23 juin 2006).* A peine d'empêcher l'héritier qui doit prouver l'état de démence de son auteur de faire valoir ses droits, il ne peut être imputé aux juges d'avoir violé les règles du secret professionnel lorsqu'ils ont tenu compte des constatations des médecins relatives à la maladie mentale dont le testateur était atteint. • Civ. 1re, 26 mai 1964 *(affaire Duret) : D. 1965. 109, note Le Bris ; (affaire Laforest) : JCP 1964. II. 13751, concl. Lindon ; RTD civ. 1965. 162, obs. R. Savatier.* ♦ La disposition de l'art. 901 vaut autorisation de révélation du secret médical au sens de l'art. 226-14 C. pén. • Civ. 1re, 22 mai 2002, nº 00-16.305 P : *D. 2002. IR 2029 ; Defrénois 2002. 1477, obs. Massip ; AJ fam. 2002. 263, obs. S. D.-B. ; RJPF 2002-10/12, note Fossier.* – Même sens : • Civ. 1re, 2 mars 2004, nº 01-03.333 P : *D. 2004. IR 1125 ; Defrénois 2004. 1244, obs. Massip ; AJ fam. 2004. 186, obs. Bicheron* • 8 mars 2005 : *Dr. fam. 2005, nº 253, note M. Couturier.*

9. ... Énonciations d'un testament authentique. *(Décisions rendues sous l'empire du droit antérieur à la L. du 23 juin 2006).* Les énonciations insérées par le notaire dans un testament authentique constatant que le testateur était sain d'esprit ne font pas obstacle à ce que les intéressés prouvent par tous moyens son insanité. • Req. 4 mai 1943 : *DA 1943. 66.* – V. aussi • Civ. 1re, 25 mai 1987, nº 85-18.684 P : *R., p. 149 ; D. 1988. 79, note Breton ; JCP N 1988. II. 39, note Pillebout.* ♦ Les affirmations du notaire relatives à l'état mental du testateur, que la loi ne l'a pas chargé d'apprécier, peuvent être combattues par la preuve contraire. • Civ. 1re, 29 mai 1962 : *D. 1962. 627.* ♦ V. aussi • Civ. 1re, 14 nov. 2000 : *JCP N 2001. 1612, note Pillebout* (cassation de l'arrêt énonçant que la demande en nullité du testament constitue une mise en cause de l'intégrité du notaire instrumentaire). ♦ Mais il n'en va pas de même des constatations matérielles faites par lui dans l'exercice de ses fonctions (dictée du testament, déclaration de la testatrice qu'elle en a compris la portée...) qui font foi jusqu'à inscription de faux. • Civ. 1re, 29 mai 1962 : préc.

3º SANCTION DE L'INSANITÉ D'ESPRIT

10. Nullité relative. *(Décisions rendues sous l'empire du droit antérieur à la L. du 23 juin 2006).* La sanction de l'acte accompli en état d'insanité d'esprit est une nullité relative. V. • Civ. 1re, 3 mars 1969 : *D. 1969. 585.* ♦ Il s'agit d'une nullité de protection qui ne peut être demandée que par les successeurs universels légaux ou testamentaires du *de cujus.* • Même arrêt • 4 nov. 2010, n° 09-68.276 P : *D. 2010. 2703 ; AJ fam. 2011. 51, obs. Bicheron ; Dr. fam. 2011, n° 10, obs. Beignier ; RLDC 2010/78, n° 4110, obs. Le Gallou.*

11. Prescription. L'action en nullité pour insanité d'esprit des donations entre vifs ou des testaments est soumise à la prescription abrégée de l'art. 1304 anc. • Civ. 1re, 11 janv. 2005, n° 01-13.133 P : *D. 2005. 1207, note Thomat-Raynaud ; Defrénois 2005. 1065, obs. Massip ; AJ fam. 2005. 146, obs. Bicheron ; Dr. fam. 2005, n° 63, note Beignier ; RJPF 2005-4/46, note Casey ; RLDC 2005/16, n° 667, note Bernard-Xémard.* ♦ La prescription de l'action en nullité d'un acte à titre gratuit pour insanité d'esprit engagée par les héritiers ne peut commencer à courir avant le décès du disposant. • Civ. 1re, 29 janv. 2014, n° 12-35.341 P : *AJ fam. 2014. 250, obs. Ferré-André ; Dr. fam. 2014, n° 48, obs. Maria ; RGDA 2014. 227, obs. Mayaux ; JCP 2014, n° 208, note Corrignan-Carsin ; ibid, n° 699, note Loiseau* • 8 mars 2017, n° 16-12.607 P : *D. 2017. 1490, obs. Lemouland.*

12. Testament international. Le testament annulé pour insanité d'esprit en application des dispositions de l'art. 901 ne peut valoir comme testament international. • Civ. 1re, 12 juin 2014, n° 13-20.582 P: *D. 2014. 1747, note Laurent-Bonne.*

13. Sur la possibilité d'attaquer une donation ou un testament pour cause d'insanité d'esprit après la mort de l'auteur de l'acte, V. art. 414-2.

B. AUTRES VICES DU CONSENTEMENT

14. Dol. *(Décisions rendues sous l'empire du droit antérieur à la L. du 23 juin 2006).* Pour une captation d'héritage réalisée par l'isolement et le conditionnement progressifs d'une personne âgée et affaiblie : • Civ. 1re, 30 oct. 1985 : *Bull. civ. I, n° 282.* ♦ Mais les manœuvres dolosives alléguées ne constituent pas la cause déterminante de la libéralité dans le cas où l'existence de liens affectifs anciens est établie entre la testatrice et son légataire. • Civ. 1re, 24 oct. 2000, n° 98-17.341 P : *D. 2000. IR 296 ; Dr. fam. 2000, n° 146, note Beignier.*

15. Abus de faiblesse. Constitue un acte gravement préjudiciable ouvrant droit à réparation le fait, pour une personne vulnérable, de disposer de ses biens par testament en faveur de la personne l'ayant conduite à cette disposition. • Crim. 16 déc. 2014, n° 13-86.620 : *D. 2015. 76 ; AJ fam. 2015. 105, obs. Levillain ; AJ pénal 2015. 252, obs. Renaud-Duparc ; RTD civ. 2015. 356, obs. Hauser* (cassation de l'arrêt ayant jugé que la désignation d'un nouveau légataire universel ne pouvait être préjudiciable à la testatrice en état de particulière vulnérabilité au motif que cela n'avait aucune incidence sur la disponibilité de son patrimoine de son vivant).

Art. 902 **Toutes personnes peuvent disposer et recevoir, soit par donation entre vifs, soit par testament, excepté celles que la loi en déclare incapables.**

1. Incapacité de disposer. Mineurs non émancipés, donations, V. art. 903 et capacité partielle de tester du mineur de plus de seize ans, V. art. 904 ♦ Majeurs protégés, capacité partielle du majeur sous tutelle, V. art. 476 et du majeur sous curatelle, V. art. 470.

2. Incapacités de recevoir. Personnes physiques, incapacité des personnes non conçues, V. art. 906. ♦ Personnes morales : dispositions au profit des établissements de santé, des établissements sociaux et médico-sociaux ou d'établissement d'utilité publique, V. art. 910, I. ♦ ... Dispo*sitions au profit des fondations, des congrégations* et des associations, V. art. 910, II. ♦ ... Dispositions au profit des États étrangers ou des établissements étrangers habilités, V. art. 910, III.

3. Incapacités relatives de disposer et de recevoir. Incapacité relative de disposer et de recevoir entre le tuteur et le pupille, V. art. 907. ♦ ... Entre les membres des professions médicales et de la pharmacie, ainsi que les auxiliaires médicaux et la personne à laquelle ils ont prodigués des soins pendant la maladie dont elle est décédée, V. art. 909, al. 1er. ♦ ... Entre le mandataire judiciaire à la protection des majeurs et la personne qu'il est chargé de protéger, V. art. 909, al. 2. ♦ ... Entre le ministre du culte et le malade qu'il a assisté à l'approche de la mort, V. art. 909, al. 3. ♦ ...Entre les personnes physiques propriétaires, gestionnaires, administrateurs ou employés d'un établissement de soins ou d'un établissement hébergeant des personnes âgées et les personnes prises en charge par l'établissement, V. art. L. 116-4, al. 1er, CASF. ♦ ... Entre l'accueillant familial, son conjoint, partenaire ou concubin, ses ascendants ou descendants, et la personne accueillie, V. art. L. 116-4, al. 2, CASF. ♦ ... Entre les salariés accomplissant des services à la personnes au sens des art. L. 7221-1 et L. 7231-1 C. trav. et la personne qu'ils accompagnent, V. art. L. 116-4, al. 2, CASF. ♦ ... Extension de l'incapacité aux personnes réputées ou présumées interposées, V. art. L. 116-4, al. 4, CASF et art. 911.

Art. 903 **Le mineur âgé de moins de seize ans ne pourra aucunement disposer, sauf ce qui est réglé au chapitre IX du présent titre.**

Art. 904 *(L. n° 64-1230 du 14 déc. 1964)* **« Le mineur, parvenu à l'âge de seize ans et non émancipé, ne pourra disposer que par testament, et jusqu'à concurrence seulement de la moitié des biens dont la loi permet au majeur de disposer. »**

(L. 28 oct. 1916) **« Toutefois, s'il est appelé sous les drapeaux pour une campagne de guerre, il pourra, pendant la durée des hostilités, disposer de la même quotité que s'il était majeur, en faveur de l'un quelconque de ses parents ou de plusieurs d'entre eux jusqu'au sixième degré inclusivement, ou encore en faveur de son conjoint survivant.**

« A défaut de parents au sixième degré inclusivement, le mineur pourra disposer comme le ferait un majeur. »

Art. 905 *Abrogé par L. 18 févr. 1938.*

Art. 906 **Pour être capable de recevoir entre vifs, il suffit d'être conçu au moment de la donation.**

Pour être capable de recevoir par testament, il suffit d'être conçu à l'époque du décès du testateur.

Néanmoins la donation ou le testament n'auront leur effet qu'autant que l'enfant sera né viable.

BIBL. ▸ **Viabilité de l'enfant nouveau-né :** Philippe, *D. 1996. Chron. 29.* – Salvage, *RTD civ. 1976. 725.* ▸ **Situation juridique de l'enfant conçu :** Mémeteau, *ibid. 1990. 611.*

Incapacité de recevoir des personnes inexistantes : application aux personnes morales dépourvues de capacité de recevoir. L'art. 906 traduit le principe fondamental suivant lequel il ne peut existər de droits sans sujets de droits : le legs fait à une association dépourvue de la capacité de recevoir une libéralité au jour du décès du disposant est nul. • Civ. 1re, 14 avr. 2021, n° 19-19.306 P : *cité note 2 ss. art. 911.*

Art. 907 **Le mineur, quoique parvenu à l'âge de seize ans, ne pourra, même par testament, disposer au profit de son tuteur.**

(L. n° 64-1230 du 14 déc. 1964) **« Le mineur, devenu majeur ou émancipé, ne pourra disposer, soit par donation entre vifs, soit par testament, au profit de celui qui aura été son tuteur, si le compte définitif de la tutelle n'a été préalablement rendu et apuré. »**

Sont exceptés, dans les deux cas ci-dessus, les ascendants des mineurs, qui sont ou qui ont été leurs tuteurs.

La nullité édictée par l'art. 907, al. 2, est une nullité de protection, donc simplement relative, et elle ne frappe que le legs consenti à la personne incapable sans s'étendre aux autres dispositions, normalement valables, contenues dans le testament. • Civ. 1re, 13 mai 1958, n° 1.291 P.

Art. 908 *(Abrogé par L. n° 2001-1135 du 3 déc. 2001, art. 16) (L. n° 72-3 du 3 janv. 1972)* ***Les enfants naturels ne peuvent rien recevoir par donations entre vifs ou par testament de leur père ou de leur mère au-delà de ce qui leur est accordé par les articles 759 et 760 ci-dessus lorsque le disposant était, au temps de leur conception, engagé dans les liens du mariage avec une autre personne.***

L'action en réduction ne pourra être exercée, néanmoins, que par le conjoint ou par les enfants issus de ce mariage, selon les cas, et seulement après l'ouverture de la succession.

1. Sur l'incompatibilité des limitations apportées aux droits successoraux des enfants adultérins avec l'art. 1er du Protocole n° 1 combiné avec l'art. 14 de la Conv. EDH, V. note 1 ss. anc. art. 760. – *Adde :* • Paris, 23 oct. 2001 : *LPA 3 oct. 2002, note Massip.*

2. L'art. 759 C. civ., qui limite les droits de l'enfant naturel en présence du conjoint survivant, *et, par voie de conséquence, l'art.* 908 du même code ne s'appliquent que lorsque le conjoint survivant aurait été, en l'absence de l'enfant, appelé à succéder en pleine propriété en vertu des art. 765 et 766 C. civ. ; il n'en est pas ainsi lorsque le défunt laisse des collatéraux privilégiés, que ceux-ci aient été ou non exhérédés. • Civ. 1re, 21 mai 1986, n° 84-14.754 P : *R., p. 136 ; D. 1986. 340.*

Art. 908-1 *(Abrogé par L. n° 2001-1135 du 3 déc. 2001, art. 16) (L. n° 72-3 du 3 janv. 1972)* ***Les dispositions de l'article précédent sont applicables quand bien même la filiation des gratifiés ne serait pas légalement établie, si par des indices tirés de l'acte lui-même, il est prouvé qu'elle a été la cause de la libéralité.***

BIBL. ▸ Grimaldi, *JCP 1981. I. 3035.*

Art. 908-2 *Abrogé par L. n° 2009-61 du 16 janv. 2009, art. 1er.*

Art. 909 *(L. n° 2007-308 du 5 mars 2007, art. 9, en vigueur le 1er janv. 2009)* **« Les membres des professions médicales et de la pharmacie, ainsi que les auxiliaires médicaux qui ont prodigué des soins à une personne pendant la maladie dont elle meurt ne peuvent profiter des dispositions entre vifs ou testamentaires qu'elle aurait faites en leur faveur pendant le cours de celle-ci.**

« Les mandataires judiciaires à la protection des majeurs et les personnes morales au nom desquelles ils exercent leurs fonctions ne peuvent pareillement profiter des dispositions entre vifs ou testamentaires que les personnes dont ils assurent la protection auraient faites en leur faveur quelle que soit la date de la libéralité. »

Sont exceptées :

1° Les dispositions rémunératoires faites à titre particulier, eu égard aux facultés du disposant et aux services rendus ;

2° Les dispositions universelles, dans le cas de parenté jusqu'au quatrième degré inclusivement, pourvu toutefois que le décédé n'ait pas d'héritiers en ligne directe ; à moins que celui au profit de qui la disposition a été faite, ne soit lui-même du nombre de ces héritiers.

Les mêmes règles seront observées à l'égard du ministre du culte.

BIBL. ▶ GIRARD, *Defrénois 2017. 887*. – LACOUR, *Dr. fam. 2010. Étude 35*.

▶ **Cons. const., Décis. n° 2020-888 QPC du 12 mars 2021 :** CASEY, *AJ fam. 2021. 231*. – NIEMIEC, *RDSS 2021. 455*. – POLLET, *AJ fam. 2021. 230*. – NICOD, *Dr. fam. 2021, n° 75*. – REBOUL-MAUPIN, *D. 2021. 750* (vulnérabilité *versus* propriété : un équilibre à trouver dans la protection).

Ancien art. 909, al. 1er *Les docteurs en médecine ou en chirurgie, les officiers de santé et les pharmaciens qui auront traité une personne pendant la maladie dont elle meurt, ne pourront profiter des dispositions entre vifs ou testamentaires qu'elle aurait faites en leur faveur pendant le cours de cette maladie.*

A. ART. 909 AL. 1er : DOMAINE DE L'INCAPACITÉ

1° QUANT AUX PERSONNES

1. Constitutionnalité. Le premier al. de l'art. 909 C. civ., dans sa rédaction résultant de la L. n° 2007-308 du 5 mars 2007, est conforme à la Constitution. En premier lieu, en adoptant ces dispositions, le législateur a entendu assurer la protection de personnes dont il a estimé que, compte tenu de leur état de santé, elles étaient placées dans une situation de particulière vulnérabilité vis-à-vis du risque de captation d'une partie de leurs biens par ceux qui leur prodiguaient des soins ; il a ainsi poursuivi un but d'intérêt général. En second lieu, d'une part, l'interdiction contestée ne vaut que pour les libéralités consenties pendant le cours de la maladie dont le donateur ou le testateur est décédé ; d'autre part, elle ne s'applique qu'aux seuls membres des professions médicales, de la pharmacie et aux auxiliaires médicaux énumérés par le CSP, à la condition qu'ils aient dispensé des soins en lien avec la maladie dont est décédé le patient ; ainsi, eu égard à la nature de la relation entre un professionnel de santé et son patient atteint d'une maladie dont il va décéder, l'interdiction est bien fondée sur la situation de vulnérabilité dans laquelle se trouve le donateur ou le testateur à l'égard de celui qui lui prodigue des soins. Dès lors, l'atteinte au droit de propriété qui résulte des dispositions contestées est justifiée par un objectif d'intérêt général et proportionnée à cet objectif. • Cons. const. 29 juill. 2022, n° 2022-1005 QPC : *D. 2022. 1396 ; AJ fam. 2022. 437, obs. Houssier ; JCP N 2022, n° 1267, note Bernard et Z. Bremond ; Defrénois 2023/4-5. 17, obs. Boisson ; Dr. fam. 2022, n° 147, obs. Tani.*

2. Médecins. Constatations et appréciations souveraines des juges du fond pour décider de l'application de l'art. 909 lorsque le malade a été soigné par plusieurs médecins : V. • Req. 8 août 1900 : *DP 1900. 1. 559* • Civ. 1re, 22 janv. 1968 : *D. 1968. 382.*

3. Personnes assimilées : magnétiseur. La profession de magnétiseur est assimilée à bon droit par les juges du fond à celle de médecin en ce qui concerne l'incapacité de recevoir. • Civ. 1re, 10 oct. 1978 : *JCP 1980. II. 19341, note Dagot ; D. 1979. IR 75, obs. D. Martin.*

2° QUANT AUX SOINS

4. Soins accessoires à un traitement médical. V. déjà, antérieurement à la L. du 5 mars 2007 ayant remplacé la notion de « traitement médical » par la notion de « soin » : est frappé d'une incapacité de recevoir à titre gratuit le psychiatre consulté à plusieurs reprises par une patiente atteinte d'un cancer au cours de sa maladie, ayant apporté à sa patiente un soutien accessoire au traitement purement médical mais associé à celui-ci, lui prodiguant, parallèlement au traitement d'oncologie, des soins réguliers et durables afférents à la pathologie secondaire dont elle était affectée en raison même de la première maladie dont elle devait décéder et dont la seconde était la conséquence. • Civ. 1re, 4 nov. 2010, n° 07-21.303 P : *D. actu. 16 nov. 2010, obs. Lavric ; JCP 2011, n° 251, § 7, obs. Le Guidec ; JCP N 2011, n° 1054, note Massip ; Defrénois 2011. 837, obs. Massip ; Dr. fam. 2011, n° 9, obs. Beignier ; RLDC 2010/78, n° 4111, obs. Le Gallou ; RTD civ. 2011. 163, obs. Grimaldi ; RGDA 2011. 164, note Kullmann.*

3° QUANT AUX LIBÉRALITÉS

5. Date : libéralité consentie au cours de la dernière maladie. Il incombe aux juges du fond de rechercher si la désignation du médecin comme gratifié a été faite au cours de la dernière maladie dont le donateur est décédé. • Civ. 1re, 1er juill. 2003 : *D. 2003. 2404, concl. Sainte-Rose ; Defrénois 2004. 31, note Peterka ; RGDA 2004. 157, note Mayaux.*

6. L'incapacité de recevoir un legs est conditionnée à l'existence, au jour de la rédaction du testament, de la maladie dont est décédé le disposant, peu important la date de son diagnostic. • Civ. 1re, 16 sept. 2020, n° 19-15.818 P : *D. 2020. 2206, obs. Godechot-Patris et Grare-Didier ; ibid. 2021. 509, note Raoul-Cormeil et Le Pluard ; AJ fam. 2020. 599, obs. Houssier ; Dr. fam. 2020, n° 151, note Tani.*

7. Forme : assurance vie. Application de l'art. 909 dans le cas de souscription d'un contrat d'assurance sur la vie mentionnant le médecin traitant au nombre des bénéficiaires. • Paris, 3 févr. 2000 : *RCA 2000, n° 378, note Grynbaum* (arrêt cassé pour un autre motif par • Civ. 1re, 1er juill. 2003 : *D. 2003. 2404, concl. Sainte-Rose ; Defrénois 2004. 31, note Peterka ; RGDA 2004. 157, note Mayaux*).

B. RÉGIME DE L'INCAPACITÉ

8. Principe d'interprétation stricte. L'incapacité de recevoir à titre gratuit ne concerne que les mandataires judiciaires à la protection des majeurs et les personnes morales au nom desquelles ils exercent leurs fonctions ; les membres de la famille du défunt, lorsqu'ils exercent les fonctions de tuteur, curateur, mandataire spécial désigné lors d'une mesure de sauvegarde de justice, personne habilitée ou mandataire exécutant un mandat de protection future, n'entrent pas dans son champ d'application. • Civ. 1re, 17 oct. 2018, n° 16-24.331 P : *D. 2019. 682, note Raoul-Cormeil ; AJ fam. 2018. 691, obs. Levillain ; Dr. fam. 2018, n° 287, note Maria ; Defrénois 14 mars 2019. 20, note Noguéro.* ♦ Les incapacités de l'art. 909 sont de droit étroit et ne peuvent être étendues de façon arbitraire par le juge. • Pau, 28 févr. 1968 : *JCP 1968. II. 15538, note Pageot.* ♦ V. aussi : J. Maury, *Gaz. Pal. 1968. 2. Doctr. 177* (affaire *Ravel*). ♦ V. également, antérieurement à la L. du 28 déc. 2015 et à l'Ord. du 10 févr. 2016 ayant modifié l'art. L. 116-4 CASF, refus d'appliquer l'incapacité édictée par l'art. 909 à une auxiliaire de vie placée par son employeur auprès d'une personne âgée en dépit des stipulations de son contrat de travail, celles-ci ne pouvant avoir pour effet d'étendre les incapacités prévues par la loi. • Civ. 1re, 25 sept. 2013, n° 12-25.160 P : *D. 2013. 2273 ; AJ fam. 2013. 639, obs. Bourrié ; RDSS 2013. 1124, note Bruggeman ; RTD civ. 2014. 86, obs. Hauser ; JCP 2013, n° 1167, avis Jean ; ibid. n° 1168, note Leroyer ; JCP N 2014, n° 1058, obs. Massip ; Dr. fam. 2013, n° 154, obs. Maria ; ibid. n° 166, obs. Beignier ; RDC 2014. 20, note Laithier ; ibid. 32, obs. Borghetti.*

9. Caractère irréfragable de la présomption de captation. Aucune preuve n'est admissible contre la présomption de suggestion et de captation sur laquelle est fondée l'incapacité de recevoir édictée par l'art. 909. • Req. 7 avr. 1863 : *DP 1863. 1. 231* • 29 juill. 1891 : *DP 1892. 1. 260.* – Dans le même sens : • TGI Seine, 4 juin 1964 : *D. 1965. 271 ; RTD civ. 1965. 689, obs. R. Savatier.*

Code de l'action sociale et des familles Art. L. 116-4 *(Ord. n° 2016-131 du 10 févr. 2016, art. 6-I, en vigueur le 1er oct. 2016)* « I. — » *(L. n° 2015-1776 du 28 déc. 2015, art. 28)* Les personnes physiques propriétaires, gestionnaires, administrateurs ou employés d'un établissement ou service soumis à autorisation ou à déclaration en application du présent code *(Abrogé par Cons. const. n° 2021-888 QPC du 12 mars 2021)* *« ou d'un service soumis à agrément ou à déclaration mentionné au 2° de l'article L. 7231-1 du code du travail »*, ainsi que les bénévoles ou les volontaires qui agissent en leur sein ou y exercent une responsabilité, ne peuvent profiter de dispositions à titre gratuit entre vifs ou testamentaires faites en leur faveur par les personnes prises en charge par l'établissement ou le service pendant la durée de cette prise en charge, sous réserve des exceptions prévues aux 1° et 2° de l'article 909 du code civil. L'article 911 du même code est applicable aux libéralités en cause.

L'interdiction prévue au premier alinéa du présent article est applicable au couple ou à l'accueillant familial soumis à un agrément en application de l'article L. 441-1 du présent code et à son conjoint, à la personne avec laquelle il a conclu un pacte civil de solidarité ou à son concubin, à ses ascendants ou descendants en ligne directe, *(Abrogé par Cons. const.*

n° 2021-888 QPC du 12 mars 2021) « *ainsi qu'aux salariés mentionnés à l'article L. 7221-1 du code du travail accomplissant des services à la personne définis au 2° de l'article L. 7231-1 du même code,* » s'agissant des dispositions à titre gratuit entre vifs ou testamentaires faites en leur faveur par les personnes qu'ils accueillent ou accompagnent pendant la durée de cet accueil ou de cet accompagnement.

(Ord. n° 2016-131 du 10 févr. 2016, art. 6-I, en vigueur le 1er oct. 2016) « II. — Sauf autorisation de justice, il est interdit, à peine de nullité, à quiconque est frappé de l'interdiction prévue au I de se rendre acquéreur d'un bien ou cessionnaire d'un droit appartenant à une personne prise en charge, accueillie ou accompagnée dans les conditions prévues par le I ou de prendre à bail le logement occupé par cette personne avant sa prise en charge ou son accueil.

« Pour l'application du présent II, sont réputées personnes interposées, le conjoint, le partenaire d'un pacte civil de solidarité, le concubin, les ascendants et les descendants des personnes auxquelles s'appliquent les interdictions ci-dessus édictées. »

Sur l'entrée en vigueur des dispositions issues de l'Ord. n° 2016-131 du 10 févr. 2016, V. cette Ord., art. 9, ss. art. 1386-1.

La déclaration d'inconstitutionnalité posée par la décision du Cons. const. n° 2021-888 QPC du 12 mars 2021 s'applique à compter du 14 mars 2021. Elle est applicable à toutes les affaires non jugées définitivement à cette date (Décis. préc., n° 13).

1. Application dans le temps. Impossibilité d'appliquer l'art. L. 116-4 CASF prohibant certains legs à un testament établi avant son entrée en vigueur. • Civ. 1re, 23 mars 2022, n° 20-17.663 B : *D. 2022. 1027, note Tani ; ibid. 1174, obs. Lemouland et Noguéro ; ibid. 2023. 254, obs. Boffa et Mekki ; RTD civ. 2022. 440, obs. Grimaldi ; Dr. fam. 2022, n° 89, obs. Nicod.* ♦ Sur le contrôle des actes conclus avec des pensionnaires d'un établissement dispensant des soins psychiatriques, V. l'anc. art. 1125-1 C. civ. pour le droit antérieur à l'Ord. du 10 févr. 2016 et, à compter de l'entrée en vigueur de ce texte, l'art. L. 3211-5-1 CSP.

2. Absence de lien entre les parties (non). V. sous l'empire du droit antérieur à l'Ord. du 10 févr. 2016 : doit être annulée la vente à la directrice d'une maison de retraite d'un droit d'usage et d'habitation sur une maison appartenant à son beau-frère, pensionnaire de l'établissement, l'anc. art. 1125-1 C. civ., rédigé en termes généraux, ayant vocation à s'appliquer quels que soient les liens affectifs et familiaux unissant les parties. • Civ. 1re, 12 juin 1990, n° 88-14.297 P : *D. 1991. Somm. 160, obs. Paisant ; RTD civ. 1991. 109, obs. Mestre ; Defrénois 1990. 1095, obs. Vermelle ; ibid. 1303, obs. Massip.*

3. Hospitalisation préalable à l'admission en maison de retraite. L'anc. art. 1125-1 C. civ. s'applique dans le cas d'une personne admise à l'hôpital en vue d'une observation préparatoire à son admission définitive à la section « maison de retraite » de cet établissement, où elle a été ensuite transférée et où elle a résidé jusqu'à son décès. • Civ. 1re, 26 janv. 1994, n° 91-22.361 P : *R., p. 275 ; Defrénois 1994. 1106, obs. Massip.*

Art. 910 *(L. n° 2009-526 du 12 mai 2009, art. 111 ; Ord. n° 2010-177 du 23 févr. 2010, art. 27-I ; L. n° 2011-525 du 17 mai 2011, art. 21 ; Ord. n° 2015-904 du 23 juill. 2015, art. 4)* **I. — Les dispositions entre vifs ou par testament au profit des établissements de santé, des établissements sociaux et médico-sociaux ou d'établissements d'utilité publique n'ont leur effet qu'autant qu'elles sont autorisées par arrêté du représentant de l'État dans le département.**

II. — Toutefois, les dispositions **entre vifs ou par testament au profit des fondations, des congrégations et des associations ayant la capacité à recevoir des libéralités et, dans les départements du Bas-Rhin, du Haut-Rhin et de la Moselle, des établissements publics du culte et des associations inscrites de droit local, à l'exception des associations ou fondations dont les activités ou celles de leurs dirigeants sont visées à l'article 1er de la loi n° 2001-504 du 12 juin 2001 tendant à renforcer la prévention et la répression des mouvements sectaires portant atteinte aux droits de l'homme et aux libertés fondamentales, sont acceptées librement par celles-ci.**

Si le représentant de l'État dans le département constate que l'organisme légataire ou donataire ne satisfait pas aux conditions légales exigées pour avoir la capacité juridique à recevoir des libéralités ou qu'il n'est pas apte à utiliser la libéralité conformément à son objet statutaire, il peut former opposition à la libéralité, dans des conditions précisées par décret, la privant ainsi d'effet.

Le troisième alinéa n'est pas applicable aux dispositions entre vifs ou par testament au profit des associations et fondations reconnues d'utilité publique, des associations dont la mission a été reconnue d'utilité publique et des fondations relevant des articles 80 à 88 du code civil local applicable aux départements du Bas-Rhin, du Haut-Rhin et de la Moselle.

III. — Les libéralités consenties à des États étrangers ou à des établissements étrangers habilités par leur droit national à recevoir des libéralités sont acceptées librement par ces États ou par ces établissements, sauf opposition formée par l'autorité compétente, dans des conditions fixées par décret en Conseil d'État.

BIBL. ▶ **Donations et legs aux associations :** CASTAGNÉ, *JCP N 2002. 1596.* – DAUBLON et RANDOUX, *Defrénois 2006. 3* (Ord. 28 juill. 2005). – SAGAUT, *JCP N 2007. 1200* (Ord. 28 juill. 2005). ▶ **Droit, sectes et religions :** MALAURIE, *Archives Phil. dr., t. 38, 1993, p. 211.* ▶ **Attribution de biens à une personne morale inhabile à recevoir une libéralité :** LAVAGNE, *D. 1983. Chron. 211* (à propos de Civ. 1re, 26 janv. 1983 : *D. 1983. 317, note Breton*). – V. aussi note CHAVRIER ss. Lyon, 8 juin 1971, *D. 1971. 555* et note MALAURIE ss. le même arrêt, *Defrénois 1972. 201* (apport immobilier à une association diocésaine) ; ... note BÉHAR-TOUCHAIS ss. Civ. 1re, 1er mars 1988 : *JCP 1989. II. 21373* (apport immobilier à une association gérant une école libre). – DE NAUROIS, *RTD civ. 1986. 283.* ▶ **Évolution récente du droit des fondations en France :** BERNARD DE SAINT AFFRIQUE, *Defrénois 1997. 1105* (fondations et libéralités). – GOBIN, *JCP N 1982. I. 246.* – GOBIN et MONNOT, *ibid. 1987. I. 344.* – PATARIN, *RTD civ. 1984. 350.* – RIEUBERNET, *Dr. fam. 2009. Étude 27.* ▶ **Fondations d'entreprises :** V. Bibl. ss. L. 23 juill. 1987, ss. art. 1873. ▶ **Libéralités adressées à la Fondation de France :** SOULEAU, *Defrénois 1970. 257.* – V. aussi : note BRIMO ss. Nancy, 28 avr. 1976, *JCP 1979. II. 19123* et réponse SEYDOUX, *JCP 1979. II. 19158 bis.*

▶ **Autres thèmes :** GAUTIER, *D. 1991. Chron. 145* (fondations indirectes en droit d'auteur : « solution Goncourt »). – GROSCLAUDE, *JCP 1980. I. 2990* (adaptation par les personnes publiques des charges attachées aux libéralités).

1. Autorisation d'accepter : conséquences. Par l'effet rétroactif de l'autorisation obtenue, l'établissement bénéficiaire d'un legs a été saisi, à compter du jour du décès, de l'entière libéralité faite à son profit. • Civ. 9 janv. 1899 : *DP 1900. 1. 605.* ♦ V. aussi note 1 ss. art. 1006. ♦ Sur le contrôle, par le juge administratif, du respect de la volonté du testateur à l'occasion du recours contre la décision autorisant l'exécution d'un legs, V. • CE 29 mars 2006 : *AJDA 2006. 733, obs. F. Aubert* ; *RFDA 2006. 653*.

2. ... Impossibilité de subordonner l'autorisation à une condition. L'autorité administrative qui, en cas de refus total ou partiel d'autorisation, serait incompétente pour désigner les bénéficiaires de ce refus, ne saurait légalement assortir l'autorisation d'accepter un legs d'une condition imposant à l'établissement gratifié l'obligation de verser aux héritiers naturels ou à certains d'entre eux des sommes devant être prélev ées sur le montant de la libéralité. • CE 19 mars 1965, *Caisse artisanale interprofessionnelle d'assurance-vieillesse de Loire-Atlantique et Vendée : D. 1965. 453, concl. Galabert.* ♦ Cependant, l'autorité administrative qui a refusé l'autorisation d'accepter un legs n'a pas entaché sa décision d'une erreur manifeste d'appréciation en prenant en compte la situation matérielle précaire d'un des héritiers du défunt, eu égard au refus de l'établissement gratifié de prendre un engagement unilatéral en faveur de l'intéressé. • CE 8 nov. 2000 : *Lebon 502* ; *D. 2000. IR 300* ; *JCP 2001. II. 10624, concl. Mitjavile* ; *Defrénois 2001. 686, note Pézerat-Santoni.*

3. Refus d'autorisation d'accepter : conséquences. Le legs ayant fait l'objet d'un refus d'autorisation d'acceptation retombe libre de toute affectation dans la succession et doit être dévolu aux ayants droit suivant les règles légales de dévolution successorale combinées avec la volonté du testateur. • CE 27 févr. 2006 : *AJDA 2006. 894*.

4. Cas des fondations étrangères. Pour pouvoir recueillir un legs licite fait à son profit, selon les dispositions successorales françaises applicables pour apprécier les conditions requises pour succéder, une fondation étrangère doit bénéficier de la personnalité juridique au jour de l'ouverture de la succession selon la loi régissant son statut, sans être tenue d'obtenir la reconnaissance d'utilité publique en France. • Civ. 1re, 15 avr. 2015, nº 14-10.661 P : *D. 2015. 1045, obs. Gaudemet-Tallon et Jault-Seseke* ; *RTD civ. 2015. 448, obs. Grimaldi* ; *Rev. crit. DIP 2016. 352, note Lambertye-Autrand* ; *RDC 2015. 905, obs. Godechot-Patris* (en l'espèce, capacité de recevoir acquise en application de la législation suisse).

5. Interposition de personne. V. aussi notes ss. art. 911.

Code général des collectivités territoriales

(L. n° 96-142 du 21 févr. 1996)

Dons et legs

Art. L. 2242-1 Le conseil municipal statue sur l'acceptation des dons et legs faits à la commune.

Art. L. 2242-2 *(L. n° 2013-428 du 27 mai 2013, art. 19-4°)* Lorsqu'un don ou un legs est fait à un hameau ou à un quartier qui ne constitue pas une section de commune, le conseil municipal statue sur l'acceptation de cette libéralité.

En cas d'acceptation, la commune gère le bien dans l'intérêt du hameau ou du quartier concerné.

Art. L. 2242-3 Les établissements publics communaux acceptent et refusent les dons et legs qui leur sont faits.

Art. L. 2242-4 Le maire peut toujours, à titre conservatoire, accepter les dons et legs et former, avant l'autorisation, toute demande en délivrance.

Les établissements publics communaux peuvent également, sans autorisation préalable, accepter provisoirement ou à titre conservatoire les legs qui leur sont faits.

La délibération du conseil municipal ou de la commission administrative, qui intervient ultérieurement, a effet du jour de cette acceptation.

....

Art. L. 3213-6 *(L. n° 2009-526 du 12 mai 2009, art. 83)* Sous réserve des dispositions de l'article L. 3211-2, le conseil départemental statue sur l'acceptation des dons et legs faits au département.

....

Art. L. 4221-6 *(L. n° 2009-526 du 12 mai 2009, art. 83)* Sous réserve des dispositions de l'article L. 4221-5, le conseil régional statue sur l'acceptation des dons et legs faits à la région.

Code général de la propriété des personnes publiques

(Ord. n° 2006-460 du 21 avr. 2006, en vigueur le 1er juill. 2006).

Dons et legs faits à l'État et aux établissements publics de l'État

Art. L. 1121-1 Sous réserve des dispositions de l'article L. 1121-3, les dons et legs faits à l'État sont acceptés, en son nom, par l'autorité compétente, dans les formes et conditions fixées par décret en Conseil d'État.

Art. L. 1121-2 Les établissements publics de l'État acceptent et refusent librement les dons et legs qui leur sont faits sans charges, conditions ni affectation immobilière.

Lorsque ces dons ou legs sont grevés de charges, de conditions ou d'affectation immobilière, l'acceptation ou le refus est autorisé par arrêté du ou des ministres de tutelle de l'établissement public.

Art. L. 1121-3 *Dans tous les cas* où les dons et legs donnent lieu à des réclamations des héritiers légaux, l'autorisation de les accepter *(L. n° 2014-1545 du 20 déc. 2014, art. 50)* « , en tout ou partie, » est donnée par décret en Conseil d'État.

Code de la santé publique

Art. L. 6145-10-1 *V. ss. art. 900-8.*

Loi du 4 février 1901,

Sur la tutelle administrative en matière de dons et legs (DP 1901. 4. 14).

....

Art. 8 Tous les établissements peuvent, sans autorisation préalable, accepter provisoirement ou à titre conservatoire les dons et legs qui leur sont faits. – *V. CGCT, art. L. 2242-3 et L. 2242-4, ss. art. 910.*

....

Art. 10 *(Ord. n° 2005-856 du 28 juill. 2005, art. 2)* Les articles 7 et 8 de la présente loi ne sont pas applicables aux organismes auxquels *(L. n° 2009-526 du 12 mai 2009, art. 111)* « s'appliquent les *(L. n° 2011-525 du 17 mai 2011, art. 21)* « trois » derniers alinéas » de l'article 910 du code civil.

Décret n° 2007-807 du 11 mai 2007,

Relatif aux associations, fondations, congrégations et établissements publics du culte et portant application de l'article 910 du code civil (JO 12 mai).

CHAPITRE I. *LIBÉRALITÉS CONSENTIES AUX ÉTABLISSEMENTS FRANÇAIS (Décr. n° 2012-377 du 19 mars 2012, art. 2).*

Art. 1er Tout notaire chargé du règlement d'une succession contenant des legs en faveur de l'un des établissements et associations mentionnés à l'article 910 du code civil en informe l'établissement ou l'association bénéficiaire et la déclare *(Décr. n° 2012-377 du 19 mars 2012, art. 3-1°)* « au préfet du département où l'établissement ou l'association a son siège » dès qu'il est en possession des dispositions testamentaires.

Toute association ou établissement mentionné à l'article 910 du code civil, bénéficiaire d'une libéralité entre vifs, la déclare aussitôt *(Décr. n° 2012-377 du 19 mars 2012, art. 3-1°)* « au préfet du département où l'établissement ou l'association a son siège ».

La déclaration *(Décr. n° 2012-377 du 19 mars 2012, art. 3-3°)* « au préfet » est faite par courrier recommandé avec demande d'avis de réception et accompagnée des documents suivants :

1° En cas de legs : une copie ou un extrait du testament et de ses codicilles relatifs à la libéralité et une copie de l'acte de décès *(Abrogé par Décr. n° 2021-1844 du 27 déc. 2021, art. 10)* *« ou d'un bulletin de décès »* du testateur ;

2° Pour les libéralités entre vifs : une copie de l'acte de disposition ou, à défaut, la justification de la libéralité ;

(Décr. n° 2021-1844 du 27 déc. 2021, art. 10) « 3° Le cas échéant, toute estimation de la valeur de la libéralité ; »

4° La justification de l'acceptation de la libéralité ainsi que, le cas échéant, la justification de l'aptitude de *(Décr. n° 2010-395 du 20 avr. 2010, art. 1er ; Décr. n° 2012-377 du 19 mars 2012, art. 3-4°)* « l'association ou de » l'établissement bénéficiaire à en exécuter les charges ou à en satisfaire les conditions compte tenu de son objet statutaire ;

(Décr. n° 2021-1844 du 27 déc. 2021, art. 10) « 5° Pour les associations cultuelles, l'accusé de réception de la déclaration de la qualité cultuelle ou de son renouvellement mentionné à l'article 32-2 du décret du 16 mars 1906 portant règlement d'administration publique pour l'exécution de la loi du 9 décembre 1905 sur la séparation des Églises et de l'État en ce qui concerne l'attribution des biens, les édifices des cultes, les associations cultuelles, la police des cultes ou le document attestant que l'association réunit les conditions requises pour être qualifiée d'association cultuelle mentionné à l'article 32-2 du même décret.

« A défaut, l'association déclare sa qualité cultuelle dans les conditions prévues à l'article 19-1 de la loi du 9 décembre 1905 et aux articles 32-1 à 32-5 du décret du 16 mars 1906 mentionné à l'alinéa précédent ;

« 6° Pour les autres associations :

« *a)* Les statuts de l'association ou de l'établissement bénéficiaire et les documents attestant de ce qu'ils ont été régulièrement déclarés ou approuvés ;

« *b)* Le budget prévisionnel de l'exercice en cours ainsi que les comptes annuels des trois derniers exercices clos ou, si l'association a été créée depuis moins de trois ans, les comptes annuels des exercices clos depuis sa date de création ;

« *c)* Toute justification tendant à établir que l'association remplit les conditions prévues aux cinquième à septième alinéas de l'article 6 de la loi du 1er juillet 1901. Ces conditions sont présumées satisfaites lorsque l'association dispose d'une prise de position formelle délivrée dans le cadre de la procédure prévue à l'article L. 80 C du livre des procédures fiscales l'avisant qu'elle relève des dispositions du *b* du 1 de l'article 200 du code général des impôts. »

Lorsque le dossier est complet, l'administration adresse à l'association ou à l'établissement et, le cas échéant, au notaire, un accusé de réception mentionnant la date de réception du dossier et la date à laquelle, à défaut de décision expresse, l'absence d'opposition sera acquise. Cet accusé de réception fait courir le délai ouvert à l'autorité administrative pour statuer. En cas de dossier incomplet, l'accusé de réception fixe un délai pour la production des pièces manquantes et précise que le délai ouvert à l'autorité administrative pour statuer court à compter de la date de réception de ces pièces.

Les dispositions du présent article ne sont pas applicables aux libéralités consenties par des personnes physiques ou morales en vue de la constitution de la dotation initiale d'une fondation ni aux dévolutions d'actif résultant de la dissolution d'un établissement reconnu d'utilité publique, qui sont régies par les dispositions de l'article 3.

Art. 2 Lorsque le préfet envisage de faire usage de son droit d'opposition à l'acceptation des libéralités faites aux établissements et associations visés au deuxième alinéa de l'article 910 du code civil, il en informe l'association ou l'établissement et le cas échéant le notaire, par lettre recommandée avec demande d'avis de réception, et invite l'association ou l'établissement à présenter ses observations dans un délai de quinze jours.

A l'expiration du délai ainsi fixé, le préfet décide, au vu des observations éventuelles de l'association ou de l'établissement, de s'opposer ou non à l'acceptation. En cas d'opposition, il notifie sa décision dûment motivée, par lettre recommandée avec demande d'avis de réception, à l'association ou à l'établissement et le cas échéant au notaire.

L'absence de notification d'une décision expresse dans un délai de quatre mois à compter de la date de l'accusé de réception mentionné à l'article 1er vaut absence d'opposition à l'acceptation *(Décr. n° 2010-395 du 20 avr. 2010, art. 2)* « d'une libéralité ».

A la demande des associations et établissements intéressés, le préfet délivre une attestation de cette absence d'opposition.

Les dispositions du présent article ne sont pas applicables aux libéralités régies par les dispositions de l'article 3.

Art. 3 Le décret reconnaissant une fondation comme établissement d'utilité publique ou approuvant la délibération relative à la dissolution d'un établissement d'utilité publique vaut absence d'opposition à l'acceptation des libéralités mentionnées dans le décret.

Art. 4 La demande d'autorisation d'acceptation des libéralités faites aux établissements mentionnés au premier alinéa de l'article 910 du code civil et aux associations ou fondations dont les activités ou celles de leurs dirigeants sont visées à l'article 1er de la loi du 12 juin 2001 susvisée est adressée au préfet du département où est le siège de la fondation ou de l'association.

Elle comporte :

1° Les statuts de l'établissement, de l'association ou de la fondation ;

2° Les noms, prénoms, profession, domicile et nationalité de ceux qui, à un titre quelconque, sont chargés de son administration ;

3° La désignation de la libéralité ;

4° L'emploi envisagé pour ladite libéralité ;

(Décr. n° 2010-395 du 20 avr. 2010, art. 3) « 5° Le budget prévisionnel de l'exercice en cours ainsi que les comptes annuels des trois derniers exercices clos ou, si l'association a été créée depuis moins de trois ans, les comptes annuels des exercices clos depuis sa date de création. »

Art. 5 Le préfet accuse réception des demandes d'autorisation d'acceptation de libéralités faites par les personnes morales mentionnées à l'article 4, dans les conditions prévues par *(Décr. n° 2017-908 du 6 mai 2017, art. 12)* « les articles L. 114-5, R. 112-4 et R. 112-5 du code des relations entre le public et l'administration ».

Sauf dans le cas de réclamations formulées par des héritiers, l'absence de décision expresse dans un délai de six mois à compter de la demande vaut autorisation d'acceptation.

A la demande des personnes morales intéressées, le préfet délivre une attestation de cette autorisation tacite.

Art. 6 Les réclamations concernant les legs en faveur des personnes morales mentionnées à l'article 4, formulées par les héritiers désignés par la loi, sont recevables auprès du préfet du département du lieu de l'ouverture de la succession, dans un délai de six mois à compter de l'ouverture de la succession. Elles comportent les noms, prénoms et adresse des réclamants, leur ordre et degré de parenté vis-à-vis du défunt ainsi que les motifs de la réclamation.

Le préfet informe la personne morale légataire de ces réclamations et délivre aux réclamants un accusé de réception.

Lorsque les réclamations sont formulées après l'expiration du délai mentionné au premier alinéa ou émanent de personnes autres que les héritiers désignés par la loi, l'accusé de réception fait mention de leur irrecevabilité.

Le préfet transmet les réclamations recevables à l'autorité administrative compétente pour instruire la demande d'autorisation du legs.

Dans le cas d'une libéralité entre vifs au profit d'une personne morale mentionnée à l'article 4, l'autorité administrative compétente pour instruire la demande d'autorisation de la libéralité recueille des renseignements sur la situation de famille et de fortune du donateur.

CHAPITRE II. *LIBÉRALITÉS CONSENTIES AUX ÉTATS ET AUX ÉTABLISSEMENTS ÉTRANGERS HABILITÉS PAR LEUR DROIT NATIONAL À RECEVOIR DES LIBÉRALITÉS (Décr. n° 2012-377 du 19 mars 2012, art. 4)*

Art. 6-1 Les dispositions du présent chapitre sont applicables aux libéralités consenties aux États et aux établissements étrangers dans les cas suivants :

1° En matière de legs :

(Décr. n° 2022-619 du 22 avr. 2022, art. 19) « *a)* Lorsque la loi française est la loi applicable à la succession et que la libéralité porte sur des biens immobiliers ou mobiliers situés en France ;

« *b)* Lorsque la loi étrangère est applicable à la succession et que la libéralité porte sur des biens immeubles situés en France ou des actions ou parts sociales d'entreprises dont le siège social est situé en France ou des parts d'une société civile immobilière dont le patrimoine comporte un immeuble situé en France.

« Ces dispositions ne s'appliquent pas aux libéralités portant sur un local servant habituellement à l'exercice public du culte situé en France. »

2° En matière de donation :

a) Lorsque la libéralité porte sur des biens immobiliers situés en France ;

b) Lorsque la loi française a été choisie par les parties ;

c) Lorsque, en l'absence de choix de loi, le donateur est domicilié en France ou que l'acte a été établi en France.

Art. 6-2 I. — Lorsqu'ils sont avisés d'une succession satisfaisant aux critères définis à l'article 6-1, les notaires en informent l'État ou l'établissement étrangers et en font la déclaration au ministre de l'intérieur.

Lorsque l'État ou l'établissement étrangers est bénéficiaire d'une libéralité entre vifs, il appartient au mandataire désigné selon la loi étrangère pour accomplir les formalités en France de procéder à la déclaration de la donation au ministre de l'intérieur.

II. — La déclaration au ministre de l'intérieur est faite par courrier recommandé avec demande d'avis de réception et accompagnée des documents suivants, avec leur traduction en français s'il y a lieu :

1° En cas de legs : une copie ou un extrait du testament et de ses codicilles relatifs à la libéralité et une copie de l'acte de décès *(Abrogé par Décr. n° 2022-619 du 22 avr. 2022, art. 19)* « *ou d'un bulletin de décès* » du testateur ;

2° Pour les libéralités entre vifs : une copie de l'acte de donation ou, à défaut, la justification de la libéralité ;

(Décr. n° 2022-619 du 22 avr. 2022, art. 19) « 3° Le cas échéant, toute estimation de la valeur de la libéralité ;

« 4° » La justification de l'acceptation de la libéralité par l'État ou par l'établissement étrangers ainsi que, le cas échéant, la justification de l'aptitude de l'établissement bénéficiaire à en exécuter les charges ou à en satisfaire les conditions compte tenu de son objet statutaire ;

(Décr. n° 2022-619 du 22 avr. 2022, art. 19) « 5° » La procuration à une personne nommément désignée par l'État ou par l'établissement étrangers pour accomplir les formalités en France ou la justification de la nomination d'un mandataire désigné selon la loi étrangère ;

(Décr. n° 2022-619 du 22 avr. 2022, art. 19) « 6° » Les statuts de l'établissement étranger bénéficiaire, déclarés ou approuvés conformément à son droit national, et tout document officiel attestant que l'établissement est habilité par son droit national à recevoir des libéralités.

III. — Lorsque le bien donné ou légué est un bien culturel au sens du chapitre I du titre I du livre I du code du patrimoine, la déclaration est accompagnée d'une description du bien précisant sa nature, son support, le nom de son auteur, son titre et sa date, ses matériaux, ses dimensions ainsi que tout signe distinctif utile à son identification, et d'une photographie d'un format suffisant pour rendre possible la reconnaissance du bien.

Lorsque le dossier est complet, le ministre de l'intérieur adresse au mandataire désigné et, le cas échéant, au notaire un accusé de réception mentionnant la date de réception du dossier et la date à laquelle, à défaut de décision expresse, l'absence d'opposition sera acquise. Cet accusé de réception fait courir le délai de douze mois ouvert au ministre de l'intérieur pour statuer.

En cas de dossier incomplet, l'accusé de réception fixe un délai pour la production des pièces manquantes et précise que le délai ouvert au ministre de l'intérieur pour statuer court à compter de la plus tardive des dates de réception des pièces manquantes.

Art. 6-3 Le ministre de l'intérieur consulte le ministre des affaires étrangères qui dispose d'un délai de huit mois pour émettre son avis.

Le cas échéant, il recueille simultanément l'avis du ou des autres ministres intéressés qui doit lui parvenir dans un délai de six mois.

Lorsque le bien donné ou légué est un bien culturel au sens du chapitre I du titre I du livre I du code du patrimoine, le ministre intéressé est le ministre chargé de la culture.

Art. 6-4 Au vu des avis recueillis, le ministre de l'intérieur peut faire usage de son droit d'opposition à l'acceptation des libéralités consenties aux États ou établissements étrangers, pour les motifs tirés :

1° Des engagements internationaux souscrits par la France ou de la défense de ses intérêts fondamentaux ;

2° De la nature des activités de l'établissement étranger ou de ses dirigeants, en particulier celles visées à l'article 1er de la loi du 12 juin 2001 susvisée.

Le ministre de l'intérieur peut également faire usage de son droit d'opposition lorsque l'établissement étranger ne justifie pas que son droit national lui reconnaît la capacité juridique de recevoir des libéralités ou lorsque son objet statutaire ne lui permet pas d'exécuter les charges liées à la libéralité.

Art. 6-5 Lorsque le ministre de l'intérieur envisage de faire usage de son droit d'opposition à l'acceptation d'une libéralité, il en informe le mandataire désigné et, le cas échéant, le notaire par lettre remise contre signature. Il invite le mandataire désigné à présenter ses observations dans un délai d'un mois.

A l'expiration du délai ainsi fixé, et au plus tard dans le délai mentionné à l'article 6-2, le ministre de l'intérieur décide, au vu des observations éventuelles du mandataire désigné, de s'opposer ou non à l'acceptation de la libéralité. En cas d'opposition, il notifie sa décision dûment motivée, par lettre remise contre signature, au mandataire désigné et, le cas échéant, au notaire.

L'absence de notification de la décision dans le délai de douze mois mentionné à l'article 6-2 vaut absence d'opposition à l'acceptation de la libéralité. A la demande du mandataire désigné, le ministre de l'intérieur délivre une attestation de cette absence d'opposition.

Art. 6-6 L'absence de décision d'opposition à l'acceptation d'une libéralité par un établissement étranger est sans effet sur son éligibilité éventuelle au bénéfice des exonérations de droits de mutation à titre gratuit prévues par l'article 795 du code général des impôts en faveur de certains organismes ou établissements. Ces exonérations fiscales s'appliquent aux établissements étrangers répondant aux mêmes conditions que les établissements français éligibles lorsqu'il existe en la matière un régime de réciprocité entre la France et l'État où l'établissement a son siège, cette réciprocité résultant d'une convention internationale relative aux doubles impositions ou d'un accord particulier.

Art. 6-7 L'absence de décision d'opposition du ministre de l'intérieur à l'acceptation d'une libéralité par un État ou un établissement étrangers ne dispense pas le demandeur de recueillir les autorisations requises, le cas échéant, par d'autres législations.

CHAPITRE III. *DISPOSITIONS DIVERSES (Décr. n° 2012-377 du 19 mars 2012, art. 5-I).*

Art. 7 L'acquisition à titre onéreux ou l'aliénation, par les établissements congréganistes autorisés ou légalement reconnus et, dans les départements du Bas-Rhin, du Haut-Rhin ou de la Moselle, par les établissements publics du culte, de biens immeubles, de rentes ou valeurs garanties par l'État est autorisée par arrêté du préfet du département où l'établissement a son siège.

L'autorisation est réputée accordée si le préfet n'y a pas fait opposition dans les deux mois de leur notification par l'établissement.

Art. 8 Lorsque les statuts des associations ou des fondations reconnues d'utilité publique soumettent à autorisation administrative les opérations portant sur les droits réels immobiliers, les emprunts, l'aliénation ou le remploi des biens mobiliers dépendant de la dotation ou du fonds de réserve, cette autorisation est donnée par arrêté du préfet du département où est le siège de l'association ou de la fondation.

L'autorisation est réputée accordée si le préfet n'y a pas fait opposition dans les deux mois de leur notification par l'association ou la fondation.

Art. 9 Les modifications apportées aux statuts ou la dissolution volontaire d'une fondation reconnue d'utilité publique prennent effet après approbation donnée par décret en Conseil d'État pris sur le rapport du ministre de l'intérieur.

Toutefois, l'approbation peut être donnée par arrêté du ministre de l'intérieur lorsque cet arrêté est pris conformément à l'avis du Conseil d'État.

Par dérogation aux dispositions qui précèdent, la modification des statuts portant sur le transfert à l'intérieur du territoire français du siège de la fondation prend effet après approbation par arrêté du ministre de l'intérieur.

....

Art. 12 Les articles 1er à 6 du présent décret sont applicables aux libéralités pour lesquelles aucune demande d'autorisation de leur acceptation n'a été formulée auprès de l'autorité administrative avant le 1er janvier 2006.

Pour les libéralités pour lesquelles une demande d'autorisation de leur acceptation a été formulée à compter du 1er janvier 2006, la demande d'autorisation vaut déclaration et le délai d'opposition prévu à l'article 2 court à compter de l'entrée en vigueur du présent décret.

CHAPITRE IV. *RESCRIT ADMINISTRATIF (Décr. n° 2012-377 du 19 mars 2012, art. 5).*

Art. 12-1 *(Décr. n° 2010-395 du 20 avr. 2010, art. 4)* La demande faite par une association sur le fondement du V de l'article 111 de la loi n° 2009-526 du 12 mai 2009 de simplification et de clarification du droit et d'allègement des procédures est accompagnée des documents suivants :

1° Les statuts de l'association ;

2° Les nom, prénoms, profession, domicile et nationalité de ceux qui, à un titre quelconque, sont chargés de son administration ;

3° Le budget prévisionnel de l'exercice en cours ainsi que les comptes annuels des trois derniers exercices clos ou, si l'association a été créée depuis moins de trois ans, les comptes des exercices clos depuis sa date de création ;

(Décr. n° 2015-832 du 7 juill. 2015, art. 5) « 4° Toute justification tendant à établir que l'association remplit les conditions prévues aux cinquième à septième alinéas de l'article 6 de la loi du 1er juillet 1901. Ces conditions sont présumées satisfaites lorsque l'association dispose d'une prise de position formelle délivrée dans le cadre de la procédure prévue à l'article L. 80 C du livre des procédures fiscales l'avisant qu'elle relève des dispositions du *b* du 1 de l'article 200 du code général des impôts.

« *(Abrogé par Décr. n° 2021-1844 du 27 déc. 2021, art. 11) « Pour les associations cultuelles, toute justification tendant à établir que l'association bénéficiaire réunit les conditions requises pour être qualifiée d'association cultuelle mentionnée aux articles 18 et 19 de la loi du 9 décembre 1905 susvisée.* » »

Le préfet accuse réception de cette demande dans les conditions prévues *(Décr. n° 2017-908 du 6 mai 2017, art. 12)* « aux articles L. 114-5, R. 112-4 et R. 112-5 du code des relations entre le public et l'administration ».

Art. 12-2 *(Décr. n° 2010-395 du 20 avr. 2010, art. 4)* Le cas échéant, le préfet procède à une enquête aux fins d'établir si l'association qui fait la demande mentionnée à l'article 12-1 :

(Décr. n° 2015-832 du 7 juill. 2015, art. 6) « *a)* Remplit les conditions prévues aux cinquième et septième alinéas de l'article 6 de la loi du 1er juillet 1901 *(Abrogé par Décr. n° 2021-1844 du 27 déc. 2021, art. 12)* « *ou remplit les conditions requises pour être qualifiée d'association cultuelle mentionnée aux articles 18 et 19 de la loi du 9 décembre 1905* ». »

b) Ne porte pas atteinte à l'ordre public.

Lorsque le préfet envisage de se prononcer défavorablement sur cette demande, il en informe l'association par lettre recommandée avec demande d'avis de réception et l'invite à présenter ses observations dans un délai de quinze jours.

Le préfet constate que l'association remplit ou ne remplit pas les conditions énoncées au *a* et au *b*.

L'absence de décision expresse dans un délai de quatre mois à compter de la date de l'accusé de réception mentionné à l'article 12-1 ou, en cas de dossier incomplet, à compter de la date de réception de la dernière des pièces manquantes vaut constatation implicite que l'association remplit les conditions énoncées au *a* et au *b*. A la demande de l'association intéressée, le préfet délivre l'attestation prévue *(Décr. n° 2017-908 du 6 mai 2017, art. 12)* « à l'article L. 232-3 du code des relations entre le public et l'administration. ».

Art. 12-3 *(Décr. n° 2010-395 du 20 avr. 2010, art. 4)* Lorsque la décision du préfet est favorable, elle a une durée de validité de cinq ans. Elle peut être abrogée, selon la procédure prévue à l'article 12-2, si le préfet constate que l'association ne remplit plus les conditions requises.

Art. 12-4 *(Décr. n° 2010-395 du 20 avr. 2010, art. 4)* Pour l'application de l'article 12-3, l'association bénéficiaire d'une décision constatant qu'elle remplit les conditions énoncées au *a* et au *b* de l'article 12-2 présente ses comptes annuels sur toute réquisition du préfet.

....

V. C. mut., art. L. 114-43. — ***CSS*** *; CASF, art. L. 123-8 (centres communaux d'action sociale). —* ***CASF.***

En ce qui concerne les dons consentis aux candidats aux élections politiques, V. C. élect., art. L. 52-8 — ... Aux partis politiques, V. L. n° 88-227 du 11 mars 1988, art. 11-4 à 11-8. — ***C. élect.***

Art. 910-1 *(L. n° 2021-1109 du 24 août 2021, art. 78)* **Les libéralités consenties directement ou indirectement à des associations cultuelles au sens des articles 18 et 19 de la loi du 9 décembre 1905 concernant la séparation des Églises et de l'État, à des congrégations et, dans les départements du Bas-Rhin, du Haut-Rhin et de la Moselle, à des établissements publics du culte et à des associations inscrites de droit local à objet cultuel par des États étrangers, des personnes morales étrangères ou des personnes physiques non résidentes sont acceptées librement par ces associations et ces établissements, sauf opposition formée par l'autorité administrative compétente, après mise en œuvre d'une procédure contradictoire, pour le motif mentionné au III de l'article 19-3 de la loi du 9 décembre 1905 précitée.**

L'opposition à la libéralité, formée dans des conditions fixées par décret en Conseil d'État, prive celle-ci d'effet.

Art. 911 *(L. n° 2006-728 du 23 juin 2006)* **Toute libéralité au profit d'une personne physique** *(L. n° 2015-1776 du 28 déc. 2015, art. 29)* **« ou d'une personne morale », frappée d'une incapacité de recevoir à titre gratuit, est nulle, qu'elle soit déguisée sous la forme d'un contrat onéreux ou faite sous le nom de personnes interposées, physiques ou morales.**

Sont présumés personnes interposées, jusqu'à preuve contraire, les père et mère, les enfants et descendants, ainsi que l'époux de la personne incapable. — *Entrée en vigueur le 1er janv. 2007.*

V. L. 1er juill. 1901, relative au contrat d'association, art. 17, qui complète l'art. 911 C. civ., ss. art. 1873.

Ancien art. 911 ***Toute disposition au profit d'un incapable sera nulle, soit qu'on la déguise sous la forme d'un contrat onéreux, soit qu'on la fasse sous le nom de personnes interposées.***

Seront réputées personnes interposées les père et mère, les enfants et descendants, et l'époux de la personne incapable.

1. *Nullité de l'art. 911 : non-application à la donation déguisée consentie à un mineur.* La nullité édictée par l'art. 911, sanctionnant la violation d'une incapacité spéciale de recevoir privant la personne visée du droit de bénéficier d'une libéralité, ne s'applique pas à la donation faite à un mineur non émancipé, capable de recevoir au sens de l'art. 902, et qui n'est atteint que d'une simple incapacité générale d'exercice de ses droits. • Civ. 1re, 7 janv. 1982 : *D. 1983. 205, note Grimaldi ; RTD civ. 1983. 173, obs. Patarin.* ♦ Caractère de la nullité édictée par l'art. 911 : V. note Grimaldi, préc.

2. *... Application au legs adressé à une personne morale dépourvue de la capacité de recevoir à titre gratuit.* Il résulte de la combinaison des art. 906 et 911, le premier de ces art. traduisant le principe fondamental suivant lequel il ne peut exister de droits sans sujets de droits, que le legs fait à une association dépourvue de la capacité de recevoir une libéralité au jour du décès du disposant est nul. Cassation de l'arrêt qui, pour autoriser une fondation à accepter le legs consenti à une association à charge d'en affecter le montant à une action de celle-ci conformément à la volonté de la testatrice, retient que si, en première instance, cette association était inapte à recevoir un legs, il en va différemment avec l'intervention de la fondation laquelle disposait de la capacité de recevoir au décès de la testatrice ; en statuant ainsi, la cour d'appel s'est déterminée au regard de la capacité d'une personne morale à laquelle elle n'avait pas reconnue la qualité de légataire. • Civ. 1re, 14 avr. 2021, no 19-19.306 P : *D. 2021. Chron. C. cass. 1784, obs. Mouty-Tardieu ; ibid. 2064, obs. Godechot-Patris ; AJ fam. 2021. 438, obs. Levillain*.

3. *Interposition de personnes : illustrations.* Jugé qu'est nul le legs universel fait au président d'un parti politique au motif qu'il résulte des circonstances de l'espèce que le disposant a entendu contourner, par une interposition de personne, l'interdiction de recevoir frappant une telle organisation. • TGI Épinal, 14 nov. 1996 : *Gaz. Pal. 1997. 1. 379 ; Dr. fam. 1997, no 148, note Beignier,* confirmé par • Nancy, 21 oct. 1997 : *JCP 1998. IV. 2362 ; Dr. fam. 1998, no 172, note Beignier.* ♦ Jugé également qu'est nul pour interposition de personne le legs fait par une pensionnaire d'une maison de retraite à la concubine du directeur de cette maison. • Bordeaux, 29 févr. 2000 : *RJPF 2000-11/49, note Casey.* ♦ Cassation de l'arrêt qui ne recherche pas si le legs consenti à une société exploitant une maison de retraite ne dissimulait pas une libéralité, par personne interposée, faite au médecin exerçant dans la maison de retraite, détenteur, avec son épouse infirmière, de la totalité des parts de cette société. • Civ. 1re, 9 févr. 2011 : *Dr. fam. 2011, no 77, obs. Beignier.*

4. *Donations déguisées.* Pour des illustrations, V. jurisprudence citée ss. art. 931.

Avant d'être rétabli dans le chapitre III ci-après, l'art. 912, figurant dans le chapitre II, avait été abrogé par L. 14 juill. 1819.

CHAPITRE III DE LA RÉSERVE HÉRÉDITAIRE, DE LA QUOTITÉ DISPONIBLE ET DE LA RÉDUCTION *(L. no 2006-728 du 23 juin 2006).*

*La loi no 2006-728 du 23 juin 2006 modifiant le présent chapitre entre en vigueur le **1er janv. 2007**. — V. les dispositions antérieures (Chapitre III ancien), ss. art. 930-5.*

RÉP. CIV. vo *Réserve héréditaire - Quotité disponible*, par FONGARO et NICOD.

BIBL. ▸ CÉNAC et PEYROUX, *JCP N 2011, no 1092.* – LEYRAT, *Defrénois 2022/2. 15* (concilier la donation à un enfant unique avec la préservation de la quotité disponible). – MOLIÈRE, *D. 2019. 1554* (ordre public successoral *versus* renonciation anticipée à l'action en réduction).

SECTION 1 De la réserve héréditaire et de la quotité disponible *(L. no 2006-728 du 23 juin 2006).*

BIBL. ▸ LETELLIER, *JCP N 2020, no 1189* (le passé de la réserve héréditaire : une leçon pour le futur ?). – CERQUEIRA et CHOISEL, *D. 2020. 2302* (le retour inattendu d'un fondement moral de la réserve héréditaire). – PICHARD, *D. 2019. 2002* (la réserve et l'enfant). – Dossier, *Dr. fam. 2019. Étude 19 s.* (faut-il réformer la réserve héréditaire ?). – Dossier, *Defrénois 2019/46. 15* (la réserve héréditaire : présent et devenir).

▸ **Avenir de « la réserve héréditaire » :** BEIGNIER, *JCP N 2021, no 1136* (la réserve héréditaire : évolution ou révolution ?). – GODIN et RANDOUX, *Defrénois 2022/8. 23* (pour une nouvelle protection de la réserve héréditaire). – LAURENT-BONNE, *RTD civ. 2021. 55* (l'avenir de la réserve héréditaire est-il dans son histoire ?). – PÉRÈS, *JCP N 2020, no 212.* – PÉRÈS et POTENTIER, *D. 2020. 328*. – SÉRIAUX, *Dr. fam. 2020. Étude 14.*

Art. 912 *(L. no 2006-728 du 23 juin 2006)* **La réserve héréditaire est la part des biens et droits successoraux dont la loi assure la dévolution libre de charges à certains héritiers dits réservataires, s'ils sont appelés à la succession et s'ils l'acceptent.**

La quotité disponible est la part des biens et droits successoraux qui n'est pas réservée par la loi et dont le défunt a pu disposer librement par des libéralités.

BIBL. ▶ Boiche, *AJ fam. 2018. 138*. – Perrotin, *LPA 23 mars 2018*. – Goût, *LPA 26 avr. 2018* (contournement de la réserve héréditaire au profit des derniers-nés). – Vincent, *Dr. fam. 2018. Étude 13* (réserve héréditaire et ordre public international).

1. Nature de la réserve. *(Décisions rendues en application du droit antérieur à la L. du 23 juin 2006).* De l'arrêt *Lavialle* (• Cass., ch. réun., 27 nov. 1863 : *GAJC, 12e éd., no 138 ; DP 1864. 1. 5, rapp. Faustin Hélie, concl. Dupin, note Brésillon* : caractère successoral de la réserve héréditaire) à l'arrêt *Bizien* (• Civ. 1re, 1er mars 1977 : *D. 1977. 541, note Donnier :* (affectation privative de la réserve à certains héritiers, à l'exclusion de toutes autres personnes ayant vocation à la succession et notamment des successibles n'ayant pas la qualité de réservataires), V. Goubeaux, *Defrénois 1990. 193.*

2. Caractère d'ordre public de la réserve en droit interne. *(Décisions rendues en application du droit antérieur à la L. du 23 juin 2006).* Aucune disposition testamentaire ne peut modifier les droits que les héritiers réservataires tiennent de la loi, et la clause ayant pour effet de priver l'héritier réservataire du droit de jouir et disposer de biens compris dans sa réserve (tableaux) ne peut être déclarée valable par les juges du fond. • Civ. 1re, 22 févr. 1977 : *Bull. civ. I, no 100.* ♦ Doit être réduit un legs en usufruit ayant pour effet de priver l'héritier réservataire du droit de jouir et de disposer des biens compris dans sa réserve. • Civ. 1re, 19 mars 1991 : *JCP 1992. II. 21840, note Salvage ; D. 1992. Somm. 229, obs. Vareille*. ♦ V. aussi • Civ. 1re, 9 nov. 1959 : *D. 1959. 613, note R. Savatier* (legs d'un immeuble indivis entre le testateur et l'héritier réservataire). • Civ. 1re, 27 sept. 2017, no 16-13.151 P : *D. 2017. 2185, note Guillaumé ; ibid. 2310, note Fulchiron ; AJ fam. 2017. 595, obs. Boiché ; RTD civ. 2017. 833, obs. Usunier ; ibid. 2018. 189, obs. Grimaldi ; Rev. crit. DIP 2018. 87, note Ancel ; RTD com. 2018. 110, obs. Pollaud-Dulian ; Defrénois 2017/22, p. 23, obs. Goré ; JCP 2017, no 1236, note Nourissat et Revillard. – Adde :* Vincent, *Dr. fam. 2018. Étude 13* (réserve héréditaire et ordre public international).

3. Absence de caractère d'ordre public de la réserve en droit international privé. Une loi étrangère désignée par la règle de conflit qui ignore la réserve héréditaire n'est pas en soi contraire à l'ordre public international français et ne peut être écartée que si son application concrète, au cas d'espèce, conduit à une situation incompatible avec les principes du droit français considérés comme essentiels. • Civ. 1re, 27 sept. 2017, no 16-13.151 P : *D. 2017. 2185, note Guillaumé ; ibid. 2310, note Fulchiron ; AJ fam. 2017. 595, obs. Boiché ; RTD civ. 2017. 833, obs. Usunier ; ibid. 2018. 189, obs. Grimaldi ; Rev. crit. DIP 2018. 87, note Ancel ; RTD com. 2018. 110, obs. Pollaud-Dulian ; Defrénois 2017/22, p. 23, obs. Goré ; JCP 2017, no 1236, note Nourissat et Revillard ; JCP N 2017, no 1305, note Fongaro ; ibid. 2018, no 1239, note Deneuville et Godechot-Patris ; Dr. fam. 2017, no 230, note Nicod* • 27 sept. 2017, no 16-17.198 P : *D. 2017. 2185, note Guillaumé ; ibid. 2310, note Fulchiron ; AJ fam. 2017. 510, obs. Boiché ; ibid. 598, obs. Lagarde, Meier-Bourdeau, Savouré et Kessler ; RTD civ. 2017. 833, obs. Usunier ; Defrénois 2017/22, p. 23, obs. Goré ; JCP 2017, no 1236, note Nourissat et Revillard ; JCP N 2017, no 1305, note Fongaro ; Dr. fam. 2017, no 230, note Nicod.*

4. Droit transitoire. La quotité disponible, étant fixée au décès, est déterminée par application de la loi en vigueur à la date du décès. • Civ. 1re, 21 déc. 1960, no 58-12.062 P *(décision rendue sous l'empire du droit antérieur à la L. du 23 juin 2006).* ♦ V. aussi L. 23 juin 2006, art. 47, ss. art. 892.

Art. 913 *(L. no 72-3 du 3 janv. 1972)* **Les libéralités, soit par actes entre vifs, soit par testament, ne pourront excéder la moitié des biens du disposant, s'il ne laisse à son décès qu'un enfant ; le tiers, s'il laisse deux enfants ; le quart, s'il en laisse trois ou un plus grand nombre** *(Abrogé par Ord. no 2005-759 du 4 juill. 2005, à compter du 1er juill. 2006)* ***« ; sans qu'il y ait lieu de distinguer entre les enfants légitimes et les enfants naturels, »*** *(Abrogé par L. no 2001-1135 du 3 déc. 2001, art. 16)* ***« hormis le cas de l'article 915 ».***

(L. no 2006-728 du 23 juin 2006) **« L'enfant qui renonce à la succession n'est compris dans le nombre d'enfants laissés par le défunt que s'il est représenté ou s'il est tenu au rapport d'une libéralité en application des dispositions de l'article 845. »**

(L. no 2021-1109 du 24 août 2021, art. 24, en vigueur le 1er nov. 2021) **« Lorsque le défunt ou au moins l'un de ses enfants est, au moment du décès, ressortissant d'un État membre de l'Union européenne ou y réside habituellement et lorsque la loi étrangère applicable à la succession ne permet aucun mécanisme réservataire protecteur des enfants, chaque enfant ou ses héritiers ou ses ayants cause peuvent effectuer un prélèvement compensatoire sur les biens existants situés en France au jour du décès, de**

façon à être rétablis dans les droits réservataires que leur octroie la loi française, dans la limite de ceux-ci. »

L'art. 24 de la L. nº 2021-1109 du 24 août 2021 entre en vigueur le 1er nov. 2021 et s'applique aux successions ouvertes à compter de son entrée en vigueur, y compris si des libéralités ont été consenties par le défunt avant cette entrée en vigueur (L. préc., art. 24-II).

BIBL. ▶ Haftel, *D. 2021. 2012* (successions internationales : le retour du droit de prélèvement ?). – Laurent-Bonne, *AJ fam. 2021. 548* (droit de prélèvement compensatoire dans les successions internationales). – Péroz, *Dr. fam. 2021, nº 146 (idem)* ; *Gaz. Pal. 2021. 754 (idem)*. – Tani, *Dr. fam. 2021, nº 178*. – Débat, *Rev. crit. DIP 2021. 291* (le retour du droit de prélèvement ?).

1. Règle impérative. Aucune disposition testamentaire ne pouvant modifier les droits que les héritiers réservataires tiennent de la loi, cassation de l'arrêt ayant débouté le fils unique de la testatrice, bénéficiaire d'un legs universel sous condition que ce legs intègre la communauté, de sa demande tendant à limiter les effets du legs à hauteur de la quotité disponible au motif qu'il n'avait pas usé de cette faculté lors des opérations de liquidation de la succession, alors que les biens légués n'ayant pas été mis à disposition de la communauté, il ne pouvait être déduit qu'il avait renoncé au droit d'exiger le cantonnement du legs à la quotité disponible. • Civ. 1re, 11 sept. 2013, nº 12-11.694 P : *D. 2013. 2102* ; *AJ fam. 2013. 582, obs. Levillain* ; *RTD civ. 2013. 878, obs. Grimaldi* ; *JCP 2013, nº 1070, note Sauvage.*

2. Conséquences : imputation en assiette des libéralités consenties en usufruit. En application des art. 913 et 919-2, aucune disposition testamentaire ne peut modifier les droits que les héritiers réservataires tiennent de la loi et la libéralité faite hors part successorale s'impute sur la quotité disponible, l'excédent étant sujet à réduction ; il s'en déduit que les libéralités faites en usufruit s'imputent en assiette. Cassation de l'arrêt ayant procédé à l'imputation en valeur d'un legs en usufruit sur la quotité disponible après avoir procédé à une capitalisation des droits en usufruit du légataire. • Civ. 1re, 22 juin 2022, nº 20-23.215 B : *D. 2022. 1205* ; *AJ fam. 2022. 450, obs. Levillain* ; *RTD civ. 2022. 682, obs. Grimaldi* ; *JCP 2022, nº 1017, note Sauvage* ; *JCP N 2022, nº 1209, note Nicod et Tani.*

Art. 913-1 *(L. nº 72-3 du 3 janv. 1972)* **Sont compris dans l'article 913, sous le nom d'enfants, les descendants en quelque degré que ce soit, encore qu'ils ne doivent être comptés que pour l'enfant dont ils tiennent la place dans la succession du disposant.**

Antérieurement à la L. 23 juin 2006. Effets de la représentation au regard de la réserve héréditaire du représenté : V. • Aix-en-Provence, 17 juin 1974 : *D. 1974. 756* • Civ. 1re, 15 juill. 1975 : *D. 1975. 757* • 1er mars 1977 : *D. 1977. 541, notes Donnier.*

Art. 914 *(Abrogé par L. nº 2006-728 du 23 juin 2006) (L. nº 72-3 du 3 janv. 1972)* ***Les libéralités, par actes entre vifs ou par testament, ne pourront excéder la moitié des biens, si, à défaut d'enfant, le défunt laisse un ou plusieurs ascendants dans chacune des lignes, paternelle et maternelle, et les trois quarts s'il ne laisse d'ascendants que dans une ligne.***

Les biens ainsi réservés au profit des ascendants seront par eux recueillis dans l'ordre où la loi les appelle à succéder : ils auront seuls droit à cette réserve dans tous les cas où un partage en concurrence avec des collatéraux ne leur donnerait pas la quotité de biens à laquelle elle est fixée.

BIBL. ▶ Rieubernet, *LPA 13 oct. 2006* (la fin de la réserve des ascendants).

Art. 914-1 *(L. nº 2001-1135 du 3 déc. 2001, art. 13)* **Les libéralités, par actes entre vifs ou par testament, ne pourront excéder les trois quarts des biens si, à défaut de descendant** *(Abrogé par L. nº 2006-728 du 23 juin 2006)* ***« et d'ascendant »***, **le défunt laisse un conjoint survivant, non divorcé** *(Abrogé par L. nº 2006-728 du 23 juin 2006, art. 29-26º)* ***« , contre lequel n'existe pas de jugement de séparation de corps passé en force de chose jugée et qui n'est pas engagé dans une instance en divorce ou séparation de corps »*.**

Art. 915 à 915-2 *Abrogés.*

Art. 916 *(L. nº 2001-1135 du 3 déc. 2001, art. 13, en vigueur le 1er juill. 2002)* **« A défaut de descendant** *(Abrogé par L. nº 2006-728 du 23 juin 2006)* ***« , d'ascendant »*** **et de conjoint survivant non divorcé** *(Abrogé par L. nº 2006-728 du 23 juin 2006, art. 29-26º)* ***« , contre lequel n'existe pas de jugement de séparation de corps passé en force de chose jugée et qui n'est pas engagé dans une instance en divorce ou séparation de corps »***, **les libéralités par actes entre vifs ou testamentaires pourront épuiser la totalité des biens.**

Art. 917 **Si la disposition par acte entre vifs ou par testament est d'un usufruit ou d'une rente viagère dont la valeur excède la quotité disponible, les héritiers au profit**

desquels la loi fait une réserve, auront l'option, ou d'exécuter cette disposition, ou de faire l'abandon de la propriété de la quotité disponible.

BIBL. ▶ LEYRAT, *Defrénois, 21 févr. 2019. 13.*

1° DOMAINE DE L'OPTION

1. Absence de volonté contraire exprimée par le disposant. *(Décisions rendues sous l'empire du droit antérieur à la L. du 23 juin 2006).* L'art. 917 n'est pas d'ordre public et le donateur ou le testateur peut en interdire l'application. • Req. 1er juill. 1873 : *DP 1874. 1. 26.* ♦ Les juges du fond interprètent souverainement la volonté du testateur en ce sens. • Civ. 1re, 10 janv. 1978, n° 76-13.366 P.

2. Absence de concours entre la libéralité en usufruit (ou en rente viagère) et des libéralités en propriété ou en nue-propriété. *(Décisions rendues sous l'empire du droit antérieur à la L. du 23 juin 2006).* La disposition spéciale de l'art. 917 ne peut être étendue au cas où la quotité disponible a été excédée par des libéralités en nue-propriété. • Civ. 7 juill. 1857 : *DP 1857. 1. 348.* ♦ ... Ni au cas où les libéralités portent, à la fois, sur des biens en toute propriété et sur un usufruit. • Civ. 1re, 11 juill. 1977 : *Bull. civ. I, n° 323* • 3 mars 1992, n° 90-16.201 P.

3. Caractère excessif de la libéralité en usufruit (ou en rente viagère). *(Décisions rendues en application du droit antérieur à la L. du 23 juin 2006).* L'option ouverte à l'héritier réservataire par l'art. 917 peut être exercée par lui dès que les revenus donnés à l'usufruitier excèdent ceux de la quotité disponible. • Civ. 1re, 10 janv. 1978 : *préc. note 1.* ♦ Déjà en ce sens : • Civ. 1re, 21 mai 1963 : *Bull. civ. I, n° 266* (précisant que les juges doivent procéder à une estimation de la valeur respective de ces revenus et non à une comparaison de valeur des biens soumis à l'usufruit et de la quotité disponible). ♦ V. également en ce sens : • Paris, 12 déc. 1985 : *Gaz. Pal. 1986. 1. 192, note Lesguillier.*

2° EXERCICE DE L'OPTION

4. Absence de formalisme particulier. L'option prévue par l'art. 917 n'est soumise à aucune condition de forme ; il appartient aux juges du fond d'apprécier s'il ne résulte pas des circonstances de la cause que l'héritier a choisi d'exécuter la donation en usufruit et de décider qu'étant donné le nombre d'années écoulées depuis le décès du *de cujus* il a renoncé à l'abandon facultatif de la quotité disponible. • Civ. 1re, 22 nov. 1954 : *D. 1955. Somm. 42. (décision rendue sous l'empire du droit antérieur à la L. du 23 juin 2006).*

5. Absence de délai particulier. *(Décisions rendues sous l'empire du droit antérieur à la L. du 23 juin 2006).* S'il est exact qu'aucun délai n'est assigné par les textes pour l'exercice de l'option de l'art. 917, rien n'interdit à la juridiction, qui a ordonné les opérations de compte liquidation et partage, d'assigner en cette matière des délais, sans lesquels la délivrance du legs pourrait être indéfiniment paralysée. • Civ. 1re, 7 janv. 1981, n° 79-16.097 P : *RTD civ. 1981. 889, obs. Patarin ; Defrénois 1981, p. 661, obs. Champenois.* – V. déjà dans la même affaire : • Paris, 15 juin 1974 : *JCP 1975. II. 18110, note Dagot.*

6. Irrévocabilité de l'option. Caractère irrévocable de l'option exercée : V. • Civ. 1re, 7 janv. 1981 : *préc. note 5.*

SECTION 2 De la réduction des libéralités excessives *(L. n° 2006-728 du 23 juin 2006).*

BIBL. GÉN. ▶ FÉNARDON, *JCP N 2008. 1300* (fruits et intérêts). – LEYRAT, *Defrénois 2022/9. 21* (difficultés persistantes autour de la renonciation anticipée à l'action en réduction). – VAREILLE, *D. 2006. 2565* (nouveau rapport, nouvelle réduction).

§ 1 Des opérations préliminaires à la réduction *(L. n° 2006-728 du 23 juin 2006).*

Art. 918 *(L. n° 2006-728 du 23 juin 2006)* **La valeur en pleine propriété des biens aliénés, soit à charge de rente viagère, soit à fonds perdus, ou avec réserve d'usufruit à l'un des successibles en ligne directe, est imputée sur la quotité disponible. L'éventuel excédent est sujet à réduction. Cette imputation et cette réduction ne peuvent être demandées que par ceux des autres successibles en ligne directe qui n'ont pas consenti à ces aliénations.**

BIBL. ▶ BARGUE, *Defrénois 2010. 165.*

1. Constitutionnalité. L'art. 918, dans sa rédaction antérieure à la L. n° 2006-728 du 23 juin 2006 portant réforme des successions et des libéralités, est conforme à la Constitution. • Cons. const. 1er août 2013, n° 2013-337 QPC : *D. 2013. 1959 ; AJ fam. 2013. 723, obs. de Guillenchmidt-Guignot ; Dr. fam. 2014. Étude 8, note Deville* (dispositions proches du nouvel art. 918).

A. DOMAINE DE LA PRÉSOMPTION DE GRATUITÉ

2. Conv. EDH. La vie familiale, au sens de l'art. 8, englobe aussi des éléments matériels comme la place attribuée à la réserve héréditaire. • CEDH, sect. V, 23 févr. 2010, *Hofmann c/ Allemagne*, n° 1289/09.

3. Opérations visées : aliénation avec réserve d'usufruit. L'art. 918 établit une présomption de gratuité à l'encontre de toute aliénation avec réserve d'usufruit consentie à un successible en ligne directe, sans distinguer selon que la disposition a eu lieu ou non à fonds perdu, ni suivant le moment auquel le prix a été stipulé payable entre les mains de l'aliénateur ou entre celles de ses héritiers. • Civ. 28 déc. 1937 : *DP 1940. 1. 41, note Holleaux (décision rendue en application du droit antérieur à la L. du 23 juin 2006).*

4. ... Aliénation avec réserve d'un droit d'usage et d'habitation. *(Décisions rendues en application du droit antérieur à la L. du 23 juin 2006).* L'énumération de l'art. 918 étant limitative, ses dispositions ne peuvent être étendues à une aliénation avec réserve d'un simple droit d'usage et d'habitation. • Civ. 1re, 10 juill. 1996, n° 94-13.301 P : *JCP 1997. I. 4021, obs. Le Guidec ; Defrénois 1998. 465, note Bernard de Saint-Affrique ; RTD civ. 1997. 489, obs. Patarin* • 5 févr. 2002, n° 99-19.875 P : *RJPF 2002-5/51, obs. P. D. S.-H.* ♦ Comp. • Civ. 1re, 20 janv. 1987, n° 85-15.169 P : *R., p. 150 ; Defrénois 1987. 602, note G. Morin ; JCP N 1987. II. 253, note Mathieu.*

5. ... Vente de la nue-propriété. L'art. 918 est applicable à la vente de la nue-propriété d'un bien, le vendeur en ayant nécessairement conservé l'usufruit. • Civ. 1re, 16 juin 1992 : *JCP 1993. II. 22011, note Salvage ; ibid. I. 3713, n° 7, obs. Testu ; D. 1993. Somm. 227, obs. Grimaldi ; RTD civ. 1993. 394, obs. Patarin (décision rendue en application du droit antérieur à la L. du 23 juin 2006).*

6. ... Bail à nourriture. BIBL. Couzigou-Suhas et Le Levier, *JCP N 2006. 1160* (décisions rendues en application du droit antérieur à la L. du 23 juin 2006). ♦ Le bail à nourriture s'analyse en un contrat à fonds perdu, l'aliénation qu'il implique étant faite moyennant des prestations annuelles qui doivent s'éteindre avec la vie du vendeur ; à ce titre, l'acte litigieux rentre dans les prévisions de l'art. 918. • Civ. 13 mai 1952 : *D. 1952. 505, note Lalou ; JCP 1952. II. 7173, note Becqué.* – V. aussi • Civ. 1re, 21 févr. 1979 : *cité note 11.*

7. ... Acquisition consécutive à une préemption. L'art. 918 est applicable à une acquisition consécutive à l'exercice d'un droit de préemption. • Reims, 9 déc. 1980 : *cité note 11 (décision rendue en application du droit antérieur à la L. du 23 juin 2006).*

8. ... Libéralités ostensibles (non). *(Décisions rendues en application du droit antérieur à la L. du 23 juin 2006).* L'art. 918 n'est applicable qu'aux actes d'aliénation qui, en raison des charges viagères imposées à l'acquéreur, revêtent la forme apparente d'aliénation à titre onéreux, mais qui, en réalité, peuvent n'être que des libéralités déguisées en fraude de la réserve globale ; ces dispositions exceptionnelles ne sauraient être étendues et elles ne peuvent s'appliquer à un acte dont le caractère de libéralité a été directement exprimé et défini par l'acte lui-même, sans aucune apparence de déguisement, et qui, s'il contient des charges parmi lesquelles figure le service d'une rente viagère au profit du donateur, s'applique à un immeuble dont la valeur est bien supérieure à celle de ces charges. • Req. 17 nov. 1931 : *DH 1931. 558.* ♦ Mais cette disposition trouve application au contraire lorsque l'aliénation, même faite en forme de donation, est consentie moyennant des prestations viagères pouvant apparemment excéder la valeur du bien donné. • Civ. 1re, 15 déc. 1981, n° 80-11.782 P : *R., p. 44 ; Defrénois 1982. 434, obs. Champenois ; RTD civ. 1982. 643, obs. Patarin.* ♦ V. aussi Laroche-Gisserot, *Gaz. Pal. 1984. 1. Doctr. 227.*

9. ... Échange (non). Les dispositions de l'art. 918 ont un caractère limitatif ; ce texte n'est pas applicable dans le cas d'un échange moyennant le versement d'une soulte convertie en rente viagère, l'opération ne pouvant s'analyser en une vente. • Civ. 1re, 25 sept. 2013, n° 12-20.541 P : *AJ fam. 2013. 723, obs. de Guillenchmidt-Guignot (décision rendue en application du droit antérieur à la L. du 23 juin 2006).*

10. Personnes visées : héritiers présomptifs en ligne directe. *(Décisions rendues en application du droit antérieur à la L. du 23 juin 2006).* La présomption de gratuité édictée par l'art. 918 ne s'applique qu'aux héritiers présomptifs en ligne directe au moment de l'acte d'aliénation ; ce texte n'est donc pas applicable à la personne qui, avec son mari, a acquis, moyennant constitution d'une rente viagère, un immeuble de son grand-père, du vivant de son père. • Civ. 1re, 17 mars 1982 : *Bull. civ. I, n° 117 ; RTD civ. 1983. 175, obs. Patarin.* ♦ Elle ne s'applique pas à la vente pour partie en viager d'un bien immobilier régulièrement consentie à une société civile immobilière, peu important que cette société ait pour associé un successible en ligne directe du vendeur décédé, dès lors que celle-ci ayant une personnalité juridique distincte, ladite opération n'avait pu avoir pour effet de rendre ce dernier propriétaire du bien. • Civ. 1re, 30 sept. 2009 n° 08-17.411 P : *D. 2009. AJ 2490 ; JCP 2010, n° 203, § 8, obs. Le Guidec ; JCP N 2009. 1340, note Garçon ; AJ fam. 2009. 459, obs. Bicheron ; Dr. fam. 2009, n° 143, note Beignier ; RLDC 2009/65, n° 3619, obs. Pouliquen.* ♦ La filiation rétroagissant au jour de la naissance, l'art. 918 est applicable à la vente par le père au fils avant que celui-ci ait fait établir sa filiation. • Civ. 1re, 23 févr. 1994, n° 91-19.208 P : *Defrénois 1994. 904, obs. Champenois ; RTD civ. 1994. 921, obs. Patarin ; JCP 1995. I. 3876, n° 7, obs. Le Guidec.*

11. ... Acquisition réalisée par un successible en ligne directe et son conjoint. *(Décisions rendues en application du droit anté-*

rieur à la L. du 23 juin 2006). En cas de vente consentie à un successible en ligne directe et à son épouse, moyennant un prix payable en partie sous la forme d'un bail à nourriture, doit être cassé l'arrêt qui refuse d'appliquer l'art. 918, alors que l'aliénation dont s'agit était intervenue, au moins pour partie, au profit d'un successible en ligne directe et à fonds perdu, et était soumise, dans cette mesure, aux dispositions de l'art. 918. • Civ. 1re, 21 févr. 1979, n° 77-13.498 P : *D. 1979. IR 497, obs. D. Martin.* ♦ Même solution en cas d'exercice par un successible en ligne directe et son épouse du droit de préemption dont ils étaient titulaires en tant que fermiers, dès lors que l'aliénation comporte pour partie la charge d'une rente viagère. • Reims, 9 déc. 1980 : *D. 1982. IR 22, obs. D. Martin ; JCP N 1983. II. 104.* ♦ Pour le cas inverse où les juges du fond avaient appliqué l'art. 918 sans tenir compte de ce que l'aliénation litigieuse échappait pour partie à ce texte, V. • Civ. 1re, 10 juill. 1996 : *préc. note 4.*

12. ... Gendre du défunt (non). En se fondant sur la présomption légale de libéralité établie par l'art. 918, combinée avec la présomption légale d'interposition établie par l'art. 911, pour décider que le gendre du défunt, à qui ce dernier avait vendu une maison moyennant une rente viagère, était personne interposée à l'égard de ses enfants, appelés par représentation à la succession de leur grand-père, et que l'acte litigieux constituait un avantage indirect réductible à la quotité disponible, les juges du second degré ont faussement appliqué les textes susvisés. • Civ. 7 déc. 1857 : *DP 1858. 1. 108 (décision rendue en application du droit antérieur à la L. du 23 juin 2006).*

B. CARACTÈRE DE LA PRÉSOMPTION DE GRATUITÉ

13. Caractère irréfragable. *(Décisions rendues en application du droit antérieur à la L. du 23 juin 2006).* La présomption de gratuité instituée par l'art. 918 présente un caractère irréfragable et ne comporte point de preuve contraire. • Civ. 28 déc. 1937 : *DP 1940. 1. 41, note Holleaux* • 13 mai 1952 : *D. 1952. 505, note Lalou* • TGI Charleville-Mézières, 21 déc. 1979 : *JCP 1982. II. 19832, note Rémy* • Civ. 1re, 29 janv. 2014 : *AJ fam. 2014. 199, obs. Levillain ; Defrénois 2014. 1280, note Autem ; Dr. fam. 2014, n° 64, obs. Nicod.* ♦ Cependant, lorsqu'un jugement passé en force de chose jugée a écarté, pour une vente, la qualification de donation déguisée, la présomption de gratuité de l'art. 918 devient dépourvue de fondement. • Civ. 1re, 28 févr. 2006, n° 03-20.281 P : *AJ fam. 2006. 249, obs. Bicheron ; LPA 9 oct. 2006, note Vareille.*

C. CONSENTEMENT DES AUTRES SUCCESSIBLES À L'ALIÉNATION

14. Domaine d'application de la renonciation anticipée. La disposition strictement exceptionnelle de l'art. 918, qui autorise les héritiers présomptifs du vendeur à renoncer par avance à toute demande ultérieure en réduction des libéralités présumées se cacher sous l'aspect de l'aliénation faite à l'un des successibles du vendeur, ne peut s'appliquer à la vente consentie par des parents à l'un de leurs enfants moyennant un prix, de beaucoup inférieur à la valeur du bien, payable après le décès du dernier vivant des vendeurs. • Civ. 16 sept. 1940 : *DH 1940. 173 (décision rendue en application du droit antérieur à la L. du 23 juin 2006).*

15. Preuve du consentement à l'aliénation. Preuve du consentement à l'aliénation donné par les autres successibles en ligne directe : V. • Nîmes, 8 juin 1964 : *D. 1964. 670, note Donnier.* ♦ V. aussi • Civ. 1re, 28 avr. 1965 : *Bull. civ. I, n° 270* (interprétation relevant du pouvoir souverain des juges du fond). ♦ Consentement des héritiers apprécié souverainement au regard du caractère strictement identique et de la quasi-concomitance des cessions des parts sociales litigieuses opérées au profit des quatre enfants à la suite d'actes de même nature démontrant qu'elles poursuivaient un objectif global de transmission, connu et accepté par l'ensemble des héritiers réservataires. • Civ. 1re, 26 janv. 2022, n° 20-14.155 B : *AJ fam. 2022. 166, obs. Casey ; RTD civ. 2022. 443, obs. Grimaldi ; Dr. fam. 2022, n° 54, obs. Nicod.*

16. Portée de la renonciation. L'art. 918 *in fine* constitue une exception au principe de l'interdiction des pactes sur succession future et ne distingue pas selon que l'aliénation porte sur tout ou partie des biens que le disposant laissera à son décès. • Civ. 1re, 1er juill. 2009, n° 08-12.868 P : *D. 2009. AJ 2038 ; AJ fam. 2009. 407, obs. Bicheron ; RLDC 2009/64, n° 3589, obs. Pouliquen (décision rendue en application du droit antérieur à la L. du 23 juin 2006).*

Art. 919 *(L. 24 mars 1898)* **La quotité disponible pourra être donnée en tout ou en partie, soit par acte entre vifs, soit par testament, aux enfants ou autres successibles du donateur, sans être sujette au rapport par le donataire ou le légataire venant à la succession, pourvu qu'en ce qui touche les dons la disposition ait été faite expressément** *(L. n° 2006-728 du 23 juin 2006)* **« hors part successorale ».**

La déclaration que *(L. n° 2006-728 du 23 juin 2006)* **« la donation est hors part successorale » pourra être faite, soit par l'acte qui contiendra la disposition, soit postérieurement dans la forme des dispositions entre vifs ou testamentaires.**

1. Qualification de donation hors part : pouvoir d'appréciation des juridictions du fond. *(Décisions rendues sous l'empire du droit antérieur à la L. du 23 juin 2006).* Les mots « par préciput et hors part » n'ont rien de sacramentel et leur emploi ne met pas obstacle à ce que les juges du fait ne recherchent le sens le plus naturel que le donateur a attaché à l'emploi de ces expressions ; interprétant l'acte de donation, ils ont pu considérer qu'il s'agissait d'un simple avancement d'hoirie. • Req. 9 déc. 1856 : *DP 1857. 1. 116.* – V. aussi • Req. 27 févr. 1922 : *DP 1922. 1. 184.*

2. Déclaration de préciput postérieure à l'acte de donation : nécessité d'une acceptation du donataire. Lorsque la déclaration selon laquelle la donation a été faite par préciput et hors part résulte d'un acte postérieur à l'acte de donation authentique, elle doit être expressément acceptée par le donataire dans les formes prescrites pour les dispositions entre vifs, conformément à l'art. 919, pour prendre effet. Alors que le consentement du donataire à la transformation de la donation initiale en avancement d'hoirie en donation préciputaire, antérieurement au décès du disposant, n'est pas établi, une cour d'appel en déduit justement que le gratifié n'a bénéficié que d'une donation rapportable. • Civ. 1re, 29 juin 2011, n° 10-17.562 P : *D. 2011. Actu. 1970 ; AJ fam. 2011. 430, obs. Vernières ; JCP N 2012, n° 1108, note Bourdaire-Mignot (décision rendue sous l'empire du droit antérieur à la L. du 23 juin 2006).*

Art. 919-1 *(L. n° 2006-728 du 23 juin 2006)* **La donation faite en avancement de part successorale à un héritier réservataire qui accepte la succession s'impute sur sa part de réserve et, subsidiairement, sur la quotité disponible, s'il n'en a pas été autrement convenu dans l'acte de donation. L'excédent est sujet à réduction.**

La donation faite en avancement de part successorale à un héritier réservataire qui renonce à la succession est traitée comme une donation faite hors part successorale. Toutefois, lorsqu'il est astreint au rapport en application des dispositions de l'article 845, l'héritier qui renonce est traité comme un héritier acceptant pour la réunion fictive, l'imputation et, le cas échéant, la réduction de la libéralité qui lui a été consentie.

Art. 919-2 *(L. n° 2006-728 du 23 juin 2006)* **La libéralité faite hors part successorale s'impute sur la quotité disponible. L'excédent est sujet à réduction.**

Imputation des libéralités faites en usufruit. En application des art. 913 et 919-2, les libéralités faites en usufruit s'imputent en assiette et non pas après conversion en valeur pleine propriété ; cassation de l'arrêt ayant rejeté la demande en réduction d'un legs immobilier en usufruit au motif que la valeur de ce legs, correspondant à 60 % de la valeur du bien immobilier légué compte tenu de l'âge de l'usufruitier, était inférieure au montant de la quotité disponible. • Civ. 1re, 22 juin 2022, n° 20-23.215 B : *D. 2022. 1205 ; AJ fam. 2022. 450, obs. Levillain ; RTD civ. 2022. 682, obs. Grimaldi ; JCP 2022, n° 1017, note Sauvage ; JCP N 2022, n° 1209, note Nicod et Tani.*

Art. 920 *(L. n° 2006-728 du 23 juin 2006)* **Les libéralités, directes ou indirectes, qui portent atteinte à la réserve d'un ou plusieurs héritiers, sont réductibles à la quotité disponible lors de l'ouverture de la succession.**

Sur les actes de gestion du patrimoine des personnes placées en curatelle ou en tutelle, V. Décr. n° 2008-1484 du 22 déc. 2008, ss. art. 496.

A. NOTION DE LIBÉRALITÉS RÉDUCTIBLES

1. Donation de revenus. Toute donation, même portant sur des gains ou salaires ou prélevée sur des revenus, est réductible pour atteinte à la réserve lorsqu'elle ne constitue pas une libéralité modique ou un cadeau d'usage. • Paris, 19 nov. 1974 : *D. 1975. 614, concl. Cabannes (décision rendue sous l'empire du droit antérieur à la L. du 23 juin 2006).* ♦ V. également en matière de rapport, art. 851, al. 2.

2. Contrat d'assurance vie : régime dérogatoire. BIBL. Courtieu, *RCA 2003. Chron. 2* (primes « manifestement exagérées »). – Duchange, *Dr. et patr. 12/2005. 40* (valeur de rachat et réserve héréditaire). – Iwanesko, *Dr. et patr. 4/2002. 36.* – Pommier, *ibid., 9/2002. 75.* – Buffeteau, *JCP N 1997. I. 1417* (qualification du contrat d'assurance vie). ♦ Sur le domaine d'application du régime dérogatoire et sur une éventuelle requalification du contrat d'assurance vie en donation rapportable et (ou) réductible, V. Bibl. et notes 24 s. ss. art. 843. ♦ Sur l'appréciation du caractère manifestement exagéré des primes d'un contrat d'assurance sur la vie (art. L. 132-13 C. assur.), V. • Versailles, 16 nov. 1995 : *JCP N 1997. I. 235, étude Raffray* • Paris, 30 mai 2000 : *RCA 2001, n° 31, note Grynbaum* • Paris, 23 sept. 2001 : *RCA 2002, n° 345, note Raffray (décisions rendues sous l'empire du droit antérieur à la L. du 23 juin 2006).* ♦ V. aussi notes 29 s. ss. art. 843.

3. Trust de droit américain. Qualification de donation indirecte réductible : V. note ss. art. 923.

4. Avantage indirect. Constitue une libéralité soumise à réduction l'avantage consenti à un enfant sous forme de renonciation à un droit en sa faveur. • Civ. 1re, 11 févr. 1997 : *Dr. fam. 1997, no 114, note Beignier* (occupation d'un immeuble sans contrepartie de loyer) *(décision rendue sous l'empire du droit antérieur à la L. du 23 juin 2006).* ♦ Sur la qualification de donation indirecte rapportable et (ou) réductible des avantages indirectes, V. également notes 3 s. ss. art. 843.

5. Clause portant atteinte au droit de recevoir la réserve libre de toute charge. Nullité d'une disposition à cause de mort par laquelle il a été porté atteinte au droit d'un réservataire de recevoir la réserve libre de toute charge. • Civ. 1re, 17 déc. 1968 : *cité note 1 ss. art. 921 (décision rendue sous l'empire du droit antérieur à la L. du 23 juin 2006).*

6. Donation déguisée. Les héritiers réservataires sont admis à faire la preuve d'une donation déguisée de nature à porter atteinte à leur réserve par tous moyens et même à l'aide de présomptions. • Civ. 1re, 5 janv. 1983, no 81-16.655 P : *R., p. 44 ; RTD civ. 1984. 340, obs. Patarin* • 24 nov. 1987 : *Bull. civ. I, no 309 ; R., p. 151 ; JCP 1989. II. 21214, note Testu ; RTD civ. 1989. 803, obs. Patarin.* ♦ Réduction d'une donation déguisée sous forme de remise de dette : V. note ss. art. 922.

7. Clause de réversibilité d'une rente viagère. Sur le caractère gratuit ou non de la clause de réversibilité d'une rente viagère et son éventuelle réduction, V. note 2 ss. art. 1973.

8. Avantages matrimoniaux. Absence d'atteinte à la réserve en cas d'adoption d'un régime de communauté universelle avec clause d'attribution intégrale au conjoint survivant : V. note 18 ss. art. 1397. ♦ Sur la protection spéciale accordée aux enfants d'un premier mariage, V. art. 1527, al. 2.

9. Exclusion des libéralités rémunératoires. Le caractère excessif de la libéralité par rapport au service rendu ne lui fait pas perdre son caractère rémunératoire ; pour la partie qui excède cette évaluation, la libéralité est soumise à la réduction dès lors qu'elle excède la quotité disponible. • Civ. 1re, 8 juill. 2010, no 09-67.135 P : *D. actu. 23 juill. 2010, obs. de La Touanne ; D. 2010. 1870 ; JCP 2010, no 967, note Sériaux ; ibid. 2011, no 251, § 9, obs. Le Guidec ; AJ fam. 2010. 398, obs. Vernières ; Defrénois 2011. 706, obs. Vareille ; RLDC 2010/75, no 3981, obs. Serra ; RDC 2011. 99, obs. Dauriac (décision rendue sous l'empire du droit antérieur à la L. du 23 juin 2006).*

B. PRINCIPE DE LA RÉDUCTION

10. Application aux libéralités faites en fraude aux droits des réservataires. *(Décisions rendues sous l'empire du droit antérieur à la L. du 23 juin 2006).* En cas de dépassement de la quotité disponible, la seule sanction prévue par la loi est la réduction des libéralités à la quotité disponible, même en présence de donations déguisées faites en vue de frauder les droits des réservataires. • Civ. 1re, 2 févr. 1971 : *D. 1971. 590, note Ghestin ; JCP 1971. II. 16926, note M. D. ; RTD civ. 1971. 681, obs. Savatier.* ♦ Également en ce sens que les donations faites en fraude des droits d'un héritier réservataire ne sont pas nulles, mais seulement réductibles à la quotité disponible : • Civ. 1re, 12 mars 1985 : *Bull. civ. I, no 93.* – Jurisprudence constante : V. notamment • Req. 1er juin 1932 : *DP 1932. 1. 169 (2e esp.), note Savatier.* ♦ Comp., en cas de cause illicite de la donation, sanctionnée par la nullité : • Req. 11 avr. 1932 : *ibid. (1re esp.).* ♦ Sur l'application possible des peines du recel successoral en cas de donation déguisée, V. notes ss. art. 778. ♦ Sur les donations déguisées entre époux, V. notes ss. art. 1099.

11. Nécessité d'exercer l'action en réduction. Il résulte de l'art. 920 que les libéralités qui excèdent la quotité disponible existent et produisent effet, tant qu'elles n'ont pas été réduites ; la qualité d'héritier réservataire ne peut donc, par elle seule et avant tout exercice d'une action en réduction, avoir pour effet d'anéantir l'institution contractuelle faite par le *de cujus* au profit de son conjoint, dans la mesure où elle excédait la quotité disponible. • Civ. 1re, 21 janv. 1969 : *D. 1969. 179, note A. B. ; JCP 1969. II. 15961, note M. D. (décision rendue sous l'empire du droit antérieur à la L. du 23 juin 2006).*

§ 2 De l'exercice de la réduction *(L. no 2006-728 du 23 juin 2006).*

BIBL. GÉN. ► SAUVAGE, *Defrénois 2007. 997* (opposabilité au réservataire de l'hypothèque constituée par le donataire).

Art. 921 **La réduction des dispositions entre vifs ne pourra être demandée que par ceux au profit desquels la loi fait la réserve, par leurs héritiers ou ayants cause : les donataires, les légataires, ni les créanciers du défunt, ne pourront demander cette réduction, ni en profiter.**

(L. no 2006-728 du 23 juin 2006) **« Le délai de prescription de l'action en réduction est fixé à cinq ans à compter de l'ouverture de la succession, ou à deux ans à compter**

du jour où les héritiers ont eu connaissance de l'atteinte portée à leur réserve, sans jamais pouvoir excéder dix ans à compter du décès. »

(L. n° 2021-1109 du 24 août 2021, art. 24, en vigueur le 1er nov. 2021) **« Lorsque le notaire constate, lors du règlement de la succession, que les droits réservataires d'un héritier sont susceptibles d'être atteints par les libéralités effectuées par le défunt, il informe chaque héritier concerné et connu, individuellement et, le cas échéant, avant tout partage, de son droit de demander la réduction des libéralités qui excèdent la quotité disponible. »**

L'art. 24 de la L. n° 2021-1109 du 24 août 2021 entre en vigueur le 1er nov. 2021 et s'applique aux successions ouvertes à compter de son entrée en vigueur, y compris si des libéralités ont été consenties par le défunt avant cette entrée en vigueur (L. préc., art. 24-II).

BIBL. ▶ SAGAUT et VERRECCHIA, *Defrénois 2022/20-21. 17* (contours de l'obligation d'information du notaire).

1° TITULAIRES DE L'ACTION EN RÉDUCTION

1. Héritier d'un réservataire. L'héritier d'un réservataire peut demander, du chef de son auteur, la réduction d'une libéralité excessive, aussi bien lorsqu'elle a été faite à cause de mort que lorsqu'elle l'a été entre vifs, seule hypothèse expressément prévue par l'art. 921 ; il peut de même demander la nullité d'une disposition, fût-elle à cause de mort, par laquelle il a été porté atteinte au droit de son auteur de recevoir la réserve libre de toute charge. • Civ. 1re, 17 déc. 1968 : *D. 1969. 149, note Breton (décision rendue sous l'empire du droit antérieur à la L. du 23 juin 2006).*

2. Cessionnaire de droits successifs. Le cessionnaire de droits successifs, en sa qualité d'ayant cause de l'héritière réservataire, peut demander la réduction. • Civ. 1re, 25 oct. 2017, n° 16-20.156 P : *D. 2017. 2206 ; AJ fam. 2017. 659, obs. Levillain ; ibid. 2018. 44, obs. Casey ; JCP N 2018, n° 1046, note Randoux.*

3. Créanciers d'un réservataire. L'action en réduction peut être exercée par la voie oblique par les créanciers de l'héritier. • Civ. 1re, 20 oct. 1982, n° 81-16.092 P : *R., p. 48 ; D. 1983. 120, note Rémy ; Defrénois 1983. 627, note Breton ; RTD civ. 1983. 771, obs. Patarin (décision rendue sous l'empire du droit antérieur à la L. du 23 juin 2006).*

4. Conjoint commun en biens (non). *(Décisions rendues sous l'empire du droit antérieur à la L. du 23 juin 2006).* Les règles impératives protectrices des droits de l'héritier réservataire ne peuvent être invoquées que par ce dernier ou ses ayants cause lorsqu'il a été porté atteinte à la réserve, et l'époux du gratifié ne peut revendiquer des biens compris dans la réserve de son conjoint au profit de la communauté qui ne possède sur ces biens aucun droit préexistant à leur transmission ; il en résulte que le *de cujus,* qui n'était pas tenu en tant que testateur d'avoir égard aux conventions matrimoniales des époux, mariés sous le régime de la communauté universelle, a pu valablement stipuler que tous les biens composant sa succession resteraient propres à sa fille, et la demande du mari, tendant à faire prononcer la nullité du testament dans la mesure où il excluait de la communauté les biens composant la réserve de l'héritière, a donc été à juste titre rejetée par les juges du fond. • Civ. 1re, 10 juin 1975 : *JCP 1975. II. 18141, note Savatier ; Defrénois 1975. 1185, note G. Morin* • 1er mars 1977 : *Defrénois 1978. 384, obs. Champenois ; RTD civ. 1978. 902, obs. Savatier.*

5. Légataire de la quotité disponible (non). Un héritier ne peut, en tant que légataire de la quotité disponible, prétendre qu'aux biens laissés par le défunt au jour de l'ouverture de la succession et ne dispose d'aucun droit à faire réintégrer les donations antérieurement consenties par le défunt. • Civ. 1re, 7 oct. 2015, n° 14-24.996 P : *D. 2015. 2072 ; AJ fam. 2015. 628, obs. Bicheron ; Dr. fam. 2015, n° 223, obs. Nicod.*

2° RENONCIATION À L'ACTION EN RÉDUCTION

6. Renonciation anticipée à l'action en réduction. Sur la possibilité de renoncer à agir en réduction d'une libéralité du vivant du disposant, V. art. 929 s.

7. Renonciation postérieure à l'ouverture de la succession. Distinction de la renonciation à succession et de la renonciation à l'exercice de l'action en réduction d'un legs universel : V. • Civ. 1re, 19 nov. 1985, n° 84-14.638 P.

8. Actes valant renonciation à agir en réduction : délivrance d'un legs (non). La délivrance d'un legs, mesure essentiellement provisoire, ne peut en aucune façon entraver l'exercice ultérieur des droits, et spécialement du droit éventuel à réduction, des héritiers légitimes. • Civ. 1re, 16 juin 1969 : *Bull. civ. I, n° 231 (décision rendue sous l'empire du droit antérieur à la L. du 23 juin 2006).*

9. Renonciation frauduleuse. Viole le principe *fraus omnia corrumpit* la cour qui décide que la renonciation de l'héritier réservataire à exercer l'action en réduction est opposable à ses fils, alors qu'il résulte de ses constatations que l'intention du renonçant était de porter frauduleusement atteinte aux droits de ses héritiers réservataires. • Civ. 1re, 4 févr. 1992 : *JCP 1992. II. 21946, note Salvage ; D. 1993. Somm. 227, obs. Vareille ; Defrénois 1992. 853, obs. Champenois ; RTD civ. 1992. 432, obs. Patarin* *(décision rendue sous l'empire du droit antérieur à la L. du 23 juin 2006).*

3° FORMALISME DE L'ACTION EN RÉDUCTION

10. Demande en réduction comprise dans la demande en liquidation et partage introduite antérieurement à la prescription de l'action. La demande en réduction d'une libéralité excessive n'étant soumise à aucun formalisme particulier, une cour d'appel estime souverainement qu'en demandant l'ouverture des opérations de comptes, liquidation et partage des successions concernées ainsi que le rapport des donations, les demandeurs avaient manifesté leur volonté de voir procéder à la réduction des libéralités litigieuses de sorte que l'action en réduction, qui n'était pas prescrite au jour de l'assignation en partage, avait bien été introduite dans le délai utile pour agir. • Civ. 1re, 10 janv. 2018, n° 16-27.894 P : *D. 2018. 117* ; *AJ fam. 2018. 187, obs. Casey* .

4° PRESCRIPTION DE L'ACTION EN RÉDUCTION

11. Application de la loi dans le temps. Le délai de prescription fixé par l'al. 2 de l'art. 921 n'est applicable, aux termes de l'art. 47, II, de la L. du 23 juin 2006, qu'aux successions ouvertes à compter de l'entrée en vigueur de cette loi au 1er janv. 2007. Cassation de l'arrêt qui, pour déclarer irrecevable une action en réduction, fait courir la nouvelle prescription quinquennale à compter de l'ouverture de la succession alors que le décès était antérieur à cette date. • Civ. 1re, 22 févr. 2017, n° 16-11.961 P : *AJ fam. 2017. 256, obs. Ferré-André* ; *RTD civ. 2017. 463, obs. Grimaldi* ; *Dr. fam. 2017. 105, note Nicod.*

12. Cas particulier de la donation de biens communs consentie par deux époux. Sauf clause contraire, la donation de biens communs est réputée consentie à concurrence de moitié par chacun des époux, de sorte que sa réduction ne peut être demandée par leurs enfants communs qu'à due proportion, à l'ouverture de chacune des successions des co-donateurs ; cassation de l'arrêt qui, pour déclarer irrecevable une action en déclaration de simulation, retient que les donations qu'elle vise à révéler portant sur des biens communs, sa prescription court du jour du décès du prémourant des co-donateurs alors que, à concurrence de la moitié de la donation, la demanderesse disposait de cinq ans à compter du décès du survivant des co-donateurs pour intenter une action en réduction relative à la succession de celui-ci de sorte que son action n'était pas prescrite. • Civ. 1re, 5 janv. 2023, n° 21-13.151 B : *AJ fam. 2023. 121, obs. Levillain* .

Art. 922 *(L. n° 71-523 du 3 juill. 1971)* **La réduction se détermine en formant une masse de tous les biens existant au décès du donateur ou testateur.**

(L. n° 2006-728 du 23 juin 2006) **« Les biens dont il a été disposé par donation entre vifs sont fictivement réunis à cette masse, d'après leur état à l'époque de la donation et leur valeur à l'ouverture de la succession, après qu'en ont été déduites les dettes ou les charges les grevant. Si les biens ont été aliénés, il est tenu compte de leur valeur à l'époque de l'aliénation. S'il y a eu subrogation, il est tenu compte de la valeur des nouveaux biens au jour de l'ouverture de la succession, d'après leur état à l'époque de l'acquisition. Toutefois, si la dépréciation des nouveaux biens était, en raison de leur nature, inéluctable au jour de leur acquisition, il n'est pas tenu compte de la subrogation. »**

On calcule sur tous ces biens, eu égard à la qualité des héritiers qu'il laisse, quelle est la quotité dont le défunt a pu disposer.

V. note ss. art. 829.

1. Masse de calcul de la réserve : caractère d'ordre public de l'art. 922. *(Décisions rendues sous l'empire du droit antérieur à la L. du 23 juin 2006.)* Les règles de calcul de la réserve et de la quotité disponible sont fixées impérativement par l'art. 922, et ne sauraient être tenues en échec par des stipulations contractuelles relatives au rapport aux fins d'égalité. • Civ. 1re, 25 juin 1974 : *Bull. civ. I, n° 204.* ♦ Au visa des anc. art. 1131 et 1133 anc., cassation de l'arrêt qui reconnaît la validité de la révocation conventionnelle d'une donation sans rechercher, comme il le lui était demandé, si la cause de l'acte révocatoire ne résidait pas dans la volonté des parties de contourner les dispositions d'ordre public de l'art. 922. • Civ. 1re, 30 nov. 2022, n° 21-11.507 B : *D. 2023. 215, note François* ; *ibid. 254, obs. Boffa et Mekki* ; *AJ fam. 2023. 58, obs. Levillain* . ♦ Mais l'art. 921, en accordant aux seuls héritiers réservataires et à leurs ayants cause le droit de demander la réduction des dispositions entre vifs, ne forme point obstacle à ce que ceux-ci, par des conventions légalement formées, déterminent cette réduction, d'accord avec la partie qui doit la supporter. • Civ. 21 mai 1867 : *DP 1867. 1. 206.*

I. COMPOSITION DE LA MASSE DE CALCUL : BIENS EXISTANT AU DÉCÈS

A. DÉFINITION DES BIENS EXISTANT AU DÉCÈS

2. Exclusion des créances irrecouvrables : créance sur un héritier (non). S'il ne faut pas faire figurer dans le calcul prescrit par l'art. 922

les créances irrecouvrables, il n'y a pas lieu de considérer comme telle une créance sur un héritier, dès lors que la liquidation de la succession lui fournit le moyen de se libérer, par suite de l'attribution qui lui est faite de la somme à concurrence de laquelle il se trouve par avance rempli de ses droits. • Req. 28 juin 1910 : *DP 1914. 1. 219 (décision rendue sous l'empire du droit antérieur à la L. du 23 juin 2006).*

3. Exclusion des intérêts afférents à un rapport forfaitaire à compter du décès. La masse de calcul de l'art. 922 se compose des biens existant au décès selon leur valeur à l'ouverture de la succession, de sorte que les intérêts dus à compter de cette date, sur l'indemnité de rapport convenue, ne peuvent être pris en considération. Cassation de l'arrêt ayant, pour déterminer la portion excessive d'une donation stipulée rapportable pour la valeur de l'immeuble donné au jour de la donation, pris en compte l'indemnité de rapport convenue majorée des intérêts au taux légal à compter du décès. • Civ. 1re, 6 nov. 2013 : *D. 2013. 2642 ; AJ fam. 2014. 63, obs. Vernières ; Dr. fam. 2014, n° 8, obs. Deville (décision rendue en application du droit antérieur à la L. du 23 juin 2006).*

B. ÉVALUATION DES BIENS EXISTANT AU DÉCÈS

4. Prise en compte de la valeur du bien au jour du décès. La masse de calcul prévue à l'art. 922 se compose des biens existants au décès d'après leur valeur à l'ouverture de la succession. Viole ce texte la cour d'appel qui intègre dans la masse de calcul le prix de cession de parts sociales dépendant de la succession et non la valeur de ces parts à l'ouverture de la succession. • Civ. 1re, 5 avr. 2005, n° 01-12.810 P *(décision rendue sous l'empire du droit antérieur à la L. du 23 juin 2006).*

II. DÉDUCTION DES DETTES

A. DÉFINITION DES DETTES DÉDUCTIBLES

5. Frais funéraires et frais de liquidation et partage. Au nombre des dettes dont l'art. 922 prescrit la déduction en vue du calcul de la quotité disponible et de la réserve doivent être compris les frais funéraires et les frais de liquidation et de partage de la succession. • Civ. 1re, 10 déc. 1968 : *D. 1969. 133, note Breton (décision rendue sous l'empire du droit antérieur à la L. du 23 juin 2006).*

B. MISE EN ŒUVRE DE LA DÉDUCTION DES DETTES

6. Masse sur laquelle s'opère la déduction : actif successoral brut avant réunion fictive des donations. Violent l'art. 922 les juges du fond qui, pour fixer la consistance de la masse de calcul de la quotité disponible, déduisent le passif du total formé par les biens existants au décès du *de cujus* et les biens par lui donnés en avancement d'hoirie, alors que, le passif dépassant l'actif, la déduction ne devait être opérée que sur les seuls biens existant au décès. • Civ. 1re, 1er déc. 1964, n° 62-11.891 P *(décision rendue sous l'empire du droit antérieur à la L. du 23 juin 2006).*

III. RÉUNION FICTIVE DES LIBÉRALITÉS

A. ÉVALUATION AU JOUR DU DÉCÈS

7. Évaluation d'une donation avec charge. Lorsqu'une donation est assortie d'une charge au profit du donateur, seul l'émolument net procuré par la libéralité doit être compris dans la masse de calcul de la réserve, le montant de la charge déductible devant être déterminé en considération du manque à gagner ou des frais que son exécution a générés pour le donataire. • Civ. 1re, 11 oct. 2017, n° 16-21.692 P : *D. 2017. 2097 ; AJ fam. 2017. 657, obs. Levillain .* ♦ Le montant de la charge déductible doit être déterminé au jour de son exécution. • Civ. 1re, 17 déc. 1991 : *JCP 1993. II. 21995, note Salvage ; ibid. 1992. I. 3604, n° 7, obs. Testu ; D. 1993. Somm. 228, obs. Vareille ; RTD civ. 1992. 622, obs. Patarin .* ♦ Sur la détermination, en cas de donation avec charge, de l'émolument gratuit à prendre en compte au titre du rapport ou de la réduction lorsque le bien donné est frugifère, V. • Civ. 1re, 24 nov. 1987, n° 86-11.682 P : *R., p. 151 ; D. 1988. 260, note Morin ; JCP 1989. II. 21193, note Testu.* ♦ Pour une donation avec charge de rente viagère, V. • Civ. 1re, 23 mars 1994, n° 92-15.191 P : *D. 1995. Somm. 333, obs. Vareille .* ♦ Pour une donation avec obligation de soins : • Civ. 1re, 11 oct. 2017, n° 16-21.692 P : *préc.* (charge ne donnant lieu à aucune déduction alors que la donataire percevait par ailleurs une rémunération au titre d'un contrat de travail et exécutait son obligation de soin envers les donateurs pendant son temps de travail).

8. Évaluation d'une donation déguisée sous forme de remise de dette. On ne peut reprocher aux juges du fond, qui ont analysé en une donation déguisée une remise de dette devant porter sur une partie du prix d'un immeuble en cas de vente de celui-ci, d'avoir décidé, pour l'application des règles de la réduction, que le montant de cette remise de dette devait être apprécié à la date de la vente de l'immeuble, postérieure au décès ; la rétroactivité de la condition ne saurait avoir pour effet de modifier l'objet de la donation, qui, constitué par une partie du prix de vente de l'immeuble, ne pouvait être déterminé que par cette vente. • Civ. 1re, 21 déc. 1960, n° 58-12.062 P *(décision rendue sous l'empire du droit antérieur à la L. du 23 juin 2006).*

9. Évaluation d'une donation de récom-

pense. En présence d'une donation portant sur un immeuble et sur la récompense due à la communauté au titre des travaux afférents au bien et financés par elle, pour procéder à la réunion fictive édictée par l'art. 922, la récompense doit être calculée, en application de l'art. 1469, al. 3, en fonction du profit subsistant évalué au jour de la donation s'analysant en une aliénation. • Civ. 1re, 6 févr. 2007, n° 04-13.282 P : *D. 2007. 1476, note Mikalef-Toudic ; ibid. AJ 663, obs. Delaporte-Carré ; JCP 2007. II. 10113, note Sauvage ; ibid. 2008. I. 144, n° 219, obs. Tisserand-Martin ; JCP N 2007. 1147, note Rivière ; AJ fam. 2007. 274, obs. Hilt ; RJPF 2007-10/15, note Vauvillé ; RTD civ. 2007. 608, obs. Grimaldi*, et *623 et 627, obs. Vareille (décision rendue sous l'empire du droit antérieur à la L. du 23 juin 2006).*

10. Évaluation d'une donation-partage. Évaluation des biens distribués à l'occasion d'une donation-partage ordinaire (règle de fixité des évaluations), V. art. 1078 et la jurisprudence citée. ♦ Évaluation des biens distribués à l'occasion d'une donation-partage conjonctive. V. note 3 ss. art. 1076-1. ♦ Évaluation des biens distribués à l'occasion d'une donation-partage transgénérationnelle, V. art. 1078-8 (succession de l'ascendant donateur) et art. 1078-9 (succession de l'enfant ayant consenti à ce que ses propres descendants soient allotis en son lieu et place).

11. Autres cas particuliers. Évaluation des libéralités ayant pour objet un droit viager. V. note 3 ss. art. 917.

B. ... COMPTE TENU DE L'ÉTAT DU BIEN DONNÉ AU JOUR DE LA DONATION

12. Neutralisation des changements d'état imputables au gratifié. Pour évaluer la valeur d'un immeuble donné en vue d'une éventuelle réduction, il incombe au juge de rechercher la valeur que ce bien aurait eue à l'ouverture de la succession dans l'état où il se trouvait au jour de la donation, sans qu'il y ait lieu de s'attacher aux travaux réalisés par le donataire (Cassation de l'arrêt ayant réduit la valeur de l'immeuble donné, appréciée à une date postérieure au décès, pour tenir compte des travaux réalisés depuis la donation au vu des factures produites par le donataire, puis ayant révisé cette estimation en fonction de la variation de l'indice du coût de la construction pour tenir compte de sa valeur au décès). • Civ. 1re, 14 janv. 2015, n° 13-24.921 P *(décision rendue au visa de l'art. 922 dans sa rédaction antérieure à la L. du 23 juin 2006).*

13. Prise en compte des changements d'état résultant d'une cause fortuite ou étrangère au fait du gratifié. Lorsque des améliorations ont été apportées au bien depuis la donation, il doit en être tenu compte, à concurrence du profit subsistant, lorsqu'elles résultent d'une cause étrangère au fait du gratifié (à propos d'un rapport successoral). • Civ. 1re, 30 juin 1992, n° 90-20.699 P : *Defrénois 1992. 1563, obs. Champenois ; RTD civ. 1993. 631, obs. Patarin (décision rendue sous l'empire du droit antérieur à la L. du 23 juin 2006).*

14. Application en cas de modification de la destination du bien. *(Décisions rendues sous l'empire du droit antérieur à la L. du 23 juin 2006).* En cas de changement dans la destination d'un bien donné depuis la date de la donation, il ne peut être tenu compte de ce changement que s'il résulte d'une cause fortuite ou étrangère à l'industrie du gratifié. • Civ. 1re, 31 oct. 1989 : *D. 1990. 359, note Maury ; RTD civ. 1990. 694, obs. Patarin*. ♦ Comp. • Civ. 1re, 11 mai 1977 : *JCP 1978. II. 18927, note Dagot.* ♦ Ainsi, le changement d'état de l'immeuble résultant de son inconstructibilité en raison de la révision du plan d'occupation des sols provient d'une cause étrangère au donataire et il doit en être tenu compte dans son évaluation, peu important qu'une construction ait été érigée sur le terrain à l'époque où il était constructible. • Civ. 1re, 11 sept. 2013, n° 12-17.277 P (cassation de l'arrêt qui a retenu une évaluation comme terrain constructible).

15. Application en cas de donation de parts sociales ou d'actions. La transformation d'une société anonyme en société en nom collectif est sans incidence sur l'état des droits sociaux ayant fait l'objet d'une donation et ceux-ci doivent être évalués au jour de l'ouverture de la succession pour le cas où le passif grevant la société à l'époque des donations a disparu pour une cause étrangère aux gratifiés. • Civ. 1re, 8 juill. 2009, n° 07-18.041 P : *D. 2009. AJ 2109 ; AJ fam. 2009. 407, obs. Bicheron ; Defrénois 2009. 2173, note Stoclet ; ibid. 2010. 211, note Rabreau ; RTD civ. 2009. 762, obs. Grimaldi*. ♦ Mais il y a lieu de rechercher si la plus-value des actions données ne résulte pas indirectement du travail des gratifiés qui, devenus actionnaires majoritaires, représentaient la société au sein des organes sociaux d'une société tierce dans le but d'accroître la valeur des droits sociaux. • Même arrêt. ♦ Pour la détermination de la valeur de parts sociales données, il y a lieu d'avoir égard à l'état du patrimoine social dont ces parts sont représentatives et il ne peut être tenu compte de la plus-value que si elle résulte d'une cause étrangère au gratifié. Cassation de l'arrêt d'appel qui, pour décider que la valeur des parts données doit être déterminée en tenant compte de la plus-value prise par ces parts au jour du décès du donateur, énonce qu'en vertu de l'autonomie de la personne morale, la valorisation des parts profitent objectivement à tous les détenteurs du capital social alors que le donataire, co-gérant, soutenait avoir eu un rôle décisif dans la création, le sauvetage de la faillite et le développement de la société. • Civ. 1re, 24 oct. 2012, n° 11-21.839 P : *D. 2012. 2601 ; AJ fam. 2013.*

64, obs. Levillain ; Rev. sociétés 2013. 235, note Naudin .

C. ALIÉNATION OU EMPLOI ET SUBROGATION

16. Subrogation de la somme donnée dans le bien acquis à l'aide de cette somme. La subrogation prévue par l'art. 922 inclut toutes les donations y compris celle de sommes d'argent ; lorsque la somme donnée a été employée à l'acquisition de la nue-propriété d'un bien immobilier, il y a lieu de réunir fictivement à la masse de calcul de la réserve la valeur de ce bien au jour de l'ouverture de la succession, d'après son état à l'époque de la donation. • Civ. 1re, 17 oct. 2019, n° 18-22.810 P : *D. 2019. 2038* ; *AJ fam. 2019. 661, obs. Levillain* ; *Dr. fam. 2019, n° 245, note Nicod ; JCP N 2020, n° 1067, note Sauvage ; RDC 2020/2. 102, note Danos.*

Art. 923 Il n'y aura jamais lieu à réduire les donations entre vifs, qu'après avoir épuisé la valeur de tous les biens compris dans les dispositions testamentaires ; et lorsqu'il y aura lieu à cette réduction, elle se fera en commençant par la dernière donation, et ainsi de suite en remontant des dernières aux plus anciennes.

1° ORDRE D'IMPUTATION DES LIBÉRALITÉS : GÉNÉRALITÉS

1. Caractère d'ordre public de l'art. 923. S'il est loisible aux gratifiés de convenir entre eux d'une répartition de la charge de la réduction, un tel accord n'est pas opposable à l'héritier réservataire qui est en droit d'exiger l'application des dispositions impératives de l'art. 923. • Civ. 1re, 24 nov. 1993, n° 91-21.724 P : *D. 1995. Somm. 48, obs. Grimaldi* ; *Defrénois 1994. 445, obs. Champenois ; RTD civ. 1994. 150, obs. Patarin* *(décision rendue sous l'empire du droit antérieur à la L. du 23 juin 2006).*

2. Personnes susceptibles de se prévaloir de l'art. 923. L'héritier qui a renoncé, étant devenu étranger à la succession et par suite à la réserve, est sans qualité pour se prévaloir des dispositions de l'art. 923. • Req. 2 mai 1899 : *DP 1900. 1. 217, note Planiol (décision rendue sous l'empire du droit antérieur à la L. du 23 juin 2006).*

2° IMPUTATION PRIORITAIRE DES DONATIONS PAR RAPPORT AUX LEGS

3. Donation n'ayant pas date certaine. Il résulte des art. 894 et 923 C. civ. qu'un legs, qui ne prend effet qu'au décès du testateur, doit être réduit avant une donation qui, même dépourvue de date certaine, a dessaisi le disposant de son vivant. • Civ. 1re, 12 nov. 1998, n° 96-19.814 P : *R., p. 193 ; D. 1999. 325, note Langlade-O'Sughrue* ; *JCP 1999. I. 189, n° 11, obs. Le Guidec ; JCP N 1999. 592, note Duchange ; Dr. fam. 1999, n° 30, note Beignier ; RTD civ. 1999. 680, obs. Patarin* *(décision rendue sous l'empire du droit antérieur à la L. du 23 juin 2006).*

4. Donation de biens à venir entre époux. *(Décisions rendues sous l'empire du droit antérieur à la L. du 23 juin 2006).* Les donations de biens à venir que se font les époux au cours du mariage, parce qu'elles sont révocables, sont, quant à leurs effets, soumises aux règles des legs ; elles sont donc susceptibles d'être réduites comme les legs. • Civ. 1re, 10 févr. 1998, n° 96-12.501 P : *JCP 1999. I. 132, n° 9, obs. Le Guidec ; Defrénois 1998. 832, obs. Champenois ; JCP N 1998. 1049, note Casey ; Dr. fam. 1999, n° 103, note Beignier (1re esp.) ; RTD civ. 1998. 444, obs. Patarin* . ♦ V. précédemment, en faveur de l'assimilation aux legs : • Civ. 1re, 8 nov. 1982, n° 81-15.711 P : *R., p. 49 ; D. 1983. 445, note Flour et Grimaldi ; RTD civ. 1983. 581, obs. Patarin* (décision relative non à l'imputation mais au droit transitoire).

5. Donation de biens présents entre époux. Les donations entre époux ne perdent pas leur caractère de donation entre vifs par le seul fait de leur révocabilité et ne peuvent pas être assimilées avec les dispositions de dernières volontés, au point de vue notamment de la réduction. • Paris, 20 oct. 1926 : *DH 1926. 568 (décision rendue sous l'empire du droit antérieur à la L. du 23 juin 2006).*

6. Cas particulier du « trust » de droit américain. BIBL. Gulphe, *Mél. Breton/Derrida, Dalloz, 1991, p. 159* (trust à la française). – Dossier, *RLDC 2006/25, nos 1054 s. (Décisions rendues sous l'empire du droit antérieur à la L. du 23 juin 2006).* ♦ Qualification de donation indirecte entre vifs, et non de legs, d'un « trust » de droit américain, pour l'application des art. 923 et 926. • Civ. 1re, 20 févr. 1996, n° 93-16.855 P : *R., p. 238 ; D. 1996. 390* ; *ibid. Chron. 231, par Lequette* ; *JCP 1996. II. 22647, note Béhar-Touchais ; Defrénois 1997. 26, note Vignal ; RTD civ. 1996. 454, obs. Patarin* ; *Rev. crit. DIP 1996. 692, note Droz* . ♦ Comp. • Paris, 7 avr. 1999 : *D. 1999. 683, note Lequette* ; *Err. 723 ; JCP N 1999. 1851, étude Josselin-Gall ; Dr. fam. 1999, n° 103, note Beignier (2e esp.) ; Rev. crit. DIP 1999. 685, note M. Goré* ; *RTD civ. 1999. 682, obs. Patarin* (eu égard à la totale révocabilité du trust et au caractère limité du dépouillement, imputation sur la quotité disponible après les donations postérieures – arrêt rendu après cassation de • Paris, 28 sept. 1993 par • Civ. 1re, 20 févr. 1996 : *préc.*). ♦ Pour la cassation partielle de l'arrêt rendu par la cour de Paris le 7 avr. 1999 (cassation sur le calcul du montant de l'indemnité de réduction), V. • Civ. 1re, 29 mai 2001 : *cité note 2 ss. art. 924-4.* ♦ Dans le cas d'un trust rendu irrévocable par le constituant, le transfert de propriété au profit des bénéficiaires a lieu à la clôture du trust provoquée par le décès du constituant. • Com. 15 mai 2007, nº 05-18.268 P : *BICC 15 sept. 2007, nº 1835, et la note ; D. 2007. 1941, note Douet ; ibid. AJ 1428, obs. Delpech ; ibid. Chron. C. cass. 2769, obs. Salomon ; Defrénois 2007. 1697, obs. Chappert* (droits de mutation dus sur la valeur des biens à cette date).

3º IMPUTATIONS SUCCESSIVES DES DONATIONS

7. Donataire insolvable ou inconnu. *(Décisions rendues sous l'empire du droit antérieur à la L. du 23 juin 2006).* Le droit de l'héritier réservataire est supérieur à celui des donataires, et, par suite, si les donataires les plus récents soumis à réduction sont insolvables ou inconnus, l'action en réduction doit nécessairement atteindre les donataires antérieurs. • Civ. 11 janv. 1882 : *DP 1882. 1. 313, concl. Desjardins.* ♦ V. cependant • Civ. 1re, 16 mars 1971 : *D. 1971. 357, note A. B.*

8. Donations ayant même date. S'il faut admettre, dans le silence de la loi, que les donations entre vifs excédant la quotité disponible doivent, lorsqu'elles ont eu lieu le même jour sans indication de l'antériorité de l'une d'elles, être réduites au marc le franc, il n'en est ainsi qu'autant que le donateur n'a pas usé de la faculté qui lui appartenait de donner la préférence à l'une d'elles et de ne la soumettre qu'après les autres à l'éventualité d'une réduction. • Civ. 20 avr. 1915 : *DP 1920. 1. 154 (décision rendue sous l'empire du droit antérieur à la L. du 23 juin 2006).*

Art. 924 *(L. nº 2006-728 du 23 juin 2006)* **Lorsque la libéralité excède la quotité disponible, le gratifié, successible ou non successible, doit indemniser les héritiers réservataires à concurrence de la portion excessive de la libéralité, quel que soit cet excédent.**

Le paiement de l'indemnité par l'héritier réservataire se fait en moins prenant et en priorité par voie d'imputation sur ses droits dans la réserve.

1. Principe de la réduction en valeur : application au legs universel. Il résulte des art. 924 s. qu'en principe, le legs est réductible en valeur et non en nature de sorte qu'il n'existe aucune indivision entre le légataire universel et l'héritier réservataire ; en conséquence, ce dernier ne peut prétendre ni à l'attribution préférentielle, ni à la licitation des parcelles dépendant de la succession. • Civ. 1re, 11 mai 2016, nº 14-16.967 P : *D. 2016. 1078 ; AJ fam. 2016. 350, obs. Levillain ; RTD civ. 2016. 673, obs. Grimaldi ; JCP N 2016, nº 1251, note Randoux.*

2. ... Application au legs du capital d'une assurance vie. Application de la réduction en valeur et paiement de l'indemnité en moins prenant par l'héritier réservataire bénéficiaire d'un legs ayant pour objet le capital d'une assurance vie que le souscripteur avait souhaité inclure dans sa succession. V. • Civ. 1re, 10 oct. 2012 : *cité note 5 ss. art. 825.*

3. Nature mobilière de l'action en réduction. Il résulte de la combinaison des principes régissant les successions internationales et de l'art. 924 que l'action en réduction exercée par les héritiers réservataires contre le donataire d'un immeuble, qui ne tend pas à la restitution en nature de l'immeuble mais au paiement d'une indemnité de réduction et présente, dès lors, un caractère mobilier, relève de la compétence des tribunaux du pays où le défunt avait son dernier domicile. • Civ. 1re, 14 avr. 2021, nº 19-24.773 P : *cité note 133 ss. art. 3.*

Art. 924-1 *(L. nº 2006-728 du 23 juin 2006)* **Le gratifié peut exécuter la réduction en nature, par dérogation à l'article 924, lorsque le bien donné ou légué lui appartient encore et qu'il est libre de toute charge dont il n'aurait pas déjà été grevé à la date de la libéralité, ainsi que de toute occupation dont il n'aurait pas déjà fait l'objet à cette même date.**

Cette faculté s'éteint **s'il n'exprime pas son choix pour cette modalité de réduction dans un délai de trois mois à compter de la date à laquelle un héritier réservataire l'a mis en demeure de prendre parti.**

Effet de la réduction en nature. La réduction en nature d'une donation n'entraîne pas la nullité de celle-ci, mais seulement le retour à la masse du bien donné ou de la quote-part du bien donné dont la valeur excède la quotité disponible, et la réduction partielle d'une donation ne peut avoir pour effet que de créer un état d'indivision entre le gratifié et l'héritier réservataire. • Civ. 1re, 11 juill. 1977 : *Bull. civ. I, nº 324* • 9 oct. 1985, nº 84-12.073 P *(décisions rendues en application du droit antérieur à la L. du 23 juin 2006).*

Art. 924-2 *(L. nº 2006-728 du 23 juin 2006)* **Le montant de l'indemnité de réduction se calcule d'après la valeur des biens donnés ou légués à l'époque du partage ou de leur aliénation par le gratifié et en fonction de leur état au jour où la libéralité a pris**

effet. S'il y a eu subrogation, le calcul de l'indemnité de réduction tient compte de la valeur des nouveaux biens à l'époque du partage, d'après leur état à l'époque de l'acquisition. Toutefois, si la dépréciation des nouveaux biens était, en raison de leur nature, inéluctable au jour de leur acquisition, il n'est pas tenu compte de la subrogation.

1° VALEUR DU BIEN DONNÉ OU LÉGUÉ AU JOUR DU PARTAGE

1. *Fixation de l'indemnité de réduction en fonction de la valeur du bien à la date la plus proche possible du partage.* Le montant de l'indemnité de réduction d'une donation doit être fixé d'après la valeur du bien donné au jour du partage ou tout au moins à la date la plus proche possible de celui-ci. • Civ. 1re, 11 janv. 1989, n° 87-13.436 P. – Même sens : • Civ. 1re, 25 févr. 2003, n° 00-15.891 P : *D. 2003. IR 810 ; JCP 2004. I. 155, n° 7, obs. Le Guidec ; Defrénois 2003. 1365, obs. Champenois ; AJ fam. 2003. 150, obs. S. D.-B. ; RJPF 2003-4/54, obs. J. C.* • 3 févr. 2004, n° 01-11.555 P : *Defrénois 2004. 874, note Vareille.* ♦ Si l'application de l'art. 922, lequel préconise de retenir la valeur des immeubles donnés au jour de l'ouverture de la succession pour procéder à leur réunion fictive, permet de déterminer la proportion dans laquelle les libéralités sont réductibles, il convient, pour le calcul de l'indemnité de réduction, de retenir la valeur des biens donnés à l'époque du partage. • Civ. 1re, 4 nov. 2020, n° 19-10.179 P : *AJ fam. 2020. 680, obs. Casey ; Defrénois 2021/18. 17, note Vareille* (décision rendue en application de l'art. 868 dans sa rédaction antérieure à la L. du 23 juin 2006).

2. *Absence d'indivision et de partage en présence d'un légataire universel : fixation de l'indemnité de réduction d'après la valeur des biens à l'époque de sa liquidation ou de leur aliénation.* En l'absence d'indivision entre le bénéficiaire de la libéralité et l'héritier réservataire et, par conséquent, en l'absence de partage, le montant de l'indemnité de réduction se calcule d'après la valeur des biens donnés ou légués à l'époque de sa liquidation ou de leur aliénation par le gratifié ; cassation de l'arrêt ayant considéré que le légataire universel détient la propriété des biens légués à la date du décès, qui est celle de la jouissance divise, de sorte que c'est à cette date que l'indemnité de réduction est due au réservataire et doit donc être liquidée. • Civ. 1re, 22 juin 2022, n° 21-10.570 B : *D. 2022. 1205 ; AJ fam. 2022. 451, obs. Levillain ; RTD civ. 2022. 683, obs. Grimaldi ; Dr. fam. 2022, n° 127, obs. Nicod.* ♦ En présence d'un légataire universel, en l'absence d'indivision entre le bénéficiaire de la libéralité et l'héritier réservataire, et par conséquent en l'absence de partage, le montant de l'indemnité de réduction se calcule d'après la valeur des biens donnés ou légués à l'époque de sa liquidation ou de leur aliénation par le gratifié ; une cour d'appel retient à bon droit que l'indemnité de réduction due par le légataire devait être calculée d'après le montant alloué par le juge de l'expropriation à la suite de la préemption de l'immeuble dont il avait été gratifié, soit d'après la valeur du bien légué au jour de son aliénation. • Civ. 1re, 1er déc. 2021, n° 20-12.923 B : *D. 2021. 2233 ; AJ fam. 2022. 102, obs. Levillain ; Dr. fam. 2022, n° 17, obs. Nicod ; Defrénois 2022/18. 24, obs. Vareille.*

2° ÉTAT DU BIEN À LA DATE D'EFFET DE LA LIBÉRALITÉ

3. *Référence à l'état du bien : neutralisation des améliorations apportées au bien par le gratifié.* L'indemnité de réduction équivalente à la portion excessive de la libéralité réductible déterminée au jour du décès, se calcule d'après la valeur du bien donné à l'époque du partage et son état au jour où la libéralité a pris effet ; la valeur du bien donné au jour du partage doit être déterminée en recherchant la valeur que ce bien aurait eue sans les travaux d'amélioration réalisés par le donataire. • Civ. 1re, 6 nov. 2013 : *cité note 3 ss. art. 922* (en l'espèce, cassation de l'arrêt ayant préconisé de déduire le coût des améliorations effectuées par le donataire de la valeur de l'immeuble donné au jour du partage).

4. *... Prise en compte des changements d'état résultant d'une cause étrangère au gratifié.* Lorsque la modification de l'état du bien donné résulte d'une cause étrangère au gratifié, il y a lieu de fixer l'indemnité de réduction en prenant en compte la plus-value occasionnée au bien par ce changement d'état. • Civ. 1re, 14 févr. 1990 : *D. 1990. 359, note Maury ; JCP 1991. II. 21767, note de La Marnierre ; JCP N 1990. II. 193, note Salvage ; Defrénois 1990. 559, obs. Champenois ; RTD civ. 1990. 694, obs. Patarin* • 6 mai 1997 : *Dr. et patr. 1997, n° 1805, obs. Bénabent* (changement de destination du bien : terrain inconstructible devenu constructible) • 4 nov. 2020, n° 19-10.179 P : *AJ fam. 2020. 680, obs. Casey ; Defrénois 2021/18. 17, note Vareille.*

5. *Référence à la date d'effet de la libéralité : cas des biens légués.* En application des art. 1004 et 1005, en présence d'héritiers réservataires, à défaut d'une demande de délivrance dans l'année du décès, le legs ne prend effet que du jour de la demande en justice ou de celui de la délivrance volontairement consentie ; cassation de l'arrêt qui fixe l'indemnité de réduction due par un légataire universel en fonction de la valeur d'un immeuble dépendant de la succession à l'époque du décès au motif erroné que la libéralité avait pris effet au décès et qu'il importait peu que le légataire soit tenu d'en demander la délivrance aux héritiers réservataires. • Civ. 1re, 28 mai 2015, n° 14-15.115 P : *D. 2015. 1207 ; AJ fam. 2015. 419, obs. Vernières ; RTD civ. 2015. 673, obs. Grimaldi ; JCP N 2015, n° 1170, note Sauvage ; Dr. fam. 2015, n° 150, obs. Nicod.*

Art. 924-3 *(L. n° 2006-728 du 23 juin 2006)* **« L'indemnité de réduction »** *(L. n° 71-523 du 3 juill. 1971)* **est payable au moment du partage, sauf accord entre les cohéritiers. Toutefois, lorsque la libéralité a pour objet un des biens pouvant faire l'objet d'une attribution préférentielle, des délais peuvent être accordés par le tribunal, compte tenu des intérêts en présence, s'ils ne l'ont pas été par le disposant. L'octroi de ces délais ne peut, en aucun cas, avoir pour effet de différer le paiement de l'indemnité au-delà de dix années à compter de l'ouverture de la succession. Les dispositions de l'article** *(L. n° 2006-728 du 23 juin 2006)* **« 828 » sont alors applicables au paiement des sommes dues.**

A défaut de convention ou de stipulation contraire, ces sommes sont productives d'intérêts au taux légal *(L. n° 2006-728 du 23 juin 2006)* **« à compter de la date à laquelle le montant de l'indemnité de réduction a été fixé ». Les avantages résultant des délais et modalités de paiement accordés ne constituent pas une libéralité.**

En cas de vente de la totalité du bien donné ou légué, les sommes restant dues deviennent immédiatement exigibles ; en cas de ventes partielles, le produit de ces ventes est versé aux cohéritiers et imputé sur les sommes encore dues. – *[Anc. art. 868, mod.]*

Point de départ des intérêts. L'indemnité due par l'héritier qui entend retenir le bien donné en totalité et au-delà de la portion disponible n'est productive d'intérêts au taux légal qu'à compter du jour où elle est déterminée, c'est-à-dire du jour du partage. • Civ. 1re, 21 mai 1985, n° 83-16.590 P : *R., p. 85 ; D. 1987. 65, note G. Morin ; RTD civ. 1986. 394, obs. Patarin (décision rendue sous l'empire du droit antérieur à la L. du 23 juin 2006).* ♦ Selon l'art. 924-3, al. 2, également applicable en l'absence d'indivision successorale en raison de la présence d'un légataire universel, à défaut de convention ou de stipulation contraire, l'indemnité de réduction est productive d'intérêts à compter de la date à laquelle son montant a été fixé. • Civ. 1re, 1er déc. 2021, n° 20-12.923 B : *D. 2021. 2233 ; AJ fam. 2022. 102, obs. Levillain ; Dr. fam. 2022, n° 17, obs. Nicod ; Defrénois 2022/18. 24, obs. Vareille.*

Art. 924-4 *(L. n° 2006-728 du 23 juin 2006)* **Après discussion préalable des biens du débiteur de l'indemnité en réduction et en cas d'insolvabilité de ce dernier, les héritiers réservataires peuvent exercer l'action en réduction ou revendication contre les tiers détenteurs des immeubles faisant partie des libéralités et aliénés par le gratifié. L'action est exercée de la même manière que contre les gratifiés eux-mêmes et suivant l'ordre des dates des aliénations, en commençant par la plus récente. Elle peut être exercée contre les tiers détenteurs de meubles lorsque l'article** *(L. n° 2008-561 du 17 juin 2008, art. 3)* **« 2276 » ne peut être invoqué.**

Lorsque, au jour de la donation ou postérieurement, le donateur et tous les héritiers réservataires présomptifs ont consenti à l'aliénation du bien donné, aucun héritier réservataire, même né après que le consentement de tous les héritiers intéressés a été recueilli, ne peut exercer l'action contre les tiers détenteurs. S'agissant des biens légués, cette action ne peut plus être exercée lorsque les héritiers réservataires ont consenti à l'aliénation.

BIBL. ► ALIDOR, *JCP N 2021, n° 1126* (plaidoyer en faveur de la suppression de la réduction en nature contre le tiers acquéreur). – DE LA TAILLE et PEZARD, *JCP N 2009. 1321.* – GALHAUD, *JCP N 2016, n° 1326* (cas pratique, vente). – PICARD, *LPA 18 avr. 2018* (vente d'un immeuble de gré à gré lors d'une liquidation judiciaire).

1° EXERCICE DE L'ACTION EN RÉDUCTION CONTRE UN TIERS DÉTENTEUR

1. Conditions : discussion préalable des biens du donataire. L'action en revendication contre les tiers détenteurs des biens donnés est subordonnée à la discussion préalable des biens des donataires ; ainsi ces derniers ou, à leur défaut, les tiers détenteurs ont la faculté d'échapper à la réduction en nature en indemnisant les héritiers réservataires demandeurs. • Civ. 1re, 18 oct. 1966 : *D. 1966. 709, note Breton ; JCP 1967. II. 15170, note E. S. de La Marnierre.*

2. ... Restitution des fruits. Le tiers détenteur de biens donnés ne cesse d'être de bonne foiqu'à partir du jour où l'insolvabilité des donataires établie par la discussion de leurs biens lui a été révélée par la demande en délaissement formée contre lui par les héritiers réservataires, et c'est seulement à partir de cette demande qu'il doit les fruits de l'immeuble qu'il détient. • Req. 15 janv. 1908 : *DP 1909. 1. 153, note de Loynes.*

2° CONSENTEMENT DE TOUS LES RÉSERVATAIRES À L'ALIÉNATION

3. Devoir de conseil du notaire. Lorsque le vendeur de l'immeuble en a acquis la propriété par donation, il incombe au notaire d'informer les acquéreurs de cet immeuble sur les risques d'une éventuelle action en réduction qui serait engagée par les héritiers réservataires et de faire intervenir ces derniers pour consentir à l'aliénation conformément à l'anc. art. 930, al. 2 [actuel art. 924-4, al. 2] afin de protéger les acquéreurs contre tout recours ultérieur. Le préjudice subi par les acquéreurs, en raison du manquement du notaire à son devoir d'information et de conseil ne constitue pas une simple perte de chance mais un préjudice certain et actuel. • Civ. 1re, 16 déc. 2015, n° 14-29.758 P : *D. 2016. 70 ; AJ fam. 2016. 114, obs. Levillain .*

4. Héritier réservataire mineur. Le représentant légal d'un mineur peut-il être judiciairement autorisé à donner son accord à l'aliénation du bien donné, dans le cas prévu à l'al. 2 de l'art. 930 [924-4] ? Pour la négative : V. • TI Biarritz, 12 févr. 1975 : *D. 1975. 753, note J.-F. Vouin.*

Art. 925 *Abrogé par L. n° 2006-728 du 23 juin 2006.*

Art. 926 Lorsque les dispositions testamentaires excéderont, soit la quotité disponible, soit la portion de cette quotité qui resterait après avoir déduit la valeur des donations entre vifs, la réduction sera faite au marc le franc, sans aucune distinction entre les legs universels et les legs particuliers.

1. Objet de la réduction proportionnelle : fixation des droits respectifs des légataires. Le mode de réduction au marc le franc tracé par l'art. 926 a pour objet de régler les droits respectifs des légataires, et les réservataires, lorsque la quotité disponible a été déterminée, étant sans intérêt dans ce règlement, n'ont pas qualité pour y intervenir. • Civ. 12 juill. 1848 : *DP 1848. 1. 164 (décision rendue sous l'empire du droit antérieur à la L. du 23 juin 2006).*

2. Réduction proportionnelle d'un legs universel et d'un legs particulier. S'il n'y a pas lieu à la réduction proportionnelle des legs particuliers et des legs universels prévue par l'art. 926, lorsque le légataire universel est en même temps seul héritier réservataire, il en est autrement lorsque ce légataire universel est lui-même en présence d'un héritier coréservataire ; son legs universel subissant alors une réduction dans la mesure de la part de réserve attribuée à son cohéritier, il peut faire subir, dans la même proportion, une réduction aux légataires particuliers. • Civ. 5 févr. 1952 : *D. 1953. 129 (décision rendue sous l'empire du droit antérieur à la L. du 23 juin 2006).*

3. Application de la réduction proportionnelle en l'absence de réservataire. Sur l'application de l'art. 926, même en l'absence d'héritiers réservataires, dès lors que les legs excèdent l'actif successoral, V. • Nancy, 28 nov. 1908 : *DP 1912. 2. 305, note Ripert (décision rendue sous l'empire du droit antérieur à la L. du 23 juin 2006).*

4. Application de la réduction proportionnelle en présence d'un « trust ». V. note 6 ss. art. 923.

5. Renonciation à la réduction proportionnelle : conditions. La renonciation à la règle de la réduction proportionnelle des legs universels et particuliers ne peut résulter que d'actes manifestant sans équivoque la volonté de renoncer ; au surplus, à supposer que cette renonciation n'eût pas constitué une libéralité, interdite à ce titre au représentant d'un mineur, elle ne pouvait être rendue valable que par une autorisation spéciale du juge des tutelles, en vertu de l'art. 389-5, al. 3, C. civ. • Civ. 1re, 6 juill. 1982 : *Bull. civ. I, n° 252 ; RTD civ. 1983. 373, obs. Patarin (décision rendue sous l'empire du droit antérieur à la L. du 23 juin 2006).*

Loi n° 87-571 du 23 juillet 1987, *sur le développement du mécénat (D. et ALD 1987. 321).* **Art. 23** Lorsque la valeur d'un legs fait à l'État et portant sur un bien qui présente un intérêt pour le patrimoine historique, artistique ou culturel de la nation excède la quotité disponible, l'État peut, quel que soit cet excédent, réclamer en totalité le bien légué, sauf à récompenser préalablement les héritiers en argent.

Art. 927 Néanmoins dans tous les cas où le testateur aura expressément déclaré qu'il entend que tel legs soit acquitté de préférence aux autres, cette préférence aura lieu ; et le legs qui en sera l'objet, ne sera réduit qu'autant que la valeur des autres ne remplirait pas la réserve légale.

Legs à exécution préférentielle. *(Décisions rendues sous l'empire du droit antérieur à la L. du 23 juin 2006).* En cas d'absence de déclaration expresse du testateur, V. • Civ. 1re, 4 juin 1962 : *Bull. civ. I, n° 286.* ♦ Comp. • Nancy, 28 nov. 1908 : *DP 1912. 2. 305, note Ripert.*

Art. 928 *(L. n° 2006-728 du 23 juin 2006)* **Lorsque la réduction s'exécute en nature, le donataire restitue les fruits de ce qui excède la portion disponible, à compter du jour du décès du donateur, si la demande en réduction est faite dans l'année ; sinon, du jour de la demande.**

1. Domaine d'application : réduction d'une donation par contrat de mariage. *(Décisions rendues sous l'empire du droit antérieur à la L. du 23 juin 2006).* L'art. 928 s'applique aux donations faites par contrat de mariage comme aux donations ordinaires. • Civ. 26 avr. 1870 : *DP 1870. 1. 358* • Req. 20 avr. 1880 : *DP 1880. 1. 428.*

2. ... Réduction d'une libéralité faite à un non-successible. L'art. 928 ne fait aucune distinction selon que la libéralité a été faite, ou non, à un successible. • Civ. 1re, 7 nov. 1979, n° 78-11.387 P *(décision rendue sous l'empire du droit antérieur à la L. du 23 juin 2006).*

§ 3 De la renonciation anticipée à l'action en réduction

BIBL. GÉN. ▸ DAURIAC, *D. 2006. 2575.* – LEVILLAIN, *JCP N 2006. 1349.* – SAUVAGE, *AJ fam. 2006. 355* ; *JCP N 2008. Actu. 328.* – VAREILLE, *Defrénois 2008. 159.* – ZALEWSKI, *Defrénois 2007. 1587.*

▸ **Aspects fiscaux :** DELFOSSE et PÉNIGUEL, *JCP N 2007. 1016.* – FRULEUX, *JCP N 2007. 1048.*

Art. 929 **Tout héritier réservataire présomptif peut renoncer à exercer une action en réduction dans une succession non ouverte. Cette renonciation doit être faite au profit d'une ou de plusieurs personnes déterminées. La renonciation n'engage le renonçant que du jour où elle a été acceptée par celui dont il a vocation à hériter.**

La renonciation peut viser une atteinte portant sur la totalité de la réserve ou sur une fraction seulement. Elle peut également ne viser que la réduction d'une libéralité portant sur un bien déterminé.

L'acte de renonciation ne peut créer d'obligations à la charge de celui dont on a vocation à hériter ou être conditionné à un acte émanant de ce dernier.

Art. 930 **La renonciation est établie par acte authentique spécifique reçu par deux notaires. Elle est signée séparément par chaque renonçant en présence des seuls notaires. Elle mentionne précisément ses conséquences juridiques futures pour chaque renonçant.**

La renonciation est nulle lorsqu'elle n'a pas été établie dans les conditions fixées au précédent alinéa, ou lorsque le consentement du renonçant a été vicié par l'erreur, le dol ou la violence.

La renonciation peut être faite dans le même acte par plusieurs héritiers réservataires.

Art. 930-1 **La capacité requise du renonçant est celle exigée pour consentir une donation entre vifs. Toutefois, le mineur émancipé ne peut renoncer par anticipation à l'action en réduction.**

La renonciation, quelles que soient ses modalités, ne constitue pas une libéralité.

Art. 930-2 **La renonciation ne produit aucun effet s'il n'a pas été porté atteinte à la réserve héréditaire du renonçant. Si l'atteinte à la réserve héréditaire n'a été exercée que partiellement, la renonciation ne produit d'effets qu'à hauteur de l'atteinte à la réserve du renonçant résultant de la libéralité consentie. Si l'atteinte à la réserve porte sur une fraction supérieure à celle prévue dans la renonciation, l'excédent est sujet à réduction.**

La renonciation relative à la réduction d'une libéralité portant sur un bien déterminé est caduque si la libéralité attentatoire à la réserve ne porte pas sur ce bien. Il en va de même si la libéralité n'a pas été faite au profit de la ou des personnes déterminées.

Art. 930-3 **Le renonçant ne peut demander la révocation de sa renonciation que si :**

1° Celui dont il a vocation à hériter ne remplit pas ses obligations alimentaires envers lui ;

2° Au jour de l'ouverture de la succession, il est dans un état de besoin qui disparaîtrait s'il n'avait pas renoncé à ses droits réservataires ;

3° Le bénéficiaire de la renonciation s'est rendu coupable d'un crime ou d'un délit contre sa personne.

Art. 930-4 La révocation n'a jamais lieu de plein droit.

La demande en révocation est formée dans l'année, à compter du jour de l'ouverture de la succession, si elle est fondée sur l'état de besoin. Elle est formée dans l'année, à compter du jour du fait imputé par le renonçant ou du jour où le fait a pu être connu par ses héritiers, si elle est fondée sur le manquement aux obligations alimentaires ou sur l'un des faits visés au 3° de l'article 930-3.

La révocation en application du 2° de l'article 930-3 n'est prononcée qu'à concurrence des besoins de celui qui avait renoncé.

Art. 930-5 La renonciation est opposable aux représentants du renonçant.

CHAPITRE III *[ANCIEN]* DE LA PORTION DE BIENS DISPONIBLE, ET DE LA RÉDUCTION

SECTION 1 *[ANCIENNE]* De la portion de biens disponible

Ancien art. 913 *(L. n° 72-3 du 3 janv. 1972)* ***Les libéralités, soit par actes entre vifs, soit par testament, ne pourront excéder la moitié des biens du disposant, s'il ne laisse à son décès qu'un enfant ; le tiers, s'il laisse deux enfants ; le quart, s'il en laisse trois ou un plus grand nombre ;*** *(Abrogé par Ord. n° 2005-759 du 4 juill. 2005, à compter du 1er juill. 2006)* ***« sans qu'il y ait lieu de distinguer entre les enfants légitimes et les enfants naturels, »*** *(Abrogé par L. n° 2001-1135 du 3 déc. 2001, art. 16)* ***« hormis le cas de l'article 915 ».***

BIBL. ► BEIGNIER, *Dr. fam. 1998. Chron. 12* (restauration de la légitime : à propos du projet de réforme du droit des libéralités). – JEANTET, *Mél. Breton/Derrida, Dalloz, 1991, p. 175* (réserve héréditaire et fiducie). – RAFFRAY et SÉNÉCHAL, *JCP N 1986. I. 249* (avenir de la réserve).

Caractère collectif de la réserve : incidence de la renonciation. La renonciation d'un ou plusieurs enfants à la succession doit rester sans influence sur l'étendue de la quotité disponible. • Req. 10 juin 1902 : *DP 1904. 1. 425.* – Déjà en ce sens : • Civ. 13 août 1866, *Dufeu : GAJC, 12e éd., n° 137 ; DP 1866. 1. 465.* ♦ Mais la renonciation par l'ascendant du défunt à sa part de réserve est impuissante à rendre à un héritier collatéral, écarté de la succession par l'institution d'un légataire universel, son droit héréditaire et à lui faire attribuer les biens revenant, nécessairement, au légataire universel, lequel, par la nature même de son titre, a la vocation éventuelle à recueillir tous les biens qui, en raison d'événements postérieurs au décès, restent ou rentrent dans l'hérédité. • Req. 9 mai 1938 : *DP 1939. 1. 65, note E. P.* (rejet du pourvoi formé contre • Rennes, 6 nov. 1934 : *DP 1935. 2. 9, note Lerebours-Pigeonnière).* ♦ En ce qui concerne les effets de la représentation au regard de la réserve héréditaire du représenté : V. • Aix-en-Provence, 17 juin 1974 : *D. 1974. 756* • Civ. 1re, 15 juill. 1975 : *D. 1975. 757, note Donnier.*

Ancien art. 913-1 *(L. n° 72-3 du 3 janv. 1972)* ***Sont compris dans l'article 913, sous le nom d'enfants, les descendants en quelque degré que ce soit, encore qu'ils ne doivent être comptés que pour l'enfant dont ils tiennent la place dans la succession du disposant.***

Ancien art. 914 *(L. n° 72-3 du 3 janv. 1972)* ***Les libéralités, par actes entre vifs ou par testament, ne pourront excéder la moitié des biens, si, à défaut d'enfant, le défunt laisse un ou plusieurs ascendants dans chacune des lignes, paternelle et maternelle, et les trois quarts s'il ne laisse d'ascendants que dans une ligne.***

Les biens ainsi réservés au profit des ascendants seront par eux recueillis dans l'ordre où la loi les appelle à succéder : ils auront seuls droit à cette réserve dans tous les cas où un partage en concurrence avec des collatéraux ne leur donnerait pas la quotité de biens à laquelle elle est fixée.

Incidence de la renonciation d'un ascendant : V. note ss. anc. art. 913.

Ancien art. 914-1 *(L. n° 2001-1135 du 3 déc. 2001, art. 13)* ***Les libéralités, par actes entre vifs ou par testament, ne pourront excéder les trois quarts des biens si, à défaut de descendant et d'ascendant, le défunt laisse un conjoint survivant, non divorcé, contre lequel n'existe pas de jugement de séparation de corps passé en force de chose jugée et qui n'est pas engagé dans une instance en divorce ou séparation de corps.*** – *Entrée en vigueur le 1er juill. 2002.*

BIBL. ► **Réserve du conjoint survivant :** COIFFARD, *Dr. et patr. 4/2004. 40.* – RÉVOL, *Gaz. Pal. 2002. Doctr. 1409.*

Ancien art. 915 *(Abrogé par L. n° 2001-1135 du 3 déc. 2001, art. 16) (L. n° 72-3 du 3 janv. 1972)* ***Quand un enfant naturel dont le père ou la mère était, au temps de la conception, engagé dans les liens du mariage avec une autre personne, est appelé à la succession de son auteur en concours avec les enfants légitimes issus de ce mariage, il compte par sa présence pour le calcul de la quotité disponible ; mais sa part dans la réserve héréditaire n'est égale qu'à la moitié de celle qu'il aurait eue si tous les enfants, y compris lui-même, eussent été légitimes.***

La fraction dont sa part dans la réserve est ainsi diminuée accroîtra aux seuls enfants issus du mariage auquel l'adultère a porté atteinte ; elle se divisera entre eux par égales portions.

BIBL. ▸ MASSIP, *Defrénois 1989. 1233.*

1. La limitation apportée par l'art. 915 aux droits de l'enfant naturel doit s'appliquer à toute succession dans laquelle il a, concurremment avec les enfants légitimes « protégés », droit à une part de réserve (en l'espèce, succession d'un grand-parent). • Civ. 1re, 24 juin 1980, n° 79-10.636 P : *R., p. 37 ; GAJC, 11e éd., n° 94 ; D. 1980. IR 427, obs. Huet-Weiller ; Defrénois 1980. 1194, note G. Morin ; JCP N 1981. II. 54, note Thuillier ; RTD civ. 1981. 192, obs. Patarin* • 26 avr. 1988, n° 86-13.650 P : *R., p. 161 ; D. 1988. 469, rapport Massip ; JCP 1989. II. 21246, note Testu ; JCP N 1989. II. 45, note H. T. ; RTD civ. 1988. 798, obs. Patarin* (successions de tous les ascendants).

2. Assimilation de l'enfant adoptif à l'enfant légitime « protégé » lorsqu'il est en concours avec un enfant adultérin : V. • Civ. 1re, 8 nov. 1982 : *GAJC, 11e éd., n° 95 ; D. 1983. 445, note Y. Flour et Grimaldi ; RTD civ. 1983. 569, obs. Patarin* • Paris, 20 mars 1984 : *JCP N 1985. II. 27, note Rémy* ; pourvoi rejeté par • Civ. 1re, 8 oct. 1985 : *Bull. civ. I, n° 249 ; RTD civ. 1986. 614, obs. Patarin* (adoption simple par les époux de l'enfant adultérin du mari, en concours avec d'autres enfants adultérins de ce dernier).

3. Sur l'incompatibilité des limitations apportées aux droits successoraux des enfants adultérins avec l'art. 1er du Protocole n° 1 combiné avec l'art. 14 Conv. EDH, V. note 1 ss. ancien art. 760.

Ancien art. 915-1 *(Abrogé par L. n° 2001-1135 du 3 déc. 2001, art. 16) (L. n° 72-3 du 3 janv. 1972)* ***Quand l'enfant naturel visé à l'article précédent est appelé seul à la succession de son auteur, ou en concours avec d'autres enfants qui ne sont pas issus du mariage auquel l'adultère avait porté atteinte, la quotité disponible en faveur de toute autre personne que le conjoint protégé est celle de l'article 913.***

Ancien art. 915-2 *(Abrogé par L. n° 2001-1135 du 3 déc. 2001, art. 16) (L. n° 72-3 du 3 janv. 1972)* ***S'il est dans le besoin, l'enfant naturel dont la vocation se trouve réduite par application des articles 759 et 760 peut, contre l'abandon de ses droits aux héritiers, réclamer de la succession une pension alimentaire.***

Cette pension obéit aux règles de l'article 207-1 du présent code.

Les héritiers peuvent, toutefois, écarter cette réclamation en accordant au demandeur une part égale à celle dont il eût bénéficié sans l'application des articles 759 et 760.

V. L. n° 72-3 du 3 janv. 1972, art. 14, ss. art. 764 ancien.

BIBL. ▸ THOMAS, *JCP 1976. I. 2761.*

Ancien art. 916 *(L. n° 2001-1135 du 3 déc. 2001, art. 13, en vigueur le 1er juill. 2002)* ***« A défaut de descendant, d'ascendant et de conjoint survivant non divorcé, contre lequel n'existe pas de jugement de séparation de corps passé en force de chose jugée et qui n'est pas engagé dans une instance en divorce ou séparation de corps », les libéralités par actes entre vifs ou testamentaires pourront épuiser la totalité des biens.***

BIBL. ▸ **Le conjoint survivant, héritier réservataire ? :** DAGOT, *D. 1974. Chron. 39.* ▸ *V. aussi note* MALAURIE *ss. Civ. 1re, 25 avr. 1984 : D. 1984. 534.*

Ancien art. 917 ***Si la disposition par acte entre vifs ou par testament est d'un usufruit ou d'une rente viagère dont la valeur excède la quotité disponible, les héritiers au profit desquels la loi fait une réserve, auront l'option, ou d'exécuter cette disposition, ou de faire l'abandon de la propriété de la quotité disponible.***

BIBL. ▸ DUCHANGE, *RTD civ. 2001. 795* (démembrements de propriété et libéralités : recherche d'un système cohérent d'imputation). – GRIMALDI, *Defrénois 1984. 1441.*

Ancien art. 918 ***La valeur en pleine propriété des biens aliénés, soit à charge de rente viagère, soit à fonds perdu, ou avec réserve d'usufruit à l'un des successibles en ligne directe, sera imputée sur la portion disponible ; et l'excédent, s'il y en a, sera rapporté à la masse. Cette imputation et ce rapport ne pourront être demandés par ceux des autres successibles en ligne directe qui auraient consenti à ces aliénations, ni, dans aucun cas, par les successibles en ligne collatérale.***

BIBL. ▸ GISSEROT, *Defrénois 1979. 1441.* – HÉBRAUD, *Mél. R. Savatier, Dalloz, 1965, p. 341* (contrats entre un futur *de cujus* et son héritier présomptif). – LAROCHE-GISSEROT, *Gaz. Pal. 1984. 1. Doctr. 227.* – MATHIEU, *JCP N 1984. I. 344.*

Ancien art. 919 *(L. 24 mars 1898) La quotité disponible pourra être donnée en tout ou en partie, soit par acte entre vifs, soit par testament, aux enfants ou autres successibles du donateur, sans être sujette au rapport par le donataire ou le légataire venant à la succession, pourvu qu'en ce qui touche les dons la disposition ait été faite expressément à titre de préciput et hors part.*

La déclaration que le don est à titre de préciput et hors part pourra être faite, soit par l'acte qui contiendra la disposition, soit postérieurement dans la forme des dispositions entre vifs ou testamentaires.

SECTION 2 *[ANCIENNE]* De la réduction des donations et legs

Ancien art. 920 *Les dispositions soit entre vifs, soit à cause de mort, qui excéderont la quotité disponible, seront réductibles à cette quotité lors de l'ouverture de la succession.*

1. Réduction en valeur en cas d'aliénation du bien donné. La réduction des libéralités excédant la quotité disponible, consenties à des non-successibles, s'effectue en valeur en cas d'aliénation des biens objets de la libéralité, à défaut d'être exercée en nature dans les conditions de l'art. 930 et l'indemnité de réduction est déterminée en fonction de la valeur qu'avaient les biens à l'époque de l'aliénation ou, si de nouveaux biens ont été subrogés, en fonction de la valeur de ces nouveaux biens à l'époque du partage. • Civ. 1re, 29 mai 2001, n° 99-16.813 P : *Dr. fam. 2002, n° 33, note Perrouin ; RJPF 2001-12/40, note Casey ; RTD civ. 2001. 938, obs. Patarin*.

2. Prescription de l'action en réduction. L'action en réduction d'une donation se prescrit par trente ans à compter de l'ouverture de la succession et l'action en simulation intentée par les héritiers en vue d'obtenir la réduction de la donation constitue pour eux l'exercice d'un droit propre ; d'où il suit que la prescription ne commence à courir que du jour où ils ont la faculté d'exercer cette action, c'est-à-dire du jour du décès de leur auteur. • Civ. 1re, 24 nov. 1987, n° 86-10.635 P : *R., p. 151 ; JCP 1989. II. 21214, note Testu ; RTD civ. 1989. 803, obs. Patarin* • 23 mars 1994, n° 92-14.370 P : *D. 1995. Somm. 333, obs. Vareille ; RTD civ. 1994. 920, obs. Patarin*.

Ancien art. 921 *La réduction des dispositions entre vifs ne pourra être demandée que par ceux au profit desquels la loi fait la réserve, par leurs héritiers ou ayants cause : les donataires, les légataires, ni les créanciers du défunt, ne pourront demander cette réduction, ni en profiter.*

Ancien art. 922 *(L. n° 71-523 du 3 juill. 1971) La réduction se détermine en formant une masse de tous les biens existant au décès du donateur ou testateur.*

On y réunit fictivement, après en avoir déduit les dettes, ceux dont il a été disposé par donation entre vifs d'après leur état à l'époque de la donation et leur valeur à l'ouverture de la succession. Si les biens ont été aliénés, il est tenu compte de leur valeur à l'époque de l'aliénation et, s'il y a eu subrogation, de la valeur des nouveaux biens au jour de l'ouverture de la succession.

On calcule sur tous ces biens, eu égard à la qualité des héritiers qu'il laisse, quelle est la quotité dont le défunt a pu disposer. — V. L. n° 71-523 du 3 juill. 1971, art. 12 et 13, ss. art. 869 anc.

Ancien art. 923 *Il n'y aura jamais lieu à réduire les donations entre vifs, qu'après avoir épuisé la valeur de tous les biens compris dans les dispositions testamentaires ; et lorsqu'il y aura lieu à cette réduction, elle se fera en commençant par la dernière donation, et ainsi de suite en remontant des dernières aux plus anciennes.*

Ancien art. 924 *(L. n° 71-523 du 3 juill. 1971) L'héritier réservataire gratifié par préciput au-delà de la quotité disponible et qui accepte la succession supporte la réduction en valeur, comme il est dit à l'article 866 ; à concurrence de ses droits dans la réserve, cette réduction se fera en moins prenant.*

Il peut réclamer la totalité des objets légués, lorsque la portion réductible n'excède pas sa part de réserve. — V. L. n° 71-523 du 3 juill. 1971, art. 12 et 13, ss. art. 869 anc.

Faculté pour le légataire de choisir les biens composant le legs : V. note 3 ss. art. 867 anc.

Ancien art. 925 *Lorsque la valeur des donations entre vifs excédera ou égalera la quotité disponible, toutes les dispositions testamentaires seront caduques.*

Ancien art. 926 *Lorsque les dispositions testamentaires excéderont, soit la quotité disponible, soit la portion de cette quotité qui resterait après avoir déduit la valeur des donations entre vifs, la réduction sera faite au marc le franc, sans aucune distinction entre les legs universels et les legs particuliers.*

Ancien art. 927 ***Néanmoins dans tous les cas où le testateur aura expressément déclaré qu'il entend que tel legs soit acquitté de préférence aux autres, cette préférence aura lieu ; et le legs qui en sera l'objet, ne sera réduit qu'autant que la valeur des autres ne remplirait pas la réserve légale.***

Ancien art. 928 ***Le donataire restituera les fruits de ce qui excédera la portion disponible, à compter du jour du décès du donateur, si la demande en réduction a été faite dans l'année ; sinon, du jour de la demande.***

Sort des fruits en cas de réduction en valeur. En cas de réduction en valeur de la libéralité, le donataire doit restituer, à compter du jour du décès du donateur, l'équivalent des fruits perçus de la portion des biens donnés sur laquelle porte la réduction. • Civ. 1re, 21 juin 1989 : *D. 1989. 525, note Morin ; JCP 1990. II. 21574, note Salvage ; RTD civ. 1990. 130, obs. Patarin*. – V. aussi • Civ. 1re, 2 juin 1992, n° 90-17.034 P : *RTD civ. 1993. 178, obs. Patarin ; JCP 1993. I. 3713, n° 8, obs. Testu* • 3 févr. 2004, n° 01-11.555 P : *Defrénois 2004. 874, note Vareille.*

Ancien art. 929 *(L. n° 71-523 du 3 juill. 1971)* ***Les droits réels créés par le donataire s'éteindront par l'effet de la réduction. Ces droits conserveront néanmoins leurs effets lorsque le donateur y aura consenti dans l'acte même de constitution ou dans un acte postérieur. Le donataire répondra alors de la dépréciation en résultant.*** *– V. L. n° 71-523 du 3 juill. 1971, art. 12 et 13, ss. art. 869 anc.*

BIBL. ▶ SAUVAGE, *Defrénois 2007. 997* (opposabilité au réservataire de l'hypothèque constituée par le donataire).

Ancien art. 930 ***L'action en réduction ou revendication pourra être exercée par les héritiers contre les tiers détenteurs des immeubles faisant partie des donations et aliénés par les donataires, de la même manière et dans le même ordre que contre les donataires eux-mêmes, et discussion préalablement faite de leurs biens. Cette action devra être exercée suivant l'ordre des dates des aliénations, en commençant par la plus récente.***

(L. n° 71-523 du 3 juill. 1971) ***« Lorsque le donateur aura consenti à l'aliénation avec l'accord de tous les réservataires nés et vivants au moment de celle-ci, l'action ne pourra plus être exercée contre les tiers détenteurs. »*** *– V. L. n° 71-523 du 3 juill. 1971, art. 12 et 13, ss. art. 869 anc.*

BIBL. ▶ GRIMALDI, *Defrénois 1996. 3* (clause stipulée dans une donation-partage pour protéger les ayants cause des donataires contre les effets de la réduction pour atteinte à la réserve). – ROUZET, *Dr. et patr. 6/1994. 20* (le concours des réservataires à la vente d'un bien donné).

L'art. 930 [ancien] pose, en cas d'aliénation du bien donné, le principe de la réduction en nature et n'admet la réduction en valeur que comme un moyen pour le donataire ou le tiers détenteur d'y échapper ; il en résulte que la réduction en valeur doit avoir pour effet en ce cas de faire aux réservataires une situation aussi proche que possible de celle que leur eût procurée la réduction en nature ; dès lors, si, pour calculer la quotité disponible, il convient de se placer au décès du donateur, la récompense incombant au gratifié ou au tiers détenteur doit être appréciée à sa valeur actuelle. • Civ. 1re, 18 oct. 1966 : *D. 1966. 709, note Breton ; JCP 1967. II. 1570, note E. S. de La Marnierre* • 30 juin 1969 : *D. 1969. 586.*

CHAPITRE IV DES DONATIONS ENTRE VIFS

RÉP. CIV. vis *Donation*, par I. NAJJAR ; *Don manuel*, par A. COLOMER et P. CASSON.

DALLOZ ACTION *Droit patrimonial de la famille 2021/2022*, nos 310.00 s.

SECTION 1 De la forme des donations entre vifs

Art. 931 **Tous actes portant donation entre vifs seront passés devant notaires, dans la forme ordinaire des contrats ; et il en restera minute, sous peine de nullité.**

BIBL. ▶ X. LAGARDE, *RTD civ. 1997. 25.* – DELORY, *JCP N 1999. 390* (acquisition en démembrement de propriété : don manuel ou donation déguisée ?). – DAGOT, *JCP 2000. I. 248* (donations non solennelles). – LÉCUYER, *Dr. et patr. 5/2003. 92* (donations échappant au formalisme légal). – Dossier, *Defrénois 2015. 295* (donations de droits sociaux).

I. PRINCIPE ET SANCTION DU FORMALISME

1. *Ordre public.* L'art. 931 énonce une règle d'ordre public. • Civ. 1re, 11 sept. 2013 : *cité note 1 ss. art. 933.* ♦ La nullité de forme entachant un acte qui aurait dû revêtir la forme authentique ne peut faire l'objet d'une transaction, cette solution se heurtant aux dispositions de l'art. 1339 anc. C. civ., qui interdit toute confirmation expresse ou tacite, y compris l'exécution volontaire. • Civ. 1re, 12 juin 1967 : *D. 1967. 584, note Breton ; JCP 1967. II. 15225, note R. L.*

2. *Représentation du donateur.* Si le donateur se fait représenter par un mandataire dans l'acte de donation, le mandat qui contient la manifestation de la volonté du donateur doit être revêtu de la forme authentique. • Req. 1er déc. 1846 : *DP 1847. 1. 15.* ♦ Le mandat conféré pour faire une donation doit être spécial. • Civ. 1re, 29 juin 1983 : *Bull. civ. I, no 192.*

3. *Actes soumis au formalisme de l'art. 931 : actes ayant le caractère d'une libéralité.* L'acte portant concession à titre gratuit d'un droit de passage et ne contenant aucune autre convention n'est pas une donation indirecte mais constitue une libéralité pure et simple, soumise dès lors aux règles de forme de l'art. 931. • Civ. 1re, 23 mai 1973 : *JCP 1975. II. 17920, note Dagot ; Gaz. Pal. 1973. 2. 894, note D. Martin ; Defrénois 1975. 531, note Goubeaux.* ♦ Est soumis aux formalités de l'art. 931 l'acte par lequel, dans le cadre d'un partage anticipé, il est fait abandon par l'épouse survivante au profit de ses enfants, dans une intention libérale, de son droit d'usufruit et de sa part en pleine propriété dans la communauté. • Civ. 1re, 11 mars 1986, no 85-10.572 P. ♦ Échappe à l'art. 931, faute d'intention libérale, l'acte par lequel un concubin s'engage, au moment de la rupture, à verser une somme à sa concubine afin de permettre l'édification d'un logement, somme parfaitement cohérente avec son affectation et proportionnée tant aux facultés contributives du promettant qui reprenait sa liberté qu'au bouleversement matériel et moral que la rupture causait aux conditions d'existence de son ex-concubine et de sa fille. • Civ. 1re, 20 févr. 2008 : *D. 2008. Pan. 1794, obs. Lemouland et Vigneau ; AJ fam. 2008. 208, obs. F. C. ; RDC 2008. 1303, obs. Gaudemet.*

4. *... Clauses et conditions.* La règle générale et impérative de l'art. 931 s'applique aux clauses et conditions de la libéralité ; sont nulles les conditions d'une donation stipulées dans un *acte sous seing privé.* • Civ. 1re, 17 oct. 2007, no 05-14.818 P : *D. 2007. AJ 2735 ; JCP N 2008. 1281, note Van Steenlandt ; JCP 2009. I. 109, no 7, obs. Le Guidec ; LPA 8-9 mai 2008, note Malaurie ; Defrénois 2007. 1733, obs. Libchaber ; ibid. 2008. 557, note Malaurie ; AJ fam. 2007. 435, obs. Bicheron ; Dr. fam. 2007, no 226, note Beignier ; RTD civ. 2008. 132, obs. Grimaldi.* ♦ V. aussi note 8.

5. *... Donations-partages.* La donation partage doit être passée devant notaire, à peine de nullité. V. note 1 ss. art. 1076.

6. *... Actes complexes.* La convention par laquelle le propriétaire d'un immeuble en confère gratuitement la jouissance, avec la faculté pour le bénéficiaire de sous-louer, constitue un acte complexe ; les juges du fond ne peuvent exclure la qualification de donation – nulle pour n'avoir pas été faite dans les formes de l'art. 931 – sans rechercher dans quelle mesure la faculté de sous-location n'avait pas conféré à l'acte un tel caractère, ni si cette faculté présentait dans l'intention des parties un caractère essentiel de nature à entraîner la nullité de l'acte dans son ensemble. • Civ. 1re, 3 nov. 1988 : *JCP 1989. II. 21375, note Hassler ; RTD civ. 1989. 570, obs. Rémy ; ibid. 1990. 700, obs. Patarin ; Defrénois 1989. 442, obs. Vermelle.* ♦ Cassation pour violation de l'art. 931 de l'arrêt qui, après avoir constaté que ne peut être qualifié d'acte à titre onéreux l'engagement sous seing privé pris par un ex-époux, dans le cadre du partage des intérêts patrimoniaux des conjoints à la suite du divorce, de donner un bien immobilier à sa fille tout en remboursant le solde d'emprunt afférent à ce bien, refuse d'en prononcer la nullité alors que cet engagement n'avait pas été passé en la forme authentique. • Civ. 1re, 22 févr. 2017, no 16-14.351 P : *AJ fam. 2017. 250, obs. Levillain ; RTD civ. 2017. 466, obs. Grimaldi ; Dr. fam. 2017. 104, note Nicod.*

7. *... Renonciation.* La renonciation à une donation doit revêtir la même forme authentique que l'acceptation qu'elle entend rétracter. • Civ. 1re, 2 juin 1970 : *JCP 1972. II. 17095, note Dagot* • 7 juin 2006, no 04-14.652 P : *D. 2007. Pan. 2134, obs. Nicod ; JCP 2008. I. 108, no 9, obs. Le Guidec ; Defrénois 2006. 1838, obs. Gelot ; AJ fam. 2006. 378, obs. Bicheron ; RJPF 2006-10/52, obs. Casey ; RTD civ. 2007. 613, obs. Grimaldi (arrêt daté par erreur du 3 janv. 2006)* (donation-partage). ♦ Mais aucun texte n'oblige le donateur qui entend renoncer postérieurement à une clause de la donation, fût-elle protectrice de ses intérêts, à utiliser la forme authentique. • Civ. 1re, 14 mai 1996 : *Defrénois 1997. 1257, note Gelot* (clause d'inaliénabilité) • 5 avr. 2005, no 03-19.614 P : *D. 2005. Pan. 2123, obs. Nicod ; JCP N 2005. 1396, note Mahinga ; AJ fam. 2005. 360, obs. Bicheron ; Dr. fam. 2005, no 144, note Beignier* (rente) • 20 févr. 2007 : *Dr. fam. 2007, no 92, note Beignier* (rente).

8. Sanction du vice de forme. Le défaut de signature de l'acte notarié par l'une des parties, fût-elle simplement l'un des codonataires, constitue un vice de forme infectant l'acte de nullité absolue. • Civ. 1re, 28 nov. 1972 : *JCP 1973. II. 17461, note Dagot ; Defrénois 1973. 933, note G. Morin.* ♦ Pour la nullité d'une donation faite par acte sous seing privé, V. • Civ. 1re, 23 janv. 2001 : *cité note 14.* ♦ Lorsqu'une donation a été consentie par acte authentique et que les conditions en ont été stipulées par acte sous seing privé, la nullité de ces conditions entraîne celle de la donation, dès lors que celle-ci fait référence à des conditions imposées par le donateur et obligeant le donataire. • Civ. 1re, 17 oct. 2007 : *préc. note 4.*

9. L'action en nullité absolue sanctionnant le défaut de forme d'une donation se prescrit par trente ans et la prescription commence à courir du jour où l'acte irrégulier a été passé. • Civ. 1re, 26 janv. 1983, n° 82-10.426 P : *R., p. 44 ; D. 1983. 317, note Breton ; RTD civ. 1983. 773, obs. Patarin et 749, obs. Chabas.*

10. Une donation entre vifs nulle en la forme ne peut être ultérieurement et rétroactivement confirmée par l'accomplissement de la formalité omise (défaut de signature d'un témoin, dont la présence était, à l'époque, obligatoire) ; elle peut seulement être refaite en la forme légale si les circonstances le permettent. • Civ. 1re, 15 juin 1962 : *Gaz. Pal. 1962. 2. 181.*

II. EXCEPTIONS AU FORMALISME

A. DONS MANUELS

BIBL. Arrighi, *D. 1980. Chron. 165* (don manuel par chèque). – Béroujon, *D. 1998. Chron. 10* (liste de mariage). – Bonnet, *Defrénois 1998. 996* (aspects fiscaux). – Boujeka, *D. 2003. Chron. 2712* (libéralités par chèque). – Brault, *Defrénois 1996. 65* (donation d'une somme d'argent). – Debeaurain, *JCP N 1979. I. 276.* – Gobin, *JCP N 1982. Prat. 8425.* – Gollot et Goury, *Gaz. Pal. 5-6 mars 1999.* – Lebel, *Dr. et patr. 9/1999. 48.* – L. Martin, *JCP N 1989. I. 316* (aspect fiscal) ; *ibid. 1997. Prat. 4168.* – Méau-Lautour, *Mél. Guyon, Dalloz, 2003* (dématérialisation et don manuel d'actions). – Monassier et Coquema, *Dr. et patr. 7-8/1998. 20.* – Najjar, *Mél. Raynaud, Dalloz, 1985, p. 499* (mandat *post-mortem*). – Tendler, *D. 1989. Chron. 245.*

1° TRADITION

11. Condition : dépossession du donateur. Le don manuel n'a d'existence que par la tradition réelle que fait le donateur de la chose donnée, effectuée dans des conditions telles qu'elle assure la dépossession de celui-ci, et assure l'irrévocabilité de la donation. • Civ. 1re, 11 juill. 1960 : *D. 1960. 702, note Voirin* (faute de tradition effective d'un véhicule automobile, l'établissement de la facture d'achat et de la carte grise au nom d'un tiers ne suffit pas à caractériser le don manuel). • 10 oct. 2012, n° 10-28.363 P : *D. 2012. 2449 ; AJ fam. 2013. 61, obs. Levillain ; RTD civ. 2012. 760, obs. Grimaldi ; ibid. 2013. 146, obs. Dross ; RDC 2013. 202, obs. Goldie-Génicon* (absence de don manuel dans l'hypothèse où les meubles donnés sont restés à la disposition du donateur). ♦ Il n'y a pas don manuel lorsque le donateur a loué un coffre-fort au nom du donataire dont il a reçu procuration, en gardant seul la détention de la clé. • Civ. 1re, 19 nov. 1996 : *D. 1997. Somm. 365, obs. Nicod*. ♦ Absence de don manuel en cas de dépôt d'un chèque dans un coffre dont il n'est pas établi que le bénéficiaire ait eu l'accès. • Civ. 1re, 3 avr. 2002, n° 99-20.527 P : *D. 2002. IR 1467 ; Defrénois 2003. 46, obs. Champenois ; AJ fam. 2002. 183, obs. S. D.-B. ; RTD civ. 2002. 554, obs. Patarin*.

12. Date : tradition antérieure au décès du donateur. Le don manuel suppose une tradition antérieure au décès du donateur (en l'espèce, remise de titres par un tiers quelques jours après le décès). • Civ. 1re, 23 janv. 1980 : *Bull. civ. I, n° 36 ; D. 1980. IR 398, obs. D. Martin ; RTD civ. 1982. 190, obs. Patarin* • 27 oct. 1993, n° 91-13.946 P • 6 mars 1996, n° 94-14.222 P : *JCP 1997. I. 4021, obs. Le Guidec ; D. 1996. IR 96*. – Déjà en ce sens : • Orléans, 3 nov. 1943 : *D. 1947. 17, note Ponsard* et, rejetant le pourvoi, • Req. 23 juin 1947 : *D. 1947. 463.* ♦ En retenant que l'ordre de retrait de titres, signé par le défunt la veille de sa mort, n'avait été exécuté par la banque au profit du bénéficiaire de cet ordre que postérieurement au décès, les juges du fond décident exactement que cette mise en possession tardive ne pouvait constituer un don manuel. • Civ. 1re, 6 mars 1996 : *préc.* ♦ Antérieur au décès, le don manuel est irrévocable, peu important l'existence d'un testament n'ayant pris effet qu'au décès. • Civ. 1re, 11 janv. 2000 : *Dr. fam. 2000, n° 28, note Beignier.*

13. Modalités : virement de titres au porteur. Les titres au porteur peuvent faire l'objet d'un don manuel ; de la circonstance qu'ils soient désormais dématérialisés, il résulte qu'inscrits désormais en compte, ils se transmettent par virement de compte à compte. • Com. 19 mai 1998, n° 96-16.252 P : *D. 1998. 551, note D. R. Martin ; D. 1999. Somm. 308, obs. Nicod ; D. Affaires 1998. 1219, obs. M. B. ; JCP 1999. I. 118, n° 8, obs. Viandier et Caussain ; JCP N 1998. 1663, étude Hovasse ; Defrénois 1999. 26, obs. Chappert ; RTD civ. 1999. 677, obs. Patarin*. ♦ V. déjà • Riom, 1er févr. 1973 : *Gaz. Pal. 1973. 2. 797, note D. Martin.*

14. ... Virement de fonds. Le virement de fonds, opérant dessaisissement du donateur et tradition au bénéficiaire, permet d'accomplir un don manuel. • Civ. 1re, 12 juill. 1966 : *D. 1966. 614, note J. Mazeaud.* ♦ Mais le virement fait à un compte sur lequel le *solvens* a procuration ne réalise pas une dépossession irrévocable. • Civ. 1re, 14 déc. 2004, n° 03-18.413 P : *D. 2005. 626, note Noblot ; ibid. Pan. 813, obs. Lemouland et Vigneau ; JCP 2005. I. 187, n° 8, obs. Le Guidec ; AJ fam. 2005. 67, obs. Bicheron ; Dr. fam. 2005, n° 27, note Larribau-Terneyre, et* *n° 38, note Beignier ; RTD com. 2005. 394, obs. Cabrillac*. ♦ De même, le virement effectué par le titulaire d'un compte personnel, au profit d'un compte joint ouvert à son nom et à ceux de tiers, ne peut constituer la tradition réelle nécessaire à la validité d'un don manuel, le donneur d'ordre restant libre à tout moment de retirer, seul, les sommes existant sur le compte joint. • Civ. 1re, 17 avr. 1985 : *D. 1986. 21, note Muller ; RTD civ. 1986. 400, obs. Patarin*. ♦ Pour l'hypothèse inverse d'un prélèvement effectué par l'un des titulaires d'un compte joint au profit de son compte personnel, V. • Civ. 1re, 18 déc. 1985 : *Bull. civ. I, n° 358 ; RTD civ. 1987. 139, obs. Patarin*. ♦ Le don manuel n'est pas réalisé, faute de tradition, lorsque les biens prétendument donnés ne figurent pas sur le compte indiqué au jour du décès du donateur, par suite d'un transfert antérieur. • Civ. 1re, 23 janv. 2001, n° 97-20.618 P : *JCP 2001. II. 10620, note Légier ; Defrénois 2001. 626, note Crône ; JDI 2001. 1113, note Vignal*.

15. ... Retrait de fonds avec procuration. Le retrait d'une somme déposée sur un livret de caisse d'épargne par le titulaire d'une procuration peut constituer un don manuel s'il est établi que le titulaire du compte a, devant témoins, donné une procuration générale sur ses livrets de caisse d'épargne à une personne envers laquelle il était animé d'une intention libérale. • Civ. 1re, 14 mai 1996, n° 94-10.168 P : *JCP N 1997. II. 1039, note Raffray*. – Dans le même sens : • Civ. 1re, 11 juin 1996 : *Dr. fam. 1998, n° 16, obs. Beignier*. ♦ Mais la procuration sur un compte bancaire, qui n'entraîne pas renonciation du mandant à la propriété des fonds retirés, n'opère pas tradition, en l'absence de preuve de l'intention libérale qui aurait animé le mandant. • Civ. 1re, 3 mai 2006, n° 04-20.423 P : *D. 2006. AJ 1526, obs. Avena-Robardet ; Dr. fam. 2006, n° 196, note Beignier*. ♦ Rappr. • Civ. 1re, 7 juin 2006 : *AJ fam. 2006. 328, obs. Bicheron ; Dr. fam. 2006, n° 196, note Beignier*.

16. ... Versement de fonds sur un compte. La tradition nécessaire à l'existence d'un don manuel peut être réalisée par le versement de fonds sur un compte ouvert au nom du bénéficiaire et par l'achat de titres avec ces fonds. • Civ. 1re, 4 nov. 1981 : *Bull. civ. I, n° 328 ; RTD civ. 1982. 783, obs. Patarin*.

17. ... Remise de chèque. Le don manuel d'une somme d'argent peut être fait au moyen de la remise d'un chèque qui réalise la tradition par le dessaisissement irrévocable du tireur au profit du bénéficiaire, qui acquiert immédiatement *la propriété de la provision*. • Civ. 1re, 4 nov. 1981, n° 80-12.926 P : *GAJC, 12e éd., n° 130 ; RTD civ. 1982. 781, obs. Patarin* • 10 févr. 1993, n° 91-14.486 P. – Déjà en ce sens : • Civ. 1re, 24 mai 1976 : *JCP 1978. II. 18806, note Gavalda*. ♦ Le don manuel d'une somme d'argent fait au moyen de la remise d'un chèque suppose, pour qu'il y ait dépouillement actuel et irrévocable de la part du donateur, l'existence d'une provision dont le bénéficiaire acquiert la propriété. • Civ. 1re, 20 nov. 1985 : *Bull. civ. I, n° 314 ; RTD civ. 1987. 137, obs. Patarin*. – V. aussi • Civ. 1re, 5 févr. 2002, n° 99-18.578 P : *D. 2002. Somm. 2447, obs. Nicod ; D. 2003. Somm. 344, obs. D. Martin ; Defrénois 2003. 43, obs. Champenois ; AJ fam. 2002. 108, et les obs. ; Dr. fam. 2002, n° 47, obs. B. B. ; RJPF 2002-6/41, note Casey ; RTD civ. 2002. 551, obs. Patarin*. ♦ Pour l'hypothèse d'un chèque non provisionné, V. aussi • Aix-en-Provence, 16 déc. 1976 : *JCP N 1978. II. 226* • Pau, 3 mars 1981 : *JCP 1982. II. 19706, note Vivant*. ♦ ... Ou insuffisamment provisionné, V. • Civ. 1re, 11 juin 1991 : *Defrénois 1991. 1134, obs. Champenois*. ♦ Sur la remise d'un chèque destiné à être encaissé après le décès du tireur, V. • Aix-en-Provence, 12 mars 1987 : *D. 1988. 167, note Beignier*. ♦ Sur la nécessité de rechercher l'intention libérale du défunt donateur, celle-ci étant contestée par les autres héritiers, dans une espèce où le prétendu donataire avait lui-même porté le montant de la somme transmise sur le chèque litigieux V., • Civ. 1re, 4 juill. 2018, n° 17-16.515 P : *D. 2018. 1490 ; AJ fam. 2019. 103, obs. Boiché ; Dr. fam. 2018, n° 243, obs. Tani*.

18. Mandat : de donner. Le mandat conféré pour faire un don manuel doit être spécial. • Civ. 1re, 29 juin 1983 : *Bull. civ. I, n° 192*.

19. ... De recevoir. La tradition peut être faite à un tiers représentant le donataire. • Civ. 1re, 20 juin 1961, *(affaire de La Rochefoucauld) : D. 1961. 641, note R. Savatier ; JCP 1961. II. 12352, note Ponsard*.

2° PACTES ADJOINTS

20. Réserve d'usufruit. Validité du don manuel avec réserve d'usufruit : V. • Civ. 11 août 1880 : *DP 1880. 1. 461* • Req. 28 oct. 1935 : *DP 1936. 1. 29, rapport Pilon* • Lyon, 20 mars 1969 : *JCP 1970. II. 16492, note Rabut ; RTD civ. 1970. 389, obs. R. Savatier*. ♦ Validité du don manuel limité, par l'effet d'un pacte adjoint, à un usufruit conventionnel sur la somme remise. • Civ. 1re, 25 févr. 1997, n° 94-22.022 P : *D. 1999. Somm. 309, obs. Nicod ; Defrénois 1997. 1448, obs. Champenois ; Dr. fam. 1997, n° 116, note Lécuyer ; RTD civ. 1998. 439, obs. Patarin ; ibid. 1999. 655, obs. Zenati*.

21. Dans le don manuel : c'est la possession, et elle seule, qui vaut titre ; dès lors, une lettre écrite par la donatrice à la donataire, postérieurement à la mise en possession des valeurs données, pour lui rappeler sa libéralité et en préciser la destination, n'est le titre, ni de la donation, ni des modalités qui l'accompagnent ; par suite, du fait que cet écrit ne mentionne pas la réserve d'usufruit, il n'en saurait résulter qu'elle n'a pas été convenue entre les parties, au moment où la donataire a été mise en possession des titres donnés (en l'espèce, preuve de la réserve d'usufruit par des documents attestant que le montant des coupons des titres avait été payé régulièrement à la donatrice). • Req. 28 oct. 1935 : *DP 1936. 1. 29, rapp. Pilon.*

22. Don manuel avec charge. Validité du don manuel avec charge : V. • Civ. 1re, 20 juin 1961 *(affaire de La Rochefoucauld) : préc. note 19.*

23. Conventions relatives au rapport. Sur la convention entre cohéritiers aménageant entre eux le rapport des dons manuels reçus, V. note 14 ss. art. 722.

3° PREUVE

24. Présomption en faveur du possesseur. Le possesseur qui prétend avoir reçu une chose en don manuel bénéficie d'une présomption en ce sens ; il appartient donc à celui qui revendique la chose de rapporter la preuve de l'absence d'un tel don, ou de prouver que la possession dont se prévaut le détenteur de la chose ne réunit pas les conditions légales pour être efficace. • Civ. 1re, 18 mars 1980 : *Bull. civ. I, n° 91* • 13 oct. 1982 : *ibid. I, n° 287* • 19 oct. 1983 : *ibid. I, n° 241* • 30 mars 1999, n° 97-11.948 P : *D. 2000. Somm. 457, obs. D. Martin ; JCP 2000. II. 10274, note Cagnoli ; ibid. I. 278, n° 7, obs. Le Guidec ; Gaz. Pal. 27-29 févr. 2000, Somm., obs. Gollot ; Dr. fam. 1999, n° 53, note Beignier ; RTD civ. 1999. 677, obs. Patarin .* – Même sens : • Civ. 1re, 28 avr. 1986 : *Bull. civ. I, n° 106* • 17 janv. 1995, n° 92-20.907 P • Paris, 26 oct. 1999 : *D. 2000. 776, note Vich-Y-Llado.* ♦ Pour des applications entre époux séparés de biens, V. jurisprudence citée note 5 ss. art. 1538. ♦ C'est à bon droit que les juges du fond se placent au jour du prétendu don manuel pour déterminer si les qualités de la possession permettaient de présumer l'existence dudit don manuel. • Civ. 1re, 4 avr. 1984 : *Bull. civ. I, n° 130.*

25. Possession exempte de vices. La communauté d'habitation n'est pas un élément juridique rendant, à lui seul et de plein droit, la possession équivoque ; elle n'est qu'un élément de fait dont l'appréciation, au point de vue du caractère de la possession, appartient souverainement aux juges du fait. • Req. 18 déc. 1894 : *GAJC, 12e éd., n° 131 ; DP 1895. 1. 364.* ♦ Pour des cas où le vice d'équivoque a été établi, V. • Req. 30 juin 1908 : *DP 1908. 1. 440* • Civ. 1re, 21 févr. 1956 : *D. 1956. 287* • 16 juin 1971 : *Bull. civ. I, n° 199.* ♦ Comp. • Civ. 1re, 30 oct. 1968 : *D. 1969. 139.* ♦ En cas de possession équivoque, il incombe à celui qui allègue le don manuel de le prouver. • Civ. 1re, 21 févr. 2006, n° 04-19.667 P.

26. Lorsque des titres au porteur ont été placés par l'épouse du défunt dans un coffre bancaire loué par celle-ci sans se dissimuler, la détention de tels titres, non susceptibles d'un usage commun, n'est pas de nature à vicier sa possession ; l'épouse, défenderesse à l'action en revendication exercée au nom de la succession, n'a pas à prouver l'origine de ces meubles, sa seule possession valant titre. • Civ. 1re, 11 juin 1991, n° 89-20.422 P.

27. Autres modes de preuve. Pour les autres procédés de preuve du don manuel, V. • Civ. 1re, 21 févr. 1956 : *D. 1956. 287* • 15 oct. 1963, n° 59-11.950 P • 30 oct. 1968 : *D. 1969. 139.*

28. Preuve par les cohéritiers du donataire. La preuve d'un don manuel consenti à l'un des héritiers par leur auteur peut être faite par les autres héritiers par tous moyens. • Civ. 1re, 31 mars 1992, n° 90-17.714 P : *JCP 1993. I. 3676, n° 3, obs. Testu.*

B. DONATIONS INDIRECTES

BIBL. Libchaber, *Defrénois 2000. 1409.* – Najjar, *D. 1995. Chron. 115.*

29. Forme. Les donations indirectes, comme les donations déguisées, échappent aux règles de forme édictées par l'art. 931 pour la validité des donations entre vifs. • Civ. 1re, 27 nov. 1961, n° 59-13.331 P.

30. Nécessité d'un dessaisissement irrévocable. En l'absence d'acte juridique impliquant dessaisissement irrévocable, il ne peut y avoir donation indirecte (pavillon occupé par la fille des propriétaires qui en avaient financé la construction et s'étaient associés aux demandes de permis de construire, de prime à la construction et de dégrèvement de taxe foncière faites au nom de leur fille). • Civ. 1re, 20 nov. 1984 : *JCP 1986. II. 20571, note Dagot ; RTD civ. 1985. 760, obs. Patarin.* ♦ Aucun dépouillement ne résulte de la demande faite par le prétendu donateur à un service d'épargne de verser, à son décès, le solde créditeur de son compte à une association, dès lors qu'il n'avait aucune obligation de maintenir des fonds sur ce compte. • Civ. 1re, 17 sept. 2003, n° 01-11.001 P : *D. 2003. 2986, note Nicod ; AJ fam. 2003. 428, obs. S. D.-B.* (absence de stipulation pour autrui et de donation indirecte).

31. Modalités : cautionnement. Lorsque l'engagement de caution procède d'une intention libérale, cet engagement réalise une donation indirecte ; il s'ensuit que la caution ne peut exercer un recours subrogatoire contre le débiteur. • Civ. 1re, 12 mai 1982 : *D. 1983. 320, note Mestre ; JCP 1983. II. 20060, note Aubertin.* – Testu, *JCP 1989. I. 3377.*

32. ... Vente à prix modique. Ayant estimé que l'intention libérale du vendeur était indiscutable, les juges du fond ont pu décider qu'une vente constituait une donation indirecte, la modicité du prix trouvant sa cause dans l'intention libérale elle-même. • Civ. 1re, 6 janv. 1969 : *Bull.*

civ. I, n° 8. ♦ Comp. • Civ. 1re, 12 oct. 1964 : *cité note 41.*

33. ... *Renonciation à succession.* Une renonciation à succession faite en vue d'augmenter la part des cohéritiers peut constituer une donation indirecte et il appartient aux juges du fond d'apprécier souverainement si la renonciation procède d'une intention libérale et si en conséquence il y a eu une véritable libéralité. • Civ. 1re, 27 mai 1961 : *D. 1962. 657, note J. Boulanger ; JCP 1963. II. 12973, note Voirin.* – V. déjà : • Req. 15 nov. 1858 : *DP 1858. 1. 433.* ♦ Mais une renonciation à un droit faite sans intention de gratifier celui qui en bénéficie ne constitue pas une donation. • Civ. 1re, 16 mars 1999 : *Dr. fam. 1999, n° 71, note Beignier.*

34. ... *Cession de bail.* Une cession de bail peut réaliser au profit du cessionnaire une donation indirecte du fonds de commerce en réunissant sur sa tête tous les attributs de la propriété effective du fonds. • Civ. 1re, 30 nov. 1982 : *D. 1983. 85, note Breton ; RTD civ. 1983. 576, obs. Patarin.*

35. ... *Stipulation pour autrui ; assurance vie.* Sur la question de savoir si la stipulation pour autrui permet de réaliser une donation indirecte, V. • Civ. 1re, 5 mai 1986, n° 84-17.460 P : *Defrénois 1986. 1030, note Massip, et 1987. 1504, obs. Champenois ; RTD civ. 1987. 102, obs. J. Mestre* • 10 juin 1987 : *Bull. civ. I, n° 188* • 17 déc. 1987 : *ibid. I, n° 343 ; RTD civ. 1988. 382, obs. Patarin.* ♦ V. aussi note 30. ♦ Sur l'assurance vie, V. note 10 ss. art. 894.

36. ... *Renonciation à usufruit.* Sur la question de savoir si la renonciation d'un usufruitier à son droit d'usufruit avant son terme extinctif constitue une donation indirecte au profit des nus-propriétaires et ses incidences fiscales, V. • Com. 2 déc. 1997, n° 96-10729 P : *JCP N 1998. 1747, étude Lafond ; Defrénois 1998. 477, obs. Chappert ; RTD civ. 1999. 452, obs. Patarin.*

37. ... *Transfert de titres.* Sur la possibilité d'une donation indirecte de titres nominatifs, réalisable par l'opération de transfert sur les registres de la personne morale émettrice, V. • Paris, 31 mars 1981 : *Gaz. Pal. 1981. 2. 622, note Viatte* et, rejetant le pourvoi, • Com. 14 févr. 1983 : *Bull. civ. IV, n° 56 ; RTD civ. 1984. 139, obs. Patarin.*

38. *Preuve.* V. note 9 ss. art. 843.

C. DONATIONS DÉGUISÉES

BIBL. H. Blaise, *Mél. R. Savatier, Dalloz, 1965, p. 89 (étude historique).* – *Najjar, D. 1995. Chron. 115.* – Sanséau, *Defrénois 1983. 337* (devoir de conseil du notaire en matière fiscale).

39. *Validité.* Les libéralités faites sous le couvert d'actes à titre onéreux sont valables lorsqu'elles réunissent les conditions de forme requises pour la constitution des actes dont elles empruntent l'apparence, les règles auxquelles elles sont assujetties quant au fond étant celles propres aux actes à titre gratuit (jugé en l'espèce que la promesse de vente d'un terrain consentie pour le prix de un franc constituait une donation déguisée valable). • Civ. 1re, 29 mai 1980 : *D. 1981. 273, note Najjar ; RTD civ. 1981. 422, obs. Patarin.* – Dans le même sens : • Civ. 1re, 27 oct. 1993, n° 91-11.648 P : *RTD civ. 1996. 218, obs. Patarin.* ♦ V. déjà, pour le principe de validité des donations déguisées : • Req. 16 août 1853 : *DP 1854. 1. 390.*

40. *Réduction à la quotité disponible.* Les donations déguisées entre personnes capables de donner et de recevoir sont valables jusqu'à concurrence de la quotité disponible ; il en est ainsi même lorsque ces donations, par suite d'un concert entre le donateur et le donataire, tendent à porter atteinte à la réserve des héritiers ; le droit de ceux-ci, en ce cas, se borne à demander la réduction de ces donations à la quotité disponible, et non leur annulation totale qui n'est prévue par aucune disposition spéciale de la loi. • Req. 1er juin 1932 : *DP 1932. 1. 169 (2e esp.), note R. Savatier.* – Dans le même sens : • Civ. 1re, 2 févr. 1971 : *D. 1971. 590, note Ghestin ; JCP 1971. II. 16926, note M. D. ; RTD civ. 1971. 681, obs. R. Savatier.* ♦ Sur l'application possible des peines du recel successoral en cas de donations déguisées, V. art. 792 anc.

41. *Modalités : appréciation souveraine des juges du fond.* Les juges du fond apprécient souverainement si un acte ayant les apparences d'un acte à titre onéreux constitue en réalité une donation déguisée. • Civ. 1re, 5 oct. 1960 : *Bull. civ. I, n° 419* • 5 avr. 1965 : *ibid. I, n° 244.* ♦ ... Et si la modicité du prix convenu pour la vente d'un bien trouve sa cause dans une intention libérale. • Civ. 1re, 12 oct. 1964, n° 61-11.355 P. ♦ V. aussi • Civ. 1re, 2 févr. 1970 : *D. 1970. 285* (prix très peu élevé) • 29 mai 1980 : *cité note 39* (vente pour un prix symbolique de un franc) • 17 mars 1987 : *Bull. civ. I, n° 96* (attribution sans contrepartie de la moitié des parts sociales d'une SCI). ♦ Comp. • Civ. 1re, 6 janv. 1969 : *préc. note 32.* ♦ Cas d'un partage simulé réalisant une donation déguisée, à laquelle l'art. 882 C. civ. n'est pas applicable, V. • Civ. 1re, 6 mars 1996, n° 93-17.910 P : *Defrénois 1996. 1348, obs. Champenois.*

42. ... *Reconnaissance de dette.* Les donations déguisées sous la forme de reconnaissance de dette sont valables dès lors qu'elles ne révèlent pas que la dette, dont elles font mention, n'existe pas. Et si l'acceptation du bénéficiaire d'une libéralité déguisée est une condition de sa validité, cette acceptation peut résulter des circonstances, qu'il appartient aux juges du fond de constater et d'apprécier. • Civ. 1re, 9 déc. 1965 : *Bull. civ. I, n° 692.*

43. ... *Clause d'accroissement.* Conditions auxquelles une clause d'accroissement peut constituer une donation déguisée : V. • Civ. 1re, 11 janv. 1983 : *D. 1983. 501, note Larroumet ; JCP N 1983. II. 329, note Brochard ; JCP 1984. II. 20127, note F. Boulanger ; Defrénois 1983. 985, note G. Morin.* – D. Martin, note *D. 1991. 7.* ♦ Jugé qu'il n'y a pas lieu de s'attacher à l'origine des deniers qui ont permis de financer l'achat. • TGI Paris, 17 sept. 1990 : *JCP N 1991. II. 349, note Mallet.* ♦ V. note 12 ss. art. 722.

44. Requalification fiscale. Sur l'action de l'administration fiscale tendant à établir le caractère gratuit d'opérations prenant l'apparence d'actes à titre onéreux, V. • Com. 8 juill. 1970 : *JCP 1971. II. 16597, note D. P.* (cession de parts de société) • 15 déc. 1981 : *JCP N 1982. II. 238* (vente d'un immeuble) • Com. 4 mars 1986 : *Bull. civ. IV, n° 38* • Com. 14 janv. 1992, n° 89-16.046 P : *JCP 1993. I. 3676, n° 5, obs. Testu* (vente dont le prix est converti en rente viagère) • Com. 6 mars 1990, n° 88-19.759 P : *JCP N 1991. II. 211, note D. F. ; RTD civ. 1990. 698, obs. Patarin* (bail à nourriture transformé en rente viagère et accompagné du versement d'une somme d'argent) • Cass., ch. mixte, 21 déc. 2007 : *V. note 10 ss. art. 894* (assurance vie). ♦ V. aussi les décisions rapportées en annexe de la chronique Sanséau, *Defrénois 1983. 337.* ♦ V. encore, sur l'action de l'administration de l'aide sociale tendant aux mêmes fins : • CE 18 mai 1998 : *D. 1999. 35, note F. Boulanger* (bail à nourriture) • CE 19 nov. 2004 : *V. note 10 ss. art. 894* (assurance vie). ♦ Ayant constaté la remise directe du prix par le donateur au vendeur de deux terrains, les juges du fond justifient légalement leur décision en retenant que l'acquéreur a bénéficié d'une donation non pas de sommes d'argent, mais des terrains ainsi acquis. • Com. 21 févr. 1995 : *Defrénois 1996. 1139, note Chappert ; JCP N 1996. Prat. 3797, n° 17, obs. C. David.*

45. Preuve des donations déguisées. V. note 1 ss. art. 843 et note 6 ss. art. 920. ♦ Sur la charge de la preuve, V. note 86 ss. art. 1353.

46. DIP. Sur la loi applicable en cas de constitution d'une société de droit américain et d'un trust réalisant une libéralité, V. • Paris, 23 janv. 1990 : *JCP 1991. II. 21637, note Béhar-Touchais.*

Art. 931-1 *(Ord. n° 2016-131 du 10 févr. 2016, art. 5-5°, en vigueur le 1er oct. 2016)* **En cas de vice de forme, une donation entre vifs ne peut faire l'objet d'une confirmation. Elle doit être refaite en la forme légale.**

Après le décès du donateur, la confirmation ou exécution volontaire d'une donation par les héritiers ou ayant cause du donateur emporte leur renonciation à opposer les vices de forme ou toute autre cause de nullité.

Sur l'entrée en vigueur des dispositions issues de l'Ord. n° 2016-131 du 10 févr. 2016, V. cette Ord., art. 9, ss. art. 1386-1.

Art. 932 **La donation entre vifs n'engagera le donateur, et ne produira aucun effet, que du jour qu'elle aura été acceptée en termes exprès.**

L'acceptation pourra être faite du vivant du donateur, par un acte postérieur et authentique, dont il restera minute ; mais alors la donation n'aura d'effet, à l'égard du donateur, que du jour où l'acte qui constatera cette acceptation lui aura été notifié.

A. EXIGENCE D'UNE ACCEPTATION EXPRESSE

1. Exigence limitée aux donations notariées. L'acceptation d'une donation dans les formes prescrites par les art. 932 s. n'est exigée que pour la donation passée en la forme authentique et peut résulter de l'attribution du bénéfice d'un contrat d'assurance vie. • Cass., ch. mixte, 21 déc. 2007, n° 06-12.769 P : *D. 2008. AJ 218, obs. Bruguière-Fontenille ; JCP 2008. II. 10029, note Mayaux ; JCP E 2008. 1265, note S. Hovasse ; AJ fam. 2008. 79, obs. Bicheron ; Dr. fam. 2008, n° 30, note Beignier.* ♦ L'acceptation du don manuel échappe à tout formalisme et peut être simplement tacite. • Civ. 1re, 13 janv. 2016, n° 14-28.297 P (en l'espèce, don manuel au profit d'une commune valablement accepté sans avoir fait l'objet d'une délibération expresse du conseil municipal).

2. Rejet de l'acceptation tacite. L'acceptation en termes exprès d'une donation ne saurait être suppléée par des circonstances ne traduisant qu'une acceptation tacite (acceptation des servitudes constituées par le donateur dans l'acte de donation). • Civ. 1re, 3 mars 1998, n° 95-12.053 P : *JCP 1999. I. 132, n° 4, obs. Le Guidec ; Defrénois 1998. 830, obs. Champenois ; Gaz. Pal. 1999. 1. Somm. 117, obs. S. Piedelièvre ; Dr. fam. 1998, n° 108 ; RTD civ. 1998. 716, obs. Patarin.* ♦ Elle ne saurait résulter de la seule présence du donataire lors de la rédaction de l'acte de donation et de la simple signature de celui-ci. • Civ. 1re, 2 mars 1999, n° 97-11.430 P : *D. 1999. IR 88.*

3. Acceptation par procuration. Exigence d'une procuration authentique. V. note citée ss. art. 933.

4. Sanction du défaut d'acceptation expresse : nullité absolue. La donation qui n'est pas dûment acceptée manque d'une des conditions nécessaires à sa perfection et à ses effets obligatoires et si l'art. 1125 C. civ. veut que la nullité fondée sur l'incapacité du mineur ne puisse être opposée que par lui ou ses héritiers, cette disposition n'est pas applicable aux donations. • Req. 15 juill. 1889 : *DP 1890. 1. 100.* ♦ V. également en ce sens que la nullité est absolue : • Civ. 1re, 8 juin 1966 : *D. 1966. 674, note Voirin.* ♦ Nullité absolue de la donation acceptée par l'intermédiaire d'un clerc de notaire investi d'une procuration sous seing privé contrairement aux prescriptions de l'art. 933. • Civ. 1re, 11 sept. 2013 : *cité note 1 ss. art. 933.*

5. Rétractation de l'acceptation : respect du parallélisme des formes. La renonciation à une donation doit revêtir la même forme authentique que l'acceptation qu'elle entend rétracter. • Civ. 1re, 2 juin 1970 : *JCP 1972. II. 17095, note Dagot* • 7 juin 2006 : *V. note 7 ss. art. 931* (donation-partage).

B. ACCEPTATION PAR ACTE SÉPARÉ

6. Exigence d'une notification du vivant du donateur. La notification de l'acceptation faite postérieurement au décès du donateur aux héritiers de celui-ci ne satisfait pas aux prescriptions de l'art. 932 et laisse les immeubles, objets de la donation, dans la propriété du donateur et de ses héritiers. • Req. 18 nov. 1861 : *DP 1862. 1. 28.*

7. Sort des actes accomplis antérieurement à la notification. Il résulte de l'art. 932 que si jusqu'à la notification de l'acceptation le donateur peut révoquer sa libéralité, soit expressément, soit tacitement, et rendre ainsi inefficaces les hypothèques que le donataire a constituées sur les immeubles compris dans la donation, pendant le temps écoulé entre son acceptation et la notification au donateur de ladite acceptation, les hypothèques ainsi établies sont néanmoins valablement constituées et produisent, vis-à-vis des tiers, l'effet qui s'attache à la date de leur inscription. • Req. 4 mars 1902 : *DP 1902. 1. 214.*

Art. 933 **Si le donataire est majeur, l'acceptation doit être faite par lui, ou, en son nom, par la personne fondée de sa procuration, portant pouvoir d'accepter la donation faite, ou un pouvoir général d'accepter les donations qui auraient été ou qui pourraient être faites.**

Cette procuration devra être passée devant notaires ; et une expédition devra en être annexée à la minute de la donation, ou à la minute de l'acceptation qui serait faite par acte séparé.

1. Ordre public. L'art. 933 énonce une règle d'ordre public. • Civ. 1re, 11 sept. 2013, nº 12-15.618 P : *AJ fam. 2013. 640, obs. Levillain ; RTD civ. 2014. 424, obs. Grimaldi ; Defrénois 2013. 1090, note Vernières ; Dr. fam. 2013, nº 153, obs. Nicod.*

2. Exigence d'une procuration passée devant notaire. Nullité absolue de la donation acceptée par un clerc de notaire investi d'une procuration établie sous seing privé. • Civ. 1re, 11 sept. 2013 : *préc. note 1.*

L'acceptation d'une donation, à défaut de laquelle celle-ci ne produit aucun effet, doit être faite par le donataire lui-même, sauf mandat donné par celui-ci dans les formes prévues à l'art. 933 C. civ. • Civ. 1re, 17 mai 1993, nº 91-17.907 P.

3. Il résulte des art. 933 et 1991 qu'en matière d'acceptation de donation, seul le mandataire désigné peut, en la forme notariée, faire usage de la faculté de substitution prévue dans une procuration. • Civ. 1re, 23 janv. 2008 : *cité note 210 ss. art. 1231-1.* (condamnation de la substitution effectuée par un notaire dont un préposé avait été mandaté).

Art. 934 *Abrogé par L. 18 févr. 1938.*

Art. 935 **La donation faite à un mineur non émancipé ou à un majeur en tutelle, devra être acceptée par son tuteur, conformément à l'article 463** *[anc.]*, **au titre *De la minorité, de la tutelle et de l'émancipation.***

Al. 2 abrogé par L. nº 64-1230 du 14 déc. 1964.

(L. nº 64-1230 du 14 déc. 1964) **« Néanmoins, les père et mère du mineur non émancipé, ou les autres ascendants, même du vivant des père et mère, quoiqu'ils ne soient pas tuteurs du mineur, pourront accepter pour lui. »**

1. Donation à un mineur : acceptation d'un ascendant. *La libéralité* (legs d'une somme d'argent) faite à un mineur peut être valablement acceptée par sa mère, malgré la volonté contraire du mari. • Req. 22 janv. 1896 : *DP 1896. 1. 184.*

2. ... Sanction du défaut d'acceptation. Le défaut d'acceptation de la donation adressée à un mineur est sanctionné par une nullité absolue et non par une nullité relative fondée sur l'incapacité du mineur : V. • Req. 15 juill. 1889 : *cité note 4 ss. art. 932.*

Art. 936 **Le sourd-muet qui saura écrire, pourra accepter lui-même ou par un fondé de pouvoir.**

S'il ne sait pas écrire, l'acceptation doit être faite par un curateur nommé à cet effet, suivant les règles établies au titre *De la minorité, de la tutelle et de l'émancipation.*

BIBL. ▶ TRANCHANT, *RLDC 2004/7, n° 300.*

Art. 937 *(L. n° 2009-526 du 12 mai 2009, art. 111)* **Sous réserve des dispositions des deuxième et troisième alinéas de l'article 910, les donations faites au profit d'établissements d'utilité publique sont acceptées par les administrateurs de ces établissements, après y avoir été dûment autorisés.**

Sur l'acceptation provisoire ou à titre conservatoire, V. L. 4 févr. 1901, art. 8, ss. art. 910.

V. notes ss. art. 910.

Art. 938 **La donation dûment acceptée sera parfaite par le seul consentement des parties ; et la propriété des objets donnés sera transférée au donataire, sans qu'il soit besoin d'autre tradition.**

Sur les donations dispensées du formalisme de l'art. 931, en particulier les dons manuels : V. notes 9 s. ss. art. 931.

Art. 939 **Lorsqu'il y aura donation de biens susceptibles d'hypothèques, la** *(Ord. n° 59-71 du 7 janv. 1959, art. 25)* **« publication » des actes contenant la donation et l'acceptation, ainsi que la notification de l'acceptation qui aurait eu lieu par acte séparé, devra être faite** *(Ord. n° 2010-638 du 10 juin 2010, art. 11, en vigueur le 1er janv. 2013)* **« au service chargé de la publicité foncière de la situation des biens ».**

Réversion d'usufruit : V. note 1 ss. art. 1093.

Art. 940 *(Abrogé par L. n° 85-1372 du 23 déc. 1985, à compter du 1er juill. 1986) (L. n° 65-570 du 13 juill. 1965)* ***« La publication sera faite à la diligence du mari, lorsque, les biens ayant été donnés à sa femme, il en aura l'administration par l'effet des conventions matrimoniales ; et s'il ne remplit pas cette formalité, la femme pourra y faire procéder sans autorisation. »***

Lorsque la donation sera faite à des mineurs, à des majeurs en tutelle, ou à des établissements publics, la *(Ord. n° 59-71 du 7 janv. 1959, art. 25)* **« publication » sera faite à la diligence des tuteurs, curateurs ou administrateurs.**

Art. 941 **Le défaut de** *(Ord. n° 59-71 du 7 janv. 1959, art. 25)* **« publication » pourra être opposé par toutes personnes ayant intérêt, excepté toutefois celles qui sont chargées de faire faire la** *(Ord. n° 59-71 du 7 janv. 1959, art. 25)* **« publication », ou leurs ayants cause, et le donateur.** – *V. Décr. 4 janv. 1955, art. 30, § 2, ss. art. 2474.*

La publicité étant faite pour la sauvegarde des intérêts des tiers titulaires d'un droit réel sur l'immeuble, le fermier, titulaire d'un simple droit de créance, ne peut se prévaloir à l'égard des donataires du défaut de publicité de la donation. • Civ. 3e, 17 juin 1980 : *Bull. civ. III, n° 118 ; JCP 1981. II. 19584, note Dagot.* – Dans le même sens : • Soc. 17 oct. 1958 : *D. 1959. 465, note R. Savatier* • 10 nov. 1965, n° 64-10.642 P. ♦ Mais en sens contraire : • Civ. 1re, 19 oct. 1966 : *D. 1967. 77, note J. Mazeaud ; JCP 1967. II. 15160, note Rouiller.*

Art. 942 *(L. n° 85-1372 du 23 déc. 1985, art. 49)* **Les mineurs, les majeurs en tutelle ne seront point restitués contre le défaut d'acceptation ou de** *(Ord. n° 59-71 du 7 janv. 1959, art. 25)* **« publication » des donations ; sauf leur recours contre leurs tuteurs, s'il y échet, et sans que la restitution puisse avoir lieu, dans le cas même où lesdits tuteurs se trouveraient insolvables.**

Ancien art. 942 ***Les mineurs, les majeurs en tutelle, les femmes mariées ne seront point restitués contre le défaut d'acceptation ou de*** *(Ord. n° 59-71 du 7 janv. 1959, art. 25)* ***« publication » des donations ; sauf leur recours contre leurs tuteurs ou maris, s'il y échet, et sans que la restitution puisse avoir lieu, dans le cas même où lesdits tuteurs et maris se trouveraient insolvables.***

Art. 943 **La donation entre vifs ne pourra comprendre que les biens présents du donateur ; si elle comprend des biens à venir, elle sera nulle à cet égard.**

1. Prohibition des donations de biens à venir. Distinction des donations entre vifs et des donations à cause de mort (prohibées) : V. • Civ. 22 mars 1848 : *DP 1848. 1. 94* • 8 nov. 1886 : *DP 1887. 1. 487* • Req. 14 mai 1900 : *DP 1900. 1. 358* • Paris, 17 mai 1990 : *JCP 1991. II. 21695, note Salvage ; RTD civ. 1991. 375, obs. Patarin* (application à une donation de parts de société). ♦ V. aussi : Vu Van Mau, *RTD civ. 1953. 247.*

2. Donation post-mortem. La donation d'une somme d'argent à payer, après la mort du donateur sur l'actif héréditaire, s'analyse soit en une donation de biens à venir rentrant dans le cadre des art. 943 et 947, soit, au contraire, en une donation de biens présents soumise aux règles ordinaires en matière de dispositions entre vifs, selon que le donateur entend ne conférer au gratifié qu'un simple droit éventuel à exercer par lui, à titre de successible après l'ouverture de la succession, ou qu'il lui attribue, au contraire, un droit de créance, actuel et irrévocable, dont l'exercice seul est retardé par un terme jusqu'au décès dudit donateur. • Civ. 30 nov. 1937 : *DH 1938. 19.*

3. Validité des donations de biens à venir au profit des époux ou entre époux. Sur la validité des donations de biens à venir et des institutions contractuelles au profit des époux ou entre époux, V. art. 1082 s.

Art. 944 Toute donation entre vifs faite sous des conditions dont l'exécution dépend de la seule volonté du donateur, sera nulle.

Donation sous condition potestative : illustrations. Nullité du don manuel subordonné à la persistance de la liaison entre la donatrice et le donataire. • Civ. 1re, 25 nov. 1986 : *Bull. civ. I, n° 280 ; RTD civ. 1987. 753, obs. Mestre.* ♦ La donation, par un associé majoritaire, du revenu net de parts sociales, revenu afférent à des exercices futurs, est-elle faite sous une condition potestative ? V. • Civ. 1re, 28 mai 1974 : *D. 1975. 144, note Ponsard ; JCP 1975. II. 17911, note Thuillier* (décision qui admet la validité de la donation).

Art. 945 Elle sera pareillement nulle, si elle a été faite sous la condition d'acquitter d'autres dettes ou charges que celles qui existaient à l'époque de la donation, ou qui seraient exprimées, soit dans l'acte de donation, soit dans l'état qui devrait y être annexé.

Art. 946 En cas que le donateur se soit réservé la liberté de disposer d'un effet compris dans la donation, ou d'une somme fixe sur les biens donnés, s'il meurt sans en avoir disposé, ledit effet ou ladite somme appartiendra aux héritiers du donateur, nonobstant toutes clauses et stipulations à ce contraires.

Art. 947 Les quatre articles précédents ne s'appliquent point aux donations dont est mention aux chapitres VIII et IX du présent titre.

Art. 948 Tout acte de donation d'effets mobiliers ne sera valable que pour les effets dont un état estimatif, signé du donateur, et du donataire, ou de ceux qui acceptent pour lui, aura été annexé à la minute de la donation.

1. Domaine de l'état estimatif : donation-partage. Aucun texte ne dispense la donation-partage de l'obligation de respecter les dispositions de l'art. 948. • Civ. 1re, 10 juin 1970, n° 69-10.950 P : *R. 1970-1971, p. 41 ; D. 1970. 772 ; JCP 1971. II. 16656, note M. D.*

2. Contenu de l'état estimatif. Degré de précision de l'état estimatif lorsque la donation porte sur l'ensemble d'une collection (livres, gravures et dessins) : V. • Civ. 1re, 2 nov. 1954 : *JCP 1954. II. 8443, note Esmein* • Paris, 25 mars 1991 : *D. 1992. Somm. 230, obs. Grimaldi*.

Art. 949 Il est permis au donateur de faire la réserve à son profit ou de disposer, au profit d'un autre, de la jouissance ou de l'usufruit des biens meubles ou immeubles donnés.

BIBL. ► **Réserve de quasi-usufruit :** Boitelle, *JCP N 1996. I. 1761.* – Grimaldi et Roux, *Defrénois 1994. 3.*

1. Réserve d'usufruit et don manuel. Sur la possibilité d'associer une réserve d'usufruit à un don manuel par l'intermédiaire d'un pacte adjoint, V. jurisprudence citée ss. art. 931.

2. Clause de réversion d'usufruit. Sur la nature juridique de la clause de réversion d'usufruit et ses conséquences en matière de publicité foncière, V. A. Fournier, *JCP N 1999. 1348.*

3. Renonciation de l'usufruitier à son droit d'usufruit. Sur la qualification de la renonciation par l'usufruitier à son droit d'usufruit et ses incidences fiscales, V. • Com. 2 déc. 1997 : *préc. note 36 ss. art. 931.*

Art. 950 Lorsque la donation d'effets mobiliers aura été faite avec réserve d'usufruit, le donataire sera tenu, à l'expiration de l'usufruit, de prendre les effets donnés qui se trouveront en nature, dans l'état où ils seront ; et il aura action contre le donateur ou ses héritiers, pour raison des objets non existants, jusqu'à concurrence de la valeur qui leur aura été donnée dans l'état estimatif.

Art. 951 Le donateur pourra stipuler le droit de retour des objets donnés, soit pour le cas du prédécès du donataire seul, soit pour le cas du prédécès du donataire et de ses descendants.

Ce droit ne pourra être stipulé qu'au profit du donateur seul.

BIBL. ▶ A. Honorat, *Mél. Breton/Derrida, Dalloz, 1991, p. 167* (clause de retour et redressement judiciaire du donataire d'un immeuble). – W. Merle, *JCP N 2000. 1477 ; ibid. 1526* (donation-partage).

A. CONDITIONS D'EXERCICE DU DROIT DE RETOUR

1° PRÉDÉCÈS DU DONATAIRE

1. Absence d'obstacle résultant de la renonciation du donateur à la succession du donataire. La renonciation à la succession du donataire n'emporte pas de la part du donateur renonciation à l'exercice de son droit de retour qui opère résolution rétroactive de la donation. • Civ. 1re, 18 févr. 1975 : *Bull. civ. I, n° 67.*

2° PRÉDÉCÈS DU DONATAIRE ET DE SES DESCENDANTS

2. Assimilation du descendant renonçant au descendant prédécédé. L'héritier renonçant étant censé n'avoir jamais été héritier, un descendant ayant renoncé à la succession du donataire ne peut faire obstacle au droit de retour stipulé au cas de prédécès du donataire et de ses descendants. • Civ. 1re, 16 sept. 2014, n° 13-16.164 P : *D. 2014. 1875 ; AJ fam. 2014. 559, obs. Vernières ; Dr. fam. 2014, n° 163, obs. Nicod ; LPA 24 oct. 2014, p. 7, note Zalewski-Sicard ; RDC 2015. 89, note Goldie-Génicon.*

3. Obstacle résultant de l'existence d'un enfant adoptif. Le donateur ne peut prétendre à l'exercice du droit de retour stipulé en cas de prédécès du donataire sans enfant alors que le donataire décédé a adopté un enfant. • Paris, 7 nov. 1990 : *JCP N 1993. II. 175, note Camoz.*

B. EFFETS DU DROIT DE RETOUR

1° AVANT LA RÉALISATION DE LA CONDITION RÉSOLUTOIRE

4. Droits du donataire : possibilité de disposer du bien donné. Lorsque la donation d'un bien est consentie sous condition résolutoire pour être assortie d'une clause de retour, le bien donné entre dans le patrimoine du donataire qui peut en disposer sous la même condition (en tant qu'il réalise un appauvrissement, cet acte de disposition peut être attaqué pour fraude paulienne). • Civ. 1re, 6 févr. 1996 : *D. 1997. 119, note Tardy.*

5. Renonciation des donateurs au droit de retour : portée. S'il est loisible aux parents donateurs de renoncer au droit de retour conventionnel prévu à l'acte de donation, antérieurement à l'ouverture de la succession du donataire, une telle renonciation est sans effet sur l'existence du droit de retour légal de nature successorale prévu à l'art. 738-2. • Civ. 1re, 21 oct. 2015, n° 14-21. 337.

2° APRÈS LA RÉALISATION DE LA CONDITION RÉSOLUTOIRE

6. Anéantissement rétroactif de la donation. Sur les conséquences de la résolution rétroactive de toutes les aliénations de biens et droits donnés et sur le retour de ces biens et droits au donateur, V. art. 952 et la jurisprudence citée.

7. Effets du retour associé à une donation-partage conjonctive. Fonctionnement du droit de retour conventionnel en cas de partage conjonctif d'ascendant : V. G. Morin, *Defrénois 1962. 329* • Req. 3 janv. 1934 : *DP 1934. 1. 105, note R. Savatier* • 14 févr. 1962 : *D. 1963. 75, note R. Savatier ; JCP 1962. II. 12662, note Voirin* • Civ. 1re, 4 oct. 1988 : *D. 1989. 33, note Breton.*

8. Effets du retour associé à une donation avec réserve d'usufruit. Dès lors qu'un bien a été donné avec réserve d'usufruit et stipulation d'un droit de retour, seule la nue-propriété du bien ayant fait l'objet de la donation peut revenir au disposant au décès du donataire et, par suite, si le donateur avait loué à celui-ci le bien dont s'agit, cette location ne s'en trouve pas affectée. • Civ. 1re, 20 oct. 1970 : *D. 1971. 161, note Dedieu.*

Art. 952 *(L. n° 2006-728 du 23 juin 2006)* L'effet du droit de retour est de résoudre toutes les aliénations des biens et des droits donnés, et de faire revenir ces biens et droits au donateur, libres de toutes charges et hypothèques, exceptée l'hypothèque légale des époux si les autres biens de l'époux donataire ne suffisent pas à l'accomplis-

sement de ce retour et que la donation lui a été faite par le contrat de mariage dont résultent ces charges et hypothèques. — *Entrée en vigueur le 1er janv. 2007.*

Ancien art. 952 ***L'effet du droit de retour sera de résoudre toutes les aliénations des biens donnés, et de faire revenir ces biens au donateur, francs et quittes de toutes charges et hypothèques, sauf néanmoins l'hypothèque de la dot et des conventions matrimoniales, si les autres biens de l'époux donataire ne suffisent pas, et dans le cas seulement où la donation lui aura été faite par le même contrat de mariage duquel résultent ces droits et hypothèques.***

1. Exécution du droit de retour : conséquences. L'exécution du droit de retour a pour effet de remettre les parties dans la même situation que si la donation n'était jamais intervenue, de telle sorte que le donateur est tenu de restituer au conjoint de la donataire la somme que cette dernière a versée en exécution d'une clause d'un contrat rétroactivement anéanti (donation avec charge). • Civ. 1re, 7 juin 1995 : *D. 1995. 614 ; JCP N 1996. II. 1475, note Hérail ; RTD civ. 1995. 951, obs. Patarin (décision rendue sous l'empire du droit antérieur à la L. du 23 juin 2006).*

2. ... Application de la théorie des impenses. L'exécution du droit de retour ayant pour effet de remettre les parties dans la même situation que si la donation n'était jamais intervenue, les impenses nécessaires et, dans la mesure de la plus-value procurée au bien, les impenses utiles exposées par le donataire et son épouse donnent lieu à indemnisation. • Civ. 1re, 23 sept. 2015, nº 14-18.131 P : *cité note 2 ss. art. 1526.*

3. ... Sort des hypothèques judiciaires inscrites du chef du donataire. Alors que deux parents avaient consenti, à leur fille, une donation immobilière, contenant une clause de retour en cas de prédécès de la donataire, et que celle-ci était décédée une année après avoir été déclarée en liquidation judiciaire, ce décès étant intervenu postérieurement au décès de son père, mais antérieurement au décès de sa mère, jugé que, par l'effet du droit de retour que s'étaient réservé les donateurs, le bien donné était devenu indivis entre l'un des donateurs, puis sa succession, et la succession de la donataire, ce dont il résultait que les droits des créanciers hypothécaires inscrits, du chef de la donataire, en garantie des condamnations prononcées contre celle-ci, étaient subordonnés au sort du bien immobilier dans le partage. • Civ. 1re, 10 juill. 2013, nº 12-20.885 P : *D. actu. 12 sept. 2013, obs. Douville ; D. 2013. 2156, note Julienne .*

4. Exception relative à l'hypothèque légale des époux : champ d'application. L'exception à la règle selon laquelle l'effet du droit de retour est de faire rentrer les biens donnés dans le patrimoine du donateur francs et quittes de toutes charges ne saurait être étendue au cas où l'objet de la donation est une somme d'argent ou des choses mobilières lesquelles ne sont pas susceptibles d'hypothèque. • Req. 2 juill. 1912 : *DP 1912. 1. 360 (décision rendue sous l'empire du droit antérieur à la L. du 23 juin 2006).*

SECTION 2 Des exceptions à la règle de l'irrévocabilité des donations entre vifs

Art. 953 La donation entre vifs ne pourra être révoquée que pour cause d'inexécution des conditions sous lesquelles elle aura été faite, pour cause d'ingratitude, et pour cause de survenance d'enfants.

Sur les actes de gestion du patrimoine des personnes placées en curatelle ou en tutelle, V. Décr. nº 2008-1484 du 22 déc. 2008, ss. art. 496.

BIBL. ► Claux, *AJ fam. 2011. 315* (révocation de donations entre époux pour ingratitude). – Kuhn, *JCP N 2019, nº 1312* (révocation des libéralités pour ingratitude). – Dossier, *Dr. et patr. 10/2008. 51*, par Lécuyer, M.-L. Henry, Auger, Boutiron et Cheuvreux (réversibilité des situations nées d'une donation).

Les dispositions de l'art. 953 ne concernent que la révocation unilatérale par le donateur et ne font pas par elles-mêmes obstacle à une révocation par consentement mutuel. • CE 19 nov. 2004 : *Lebon 430, concl. Devys ; D. 2004. IR 3190 ; JCP 2005. II. 10018, concl. Devys (1re esp.) ; AJDA 2005. 194, chron. Landais et Lénica (1re esp.) ; RFDA 2005. 375, note Plessix (1re esp.) ; RDSS 2005. 89, concl. Devys (1re esp.)* (à propos d'une action de l'administration de l'aide sociale en récupération).

Art. 954 ***Dans le cas de la révocation pour cause d'inexécution des conditions,*** **les biens rentreront dans les mains du donateur, libres de toutes charges et hypothèques du chef du donataire ; et le donateur aura, contre les tiers détenteurs des immeubles donnés, tous les droits qu'il aurait contre le donataire lui-même.**

BIBL. ► Chanteux-Bui, *JCP N 1979. I. 263.*

A. CONDITIONS DE LA RÉVOCATION POUR INEXÉCUTION DES CHARGES

1. Nature de la charge inexécutée : charges relatives à la revente et à l'exposition des œuvres d'art réalisées par le donateur. Cassation de l'arrêt qui déclare que l'épouse du donateur décédé est dépourvue de qualité pour agir en révocation pour inexécution des charges de la donation, au motif que, si la volonté de son époux tenant à l'absence de revente des œuvres ou à leur exposition n'a pas été respectée, ces charges ne peuvent être assimilées à des charges grevant des donations portant sur des biens matériels et relèvent du droit moral de l'artiste, lequel a été dévolu à ses enfants, alors que l'action en révocation d'une donation pour inexécution des charges peut être intentée par le donateur ou ses héritiers et que la donation portait sur des biens corporels, dont l'action en révocation engagée par l'épouse tendait à la restitution. • Civ. 1re, 16 janv. 2019, n° 18-10.603 P : *D. 2019. 126 ; AJ fam. 2019. 220, obs. Levillain ; AJ contrat 2019. 198, obs. Bucher ; Dalloz IP/IT 2019. 321, obs. Delayen ; JCP N 2019, n° 1169, note Dessis.*

2. Importance déterminante de la charge : appréciation par rapport au seul parent donateur dans le cas de la donation-partage cumulative. En cas de donation-partage par le parent survivant de biens qui dépendaient de la communauté dissoute par le décès, rejet de l'action en révocation pour inexécution des charges introduite par l'un des copartagés à l'encontre d'un autre copartagé n'ayant pas exécuté la charge qui lui incombait, les conditions d'ouverture de l'action en révocation pour inexécution des charges, notamment celle selon laquelle la charge doit être la cause impulsive et déterminante de la libéralité, s'appréciant exclusivement par rapport au donateur, qualité dont seul le parent survivant dispose. • Civ. 1re, 28 mai 2015, n° 14-13.479 P : *D. 2015. 1207 ; RTD civ. 2015. 677, obs. Grimaldi ; Dr. fam. 2015, n° 172, obs. Nicod ; RDC 2015. 909, obs. Goldie-Génicon.*

3. Inexécution imputable au donataire : absence de faute du gratifié. Lorsque l'inexécution de la condition imposée au légataire ne résulte pas d'une faute du gratifié, la révocation n'est encourue que dans le cas où l'exécution de la charge a été la cause impulsive et déterminante de la libéralité ; et les juges du fond disposent à cet égard d'un pouvoir souverain d'appréciation. • Civ. 1re, 27 janv. 1981, n° 79-16.156 P : *D. 1982. IR 20 (2e esp.), obs. D. Martin.*

4. ... Impossibilité d'exécution liée à l'attitude d'un tiers. Cassation d'un arrêt ayant prononcé la révocation d'une donation sans rechercher si l'inexécution des charges n'était pas due à l'attitude d'un tiers rendant impossible l'exécution de l'obligation. • Civ. 1re, 23 janv. 2008 : *Dr. fam. 2008, n° 45, obs. Beignier.*

5. ... Clause d'inaliénabilité et inscription d'une hypothèque légale ou judiciaire par les créanciers du donataire. En cas de liquidation de biens du donataire, l'inscription sur les biens donnés, à la requête du syndic, de l'hypothèque légale des créanciers de la masse, ne doit pas entraîner révocation de la donation, par application de la clause d'inaliénabilité contenue dans l'acte de donation ; en effet, la révocation d'une donation pour inexécution des charges n'est légalement possible qu'en cas d'inobservation, par le donataire lui-même, de la clause d'inaliénabilité. • Civ. 1re, 25 juin 1980, n° 79-12.704 P : *D. 1981. IR 90,*

6. Inexécution partielle ou défectueuse : pouvoir d'appréciation du juge. Il appartient aux tribunaux d'apprécier, d'après les circonstances de fait, si une inexécution partielle des charges imposées à un donataire a assez d'importance et de gravité pour que la révocation de la donation doive être prononcée. • Req. 3 mai 1921 : *DP 1921. 1. 143.* – Dans le même sens : • Toulouse, 3 août 2000 : *RTD civ. 2001. 179, obs. Patarin .* ♦ Une cour d'appel estime souverainement que les manquements d'un donataire aux obligations mises à sa charge par la donation ne sont pas suffisamment graves pour justifier la révocation de la donation, mais elle retient exactement que ces manquements engagent la responsabilité du donataire et apprécie souverainement les mesures propres à assurer l'exécution des obligations et la réparation des préjudices causés aux donateurs. • Civ. 1re, 18 déc. 1990, n° 88-13.146 P : *RTD civ. 1991. 783, obs. Patarin .* ♦ Des modalités d'exécution d'une condition différentes de celles prévues par le disposant importent peu dès lors qu'elles sont secondaires par rapport au but recherché. • Civ. 1re, 24 oct. 2000 : *Dr. fam. 2000, n° 147, note Beignier.*

7. Nécessité d'une décision judiciaire. V. notes ss. art. 956.

B. EFFETS DE LA RÉVOCATION POUR INEXÉCUTION DES CHARGES

8. Incidence de la réforme des obligations. Sur les restitutions consécutives à la révocation, V. désormais art. 1352 s. ; *Adde* V. Zalewski-Sicard « Donations et restitutions après l'ordonnance n° 2016-131 du 10 février 2016 », *LPA 3 janv. 2017 p. 6.*

1° ENTRE LES PARTIES

9. Restitution du bien donné. Par l'effet de la révocation, le donataire, indépendamment de toute faute de sa part, est tenu de restituer le bien donné dans l'état où il se trouvait au jour de la donation et, éventuellement, de rembourser au disposant ou à son successeur universel les dépenses que nécessite la remise du bien en cet état. • Civ. 1re, 6 avr. 1994 : *JCP 1995. II. 22387, note Brun ; ibid. I. 3876, no 9, obs. Le Guidec ; D. 1995. Somm. 49 (2e esp.), obs. Grimaldi ; RTD civ. 1995. 167, obs. Patarin*.

10. Remboursement des impenses. La révocation d'une donation, qui opère rétroactivement, entraîne restitutions réciproques, de sorte que la demande tendant au remboursement des impenses supportées par le donataire est la conséquence de la demande en révocation formulée en première instance et ne constitue pas une demande nouvelle irrecevable à hauteur d'appel. • Civ. 1re, 28 janv. 2015, no 13-27.125 P : *cité ss. art. 900-3.* ♦ A propos des restitutions réciproques faisant suite à la révocation d'une donation pour inexécution des charges, V. • Nancy, 7 nov. 1978 : *D. 1979. IR 493, obs. D. Martin ; JCP N 1980. II. 120* (décision qui tient compte de la dévalorisation du capital et accorde réparation de ce préjudice).

11. Cas particuliers : révocation d'une donation de somme d'argent. Par application de l'art. 1153 anc., al. 3, la somme dont la restitution est ordonnée porte intérêts à compter du jour de la sommation de payer. • Civ. 1re, 15 juill. 1993, no 91-18.469 P.

12. ... Révocation d'une donation-partage à l'encontre d'un seul copartageant. La révocation d'une donation-partage prononcée contre l'un des copartageants pour cause d'inexécution des charges, bien que rompant l'égalité du partage en opérant le retour dans le patrimoine du donateur des biens donnés et entrés dans le lot de ce copartageant, n'a pas pour conséquence l'anéantissement de ce partage pour le tout et laisse subsister à l'égard des autres copartageants l'effet de la transmission de propriété qui en est résulté à leur profit, y compris lorsque celle-ci consiste en une soulte versée par le donataire évincé. • Civ. 1re, 4 juill. 2006, no 04-16.272 P : *D. 2006. IR 2054 ; JCP 2008. I. 108, no 9, obs. Le Guidec ; Gaz. Pal. 2007. 385, note Puyo ; RJPF 2006-11/44, note Casey ; RTD civ. 2007. 614, obs. Grimaldi*.

13. ... Révocation d'une donation-partage cumulative. Lorsqu'un partage d'ascendant porte à la fois sur les droits qui sont donnés par l'un des père et mère et sur les droits que les gratifiés ont recueillis dans la succession de leur auteur prédécédé, la révocation de la donation pour inexécution des charges ne permet au donateur de reprendre que les droits dont il était antérieurement titulaire et qu'il a personnellement donnés, à l'exclusion de ceux qui appartenaient à son conjoint. • Civ. 1re, 19 mars 1973 : *D. 1973. 593, note Breton ; JCP 1974. II. 17667, note Dagot* • 29 mai 1980 : *D. 1982. 18, note Flour et Grimaldi.*

14. ... Révocation d'une donation-partage conjonctive. Sur les restitutions liées à la révocation d'une donation-partage conjonctive avec clause d'indivisibilité permettant, en cas de révocation, de reprendre les biens reçus par le donataire quelle qu'en soit l'origine : • Civ. 1re, 4 oct. 1988 : *D. 1989. 33, note Breton ; JCP 1989. II. 21266, note Salvage.*

15. Révocation d'une donation à charge de payer une rente viagère. Il résulte de l'art. 954 que la révocation d'une donation pour inexécution des charges a un effet rétroactif et ne peut prendre effet, dans le cas où la charge consiste dans le paiement d'une rente viagère, qu'à partir du moment où le débirentier a cessé d'exécuter son obligation ; les juges du fond ne peuvent donc faire droit à la demande en paiement des arrérages impayés, le donateur ne pouvant obtenir que des dommages-intérêts, et non l'exécution des charges. • Civ. 1re, 17 déc. 1980, no 79-13.420 P • 12 mai 1982 : *ibid. I, no 174.* ♦ V. aussi • Civ. 1re, 20 nov. 1985 : *Bull. civ. I, no 313 ; RTD civ. 1986. 623, obs. Patarin* (violation d'une clause d'inaliénabilité), et, sur renvoi, • Versailles, 13 janv. 1988 : *D. 1988. IR 42.*

2o À L'ÉGARD DES TIERS

16. Anéantissement rétroactif des droits réels consentis par le donataire. En vertu de l'art. 954, la révocation d'une donation pour cause d'inexécution des charges est opposable aux créanciers inscrits, quelle que fût la validité de leurs hypothèques. • Civ. 1re, 5 oct. 1976, no 75-10.306 P. ♦ V. également • Civ. 1re, 7 mars 2000 : *Dr. fam. 2001, no 22, note Beignier ; RJPF 2000-7-8/60, note Casey* (décidant, au vu de la convention des parties, que la révocation a pour effet d'anéantir rétroactivement l'hypothèque, peu important la date de son inscription).

17. Faculté de se substituer au donataire pour exécuter son obligation. Dans une instance en révocation de donation pour inexécution de la charge du paiement d'une rente viagère, le créancier hypothécaire du donataire défaillant, qui est intervenu volontairement dans la procédure et qui est devenu partie au litige, est en droit de se substituer à ce donataire pour exécuter son obligation et empêcher ainsi cette révocation qui aurait eu pour effet d'anéantir rétroactivement l'hypothèque. • Civ. 1re, 17 déc. 1996, no 94-17.120 P.

Art. 955 La donation entre vifs ne pourra être révoquée pour cause d'ingratitude que dans les cas suivants :

1o Si le donataire a attenté à la vie du donateur ;

2o S'il s'est rendu coupable envers lui de sévices, délits ou injures graves ;

3° S'il lui refuse des aliments.

BIBL. ▸ Revel, *RTD civ. 1979. 276* (révocation des donations pour refus d'aliments).

A. CAS D'INGRATITUDE

1. Pouvoir souverain d'appréciation des juges du fond. Les juges du fond apprécient souverainement la pertinence et l'admissibilité des faits invoqués à l'appui d'une action en révocation d'une donation pour ingratitude. • Civ. 1re, 31 janv. 1966 : *Bull. civ. I, no 69.*

2. Faits commis à l'encontre du donateur. La révocation d'un acte de donation pour ingratitude ne peut être prononcée que pour des faits commis à l'encontre du donateur ; cassation de l'arrêt qui prononce la révocation pour ingratitude d'une donation-partage, ayant porté sur les titres d'une société dont les donateurs avaient conservé l'usufruit, en raison des infractions commises par le donataire au détriment de cette société et non pour des faits commis à l'encontre des donateurs. • Civ. 1re, 30 janv. 2019, no 18-10.091 P : *AJ fam. 2019. 160, obs. Levillain ; Dr. fam. 2019, no 82, obs. Nicod.*

3. Faits constitutifs d'ingratitude : attentat à la vie du donateur. Exigence d'une intention homicide absente en cas de défaut de soins et d'assistance. • Req. 1er déc. 1885 : *DP 1886. I. 222 ; S. 1886. I. 100.*

4. ... Sévices, délits ou injures graves. Pour le cas d'injures, V. • Lyon, 29 mai 1973 : *D. 1976. 14, note J. F. Vouin ; Gaz. Pal. 1973. 2. 901, note D. Martin.* ♦ Pour le cas de sévices, V. • Civ. 1re, 16 juin 1998, no 96-15.366 P : *JCP 1999. I. 132, no 7, obs. Le Guidec ; JCP N 1998. 1542 ; Dr. fam. 1999, no 19, note Beignier ; RTD civ. 1998. 965, obs. Patarin* (gravité insuffisante en l'espèce). ♦ Pour le cas de vol, V. • Civ. 1re, 14 janv. 2003, no 00-20.467 P : *AJ fam. 2003. 106, obs. S. D.-B. ; RJPF 2003-3/49, obs. Casey ; RTD civ. 2003. 530 et 531, obs. Patarin* (gravité insuffisante, eu égard au conflit existant entre la mère et le fils). ♦ Pour un cas d'injures graves, V. • Civ. 1re, 21 févr. 2006 : *RJPF 2006-4/41, obs. Casey* (scène d'une particulière gravité au cours de laquelle le père s'est vu dénier la qualité de père biologique) • Civ. 1re, 25 oct. 2017, no 16-21.136 P : *D. 2017. 2206 ; AJ fam. 2018. 43, obs. Casey* (après le suicide de l'époux, révocation d'une donation au dernier vivant en raison d'un adultère commis par l'épouse, les juges du fond ayant caractérisé la gravité de l'injure faite au donateur en relevant que celui-ci, très attaché à son épouse, avait vécu très douloureusement la détérioration des relations conjugales qui avait suscité des rumeurs dans leur village, le complice de l'adultère étant un ami intime du couple).

5. ... Refus d'aliments. L'art. 955 ne relève le refus d'aliments que comme un cas d'ingratitude entraînant la révocation de donations et ne crée nullement une dette alimentaire exigible directement par le donateur à la charge du donataire ; il en résulte, dans le cas de l'art. 959, que le refus d'aliments ne comporte aucune sanction légale. • Req. 1er déc. 1919 : *DP 1920. 1. 5, note Ripert.*

6. Date des faits constitutifs d'ingratitude. La révocation d'un acte de donation pour ingratitude ne peut être prononcée que pour des faits commis par le donataire postérieurement à sa réalisation. • Civ. 1re, 9 janv. 2008, no 06-20.108 P : *AJ fam. 2008. 122, obs. Bicheron ; Dr. fam. 2008, no 62, obs. Julienne ; RTD civ. 2008. 133, obs. Grimaldi.* ♦ Rien n'interdit aux juges du fond de fonder leur décision de révocation pour ingratitude sur des faits postérieurs à l'assignation en révocation dès lors que, n'étant que la suite du comportement antérieur du donataire, ils confirment les faits énoncés dans l'acte introductif d'instance et l'attitude injurieuse du donataire. • Civ. 1re, 9 févr. 1994, no 92-12.601 P.

B. RÉGIME DE LA RÉVOCATION

7. Caractère d'ordre public. L'action en révocation des donations pour cause d'ingratitude intéressant l'ordre public, le donateur ne peut y renoncer avant que le fait constitutif d'ingratitude se soit produit. • Civ. 1re, 22 nov. 1977 : *Bull. civ. I, no 431 ; Defrénois 1979. 581 (1re esp.), note Ponsard ; D. 1978. IR 241 (1re esp.), obs. D. Martin* (cassation de • Nîmes, 29 oct. 1975 : *Gaz. Pal. 1976. 1. 366, note L. C.*).

8. Domaine de la révocation pour ingratitude. Non-application de l'art. 955 à un avantage matrimonial : V. note 2 ss. art. 1524. ♦ Révocation pour ingratitude des dispositions testamentaires : V. art. 1046. ♦ Non-application de la révocation pour ingratitude aux donations en faveur du mariage : V. art. 959.

9. Nécessité d'une action en justice. Exigence d'une décision judiciaire : V. art. 956. ♦ Régime de l'action en révocation pour ingratitude : V. art. 957.

Art. 956 La révocation pour cause d'inexécution des conditions, ou pour cause d'ingratitude, n'aura jamais lieu de plein droit.

1. Révocation pour cause d'ingratitude. Cas d'ingratitude et régime de la révocation : V. art. 955. ♦ Régime de l'action en révocation : V. art. 957.

2. Révocation pour inexécution des conditions : validité de la clause résolutoire de plein droit. En dépit des termes, en apparence prohibitifs, de l'art. 956, les parties sont libres d'y déroger en stipulant dans l'acte de donation que la révocation aura lieu de plein droit par le seul fait de l'inexécution des conditions, et, dans ce cas, le principe posé par l'art. 1183 anc. C. civ. est applicable. • Civ. 1re, 14 févr. 1956 : *JCP 1956. II. 9343, note Voirin.* – Dans le même sens : • Civ. 1re, 20 juin 1960, no 58-12.366 P • Civ. 1re, 25 sept. 2013, no 12-13.747 P : *AJ fam. 2013. 641, obs. Levillain ; RTD civ. 2013. 879, obs. Grimaldi ; ibid. 880, obs. Grimaldi*.

3. ... Prescription de l'action. L'action en révocation d'une donation pour inexécution des charges est soumise à la prescription trentenaire. • Civ. 1re, 13 oct. 1993, no 91-17.899 P.

4. ... Octroi d'un délai d'exécution par le juge. Il résulte de la combinaison des art. 953 et 1184 anc., al. 2, que, lorsque le juge, saisi d'une demande de révocation d'une donation pour cause d'inexécution des conditions, a constaté cette inexécution, il peut accorder au donataire un délai qui doit emprunter sa mesure aux circonstances pour exécuter ces charges ; si ce délai peut être suspendu en cas de force majeure, il ne peut être renouvelé. • Civ. 1re, 19 déc. 1984, no 83-14.083 P : *RTD civ. 1985. 762, obs. Patarin.* – V. aussi • Civ. 1re, 13 oct. 1993, no 91-17.899 P.

Art. 957 **La demande en révocation pour cause d'ingratitude devra être formée dans l'année, à compter du jour du délit imputé par le donateur au donataire, ou du jour que le délit aura pu être connu par le donateur.**

Cette révocation ne pourra être demandée par le donateur contre les héritiers du donataire, ni par les héritiers du donateur contre le donataire, à moins que, dans ce dernier cas, l'action n'ait été intentée par le donateur, ou qu'il ne soit décédé dans l'année du délit.

A. RÉGIME DE L'ACTION EN RÉVOCATION

1. Nature de l'action : action patrimoniale. L'action en révocation pour cause d'ingratitude est de nature patrimoniale (exercice au nom des mineurs par l'administrateur *ad hoc* désigné en raison de l'opposition d'intérêt existant entre les enfants et leur mère). • Civ. 1re, 8 mars 1988, no 86-16.153 P.

2. ... Action personnelle. Si l'action en révocation pour cause d'ingratitude est strictement personnelle et si, en conséquence, un tiers (comité d'entreprise) est irrecevable à intervenir à titre principal pour demander réparation du préjudice qu'il invoque, cela n'exclut pas une intervention accessoire dans cette instance. • Civ. 1re, 8 mars 1988 : *Bull. civ. I, no 67.*

3. Titulaires de l'action. Exercice de l'action par les héritiers de la donatrice : V. • Civ. 1re, 19 mars 1985 : *D. 1986. 9, note A. B. ; RTD civ. 1986. 626, obs. Patarin.* ♦ Poursuite de l'action par les héritiers du donateur : V. jurisprudence citée note 9 ss. art. 724.

4. ... Légataire universel. Un légataire universel a la qualité d'héritier au sens de l'art. 957, al. 2 ; cassation de l'arrêt qui retient que l'action en révocation pour cause d'ingratitude est d'une nature très particulière, à la fois patrimoniale et personnelle jusqu'à l'intime, en ce qu'elle se fonde sur le comportement du donataire à l'égard du donateur et sur le ressenti de ce dernier, et en déduit, à tort, que le légataire universel n'est pas un héritier au sens de ce texte, de sorte qu'il n'a pas qualité pour exercer cette action. • Civ. 1re, 27 janv. 2021, no 19-18.278 P : *AJ fam. 2021. 238, obs. Levillain ; Dr. fam. 2021, no 43, note Tani.*

B. DÉLAI POUR AGIR EN RÉVOCATION

5. Nature du délai : délai préfix. Le délai d'un an fixé par l'art. 957 pour l'exercice de l'action en révocation de donation pour cause d'ingratitude est un délai préfix non susceptible d'interruption ni de prolongation. • Civ. 1re, 18 déc. 2013 : *AJ fam. 2014. 122, obs. Levillain* • 1er févr. 2012 : *D. 2012. 436 ; AJ fam. 2012. 148, obs. Levillain*.

6. Point de départ en cas de fait constitutif ayant un caractère instantané. Caractère instantané de l'action aux fins d'expulsion intentée par le donataire contre les donateurs. • Civ. 1re, 20 mai 2009, no 08-14.761 P : *D. 2009. AJ 1609 ; AJ fam. 2009. 301, obs. Bicheron ; JCP 2010, no 203, § 9, obs. Le Guidec ; JCP N 2009, no 1335, note Brémont ; RLDC 2009/62, no 3512, obs. Pouliquen ; RTD civ. 2009. 565, obs. Grimaldi* (action en ingratitude tardive).

7. Point de départ retardé en cas de faits ayant un caractère continu. C'est en vertu de leur pouvoir souverain d'appréciation que les juges du fond, qui ont reconnu à l'adultère du mari le caractère d'injures graves au sens de l'art. 955, ont considéré que ces injures avaient duré jusqu'au décès de la donatrice et ils en ont justement déduit que, jusqu'à cette date, celle-ci était en possession de son droit d'agir, droit qui avait été transmis à ses héritiers. • Civ. 1re, 19 mars 1985 : *D. 1986. 9, note A. B. ; RTD civ. 1986. 626, obs. Patarin.* ♦ N'est pas prescrite l'action en révocation pour ingratitude introduite moins d'un an après le décès du donateur par ses héritiers alors que les relations extraconjugales entretenues par l'épouse gratifiée, constitutives d'une injure grave, avaient perduré jusqu'au décès de l'époux, qui n'en avait pas eu connaissance plus d'un an avant sa disparition. • Civ. 1re, 25 oct.

2017, n° 16-21.136 P : *D. 2017. 2206* ; *AJ fam. 2018. 43, obs. Casey* .

8. Point de départ retardé en cas de faits constitutifs d'une infraction pénale. L'art. 957, qui fixe le point de départ du délai d'exercice de l'action en révocation pour cause d'ingratitude au jour du délit civil imputé au gratifié ou au jour où ce délit aura pu être connu du disposant, n'exclut pas que, lorsque le fait invoqué constitue une infraction pénale, ce point de départ soit retardé jusqu'au jour où la condamnation pénale aura établi la réalité des faits reprochés au gratifié. • Civ. 1re, 22 nov. 1977 : *JCP 1979. II. 19023, note Surun ; Defrénois 1979. 581 (2e esp.), note Ponsard ; D. 1978. IR 241 (2e esp.), obs. D. Martin.* ♦ ... C'est-à-dire au jour où elle devient définitive. • 19 mars 2014, n° 13-15.662 P : *D. 2014. 776* ; *AJ fam. 2014. 313, obs. Levillain* ; *RTD civ. 2014. 429, obs. Grimaldi* ; *JCP 2015, n° 101, note Le Guidec* • 30 janv. 2019, n° 18-10.091 P : *AJ fam. 2019. 160, obs. Levillain* ; *Dr. fam. 2019, n° 82, obs. Nicod.* ♦ ... A condition que le délai d'un an ne soit pas expiré au jour de la mise en mouvement de l'action publique par le demandeur à la révocation. • Civ. 1re, 20 oct. 2010, n° 09-16.451 P : *AJ fam. 2011. 52, obs. Vernières* ; *Dr. fam. 2010, n° 188, obs. Beignier ; JCP N 2011, n° 1098, note Bonneau ; RLDC 2011/78, n° 4106, note Campels ; RGDA 2011. 147, note Mayaux.* ♦ L'ingratitude, née de la formulation d'accusations mensongères de faux du gratifié à l'encontre de sa mère, n'est établie qu'à la date à laquelle l'arrêt de la chambre de l'instruction ayant confirmé le non-lieu a définitivement constaté le caractère mensonger de ces accusations. • Civ. 1re, 19 mars 2008, n° 07-11.861 P : *RLDC 2008/5, n° 3003, obs. Jeanne ; JCP N 2009, n° 1335, note Brémond.*

Art. 958 *(Ord. n° 59-71 du 7 janv. 1959)* **« La révocation pour cause d'ingratitude ne préjudiciera ni aux aliénations faites par le donataire, ni aux hypothèques et autres charges réelles qu'il aura pu imposer sur l'objet de la donation, pourvu que le tout soit antérieur à la publication,** *(Ord. n° 2010-638 du 10 juin 2010, art. 11, en vigueur le 1er janv. 2013)* **« au fichier immobilier » de la demande en révocation. »**

Dans le cas de révocation, le donataire sera condamné à restituer la valeur des objets aliénés, eu égard au temps de la demande, et les fruits, à compter du jour de cette demande.

Art. 959 Les donations en faveur de mariage ne seront pas révocables pour cause d'ingratitude.

1. L'art. 959 ne s'applique qu'aux donations en faveur du mariage faites par les tiers ; et lorsque l'époux donateur offensé est décédé dans l'année du délit, l'action en révocation des donations par lui faites peut être intentée par les héritiers. • Civ. 26 févr. 1856 : *DP 1856. 1. 49 (1re esp.).* – V. aussi • Civ. 1re, 1er mars 1977, n° 75-12.563 P.

2. Refus d'aliments dans le cas de l'art. 959 : V. note 5 ss. art. 955.

Art. 960 *(L. n° 2006-728 du 23 juin 2006)* **Toutes donations entre vifs faites par personnes qui n'avaient point d'enfants ou de descendants actuellement vivants dans le temps de la donation, de quelque valeur que ces donations puissent être, et à quelque titre qu'elles aient été faites, et encore qu'elles fussent mutuelles ou rémunératoires, même celles qui auraient été faites en faveur de mariage par autres que par les conjoints l'un à l'autre, peuvent être révoquées, si l'acte de donation le prévoit, par la survenance d'un enfant issu du donateur, même après son décès, ou adopté par lui dans les formes et conditions prévues au chapitre I du titre VIII du livre I.** – *Entrée en vigueur le 1er janv. 2007.*

BIBL. ▶ MAUGER-VIELPEAU, *JCP N 2007.1146.*

1. Notion de survenance d'enfant. La survenance d'enfant au sens de l'art. 960 s'entend de la naissance d'un enfant elle-même, et non de sa reconnaissance. • TGI Saintes, 7 mai 1996 : *BICC 15 déc. 1997, n° 1482 ; RTD civ. 1998. 86, obs. Hauser* ; *ibid. 718, obs. Patarin* *(décision rendue sous l'empire du droit antérieur à la L. du 23 juin 2006).*

2. Cas particulier des donations entre époux. Révocation pour survenance d'enfant exclue pour les donations entre époux de biens présents ou de biens à venir, V. art. 1096, al. 3. ♦ V. également, pour les donations entre époux faites par contrat de mariage ***(jurisprudence antérieure à la L. du 23 juin 2006)*** : si l'art. 960 déclare que les donations faites par personnes qui n'auront pas d'enfants au moment de la donation demeureront révoquées de plein droit par la survenance d'un enfant légitime du donateur, le même art. dispose que cette révocation n'aura pas lieu, quand il s'agira de donations faites en contrat de mariage, par l'un à l'autre des conjoints ; en affranchissant ainsi les donations respectivement émanées des époux, dans leur pacte matrimonial, de la révocabilité pour survenance d'enfant, la loi ne distingue aucunement entre le cas où il naîtrait aux conjoints des enfants légitimes communs, et le cas où leur mariage étant demeuré stérile, et l'époux donataire étant prédécédé, l'époux donateur aurait un ou plusieurs enfants d'un second mariage. • Civ. 11 mai 1857 : *D. 1857. 215.*

Ancien art. 960 ***Toutes donations entre vifs faites par** [des] **personnes qui n'avaient point d'enfants ou de descendants actuellement vivants dans le temps de la donation, de quelque valeur que ces donations puissent être, et à quelque titre qu'elles aient été faites, et encore qu'elles fussent mutuelles ou rémunératoires, même celles qui auraient été faites en faveur de mariage par autres que par les ascendants aux conjoints, ou par les conjoints l'un à l'autre, demeureront révoquées de plein droit par la survenance** (Ord. n° 2005-759 du 4 juill. 2005, en vigueur le 1er juill. 2006) **« d'un enfant du donateur, même posthume ».***

La modification de l'art. 960 par l'Ord. n° 2005-729 du 4 juill. 2005 ne s'applique qu'aux donations faites à compter de son entrée en vigueur (Ord. préc., art. 20-II-2°).

BIBL. ▶ CORON et LUCET, *Defrénois 2000. 690* (assurance vie, union libre et survenance d'enfant). – HAUSER, *Defrénois 2001. 1379* (quelles donations et quels enfants ?).

1. Actes visés par la révocation de plein droit : don manuel. L'art. 960 est applicable aux dons manuels. • Rouen, 28 janv. 1998 : *Dr. fam. 1999, n° 104, note Beignier* ; pourvoi rejeté par • Civ. 1re, 16 mai 2000 : *RJPF 2000-10/49, obs. Delmas Saint-Hilaire.*

2. ... Donation déguisée. Lorsque les juges du fond ont constaté que l'acte intervenu entre un frère et une sœur ne pouvait être considéré comme la reconnaissance ou l'exécution d'une obligation naturelle, mais constituait une donation déguisée sous la forme d'un contrat à titre onéreux, ils ont fait une exacte application de l'art. 960 en décidant que la donation avait été révoquée de plein droit par la survenance d'un enfant au donateur. • Req. 3 déc. 1895 : *DP 1896. 1. 284.*

3. Exception : exécution d'une obligation naturelle. La règle posée par l'art. 960 souffre exception lorsque la donation constitue un mode d'exécution d'une obligation naturelle née d'un devoir de conscience. • TGI Seine, 6 juill. 1962 : *Gaz. Pal. 1962. 2. 223.*

4. Actes exclus : donation entre époux par contrat de mariage. Si l'art. 960 déclare que les donations faites par personnes qui n'auront pas d'enfants au moment de la donation, demeureront révoquées de plein droit par la survenance d'un enfant légitime du donateur, le même art. dispose que cette révocation n'aura pas lieu, quand il s'agira de donations faites en contrat de mariage, par l'un à l'autre des conjoints ; en affranchissant ainsi les donations respectivement émanées des époux, dans leur pacte matrimonial, de la révocabilité pour survenance d'enfant, la loi ne distingue aucunement entre le cas où il naîtrait aux conjoints des enfants légitimes communs, et le cas où leur mariage étant demeuré stérile, et l'époux donataire étant prédécédé, l'époux donateur aurait un ou plusieurs enfants d'un second mariage. • Civ. 11 mai 1857 : *D. 1857. 215.* ♦ *Contra :* • Paris, 23 juin 1986 : *JCP 1987. II. 20785, note Montredon.*

Art. 961 **Cette révocation** (L. n° 2006-728 du 23 juin 2006, en vigueur le 1er janv. 2007) **« peut avoir lieu** [ancienne rédaction : aura lieu] **», encore que l'enfant du donateur ou de la donatrice fût conçu au temps de la donation.**

Art. 962 (L. n° 2006-728 du 23 juin 2006) **La donation peut pareillement être révoquée, même si le donataire est entré en possession des biens donnés et qu'il y a été laissé par le donateur depuis la survenance de l'enfant. Toutefois, le donataire n'est pas tenu de restituer les fruits qu'il a perçus, de quelque nature qu'ils soient, si ce n'est du jour auquel la naissance de l'enfant ou son adoption en la forme plénière lui a été notifiée par exploit ou autre acte en bonne forme, même si la demande pour rentrer dans les biens donnés a été formée après cette notification.** – *Entrée en vigueur le 1er janv. 2007.*

Ancien art. 962 ***La donation demeurera pareillement révoquée, lors même que le donataire serait entré en possession des biens donnés, et qu'il y aurait été laissé par le donateur depuis la survenance de l'enfant ; sans néanmoins que le donataire soit tenu de restituer les fruits par lui perçus, de quelque nature qu'ils soient, si ce n'est du jour que la naissance de l'enfant*** (Abrogé par Ord. n° 2005-759 du 4 juill. 2005, à compter du 1er juill. 2006) ***« ou sa légitimation par mariage subséquent » lui aura été notifiée par exploit ou autre acte en bonne forme ; et ce, quand même la demande pour rentrer dans les biens donnés n'aurait été formée que postérieurement à cette notification.***

La modification de l'art. 962 par l'Ord. n° 2005-759 du 4 juill. 2005 ne s'applique qu'aux donations faites à compter de son entrée en vigueur (Ord. préc., art. 20-II-2°).

Art. 963 *(L. n° 2006-728 du 23 juin 2006)* **Les biens et droits compris dans la donation révoquée rentrent dans le patrimoine du donateur, libres de toutes charges et hypothèques du chef du donataire, sans qu'ils puissent demeurer affectés, même subsidiairement, à l'hypothèque légale des époux ; il en est ainsi même si la donation a été faite en faveur du mariage du donataire et insérée dans le contrat de mariage.** — *Entrée en vigueur le 1er janv. 2007.*

Ancien art. 963 ***Les biens compris dans la donation révoquée de plein droit, rentreront dans le patrimoine du donateur, libres de toutes charges et hypothèques du chef du donataire, sans qu'ils puissent demeurer affectés, même subsidiairement, à la restitution de la dot de la femme de ce donataire, de ses reprises ou autres conventions matrimoniales ; ce qui aura lieu quand même la donation aurait été faite en faveur du mariage du donataire et insérée dans le contrat, et que le donateur se serait obligé comme caution, par la donation, à l'exécution du contrat de mariage.***

Art. 964 *(L. n° 2006-728 du 23 juin 2006)* **La mort de l'enfant du donateur est sans effet sur la révocation des donations prévue à l'article 960.** — *Entrée en vigueur le 1er janv. 2007.*

Ancien art. 964 ***Les donations ainsi révoquées ne pourront revivre ou avoir de nouveau leur effet, ni par la mort de l'enfant du donateur, ni par aucun acte confirmatif ; et si le donateur veut donner les mêmes biens au même donataire, soit avant ou après la mort de l'enfant par la naissance duquel la donation avait été révoquée, il ne le pourra faire que par une nouvelle disposition.***

Art. 965 *(L. n° 2006-728 du 23 juin 2006)* **Le donateur peut, à tout moment, renoncer à exercer la révocation pour survenance d'enfant.** — *Entrée en vigueur le 1er janv. 2007.*

Ancien art. 965 ***Toute clause ou convention par laquelle le donateur aurait renoncé à la révocation de la donation pour survenance d'enfant, sera regardée comme nulle, et ne pourra produire aucun effet.***

Art. 966 *(L. n° 2006-728 du 23 juin 2006)* **L'action en révocation se prescrit par cinq ans à compter de la naissance ou de l'adoption du dernier enfant. Elle ne peut être exercée que par le donateur.** — *Entrée en vigueur le 1er janv. 2007.*

Ancien art. 966 ***Le donataire, ses héritiers ou ayants cause, ou autres détenteurs des choses données, ne pourront opposer la prescription pour faire valoir la donation révoquée par la survenance d'enfant, qu'après une possession de trente années, qui ne pourront commencer à courir que du jour de la naissance du dernier enfant du donateur, même posthume ; et ce sans préjudice des interruptions, telles que de droit.***

CHAPITRE V DES DISPOSITIONS TESTAMENTAIRES

DALLOZ ACTION *Droit patrimonial de la famille 2021/2022, nos 321.00 s.*

BIBL. GÉN. ▸ Brenner et Collard, *JCP N 2012, n° 1330* (communication du testament par le notaire). – Bruschi, *RRJ 1991/2. 491* (droit et sciences occultes). – Dauchez, *Defrénois 2001. 1159* (propriété littéraire et artistique et successions testamentaires). – Devisme, *Defrénois 2014. 1100* (lois applicables à la forme des testaments). – Grimaldi, Mél. Cornu, PUF, 1994, p. 177 (dernières volontés). – Letellier, *JCP N 2020, n° 1071* (élaboration du testament). – Noguero, *Defrénois 2017/17. 17* (testament des majeurs protégés). – Perchey, *AJDA 2008. 1310* (liberté des funérailles). – Petit, *RRJ 1997/1. 17* (la mémoire en droit privé). – Pillebout, *JCP N 2015, n° 1120* (le testament authentique après la loi du 16 févr. 2015). – Saenko, *RLDC 2013/103*, n° 5061 (testament et abus de faiblesse). – Vernières et Sagaut, *Defrénois 2014. 975* (testament authentique et testament international).

▸ **Frais de testament :** Houis, *JPC N 1997. Prat. 3990* (aspects civil et fiscal). ▸ **Testament international :** Byk, *JPC N 1994. I. 331.* – Dedieu et André, *Dr. et patr. 9/2006. 36.* – Revillard, *Defrénois 1995. 289.* ▸ **Capacité de tester des sourds, muets ou aveugles :** Lochouarn, *JCP N 2000. 819.* ▸ **Héritier légataire :** Guerriero, *Mél. Hébraud, Univ. Toulouse, 1981, p. 441.*

SECTION 1 Des règles générales sur la forme des testaments

RÉP. CIV. v° *Testament*, par M. Nicod.

Art. 967 **Toute personne pourra disposer par testament, soit sous le titre d'institution d'héritier, soit sous le titre de legs, soit sous toute autre dénomination propre à manifester sa volonté.**

Désignation du bénéficiaire d'un contrat d'assurance vie par voie testamentaire. La désignation ou la substitution du bénéficiaire d'un contrat d'assurance sur la vie, que l'assuré peut opérer jusqu'à son décès, n'a pas lieu, pour sa validité, d'être portée à la connaissance de l'assureur lorsqu'elle est réalisée par voie testamentaire ; par suite, c'est à bon droit qu'un arrêt, retenant que le souscripteur avait indiqué dans un écrit s'analysant en un testament olographe, que le capital décès de son assurance vie devait revenir à son fils, décide que ce dernier soutient à juste titre que la substitution de bénéficiaire peut être effectuée par voie testamentaire, cette modalité étant expressément prévue par le C. assur., peu important que l'assureur n'en ait pas été avisé. • Civ. 2e, 10 mars 2022, n° 20-19.655 B : *D. 2022. 1117, obs. Bigot,. Cayol, Noguéro et Pierre* ; *AJ fam. 2022. 232, obs. Levillain* ; *RCA 2022, n° 142, obs. Pierre ; RGDA 2022/4. 48, note Mayaux.*

Art. 968 **Un testament ne pourra être fait dans le même acte par deux ou plusieurs personnes, soit au profit d'un tiers, soit à titre de disposition réciproque et mutuelle.**

1. Droit international privé. Dans l'ordre international, les règles qui gouvernent l'établissement d'un testament conjonctif sont des règles de forme. Fait une exacte application de la Convention de La Haye du 5 oct. 1961, relative à la forme des testaments, la cour d'appel qui déclare valable quant à sa forme un testament, fait dans le même acte par deux époux, les dispositions testamentaires ayant été établies selon les formes du droit marocain du lieu de rédaction de l'acte. • Civ. 1re, 21 nov. 2012 : *cité note 6 ss. art. 900.*

2. Notion de testaments conjonctifs. L'art. 968 prohibe les testaments conjonctifs et exige le recueil des dernières volontés dans un acte unilatéral, afin de préserver la liberté de tester et d'assurer la possibilité de révoquer des dispositions testamentaires. • Civ. 1re, 4 juill. 2018, n° 17-22.934 P : *D. 2018. 2384, obs. Godechot-Patris et Grare-Didier* ; *ibid. 1491* ; *AJ fam. 2018. 474, obs. Levillain* ; *Dr. fam. 2018, n° 244, obs. Nicod.*

3. Illustrations. Deux testaments, même faits en contemplation l'un de l'autre par deux époux, ne peuvent être considérés comme réalisant une opération unique ; ils doivent être envisagés séparément et indépendamment lorsqu'il s'agit de statuer sur leur validité et sur leurs effets. • Civ. 25 févr. 1925 : *DP 1925. 1. 185, note R. Savatier.* – V. aussi • Pau, 30 mars 2000 : *Dr. fam. 2000, n° 121, note Beignier.* ♦ Comp. • Civ. 1re, 21 avr. 1971, n° 70-10.213 P : *R. 1970-1971, p. 42 ; JCP 1973. II. 17328, note Dagot* • Paris, 27 avr. 1984 : *Defrénois 1985. 438, note Talon ; RTD civ. 1985. 606, obs. Patarin* (acte écrit par un seul des époux, mais portant la signature des deux) • Orléans, 6 mai 1976 : *JCP N 1980. II. 96* (approbation par un époux des dispositions prises par l'autre) • TGI Paris, 30 avr. 1981 : *Gaz. Pal. 1982. 1. 256* (acte libellé au nom des deux époux, mais portant la signature d'un seul).

Un acte signé par deux personnes, qui se lèguent mutuellement tous leurs biens, ne peut valoir testament. • Civ. 1re, 4 juill. 2018, n° 17-22.934 P : *D. 2018. 2384, obs. Godechot-Patris et Grare-Didier* ; *ibid. 1491* ; *AJ fam. 2018. 474, obs. Levillain* ; *Dr. fam. 2018, n° 244, obs. Nicod.*

4. Annulation d'un testament conjonctif : conséquences. Un premier jugement ayant prononcé l'annulation d'un testament conjonctif, rédigé en commun par le défunt et sa fille, cassation de l'arrêt qui, pour refuser de constater la validité d'un testament antérieur, retient que tous les écrits postérieurs au testament nul, émanant du défunt, révèlent une volonté constante, en connaissance de la nullité affectant ce testament, d'en maintenir les dispositions ayant pour conséquence d'anéantir les volontés contraires exprimées antérieurement, alors que les écrits postérieurs au testament annulé ne reprenaient expressément aucune disposition de cet acte. • Civ. 1re, 31 mars 2016, n° 15-17.039 P : *D. 2016. 784* ; *AJ fam. 2016. 265, obs. Levillain* ; *RTD civ. 2016. 428, obs. Grimaldi* ; *RDC 2016. 712, note Gaudemet.*

Art. 969 **Un testament pourra être olographe, ou fait par acte public ou dans la forme mystique.**

Sur le testament international, V. Conv. de Washington du 26 oct. 1973, portant loi uniforme sur la forme d'un testament international, entrée en vigueur le 1er déc. 1994.

BIBL. ► Houis, *JCP N 1996. Prat. 3740* (legs verbal). – Labbée, *D. 2014. 1948* (le testament par acte d'avocat).

1. Testament international. Sur la nécessité, pour un testament international, de respecter les modalités de signature prévues pour ce type de testament, à peine de nullité : • Civ. 1re, 10 oct. 2012, n° 11-20.702 P : *D. 2013. Chron. C. cass. 591, obs. Capitaine ; AJ fam. 2012. 618, obs. Levillain ; RTD civ. 2012. 761, obs. Grimaldi .* ♦ L'annulation d'un testament authentique pour non-respect des dispositions des art. 971 à 975 C. civ. ne fait pas obstacle à la validité de l'acte en tant que testament international dès lors que les formalités prescrites par la Conv. de Washington du 26 oct. 1973 ont été accomplies. • Civ. 1re, 12 juin 2014, n° 13-18.383 P : *D. 2014. 1747, note Laurent-Bonne ; AJ fam. 2014. 433, obs. Vernières ; RTD civ. 2014. 927, obs. Grimaldi ; Rev. crit. DIP 2014. 843, obs. Revillard ; JCP 2014, n° 745, obs. Hébert ; Defrénois 2014. 968, obs. Nicod ; RDC 2014. 719, note Godechot-Patris* • Civ. 1re, 12 juin 2014 : *D. 2014. 2260, obs. Noguero ; ibid. 2015. 1061, obs. Gaudemet-Tallon ; Defrénois 2014. 968, note Nicod ; RDC 2014. 719, note Godechot-Patris* • Civ. 1re, 25 nov. 2015, n° 14-21.287 P : *D. 2015. 2502 ; AJ fam. 2016. 56, obs. Casey* • 5 sept. 2018, n° 17-26.010 P : *D. 2018. 1753 ; AJ fam. 2018. 551, obs. Levillain ; Defrénois 4 oct. 2018, p. 21, note Thoraval ; JCP N 2018, n° 1314, note Tani ; Dr. fam. 2018, n° 263, note Nicod.* ♦ Mais le testament annulé pour insanité d'esprit en application des dispositions de l'art. 901 ne peut valoir comme testament international. • Civ. 1re, 12 juin 2014 : *préc.*

2. Langue du testament international. Si un testament international peut être écrit en une langue quelconque afin de faciliter l'expression de la volonté de son auteur, celui-ci ne peut l'être en une langue que le testateur ne comprend pas, même avec l'aide d'un interprète. • Civ. 1re, 2 mars 2022, n° 20-21.068 B : *D. 2022. 461 ; AJ fam. 2022. 340, obs. Laurent-Bonne ; RTD civ. 2022. 441, obs. Grimaldi ; Dr. fam. 2022, n° 76, obs. Nicod.*

3. Modalités de signature du testament international. L'obligation faite au testateur, en application de la Conv. de Washington, de signer chaque feuillet que comporte le testament est satisfaite par l'apposition du paraphe visé par l'art. 14, 4e al., du Décr. n° 71-941 du 26 nov. 1971, relatif aux actes établis par les notaires. • Civ. 1re, 25 nov. 2015, n° 14-21.287 P : *préc. note 1.*

4. Testament verbal. Cas exceptionnels où un testament verbal peut être pris en considération : V. • Req. 10 janv. 1905 : *DP 1905. 1. 47* • Civ. 1re, 27 déc. 1963 : *Bull. civ. I, n° 573 ; Gaz. Pal. 1964. 1. 340* (obligation naturelle pouvant servir de cause à une obligation civile valable) • 22 juin 2004 : *cité note 22 ss. art. 970 (idem).* ♦ V. aussi • TGI Millau, 26 févr. 1970 : *Gaz. Pal. 1970. 1. 253* • Civ. 1re, 21 avr. 1959 : *D. 1959. 521, note Malaurie* (testament verbal d'un déporté).

Art. 970 **Le testament olographe ne sera point valable, s'il n'est écrit en entier, daté et signé de la main du testateur : il n'est assujetti à aucune autre forme.**

BIBL. ► **Étude d'ensemble :** BEIGNIER et TANI, *Dr. fam. 2018. Étude 12* (notaire et testament olographe) ; *JCP N 2018, n° 1264 (idem).* – FLOUR et SOULEAU, *Defrénois 1983. 354.* – JOSSERAND, *DH 1932. Chron. 73.* – GRIDEL, *RLDC 2005/13, n° 550.* – GUÉVEL, *Mél. Gobert, Economica, 2004, p. 449* (forme : évolution récente). ► **Date :** FEDDAL, *JCP 1989. I. 3423 ; Gaz. Pal. 1997. 1. Doctr. 319.* – GRIMALDI, *D. 1984. Chron. 253.* – TOULEMON, *JCP 1969. I. 2285.* ► **Écriture :** MALAURIE, *Defrénois 2001. 347* (testament rédigé en braille). – REUTER, *JCP 1976. I. 2829.* – ROSSI, *JCP 1974. I. 2645 ; 1981. I. 3039.* – R. SAVATIER, *Rép. gén. notariat 1934, art. 23918.* ► **Signature :** HAUSER, *Defrénois 1993. 1194.* – TEILLIAIS, *LPA 17 oct. 1997.*

I. FORMALISME DU TESTAMENT OLOGRAPHE

A. ÉCRITURE DU TESTAMENT

1° PRINCIPES

1. Écriture intégrale de la main du testateur. Nullité du testament dont un rapport d'expertise établit qu'il n'a pas été entièrement écrit de la main du testateur. • Civ. 1re, 20 sept. 2006, n° 04-20.614 P : *D. 2006. 2969, note Jacotot* • Civ. 2e, 26 nov. 2020, n° 18-22.563 P. ♦ Le testament qui n'a pas été écrit de la main du testateur étant nul, il ne peut avoir pour effet de transmettre le droit moral de l'auteur sur son œuvre. • Civ. 1re, 28 mai 2015, n° 14-14.506 P : *cité note 1 ss. art. 721.* ♦ Mais la simple présence sur un testament d'ailleurs régulier de signatures de tiers ne saurait par même le vicier de nullité. • Civ. 1re, 5 oct. 1959 : *D. 1959. 507 (3e esp.), note Holleaux ; JCP 1959. II. 11323 (1re esp.), note Voirin.*

2. Assistance matérielle d'un tiers. Il résulte de l'art. 970 que l'écriture du testateur doit être reconnaissable, en dépit des marques d'assistance matérielle qu'un tiers aurait pu lui apporter, de manière à révéler qu'il en est bien le scripteur. • Civ. 1re, 8 avr. 1986 : *Bull. civ. I, n° 81.* ♦ V. déjà, • Req. 16 janv. 1923 : *DP 1924. 1. 46* (intervention d'un tiers ayant apporté une collaboration prépondérante, dépassant l'aide matérielle qu'il est permis de prêter au testateur dans certains cas exceptionnels) • Civ. 1re, 16 juill. 1956 : *D. 1956. 661, note Blanc* • 4 janv. 1973 : *Bull. civ. I, n° 6* (testament à « main guidée » ; validité) • 11 févr. 1997, n° 95-12.382 P : *D. 1997. Somm. 365, obs. Nicod ; JCP N 1997. II. 1187, note Beignier ; Defrénois 1997. 1452,* *obs. Champenois* (validité du testament à « main guidée », à moins qu'il ne soit pas, du fait de cette assistance, l'expression de la volonté propre du signataire). ♦ V. aussi • Civ. 1re, 19 avr. 1988 : *Bull. civ. I, n° 114 ; D. 1988. IR 128* (nullité du testament en cas de mention de sa date par un tiers).

3. Rejet du testament dactylographié. Un document dactylographié ne peut être tenu pour un testament olographe valable, nonobstant la mention manuscrite apposée par le testateur au pied des feuillets numérotés, datés et signés. • Civ. 18 mai 1936 : *DH 1936. 345,* rejetant le pourvoi formé contre • Aix-en-Provence, 29 févr. 1932 : *DP 1932. 2. 47, note Lalou.* – Dans le même sens : • Civ. 1er mars 1961 : *JCP 1961. II. 12271, note Tarabeux* • Civ. 1re, 8 févr. 1978 : *Bull. civ. I, n° 54* • 23 oct. 1984 : *Bull. civ. I, n° 278 ; Gaz. Pal. 1985. 2. Pan. 223, obs. Grimaldi* • 24 févr. 1998, n° 95-18.936 P : *D. 2000. Somm. 428, obs. Nicod ; Gaz. Pal. 1999. 1. Somm. 127, obs. S. Piedelièvre.* ♦ Comp. • Cour de révision monégasque 8 mai 1974 : *Defrénois 1974. 955, note R. Savatier* • 2 déc. 1974 : *Defrénois 1975. 447, note R. Savatier.* ♦ Mais ne saurait être annulé un testament manuscrit renvoyant à un document dactylographié, le testament étant constitué par le seul document manuscrit qui contenait l'expression des dernières volontés, la transcription dactylographiée n'étant destinée qu'à faciliter la tâche du lecteur, l'auteur souffrant de la maladie de Parkinson. • Civ. 1re, 17 juin 2009 : *D. 2009. Pan. 2508, obs. Nicod.*

4. Rejet de la copie carbone. Le calque par carbone ne répond pas aux exigences de l'art. 970. • Douai, 25 oct. 1966 : *D. 1967. 307* • TGI Bayonne, 5 juill. 1976 : *Gaz. Pal. 1976. 2. 574, note X. H.*

5. Rejet du message électronique. Refus de transmettre une QPC, faute de caractère sérieux, sur le fait pour l'auteur d'un testament olographe d'être privé de la possibilité de rédiger celui-ci au moyen d'un document électronique. • TGI Metz, 17 août 2018, n° 17/01794 : *AJ fam. 2018. 484, obs. Corpart* (en l'espèce, indications transmises par *texto*).

6. Liberté rédactionnelle : absence de formule imposée. La validité d'un testament n'implique pas l'emploi de termes sacramentels, et il appartient au juge, pour rechercher la volonté du rédacteur, d'interpréter l'acte au regard des éléments extrinsèques invoqués par les parties. • Civ. 1re, 11 janv. 2005, n° 02-16.985 P : *D. 2005. 1064, note Nicod ; AJ fam. 2005. 147, obs. Bicheron ; Dr. fam. 2005, n° 62, note Beignier.*

7. Rédaction inspirée d'un modèle proposé par un tiers. Rédaction d'un testament d'après un modèle remis par un tiers : • Civ. 1re, 8 juill. 1957 : *D. 1957. 668* • 6 oct. 1959 : *D. 1959. 507 (1re esp.), note Holleaux ; JCP 1959. II. 11323 (3e esp.), note Voirin* • Lyon, 4 mars 1970 : *Gaz. Pal. 1970. 2. 82* (rédacteur ayant conscience de ce qu'il transcrivait ; validité du testament) • Angers, 7 juill. 1948 : *D. 1948. 541* (illettré dessinant à l'encre, sur une feuille déjà chargée par un tiers de caractères au crayon, une succession de signes dont le sens lui échappait ; nullité du testament) • Civ. 5 nov. 1956 : *D. 1956. 718* • Amiens, 5 avr. 1976 : *JCP N 1978. II. 205* (reproduction servile du modèle par un illettré ; nullité du testament) • Civ. 1re, 9 janv. 2008, n° 07-10.599 P : *AJ fam. 2008. 81, obs. Pécaut-Rivolier ; RJPF 2008-3/35, obs. Casey ; RLDC 2008/53, n° 3160, note Bernard-Xemard* (écriture, par une personne aux capacités mentales réduites, au stylo à bille en surlignant un texte pré-écrit au crayon de papier par son père ; nullité du testament).

8. Rédaction exprimant la volonté du testateur : langue utilisée. Cassation d'un arrêt ayant admis la validité d'un testament olographe rédigé en français, complété par un écrit en allemand, le défunt ne parlant pas le français, le second document lui ayant été présenté pour comprendre le sens du testament : le testament étant rédigé dans une langue que le testateur ne comprenait pas, l'acte ne pouvait être considéré comme l'expression de sa volonté. • Civ. 1re, 9 juin 2021, n° 19-21.770 P : *D. 2021. 1905, note Beignier ; ibid. 2064, obs. Godechot-Patris ; AJ fam. 2021. 562, obs. Levillain ; RTD civ. 2021. 931, obs. Grimaldi ; Dr. fam. 2021, n° 132, obs. Nicod ; JCP N 2021, n° 1289, note Sebban ; Gaz. Pal. 2021. 2023, note Le Pluard.*

2° ILLUSTRATIONS

9. Diversité des supports écrits. Un testament peut être écrit sur un carnet. • Lyon, 4 janv. 1923 : *DP 1923. 2. 182.* ♦ ... Un cahier. • Paris, 19 avr. 1983 : *JCP N 1983. II. 310.* ♦ ... Une carte postale inter-zones. • Civ. 24 juin 1952 : *D. 1952. 613 ; JCP 1952. II. 7179, note Voirin.* ♦ ... Au dos de polices d'assurance. • Civ. 6 mai 1891 : *DP 1893. 1. 177.* ♦ ... Sur le dessus et le côté d'une machine à laver le linge. • Nancy, 26 juin 1986 : *JCP N 1987. II. 96, note Venandet.* ♦ ... Au dos d'une enveloppe contenant un autre testament olographe, celui-ci expressément annulé. • Toulouse, 15 oct. 1996 : *Dr. fam. 1997, n° 149, note Beignier.* ♦ ... Ou sous forme d'une lettre missive. • Civ. 25 avr. 1925 : *DP 1927. 1. 48* • Aix-en-Provence, 2 oct. 1973 : *D. 1974. 745, note Bihr.* ♦ ... Même adressée à un tiers. • Versailles, 1er juin 1989 : *D. 1990. 221, concl. Duplat.* ♦ ... Même non expédiée. • Civ. 1re, 10 mars 1993 : *JCP N 1994. J. 191, note Camoz.* ♦ ... Et la vérification de l'existence d'une disposition testamentaire dans une lettre missive rentre dans le domaine des juges du fond. • Civ. 24 juin 1952 : *préc.*

10. Possibilité d'utiliser des feuilles sépa-

rées. Le testament olographe peut être écrit sur des feuilles séparées et rien ne s'oppose à ce qu'il soit écrit partie sur une feuille, partie sur l'enveloppe dans laquelle le testateur la renferme, à la condition toutefois qu'il existe entre l'une et l'autre une liaison qui n'en forme qu'un seul et même acte ; le législateur, n'ayant pas spécifié la nature et le mode de cette liaison, en a laissé l'appréciation à la sagesse des juges du fait. • Req. 28 mai 1894 : *DP 1894. 1. 533* • Req. 9 janv. 1900 : *DP 1900. 1. 97* • Civ. 1re, 19 mars 1973, n° 72-10.545 P. ♦ V. aussi : • Poitiers, 24 janv. 1916 : *DP 1920. 2. 135* (lettre missive comportant deux feuillets séparés) • Paris, 6 juill. 1982 : *JCP 1983. II. 20007, note M. C.* (écrit non signé et enveloppe seulement paraphée) • Civ. 1re, 7 mars 2000 : *Dr. fam. 2000, n° 53, note Beignier* (multiplicité des supports, dispositions contradictoires : doute quant au fait de savoir s'il s'agit d'un seul testament ou de plusieurs testaments successifs). ♦ Mais lorsque, dans un testament qui comprend deux parties distinctes, la date et la signature sont intercalées entre ces deux parties, les juges ne sauraient considérer comme valables les dispositions contenues dans la seconde partie, laquelle n'a été ni datée ni signée. • Civ. 1re, 9 déc. 1986, n° 85-12.256 P : *R., p. 137* • 17 juin 2009 : *cité note 20.*

11. Diversité des types d'écriture. Peu importe le type d'écriture utilisé (lettres d'imprimerie), du moment que le testament a été écrit en entier, daté et signé de la main du testateur. • Civ. 1re, 22 nov. 1966 : *Bull. civ. I, n° 519.* ♦ La loi n'a spécifié ni l'instrument, ni la matière avec lesquels les caractères seraient tracés ; il suit de là que l'écriture au crayon remplit le vœu de l'art. 970. • Aix-en-Provence, 27 janv. 1846 : *DP 1846. 2. 230.* – Même solution : • Poitiers, 24 janv. 1916 : *DP 1920. 2. 135.*

12. Additions et ratures. La question de savoir si l'addition ou la rature apportée à un testament olographe constitue un simple accessoire s'incorporant à l'acte, ou au contraire une disposition nouvelle ou modificative, échappe au contrôle de la Cour de cassation. • Civ. 1re, 26 mai 1982 : *Bull. civ. I, n° 202 ; RTD civ. 1983. 375, obs. Patarin.* ♦ Pour le cas où il s'agit d'une disposition nouvelle, nécessitant date et signature pour sa validité, V. • Besançon, 19 juill. 1861 : *DP 1861. 2. 131* • Nancy, 13 mai 1899 : *DP 1900. 2. 165* • Nancy, 29 juin 1921 : *DP 1921. 2. 146* • TGI Seine, 29 mai 1965 : *Gaz. Pal. 1965. 2. 426.* ♦ Pour le cas inverse, V. • Req. 18 août 1862 : *DP 1863. 1. 348* • 21 juin 1921 : *DP 1922. 1. 160* • Civ. 1re, 15 nov. 1972 : *Bull. civ. I, n° 248* • Paris, 4 févr. 1981 : *JCP N 1983. II. 95* • Civ. 1re, 26 mai 1982 : *préc.*

13. Simple projet ou brouillon. Distinction du testament lui-même et du simple projet ou brouillon : V. • Pau, 20 avr. 1961 : *D. 1961. 397* • Civ. 1re, 12 janv. 1970 : *Bull. civ. I, n° 12* • 25 nov. 1975, n° 74-13.467 P (aff. Chanel) • 9 nov. 1982 : *ibid. I, n° 327* • 13 avr. 1988 : *ibid. I, n° 100* (document daté et signé adressé au notaire en lui demandant de vérifier la conformité aux lois des dispositions prises : testament valable) • Angers, 9 oct. 1995 : *Dr. fam. 1997, n° 92, note Beignier* (lettre renvoyant à un testament non retrouvé : pas de valeur testamentaire) • Civ. 1re, 7 juin 2006 : *Dr. fam. 2006, n° 153, obs. Beignier* (un document dénommé « brouillon », à caractère nécessairement provisoire et aléatoire, n'est pas un testament). ♦ Mais il n'est pas nécessaire pour que la volonté du testateur soit valable qu'elle soit clairement exprimée dès lors qu'il incombe aux juges du fond d'interpréter l'acte. • Civ. 1re, 5 nov. 1996, n° 94-21.089 P : *D. 1997. Somm. 366, obs. Nicod ; JCP 1998. I. 133, n° 7, obs. Le Guidec ; RTD civ. 1999. 169, obs. Patarin.*

B. DATE DU TESTAMENT

1° DATE INCERTAINE

14. Possibilité de reconstituer une date incomplète : principe. Lorsque la date d'un testament olographe manque d'un ou de plusieurs éléments nécessaires pour la constituer, les juges peuvent la compléter à l'aide des mentions intrinsèques du testament, s'ils reconnaissent que ces mentions leur permettent de la rétablir avec certitude, en faisant apparaître, d'une façon précise, les jour, mois et année auxquels le testateur a rédigé son œuvre et à cet égard leur appréciation est souveraine. • Req. 4 juin 1934 : *DH 1934. 460* • 8 déc. 1936 : *DH 1937. 52.*

15. … Application en cas d'absence totale de date. V., pour l'application de ces principes en cas d'absence totale de date : • Paris, 12 mars 1968 : *Gaz. Pal. 1969. 1. 331* • Nancy, 26 juin 1986 : *préc. note 9.* ♦ Prise en compte d'un élément intrinsèque, la désignation d'une aide ménagère comme légataire, le testament ayant nécessairement été rédigé entre la date de son embauche et le décès de la testatrice, aucun élément n'établissant l'insanité d'esprit ou une perte de discernement de celle-ci durant l'intégralité de la période au cours de laquelle le testament avait été nécessairement écrit et l'écriture de ce manuscrit, qui n'était pas altérée, étant semblable à celle des testaments antérieurs, les indications données et les termes choisis révélant la parfaite lucidité d'esprit de son auteur. • Civ. 1re, 5 mars 2014, n° 13-14.093 P : *D. 2014. 1133, note Raoul-Cormeil ; AJ fam. 2014. 248, obs. Levillain ; RTD civ. 2014. 428, obs. Grimaldi ; JCP 2015, n° 101, note Le Guidec ; Defrénois 2014. 628, note Nicod ; JCP 2014, n° 1188, note Chabot ; Dr. fam. 2014, n° 78, obs. Beignier.*

16. … Prise en compte d'éléments extrinsèques corroborant des éléments intrinsèques. En dépit de son absence de date, un testament olographe n'encourt pas la nullité dès lors que des éléments intrinsèques à l'acte, corroborés par des éléments extrinsèques, établissent qu'il a été rédigé au cours d'une période déterminée et qu'il n'est pas démontré qu'au cours de cette période le testateur ait été frappé d'une incapacité de tester ou ait rédigé un testament révocatoire ou incompatible. • Civ. 1re, 10 mai 2007, n° 05-14.366 P : *D. 2007. Chron. C. cass. 2330, n° 3, obs. Chauvin ; ibid. Pan. 2135, obs. Nicod ; Defrénois 2007. 1432, note Beaubrun ; AJ fam. 2007. 315, obs. Bicheron ; Dr. fam. 2007, n° 131, note Beignier ; RJPF 2007-7-8/42, obs. Casey ; LPA 19 mars 2008, obs. Chamoulaud-Trapiers ; RTD civ. 2007. 604, obs. Grimaldi* . ♦ Les faits et circonstances extrinsèques au testament peuvent, dans la mesure où ils corroborent les éléments intrinsèques dans lesquels doit avoir son principe et sa racine la preuve de la date d'un testament olographe, servir à établir cette date ou à la compléter (en l'espèce, mention du 4 novembre sans indication de l'année). • Civ. 24 juin 1952 : *D. 1952. 613 ; JCP 1952. II. 7179, note Voirin*. – Dans le même sens : • Civ. 1re, 4 févr. 1981 : *JCP 1982. II. 19715, note Rémy* • 11 janv. 1984, n° 82-16.749 P : *R., p. 53 ; D. 1984. 642 ; RTD civ. 1985. 201, obs. Patarin* • 14 mars 1984 : *D. 1984. 642 ; JCP N 1985. II. 28, note Rémy ; RTD civ. 1985. 201, obs. Patarin* • 8 mars 1988, n° 86-14.944 P : *R., p. 165 ; D. 1989. 110, note Malaurie ; Defrénois 1988. 1229, note Grimaldi ; JCP 1988. II. 21077, note Montredon ; RTD civ. 1989. 123, obs. Patarin* • 30 juin 1992 : *D. 1993. 325, note Maury ; D. 1993. Somm. 229, obs. Grimaldi ; Defrénois 1993. 384, obs. Champenois ; JCP N 1993. II. 181, note Camoz ; JCP 1993. I. 3713, obs. Testu ; RTD civ. 1993. 397, obs. Patarin* (testament non daté mais dont les juges ont apprécié souverainement qu'il avait été rédigé dans les quatre jours précédant le décès par suicide) • Civ. 1re, 9 juill. 2014, n° 13-18.685 P : *AJ fam. 2014. 503, obs. Levillain* (rectification de la date portée sur un codicille – 21 août 200001 – alors que la date ne pouvait être que le 21 août 2001, le codicille ayant été déposé chez le notaire en 2001 afin de modifier un testament rédigé en janv. 2001). ♦ Dès lors que le testament comporte l'indication d'une date, il incombe à la cour d'appel de rechercher si des éléments extrinsèques à l'acte ne permettent pas d'interpréter l'écriture de l'auteur pour déterminer la date indiquée. • Civ. 1re, 18 nov. 1997, n° 95-18.026 P : *R., p. 189 ; D. 1999. Somm. 310, obs. Nicod ; Dr. fam. 1998, n° 46, note Gozzi*. – Sur renvoi : • Agen, 5 janv. 2000 : *Dr. fam. 2001, n° 85, obs. B. B.*

17. Validité du testament incomplètement daté lorsque la date est dépourvue d'incidence quant à la portée des dispositions testamentaires. En cas d'omission du quantième du mois, et dès lors qu'il n'a pas été soutenu que, pendant tout le cours de ce mois, la testatrice ait été frappée d'une incapacité de tester ni qu'elle ait rédigé un autre testament révocatoire ou inconciliable avec le testament litigieux, le caractère incomplet de la date n'entraîne pas la nullité du testament. • Civ. 1re, 1er juill. 1986, n° 84-17.298 P : *R., p. 137 ; D. 1986. 542, note Grimaldi ; Defrénois 1986. 1019, note Grimaldi*. – V. aussi • Civ. 1re, 30 juin 1992 : *préc. note 15* • 9 mars 1983, *Payan*, n° 82-11.529 P : *R., p. 44 ; GAJC, 12e éd., n° 124-125 (II) ; D. 1984. 641 ; JCP 1984. II. 20277, note Dagot ; Defrénois 1983. 1448, note Souleau ; RTD civ. 1983. 775, obs. Patarin*. ♦ Comp. • Civ. 1re, 1er juin 1994, n° 92-14.272 P : *D. 1995. Somm. 52, obs. Grimaldi ; RTD civ. 1995. 669, obs. Patarin* (testament non daté rédigé sur une enveloppe portant le cachet de la poste du 19 févr. 1987 alors que le testateur est décédé le 1er mars 1987 : cassation de l'arrêt ayant annulé le testament sans qu'ait été recherché si le testateur avait été atteint entre ces deux dates d'une incapacité de tester ou s'il avait rédigé un testament révocatoire).

2° DATE INEXACTE

18. Sanction de l'inexactitude de la date : nullité du testament. La fausseté de la date énoncée dans un testament olographe équivaut à son absence et entraîne la nullité de l'acte, lorsque les éléments émanés de celui-ci ne permettent pas de lui restituer sa date véritable. • Civ. 1re, 11 févr. 2003, n° 99-12.626 P : *D. 2003. IR 669 ; JCP 2003. I. 180, n° 8, obs. Le Guidec ; JCP 2004. II. 10032, note F. Boulanger ; AJ fam. 2003. 147, obs. S. D.-B. ; Dr. fam. 2003, n° 54, note Beignier*. ♦ ... Nonobstant l'absence de contestation sur la capacité du testateur et sur l'inexistence d'un testament révocatoire ou inconciliable. • Civ. 1re, 7 juin 2006, n° 04-10.602 P : *D. 2006. IR 1706 ; AJ fam. 2006. 291, obs. Bicheron*. ♦ Lorsque la fausseté de la date d'un testament résulte de l'aveu de celui qui l'invoque, cet aveu fait pleine foi contre lui, et, la date véritable de l'acte ne pouvant être établie, le testament est nul. • Civ. 1re, 22 mars 1977 : *Bull. civ. I, n° 146*.

C. SIGNATURE DU TESTAMENT

19. Apparence matérielle de la signature. Bien que dépourvue de son paraphe habituel, la signature répond aux exigences légales dès lors qu'elle est écrite de la main de celui auquel on l'attribue. • Aix-en-Provence, 27 janv. 1846 : *DP 1846. 2. 230*. – V. aussi • Paris, 22 nov. 1991 : *JCP N 1993. II. 4, note Philippe ; RTD civ. 1993. 396, obs. Patarin* • Versailles, 16 janv. 1992 : *D. 1993. Somm. 229, obs. Grimaldi* . ♦ La signature par le seul prénom d'un testament olographe répond suffisamment aux exigences de l'art. 970, dès lors qu'elle permet d'établir avec certitude l'identité de l'auteur de ce document et sa volonté d'en approuver les dispositions. • Civ. 24 juin 1952 : *D. 1952. 613 ; JCP 1952. II. 7179,* *note Voirin.* ♦ Dans le même sens, pour le cas où la signature apposée n'était pas la signature habituelle : • Civ. 1re, 5 oct. 1959 : *D. 1959. 507 (2e esp.), note Holleaux ; JCP 1959. II. 11323 (2e esp.), note Voirin* • 25 janv. 1977, n° 75-13.487 P • 22 juin 2004, n° 01-14.031 P : *D. 2004. 2953, note Nicod ; JCP 2004. II. 10165, note Sériaux ; JCP 2005. I. 187, n° 11, obs. Le Guidec ; AJ fam. 2004. 405, obs. Bicheron ; RJPF 2004-10/51, note Casey.*

20. Emplacement de la signature. La signature doit nécessairement être apposée à la suite du contenu de l'acte. • Civ. 1re, 14 janv. 2003, n° 00-18.526 P : *D. 2003. Somm. 1874, obs. Nicod ; JCP 2003. I. 180, n° 8, obs. Le Guidec ; JCP 2004. II. 10032, note F. Boulanger ; Defrénois 2003. 550, obs. Champenois ; AJ fam. 2003. 106, obs. S. D.-B. ; Dr. fam. 2003, n° 35, note Beignier* • 17 févr. 2004, n° 01-15.223 P : *D. 2004. Somm. 2341, obs. Nicod ; JCP N 2004. 1490, note Ruel ; AJ fam. 2004. 143, obs. Deis-Beauquesne ; Dr. fam. 2004, n° 54, note Beignier* • 17 juin 2009, n° 08-12.896 P : *D. 2009. Chron. C. cass. 2058, obs. Auroy ; ibid. Pan. 2508, obs. Nicod ; JCP 2010, n° 203, § 11, obs. Le Guidec ; JCP N 2009. 1290, note Mahinga ; RLDC 2009/63, n° 3552, obs. Pouliquen ; ibid. 2009/66, n° 3657, note Mesa.* – V. aussi • Civ. 1re, 22 mars 2005, n° 03-19.907 P : *Dr. fam. 2005, n° 170, note Beignier.* ♦ Si l'on peut admettre que la signature, figurant habituellement au bas de l'acte, soit valablement apposée à une place différente, encore faut-il que, pour valoir manifestation de volonté, elle soit distincte du corps même de l'acte. • Civ. 1re, 14 févr. 1968 : *Bull. civ. I, n° 68.* – V. aussi • Civ. 1re, 21 juill. 1980 : *Bull. civ. I, n° 233* • Lyon, 23 sept. 1999 : *Dr. fam. 2001, n° 10, note Beignier.*

21. Date d'apposition de la signature. La signature, qui est la marque de l'approbation personnelle et définitive par le testateur du contenu de l'acte et de la volonté de s'en approprier les termes, ne peut être antérieure au texte lui-même. • Civ. 1re, 18 déc. 1984, n° 83-16.152 P : *R., p. 53* • 24 févr. 1998 : *Dr. fam. 1998, n° 144, note Beignier.*

22. Sanction du défaut de signature. La signature ne peut être suppléée, quand elle manque, par des circonstances susceptibles de convaincre de l'approbation personnelle et définitive du contenu de l'acte. • Civ. 1re, 7 juin 1995 : *D. 1995. 616 ; Defrénois 1996. 389, note Hauser ; RTD civ. 1995. 946, obs. Patarin*, cassant • Bordeaux, 11 janv. 1993 : *Defrénois 1993. 1194, note crit. Hauser.* ♦ V. aussi • Civ. 1re, 14 janv. 2003 : *préc. note 20* (mention manuscrite des nom et prénoms du testateur, apposée antérieurement aux dispositions testamentaires : nullité) • 17 févr. 2004 : *préc. note 20* • 16 mars 2004 : *D. 2004. Somm. 2341, obs. Nicod* .

II. PREUVE DE L'EXISTENCE OU DE LA SINCÉRITÉ DU TESTAMENT OLOGRAPHE

A. PREUVE DE L'EXISTENCE DU TESTAMENT

23. Production d'un titre original. Lorsqu'un acte de dernière volonté a été rédigé par précaution en double original, la preuve de son existence ne saurait dépendre de la représentation de ces deux originaux. • Civ. 12 déc. 1859 : *DP 1860. 1. 334.*

24. Production d'une copie. Il résulte de la combinaison des art. 1348 anc. et 895 que le bénéficiaire d'un testament qui n'en détient qu'une copie doit rapporter la preuve que cette copie est une reproduction fidèle et durable de l'original qui a existé jusqu'au décès du testateur et n'a pas été détruit par lui, de sorte qu'il est la manifestation de ses dernières volontés. • Civ. 1re, 13 déc. 2005, n° 04-19.064 P : *D. 2006. IR 102 ; AJ fam. 2006. 73, obs. Bicheron ; JCP N 2006. 1169 et Dr. fam. 2006, n° 64, note Binet.* ♦ Preuve d'un testament olographe par production de photocopies à la suite de la perte de l'original résultant d'un cas de force majeure : V. • Civ. 1re, 31 mars 2016, n° 15-12.773 P : *cité ci-dessous note 25.*

25. Recevabilité de la preuve testimoniale en cas de perte. L'art. 1348 anc. C. civ., qui autorise la preuve testimoniale au cas où le créancier a perdu le titre qui lui servait de preuve littérale par suite d'un cas fortuit, imprévu et résultant d'une force majeure, ne fait aucune distinction entre les actes contenant des dispositions de dernière volonté et les autres actes. • Req. 15 nov. 1926 : *DH 1926. 545.* ♦ Mais les juges ne peuvent déclarer admissible la preuve par témoins de l'existence et du contenu d'un testament au motif que la disparition de ce testament est le fait d'un tiers, sans caractériser le fait constitutif d'un cas fortuit ou d'une force majeure. • Civ. 1re, 9 janv. 1979, n° 77-13.694 P. ♦ Se rattache à un fait extérieur, irrésistible et imprévisible, caractérisant un cas de force majeure permettant aux héritiers de produire des photocopies à titre de preuve du testament olographe, la perte du testament original à la suite du décès de l'expert judiciaire auquel il avait été remis par le notaire dépositaire. • Civ. 1re, 31 mars 2016, n° 15-12.773 P : *AJ fam. 2016. 266, obs. Levillain ; JCP N 2016, n° 1212, note Binet.*

B. PREUVE DE LA SINCÉRITÉ DU TESTAMENT

26. Contestations relatives à l'auteur du testament : charge de la preuve. Il incombe au légataire, qui se prévaut de deux testaments olographes, d'établir la sincérité de ces actes lorsque les héritiers contestent l'écriture et la signature des testaments. • Civ. 1re, 2 mars 1999, n° 97-13.765 P : *Defrénois 1999. 1368, obs. Champenois ; LPA 19 juin 2000, note Belmonte.*

♦ Il incombe ensuite à celui qui se prévaut du testament, lorsque l'authenticité de l'acte est contestée, de rapporter la preuve par tous moyens que le *de cujus* en est l'auteur. • Civ. 1re, 2 mars 2004, nº 01-16.001 P. ♦ ... Et si la sincérité du testament n'est pas établie celui qui s'en prévaut doit être débouté de ses prétentions. • Civ. 1re, 13 oct. 1992, nº 91-12.289 P : *D. 1993. Somm. 230, obs. Grimaldi* • 7 juin 1995 : *Defrénois 1997. 853, note Bernard de Saint Affrique.* ♦ ... Même s'il a la qualité d'héritier réservataire saisi. • Civ. 1re, 13 déc. 1988 : *Bull. civ. I, nº 358.* ♦ Mais lorsque la demande en revendication et délaissement de l'universalité des biens composant une succession est dirigée contre les auteurs de la suppression du testament, le demandeur est affranchi de l'obligation d'en prouver la régularité. • Req. 8 déc. 1902 : *DP 1903. 1. 93, rapport Michel-Jaffard.*

27. ... Rôle du juge. Si l'écriture est désavouée, il appartient au juge de vérifier l'acte contesté. • Civ. 1re, 13 oct. 1992, nº 91-12.289 P : *D. 1993. Somm. 230, obs. Grimaldi* • 3 nov. 1999, nº 98-22.308 P : *D. 2000. Somm. 429, obs. Nicod ; Defrénois 2000. 670, obs. Massip ; Dr. fam. 2000, nº 32, note Beignier ; RTD civ. 2000. 610, obs. Patarin.*

28. ... Incidence de l'envoi en possession du légataire universel. Lorsque le légataire universel a obtenu l'ordonnance d'envoi en possession, la preuve de la fausseté de l'écriture et de la signature incombe à l'héritier réservataire qui conteste la sincérité du testament, V. jurisprudence citée ss. art. 1008.

29. Contestations relatives à la date du testament : charge de la preuve. Lorsque l'écriture du testament n'est pas contestée, la date portée sur l'acte doit être tenue pour exacte si les héritiers n'en établissent pas la fausseté par des moyens de preuve ayant leur racine dans le testament lui-même. • Civ. 11 juin 1902 : *GAJC, 11e éd., nº 122-123 (I) ; DP 1902. 1. 434* • Civ. 1re, 3 janv. 1979 : *Bull. civ. I, nº 4* • 5 févr. 1980 : *ibid. I, nº 46* • 24 sept. 2002, nº 00-21.761 P : *JCP 2003. I. 180, nº 8, obs. Le Guidec.* ♦ En cas de prétendue discordance entre l'indication, nécessaire et suffisante, de la date du testament et la mention superfétatoire du lieu de sa confection, V. • Civ. 1re, 5 oct. 1959 : *D. 1959. 507 (3e esp.), note Holleaux ; JCP 1959. II. 11323 (1re esp.), note Voirin* • 17 janv. 1984, nº 82-16.871 P • 6 oct. 1998, nº 96-17.624 : *Dr. fam. 1998, nº 175, note Beignier.*

Art. 971 *(L. nº 50-1513 du 8 déc. 1950)* **Le testament par acte public est reçu par deux notaires ou par un notaire assisté de deux témoins.**

1. Témoins instrumentaires. V. note 5 ss. art. 972 et notes ss. art. 975.

2. Force probante de l'acte. Force probante du testament authentique et preuve de l'insanité d'esprit du testateur : V. note 9 ss. art. 901.

3. Localisation de l'acte. La mention de l'acte énonçant que celui-ci a été passé « aux lieu et date indiqués en tête des présentes », renvoyant au paragraphe initial qui indique le lieu de la résidence du notaire instrumentaire permet de considérer que la localisation de l'acte est certaine. • Civ. 1re, 1er févr. 2012 : *D. 212. 436 ; AJ fam. 2012. 148, obs. Levillain ; RTD civ. 2012. 360, obs. Grimaldi ; Defrénois 2012. 462, note Chamoulaud-Trapiers ; Dr. fam. 2012, nº 71, obs. Beignier* (respect des formes des actes authentiques).

Art. 972 *(L. nº 50-1513 du 8 déc. 1950)* **Si le testament est reçu par deux notaires, il leur est dicté par le testateur ; l'un de ces notaires l'écrit lui-même ou le fait écrire à la main ou mécaniquement.**

S'il n'y a qu'un notaire, il doit également être dicté par le testateur ; le notaire l'écrit lui-même ou le fait écrire à la main ou mécaniquement.

(L. nº 2015-177 du 16 févr. 2015, art. 3-II) **« Dans tous les cas, il doit en être donné lecture au testateur.**

« Lorsque le testateur ne peut s'exprimer en langue française, la dictée et la lecture peuvent être accomplies par un interprète que le testateur choisit sur la liste nationale des experts judiciaires dressée par la Cour de cassation ou sur la liste des experts judiciaires dressée par chaque cour d'appel. L'interprète veille à l'exacte traduction des propos tenus. Le notaire n'est pas tenu de recourir à un interprète lorsque lui-même ainsi que, selon le cas, l'autre notaire ou les témoins comprennent la langue dans laquelle s'exprime le testateur.

« Lorsque le testateur peut écrire en langue française mais ne peut parler, le notaire écrit lui-même le testament ou le fait écrire à la main ou mécaniquement d'après les notes rédigées devant lui par le testateur, puis en donne lecture à ce dernier. Lorsque le testateur ne peut entendre, il prend connaissance du testament en le lisant lui-même, après lecture faite par le notaire.

« Lorsque le testateur ne peut ni parler ou entendre, ni lire ou écrire, la dictée ou la lecture sont accomplies dans les conditions décrites au quatrième alinéa. »

Il est fait du tout mention expresse.

Les dispositions du II de l'art. 3 de la L. n° 2015-177 du 16 févr. 2015 sont applicables en Polynésie française et dans les îles Wallis-et-Futuna (L. préc., art. 25).

BIBL. ► LAMARCHE, *D. 2011. Chron. 2359* (dictée et autres formes d'expression de la volonté). – LAURENT-BONNE, *RTD civ. 2013. 797* (testament du sourd-muet, perspectives historico-comparatives). – MONTREDON, *JCP N 1991. I. 213* (recul du formalisme). – PILLEBOUT, *JCP N 2015, n° 1120* (le testament authentique après la loi du 16 févr. 2015). – RIVIÈRE, *Defrénois 2013. 239* (dictée du testament).

A. TESTAMENT AUTHENTIQUE : RÉGIME QUANT AUX PERSONNES

1. Testateur. Sur les exigences tenant à la capacité de signer du testateur, V. note ss. art. 973. ♦ Sur les exigences relatives à la capacité d'audition du testateur antérieurement à la L. du 16 févr. 2015, V. • Req. 28 nov. 1898 : *DP 1899. 1. 273* (lorsque le testateur, à cause de la surdité dont il était atteint, n'a pas entendu la lecture du testament faite par le notaire, cette lecture doit être considérée comme non avenue et les juges du fond prononcent justement la nullité du testament). • T. civ. Le Vigan, 15 nov. 1894 : *DP 1895. 2. 263* (nullité du testament authentique fait par un sourd-muet illettré, qui n'a pas appris à former des sons, à signer et à lire). ♦ Comp. • Civ. 14 févr. 1872 : *DP 1872. 1. 457* (validité du testament, en dépit de la surdité du testateur, dès lors que celui-ci a pris connaissance du testament par la lecture qu'il en a faite lui-même, à haute voix, devant le notaire et les témoins).

2. Témoins instrumentaires : choix. Sur les restrictions apportées par la loi quant au choix des témoins instrumentaires, V. art. 975 et la jurisprudence citée.

3. ... Durée de la présence requise. Si les témoins instrumentaires n'ont assisté qu'à la lecture par le notaire du testament, mais pas à sa dictée par la testatrice, ni à sa rédaction, les juges du fond en déduisent à bon droit la nullité de cet acte. • Civ. 1re, 18 déc. 1973 : *Bull. civ. I, n° 356.* – Même solution : • Civ. 1re, 23 juill. 1979 : *Bull. civ. I, n° 227 ; D. 1980. IR 141 (2e esp.), obs. D. Martin.* ♦ Comp. • Civ. 1re, 19 déc. 1978 : *Bull. civ. I, n° 397.*

4. Notaire rédacteur : responsabilité. Sur la responsabilité du notaire qui a établi un testament authentique ne remplissant pas les conditions de l'art. 972, V. • Civ. 1re, 4 juin 2007, n° 05-21.189 P : *Dr. fam. 2007, n° 151, note Beignier (2e esp.).*

B. ... QUANT AUX FORMALITÉS

1° DICTÉE

5. Caractère obligatoire de l'énonciation orale : jurisprudence antérieure à la L. du 16 févr. 2015. Le testateur doit énoncer lui-même et de façon orale ses dispositions et il ne peut y être suppléé par de simples signes, fussent-ils aussi expressifs et aussi peu équivoques que possible. • Civ. 1re, 7 juill. 1965 : *cité note 13* • 18 mai 2011 : *D. 2011. 2624, obs. Nicod ; Dr. fam. 2011, n° 114, obs. Beignier ; Defrénois 2012. 462, note Chamoulaud-Trapiers.*

6. Testament dicté en langue étrangère : jurisprudence antérieure à la L. du 16 févr. 2015. Possibilité de dicter le testament en langue étrangère à condition que le notaire et les témoins comprennent la langue utilisée sans avoir recours à un interprète : V. • Civ. 1re, 18 déc. 1956 : *JCP 1957. II. 9718, note Jacquillard* (nullité du testament, l'officier public ayant eu recours à un interprète) • Paris, 29 mai 2001 : *D. 2001. Somm. 2937, obs. Nicod ; Defrénois 2002. 161, note Revillard ; Dr. fam. 2001, n° 122, obs. B. B.* (même solution). ♦ Validité du testament dicté en langue tahitienne, langue pratiquée par le notaire, qui l'a traduit en français et relu en tahitien à la testatrice. • Civ. 1re, 28 févr. 2006, n° 03-19.075 P : *RJPF 2006-4/47, obs. Casey ; LPA 9 oct. 2006, note Chamoulaud-Trapiers.* ♦ Pour une solution contraire, le statut du notariat en Polynésie française imposant la présence d'un interprète assermenté : • Civ. 1re, 12 déc. 2006, n° 04-17.823 P : *D. 2006. Pan. 2066, obs. Nicod ; AJ fam. 2007. 38, obs. Bicheron ; Dr. fam. 2007, n° 46, note Beignier ; RJPF 2007-2/32, obs. Casey.*

7. Testament préparé à l'aide d'un brouillon. La circonstance que la dictée a eu lieu à l'aide d'un brouillon préparé à l'avance est sans effet sur la validité du testament. • Civ. 1re, 22 mai 1973 : *Bull. civ. I, n° 175.* ♦ V. conf., pour un projet établi par un tiers, • Civ. 1re, 6 juin 1990, n° 88-19.440 P : *Defrénois 1991. 111, note X. Savatier.*

8. Rejet du testament dactylographié prérédigé. N'est pas valable le testament authentique qui a été dactylographié et donc rédigé à l'avance d'après les intentions du testateur. • Civ. 1re, 26 sept. 2007, n° 05-19.909 P : *D. 2008. Pan. 2251, obs. Nicod ; JCP 2008. II. 10051, note Mahinga ; JCP N 2007. 1304, note Mortier ; AJ fam. 2007. 435, obs. Bicheron ; Dr. fam. 2007, n° 224, note Beignier ; RJPF 2007-10/29, obs. Casey* • 29 juin 2011, n° 10-17.168 P : *D. 2011. Pan. 2624, obs. Nicod ; AJ fam. 2011. 501, obs. Vernières ; RTD civ. 2011. 791, obs. M. Grimaldi ; JCP N 2011. 1257, note Rivière ; Defrénois 2012. 462, note Chamoulaud-Trapiers ; Dr. fam. 2011, n° 132, obs. Beignier.* – Déjà en ce sens : • Civ. 1re, 20 mai 1968, n° 66-10.968 P. ♦ Mais c'est la partie testamentaire proprement dite qui doit être dictée par le testateur en présence constante des témoins, depuis la dictée jusqu'à la clôture après qu'il en eut été donné lecture. En l'espèce, validité d'un testament comportant une partie dactylographiée prérédigée et une partie manuscrite rédigée sous la dictée du testateur, cette dernière partie seule étant relative aux dernières volontés du testateur. • Civ. 1re, 1er févr. 2012 : *cité note 3 ss. art. 971.*

9. Requalification du testament authentique irrégulier en testament international valable. Un testament authentique, annulé pour non-respect de la formalité de la dictée exigée à l'art. 972, peut constituer un acte valable en tant que testament international dès lors que les formalités prescrites par la Conv. de Washington du 26 oct. 1973 ont été accomplies, V. jurisprudence citée note 1 ss. art. 969.

2° ÉCRITURE

10. Obligation de rédiger en langue française. Sur l'écriture du testament dicté en langue étrangère, antérieurement à la L. du 16 févr. 2015, V. • Req. 12 août 1868 : *DP 1872. 1. 133 ; S. 1868. 1. 405* • 22 janv. 1879 : *DP 1879. 1. 219 ; S. 1879. 1. 170* • 3 août 1891 : *DP 1893. 1. 31.*

11. Obligation de reproduire mot à mot les paroles dictées (non). En exigeant que le testament soit écrit tel qu'il a été dicté, l'art. 972 n'a pas entendu astreindre le notaire à reproduire mot à mot les paroles prononcées par le testateur ; il suffit que sa rédaction en rende exactement le sens ; si la loi a voulu que le testateur exprimât lui-même sa volonté, elle n'a pas interdit au notaire d'employer une rédaction, qui, sans changer la substance de cette volonté, la rendît plus correcte et plus facilement compréhensible. • Req. 3 mars 1890 : *DP 1890. 1. 354.* – V. aussi • Civ. 1re, 18 sept. 2002, n° 00-10.577 P : *JCP 2003. I. 180, n° 7, obs. Le Guidec ; Defrénois 2003. 554, obs. Champenois ; Dr. fam. 2002, n° 152, note B. B.* ♦ Dans le même sens : • Civ. 1re, 24 nov. 1998 : *Dr. fam. 1999, n° 9, note Beignier* (validité du testament que le notaire fait écrire en s'aidant des notes prises lors de l'exposé par le testateur de ses volontés). ♦ Comp. • Civ. 1re, 28 juin 1961 : *Bull. civ. I, n° 353,* et • Riom, 8 janv. 1951 : *D. 1951. 211* (questions posées par le notaire).

12. Obligation de se référer à un procédé unique d'écriture (non). L'art. 972 n'impose nullement un procédé unique d'écriture ni la reproduction de l'indication « il est fait du tout mention ». • Douai, 28 janv. 2002 : *Dr. fam. 2003, n° 81, note B. B.*

3° LECTURE

13. Obligation de mentionner la lecture dans l'acte. La preuve de l'observation des conditions légales doit résulter de l'acte authentique lui-même. • Civ. 1re, 7 juill. 1965 : *D. 1965. 557 ; JCP 1965. II. 14385, note Voirin.* ♦ Mais il ne résulte pas de l'art. 972 que la mention de la lecture du testament doive indiquer que celle-ci a été donnée par le notaire lui-même : le testament, qui comporte la mention expresse que lecture en a été faite, a été établi conformément aux prescriptions légales. • Rouen, 8 mars 2000 : *Dr. fam. 2001, n° 52, note Beignier,* conf. par • Civ. 1re, 5 févr. 2002, n° 00-15.740 P : *Defrénois 2003. 552, obs. Champenois.*

Art. 973 *(L. n° 50-1513 du 8 déc. 1950)* **Ce testament doit être signé par le testateur en présence des témoins et du notaire ; si le testateur déclare qu'il ne sait ou ne peut signer, il sera fait dans l'acte mention expresse de sa déclaration, ainsi que de la cause qui l'empêche de signer.**

1. Caractère personnel de la déclaration d'empêchement de signer. Si le testateur lettré ne peut signer, c'est de lui seul que doit émaner la déclaration de cette impossibilité, avec indication de sa cause. • Req. 23 mai 1887 : *DP 1888. 1. 469, rapport Babinet* (validité du testament dûment signé par un aveugle, celui-ci n'ayant pas allégué sa cécité comme empêchement et aucune loi ne prescrivant au notaire de mentionner une circonstance qui ne venait pas faire obstacle à l'accomplissement de toutes les formalités légales). ♦ Nullité du testament comportant la mention « le testateur, sur ce requis, *n'a pu signer en raison de sa faiblesse* », d'où ne résulte pas la déclaration du testateur lui-même qu'il ne peut signer. • Civ. 1re, 4 juin 2007, n° 06-12.765 P : *D. 2007. AJ 1791 ; Dr. fam. 2007, n° 151, note Beignier (1re esp.) ; RJPF 2007-9/39, obs. Casey.* ♦ Dans le même sens, nullité du testament que le testateur n'a pu signer par suite d'une perte de connaissance à cet instant : V. • Paris, 5 janv. 1934 : *DP 1934. 2. 14, note Lalou* • Chambéry, 12 mars 1956 : *D. 1956. 297.*

2. Cause de la déclaration d'empêchement de signer. Empêchement du testateur de signer et indication de la cause de cet empêchement : V. • Civ. 1er févr. 1859 : *DP 1859. 1. 85* (déclaration de ne pas savoir écrire, laquelle comprend, à moins de preuve ou de présomption contraire, la déclaration de ne savoir signer) • 6 mai 1957 : *JCP 1957. II. 10057, note Ancel* (infirmité non précisée explicitement par le testateur, mais apparente – cécité – et connue de son entourage, notamment des témoins) • 29 mai 1962 : *D. 1962. 627* (état de faiblesse) • 28 févr. 2006, n° 03-19.075 P : *D. 2006. Pan. 2074, obs. Nicod ; RJPF 2006-4/47, obs. Casey* (idem).

3. Appréciation de la portée de la déclara-

tion d'empêchement de signer. Validité du testament comportant mention par le notaire de la déclaration du testateur qu'il ne savait pas signer. • Civ. 1re, 23 mai 1995 : *D. 1996. 209, note Ruel ; RTD civ. 1995. 669, obs. Patarin* (appréciation souveraine des juges du fond qui relèvent que, si l'intéressé avait pu apposer sur des chèques et lettres ses initiales maladroitement écrites, il avait déclaré dans d'autres documents officiels ne pas savoir signer, ce qui permettait d'exclure que la même déclaration faite au notaire manifestât un refus de signer l'acte).

Art. 974 *(L. nº 50-1513 du 8 déc. 1950)* **Le testament devra être signé par les témoins et par le notaire.**

Art. 975 **Ne pourront être pris pour témoins du testament par acte public, ni les légataires, à quelque titre qu'ils soient, ni leurs parents ou alliés jusqu'au quatrième degré inclusivement, ni les clercs des notaires par lesquels les actes seront reçus.**

1. Choix des témoins. La loi se bornant en cette matière à énoncer les interdictions contenues à l'art. 975, dès lors que cette prescription a été respectée, la mention du testament authentique selon laquelle les témoins ont été requis conformément à la loi est exacte, et l'acte ne peut être argué de faux de ce chef. • Civ. 1re, 18 sept. 2002, nº 00-10.577 P : *JCP 2003. I. 180, nº 7, obs. Le Guidec ; Defrénois 2003. 554, obs. Champenois ; Dr. fam. 2002, nº 152, note B. B.*

2. Définition des légataires. Lorsque la seule bénéficiaire du legs est une association diocésaine, la qualité d'ecclésiastique n'emporte aucune incapacité à être témoin au testament authentique contenant ce legs. • Civ. 1re, 9 janv. 1980 : *Bull. civ. I, nº 23 ; D. 1980. IR 403, obs. D. Martin.* ♦ De même, dès lors que le témoin n'est pas personnellement gratifié par le legs, qui profite exclusivement à la commune, sa qualité de conseiller municipal et d'adjoint au maire n'emporte pas incapacité à être témoin. • Civ. 1re, 14 nov. 2007, nº 06-20.074 P.

3. Parents ou alliés des légataires. L'alliance étant établie par le seul effet du mariage, la qualité de partenaire d'un pacte civil de solidarité n'emporte pas incapacité à être témoin lors de l'établissement d'un testament authentique instituant l'autre partenaire légataire • Civ. 1re, 28 févr. 2018, nº 17-10.876 P : *D. 2018. 991, note Sadi ; ibid. 1104, obs. Lemouland et Vigneau ; AJ fam. 2018. 238, obs. Levillain ; JCP 2018, nº 569, note Molière ; JCP N 2018, nº 1888, note Beignier ; Defrénois 28 juin 2018. 23, note Thoraval ; Dr. fam. 2018, nº 120, note Binet* (cassation de l'arrêt ayant décidé que l'évolution de la société permettait d'inclure le partenaire du légataire dans la notion d'allié dans le but de respecter la finalité protectrice de l'art. 975, les liens unissant les partenaires étant semblables à ceux du mariage).

Le témoin qui n'est que l'allié de l'allié du légataire n'est pas compris dans les prohibitions édictées par l'art. 975. • Paris, 19 janv. 1903 : *DP 1904. 2. 133.*

4. Clercs de notaire. La question de savoir si la personne qui travaille chez le notaire rédacteur du testament doit être considérée comme clerc de ce notaire au sens de l'art. 975 dépend des circonstances de la cause ; en reconnaissant à la personne travaillant habituellement dans l'étude du notaire rédacteur la qualité de clerc, bien qu'elle ne fût pas inscrite au stage, les juges du fond ont fait une juste appréciation des faits et circonstances de la cause par eux constatés. • Civ. 25 janv. 1858 : *DP 1858. 1. 63.* ♦ Une étudiante effectuant un stage temporaire pendant les vacances au sein de l'office n'entre pas dans la catégorie des personnes visées à l'art. 975. • Civ. 1re, 3 févr. 2010, nº 09-10.205 P : *AJ fam. 2010. 138, obs. Vernières ; Dr. fam. 2010, nº 49.*

5. Irrégularité. Exécution volontaire d'un testament irrégulier : V. • Civ. 10 janv. 1949 : *D. 1949. 118* (incapacité du témoin instrumentaire, cousin germain du légataire).

Art. 976 *(L. nº 50-1513 du 8 déc. 1950)* **Lorsque le testateur voudra faire un testament mystique, le papier qui contiendra les dispositions ou le papier qui servira d'enveloppe,** *s'il y en a une, sera clos, cacheté* **et scellé.**

Le testateur le présentera ainsi clos, cacheté et scellé au notaire et à deux témoins, ou il le fera clore, cacheter et sceller en leur présence, et il déclarera que le contenu de ce papier est son testament, signé de lui, et écrit par lui ou par un autre, en affirmant, dans ce dernier cas, qu'il en a personnellement vérifié le libellé ; il indiquera, dans tous les cas, le mode d'écriture employé (à la main ou mécanique).

Le notaire en dressera, en brevet, l'acte de suscription qu'il écrira ou fera écrire à la main ou mécaniquement sur ce papier ou sur la feuille qui servira d'enveloppe et portera la date et l'indication du lieu où il a été passé, la description du pli et de l'empreinte du sceau, et mention de toutes les formalités ci-dessus ; cet acte sera signé tant par le testateur que par le notaire et les témoins.

Tout ce que dessus sera fait de suite et sans divertir à autres actes.

En cas que le testateur, par un empêchement survenu depuis la signature du testament, ne puisse signer l'acte de suscription, il sera fait mention de la déclaration qu'il en aura faite et du motif qu'il en aura donné.

1. Date du testament mystique : date de l'acte de suscription. Le testament mystique a pour date non celle qui est dans l'écrit testamentaire, mais la date de suscription. • Toulouse, 7 juin 1880 : *DP 1881. 2. 53.*

2. Irrégularités affectant l'acte de suscription : illustration. Absence d'indication dans l'acte de suscription de l'auteur matériel du testament : V. • Lyon, 1er juill. 1980 : *JCP 1981. II. 19675, note Dagot ; Defrénois 1981. 764, note Roux ; D. 1981. IR 468, obs. D. Martin.*

3. Force probante du testament mystique. L'accomplissement des formalités édictées par les art. 976 s. ne suffit pas pour communiquer le caractère authentique à un écrit qui n'est que l'œuvre personnelle et secrète du *de cujus,* sans la moindre participation du notaire ; dès lors, si la signature du testateur apposée sur l'écrit présenté par lui comme contenant ses dernières dispositions est contestée, les personnes qui veulent s'en prévaloir sont tenues d'en poursuivre ou d'en subir la vérification. • Toulouse, 30 juin 1930 : *DP 1931. 2. 25, note Loup.*

Art. 977 *(L. nº 50-1513 du 8 déc. 1950)* **Si le testateur ne sait signer ou s'il n'a pu le faire lorsqu'il a fait écrire ses dispositions, il sera procédé comme il est dit à l'article précédent ; il sera fait, en outre, mention à l'acte de suscription que le testateur a déclaré ne savoir signer ou n'avoir pu le faire lorsqu'il a fait écrire ses dispositions.**

Art. 978 **Ceux qui ne savent ou ne peuvent lire, ne pourront faire de dispositions dans la forme du testament mystique.**

1. Impossibilité de lire. Aux termes de l'art. 978, ceux qui ne savent ou ne peuvent lire ne pourront faire de dispositions en la forme mystique ; c'est sans inverser la charge de la preuve qu'une cour d'appel, qui n'était pas tenue de caractériser une impossibilité absolue de lire, en l'absence de certitude sur l'expression des dernières volontés de la défunte, en a déduit que l'acte présenté comme le testament de cette dernière devait être annulé, après avoir relevé que celle-ci souffrait de maladie neurodégénérative affectant son acuité visuelle, qu'elle était dans l'incapacité de lire elle-même le texte dactylographié sur le document présenté et qu'aucun élément intrinsèque ou extrinsèque ne venait éclairer la cour sur la manière dont l'intéressée aurait pu lire ce document. • Civ. 1re, 12 oct. 2022, nº 21-11.408 B : *D. 2022. 1806 ; AJ fam. 2023. 59, obs. Levillain ; RTD civ. 2022. 949, obs. Grimaldi ; Dr. fam. 2022, nº 177, obs. Nicod ; JCP 2022, nº 1402, note Raoul-Cormeil ; JCP N, nº 1007, note Beignier.*

2. Requalification d'un testament mystique irrégulier en testament international (non). Après avoir retenu qu'une personne était dans l'incapacité de lire le document remis au notaire, de sorte qu'elle n'avait pas été en mesure de déclarer que ce document était son testament et qu'elle en connaissait le contenu, une cour d'appel en a exactement déduit que le document présenté, déclaré nul en tant que testament mystique, ne pouvait valoir comme testament international. • Civ. 1re, 12 oct. 2022, nº 21-11.408 B : *D. 2022. 1806 ; AJ fam. 2023. 59, obs. Levillain ; RTD civ. 2022. 949, obs. Grimaldi ; Dr. fam. 2022, nº 177, obs. Nicod ; JCP 2022, nº 1402, note Raoul-Cormeil ; JCP N, nº 1007, note Beignier.*

Art. 979 *(L. nº 50-1513 du 8 déc. 1950)* **En cas que le testateur ne puisse parler, mais qu'il puisse écrire, il pourra faire un testament mystique, à la charge expresse que le testament sera signé de lui et écrit par lui ou par un autre, qu'il le présentera au notaire et aux témoins, et qu'en haut de l'acte de suscription il écrira, en leur présence, que le papier qu'il présente est son testament et signera. Il sera fait mention dans l'acte de suscription que le testateur a écrit et signé ces mots en présence du notaire et des témoins et sera, au surplus, observé tout ce qui est prescrit par l'article 976 et n'est pas contraire au présent article.**

Dans tous les cas prévus au présent article ou aux articles précédents, le testament mystique dans lequel n'auront point été observées les formalités légales, et qui sera nul *comme tel, vaudra cependant* **comme testament olographe, si toutes les conditions requises pour sa validité comme testament olographe sont remplies, même s'il a été qualifié de testament mystique.**

Art. 980 *(L. nº 50-1513 du 8 déc. 1950)* **Les témoins appelés pour être présents aux testaments devront** *(L. nº 2006-728 du 23 juin 2006, en vigueur le 1er janv. 2007)* **« comprendre la langue française et être** *[ancienne rédaction : être Français et]* **» majeurs,**

savoir signer et avoir la jouissance de leurs droits civils. Ils pourront être de l'un ou de l'autre sexe, mais le mari et la femme ne pourront être témoins dans le même acte.

La loi du 8 déc. 1950 est applicable dans les territoires d'outre-mer (Décr. n° 52-386 du 8 avr. 1952, D. 1952. 136 ; BLD 1952. 257).

Jurisprudence antérieure à la L. du 23 juin 2006 :

1. Témoin de nationalité étrangère. Lorsqu'un témoin instrumentaire était de nationalité étrangère, mais que rien ne pouvait le laisser supposer, les juges du fond ont pu estimer qu'il avait été satisfait aux exigences de l'art. 980, dans sa rédaction antérieure à la L. du 23 juin 2006. • Civ. 1re, 20 oct. 1970 : *D. 1971. 201, note Dedieu ; JCP 1971. II. 16657, note R. L.* ♦ Dans le même sens : • Civ. 1re, 16 mai 1979 : *Bull. civ. I, n° 146 ; D. 1980. IR 141 (1re esp.), obs. D. Martin* (erreur commune).

2. Témoin atteint d'une incapacité physique. La cécité absolue du témoin peut être rangée parmi les incapacités physiques et entraîner l'invalidité de l'acte instrumentaire authentique, puisque l'aveugle ne pourrait reconnaître de façon certaine ni le testateur, ni le notaire, ni les autres témoins. • Paris, 16 janv. 1874 : *DP 1875. 2. 39.* – V. aussi • Req. 8 nov. 1875 : *DP 1876. 1. 339.*

3. Exclusion des mari et femme. Pour une application : • TJ Montauban, 3 nov. 2020, n° 19/01056 : *Dr. fam. 2022, n° 107, obs. Besson.*

V. Conv. de La Haye du 5 oct. 1961 sur les conflits de lois en matière de forme des dispositions testamentaires, publiée par Décr. n° 67-1122 du 12 déc. 1967 (JO 24 déc.), .

V. Conv. du Conseil de l'Europe de Bâle du 16 mai 1972 relative à l'établissement d'un système d'inscription des testaments, publiée par Décr. n° 76-424 du 6 mai 1976 (D. et BLD 1976. 230), .

V. Conv. de Washington du 26 oct. 1973 portant loi uniforme sur la forme d'un testament international, publiée par Décr. n° 94-990 du 8 nov. 1994 (D. et ALD 1994. 581 ; JO 16 nov.), .

Loi n° 94-337 du 29 avril 1994, *désignant les personnes habilitées à instrumenter en matière de testament international.* **Art. 1er** Les personnes habilitées à instrumenter en matière de testament international mentionnées à l'article II de la convention, faite à Washington le 26 octobre 1973, portant loi uniforme sur la forme d'un testament international sont :

— sur le territoire de la République française, les notaires ;

— à l'égard des Français à l'étranger, les agents diplomatiques et consulaires français.

Art. 2 Les dispositions de la présente loi sont applicables dans les territoires d'outre-mer et à Mayotte.

SECTION 2 Des règles particulières sur la forme de certains testaments

RÉP. CIV. v° *Testament*, par M. NICOD.

Art. 981 *(L. 17 mai 1900)* **Les testaments des militaires, des marins de l'État et des personnes employées à la suite des armées pourront être reçus, dans les cas et conditions prévus à l'article 93,** *(Ord. n° 2014-792 du 10 juill. 2014, art. 3)* **« soit par un officier supérieur en présence de deux témoins ; soit par deux commissaires des armées ; soit par un commissaire des armées en présence de deux témoins ; soit enfin, dans un détachement isolé, par l'officier commandant ce détachement, assisté de deux témoins, s'il n'existe pas dans le détachement d'officier supérieur ou de commissaire des armées. »**

Le testament de l'officier commandant un détachement isolé pourra être reçu par l'officier qui vient après lui dans l'ordre du service.

La faculté de tester dans les conditions prévues au présent article s'étendra aux prisonniers chez l'ennemi.

Art. 982 *(L. 17 mai 1900)* **Les testaments mentionnés à l'article précédent pourront encore, si le testateur est malade ou blessé, être reçus, dans les hôpitaux ou les formations sanitaires militaires, telles que les définissent les règlements de l'armée, par le médecin chef, quel que soit son grade, assisté de l'officier d'administration gestionnaire.**

A défaut de cet officier d'administration, la présence de deux témoins sera nécessaire.

Art. 983 *(L. n° 2006-728 du 23 juin 2006)* **Dans tous les cas, il est fait un double original des testaments mentionnés aux articles 981 et 982.**

Si cette formalité n'a pu être accomplie en raison de l'état de santé du testateur, il est dressé une expédition du testament, signée par les témoins et par les officiers instrumentaires, pour tenir lieu du second original. Il y est fait mention des causes qui ont empêché de dresser le second original.

Dès que leur communication est possible, et dans le plus bref délai, les deux originaux, ou l'original et l'expédition du testament, sont adressés par courriers distincts, sous pli clos et cacheté, au ministre chargé de la défense nationale ou de la mer, pour être déposés chez le notaire indiqué par le testateur ou, à défaut d'indication, chez le président de la chambre des notaires de l'arrondissement du dernier domicile du testateur. — *Entrée en vigueur le 1er janv. 2007.*

Ancien art. 983 *(L. 8 juin 1893) Dans tous les cas, il sera fait un double original des testaments mentionnés aux deux articles précédents.*

Si cette formalité n'a pu être remplie à raison de l'état de santé du testateur, il sera dressé une expédition du testament pour tenir lieu du second original ; cette expédition sera signée par les témoins et par les officiers instrumentaires. Il y sera fait mention des causes qui ont empêché de dresser le second original.

Dès que la communication sera possible, et dans le plus bref délai, les deux originaux ou l'original et l'expédition du testament seront adressés, séparément et par courriers différents, sous pli clos et cacheté, au ministre de la guerre ou de la marine, pour être déposés chez le notaire indiqué par le testateur ou, à défaut d'indication, chez le président de la chambre des notaires de l'arrondissement du dernier domicile.

Art. 984 *(L. 8 juin 1893)* Le testament fait dans la forme ci-dessus établie sera nul six mois après que le testateur sera venu dans un lieu où il aura la liberté d'employer les formes ordinaires, à moins que, avant l'expiration de ce délai, il n'ait été de nouveau placé dans une des situations spéciales prévues à l'article 93. Le testament sera alors valable pendant la durée de cette situation spéciale et pendant un nouveau délai de six mois après son expiration.

Art. 985 *(L. n° 2006-728 du 23 juin 2006)* Les testaments faits dans un lieu avec lequel toute communication est impossible à cause d'une maladie contagieuse, peuvent être faits par toute personne atteinte de cette maladie ou située dans des lieux qui en sont infectés, devant le juge du tribunal judiciaire ou devant l'un des officiers municipaux de la commune, en présence de deux témoins. — *Entrée en vigueur le 1er janv. 2007.*

Ancien art. 985 *Les testaments faits dans un lieu avec lequel toute communication sera interceptée à cause de la peste ou autre maladie contagieuse, pourront être faits devant le juge du tribunal judiciaire ou devant l'un des officiers municipaux de la commune, en présence des deux témoins.*

(L. 28 juill. 1915) « Cette disposition aura lieu tant à l'égard de ceux qui seraient attaqués de ces maladies que de ceux qui seraient dans les lieux qui en sont infectés, encore qu'ils ne fussent pas actuellement malades. »

BIBL. ▶ PAINCHAUX, *RLDC 2004/7, n° 301.*

Art. 986 *(L. n° 2006-728 du 23 juin 2006)* Les testaments faits dans une île du territoire *(L. n° 2015-177 du 16 févr. 2015, art. 3)* « français », où il n'existe pas d'office notarial, peuvent, lorsque toute communication avec le territoire auquel cette île est rattachée est impossible, être reçus dans les formes prévues à l'article 985. L'impossibilité des communications est attestée dans l'acte par le juge du tribunal judiciaire ou l'officier municipal qui reçoit le testament. — *Entrée en vigueur le 1er janv. 2007.*

V. note ss. art. 972.

L'art. 986 n'est pas applicable en Polynésie française. • *Papeete, 23 oct. 1997 : Dr. fam. 1998, n° 127, note Beignier (décision rendue en application du droit antérieur aux L. du 23 juin 2006 et du 16 févr. 2015).*

Art. 987 Les testaments mentionnés aux deux précédents articles deviendront nuls six mois après que les communications auront été rétablies dans le lieu où le testateur se trouve, ou six mois après qu'il aura passé dans un lieu où elles ne seront point interrompues.

Art. 988 *(L. 8 juin 1893)* Au cours d'un voyage maritime, soit en route, soit pendant un arrêt dans un port, lorsqu'il y aura impossibilité de communiquer avec la terre ou lorsqu'il n'existera pas dans le port, si l'on est à l'étranger, d'agent diplomatique ou consulaire français investi des fonctions de notaire, les testaments des personnes présentes à bord seront reçus, en présence de deux témoins : sur les bâtiments de l'État, par l'officier d'administration ou, à son défaut, par le commandant ou celui qui en remplit les fonctions, et sur les autres bâtiments, par le capitaine, maître ou patron, assisté du second du navire, ou, à leur défaut, par ceux qui les remplacent.

L'acte indiquera celle des circonstances ci-dessus prévues dans laquelle il aura été reçu.

Art. 989 *(L. 8 juin 1893)* Sur les bâtiments de l'État, le testament de l'officier d'administration sera, dans les circonstances prévues à l'article précédent, reçu par le commandant ou par celui qui en remplit les fonctions, et, s'il n'y a pas d'officier d'administration, le testament du commandant sera reçu par celui qui vient après lui dans l'ordre du service.

Sur les autres bâtiments, le testament du capitaine, maître ou patron, ou celui du second, seront, dans les mêmes circonstances, reçus par les personnes qui viennent après eux dans l'ordre du service.

Art. 990 *(L. 8 juin 1893)* Dans tous les cas, il sera fait un double original des testaments mentionnés aux deux articles précédents.

Si cette formalité n'a pu être remplie à raison de l'état de santé du testateur, il sera dressé une expédition du testament pour tenir lieu du second original ; cette expédition sera signée par les témoins et par les officiers instrumentaires. Il y sera fait mention des causes qui ont empêché de dresser le second original.

Art. 991 *(L. nº 2006-728 du 23 juin 2006)* Au premier arrêt dans un port étranger où se trouve un agent diplomatique ou consulaire français, l'un des originaux ou l'expédition du testament est remis, sous pli clos et cacheté, à celui-ci. Cet agent adresse ce pli au ministre chargé de la mer, afin que le dépôt prévu à l'article 983 soit effectué. *– Entrée en vigueur le 1er janv. 2007.*

Ancien art. 991 *(L. 8 juin 1893) Au premier arrêt dans un port étranger où se trouve un agent diplomatique ou consulaire français, il sera fait remise, sous pli clos et cacheté, de l'un des originaux ou de l'expédition du testament entre les mains de ce fonctionnaire, qui l'adressera au ministre de la marine afin que le dépôt puisse en être effectué comme il est dit à l'article 983.*

Art. 992 *(L. nº 2006-728 du 23 juin 2006)* A l'arrivée du bâtiment dans un port du territoire national, les deux originaux du testament, ou l'original et son expédition, ou l'original qui reste, en cas de transmission ou de remise effectuée pendant le cours du voyage, sont déposés, sous pli clos et cacheté, pour les bâtiments de l'État au ministre chargé de la défense nationale et, pour les autres bâtiments, au ministre chargé de la mer. Chacune de ces pièces est adressée, séparément et par courriers différents, au ministre chargé de la mer, qui les transmet conformément à l'article 983. *– Entrée en vigueur le 1er janv. 2007.*

Ancien art. 992 *(L. 8 juin 1893) A l'arrivée du bâtiment dans un port de France, les deux originaux du testament, ou l'original et son expédition, ou l'original qui reste, en cas de transmission ou de remise effectuée pendant le cours du voyage, seront déposés, sous pli clos et cacheté, pour les bâtiments de l'État, au bureau des armements, et pour les autres bâtiments, au bureau de l'inscription maritime. Chacune de ces pièces sera adressée, séparément et par courriers différents, au ministre de la marine, qui en opérera la transmission comme il est dit à l'article 983.*

Art. 993 *(L. nº 2006-728 du 23 juin 2006)* Le *(L. nº 2016-816 du 20 juin 2016, art. 16)* « livre de bord » du bâtiment mentionne, en regard du nom du testateur, la remise des originaux ou l'expédition du testament faite, selon le cas, au consulat, au ministre chargé de la défense nationale ou au ministre chargé de la mer. *– Entrée en vigueur le 1er janv. 2007.*

La modification issue de l'art. 16 de la L. nº 2016-816 du 20 juin 2016 entre en vigueur à une date fixée par décret en Conseil d'État et, au plus tard, le 21 déc. 2016 (L. préc., art. 18).

Ancien art. 993 *(L. 8 juin 1893) Il sera fait mention sur le rôle du bâtiment, en regard du nom du testateur, de la remise des originaux ou expédition du testament faite, conformément aux pres-*

criptions des articles précédents, au consulat, au bureau des armements ou au bureau de l'inscription maritime.

Art. 994 *(L. 8 juin 1893)* **Le testament fait au cours d'un voyage maritime, en la forme prescrite par les articles 988 et suivants, ne sera valable qu'autant que le testateur mourra à bord ou dans les six mois après qu'il sera débarqué dans un lieu où il aura pu le refaire dans les formes ordinaires.**

Toutefois, si le testateur entreprend un nouveau voyage maritime avant l'expiration de ce délai, le testament sera valable pendant la durée de ce voyage et pendant un nouveau délai de six mois après que le testateur sera de nouveau débarqué.

Art. 995 *(L. 8 juin 1893)* **Les dispositions insérées dans un testament fait, au cours d'un voyage maritime, au profit des officiers du bâtiment autres que ceux qui seraient parents ou alliés du testateur, seront nulles et non avenues.**

Il en sera ainsi, que le testament soit fait en la forme olographe ou qu'il soit reçu conformément aux articles 988 et suivants.

Art. 996 *(L. 8 juin 1893)* **Il sera donné lecture au testateur, en présence des témoins, des dispositions de l'article 984, 987 ou 994, suivant le cas, et mention de cette lecture sera faite dans le testament.**

Art. 997 *(L. 8 juin 1893)* **Les testaments compris dans les articles ci-dessus de la présente section seront signés par le testateur, par ceux qui les auront reçus et par les témoins.**

Art. 998 *(L. 8 juin 1893)* **Si le testateur déclare qu'il ne peut ou ne sait signer, il sera fait mention de sa déclaration, ainsi que de la cause qui l'empêche de signer.**

Dans les cas où la présence de deux témoins est requise, le testament sera signé au moins par l'un d'eux, et il sera fait mention de la cause pour laquelle l'autre n'aura pas signé.

Art. 999 **Un Français qui se trouvera en pays étranger, pourra faire ses dispositions testamentaires par acte sous signature privée, ainsi qu'il est prescrit en l'article 970, ou par acte authentique, avec les formes usitées dans le lieu où cet acte sera passé.**

V. Décr. n° 91-152 du 7 févr. 1991 (D. et ALD 1991. 149) relatif aux attributions notariales des agents diplomatiques et consulaires, spécialement art. 4 et 25 à 27 concernant les testaments.

Art. 1000 **Les testaments faits en pays étranger ne pourront être exécutés sur les biens situés en France, qu'après avoir été enregistrés au bureau du domicile du testateur, s'il en a conservé un, sinon au bureau de son dernier domicile connu en France ; et dans le cas où le testament contiendrait des dispositions d'immeubles qui y seraient situés, il devra être, en outre, enregistré au bureau de la situation de ces immeubles, sans qu'il puisse être exigé un double droit.**

1. Enregistrement des testaments faits à l'étranger : formalité fiscale. Les dispositions des art. 1000 C. civ. et 655 CGI prévoyant l'enregistrement des testaments faits en pays étrangers, constituent une formalité fiscale dès lors que celle-ci relève de l'administration fiscale et donne lieu au paiement d'un droit fixe. • Civ. 1re, 13 avr. 2022, n° 20-23.530 B : *D. 2022. 792 ; AJ fam. 2022. 343, obs. Guichard.*

2. ... Compatibilité avec le certificat successoral européen. Le Règl. (UE) n° 650/2012 du 4 juill. 2012 exclut de son domaine matériel les *questions fiscales et administratives* ; dès lors l'exigence d'enregistrement de tout testament établi à l'étranger, qui ne remet pas en cause l'efficacité probatoire du certificat successoral européen et ne constitue pas une condition d'exécution des testaments prohibée par le Règl., ne porte pas atteinte au principe d'application directe du Règl. ni ne le prive de son effet utile. • Civ. 1re, 13 avr. 2022, n° 20-23.530 B : *préc.* (absence de faute de la banque ayant soumis la délivrance des fonds à la preuve de l'enregistrement du testament auprès de l'administration fiscale française par application de l'art. 1000).

Art. 1001 **Les formalités auxquelles les divers testaments sont assujettis par les dispositions de la présente section et de la précédente, doivent être observées à peine de nullité.**

1. Réitération d'un testament nul. La réitération, par un testament régulier, d'un premier testament nul en la forme ne peut faire revivre que celles des dispositions de ce premier testament que le second rappelle en termes exprès, et auxquelles il donne ainsi une existence légale ; les dispositions du premier testament nul qui ne sont pas renouvelées par le second testament ne peuvent avoir plus de force que le testament qui les contient et tombent avec lui. • Civ. 1re, 31 mars 2016, n° 15-17.039 P : *D. 2016. 784* ; *AJ fam. 2016. 265, obs. Levillain* ; *RTD civ. 2016. 428, obs. Grimaldi* ; *RDC 2016. 712, note Gaudemet.*

2. *Requalification du testament authentique irrégulier en testament international valable.* L'annulation d'un testament authentique pour non-respect des dispositions des art. 971 à 975 C. civ. ne fait pas obstacle à la validité de l'acte en tant que testament international dès lors que les formalités prescrites par la Conv. de Washington du 26 oct. 1973 ont été accomplies, V. jurisprudence citée note 1 ss. art. 969.

3. *Exécution volontaire d'un testament irrégulier.* Exécution volontaire d'un testament authentique irrégulier en raison de l'incapacité d'un témoin instrumentaire : V. note 5 ss. art. 975.

V. L. 14 avr. 1923 (DP 1923. 4. 90) relative aux testaments faits dans les régions envahies pendant l'occupation ennemie.

SECTION 3 Des institutions d'héritier, et des legs en général

RÉP. CIV. v° *Legs*, par J. Hérail et Q. Guiguet-Schielé.

BIBL. GÉN. ▸ Hérail, *JCP N 2007. 1102* (charges et conditions dans les legs).

Art. 1002 **Les dispositions testamentaires sont ou universelles, ou à titre universel, ou à titre particulier.**

Chacune de ces dispositions, soit qu'elle ait été faite sous la dénomination d'institution d'héritier, soit qu'elle ait été faite sous la dénomination de legs, produira son effet suivant les règles ci-après établies pour les legs universels, pour les legs à titre universel et pour les legs particuliers.

I. DÉSIGNATION DU LÉGATAIRE

BIBL. Distinction d'une libéralité et de la charge d'une libéralité : Françon, *Defrénois 1954, art. 27291.* – Prohibition du legs avec faculté d'élire : Légier, *JCP N 1978. I. 87.* – Rôle du juge dans la détermination du légataire ou du bénéficiaire d'une charge : Ponsard, *JCP 1957. I. 1385.* – Libéralités adressées à des personnes morales : V. bibl. ss. art. 910.

A. DÉSIGNATION INSUFFISANTE OU IMPRÉCISE

1. *Validité du legs au profit d'une personne non dénommée : principe.* La loi ne déclarant pas nulle la disposition faite au profit d'une personne non dénommée, il appartient aux juges, pour lui donner effet, de discerner, d'après les énonciations du testament et les circonstances extrinsèques de la cause, quelle est la personne que le testateur a voulu gratifier. • Req. 21 févr. 1934 : *DP 1934. 1. 69, rapport Pilon* • 14 janv. 1941 : *DA 1941. 102* ; *JCP 1941. II. 1699, note Voirin* (rejet du pourvoi formé contre • Paris, 12 nov. 1937 : *DP 1938. 2. 1, note Lalou*).

2. *... Application aux personnes morales.* Pour l'application du même principe en ce qui concerne les libéralités adressées à des personnes morales : V. • Civ. 1re, 8 janv. 1957 : *D. 1957. 265* (Œuvres du Maréchal Pétain) • Riom, 26 oct. 1964 : *D. 1965. 202, note Verdot* ; pourvoi formé contre cet arrêt rejeté par • Civ. 1re, 14 nov. 1966 : *JCP 1967. II. 14973, note Voirin* (concurrence entre deux orphelinats se prétendant légataires. – V. aussi, dans la même affaire : • Civ. 1re, 22 janv. 1968 : *D. 1968. 592)* • Nancy, 28 avr. 1976 : *Defrénois 1977. 690, note Souleau* ; *JCP 1979. II. 19123, note Brimo* (affaire où la Fondation de France était demanderesse : V. aussi Seydoux, *JCP 1979. II. 19158 bis*). ♦ *Adde* • Civ. 1re, 8 déc. 1998, n° 96-19.645 P : *RTD civ. 2000. 146, obs. Patarin* .

3. *Legs au profit d'une personne incertaine.* La désignation en qualité de bénéficiaire d'un legs d'une œuvre qui n'existe pas sous le vocable utilisé crée une ambiguïté qui oblige les juges à interpréter la volonté du testateur (désignation du bureau d'aide sociale d'une ville en l'absence de toute œuvre plus qualifiée). • Civ. 1re, 18 févr. 1986, n° 84-15.593 P : *R., p. 135.* ♦ V. aussi • Paris, 11 mars 2003 : *Dr. fam. 2003, n° 125* (legs au « centre de recherche contre le cancer à Villejuif »). ♦ Mais le legs fait à « une association de bienfaisance pour des enfants sans famille et malheureux » ne comporte aucun bénéficiaire déterminable, de sorte qu'il est entaché de nullité. • Paris, 29 juin 1990 : *JCP N 1993. II. 40, note Camoz.* ♦ Même solution pour un legs fait à « une œuvre humanitaire ». • Dijon, 1er avr. 1998 : *BICC 1er déc. 1998, n° 1332* ; *Dr. fam. 1999, n° 21, note Beignier.*

4. *Legs à un bénéficiaire dépourvu de personnalité morale.* En présence d'un legs fait à un comité, dépourvu de personnalité morale, c'est en dégageant la volonté de la testatrice que les juges du fond ont souverainement décidé que le legs était adressé aux cinq personnes physiques composant ce comité et non au comité lui-même. • Civ. 1re, 13 mai 1985, n° 84-13.481 P : *R., p. 86* ; *RTD civ. 1986. 401, obs. Patarin.*

B. PROHIBITION DU LEGS AVEC FACULTÉ D'ÉLIRE

5. Principe. Le testateur doit choisir lui-même ses légataires, et non pas en abandonner le choix au libre arbitre d'un tiers qui serait, en ce cas, le véritable disposant ; il n'en résulte pas sans doute que le testateur est obligé d'écrire dans son testament le nom même du légataire ; il peut se contenter de le désigner par une qualité, ou même faire dépendre la désignation d'un événement futur ou de l'accomplissement d'une condition, mais, dans tous les cas, il est nécessaire que la désignation soit suffisamment précise pour manifester la volonté du testateur lui-même. • Civ. 12 août 1863 : *GAJC, 12e éd., no 126-127 (I) ; DP 1863. 1. 356*. – V. aussi • Civ. 1re, 25 nov. 1952 : *JCP 1953. II. 7696 bis, note Voirin* • Dijon, 1er avr. 1998 : *préc. note 3* • Civ. 1re, 8 nov. 2005, no 02-21.177 P : *D. 2005. IR 2902 ; AJ fam. 2006. 37, obs. Bicheron ; Dr. fam. 2005, no 277, note Beignier.*

6. Tempéraments : validité du legs fait à une personne déterminée à charge d'en transmettre le bénéfice à une personne incertaine. Si un legs avec faculté d'élire est entaché de nullité, il en est autrement quand le légataire a reçu mission d'affecter la charge dont est grevé un legs à certains bénéficiaires, fussent-ils inconnus du disposant (legs à la commune de Brunoy à charge de décerner un prix chaque année à une jeune fille ou femme méritante). • Req. 14 janv. 1941 : *préc. note 1*. – Déjà en ce sens : • Req. 27 juin 1899 : *GAJC, 12e éd., no 126-127 (II) ; DP 1899. 1. 592.*

7. ... Validité du mandat de répartition. Si la désignation du légataire doit être l'œuvre du testateur lui-même, aucune disposition légale ne lui interdit de donner à un tiers mission d'apprécier la part qui doit revenir à chacun des légataires. • Civ. 17 juill. 1922 : *DP 1924. 1. 5, note Bartin.*

II. DÉTERMINATION DE L'OBJET DU LEGS

8. Distinction des legs universels, à titre universel et à titre particulier. V. notes 4 et 8 ss. art. 1003 et notes ss. art. 1010. ♦ Sur le legs par le nu-propriétaire de l'usufruit du bien, V. note 3 ss. art. 617.

9. Objet simplement déterminable. Une disposition testamentaire peut, comme tout autre acte juridique, avoir un objet simplement déterminable. • Civ. 1re, 28 nov. 1972 : *D. 1973. 462* (parcelles de terre dont le testateur est devenu par la suite propriétaire, au titre de copartageant). ♦ Est déterminable l'objet d'un legs rémunératoire pour le travail bénévole accompli par un fils pour le compte de ses père et mère dès lors qu'il résulte des circonstances de la cause que le travail accompli correspondait à tout le moins à l'assistance quotidienne d'une tierce personne pour la période concernée. • Civ. 1re, 20 janv. 2004 : *D. 2004. Somm. 2341, obs. Nicod ; Defrénois 2005. 224, note Gelot.*

10. Objet insuffisamment déterminable ou non déterminable. La disposition par laquelle le testateur donne à un exécuteur testamentaire tous pouvoirs pour apprécier s'il est opportun de délivrer tout ou partie seulement d'un legs ne peut constituer un testament valable au regard de l'art. 895 C. civ., le testateur n'exprimant pas lui-même sa volonté en ce qui concerne les conditions dans lesquelles le legs pourrait être réduit ou supprimé. • Civ. 1re, 6 mars 1984, no 83-10.892 P : *R., p. 57 ; D. 1985. 5, note Breton ; RTD civ. 1985. 431, obs. Patarin.* ♦ L'objet d'un legs particulier n'est pas déterminable quand le testateur a seulement indiqué qu'il faudrait assurer à une petite-fille « une dot très honorable ». • Civ. 1re, 16 mars 1999 : *Dr. fam. 1999, no 47, note Beignier.*

11. Objet incertain : recherche de l'intention du testateur. V. • Amiens, 7 nov. 1962 : *JCP 1963. II. 13018, note Voirin* (valeurs achetées à terme, le testateur étant décédé avant la liquidation de l'opération) • Civ. 1re, 12 janv. 1970 : *JCP 1970. II. 16261* • 6 janv. 1971, no 69-13.926 P : *R. 1970-1971, p. 42 ; JCP 1971. II. 16709, note M. D.* (question de savoir si un legs de somme d'argent a été libellé en « anciens » ou « nouveaux » francs) • TGI Nevers, 5 mars 1975 : *JCP 1976. II. 18324, note Dagot,* et sur appel, • Bourges, 15 nov. 1976 : *JCP N 1977. II. 202* (legs d'un château tel qu'il se comporte. ♦ V. aussi : • Civ. 1re, 24 janv. 1979 : *D. 1979. IR 494, 2e esp., obs. D. Martin)* • Paris, 1er juin 1977 : *JCP N 1979. II. 264* (legs d'une chambre complète) • Civ. 1re, 14 févr. 1984 : *JCP N 1984. II. 151 (2e esp.)* (legs d'une somme de 500 000 F à prendre sur des valeurs en dépôt) • Civ. 1re, 21 mai 1997 : *Dr. fam. 1998, no 94, note Mikalef-Toudic* (en présence de lots ayant connu de fortes divergences de valeur, les juges peuvent faire prévaloir la volonté du testateur de constituer des lots égaux en prescrivant une compensation à l'aide de soultes).

12. Biens légués à un mineur avec exclusion de l'administration légale. Dispositions susceptibles de caractériser un legs permettant de soustraire à l'administration légale des père et mère les biens légués à un mineur sous condition d'être administrés par un tiers, V. notes ss. art. 384.

Art. 1002-1 *(L. no 2006-728 du 23 juin 2006)* **Sauf volonté contraire du disposant, lorsque la succession a été acceptée par au moins un héritier désigné par la loi, le légataire peut cantonner son émolument sur une partie des biens dont il a été disposé**

en sa faveur. Ce cantonnement ne constitue pas une libéralité faite par le légataire aux autres successibles. — *Entrée en vigueur le 1er janv. 2007.*

BIBL. ▸ LETELLIER, *JCP N 2023, n° 1003* (cantonnement). - MURAT, *Defrénois 2017. 17* (cantonnement). - SAUVAGE, *Defrénois 2010. 1027* (cantonnement des libéralités).

SECTION 4 Du legs universel

RÉP. CIV. v° *Legs*, par J. HÉRAIL et Q. GUIGUET-SCHIELÉ.

Art. 1003 Le legs universel est la disposition testamentaire par laquelle le testateur donne à une ou plusieurs personnes l'universalité des biens qu'il laissera à son décès.

A. LEGS UNIVERSEL : DÉFINITION

1. Vocation éventuelle à la totalité des biens. L'institution de légataire universel n'est liée à aucune formule sacramentelle et il suffit que la personne instituée ait au moins la vocation éventuelle à la totalité des biens du testateur. • Paris, 6 avr. 1946 : *D. 1946. 405.* ♦ ... La nature d'un tel legs, qui porte sur l'universalité des biens du disposant, étant déterminée non par ce que le légataire reçoit, mais par ce que le testament lui donne vocation à recevoir. • Civ. 1re, 25 mars 1981 : *JCP 1982. II. 19787, note Rémy ; RTD civ. 1982. 647, obs. Patarin.*

2. Validité du legs universel sans émolument effectif. La validité du legs universel n'est pas subordonnée à l'attribution d'un émolument à celui que le testament désigne comme bénéficiaire, ce legs pouvant être absorbé par la charge imposée par le gratifiant d'exécuter des legs particuliers. • Civ. 1re, 8 mai 1973 : *Gaz. Pal. 1973. 2. 893.*

3. Indifférence à l'égard de la dénomination employée par le testateur. C'est à la disposition même, et non à la dénomination employée par le testateur, qu'il faut s'attacher pour en reconnaître la nature. • Civ. 9 août 1858 : *DP 1858. 1. 334.*

4. Pouvoir des juridictions du fond. Il appartient aux juges du fond, pour qualifier un legs, de tenir compte de son objet, d'après la volonté du testateur, questions qui relèvent de leur appréciation souveraine. • Civ. 1re, 25 mars 1981 : *préc. note 1.* ♦ ... Sous réserve de dénaturation. • Civ. 1re, 9 juill. 1958 : *D. 1958. 583.* ♦ En présence de deux arrêts de la Cour de cassation ayant rejeté les qualifications de legs à titre universel et de legs à titre particulier, le juge du fond n'a pu qu'en déduire que les libéralités consenties constituaient des legs universels. • Civ. 1re, 9 janv. 2007 : *cité note 8* (legs universels conjoints sans assignation de parts).

B. ... APPLICATIONS

5. Legs ou donation de la quotité disponible. Le donataire de l'universalité des biens à venir est assimilé à un légataire universel et la donation ou le legs de la quotité disponible est une donation ou un legs universel. • Civ. 1re, 5 mai 1987, n° 85-15.392 P : *R., p. 146 ; RTD civ. 1988. 560, obs. Patarin.*

6. Legs de la nue-propriété de la succession. Les legs portant sur la nue-propriété de l'ensemble des biens composant la succession, de même que les legs portant sur la nue-propriété et l'usufruit de ces mêmes biens, constituent des legs universels. • Civ. 1re, 10 févr. 2016, n° 14-27.057 P : *D. 2016. 424 ; AJ fam. 2016. 214, obs. Casey ; RTD civ. 2016. 430, obs. Grimaldi ; JCP N 2016, n° 1119, note Leroy ; RDC 2016. 714, note Godechot-Patris.*

7. Pluralité de legs universels. L'institution de plusieurs légataires universels sans assignation de parts confère à tous des droits égaux et ne rend pas cette institution sans objet. • Civ. 1re, 10 janv. 1961 : *Bull. civ. I, n° 25* • 12 mai 2004, n° 01-01.871 P : *JCP 2005. II. 10001, note Mahinga ; ibid. I. 187, n° 10, obs. Le Guidec ; AJ fam. 2004. 242, obs. Deis-Beauquesne .* ♦ Pour le cas de pluralité de legs universels avec assignation de parts, V. • Req. 10 juill. 1905 : *DP 1906. 1. 397.*

8. Legs universels conjoints. Qualification de legs universels conjoints sans assignation de parts retenue pour les libéralités résultant de la volonté exprimée par le défunt instituant dans son testament un légataire universel, afin que celui-ci se charge de transmettre à ses filles une grande partie du patrimoine légué. • Civ. 1re, 9 janv. 2007, n° 06-12.872 P : *D. 2007. AJ 379 ; AJ fam. 2007. 88, obs. Bicheron ; Dr. fam. 2007, n° 45, note Beignier.*

9. Compatibilité avec le bénéfice de legs particuliers. Un légataire universel peut être attributaire de legs particuliers sans perdre pour autant sa qualité. • Civ. 1re, 25 mars 1981 : *préc. note 1.*

10. Legs universel avec charge. La disposition testamentaire par laquelle une personne institue les enfants issus de son premier mariage légataires universels, à charge pour eux de délivrer le capital décès d'un contrat d'assurance vie les désignant bénéficiaires, s'analyse en un legs universel avec charge ; le capital versé en application du contrat d'assurance vie ne faisant pas partie de la succession de l'assuré, il n'entre pas dans la masse de calcul de la réserve et de la quotité disponible ; il en résulte que les légataires ne peuvent solliciter une éventuelle réduction du capital garanti à hauteur de la quotité disponible. • Civ. 1re, 20 mai 2009, n° 08-11.355 P : *D. 2009. AJ 1537 ; JCP N 2009. 1256, note Hovasse ; Defrénois 2009. 1492, avis Chevalier ; RLDC 2009/62, n° 3513, obs. Pouliquen.*

C. ... RÉGIME

11. Étendue de l'émolument du légataire universel : droit moral de l'auteur. Le légataire universel a vocation à recevoir l'universalité héréditaire et, en particulier, à devenir titulaire, même en présence d'héritiers réservataires, du droit moral de l'auteur. • Civ. 1re, 17 déc. 1996, *(affaire Picabia)*, n° 94-18.985 P : *D. 1997. 445, note Ravanas ; JCP 1997. II. 22888, note Beignier ; LPA 4 juin 1997, note Daverat ; RTD civ. 1998. 446, obs. Patarin*. ♦ Comp. • Civ. 1re, 6 juill. 2000 *(affaire Giacometti)*, n° 98-11.087 P : *Gaz. Pal. 2001. 811, note Durrande ; Rev. crit. DIP 2001. 329, note Bergé* (est à bon droit déniée la qualité de titulaire du droit moral sur l'œuvre d'un sculpteur à une personne désignée dans le testament de la veuve de l'artiste, dès lors que celle-ci n'était pas seule titulaire de l'exercice du droit moral dévolu).

12. ... En cas de caducité d'un legs particulier. Si les legs particuliers deviennent caducs ou sont réputés non avenus, c'est au légataire universel que profite ce résultat, puisqu'il a droit, alors, à la succession tout entière, et les juges refusent à bon droit aux héritiers du sang d'agir en annulation des legs particuliers. • Req. 3 mars 1857 : *DP 1857. 1. 197 (2e esp.).* ♦ Également en ce sens que la caducité d'un legs particulier doit profiter au légataire universel et non aux héritiers : • Civ. 1re, 25 mars 1981 : *préc. note 1.*

13. ... En cas de legs de la quotité disponible. Émoluments de l'héritier, en sa qualité de légataire de la quotité disponible, limités aux seuls biens laissés par le défunt au jour de l'ouverture de la succession et absence de droit à faire réintégrer des donations antérieurement consenties à ses cohéritiers au motif que ces donations, excédant la part de réserve des gratifiés, empiètent sur la quotité disponible. • Civ. 1re, 7 oct. 2015, n° 14-24. 996 P.

14. ... Possibilité de cantonnement à l'initiative du légataire. V. art. 1002-1, rédaction issue de la L. du 23 juin 2006.

15. Délivrance du legs universel. Obligation de s'adresser aux héritiers réservataires saisis, V. art. 1004 s.

16. Renonciation à un legs universel. Forme de la renonciation au legs universel, V. note 1 ss. art. 1043.

17. Légataire universel et clause bénéficiaire d'un contrat d'assurance vie. Lorsque la clause d'un contrat d'assurance vie désigne comme bénéficiaires du capital en cas de décès les héritiers du souscripteur, il incombe aux juges du fond de rechercher si le souscripteur avait eu la volonté, ou non, de faire bénéficier les légataires universels des capitaux garantis par ce contrat. • Civ. 1re, 10 févr. 2016, n° 14-27.057 P : *préc. note 6.*

Art. 1004 **Lorsqu'au décès du testateur, il y a des héritiers auxquels une quotité de ses biens est réservée par la loi, ces héritiers sont saisis de plein droit, par sa mort, de tous les biens de la succession ; et le légataire universel est tenu de leur demander la délivrance des biens compris dans le testament.**

1. Légataires saisis dispensés de demander la délivrance. L'héritier à réserve, légataire de la quotité disponible, n'a pas besoin, pour avoir droit aux fruits de son legs, de former une demande en délivrance contre ses cohéritiers ; en effet, chacun des héritiers légitimes étant saisi de l'universalité de l'hérédité, l'héritier légataire est, en vertu de cette saisine légale, en possession complète de l'hérédité. • Civ. 29 avr. 1897 : *DP 1897. 1. 409.* ♦ Pour une application en faveur de l'héritier à réserve, légataire du bénéfice d'un contrat d'assurance vie que le défunt avait souhaité inclure dans sa succession, V. • Civ. 1re, 10 oct. 2012 : *cité note 5 ss. art. 825.*

2. Il résulte de l'art. 724 C. civ. que le conjoint survivant est, au même titre que les autres héritiers légitimes ou naturels, investi de la saisine sur l'universalité de l'hérédité, et se trouve ainsi dispensé de demander la délivrance des legs qui lui ont été faits, quelle que soit l'étendue de la vocation conférée par ces legs. • Civ. 1re, 20 mars 1984 : *Bull. civ. I, n° 108 ; RTD civ. 1985. 423, obs. Patarin* • 20 nov. 2001, n° 99-17.212 P : *RJPF 2002-1/42, obs. Delmas Saint-Hilaire ; Dr. fam. 2002, n° 10, obs. B. B.* ♦ Comp. note 2 ss. art. 1008, à propos de l'envoi en possession.

3. Nécessité pour le légataire universel, primé dans la succession de son grand-père par les fils de celui-ci, de demander la délivrance de son legs : V. • Civ. 1re, 29 oct. 1979 : *JCP 1981. II. 19527, note Dagot ; Defrénois 1980. 326, note Ponsard.*

4. Forme de la délivrance. La délivrance d'un legs n'est astreinte à aucune forme particulière et peut résulter de la mise en possession du légataire sans opposition de l'héritier légitime. • Civ. 1re, 18 nov. 1968 : *D. 1969. 112 ; JCP 1969. II. 15973, note M.D.*, rejetant le pourvoi formé contre • Toulouse, 28 juin 1966 : *D. 1967. 135* • Civ. 1re, 12 mai 1987 : *D. 1987. IR 131.*

5. Effets de la délivrance. La délivrance d'un legs est une mesure essentiellement provisoire, qui n'enlève aux héritiers et autres intéressés aucun des moyens de forme et de fond qu'ils peuvent avoir à proposer pour faire établir leurs droits dans la succession ; dès lors, l'héritier réservataire n'est pas fondé à surseoir à la délivrance d'un legs (en l'espèce, à titre universel), avec faculté de choisir les biens légués, jusqu'à ce que la quotité disponible ait été déterminée, et cela surtout lorsque les juges du fait constatent que rien ne donne à penser que la réserve légale puisse être atteinte. • Civ. 1re, 10 juill. 1968 : *D. 1968. 669, note Breton.*

6. La délivrance, qui a pour seul objet de reconnaître les droits du légataire, doit être distinguée du paiement du legs, lequel ne peut intervenir qu'au cours des opérations de partage par l'attribution au légataire de biens le remplissant de ses droits. • Civ. 1re, 10 mai 1988, n° 86-15.834 P : *R., p. 165 ; JCP N 1988. II. 229, note Thuillier ; Defrénois 1989. 934, obs. Champenois ; RTD civ. 1988. 805, obs. Patarin.* ♦ Dès lors, dans l'attente du partage, l'héritier réservataire n'a d'autre obligation que de conserver les fruits et revenus des biens entrant dans la masse partageable et le légataire universel ne saurait prétendre à des intérêts sur le legs, s'ajoutant aux fruits de celui-ci. • Même arrêt. ♦ ... Et, jusqu'au partage, le légataire universel en concours avec des héritiers réservataires ne peut prétendre à la jouissance divise des biens légués. • Civ. 1re, 3 oct. 2000 : *D. 2001. Somm. 2939, obs. Vareille ; Dr. fam. 2001, n° 33, note Beignier.*

7. Retard fautif apporté à la délivrance ; prescription de l'action en délivrance : V. notes 10 s. ss. art. 1014.

Art. 1005 **Néanmoins, dans les mêmes cas, le légataire universel aura la jouissance des biens compris dans le testament, à compter du jour du décès, si la demande en délivrance a été faite dans l'année, depuis cette époque ; sinon, cette jouissance ne commencera que du jour de la demande formée en justice, ou du jour que la délivrance aurait été volontairement consentie.**

1. Le conjoint survivant, gratifié de la plus large quotité disponible entre époux et ayant opté pour que cette libéralité s'exécute pour un quart en propriété et pour trois quarts en usufruit, a vocation à recueillir les fruits et revenus de la totalité des biens composant la succession, en application de l'art. 1005 ; sa déclaration d'option, souscrite dans l'année du décès et acceptée par les héritiers réservataires, s'analyse en une demande en délivrance du legs et en produit tous les effets, notamment le droit de recueillir les fruits et revenus des biens légués à compter du décès. • Civ. 1re, 5 mai 1987, n° 85-15.392 P : *R., p. 146 ; JCP 1998. I. 133, n° 1, obs. Le Guidec ; RTD civ. 1988. 560, obs. Patarin.*

2. Combinaison des art. 724, 1005 et 815-9 : V. note 5 ss. art. 724.

Art. 1006 **Lorsqu'au décès du testateur il n'y aura pas d'héritiers auxquels une quotité de ses biens soit réservée par la loi, le légataire universel sera saisi de plein droit par la mort du testateur, sans être tenu de demander la délivrance.**

1. Acquisition de la saisine : cas du légataire universel visé par l'art. 910. En l'absence d'héritier à réserve, le légataire universel, même tenu de se faire envoyer en possession lorsqu'il est institué par testament olographe, est saisi, de plein droit, de l'hérédité par la mort du testateur et, dans le cas prévu par l'art. 910, cette saisine lui est acquise dès le jour de l'ouverture de la succession, sous condition suspensive d'autorisation administrative ; le successeur, saisi de l'universalité de l'hérédité et tenu au passif successoral et aux dettes nées de la conservation des biens de la succession, peut être poursuivi par les créanciers successoraux. • Civ. 1re, 16 juill. 1997, n° 95-18.978 P : *Defrénois 1998. 189, note X. Savatier ; Dr. fam. 1997, n° 130, note Beignier.*

2. Conséquences de la saisine de plein droit : acquisition des fruits et intérêts dès le décès. En l'absence d'héritier à réserve, le légataire universel, saisi de plein droit, est fondé à prétendre, depuis le décès du testateur, aux fruits et revenus des biens qui lui sont attribués. • Civ. 1re, 9 janv. 2007 : *V. note 8 ss. art. 1003.*

3. ... Qualité pour agir en nullité d'un acte à titre onéreux pour insanité d'esprit. A la mort du testateur, le légataire universel a qualité pour demander l'annulation pour insanité d'esprit, de trois ventes immobilières sur le fondement de l'art. 489-1 [actuel art. 414-2]. • Civ. 1re, 8 juill. 2015, n° 14-17.768 P : *D. 2016. 1523, obs. Plazy* ; AJ fam. 2015. 501, obs. Levillain ; *Dr. fam. 2015, n° 191, obs. Maria.*

4. ... Paiement des droits de mutation. Conséquence de la saisine de plein droit du légataire universel, en l'absence d'héritier à réserve, sur le paiement des droits de mutation : V. • Req. 12 juin 1914 : *DP 1921. 1. 190.*

Art. 1007 *(L. n° 66-1012 du 28 déc. 1966)* **Tout testament olographe ou mystique sera, avant d'être mis à exécution, déposé entre les mains d'un notaire. Le testament sera ouvert, s'il est cacheté. Le notaire dressera sur-le-champ procès-verbal de l'ouverture et de l'état du testament, en précisant les circonstances du dépôt.** *(L. n° 2016-1547 du 18 nov. 2016, art. 44)* **« Dans le cas prévu à l'article 1006, le notaire vérifiera**

les conditions de la saisine du légataire au regard du caractère universel de sa vocation et de l'absence d'héritiers réservataires. Il portera mention de ces vérifications sur le procès-verbal. » Le testament ainsi que le procès-verbal seront conservés au rang des minutes du dépositaire.

Dans le mois qui suivra la date du procès-verbal, le notaire adressera une expédition de celui-ci et une copie figurée du testament au greffier du tribunal judiciaire du lieu d'ouverture de la succession, qui lui accusera réception de ces documents et les conservera au rang de ses minutes.

(L. n° 2016-1547 du 18 nov. 2016, art. 44) **« Dans le mois suivant cette réception, tout intéressé pourra s'opposer à l'exercice de ses droits par le légataire universel saisi de plein droit en vertu du même article 1006. En cas d'opposition, ce légataire se fera envoyer en possession. Les modalités d'application du présent alinéa sont déterminées par décret en Conseil d'État. »**

Sur la procédure d'envoi en possession applicable aux successions ouvertes après le 1er nov. 2017, V. C. pr. civ., art. 1378-1 s. — **C. pr. civ.** *— Sur la nouvelle procédure de l'envoi en possession, V. Circ. CIV/02/17 du 26 janv. 2017, fiche n° 11, ss. art. 229-4.*

Les dispositions issues de l'art. 44 de la L. n° 2016-1547 du 18 nov. 2016 sont applicables aux successions ouvertes à partir du 1er nov. 2017. Les instances introduites antérieurement sont régies par les dispositions applicables avant cette date (L. préc., art. 114-III).

RÉP. CIV. v° *Testament*, par M. NICOD.

BIBL. ▶ DAUPTAIN, *JCP N 2016, n° 1231.* – LETELLIER, *JCP N 2016, n° 1337 ; ibid. 2017, n° 1138.* – LEVILLAIN, *AJ fam. 2016. 589.* – NICOD, *Dr. fam. 2017. Dossier 9.* – PIERRE et PIERRE-MAURICE, *Defrénois 2016. 1327.*

Le procès-verbal de dépôt et de description du testament olographe dressé par le notaire conformément à l'art. 1007, exclusif de toute mention du contenu du testament, n'est pas assimilable à un acte reçu par un notaire au sens de l'art. 2 du Décr. du 26 nov. 1971 (V. ce texte ss. art. 1317 anc.) et ne tombe pas sous le coup de la prohibition qu'il édicte. • Paris, 23 juin 1998 : *Dr. fam. 1999, n° 35, obs. Beignier.*

Art. 1008 *(Abrogé par L. n° 2016-1547 du 18 nov. 2016, art. 44)* ***Dans le cas de l'article 1006, si le testament est olographe ou mystique, le légataire universel sera tenu de se faire envoyer en possession, par une ordonnance du président, mise au bas d'une requête à laquelle sera joint l'acte de dépôt.***

Les dispositions issues de l'art. 44 de la L. n° 2016-1547 du 18 nov. 2016 sont applicables aux successions ouvertes à partir du 1er nov. 2017. Les instances introduites antérieurement sont régies par les dispositions applicables avant cette date (L. préc., art. 114-III).

RÉP. CIV. v° *Envoi en possession*, par HÉRAIL.

BIBL. ▶ BONNET et SAUVAGE, *JCP N 2018, n° 1109.* – DELMAS SAINT-HILAIRE, *JCP N 1994. I. 265.* – ÉLIARD et autres, *JCP N 1996. Prat. 3594.* – D. DE LA MARNIERRE, *Gaz. Pal. 1985. 1. Doctr. 38.* – NICOD, *D. 2011. 1025 ; Dr. fam. 2017. Étude 9.* – PIERRE-MAURICE et PIERRE, *AJ fam. 2017. 639.* – X. SAVATIER, *Defrénois 1994. 145.*

A. ENVOI EN POSSESSION DU LÉGATAIRE UNIVERSEL : DOMAINE

1. Situation de l'héritier institué légataire par testament olographe ou mystique. L'adoptant étant héritier réservataire de l'adopté décédé sans descendants (art. 368 et 368-1 C. civ.), il n'est pas tenu de se faire envoyer en possession lorsqu'il a été institué légataire universel. • TGI Brest, 15 sept. 1998 : *BICC 1er févr. 1999, n° 140.* ◆ *L'unique héritier réservataire* institué légataire universel par testament olographe n'a pas à demander à être envoyé en possession. • Civ. 25 mars 1889 : *DP 1890. 1. 117.* ◆ Sur la dispense de demande en délivrance dont bénéficie le légataire qui est par ailleurs héritier, V. jurisprudence citée ss. art. 1004.

B. ... RÉGIME PROCÉDURAL

2. Procédure sur requête n'exigeant ni autorisation à déroger à la contradiction ni urgence. L'art. 1008 autorise le légataire universel à ne pas appeler la partie adverse, il n'est donc pas nécessaire de démontrer une autorisation à déroger à la contradiction ; cette requête « nommée ou spéciale » n'exige pas non plus l'urgence. • Paris, 5 févr. 2015, n° 13/19500 : *JCP 2015, n° 435, note Foulon et Strickler.*

3. Rôle du juge : contrôle de régularité. La juridiction saisie d'une requête à fin d'envoi en possession par application de l'art. 1008 doit seulement s'assurer de la validité apparente des dispositions testamentaires. • Civ. 1re, 24 nov. 1976, n° 75-15.196 P. ◆ ... Et ne peut refuser l'envoi en possession en s'appuyant sur des éléments ou circonstances extrinsèques. • Civ. 1re, 11 déc. 1956 : *JCP 1957. II. 9747, note G. M.*

4. ... Refus d'accorder l'envoi en possession motivé par une contestation sérieuse. Il est loisible au juge, lorsque l'écriture du testament fait l'objet d'une contestation sérieuse, de refuser en l'état de faire droit à la demande, ou de surseoir à statuer jusqu'à la décision à intervenir sur cette contestation. • Civ. 1re, 2 févr. 1960 : *Bull. civ. I, n° 70.* ♦ Sur l'appréciation du caractère sérieux de la contestation faisant obstacle à l'envoi en possession, V. • Paris, 29 avr. 1971 : *Gaz. Pal. 1971. 2. 593, note L. B.* (date du testament) • Paris, 12 juill. 1979 : *JCP 1980. II. 19363, note E. S. de La Marnierre* (qualification du legs) • Paris, 21 oct. 1999 : *BICC 15 mai 2000, n° 652* (authenticité de la signature contestée).

5. Caractère exécutoire de l'ordonnance d'envoi en possession. L'ordonnance d'envoi en possession, rendue sur requête, est, à ce titre, exécutoire sur minute en vertu de l'art. 83 Décr. 9 sept. 1981 (actuellement, art. 495 C. pr. civ.) et donc exécutoire par provision, nonobstant appel. • Civ. 1re, 15 déc. 1976 : *Bull. civ. I, n° 411 ; JCP N 1977. II. 166, note Thuillier ; RTD civ. 1978. 177 et 907, obs. Savatier.*

6. Possibilité pour les héritiers de prendre des mesures conservatoires. Il n'appartient pas au juge des référés de rétracter ou de suspendre l'ordonnance d'envoi en possession rendue sur requête, mais cette ordonnance ne fait pas obstacle à ce que les héritiers provoquent des mesures conservatoires (apposition de scellés, inventaire, mise sous séquestre, nomination d'administrateur provisoire) propres à sauvegarder leurs intérêts dans le cas où ils attaquent le testament. • TGI Nanterre réf., 23 nov. 1976 : *JCP 1977. II. 18607, note J. A.*

7. Voies de recours. Exercice des voies de recours contre la décision du juge ordonnant ou refusant l'envoi en possession : V. • Civ. 3 avr. 1895 : *DP 1896. 1. 5, note Glasson* • Paris, 6 avr. 1946 : *D. 1946. 405.* ♦ Nature contentieuse de la décision et application des règles de la procédure ordinaire : • Civ. 1re, 11 déc. 1956 : *JCP 1957. II. 9747, note G. M.* ♦ V. cependant, sur tous ces points, R. Savatier, *RTD civ. 1978. 177.* ♦ L'art. 1008 autorise le légataire universel à ne pas appeler la partie adverse ; cette requête, nommée ou spéciale, n'exige pas l'urgence. • Paris, 5 févr. 2015, n° 13/19500 : *JCP 2015, n° 435, note Foulon et Strickler.*

C. ... EFFETS

8. Préexistence de la saisine et validation rétroactive des actes antérieurement accomplis par le légataire universel. En l'absence d'héritiers à réserve, le légataire universel se trouve de plein droit saisi de son legs à la date du décès de son auteur, en vertu des dispositions de l'art. 1006, et s'il est tenu, en raison du caractère olographe du testament, de se faire envoyer en possession conformément à l'art. 1008, cette formalité a pour effet de valider rétroactivement les actes qu'il a pu accomplir en sa qualité de légataire universel. • Civ. 1re, 12 déc. 1973 : *Gaz. Pal. 1974. 1. 381, note J. V.*

9. Présomption de sincérité du testament. Incidence de l'envoi en possession sur la charge de la preuve en cas de contestation du testament : V. • Civ. 1re, 11 févr. 1976 : *D. 1976. 557, note F. Boulanger* (preuve de la fausseté de l'écriture et de la signature incombant à l'héritier réservataire lorsque le légataire universel a obtenu l'ordonnance d'envoi en possession) • 29 févr. 2012, n° 10-27.332 P : *D. 2012. 681* (*idem*) • 6 oct. 1981 : *Bull. civ. I, n° 274* (preuve que l'écriture et la signature émanent bien du testateur incombant au légataire universel qui n'a pas été envoyé en possession). – Dans le même sens : • Civ. 1re, 23 févr. 1983, n° 82-10.856 P : *R., p. 45* • 6 juin 1990, n° 88-19.686 P : *Défrénois 1990. 1162, note X. Savatier.*

Art. 1009 **Le légataire universel qui sera en concours avec un héritier auquel la loi réserve une quotité des biens, sera tenu des dettes et charges de la succession du testateur, personnellement pour sa part et portion et hypothécairement pour le tout ; et il sera tenu d'acquitter tous les legs, sauf le cas de réduction, ainsi qu'il est expliqué aux articles 926 et 927.**

1. Les légataires universels, saisis ou non, et les légataires à titre universel sont, comme les héritiers eux-mêmes, de véritables successeurs à titre universel, ayant les mêmes droits, sujets aux mêmes charges (obligation aux dettes *ultra vires.*) • Civ. 13 août 1851, *Toussaint : GAJC, 12e éd., n° 104 ; DP 1851. 1. 281.* ♦ Le légataire universel est obligé sans limite pour les legs. • Civ. 1re, 28 mai 1968 : *D. 1969. 95 ; JCP 1969. II. 15714, note Dagot.* ♦ Comp. • Civ. 1er août 1904 : *DP 1904. 1. 513, note Guillouard* • Civ. 29 mai 1894 : *DP 1894. 1. 545, note Planiol.*

2. Possibilité pour le légataire universel d'accepter sous bénéfice d'inventaire : V. note ss. art. 787.

SECTION 5 Du legs à titre universel

RÉP. CIV. v° *Legs*, par J. Hérail et Q. Guiguet-Schielé.

Art. 1010 **Le legs à titre universel est celui par lequel le testateur lègue une quote-part des biens dont la loi lui permet de disposer, telle qu'une moitié, un tiers, ou tous**

ses immeubles, ou tout son mobilier, ou une quotité fixe de tous ses immeubles ou de tout son mobilier.

Tout autre legs ne forme qu'une disposition à titre particulier.

1° LEGS À TITRE UNIVERSEL : QUALIFICATION

1. Legs de la nue-propriété de tous les immeubles. Le legs de la nue-propriété de tous les immeubles est à titre universel, le légataire de la nue-propriété étant appelé à voir nécessairement la jouissance se réunir en ses mains à cette nue-propriété. • Req. 3 déc. 1872 : *DP 1873. 1. 233.*

2. Legs en usufruit de la totalité ou d'une quote-part de la succession. Le legs en usufruit de la totalité de la succession, de la quotité disponible ou d'une quote-part de la succession rentre également dans la définition donnée par l'art. 1010 du legs à titre universel. • Req. 29 juin 1910 : *DP 1911. 1. 49, note H. Capitant.* – V. déjà • Req. 31 janv. 1893 : *GAJC, 12e éd., no 128 ; DP 1893. 1. 359.*

3. Qualification de legs universel : V. notes ss. art. 1003. ♦ Qualification de legs à titre particulier : V. notes ss. art. 1014.

2° ... RÉGIME

4. Qualité d'indivisaire du légataire à titre universel. La transmission d'une quote-part du patrimoine du défunt à son légataire à titre universel s'opérant de plein droit par le seul fait du décès du testateur, indépendamment de la délivrance qui ne porte que sur la possession, l'héritier réservataire se trouve en état d'indivision avec le bénéficiaire du legs jusqu'au partage. • Civ. 1re, 5 mars 2002, no 99-18.984 P : *D. 2002. 2555, note Libchaber ; AJ fam. 2002. 186, obs. S. D.-B.* (obligation d'avoir le consentement de tous les indivisaires pour aliéner les biens litigieux).

Art. 1011 **Les légataires à titre universel seront tenus de demander la délivrance aux héritiers auxquels une quotité des biens est réservée par la loi ; à leur défaut, aux légataires universels ; et à défaut de ceux-ci, aux héritiers appelés dans l'ordre établi au titre *Des successions*.**

1. La transmission d'une quote-part du patrimoine du défunt à son légataire à titre universel s'opérant de plein droit par le seul fait du décès du testateur, indépendamment de la délivrance qui ne porte que sur la possession, l'héritier réservataire se trouve en état d'indivision avec le bénéficiaire du legs jusqu'au partage. • Civ. 1re, 5 mars 2002, no 99-18.984 P : *D. 2002. 2555, note Libchaber ; AJ fam. 2002. 186, obs. S. D.-B* (obligation d'avoir le consentement de tous les indivisaires pour aliéner les biens litigieux).

2. Modalités de la délivrance : V. notes 4 s. ss. art. 1004.

3. Il résulte de l'art. 1011 que le légataire à titre universel a le même droit à la « jouissance » que le légataire universel, sauf, à défaut d'héritiers à réserve, à demander la délivrance aux légataires universels, et, à défaut de ceux-ci, aux héritiers légaux suivant leur ordre ; il suit de là que le légataire à titre universel a droit aux fruits et intérêts, à partir du jour du décès, comme le légataire universel, sous la seule condition de former sa demande en délivrance dans l'année ; il importe peu que celui à qui la demande en délivrance est adressée soit possesseur de bonne foi, les art. 138 (ancien) et 549 C. civ. étant inapplicables en cette matière toute spéciale. • Civ. 6 avr. 1891 : *DP 1892. 1. 279.*

4. L'inaction prolongée du légataire universel, qui ne demande pas la délivrance de son legs, ne suffit pas à caractériser la renonciation tacite. • Civ. 1re, 17 oct. 1984 : *Bull. civ. I, no 270 ; RTD civ. 1987. 791, obs. Patarin.*

Art. 1012 **Le légataire à titre universel sera tenu, comme le légataire universel, des dettes et charges de la succession du testateur, personnellement pour sa part et portion, et hypothécairement pour le tout.**

Le légataire à titre universel ne contribue au payement des dettes et charges de la succession que suivant la quote-part qu'il appréhende dans le patrimoine du défunt ; cette contribution s'établit au moyen d'une ventilation entre la quotité du legs, qu'il soit mobilier ou immobilier, et la valeur intégrale de l'hérédité. • Civ. 22 oct. 1919 : *DP 1922. 1. 73 (16e esp., p. 90).*

Art. 1013 **Lorsque le testateur n'aura disposé que d'une quotité de la portion disponible, et qu'il l'aura fait à titre universel, ce légataire sera tenu d'acquitter les legs particuliers par contribution avec les héritiers naturels.**

SECTION 6 **Des legs particuliers**

RÉP. CIV. vo *Legs*, par J. HÉRAIL et Q. GUIGUET-SCHIELÉ.

Art. 1014 **Tout legs pur et simple donnera au légataire, du jour du décès du testateur, un droit à la chose léguée, droit transmissible à ses héritiers ou ayants cause.**

Néanmoins le légataire particulier ne pourra se mettre en possession de la chose léguée, ni en prétendre les fruits ou intérêts, qu'à compter du jour de sa demande en délivrance, formée suivant l'ordre établi par l'article 1011, ou du jour auquel cette délivrance lui aurait été volontairement consentie.

A. LEGS PARTICULIER : QUALIFICATION

1. Legs d'une quote-part de la communauté. Le testateur qui lègue au frère de son épouse, non une quote-part de sa succession, mais une quote-part (la moitié) des biens qui, dans sa succession, proviennent de la communauté dissoute entre lui-même et son épouse, en cas de prédécès de celle-ci, fait un legs particulier. • Civ. 1re, 11 juill. 2006, n° 04-14.947 P : *D. 2006. IR 2054* ; *AJ fam. 2006. 379, obs. Bicheron* .

2. Legs de tous les biens situés en France. La disposition par laquelle le testateur lègue tous ses biens situés en France concerne une partie de l'hérédité qui ne s'exprime pas sous la forme d'une quote-part ou d'une fraction, ainsi que l'exige l'art. 1010, et ne constitue dès lors qu'un legs particulier. • Civ. 1re, 13 févr. 1973 : *D. 1973. 656, note Breton.* – Déjà en ce sens : • Req. 21 mai 1930 : *DH 1930. 346.*

3. Qualification de legs universel : V. notes ss. art. 1003. ♦ Qualification de legs à titre universel : V. notes ss. art. 1010.

B. ... DÉLIVRANCE

4. Obligation de demander la délivrance. Il résulte de l'art. 1014 que si le légataire à titre particulier devient dès l'ouverture de la succession propriétaire de la chose léguée, il est néanmoins tenu pour faire reconnaître son droit de demander la délivrance du legs ; ayant relevé que l'action en délivrance avait été intentée soixante-sept ans après l'ouverture de la succession, les juges du fond ont décidé à bon droit que cette action était prescrite par application de l'art. 2262 C. civ. et, en conséquence, irrecevable. • Civ. 1re, 22 oct. 1975 : *Bull. civ. I, n° 293.* ♦ Dans le même sens, pour un legs à titre universel : • Civ. 1re, 28 janv. 1997, n° 95-13.835 P : *Dr. fam. 1997, n° 91, note Beignier ; RTD civ. 1998. 724, obs. Patarin* .

5. Objet de la délivrance : reconnaissance des droits du légataire. En application de l'art. 1014, la délivrance d'un legs particulier a pour seul objet la reconnaissance des droits du légataire, permettant l'entrée en possession de l'objet du legs et l'acquisition des fruits, et se distingue du paiement du legs ; en conséquence, une décision accueillant une demande de délivrance d'un legs de somme d'argent ne constitue pas un titre exécutoire autorisant le légataire à procéder à des mesures d'exécution forcée. • Civ. 1re, 21 sept. 2022, n° 19-22.693 B : *D. 2022. 1711* ; *AJ fam. 2022. 494, obs. Eudier* ; *RTD civ. 2022. 950, obs. Grimaldi* ; *ibid. 960, obs. Théry* ; *Dr. fam. 2023, n° 8, obs. Nicod ; JCP N 2023, n° 1020, note Peuble et Boulanger.*

6. Droit aux fruits et intérêts de la chose léguée à compter de la demande de délivrance. Le légataire à titre particulier ne peut prétendre aux fruits et intérêts de la chose léguée qu'à compter du jour de sa demande en délivrance ou du jour auquel cette délivrance lui a été volontairement consentie. • Civ. 1re, 14 nov. 2006, n° 04-16.561 P. ♦ En cas de retard dans la délivrance du legs, le légataire n'ayant pu en percevoir les fruits, il n'est pas tenu des charges de copropriété, impôts et taxes antérieurs à la délivrance. • Civ. 1re, 19 mars 2008, n° 06-19.103 P.

7. Personnes susceptibles d'accorder la délivrance : héritiers saisis. Lorsque la succession se divise entre des héritiers réservataires et des héritiers non réservataires, c'est concurremment aux uns et aux autres, pour la part dont ils sont saisis, que le légataire particulier, s'il agit avant le partage, doit demander la délivrance de son legs. • Civ. 20 févr. 1922 : *DP 1925. 1. 163.*

8. Cas particulier du légataire ayant la qualité d'héritier saisi. Les héritiers légitimes sont saisis de plein droit des biens, droits et actions du défunt et n'ont pas à demander la délivrance des legs particuliers dont ils bénéficient. • Civ. 1re, 31 mars 1971 : *Bull. civ. I, n° 119.* ♦ Attribution, en conséquence, des fruits et intérêts du legs, à compter de l'ouverture de la succession : V. • Civ. 1re, 24 nov. 1969 : *D. 1970. 164, note Dedieu ; JCP 1970. II. 16506, note Dagot.* ♦ Pour une application en faveur de l'héritier réservataire bénéficiaire du legs particulier du capital d'une assurance vie V. • Civ. 1re, 10 oct. 2012, n° 11-17.891 : *cité note 5 ss. art. 825.*

9. Possibilité de surseoir à la délivrance : indétermination du disponible (non). L'héritier réservataire n'est pas fondé à surseoir à la délivrance des legs particuliers jusqu'à ce que la quotité disponible ait été déterminée. • Req. 5 déc. 1932 : *DH 1933. 99.* ♦ La délivrance d'un legs particulier est une mesure essentiellement provisoire qui n'enlève aux héritiers aucun moyen pour faire établir leurs droits dans la succession. • Civ. 1re, 19 mars 2008 : *préc. note 6* (délivrance du legs sans attendre le résultat de l'action en réduction). ♦ En cas d'insuffisance manifeste de l'actif successoral pour acquitter la totalité des legs : V. • Nancy, 28 nov. 1908 : *DP 1912. 2. 305, note Ripert.* ♦ V. aussi, pour une autre hypothèse où la délivrance immédiate du legs ne peut avoir lieu, • Orléans, 13 nov. 1975 *(affaire Picabia) : JCP 1976. II. 18349, note Boursigot.*

10. Conséquences du retard apporté à la délivrance. Réparation du préjudice subi par le légataire à la suite du retard apporté à la délivrance du legs : V. • Com. 25 janv. 1965 : *Bull. civ. III, n° 68.* ♦ Sur les conséquences sur le paiement des charges, impôts et taxes, V. • Civ. 1re, 19 mars 2008 : ☎ *préc. note 6.*

11. Modalités de la délivrance. Pour les modalités de la délivrance en général, V. notes 4 s. ss. art. 1004.

Art. 1015 Les intérêts ou fruits de la chose léguée courront au profit du légataire, dès le jour du décès, et sans qu'il ait formé sa demande en justice :

1° Lorsque le testateur aura expressément déclaré sa volonté, à cet égard, dans le testament ;

2° Lorsqu'une rente viagère ou une pension aura été léguée à titre d'aliments.

Prise en compte des variations de valeur de la chose léguée pour le calcul des intérêts : V. • Civ. 1re, 12 janv. 1983, ☎ n° 81-16.343 P : *D. 1983. IR 177, obs. D. Martin.*

Art. 1016 Les frais de la demande en délivrance seront à la charge de la succession, sans néanmoins qu'il puisse en résulter de réduction de la réserve légale.

Les droits d'enregistrement seront dus par le légataire.

Le tout, s'il n'en a été autrement ordonné par le testament.

Chaque legs pourra être enregistré séparément, sans que cet enregistrement puisse profiter à aucun autre qu'au légataire ou à ses ayants cause.

1. Frais d'enregistrement. La dispense des frais d'enregistrement, que l'art. 1016 permet au disposant de prévoir en faveur du légataire, peut être déduite par les juges du fond, dans l'exercice de leur pouvoir souverain, du libellé du testament ou de la nature du legs, dès lors qu'elle n'est pas expressément formulée. • Civ. 1re, 20 oct. 1971 : *Bull. civ. I, n° 271.*

2. Frais de la demande en délivrance. L'art. 1016, qui met les frais de la demande en délivrance à la charge de la succession, ne s'applique pas au cas où le légataire particulier, qui demande la délivrance, a élevé à cette occasion des difficultés sur lesquelles il succombe. • Civ. 5 mars 1900 : *DP 1900. 1. 409, note Colin.*

Art. 1017 Les héritiers du testateur, ou autres débiteurs d'un legs, seront personnellement tenus de l'acquitter, chacun au prorata de la part et portion dont ils profiteront dans la succession.

Ils en seront tenus hypothécairement pour le tout, jusqu'à concurrence de la valeur des immeubles de la succession dont ils seront détenteurs.

Lorsqu'un legs particulier a été prévu à titre de clause pénale, seul l'héritier est tenu d'acquitter ce legs conditionnel (impossibilité de condamner *in solidum* l'héritier et un tiers au paiement de cette pénalité). • Civ. 1re, 1er oct. 1996, ☎ n° 94-16.867 P.

Art. 1018 La chose léguée sera délivrée avec les accessoires nécessaires, et dans l'état où elle se trouvera au jour du décès du donateur.

Pour la détermination de l'objet du legs, en général, V. notes 8 s. ss. art. 1002.

Art. 1019 Lorsque celui qui a légué la propriété d'un immeuble, l'a ensuite augmentée par des acquisitions, ces acquisitions, fussent-elles contiguës, ne seront pas censées, sans une nouvelle disposition, faire partie du legs.

Il en sera autrement des embellissements, ou des constructions nouvelles faites sur le fonds légué, ou d'un enclos dont le testateur aurait augmenté l'enceinte.

Art. 1020 Si, avant le testament ou depuis, la chose léguée a été hypothéquée pour une dette de la succession, ou même pour la dette d'un tiers, ou si elle est grevée d'un usufruit, celui qui doit acquitter le legs n'est point tenu de la dégager, à moins qu'il n'ait été chargé de le faire par une disposition expresse du testateur.

Art. 1021 Lorsque le testateur aura légué la chose d'autrui, le legs sera nul, soit que le testateur ait connu ou non qu'elle ne lui appartenait pas.

1. Les testaments par lesquels chacun des époux partage entre leurs enfants non seulement leurs biens propres, mais encore, chacun pour la totalité, les biens de la communauté non encore dissoute ni liquidée, et enfin les biens propres de l'autre conjoint doivent être déclarés nuls par application de l'art. 1021. • Civ. 25 févr. 1925 : *DP 1925. 1. 185, note R. Savatier.* – Dans le même sens : • Civ. 1re, 16 mai 2000, n° 97-20.839 • 5 déc. 2018, n° 17-17.493 P : *AJ fam. 2019. 37, obs. Levillain* ; *JCP N 2019, n° 1132, note Dubarry.*

2. Cassation de l'arrêt ayant interprété un testament comme attribuant des biens meubles et immeubles appartenant à une société dont le testateur détenait une majorité des parts, alors qu'au jour de l'ouverture de la succession, la société était seule propriétaire de l'immeuble légué. • Civ. 1re, 15 mai 2018, n° 14-11.123 P : *D. 2018. 1073* ; *AJ fam. 2018. 486, obs. Levillain* ; *Rev. sociétés 2019. 201, note Naudin* ; *RTD civ. 2018. 723, obs. Grimaldi* ; *Dr. fam. 2018, n° 216, obs. Nicod.*

3. L'art. 1021 n'intéressant ni l'ordre public, ni les bonnes mœurs, la clause pénale qui a pour but d'assurer l'exécution d'un legs de la chose d'autrui ou d'un objet appartenant à l'héritier est licite. • Civ. 25 févr. 1925 : *préc. note 1*

4. L'art. 1021 n'étant pas d'ordre public, il est loisible au testateur d'imposer à ses héritiers la charge de procurer au légataire la propriété entière du bien légué, lorsque le testateur n'a sur celui-ci qu'un droit de propriété indivis, et cette volonté peut être déduite par les juges du fond de l'ensemble des dispositions testamentaires sans qu'elle eût à être expressément formulée par le disposant. • Civ. 1re, 20 févr. 1957 : *Gaz. Pal. 1957. 1. 423* (rejetant le pourvoi formé contre • Poitiers, 5 mai 1954 : *JCP 1955. II. 8742, note Voirin*) • 28 mars 2006, n° 04-10.596 P : *D. 2006. IR 1132* ; *Defrénois 2006. 1586, note Farge.* ♦ V. aussi, sur l'office du juge en la matière, • Civ. 1re, 9 oct. 1961 : *Gaz. Pal. 1961. 2. 304.*

5. Les juges du fond décident à bon droit que les legs particuliers d'immeubles et d'objets mobiliers dépendant de la communauté ayant existé entre la testatrice et son mari ne peuvent être tenus pour des legs de la chose d'autrui, au sens de l'art. 1021, du fait que la testatrice avait un droit de copropriété par indivis sur les biens légués. • Civ. 1re, 28 mai 1968 : *D. 1969. 95* ; *JCP 1969. II. 15714, note Dagot* ; *RTD civ. 1969. 371, obs. R. Savatier,* rejetant le pourvoi formé contre • Paris, 13 déc. 1965 : *D. 1966. 275, note Malaurie.*

6. Cas où le legs a pour objet le logement familial : V. note 22 ss. art. 215.

7. La vente d'une chose ayant été annulée pour défaut de prix sérieux, cet acte n'a plus d'existence légale, de sorte que le legs postérieur ne porte pas sur la chose d'autrui : • Civ. 1re, 8 déc. 1998, n° 96-19.645 P : *RTD civ. 2000. 146, obs. Patarin* .

Art. 1022 **Lorsque le legs sera d'une chose indéterminée, l'héritier ne sera pas obligé de la donner de la meilleure qualité, et il ne pourra l'offrir de la plus mauvaise.**

Art. 1023 **Le legs fait au créancier ne sera pas censé en compensation de sa créance, ni le legs fait au domestique en compensation de ses gages.**

Art. 1024 **Le légataire à titre particulier ne sera point tenu des dettes de la succession, sauf la réduction du legs ainsi qu'il est dit ci-dessus, et sauf l'action hypothécaire des créanciers.**

1. Le légataire particulier d'un immeuble grevé d'hypothèque, n'étant ni héritier ni tenu personnellement des dettes de la succession, n'est pas personnellement obligé au paiement de la dette hypothécaire mais tenu au paiement de celle-ci sur l'immeuble légué. • Civ. 1re, 22 juin 2004 : *D. 2005. Pan. 2120, obs. Brémond* .

2. Le montant des sommes indûment perçues, de son vivant, par le titulaire du compte constitue un passif successoral non déductible du legs consenti à titre particulier du solde de ce compte. • Civ. 1re, 19 sept. 2007, n° 05-18.386 P : *D. 2008. Pan. 2252, obs. Nicod* ; *AJ fam. 2007. 402, obs. Bicheron* .

3. La restitution du dépôt de garantie au locataire incombe au bailleur originaire et ne se transmet pas à son ayant cause particulier (légataire à titre particulier de l'usufruit de l'immeuble). • Civ. 3e, 25 févr. 2004, n° 02-16.589 P : *AJ fam. 2004. 147, obs. Deis-Beauquesne* ; *AJDI 2004. 379, obs. Rouquet* .

SECTION 7 **Des exécuteurs testamentaires**

(L. n° 2006-728 du 23 juin 2006)

La loi du 23 juin 2006 modifiant la présente section entre en vigueur le 1er janv. 2007. — V. les dispositions antérieures (Section 7 ancienne) ss. art. 1034.

BIBL. GÉN. ► CASEY, *RJPF 2007-1/10.* – CHAMOULAUD-TRAPIERS, *D. 2006. 2577.* – LETELLIER, *Dr. fam. 2006. Étude 47.*

Art. 1025 **Le testateur peut nommer un ou plusieurs exécuteurs testamentaires jouissant de la pleine capacité civile pour veiller ou procéder à l'exécution de ses volontés.**

L'exécuteur testamentaire qui a accepté sa mission est tenu de l'accomplir.

Les pouvoirs de l'exécuteur testamentaire ne sont pas transmissibles à cause de mort.

1. Formalisme de l'acte de nomination de l'exécuteur testamentaire. Il suffit que l'acte contenant nomination d'un exécuteur testamentaire remplisse les conditions imposées par la loi pour l'établissement des dispositions testamentaires (en l'espèce, lettre missive). • Aix-en-Provence, 30 déc. 1907 : *DP 1908. 2. 103 (décision rendue en application du droit antérieur à la L. du 23 juin 2006).*

2. Caractère personnel de la mission de l'exécuteur testamentaire. En se substituant un tiers dans l'accomplissement des fonctions qui lui avaient été confiées *intuitu personae* par le *de cujus,* lequel n'avait pas prévu cette possibilité, l'exécuteur testamentaire a commis une faute justifiant sa destitution ; mais les héritiers n'apportant aucun élément à l'appui de leurs allégations selon lesquelles la négligence, les agissements et la résistance injustifiée de l'exécuteur testamentaire leur auraient causé un préjudice, il n'y a pas lieu, en l'état, de leur donner acte de ce qu'ils se réservent la possibilité de lui demander des dommages et intérêts. • TGI Seine, 19 mai 1962 : *Gaz. Pal. 1962. 2. 222 (décision rendue en application du droit antérieur à la L. du 23 juin 2006).*

3. Conséquences du prédécès de l'exécuteur testamentaire. *(Décisions rendues sous l'empire du droit antérieur à la L. du 23 juin 2006).* Pour les conséquences du prédécès de l'exécuteur testamentaire : V. • T. civ. Cusset, 12 déc. 1962 : *JCP 1963. II. 13056, note Voirin,* et, sur appel, • Riom, 26 oct. 1964 : *D. 1965. 202, note Verdot.*

Art. 1026 L'exécuteur testamentaire peut être relevé de sa mission pour motifs graves par le tribunal.

Art. 1027 S'il y a plusieurs exécuteurs testamentaires acceptant, l'un d'eux peut agir à défaut des autres, à moins que le testateur en ait disposé autrement ou qu'il ait divisé leur fonction.

Art. 1028 L'exécuteur testamentaire est mis en cause en cas de contestation sur la validité ou l'exécution d'un testament ou d'un legs.

Dans tous les cas, il intervient pour soutenir la validité ou exiger l'exécution des dispositions litigieuses.

Art. 1029 L'exécuteur testamentaire prend les mesures conservatoires utiles à la bonne exécution du testament.

Il peut faire procéder, dans les formes prévues à l'article 789, à l'inventaire de la succession en présence ou non des héritiers, après les avoir dûment appelés.

Il peut provoquer la vente du mobilier à défaut de liquidités suffisantes pour acquitter les dettes urgentes de la succession.

Contenu de la mission de l'exécuteur testamentaire : destruction de documents. En chargeant un exécuteur testamentaire de détruire tous ses papiers intimes, le *de cujus* a ainsi dépouillé ses héritiers légitimes comme sa légataire universelle de tout droit sur ces documents, et en refusant à ceux-ci communication des papiers remis à l'exécuteur testamentaire, les juges n'ont fait qu'assurer le respect de la volonté du testateur. • Civ. 11 juin 1890 : *DP 1890. 1. 324 (décision rendue en application du droit antérieur à la L. du 23 juin 2006).*

Art. 1030 Le testateur peut habiliter l'exécuteur testamentaire à prendre possession en tout ou partie du mobilier de la succession et à le vendre s'il est nécessaire pour acquitter les legs particuliers dans la limite de la quotité disponible.

Art. 1030-1 En l'absence d'héritier réservataire acceptant, le testateur peut habiliter l'exécuteur testamentaire à disposer en tout ou partie des immeubles de la succession, recevoir et placer les capitaux, payer les dettes et les charges et procéder à l'attribution ou au partage des biens subsistants entre les héritiers et les légataires.

A peine d'inopposabilité, la vente d'un immeuble de la succession ne peut intervenir qu'après information des héritiers par l'exécuteur testamentaire.

Art. 1030-2 Lorsque le testament a revêtu la forme authentique, l'envoi en possession *(Abrogé par L. n° 2016-1547 du 18 nov. 2016, art. 44)* « prévu à l'article 1008 » n'est pas requis pour l'exécution des pouvoirs mentionnés aux articles 1030 et 1030-1.

BIBL. ► LETELLIER, *JCP N 2008. 1331.*

Les dispositions issues de l'art. 44 de la L. n° 2016-1547 du 18 nov. 2016 sont applicables aux successions ouvertes à partir du 1er nov. 2017. Les instances introduites antérieurement sont régies par les dispositions applicables avant cette date (L. préc., art. 114-III).

Art. 1031 Les habilitations mentionnées aux articles 1030 et 1030-1 sont données par le testateur pour une durée qui ne peut excéder deux années à compter de l'ouverture du testament. Une prorogation d'une année au plus peut être accordée par le juge.

Art. 1032 La mission de l'exécuteur testamentaire prend fin au plus tard deux ans après l'ouverture du testament sauf prorogation par le juge.

Mission excédant la durée prévue par la loi : conséquences. Dès lors que les juges décident que l'exécuteur testamentaire était investi, en cette seule qualité, d'un droit de gestion et d'administration pour une durée excédant celle prévue à l'art. 1026 [1032], ils doivent nécessairement en tirer cette conséquence que la clause est nulle, ces pouvoirs dépassant ceux qu'autorise ledit art., et qu'elle doit, par suite être déclarée non écrite par application de l'art. 900 C. civ. • Civ. 20 mai 1867 : *DP 1867. 1. 200 (décision rendue en application du droit antérieur à la L. du 23 juin 2006).*

Art. 1033 L'exécuteur testamentaire rend compte dans les six mois suivant la fin de sa mission.

Si l'exécution testamentaire prend fin par le décès de l'exécuteur, l'obligation de rendre des comptes incombe à ses héritiers.

Il assume la responsabilité d'un mandataire à titre gratuit.

Art. 1033-1 La mission d'exécuteur testamentaire est gratuite, sauf libéralité faite à titre particulier eu égard aux facultés du disposant et aux services rendus.

Art. 1034 Les frais supportés par l'exécuteur testamentaire dans l'exercice de sa mission sont à la charge de la succession.

SECTION 7 *[ANCIENNE]* Des exécuteurs testamentaires

RÉP. CIV. v° *Exécuteur testamentaire*, par F. SAUVAGE.

BIBL. GÉN. ▶ GRIMALDI, *Defrénois 2000. 7.* – LETELLIER, *JCP N 2001. 1548* (pouvoirs). – VERDOT, *D. 1963. Chron. 75* (pouvoirs).

Ancien art. 1025 *Le testateur pourra nommer un ou plusieurs exécuteurs testamentaires.*

Ancien art. 1026 *Il pourra leur donner la saisine du tout, ou seulement d'une partie de son mobilier ; mais elle ne pourra durer au delà de l'an et jour à compter de son décès.*

S'il ne la leur a pas donnée, ils ne pourront l'exiger.

Ancien art. 1027 *L'héritier pourra faire cesser la saisine, en offrant de remettre aux exécuteurs testamentaires somme suffisante pour le payement des legs mobiliers, ou en justifiant de ce payement.*

Ancien art. 1028 *Celui qui ne peut s'obliger, ne peut pas être exécuteur testamentaire.*

Ancien art. 1029 *Abrogé par L. 18 févr. 1938.*

Ancien art. 1030 *Le mineur ne pourra être exécuteur testamentaire même avec l'autorisation de son tuteur ou curateur.*

Ancien art. 1031 *Les exécuteurs testamentaires feront apposer les scellés, s'il y a des héritiers mineurs, majeurs en tutelle ou absents.*

Ils feront faire, en présence de l'héritier présomptif, ou lui dûment appelé, l'inventaire des biens de la succession.

Ils provoqueront la vente du mobilier, à défaut de deniers suffisants pour acquitter les legs.

Ils veilleront à ce que le testament soit exécuté ; et ils pourront, en cas de contestation sur son exécution, intervenir pour en soutenir la validité.

Ils devront, à l'expiration de l'année du décès du testateur, rendre compte de leur gestion.

1. L'action en payement d'une pension alimentaire ne peut être dirigée contre les exécuteurs testamentaires, bien qu'ils eussent la saisine, dès lors qu'ils n'avaient pas reçu mandat du testateur d'acquitter cette dette. • Civ. 23 janv. 1940 : *DC 1941. 104, note Trasbot.*

2. Il résulte de la combinaison des art. 913 et 1031 que l'exécuteur testamentaire n'a pas, en présence d'héritiers réservataires, le pouvoir de vendre un immeuble successoral. • Civ. 1re, 4 déc. 1990, n° 89-11.352 P : *JDI 1991. 398, note Revillard.* ♦ Pour une conception extensive des pouvoirs de l'exécuteur testamentaire, V. • Paris, 22 juill. 1901 : *DP 1907. 2. 385, note Boistel.* ♦ Limites des pouvoirs de l'exécuteur testamentaire : V. • Civ. 1re, 6 mars 1984, n° 83-10.892 P : *R., p. 57 ; D. 1985. 5, note Breton.*

3. L'exécuteur testamentaire n'étant pas l'un

des copartageants, les juges du fond décident à juste titre que le notaire liquidateur devait être désigné par le légataire universel, en l'absence de tout désaccord entre les parties au sens de l'art. 828 (anc.) C. civ. • Civ. 1re, 15 févr. 1965 : *Bull. civ. I, n° 130.*

4. L'exécuteur testamentaire, chargé de veiller à l'exécution du testament, a le pouvoir, au nom et dans l'intérêt collectif des légataires, d'agir en justice pour obtenir des héritiers l'exécution des volontés du testateur. • Civ. 1re, 15 mai 2008 : *cité note 9 ss. art. 782* (action tendant à faire constater la fraude entachant la renonciation d'un héritier à la succession de son père, cette renonciation compromettant la bonne exécution du testament et portant ainsi atteinte aux dernières volontés du défunt).

Ancien art. 1032 *Les pouvoirs de l'exécuteur testamentaire ne passeront point à ses héritiers.*

Ancien art. 1033 *S'il y a plusieurs exécuteurs testamentaires qui aient accepté, un seul pourra agir au défaut des autres ; et ils seront solidairement responsables du compte du mobilier qui leur a été confié, à moins que le testateur n'ait divisé leurs fonctions, et que chacun d'eux ne se soit renfermé dans celle qui lui était attribuée.*

Ancien art. 1034 *Les frais faits par l'exécuteur testamentaire pour l'apposition des scellés, l'inventaire, le compte et les autres frais relatifs à ses fonctions, seront à la charge de la succession.*

SECTION 8 De la révocation des testaments, et de leur caducité

RÉP. CIV. v° *Legs*, par J. Hérail et Q. Guiguet-Schielé.

Art. 1035 **Les testaments ne pourront être révoqués, en tout ou en partie, que par un testament postérieur, ou par un acte devant notaires portant déclaration du changement de volonté.**

BIBL. ► **Donation entre époux et révocation d'un testament antérieur :** Bianchi, *Defrénois 1995. 714.* – D. de la Marnierre, *Gaz. Pal. 1995. 2. Doctr. 1428.* – Colomer, *Defrénois 1985. 545* (révocation tacite d'un testament olographe). – Teilliais, *LPA 13 août 1997* (révocation volontaire des testaments).

1. Droit discrétionnaire. La faculté de révoquer un testament constitue un droit discrétionnaire exclusif de toute action en responsabilité. • Civ. 1re, 30 nov. 2004, n° 02-20.883 P : *D. 2005. 1621, note Maréchal ; ibid. Pan. 813, obs. Lemouland et Vigneau ; JCP 2005. II. 10179, note Binet ; ibid. I. 187, n° 9, obs. Le Guidec ; AJ fam. 2005. 24, obs. Bicheron ; Dr. fam. 2005, n° 16, note Beignier ; RLDC 2005/15, n° 629, note Mahinga ; RTD civ. 2005. 104, obs. Hauser , et 443, obs. Grimaldi.* – Raoul-Cormeil, *Defrénois 2005. 761.*

1° RÉVOCATION EXPRESSE

2. Déclaration notariée de révocation : forme. Lorsqu'il résulte de l'appréciation des juges du fond que l'acte litigieux, reçu par un notaire, est une révocation pure et simple d'un testament antérieur, et non un testament nouveau, la validité de cet acte n'est pas subordonnée à l'observation des formalités prescrites par l'art. 971 C. civ. (réception par deux notaires). • Req. 29 janv. 1908 : *DP 1911. 1. 61.*

3. Testament révocatoire : nécessité d'un testament valable en la forme. Un testament qui n'est pas valable en la forme ne peut emporter révocation de legs antérieurs. • Civ. 1re, 9 janv. 1979 : *Bull. civ. I, n° 16.* ♦ Une donation, quoique valable et devant recevoir exécution, ne saurait, si elle ne répond pas aux exigences de forme de l'art. 9 de la L. du 25 ventôse an XI (présence de deux notaires ou un notaire et deux témoins), emporter révocation expresse d'un testament antérieur, lequel demeure valable dans celles de ses dispositions qui ne sont pas incompatibles avec celles de la donation. • Civ. 1re, 22 juin 2004, n° 02-20.398 P : *Defrénois 2004. 1386, note Beignier ; AJ fam. 2004. 365, obs. Bicheron ; Dr. fam. 2004, n° 154, note Beignier.* ♦ En admettant qu'une simple déclaration de changement de volonté exprimée dans un écrit privé soit valable, il est du moins indispensable que cet écrit puisse être assimilé à un testament et réunisse les conditions de validité édictées par l'art. 895 C. civ., c'est-à-dire qu'il soit écrit, daté et signé de la main du testateur. • Req. 10 janv. 1865 : *DP 1865. 1. 185.*

4. … Possibilité de respecter un formalisme testamentaire différent du formalisme initial. Modification valable d'un testament authentique par un testament olographe déposé chez le notaire. V. • Civ. 1re, 9 juill. 2014, n° 13-18.685 P.

5. … Maintien de l'effet destructeur en dépit de l'inefficacité des dispositions nouvelles. V. • Civ. 23 juill. 1867 : *DP 1867. 1. 329 ; S. 1867. 1. 379* • Req. 9 mars 1903 : *S. 1904. 1. 69* • Civ. 16 juill. 1906 : *DP 1906. 1. 367 ; S. 1909. 1. 387.* ♦ V. également art. 1037. ♦ V. cependant le pouvoir reconnu aux tribunaux de rechercher si la révocation n'était pas, dans l'esprit du testateur, subordonnée à l'efficacité des legs contenus dans le testament révocatoire : • Civ. 17 nov. 1880 : *DP 1881. 1. 180 ; S. 1881. 1. 249* • Req.

18 déc. 1894 : *DP 1895. 1. 119 ; S. 1895. 1. 125.*

6. … Responsabilité du notaire. Responsabilité du notaire en cas de découverte tardive d'un testament en révoquant un précédent : V. • Civ. 1re, 23 nov. 1977 : *JCP 1979. II. 19243, note Dagot.*

7. Portée de l'acte révocatoire. Appréciation de la portée de l'acte opérant révocation : V. • Paris, 1er mars 1929 : *DH 1929. 258* (révocation d'un testament rédigé quelques jours plus tôt ; maintien du testament qui avait précédé celui ainsi révoqué).

2° RÉVOCATION TACITE

8. Incompatibilité avec un nouveau testament. V. notes ss. art. 1036.

9. Aliénation de la chose léguée. V. notes ss. art. 1038.

10. Destruction du testament. Sur la question de savoir dans quels cas la lacération du testament emporte sa révocation : V. • Req. 17 févr. 1937 : *DP 1937. 1. 57, note R. Savatier* • Civ. 1re, 18 juill. 1956 : *D. 1957. 17, note Blanc* • 12 janv. 1965 : *D. 1965. 305* • 5 mai 1965 : *JCP 1965. II. 14311, note R. Savatier* • 28 avr. 1969 : *Bull. civ. I, n° 152 ; R. 1968-1969, p. 25 ; D. 1969. 541, note Lindon ; JCP 1969. II. 16034, note Dagot* • 2 févr. 1971 : *D. 1971. 421, note J. Maury ; JCP 1972. II. 17000, note M. D.* ♦ V. aussi • Chambéry, 4 avr. 1995 : *JCP 1995. IV. 2072* • Paris, 21 mai 1996 : *Dr. fam. 1997, n° 93, note Beignier.*

11. Caractère limitatif des cas de révocation tacite. La révocation d'un testament ne peut résulter que de la rédaction d'un nouveau testament incompatible, de l'aliénation de la chose léguée ou de la destruction ou de l'altération volontaire du testament. Cassation de l'arrêt qui retient qu'il résulte de la correspondance échangée par le défunt et son notaire que la donation établie au profit de sa fille par le testateur, postérieurement à la rédaction du testament, avait nécessairement entraîné la révocation de certaines dispositions testamentaires, le résultat d'un tel cumul de libéralités étant incompatible avec la volonté du donateur. • Civ. 1re, 8 juill. 2015, n° 14-18.875 P : *D. 2015. 1598 ; AJ fam. 2015. 500, obs. Levillain ; Dr. fam. 2015, n° 188, obs. Nicod ; JCP N 2015, n° 1197, note Chabot ; RDC 2016. 88, note Goldie-Génicon.* ♦ La simple croyance en la destruction du testament est insuffisante. – La révocation d'un testament ne peut résulter que d'un acte exprès ou d'une situation de fait créée par le testateur lui-même dans le dessein de rendre impossible l'exécution des legs antérieurement consentis par lui. • Civ. 1re, 25 mai 1959 : *JCP 1959. II. 11188, note R. Savatier.* ♦ Comp. • Req. 23 avr. 1912 : *DP 1913. 1. 41, note H. Capitant* (rétractation tacite des dispositions testamentaires relatives à l'organisation des funérailles) • Versailles, 1er juin 1989 : *D. 1990. 221, concl. Duplat* (révocation tacite par une lettre missive d'un testament olographe antérieur).

12. Cas particulier : modification de la clause bénéficiaire d'un contrat d'assurance vie. Selon l'art. L. 132-8 C. assur., à défaut d'acceptation par le bénéficiaire, le contractant a le droit de désigner un bénéficiaire ou de substituer un bénéficiaire à un autre ; ayant relevé que le contractant, après avoir désigné les bénéficiaires du contrat d'assurance vie dans un testament authentique, avait ultérieurement manifesté la volonté certaine et non équivoque de modifier cette désignation par des avenants postérieurs à ce testament, une cour d'appel en a exactement décidé que ces avenants modificatifs étaient valables, dès lors que la modification des bénéficiaires pouvait intervenir soit par voie d'avenant au contrat, soit en remplissant les formalités édictées par l'art. 1690 C. civ., soit par voie testamentaire, sans qu'il soit nécessaire de respecter un parallélisme des formes entre la voie choisie pour la désignation initiale et celle retenue pour la modification. • Civ. 1re, 3 avr. 2019, n° 18-14.640 P.

Art. 1036 **Les testaments postérieurs qui ne révoqueront pas d'une manière expresse les précédents, n'annuleront, dans ceux-ci, que celles des dispositions y contenues qui se trouveront incompatibles avec les nouvelles, ou qui seront contraires.**

1. Appréciation souveraine de l'incompatibilité. La question de savoir si entre les dispositions d'un testament et celles d'un autre testament ou d'une donation postérieure se rencontre l'incompatibilité ou la contrariété nécessaire pour entraîner l'annulation des dispositions du testament antérieur par la libéralité nouvelle, est une question de fait et d'intention qu'il appartient au juge du fond de résoudre par une interprétation souveraine de la volonté du testateur, des termes de l'acte et des circonstances de la cause. • Civ. 18 déc. 1907 : *DP 1908. 1. 198.* – Dans le même sens : • Civ. 1re, 24 avr. 1968 : *JCP 1968. II. 15564, note M. D.* • 14 mai 1996, n° 94-14.667 P : *RTD civ. 1997. 722, obs. Patarin* • 5 déc. 2018, n° 17-17.493 P : *AJ fam. 2019. 37, obs. Levillain ; JCP N 2019, n° 1132, note Dubarry.* ♦ V. aussi • Req. 23 avr. 1912 : *DP 1913. 1. 41, note H. Capitant* (rétractation tacite des dispositions testamentaires relatives à l'organisation des funérailles). ♦ Sur l'appréciation de l'incompatibilité entre un legs universel et une donation entre époux postérieure, V. • Rouen, 20 janv. 1993 : *JCP N 1994. II. 139, note Camoz.*

2. Additions et ratures. Sur l'éventuel effet modificatif des additions et ratures : V. note 12 ss. art. 970.

Art. 1037 **La révocation faite dans un testament postérieur aura tout son effet, quoique ce nouvel acte reste sans exécution par l'incapacité de l'héritier institué ou du légataire, ou par leur refus de recueillir.**

Art. 1038 **Toute aliénation, celle même par vente avec faculté de rachat ou par échange, que fera le testateur de tout ou de partie de la chose léguée, emportera la révocation du legs pour tout ce qui a été aliéné, encore que l'aliénation postérieure soit nulle, et que l'objet soit rentré dans la main du testateur.**

1. Caractère simple de la présomption découlant de l'art. 1038. En rappelant que l'art. 1038 édicte une présomption légale de révocation qui ne cède que devant une intention contraire formellement exprimée par le testateur, et en décidant qu'une telle intention ne se vérifiait pas en l'espèce, les juges du fond ont souverainement apprécié que la révocation du legs était établie. • Civ. 1re, 6 févr. 1968, no 66-11.886 P. – Dans le même sens : • Civ. 1re, 11 mars 2003, no 00-16.663 P : *JCP 2003. I. 180, no 9, obs. Le Guidec.*

2. Non-application aux legs universels. L'art. 1038 n'a en vue que le legs d'un corps certain, d'une chose déterminée ; le legs universel n'est pas révoqué par la vente que le testateur fait ultérieurement de la totalité de ses biens. En effet, cette vente ne comprend que les biens présents, à la différence du legs universel qui, aux termes de l'art. 1003 C. civ., s'étend à tous les biens que le testateur laissera à son décès. • Req. 1er déc. 1851 : *DP 1851. 1. 327.*

3. Non-application aux legs particuliers d'une catégorie de biens. Les dispositions de l'art. 1038, qui concernent les legs particuliers ayant pour objet un ou des corps certains, ne sont pas applicables au legs particulier portant sur une catégorie de biens. • Civ. 1re, 11 juill. 2006, no 04-14.947 P : *D. 2006. IR 2054 ; AJ fam. 2006. 379, obs. Bicheron.*

4. Non-application au simple projet d'aliénation. Lorsque le testateur a manifesté par certains actes son intention d'aliéner, mais n'a pas, avant son décès, réalisé cette aliénation, les juges du second degré font une exacte application de l'art. 1038 en décidant que le testament devait être exécuté selon sa forme et teneur. • Req. 31 mai 1907 : *DP 1909. 1. 377, note Guénée.* ♦ V. conf. • Civ. 1re, 4 juill. 2007, no 05-16.023 P : *D. 2007. AJ 2037 ; Dr. fam. 2007, no 174, note Beignier ; RJPF 2007-9/37, obs. Casey* (opération de division du terrain légué en deux lots et intention exprimée de faire donation d'un des deux lots à un tiers). ♦ Mais lorsqu'il y a eu accord sur la chose et sur le prix (promesse assortie d'une condition suspensive), l'aliénation réalisée avant le décès de la testatrice de l'immeuble légué a emporté révocation du legs de cet immeuble. • Civ. 1re, 24 avr. 1985 : *D. 1986. 153, note A. B.* – Même sens : • Civ. 1re, 8 avr. 1986, no 84-16.167 P : *R., p. 136.*

5. Nullité de l'aliénation postérieure. Selon l'art. 1038, toute aliénation de la chose léguée emporte révocation du legs, encore que l'aliénation postérieure soit nulle ; en conséquence, le légataire est sans qualité pour agir en annulation de la vente. • Civ. 3e, 4 juill. 1979, no 78-12.455 P : *D. 1980. IR 139, obs. D. Martin.* ♦ Comp. • Civ. 6 janv. 1930 : *DH 1930. 180 ; S. 1931. 1. 289, note Simonnet* • Civ. 1re, 11 mars 2003 : *préc. note 1.*

6. Opération d'échange sur la chose léguée. Conséquence d'une opération d'échange portant sur la chose léguée : V. • Montpellier, 3 juin 1947 : *D. 1947. 469* (conversion de rentes sur l'État, suivie du remboursement des titres ; révocation du legs) • TGI Nevers, 7 juill. 1976 : *JCP 1978. II. 18802, note Dagot* (conversion de titres d'emprunt réalisée à l'initiative du notaire agissant en vertu d'une procuration ; révocation du legs) • Paris, 30 juin 1977 : *JCP N 1980. II. 122* (conversion réglementairement imposée de titres d'emprunt ; maintien du legs). ♦ Comp., en présence d'un legs alternatif de titres de rente, ou à leur défaut, d'une somme d'argent, • Civ. 1re, 16 janv. 1979 : *D. 1979. IR 494 (1re esp.), obs. D. Martin.*

7. Vente sur licitation. Révocation tacite du legs résultant de la vente sur licitation, lorsque le testateur a été partie au jugement ordonnant la vente sur licitation de la propriété léguée : V. • Riom, 23 juin 1988 : *D. 1989. 568, note Prévault.*

Art. 1039 **Toute disposition testamentaire sera caduque, si celui en faveur de qui elle est faite n'a pas survécu au testateur.**

1. La représentation n'existe pas à l'égard des *dispositions testamentaires ; il y a donc* lieu de rechercher en fait si le testateur a entendu instituer également, à défaut des légataires appelés en premier ordre, leurs descendants. • Civ. 2 juill. 1924 : *DP 1926. 1. 102.*

2. La règle de l'art. 1039 reste sans application lorsque l'intention du testateur d'appeler les descendants du légataire, en cas de prédécès de ce dernier, au bénéfice du legs, résulte clairement soit des termes de la disposition, soit de l'ensemble des clauses du testament. • Req. 8 nov. 1921 : *DP 1922. 1. 183.* – Dans le même sens : • Lyon, 5 déc. 1962 : *D. 1963. Somm. 61* • Civ. 1re, 24 oct. 2000, no 98-14.975 P : *RTD civ. 2001. 410, obs. Patarin* (légataires survivants ayant associé au bénéfice du legs le fils d'un autre légataire prédécédé).

3. La règle établie par l'art. 1039 s'applique tant aux personnes morales qu'aux personnes physiques (dissolution de l'œuvre gratifiée avant le décès de la testatrice). • Bordeaux, 31 mars 1952 : *D. 1953. 41, note Lalou.*

Art. 1040 Toute disposition testamentaire faite sous une condition dépendante d'un événement incertain, et telle que, dans l'intention du testateur, cette disposition ne doive être exécutée qu'autant que l'événement arrivera ou n'arrivera pas, sera caduque, si l'héritier institué ou le légataire décède avant l'accomplissement de la condition.

BIBL. ▶ **Legs *de residuo* :** BUFFETEAU, *Defrénois 1993. 1153.*

1. Validité du legs de residuo. En règle générale, et sauf indication contraire du disposant, le legs *de residuo* est soumis à la double condition qu'au décès du premier légataire institué la chose léguée subsiste et le second légataire survive. • Civ. 1re, 17 nov. 1971 : *D. 1972. 133, note Breton.* ♦ V. aussi notes 10 s. ss. art. 896.

2. Legs de residuo portant sur un portefeuille de valeurs mobilières. Un legs *de residuo* ayant pour objet un portefeuille de valeurs mobilières ne porte pas seulement sur les seuls titres qui subsistent au décès du premier légataire de ceux qui avaient appartenu au testateur, mais sur les valeurs acquises en remplacement de celles qui ont été cédées. • Civ. 1re, 2 juin 1993 : *D. 1993. 613, note D. Martin ; JCP 1994. II. 22206, note J.-P. Couturier ; Defrénois 1993. 1274, note Buffeteau ; RTD civ. 1994. 147, obs. Patarin.* – Rappr. • Civ. 1re, 7 juin 2006, nº 04-10.616 P : *JCP 2008. I. 108, nº 7, obs. Le Guidec ; JCP N 2006. 1359, étude Buffeteau ; AJ fam. 2006. 380, obs. Bicheron ; RTD civ. 2006. 807, obs. Grimaldi* (la vente des valeurs et le placement du produit de la vente sur un compte constituent une simple opération de gestion et non de disposition). ♦ Mais en présence de liquidités personnelles les juges du fond doivent individualiser les valeurs mobilières subsistantes au décès du premier légataire. • Civ. 1re, 20 févr. 2008, nº 06-14.704 P : *JCP 2009. I. 109, nº 11, obs. Le Guidec ; AJ fam. 2008. 217, obs. Bicheron ; LPA 14-15 juill. 2008, note Malaurie ; RTD civ. 2008. 346, obs. Grimaldi.*

3. … Portant sur un immeuble. Les droits du second gratifié sur des immeubles ne se reportent ni sur le produit des aliénations, ni sur les nouveaux biens acquis. • Civ. 1re, 20 févr. 2008 : *préc. note 2.*

Art. 1041 La condition qui, dans l'intention du testateur, ne fait que suspendre l'exécution de la disposition, n'empêchera pas l'héritier institué, ou le légataire, d'avoir un droit acquis et transmissible à ses héritiers.

Art. 1042 Le legs sera caduc, si la chose léguée a totalement péri pendant la vie du testateur.

Il en sera de même, si elle a péri depuis sa mort, sans le fait et la faute de l'héritier, quoique celui-ci ait été mis en retard de la délivrer, lorsqu'elle eût également dû périr entre les mains du légataire.

Le legs portant sur un corps certain (quote-part des droits indivis du testateur dans un terrain), l'art. 1042 trouve matière à s'appliquer dès lors que le bien ne se retrouve pas dans le patrimoine du disposant à son décès, la vente du bien par le gérant de tutelle de ce dernier, même impropre à faire présumer la volonté de révoquer le legs, équivalant à sa perte au sens de cet art. • Civ. 1re, 30 juin 2004, nº 02-13.107 P : *D. 2006. Pan. 1573, obs. Lemouland et Plazy ; AJ fam. 2004. 459, obs. Bicheron ; Dr. fam. 2004, nº 212, note Fossier ; RTD civ. 2004. 716, obs. Hauser*, rejetant le pourvoi contre • Versailles, 17 janv. 2002 : *AJ fam. 2002. 226, obs. S. D.-B.* ♦ Dans le même sens (vente du bien légué par le tuteur d'un majeur en tutelle : caducité du legs) : • Civ. 1re, 7 juin 2006, nº 04-10.612 P : *D. 2008.* Pan. 319, obs. Lemouland ; *Defrénois 2006. 1785, obs. Massip ; RTD civ. 2006. 805, obs. Grimaldi.*

Art. 1043 La disposition testamentaire sera caduque, lorsque l'héritier institué ou le légataire la répudiera, ou se trouvera incapable de la recueillir.

1. L'art. 784 C. civ. (déclaration au greffe du TGI) ne saurait être étendu à la renonciation à un legs, fût-il universel ou à titre universel. • Civ. 1re, 12 févr. 1968 : *Bull. civ. I, nº 58* • 20 avr. 1982 : *ibid. I, nº 139* • 20 juill. 1982, nº 81-13.870 P : *RTD civ. 1983. 370, obs. Patarin.* ♦ … Et cette renonciation peut résulter d'actes émanant du légataire et impliquant de sa part l'intention de ne pas se prévaloir de ce legs. • Req. 3 déc. 1900 : *DP 1902. 1. 121* • Civ. 31 juill. 1950 : *JCP 1951. II. 6395, note Laurent.* – V. aussi • Civ. 1re, 19 nov. 1991, nº 90-11.999 P : *RTD civ. 1992. 626, obs. Patarin.* ♦ Mais l'inaction prolongée du légataire ne suffit pas à caractériser la renonciation tacite. • Civ. 1re, 17 oct. 1984 : *Bull. civ. I, no 270 ; RTD civ. 1987. 791, obs. Patarin.*

2. Rétractation de la renonciation à un legs universel : V. note 3 ss. art. 807.

3. En cas de renonciation au legs par le légataire, l'héritier recueille la succession en son entier en vertu de la dévolution légale, de sorte qu'il ne peut être tenu d'exécuter la charge dont était assortie la disposition testamentaire devenue caduque. • Civ. 1re, 1er juill. 2003, n° 01-00.373 P : *D. 2003. 2031, note Beignier ; JCP 2004. II. 10161, note Mahinga ; ibid. I. 155, no 5, obs. Le Guidec ; Gaz. Pal. 2003. 3798, concl. Sainte-Rose ; AJ fam. 2003. 389, obs. S. D.-B.* (testateur ayant institué pour légataires universels ses petit-neveux, à charge pour eux de délivrer une certaine somme à sa concubine ; épilogue de l'affaire ayant donné lieu à Civ. 1re, 3 févr. 1999, cité note 10 ss. art. 1133 anc.) – rejet du pourvoi contre • Paris, 18 oct. 2000 : *Dr. fam. 2003, no 107.* ♦ Comp., pour l'exécution des charges par les héritiers acceptants, en cas de renonciation des légataires, • T. civ. Seine, 1er févr. 1927 : *DP 1928. 2. 121 (2e esp.), note R. Savatier.* ♦ V. aussi note 8 ss. art. 1002 (création d'une fondation).

4. Incapacité de recevoir : association non reconnue d'utilité publique. La défunte ayant clairement testé en faveur d'une association non reconnue d'utilité publique, ignorant manifestement son impossibilité de recevoir ce legs, ne constitue pas une interposition de personne, le mécanisme juridique admis par l'autorité administrative consistant à autoriser l'organisme d'utilité publique auquel l'association gratifiée est affiliée à accepter le legs, à charge pour lui d'en affecter le montant à une œuvre ou une action de cette association, dans le respect de la volonté du testateur. • Civ. 1re, 16 sept. 2010 : *AJ fam. 2010. 542, obs. Vernières ; JCP N 2011, no 1164, note Viudes et Albouy ; RLDC 2010/76, no 4014, obs. Chauchat-Rozier.*

Art. 1044 **Il y aura lieu à accroissement au profit des légataires, dans le cas où le legs sera fait à plusieurs conjointement.**

Le legs sera réputé fait conjointement, lorsqu'il le sera par une seule et même disposition, et que le testateur n'aura pas assigné la part de chacun des colégataires dans la chose léguée.

1. Incidence de l'assignation de parts sur la nature du legs : V. note 7 ss. art. 1003.

2. Conséquences de la caducité des legs particuliers : V. note 12 ss. art. 1003.

Art. 1045 **Il sera encore réputé fait conjointement, quand une chose qui n'est pas susceptible d'être divisée sans détérioration, aura été donnée par le même acte à plusieurs personnes, même séparément.**

Art. 1046 **Les mêmes causes qui, suivant l'article 954 et les deux premières dispositions de l'article 955, autoriseront la demande en révocation de la donation entre vifs, seront admises pour la demande en révocation des dispositions testamentaires.**

1. L'action judiciaire en révocation d'une disposition testamentaire est régie par les dispositions des art. 956 s. C. civ. et doit donc être formée, en application de l'art. 957, dans l'année à compter du jour du délit imputé au bénéficiaire de la libéralité ou du jour où le délit aura pu être connu par le gratifiant. • Civ. 1re, 22 mai 1970, n° 69-10.623 P • 22 nov. 1977 : *JCP 1979. II. 19023, note Surun.* ♦ Courant dissident, refusant l'application de l'art. 957 : • Paris, 10 juill. 1967 : *D. 1968. 36.* – V. aussi : • Lyon, 11 juin 1951 : *D. 1952. 345, note Gervésie et Chavrier.*

2. Il résulte des art. 957 et 1046 que l'action en révocation d'un testament pour ingratitude peut, lorsque le disposant était dans l'incapacité d'agir avant son décès, être exercée par ses héritiers, dans l'année du jour où ils ont eu connaissance à la fois du délit imputé au légataire et du testament fait en faveur de celui-ci. • Civ. 1re, 14 févr. 1990 : *D. 1991. 107, note Morin.*

3. Lorsque l'inexécution de la condition imposée au légataire ne résulte pas d'une faute du gratifié, la révocation n'est encourue que dans le cas où l'exécution de la charge a été la cause impulsive et déterminante de la libéralité ; et les juges du fond disposent à cet égard d'un pouvoir souverain d'appréciation. • Civ. 1re, 27 janv. 1981, n° 79-16.156 P : *D. 1982. IR 20 (2e esp.), obs. D. Martin.*

4. La survenance d'enfants ne figure pas parmi les causes de révocation des legs prévues aux art. 1046 et 1047. • Paris, 12 déc. 1980 : *D. 1982. IR 20 (1re esp.), obs. D. Martin.*

Art. 1047 **Si cette demande est fondée sur une injure grave faite à la mémoire du testateur, elle doit être intentée dans l'année, à compter du jour du délit.**

CHAPITRE VI DES LIBÉRALITÉS GRADUELLES ET RÉSIDUELLES

(L. n° 2006-728 du 23 juin 2006)

La loi du 23 juin 2006 modifiant le présent chapitre entre en vigueur le 1er janv. 2007. – V. les dispositions antérieures (Chapitre VI ancien) ss. art. 1074.

DALLOZ ACTION *Droit patrimonial de la famille 2021/2022, nos 331.00 s.*

BIBL. GÉN. ▶ GRIMALDI, *JCP N 2006. 1387.* – LEVILLAIN, *AJ fam. 2014. 611*. – MALAURIE, *Defrénois 2006. 1801.* – NICOD, *Dr. fam. 2006. Étude 45.* – OMARJEE et LAPIERRE, *LPA 5 févr. 2007.* – PETERKA, *D. 2006. 2580* ; *Gaz. Pal. 2006. Doctr. 3555.* – SAGAUT, *JCP N 2006. 1388.* – VERNIÈRES et BONNET, *Defrénois 2017. 59* (réflexions pratiques).

▶ **Aspects fiscaux :** DELFOSSE et PÉNIGUEL, *JCP N 2007. 1016.* – FRULEUX, *JCP N 2007. 1048.*

SECTION 1 Des libéralités graduelles

Art. 1048 **Une libéralité peut être grevée d'une charge comportant l'obligation pour le donataire ou le légataire de conserver les biens ou droits qui en sont l'objet et de les transmettre, à son décès, à un second gratifié, désigné dans l'acte.**

1. Propriété du grevé. Jusqu'à son décès, le grevé est pleinement propriétaire du bien sur lequel les appelés ne disposent que d'un droit éventuel. • Civ. 1re, 6 mai 1997, n° 94-15.510 P : *D. 1997. 483, rapp. Thierry ; RTD civ. 1998. 171, obs. Patarin (décision rendue sous l'empire du droit antérieur à la L. du 23 juin 2006).*

2. Obligation pour le grevé de respecter une exploitation des biens compatible avec leur restitution. *(Décisions rendues sous l'empire du droit antérieur à la L. du 23 juin 2006).* Si le grevé doit être considéré comme propriétaire des biens jusqu'à l'ouverture de la substitution, s'il a un droit de jouissance plus étendu que celui de l'usufruitier, il est néanmoins tenu de conserver et de rendre les biens, et il porte atteinte aux droits de l'appelé lorsqu'il concède l'exploitation de carrières dans des conditions qui constituent un véritable abus de jouissance (défense faite au preneur de continuer l'exploitation des carrières). • Civ. 28 févr. 1923 : *DP 1925. 1. 189, note Plassard.* ♦ A propos de la conclusion de baux de longue durée par le grevé : V. • T. civ. Seine, 26 mai 1922 : *DP 1925. 2. 149, note Plassard.*

3. Présomption simple de préciput liée à l'obligation de conserver et de transmettre pesant sur le grevé. V. note 38 ss. art. 843.

Art. 1049 **La libéralité ainsi consentie ne peut produire son effet que sur des biens ou des droits identifiables à la date de la transmission et subsistant en nature au décès du grevé.**

Lorsqu'elle porte sur des valeurs mobilières, la libéralité produit également son effet, en cas d'aliénation, sur les valeurs mobilières qui y ont été subrogées.

Lorsqu'elle concerne un immeuble, la charge grevant la libéralité est soumise à publicité.

BIBL. ▶ COLLARD et TRAVELY, *JCP N 2012, n° 1177* (obligation de conservation en valeur).

Art. 1050 **Les droits du second gratifié s'ouvrent à la mort du grevé.**

Toutefois, le grevé peut abandonner, au profit du second gratifié, la jouissance du bien ou du droit objet de la libéralité.

Cet abandon anticipé ne peut préjudicier aux créanciers du grevé antérieurs à l'abandon, ni aux tiers ayant acquis, de ce dernier, un droit sur le bien ou le droit abandonné.

1. Absence d'indivision entre le grevé et l'appelé. Le bénéficiaire d'une substitution n'est pas en état d'indivision avec le grevé ou les héritiers du disposant ; étant exclusivement représenté par le tuteur à la substitution, il n'a aucun droit personnel d'action ou d'intervention dans la liquidation de la succession du disposant. • Req. 20 nov. 1911 : *DP 1914. 1. 104 (décision rendue sous l'empire du droit antérieur à la L. du 23 juin 2006).*

2. Abandon anticipé au profit du second gratifié : situation des créanciers du grevé. Les créanciers du grevé ne sauraient éprouver de préjudice si, par lui-même ou par ses ayants cause, l'appelé leur offre le juste prix de la chose qu'on lui a abandonnée, et le fait distribuer entre eux suivant les formes établies par la loi en cas d'insolvabilité des débiteurs ; le droit des créanciers se trouve, dès lors, épuisé par la répartition légale du prix de la chose qui était leur gage et désormais l'appelé ou ses ayants cause ne sauraient plus être recherchés de ce chef. • Civ. 24 juin 1889 : *DP 1890. 1. 17, note Dubois (décision rendue sous l'empire du droit antérieur à la L. du 23 juin 2006).*

Art. 1051 Le second gratifié est réputé tenir ses droits de l'auteur de la libéralité. Il en va de même de ses héritiers lorsque ceux-ci recueillent la libéralité dans les conditions prévues à l'article 1056.

1. Possibilité pour l'appelé de céder ses droits. *(Décisions rendues sous l'empire du droit antérieur à la L. du 23 juin 2006).* Jugé que le droit de l'appelé, droit conditionnel subordonné à la survie de l'appelé au grevé, procède directement du disposant, non d'une vocation à la succession du grevé, l'appelé ne devant pas recevoir du chef de celui-ci les biens objet de la substitution. Dès lors, les actes d'aliénation ou de cession consentis par l'appelé avant l'ouverture de la substitution ne sont pas des pactes sur succession future prohibés par l'anc. art. 1130 C. civ. • Civ. 10 juin 1918 : *DP 1919. 1. 90 (2e esp.)* • Paris, 14 janv. 1926 : *DP 1928. 2. 9, note Plassard.*

2. Possibilité pour l'appelé d'hypothéquer à l'avance les immeubles. L'appelé peut, dans les termes de l'art. 2125 [2414] C. civ., constituer une hypothèque sur les biens immobiliers dont il se trouve, par la volonté du disposant, conditionnellement propriétaire. • Req. 5 juin 1918 : *DP 1919. 1. 90 (1re esp.) (décision rendue sous l'empire du droit antérieur à la L. du 23 juin 2006).*

Art. 1052 Il appartient au disposant de prescrire des garanties et des sûretés pour la bonne exécution de la charge.

Art. 1053 Le second gratifié ne peut être soumis à l'obligation de conserver et de transmettre.

Si la charge a été stipulée au-delà du premier degré, elle demeure valable mais pour le premier degré seulement.

Art. 1054 Si le grevé est héritier réservataire du disposant, la charge ne peut être imposée que sur la quotité disponible.

Le donataire peut toutefois accepter, dans l'acte de donation ou postérieurement dans un acte établi dans les conditions prévues à l'article 930, que la charge grève tout ou partie de sa réserve.

Le légataire peut, dans un délai d'un an à compter du jour où il a eu connaissance du testament, demander que sa part de réserve soit, en tout ou partie, libérée de la charge. A défaut, il doit en assumer l'exécution.

La charge portant sur la part de réserve du grevé, avec son consentement, bénéficie de plein droit, dans cette mesure, à l'ensemble de ses enfants nés et à naître.

Art. 1055 L'auteur d'une donation graduelle peut la révoquer à l'égard du second gratifié tant que celui-ci n'a pas notifié, dans les formes requises en matière de donation, son acceptation au donateur.

Par dérogation à l'article 932, la donation graduelle peut être acceptée par le second gratifié après le décès du donateur.

Art. 1056 Lorsque le second gratifié prédécède au grevé ou renonce au bénéfice de la libéralité graduelle, les biens ou droits qui en faisaient l'objet dépendent de la succession du grevé, à moins que l'acte prévoit expressément que ses héritiers pourront la recueillir ou désigne un autre second gratifié.

SECTION 2 Des libéralités résiduelles

Art. 1057 Il peut être prévu dans une libéralité qu'une personne sera appelée à recueillir ce qui subsistera du don ou legs fait à un premier gratifié à la mort de celui-ci.

1. Consécration de la validité du legs de residuo par la jurisprudence antérieurement à la L. du 23 juin 2006. Si, en cas de legs *de residuo*, le premier légataire institué conserve *bien le droit de disposer par acte* entre vifs des biens à lui légués, les dispositions testamentaires prises par lui et qui ne doivent recevoir effet qu'après sa mort, ne peuvent, en règle générale, et sauf indication contraire du disposant, mettre échec à la volonté de ce dernier de voir attribuer au second légataire les biens qui subsisteraient au décès du premier. • Civ. 1re, 27 juin 1961 : *D. 1962. 285, note Ancel.* ♦ Distinction de la substitution prohibée et du legs *de residuo* : V. • Civ. 1re, 20 janv. 1958, • 20 mars 1958 et • 3 nov. 1958 : JCP 1959. II. 11136, note Voirin • Poitiers, 11 mai 1971 : *D. 1971. 621.*

2. Nature juridique du legs de residuo. *(Décisions rendues sous l'empire du droit antérieur à la L. du 23 juin 2006).* En l'absence d'indication contraire du disposant, le legs *de residuo* est soumis à la double condition qu'au décès du premier légataire institué, la chose léguée subsiste et le second légataire survive ; il s'ensuit qu'en application de l'art. 1040 C. civ. les héritiers du second légataire ne peuvent réclamer, au décès du premier, la délivrance du legs *de residuo*. • Civ. 1re, 17 nov. 1971 : *D. 1972. 133, note Breton.* ♦ V. aussi *RTD civ. 1982. 649, obs. Patarin.* ♦ Sur la détermination du *residuum*, s'agissant du legs *de residuo* d'un portefeuille de titres, V. • Civ. 1re, 2 juin 1993 : *D. 1993. 613, note D. Martin ; Defrénois 1993. 1274, note Buffeteau ; JCP 1994. II. 22206, note Couturier ; RTD civ. 1994. 147, obs. Patarin*, rejetant le pourvoi contre • Rennes, 19 févr. 1991 : *D. 1992. 379, note Couturier*.

3. Contribution aux dettes de la succession. En cas de legs *de residuo*, pour la contribution respective de l'héritier du premier légataire et du second légataire aux dettes et charges de la succession, V. • Civ. 1re, 8 févr. 2005, n° 02-12.103 P : *D. 2005. 1674, note Brenner ; JCP N 2005. 1315, étude Mahinga ; AJ fam. 2005. 235, obs. Chénedé ; Dr. fam. 2005, n° 85, note Beignier ; LPA 9 janv. 2006, note Couturier (décision rendue en application du droit antérieur à la L. du 23 juin 2006).*

4. Régime fiscal du legs de residuo. En présence d'un legs *de residuo*, c'est lors de la réalisation de la condition que l'évaluation fiscale du bien transmis doit s'opérer (art. 637 CGI, devenu art. 676 du même code). • Com. 21 oct. 1969 : *JCP 1970. II. 16518, note Cozian.*

Art. 1058 La libéralité résiduelle n'oblige pas le premier gratifié à conserver les biens reçus. Elle l'oblige à transmettre les biens subsistants.

Lorsque les biens, objets de la libéralité résiduelle, ont été aliénés par le premier gratifié, les droits du second bénéficiaire ne se reportent ni sur le produit de ces aliénations ni sur les nouveaux biens acquis.

Art. 1059 Le premier gratifié ne peut disposer par testament des biens donnés ou légués à titre résiduel.

La libéralité résiduelle peut interdire au premier gratifié de disposer des biens par donation entre vifs.

Toutefois, lorsqu'il est héritier réservataire, le premier gratifié conserve la possibilité de disposer entre vifs ou à cause de mort des biens qui ont été donnés en avancement de part successorale.

Art. 1060 Le premier gratifié n'est pas tenu de rendre compte de sa gestion au disposant ou à ses héritiers.

Art. 1061 Les dispositions prévues aux articles 1049, 1051, 1052, 1055 et 1056 sont applicables aux libéralités résiduelles.

Art. 1062 à 1074 *Abrogés.*

CHAPITRE VI *[ANCIEN]* DES DISPOSITIONS PERMISES EN FAVEUR DES PETITS-ENFANTS DU DONATEUR OU TESTATEUR, OU DES ENFANTS DE SES FRÈRES ET SŒURS

Ancien art. 1048 *Les biens dont les pères et mères ont la faculté de disposer, pourront être par eux donnés, en tout ou en partie, à un ou plusieurs de leurs enfants, par actes entre vifs ou testamentaires, avec la charge de rendre ces biens aux enfants nés et à naître, au premier degré seulement, desdits donataires.*

1. Conditions de la substitution permise : rapports disposant/grevé. La faculté de substitution n'est accordée qu'aux père et mère, à l'exclusion des autres ascendants, et l'arrêt qui déclare valable la disposition faite au profit du petit-fils, avec la charge par celui-ci de rendre à ses enfants nés et à naître, doit être cassé. • Civ. 29 juin 1853 : *DP 1853. 1. 283.*

2. ... Rapports grevé/appelé. L'adopté a, dans la famille de l'adoptant, les mêmes droits successoraux qu'un enfant légitime ; c'est donc justement que les juges du fond lui reconnaissent le droit de se prévaloir de la substitution insérée dans le testament fait au profit de son père adoptif. • Civ. 1re, 29 juin 1983, n° 82-13.319 P : *R., p. 43.*

3. La circonstance que le bien légué avec clause de substitution aurait pu se trouver attribué, lors du partage, à l'héritière célibataire sans enfants, plutôt qu'à sa sœur mère de quatre enfants, ce qui aurait rendu la clause de substitution sans objet, ne saurait entraîner la nullité de ladite clause. • Civ. 1re, 6 mai 1997, n° 94-15.510 P : *D. 1997. 483, rapp. Thierry ; RTD civ. 1998. 171, obs. Patarin*.

Ancien art. 1049 *Sera valable, en cas de mort sans enfants, la disposition que le défunt aura faite par acte entre vifs ou testamentaire, au profit d'un ou plusieurs de ses frères ou sœurs, de tout ou partie des biens qui ne sont point réservés par la loi dans sa succession, avec la charge de rendre ces biens aux enfants nés et à naître, au premier degré seulement, desdits frères ou sœurs donataires.*

Ancien art. 1050 *Les dispositions permises par les deux articles précédents, ne seront valables qu'autant que la charge de restitution sera au profit de tous les enfants nés et à naître du grevé, sans exception ni préférence d'âge ou de sexe.*

Ancien art. 1051 *Si, dans les cas ci-dessus, le grevé de restitution au profit de ses enfants, meurt, laissant des enfants au premier degré et des descendants d'un enfant prédécédé, ces derniers recueilleront, par représentation, la portion de l'enfant prédécédé.*

Ancien art. 1052 *Si l'enfant, le frère ou la sœur auxquels des biens auraient été donnés par acte entre vifs, sans charge de restitution, acceptent une nouvelle libéralité faite par acte entre vifs ou testamentaire, sous la condition que les biens précédemment donnés demeureront grevés de cette charge, il ne leur est plus permis de diviser les deux dispositions faites à leur profit, et de renoncer à la seconde pour s'en tenir à la première, quand même ils offriraient de rendre les biens compris dans la seconde disposition.*

Ancien art. 1053 *Les droits des appelés seront ouverts à l'époque où, par quelque cause que ce soit, la jouissance de l'enfant, du frère ou de la sœur, grevés de restitution, cessera : l'abandon anticipé de la jouissance au profit des appelés, ne pourra préjudicier aux créanciers du grevé antérieurs à l'abandon.*

Ancien art. 1054 *Les femmes des grevés ne pourront avoir, sur les biens à rendre, de recours subsidiaire, en cas d'insuffisance des biens libres, que pour le capital des deniers dotaux, et dans le cas seulement où le testateur l'aurait expressément ordonné.*

Ancien art. 1055 *Celui qui fera les dispositions autorisées par les articles précédents, pourra, par le même acte, ou par un acte postérieur, en forme authentique, nommer un tuteur chargé de l'exécution de ces dispositions : ce tuteur ne pourra être dispensé que pour une des causes exprimées (L. n° 64-1230 du 14 déc. 1964) « aux articles 428 et suivants ».*

Rôle du tuteur à la substitution : V. • Bordeaux, 18 janv. 1950 : *JCP 1950. II. 5468, note Voirin.*

Ancien art. 1056 *A défaut de ce tuteur, il en sera nommé un à la diligence du grevé, ou de son tuteur s'il est mineur, dans le délai d'un mois, à compter du jour du décès du donateur ou testateur, ou du jour que, depuis cette mort, l'acte contenant la disposition aura été connu.*

Ancien art. 1057 *Le grevé qui n'aura pas satisfait à l'article précédent, sera déchu du bénéfice de la disposition ; et dans ce cas, le droit pourra être déclaré ouvert au profit des appelés, à la diligence, soit des appelés s'ils sont majeurs, soit de leur tuteur ou curateur s'ils sont mineurs ou majeurs en tutelle, soit de tout parent des appelés majeurs, mineurs ou majeurs en tutelle, ou même d'office, à la diligence du procureur du Roi* [du procureur de la République] *près le tribunal de grande instance du lieu où la succession est ouverte.*

1. La formation de l'indivision entre les appelés ne devant être que la conséquence de l'action en déchéance, l'exercice de cette action n'est pas soumis aux dispositions de l'art. 815-3. • Civ. 1re, 6 mai 1997, ☎ n° 94-15.510 P : *D. 1997. 483, rapp. Thierry* ✎ *; RTD civ. 1998. 171, obs. Patarin* ✎.

2. La pénalité édictée par l'art. 1057 ne saurait être étendue au cas où le grevé n'a pas provoqué le remplacement d'un premier tuteur, régulièrement nommé et décédé plusieurs années après sa nomination. • Req. 22 déc. 1875 : *DP 1876. 1. 208.*

Ancien art. 1058 *Après le décès de celui qui aura disposé à la charge de restitution, il sera procédé, dans les formes ordinaires, à l'inventaire de tous les biens et effets qui composeront sa succession, excepté néanmoins le cas où il ne s'agirait que d'un legs particulier. Cet inventaire contiendra la prisée à juste prix des meubles et effets mobiliers.*

Ancien art. 1059 *Il sera fait à la requête du grevé de restitution, et dans le délai fixé au titre Des successions, en présence du tuteur nommé pour l'exécution. Les frais seront pris sur les biens compris dans la disposition.*

Ancien art. 1060 *Si l'inventaire n'a pas été fait à la requête du grevé dans le délai ci-dessus, il y sera procédé dans le mois suivant, à la diligence du tuteur nommé pour l'exécution, en présence du grevé ou de son tuteur.*

Ancien art. 1061 *S'il n'a point été satisfait aux deux articles précédents, il sera procédé au même inventaire, à la diligence des personnes désignées en l'article 1057, en y appelant le grevé ou son tuteur, et le tuteur nommé pour l'exécution.*

Ancien art. 1062 *Le grevé de restitution sera tenu de faire procéder à la vente, par affiches et enchères, de tous les meubles et effets compris dans la disposition, à l'exception néanmoins de ceux dont il est mention dans les deux articles suivants.*

Ancien art. 1063 *Les meubles meublants et autres choses mobilières qui auraient été compris dans la disposition, à la condition expresse de les conserver en nature, seront rendus dans l'état où ils se trouveront lors de la restitution.*

Ancien art. 1064 *Les bestiaux et ustensiles servant à faire valoir les terres, seront censés compris dans les donations entre vifs ou testamentaires desdites terres ; et le grevé sera seulement tenu de les faire priser et estimer, pour en rendre une égale valeur lors de la restitution.*

Ancien art. 1065 *Il sera fait par le grevé, dans le délai de six mois, à compter du jour de la clôture de l'inventaire, un emploi des deniers comptants, de ceux provenant du prix des meubles et effets qui auront été vendus, et de ce qui aura été reçu des effets actifs.*

Ce délai pourra être prolongé, s'il y a lieu.

Pour le cas d'un emploi des deniers dans un bien dont ils ne représentent qu'une quotité, V. • Civ. 1re, 1er oct. 1996, n° 94-16.867 P : *D. 1996. Somm. 392, obs. Grimaldi ; JCP 1997. I. 4021, obs. Le Guidec ; Defrénois 1997. 458, note X. Savatier ; RTD civ. 1997. 200, obs. Patarin* (droit du grevé de disposer de la partie du bien qui excède la fraction correspondant aux deniers donnés et employés en application de la clause de substitution).

Ancien art. 1066 *Le grevé sera pareillement tenu de faire emploi des deniers provenant des effets actifs qui seront recouvrés et des remboursements de rentes ; et ce, dans trois mois au plus tard après qu'il aura reçu ces deniers.*

Ancien art. 1067 *Cet emploi sera fait conformément à ce qui aura été ordonné par l'auteur de la disposition, s'il a désigné la nature des effets dans lesquels l'emploi doit être fait ; sinon, il ne pourra l'être qu'en immeubles, ou avec privilège sur des immeubles.*

Ancien art. 1068 *L'emploi ordonné par les articles précédents sera fait en présence et à la diligence du tuteur nommé pour l'exécution.*

Ancien art. 1069 (Ord. n° 59-71 du 7 janv. 1959) *Les dispositions par actes entre vifs ou testamentaires, à charge de restitution, seront, à la diligence soit du grevé, soit du tuteur nommé pour l'exécution, rendues publiques, quant aux immeubles, conformément aux lois et règlements concernant la publicité foncière, et quant aux créances privilégiées ou hypothécaires, suivant les prescriptions des articles 2148 [2428] et 2149 [2430], 2e alinéa, du présent code.*

Ancien art. 1070 *Le défaut de* (Ord. n° 59-71 du 7 janv. 1959, art. 25) *« publication » de l'acte contenant la disposition, pourra être opposé par les créanciers et tiers acquéreurs, même aux mineurs ou majeurs en tutelle, sauf le recours contre le grevé et contre le tuteur à l'exécution, et sans que les mineurs ou majeurs en tutelle puissent être restitués contre ce défaut de* (Ord. n° 59-71 du 7 janv. 1959, art. 25) *« publication », quand même le grevé et le tuteur se trouveraient insolvables.*

Ancien art. 1071 *Le défaut de* (Ord. n° 59-71 du 7 janv. 1959, art. 25) *« publication » ne pourra être suppléé ni regardé comme couvert par la connaissance que les créanciers ou les tiers acquéreurs pourraient avoir eue de la disposition par d'autres voies que celles de la* (Ord. n° 59-71 du 7 janv. 1959, art. 25) *« publication ».*

Ancien art. 1072 *Les donataires, les légataires, ni même les héritiers* (Abrogé par L. n° 2002-305 du 4 mars 2002) *« légitimes » de celui qui aura fait la disposition, ni pareillement leurs donataires, légataires ou héritiers, ne pourront, en aucun cas, opposer aux appelés le défaut de* (Ord. n° 59-71 du 7 janv. 1959, art. 25) *« publication » ou inscription.*

Ancien art. 1073 *Le tuteur nommé pour l'exécution sera personnellement responsable, s'il ne s'est pas, en tout point, conformé aux règles ci-dessus établies pour constater les biens, pour la vente du mobilier, pour l'emploi des deniers, pour la* (Ord. n° 59-71 du 7 janv. 1959, art. 25) *« publication » et l'inscription, et, en général, s'il n'a pas fait toutes les diligences nécessaires pour que la charge de restitution soit bien et fidèlement acquittée.*

Ancien art. 1074 *Si le grevé est mineur, il ne pourra, dans le cas même de l'insolvabilité de son tuteur, être restitué contre l'inexécution des règles qui lui sont prescrites par les articles du présent chapitre.*

CHAPITRE VII DES LIBÉRALITÉS-PARTAGES

(L. n° 2006-728 du 23 juin 2006)

La loi du 23 juin 2006 modifiant le présent chapitre entre en vigueur le 1er janv. 2007. — V. les dispositions antérieures (Chapitre VII ancien) ss. art. 1080.

RÉP. CIV. *Libéralités-partages*, par F. Sauvage.

DALLOZ ACTION *Droit patrimonial de la famille 2021/2022*, n°s 410.00 s.

BIBL. GÉN. ▶ Grimaldi, *JCP 2006. I. 179 ; Defrénois 2017. 69*. – Le Guidec, *D. 2006. 2584*. – Hernandez et Lasgleizes, *Defrénois 2022/39. 13* (testament-partage). – Hernandez et Lasgleizes, *Defrénois 2022/39. 13* (testament-partage). – Dossier, Libéralités-partages, *Defrénois 2014. 343*.

SECTION 1 Dispositions générales

Art. 1075 Toute personne peut faire, entre ses héritiers présomptifs, la distribution et le partage de ses biens et de ses droits.

Cet acte peut se faire sous forme de donation-partage ou de testament-partage. Il est soumis aux formalités, conditions et règles prescrites pour les donations entre vifs dans le premier cas et pour les testaments dans le second.

1. Liberté du disposant quant à la composition des lots. En matière de partage, les dispositions relatives à la réserve légale sont d'ordre public, mais celles qui règlent la composition des lots n'ont pas ce caractère ; dans un partage d'ascendant, le testateur peut, suivant les circonstances, les convenances ou la situation de ses héritiers, suivant la nature, la consistance de ses biens, ne pas s'astreindre dans la composition des lots en immeubles ou meubles à une rigoureuse égalité. • Req. 23 nov. 1898 : *DP 1899. 1. 38 (décision rendue sous l'empire du droit antérieur à la L. du 23 juin 2006).*

2. Compatibilité des libéralités-partages avec l'attribution préférentielle. Pour le cas où une attribution préférentielle reste possible en présence d'un partage d'ascendant : V. • Civ. 1re, 26 janv. 1977 : *D. 1977. 485, note Lucas de Leyssac (décision rendue sous l'empire du droit antérieur à la L. du 23 juin 2006).*

3. Libéralités-partages et clause pénale. *(Décisions rendues sous l'empire du droit antérieur à la L. du 23 juin 2006).* Sort de la clause pénale dans une donation-partage : V. • TGI Laval, 25 mai 1965 : *JCP 1966. II. 14650, note Voirin* • Civ. 1re, 13 juin 1966 : *D. 1967. 77, note Voirin* • 10 mars 1970 : *D. 1970. 584, note A. B.* • 10 mai 1989, n° 87-12.576 P : *RTD civ. 1992. 807, obs. Patarin*. ♦ Sort de la clause pénale dans un testament-partage : V. • Civ. 1re, 12 janv. 1971 : *D. 1971. 551.*

Art. 1075-1 Toute personne peut également faire la distribution et le partage de ses biens et de ses droits entre des descendants de degrés différents, qu'ils soient ou non ses héritiers présomptifs.

Testament-partage transgénérationnel. Un ascendant peut valablement partager ses biens entre ses enfants et ses petits-enfants par un testament-partage régi par l'art. 1079. • Civ. 1re, 7 nov. 2012 : *cité note 3 ss. art. 1079.*

Art. 1075-2 Si ses biens comprennent une entreprise individuelle à caractère industriel, commercial, artisanal, agricole ou libéral ou des droits sociaux d'une société exerçant une activité à caractère industriel, commercial, artisanal, agricole ou libéral et dans laquelle il exerce une fonction dirigeante, le disposant peut en faire, sous forme de donation-partage et dans les conditions prévues aux articles 1075 et 1075-1, la distribution et le partage entre le ou les donataires visés auxdits articles et une ou plusieurs autres personnes, sous réserve des conditions propres à chaque forme de société ou stipulées dans les statuts.

Cette libéralité est faite sous réserve que les biens corporels et incorporels affectés à l'exploitation de l'entreprise ou les droits sociaux entrent dans cette distribution et ce partage, et que cette distribution et ce partage aient pour effet de n'attribuer à ces autres personnes que la propriété ou la jouissance de tout ou partie de ces biens ou droits.

Art. 1075-3 **L'action en complément de part pour cause de lésion ne peut être exercée contre les donations-partages et les testaments-partages.**

Exclusion de la lésion. Impossibilité d'exercer une action fondée sur la lésion à l'encontre d'une libéralité-partage, V. déjà en ce sens, antérieurement à la L. du 23 juin 2006 : • Civ. 1re, 22 nov. 2005 : *V. note 6 ss. art. 1076.*

Art. 1075-4 **Les dispositions de l'article 828 sont applicables aux soultes mises à la charge des donataires, nonobstant toute convention contraire.**

1. Caractère d'ordre public de la variabilité légale des soultes. Doit être considérée comme non écrite, en ce qu'elle permet d'exclure la variabilité légale d'ordre public, la clause d'un acte de donation-partage prévoyant une variation conventionnelle susceptible de conduire à une diminution de la soulte mise à la charge de l'un des copartagés, tandis que la variabilité légale pouvait aboutir à une augmentation de celle-ci. • Civ. 1re, 6 juill. 2011 : *cité note 7 ss. art. 828 (décision rendue en application des art. 1075-2 et 833-1 dans leur rédaction antérieure à la L. du 23 juin 2006).*

2. Possibilité de conventions dérogatoires entre copartagés après le décès des donateurs. L'anc. art. 1075-2 [1075-4] n'interdit pas de déroger aux dispositions de l'anc. art. 833-1 [828] C. civ. lorsque la convention est passée, après le décès des ascendants donateurs, entre les donataires copartagés. • Civ. 1re, 19 janv. 1982, no 81-10.608 P : *D. 1982. IR 474, obs. D. Martin (décision rendue sous l'empire du droit antérieur à la L. du 23 juin 2006).*

Art. 1075-5 **Si tous les biens ou droits que le disposant laisse au jour de son décès n'ont pas été compris dans le partage, ceux de ses biens ou droits qui n'y ont pas été compris sont attribués ou partagés conformément à la loi.**

SECTION 2 Des donations-partages *(L. no 2006-728 du 23 juin 2006).*

BIBL. GÉN. ▸ Crône et Perreau-Saussine, *JCP N 2019, no 1311* (aspects de droit international privé). – Naudin et Iwanesko, *JCP N 2016, no 1324* (donation-partage et transmission en nue-propriété). – Taudin, *JCP N 2014, no 1122.* – Tisserand-Martin, *AJ fam. 2006. 349* . – Vigneau, *Dr. fam. 2006. Étude 46.* – Dossier, *AJ fam. 2022. 13* .

▸ **Aspects fiscaux :** Delfosse et Péniguel, *JCP N 2007. 1016.*

§ 1 Des donations-partages faites aux héritiers présomptifs *(L. no 2006-728 du 23 juin 2006).*

Art. 1076 *(L. no 71-523 du 3 juill. 1971)* **La donation-partage ne peut avoir pour objet que des biens présents.**

La donation et le partage peuvent être faits par actes séparés pourvu que *(L. no 2006-728 du 23 juin 2006)* **« le disposant » intervienne aux deux actes.**

1. Respect du formalisme des donations. *(Décisions rendues sous l'empire du droit antérieur à la L. du 23 juin 2006).* La donation-partage doit être passée devant notaire, à peine de nullité. • Civ. 1re, 1er déc. 1999, no 97-21.953 P : *D. 2000. IR 5 ; JCP 2000. I. 278, no 8, obs. Le Guidec ; JCP N 2000. 1844, note Dagot ; Dr. fam. 2000, no 44, note Beignier ; RTD civ. 2000. 884, obs. Patarin* • 3 janv. 2006, no 02-17.656 P : *D. 2006. Pan. 2073, obs. Nicod ; JCP 2008. I. 108, no 9, obs. Le Guidec ; Dr. fam. 2006, no 38, note Beignier ; RTD civ. 2007. 610, obs. Grimaldi* . ♦ En conséquence, est nul un accord sur la répartition des immeubles d'un propriétaire décédé, présenté comme un partage amiable des biens de la succession du *de cujus* et, pour le surplus, comme une donation-partage restant à formaliser de la nue-propriété des biens de l'épouse survivante. • Civ. 1re, 1er déc. 1999 : *préc.* ♦ Aucun texte ne dispense la donation-partage de l'obligation de respecter les dispositions de l'art. 948 C. civ., imposant un état estimatif des effets mobiliers. • Civ. 1re, 10 juin 1970, no 69-10.950 P : *R. 1970-1971, p. 41 ; D. 1970. 772 ; JCP 1971. II. 16656, note M. D.* ♦ Exigence d'une acceptation expresse, donnée par acte authentique et notifiée au donateur avant l'ouverture de la succession : V. • Civ. 1re, 8 juin 1966 : *D. 1966. 674, note Voirin ; JCP 1966. II. 14728, note J. A. ; RTD civ. 1966. 839, obs. Savatier.* ♦ Comp. antérieurement : • Civ. 1re, 9 nov. 1976, no 75-11.863 P (la preuve d'une donation-partage, déguisée sous le voile d'un acte onéreux, n'est soumise à aucune forme particulière et obéit, dans les rapports entre les parties ou leurs ayants cause, aux règles du droit commun, et peut donc être administrée par écrit, ou même par témoins, lorsqu'il existe un commencement de preuve par écrit).

2. Formation de la donation-partage dès l'acceptation de l'un des bénéficiaires. L'acceptation d'un seul des bénéficiaires suffit à la formation de la donation-partage, le refus de certains attributaires étant sans effet sur la validité et l'opposabilité de la donation-partage. • Civ. 1re, 13 févr. 2019, n° 18-11.642 P : *AJ fam. 2019. 342, obs. Levillain ; RTD civ. 2019. 386, obs. Grimaldi ; JCP 2019, n° 479, note Brenner ; JCP N 2019, n° 1291, note Sauvage ; Dr. fam. 2019, n° 108, note Nicod.*

3. Nécessité d'une répartition matérielle des biens. Il n'y a de donation-partage que dans la mesure où l'ascendant effectue une répartition matérielle de ses biens entre ses descendants ; requalification en donation entre vifs créant une indivision conventionnelle d'un acte qui n'attribue que des droits indivis à cinq des six gratifiés, ce qui ne caractérise pas un partage, à défaut de répartition ultérieure de biens divis par les ascendants. • Civ. 1re, 6 mars 2013, n° 11-21.892 P : *D. 2013. 706 ; AJ fam. 2013. 301, obs. Vernières ; RTD civ. 2013. 424, obs. Grimaldi ; Defrénois 2013. 463, note Sauvage ; RLDC 2013/108, n° 5170, obs. Nicod* • 20 nov. 2013, n° 12-25.681 P : *D. 2013. 2772 ; AJ fam. 2014. 54, concl. Chevalier ; JCP 2014, n° 92, note Sauvage ; Defrénois 2013. 1259, note Grimaldi ; Dr. fam. 2014, n° 25, obs. Nicod ; JCP N 2014, n° 1002, obs. Garçon.* – *Adde*, Brenner et Bouquemont, *JCP N 2015, n° 1140* (disposer en indivision par voie de donation-partage). – Goldie-Genicon. *JCP N 2022, n° 1281* (donation-partage et indivision).

4. Nécessité d'un acte répartiteur authentique prenant en compte la totalité des biens donnés. *(Décisions rendues en application du droit antérieur à la L. du 23 juin 2006).* La donation-partage qui réalise la volonté répartitrice de toutes les parties ne peut résulter, sous réserve de l'al. 2 de l'art. 1076, que d'un acte authentique prenant en compte la totalité des biens donnés. • Civ. 1re, 6 févr. 2007, n° 04-20.029 P : *D. 2007. AJ 662, obs. Delaporte-Carré ; ibid. Pan. 2135, obs. Nicod ; JCP 2008. I. 108, n° 9, obs. Le Guidec ; Defrénois 2007. 1294, note Gelot ; AJ fam. 2007. 142, obs. Bicheron ; RJPF 2007-5/36, note Casey ; RTD civ. 2007. 611, obs. Grimaldi .* ♦ Comp. antérieurement : • Civ. 1re, 17 avr. 1985, n° 84-11.908 P : *GAJC, 12e éd., n° 141 ; D. 1986. 243, note Groslière ; Defrénois 1987. 1008, note Champenois* (donation-partage résultant d'actes de donation distincts, mais indivisibles dans la mesure où ils reflètent la volonté clairement exprimée du donateur de distribuer en totalité ou en partie ses biens entre ses enfants ou descendants).

5. Possibilité de réaliser la donation et le partage par actes séparés. Validité d'une donation-partage effectuée en deux temps, une quote-part abstraite de la totalité des biens distribués ayant été attribuée à chacun des quatre enfants du disposant aux termes d'un premier acte intitulé donation-partage, acceptés par tous, dans lequel le disposant se réservait le droit de procéder à des attributions ultérieures de biens à certains bénéficiaires, ce premier acte ayant été suivi, six années plus tard, d'un acte de partage. Le fait que, dans ce deuxième acte, deux seulement des quatre enfants aient accepté leurs lots respectifs est sans incidence sur la validité de la donation-partage qui est valablement formée, indépendamment du refus de certains bénéficiaires, dès que l'un des attributaires accepte son lot. • Civ. 1re, 13 févr. 2019, n° 18-11.642 P : *AJ fam. 2019. 342, obs. Levillain ; RTD civ. 2019. 386, obs. Grimaldi ; JCP 2019, n° 479, note Brenner ; JCP N 2019, n° 1291, note Sauvage ; Dr. fam. 2019, n° 108, note Nicod.*

6. Validité de la donation-partage cumulative en cas de prédécès du conjoint. *(Décisions rendues en application du droit antérieur à la L. du 23 juin 2006).* En cas de prédécès de son conjoint, l'ascendant peut, avec l'accord de tous ses enfants majeurs et capables, former une seule masse de l'ensemble des biens du ménage : V. • Civ. 1re, 20 juin 1955 : *JCP 1955. II. 8781, note Blin ; D. 1955. 737* • 12 févr. 1957 : *Bull. civ. I, n° 70* • 21 nov. 1979 : *D. 1980. IR 400, obs. D. Martin* (il importe que l'ascendant dispose de biens lui appartenant). ♦ La donation-partage cumulative qui réalise par un même acte un partage amiable des biens de la succession ouverte et une donation-partage des biens du parent survivant, à la condition que tous les enfants majeurs et capables acceptent ce partage, est soumise aux règles qui gouvernent les partages d'ascendants. • Civ. 1re, 22 nov. 2005, n° 02-17.708 P : *D. 2006. 902, note Mahinga ; D. 2005. IR 3035, obs. Gallmeister ; JCP 2006. II. 10026, note Sauvage ; ibid. 2008. I. 108, n° 9, obs. Le Guidec ; AJ fam. 2006. 36, obs. Bicheron ; RLDC 2006/28, n° 2104, note Maury ; RTD civ. 2006. 802, obs. Grimaldi* (exclusion de la rescision pour lésion). ♦ Sur la possibilité de procéder à une donation-partage cumulative en l'absence de mariage ou en cas de divorce, V. B. Pavez, *Defrénois 1994. 695.* ♦ Sur les conditions et les conséquences de la révocation pour inexécution des charges d'une donation-partage cumulative, V. notes ss. art. 954.

7. Absence de rapport. Les biens qui font l'objet d'une donation-partage ne sont pas soumis au rapport, qui n'est qu'une opération préliminaire au partage en ce qu'il tend à constituer la masse partageable. • Civ. 1re, 16 juill. 1997, n° 95-13.316 P : *D. 1997. Somm. 370, obs. Grimaldi (décision rendue sous l'empire du droit antérieur à la L. du 23 juin 2006).*

8. Nullité d'une donation-partage suite à une modification de la fiscalité applicable. En déclarant nulle pour absence de cause une donation-partage, acte purement privé intervenu entre personnes privées, parce que l'application rétroactive d'une loi de finances promulguée postérieurement à l'acte avait eu pour conséquence que celui-ci ne se trouvait plus justifié par le mobile qui avait incité les parties à y recourir, les juges du fond ne portent aucune atteinte à l'ordre public. • Civ. 1re, 11 févr. 1986, n° 84-15.513 P : *RTD civ. 1987. 586, obs. Patarin (décision rendue sous l'empire du droit antérieur à la L. du 23 juin 2006).*

Art. 1076-1 *(L. n° 2006-728 du 23 juin 2006)* **En cas de donation-partage faite conjointement par deux époux, l'enfant non commun peut être alloti du chef de son auteur en biens propres de celui-ci ou en biens communs, sans que le conjoint puisse toutefois être codonateur des biens communs.**

BIBL. ▶ KLAA, *JCP N 2008. 1068* (donation-partage conjonctive de biens communs et enfants de lits différents).

1. Validité de la donation-partage conjonctive. *(Décisions rendues en application du droit antérieur à la L. du 23 juin 2006).* La donation-partage faite conjointement par deux époux échappe, de par la loi, à la prohibition des pactes sur succession future. • Civ. 1re, 4 nov. 1981, n° 80-13.191 P : *D. 1982. IR 266.* ♦ Sur les problèmes spécifiques que soulève la restitution des biens donnés en cas de révocation par un conjoint d'une donation-partage conjonctive, V. note 8 ss. art. 954. ♦ Sur le jeu d'une clause d'inaliénabilité en cas de donation-partage conjonctive, V. • Civ. 1re, 20 juill. 1982, n° 81-13.192 P.

2. Cas de la donation-partage conjonctive en présence d'enfant d'un premier lit : jurisprudence antérieure à la L. 23 juin 2006. Cassation de l'arrêt ayant admis la validité d'une donation-partage conjonctive en présence d'enfant d'un premier lit, mais au motif que celle-ci portait indistinctement sur les biens de deux époux. • Civ. 1re, 14 oct. 1981 : *D. 1982. IR 236, obs. D. Martin ; JCP N 1982. II. 146, note Dagot ; ibid. 1983. II. 54, note Rémy ; RTD civ. 1982. 646, obs. Patarin.* ♦ Sur cette question, V. également : Fulchiron, *Defrénois 1994. 833 s., spéc. n° 40.*

3. Régime de la donation-partage conjonctive : calcul de la réserve. Ayant exactement écarté l'application de l'art. 1078 après avoir constaté que tous les enfants des disposants n'avaient pas été allotis à l'occasion du partage anticipé, s'agissant d'une donation-partage conjonctive, les biens dont les donateurs ont ainsi disposé, de façon indivisible, doivent être réunis fictivement, pour liquider la réserve héréditaire, d'après leur état à l'époque de la donation et leur valeur à l'ouverture de la succession du survivant des donateurs. • Civ. 1re, 16 juin 2011, n° 10-17.499 P : *D. 2011. 1759 ; AJ fam. 2011. 443, obs. Vernières ; RTD civ. 2011. 789, obs. Grimaldi ; JCP N 2011. 1237, note Zalewski (décision rendue en application du droit antérieur à la L. du 23 juin 2006).*

4. … Incidences d'une réserve d'usufruit sur les biens communs distribués. En présence d'une donation-partage conjonctive ayant porté sur des parts sociales communes, jugé que l'acte par lequel des époux distribuent et partagent leurs biens communs entre leurs héritiers présomptifs n'a pas eu pour effet, s'ils s'en réservent l'usufruit, de le diviser entre eux, cet usufruit leur demeurant commun ; en conséquence, au décès du prémourant des époux, cet usufruit subsiste et continue de grever l'intégralité des biens objets de la donation. • Civ. 1re, 11 mai 2016, n° 14-28.321 P : *D. 2016. 1631, note Bonnet ; AJ fam. 2016. 348, obs. Levillain ; Rev. sociétés 2016. 750, note Naudin ; RTD civ. 2016. 654, obs. Dross ; ibid. 675, obs. Grimaldi ; ibid. 2017. 470, obs. Vareille ; Gaz. Pal. 2016. 1618, note Valory.*

Art. 1077 *(L. n° 2006-728 du 23 juin 2006)* **Les biens reçus à titre de partage anticipé par un héritier réservataire présomptif s'imputent sur sa part de réserve, à moins qu'ils n'aient été donnés expressément hors part.**

Art. 1077-1 *(L. n° 71-523 du 3 juill. 1971) (L. n° 2006-728 du 23 juin 2006)* **« L'héritier réservataire »** ***qui n'a pas concouru*** **à la donation-partage, ou qui a reçu un lot inférieur à sa part de réserve, peut exercer l'action en réduction, s'il n'existe pas à l'ouverture de la succession des biens non compris dans le partage et suffisants pour composer ou compléter sa réserve, compte tenu des libéralités dont il a pu bénéficier.**

1. Exercice de l'action en réduction par le réservataire soumis à une procédure de liquidation judiciaire. La faculté d'agir en réduction d'une donation-partage est ouverte à l'héritier réservataire qui n'a pas concouru à la donation ou qui a reçu un lot inférieur à sa part de réserve ; cet héritier étant libre, en fonction de considérations, non seulement patrimoniales, mais aussi morales ou familiales, d'exercer ou non l'action en réduction pour préserver sa réserve, cette action est attachée à sa personne et, malgré son incidence patrimoniale, échappe, lorsqu'il est soumis à une procédure de liquidation judiciaire, au dessaisissement prévu par l'art. L. 641-9 C. com. • Com. 2 mars 2022, n° 20-20.173 B : *D. 2022. Chron. C. cass. 1419, obs. Barbot ; ibid. 1675, obs. Lucas et Cagnoli ; AJ fam. 2022. 289, obs. Casey ; ibid. 176, obs. D'Ambra.*

2. Reconstitution de la réserve en présence d'une donation-partage. Le copartagé qui n'a pas été entièrement pourvu de sa réserve dans la donation-partage est en droit de prélever l'appoint sur les biens existant au décès avant tout partage du solde avec ses frères et sœurs, ce prélèvement devant être considéré comme une avance imputable sur la réserve qui doit être reconstituée sur les biens restant à partager préalablement au partage du reliquat desdits biens. • TGI Carpentras, 4 mai 1999 : *BICC 15 févr. 2000, n° 195 ; JCP 2000. II. 10380, note Sauvage.* ♦ Cependant, préconisant une autre méthode liquidative, V. égal. : • TGI Paris, 13 févr. 2008, RG n° 05/00598.

Art. 1077-2 *(L. n° 71-523 du 3 juill. 1971)* **Les donations-partages suivent les règles des donations entre vifs pour tout ce qui concerne l'imputation, le calcul de la réserve et la réduction.**

(L. n° 2006-728 du 23 juin 2006) **« L'action en réduction ne peut être introduite qu'après le décès du disposant qui a fait le partage. En cas de donation-partage faite conjointement par les deux époux, l'action en réduction ne peut être introduite qu'après le décès du survivant des disposants, sauf pour l'enfant non commun qui peut agir dès le décès de son auteur. L'action se prescrit par cinq ans à compter de ce décès.**

« L'héritier présomptif » non encore conçu au moment de la donation-partage dispose d'une semblable action pour composer ou compléter sa part héréditaire.

1. Nature du délai : délai de prescription. Le délai de cinq ans prévu à l'art. 1077-2, al. 2, est un délai de prescription et non un délai préfix. • Civ. 1re, 5 juill. 1989, n° 87-16.476 P *(décision rendue en application du droit antérieur à la L. du 23 juin 2006).*

2. Cause de suspension : impossibilité d'agir. Le délai de prescription prévu à l'art. 1077-2, al. 2 ne peut être suspendu que par des circonstances mettant celui qui l'invoque dans l'impossibilité d'agir. • Civ. 1re, 3 oct. 2000 : *Dr. fam. 2001, n° 34, note Beignier (décision rendue en application du droit antérieur à la L. du 23 juin 2006).*

3. Imprescriptibilité de l'exception. La prescription prévue à l'art. 1077-2, al. 2 peut être écartée lorsque les prétentions ne sont formées qu'en défense et à titre d'exception. • Montpellier, 4 févr. 1988 : *JCP N 1989. II. 233, note Salvage ; RTD civ. 1989. 803, obs. Patarin (décision rendue en application du droit antérieur à la L. du 23 juin 2006).*

4. Interdiction d'introduire l'action en réduction avant le décès du disposant : portée. Alors que, dans le cadre d'une donation-partage cumulative consentie par le conjoint survivant et ayant porté sur des biens appartenant à celui-ci ainsi que sur des biens dépendants de la succession du prémourant, l'un des trois enfants avait bénéficié de l'attribution en moins-prenant de l'indemnité de réduction qu'il devait à ses cohéritiers en raison d'une donation antérieure de ses parents à charge de verser une soulte à ses co-partageants, la Cour a jugé que l'action en revalorisation d'une soulte, ou d'une indemnité due à raison de la réduction d'une libéralité est étrangère à l'action en réduction. • Civ 1re, 9 mars 2011 : *D. 2011. 877 ; RTD civ. 2011. 575, obs. Grimaldi ; RLDC 2011/82, n° 4252, obs. Gallois.*

5. ... Cas de la donation-partage conjonctive. Impossibilité d'introduire l'action en réduction avant le décès du survivant des ascendants donateurs et évaluation des biens dont les donateurs ont disposé indivisiblement d'après leur état à l'époque de la donation et leur valeur à l'ouverture de la succession du survivant des donateurs, V. • Civ. 1re, 16 juin 2011 : *cité note 3 ss. art. 1076-1.*

Art. 1078 *(L. n° 71-523 du 3 juill. 1971)* **Nonobstant les règles applicables aux donations entre vifs, les biens donnés seront, sauf convention contraire, évalués au jour de la donation-partage pour l'imputation et le calcul de la réserve, à condition que tous les** *(L. n° 2006-728 du 23 juin 2006)* **« héritiers réservataires » vivants ou représentés au décès de l'ascendant aient reçu un lot dans le partage anticipé et l'aient expressément accepté, et qu'il n'ait pas été prévu de réserve d'usufruit portant sur une somme d'argent.**

BIBL. ► KARM, *JCP N 2019. 1315* (donation-partage avec soulte : aspects civils). – SAUTJEAU et VAREILLE, *Defrénois 2014. 356.*

1. Domaine de la règle de fixité des évaluations : absence de réserve d'usufruit sur une somme d'argent. L'art. 1078 ne prévoit l'évaluation des biens au jour de la donation-partage qu'à la condition qu'il n'ait pas été prévu de réserve d'usufruit portant sur une somme d'argent ; cette condition n'est pas remplie lorsqu'un des lots comprend une créance ayant pour objet une somme d'argent et dont l'ascendant donateur s'est réservé l'usufruit ; dans ce cas l'évaluation des biens doit se faire au jour de l'ouverture de la succession. • Civ. 1re, 18 mai 1978 : *D. 1979. IR 76, obs. D. Martin ; JCP 1980. II. 19349, note Dagot.*

2. Portée de la règle de fixité des évaluations : valeur des biens donnés au jour de la donation-partage pour le calcul de la réserve et l'imputation. Pour le calcul de la réserve, les biens donnés doivent être estimés à leur valeur réelle au jour de la donation-partage, quelles qu'aient pu être celles énoncées à l'acte. • Civ. 1re, 25 mai 2016, no 15-16.160 P : *JCP N 2016, no 1277, note Nicod.* ♦ L'art. 1078, texte d'exception, prévoit une évaluation des biens au jour de la donation-partage mais il n'impose pas de retenir l'évaluation figurant dans l'acte de donation-partage. Cassation de l'arrêt ayant retenu, pour rejeter l'action en réduction exercée par un réservataire, que ce dernier ne pouvait valablement procéder à une nouvelle évaluation, à la date de la donation-partage, des biens immobiliers attribués aux donataires. • Civ. 1re, 4 nov. 2015, no 14-23.662 P.

3. … Non-application au calcul de l'indemnité de réduction. Les dispositions de l'art. 1078 C. civ., texte d'exception, concernent exclusivement l'imputation et le calcul de la réserve, et non l'action en réduction pour l'exercice de laquelle l'art. 1077-2 renvoie aux règles des donations entre vifs spécialement en ce qui concerne la détermination de l'indemnité équivalente à la portion excessive de la libéralité réductible, laquelle se calcule d'après la valeur des biens donnés au jour du partage et leur état au jour où la libéralité a pris effet. • Civ. 1re, 17 déc. 1996, no 94-17.911 P : *D. 1997. Somm. 367, obs. Vareille ; JCP 1998. I. 133, no 13, obs. Le Guidec.*

Art. 1078-1 *(L. no 71-523 du 3 juill. 1971)* **Le lot de certains** *(L. no 88-15 du 5 janv. 1988)* **« gratifiés** *[ancienne rédaction : enfants]* **» pourra être formé, en totalité ou en partie, des donations, soit rapportables, soit** *(L. no 2006-728 du 23 juin 2006)* **« faites hors part », déjà reçues par eux** *(L. no 2006-728 du 23 juin 2006)* **« du disposant », eu égard éventuellement aux emplois et remplois qu'ils auront pu faire dans l'intervalle.**

La date d'évaluation applicable au partage anticipé sera également applicable aux donations antérieures qui lui auront été ainsi incorporées. Toute stipulation contraire sera réputée non écrite.

BIBL. ▸ Bouquemont, *JCP N 2014, no 1214* (utilité des réincorporations transgénérationnelles). – Gaudemet et Semere, *Defrénois 2014. 366.*

Incorporation des donations antérieures. Les biens qui ont fait l'objet d'une donation-partage n'étant pas soumis au rapport car celui-ci n'est qu'une opération préliminaire au partage, la donation antérieure incorporée à la donation-partage échappe pareillement au rapport, quand bien même elle aurait été initialement consentie en avancement de part successorale. • Civ. 1re, 4 juill. 2018, no 16-15.915 P : *D. 2018. 1491 ; AJ fam. 2018. 556, obs. Levillain ; Gaz. Pal. 2018. 2468, obs. Valory ; Dr. fam. 2018, no 264, note Tani.*

Art. 1078-2 *(L. no 71-523 du 3 juill. 1971)* **Les parties peuvent aussi convenir qu'une donation** *(L. no 2006-728 du 23 juin 2006)* **« antérieure faite hors part » sera incorporée au partage et imputée sur la part de réserve du donataire à titre d'avancement** *(L. no 2006-728 du 23 juin 2006)* **« de part successorale ».**

Art. 1078-3 *(L. no 2006-728 du 23 juin 2006)* **Les conventions dont il est parlé aux deux articles précédents peuvent avoir lieu même en l'absence de nouvelles donations du disposant. Elles ne sont pas regardées comme des libéralités entre les héritiers présomptifs, mais comme un partage fait par le disposant.**

§ 2 Des donations-partages faites à des descendants de degrés différents

(L. no 2006-728 du 23 juin 2006)

BIBL. GÉN. ▸ **Donation-partage transgénérationnelle :** Grand et Thurel, *D. 2014. 1326.* – Le Guidec, *RLDC 2006/32, no 2279.* – Sagaut, *JCP N 2006. 1321* (formules). – Dossier, *Defrénois 2016. 991.*

Art. 1078-4 **Lorsque l'ascendant procède à une donation-partage, ses enfants peuvent consentir à ce que leurs propres descendants y soient allotis en leur lieu et place, en tout ou partie.**

Les descendants d'un degré subséquent peuvent, dans le partage anticipé, être allotis séparément ou conjointement entre eux.

Art. 1078-5 **Cette libéralité constitue une donation-partage alors même que l'ascendant donateur n'aurait qu'un enfant, que le partage se fasse entre celui-ci et ses descendants ou entre ses descendants seulement.**

Elle requiert le consentement, dans l'acte, de l'enfant qui renonce à tout ou partie de ses droits, ainsi que de ses descendants qui en bénéficient. La libéralité est nulle lorsque le consentement du renonçant a été vicié par l'erreur, le dol ou la violence.

Art. 1078-6 Lorsque des descendants de degrés différents concourent à la même donation-partage, le partage s'opère par souche.

Des attributions peuvent être faites à des descendants de degrés différents dans certaines souches et non dans d'autres.

Art. 1078-7 Les donations-partages faites à des descendants de degrés différents peuvent comporter les conventions prévues par les articles 1078-1 à 1078-3.

Art. 1078-8 Dans la succession de l'ascendant donateur, les biens reçus par les enfants ou leurs descendants à titre de partage anticipé s'imputent sur la part de réserve revenant à leur souche et subsidiairement sur la quotité disponible.

Toutes les donations faites aux membres d'une même souche sont imputées ensemble, quel que soit le degré de parenté avec le défunt.

Lorsque tous les enfants de l'ascendant donateur ont donné leur consentement au partage anticipé et qu'il n'a pas été prévu de réserve d'usufruit portant sur une somme d'argent, les biens dont les gratifiés ont été allotis sont évalués selon la règle prévue à l'article 1078.

Si les descendants d'une souche n'ont pas reçu de lot dans la donation-partage ou n'y ont reçu qu'un lot inférieur à leur part de réserve, ils sont remplis de leurs droits selon les règles prévues par les articles 1077-1 et 1077-2.

BIBL. ▸ RANDOUX, *RLDC 2013/104, n° 5098* (réserve de souche).

Art. 1078-9 Dans la succession de l'enfant qui a consenti à ce que ses propres descendants soient allotis en son lieu et place, les biens reçus par eux de l'ascendant sont traités comme s'ils les tenaient de leur auteur direct.

Ces biens sont soumis aux règles dont relèvent les donations entre vifs pour la réunion fictive, l'imputation, le rapport et, le cas échéant, la réduction.

Toutefois, lorsque tous les descendants ont reçu et accepté un lot dans le partage anticipé et qu'il n'a pas été prévu d'usufruit portant sur une somme d'argent, les biens dont ont été allotis les gratifiés sont traités comme s'ils les avaient reçus de leur auteur par donation-partage.

Art. 1078-10 Les règles édictées à l'article 1078-9 ne s'appliquent pas lorsque l'enfant qui a consenti à ce que ses propres descendants soient allotis en son lieu et place procède ensuite lui-même, avec ces derniers, à une donation-partage à laquelle sont incorporés les biens antérieurement reçus dans les conditions prévues à l'article 1078-4.

Cette nouvelle donation-partage peut comporter les conventions prévues par les articles 1078-1 et 1078-2.

SECTION 3 Des testaments-partages *(L. n° 2006-728 du 23 juin 2006).*

Art. 1079 *(L. n° 2006-728 du 23 juin 2006)* Le testament-partage produit les effets d'un partage. Ses bénéficiaires ne peuvent renoncer à se prévaloir du testament pour réclamer un nouveau partage de la succession.

BIBL. ▸ PERRIN, *Defrénois 19 juill. 2018. 13.*

1. Définition du testament-partage : acte d'autorité. Le testament-partage est un acte d'autorité par lequel le testateur entend imposer le partage. En conséquence, ne peut être qualifié de testaments-partage un acte organisant des attributions de biens présentant un caractère facultatif pour leurs bénéficiaires. • Civ. 1re, 13 avr. 2022, n° 20-17.199 B : *D. 2022. 749* ; *AJ fam. 2022. 394, obs. Casey* ; *Dr. fam. 2022, n° 106, obs. Nicod.*

2. … Interprétation de la volonté du disposant. Qualification de testaments-partages attribuée à plusieurs testaments rédigés séparément par deux époux dans le but d'opérer un partage de leurs biens entre leurs enfants, la cour d'appel ayant souverainement interprété la volonté des testateurs telle qu'elle ressortait de l'appréciation globale des actes de disposition non incompatibles entre eux. • Civ. 1re, 5 déc. 2018, n° 17-17.493 P : *AJ fam. 2019. 37, obs. Levillain* ; *JCP N 2019, n° 1132, note Dubarry.* ♦ Sur la qualification de testament-partage et l'interprétation de la volonté du disposant, V. également • Civ. 1re, 17 avr. 1985, n° 84-11.064 P : *RTD civ. 1986. 166, obs. Patarin*

• 5 juill. 1989 : *Bull. civ. I, n° 282* • 4 juin 2009 : *D. 2009. Pan. 2508, obs. Nicod* (qualification de testament ordinaire comportant un legs préciputaire). ♦ Après avoir constaté qu'aux termes de son codicille, le défunt avait décidé, s'agissant des parts qu'il détenait directement ou indirectement au sein d'une société, de la composition de lots respectivement attribués à ses filles, et retenu qu'en léguant, dans le même acte, le surplus de la quotité disponible à l'une d'entre elles, il avait entendu l'allotir de la majorité du capital social de cette société, c'est dans l'exercice de son pouvoir souverain d'appréciation que la cour d'appel en a déduit que ce codicille, en ce qu'il organisait la distribution et le partage par le défunt, entre deux de ses héritières, d'un élément prépondérant de son patrimoine, devait être qualifié de testament-partage, même s'il ne concernait que certaines des héritières et ne portait que sur une partie des biens successoraux. • Civ. 1re, 6 mars 2019, n° 18-11.640 P : *D. 2019. 1265, note Julienne ; AJ fam. 2019. 297, obs. Ferré-André ; RTD civ. 2019. 388, obs. Grimaldi ; Dr. fam. 2019, n° 110, note Tani.* ♦ Ne peut être qualifié de testaments-partage un acte organisant l'attributions de biens présentant un caractère facultatif pour leurs bénéficiaires. • Civ. 1re, 13 avr. 2022, n° 20-17.199 B : *préc.*

3. *Testament-partage transgénérationnel.* Un ascendant peut valablement partager ses biens entre ses enfants et ses petits-enfants par un testament-partage, compte tenu des dispositions des art. 1075 et 1075-1. • Civ. 1re, 7 nov. 2012, n° 11-23.396 P : *R. 407 ; D. 2012. 2660 ; AJ fam. 2013. 58, obs. Levillain ; RTD civ. 2013. 164, obs. Grimaldi ; JCP 2013, n° 203, note Sauvage ; Defrénois 2013. 531, note Vareille ; RLDC 2013/102, n° 5022.*

4. *Impossibilité d'inclure des biens communs dans un testament-partage.* Si les ascendants peuvent partager, par anticipation, leur succession, cette faculté est limitée aux biens dont chacun d'eux a la propriété et la libre disposition et ne peut être étendue aux biens communs ni aux biens propres de leur conjoint ; une cour d'appel, après avoir retenu que différents testaments, rédigés séparément par des époux au profit de leurs enfants, s'analysaient en des testaments-partages et, après avoir constaté que ces testaments portaient sur la totalité des biens de la communauté, outre, s'agissant des testaments rédigés par le mari, sur des biens immobiliers appartenant en propre à son épouse, en a exactement déduit que ces actes étaient entachés de nullité en leur totalité. • Civ. 1re, 5 déc. 2018, n° 17-17.493 P : *AJ fam. 2019. 37, obs. Levillain ; JCP N 2019, n° 1132, note Dubarry.* ♦ Dans le même sens, sous l'empire du droit antérieur à la L. du 23 juin 2006 : La faculté accordée par l'[anc.] art. 1075 aux ascendants de faire par anticipation le partage de leur succession est limitée aux biens dont chacun d'eux a la propriété et la libre disposition sans pouvoir être étendue aux biens communs. • Civ. 1re, 16 mai 2000, n° 97-20.839 P : *JCP 2001. I. 309, n° 8, obs. Simler ; ibid. 366, n° 7, obs. Le Guidec ; RJPF 2000-10/41, note Casey ; RTD civ. 2000. 883, obs. Patarin* (nullité, pour violation des art. 1021, 1075 et 1423 C. civ., des testaments-partages rédigés le même jour en termes identiques par des époux dès lors qu'ils portent sur un domaine dépendant de leur communauté). – Même sens : • Civ. 1re, 6 mars 2001, n° 99-11.308 P : *D. 2001. IR 1076 ; JCP 2001. I. 366, n° 7, obs. Le Guidec ; JCP N 2001. 1232, note Maury ; Dr. fam. 2001, n° 62, note Beignier ; RTD civ. 2001. 648, obs. Vareille*.

5. *Interdiction du testament-partage cumulatif.* *(Décisions rendues en application du droit antérieur à la L. 23 juin 2006).* L'ascendant ne peut inclure dans un testament-partage que les biens dont il a la propriété et la libre disposition et non ceux dépendant de la communauté dissoute mais non encore partagée ayant existé entre lui et son conjoint prédécédé. • Civ. 1re, 9 déc. 2009, n° 08-18.677 P : *D. 2010. AJ 91, obs. Le Douaron ; JCP 2010, n° 203, § 14, obs. Le Guidec ; AJ fam. 2010. 91, obs. Bicheron ; Dr. fam. 2010, n° 27, obs. Beignier ; Defrénois 2010. 923, note Autem ; RJPF 2010-3/27, note Casey ; RLDC 2010/68, n° 3726, obs. Pouliquen* • 9 déc. 2009, n° 08-17.351 P ♦ V. en revanche pour la validité de la donation-partage cumulative en cas de prédécès du conjoint, note 6 ss. art. 1076.

6. *Régime de la nullité.* La nullité d'un testament-partage incluant des biens dont l'ascendant n'a pas la propriété et la libre disposition, qui ne peut être invoquée que par ceux dont les intérêts particuliers ont été atteints, est une nullité relative soumise à la prescription abrogée de l'art. 1304 anc. • Civ 1re, 3 févr. 2010, n° 08-18.196 P : D. 2010. AJ 505 ; *AJ fam. 2010. 185, note Vernières ; Defrénois 2011. 716, obs. Chamoulaud-Trapiers ; Dr. fam. 2010, n° 48, note Beignier ; RJPF 2010-4/33, note Sauvage ; RLDC 201/70, n° 3791, obs. Pouliquen ; RTD civ. 2010. 607, obs. Grimaldi* .

Art. 1080 *(L. n° 2006-728 du 23 juin 2006)* **« Le bénéficiaire »** *(L. n° 71-523 du 3 juill. 1971)* **qui n'a pas reçu un lot égal à sa part de réserve peut exercer l'action en réduction conformément à l'article 1077-2.**

CHAPITRE VII *[ANCIEN]* DES PARTAGES FAITS PAR LES ASCENDANTS

(L. n° 71-523 du 3 juill. 1971)

V. L. n° 71-523 du 3 juill. 1971, art. 12 et 13, ss. art. 869 anc. — La date d'entrée en vigueur des art. 1075 à 1080 a été fixée au 1er janv. 1972.

Ancien art. 1075 *Les père et mère et autres ascendants peuvent faire, entre leurs enfants et descendants, la distribution et le partage de leurs biens.*

Cet acte peut se faire sous forme de donation-partage ou de testament-partage. Il est soumis aux formalités, conditions et règles prescrites pour les donations entre vifs dans le premier cas et des testaments dans le second, sous réserve de l'application des dispositions qui suivent.

(L. n° 88-15 du 5 janv. 1988) « Si leurs biens comprennent une entreprise individuelle à caractère industriel, commercial, artisanal, agricole ou libéral, les père et mère et autres ascendants peuvent, dans les mêmes conditions et avec les mêmes effets, en faire sous forme de donation-partage, la distribution et le partage entre leurs enfants et descendants et d'autres personnes, sous réserve que les biens corporels et incorporels affectés à l'exploitation de l'entreprise entrent dans cette distribution et ce partage et que cette distribution et ce partage aient pour effet de n'attribuer à ces autres personnes que la propriété de tout ou partie de ces biens ou leur jouissance. »

Les dispositions ci-dessus résultant de la L. n° 88-15 du 5 janv. 1988 sont applicables aux territoires d'outre-mer (L. préc., art. 52-III).

BIBL. ▶ DESPAX, *D. 1959. Chron. 245.* – LÉAUTÉ, *JCP 1951. I. 924.* – PHILIPPE, *RTD civ. 1984. 203.* – GRIMALDI, *Defrénois 1992. 929* (conditions de validité) ; *ibid. 1996. 3* (protection des ayants cause des donataires en cas d'atteinte à la réserve). ▶ **Sur la loi du 5 janv. 1988 :** DAGOT, *JCP N 1988. I. 107.* – LACHAUD, *Gaz. Pal. 1988. 1. Doctr. 145.* – MATHIEU, *JCP N 1988. Prat. 621* (formules). – MAUBRU, *JCP N 1989. I. 17.* – MORIN, *ALD 1988. 15 ; Defrénois 1988. 145 ; ibid. 581.*

Ancien art. 1075-1 *Le partage fait par un ascendant ne peut être attaqué pour cause de lésion.*

Ancien art. 1075-2 *Les dispositions de l'article 833-1, premier alinéa, sont applicables aux soultes mises à la charge des donataires, nonobstant toute convention contraire.*

Ancien art. 1075-3 *Si tous les biens que l'ascendant laisse au jour de son décès n'ont pas été compris dans le partage, ceux de ces biens qui n'y auront pas été compris seront attribués ou partagés conformément à la loi.*

SECTION 1 *[ANCIENNE]* Des donations-partages

(L. n° 71-523 du 3 juill. 1971)

Ancien art. 1076 *La donation-partage ne peut avoir pour objet que des biens présents.*

La donation et le partage peuvent être faits par actes séparés pourvu que l'ascendant intervienne aux deux actes.

BIBL. ▶ **Aspect fiscal :** BELZIDSKY, *Gaz. Pal. 1981. 2. Doctr. 492.* – L. MARTIN, *JCP N 1996. I. 749.* ▶ **Donation-partage de parts sociales avec réserve de quasi-usufruit :** JADAUD, *JCP N 1995. Prat. 3569, p. 1791.* ▶ **Donation-partage par deux époux en présence d'enfants de plusieurs lits :** BEZ, *JCP N 1983. I. 283.* ▶ **Donation-partage avec attribution à un tiers d'une entreprise individuelle :** LANDEROIN, *Mél. Derruppé, Litec/GLN-Joly, 1991, p. 301.* ▶ **Pluralité d'actes de donation :** MATHIEU, *JCP N 1987. I. 77.* ▶ **Règlement successoral du donateur :** ROUGHOL, *JCP N 1996. Prat. 3575 ; Add. 3692.* ▶ **Réduction :** MATHIEU et PILLEBOUT, *JCP N 1998. 1161.* ▶ **Droit de retour :** W. MERLE, *JCP N 2000. 1526.*

Ancien art. 1077 *Les biens reçus par les descendants à titre de partage anticipé constituent un avancement d'hoirie imputable sur leur part de réserve, à moins qu'ils n'aient été donnés expressément par préciput et hors part.*

Ancien art. 1077-1 *Le descendant qui n'a pas concouru à la donation-partage, ou qui a reçu un lot inférieur à sa part de réserve, peut exercer l'action en réduction, s'il n'existe pas à l'ouverture de la succession des biens non compris dans le partage et suffisants pour composer ou compléter sa réserve, compte tenu des libéralités dont il a pu bénéficier.*

BIBL. ▶ THUILLIER, *JCP N 1981. I. 407.*

Ancien art. 1077-2 *Les donations-partages suivent les règles des donations entre vifs pour tout ce qui concerne l'imputation, le calcul de la réserve et la réduction.*

L'action en réduction ne peut être introduite qu'après le décès de l'ascendant qui a fait le partage ou du survivant des ascendants en cas de partage conjonctif. Elle se prescrit par cinq ans à compter dudit décès.

L'enfant non encore conçu au moment de la donation-partage dispose d'une semblable action pour composer ou compléter sa part héréditaire.

Ancien art. 1078 *Nonobstant les règles applicables aux donations entre vifs, les biens donnés seront, sauf convention contraire, évalués au jour de la donation-partage pour l'imputation et le calcul de la réserve, à condition que tous les enfants vivants ou représentés au décès de l'ascendant aient reçu un lot dans le partage anticipé et l'aient expressément accepté, et qu'il n'ait pas été prévu de réserve d'usufruit portant sur une somme d'argent.*

Ancien art. 1078-1 *Le lot de certains* (L. nº 88-15 du 5 janv. 1988) *« gratifiés* [ancienne rédaction : enfants] *» pourra être formé, en totalité ou en partie, des donations, soit rapportables, soit préciputaires, déjà reçues par eux de l'ascendant, eu égard éventuellement aux emplois et remplois qu'ils auront pu faire dans l'intervalle.* — V. note ss. art. 1075.

La date d'évaluation applicable au partage anticipé sera également applicable aux donations antérieures qui lui auront été ainsi incorporées. Toute stipulation contraire sera réputée non écrite.

BIBL. ► SAGAUT, *Defrénois 2001. 1017* (incorporation des donations antérieures : art. 1078-1 à 1078-3).

Ancien art. 1078-2 *Les parties peuvent aussi convenir qu'une donation préciputaire antérieure sera incorporée au partage et imputée sur la part de réserve du donataire à titre d'avancement d'hoirie.*

Ancien art. 1078-3 *Les conventions dont il est parlé aux deux articles précédents peuvent avoir lieu même en l'absence de nouvelles donations de l'ascendant. Elles ne sont pas regardées comme des libéralités entre les descendants, mais comme un partage fait par l'ascendant.*

SECTION 2 *[ANCIENNE]* Des testaments-partages

(L. nº 71-523 du 3 juill. 1971)

BIBL. GÉN. ► CHABOT, *RLDC 2006/23, nº 965.*

Ancien art. 1079 *Le testament-partage ne produit que les effets d'un partage. Ses bénéficiaires ont qualité d'héritiers et ne peuvent renoncer à se prévaloir du testament pour réclamer un nouveau partage de la succession.*

Ancien art. 1080 *L'enfant ou le descendant qui n'a pas reçu un lot égal à sa part de réserve peut exercer l'action en réduction conformément à l'article 1077-2.*

CHAPITRE VIII DES DONATIONS FAITES PAR CONTRAT DE MARIAGE AUX ÉPOUX ET AUX ENFANTS À NAÎTRE DU MARIAGE

RÉP. CIV. vº *Donation par contrat de mariage,* par A. COLOMER et V. BREMOND.

DALLOZ ACTION *Droit patrimonial de la famille 2021/2022, nºs 341.00 s.*

BIBL. GÉN. ► D. MARTIN, *JCP N 1977. I. 39.*

Art. 1081 Toute donation entre vifs de biens présents, quoique faite par contrat de mariage aux époux, ou à l'un d'eux, sera soumise aux règles générales prescrites pour *les donations faites à ce titre.*

Elle ne pourra avoir lieu au profit des enfants à naître, si ce n'est dans les cas énoncés au chapitre VI du présent titre.

Art. 1082 Les père et mère, les autres ascendants, les parents collatéraux des époux, et même les étrangers, pourront, par contrat de mariage, disposer de tout ou partie des biens qu'ils laisseront au jour de leur décès, tant au profit desdits époux, qu'au profit des enfants à naître de leur mariage, dans le cas où le donateur survivrait à l'époux donataire.

Pareille donation, quoique faite au profit seulement des époux ou de l'un d'eux, sera toujours, dans ledit cas de survie du donateur, présumée faite au profit des enfants et descendants à naître du mariage.

1. Le bénéficiaire d'une institution contractuelle, titulaire sur la succession du disposant d'un droit seulement éventuel quant à son objet, n'acquiert l'entier bénéfice de la libéralité qu'au décès de l'instituant et ne peut donc y renoncer avant cette date. • Civ. 1re, 16 juill. 1981 : D. 1983. 333, note Grimaldi ; RTD civ. 1983. 176, obs. Patarin. ♦ En revanche, validité d'une renonciation, postérieure au décès du donateur, alors que le bénéfice de l'institution contractuelle est acquis : V. • Civ. 1re, 10 juill. 1962, n° 59-10.130 P. ♦ La renonciation n'est alors pas soumise à la déclaration au greffe exigée pour les renonciations à succession. • Req. 29 mai 1888 : *DP 1889. 1. 349, rapport Lepelletier.*

2. La donation de biens à venir est une convention par l'effet de laquelle le donataire se trouve saisi de son droit. Il n'a pas à demander la délivrance imposée au légataire. On ne peut donc reprocher aux juges du fond d'avoir admis qu'un donataire de biens à venir pouvait réclamer, plus de trente ans après le décès du donateur, les objets compris dans la donation. • Civ. 1re, 13 févr. 1968, n° 66-12.334 P.

3. Aspect particulier des institutions contractuelles entre époux consenties au cours du mariage : V. note ss. art. 1096.

Art. 1083 **La donation dans la forme portée au précédent article sera irrévocable, en ce sens seulement que le donateur ne pourra plus disposer, à titre gratuit, des objets compris dans la donation, si ce n'est pour sommes modiques, à titre de récompense ou autrement.**

1. Si l'auteur d'une institution contractuelle conserve jusqu'à son décès la propriété de tous les biens composant son patrimoine, ladite institution a néanmoins pour effet de restreindre l'exercice de son droit de propriété en ce qu'elle rend les dispositions à titre gratuit, par lui faites ultérieurement, inefficaces au regard de l'institué lorsqu'elles sont de nature à anéantir ou réduire les droits de succession irrévocablement conférés à ce dernier. Par suite, l'institué contractuel dispose d'une action en restitution contre les donataires postérieurs. • Civ. 1re, 24 févr. 1969 : *D. 1969. 409, note A. B.*

2. L'institution contractuelle n'emportant pas nécessairement révocation d'un legs antérieur avec lequel elle est compatible, il appartient aux juges du fond d'apprécier si cette compatibilité existe entre les actes du disposant qui leur sont soumis. • Civ. 1re, 13 oct. 1976, n° 74-13.097 P. ♦ V. aussi • Civ. 1re, 24 avr. 1968 : *JCP 1968. II. 15564, note M. D.* (incompatibilité, d'où révocation, en l'espèce).

Art. 1084 **La donation par contrat de mariage pourra être faite cumulativement des biens présents et à venir : en tout ou partie, à la charge qu'il sera annexé à l'acte un état des dettes et charges du donateur existantes au jour de la donation ; auquel cas, il sera libre au donataire, lors du décès du donateur, de s'en tenir aux biens présents, en renonçant au surplus des biens du donateur.**

La mention à l'acte de donation que le donateur n'a pas de dettes satisfait aux dispositions de l'art. 1084. • Civ. 1re, 22 févr. 2000, n° 97-21.917 P : *D. 2000. Somm. 430, obs. Nicod ; JCP 2001. I. 366, n° 5, obs. Le Guidec ; RJPF 2000-5/43, obs. J. C.*

Art. 1085 **Si l'état dont est mention au précédent article n'a point été annexé à l'acte contenant donation des biens présents et à venir, le donataire sera obligé d'accepter ou de répudier cette donation pour le tout. En cas d'acceptation, il ne pourra réclamer que les biens qui se trouveront existants au jour du décès du donateur, et il sera soumis au payement de toutes les dettes et charges de la succession.**

Art. 1086 **La donation par contrat de mariage en faveur des époux et des enfants à naître de leur mariage, pourra encore être faite à condition de payer indistinctement toutes les dettes et charges de la succession du donateur, ou sous d'autres conditions dont l'exécution dépendrait de sa volonté, par quelque personne que la donation soit faite : le donataire sera tenu d'accomplir ces conditions, s'il n'aime mieux renoncer à la donation ; et en cas que le donateur, par contrat de mariage, se soit réservé la liberté de disposer d'un effet compris dans la donation de ses biens présents, ou d'une somme fixe à prendre sur ces mêmes biens, l'effet ou la somme, s'il meurt sans en avoir disposé, seront censés compris dans la donation, et appartiendront au donataire ou à ses héritiers.**

Art. 1087 **Les donations faites par contrat de mariage ne pourront être attaquées, ni déclarées nulles, sous prétexte de défaut d'acceptation.**

Art. 1088 **Toute donation faite en faveur du mariage sera caduque, si le mariage ne s'ensuit pas.**

Les cadeaux d'usage entre fiancés ne sont pas susceptibles de révocation par application de l'art. 1088. • Paris, 3 déc. 1976 : *D. 1978. 339, note Cl.-I. Foulon-Piganiol.* ♦ Sur les présents d'usage, V. aussi note 3 ss. art. 1096 anc. ♦ Mais présente les caractéristiques d'une donation faite en faveur du mariage la remise d'une bague de fiançailles spécialement façonnée à l'intention de la fiancée et d'une grande valeur par rapport à la situation économique du donateur. • Versailles, 22 nov. 2002 : *BICC 1er août 2003, n° 1013.*

Art. 1089 Les donations faites à l'un des époux, dans les termes des articles 1082, 1084 et 1086 ci-dessus, deviendront caduques, si le donateur survit à l'époux donataire et à sa postérité.

Art. 1090 Toutes donations faites aux époux par leur contrat de mariage, seront, lors de l'ouverture de la succession du donateur, réductibles à la portion dont la loi lui permettait de disposer.

CHAPITRE IX DES DISPOSITIONS ENTRE ÉPOUX, SOIT PAR CONTRAT DE MARIAGE, SOIT PENDANT LE MARIAGE

RÉP. CIV. v° *Donation entre époux,* par V. BRÉMOND.

DALLOZ ACTION *Droit patrimonial de la famille 2021/2022, nos 347.00 s.*

BIBL. GÉN. ▶ CHAINE et IWANESKO, *JCP N 2000. 568.* – D. MARTIN, *JCP N 1977. I. 39 ; Études Weill, Dalloz/Litec, 1983, p. 415* (désordre du droit des libéralités conjugales).

▶ **Conséquences de la loi du 3 déc. 2001 :** HAUSER et DELMAS SAINT-HILAIRE, *Defrénois 2003. 3.* – SAUVAGE, *JCP N 2003. 1102.* – POTENTIER, *Defrénois 2003. 1521 ; Rect. 2004. 104.* ▶ **Loi du 23 juin 2006 :** CASEY, *Dr. fam. 2006. Étude 49* (libéralités entre époux et avantages matrimoniaux). – DAURIAC, *Mél. Jestaz, Dalloz, 2006, p. 97* (lois du 3 déc. 2001 et du 26 mai 2004 : libéralités conjugales et avantages matrimoniaux, dispositions transitoires). – PAVY, *JCP N 2007. 1174.*

▶ BINET, *D. 2006. Chron. 1923* (clause de non-divorce et libéralités conjugales). – CHABOT, *LPA 8 janv. 2004* (insertion d'une clause d'exhérédation dans une donation entre époux). – ÉPAILLY, *Dr. fam. 2008. Étude 27* (notaire et donations entre ex-époux). – S. HOVASSE, *JCP 2007. I. 150* (clause bénéficiaire en assurance vie et réforme du divorce et des libéralités). – HUGOT et PILLEBOUT, *JCP N 2002. 875* (formules). – JUBAULT, *Defrénois 2004. 81* (libéralités entre époux et vocation successorale *ab intestat* du conjoint survivant). – PRIGENT, *Dr. fam. 2003. Chron. 33* (limites de la quotité disponible entre époux). – RIEUBERNET, *Dr. fam. 2003. Chron. 7* (utilité des donations entre époux ?). – ROSE, *Gaz. Pal. 2002. Doctr. 1401* (même thème).

Art. 1091 Les époux pourront, par contrat de mariage, se faire réciproquement, ou l'un des deux à l'autre, telle donation qu'ils jugeront à propos, sous les modifications ci-après exprimées.

Sort des donations entre époux par contrat de mariage en cas de changement de régime matrimonial : V. note 16 ss. art. 1397.

Art. 1092 Toute donation entre vifs de biens présents, faite entre époux par contrat de mariage, ne sera point censée faite sous la condition de survie du donataire, si cette condition n'est formellement exprimée ; et elle sera soumise à toutes les règles et formes ci-dessus prescrites pour ces sortes de donations.

Art. 1093 La donation de biens à venir, ou de biens présents et à venir, faite entre époux par contrat de mariage, soit simple, soit réciproque, sera soumise aux règles établies par le chapitre précédent, à l'égard des donations pareilles qui leur seront faites par un tiers ; sauf qu'elle ne sera point transmissible aux enfants issus du mariage, en cas de décès de l'époux donataire avant l'époux donateur.

1. Clause de réversibilité d'usufruit : donation de biens à venir (non). **BIBL.** Réversion d'usufruit : Durand, *JCP N 2001. 592 et 620.* – Farge, *Defrénois 2005. 1560.* – Iwanesko, *Dr. et patr. 3/1999. 34.* – Delmas Saint-Hilaire, *RJPF 2005-7-8/11* (nouvel art. 265 C. civ. et réversion d'usufruit entre époux) ; *RJPF 2007-5/12* (L. 23 juin 2006 : retour à la révocabilité *ad nutum* de la réversion d'usufruit). – Petroni-Maudière, *Defrénois 2006. 549.* – Sauvage, *Defrénois 2007. 1340* (récentes tribulations). ♦ La clause de reversibilité de l'usufruit s'analyse en une donation à terme de bien présent, le droit d'usufruit du bénéficiaire lui étant définitivement acquis dès le jour de l'acte et seul l'exercice de ce droit étant différé au décès du donateur. • Civ. 1re, 21 oct. 1997, n° 95-19.759 P : *JCP 1997. II. 22969, note Harel-Dutirou ; JCP 1999. I. 132, n° 5, obs. Le Guidec ; LPA 18 août 1999, note Teilliais ; RTD civ. 1998. 721, obs. Patarin ; ibid. 937, obs. Zenati* • Civ. 3e, 6 nov. 2002, n° 01-00.681 P : *D. 2002. IR 3308 ; JCP N 2003. 1448, note Dagot ; Defrénois 2003. 792, obs. S. Piedelièvre ; AJ fam. 2003. 32, obs. S. D.-B. ; RTD civ. 2003. 133, obs. Patarin* • Cass., ch. mixte, 8 juin 2007, n° 05-10.727 P : *R., p. 332 ; BICC 15 sept. 2007, rapp. Rivière, avis Legoux ; D. 2007. AJ 1731, obs. Delaporte-Carré ; ibid. 2008. Pan. 812, obs. G. Serra ; JCP 2007. II. 10130, note Goubeaux ; ibid. 2009. I. 109, n° 81, obs. Le Guidec ; Defrénois 2007. 1688, obs. Chappert ; AJ fam. 2007. 353, obs. Bicheron ; LPA 18 mars 2008, obs. Chamoulaud-Trapiers ; RJPF 2007-7-8/37, note Valory ; Dr. fam. 2007, n° 151, note Beignier ; RLDC 2007/40, n° 2617, note Leandri ; RDC 2007. 1166, obs. Dauriac ; RTD civ. 2007. 588, obs. Revet , et 605, obs. Grimaldi*. – V. conf. • Civ. 1re, 31 oct. 2007, n° 06-18.996 P : *RJPF 2008-1/49, obs. Delmas Saint-Hilaire.* ♦ Le bénéficiaire doit donc être déterminé au jour de la donation. • Civ. 1re, 21 oct. 1997 : *préc.* ♦ ... Et, au décès du donateur, il n'est pas nécessaire que le bénéficiaire fasse établir et publier une attestation notariée pour que ses droits soient opposables aux tiers. • Civ. 3e, 6 nov. 2002 : *préc.* ♦ ... Et l'exercice de ce droit d'usufruit, différé au jour du décès du donateur, ne constitue pas la manifestation de la volonté de son bénéficiaire d'accepter la succession du défunt. • Cass., ch. mixte, 8 juin 2007 : *préc.* ♦ *Contra*, antérieurement, analysant la clause en une donation de biens à venir, l'usufruit faisant l'objet de la libéralité ne prenant effet qu'au décès du donateur : • Civ. 1re, 20 avr. 1983, n° 82-10.848 P : *R., p. 48 ; D. 1986. 31, note Grimaldi ; JCP 1984. II. 20257, note E. S. de La Marnierre ; JCP N 1985. II. 30, note Rémy ; RTD civ. 1984. 349, obs. Patarin.*

2. Institution contractuelle : droit d'option de l'institué au décès de l'instituant. Le mari, bénéficiaire d'une donation de biens à venir qu'il avait acceptée en tant que telle, s'est trouvé, au décès de son épouse, investi en tant qu'héritier contractuel du droit d'accepter la succession ou d'y renoncer sans que cette renonciation fût soumise à aucune forme particulière. • Civ. 1re, 22 janv. 1985, n° 83-16.018 P : *R., p. 86.*

3. Irrévocabilité de l'institution contractuelle par contrat de mariage : conséquences en droit transitoire. L'institution contractuelle consentie entre époux par contrat de mariage est irrévocable et doit être traitée comme une donation au regard des dispositions transitoires de la L. du 3 janv. 1972. • Civ. 1re, 23 juin 1987 : *D. 1988. 122, note Grimaldi ; RTD civ. 1988. 559, obs. Patarin.* ♦ Comp. note 4 ss. art. 1096.

Art. 1094 *(L. n° 72-3 du 3 janv. 1972)* **L'époux, soit par contrat de mariage, soit pendant le mariage, pourra, pour le cas où il ne laisserait point d'enfant ni de descendant** *(Abrogé par Ord. n° 2005-759 du 4 juill. 2005, à compter du 1er juill. 2006)* ***« légitime ou naturel »*, disposer en faveur de l'autre époux en propriété, de tout ce dont il pourrait disposer en faveur d'un étranger,** *(Abrogé par L. n° 2006-728 du 23 juin 2006, à compter du 1er janv. 2007)* ***« et, en outre, de la nue-propriété de la portion réservée aux ascendants par l'article 914 du présent code ».***

RÉP. CIV. v° *Réserve héréditaire – Quotité disponible*, par É. Fongaro et M. Nicod.

C'est à bon droit que les juges du fond ont estimé que l'art. 1094 s'applique aussi bien aux libéralités entre vifs qu'à celles résultant de testaments. • Civ. 1re, 11 oct. 1983 : *Bull. civ. I, n° 226.*

Art. 1094-1 *(L. n° 72-3 du 3 janv. 1972)* **Pour le cas où l'époux laisserait des enfants ou descendants,** *(Abrogé par Ord. n° 2005-759 du 4 juill. 2005, à compter du 1er juill. 2006)* ***« soit légitimes, »*** **issus ou non du mariage,** *(Abrogé par Ord. n° 2005-759 du 4 juill. 2005, à compter du 1er juill. 2006)* ***« soit naturels, »*** **il pourra disposer en faveur de l'autre époux, soit de la propriété de ce dont il pourrait disposer en faveur d'un étranger, soit d'un quart de ses biens en propriété et des trois autres quarts en usufruit, soit encore de la totalité de ses biens en usufruit seulement.**

(L. n° 2006-728 du 23 juin 2006) **« Sauf stipulation contraire du disposant, le conjoint survivant peut cantonner son émolument sur une partie des biens dont il a été disposé en sa faveur. Cette limitation ne peut être considérée comme une libéralité faite aux autres successibles. »** — *Entrée en vigueur le 1er janv. 2007.*

BIBL. ▶ Dross, *JCP N 2014, hors-série août 2014, p. 45.* – Giray, *JCP N 2007. 1067.* – Hauser et Delmas Saint-Hilaire, *Defrénois 2003. 739* (les quotités disponibles et la loi du 3 déc. 2001). – Letellier, *JCP N 2023, n° 1003* (cantonnement). – Murat, *Defrénois 2017. 17* (cantonnement). – Sauvage, *Defrénois 2010. 1027* (cantonnement des libéralités). – Vareille, *Defrénois 2015. 869* (liquidation des donations au dernier vivant).

A. DOMAINE ET ÉTENDUE DU DISPONIBLE SPÉCIAL

1. Application à une libéralité consentie avant le mariage. Le bénéfice d'une libéralité consentie avant le mariage ne peut être dévolu à l'épouse avant le décès du testateur, ce dont il résulte que les règles édictées par l'art. 1094-1 ont vocation à s'appliquer. • Civ. 1re, 26 oct. 2011, n° 10-20.217 P : *AJ fam. 2011. 609, obs. Vernières ; RTD civ. 2011. 793, obs. Grimaldi ; Dr. fam. 2011, n° 181, obs. Beignier ; JCP N 2012, n° 1114, note Sauvage*, cassant • Bastia, 7 avr. 2010 : *JCP 2010, n° 806, obs. G. Kessler.*

2. Combinaison du disponible spécial prévu par l'art. 1094-1 et du disponible ordinaire prévu par l'art. 913. Il est loisible à un époux de léguer à son conjoint l'usufruit de la totalité des biens composant sa succession, par application de l'art. 1094-1, et cette libéralité, en ce qu'elle n'affecte pas la nue-propriété des biens, lui laisse la faculté de disposer, au profit d'un ou plusieurs de ses enfants, de la nue-propriété de la quotité disponible ordinaire, fixée, en présence de trois enfants, au quart par l'art. 913 C. civ. • Civ. 1re, 26 avr. 1984, n° 83-11.839 P : *R., p. 55 ; GAJC, 12e éd., n° 140 ; D. 1985. 133, note G. Morin ; JCP N 1986. II. 2, note Arrault ; Gaz. Pal. 1985. 2. 460, note D. de La Marnierre ; RTD civ. 1985. 194 et 758, obs. Patarin.* – Grimaldi, *Defrénois 1985. 881.* ♦ Dans le même sens : • Civ. 1re, 20 févr. 1996, n° 93-17.115 P : *JCP 1996. I. 3968, n° 9, obs. Le Guidec ; RTD civ. 1996. 452, obs. Patarin* • Civ. 1re, 12 mai 2010, n° 09-11.133 P : *D. actu. 4 juin 2010, obs. Égéa ; AJ fam. 2010. 331, obs. Bicheron ; Dr. fam. 2010, n° 105, obs. Beignier ; Defrénois 2011. 729, obs. Vareille ; RLDC 2010/74, n° 3943, note Campels* (disposition au profit d'un tiers de la nue-propriété de la quotité disponible). ♦ Seul le légataire a qualité et intérêt à invoquer la volonté de la testatrice de révoquer, pour partie, la donation consentie à son époux. • Même arrêt (exclusion de la fille de la défunte, tenue de ce legs).

3. Articulation des droits légaux reconnus au conjoint survivant avec le bénéfice de libéralités en présence de descendants réservataires. S'agissant des successions ouvertes depuis le 1er janv. 2007, sur l'imputation des libéralités consenties au conjoint survivant sur ses droits successoraux légaux, V. art. 758-6. ♦ S'agissant des successions ouvertes depuis le 1er juill. 2002, mais avant le 1er janv. 2007, sur la nécessité de combiner, à la suite de la loi du 3 déc. 2001, les nouveaux droits légaux conférés au conjoint survivant avec d'éventuelles libéralités dont il aurait bénéficié dans les limites du disponible spécial prévu par l'art. 1094-1, V. note ss. art. 757.

4. Articulation de l'usufruit du droit d'exploitation prévu par l'art. L. 123-6 CPI avec le disponible spécial prévu par l'art. 1094-1. Lorsque en application de l'art. 1094-1, le conjoint survivant est donataire de l'usufruit de la totalité des biens de la succession, l'usufruit du droit d'exploitation dont il bénéficie en application de l'art. 123-6 CPI n'est pas réductible au profit de l'héritier réservataire. • Civ. 1re, 8 juill. 2015 n° 14-18.850 P : *D. 2015. 1540 ; AJ fam. 2015. 503, obs. Ferré-André ; RTD com. 2015. 528, obs. Pollaud-Dulian ; JCP 2015, n° 1128, note Sauvage ; Dr. fam. 2015, n° 187, note Beignier et Nicod.*

5. Incompatibilité entre le bénéfice du disponible spécial prévu par l'art. 1094-1 et une disposition testamentaire déchargeant le conjoint gratifié de ses obligations d'usufruitière. Une veuve, donataire de l'universalité des biens composant la succession de son mari, ayant, dans l'acte de partage, opté pour un quart en pleine propriété et les trois quarts en usufruit et étant remplie de ses droits, ne peut prétendre au bénéfice d'une disposition testamentaire qui, la déchargeant de partie de ses obligations d'usufruitière, aboutirait à lui donner au-delà de ce dont son mari pouvait disposer conformément à l'art. 1094-1. • Civ. 1re, 18 oct. 1994, n° 93-11.384 P : *D. 1995. Somm. 336, obs. Vareille ; RTD civ. 1995. 414, obs. Patarin.*

B. CHOIX ENTRE LES DIFFÉRENTES BRANCHES DE L'OPTION

6. Preuve de l'exercice de l'option. BIBL. Iwanesko, *Defrénois 2000. 352.* ♦ L'héritier réservataire peut faire la preuve par tous moyens de l'acte unilatéral d'option par lequel le donataire a choisi, comme le prévoyait la donation, l'une des quotités disponibles entre époux. • Civ. 1re, 29 oct. 1979 : *Defrénois 1980. 230, note Ponsard.*

7. Capacité requise pour opter : capacité de renoncer. Le choix entre l'une des trois quotités disponibles impliquant la renonciation aux deux autres, le tuteur d'un incapable majeur ne peut, en sa qualité d'administrateur légal sous contrôle judiciaire, exercer l'option dont dispose l'incapable sans l'autorisation du juge des tutelles. • Civ. 1re, 1er juin 1994, n° 92-16.823 P : *Defrénois 1994. 1452, obs. Massip ; RTD civ. 1994. 568, obs. Hauser ; ibid. 1995. 416, obs. Patarin.*

8. Caractère personnel de l'option déléguée au conjoint. L'option conférée à un donataire, au cas de demande en réduction de la libéralité, entre la propriété et l'usufruit des biens composant la quotité disponible, ou leur usufruit seulement, ne peut être exercée par le syndic de la liquidation des biens du donataire. • Com. 18 mai 1976 : *D. 1978. 566, note Fadlallah.*

9. Possibilité de contraindre le donataire à opter : exercice de l'action en réduction. Les créanciers de l'héritier réservataire peuvent exercer l'action en réduction par voie oblique et, ce faisant, contraindre le donataire à exercer l'option entre les différentes quotités disponibles que lui offrait l'acte de donation. • Civ. 1re, 20 oct. 1982, n° 81-16.092 P : *R., p. 48 ; D. 1983. 120, note Rémy ; Defrénois 1983. 627, note Breton ; RTD civ. 1983. 771, obs. Patarin.*

10. Transmissibilité passive de l'option. Il se déduit des dispositions des art. 724, 781 (anc.) et 1094-1 que, si le conjoint gratifié n'a pas exercé le choix entre les trois quotités disponibles de son vivant, son héritier est fondé, dans les mêmes conditions où lui-même en avait la faculté, à exercer l'option de caractère patrimonial dont disposait son auteur. • Civ. 1re, 7 juin 1989 : *JCP 1990. II. 21400, note H.T. ; Defrénois 1989. 1146, obs. Champenois ; RTD civ. 1990. 132, obs. Patarin* • 15 nov. 1989 : *Bull. civ. I, n° 350.* ♦ ... Sauf stipulation expresse du testament réservant ce droit d'option au conjoint gratifié seul. • Civ. 1re, 10 janv. 1990 : *D. 1991. 372, note Mazeron ; JCP N 1990. II. 265, note H.T. ; RTD civ. 1991. 784, obs. Patarin* • 1er juill. 2009, n° 08-16.851 P : *JCP 2010, n° 203, § 2, obs. Le Guidec ; D. 2009. AJ 2038 ; Dr. fam. 2009, n° 112, note Beignier ; RLDC 2009/64, n° 3588, obs. Pouliquen ; RTD civ. 2010. 145, obs. Grimaldi .*

11. Rétroactivité au jour du décès de l'option exercée. Le conjoint survivant, légataire de la plus forte quotité disponible entre époux, qui opte pour que le legs s'exécute pour un quart en propriété et trois quarts en usufruit, a, dès l'ouverture de la succession, la jouissance de tous les biens composant celle-ci. • Civ. 1re, 25 mai 1988, n° 86-15.463 P. ♦ Les donations de biens à venir que se font les époux durant le mariage, parce qu'elles sont révocables, sont soumises, quant à leurs effets, aux règles des legs ; dès lors, une cour d'appel a retenu à juste titre, faisant application de l'art. 777 anc., que l'option exercée par le donataire remontait au jour du décès. • Civ. 1re, 20 oct. 1992, n° 90-20.676 P : *D. 1993. Somm. 223, obs. Grimaldi .*

Art. 1094-2 *(Abrogé par L. n° 2001-1135 du 3 déc. 2001, art. 21, à compter du 1er juill. 2002) (L. n° 72-3 du 3 janv. 1972)* ***Lorsque la libéralité faite, soit en propriété et en usufruit, soit en usufruit seulement, portera sur plus de la moitié des biens, chacun des enfants ou descendants aura, en ce qui concerne sa part de succession, la faculté d'exiger, moyennant sûretés suffisantes et garantie du maintien de l'équivalence initiale, que l'usufruit soit converti en une rente viagère d'égale valeur.***

Toutefois, cette faculté ne pourra pas s'exercer quant à l'usufruit du local d'habitation où le conjoint gratifié avait sa résidence principale à l'époque du décès, ni quant à l'usufruit des meubles meublants qui garnissent ce local.

BIBL. ▸ **Conversion de l'usufruit en rente viagère :** IWANESKO, *Defrénois 2000. 352.*

1. Le conjoint survivant cesse d'exercer son usufruit légal lorsqu'il a reçu du défunt une libéralité excédant son usufruit. Une veuve, légataire de l'usufruit de l'universalité des biens, ne peut donc opposer à une demande de conversion de l'usufruit en rente viagère fondée sur l'art. 1094-2 les dispositions de l'art. 767 C. civ. qui ne permettent pas de demander la conversion de l'usufruit légal après partage définitif (en l'espèce, demande de conversion formée après partage de la nue-propriété). • Civ. 1re, 9 janv. 1979, n° 77-12.386 P : *Defrénois 1979. 957, obs. Champenois.*

2. L'héritier demandeur en conversion, qui peut limiter sa demande à certains biens compris dans le lot dont il est devenu attributaire par l'effet d'un partage en nue-propriété opposable à l'usufruitier, n'est pas tenu de fournir des sûretés pour garantir l'équivalence entre la rente et la part d'usufruit dont la conversion n'a pas été réclamée. • Civ. 1re, 9 janv. 1979 : *préc. note 1.*

3. Pour déterminer si la libéralité en usufruit porte sur plus de la moitié des biens successoraux, il convient de comparer la valeur en pleine propriété des biens grevés d'usufruit, y compris celui où le conjoint avait sa résidence principale et les meubles meublant garnissant celle-ci, à la valeur de l'ensemble des biens successoraux. • Civ. 1re, 9 juill. 1991, n° 89-17.242 P : *Defrénois 1991. 1328, obs. Champenois.*

4. En cas de conversion de l'usufruit légué au conjoint survivant en une rente viagère, celle-ci ne prend effet que pour l'avenir, et non pas rétroactivement au jour du décès. • Civ. 1re, 24 nov. 1987, n° 85-18.285 P : *R., p. 147 ; Defrénois 1988. 546, obs. Champenois ; JCP 1988. II. 21061, note Salvage ; RTD civ. 1988. 379, obs. Patarin.*

5. Ne saurait constituer la résidence principale du conjoint gratifié le domicile conjugal des époux dont la jouissance a été attribuée au *de cujus* par une ordonnance de non-conciliation deux mois avant le décès. • Civ. 1re, 11 janv. 2000, n° 97-20.722 P : *D. 2000. IR 43 ; JCP 2000. I. 278, n° 10, obs. Le Guidec ; Defrénois 2000. 445, obs. Champenois ; Dr. fam. 2000, n° 42, note Beignier (2e esp.) ; RJPF 2000-5/42, note Casey ; RTD civ. 2000. 375, obs. Patarin .*

Art. 1094-3 *(L. n° 72-3 du 3 janv. 1972)* **Les enfants ou descendants pourront, nonobstant toute stipulation contraire du disposant, exiger, quant aux biens soumis à**

l'usufruit, qu'il soit dressé inventaire des meubles ainsi qu'état des immeubles, qu'il soit fait emploi des sommes et que les titres au porteur soient, au choix de l'usufruitier, convertis en titres nominatifs ou déposés chez un dépositaire agréé.

V. L. n° 72-3 du 3 janv. 1972, art. 14, ss. art. 764 anc.

Droit pour les descendants d'exiger un inventaire dressé en leur présence. En application des art. 600 et 1094-3, les filles du défunt, nues-propriétaires, sont en droit d'exiger qu'un inventaire des œuvres formant la collection objet de l'usufruit de leur mère soit dressé en leur présence ou elles dûment appelées. Cassation de l'arrêt qui refuse de faire droit à leur demande au motif qu'un inventaire des œuvres d'art a été entrepris par un notaire à l'ouverture de la succession et que le notaire liquidateur pourra également procéder à un inventaire de la collection. • Civ. 1re, 6 mars 2019, n° 18-11.640 P : *D. 2019. 1265, note Julienne ; AJ fam. 2019. 297, obs. Ferré-André ; RTD civ. 2019. 388, obs. Grimaldi ; Dr. fam. 2019, n° 110, note Tani.*

Art. 1095 **Le mineur ne pourra, par contrat de mariage, donner à l'autre époux, soit par donation simple, soit par donation réciproque, qu'avec le consentement et l'assistance de ceux dont le consentement est requis pour la validité de son mariage ; et, avec ce consentement, il pourra donner tout ce que la loi permet à l'époux majeur de donner à l'autre conjoint.**

Art. 1096 *(L. n° 2004-439 du 26 mai 2004, art. 21-I)* **La donation de biens à venir faite entre époux pendant le mariage** *(L. n° 2006-728 du 23 juin 2006)* **« est » toujours révocable.**

La donation de biens présents *(L. n° 2006-728 du 23 juin 2006)* **« qui prend effet au cours du mariage » faite entre époux** *(L. n° 2006-728 du 23 juin 2006)* **« n'est » révocable que dans les conditions prévues par les articles 953 à 958.**

Les donations faites entre époux de biens présents ou de biens à venir ne sont pas révoquées par la survenance d'enfants. — *L'art. 1096, dans sa rédaction issue de la loi du 26 mai 2004, entre en vigueur le 1er janv. 2005. — Les modifications apportées par la loi du 23 juin 2006 entrent en vigueur le 1er janv. 2007. — V. ci-dessous les rédactions antérieures à ces deux lois.*

Sauf clause contraire, les donations de biens présents qui ne prennent pas effet au cours du mariage, consenties entre le 1er janv. 2005 et la date d'entrée en vigueur de la loi n° 2006-728 du 23 juin 2006 [1er janv. 2007], sont librement révocables dans les conditions prévues par l'art. 1096 dans sa rédaction antérieure au 1er janv. 2005 (L. préc., art. 46).

Les donations de biens présents faites entre époux avant le 1er janv. 2005 demeurent révocables dans les conditions prévues par l'art. 1096 dans sa rédaction antérieure à cette date. Ces dispositions présentent un caractère interprétatif pour l'application de la loi n° 2004-439 du 26 mai 2004 relative au divorce (L. n° 2006-728 du 23 juin 2006, art. 47-III).

BIBL. ▶ BEIGNIER et NICOD, *Defrénois 2005. 265* (donations déjà réalisées). – BERGER, *Dr. fam. 2007. Étude 5.* – BLOCH, *LPA 29 août 2005* (révocabilité ou irrévocabilité). – BRENNER, *Defrénois 2005. 93.* – CLAUX, *AJ fam. 2011. 315* (révocation de donation pour ingratitude). – GIRAY, *Dr. et patr. 3/2005. 30.* – MAHINGA, *JCP 2005. I. 104.* – S. PIEDELIÈVRE, *D. 2004. Chron. 2512*. – PIGNARRE, *RLDC 2012/96, n° 4788.* – PILLEBOUT, *JCP 2006. I. 126.* – PUYGAUTHIER, *JCP N 2004. 1538 et 1548 ; Rect. 2005. 1089.* – RIEUBERNET, *LPA 21 juill. 2004.* – M. STORCK, *JCP 2004. I. 176, n° 24.* – VIGNEAU, *D. 2005. Point de vue 980* (donations déjà réalisées).

▶ **Assurance vie et nouvel art. 1096 :** DEPONDT et MARCK, *Dr. et patr. 7-8/2006. 40.* – PIERRE, *RCA 2006. Étude 14.*

1. Droit transitoire : maintien de la libre révocabilité de toutes les donations entre époux antérieures au 1er janv. 2005. En vertu de l'art. 47-III de la L. du 23 juin 2006, les donations de biens présents faites entre époux avant le 1er janv. 2005 demeurent révocables dans les conditions prévues par l'art. 1096 C. civ. dans sa rédaction antérieure à cette date. Ce texte présente un caractère interprétatif pour l'application de la L. n° 2004-439 du 26 mai 2004, relative au divorce, dont il clarifie les règles d'application dans le temps, conformément aux principes généraux du droit transitoire, sans porter atteinte à aucune situation légalement acquise. • Civ. 1re, 13 sept. 2017, n° 17-13.389 P : *AJ fam. 2017. 548, obs. Levillain*. ♦ Sur la libre révocabilité des donations entre époux antérieurement au 1er janv. 2005, V. jurisprudence citée ci-dessous ss. art. 1096.

A. DONATION DE BIENS À VENIR

2. Institutions contractuelles entre époux : assimilation aux legs en matière de réduction. *(Décisions rendues sous l'empire du droit antérieur à la L. du 23 juin 2006).* Les donations de biens à venir que se font les époux au cours du mariage, parce qu'elles sont révocables, sont quant à leurs effets, soumises aux règles des legs ; elles sont donc susceptibles d'être réduites comme les legs. • Civ. 1re, 10 févr. 1998, n° 96-12.501 P : *JCP 1999. I. 132, n° 9, obs. Le Guidec ; Defrénois 1998. 832, obs. Champenois ; JCP N 1998. 1049, note Casey ; Dr. fam. 1999, n° 103, note Beignier (1re esp.) ; RTD civ. 1998. 444, obs. Patarin*.

3. ... Assimilation aux legs quant aux effets de l'option. Les donations de biens à venir que se font les époux, parce qu'elles sont révocables, sont, quant à leurs effets, soumises aux règles des legs. Par suite, l'option exercée par le survivant remonte au jour du décès du disposant, par application de l'art. 777. • Civ. 1re, 20 oct. 1992, n° 90-20.676 P *(décision rendue sous l'empire du droit antérieur à la L. du 23 juin 2006).*

4. ... Assimilation aux legs en matière de droit transitoire. *(Décisions rendues sous l'empire du droit antérieur à la L. du 23 juin 2006).* A la différence de celle qui intervient par contrat de mariage, l'institution contractuelle consentie entre époux est une libéralité à la fois révocable et de biens à venir. Ce double caractère implique qu'elle ne soit pas traitée comme une donation entre vifs au regard des dispositions transitoires de la L. du 3 janv. 1972. • Civ. 1re, 8 nov. 1982, n° 81-15.711 P : *R., p. 49 ; D. 1983. 445, note Y. Flour et Grimaldi ; RTD civ. 1983. 581, obs. Patarin.* ♦ Comp., à propos d'une institution contractuelle consentie par contrat de mariage, • Civ. 1re, 23 juin 1987 : *D. 1988. 122, note Grimaldi ; RTD civ. 1988. 559, obs. Patarin.*

B. DONATIONS DE BIENS PRÉSENTS

1° DONATIONS AYANT PRIS EFFET AU COURS DU MARIAGE

5. Clause résolutoire de non-divorce (non). Les dispositions impératives de l'art. 265, al. 1er, font obstacle à l'insertion, dans une donation de biens présents prenant effet au cours du mariage, d'une clause résolutoire liée au prononcé du divorce ou à une demande en divorce. • Civ. 1re, 14 mars 2012 : *cité note 1 ss. art. 265.* ♦ *Adde*, Donzel-Taboucou, *Defrénois 2012. 893.*

2° DONATIONS N'AYANT PAS PRIS EFFET AU COURS DU MARIAGE

6. Réversions d'usufruit. Analyse de la clause de réversibilité d'usufruit en une donation à terme de bien présent, V. jurisprudence citée note 1 ss. art. 1093.

7. Assurance vie. En vertu de l'art. 1096, la stipulation par le souscripteur d'une assurance vie de son conjoint comme bénéficiaire est révocable, nonobstant l'acceptation de ce dernier. • Civ. 2e, 2 juin 2005, n° 04-13.306 P : *D. 2005. 2928, note M. Robineau ; RGDA 2005. 676, note Kullmann* (décision rendue en application du droit antérieur à la L. du 23 juin 2006).

Ancien art. 1096 (al. 1er et 2) *(L. n° 2004-439 du 26 mai 2004, art. 21-I) La donation de biens à venir faite entre époux pendant le mariage sera toujours révocable.*

La donation de biens présents faite entre époux ne sera révocable que dans les conditions prévues par les articles 953 à 958.

Al. 3 sans changement.

Ancien art. 1096 *Toutes donations faites entre époux pendant le mariage, quoique qualifiées entre vifs, seront toujours révocables.*

Al. 2 abrogé par L. 18 févr. 1938.

Ces donations ne seront point révoquées par la survenance d'enfants.

BIBL. ► BERTHET, *LPA 1er févr. 2000.* – BUFFETEAU, *JCP N 1998. 1578* (réflexions sur les art. 1096 C. civ. et L. 132-9 C. assur.).

Jurisprudence relative à l'ancien art. 1096 (réd. antérieure à la L. du 26 mai 2004).

1° LIBRE RÉVOCABILITÉ DES DONATIONS ENTRE ÉPOUX : DOMAINE

1. Application à toutes les donations entre époux. Toute donation entre époux est révocable et l'action en nullité pour donation déguisée exercée par le donateur vaut nécessairement *révocation, quelle que soit* la qualification qui doive être reconnue à cette donation. • Civ. 1re, 29 févr. 1984, n° 82-16.769 P : *Defrénois 1985. 521 (2e esp.), note Breton.*

2. Non-application aux donations entre concubins. L'art. 1096 n'est pas applicable aux donations faites entre concubins, lesquelles, dès lors, sont irrévocables. • Versailles, 9 juill. 1992 : *JCP N 1994. II. 89, note Pillebout.*

3. Non-application aux présents d'usage. Les présents d'usage sont irrévocables. • Civ. 1re, 15 oct. 1963, n° 59-11.950 P (en l'espèce, don d'une automobile, à l'occasion d'un anniversaire de naissance, par le mari, dont les revenus étaient très importants). ♦ V. aussi • Civ. 1re, 19 déc. 1979 : *D. 1981. 449, note Cl.-I. Foulon-Piganiol* (bague de fiançailles) • Paris, 25 oct. 2001 : *Dr. fam.* 2002, n° 24, obs. B. B. (idem).

2° ... MISE EN ŒUVRE

4. Charge de la preuve du caractère non rémunératoire de la donation révocable. Lorsqu'un époux séparé de biens acquiert un bien, soit à titre personnel, soit indivisément avec son conjoint, au moyen de fonds fournis par ce dernier, sa collaboration non rémunérée à l'activité professionnelle de celui-ci ou à la gestion du ménage et à la direction du foyer peut constituer la cause des versements effectués pour son compte dès lors que, par son importance, cette activité a excédé sa contribution aux charges du mariage. En conséquence, il appartient à l'époux qui soutient que les paiements qu'il a effectués pour le compte de son conjoint constituent une donation révocable d'établir qu'ils n'ont pas eu d'autre cause que son intention libérale. • Civ. 1re, 16 déc. 2020, n° 19-13.701 P : *D. 2021. 10 ; AJ fam. 2021. 195, obs. Casey ; Dr. fam. 2021, n° 40, note Torricelli-Chrifi.*

5. Forme de la révocation : révocation tacite. La révocation des donations entre époux peut résulter de tous les faits ou actes de l'époux donateur qui indiquent d'une manière non équivoque son intention de révoquer la donation. • Civ. 1re, 14 déc. 1960 : *Bull. civ. I, n° 545* • Civ. 1re, 4 nov. 2015, n° 15-10.774 : *D. 2015. 2318 ; AJ fam. 2015. 683, obs. Casey.* ♦ ... Et notamment du comportement du donateur incompatible avec le maintien de la libéralité. • Civ. 1re, 14 déc. 1999 : *Dr. fam. 2000, n° 27, note Beignier* (rédaction d'un testament incompatible). ♦ Une donation consentie entre époux pendant le mariage, pour le cas du prédécès de l'un d'eux, peut être modifiée par tout fait ou acte du donateur, révélant son intention de manière non équivoque (acte olographe stipulant que la donation devait être nette de charges). • Civ. 1re, 29 mai 1990, n° 88-15.057 P : *Defrénois 1990. 1368, obs. Champenois.* ♦ La donation dont a bénéficié un époux de la part de son conjoint, et qui a épuisé la quotité disponible, se trouve implicitement révoquée dans la mesure de la valeur des meubles donnés à l'un des enfants par préciput et hors part. • Civ. 1re, 18 janv. 1965 : *D. 1965. 536.*

6. Poursuite de l'instance visant à constater la révocation par les héritiers du donateur. Les héritiers du titulaire d'un droit à caractère personnel pouvant, sauf exception, poursuivre l'instance engagée par leur auteur, les héritières du donateur peuvent poursuivre l'instance engagée par celui-ci visant à faire constater qu'il avait révoqué les donations consenties à l'épouse au cours du mariage et à obtenir la restitution des biens donnés. • Civ. 1re, 4 nov. 2015, n° 15-10.774 : *D. 2015. 2318 ; AJ fam. 2015. 683, obs. Casey.*

7. Conséquences de la révocation : révocation de la donation de l'usufruit d'un bien. La révocation de la donation de l'usufruit d'un bien n'a pas pour effet de conférer à l'acquéreur de la nue-propriété l'usufruit du bien, du vivant de l'époux antérieurement donataire. • Civ. 1re, 7 oct. 1968 : *JCP 1969. II. 15743, note M. D.*

3° ... SITUATION EN CAS DE DIVORCE

8. Permanence des caractères propres de la donation maintenue. En cas de divorce prononcé aux torts exclusifs de l'un des époux, si l'époux innocent conserve en principe les donations qui lui ont été faites, c'est avec les caractères qu'elles présentaient, de sorte que celles qui lui ont été faites pendant le mariage restent révocables conformément à l'art. 1096. • Civ. 1re, 29 mai 1979 : *Bull. civ. I, n° 154* • 4 févr. 1992, n° 90-10.695 P : *JCP 1992. I. 3604, n° 5, obs. Testu.*

9. Renonciation tacite à la faculté de révocation. La renonciation à un droit peut être tacite dès que les circonstances établissent de façon non équivoque la volonté de renoncer. Caractérisent une renonciation non équivoque à user de sa faculté de révocation les énonciations de l'époux qui, lors de l'appréciation de la prestation compensatoire, a fait plaider que, si les donations qu'il avait consenties à son épouse étaient révocables, il n'était pas dans son intention de les révoquer de sorte qu'il fallait les prendre en considération pour apprécier le patrimoine de son épouse. • Civ. 1re, 26 oct. 2011, n° 10-25.078 P : *D. 2011. 2728 ; RTD civ. 2012. 102, obs. Hauser ; JCP N 2012, n° 1109, note Massip.*

10. Clause de non-divorce. BIBL. Binet, *D. 2006. Chron. 1923.* ♦ Aucune disposition légale n'interdit à l'époux qui consent une donation à son conjoint pendant le mariage d'assortir celle-ci d'une condition dont l'inexécution entraînera la révocation ; la stipulation d'une telle condition dans une donation entre époux ne fait nullement obstacle à la libre révocabilité de celle-ci, laquelle peut intervenir, de façon discrétionnaire, à tout moment. • Civ. 1re, 13 déc. 2005, n° 02-14.135 P : *D. 2006. IR 99 ; JCP 2006. II. 10136, note Simler ; Defrénois 2006. 836, note Peterka ; RJPF 2006-4/42, obs. Casey ; LPA 1er-2 mai 2006, note Yildirim ; RTD civ. 2006. 543, obs. Hauser.* ♦ La clause par laquelle un époux subordonne la donation faite à son conjoint durant le mariage au cas où celui-ci lui survivrait, à la persistance du lien matrimonial ou à l'absence de toute action entreprise pour y mettre fin, n'est pas en soi illicite et est justifiée, sauf intention de nuire, par la nature même de la libéralité. • Même arrêt.

Art. 1097 *(Abrogé par L. n° 2001-1135 du 3 déc. 2001, art. 16) (L. n° 72-3 du 3 janv. 1972)* ***Si l'époux ne laisse que des enfants naturels qu'il a eus pendant le mariage, il pourra disposer, en faveur de son conjoint, soit des trois quarts de ses biens en propriété, soit de la moitié en propriété et de l'autre moitié en usufruit, soit encore de la totalité en usufruit.***

S'il laisse à la fois des enfants naturels visés à l'alinéa précédent et d'autres enfants, issus ou non du mariage, il pourra disposer en faveur du conjoint de tout ce dont l'article 1094-1 ci-dessus lui permet de disposer.

Sur l'incompatibilité des limitations apportées aux droits successoraux des enfants adultérins avec l'art. 1er du Protocole n° 1 combiné avec l'art. 14 de la Conv. EDH, V. note 1 ss. anc. art. 760.

Art. 1097-1 *(Abrogé par L. n° 2001-1135 du 3 déc. 2001, art. 16) (L. n° 72-3 du 3 janv. 1972)* ***Les enfants naturels conçus pendant le mariage, d'un autre que de l'époux, ne pourront se prévaloir contre celui-ci de la faculté ouverte aux enfants par l'article 1094-2 ci-dessus.***

Sur l'incompatibilité des limitations apportées aux droits successoraux des enfants adultérins avec l'art. 1er du Protocole n° 1 combiné avec l'art. 14 de la Conv. EDH, V. note 1 ss. anc. art. 760.

Art. 1098 *(L. n° 72-3 du 3 janv. 1972)* **Si un époux** *(Abrogé par L. n° 2006-728 du 23 juin 2006)* **« *remarié* » a fait à son** *(Abrogé par L. n° 2006-728 du 23 juin 2006)* **« *second* » conjoint, dans les limites de l'article 1094-1, une libéralité en propriété, chacun des enfants** *(L. n° 2006-728 du 23 juin 2006)* **« qui ne sont pas issus des deux époux** *[ancienne rédaction : du premier lit]* **» aura, en ce qui le concerne, sauf volonté contraire et non équivoque du disposant, la faculté de substituer à l'exécution de cette libéralité l'abandon de l'usufruit de la part de succession qu'il eût recueillie en l'absence de conjoint survivant.** — *Les modifications apportées par la loi du 23 juin 2006 entrent en vigueur le 1er janv. 2007.*

Ceux qui auront exercé cette faculté pourront exiger que soient appliquées les dispositions de l'article 1094-3.

V. L. n° 72-3 du 3 janv. 1972, art. 14, ss. art. 764 ancien.

Exclusion de la faculté de substitution prévue par l'art. 1098 lorsque l'exercice de l'option prévu par l'art. 1094-1 est laissé au conjoint. La faculté offerte par l'art. 1098 ne peut s'appliquer que dans le cas où la libéralité a été consentie dans les limites de la quotité disponible de droit commun en propriété, et non lorsque le disposant a ouvert à son conjoint l'option entre les trois quotités disponibles prévues par l'art. 1094-1 C. civ., laquelle comporte la faculté pour le gratifié de recueillir une libéralité d'un montant supérieur à l'usufruit de la totalité de la succession et, par là même, exclut, sans équivoque, l'application de l'art. 1098. • Civ. 1re, 3 déc. 1996, n° 94-21.799 P : *D. 1997. Somm. 366, obs. Vareille ; JCP 1998. I. 133, n° 12, obs. Le Guidec ; Defrénois 1997. 817, obs. Champenois ; RTD civ. 1997. 981, obs. Patarin.* ♦ V. déjà, pour cette solution et son explication historique : • Civ. 1re, 3 juin 1986, n° 85-10.966 P : *R., p. 133 ; D. 1987. 33, note G. Morin ; Gaz. Pal. 1986. 2. 729, note D. de La Marnierre ; RTD civ. 1987. 580, obs. Patarin ; JCP 1987. II. 20891, note Rambure* • 4 oct. 1988, n° 87-11.916 P : *R., p. 165 ; Defrénois 1989. 167, note Morin ; RTD civ. 1989. 610, obs. Patarin.*

Art. 1099 **Les époux ne pourront se donner indirectement au delà de ce qui leur est permis par les dispositions ci-dessus.**

(Abrogé par L. n° 2004-439 du 26 mai 2004, art. 23, à compter du 1er janv. 2005) ***« Toute donation, ou déguisée, ou faite à personnes interposées, sera nulle. »***

BIBL. ▸ **Loi du 26 mai 2004 :** S. Piedelièvre, *D. 2004. Chron. 2512.*

A. ABROGATION DE LA PROHIBITION DES DONATIONS DEGUISÉES ENTRE ÉPOUX PAR LA LOI DU 26 MAI 2004

1. Application de la loi dans le temps : donations consenties avant le 1er janv. 2005. *A défaut de mention expresse* de rétroactivité, les dispositions de la L. du 26 mai 2004, abrogeant l'art. 1099, al. 2, ne sont pas applicables aux donations visées par ce texte et conclues avant le 1er janv. 2005. • Civ. 1re, 9 déc. 2009, n° 08-20.570 P : *D. 2010. Pan. 728, obs. Lemouland et Vigneau ; AJ fam. 2010. 41, obs. Bicheron ; Dr. fam. 2010, n° 16, obs. Larribau-Terneyre ; ibid., n° 25, obs. Beignier ; RJPF 2010-3/28, obs. Casey ; Defrénois 2010. 605, note Massip ; RTD civ. 2009. 764, obs. Grimaldi.*

B. NULLITÉ DES DONATIONS DÉGUISÉES ENTRE ÉPOUX EN APPLICATION DU DROIT ANTÉRIEUR

1° DOMAINE D'APPLICATION

2. Non-application aux donations entre concubins. La nullité frappant les donations déguisées entre époux ne s'étend pas aux dons entre concubins. • Civ. 1re, 3 févr. 1960 : *Bull. civ. I, n° 77* • 1er mars 1978, n° 76-14.874 P.

3. Application aux donations faites antérieurement au mariage en prévision de l'union. La nullité prononcée par l'art. 1099 s'applique, non seulement aux libéralités postérieures au mariage, mais aussi à celles qui, antérieures à celui-ci, ont été faites en prévision de l'union. • Civ. 1re, 8 mars 1972, n° 70-11.664 P : *R. 1971-1972, p. 12 ; D. 1972. 460, note A. B.* ♦ Encore faut-il, s'agissant de donations antérieures au mariage, qu'elles aient été faites en prévision de l'union, et la nullité n'est pas encourue si les juges du fond estiment souverainement que rien ne permet d'établir un lien entre la donation alléguée et le mariage. • Civ. 1re, 24 oct. 1979 : *Bull. civ. I, n° 255 ; D. 1980. IR 398, obs. D. Martin.*

4. Déguisement et achat pour autrui : présence dans l'acte d'une affirmation mensongère relative à l'origine des fonds. La qualification de donation déguisée ne peut être retenue qu'en présence, dans l'acte, d'une affirmation mensongère quant à l'origine des fonds. • Civ. 1re, 5 avr. 2005, n° 02-21.011 P : *D. 2005. IR 1176.* – V. déjà en ce sens : • Civ. 1re, 26 avr. 1984 : *Bull. civ. I, n° 139 ; JCP N 1985. II. 26, note Rémy ; RTD civ. 1985. 199, obs. Patarin* • Paris, 13 mars 1979 : *Gaz. Pal. 1979. 2. 505* • 30 nov. 1971 : *JCP 1972. II. 17047 (2e esp.), note Dagot* • Colmar, 31 oct. 1978 : *JCP 1980. II. 19303, note Le Guidec.* ♦ La nullité édictée par les dispositions de l'art. 1099, al. 2, suppose, pour retenir la qualification de donation déguisée, la présence dans l'acte d'une affirmation mensongère sur l'origine des fonds. • Civ. 1re, 8 nov. 1988 : *Bull. civ. I, n° 311 ; Defrénois 1989. 223, note Morin* • 7 févr. 1989 : *Bull. civ. I, n° 71 ; RTD civ. 1989. 799, obs. Patarin* • 14 juin 1989 : *Bull. civ. I, n° 236.* ♦ Sur le régime de l'achat pour autrui entre époux, V. également jurisprudence citée ss. art. 1099-1.

5. Déguisement et interposition de personnes. En cas de vente consentie par le mari à la fille naturelle de son épouse, il relève du pouvoir souverain des juges du fond d'estimer que cette vente dissimule en réalité une libéralité, faite à la mère par personne interposée et donc nulle. • Civ. 1re, 24 janv. 1990, n° 88-14.455 P : *RTD civ. 1990. 697, obs. Patarin ; Defrénois 1990. 557, obs. Champenois.* ♦ Sur la combinaison de la prohibition des donations déguisées entre époux et des présomptions d'interpositions de personnes, V. jurisprudence citée ss. anc. art. 1100.

6. Non-application de la prohibition aux actes dépourvus d'intention libérale : donations rémunératoires. Il incombe à l'époux demandant l'annulation de donations déguisées qu'il aurait faites à sa femme en fournissant à celle-ci les fonds qui auraient servi à régler le prix d'acquisitions immobilières d'apporter la preuve de l'intention libérale qu'il aurait eue. Cette preuve n'est pas faite lorsqu'il est constaté que la remise des fonds pouvait constituer un supplément de rémunération pour la collaboration professionnelle de la femme. • Civ. 1re, 19 mai 1976 : *Bull. civ. I, n° 183* • 24 oct. 1978 : *JCP 1979. II. 19220, note Patarin ; Gaz. Pal. 1979. 2. 528 (1re esp.), note D. de La Marnierre* • 10 juill. 1979 : *Defrénois 1980. 44 (3e esp.), note Ponsard ; D. 1980. IR 138, obs. D. Martin.* ♦ ... Ou pour son activité dans la direction du foyer. • Civ. 1re, 20 mai 1981 : *Bull. civ. I, n° 175 ; R., p. 42 ; RTD civ. 1982. 784, obs. Patarin* • 28 févr. 1984 : *Bull. civ. I, n° 78.* ♦ ... A condition, toutefois, qu'il soit établi que la femme est allée, dans ces soins, au-delà de son obligation de contribuer aux charges du mariage. • Civ. 1re, 4 mars 1980 : *Bull. civ. I, n° 76.* – V. aussi Sinay-Cytermann, *D. 1983. Chron. 159.* ♦ Pour une analyse comparable, à propos du défaut d'intention libérale, V. également note 8 ss. art. 894.

7. ... Preuve de l'absence d'intention libérale. Le défendeur à l'action en nullité peut établir par tous moyens que l'acte litigieux ne présente pas un caractère gratuit. • Civ. 1re, 7 févr. 1989 : *Bull. civ. I, n° 71 ; RTD civ. 1989. 799, obs. Patarin.* ♦ Mais l'existence, dans une vente, d'un prix non dérisoire ne peut suffire à écarter l'existence d'une donation déguisée, si n'est pas constatée en même temps l'absence d'intention libérale. • Civ. 1re, 29 janv. 2002, n° 99-18.184 P : *D. 2003. Chron. 2591, étude Najjar ; JCP 2002. I. 178, n° 12, obs. Le Guidec.*

2° RÉGIME DE L'ANNULATION

8. Titulaire de l'action : héritiers réservataires. Seuls, parmi les héritiers, ceux qui ont droit à une réserve peuvent intenter l'action en nullité de l'art. 1099, al. 2. • Civ. 1re, 30 nov. 1983 : *Defrénois 1984. 576, note Rondeau-Rivier ; RTD civ. 1985. 197, obs. Patarin.* ♦ Mais la nullité édictée à l'égard des héritiers réservataires par les dispositions générales et absolues de l'art. 1099, al. 2, n'est pas soumise à la condition que la quotité disponible ait été dépassée. • Civ. 22 mai 1951 : *D. 1951. 507.* – Déjà en ce sens : • Civ. 30 avr. 1941 : *DC 1942. 6, note M. N. ; JCP 1941. II. 1727, note Voirin.*

9. Prescription de l'action. Fondée sur une raison d'ordre public, la nullité de l'art. 1099, al. 2, est une nullité absolue qui échappe au délai de prescription des nullités relatives. • Civ. 1re, 10 mars 1970 : *D. 1970. 661, note Breton.*

10. Possibilité de confirmer les donations déguisées postérieurement au divorce. La prohibition des donations déguisées entre époux cesse nécessairement par l'effet du divorce et il est loisible aux époux, après la dissolution de leur union, de maintenir leur commune volonté de faire produire effet aux donations déguisées qu'ils avaient pu se consentir pendant le cours de l'union conjugale ou en prévision de cette union. • Civ. 1re, 1er déc. 1976 : *Bull. civ. I, n° 381 ; R. 1976-1977, p. 40 ; D. 1977. 177, note Breton ; JCP 1977. II. 18625, note Patarin ; Gaz. Pal. 1977. 2. 451, note Vialatte.*

Art. 1099-1 *(L. n° 67-1179 du 28 déc. 1967)* **Quand un époux acquiert un bien avec des deniers qui lui ont été donnés par l'autre à cette fin, la donation n'est que des deniers et non du bien auquel ils sont employés.**

En ce cas, les droits du donateur ou de ses héritiers n'ont pour objet qu'une somme d'argent suivant la valeur actuelle du bien. Si le bien a été aliéné, on considère la valeur qu'il avait au jour de l'aliénation, et si un nouveau bien a été subrogé au bien aliéné, la valeur de ce nouveau bien.

Les dispositions de la L. n° 67-1179 du 28 déc. 1967 sont applicables aux donations faites antérieurement à son entrée en vigueur sous réserve des décisions judiciaires passées en force de chose jugée intervenues à la suite d'actions en nullité, révocation ou réduction de ces donations (L. préc., art. 2).

BIBL. ▶ DAGOT, *JCP 1971. I. 2397.* – D. DE LA MARNIERRE, *Gaz. Pal. 1979. 1. Doctr. 57.* – LECOURT, *JCP 1968. I. 2139.* – G. MORIN, *Defrénois 1968. 373.* – S. PIEDELIÈVRE, *JCP 1991. I. 3484.* – VIATTE, *Gaz. Pal. 1972. 2. Doctr. 447.*

A. DOMAINE D'APPLICATION

1° QUANT AUX PERSONNES

1. Application aux donations entre futurs époux. Application de l'art. 1099-1 à des libéralités faites antérieurement au mariage, en prévision de l'union • Civ. 1re, 11 févr. 1986, n° 84-15.521 P.

2. Non-application aux donations entre concubins. L'art. 1099-1 ne peut trouver application en cas de donation entre concubins. • Civ. 1re, 1er mars 1978, n° 76-14.874 P.

3. Application à proportion de la participation d'un époux à l'acquisition réalisée par son conjoint. L'art. 1099-1 ne peut recevoir application que dans la mesure où l'époux donateur a participé à l'achat du bien acquis au nom de son conjoint. • Civ. 1re, 4 nov. 1976 : *Bull. civ. I, n° 329* (cassation de l'arrêt ayant décidé qu'il y avait eu donation de la totalité du prix, alors que l'époux donateur n'avait financé que partiellement l'acquisition).

2° QUANT AUX ACTES

4. Remise gratuite de deniers en vue d'une acquisition. L'art. 1099-1 s'applique à toute remise gratuite de deniers par un époux à l'autre en vue de procurer à celui-ci l'entrée dans son patrimoine d'un bien qui ne s'y trouvait pas déjà, sans qu'il y ait lieu de distinguer selon la cause juridique, le mode de réalisation et la date d'effet du transfert de propriété (en l'espèce, paiement d'une soulte dans un partage). • Civ. 1re, 2 mars 1976 : *préc. note 1.* ♦ ... Et quelle que soit la forme que prend la donation de deniers. • *Civ. 1re, 23 janv. 1980 : Gaz. Pal. 1980. 2. 706 (2e esp.), note Plancqueel ; RTD civ. 1981. 430, obs. Patarin* (don manuel) • 11 juin 1980 : *Bull. civ. I, n° 182 ; D. 1981. IR 89, obs. D. Martin* • 21 juill. 1987 : *Bull. civ. I, n° 243* • 9 févr. 1994 : *D. 1994. 417, rapp. Thierry ; D. 1995. Somm. 51, obs. Grimaldi ; JCP 1995. I. 3876, obs. Le Guidec ; RTD civ. 1995. 151, obs. Zenati ; ibid. 159, obs. Patarin* (donation déguisée).

5. Application indépendante de l'aliénation ultérieure du bien acquis. La disposition de l'art. 1099-1, al. 1er, est de portée générale et s'applique même au cas où le bien acquis par le donataire n'a pas été aliéné. • Civ. 1re, 25 janv. 1977 : *Bull. civ. I, n° 44.*

6. Exigence d'un lien d'indivisibilité entre la remise de deniers et l'achat du bien (non). Les dispositions de l'art. 1099-1 n'impliquent ni qu'il existe un lien d'indivisibilité entre la donation des deniers et l'achat du bien, ni que le donateur doit avoir versé l'intégralité du prix d'achat de ce bien. • Civ. 1re, 14 juin 1972 : *préc. note 1.* – V. aussi • Civ. 1re, 9 mai 1978 : *JCP 1980. II. 19276, note Dagot.*

7. Non-application en cas d'acquisition avec clause d'accroissement. L'acquisition d'un bien avec clause d'accroissement constitue un contrat aléatoire et non une libéralité. • Civ. 1re, 14 déc. 2004, n° 02-11.088 P : *D. 2005. 2263, note Le Gallou ; ibid. Pan. 2122, obs. Nicod ; JCP 2005. I. 187, n° 8, obs. Le Guidec ; Defrénois 2005. 617, obs. Libchaber ; AJ fam. 2005. 109, obs. Chénedé ; Dr. fam. 2005, n° 61, note Beignier ; RDC 2005. 693, obs. Bénabent.* ♦ V. également jurisprudence citée note 12 ss. art. 722.

8. Non-application en cas de donation rémunératoire. Sur l'obstacle à la qualification de donation entre époux, et par conséquent à l'application de l'art. 1099-1, que constitue le caractère rémunératoire de l'acte, V. jurisprudence citée ss. art. 1099.

B. EFFETS

9. Restitution de la valeur du bien acquis : maintien de la donation. Une décision de séquestre d'un compte de titres ne peut être fondée sur le fait que les titres ont été acquis au moyen de donations de deniers consenties par le donateur à son conjoint. • Civ. 1re, 13 mars 2001, n° 00-18.306 P : *RTD civ. 2001. 934, obs. Patarin*.

10. ... Appréciation de la valeur actuelle du bien acquis. La valeur actuelle du bien doit s'apprécier en faisant abstraction de circonstances entraînant une modification momentanée du prix de réalisation, et notamment du fait que l'appartement est occupé à titre de logement familial par l'époux donataire. • Paris, 7 juin 1974 : *Gaz. Pal. 1974. 2. 504, note Viatte.*

11. ... Prise en compte de l'état du bien au jour de son acquisition. La somme à restituer doit représenter la valeur actuelle qu'aurait eue l'immeuble sans les améliorations que le donataire lui a apportées. • Civ. 1re, 18 oct. 1994 : *JCP N 1996. II. 179, note Pillebout.* ♦ La valeur du bien acquis retenue pour calculer le montant des droits du donateur doit être appréciée d'après l'état de son immeuble lors de son acquisition en faisant abstraction des impenses ultérieurement réalisées ; il importe peu que les travaux d'amélioration aient été financés par le donateur. • Paris, 17 mai 1973 : *D. 1974. 625, note critique Malaurie ; Gaz. Pal. 1973. 2. 897, note D. Martin.*

12. ... Prise en compte des frais d'acquisition. Les frais de l'acquisition du bien doivent être pris en compte pour la détermination du montant de la donation calculé en fonction de la valeur actuelle du bien. • Civ. 1re, 27 janv. 1993, n° 91-13.986 P : *Defrénois 1993. 805, obs. Champenois.*

13. ... Absence d'indemnité d'occupation. Aucune indemnité d'occupation ne peut être due par un époux à raison de l'occupation d'un bien qu'il a acquis au moyen de deniers remis par son conjoint. • Civ. 1re, 20 mai 2009 : *RTD civ. 2009. 563, obs. Grimaldi*. ♦ Le donateur n'est pas admis à réclamer sur le fondement de l'art. 1099-1 le paiement d'une indemnité d'occupation. • Paris, 7 juin 1974 : *Gaz. Pal. 1974. 2. 504, note Viatte.*

Ancien art. 1100 *(Abrogé par L. n° 2002-305 du 4 mars 2002, art. 10)* ***Seront réputées faites à personnes interposées, les donations de l'un des époux aux enfants ou à l'un des enfants de l'autre époux issus d'un autre mariage, et celles faites par le donateur aux parents dont l'autre époux sera héritier présomptif au jour de la donation, encore que ce dernier n'ait point survécu à son parent donataire.***

BIBL. ▶ SAUVAGE, *JCP N 2002. 879* (abrogation de l'art. 1100).

L'art. 1100 C. civ. ayant été abrogé en 2002, l'Ord. n° 2016-131 du 10 févr. 2016 portant réforme du droit des contrats, du régime général et de la preuve des obligations a fait de l'art. 1100 le premier article du titre III du C. civ. consacré aux sources d'obligations (Ord. préc., art. 2).

1° ABROGATION DES PRÉSOMPTIONS PAR LA LOI DU 4 MARS 2002

1. Application de la loi dans le temps : instances en cours. L'abrogation, par l'art. 10 de la L. du 4 mars 2002, de l'art. 1100, qui instaurait une présomption irréfragable d'interposition de personnes, s'applique immédiatement aux instances en cours qui n'ont pas donné lieu à une décision passée en force de chose jugée en vertu des dispositions transitoires de cette même loi. En conséquence, une cour d'appel retient exactement que les donations faites par un époux aux enfants issus d'un premier mariage de son épouse, antérieurement à l'entrée en vigueur de la L. du 4 mars 2002, ne sont pas soumises à la présomption irréfragable d'interposition de personne de sorte qu'il incombe à celui qui demande l'annulation de ces donations, au motif qu'il s'agit de donations déguisées prohibées entre époux en application de l'anc. art. 1099, al. 2, de démontrer l'interposition de personnes. • Civ. 1re, 28 mai 2014, n° 13-16.340 P : *D. 2014. 1203 ; AJ fam. 2014. 442, obs. Ferré-André ; JCP N 2014, n° 1271, note Zalewski-Sicard.*

2° RÉGIME DES PRÉSOMPTIONS EN APPLICATION DU DROIT ANTÉRIEUR

2. Domaine : non-application aux libéralités testamentaires. Cassation, pour violation de l'art. 1100, au regard de l'art. 1094-1, de l'arrêt qui, pour annuler un legs, énonce que les dispositions de l'art. 1100 s'appliquent aux libéralités testamentaires aussi bien qu'aux donations entre vifs, la situation juridique envisagée par la présomption se trouvant pareillement réalisée dans le premier cas, alors que la donation faite à l'enfant né d'un précédent mariage du conjoint du donateur est irrévocable, tandis que tout legs est révocable par le testateur, de son vivant, de telle sorte que, depuis la L. n° 72-3 du 3 janv. 1972, il n'y a plus lieu d'étendre aux legs la présomption édictée par l'art. 1100. • Civ. 1re, 2 avr. 1996 : *D. 1996. 609, rapp. Thierry ; JCP 1996. II. 22702, note Le Guidec ; Defrénois 1996. 824, obs. Champenois ; RTD civ. 1996. 965, obs. Patarin*. ♦ V. aussi, J. Piedelièvre, *JCP N 1996. I. 1043.*

3. Caractère irréfragable de la présomption. La présomption édictée par l'art. 1100 ne supporte aucune preuve contraire. • Civ. 1re, 15 févr. 1961 : *Bull. civ. I, n° 104.*

TITRE III DES SOURCES D'OBLIGATIONS

(Ord. nº 2016-131 du 10 févr. 2016, art. 2, en vigueur le 1er oct. 2016)

La présente Ord. a été ratifiée par la L. nº 2018-287 du 20 avr. 2018, en vigueur le 1er oct. 2018. — V. ce texte ss. C. civ., art. 1386-1.

L'Ord. nº 2016-131 du 10 févr. 2016 portant réforme du droit des contrats, du régime général et de la preuve des obligations substitue aux titres III (des contrats ou des obligations conventionnelles en général ; art. 1101 à 1369-11 anc.), titre IV (des engagements qui se forment sans convention ; art. 1370 à 1386 anc.) et titre IV bis (de la responsabilité du fait des produits défectueux ; art. 1386-1 à 1386-18 anc.) du livre III du code civil trois nouveaux titres : un titre III intitulé « Des sources d'obligations », comprenant les art. 1100 à 1303-4 ; un titre IV intitulé : « Du régime général des obligations », comprenant les art. 1304 à 1352-9 ; un titre IV bis intitulé : « De la preuve des obligations », comprenant les art. 1353 à 1386-1 (Ord. préc., art. 1er).

Les dispositions de l'Ord. nº 2016-131 du 10 févr. 2016 entrent en vigueur le 1er oct. 2016. Les contrats conclus avant cette date demeurent soumis à la loi ancienne. Toutefois, les dispositions des troisième et quatrième al. de l'art. 1123 et celles des art. 1158 et 1183 sont applicables dès l'entrée en vigueur de l'Ord. préc. Lorsqu'une instance a été introduite avant l'entrée en vigueur de l'ordonnance, l'action est poursuivie et jugée conformément à la loi ancienne. Cette loi s'applique également en appel et en cassation (Ord. préc., art. 9).

Sur les modifications apportées aux conditions d'entrée en vigueur lors de la ratification par la L. nº 2018-287 du 20 avr. 2018, V. ce texte ss. C. civ., art. 1386-1.

Pour la présente édition du Code civil Dalloz, les art. 1101 à 1386-18 des titres III à IV bis dans leur version antérieure à l'Ord. nº 2016-131 du 10 févr. 2016 figurent dans le code avec la mention « Ancien art. », à la suite des titres III à IV bis correspondant aux art. 1100 à 1386-1 issus de cette ordonnance.

RÉP. CIV. vis *Obligations,* par Y. PICOD ; *Acte juridique,* par C. BRENNER et S. LEQUETTE ; *Engagement unilatéral de volonté,* par J.-L. AUBERT et S. GAUDEMET ; *Obligation naturelle,* par R. BOUT et P. STOFFEL-MUNCK.

DALLOZ ACTION *Droit de la responsabilité et des contrats 2023/2024.*

DALLOZ RÉFÉRENCE *Le nouveau droit des obligations et des contrats, 2019/2020.*

BIBL. GÉN. ▸ **Commentaire de l'Ord. du 10 févr. 2016 :** F. ANCEL, *D. 2017. 721* (quel juge pour le contrat ?). – ANTIPPAS, *AJDA 2016. 1620* (regard comparatiste français). – AUQUE, *AJDI 2017. 410* (baux commerciaux). – BARBIER, *RTD civ. 2016. 247*. – BÉNABENT et L. AYNÈS, *D. 2016. 434* (aperçu général). – BIGOT, *JCP 2016, nº 833* (contrat d'assurance). – BARRIÈRE et GRUMBERG, *Rev. sociétés 2016. 639* (opérations d'acquisition). – BELLIS, *Rev. Jur. Thémis Montréal, 2018/52, vol. 2. 291* (contrat et responsabilité civile : pour un système juste en droit des obligations) ; *ibid. 2016. 249* (réforme du droit français des contrats en pratique : les exemples symptomatiques donnés par la Chancellerie). – BOSSE-PLATIERE et GRIMONPREZ, *JCP N 2016, nº 1295* (cession du bail rural). – BUCHER, *AJ contrat 2017. 480* (l'influence de la réforme du droit des contrats sur le droit spécial antérieur). – CHAGNY, *RTD com. 2016. 451* (droit des pratiques restrictives de concurrence). – CHÉNEDÉ, *CCC 2016. Dossier 4* (la cause) ; *D. 2017. 2214* (interprétation et amélioration du nouveau droit des contrats). – COIRATON-MAVRE et PONS, *Journ. sociétés 9/2016. 25* (opérations de cession-acquisition et réforme du droit des obligations). – COULON, *JCP N 2017, nº 1272* (rédaction des mandats immobiliers). – CREVEL, *Journ. sociétés 9/2016. 50* (réforme du droit des obligations et statut du fermage). – DELVOLVÉ, *RFDA 2016. 613* (nouvelles dispositions du code civil et droit administratif). – DEMONT, *CCC 2016. Dossier 9* (regard du praticien). – DURAND-PASQUIER et HERRNBERGER, *JCP N 2017, nº 1243* (vente d'immeubles à construire). – FABRE-MAGNAN, *JCP 2016, nº 706* (devoir d'information). – DI FAZIO PERRIN et USUNIER, *Journ. sociétés 9/2016. 55* (réforme du droit des obligations et droit du travail). – ÉTIENNEY-DE SAINTE MARIE, *D. 2017. 1312* (validité des prérogatives). – FONTAINE, *D. 2016. 2009* (le rayonnement international du droit français des contrats, l'OHADA). – GÉNICON, *RDC 2016. 751* (la grammaire dans la réforme du droit des obligations). – HUET, *RDC 2016. 663* (contrats informatiques ou électroniques). – HONTEBEYRIE, *Journ. sociétés 9/2016. 40* (incidences de la réforme du droit des obligations sur le cautionnement). – HOUTCIEFF, *D. 2016. 2183* (cautionnement et réforme). – LARDEUX, *D. 2016. 1659* (contrat de prestation de service). – LAVERRIÈRE, *Journ. sociétés 9/2016. 63* (office du juge). – LECOURT, *RTD com. 2016. 767* (droit des sociétés). – LEGEAIS, *RTD com. 2016. 527* (droit du crédit). – LOISEAU, *JCP 2016, nº 602* (contrat de travail). – LEVENEUR, *CCC 2016. Dossier 2.* – PRAUD, *Gaz. Pal. 2018.*

3061 (droit de la construction). – Puig, *RTD civ. 2017. 83* (autorité du rapport relatif à l'ordonnance). – Mainguy, *D. 2016. 1762* (entrée en vigueur). – Mazeaud, *Gaz. Pal. 2016. 209.* – Mekki, *Gaz. Pal. 2016. 109* (réforme du droit des contrats et droit des affaires) ; *D. 2016. 494* (volet droit des contrats : l'art de refaire sans défaire) ; *Rev. sociétés 2016. 483* (droit des sociétés – le contrat) ; *ibid. 563* (droit des sociétés – les clauses) ; *ibid. 711* (droit des sociétés – les obligations). – Mallet-Bricout, *RTD civ. 2016. 463*. – Mestre, *AJCA 2016. 105*. – Mignot, *LPA 26 févr. 2016, p. 8.* – Monéger, *RTD com. 2016. 427* (droit des baux commerciaux). – Moury et François, *D. 2016. 2225* (incidence de la réforme sur la cession de droits sociaux). – Neouze, *Journ. sociétés 9/2016. 45* (réforme du droit des obligations et ventes de produits agricoles). – Penn, *CCC 2017. Étude 9* (justice et liberté). – Pérès, *JCP 2016, n° 454* (règles impératives et supplétives). – Peterka, *AJ fam. 2016. 533* (personnes protégées). – Picod, *AJ contrat 2016. 453* (suretés personnelles). – Pollaud-Dulian, *RTD com. 2016. 503*. – Riéra, *AJCA 2016. 20* (réforme du droit des contrats et franchise). – Rodriguez, *Rev. sociétés 2017. 67* (impact de la réforme du droit des obligations sur le droit des associations). – Rontchevsky, *AJCA 2016. 112*. – Roussille et Jouffin, *Banque et Dr. 2016, n° 168, p. 32* (banque). – Saint-Jevin, *Journ. sociétés 9/2016. 66* (questions de procédure). – Saintourens, *RTD com. 2016. 419* (vente de fonds de commerce). – Usunier, *RTD civ. 2017. 343* (l'attractivité internationale du droit français au lendemain de la réforme du droit des contrats). – Vallens, *RTD com. 558* (procédures collectives). – Tournafond et Tricoire, *RDI 2016. 391* (contrats de construction). – Viney, *D. 2016. 1940* (l'expansion du raisonnable). – Zolomian, *D. 2017. 175* (cautions, avals et garanties à l'aune de la réforme des contrats).

▸ **Loi de ratification :** Andrieu, *AJ contrat 2017. 460*. – Andrieu et Dreux, *Gaz. Pal. 2018. 791.* – Bénabent, *D. 2018. 1024*. – Chénedé, *D. 2017. 2214* ; *AJ contrat 2018. 25*. – Deshayes, Génicon et Laithier, *JCP 2018, n° 529.* – Durand-Pasquier, *RDI 2018. 532* (immobilier et construction). – Latina et Chantepie, *Blog Dalloz, obligations, 2017* ; *D. 2018. 309* (analyse de la deuxième lecture du Sénat). – Mazeaud, *D. 2018. 900*. – Mekki, *AJ contrat 2017. 462* ; *JCP N 2017, n° 904* ; *D. 2018. 900* ; *JCP N 2018, n° 1175.* – Molfessis, *JCP 2017, n° 1045* (ratification). – Seube, *Defrénois 24 mai 2018, p. 19* (dispositions transitoires). – Vogel, *AJ contrat 2017. 470*. – Lecourt, *RTD com. 2018. 365* (droit des sociétés). – Dossier, *AJ contrat 2018. 251* (la « réforme de la réforme » du droit des obligations : Le contrat).

▸ **Dossiers, ouvrages :** F. Ancel, Fauvarque-Cosson et Gest, Aux sources de la réforme du droit des contrats, coll. Hors collection, *Dalloz 2017.* – Andreu et Forti (dir.), Le nouveau régime général des obligations, *Dalloz 2016.* – Bloch, Cerati-Gauthier et Perruchot-Triboulet (dir.), L'influence de la réforme du droit des obligations sur le droit des affaires, *Dalloz 2018.* – J.-L. Aubert, Collart et Barbier (dir.), Libres propos sur la réforme du droit des contrats, *LexisNexis 2016.* – Bénabent, Droit des obligations, *LGDJ 2021.* – Buffelan-Lanore et Larribau-Terneyre, Droit civil. Les obligations 2020-2021, 17e éd., *Université, Sirey 2020.* – Dutilleul, Le contrat. Droit des obligations, coll. Connaissance du droit, 5e éd., *Dalloz 2017.* – Cabrillac, Droit des obligations, coll. Cours, 14e éd., *Dalloz 2020.* – Chénedé, Le nouveau droit des obligations et des contrats 2019/2020, *Dalloz référence, Dalloz 2018* ; Le nouveau droit des contrats et des obligations, coll. A savoir, *Dalloz 2018* ; Le nouveau droit des obligations et des contrats, coll. Hors collection, *Dalloz 2016.* – Dissaux et Jamin, *suppl. C. civ. 2017.* – Deshayes, Génicon et Laithier. Réforme du droit des contrats, du régime général et de la preuve des obligations, Commentaire article par article, coll. Hors collection, *Lexisnexis 2018.* – Fages, Droit des obligations, *LGDJ 2021.* – Ghestin, Traite de droit civil, les obligations, le contrat, *LGDJ 2018.* – Latina, La réforme du droit des contrats en pratique, coll. Thèmes et commentaires, *Dalloz 2017.* – Latina et Chantepie, Commentaire théorique et pratique de la réforme du droit des obligations, *Dalloz 2018.* – Malaurie, Aynès et Stoffel-Munck, Droit des obligations, *LGDJ 2020.* – Mortier (dir.), Incidences de la réforme du droit des contrats sur les contrats d'affaires, coll. Thèmes et commentaires, *Dalloz 2018.* – J.-L. Mousseron et P. Mousseron, Technique contractuelle, EFL 2017. – Porchy-Simon, Droit des obligations 2021, coll. Hypercours, 13e éd., *Dalloz 2020.* – Terré, La réforme du droit des obligations présentée par François Terré, *Dalloz 2016.* – La réforme du droit des contrats : quelles innovations ? *RDC 2016, hors-série.* – Commentaire article par article de l'ordonnance du 10 février 2016 portant réforme du droit des contrats, du régime général et de la preuve des obligations, *LPA 26 fév. 2016 s.* – La réforme du droit des contrats : du projet à l'ordonnance, Assoc. Henri Capitant, *Dalloz 2016.* – Dossier, *JCP N 2016, n° 1110 s.* (clause des notaires). – Dossier, *RDI 2016. 316* (droit de la construction et de l'immobilier). – Dossier, *AJ fam. 2016. 460* (réforme du droit des obligations et famille). – Dossier, *Journ. sociétés 9/2016. 8 s.* (réforme du droit des obligations et droit des affaires, regard de praticiens). – Dossier, *AJDI 2016. 323* (droit immobilier). – Dossier, *RDC 2016. 351* (le juge, auteur et acteur de la réforme du droit des contrats). – Dossier, *RDC 2016. 571* (le nouveau discours contractuel). – Dossier, *CCC, mai 2016.* – Dossier, *Dr. et patr. 5/2016. 46.* – Dossier, *AJ* *contrat 2016. 411* (réforme du droit des contrats : enjeux pratiques) ; *ibid. 199* (contrats de distribution) ; *ibid. 2017. 247* (droit des sûretés) ; *ibid. 459* (vers une « réforme de la réforme » du droit des contrats ?). – Dossier, *RGDA 2017. 583 ; ibid. 639 ; ibid. 2018. 63* (assurance).

▸ **Commentaires du projet du 25 févr. 2015 :** Bicheron, *Gaz. Pal. 30 avr. 2015, p. 24* (clause abusive). – Blanc, *Gaz. Pal. 30 avr. 2015, p. 3* (analyse des art. 1101 à 1110). – Boffa, *Gaz. Pal. 30 avr. 2015, p. 18* (validité du contrat). – Bros, *D. 2016. 29* (l'interdépendance contractuelle, la Cour de cassation et la réforme du droit des contrats). – Chauvire, *Gaz. Pal. 30 avr. 2015, p. 29* (effets du contrat). – Chazal, *D. 2015. 673* (quel programme idéologique pour la réforme du droit des contrats ?). – Chénedé, *JCP suppl. 25 mai 2015, p. 60* (quasi-contrats). – Cousin, Guiziou, Leveneur-Azemar, Moron-Puech et Stévignon, *D. 2015. 1115* (regards comparatistes). – Dufour, *LPA 3 mars 2015, n° 44, p. 4*. – Delpech, *AJCA 2015. 119*. – Gautier, *D. 2015. 1113*. – Deshayes, *JCP suppl. 25 mai 2015, p. 39* (interprétation des contrats) ; *ibid., p. 43* (effets du contrat entre parties). – Génicon, *D. 2015. 1551* (cause). – Gratton, *D. 2016. 22* (clauses abusives en droit commun des contrats). – Ghestin et Labarthe, *LPA 2015, n°s 176-177, p. 17*. – Haftel, *Gaz. Pal. 30 avr. 2015, p. 8* (conclusion du contrat) ; *D. 2015. 1378* (fonction du juge). – Klein, *JCP suppl. 25 mai 2015, p. 14* (consentement) ; *ibid., p. 74* (restitutions). – Kleinschmidt , Groß, Cartwright, Picasso, Pizarro Wilson, Mantilla Espinosa, Graziadei et Moore, *RDC 2015. 673* (regards étrangers sur le droit français des contrats à l'heure de la réforme). – Laithier, *JCP suppl. 25 mai 2015, p. 47* (inexécution des obligations contractuelles). – Leduc, *RDC 2015. 894* (caractère aléatoire du contrat d'assurance). – Mekki, *D. 2015. 816* (principes généraux du droit des contrats) ; *Gaz. Pal. 30 avr. 2015, p. 37* (inexécution du contrat). – Molfessis, *JCP 2015, n° 199 ; ibid. suppl. 25 mai 2015, p. 6* (formation du contrat). – Périnet-Marquet, *RDI 2015. 251* (impact de la réforme du droit des contrats sur le droit de la construction). – Savaux, *JCP suppl. 25 mai 2015, p. 20* (contenu du contrat). – Wicker, *D. 2015. 1557* (cause). – Wicker et Boucard, *JCP suppl. 25 mai 2015, p. 32* (sanctions relatives à la formation du contrat). – Wicker et Ferrier, *JCP suppl. 25 mai 2015, p. 27* (représentation). – Wicker et Sautonie-Laguionie, *JCP suppl. 25 mai 2015, p. 68* (actions ouvertes aux créanciers). – Witz, *D. 2015. 2020* (interprétation du contrat).

▸ **Dossiers et ouvrages :** Dossier, *Gaz. Pal. 30 avr. 2015* (critiques constructives du projet d'ordonnance) ; *JCP suppl. 25 mai 2015* (observations et propositions de modification). – Dossier, *JCP N 2015, n° 1206 s.* (influence de la réforme sur la pratique notariale). – Dossier, *Dr. et patr. 5/2015. 32 ; ibid. 7-8/2015. 34*. – Dissaux et Jamin, *Projet de réforme, suppl. C. civ. 2016*. – Latina et Chantepie (dir.), *éd. limitée 2016*. – Stoffel-Munck (dir.), Réforme du droit des contrats et pratique des affaires : *Dalloz, Thèmes et commentaires, 2015*. – Wicker, Schulze, Mäsch et Mazeaud (dir.), La réforme du droit des obligations en France, 5e journées franco-allemandes de l'Association Henri Capitant à l'Université de Münster (Allemagne), *SLC 2015*. – Colloque, *RDC 2015/3. 616*. – Blog Dalloz, *Réforme du droit des obligations, 2015*.

▸ **Contrats et conventions :** V. Bibl. ss. titre III anc. – Fortunato, *RTD com. 2019. 19* (la relation contractuelle collaborative). – Fricero, *AJ contrat 2017. 356* (médiation et contrat). – Lagelée-Heymann, *RDC 2018. 473* (le « raisonnable » dans le nouveau droit des contrats). – de Ravel d'Esclapon, *AJ contrat 2017. 374* (clause d'intégralité). – Lequette, *RTD civ. 2018. 541* (notion de contrat). – Leveneur-Azémar, *D. 2020. 165* (éclairage de droit comparé sur l'interprétation de la réforme du droit des contrats). – Dossier, *RDC 2018. 502* (les nouveaux pouvoirs unilatéraux du contractant). – Dossier, *AJ contrat 2018. 503* (Loi Agriculture et Alimentation : quel impact sur le droit des contrats ?). – Dossier, *RDC 2018. 641* (Constitution et contrat). – Dossier, *AJ contrat 2019. 103* (Brexit et contrat). – Dossier, *AJ contrat 2020. 9* (contrats et sport professionnel). – Dossier, *AJ contrat 2020. 55* (loi d'orientation des mobilités et contrat).

▸ **Sources :** Girard Gaymard, *RTD civ. 2020. 779* (l'incidence du renouvellement des sources du droit des obligations sur son interprétation).

▸ **Panoramas Dalloz. – Droit des contrats :** *D. 2023. 254* (janv. 2022 - janv. 2023) ; *D. 2022. 310* (janv. 2021 - janv. 2022) ; *D. 2021. 310* (déc. 2019 - janv. 2021) ; *D. 2020. 353* (janv. 2019 - janv. 2020) ; *D. 2019. 279* (déc. 2017 - déc. 2018) ; *D. 2018. 371* (déc. 2016 - janv. 2018) ; D. 2017. 375 (janv. 2016 - janv. 2017) ; D. 2016. 566 (janv. 2015 - janv. 2016).

Rapport au Président de la République,

Relatif à l'ordonnance n° 2016-131 du 10 février 2016 portant réforme du droit des contrats, du régime général et de la preuve des obligations.

BIBL. ▶ PUIG, *RTD civ. 2017. 83* (autorité du rapport relatif à l'ordonnance).

Art. 1100 *(Ord. n° 2016-131 du 10 févr. 2016, art. 2, en vigueur le 1er oct. 2016)* **Les obligations naissent d'actes juridiques, de faits juridiques ou de l'autorité seule de la loi.**

Elles peuvent naître de l'exécution volontaire ou de la promesse d'exécution d'un devoir de conscience envers autrui. – *Dispositions transitoires, V. Ord. n° 2016-131 du 10 févr. 2016, art. 9, ss. art. 1386-1.*

BIBL. ▶ **Actes juridiques :** ATIAS, *D. 2008. Chron. 743*. – ATTUEL-MENDES, Consentement et actes juridiques, 2008, *Litec*. – BALENSI, *RTD civ. 1978. 42 ; ibid. 233* (homologation judiciaire des actes juridiques). – CAILLÉ, , *in Mél. Aubert, 2005, Dalloz, p. 55* (aspects modernes de la concurrence entre l'acte juridique et le fait juridique). – HÉBRAUD, *Mél. Maury, t. 2, 1960, Dalloz, p. 419* (rôle respectif de la volonté et des éléments objectifs dans les actes juridiques). – MAZEAUD, *D. 2002. 2963*. – PLANIOL, Classification des sources d'obligations, *Rev. crit. législ. et jurispr. 1909. 224*.

▶ **Obligation naturelle :** BEIGNIER, L'honneur et le droit, 1995, *LGDJ, nos 527 s.* – BOUT et STOFFEL-MUNCK, *n° 54*. – COUDRAIS, *RTD civ. 2011. 453*. – DUPEYROUX, *Mél. Maury, t. 2, p. 321* (les obligations naturelles, la jurisprudence, le droit). – FERKH, *Gaz. Pal. 1997. 1. Doctr. 13* (rapport des obligations naturelles à la morale). – FLOUR, *Trav. Assoc. H. Capitant, t. 7, 1952, p. 813* (la notion d'obligation naturelle et son rôle en droit civil). – LASZLO-FENOUILLET, La conscience, *1993, préf. G. Cornu, LGDJ, nos 131 s.* – MOLFESSIS, *D. 1997. Chron. 85*. – DE NAUROIS, Obligation juridique et obligation morale, *Mél. Faletti, 1971, p. 423*. – HAGE-CHAHINE, La distinction de l'obligation et du devoir en droit privé, *Thèse, 2017*. – PERREAU, *RTD civ. 1913. 503*. – PIGNARRE, *D. 2013. 411*. – PLANIOL, L'assimilation progressive de l'obligation naturelle et du devoir moral, *Rev. crit. législ. et jur. 1913. 152*. – JULIENNE, *D. 2009. 1709*. – CHÉNEDÉ, *RDC 2014. 133*. – SÉRIAUX, *RTD civ. 2021. 833* (enquête sur le fondement naturel des obligations civiles).

▶ **Sources des obligations, acte juridique, fait juridique :** AMSELEK (dir.), Théorie des actes de langages, éthique et droit, *1986, PUF*. – BRENNER, *JCP 2016, n° 524*.

▶ **Usages :** Dossier, Usages et contrats, *AJ contrat 2018. 350*.

I. EXISTENCE DE L'OBLIGATION NATURELLE

A. PRINCIPE

1. *Devoir de conscience envers autrui.* Il y a obligation naturelle chaque fois qu'une personne s'oblige envers une autre ou lui verse une somme d'argent non sous l'impulsion d'une intention libérale, mais afin de remplir un devoir impérieux de conscience et d'honneur. • Colmar, 20 déc. 1960 : *D. 1961. 207.* ♦ ... Ou de reconnaissance. • Civ. 1re, 16 juill. 1987 : *Bull. civ. I, n° 224 ; RTD civ. 1988. 133, obs. Mestre* (engagement précis d'hébergement gratuit).

Cassation de l'arrêt qui considère que le seul engagement pris verbalement par une personne à l'occasion de son audition par les services de police de « dédommager personnellement (le plaignant) le plus rapidement possible », non suivi d'un commencement d'exécution, ne constitue pas une obligation naturelle dont il se serait reconnu débiteur. • Civ. 1re, 17 oct. 2012, n° 11-20.124 P : *D. 2013. 411, note Pignarre ; ibid. 391, obs. Amrani-Mekki et Mekki ; RTD civ. 2012. 720, obs. Fages ; RDC 2013. 43, obs. Génicon ; ibid. 576, obs. Latina.*

Cette reconnaissance de ce qui s'impose comme un devoir de conscience est laissée à la liberté et à la responsabilité de l'individu qui en a la charge et ne peut être faite par d'autres, tel le représentant légal d'un mineur. • TGI Millau, 26 févr. 1970 : *Gaz. Pal. 1970. 1. 253.*

2. *Nécessité d'une cause licite.* Il n'y a pas d'obligation naturelle à exécuter une promesse dont la cause est illicite. • Civ. 2e, 8 mars 1963 : *JCP 1963. II. 13195.*

B. APPLICATIONS

3. *Entre parents et enfants.* Il y a obligation naturelle de l'auteur d'un enfant naturel à l'égard duquel le lien de filiation n'est pas établi d'entretenir cet enfant. • Civ. 1re, 30 juin 1976 : *D. 1978. 489, note Guiho.* – V. aussi • Civ. 1re, 3 oct. 2006, n° 04-14.388 P : *D. 2007. Pan. 1465, obs. Granet-Lambrechts ; Defrénois 2007. 306, obs. Massip ; ibid. 467, obs. Libchaber ; AJ fam. 2006. 418, obs. Chénedé ; Dr. fam. 2007, n° 3, note Murat ; RJPF 2007-1/36, obs. Garé ; RTD civ. 2007. 98, obs. Hauser ; ibid. 119, obs. Mestre* *et Fages*. ♦ ... De parents d'héberger gratuitement leur fils, jeune travailleur salarié. • Civ. 1re, 5 avr. 1993, n° 90-21.734 P : *D. 1994. Somm. 33, obs. Everaert-Dumont*.

4. Entre concubins. Il y a obligation naturelle d'un amant d'assurer l'avenir d'une concubine qu'il s'apprête à délaisser. • Civ. 1re, 6 oct. 1959 : *D. 1960. 515, note Malaurie ; JCP 1959. II. 11305, note Esmein.* – V. aussi • Civ. 1re, 17 nov. 1999 : *D. 2000. Somm. 419, obs. Lemouland ; JCP 2001. II. 10458, note Chassagnard ; Dr. fam. 2000, n° 19, note Lécuyer ; RTD civ. 2000. 297, obs. Hauser*. ♦ ... D'un concubin pour l'activité non rémunérée et les soins prodigués par sa concubine. • Civ. 1re, 28 oct. 1986 : *Bull. civ. I, n° 244* • 19 févr. 2002 : *Defrénois 2002. 681, obs. Massip.* ♦ ... Mais non du concubin à l'égard des parents de sa compagne, aucune dette d'assistance tenant à l'état de santé ou aux ressources de ceux-ci n'étant prouvée. • Civ. 1re, 18 juill. 1995 : *LPA 21 juill. 1997, note Hauksson-Tresch.*

5. Entre époux ou ex-époux. Il y a obligation naturelle d'un époux qui a contracté dans un acte sous seing privé l'obligation de payer à l'autre une pension alimentaire. • Civ. 2e, 9 mai 1988 : *D. 1989. 289, note Massip.* ♦ Sur l'efficacité de l'engagement d'honneur pris par un ex-mari de ne pas demander de modification ultérieure du montant d'une pension alimentaire consécutive à un divorce pour rupture de la vie commune, V. • Civ. 2e, 27 nov. 1985 : *Bull. civ. II, n° 178 ; RTD civ. 1986. 749, obs. Mestre.*

6. Entre anciens associés. Constitue une obligation naturelle qui s'est muée en obligation civile l'engagement pris par un médecin de restituer des honoraires à son ancien associé, compte tenu de la disparité de leurs activités respectives pendant leur période d'association, engagement contenu dans une correspondance et suivi de plusieurs remboursements. • Civ. 1re, 21 nov. 2006, n° 04-16.370 P : *Defrénois 2007. 467, obs. Libchaber ; RTD civ. 2007. 119, obs. Mestre et Fages*.

7. Pesant sur les héritiers. Il y a obligation naturelle des héritiers à exécuter un legs verbal. • Civ. 1re, 27 déc. 1963 : *Bull. civ. I, n° 573 ; Gaz. Pal. 1964. 1. 340* • TGI Millau, 26 févr. 1970 : *préc. note 1* • 22 juin 2004, n° 01-14.031 P : *D. 2004. 2953, note Nicod ; JCP 2004. II. 10165, note Sériaux ; AJ fam. 2004. 405, obs. Bicheron ; RJPF 2004-10/51, note Casey.* ♦ ... Ou un vœu exprimé par le testateur. • Paris, 12 oct. 1965 : *Gaz. Pal. 1966. 1. 253.* ♦ Obligation naturelle et devoir de justice de deux sœurs envers leur frère, omis du testament rédigé avant la reconnaissance de celui-ci, exclu de la succession canadienne du défunt. • Civ. 1re, 11 oct. 2017, n° 16-24.533 P : *D. 2018. 371, obs. Mekki ; AJ fam. 2017. 658, obs. Levillain ; RTD civ. 2018. 194, obs. Grimaldi ; JCP N 2017, n° 1340, note Farge et Comparot ; LPA 2018/25. 8, note Bouix.*

8. A l'égard d'un débiteur failli. Sur l'obligation naturelle de l'étudiant bénéficiaire d'un prêt de financement d'études, moyennant engagement d'entrer au service de la société prêteuse, à rembourser cette dernière qui, entretemps, a été mise en liquidation des biens, V. • Paris, 7 mars 1989 : *JCP 1989. II. 21318, note Petit.* ♦ Sur le problème de l'existence d'une obligation naturelle de remboursement d'une dette en lien avec une procédure collective, V. • Com. 31 mai 1994, n° 92-10.227 P (un créancier ne saurait arguer d'une convention prise par conversion d'une obligation naturelle en obligation civile dès lors que sa créance est éteinte, en application de l'art. 53 [C. com., art. L. 621-46] de la L. du 25 janv. 1985, pour n'avoir pas été déclarée dans les délais prévus).

II. RÉGIME DE L'OBLIGATION NATURELLE

9. Absence d'exécution forcée. Une obligation naturelle non transformée en obligation civile ne peut faire l'objet d'une exécution forcée. • Civ. 1re, 14 févr. 1978, n° 76-11.428 P.

10. Transformation en obligation civile par l'effet d'une promesse d'exécution. Le débiteur peut, par un acte de volonté non équivoque, valablement transformer en obligation civile l'obligation naturelle qu'il a conscience d'assumer. • Civ. 14 janv. 1952 : *D. 1952. 177, note Lenoan.* ♦ L'engagement unilatéral pris en connaissance de cause d'exécuter une obligation naturelle transforme celle-ci en obligation civile. • Civ. 1re, 4 janv. 2005, n° 02-18.904 P : *D. 2005. 1393, note Loiseau ; JCP 2005. I. 10159, note Mekki ; ibid. I. 187, n° 11, obs. Le Guidec ; RTD civ. 2005. 397, obs. Mestre et Fages* (engagement d'exécuter un legs verbal). ♦ La signature d'un acte par lequel deux sœurs ont exprimé la volonté que les actifs successoraux recueillis dans la succession de leur père soient répartis par tiers et en parts égales entre elles et leur frère, omis du testament rédigé avant la reconnaissance de celui-ci, a transformé cette obligation naturelle en obligation civile. • Civ. 1re, 11 oct. 2017, n° 16-24.533 P : *D. 2018. 371, obs. Mekki ; AJ fam. 2017. 658, obs. Levillain ; RTD civ. 2018. 194, obs. Grimaldi ; JCP N 2017, n° 1340, note Farge et Comparot ; LPA 2018/25. 8, note Bouix.* ♦ V. aussi • Civ. 1re, 23 mai 2006, n° 04-19.099 P : *D. 2006. IR 1561 ; AJ fam. 2006. 287, obs. Chénedé ; Defrénois 2007. 467, obs. Libchaber ; Dr. fam. 2006, n° 142, note Larribau-Terneyre ; RLDC 2007/41, n° 2680, note Bridge ; RTD civ. 2006. 538, obs. Hauser* (appréciation souveraine par les juges du fond de l'existence de cet engagement unilatéral, non retenue en l'espèce) • 3 oct. 2006 : *préc. note 3* (office du juge dans la recherche de cet engagement unilatéral de nature à transformer l'obligation naturelle en obligation civile). ♦ La transformation – improprement qualifiée novation – d'une obligation naturelle en obligation civile, laquelle repose sur un engagement unilatéral d'exécuter l'obligation naturelle, n'exige pas qu'une obligation civile ait elle-même préexisté à celle-ci. • Civ. 1re, 10 oct. 1995, n° 93-20.300 P : *D. 1996. Somm. 120, obs. Libchaber* ; *D. 1997. 155, note Pignarre* ; *LPA 23 août 1996, note Hocquet-Berg*. – Comp., rendu au visa de l'anc. art. 1271 relatif à la novation : • Civ. 1re, 22 juin 2004 : *préc. note 7.* ♦ Sur l'engagement donnant force civile au devoir moral d'un ex-époux de servir une pension alimentaire à son ex-conjoint malgré une renonciation à toute prestation compensatoire dans une convention de divorce par consentement mutuel, V. • Civ. 2e, 25 janv. 1984 : *D. 1984. 442, note Philippe ; JCP 1986. II. 20540, note Batteur ; RTD civ. 1985. 148, obs. Rubellin-Devichi.* ♦ Rappr. : • Civ. 1re, 30 oct. 2008, n° 07-17.646 P : *D. 2009. Chron. C. cass. 753, obs. Creton* ; *D. 2008. AJ 2937* ; *JCP 2009. II. 10000, note Houtcllieff ; Gaz. Pal. 2009. 531, note Maréchal ; LPA 10 mars 2009, note Dissaux ; RLDC 2008/55, n° 3208, obs. Maugeri ; ibid. 2009/57, n° 3283, note Cermolacce ; Defrénois 2009. 671, obs. Libchaber ; RDC 2009. 49, obs. D. Mazeaud ; RTD civ. 2009. 111, obs. Hauser* ; *ibid. 118, obs. Fages* .

11. Absence de répétition en cas d'exécution volontaire. Sur l'exclusion de la répétition du paiement d'une obligation naturelle (dette prescrite), V. • Req. 17 janv. 1938 : *DP 1940. 1. 57, note Chevallier* • Soc. 11 avr. 1991, n° 89-13.068 P : *RTD civ. 1992. 97, obs. Mestre* (paiement volontaire d'une dette de cotisations sociales qui, même prescrite, conservait sa cause dans l'obligation de cotiser). ♦ La prescription ne peut ouvrir aux auteurs de versements volontaires une action en répétition des acomptes par eux spontanément versés, peu important qu'à la date du paiement ils aient ignoré que le bénéfice de la prescription leur était acquis. • Com. 1er juin 2010, n° 09-14.353 P : *RLDC 2010/74, n° 3947, obs. Pouliquen.* ♦ Mais sont sujets à répétition les paiements effectués par un père, qui n'était plus tenu à l'obligation légale d'entretien de ses enfants majeurs, mais qui était soumis à une procédure de paiement direct dont la mère avait refusé la mainlevée, dès lors qu'ils n'ont pas été faits en pleine connaissance de cause et avec la volonté d'acquitter une obligation naturelle. • Civ. 1re, 12 juill. 1994, n° 92-13.375 P.

Sur la répétition de l'indu, V. aussi notes ss. art. 1302.

12. Obligation naturelle et donation. L'exécution volontaire d'une obligation naturelle ne constitue pas une donation, laquelle procède d'une intention libérale dont la réalité doit être constatée. • Com. 11 févr. 1992, n° 88-18.708 P.

Art. 1100-1 *(Ord. n° 2016-131 du 10 févr. 2016, art. 2, en vigueur le 1er oct. 2016)* **Les actes juridiques sont des manifestations de volonté destinées à produire des effets de droit. Ils peuvent être conventionnels ou unilatéraux.**

Ils obéissent, en tant que de raison, pour leur validité et leurs effets, aux règles qui gouvernent les contrats. – *Dispositions transitoires, V. Ord. n° 2016-131 du 10 févr. 2016, art. 9, ss. art. 1386-1.*

BIBL. ▸ **Engagement unilatéral de volonté :** ANTIPPAS, *RDC 2018. 272.* – DOCKÈS, *Dr. soc. 1994. 227* (engagement unilatéral de l'employeur). – PIGNARRE, *Mél. R. Decottignies, 2003, Presses universitaires de Grenoble, p. 283* (engagement unilatéral en droit du travail). – REBOURG, *RRJ 2001. 1405* (preuve de l'engagement par volonté unilatérale). – SÉRIAUX, L'unilatéralisme et le droit des obligations, *dir. Jamin et D. Mazeaud, 1999, Economica, p. 7.*

I. ACTES UNILATÉRAUX CRÉATEURS D'OBLIGATIONS : ENGAGEMENTS UNILATÉRAUX

A. ENGAGEMENT UNILATÉRAL D'UN EMPLOYEUR

1. Principe. Ne peut constituer une condition d'application d'un engagement unilatéral de l'employeur qu'une clause précise définissant objectivement l'étendue et les limites de l'obligation souscrite. • Soc. 27 juin 2000, n° 99-41.926 P : *Defrénois 2000. 1381, obs. D. Mazeaud.* ♦ La clause non contestée du règlement de copropriété qui instaure une procédure d'autorisation préalable avant le licenciement du personnel du syndicat emporte engagement unilatéral du syndicat des copropriétaires dont le salarié peut se prévaloir. • Cass., ass. plén., 5 mars 2010, n° 08-42.843 P : *D. 2010. AJ 710* ; *JCP 2010, n° 606, note Corrignan-Carsin ; Gaz. Pal. 8 mai 2010, p. 47, note Peisse.*

2. Sanction. Le non-respect par l'employeur de son engagement unilatéral de maintien de l'emploi ouvre droit à réparation pour les salariés victimes d'un préjudice, sur le fondement de l'anc. art. 1142 C. civ. • Soc. 25 nov. 2003, n° 01-17.501 P : *D. 2004. 2395, note Omarjee* ; *JCP 2004. I. 163, nos 6 s., obs. Viney ; ibid. 177, n° 9, obs. Morvan.*

3. Dénonciation. L'employeur n'est en droit de revenir à tout moment sur un engagement unilatéral que si celui-ci a été pris pour une durée indéterminée. • Soc. 4 avr. 1990, n° 86-42.626 P. ♦ La dénonciation par l'employeur d'un usage doit, pour être régulière, être précédée d'un préavis suffisant pour permettre des négociations et être notifiée aux représentants du personnel et à tous les salariés individuellement s'il s'agit d'une disposition qui leur profite. • Soc. 28 janv. 2015, n° 13-24.242 P : *D. 2015. 327*.

4. *Contractualisation.* La remise au salarié lors de son embauche d'un document mentionnant les engagements unilatéraux de l'employeur, fût-il mentionné au contrat de travail à titre de renseignement, n'a pas pour effet de contractualiser les avantages qui y sont décrits. • Soc. 2 mai 2001, n° 99-41.264 P : *Defrénois 2001. 1061, obs. Libchaber* (arrêt visant les règles régissant la dénonciation et la mise en cause des engagements unilatéraux de l'employeur). – Même sens : • Soc. 10 mars 2004, n° 03-40.505 P : *RDC 2004. 723, obs. Radé.* ♦ V. déjà pour les usages d'entreprise. • Soc. 3 déc. 1996, n° 94-19.466 P. ♦ Même sens : • Soc. 13 févr. 1996, n° 93-12.309 P • Soc. 11 janv. 2000, n° 97-44.148 P : *D. 2000. 893, note Pignarre* ; *RTD civ. 2001. 165, obs. Gautier* (la remise au salarié, lors de son embauche, d'un document résumant les usages et les engagements unilatéraux de l'employeur n'a pas pour effet de contractualiser les avantages qui y sont décrits). ♦ Mais le règlement d'un régime de retraite supplémentaire mis en place par décision unilatérale de l'employeur revêt dans les rapports entre les adhérents et l'assureur un caractère contractuel. • Civ. 2e, 12 janv. 2017, n° 15-22.367 P : *D. 2017. 163* ; *Rev. sociétés 2017. 352, note Foy* ; *RGDA 2017. 207, note Mayaux.*

5. *Transmission.* L'engagement unilatéral pris par un employeur est transmis, en cas de transfert d'une entité économique autonome, au nouvel employeur qui ne peut y mettre fin qu'à condition de prévenir individuellement les salariés et les institutions représentatives du personnel dans un délai permettant d'éventuelles négociations ; la transmission de l'engagement unilatéral au cessionnaire s'opère lorsque la cession se réalise dans le cadre de la procédure de redressement judiciaire ouverte à l'égard du cédant, sans que les conditions prévues dans l'offre du repreneur retenue par le tribunal de commerce puissent y faire obstacle. • Soc. 12 mars 2008, n° 06-45.147 P. ♦ En revanche le règlement intérieur s'imposant aux salariés avant le transfert de plein droit de leurs contrats de travail n'est pas transmissible à une société nouvellement créée dès lors que ce règlement constitue un acte réglementaire de droit privé dont les conditions sont encadrées par la loi et que l'art. R. 1321-5 C. trav. impose à une telle entreprise nouvelle d'élaborer un règlement intérieur dans les trois mois de son ouverture. • Soc. 17 oct. 2018, n° 17-16.465 P : *D. 2018. 2143* ; *Dr. soc. 2019. 90, obs. Mouly* • 31 mars 2021, n° 19-12.289 P : *D. 2021. 701* ; *RDT 2021. 388, obs. Adam*. ♦ En cas de transfert d'une entité économique autonome, le nouvel employeur n'est tenu de reprendre les engagements unilatéraux de l'ancien qu'à l'égard des salariés dont le contrat était en cours au jour du transfert. • Soc. 7 déc. 2005, n° 04-44.594 P : *R., p. 237* ; *D. 2006. 1867, note Loiseau* ; *RTD civ. 2006. 765, obs. Mestre et Fages*.

6. *Extinction.* Lorsque l'application d'une convention collective à laquelle l'employeur n'est pas soumis résulte d'un usage ou d'un engagement unilatéral de ce dernier, la conclusion d'un accord d'entreprise ayant le même objet met fin à cet usage ou à cet engagement. • Soc. 26 sept. 2012, n° 10-24.529 P : *D. 2012. 2316* (peu importe que les clauses de l'accord soient ou non plus favorables que celles de la convention jusqu'alors appliquée volontairement).

B. AUTRES APPLICATIONS

7. *Engagement unilatéral de subvenir aux besoins d'un enfant.* En reconnaissant un enfant qu'il sait ne pas être le sien, un homme contracte l'engagement de subvenir comme un père aux besoins de cet enfant, engagement dont l'octroi de dommages-intérêts a notamment pour objet de sanctionner l'inobservation. • Civ. 1re, 21 juill. 1987, n° 85-16.887 P. ♦ Dans le même sens à propos de la reconnaissance d'un enfant conçu par insémination artificielle : • Civ. 1re, 10 juill. 1990, n° 88-15.105 P.

8. *Loteries publicitaires.* Condamnation d'une entreprise de vente par correspondance organisatrice d'une loterie qui, par interprétation souveraine des documents produits, a pris l'engagement de payer une somme d'argent correspondant à un numéro gagnant certifié. • Civ. 1re, 28 mars 1995, n° 93-12.678 P : *D. 1996. 180, note Mouralis* ; *RTD civ. 1995. 886, obs. Mestre* ; *D. 1995. Somm. 227, obs. Delebecque*. – Dans le même sens : • T. com. Nanterre, 4 juin 1999 : *D. 1999. AJ 4, obs. C.R. (2e esp.).* ♦ Absence de volonté certaine d'une société de vente par correspondance d'attribuer le gros lot d'une loterie publicitaire au destinataire d'un courrier, en raison du caractère équivoque des documents publicitaires. • Civ. 1re, 19 oct. 1999, n° 97-10.570 P : *D. 2000. Somm. 357, obs. D. Mazeaud* ; *JCP 2000. II. 10347, note Mehrez* ; *ibid. I. 241, nos 1 s., obs. Viney* ; *RRJ 2001/3. 1677, étude Legros* (attribution de dommages-intérêts inférieurs à la valeur du gros lot, gagné par un autre participant). ♦ V. aussi sur cette conséquence de la limitation des dommages-intérêts liée à l'analyse de la situation dans le cadre de la responsabilité extracontractuelle. • Crim. 22 nov. 2022, n° 21-86.010 B : cité note 63 ss. art. 1241 (statuant sur une action civile contre une entreprise condamnée pénalement pour pratique commerciale trompeuse). ♦ Comp., sur cette même question des loteries publicitaires, fondé sur l'existence d'un contrat tacite. • Civ. 2e, 11 févr. 1998 : *cité note 5 ss. art. 1101.* ♦ V. désormais, pour le recours à la notion de quasi-contrat en la matière, notes ss. art. 1300. ♦ Nature contractuelle, dans le cadre de la Convention de Bruxelles, d'une telle action : V. • CJCE 11 juill. 2002, n° C-96/00 : *D. 2002. IR 2579 ; JCP 2003. II. 10055, note Claret.* ♦ Pour la responsabilité découlant de la différence entre la clause du règlement déposé chez l'huissier et la croyance légitime créée chez les joueurs à qui cette stipulation n'a pas été indiquée : • Civ. 2e, 18 déc. 1996, n° 94-20.368 P. ♦ V. aussi, sur les loteries publicitaires, Lecourt, *JCP 1999. I. 155.*

II. AUTRES ACTES UNILATÉRAUX

9. Démission d'un salarié. Si la démission est un acte unilatéral par lequel le salarié manifeste de façon claire et non équivoque sa volonté de mettre fin au contrat de travail, lorsque le salarié remet en cause celle-ci en raison de faits imputables à son employeur, le juge doit, s'il résulte de circonstances antérieures ou contemporaines de la démission qu'à la date à laquelle elle a été donnée, celle-ci était équivoque, l'analyser en une prise d'acte de la rupture qui produit les effets d'un licenciement sans cause réelle et sérieuse si les faits invoqués la justifiaient ou dans le cas contraire d'une démission. • Soc. 9 mai 2007, n° 05-40.518 P : *R., p. 364 ; D. 2007. AJ 1495, obs. Cortot ; ibid. Pan. 3038, obs. Dockès ; RDT 2007. 452, obs. Auzero ; RDC 2007. 1216, obs. Radé* • 19 déc. 2007, n° 06-42.550 P : *D. 2008. AJ 357, obs. Maillard*. ♦ Sur l'appréciation du caractère non équivoque d'une démission : • Soc. 26 nov. 2008, n° 07-43.650 P. ♦ Un salarié ne peut tout à la fois invoquer un vice du consentement de nature à entraîner l'annulation de sa démission et demander que cet acte de démission soit analysé en une prise d'acte, par lui, de la rupture de son contrat de travail en raison de faits et manquements imputables à l'employeur. • Soc. 17 mars 2010, n° 09-40.465 P. ♦ La convocation, postérieurement à la démission de la salariée, à un entretien, auquel elle ne s'est pas présentée, en vue d'une rupture conventionnelle qui n'a pas été signée, démontre l'absence de renonciation par l'employeur à la rupture du contrat de travail qui résultait de la démission. • Soc. 16 sept. 2015, n° 14-10.291 P (salariée déboutée de sa demande en résiliation judiciaire du contrat de travail). ♦ Le départ à la retraite du salarié est un acte unilatéral par lequel le salarié manifeste de façon claire et non équivoque sa volonté de mettre fin au contrat de travail. • Soc. 15 mai 2013 : *D. 2013. 1284* (application du régime de la prise d'acte pour les contestations autres qu'un vice du consentement).

10. Licenciement. Le licenciement ne peut être rétracté par l'employeur qu'avec l'accord du salarié, peu important que la rétractation ait été faite à la demande de l'inspecteur du travail d'annuler la procédure de licenciement engagée et de respecter le statut protecteur. • Soc. 23 nov. 2022, n° 21-10.543 B.

11. Départ à la retraite. Le départ à la retraite du salarié est un acte unilatéral par lequel le salarié manifeste de façon claire et non équivoque sa volonté de mettre fin au contrat de travail. • Soc. 25 mai 2016, n° 15-10.637 P : *D. 2016. 1205*.

12. Démission d'un dirigeant. Sauf clause contraire des statuts, la démission d'un dirigeant de société constitue un acte juridique unilatéral qui ne nécessite aucune acceptation de la part de la société et ne peut faire l'objet d'aucune rétractation. • Com. 22 févr. 2005, n° 03-12.902 P : *D. 2005. Pan. 2953, obs. Hallouin et Lamazerolles ; JCP E 2005. 863, note Navarro ; Defrénois 2005. 1724, obs. J. Honorat ; Rev. sociétés 2005. 625, note Daigre*. ♦ La démission d'un dirigeant de société qui constitue un acte juridique unilatéral produit tous ses effets dès lors qu'elle a été portée à la connaissance de la société. • Soc. 1er févr. 2011 : *cité note 3 ss. art. 2007.*

13. La renonciation à un droit est un acte unilatéral. • Civ. 2e, 2 févr. 2017, n° 16-13.521 P : *D. 2017. 350 ; AJDI 2017. 423, obs. de La Vaissière ; RGDA 2017. 172, note A. Pélissier.*

Art. 1100-2 *(Ord. n° 2016-131 du 10 févr. 2016, art. 2, en vigueur le 1er oct. 2016)* **Les faits juridiques sont des agissements ou des événements auxquels la loi attache des effets de droit.**

Les obligations qui naissent d'un fait juridique sont régies, selon le cas, par le sous-titre relatif à la responsabilité extracontractuelle ou le sous-titre relatif aux autres sources d'obligations. — *Dispositions transitoires, V. Ord. n° 2016-131 du 10 févr. 2016, art. 9, ss. art. 1386-1.*

SOUS-TITRE PREMIER LE CONTRAT

(Ord. n° 2016-131 du 10 févr. 2016, art. 2, en vigueur le 1er oct. 2016)

RÉP. CIV. v^is *Contrat : généralités*, par M. LATINA ; *Contrat : formation*, par N. DISSAUX ; *Contrat : effet*, par G. CHANTEPIE.

DALLOZ RÉFÉRENCE *Le nouveau droit des obligations et des contrats 2019/2020, n°s 121.00 s.*

DALLOZ ACTION *Droit de la responsabilité et des contrats 2023/2024, n°s 3.00 s.*

BIBL. ▸ **Ord. 10 févr. 2016 :** V. Bibl. gén. ss. le titre III.

▸ Dossier, *AJ contrat 2019. 365* (contrat et protection des données à caractère personnel - aspects généraux) ; *ibid. 411* (aspects particuliers). – Dossier, *AJ contrat 2019. 507* (contrats de publicité). – Dossier, *AJ contrat 2020. 111* (contrat et environnement). – Dossier, *RDC 2022/2. 160* (l'office du juge et le contrat).

CHAPITRE I DISPOSITIONS LIMINAIRES

(Ord. n° 2016-131 du 10 févr. 2016, art. 2, en vigueur le 1er oct. 2016)

BIBL. GÉN. ▸ **Ord. n° 2016-131 du 10 févr. 2016.** Rapport au Président de la République, *JO 11 févr. 2016*. V. Bibl. citée ss. le titre III.

▸ **Projet d'Ord. du 25 févr. 2015. Dispositions préliminaires :** AYNÈS, Dispositions préliminaires, *in* Dossier sur la réforme du droit des contrats, *Journ. sociétés 4/2014. 12.* – BLANC, Dispositions préliminaires – Analyse des articles 1101 à 1110 du projet d'ordonnance portant réforme du droit des obligations, *Gaz. Pal. 29 avr. 2015, n° 119-120.* – DISSAUX et JAMIN, Projet de réforme, suppl., *C. civ. 2016, p. 5.* – DUPICHOT, Les principes directeurs du droit français des contrats, *RDC 2013. 387.* – LAITHIER, Les principes directeurs du droit des contrats en droit comparé, *RDC 2013. 410.* – MEKKI, Les principes généraux du droit des contrats au sein du projet d'ordonnance portant sur la réforme du droit des obligations, *D. 2015. Chron. 816*. – Sur le commentaire de l'Ord. n° 2016-131 du 10 févr. 2016. V. Bibl. citée ss. le titre III.

▸ **Classification des contrats.** BALAT, *D. 2015. 699* (conflits entre droit commun et droit spécial). – BERTRAND, *D. 2016. 1156* (contrat d'assurance). – BLANC, *RDC 2015/3, p. 810* (contrats nommés et innomés, un article disparu du projet). – CHÉNEDÉ, *Dr. et patr. 5/2016. 45.* – DEROUSSIN, *RDC 2015. 734* (article 1107 du projet : les contrats réels). – DUCHANGE, *D. 2022. 2108* (nature juridique du contrat de travail). – S. LEQUETTE, *D. 2016. 1148* (contrats d'intérêt commun) ; *RDC 2018. 297 (idem).* – POUMARÈDE, *RDC 2015. 738* (article 1110 du projet : contrat à exécution instantanée et contrat à exécution successive). – HAMELIN, *blog Dalloz obligations 2015* (les classifications du contrat). – VERJAT, *D. 2018. 531* (contrat d'association). – Dossier, *AJ contrat 2017. 55* (le contrat de management) ; *ibid. 511* (contrat de courtage). – Dossier, *Dalloz IP/IT 2021. 180* (le contrat en droit des données à caractère personnel) ; *CCC 2021. Dossier 1 s. et 10 s.* (technique contractuelle : contrats d'affaires).

▸ **Réforme des contrats spéciaux :** Assoc. H. CAPITANT, *D. 2017. 1660* (avant-projet de réforme du droit des contrats spéciaux). – CHANTEPIE et LATINA, *D. 2022. 1716* (observations générales sur l'avant-projet de réforme du droit des contrats spéciaux). – Dossier, *RDC 2020/3. 125* (projet de réforme du droit des contrats spéciaux de l'association Henri Capitant).

Art. 1101 *(Ord. n° 2016-131 du 10 févr. 2016, art. 2, en vigueur le 1er oct. 2016)* **Le contrat est un accord de volontés entre deux ou plusieurs personnes destiné à créer, modifier, transmettre ou éteindre des obligations.** — *Dispositions transitoires, V. Ord. n° 2016-131 du 10 févr. 2016, art. 9, ss. art. 1386-1.*

Comp. C. civ., art. 1101 anc.

BIBL. ▸ LEQUETTE, *RTD civ. 2018. 541* (notion de contrat).

1. Sur la nécessité de tenir compte de l'évolution du droit des obligations résultant de la réforme du *10 févr. 2016.* • *Cass., ch. mixte, 24 févr. 2017,* n° 15-20.411 P : *D. 2017. 793, note Fauvarque-Cosson ; ibid. 1149, obs. Damas ; AJDI 2017. 612, obs. Thioye ; AJ contrat 2017. 175, obs. Houtcieff ; RTD civ. 2017. 377, obs. Barbier ; JCP 2017, n° 305, note Sturlèse ; CCC 2017. 93, note Leveneur ; RDC 2017. 415, note Génicon* (à propos de la distinction nullité absolue et nullité relative) • Soc. 21 sept. 2017, n° 16-20.104 P (à propos de la distinction entre offre et promesse unilatérale de contrat).

2. *Nécessité d'une volonté de s'obliger.* **BIBL.** Mestre, *RTD civ. 1996. 892*. – Oppetit, *D. 1979. Chron. 107.* ♦ L'existence d'un accord entre un automobiliste et son passager sur le partage des frais de voyage est insuffisante pour établir entre les parties un lien de nature contractuelle engendrant une obligation de sécurité. • Civ. 1re, 6 avr. 1994, nº 91-21.047 P. ♦ V. aussi, pour l'adoption d'une responsabilité délictuelle lorsqu'une standardiste accepte de donner un renseignement sur la demande d'un huissier : • Civ. 2e, 19 juin 1996, nº 94-12.777 P : *R., p. 342 ; RTD civ. 1997. 144, obs. Jourdain ; Defrénois 1996. 1373, obs. Delebecque.* ♦ Mais l'engagement moral de ne pas copier les produits d'une société concurrente caractérise une volonté non équivoque et délibérée de s'obliger ; une telle clause a une valeur contraignante et est juridiquement opposable. • Com. 23 janv. 2007, nº 05-13.189 P : *D. 2007. AJ 442, obs. Delpech ; JCP 2007. I. 176, nº 2, obs. Caron ; ibid. 2008. I. 152, nº 12, obs. Simler ; Defrénois 2007. 1027, obs. Savaux ; CCE 2007. Chron. 8, nº 9, obs. Kahn ; RLDC 2007/40, nº 2587, note Vignal ; RDC 2007. 697, obs. Laithier ; RTD civ. 2007. 340, obs. Mestre et Fages.* ♦ V. aussi sur l'efficacité de l'engagement d'honneur pris par un ex-mari de ne pas demander de modification ultérieure du montant d'une pension alimentaire consécutive à un divorce pour rupture de la vie commune. • Civ. 2e, 27 nov. 1985 : *Bull. civ. II, nº 178 ; RTD civ. 1986. 749, obs. Mestre.* ♦ Sur la valeur contractuelle des lettres d'intention V. note 1 ss. art. 2322.

3. *Convention d'assistance bénévole.* BIBL. Blond, *LPA 14 juill. 1999.* – Hocquet-Berg, *Gaz. Pal. 1996. 1. Doctr. 32.* – Sériaux, *Mél. Cabrillac, Litec, 1999, p. 299.* ♦ Sur la reconnaissance par les juges du fond d'une convention d'assistance bénévole faisant naître des obligations à la charge de l'assisté, V. • Civ. 1re, 17 déc. 1996, nº 94-21.838 P : *D. 1997. Somm. 288, obs. Delebecque ; RTD civ. 1997. 431, obs. Jourdain ; CCC 1997. 78, obs. Leveneur.* (aide apportée à un ami pour des travaux de nivellement du sol) • 27 janv. 1993, nº 91-12.131 P : *Gaz. Pal. 1993. 2. 434, note Chabas* (maniement d'une tronçonneuse) • 10 oct. 1995 : *CCC 1996, nº 1, note Leveneur* (services rendus au comité d'organisation d'une fête) • 19 janv. 1999 : *RCA 1999, Chron. 10, par Groutel.* (essai d'une motocyclette) • 16 juill. 1997, nº 95-17.880 P : *D. 1998. 566, note Arhab ; RTD civ. 1997. 944, obs. Jourdain* (intervention d'une convention d'assistance entre un artisan et son client au cours du transport du meuble réparé par l'artisan entre l'atelier de ce dernier et la voiture du client). ♦ Sur l'existence d'une convention d'assistance entre plongeurs. • Paris, 25 janv. 1995 : *D. 1997. Somm. 191, obs. F. Lagarde ; JCP 1995. I. 3867, nº 1, obs. Fabre-Magnan ; LPA 30 oct. 1996, note Filios et Kourtis.* ♦ Dans une convention d'assistance bénévole, l'assistance peut être spontanément apportée par l'assistant ou sollicitée par l'assisté. • Civ. 1re, 18 janv. 2023, nº 20-18.114 B : *D. 2023. 118 ; CCC 2023, nº 38, note Leveneur* (admission de l'existence d'une convention entre le salarié d'une société et le gérant de celle-ci, qui l'avait convaincu de l'aider à cueillir des pommes dans son verger). ♦ En revanche, absence de convention d'assistance dans le cas d'une intervention spontanée et inopportune : • Civ. 1re, 7 avr. 1998, nº 96-19.171 P : *JCP 1998. II. 10203, note Gout ; Defrénois 1998. 1050, obs. Delebecque.* ♦ V. aussi Jourdain, *RTD civ. 1994. 864.* – Viney, *JCP 1994. I. 3809, nº 1* (responsabilité délictuelle du bénéficiaire d'un acte de courtoisie). ♦ Sur les obligations naissant d'une convention d'assistance, V. notes ss. art. 1194 et 1231-1.

4. *Accord de principe.* Constitue un accord de principe le contrat par lequel un employeur s'engage à examiner la réintégration d'un de ses salariés en fonction de la conjoncture, sans prendre d'engagement ferme d'embauche. • Soc. 24 mars 1958 : *JCP 1958. II. 10868, note Carbonnier.* ♦ V. également • Soc. 19 déc. 1989 : *D. 1991. 62, note Schmidt-Szalewski.* ♦ Pour un accord où le principe du contrat est acquis, mais non certains de ses éléments essentiels : • Com. 9 juin 1980 : *Bull. civ. IV, nº 251.* ♦ Pour un accord de principe analysé comme l'engagement de poursuivre de bonne foi les négociations entreprises, sans obligation d'aboutir : • Com. 2 juill. 2002 : *RTD civ. 2003. 76, obs. Mestre et Fages.* ♦ V. aussi pour la qualification de pré-contrat de l'accord conclu entre un joueur et un club pour la saison suivante. • Soc. 17 mars 2010, nº 07-44.468 P. ♦ Mais la reconnaissance de principe d'une réduction du prix de cession d'un droit d'entrée dans une association de médecins exerçant en commun, assortie de l'expression d'un désaccord sur le montant du remboursement éventuel, ne constitue pas un engagement de payer, faute de détermination de l'objet de l'engagement. • Civ. 1re, 3 juill. 1996, nº 94-13.239 P : *D. 1997. 531, note Descamps-Dubacle ; RTD civ. 1997. 659, obs. Mestre.*

5. *Promesse d'embauche.* Il résulte de l'art. 1124 dans sa rédaction actuelle que la promesse unilatérale de contrat de travail est le contrat par lequel une partie, le promettant, accorde à l'autre, le bénéficiaire, le droit d'opter pour la conclusion d'un contrat de travail, dont l'emploi, la rémunération et la date d'entrée en fonction sont déterminés, et pour la formation duquel ne manque que le consentement du bénéficiaire. • Soc. 21 sept. 2017, nos 16-20.103 P et 16-20.104 P (2 arrêts). ♦ L'évolution du droit des obligations, résultant de l'Ord. nº 2016-131 du 10 févr. 2016, conduit à apprécier différemment, dans les relations de travail, la portée des offres et promesses de contrat de travail • Même arrêt. ♦ V. aussi, note 3 ss. art. 1124.

♦ Jurisprudence antérieure à l'entrée en vigueur de la réforme du 10 févr. 2016 : Constitue une promesse d'embauche valant contrat de travail l'écrit qui précise l'emploi proposé et la date d'entrée en fonction. • Soc. 15 déc. 2010, n° 08-42.951 P : *D. 2011. 170* ; *JCP 2011. 952, obs. Loiseau* ; *RDT 2011. 108, obs. Auzero* ; *RDC 2011. 804, note Génicon.* ♦ ... Un écrit précisant l'emploi proposé et la date d'entrée en fonction, même si la rémunération n'est pas indiquée. • Soc. 30 mars 2005, n° 03-40.901 P. ♦ Mais constitue une simple offre d'emploi, et non une promesse d'embauche, une lettre qui ne mentionne ni l'emploi occupé, ni la rémunération, ni la date d'embauche, ni le temps de travail. • Soc. 12 juill. 2006, n° 04-47.938 P : *RDT 2006. 311, obs. Auzero* .

L'existence d'une promesse d'embauche ne fait pas obstacle à ce que le contrat à durée déterminée conclu entre les parties prévoie une période d'essai. • Soc. 12 juin 2014, n° 13-14.258 P : *D. 2014. 1331* ; *Dr. soc. 2014. 773, obs. Mouly* .

6. Contrats collectifs. Est collectif un contrat qui bénéficie de façon impersonnelle et générale à l'ensemble du personnel salarié d'une entreprise ou à une partie d'entre eux appartenant à une catégorie objective établie à partir de critères objectifs, tous les salariés qui en bénéficient devant se trouver dans une situation identique au regard des garanties concernées • Civ. 2e, 15 juin 2017, n° 16-18.532 P.

7. Règlement de copropriété. Le règlement de copropriété ayant la nature d'un contrat, chaque copropriétaire a le droit d'en exiger le respect par les autres. • Civ. 3e, 22 mars 2000, n° 98-13.345 P • 8 avr. 2021, n° 20-18.327 P : *D. 2021. Chron. C. cass. 2251, obs. Jariel* ; *RTD civ. 2021. 642, obs. Barbier* ; *JCP 2021, n° 580, note Strickler* ; *RDC 2021/3. 21, note Pellet* ; *ibid. 30, note Hontebeyrie.*

8. Loteries publicitaires. BIBL. Autem, *CCC 1999. Chron. 11* (loteries avec pré-tirage). ♦ Un engagement clair ayant été pris par une société de vente par correspondance désireuse de faire entendre à sa cliente qu'elle avait gagné une grosse somme, cette société est, du fait de la rencontre des volontés, tenue de son engagement. • Civ. 2e, 11 févr. 1998, n° 96-12.075 P : *D. 1999. Somm. 109, obs. Libchaber* ; *D. Affaires 1998. 947, obs. J. F.* ; *JCP 1998. II. 10156, note Carducci* ; *ibid. I. 155, nos 1 s., obs. Fabre-Magnan* ; *ibid. I. 185, nos 1 s., obs. Viney* ; *Defrénois 1998. 1044, obs. D. Mazeaud* ; *RRJ 2001/3. 1677, étude Legros* • Rennes, 10 janv. 2001 : *JCP 2001. IV. 2657* • Civ. 1re, 12 juin 2001, n° 98-20.309 P : *D. 2002. Somm. 1316, obs. D. Mazeaud* ; *JCP 2002. I. 122, n° 5, obs. Viney* ; *ibid. II. 10104, note Houtcieff.* ♦ Comp. pour l'analyse en un engagement unilatéral note 8 ss. art. 1100-1 (engagement unilatéral). ♦ V. désormais, pour le recours à la notion de quasi-contrat, notes ss. art. 1300.

9. Documents d'adhésion à un statut légal ou réglementaire. BIBL. Rochfeld, *RDC 2005. 257* ; *ibid. 2006. 665* (contrats pédagogiques). – Mekki, *RDC 2006. 297* (discours du contrat). ♦ La signature par un doctorant et son directeur de thèse de la « charte des thèses » implique simplement que les intéressés ont pris connaissance de ce document et n'a pas pour objet et ne pourrait avoir légalement pour effet d'établir une relation de nature contractuelle entre les signataires, eu égard à la circonstance que les usagers du service public de l'enseignement supérieur sont placés à l'égard de ce dernier dans une situation réglementaire. • CE 21 déc. 2001, n° 220997. ♦ La signature du plan d'aide de retour à l'emploi par un chômeur et par l'ASSEDIC n'emporte aucun engagement contractuel de cette dernière de verser au chômeur l'allocation d'aide au retour à l'emploi pendant une durée déterminée, le taux et la durée de l'indemnisation résultant de décisions d'admission prononcées par l'ASSEDIC en application de dispositions réglementaires. • Soc. 31 janv. 2007, n° 04-19.464 P.

10. Le règlement d'un régime de retraite supplémentaire mis en place par décision unilatérale de l'employeur revêt dans les rapports entre les adhérents et l'assureur un caractère contractuel. • Civ. 2e, 12 janv. 2017, n° 15-22.367 P : *D. 2017. 163* ; *Rev. sociétés 2017. 352, note Foy* ; *RGDA 2017. 207, note Mayaux.*

Art. 1102 *(Ord. n° 2016-131 du 10 févr. 2016, art. 2, en vigueur le 1er oct. 2016)* **Chacun est libre de contracter ou de ne pas contracter, de choisir son cocontractant et de déterminer le contenu et la forme du contrat dans les limites fixées par la loi.**

La liberté contractuelle ne permet pas de déroger aux règles qui intéressent l'ordre public. — *Dispositions transitoires, V. Ord. n° 2016-131 du 10 févr. 2016, art. 9, ss. art. 1386-1.*

BIBL. GÉN. ▶ Bellivier et Noiville, *RDC 2016. 505* (l'adieu à l'art. 1128 : l'ordre public suffit-il à protéger le corps humain ?). - Danis-Fatôme, *AJ contrat 2019. 366* (ordre public et protection des données à caractère personnel). – Houtcieff, *RTD civ. 2021. 757* (pour un retour aux bonnes mœurs contractuelles). – Mekki, *D. 2015. Chron. 816* (principes généraux du droit des contrats au sein du projet d'ordonnance portant sur la réforme du droit des obligations). – Pérès, *D. 2009. 381* (liberté contractuelle et l'ordre public dans le projet de réforme du droit des contrats de la Chancellerie). – Leveneur, *AJDA 1998. 676* .

1. Principe de la liberté contractuelle : norme constitutionnelle. BIBL. Moderne, *RFDA 2006. 2* (la liberté contractuelle est-elle vraiment et pleinement constitutionnelle ?).

♦ Aucune norme de valeur constitutionnelle ne garantit le principe de la liberté contractuelle. • Cons. const. 3 août 1994 : *JCP 1995. II. 22404, note Broussole ; D. 1995. Somm. 351, obs. Gaïa ; RTD civ. 1996. 151, obs. Mestre* • 20 mars 1997 : *JO 26 mars ; D. 1999. Somm. 234, obs. Favoreu ; JCP 1997. I. 4039, n° 1 s., obs. Fabre-Magnan ; ibid. 4066, n° 16, obs. Mathieu et Verpeaux.* ♦ Dans le même sens : COB, 11 avr. 1995 : *Dr. sociétés 1995. 155, obs. Hovasse.* ♦ Cependant, le législateur ne saurait porter à l'économie des conventions et contrats légalement conclus une atteinte d'une gravité telle qu'elle méconnaisse manifestement la liberté découlant de l'art. 4 de la Déclaration des droits de l'homme et du citoyen de 1789. • Cons. const. 10 juin 1998 : *JO 14 juin ; RTD civ. 1998. 796, obs. Molfessis ; ibid. 1999. 78, obs. Mestre ; JCP 1998. I. 179, n° 14, obs. Mathieu et Verpeaux.* – V. aussi • Cons. const. 13 janv. 2000, n° 99-423 DC : *JO 20 janv. ; JCP 2000. I. 261, n° 17, obs. Mathieu et Verpeaux* • 13 janv. 2003, n° 2002-465 DC : *JO 18 janv. ; D. 2003. Chron. 638, par Mathieu ; RDC 2003. 9, obs. Revet.* ♦ La Cour de cassation est tenue de faire application de la règle selon laquelle l'annulation d'une décision administrative a un effet rétroactif ; cet effet rétroactif de l'annulation n'est pas contraire à la liberté d'entreprendre et à la liberté contractuelle. • Soc. 13 juill. 2012, n° 12-13.522. ♦ Les dispositions légales relatives à la lutte contre le travail dissimulé ne portent pas atteinte à la liberté découlant de l'art. 4 de la Déclaration des droits de l'homme, ni au principe d'égalité devant les charges publiques énoncé par l'art. 13 de la même déclaration et ne peuvent en conséquence donner lieu à une QPC. • Civ. 2e, 28 févr. 2013, n° 12-40.099 P. ♦ Possibilité pour la Cour de cassation de considérer qu'il est impossible de déroger aux dispositions d'ordre public des art. L. 3123-14, L. 3123-17 et L. 3123-18 C. trav., en réalisant ainsi la conciliation voulue par le législateur entre, d'une part, la liberté contractuelle et la liberté d'entreprendre et, d'autre part, l'intérêt général et l'ordre public social. • Soc. 10 juill. 2014, n° 14-40.024 P (refus de transmission de la QPC) • 10 juill. 2014, n° 14-40.030 P (*idem*).

La liberté contractuelle peut faire l'objet de limitations justifiées par l'intérêt général et proportionnées à l'objectif poursuivi. • Crim. 14 avr. 2015, n° 14-86.347 P (conformité de l'art. L. 3123-19 C. trav. sur la calcul des heures complémentaires visant à protéger les salariés employés à temps partiel) • Soc. 21 nov. 2018, n° 18-15.844 P (conformité de l'art. L. 241-8 CSS).

2. Liberté de ne pas contracter : principe. Le droit à l'emploi ne constitue pas une liberté fondamentale qui justifierait la poursuite du contrat de travail au-delà du terme de la mission de travail temporaire en cas d'action en requalification en contrat à durée indéterminée. • Soc. 21 sept. 2017, n° 16-20.270 P. ♦ L'abus du droit de ne pas contracter n'est pas caractérisé de la part d'une tête de réseau de distribution qui, pour justifier son refus de conclure un nouveau contrat de réparateur agréé, a loyalement, sans intention vindicative ni autre intention de nuire, fait état du contentieux ayant opposé les parties à l'occasion du contrat antérieur de concession exclusive, faisant ressortir l'impérieuse nécessité de la confiance réciproque entre les parties pour que la conclusion d'un contrat puisse être envisagée. • Com. 16 févr. 2022, n° 20-11.754 B.

3. Limites du principe : refus de vente. Le refus fautif de contracter est de nature à engager une responsabilité délictuelle. • Com. 9 avr. 1996, n° 94-14.649 P : *Defrénois 1997. 329, obs. Delebecque ; RTD civ. 1997. 118, obs. Mestre.* ♦ Dans le même sens, pour l'application de la Conv. Bruxelles 27 sept. 1968 (art. 5-3°) : • CJCE 17 sept. 2002, n° C-334/00 : *D. 2002. IR 2774 ; JCP 2003. I. 152, n° 8, obs. Viney ; Defrénois 2003. 254, obs. Libchaber ; RTD com. 2003. 207, obs. Marmisse.*

4. ... Raccord au réseau public de distribution d'eau. Les parties ne peuvent se prévaloir de l'absence de souscription volontaire du contrat d'abonnement pour échapper à l'obligation de régler les factures résultant de la consommation enregistrée. • Civ. 3e, 19 janv. 2017, n° 15-26.889 P.

5. Liberté de choix du cocontractant. V. • Com. 7 avr. 1998, n° 96-13.219 P : *RTD civ. 1999. 79, obs. Mestre* (un concédant a le droit de traiter avec le cocontractant de son choix, sans être tenu de motiver sa décision ni de communiquer les critères selon lesquels ce choix est exercé).

6. Application au contrat d'association. Le contrat d'association étant un contrat de droit privé soumis, sauf restriction légale ou statutaire, au principe de la liberté contractuelle, le libre choix de ses adhérents doit être reconnu à une association. • Civ. 1re, 7 avr. 1987, n° 85-14.976 P : *R., p. 153 ; RTD com. 1988. 87, note Alfandari.* ♦ V. aussi • Civ. 1re, 25 juin 2002, n° 01-01.093 P : *D. 2002. 2359, note Chartier ; Gaz. Pal. 2002. 1755, concl. Sainte-Rose ; Dr. et patr. 11/2002. 106, obs. Chauvel ; LPA 30 juin 2003, note Peglow ; RTD civ. 2003. 288, obs. Mestre et Fages* (illégalité d'un refus d'adhésion, dès lors que cette adhésion est conforme aux clauses statutaires, sauf fraude) • 21 juin 2005, n° 02-11.940 P (refus légitime de la demande d'adhésion d'un requérant résolu à ne pas respecter le règlement intérieur de l'association) • 6 mai 2010, n° 09-66.969 P : *D. 2010. Actu. 1279, obs. Delpech ; ibid. 2010. 2413, note Halleringer ; JCP 2010, n° 983, § 1, obs. Mekki ; Dr. sociétés 2010, n° 135, note Hovasse ; Rev. sociétés 2010. 511, note Randoux ; RTD civ. 2010. 556, obs. Fages* (légitimité du refus par l'association du renouvellement d'une adhésion limitée statutairement à une année, dans la limite de l'abus de droit). ♦ Un coloti n'est pas membre d'une association syndicale libre, alors qu'il n'y a pas adhéré. • Civ. 3e, 8 oct. 2008, n° 07-16.084 P : *Defrénois 2009. 1054, obs. Atias.* ♦ De même, nul n'est tenu d'adhérer à une association ou, y ayant adhéré, d'en demeurer membre. • Cass., ass. plén., 9 févr. 2001, n° 99-17.642 P : *R., p. 385 ; D. 2001. 1493, note Alfandari ; Defrénois 2001. 795, obs. Atias ; JCP N 2001. 1301, note Thioye ; AJDI 2001. 611, obs. Giverdon.* ♦ Dans le même sens : • Civ. 3e, 12 juin 2003, n° 02-10.778 P : *R., p. 369 ; BICC 15 oct. 2003, n° 1207, et la note ; D. 2003. AJ 1694, obs. Rouquet ; ibid. 2004. 367, note Bénard ; JCP 2003. II. 10190, note Auque ; JCP E 2003. 1791, note Boutonnet ; ibid. 2004. 334, n° 7, obs. Raynaud ; AJDI 2003. 663, note Blatter ; Rev. loyers 2003. 436, obs. Guilluy-Friant ; LPA 30 avr. 2004, note Kéita ; RTD civ. 2003. 771, obs. Raynard ; RTD com. 2004. 72, obs. Monéger ; Rev. sociétés 2003. 880, note Coquelet ; RDC 2004. 231, obs. Rochfeld ; ibid. 348, obs. Lardeux ; ibid. 465, obs. Marais ; RTD civ. 2004. 280, obs. Mestre et Fages* (nullité de la clause d'un bail commercial obligeant le preneur à adhérer à une association de commerçants) • Civ. 1re, 20 mai 2010, n° 09-65.045 P : *D. actu. 31 mai 2010, obs. Rouquet ; D. 2010. Actu. 1417 ; AJDI 2010. 800, obs. Dumont-Lefrand ; RLDC 2010/74, n° 3922, obs. Le Gallou ; RDC 2010. 1185, obs. Pérès ; ibid. 2011. 169, obs. Grimaldi (idem)* • Civ. 3e, 20 déc. 2006, n° 05-20.689 P : *D. 2007. AJ 305 ; JCP 2007. I. 117, n° 8, obs. Périnet-Marquet ; AJDI 2007. 395, obs. Capoulade ; Dr. et patr. 7-8/2007. 84, obs. Seube ; RTD civ. 2007. 347, obs. Mestre et Fages ; RTD com. 2007. 559, obs. Grosclaude* (la durée prévue aux statuts est indifférente ; le refus de paiement des cotisations manifeste la volonté de ne plus faire partie de l'association). ♦ Tout membre d'une association, qui n'est pas formée pour un temps déterminé, peut s'en retirer à tout moment après paiement des cotisations échues et de l'année courante, nonobstant toute clause contraire entachée d'une nullité absolue. • Civ. 1re, 11 mars 2014, n° 13-14.341 : *Rev. sociétés 2015. 46, note Rodriguez ; RTD civ. 2014. 653, obs. Barbier.* ♦ Comp. pour l'obligation d'adhésion : aux associations de chasse agréées : • Civ. 3e, 16 juin 2010, n° 09-14.365 P : *BICC 15 nov. 2010, n° 1677.* ♦ ... Ou à une caisse de congés payés, organisme de droit privé chargé de l'exécution de missions de service public, l'atteinte portée à la liberté d'association étant justifiée par la mission d'intérêt général confiée aux caisses, et dont l'accomplissement est de nature à garantir, pour les salariés concernés, le respect des exigences du Préamb. de la Const. de 1946. • Soc. 14 déc. 2011, n° 11-40.076 P (non-lieu à QPC). ♦ V. aussi : • Soc. 24 janv. 2013, n° 12-40.087 P (absence d'atteinte au droit de propriété). ♦ Comp. : les droits et obligations qui dérivent de la constitution d'une association syndicale de propriétaires sont attachés aux immeubles compris dans le périmètre de l'association et les suivent, en quelque main qu'ils passent, jusqu'à la dissolution de l'association ou la réduction de son périmètre. • Civ. 3e, 12 sept. 2007, n° 06-15.820 P. ♦ L'obligation légale d'acquitter une cotisation à une association professionnelle n'entraîne pas l'obligation d'y adhérer. • Com. 11 mars 2008, n° 06-12.855 P.

7. *Liberté de déterminer le contenu du contrat : renouvellement du contrat.* Les parties, en renouvelant un crédit par un nouveau contrat, peuvent en modifier les conditions contractuelles initiales ou les conditions impératives auxquelles elles s'étaient auparavant volontairement soumises. • Com. 18 mai 2005, n° 03-10.508 P : *Defrénois 2005. 1425, note S. Piedelièvre.*

8. *Ordre public.* V. art. 6 et 1162.

Art. 1103 *(Ord. n° 2016-131 du 10 févr. 2016, art. 2, en vigueur le 1er oct. 2016)* **Les contrats légalement formés tiennent lieu de loi à ceux qui les ont faits.** — *Dispositions transitoires, V. Ord. n° 2016-131 du 10 févr. 2016, art. 9, ss. art. 1386-1.*

Comp. C. civ., art. 1134, al. 1er anc.

Sur l'interprétation des contrats, V. art. 1188 s.

BIBL. ► P. Ancel, *RDC 2017. 166* (proposition de modification). – Borghetti, *Dr. et patr. 5/2016. 67* (force obligatoire des contrats).

1. *Respect des stipulations contractuelles.* Les conventions légalement formées tiennent lieu de loi à ceux qui les ont faites ; cassation de l'arrêt qui refuse d'appliquer une stipulation contractuelle, et retient qu'il ressort des pièces produites aux débats que, même en l'absence de lettre recommandée, une société d'expertise comptable a été régulièrement informée de l'interruption de sa mission, alors que la lettre de mission signée par cette société stipulait expressément que son cocontractant ne pouvait interrompre la mission en cours qu'après en avoir informé l'expert-comptable, par lettre recommandée avec demande d'avis de réception, trois mois avant la date de cessation, faute de quoi il devrait lui verser une indemnité égale à 25 % des honoraires pour l'exercice en cours. • Com. 10 févr. 2021, n° 19-10.306 P : *D. 2021. Chron. C. cass. 993, obs. Le Bras ; CCC 2021, n° 72, note Leveneur.*

Le fait qu'un véhicule sinistré ait pu être acquis dans des conditions frauduleuses n'autorise pas l'assureur à utiliser ce motif inopérant, tiré de la qualité de la possession, pour refuser la garantie dont il est contractuellement tenu envers le propriétaire assuré. • Civ. 2e, 31 août 2022, n° 20-16.701 B : *JCP 2022, n° 1154, obs. Waltz-Teracol ; RGDA 2022/10. 16, note Mayaux.*

2. Principe d'intangibilité des contrats. Modification ou révocation du contrat, V. art. 1193 et la jurisprudence citée. ♦ Prise en considération de l'imprévision, V. art. 1195. ♦ Rejet de la théorie de l'imprévision par les juridictions civiles antérieurement à l'Ord. n° 2016-131 du 10 févr. 2016 portant réforme du droit des contrats, du régime général et de la preuve des obligations : V. jurisprudence citée ss. art. 1134 anc. ♦ Résiliation du contrat à durée indéterminée, V. art. 1211 et la jurisprudence citée. ♦ Résiliation du contrat à durée indéterminée, V. notes ss. art. 1212. ♦ Renouvellement du contrat à durée déterminée, V. art. 1214 et 1215 et la jurisprudence citée. ♦ Réduction des honoraires des mandataires, V. art. 1193 et la jurisprudence citée.

3. Contenu du contrat : suites selon l'équité, l'usage ou la loi. Devoirs associés au contrat par le juge en application du principe de bonne foi, V. notes ss. art. 1104. ♦ Obligations associées au contrat et autres suites du contrat selon l'équité, l'usage ou la loi, V. art. 1194 jurisprudence citée.

4. ... Documents annexes. Valeur contractuelle de la notice descriptive annexée à l'acte de vente, à l'exclusion des documents publicitaires, même précis et détaillés. • Civ. 3e, 18 mai 2017, n° 16-16.627 P : *D. 2017. 1122 ; RDI 2017. 480, obs. Tricoire.*

5. Interprétation du contrat. Recherche de la commune intention des parties, V. art. 1188 s. et la jurisprudence citée. ♦ Interprétation du contrat en faveur du débiteur, V. art. 1190 et la jurisprudence citée. ♦ Interprétation du contrat d'adhésion, V. art. 1190 et la jurisprudence citée. ♦ Contrôle de la dénaturation, V. art. 1192 et la jurisprudence citée.

6. Sanction de la violation des obligations contractuelles. Conséquences de l'inexécution du contrat, V. art. 1217 s. ♦ Exception d'inexécution, V. art. 1219 s. ♦ Exécution forcée en nature, V. art. 1221 s. ♦ Réduction du prix, V. art. 1223. ♦ Résolution du contrat, V. art. 1225 s. ♦ Réparation du préjudice résultant de l'inexécution du contrat, V. art. 1231 s.

7. Transaction. Selon les art. 1103 et 2052, la réparation du dommage est définitivement fixée à la date à laquelle une transaction est intervenue, celle-ci faisant obstacle à l'introduction ou à la poursuite entre les parties d'une action en justice ayant le même objet. • Civ. 2e, 4 mars 2021, n° 19-16.859 P.

8. Force obligatoire et réglementation nouvelle. Il incombe à l'autorité investie du pouvoir réglementaire d'édicter, pour des motifs de sécurité juridique, les mesures transitoires qu'implique une réglementation nouvelle, notamment lorsque celle-ci est susceptible de porter une atteinte excessive à des situations contractuelles en cours. • CE, ass., 24 mars 2006 : *Sté KPMG : D. 2006. 1224 ; ibid. Chron. 1190, obs. Cassia ; JCP 2006. II. 10113, note Bélorgey ; AJDA 2006. 1028, chron. Landais et Lénica ; RFDA 2006. 463, concl. Aguila ; ibid. 483, étude Moderne ; RDC 2006. 856, obs. Brunet, et 1038, obs. Pérès ; Defrénois 2006. 1868, obs. Libchaber ; RTD civ. 2006. 527, obs. Encinas de Munagorri* • CE 13 déc. 2006, *Mme Lacroix : D. 2007. 847, note Bui-Xuan ; RFDA 2007. 6, concl. Guyomar ; ibid. 275, note Éveillard ; RDC 2007. 1091, obs. Pérès.*

Art. 1104 *(Ord. n° 2016-131 du 10 févr. 2016, art. 2, en vigueur le 1er oct. 2016)* **Les contrats doivent être négociés, formés et exécutés de bonne foi.**

Cette disposition est d'ordre public. — *Dispositions transitoires, V. Ord. n° 2016-131 du 10 févr. 2016, art. 9, ss. art. 1386-1.*

Comp. C. civ., art. 1134, al. 3, anc.

Le contrat de travail est exécuté de bonne foi (C. trav., art. L. 1222-1).

RÉP. CIV. v° *Bonne foi*, par P. Le Tourneau et M. Poumarède.

BIBL. ► Barbier, *RDT 2023. 106* (les droits fondamentaux infléchis par le devoir de bonne foi – quand le droit du travail éclaire le droit commun des contrats).

1. Présomption de connaissance du principe de bonne foi et des conséquences de sa transgression. L'obligation de loyauté et de sincérité s'impose en matière contractuelle et nul ne saurait voir sa responsabilité engagée pour n'avoir pas rappelé à une partie ce principe de bonne foi élémentaire ou les conséquences de sa transgression. • Civ. 1re, 31 oct. 2012, n° 11-15.529 P : *D. 2012. 2658 ; RTD civ. 2013. 109, obs. Fages ; Gaz. Pal. 2012. 3355, obs. Avril.*

2. Bonne foi et dignité. L'atteinte à la dignité de son salarié constitue pour l'employeur un manquement grave à son obligation d'exécuter de bonne foi le contrat de travail ; l'employeur qui a continué, en toute illégalité, à utiliser de l'amiante alors qu'il n'était plus titulaire d'aucune autorisation dérogatoire, a manqué à son obligation d'exécuter de bonne foi le contrat de travail. • Soc. 8 févr. 2023, n° 21-14.451 B.

I. BONNE FOI : NÉGOCIATION ET FORMATION DU CONTRAT

3. *Exigence de bonne foi lors des négociations précontractuelles.* Sur le principe de bonne foi devant gouverner les négociations précontractuelles, son caractère d'ordre public, ainsi que sur la sanction de sa violation V. art. 1112 et la jurisprudence citée. ♦ Pour un accord de principe analysé comme l'engagement de poursuivre de bonne foi les négociations entreprises, sans obligation d'aboutir : • Com. 2 juill. 2002 : *RTD civ. 2003. 76, obs. Mestre et Fages*.

4. *Exigence de bonne foi et dol.* Prise en compte de la bonne foi dans la formation du contrat sur le terrain du dol, V. art. 1137 s. ♦ Application en matière de cautionnement : V. • Com. 8 nov. 1983 : *Bull. civ. IV, n° 298* (absence d'information de la caution sur la situation irrémédiablement compromise du débiteur principal ; V. conf., • Civ. 1re, 26 nov. 1991, n° 90-14.978 P. ♦ Pour des annulations de cautionnement fondées sur un manquement à l'obligation de bonne foi, V. • Civ. 1re, 16 mai 1995 : *JCP 1996. II. 22736, note X. Lucas* • 18 févr. 1997, n° 95-11.816 P : *Gaz. Pal. 1997. 2. Somm. 446, obs. S. Piedelièvre ; CCC 1997, n° 74, obs. Leveneur* (décision déduisant de ce manquement l'existence d'un dol par réticence) • 13 mai 2003, n° 01-11.511 P : *D. 2004. 262, note Mazuyer ; D. 2003. AJ 2308, obs. Avena-Robardet (2e esp.) ; JCP 2003. II. 10144, note Desgorces ; ibid. I. 170, n° 1 s., obs. Loiseau ; Defrénois 2003. 1568, obs. Libchaber ; Dr. et patr. 2/2004. 125, obs. Chauvel ; LPA 24 nov. 2003, note Houtcieff ; RTD civ. 2003. 700, obs. Mestre et Fages* (inopposabilité de la clause énonçant que la caution ne fait pas de la situation du cautionné la condition déterminante de son engagement). ♦ Rappr. • Com. 17 juin 1997, n° 95-14.105 P : *R., p. 235 ; D. 1998. 208, note Casey ; JCP E 1997. II. 1007, note D. Legeais ; RTD civ. 1998. 100, obs. Mestre , et 157, obs. Crocq* (il y a faute de la part d'une banque, engageant sa responsabilité, à exiger, dans des conditions exclusives de la bonne foi, un aval d'un montant manifestement disproportionné avec les revenus et le patrimoine de l'avaliste).

5. *Applications particulières : adhésion à un contrat d'assurance.* L'obligation de répondre avec loyauté et sincérité aux questions posées par l'assureur à l'occasion de l'adhésion à une assurance relève de l'obligation de bonne foi qui s'impose en matière contractuelle, et nul ne saurait voir sa responsabilité engagée pour *n'avoir pas* rappelé ce principe, ou les conséquences de sa transgression, *à une* autre partie. • Civ. 1re, 28 mars 2000, n° 97-18.737 P : *R., p. 406 ; D. 2000. 574, note Beignier ; RCA 2000, n° 244, note Groutel ; RTD civ. 2000. 565, obs. Mestre et Fages*.

6. *... Adhésion à un contrat de vente.* Le vendeur est tenu d'une obligation de loyauté envers le client qui ne doit pas être trompé par l'imprécision et la confusion des messages publicitaires. • Paris, 18 juin 1999 : *JCP 2000. II. 10322, note Psaume.*

7. *... Réseau de distribution.* Si, pour assurer la libre concurrence sur le marché, le droit de la concurrence impose à la tête d'un réseau de distribution et de réparation sélectives qualitatives de déterminer les critères de sélection requis par la nature des biens distribués ou réparés ou des services effectués et de les mettre en œuvre uniformément et de manière non discriminatoire, cette exigence ne relève pas de l'obligation de bonne foi contractuelle. • Com. 16 févr. 2022, n° 20-11.754 B.

8. *Bonne foi et détermination du contenu du contrat.* Nullité des clauses abusives, définies comme toutes clauses créant un déséquilibre significatif entre les droits et obligations des parties, dans les contrats d'adhésion, V. art. 1171 et la jurisprudence citée. ♦ Nullité des clauses visant à priver de sa substance l'obligation essentielle du débiteur, V. art. 1170 et la jurisprudence citée. ♦ Dans les contrats cadres, et dans les contrats de prestations de services, il y a prise en compte de l'abus dans la fixation du prix en cas de fixation unilatérale du prix : V. art. 1164 et 1165 et la jurisprudence citée.

II. ... EXÉCUTION DU CONTRAT

A. DOMAINE ET PORTÉE DE L'EXIGENCE DE BONNE FOI

1° DOMAINE

9. *Disparition de l'exigence de bonne foi à la suite de la défaillance d'une condition suspensive.* L'obligation de bonne foi suppose l'existence de liens contractuels, et ceux-ci cessent lorsque la condition suspensive auxquels ils étaient soumis a défailli. • Civ. 3e, 14 sept. 2005, n° 04-10.856 P : *D. 2006. 761, note D. Mazeaud ; JCP 2005. II. 10173, note Loiseau ; JCP E 2005. 1867, note Binctin ; Defrénois 2005. 1912, note Dagorne-Labbe ; ibid. 2006. 248, note Tchendjou ; CCC 2006, n° 1, note Leveneur ; LPA 1er déc. 2005, note Messai-Bahri ; RDC 2006. 811, obs. Viney ; RTD civ. 2005. 776, obs. Mestre et Fages*.

10. *... Maintien de l'exigence de bonne foi pendant l'exécution d'un préavis de rupture.* En cas de rupture du contrat, l'exécution du contrat devant se poursuivre pendant la durée du préavis, engage sa responsabilité contractuelle la société qui n'exécute pas le contrat de bonne foi au cours du préavis en réduisant ses commandes de façon drastique au cours de cette période. • Com. 7 oct. 2014, n° 13-21.086 P : *D. 2014. 2329, note Buy ; ibid. 2015. 943, obs. Ferrier ; AJCA 2015. 86, obs. Ponsard ; RTD civ. 2015. 381, obs. Barbier ; RTD com. 2015. 144, obs.*

Bouloc ; RDC 2015. 11, note Génicon ; ibid. 2015. 18, note Savaux ; JCP 2015, n° 306, obs. Ghestin et Virassamy ; CCC 2014, n° 270, note Mathey.

2° PORTÉE

11. Incitation à la renégociation d'un contrat déséquilibré. L'obligation d'exécuter le contrat de bonne foi doit inciter les parties à renégocier un contrat dont le déséquilibre résulte de la réglementation sur les quotas d'émissions de gaz à effet de serre, dans l'intérêt général de réduction de ces émissions. • Nancy, 26 sept. 2007 : *D. 2008. 1120, note Boutonnet ; JCP 2008. II. 10091, note Lamoureux ; RLDC 2008/5, n° 2969, note Cachard ; RTD civ. 2008. 295, obs. Fages*. ♦ Sur la possibilité de demander la renégociation d'un contrat en cas de changement de circonstances imprévisible lors de la conclusion du contrat, V. art. 1195.

12. Impossibilité de porter atteinte à la substance même des obligations des parties. Si la règle selon laquelle les conventions doivent être exécutées de bonne foi permet au juge de sanctionner l'usage déloyal d'une prérogative contractuelle, elle ne l'autorise pas à porter atteinte à la substance même des droits et obligations légalement convenus entre les parties. • Com. 10 juill. 2007, n° 06-14.768 P : *R., p. 436 ; D. 2007. 2839, note Stoffel-Munck et note Gautier ; ibid. AJ 1955, obs. Delpech ; ibid. Chron. C. cass. 2769, obs. Salomon ; ibid. Pan. 2972, obs. Fauvarque-Cosson ; JCP 2007. II. 10154, note Houtcieff ; JCP E 2007. 2394, note Mainguy ; Defrénois 2007. 1454, obs. Savaux ; CCC 2007, n° 294, note Leveneur ; RLDC 2008/46, n° 2840, note Delebecque ; Dr. et patr. 9/2007. 94, obs. Stoffel-Munck ; RDC 2007. 1107, obs. Aynès, et 1110, obs. D. Mazeaud ; RTD civ. 2007. 773, obs. Fages ; RTD com. 2007. 786, obs. Le Cannu et Dondero*. – *Adde*, Ancel, *Mél. Tricot, Dalloz-Litec, 2011, p. 61*. ♦ Dans le même sens : • Civ. 3e, 26 mars 2013 : *D. 2014. 630, obs. Amrani-Mekki et Mekki ; AJDI 2013. 755, obs. Planckeel ; RTD civ. 2013. 606, obs. Barbier* ♦ Cassation de l'arrêt qui, pour refuser à une clinique et au cardiologue exerçant en son sein l'application de la clause de non-rétablissement stipulée à leur profit et les débouter de leurs demandes en interdiction d'exercice et en dommages-intérêts, retient que l'exécution de bonne foi des conventions fait obstacle à ce qu'ils s'opposent à la pratique par un tiers d'une activité que la réglementation ne leur permet pas d'exercer eux-mêmes et qui, de ce fait, ne leur est pas préjudiciable. • Civ. 1re, 10 mai 2005, n° 02-15.910 P : *D. 2005. IR 1505 ; JCP 2006. I. 111, n° 3 s., obs. Stoffel-Munck ; Defrénois 2005. 1247, obs. Aubert ; CCC 2005, n° 184, note Leveneur ; RTD civ. 2005. 594, obs. Mestre et Fages, et 600, obs. Jourdain.*

13. Impossibilité de s'affranchir d'une législation d'ordre public. La règle selon laquelle les obligations doivent être exécutées de bonne foi n'autorise pas le juge à s'affranchir des dispositions impératives du statut des baux commerciaux. • Civ. 3e, 9 déc. 2009, n° 04-19.923 P : *D. 2010. AJ 88, obs. Rouquet ; ibid. 476, note Billemont ; ibid. Chron. C. cass. 1103, obs. Monge ; Defrénois 2010. 593, note Ruet ; AJDI 2010. 311, obs. Dumont-Lefrand ; RDC 2010. 561, note Laithier et note Mazeaud ; ibid. 666, note Seube ; RTD civ. 2010. 105, obs. Fages*.

B. DEVOIRS ASSOCIÉS À L'EXIGENCE DE BONNE FOI

1° DEVOIR DE LOYAUTÉ

14. Applications en matière de contrat d'assurance. L'assureur est tenu d'une obligation de loyauté dans la mise en œuvre du processus d'indemnisation de son assuré et il engage sa responsabilité contractuelle en gardant un « silence malicieux » pour échapper au paiement grâce à la prescription. • Civ. 1re, 26 nov. 1996, n° 94-13.469 P. ♦ L'assureur, tenu d'exécuter de bonne foi le contrat garantissant le remboursement du préjudice résultant de détournements de fonds, ne peut s'exonérer de son obligation en invoquant l'existence d'une autre garantie de représentation des fonds souscrite pour le compte de qui il appartiendra. • Civ. 1re, 30 sept. 2015, n° 14-21.111 P. ♦ Manque à son obligation de bonne foi l'assureur qui, dans un contrat d'assurance vie multisupports, supprime unilatéralement certains supports pour préserver ses seuls intérêts et priver l'assuré de la possibilité de placer des fonds sur les supports les plus performants, faisant ainsi perdre tout intérêt à la clause d'arbitrage à cours connu. • Civ. 2e, 8 nov. 2007 : *JCP 2008. II. 10034, note Grynbaum.* ♦ Un assureur ne peut se prévaloir de la nature décennale des désordres pour exiger de son assuré le versement de primes majorées, puis contester devant les juges du fond la garantie correspondante pour lui voir substituer la garantie « défaut de performance » moins onéreuse pour lui. • Civ. 3e, 28 janv. 2009, n° 07-20.891 P : *D. 2009. 2008, note Houtcieff ; ibid. 2010. Pan. 224, obs. Fauvarque-Cosson ; Defrénois 2010. 219, obs. Périnet-Marquet ; RDC 2009. 999, obs. Mazeaud ; ibid. 1019, obs. Viney.*

15. Applications en matière de contrat de prêt. Manque à son obligation de bonne foi le banquier qui, ayant bénéficié du droit d'exiger la déchéance du terme, n'a pas poursuivi immédiatement l'exécution de l'obligation de remboursement et n'a intenté une procédure de saisie que six ans plus tard pour le seul montant des intérêts et pénalités de retard, en ayant obtenu auparavant paiement du capital par l'emprunteur. • Civ. 1re, 31 janv. 1995, n° 92-20.654 P : *Defrénois 1995. 749, obs. Delebecque.* ♦ ... Le prêteur qui, bénéficiant d'une délégation des loyers dûs par le locataire à l'emprunteur, prononce la déchéance du terme à l'encontre de ce dernier sans l'avoir préalablement informé de la défaillance du locataire. • Paris, 18 janv. 2000 : *Gaz. Pal. 2001. Somm. 239, obs. Vray.* ♦ ... Le créancier qui, en s'abstenant de toute mise en demeure avant la fin de la première période contractuelle de quatre ans, alors que le service de la dette était interrompu depuis déjà trois années, a laissé la convention se reconduire tacitement pendant deux années supplémentaires dans des conditions exemptes de bonne foi, tirant profit du silence de son cocontractant pour prolonger une situation qui ne pouvait évoluer qu'à son seul avantage. • Paris, 22 juin 2001 : *D. 2002. 843, note C. Coulon*.

16. Applications en matière de mandat. Manque à son obligation de loyauté et à son obligation de mettre l'agent commercial en mesure d'exécuter son mandat le mandant qui n'a pas pris des mesures concrètes pour permettre à son mandataire de pratiquer des prix concurrentiels. • Com. 24 nov. 1998, nº 96-18.357 P : *D. 1999. IR 9 ; JCP 1999. II. 10210, note Picod ; ibid. I. 143, nº 6 s., obs. Jamin ; Defrénois 1999. 371, obs. D. Mazeaud ; RTD civ. 1999. 98, obs. Mestre, et 646, obs. Gautier*. ♦ Manquement de la banque mandataire à son obligation d'exécuter de bonne foi le mandat de vendre les actions d'une société détenues par son mandant : V. • Paris, 30 sept. 2005 : *D. 2005. AJ 2740, obs. Delpech ; JCP E 2005. 1617, note Viandier,* cassé par • Cass., ass. plén., 9 oct. 2006, nº 06-11.056 P : *R., p. 356 ; BICC 15 déc. 2006, rapp. Petit, concl. Lafortune ; D. 2006. 2933, note Houtcieff ; ibid. AJ 2525, obs. Delpech ; JCP 2006. II. 10175, note Bonneau ; JCP E 2006. 2618, note Viandier ; RTD civ. 2007. 115, obs. Mestre et Fages, et 145, obs. Gautier* (existence d'un mandat entre les parties non caractérisée ; affaire *Tapie*). ♦ Manque à son obligation de loyauté l'agent commercial qui exerce, pendant son mandat, une activité concurrentielle à l'insu de son mandant, nonobstant l'absence d'engagement d'exclusivité. • Com. 15 mai 2007, nº 06-12.282 P : *D. 2007. AJ 1592, obs. Chevrier ; JCP E 2007. 2395, note Perruchot-Triboulet ; CCC 2007, nº 202, note Malaurie-Vignal.* ♦ Le manquement de l'agent commercial à son obligation de loyauté peut caractériser une faute grave de nature à le priver de son droit à l'indemnité compensatrice de fin de contrat en application de l'art. L. 134-13 C. com., sans priver le mandant de la possibilité d'agir en réparation du préjudice *que lui a causé cette faute.* • *Com.* 19 oct. 2022, nº 21-20.681 B.

17. Applications en matière de contrat de travail : comportements déloyaux de l'employeur. Manque à son obligation d'exécuter le contrat de bonne foi l'employeur qui fait un usage abusif de la clause de mobilité incluse dans ce contrat. • Soc. 18 mai 1999 : *D. 2000. Somm. 84, obs. Escande-Varniol ; D. 2001. Somm. 2797, obs. Bossu ; JCP E 2000. 40, note Puigelier ; RTD civ. 2000. 326, obs. Mestre et Fages*. – Dans le même sens : • Soc. 10 janv. 2001, nº 98-46.226 P : *D. 2001. IR 404*. – V. aussi • Soc. 23 févr. 2005, nº 04-45.463 P : *R., p. 233 ; D. 2005. 1678, note Gaba ; ibid. Pan. 2502, obs. Pélissier ; ibid. IR 667, obs. P. Guiomard ; JCP 2005. II. 10076, note Corrignan-Carsin ; RTD civ. 2005. 395, obs. Mestre et Fages ; RDC 2005. 761, obs. Radé* (la bonne foi étant présumée, il incombe au salarié de faire la preuve que la décision de l'employeur a été prise dans des conditions exclusives de la bonne foi) • 11 mai 2005 : *JCP 2005. II. 10177, note Mekki* (*idem*) • 14 oct. 2008 : *JCP 2008. II. 10202, note Jacotot* (*idem*). ♦ Pour un refus de mutation constitutif d'une atteinte disproportionnée à la liberté de choix du domicile du salarié et exclusif de la bonne foi contractuelle : • Soc. 24 janv. 2007 : *D. 2007. 1480, note Loiseau ; JCP 2007. II. 10110, note J. Mouly ; RDC 2007. 1220, obs. Radé.* ♦ Manque à son obligation d'exécuter loyalement le contrat l'employeur qui supprime le service de ramassage du personnel, mettant dans l'impossibilité de travailler un salarié à l'horaire exceptionnel de prise de travail. • Soc. 10 mai 2006, nº 05-42.210 P : *D. 2007. Pan. 179, obs. Jeammaud*. ♦ ... Qui annonce seulement un mois à l'avance sa décision de déménagement de l'entreprise, alors qu'elle a été prise plusieurs mois auparavant. • Soc. 4 avr. 2006, nº 04-43.506 P. ♦ ... Qui met à la retraite un salarié avant que celui-ci ne remplisse la condition d'ancienneté requise pour bénéficier de la retraite surcomplémentaire d'entreprise. • Soc. 4 juin 2002, nº 00-42.280 P : *D. 2002. IR 2027 ; JCP 2003. I. 152, nºs 9 s., obs. Viney* • 15 janv. 2013, nº 11-15.646 P : *D. 2013. 256* (mise à la retraite constituant ainsi une discrimination fondée sur l'âge et dès lors un licenciement nul). ♦ ... Qui pourvoit par un recrutement extérieur un poste de travail qui aurait pu être offert à un salarié en cours de licenciement, manquant ainsi à l'exécution loyale de son obligation de reclassement. • Soc. 7 avr. 2004, nº 01-44.191 P : *D. 2004. IR 1352*. ♦ Ne satisfait pas de façon sérieuse et loyale à son obligation de reclassement préalable au licenciement l'employeur qui ne propose pas à la salariée qu'il s'apprête à licencier les postes disponibles listés dans le plan de mobilité professionnelle, alors même que la salariée avait indiqué par avance qu'elle bénéficiait d'une embauche et avait demandé d'enclencher le licenciement, cette circonstance ne pouvant dispenser l'employeur de ses obligations légales en matière de licenciement pour motif économique. • Soc. 7 déc. 2022, nº 21-16.000 B. ♦ Les engagements pris par l'employeur de sauvegarder des emplois en application d'un plan social doivent être exécutés de bonne foi. • Soc. 6 mai 1998, nº 95-45.464 P :

JCP 1999. I. 107, n° 12, obs. Coursier ; LPA 15 févr. 2000, note Grévy. ♦ Cassation de l'arrêt rejetant la demande de dommages et intérêts formée par une apprentie pour harcèlement moral, alors que la cour retenait par ailleurs que l'employeur avait exécuté de façon déloyale le contrat de travail en faisant, à plusieurs reprises, pression sur son apprentie, dont il connaissait l'état de santé, pour lui faire accepter une résiliation amiable du contrat d'apprentissage. • Soc. 6 juin 2012, n° 11-17.489 P : *D. 2012. 1620*. ♦ Manquement par l'employeur à son obligation de loyauté lors de la mise en œuvre des critères d'ordre des licenciements économiques. • Soc. 8 oct. 2014, n° 13-14.973 P. ♦ Absence de déloyauté de l'employeur qui n'a pas sciemment retardé la mise en œuvre de la procédure de licenciement à l'encontre d'une salariée déclarée inapte mais a procédé à des recherches pour son reclassement. • Soc. 2 févr. 2022, n° 19-21.810 B.

Absence de dommages-intérêts pour des salariés licenciés faute d'établir un manquement à l'exécution de bonne foi du contrat de travail causant aux salariés un préjudice distinct de celui résultant de la perte de leur emploi. • Soc. 4 juill. 2018, n° 16-27.922 P. ♦ Absence d'exécution loyale de l'obligation de reclassement d'un salarié victime d'un accident du travail. • Soc. 26 janv. 2022, n° 20-20.369 B . ♦ Le salarié ne pouvant être laissé dans l'incertitude quant à l'étendue de sa liberté de travailler, il en résulte qu'en matière de rupture conventionnelle, l'employeur, s'il entend renoncer à l'exécution de la clause de non-concurrence, doit le faire au plus tard à la date de rupture fixée par la convention, nonobstant toutes stipulations ou dispositions contraires. • Soc. 26 janv. 2022, n° 20-15.755 B : *D. 2022. 222 ; ibid. 1617, obs. Ala, Lanoue et Valéry ; Dr. soc. 2022. 410, étude Bento de Carvalho*.

18. ... Comportements déloyaux du salarié. Manque à son devoir de loyauté le salarié qui tient publiquement des propos insultants et injurieux consistant notamment dans le dénigrement des services et des salariés de l'entreprise. • Soc. 25 juin 2002, n° 00-44.001 P. ♦ ... Qui, alors qu'il est en cours de formation, sollicite un stage auprès d'un concurrent de son employeur. • *Soc. 12 oct. 2004*, n° 03-43.465 P. ♦ ... Qui dissimule un fait en rapport avec ses activités professionnelles et les obligations qui en résultent, dès lors qu'il est de nature à avoir une incidence sur l'exercice des fonctions. • Soc. 29 sept. 2014, n° 13-13.661 P : *D. 2014. 2002* (médecin conseil mis en examen pour escroquerie au préjudice de la sécurité sociale). ♦ L'obligation de loyauté du salarié demeure pendant les périodes de suspension du contrat de travail. • Soc. 6 févr. 2001, n° 98-46.345 P : *D. 2001. Somm. 2167, obs. Escande-Varniol ; JCP 2001. II. 10576, note Puigelier* (obligation de restituer à l'employeur les éléments matériels – fichier clients – nécessaires à l'activité de l'entreprise) • 10 mai 2001, n° 99-40.584 P : *JCP E 2001. 1868, note Puigelier ; RTD civ. 2001. 880, obs. Mestre et Fages* • 21 oct. 2003, n° 01-43.943 P : *R., p. 302* • 30 mars 2005, n° 03-16.167 P : *D. 2005. IR 1178* • 20 févr. 2019, n° 17-18.912 P (obligation pour un sportif professionnel, en cas de blessure, de se prêter aux soins nécessaires à la restauration de son potentiel physique). ♦ Pour fonder un licenciement, l'acte commis par un salarié durant la suspension du contrat de travail doit causer préjudice à l'employeur ou à l'entreprise ; l'inobservation par le salarié de ses obligations à l'égard de la sécurité sociale ne peut justifier un licenciement et l'exercice d'une activité pendant un arrêt de travail provoqué par la maladie, ne constitue pas en lui-même un manquement à l'obligation de loyauté qui subsiste pendant la durée de cet arrêt. • Soc. 12 oct. 2011, n° 10-16.649 P : *D. 2011. 2604, obs. Siro*. ♦ Dans le même sens : l'exercice d'une activité, pour le compte d'une société non concurrente de celle de l'employeur, pendant un arrêt de travail provoqué par la maladie ne constitue pas en lui-même un manquement à l'obligation de loyauté. • Soc. 26 févr. 2020, n° 18-10.017 P : *AJ contrat 2020. 299, obs. Bucher* (le préjudice subi par l'employeur ne saurait résulter du seul paiement, en conséquence de l'arrêt de travail, des indemnités complémentaires aux allocations journalières). ♦ Mais une cour d'appel a pu déduire, sans avoir à caractériser l'existence d'un préjudice particulier subi par l'employeur, que les agissements d'un salarié ayant exercé des fonctions identiques à celles occupées au sein de la société qui l'employait pour le compte d'une société directement concurrente pendant ses congés payés, constituaient un manquement à son obligation de loyauté en fournissant par son travail les moyens de concurrencer son employeur, la gravité de tels agissements rendant impossible le maintien de l'intéressé dans l'entreprise. • Soc. 5 juill. 2017, n° 16-15.623 P : *D. 2017. 1476 ; AJ contrat 2017. 503, obs. Lecourt ; Dr. soc. 2017. 882, obs. Mouly*. ♦ La cour d'appel, qui a constaté que, si la société constituée par le salarié avait été immatriculée pendant le cours du préavis, son exploitation n'avait débuté que postérieurement à la rupture de celui-ci alors que le salarié n'était plus tenu d'aucune obligation envers son ancien employeur, en a exactement déduit qu'aucun manquement à l'obligation de loyauté n'était caractérisé. • Soc. 23 sept. 2020, n° 19-15.313 P.

19. Applications en matière de garanties. Manque à son devoir de loyauté le créancier qui n'avise pas le garant des difficultés connues par le débiteur pour lui permettre d'exercer diligemment ses droits à l'encontre du débiteur afin d'alléger, si possible, le poids de la garantie. • Com. 31 mai 1994 : *RJDA 1994, n° 1129, p. 871 ; RTD* *civ. 1995. 105, obs. Mestre* (engagement de garantie solidaire accompagnant une cession de contrat). ♦ Dans le même sens, à propos de garanties : • Com. 17 oct. 1995, n° 93-13.498 P : *RTD civ. 1996. 398, obs. Mestre* • 5 déc. 1995 : *RJDA 1996, n° 456, p. 336 ; RTD civ. 1996. 898, obs. Mestre*.

20. Applications en matière de contrat de distribution. En privant, en l'absence de tout cas de force majeure, un distributeur agréé des moyens de pratiquer des prix concurrentiels, une société pétrolière n'a pas exécuté le contrat de bonne foi et doit dédommager le cocontractant du préjudice subi. • Com. 3 nov. 1992 : *JCP 1993. II. 22164, note Virassamy ; Defrénois 1993. 1377, obs. Aubert ; CCC 1993, n° 45 ; RTD civ. 1993. 124, obs. Mestre*. ♦ Comp., lorsque les difficultés du cocontractant sont dues à un déséquilibre financier initial de la convention, et non à une modification ultérieure des circonstances économiques : • Civ. 1re, 16 mars 2004, n° 01-15.804 P : *D. 2004. 1754, note D. Mazeaud ; JCP E 2004. 737, note Renard-Payen ; CCE 2004, n° 119, note Stoffel-Munck ; RLDC 2004/6, n° 222, note Houtcieff ; LPA 28 juin 2004, note Gavoty et Edwards ; RTD civ. 2004. 290, obs. Mestre et Fages*. – *Adde*, sur cet arrêt, Ghestin, *D. 2004. Chron. 2239 ; JCP 2004. I. 173, nos 22 s.* ♦ Sur les obligations d'assistance et de conseil du concédant à l'égard de son concessionnaire, y compris dans la phase de préavis de rupture, V. • Paris, 11 févr. 1999 : *JCP 2000. II. 10244, note Chazal* • 26 mars 1999 : *ibid.* ♦ Comp. : • Com. 6 mai 2002 : *cité ss. art. 1211.*

21. Autres applications. Applications en matière de louage d'ouvrage : pour une application au contrat de louage d'ouvrage dans le cas d'un marché à forfait, V. note 20 ss. art. 1793 (marché à forfait). ♦ Applications en matière de contrat d'édition ; le fait, pour un éditeur, de minorer, au moyen de prestations fictives, de manière illégitime, les redevances que les auteurs auraient dû percevoir, caractérise un manquement à l'exécution de bonne foi du contrat d'édition. • Civ. 1re, 11 janv. 2000, n° 98-20.446 P. ♦ Cassation d'un arrêt ayant refusé de retenir la responsabilité contractuelle à l'égard d'un producteur de vidéogrammes d'une université ayant cédé les droits d'exploitation d'un film au producteur et ayant exploité les rushes non visés par cette cession, sans rechercher si en exploitant ces rushes sans l'autorisation du producteur, alors qu'elle connaissait la nécessité de cette autorisation, l'université n'avait pas manqué à son obligation d'exécuter le contrat de bonne foi. • Civ. 1re, 16 juin 2021, n° 19-21.663 B : *D. 2021. 1183 ; Dalloz IP/IT 2021. 510, obs. Querzola*. ♦ Obligation d'exécuter de bonne foi un contrat de réservation dans une vente en l'état futur d'achèvement. • Civ. 3e, 20 oct. 2004 : *JCP N 2005. 1076, note Cornille.* ♦ Application en matière de contrat de location : la demande de régularisation de charges présentée sur une période écoulée de cinq ans de plus du triple de la somme provisionnée, alors que le locataire en avait plusieurs fois fait la demande, si elle est juridiquement recevable et exacte dans son calcul est déloyale, brutale et constitutive d'une faute dans l'exécution du contrat. • Civ. 3e, 21 mars 2012, n° 11-14.174 P : *D. 2012. 946, obs. Rouquet ; ibid. 2013. 863, obs. Damas ; AJDI 2012. 597, obs. Le Gac-Pech ; RDC 2012. 763, obs. Laithier ; ibid. 807, obs. Deshayes.* ♦ Absence de violation de l'art. 8 Conv. EDH pour l'imposition à un prêtre, employé par un établissement religieux, d'obligations de loyauté et de réserve. • CEDH, sect. III, 15 mai 2012, *Fernández Martínez c/ Espagne*, n° 56030/07.

2° DEVOIR DE COOPÉRATION

22. Applications en matière de contrat de travail : adaptation du salarié à l'évolution de son emploi ou de sa situation. L'employeur, tenu d'exécuter de bonne foi le contrat de travail, a le devoir d'assurer l'adaptation des salariés à l'évolution de leurs emplois. • Soc. 25 févr. 1992 : *D. 1992. 390, note Défossez ; ibid. Somm. 294, obs. A. Lyon-Caen ; RTD civ. 1992. 760, obs. Mestre* • Soc. 13 juill. 2010, n° 08-44.121 P : *JCP S 2010, n° 1386, note Favennec-Héry.* ♦ ... Et de veiller au maintien de leur capacité à occuper un emploi. • Soc. 23 oct. 2007, n° 06-40.950 P : *D. 2007. AJ 2874, obs. Perrin ; D. 2008. Pan. 443, obs. Porta ; RDT 2008. 33, obs. Fabre*. ♦ ... Au besoin en leur assurant une formation complémentaire. • Soc. 2 juill. 2014, n° 13-13.876 P. ♦ Mais il ne peut lui être imposé d'assurer la formation initiale qui leur fait défaut. • Même arrêt. ♦ L'obligation de veiller au maintien de la capacité des salariés à occuper un emploi relève de l'initiative de l'employeur. • Soc. 18 juin 2014, n° 13-14.916 P : *D. 2014. 1386* (arrêt rendu au visa de l'art. L. 6321-1 C. trav.). ♦ Lorsque le salarié, à la suite d'un accident du travail, est déclaré inapte à reprendre l'emploi qu'il exerçait auparavant, l'employeur doit lui proposer un autre emploi approprié à ses capacités et auusi proche que possible de l'emploi précédemment occupé, au besoin en mettant en œuvre des mesures telles que mutations, transformations de postes ou aménagements du temps de travail. • Soc. 7 mars 2012, n° 11-11.311 P.

23. ... Autres mesures de coopération. Délivrance d'informations : l'employeur, tenu d'une obligation de bonne foi dans l'exécution du contrat de travail, doit informer le salarié expatrié de sa situation au regard de la protection sociale pendant la durée de son expatriation. • Soc. 25 janv. 2012, n° 11-11.374 P. ♦ V. plus spécifiquement, art. L. 6321-1 C. trav. ♦ Prise en charge de frais liés à l'activité exercée : ayant constaté que le port d'une tenue de travail était obligatoire pour les salariés et qu'il était inhérent à leur emploi, une cour d'appel en a exactement déduit que leur entretien devait être pris en charge par l'employeur. • Soc. 21 mars 2012, n° 04-47.532 P.

24. Applications en matière d'activité bancaire. Un établissement financier ne saurait réclamer, à une société à laquelle il a fourni une carte de paiement, le montant des dépenses effectuées par un ancien salarié indélicat utilisant abusivement cette carte, sans justifier avoir mis en œuvre tous les moyens dont il disposait pour éviter ces retraits frauduleux. • Com. 20 oct. 1998, n° 96-10.259 P : *R., p. 242 ; JCP E 1999. 1101, note Devèze ; Defrénois 1999. 368, obs. Delebecque ; CCC 1999, n° 2, note Leveneur ; RTD civ. 1999. 390, obs. Mestre*. ♦ Obligation d'avoir une attitude cohérente et de ne pas se contredire au détriment d'autrui : V. • Com. 8 mars 2005, n° 02-15.783 P : *R., p. 318 ; D. 2005. AJ 883, obs. Delpech ; ibid. Pan. 2843, obs. Fauvarque-Cosson ; LPA 27 sept. 2005, note Dagorne-Labbe ; RTD civ. 2005. 391, obs. Mestre et Fages ; RTD com. 2005. 397, obs. D. Legeais ; RDC 2005. 1015, obs. D. Mazeaud* (mise en œuvre par un banquier d'une convention d'unité de compte).

25. Rôle de chaque partie dans l'exécution du contrat. Tenu d'exécuter de bonne foi le contrat le liant au distributeur d'eau, le client doit vérifier si cette fourniture lui est effectivement facturée par le distributeur et il ne peut reprocher au distributeur d'avoir manqué à l'exécution de ses obligations contractuelles pour ne pas avoir facturé ses fournitures avec la ponctualité nécessaire à la correcte gestion des immeubles. • Civ. 1re, 23 janv. 1996, n° 93-21.414 P : *D. 1997. 571, note Soustelle ; Defrénois 1996. 744, obs. Delebecque ; CCC 1996, n° 76, obs. Leveneur ; RTD civ. 1996. 898, obs. Mestre*. ♦ Dès lorsqu'une convention entre une société et un mandataire social prévoyait le paiement d'une prime pour objectifs et que ces objectifs devaient être fixés par le conseil de surveillance de la société, le mandataire social a droit à la prime alors même qu'il n'a pas demandé à la société de procéder à la fixation des objectifs. • Com. 30 mars 2022, n° 20-16.168 B : *D. 2022. 1875, obs. Lamazerolles et Rabreau ; ibid. 2023. 22, note Moury ; Rev. sociétés 2022. 425, note Dondero ; RTD com. 2022. 329, obs. Moury* (cassation au visa de l'art. 1103 de l'arrêt qui avait estimé que le mandataire social ne pouvait reprocher à la société d'avoir manqué à ses obligations dès lors qu'il n'avait pas demandé la fixation des objectifs).

C. REFUS D'APPLIQUER UNE CLAUSE INVOQUÉE DE MAUVAISE FOI

26. Refus de faire produire effet à une clause résolutoire. Refus de faire produire effet à une clause résolutoire de plein droit invoquée de mauvaise foi : V. • Civ. 3e, 15 déc. 1976 : *Bull. civ. III, n° 465 ; RTD civ. 1977. 340, obs. Cornu* • 6 juin 1984, n° 83-11.540 P • 17 juill. 1992, n° 90-18.810 P : *D. 1992. Somm. 399, obs. Aubert* • Civ. 1re, 31 janv. 1995 : *D. 1995. Somm. 230, obs. D. Mazeaud ; Defrénois 1995. 749, obs. Delebecque ; RTD civ. 1995. 623, obs. Mestre* • 16 févr. 1999 : *D. 1999. IR 75*. ♦ Comp. • Civ. 3e, 13 avr. 1988 : *D. 1989. 334, note Aubert* (viole l'art. 1134 anc. l'arrêt qui, pour constater la résiliation d'un bail en application d'une clause résolutoire, retient que le locataire n'a pas envoyé l'attestation d'assurance tout en constatant qu'il était assuré, ce dont il résultait qu'il exécutait de bonne foi ses obligations à cet égard). ♦ Rappr. • Civ. 3e, 23 juin 2004, n° 03-12.207 P : *D. 2005. 1532, note Kenfack ; CCC 2004, n° 154, note Leveneur* (cassation de l'arrêt de la cour qui n'a pas recherché, comme il le lui était demandé, si l'auteur d'une promesse de vente sous condition suspensive avait invoqué de bonne foi la défaillance de son cocontractant). ♦ V. égal. art. 1224 s. et la jurisprudence citée.

27. Refus d'appliquer une clause exclusive ou limitative de responsabilité. Refus d'appliquer une clause d'irresponsabilité en cas de dol ou de faute lourde de la partie qui invoque la clause en sa faveur. • Com. 15 juin 1959 : *GAJC, 11e éd., n° 164-165 (II) ; D. 1960. 97, note Rodière* • Cass., ass. plén., 30 juin 1998, n° 96-11.866 P : *R., p. 183 ; BICC 1er oct. 1998, concl. Joinet, rapp. Apollis ; D. 1999. Somm. 262, obs. D. Mazeaud ; JCP 1998. II. 10146, note Delebecque ; ibid. I. 187, n° 28 s., obs. Viney ; JCP E 1999. 718, obs. Bon-Garcin ; CCC 1998, n° 143, note Leveneur ; RTD civ. 1999. 119, obs. Jourdain* (écartant, en cas de faute lourde, les dispositions exonératoires de responsabilité posées par l'art. L. 13 [ancien] CPCE). V. note 24 ss. art. 1231-3).

28. Abus du droit de se prévaloir d'une clause de conversion ou de rachat associée à une rente viagère. Abus du droit, pour un crédit rentier, d'invoquer une clause de conversion de la rente en obligation de soins. • Civ. 1re, 7 févr. 2006 : *D. 2006. 1796, note A. Penneau ; RTD civ. 2006. 763, obs. Mestre et Fages* ♦ La demande reconventionnelle du débirentier en réplique à l'action en résolution de la vente exercée par le crédirentier, alors que la rente n'est plus payée, ne caractérise pas l'exercice de bonne foi de la faculté de rachat aux conditions du contrat. • Civ. 3e, 9 mai 2001 : *Defrénois 2002. 39, note Dagorne-Labbe*.

29. Abus du droit de se prévaloir de la faculté de renonciation prévue en faveur du preneur d'assurance. Si, en cas de manquement par l'assureur au formalisme informatif prévu à l'art. L. 132-5-2 C. assur., la faculté prorogée de renonciation édictée par ce texte en faveur du preneur d'assurance sur la vie ou de capitalisation revêt un caractère discrétionnaire, son exercice peut dégénérer en abus. Cassation de l'arrêt qui se borne à constater la réunion des conditions d'exercice du droit de renonciation pour condamner l'assureur à restituer les sommes versées par le preneur d'assurance, augmentées des intérêts majorés, sans rechercher, au regard de la situation concrète de ce dernier et des informations dont il disposait, si cet exercice ne répondait pas à une finalité étrangère au droit de renonciation, incompatible avec le principe de loyauté qui s'impose aux contractants. • Civ. 2e, 19 mai 2016, n° 15-12.767 P : *D. 2016. 1797, note Perdrix ; RTD civ. 2016. 605, obs. Barbier ; JCP 2016, n° 811, note Mayaux ; ibid. 916, obs. Noguéro ; RDC 2017. 25, obs. Stoffel-Munck ; RGDA 2016. 321, note Kullmann.*

30. Refus de prendre en compte un dédit exercé de mauvaise foi. Sur le refus de prendre en compte le dédit exercé de mauvaise foi, V. • Civ. 3e, 11 mai 1976 : *Bull. civ. III, n° 199 ; D. 1978. 269, note Taisne ; Defrénois 1977. 456, note Aubert.* ♦ ... Du moins, lorsque la preuve de la mauvaise foi est effectivement rapportée. • Civ. 3e, 15 févr. 2000 : *Defrénois 2000. 1379, obs. D. Mazeaud ; LPA 4 oct. 2001, note Gallmeister ; RTD civ. 2000. 565, obs. Mestre et Fages .*

Art. 1105 *(Ord. n° 2016-131 du 10 févr. 2016, art. 2, en vigueur le 1er oct. 2016)* **Les contrats, qu'ils aient ou non une dénomination propre, sont soumis à des règles générales, qui sont l'objet du présent sous-titre.**

Les règles particulières à certains contrats sont établies dans les dispositions propres à chacun d'eux.

Les règles générales s'appliquent sous réserve de ces règles particulières. — *Dispositions transitoires, V. Ord. n° 2016-131 du 10 févr. 2016, art. 9, ss. art. 1386-1.*

Comp. C. civ., art. 1107 anc.

V. Règl. (CE) n° 593/2008 du 17 juin 2008 sur la loi applicable aux obligations contractuelles (JOUE 4 juill.), ss. art. 3. Ce règlement s'applique aux contrats conclus après le 17 déc. 2009 (art. 26).

BIBL. ▸ **Volonté et qualification :** TERRÉ, *Archives Phil. dr., t. 3, 1957, p. 99.* ▸ **Contrats inommés :** GRILLET-PONTON, *D. 2000. Chron. 331* . ▸ Contrats complexes : BÉNABENT, *Mél. Jeantin, Dalloz, 1999, p. 27.* ▸ **Contrats d'intérêt commun :** S. LEQUETTE, *D. 2016. 1148* . ▸ HUET et GHOZI, *RDC 2017. 168* (proposition de modification).

1. Date d'appréciation de la qualification. Sauf disposition législative contraire, la nature juridique d'un contrat s'apprécie à la date de sa conclusion. • Civ. 1re, 14 nov. 2007, n° 06-16.177 P (nature administrative ou privée du contrat).

2. Nature privée ou administrative. Sur la répartition de compétence pour la qualification des contrats d'emplois privés ou administratifs : • T. confl., 23 nov. 2009, n° 09-03.733 P • T. confl., 14 déc. 2009, n° 09-03.744 P.

3. Volonté des parties et office du juge. Il appartient au juge de restituer à toute convention sa véritable qualification, sans être tenu par la dénomination adoptée par les parties. Jurisprudence constante. V. • Civ. 3 déc. 1832 : *S. 1833. 1, 888.* ♦ V. aussi C. pr. civ., art. 12. – **C. pr. civ.**

4. Requalification en contrat de travail. L'existence d'une relation de travail ne dépend ni de la volonté exprimée par les parties ni de la dénomination qu'elles ont donnée à leur convention mais des conditions de fait dans lesquelles est exercée l'activité des travailleurs. • Soc. 3 juin 2009, n° 08-40.981 P : *D. 2009. AJ 1530, note Serna ; ibid. 2517, note Edelman ; JCP 2009, n° 216, note Feldman ; Dr. soc. 2009. 780, avis Allix, note Dupeyroux ; RDT 2009. 507, obs. Auzero ; RDC 2009. 1507, obs. Neau-Leduc ; RTD com. 2010. 723, obs. Pollaud-Dulian* • 28 avr. 2011, n° 10-15.573 P : *RDT 2011. 370, obs. Auzero* (même sens) • Civ. 1re, 24 avr. 2013, n° 11-19.091 P : *D. 2013. 1131 ; Dr. soc. 2013. 576, note Tournaux ; JCP 2013, n° 731, note Daverat* (participants à un jeu télévisé du genre téléréalité) • Soc. 25 juin 2013, n° 12-13.968 P : *D. 2013. 1692* (élection de Mister France) • Soc. 28 nov. 2018, n° 17-20.079 P : *D. 2019. 177, note Escande-Varniol ; ibid. 2019. 169, avis C. Courcol-Bouchard ; AJ contrat 2019. 46, obs. Gamet ; RDT 2019. 36, obs. Peyronnet ; JCP 2019, n° 46, note Roche ; RDC 3/2019. 40, note Huet* (livreur faisant l'objet d'une géolocalisation et passible de sanctions). ♦ Le travail au sein d'un service organisé peut constituer un indice du lien de subordination lorsque l'employeur détermine unilatéralement les conditions d'exécution du travail. • Civ. 2e, 8 oct. 2020, n° 19-16.606 P (qualification écartée en l'espèce pour une mission régulière d'encadrement de salariés sur des chantiers) • Civ. 2e, 17 févr. 2022, n° 20-19.493 B : *RDSS 2022. 385, obs. Tauran .* ♦ Sur l'effet rétroactif de la requalification : • Soc. 3 mai 2016, n° 15-12.256 P : *D. 2016. 1004 ; Dr. soc. 2016. 650, note Tournaux ; RDT 2016. 477, obs. Tournaux* • Soc. 5 oct. 2017, nos 16-13.581, 16-13.582, 16-13.583 et 16-13.584 P : *D. 2017. 2034 ; Dr. soc. 2017. 1079, obs. Mouly .*

Cassation de l'arrêt ayant écarté l'existence

d'un lien de subordination, dans le cadre de l'application de l'art. L. 8221-6 C. trav., sans avoir analysé concrètement les conditions effectives dans lesquelles les chauffeurs de VTC exerçaient leur activité, alors que le service offert par la plateforme ne se limitait pas à une mise en relation informatique et pouvait constituer un service global de transport absorbant toute liberté d'exploitation des partenaires. • Com. 12 janv. 2022, n° 20-11.139 B : *D. 2022. 1280, obs. Vernac et Ferkane* (action intentée par une centrale de réservation de taxis).

En l'absence d'un lien de subordination, le contrat doit être qualifié de contrat d'entreprise et non de contrat de travail. • Soc. 4 mars 2020, n° 18-10.636 P : *RDT 2020. 396, obs. Fabre* (une activité de nettoyage ayant été confiée par une société à une autre société spécialisée qui assure la pleine responsabilité de l'exécution du travail, le contrat liant les deux sociétés est un contrat d'entreprise et non un contrat de travail).

Les contrats prévoyant le port de vêtements par des athlètes pour assurer leur promotion sont présumés être des contrats de travail de mannequin. • Civ. 2e, 12 mai 2021, n° 19-24.610 P : *D. 2021. 1455, note Loiseau* .

5. Limites : requalification contraire à la loi applicable. Un juge ne saurait conclure à l'existence d'un contrat de travail, dans le cadre d'une demande en requalification, pour une période où l'exercice de la profession d'avocat sous cette forme n'était pas possible. • Soc. 16 sept. 2015, n° 14-17.842 P.

6. ... Contrat nul. Un contrat de location-gérance déclaré nul par application de l'art. L. 144-10 C. com. ne peut être requalifié en sous-bail commercial. • Civ. 3e, 18 mai 2005, n° 04-11.835 P : *D. 2005. AJ 1556, obs. Rouquet* ; *AJDI 2005. 833, note Dumont* ; *RTD com. 2006. 293, obs. Saintourens* . ♦ Lorsqu'un contrat d'apprentissage est nul, il ne peut recevoir exécution et ne peut être requalifié. • Soc. 28 mai 2008, n° 06-44.327 P. ♦ Conversion par réduction sur les limites, V. • Com. 8 sept. 2015, n° 14-14.208 P : *D. 2015. 1764* ; *JCP 2015, n° 1169, note Legeais.*

7. Conversion par réduction : principe. Pour des illustrations du procédé : • Cass. 2 mars 1931 : *S. 1932. 1. 281, note Gény* (à défaut de contribution aux pertes, le contrat est nul ou tout au moins ne vaut pas comme contrat de société) • Civ. 3e, 29 janv. 1970, n° 68-13.431 P (disqualification d'une sous-location dépourvue de cause en prêt d'argent) • Civ. 1re, 6 déc. 1972 : *Bull. civ. I, n° 280* (opération mêlée de simulation).

8. Nature de l'action tendant à la qualification ou à la requalification d'un contrat. L'action par laquelle une partie demande de qualifier un contrat, dont la nature juridique est indécise ou contestée, de contrat de travail, revêt le caractère d'une action personnelle et relève de la prescription de l'art. 2224, et non de la prescription spéciale de l'art. L. 1471-1 C. trav. relatif aux actions portant sur l'exécution ou la rupture du contrat de travail. • Soc. 11 mai 2022, n° 20-14.421 B : *D. 2022. Chron. C. cass. 1617, obs. Ala* ; *Dr. soc. 2022. 757, obs. Radé* • 11 mai 2022, n° 20-18.084 B : *D. 2022. Chron. C. cass. 1617, obs. Ala* ; *Dr. soc. 2022. 757, obs. C. Radé* .

Art. 1106 *(Ord. n° 2016-131 du 10 févr. 2016, art. 2, en vigueur le 1er oct. 2016)* **Le contrat est synallagmatique lorsque les contractants s'obligent réciproquement les uns envers les autres.**

Il est unilatéral lorsqu'une ou plusieurs personnes s'obligent envers une ou plusieurs autres sans qu'il y ait d'engagement réciproque de celles-ci. – *Dispositions transitoires, V. Ord. n° 2016-131 du 10 févr. 2016, art. 9, ss. art. 1386-1.*

Comp. C. civ., art. 1102 et 1103 anc.

RÉP. CIV. v° *Engagement unilatéral de volonté*, par J.-L. Aubert et S. Gaudemet.

BIBL. ▸ Didier, *Mél. Terré, Dalloz/Juris-Classeur, PUF, 1999, p. 635* (contrat-organisation). – Sériaux, *Études Ghestin, LGDJ, 2001, p. 777* (contrat synallagmatique). – Simon, *RTD civ. 2006. 209* (contrat unilatéral).

1. Distinction entre contrat unilatéral et contrat synallagmatique. (notion d'engagement) • Civ. 1re, 12 juill. 2006 : *RLDC 2007/35, n° 2382, note Maria.*

2. Prêt. Le contrat de prêt, qui n'impose d'obligation qu'à l'emprunteur, n'a pas de caractère synallagmatique et n'implique donc pas qu'il soit établi en autant d'exemplaires que de parties. • Civ. 1re, 28 mars 1984, n° 82-15.538 P. ♦ V. cependant note 1 ss. art. 1892.

3. Bail. Caractère synallagmatique de la convention par laquelle un bail est concédé en contrepartie d'un droit de passage : V. • Civ. 3e, 8 mai 1974 : *D. 1975. 305, note Larroumet.*

4. Ouverture de compte. La convention sur laquelle une partie demande à une banque de lui ouvrir un compte de dépôt à terme, rémunéré, destiné à garantir la bonne fin des opérations d'un tiers avec cette banque, constitue une convention synallagmatique. • Civ. 1re, 2 févr. 1994, n° 92-11.835 P.

5. Cautionnement. Le cautionnement est un contrat unilatéral ; il en résulte qu'un seul original est requis. • Com. 2 juin 2021, n° 20-

10.690 P : *D. 2021. 1879, obs. Ansault et Gijsbers* ; *RTD civ. 2021. 689, obs. Gijsbers* ; *CCC 2021, n° 131, note Leveneur.*

Art. 1107 *(Ord. n° 2016-131 du 10 févr. 2016, art. 2, en vigueur le 1er oct. 2016)* **Le contrat est à titre onéreux lorsque chacune des parties reçoit de l'autre un avantage en contrepartie de celui qu'elle procure.**

Il est à titre gratuit lorsque l'une des parties procure à l'autre un avantage sans attendre ni recevoir de contrepartie. — *Dispositions transitoires, V. Ord. n° 2016-131 du 10 févr. 2016, art. 9, ss. art. 1386-1.*

Comp. C. civ., art. 1105 et 1106 anc.

BIBL. ▶ GUÉVEL, *Mél. Goubeaux, Dalloz-LGDJ, 2009, p. 229* (gratuité intéressée).

Caractère onéreux d'un acte de partage. • Com. 16 déc. 2014, n° 13-25.765 P. ♦ Pour une donation, V. notes ss. art. 931.

Art. 1108 *(Ord. n° 2016-131 du 10 févr. 2016, art. 2, en vigueur le 1er oct. 2016)* **Le contrat est commutatif lorsque chacune des parties s'engage à procurer à l'autre un avantage qui est regardé comme l'équivalent de celui qu'elle reçoit.**

Il est aléatoire lorsque les parties acceptent de faire dépendre les effets du contrat, quant aux avantages et aux pertes qui en résulteront, d'un événement incertain. — *Dispositions transitoires, V. Ord. n° 2016-131 du 10 févr. 2016, art. 9, ss. art. 1386-1.*

Comp. C. civ., art. 1104 anc.

BIBL. ▶ GRUA, *RTD civ. 1983. 263.* – KULLMANN, *RGDA 2018. 64* (contrat d'assurance). – NICOLAS, *RCA 2023. Étude 4* (avant-projet de réforme des définitions des contrats aléatoires). – Dossier, *RCA 2014. Études 2 s.* (aléa et contrat d'assurance).

1. Contrat commutatif : acte de partage. Nature de l'acte de partage : contrat commutatif à titre onéreux. • Civ. 1re, 3 juin 2003, n° 01-17.971 P : *D. 2003. 2655, note Marly* ; *D. 2004. Somm. 2266, obs. Revel* ; *AJ fam. 2003. 314, obs. S. D.-B* ; *JCP N 2005. 1199, obs. Vauvillé* ; *RTD com. 2004. 814, obs. Martin-Serf* • Com. 16 déc. 2014, n° 13-25.765 P : *D. 2015. 71* ; *AJ fam. 2015. 102, obs. Casey* .

2. ... Contrat de travail. Dans un contrat de travail, le versement du salaire, qui est la contrepartie nécessaire de la relation de travail, ne peut être aléatoire et ne peut donc être mis en participation. • Soc. 16 sept. 2009, n° 08-41.191 P. ♦ La conclusion d'un contrat de travail emporte pour l'employeur obligation de fourniture de travail. • Soc. 4 févr. 2015, n° 13-25.627 P (portage salarial défini par art. L. 1251-64 C. trav.). ♦ V. aussi, pour la participation à des concours télévisés, ss. art. 1964.

3. Contrat aléatoire. Sur le contrat aléatoire, V. art. 1964 anc. s.

Art. 1109 *(Ord. n° 2016-131 du 10 févr. 2016, art. 2, en vigueur le 1er oct. 2016)* **Le contrat est consensuel lorsqu'il se forme par le seul échange des consentements quel qu'en soit le mode d'expression.**

Le contrat est solennel lorsque sa validité est subordonnée à des formes déterminées par la loi.

Le contrat est réel lorsque sa formation est subordonnée à la remise d'une chose. — *Dispositions transitoires, V. Ord. n° 2016-131 du 10 févr. 2016, art. 9, ss. art. 1386-1.*

1. Sur la liberté contractuelle, V. art. 1102. – Sur les formes attachées au caractère solennel ou consensuel du contrat, V. art. 1172.

2. Le contrat d'achat d'électricité est un contrat consensuel, de sorte que le consentement étant intervenu avant l'entrée en vigueur du Décr. du 9 déc. 2010, même s'il n'a été signé que postérieurement, la nouvelle règlementation imposée par ce texte ne s'applique pas à lui. • Civ. 1re, 6 sept. 2017, n° 16-13.546 P.

3. Il résulte de l'art. L. 112-3 C. assur. que, si le contrat d'assurance de même que sa modification constituent un contrat consensuel, parfait dès la rencontre des volontés de l'assureur et de l'assuré, leur preuve est subordonnée à la rédaction d'un écrit. • Civ. 2e, 21 janv. 2021, n° 19-20.699 P : *D. 2021. 134* ; *RDI 2021. 361, obs. Noguéro* ; *RGDA 2021/3. 27, note Landel.*

Art. 1110 *(Ord. n° 2016-131 du 10 févr. 2016, art. 2, en vigueur le 1er oct. 2016)* **Le contrat de gré à gré est celui dont les stipulations sont** *(L. n° 2018-287 du 20 avr. 2018, art. 2, en vigueur le 1er oct. 2018)* **« négociables** *[ancienne rédaction : librement négociées]* **» entre les parties.**

Le contrat d'adhésion est celui *(L. n° 2018-287 du 20 avr. 2018, art. 2, en vigueur le 1er oct. 2018)* **« qui comporte un ensemble de clauses non négociables, déterminées à l'avance par l'une des parties** *[ancienne rédaction : dont les conditions générales, soustraites à la négociation, sont déterminées à l'avance par l'une des parties]* **».** – *Dispositions transitoires, V. Ord. n° 2016-131 du 10 févr. 2016, art. 9, ss. art. 1386-1.*

L'art. 1110, dans sa rédaction résultant de la L. n° 2018-287 du 20 avr. 2018, est applicable aux actes juridiques conclus ou établis à compter du 1er oct. 2018 (L. préc., art. 16).

BIBL. ▶ ANDREU, *AJ contrat 2018. 262* (loi de ratification et contrat d'adhésion). – BARRILLON, *JCP 2017, n° 754* (« lu et approuvé », nouvelle vie d'une mention tombée en désuétude). – CHÉNEDÉ, *D. 2015. Chron. 1226* (les contrats d'adhésion dans le projet de réforme) ; *JCP 2016, n° 776.* – CHANTEPIE et LATINA (dir.), Thèmes et commentaires, *Dalloz, 2018* (le contrat d'adhésion : perspective franco-québecoise). – DOWNE, *Rev. sociétés 2021. 160* (le contrat d'adhésion à l'épreuve du droit des sociétés). – MEKKI, *Gaz. Pal. 2016. 793.* – REVET, *D. 2016. 1771* ; *ibid. 2018. 124* (l'incohérent cantonnement, par l'Assemblée nationale, du domaine du contrat d'adhésion aux contrats de masse). – RONTCHEVSKY, *RTD com. 2016. 515* (les contrats financiers à l'épreuve de la distinction entre contrat d'adhésion et contrat de gré à gré). – SCHILLER, *JCP N 2017, n° 1271* (l'acte rédigé par un notaire ou un avocat peut-il être qualifié de contrat d'adhésion ?). – WALTZ-TERACOL, *RGDA 2020/3. 6* (le contrat d'assurance est-il un contrat d'adhésion ?). – Dossier, *RDC 2/2019. 103* (colloque : le contrat d'adhésion).

1. Sur le déséquilibre significatif dans le contrat d'adhésion, V. art. 1171. – Sur l'interprétation du contrat de gré à gré et du contrat d'adhésion, V. art. 1190.

2. Est collectif un contrat qui bénéficie de façon impersonnelle et générale à l'ensemble du personnel salarié d'une entreprise ou une partie d'entre eux appartenant à une catégorie objective établie à partir de critères objectifs. • Civ. 2e, 15 juin 2017, n° 16-18.532 P.

Art. 1111 *(Ord. n° 2016-131 du 10 févr. 2016, art. 2, en vigueur le 1er oct. 2016)* **Le contrat cadre est un accord par lequel les parties conviennent des caractéristiques générales de leurs relations contractuelles futures. Des contrats d'application en précisent les modalités d'exécution.** – *Dispositions transitoires, V. Ord. n° 2016-131 du 10 févr. 2016, art. 9, ss. art. 1386-1.*

BIBL. ▶ Dossier *AJCA 2017. 103* (contrat-cadre).

Sur la fixation du prix dans le contrat-cadre, V. art. 1164.

Art. 1111-1 *(Ord. n° 2016-131 du 10 févr. 2016, art. 2, en vigueur le 1er oct. 2016)* **Le contrat à exécution instantanée est celui dont les obligations peuvent s'exécuter en une prestation unique.**

Le contrat à exécution successive est celui dont les obligations d'au moins une partie s'exécutent en plusieurs prestations échelonnées dans le temps. – *Dispositions transitoires, V. Ord. n° 2016-131 du 10 févr. 2016, art. 9, ss. art. 1386-1.*

Sur la durée du contrat, V. art. 1210 à 1215.

CHAPITRE II LA FORMATION DU CONTRAT

(Ord. n° 2016-131 du 10 févr. 2016, art. 2, en vigueur le 1er oct. 2016)

RÉP. CIV. vis *Contrat : généralités*, par M. LATINA ; *Contrat : formation*, par N. DISSAUX.

DALLOZ RÉFÉRENCE *Le nouveau droit des obligations et des contrats 2019/2020, nos 122.00 s.*

BIBL. ▶ PELLET, *AJ contrat 2018. 254* (loi de ratification et formation du contrat). – Dossier, *RDC 2022/4. 92* (remèdes aux vices de la formation du contrat, droit public – droit privé).

SECTION 1 La conclusion du contrat

(Ord. n° 2016-131 du 10 févr. 2016, art. 2, en vigueur le 1er oct. 2016)

SOUS-SECTION 1 Les négociations

(Ord. n° 2016-131 du 10 févr. 2016, art. 2, en vigueur le 1er oct. 2016)

Art. 1112 *(Ord. n° 2016-131 du 10 févr. 2016, art. 2, en vigueur le 1er oct. 2016)* **L'initiative, le déroulement et la rupture des négociations précontractuelles sont libres. Ils doivent impérativement satisfaire aux exigences de la bonne foi.**

En cas de faute commise dans les négociations, la réparation du préjudice qui en résulte ne peut avoir pour objet de compenser *(L. n° 2018-287 du 20 avr. 2018, art. 3)* **« ni » la perte des avantages attendus du contrat non conclu** *(L. n° 2018-287 du 20 avr. 2018, art. 3)* **« , ni la perte de chance d'obtenir ces avantages ».** — *Dispositions transitoires, V. Ord. n° 2016-131 du 10 févr. 2016, art. 9, ss. art. 1386-1.*

Les modifications apportées par la L. n° 2018-287 du 20 avr. 2018 à l'art. 1112 ont un caractère interprétatif (L. préc., en vigueur le 1er oct. 2018, art. 16-I). — Sur les conséquences du caractère interprétatif d'une modification législative, V. L. préc., ss. art. 1386-1.

BIBL. GÉN. ▶ Chauvire, *JCP N 2016, n° 1111.* – Loiseau, *LPA 2015, n° 176-177, p. 51 s.* – Bernheim-Desvaux, *blog Dalloz obligations 2015.* – Beyneix et Lemmet, *RTD com. 2016. 1* . – Faure-Abbad, *RDI 2016. 316* . – Haftel, *Gaz. Pal. 29 avr. 2015, nos 119-120, p. 8 s.* – Kilgus, *AJ contrat 2018. 273* (les clauses de *break-up fees* dans les accords de négociation). – Molfessis, *JCP 25 mai 2015, n° 21 suppl., p. 6 s.* – Moury et François, *D. 2016. 2225* (incidence de la réforme sur la cession de droits sociaux). – Pellet, *AJ contrat 2018. 254* (loi de ratification et formation du contrat). – Puig, *Dr. et patr. 5/2016. 52* (phase précontractuelle). – Dossier, *AJ contrat 2016. 267* et *315* (la négociation et le contrat).

1. Processus de sélection. L'exigence de bonne foi ne requiert pas, de la part de la tête d'un réseau de distribution, la détermination et la mise en œuvre d'un processus de sélection établi sur le fondement de critères définis et objectivement fixés et appliqués de manière non-discriminatoire. • Com. 27 mars 2019, n° 17-22.083 P: *AJ contrat 2019. 295, obs. Buy et Roda* ; *RTD civ. 2019. 570, obs. Barbier* .

2. Rupture non fautive. • Com. 9 mars 1999, n° 96-16.559 P : *R., p. 357* (rupture non fautive, même à un stade avancé compte tenu d'un motif légitime, l'auteur de la rupture ayant fait des propositions non excessives, qui ont été refusées, et laissé un délai de préavis raisonnable) • Com. 20 nov. 2007 : *RTD civ. 2008. 101, obs. Fages* (rupture non fautive, l'auteur de la rupture ayant demandé à plusieurs reprises des explications sur la situation économique de son partenaire) • Paris, 15 sept. 2007 : *eod. loc.* ♦ Condamnation à une indemnité d'occupation de l'acheteur potentiel, qui avait été autorisé à occuper le bien pendant la négociation, dont l'échec n'est pas imputable au vendeur (rupture d'un commun accord). • Civ. 3e, 3 juill. 2002, n° 00-22.192 P: *Defrénois 2002. 1532, note Dagorne-Labbe* ; *RTD civ. 2002. 804, obs. Mestre et Fages* .

3. Rupture abusive. **BIBL.** Ghestin, *JCP 2007. I. 155* (rupture abusive des pourparlers : responsabilité délictuelle) ; *ibid. 157* (... dommages réparables). – Monzer, *LPA 31 juill. 2007.* – Nau, *Mél. B. Gross, PU Nancy, 2009, 117* (responsabilité pré- ou près contractuelle en droit comparé franco-allemand). ♦ Responsabilité en cas de rupture fautive des pourparlers : V. • Com. 20 mars 1972 : *JCP 1973. II. 17543, note Schmidt* ; *RTD civ. 1972. 779, obs. Durry* • 31 mars 1992, *n° 90-14.867 P (faute de la banque dans la négociation de concours bancaires)* • 22 févr. 1994, n° 92-13.871 P : *RTD civ. 1994. 850, obs. Mestre* (prolongation fautive des pourparlers) • 7 janv. 1997 : *D. 1998. 45, note Chauvel* • 22 avr. 1997 : *eod. loc* . ; *RTD civ. 1997. 651, obs. Mestre* • Civ. 1re, 6 janv. 1998, n° 95-19.199 P : *D. Affaires 1998. 242, obs. J. F.* ; *JCP 1998. II. 10066, note Fages* ; *Defrénois 1998. 741, obs. D. Mazeaud* (rupture brutale de pourparlers à la veille de la signature) • 7 avr. 1998 : *D. 1999. 514, note Chauvel* ; *ibid. Somm. 127, obs. Schmidt-Szalewski* (pourparlers ayant duré quatre ans, avec de nombreuses études, le contrat n'étant abandonné sans motifs légitime et pour des raisons purement internes au renonçant) • Com. 11 juill. 2000 : *CCC 2000, n° 174, note Leveneur.* ♦ Pour des illustrations devant les juge du fond : V. • Paris, 8 juill. 1972 : *JCP 1973. II. 17509, note Leloup* • Rennes, 9 juill. 1975 : *D. 1976. 417, note Joanna Schmidt* • T. com. Paris, 1er oct. 1985 : *Gaz. Pal. 1987. 1. 10, note Bonneau* • Paris, 10 mars 2000 : *JCP 2001. II. 10470, note Violet.* ♦ V. aussi note 68 ss. art. 1241.

4. ... Dommages réparables. La faute commise dans l'exercice du droit de rupture unilatérale des pourparlers n'est pas la cause du préjudice consistant dans la perte de chance de réaliser les gains espérés à la conclusion du contrat. • Com. 26 nov. 2003, n° 00-10.243 P: *R. p. 391* ; *D. 2004. 869, note Dupré-Dallemagne* ; *ibid. Somm. 2922, obs. Lamazerolles* ; *JCP 2004. I. 163, nos 18 s., obs. Viney* ; *JCP E 2004. 738, note Stoffel-Munck* ; *ibid. 601, nos 3 s., obs. Caussain, Deboissy et Wicker* ; *Dr. et patr. 3/2004. 102, obs. Poracchia* ; *RTD civ. 2004. 80, obs. Mestre et Fages* ; *Rev. sociétés 2004. 325, note Mathey* ; *RDC 2004. 257, obs. D. Mazeaud* • Civ. 3e, 28 juin 2006, n° 04-20.040 P : *R., p. 399* ; *D. 2006. 2963, note D. Mazeaud* ; *ibid. Pan. 2639, obs. Amrani-Mekki* ; *JCP 2006. II. 10130, note Deshayes* ; *ibid. I. 166, n° 6, obs. Stoffel-Munck* ; *JCP N 2006. 1352, note Brusorio* ; *ibid. 2007. 1157, n° 3, obs. S. Piedelièvre* ; Gaz. Pal. 2006. 3287, note Dagorne-Labbe ; CCC 2006, *n° 223, note Leveneur* ; *Defrénois 2006. 1858, obs. Libchaber* ; *Dr. et patr. 3/2007. 26, étude Chauvel* ; *RCA 2006, n° 287, note Hocquet-Berg* ; *LPA 11 oct. 2006, note Prigent* ; *RDC 2006. 1069, obs. D. Mazeaud* ; *RTD civ. 2006. 754, obs. Mestre et Fages* , et *770, obs. Jourdain* • 7 janv.

2009, n° 07-20.783 P : *D. 2009. AJ 297* ; *RLDC 2009/58, n° 3324, obs. Maugeri* ; *ibid. 2009/59, n° 3375, obs. Bugnicourt* ; *RTD civ. 2009. 113, obs. Fages* ; *RDC 2009. 480, obs. Laithier* ; *ibid. 1108, obs. Seube* • Com. 18 sept. 2012, n° 11-19.629 P : *D. 2012. 2930, note Haftel* ; *RTD com. 2012. 842, obs. Bouloc*.

La rupture abusive des pourparlers ne peut priver son auteur de la réparation qui lui est due en raison des dommages qui lui ont été causés par la rupture abusive par son adversaire du contrat qui les liait précédemment. • Com. 21 juin 2017, n° 15-29.127 P : *D. 2017. 1301* ; *AJ contrat 2017. 392, obs. Ancelin*.

5. Responsabilité du tiers qui contracte avec une des parties en pourparlers. Le simple fait de contracter, même en connaissance de cause, avec une personne ayant engagé des pourparlers avec un tiers ne constitue pas en lui-même une faute, sauf intention de nuire ou manœuvres frauduleuses. • Com. 26 nov. 2003, n° 00-10.243 P : *préc. note 4.*

Art. 1112-1 *(Ord. n° 2016-131 du 10 févr. 2016, art. 2, en vigueur le 1er oct. 2016)* **Celle des parties qui connaît une information dont l'importance est déterminante pour le consentement de l'autre doit l'en informer dès lors que, légitimement, cette dernière ignore cette information ou fait confiance à son cocontractant.**

Néanmoins, ce devoir d'information ne porte pas sur l'estimation de la valeur de la prestation.

Ont une importance déterminante les informations qui ont un lien direct et nécessaire avec le contenu du contrat ou la qualité des parties.

Il incombe à celui qui prétend qu'une information lui était due de prouver que l'autre partie la lui devait, à charge pour cette autre partie de prouver qu'elle l'a fournie.

Les parties ne peuvent ni limiter, ni exclure ce devoir.

Outre la responsabilité de celui qui en était tenu, le manquement à ce devoir d'information peut entraîner l'annulation du contrat dans les conditions prévues aux articles 1130 et suivants. — *Dispositions transitoires, V. Ord. n° 2016-131 du 10 févr. 2016, art. 9, ss. art. 1386-1.*

Sur l'information entre professionnel et consommateur, V. C. consom., art. L. 111-1 s. — ***C. consom.***

BIBL. ▶ Fabre-Magnan, *JCP 2016, n° 706.* – C. Grimaldi, *D. 2016. 1009*. – Mekki, *Gaz. Pal. 2016. 830.* – Audit, *RTD civ. 2021. 545* (analyse comportementale du droit en matière d'information du contractant). – Dossier, *AJ contrat 2018. 56* (devoir de conseil). – Dossier, *JCP N 2018, nos 1134 s.* (formation du contrat et obligation d'information du notaire). – Dossier, *Dalloz IP/IT 2018. 658* (secret des affaires : la nouvelle protection juridique des actifs immatériels).

1. Nullité des élections professionnelles faute de loyauté dans la négociation du protocole préélectoral. L'employeur est tenu de mener loyalement les négociations d'un accord préélectoral ; dès lors que la contestation du protocole préélectoral a été introduite judiciairement avant le premier tour des élections, ou postérieurement par un syndicat n'ayant pas signé le protocole et ayant émis des réserves expresses avant de présenter des candidats, le manquement à l'obligation de négociation loyale constitue une cause de nullité de l'accord, peu important que celui-ci ait été signé aux conditions de validité prévues par l'art. L. 2314-6 C. trav. • Soc. 9 oct. 2019, n° 19-10.780 P.

2. V. note 57 ss. art. 1241.

3. Rappr. note 89 ss. art. 1231-1.

4. Sur le manquement à un devoir d'information sur les prix, V. note 32 ss. art. 1615.

5. Responsabilité extracontractuelle d'un tiers en l'absence d'un dol d'un contractant. V. note 31 ss. art. 1137.

Art. 1112-2 *(Ord. n° 2016-131 du 10 févr. 2016, art. 2, en vigueur le 1er oct. 2016)* **Celui qui utilise ou divulgue sans autorisation une information confidentielle obtenue à l'occasion des négociations engage sa responsabilité dans les conditions du droit commun.** — *Dispositions transitoires, V. Ord. n° 2016-131 du 10 févr. 2016, art. 9, ss. art. 1386-1.*

BIBL. ▶ Haas, Falconieri et O'Rorke, *Dalloz IP/IT 2017. 313* (impact de la confidentialité et du secret sur l'innovation). – Jaouen, *AJ contrat 2016. 275* (négociations et obligation de confidentialité).

▶ Dossier, *AJ contrat 2018. 407* (secret des affaires et contrat).

SOUS-SECTION 2 **L'offre et l'acceptation**

(Ord. nº 2016-131 du 10 févr. 2016, art. 2, en vigueur le 1er oct. 2016)

Art. 1113 *(Ord. nº 2016-131 du 10 févr. 2016, art. 2, en vigueur le 1er oct. 2016)* **Le contrat est formé par la rencontre d'une offre et d'une acceptation par lesquelles les parties manifestent leur volonté de s'engager.**

Cette volonté peut résulter d'une déclaration ou d'un comportement non équivoque de son auteur. — *Dispositions transitoires, V. Ord. nº 2016-131 du 10 févr. 2016, art. 9, ss. art. 1386-1.*

1. Rencontre des volontés. En vertu de leur pouvoir souverain d'appréciation, les juges du fond peuvent estimer que certaines modalités ordinairement accessoires, telles que la date du paiement du solde du prix ou la date de prise de possession des lieux, ont été tenues par l'une des parties comme des éléments constitutifs de son consentement et qu'à défaut d'accord sur ces points, le contrat de vente ne s'est pas formé. • Civ. 3e, 2 mai 1978 : *D. 1979. 317, note Schmidt-Szalewski ; JCP 1980. II. 19465, note Fieschi-Vivet* • Civ. 1re, 21 févr. 1979 : *D. 1979. 400 ; JCP 1980. II. 19482, note Fieschi-Vivet* (absence d'accord sur les garanties de paiement du solde du prix) • Com. 16 avr. 1991 : *JCP 1992. II. 21871, note Gain ; RTD civ. 1992. 78, obs. Mestre* (modalités de paiement du prix : octroi d'une lettre de crédit à l'acheteur) • Com. 15 nov. 1994 : *Defrénois 1995. 1045, obs. D. Mazeaud* (absence de formalisation par un acte définitif et détaillé). ♦ V. aussi, en cas de désaccord sur le point de départ d'un bail renouvelé, • Civ. 3e, 22 avr. 1980 : *Bull. civ. III, nº 82 ; D. 1981. IR 307, obs. Ghestin.* ♦ Sur les conséquences d'un tel défaut d'accord (nullité absolue du contrat), V. • Civ. 3e, 15 avr. 1980, nº 78-15.836 P : *D. 1981. IR 314, obs. Ghestin* • Paris, 8 juill. 1966 : *Gaz. Pal. 1967. 1. 33.* ♦ Comp., pour l'inopposabilité à une commune exerçant son droit de préemption d'une restriction d'usage posée par le vendeur dès lors que la déclaration d'intention d'aliéner ne la mentionnait pas ou que l'acte la stipulant n'y était pas joint : • Civ. 3e, 30 mai 1996, nº 94-14.678 P. ♦ Même sens, pour une condition suspensive non mentionnée. • Civ. 3e, 27 mai 1998, nº 95-19.179 P. ♦ ... Pour une restriction non mentionnée dans l'offre de contracter, même si elle était connue du contractant. • Civ. 3e, 1er juill. 1998, nº 96-20.605 P : *D. 1999. 170, note Boy ; Defrénois 1998. 1406, obs. Delebecque.*

Offre d'emploi et promesse d'embauche : V. note 5 ss. art. 1101.

Le contrat d'architecte ayant notamment pour objet la réalisation par l'architecte de projets de plans et devis de travaux, le seul refus par le maître de l'ouvrage d'un projet qui lui est soumis n'établit pas l'absence de contrat le liant à l'architecte. • Civ. 3e, 9 févr. 2011, nº 10-10.264 P : *D. 2011. Actu. 593 ; JCP 2011. 1082, note Labarthe ; CCC 2011, nº 110, obs. Leveneur.*

Dans le cadre d'une procédure collective, l'ordonnance qui autorise la cession de gré à gré, aux conditions et aux modalités d'une offre déterminée, en interdit la rétractation. • Com. 14 nov. 2019, nº 18-15.871 P.

2. Volonté de s'obliger. BIBL. Mestre, *RTD civ. 1996. 892.* ♦ L'existence d'un accord entre un automobiliste et son passager sur le partage des frais de voyage est insuffisante pour établir entre les parties un lien de nature contractuelle engendrant une obligation de sécurité. • Civ. 1re, 6 avr. 1994, nº 91-21.047 P. ♦ V. aussi, pour l'adoption d'une responsabilité délictuelle lorsqu'une standardiste accepte de donner un renseignement sur la demande d'un huissier : • Civ. 2e, 19 juin 1996, nº 94-12.777 P : *R., p. 342 ; RTD civ. 1997. 144, obs. Jourdain ; Defrénois 1996. 1373, obs. Delebecque.* ♦ Mais l'engagement moral de ne pas copier les produits d'une société concurrente caractérise une volonté non équivoque et délibérée de s'obliger ; une telle clause a une valeur contraignante et est juridiquement opposable. • Com. 23 janv. 2007, nº 05-13.189 P : *D. 2007. AJ 442, obs. Delpech ; JCP 2007. I. 176, nº 2, obs. Caron ; ibid. 2008. I. 152, nº 12, obs. Simler ; Defrénois 2007. 1027, obs. Savaux ; CCE 2007. Chron. 8, nº 9, obs. Kahn ; RLDC 2007/40, nº 2587, note Vignal ; RDC 2007. 697, obs. Laithier ; RTD civ. 2007. 340, obs. Mestre et Fages.* ♦ Le renouvellement ou la prolongation de la période d'essai doit résulter d'un accord exprès des parties et exige une manifestation de volonté claire et non équivoque du salarié ne pouvant être déduite de la seule apposition de sa signature sur la lettre adressée par l'employeur. • Soc. 25 nov. 2009, nº 08-43.008 P. ♦ Recherche d'une déclaration ou comportement non équivoque dans un contexte international de crédit-bail : • Com. 8 févr. 2023, nº 21-13.536 B.

Art. 1114 *(Ord. nº 2016-131 du 10 févr. 2016, art. 2, en vigueur le 1er oct. 2016)* **L'offre, faite à personne déterminée ou indéterminée, comprend les éléments essentiels du contrat envisagé et exprime la volonté de son auteur d'être lié en cas d'acceptation. A défaut, il y a seulement invitation à entrer en négociation.** — *Dispositions transitoires, V. Ord. nº 2016-131 du 10 févr. 2016, art. 9, ss. art. 1386-1.*

BIBL. ► Antippas, *D. 2016. 1760* ✎. – Dupré, *Dr. et patr. 10/2018, p. 11* (l'offre et le mystère de l'acte unilatéral).

1. Volonté contractuelle. **BIBL.** Gross, *Mél. Roblot, LGDJ, 1984, p. 433* (ventes commerciales sujettes à confirmation). ♦ Entre commerçants, une proposition de contracter ne constitue une offre que si elle indique la volonté de son auteur d'être lié en cas d'acceptation. • Com. 6 mars 1990, n° 88-12.477 P : *R., p. 361 ; JCP 1990. II. 21583, note Gross ; RTD civ. 1990. 462, obs. Mestre* ✎ *; D. 1991. Somm. 317, obs. Aubert* ✎. ♦ Par son adhésion à la proposition contenue dans un bon de commande assorti d'une clause de confirmation figurant aux conditions générales du vendeur, l'acheteur n'a formulé qu'une offre d'achat révocable comme telle jusqu'à ce que la vente devienne parfaite par l'acceptation du vendeur. • Même arrêt.

Les juges du fond décident par une appréciation souveraine que la lettre d'une société, accompagnée du document contractuel adressé à un commerçant, constituait une offre précise, complète et ferme dont l'acceptation par le commerçant était établie par la signature qu'il avait apposée sous ce contrat, sans aucune réserve et avant toute rétractation de l'offre. • Com. 29 juin 1993, n° 91-20.380 P. ♦ Mais une simple demande d'informations sur les intentions d'une société quant au renouvellement d'un contrat ne constitue pas, faute de préciser les éléments essentiels du contrat, une offre susceptible d'acceptation. • Civ. 1re, 24 nov. 1998, n° 95-21.074 P : *D. 1999. Somm. 110, obs. Delebecque* ✎ *; RTD civ. 1999. 398, obs. Mestre* ✎. ♦ Pour la validité de la modification d'une offre au cours du délai d'acceptation, pour tenir compte d'une proposition plus intéressante pour le vendeur : • Caen, 20 avr. 2006 : *RTD civ. 2008. 102, obs. Fages* ✎.

2. La clause « sous réserve de l'acceptation à l'assurance des emprunteurs » ne porte pas atteinte au caractère ferme de l'offre de crédit caractérisant l'obtention d'un prêt au sens de l'art. L. 312-16 [L. 313-41] C. consom. • Civ. 3e, 23 juin 2010, n° 09-15.963 P : *D. 2010. 1701* ✎ *; AJDI 2010. 522 ; CCC 2010, n° 221, note Leveneur ; JCP N 2010, n° 1320, note Piedelièvre ; RDC 2011.131, obs. Fenouillet ; RTD civ. 2010. 551, obs. Fages* ✎ *; RTD com. 2010. 765, obs. Legeais* ✎.

3. Offre au public. L'offre faite au public (annonce dans un journal) lie le pollicitant à l'égard du premier acceptant dans les mêmes conditions que l'offre faite à personne déterminée. • Civ. 3e, 28 nov. 1968, n° 67-10.935 P : *R. 1968-1969, p. 21 ; Gaz. Pal. 1969. 1. 95.*

4. Sur la distinction de l'offre et de la promesse unilatérale de contrat, V. note 3 ss. art. 1124.

Art. 1115 *(Ord. n° 2016-131 du 10 févr. 2016, art. 2, en vigueur le 1er oct. 2016)* **Elle peut être librement rétractée tant qu'elle n'est pas parvenue à son destinataire.** – *Dispositions transitoires, V. Ord. n° 2016-131 du 10 févr. 2016, art. 9, ss. art. 1386-1.*

Pour la prise en compte d'un courriel « annule et remplace » et d'un second du même jour expliquant l'erreur commise, pour estimer que le cocontractant avait eu connaissance du projet d'avenant avant son acceptation : • Civ. 1re, 16 janv. 2013 : *RDC 2013. 516, obs. Génicon.*

Art. 1116 *(Ord. n° 2016-131 du 10 févr. 2016, art. 2, en vigueur le 1er oct. 2016)* **Elle ne peut être rétractée avant l'expiration du délai fixé par son auteur ou, à défaut, l'issue d'un délai raisonnable.**

La rétractation de l'offre en violation de cette interdiction empêche la conclusion du contrat.

Elle engage la responsabilité extracontractuelle de son auteur dans les conditions du droit commun sans l'obliger à compenser la perte des avantages attendus du contrat. – *Dispositions transitoires, V. Ord. n° 2016-131 du 10 févr. 2016, art. 9, ss. art. 1386-1.*

BIBL. ► Leduc, *D. 2022. 665* ✎ (rétractation par le souscripteur d'un pacte de préférence de l'offre faite au bénéficiaire de conclure le contrat projeté).

1. Délai fixé. Il n'est pas possible de rétracter une offre d'achat ou de vente lorsque celui de qui elle émane s'est engagé à ne pas la retirer avant une certaine époque. • Civ. 3e, 7 mai 2008, n° 07-11.690 P : *JCP 2008. I. 179, n° 1, obs. Sérinet ; RLDC 2008/51, n° 3045, obs. Maugeri ; ibid. 2009/59, n° 3367, note Burdin ; Dr. et patr. 2/2009. 122, obs. Aynès et Stoffel-Munck ; RTD civ. 2008. 474, obs. Fages* ✎ *; RDC 2008. 1109, obs. Génicon ; ibid. 1239, obs. Collart-Dutilleul.* – *Adde* Mathieu-Izorche, *D. 2009. Chron. 440* ✎.

2. Délai raisonnable. Les juges du fond apprécient souverainement si une offre comporte implicitement un délai raisonnable d'acceptation. • Civ. 3e, 8 févr. 1968 : *Bull. civ. III, n° 52* • 10 mai 1972 : *ibid. III, n° 297* • 25 mai 2005, n° 03-19.411 P : *D. 2005. Pan. 2837, obs. Amrani-Mekki* ✎ *; JCP 2005. I. 172, nos 1 s., obs. Grosser ; CCC 2005, n° 166, note Leveneur ; RDC 2005. 1071, obs. Collart-Dutilleul ; RTD civ. 2005. 772, obs. Mestre et Fages* ✎.

3. Droit de rétractation. Tant que le titulaire

du droit de préemption ne lui a pas signifié son intention d'acquérir, l'offrant peut rétracter unilatéralement son offre. • Civ. 3e, 17 sept. 2014, n° 13-21.824 P.

Art. 1117 *(Ord. n° 2016-131 du 10 févr. 2016, art. 2, en vigueur le 1er oct. 2016)* **L'offre est caduque à l'expiration du délai fixé par son auteur ou, à défaut, à l'issue d'un délai raisonnable.**

Elle l'est également en cas d'incapacité ou de décès de son auteur *(L. n° 2018-287 du 20 avr. 2018, art. 4, en vigueur le 1er oct. 2018)* **« , ou de décès de son destinataire ».** — *Dispositions transitoires, V. Ord. n° 2016-131 du 10 févr. 2016, art. 9, ss. art. 1386-1.*

L'art. 1117, dans sa rédaction résultant de la L. n° 2018-287 du 20 avr. 2018, est applicable aux actes juridiques conclus ou établis à compter du 1er oct. 2018 (L. préc., art. 16).

1. *Délai de l'offre (jurisprudence antérieure à l'Ord. du 10 févr. 2016).* L'expiration du délai explicitement fixé dans l'offre rend celle-ci caduque. • TGI Paris, 12 févr. 1980 : *D. 1980. IR 261, obs. Ghestin.* ♦ Dans le même sens, lorsque l'offre, quoique non assortie d'un délai précis, comporte clairement l'indication de sa précarité : • Civ. 3e, 20 mai 1992 : *D. 1993. 493, note Virassamy ; D. 1992. Somm. 397, obs. Aubert ; JCP N 1994. II. 147, note D. Martin.* ♦ Ne donne pas de base légale la cour d'appel qui ordonne la réalisation forcée d'une vente, sans rechercher si l'acceptation est intervenue dans le délai raisonnable nécessairement contenu dans toute offre non assortie d'un délai précis. • Civ. 3e, 20 mai 2009, n° 08-13.230 P : *D. 2009. AJ 1537 ; CCC 2009, n° 214, obs. Leveneur ; Gaz. Pal. 2009. 2604, obs. Dumery ; RLDC 2009/62, n° 3486, obs. Maugeri ; RDC 2009. 1325, obs. Laithier ; RTD civ. 2009. 524, obs. Fages .*

2. Seul l'offrant peut se prévaloir d'un délai d'expiration de l'offre ou de l'absence de pouvoir du mandataire : irrecevabilité de la demande d'un salarié invoquant la caducité d'une offre qu'il avait accepté plusieurs années après son émission, alors que l'offre avait valablement engagé la société, qui, nonobstant le changement de direction, ne l'avait ni rétractée, ni dénoncée au moment de l'acceptation ultérieure. • Soc. 30 mai 2018, n° 17-10.888 P : *D. 2018. 1211 ; RTD civ. 2018. 652, obs. Barbier ; RDC 2018. 434, obs. Loiseau.*

3. *Mort de l'offrant (jurisprudence antérieure à l'Ord. du 10 févr. 2016).* L'offre qui n'est pas assortie d'un délai est caduque par le décès de celui dont elle émane avant qu'elle ait été acceptée. • Civ. 1re, 25 juin 2014, n° 13-16.529 P : *D. 2014. 1574, note Tadros ; ibid. 1715, chron. Guyon-Renard ; ibid. 2015. Pan. 529, obs. Amrani-Mekki ; AJ fam. 2014. 509, obs. Vernières ; JCP 2014, n° 960, note Antippas ; ibid. n° 1195, obs. Loiseau ; LPA, 1er oct. 2014, p. 16, note Niel ; Defrénois 2014. 1019, note Seube ; RDC 2014. 601, note Laithier ; ibid. 2015. 33, note Libchaber ;CCC 2014, n° 211, note Leveneur.* ♦ Déjà : • Soc. 14 avr. 1961 : *D. 1961. 535 ; RTD civ. 1962. 349, obs. Cornu* • Civ. 3e, 10 mai 1989 : *D. 1990. 365, note Virassamy ; D. 1991. Somm. 317, obs. Aubert ; RTD civ. 1990. 69, obs. Mestre* ♦ Mais le décès d'un des pollicitants n'a pu rendre l'offre caduque dès lors qu'ils s'étaient engagés à maintenir leur offre jusqu'à une certaine date. • Civ. 3e, 10 déc. 1997, n° 95-16.461 P : *D. 1999. Somm. 9, obs. Brun ; Defrénois 1998. 336, obs. D. Mazeaud ; LPA 23 nov. 1997, note Dagorne-Labbe.*

Art. 1118 *(Ord. n° 2016-131 du 10 févr. 2016, art. 2, en vigueur le 1er oct. 2016)* **L'acceptation est la manifestation de volonté de son auteur d'être lié dans les termes de l'offre.**

Tant que l'acceptation n'est pas parvenue à l'offrant, elle peut être librement rétractée, pourvu que la rétractation parvienne à l'offrant avant l'acceptation.

L'acceptation non conforme à l'offre est dépourvue d'effet, sauf à constituer une offre nouvelle. — *Dispositions transitoires, V. Ord. n° 2016-131 du 10 févr. 2016, art. 9, ss. art. 1386-1.*

V. note 1 ss. art. 1113.

Art. 1119 *(Ord. n° 2016-131 du 10 févr. 2016, art. 2, en vigueur le 1er oct. 2016)* **Les conditions générales invoquées par une partie n'ont effet à l'égard de l'autre que si elles ont été portées à la connaissance de celle-ci et si elle les a acceptées.**

En cas de discordance entre des conditions générales invoquées par l'une et l'autre des parties, les clauses incompatibles sont sans effet.

En cas de discordance entre des conditions générales et des conditions particulières, les secondes l'emportent sur les premières. — *Dispositions transitoires, V. Ord. n° 2016-131 du 10 févr. 2016, art. 9, ss. art. 1386-1.*

BIBL. ▸ Forti, *RDC 2017. 552.*

1. La connaissance et l'acceptation des conditions générales et particulières conditionnent leur opposabilité à l'assuré et non la formation du contrat. • Civ. 3e, 20 avr. 2017, n° 16-10.696 P : *D. 2017. 917* ; *RDI 2017. 307, obs. Dessuet* ; *RTD civ. 2017. 635, obs. Barbier* ; *JCP 2017, n° 668, note Cousin* ; *RGDA 2017. 358, note Pélissier.*

2. Adhésion aux conditions générales. **BIBL.** Mestre, *RTD civ. 1997. 118* (documents contractuels). – Revet, *Mél. Cabrillac, Litec, 1999, p. 277* (clause légale). ♦ Une cour d'appel a pu déduire qu'un acquéreur avait adhéré aux conditions générales de vente dès lors qu'il avait, sur un bon de commande, apposé sa signature sous une mention imprimée précisant qu'il reconnaissait en avoir pris connaissance et les accepter. • Civ. 1re, 3 déc. 1991, n° 89-20.856 P. ♦ Dans le même sens, pour un contrat d'assurance : • Civ. 1re, 17 nov. 1998, n° 96-15.126 P : *CCC 1999, n° 18, note Leveneur* ; *Defrénois 1999. 367, obs. Delebecque.* ♦ ... Pour un contrat de service téléphonique : • Civ. 1re, 15 nov. 2005 : *CCE 2006, n° 10, note Stoffel-Munck.* ♦ ... Pour une clause attributive de compétence acceptée par renvoi à un « cahier des prescriptions générales » : • Civ. 1re, 16 févr. 1999, n° 96-19.469 P : *JCP 1999. II. 10162, note Fillion-Dufouleur* ; *ibid. I. 191, n° 1 s., obs. Virassamy.* ♦ L'engagement dans l'acte d'acquisition d'un immeuble en lotissement de respecter les clauses du cahier des charges de ce lotissement vaut consentement de tous les propriétaires d'immeubles en dépendant à la constitution d'une association syndicale prévue dans ce document. • Civ. 3e, 18 févr. 2015, n° 13-25.122 P. ♦ Mais la connaissance éventuelle par l'une des parties, à l'occasion d'opérations antérieures, des conditions générales de l'autre partie contenant une clause de juridiction ou la connaissance de l'existence d'une telle clause dans des documents étrangers à l'opération litigieuse ne suffit pas, même au cas de relations d'affaires suivies, à lui rendre opposable cette clause si le contrat n'y fait aucune référence, directement ou indirectement. • Civ. 1re, 30 juin 1992 : *D. 1994. 169, note Guez* . ♦ Dans le même sens, pour une clause limitative de garantie : • Civ. 1re, 18 oct. 2005, n° 03-18.467 P : *RTD civ. 2006. 107, obs. Mestre et Fages* . ♦ *V. aussi* • Com. 28 avr. 1998 : *RTD civ. 1999. 81, obs. Mestre* (connaissance et acceptation des conditions générales d'achat non établies) • Civ. 2e, 21 avr. 2005, n° 03-19.697 P (connaissance des nouvelles conditions apportées par avenant à un contrat d'assurances non établie) • Com. 13 mai 2014, n° 13-14.626 P : *AJCA 2014. 326, obs. Bros* ; *Defrénois 2014. 1105, note Dagorne-Labbe* (absence de mention sur la prise de connaissance de l'annexe, non signée et proposition d'assurance antérieure se bornant à énumérer les intitulés de certaines conditions, ce dont il résulte que leur contenu n'était pas connu) • Civ. 1re, 11 mars 2014, n° 12-28.304 P : *D. 2014. 721* ; *AJCA 2014. 79, obs. Constantin* ; *RTD civ. 2014. 397, obs. Gautier* ; *ibid. 641, obs. Barbier* (la connaissance des conditions générales de vente pour un abonnement à une revue n'est pas prise en compte pour apprécier la connaissance de ces mêmes conditions à une autre revue). ♦ Pour des hypothèses de contradictions entre les conditions générales des contractants : • Com. 20 nov. 1984 : *Bull. civ. IV, n° 313* • Civ. 1re, 28 mars 1995, n° 93-13.237 P : *RTD civ. 1997. 118, obs. Mestre* . ♦ Pour la même difficulté en matière de clause de réserve de propriété, V. dernièrement, avant la réforme de l'art. 121 L. 25 janv. 1985 par la L. du 1er juill. 1996 (devenu C. com., art. L. 621-122) : • Com. 3 déc. 1996, n° 94-21.796 P (contradiction excluant l'accord et ôtant toute signification au silence gardé par l'acheteur à réception des factures). ♦ V. sur ce problème : Pérochon, *D. 1996. Somm. 212.* – Jamin, *RTD civ. 1996. 1009.* – Voinot, *D. 1997. Chron. 312.*

3. Conditions particulières et générales. Les conditions particulières du contrat prévalent sur les conditions générales. • Civ. 1re, 9 févr. 1999, n° 96-19.538 P : *RTD civ. 1999. 836, obs. Mestre* . – V. aussi • Com. 6 déc. 2005, n° 03-19.750 P • 19 déc. 2006, n° 04-19.643 P : *D. 2007. AJ 369, obs. Avena-Robardet* • Civ. 2e, 4 oct. 2018, n° 17-20.624 P (visa de l'art. 1134 anc.). ♦ Le renvoi dans les conditions particulières d'un contrat d'assurance aux conditions générales, dans lesquelles l'assuré reconnaît avoir reçu un exemplaire, ne contrevient pas aux dispositions de l'art. L. 132-1 C. consom., dans sa rédaction antérieure à la L. du 1er févr. 1995, faute de révéler un abus de puissance économique de l'assureur et de lui conférer un avantage excessif. • Civ. 1re, 10 avr. 1996, n° 94-14.918 P : *R., p. 331* ; *JCP 1996. II. 22694, note Claret et Paisant* ; *CCC 1996. 113, obs. Raymond* ; *RTD civ. 1997. 118, obs. Mestre* . ♦ En l'absence de signature par l'assuré des conditions particulières, celles-ci ne lui sont pas opposables et seule la proposition d'assurance signée et exécutée fait la loi des parties. • Civ. 2e, 3 juill. 2014 : *RGDA 2014. 435, obs. Asselain.*

La clause attributive de juridiction contenue dans les conditions générales auxquelles renvoie le contrat est opposable à un commissionnaire, acteur important du secteur du transport, qui conclut des contrats dans lesquels il est d'usage que ses partenaires commerciaux étrangers fassent figurer des clauses attributives de compétence, dès lors que son cocontractant lui a présenté un devis sur lequel il est stipulé que les termes et conditions applicables sont ceux de ses conditions générales, dont copie était disponible sur demande, que le contrat fait directement référence à ces conditions générales qui contiennent la clause attributive de compétence, laquelle est expressément et clairement stipulée, et que ce commissionnaire, qui a mis près de trois mois à réception du devis pour le signer, ne prétend pas qu'il ne lui a pas été possible, contrairement aux stipulations contractuelles, de prendre connaissance des conditions générales en cause. • Com. 21 févr. 2012 : *Rev. crit. DIP 2012. 630, note Bureau*.

L'existence d'une convention écrite n'exclut pas l'applicabilité du contrat-type aux questions qui n'ont pas été réglées par ladite convention. • Com. 9 déc. 2020, n° 19-20.875 P : *RGDA 2021/2. 17, note Pimbert.*

4. Acceptation tacite postérieure. L'établissement de crédit qui n'a pas porté à la connaissance d'un client auquel il ouvre un compte le prix de ses différents services n'est pas déchu du droit de percevoir le prix de ses prestations et les frais y afférents, dès lors qu'il a, *a posteriori*, recueilli l'accord du client sur son droit à leur perception et sur leur montant, un tel accord pouvant résulter, pour l'avenir, de l'inscription d'opérations semblables dans un relevé dont la réception par le client n'a été suivie d'aucune protestation ou réserve de sa part ; il en est ainsi même lorsque la convention de compte stipule que les conditions de banque et son tarif seront portés à la connaissance du client par des moyens spécifiques, une telle convention n'excluant pas un accord tacite postérieur du client ; doit cependant être cassé pour manque de base légale l'arrêt qui n'a pas recherché si les commissions et frais litigieux ont été perçus avant que le client n'ait connu, par des inscriptions sur ses relevés de compte, les exigences de la banque à cet égard pour des opérations semblables. • Com. 11 déc. 2019, n° 18-15.369 P (client professionnel).

Art. 1120 *(Ord. n° 2016-131 du 10 févr. 2016, art. 2, en vigueur le 1er oct. 2016)* **Le silence ne vaut pas acceptation, à moins qu'il n'en résulte autrement de la loi, des usages, des relations d'affaires ou de circonstances particulières.** – *Dispositions transitoires, V. Ord. n° 2016-131 du 10 févr. 2016, art. 9, ss. art. 1386-1.*

1. Acceptation par le silence. Principe : le silence ne vaut pas acceptation (jurisprudence antérieure à l'Ord. du 10 févr. 2016). BIBL. Mestre, *RTD civ. 1988. 519.* – Favre-Rochex, *Gaz. Pal. 1995. 1. Doctr. 231* (silence de l'assureur). ♦ En droit, le silence de celui qu'on prétend obligé ne peut suffire, en l'absence de toute autre circonstance, pour faire preuve contre lui de l'obligation alléguée. • Civ. 25 mai 1870 : *GAJC, 11e éd., n° 147* ; *DP 1870. 1. 257.* ♦ V. aussi : • Civ. 1re, 5 avr. 1993 : *CCC août-sept. 1993, n° 145, note Leveneur* • 16 avr. 1996, n° 94-16.528 P : *Defrénois 1996. 1013, obs. D. Mazeaud ; RTD civ. 1996. 894, obs. Mestre* (absence d'acceptation de travaux non prévus dans un devis).

2. ... Exceptions. Si, en principe, le silence ne vaut pas à lui seul acceptation, il n'en est pas de même lorsque les circonstances permettent de donner à ce silence la signification d'une acceptation. • Civ. 1re, 24 mai 2005, n° 02-15.188 P : *D. 2006. 1025, note Bensamoun* ; *JCP 2005. I. 194, n° 1 s., obs. Pérès-Dourdou ; CCC 2005, n° 165, note Leveneur ; RTD civ. 2005. 588, obs. Mestre et Fages* ; *RDC 2005. 1007, obs. D. Mazeaud* (offre que le destinataire est quasiment contraint d'accepter) • Civ. 1re, 4 juin 2009, n° 08-14.481 P : *D. 2009. AJ 1695, obs. Gallmeister* ; *ibid. 2136, note Labarthe* ; *ibid. 2010. Pan. 224, obs. Amrani-Mekki* ; *RDC 2009. 1330, obs. Génicon ; RTD civ. 2009. 530, obs. Fages* (reprise tacite d'un contrat aux conditions antérieures). • Com. 18 janv. 2011, n° 09-69.831 P : *D. 2012. Pan. 459, obs. Amrani-Mekki et Mekki* ; *Rev. sociétés 2011. 717, note Pasqualini* ; *JCP 2011. 952, obs. Loiseau ; RDC 2011. 789, note Laithier ; RLDC 2011/80, n° 4153, obs. Paulin* • Civ. 1re, 16 avr. 2015, n° 14-10.257 P : *D. 2015. 928*. ♦ De même, il est permis aux juges du fait, dans leur appréciation souveraine des faits et de l'intention des parties, et lorsque l'offre a été faite dans l'intérêt exclusif de celui à qui elle est adressée, de décider que son silence emporte acceptation (remise partielle de dette de loyers échus). • Req. 29 mars 1938 : *DP 1939. 1. 5, note Voirin.* ♦ V., en matière de convention d'assistance, • Civ. 1re, 1er déc. 1969 : *D. 1970. 422, note Puech ; JCP 1970. II. 16445, note Aubert* • Soc. 21 juill. 1986 : *Bull. civ. V, n° 421.* ♦ Rappr., admettant l'existence d'une convention d'assistance tacite : • Civ. 1re, 10 oct. 1995 : *CCC 1996. 1. obs. Leveneur ; RTD civ. 1996. 895, obs. Mestre*. ♦ ... Ou prenant en compte les relations habituelles des parties : • Com. 15 mars 2011 : *RDC 2011. 795, note Génicon.* ♦ La procédure d'approbation par le silence de l'assureur, prévue par l'art. L. 112-2 C. assur., n'est pas applicable à la conclusion d'un contrat nouveau nécessité par la couverture d'un risque spécial avec le concours d'un coassureur. • Civ. 1re, 4 mars 1986 : *Bull. civ. I, n° 44.* ♦ V. aussi, sur l'art. L. 212-2 C. assur. : • Civ. 1re, 7 juill. 1992 : *JCP 1993. II. 22067, note Bout.* ♦ Acceptation tacite de la notification d'un changement d'assureur par l'adhérent à un contrat d'assurance de groupe. • Civ. 1re, 18 juin 2002, n° 01-00.050 P : *R., p. 485 ; D. 2002. 2830, note Verdun* ; *D. 2003. Chron. 441, par Bernard* ; *JCP 2002. II. 10188, note Bigot ; Defrénois 2002.* 1270, obs. Aubert ; RGDA 2002. 731, note Bigot.

3. Renonciation par le silence. Une cour d'appel considère à bon droit que le silence du bénéficiaire d'une promesse de cession pendant près de deux ans, délai au bout duquel il avait levé l'option, démontrait qu'il avait accepté la position du promettant, désireux de ne pas donner suite à son engagement, et renoncé à se prévaloir de la promesse. • Com. 26 janv. 1993 : *D. 1994. 69, note Moury*. ♦ Rappr. : le silence gardé pendant près de dix ans par le titulaire d'un compte après que la banque l'eut soldé fait présumer qu'il était informé que son compte avait été soldé et l'empêche de remettre en cause les opérations qu'il conteste. • Com. 8 mars 2005, n° 01-16.132 P : *R., p. 319 ; D. 2005. AJ 884, obs. Chevrier ; D. 2006. Pan. 164, obs. D. R. Martin ; JCP E 2005. 1676, n°s 17 s., obs. A. S.*

Dans le cas d'un bail commercial renouvelable prévoyant une minoration du loyer pour travaux pendant la première période de 9 ans, ni l'acceptation par la bailleresse, avant la date de renouvellement du bail, du calcul opéré par les locataires et du paiement de loyers indexés sur la base du loyer minoré exigible avant renouvellement, ni le silence gardé postérieurement au terme de cette période quant au paiement de ce loyer minoré ne manifestent de manière non équivoque sa volonté de renoncer à exiger le loyer prévu au bail à compter de ce renouvellement. • Civ. 3e, 22 janv. 2014, n° 12-29.856 P : *D. 2014. 277 ; RDC 2014. 397, note Seube.*

Art. 1121 *(Ord. n° 2016-131 du 10 févr. 2016, art. 2, en vigueur le 1er oct. 2016)* **Le contrat est conclu dès que l'acceptation parvient à l'offrant. Il est réputé l'être au lieu où l'acceptation est parvenue.** — *Dispositions transitoires, V. Ord. n° 2016-131 du 10 févr. 2016, art. 9, ss. art. 1386-1.*

1. Date de formation du contrat et date de signature de l'acte. Le consentement des parties à une vente n'étant soumis à aucune condition de forme, les juges du fond ne peuvent pour écarter l'existence d'un contrat s'attacher au seul fait que l'acquéreur ait signé l'acte après le décès du vendeur, sans rechercher s'il n'avait pas donné son accord avant ce décès. • Civ. 3e, 27 nov. 1990 : *JCP 1992. II. 21808, note Dagorne-Labbe ; D. 1992. Somm. 195, obs. Paisant ; RTD civ. 1991. 315, obs. Mestre.*

2. Date de formation et date d'exigibilité de la créance contractuelle. La date de naissance d'une créance contractuelle n'est pas la date de son exigibilité. • Com. 21 févr. 2012, n° 11-11.693 P : *D. 2012. 606, obs. A. Lienhard.*

Art. 1122 *(Ord. n° 2016-131 du 10 févr. 2016, art. 2, en vigueur le 1er oct. 2016)* **La loi ou le contrat peuvent prévoir un délai de réflexion, qui est le délai avant l'expiration duquel le destinataire de l'offre ne peut manifester son acceptation ou un délai de rétractation, qui est le délai avant l'expiration duquel son bénéficiaire peut rétracter son consentement.** — *Dispositions transitoires, V. Ord. n° 2016-131 du 10 févr. 2016, art. 9, ss. art. 1386-1.*

1. Faculté de rétractation. Démarchage à domicile. Dans le contrat de démarchage à domicile, qui prévoit un délai de renonciation de sept jours (L. du 22 déc. 1972), le contrat est formé dès la commande. • Civ. 1re, 10 juin 1992, n° 90-17.267 P.

2. … Acquisition d'un bien immobilier. L'exercice par l'acquéreur d'un bien immobilier de la faculté de rétractation prévue par l'art. L. 271-1 CCH entraîne l'anéantissement du contrat, ce qui lui interdit de se repentir de cette révocation, même avant l'expiration du délai de rétractation. • Civ. 3e, 13 févr. 2008, n° 06-20.334 P : *D. 2008. AJ 615 ; ibid. 1530, note Dagorne-Labbe ; JCP N 2008. 1197, n° 4, obs. Piedelièvre ; CCE 2008, n° 91, obs. Stoffel-Munck ; Defrénois 2008. 1359, obs. Libchaber ; RTD civ. 2008. 293, obs. Fages.*

3. Extension conventionnelle. Les parties peuvent conférer contractuellement à un acquéreur professionnel la faculté de rétractation prévue par l'art. L. 271-1 CCH. • Civ. 3e, 5 déc. 2019, n° 18-24.152 P : *D. 2020. 353, obs. Mekki ; AJ contrat 2020. 102, obs. Lagelée-Heymann ; RTD civ. 2020. 94, obs. Barbier ; JCP N 2020, n° 1052, note Boulanger ; ibid., n° 1087, obs. Fagot.*

SOUS-SECTION 3 **Le pacte de préférence et la promesse unilatérale**

(Ord. n° 2016-131 du 10 févr. 2016, art. 2, en vigueur le 1er oct. 2016)

Art. 1123 *(Ord. n° 2016-131 du 10 févr. 2016, art. 2, en vigueur le 1er oct. 2016)* **Le pacte de préférence est le contrat par lequel une partie s'engage à proposer prioritairement à son bénéficiaire de traiter avec lui pour le cas où elle déciderait de contracter.**

Lorsqu'un contrat est conclu avec un tiers en violation d'un pacte de préférence, le bénéficiaire peut obtenir la réparation du préjudice subi. Lorsque le tiers connaissait l'existence du pacte et l'intention du bénéficiaire de s'en prévaloir, ce dernier peut également agir en nullité ou demander au juge de le substituer au tiers dans le contrat conclu.

Le tiers peut demander par écrit au bénéficiaire de confirmer dans un délai qu'il fixe et qui doit être raisonnable, l'existence d'un pacte de préférence et s'il entend s'en prévaloir.

L'écrit mentionne qu'à défaut de réponse dans ce délai, le bénéficiaire du pacte ne pourra plus solliciter sa substitution au contrat conclu avec le tiers ou la nullité du contrat. — *Dispositions transitoires, V. Ord. n° 2016-131 du 10 févr. 2016, art. 9, ss. art. 1386-1.*

Les dispositions des 3e et 4e al. de l'art. 1123 sont applicables dès l'entrée en vigueur de l'Ord. n° 2016-131 du 10 févr. 2016 (Ord. préc., art. 9).

RÉP. CIV. v° *Pacte de préférence*, par G. PILLET.

BIBL. ▶ CHAIEHLOUDJ, *JCP 2018, n° 1128* (pacte de préférence inclus dans le contrat de franchise). – CHANTEPIE, Le pacte de préférence, *blog Dalloz obligations 2015 ; AJCA 2014. 169*. – FAGES, *Dr. et patr. 10/2014. 42 s.* – FONTMICHEL, *D. 2016. 1665* (actions interrogatoires). – GRIMALDI, *Defrénois 2016. 1067* (pacte de préférence et notaire). – GRIMALDI et DESHAYES, *RDC 2017. 170* (proposition de modification). – JEULAND, *JCP 2016, n° 737*. – LAGARDE, *D. 2017. 715* (actions interrogatoires). – LEDUC, *D. 2022. 665* (rétractation par le souscripteur d'un pacte de préférence de l'offre faite au bénéficiaire de conclure le contrat projeté). – MANGEMATIN, *Dr. et patr. 9/2016. 38* (pacte de préférence et action interrogatoire). – MAINGUY, *Dr. et patr. 10/2014. 44 s.* – MEKKI, *JCP N 2016, n° 1112* (contrats préparatoires). – PIAZZON, *RTD civ. 2009. 433* s. – RONTCHEVSKY, *Rev. sociétés 2018. 151* (avant-contrats et cessions de droits sociaux). – SAUTONIE-LAGUIONIE, *RDC 2017. 172* (proposition de modification).

A. NATURE JURIDIQUE ET VALIDITÉ DU PACTE DE PRÉFÉRENCE

1° NATURE JURIDIQUE

1. *Différence avec une promesse unilatérale.* Différence entre une promesse de vente et un contrat de réservation ne comportant qu'une simple engagement de préférence. • Civ. 3e, 30 nov. 2011 : *D. 2011. 2996 ; RDI 2012. 95, obs. Tournafond*. ♦ V. aussi ss. art. 1124 et 1589.

2. *Différence avec une vente assortie d'une condition potestative.* L'obligation de proposer de vendre un immeuble à des bénéficiaires déterminés sans qu'aucun prix ne soit prévu est purement potestative et ne constitue pas un pacte de préférence. • Civ. 3e, 1er févr. 1984, n° 82-16.266 P. ♦ Comp. • Civ. 3e, 15 janv. 2003, n° 01-03.700 P : *D. 2003. 1190, note Kenfack ; JCP 2003. II. 10129, note Fischer-Achoura ; JCP E 2004. 384, n° 1, obs. P. Mousseron ; Defrénois 2003. 852, obs. Libchaber ; CCC 2003, n° 71, note Leveneur ; AJDI 2003. 702, note Cohet-Cordey ; Dr. et patr. 5/2003. 111, obs. Chauvel ; LPA 4 juin 2004, note D. Martin ; RDC 2003. 45, obs. D. Mazeaud* (la prédétermination du prix et la stipulation d'un délai ne sont pas des conditions de validité d'un pacte de préférence ; cassation de l'arrêt estimant que l'obligation de proposer de vendre un immeuble à des bénéficiaires déterminés sans qu'aucun prix ne soit prévu est purement potestative et ne constitue pas un pacte de préférence).

2° CONDITIONS DE VALIDITÉ

3. *Détermination du prix (non).* Il n'est pas dans la nature du pacte de préférence de prédéterminer le prix du contrat envisagé et qui ne sera conclu, ultérieurement, que s'il advient que le promettant en décide ainsi. • Civ. 1re, 6 juin 2001, n° 98-20.673 P : *JCP 2002. I. 134, n°s 1 s., obs. Labarthe ; Gaz. Pal. 2002. 682, note Périer ; RTD civ. 2002. 88, obs. Mestre et Fages ; ibid. 115, obs. Gautier*. – V. aussi • Civ. 3e, 15 janv. 2003 : *préc. note 2*.

4. *Stipulation d'un délai (non).* La stipulation d'un délai n'est pas une condition de validité du pacte de préférence. • Civ. 1re, 6 juin 2001 : *préc. note 3* • Civ. 3e, 15 janv. 2003 : *préc.*

B. RÉGIME JURIDIQUE DU PACTE DE PRÉFÉRENCE

1° SITUATION ANTÉRIEURE À LA DÉCISION DE CONTRACTER

a. Obligations du souscripteur

5. *Restriction des droits du souscripteur.* Le pacte de préférence n'interdit pas à lui seul l'usage normal du bien par son propriétaire ; mais en louant le bien considéré à des tiers appelés à bénéficier d'un droit de préemption lors de la vente, le droit de préférence se trouve vidé de son contenu, et le promettant, qui s'est mis ainsi volontairement dans l'impossibilité d'exécuter le pacte de préférence, doit réparer le préjudice subi de ce fait par le bénéficiaire du pacte. • Civ. 3e, 10 mai 1984, n° 82-17.079 P : *JCP 1985. II. 20328, note Dagot ; Defrénois 1985. 1234, note Olivier.* ♦ Cassation de l'arrêt qui déboute le bénéficiaire du pacte de préférence de sa demande en nullité, à son égard, de la vente du bien au fermier titulaire d'un droit de préemption. • Civ. 3e, 1er avr. 1992 : *D. 1993. 165, note Fournier ; Defrénois 1993. 98, note Olivier ; ibid. 1992. 1543, obs. Vermelle ; RTD civ. 1993. 346, obs. Mestre*. ♦ V. aussi note 18 pour la souscription d'une promesse unilatérale pendant la durée du pacte.

b. Transmission

6. ***Transmission aux héritiers du souscripteur.*** Si la clause par laquelle une personne s'engage, en cas de vente d'un immeuble lui appartenant, à donner une priorité d'achat à une autre personne, oblige en principe également ses ayants cause à titre universel, il est néanmoins loisible aux parties d'en disposer autrement en ne conférant à l'obligation souscrite qu'un caractère personnel. • Civ. 1re, 6 nov. 1963, nº 62-10.300 P : *D. 1964. 119* • 24 févr. 1987, nº 85-16.279 P : *RTD civ. 1987. 739, obs. Mestre.*

7. ***Cession judiciaire d'un pacte accessoire à un bail : droit personnel.*** Le pacte de préférence constituant une créance de nature personnelle, la cession du contrat de bail ordonnée par un jugement arrêtant le plan de cession du preneur mis en redressement judiciaire n'emporte pas transmission au profit du cessionnaire du pacte de préférence inclus dans ce bail. • Com. 13 févr. 2007, nº 05-17.296 P : *R., p. 401 ; D. 2007. AJ 648, obs. Lienhard (1re esp.) ; JCP 2007. II. 10114, note Thullier ; ibid. I. 153, nº 2, obs. Pétel ; JCP E 2007. 1523, nos 21 s., obs. J. Monéger ; Gaz. Pal. 2007. 1896, note Brault ; Defrénois 2007. 775, note Ruet ; AJDI 2007. 654, obs. Dumont-Lefrand ; RTD civ. 2007. 332, obs. Mestre et Fages ; ibid. 367, obs. Gautier .*

c. Durée

8. ***Bénéficiaire : droit imprescriptible.*** Tant que le promettant n'a pas fait connaître sa décision de vendre, le bénéficiaire du pacte de préférence est dans l'impossibilité absolue d'exercer ses droits et, en conséquence, la prescription ne court pas contre lui. • Civ. 1re, 22 déc. 1959 : *Gaz. Pal. 1960. 1. 251.* ♦ V. aussi note 11.

9. ***Caducité des pactes accessoires en cas de reconduction du contrat.*** Les juges peuvent décider qu'une stipulation du contrat constituant une clause occasionnelle devient caduque si elle ne présente aucun lien indivisible avec les autres stipulations. • Com. 15 juin 1960, nº 57-10.355 P (droit de préférence en cas de relocation). ♦ Sort du pacte de préférence, portant sur l'immeuble, inséré dans un bail commercial, lors du renouvellement du bail : V. • Civ. 3e, 21 déc. 1988 : *JCP 1989. II. 21324, note Dagot* (appréciation souveraine des juges du fond du caractère distinct du pacte de préférence et de sa caducité lors du renouvellement) • 14 févr. 2007, nº 05-21.814 P : *D. 2007. 2444, note Théron ; ibid. Pan. 2973, obs. Fauvarque-Cosson ; JCP 2007. II. 10143, note Bert ; JCP E 2007. 1615, note Lécuyer ; Defrénois 2007. 1048, obs. Libchaber ; Dr. et patr. 9/2007. 97, obs. Stoffel-Munck ; ibid. 3/2008. 91, obs. Mallet-Bricout ; RDC 2007. 701, obs. D. Mazeaud ; ibid. 741, obs. Viney ; RTD civ. 2007. 366, obs. Gautier ; ibid.768, obs. Fages* (volonté inverse des parties en l'espèce). ♦ Le preneur peut exercer son droit de préférence tant qu'il est maintenu dans les lieux. • Civ. 3e, 16 juin 1999, nº 97-16.764 P : *R., p. 336 ; D. Affaires 1999. 1147, obs. Y. R. ; JCP 2000. II. 10239, note B. Boccara ; Defrénois 1999. 1329, obs. D. Mazeaud.* ♦ V. aussi ss. l'art. 1124, pour des promesses unilatérales.

d. Publicité

10. ***Publicité foncière obligatoire (non).*** BIBL. A. Fournier, *Dr. et patr. 4/2000. 45.* ♦ Un pacte de préférence, qui s'analyse en une promesse unilatérale conditionnelle, ne constitue pas une restriction au droit de disposer soumise à publicité obligatoire en application du Décr. du 4 janv. 1955 sur la publicité foncière. • Civ. 3e, 16 mars 1994 : *D. 1994. 486, note Fournier ; Defrénois 1994. 1164, obs. Aynès.*

2º PROPOSITION DE CONTRACTER

11. ***Absence d'offre au bénéficiaire.*** Jugé que le pacte de préférence ne confère au bénéficiaire aucun moyen de contrainte, hormis le droit de répondre en priorité à l'offre de contracter formulée par le promettant aux conditions fixées par celui-ci. • Civ. 1re, 6 juin 2001 : *préc. note 3.*

12. ***Respect du pacte par un liquidateur.*** Le liquidateur, autorisé par le juge-commissaire à céder des biens du débiteur, doit respecter le pacte de préférence stipulé au profit d'un tiers. • Com. 13 févr. 2007, nº 06-11.289 P : *R., p. 401 ; D. 2007. AJ 648, obs. A. Lienhard (2e esp.) ; JCP N 2007. 1265, obs. Vauvillé ; ibid. 1282, étude Garçon ; RTD com. 2008. 856, obs. Saint-Alary Houin .*

13. ***Acceptation de l'offre : formation de la vente.*** L'acceptation de l'offre de vente formulée en exécution d'un pacte de préférence vaut vente. • Civ. 3e, 22 sept. 2004, nº 02-21.441 P : *JCP E 2005. 446, nº 1, obs. Raynard ; Defrénois 2004. 1725, obs. Libchaber ; Gaz. Pal. 2005. 507, note Roman ; CCC 2005, nº 3, note Leveneur ; RTD civ. 2005. 122, obs. Mestre et Fages .*

14. ***... Respect des conditions de l'offre.*** L'exercice par une société de son droit de préemption contractuellement prévu sur les seuls locaux objets du bail commercial ne peut conduire à imposer aux propriétaires de diviser leur bien en vue de le céder à des personnes distinctes. • Civ. 3e, 9 avr. 2014, nº 13-13.949 P : *D. 2015. 529, obs. Amrani-Mekki et Mekki ; ibid. 2015. 539, obs. Amrani-Mekki ; RTD civ. 2014. 647, obs. Barbier ; JCP 2014, nº 699, note Virassamy ; RDC 2014. 336, note Génicon ; ibid. 496, note Berlioz ; ibid. 645, note Seube ; JCP 2014, nº 699, note Virassamy ; Defrénois 2014. 1145, note Becqué-Ickwociz.*

15. Refus : responsabilité du bénéficiaire (non). Absence de responsabilité du bénéficiaire qui, après avoir rappelé son droit de priorité, ne s'est pas porté acquéreur. • Civ. 1re, 6 juin 2001 : *préc. note 3.*

16. … Libération du souscripteur. La vente du bien réservé à un tiers ne viole pas le pacte de préférence lorsqu'elle a déjà été proposée sept ans auparavant, au même prix, au bénéficiaire qui a refusé d'acheter, quand bien même l'évolution du marché immobilier rendrait l'opération plus attractive. • Civ. 3e, 29 janv. 2003, n° 01-03.707 P : *JCP E 2004. 384, n° 1, obs. P. Mousseron ; Defrénois 2003. 1267, obs. Aubert ; AJDI 2003. 705, note Cohet-Cordey ; LPA 1er oct. 2003, note Dagorne-Labbe ; ibid. 20 sept. 2004, note Rakotovahiny ; RTD civ. 2003. 497, obs. Mestre et Fages ; ibid. 517, obs. Gautier ; RDC 2004. 340, obs. Brun.* ♦ Absence de manquement à l'obligation de bonne foi du réservant, dans un contrat préliminaire qui, n'ayant pris que l'engagement de proposer la vente par préférence, n'a pu mener à bien le programme immobilier. • Civ. 3e, 30 nov. 2011 : *préc. note 1.*

17. Renonciation tacite du bénéficiaire. Renonciation tacite, certaine et non équivoque d'un locataire à se prévaloir du pacte de préférence prévu dans le cadre d'un bail commercial alors qu'il a eu connaissance des ventes et de leurs conditions financières, qu'il a effectué les paiements des loyers au nouveau propriétaire et qu'il n'a pas exprimé la volonté d'invoquer le pacte de préférence lors du congé avec offre de renouvellement du bail délivré par le nouveau propriétaire. • Civ. 3e, 3 nov. 2011 : *D. 2011. 2796* .

3° NON-RESPECT DE L'OBLIGATION DE PRIORITÉ

18. Le pacte de préférence implique l'obligation, pour le promettant, de donner préférence au bénéficiaire lorsqu'il décide de vendre le bien. • Civ. 3e, 6 déc. 2018, n° 17-23.321 P : *D. 2019. 294, note Tisseyre ; ibid. 298, avis Brun ; ibid. 279, obs. Mekki ; AJ contrat 2019. 79, obs. Pillet ; AJDI 2019. 560, obs. Cohet ; RTD civ. 2019. 96, obs. Barbier ; ibid. 126, obs. Gautier ; RDC 1/2019. 20, note Laithier ; ibid. 2/2019. 29, obs. Libchaber* (violation du pacte dès lors qu'une promesse unilatérale de vente a été souscrite avant l'expiration du pacte, peu important que la levée de l'option ait eu lieu après).

a. Dommages et intérêts

19. Dommages et intérêts : souscripteur et tiers acquéreur. Action en dommages et intérêts à l'encontre du souscripteur du pacte. • Civ. 1re, 16 juill. 1985 : *JCP 1986. II. 20595, note Dagot ; RTD civ. 1987. 88, obs. Mestre.* ♦ Condamnation du souscripteur et du tiers acheteur au versement de dommages et intérêts à l'encontre du bénéficiaire du pacte, victime de leur concert frauduleux. • Civ. 3e, 22 avr. 1976, n° 74-15.098 P (sanction prise en plus de l'annulation de la vente). ♦ V. aussi note 25.

20. … Sous-acquéreur (non). Le pacte de préférence constitue une créance de nature personnelle ; par ce motif de pur droit, se trouve légalement justifié l'arrêt qui retient que le bénéficiaire du pacte ne dispose d'aucun droit à dommages et intérêts à l'encontre du tiers acquéreur pour inexécution du pacte auquel il n'était pas partie. • Civ. 3e, 24 mars 1999, n° 96-16.040 P : *R., p. 335 ; D. Affaires 1999. 665, obs. J. F. ; Defrénois 1999. 751, obs. Delebecque ; RTD civ. 1999. 617, obs. Mestre ; ibid. 627, obs. Jourdain ; ibid. 644, obs. Gautier* (bénéficiaire contestant la seconde vente du bien à l'encontre du sous-acquéreur).

21. … Notaire. Engage sa responsabilité le notaire qui, informé de l'existence du pacte de préférence, n'a pas veillé au respect du droit du bénéficiaire, au besoin en refusant d'authentifier la vente conclue en violation du pacte. • Civ. 1re, 11 juill. 2006, n° 03-18.528 P : *D. 2006. 2510, note Gautier ; JCP 2006. II. 10191, note Mekki ; Defrénois 2006. 1890, note Hébert ; AJDI 2007. 226, note Cohet-Cordey ; Dr. et patr. 9/2007. 97, obs. Stoffel-Munck ; RTD civ. 2006. 759, obs. Mestre et Fages* .

22. Préjudice indemnisable. Pour une illustration de préjudice indemnisable : • Civ. 1re, 24 mai 1965, n° 63-10.975 P (perte de la plus-value provenant de l'adjonction du terrain promis au terrain dont est déjà propriétaire le bénéficiaire). ♦ Rappr., pour l'appréciation de l'existence du préjudice dans un pacte de préemption d'actions : • Com. 9 avr. 2002 : *JCP 2003. II. 10067, note Tengang.*

b. Annulation de la vente à un tiers et substitution

23. Connaissance du pacte et de l'intention de s'en prévaloir : principe. V. déjà, préfigurant la solution posée par le nouvel art. 1123 : le bénéficiaire d'un pacte de préférence est en droit d'exiger l'annulation du contrat passé avec un tiers en méconnaissance de ses droits et d'obtenir sa substitution à l'acquéreur, à la condition que ce tiers ait eu connaissance, lorsqu'il a contracté, de l'existence du pacte de préférence et de l'intention du bénéficiaire de s'en prévaloir. • Cass., ch. mixte, 26 mai 2006, n° 03-19.376 P : *R., p. 330 ; BICC 1er août 2006, rapp. Bailly, concl. Sarcelet ;* D. 2006. 1861, note Gautier et note Mainguy *; ibid. Pan. 2644, obs. Fauvarque-Cosson ; JCP 2006. II. 10142, note Leveneur ; ibid. I. 176, nos 1 s., obs. Labarthe ; JCP N 2006. 1256, note Thullier ; ibid. 1278, n° 2, obs. S. Piedelièvre ; JCP E 2006. 2378, note Delebecque ; Gaz. Pal. 2006. 2525, note Dagorne-Labbe ; ibid. 3203, note*

Bérenger ; Defrénois 2006. 1206, obs. Savaux ; CCC 2006, n° 153, note Leveneur ; RLDC 2006/30, n° 2173, note Kenfack ; LPA 18 sept. 2006, note Houbron ; ibid. 11 janv. 2007, note A. Paulin ; RDC 2006. 1080, obs. D. Mazeaud ; ibid. 1131, obs. Collart-Dutilleul ; RTD civ. 2006. 550, obs. Mestre et Fages ; *Rev. sociétés 2006. 808, note Barbiéri* . ♦ Pour des applications de cette jurisprudence : • Civ. 3e, 31 janv. 2007, n° 05-21.071 P : *D. 2007. 1698, note Mainguy* ; *ibid. Chron. C. cass. 1301, obs. Monge et Nési* ; *JCP N 2007. 1302, n° 2, obs. S. Piedelièvre ; Defrénois 2007. 1048, obs. Libchaber ; CCC 2007, n° 116, note Leveneur ; AJDI 2007. 772, obs. Cohet-Cordey* ; *Dr. et patr. 3/2008. 91, obs. Mallet-Bricout* • 14 févr. 2007, n° 05-21.814 P : *D. 2007. 2444, note Théron* ; *ibid. Pan. 2973, obs. Fauvarque-Cosson* ; *JCP 2007. II. 10143, note Bert ; JCP E 2007. 1615, note Lécuyer ; Defrénois 2007. 1048, obs. Libchaber ; Dr. et patr. 9/2007. 97, obs. Stoffel-Munck ; ibid. 3/2008. 91, obs. Mallet-Bricout ; RDC 2007. 701, obs. D. Mazeaud ; ibid. 741, obs. Viney ; RTD civ. 2007. 366, obs. Gautier* ; *ibid. 768, obs. Fages* • 3 nov. 2011 : *D. 2011. 2794, obs. Forest* ; *ibid. 2012. Pan. 459, obs. Amrani-Mekki et Mekki* ; *RTD civ. 2012. 127, obs. Gautier* (nullité de la vente).

24. *Charge de la preuve.* Il incombe au bénéficiaire d'un droit de préférence et de préemption qui sollicite l'annulation de la vente et sa substitution dans les droits du tiers acquéreur de rapporter la double preuve de la connaissance, par celui-ci, de l'existence du pacte de préférence et de l'intention du bénéficiaire de s'en prévaloir ; il ne peut être reproché aux cocontractants, crédits-bailleurs, professionnels du financement immobilier, de s'être abstenus de procéder à des vérifications autres que celles opérées au fichier immobilier. • Civ. 3e, 4 mars 2021, n° 19-22.971 P : *D. 2021. 525* ; *AJDI 2021. 713, obs. Cohet* ; *RTD civ. 2021. 634, obs. Barbier* ; *ibid. 663, obs. Gautier* ; *RDC 2021/2. 15, note Latina ; ibid. 18, note Pellet ; CCC 2021, n° 95, note Leveneur.*

25. *... Date d'appréciation.* La connaissance du pacte de préférence et de l'intention de son bénéficiaire de s'en prévaloir s'apprécie à la date de la promesse de vente, qui vaut vente, et non à celle de sa réitération par acte authentique, à moins que les parties aient entendu faire de celle-ci un élément constitutif de leur engagement. • Civ. 3e, 25 mars 2009, n° 07-22.027 P : *D. 2009. AJ 1019, obs. Forest* ; *ibid. 2010. Pan. 224, obs. Amrani-Mekki* ; *Dr. et patr. 7/2009. 84, obs. Aynès et Stoffel-Munck ; RLDC 2009/60, n° 3412, obs. Maugeri ; Defrénois 2009. 1276, obs. Savaux ; ibid. 2010. 454, note Dagorne-Labbe ; RTD civ. 2009. 337, obs. Gautier* ; *ibid. 524, obs. Fages* ; *RDC 2009. 991, obs. Laithier.*

26. *Connaissance du pacte, mais pas de l'intention de s'en prévaloir.* Le nouvel art. 1123 offre au tiers le droit, et non l'obligation (« peut »), de sommer le bénéficiaire de confirmer l'existence du pacte et d'indiquer s'il entend s'en prévaloir, ce qui ne tranche pas explicitement la question du tiers ayant une connaissance certaine du pacte et qui n'a pas fait usage de cette possibilité. ♦ V. avant la réforme : en l'absence de connaissance de l'intention du bénéficiaire de s'en prévaloir, il ne peut être reproché à l'acquéreur du fonds de commerce, étranger au pacte de préférence, de ne pas avoir pris l'initiative de vérifier les intentions des bénéficiaires : • Civ. 3e, 29 juin 2010 : *AJDI 2010. 721 obs. Porcheron* ; *RDC 2011. 30, obs. Savaux.* ♦ Comp. : faute de négligence du tiers acquéreur, censé connaître l'existence du pacte de préférence, contenu dans une donation-partage, en raison de l'opposabilité aux tiers des actes de donation-partages publiés au bureau des hypothèques. • Civ. 1re, 11 juill. 2006 : *préc. note 21.*

Art. 1124 *(Ord. n° 2016-131 du 10 févr. 2016, art. 2, en vigueur le 1er oct. 2016)* **La promesse unilatérale est le contrat par lequel une partie, le promettant, accorde à l'autre, le bénéficiaire, le droit d'opter pour la conclusion d'un contrat dont les éléments essentiels sont déterminés, et pour la formation duquel ne manque que le consentement du bénéficiaire.**

La révocation de la promesse pendant le temps laissé au bénéficiaire pour opter *n'empêche pas la formation du contrat* promis.

Le contrat conclu en violation de la promesse unilatérale avec un tiers qui en connaissait l'existence est nul. – *Dispositions transitoires, V. Ord. n° 2016-131 du 10 févr. 2016, art. 9, ss. art. 1386-1.*

BIBL. ▶ B. Attias, *AJ contrat 2020. 23* (inefficacité de la promesse unilatérale de contrat). – L. Aynès, *Defrénois 2010, art. 39179* (efficacité de la promesse unilatérale de vente). – Fabre-Magnan, *D. 2015. 826* (inconstitutionnalité de l'exécution forcée des promesses unilatérales de vente) ; Jurisprudence et doctrine : quelle efficacité pour les avant-contrats ?, *RDC 2012/2* (l'engagement du promettant). – Fages, *Dr. et patr. 10/2014. 42.* – Francisot, *AJ contrat 2016. 479* . – Leduc, *D. 2022. 665* (rétractation par le souscripteur d'un pacte de préférence de l'offre faite au bénéficiaire de conclure le contrat projeté). – Lorizon et Briand, *Journ. sociétés 9/2016. 29* (conditions stipulées dans les promesses de vente immobilières). – Mainguy, *Dr. et patr. n° 240, 10/2014. 44 ; RTD civ. 2004. 1* (efficacité de la rétractation de la promesse de contracter). – D. Mazeaud, *Études offertes à J. Ghestin, LGDJ, 2001, p. 637* (période précontractuelle). – Mekki, *JCP N 2016, n° 1112* (contrats préparatoires) ; *Gaz. Pal. 2016. 2543* (promesse unilatérale de contrat). – Mortier, *JCP N 2020, n° 1033* (révocation en question : comment adapter l'art. 1124 aux promesses unilatérales de contrat assorties d'une fenêtre de levée d'option ?). – Najjar, *D. 2016. 848* (sanction de la promesse de contrat). – Neuville, *Mél. offerts à Ph. le Tourneau, Dalloz, 2008, p. 67* (promesse de contrat et contrat d'option). – Penin, *CCC 2022. Étude 10* (promesse unilatérale de vente, engagement du promettant et obligation de bonne foi). – Ringler, La promesse unilatérale, *blog Dalloz obligations 2015*. – Rontchevsky, *Rev. sociétés 2018. 151* (avant-contrats et cessions de droits sociaux). – Sautonie-Laguionie, *RDC 2017. 172* (proposition de modification).

1. Selon l'art. 1124, al. 1er, dans une promesse unilatérale de vente, le promettant donne son consentement à un contrat dont les éléments essentiels sont déterminés et pour la formation duquel ne manque que le consentement du bénéficiaire, de sorte que la formation du contrat promis malgré la révocation de la promesse pendant le temps laissé au bénéficiaire pour opter ne porte pas atteinte à la liberté contractuelle et ne constitue pas une privation du droit de propriété. • Civ. 3e, 17 oct. 2019, n° 19-40.028 P : *D. 2019. 2037 ; RTD civ. 2019. 851, obs. Barbier ; AJ contrat 2019. 550, obs. Lagelée-Heymann ; JCP 2020, n° 446, note Najjar ; RDC 2020/1. 20, note Pellet* (non-lieu à QPC).

A. ÉLÉMENTS CONSTITUTIFS DE LA PROMESSE UNILATÉRALE

1° EXISTENCE D'UNE OPTION

2. Le texte de l'art. 1124 résultant de l'Ord. du 10 févr. 2016 impose une appréciation différente de la promesse unilatérale d'un contrat de travail, la promesse supposant qu'il soit offert au bénéficiaire le droit d'opter pour la conclusion du contrat dont les éléments essentiels sont déterminés et pour la formation duquel il ne manque que son consentement. • Soc. 21 sept. 2017, n° 16-20.103 P : *D. 2017. 2289, note Bauduin et Dubarry ; ibid. 2007, note Mazeaud ; AJ contrat 2017. 480, obs. Bucher ; RDT 2017. 715, obs. Bento de Carvalho ; RTD civ. 2017. 837, obs. Barbier ; JCP 2017, n° 1238, note Molfessis ; Gaz. Pal. 2017. 2662, obs. Latina.*

3. *Incompatibilité de la qualification avec un accord des deux parties.* La convention par laquelle une personne s'engage définitivement à acquérir, dès qu'auraient été remplies avant une certaine date les obligations mises à la charge du promettant, ce qui ôte toute faculté d'option au bénéficiaire de la promesse et donne à celle-ci un caractère synallagmatique, ne peut constituer une promesse unilatérale de vente et n'est pas soumise par conséquent aux dispositions de l'ancien art. 1840 A CGI [art. 1589-2 C. civ.]. • Civ. 3e, 23 janv. 1991 : *D. 1992. 457, note Najjar.* ♦ Sur les promesses synallagmatiques, V. notes ss. art. 1589 (vente), note 22 ss. art. 1709 (bail), note 1 ss. art. 1780 (contrat de travail), note 3 ss. art. 1832 (société). ♦ Sur la qualification des promesses unilatérales « croisées », V. ss. art. 1589.

4. *... Même avec une faculté de dédit.* Distinction de la promesse unilatérale assortie d'une indemnité d'immobilisation et de la clause de dédit permettant à l'une des parties de se dégager du contrat : V. • Paris, 9 nov. 1981 : *D. 1982. 171, note Aubert.* ♦ V. aussi • Com. 14 juin 1982 : *Gaz. Pal. 1983. 1. Pan. 19, obs. Dupichot* (faculté de dédit ouverte au promettant). ♦ Distinction de la clause de dédit et de la clause pénale : V. notes ss. art. 1231-5 et art. 1590.

5. *Réserve du consentement et existence d'une option.* La convention par laquelle une personne, qualifiée « venderesse », déclare vendre un immeuble à un « acquéreur » sous la condition suspensive que ce dernier confirme dans un délai d'un mois son intention définitive d'acquérir ne peut s'analyser qu'en une promesse unilatérale de vente. • Civ. 3e, 21 nov. 1984, n° 83-13.919 P : *RTD civ. 1985. 591, obs. Rémy.* ♦ V. aussi notes 12 (pacte de préférence) et 11 bis (contrat de travail).

6. *Réalité de l'option.* Sur la possibilité de requalifier une promesse apparemment unilatérale en promesse synallagmatique lorsque les obligations mises à la charge du bénéficiaire portent une atteinte excessive à sa liberté d'option, V. ss. art. 1589.

7. *Rémunération de l'option.* L'indemnité d'immobilisation stipulée comme acquise au promettant en cas de non-réalisation de la vente constitue le prix de l'exclusivité consentie au bénéficiaire. • Civ. 1re, 5 déc. 1995, n° 93-19.874 P : *Defrénois 1996. 757, obs. D. Mazeaud ; ibid. 814, obs. Bénabent.* – Pierre, *JCP 1996. I. 3981.* ♦ Comp. : • Com. 23 juin 1958 : *GAJC, 11e éd., n° 245 ; D. 1958. 581, note Malaurie* (« cause » de l'indemnité résidant dans l'avantage procuré par le promettant qui s'interdit de vendre à autrui pendant un délai déterminé). ♦ Comp. aussi : le bénéficiaire d'une promesse unilatérale de vente, n'étant pas tenu d'acquérir, ne manque pas à une obligation contractuelle en s'abstenant de requérir du promettant l'exécution de sa promesse et la stipulation au profit du promettant d'une indemnité d'immobilisation ne constitue pas une clause pénale. • Civ. 3e, 5 déc. 1984, n° 83-11.788 P : *R., p. 77 ; D. 1985. 544, note Bénac-Schmidt ; RTD civ. 1985. 372, obs. Mestre ; ibid. 592 et 594, obs. Rémy* • 5 déc. 1984, n° 83-12.895 P : *R., p. 77 ; eod. loc.*

8. Élément indifférent : faculté de substitution du bénéficiaire. La faculté de substitution stipulée dans une promesse de vente est sans effet sur le caractère unilatéral ou synallagmatique du contrat. • Civ. 3e, 28 juin 2006, n° 05-16.084 P : *R., p. 331 ; BICC 1er nov. 2006, et la note ; D. 2006. 2439, note Béhar-Touchais ; JCP 2007. II. 10015, note Pillet ; JCP N 2006. 1265, note Le Magueresse ; ibid. 2007. 1157, n° 1, obs. S. Piedelièvre ; Defrénois 2006. 1851, obs. Savaux ; AJDI 2007. 594, note Cohet-Cordey ; RLDC 2006/32, n° 2249, note Kenfack ; LPA 21 nov. 2006, note Eeckhoudt ; RDC 2006. 1096, obs. Dauriac ; RTD civ. 2006. 755, obs. Mestre et Fages* (cassation de l'arrêt qui, estimant que la possibilité pour l'acquéreur de se substituer un autre acquéreur est incompatible avec la conclusion d'un contrat de vente immobilière, analyse la convention comme une promesse unilatérale, tout en constatant l'existence d'engagements réciproques). – V. aussi • Civ. 3e, 4 juill. 2007, n° 06-13.376 P : *D. 2007. 3045, note Chiariny-Daudet ; JCP N 2007. 1302, n° 1, obs. S. Piedelièvre.*

2° DÉTERMINATION DES ÉLÉMENTS DU CONTRAT PROMIS

9. Principe. Le nouvel art. 1124 précise explicitement que le consentement du bénéficiaire est le seul élément qui fait défaut pour que le contrat promis soit formé. ♦ Comp. ss. art. 1123 pour le pacte de préférence.

10. Conséquences. Il en résulte que la promesse doit contenir tous les autres éléments nécessaires à la formation du futur contrat, en fonction de la nature de celui-ci. V. par exemple pour la détermination du prix dans une promesse unilatérale de vente : lorsqu'une promesse de vente conclue pour un prix fixé « valeur 1979 » ne prévoit pas expressément les modalités d'actualisation du prix, ce prix n'est ni déterminé ni déterminable, les juges ne pouvant se substituer aux parties pour choisir ces modalités d'actualisation. • Civ. 3e, 4 oct. 1989, n° 88-10.753 P : *Defrénois 1990. 820, obs. Vermelle.* ♦ Dans le cadre d'une promesse de vente comportant des stipulations précisant les modalités de calcul du prix de cession, celui-ci est déterminable et la cession devient parfaite dès la levée de l'option ; le prix n'ayant fait l'objet d'aucune contestation antérieure à la conclusion de la cession, la demande de fixation du prix à dire d'expert doit être rejetée. • Com. 24 nov. 2009, n° 08-21.369 P : *D. 2009. AJ 2925, obs. Lienhard ; ibid. Pan. 2797, obs. Hallouin ; JCP 2010, n° 120, note Mouy ; ibid. n° 516, obs. Mekki ; Rev. sociétés 2010. 21, note Moury ; ibid. 2011. 149, note Le Nabasque.* ♦ V. aussi note 16 pour les promesses de contrat perpétuel. ♦ Sur les promesses d'hypothèque, V. notes 14 ss. art. 2314, 2 ss. art. 2416 (possibilité de conclure une promesse sous seing privé) et 5 s. ss. art. 2419.

11. Sur les modalités de l'application du principe s'agissant de l'information du bénéficiaire, V. imposant des mentions obligatoires dès la promesse unilatérale : CCH, art. L. 271-4 (diagnostic technique), C. urb., art. L. 115-4 et L. 115-5 (anc. L. 111-5-3 et L. 111-5-4 ; descriptif du terrain et existence d'un bornage) et L. n° 65-557 du 10 juill. 1965, art. 46, al. 1er (superficie). ♦ Comp. pour les mentions obligatoires en cas de vente d'un fonds de commerce, note ss. art. L. 141-1 C. com. ♦ V. aussi sous l'angle de l'obligation d'information du notaire, note 205 ss. art. 1231-1.

12. Différence avec le pacte de préférence. Contrairement au pacte de préférence qui n'oblige son souscripteur qu'à proposer prioritairement au bénéficiaire la conclusion d'un contrat dont le principe n'est pas acquis, le promettant a donné son consentement à la conclusion du contrat promis. V. par exemple pour un contrat de réservation : dès lors qu'il résulte des termes d'un contrat de réservation d'immeuble à construire que la société ne s'est pas engagée à vendre dès la signature mais, en cas de réalisation du programme de construction, à proposer à la vente, par préférence dans un certain délai, cette société est, en application des dispositions contractuelles, en droit d'opposer aux réservataires la caducité des contrats de réservation, sans que ceux-ci puissent lui opposer à cet égard sa mauvaise foi. • Civ. 3e, 30 nov. 2011 : *D. 2011. 2996 ; RDI 2012. 95, obs. Tournafond* (simple engagement de préférence). ♦ V. aussi ss. art. 1589 et 1589-2.

13. Différence avec l'offre de contrat (contrat de travail). L'acte par lequel un employeur propose un engagement précisant l'emploi, la rémunération et la date d'entrée en fonction et exprime la volonté de son auteur d'être lié en cas d'acceptation, constitue une offre de contrat de travail, qui peut être librement rétractée tant qu'elle n'est pas parvenue à son destinataire ; en revanche, la promesse unilatérale de contrat de travail est le contrat par lequel une partie, le promettant, accorde à l'autre, le bénéficiaire, le droit d'opter pour la conclusion d'un contrat de travail, dont l'emploi, la rémunération et la date d'entrée en fonction sont déterminés, et pour la formation duquel ne manque que le consentement du bénéficiaire : la révocation de la promesse pendant le temps laissé au bénéficiaire pour opter n'empêche pas la formation du contrat de travail promis. • Soc. 21 sept. 2017, n° 16-20.104 P (l'évolution du droit des obligations, résultant de l'Ord. n° 2016-131 du 10 févr. 2016, conduit à apprécier différemment, dans les relations de travail, la portée des offres et promesses de contrat de travail).

B. RÉGIME DE LA PROMESSE UNILATÉRALE

1° PREUVE

14. Exigence du double. L'ancien art. 1325 [1375] est inapplicable à une promesse unilatérale de vente. • T. civ. Bordeaux, 18 janv. 1944 : *JCP 1944. II. 2687, note Carbonnier.* ♦ ... Sauf si une obligation est prévue à la charge du bénéficiaire. • Com. 4 févr. 1965, n° 63-11.544 P (cassation pour manque de base légale de l'arrêt qui n'a pas tenu compte de la présence d'une clause de dédit sur le caractère synallagmatique de la convention).

15. *Mention manuscrite (art. 1376).* L'ancien art. 1326 [1376] n'est pas applicable à une promesse de bail. • Civ. 1re, 27 févr. 1963 : *D. 1963. 551.* ♦ ... Ou à une promesse de vente. • Civ. 3e, 11 févr. 1975 : *D. 1975. IR 107.* ♦ ... Mais il s'applique à la clause de dédit à la charge du promettant dans une promesse unilatérale de vente d'immeuble. • Civ. 1re, 13 févr. 1968 : *JCP 1968. II. 15477, note R. L.*

2° EXÉCUTION DE LA PROMESSE

a. Durée

16. *Promesse de contrat perpétuel.* Rejet du pourvoi contre une décision refusant d'accorder l'exécution d'une promesse de bail, alors que celle-ci, consentie à une société jusqu'à dissolution de celle-ci, dont la durée était fixée à 99 ans avec faculté de prorogation ou de dissolution anticipée, portait sur un bail perpétuel, comme dépendant de la volonté du preneur. • Civ. 3e, 27 mai 1998, n° 96-15.774 P : *D. Affaires 1998. 1251, obs. Y. R.*

17. *Durée indéterminée.* L'auteur d'une promesse de vente qui a eu lieu sans limitation de temps ne peut en être dégagé qu'après avoir mis celui à qui elle a été faite en demeure de l'accepter dans un délai déterminé, à moins qu'il ne soit établi que le bénéficiaire a renoncé à s'en prévaloir. • Civ. 4 avr. 1949 : *D. 1949. 316.* – Même sens : • Bordeaux, 29 juin 1964 : *Gaz. Pal. 1964. 2. 362.*

18. *Durée déterminée : renonciation au délai.* Une cour d'appel qui constate souverainement que le promettant a renoncé à se prévaloir du délai pour lever l'option et que le bénéficiaire a réglé l'intégralité du prix en plusieurs versements acceptés par le vendeur retient à bon droit que la vente est devenue parfaite. • Civ. 1re, 24 janv. 1995, n° 92-17.008 P : *D. 1996. Somm. 8, obs. Paisant.*

19. *... Prorogation de délai.* Viole l'art. 1134 anc. C. civ. la cour d'appel qui prononce la caducité d'une promesse de vente au motif que la clause de prolongation de plein droit, applicable en cas de retard dans la remise de certains documents, ne pouvait avoir pour effet de prolonger la promesse au-delà d'un délai raisonnable. • Civ. 3e, 17 juill. 1997, n° 95-19.222 P. ♦ Exclusion de la prorogation tacite lorsque la convention ne prévoit qu'une prorogation conventionnelle. • Civ. 3e, 8 oct. 2003, n° 02-11.953 P : *D. 2004. 2002, note Dupichot ; JCP N 2005. 1280, étude Dagot ; CCC 2004, n° 3, note Leveneur ; RTD civ. 2003. 697, obs. Mestre et Fages.*

20. *Décès du promettant.* Dès lors que le promettant avait définitivement consenti à vendre avant son décès, l'option pouvait être valablement levée, après son décès, contre ses héritiers tenus de la dette contractée par leur auteur, sans qu'il y ait lieu d'obtenir l'autorisation du juge des tutelles pour l'un des héritiers mineurs. • Civ. 3e, 8 sept. 2010, n° 09-13.345 P : *D. 2011. Pan. 472, obs. Amrani-Mekki ; ibid. Chron. C. cass. 2679, obs. Goanvic ; JCP 2010, n° 1051, obs. Pillet ; Defrénois 2010. 2123, note Aynès ; ibid. 2011. 807, obs. Seube ; ibid. 835, obs. Massip ; Dr. fam. 2011, n° 12, obs. Maria ; JCP N 2011, n° 1153, note Le Gallou ; RLDC 2010/76, n° 3988, obs. Paulin ; RDC 2011. 57, obs. Génicon ; ibid. 153, obs. Brun ; RTD civ. 2010. 778, obs. Fages ; ibid. 2011. 99, obs. Hauser.*

21. *Caducité de promesses accessoires en cas de reconduction du contrat.* Une promesse de vente dont la levée d'option doit intervenir trois mois avant l'expiration « du présent contrat » n'est pas reconduite lors du renouvellement par tacite reconduction du contrat de location-gérance. • Com. 22 oct. 1996, n° 94-13.373 P : *Defrénois 1997. 657, obs. J. Honorat.* ♦ V. aussi ss. l'art. 1123, pour des clauses de préférence.

b. Levée de l'option

22. *Date.* A l'égard du cocontractant, n'est pas justifiée l'exigence, non prévue par la convention, de la date certaine pour l'acte de levée de l'option. • Civ. 3e, 24 mars 1993 : *Defrénois 1994. 340, obs. D. Mazeaud.* ♦ La date d'une promesse de vente conclue par acte sous seing privé est opposable au légataire universel de l'un des cocontractants, qui n'est pas un tiers. • Civ. 3e, 18 déc. 2002, n° 00-19.371 P : *D. 2003. IR 179 ; Defrénois 2003. 849, obs. Libchaber ; AJ fam. 2003. 70, obs. S. D.-B.* (solution posée dans le cadre de l'art. 1975 C. civ. pour le calcul du délai de 20 jours prévu par ce texte). ♦ Mais n'a pas date certaine contre un tiers une levée d'option effectuée par acte sous seing privé. • Civ. 3e, 20 déc. 2000, n° 99-12.391 P : *RTD civ. 2001. 365, obs. Mestre et Fages.*

Sur les conséquences de la date de formation du contrat à la levée de l'option, V. pour l'appréciation de la lésion dans les ventes immobilières et du délai pour agir, art. 1675 et 1676 C. civ.

23. Lieu. Cassation pour manque de base légale de l'arrêt déclarant qu'une levée de l'option est inopposable au promettant pour avoir été envoyée à son ancienne adresse, sans rechercher si ce dernier avait fait connaître au bénéficiaire sa volonté de voir notifier l'acceptation à un autre domicile que celui mentionné dans la promesse. • Civ. 3e, 4 juill. 1990, n° 89-10.249 P.

24. Forme : respect des formes stipulées. La levée de l'option n'ayant été soumise à aucune forme ou modalité particulière, l'option d'acquisition est régulièrement levée dans les délais, après que le bénéficiaire a renoncé à une condition non réalisée, et que les promettants ont été informés oralement par leur notaire de cette levée de l'option avant l'échéance prévue. • Civ. 3e, 19 déc. 2012, n° 08-14.225 P.

25. ... Ouverture de crédit. L'ouverture de crédit, qui constitue une promesse de prêt, donne naissance à un prêt à concurrence des fonds utilisés par le client. • Com. 21 janv. 2004, n° 01-01.129 P : *R., p. 303 ; D. 2004. 1149, note Jamin ; ibid. AJ 498, obs. Avena-Robardet ; JCP 2004. II. 10062, note S. Piedelièvre ; JCP E 2004. 649, note Salati ; LPA 9 févr. 2004, rapp. Cohen-Branche ; RTD com. 2004. 352, obs. D. Legeais ; RDC 2004. 743, obs. Houtcieff.* – Dans le même sens : • Civ. 1re, 28 sept. 2004, n° 03-10.810 P : *JCP 2005. I. 114, nos 16 s., obs. Barthez ; RDC 2005. 691, obs. Dauriac ; Rev. sociétés 2005. 371, note D. Legeais* • Civ. 2e, 18 nov. 2004 : *D. 2005. AJ 213, obs. Avena-Robardet ; D. 2006. Pan. 166, obs. D. R. Martin ; RTD com. 2005. 154, obs. D. Legeais* (l'ouverture de crédit en compte courant, à concurrence de sa partie non utilisée, ne constitue qu'une promesse de prêt à une personne dénommée ; la fraction inutilisée de l'ouverture de crédit n'est donc pas saisissable).

26. Levée de l'option et jeu des conditions. Pour des illustrations, V. ss. art. 1589.

c. Transmission de l'option

27. Nature des clauses de substitution. V. sous l'empire du droit antérieur à la réforme : le fait, pour les bénéficiaires d'une promesse de vente, de se substituer un tiers ne constitue pas une cession de créance et n'emporte pas obligation d'accomplir les formalités prévues à l'art. 1690 C. civ. • Civ. 3e, 1er avr. 1987, n° 86-15.838 P : *D. 1987. 454, note Aynès ; RTD civ. 1987. 777, obs. Rémy* • 27 avr. 1988, n° 86-17.337 P : *D. 1989. 65, note Najjar* • 27 nov. 1990, n° 89-11.385 P. ♦ V. dans le même sens, pour *l'éviction de l'art. 1689 C. civ. : • Civ. 3e, 13 juill. 1999,* n° 97-18.926 P : *D. 2000. 195, note Jeuland ; ibid. Somm. 277, obs. Tournafond ; JCP 1999. II. 10207, note Psaume ; Defrénois 2000. 775, note Dagorne-Labbe ; RDI 1999. 666, obs. Groslière .* ♦ Comp. : lorsqu'une promesse unilatérale de vente comporte pour le bénéficiaire la faculté de se substituer tout acquéreur de son choix, une telle opération se réalise par une simple déclaration de sa part, sans qu'aucune cession de créance n'intervienne entre lui et les acquéreurs désignés par lui, le contrat s'analysant en une stipulation pour autrui. • Civ. 3e, 2 juill. 1969, n° 67-11.757 P : *D. 1970. 150, note Aubert.* ♦ V. aussi notes ss. art. 1589-2.

d. Publicité

28. Renvois. Sur les modalités de la publicité foncière des promesses unilatérales de vente, V. notes ss. art. 37 Décr. du 4 janv. 1955. ♦ Sur l'obligation d'enregistrement de certaines promesses dans les dix jours de leur conclusion, à des fins fiscales et sous peine de nullité, V. art. 1589-2.

3° INEXÉCUTION DE LA PROMESSE

29. Rétractation du promettant. La révocation de la promesse pendant le temps laissé au bénéficiaire pour opter n'empêche pas la formation du contrat de travail promis. • Soc. 21 sept. 2017, n° 16-20.103 P : *D. 2017. 2289, note Bauduin et Dubarry ; ibid. 2007, note Mazeaud ; AJ contrat 2017. 480, obs. Bucher ; RDT 2017. 715, obs. Bento de Carvalho ; RTD civ. 2017. 837, obs. Barbier ; JCP 2017, n° 1238, note Molfessis ; Gaz. Pal. 2017. 2662, obs. Latina* (arrêt prenant en compte évolution du droit des obligations, résultant de l'Ord. du 10 févr. 2016). ♦ V. également note 1. ♦ Pour la jurisprudence antérieure à la réforme, brisée par le nouvel art. 1124, V. et la remise en cause de la solution antérieure à la lumière de l'art. 1124, V. note 13 ss. anc. art. 1142 et art. 1589.

30. Responsabilité du tiers complice. Le bénéficiaire d'une promesse unilatérale de vente est fondé à invoquer contre une personne, même étrangère à cette promesse, soit la fraude à laquelle celle-ci se serait associée, soit seulement la faute dont elle se serait rendue coupable en acceptant d'acquérir un immeuble qu'elle savait faire l'objet de la promesse. • Civ. 3e, 8 juill. 1975, n° 73-14.486 P : Gaz. Pal. 1975. 2. 781, note *Plancqueel* (dommages et intérêts).

SOUS-SECTION 4 Dispositions propres au contrat conclu par voie électronique

(Ord. n° 2016-131 du 10 févr. 2016, art. 2, en vigueur le 1er oct. 2016)

BIBL. ▶ DOUVILLE, *D. 2022. 1602* (la résiliation par voie électronique – à propos de la loi portant mesures d'urgence pour la protection du pouvoir d'achat).

Art. 1125 *(Ord. n° 2016-131 du 10 févr. 2016, art. 2, en vigueur le 1er oct. 2016)* **La voie électronique peut être utilisée pour mettre à disposition des stipulations contractuelles ou des informations sur des biens ou services.** — *Dispositions transitoires, V. Ord. n° 2016-131 du 10 févr. 2016, art. 9, ss. art. 1386-1.*

L'art. 1125 reprend à l'identique l'art. 1369-1 anc.

Art. 1126 *(Ord. nº 2016-131 du 10 févr. 2016, art. 2, en vigueur le 1er oct. 2016)* **Les informations qui sont demandées en vue de la conclusion d'un contrat ou celles qui sont adressées au cours de son exécution peuvent être transmises par courrier électronique si leur destinataire a accepté l'usage de ce moyen.** – *Dispositions transitoires, V. Ord. nº 2016-131 du 10 févr. 2016, art. 9, ss. art. 1386-1.*

L'art. 1126 reprend à l'identique l'art. 1369-2 anc.

Art. 1127 *(Ord. nº 2016-131 du 10 févr. 2016, art. 2, en vigueur le 1er oct. 2016)* **Les informations destinées à un professionnel peuvent lui être adressées par courrier électronique, dès lors qu'il a communiqué son adresse électronique.**

Si ces informations doivent être portées sur un formulaire, celui-ci est mis, par voie électronique, à la disposition de la personne qui doit le remplir. – *Dispositions transitoires, V. Ord. nº 2016-131 du 10 févr. 2016, art. 9, ss. art. 1386-1.*

L'art. 1127 reprend à l'identique l'art. 1369-3 anc.

Art. 1127-1 *(Ord. nº 2016-131 du 10 févr. 2016, art. 2, en vigueur le 1er oct. 2016)* **Quiconque propose à titre professionnel, par voie électronique, la fourniture de biens ou la prestation de services, met à disposition les stipulations contractuelles applicables d'une manière qui permette leur conservation et leur reproduction.**

L'auteur d'une offre reste engagé par elle tant qu'elle est accessible par voie électronique de son fait.

L'offre énonce en outre :

1° Les différentes étapes à suivre pour conclure le contrat par voie électronique ;

2° Les moyens techniques permettant au destinataire de l'offre, avant la conclusion du contrat, d'identifier d'éventuelles erreurs commises dans la saisie des données et de les corriger ;

3° Les langues proposées pour la conclusion du contrat au nombre desquelles doit figurer la langue française ;

4° Le cas échéant, les modalités d'archivage du contrat par l'auteur de l'offre et les conditions d'accès au contrat archivé ;

5° Les moyens de consulter par voie électronique les règles professionnelles et commerciales auxquelles l'auteur de l'offre entend, le cas échéant, se soumettre. – *Dispositions transitoires, V. Ord. nº 2016-131 du 10 févr. 2016, art. 9, ss. art. 1386-1.*

L'art. 1127-1 reprend à l'identique l'art. 1369-4 anc.

Art. 1127-2 *(Ord. nº 2016-131 du 10 févr. 2016, art. 2, en vigueur le 1er oct. 2016)* **Le contrat n'est valablement conclu que si le destinataire de l'offre a eu la possibilité de vérifier le détail de sa commande et son prix total et de corriger d'éventuelles erreurs avant de confirmer celle-ci pour exprimer son acceptation définitive.**

L'auteur de l'offre doit accuser réception sans délai injustifié, par voie électronique, de la commande qui lui a été adressée.

La commande, la confirmation de l'acceptation de l'offre et l'accusé de réception sont considérés comme reçus lorsque les parties auxquelles ils sont adressés peuvent y avoir accès. – *Dispositions transitoires, V. Ord. nº 2016-131 du 10 févr. 2016, art. 9, ss. art. 1386-1.*

L'art. 1127-2 reprend à l'identique l'art. 1369-5 anc.

Art. 1127-3 *(Ord. nº 2016-131 du 10 févr. 2016, art. 2, en vigueur le 1er oct. 2016)* **Il est fait exception aux obligations visées aux 1° à 5° de l'article 1127-1 et aux deux premiers alinéas de l'article 1127-2 pour les contrats de fourniture de biens ou de prestation de services qui sont conclus exclusivement par échange de courriers électroniques.**

***Il peut, en outre, être dérogé* aux dispositions des 1° à 5° de l'article 1127-1 et de l'article 1127-2 dans les contrats conclus entre professionnels.** – *Dispositions transitoires, V. Ord. nº 2016-131 du 10 févr. 2016, art. 9, ss. art. 1386-1.*

L'art. 1127-3 reprend à l'identique l'art. 1369-6 anc.

Sur la conclusion d'un contrat d'agent sportif par échange de courriers électroniques, V. note 8 ss. art. 1172.

Art. 1127-4 *(Ord. nº 2016-131 du 10 févr. 2016, art. 2, en vigueur le 1er oct. 2016)* **Hors les cas prévus aux articles 1125 et 1126, la remise d'un écrit électronique est effective lorsque le destinataire, après avoir pu en prendre connaissance, en a accusé réception.**

Si une disposition prévoit que l'écrit doit être lu au destinataire, la remise d'un écrit électronique à l'intéressé dans les conditions prévues au premier alinéa vaut lecture. – *Dispositions transitoires, V. Ord. nº 2016-131 du 10 févr. 2016, art. 9, ss. art. 1386-1.*

L'art. 1127-6, renuméroté 1127-4 par la L. nº 2016-1321 du 7 oct. 2016, art. 93, reprend à l'identique l'art. 1369-9 anc.

La L. nº 2016-1321 du 7 oct. 2016 procède à l'abrogation des art. 1127-4 et 1127-5 et précise que l'art. 1127-6 devient l'art. 1127-4 (L. préc., art. 93).

Code des postes et des communications électroniques

Art. L. 100 *(L. nº 2016-1321 du 7 oct. 2016, art. 93-I-3º)* I. — L'envoi recommandé électronique est équivalent à l'envoi par lettre recommandée, dès lors qu'il satisfait aux exigences de l'article 44 du règlement (UE) nº 910/2014 du Parlement européen et du Conseil du 23 juillet 2014 sur l'identification électronique et les services de confiance pour les transactions électroniques au sein du marché intérieur et abrogeant la directive 1999/93/CE.

Dans le cas où le destinataire n'est pas un professionnel, celui-ci doit avoir exprimé à l'expéditeur son consentement à recevoir des envois recommandés électroniques.

Le prestataire peut proposer que le contenu de l'envoi soit imprimé sur papier puis acheminé au destinataire dans les conditions fixées au livre I du présent code.

II. — Un décret en Conseil d'État fixe les modalités d'application du présent article, notamment :

1º Les exigences requises en matière :

a) D'identification de l'expéditeur et du destinataire ;

b) De preuve du dépôt par l'expéditeur des données et du moment de ce dépôt ;

c) De preuve de la réception par le destinataire ou son mandataire des données transmises et du moment de cette réception ;

d) D'intégrité des données transmises ;

e) De remise, le cas échéant, de l'envoi recommandé électronique imprimé sur papier ;

2º Les informations que le prestataire d'un envoi recommandé électronique doit porter à la connaissance du destinataire ;

3º Le montant de l'indemnité forfaitaire due par le prestataire dont la responsabilité est engagée, en cas de retard dans la réception, de perte, extraction, altération ou modification frauduleuse des données transmises lors de la prestation.

LETTRE RECOMMANDÉE ÉLECTRONIQUE
(Décr. nº 2018-347 du 9 mai 2018, art. 1er, en vigueur le 1er janv. 2019)

Définition de la lettre recommandée électronique

Art. R. 53 Une lettre recommandée électronique est un envoi recommandé électronique au sens de l'article L. 100.

Exigences requises pour la lettre recommandée électronique

Art. R. 53-1 La vérification initiale de l'identité de l'expéditeur est réalisée par l'une des modalités prévues aux points *a*, *b*, *c* ou *d* du paragraphe 1 de l'article 24 du règlement (UE) nº 910/2014 du Parlement européen et du Conseil du 23 juillet 2014 sur l'identification électronique et les services de confiance pour les transactions électroniques au sein du marché intérieur et abrogeant la directive 1999/93/CE.

La vérification initiale de l'identité du destinataire doit être assurée au minimum dans les conditions prévues, pour le niveau de garantie substantiel, au point 2.1. de l'annexe du règlement d'exécution (UE) 2015/1502 de la Commission du 8 septembre 2015 fixant les spécifications techniques et procédures minimales relatives aux niveaux de garantie des moyens d'identification électronique visés à l'article 8, paragraphe 3, du règlement (UE) nº 910/2014 du Parlement européen et du Conseil sur l'identification électronique et les services de confiance pour les transactions électroniques au sein du marché intérieur.

Postérieurement à cette vérification initiale de l'identité de l'expéditeur ou du destinataire, le prestataire de lettre recommandée électronique peut leur attribuer un moyen d'identification électronique qu'ils utiliseront pour attester de leur identité à chaque envoi ou réception. Ce moyen d'identification électronique doit répondre au minimum aux exigences prévues, pour le niveau de garantie substantiel, aux points 2.2.1 et 2.3.1 de l'annexe du règlement d'exécution (UE) 2015/1502 mentionné ci-dessus.

Si le prestataire n'attribue pas de moyen d'identification électronique ou si le moyen d'identification électronique n'est pas utilisé, la vérification d'identité doit être effectuée dans les même *[mêmes]* conditions que la vérification initiale.

Art. R. 53-2 Le prestataire de lettre recommandée électronique délivre à l'expéditeur une preuve du dépôt électronique de l'envoi. Le prestataire doit conserver cette preuve de dépôt pour une durée qui ne peut être inférieure à un an.

Cette preuve de dépôt comporte les informations suivantes :

1° Le nom et le prénom ou la raison sociale de l'expéditeur, ainsi que son adresse électronique ;

2° Le nom et le prénom ou la raison sociale du destinataire ainsi que son adresse électronique ;

3° Un numéro d'identification unique de l'envoi attribué par le prestataire ;

4° La date et l'heure du dépôt électronique de l'envoi indiquées par un horodatage électronique qualifié tel que défini par l'article 3 du règlement (UE) n° 910/2014 mentionné ci-dessus ;

5° La signature électronique avancée ou le cachet électronique avancé tels que définis par l'article 3 du règlement (UE) n° 910/2014 mentionné ci-dessus, utilisé par le prestataire de services qualifié lors de l'envoi.

Art. R. 53-3 I. — Le prestataire de lettre recommandée électronique informe le destinataire, par voie électronique, qu'une lettre recommandée électronique lui est destinée et qu'il a la possibilité, pendant un délai de quinze jours à compter du lendemain de l'envoi de cette information, d'accepter ou non sa réception.

Le destinataire n'est pas informé de l'identité de l'expéditeur de la lettre recommandée électronique.

II. — En cas d'acceptation par le destinataire de la lettre recommandée électronique, le prestataire procède à sa transmission.

Le prestataire conserve une preuve de la réception par le destinataire des données transmises et du moment de la réception, pour une durée qui ne peut être inférieure à un an.

Outre les informations mentionnées aux 1° à 5° de l'article R. 53-2, cette preuve de réception comporte la date et l'heure de réception de l'envoi, indiquées par un horodatage électronique qualifié.

III. — En cas de refus de réception ou de non-réclamation par le destinataire, le prestataire met à disposition de l'expéditeur, au plus tard le lendemain de l'expiration du délai prévu au I, une preuve de ce refus ou de cette non-réclamation. Cette preuve précise la date et l'heure du refus telles qu'indiquées par un horodatage électronique qualifié, et fait mention des informations prévues aux 1° à 5° de l'article R. 53-2.

Le prestataire conserve la preuve de refus ou de non-réclamation du destinataire pour une durée qui ne peut être inférieure à un an.

IV. — L'expéditeur a accès aux informations mentionnées au présent article pendant un an.

Art. R. 53-4 En cas de retard dans la réception ou en cas de perte des données, la responsabilité du prestataire est engagée dans les conditions prévues au 3° de l'article R. 2-1.

SECTION 2 La validité du contrat

(Ord. n° 2016-131 du 10 févr. 2016, art. 2, en vigueur le 1er oct. 2016)

BIBL. ▶ ATTUEL-MENDÈS, *JCP 2007. I. 188* (protection classique et protection spéciale du consentement). – BOFFA, *Gaz. Pal. 29 avr. 2015, nos 119-120, p. 18.* – BOUT, *Mél. Aubert, Dalloz, 2005, p. 45* (vices du consentement et contrat d'assurance). – CATTALANO-CLOAREC, *AJ contrat 2018. 257* (loi de ratification et validité du contrat). – DAURIAC, *Mél. Gobert, Economica, 2004, p. 403* (forme, preuve et protection du consentement). ▶ **Vices du consentement en droit du mariage :** LANGLÈS, *JCP N 1998. 483.* ▶ **... en droit du travail :** CHOLLEY, *Mél. Béguet, Univ. Toulon, 1985, p. 87.* – FAVIER, *RDSS 2015. 702* (vulnérabilité et fragilité : réflexions autour du consentement des personnes âgées). – LOISEAU, *Études Ghestin, LGDJ, 2001, p. 579.* ▶ **Consentement en droit de la concurrence :** CLAUDEL, *RTD com. 1999. 291*. ▶ **Consentement et système d'information :** CAPRIOLI, *RRJ 1999/4. 1075.* – BOFFA, *Gaz. Pal. 29 avr. 2015, n° 119-120, p. 18.* – GRIMALDI, *D. 2015. 814* ; *ibid. 2015*. – AYNÈS, *Dr. et patr. n° 240, 10/2014.*

40 (cause). – *335 ; Gaz. Pal. 30 avr. 2015, n° 120, p. 18.* – Lequette, *RDC 2015. 616.* – Mazeaud, *Dr. et patr. n° 240, 10/2014. 38* (cause). – Pellet, *Dr. et patr. 5/2016. 61* (contenu licite et certain). – Rogue, *AJ contrat 2019. 370* (capacité et consentement au traitement de données à caractère personnel et au contrat). – Wicker, *D. 2020. 1906* (de la survie des fonctions de la cause – ébauche d'une théorie des motifs). – Zalewski-Sicard, *RDI 2016. 326* (consentement en droit immobilier).

Art. 1128 *(Ord. n° 2016-131 du 10 févr. 2016, art. 2, en vigueur le 1er oct. 2016)* **Sont nécessaires à la validité d'un contrat :**

1° Le consentement des parties ;

2° Leur capacité de contracter ;

3° Un contenu licite et certain. – *Dispositions transitoires, V. Ord. n° 2016-131 du 10 févr. 2016, art. 9, ss. art. 1386-1.*

Comp. C. civ., art. 1108 anc.

1. Personnalité juridique. Pour donner valablement son consentement à un contrat, il est nécessaire d'être une personne physique ou morale, ce qui n'est pas le cas d'une société en formation non encore immatriculée au registre de commerce ; les contrats auxquels elle a souscrit sont nuls, de nullité absolue. • Com. 21 févr. 2012 : *cité note 4 ss. art. 1842.* ♦ Rappr. • Civ. 3e, 19 nov. 2014, n° 13-21.399 P : *D. 2014. 2409.*

2. Pouvoir de consentir. La méconnaissance des dispositions d'ordre public relatives à la compétence de l'autorité signataire d'un contrat conclu au nom de la commune est sanctionnée par la nullité absolue. • Civ. 1re, 16 janv. 2013, n° 11-27.837 P : *AJDA 2013. 146 ; 1226, note Cassia ; D. 2014. 630, obs. Amrani-Mekki et Mekki ; AJCT 2013. 297, obs. Hédin ; RFDA 2013. 541, note Plessix ; RDC 2013. 537, obs. Laithier.* ♦ La nullité absolue du contrat peut être invoquée par toute personne, justifiant ainsi d'un intérêt légitime à agir. • Même arrêt (nullité demandée par la société contractante).

3. Moment où les conditions doivent être réunies. La validité de la clause fixant la durée de l'essai devait s'apprécier à la date de sa conclusion et en se référant à la convention collective mentionnée dans le contrat de travail, peu important qu'il soit ultérieurement établi que cette convention n'était pas celle appliquée dans l'entreprise. • Soc. 16 mai 2012, n° 11-11.100 P.

4. Consentement. Absence de consentement : V. notes 1 s. ss. art. 1129. ♦ Vices du consentement : V. notes ss. art. 1130 à 1144. ♦ Insanité d'esprit : V. notes ss. art. 414-1 et 414-2. ♦ Rencontre des volontés : V. notes ss. art. 1118. ♦ Limites au pouvoir de la volonté : V. notes ss. art. 6 (lois d'ordre public). ♦ Manquement à l'obligation légale d'information du consommateur : V. note 20 ss. art. 1615. ♦ Engagement d'une durée incompatible avec la liberté individuelle : V. notes 19 s. ss. art. 1709 et notes 2 s. ss. art. 1780. ♦ Contrat forcé : V. L. 6 juill. 1989, art. 7-g (souscription d'une assurance locative pour compte par le bailleur en cas d'absence de réponse du preneur à sa mise en demeure de satisfaire à son obligation de s'assurer). ♦ Impossibilité de se prévaloir de l'absence de souscription volontaire du contrat d'abonnement pour échapper à l'obligation de régler les factures résultant de la consommation enregistrée. • Civ. 3e, 19 janv. 2017, n° 15-26.889 P.

5. Contenu. V. art. 1162 s.

6. Capacité. V. art. 1145 s.

SOUS-SECTION 1 Le consentement

(Ord. n° 2016-131 du 10 févr. 2016, art. 2, en vigueur le 1er oct. 2016)

§ 1 L'existence du consentement

(Ord. n° 2016-131 du 10 févr. 2016, art. 2, en vigueur le 1er oct. 2016)

Art. 1129 *(Ord. n° 2016-131 du 10 févr. 2016, art. 2, en vigueur le 1er oct. 2016)* **Conformément à l'article 414-1, il faut être sain d'esprit pour consentir valablement à un contrat.** – *Dispositions transitoires, V. Ord. n° 2016-131 du 10 févr. 2016, art. 9, ss. art. 1386-1.*

Comp. C. civ. art. 414-1, 901 (libéralités) et 1109 s. anc.

1. Absence de consentement : illettrisme. Pour une illustration d'absence de consentement, due à l'illettrisme des contractants, V. • Civ. 3e, 15 déc. 1998 : *Defrénois 1999. 1038, note Talon.* ♦ V. aussi • Civ. 1re, 25 mai 1964 : *D. 1964. 626* (annulation d'un cautionnement donné par des personnes positivement illettrées dans la croyance que leur patrimoine ne serait pas engagé).

2. ... Affaiblissement. Absence de prise en compte du changement des bénéficiaires d'un contrat d'assurance vie, l'avenant manuscrit ayant été rédigé par l'une des bénéficiaires, au détriment d'une autre, deux mois avant le décès du souscripteur, après une intervention chirurgicale et pendant son hospitalisation dans une unité de soins palliatifs, sa signature révélant des indices de détérioration morphologique pouvant être mis en relation avec une grande fatigue physique ; la cour d'appel a souverainement estimé qu'il n'était pas établi que le souscripteur ait eu connaissance du contenu et de la portée exacts du document au bas duquel il avait apposé sa signature, ni qu'il ait exprimé la volonté certaine et non équivoque de modifier les bénéficiaires du contrat. • Civ. 1re, 25 sept. 2013, n° 12-23.197 P : *AJ fam. 2013. 716, obs. Vernières* ; *RDC 2014. 10, note Génicon.* ♦ V. art. 414-1 et 414-2.

3. ... Erreur obstacle. V. • Paris, 8 juill. 1966 : *Gaz. Pal. 1967. 1. 33* (nullité absolue de la convention par laquelle l'une des parties croyait acquérir la propriété d'un appartement, alors que l'autre entendait lui céder des parts sociales donnant droit à l'attribution du logement, la volonté des parties ne s'étant pas rencontrée sur le même contrat). ♦ Dans le même sens : • Civ. 3e, 1er févr. 1995, n° 92-16.729 P : *Defrénois 1995. 1400, obs. Delebecque ; RDI 1996. 79, obs. Groslière et Saint-Alary Houin ; RTD civ. 1995. 879, obs. Mestre* (absence d'accord de volonté des contractants sur le même objet ; recherche non nécessaire sur la qualification de la faute commise par l'acquéreur) • 21 mai 2008, n° 07-10.772 P : *D. 2008. AJ 1693 ; JCP N 2008. 508 ; CCC 2008, n° 224, obs. Leveneur ; RLDC 2008/52, n° 3098, obs. Maugeri ; Dr. et patr. 2/2009. 124, obs. Aynès et Stoffel-Munck* (erreur sur la définition du bien vendu). ♦ Comp., maintenant la qualification d'erreur, source de nullité relative, pour la vente d'un lot incluant un studio et un garage, faute de division, alors que le vendeur ne pensait céder que le studio : • Civ. 3e, 26 juin 2013, n° 12-20.934 P : *D. 2013. 1682 ; ibid., Chron. C. cass. 2544, obs. Guillaudier ; ibid. 2014. 630, obs. Amrani-Mekki et Mekki ; AJDI 2014. 471, obs. Cohet ; RDC 2013. 1299, obs. Génicon.*

§ 2 Les vices du consentement

(Ord. n° 2016-131 du 10 févr. 2016, art. 2, en vigueur le 1er oct. 2016)

V. C. civ., art. 1109 anc. s.

Art. 1130 *(Ord. n° 2016-131 du 10 févr. 2016, art. 2, en vigueur le 1er oct. 2016)* **L'erreur, le dol et la violence vicient le consentement lorsqu'ils sont de telle nature que, sans eux, l'une des parties n'aurait pas contracté ou aurait contracté à des conditions substantiellement différentes.**

Leur caractère déterminant s'apprécie eu égard aux personnes et aux circonstances dans lesquelles le consentement a été donné. – *Dispositions transitoires, V. Ord. n° 2016-131 du 10 févr. 2016, art. 9, ss. art. 1386-1.*

Comp. C. civ., art. 1109 anc., 1110 anc. (erreur), 1111 s. anc. (violence), et 1116 anc. (dol).

BIBL. ► DOURNAUX, *Dr. et patr. 5/2016. 57.* – FABRE, *JCP N 2017, n° 1327* (dol, réticence dolosive et devoir d'information dans les cessions de droits sociaux). – GRANOTIER, *D. 2020. 1123* (dol dans les cessions de droits sociaux). – LOISEAU, *CCC 2016. Dossier 3.*

1. Garantie des vices cachés et erreur. La garantie des vices cachés constituant l'unique fondement possible de l'action exercée par un acheteur de tuiles présentant un vieillissement anormal, les juges du fond n'ont pas à rechercher si ce dernier peut prétendre à des dommages-intérêts sur le fondement de l'erreur. • Civ. 1re, 14 mai 1996, n° 94-13.921 P : *D. 1998. 305, note Jault-Seseke ; D. 1997. Somm. 345, obs. Tournafond.* – V. aussi Radé, *JCP 1997. I. 4009.* – D. Boulanger, *JCP N 1996. I. 1585.* – Dans le même sens : • Civ. 3e, 7 juin 2000 : *GAJC, 11e éd., n° 253-254 (II) ; D. 2002. Somm. 1002, obs. Tournafond ; CCC 2000, n° 159, note Leveneur ; Dr. et patr. 1/2001. 85, obs. Chauvel* • 17 nov. 2004, n° 03-14.958 P. ♦ Comp. • Civ. 3e, 11 févr. 1981 : *D. 1982. 287, note J.-L. A. ; JCP 1982. II. 19758 (2e esp.), note Ghestin* (irrecevabilité, en application de l'art. 1648 C. civ., de l'action en annulation de la vente d'un terrain déclaré à tort constructible, l'erreur commise étant la conséquence d'un vice caché). ♦ *Contra*, antérieurement, estimant que l'existence d'un vice caché n'exclut pas par elle-même la possibilité d'invoquer l'erreur sur la qualité substantielle de la chose vendue. • Civ. 3e, 18 mai 1988 : *Bull. civ. III, n° 96 ; D. 1989. 450, note Lapoyade-Deschamps ; D. 1989. Somm. 229, obs. Aubert ; Defrénois 1989. 1260, note Dagorne-Labbe.* ♦ L'action en nullité pour erreur sur la qualité substantielle n'est pas soumise aux dispositions spéciales de l'art. 1648 C. civ., peu important que l'erreur invoquée fût la conséquence d'un vice caché rendant la chose impropre à l'usage auquel elle était destinée. • Civ. 1re, 28 juin 1988 : *GAJC, 11e éd., n° 253-254 (I) ; D. 1989. 450, note Lapoyade-Deschamps ; D. 1989. Somm. 229, obs. Aubert* • 28 juin 1989 : *Bull. civ. I, n° 268 ; D. 1991. Somm. 318, obs. Aubert.* – V. déjà en ce sens, • Com. 8 mai

1978 : *JCP 1982. II. 19758 (1re esp.), note Ghestin.*

2. Garantie des vices cachés et dol. L'action en garantie des vices cachés n'est pas exclusive de l'action en nullité pour dol. • Civ. 1re, 6 nov. 2002, n° 00-10.192 P : *D. 2002. IR 3190* ; *CCC 2003, n° 38, note Leveneur ; Dr. et patr. 2/2003. 109, obs. Chauvel ; LPA 28 juill. 2003, note Staeger.* – V. déjà • Civ. 1re, 16 avr. 1991, n° 88-18.530 P : *D. 1993. 186, note Brétaudeau* • Civ. 3e, 29 nov. 2000, n° 98-21.224 P : *D. 2001. IR 177* ; *CCC 2001, n° 41, note Leveneur.* ♦ Mais le juge devant lequel les parties n'invoquent, dans leurs dernières conclusions, que les dispositions de l'art. 1641 n'a pas à examiner le litige au regard de l'art. 1116 anc. • Civ. 3e, 30 janv. 2008 : *D. 2008. AJ 546* ; *RDC 2008. 1241, obs. Collart-Dutilleul.*

3. Non-conformité et erreur. Sont également recevables les actions fondées, d'une part, sur le défaut de conformité de la chose vendue et, d'autre part, sur l'erreur commise sur une qualité substantielle de cette chose. • Civ. 3e, 25 mars 2003 : *JCP 2003. I. 170, obs. Sérinet.*

4. Requalification de la demande : erreur et vices cachés. Ne donne pas de base légale à sa décision la cour d'appel qui, pour rejeter la demande d'un acheteur en nullité de la vente pour erreur sur les qualités substantielles du véhicule vendu, statue sans rechercher, comme elle en a l'obligation aux termes de l'art. 12, al. 2, C. pr. civ., si l'action en annulation engagée par l'acheteur, qui invoque des défectuosités rendant le véhicule impropre à la circulation, ne doit pas être requalifiée en une demande en garantie des vices cachés. • Civ. 1re, 12 juill. 2001, n° 99-16.687 P : *D. 2002. Somm. 1002, obs. Brun* ; *ibid. 2047, obs. Omarjee* ; *JCP 2001. I. 370, obs. Loiseau ; ibid. 2002. II. 10143, note Maupas ; Dr. et patr. 12/2001. 99, obs. Chauvel.* ♦ Comp., sur le pouvoir du juge dans le relevé d'office des moyens de droit, • Cass., ass. plén., 21 déc. 2007 : *cité note 13 ss. art. 1604* (vice caché et obligation de délivrance conforme) • Civ. 3e, 30 janv. 2008 : *préc. note 2* (vice caché et dol).

5. Compétence. Saisi d'une demande en fixation d'honoraires d'un avocat, le premier président a le pouvoir de statuer sur les exceptions relatives à la validité de la convention d'honoraires, et notamment sur les vices du consentement dont le client se prétend victime. • Civ. 2e, 27 oct. 2022, n° 21-12.028 B.

Art. 1131 *(Ord. n° 2016-131 du 10 févr. 2016, art. 2, en vigueur le 1er oct. 2016)* **Les vices du consentement sont une cause de nullité relative du contrat.** – *Dispositions transitoires, V. Ord. n° 2016-131 du 10 févr. 2016, art. 9, ss. art. 1386-1.*

1. Recevabilité de l'action en nullité. La nullité d'une convention contractée par erreur ne peut être demandée que par la partie dont le consentement a été vicié. • Civ. 1re, 1er mars 1988 : *Bull. civ. I, n° 56.*

2. Transmissibilité de l'action : ayant cause universel (oui). L'action en nullité relative réservée à celui des contractants dont le consentement a été vicié est, en raison de son caractère patrimonial, transmise après son décès à ses ayants cause universels. • Civ. 1re, 4 juill. 1995 : *D. 1996. 233, note F. Boulanger* ; *Defrénois 1996. 321, obs. Massip ; ibid. 407, obs. Champenois ; RTD civ. 1996. 392, obs. Mestre* (demande en annulation, pour dol, d'un contrat de mariage).

3. ... Ayant cause particulier et subrogé (non). L'action en nullité relative pour dol étant réservée à celui des contractants dont le consentement a été vicié, l'acquéreur à titre particulier d'un bien est sans qualité pour engager une action en nullité en raison du dol dont aurait été victime le vendeur, en dépit de la subrogation générale qu'il détient en vertu de la vente. • Civ. 3e, 18 oct. 2005, n° 04-16.832 P : *AJDI 2006. 270, note Zalewski* ; *RTD civ. 2006. 317, obs. Mestre et Fages (3e esp.)* .

4. Restitution après annulation. La restitution à laquelle un contractant est condamné à la suite de l'annulation du contrat ne constitue pas par elle-même un préjudice indemnisable. • Civ. 1re, 14 oct. 1997, n° 95-19.083 P : *JCP 1998. I. 144, n° 12, obs. Viney ; JCP N 1998. 1211, note Kuhn ; Defrénois 1998. 348, obs. Aubert.*

5. V. art. 1178 s.

Art. 1132 *(Ord. n° 2016-131 du 10 févr. 2016, art. 2, en vigueur le 1er oct. 2016)* **L'erreur de droit ou de fait, à moins qu'elle ne soit inexcusable, est une cause de nullité du contrat lorsqu'elle porte sur les qualités essentielles de la prestation due ou sur celles du cocontractant.** – *Dispositions transitoires, V. Ord. n° 2016-131 du 10 févr. 2016, art. 9, ss. art. 1386-1.*

Comp. C. civ., art. 1110 anc.

RÉP. CIV. v° *Erreur*, par J. GHESTIN et Y.-M. SERINET.

BIBL. ► V. Bibl. ss. art. 1110 anc.

I. NOTION

A. ERREUR SUR LES QUALITÉS DE LA PRESTATION

1° ERREUR DE FAIT

1. *Illustrations : matière immobilière.* BIBL. Bergel, *RDI 2015. 52* (actions de l'acquéreur en cas d'inconstructibilité du terrain à bâtir). – Rouvière, *RDI 2010. 253* (inconstructibilité : entre non-conformité, erreur et vice caché). ♦ V. • Rouen, 19 mars 1968 : *D. 1969. 211 ; RTD civ. 1969. 556, obs. Loussouarn* (annulation de la vente d'un « cabanon » frappé d'une interdiction administrative d'habitat) • Civ. 1re, 1er juin 1983 : *JCP N 1983. II. 289 (2e esp.), note Bouyssou* (terrain inconstructible) • Civ. 23 nov. 1931 : *DP 1932. 1. 129, note Josserand* (défaut de contenance d'un immeuble) • TGI Fontainebleau, 9 déc. 1970 : *D. 1972. 89, note Ghestin* (annulation de la vente d'un immeuble de rapport en raison d'une erreur de l'acheteur sur le montant des loyers produits) • Civ. 3e, 13 juill. 1999, no 97-16.362 P : *D. 2000. Somm. 288, obs. Tournafond* • 12 mars 2003, no 01-17.207 P : *D. 2003. 2522, note Sérinet (2e esp.) ; Defrénois 2004. 516, note Gelot* (appartement transformé sans permis de construire modificatif) • Paris, 1er févr. 2007 : *JCP 2007. IV. 1508* (emplacement de parking trop petit) • Civ. 3e, 21 mai 2008, no 07-10.772 P : *D. 2008. AJ 1693 ; JCP N 2008. 508 ; CCC 2008, no 224, obs. Leveneur ; RLDC 2008/52, no 3098, obs. Maugeri ; Dr. et patr. 2/2009. 124, obs. Aynès et Stoffel-Munck* (erreur importante sur la superficie d'un lot et sur son affectation) • 3 mai 2018, no 17-11.132 P : *D. 2018. 1008 ; RTD civ. 2018. 658, obs. Barbier* (erreur sur la possibilité de louer un logement vendu à une SCI). ♦ Sur la date d'appréciation de l'erreur, V. • Civ. 3e, 24 nov. 2016, no 15-26.226 P : *cité note 1 ss. art. 1133.*

2. *... Autres matières.* Il y a erreur sur les qualités substantielles de l'animal vendu quand les acquéreurs d'une jument dans une course dite « à réclamer » constatent, à la livraison, que l'animal est en état de gestation, alors qu'ils avaient l'intention d'acquérir une pouliche de course et non une jument de reproduction. • Civ. 1re, 5 févr. 2002, no 00-12.671 P : *JCP 2003. II. 10175, note Lièvremont.*

3. *Cas du marché des œuvres d'art : question d'authenticité.* BIBL. Chatelain, *Études Flour, Defrénois, 1979, p. 63* (notion de substance). – Labarthe, *D. 2011. Chron. 1779* (valeur contractuelle du catalogue dans les ventes volontaires de meubles aux enchères publiques) ; *ibid. 2014. 1047* (dire l'authenticité d'une œuvre d'art). ♦ V. • Lyon, 18 mars 1931 : *DP 1933. 2. 25, note M. Waline* (table d'époque Louis XV) • Civ. 1re, 23 févr. 1970 : *D. 1970. 604, note Étesse ; JCP 1970. II. 16347, note P. A. ; RTD civ. 1970. 751, obs. Loussouarn* (« marquises » d'époque Louis XV) • Paris, 3 janv. 1974 : *Gaz. Pal. 1974. 2. 708* (bureau d'époque Louis XV) • Paris, 7 mai 2001 : *D. 2001. IR 1852 ; Gaz. Pal. 2001. 1208, concl. Gizardin ; LPA 7 déc. 2001, note Thiel ; ibid. 4 avr. 2002, note Lachièze* (tableau de Van Gogh) • Paris, 28 juin 2001 : *BICC 15 janv. 2002, no 63 ; Gaz. Pal. 2002. Somm. 565, obs. Vray* (l'erreur sur l'authenticité d'un tableau est une erreur sur la substance et non une simple erreur sur la valeur). ♦ Est nulle la vente contractée par l'acheteur dans la conviction erronée de l'authenticité de l'œuvre acquise. • Civ. 1re, 13 janv. 1998, no 96-11.881 P : *D. 2000. 54, note Laplanche ; D. 1999. Somm. 13, obs. Brun ; Gaz. Pal. 1998. 2. 706, note Meimon-Nisenbaum ; CCC 1998, no 59, note Leveneur* • 5 févr. 2002, no 99-21.444 P : *D. 2003. Chron. 436, par Edelman ; JCP 2002. II. 10193, note Crevel ; ibid. I. 148, no 7 s., obs. Sérinet ; Defrénois 2002. 761, obs. Savaux* (« tableau-piège ») • 15 nov. 2005, no 03-20.597 P : *D. 2006. 1116, note Tricoire ; JCP 2006. II. 10092, note Ickowicz ; CCC 2006, no 44, note Leveneur ; RLDC 2006/28, no 2076, note Bruguière ; LPA 9 août 2007, note Mouial-Bassilana* (même affaire : « tableau-piège » exécuté « en brevet »). – Sur cette affaire : Hénaff, *CCE 2007. Étude 21* (définition juridique de l'authenticité d'une œuvre d'art). – V. aussi • Paris, 22 mars 2005 : *Gaz. Pal. 2005. Somm. 2260, obs. Vray* (responsabilité, au surplus, de l'expert ayant certifié l'authenticité de l'œuvre). ♦ Nullité pour erreur sur les qualités substantielles de la chose vendue de la vente aux enchères d'une œuvre dont le catalogue ne mentionnait pas qu'il s'agissait seulement d'une partie d'un décor de scène créé par Dali et non d'une œuvre réalisée par Dali lui-même, la qualification de « tableau », s'agissant d'une simple partie de châssis de coulisse, étant inexacte ; cette présentation insuffisante dans le catalogue avait entraîné la conviction erronée de l'acquéreur que l'œuvre en cause était certainement de la main de l'artiste quand, comme élément d'un décor conçu par celui-ci, elle pouvait ne pas l'être. • Civ. 1re, 30 sept. 2008, no 06-20.298 P : *D. 2008. AJ 2598 ; Dr. et patr. 2/2009. 125, obs. Aynès et Stoffel-Munck ; RLDC 2008/55, no 3207, obs. Maugeri ; RTD com. 2009. 143, obs. Pollaud-Dulian.*

4. *... Circonstances valant preuve.* En matière de vente d'œuvre ou d'objet d'art, la dénomination, lorsqu'elle est uniquement et immédiatement suivie de la référence à une période historique, un siècle ou une époque, garantit l'acheteur que cette œuvre ou cet objet a été effectivement produit au cours de la période de référence (Décr. no 81-255 du 3 mars 1981, art. 2) ; l'inexactitude de la référence portée sans réserve expresse au catalogue de la vente publique suffit à provoquer l'erreur sur la substance. • Civ. 1re, 27 févr. 2007, no 02-13.420 P : *D. 2007. 1632, note Gautier ; ibid., Pan. 2968,* *obs. Amrani-Mekki ; JCP 2007. I. 195, nos 6 s., obs. Labarthe ; CCC 2007, n° 146, note Leveneur ; LPA 1er-2 mai 2007, avis Sainte-Rose ; CCE 2008. Chron. 9, note Hénaff ; RTD com. 2007. 587, obs. Bouloc* (statue égyptienne). ♦ Cassation d'un arrêt ayant refusé d'annuler la vente d'une table présentée par le catalogue comme « époque Louis XVI (accidents et restaurations) » alors que la table avait été substantiellement transformée au XIXe siècle, de sorte que les mentions du catalogue par leur insuffisance, n'étaient pas conformes à la réalité et avaient entraîné la conviction erronée et excusable des acquéreurs que bien que réparé et accidenté ce meuble n'avait subi aucune transformation depuis l'époque Louis XVI de référence. • Civ. 1re, 30 oct. 2008, n° 07-17.523 P : *D. 2009. 990, note Mauger-Vielpeau ; RLDC 2009/56, n° 3246, obs. Maugeri ; RTD com. 2009. 143, obs. F. Pollaud-Dulian* ♦ Mais sur renvoi après cassation, refusant à l'acquéreur la possibilité de se prévaloir d'une erreur sur les qualités substantielles de la chose vendue : • Paris, 21 sept. 2010 : *D. 2011. 141, note Mauger-Vielpeau* , confirmé par • Civ. 1re, 20 oct. 2011, n° 10-25.980 P : *D. 2012. 76, note Labarthe ; ibid., Pan. 459, obs. Amrani-Mekki et Mekki ; JCP 2011, n° 1350, note Sérinet ; Gaz. Pal. 2011. 3396, note Pagès ; RDC 2012. 54, note Génicon* (l'installation de la marqueterie incontestée Boulle sur le meuble d'époque Louis XVI et l'estampille C.I.B... constituaient son originalité, les acquéreurs ayant agi en considération de ces éléments, comme de la provenance du meuble). ♦ En présence d'une mention portée au catalogue exacte et suffisante, l'existence du dol par réticence ou de l'erreur sur une qualité substantielle de l'objet vendu peut être écartée. • Civ. 1re, 16 oct. 2008, n° 07-12.147 P : *D. 2008. AJ 2721 ; JCP 2009. II. 10015, note Barbiéri ; LPA 5 déc. 2008, note Burgard.*

En matière de vente aux enchères publiques, si les mentions figurant au catalogue revêtent une importance particulière, leur caractère déterminant s'apprécie au regard des qualités substantielles de la chose attendues par l'acquéreur. En l'espèce, si la description du bois utilisé pour le plateau d'une table était erronée sur le catalogue, la table était authentique, et les juges ont pu relever que l'acquéreur ne souhaitait pas *essentiellement acheter une table* avec un plateau en chêne mais une table attribuée à un designer célèbre, connue pour son piètement : absence de preuve que l'erreur sur le bois constituant le plateau aurait déterminé le consentement de l'acquéreur et que les restaurations, avérées ou non, auraient altéré, dans son esprit, la substance de l'objet. • Civ. 1re, 21 oct. 2020, n° 19-15.415 P : *D. 2021. 325, note Labarthe ; RTD civ. 2021. 121, obs. Barbier ; RDC 2021/1. 12, note Dournaux.*

5. ... De la certitude au doute : attribution déclarée devenue douteuse. Il appartient à l'acheteur d'établir qu'il a commis une erreur sur les qualités substantielles de la chose vendue et les juges du fond, en retenant que les simples doutes qui étaient apparus sur l'auteur du tableau litigieux ne suffisaient pas à établir la non-authenticité de cette œuvre ni que l'acheteur avait contracté dans la conviction erronée que l'œuvre était authentique, ont légalement justifié leur décision rejetant la demande d'annulation formée par l'acheteur. • Civ. 1re, 2 juin 1981, n° 80-12.702 P. – Dans le même sens : • Com. 20 oct. 1970 : *JCP 1971. II. 16916, note Ghestin ; RTD civ. 1971. 131, obs. Loussouarn* • Civ. 1re, 26 janv. 1972 : *D. 1972. 517 ; RTD civ. 1973. 768, obs. Loussouarn* • Paris, 7 mai 2001 : *préc. note 3* • Civ. 1re, 24 mai 2004 : *Gaz. Pal. 2004. 3277, concl. Sainte-Rose.*

En relevant toute l'importance donnée par l'acheteur aux preuves d'authenticité qu'il avait exigées lors de l'achat d'une statue chinoise présentée comme datant de l'époque Tang, les juges du fond ont ainsi constaté qu'étaient substantielles non seulement l'authenticité de l'objet, mais encore la possibilité de l'établir avec certitude ; à défaut de conclusion certaine sur cette authenticité, la vente est à bon droit annulée. • Civ. 1re, 26 févr. 1980, n° 78-15.631 P. – Comp. • Civ. 1re, 31 mars 1987 : *Bull. civ. I, n° 115* (acceptation de risque).

6. ... De la certitude au doute : attribution exclue devenant possible. Mais peu importe le fait qu'on ne puisse ni établir qu'un tableau soit de Poussin, ni exclure qu'il fût de lui, si la vente a été consentie dans la conviction erronée que le tableau ne pouvait pas être une œuvre de Nicolas Poussin ; en l'absence de toute recherche sur ce point, le rejet de la demande en annulation pour erreur formée par les vendeurs manque de base légale. • Civ. 1re, 22 févr. 1978 : *GAJC, 11e éd., n° 148-149 (I) ; D. 1978. 601, note Malinvaud ; RTD civ. 1979. 126, obs. Loussouarn* (cassation de • Paris, 2 févr. 1976 : *D. 1976. 325, concl. Cabannes ; JCP 1976. II. 18358, note Lindon,* réformant • TGI Paris, 13 déc. 1972 : *D. 1973. 410, note Ghestin et Malinvaud ; JCP 1973. II. 17377, note Lindon*). ♦ Dans le même sens : annulation de la vente d'un tableau par son propriétaire, dans la conviction erronée qu'il s'agissait d'une œuvre de l'atelier de Nicolas Poussin et non du maître lui-même. • Civ. 1re, 17 sept. 2003, n° 01-15.306 P : *JCP 2004. I. 123, nos 1 s., obs. Sérinet ; Gaz. Pal. 2004. 1049, note Crevel ; CCC 2004, n° 2, note Leveneur ; LPA 27 sept. 2004, note Cabrol.* ♦ Les juges du fond qui refusent d'annuler, à la demande du vendeur, la vente d'un tableau, d'abord attribué à Sargent, vente ayant fait l'objet d'une réduction de prix à la suite des doutes émis par des experts sur cette attribution, puis présenté ultérieurement, dans un ouvrage rédigé par l'acheteur, comme étant de la main de Claude Monet, doivent expliquer en quoi la réduction du prix n'est pas exclusive de l'attribution possible du tableau à un peintre d'une notoriété plus grande que celle de Sargent. • Civ. 1re, 28 mars 2008, n° 06-10.715 P : *D. 2008. 1866, note Treppoz ; JCP 2008. II. 10101, note Sérinet ; Dr. et patr. 2/2009. 125, obs. Aynès et Stoffel-Munck ; RLDC 2008/50, n° 3009, obs. Le Gallou ; RTD com. 2008. 840, obs. Bouloc* .

7. ... Attribution aléatoire. La mise en vente sans réserve d'une œuvre d'art portant une signature constitue une affirmation d'authenticité, ce qui exclut le caractère aléatoire du contrat. • Civ. 1re, 7 nov. 1995, n° 99-11.418 P : *Defrénois 1996. 1016, obs. Mazeaud ; RTD civ. 1997. 113, obs. Mestre* • 7 mars 2006, n° 03-15.671 P : *D. 2006. IR 884 ; LPA 11 déc. 2006, obs. Gaudin.* – Dans le même sens : • Civ. 1re, 3 avr. 2002, n° 99-16.444 P : *D. 2002. IR 1470* . ♦ En vendant et achetant un tableau intitulé Le Verrou « attribué à Fragonard », les contractants ont accepté, sur l'authenticité de l'œuvre, un aléa qui a été dans le champ contractuel ; en conséquence, aucune des deux parties ne peut alléguer l'erreur en cas de dissipation ultérieure de l'incertitude commune, et notamment pas le vendeur ou ses ayants cause en cas d'authenticité devenue certaine. • Civ. 1re, 24 mars 1987 : *D. 1987. 489, note Aubert ; JCP 1989. II. 21300, note Vieville-Miravete.* ♦ V., dans la même affaire, • TGI Paris, 21 janv. 1976 : *D. 1977. 478, note Malinvaud.* ♦ Dans le même sens : • Civ. 1re, 20 mars 2001 : *JCP 2003. II. 10090, note Cesaro* (facture faisant référence explicite au rapport d'expertise, dont il ne résultait que des certitudes partielles et relatives sur l'authenticité des œuvres vendues : refus d'annulation de la vente). ♦ Pour le cas où le vendeur a agi avec légèreté et ne peut se prévaloir de son erreur, V. • Paris, 15 nov. 1990 : *Gaz. Pal. 1992. 1. 51 ; D. 1991. Somm. 160, obs. Tournafond ; D. 1992. Somm. 264, obs. Fortis* (statuette vendue 4 500 F, revendue 300 000 F et en définitive acquise par le musée du Louvre pour 3 200 000 F).

8. Action en responsabilité : contre le vendeur. Dès lors que l'acheteur ne demande pas l'annulation de la vente, pour erreur sur une qualité substantielle des tableaux litigieux, mais exerce à l'encontre du vendeur une action en responsabilité à l'appui de laquelle il sollicite une expertise, c'est à bon droit que les juges du fond refusent d'ordonner l'expertise demandée, le doute sur l'authenticité des tableaux survenu postérieurement à l'époque de la vente n'étant pas susceptible d'engager la responsabilité du vendeur. • Civ. 1re, 16 avr. 1991 : *D. 1992. Somm. 264, obs. Aubert ; JCP 1992. II. 21976, note Meau-Lautour ; RTD civ. 1992. 83, obs. Mestre* .

9. ... Contre les intermédiaires et experts. Vis-à-vis de la victime de l'erreur, le commissaire-priseur ou l'expert qui affirme l'authenticité d'une œuvre d'art sans assortir son propos de réserves engage sa responsabilité. • Civ. 1re, 3 avr. 2007, n° 05-12.238 P : *D. 2007. 2288, note Baillet Bouin ; ibid. AJ 1201, obs. Gallmeister ; CCE 2008. Chron. 9, note Hénaff ; RTD com. 2007. 823, obs. Bouloc* . ♦ A l'égard de l'acquéreur, le commissaire-priseur, qui affirme sans réserve l'authenticité de l'œuvre d'art qu'il est chargé de vendre ou ne fait pas état des restaurations majeures qu'elle a subies, engage sa responsabilité, sans préjudice d'un recours contre l'expert dont il s'est fait assister. • Civ. 1re, 21 oct. 2020, n° 19-10.536 P : *D. 2021. 325, note Labarthe* . ♦ Le commissaire-priseur qui a recouru aux services de deux experts ayant inexactement attesté l'authenticité de l'œuvre présentée lors d'une vente est fondé à demander à être garanti par eux de la condamnation prononcée contre lui. • Même arrêt. ♦ Absence de faute du commissaire-priseur qui, eu égard aux données acquises au moment de la vente, n'avait aucune raison de mettre en doute l'authenticité de l'œuvre, ni par conséquent de procéder à des investigations complémentaires. • Civ. 1re, 10 juill. 2013, n° 12-23.773 P : *D. 2013. 1895* (œuvre présentée comme attribuée à un artiste, accompagnée d'un certificat d'authenticité de l'époux de l'artiste et d'un certificat postérieur d'une galerie spécialisée, seules des analyses techniques ayant permis de déterminer que l'œuvre n'était pas de la main de l'artiste, bien qu'elle ait été précédemment exposée comme telle, y compris lors d'une rétrospective organisée par l'époux de l'artiste). ♦ Absence de préjudice résultant de l'inexactitude des mentions du catalogue quant au bois utilisé pour le plateau d'une table, dans une hypothèse où il n'est pas prouvé que l'erreur commise aurait déterminé le consentement de l'acquéreur et qu'en achetant le meuble, lors d'une vente aux enchères, à un prix proche du double de la valeur estimée figurant sur le catalogue, l'acquéreur a, de manière certaine, privilégié le fait qu'il s'agissait d'une table attribuée à un créateur reconnu, au-delà du matériau utilisé. • Civ. 1re, 21 oct. 2020, n° 19-15.415 P : *préc. note 4.*

2° ERREUR DE DROIT

10. Nature des droits objet du contrat. Il y a erreur sur la substance, notamment quand le consentement de l'une des parties a été déterminé par l'idée fausse que cette partie avait de la nature des droits dont elle croyait se dépouiller ou qu'elle croyait acquérir par l'effet du contrat. • Civ. 17 nov. 1930 : *DP 1932. 1. 161,* note Laurent. ♦ Comp. : ne peut être invoquée comme cause d'une erreur de droit, susceptible de justifier la nullité d'un contrat, une décision judiciaire rendue entre d'autres parties. • Civ. 1re, 27 juin 2006, n° 05-13.337 P : *D. 2006. IR 1913 ; RDC 2007. 229, obs. Pérès ; RTD civ. 2006. 761, obs. Mestre et Fages* .

11. Obligation d'indemniser. Les juges du fond ne peuvent condamner un transporteur à payer la valeur des marchandises dérobées dans ses entrepôts sans rechercher si l'engagement pris par le transporteur de procéder à l'indemnisation n'était pas nul en raison de l'erreur de droit commise par lui et consistant dans la croyance que les circonstances du vol n'entraînaient pas une exonération de responsabilité, de telle sorte qu'il serait garanti par son assureur. • Civ. 1re, 20 nov. 1990, n° 89-14.103 P : *RTD civ. 1992. 99, obs. Mestre*.

12. Statut du bail et indemnité d'éviction. L'offre d'une indemnité d'éviction faite par le propriétaire dans la croyance que le statut des baux commerciaux était applicable, alors que ce n'était pas le cas, repose sur une erreur viciant son consentement. • Com. 28 nov. 1968 : *D. 1968. 177.* ♦ V. aussi • Civ. 3e, 5 juill. 1995, n° 92-20.425 P : *RDI 1996. 80, obs. Groslière et Saint-Alary Houin* ; *JCP N 1996. II. 542, note Moreau ; RTD civ. 1996. 388, obs. Mestre* ; *Defrénois 1996. 1157, obs. Roussel* (croyance erronée du vendeur en l'existence d'un droit de préemption). ♦ Un engagement de dédommagement fondé sur une reconnaissance de responsabilité souscrite à tort est nul, en raison de l'erreur portant sur l'efficacité juridique de la cause de l'engagement. • Req. 1er juill. 1924 : *DP 1926. 1. 27.* ♦ Rappr., pour la nullité pour erreur d'une remise de dette partielle consentie à une caution : • Chambéry, 20 déc. 2005 : *JCP 2006. II. 10097, note Simler.*

13. Existence d'un droit de préemption. Viole l'art. 1109 anc. la cour d'appel qui décide qu'il importe peu que l'offre de préemption ait été faite par suite de la croyance erronée de l'existence d'un droit de préemption, sous prétexte que l'offre a été acceptée aux conditions de la vente projetée. • Civ. 3e, 24 mai 2000, n° 98-16.132 P : *D. 2001. Somm. 1135, obs. D. Mazeaud* ; *ibid. 2002. Somm. 926, obs. Tournafond* ; *ibid. 472, obs. S. Amrani-Mekki ; JCP 2000. II. 10494, note Duvert ; LPA 28 juin 2001, note Tonglet ; RTD civ. 2000. 824, obs. Mestre et Fages*. ♦ Le caractère inexcusable de l'erreur de droit à l'origine de la notification du droit de préemption est sans incidence sur la validité de l'offre. • Civ. 3e, 20 oct. 2010, n° 09-66.113 P : *D. 2011. 279, note Binet-Grosclaude* ; *ibid. 387, note Tournafond* ; *AJDI 2010. 881, obs. Rouquet* ; *JCP 2011, n° 63, obs. Sérinet ; Defrénois 2011. 271, note Malaurie ; RLDC 2010/77, n° 4033, obs. Paulin.*

14. Jurisprudence indécise. Refus de prendre en considération l'erreur de droit consécutive à une diversité de jurisprudence et à une controverse établie : • Soc. 24 oct. 1946 : *D. 1947. 72.* ♦ Comp. • Civ. 26 oct. 1943 : *GAJC, 12e éd., n° 117-118 (I) ; D. 1946. 301, note J. Boulanger.* ♦ Erreur de droit dépourvue de tout caractère substantiel de nature à vicier le consentement : V. • Civ. 1re, 14 juin 1989 : *Bull. civ. I, n° 240 ; D. 1989. Somm. 338, obs. Aubert.*

15. Conséquences juridiques. Si l'erreur de droit peut justifier l'annulation d'un acte juridique pour vice du consentement ou défaut de cause, elle ne prive pas d'efficacité les dispositions légales qui produisent leurs effets en dehors de toute manifestation de volonté de la part de celui qui se prévaut de leur ignorance. • Civ. 1re, 4 nov. 1975 : *D. 1977. 105, note Ghestin* (ignorance de l'intéressée quant aux conséquences attachées par la loi, antérieurement à la réforme des régimes matrimoniaux, à son défaut de renonciation à la communauté).

16. Transaction. Non-prise en compte de l'erreur de droit en matière de transaction : V. note 23 ss. art. 2051.

B. ERREUR SUR LA PERSONNE

17. Illustrations. Le contrat est nul pour cause d'erreur sur la personne lorsqu'il apparaît que l'une des parties avait l'intention de contracter avec une agence commerciale d'expérience, et non avec une personne physique. • Saint-Denis de la Réunion, 6 oct. 1989 : *JCP 1990. II. 21504, note Putman.* ♦ L'ignorance par l'une des parties d'une circonstance de nature à porter atteinte à l'indépendance d'esprit d'un arbitre vicie le consentement donné par elle à la convention d'arbitrage et en entraîne la nullité. • Civ. 2e, 13 avr. 1972 : *D. 1973. 2, note J. Robert ; RTD civ. 1973. 769, obs. Loussouarn.* ♦ Sur l'introduction de l'*intuitus personae* dans les baux, V. • Lyon, 16 mai 1928 : *DP 1928. 2. 197, note Voirin.*

18. ... Erreur commune des parties. Application de l'anc. art. 1110, al. 2 (erreur sur la personne), à l'erreur commune des parties à un contrat de cautionnement sur une qualité substantielle de la personne du débiteur principal (interdiction d'exercer une activité commerciale). • Com. 19 nov. 2003, n° 01-01.859 P : *R., p. 400 ; D. 2004. AJ 60, obs. Avena-Robardet* ; *ibid. Somm. 2037, obs. Jobard-Bachellier* ; *RLDC 2004/6, n° 254, note Garron ; RTD civ. 2004. 86, obs. Mestre et Fages*.

II. ERREUR INEXCUSABLE

19. L'erreur n'est cause de nullité que dans la mesure où elle est excusable. • Soc. 3 juill. 1990 : *D. 1991. 507 (2e esp.), note Mouly* ; *RTD civ. 1991. 316, obs. Mestre* (caractère inexcusable de l'erreur commise par l'employeur lors de l'embauche d'un directeur dont il était aisé de découvrir qu'il venait de déposer le bilan de la société qu'il dirigeait). ♦ A supposer que, malgré les termes clairs et précis d'un ordre de publicité, une confusion se soit produite dans l'esprit du client, une telle erreur n'est pas excusable de la part d'un commerçant qui a pour obligation de lire les écrits, manuscrits ou imprimés, sur lesquels il appose sa signature. • Paris, 24 avr. 1984 : *Gaz. Pal. 1985. 1. 179, note Dupichot ; RTD civ. 1985. 572, obs. Mestre.* ♦ V. aussi • Civ. 1re, 16 déc. 1964 : *D. 1965. 136* (absence de méprise sur la signification des mentions « signé Courbet » et « attribué à Courbet », compte tenu de la personnalité de l'acheteur, amateur d'art appartenant à un milieu social élevé). – Même solution : • TGI Paris, 7 mai 1975 : *D. 1976. 605, note Jeandidier ; Gaz. Pal. 1975. 2. 748, note G. R.* ♦ Comp., rejetant le caractère inexcusable de l'erreur commise par l'acquéreur d'un tableau, professionnel du marché de l'art, dès lors qu'il était intervenu en qualité de restaurateur et non d'expert sur le tableau dont l'authentification faite par d'autres experts n'était en rien démentie à l'époque de la vente : • Civ. 1re, 14 déc. 2004, n° 01-03.523 P : *D. 2005. IR 594 ; JCP 2005. I. 141, nos 1 s., obs. Serinet ; RTD civ. 2005. 123, obs. Mestre et Fages.* ♦ Annulation d'une vente, l'acheteur, nonobstant sa qualité de professionnel, s'étant fondé sur les indications du catalogue, la photographie de l'objet et les réponses données par le commissaire-priseur aux questions posées antérieurement à la vente, et s'étant porté adjudicataire dans la croyance erronée que l'objet était en bon état. • Civ. 1re, 8 déc. 2009, n° 08-16.471 P : *D. 2010. AJ 15 ; JCP 2010, n° 516, note Sérinet ; LPA 1er mars 2010, note Brusorio-Aillaud ; RLDC 2010/68, n° 3703, obs. Le Gallou.* ♦ V. aussi note 3 pour les conséquences en matière d'authenticité. ♦ V. aussi note 7. ♦ Absence de nécessité de rechercher le caractère inexcusable d'une erreur due à des omissions et inexactitudes dans un acte de vente ayant eu des conséquences importantes sur la définition des biens vendus. • Civ. 3e, 21 mai 2008 : *préc. note 1.*

20. Caractère excusable de l'erreur sur la possibilité de louer un logement vendu à une SCI, compte tenu d'un règlement local excluant la prise en compte du volume, la possibilité de le mettre en location constituant une qualité essentielle de la chose vendue qui était entrée dans le champ contractuel et qui avait été déterminante de son consentement, la SCI n'ayant pas la qualité de professionnel de l'immobilier. • Civ. 3e, 3 mai 2018, n° 17-11.132 P : *D. 2018. 1008 ; RTD civ. 2018. 658, obs. Barbier.*

Art. 1133 *(Ord. n° 2016-131 du 10 févr. 2016, art. 2, en vigueur le 1er oct. 2016)* **Les qualités essentielles de la prestation sont celles qui ont été expressément ou tacitement convenues et en considération desquelles les parties ont contracté.**

L'erreur est une cause de nullité qu'elle porte sur la prestation de l'une ou de l'autre partie.

L'acceptation d'un aléa sur une qualité de la prestation exclut l'erreur relative à cette qualité. – *Dispositions transitoires, V. Ord. n° 2016-131 du 10 févr. 2016, art. 9, ss. art. 1386-1.*

1. Appréciation de l'erreur : moment où l'erreur doit être appréciée. L'annulation rétroactive du permis de construire obtenu après la vente est sans influence sur l'erreur, celle-ci devant s'apprécier au moment de la formation du contrat. • Civ. 3e, 24 nov. 2016, n° 15-26.226 P : *D. 2016. 2463 ; RDI 2017. 141, obs. Bergel ; AJ contrat 2017. 92, obs. de Ravel d'Esclapon ; RTD civ. 2017. 126, obs. Barbier.* ♦ La validité du consentement doit être appréciée au moment de la formation du contrat et les juges du fond ne peuvent débouter l'acquéreur d'une voiture d'occasion de son action en nullité pour erreur en se fondant sur le fait que, pour revendre le véhicule, le demandeur avait fait paraître une annonce dans laquelle il indiquait que l'état de la voiture était bon. • Civ. 1re, 26 oct. 1983, n° 82-13.560 P.

Les conditions de l'exécution ultérieure du contrat ne peuvent constituer un élément caractérisant l'erreur au moment de la conclusion du contrat. • Com. 12 févr. 2020, n° 18-10.790 P : *D. 2020. 51, note Grimaldi ; ibid. 789, obs. Ferrier ; AJ contrat 2020. 95, obs. Dissaux ; RTD civ. 2020. 459, obs. Cayrol*, rabat de : • Com. 11 déc. 2019, n° 18-10.790 P : *D. 2020. 51, note Grimaldi ; AJ contrat 2020. 95, obs. Dissaux* (le contrat de distribution conclu entre deux sociétés stipulant l'*intuitu personae* en considération de la personne morale de la société et de celle de son dirigeant, sa cession sans l'accord de l'autre partie concerne l'exécution et non la formation du contrat).

2. Éléments probatoires postérieurs. Le droit de se servir d'éléments d'appréciation postérieurs à la vente pour prouver l'existence d'une erreur au moment de la vente ne peut être dénié au vendeur (affaire du Poussin, préc.). • Civ. 1re, 13 déc. 1983 : *GAJC, 11e éd., n° 148-149 (II) ; D. 1984. 340, note Aubert ; JCP 1984. II. 20186, concl. Gulphe ; Gaz. Pal. 1984. 1. 156, note J. B. ; RTD civ. 1984. 109, obs. Chabas* (cassation de • Amiens, 1er févr. 1982 : *JCP 1982. II. 19916, note Trigeaud ; Gaz. Pal. 1982. 1. 134, concl. Houpert ; RTD civ. 1982. 416, obs. Chabas).* ♦ Sur renvoi : • Versailles, 7 janv. 1987 : *D. 1987. 485, note Aubert ; RTD civ. 1987. 741, obs. Mestre ; JCP 1988. II. 21121, note Ghestin.* – V. aussi Piedelièvre, Gaz. Pal. 1987. 1. Doctr. 196. – J.-P. Couturier, *D. 1989. Chron. 23.*

3. Confirmation ultérieure de l'absence de la qualité substantielle recherchée. La constructibilité immédiate d'un terrain étant un élément déterminant du consentement des acquéreurs et le risque lié à la présence d'une cavité souterraine existant à la date de la vente, la décision ultérieure de retrait du permis de construire n'a fait que prendre en compte la réalité de ce risque empêchant les acquéreurs de construire : la vente est nulle. • Civ. 3e, 12 juin 2014, n° 13-18.446 P : *D. 2015. Pan. 529, obs. Amrani-Mekki et Mekki ; RTD civ. 2014. 880, obs. Barbier ; JCP 2014, n° 1195, obs. Serinet ; Defrénois 2014. 1024, note Seube ; ibid. 2015. 59, note Chardeaux ; RDC 2014. 597 note Laithier.* ♦ ... Ou si l'annulation du POS, bien que postérieure à la vente, était fondée sur une législation déjà en vigueur lors de celle-ci : • Civ. 3e, 13 juill. 1999 : *préc. note 1 ss. art. 1132.* ♦ L'annulation du POS est sans influence sur une possibilité de dérogation que les parties avaient utilisée dans le cadre d'un accord spécifique. • Civ. 3e, 26 mai 2004, n° 02-19.354 P. ♦ ... Ou si la décision de rapporter l'arrêté municipal est elle-même fondée sur une cause postérieure à la vente. • Civ. 3e, 23 mai 2007, n° 06-11.889 P : *D. 2007. 2977, note Maillard ; JCP N 2007. 1240, note Brusorio-Aillaud ; ibid. 1302, n° 21, obs. S. Piedelièvre ; CCC 2007, n° 231, note Leveneur ; LPA 12 nov. 2007, obs. Pimont ; ibid. 6 févr. 2008, obs. Houtcieff ; RDI 2007. 396, note Trébulle ; ibid. 2008. 58, obs. Soler-Couteaux ; Dr. et patr. 3/2008. 91, obs. Mallet-Bricout ; RTD civ. 2007. 565, obs. Fages* (décision prise après une crue postérieure à la cession). ♦ ... Ou si le terrain acquis était déjà partiellement situé en zone inondable et qu'il n'a été déclaré totalement inconstructible qu'après la vente, à l'issue d'une procédure dont les acquéreurs avaient connaissance. • Civ. 3e, 13 nov. 2014, n° 13-24.027 P : *D. 2015. 60, note Rouvière ; ibid. 529, obs. Amrani-Mekki et Mekki ; RTD civ. 2015. 119, obs. Barbier ; JCP 2015, n° 306, obs. Serinet ; Defrénois 2015. 59, note Chardeaux* (risque assumé par les acheteurs, l'issue finale restant incertaine).

4. Pouvoirs des juges du fond. Une erreur commise dans la convention de rupture conventionnelle sur la date d'expiration du délai de quinze jours prévu par l'art. L. 1237-13 C. trav. ne peut entraîner la nullité de cette convention que si elle a eu pour effet de vicier le consentement de l'une des parties ou de la priver de la possibilité d'exercer son droit à rétractation. • Soc. 29 janv. 2014, n° 12-24.539 P : *D. 2014. 375.* ♦ Saisis d'une action en nullité pour cause d'erreur, les juges du fond apprécient souverainement les qualités qui, dans le contrat, doivent être considérées comme substantielles aux yeux des parties. • Civ. 1re, 26 févr. 1980 : *Bull. civ. I, n° 66* (possibilité d'établir avec certitude l'authenticité d'un objet d'art) • 11 oct. 1989 : *ibid. I, n° 313* (authenticité des propos rapportés par un auteur, pour la conclusion d'un contrat d'édition) • 10 mars 1998, n° 96-14.890 P (nature d'une œuvre picturale : huile sur papier ou dessin à l'encre) • 25 mai 2004, n° 01-13.357 P : *Gaz. Pal. 2004. 3277, concl. Sainte-Rose ; RTD civ. 2005. 123, obs. Mestre et Fages* (appréciation de l'existence d'un doute sérieux sur l'authenticité d'une œuvre). – Jurisprudence constante. ♦ Les juges peuvent considérer que la matière dont est fait un meuble n'a pas été une qualité déterminante pour l'acquéreur. • Civ. 1re, 21 oct. 2020, n° 19-15.415 P : *V. note 4 ss. art. 1132.* ♦ Ils apprécient si l'acquéreur d'un terrain, en qualité d'architecte et de promoteur immobilier expérimenté dans la région, et ayant déclaré dans l'acte d'acquisition « connaître parfaitement le bien vendu », « avoir pris par lui-même tous renseignements relatifs aux règles d'urbanisme », faire son affaire personnelle de ces règles « la vente ayant lieu à ses risques et périls », ne s'est pas engagé en connaissance de cause. • Civ. 3e, 9 juin 2010 : *CCC 2010, n° 222, note Leveneur ; RDC 2011. 40, obs. Savaux.*

5. Aléa. V. note 7 ss. art. 1132.

Art. 1134 *(Ord. n° 2016-131 du 10 févr. 2016, art. 2, en vigueur le 1er oct. 2016)* **L'erreur sur les qualités essentielles du cocontractant n'est une cause de nullité que dans les contrats conclus en considération de la personne.** – *Dispositions transitoires, V. Ord. n° 2016-131 du 10 févr. 2016, art. 9, ss. art. 1386-1.*

Comp. C. civ., art. 1110 anc.

V. notes 17 et 18 ss. art. 1132.

Art. 1135 *(Ord. n° 2016-131 du 10 févr. 2016, art. 2, en vigueur le 1er oct. 2016)* **L'erreur sur un simple motif, étranger aux qualités essentielles de la prestation due ou du cocontractant, n'est pas une cause de nullité, à moins que les parties n'en aient fait expressément un élément déterminant de leur consentement.**

Néanmoins l'erreur sur le motif d'une libéralité, en l'absence duquel son auteur n'aurait pas disposé, est une cause de nullité. – *Dispositions transitoires, V. Ord. n° 2016-131 du 10 févr. 2016, art. 9, ss. art. 1386-1.*

1. Illustrations. Les motifs vrais ou erronés qui peuvent inciter une partie à conclure une opération à titre onéreux avec une autre personne exempte de dol, sont sans influence sur la validité de l'opération, à moins que les parties aient été d'accord pour en faire la condition de leur traité. • Civ. 3 août 1942 : *DA 1943. 18.* ♦ V. aussi • Com. 4 juill. 1973 : *Bull. civ. IV, n° 238 ;*

R. 1973-1974, p. 66 ; D. 1974. 538, note Ghestin (vente de tissu d'ameublement que l'acheteur entend utiliser pour la fabrication de vêtements) • Com. 11 avr. 2012, n° 11-15.429 P : *D. 2012. 1117, obs. Delpech ; ibid. 2013. 391, obs. Amrani-Mekki et Mekki ; RTD com. 2012. 381, obs. Legeais ; ibid. 608, obs. Bouloc ; RDC 2012. 1175, obs. Laithier ; RLDC 2012/99, n° 4881, note Dupré* (équipements médicaux achetés par une infirmière en inadéquation avec son activité professionnelle). ♦ ... A moins qu'une stipulation expresse ne l'ait fait entrer dans le champ contractuel en l'érigeant en condition du contrat. • Com. 30 mai 2006 : *CCC 2006, n° 224, note Leveneur* • 11 avr. 2012 : *préc.*

2. *Erreur sur les avantages fiscaux d'une opération.* Les parties peuvent convenir, expressément ou tacitement, que le fait que le bien, objet d'une vente, remplisse les conditions d'éligibilité à un dispositif de défiscalisation constitue une qualité substantielle de ce bien. • Com. 22 juin 2022, n° 20-11.846 B : *D. 2023. 152, note Marcou ; ibid. 254, obs. Boffa et Mekki ; Rev. sociétés 2023. 115, note Jambort ; RTD civ. 2022. 610, obs. Barbier ; JCP 2022, n° 907, note Serinet ; CCC 2022, n° 150, note Leveneur ; RDC 2022/4. 15, note Latina* (nécessité de rechercher si l'éligibilité au dispositif de défiscalisation en cause ne constituait pas une qualité substantielle du bien vendu, convenue par les parties et en considération de laquelle elles avaient contracté, de sorte que, dès lors qu'il aurait été exclu, avant même la conclusion du contrat, que ce bien permît d'obtenir l'avantage fiscal escompté, le consentement aurait été donné par erreur). ♦ V. antérieurement, considérant que la recherche d'un avantage fiscal était un simple motif extérieur à l'objet du contrat, de sorte que la non-obtention de l'avantage recherché ne pouvait entraîner la nullité du contrat même si ce motif avait été déterminant. • Civ. 1re, 13 févr. 2001, n° 98-15.092 P : *JCP 2001. I. 330, nos 5 s., obs. Rochfeld ; Defrénois 2002. 476, note Robine ; RTD civ. 2001. 352, obs. Mestre et Fages* (achat immobilier réalisé dans un but, manqué, de défiscalisation). – Dans le même sens : • Civ. 3e, 24 avr. 2003, n° 01-17.458 P : *D. 2004. 450, note Chassagnard ; JCP 2003. II. 10135, note Wintgen ; Dr. et patr. 9/2003. 116, obs. Chauvel ; LPA 4 juin 2004, note D. Martin ; RDC 2003. 42, obs. D. Mazeaud ; RTD civ. 2003. 699, obs. Mestre et Fages ; ibid. 723, obs. Gautier* (avantage fiscal liés à la construction de places de parking). ♦ Pour le cas où l'erreur sur la rentabilité de l'opération a été provoquée par des manœuvres dolosives du vendeur, V. • Civ. 3e, 26 oct. 2022, n° 21-19.900 : *cité note 13 ss. art. 1137.*

3. *Cas particulier : l'erreur de la caution sur les risques encourus par elle.* La seule appréciation erronée, par la caution, des risques que lui faisait courir son engagement ne constitue pas une erreur sur la substance, de nature à vicier son consentement ; ainsi ne porte pas sur la substance de l'engagement de caution l'erreur d'appréciation commise sur les possibilités de croissance du fonds de commerce appartenant au débiteur principal. • Civ. 1re, 13 nov. 1990, n° 89-13.270 P : *D. 1991. Somm. 385, obs. Aynès ; RTD civ. 1991. 149, obs. Bandrac.* ♦ L'erreur de la caution sur la solvabilité, au jour du cautionnement, du débiteur principal ne peut être prise en compte que si cette circonstance a été la condition de l'engagement de la caution. • Civ. 1re, 25 oct. 1977 : *Bull. civ. I, n° 388* • Com. 2 mars 1982 : *D. 1983. 62, note Agostini* • Civ. 1re, 19 mars 1985 : *JCP 1986. II. 20659, note Bouteiller.* ♦ Comp. • Civ. 1re, 1er mars 1972 : *D. 1973. 733, note Malaurie.* ♦ L'erreur de la caution sur l'étendue des garanties (hypothèque de quatrième rang et non de deuxième rang) fournies au créancier, ayant déterminé son consentement, constitue une cause de nullité. • Civ. 1re, 1er juill. 1997, n° 95-12.163 P : *Defrénois 1997. 1425, obs. Aynès ; RTD civ. 1997. 970, obs. Bandrac.*

Art. 1136 *(Ord. n° 2016-131 du 10 févr. 2016, art. 2, en vigueur le 1er oct. 2016)* **L'erreur sur la valeur par laquelle, sans se tromper sur les qualités essentielles de la prestation, un contractant fait seulement de celle-ci une appréciation économique inexacte, n'est pas une cause de nullité.** – *Dispositions transitoires, V. Ord. n° 2016-131 du 10 févr. 2016, art. 9, ss. art. 1386-1.*

1. *Illustration.* En retenant que l'erreur invoquée portait, non sur les qualités substantielles de l'objet du contrat, mais seulement sur sa valeur, les juges du fond ont pu déduire que cette erreur ne constituait pas une cause de nullité de *la convention de cession d'actions.* • Com. 26 mars 1974 : *Bull. civ. IV, n° 108.* – Dans le même sens : • Com. 18 févr. 1997, n° 95-12.617 P : *JCP 1997. I. 4056, nos 5 s., obs. Loiseau ; LPA 10 août 1999, note Courtier.*

2. *Erreur substantielle à l'origine de l'erreur sur la valeur.* L'erreur substantielle qui a provoqué l'erreur sur la valeur peut fonder l'annulation. • Paris, 11 sept. 1990 : *D. 1991. Somm. 161, obs. Tournafond* (prononçant l'annulation, l'achat d'actions sans valeur faisant présumer l'erreur substantielle). ♦ V. aussi • Com. 1er oct. 1991 : *D. 1992. 190, note Virassamy ; JCP 1992. II. 21860, note Viandier ; RTD civ. 1992. 80, obs. Mestre ; Defrénois 1992. 578, obs. Le Cannu* • 7 févr. 1995 : *D. 1996. 50, note Blasselle ; RTD civ. 1995. 878, obs. Mestre* (vente d'actions emportant transfert d'une société à la situation irrémédiablement compromise : erreur sur les qualités substantielles des actions) • Paris, 24 févr. 1995 : *JCP 1995. I. 3865, obs. Viandier et Caussain* (la jouissance des locaux dans lesquels s'exerce l'activité professionnelle constitue, en l'espèce, une qualité substantielle des parts cédées) • Com. 17 oct. 1995 : *D. 1996. 167, note Paillusseau ; Defrénois 1996. 245, obs. Le Cannu ; RTD civ. 1996. 148, obs. Mestre ; LPA 2 sept. 1996, note Courtier* (indisponibilité du matériel constituant l'essentiel de l'actif de la société : erreur sur les qualités substantielles des parts sociales cédées).

3. Variante : erreur sur la rentabilité. L'appréciation erronée de la rentabilité économique d'une opération immobilière ne constitue pas une erreur sur la substance de nature à vicier le consentement. • Civ. 3e, 31 mars 2005, no 03-20.096 P : *JCP 2005. I. 194, obs. Sérinet.* ♦ Une erreur de choix de placement ne peut en aucun cas s'analyser en une erreur sur la substance de ce placement lui-même, pas plus que le fait de ne pas avoir perçu l'économie du contrat. • Civ. 2e, 8 oct. 2009, no 08-18.928 P : *D. 2009. AJ 2488 ; JCP 2009. 574, no 11, obs. Sérinet ; RDC 2010. 39, obs. Génicon ; ibid. 2012. 64, obs. Génicon.* ♦ Mais pour l'annulation de contrats de franchise, V. • Com. 4 oct. 2011 : *D. 2011. 3052, note Dissaux ; ibid. 2012. Pan. 459, obs. Amrani-Mekki et Mekki ; ibid. 577, obs. Ferrier ; JCP 2012, no 135, note Ghestin ; RDC 2012. 535, obs. Grimaldi* • 12 juin 2012 : *D. 2012. 2079, note Dissaux ; ibid. 2013. 391, obs. Amrani-Mekki et Mekki ; RTD civ. 2012. 724, obs. Fages* (erreur appréciée en retenant les documents précontractuels).

4. Erreur distincte de l'erreur sur la valeur : erreur sur le prix. BIBL. Lebois, *CCC 2002. Chron. 19* (erreur d'étiquetage et erreur sur le prix). ♦ Erreur sur l'unité monétaire : V. • Com. 14 janv. 1969 : *D. 1970. 458, note Pédamon ; RTD civ. 1969. 556, obs. Loussouarn* (confusion entre anciens et nouveaux francs ; annulation de la convention) • Orléans, 13 mai 2004 : *CCE 2004, no 144, note Stoffel-Munck ; RTD civ. 2005. 589, obs. Mestre et Fages* (confusion francs-euros : absence de formation du contrat) • Pau, 6 juin 2005 : *JCP 2005. IV. 3420* (*idem*). ♦ Malentendu sur le prix à l'unité des objets vendus : • Civ. 1re, 28 nov. 1973 : *D. 1975. 21, note Rodière ; RTD civ. 1974. 628, obs. Cornu ; ibid. 1975. 702, obs. Loussouarn.* ♦ Erreur matérielle dans l'indication du prix : • Civ. 3e, 23 janv. 1970 : *Gaz. Pal. 1970. 1. 210* (notification d'une vente à la SAFER avec indication d'un prix très faible par suite d'une erreur matérielle) • TGI Pau, 7 janv. 1982 : *JCP 1983. II. 19999, note Coiret* (indication erronée d'un prix dans une annonce) • Paris, 15 sept. 1995 : *D. 1995. IR 219 ; RTD civ. 1996. 148, obs. Mestre* (notification à un locataire d'un congé pour vendre avec offre de prix entachée d'une erreur matérielle flagrante) • Angers, 8 janv. 2001 : *JCP 2001. IV. 2857* (étiquetage du prix erroné) • TI Strasbourg, 24 juill. 2002 : *D. 2003. 2434, note Manara ; CCE 2004, no 7, note Grynbaum ; ibid., no 30, note Thioye* (idem, dans une vente par internet). ♦ Comp. sur l'incidence d'une erreur quant à l'estimation du poids d'une marchandise prise en considération par le vendeur pour en fixer le prix : • Com. 16 nov. 1993 : *JCP 1994. II. 22287, note Gross ; RTD civ. 1994. 346, obs. Mestre ; ibid. 629, obs. Gautier ; RTD com. 1994. 340, obs. Bouloc.* ♦ Pour des refus d'annulation, V. • Civ. 1re, 4 juill. 1995 : *D. 1997. 206, note Luciani ; D. 1996. Somm. 11, obs. Paisant ; RTD civ. 1995. 881, obs. Mestre* (prétendue erreur d'étiquetage d'une bague ne rendant pas son prix dérisoire et ne pouvant permettre l'annulation pour défaut de cause). ♦ Refus d'annulation d'une vente immobilière, faite par un marchand de biens, professionnel de la vente, pour erreur sur le prix résultant d'une conversion erronée de francs en euros. • Civ. 3e, 4 juill. 2007, no 06-15.881 P : *D. 2007. 2847, note Rias ; ibid. Pan. 2967, obs. Amrani-Mekki*, et dans la même affaire : • Poitiers, 17 déc. 2008 : *JCP N 2009. 1093, note Prod'homme.*

Art. 1137 *(Ord. no 2016-131 du 10 févr. 2016, art. 2, en vigueur le 1er oct. 2016)* **Le dol est le fait pour un contractant d'obtenir le consentement de l'autre par des manœuvres ou des mensonges.**

Constitue également un dol la dissimulation intentionnelle par l'un des contractants ***d'une information dont il sait le*** **caractère déterminant pour l'autre partie.**

(L. no 2018-287 du 20 avr. 2018, art. 5, en vigueur le 1er oct. 2018) **« Néanmoins, ne constitue pas un dol le fait pour une partie de ne pas révéler à son cocontractant son estimation de la valeur de la prestation. »** — *Dispositions transitoires, V. Ord. no 2016-131 du 10 févr. 2016, art. 9, ss. art. 1386-1.*

L'art. 1137, dans sa rédaction résultant de la L. no 2018-287 du 20 avr. 2018, est applicable aux actes juridiques conclus ou établis à compter du 1er oct. 2018 (L. préc., art. 16).

Comp. C. civ., art. 1116 anc.

BIBL. ▸ V. Bibl. ss. art. 1116 anc.

▸ Ballot, *LPA 2018/24. 6* (intention et réticence dolosive). – Casey, *AJ fam. 2018. 95* (le dol ou l'illusion contractualiste dans la mise en cause de la prestation compensatoire). – Casimir, *RDC 2017. 153 (dolus bonus)*. – Castanier, *RTD com. 2022. 423* (le dol du dirigeant social à l'encontre d'un tiers). – CATTALANO-CLOAREC, *AJ contrat 2018. 257* (loi de ratification et validité du contrat). – GRIMALDI, *RDC 2017. 175* (proposition de modification).

I. CONDITIONS

1. Auteur du dol. Le dol n'est une cause de nullité de la convention que s'il émane de la partie envers laquelle l'obligation est contractée. • Com. 1er avr. 1952 : *D. 1952. 380 et 685, note Copper-Royer* • 22 juill. 1986 : *Bull. civ. IV, n° 163.* ♦ Dans le même sens : • Civ. 1re, 27 juin 1973 : *D. 1973. 733 (2e esp.), note Malaurie* (application en matière de cautionnement, les manœuvres étant imputables au débiteur principal). – V. aussi note 21 ss. anc. art. 2288. • Com. 27 nov. 2001 : *CCC 2002, n° 45, note Leveneur* (manœuvres du franchiseur dans la fourniture d'informations au franchisé pour la négociation de ses contrats avec un crédit-bailleur). ♦ Pour le dol du cofidéjusseur, V. note 20 ss. anc. art. 2288. ♦ Mais l'erreur consécutive au dol d'un tiers à la convention est une cause de nullité lorsqu'elle porte sur la substance même du contrat. • Civ. 1re, 3 juill. 1996, n° 94-15.729 P : *D. 1996. Somm. 323, obs. Delebecque* ; *JCP 1997. I. 4033, n° 1, obs. Simler ; Gaz. Pal. 1997. 1. 41, note Cousin ; Defrénois 1997. 920, note Dagorne-Labbe ; CCC 1996, n° 181, obs. Leveneur ; LPA 23 mai 1997, note Lambert-Wiber ; RTD civ. 1996. 895, obs. Mestre* . ♦ Sur les exceptions V. notes ss. art. 1138.

2. Exclusion du dol : vente faite d'autorité de justice. La cession de gré à gré des actifs du débiteur en liquidation judiciaire, devant être autorisée par le juge-commissaire aux prix et conditions qu'il détermine, constitue une vente faite d'autorité de justice qui ne peut être annulée pour dol. En revanche, la responsabilité personnelle du liquidateur peut être recherchée. • Com. 4 mai 2017, n° 15-27.899 P : *D. 2017. 1941, obs. Le Corre et Lucas* ; *AJ contrat 2017. 347, obs. Lecourt* ; *RTD com. 2017. 441, obs. Vallens* ; *RDC 2017. 436, note Pellet.*

3. Intention dolosive. Viole l'art. 1116 anc. la cour d'appel qui prononce une annulation pour dol sans constater des manœuvres destinées à provoquer une erreur de nature à vicier le consentement du contractant. • Civ. 1re, 10 juill. 1995 : *Defrénois 1995. 1399, obs. Aubert ; CCC 1996. 2, note Leveneur ; D. 1997. 20, note Chauvel* ; *RTD civ. 1996. 390, obs. Mestre* . ♦ V. aussi pour la cassation d'un arrêt n'ayant pas établi que le défaut d'information avait pour objet de tromper la caution et de l'amener à contracter. • Civ. 1re, 13 févr. 1996, n° 94-10.908 P. ♦ *Rappr.* • *Paris, 22 nov. 2007 : RTD com. 2008. 122, obs. Champaud et Danet* . ♦ Dans le même sens, s'agissant d'une mention imprécise dans un *curriculum vitae :* • Soc. 16 févr. 1999, n° 96-45.565 P : *D. 1999. IR 74 ; JCP E 2000. 952, note Puigelier ; Dr. soc. 1999. 396, obs. Gauriau* ; *RTD civ. 1999. 419, obs. Gautier* . ♦ ... De renseignements inexacts fournis par le salarié sur ses diplômes lors de l'embauche : • Soc. 30 mars 1999, n° 96-42.912 P : *D. 2000. 97, note Aubert-Monpeyssen* ; *ibid. Somm. 13, obs. Omarjee* ; *JCP 1999. II. 10195, note J. Mouly.*

La Cour d'appel ayant relevé que les statuts de la mutuelle étaient ambigus en ce qui concerne les bénéficiaires de ses prestations, l'intention dolosive du courtier à qui il était reproché d'avoir transmis des informations erronées n'est pas établie, alors qu'il a pu de bonne foi se tromper sur ce qui lui était demandé. • Civ. 1re, 19 sept. 2018, n° 16-20.164 P : *D. 2018. 1863* ; *AJ contrat 2018. 480, obs. Néraudau* ; *RTD civ. 2018. 902, obs. Barbier* .

4. Manquement aux exigences légales d'information non constitutif de dol en l'absence : d'intention dolosive. Le manquement à une obligation précontractuelle d'information ne peut suffire à caractériser le dol par réticence, si ne s'y ajoute la constatation du caractère intentionnel de ce manquement et d'une erreur déterminante provoquée par celui-ci. • Com. 28 juin 2005, n° 03-16.794 P : *D. 2006. 2774, note Chauvel* ; *D. 2005. Pan. 2838, obs. Amrani-Mekki* ; *CCE 2005, n° 158, note Stoffel-Munck ; RTD civ. 2005. 591, obs. Mestre et Fages* • Civ. 3e, 7 avr. 2016, n° 15-13.064 P : *D. 2016. 840* ; *RTD civ. 2016. 605, obs. Barbier* ; *JCP N 2016, n° 1250, note Leveneur* • Civ. 1re, 20 avr. 2022, n° 19-11.599 B : *D. 2022. 789* ; *RDI 2022. 382, obs. Bruttin* ; *RDC 2022/3. 57, note Cattalano ; RCA 2022, n° 171, obs. Espagnon* (refus d'admettre le dol pour des emprunteurs ayant souscrit à un emprunt en francs suisses alors qu'ils avaient été informés, avant la conclusion du contrat, des conséquences de la variation du taux de change). ♦ Dans le même sens, pour le manquement aux exigences d'information sur les prix formulées par l'art. L. 113-3 C. consom. • Civ. 1re, 15 déc. 1998, n° 96-19.898 P. ♦ Comp. : une cour d'appel, qui n'est pas saisie d'une demande tendant à l'annulation d'une vente, peut, sans avoir à se prononcer expressément sur le caractère intentionnel de la réticence qu'elle constate et qui s'analyse aussi en un manquement à l'obligation précontractuelle d'information du vendeur, allouer des dommages-intérêts à l'acquéreur en réparation de son préjudice. • Civ. 1re, 28 mai 2008 : *cité note 25.*

Le défaut d'information du salarié d'une entreprise ne disposant pas d'institution représentative du personnel sur la possibilité de se faire assister, lors de l'entretien au cours duquel les parties conviennent d'une rupture conventionnelle du contrat de travail, par un conseiller choisi sur une liste dressée par l'autorité administrative n'a pas pour effet d'entraîner la nullité de la convention de rupture en dehors des conditions de droit commun. • Soc. 29 janv. 2014, n° 12-27.594 P : *D. 2014. 376* (salarié ayant été assisté, à sa demande, par son supérieur hiérarchique, la cour d'appel ayant souverainement apprécié l'absence de pression ou de manœuvre). ♦ V. aussi : • Soc. 29 janv. 2014, n° 12-25.951 P (même solution pour l'absence d'information sur la possibilité de prendre contact avec le service public de l'emploi en vue d'envisager la suite de son parcours professionnel, le salarié ayant conçu un projet de création d'entreprise).

En omettant d'informer la société repreneuse, au plus tard le jour de la signature de l'acte de cession, de ce qu'il n'avait l'intention de ne rester dans la société que quelques mois, alors qu'il savait que son maintien, pour être efficace et répondre à l'attente de l'acquéreur, ne pouvait se limiter à une aussi courte période, le cédant qui s'est engagé à conclure un contrat de travail avec le repreneur a commis un dol déterminant du consentement du cessionnaire. • Com. 12 févr. 2013 : *D. 2014. 630, obs. Amrani-Mekki et Mekki ; Rev. sociétés 2013. 547, note Massart ; RTD civ. 2013. 368, obs. Fages* (prise en compte d'un document antérieur à la cession faisant état d'une intention de rester 5 ans dans la société). ♦ Rappr. art. 1112-1. ♦ V. aussi ci-dessous notes 16, 17 et 18.

5. … Ou de mise en garde. Ne constitue pas un dol le seul manquement de l'établissement de crédit à son devoir de mise en garde. • Com. 9 févr. 2016, n° 14-23.210 P.

6. Manœuvres. Contrôle de la Cour de cassation. Si les juges du fond sont souverains pour apprécier la pertinence et la gravité des faits allégués comme constitutifs du dol et, en particulier, pour dire s'ils ont été la cause déterminante du contrat, il appartient à la Cour de cassation d'exercer son contrôle sur le caractère légal de ces faits, c'est-à-dire sur la question de savoir si les moyens employés par l'une des parties doivent être qualifiés de manœuvres illicites. • Civ. 30 mai 1927 : *DH 1927. 416*. – Dans le même sens : • Com. 1er avr. 1952 : *D. 1952. 380 et 685, note Copper-Royer.* ♦ V. également : • Com. 6 sept. 2016, n° 14-25.259 : *AJ contrat 2016. 488, obs. Y. Dagorne-Labbe*.

7. Insistance. *La seule insistance manifestée par une partie pour convaincre l'autre de lui vendre un fonds de commerce n'est pas constitutive d'une manœuvre dolosive, dès lors qu'aucune des attestations produites à l'appui d'une demande en nullité pour dol ne fait état d'artifices, de fraude, de mensonge ou de tromperie, mais seulement de fréquentes démarches de l'acquéreur.* • Com. 2 juin 1981 : *Bull. civ. IV, n° 259.* ♦ Des méthodes de vente « agressives » (intervention de plusieurs vendeurs) ne sont pas assimilables à des manœuvres dolosives. • Paris, 5 sept. 2001 : *CCC 2002, n° 86, note Raymond.*

8. Manœuvres intellectuelles. Pour des « manœuvres intellectuelles » à l'occasion d'une franchise, quant à l'expérience du franchiseur et à la qualité de la formation dispensée : • Civ. 1re, 8 déc. 2009 : *LPA 1er mars 2010, note Brusorio-Aillaud.*

9. Mensonge. Un simple mensonge, non appuyé d'actes extérieurs, peut constituer un dol. • Civ. 3e, 6 nov. 1970 : *JCP 1971. II. 16942, note Ghestin.* ♦ Cassation de l'arrêt ayant écarté le dol, alors que la cour d'appel avait constaté que la venderesse avait apporté des réponses mensongères aux demandes répétées de l'acquéreur d'une maison relatives à la présence des algues sargasses, avec la volonté de tromper. • Civ. 3e, 15 juin 2022, n° 21-13.286 B : *D. 2022. 1891, note Bonnardel ; AJDI 2022. 861, obs. Cohet ; CCC 2022, n° 130, note Leveneur ; Defrénois 2022/34. 23, obs. Richevaux.*

10. Simple exagération publicitaire non constitutive de dol. Il convient d'apprécier les allégations mensongères selon la qualité de celui de qui elles émanent et de celui dont elles s'adressent ; la qualification de bois de belle qualité, alors qu'il s'agissait de bois mitraillés, ne dépasse pas l'exagération permise en matière de vente commerciale, surtout lorsque les acheteurs sont eux-mêmes en principe des experts en la matière, l'existence de bois mitraillés sur les coupes étant visible à l'œil nu. • TGI Avesnes-sur-Helpe, 5 févr. 1964 : *Gaz. Pal. 1964. 1. 421.* ♦ L'exagération publicitaire ne dépassant pas ce qui est habituel dans les pratiques commerciales n'est pas constitutive de dol. • Com. 13 déc. 1994 : *CCC 1995, n° 48, note Leveneur.*

11. Réticence dolosive. BIBL. Lardeux, *D. 2012. Chron. 2986*. ♦ Le dol peut être constitué par le silence d'une partie dissimulant à son cocontractant un fait qui, s'il avait été connu de lui, l'aurait empêché de contracter. • Civ. 3e, 15 janv. 1971 : *Bull. civ. III, n° 38 ; RTD civ. 1971. 839, obs. Loussouarn* • 2 oct. 1974 : *Bull. civ. III, n° 330 ; GAJC, 11e éd., n° 150* (dissimulation de l'installation prochaine d'une porcherie) • 11 mai 2005, n° 03-17.682 P : *D. 2005. IR 1451 ; RTD civ. 2005. 590, obs. Mestre et Fages* (dissimulation de l'existence d'un recours contre l'autorisation administrative de poursuite de l'activité de pisciculture) • 6 juill. 2005, n° 01-03.590 P (dissimulation de prescriptions administratives de sécurité à réaliser dans un hôtel-restaurant).

12. Dol et vice caché. L'action en garantie des vices cachés n'est pas exclusive de l'action en nullité pour dol. • Civ. 1re, 6 nov. 2002, n° 00-10.192 P : *CCC 2003, n° 38, note Leveneur ; Dr. et patr. 2/2003. 109, obs. Chauvel ; LPA 28 juill. 2003, note Staeger.* ♦ … Ou en responsabilité délictuelle pour le dol ou la réticence dolosive commis avant ou lors de la conclusion du contrat. • Civ. 3e, 23 sept. 2020, n° 19-18.104 P : *D. 2020. 1888 ; RTD civ. 2020. 879, obs.*

Barbier ; *JCP 2020, n° 1306, note Lagelée-Heymann ; Defrénois 2021/1-2. 39, note Bellis.*

13. Applications en matière de vente d'immeuble. • Amiens, 4 juin 1975 : *D. 1976. 124* (dissimulation d'un projet d'urbanisme) • Civ. 3e, 20 déc. 1995, n° 94-14.887 P : *CCC 1996. 55, note Leveneur* (dissimulation d'un projet immobilier privant d'ensoleillement le bien vendu). ♦ V. aussi • Civ. 1re, 13 févr. 1967 : *Bull. civ. I, n° 58* (dissimulation du projet d'élargissement d'une route) • Civ. 3e, 10 févr. 1999 : *CCC 1999, n° 90, obs. Leveneur* (dissimulation du fait que l'eau du puits de la maison vendue n'est pas potable) • 29 nov. 2000, n° 98-21.224 P : *D. 2001. IR 177* ; *Gaz. Pal. 2002. 727, note Fontenaud-Lapègue ; CCC 2001, n° 41, note Leveneur* (dissimulation par le vendeur d'un arrêté d'interdiction d'habiter) • 28 mai 2002 : *Dr. et patr. 10/2002. 101, obs. Chauvel* (dissimulation de la présence de capricornes dans la maison vendue) • 22 juin 2005, n° 04-10.415 P : *CCC 2005, n° 186, note Leveneur ; LPA 24 janv. 2006, note Théron ; ibid. 17 oct. 2006, note Chardeaux ; RDC 2005. 1025, obs. Stoffel-Munck* (dissimulation du montant réel des charges de sécurité, s'agissant d'un immeuble de grande hauteur) • 14 mars 2006 : *CCC 2006, n° 126, note Leveneur* (dissimulation d'une infestation ancienne par les termites de la maison vendue, peu important l'état parasitaire actuel négatif) • 7 nov. 2007 : *JCP N 2007. 1333, note Boutonnet ; RDI 2008. 89, obs. Trébulle* (dissimulation de la proximité d'une installation classée soumise à autorisation) • 3 mars 2010, n° 08-21.056 P : *RLDC 2010/70, n° 3762, obs. Le Gallou* (dissimulation d'inondations antérieures) • 16 mars 2011, n° 10-10.503 P : *D. 2012. Pan. 459, obs. Amrani-Mekki et Mekki* ; *JCP 2011. 953, obs. Ghestin* (dissimulation de la présence d'amiante) • 25 mai 2011 : *CCC 2011, n° 184, obs. Leveneur* (dissimilation de la construction proche d'une usine source de nuisances) • 11 sept. 2012 : *RDC 2013. 63, obs. Savaux* (suppression d'un espace boisé, affectant la valeur du terrain vendu, en cours de discussion dans le cadre de la modification du PLU, que la commune ne pouvait ignorer) • Civ. 3e, 26 oct. 2022, n° 21-19.900 (erreur sur la rentabilité et la valeur d'un bien acquis à des fins de défiscalisation par des manœuvres dolosives du vendeur consistant en la conclusion d'un fonds de concours avec l'exploitant et la cession à celui-ci des locaux destinés à l'accueil et à la réception de la résidence, dissimulés à l'acquéreur, ainsi qu'en l'absence d'analyse des prix du marché par un organisme indépendant) • Versailles, 15 nov. 2012 : *D. 2012. 2800* (réticence dolosive dans la description d'un bien objet d'une promesse de vente et quant à l'origine de la propriété). ♦ Absence de réticence dolosive ou de vice caché dans l'hypothèse de l'exercice par une commune de son droit de préemption sur un terrain pollué, alors que l'acquéreur initial avait été informé de la pollution du terrain par un rapport annexé à l'acte sous seing privé de vente et qu'aucune obligation n'imposait aux venderesses d'annexer ce compromis à la déclaration d'intention d'aliéner, la commune disposant par ailleurs de services spécialisés et de l'assistance des services de l'État. • Civ. 3e, 7 nov. 2012, n° 11-22.907 P : *AJDA 2012. 2144* ; *D. 2013. 391, obs. Amrani-Mekki et Mekki* . ♦ V. note 12 ss. art. 2288.

14. Applications en matière de cautionnement. V. • Com. 8 nov. 1983 : *Bull. civ. IV, n° 298* (absence d'information de la caution sur la situation irrémédiablement compromise du débiteur principal). – V. conf., • Civ. 1re, 26 nov. 1991, n° 90-14.978 P. ♦ Pour des annulations de cautionnement fondées sur un manquement à l'obligation de bonne foi, V. • Civ. 1re, 16 mai 1995 : *JCP 1996. II. 22736, note X. Lucas* • 18 févr. 1997, n° 95-11.816 P : *Gaz. Pal. 1997. 2. Somm. 446, obs. S. Piedelièvre ; CCC 1997, n° 74, obs. Leveneur* (décision déduisant de ce manquement l'existence d'un dol par réticence) • 13 mai 2003, n° 01-11.511 P : *D. 2004. 262, note Mazuyer* ; *D. 2003. AJ 2308, obs. Avena-Robardet (2e esp.)* ; *JCP 2003. II. 10144, note Desgorces ; ibid. I. 170, nos 1 s., obs. Loiseau ; Defrénois 2003. 1568, obs. Libchaber ; Dr. et patr. 2/2004. 125, obs. Chauvel ; LPA 24 nov. 2003, note Houtcieff ; RTD civ. 2003. 700, obs. Mestre et Fages* (inopposabilité de la clause énonçant que la caution ne fait pas de la situation du cautionné la condition déterminante de son engagement). ♦ Rappr. • Com. 17 juin 1997, n° 95-14.105 P : *R., p. 235 ; D. 1998. 208, note Casey* ; *JCP E 1997. II. 1007, note D. Legeais ; RTD civ. 1998. 100, obs. Mestre* ; *ibid. 157, obs. Crocq* (il y a faute de la part d'une banque, engageant sa responsabilité, à exiger, dans des conditions exclusives de la bonne foi, un aval d'un montant manifestement disproportionné avec les revenus et le patrimoine de l'avaliste).

15. Violation d'une obligation précontractuelle de renseignement. Vendeur professionnel : V. • Civ. 3e, 3 févr. 1981 : *D. 1984. 457, note Ghestin* • Civ. 1re, 12 nov. 1987 : *Bull. civ. I, n° 293 ; RTD civ. 1988. 339, obs. Mestre* (réparations d'une voiture) • Paris, 13 nov. 1962 : *JCP 1963. II. 13154* (année de sortie d'usine d'un véhicule d'occasion) • Saint-Denis de la Réunion, 26 janv. 1993 : *JCP 1994. II. 22299, note Gouyou* (caractéristiques de l'alimentation en électricité nécessaire au fonctionnement d'un terminal de cuisson de boulangerie) • Civ. 1re, 12 janv. 2012 : *CCC 2012, n° 84, obs. Leveneur.*

16. Réticences non dolosives. Aucun texte n'oblige une entreprise à informer son cocontractant du fait qu'elle fait l'objet d'un redressement judiciaire. • Com. 24 sept. 2003 : *RTD civ. 2004. 86, obs. Mestre et Fages* ; *RDC 2004. 260, obs. D. Mazeaud* (rejet du dol, en l'espèce, faute d'autres éléments). ♦ N'est pas dolosive la non-révélation aux actionnaires, lors d'une assemblée générale délibérant sur un projet de fusion, de la signature d'un contrat de vente de missiles dont la « négociation » était couverte par le secret défense, dès lors qu'il était raisonnable et prudent, eu égard à la nature et à la durée du contrat, de ne pas tenir ses effets pour complètement acquis, et que le président de la société concernée, interrogé sur ce contrat, a indiqué qu'il lui était impossible de s'exprimer sur ce point. • Com. 3 juin 1998, n° 96-13.891 P : *D. Affaires 1998. 1452, obs. M. B.* ♦ Les bailleurs n'étant tenus d'aucune obligation légale d'information du preneur ne sauraient se voir imputer à faute le fait d'avoir inséré dans un bail rural une clause stipulant expressément que les parties entendaient, s'agissant du renouvellement, faire application des dispositions de l'art. 456 [anc.] du code civil, un preneur normalement diligent devant s'informer sur cette clause auprès du notaire devant lequel le bail a été conclu. • Civ. 1re, 4 juin 2009, n° 08-13.480 P : *D. 2010. Pan. 224, obs. Amrani-Mekki ; Dr. fam. 2009, n° 129, note Maria ; RLDC 2009/63, n° 3521, obs. Maugeri ; RDC 2009. 1337, obs. Laithier ; ibid. 1486, obs. Seube ; Defrénois 2009. 2199, obs. Massip ; RTD civ. 2009. 506, obs. Hauser*.

Le donateur ne commet pas un dol en ne révélant pas aux donataires l'existence d'un contrat d'assurance vie au profit de l'un des donataires ou celle de donations précédemment consenties, dans les limites de la quotité disponible, à une personne non successible et tiers à la donation-partage. • Civ. 1re, 16 déc. 2015, n° 14-27.028 P.

17. ... De l'acheteur. A défaut de preuve d'une intention dolosive, la réticence ne peut être retenue à titre de manœuvre. • Civ. 1re, 12 nov. 2015, n° 14-21.725 P. ♦ Aucune obligation d'information ne pesant sur l'acheteur, cassation de l'arrêt qui retient la réticence dolosive de l'acheteur qui n'a pas fait connaître à son vendeur la grande valeur des photographies qu'il lui achetait. • Civ. 1re, 3 mai 2000, n° 98-11.381 P : *D. 2002. Somm. 928, obs. Tournafond (1re esp.) ; JCP 2000. I. 272, nos 1 s., obs. Loiseau ; JCP 2001. II. 10510, note Jamin ; JCP E 2001. 1578, note Chauvel (1re esp.) ; Defrénois 2000. 1110, obs. D. Mazeaud ; ibid. 1114, obs. Delebecque ; CCC 2000, n° 140, note Leveneur ; LPA 5 déc. 2000, note Fromion-Hébrard ; RTD civ. 2000. 566, obs. Mestre et Fages*. ♦ L'acquéreur, même professionnel, n'est pas tenu d'une obligation d'information au profit du vendeur sur la valeur du bien acquis. • Civ. 3e, 17 janv. 2007, n° 06-10.442 P : *D. 2007. 1051, notes D. Mazeaud, et Stoffel-Munck ; ibid. Pan. 2969, obs. Amrani-Mekki ; JCP 2007. II. 10042, note Jamin ; JCP N 2007. 1157, n° 4, obs. S. Piedelièvre ; Defrénois 2007. 443, obs. Savaux ; ibid. 959, note Dagorne-Labbe ; CCC 2007, n° 117, note Leveneur ; AJDI 2007. 416, note Bigot de la Touanne ; RLDC 2008/45, n° 2838, étude Ben Hadj Yahia ; Dr. et patr. 1/2008. 24, note Chauvel ; ibid., 3/2008. 91, obs. Mallet-Bricout ; RDC 2007. 703, obs. Laithier ; RTD civ. 2007. 335, obs. Mestre et Fages* (valeur réelle d'un bien immobilier non révélée au vendeur par l'acquéreur marchand de biens). ♦ Le cessionnaire de titres d'une société n'est pas tenu d'informer le cédant des négociations en cours avec un tiers pour l'apport à ce tiers des titres faisant l'objet de la cession. • Com. 12 mai 2004, n° 00-15.618 P : *D. 2004. AJ 1599, obs. A. Lienhard ; ibid. Somm. 2923, obs. Lamazerolles ; JCP 2004. II. 10153, note Damy ; ibid. I. 173, nos 1 s., obs. Constantin ; JCP E 2004. 1393, note Trébulle ; Gaz. Pal. 2005. Somm. 645, obs. Guével ; Dr. et patr. 11/2004. 83, obs. Chauvel ; ibid. 90, obs. Poracchia ; LPA 16 juill. 2004, note Reifegerste ; RTD civ. 2004. 500, obs. Mestre et Fages ; RDC 2004. 923, obs. D. Mazeaud ; Rev. sociétés 2005. 140, note Godon*.

18. Réticence dolosive de l'acheteur. Cependant, retiennent le dol de l'acquéreur : ... en matière de cessions immobilières. • Civ. 3e, 27 mars 1991, n° 89-16.975 P : *D. 1992. Somm. 196, obs. Paisant ; RTD civ. 1992. 81, obs. Mestre* (réticence à informer le vendeur d'un terrain du déclenchement de la révision du plan d'occupation des sols, de nature à conférer une plus-value au bien vendu) • 15 nov. 2000, n° 99-11.203 P : *D. 2002. Somm. 928, obs. Tournafond (2e esp.) ; JCP 2002. II. 10054, note Lièvremont ; JCP 2001. I. 301, nos 1 s., obs. Sérinet ; JCP E 2001. 1578, note Chauvel (2e esp.) ; ibid. 2002. 640, n° 6, obs. Mainguy ; Defrénois 2001. 242, obs. Savaux ; CCC 2001, n° 23, note Leveneur ; RTD civ. 2001. 355, obs. Mestre et Fages* (manœuvres des acquéreurs tendant à maintenir les vendeurs dans l'ignorance de la richesse du sous-sol du bien offert à la vente). ♦ ... En matière de cessions de parts sociales : • Com. 27 févr. 1996, n° 94-11.241 P : *R., p. 312 ; JCP 1996. II. 22665, note Ghestin ; D. 1996. 518, note Malaurie (précision Ghestin : ibid. 591) ; D. 1996. Somm. 342, obs. Hallouin ; Defrénois 1996. 1205, note Dagorne-Labbe ; RTD civ. 1997. 114, obs. Mestre ; LPA 17 févr. 1997, note D. R. Martin* (non-révélation au cédant, de la part d'un président de société, d'informations privilégiées relatives à la cession d'actions non cotées) • Civ. 1re, 25 mars 2010 : *JCP 2010, n° 921, note Ghestin ; RDC 2010. 811, note Mazeaud* (dissimulation d'une offre ferme présentée par un sous-acquéreur). – V. aussi • Com. 12 mai 2004 : *préc. note 17* • 22 févr. 2005 : *RTD civ. 2005. 773, obs. Mestre et Fages*. – Rappr. • Com. 14 juin 2005, n° 03-12.339 P : *D. 2005. AJ 1775, obs. A. Lienhard ; JCP 2005. I. 194, nos 12 s., obs. Wintgen ; RTD civ. 2005. 774, obs. Mestre et Fages ; Rev. sociétés 2006. 66, note Mathey*.

19. Absence de réticence dolosive en cas

de respect des prescriptions légales. Il ne saurait y avoir réticence dolosive lorsque le prêteur s'est conformé aux prescriptions légales qui détaillent avec précision, dans un modèle type, son obligation de renseignement. • Civ. 1re, 14 juin 1989 : *D. 1989. Somm. 338, obs. Aubert ; JCP 1991. II. 21632, note Virassamy.* ♦ V. aussi, à propos d'une assurance de groupe, • Civ. 1re, 1er déc. 1998, n° 96-16.608 P : *D. 2000. 404, note Choisez ; JCP 1999. I. 171, n° 9 s., obs. Virassamy ; RTD civ. 1999. 83, obs. Mestre .* ♦ Sur le problème posé par la reproduction stricte du modèle qui n'a pas été mis en harmonie avec une réforme postérieure, V. en faveur d'une obligation de compléter le modèle : • TI Périgueux, 30 août 1996 : *CCC 1996. 207, obs. Raymond* • Amiens, 26 nov. 1996 : *Gaz. Pal. 1997. 1. 288, note Vindreau.* ♦ *Contra* antérieurement : • Amiens, 14 févr. 1995 : *Gaz. Pal. 1995. 2. 495, note Vindreau.* ♦ Mais la présentation d'une offre conforme aux exigences légales ne dispense pas l'établissement de crédit de son devoir de conseil à l'égard de l'emprunteur, en particulier lorsqu'il apparaît à ce professionnel que les charges du prêt sont excessives par rapport à la modicité des ressources du consommateur. • Civ. 1re, 27 juin 1995 : *D. 1995. 621, note S. Piedelièvre ; Defrénois 1996. 689, étude Scholastique ; RTD civ. 1996. 385, obs. Mestre .*

20. Consentement de la victime déterminé par le dol. Sur le caractère déterminant du dol, V. • Civ. 1re, 13 févr. 1967 : *Bull. civ. I, n° 58* • Civ. 3e, 1er mars 1977 : *D. 1978. 91, note Larroumet* • Douai, 12 janv. 1983 : *Gaz. Pal. 1983. 1. 213, note Japy* (annulation d'un prêt obtenu grâce à un devis faussement majoré) • Soc. 5 oct. 1994 : *D. 1995. 282, note Mozas ; RTD civ. 1995. 93, obs. Mestre ; ibid. 143, obs. Gautier* (*curriculum vitae* manuscrit écrit par le conjoint du candidat à un recrutement : nécessité de rechercher précisément si, sans la manœuvre, l'employeur n'aurait pas contracté) • Com. 8 juill. 2003 : *D. 2011. 2479, note Cartier-Frénois ; CCC 2003, n° 153, note Leveneur* (contrat de franchise antérieur à la loi Doubin, informations tronquées et exagérément optimistes : faute insuffisante pour entraîner la nullité) • Com. 7 juin 2011, n° 10-13.622 P : *CCC 2011, n° 208, obs. Leveneur ; RTD civ. 2011. 533, obs. Fages ; RDC 2011. 1148, note Laithier* (caractère non déterminant). ♦ Le contractant ne peut invoquer des manœuvres dolosives portant sur l'attrait fiscal de l'opération immobilière lorsque, par une clause du contrat, il a déclaré que sa réservation n'était pas déterminée par d'éventuelles conséquences fiscales. • Civ. 3e, 21 mars 2001 : *CCC 2001, n° 101, note Leveneur ; RTD civ. 2001. 904, obs. Gautier .*

21. La Cour de cassation estime que le caractère déterminant du dol ne suffit pas et qu'il faut en outre qu'il soit établi que l'erreur provoquée porte sur un objet qui se situe dans le champ contractuel. • Civ. 1re, 21 oct. 2020, n° 18-26.761 P : *D. 2021. 887, note Barbaud ; RTD civ. 2020. 869, obs. Barbier ; CCC 2021, n° 17, note Bernheim-Desvaux* (la rentabilité économique d'une installation photovoltaïque n'est un élément essentiel du contrat que s'il est prouvé que les parties l'ont fait rentrer dans le champ contractuel).

22. Erreur provoquée. Le dol suppose une erreur provoquée. • Com. 2 juin 1981 : *Bull. civ. IV, n° 259* • Civ. 1re, 10 juill. 1995 : *préc. note 3* • 13 févr. 1996 : *préc. note 3.* ♦ *Contra* : tous les agissements malhonnêtes tendant à surprendre une personne en vue de lui faire souscrire un engagement, qu'elle n'aurait pas pris si on n'avait pas usé de la sorte envers elle, peuvent être qualifiés de manœuvres dolosives. • Colmar, 30 janv. 1970 : *D. 1970. 297, note Alfandari ; JCP 1971. II. 16609, note Loussouarn.* ♦ Mais la Cour de cassation a condamné cette conception du dol en exigeant que les agissements aient provoqué une erreur de la victime : • Civ. 3e, 1er mars 1977 : *D. 1978. 91, note Larroumet.* ♦ V. aussi note 2 ss. art. 1139. ♦ Cependant pour une captation d'héritage réalisée par l'isolement et le conditionnement progressifs d'une personne âgée et affaiblie : • Civ. 1re, 30 oct. 1985 : *Bull. civ. I, n° 282.* ♦ Mais les manœuvres dolosives alléguées ne constituent pas la cause déterminante de la libéralité dans le cas où l'existence de liens affectifs anciens est établie entre la testatrice et son légataire. • Civ. 1re, 24 oct. 2000, n° 98-17.341 P : *D. 2000. IR 296 ; Dr. fam. 2000, n° 146, note Beignier.*

Une convention d'échange de parcelles ayant été obtenue par une fraude ayant donné lieu à une condamnation pénale définitive pour abus de faiblesse, il peut en être déduit l'existence d'un dol entraînant la nullité de l'acte. • Civ. 3e, 26 oct. 2005 : *CCC 2006, n° 21, note Leveneur.*

23. Erreur non établie : qualité de la victime. Rejet d'une demande en nullité pour dol présentée par une société, qui n'est pas un acquéreur profane et inexpérimenté dans le domaine de l'achat d'immeuble, qui a visité les logements situés dans l'immeuble vendu, qui a pu procéder à toute constatation utile et qui avait signé le « compromis » en toute connaissance de cause. • Civ. 3e, 7 mai 2014 : *D. 2014. 1751, note Viney .* ♦ Dans le même sens en présence de dirigeants particulièrement avertis ayant eu accès, avec leurs experts, à une information complète. • Com. 18 janv. 2023, n° 22-19.539 B.

24. … Non-respect d'une obligation d'information précontractuelle. Le manquement à une obligation précontractuelle d'information ne peut suffire à caractériser le dol par réticence, si ne s'y ajoute la constatation du caractère intentionnel de ce manquement. • Civ. 1re, 20 avr. 2022, n° 19-11.599 B : *D. 2022. 789 ; RDI 2022. 382, obs. Bruttin ; RDC 2022/3. 57, note*

Cattalano ; RCA 2022, n° 171, obs. Espagnon. ♦ Même en cas de non-respect d'une obligation légale d'information précontractuelle (en l'espèce, loi « Doubin » du 31 déc. 1989, art. 1er, sur la franchise, devenu C. com., art. L. 330-3), le juge ne peut annuler le contrat sans rechercher si le défaut d'information a eu pour effet de vicier le consentement du contractant. • Com. 10 févr. 1998, n° 95-21.906 P : *D. 1999. Chron. 431, étude Marot ; D. Affaires 1998. 375, obs. E. P. ; ibid. 988, étude Kamdem ; D. 1998. Somm. 334, obs. Ferrier (2e esp.) ; Defrénois 1998. 733, obs. Delebecque ; CCC 1998, n° 55, note Leveneur ; RTD civ. 1998. 365, obs. Mestre* • 21 nov. 2000 : *CCC 2001, n° 20, note Leveneur* • 7 juill. 2004, n° 02-15.950 P : *D. 2004. AJ 2229, et les obs. ; Gaz. Pal. 2005. Somm. 582, obs. Guével ; CCC 2004, n° 170, note Leveneur.* – Même sens : • Com. 20 mars 2007 : *JCP 2007. II. 10133, note Attuel-Mendes.* ♦ Manquement à l'obligation légale d'information du consommateur, V. note 20 ss. art. 1615. ♦ L'assureur ne peut se prévaloir de la nullité du contrat d'assurance pour fausse déclaration intentionnelle de la part de l'assuré lorsque son agent général en a eu connaissance au moment de la souscription. • Civ. 1re, 19 mai 1999, n° 97-14.120 P : *Defrénois 1999. 999, obs. Delebecque ; RCA 1999. Chron. 18, par Groutel ; RDI 2000. 76, obs. Durry* • 23 nov. 1999, n° 97-15.319 P : *R., p. 408.* ♦ Refus d'admettre le dol pour des emprunteurs ayant souscrit à un emprunt en francs suisses alors qu'ils avaient été informés, avant la conclusion du contrat, des conséquences de la variation du taux de change. • Civ. 1re, 20 avr. 2022, n° 19-11.599 B : *préc.*

25. Erreur établie. Le silence gardé par le vendeur d'un bien immobilier sur un projet de construction sur la zone verte voisine, privant les acquéreurs d'une large perspective, qui constituait une donnée déterminante du consentement, sans laquelle l'acquéreur n'aurait certainement pas donné le même prix du bien à vendre, constitue une manœuvre dolosive et s'analyse aussi en un manquement à l'obligation précontractuelle d'information du vendeur. • Civ. 1re, 28 mai 2008, n° 07-13.487 P : *JCP 2008. II. 10179, note Beyneix ; ibid. I. 218, n° 6, obs. Labarthe ; Dr. et patr. 2/2009. 128, obs. Aynès et Stoffel-Munck ; RLDC 2008/52, n° 3099, obs. Maugeri ; RTD civ. 2008. 476, obs. Fages ; RDC 2008. 1118, obs. Mazeaud.*

Prise en compte du fait que le cédant d'un laboratoire, s'il a indiqué le chiffre d'affaires exact, a gardé le silence sur les moyens anormaux, voire contraires au code de déontologie, utilisés pour obtenir de tels résultats (pratiques commerciales agressives). • Com. 3 avr. 2013 : *RTD civ. 2013. 368, obs. Fages.* ♦ V. aussi pour une pollution des sols que la commune ayant acquis le terrain avait pu déceler lors de travaux préparatoires antérieurs à la vente : • Civ. 3e, 21 sept. 2022, n° 21-21.933 B : *D. 2023. 254, obs. Boffa et Mekki.*

II. MISE EN ŒUVRE

26. Cumul des garanties. Viole l'art. 1116 anc. la cour d'appel qui écarte le dol au motif que le contrat de cession de parts sociales visé contenait une garantie d'actifs, alors que les garanties contractuelles relatives à la consistance de l'actif ou du passif social, s'ajoutant aux dispositions légales, ne privent pas l'acquéreur de droits sociaux, qui soutient que son consentement a été vicié, du droit de demander l'annulation de l'acte sur le fondement du dol. • Com. 3 févr. 2015, n° 13-12.483 P : *D. 2015. 374.*

27. Nullité opposée à un tiers. La victime d'un dol est en droit d'invoquer la nullité du contrat contre le tiers qui se prévaut du contrat. • Civ. 1re, 21 févr. 1995, n° 92-17.814 P : *RTD civ. 1995. 883, obs. Mestre ; JCP 1995. I. 3867, n° 9, obs. Billiau.*

28. Indifférence de la turpitude de la victime. Il importe peu que la victime du dol ait elle-même agi en croyant réaliser un profit substantiel non justifié. • Civ. 1re, 22 juin 2004, n° 01-17.258 P : *D. 2005. Pan. 189, obs. D. Mazeaud ; JCP 2005. II. 10006, note Eyraud ; ibid. I. 132, n° 2, obs. Viney ; CCC 2004, n° 136, note Leveneur ; Dr. et patr. 11/2004. 82, obs. Chauvel ; ibid. 1/2005. 52, étude Sauvat ; LPA 22 juin 2005, note Chardeaux ; RTD civ. 2004. 503, obs. Mestre et Fages* (exclusion de l'adage *Nemo auditur...*).

29. Preuve. Il est permis aux juges, pour rechercher l'existence d'un dol, de recourir aux simples présomptions de l'homme et, par suite, de les tirer même de témoignages non réguliers en la forme, dès lors qu'ils n'attribuent pas à ceux-ci l'autorité d'une preuve testimoniale judiciairement constatée. • Civ. 4 janv. 1949 : *D. 1949. 135.* ♦ Sur la preuve, à la fois, d'actes dolosifs et d'une obligation contractuelle, V. • Civ. 14 févr. 1938 : *GAJC, 12e éd., n° 17 ; DP 1938. 1. 84, note Mimin.* ♦ Dans le cas de non-information des acheteurs par les vendeurs d'inondations antérieures de l'immeuble vendu, l'attestation de l'agent immobilier sur l'information des acheteurs ne peut à elle seule démontrer que le vendeur avait prévenu l'acquéreur des risques. • Civ. 3e, 3 mars 2010 : *préc. note 13* (dissimulation d'inondations antérieures). ♦ C'est au vendeur professionnel, tenu d'une obligation de renseignement, qu'il incombe de prouver qu'il a exécuté cette obligation, et non à l'acheteur, demandeur en nullité de la vente pour réticence dolosive, de prouver la dissimulation. • Civ. 1re, 15 mai 2002, n° 99-21.521 P : *D. 2002. IR 1811 ; JCP 2002. I. 184, nos 1 s., obs. Labarthe ; CCC 2002, n° 135, note Leveneur* (vente d'un véhicule d'occasion qui s'est par la suite, après expertise, révélé accidenté).

Cassation d'un arrêt ayant rejeté la demande de nullité d'un contrat de vente d'immeuble pour dol, au motif que l'opération a accru l'actif du patrimoine de l'acquéreur et que le passif a été diminué grâce à la récupération de la taxe sur la valeur ajoutée sur le prix de vente, l'acquéreur ne produisant aucun justificatif sur les avantages fiscaux, alors que la cour d'appel aurait dût rechercher, si, lors de la conclusion du contrat, l'acquéreur n'avait pas été induit en erreur sur la rentabilité et la valeur du bien par des manœuvres dolosives consistant en la conclusion d'un fonds de concours avec l'exploitant et la cession à celui-ci des locaux destinés à l'accueil et à la réception de la résidence, dissimulés à l'acquéreur, ainsi qu'en l'absence d'analyse des prix du marché par un organisme indépendant. • Civ. 3e, 26 oct. 2022, n° 21-19.898 B.

30. Rejet d'une demande d'expertise sur le fondement de l'art. 145 C. pr. civ., l'action envisagée au titre d'un prétendu dol apparaissant manifestement vouée à l'échec. • Com. 18 janv. 2023, n° 22-19.539 B.

31. Réduction du prix. Le dol peut être invoqué pour conclure seulement à une réduction de prix. • Com. 14 mars 1972 : *D. 1972. 547 et 653, note Ghestin* • Civ. 3e, 6 juin 2012 : *RDC 2012. 1180, note Génicon* (cassation de l'arrêt qui réserve cette possibilité à l'action estimatoire).

32. Responsabilité de l'auteur des manœuvres. La victime du dol peut agir, d'une part, en nullité de la convention sur le fondement des art. 1137 et 1178, al. 1er, d'autre part, en réparation du préjudice sur le fondement des art. 1240 et 1241. • Cass., ch. mixte, 29 oct. 2021, n° 19-18.470 B : *D. 2021. 2162, note Tisseyre ; ibid. 2022. 35, obs. Brun ; ibid. 310, obs. Boffa et Mekki ; Rev. sociétés 2022. 154, note Mathey ; RTD civ. 2022. 116, obs. Barbier ; ibid. 141, obs. Jourdain ; ibid. 157, obs. Gautier ; RTD com. 2022. 91, obs. Moury ; CCC 2021, n° 175, note Leveneur ; JCP N 2022, n° 1112, note Leveneur ; RDC 2022/1. 18, note Pellet.* ♦ Le droit de demander la nullité d'un contrat par application des art. 1116 et 1117 anc. C. civ. n'exclut pas l'exercice, par la victime des manœuvres dolosives, d'une action en responsabilité délictuelle pour obtenir de leur auteur réparation du préjudice qu'elle a subi. • Civ. 1re, 4 févr. 1975 : *Bull. civ. I, n° 43 ; R., p. 69 ; D. 1975. 405, note Gaury ; JCP 1975. II. 18100, note Larroumet ; RTD civ. 1975. 537, obs. Durry* • 4 oct. 1988 : *Bull. civ. I, n° 265 ; D. 1989. Somm. 229, obs. Aubert* • Com. 18 oct. 1994 : *D. 1995. 180, note Atias ; Defrénois 1995. 332, obs. D. Mazeaud ; JCP 1995. I. 3853, n° 4, obs. Viney* (possibilité de demander des dommages-intérêts malgré le désistement de l'action en nullité pour dol) • Com. 4 janv. 2000 : *CCC 2000, n° 79, note Leveneur* (dommages-intérêts réparant l'indisponibilité de la somme versée et le préjudice résultant des manœuvres dolosives) • Com. 15 janv. 2002, n° 99-18.774 P : *D. 2002. Somm. 2045, obs. Brémond ; JCP 2002. II. 10136, note Cermolacce ; JCP E 2002. 1427, note Keita ; Defrénois 2002. 1536, obs. J. Honorat ; Dr. et patr. 4/2002. 92, obs. Chabas ; RTD civ. 2002. 290, obs. Mestre et Fages ; RTD com. 2002. 265, obs. Saintourens* (dol dans une vente de fonds de commerce : C. com., art. L. 141-1 s.) • Civ. 1re, 25 juin 2008, n° 07-18.108 P : *D. 2008. AJ 1997 ; JCP 2008. I. 218, n° 6, obs. Labarthe ; ibid. II. 10205, note Siguoirt ; CCC 2008, n° 254, obs. Leveneur* • Civ. 3e, 16 mars 2011, n° 10-10.503 P : *D. 2011. Actu. 946 ; RLDC 2011/82, n° 4228, obs. Paulin* (dommages-intérêts correspondant au coût des travaux de désamiantage, la présence d'amiante ayant été dissimulée lors de la vente de l'immeuble) • Civ. 3e, 29 oct. 2015, n° 14-17.469 P : *cité note 11 ss. art. 1241.* (opération de défiscalisation). ♦ Une telle action, fondée sur l'anc. art. 1382 C. civ., est soumise à la prescription trentenaire (quinquennale depuis la L. du 17 juin 2008 : art. 2224 C. civ.). • Civ. 1re, 4 févr. 1975 : *préc.* ♦ Comp. • Com. 13 oct. 1980 : *D. 1981. IR 309, obs. Ghestin* • 27 janv. 1998 : *Dr. et patr. 1998, n° 1924, obs. Chauvel ; RTD civ. 1998. 904, obs. Mestre.* ♦ Sur la question du dol incident, V. • Com. 11 juill. 1977 : *D. 1978. 155, note Larroumet* • 14 mars 1972 : *préc.* • 9 oct. 2001 : *Defrénois 2002. 608, obs. J. Honorat.*

33. Responsabilité d'un tiers. En cas de rejet de l'action en dol dirigée contre le vendeur, l'acheteur peut agir en responsabilité extracontractuelle contre le professionnel chargé de la commercialisation du programme d'investissement immobilier qui lui a conseillé un investissement peu rentable. • Civ. 3e, 14 janv. 2021, n° 19-24.881 P : *D. 2021. 135 ; RDI 2021. 226, obs. Heugas-Darraspen ; CCC 2021, n° 53, note Leveneur.*

34. Perte de chance. La victime d'un dol qui a fait le choix de ne pas demander l'annulation du contrat peut obtenir la réparation du préjudice correspondant uniquement à la perte d'une chance d'avoir pu contracter à des conditions plus avantageuses, et non à la perte de la chance d'avoir pu réaliser un autre investissement. • Com. 10 juill. 2012, n° 11-21.954 P : *D. 2012. 2772, note Caffin-Moi ; Rev. sociétés 2012. 686, note Fages ; RTD civ. 2012. 725, obs. Fages ; ibid. 732, obs. Jourdain ; RDC 2013. 91, obs. Deshayes. – Adde, Traullé, D. 2013. 2651.* ♦ Le rejet de la demande principale en nullité de la vente pour dol dirigée contre le vendeur ne fait pas obstacle à une demande subsidiaire en responsabilité quasi délictuelle contre le professionnel chargé de la commercialisation d'un programme d'investissement immobilier défiscalisé et à l'indemnisation du préjudice en résultant pour les acquéreurs demeurés propriétaires du bien, pour perte de chance d'avoir effectué un investissement plus rentable. • Civ. 3e, 14 janv. 2021 : *cité note 33.*

35. Garantie. Absence d'obligation du notaire de garantir les condamnations prononcées à l'encontre d'un bailleur de mauvaise foi qui a dissimulé au preneur l'incompatibilité de l'activité envisagée avec le règlement de copropriété. • Civ. 1re, 22 oct. 1996, n° 94-19.828 P. ♦ V. aussi : • Civ. 1re, 17 déc. 1996, n° 95-13.091 P : *Defrénois 1997. 343, obs. Aubert.* ♦ Le vendeur qui a commis une réticence dolosive n'est pas fondé à demander la garantie du professionnel qu'il a induit en erreur lors de la rédaction par ce dernier d'un état parasitaire. • Civ. 3e, 19 nov. 2008 : *préc. note 6 ss. art. 1643.*

Art. 1138 *(Ord. n° 2016-131 du 10 févr. 2016, art. 2, en vigueur le 1er oct. 2016)* **Le dol est également constitué s'il émane du représentant, gérant d'affaires, préposé ou porte-fort du contractant.**

Il l'est encore lorsqu'il émane d'un tiers de connivence. — *Dispositions transitoires, V. Ord. n° 2016-131 du 10 févr. 2016, art. 9, ss. art. 1386-1.*

Comp. C. civ., art. 1116 anc.

1. Dol émanant du représentant. Le représentant d'une des parties n'est pas un tiers. • Com. 13 juin 1995, n° 93-17.409 P : *LPA 12 juill. 1996, note Dagorne-Labbe.* ♦ V. aussi • Civ. 3e, 29 avr. 1998, n° 96-17.540 P : *RTD civ. 1998. 930, obs. Gautier ; ibid. 1999. 89, obs. Mestre .* ♦ ... Ni le porte-fort par rapport à la convention conclue par le bénéficiaire. • Com. 27 févr. 1996 : *cité note 18 ss. art. 1137.* ♦ Pour annuler une souscription à une augmentation de capital, les juges du fond peuvent estimer que les manœuvres dolosives des dirigeants de la société ont été accomplies dans l'exercice de leurs fonctions et dans l'intérêt immédiat de leur société, celle-ci ayant tiré un profit manifeste des agissements dolosifs de ses représentants légaux. • Com. 27 nov. 1972 : *Gaz. Pal. 1973. 1. 259, note Delaisi.*

2. Responsabilité en cas de dol du représentant. Les manœuvres dolosives du représentant du vendeur, qui n'est pas un tiers au contrat, engagent la responsabilité de celui-ci. • Civ. 3e, 5 juill. 2018, n° 17-20.121 P : *D. 2018. 1489 ; AJ contrat 2018. 422, obs. Dissaux ; AJDI 2019. 235, obs. Cohet ; RTD civ. 2018. 883, obs. Barbier ; ibid. 911, obs. Jourdain ; JCP N 2019, n° 1168, note Leveneur.* ♦ Si le mandant est, en vertu de l'art. 1998 C. civ., contractuellement responsable des dommages subis du fait de l'inexécution des engagements contractés par son mandataire dans les limites du mandat conféré, les manœuvres dolosives du mandataire, dans l'exercice de son mandat, n'engagent la responsabilité du mandant que s'il a personnellement commis une faute, qu'il incombe à la victime d'établir. • Cass., ch. mixte, 29 oct. 2021, n° 19-18.470 B : *D. 2021. 2162, note Tisseyre ; ibid. 2022. 35, obs. Brun ; ibid. 310, obs. Boffa et Mekki ; Rev. sociétés 2022. 154, note Mathey ; RTD civ. 2022. 116, obs. Barbier ; ibid. 141, obs. Jourdain ; ibid. 157, obs. Gautier ; RTD com. 2022. 91, obs. Moury ; CCC 2021, n° 175, note Leveneur ; JCP N 2022, n° 1112, note Leveneur ; RDC 2022/1. 18, note Pellet.*

Art. 1139 *(Ord. n° 2016-131 du 10 févr. 2016, art. 2, en vigueur le 1er oct. 2016)* **L'erreur qui résulte d'un dol est toujours excusable ; elle est une cause de nullité alors même qu'elle porterait sur la valeur de la prestation ou sur un simple motif du contrat.** — *Dispositions transitoires, V. Ord. n° 2016-131 du 10 févr. 2016, art. 9, ss. art. 1386-1.*

Comp. C. civ., art. 1116 anc.

1. Caractère excusable de l'erreur provoquée par réticence dolosive. L'erreur provoquée par la réticence dolosive est toujours excusable. • Civ. 3e, 21 févr. 2001, n° 98-20.817 P : *D. 2001. 2702, note D. Mazeaud ; ibid., Somm. 3236, obs. Aynès ; ibid. 2002. Somm. 927, obs. Caron et Tournafond ; JCP 2002. II. 10027, note Jamin ; ibid. 2001. I. 330, nos 10 s., obs. Constantin ; JCP E 2002. 764, note Chauvel ; Defrénois 2001. 703, obs. Libchaber ; LPA 30 oct. 2001, note Gentili ; AJDI 2002. 70, obs. Cohet-Cordey ; RTD civ. 2001. 353, obs. Mestre et Fages .* ♦ Rappr. • Com. 29 avr. 2002, n° 00-10.708 P : *LPA 25 oct. 2002, note Gosselin-Gorand ; RTD civ. 2002. 500, obs. Mestre et Fages* (contractant sous la dépendance psychologique de son cocontractant).

2. Erreur sur la valeur ou sur les motifs. L'erreur provoquée par le dol peut être prise en considération même si elle ne porte pas sur la substance de la chose qui fait l'objet du contrat. • Civ. 1re, 13 févr. 1967 : Bull. civ. I, n° 58 • Civ. 3e, 2 oct. 1974 : *ibid. III, n° 330 ; GAJC, 11e éd., n° 150* (erreur sur les motifs) • Paris, 22 janv. 1953 : *JCP 1953. II. 7435, note J. M.* (erreur sur la valeur) • Civ. 3e, 22 juin 2005 : *préc. note 13 ss. art. 1137.* (erreur sur la valeur). ♦ Rappr. • Com. 30 mars 2016, n° 14-11.684 : *D. 2016. 1300, note G. Grundeler ; ibid. 2017. 375, obs. Mekki ; AJCA 2016. 288, obs. Mouy ; Rev. sociétés 2016. 590, note Lecourt ; RTD civ. 2016. 356, obs. H. Barbier ; RTD com. 2016. 817, obs. Lecourt ; RDC 2016. 652, note Génicon* (les vendeurs avaient, par une hausse massive du prix, donné une image trompeuse des résultats atteints par la société avant la vente et dissimulé les informations relatives à l'effondrement prévisible du chiffre d'affaires) • Civ. 3e, 26 oct. 2022, n° 21-19.898 B (cassation d'un arrêt n'ayant pas recherché si l'acquéreur n'avait pas été induit en erreur sur la rentabilité et la valeur d'un bien immobilier acheté à des fins de défiscalisation, par des manœuvres dolosives consistant en la conclusion d'un fonds de concours avec l'exploitant et la cession à celui-ci des locaux destinés à l'accueil et à la réception de la résidence, dissimulés à l'acquéreur, ainsi qu'en l'absence d'analyse des prix du marché par un organisme indépendant, peu important que le but de défiscalisation ait pu être atteint).

Art. 1140 *(Ord. n° 2016-131 du 10 févr. 2016, art. 2, en vigueur le 1er oct. 2016)* **Il y a violence lorsqu'une partie s'engage sous la pression d'une contrainte qui lui inspire la crainte d'exposer sa personne, sa fortune ou celles de ses proches à un mal considérable.** — *Dispositions transitoires, V. Ord. n° 2016-131 du 10 févr. 2016, art. 9, ss. art. 1386-1.*

Comp. C. civ., art. 1112 anc.

RÉP. CIV. v° *Violence*, par P. CHAUVEL.

1. Menaces d'atteintes à la réputation. Nullité de la rupture conventionnelle du contrat de travail d'une avocate salariée qui a été menacée par son employeur de voir ternir la poursuite de son parcours professionnel en raison des erreurs et manquements de sa part justifiant un licenciement, l'employeur l'ayant incitée, par une pression, à choisir la voie de la rupture conventionnelle. • Soc. 23 mai 2013 : *D. 2013. 1355, obs. Ines ; RDT 2013. 480, obs. Auzero .*

2. Menaces exercées sur les représentants. Le consentement d'une société est exprimé par ses représentants légaux, personnes physiques vis-à-vis desquelles la violence peut avoir effet. • Soc. 8 nov. 1984 : *Bull.civ. V, n° 423.*

3. Éléments d'appréciation postérieurs au contrat. Les juges peuvent se fonder sur des éléments d'appréciation postérieurs à la date de formation du contrat. • Civ. 3e, 13 janv. 1999, n° 96-18.309 P : *D. 2000. 76, note Willmann ; JCP 1999. I. 143, nos 1 s., obs. Loiseau ; Gaz. Pal. 2001. 1583, note Rovinski ; Defrénois 1999. 749, obs. Delebecque ; CCC 1999, n° 54, note Leveneur ; RTD civ. 1999. 381, obs. Mestre* (violence physique et morale exercée par les membres d'une communauté sur une personne, l'ayant conduite à vendre sa maison en faveur de l'acquéreur afin que les membres de cette communauté y fussent hébergés).

4. Possibilité de condamnation à des dommages-intérêts. L'auteur des menaces dont la faute a été caractérisée par les juges du fond peut être condamné à des dommages-intérêts. • Civ. 1re, 17 juill. 1967 : *D. 1967. 509.* – Même solution : • Aix-en-Provence, 22 avr. 1974 : *Gaz. Pal. 1974. 2. 638, note Raymond* • Soc. 8 nov. 1984 : *préc. note 2.*

Art. 1141 *(Ord. n° 2016-131 du 10 févr. 2016, art. 2, en vigueur le 1er oct. 2016)* **La menace d'une voie de droit ne constitue pas une violence. Il en va autrement lorsque la voie de droit est détournée de son but ou lorsqu'elle est invoquée ou exercée pour obtenir un avantage manifestement excessif.** — *Dispositions transitoires, V. Ord. n° 2016-131 du 10 févr. 2016, art. 9, ss. art. 1386-1.*

Comp. C. civ., art. art. 1112 anc.

1. Menace de voie de droit. La menace de l'emploi d'une voie de droit ne constitue une violence que s'il y a abus de cette voie de droit soit en la détournant de son but, soit en en usant pour obtenir une promesse ou un avantage sans rapport ou hors de proportion avec l'engagement primitif. • Civ. 3e, 17 janv. 1984 : *Bull. civ. III, n° 13* (rejet du pourvoi formé contre • Paris, 8 juill. 1982 : *D. 1983. 473, note Landraud)* • Civ. 1re, 3 nov. 1959 : *D. 1960. 187, note Holleaux* (menace d'expulsion proférée par un agent d'affaires dépourvu de tout droit ou titre) • 17 juill. 1967 : *D. 1967. 509* (menace de poursuites pénales ayant permis d'obtenir une prestation importante et injustifiée). ♦ V. aussi • Paris, 31 mai 1966 : *Gaz. Pal. 1966. 2. 194* .

2. Menace légitime. Les juges du fond ne peuvent annuler un contrat de concession exclusive de vente sans préciser en quoi les agissements du concédant, en position de force économique, sont illégitimes. • Com. 20 mai 1980 : *Bull. civ. IV, n° 212* (cassation de • Paris, 27 sept. 1977 : *D. 1978. 690, note Souleau ; Gaz. Pal. 1978. 1. 110, note Guyénot*). ♦ La cessation de la fabrication d'un produit pour obtenir la régularisation par contrat des relations entre un fabricant et un distributeur n'est pas une menace illégitime dès lors que le fabricant n'a pas refusé pendant cette période de satisfaire les commandes et que la cessation des relations envisagée présentait pour lui un risque économique. • Com. 21 févr. 1995, n° 93-13.302 P : *JCP E 1996. I. 523, n° 2, obs. Mousseron ; RTD civ. 1996. 391, obs. Mestre* . ♦ Le salarié qui a consenti à une modification de son contrat de travail pour éviter un licenciement prévu par un plan de sauvegarde de l'emploi ne peut faire annuler cette modification pour vice du consentement, alors même que ce plan est ultérieurement annulé, dès lors que l'employeur avait informé la salariée légitimement et de manière licite des conséquences légales d'un éventuel refus de la proposition de modification de son contrat de travail et que la négociation et la validation préalables de l'accord majoritaire portant ce plan lui avaient permis d'être parfaitement éclairée sur les implications de son choix. • Soc. 23 nov. 2022, n° 21-16.162 B.

Art. 1142 *(Ord. n° 2016-131 du 10 févr. 2016, art. 2, en vigueur le 1er oct. 2016)* **La violence est une cause de nullité qu'elle ait été exercée par une partie ou par un tiers.** — *Dispositions transitoires, V. Ord. n° 2016-131 du 10 févr. 2016, art. 9, ss. art. 1386-1.*

Comp. C. civ., art. 1111 anc.

Violence morale résultant de pressions exercées par des élus locaux et le président du tribunal de commerce afin d'amener l'épouse du dirigeant d'une entreprise en règlement judiciaire à se porter caution pour favoriser la reprise de l'entreprise. • Com. 28 mai 1991 : *D. 1992. 166, note Morvan ; D. 1991. Somm. 385, obs. Aynès ; RTD civ. 1991. 773, obs. Bandrac ; ibid. 1992. 85, obs. Mestre .*

Art. 1143 *(Ord. n° 2016-131 du 10 févr. 2016, art. 2, en vigueur le 1er oct. 2016)* **Il y a également violence lorsqu'une partie, abusant de l'état de dépendance dans lequel se trouve son cocontractant** *(L. n° 2018-287 du 20 avr. 2018, art. 5)* **« à son égard », obtient de lui un engagement qu'il n'aurait pas souscrit en l'absence d'une telle contrainte et en tire un avantage manifestement excessif.** — *Dispositions transitoires, V. Ord. n° 2016-131 du 10 févr. 2016, art. 9, ss. art. 1386-1.*

Les modifications apportées par la L. n° 2018-287 du 20 avr. 2018 à l'art. 1143 ont un caractère interprétatif (L. préc., en vigueur le 1er oct. 2018, art. 16-I). — Sur les conséquences du caractère interprétatif d'une modification législative, V. L. préc., ss. art. 1386-1.

BIBL. ▸ BARBIER, *JCP 2016, n° 421.* – BRUNIE, *D. 2022. 1863* (l'abus de l'état de dépendance à l'aune de l'abus de circonstances – droit belge). – CATTALANO-CLOAREC, *AJ contrat 2018. 257* (loi de ratification et validité du contrat). – CHAGNY, *AJCA 2016. 115* (contrats d'affaires et abus de dépendance économique). – FABRE-MAGNAN et LOKIEC, *D. 2022. 78* (le vice de violence en droit du travail). – JEANNIN et THOMAS, *Journ. sociétés 9/2016. 17.* – LATINA, *D. 2020. 2180* (abus de dépendance : premiers enseignements des juridictions du fond). – OLLARD, *RDC 2016. 94* (droit pénal). – PONS, *Journ. sociétés 9/2016. 21* (déséquilibre significatif, abus de dépendance et *private equity*).

▸ **Violence économique :** BEYNEIX, *LPA 25 août 2006.* – BOIZARD, *LPA 16 juin 2004.* – EDELMAN, *D. 2001. Chron. 2315* . – LAITHIER, *LPA 22-23 nov. 2004.* – D. MAZEAUD et PICOD (dir.), La violence économique, Trav. Assoc. H. Capitant, coll. Thèmes et commentaires, *Dalloz 2017.* – MONTELS, *RTD com. 2002. 417* . – NOURISSAT, *D. 2000. Chron. 369.* – ROGUE, *D. 2018. 1559* . – MAZEAUD et PICOD (dir.), La violence économique, *Journées Capitant, Thèmes et commentaires, Dalloz 2017.*

1. *Exploitation des circonstances par le cocontractant.* • TGI Bourges, 11 avr. 1989 : *Gaz. Pal. 1990. 1. Somm. 310* (engagement signé sous la menace d'interrompre le séjour de 140 personnes participant à un voyage à l'étranger) • Com. 28 mai 1991 : *cité ss. art. 1111 anc.*

Nullité d'un accord salarial passé dans des *conditions d'agitation furieuse : V.* • *T. civ. Nantes, 6 janv. 1956 : Gaz. Pal. 1956. 1. 61.* ♦ Rappr., pour un accord signé lors de l'occupation d'un navire, • Soc. 8 nov. 1984 : *Bull. civ. V, n° 423* (rejet du pourvoi formé contre • Douai, 16 juin 1982 : *JCP 1983. II. 20035, note Jambu-Merlin ; RTD civ. 1984. 111, obs. Chabas*).

2. *Contrainte économique.* La contrainte économique se rattache à la violence et non à la lésion. • Civ. 1re, 30 mai 2000, n° 98-15.242 P : *D. 2000. 879, note Chazal ; D. 2001. Somm. 1140, obs. D. Mazeaud ; JCP 2001. II. 10461, note Loiseau ; JCP E 2001. 571, note Secnazi ; Defrénois 2000. 1124, obs. Delebecque ; CCC 2000, n° 142, note Leveneur ; LPA 22 nov. 2000, note Szames ; RTD civ. 2000. 827, obs. Mestre et Fages ; ibid. 863, obs. Gautier .*

3. *Exploitation abusive.* Seule l'exploitation abusive d'une situation de dépendance économique, faite pour tirer profit de la crainte d'un mal menaçant directement les intérêts légitimes de la personne, peut vicier de violence le consentement à l'acte juridique ; il n'en est pas ainsi lorsqu'un salarié a renoncé à des droits d'auteur sur un ouvrage, alors qu'il n'est pas constaté que l'employeur s'est prévalu de la perspective d'une compression de personnels dans l'entreprise pour le convaincre. • Civ. 1re, 3 avr. 2002, n° 00-12.932 P : *D. 2002. 1860, notes Gridel et Chazal ; ibid. Somm. 2844, obs. D. Mazeaud ; JCP 2002. I. 184, n° 6 s., obs. Virassamy ; JCP E 2003. 278, n° 3, obs. Chérigny ; Defrénois 2002. 1246, obs. Savaux ; Gaz. Pal. 2003. 444, note*

Rovinski ; CCC 2002, n° 121, note Leveneur ; CCE 2002, n° 80, obs. Caron ; ibid. n° 89, obs. Stoffel-Munck ; Dr. et patr. 9/2002. 26, étude Loiseau ; RTD civ. 2002. 502, obs. Mestre et Fages, cassant • Paris, 12 janv. 2000 : *JCP 2000. II. 10433, note Pierre.* ♦ Rejet de l'exception de nullité pour violence, par contrainte économique, la société se prétendant victime n'étant pas en situation de dépendance économique. • Civ. 1re, 18 févr. 2015, n° 13-28.278 P : *D. 2016. 566, obs. Mekki ; AJCA 2015. 221, obs. Perdrix ; RTD civ. 2015. 371, obs. Barbier* (classement et chiffre d'affaires supérieur au cocontractant, absence de clause d'exclusivité et possibilité de chercher un nouveau partenaire). ♦ Mais de la crainte d'un débiteur poursuivi par ses créanciers d'exposer sa fortune à un mal considérable ne résulte aucune contrainte morale dans la conclusion d'une convention d'honoraires avec son avocat. • Civ. 2e, 8 sept. 2005, n° 04-12.041 P : *RTD civ. 2006. 108, obs. Mestre et Fages*.

4. *Harcèlement.* Des faits de harcèlement sexuel caractérisent la violence, justifiant l'annulation d'un acte de rupture d'un commun accord d'un contrat de qualification. • Soc. 30 nov. 2004, n° 03-41.757 P : *D. 2005. IR 14 ; RDC 2005. 378, obs. Radé.* ♦ Annulation d'un acte de rupture conventionnelle du contrat de travail conclu par une salariée qui, compte tenu du harcèlement moral dont elle a été victime et des troubles psychologiques qui en sont résultés, était sous l'emprise d'une violence morale. • Soc. 30 janv. 2013, n° 11-22.332 P : *D. 2013. 1026, obs. Lokiec et Porta ; RDT 2013. 258, obs. Taquet ; RDC 2013. 879, obs. Savaux.* ♦ Rappr. : • Soc. 28 mai 2014, n° 12-28.082 P : *D. 2014. 1208*. ♦ En l'absence de vice du consentement, l'existence de faits de harcèlement moral n'affecte pas en elle-même la validité de la convention de rupture du contrat de travail. • Soc. 23 janv. 2019, n° 17-21.550 P : *D. 2019. 963, obs. Lokiec et Porta ; Dr. soc. 2019. 268, obs. Mouly ; RTD civ. 2019. 321, obs. Barbier*.

5. *Exploitation de l'ignorance.* La perception par un avocat d'honoraires excessifs peut faire l'objet d'une demande en restitution, l'ignorance de ce que pouvait être dans les circonstances de l'affaire le montant normal de tels honoraires étant l'un des éléments de la contrainte morale ayant déterminé son client, en situation d'infériorité manifeste, à lui régler la somme demandée. • Civ. 1re, 3 nov. 1976 : *Gaz. Pal. 1977. 1. 67, note Damien.* ♦ V. aussi, pour une convention d'honoraires d'avocat signée par une cliente en état de contrainte morale : • Civ. 1re, 29 juin 1999, n° 96-20.647 P : *JCP 1999. II. 10187, note R. Martin* • Civ. 2e, 18 déc. 2003 : *D. 2004. IR 394 ; LPA 25 oct. 2004, note Kessler* • 5 oct. 2006 : *D. 2007. 2215, note Raoul-Cormeil ; ibid., Pan. 2970, obs. Amrani-Mekki* (état de faiblesse psychologique).

6. *Victimes vulnérables.* Le vice de violence doit être apprécié en considération de la personne qui en est victime. • Civ. 1re, 22 avr. 1986 : *Bull. civ. I, n° 98* (personne fragilisée par un déséquilibre nerveux la rendant plus vulnérable aux pressions de son père). ♦ V. aussi : • Com. 30 janv. 1974 : *D. 1974. 382* (personne ayant l'expérience des affaires et l'âge suffisants pour résister à une intimidation et ne pas succomber à la crainte irraisonnée de subir des poursuites pénales) • Civ. 1re, 3 nov. 1959 : *D. 1960. 187, note Holleaux* (personne inexpérimentée) • Soc. 5 juill. 1965 : *Bull. civ. IV, n° 545* (situation familiale difficile et pressants besoins d'argent) • Paris, 31 mai 1966 : *Gaz. Pal. 1966. 2. 194* (personne psychiquement fragile et placée en garde à vue) • Civ. 3e, 19 févr. 1969 : *Bull. civ. III, n° 157* (personne affaiblie par l'âge et la maladie) • Aix-en-Provence, 22 avr. 1974 : *Gaz. Pal. 1974. 2. 638, note Raymond* (manque d'expérience dans les affaires et trouble moral provoqué par le décès d'un mari) • Civ. 1re, 3 nov. 1976 : *Gaz. Pal. 1977. 1. 67, note Damien* (disparité des situations entre un avocat de grande notoriété, siégeant dans le cadre habituel de son cabinet, et son client, grand infirme, dans un état de santé déficient, inexpérimenté en affaires et ému à l'idée de recevoir une importante indemnisation) • Soc. 20 janv. 1994 (1re esp.), n° 91-21.890 P (absence de preuve de la violence, le contractant étant un homme d'affaires avisé, assisté de son conseiller financier) • Civ. 3e, 13 janv. 1999 : *cité note 3 ss. art. 1140.* (femme séparée de son mari, avec enfants à charge). ♦ La rupture conventionnelle n'est pas nulle pour cause de violence du seul fait que, lors de l'entretien préalable, l'employeur était assisté de son conseil, alors que l'employé était seul. • Soc. 5 juin 2019, n° 18-10.901 P.

7. *Application à un avocat.* Selon la L. du 31 déc. 1971, la profession d'avocat est une profession libérale et indépendante et l'avocat prête serment d'exercer ses fonctions « avec dignité, conscience, indépendance, probité et humanité », de sorte qu'il doit en toutes circonstances être guidé dans l'exercice de sa profession par le respect de ces principes et s'il doit, en particulier, veiller à préserver son indépendance, ces dispositions ne sauraient priver l'avocat, qui se trouve dans une situation de dépendance économique vis-à-vis de son client, du droit dont dispose tout contractant, d'invoquer un consentement vicié par la violence, et de se prévaloir ainsi de la nullité de l'accord d'honoraires conclu avec ce client. • Civ. 2e, 9 déc. 2021, n° 20-10.096 B : *D. 2022. 384, note Chantepie ; ibid. 310, obs. Boffa et Mekki ; AJ fam. 2022. 8, obs. Eudier ; RTD civ. 2022. 121, obs. Barbier ; JCP 2022, n° 11, note Caseau-Roche ; RDC 2022/1. 9, note Latina* (solution rendue sur le fondement de l'anc. art. 1111).

Art. 1144 *(Ord. n° 2016-131 du 10 févr. 2016, art. 2, en vigueur le 1er oct. 2016)* **Le délai de l'action en nullité ne court, en cas d'erreur ou de dol, que du jour où ils ont été découverts et, en cas de violence, que du jour où elle a cessé.** – *Dispositions transitoires, V. Ord. n° 2016-131 du 10 févr. 2016, art. 9, ss. art. 1386-1.*

Comp. C. civ., art. 1115 et 1304 anc.

1. Point de départ de la prescription. Le délai de l'action en nullité pour erreur ne court que du jour où cette erreur a été découverte et non simplement soupçonnée (expertise ayant confirmé les doutes de l'acheteur sur l'authenticité d'une œuvre présentée comme étant de Cézanne). • Civ. 1re, 31 mai 1972 : *Bull. civ. I, n° 142* • Paris, 26 juin 2007 : *D. 2007. 2788, note Baillet-Bouin*. ♦ La prescription quinquennale de l'action en nullité pour dol a pour point de départ le jour où le contractant a découvert l'erreur qu'il allègue. • Civ. 1re, 11 sept. 2013, n° 12-20.816 P : *D. 2014. 630, obs. Amrani-Mekki et Mekki ; AJ fam. 2013. 652, obs. Levillain ; RTD civ. 2013. 856, obs. Gautier ; JCP 2013, n° 1236, note Guerrero* (dol invoqué pour une transaction sur une succession, signée 28 ans plus tôt).

2. Délai de l'art. 240 [devenu art. L. 223-7] C. rur. non applicable à une action fondée sur les vices du consentement. Le délai de 45 jours édicté par l'art. 240 [devenu art. L. 223-7] C. rur., texte de police sanitaire applicable à la vente des animaux domestiques atteints de maladie contagieuse, ne s'applique pas à l'action en nullité relative de la vente fondée sur un vice du consentement. • Civ. 1re, 27 oct. 1982 : *Bull. civ. I, n° 306*. – Dans le même sens : • Civ. 1re, 17 mars 1992, n° 90-16.827 P.

3. Absence de consentement. L'absence de consentement constituant, comme le vice du consentement, une cause de nullité inhérente à l'une des parties, le délai de prescription de cinq ans ne court qu'à compter du jour de sa découverte. • Civ. 3e, 25 mai 2022, n° 21-12.238 B : *D. 2022. 1875, obs. Lamazerolles et Rabreau*.

SOUS-SECTION 2 La capacité et la représentation

(Ord. n° 2016-131 du 10 févr. 2016, art. 2, en vigueur le 1er oct. 2016)

§ 1 La capacité

(Ord. n° 2016-131 du 10 févr. 2016, art. 2, en vigueur le 1er oct. 2016)

Art. 1145 *(Ord. n° 2016-131 du 10 févr. 2016, art. 2, en vigueur le 1er oct. 2016)* **Toute personne physique peut contracter sauf en cas d'incapacité prévue par la loi.**

La capacité des personnes morales est limitée *(L. n° 2018-287 du 20 avr. 2018, art. 6, en vigueur le 1er oct. 2018)* **« par les** *[ancienne rédaction : aux actes utiles à la réalisation de leur objet tel que défini par leurs statuts et aux actes qui leur sont accessoires, dans le respect des]* **» règles applicables à chacune d'entre elles.** – *Dispositions transitoires, V. Ord. n° 2016-131 du 10 févr. 2016, art. 9, ss. art. 1386-1.*

L'art. 1145, dans sa rédaction résultant de la L. n° 2018-287 du 20 avr. 2018, est applicable aux actes juridiques conclus ou établis à compter du 1er oct. 2018 (L. préc., art. 16).

Comp. C. civ., art. 1123 anc.

BIBL. ▸ ANDRÉ et STORK, *JCP N 2017, n° 1310* (capacité juridique des sociétés civiles). – ANDRÉ, *JCP N 2017, n° 1316* (validité de la vente n'entrant pas dans l'objet social mais autorisée à l'unanimité des associés). – CATTALANO-CLOAREC, *AJ contrat 2018. 257* (loi de ratification et validité du contrat). – DUPOUY et ZATTARA-GROS, *JCP N 2017, n° 1328* (capacité des sociétés). – JOYEUX et VIUDES, *Defrénois 2017/19. 11* (ventes immobilières par les sociétés civiles : nullité des actes passés en violation de l'art. 1145). – STORCK et DE RAVEL D'ESCLAPON, *JCP N 2018, n° 1201 (SCI)*. – ZATTARA-GROS, *JCP N 2017, n° 1269* (restriction du domaine de l'art. 1145 sur la capacité des personnes morales).

Vérification de la capacité du cocontractant. Aucun texte légal ou réglementaire ne contraint l'assureur à vérifier la capacité juridique de l'assuré lors du renouvellement tacite du contrat. • Civ. 3e, 24 oct. 2012 : *cité note 24 ss. art. 1241* (entrepreneur interdit d'exercer).

Art. 1146 *(Ord. n° 2016-131 du 10 févr. 2016, art. 2, en vigueur le 1er oct. 2016)* **Sont incapables de contracter, dans la mesure définie par la loi :**

1° Les mineurs non émancipés ;

2° Les majeurs protégés au sens de l'article 425. – *Dispositions transitoires, V. Ord. n° 2016-131 du 10 févr. 2016, art. 9, ss. art. 1386-1.*

Comp. C. civ., art. 1124 anc.

BIBL. ▶ DUMERY, *Gaz. Pal. 2009. 35* (sanction des actes des mineurs non émancipés). – J. HUET, *D. 1987. Chron. 215*. – CLARET, *RRJ 2002/4. 1777* (illettré et acte juridique).

Art. 1147 *(Ord. n° 2016-131 du 10 févr. 2016, art. 2, en vigueur le 1er oct. 2016)* **L'incapacité de contracter est une cause de nullité relative.** – *Dispositions transitoires, V. Ord. n° 2016-131 du 10 févr. 2016, art. 9, ss. art. 1386-1.*

1. L'irrégularité d'une assignation contre un incapable en curatelle dans le cadre d'une action en comblement de passif est un grief purement personnel qui ne peut être invoqué par les autres dirigeants poursuivis. • Com. 16 févr. 1993, n° 90-21.331 P.

2. Les héritiers saisis de plein droit des biens, droits et actions du défunt, capable de s'engager au moment de l'acte, ne peuvent opposer l'incapacité du mineur avec lequel le défunt a contracté, la nullité de l'acte ne pouvant être invoquée que par le cocontractant que la loi a voulu protéger. • Civ. 1re, 14 janv. 2009, n° 07-16.451 P : *D. 2009. AJ 371* ; *RLDC 2009/58, n° 3349, obs. Pouliquen* ; *RTD civ. 2009. 297, obs. Hauser*.

Art. 1148 *(Ord. n° 2016-131 du 10 févr. 2016, art. 2, en vigueur le 1er oct. 2016)* **Toute personne incapable de contracter peut néanmoins accomplir seule les actes courants autorisés par la loi ou l'usage, pourvu qu'ils soient conclus à des conditions normales.** – *Dispositions transitoires, V. Ord. n° 2016-131 du 10 févr. 2016, art. 9, ss. art. 1386-1.*

1. Mineurs. Sur les actes autorisés aux mineurs, V. ss. art. 388-1-1 C. civ.

2. Majeurs protégés. Sur les actes autorisés aux majeurs protégés, V. pour les actes strictement personnel, art. 458 s. ♦ ... Aux majeurs en curatelle, art. 471 (actes autorisés par le juge), note 2 ss. art. 472 (commandement de payer délivré par le majeur dans une curatelle renforcée). ♦ ...Aux majeurs en tutelle, V. note 1 ss. art. 473 (actes de la vice courante).

Art. 1149 *(Ord. n° 2016-131 du 10 févr. 2016, art. 2, en vigueur le 1er oct. 2016)* **Les actes courants accomplis par le mineur peuvent être annulés pour simple lésion. Toutefois, la nullité n'est pas encourue lorsque la lésion résulte d'un événement imprévisible.**

La simple déclaration de majorité faite par le mineur ne fait pas obstacle à l'annulation.

Le mineur ne peut se soustraire aux engagements qu'il a pris dans l'exercice de sa profession. – *Dispositions transitoires, V. Ord. n° 2016-131 du 10 févr. 2016, art. 9, ss. art. 1386-1.*

Comp. C. civ., art. 1305 anc. à 1308 anc.

BIBL. ▶ PETERKA, *AJ contrat 2018. 107* (la lésion dans les contrats passés par les mineurs et les majeurs protégés). – CHARRIER, *Dalloz IP/IT 2018. 333* (consentement exprimé par les mineurs en ligne).

1. Fondements de la protection : principe. La loi, en ouvrant en faveur du mineur l'action en rescision des conventions dans lesquelles il a été lésé, a eu pour but de le protéger contre ses erreurs et imprudences, et, par exemple, contre la légèreté avec laquelle il apposerait sa signature sur une obligation sans juste cause, ou à laquelle une fausse cause servirait de prétexte. • Civ. 19 févr. 1856 : *DP 1856. 1. 86* (décision rendue sous l'empire de l'anc. art. 1310 qui disposait que le mineur n'est « point restituable contre les obligations résultant de son délit ou quasi-délit »). ♦ Pour la responsabilité extracontractuelle des mineurs, V. art. 414-3 (mineurs ayant *agi sous* l'empire d'un trouble mental) et pour les enfants même sans faculté de discernement, V. note 7 ss. art. 1241.

2. ... Conséquence : interdiction des neutralisations détournées. Ériger en quasi-délit la faute commise par un mineur en souscrivant une telle obligation serait anéantir les effets de la protection que la loi a voulu étendre sur sa faiblesse, et il y aurait contradiction à tirer d'un même fait ces deux conséquences : d'entraîner la rescision de la convention, et de faire revivre les effets de cette convention sous forme de réparation du dommage causé en la contractant. • Civ. 19 févr. 1856 : *préc. note 1.* ♦ Pour le cas où une traite a été frauduleusement postdatée en vue de tromper les tiers sur la capacité de l'acceptant (affaires *Lebaudy*), V. • Req. 21 mars 1899 : *DP 1899. 1. 192* (quasi-délit retenu). ♦ Pour une appréciation différente : • Paris, 17 juill. 1894 : *DP 1895. 2. 25, note Thaller.*

3. Al. 1 : illustrations de lésion. Le « contrat d'exclusivité » conclu par un artiste mineur avec une société d'enregistrement et de vente de disques n'est pas nul, mais seulement rescindable pour cause de lésion. • Paris, 10 juin 1964 : *JCP 1965. II. 13980, note Bizière* (rescision admise, la rémunération prévue apparaissant comme inférieure à la valeur de la prestation fournie par le mineur, eu égard à la longue durée du contrat).

4. Aucune forme spéciale n'étant prescrite à l'égard du contrat de location de voiture passé par un mineur, seule la lésion peut être invoquée. • Civ. 1re, 4 nov. 1970 : *Bull. civ. I, n° 294 ; D. 1971. 186 ; JCP 1971. II. 16631* (lésion non établie en l'espèce).

5. Le mineur agissant en rescision ne saurait être admis à fractionner les clauses d'un contrat formant un ensemble indivisible et à réclamer la rescision pour cause de lésion de certaines de ces clauses et le maintien des autres. • Civ. 26 mars 1919 : *DP 1920. 1. 16.*

6. Al. 2 : apparence de majorité. Pour un arrêt considérant que le cocontractant du mineur (restaurateur) avait pu légitimement croire que celui-ci était majeur, en raison de son comportement et de sa stature, et condamnant les parents du mineur à payer sa dette en qualité de civilement responsables : • Paris, 3 mars 2005 : *CCC 2005, n° 197, note Raymond.* ♦ Une cour d'appel qui condamne à remboursement envers la banque un mineur qui s'était fait ouvrir un compte en dissimulant son âge véritable, sans caractériser à son encontre des manœuvres dolosives, ni rechercher si l'ouverture d'un compte bancaire avec remise de carnets de chèques ou d'une « carte bleue » sans autorisation de son représentant était un acte de la vie courante, ni constater que ce qui avait été payé avait tourné à son profit, n'a pas donné de base légale à sa décision au regard des anciens art. 389-3, 1307 et 1312 anc. C. civ. • Civ. 1re, 12 nov. 1998 : *D. 2000. 39, note Farge ; JCP 1999. II. 10053, note Garé ; Defrénois 1999. 685, obs. Massip ; Dr. fam. 1999, n° 35, note Fossier ; RTD civ. 1999. 360, obs. Hauser.*

Art. 1150 *(Ord. n° 2016-131 du 10 févr. 2016, art. 2, en vigueur le 1er oct. 2016)* **Les actes accomplis par les majeurs protégés sont régis par les articles 435, 465 et 494-9 sans préjudice des articles 1148, 1151 et 1352-4.** — *Dispositions transitoires, V. Ord. n° 2016-131 du 10 févr. 2016, art. 9, ss. art. 1386-1.*

Comp. C. civ., art. 1313 anc. (lésion).

1. Sauvegarde de justice. V. ss. art. 435 C. civ.

2. Actes antérieurs à l'ouverture d'une mesure de protection. V. ss. art. 464 C. civ.

3. Curatelle et tutelle. V. ss. art. 465 C. civ.

4. Mandat de protection future. V. art. 488 C. civ.

5. Habilitation familiale. V. art. 494-9 C. civ.

Art. 1151 *(Ord. n° 2016-131 du 10 févr. 2016, art. 2, en vigueur le 1er oct. 2016)* **Le contractant capable peut faire obstacle à l'action en nullité engagée contre lui en établissant que l'acte était utile à la personne protégée et exempt de lésion ou qu'il a profité à celle-ci.**

Il peut aussi opposer à l'action en nullité la confirmation de l'acte par son cocontractant devenu ou redevenu capable. — *Dispositions transitoires, V. Ord. n° 2016-131 du 10 févr. 2016, art. 9, ss. art. 1386-1.*

Comp. C. civ., art. 1125 anc., 1311 anc., 1312 anc.

Art. 1152 *(Ord. n° 2016-131 du 10 févr. 2016, art. 2, en vigueur le 1er oct. 2016)* **La prescription de l'action court :**

1° A l'égard des actes faits par un mineur, du jour de la majorité ou de l'émancipation ;

2° A l'égard des actes faits par un majeur protégé, du jour où il en a eu connaissance alors qu'il était en situation de les refaire valablement ;

3° A l'égard des héritiers de la personne en tutelle ou en curatelle ou de la personne faisant l'objet d'une habilitation familiale, du jour du décès si elle n'a commencé à courir auparavant. — *Dispositions transitoires, V. Ord. n° 2016-131 du 10 févr. 2016, art. 9, ss. art. 1386-1.*

Comp. C. civ., art. 1304 anc.

§ 2 La représentation

(Ord. n° 2016-131 du 10 févr. 2016, art. 2, en vigueur le 1er oct. 2016)

RÉP. CIV. v° *Représentation*, par N. Mathey.

BIBL. ▸ Didier, *JCP 2016, n° 580.* - Dondero, *Gaz. Pal. 2016. 2527.* - Molière, *D. 2017. 1547* (sanctions en matière de représentation). - Schiller, *JCP N 2017, n° 1326* (représentation dans les sociétés). - Storck, Essai sur la représentation dans les actes juridiques, *1982, LGDJ.* - Tadros, *D. 2017. 1662* (délégation de pouvoirs en droit des sociétés). -

WICKER, *D. 2016. 1942* . – WICKER, SCHULZE, MAZEAUD (dir.), La représentation en droit privé, 6e Journées franco-allemandes Assoc. H. Capitant Univ. Münster (Allemagne), *SLC, 2016.*

Art. 1153 *(Ord. n° 2016-131 du 10 févr. 2016, art. 2, en vigueur le 1er oct. 2016)* **Le représentant légal, judiciaire ou conventionnel n'est fondé à agir que dans la limite des pouvoirs qui lui ont été conférés.** – *Dispositions transitoires, V. Ord. n° 2016-131 du 10 févr. 2016, art. 9, ss. art. 1386-1.*

BIBL. ▸ DISSAUX, *RDC 2015/3. 749* (art. 1152 s. : la représentation) ; *blog Dalloz obligations 2015 (idem)* ; Le mandat : un contrat en crise ? *Economica, coll. Études juridiques, 2011, t. 37* ; La qualification d'intermédiaire dans les relations contractuelles : *LGDJ, 2007* – FLATTET, Les contrats pour le compte d'autrui, *thèse Paris, 1950.* – GAILLARD, La représentation et ses idéologies en droit privé français, *Droits 1982, p. 91 s.* – LEDUC, *RTD civ. 1999. 283* (réflexions sur la convention de prête-nom). – STORCK, Essai sur le mécanisme de la représentation dans les actes juridiques : *LGDJ, 1982.* – WICKER et FERRIER, La représentation, *JCP 25 mai 2015, n° 21, suppl. p. 27.*

1. Fondement des pouvoirs du représentant. Pour des applications : de la représentation légale, chaque texte déterminant les pouvoirs de représentation et, éventuellement, les pouvoirs propres du représentant, V., par ex., C. civ., art. 113 (représentation de l'absent), art. 382 à 387-6 (administration légale du mineur), art. 394 à 410 (tutelle du mineur), art. 467 à 476 (représentation du majeur protégé), art. 1301 et art. 1372 anc. (gestion d'affaires) ou encore la représentation légale des personnes morales par ses organes. ♦ ... De la représentation judiciaire, V. par ex., le mandat entre époux, C. civ., art. 216 à 226, le régime de l'administration judiciaire d'indivision (comme, par ex., les actions indivises, C. com., art. R. 225-87) ou celui de l'exécuteur testamentaire (C. civ., art. 1025 s.). ♦ ... Et, pour la représentation conventionnelle, V. plus particulièrement les règles applicables au mandat avec représentation (C. civ., art. 1984 à 1990).

2. Limites des pouvoirs du représentant. V. art. 1155 s. ou, dans le cadre du mandat, art. 1988 et 1889. ♦ Sur les dépassements ou détournements de pouvoir du mandataire, V. notes ss. art. 1998.

Art. 1154 *(Ord. n° 2016-131 du 10 févr. 2016, art. 2, en vigueur le 1er oct. 2016)* **Lorsque le représentant agit dans la limite de ses pouvoirs au nom et pour le compte du représenté, celui-ci est seul tenu de l'engagement ainsi contracté.**

Lorsque le représentant déclare agir pour le compte d'autrui mais contracte en son propre nom, il est seul engagé à l'égard du cocontractant. – *Dispositions transitoires, V. Ord. n° 2016-131 du 10 févr. 2016, art. 9, ss. art. 1386-1.*

1. Représentation parfaite (al. 1er). Le principe, déjà posé pour le mandat par l'art. 1997, implique que l'acte du représentant ne produise aucun effet à son égard. • Civ. 3e, 21 mars 2019, n° 17-28.021 P : *RDI 2019. 288, obs. Noguéro* ; *RTD civ. 2019. 586, obs. Barbier* • Civ. 2e, 21 janv. 1966 : *Bull. civ. II, n° 99* • Com. 9 mai 1985 : *Bull. civ. IV, n° 143.* ♦ L'opération du représentant ne peut lui profiter ou lui nuire. • Civ. 1re, 22 juin 2004, n° 01-03.926 P. ♦ ... Et le représentant ne répond pas de la mauvaise exécution du contrat qu'il a conclu. • Civ. 1re, 4 mars 1986 : *D. 1986. IR 168.* ♦ V. égal., dans le cadre du mandat : l'exécution des obligations contractuelles passées par un mandataire, au nom et pour le compte de son mandant, incombe à ce dernier seul. • Civ. 1re, 14 nov. 1978 : *Bull. civ. I, n° 346.* ♦ Les clauses du contrat conclu par le mandataire dans la limite de son pouvoir s'imposent au mandant. • Com. 21 mars 1983 : *cité ss. art. 1984, notes 16 s.* (principe de représentation) V. aussi notes 2 s. ss. l'art. 1998.

2. ... Contemplatio domini. Celui qui soutient qu'un acte est réalisé par représentation doit prouver que son auteur a eu l'intention d'exercer des pouvoirs pour le compte et au nom du représenté, au moment de cet acte. • Com. 31 mars 1981 : *Bull. civ. IV, n° 168.*

3. Représentation imparfaite (al. 2). Sur la simulation, V. C. civ., art. 1201. ♦ Dans ses rapports avec son mandant le prête-nom est un mandataire. • Civ. 3e, 1er déc. 1971 : *cité note 6 ss. art. 1984.* ♦ Mais le prête-nom est seul engagé envers les tiers. – V. notes ss. art. 1201 et note 6 ss. art. 1984. ♦ Sur les conséquences fiscales de la déclaration de command, V. CGI, art. 686. ♦ Comp. avec la promesse de porte fort, art. 1204.

Art. 1155 *(Ord. n° 2016-131 du 10 févr. 2016, art. 2, en vigueur le 1er oct. 2016)* **Lorsque le pouvoir du représentant est défini en termes généraux, il ne couvre que les actes conservatoires et d'administration.**

Lorsque le pouvoir est spécialement déterminé, le représentant ne peut accomplir que les actes pour lesquels il est habilité et ceux qui en sont l'accessoire. – *Dispositions transitoires, V. Ord. n° 2016-131 du 10 févr. 2016, art. 9, ss. art. 1386-1.*

1. Mandat. Sur la portée d'un mandat défini en termes généraux ou d'un mandat spécial, V. art. 1987 et 1988 et notes citées.

2. Autres applications. V. à titre d'exemple : pour l'administrateur provisoire de succession, la faculté pour l'administrateur provisoire d'ester en justice même si ce pouvoir ne lui a pas été conféré. • Civ. 1re, 25 oct. 1972 : *Bull. civ. I, n° 217.* ♦ ... Pour l'administrateur légal, V. notes ss. art. 382-1.

Art. 1156 *(Ord. n° 2016-131 du 10 févr. 2016, art. 2, en vigueur le 1er oct. 2016)* **L'acte accompli par un représentant sans pouvoir ou au-delà de ses pouvoirs est inopposable au représenté, sauf si le tiers contractant a légitimement cru en la réalité des pouvoirs du représentant, notamment en raison du comportement ou des déclarations du représenté.**

Lorsqu'il ignorait que l'acte était accompli par un représentant sans pouvoir ou au-delà de ses pouvoirs, le tiers contractant peut en invoquer la nullité.

L'inopposabilité comme la nullité de l'acte ne peuvent plus être invoquées dès lors que le représenté l'a ratifié. — *Dispositions transitoires, V. Ord. n° 2016-131 du 10 févr. 2016, art. 9, ss. art. 1386-1.*

BIBL. ► Barry, *Defrénois 2021/4. 18* (le rôle du notaire dans la théorie du mandat apparent). – Danis-Fatôme, *RDC 2017. 177* (proposition de modification).

1. Dépassement de pouvoir – Principe d'inopposabilité (al. 1er). Dans le cadre du mandat, le mandant n'est pas tenu d'exécuter les actes faits par son mandataire au-delà du pouvoir qui lui a été donné. Sur le principe, V. art. 1998, note 10. ♦ Seul l'offrant paut se prévaloir de l'absence de pouvoir du mandataire : V. note 2 ss. art. 1117. ♦ Sur la sanction du dépassement de pouvoir par le mandataire, comp. art. 1984, note 20 et art. 1998, notes 13 et 14 (action en nullité relative). ♦ Sur la distinction du défaut de droit et du défaut de pouvoir de l'auteur de l'acte, V. • Civ. 3e, 6 oct. 2004, n° 01-00.896 P : *RTD com. 2005, p. 122, obs. Monsérié-Bon ; Rev. sociétés 2005, p. 411, note Barbièri .*

2. ... Exception : apparence de pouvoir. Mandat. Sur le principe de l'apparence du pouvoir de représenter, les conditions et le contrôle judiciaire du mandat apparent, V. art. 1998, notes 15 s.

3. Tiers de bonne foi – Nullité (al. 2). Comp. art. 1997 et notes citées. Dans le mandat apparent, plus particulièrement, V. note 20 ss. art. 1998.

4. Ratification de l'acte (al. 3). Dans le cadre du mandat, V. notes 11 à 13, ss. art. 1998.

Art. 1157 *(Ord. n° 2016-131 du 10 févr. 2016, art. 2, en vigueur le 1er oct. 2016)* **Lorsque le représentant détourne ses pouvoirs au détriment du représenté, ce dernier peut invoquer la nullité de l'acte accompli si le tiers avait connaissance du détournement ou ne pouvait l'ignorer.** — *Dispositions transitoires, V. Ord. n° 2016-131 du 10 févr. 2016, art. 9, ss. art. 1386-1.*

Pour des exemples d'annulation d'actes passés par un mandataire et un tiers en fraude des droits du représenté : • Civ. 3e, 29 nov. 1972 : *Bull. civ. III, n° 647* • Civ. 1re, 27 janv. 1987 : *Bull. civ. I, n° 32* • 29 nov. 1988 : *Bull. civ. I, n° 341.*

Art. 1158 *(Ord. n° 2016-131 du 10 févr. 2016, art. 2, en vigueur le 1er oct. 2016)* **Le tiers qui doute de l'étendue du pouvoir du représentant conventionnel à l'occasion d'un acte qu'il s'apprête à conclure, peut demander par écrit au représenté de lui confirmer, dans un délai qu'il fixe et qui doit être raisonnable, que le représentant est habilité à conclure cet acte.**

L'écrit mentionne qu'à défaut de réponse dans ce délai, le représentant est réputé habilité à conclure cet acte. — *Dispositions transitoires, V. Ord. n° 2016-131 du 10 févr. 2016, art. 9, ss. art. 1386-1.*

Les dispositions de l'art. 1158 sont applicables dès l'entrée en vigueur de l'Ord. n° 2016-131 du 10 févr. 2016 (Ord. préc., art. 9).

BIBL. ► Fontmichel, *D. 2016. 1665* (actions interrogatoires). – Jeuland, *JCP 2016, n° 737.* – Lagarde, *D. 2017. 715* (actions interrogatoires). – Mayer, *Gaz. Pal. 2016. 3273.*

Défaut de réponse (al. 2). Comp. C. civ., art. 1120.

Art. 1159 *(Ord. n° 2016-131 du 10 févr. 2016, art. 2, en vigueur le 1er oct. 2016)* **L'établissement d'une représentation légale ou judiciaire dessaisit pendant sa durée le représenté des pouvoirs transférés au représentant.**

La représentation conventionnelle laisse au représenté l'exercice de ses droits. — *Dispositions transitoires, V. Ord. n° 2016-131 du 10 févr. 2016, art. 9, ss. art. 1386-1.*

Liquidateur judiciaire. Le liquidateur judiciaire est investi d'un mandat légal de représentation du débiteur dessaisi pour l'exercice des droits et actions de ce dernier concernant son patrimoine, ainsi le notaire ne peut opposer le secret professionnel pour refuser de lui communiquer la consistance des droits détenus par le débiteur dans la succession de son père. • Com. 23 oct. 2019, n° 18-15.280 P : *D. 2019. 2086 ; AJ fam. 2019. 663, obs. Levillain*.

Art. 1160 *(Ord. n° 2016-131 du 10 févr. 2016, art. 2, en vigueur le 1er oct. 2016)* **Les pouvoirs du représentant cessent s'il est atteint d'une incapacité ou frappé d'une interdiction.**

Comp. : la personne mineure ou majeure incapable peut représenter un tiers si elle est dotée d'un discernement suffisant pour comprendre la portée de ses actes et déclarer une volonté propre. • Civ. 5 déc. 1933 : *DH 1934, J. 49* • TI Nîmes, 29 juin 1982 : *D. 1983, J. 13, note Pansier.* ♦ Pour le mandat, V. art. 2003, notes 4 à 6.

Art. 1161 *(Ord. n° 2016-131 du 10 févr. 2016, art. 2, en vigueur le 1er oct. 2016) (L. n° 2018-287 du 20 avr. 2018, art. 6, en vigueur le 1er oct. 2018)* **« En matière de représentation des personnes physiques, un représentant ne peut agir pour le compte de plusieurs parties au contrat en opposition d'intérêts** *[ancienne rédaction : Un représentant ne peut agir pour le compte des deux parties au contrat]* **» ni contracter pour son propre compte avec le représenté.**

En ces cas, l'acte accompli est nul à moins que la loi ne l'autorise ou que le représenté ne l'ait autorisé ou ratifié. — *Dispositions transitoires, V. Ord. n° 2016-131 du 10 févr. 2016, art. 9, ss. art. 1386-1.*

L'art. 1161, dans sa rédaction résultant de la L. n° 2018-287 du 20 avr. 2018, est applicable aux actes juridiques conclus ou établis à compter du 1er oct. 2018 (L. préc., art. 16).

BIBL. ▸ COURET et REYGROBELLET, *D. 2016. 1867* (le droit des sociétés menacé). – COURET, *D. 2018. 20*. – GRIMALDI, *RDC 2017. 182* (proposition de suppression). – MORTIER, JOURDAIN-THOMAS et DUMONT, *JCP N 2017, n° 1367*. – MORTIER et ZATTARA-GROS, *JCP N 2017, n° 1268*. – PELLET, *AJ contrat 2018. 254* (loi de ratification et formation du contrat). – STORCK et DE RAVEL D'ESCLAPON, *JCP N 2018, n° 1201* (SCI).

1. Double représentation. Validité du double mandat d'un agent immobilier pour une même opération : • Civ. 1re, 13 mai 1998, n° 96-17.374 P : *Defrénois 1999. 366, obs. Delebecque ; RTD civ. 1998. 927, obs. Gautier*.

2. ... Signature. La double qualité en laquelle intervient le signataire d'un acte juridique, d'une part à titre personnel et, d'autre part, en qualité de représentant d'un tiers n'impose pas la nécessité d'une double signature comme condition de validité de cet acte. • Com. 9 mai 2018, n° 16-28.157 P : *D. 2018. 2056, obs. Lamazerolles et Rabreau ; RTD com. 2018. 938, obs. Lecourt* (cassation de l'arrêt qui exclut la qualité de cocontractant d'un signataire en considérant que, nonobstant la mention figurant en tête du contrat suivant laquelle il agit tant en son nom personnel qu'au nom de cette société, il n'a pas signé l'acte à titre personnel).

3. Contrepartie. Comp. antérieurement (jur exigeant que le représentant soit habilité à agir avec lui-même et en informe le représenté) • Civ., 10 déc. 1912 : *DP 1914. 1. 97, note Lacour ; S. 1916. 1. 41, note Naquet* • Cass., req., 5 mars 1941 : *S. 1941. 1. 103.* ♦ V. aussi : C. civ., art. 509-4°, 1596 ; C. com., art. L. 223-21 et L. 225-43. – C com.

SOUS-SECTION 3 Le contenu du contrat

(Ord. n° 2016-131 du 10 févr. 2016, art. 2, en vigueur le 1er oct. 2016)

BIBL. GÉN. ▸ **Ord. n° 2016-131 du 10 févr. 2016.** – Rapport au Président de la République, *JO 11 févr. 2016*. – V. la bibliographie citée ss. le titre III.

▸ **Contenu du contrat :** DE FONTMICHEL, *JCP 2019, n° 583* (l'équilibre contractuel des clauses relatives au litige). – DISSAUX et JAMIN, Projet de réforme, supplément, C. civ. 2016, *p. 53*. – HOUTCIEFF, Le contenu du contrat, *in* Pour une réforme du droit des contrats, sous la dir. de F. Terré, *D. 2009. 183*. – PELLET, *Dr. et patr. 5/2016. 61*. – POUMARÈDE, *RDI 2016. 331*. – SAVAUX, *JCP 25 mai 2015, suppl. au n° 21, p. 20* (contenu du contrat).

▸ **Cause du contrat et réforme.** AYNÈS, *Dr. et patr. 10/2014. 40*. – BOFFA, *D. 2015. 335*. – CHÉNEDÉ, *CCC 2016. Dossier n° 4*. – FABRE-MAGNAN, *RDC 2015. 639* (critique de la notion de contenu du contrat). – GÉNICON, *D. 2015. Chron. 1551*. – GRIMALDI, *D. 2015. 814*. – D. MAZEAUD, *Dr. et patr. 10/2014. 38*. – WICKER, *D. 2015. Chron. 1557* (suppression de la cause du contrat).

▸ **Autres thèmes.** ALLEAUME, *AJ contrat 2019. 373* (données à caractère personnel comme objet des contrats). – É.-U. GOÛT, *RTD civ. 2020. 315* (sommes-nous propriétaires de notre corps ?).

Art. 1162 *(Ord. n° 2016-131 du 10 févr. 2016, art. 2, en vigueur le 1er oct. 2016)* **Le contrat ne peut déroger à l'ordre public ni par ses stipulations, ni par son but, que ce dernier ait été connu ou non par toutes les parties.** – *Dispositions transitoires, V. Ord. n° 2016-131 du 10 févr. 2016, art. 9, ss. art. 1386-1.*

PLAN DES ANNOTATIONS

I. OBJET

A. CLIENTÈLE

1. *Cession de clientèle médicale : principe de licéité.* Si la cession de la clientèle médicale, à l'occasion de la constitution ou de la cession d'un fonds libéral d'exercice de la profession, n'est pas illicite, c'est à la condition que soit sauvegardée la liberté de choix du patient, condition souverainement appréciée par les juges du fond. • Civ. 1re, 7 nov. 2000, n° 98-17.731 P : *R., p. 366 ; D. 2001. 2400, note Auguet ; ibid. Somm. 3081, obs. Penneau ; D. 2002. Somm. 930, obs. Tournafond ; JCP 2001. II. 10452, note Vialla ; ibid. I. 301, nos 16 s., obs. Rochfeld ; JCP E 2001. 419, note Loiseau ; Defrénois 2001. 431, note Libchaber ; CCC 2001, n° 18, note Leveneur ; ibid. Chron. 7, par Chemtob ; LPA 14 juin 2001, note Koleck-Desautel ; RTD civ. 2001. 130, obs. Mestre et Fages ; ibid. 167, obs. Revet ; RDSS 2001. 317, note Mémeteau* (nullité de la cession, en l'espèce). – V. aussi Serra, *D. 2001. Chron. 2295*. ♦ Dans le même sens : • Civ. 1re, 19 nov. 2002, n° 00-18.339 P : *D. 2003. IR 43, et les obs.* • 30 juin 2004, n° 99-20.286 P : *D. 2005. Pan. 405, obs. Penneau ; CCC 2004, n° 135, note Leveneur* (nullité, en l'espèce, en raison de la pathologie des malades obligeant à des soins réguliers avec un appareillage de dialyse).

2. *Validité de la cession d'une clientèle d'avocat par une société de commissaire aux comptes.* Validité de la cession de clientèle d'avocat par une société d'expertise comptable qui n'est plus autorisée à poursuivre son activité, quelles que soient les raisons de la cession, choisie ou forcée. • Civ. 1re, 9 juill. 2015, n° 14-12.994 P.

3. *Licéité de la convention de non-concurrence.* BIBL. Bergel, *Études Jauffret, Fac. droit Aix-Marseille, 1974, p. 21*. ♦ L'engagement pris par un médecin remplaçant un confrère de ne pas s'installer dans un rayon déterminé est licite. • Civ. 1re, 4 janv. 1995, n° 92-16.519 P. ♦ V. aussi Dorsner et Scemama, *Gaz. Pal. 1979. 2. Doctr. 472* (obligation de non-concurrence dans le remplacement médical).

4. *Licéité de la convention relative au droit de présenter un successeur à l'autorité publique : notariat.* Si l'office notarial et le titre de notaire ne sont pas dans le commerce, le droit, pour le notaire, de présenter un successeur à l'autorité publique constitue un droit patrimonial qui peut faire l'objet d'une convention régie par le droit privé. • Civ. 1re, 16 juill. 1985 : *JCP 1986. II. 20595, note Dagot* (responsabilité du notaire qui « cède » son office en violation d'une promesse de préférence). ♦ Il est nécessaire de tenir compte, pour fixer la valeur des droits patrimoniaux d'un notaire dans la société au jour de son retrait, du droit de présentation de clientèle. • Civ. 1re, 18 juin 1996 : *Defrénois 1997. 104 ; JCP N 1997. II. 392, note Pillebout.*

5. ... Respect de la liberté de choix de la clientèle. La clause stipulant le reversement au cessionnaire des sommes perçues de la part des anciens clients d'un notaire, en interdisant au notaire de percevoir, pour une durée de dix ans, la rémunération de son activité pour le compte des clients qui avaient fait le choix de le suivre en son nouvel office, emporte cession de la clientèle lui ayant appartenu ; cette clause, par la sanction de la privation de toute rémunération du travail accompli, soumet le cédant à une pression sévère de nature, sinon à refuser de prêter son ministère, du moins à tenter de convaincre le client de choisir un autre notaire, ainsi la liberté de choix de cette clientèle n'est pas respectée. • Civ. 1re, 14 nov. 2012, n° 11-16.439 P : *D. 2012. 2747 ; RTD civ. 2013. 113, obs. Fages ; JCP N 2013, n° 1072, note Pezzella ; RDC 2013. 540, obs. Laithier* (nullité de la clause). ♦ V. aussi, sur la liberté de choix de la clientèle, • Civ. 1re, 20 oct. 1993, n° 91-21.868 P : *Defrénois 1994. 240, note Forgeard ; JCP N 1994. II. 113, note Pillebout.*

6. Inexistence d'un droit de présentation des syndics et administrateurs de justice. Les tâches à accomplir par les syndics et administrateurs judiciaires ne constituent que l'exécution de mandats de justice, qui ne sont pas des choses dans le commerce, et ne peuvent pas faire l'objet de convention ; en l'absence de tout droit de présentation prévu par les textes, et à défaut de clientèle attachée aux fonctions de syndic ou d'administrateur judiciaire, le tribunal de commerce ne peut prendre en considération, pour proposer un candidat à l'inscription sur la liste de la cour d'appel, une telle présentation. • Civ. 1re, 20 mars 1984 : *Bull. civ. I, n° 109 ; R., p. 119 ; D. 1986. 189, note D. Carbonnier.*

7. Validité du contrat de cession d'étals. Le contrat de cession d'étals sur un marché s'analyse comme une présentation d'un successeur par le bénéficiaire d'un droit de place à l'autorité municipale octroyante ; cet acte ne contrevient en rien à l'inaliénabilité du domaine public. • Civ. 1re, 5 déc. 1995, n° 93-12.096 P : *JCP 1996. I. 3929, nos 10 s., obs. Billiau ; Defrénois 1996. 743, obs. Delebecque ; RTD civ. 1996. 603, obs. Mestre .*

8. Validité de la convention de cession de clientèle de VRP. Un voyageur représentant placier peut être autorisé à céder la valeur de la clientèle qu'il a apportée ou développée, sous réserve qu'il renonce à l'indemnité de clientèle et que son employeur ait donné son accord à la cession. • Soc. 17 déc. 2002, n° 01-01.188 P : *JCP 2003. II. 10157, note Vicente ; Cah. dr. entr. 7/2003. 25, obs. Grignon.*

B. EXERCICE ILLÉGAL DE LA PROFESSION

9. Bourse. Un contrat ayant pour objet l'exercice d'une activité non agréée est nul en raison du caractère illicite de son objet. • Com. 4 nov. 2008, n° 07-19.805 P (gestion de portefeuilles sans agrément).

10. Crédit. L'interdiction pesant sur toute personne autre qu'un établissement de crédit d'effectuer à titre habituel des opérations de crédit-bail protège, non seulement l'intérêt général et celui des établissements de crédit, mais aussi celui des crédit-preneurs, qui peuvent agir en annulation des conventions conclues en infraction à cette règle. • Com. 19 nov. 1991, n° 90-10.270 P : *D. 1993. Somm. 53, obs. Rives-Lange ; JCP E 1992. I. 154, n° 5, obs. Gavalda et Stoufflet* ♦ Dans le même sens pour des prêts hypothécaires : • Com. 20 oct. 1998, n° 93-17.988 P : *D. 1999. 10, note crit. Sousi ; RDBB 1998, 224, obs. Crédot et Gérard ; RTD com. 1999. 166, obs. Cabrillac .* ♦ V. encore pour un établissement étranger non agréé en France : • Com. 4 juin 2002 : *JCP E 2003, n° 11, p. 463, obs. Stoufflet ; RDBF 2002, n° 123, obs. Crédot et Gérard.* ♦ Mais le seul fait qu'un contrat portant sur la recherche d'un financement ait été conclu en méconnaissance des dispositions du chapitre IX du titre Ier du livre V du C. mon. fin., relatives aux intermédiaires en opérations de banque et en services de paiement, n'est pas de nature à en entraîner l'annulation. • Com. 25 janv. 2023, n° 21-14.164 B.

11. Conseil en matière juridique. Est illicite, même en dehors d'une phase contentieuse, l'activité d'assistance exercée au profit d'une victime d'accident par une société, à titre principal, habituel et rémunéré, en ce qu'elle relève d'une activité de conseil juridique. • Civ. 1re, 25 janv. 2017, n° 15-26.353 P : *D. 2017. 297 ; D. avocats 2017. 156, obs. Audran-Ly ; RGDA 2017. 189, note Landel.*

12. Société. La convention qui prévoit l'entrée au capital d'une SELARL d'avocats d'une société qui ne remplit pas les conditions prévues par l'art. 5 de la L. n° 90-1258 du 31 déc. 1990, d'ordre public, a une cause illicite et est entachée d'une nullité absolue. • Civ. 1re, 15 janv. 2015, n° 13-13.565 P : *D. 2015. 206 .*

C. INVESTITURE POLITIQUE

13. Remboursement des frais de campagne électorale. Est nulle la convention par laquelle un candidat à une fonction élective s'engage, en cas de succès, à rembourser à son parti politique les frais de campagne exposés par celui-ci dès lors que la cause de cet engagement est en réalité l'investiture politique et qu'une telle cause est illicite comme portant sur un objet hors du commerce. • Civ. 1re, 3 nov. 2004, n° 02-10.880 P : *D. 2004. IR 3037 ; Defrénois 2004.*

1730, obs. Aubert ; CCC 2005, n° 39, note Leveneur ; RDC 2005. 263, obs. D. Mazeaud, rejetant le pourvoi contre • Paris, 12 nov. 2001 : *RTD civ. 2002. 88, obs. Mestre et Fages*. ♦ Dans le même sens : • Versailles, 1er avr. 2010 : *JCP 2010, n° 493.*

D. DROITS DE LA PERSONNALITÉ

BIBL. Acquarone, *D. 1985. Chron. 129* (ambiguïté du droit à l'image). – Edelman, *D. 1970. Chron. 119.* – Gaillard, *D. 1984. Chron. 161* (droit à l'image).

14. *Atteinte à l'honneur ou à la considération : action en réparation.* L'action en réparation d'une atteinte à l'honneur ou à la considération d'une personne morale est attachée à la personne même du titulaire de ce droit et, partant, hors commerce. • Civ. 1re, 30 mai 2006, n° 04-17.102 P.

E. CORPS HUMAIN

BIBL. Atias, *D. 1986. Chron. 67* (contrat de substitution de mère). – Edelman, *D. 1989. Chron. 225* (statut juridique du corps humain) ; *D. 1991. Chron. 203*. – Gobert, *RTD civ. 1992. 489* (indisponibilité du corps humain et maternité de substitution). – Rassat, *JCP 1976. I. 2777* (statut juridique du placenta humain). – Rubellin-Devichi, *D. 1985. Chron. 147* (gestation pour le compte d'autrui). ♦ Commentaires de la L. du 20 déc. 1988 (recherches biomédicales) : Auby, *JCP 1989. I. 3384.* – Borricand, *D. 1989. Chron. 167.* – Dubouis, *RDSS 1989. 155.* – Mémeteau, *D. 1990. Chron. 165*. – Thouvenin, *ALD 1989. 89.* – Viala et Viandier, *Gaz. Pal. 1989. 2. Doctr. 493.* ♦ Commentaires des lois du 29 juill. 1994 (bioéthique) : Byk, *JCP 1994. I. 3788* et *erratum 3802 bis.* – Jamin, *RTD civ. 1994. 934*. – Massip, *Defrénois 1995. 65* et *129 ; Gaz. Pal. 1995. 1. Doctr. 433.* – Thouvenin, *ALD 1995. 149, 159* et *179.* – V. aussi : Thouvenin, *RTD civ. 1994. 717*.

15. *Illicéité du contrat de mère porteuse.* La convention par laquelle une femme s'engage, fût-ce à titre gratuit, à concevoir et à porter un enfant pour l'abandonner à sa naissance contrevient tant au principe d'ordre public de l'indisponibilité du corps humain qu'à celui de l'indisponibilité de l'état des personnes. • Cass., ass. plén., 31 mai 1991, n° 90-20.105 P : *R., p. 247 ; GAJC, 12e éd., n° 50 ; D. 1991. 417, rapp. Chartier, note Thouvenin ; JCP 1991. II. 21752, communication Jean Bernard, concl. Dontenwille, note Terré ; Defrénois 1991. 948, obs. Massip ; RTD civ. 1991. 517, obs. Huet-Weiller ; RRJ 1991/3. 843, note Barthouil* (cassation de • Paris, 15 juin 1990 : *JCP 1991. II. 21653, note Edelman et Labrusse-Riou ; RTD civ. 1990. 457, obs. Rubellin-Devichi*). ♦ Sur la réception des gestations pour autrui réalisées à l'étranger, V. désormais ss. art. 16-7.

16. *Nullité de la convention de prélèvement d'un tatouage.* Nullité de la convention relative à l'exécution d'un tatouage, devant être ensuite prélevé par exérèse : V. • TGI Paris, 3 juin 1969 : *D. 1970. 136, note J. P. ; Gaz. Pal. 1969. 2. 57.* ♦ Même affaire, la nullité de la convention n'étant plus discutée : • Civ. 1re, 23 févr. 1972 : *JCP 1972. II. 17135.*

F. SÉPULTURES ET SUCCESSIONS

BIBL. J. Julien, *Dr. fam. 2004. Étude 21* (la dernière demeure). – Perrier-Cussac, *JCP N 1990. I. 34* (droits du titulaire d'une concession funéraire).

17. *Propriété des tombeaux hors du commerce.* Les tombeaux et le sol sur lequel ils sont élevés, que ce soit en cimetière public ou dans un cimetière privé, sont en dehors des règles du droit sur la propriété et la libre disposition des biens et ne peuvent être considérés comme ayant une valeur appréciable en argent. • Civ. 11 avr. 1938 : *DH 1938. 321.* ♦ Le droit d'usage du monument, incorporé au droit du concessionnaire, est, comme ce droit, hors du commerce et ne peut donc être acquis par prescription. • Civ. 1re, 13 mai 1980 : *JCP 1980. II. 19439, concl. Gulphe.* ♦ V. déjà, dans la même affaire, • Civ. 1re, 23 mars 1977 : *JCP 1977. II. 18658, concl. Gulphe.* – *Adde :* • Amiens, 28 oct. 1992 : *D. 1993. 370, note Plateau ; JCP N 1993. II. 383, note Hérail.*

Impossibilité d'exiger l'inscription d'un patronyme avant le décès de l'un des titulaires de ce patronyme sans constater que le nombre de places disponibles dans le caveau permettrait d'y inhumer les époux portant ce patronyme. • Civ. 1re, 12 janv. 2011, n° 09-17.373 P : *D. actu. 27 janv. 2011, obs. Fleuriot ; JCP 2011, n° 75, obs. Dutrieux.*

18. *Validité des conventions par lesquelles le titulaire d'une concession accorde le droit de s'y faire inhumer ou y renonce pour lui.* Si la propriété des sépultures est hors du commerce, celles-ci peuvent néanmoins faire l'objet de conventions par lesquelles le titulaire d'une concession accorde à une ou à plusieurs personnes le droit de s'y faire inhumer. • Civ. 1re, 22 févr. 1972 : *D. 1972. 513, note Lindon.* ♦ La renonciation à tout droit de jouissance sur une sépulture, avec remboursement des dépenses engagées, est valable. • Civ. 1re, 4 déc. 1967 : *D. 1968. 133, note J. Mazeaud ; JCP 1968. II. 15404 bis, note Lindon.* ♦ V. aussi, pour une renonciation effectuée à l'occasion d'une donation-partage, • Civ. 1re, 17 mai 1993, n° 91-15.780 P : *Defrénois 1993. 1086, obs. Champenois.*

19. *... Donation ou legs d'une concession.* Aucune disposition de la loi n'interdit de donner ou de léguer à un héritier par le sang une concession funéraire déjà utilisée : • Civ. 1re, 2 mars 1999 : *JCP 1999. I. 191, nos 7 s., obs. Loiseau.*

20. ... Limites. Le concessionnaire ne peut disposer de son droit et inhumer un étranger à la famille, sauf à obtenir l'accord de tous les copropriétaires. • Bordeaux, 4 mars 1991 : *JCP N 1993. II. 2, note Hérail.* ♦ V. aussi : • Paris, 5 déc. 1985 : *D. 1986. IR 104.*

21. Indisponibilité des souvenirs de famille. Des souvenirs de famille, quelle que soit leur nature, sont indisponibles, leur valeur vénale ne pouvant leur faire perdre cette qualité. • Civ. 2e, 29 mars 1995, nº 93-18.769 P : *D. 1995. Somm. 330, obs. Grimaldi ; JCP 1995. II. 22477, note Hovasse-Banget ; RTD civ. 1996. 420, obs. Zenati.* ♦ Pour l'arrêt attaqué : • Paris, 2 juill. 1993 : *JCP 1994. II. 22191, note Hovasse-Banget.* ♦ V. aussi, postérieurement, pour un refus de considérer, en l'espèce, les biens comme des souvenirs de famille : • Paris, 3 juill. 1996 : *JCP 1996. II. 22703, note Hovasse-Banget.*

G. FICHIER INFORMATIQUE

22. Tout fichier informatisé contenant des données à caractère personnel doit faire l'objet d'une déclaration auprès de la CNIL ; la vente d'un tel fichier, qui, n'ayant pas été déclaré, n'était pas dans le commerce, a un objet illicite. • Com. 25 juin 2013, nº 12-17.037 P : *D. 2013. 1867, note Beaussonie ; ibid. 1844, point de vue Storrer ; RTD civ. 2013. 595, obs. Barbier ; JCP 2013, nº 930, note Debet ; RDC 2013. 119, note Rochfeld.*

II. BUT POURSUIVI

A. PRINCIPE DE NON-DISCRIMINATION

23. Syndicat professionnel. Par application combinée de l'anc. art. 1131 C. civ., L. 411-1 et L. 411-2 [L. 2131-1 et L. 2131-2 nouv.] C. trav., un syndicat professionnel ne peut pas être fondé sur une cause ou en vue d'un objet illicite ; il ne peut donc agir contrairement aux principes de non-discrimination. • Cass., ch. mixte, 10 avr. 1998, nº 97-17.870 P : *BICC 1er juill. 1998, rapp. Merlin ; D. 1998. 389, note Jeammaud.* – V. aussi • Cass., ch. mixte, 10 avr. 1998, nº 97-13.137 P : *BICC 1er juill. 1998, concl. de Caigny, rapp. Ancel* (nullité pour objet illicite d'un syndicat d'organisation de la profession d'ostéopathes diplômés d'État en kinésithérapie). ♦ V., sur ces arrêts, de Caigny, *R. 1998, p. 59.*

B. MARIAGE

24. Courtage matrimonial. Le contrat proposé par un professionnel, relatif à l'offre de rencontres en vue de la réalisation d'un mariage ou d'une union stable, qui ne se confond pas avec une telle réalisation, n'est pas nul, comme ayant une cause contraire à l'ordre public et aux bonnes mœurs, du fait qu'il est conclu par une personne mariée. • Civ. 1re, 4 nov. 2011 : *D. 2012. 59, note Libchaber ; ibid. 971, obs. Lemouland et Vigneau ; AJ fam. 2011. 613, obs. Chénedé ; RTD civ. 2012. 93, obs. Hauser ; ibid. 113, obs. Fages ; JCP 2011, nº 9, note Bakouche ; Dr. fam. 2012, nº 21, obs. Vigneau ; RDC 2012. 383, note Laithier ; ibid. 473, note Fenouillet ; RLDC 2012/94, nº 4703, note Bernard-Xémard.*

C. FILIATION

25. Courtage d'adoption. Toute convention ayant pour objet de déterminer la somme à verser en rémunération des services d'un intermédiaire en vue d'une adoption a une cause illicite et ne peut avoir aucun effet. • Civ. 1re, 22 juill. 1987 : *D. 1988. 172, note Massip.*

III. BONNES MŒURS

26. Illustrations. Nullité pour cause contraire à l'ordre public ou aux bonnes mœurs : d'une libéralité destinée à punir patrimonialement les victimes de pratiques incestueuses qui n'ont pas pardonné au testateur son comportement. • TGI La Roche-sur-Yon, 2 mai 1995 : *D. 1997. 13, note Vray.* ♦ ... D'un contrat de prêt destiné à l'acquisition d'une maison de tolérance. • Req. 1er avr. 1895 : *DP 1895. 1. 263.* ♦ ... D'un contrat de travail passé entre une femme de chambre et l'exploitante d'une maison de tolérance. • Soc. 8 janv. 1964 : *D. 1964. 267.* ♦ ... D'une convention de « strip-tease ». • TGI Paris, 8 nov. 1973 : *D. 1975. 401, note Puech.* ♦ ... D'une convention par laquelle une personne révèle à un hebdomadaire des faits d'ordre intime relatifs à trois changements de sexe successifs. • Paris, 21 janv. 1972 : *Gaz. Pal. 1972. 1. 37.*

27. Cas des libéralités entre concubins. **BIBL.** Ascensio, *RTD civ. 1975. 248* (annulation des donations immorales entre concubins). – Édon-Lamballe, *RRJ 2002/1. 77.* ♦ N'est pas nulle comme ayant une cause contraire aux bonnes mœurs la libéralité consentie à l'occasion d'une relation adultère. • Cass., ass. plén., 29 oct. 2004, nº 03-11.238 P : *R., p. 203 et 208 ; BICC 1er févr. 2005, rapp. Bizot, concl. Allix ; GAJC, 12e éd., nº 28-29 (II) ; D. 2004. 3175, note Vigneau ; JCP 2005. II. 10011, note Chabas ; ibid. I. 187, nº 7, obs. Le Guidec ; Gaz. Pal. 2004. 3786, concl. Allix ; Defrénois 2004. 1732, obs. Libchaber ; ibid. 2005. 234, note S. Piedelièvre ; ibid. 1045, note Mikalef-Toudic ; AJ fam. 2005. 23, obs. Bicheron ; Dr. fam. 2004, nº 230, note Beignier ; CCC 2005, nº 40, note Leveneur ; RLDC 2004/11, nº 466, note Lamarche ; LPA 7 juin 2005, note Pimont ; RTD civ. 2005. 104, obs. Hauser* • Civ. 1re, 25 janv. 2005, nº 96-19.878 P : *JCP 2005. I. 187, nº 7, obs. Le Guidec ; AJ fam. 2005. 234, obs. Chénedé ; Gaz. Pal. 2005. 3464, note Deharo ; RTD civ. 2005. 368, obs. Hauser ; ibid. 439, obs. Grimaldi.*

IV. ORDRE PUBLIC PROFESSIONNEL

A. DÉONTOLOGIE

BIBL. Encinas de Munagorri, *RTD civ. 2007. 67* (sources positives de la déontologie). – Gutmann, *Archives Phil. dr., t. 44, 2000, p. 115* (obligation déontologique). – Moret-Bailly, *D. 2002. Chron. 2820* (déontologie et fautes civiles) ; *RDSS 2003. 581* (L. du 4 mars 2002 et déontologies des professions de santé). – Sargos, *D. 2007. Chron. 811* (révolution éthique des déontologies médicales).

28. Cession d'action en responsabilité professionnelle. N'est pas contraire à l'ordre public la cession d'une action tendant à la mise en jeu d'une responsabilité civile professionnelle ne faisant l'objet d'aucune restriction légale. • Civ. 1re, 10 janv. 2006, n° 03-17.839 P : *D. 2006. Chron. 2129, par Bert ; ibid. AJ 365, obs. Delpech ; Defrénois 2006. 597, obs. Savaux ; Dr. et pr. 2006. 147, note Putman ; LPA 31 oct. 2006, note Mecarelli ; RTD civ. 2006. 552, obs. Mestre et Fages*.

29. Violation des règles. La violation des règles déontologiques d'une profession (expert-comptable) ne peut être sanctionnée par la nullité de la convention sans qu'il soit recherché si le contrat litigieux était illicite comme contraire à l'ordre public. • Civ. 1re, 5 nov. 1991, n° 89-15.179 P : *Defrénois 1992. 1075, obs. Aubert.* ♦ Dans le même sens, à propos d'un manquement au statut du notariat : • Civ. 1re, 30 mars 1994, n° 92-16.797 P : *Defrénois 1994. 1466, obs. Delebecque ; RTD civ. 1995. 100, obs. Mestre*. ♦ ... A propos d'un manquement aux règles du CSP relatives à la délivrance des médicaments vétérinaires : • Com. 11 juill. 2006, n° 04-16.759 P : *JCP E 2006. 2595, note Sérinet.* ♦ ... A propos de la déontologie de l'avocat : • Civ. 1re, 9 déc. 2015, n° 14-28.237 P. ♦ La méconnaissance des dispositions du code de déontologie (médicale) peut en revanche être invoquée par une partie à l'appui de dommages et intérêts. • Civ. 1re, 18 mars 1997, n° 95-12.576 P : *D. 1997. Somm. 315, obs. Penneau ; JCP 1997. II. 22829, rapp. Sargos ; ibid. I. 4068, nos 1 s., obs. Viney ; RTD civ. 1996. 605, obs. Mestre* • 27 mai 1998, n° 96-19.161 P : *D. 1998. 530, note Laroche-Gisserot* • 27 nov. 2008, n° 07-15.963. ♦ Des faits ne constituant pas, selon une décision de l'autorité ordinale, un manquement au code de déontologie médicale peuvent caractériser une violation des obligations contractuelles du médecin envers la clinique qui l'emploie. • Civ. 1re, 16 mai 2006, n° 03-16.253 P : *D. 2007. Pan. 1456, obs. Penneau ; Gaz. Pal. 2006. Somm. 4116, obs. Bandon ; RLDC 2006/31, n° 2211, note Jacques ; RTD civ. 2006. 554, obs. Mestre et Fages*. ♦ Recevabilité de l'appel en garantie d'un gynécologue contre un radiologue pour manquement à l'obligation d'information entre confrères. • Civ. 1re, 29 nov. 2005, n° 04-13.805 P. ♦ V. aussi note 5 ss. CSP, art. L. 1111-2, ss. art. 16-9, et, en matière de responsabilité civile, note 67 ss. art. 1241.

B. PRATIQUES ILLICITES

30. Publicité interdite. L'objet d'un contrat doit être licite, à peine de nullité ; nullité du contrat tendant à l'insertion d'encarts publicitaires dans un répertoire familial pratique d'urgence en violation du code de déontologie des professionnels de l'ostéopathie. • Civ. 1re, 6 févr. 2019, n° 17-20.463 P : *D. 2019. 931, note Maisonnat ; AJ contrat 2019. 243, obs. Lebret ; RTD civ. 2019. 324, obs. Barbier ; CCC 2019, n° 80, note Leveneur.*

31. « Pots-de-vin ». Nullité des conventions apparentées à la pratique des « pots-de-vin », V. • Req. 5 févr. 1902 : *DP 1902. 1. 158* • 15 mars 1911 : *DP 1911. 1. 382.*

32. Stipulation illicite d'honoraires de résultat. Il résulte de l'art. 24 de l'Ord. n° 45-2138 du 19 sept. 1945 portant institution de l'ordre des experts-comptables, dans sa rédaction issue de l'Ord. n° 2014-443 du 30 avr. 2014, que les honoraires de l'expert-comptable doivent constituer la juste rémunération du travail fourni comme du service rendu et ne peuvent en aucun cas être calculés d'après les résultats financiers obtenus par les clients. Il en résulte qu'un contrat conclu entre un expert-comptable et son client, en ce qu'il fixe les honoraires dus en fonction de tels résultats, est illicite et, partant, nul, de sorte que le montant des honoraires dus à l'expert-comptable doit être déterminé en fonction du travail fourni et du service rendu. • Civ. 1re, 6 avr. 2022, n° 21-12.045 B : *D. 2022. 702 ; Rev. sociétés 2022. 615, note Bardy ; RTD civ. 2022. 376, obs. Barbier*.

33. Détournement de la réglementation. L'indemnisation des améliorations culturales apportées au fond par le preneur sortant incombe au seul bailleur. Les conventions mettant cette indemnisation à la charge du preneur entrant sont nulles et donnent lieu à restitution des sommes indûment perçues. • Civ. 3e, 6 juin 2019, n° 17-19.486 P : *D. 2019. 2076, note Roussel ; JCP 2019, n° 731, note Sturlèse ; ibid. n° 732, note Strickler.* ♦ Caractère illicite de la cause du prêt dont l'octroi s'analyse en un comportement frauduleux tendant au détournement de la réglementation sur les quotas laitiers par la mise en place, sous forme de prêts sans intérêts, d'un système de financement destiné à couvrir les pénalités encourues en cas de dépassement des quotas de production. • Civ. 1re, 26 sept. 2012, n° 11-12.941 P : *D. 2013. 391, obs. Amrani-Mekki et Mekki ; RDC 2013. 25, obs. Rochfeld.*

34. Prescriptions médicales illicites. Est illicite la prescription par un médecin de médicaments dont l'importation a été interdite par l'AFSSAPS. • Crim. 12 juin 2019, n° 17-81.235 P.

35. Clause illégale. La constatation par le juge de l'illégalité d'une clause de reconduction tacite dans un contrat de service public exclut la possibilité pour le concessionnaire de bénéficier de l'indemnité prévue en cas de non-reconduction. • Civ. 1re, 14 nov. 2018, n° 17-28.464 P.

C. EXERCICE ILLÉGAL DE LA PROFESSION

36. Médecine. Est nul pour cause illicite le contrat qui, sans comporter tous les éléments de l'exercice illégal de la médecine, a pour objectif de mettre en œuvre une méthode d'amaigrissement et de rajeunissement associant diététique, acupuncture, et auriculothérapie, ces pratiques de « médecine douce » étant prohibées par la loi dans le cadre d'une telle activité. • Civ. 1re, 11 juin 1996 : *CCC 1996. 166, obs. Leveneur ; RTD civ. 1997. 116, obs. Mestre* . ♦ Tout partage des honoraires perçus par un médecin en rémunération de sa propre activité médicale, entre ce médecin et une personne ne remplissant pas les conditions requises pour l'exercice de cette profession, en l'espèce une clinique privée, est interdit. • Civ. 1re, 5 nov. 1996, n° 94-18.335 P (cassation de l'arrêt n'ayant pas recherché si les prestations rémunérées correspondaient par leur nature et par leur coût à un service rendu au médecin). – Même sens : • Civ. 1re, 19 mai 1998, n° 96-13.394 P.

Prise en compte immédiate pour les contrats en cours, pour refuser l'annulation d'un contrat de franchise, d'une évolution jurisprudentielle selon laquelle la pratique par un professionnel non médecin d'épilation à la lumière pulsée n'est plus illicite et l'annulation des contrats que ce professionnel a pu conclure aux seuls motifs qu'ils concernent une telle pratique. • Civ. 1re, 19 mai 2021, n° 19-25.749 P : *RDC 2021/3. 13, note Dournaux ; CCC 2021, n° 128 note Leveneur.*

37. Établissement de crédit. En cas d'exercice illégal de la profession, la nullité du contrat est encourue. • Com. 19 nov. 1991, n° 90-10.270 P : *RTD civ. 1992. 381, obs. Mestre* (l'interdiction pesant sur toute personne autre qu'un établissement de crédit d'effectuer à titre habituel des opérations de crédit-bail protège non seulement l'intérêt général et celui des établissements de crédit, mais aussi celui des crédits-preneurs). ♦ Comp. • Com. 3 juin 2003, n° 00-19.705 P : *JCP E 2004. 289, note Forgues ; RTD civ. 2004. 287, obs. Mestre et Fages* (une interdiction édictée par un règlement du Comité de la réglementation bancaire qui a valeur d'arrêté n'est pas susceptible, en l'absence de prohibition législative, d'être sanctionnée par une nullité de droit privé).

38. Agent sportif. Nullité, pour cause illicite, de la convention de placement d'un joueur de football conclue par une personne dépourvue de la licence d'agent sportif exigée par la loi. • Aix-en-Provence, 21 sept. 2006 : *JCP 2006. II. 10202, note Rizzo.*

D. PROFESSION PROHIBÉE

39. Occultisme, astrologie. BIBL. Bruschi, *RRJ 1991/1. 189.* – Najjar, *Mél. Terré, Dalloz/PUF/Juris-Classeur, 1999, p. 701.* ♦ Nullité pour cause illicite d'un contrat de vente de matériel d'occultisme (sous l'empire de l'ancien art. R. 34-7° C. pén.). • Civ. 1re, 12 juill. 1989 : *Bull. civ. I, n° 293 ; GAJC, 11e éd., n° 155 ; JCP 1990. II. 21546, note Dagorne-Labbe ; Defrénois 1990. 358, obs. Aubert.* ♦ ... Du contrat de présentation de clientèle d'astrologue (sous l'empire de l'ancien art. R. 34-7° C. pén.). • Civ. 1re, 10 févr. 1998, n° 96-15.275 P : *D. 2000. 442, note Gannagé ; JCP 1998. II. 10142, note Fages ; JCP N 1998. 1626, note Bolze ; CCC 1998, n° 57, note Leveneur ; Defrénois 1998. 732, obs. Delebecque ; RTD civ. 1998. 669, obs. Mestre* .

V. RELATIONS DE TRAVAIL ET ORDRE PUBLIC

A. CLAUSES DE NON-CONCURRENCE

1° CONTRAT DE TRAVAIL

40. Principe. Lorsqu'elle a pour effet d'entraver la liberté de se rétablir d'un salarié, actionnaire ou associé de la société qui l'emploie, la clause de non-concurrence signée par lui n'est licite que si elle est indispensable à la protection des intérêts légitimes de l'entreprise, limitée dans le temps et dans l'espace, qu'elle tient compte des spécificités de l'emploi du salarié et comporte l'obligation pour la société de verser à ce dernier une contrepartie financière, ces conditions étant cumulatives. • Com. 15 mars 2011, n° 10-13.824 P : *D. 2011. 943, obs. Ines ; ibid. 1261, note Picod ; Rev. sociétés 2011. 620, note Godon ; RDT 2011. 306, obs. Auzero ; RTD civ. 2011. 348, obs. Fages ; RTD com. 2011. 361, obs. Constantin ; JCP 2011. 953, obs. Ghestin ; ibid. 692, note Khodri ; CCC 2011, n° 138, obs. Leveneur ; RLDC 2011/82, obs.* (application à une clause insérée dans un pacte d'actionnaires). ♦ Rappr. : • Com. 8 oct. 2013 : *D. 2013. 2741, note Favario ; Rev. sociétés 2014. 102, note Barbièri ; Dr. soc. 2014. 174, obs. Mouly* . ♦ Du fait de l'existence de la contrepartie financière, la clause de non-concurrence est stipulée dans l'intérêt de chacune des parties au contrat, de sorte que l'employeur, sauf clause contraire, ne peut y renoncer unilatéralement. • Soc. 11 mars 2015, n° 13-22.257 P : *D. 2015. 689 ; Dr. soc. 2015. 465, obs. Mouly* .

41. Conditions de validité, durée, espace, intérêt. BIBL. Baugard, *RLDC 2012/ 97, n° 4798.* – Damy, *JCP E 2008. 1025.*– Damy et Pelli, *JCP 2008. I. 133.* – Stulz, *LPA 24 oct. 2003.* ♦ Une convention ne peut porter atteinte à la liberté du travail que si l'interdiction par elle formulée n'est pas illimitée dans le temps, dans l'espace et quant à la nature de l'activité exercée, la restriction devant être appréciée en fonction de ces trois critères. • Com. 20 mars 1973 : *Bull. civ. IV, n° 127 ; R. 1973-1974, p. 41 ; JCP 1975. II. 18076.* ♦ Apportant une restriction à la liberté du commerce et à la liberté du travail, une clause de non-concurrence n'est licite que dans la mesure où la restriction de liberté qu'elle entraîne est indispensable à la protection des intérêts légitimes de l'entreprise. • Soc. 19 nov. 1996, n° 94-19.404 P : *Dr. soc. 1997. 95, obs. Couturier* • 7 avr. 1998, n° 95-42.495 P : *D. 1999. Somm. 107, obs. Serra ; JCP 1999. II. 10164, note Raison-Rebufat.* ♦ La clause minorant la contrepartie financière en cas de rupture par le salarié, même si elle est prévue par la convention collective nationale applicable à l'entreprise, est contraire au principe du libre exercice d'une activité professionnelle et doit être réputée non écrite. • Soc. 14 avr. 2016, n° 14-29.679 P. ♦ V. déjà : • Soc. 14 mai 1992, n° 89-45.300 P : *R., p. 247 ; D. 1992. 350, note Serra ; JCP 1992. II. 21889, note Amiel-Donat* (entreprise de nettoyage et laveur de vitres : illicéité de la clause).

Cependant, la clause de non-concurrence prenant effet à compter de la rupture du contrat de travail, la cessation d'activité ultérieure de l'employeur n'a pas pour effet de décharger le salarié de son obligation de non-concurrence. • Soc. 21 janv. 2015, n° 13-26.374 P : *D. 2015. 271 ; Dr. soc. 2015. 206, note Tournaux.*

42. ... Contrepartie financière. **BIBL.** Rosa, *RDT 2018. 735* (analyse au prisme de l'immobilisation de la force de travail). ♦ Une clause de non-concurrence n'est licite que si elle est indispensable à la protection des intérêts légitimes de l'entreprise, limitée dans le temps et dans l'espace, qu'elle tient compte des spécificités de l'emploi du salarié et comporte l'obligation pour l'employeur de verser au salarié une contrepartie financière, ces conditions étant cumulatives. • Soc. 10 juill. 2002, n° 99-43.334 P : *R., p. 349 ; BICC 15 sept. 2002, concl. Kehrig ; D. 2002. 2491, note Serra (deux arrêts) ; ibid. Somm. 3111, obs. Pélissier ; ibid. 2003. Somm. 1222, obs. Thullier ; JCP 2002. II. 10162, note F. Petit ; ibid. 2003. I. 130, n° 1, obs. Morvan ; JCP E 2002. 1511, note Corrignan-Carsin ; ibid. 2003. 585, n° 11, obs. Masquefa ; Gaz. Pal. 2002. 1769, concl. Kehrig ; Defrénois 2002. 1619, obs. Libchaber ; LPA 31 janv. 2003, note Damas ; RTD civ. 2003. 58, obs. Hauser ; RDC 2003. 17, obs. Rochfeld ; ibid. 142 et 148, obs. Radé* • 18 sept. 2002, n° 99-46.136 P • 23 janv. 2003, n° 00-44.882 P : *D. 2003. IR 531* • 24 juin 2003 : *D. 2004. Somm. 1161, obs. Gomy.* ♦ La clause prévoyant une contrepartie financière versée en cours d'exécution du contrat de travail est nulle. • Soc. 22 juin 2011, n° 09-71.567 P : *D. 2011. 1829.* ♦ Est nulle la clause de non-concurrence qui ne prévoit une contrepartie financière qu'en cas de rupture du contrat de travail à l'initiative de l'employeur. • Soc. 31 mai 2006, n° 04-44.598 P : *D. 2007. Pan. 180, obs. Condemine ; JCP E 2006. 2380, note Béal ; LPA 11 oct. 2006, note Beyneix.* ♦ ... Ou qu'en cas de rupture à l'initiative du salarié. • Soc. 27 févr. 2007, n° 05-44.984 P : *D. 2007. Pan. 2262, obs. Desbarats ; LPA 13 avr. 2007, note Pierroux.* ♦ ... Ou qui ne prévoit qu'une contrepartie financière dérisoire, ce qui équivaut à une absence de contrepartie. • Soc. 15 nov. 2006, n° 04-46.721 P : *D. 2006. IR 2946 ; JCP 2007. II. 10039, note Corrignan-Carsin ; CCC 2007, n° 21, note Malaurie-Vignal.*

Sur l'application immédiate de l'exigence de la contrepartie financière, V. note 21 ss. art. 5. ♦ La contrepartie financière n'est pas due si le contrat de travail a pris fin par le décès du salarié. • Soc. 29 oct. 2008, n° 07-43.093 P : *D. 2009. Pan. 1441, obs. Robinne.* ♦ Selon l'art. 6-1 du Pacte du 16 déc. 1966, applicable en droit interne, y compris en Alsace-Moselle, le droit au travail comprend la possibilité qu'a toute personne de gagner sa vie par un travail librement choisi ou accepté, ce qui s'oppose à ce qu'un salarié, tenu au respect d'une obligation de non-concurrence, soit privé de toute contrepartie financière au motif qu'il a été licencié pour faute grave. • Soc. 16 déc. 2008, n° 05-40.876 P : *D. 2009. AJ 233* • Soc. 16 mai 2012, n° 11-10.760 P. ♦ Le salarié dont le licenciement a été annulé et qui demande sa réintégration ne peut prétendre à l'indemnisation du préjudice lié au respect, après la rupture de son contrat de travail, d'une clause de non-concurrence dépourvue de contrepartie financière. • Soc. 26 mars 2013 : *D. 2013. 927.*

Sur la nature d'indemnité compensatrice de salaire de la contrepartie financière. • Soc. 4 nov. 2020, n° 18-20.210 P (du fait de sa nature d'indemnité compensatrice de salaire, la contrepartie financière ouvre droit à congés payés).

43. Contrôle de la Cour de cassation. Sur le contrôle par la Cour de cassation des conditions de validité des clauses, V. • Com. 17 déc. 2002 : *D. 2004. Somm. 1156, obs. Auguet* • 1er juill. 2003 : *D. 2004. Somm. 1153, obs. Picod* • Civ. 1re, 16 nov. 2004, n° 01-17.356 P : *CCC 2005, n° 41, note Leveneur.*

44. Date d'appréciation. La validité de la clause de non-concurrence doit être appréciée à la date de sa conclusion et la convention collective intervenue postérieurement ne peut avoir pour effet de couvrir la nullité qui l'affecte. • Soc. 28 sept. 2011, n° 09-68.537 P.

45. Clause du contrat de travail relative à l'obligation de non-concurrence. La clause d'un contrat de travail aux termes de laquelle l'employeur se réserve la faculté, après la rupture du contrat de travail, qui fixe les droits des parties, d'imposer une obligation de non-concurrence, est nulle. • Soc. 12 févr. 2002, n° 00-41.765 P : *D. 2002. 2011, note Puigelier ; ibid. Somm. 2089, obs. C. Mathieu*. ♦ La disposition selon laquelle l'employeur a la faculté de renoncer à tout moment aux obligations prévues par la clause de non-concurrence, laissant le salarié dans l'incertitude de sa liberté de travailler, est nulle et sa nullité s'étend à la clause dans son ensemble. • Soc. 2 déc. 2015, n° 14-19.029 P.

46. Sanction : nullité partielle de la clause. La clause de non-concurrence qui minore la contrepartie financière en cas de licenciement disciplinaire n'est pas nulle mais doit être réputée non écrite en ses seules dispositions minorant la contrepartie. • Soc. 8 avr. 2010, n° 08-43.056 P : *D. 2010. 1085, obs. Perrin ; RDC 2010. 1199, obs. Génicon*. ♦ Doit être réputée non écrite la minoration par les parties, dans le cas d'un mode déterminé de rupture du contrat de travail, de la contrepartie pécuniaire d'une clause de non-concurrence. • Soc. 9 avr. 2015, n° 13-25.847 P : *D. 2015. 872* (minoration pour une démission appliquée à une rupture conventionnelle). ♦ La stipulation du contrat de travail minorant en cas de démission la contrepartie financière de la clause de non-concurrence est réputée non écrite, les parties ne pouvant dissocier les conditions d'ouverture de l'obligation de non-concurrence de celles de son indemnisation. • Soc. 25 janv. 2012, n° 10-11.590 P : *D. 2012. 443*.

47. ... Dommages-intérêts. La stipulation dans le contrat de travail d'une clause de non-concurrence nulle cause nécessairement un préjudice au salarié. • Soc. 30 mars 2011, n° 09-70.306 P : *D. 2011. 1087, obs. Ines*. ♦ Le salarié qui a respecté une clause de non-concurrence illicite en l'absence de contrepartie financière peut prétendre à des dommages-intérêts. • Soc. 18 mars 2003, n° 00-46.358 P. ♦ ... Que les juges du fond évaluent souverainement. • Soc. 29 avr. 2003, n° 01-42.026 P : *D. 2004. Somm. 1161, obs. Gomy*. ♦ Le respect par le salarié d'une clause de non-concurrence illicite lui cause nécessairement un préjudice. • Soc. 11 janv. 2006, n° 03-46.933 P : *R., p. 262* • 22 mars 2006, n° 04-45.546 P : *JCP 2006. I. 166, n° 3, obs. Stoffel-Munck* • 15 nov. 2006 : *préc. note 42* • 9 mai 2007 : *D. 2008. Pan. 250, obs. Robinne*. ♦ Le salarié qui respecte une clause de non-concurrence nulle a droit à une indemnisation ; l'employeur ne peut obtenir la *restitution des sommes versées* au titre d'une clause nulle, le salarié ayant respecté la clause pendant plusieurs mois après la rupture du contrat de travail. • Soc. 17 nov. 2010, n° 09-42.389 P : *D. actu. 8 déc. 2010, obs. Perrin.*

48. ... Inopposabilité, nullité. Une clause de non-concurrence dépourvue de contrepartie financière peut être, en référé, déclarée inopposable au salarié. • Soc. 25 mai 2005, n° 04-45.794 P : *R., p. 278 ; D. 2005. IR 1586, obs. Chevrier ; ibid. Pan. 2456, obs. Robinne ; LPA 8 juill. 2005, note Touchent ; RDC 2005. 1108, obs. Radé*. ♦ Seul le salarié peut se prévaloir de la nullité de la clause de non-concurrence ne comportant pas de contrepartie financière. • Soc. 25 janv. 2006, n° 04-43.646 P : *D. 2008. Pan. 250, obs. Robinne ; JCP S 2006. 1211, note Verkindt.*

49. ... Limitation de la portée de la clause. Le juge, en présence d'une clause de non-concurrence même indispensable à la protection des intérêts légitimes de l'employeur, peut, lorsqu'elle ne permet pas au salarié d'exercer une activité conforme à sa formation et à son expérience, en restreindre l'application en en limitant l'effet dans le temps, l'espace ou ses autres modalités. • Soc. 18 sept. 2002, n° 00-42.904 P : *R., p. 350 ; D. 2002. 3229, note Serra ; JCP 2003. I. 130, n° 2, obs. Morvan ; Defrénois 2002. 1619, obs. Libchaber ; RDC 2003. 150, obs. Radé.*

50. ... Majoration de la contrepartie (non). Le juge ne peut, après avoir décidé de l'annulation de la clause compte tenu du caractère dérisoire de la contrepartie financière, accorder au salarié la contrepartie qu'il estime justifiée. • Soc. 16 mai 2012 : *préc. note 42.*

2° AUTRES CONTRATS

51. Conseils juridiques. L'interdiction s'imposant au conseil juridique de faire obstacle à l'établissement de son collaborateur lors de la cessation de sa collaboration (Décr. 13 juill. 1972, art. 66) en application du principe général de la liberté d'entreprendre n'est pas incompatible avec des mesures qui, tendant seulement à la protection d'un droit légitime, ne sont illimitées ni dans le temps, ni dans l'espace et laissent au collaborateur une possibilité de travail dans sa spécialité. • Civ. 1re, 26 mars 1996, n° 93-19.059 P (validité de la clause interdisant pendant trois ans d'intervenir pour un client de l'ancien employeur). ♦ Comp. • Civ. 1re, 26 mars 1996, n° 93-18.657 P. ♦ Pour un abus de droit dans l'imposition d'une clause de non-rétablissement étendue sans utilité au delà de ce qui était nécessaire, dans l'intention d'empêcher l'acquisition : • Com. 13 juin 1995 : *RTD civ. 1997. 129, obs. Mestre*.

52. Mandataire d'assurance. Au regard du caractère exclusivement libéral de l'activité d'un mandataire d'assurance, la validité de la clause de non-réinstallation n'est pas subordonnée à l'octroi d'une contrepartie financière. • Civ. 1re, 2 oct. 2013, n° 12-22.846 P : *D. 2013. 2622, note Bahurel ; RLDC 2014/113, n° 5326, obs. Pezzella.*

53. Agents commerciaux. Selon l'art. L. 134-14 C. com., le contrat d'agent commercial peut contenir une clause de non-concurrence ; cette clause doit concerner le secteur géographique ainsi que le type de biens ou de services pour lesquels l'agent exerce la représentation ; les juges du fond ne peuvent déclarer nulle une clause de non-concurrence sans vérifier de façon concrète que cette clause avait pour effet d'empêcher les anciens agents d'exercer toute activité professionnelle. • Com. 4 juin 2002, n° 00-14.688 P : *D. 2003. Somm. 904, obs. Picod* ; *JCP 2003. II. 10164, note Licari* ; *Gaz. Pal. 2003. Somm. 1112, obs. Guével* ; *CCC 2002, n° 153, note Leveneur.* ♦ Ils ne peuvent rejeter la demande en nullité de la clause sans rechercher si elle était disproportionnée à l'objet du contrat de mandat. • Com. 9 juill. 2002 : *D. 2003. Somm. 902, obs. Auguet* ; *CCC 2003, n° 5, note Malaurie-Vignal.*

54. Gérant non salarié. Une clause de non-concurrence introduite dans le contrat d'un gérant non salarié de succursale de maison d'alimentation de détail n'est licite que si elle comporte l'obligation pour la société de distribution de verser au gérant une contrepartie financière. • Soc. 8 déc. 2009, n° 08-42.089 P : *D. 2010. 97* • 28 sept. 2011, n° 10-21.294 P : *D. 2011. 2407* • 9 janv. 2013, n° 11-26.418 P : *D. 2013. 180* • 27 mars 2013, n° 12-12.892 P • 5 oct. 2016, n° 15-22.730 P : *D. 2016. 2070* ; *AJ contrat 2017. 43, obs. Picod*.

Nullité de la la clause de non-concurrence prévue par un contrat de gérance-mandat, qui fixe à un rayon de cinquante kilomètres à vol d'oiseau autour d'une enseigne d'envergure nationale l'interdiction pour la société gérante ou ses représentants d'exercer une activité concurrente, et conduit, compte tenu de la densité du réseau de cette enseigne sur l'ensemble du territoire français et de la diversité de son activité, à une impossibilité, de fait, de toute réinstallation, alors que la clause ne décrit ni n'établit l'intérêt légitime de l'enseigne, justifiant une telle interdiction pendant une durée de deux années. • Com. 2 oct. 2019, n° 18-15.676 P : *D. 2019. 2257, point de vue Buy* ; *AJ contrat 2019. 483, obs. Dissaux*.

B. AUTRES CLAUSES

55. Clause de « clientèle ». La clause dite « de clientèle » qui interdit au salarié, en cas de cessation du contrat de travail, de contracter directement ou indirectement avec des clients de l'ancien employeur, même sur sollicitation de leur part, c'est-à-dire sans manquement à son obligation de loyauté, est une clause de non-concurrence, illicite en ce qu'elle est dépourvue de contrepartie financière et non limitée dans le temps et l'espace. • Soc. 27 oct. 2009, n° 08-41.501 P.

56. Clause de non-sollicitation. Sur la question de la validité de cette clause, V. Stoffel-Munck, note ss. • Lyon, 12 juill. 2005 : *JCP E 2006. 1609.* ♦ *Adde* : • Com. 10 mai 2006, n° 04-10.149 P : *D. 2007. Pan. 180, obs. Condemine* ; *JCP 2006. I. 176, n°s 14 s., obs. Grosser* ; *JCP E 2006. 2298, note Vatinet* ; *RTD civ. 2007. 111, obs. Mestre et Fages* • 11 juill. 2006 : *CCC 2006, n° 232, note Malaurie-Vignal* (la clause de non-sollicitation n'est ni une variante, ni une précision de la clause de non-concurrence). ♦ V. aussi, sur la distinction entre clause de non-sollicitation et clause de non-concurrence : • Soc. 13 juin 2007, n° 06-41.753 : *CCC 2007, n° 248, note Malaurie-Vignal.*

Il résulte de la combinaison de l'art. 1134 anc., du principe de liberté du travail et du principe de liberté d'entreprendre, qu'une stipulation contractuelle qui porte atteinte auxdits principes n'est licite que si elle est proportionnée aux intérêts légitimes à protéger compte tenu de l'objet du contrat. En conséquence, doit être cassé un arrêt ayant validé une clause interdisant aux sociétés membres d'un groupement d'embaucher les salariés ayant quitté leur emploi auprès des autres sociétés de ce groupement en la qualifiant de clause de non-sollicitation, sans rechercher si cette clause, portant atteinte à la liberté du travail des personnes qui étaient contractuellement liées à ces entreprises ainsi qu'à la liberté d'entreprendre de ces dernières, était proportionnée aux intérêts légitimes que la clause était censée protéger. • Com. 27 mai 2021, n° 18-23.261 P.

57. Clause d'exclusivité. La clause par laquelle un salarié s'engage à consacrer l'exclusivité de son activité à un employeur porte atteinte à la liberté du travail et n'est valable que si elle est indispensable à la protection des intérêts légitimes de l'entreprise et si elle est justifiée par la nature de la tâche et proportionnée au but recherché. • Soc. 11 juill. 2000, n° 98-43.240 P (inopposabilité au salarié d'une clause d'emploi exclusif et à temps partiel) • 11 mai 2005, n° 03-40.837 P : *D. 2006. Pan. 30, obs. Escande-Varniol* (*idem*). ♦ Dans le même sens, mais retenant la nullité de la clause : • Soc. 25 févr. 2004, n° 01-43.392 P : *JCP E 2004. 1859, n° 8, obs. J. Raynaud* (indemnisation du salarié pour le préjudice résultant de la clause illicite).

58. La clause par laquelle l'employeur soumet l'exercice, par le salarié engagé à temps partiel, d'une autre activité professionnelle à une autorisation préalable porte atteinte au principe fondamental du libre exercice d'une activité professionnelle et n'est valable qui si elle est indispensable à la protection des intérêts légitimes de l'entreprise et si elle est justifiée par la nature de la tâche à accomplir et proportionnée au but recherché. • Soc. 16 sept. 2009, n° 07-45.346 P : *D. 2009. 2284, obs. Maillard*.

59. Clause de non-réinstallation. Absence de validité d'une clause de non-réinstallation contenue dans le règlement intérieur d'une société civile de moyen qui n'est pas conforme à l'objet de la société tel que prévu par les statuts, son application aboutissant à restreindre considérablement les droits des associés manifestant la volonté de se retirer, voire à vider de leur substance les dispositions statutaires qui régissent cette faculté de retrait. • Com. 1er mars 2011 : *cité note 4 ss. art. 1854.* ♦ Les clauses de non-réinstallation conclues entre professionnels de santé, susceptibles de porter atteinte tant à la liberté d'exercice de la profession qu'à la liberté de choix des patients, sont d'interprétation stricte et ne peuvent être étendues au-delà de leurs prévisions. • Civ. 1re, 4 févr. 2015, nº 13-26.452 P : *D. 2015. 379*.

60. Clause de non-réaffiliation. Contrôle de proportionnalité de la clause de non-réaffiliation par rapport aux intérêts légitimes du franchiseur : • Com. 3 avr. 2012, nº 11-16.301 P : *D. 2012. 1119, obs. Chevrier*. ♦ Inapplication à une clause de non-réaffiliation de l'exigence de contrepartie financière : • Com. 31 janv. 2012, nº 11-11.071 P : *D. 2012. 501, obs. Chevrier ; ibid. 2013. 732, obs. Ferrier ; CCC 2012, nº 83, obs. Leveneur ; RDC 2013. 878, obs. Grimaldi.*

61. Clause de discrétion. Une clause de « discrétion », imposant au salarié la confidentialité des informations détenues par lui et concernant la société, ne porte pas atteinte au libre exercice d'une activité professionnelle, et n'ouvre dès lors pas droit à contrepartie financière. • Soc. 15 oct. 2014, nº 13-11.524 P : *D. 2014. 2118*.

62. Clause d'objectif. Est réputée non écrite la clause qui, dans le contrat d'un agent commercial, qualifie le défaut d'obtention d'un chiffre d'affaires minimum de faute grave. • Com. 28 mai 2002, nº 00-16.857 P : *D. 2002. Somm. 3004, obs. Ferrier ; D. 2003. Somm. 459, obs. Delebecque ; JCP E 2002. 1842, note Perruchot-Triboulet ; RTD civ. 2003. 85, obs. Mestres et Fages*.

63. Clause de reversement de rémunération. Est nulle la clause d'un contrat de travail par laquelle un salarié s'engage à reverser à son employeur les rémunérations qui lui ont été versées pour des missions pour lesquelles il a été désigné expert personnellement. • Soc. 26 oct. 2022, nº 20-17.105 B : *D. 2022. 1910 ; Dr. soc. 2023. 89, obs. Bento de Carvalho*.

64. Clauses de dédit-formation. Conditions de validité des clauses de dédit-formation : V. • Soc. 4 févr. 2004, nº 01-43.651 P : *JCP 2004. I. 177, nº 3, obs. Bousez ; RDC 2004. 720, obs. Radé* • 16 mai 2007 : *RDT 2007. 450, obs. Auzero* • 23 oct. 2013 : *D. 2014. Chron. C. cass. 302, obs. Ducloz ; Dr. soc. 2014. 11, note Tournaux ; ibid. 77, obs. Canut* (nullité de la clause stipulant qu'en cas de départ prématuré, le salarié devra rembourser les rémunérations qu'il a perçues durant sa formation).

65. Organisations syndicales et patronales. Aucune disposition d'ordre public n'interdit à des organisations syndicales et patronales représentatives dans le champ de l'accord de convenir par un accord collectif un système de mutualisation du financement et de la gestion de certaines prestations de prévoyance sociale non obligatoires. • Soc. 9 oct. 2019, nº 18-13.314 P.

66. Accident du travail. Nullité d'un protocole d'accord prévoyant la renonciation du salarié à poursuivre l'employeur pour faute inexcusable (CSS, art. L. 482-4). • Civ. 2e, 1er juin 2011, nº 10-20.178 P : *RLDC 2011/84, nº 4302, obs. Bugnicourt.* ♦ Mais, sauf cas de fraude ou de vice du consentement, une convention de rupture peut être valablement conclue par un salarié déclaré inapte à son poste à la suite d'un accident du travail. • Soc. 9 mai 2019, nº 17-28.767 P.

VI. AUTRES HYPOTHÈSES

67. Associations à objet illicite. Action en dissolution d'une association à objet illicite : V. • Civ. 1re, 7 févr. 2006, nº 03-12.804 P : *JCP 2006. II. 10073, note de Monredon ; Gaz. Pal. 2006. 3270, note Blanc ; RTD civ. 2007. 57, obs. Deumier* (association taurine : rejet, en l'espèce, en raison de l'inapplicabilité du délit de l'art. 521-1 C. pén. – actes de cruauté envers animaux – lorsque est constatée une tradition taurine locale ininterrompue).

68. Cadavres. Le contrat d'assurance qui garantit la tenue d'une exposition de cadavres humains jugée illicite est nul pour illicéité de la cause. • Paris, 5 févr. 2013 : *JCP 2013, nº 195, obs. Byk ; ibid., nº 411, note Loiseau.*

69. Transaction. Une transaction ne peut avoir pour objet de faire échec aux actions tendant au prononcé d'une sanction professionnelle. • Com. 9 déc. 2020, nº 19-17.258 P : *RDC 2021/1. 93, note Boucobza et Serinet.*

Art. 1163 *(Ord. nº 2016-131 du 10 févr. 2016, art. 2, en vigueur le 1er oct. 2016)* **L'obligation a pour objet une prestation présente ou future.**

Celle-ci doit être possible et déterminée ou déterminable.

La prestation est déterminable lorsqu'elle peut être déduite du contrat ou par référence aux usages ou aux relations antérieures des parties, sans qu'un nouvel accord des parties soit nécessaire. – *Dispositions transitoires, V. Ord. nº 2016-131 du 10 févr. 2016, art. 9, ss. art. 1386-1.*

Comp. C. civ., art. 1126, 1129, 1130 anc.

BIBL. ▶ MOURY, *D. 2016. 1013* (détermination du prix) ; *D. 2017. 1209* (prix, champ de l'art. 1163, al. 2). – Dossier, *RDC 2017. 557* (le prix après la réforme).

I. EXISTENCE DE L'OBJET DE LA PRESTATION

1. Objet existant. L'objet dont l'absence est sanctionnée par la nullité de la convention s'entend de l'objet de l'obligation que renferme cette convention, et non de l'objet du contrat. • Com. 24 mai 2016, n° 14-25.921 P : *D. 2016. 1196 ; RTD civ. 2016. 843, obs. Barbier ; RTD com. 2016. 539, obs. Bouloc ; JCP 2016, n° 986, note Houtcieff.* ♦ N'est pas nulle une convention de cession d'étals sur un marché dès lors qu'elle a pour objet d'obtenir au profit du cessionnaire le transfert d'occupation des places dont le cédant bénéficie et qu'elle s'accompagne de la cession onéreuse d'éléments identiques à ceux d'un fonds de commerce. • Civ. 1re, 5 déc. 1995, n° 93-12.096 P : *JCP 1996. I. 3929, nos 10 s., obs. Billiau ; Defrénois 1996. 743, obs. Delebecque.*

2. Absence d'objet. Nullité d'une transaction contenant des dispositions contradictoires dont résulte une absence d'objet certain. • Soc. 18 mai 1999, n° 97-40.439 P. ♦ ... De la cession de parts, d'actions, ou de droits conférés par ces titres, d'une société ayant disparu par l'effet d'une opération de fusion par absorption. • Com. 26 mai 2009, n° 08-12.691 P : *D. 2009. Chron. C. cass. 2580, obs. Salomon ; ibid. 2010. Pan. 287, obs. Lamazerolles ; RLDC 2009/63, n° 3522, obs. Maugeri ; RDC 2009. 1341, obs. Laithier.* ♦ La convention relative à la cession de l'agrément préfectoral nécessaire à l'exploitation d'un établissement d'enseignement de la conduite automobile est dépourvue d'objet, le nombre de ces établissements n'étant limité par aucune disposition légale et l'agrément préfectoral étant délivré à titre personnel à ceux qui remplissent les conditions fixées réglementairement. • Civ. 3e, 4 mai 1983 : *Bull. civ. III, n° 103 ; RTD civ. 1984. 113, obs. Chabas.*

3. Absence d'objet de l'obligation du cocontractant. Lorsque l'obligation d'une partie est dépourvue d'objet, l'engagement du cocontractant est nul faute de cause. • Civ. 3e, *4 mai 1983 : Bull. civ. III, n° 103 ; RTD civ. 1984. 113, obs. Chabas* (pseudo-cession d'un agrément administratif d'exploitation d'une auto-école). ♦ Dans le même sens : • Civ. 1re, 20 févr. 1973 : *D. 1974. 37, note Malaurie* (« présentation » d'un successeur par un gardien d'immeuble démissionnaire).

4. ... Reconnaissance de dette fondée sur la croyance erronée d'une responsabilité. Une reconnaissance de dette consentie pour satisfaire l'obligation de réparer un dommage est nulle lorsqu'il n'est pas établi, en fait, que le dommage soit imputable au souscripteur. • TI Montmorillon, 19 mai 1982 : *JCP N 1983. II. 331, note Montanier.*

5. ... Convention de gestion. La convention de gestion qui définit son objet en des termes dont il résulte qu'elle fait double emploi avec l'exercice par un dirigeant de ses fonctions de directeur général, et revient ainsi à rémunérer la société de gestion pour des prestations accomplies par le directeur au titre de ses fonctions sociales est dépourvue de cause. • Com. 14 sept. 2010 : *D. 2011. 57, note Marmoz ; Rev. sociétés 2010. 462, obs. A. Lienhard .*

La convention aux termes de laquelle une société confie à une autre une partie des missions de son directeur qui est également le gérant de cette dernière fait double emploi, à titre onéreux pour cette société, avec les fonctions sociales de son directeur et est ainsi dépourvue de contrepartie réelle, et donc de cause. • Com. 23 oct. 2012, n° 11-23.376 P : *D. 2013. 686, note Mazeaud ; ibid. 391, obs. Amrani-Mekki et Mekki ; RTD civ. 2013. 112, obs. Fages ; Rev. sociétés 2013. 160, note Reygrobellet ; RDC 2013. 1321, obs. Génicon.*

6. ... Absence d'aléa. Le contrat est nul pour absence de cause quand l'aléa en vue duquel le contrat a été conclu n'existe pas pour la raison qu'il se trouve soumis, non à des circonstances étrangères, mais à la volonté arbitraire du débiteur. • Paris, 15 févr. 1957 : *JCP 1958. II. 10418, note D. B.* ♦ Pour d'autres exemples de défaut d'aléa, V. • Civ. 3e, 26 juin 1970 : *JCP 1971. II. 16695, note A. M. B.* • 9 févr. 1977 : *Bull. civ. III, n° 70.* ♦ Sur l'appréciation de l'aléa, V. • Civ. 3e, 16 juill. 1998 : *cité note 4 ss. art. 1976.*

7. ... Applications : contrat de rente viagère. L'art. 1975 C. civ. n'interdit pas de constater, pour des motifs de droit commun, qu'un contrat de rente viagère dépourvu de tout aléa est nul pour défaut de cause, dès lors que le débirentier a eu connaissance de la gravité de l'état de santé du vendeur, peu important que celui-ci ne décède pas de la maladie dont il était atteint au moment du contrat. • Civ. 1re, 16 avr. 1996, n° 93-19.661 P : *D. 1996. 584, note Dagorne-Labbe ; CCC 1996. 121, obs. Leveneur ; JCP N 1997. I. 527, étude Boulanger.* – Dans le même sens : • Civ. 3e, 2 févr. 2000, n° 98-10.714 P : *JCP 2000. II. 10289, note Weber.* ♦ V. aussi, • Civ. 1re, 5 mai 1982 : *Bull. civ. I, n° 164* (revenus du bien aliéné moyennant versement d'une rente viagère supérieurs aux arrérages) • Civ. 3e, 12 juin 1996, n° 94-16.988 P : *JCP 1997. II. 22781, note Dagorne-Labbe* (certitude du débirentier d'obtenir un bénéfice très au delà de l'espérance de vie des crédirentiers). ♦ V. égal. note 7 ss. art. 1975.

8. ... Contrat de généalogie. **BIBL.** Fenouillet, *RDC 2005. 331* (révélation de succession et droit de la consommation). – Leveneur, *Études P. Catala, Litec, 2001, p. 771* (nature du contrat de révélation de succession). ♦ Est nul le contrat de révélation de succession, alors que l'existence de la succession pouvait être établie sans l'intervention du généalogiste avec lequel le contrat avait été conclu. • Civ. 1re, 13 avr. 1953 : *JCP 1953. II. 7761*. – V. aussi • Pau, 5 déc. 2005 : *D. 2006. 2020, note Lecourt*. ♦ Comp. : validité du contrat dès lors que l'héritier n'avait pas connaissance du décès de son frère avant l'intervention du généalogiste. • Bourges, 28 août 2008 : *Defrénois 2009. 828, note Grimaldi*, cassé par • Civ. 1re, 20 janv. 2010 : *Defrénois 2010. 609, note Grimaldi ; ibid. 1698, obs. Lécuyer.*

9. ... Contrat d'assurance. **BIBL.** Clauses « de réclamation » : Beignier, *RLDC 2005/18, no 763*. – Lécuyer, *Dr. et patr. 6/2005. 34* (clause réputée non écrite). ♦ Le versement des primes pour la période qui se situe entre la prise d'effet du contrat d'assurance et son expiration a pour contrepartie nécessaire la garantie des dommages qui trouvent leur origine dans un fait qui s'est produit pendant cette période. • Civ. 1re, 19 déc. 1990, no 88-12.836 P : *R., p. 372* • 9 mai 1994, no 92-12.990 P • 16 déc. 1997, no 94-17.061 P : *R., p. 281 ; D. 1998. 287, note Lambert-Faivre ; JCP 1998. II. 10018, rapp. Sargos ; ibid. I. 144, no 26, obs. Viney ; ibid. 1999. I. 137, no 32, obs. Mayaux ; RCA 1998. Chron. 15, par Agard* (toute clause qui tend à réduire la durée de la garantie à un temps inférieur à la durée de la responsabilité est génératrice d'une obligation sans cause, comme telle illicite et réputée non écrite) • Civ. 3e, 26 nov. 2015, no 14-25.761 P : *D. 2016. 458, note Boffa ; ibid. 566, obs. Mekki ; RDI 2016. 42, obs. Roussel (idem)* • 3 juill. 2001 : *RCA 2001, Chron. 21, par Groutel (1re esp.) ; RGDA 2001. 1014, note Mayaux* • 2 juin 2004, no 01-17.354 P : *R., p. 357 ; RDI 2004. 416, obs. Grynbaum ; RCA 2004. Étude 21, par Groutel ; RGDA 2004. 1025, note Bigot ; RDC 2004. 927, obs. D. Mazeaud* • 28 sept. 2004, no 01-11.474 P : *D. 2004. IR 2688* • Civ. 2e, 21 oct. 2004, no 02-20.694 P : *D. 2004. IR 2890 ; Dr. et patr. 6/2005. 34, étude Lécuyer* (absence d'atteinte à des droits acquis ou à l'objectif de sécurité juridique) • 17 févr. 2005, no 03-20.679 P : *D. 2005. IR 665 (idem)* • Civ. 1re, 12 avr. 2005, no 03-20.980 P : *D. 2005. IR 1302 (idem)* • Civ. 2e, 21 avr. 2005, no 03-20.683 P : *LPA 30 déc. 2005, note Georges.* ♦ Rappr., sur cette même question : • CE 29 déc. 2000 : *D. 2001. 1265, note Lambert-Faivre ; LPA 18 mai 2001, concl. Boissard ; RCA 2001, no 166, note Groutel ; RGDA 2001. 97, note Vincent ; ibid. 33, étude Delpoux.* ♦ La faculté pour un assureur qui s'est engagé à garantir un assuré contre le risque d'insolvabilité de ses clients de supprimer pour l'avenir une garantie déjà accordée n'a pas pour effet de priver le contrat de son caractère aléatoire. • Civ. 1re, 3 mai 1995, no 93-11.575 P : *RTD civ. 1996. 394, obs. Mestre.* ♦ L'appréciation de l'aléa, dans le contrat d'assurance, relève du pouvoir souverain des juges du fond. • Civ. 1re, 20 juin 2000, no 97-22.681 P : *R., p. 402 ; D. 2000. IR 195 ; JCP 2001. I. 303, nos 6 s., obs. Kullmann ; RCA 2000. Chron. 24, par Groutel.* ♦ V. aussi note 45.

10. ... Contrat d'affacturage. La clause permettant à l'affacteur de supprimer son approbation d'un débiteur et donc de limiter l'aléa qu'il encourt est jugée valable pour l'avenir et nulle lorsqu'elle joue rétroactivement : • Paris, 20 févr. 1996 : *D. 1996. 505, note Dagorne-Labbe.*

11. ... Participation d'un notaire à une SCP. La cessation de la participation d'un notaire à l'activité de la SCP dont il se retire ne peut constituer la contrepartie d'une privation de la rémunération afférente à ses apports en capital ; la clause qui le prive de tout bénéfice ou actif quelconque de la SCP en attendant l'acceptation de son retrait par le garde des Sceaux est dépourvue de contrepartie, et, énonçant une obligation sans cause, est nulle. • Civ. 1re, 12 mai 2016, no 15-12.360 P : *D. 2016. 1076 ; ibid. 2017. 375, obs. M. Mekki ; Rev. sociétés 2016. 676, note Saintourens ; RTD civ. 2016. 614, obs. Barbier ; RTD com. 2016. 822, obs. M.-H. Monsèrié-Bon ; JCP N 2016, no 1215, note Hovasse.*

12. Prestation impossible : contrat de location de cassettes vidéo. Est nul pour absence de cause le contrat de location de cassettes vidéo pour l'exploitation d'un commerce, dès lors que l'exécution du contrat selon l'économie voulue par les parties était impossible, situation démontrant l'absence de contrepartie réelle. • Civ. 1re, 3 juill. 1996, no 94-14.800 P : *D. 1997. 500, note Reigné ; JCP 1997. I. 4015, no 4, obs. Labarthe ; Defrénois 1996. 1015, obs. Delebecque ; RTD civ. 1996. 903, obs. Mestre* (cour d'appel ayant retenu l'impossibilité de diffuser les cassettes en raison de la taille trop petite de l'agglomération). ♦ Rappr., pour une appréciation différente dans une situation voisine : • Com. 27 mars 2007 : *D. 2007. Pan. 2970, obs. Amrani-Mekki ; JCP 2007. II. 10119, note Sérinet ; CCC 2007, no 196, obs. Leveneur* • 9 juin 2009 : *RDC 2009. 1345, obs. Laithier ; RTD civ. 2009. 719, obs. Fages.* ♦ V. aussi sous l'angle de l'appréciation de l'indivisibilité de deux contrats : forment un ensemble contractuel indivisible le contrat d'approvisionnement en gaz auprès de Gaz de France et le contrat d'exploitation de la chaufferie d'un hôpital, alors que le second contrat constitue la seule cause du premier. • Civ. 1re, 4 avr. 2006, no 02-18.277 P : *D. 2006. 2656, note Boffa ; ibid. Pan. 2641, obs. Amrani-Mekki ; Defrénois 2006. 1194, note Aubert ; RDC 2006. 700, obs. D. Mazeaud* (la résiliation du contrat d'exploitation par l'hôpital entraîne la caducité du contrat d'approvisionnement).

II. DÉTERMINATION DE LA PRESTATION

13. Quotité de choses. Sur la nécessité de déterminer, lors de la conclusion du contrat-cadre (franchise), la quotité des choses devant faire l'objet des contrats d'application, V. • Paris, 14 juin 1984 : *JCP 1985. II. 20416, note Gross* (censure de la clause obligeant le franchisé à faire l'acquisition de tous les articles et modèles que le franchiseur décidait de faire figurer dans la collection de référence).

14. Détermination suffisamment précise de la prestation. N'est pas nul le contrat de location de vidéogrammes qui ne mentionne que le genre des films donnés en location et non leur titre, dès lors que la convention stipule au profit du locataire une possibilité d'échange des films et qu'ainsi la désignation de l'objet, suffisamment précise, n'est pas laissée à la seule volonté du bailleur. • Civ. 1re, 23 mai 1995, n° 94-14.255 P : *D. 1996. Somm. 113, obs. Aynès ; RTD civ. 1995. 620, obs. Mestre ; Defrénois 1996. 345, obs. Delebecque.* ♦ Est en revanche nul le contrat de création d'un point de location et de vente de cassettes vidéo qui, s'il prévoit un échange de cassettes, ne stipule la gratuité que pour le premier échange, et laisse au loueur la possibilité discrétionnaire de fixer l'objet de la convention, en plaçant, à sa guise, les cassettes dans l'une des trois catégories prévues, dont les tarifs sont différents. • Com. 19 nov. 1996, n° 94-14.530 P : *D. 1997. 609, note Zelcevic-Duhamel*.

15. Détermination de l'objet d'une cession : cession de parts sociales. La clause de garantie par laquelle les cessionnaires de parts sociales s'engagent « à prendre à leur compte toutes les cautions ayant pu être consenties » par le cédant ne peut être déclarée valable sans que les juges recherchent si cet engagement pouvait être déterminé. • Civ. 1re, 18 oct. 1994, n° 92-18.685 P. ♦ *Contra* : • Com. 1er avr. 1997, n° 94-16.083 P : *Defrénois 1997. 1437, obs. Bénabent* (validité de la clause d'une cession d'actions stipulant que les acquéreurs s'engagent à se substituer dans les cautions personnelles des vendeurs, dès lors que l'obligation conjointement souscrite par les cessionnaires, portant sur l'ensemble des cautionnements, a un objet déterminé).

16. ... Cession d'une part de parcelle. En cas de vente d'un terrain à prendre dans une parcelle plus vaste, les juges du fond décident à bon droit que l'immeuble vendu était déterminable au jour de la convention, dès lors que la superficie du terrain vendu était déterminée à l'acte et que le vendeur s'en était remis par avance aux acquéreurs quant à sa délimitation exacte. • Civ. 3e, 15 févr. 1984 : *Bull. civ. III, n° 41.* ♦ Rappr. : • Civ. 3e, 30 janv. 2008 : *JCP N 2008. 1197, n° 8, obs. Piedelièvre.* ♦ Comp. : • Req. 24 avr. 1929 : *DH 1929. 283.*

Nullité du mandat de vente, portant sur un terrain constructible, qui ne contient aucune référence cadastrale ni plan annexé, qui ne précise pas sur quelle partie de la parcelle le terrain vendu doit être pris et qui ne donne aucune précision sur les conditions de desserte de ce terrain. • Civ. 1re, 19 déc. 2013 : *D. 2014. 2370, obs. Bacache ; AJDI 2014. 538, obs. Thioye ; RTD civ. 2014. 358, obs. Barbier*.

17. ... Cession de lots immobiliers. Un congé avec offre de vente d'un lot immobilier n'est pas nul, faute d'absence de division de l'immeuble, dès lors que l'objet d'une telle vente peut être déterminé. • Civ. 3e, 22 janv. 2003, n° 01-13.909 P : *Loyers et copr. 2003, n° 86, note Vial-Pedroletti.* • 10 sept. 2008, n° 07-16.858 P : *D. 2008. AJ 2285 ; JCP 2009. I. 127, n° 13, obs. Périnet-Marquet ; Defrénois 2009. 440, obs. Atias* (prix déterminable d'un lot de copropriété). ♦ Inversement, faute de précision : • Civ. 3e, 11 févr. 2009, n° 07-20.237 P : *D. 2009. AJ 729 ; JCP 2009. I. 127, n° 13, obs. Périnet-Marquet ; JCP 2009. I. 138, n° 18, obs. Ghestin ; Defrénois 2010. 346, obs. Atias ; RLDC 2009/59, n° 3368, obs. Maugeri ; RTD civ. 2009. 527, obs. Fages*.

18. Détermination de l'objet d'une prestation : clause de mobilité. Cassation de l'arrêt retenant, par des motifs inopérants tirés des conditions de validité d'une clause de mobilité au regard de l'art. 1129 anc. C. civ., la nullité d'une clause de mobilité d'un contrat de travail trop imprécise quant à ses limites géographiques, alors qu'il résultait de ses constatations que le déplacement refusé par le salarié s'inscrivait dans le cadre habituel de son activité de consultant international. • Soc. 11 juill. 2012, n° 10-30.219 P : *D. 2012. 1969*.

III. PRESTATIONS FUTURES

19. Qualification. Un contrat de construction navale s'analyse en un contrat de vente à livrer. • Com. 26 juin 2019, n° 17-30.970 P. ♦ La construction d'un navire comporte certes une exécution d'actes qui par leur nature participeraient de la prestation de service, mais elle constitue juridiquement une vente de chose future dont l'exécution est réalisée par la livraison. • Rennes, 29 sept. 1983 : *Gaz. Pal. 1985. 1. 330, note du Rusquec* (compétence territoriale déterminée par le lieu de livraison).

20. Moment de perfection de la vente. La vente d'une chose future n'est parfaite qu'au moment où cette chose a été effectivement en mesure d'être livrée et où elle a été reçue par l'acheteur. • Rennes, 25 juin 1969 : *Gaz. Pal. 1969. 2. 201 ; RTD civ. 1969. 801, obs. Cornu* (lot de poulettes, non encore aptes à la ponte, mais destinées à devenir pondeuses, et achetées comme telles, contaminées par la maladie avant d'avoir atteint cet état).

21. Cas particuliers. Vente d'immeuble à construire : V. notes ss. art. 1601-1. ♦ Cession de créance future : V. note 3 ss. art. 1689.

IV. PRIX

22. *Fixation unilatérale du prix.* La variation de la rémunération d'un salarié ne peut dépendre de la seule volonté de l'employeur. • Soc. 9 mai 2019, n° 17-27.448 P : *D. 2019. 1053 ; Dr. soc. 2019. 641, note Radé .*

Art. 1164 *(Ord. n° 2016-131 du 10 févr. 2016, art. 2, en vigueur le 1er oct. 2016)* **Dans les contrats cadre, il peut être convenu que le prix sera fixé unilatéralement par l'une des parties, à charge pour elle d'en motiver le montant en cas de contestation.**

En cas d'abus dans la fixation du prix, le juge peut être saisi d'une demande tendant à obtenir des dommages et intérêts et le cas échéant la résolution du contrat. — *Dispositions transitoires, V. Ord. n° 2016-131 du 10 févr. 2016, art. 9, ss. art. 1386-1.*

Comp. C. civ., art. 1129 anc.

BIBL. ▶ THIBIERGE, *AJ contrat 2018. 266* (effets du contrat et loi de ratification). – LABARTHE, *JCP 2016, n° 642.* – MOURY, *AJCA 2016. 123* .

Lorsqu'une convention prévoit la conclusion de contrats ultérieurs, l'indétermination du prix de ces contrats dans la convention initiale n'affecte pas, sauf dispositions légales particulières, la validité de celle-ci, l'abus dans la fixation du prix ne donnant lieu qu'à résiliation ou indemnisation (à propos de contrats de location-entretien d'installations téléphoniques). • Cass., ass. plén., 1er déc. 1995, n° 91-15.999 P : *R., p. 290 ; GAJC, 11e éd., n° 151-154 ; BICC 15 janv. 1996, p. 10, concl. Jéol, note Fossereau ; D. 1996. 13, concl. Jéol, note Aynès ; D. 1997. Somm. 59, obs. Ferrier ; JCP 1996. II. 22565, concl. Jéol, note Ghestin ; JCP E 1996. II. 776, note Leveneur ; ibid. I. 523, n° 7, obs. Mousseron ; Gaz. Pal. 1995. 1. 626, concl. Jéol, note de Fontbressin ; Defrénois 1996. 747, obs. Delebecque ; LPA 27 déc. 1995, note Bureau et Molfessis ; Dr. et patr. 1996. 458, note Couret ; RTD civ. 1996. 153, obs. Mestre .* ♦ Dans le même sens : • Com. 26 mars 1996 : *CCC 1996. 136, obs. Leveneur* (franchisage) • 11 juin 1996, n° 94-16.866 P : *D. 1996. Somm. 323, note Aynès ; D. 1997. Somm. 59, obs. Ferrier ; CCC 1996. 182, obs. Leveneur* (concession) • 3 déc. 1996 : *CCC 1997. 59, obs. Leveneur* (location-gérance de station-service) • 10 févr. 1998, n° 95-21.906 P (location-gérance). ♦ La clause d'un contrat de franchisage faisant référence au tarif en vigueur au jour des commandes d'approvisionnement à intervenir n'affecte pas la validité du contrat, l'abus dans la fixation du prix ne donnant lieu qu'à résiliation ou indemnisation. • Cass., ass. plén., 1er déc. 1995, n° 91-19.953 P : *R., p. 290 ; BICC 15 janv. 1996, p. 10, concl. Jéol, note Fossereau ; D. 1996. 13, concl. Jéol , note Aynès ; JCP 1996. II. 22565, concl. Jéol, note Ghestin ; Gaz. Pal. 1995. 1. 626, concl. Jéol, note de Fontbressin ; Defrénois 1996. 747, obs. Delebecque ; RTD civ. 1996. 153, obs. Mestre .* – Dans le même sens : • Com. 21 janv. 1997 : *D. 1997. 414, note Jamin .*

Comp. • Com. 7 oct. 1997 : *JCP 1998. II. 10110, note Mainguy ; CCC 1998, n° 2, note Leveneur* [confirmant l'annulation d'une convention de franchisage au motif que, par l'effet de la clause d'approvisionnement exclusif, les prix étaient déterminés dans des conditions contraires aux dispositions de l'art. 34 (C. com., art. L. 442-5) de l'Ord. 1er déc. 1986 (qui interdit d'imposer un caractère minimal au prix de revente d'un produit)].

Art. 1165 *(Ord. n° 2016-131 du 10 févr. 2016, art. 2, en vigueur le 1er oct. 2016)* **Dans les contrats de prestation de service, à défaut d'accord des parties avant leur exécution, le prix peut être fixé par le créancier, à charge pour lui d'en motiver le montant en cas de contestation.** *(Abrogé par L. n° 2018-287 du 20 avr. 2018, art. 7) « En cas d'abus dans la fixation du prix, le juge peut être saisi d'une demande en dommages et intérêts. »*

(L. n° 2018-287 du 20 avr. 2018, art. 7) **« En cas d'abus dans la fixation du prix, le juge peut être saisi d'une demande tendant à obtenir des dommages et intérêts et, le cas échéant, la résolution du contrat. »** — *Dispositions transitoires, V. Ord. n° 2016-131 du 10 févr. 2016, art. 9, ss. art. 1386-1.*

Les modifications apportées par la L. n° 2018-287 du 20 avr. 2018 à l'art. 1165 ont un caractère interprétatif (L. préc., en vigueur le 1er oct. 2018, art. 16-I). — Sur les conséquences du caractère interprétatif d'une modification législative, V. L. préc., ss. art. 1386-1.

BIBL. ▶ HUET, *RDC 2017. 183* (proposition de modification).

V. note 34 ss. art. 1787.

Art. 1166 *(Ord. nº 2016-131 du 10 févr. 2016, art. 2, en vigueur le 1er oct. 2016)* **Lorsque la qualité de la prestation n'est pas déterminée ou déterminable en vertu du contrat, le débiteur doit offrir une prestation de qualité conforme aux attentes légitimes des parties en considération de sa nature, des usages et du montant de la contrepartie.** – *Dispositions transitoires, V. Ord. nº 2016-131 du 10 févr. 2016, art. 9, ss. art. 1386-1.*

Comp. C. civ., art. 1246 anc.

Art. 1167 *(Ord. nº 2016-131 du 10 févr. 2016, art. 2, en vigueur le 1er oct. 2016)* **Lorsque le prix ou tout autre élément du contrat doit être déterminé par référence à un indice qui n'existe pas ou a cessé d'exister ou d'être accessible, celui-ci est remplacé par l'indice qui s'en rapproche le plus.**

1. Renvoi à la volonté subsidiaire des parties. Substitution d'un indice licite à un indice illicite, conforme à la volonté des parties interprétée par les juges du fond, l'indice retenu ayant été proposé par une des parties lors de la conclusion du contrat comme un indice de substitution. • Civ. 1re, 9 nov. 1981 : *Bull. civ. I, nº 332 ; RTD civ. 1982. 601, obs. Chabas.*

2. Erreur des parties. Les juges du fond peuvent écarter l'application de l'indice fixé dans le contrat, en estimant, par une appréciation souveraine de l'intention commune des parties, que la mention de cet indice était le résultat d'une erreur provenant d'une rédaction hâtive et maladroite. • Civ. 3e, 8 oct. 1974 : *D. 1975. 189.*

3. Défaut de publication de l'indice choisi, les juges du fond peuvent décider, s'agissant de l'application pure et simple d'une clause d'indexation prévue au contrat, qu'il y a lieu, à défaut de la publication à laquelle se référait celle-ci, de déterminer, au besoin par expertise, le taux de l'indice applicable. • Civ. 1re, 22 mai 1967 : *JCP 1967. II. 15214, note Lévy.*

4. Nullité de l'indice choisi, une cour d'appel, recherchant la commune intention des parties, a souverainement retenu que leur volonté a essentiellement porté sur le principe de l'indexation et que, la stipulation du choix de l'indice en constituant une application, il y avait lieu de substituer à l'indice annulé un indice admis par la loi. • Civ. 3e, 22 juill. 1987 : *Bull. civ. III, nº 151.* – Dans le même sens : • Civ. 3e, 12 janv. 2005, nº 03-17.260 P : *D. 2005. Pan. 2847, obs. Fauvarque-Cosson ; CCC 2005, nº 105 ; RDC 2005. 1018, obs. D. Mazeaud ; RTD civ. 2006. 117, obs. Mestre et Fages.* – V. aussi • Lyon, 9 juill. 1990 : *D. 1991. 47, note Malaurie.*

5. V. notes ss. art. 1343.

Art. 1168 *(Ord. nº 2016-131 du 10 févr. 2016, art. 2, en vigueur le 1er oct. 2016)* **Dans les contrats synallagmatiques, le défaut d'équivalence des prestations n'est pas une cause de nullité du contrat, à moins que la loi n'en dispose autrement.** – *Dispositions transitoires, V. Ord. nº 2016-131 du 10 févr. 2016, art. 9, ss. art. 1386-1.*

Comp. C. civ., art. 1118 anc. (lésion).

BIBL. ▸ GRIMALDI, *D. 2019. 388* (vers un contrôle généralisé de la lésion en droit français ?). – Dossier, La lésion, un instrument de justice contractuel, *AJ contrat 2018. 103*.

Art. 1169 *(Ord. nº 2016-131 du 10 févr. 2016, art. 2, en vigueur le 1er oct. 2016)* **Un contrat à titre onéreux est nul lorsque, au moment de sa formation, la contrepartie convenue au profit de celui qui s'engage est illusoire ou dérisoire.** – *Dispositions transitoires, V. Ord. nº 2016-131 du 10 févr. 2016, art. 9, ss. art. 1386-1.*

BIBL. ▸ HONTEBEYRIE, Article 1167 : la contrepartie illusoire ou dérisoire, *RDC 2015.3, p. 757* (projet). – MAYAUX, *RGDA 2017. 640* (la contrepartie dans le contrat d'assurance). – RASANDRATANA, *RTD com. 2021. 1* (essai d'une analyse économique de la notion de contrepartie en *droit des contrats*).

1. Contrat d'exclusivité. Au regard de l'engagement souscrit par le distributeur, qui consistait à s'approvisionner exclusivement, pendant cinq ans et pour une quantité minimum déterminée, auprès d'un fournisseur, l'engagement pris par ce dernier d'obtenir un prêt au profit de son cocontractant et de le cautionner est dérisoire et le contrat est donc nul pour absence de cause. • Com. 14 oct. 1997 : *D. 1998. Somm. 333, obs. Ferrier (2e esp.) ; Defrénois 1998. 1040, obs. D. Mazeaud.* – Dans le même sens : • Com. 8 févr. 2005, nº 03-10.749 P : *D. 2005. AJ 639 ; ibid. Pan. 2841, obs. Amrani-Mekki ; D. 2006. Pan. 515, obs. Ferrier ; JCP 2006. II. 10011, note Luciani ; JCP E 2005. 1177, nº 4, obs. Mainguy et Respaud ; CCC 2005, nº 104, note Leveneur ; RDC 2005. 684, obs. D. Mazeaud, et 771, obs. Béhar-Touchais.*

2. Convention d'usage et habitation. Nullité pour absence de cause d'une convention d'usage et d'habitation, dès lors qu'il ressort de l'économie du contrat que le prix à la charge des bénéficiaires est dérisoire. • Civ. 1re, 10 mai 2005, n° 03-12.496 P : *JCP 2005. I. 181, n° 6, obs. Périnet-Marquet ; AJDI 2005. 934, note Prigent*.

3. Contrat de bail à construction. Le contrat de bail à construction conclu pour un prix dérisoire ou vil n'est pas inexistant mais nul pour défaut de cause. • Civ. 3e, 21 sept. 2011, n° 10-21.900 P : *D. 2011. 2711, note Mazeaud ; ibid. 2012. Pan. 459, obs. Amrani-Mekki et Mekki ; RDI 2011. 623, obs. Poumarède ; JCP 2011, n° 1276, note Ghestin ; JCP N 2012, n° 1011, obs. Waltz ; CCC 2011, n° 252, obs. Leveneur ; RLDC 2012/91, n° 4572, note Cavalier ; RDC 2012. 47, note Savaux ; ibid. 130, note Seube* (nullité relative, soumise à la prescription quinquennale de l'art. 1304 [anc.]).

4. Contrat de cession de droits incorporels. Est nul pour absence de cause un contrat de cession de droits incorporels (convention annexe à une cession de parts sociales d'une SARL exploitant une clinique) lorsque l'obligation au paiement d'une indemnité d'intégration n'a aucune contrepartie réelle, les droits cédés étant dépourvus de toute valeur sérieuse. • Civ. 1re, 15 juin 1994, n° 92-15.174 P : *Defrénois 1994. 1113, obs. Delebecque*. ♦ Mais les juges du fond ne peuvent annuler pour défaut de cause une cession de bandes sonores consentie pour un prix dérisoire sans rechercher si cette cession ne s'inscrivait pas dans le cadre d'une opération économique constituant un ensemble contractuel indivisible propre à lui conférer une contrepartie. • Civ. 1re, 13 juin 2006, n° 04-15.456 P : *D. 2007. 277, note Ghestin ; D. 2006. Pan. 2642, obs. Amrani-Mekki ; Dr. et patr. 9/2007. 87, obs. Stoffel-Munck ; RDC 2007. 256, obs. D. Mazeaud*. ♦ Aucune disposition légale ou réglementaire ne prévoit au profit d'un mannequin professionnel une rémunération proportionnelle à l'exploitation de son image. • Civ. 1re, 11 déc. 2008 : *V. note 81 ss. art. 9.*

5. V. aussi notes 2 s. ss. art. 1591.

Art. 1170 *(Ord. n° 2016-131 du 10 févr. 2016, art. 2, en vigueur le 1er oct. 2016)* **Toute clause qui prive de sa substance l'obligation essentielle du débiteur est réputée non écrite.**

BIBL. ▸ Bernard, *Dr. et patr. 3/2016. 26.* – Delebecque, *RDC 2015. 759* (projet : article 1168 : clause privant de sa substance l'obligation essentielle du contrat).

BIBL. Baudin-Morin, *RRJ 2002/4. 1859* – Jestaz, *Mél. Raynaud, Dalloz, 1985, p. 273* (obligation fondamentale). – Lavabre, *RJDA 1997. 291* (*idem*).

1. Clause réputée non écrite. ♦ Est seule réputée non écrite la clause limitative de réparation qui contredit la portée de l'obligation essentielle souscrite par le débiteur. • Com. 29 juin 2010, *Faurecia*, n° 09-11.841 P : *Rapp. 2010* (clause limitative de réparation ne vidant pas en l'espèce de toute substance l'obligation essentielle) ; *D. 2010. 1832, obs. et note D. Mazeaud ; ibid. 2011. 35, obs. Brun et Gout ; ibid. 472, obs. Amrani-Mekki et Fauvarque-Cosson ; RTD civ. 2010. 555, obs. Fages*. ♦ Comp. dans la même affaire : • Com. 13 févr. 2007, n° 05-17.407 P. ♦ Dans le même sens : • Civ. 3e, 23 mai 2013 : *D. 2013. 2142, note Mazeaud ; AJDI 2013. 754*. ♦ Le débiteur qui a comme obligation essentielle de délivrer un fonds de commerce pourvu d'une autorisation d'ouverture ne peut s'en exonérer par une clause élusive de responsabilité qui, contredisant la portée de son engagement, doit être réputée non écrite. • Com. 9 juin 2009 : *RDC 2009. 1359, obs. Mazeaud*. ♦ La clause qui, dans un contrat de fourniture d'électricité, limite l'indemnisation pour la seule coupure inopinée de courant, sauf en cas de faute lourde du fournisseur, n'a pas pour effet de vider de toute substance l'obligation essentielle de fourniture d'électricité. • Com. 18 déc. 2007, n° 04-16.069 P : *D. 2008. AJ 154, obs. Delpech ; JCP 2008. I. 125, nos 13 s., obs. Stoffel-Munck ; RTD civ. 2008. 310, obs. Jourdain*. ♦ Un transporteur ne saurait s'exonérer à l'avance de toute responsabilité en cas de retard excessif sans porter atteinte à l'essence du contrat de transport aérien de personnes. • Civ. 1re, 22 juin 2004 : *LPA 7 juin 2006, note C. Grimaldi ; RDC 2005. 270, obs. D. Mazeaud*.

V. précédemment, dans les affaires *Chronopost* : viole l'art. 1131 [anc.] C. civ. anc. la cour d'appel qui fait application d'une clause limitative de responsabilité, alors qu'en raison du manquement du débiteur à une obligation essentielle, cette stipulation qui contredit la portée de l'engagement pris doit être réputée non écrite. • Com. 22 oct. 1996, n° 93-18.632 P : *GAJC, 11e éd., n° 156 ; D. 1997. 121, note Sériaux ; ibid. Somm. 175, obs. Delebecque ; JCP 1997. II. 22881, note D. Cohen ; ibid. I. 4025, n° 17, obs. Viney ; ibid. I. 4002, n° 1, obs. Fabre-Magnan ; Gaz. Pal. 1997. 2. 519, note R. Martin ; Defrénois 1997. 333, obs. D. Mazeaud ; CCC 1997, n° 24, obs. Leveneur ; RTD civ. 1997. 418, obs. Mestre*, et, sur renvoi, • Caen, 5 janv. 1999 : *D. 2000. Somm. 294, obs. Mercadal ; JCP 2000. I. 199, n° 14, obs. Viney ; ibid. 215, n° 1, obs. Rochfeld* (arrêt lui-même cassé, pour méconnaissance des effets découlant de la mise à l'écart de la clause limitative de responsabilité, par • Com. 9 juill. 2002, n° 99-12.554 P : *R., p. 468 ; D. 2002. AJ 2329, obs. Chevrier ; ibid. Somm. 2836, obs. Delebecque ; D. 2003. Somm. 457, obs. D. Mazeaud ; JCP 2002. II. 10176, note Loiseau et Billiau ; ibid. I. 184, nos 14 s., obs. Rochfeld ; CCC 2003, n° 2, note Leveneur ; Dr. et patr. 11/2002. 103, obs. Chabas*) • Cass., ch. mixte, 22 avr. 2005 : *D. 2006. 717, obs. Chevrier ; RTD civ. 2006.*

322, obs. Jourdain (la clause limitant la responsabilité en cas de retard contredit la portée de l'engagement pris). ♦ Sur le premier arrêt *Chronopost*, V. aussi : Larroumet, *D. 1997. Chron. 145.* – Delebecque, *D. Affaires 1997. 235.* – Molfessis, *RTD civ. 1998. 213.* – Chazal, *JCP 1998. I. 152.* ♦ Dans le même sens : • Com. 17 juill. 2001 : *JCP 2002. I. 148, nos 17 s., obs. Loiseau* (contrat de maintenance informatique prévoyant une intervention dans les 48 heures).

2. Cassation de l'arrêt qui n'a pas recherché si la clause conventionnelle limitative de responsabilité ne devait pas être réputée non écrite par l'effet d'un manquement du contractant à une obligation essentielle du contrat. • Com. 30 mai 2006, n° 04-14.974 P : *BICC 1er oct. 2006, n° 1887, et la note ; D. 2006. 2288, note D. Mazeaud ; ibid. AJ 1599, obs. Delpech ; ibid. Pan. 2646, obs. Fauvarque-Cosson ; ibid. 2007. Pan. 115, obs. Kenfack ; Gaz. Pal. 2006. 2589, note Dagorne-Labbe ; CCC 2006, n° 183, note Leveneur ; RLDC 2006/31, n° 2220, note Train ; RDC 2006. 1075, obs. Laithier ; ibid. 1224, obs. Carval ; RTD civ. 2006. 773, obs. Jourdain .* – Dans le même sens : • Com. 5 juin 2007, n° 06-14.832 P : *R., p. 434 ; BICC 15 oct. 2007, n° 2107, et la note ; D. 2007. AJ 1720, obs. Delpech ; ibid. Pan. 2975, obs. Fauvarque-Cosson ; JCP 2007. II. 10145, note Houtcieff ; JCP E 2007. 2234, note Paulin ; ibid. 2204, nos 16 s., obs. Letacq ; RCA 2007, n° 283, note Groutrel ; Dr. et patr. 9/2007. 95, obs. Stoffel-Munck ; RDC 2007. 1121, obs. D. Mazeaud ; ibid. 1144, obs. Carval ; RTD civ. 2007. 567, obs. Fages* (manquement du transporteur à l'obligation de traçabilité).

3. *Contrat type.* Sur la nécessité d'établir une faute lourde lorsque la limitation résulte d'un contrat-type : • Cass., ch. mixte, 22 avr. 2005 : *préc. note 1.* ♦ La faute lourde ne peut résulter du seul manquement à une obligation contractuelle, fût-elle essentielle, mais doit se déduire de la gravité du comportement dudébiteur • Com. 29 juin 2010 : *préc. note 1.*

4. *Clause de non-concurrence.* L'indemnité compensatrice de non-concurrence étant la contrepartie de l'obligation de non-concurrence imposée au salarié, son paiement, lié à la cessation d'activité du salarié, au respect de cette obligation et à l'absence de renonciation de l'employeur à cette clause, ne peut, sauf clause contraire, être affecté par les circonstances de la rupture du contrat de travail et la possibilité ou non pour le salarié de reprendre une activité concurrentielle. • Soc. 8 oct. 1996, n° 95-40.405 P.

5. *Contrat de travail.* Est réputée non écrite la clause selon laquelle le coefficient de pondération permettant de déterminer la durée du travail du salarié équivalente à la durée légale s'applique, non pas sur l'amplitude journalière d'activité, mais sur le temps de travail effectué, en ce qu'elle instaure un régime d'équivalence dérogatoire à l'accord-cadre du 4 mai 2000 sur l'aménagement et la réduction du temps de travail des personnels des entreprises de transport sanitaires, défavorable au salarié et prive de sa substance l'obligation essentielle de l'employeur de verser la rémunération pour le travail accompli. • Soc. 23 sept. 2020, n° 18-20.869 : *RDC 2021/1. 127, note Loiseau* (maintien du reste de l'avenant).

Art. 1171 *(Ord. n° 2016-131 du 10 févr. 2016, art. 2, en vigueur le 1er oct. 2016)* **Dans un contrat d'adhésion, toute clause** *(L. n° 2018-287 du 20 avr. 2018, art. 7, en vigueur le 1er oct. 2018)* **« non négociable, déterminée à l'avance par l'une des parties, » qui crée un déséquilibre significatif entre les droits et obligations des parties au contrat est réputée non écrite.**

L'appréciation du déséquilibre significatif ne porte ni sur l'objet principal du contrat ni sur l'adéquation du prix à la prestation. – *Dispositions transitoires, V. Ord. n° 2016-131 du 10 févr. 2016, art. 9, ss. art. 1386-1.*

L'art. 1171, dans sa rédaction résultant de la L. n° 2018-287 du 20 avr. 2018, est applicable aux actes juridiques conclus ou établis à compter du 1er oct. 2018 (L. préc., art. 16).

Sur la définition du contrat d'adhésion, V. C. civ., art. 1110.

Sur les clauses abusives, V. C. consom., art. L. 212-1, infra.

Sur le déséquilibre significatif en matière commerciale, V. C. com., art. L. 442-1, réd. Ord. n° 2019-359 du 24 avr. 2019. – ***C. com.***

RÉP. CIV. v° *Déséquilibre significatif*, par G. Chantepie et N. Sauphanor-Brouillaud.

BIBL. ▶ Andreu, *AJ contrat 2018. 262* (loi de ratification et contrat d'adhésion). – Béhar-Touchais, *JCP 2016, n° 391* (déséquilibre significatif) ; *ibid. 2022, n° 494* (résolution du conflit des textes sur le déséquilibre significatif – non-cumul entre l'article L. 442-6, I, 2° du code de commerce et l'article 1171 du code civil). – Bruschi, *RGDA 2018. 121* (assurances). – Chagny, *AJCA 2016. 115* (contrats d'affaires et déséquilibre significatif). – Combet, *AJ contrat 2019. 76* (le déséquilibre significatif dans les contrats d'affaires internationaux suite à la réforme du droit des contrats). – Durand-Pasquier, *JCP N 2016, n° 1113.* – Fortunato, *AJ contrat 2017. 25* (protection des personnes morales contre les clauses abusives). – Gaudemet, *CCC 2016.*

Dossier 5. – Henry, *AJ contrat 2018. 370* (clauses abusives dans les contrats commerciaux). – Hontebeyrie, *D. 2016. 2180* (1171 contre L. 442-6 : prescription). – Lagarde, *D. 2016. 2174* . – Ledoux, *Journ. sociétés 9/2016. 10.* – Pons, *Journ. sociétés 9/2016. 21* (déséquilibre significatif, abus de dépendance et *private equity*). – Sénéchal, *AJ contrat 2019. 412* (lutte contre les clauses abusives et protection des données à caractère personnel). – Sirinelli, *Dalloz IP/IT 2016. 240* .

▶ **Sur le projet de réforme :** Bicheron, *Gaz. Pal. 2015, n° 120, p. 24.* – Bros, *RDC 2015. 761* (article 1169 : le déséquilibre significatif). – Chagny, Réforme du droit des contrats et pratique des affaires, *dir. Ph. Stoffel-Munck, Dalloz, 2015, p. 47 s.* – Chantepie, Obligation essentielle et clauses abusives, *blog Dalloz obligations 2015 ; AJCA 2015. 121* . – Dissaux et Ch. Jamin, Projet de réforme, supplément, *C. civ. 2016, p. 67.* – Dissaux, *Dr. et patr. 10/2014. 53.* – Gratton, *D. 2016. 22* (clauses abusives en droit commun des contrats). – Revet, *D. 2015. 1217* (les contrats structurellement déséquilibrés). – Sauphanor-Brouillaud, *LPA 2015, n° 176-177, p. 70.* – Stoffel-Munck, Les clauses abusives : on attendait Grouchy..., *in* Réforme du droit des contrats, *Dr. et patr. 10/2014. 56.*

▶ Downe, *Rev. sociétés 2021. 160* (le contrat d'adhésion à l'épreuve du droit des sociétés). – Jamin et Mazeaud (dir.), Les clauses abusives entre professionnels, *Economica, 1998.* – Licari, *Mél. le Tourneau, Dalloz, 2008, p. 655* (clauses abusives entre professionnels). – Picod, Mazeaud et Lauroba (dir.), Les clauses abusives : approches croisées franco-espagnoles, *SLC, 2013.*

A. ÉLIMINATION DES CLAUSES ABUSIVES EN DROIT COMMUN

1° SPÉCIFITÉ DE LA PROTECTION CONTRE LES CLAUSES ABUSIVES

1. *Impossibilité d'écarter une clause au seul motif qu'elle est abusive.* Est impropre à justifier l'annulation d'une clause de non-rétablissement le motif se contentant d'affirmer que celle-ci est abusive. • Com. 1er juill. 2003 : *CCC 2003, n° 152, note Leveneur.*

2. *Domaine de l'art. 1171.* Il ressort des travaux parlementaires de la L. du 20 avr. 2018 ratifiant l'Ord. portant réforme du droit des obligations que l'intention du législateur était que l'art. 1171, qui régit le droit commun des contrats, sanctionne les clauses abusives dans les contrats ne relevant pas des dispositions spéciales des art. L. 442-6 C. com. et L. 212-1 C. consom. • Com. 26 janv. 2022, n° 20-16.782 B : *D. 2022. 539, note Tisseyre ; ibid. 725, obs. Ferrier ; ibid. Chron. C. cass. 1419, obs. Bellino ; ibid. 2023. 254, obs. Boffa et Mekki ; RTD civ. 2022. 124, obs. Barbier ; RDC 2022/2. 10, note Latina ; ibid. 16, note Stoffel-Munck ; ibid. 2022/2. 103, note Julien ; ibid. 144, note Gerry-Vernières ; ibid. 2022/3. 89, note Balat.* ♦ L'art. 1171, interprété à la lumière de ces travaux, s'applique donc aux contrats, même conclus entre producteurs, commerçants, industriels ou personnes immatriculées au répertoire des métiers, lorsqu'ils ne relèvent pas de l'art. L. 442-6, I, 2°, C. com., dans sa rédaction antérieure à celle issue de l'Ord. du 24 avr. 2019, tels que les contrats de location financière conclus par les établissements de crédit et sociétés de financement, lesquels, pour leurs opérations de banque et leurs opérations connexes définies à l'art. L. 311-2 CMF, ne sont pas soumis aux textes du code de commerce relatifs aux pratiques restrictives de concurrence. • Même arrêt.

3. *Impossibilité d'écarter une clause abusive sur le fondement de la bonne foi.* Viole l'ancien art. 1134 C. civ., en lui donnant une portée qu'il n'a pas, l'arrêt qui décide qu'une clause conférant un avantage excessif au bailleur, dans un contrat de crédit-bail, est abusive comme contraire à l'art. 1134 anc. et doit être réputée non écrite. • Civ. 1re, 17 nov. 1998, n° 96-17.341 P : *CCC 1999, n° 21, note Leveneur* (en l'espèce, contrat conclu par un professionnel agissant dans le cadre de son activité et ne pouvant relever de l'anc. art. L. 132-1 C. consom.). ♦ Dans le même sens, V. déjà : • Civ. 1re, 13 nov. 1996, n° 94-17.369 P : *D. 1997. Somm. 174, obs. Delebecque ; JCP 1997. I. 4015, n° 1, obs. Jamin ; CCC 1997, n° 32, obs. Raymond ; RTD civ. 1997. 791, obs. Libchaber* . ♦ Comp., antérieurement, l'interprétation parfois soutenue de • Civ. 1re, 6 déc. 1989 : *D. 1990. 289 (1re esp.), note Ghestin ; JCP 1990. II. 21534, note Delebecque ; Defrénois 1991. 366, obs. Aubert ; RTD civ. 1990. 277, obs. Mestre* . ♦ Sur la lutte contre les clauses abusives, V.notes ss. art. L. 212-1 C. consom.

2° ÉLIMINATION SUR D'AUTRES FONDEMENTS

4. *Caractère abusif de la clause contredisant la portée de l'engagement d'une partie.* Sur l'élimination des clauses portant atteinte à l'obligation essentielle, V. désormais art. 1170. ♦ Pour des décisions intégrant le caractère essentiel de l'obligation dans l'appréciation du caractère abusif d'une clause, V. • CJUE, 1re ch., 14 mars 2013, *Aziz*, C-415/11 : *Rec.* (clause de déchéance dans un contrat de prêt) • Civ. 1re, 8 nov. 2007, n° 05 20637 (accès internet). ♦ V. aussi : • Civ. 1re, 16 juill. 1987 : *Bull. civ. I, n° 226 ; Cerclab n° 2114 ; D. 1988. 49, note Calais-Auloy ; JCP 1988. II. 21000, note Paisant* (vente).

5. *Éviction des clauses contraires à l'économie générale du contrat.* V. sous l'empire du droit antérieur : les juges du fond écartent à bon droit une clause contractuelle en contradiction avec l'économie générale de la convention. • Com. 15 févr. 2000, n° 97-19.793 P : *D. 2000. Somm. 364, obs. Delebecque ; JCP 2000. I. 272, n*^{os} *9 s., obs. Constantin ; JCP E 2001. 320, obs. Seube ; Defrénois 2000. 1118, obs. D. Mazeaud ; LPA 29 déc. 2000, note Meilhac-Redon et Marmoz ; RTD civ. 2000. 325, obs. Mestre et Fages*.

6. Prohibition des conditions potestatives. Nullité de l'obligation contractée sous une condition potestative de la part de celui qui s'engage, V. notes ss. art. 1304-2.

B. ÉLIMINATION DES CLAUSES ABUSIVES DANS DES LÉGISLATIONS SPÉCIALES

7. Principe. Selon l'art. 1105, al. 3, les règles générales s'appliquent sous réserve des règles particulières à chaque contrat.

8. Élimination des clauses abusives dans les relations de consommation. Pour les contrats conclus à compter de l'entrée en vigueur de la réforme du code de la consommation, le nouvel art. L. 212-1 C. consom. s'appliquera aux seuls consommateurs, définis par l'art. préliminaire comme « toute personne physique qui agit à des fins qui n'entrent pas dans le cadre de son activité commerciale, industrielle, artisanale, libérale ou agricole ». En vertu du nouvel art. L. 212-2 C. consom., il s'appliquera aussi aux non-professionnels, définis par le même art. comme « toute personne morale qui agit à des fins qui n'entrent pas dans le cadre de son activité commerciale, industrielle, artisanale, libérale ou agricole ». La protection du code de la consommation ne sera donc plus applicable aux professionnels définis par l'art. liminaire comme « toute personne physique ou morale, publique ou privée, qui agit à des fins entrant dans le cadre de son activité commerciale, industrielle, artisanale, libérale ou agricole, y compris lorsqu'elle agit au nom ou pour le compte d'un autre professionnel ». Pour ces derniers, c'est donc le seul art. 1171 C. civ. qui pourra être invoqué, lorsque le contrat est un contrat d'adhésion.

9. Pour les contrats conclus sous l'empire du droit antérieur, l'art. L. 132-1 C. consom. est applicable aux consommateurs définis par l'art. préliminaire comme « toute personne physique qui agit à des fins qui n'entrent pas dans le cadre de son activité commerciale, industrielle, artisanale ou libérale », mais aussi aux non-professionnels, définis comme des personnes morales ou physiques lorsque le contrat conclu n'est pas en rapport direct avec leur activité (critère principal), la Cour de cassation ayant ponctuellement utilisé d'autres critères (besoins de l'activité, identité de spécialité). Sur tous ces point, V. notes ss. art. L. 212-1 C. consom.

10. Sur les liens entre l'art. L. 442-6, I-2° C. com. et l'art. L. 212-1 C. consom., V. note 4 ss. C. consom., art. L. 212-1, *infra*.

C. ILLUSTRATIONS DE CLAUSES ABUSIVES

11. Clauses de résiliation : location financière. Cassation de l'arrêt condamnant une clause de résiliation de plein droit d'un contrat de location financière, aux motifs qu'elle n'est accordée qu'au seul bailleur, alors que le défaut de réciprocité de la clause résolutoire de plein droit pour inexécution du contrat se justifie par la nature des obligations auxquelles sont respectivement tenues les parties. • Com. 26 janv. 2022, n° 20-16.782 B : *D. 2022. 539, note Tisseyre ; ibid. 725, obs. Ferrier ; ibid. Chron. C. cass. 1419, obs. Bellino ; ibid. 2023. 254, obs. Boffa et Mekki ; RTD civ. 2022. 124, obs. Barbier ; RDC 2022/2. 10, note Latina ; ibid. 16, note Stoffel-Munck ; ibid. 2022/2. 103, note Julien ; ibid. 144, note Gerry-Vernières ; ibid. 2022/3. 89, note Balat.* ♦ Cassation de l'arrêt réputant non écrite la clause portant sur la résiliation pour défaut de paiement, en se fondant sur le déséquilibre significatif concernant la résiliation pour d'autres causes non imputables au locataire. • Même arrêt (décision admettant implicitement une élimination partielle de la clause, limitée à sa partie abusive).

Code de la consommation

Les textes reproduits ci-dessous figurent également au ***Code de la consommation Dalloz.***

BIBL. ▶ V. Bibl. gén. précédant art. 1101 anc.

1re PARTIE : LÉGISLATIVE

(Ord. n° 2016-301 du 14 mars 2016, en vigueur le 1er juill. 2016)

LIVRE II. **FORMATION ET EXÉCUTION DES CONTRATS**

TITRE I. CONDITIONS GÉNÉRALES DES CONTRATS

CHAPITRE II. *CLAUSES ABUSIVES*

Art. L. 212-1 Dans les contrats conclus entre professionnels et consommateurs, sont abusives les clauses qui ont pour objet ou pour effet de créer, au détriment du consommateur, un déséquilibre significatif entre les droits et obligations des parties au contrat.

Sans préjudice des règles d'interprétation prévues aux *(Ord. n° 2016-131 du 10 févr. 2016, art. 6-IV, en vigueur le 1er oct. 2016)* « articles 1188, 1189, 1191 et 1192 *[ancienne rédaction : articles 1156 à 1161, 1163 et 1164]* » du code civil, le caractère abusif d'une clause s'apprécie en se référant, au moment de la conclusion du contrat, à toutes les circonstances qui entourent sa conclusion, de même qu'à toutes les autres clauses du contrat. Il s'apprécie également au regard de celles contenues dans un autre contrat lorsque les deux contrats sont juridiquement liés dans leur conclusion ou leur exécution.

L'appréciation du caractère abusif des clauses au sens du premier alinéa ne porte ni sur la définition de l'objet principal du contrat ni sur l'adéquation du prix ou de la rémunération au bien vendu ou au service offert pour autant que les clauses soient rédigées de façon claire et compréhensible.

Un décret en Conseil d'État, pris après avis de la commission des clauses abusives, détermine des types de clauses qui, eu égard à la gravité des atteintes qu'elles portent à l'équilibre du contrat, doivent être regardées, de manière irréfragable, comme abusives au sens du premier alinéa.

Un décret pris dans les mêmes conditions, détermine une liste de clauses présumées abusives ; en cas de litige concernant un contrat comportant une telle clause, le professionnel doit apporter la preuve du caractère non abusif de la clause litigieuse.

Ces dispositions sont applicables quels que soient la forme ou le support du contrat. Il en est ainsi notamment des bons de commande, factures, bons de garantie, bordereaux ou bons de livraison, billets ou tickets, contenant des stipulations négociées librement ou non ou des références à des conditions générales préétablies.

Sur l'entrée en vigueur des dispositions issues de l'Ord. n° 2016-131 du 10 févr. 2016, V. cette Ord., art. 9, ss. art. 1386-1.

Sur le déséquilibre significatif en matière de contrat d'adhésion, V. art. 1171.

BIBL. GÉN. ▶ CALAIS-AULOY et BIHL, *Gaz. Pal. 1984. 2. Doctr. 461* (clauses exonératoires). – CARMET, *RTD com. 1982. 1 (idem)*. – GHESTIN, *Études Calais-Auloy, Dalloz, 2004, p. 447* (élimination par le juge). – GRIDEL, *D. 1984. Chron. 153*. – HENRY, *Mél. B. Gross, PU Nancy, 2009, 205* (universalisme de l'art. L. 132-1). – J. HUET, *JCP 1992. I. 3592 ; D. 1993. Chron. 331* ✐ (contrôle par le juge judiciaire). – JAPY, *Gaz. Pal. 1978. 2. Doctr. 453*. – KARIMI, *Gaz. Pal. 1995. 2. Doctr. 1163* (examen jurisprudentiel). – LACHIÈZE, *LPA 2 juill. 2002* (clauses abusives et lésion : portée de la modification issue de l'ordonnance du 23 août 2001). – X. LAGARDE, *D. 2005. Chron. 2222* ✐ (clause abusive et irrégularité formelle) ; *JCP 2006. I. 110* (qu'est-ce qu'une clause abusive ?). – LEPELTIER, *JCP N 1980. Prat. 7764*. – LUBY, *CCC 2004. Chron. 1* (la CJCE et les clauses abusives). – LEVENEUR, *Mél. Oppetit, Litec, 2009, p. 495* (recommandations de la commission des clauses abusives). – MESTRE, *Mél. Terré, Dalloz/PUF/Juris-Classeur, 1999, p. 677* (vingt ans de lutte). – MORIN, *INC-Hebdo 1994, n° 860* (action collective). – PAISANT, *D. 1986. Chron. 299 ; D. 1988. Chron. 253 ; JCP 1994. I. 3772* (clauses exonératoires) ; *D. 1995. Chron. 223* ✐ (clauses pénales et clauses abusives) ; *Études Béguin, Litec, 2005, p. 605* (les vingt-cinq ans de la Commission des clauses abusives). – PATAUT, *Études Calais-Auloy, préc., p. 807* (clauses attributives de juridiction). – PIERRE-MAURICE, *Mél. B. Gross, PU Nancy, 2009. 241* (clauses relatives au recours en justice et superposition des protections). – ROCHFELD, *Études Calais-Auloy, préc., p. 981* (exigence de transparence). – SAUPHANOR-BROUILLAUD, *CCC 2008. Études, n° 7 ; Mél. B. Gross, PU Nancy, 2009. 305* (contrat de consommation et contrats spéciaux). – THIRY-DUARTE, *INC-Hebdo 2000, n° 1129*. – TROCHU, *D. 1993. Chron. 316* ✐ (directive 93-13). – Les 20 ans de la Commission des clauses abusives (colloque de Chambéry), *RCC 1998, n° 105*. – INC, Les clauses abusives dans les contrats de consommation, *INC-Hebdo, 1997, n° 1015*. – Dossier *RDC 2009. 1601* (panorama 2008).

▶ **Loi du 1er févr. 1995 :** BAZIN, *Rev. huissiers mai 1995. 523*. – DANGLEHANT, *ALD 1995. Chron. 127*. – GÉLOT, *Defrénois 1995. 1201*. – GHESTIN et MARCHESSAUX-VAN MELLE, *JCP 1995. I. 3854*. – KARIMI, *JCP 1996. I. 3918*. – MARTIN, *Ann. Loyers 1995, p. 879*. – D. MAZEAUD, *Dr. et patr. 6/1995. 42*. – PAISANT, *D. 1995. Chron. 99*. ✐ – TESTU, *D. Affaires 1996. 372*.

▶ **Décret du 18 mars 2009 :** AMRANI-MEKKI, *RDC 2009. 1617* (procédure). – CARVAL, *RDC 2009. 1055*. – FENOUILLET, *RDC 2009.1422*. – PAISANT, JCP 2009, n° 28, p. 48. – ROCHFELD, *RDC 2009. 985*.

▶ **Recodification du Code de la consommation (mars 2016) :** PÉGLION-ZIKA, *D. 2016. 1208* ✐.

▶ **Notion de consommateur :** BOUJEKA, *LPA 23 août 2004* (influence du droit communautaire). – CHAZAL, *D. 1997. Chron. 260*. ✐ – X. HENRY, *D. 2003. Chron. 2557* ✐

(appréciation du rapport direct avec l'activité). – Luby, *Dr. et patr. 10/2002. 44, n° 108.* – Paisant, *JCP 2003. I. 121 ; Mél. B. Gross, PU Nancy, 2009. 231* (non-professionnel). – Pombieilh, *Dr. et patr. 10/2002. 52, n° 108* (notion de consommateur et juridictions régionales).

▸ **Études de certains contrats :** Amar, *D. 2001. Chron. 2810* (contrats administratifs) ; *CCC 2002. Chron. 2.* – Boedels, *Gaz. Pal. 2000. Doctr. 1160* (club sportif). – Canu, *Rev. loyers 2000. 400* (baux d'habitation). – Caprioli, *CCC 1996. Chron. 6* (contrats informatiques). – Courtieu, *RCA, janv. 1996, p. 6* (assurance) ; *Gaz. Pal. 1997. Doctr. 130* (assurance). – Goldie-Génicon, *D. 2008. Chron. 2447* (assurance de groupe). – J. Huet, *LPA 6 févr. 1998* (contrats de service public). – Pellinghelli-Steichen, *LPA 14 juill. 1997* (contrats de service public). – Riassetto, *Mél. B. Gross, PU Nancy, 2009. 273* (prestation de service d'investissement).

Plan des annotations

1. *Influence de la directive sur l'interprétation du droit antérieur.* Sur l'obligation pour le juge national, appliquant les dispositions du droit national, de les interpréter à la lumière de la directive 93/13/CE du 5 avr. 1993 sur les clauses abusives, et selon la finalité de ce texte, V. • CJCE 27 juin 2000, n° C-240/98 : *JCP E 2001. 1281, note Carballo Fidalgo et Paisant ; LPA 24 juill. 2001, note Hourdeau ; RTD civ. 2001. 878, obs. Mestre et Fages* . ♦ Même sens : • Lyon, 18 sept. 1998 : *CCC 1999, n° 119, obs. Raymond.* ♦ S'il appartient à la CJUE d'interpréter les critères généraux utilisés par le législateur communautaire pour définir la notion de clause abusive, elle ne saurait se prononcer sur l'application de ces critères généraux à une clause particulière qui doit être examinée en fonction des circonstances propres au cas d'espèce et il appartient donc au juge national de déterminer si une clause réunit les critères requis pour être qualifiée d'abusive au sens de la directive. • CJCE 1er avr. 2004, n° C-237/02 : *D. 2004. AJ 1812, et les obs.* ; *JCP 2004. I. 159, n° 10, obs. Rueda ; RTD com. 2004. 838, obs. Luby* .

2. *Application dans le temps.* Viole l'art. 2 C. civ. l'arrêt qui fait application à un contrat d'assurance reconduit en 1994 de l'anc. art. L. 132-1 C. consom. sur les clauses abusives dans sa rédaction issue de la loi de 1995. • Civ. 2e, 5 juill. 2006, n° 04-10.273 P : *RDC 2007. 337, obs. Fenouillet.* ♦ Comp., dans le cadre de la L. du 6 juill. 1989, pour l'application de la L. du 13 juill. 2006, réputant non écrite toute clause d'un bail d'habitation qui fait supporter au locataire, notamment, des frais de relance : si la loi s'applique aux baux en cours, elle ne peut jouer que pour des frais de relance engagés postérieurement à son entrée en vigueur. • Civ. 3e, 13 juill. 2011, n° 10-22.959 P : *D. 2011. 2037* .

3. *Articulation de l'art. L. 212-1 avec l'art. 1171 C. civ.* Il ressort des travaux parlementaires de la L. du 20 avr. 2018 ratifiant l'Ord. du 10 févr. 2016, que l'intention du législateur était que l'art. 1171 C. civ., qui régit le droit commun des contrats, sanctionne les clauses abusives dans les contrats ne relevant pas des dispositions spéciales des art. L. 442-6 C. com. et L. 212-1 C. consom. • Com. 26 janv. 2022, n° 20-16.782 B : *D. 2022. 539, note Tisseyre* ; *ibid. 725, obs. Ferrier* ; *ibid. 2023. 254, obs. Boffa et Mekki* ; *RTD civ. 2022. 124, obs. Barbier* .

4. *... Avec l'art. L. 442-1 C. com.* Sur les liens entre l'art. L. 442-6, I-2° C. com., devenu L. 442-1, I-2°, et l'art. L. 212-1 C. consom., en raison de l'utilisation commune de la notion de « déséquilibre significatif », V. note précédente et : pour déterminer l'objet de l'interdiction des pratiques commerciales abusives dans les contrats conclus entre un fournisseur et un distributeur, le législateur s'est référé à la notion juridique de déséquilibre significatif entre les droits et obligations des parties qui figure à l'art. L. 132-1 [L. 212-1] C. consom., reprenant les termes de l'art. 3 de la Dir. n° 93/13/CEE du Conseil du 5 avr. 1993 ; en référence à cette notion, dont le contenu est déjà précisé par la jurisprudence, l'infraction est définie dans des conditions qui permettent au juge de se prononcer sans que son interprétation puisse encourir la critique d'arbitraire. • Cons. const., 13 janv. 2011, n° 2010-85 QPC : *D. 2011. 415, note Picod ; ibid. 450, obs. Ferrier ; ibid. 392, note Chagny ; JCP 2011, n° 274, note Mainguy ; CCC 2011, n° 5, obs. Fourgoux ; ibid. n° 62, obs. Mathey et n° 63, obs. Malaurie-Vignal.* ♦ Pour la limite de la comparaison : la similitude des notions de déséquilibre significatif dans les textes précités, relevée par le Conseil constitutionnel, n'exclut pas qu'il puisse exister entre elles des différences de régime tenant aux objectifs poursuivis par le législateur dans chacun de ces domaines, en particulier quant à la catégorie des personnes qu'il a entendu protéger et à la nature des contrats concernés ; ainsi, contrairement à l'art. L. 212-1 C. consom., l'art. L. 442-6, I-2° n'exclut pas que le déséquilibre significatif puisse résulter d'une inadéquation du prix au bien vendu, autorisant un contrôle judiciaire du prix, dès lors que celui-ci ne résulte pas d'une libre négociation et caractérise un déséquilibre significatif. • Com. 25 janv. 2017, n° 15-23.547 P : *D. 2017. 481, note Buy ; ibid. 1076, chron. Tréard ; AJ contrat 2017. 132, obs. Ferré ; RTD civ. 2017. 383, obs. Barbier ; RTD com. 2017. 593, obs. Chagny ; RDC 2017. 470, note C. Grimaldi.*

I. DOMAINE DE LA PROTECTION CONTRE LES CLAUSES ABUSIVES

A. NATURE DE LA RELATION

5. Notion de clause. Le compromis d'arbitrage signé, hors toute clause compromissoire insérée dans la police d'assurance, entre l'assureur et l'assuré après la naissance d'un litige ne constitue pas une clause figurant dans un contrat conclu entre un professionnel et un non-professionnel ou un consommateur, et n'est donc pas susceptible de présenter un caractère abusif. • Civ. 1re, 25 févr. 2010, n° 09-12.126 P : *D. 2010. 2933, obs. Clay ; ibid. 2011. Pan. 974, obs. Sauphanor-Brouillaud ; JCP 2010, n° 516, obs. Ghestin ; ibid., n° 659, note Pélissier ; RLDC 2010/70, n° 3763, obs. Le Gallou ; RDC 2010. 886, obs. Sauphanor-Brouillaud ; RTD civ. 2010. 323, obs. Fages.*

6. Services publics. *Application de la réglementation des clauses abusives aux services publics :* V. • CE 11 juill. 2001, *Sté des eaux du Nord*, n° 221458 : *JCP 2001. I. 370, n° 1 s., obs. Sauphanor-Brouillaud ; RCA 2002, n° 2, note Guettier ; Gaz. Pal. 2002. 98, note Sylvestre ; RTD civ. 2001. 878, obs. Mestre et Fages ; RTD com. 2002. 51, obs. Orsoni ; RFDA 2001. 1124* • CAA Nantes, 29 déc. 2005 : *AJDA 2006. 1289, note Fialaire* • TA Nice, 28 avr. 2006 : *CCC 2006, n° 145, note Bazex.* – Amar, *D. 2001. Chron. 2810 ; CCC 2002. Chron. 2.*

Sur la compétence : les dispositions du cahier des charges pour l'exploitation par affermage d'un service de distribution d'eau potable ont un caractère réglementaire, de sorte que les tribunaux de l'ordre judiciaire ne peuvent, sans méconnaître le principe de séparation des pouvoirs, déclarer que de telles dispositions sont des clauses abusives au sens de l'art. 35 de la L. du 10 janv. 1978. • Civ. 1re, 31 mai 1988 : *Bull. civ. I, n° 161 ; D. 1988. Somm. 406, obs. Aubert* • Dijon, 2 juill. 1992 : *RJDA 1993, n° 970.* ♦ V. aussi : • Civ. 1re, 22 nov. 1994, n° 93-11.611 P • TI Bourganeuf, 8 déc. 2004 : *D. 2005. AJ 277, obs. Avena-Robardet* • Civ. 1re, 8 avr. 2021, n° 18-24.494 P. ♦ Application à un contrat d'amodiation (location d'emplacement dans un port) : • Civ. 1re 8 déc. 2009 : *CCC 2010, n° 108, obs. Raymond.*

B. PROFESSIONNEL SOUMIS À LA PROTECTION

7. Illustrations. V. désormais C. consom., art. liminaire ss. art. 1602. ♦ Lorsqu'elle procède au don de chiens, la SPA agit à des fins qui n'entrent pas dans le cadre de son activité commerciale, industrielle, artisanale, libérale ou agricole, de sorte qu'elle n'a pas la qualité de professionnel, au sens de l'art. L. 132-1 [L. 212-1] C. consom. • Civ. 1re, 1er juin 2016, n° 15-13.236 P : *D. 2016. 2086, obs. Brémond ; AJ contrat 2016. 436, obs. Picod ; JCP 2016, n° 924, note Paisant.* ♦ Solution inverse pour une association d'information des comités d'entreprise, dans le cadre de sa fonction d'édition. • Paris, 22 mars 1990 : *D. 1990. IR 98 ; RTD civ. 1990. 474, obs. Mestre.*

8. Contrat relevant d'une activité secondaire d'un professionnel. L'art. 2, ss. c), de la Dir. 93/13/CEE doit être interprété en ce sens qu'une entreprise doit être considérée comme un « professionnel », au sens de cette disposition, lorsqu'elle conclut un contrat de crédit au bénéfice des membres de son personnel dans le cadre de son activité professionnelle, même si consentir des crédits ne constitue pas son activité principale. • CJUE 19 mars 2019, n° C-590/17, sol. reprise après question préjudicielle par • Civ. 1re, 5 juin 2019, n° 16-12.519 P : *D. 2019. Chron. C. cass. 1784, note Dazzan-Barel ; ibid. 1848,* note Moulin et Picod ; RDI 2019. 558, obs. *Salvandy ; AJ contrat 2019. 343, obs. Legrand ; CCC 2019, n° 146, note Bernheim-Desvaux.*

9. ... D'un particulier. Un artiste lyrique ne pratiquant l'élevage d'une race particulière de chats qu'à titre de passion n'est pas un professionnel. • Versailles, 4 oct. 2002 : *BICC 15 juill. 2003, n° 939 ; RTD civ. 2003. 292, obs. Mestre et Fages* (contrat conclu avec un autre passionné).

10. Influence de la présence d'un intermédiaire. Les dispositions concernant les clauses abusives ne peuvent être invoquées contre le vendeur par l'acheteur d'un appartement, ayant signé un compromis de vente établi selon un modèle type édité par une société d'édition spécialisée, dès lors que cet acte n'a pas été conclu entre un professionnel et un consommateur. • Civ. 1re, 4 mai 1999, n° 97-14.187 P : *D. 2000. Somm. 48, obs. Pizzio ; JCP 1999. II. 10205, note Paisant ; ibid. I. 171, n° 1 s., obs. Jamin ; Defrénois 1999. 1004, obs. D. Mazeaud ; CCC 1999, n° 125, note Leveneur ; ibid. n° 134, note Raymond ; LPA 24 mars 2000, note Lawson-Body ; RTD civ. 2000. 107, obs. Mestre*. ♦ Irrecevabilité de la demande d'une association contre l'éditeur d'un modèle de contrat qui n'a lui-même conclu aucun contrat avec un consommateur : • Civ. 1re, 4 mai 1999 : *préc.* ♦ Comp. la solution inverse dans le cadre d'actions préventives d'associations de consommateurs : • CJCE 24 janv. 2002, n° C-372/99 : *cité note 118.*

C. BÉNÉFICIAIRES DE LA PROTECTION

1° CONSOMMATEUR

11. Personne physique. Selon l'art. liminaire C. consom., dans sa rédaction résultant de l'Ord. n° 2016-301 du 14 mars 2016, applicable à compter du 1er juill. 2016 (art. 36), « pour l'application du présent code, on entend par : – consommateur : toute personne physique qui agit à des fins qui n'entrent pas dans le cadre de son activité commerciale, industrielle, artisanale, libérale ou agricole » (la définition reprend celle introduite par la L. n° 2014-34 du 17 mars 2014 en y ajoutant seulement l'activité agricole). – V. désormais C. consom., art. liminaire ss. art. 1602. ♦ V. déjà, pour l'interprétation de la directive : la notion de consommateur, telle que définie dans la Dir. 93/13/CEE concernant les clauses abusives dans les contrats conclus avec les consommateurs, doit être interprétée en ce sens qu'elle vise exclusivement les personnes physiques. • CJCE 22 nov. 2001, n° C-541/99 : *JCP 2002. II. 10047, note Paisant ; D. 2002. AJ 90, note Rondey ; ibid. Somm. 2929, obs. Pizzio ; CCC 2002, n° 18, note Raymond ; ibid. Chron. 14, par Luby ; LPA 22 mai 2002, note Nourissat ; RTD civ. 2002. 291, obs. Mestre et Fages ; ibid. 397, obs. Raynard ; RTD com. 2002. 404, obs. Luby*.

Pour une première application de l'art. liminaire : en souscrivant un contrat d'hébergement dans un hôtel pour assister à un congrès médical, un médecin n'agit pas à des fins entrant dans le cadre de son activité professionnelle. • Civ. 1re, 31 août 2022, n° 21-11.097 B : *JCP 2022, n° 1203, obs. Sauphanor-Brouillaud.* ♦ Rappr., pour l'application de l'ancien art. L. 137-2 C. consom. [L. 218-2] : ne perd pas la qualité de consommateur la personne physique qui, agissant à des fins qui n'entrent pas dans le cadre de son activité commerciale, industrielle, artisanale ou libérale, souscrit un prêt de nature spéculative. • Civ. 1re, 22 sept. 2016, n° 15-18.858 P : *D. 2016. 1924 ; AJ contrat 2016. 493, obs. Legrand*. ♦ Mais refus d'accorder la qualité de consommateur à un demandeur d'emploi pour un contrat de formation. • Civ. 1re, 9 mars 2022, n° 21-10.487 B.

12. Consommateur représenté par un mandataire. Application de la législation sur les clauses abusives à un comité d'entreprise contractant avec une agence de voyages en qualité de mandataire de ses membres. • Paris, 21 nov. 1996 : *D. Affaires 1997. 147 ; RJDA 1997/3, n° 432.* ♦ Rappr., dans le cadre de l'anc. art. L. 136-1 [215-1] C. consom. et pour un non-professionnel : la représentation d'un syndicat de copropriétaires par un syndic professionnel ne lui fait pas perdre sa qualité de non-professionnel, en sorte qu'il peut bénéficier des dispositions de l'anc. art. L. 136-1 C. civ., nonobstant cette représentation. • Civ. 1re, 25 nov. 2015, n° 14-20.760 P • 25 nov. 2015, n° 14-21.873 P.

13. Consommateur bénéficiaire d'une stipulation de contrat pour autrui. L'adhésion au contrat d'assurance de groupe, bien que conséquence d'une stipulation pour autrui, n'en crée pas moins, entre l'adhérent et l'assureur qui l'agrée, un lien contractuel direct, de nature synallagmatique, dont les stipulations relèvent, comme telles, des dispositions sur les clauses abusives. • Civ. 1re, 22 mai 2008, n° 05-21.822 P : *R., p. 300 ; D. 2008. 1954, note Martin ; ibid. 2008. AJ 1547, obs. Delpech ; ibid. 2009. Pan. 253, obs. Groutel ; JCP 2008. II. 10133, note Sériaux ; ibid. I. 179, n° 8, obs. Grosser ; ibid. I. 218, n° 11, obs. Sophanor-Brouillaud ; RCA 2008, n° 270, obs. Groutel ; RLDC 2008/51, n° 3046, obs. Maugeri ; RTD civ. 2008. 477, obs. Fages ; RDC 2008. 1135, obs. Mazeaud ; ibid. 1155, obs. Deshayes ; ibid. 1214, obs. Bruschi ; ibid. 2009. 1142, obs. Grynbaum.*

14. Contrat conjonctif : crédit accordé à un salarié et son conjoint. L'art. 2, ss. b), de la Dir. 93/13/CEE doit être interprété en ce sens que le salarié d'une entreprise et son conjoint, qui concluent avec cette entreprise un contrat de crédit, réservé, à titre principal, aux membres du personnel de ladite entreprise, destiné à financer l'acquisition d'un bien immobilier à des fins privées, doivent être considérés comme des « consommateurs », au sens de cette disposition. • CJUE 19 mars 2019, n° C-590/17, solution reprise après question préjudicielle par • Civ. 1re, 5 juin 2019, n° 16-12.519 P : *D. 2019. Chron. C. cass. 1784, note Dazzan-Barel ; ibid. 1848, note Moulin et Picod ; RDI 2019. 558, obs. Salvandy ; AJ contrat 2019. 343, obs. Legrand ; CCC 2019, n° 146, note Bernheim-Desvaux.*

2° NON-PROFESSIONNEL

a. Droit postérieur à la loi de ratification du 21 févr. 2017

15. Définition. L'application de la protection contre les clauses abusives est, depuis l'origine, expressément étendue aux non-professionnels (art. L. 212-2 C. consom.). Depuis la L. de ratification n° 2017-203 du 21 févr. 2017, le non-professionnel est défini comme « toute personne morale qui n'agit pas à des fins professionnelles », définition reprise par l'Ord. du 29 sept. 2021. – V. C. consom., art. liminaire ss. art. 1602.

b. Droit postérieur à l'Ord. du 14 mars 2016

16. Définition. Dans sa première rédaction, résultant de l'Ord. n° 2016-301 du 14 mars 2016, applicable à compter du 1er juill. 2016 (art. 36), l'art. liminaire définissait le non-professionnel comme : « toute personne morale qui agit à des fins qui n'entrent pas dans le cadre de son activité commerciale, industrielle, artisanale, libérale ou agricole ». – V. C. consom., art. liminaire ss. art. 1602. ♦ Rappr. pour une application, dans le cadre de l'anc. art. L. 136-1 C. consom. [L. 215-1 s.] : lorsqu'il exerce sa mission légale prévue par l'art. L. 2323-83 C. trav., le comité d'entreprise agit à des fins qui n'entrent pas dans le cadre d'une activité commerciale, industrielle, artisanale, libérale ou agricole, en sorte que, non-professionnel, il bénéficie des dispositions de ce texte. • Civ. 1re, 15 juin 2016, n° 15-17.369 P : *D. 2016. 1844, note Loiseau*.

c. Droit antérieur à l'Ord. du 14 mars 2016 (rappel)

17. *Non-professionnel : personne physique ou morale.* La notion distincte de non-professionnel utilisée par le législateur français n'exclut pas les personnes morales de la protection contre les clauses abusives. • Civ. 1re, 15 mars 2005, n° 02-13.285 P : *R., p. 353 ; D. 2005. 1948, note Boujeka ; ibid. AJ 887, obs. Rondey ; ibid. Pan. 2840, obs. Amrani-Mekki ; JCP 2005. II. 10114, note Paisant ; JCP E 2005. 769, note Bakouche ; Defrénois 2005. 2009, obs. Savaux ; CCC 2005, n° 100, note Raymond ; LPA 12 mai 2005, note Bert ; RDC 2005. 740, obs. Fenouillet* (protection refusée, en l'espèce, la personne morale – syndicat professionnel d'éleveurs – n'ayant pu contracter qu'en qualité de professionnel). – V. aussi • Civ. 1re, 27 sept. 2005, n° 02-13.935 P : *D. 2006. 238, note Y. Picod ; D. 2005. AJ 2670, obs. Delpech ; JCP 2006. I. 123, n° 1 s., obs. Sauphanor-Brouillaud ; Gaz. Pal. 2005. 4097, concl. Sainte-Rose ; Defrénois 2005. 2003, obs. Savaux ; ibid. 2006. 332, note S. Piedelièvre ; CCC 2005, n° 215, note Raymond ; ibid. 2006, n° 2, note Leveneur* (Fédération française d'athlétisme : protection refusée en raison du rapport direct entre l'activité professionnelle de l'association et l'emprunt litigieux). ♦ V. encore • Paris, 4 sept. 2003 : *Loyers et copr. 2004, n° 59, obs. Vigneron,* estimant que le fait (pour un syndicat de copropriétaires, en l'espèce) d'être une personne morale n'est pas incompatible avec la qualité de consommateur. ♦ Rappr., à propos de l'anc. art. L. 136-1 [215-1] C. consom. : • Civ. 1re, 23 juin 2011, n° 10-30.645 P : *D. 2011. 2245, note Tisseyre ; ibid. 2012. 840, obs. Poillot ; RTD com. 2011. 627, obs. Bouloc ; RDC 2011. 1246, note Sauphanor-Brouillaud.*

18. *Utilisation de plusieurs critères pour analyser le lien avec la profession : rapport direct avec l'activité.* Un contractant ne peut se prévaloir des dispositions de l'anc. art. L. 132-1 C. consom. relatives aux clauses abusives lorsque le contrat qu'il a conclu a un rapport direct avec son activité professionnelle. • Civ. 1re, 24 janv. 1995, n° 92-18.227 P : *D. 1995. 327, note Paisant ; ibid. 1995. Somm. 229, obs. Delebecque ; ibid. 310, obs. Pizzio ; JCP 1995. I. 3893, n° 28, obs. Viney ; CCC 1995, n° 84, note Leveneur* • 3 janv. 1996, n° 93-19.322 P : *D. 1996. 228, note Paisant ; JCP 1996. II. 22654, note Leveneur ; ibid. I. 3929, n° 1 s., obs. Labarthe ; RTD civ. 1996. 609, obs. Mestre ; CCC 1996. Chron. 4, par Leveneur ; Defrénois 1996. 766, obs. D. Mazeaud* • 30 janv. 1996, n° 93-18.684 P : *eod. loc.* • 10 juill. 1996, n° 94-16.843 P : *CCC 1996, n° 157, obs. Raymond* • 5 nov. 1996, n° 94-18.667 P : *CCC 1997, n° 23, obs. Leveneur ; ibid., n° 12, obs. Raymond* • 17 nov. 1998, n° 96-17.341 P : *CCC 1999, n° 21, note Leveneur* (contrat de crédit-bail conclu par le crédit-preneur dans le cadre de son activité professionnelle) • 23 févr. 1999, n° 96-21.744 P.

Après avoir contrôlé le rapport direct, la Cour de cassation a laissé son appréciation au pouvoir souverain des juges du fond, avec des divergences selon les chambres (V. C. civ., éd. 2023).

19. *... Compétence, identité de spécialité.* Dans le secteur de la construction, la 3e chambre civile a adopté de façon isolée un critère différent, inspiré de celui de la compétence, en estimant que si une SCI peut être un professionnel de l'immobilier, compte tenu de son objet social, elle n'est pas un professionnel de la construction qui exige des compétences particulières : • Civ. 3e, 7 nov. 2019, n° 18-23.259 P : *D. 2020. 55, note Tisseyre ; RDI 2019. 617, obs. Boubli ; AJ contrat 2020. 37, obs. Picod ; JCP 2020, n° 122, note Le Gac-Pech ; CCC 2020, n° 13, note Bernheim-Desvaux ; RGDA 2019/12. 32, note Dessuet.*

20. Dans certains arrêts, la Cour de cassation a cependant exclu cette solution pour les sociétés commerciales : les dispositions sur les clauses abusives ne s'appliquent pas aux contrats de fournitures de biens ou de services conclus entre sociétés commerciales. • Civ. 1re, 11 déc. 2008, n° 07-18.128 : *CCC 2009, comm. n° 69, obs. Leveneur.*

21. Une commune, qui est réputée agir pour régler les affaires de sa compétence, ne peut être qualifiée de non-professionnel au sens de l'art. L. 132-1, devenu L. 212-1 C. consom., et ne peut donc se prévaloir du caractère abusif d'une clause d'un contrat pour demander que cette clause soit réputée non écrite. • Com. 4 nov. 2021, n° 20-11.099 B : *RDBF 2022, n° 11, note J. Martin.*

22. Autres critères. Pour l'exclusion des contrats conclus par un commerçant pour les besoins de son commerce : • Civ. 1re, 21 févr. 1995, n° 93-14.041 : *JCP 1995. II. 22502, note Paisant ; CCC 1995, n° 84, note Leveneur.* ♦ Pour l'exclusion des contrats « conclus entre deux commerçants dans le cadre de relations d'affaires habituelles » : • Com. 23 nov. 1999, n° 96-21.869 P : *JCP 2000. II. 10326, note Chazal ; CCC 2000, n° 40, note Leveneur ; ibid., n° 69, note Raymond ; Defrénois 2000. 245, obs. D. Mazeaud.* ♦ Déjà en ce sens : • Com. 10 mai 1994, n° 97-22.075 : *D. 1995. Somm. 89, obs. D. Mazeaud ; CCC 1994, n° 155, note Leveneur.*

23. Pour la description de la jurisprudence antérieure en la matière, notamment selon que le contrat a été conclu avant, pendant, à la fin ou après l'activité professionnelle, V. C. civ., éd. 2023. ♦ Pour une description beaucoup plus précise, intégrant la jurisprudence accessibles des juges du fond, V. Cerclab, Université de Lorraine.

II. NOTION DE CLAUSE ABUSIVE

A. PRINCIPES GÉNÉRAUX

1° CONTRÔLE DU JUGE ET NORMES DE RÉFÉRENCES

24. Contrôle de la Cour de cassation. Sous réserve de l'appréciation du rapport direct entre le contrat conclu et l'activité du cocontractant, l'identification des clauses abusives s'opère sous le contrôle de la Cour de cassation. V. de nombreuses décisions citées par ailleurs : • Civ. 1re, 3 déc. 1991, n° 89-20.856 P • 21 nov. 1995, n° 93-18.051 P • 7 juill. 1998, n° 96-17.279 P : *D. 1999. Somm. 111, obs. D. Mazeaud ; CCC 1998, n° 120, note Raymond.* ♦ Mais cet examen suppose que le caractère abusif ait été soumis aux juges du fond, faute de quoi le moyen est nouveau et irrecevable devant la Cour de cassation. V. par exemple : • Civ. 1re, 21 nov. 1995 : *préc.* • 3 déc. 1991 : *préc.*

25. Pouvoir du juge. Le juge doit pouvoir relever d'office le caractère abusif d'une clause. • CJCE 27 juin 2000, n° C-240/98 : *JCP E 2001. 1281, note Carballo Fidalgo et Paisant ; LPA 24 juill. 2001, note Hourdeau ; RTD civ. 2001. 878, obs. Mestre et Fages* • CJCE 21 nov. 2002, *Cofidis : cité note 114.* ♦ V. aussi en ce sens : • TI Vienne, 14 mars 2003 : *CCC 2003, n° 118, obs. Raymond* • TI Roubaix, 16 oct. 2003 : *ibid. 2004, n° 14, obs. Raymond* • 15 avr. 2004 : *Gaz. Pal. 2004. 2591, note Tricoit* • 11 juin 2004 : *CCC 2004, n° 132, obs. Raymond* • TI Bourganeuf, 8 déc. 2004 : *D. 2005. AJ 277, obs. Avena-Robardet* • TI Saintes, 4 janv. 2006 : *CCC 2006, n° 94, note Raymond.* ♦ Le juge national est tenu d'examiner d'office le caractère abusif d'une clause contractuelle dès qu'il dispose des éléments de droit et de fait nécessaires à cet effet ; lorsqu'il considère une telle clause comme étant abusive, il ne l'applique pas, sauf si le consommateur s'y oppose ; Cette obligation incombe au juge national également lors de la vérification de sa propre compétence territoriale. • CJCE 4 juin 2009, *Pannon*, n° C-243/08 : *D. 2009. 2312, note Poissonnier ; ibid. 2010. 169, obs. Fricero ; RDC 2009. 1467, note Aubert de Vincelles ; ibid. 2010. 59, obs. Deshayes.* ♦ Rappr. : • CJCE 6 oct. 2009, n° C-40/08 : *RDC 2010. 59, obs. Deshayes ; ibid. 648, obs. Aubert de Vincelles.*

Le principe de concentration temporelle des prétentions posé par l'art. 910-4 C. pr. civ. ne s'oppose pas à l'examen d'office du caractère abusif d'une clause contractuelle par le juge national, qui y est tenu dès lors qu'il dispose des éléments de droit et de fait nécessaires à cet effet ; cassation de l'arrêt qui a déclaré irrecevable les prétentions portant sur le caractère abusif d'une clause au motif que celles-ci auraient dû être présentées dans le premier jeu de conclusions d'appel, et non dans le troisième. • Civ. 1re, 2 févr. 2022, n° 19-20.640 B.

26. Rôle des avis et recommandations de la Commission des clauses abusives. Les recommandations de la Commission des clauses abusives ne sont pas génératrices de règles dont la méconnaissance ouvre la voie à la cassation. • Civ. 1re, 13 nov. 1996, n° 94-17.369 P : *D. 1997. Somm. 174, obs. Delebecque ; JCP 1997. I. 4015, n° 1, obs. Jamin ; CCC 1997, n° 32, obs. Raymond ; RTD civ. 1997. 791, obs. Libchaber.* ♦ Comp. cep., la formule plus ambiguë selon laquelle la clause doit « être réputée non écrite selon la recommandation n° 82-04 de la Commission des clauses abusives ». • Civ. 1re, 19 juin 2001, n° 99-13.395 P : JCP 2001. II. *10631, note Paisant.* ♦ Les recommandations ne présentent aucun caractère normatif. • TGI Paris, 7 sept. 1999, *CSCV c/ Foncia : D. 1999. AJ 89, note Y. R.* • Paris, 7 mai 1998 : *D. Affaires 1998. 1851, obs. V. A.-R.* (le juge peut les utiliser pour s'éclairer). ♦ Une clause peut être déclarée abusive même si elle n'est pas contraire à une recommandation de la commission. • Civ. 1re, 14 nov. 2006, n° 04-15.890 P : *D. 2006. AJ 2980, obs. Rondey (2e esp.) ; CCC 2007. Étude 2, par Raymond.*

Sur la possibilité pour le juge de demander

directement son avis à la Commission des clauses abusives, V. art. 4, Décr. 10 mars 1993 (C. consom., art. R. 132-6). ♦ Sur l'incidence des avis et recommandations de la commission sur la solution du litige, V. Mestre, *RTD civ. 1999. 94.*

Les recommandations de la Commission des clauses abusives ne constituent pas des décisions administratives susceptibles de faire l'objet d'un recours pour excès de pouvoir. • CE 16 janv. 2006 : *D. 2006. AJ 576, obs. Avena-Robardet ; AJDA 2006. 828, concl. Guyomar ; CCC 2006, n° 117, note Raymond ; RDC 2006. 670, obs. Pérès.*

2° APPRÉCIATION DU DÉSÉQUILIBRE SIGNIFICATIF

27. Date d'appréciation. Pour apprécier le caractère abusif d'un délai de « franchise » dans un contrat d'assurance garantissant une ouverture de crédit, le juge doit se placer à la date de la conclusion du contrat, où la reconduction de l'ouverture de crédit était éventuelle, et non en tenant compte de la durée totale de celle-ci. • Civ. 1re, 26 févr. 2002, n° 99-13.912 P : *Defrénois 2002. 771, obs. Savaux ; RTD civ. 2003. 90, obs. Mestre et Fages*. ♦ Rappr. aussi, pour l'appréciation de l'application de la loi dans le temps, note 2, ou pour l'appréciation du rapport direct, note 18.

28. Clauses portant sur l'objet principal ou l'adéquation au prix. La clause, rédigée de façon claire et compréhensible et qui définit l'objet principal du contrat, ne peut, en application de l'anc. art. L. 132-1, al. 7 [212-1, al. 3], être déclarée abusive. • Civ. 1re, 13 déc. 2012, n° 11-27.631 P : *D. 2013. 6* (durée d'une garantie d'incapacité temporaire totale de travail) • Civ. 1re, 3 juin 2015, n° 14-13.193 P et n° 14-13.194 P (offre prépayée de télécommunication précisant la durée de validité du crédit de communication et celle de la ligne dédiée). ♦ Comp. la solution inverse pour l'adéquation au prix, dans le cadre de l'art. L. 442-6-I-2° C. com., note 10 ss. art. 1171. ♦ La clause qui prévoit les modalités de la transformation en rente de l'épargne constituée par l'adhérent définit l'objet principal du contrat ; cassation de l'arrêt ne recherchant pas d'office si elle avait été rédigée de façon claire et compréhensible permettant à l'adhérent d'évaluer, sur le fondement de critères précis et intelligibles, les conséquences économiques et financières qui en découlaient pour lui. • Civ. 2e, 14 oct. 2021, n° 19-11.758 B : *D. 2022. 310, obs. Boffa et Mekki ; RGDA 2021/11. 29, note Mayaux* (clause se contentant de renvoyer au « tarif en vigueur »).

29. Clause abusive et clause illicite. Les juges du fond peuvent à bon droit, sans faire application de l'anc. art. L. 132-1 [212-1], déclarer contraire à l'ordre public la clause d'un prêt immobilier qui, en interdisant à l'emprunteur sous peine de déchéance du terme de vendre ou de louer l'immeuble, porte atteinte au droit constitutionnellement reconnu de disposer de son bien de la manière la plus absolue. • Civ. 1re, 13 déc. 2005 : *CCC 2006, n° 35, note Raymond.* ♦ Rappr. aussi *infra* pour les clauses déclarées abusives en lien avec d'autres textes et pour les clauses attributives de compétence.

30. Influence de l'esprit général du contrat : service public. Le caractère abusif d'une clause s'apprécie non seulement au regard de cette clause elle-même mais aussi compte tenu de l'ensemble des stipulations du contrat et, lorsque celui-ci a pour objet l'exécution d'un service public, des caractéristiques particulières de ce service. • CE 11 juill. 2001 : *préc. note 6.* ♦ Des dispositions qui peuvent conduire à faire supporter par un usager les conséquences de dommages qui ne lui seraient pas imputables sans pour autant qu'il lui soit possible d'établir une faute de l'exploitant, qui s'insèrent, pour un service assuré en monopole, dans un contrat d'adhésion et qui ne sont pas justifiées par les caractéristiques particulières de ce service public, présentent le caractère d'une clause abusive au sens des dispositions de l'art. 35 de la L. du 10 janv. 1978 ; illégales dès leur adoption, elles ne sont pas davantage conformes aux dispositions de l'anc. art. L. 132-1 [212-1] C. consom. dans sa rédaction issue de la L. du 1er févr. 1995, d'ordre public. • Même arrêt. ♦ Caractère abusif d'une clause exorbitante du droit commun dans un contrat passé par un service public industriel et commercial : V. • TA Nice, 28 avr. 2006 : *préc. note 6.*

31. Influence de l'esprit général du contrat : esprit mutualiste. Rappr. avant la loi de 1995, admettant la validité d'une clause par laquelle un organisme mutualiste de crédit aux fonctionnaires prévoit le versement d'une somme destinée à faire participer chaque emprunteur aux risques constitués par la défaillance de certains débiteurs : • Civ. 1re, 26 mai 1993, n° 92-16.327 P : *D. 1993. 568, note Paisant ; D. 1994. Somm. 12, obs. Delebecque ; JCP 1993. II. 22158, note Bazin ; ibid. I. 3709, n° 10 s., obs. Marchessaux ; JCP E 1994. I. 313, n° 15, obs. Izorche ; Defrénois 1994. 351, obs. D. Mazeaud ; RTD civ. 1994. 97, obs. Mestre* • 27 avr. 1994 : *LPA 3 mars 1995, note Bazin.*

32. Influence de l'esprit général du contrat : nature financière. V. note 58 sur le crédit-bail.

33. Objet essentiel ou non de la clause. L'appréciation du caractère abusif d'une clause ne dépend pas du caractère principal ou accessoire de l'obligation contractuelle concernée. • Civ. 1re, 3 mai 2006, n° 04-16.698 P : *D. 2006. 2743, note Dagorne-Labbe ; RDC 2006. 1114, obs. Fenouillet ; ibid. 1225, obs. Carval ; RTD civ. 2007. 113, obs. Mestre et Fages*. ♦ V. cep. art. L. 212-1, al. 3.

34. Précision de la rédaction. Certaines décisions montrent que le professionnel ne peut échapper à la qualification de clause abusive d'une stipulation générale, au motif que celle-ci se justifierait en fait par des circonstances particulières et qu'elle serait appliquée avec mesure, alors que toute stipulation conventionnelle a pour vocation d'être appliquée. V. par exemple : • Paris, 7 mai 1998 : *D. Affaires 1998. 1851, obs. V. A.-R.* (« circonstances extérieures » permettant la modification du contrat devant selon le professionnel s'entendre comme se limitant aux cas de force majeure ; clause reportant la location en cas d'arrivée tardive, devant s'entendre selon le professionnel comme une simple obligation d'avertir, le supplément de prix prévu n'ayant jamais été en fait demandé) • TGI Brest, 21 déc. 1994, *UFC-Brest c/ SA Gymnasium : D. 1995. Somm. 310, obs. Pizzio ; RJDA 1995/2, n° 218* (clause autorisant de façon générale l'expulsion d'un membre de club sportif, alors que le club prétendait ne viser que deux hypothèses : le port de maillot de bain et l'interdiction de fumer).

La caractère abusif de la clause peut résulter de son ambiguïté, née du rapprochement de l'intitulé de la rubrique sous laquelle elle figure et de sa propre teneur, laissant le consommateur dans une croyance erronée quant à l'étendue de ses droits et obligations. • Civ. 1re, 20 mars 2013 : *cité note 80.*

35. Sanction de la clause abusive. La sanction de la déchéance du prêteur de son droit aux intérêts n'a pas vocation à recevoir application à l'égard des clauses abusives, qui ne peuvent qu'être réputées non écrites. • Civ. 1re, 23 nov. 2004, n° 03-11.411 P : *D. 2005. 443, note Tricoit ; D. 2004. AJ 3217, et les obs. ; RDC 2005. 732, obs. Fenouillet.* – X. Lagarde, *D. 2005. Chron. 2222.* ♦ Une clause contractuelle abusive ne lie pas le consommateur, et il n'est pas nécessaire, à cet égard, que celui-ci ait préalablement contesté avec succès une telle clause. • CJCE 4 juin 2009, *Pannon : préc. note 25.*

3° CLAUSE ABUSIVE PAR COMBINAISON AVEC D'AUTRES TEXTES SPÉCIAUX

36. Agence de voyages. Caractère abusif de la clause d'exonération en cas de retard et changement d'horaires, contraire aux dispositions combinées des art. 1er et 23 de la L. du 13 juill. 1992 [C. tourisme, art. L. 211-1 et L. 211-17], et de celle maintenant à la charge du client les frais de changement d'aéroport, contraire à l'art. 98 du Décr. du 14 juin 1994. • TGI Paris, 4 févr. 2003 : *D. 2003. 762, note Manara ; JCP 2003. II. 10079, note Stoffel-Munck ; Defrénois 2004. 56, obs. Raynouard ; Dr. et patr. 7-8/2004. 101, obs. Caprioli.*

37. Contrat à distance. Est abusive la clause supprimant la faculté de rétractation prévue par l'art. L. 121-20 C. consom. dans des cas non prévus par le texte. • TGI Paris, 4 févr. 2003 : *préc. note 36.*

38. Copropriété. V. par exemple : • TGI Paris, 7 sept. 1999, *CSCV c/ Foncia : D. 1999. AJ 89, obs. Y. R.*

39. Crédit à la consommation. **BIBL.** Lokiec, *RDBF 2004. 221* (clauses abusives et crédit à la consommation). – Poissonnier, *D. 2006. Chron. 370* (clauses résolutoires abusives dans les contrats de crédit à la consommation) ; *ibid. 2021. 1636*. ♦ V. Recommandation n° 21-01 sur les crédits à la consommation. ♦ Caractère abusif de la clause stipulant que la délivrance de l'information prévue par l'art. L. 311-14 C. consom. sera établie par la production de l'enregistrement informatique de l'envoi, en ce qu'elle inverse la charge de la preuve au détriment du consommateur. • Civ. 1re, 1er févr. 2005, n° 01-16.733 P : *D. 2005. AJ 640, obs. Avena-Robardet ; CCC 2005, n° 99, note Raymond ; RTD civ. 2005. 393, obs. Mestre et Fages ; RDC 2005. 719, obs. Fenouillet.* ♦ ... D'une clause de résiliation anticipée de l'offre de crédit, en cas de décès de la caution ou de l'un des co-emprunteurs et en cas de liquidation judiciaire de l'emprunteur ou du co-emprunteur. • TI Rennes, 27 juin 2000 : *Banque et Dr. 11-12/2001. 46, obs. Guillot.* ♦ ... D'une clause soumettant le remboursement anticipé à un préavis de trois mois, en contravention à l'art. L. 311-29 ancien C. consom., qui ne prévoit pas de délai. • TI Roubaix, 16 oct. 2003 : *préc. note 25* • TI Roubaix, 15 avr. 2004 : *eod. loc.* ♦ ... D'une clause prévoyant la résiliation avec pénalités du contrat dans le cas de deux mensualités impayées sur l'un quelconque des crédits de l'emprunteur auprès du prêteur, en ce qu'elle applique une clause pénale à une défaillance extracontractuelle et en ce qu'elle contrevient à l'art. L. 311-30 [L. 311-24] C. consom. • Civ. 1re, 1er févr. 2005 : *préc.* – Rappr. • TI Roubaix, 11 juin 2004 : *préc. note 25* • Montpellier, 7 juin 2007 : *JCP E 2007. 2579* (caractère abusif de la clause dite de déchéance par contagion, autorisant, en cas de défaillance dans le remboursement d'un prêt personnel, la déchéance du terme de tous les prêts immobiliers). ♦ ... D'une clause de nature à induire le consommateur en erreur sur la gratuité d'un prêt. • TI Vienne, 14 mars 2003 : *CCC 2003, n° 118, obs. Raymond.* ♦ ... D'une clause résolutoire prévue au contrat de prêt en cas de renonciation de l'emprunteur à la souscription d'un contrat d'assurance décès-incapacité, dans la mesure où, prévue par la loi seulement en cas de défaillance dans les remboursements, une telle clause résolutoire aggrave la situation de l'emprunteur. • TI Roubaix, 11 sept. 2003 : *D. 2005. 443, note Tricoit*. ♦ ... De clauses prévoyant la résiliation du contrat de prêt pour d'autres causes que la défaillance de l'emprunteur, aggravant ainsi la situation de ce dernier par rapport aux prévisions du modèle type. • TI Saintes, 4 janv. 2006 : *CCC 2006, n° 94, note Raymond.*

V. aussi, sur le caractère abusif de diverses clauses de résiliation dans des contrats de crédit à la consommation, trois avis de la Commission des clauses abusives en date du 24 févr. 2005, *D. 2005. AJ 1285, obs. Avena-Robardet.* ♦ Est abusive la clause prévoyant l'augmentation du crédit initial sans acceptation par l'emprunteur d'une nouvelle offre de crédit. • Cass., avis, 10 juill. 2006, n° 06-00.006 P : *R., p. 511 ; BICC 1er nov. 2006, rapp. Richard, concl. Petit ; CCC 2006, n° 210, note Raymond ; RDC 2007. 337, obs. Fenouillet.* – Même sens : • Paris, 20 sept. 2007 : *CCC 2008, n° 31, obs. Raymond.*

La clause insérée dans un contrat de crédit interdisant aux emprunteurs de souscrire de nouveaux crédits sauf accord du prêteur a pour effet de créer, au détriment du non-professionnel ou du consommateur, un déséquilibre significatif entre les droits et obligations des parties au contrat, en ce que, d'une part en soumettant à l'accord exprès de la banque toute nouvelle charge financière, elle concerne tous les actes susceptibles d'être conclus par les emprunteurs, y compris les actes conservatoires et d'administration, et d'autre part elle octroie à la banque un pouvoir discrétionnaire de refus de la souscription de tout nouveau crédit. • CCA n° 15-01 du 24 sept. 2015 : *D. 2015. 2437, obs. Poissonnier*

Mais n'est pas abusive, dans la mesure où l'emprunteur a eu connaissance lors de son engagement du calendrier des remboursements, la clause de résiliation automatique d'un contrat de prêt en cas de non-paiement d'une mensualité. • Limoges, 5 avr. 2006 : *D. 2006. AJ 1886, obs. Avena-Robardet* .

Sur le tribunal compétent, V. note 123.

40. Crédit immobilier. La clause pénale d'un contrat de prêt immobilier fixant le montant de l'indemnité due au prêteur par l'emprunteur dont la défaillance a entraîné la résolution du contrat ne peut revêtir un caractère abusif dès lors qu'elle est stipulée en application des art. L. 312-22 et R. 312-3 C. consom. • Com. 3 mai 2006 : *JCP 2006. IV. 2175 ; CCC 2006, n° 148, note Raymond ; RDC 2006. 737, obs. Fenouillet.* ♦ Est abusive la clause d'un contrat de prêt immobilier prévoyant la résiliation du contrat de prêt pour une défaillance de l'emprunteur extérieure à ce contrat, envisagée en termes généraux et afférente à l'exécution de conventions distinctes. • Civ. 1re, 27 nov. 2008, n° 07-15.226 P : *D. 2009. AJ 16, obs. Avena-Robardet ; ibid. Pan. 393, obs. Sauphanor-Brouillaud ; RLDC 2009/57, n° 3287, obs. Maugeri ; RTD civ. 2009. 116, obs. Fages ; RTD com. 2009. 190, obs. Legeais ; RDC 2009. 564, obs. Fenouillet.*

N'est pas abusive la clause qui limite la faculté de prononcer l'exigibilité anticipée du prêt aux seuls cas de fourniture de renseignements inexacts portant sur des éléments déterminants du consentement du prêteur dans l'octroi du prêt, sans priver l'emprunteur de la possibilité de recourir à un juge pour contester l'application de la clause à son égard, cette clause sanctionnant la méconnaissance de l'obligation de contracter de bonne foi au moment de la souscription du prêt. • Civ. 1re, 20 janv. 2021, n° 18-24.297 P. *D. 2021. 132 ; RTD civ. 2021. 394, obs. Barbier ; RTD com. 2021. 170, obs. Legeais ; JCP 2021, n° 297, note Paisant ; CCC 2021, n° 48, obs. Bernheim-Desvaux ; RDC 2021/2. 86, note Cattalano.*

41. Restructuration de crédit. Est abusive la clause insérée dans un contrat de crédit stipulant que « L'(es) emprunteur(s) s'engage(nt) à ne pas souscrire de nouveaux crédits et à ne pas accepter de nouvelles charges financières susceptibles d'aggraver leur endettement, sauf accord exprès de la société créancière ». * Comm. clauses abusives, avis n° 15-01, 24 sept. 2015.

42. Transport. Est abusive la clause exonérant le vendeur de son obligation de conformité en cas d'absence de réserves à la livraison pour des défauts apparents ou non, cette clause étant au surplus contraire à l'art. L. 133-3 C. com. (réserve dans les trois jours auprès du transporteur). • TGI Paris, 4 févr. 2003 : *préc. note 36.*

B. ILLUSTRATIONS PAR TYPES DE CONTRAT

43. Abonnement autoroutier. V. Recommandation n° 95-01 sur les contrats d'abonnement autoroutier, **C. consom.**

44. Agence matrimoniale. V. Recommandation n° 87-02 sur les contrats proposés par les agences matrimoniales, **C. consom.**

45. Agence de voyages. Est abusive la clause exonérant l'agence en cas de retour ne s'effectuant pas au même aéroport qu'au départ. • TGI Paris, 7 nov. 2000 : *RJDA 2001/12, n° 1274.* ♦ ... La clause limitant au double du forfait payé par le client les dommages et intérêts en cas de modification substantielle du contrat. • Même jugement. ♦ Caractère abusif de la clause étendant la notion de force majeure. • TGI Paris, 4 févr. 2003 : *préc. note 36.*

46. Agent immobilier. V. Recommandation n° 2002-01 relative aux ventes de listes en matière immobilière. – Recommandation n° 2003-02 relative aux mandats de vente, de location ou de recherche d'un bien immobilier. – **C. consom.** ♦ N'est pas abusive la clause interdisant au mandant, pendant la durée du mandat et les douze mois qui suivent, de traiter directement avec un acquéreur présenté par le mandataire. • Versailles, 28 janv. 2005 : *BICC 15 sept. 2005, n° 1761.*

47. Assurance. V. Recommandation n° 80-02 sur la continuation de l'assurance en cas de vente immobilière. – Recommandation n° 85-04 sur l'assurance « multirisque habitation ». – Recommandation n° 89-01 sur l'assurance des véhicules de tourisme. – Recommandation n° 90-01 sur l'assurance complémentaire à un crédit. – Recommandation n° 90-02 sur l'assurance « dommages-ouvrages ». – Recommandation n° 2002-03 relative aux contrats d'assurance de protection juridique. – **C. consom.** ♦ Est abusive la clause de délai de franchise contenue dans un contrat d'assurance de groupe souscrit en garantie d'une ouverture de crédit d'une durée d'un an renouvelable, nonobstant le fait que ladite ouverture de crédit a fonctionné pendant quatre ans. • Civ. 1re, 26 févr. 2002 : *préc. note 26.*

N'est pas abusive la clause d'un contrat d'assurance multirisque habitation mettant à la charge du consommateur la preuve de l'événement garanti et des conditions posées pour la mise en jeu de la garantie. • Civ. 1re, 7 juill. 1998 : *préc. note 24.* ♦ ... La clause qui subordonne la mise en œuvre de la garantie vol à la double preuve d'une effraction lors de l'entrée dans le véhicule et lors de sa mise en route. • Versailles, 6 sept. 2002 : *BICC 15 juin 2003, n° 743 ; Jurispr. auto. 2003. 242.*

Échappent à l'appréciation de leur caractère abusif les clauses du contrat d'assurance automobile, rédigées de façon claire et compréhensible, qui excluent de la garantie du conducteur et de la garantie des dommages subis par le véhicule assuré les sinistres survenus lorsque le conducteur se trouvait sous l'empire d'un état alcoolique, en ce qu'elles délimitent le risque assuré et l'engagement de l'assureur, et définissent l'objet principal du contrat. • Civ. 2e, 8 juill. 2021, n° 19-25.552 B : *D. 2021. Chron. C. cass. 1795, obs. Guého ; ibid. 2022. 310, obs. Boffa et Mekki ; RTD civ. 2021. 880, obs. Barbier ; RDC 2021/4. 60, note Julien ; RGDA 2021/8-9. 20, note Landel.*

48. Assurance décès et invalidité. Caractère abusif de la clause subordonnant le paiement du capital à la constatation médicale de l'invalidité pendant la durée de la garantie, alors que l'assureur dispose d'une faculté de résiliation annuelle dont il peut faire usage en cas de maladie évolutive. • Lyon, 28 mars 1991 : *D. 1991. 460.*

49. Assurance perte d'emploi, assurance incapacité temporaire. Clauses jugées non abusives : V. • Civ. 1re, 12 mars 2002, n° 99-15.711 P (rédaction antérieure à la loi de 1995 ; clause d'exclusion du chômage survenant à l'expiration d'un CDD) • Versailles, 21 nov. 2003 : *BICC 1er août 2005, n° 1641* (clause subordonnant la mise en jeu de la garantie d'ITT à l'écoulement d'un délai de latence). ♦ N'est pas abusive la clause d'un contrat d'assurance de groupe perte d'emploi limitant, pour un prêt de quatre ans, la durée de prise en charge du chômage à quatre mois. • Civ. 1re, 26 oct. 2004 : *D. 2005. Pan. 2195, obs. Willmann.* ♦ L'obligation faite à l'emprunteur de continuer à payer les échéances du prêt en cas de sinistre ne crée aucun déséquilibre significatif à son détriment, dès lors que l'assureur doit pouvoir vérifier la réunion des conditions d'application de la garantie avant de l'accorder. • Civ. 1re, 4 juill. 2019, n° 18-10.077 P : *D. 2019. 1445 ; AJ contrat 2019. 441, obs. Guillot ; RCA 2019, n° 282, note Bloch.* ♦ La clause prévoyant la cessation de la garantie et des prestations à la date de la déchéance du terme définit l'objet principal du contrat en ce qu'elle délimite le risque garanti, de sorte qu'étant rédigée de façon claire et compréhensible, elle échappe à l'appréciation du caractère abusif des clauses, au sens de l'art. L. 212-1 C. consom. • Même arrêt.

50. Auto-écoles. V. Recommandation n° 2005-03 relative aux contrats de formation à titre onéreux à la conduite automobile (permis B) proposés par les établissements d'enseignement agréés. – **C. consom.**

51. Avocat. Il entre dans les pouvoirs du premier président, statuant en matière de fixation des honoraires d'avocat, d'examiner le caractère abusif des clauses des conventions d'honoraires lorsque le client de l'avocat est un non-professionnel ou un consommateur. • Civ. 2e, 27 oct. 2022, n° 21-10.739 B : *D. 2023. 87, obs. Wickers ; AJ fam. 2023. 52, obs. d'Ambra ; CCC 2023, n° 15, note Bernheim-Desvaux.*

52. Bail d'habitation. V. Recommandation n° 80-04 sur la location de locaux à usage d'habitation. – Recommandation n° 2000-01 relative aux contrats de location de locaux à usage d'habitation. – Recommandation n° 13-01 relative aux contrats de location non saisonnière de logement meublé. – **C. consom.** ♦ La clause insérée dans le bail d'un logement meublé, qui fait peser sur le locataire la quasi-totalité des dépenses incombant normalement au bailleur et dispense sans contrepartie le bailleur de toute participation aux charges qui lui incombent normalement en sa qualité de propriétaire, a pour effet de créer, au détriment du consommateur, un déséquilibre significatif entre les droits et obligations des parties au contrat. • Civ. 3e, 17 déc. 2015, n° 14-25.523 P.

Tous les copreneurs solidaires étant tenus au paiement des loyers et des charges jusqu'à l'extinction du bail, quelle que soit leur situation personnelle, la stipulation de solidarité, qui n'est pas illimitée dans le temps, ne crée pas au détriment du preneur un déséquilibre significatif entre les droits et obligations respectifs des parties au contrat. • Civ. 3e, 12 janv. 2017, n° 16-10.324 P : *D. 2017. 430, note Tisseyre ; AJ fam. 2017. 199, obs. Casey ; RTD civ. 2017. 129, obs. Barbier ; RDC 2017. 276, note Seube.*

53. Banque : compte bancaire. V. Recommandation n° 2005-02 sur les conventions de compte de dépôt, **C. consom.** ♦ Sur les frais de tenue de compte : • Paris, 17 déc. 1990 : *D. 1991. 350, note crit. D. Martin* • TGI Paris, 15 nov. 1993 : *JCP E 1994. I. 376, n° 11, obs. Ga-*

valda et Stoufflet. ♦ Pour diverses clauses abusives en matière de tenue de compte, V. • TGI Paris, 9 nov. 2005 : *D. 2006. AJ 295, obs. Avena-Robardet* .

54. ... Dates de valeur. Caractère abusif des clauses de date de valeur incluses dans les conditions contractuelles proposées par les banques, mais seulement pour les opérations autres que l'encaissement des chèques déposés ou le paiement de chèques étrangers ou les opérations en devises, ces clauses créant un déséquilibre significatif entre les parties puisque la banque perçoit alors des intérêts qui ne sont justifiés par aucune contrepartie. • TGI Paris, 18 mai 2004 : *D. 2004. 2288, note Boujeka (1re et 3e esp.)* . ♦ En revanche, compte tenu de la subsistance des délais nécessaires à l'encaissement des chèques, la pratique des dates de valeur pour ce type d'opération ne crée pas un déséquilibre significatif entre les droits et obligations des parties au contrat, l'application d'intérêts aux comptes débiteurs pendant le délai d'encaissement du chèque étant justifiée par le crédit ainsi consenti à son client par la banque dès la remise du chèque. • TGI Paris, 18 mai 2004 : *ibid. (2e et 4e esp.)*

55. ... Chèques. Clauses abusives en matière de délivrance ou de retrait de chéquier et d'opposition au paiement de chèque, V. • TGI Paris, 9 nov. 2005 : *préc. note 53.*

56. ... Cartes bancaires. V. Recommandation n° 94-02 relative aux contrats porteurs des cartes de paiement assorties ou non d'un crédit, **C. consom.** ♦ Sur les clauses de résiliation, V. • T. com. Fréjus, 1er mars 1993 : *JCP 1994. II. 22194, note Coutant et Alexandre* • TGI Paris, 9 nov. 2005 : *préc. note 53.* ♦ Sur les clauses de responsabilité du porteur quant à l'utilisation de la carte : • Douai, 19 févr. 1998 : *CCC 1998, n° 120, note Raymond.* ♦ Rappr., pour une carte téléphonique, note 87. ♦ Une clause qui prévoit l'information des clients sur les modifications substantielles de la convention sous forme de circulaire périodique et un délai de trois mois pour refuser celle-ci et dénoncer la convention, faute de quoi les modifications seront considérées comme définitivement approuvées, est abusive, le client n'étant pas prévenu des modifications et mis en mesure de les apprécier, ce qui limite de façon inappropriée les droits légaux du consommateur de dénoncer la convention. • Civ. 1re, 28 mai 2009, n° 08-15.802 P : *D. 2009. AJ 1602* ; *JCP 2009, n° 39, p. 40, obs. Sauphanor-Brouillaud ; RDC 2009. 1430, obs. Fenouillet ; Banque et Dr. 2009, n° 149, obs. Crédot et Samin.* ♦ Comp. : n'est pas abusive la clause prévoyant la possibilité pour une banque de modifier unilatéralement le contrat de carte bancaire, dès lors que ces modifications sont annoncées clairement aux clients, et qu'il est stipulé qu'elles ne produiront effet qu'à l'issue d'un délai raisonnable (un mois) et suffisant pour que le porteur puisse renoncer au bénéfice de ce contrat s'il ne souhaite pas se voir imposer ces modifications. • T. com. Paris, 2 sept. 1997 : *Banque et Dr. 1-2/1998. 41, obs. Guillot.* ♦ Sur une clause précisant les modalités de l'opposition au paiement par carte, V. • TGI Paris, 9 nov. 2005 : *préc. note 53.*

57. ... Crédit. V. Recommandation n° 88-01 sur les prêts dans les contrats d'accession à la propriété immobilière. – Recommandation n° 2004-03 relative aux contrats de prêt immobilier. – **C. consom.** ♦ N'est pas abusive la clause d'un contrat de prêt prévoyant la mutualisation des risques. • Civ. 1re, 26 mai 1993 : *préc. note 31.* ♦ Sur les prêts indexés sur le franc suisse, V. note 104 ss. art. L. 212-1 C. consom. ♦ Est réputée non écrite comme abusive la clause, telle qu'interprétée par le juge, prévoyant la subrogation du prêteur dans la réserve de propriété du vendeur en application des dispositions de l'art. 1250-1° C. civ. • Cass., avis, 28 nov. 2016, n° 16-70.009 : *avis n° 1601 ; D. 2017. 877, note Latina et Le Corre-Broly* ; *ibid. 1996, obs. Crocq* ; *ibid. 2176, obs. Martin et Synvet* ; *AJ contrat 2017. 29, obs. Lasserre Capdeville* ; *RTD civ. 2017. 197, obs. Crocq* . ♦ ...Celle, sauf preuve contraire, prévoyant la renonciation du prêteur au bénéfice de la réserve de propriété grevant le bien financé et la faculté d'y substituer unilatéralement un gage portant sur le même bien, cette stipulation étant au surplus réputée non écrite dès lors qu'elle ne prévoit pas d'informer l'emprunteur d'une telle renonciation. • Même avis. ♦ ...Et celle ne prévoyant pas, en cas de revente par le prêteur du bien financé grevé d'une réserve de propriété, la possibilité pour l'emprunteur de présenter lui-même un acheteur faisant une offre. • Même avis. ♦ Est abusive la clause prévoyant la résiliation de plein droit du contrat de prêt pour une cause extérieure à ce contrat, afférente à l'exécution d'une convention distincte, qui crée un déséquilibre significatif entre les droits et obligations des parties au détriment du consommateur ainsi exposé à une aggravation soudaine des conditions de remboursement et à une modification substantielle de l'économie du contrat de prêt. • Civ. 1re, 5 juin 2019, n° 16-12.519 P : *D. 2019. Chron. C. cass. 1784, note Dazzan-Barel* ; *ibid. 1848, note Moulin et Picod* ; *RDI 2019. 558, obs. Salvandy* ; *AJ contrat 2019. 343, obs. Legrand* ; *CCC 2019, n° 146, note Bernheim-Desvaux* (clause d'un prêt au salarié et à son épouse prévoyant sa résiliation en cas de rupture du contrat de travail). ♦ Rappr. note 110 pour les clauses pénales. ♦ Nécessité de rechercher d'office le caractère abusif de la clause qui, dans le cadre d'un prêt pour travaux, débloqué sur présentation de factures, autorise la banque à exiger immédiatement la totalité des sommes dues en cas de déclaration inexacte de la part de l'emprunteur, en ce qu'elle est de nature à laisser croire que l'établissement de crédit dispose d'un pouvoir discrétionnaire pour apprécier l'importance de l'inexactitude de cette déclaration et que l'emprunteur ne peut recourir au juge pour contester le bien-fondé de la déchéance du terme. • Civ. 1re, 10 oct. 2018, nº 17-20.441 P : *D. 2019. 57, note Lasserre Capdeville ; AJ contrat 2018. 542, obs. Mégret ; AJDI 2019. 454, obs. Moreau ; RTD com. 2019. 194, obs. Legeais ; JCP 2018, nº 1304, note Métais et Valette ; CCC 2019, nº 15, obs. Bernheim-Desvaux ; RDBF 2019, nº 4, obs. Mathey.*

Rappr. note 110 pour les clauses pénales. ♦ Sur l'éventuel caractère abusif d'une dispense conventionnelle de mise en demeure, même si elle est prévue de manière expresse et non équivoque au contrat, V. pour la question préjudicielle (rappr. note 8 ss. art. 1225) : • Civ. 1re, 16 juin 2021, nº 20-12.154 B : *D. 2021. 1619, note Etienney-de Sainte Marie ; RDC 2021/4. 60, note Julien.*

Il incombe aux juges du fond, examinant le caractère abusif d'une clause prévoyant un calcul des intérêts sur la base d'une année de trois cent soixante jours, d'un semestre de cent quatre-vingts jours, d'un trimestre de quatre-vingt-dix jours et d'un mois de trente jours, d'apprécier quels sont ses effets sur le coût du crédit afin de déterminer si elle entraîne ou non un déséquilibre significatif entre les droits et obligations des parties au contrat ; cassation de l'arrêt ayant considéré que ce calcul prive les consommateurs de la possibilité de calculer le coût réel de leur crédit, quelle que soit l'importance de son impact réel. • Civ. 1re, 9 sept. 2020, nº 19-14.934 P : *D. 2020. 2219, note Lasserre Capdeville ; ibid. 2021. 310, obs. Boffa et Mekki ; RDI 2021. 24, obs. Bruttin ; AJ contrat 2020. 493, obs. Moreau ; JCP 2020, nº 1173, note Mathey ; CCC 2020, nº 168, note Bernheim-Desvaux.*

Cassation de l'arrêt écartant le caractère abusif d'une clause d'un prêt à l'accession sociale prévoyant que le montant des échéances sera porté à la connaissance des emprunteurs à l'issue de la période d'anticipation aux motifs qu'aucune disposition légale n'interdit de procéder autrement que par détermination d'une obligation constante et que la progressivité de l'amortissement est une des caractéristiques du prêt à l'accession sociale, de tels motifs étant impropres à exclure l'existence d'un déséquilibre significatif. • Civ. 1re, 15 juin 2022, nº 20-16.070 B.

58. ... Crédit-bail. N'est pas abusive la clause d'un contrat de crédit-bail faisant supporter au locataire la perte, même par cas fortuit, du matériel loué. • Civ. 1re, 17 nov. 1998 : *préc. note 18.*

59. Bourse. V. • Paris, 23 sept. 1993 : *D. 1994. Somm. 213, obs. Delebecque ; D. 1995. Somm. 199, obs. Bon-Garcin ; RDBB 1994. 79, obs. Crédot et Gérard ; RTD com. 1994. 87, obs. Cabrillac et Teyssié .*

60. Cinéma. V. Recommandation nº 2002-02 relative aux formules d'accès au cinéma donnant droit à des entrées multiples. – **C. consom.**

61. Coffre-fort. V. Recommandation nº 87-01 sur la location de coffres-forts. – **C. consom.**

62. Club sportif. V. Recommandation nº 87-03 sur les clubs de sport à caractère lucratif. – **C. consom.** ♦ Est abusive la clause par laquelle le centre sportif se réserve le droit de modifier unilatéralement les horaires de cours. • TGI Brest, 21 déc. 1994, *UFC-Brest c/ SA Gymnasium : D. 1995. Somm. 310, obs. Pizzio ; RJDA 1995/2, nº 218* (horaires initiaux choisis par le client en fonction de ses disponibilités) • Rennes, 30 mars 2001 : *RJDA 2001/7, nº 818* (modification des horaires et suppression d'installations).

Est abusive la clause ne prévoyant pas le remboursement des sommes versées en cas d'empêchement indépendant de la volonté du client. • TGI Brest, 21 déc. 1994, *UFC-Brest c/ SA Gymnasium : préc.* (contrat ne prévoyant qu'une suspension en cas de maladie ou de raison professionnelle et non une résiliation, cette lacune n'étant pas compensée par la possibilité de souscrire une assurance-interruption complémentaire dont l'objet n'est que d'assurer un dédommagement). ♦ ... La clause subordonnant l'assurance interruption à la remise d'un certificat médical dans les dix jours. • Rennes, 30 mars 2001, *UFC Que choisir 29 c/ SA Moving : RJDA 2001/7, nº 818.* ♦ ... La clause interdisant toute résiliation anticipée, même pour des événements que le consommateur ne pouvait ni prévoir, ni éviter. • Même arrêt. ♦ ... La clause qui oblige à payer le prix dans tous les cas même si la contrepartie promise n'est pas fournie. • Même arrêt.

Est abusive la clause d'exclusion immédiate en cas de comportement gênant, avec perte totale des sommes versées. • TGI Brest, 21 déc. 1994 : *préc.* (clause instaurant un pouvoir disciplinaire général, alors que le club prétendait ne viser que deux hypothèses : le port de maillot de bain et l'interdiction de fumer). ♦ ... La clause pénale d'un montant très élevé sanctionnant le prêt de la carte d'adhérent. • Même jugement.

Est abusive la clause exonérant le club de toute responsabilité en cas de maladie contractée ou d'accident survenu dans le club. • TGI Brest, 21 déc. 1994 : *préc.* ♦ ... La clause mettant à la charge du client, qui n'a pas justifié de sa constitution physique et de son état de santé par une attestation médicale, toute détérioration ultérieure de sa santé. • TGI Bourges, 30 nov. 1995 : *RJDA 1996/7, nº 979.* ♦ ... La clause exonérant le club de toute responsabilité en cas de dommage corporel. • TGI Bourges, 30 nov. 1995 : *préc.* ♦ ... La clause exonérant le club de toute obligation de sécurité à l'égard des enfants. • Rennes, 30 mars 2001, *UFC Que choisir 29 c/ SA Moving : RJDA 2001/7, nº 818.* ♦ Est abusive la stipulation du contrat d'abonnement à un club de sport exonérant ce dernier de sa responsabilité pour les vols commis dans l'établissement. • TGI Brest, 21 déc. 1994 : *préc.* • Rennes, 30 mars 2001 : *RJDA 2001/7, nº 818.*

63. Conseils juridiques. Pour des clauses abusives figurant dans les offres de services d'un site internet ayant pour objet la défense des consommateurs au moyen de « class actions » : • TGI Paris, 6 déc. 2005 : *D. 2006. AJ 141, obs. Avena-Robardet* ; *JCP 2006. II. 10019, note R. Martin ; CCC 2006, n° 38, note Raymond.*

64. Construction. V. Recommandations n°s 81-02 et 91-03 sur le contrat de construction de maison individuelle. – **C. consom.** ♦ Ayant relevé que la clause litigieuse avait pour conséquence de garantir au maître d'œuvre le paiement des honoraires prévus pour sa prestation intégrale, et ce quel que fût le volume des travaux qu'il aurait effectivement réalisés, sans qu'il n'en résultât aucune contrepartie réelle pour le maître de l'ouvrage, qui, s'il pouvait mettre fin au contrat, serait néanmoins tenu de régler au maître d'œuvre des honoraires identiques à ceux dont il aurait été redevable si le contrat s'était poursuivi jusqu'à son terme, la cour d'appel a retenu à bon droit que cette clause constituait une clause abusive. • Civ. 3e, 7 nov. 2019, n° 18-23.259 P : *D. 2020. 55, note Tisseyre* ; *RDI 2019. 617, obs. Boubli* ; *AJ contrat 2020. 37, obs. Picod* ; *JCP 2020, n° 122, note Le Gac-Pech ; CCC 2020, n° 13, note Bernheim-Desvaux ; RGDA 2019/12. 32, note Dessuet.* ♦ La clause d'un contrat de vente en l'état futur d'achèvement conclu entre un professionnel et un non-professionnel ou consommateur qui stipule qu'en cas de cause légitime de suspension du délai de livraison du bien vendu, justifiée par le vendeur à l'acquéreur par une lettre du maître d'œuvre, la livraison du bien vendu sera retardée d'un temps égal au double de celui effectivement enregistré, en raison de sa répercussion sur l'organisation générale du chantier, n'a ni pour objet, ni pour effet de créer, au détriment du non-professionnel ou du consommateur, un déséquilibre significatif entre les droits et obligations des parties au contrat et, partant, n'est pas abusive. • Civ. 3e, 23 mai 2019, n° 18-14.212 P : *D. 2019. 1164* ; *RDI 2019. 464, obs. Tournafond et Tricoire*. ♦ V. déjà pour la Commission des clauses abusives : la clause du contrat de vente d'un immeuble en l'état futur d'achèvement, qui stipule un report du délai de livraison de ce bien, en présence de jours d'intempéries, ledit report étant défini comme d'une durée du double desdits jours, ne peut être jugée abusive en ce que : le relevé desdits jours est réalisé par un tiers au contrat et sur la base de relevés météorologiques publics ; le report du délai de livraison pour un nombre de jours double de celui des jours d'intempéries ne paraît pas, au regard des nécessités de réorganisation d'un chantier, manifestement disproportionné ; ledit report ne modifie pas les stipulations ne rendant exigibles les obligations de paiement échelonné des sommes dues par le consommateur qu'au fur et à mesure de l'achèvement des étapes de la construction. * Comm. clauses abusives, avis n° 16-01, 29 sept. 2016. ♦ La clause d'un contrat de construction de maison individuelle assimilant la prise de possession à une réception « de fait » et « sans réserve », alors que la réception suppose une volonté non équivoque de recevoir l'ouvrage que la seule prise de possession ne suffit pas à établir, crée au détriment du maître de l'ouvrage consommateur un déséquilibre significatif puisqu'elle lui impose une définition extensive, contraire à la loi, ayant pour effet annoncé de rendre immédiatement exigibles les sommes restant dues. • Civ. 3e, 6 mai 2015, n° 13-24.947 P. ♦ Analyse de plusieurs clauses figurant dans des contrats de construction de maison individuelle. • Civ. 1re, 15 juin 2022, n° 18-16.968 B : *D. 2022. 1148* ; *RDI 2022. 660, obs. Garcia*.

65. Cuisines. V. Recommandation n° 82-03 sur l'installation de cuisines. – **C. consom.**

66. Déménagement. V. Recommandation n° 82-02 sur les contrats proposés par les déménageurs et Recommandation n° 16-01 sur les contrats de déménagement, garde-meubles et stockage en libre-service. – **C. consom.** ♦ Caractère abusif de la clause prévoyant l'application conventionnelle de la CMR à un contrat de déménagement international. • TGI Toulouse, 20 juin 2002 : *BTL 2002. 488.*

Caractère abusif, au regard de l'art. R. 212-1-6° C. consom., de la clause d'un contrat de déménagement prévoyant une limitation de valeur par objet non listé. • Civ. 1re, 11 déc. 2019, n° 18-21.164 P : *D. 2020. 353, obs. Mekki* ; *ibid. Chron. C. cass. 1058, obs. Dazzan* ; *AJ contrat 2020. 97, obs. Legrand* ; *JCP 2020, n° 162, note Dubois et Leveneur-Azémar ; CCC 2020, n° 36, note Leveneur ; ibid. n° 62, note Bernheim-Desvaux.*

67. Dépôt-vente. V. Recommandation n° 99-01 concernant les contrats de dépôt-vente. – **C. consom.** ♦ N'est pas abusive la clause selon laquelle, si le déposant n'a pas retiré les marchandises invendues dans les quinze jours de la résiliation ou de l'expiration du contrat, le dépositaire pourra en disposer à sa guise, dès lors que le déposant est clairement informé de son obligation de se manifester à l'issue du contrat. • Civ. 1re, 1er févr. 2005, n° 03-13.779 P : *RDC 2005. 727, obs. Fenouillet.* ♦ ... Ni celle prévoyant qu'en accord avec le déposant, il pourra être convenu d'une fourchette à titre de prix de mise en vente initial. • Même arrêt.

68. Développement de pellicules. V. Recommandation n° 82-04 sur les travaux photographiques ou cinématographiques. – **C. consom.** ♦ Est abusive la clause d'un contrat de développement de pellicules photographiques qui, par sa rédaction ambiguë, exonère le laboratoire de toute responsabilité pour perte des pellicules moyennant le versement d'une somme modique. • Civ. 1re, 19 juin 2001 : *préc. note 26.* ♦ V.

aussi • Civ. 1re, 5 févr. 2002, n° 00-10.250 P. ♦ V. déjà : caractère abusif de la clause d'exonération de responsabilité en cas de perte par le laboratoire des diapositives confiées pour tirage. • Civ. 1re, 14 mai 1991, n° 89-20.999 P : *R., p. 346 ; GAJC, 11e éd., n° 158 ; D. 1991. 449, note Ghestin ; D. 1991. Somm. 320, obs. Aubert ; JCP 1991. II. 21763, note Paisant ; RTD civ. 1991. 526, obs. Mestre* (décision rendue sur le fondement de l'art. 35 de la L. 10 janv. 1978, antérieurement à la L. 1er févr. 1995).

Admission d'un déséquilibre significatif lorsque le client n'est pas assez informé de la possibilité, moyennant le paiement d'une somme supplémentaire, d'obtenir une indemnité non forfaitaire, cette faculté n'étant indiquée qu'au dos du ticket remis au client, de façon peu visible. • Aix-en-Provence, 20 sept. 1995 : *CCC 1996, n° 172, note Raymond*.

69. Établissement d'enseignement. V. Recommandation n° 91-01 sur les contrats proposés par les établissements d'enseignement. – Recommandation n° 10-01 relative aux contrats de soutien scolaire. – **C. consom.** ♦ Est abusive en ce qu'elle crée, au détriment de l'élève, un déséquilibre significatif entre les droits et obligations des parties la stipulation contractuelle qui fait du prix total de la scolarité un forfait intégralement acquis à l'école dès la signature du contrat et qui, sans réserver le cas d'une résiliation pour un motif légitime et impérieux, ne permet une dispense partielle du règlement de la formation qu'en cas de force majeure, • Civ. 1re, 13 déc. 2012 : *cité note 25 ss. art. 1353*. ♦ Est abusive la clause d'un contrat passé avec un établissement d'enseignement prévoyant que l'élève doit payer la totalité de la scolarité, alors même qu'une maladie ferait obstacle à l'exécution du contrat. • Civ. 1re, 10 févr. 1998, n° 96-13.316 P : *D. 1998. 539, note D. Mazeaud ; JCP 1998. I. 155, nos 12 s., obs. Jamin ; ibid. II. 10124, note Paisant ; Defrénois 1998. 1051, obs. D. Mazeaud ; CCC 1998, n° 70, note Leveneur ; RTD civ. 1998. 674, obs. Mestre*. ♦ Rappr. : • Civ. 1re, 2 avr. 2009 : *RDC 2009. 1426, obs. Fenouillet*. ♦ V. déjà : • Civ. 1re, 31 janv. 1995 : *D. 1995. Somm. 229, obs. Delebecque ; RTD civ. 1995. 620, obs. Mestre*. ♦ Comp. : • Civ. 1re, 6 déc. 1989 : *D. 1990. 289 (1re esp.), note Ghestin ; JCP 1990. II. 21534, note Delebecque ; Defrénois 1991. 366, obs. Aubert ; RTD civ. 1990. 277, obs. Mestre*.

70. Fourniture d'eau. V. Recommandation n° 85-01 sur la distribution de l'eau et Recommandation complémentaire n° 01-01. – **C. consom.** ♦ Caractère abusif de la clause rendant le propriétaire d'un immeuble caution des engagements d'un locataire à l'égard du délégataire de service public, ce dernier ne pouvant imposer à un autre que l'usager une charge correspondant à une contrepartie et non à une imposition. • TGI Nîmes, réf., 28 mai 2003 : *BICC 2003, n° 1274* (clause jugée abusive par la recommandation 2001-1 du 25 janv. 2001). ♦ Caractère abusif d'une clause exonérant le service des eaux des conséquences d'un branchement défectueux. • TGI Paris, 17 janv. 1990 : *D. 1990. 289, note Ghestin* (exemple : mise en place d'une canalisation atteinte d'un vice). ♦ V. aussi : • TGI Mâcon, 25 févr. 1991 : *Gaz. Pal. 1992. 2. Somm. 515*.

71. Fourniture d'électricité et de gaz. V. Recommandation n° 84-01 sur la distribution de gaz liquéfié. – **C. consom.** ♦ Examen de clauses abusives dans des contrats de fourniture de gaz et d'électricité. • Civ. 1re, 26 sept. 2019, n° 18-10.890 P • 26 sept. 2019, n° 18-10.891 P : *D. 2019. 1885 ; ibid. 2020. 353, obs. Mekki*. ♦ Cassation au visa des art. L. 132-1 et R. 132-1-5° C. consom. de l'arrêt écartant le caractère abusif d'une clause pénale sanctionnant le consommateur, alors que la pénalité encourue par celui-ci en cas de retard de paiement ne s'accompagnait d'aucune pénalité réciproque en cas de manquement de la société à son obligation principale de fourniture d'énergie, peu important son défaut de maîtrise du réseau de distribution, l'ampleur de ses contraintes techniques et la modicité de la pénalité infligée au consommateur. • Civ. 1re, 26 sept. 2019 : *préc.* ♦ V. en sens contraire pour une pénalité réciproque : • Civ. 1re, 26 sept. 2019 : *préc.* ♦ Cassation au visa de l'art. L. 121-87, 8°, devenu L. 224-3, 8° C. consom., de l'arrêt validant la clause ne mentionnant pas le délai prévisionnel de fourniture de l'énergie, aux motifs qu'une telle information figure dans les conditions particulières du contrat, alors que cette clause ne permettait pas au consommateur de connaître, avant la conclusion du contrat, le délai prévisionnel de fourniture de l'énergie. • Civ. 1re, 26 sept. 2019 : *préc.* ♦ Caractère abusif de la clause exonérant le fournisseur d'électricité de toute responsabilité pour un sinistre survenu dans les locaux de l'abonné, quelle qu'en soit l'origine. • Bordeaux, 2 juin 1997 : *BICC 1997, n° 1490*. ♦ Même solution pour une clause limitant la responsabilité d'EDF. • TGI Angers, 11 mars 1986 : *JCP 1987. II. 20789, note Gridel*.

72. Généalogistes. V. Recommandation n° 96-03 sur les contrats de révélation de succession proposés par les généalogistes. – **C. consom.**

73. Informatique. V. Recommandation n° 95-02 sur les contrats proposés par les éditeurs ou distributeurs de logiciels ou de progiciels. – **C. consom.**

74. Internet. V. Recommandation du 26 sept. 2002 relative aux contrats de fourniture d'accès à internet. – Recommandation n° 2007-01 *(BOCCRF 31 juill. 2007)* relative aux contrats proposant les services groupés de l'internet, du téléphone et de la télévision. – **C. consom.** ♦ Une clause qui, au-delà des cas de force majeure ou de fait du cocontractant, a pour effet de dégager le fournisseur d'accès de son obligation essentielle, justement qualifiée d'obligation de résultat, d'assurer effectivement l'accès au service promis, est abusive. • Civ. 1re, 8 nov. 2007 : *JCP 2008. I. 104, n° 12 s., obs. Grosser ; JCP E 2007. 2547 ; CCE 2008, n° 7, note Debet* (rejet du pourvoi incident contre • Versailles, 15 sept. 2005 : *JCP 2006. II. 10029, note Fages ; CCE 2005, n° 171, note Stoffel-Munck*, confirmant • TGI Nanterre, 2 juin 2004 : *D. 2004. 2021 ; JCP 2005. II. 10022, note Fages ; Gaz. Pal. 2005. Somm. 1334, obs. Misse et Avignon ; CCE 2004, n° 121, obs. Grynbaum*). ♦ Pour des exemples de clauses jugées abusives dans des contrats de fourniture d'accès à internet, V. • TGI Paris, 5 avr. 2005 : *CCE 2005, n° 104, note Stoffel-Munck ; CCC 2005, n° 140, note Raymond* • Versailles, 15 sept. 2005 : *préc.* • TGI Nanterre, 9 févr. 2006 : *CCE 2006, n° 126, obs. Stoffel-Munck* • TI Cherbourg, 12 juill. 2007 : *CCE 2007, n° 135, obs. Debet*. – V. aussi Comm. clauses abusives, avis n° 05-05, 29 sept. 2005 : *CCE 2005, n° 188, obs. Grynbaum*. ♦ Ventes par internet : V. note 96.

75. Location avec option d'achat. V. Recommandation n° 86-01 sur la location avec option d'achat. – **C. consom.** ♦ Est abusive la clause qui impose au preneur de restituer le véhicule loué dans les plus brefs délais à compter de la résiliation et l'empêche ainsi de mettre en œuvre la faculté de présentation d'un acquéreur impérativement ouverte par les textes. • Civ. 1re, 10 avr. 2013, n° 12-18.169 P : *D. 2013. 990 ; RDC 2013. 960, obs. 960.*

76. Location mobilière. V. Recommandation n° 91-04 sur les contrats de location de certains biens mobiliers, **C. consom.**

77. Location d'un emplacement de camping et mobil-home. V. Recommandations nos 84-03 et 05-01 (BOCC 23 juin 2005) sur l'hôtellerie de plein air. – **C. consom.** ♦ Sur les clauses figurant dans un contrat de location longue durée d'un emplacement dans un camping, V. • Civ. 3e, 10 juin 2009 : *D. 2009. AJ 1685, obs. Delpech ; JCP 2009, n° 28, p. 22 ; CCC 2009, n° 258, obs. Raymond ; RJDA 2009, n° 784 ; Defrénois 2009. 2340, obs. Savaux ; RDC 2009. 1435, obs. Fenouillet.*

78. Location de voiture. V. Recommandation n° 96-02 sur les locations de véhicules automobiles. – **C. consom.** ♦ Est abusive la clause d'un contrat de location de véhicule imposant au preneur de s'assurer contre les risques de perte et de détérioration de la chose louée, y compris par force majeure et cas fortuit. • Civ. 1re, 17 mars 1998, n° 96-11.593 P : *CCC 1998, n° 104, note Raymond* et, sur renvoi : • Bourges, 23 févr. 2000 : *CCC 2001, n° 15, obs. Raymond* (caractère abusif de la clause qui fait peser sur le locataire la perte du véhicule par cas de force majeure) • Civ. 1re, 6 janv. 1994, n° 91-19.424 P : *D. 1994. Somm. 209, obs. Delebecque ; JCP 1994. II. 22237, note Paisant ; ibid. I. 3773, n° 25, obs. Viney ; CCC 1994, n° 58, note Raymond ; RTD civ. 1994. 601, obs. Mestre*. ♦ V. aussi : • Civ. 1re, 6 janv. 1994 : *préc.* (caractère abusif de la clause privant le preneur de toute influence sur les conditions de la revente et de toute possibilité de recherche d'un acquéreur). ♦ *Contra* : • Versailles, 9 juin 2000 : *RJDA 2000/11, n° 1053.* ♦ Comp. • Paris, 20 sept. 1991 : *Gaz. Pal. 1993. 1. 211.*

N'est pas abusive la clause imposant au locataire la continuation du paiement des loyers en cas d'immobilisation du véhicule, dès lors que le loueur ne s'exonère de l'obligation de fournir un véhicule de remplacement qu'en cas de force majeure et qu'il s'oblige à diminuer le loyer lorsque l'immobilisation est imputable à ses propres fautes et négligences. • Versailles, 4 mars 2003 : *BICC 15 nov. 2003, n° 1423.*

N'est pas abusive la clause qui prévoit une garantie de rachat partiel de la franchise en cas de vol mais réserve au preneur, qui invoque l'impossibilité d'assurer les restitutions requises dans le délai convenu, la faculté d'opposer la force majeure pour échapper au paiement de la franchise. • Civ. 1re, 4 juin 2014, n° 13-14.717 P : *D. 2014. 1268* .

79. Location saisonnière. V. Recommandation n° 94-04 relative aux locations saisonnières. – **C. consom.** ♦ Est abusive la clause d'un contrat de qui dispose que, dans le cas où un séjour réservé par le client devrait être modifié par le prestataire du fait de circonstances extérieures, celui-ci lui proposera un séjour de remplacement, interdiction étant faite au client d'annuler sa réservation dans le délai de sept jours. Le texte de la clause, vague et général, couvre des hypothèses plus larges que la force majeure et impose une modification unilatérale par le prestataire sans véritable dédommagement du client. • Paris, 7 mai 1998 : *D. Affaires 1998. 1851, obs. V.A.-R.* ♦ ... La clause relative au nombre de couchages de la location, qui prévoit une variation en plus ou en moins, le nombre indiqué de couchages constituant la capacité maximum. • Paris, 7 mai 1998 : *préc.* ♦ ... La clause qui stipule que le client dispose de vingt-quatre heures pour dénoncer les anomalies constatées à son arrivée dans les locaux, à l'exception de l'état de propreté qui doit être constaté sur le champ. • Paris, 7 mai 1998 : *préc.* (durée d'autant plus discutable que les locations commencent en général le samedi et que l'agence de location est fermée le dimanche). ♦ ... La clause qui impose, en cas de retard du client après 18 h 30, le report de la prise de possession des lieux au prochain jour ouvrable à 9 heures, et qui prévoit une facturation par heure de retard pour le locataire en cas d'arrivée tardive. • Paris, 7 mai 1998 : *préc.* (les périodes de location commencent en général le samedi, alors que l'agence de location est fermée le dimanche et qu'aucune contrepartie n'est prévue en faveur du preneur). ♦ Sur les clauses relatives au remboursement des dépôts de garantie :

• TGI Grenoble, 22 mai 1997 : *RJDA 1997/12, n° 1553.*

80. Maintenance et entretien. V. Recommandation n° 97-02 sur les contrats de maintenance de certains équipements d'immeuble. – **C. consom.** ♦ La clause d'un contrat de vente d'une automobile qui oblige le consommateur à confier son véhicule à un concessionnaire ou agent de la marque ne crée aucun déséquilibre significatif entre les parties au détriment du consommateur, dès lors qu'une telle clause concerne uniquement les travaux de réparation effectués en exécution de la garantie conventionnelle, le constructeur en assurant gratuitement la prise en charge et pouvant ainsi exiger la certification et l'agrément préalable du réparateur. • Civ. 1re, 20 mars 2013, n° 12-14.432 P : *D. 2013. 832 ; JCP 2014, n° 538, note Paisant.*

81. Maison de retraite. V. Recommandation n° 85-03 sur les établissements hébergeant des personnes âgées. – Recommandation n° 08-02 relative aux contrats proposés par certains établissements hébergeant des personnes âgées et non habilités à recevoir des bénéficiaires de l'aide sociale, complétant la recommandation n° 85-03 relative aux contrats proposés par les établissements hébergeant des personnes âgées. – **C. consom.** ♦ Contrôle des clauses abusives contenues dans le règlement intérieur d'une maison de retraite : • Aix-en-Provence, 18 sept. 1995 : *CCC 1995, n° 190, obs. Raymond* (clauses jugées abusives : clause attributive de compétence ; clause exonératoire de toute responsabilité ; clause de modification de prix sans référence à des critères objectifs ; interdiction de faire venir des boissons de l'extérieur). ♦ Appréciation au regard des dispostions du CASF : • Civ. 1re, 3 nov. 2016, n° 15-20.621 P : *D. 2017. 375, obs. Mekki ; RTD civ. 2017. 129, obs. Barbier ; JCP 2016, n° 1351, note Paisant ; CCC 2017, n° 22, note Bernheim-Desvaux* (licéité du forfait d'hébergement défiini par le CASF ; illicéité de la clause sur le délai de restitution du dépôt de garantie qui prévoit un délai plus long que celui figurant dans ce code).

82. Publicité. V. Recommandation n° 80-01 sur la location d'emplacements pour affichage publicitaire. – **C. consom.** ♦ Est abusive la clause qui interdit au souscripteur d'espace publicitaire toute réclamation après l'ordre de publicité et dégage l'éditeur de toute responsabilité quant à l'exécution technique. • Paris, 22 mars 1990 : *D. 1991. IR 98.*

83. Séjour linguistique. V. Recommandation n° 94-03 relative aux contrats de séjour linguistiques. – **C. consom.** ♦ Est abusive la clause d'un contrat de séjour linguistique qui exclut toute compensation en cas de changement de ville de résidence de l'enfant, dès lors que l'organisateur du voyage insiste, dans les documents remis au consommateur, sur le particularisme de chaque région, et ne peut donc soutenir que le choix du séjour linguistique est totalement indépendant du lieu de résidence. • Paris, 2 oct. 1998 : *D. Affaires 1998. 1851, obs. V. A.-R. ; RJDA 1998/12, n° 1424.*

84. Services à la personne, soutien scolaire. V. Recommandation n° 12-01 relative aux contrats de services à la personne. – Recommandation n° 10-01 relative aux contrats de soutien scolaire. – **C. consom.**

85. Syndic de copropriété. V. Recommandations n° 96-01 et n° 11-01 sur les contrats proposés par les syndics de copropriété. – **C. consom.** ♦ Caractère abusif de la clause d'un contrat de syndic de copropriété prévoyant une libre révocation par le syndic et une limitation du droit de résiliation du syndicat, contrairement aux solutions posées par les art. 2003 et 2004 C. civ. : si ces textes ne sont pas d'ordre public, l'inversion des solutions crée un déséquilibre entre les parties. • TGI Paris, 7 sept. 1999, *CSCV c/ Foncia : D. 1999. AJ 89, obs. Y. R. ; RJDA 1999/11, n° 1257.* ♦ Mais absence de caractère abusif pour une clause stipulant une faculté de résiliation pour « motifs graves et légitimes » pour le syndicat et pour « raisons fondées et graves » pour le syndic. • TGI Paris, 7 sept. 1999, *CSCV c/ Loiselet : RJDA 1999/11, n° 1257.*

Caractère abusif de la clause se contentant de proposer au vote de l'assemblée un contrat contenant un compte bancaire unique, sans préciser les modalités de fonctionnement de comptes séparés, et en laissant croire que le compte unique est la seule possibilité légale. • TGI Paris, 7 sept. 1999, *CSCV c/ Foncia : préc.*, confirmé par • Paris, 4 sept. 2003 : *Loyers et copr. 2004, n° 59, obs. Vigneron.* ♦ V. aussi, dans le même sens, avec une motivation différente : • TGI Paris, 7 sept. 1999, *CSCV c/ Loiselet : préc.* ♦ ... De la clause prévoyant des frais pour la transmission du dossier au nouveau syndic, alors qu'il s'agit d'une obligation légale et que la clause prévoit une somme forfaitaire sans préciser les prestations complémentaires par rapport aux obligations légales. • Même jugement, confirmé par • Paris, 4 sept. 2003 : *préc.*

Absence de caractère abusif de la clause prévoyant une rémunération pour la gestion courante et une rémunération pour prestations particulières. • TGI Paris, 7 sept. 1999, *CSCV c/ Loiselet : préc.* (absence de preuve que la gestion courante inclut les prestations particulières, le fait de ne payer que ce qui est effectivement effectué n'étant pas critiquable). ♦ ... De la clause de révision de prix, dépourvue d'automatisme, et restant soumise au vote des copropriétaires, sans contredire l'art. 11-4° du Décr. du 17 mars 1967. • TGI Paris, 7 sept. 1999, *CSCV c/ Loiselet : préc.* ♦ ... De la clause contraignant le copropriétaire, en cas de litige avec le syndic, à un préliminaire de conciliation, dès lors qu'une telle clause est exempte d'un quelconque déséquilibre significatif au détriment du consommateur. • Civ. 1re, 1er févr. 2005, n° 03-19.692 P : *D. 2005. AJ 565, obs. Avena-Robardet ; ibid. Pan. 2840, obs. Amrani-Mekki ; JCP 2005. I. 141, n° 8 s., obs. Sauphanor-Brouillaud ; ibid. I. 181, n° 7, obs. Périnet-Marquet ; Defrénois 2005. 1178, obs. Atias ; CCC 2005, n° 97, note Raymond ; RTD civ. 2005. 393, obs. Mestre et Fages ; RDC 2005. 725, obs. Fenouillet ; ibid. 1141, obs. X. Lagarde,* cassant sur ce point • Paris, 4 sept. 2003 : *préc.*

86. Systèmes de surveillance. V. Recommandation n° 97-01 sur les contrats concernant la télésurveillance. – **C. consom.** ♦ Caractère abusif d'une clause précisant les conditions financières d'une résiliation anticipée dans un contrat de vente de matériel de télésurveillance, dont le prix faisait l'objet d'une remise en contrepartie de la conclusion par le consommateur d'engagements complémentaires (promotion et abonnement à un service de télésurveillance). • Civ. 1re, 29 oct. 2002, n° 99-20.265 P : *JCP 2003. I. 122, n° 25 s., obs. Sauphanor-Brouillaud ; JCP E 2004. 386, note Abravanel-Jolly ; RTD civ. 2003. 90, obs. Mestre et Fages .* ♦ Caractère abusif de la clause imposant au client de payer l'arriéré de loyers et la totalité des loyers restant à courir jusqu'à la fin du contrat même lorsque le contrat est résilié pour une cause légitime (prestation de télésurveillance en l'espèce défectueuse dès la mise en place de l'installation dont l'alarme se déclenchait intempestivement). • Dijon, 23 mars 2000 : *BICC 2001, n° 149* • Versailles, 21 janv. 2005 : *JCP 2005. IV. 2528.* ♦ Caractère abusif de la clause pénale stipulant que, en cas de résiliation anticipée du contrat de télésurveillance, le solde des loyers de la période contractuelle en cours deviendra immédiatement exigible, indemnisation hors de proportion avec le préjudice réel subi, compte tenu de la nature du matériel loué et de la possibilité de le réutiliser. • Rennes, 17 oct. 2003 : *CCC 2004, n° 85, note Raymond.*

87. Téléphonie. V. Recommandation n° 07-01 relative aux contrats proposant aux consommateurs les services groupés de l'internet, du téléphone et de la télévision (« triple play »). – **C. consom.** ♦ Contrat de « Carte Pastel » : n'est pas abusive la clause imposant au client la confidentialité de son code secret et dégageant la responsabilité de France Télécom en cas de divulgation. • Civ. 1re, 13 nov. 1996 : *préc. note 26.* ♦ Rappr. note 56 pour les cartes bancaires. ♦ ... Ni la clause stipulant que la responsabilité de la conservation et de l'utilisation de la carte incombe au titulaire, laquelle ne dispense pas France Télécom de son obligation de garantie des *cartes défectueuses.* • *Civ. 1re, 13 nov.* 1996 : *préc.* ♦ Sur ces deux points, V. aussi, dans le même sens, • Versailles, 4 févr. 2004 : *D. 2004. AJ 635, obs. Avena-Robardet ; CCE 2004, n° 57, note Stoffel-Munck.*

88. Téléphonie mobile. V. Recommandation n° 99-02 relative aux contrats de radiotéléphones portables. – **C. consom.** ♦ Est abusive la clause d'un contrat de téléphonie mobile prévoyant que l'abonnement est souscrit pour une durée d'un an renouvelable tacitement, en ce que l'opérateur, en tant que professionnel, a manqué à son obligation d'information et de conseil en ne mentionnant pas la faculté de résiliation pour inexécution et en ne faisant apparaître cette clause que dans les conditions générales et non dans le feuillet signé par le client. • TGI Grenoble, 7 sept. 2000 : *D. 2000. 385, note Avena-Robardet .* ♦ V. aussi • TGI Paris, 20 oct. 1998 : *D. Affaires 1999. 860, obs. V. A.-R. ; RJDA 1999/6, n° 729* (exonération pour les informations figurant dans les documents remis) • TGI Paris, 16 mars 1999 : *D. Affaires 1999. 860, obs. V. A.-R. ; RJDA 1999/6, n° 729* (valeur purement indicative de la carte de couverture du réseau). ♦ ... La clause qui prévoit une pénalité très élevée en cas de rupture dans les douze premiers mois. • TGI Nanterre, 3 mars 1999 : *D. Affaires 1999. 860, obs. V. A.-R. ; RJDA 1999/6, n° 729.* ♦ ... La clause admettant la résiliation anticipée au cours de la période initiale d'un an pour les seuls motifs limitativement énumérés par l'opérateur. • Versailles, 4 févr. 2004 : *D. 2004. AJ 635, obs. Avena-Robardet ; CCE 2004, n° 57, note Stoffel-Munck ; CCC 2004, n° 99, note Raymond ; Gaz. Pal. 2004. Somm. 3335, obs. Misse et Avignon.* ♦ ... La clause qui prévoit une faculté unilatérale de suspension ou de résiliation en cas de violation d'une obligation même minime. • TGI Paris, 16 mars 1999 : *préc.* ♦ ... La clause permettant à l'opérateur de demander la remise d'un dépôt de garantie pendant la durée du contrat. • Versailles, 4 févr. 2004 : *préc.* ♦ ... La clause qui prévoit comme cas d'exonération de responsabilité des hypothèses qui ne sont pas des cas de force majeure mais qui dépendent du pouvoir et de la décision unilatérale de l'opérateur. • TGI Grenoble, 7 sept. 2000 : *préc.* ♦ ... La clause qui assimile à un cas de force majeure tout dysfonctionnement résultant de perturbations dans la fourniture de moyens de télécommunications. • TGI Paris, 20 oct. 1998 : *D. Affaires 1999. 860, obs. V. A.-R. ; RJDA 1999/6, n° 729.* – Même sens : • Versailles, 4 févr. 2004 : *préc.* ♦ ... La clause qui autorise un changement unilatéral du numéro d'appel qui est un élément essentiel pour le consommateur. • TGI Nanterre, 17 mars 1999 : *D. Affaires 1999. 860, obs. V. A.-R. ; RJDA 1999/6, n° 729.* ♦ V. aussi, pour des modifications techniques unilatérales dans des cas ne se limitant pas aux contraintes imposées par les autorités : • TGI Paris, 16 mars 1999 : *préc.* ♦ ... La clause qui prévoit des factures bimestrielles tout en autorisant l'opérateur à émettre des factures intermédiaires avec comme seul critère leur importance. • TGI Nanterre, 3 mars 1999 : *préc.* ♦ ... La clause qui prévoit, en cas d'inaccessibilité du service du fait exclusif de France Télécom, la possibilité pour l'abonné de réclamer indemnisation à l'opérateur, alors qu'une lettre recommandée avec accusé de réception sera nécessaire, ce qui, eu égard au coût de cette démarche, aura pour effet d'exclure l'indemnisation. • TGI Grenoble, 7 sept. 2000 : *préc.* ♦ Sur les contrats de téléphonie mobile, V. aussi : • TGI Nanterre, 10 sept. 2003 : *CCC 2004, n° 13, note Raymond ; CCE 2003, n° 107, note Grynbaum*, et, en appel, • Versailles, 4 févr. 2004 : *préc.* ♦ Jugé que ni le maintien du contrat en cas de vol du téléphone portable, ni la nécessité subséquente pour le client d'acheter un nouvel appareil, ni la remise en service aux frais du client ne créent un déséquilibre significatif de nature à donner un caractère abusif à ces clauses. • Rennes, 13 nov. 2003 : *JCP E 2004. 849.* ♦ Rejet de l'action en reconnaissance d'une clause abusive. Pour l''offre prépayée proposée par un opérateur de téléphonie ayant pour caractéristique de mettre à la disposition du consommateur une ligne téléphonique pendant une durée limitée, ces durées relevant de la définition de l'objet principal du contrat. • Civ. 1re, 3 juin 2015 : *préc. note 28.*

89. Télévision. V. Recommandation n° 98-01 relative aux contrats d'abonnement au câble et à la télévision à péage. – **C. consom.** ♦ Sur la télévision par satellite, V. par exemple : • TGI Paris, 10 oct. 2000 : *RJDA 2001/1, n° 94* (clauses jugées abusives : résiliation au jour de la date anniversaire et absence de droit de résilier pour motif légitime, lié notamment aux programmes ; droit de modifier, résilier ou interrompre certains programmes, sans avertissement et sans droit de résiliation ; clause de variation de prix annoncée de façon globale, par une revue, et non par une information individualisée ; clause d'exonération de responsabilité ; clause relative à la responsabilité du locataire du matériel ne lui permettant pas de rapporter la preuve de son absence de faute ; clause de recours fixée à un mois ne précisant pas que cela ne concerne qu'un recours amiable, sans influence sur une action judiciaire). ♦ Est abusive la clause d'un contrat de fourniture d'accès à la télévision par internet limitant l'indemnisation au montant de l'abonnement dû pour la période pendant laquelle le service n'a pu être fourni. • TI Béthune, 5 avr. 2007 : *CCE 2007, n° 135, obs. Debet.* – V. aussi Avis CCA n° 05-05 du 29 sept. 2005 : *CCE 2005, n° 188, obs. Grynbaum.*

90. Termites. *V. Recommandation n° 2004-01 relative aux contrats de traitement contre les termites et autres insectes xylophages.* – **C. consom.**

91. Transport. V. Recommandation n° 82-01 sur le transport terrestre de marchandises. – Recommandation n° 84-02 sur le transport terrestre de voyageurs. – Recommandation n° 86-02 sur les remontées mécaniques dans les stations de sports d'hiver. – **C. consom.** ♦ Absence de caractère abusif des plafonds de réparation définis dans les contrats types de transport de marchandises, dès lors qu'ils ne s'appliquent qu'à défaut de convention écrite particulière et qu'ils sont écartés en cas de déclaration spéciale de valeur et en cas de faute lourde du transporteur. • CE 6 juill. 2005 : *D. 2005. 2094, note Delebecque ; JCP 2005. II. 10154, concl. Donnat.* ♦ Une clause exonératoire de responsabilité, en cas de perte ou de vol de bagages à main non enregistrés, insérée au tarif général des voyageurs de la SNCF, régit les relations contractuelles entre les parties, dès lors qu'il n'est pas établi qu'elle procure à la SNCF un avantage excessif et qu'elle n'est pas abusive. • Paris, 23 nov. 1993 : *Gaz. Pal. 1994. 1. 1, note J.-G. M.*

92. Vente. V. Recommandation n° 79-01 sur les contrats de garantie. – Recommandation n° 80-05 sur l'achat d'objets d'ameublement. – Recommandation n° 80-06 sur les délais de livraison. – **C. consom.** ♦ N'est pas abusive la clause incluse dans les conditions générales de vente aux termes de laquelle aucun retour de marchandises pour examen ne peut être effectué sans avoir été autorisé par le vendeur. • Paris, 28 juin 1996 : *BRDA 1996, n° 17, p. 11 ; RJDA 1996/11, n° 1407.*

Est abusive la clause d'un contrat de vente de meuble, rédigée de façon vague, et assimilant à la force majeure, pour le revendeur, la défaillance du fabricant. • TGI Paris, 16 avr. 1991 : *D. 1991. 460* . ♦ ... La clause entretenant la confusion entre non-conformité et garantie des vices quant au délai pour agir. • TGI Paris, 16 avr. 1991 : *préc.* ♦ ... La clause prévoyant un délai de réclamation excessivement court compte tenu du temps nécessaire à la vérification de la marchandise et aux contraintes du calendrier de la vie moderne. • TGI Paris, 16 avr. 1991 : *préc.*

93. Vente d'immeuble à construire. Jugé que n'a ni pour objet, ni pour effet de créer un déséquilibre significatif la clause d'un contrat de vente d'immeuble à construire prévoyant une majoration des délais de livraison pour intempéries, constatées par une attestation de l'architecte, grève, dépôt de bilan d'une entreprise et force majeure. • Civ. 3e, 24 oct. 2012 : *D. 2012. 2590* . ♦ Dans le même sens : • CCA, avis, 29 sept. 2016, n° 16-01.

94. Vente de voiture neuve. V. Recommandation n° 85-02 sur l'achat de véhicule automobile. – Recommandation n° 2004-02 relative aux contrats de vente de véhicules automobiles neufs. – **C. consom.** ♦ Est abusive la clause autorisant le constructeur à majorer le prix entre la commande et la livraison en fonction de l'évolution de son tarif. • Civ. 1re, 14 nov. 2006, n° 04-15.646 P : *D. 2006. AJ 2980, obs. Rondey ; CCC 2007. Étude 2, par Raymond ; RLDC 2007/36, n° 2432, note Sauphanor-Brouillaud ; RDC 2007. 337, obs. Fenouillet.* ♦ ... La clause qui, en cas de renonciation à la vente, sanctionne l'inexécution du consommateur plus lourdement que celle du professionnel. • Civ. 1re, 14 nov. 2006, n° 04-17.578 P : *eod. loc. ; JCP 2007. II. 10056, note Paisant* • 14 nov. 2006, n° 04-15.646 P : *eod. loc.* ♦ ... La clause indiquant que les agents et concessionnaires ne sont pas les mandataires du constructeur, laissant croire au consommateur qu'il est privé de tout recours envers le fabricant. • Civ. 1re, 14 nov. 2006, n° 04-17.578 P : *eod. loc.* • 14 nov. 2006, n° 04-15.645 P : *eod. loc.* ♦ ... La clause qui impose, en termes très généraux, le recours aux réparateurs du réseau de la marque sous peine de perte de la garantie du constructeur. • Civ. 1re, 14 nov. 2006, n° 04-15.890 P : *eod. loc.* ♦ Comp. • Civ. 1re, 20 mars 2013 : *cité note 80.*

95. Reprise de voiture d'occasion. V. Recommandation n° 94-05 concernant les bons de commandes et contrats de garantie des véhicules d'occasion. – **C. consom.**

96. Vente sur internet. V. Recommandation n° 2007-02 *(BOCCRF 24 déc. 2007)* relative aux contrats de vente mobilière conclus par internet. – **C. consom.** ♦ Est abusive la clause permettant au vendeur de modifier les termes du contrat figurant dans ses conditions générales. • TGI Paris, 4 févr. 2003 : *D. 2003. AJ 762, note Manara ; JCP 2003. II. 10079, note Stoffel-Munck ; Defrénois 2004. 56, obs. Raynouard ; Dr. et patr. 7-8/2004. 101, obs. Caprioli.* ♦ ... La clause permettant au vendeur de différer l'obligation d'information prévue par l'anc. art. L. 111-1 C. consom. à la livraison, les modes et conseils d'utilisation revêtant une importance particulière dans les ventes à distance. • Même jugement. ♦ ... La clause supprimant la faculté de rétractation prévue par l'anc. art. L. 121-20 C. consom. pour des cas non prévus par le texte. • Même jugement. ♦ Clauses abusives dans un contrat de « vente » de voyages, V. note 45.

N'est pas abusive la clause ne libérant pas le vendeur de son obligation de conformité et ne concernant que des variations minimes des produits avec les photographies présentées sur le site. • TGI Paris, 4 févr. 2003 : *préc.* ♦ Est en revanche abusive la clause exonérant le vendeur de son obligation de conformité en cas d'absence de réserves à la livraison pour des défauts apparents ou non, cette clause étant au surplus contraire à l'art. L. 133-3 C. com. (réserve dans les trois jours auprès du transporteur). • Même jugement.

N'est pas abusive la clause d'exonération de responsabilité relative à la navigation sur le site internet circonscrite à des hypothèses déterminées. • TGI Paris, 4 févr. 2003 : *préc.*

C. ILLUSTRATIONS PAR TYPES DE CLAUSES

97. Émission du consentement. V. Recommandation n° 80-03 sur la formation du contrat. – Recommandation n° 94-01 sur les clauses dites de consentement implicite. – **C. consom.** ♦ Présente un caractère abusif la clause de confirmation de commande insérée dans un contrat de vente de cuisine intégrée dès lors que le vendeur est en état de pollicitation permanente. • Toulouse, 6 déc. 1995 : *D. 1996. IR 87 ; RJDA 1996/6, n° 840.* ♦ Caractère abusif de la clause prévoyant que la remise de renseignements bancaires, tout paiement ou toute acceptation de documents émanant d'une agence de voyages implique l'approbation et la ratification des conditions générales. • TGI Paris, 7 nov. 2000 : *RJDA 2001/12, n° 1274.* ♦ V. désormais le caractère abusif des clauses visées par l'art. R. 132-1, 2°, et la présomption de caractère abusif des clauses visées par l'art. R. 132-2, 1°.

98. Clause d'annulation. L'annulation des réservations par le client, alors même que des acomptes ont été versés, fonde pour l'agence de voyages le droit à une indemnisation des débours engagés et la réparation du manque à gagner. Si la clause n'est pas abusive, faute de déséquilibre significatif, son montant est excessif et doit être réduit dès lors que l'acompte représentait 30 % du prix et que l'annulation a été effectuée trois mois avant le voyage. • Paris, 21 nov. 1996 : *D. Affaires 1997. 147 ; RJDA 1997/3, n° 432.* ♦ Rappr. désormais la présomption posée par l'art. R. 132-2, 2°, en cas d'absence de réciprocité. ♦ V. note 64.

99. Contenu du contrat : adhésion aux conditions générales. V. Recommandation n° 94-01 sur les clauses dites de consentement implicite. – **C. consom.** ♦ V. art. R. 212-1, 1°. ♦ Le renvoi dans les conditions particulières d'un contrat d'assurance aux conditions générales, dans lesquelles l'assuré reconnaît avoir reçu un exemplaire, ne contrevient pas aux dispositions de l'anc. art. L. 132-1 C. consom., dans sa rédaction antérieure à la L. du 1er févr. 1995, faute de révéler un abus de puissance économique de l'assureur et de lui conférer un avantage excessif. • Civ. 1re, 10 avr. 1996, n° 94-14.918 P : *R., p. 331 ; JCP 1996. II. 22694, note Claret et Paisant ; CCC 1996, n° 113, obs. Raymond ; RTD civ. 1997. 118, obs. Mestre* ♦ Absence de caractère abusif dans une vente sur internet de la clause d'acceptation des conditions générales qui peuvent être consultées sur le site. • TGI Paris, 4 févr. 2003 : *préc. note 96.* ♦ Mais caractère abusif de la clause donnant force obligatoire au règlement intérieur d'une maison de retraite même lorsque le pensionnaire ne l'a pas signé. • Aix-en-Provence, 18 sept. 1995 : *CCC 1995, n° 190, obs. Raymond.*

100. ... Clauses inconnues du consommateur. Caractère abusif des clauses d'adhésion à des stipulations inconnues du consommateur : art. R. 132-1, 1°. ♦ Caractère abusif de la clause prévoyant l'application conventionnelle de la CMR à un contrat de déménagement international et ayant pour effet de constater l'adhésion irréfragable du client à des clauses dont il n'a pu avoir connaissance avant la conclusion du contrat. • TGI Toulouse, 20 juin 2002 : *BTL 2002. 488.* ♦ ... De la clause d'un contrat de location de véhicule automobile relative à l'indemnisation du préjudice corporel prévoyant un plafond dont le consommateur ne pouvait avoir connaissance du montant avant la conclusion. • Paris, 29 avr. 2003 : *CCC 2003, n° 190, note Raymond* (plafond absent du contrat de location et de la police d'assurance).

101. … Modification unilatérale. Est abusive la clause donnant à un opérateur de téléphonie mobile la possibilité de demander la remise d'un dépôt de garantie pendant la durée du contrat dans certaines situations. • Versailles, 4 févr. 2004 : *préc. note 87.* ♦ V. désormais : caractère abusif des clauses modifiant les éléments principaux du contrat (art. R. 132-1, 3°) et présomption de caractère abusif des autres clauses de modification unilatérale (art. R. 132-2, 6°), sauf dans les deux cas application de l'art. R. 132-2-1, I, II, IV et V.

102. Obligation d'information. Est abusive la clause permettant au vendeur sur internet de différer l'obligation d'information prévue par l'art. L. 111-1 C. consom. à la livraison, les modes et conseils d'utilisation revêtant une importance particulière dans les ventes à distance. • TGI Paris, 4 févr. 2003 : *préc. note 96.* ♦ V. aussi note 87. ♦ Sur la charge de la preuve, V. note 140 ss. art. 1231-1.

103. Clauses de prix : indétermination. Caractère abusif d'une clause de modification de prix sans référence à des critères objectifs dans un contrat de maison de retraite. • Aix-en-Provence, 18 sept. 1995 : *CCC 1995, n° 190, obs. Raymond.* ♦ V. aussi note 101.

104. … Prêt indexé sur une monnaie étrangère. **BIBL.** Catalano, *Defrénois, 15 nov. 2018, p. 27.* – X. Henry, *D. 2020. 223*. ♦ Pour le droit de l'Union européenne, V. • CJUE 30 avr. 2014, n° C-26/13 (monnaie étrangère utilisée comme monnaie de compte) et • CJUE 20 sept. 2017, n° C-186/16 : *AJ contrat 2017. 484, obs. Brignon* (monnaie étrangère utilisée comme monnaie de paiement). ♦ Sur l'explicitation de l'exigence de transparence : dans un contrat de prêt libellé en devise étrangère, l'exigence de transparence des clauses de ce contrat qui prévoient que la devise étrangère est la monnaie de compte et que l'euro est la monnaie de paiement et qui ont pour effet de faire porter le risque de change sur l'emprunteur, est satisfaite lorsque le professionnel a fourni au consommateur des informations suffisantes et exactes permettant à un consommateur moyen, normalement informé et raisonnablement attentif et avisé, de comprendre le fonctionnement concret du mécanisme financier en cause et d'évaluer ainsi le risque des conséquences économiques négatives, potentiellement significatives, de telles clauses sur ses obligations financières pendant toute la durée de ce même contrat. • CJUE 10 juin 2021, nos C-776/19 à C-782/19.

Pour les suites de cet arrêt : cassation de l'arrêt estimant que la clause de monnaie étrangère ne crée aucun déséquilibre significatif, après avoir retenu que les documents remis au consommateur ne lui permettaient pas d'évaluer les conséquences économiques, potentiellement significatives, de la clause, autorisant le tirage du prêt dans une autre devise, sur ses obligations financières, en l'absence de tout exemple chiffré, de toute simulation et de toute explication sur la distinction entre la monnaie de compte et la devise initiale, ce dont il résultait que la banque n'avait pas satisfait à l'exigence de transparence à l'égard du consommateur. • Civ. 1re, 20 avr. 2022, n° 20-16.316 B : *D. 2022. 788 ; RDI 2022. 382, obs. Bruttin ; RTD com. 2022. 361, obs. Legais*. ♦ V. aussi • Civ. 1re, 20 avr. 2022, n° 19-11.599 B : *D. 2022. 789 ; RDI 2022. 382, obs. Bruttin ; RDC 2022/3. 57, note Cattalano ; RCA 2022, n° 171, obs. Espagnon* (Helvet immo) • 7 sept. 2022, n° 20-20.826 B.

Pour l'approche de la question sous l'angle de l'obligation d'information, V. note 138 ss. art. 1231-1.

Pour un pourvoi contre un arrêt ayant examiné le caractère abusif : justifie légalement sa décision l'arrêt qui écarte le contrôle du caractère abusif d'une clause d'un contrat de prêt immobilier, prévoyant la conversion en francs suisses du solde des règlements mensuels après paiement des charges annexes du crédit, dès lors qu'elle définit l'objet principal du contrat et qu'elle est stipulée de façon claire et compréhensible. • Civ. 1re, 3 mai 2018, n° 17-13.593 P : *D. 2018. 1355, note Mazeaud ; AJ contrat 2018. 284, obs. Brignon ; RTD com. 2018. 432, obs. Legeais ; JCP 2018, n° 671, note Lasserre Capdeville ; RDBF 2019, n° 3, obs. Mathey* (prêt « Helvet Immo » ; absence au surplus de preuve d'un manquement à l'obligation d'information et de mise en garde) • Civ. 1re, 20 févr. 2019, nos 17-31.065 P et 17-31.067 P : *D. 2019. 428 ; RTD com. 2019. 463, obs. Legeais ; CCC 2019, n° 76, note Bernheim-Desvaux* (*idem*). ♦ V. aussi • Nancy, 26 janv. 2017, n° 15/02576 : *JCP 2017, n° 324, note X. Henry* • Civ. 1re, 13 mars 2019, n° 17-23.169 P : *D. 2019. 1033, note Etienney-de Sainte Marie ; ibid. chron. C. cass. 1784, note Vitse ; ibid. 2009, obs. Martin et Synvet ; RTD civ. 2019. 334, obs. Barbier ; RTD com. 2019. 463, obs. Legeais ; CCC 2019, n° 112, note Bernheim-Desvaux ; RDC 3/2019. 21, note Pellet ; ibid. 73, note Cattalano* • 24 oct. 2019, n° 18-12.255 P : *D. 2020. 135, note Lasserre Capdeville ; RTD com. 2019. 966, obs. Legeais*. ♦ Comp. : la disposition relative au risque de change qui a pour seul objet d'attirer l'attention de l'emprunteur sur le fait qu'il devrait intégralement supporter le risque, en cas d'évolution défavorable du taux de change, ne crée en elle-même aucun déséquilibre significatif entre le prêteur et l'emprunteur, dès lors qu'elle ne met pas à la seule charge de celui-ci toute évolution du taux de change. • Civ. 1re, 22 mai 2019, n° 17-23.663 P : *D. 2019. 2009, obs. Martin et Synvet*.

Pour des pourvois contre les arrêts n'ayant pas examiné d'office le caractère abusif : cassation pour violation de l'art. L. 132-1 C. consom. de l'arrêt qui, alors qu'il résultait des éléments de fait et de droit débattus devant la cour d'appel que, selon le contrat de prêt indexé sur le franc suisse, les mensualités étaient susceptibles d'augmenter, sans plafond, lors des cinq dernières années, de sorte qu'il n'a pas été recherché d'office, notamment, si le risque de change ne pesait pas exclusivement sur les emprunteurs et si, en conséquence, la clause litigieuse n'avait pas pour objet ou pour effet de créer un déséquilibre significatif entre les droits et obligations des parties, au détriment des consommateurs. • Civ. 1re, 29 mars 2017, n° 16-13.050 P : *D. 2017. 1893, note Kleiner ; ibid. Chron. C. cass. 1859, obs. Barel ; ibid. 2176, obs. Martin et Synvet ; AJDI 2017. 596, obs. Moreau ; AJ contrat 2017. 278, obs. Brignon ; RTD civ. 2017. 383, obs. Barbier ; JCP 2017, n° 532, note Bonneau ; RLDC 7-8/2017. 11, note Constantin-Vallet* (contrat « Helvet immo ») • Civ. 1re, 29 mars 2017, n° 15-27.231 P : *D. 2017. 1893, note Kleiner ; ibid. 2176, obs. Martin et Synvet ; AJDI 2017. 596, obs. Moreau ; AJ contrat 2017. 278, obs. Brignon ; RTD civ. 2017. 383, obs. Barbier*. ♦ V. aussi, après l'arrêt du 3 mai précité : la CJUE a dit pour droit que le juge national est tenu d'examiner d'office le caractère abusif d'une clause contractuelle dès qu'il dispose des éléments de droit et de fait nécessaires à cet effet et que, lorsqu'il considère une telle clause comme étant abusive, il ne l'applique pas, sauf si le consommateur s'y oppose ; dès lors, cassation de l'arrêt qui a rejeté la demande formée contre une banque ayant consenti des prêts libellés dans une monnaie étrangère sans rechercher d'office si le risque de change ne pesait pas exclusivement sur l'emprunteur. • Civ. 1re, 16 mai 2018, n° 17-11.337 P : *D. 2018. 2106, obs. Martin et Synvet ; AJ contrat 2018. 330, obs. Lasserre-Capdeville* (prêt « Helvet Immo »).

105. Preuve. Caractère abusif d'une clause inversant la charge de la preuve au détriment du consommateur. • Civ. 1re, 1er févr. 2005 : *préc. note 39.* ♦ Solution désormais générale : art. R. 212-1, 12°. ♦ N'est pas abusive la clause d'un contrat d'assurance mettant à la charge de l'assuré la preuve du vol et, en l'absence d'effraction, la preuve de l'escalade, des fausses clés ou *de l'introduction clandestine.* • *TGI* Paris, 29 juin 1994 : *BICC 1994, n° 994 ; LPA 4 sept. 1995, note Karimi* (preuve jugée non impossible, compte tenu de divers éléments), confirmé par • Paris, 3 avr. 1996 : *D. 1996. IR 142 ; RJDA 1996/10, n° 1271*, pourvoi rejeté par • Civ. 1re, 7 juill. 1998 : *préc. note 24.* ♦ Comp. désormais la présomption de caractère abusif des clauses limitant indûment les moyens de preuve du consommateur prévue par l'art. R. 132-2, 10°. ♦ Sur la charge de la preuve de l'obligation d'information du banquier, V. note 140 ss. art. 1231-1.

106. Sanction de l'inexécution. V. Recommandation n° 81-01 sur l'équilibre des obligations en cas d'inexécution du contrat. – **C. consom.** ♦ V. désormais sur le caractère abusif des clauses réservant au professionnel l'appréciation de la non-conformité de l'exécution : art. R. 212-1, 4°. ♦ ... Des clauses privant le consommateur de l'exception d'inexécution : art. R. 132-1, 5°. ♦ ... Des clauses limitatives ou exonératoires de responsabilité : art. R. 132-1, 6° (généralisation de l'art. R. 132-1 ancien, qui réservait la solution à la vente).

Pour une illustration : • Civ. 1re, 11 déc. 2019, n° 18-21.164 P : *D. 2020. 353, obs. Mekki ; ibid. Chron. C. cass. 1058, obs. Dazzan ; AJ contrat 2020. 97, obs. Legrand ; JCP 2020, n° 162, note Dubois et Leveneur-Azémar ; CCC 2020, n° 36, note Leveneur ; ibid. n° 62, note Bernheim-Desvaux* (clause d'un contrat de déménagement prévoyant une limitation de valeur par objet).

107. Retard. V. Recommandation n° 80-06 sur les délais de livraison. – **C. consom.** ♦ Sur la présomption de caractère abusif des clauses de délai indicatif. V. désormais art. R. 132-2, 7°. ♦ Pour la jurisprudence rendue dans le cadre de l'ancien art. R. 132-1 (limité au contrat de vente) : est abusive, en application de l'art. R. 132-1, la clause incluse dans un contrat de vente de cuisine intégrée précisant qu'un retard de livraison ne peut donner lieu à aucune résiliation ou indemnisation. • Toulouse, 6 déc. 1995 : *D. 1996. IR 87 ; RJDA 1996/6, n° 840.* ♦ V. déjà : • Civ. 1re, 16 juill. 1987 : *Bull. civ. I, n° 226* • TGI Paris, 16 avr. 1991 : *D. 1991. 460*. ♦ V. encore, sans référence à l'art. R. 132-1, réputant non écrite une clause d'un contrat de vente sur internet laissant la date de livraison à la discrétion du vendeur : • TGI Paris, 4 févr. 2003 : *cité note 36.*

108. Force majeure. Caractère abusif de la clause étendant la notion de force majeure dans un contrat de « vente » de voyages. • TGI Paris, 4 févr. 2003 : *préc. note 96.* ♦ ... Dans un contrat d'abonnement de téléphonie mobile. • Versailles, 4 févr. 2004 : *préc. note 87.*

109. Résiliation. V. Recommandation n° 2001-02 sur les clauses relatives à la durée des contrats conclus entre professionnels et consommateurs. – **C. consom.** ♦ V. désormais sur le caractère abusif des clauses privant le consommateur de l'action en résolution ou résiliation pour inexécution : art. R. 132-1, 7°. ♦ ... Des clauses réservant au professionnel un droit de résiliation discrétionnaire : art. R. 132-1, 8° (sauf application de l'art. R. 132-2-1, III) et 9°. ♦ ... Des clauses prévoyant des délais de préavis plus longs pour le consommateur : art. R. 132-1, 10°. ♦ ... Des clauses pénalisant l'exercice par le consommateur d'une résiliation unilatérale dans un contrat à durée indéterminée : art. R. 132-1, 11°. ♦ Caractère abusif de la clause comportant une faculté de résiliation à charge d'indemnité au bénéfice d'un seul contractant. • Besançon, 10 juin 1994 : *CCC 1995, n° 23, note Raymond ; RJ com. 1995. 286, note Karimi.* – Poissonnier, *D. 2006. Chron. 370* (clauses résolutoires abusives dans les contrats de crédit à la consommation). ♦ V. aussi désormais pour la présomption de caractère abusif des clauses permettant au professionnel de résilier sans préavis raisonnable : art. R. 212-2, 4° (sauf application de l'art. R. 212-3). ♦ ... Des clauses soumettant la résiliation ou la résolution à des conditions plus rigoureuses pour le consommateur : art. R. 212-2, 8°.

110. Clause pénale. Sur la présomption de caractère abusif des clauses manifestement disproportionnées, V. désormais art. R. 212-2, 3°. ♦ Caractère abusif d'une clause pénale sanctionnant le prêt de la carte d'adhérent à un club sportif. • TGI Brest, 21 déc. 1994, *UFC-Brest c/ SA Gymnasium : D. 1995. Somm. 310, obs. Pizzio ; RJDA 1995/2, n° 218* (avantage excessif découlant du montant très élevé et de l'obligation pour le consommateur de saisir le juge pour en obtenir la réduction). ♦ ... D'une clause pénale sanctionnant une défaillance extracontractuelle. • Civ. 1re, 1er févr. 2005 : *préc. note 39.* ♦ V. aussi note 40, note 78 *in fine* et note 86. ♦ Mais la clause pénale prévue en cas de défaillance de l'emprunteur entraînant la résolution du prêt immobilier ne peut revêtir un caractère abusif dès lors qu'elle a été stipulée en application et dans les limites des art. L. 312-22 et R. 312-3 C. consom. • Com. 3 mai 2006, n° 02-11.211 P : *LPA 12 déc. 2006, obs. Paisant.*

111. Recours au juge. V. Recommandation n° 79-02 sur les recours en justice. – **C. consom.** ♦ Présomption de caractère abusif des clauses supprimant ou entravant le recours à la justice : art. R. 212-2, 10°. ♦ Absence de caractère abusif d'une clause imposant au copropriétaire un préalable obligatoire de conciliation avant toute poursuite en justice, dès lors qu'une telle clause est exempte d'un quelconque déséquilibre significatif au détriment du consommateur. • Civ. 1re, 1er févr. 2005 : *préc. note 85,* cassant sur ce point • Paris, 4 sept. 2003 : *ibid.* – Pelletier, *JCP 2005. Actu. 133.*

112. Clause attributive de compétence. En faveur du caractère abusif d'une clause attributive de compétence : • CJCE 27 juin 2000, n° C-240/98 : *JCP E 2001. 1281, note Carballo Fidalgo et Paisant ; LPA 24 juill. 2001, note Hourdeau ; RTD civ. 2001. 878, obs. Mestre et Fages.* ♦ V. aussi • Aix-en-Provence, 18 sept. 1995 : *CCC 1995, n° 190, obs. Raymond* • Toulouse, 6 déc. 1995 : *D. 1996. IR 87 ; RJDA 1996/6, n° 840* • Rennes, 28 janv. 2005 : *JCP 2005. II. 10156, note Corgas-Bernard ; CCC 2005, n° 154, note Raymond* (conditions générales de vente d'un voyagiste). ♦ Comp. C. pr. civ., art. 48. – **C. pr. civ.** ♦ Appréciation par le juge de la nullité d'une convention d'arbitrage et annulation de la sentence au motif que la convention contient une clause abusive, alors même que le consommateur a invoqué cette nullité, non dans le cadre de la procédure arbitrale, mais dans celui du recours en annulation. • CJCE 26 oct. 2006, n° C-168/05 : *D. 2006. Pan. 3027, obs. Clay ; ibid. AJ 2910, obs. Avena-Robardet ; JCP 2007. I. 168, nos 1 s., obs. Seraglini ; LPA 31 juill. 2007, obs. Legros.*

113. Clause compromissoire. La règle procédurale de priorité édictée par l'art. 1448 C. pr. civ. ne peut avoir pour effet de rendre impossible, ou excessivement difficile, l'exercice des droits conférés au consommateur par le droit communautaire que les juridictions nationales ont l'obligation de sauvegarder ; la cour d'appel qui, après en avoir examiné l'applicabilité, en tenant compte de tous les éléments de droit et de fait nécessaires dont elle disposait, a écarté la clause compromissoire en raison de son caractère abusif, a, sans méconnaître les dispositions de ce texte, accompli son office de juge étatique auquel il incombe d'assurer la pleine efficacité du droit communautaire de protection du consommateur. • Civ. 1re, 30 sept. 2020, n° 18-19.241 P : *D. 2020. 2501, note Mouralis ; ibid. 2484, obs. Clay ; AJ contrat 2020. 485, obs. Mainguy ; Rev. crit. DIP 2021. 202, note Loquin ; RTD civ. 2020. 845, obs. Usunier.*

Comp. depuis, dans le cadre de l'art. R. 212-2-10° C. consom. : la clause, qui contraint le consommateur, en cas de litige, à recourir obligatoirement à une médiation avant la saisine du juge, est présumée abusive, sauf au professionnel à rapporter la preuve contraire, de sorte que l'arrêt qui, à défaut de cette preuve contraire, fait produire effet à une telle clause, doit être cassé. • Civ. 1re, 16 mai 2018, n° 17-16.197 B • Civ. 3e, 19 janv. 2022, n° 21-11.095 B : *D. 2022. 928, note Pellier ; ibid. 625, obs. Fricero ; AJDI 2022. 321, obs. de La Vaissière.*

III. RÉGIME DE LA PROTECTION

114. Prescription de l'action. L'art. 6, § 1, et l'art. 7, § 1, de la Dir. 93/13/CEE du Conseil du 5 avr. 1993, concernant les clauses abusives dans les contrats conclus avec les consommateurs, lus à la lumière du principe d'effectivité, doivent être interprétés en ce sens qu'ils s'opposent à une réglementation nationale soumettant l'introduction d'une demande par un consommateur aux fins de la constatation du caractère abusif d'une clause figurant dans un contrat conclu entre un professionnel et ce consommateur à un délai de prescription. • CJUE 10 juin 2021, nos C-776/19 à C-782/19. ♦ Il s'en déduit que la demande tendant à voir réputer non écrite une clause abusive sur le fondement de l'anc. art. L. 132-1 C. consom. n'est pas soumise à la prescription quinquennale. • Civ. 1re, 30 mars 2022, n° 19-17.996 B : *D. 2022. 974, note Lasserre Capdeville ; RDI 2022. 382, obs. Bruttin ; RTD civ. 2022. 380, obs. Barbier ; RTD com. 2022. 361, obs. Legais ; CCC 2022, n° 108, note Bernheim-Desvaux ; RDC 2022/3. 57, note Cattalano.*

La Dir. 93/13/CEE du Conseil du 5 avr. 1993, concernant les clauses abusives dans les contrats conclus avec les consommateurs, s'oppose à une réglementation interne qui, dans une action intentée par un professionnel à l'encontre d'un consommateur et fondée sur un contrat conclu entre eux, interdit au juge national à l'expiration d'un délai de forclusion de relever, d'office ou à la suite d'une exception soulevée par le consommateur, le caractère abusif d'une clause insérée dans ledit contrat. • CJCE 21 nov. 2002, *Cofidis,* n° C 473/00 : *D. 2003. 486, note Nourissat ; ibid. 2002. AJ 3339, obs. Avena-Robardet ; JCP 2003. II. 10082, note Paisant ; JCP E 2003. 321, note Fadlallah et Baude-Texidor ; Gaz. Pal. 2003. 1711, note Flores et Biardeaud ; CCC 2003, n° 31, note Raymond.* ♦ V. désormais la L. du 11 déc. 2001 qui réforme l'anc. art. L. 311-37 [L. 311-52] C. consom. en réservant le délai de deux ans aux seules actions en paiement.

115. Obligation de relever d'office le caractère abusif. La nature et l'importance de l'intérêt public sur lequel repose la protection que la Dir. 39/13/CEE assure aux consommateurs justifient que le juge soit tenu d'apprécier d'office le caractère abusif d'une clause contractuelle. • CJUE, 1re ch., 26 avr. 2012, *Nemzeti Fogyasztóvédelmi Hatóság/ Invitel Távközlési Zrt,* n° C-472/10. ♦ V. déjà : • CJCE, 4e ch., 4 juin 2009, *Pannon GSM Zrt,* n° C-243/08 ; Rec. I-4713 • CJCE, 1re ch., 6 oct. 2009, *Asturcom Telecomunicaciones SL/Cristina Rodríguez Nogueira,* n° C-40/08 • CJUE, 8e ch., 16 nov. 2010, *Pohotovos's. r. o./Iveta Korckovská.,* n° C-76/10. ♦ Pour l'adoption de la solution par la Cour de cassation de la jurisprudence Pannon : le juge national est tenu d'examiner d'office le caractère abusif des clauses contractuelles invoquées par une partie dès lors qu'il dispose des éléments de droit et de fait nécessaires à cet effet. • Civ. 1re, 1er oct. 2014, n° 13-21.801 P : *D. 2015. 597, obs. Poillot ; JCP 2014, n° 1195, obs. Sauphanor-Brouillaud* (cassation de l'arrêt ne procédant pas à ce relevé d'office). • Civ. 1re, *3 nov. 2016, n° 15-20.621 P : D. 2017. 375, obs. Mekki ; RTD civ. 2017. 129, obs. Barbier ; JCP 2016, n° 1351, note Paisant ; CCC 2017, n° 22, note Bernheim-Desvaux* (*idem*). ♦ Est recevable le moyen qui n'invoque pas la faculté pour le juge de relever d'office la disproportion manifeste d'une clause dans un contrat de consommation, mais l'obligation pour celui-ci, nécessairement soumise au contrôle de la Cour de cassation, d'examiner d'office le caractère abusif d'une telle clause. • Civ. 1re, 29 mars 2017, n° 16-13.050 P : *D. 2017. 1893, note Kleiner ; ibid. Chron. C. cass. 1859, obs. Barel ; ibid. 2176, obs. Martin et Synvet ; AJDI 2017. 596, obs. Moreau ; AJ contrat 2017. 278, obs. Brignon ; RTD civ. 2017. 383, obs. Barbier ; JCP 2017, n° 532, note Bonneau ; RLDC 7-8/2017. 11, note Constantin-Vallet* (rejet du pourvoi prétendant que le moyen est mélangé de fait et de droit). ♦ Depuis la loi du 17 mars 2014, la solution est imposée par la loi : « [Le juge] écarte d'office, après avoir recueilli les observations des parties, l'application d'une clause dont le caractère abusif ressort des éléments du débat » (C. consom., art. R. 632-1). ♦ V. pour la solution antérieure en sens contraire, le relevé d'office relevant d'une simple faculté pour le juge : • Civ. 1re, 10 févr. 1998 : *préc. note 69.*

116. Clause réputée non écrite : retour au droit supplétif. Dès lors que la stipulation d'un intérêt, jugée abusive, caractérisait le contrat de prêt consenti, la cour d'appel qui a fait ressortir l'impossibilité de prévoir sa gratuité sous peine d'entraîner son annulation et d'imposer la restitution immédiate du capital emprunté, en a exactement déduit qu'il y avait lieu de substituer le taux de l'intérêt légal à celui de l'intérêt conventionnel, en tant que disposition de droit national à caractère supplétif • Civ. 1re, 13 mars 2019, n° 17-23.169 P : *D. 2019. 1033, note Etienney-de Sainte Marie ; ibid. chron. C. cass. 1784, note Vitse ; ibid. 2009, obs. Martin et Synvet ; RTD civ. 2019. 334, obs. Barbier ; RTD com. 2019. 463, obs. Legeais ; CCC 2019, n° 112, note Bernheim-Desvaux ; RDC 3/2019. 21, note Pellet ; ibid. 73, note Cattalano* (arrêt estimant au surplus inopérant le moyen invoquant à tort la nullité de la clause). ♦ Comp. : • CJUE 26 mars 2019, n° C-70/17 : *D. 2019. 636* . ♦ Comp. aussi : saisie de l'action en responsabilité exercée par un emprunteur à l'encontre de la banque lui ayant consenti un prêt d'un montant correspondant à la contre-valeur en francs suisses d'une certaine somme en euros, une cour d'appel n'est pas tenue d'examiner d'office le caractère abusif de la clause portant intérêts conventionnels ou de celle stipulant les commissions de change, dès lors qu'il ne résulte pas des éléments de droit et de fait débattus devant elle que l'emprunteur aurait formulé des prétentions ou des moyens relatifs à ces clauses. • Civ. 1re, 22 mai 2019, n° 17-23.663 P : *D. 2019. 2009,* obs. Martin et Synvet (même solution pour la clause de paiement en monnaie étrangère).

117. Élimination partielle. Peut être maintenue en partie une clause de déchéance du terme dont seules certaines des causes sont abusives, dès lors qu'en raison de sa divisibilité, la suppression des éléments qui la rendent abusive n'affecte pas sa substance. • Civ. 1re, 2 juin 2021, n° 19-22.455 P : *D. 2021. 1466, note Etienney-de Sainte Marie* ; *ibid. Chron. C. cass. 1784, obs. Vitse* ; *RDI 2021. 540, obs. Bruttin* ; *RTD civ. 2021. 635, obs. Barbier* ; *RDC 2021/4. 8, note Latina.* ♦ Solution considérée par la Cour comme ne contredisant pas l'arrêt de la CJUE qui a condamné cette solution lorsqu'elle revenait à réviser le contenu de la clause en affectant sa substance. • CJUE 26 mars 2019, *Abanca Corporación Bancaria SA*, n° C-70/17 • 26 mars 2019, *Bankia SA*, n° C-179/17.

118. Action des associations de consommateurs (art. L. 421-6 C. consom. [L. 621-7 et L. 621-8]) : domaine. La nature préventive et l'objectif dissuasif des actions en cessation de l'utilisation des clauses abusives impliquent que ces actions puissent être exercées alors même que les clauses en question n'auraient pas été utilisées, mais simplement recommandées par des professionnels ou leurs associations. • CJCE 24 janv. 2002, n° C-372/99 : *D. 2002. AJ 1065, obs. Chevrier* ; *ibid. Somm. 2930, obs. Pizzio* ; *RTD com. 2003. 195, obs. Luby*.

S'il est constaté qu'avant l'introduction de l'instance par l'association de consommateurs, le professionnel avait éliminé de ses contrats les clauses critiquées, la demande est sans objet et, partant, irrecevable. • Civ. 1re, 1er févr. 2005, n° 03-13.779 P : *D. 2005. AJ 487, obs. Rondey (1re esp.)* ; *ibid. Pan. 2841, obs. Amrani-Mekki* ; *JCP 2005. II. 10057, note Paisant* ; *ibid. I. 141, nos 15 s., obs. Rochfeld* ; *CCC 2005, n° 95, note Raymond* ; *CCE 2005, n° 85, note Stoffel-Munck* ; *RTD civ. 2005. 393, obs. Mestre et Fages* ; *RDC 2005. 733, obs. Fenouillet.* ♦ Est irrecevable la demande de suppression portant sur des clauses des conditions générales qui ont été remplacées par d'autres clauses notifiées à l'ensemble des clients, de sorte qu'il ne subsistait aucun contrat en cours susceptible de contenir les anciennes clauses litigieuses. • Civ. 1re, 26 sept. 2019, n° 18-10.890 P (application des textes antérieurs à la L. du 17 mars 2014).

Il résulte de l'art. L. 421-6 C. consom., dans sa rédaction antérieure à la L. du 17 mars 2014, interprété à la lumière de l'interprétation combinée des art. 6, § 1, et 7, § 1 et 2, de la Dir. 93/13/CEE, ainsi que de la jurisprudence de la CJUE (26 avr. 2012, n° C-472/10), que les clauses des conditions générales d'un contrat conclu avec un consommateur par un professionnel qui sont déclarées abusives ne lient ni les consommateurs qui sont parties à la procédure, ni ceux qui ont conclu avec ce professionnel un contrat auquel s'appliquent les mêmes conditions générales ; est recevable l'action d'une association contestant des clauses figurant dans des contrats actuellement proposés et également dans des contrats proposés dans le passé mais concernant encore des consommateurs. • Civ. 1re, 15 juin 2022, n° 18-16.968 B : *D. 2022. 1148* ; *RDI 2022. 660, obs. Garcia*. ♦ Comp. précédemment : si, à la date où le juge statue, il est constaté que le contrat n'est plus proposé aux consommateurs, l'action initialement recevable est devenue sans objet relativement à la demande de suppression de clauses abusives et dépourvue de fondement quant à l'indemnisation du préjudice prétendument causé à l'intérêt collectif des consommateurs. • Civ. 1re, 1er févr. 2005, n° 03-16.935 P : *D. 2005. AJ 487, obs. Rondey (4e esp.)* • 29 oct. 2014, n° 13-15.850 P : *D. 2014. 2242*. ♦ Une association ne peut pas poursuivre au moyen de cette action préventive l'annulation des clauses de contrats individuels déjà conclus. • Civ. 1re, 1er févr. 2005, n° 03-16.905 P : *D. 2005. AJ 487, obs. Rondey (3e esp.)* ; *JCP eod. loc.* ; *CCC eod. loc.* ♦ Comp. lorsque l'association n'a pas limité sa demande à l'ancien contrat, les juges du fond doivent examiner celles du nouveau contrat. • Civ. 1re, 1er oct. 2014, n° 13-21.801 P : *préc. note 115.*

119. L'action en suppression des clauses illicites ou abusives des associations visée à l'art. L. 421-1 C. consom. étant limitée aux contrats destinés ou proposés aux seuls consommateurs, viole l'art. L. 421-6 l'arrêt qui juge recevable une action préventive en suppression des clauses abusives ou illicites contenues dans un contrat proposé par un professionnel à un non-professionnel, lequel peut être une personne morale, tel un syndicat de copropriétaires. • Civ. 1re, 4 juin 2014, n° 13-13.779 P : *D. 2014. 1268*.

120. ... Conditions. L'action en réparation du préjudice causé à l'intérêt collectif des consommateurs est distincte de celle en suppression des clauses illicites ou abusives ; cassation de l'arrêt ayant déclaré sans objet la demande d'indemnisation au titre du préjudice causé à l'intérêt collectif des consommateurs par les conditions générales de vente, celles-ci ayant été remplacées en cours de procédure, ne laissant subsister aucun contrat susceptible de contenir les clauses litigieuses. • Civ. 1re, 26 sept. 2019, n° 18-10.890 P • 26 sept. 2019, n° 18-10.891 P : *D. 2019. 1885* ; *ibid. 2020. 353, obs. Mekki*. ♦ En sens contraire précédemment : • Civ. 1re, 1er févr. 2005, n° 03-16.935 P : *D. 2005. AJ 487, obs. Rondey* (4e esp. ; action privée d'objet et dépourvue de fondement quant à l'indemnisation du préjudice prétendument causé à l'intérêt collectif des consommateurs) • 29 oct. 2014, n° 13-15.850 P : *D. 2014. 2242*.

Rejet de l'argument prétendant que l'association s'était procuré les documents litigieux (règlement intérieur d'une maison de retraite) de façon frauduleuse, alors que l'association avait demandé officiellement le règlement, pour constituer un dossier afin d'informer ses lecteurs. • Aix-en-Provence, 18 sept. 1995 : *CCC 1995, n° 190, obs. Raymond.* ♦ Aucun texte n'impose à une association agréée de négocier les conditions de suppression des clauses estimées abusives avant de saisir la juridiction civile. • Paris, 7 mai 1998 : *D. Affaires 1998. 1851, obs. V. A.-R.*

121. ... Élimination des clauses. Une association de consommateurs est recevable à demander la déclaration du caractère abusif de clauses insérées dans des contrats. Ce caractère abusif doit être apprécié par les juges du fond sous le contrôle de la Cour de cassation, en fonction de l'équilibre général des prestations et du principe de la liberté des conventions : V. • Civ. 1re, 7 juill. 1998 : *préc. note 24.* ♦ *Adde* • Civ. 1re, 6 janv. 1994 : *préc. note 78* • 13 mars 1996, n° 93-21.070 P : *D. 1996. IR 95* • 4 mai 1999 : *préc. note 10.* ♦ Mais l'association n'est pas recevable à intervenir, sur le fondement de l'art. L. 421-6, dans une procédure initiée par des consommateurs. • Civ. 1re, 4 mai 1999 : *préc. note 10.*

122. ... Dommages et intérêts. L'action de l'association de consommateurs s'exerce sans préjudice du droit d'obtenir réparation, notamment par dommages-intérêts, de tout préjudice à l'intérêt collectif des consommateurs. • Civ. 1re, 5 oct. 1999, n° 97-17.559 P : *R., p. 385 ; D. 2000. 110, note Paisant ; D. 1999. AJ 52, obs. C. R. ; JCP 2000. I. 241, n° 3, obs. Viney ; CCC 1999, n° 182, note Raymond ; LPA 24 mars 2000, note Gaba* • 21 oct. 2003 : *CCC 2004, n° 65, note Raymond* • 1er févr. 2005, nos 03-16.935 P, 03-13.779 P et 02-20.633 P : *R., p. 351 ; D. 2005. AJ 487, obs. Rondey (4 arrêts) ; JCP 2005. II. 10057, note Paisant (3 arrêts) ; ibid. I. 141, nos 15 s., obs. Rochfeld ; CCC 2005, n° 96, note Raymond ; RDC 2005. 733, obs. Fenouillet.*

123. ... Tribunal compétent. Le tribunal d'instance étant exclusivement compétent pour connaître des litiges en matière de crédit à la consommation, l'action introduite par une association de consommateurs tendant à faire juger que des clauses de contrats de crédit à la consommation sont abusives ou illicites et à obtenir leur suppression doit être portée devant cette juridiction. • Civ. 2e, 12 oct. 2006, n° 05-14.741 P : *Dr. et pr. 2007. 154, note Bazin ; RDC 2007. 355, obs. Fenouillet ; RTD com. 2007. 213, obs. D. Legeais.*

124. Chose jugée. L'autorité de la chose jugée d'une décision du juge-commissaire admettant des créances au passif d'une procédure collective ne doit pas être susceptible de vider de sa substance l'obligation incombant au juge national de procéder à un examen d'office du caractère éventuellement abusif des clauses contractuelles ; le Jex, statuant lors de l'audience d'orientation, à la demande d'une partie ou d'office, est tenu d'apprécier, y compris pour la première fois, le caractère éventuellement abusif des clauses contractuelles qui servent de fondement aux poursuites, sauf lorsqu'il ressort de l'ensemble de la décision revêtue de l'autorité de la chose jugée que le juge s'est livré à cet examen. • Com. 8 févr. 2023, n° 21-17.763 B.

V. la recommandation de synthèse n° 91-02 émise par la commission des clauses abusives (BOCC 6 sept. 1991). — V. aussi, notamment, les recommandations relatives : à la garantie des vices cachés (BOCC 13 juin 1979). — ... à une clause relative à la formation du contrat (BOCC 8 août 1980). — ... aux délais de livraison (BOCC 26 nov. 1980). — ... à l'équilibre des obligations au cas d'inexécution des contrats (BOCC 16 janv. 1981). — Pour les autres recommandations de la Commission des clauses abusives, V. aux différentes rubriques mentionnées dans la jurisprudence ss. art. L. 212-1 ci-dessus, notes 31 s. — V. aussi ***C. consom.***

V. Dir. n° 93/13/CEE du Conseil du 5 avr. 1993 concernant les clauses abusives dans les contrats conclus avec les consommateurs (délai de mise en œuvre : 31 déc. 1994) (D. et ALD 1993. 360). — ***C. consom.***

Art. L. 212-2 Les dispositions de l'article L. 212-1 sont également applicables aux contrats conclus entre des professionnels et des non-professionnels.

Art. L. 212-3 *(Abrogé par Ord. n° 2021-1247 du 29 sept. 2021, art. 7) Les dispositions du présent chapitre sont d'ordre public. — V. C. consom., art. L. 219-1. —* ***C. consom.***

2e PARTIE : RÉGLEMENTAIRE

(Décr. n° 97-298 du 27 mars 1997)

CLAUSES ABUSIVES

Art. R. 212-1 *(Décr. n° 2016-884 du 29 juin 2016, en vigueur le 1er juill. 2016)* Dans les contrats conclus entre des professionnels et des consommateurs, sont de manière irréfragable présumées abusives, au sens des dispositions des premier et quatrième alinéas de l'article L. 212-1 et dès lors interdites, les clauses ayant pour objet ou pour effet de :

1° Constater l'adhésion du consommateur à des clauses qui ne figurent pas dans l'écrit qu'il accepte ou qui sont reprises dans un autre document auquel il n'est pas fait expressément référence lors de la conclusion du contrat et dont il n'a pas eu connaissance avant sa conclusion ;

2° Restreindre l'obligation pour le professionnel de respecter les engagements pris par ses préposés ou ses mandataires ;

3° Réserver au professionnel le droit de modifier unilatéralement les clauses du contrat relatives à sa durée, aux caractéristiques ou au prix du bien à livrer ou du service à rendre ;

4° Accorder au seul professionnel le droit de déterminer si la chose livrée ou les services fournis sont conformes ou non aux stipulations du contrat ou lui conférer le droit exclusif d'interpréter une quelconque clause du contrat ;

5° Contraindre le consommateur à exécuter ses obligations alors que, réciproquement, le professionnel n'exécuterait pas ses obligations de délivrance ou de garantie d'un bien ou son obligation de fourniture d'un service ;

6° Supprimer ou réduire le droit à réparation du préjudice subi par le consommateur en cas de manquement par le professionnel à l'une quelconque de ses obligations ;

7° Interdire au consommateur le droit de demander la résolution ou la résiliation du contrat en cas d'inexécution par le professionnel de ses obligations de délivrance ou de garantie d'un bien ou de son obligation de fourniture d'un service ;

8° Reconnaître au professionnel le droit de résilier discrétionnairement le contrat, sans reconnaître le même droit au consommateur ;

9° Permettre au professionnel de retenir les sommes versées au titre de prestations non réalisées par lui, lorsque celui-ci résilie lui-même discrétionnairement le contrat ;

10° Soumettre, dans les contrats à durée indéterminée, la résiliation à un délai de préavis plus long pour le consommateur que pour le professionnel ;

11° Subordonner, dans les contrats à durée indéterminée, la résiliation par le consommateur au versement d'une indemnité au profit du professionnel ;

12° Imposer au consommateur la charge de la preuve, qui, en application du droit applicable, devrait incomber normalement à l'autre partie au contrat.

Art. R. 212-2 *(Décr. n° 2016-884 du 29 juin 2016, en vigueur le 1er juill. 2016)* Dans les contrats conclus entre des professionnels et des consommateurs, sont présumées abusives au sens des dispositions des premier et cinquième alinéas de l'article L. 212-1, sauf au professionnel à rapporter la preuve contraire, les clauses ayant pour objet ou pour effet de :

1° Prévoir un engagement ferme du consommateur, alors que l'exécution des prestations du professionnel est assujettie à une condition dont la réalisation dépend de sa seule volonté ;

2° Autoriser le professionnel à conserver des sommes versées par le consommateur lorsque celui-ci renonce à conclure ou à exécuter le contrat, sans prévoir réciproquement le droit pour le consommateur de percevoir une indemnité d'un montant équivalent, ou égale au double en cas de versement d'arrhes au sens de l'article L. 214-1, si c'est le professionnel qui renonce ;

3° Imposer au consommateur qui n'exécute pas ses obligations une indemnité d'un montant manifestement disproportionné ;

4° Reconnaître au professionnel la faculté de résilier le contrat sans préavis d'une durée raisonnable ;

5° Permettre au professionnel de procéder à la cession de son contrat sans l'accord du consommateur et lorsque cette cession est susceptible d'engendrer une diminution des droits du consommateur ;

6° Réserver au professionnel le droit de modifier unilatéralement les clauses du contrat relatives aux droits et obligations des parties, autres que celles prévues au 3° de l'article R. 212-1 ;

7° Stipuler une date indicative d'exécution du contrat, hors les cas où la loi l'autorise ;

8° Soumettre la résolution ou la résiliation du contrat à des conditions ou modalités plus rigoureuses pour le consommateur que pour le professionnel ;

9° Limiter indûment les moyens de preuve à la disposition du consommateur ;

10° Supprimer ou entraver l'exercice d'actions en justice ou des voies de recours par le consommateur, notamment en obligeant le consommateur à saisir exclusivement une juridiction d'arbitrage non couverte par des dispositions légales ou à passer exclusivement par un mode alternatif de règlement des litiges.

Art. R. 212-3 *(Décr. n° 2016-884 du 29 juin 2016, en vigueur le 1er juill. 2016)* Le 3° de l'article R. 212-1 et les 4° et 6° de l'article R. 212-2 ne sont pas applicables :

1° Aux transactions concernant les valeurs mobilières, instruments financiers et autres produits ou services dont le prix est lié aux fluctuations d'un cours, d'un indice ou d'un taux que le professionnel ne contrôle pas ;

2° Aux contrats d'achat ou de vente de devises, de chèques de voyage ou de mandats internationaux émis en bureau de poste et libellés en devises.

Art. R. 212-4 *(Décr. n° 2016-884 du 29 juin 2016, en vigueur le 1er juill. 2016)* Le 3° de l'article R. 212-1 et le 6° de l'article R. 212-2 ne font pas obstacle à l'existence de clauses par lesquelles le fournisseur de services financiers se réserve le droit de modifier le taux d'intérêt dû par le consommateur ou dû à celui-ci, ou le montant de toutes charges afférentes à des services financiers, sans aucun préavis en cas de motif légitime, pourvu que soit mise à la charge du professionnel l'obligation d'en informer la ou les autre parties contractantes dans les meilleurs délais et que celles-ci soient libres de résilier immédiatement le contrat.

Le 8° de l'article R. 212-1 et le 4° de l'article R. 212-2 ne font pas obstacle à l'existence de clauses par lesquelles le fournisseur de services financiers se réserve le droit de mettre fin au contrat à durée indéterminée unilatéralement, et ce sans préavis en cas de motif légitime, à condition que soit mise à la charge du professionnel l'obligation d'en informer la ou les autres parties contractantes immédiatement.

Le 3° de l'article R. 212-1 et le 6° de l'article R. 212-2 ne font pas obstacle à l'existence de clauses par lesquelles le contrat, lorsqu'il est conclu à durée indéterminée, stipule que le professionnel peut apporter unilatéralement des modifications liées au prix du bien à livrer ou du service à rendre à la condition que le consommateur en ait été averti dans un délai raisonnable pour être en mesure, le cas échéant, de résilier le contrat.

Le 3° de l'article R. 212-1 et le 6° de l'article R. 212-2 ne font pas obstacle à l'existence de clauses par lesquelles le contrat stipule que le professionnel peut apporter unilatéralement des modifications au contrat liées à l'évolution technique, dès lors qu'il n'en résulte ni augmentation de prix, ni altération de la qualité et que les caractéristiques auxquelles le non-professionnel ou le consommateur a subordonné son engagement ont pu figurer au contrat.

Art. R. 212-5 *(Décr. n° 2016-884 du 29 juin 2016, en vigueur le 1er juill. 2016)* Les dispositions des articles R. 212-1 à R. 212-4 sont également applicables aux contrats conclus entre des professionnels et des non-professionnels.

SECTION 3 La forme du contrat

(Ord. n° 2016-131 du 10 févr. 2016, art. 2, en vigueur le 1er oct. 2016)

SOUS-SECTION 1 Dispositions générales

(Ord. n° 2016-131 du 10 févr. 2016, art. 2, en vigueur le 1er oct. 2016)

Art. 1172 *(Ord. n° 2016-131 du 10 févr. 2016, art. 2, en vigueur le 1er oct. 2016)* **Les contrats sont par principe consensuels.**

Par exception, la validité des contrats solennels est subordonnée à l'observation de formes déterminées par la loi à défaut de laquelle le contrat est nul, sauf possible régularisation.

En outre, la loi subordonne la formation de certains contrats à la remise d'une chose. — *Dispositions transitoires, V. Ord. n° 2016-131 du 10 févr. 2016, art. 9, ss. art. 1386-1.*

1° PRINCIPE DU CONSENSUALISME

1. Principe. Le caractère consensuel d'un contrat n'impose pas que les volontés contractuelles soient formulées de manière expresse. • Civ. 1re, 4 juin 2002, n° 99-15.672 P (la remise des fonds par le prêteur et le remboursement des premières échéances par l'emprunteur suffisent à constater la formation du contrat de prêt).

2. Vente. Application du principe du consensualisme au contrat de vente : V. note 2 ss. art. 1583. ♦ La rédaction d'un écrit n'est pas exigée pour la validité du contrat de vente de voyages à forfait. • Com. 17 déc. 2013, n° 12-25.365 P *D. 2014. 4 ; CCC 2014, n° 59, obs. Leveneur.*

3. Contrat d'entreprise. Application du principe du consensualisme au contrat d'entreprise : V. note 32 ss. art. 1787. ♦ Conséquences sur la charge de la preuve : V. note 16 ss. art. 1353.

4. Contrat d'agent commercial. Le contrat d'agent commercial est un contrat consensuel. • Com. 19 janv. 1993, n° 91-15.218 P • 12 nov. 1997 : *D. Affaires 1997. 1663* (décisions rendues en application de l'ancien art. 1er du Décr. du 23 déc. 1958). ♦ V. aussi • Com. 14 mars 1995, n° 93-13.845 P • 25 juin 2002, n° 00-14.326 P. ♦ Il peut être prouvé par tout écrit, dès lors qu'il est accepté par les contractants et qu'il indique la qualité de chacune des parties. • Com. 19 janv. 1993 : *préc.* • 28 mai 2002, n° 98-22.536 P. ♦ ... Ou par un simple échange de correspondances. • Com. 12 nov. 1997 : *préc.*

5. Convention d'honoraires. L'art. 10 de la L. du 31 déc. 1971 ne soumet la convention d'honoraires entre un avocat et son client à aucune forme particulière. • Civ. 1re, 19 mai 1999, n° 97-13.984 P.

6. Mutuus dissensus. Si, aux termes de l'art. 1134 anc., les conventions légalement formées ne peuvent être révoquées que par l'accord des contractants, semblable accord n'est soumis à aucune condition de forme ; il peut être tacite et résulter des circonstances dont l'appréciation appartient aux juges du fond. • Civ. 1re, 22 nov. 1960 : *Bull. civ. I, n° 510 ; D. 1961. 89, note G. Holleaux* • Civ. 3e, 22 nov. 1983 : *Bull. civ. III, n° 239 ; RTD civ. 1985. 161, obs. Mestre.* ♦ Il n'est pas nécessaire d'en rapporter la preuve par écrit. • Civ. 1re, 18 mai 1994, n° 92-15.184 P : *RTD civ. 1995. 108, obs. Mestre ; Defrénois 1994. 1123, obs. Delebecque.*

2° EXCEPTIONS

7. Formalisme solennel. Nullité de l'obligation de payer le prix de travaux qui, dans un contrat de construction de maison individuelle, n'ont pas fait l'objet de la clause manuscrite prescrite par les art. L. 2131-2 et R. 2131-4 CCH par laquelle le maître de l'ouvrage précise et accepte les travaux à sa charge non compris dans le prix convenu. • Civ. 3e, 21 juin 2018, n° 17-10.175 P : *D. 2018. 1384 ; RTD civ. 2018. 661, obs. Barbier* .

Pour le contrat de location-accession à la propriété immobilière, V. • Civ. 3e, 13 déc. 2000, n° 97-20.989 P : *CCC 2001, n° 55, note Leveneur.* ♦ Pour les marchés des sociétés d'HLM, V. • Civ. 3e, 18 juin 2003, n° 01-11.968 P. ♦ Pour le contrat de jouissance d'immeuble à temps partagé, V. • Civ. 3e, 26 janv. 2011, n° 09-71.836 P : *D. 2011. 438, obs. Delpech ; JCP 2011, n° 566 (§ 12), obs. Sérinet.* ♦ Pour le mandat de l'agent immobilier, V. notes 10 s. ss. art. 1985.

8. ... Forme de l'écrit. L'exigence à peine de nullité du contrat n'implique pas que l'écrit soit fait sous la forme d'un document unique et il peut se présenter sous la forme d'un échange de courriers entre les parties. • Civ. 1re, 11 juill. 2018, n° 17-10.458 P : *D. 2018. 1550 ; AJ contrat 2018. 397, obs. Buy ; JS 2018, n° 190, p. 9, obs. Mondou ; RDC 2018. 560, note Huet* (les art. L. 222-7 et L. 222-17 C. sport. n'imposent pas que l'écrit exigé à peine de nullité du contrat d'agent sportif le soit sous forme d'un document unique, un échange de courriels entre les parties pouvant suffire). ♦ De même, l'art. 10 de la L. du 31 déc. 1971 n'impose pas que le contrat de mandataire sportif confié à un avocat soit établi sous la forme d'un acte écrit unique. • Civ. 1re, 20 févr. 2019, n° 17-27.129 P : *D. 2019. 438 ; AJ contrat 2019. 199, obs. Buy ; D. avocats 2019. 309, obs. Caseau-Roche* . ♦ Mais faute de comporter la signature de l'une des parties, un contrat à durée déterminée ne peut être considéré comme ayant été établi par écrit, conformément à l'art. L. 1242-12 C. trav. • Soc. 14 nov. 2018, n° 16-19.038 P (contrat à durée déterminée dès lors réputé conclu pour une durée indéterminée).

9. Formalisme conventionnel. Pour des promesses de vente faisant de la réitération par acte notarié un élément constitutif du consentement des parties : V. notes 9 s. ss. art. 1589.

Art. 1173 *(Ord. n° 2016-131 du 10 févr. 2016, art. 2, en vigueur le 1er oct. 2016)* **Les formes exigées aux fins de preuve ou d'opposabilité sont sans effet sur la validité des contrats.** — *Dispositions transitoires, V. Ord. n° 2016-131 du 10 févr. 2016, art. 9, ss. art. 1386-1.*

1. Contrat d'assurance. Si un contrat d'assurance ou tout avenant à ce contrat doit, dans un but probatoire, être rédigé par écrit, il constitue un contrat consensuel qui est parfait dès la rencontre des volontés de l'assureur et de l'assuré. • Civ. 1re, 15 févr. 1978 : *Bull. civ. n° 62.* ♦ V. déjà • Req. 1er juill. 1941 : *DC 1943. 57, note Besson.* ♦ Dans le même sens : • Civ. 1re, 22 avr. 1992, n° 89-10.822 P : *RCA 1992. 280 ; RGAT 1992. 497, note Maurice* • 9 mars 1999, n° 96-20.190 P : *JCP 2000. I. 219, nos 1 s., obs. Kullmann ; RCA 1999. 163, obs. Groutel* • 9 nov. 1999, n° 97-14.252 P (une note de couverture n'est soumise à aucune forme) • 10 juill. 2002, n° 99-19.320 P: *RCA 2002, n° 348, note Groutel* (avenant réduisant le montant de la garantie) • 9 mars 2004 : *RGDA 2004. 345, note Kullmann* (le juge doit apprécier l'existence de l'aléa au moment de la rencontre des volontés, qui peut être antérieur à la date de l'écrit probatoire) • Civ. 2e, 14 juin 2007, n° 06-15.955 P. ♦ Comp. • Civ. 1re, 10 juill. 2002, n° 99-15.430 P. ♦ V. aussi **C. assur.**, art. L. 112-2.

2. Mandat de l'agent général d'assurance. L'art. 1er de l'annexe au Décr. n° 96-902 du 15 oct. 1996 portant approbation du statut des agents généraux d'assurance n'édicte qu'en simple règle de preuve et non comme condition de validité l'exigence d'un mandat écrit délivré par une ou par plusieurs compagnies d'assurances. • Civ. 1re, 17 janv. 2008, n° 05-15.937 P.

3. Mandat de l'agent immobilier. Illicéité de la remise de fonds par un agent immobilier à un notaire pour le paiement d'une partie de l'indemnité d'immobilisation convenue dans une promesse unilatérale de vente, alors que, titulaire d'un mandat non exclusif de vente émanant du promettant, il ne disposait d'aucun mandat écrit de celui-ci l'autorisant à procéder de la sorte. • Civ. 1re, 26 sept. 2018, n° 16-25.184 P : *D. 2018. 1910 ; AJ contrat 2018. 495, obs. Dagorne-Labbe* . ♦ Caractère probatoire du formalisme en matière de mandat de gestion d'immeuble : V. notes 6 s. ss. art. 1985.

4. Mandat de gestion de portefeuille. L'exigence d'un écrit pour le mandat de gestion de portefeuille avec un prestataire de services d'investissement ne constitue pas une condition de validité du contrat mais une simple règle de preuve. • Com. 26 févr. 2008, n° 07-10.906 P (art. L. 533-10 C. mon. fin., réd. antérieure à l'Ord. n° 2007-544 du 12 avr. 2007).

SOUS-SECTION 2 **Dispositions propres au contrat conclu par voie électronique**

(Ord. n° 2016-131 du 10 févr. 2016, art. 2, en vigueur le 1er oct. 2016)

Art. 1174 *(Ord. n° 2016-131 du 10 févr. 2016, art. 2, en vigueur le 1er oct. 2016)* **Lorsqu'un écrit est exigé pour la validité d'un contrat, il peut être établi et conservé sous forme électronique dans les conditions prévues aux articles 1366 et 1367 et, lorsqu'un acte authentique est requis, au deuxième alinéa de l'article 1369.**

Lorsqu'est exigée une mention écrite de la main même de celui qui s'oblige, ce dernier peut l'apposer sous forme électronique si les conditions de cette apposition sont de nature à garantir qu'elle ne peut être effectuée que par lui-même. — *Dispositions transitoires, V. Ord. n° 2016-131 du 10 févr. 2016, art. 9, ss. art. 1386-1.*

L'art. 1174 reprend à l'identique l'art. 1108-1 anc.

BIBL. ▸ Caprioli et Agosti, *LPA 3 juin 2005*. – J. Huet, *JCP 2004. I. 178 ; 1804-2004 Le code civil, Dalloz, 2004, p. 539* (contrats électroniques). – Mekki, *RDC 2007. 681* (formalisme électronique). – Rochfeld, *RTD civ. 2004. 574*. – Stoffel-Munck, *JCP E 2004. 1341.*

Lorsqu'un écrit est exigé pour la validité d'un acte juridique, il peut être établi et conservé sous forme électronique dans les conditions prévues aux art. 1316-1 et 1316-4 anc. C. civ., repris aux art. 1366 et 1367 C. civ. ; cassation de l'arrêt qui retient qu'un message électronique ne peut, par nature, constituer l'écrit concentrant les engagements respectifs des parties, conformément à l'exigence d'écrit posée par l'art. L. 222-17 C. sport pour le contrat d'agent sportif. • Civ. 1re, 11 juill. 2018, n° 17-10.458 P : *D. 2018. 1550 ; AJ contrat 2018. 397, obs. Buy ; JS 2018, n° 190, p. 9, obs. Mondou ; RDC 2018. 560, note Huet.*

Si le contrat en vertu duquel l'agent sportif exerce son activité peut être établi sous la forme électronique, il doit alors être revêtu d'une signature électronique ; cependant, si celle-ci constitue l'une des conditions de validité du contrat, son absence, alors que ne sont contestées ni l'identité de l'auteur du courriel ni l'intégrité de son contenu, peut être couverte par une exécution volontaire du contrat en connaissance de la cause de nullité, valant confirmation. • Civ. 1re, 7 oct. 2020, n° 19-18.135 P : *D. 2021. 272, note Tisseyre ; AJ contrat 2020. 577, obs. Douville ; Dalloz IP/IT 2021. 100, obs. El Hage ; RTD civ. 2020. 881, obs. Barbier ; RDC 2021/1. 65, note Danis-Fatôme.*

Art. 1175 *(Ord. n° 2021-1192 du 15 sept. 2021, art. 26-1°, en vigueur le 1er janv. 2022)* **Il est fait exception aux dispositions de l'article précédent pour les actes sous signature privée relatifs au droit de la famille et des successions, sauf les conventions sous signature privée contresignées par avocats en présence des parties et déposées au rang des minutes d'un notaire selon les modalités prévues aux articles 229-1 à 229-4 ou à l'article 298.**

BIBL. ▸ Binois, *D. 2022. 956* (vers une abrogation de l'article 1175 du code civil ?). – Huet, *RDC 2021/2. 53* (divorce). – Gouëzel, *D. 2022. 27* (dématérialisation des sûretés). – Huet, *RDC 2022/1. 41.*

Ancien art. 1175 *(Ord. n° 2016-131 du 10 févr. 2016, art. 2, en vigueur le 1er oct. 2016)* ***Il est fait exception aux dispositions de l'article précédent pour :***

1° Les actes sous signature privée relatifs au droit de la famille et des successions *(L. n° 2019-222 du 23 mars 2019, art. 25)* ***« , sauf les conventions sous signature privée contresignées par avocats en présence des parties et déposées au rang des minutes d'un notaire selon les modalités prévues aux articles 229-1 à 229-4 ou à l'article 298 » ;***

2° Les actes sous signature privée relatifs à des sûretés personnelles ou réelles, de nature civile ou commerciale, sauf s'ils sont passés par une personne pour les besoins de sa profession. — *Dispositions transitoires, V. Ord. n° 2016-131 du 10 févr. 2016, art. 9, ss. art. 1386-1.*

L'art. 1175 anc. reprend l'art. 1108-2 anc.

Art. 1176 *(Ord. n° 2016-131 du 10 févr. 2016, art. 2, en vigueur le 1er oct. 2016)* **Lorsque l'écrit sur papier est soumis à des conditions particulières de lisibilité ou de présentation, l'écrit électronique doit répondre à des exigences équivalentes.**

L'exigence d'un formulaire détachable est satisfaite par un procédé électronique qui permet d'accéder au formulaire et de le renvoyer par la même voie. – *Dispositions transitoires, V. Ord. n° 2016-131 du 10 févr. 2016, art. 9, ss. art. 1386-1.*

L'art. 1176 reprend à l'identique l'art. 1369-10 anc.

Art. 1177 *(Ord. n° 2016-131 du 10 févr. 2016, art. 2, en vigueur le 1er oct. 2016)* **L'exigence d'un envoi en plusieurs exemplaires est réputée satisfaite par voie électronique si l'écrit peut être imprimé par le destinataire.** – *Dispositions transitoires, V. Ord. n° 2016-131 du 10 févr. 2016, art. 9, ss. art. 1386-1.*

L'art. 1177 reprend à l'identique l'art. 1369-11 anc.

SECTION 4 Les sanctions

(Ord. n° 2016-131 du 10 févr. 2016, art. 2, en vigueur le 1er oct. 2016)

SOUS-SECTION 1 La nullité

(Ord. n° 2016-131 du 10 févr. 2016, art. 2, en vigueur le 1er oct. 2016)

BIBL. ▶ AUZERO, *Dr. soc. 2023. 212* (nullité de l'accord collectif invoquée par les syndicats). – BÉNABENT, *RDC 2016, Hors-série, Réforme du droit des contrats : quelles innovations, p. 17* (les nouveaux mécanismes). – BOUJEKA, *RTD com. 2002. 223* (la conversion par réduction : contribution à l'étude des nullités des actes juridiques). – DESPREZ, La rétroactivité dans les actes juridiques, *thèse, Rennes, 1953.* – DISSAUX et JAMIN, Projet de réforme, supplément, *C. civ. 2016, p. 78.* – ETIENNEY DE SAINTE MARIE, *Dr. et patr. 5/2016. 64.*- HAMELIN, *blog Dalloz obligations 2015* (la nullité judiciaire) ; *LPA 2014, n° 245, p. 4 (idem).* – HOUTCIEFF, Les sanctions des règles de formation des contrats, *in* Pour une réforme du droit des contrats, *D. 2009. 223 s.* – JAMBU-MERLIN, Essai sur la rétroactivité dans les actes juridiques, *RTD civ. 1948. 271.* – LABRET, *AJ contrat 2017. 12* . – LIPINSKI, La conversion des actes juridiques, *RRJ 2002. 1167.* – LOYER, Des actes inexistants, *thèse, Rennes, 1908.* – PERRIN, La conversion par réduction des actes et des personnes juridiques, *thèse, Dijon, 1911.* – SERINET, *LPA 2015, n° 176-177, p. 59.* – WICKER et BOUCARD, *JCP 25 mai 2015, supplément au n° 21, p. 32* (sanctions relatives à la formation du contrat).

Art. 1178 *(Ord. n° 2016-131 du 10 févr. 2016, art. 2, en vigueur le 1er oct. 2016)* **Un contrat qui ne remplit pas les conditions requises pour sa validité est nul. La nullité doit être prononcée par le juge, à moins que les parties ne la constatent d'un commun accord.**

Le contrat annulé est censé n'avoir jamais existé.

Les prestations exécutées donnent lieu à restitution dans les conditions prévues aux articles 1352 à 1352-9.

Indépendamment de l'annulation du contrat, la partie lésée peut demander réparation du dommage subi dans les conditions du droit commun de la responsabilité extracontractuelle. – *Dispositions transitoires, V. Ord. n° 2016-131 du 10 févr. 2016, art. 9, ss. art. 1386-1.*

Comp. C. civ., art. 1117 anc.

BIBL. ▶ GIJSBERS, *RDI 2016. 342* . – MEKKI, *Gaz. Pal. 2017.115.* – SERINET, *JCP 2016, n° 845* (constatation de la nullité par les parties).

I. PRINCIPE DE LA NULLITÉ

[Décisions rendues en application de l'art. 1304 anc. prévoyant que l'action en nullité d'une convention se prescrit par cinq ans.]

A. DISTINCTION DE LA NULLITÉ ET DES AUTRES SANCTIONS

1. Nullité et inexistence. Pour une distinction entre les demandes en nullité ou en rescision d'un acte entaché d'un vice ou d'une nullité que seul un consentement exprès ou tacite peut couvrir et le défaut d'existence légale d'un acte, V. • Civ. 6 nov. 1895 : *DP 1897. 1. 25* (décidant que la seule prescription applicable est la prescription de trente ans et non la prescription abrégée de l'art. 1304 anc.). ♦ V. cep. traitant des cas d'absence de consentement comme des causes de nullité relative : • Civ. 3e, 3 déc. 2015, n° 14-12.998 P (défaut de consentement unanime de copropriétaires à la création d'une association syndicale secondaire) • Civ. 3e, 25 mai 2022, n° 21-12.238 B : *D. 2022. 1875, obs. Lamazerolles et Rabreau* (cession de parts sociales réalisée grâce à une fausse signature).

2. Nullité et caractère réputé non écrit. Une clause réputée non écrite étant censée n'avoir jamais existé, le syndicat des copropriétaires, comme tout copropriétaire intéressé, peut, à tout moment, faire constater l'absence de conformité des clauses du règlement de copropriété aux dispositions légales et établir une répartition des charges conforme à ces dispositions, sans qu'on puisse lui opposer la prescription de son action. • Civ. 3e, 9 mars 1988 : *Bull. III n° 54.* ♦ Dans le même sens, déclarant imprescriptible l'action visant à faire déclarer non écrite une clause d'un règlement de copropriété. • Civ. 3e, 26 avr. 1989 : *Bull. III n° 93.* ♦ L'action tendant à voir déclarer réputée non écrite une clause d'un bail commercial n'est pas soumise à prescription. • Civ. 3e, 19 nov. 2020, n° 19-20.405 P : *D. 2021. 310, obs. Boffa et Mekki ; RTD civ. 2021. 124, obs. Barbier ; RDC 2021/1. 22, note Latina ; ibid. 72, note Seube* • 30 juin 2021, n° 19-23.038 B : *D. 2021. Chron. C. cass. 2251, obs. Schmitt ; AJDI 2022. 119, obs. Blatter ; RTD civ. 2021. 635, obs. Barbier ; RTD com. 2021. 771, obs. Kendérian ; JCP 2021, n° 986, note Gaudemet ; RDC 2021/4. 8, note Latina ; CCC 2021, n° 146, note Leveneur* (clause d'indexation illicite). ♦ Comp., en droit de la consommation, la jurisprudence permettant au juge de soulever d'office à tout moment le caractère abusif d'une clause, citée note 4 ss. art. 1181.

3. *Nullité et inopposabilité.* Pour la distinction entre l'action par laquelle le propriétaire indivis d'un bien prétend faire déclarer inopposable à son égard l'aliénation consentie par une personne qui n'avait pas qualité pour le représenter et une action en nullité V. • Cass. ass. plén., 28 mai 1982 : *Bull. civ. n° 3 ; R., p. 38 ; D. 1983. 117, concl. Cabannes ; ibid. 349, note Gaillard* (inapplication de l'raticle 1304 anc.). ♦ Comp., en cas de vente d'un bien indivis consentie par un seul des coïndivisaires : • Civ. 3e, 3 nov. 1982 : *Gaz. Pal. 1983. 1. Pan. 130, obs. Dupichot.* ♦ V. également, refusant d'appliquer la prescription quinquennale à l'action tendant à soustraire un bien commun du champ du cautionnement souscrit par un époux en raison de l'absence de consentement exprès de son conjoint à cet acte : • Civ. 1re, 9 nov. 2004, n° 03-16.960 P : *D. 2004. AJ 3136 ; D. 2005. 723, note Ahouandogbo ; D. 2005. Pan. 2079, obs. Crocq.*

4. *Nullité et déchéance.* La déchéance du droit aux intérêts prévue par l'art. L. 312-33 C. consom., qui ne sanctionne pas une condition de formation du contrat, n'est pas une nullité. • Civ. 1re, 2 juill. 1996, n° 94-17.530 P • 18 mars 1997, n° 96-04.006 P : *Defrénois 1997. 1131, note S. Piedelièvre ; CCC 1997, n° 87, obs. Raymond* • *5 déc. 2006 : JCP N 2007. 1157, n° 8, obs. S. Piedelièvre ; CCC 2007, n° 109, note Raymond ; RTD com. 2007. 213, obs. D. Legeais.* ♦ Dans le même sens : • Civ. 1re, 9 mars 1999, n° 96-18.909 P • 13 mars 2001, n° 98-19.691 P : *CCC 2001, n° 113* • 24 avr. 2013, n° 12-14.377 P : *D. 2013. 1124 ; RTD civ. 2014. 374, obs. Barbier ; RTD com. 2013. 564, obs. Legeais ; RDI 2013. 360, obs. Heugas-Darraspen ; JCP 2013, n° 739, note Lasserre Capdeville ; CCC 2013, n° 171, obs. Raymond.*

5. *Nullité et résolution.* Pour la distinction de l'action en nullité et de l'action en résolution d'un contrat, V. • Civ. 1re, 12 févr. 1975, et • Com. 3 mars 1975 : *JCP 1976. II. 18463, note Larroumet.* ♦ Sur le point de départ de la prescription de l'action en déchéance des intérêts, V. note 42 ss. art. 1907.

B. CARACTÈRE JUDICIAIRE DE LA NULLITÉ

6. *Compétence.* Il n'entre pas dans les pouvoirs du juge des référés, sauf dispositions expresses l'y autorisant, de prononcer la nullité d'un contrat. • Soc. 14 mars 2006, n° 04-48.322 P.

7. *Nullité demandée à titre subsidiaire.* Modifie l'objet du litige l'arrêt qui examine préalablement la validité du contrat, alors que la nullité n'était demandée que subsidiairement à une demande d'examen du jeu des conditions suspensives. • Civ. 3e, 11 mai 2011 : *D. 2011. 1425.*

II. EFFETS DE LA NULLITÉ

A. ANÉANTISSEMENT RÉTROACTIF DE L'ACTE

1° PRINCIPE

8. *Ce qui est nul est réputé n'avoir jamais existé.* La nullité, qu'elle soit invoquée par voie d'action ou par voie d'exception, emporte, en principe, l'effacement rétroactif du contrat. • Civ. 1re, 16 juill. 1998, n° 96-18.404 P : *R., p. 252 ; D. 1999. 361, note Fronton ; Defrénois 1998. 1413, obs. Aubert ; RTD civ. 1999. 620, obs. Mestre.* ♦ Elle a pour effet de remettre les parties dans la situation initiale. • Civ. 1re, 4 avr. 2001, n° 99-11.488 P (restitution d'une somme versée en exécution de la convention annulée, nonobstant le fait que celle-ci aurait tendu à organiser une fraude fiscale). ♦ Il en va ainsi même si le contrat est à exécution successive (bail). • Civ. 3e, 13 juin 2001 : *CCC 2001, n° 155, note Leveneur.* ♦ V. aussi : en application du principe selon lequel ce qui est nul est réputé n'avoir jamais existé, la nullité d'un accord-cadre prévoyant le versement d'une prime autorise l'employeur à en demander le remboursement, nonobstant le caractère successif des obligations nées de l'accord collectif. • Soc. 9 déc. 2014, n° 13-21.766 • Civ. 3e, 2 oct. 2002 : *CCC 2003, n° 23, note Leveneur* (même formulation : ce qui est nul est réputé n'avoir jamais existé). ♦ L'annulation d'un plan de départ volontaire privant de toute cause le départ volontaire des salariés qui en constituait un acte subséquent, entraîne celle des conventions de rupture qui lui étaient rattachées. • Soc. 17 oct. 2018, n°s 17-16.869, 17-16.872 P.

9. Domaine : actes collectifs (non). La nullité d'un accord collectif relatif à la mise en place d'institutions représentatives du personnel n'a pas d'effet rétroactif. • Soc. 6 juin 2018, n° 17-21.068 P : *D. 2018. 1262* ; *RDT 2018. 689, obs. Ferkane* .

2° CONSÉQUENCES

10. Disparition des obligations nées du contrat. Par l'effet de l'anéantissement rétroactif d'un contrat annulé, la responsabilité d'une des parties à ce contrat ne peut être recherchée que sur le fondement délictuel ou quasi délictuel. • Civ. 3e, 18 mai 2011, n° 10-11.721 P. ♦ Un sous-traitant ne peut se prévaloir du contrat de sous-traitance pour obtenir le paiement de ses travaux et le rejeter pour échapper à ses obligations contractuelles en invoquant la nullité du sous-contrat pour non-respect par l'entrepreneur principal des dispositions relatives aux garanties de paiement. • Civ. 3e, 14 déc. 2011 : *D. 2012. 149.* ♦ Si, en cas de nullité du contrat de travail, le travailleur doit être indemnisé pour les prestations qu'il a fournies, il ne peut prétendre au paiement de salaires. • Soc. 20 mars 2019, n° 18-12.582 P (rejet du pourvoi contre l'arrêt d'une cour d'appel ayant constaté qu'elle était saisie d'une demande au titre de créances salariales, fondée sur un contrat de travail qu'elle annulait, et qui n'était pas tenue de rechercher si cette action pouvait être fondée au titre de l'indemnisation de la prestation fournie).

11. Restitutions. Sur le régime des restitutions après annulation d'un contrat, V. notes ss. art. 1352 s.

12. Démolition des ouvrages réalisés en exécution du contrat annulé. La nullité du contrat de construction de maison individuelle pour violation des règles d'ordre public protectrices du maître de l'ouvrage lui ouvre le droit de solliciter la remise en état du terrain sans indemnité pour le constructeur au titre des travaux réalisés ; la démolition ordonnée à la demande du maître de l'ouvrage interdit au constructeur de solliciter le coût des travaux qu'il a réalisés. • Civ. 3e, 26 juin 2013, n° 12-18.121 P : *D. 2013. 1685* ; *RDI 2013. 474, obs. Garcia et Vennetier* ; *RDC 2013. 1315, obs. Laithier.* ♦ V. cependant • *Civ. 3e, 15 oct. 2015,* n° 14-23.612 P : *D. 2015. 2423, note Dubois* ; *ibid. 2016. 566, obs. Mekki* ; *ibid. 1779, obs. Neyret et Reboul-Maupin* ; *RDI 2016. 27, obs. Tomasin* ; *RTD civ. 2016. 107, obs. Barbier* ; *ibid. 140, obs. Gautier* ; *RDC 2016. 214, note Stoffel-Munck* (cassation de l'arrêt ordonnant la démolition d'un immeuble, en conséquence de l'annulation du contrat de construction, imposant de remettre les parties dans l'état où elles se trouvaient avant sa conclusion, sans rechercher si la démolition de l'ouvrage constituait une sanction proportionnée à la gravité des désordres et des non-conformités qui l'affectaient) • Civ. 3e, 27 mai 2021, n° 20-13.204 P (il incombe dans ce cas au constructeur de rapporter la preuve des faits de nature à établir le caractère disproportionné de la sanction). ♦ La nullité du contrat de construction d'une maison individuelle n'a pas pour effet de permettre au maître de l'ouvrage d'invoquer contre le constructeur les dispositions de l'art. 555. • Civ. 3e, 24 avr. 2013, n° 12-11.640 P : *D. 2013. 1134* .

13. Conséquences à l'égard des tiers. La victime d'un dol est en droit d'invoquer la nullité du contrat vicié contre le tiers qui se prévaut de celui-ci (assureur du vendeur d'un véhicule, victime du dol, faisant valoir la suspension du contrat d'assurance du fait de l'aliénation du véhicule). • Civ. 1re, 21 févr. 1995, n° 92-17.814 P : *RTD civ. 1995. 883, obs. Mestre* ; *JCP 1995. I. 3867, n° 9, obs. Billiau.*

14. Incidence sur les bénéficiaires d'un droit de préemption. La nullité d'une vente consentie en violation des dispositions relatives au droit de préemption de locataires n'a pas pour effet de les substituer, dans l'acte de vente annulé, à l'acquéreur. • Civ. 3e, 12 avr. 2018, n° 17-11.015 P : *D. 2019. 1129, obs. Damas* ; *AJDI 2019. 232, obs. Cohet* ; *RTD civ. 2018. 875, obs. Barbier* (offres de ventes irrégulières faites à des locataires bénéficiant du droit de préemption institué par l'art. 10-1 de la L. n° 75-1351 du 31 déc. 1975).

3° LIMITE : NEMO AUDITUR

15. Domaine : nécessité d'une immoralité. BIBL. Freleteau, *D. 2020. 1052* (la maxime a-t-elle survécu à la réforme du droit des contrats ?). ♦ La convention qui donne naissance à une obligation dont la cause est illicite est atteinte d'une nullité que tout intéressé peut invoquer, sans que puisse lui être opposée utilement la maxime « *Nemo auditur...* ». • Rouen, 2 oct. 1973 : *D. 1974. 378, note le Tourneau.* ♦ Déjà en ce sens : • Civ. 1re, 25 janv. 1972 : *D. 1972. 413, note le Tourneau.* ♦ Comp., pour l'adage « *In pari causa* » : • Civ. 1re, 27 nov. 1984 : *Gaz. Pal. 1985. 2. 638, note Chabas* (la cause illicite d'une obligation ne fait pas obstacle à l'action en répétition et la maxime « *In pari causa turpitudinis cessat repetitio* » est sans application en l'espèce). ♦ Rappr. • Com. 11 juill. 2006, n° 04-16.759 P : *JCP 2007. I. 107, n° 3, obs. Caussain, Deboissy et Wicker* ; *JCP E 2006. 2595, note Sérinet* (l'objet illicite d'une société ne fait pas obstacle à l'apurement des comptes entre associés, consécutif à la dissolution). ♦ Le caractère illicite, mais non immoral, du versement opéré par un agent immobilier, qui n'en avait pas reçu mandat, entre les mains d'un notaire pour le paiement d'une indemnité d'immobilisation, ne prive pas l'agent immobilier de son droit à restitution de la seule somme par lui remise. • Civ. 1re, 26 sept. 2018, n° 16-25.184 P : *D. 2018. 1910 ; AJ contrat 2018. 495, obs. Dagorne-Labbe .* ♦ Mais l'action en garantie dirigée contre le vendeur d'un fonds de commerce à la suite d'une condamnation pénale ordonnant la fermeture temporaire de l'établissement doit être déclarée d'office irrecevable, en raison des turpitudes réciproques des deux parties, dès lors que l'acheteur connaissait les agissements immoraux du vendeur. • Com. 27 avr. 1981 : *Bull. civ. IV, n° 187 ; R., p. 60 ; D. 1982. 51, note le Tourneau ; RTD civ. 1982. 418, obs. Chabas.* ♦ Comp. • Com. 7 déc. 1982 : *Bull. civ. IV, n° 403 ; RTD civ. 1983. 536, obs. Durry.* ♦ Le caractère frauduleux de licenciements notifiés pour motifs personnels alors que la cause réelle en est économique affecte la validité des transactions ensuite conclues ; toutefois, faute de procéder d'une cause immorale, il ne fait pas obstacle à la restitution par les salariés des sommes perçues en exécution des transactions annulées. • Soc. 10 nov. 2009, n° 08-43.805 P. ♦ La pratique frauduleuse du « dessous-de-table » procédant de l'accord concerté des parties, le promettant qui a reçu l'acompte non déclaré ne peut se prévaloir de la cause illicite (fraude fiscale) de la remise pour se soustraire à sa restitution, consécutive à la caducité de la promesse. • Civ. 3e, 25 févr. 2004, n° 02-15.269 P : *D. 2005. 2205, note Tchendjou ; JCP 2004. I. 149, n° 9 s., obs. Labarthe ; AJDI 2004. 917, note Cohet-Cordey ; RTD civ. 2004. 279, obs. Mestre et Fages ; RDC 2004. 635, obs. D. Mazeaud, et 689, obs. Brun.*

16. *Effets limités à l'action en restitution consécutive à l'exercice des restitutions.* L'adage « *Nemo auditur* » ne s'oppose pas à l'action en nullité mais seulement, le cas échéant, à l'exercice des restitutions consécutives à la nullité du contrat. • Civ. 1re, 17 juill. 1996 : *JCP 1996. II. 22747, note Paisant ; Defrénois 1997. 346, obs. Aubert.* ♦ V. aussi • Civ. 1re, 22 juin 2004 : *D. 2004. IR 2624 ; CCC 2004, n° 136, note Leveneur ; RTD civ. 2004. 503, obs. Mestre et Fages .* ♦ La règle « *Nemo auditur...* » n'interdit pas au bailleur ayant autorisé une modification de la destination des lieux prohibée par la loi, ou à ses ayants droit, de poursuivre la résiliation du bail. • Civ. 3e, 24 juin 1992, n° 90-21.276 P : *D. 1992. Somm. 400, obs. Delebecque ; Defrénois 1992. 1448, obs. Aubert ; RTD civ. 1993. 121, obs. Mestre .*

Chacun des coauteurs d'un dommage doit supporter, dans ses rapports avec les autres coauteurs et dans la mesure à déterminer par les juges, les conséquences de sa propre faute, et ses héritiers sont obligés à la réparation du dommage causé par cette faute sans pouvoir invoquer utilement la maxime « *Nemo auditur...* », qui est sans application en la cause. • Civ. 1re, 14 déc. 1982, n° 81-16.102 P : *RTD civ. 1983. 342 et 536, obs. Durry.*

B. ÉTENDUE DE LA NULLITÉ

17. *Incidence de la nullité sur les clauses du contrat.* Une clause attributive de compétence, en raison de son autonomie par rapport à la convention principale dans laquelle elle s'insère, n'est pas affectée par l'inefficacité de cet acte. • Civ. 1re, 8 juill. 2010, n° 07-17.788 P : *D. 2010. Actu. 1869, obs. Delpech ; ibid. 2323, obs. d'Avout et Bollée ; RDC 2011. 223, obs. Racine ; RTD civ. 2010. 780, obs. Fages .* ♦ Pour la clause compromissoire, V. note 4 ss. art. 2061. ♦ Pour la question inverse de l'incidence de la nullité d'une clause sur le contrat, V. notes ss. art. 1184.

18. *Incidence de la nullité sur d'autres contrats.* Les juges du fond ayant constaté qu'il existait un lien indissociable entre un contrat d'intégration et une reconnaissance de dette postérieure en déduisent exactement sans inverser la charge de la preuve que la nullité du contrat d'intégration entraînait celle de la reconnaissance de dette. • Civ. 1re, 19 févr. 1991, n° 88-20.074 P. ♦ Le contrat de réservation prévu par le CCH pour un immeuble à construire étant facultatif, sa nullité est sans incidence sur la validité de l'acte de vente. • Civ. 3e, 21 mars 2019, n° 17-28.021 P : *RDI 2019. 288, obs. Noguéro ; RTD civ. 2019. 586, obs. Barbier .* ♦ Sur l'indivisibilité comme cause de caducité, V. notes ss. art. 1186. ♦ Mais la nullité édictée par l'art. 1840 CGI à l'égard de toute convention ayant pour but de dissimuler une partie du prix de vente d'un immeuble ne s'applique qu'à la convention secrète et ne porte pas atteinte à la validité de l'acte ostensible, sans qu'il y ait lieu de rechercher s'il y a ou non indivisibilité entre les deux conventions. • Cass., ch. mixte, 12 juin 1981 : *Bull. civ. n° 5 ; R., p. 39 ; GAJC, 11e éd., n° 168 ; D. 1981. 413, concl. Cabannes ; RTD civ. 1982. 140, obs. Chabas.* – Dans le même sens : • Com. 8 mai 1979 : *JCP 1979. II. 19192, note A. S.* ♦ Comp. • Civ. 3e, 10 juin 1976 : *Bull. civ. III, n° 254* • 28 oct. 1974 : *D. 1975. 404 ; JCP 1976. II. 18401 (1re esp.), note Simler.*

19. *Cas particulier : fausseté partielle de la cause (droit antérieur).* Dans un contrat synallagmatique, la fausseté partielle de la cause ne peut entraîner la réduction de l'obligation. • Civ. 1re, 31 mai 2007, n° 05-21.316 P : *BICC 1er oct. 2007, n° 1929, et la note ; D. 2007. 2574, note Ghestin ; ibid. Chron. C. cass. 2333, n° 5, obs. Creton ; ibid. AJ 1724, obs. Gallmeister ; ibid. Pan. 2970, obs. Amrani-Mekki ; JCP 2007. I. 195, nos 11 s., obs. Constantin ; Gaz. Pal. 2007. 3259, note Dagorne-Labbe ; Dr. et patr. 9/2007. 86, obs. Stoffel-Munck ; RDC 2007. 1103, obs. Laithier ; RTD civ. 2007. 566, obs. Fages .* ♦ Comp., s'agissant d'un engagement unilatéral (reconnaissance de dette) : la fausseté partielle de la cause n'entraîne pas l'annulation de l'obligation, mais sa réduction à la mesure de la fraction subsistante. • Civ. 1re, 11 mars 2003, n° 99-12.628 P : *JCP 2003. I. 142, nos 5 s., obs. Rochfeld ; RTD civ. 2003. 287, obs. Mestre et Fages* ; *RDC 2003. 39, obs. D. Mazeaud* (dette d'un montant inférieur à la somme portée sur la reconnaissance).

C. CUMUL DE LA NULLITÉ ET DE LA RESPONSABILITÉ

20. Principe. Le droit de demander la nullité d'un contrat n'exclut pas l'exercice, par la victime des manœuvres dolosives, d'une action en responsabilité délictuelle pour obtenir de leur auteur réparation du préjudice qu'elle a subi • Civ. 1re, 4 févr. 1975, n° 72-13.217 P : *R., p. 69 ; D. 1975. 405, note Gaury ; JCP 1975. II. 18100, note Larroumet ; RTD civ. 1975. 537, obs. Durry.* ♦ Ainsi la victime du dol peut agir, d'une part, en nullité de la convention sur le fondement des art. 1137 et 1178, al. 1er, d'autre part, en réparation du préjudice sur le fondement des art. 1240 et 1241. • Cass., ch. mixte, 29 oct. 2021, n° 19-18.470 B : *D. 2021. 2162, note Tisseyre* ; *ibid. 2022. 35, obs. Brun* ; *ibid. 310, obs. Boffa et Mekki* ; *Rev. sociétés 2022. 154, note Mathey* ; *RTD civ. 2022. 116, obs. Barbier* ; *ibid. 141, obs. Jourdain* ; *ibid. 157, obs. Gautier* ; *RTD com. 2022. 91, obs. Moury* ; *CCC 2021, n° 175, note Leveneur ; JCP N 2022, n° 1112, note Leveneur ; RDC 2022/1. 18, note Pellet.* ♦ Comp. • Com. 13 oct. 1980 : *D. 1981. IR 309, obs. Ghestin* • Civ. 1re, 4 oct. 1988 : *Bull. civ. I, n° 265 ; D. 1989. Somm. 229, obs. Aubert* • Com. 18 oct. 1994 : *D. 1995. 180, note Atias* ; *Defrénois 1995. 332, obs. D. Mazeaud ; JCP 1995. I. 3853, n° 4, obs. Viney* (possibilité de demander des dommages-intérêts malgré le désistement de l'action en nullité pour dol). ♦ Comp., dans le cas d'une annulation pour violence : l'auteur des menaces dont la faute a été caractérisée par les juges du fond peut être condamné à des dommages-intérêts. • Civ. 1re, 17 juill. 1967 : *D. 1967. 509.* ♦ Même solution : • Aix-en-Provence, 22 avr. 1974 : *Gaz. Pal. 1974. 2. 638, note Raymond* • Soc. 8 nov. 1984 : *Bull. civ. V n° 423.* ♦ Lorsqu'une clause illégale est nulle de plein droit, il n'est pas exclu que son application ait pu causer un préjudice aux cocontractants. • Com. 28 sept. 2022, n° 21-20.731 B (rejet du pourvoi qui, pour critiquer l'allocation de dommages-intérêts à un contractant suite à l'annulation d'une clause sur le fondement de l'art. L. 420-1 C. com, soutenait que l'annulation, faisant disparaître l'illégalité, supprimait le préjudice pouvant résulter de la clause).

21. Préjudices indemnisables. La restitution à laquelle un contractant est condamné à la suite de l'annulation du contrat ne constitue pas par elle-même un préjudice indemnisable. • Civ. 1re, 14 oct. 1997, n° 95-19.083 P : *JCP 1998. I. 144, n° 12, obs. Viney ; JCP N 1998. 1211, note Kuhn ; Defrénois 1998. 348, obs. Aubert.* ♦ Pour des exemples de préjudices indemnisables, V. : • Com. 4 janv. 2000 : *CCC 2000, n° 79, note Leveneur* (dommages-intérêts réparant l'indisponibilité de la somme versée et le préjudice résultant des manœuvres dolosives) • Com. 15 janv. 2002, n° 99-18.774 P : *D. 2002. Somm. 2045, obs. Brémond* ; *JCP 2002. II. 10136, note Cermolacce ; JCP E 2002. 1427, note Keita ; Defrénois 2002. 1536, obs. J. Honorat ; Dr. et patr. 4/2002. 92, obs. Chabas ; RTD civ. 2002. 290, obs. Mestre et Fages* ; *RTD com. 2002. 265, obs. Saintourens* (dol dans une vente de fonds de commerce : C. com., art. L. 141-1 s.) • Civ. 1re, 25 juin 2008, n° 07-18.108 P : *D. 2008. AJ 1997* ; *JCP 2008. I. 218, n° 6, obs. Labarthe ; ibid. II. 10205, note Siguoirt ; CCC 2008, n° 254, obs. Leveneur* • Civ. 3e, 16 mars 2011, n° 10-10.503 P : *D. 2011. Actu. 946* ; *RLDC 2011/82, n° 4228, obs. Paulin* (dommages-intérêts correspondant au coût des travaux de désamiantage, la présence d'amiante ayant été dissimulée lors de la vente de l'immeuble).

22. Indemnité d'occupation. BIBL. Kessler, *JCP 2004. I. 154* (restitutions en nature et indemnité de jouissance). – Wintgen, *Defrénois 2004. 692* (indemnité de jouissance en cas d'anéantissement rétroactif d'un contrat translatif). ♦ En raison de l'effet rétroactif de l'annulation de la vente, le vendeur n'est pas fondé à obtenir une indemnité correspondant à la seule utilisation de la chose par l'acquéreur. • Cass., ch. mixte, 9 juill. 2004, n° 02-16.302 P : *R., p. 204 et 275 ; BICC 1er nov. 2004, rapp. Pinot, concl. Guérin ; D. 2004. 2175, note Tuaillon* ; *JCP 2004. II. 10190, note G. François ; ibid. I. 173, n° 14 s., obs. Sérinet ; ibid. 2005. I. 132, n° 1, obs. Viney ; Defrénois 2004. 1402, obs. Libchaber ; CCC 2004, n° 168, note Leveneur ; AJDI 2005. 331, note Cohet-Cordey* ; *RLDC 2004/10, n° 396, note Malaurie-Vignal ; LPA 16 mai 2005, obs. Pimont ; RDC 2005. 280, obs. Stoffel-Munck ; RTD civ. 2005. 125, obs. Mestre et Fages* (immeuble) • Civ. 3e, 2 mars 2005, n° 03-10.553 P : *AJDI 2005. 765, note Cohet-Cordey* (immeuble) • 26 oct. 2005 : *CCC 2006, n° 45, note Leveneur.* ♦ La partie de bonne foi au contrat de vente annulé peut seule demander la condamnation de la partie fautive à réparer le préjudice qu'elle a subi en raison de la conclusion du contrat annulé. • Cass., ch. mixte, 9 juill. 2004 : *préc.* ♦ Comp., en cas d'annulation d'un contrat de bail (fixation d'une indemnité d'occupation) • Cass., ch. mixte, 9 nov. 2007, n° 06-19.508 P : *BICC 15 févr. 2008, rapp. Lacabarats et avis Domingo* • Civ. 3e, 24 juin 2009, n° 08-12.251 P : *D. 2009. AJ 1823, obs. Rouquet* ; *RTD com. 2009. 685, obs. Saintourens* • 8 juill. 2015, n° 14-11.582 P. ♦ La remise des parties dans l'état antérieur à un contrat de location-gérance annulé exclut que le bailleur obtienne une indemnité correspondant au profit tiré par le locataire de l'exploitation du fonds de commerce dont il n'a pas la propriété.

• Civ. 3e, 3 déc. 2015, n° 14-22.692 P : *D. 2016. 1179, note Safi* ; *ibid. 566, obs. Mekki* .

23. Clause de non-concurrence. La stipulation dans le contrat de travail d'une clause de non-concurrence nulle cause nécessairement un préjudice au salarié. • Soc. 30 mars 2011, n° 09-70.306 P : *D. 2011. 1087, obs. Ines.* ♦ Le salarié qui a respecté une clause de non-concurrence illicite en l'absence de contrepartie financière peut prétendre à des dommages-intérêts. • Soc. 18 mars 2003, n° 00-46.358 P. ♦ ... Que les juges du fond évaluent souverainement. • Soc. 29 avr. 2003, n° 01-42.026 P : *D. 2004. Somm. 1161, obs. Gomy* . ♦ Le respect par le salarié d'une clause de non-concurrence illicite lui cause nécessairement un préjudice. • Soc. 11 janv. 2006, n° 03-46.933 P : *R., p. 262* • 22 mars 2006, n° 04-45.546 P : *JCP 2006. I. 166, n° 3, obs. Stoffel-Munck* • 15 nov. 2006, n° 04-46.721 • 9 mai 2007 : *D. 2008. Pan. 250, obs. Robinne* . ♦ Le salarié qui respecte une clause de non-concurrence nulle a droit à une indemnisation ; l'employeur ne peut obtenir la restitution des sommes versées au titre d'une clause nulle, le salarié ayant respecté la clause pendant plusieurs mois après la rupture du contrat de travail. • Soc. 17 nov. 2010, n° 09-42.389 P : *D. actu. 8 déc. 2010, obs. Perrin.*

Art. 1179 *(Ord. n° 2016-131 du 10 févr. 2016, art. 2, en vigueur le 1er oct. 2016)* **La nullité est absolue lorsque la règle violée a pour objet la sauvegarde de l'intérêt général.**

Elle est relative lorsque la règle violée a pour seul objet la sauvegarde d'un intérêt privé. — *Dispositions transitoires, V. Ord. n° 2016-131 du 10 févr. 2016, art. 9, ss. art. 1386-1.*

1. Critère de distinction entre les nullités relatives et les nullités absolues : intérêt protégé. Ce n'est pas en fonction de l'existence ou de l'absence d'un élément essentiel du contrat au jour de sa formation, mais au regard de la nature de l'intérêt, privé ou général, protégé par la règle transgressée qu'il convient de déterminer le régime de nullité applicable. • Com. 22 mars 2016, n° 14-14.218 P : *D. 2016. 1037, chron. Tréard, Arbellot, Le Bras et Gauthier* ; *RTD civ. 2016. 343, obs. Barbier* ; *RTD com. 2016. 317, obs. Bouloc* ; *RDC 2016. 435, note Laithier* ; *ibid. 481, note Sautonie-Laguionie et Wicker* • Cass., ch. mixte, 24 févr. 2017, n° 15-20.411 P : *D. 2017. 793, note Fauvarque-Cosson* ; *ibid. 1149, obs. Damas* ; *AJDI 2017. 612, obs. Thioye* ; *AJ contrat 2017. 175, obs. Houtcieff* ; *RTD civ. 2017. 377, obs. Barbier* ; *JCP 2017, n° 305, note Sturlèse* : *CCC 2017.93, note Leveneur* ; *RDC 2017. 415, note Génicon* (prenant en compte l'évolution du droit des obligations résultant de l'Ord. n° 2016-131 du 10 févr. 2016, pour apprécier la distinction entre nullité relative et nullité absolue, au regard des objectifs poursuivis par la disposition et de l'intérêt général ou privé) • Civ. 1re, 20 sept. 2017, n° 16-12.906 P : *D. 2017. 1911* ; *RTD civ. 2017. 837, obs. Barbier* . ♦ Sur l'ambiguïté du critère fondé sur l'intérêt protégé, V. • Civ. 3e, 21 janv. 2021, n° 19-22.219 P , posant que l'obligation de garantir par une caution les obligations de l'entrepreneur envers le sous-traitant prévue par l'art. 14 de la L. du 31 déc. 1975 est fondée sur « l'intérêt général de protection du sous-traitant ».

A. CAS DE NULLITÉ ABSOLUE

2. Violation de l'ordre public. Une indexation prohibée par la loi est atteinte d'une nullité absolue qui n'est susceptible ni de confirmation ni de ratification. • Com. 3 nov. 1988 : *D. 1989. 93, note Malaurie* ; *D. 1989. Somm. 234, obs. Aubert*, et, sur renvoi, • Lyon, 9 juill. 1990 : *D. 1991. 47, note Malaurie* ; *RTD civ. 1991. 357, obs. Rémy* • Soc. 5 oct. 2017, n° 15-20.390 P (nullité d'ordre public d'une indexation de salaire sur le niveau général des prix). ♦ Les dispositions sur la fixation du fermage, qui peuvent être invoquées par toutes les parties au bail, ne sont pas édictées dans le seul intérêt du preneur. • Civ. 3e, 19 mai 1999, n° 97-18.029 P (refus d'application de la prescription quinquennale de l'art. 1304 anc.). ♦ Le contrat de location-gérance conclu en violation des conditions exigées du loueur, qui n'ont pas pour finalité la protection des intérêts particuliers des parties, est atteint d'une nullité absolue. • Com. 9 juin 2004 : *Loyers et copr. 2004, n° 186, obs. Brault* • Civ. 3e, 22 mars 2018, n° 17-15.830 P : *D. 2018. 669* ; *RTD com. 2018. 317, obs. Saintourens* (C. com., art. L. 144-10). ♦ La convention qui prévoit l'entrée au capital d'une SELARL d'avocats d'une société qui ne remplit pas les conditions prévues par l'art. 5 de la L. n° 90-1258 du 31 déc. 1990, d'ordre public, a une cause illicite et est entachée d'une nullité absolue. • Civ. 1re, 15 janv. 2015, n° 13-13.565 P : *D. 2015. 206* . ♦ Mais sur la violation de règles d'ordre public de protection, V. note 17.

3. ... Défaut de pouvoir du signataire d'un contrat au nom d'une commune. La méconnaissance des dispositions d'ordre public relatives à la compétence de l'autorité signataire d'un contrat conclu au nom d'une commune, en raison de l'absence de justification de la transmission au préfet de la délibération autorisant la conclusion d'une transaction, est sanctionnée par la nullité absolue. • Civ. 1re, 31 janv. 2018, n° 16-21.697 P : *D. 2018. 242* ; *AJCT 2018. 267, obs. Hédin* . ♦ Dans le même sens : • Com. 6 mars 2019, n° 16-25.117 P : *D. 2019. 487* ; *AJ contrat 2019. 244, obs. Bucher* ; *RDC 2/2019. 10, note Laithier.*

4. Autres cas : solutions évolutives. Un bail conclu au nom d'une indivision dépourvue de personnalité juridique est nul de nullité absolue. • Civ. 3e, 16 mars 2017, n° 16-13.063 P : *D. 2017. 1149, obs. Damas* ; *AJDI 2017. 507, obs. Damas* ; *RTD civ. 2017. 647, obs. Barbier*. ♦ La nullité d'une sûreté accordée par une société civile en garantie de la dette d'un associé est une nullité absolue qui était soumise à la prescription trentenaire de l'ancien art. 2262. • Civ. 1re, 18 oct. 2017, n° 16-17.184 P : *D. 2017. 2151* ; *AJ contrat 2017. 546, obs. Piette* ; *RTD civ. 2018. 107, obs. Barbier*. – *Adde*, Dalmau, *Rev. sociétés 2018. 487.* ♦ Pour des cas de nullités traditionnellement considérées comme absolues, et désormais considérées comme relatives, V. notes 6 (erreur-obstacle), 11 (défaut de pouvoir), 14 (indétermination de l'objet), 15 (absence de cause), 16 (prix vil ou dérisoire).

B. CAS DE NULLITÉ RELATIVE

1° VICES DU CONSENTEMENT

5. Principe. Sur le caractère relatif de la nullité en matière de vices du consentement (entraînant le jeu de la prescription abrégée de l'art. 1304 anc.), V. • Civ. 1re, 17 nov. 1958 : *GAJC, 12e éd., n° 34* ; *D. 1959. 18, note Holleaux* ; *JCP 1959. II. 10949, note Esmein* ; *RTD civ. 1970. 154, obs. Nerson* (application au mariage) • 11 janv. 2005, n° 01-13.133 P : *R., p. 217* ; *D. 2005. 1207, note Thomat-Raynaud* ; *Defrénois 2005. 1065, obs. Massip* ; *AJ fam. 2005. 146, obs. Bicheron* ; *Dr. fam. 2005, n° 63, note Beignier* ; *RJPF 2005-4/46, note Casey* ; *RLDC 2005/16, n° 667, note Bernard-Xémard* (application aux donations entre vifs et aux testaments) • Civ. 3e, 25 mai 2022, n° 21-12.238 B : *D. 2022. 1875, obs. Lamazerolles et Rabreau* .

6. Erreur. La nullité d'une convention contractée par erreur ne peut être demandée que par la partie dont le consentement a été vicié. • Civ. 1re, 1er mars 1988 : *Bull. civ. I, n° 56.* ♦ Le délai de l'action en nullité pour erreur ne court que du jour où cette erreur a été découverte et non simplement soupçonnée. • Civ. 1re, 31 mai 1972 : *Bull. civ. I, n° 142* • Paris, 26 juin 2007 : *D. 2007. 2788, note Baillet-Bouin.* ♦ V. art. 2224.

7. Dol. Sur le caractère relatif de la nullité pour dol, V. • Civ. 1re, 24 janv. 2006, n° 03-11.889 P : *R., p. 251* ; *D. 2006. 626, note Wintgen* ; *ibid. IR 395, obs. Gallmeister* ; *ibid. Pan. 2643, obs. Amrani-Mekki* ; *JCP 2006. II. 10036, note Mekki* ; *Gaz. Pal. 2006. 2566, note Seysen-Guérin* ; *Defrénois 2006. 583, obs. Savaux* ; *AJ fam. 2006. 116, obs. Bicheron* ; *Dr. fam. 2006, n° 97, note Binet* ; *RJPF 2006-5/47, note Casey* ; *LPA 11 août 2006, note Dagorne-Labbe* ; *ibid. 3 oct. 2006, note Bon* ; *RDC 2006. 708, obs. D. Mazeaud* ; *RTD civ. 2006. 320, obs. Mestre et Fages* (action en nullité pour dol d'un acte de renonciation à succession, prescription par cinq ans) • 25 juin 2008, n° 07-18.108 P : *D. 2008. AJ 1997* ; *JCP 2008. I. 218, n° 6, obs. Labarthe* ; *ibid. II. 10205, note Siguoirt* ; *CCC 2008, comm. n° 254, obs. Leveneur* (action en nullité pour dol d'actes de cession de droits successifs). ♦ L'action en nullité d'un prêt fondée sur une erreur ou un dol résultant de l'erreur affectant la stipulation du taux effectif global se prescrit, dans les relations entre professionnels, dans le délai de cinq ans à compter du jour où l'emprunteur a connu ou aurait dû connaître le vice affectant ce taux. • Com. 17 mai 2011, n° 10-17.397 P : *D. 2011. 1477, obs. Avena-Robardet* ; *JCP 2011. 1372, note Lasserre Capdeville* ; *RTD civ. 2011. 590, obs. Perrot*. ♦ La demande en nullité d'un contrat d'assurance, fondée sur le dol de l'assureur, alors que les stipulations du contrat d'assurance n'étaient pas en cause, relève du champ d'application de l'art. 1304 anc. et non de la prescription biennale prévue par l'art. L. 114-1 C. assur. • Civ. 2e, 16 janv. 2014, n° 13-10.134 P.

8. Absence totale de consentement. L'action tendant à faire constater l'irrégularité de la constitution d'une association syndicale libre pour défaut de consentement unanime de ses associés est une action en nullité relative. • Civ. 3e, 3 déc. 2015, n° 14-12.998 P. ♦ L'absence de consentement constitue, comme le vice du consentement, une cause de nullité inhérente à l'une des parties et le délai de prescription de cinq ans ne court qu'à compter du jour de sa découverte. • Civ. 3e, 25 mai 2022, n° 21-12.238 B : *D. 2022. 1875, obs. Lamazerolles et Rabreau* (cession de parts sociales réalisée grâce à une fausse signature). ♦ Comp., pour la nullité pour trouble mental, notes 2 s. ss. art. 414-1. ♦ Pour l'erreur obstacle, V. note 6.

2° INCAPACITÉ ET DÉFAUT DE POUVOIR D'UN CONTRACTANT

9. Mineurs. L'omission des formalités protectrices des intérêts des mineurs est sanctionnée par une nullité relative. • Cass., ass. plén., 28 mai 1982 : *préc. note 3 ss. art. 1178.* ♦ V. aussi • Civ. 1re, 11 déc. 1985 : *D. 1986. 356, note Massip.*

10. Majeurs protégés. L'irrégularité d'une assignation contre un incapable en curatelle dans le cadre d'une action en comblement de passif est un grief purement personnel qui ne peut être invoqué par les autres dirigeants poursuivis. • Com. 16 févr. 1993, n° 90-21.331 P. ♦ Les héritiers saisis de plein droit des biens, droits et actions du défunt, capable de s'engager au moment de l'acte, ne peuvent opposer l'incapacité du mineur avec lequel le défunt a contracté, la nullité de l'acte ne pouvant être invoquée que par le cocontractant que la loi a voulu protéger. • Civ. 1re, 14 janv. 2009, n° 07-16.451 P : *D. 2009. AJ 371* ; *RLDC 2009/58, n° 3349, obs. Pouliquen* ; *RTD civ. 2009. 297, obs. Hauser*. ♦ L'action en nullité des actes faits par un majeur protégé est soumise à la prescription quinquennale. • Civ. 1re, 4 juill. 2007 : *JCP N 2007. 1315, note Arbellot ; RJPF 2007-9/15, obs. Casey ; RTD civ. 2007. 755, obs. Hauser* (donation relevant de l'art. 505 C. civ.).

11. Défaut de pouvoir. La nullité d'un contrat en raison de l'absence de pouvoir du mandataire, qui est relative, ne peut être demandée que par la partie représentée. • Civ. 1re, 2 nov. 2005, nº 02-14.614 P : *D. 2005. IR 2824 ; RTD civ. 2006. 138, obs. Gautier* • 9 juill. 2009 : *CCC 2009, nº 260, obs. Leveneur* • 12 nov. 2015, nº 14-23.340 P • Civ. 3e, 26 janv. 2017, nº 15-26.814 P : *D. 2017. 297 ; AJ contrat 2017. 299, obs. Dagorne-Labbe*. ♦ V. cependant art. 1156, selon lequel l'acte accompli par un représentant sans pouvoir ou au-delà de ses pouvoirs est inopposable au représenté. ♦ V. également note 3, en présence de dispositions d'ordre public. ♦ Comp. • Civ. 3e, 16 mars 2017, nº 16-13.063 P : *D. 2017. 1149, obs. Damas ; AJDI 2017. 507, obs. Damas ; RTD civ. 2017. 647, obs. Barbier* (nullité absolue d'un bail conclu au nom d'une indivision dépourvue de personnalité juridique). • Civ. 1re, 31 janv. 2018, nº 16-21.697 P : *D. 2018. 242 ; AJCT 2018. 267, obs. Hédin* (nullité absolue d'un contrat conclu au nom d'une commune par un signataire incompétent). V. *supra* note 3.

3º INDÉTERMINATION OU DÉFAUT D'OBJET

12. Erreur obstacle. L'erreur sur l'objet d'une vente, ne portant pas atteinte à l'intérêt général, est une cause de nullité relative (soumise à la prescription quinquennale de l'art. 1304 anc.). • Civ. 3e, 26 juin 2013, nº 12-20.934 P : *D. 2013. 1682 ; ibid. Chron. C. cass. 2544, obs. Guillaudier ; ibid. 2014. 630, obs. Amrani-Mekki et Mekki ; AJDI 2014. 471, obs. Cohet ; RDC 2013. 1299, obs. Génicon* (vente d'un lot incluant un studio et un garage, faute de division, alors que le vendeur ne pensait céder que le studio). ♦ V. antérieurement, en faveur de la qualification de nullité absolue : • Paris, 8 juill. 1966 : *Gaz. Pal. 1967. 1. 33* (nullité absolue de la convention par laquelle l'une des parties croyait acquérir la propriété d'un appartement, alors que l'autre entendait lui céder des parts sociales donnant droit à l'attribution du logement, la volonté des parties ne s'étant pas rencontrée sur le même contrat). ♦ Comp., retenant l'absence d'accord des volontés : • Civ. 3e, 1er févr. 1995, nº 92-16.729 P : *Defrénois 1995. 1400, obs. Delebecque ; RDI 1996. 79, obs. Groslière et Saint-Alary Houin ; RTD civ. 1995. 879, obs. Mestre* (absence d'accord de volonté des contractants sur le même objet ; recherche non nécessaire sur la qualification de la faute commise par l'acquéreur) • Civ. 3e, 21 mai 2008, nº 07-10.772 P : *D. 2008. AJ 1693 ; JCP N 2008. 508 ; CCC 2008, nº 224, obs. Leveneur ; RLDC 2008/52, nº 3098, obs. Maugeri ; Dr. et patr. 2/2009. 124, obs. Aynès et Stoffel-Munck* (erreur sur la définition du bien vendu).

13. Défaut d'objet. La nullité d'un acte pour défaut d'objet, laquelle ne tend qu'à la protection des intérêts privés des parties, relève du régime des nullités relatives. • Civ. 3e, 24 janv. 2019, nº 17-25.793 P : *D. 2019. 198 ; JCP 2019, nº 270, note Klein.*

14. Indétermination de l'objet : prix. Dès lors que c'est au regard de la nature de l'intérêt, privé ou général, protégé par la règle transgressée qu'il convient de déterminer le régime de nullité applicable, l'action en nullité des cessions de parts conclues pour un prix indéterminé ou vil, qui ne tend qu'à la protection des intérêts privés des cédants relève du régime des actions en nullité relative (prescription par cinq ans par application de l'art. 1304 anc.). • Com. 22 mars 2016, nº 14-14.218 P : *D. 2016. 1037, chron. Tréard, Arbellot, Le Bras et Gauthier ; RTD civ. 2016. 343, obs. Barbier ; RTD com. 2016. 317, obs. Bouloc ; RDC 2016. 435, note Laithier ; ibid. 481, note Sautonie-Laguionie et Wicker.* ♦ *Contra* auparavant : la vente nulle pour défaut de prix, acte dépourvu d'existence légale, n'est susceptible ni de confirmation, ni de ratification. • Com. 30 nov. 1983 : *Gaz. Pal. 1984. 2. 675, note Calvo.* ♦ Caractère d'ordre public de la nullité de l'art. 1129 anc., autorisant un syndicat non signataire d'un accord d'entreprise à en contester la validité. • Soc. 9 juill. 1996, nº 95-13.010 P (indétermination de l'objet d'un accord d'entreprise). ♦ Comp. note 16 sur la nullité pour prix vil ou dérisoire.

4º ABSENCE DE CAUSE

15. Principe. La nullité du contrat d'assurance pour absence d'aléa (clause d'effet rétroactif) est une nullité relative qui ne peut être invoquée que par celui dont la loi qui a été méconnue tendait à assurer la protection. • Civ. 1re, 9 nov. 1999, nº 97-16.306 P : *D. 2000. 507, note Cristau ; JCP 2000. I. 219, nº 3 s., obs. Mayaux ; JCP E 2000. 1186, note Roueil ; Defrénois 2000. 250, obs. Aubert ; RCA 2000. Chron. 2, par Groutel.* ♦ Une cour d'appel qui retient que la demande en nullité du contrat pour défaut de cause ne visait que la protection des intérêts de la partie demanderesse justifie ainsi légalement sa décision de soumettre cette nullité relative à la prescription de cinq ans (art. 1304 anc.). • Civ. 1re, 20 févr. 2001, nº 99-12.574 P. – Dans le même sens : • Civ. 3e, 29 mars 2006, nº 05-16.032 P : *D. 2006. Pan. 2642, obs. Amrani-Mekki* ; ibid. 2007. 477, note *Ghestin ; JCP 2006. II. 153, nº 7 s., obs. Constantin ; RDC 2006. 1072, obs. Mazeaud.* ♦ Si l'inclusion d'un bien propre à l'un des héritiers dans la masse à partager est de nature à entraîner la nullité de l'acte de partage pour absence de cause, une telle nullité, protectrice du seul intérêt particulier de l'un des cocontractants, n'est que relative et, comme telle, soumise à la prescription de cinq ans (art. 1304 anc. C. civ.). • Civ. 1re, 29 sept. 2004, n° 03-10.766 P : *D. 2004. IR 2690 ; AJ fam. 2004. 458, obs. Bicheron ; Dr. fam. 2004, n° 206, note Beignier.* ♦ V. conf., pour un pacte tontinier : • Dijon, 24 mai 2007 : *Dr. fam. 2008, n° 1, note Ardoy.* ♦ La nullité d'un contrat pour défaut de cause, protectrice du seul intérêt particulier de l'un des cocontractants, est une nullité relative. • Civ. 1re, 29 sept. 2004, n° 03-10.766 P.

16. Application particulière : nullité pour prix vil ou dérisoire. Dès lors que c'est au regard de la nature de l'intérêt, privé ou général, protégé par la règle transgressée qu'il convient de déterminer le régime de nullité applicable, l'action en nullité des cessions de parts conclues pour un prix indéterminé ou vil, qui ne tend qu'à la protection des intérêts privés des cédants, relève du régime des actions en nullité relative. • Com. 22 mars 2016, n° 14-14.218 P : *D. 2016. 1037, chron. Tréard, Arbellot, Le Bras et Gauthier ; RTD civ. 2016. 343, obs. Barbier ; RTD com. 2016. 317, obs. Bouloc ; RDC 2016. 435, note Laithier ; ibid. 481, note Sautonie-Laguionie et Wicker.* ♦ V. déjà en ce sens : • Civ. 3e, 24 oct. 2012, n° 11-21.980 P (un contrat de vente conclu pour un prix dérisoire ou vil est nul pour absence de cause, et cette nullité, fondée sur l'intérêt privé du vendeur, est une nullité relative) • Civ. 3e, 21 sept. 2011, n° 10-21.900 P (nullité d'un bail à construction pour prix dérisoire). ♦ *Contra* auparavant : La vente nulle pour défaut de prix, acte dépourvu d'existence légale, n'est susceptible ni de confirmation, ni de ratification. • Com. 30 nov. 1983 : *Gaz. Pal. 1984. 2. 675, note Calvo* • Civ. 1re, 24 mars 1993, n° 90-21.462 • Com. 23 oct. 2007, n° 06-13.979 P (nullité absolue de la vente consentie sans prix sérieux fondée sur l'absence d'un élément essentiel au contrat d'assurance pour absence d'aléa [clause d'effet rétroactif]).

5° ORDRE PUBLIC DE PROTECTION

17. Applications diverses. Sont sanctionnés par une nullité relative : les prescriptions formelles que doit respecter le mandat d'un agent immobilier en vertu de la L. du 2 janv. 1970. • Cass., ch. mixte, 24 févr. 2017, n° 15-20.411 P : *D. 2017. 793, note Fauvarque-Cosson ; ibid. 1149, obs. Damas ; AJDI 2017. 612, obs. Thioye ; AJ contrat 2017. 175, obs. Houtcieff ; RTD civ. 2017. 377, obs. Barbier ; JCP 2017, n° 305, note Sturlèse ; CCC 2017.93, note Leveneur ; RDC 2017. 415, note Génicon* • Civ. 1re, 20 sept. 2017, n° 16-12.906 P (*idem*). ♦ ... Le délai de réflexion de dix jours institué pour la protection de l'emprunteur immobilier (C. consom., art. L. 312-10). • Civ. 1re, 27 févr. 2001, n° 98-19.857 P : *D. 2001. AJ 1388, obs. Avena-Robardet ; JCP E 2001. 1580, note S. Piedelièvre.* ♦ ... Les formalités protectrices des consommateurs en cas de démarchage (C. consom., art. L. 121-21 s.). • Civ. 1re, 2 oct. 2007, n° 05-17.691 P : *CCC 2008, n° 29, note Raymond.* ♦ ... Les formalités imposées par les statuts d'une association pour la convocation et les délibérations de l'assemblée générale, ces formalités n'étant protectrices que des intérêts privés des membres de l'association. • Civ. 1re, 10 juill. 1979 : *Bull. civ. I, n° 202.* ♦ ... Les dispositions impératives de l'art. L. 131-4 CPI qui ont été prises dans le seul intérêt patrimonial des auteurs. • Civ. 1re, 11 févr. 1997 : *D. Affaires 1997. 387* • 30 janv. 2007, n° 05-19.352 P : *D. 2007. AJ 586, obs. Daleau ; RTD civ. 2007. 346, obs. Mestre et Fages ; RTD com. 2007. 544, obs. Pollaud-Dulian* (CPI, art. L. 132-16). ♦ ... Les dispositions de l'art. 1-2 (C. mon. fin., art. L. 313-9) de la L. du 2 juill. 1966 protégeant le crédit-preneur immobilier. • Civ. 3e, 15 mai 1996, n° 94-14.987 P : *R., p. 283 ; CCC 1996. 138, obs. Leveneur ; Gaz. Pal. 1996. 2. 614, note Delignette-Sigrist* • 4 oct. 2000, n° 98-22.554 P : *D. 2000. AJ 402* (le point de départ du délai est la date de conclusion du contrat de crédit-bail). ♦ ... Les dispositions relatives au contrat d'intégration agricole destinée à protéger le producteur. • Civ. 1re, 10 janv. 1995, n° 92-20.557 P : *R., p. 292 ; Defrénois 1995. 345, obs. Aubert ; JCP 1995. I. 3843, n° 10, obs. Virassamy ; RTD civ. 1995. 881, obs. Mestre.* ♦ ... Les règles impératives régissant la vente d'immeuble à construire, l'objet étant d'assurer la seule protection de l'acquéreur. • Civ. 3e, 4 oct. 2018, n° 16-22.095 P : *D. 2018. 1969 ; RDI 2018. 600, obs. Tournafond et Tricoire ; RTD civ. 2018. 886, obs. Barbier.* ♦ ... Les règles prévues par l'art. L. 290-1 CCH en matière de promesse synallagmatique de vente d'une durée supérieure à dix-huit mois. • Civ. 3e, 26 nov. 2020, n° 19-14.601 P. ♦ V. aussi, pour l'action en nullité d'un plan social et des licenciements économiques prononcés par l'employeur en conséquence de ce plan : • Soc. 28 mars 2000, n° 98-40.228 P : *D. 2001. 35, note Cristau.* ♦ V. aussi • Cass., avis, 14 mai 2001, n° 01-00.001 P : *BICC 1er juill. 2001, rapp. Frouin.* ♦ ... Pour la nullité d'une transaction intervenue avant licenciement. • Soc. 14 janv. 2003, n° 00-41.880 P • 16 nov. 2004, n° 02-43.427 P. ♦ ... Pour la nullité de la clause de non-concurrence ne comportant pas de contrepartie financière. • Soc. 25 janv. 2006, n° 04-43.646 P : *D. 2008. Pan. 250, obs. Robinne ; JCP S 2006. 1211, note Verkindt.* ♦ ... Pour la nullité d'une décision de préemption d'une SAFER pour insuffisance de motivation qui ne rend pas pour autant illicite la cause de l'intervention de la SAFER. • Civ. 3e, 27 juin 2007, n° 06-14.834 P : *D. 2007. AJ 2031.* ♦ ... Pour l'action en nullité fondée sur une double condition prétendument impossible. • Civ. 3e, 8 oct. 2008, n° 07-14.396 P : *D. 2008. AJ 2667, obs. Forest ; Defrénois*

2008. 2520, obs. Savaux ; RLDC/55, n° 3209, obs. Maugeri ; LPA 19 mars 2009, note Brignon ; Defrénois 2008. 2520, obs. Savaux ; RDC 2009. 51, obs. Laithier. ♦ ... Pour l'action en nullité d'un testament-partage incluant des biens dont l'ascendant n'a pas la propriété et la libre disposition. • Civ 1re, 3 févr. 2010 : *cité note 6 ss. art. 1079.*

La nullité d'une convention résultant de la violation de l'interdiction pour un salarié de renoncer, tant que son contrat de travail est en cours, aux avantages qu'il tire d'une convention collective ou de dispositions statutaires d'ordre public, est une nullité relative qui se prescrit par cinq ans. • Soc. 23 janv. 2019, n° 17-21.867 P. ♦ Le salarié ayant eu une parfaite connaissance de l'étendue de son engagement lors de la signature de la convention, l'irrégularité entachant la convention devait être appréciée au jour de sa conclusion. • Même arrêt.

18. Sous-traitance. La nullité sanctionnant l'obligation de garantir par une caution les obligations de l'entrepreneur envers le sous-traitant prévue par l'art. 14 de la L. du 31 déc. 1975 est soumise à la prescription quinquennale prévue par l'art. 1304 anc. C. civ., et, hormis les exceptions prévues par ce texte, le délai court à compter de la date de conclusion du sous-traité. • Civ. 3e, 20 févr. 2002, n° 00-17.406 P : *Defrénois 2002. 1027, obs. Périnet-Marquet.* ♦ V. cep. plus récemment • Civ. 3e, 21 janv. 2021, n° 19-22.219 P , posant que cette disposition trouve sa justification dans l'intérêt général de protection du sous-traitant, et en déduisant que l'entrepreneur principal doit fournir la caution avant la conclusion du sous-traité, sans que la nullité puisse être couverte si la caution est fournie postérieurement, même avant le commencement d'exécution du sous-traité.

19. Formalisme de protection. Le formalisme des art. L. 341-2 et L. 341-3 C. consom. est sanctionné par une nullité relative, à laquelle la caution peut renoncer par une exécution volontaire de son engagement irrégulier, en connaissance du vice l'affectant. • Com. 5 févr. 2013, n° 12-11.720 P : *D. 2013. 428, obs. Avena-Robardet*.

Art. 1180 *(Ord. n° 2016-131 du 10 févr. 2016, art. 2, en vigueur le 1er oct. 2016)* **La nullité absolue peut être demandée par toute personne justifiant d'un intérêt, ainsi que par le ministère public.**

Elle ne peut être couverte par la confirmation du contrat. — *Dispositions transitoires, V. Ord. n° 2016-131 du 10 févr. 2016, art. 9, ss. art. 1386-1.*

BIBL. ▸ Dossier *RDC 3/2019. 127* (colloque : les nullités absolues : quel avenir ?).

1. Impossibilité de confirmation. Une vente nulle pour défaut de prix, acte dépourvu d'existence légale, n'est susceptible ni de confirmation ni de ratification. • Com. 30 nov. 1983 : *Gaz. Pal. 1984. 2. 675, note Calvo.* ♦ La nullité de forme d'une donation ne peut faire l'objet d'une transaction sans se heurter aux dispositions de l'art. 1339 anc. • Civ. 1re, 12 juin 1967 : *D. 1967. 584, note Breton.* ♦ Les dispositions de l'anc. art. 1340 relatives à la confirmation d'actes juridiques atteints de vices entraînant leur nullité mais qui ont néanmoins été formés ne s'appliquent pas à un simple projet de donation dépourvu de tous les éléments essentiels indispensables à l'existence juridique d'une convention. • Com. 4 janv. 1971 : *Bull. civ. IV, n° 2.*

2. Possibilité de régularisation. Si l'acte nul, de nullité absolue, ne peut être rétroactivement confirmé, il est loisible aux parties de renouveler leur accord ou de maintenir leur commune volonté lorsque la cause de la nullité a cessé. • Civ. 1re, 8 janv. 1985 : *Bull. civ. I, n° 6.* ♦ V. aussi • Civ. 1re, 1er déc. 1976 : *Bull. civ. I, n° 381 ; R. 1976-1977, p. 40 ; D. 1977. 177, note Breton ; JCP 1977. II. 18625, note Patarin ; Gaz. Pal. 1977. 2. 451, note Vialatte* • Soc. 25 juin 1996, n° 94-19.992 P. – Ghestin, *note D. 1974. 239.*

L'acte nul de nullité absolue ne pouvant être rétroactivement confirmé, les parties désirant, après la disparition de la cause de cette nullité, contracter, sont tenues, lorsque la validité de leur convention est soumise à des formes prévues par la loi, de conclure un nouveau contrat, dans les formes ainsi requises, qui produit ses effets à compter de sa formation. • Com. 26 sept. 2018, n° 16-25.937 P.

3. Prescription. Sur la prescription trentenaire, applicable notamment aux actions en nullité absolue et aux actions en déclaration de simulation avant la réforme du droit de la prescription, V. notes ss. anc. art. 2262. – Sur la prétendue imprescriptibilité des actions en nullité absolue, V. *RTD civ. 1987. 746, obs. Mestre.*

Art. 1181 *(Ord. n° 2016-131 du 10 févr. 2016, art. 2, en vigueur le 1er oct. 2016)* **La nullité relative ne peut être demandée que par la partie que la loi entend protéger.**

Elle peut être couverte par la confirmation.

Si l'action en nullité relative a plusieurs titulaires, la renonciation de l'un n'empêche pas les autres d'agir. — *Dispositions transitoires, V. Ord. n° 2016-131 du 10 févr. 2016, art. 9, ss. art. 1386-1.*

A. PERSONNES POUVANT AGIR EN NULLITÉ RELATIVE

1. *Principe.* La nullité du contrat fondée sur une condition impossible est une nullité relative qui ne peut être invoquée que par celui dont la loi qui a été méconnue tendait à assurer la protection. • Civ. 3e, 8 oct. 2008, n° 07-14.396.

2. *Transmissibilité de l'action : ayant cause universel (oui).* L'action en nullité relative réservée à celui des contractants dont le consentement a été vicié est, en raison de son caractère patrimonial, transmise après son décès à ses ayants cause universels. • Civ. 1re, 4 juill. 1995 : *D. 1996. 233, note F. Boulanger ; Defrénois 1996. 321, obs. Massip, et 407, obs. Champenois ; RTD civ. 1996. 392, obs. Mestre* (demande en annulation, pour dol, d'un contrat de mariage).

3. *Transmissibilité de l'action : ayant cause particulier et subrogé (non).* L'action en nullité relative pour dol étant réservée à celui des contractants dont le consentement a été vicié, l'acquéreur à titre particulier d'un bien est sans qualité pour engager une action en nullité en raison du dol dont aurait été victime le vendeur, en dépit de la subrogation générale qu'il détient en vertu de la vente. • Civ. 3e, 18 oct. 2005, n° 04-16.832 P : *AJDI 2006. 270, note Zalewski ; RTD civ. 2006. 317, obs. Mestre et Fages (3e esp.)*.

4. *Relevé d'office par le juge : cas particulier des clauses abusives.* La nature et l'importance de l'intérêt public sur lequel repose la protection que la Dir. 93/13/CEE assure aux consommateurs justifient que le juge soit tenu d'apprécier d'office le caractère abusif d'une clause contractuelle. • CJUE, 1re ch., 26 avr. 2012, *Nemzeti Fogyasztóvédelmi Hatóság c/ Invitel Távközlési Zrt*, n° C-472/10. ♦ V. déjà : • CJCE, 4e ch., 4 juin 2009, *Pannon GSM Zrt*, n° C-243/08 : *Rec. I-4713* • CJCE, 1re ch., 6 oct. 2009, *Asturcom Telecomunicaciones SL c/ Cristina Rodríguez Nogueira*, n° C-40/08 • CJUE, 8e ch., 16 nov. 2010, *Pohotovosť s.r.o. c/ Iveta Korckovská*, n° C-76/10. ♦ Pour l'adoption de la solution par la Cour de cassation : le juge national est tenu d'examiner d'office le caractère abusif des clauses contractuelles invoquées par une partie dès lors qu'il dispose des éléments de droit et de fait nécessaires à cet effet. • Civ. 1re, 1er oct. 2014, n° 13-21.801 P : *D. 2015. 597 obs. Poillot ; JCP 2014, n° 1195, obs. Sauphanor-Brouillaud*. ♦ V. désormais art. L. 212-1. ♦ Sur les clauses réputées non écrites, V. note 2 ss. art. 1178.

B. CONFIRMATION

5. *Principe.* Confirmation par la caution de l'acte de caution qui ne respecte pas le formalisme des art. L. 341-2 et L. 341-3 C. consom., sanctionné par une nullité relative, à laquelle la caution peut renoncer par une exécution volontaire de son engagement irrégulier, en connaissance du vice l'affectant. • Com. 5 févr. 2013, n° 12-11.720 P : *D. 2013. 428, obs. Avena-Robardet* (confirmation résultant du fait que la caution a réglé les sommes dues, sans mise en demeure préalable et en dépit des conseils contraires de son avocat et de son comptable).

6. *Actes inopposables.* La confirmation d'un acte inopposable exige à la fois la connaissance du vice l'affectant et l'intention de le réparer ; un liquidateur ne saurait avoir ratifié des conventions inopposables à la procédure, alors qu'il n'avait pas connaissance des baux initiaux que ces conventions avaient pour objet de modifier. • Com. 2 juin 2004, n° 03-10.741 P : *RTD civ. 2004. 505, obs. Mestre et Fages*.

7. *Signature électronique.* Si la signature électronique constitue l'une des conditions de validité d'un contrat sous forme électronique, son absence, alors que ne sont contestées ni l'identité de l'auteur du courriel ni l'intégrité de son contenu, peut être couverte par une exécution volontaire du contrat en connaissance de la cause de nullité, valant confirmation. • Civ. 1re, 7 oct. 2020, n° 19-18.135 P : *D. 2021. 272, note Tisseyre ; AJ contrat 2020. 577, obs. Douville ; Dalloz IP/IT 2021. 100, obs. El Hage ; RTD civ. 2020. 881, obs. Barbier ; RDC 2021/1. 65, note Danis-Fatôme* (contrat d'agent sportif).

8. *Exécution du contrat.* Confirmation d'un bon de commande de panneaux photovoltaïques entaché de nullité pour erreur dans l'indication du matériel, par la signature d'un certificat attestant sans réserve de l'exécution du contrat principal, l'autorisation du déblocage des fonds, la réception d'une facture détaillée et la mise en service de l'installation avec rachat d'électricité, suivi d'un remboursement anticipé du prêt. • Civ. 1re, 21 oct. 2020, n° 18-26.761 P : *D. 2021. 887, note Barbaud ; RTD civ. 2020. 869, obs. Barbier ; CCC 2021, n° 17, note Bernheim-Desvaux*.

Art. 1182 *(Ord. n° 2016-131 du 10 févr. 2016, art. 2, en vigueur le 1er oct. 2016)* **La confirmation est l'acte par lequel celui qui pourrait se prévaloir de la nullité y renonce. Cet acte mentionne l'objet de l'obligation et le vice affectant le contrat.**

La confirmation ne peut intervenir qu'après la conclusion du contrat.

L'exécution volontaire du contrat, en connaissance de la cause de nullité, vaut confirmation. En cas de violence, la confirmation ne peut intervenir qu'après que la violence a cessé.

La confirmation emporte renonciation aux moyens et exceptions qui pouvaient être opposés, sans préjudice néanmoins des droits des tiers. — *Dispositions transitoires, V. Ord. n° 2016-131 du 10 févr. 2016, art. 9, ss. art. 1386-1.*

BIBL. ▸ COUTURIER, La confirmation des actes nuls, *LGDJ, 1971.*

1. Conditions générales. La confirmation d'un acte nul exige à la fois la connaissance du vice l'affectant et l'intention de le réparer. • Civ. 3e, 2 juill. 2008 : *cité note 5 ss. art. 1596* (la réalisation de ces conditions, en cas de violation de l'art. 1596, ne peut résulter de la connaissance, avant la conclusion de l'acte, de l'identité de dirigeants de la société mandataire et de la société acquéreur). La confirmation d'un acte nul ou lésionnaire exige à la fois la connaissance du vice affectant l'obligation et l'intention de le réparer, et la Cour de cassation contrôle la réalisation de cette double condition. • Civ. 1re, 11 févr. 1981 : *Bull. civ. I, n° 53* • Com. 29 mars 1994 : *D. 1994. IR 109.* ♦ Ainsi, la confirmation d'une transaction conclue avant la réception d'une lettre de licenciement nécessite d'établir que le salarié l'a exécutée en toute connaissance du vice l'affectant et avec la volonté de le réparer, ce qui ne saurait résulter du fait que le salarié, directeur de filiale, ne pouvait pas ne pas en avoir compris toute la signification et toute la portée. • Soc. 1er juill. 2009, n° 08-43.179 P : *D. 2009. AJ 2038, obs. Perrin*. ♦ La règle selon laquelle le client qui a librement payé les honoraires d'avocat après service rendu ne peut plus les contester, ne s'applique que lorsque le paiement est effectué en toute connaissance de cause. • Civ. 2e, 10 nov. 2021, n° 19-26.183 B (nullité d'une convention d'honoraire d'avocats, illicite, dès lors que l'honoraire de diligence revêtait un caractère manifestement dérisoire par comparaison avec l'honoraire de résultat).

La connaissance du vice qui affecte un acte nul peut résulter de la reproduction lisible, dans un contrat conclu hors établissement, des dispositions du C. consom. prescrivant le formalisme applicable à ce type de contrat. • Civ. 1re, 31 août 2022, n° 21-12.968 B : *D. 2022. 1516* ; *RTD civ. 2022. 879, obs. Barbier* ; *JCP 2022, n° 1019, note Lasserre Capdeville* (cassation de l'arrêt ayant exclu la confirmation au motif que le seul fait que les conditions générales figurant au verso du bon de commande se bornent à reprendre les dispositions du C. consom. est insuffisant à révéler au souscripteur les vices affectant ce bon). ♦ Pour une première application de l'art. liminaire : en souscrivant un contrat d'hébergement dans un hôtel pour assister à un congrès médical, un médecin n'agit pas à des fins entrant *dans le cadre de son activité professionnelle.* • Civ. 1re, 31 août 2022, n° 21-11.097 B : *JCP 2022, n° 1203, obs. Sauphanor-Brouillaud.*

2. Confirmation tacite. Les juges du fond peuvent décider que le seul fait d'avoir laissé le bénéficiaire d'un bail nul en possession pendant plusieurs années sans engager l'action en nullité n'implique pas la volonté du propriétaire de confirmer ce bail. • Civ. 3e, 20 nov. 1974 : *Bull. civ. III, n° 421.* ♦ Cassation d'un arrêt ayant considéré que la violation des règles d'ordre public de l'art. L. 231-2 CCH, relatives aux énonciations que doit comporter le contrat de construction de maison individuelle, est sanctionnée par la nullité absolue de contrat, alors qu'elles constituent des mesures de protection édictées dans l'intérêt du maître de l'ouvrage, dont la violation est sanctionnée par une nullité relative susceptible d'être couverte. • Civ. 3e, 6 juill. 2011, n° 10-23.438 P : *D. 2012. Pan. 459, obs. Amrani-Mekki et Mekki* ; *RDI 2011. 505, obs. Tomasin*. ♦ Un premier arrêt ayant décidé, contrairement aux juges du fond, que la violation des règles de l'art. L. 231-2 CCH, relatives aux énonciations que doit comporter le contrat de construction de maison individuelle, est sanctionnée par une nullité relative, l'arrêt intervenu par la suite dans la même affaire décide que la renonciation du maître de l'ouvrage à se prévaloir de la nullité de ce contrat par son exécution doit être caractérisée par sa connaissance préalable de la violation des dispositions destinées à le protéger, de sorte que le commencement d'exécution du contrat n'a pas, à lui seul, pour effet de couvrir cette irrégularité. • Civ. 3e, 20 nov. 2013, n° 12-27.041 P : *D. 2013. 2846* ; *RDC 2014. 169, obs. Laithier.* ♦ La résiliation, même sans réserve, du contrat par l'assureur ne vaut pas, à elle seule, renonciation à l'exercice d'une action en nullité. • Civ. 1re, 17 juill. 2001, n° 98-22.386 P : *RTD civ. 2002. 93, obs. Mestre et Fages (3e esp.)*. ♦ Ne répond pas aux exigences de l'art. 1338 anc. un jugement qui constate que les parties ont réglé amiablement la liquidation de leur communauté de biens. • Civ 1re, 9 janv. 2008 : *D. 2008. AJ 293* ; *LPA 9 avr. 2008, note Malaurie* ; *RJPF 2008-3/19, note Valory.* ♦ Des vendeurs ayant donné mandat de vendre ne peuvent être considérés comme ayant renoncé à la nullité de l'acquisition faite par le mandataire par l'intermédiaire d'une société interposée, dès lors qu'ils n'avaient pas conscience de la nullité édictée par l'art. 1596 C. civ. • Civ. 3e, 29 sept. 2016, n° 15-15.129 P : *D. 2017. 375, obs. Mekki* ; *RTD civ. 2016. 846, obs. Barbier* ; *ibid. 847, obs. Barbier*. ♦ Le vendeur et la banque ne rapportant pas la preuve de ce que les acquéreurs avaient eu connaissance du vice affectant l'obligation critiquée et avaient eu l'intention de le réparer, et la volonté de confirmer l'acte nul ne pouvant résulter de la signature de documents concomitants à la commande, aucun acte ultérieur ne révélant leur volonté univoque de ratifier le contrat en toute connaissance de cause, la cour d'appel n'a pu qu'en déduire que le contrat de vente devait être annulé. • Civ. 1re, 15 juin 2022, nº 21-11.747 B (contrat de consommation annulé pour imprécision des conditions générales relatives à la livraison).

3. Confirmation conditionnelle. La ratification d'une obligation contre laquelle la loi admet une cause de nullité peut être conditionnelle. • Civ. 3e, 22 avr. 1976 : *Bull. civ. III, nº 157.*

Art. 1183 *(Ord. nº 2016-131 du 10 févr. 2016, art. 2, en vigueur le 1er oct. 2016)* **Une partie peut demander par écrit à celle qui pourrait se prévaloir de la nullité soit de confirmer le contrat soit d'agir en nullité dans un délai de six mois à peine de forclusion. La cause de la nullité doit avoir cessé.**

L'écrit mentionne expressément qu'à défaut d'action en nullité exercée avant l'expiration du délai de six mois, le contrat sera réputé confirmé. — *Dispositions transitoires, V. Ord. nº 2016-131 du 10 févr. 2016, art. 9, ss. art. 1386-1.*

Les dispositions de l'art. 1183 sont applicables dès l'entrée en vigueur de l'Ord. nº 2016-131 du 10 févr. 2016 (Ord. préc., art. 9).

BIBL. ▶ FONTMICHEL, *D. 2016. 1665*. – JEULAND, *JCP 2016, nº 737.* – MAYER, *Gaz. Pal. 2016. 3273.* – LAGARDE, *D. 2017. 715* (actions interrogatoires). – VEYRE, *AJ contrat 2017. 74*.

Art. 1184 *(Ord. nº 2016-131 du 10 févr. 2016, art. 2, en vigueur le 1er oct. 2016)* **Lorsque la cause de nullité n'affecte qu'une ou plusieurs clauses du contrat, elle n'emporte nullité de l'acte tout entier que si cette ou ces clauses ont constitué un élément déterminant de l'engagement des parties ou de l'une d'elles.**

Le contrat est maintenu lorsque la loi répute la clause non écrite, ou lorsque les fins de la règle méconnue exigent son maintien. — *Dispositions transitoires, V. Ord. nº 2016-131 du 10 févr. 2016, art. 9, ss. art. 1386-1.*

BIBL. ▶ BAILLOT, A propos des clauses réputées non écrites, *in Mél. Louis Boyer, PU Toulouse, 1996, p. 15.* – CHANTEPIE, *RDC 2022/4. 122* (les remèdes de l'article 1184). – GAUDEMET, La clause réputée non écrite, *Economica, 2006.* – KULLMAN, *D. 1993. Chron. 59* (remarques sur les clauses réputées non écrites).

1. Principe. La nullité d'une clause d'un contrat n'entraîne la nullité du contrat lui-même que si la stipulation exprimée apparaît comme une condition dont les parties ont entendu faire dépendre l'existence de l'obligation. • Paris, 30 avr. 1963 : *D. 1963. 428, note Rouast* (à propos de la clause de célibat figurant au règlement intérieur de la Cie Air France). ♦ Si, aux termes de l'art. 900, les conditions impossibles ou contraires aux lois sont, dans toute disposition entre vifs ou testamentaire, réputées non écrites, elles peuvent entraîner la nullité de la donation ou du legs, mais il n'en est ainsi qu'autant qu'elles ont été la cause impulsive et déterminante de la libéralité. • Civ. 19 oct. 1910 : *DP 1911. 1. 463.* ♦ Déjà en ce sens : • Req. 3 juin 1863 : *GAJC, 12e éd., nº 121 ; DP 1863. 1. 429.* ♦ Application : • Req. 31 oct. 1922 : *DP 1922. 1. 239.* ♦ Sur le pouvoir des juges du fond de supprimer d'un contrat, maintenu en son surplus, une clause illicite, V. • Civ. 20 mars 1929 : *DP 1930. 13, note Voirin.* ♦ C'est souverainement que les juges du fond apprécient le caractère essentiel de la clause nulle. • Com. 22 févr. 1967 : *Bull. civ. III, nº 87.* ♦ V. cependant notes ss.art. 1103 (contrôle de la dénaturation).

2. Applications : nullité limitée à la clause ou à une partie de la clause. La clause de non-concurrence qui minore la contrepartie financière en cas de licenciement disciplinaire n'est pas nulle mais doit être réputée non écrite en ses seules dispositions minorant la contrepartie. • Soc. 8 avr. 2010, nº 08-43.056 P : *D. 2010. 1085, obs. Perrin* ; *RDC 2010. 1199, obs. Génicon.* ♦ Doit être réputée non écrite la minoration par les parties, dans le cas d'un mode déterminé de rupture du contrat de travail, de la contrepartie pécuniaire d'une clause de non-concurrence. • Soc. 9 avr. 2015, nº 13-25.847 P : *D. 2015. 872* (minoration pour une démission appliquée à une rupture conventionnelle). ♦ La stipulation du contrat de travail minorant en cas de démission la contrepartie financière de la clause de non-concurrence est réputée non écrite, les parties ne pouvant dissocier les conditions d'ouverture de l'obligation de non-concurrence de celles de son indemnisation. • Soc. 25 janv. 2012, nº 10-11.590 P : *D. 2012. 443*. ♦ Lorsqu'une clause d'indexation prévoit qu'elle ne jouera qu'en cas de variation à la hausse de l'indice de référence, seule cette stipulation est réputée non écrite par application de l'art. L. 145-39 C. com., la clause d'indexation étant maintenue pour le reste en l'absence d'éléments de nature à caractériser son indivisibilité. • Civ. 3e, 12 janv. 2022, nº 21-11.169 B : *D. 2022. 1375, obs. Dumont* ; *AJDI 2022. 200, obs. Blatter*.

3. Applications : nullité totale du contrat. Les juges du fond disposent d'un pouvoir souverain pour apprécier si une clause d'indexation nulle présente un caractère essentiel au contrat dont dépendrait l'existence de l'ensemble de la convention. • Civ. 3e, 13 févr. 1969 : *JCP 1969. II. 15942 (2e esp.), note Lévy.* ♦ Ainsi, la nullité de la convention tout entière est-elle encourue lorsque la clause illicite a été dans l'intention des parties une condition essentielle de leur accord de volontés et que sa suppression aurait pour effet de bouleverser l'économie du contrat. • Civ. 3e, 24 juin 1971 : *JCP 1972. II. 17191, note Ghestin.*

4. Clauses d'indivisibilité. Au contraire, doit seule être annulée la clause d'indexation d'un loyer commercial qui n'est qu'une clause accessoire dont l'annulation ne détruit pas l'équilibre du contrat puisque le propriétaire conserve le droit de révision légale ; le fait d'avoir, dans l'acte, qualifié de déterminante une telle clause qui n'avait rien d'essentiel ne permet pas au bailleur de faire échec, par l'annulation totale, aux droits du locataire. • Civ. 3e, 9 juill. 1973 : *D. 1974. 24.* ♦ Même sens : • Civ. 3e, 6 juin 1972 : *Bull. civ. III, n° 369 ; R. 1972-1973, p. 62 ; D. 1973. 151, note Malaurie* (caractère frauduleux de la clause déclarant déterminante la clause illicite).

5. Clauses réputées non écrites par la loi. La clause soumettant une promesse de vente de parcelles agricoles à la condition suspensive de non-préemption par la SAFER étant réputée non écrite aux termes de l'art. L. 143-5 C. rur., la défaillance de cette condition n'affecte pas la validité de la vente. • Civ. 3e, 18 oct. 2006, n° 05-17.327 P : *Defrénois 2007. 1623, obs. Gelot.* ♦ Sur la notion de réputé non écrit conçue comme une sanction distincte de la nullité partielle, V. note 2 ss. art. 1178. ♦ Sur le caractère total ou partiel de l'éradication de la clause dont une stipulation est réputée non écrite, V. *supra* note 2.

6. Modification par le juge de la clause illicite. Le juge, en présence d'une clause de non-concurrence même indispensable à la protection des intérêts légitimes de l'employeur, peut, lorsqu'elle ne permet pas au salarié d'exercer une activité conforme à sa formation et à son expérience, en restreindre l'application en en limitant l'effet dans le temps, l'espace ou ses autres modalités. • Soc. 18 sept. 2002, n° 00-42.904 P : *R., p. 350 ; D. 2002. 3229, note Serra ; JCP 2003. I. 130, n° 2, obs. Morvan ; Defrénois 2002. 1619, obs. Libchaber ; RDC 2003. 150, obs. Radé.* ♦ Mais le juge ne peut, après avoir décidé de l'annulation de la clause compte tenu du caractère dérisoire de la contrepartie financière, accorder au salarié la contrepartie qu'il estime justifiée. • Soc. 16 mai 2012, n° 11-10.760 P : *D. 2013. 1026, obs. Lokiec et Porta ; Dr. soc. 2012. 784, note Radé ; RDT 2012. 488, obs. Géniaut ; RDC 2013. 74, obs. Génicon.*

7. Sur l'incidence de la nullité du contrat sur ses clauses, V. note 19 ss. art. 1179.

Art. 1185 *(Ord. n° 2016-131 du 10 févr. 2016, art. 2, en vigueur le 1er oct. 2016)* **L'exception de nullité ne se prescrit pas si elle se rapporte à un contrat qui n'a reçu aucune exécution.** — *Dispositions transitoires, V. Ord. n° 2016-131 du 10 févr. 2016, art. 9, ss. art. 1386-1.*

BIBL. ▶ Mazeaud, *RDC 2017. 185* (proposition de modification). – N. Picod, *RTD com. 2014. 509* (déclin de l'exception de nullité à l'époque contemporaine) ; *D. 2020. 2076* (consécration légale de l'exception de nullité : un second souffle pour un adage séculaire ?) – Dossier, *AJ contrat 2017. 10* s.

A. PRINCIPE

1. Quae temporalia. L'exception de nullité est perpétuelle. • Civ. 1re, 19 déc. 1995, n° 94-10.812 P : *CCC 1996. 38, note Leveneur ; D. 1996. Somm. 327, obs. Libchaber.* ♦ La partie qui a perdu, par l'expiration du délai de prescription, le droit d'intenter l'action en nullité d'un acte juridique, même en matière extrapatrimoniale, peut, cependant, à quelque moment que ce soit, se prévaloir de cette nullité contre celui qui prétend tirer un droit de l'acte nul (application en l'espèce de la règle *quae temporalia*... à des reconnaissances d'enfants naturels irrégulières au regard de la législation alors applicable). • Civ. 1re, 21 déc. 1982, n° 81-13.919 P : *D. 1983. IR 331, obs. Huet-Weiller.*

2. Domaine : exclusion. L'exception d'illégalité d'une convention ou d'un accord collectif ne relève pas des dispositions de l'art. 1185. • Soc. 2 mars 2022, n° 20-16.002 B : *D. 2022. 1280, obs. Vernac et Ferkane ; Dr. soc. 2022. 531, obs. Auzero et Bento de Carvalho ; ibid. 539, obs. Icard ; RDT 2022. 395, obs. Baugard.*

3. Exemples. Application à la prescription de l'action en nullité dans le délai de trois ans prévue à l'art. 1844-14 C. civ. : V. note 3 ss. art. 1844-14. ♦ ... De l'action en nullité dans le délai de trois ans prévue par l'art. 105 de la L. du 24 juill. 1966 sur les sociétés commerciales (C. com., art. L. 225-42) : • Civ. 1re, 6 oct. 1998, n° 96-19.575 P : *LPA 13 mai 1999, note Vincensini* • Soc. 29 nov. 2006, n° 04-48.219 P. ♦ ... A la nullité d'un crédit-bail immobilier. • Civ. 3e, 4 oct. 2000, n° 98-22.379 P. ♦ ... A la nullité d'un testament pour insanité d'esprit. • Civ. 1re, 14 janv. 2015, n° 13-26.279 P : *D. 2015. 208 ; AJ fam. 2015. 169, obs. Casey ; Dr. fam. 2015, n° 77, note Beignier ; JCP 2015, n° 306, obs. Serinet ; RDC 2015. 899, obs. Gaudemet* (afin de s'opposer aux prétentions des cohéritiers invoquant la qualité de légataire en vertu de cet acte).

4. Nature de l'exception. Le moyen pris par le défendeur de la nullité de l'acte juridique sur lequel se fonde le demandeur constitue non pas une exception de procédure mais une défense au fond qui peut être proposée en tout état de cause. • Civ. 3e, 16 mars 2010, n° 09-13.187 P.

B. CONDITIONS

1° NULLITÉ ABSOLUE OU RELATIVE

5. Absence de distinction entre la nullité relative et la nullité absolue. La règle selon laquelle l'exception de nullité peut seulement jouer pour faire échec à la demande d'exécution d'un acte qui n'a pas encore été exécuté s'applique sans qu'il y ait lieu de distinguer entre nullité relative et nullité absolue. • Civ. 1re, 24 avr. 2013, n° 11-27.082 P : *D. 2013. 1132* ; *RTD civ. 2013. 596, obs. Barbier* ; *CCC 2013, n° 154, obs. Leveneur* ; *RDC 2013. 1310, obs. Laithier* • Civ. 3e, 16 mars 2017, n° 16-13.063 P : *D. 2017. 1149, obs. Damas* ; *AJDI 2017. 507, obs. Damas* ; *RTD civ. 2017. 647, obs. Barbier*. ♦ Application de l'exception de nullité à des conventions de coopération et d'entrée dans le capital de sociétés ayant une cause illicite, entachées d'une nullité absolue. • Civ. 1re, 15 janv. 2015, n° 13-13.565 P. ♦ V. cependant antérieurement : nécessité de rechercher si la nullité invoquée est une nullité relative, seule une telle qualification la rendant inopposable en cas d'exécution de l'obligation découlant de l'acte. • Civ. 1re, 20 mai 2009, n° 08-13.018 P : *D. 2009. AJ 1479, obs. Gallmeister* ; *ibid. 2010. Pan. 224, obs. Amrani-Mekki* ; *Gaz. Pal. 2009. 3045, obs. Dagorne-Labbe* ; *CCC 2009, n° 213, obs. Leveneur* ; *RLDC 2009/62, n° 3488, obs. Maugeri* ; *RDC 2009. 1348, obs. Génicon* ; *ibid. 1516, obs. Serinet.*

6. Distinction entre nullité et déchéance. La règle *quae temporalia* ne s'applique pas à la demande tendant à voir constater la déchéance du droit aux intérêts de l'art. L. 312-33 C. consom. en matière de crédit immobilier. • Civ. 1re, 4 mai 1999, n° 97-04.119 P : *CCC 1999, n° 150, note Raymond* • 16 oct. 2001, n° 99-14.711 P : *CCC 2002, n° 67, note Raymond* ; *RTD com. 2002. 34, obs. Saintourens* (application de la prescription de dix ans de l'art. L. 110-4 C. com.).

7. Défense au fond distincte de l'invocation d'une nullité. Le moyen tiré de l'art. L. 341-4, devenu L. 332-1 C. consom., par lequel la caution invoque le caractère disproportionné de son engagement est une défense au fond, au sens de l'art. 71 C. pr. civ., qui échappe à la prescription alors même qu'il ne s'analyse pas en une exception de nullité. • Civ. 1re, 31 janv. 2018, n° 16-24.092 P : *D. 2018. 292* ; *RDI 2018. 214, obs. Heugas-Darraspen* ; *AJ contrat 2018. 141, obs. Piette* ; *RTD civ. 2018. 455, obs. Crocq* ; *ibid. 904, obs. Barbier* ; *Gaz. Pal. 2018. 812, note Mignot.*

2° DÉLAI DE PRESCRIPTION

8. Exclusion en cas de forclusion. La règle selon laquelle les exceptions sont perpétuelles ne s'applique pas aux délais de forclusion. • Cass., avis, 9 oct. 1992, n° 95-12.121 P. ♦ V. déjà : • Req. 6 mars 1939 : *DH 1939. 339* (la maxime *quae temporalia*... n'est plus lorsque le délai prévu est un délai préfix dont l'expiration entraîne la déchéance de toute demande en rescision). ♦ V. aussi • Civ. 3e, 6 mai 1980 : *Bull. civ. III, n° 92.* ♦ En ce sens, pour le délai de garantie biennale en matière de construction, qui est un délai de forclusion et non de prescription : • Civ. 3e, 4 nov. 2004, n° 03-12.481 P : *RDI 2005. 61, obs. Malinvaud*. ♦ ... Pour le délai de forclusion de l'art. L. 311-37 [L. 311-52] C. consom. : • Civ. 1re, 30 oct. 1995 : *CCC 1995, n° 209, note Raymond* • 15 déc. 1998, n° 96-20.244 P : *D. Affaires 1999. 330, obs. C. R.* ; *JCP 1999. II. 10098, note Monachon-Duchêne* ; *RTD civ. 1999. 619, obs. Mestre* (exception de nullité pour dol). ♦ V. cependant, décidant que l'exception de non-livraison n'est pas soumise à la forclusion biennale de l'art. L. 311-37 : • Civ. 1re, 12 janv. 1999 : *CCC 1999, n° 45, note Raymond.*

3° NULLITÉ INVOQUÉE PAR VOIE D'EXCEPTION

9. Réponse à la demande d'exécution d'un acte juridique. L'exception de nullité ne peut être invoquée que pour faire échec à une demande d'exécution d'un acte juridique. • Com. 15 mai 2012, n° 11-13.240 P : *D. 2012. 1402, obs. A. Lienhard* ; *ibid. 1856, note Barabé-Bouchard* ; *AJ fam. 2012. 415, obs. Hilt* (irrecevabilité d'une demande en nullité d'une décision prise par une assemblée générale de société en réponse à une action tendant à en faire constater la validité).

10. Réponse faite en qualité de défendeur à la demande en exécution. La caution qui, poursuivie en exécution forcée, agit par voie principale en annulation du cautionnement ne peut, n'ayant pas la qualité de défendeur, se prévaloir d'une quelconque exception de nullité. • Civ. 2e, 14 sept. 2006, n° 05-11.230 P : *D. 2006. IR 2346* ; *RTD civ. 2007. 174, obs. Théry*. ♦ Déjà en ce sens : • Civ. 3e, 4 avr. 2001, n° 99-18.301 P : *Banque et Dr. 7-8/2001. 58, obs. Rontchevsky (2e esp.)* (caution ayant assigné le crédit-bailleur en nullité du crédit-bail). ♦ V. cependant • Civ. 3e, 2 juin 1999, n° 97-19.324 P (en contestant en justice l'application de la clause du bail excluant toute indemnité d'éviction, le preneur, nonobstant sa qualité de demandeur principal, agit non par voie d'action mais par voie d'exception en réponse au congé délivré, et la prescription biennale de l'art. 33 [C. com., art. L. 145-60] du Décr. du 30 sept. 1953 ne lui est pas opposable) ♦ *Contra* : • Civ. 3e, 24 nov. 1999, n° 98-12.694 P : *D. 2000. AJ 51, obs. Y. R.* ; *RTD civ. 2000. 568, obs. Mestre et Fages*. ♦ N'agit pas par voie d'exception le preneur d'un bail commercial qui, en réponse à un commandement de payer, assigne le bailleur en nullité de la clause relative au prix en formant opposition au paiement. • Civ. 3e, 3 févr. 2010, nº 08-21.333 P : *RDC 2010. 1208, obs. Laithier.*

11. *Demande d'exécution postérieure à l'expiration du délai de prescription.* La règle selon laquelle l'exception de nullité est perpétuelle ne s'applique que si l'action en exécution de l'obligation litigieuse est introduite après l'expiration du délai de prescription. • Com. 26 mai 2010, nº 09-14.431 P : *D. actu. 7 juin 2010, obs. Delpech ; D. 2010. Actu. 1483 ; JCP 2011, nº 226, p. 8, obs. Simler ; RLDC 2010/73, nº 3869, obs. Le Gallou ; RDC 2010. 1208, obs. Laithier* • 3 déc. 2013, nº 12-23.976 P : *D. 2013. 2908* • Civ. 1re, 4 mai 2012, nº 10-25.558 P : *D. 2012. 1266 ; RTD civ. 2012. 526, obs. Fages* • 15 janv. 2015, nº 13-13.565 P : *D. 2015. 206 ; JCP 2015, nº 306, obs. Serinet ; ibid. nº 326, note Hovasse.*

4º *ABSENCE D'EXÉCUTION DE L'ACTE VISÉ*

12. *Principe.* L'exception de nullité n'est pas recevable à l'endroit d'un acte ayant déjà reçu exécution. • Civ. 1re, 1er déc. 1998, nº 96-17.761 P : *R., p. 264 ; D. Affaires 1999. 68, obs. J. F. ; JCP 1999. I. 171, nº 5 s., obs. Fabre-Magnan ; RTD civ. 1999. 621, obs. Mestre* (exécution partielle d'un contrat de prêt) • Civ. 1re, 9 nov. 1999, nº 97-16.454 P : *D. 2000. AJ 95 ; JCP 2000. II. 10335, note Seraglini ; ibid. I. 209, nº 2, obs. Simler ; CCC 2000, nº 70, note Raymond ; RTD civ. 2000. 568, obs. Mestre et Fages* (contrat de prêt) • 13 mars 2001, nº 98-19.691 P (contrat de prêt) • Civ. 3e, 10 mai 2001, nº 99-11.762 P : *D. 2001. 3156, note Lipinski* (vente à terme) • Com. 6 juin 2001, nº 98-18.928 P : *D. 2001. AJ 2298 ; Defrénois 2001. 1429, obs. Libchaber* (ouverture de crédit) • Civ. 1re, 3 juill. 2001, nº 99-19.084 P : *JCP 2001. I. 370, nos 14 s., obs. Serinet* (contrat de prêt) • Civ. 1re, 6 nov. 2001, nº 99-10.335 P (contrat de prêt) • Civ. 3e, 30 janv. 2002, nº 00-18.682 P : *R., p. 405 ; D. 2002. AJ 802, obs. Avena-Robardet ; ibid. Somm. 2837, obs. Aynès ; JCP 2003. II. 10089, note Padé ; JCP E 2002. 890, note Bonneau ; CCC 2002, nº 89, note Leveneur ; RDI 2002. 146, obs. Berly* (contrat de crédit-bail immobilier) • Civ. 1re, 5 mars 2002, nº 99-19.443 P : *D. 2002. 1513, note Gridel* (transaction) • Civ. 2e, 3 avr. 2003, nº 99-15.144 P (ouverture de crédit) • Civ. 1re, 25 mars 2003, nº 00-22.312 P : *D. 2003. IR 1077* (ouverture de crédit) • Civ. 3e, 14 mai 2003, nº 02-10.984 P : *AJDI 2003. 753, note Dumont ; Dr. et patr. 9/2003. 109, obs. Houtcieff* (bail) • 9 juill. 2003, nº 02-15.061 P : *Rev. loyers 2003. 491, obs. Peignot* (bail) • Civ. 1re, 6 déc. 2005, nº 02-12.203 P (vente arguée de simulation) • Civ. 3e, 8 févr. 2006, nº 04-18.096 P (bail rural) • Civ. 2e, 14 sept. 2006 : *préc. note 10* (cautionnement déjà exécuté) • 19 oct. 2006, nº 05-17.599 P : *D. 2006. IR 2754* (contrat d'assurance ayant reçu un commencement d'exécution) • 13 févr. 2007, nº 06-10.880 P (cession de parts sociales et transaction) • Civ. 1re, 13 févr. 2007, nº 05-18.097 P : *D. 2007. Chron. C. cass. 2334, nº 6, obs. Creton ; ibid. AJ 726 ; RTD civ. 2007. 585, obs. Gautier* (convention de mission de conseil) • Com. 3 avr. 2007, nº 06-10.834 P (délibération modificative de statuts sociaux) • Com. 10 juin 2008, nº 06-18.906 P : *D. 2008. 2200, note Gérard et Pinot ; JCP 2008. Actu. 448, obs. Roussille ; RTD com. 2008. 604, obs. Legeais* (stipulation d'intérêts conventionnels en compte courant) • 17 juin 2010, nº 09-14.470 P : *D. 2010. 1623 ; Rev. sociétés 2010. 509, note Barbiéri ; RTD com. 2010. 744, obs. Le Cannu et Dondero*. • Com. 15 janv. 2013, nº 11-28.244 P : *D. 2013. 539, note Dondero ; RTD com. 2013. 85, obs. Dondero et Le Cannu ; Rev. sociétés 2013. 494, note Ansault ; RTD com. 2013. 85, obs. Dondero et Le Cannu* (convention entre une société anonyme et un membre du conseil d'administration sans autorisation de ce dernier) • Civ. 3e, 1er oct. 2014, nº 12-24.626 P : *D. 2014. 1998* (contrat de bail conclu au mépris du droit de préemption de la SAFER) • Civ. 1re, 15 janv. 2015, nº 13-25.512 P (irrégularités affectant un acte de prêt).

13. *Notion d'exécution : contrat conditionnel.* Une condition suspensive fait dépendre l'obligation souscrite d'un événement futur et incertain mais ne constitue pas l'objet de l'obligation, de sorte que la réalisation de la condition ne constitue pas l'exécution, même partielle, de cette obligation et ne peut, par suite, faire échec au caractère perpétuel d'une exception de nullité. • Com. 19 janv. 2022, nº 20-14.010 B : *D. 2022. 165 ; RTD civ. 2022. 134, obs. Barbier ; RTD com. 2022. 313, obs. Lecourt ; JCP 2022, nº 385, note Latina ; RDC 2022/2. 19, note Dournaux* (cassation de l'arrêt ayant déclaré irrecevable une exception de nullité en prenant en compte le règlement des comptes courants correspondant aux conditions suspensives prévues dans une promesse de cession de parts sociales).

14. *Commencement d'exécution ayant porté sur d'autres obligations que celle arguée de nullité.* Peu importe que le commencement d'exécution ait porté sur d'autres obligations que celle arguée de nullité. • Com. 13 mai 2014, nº 12-28.013 P : *D. 2015. 529, obs. Amrani-Mekki et Mekki ; RTD civ. 2014. 646, obs. Barbier ; JCP 2014, nº 699, note Ghestin ; RDC 2014. 627, note Lattina* (emprunteur ayant demandé une affectation hypothécaire au profit de son créancier, conformément aux prévisions contractuelles, ce qui caractérise un commencement d'exécution des contrats et lui interdit d'invoquer la nullité du taux d'intérêt). ♦ L'exception de nullité ne peut être rejetée au motif que le prêt a déjà été exécuté alors que les défendeurs sont poursuivis en exécution, non du contrat de prêt, mais du cautionnement garantissant celui-ci. • Civ. 1re, 7 nov. 2006, n° 05-12.080 P : *D. 2007. AJ 15, obs. Delpech ; JCP 2007. I. 158, n° 12, obs. Simler.* ♦ Mais comp. • Civ. 1re, 8 oct. 2009 : *RLDC 2009/66, n° 3636, obs. Le Gallou* (rejet de la demande de nullité demandée par la caution du contrat de prêt déjà exécuté). ♦ Les diverses obligations mises à la charge du créancier professionnel ne sont que des obligations légales sanctionnées par la déchéance du droit aux accessoires de la créance et non la contrepartie de l'obligation de la caution, il en résulte que le créancier ne peut se prévaloir de la seule délivrance de l'information annuelle légalement due à la caution pour considérer que le contrat de cautionnement a été exécuté. • Com. 8 avr. 2015, n° 13-14.447 P : *D. 2015. 860 ; RTD civ. 2015. 432, obs. Crocq ; ibid. 609, obs. Barbier ; JCP 2015, n° 652, note Séjean.* ♦ De même, la nullité fondée sur les dispositions de l'art. L. 113-8 C. assur. peut être soulevée par voie d'exception pendant le délai de la prescription biennale nonobstant l'exécution du contrat d'assurance. • Civ. 2e, 4 déc. 2008, n° 07-20.717 P : *BICC 15 avr. 2009, n° 523 ; D. 2009. AJ 97 ; RLDC 2009/57, n° 3286, obs. Maugeri ; RDC 2009. 1516, obs. Serinet.*

15. Exception invoquée avant ou après l'expiration du délai de prescription. La règle selon laquelle l'exception de nullité peut seulement jouer pour faire échec à la demande d'exécution d'un acte qui n'a pas encore été exécuté ne s'applique qu'à compter de l'expiration du délai de prescription de l'action. • Civ. 1re, 4 mai 2012, n° 10-25.558 P : *D. 2012. 1266 ; RTD civ. 2012. 526, obs. Fages* • 12 nov. 2015, n° 14-21.725 P. ♦ ... Après cette date, l'exception n'est recevable que si l'acte n'a pas commencé à être exécuté. • Com. 31 janv. 2017, n° 14-29.474 P : *D. 2017. 738, note Houtcieff ; ibid. 1075, chron. Jollec ; AJ contrat 2017. 126, obs. Bléry ; RTD civ. 2017. 448, obs. Crocq ; RDC 2017. 260, note Latina.*

16. Auteur du commencement d'exécution. L'inscription d'une hypothèque constitue un commencement d'exécution indépendamment de la personne qui l'effectue. • Civ. 3e, 9 mars 2017, n° 16-11.728 P : *D. 2017. 644 ; AJ contrat 2017. 224, obs. Houtcieff ; RTD civ. 2017. 649, obs. Barbier.* ♦ Le commencement d'exécution du mandat devait être apprécié indépendamment de la partie qui l'a effectué. • Civ. 1re, 12 nov. 2020, n° 19-19.481 P.

SOUS-SECTION 2 La caducité

(Ord. n° 2016-131 du 10 févr. 2016, art. 2, en vigueur le 1er oct. 2016)

BIBL. ▸ Cavat, *RDT 2021. 164* (caducité en droit du travail). – Gijsbers, *RDI 2016. 342*. – Mariano, *Dr. soc. 2023. 225* (caducité de l'accord collectif). – Seube, *RDC 2015. 769* (projet).

Art. 1186 *(Ord. n° 2016-131 du 10 févr. 2016, art. 2, en vigueur le 1er oct. 2016)* **Un contrat valablement formé devient caduc si l'un de ses éléments essentiels disparaît.**

Lorsque l'exécution de plusieurs contrats est nécessaire à la réalisation d'une même opération et que l'un d'eux disparaît, sont caducs les contrats dont l'exécution est rendue impossible par cette disparition et ceux pour lesquels l'exécution du contrat disparu était une condition déterminante du consentement d'une partie.

La caducité n'intervient toutefois que si le contractant contre lequel elle est invoquée connaissait l'existence de l'opération d'ensemble lorsqu'il a donné son consentement.

— Dispositions transitoires, V. Ord. n° 2016-131 du 10 févr. 2016, art. 9, ss. art. 1386-1.

BIBL. ▸ **Contrats interdépendants :** Bros, *JCP 2016, n° 975*. – Crocq, *Mél. Bernard Teyssié, LexisNexis, 2019, p. 951* (la codification incomplète de l'interdépendance des contrats). – Latina, *Mél. Bernard Teyssié, LexisNexis, 2019, p. 1007* (l'interdépendance contractuelle depuis la réforme des contrats).

▸ ***Sur le projet de réforme :*** Bros, *D. 2016. 29* (interdépendance contractuelle).

▸ **Caducité :** Buffelan-Lanore, Essai sur la notion de caducité des actes juridiques en droit civil, *LGDJ, 1963*. – Chaaban, La caducité des actes juridiques, étude de droit civil, *LGDJ, 2006*. – Bucher, *AJ contrat 2018. 277* (caducité du contrat de crédit-bail, nouvelle conséquence de l'anéantissement de la vente du bien financé). – Mekki, *Gaz. Pal. 2017.129*. – Pelletier, La caducité des actes juridiques en droit privé français, *thèse Paris XII, 2000*. – Sautonie-Laguionie, *RDC 2015. 767* (l'absence de l'inopposabilité aux côtés de la nullité et de la caducité). – Seube, *RDC 2015. 769*. – Wester-Ouisse, *JCP 2001. I. 290*. – Wicker, *JCP 25 mai 2015, suppl. au n° 21, p. 32* (sanctions relatives à la formation du contrat).

▸ **Ensemble contractuel :** Amrani-Mekki, *Defrénois 2002. 355* (indivisibilité et ensembles contractuels : l'anéantissement en cascade des contrats). – Aubert de Vincelles, *RDC 2007. 983* (ensembles contractuels). – Bretzner, *RDC 2009. 487*. – Bros, *D. 2016. Chron. 29* (l'interdépendance contractuelle, la Cour de cassation et la réforme du droit des contrats). –

Grimaldi et Deshayes, *RDC 2017. 187* (proposition de modification). – Moury, *RTD civ. 1994. 255* (indivisibilité entre les obligations et entre les contrats). – Najjar, La notion d'ensemble contractuel : *in Mél. A. Decocq, Litec, 2004, p. 509*. – Pellé, La notion d'interdépendance contractuelle. Contribution à l'étude des ensembles de contrats, *Dalloz, 2007*. – Seube, L'indivisibilité et les actes juridiques, *Litec, 1999*. – Susini et Puyau, *AJ contrat 2019. 382* (location financière : quelle évolution pour les principes d'interdépendance et de caducité ?). – Teyssié, Les groupes de contrats, *LGDJ, 1975*.

1. Application dans le temps. Cassation de l'arrêt qui fait application de l'art. 1186 à un contrat conclu avant le 1er oct. 2016, les dispositions de l'Ord. du 10 févr. 2016 étant entrées en vigueur le 1er oct. 2016 et les contrats conclus avant cette date demeurent soumis à la loi ancienne. • Civ. 1re, 19 sept. 2018, nº 17-24.347 P : *D. 2019. 279, obs. Mekki ; AJ contrat 2018. 477, obs. Chantepie*.

I. CADUCITÉ PAR DISPARITION D'UN ÉLÉMENT ESSENTIEL

2. Disparition de la cause. La disparition de la cause d'un engagement à exécution successive entraîne sa caducité. La cour d'appel qui, par une recherche de la commune intention des parties, caractérise l'engagement à exécution successive d'un ex-époux dont elle constate la disparition de la cause, en constate la caducité ; ainsi la cause d'une reconnaissance de dette prévoyant le paiement par l'ex-époux à son ex-épouse de la pension alimentaire destinée à assurer l'éducation et l'entretien de leur fils disparaît à partir du moment où l'enfant est à la charge exclusive de son père. • Civ. 1re, 30 oct. 2008, nº 07-17.646 P : *D. 2009. Chron. C. cass. 753 obs. Creton ; D. 2008. AJ 2937 ; JCP 2009. II. 10000, note Houtcilieff ; Gaz. Pal. 2009. 531, note Maréchal ; LPA 10 mars 2009, note Dissaux ; RLDC 2008/55, nº 3208, obs. Maugeri ; ibid. 2009/57, nº 3283, note Cermolacce ; Defrénois 2009. 671, obs. Libchaber ; RDC 2009. 49, obs. D. Mazeaud ; RTD civ. 2009. 111, obs. Hauser ; ibid. 118, obs. Fages*. ♦ Pour un arrêt admettant que le juge des référés doit rechercher, pour un contrat de maintenance, si l'évolution des circonstances économiques et notamment l'augmentation du coût des matières premières et des métaux et leur incidence sur celui des pièces de rechange n'avait pas eu pour effet, compte tenu du montant de la redevance, de déséquilibrer l'économie générale du contrat tel que voulu par les parties lors de sa signature et de priver de toute contrepartie réelle l'engagement souscrit. • Com. 29 juin 2010 : *BICC 15 nov. 2010, nº 1713, et les obs. ; D. 2010. 2481, note D. Mazeaud ; ibid. 2485, note Génicon ; JCP 2010, nº 1056, note Favario ; ibid. 2011, nº 63, obs. Ghestin ; Defrénois 2011. 811, obs. Seube ; RDC 2011. 34, obs. Savaux ; RTD civ. 2010. 782, obs. Fages*. ♦ Sur l'impossibilité de prononcer la caducité d'un testament pour disparition de sa cause, seul le testateur, capable, étant en droit de tirer les conséquences de la disparition prétendue de la cause qui l'a déterminé à disposer. • Civ. 1re, 15 déc. 2010, nº 09-70.834 P : *D. actu. 17 janv. 2011, obs. Le Douaron ; D. 2011. Actu. 77 ; AJ fam. 2011. 109, obs. Vernières ; JCP N 2011, nº 1087 note Rivière ; Defrénois 2011. 684, note Rabreau ; ibid. 719, obs. Chamoulaud-Trapiers ; RLDC 2011/85, note Chauchat-Rozier* • 15 févr. 2012, nº 10-23.026 P : *D. 2012. 553 ; AJ fam. 2012. 236, obs. Bonnet ; JCP 2012, nº 734, note Le Normand ; RDC 2012. 1287, obs. Goldie-Génicon*.

II. CADUCITÉ PAR DISPARITION D'UN CONTRAT LIÉ : CONTRATS INDIVISIBLES OU INTERDÉPENDANTS

A. CAS D'INDIVISIBILITÉ OU D'INTERDÉPENDANCE DES CONTRATS

1º PRINCIPES GÉNÉRAUX

3. Indivisibilité ou interdépendance fondée sur la volonté des parties. La recherche d'une indivisibilité fondée sur la nature spécifique de l'objet loué par rapport aux utilisations envisagées est surabondante pour les juges du fond qui ont retenu que l'indivisibilité des conventions résultait de la volonté des parties de considérer chaque contrat comme la condition de l'existence des autres. • Com. 4 avr. 1995 : *CCC 1995, nº 105, obs. Leveneur*. ♦ Pouvoir souverain d'appréciation des juges du fond sur l'intention des parties de rendre leurs conventions indivisibles : • Com. 18 déc. 2007, nº 06-15.116 P : *D. 2008. 158, obs. Delpech ; Dr. et patr. 5/2008. 94, obs. Aynès et Stoffel-Munck ; RTD com. 2008. 173, obs. Bouloc ; ibid. 404, obs. Legeais* (absence d'indivisibilité entre un contrat de fourniture de matériel et un contrat de crédit-bail, en l'absence d'élément pouvant impliquer l'organisation préalable d'une collaboration entre le représentant de la société prestataire de services et le crédit-bailleur, ou la nécessaire information du crédit-bailleur sur les modalités et la finalité de l'opération envisagée dans sa globalité, et sa volonté de consentir son financement en considération des engagements pris) • Civ. 1re, 28 oct. 2010, nº 09-68.014 P : *D. 2011. 566, note Mazeaud ; ibid. 2011. Chron. C. cass. 632, obs. Creton ; JCP 2011, nº 303, note Aubert de Vincelles ; Defrénois 2011. 808, obs. Seube ; Dr. et patr. 5/2011. 72, obs. Aynès ; RLDC 2011/79, nº 4114, note G. et L.-F. Pignarre* • Civ. 1re, 14 oct. 2015, nº 14-19.214 P (existence d'un lien intime entre le pacte de préférence et les contrats de cession et d'édition qui unissent un auteur artistique et son éditeur par un lien de confiance nécessaire).

4. *Indivisibilité fondée sur un lien objectif entre les contrats.* Admission de l'interdépendance d'un contrat de fourniture de progiciel et des contrats de maintenance, de formation et de mise en œuvre, ces quatre contrats n'ayant aucun sens indépendamment les uns des autres. • Com. 13 févr. 2007, n° 05-17.407 P : *BICC 1er juin 2007, n° 1194, et la note ; D. 2007. AJ 654, obs. Delpech ; ibid. Pan. 2975, obs. Fauvarque-Cosson ; JCP 2007. II. 10063, note Sérinet ; ibid. I. 185, n° 10, obs. Stoffel-Munck ; JCP E 2007. 1316, obs. Roussille ; ibid. 2336, étude J. Huet ; Gaz. Pal. 2007. 3295, note Forgeron et Lukic ; Defrénois 2007. 1042, obs. Libchaber ; RLDC 2007/38, n° 2511, note Loiseau ; RDC 2007. 707, obs. D. Mazeaud ; RTD civ. 2007. 567, obs. Fages*. ♦ Les juges du fond doivent rechercher si l'indivisibilité ne résulte pas d'une clause du contrat d'abonnement de téléphonie relative au paiement direct à la société fournissant le matériel qui reverse ensuite le loyer au bailleur, et du fait que la location souscrite n'a aucun sens sans les prestations d'installation du matériel. • Civ. 1re, 13 mars 2008, n° 06-19.339 P. ♦ Forment un ensemble contractuel indivisible le contrat d'approvisionnement en gaz auprès de Gaz de France et le contrat d'exploitation de la chaufferie d'un hôpital, alors que le second contrat constitue la seule cause du premier. • Civ. 1re, 4 avr. 2006, n° 02-18.277 P : *D. 2006. 2656, note Boffa ; ibid. Pan. 2641, obs. Amrani-Mekki ; Defrénois 2006. 1194, note Aubert ; RDC 2006. 700, obs. D. Mazeaud.*

5. *Admission de principe de l'interdépendance des contrats s'inscrivant dans le cadre d'une location financière.* Les contrats concomitants ou successifs qui s'inscrivent dans une opération incluant une location financière sont interdépendants ; sont réputées non écrites les clauses des contrats inconciliables avec cette interdépendance. • Cass., ch. mixte, 17 mai 2013, n° 11-22.768 P : *R., p. 507 ; D. 2013. 1273, obs. Delpech ; ibid. 1658, note Mazeaud ; RTD civ. 2013. 597, obs. Barbier ; RTD com. 2013. 569, obs. Legeais ; JCP 2013, n° 673, note Buy ; ibid., n° 674, note Seube ; Gaz. Pal. 2013. 1667, obs. Guerrero ; CCC 2013, n° 176, obs. Leveneur ; RLDC 2013/107, n° 5181, obs. Martial-Braz ; RDC 2013. 849, avis Le Mesle ; ibid. 1331, obs. Laithier* • 17 mai 2013, n° 11-22.927 : *eod. loc.* ♦ L'anéantissement de l'un quelconque de ces contrats entraîne la caducité, par voie de conséquence, des autres, sans que la reconnaissance de la caducité soit conditionnée par le constat de ce que, après l'anéantissement de l'un des contrats, l'exécution des autres serait devenue objectivement impossible. • Com. 20 oct. 2021, n° 19-24.796 B : *D. 2021. 2172, note Belrhali Debeaudouin* (caducité d'un contrat de location financière de matériel à la suite de la résiliation du contrat de maintenance portant sur ce matériel par le liquidateur de la société ayant fourni le matériel et s'étant chargée de sa maintenance).

2° APPLICATIONS DIVERSES

6. *Vente et prêt.* Pour la reconnaissance d'une indivisibilité entre une cession de fonds de commerce et un contrat de prêt, compte tenu des circonstances de l'espèce, V. • Civ. 1re, 1er juill. 1997 : *D. 1998. 32, note Aynès*. ♦ ... Entre une vente de panneaux photovoltaïques et le crédit conclu pour y faire face, l'offre de crédit étant affectée au contrat principal et renseignée par le vendeur, le prêteur ayant remis les fonds empruntés entre les mains de ce dernier. • Civ. 1re, 10 sept. 2015, n° 14-13.658 P : *D. 2015. 1837*. ♦ ... Entre une vente d'éoliennes et le prêt destiné à la financer, dès lors que le contrat de crédit était l'accessoire du contrat de vente auquel il était subordonné, et que l'emprunteur avait attesté de l'exécution du contrat principal afin d'obtenir la libération des fonds par le prêteur, lequel avait mis ceux-ci à la disposition du vendeur. • Civ. 2e, 10 sept. 2015, n° 14-23.959 P. ♦ Sur le lien unissant contrat de vente et contrat de prêt dans les opérations de crédit, V. M.-Th. Calais-Auloy, *JCP 1984. I. 3144*. ♦ V. aussi notes 33 s. ss. art. 1184 anc. et notes 11 s. ss. art. 1892.

7. *Polices d'assurance.* Absence d'indivisibilité entre deux polices d'assurance, dont la garantie n'a pas le même objet. • Civ. 1re, 21 mars 1995, n° 92-13.286 P (appréciation séparée de la prescription des actions relatives à chacune des polices).

8. *Vente et vente.* Reconnaissance de l'indivisibilité des contrats de revente de carburants et de revente de lubrifiants conclus entre un pétrolier et un exploitant de station-service. • Com. 14 févr. 1995, n° 92-21.696 P.

9. *Maintenance et location de matériel.* La résiliation unilatérale d'un contrat de collaboration et d'assistance, en application d'une faculté offerte par la convention à l'issue d'une période de trois mois, entraîne celle du contrat de location de matériel, dès lors que les deux conventions forment un ensemble indivisible, le contrat de collaboration prévoyant la mise à disposition d'un bien et les deux accords ayant été signés le même jour, par l'intermédiaire du même représentant. • Com. 28 mai 1996, n° 94-11.766 P. ♦ La résolution d'une convention de livraison, d'installation et de maintenance de panneaux publicitaires pendant une période de location, prestation assurée par une autre société, entraîne la résiliation du contrat de location dès lors que les contrats en cause sont interdépendants. L'appréciation souveraine de ce lien peut s'appuyer sur des éléments de preuve postérieurs aux contrats et résultant des conditions dans lesquelles ils ont été exécutés. • Civ. 1re, 1er oct. 1996, n° 94-18.657 P. ♦ La résolution d'un contrat de fourniture de progiciel entraîne la résolution des contrats de maintenance, de formation et de mise en œuvre, ces quatre contrats étant interdépendants et n'ayant aucun sens indépendamment les uns des autres. • Com. 13 févr. 2007 : *préc. note 4.* ♦ Indivisibilité entre un contrat de location de matériel téléphonique et le contrat ayant pour objet l'installation et l'entretrien du matériel. • Civ. 1re, 13 mars 2008 : *préc. note 4.*

10. Approvisionnement et exploitation. Indivisibilité entre le contrat d'approvisionnement en gaz auprès de Gaz de France et le contrat d'exploitation de la chaufferie d'un hôpital. • Civ. 1re, 4 avr. 2006 : *préc. note 4.*

11. Ensembles contractuels incluant une location financière. BIBL. Rémery, *D. 2013. Chron. 1634* (location financière et ouverture d'une procédure collective). ♦ Pour l'admission de principe de l'interdépendance des contrats concomitants ou successifs qui s'inscrivent dans une opération incluant une location financière, V. • Cass., ch. mixte, 17 mai 2013 : *préc. note 4* • Civ. 2e, 2 juill. 2020, n° 17-12.611 P : *D. 2021. 310, obs. Boffa et Mekki ; RTD civ. 2020. 884, obs. Barbier ; CCC 2020, n° 134, note Leveneur.* ♦ V. déjà pour la reconnaissance de l'indivisibilité d'un contrat de régie publicitaire et d'un crédit-bail de matériel de réception des messages : • Com. 15 juin 1999 : *D. 2000. Somm. 363, obs. D. Mazeaud ; CCC 1999, n° 173, note Leveneur.*

La résolution du contrat de vente entraîne, par voie de conséquence, la caducité, à la date d'effet de la résolution, du contrat de crédit-bail et sont inapplicables les clauses prévues en cas de résiliation du contrat. • Cass., ch. mixte, 13 avr. 2018, n° 16-21.345 P : *D. 2018. 1185, note Barbier ; AJ contrat 2018. 277, obs. Bucher ; RTD civ. 2018. 388, obs. Barbier ; RTD com. 2018. 434, obs. Legeais ; JCP 2018, n° 543, note Buy ; Gaz. Pal. 2018.1453, note Farhi.* ♦ Si, lorsque des contrats incluant une location financière sont interdépendants, l'anéantissement de l'un quelconque d'entre eux est un préalable nécessaire à la caducité, par voie de conséquence, des autres, il n'est toutefois pas exigé que l'anéantissement préalable et la caducité soient prononcés ou constatés au cours d'une seule et même instance. • Com. 4 juill. 2018, n° 17-15.597 P.

12. Location de matériel informatique et contrat d'adhésion à un centre serveur. La cessation des prestations du serveur entraîne la résiliation du contrat de location de matériels et logiciels informatiques, les contrats d'adhésion au centre serveur et de location étant indivisibles, dès lors que les juges du fond ont relevé que les matériels et logiciels loués ne pouvaient avoir, sans modification substantielle, d'autre usage que sur le réseau télématique géré par le serveur, que cette spécificité était connue du bailleur et que celui-ci avait participé à l'élaboration de l'ensemble complexe ayant pour objet la mise en place et le financement de ce système de communication. • Com. 4 avr. 1995 : *D. 1996. 141, note Piquet ; D. 1995. Somm. 231, obs. Aynès .* ♦ V. aussi • Com. 4 avr. 1995 : *CCC 1995, n° 105, obs. Leveneur* • 16 janv. 1996 : *Gaz. Pal. 1996. 2. Somm. 416, note E. Boulanger* • Aix-en-Provence, 13 févr. 1998 : *JCP 1998. II. 10213, note Renault-Brahinsky* • Com. 15 févr. 2000, n° 97-19.793 P : *D. 2000. Somm. 364, obs. Delebecque ; JCP 2000. I. 272, nos 9 s., obs. Constantin ; JCP E 2001. 320, obs. Seube ; Defrénois 2000. 1118, obs. D. Mazeaud ; LPA 29 déc. 2000, note Meilhac-Redon et Marmoz ; RTD civ. 2000. 325, obs. Mestre et Fages* • Com. 23 oct. 2001 : *Dr. et patr. 2/2002. 108, obs. Chauvel.*

13. Contrat d'association de distributeurs et contrat de panonceau publicitaire. Reconnaissance de l'indivisibilité de la qualité de membre d'une association de distributeurs et du maintien d'un contrat de panonceau. • Civ. 1re, 3 déc. 1996, n° 94-11.052 P : *JCP 1997. II. 22815, note Reigné ; CCC 1997, n° 42, obs. Leveneur* • 13 nov. 2008, n° 06-12.920 P : *D. 2009. AJ 98 ; RLDC 2009/56, n° 3247, obs. Maugeri.*

14. Administration et commercialisation d'un programme immobilier. V. • Civ. 1re, 13 nov. 2003 : *D. 2004. 657, note Najjar* • 16 nov. 2004 : *Dr. et patr. 6/2005. 41, étude Seube.*

15. Vente et convention de répartition du prix entre associés. Constitue un ensemble indivisible la décision de vente d'un immeuble appartenant à la société qui n'a été prise que par l'acceptation concomitante par l'assemblée des associés de répartir le produit de la vente selon des modalités différentes de celles prévues par les statuts. • Com. 19 mars 2013 : *cité note 3 ss. art. 1852.*

16. Contrats de travail. Sur l'indivisibilité des contrats de travail passés par un couple de gardiens concierges et ses conséquences, V. note 22.

B. INCIDENCES DE L'INDIVISIBILITÉ OU DE L'INTERDÉPENDANCE

1° CADUCITÉ

17. Principe. Lorsque des contrats sont interdépendants, la résiliation de l'un quelconque d'entre eux entraîne la caducité, par voie de conséquence, des autres, sauf pour la partie à l'origine de l'anéantissement de cet ensemble contractuel à indemniser le préjudice causé par sa faute. • Com. 12 juill. 2017, n° 15-23.552 P : *D. 2017 Chron. C. cass. 2328, note Barbot ; AJ contrat 2017. 429, obs. Bros ; RTD civ. 2017. 846, obs. Barbier ; RTD com. 2017. 671, obs. Legeais ; RDC 2017. 590, note Génicon ; ibid. 627, note Seube* • 12 juill. 2017, n° 15-

27.703 P : *D. 2017. 2176, obs. Martin et Synvet* ; *ibid. Chron. C. cass. 2328, note Jollec* ; *AJ contrat 2017. 429, obs. Bros* ; *RTD civ. 2017. 846, obs. Barbier* ; *RTD com. 2017. 671, obs. Legeais* ; *CCC 2017, n° 218, note Leveneur* ; *RDC 2017. 590, note Génicon* ; *ibid. 627, note Seube*. ♦ V. déjà, en faveur de la caducité : • Com. 5 juin 2007, n° 04-20.380 P : *D. 2007. AJ 1723, obs. Delpech* ; *JCP 2007. II. 10184, note Sérinet* ; *Dr. et patr. 9/2007. 89, obs. Stoffel-Munck* ; *RLDC 2008/45, n° 2802, note Martial-Braz* ; *RTD civ. 2007. 569, obs. Fages* (la résiliation des contrats de location et de maintenance [de matériel informatique] n'entraîne pas, lorsque ces contrats constituent un ensemble contractuel complexe et indivisible, la résolution du contrat de vente mais seulement sa caducité, l'acquéreur devant restituer le bien vendu et le vendeur son prix, sauf à diminuer celui-ci d'une indemnité correspondant à la dépréciation subie par la chose en raison de l'utilisation que l'acquéreur en a faite et à tenir compte du préjudice subi par l'acquéreur par suite de l'anéantissement de cet ensemble contractuel). • Civ. 1re, 4 avr. 2006 : *préc. note 4.* ♦ Comp., antérieurement : nullité ou résolution du contrat uni à un autre par un lien d'indivisibilité : • Civ. 1re, 27 oct. 1982 : *Bull. civ. I, n° 306* (annulation de la vente d'un cheptel étendue à la vente du matériel et de l'outillage) • Civ. 3e, 16 avr. 1986 : *Bull. civ. III, n° 45* (impossibilité d'invoquer la clause résolutoire contenue au contrat pour obtenir une résolution partielle en cas de vente de biens distincts pour un prix global) • Com. 8 janv. 1991, n° 89-15.439 P : *RTD civ. 1991. 528, obs. Mestre* (résolution de deux contrats portant, l'un sur le matériel et le logiciel de base, l'autre sur le logiciel d'application, les parties ayant envisagé globalement la réalisation du système informatique) • Civ. 1re, 6 févr. 1996, n° 94-11.052 P : *CCC 1996, n° 95, obs. Leveneur* ; *Defrénois 1996. 1024, obs. Delebecque* (résolution de la vente d'un ensemble routier, la remorque seule étant affectée d'un défaut). ♦ Résiliation des contrats d'édition conclus avec un parolier de chansons par voie de conséquence de la résiliation des contrats d'édition passés avec le compositeur. • Civ. 1re, 3 avr. 2001, n° 98-18.476 P : *LPA 27 juin 2001, note Derieux* ; *CCE 2001, n° 58, obs. Caron.*

18. Clauses contraires réputées non écrites. Les contrats concomitants ou successifs qui s'inscrivent dans une opération incluant une location financière étant interdépendants, sont réputées non écrites les clauses des contrats inconciliables avec cette interdépendance. • Cass., ch. mixte, 17 mai 2013, n° 11-22.768 P : *R., p. 507* ; *D. 2013. 1273, obs. Delpech* ; *ibid. 1658, note Mazeaud* ; *RTD civ. 2013. 597, obs. Barbier* ; *RTD com. 2013. 569, obs. Legeais* ; *JCP 2013, n° 673, note Buy* ; *ibid., n° 674, note Seube* ; *Gaz. Pal. 2013. 1667, obs. Guerrero* ; *CCC 2013, n° 176, obs. Leveneur* ; *RLDC 2013/107, n° 5181, obs. Martial-Braz* ; *RDC 2013. 849, avis Le Mesle* ; *ibid. 1331, obs. Laithier* • Cass., ch. mixte, 17 mai 2013 : *eod. loc.* ♦ En présence de contrats interdépendants, la résiliation de l'un entraîne la caducité de l'autre, excluant ainsi l'application de la clause du contrat caduc stipulant une indemnité de résiliation. • Com. 12 juill. 2017, n° 15-27.703 P : *D. 2017. 2176, obs. Martin et Synvet* ; *ibid. Chron. C. cass. 2328, note Jollec* ; *AJ contrat 2017. 429, obs. Bros* ; *RTD civ. 2017. 846, obs. Barbier* ; *RTD com. 2017. 671, obs. Legeais* ; *CCC 2017, n° 218, note Leveneur* ; *RDC 2017. 590, note Génicon* ; *ibid. 627, note Seube*.

19. Mise en œuvre. Lorsque des contrats incluant une location financière sont interdépendants, l'anéantissement du contrat principal est un préalable nécessaire à la caducité, par voie de conséquence, du contrat de location. • Com. 4 nov. 2014, n° 13-24.270 P : *D. 2014. 2297* (absence de caducité par l'ouverture d'une procédure collective). ♦ La contestation préalable du contrat principal suppose la mise en cause du cocontractant qui y est partie. • Même arrêt. ♦ Un créancier ne peut agir seul en rupture de conventions qui constituent un ensemble interdépendant et indivisible dès lors que la résiliation de l'une ou l'autre de ces conventions emporterait anéantissement des obligations souscrites aussi en faveur d'un autre, partie à l'une de ces conventions. • Civ. 1re, 22 mars 2012, n° 09-72.792 P : *D. 2012. 876* ; *RTD civ. 2012. 314, obs. Fages* ; *JCP 2012, n° 561, obs. Grosser* ; *RDC 2012. 795, obs. Deshayes* ; *RLDC 2012/95, n° 4722, note Corgas-Bernard* ; *RDC 2013. 1337, obs. Savaux.* ♦ Mais l'indivisibilité entre plusieurs conventions ne saurait priver un des cocontractants de la possibilité d'agir seul en réparation de ses préjudices individuels. • Même arrêt.

20. Si l'ordonnance du juge-commissaire constatant ou prononçant la résiliation d'un contrat en cours, en application de l'art. L. 641-11-1 C. com. est dépourvue de l'autorité de la chose jugée à l'égard des tiers, elle leur est cependant opposable en ce qu'elle constate ou prononce cette résiliation, de sorte que la résiliation du contrat de maintenance entraînait, à la date de la résiliation, la caducité par voie de conséquence du contrat de location financière interdépendant. • Com. 11 sept. 2019, n° 18-11.401 P : *D. 2019. Chron. C. cass. 2208, obs. Barbot* ; *AJ contrat 2019. 539, obs. Tirel* ; *RTD civ. 2019. 863, obs. Barbier*.

2° AUTRES CONSÉQUENCES DE L'INDIVISIBILITÉ

21. Prise en compte de l'indivisibilité ou de l'interdépendance pour l'appréciation de la validité des contrats liés. Refus d'annuler pour violation des dispositions de la L. du 2 janv. 1970 sur les intermédiaires immobiliers un contrat de « mandat de vente », ces dispositions étant inapplicables en l'espèce, dès lors que ce contrat était interdépendant d'une autre convention d'« administration commerciale », avec lequel il formait un ensemble contractuel indivisible. • Civ. 1re, 13 nov. 2003 : *D. 2004. 657, note Najjar* • 16 nov. 2004 : *Dr. et patr. 6/2005. 41, étude Seube.* ♦ Cassation de l'arrêt qui annule pour défaut de cause une cession consentie pour un prix dérisoire sans rechercher si cette cession ne s'inscrivait pas dans le cadre d'une opération économique constituant un ensemble contractuel indivisible propre à lui conférer une contrepartie. • Civ. 1re, 13 juin 2006, n° 04-15.456 P : *D. 2006. Pan. 2642, obs. Amrani-Mekki ; RDC 2007. 256, obs. D. Mazeaud.* ♦ Un contrat de crédit affecté et un contrat de vente ou de prestation de services qu'il finance étant interdépendants, la mention, dans le second, que le prix sera payé à l'aide d'un crédit à amortissement différé, supplée le silence du premier quant à cette modalité de remboursement. • Civ. 1re, 28 oct. 2015, n° 14-11.498 P : *D. 2016. 187, note Ferrié ; RDC 2016. 207, note Savaux* (installation de matériel photovoltaïque).

22. Indivisibilité de contrats de travail et licenciement. Les engagements d'un couple de gardiens concierges sont indivisibles et, sauf impossibilité de maintenir le contrat, les intéressés ne peuvent être licenciés en raison de l'inaptitude momentanée de l'un d'eux que l'autre peut suppléer dans ses tâches. • Soc. 14 oct. 1993, n° 91-45.409 P. ♦ Sur les conséquences de l'interdépendance du contrat de travail de concierges quant à l'occupation de leur logement de fonction : • Soc. 30 nov. 1977 : *Bull. civ. V, n° 654* • 14 avr. 1988 : *Bull. civ. V, n° 235.* ♦ Un salarié ne pouvant par avance renoncer à se prévaloir des règles du licenciement, il appartient au juge d'apprécier, en présence d'une clause d'indivisibilité entre deux contrats de travail, si cette clause est justifiée par la nature du travail et proportionnée au but poursuivi et si la poursuite du second contrat est rendue impossible par la rupture du premier. • Soc. 12 juill. 2005, n° 03-45.394 P : *R., p. 227 ; D. 2006. 344, note J. Mouly ; RTD civ. 2006. 308, obs. Mestre et Fages.* ♦ **Bibl.** Mouly, Couple et droit du travail, *D. 2013. 2233.* – Mouveau, *D. 1998. Chron. 385.* – J. Savatier, *Mél. Cornu, PUF, 1994, p. 415.* ♦ Mais les parties ne peuvent déroger aux dispositions d'ordre public relatives aux motifs de rupture d'un contrat à durée déterminée en introduisant dans le contrat de travail une clause d'indivisibilité avec celui du conjoint du salarié. • Soc. 5 juill. 2017, n° 16-17.690 P : *D. 2017. 1477 ; Dr. soc. 2017. 843, note Tournaux ; ibid. 885, obs. Mouly ; RDT 2017. 540, obs. Auzero*

Art. 1187 *(Ord. n° 2016-131 du 10 févr. 2016, art. 2, en vigueur le 1er oct. 2016)* **La caducité met fin au contrat.**

Elle peut donner lieu à restitution dans les conditions prévues aux articles 1352 à 1352-9. — *Dispositions transitoires, V. Ord. n° 2016-131 du 10 févr. 2016, art. 9, ss. art. 1386-1.*

CHAPITRE III L'INTERPRÉTATION DU CONTRAT

(Ord. n° 2016-131 du 10 févr. 2016, art. 2, en vigueur le 1er oct. 2016)

DALLOZ RÉFÉRENCE *Le nouveau droit des obligations et des contrats 2019/2020, nos 124.00 s.*

BIBL. GÉN. ▶ Fauvarque-Cosson, *RDC 2017. 363* (perspective comparatiste et internationale). – Witz, *D. 2015. Chron. 2020.* – G. Chantepie, *blog Dalloz obligations 2015.* – Revet, *D. 2015. 1217* (contrats déséquilibrés). – Deshayes, *JCP 25 mai 2015, suppl. au n° 21, p. 32 s.* – Terré, *éd. Dalloz, 2009, p. 301 s.* – Grimaldi, *RDC 2008/2, p. 207.* – Gelot, Finalités et méthodes objectives d'interprétation des actes juridiques : *LGDJ, 2003.*

Art. 1188 *(Ord. n° 2016-131 du 10 févr. 2016, art. 2, en vigueur le 1er oct. 2016)* **Le contrat s'interprète d'après la commune intention des parties plutôt qu'en s'arrêtant au sens littéral de ses termes.**

Lorsque cette intention ne peut être décelée, le contrat s'interprète selon le sens que lui donnerait une personne raisonnable placée dans la même situation. — *Dispositions transitoires, V. Ord. n° 2016-131 du 10 févr. 2016, art. 9, ss. art. 1386-1.*

Comp. C. civ., art. 1156 anc.

Sur l'appréciation du caractère abusif d'une clause d'un contrat, V. C. consom., art. L. 212-1 ss. C. civ., art. 1171.

Sur l'interprétation du contrat entre professionnel et consommateur, V. C. consom., art. L. 211-1. — ***C. consom.***

1. Absence de caractère impératif des règles relatives à l'interprétation des contrats. Les anc. art. 1156 s. formulent, pour l'interprétation des conventions, des règles qui ne présentent pas un caractère impératif et dont une éventuelle méconnaissance ne saurait, à elle seule, donner ouverture à cassation. • Civ. 1re, 6 mars 1979 : *Bull. civ. I, n° 81*. – Même sens : • Com. 19 janv. 1981 : *ibid. IV, n° 34* • Soc. 3 juin 1981 : *ibid. V, n° 490* • Civ. 1re, 19 déc. 1995, n° 94-10.478 P : *RTD civ. 1996. 611, obs. Mestre* (motif visant uniquement, contrairement aux décisions précédentes, l'art. 1156 anc.).

2. Compétence juridictionnelle. Interprétation du contrat pouvant constituer une contestation sérieuse pour un juge des référés. • Com. 23 sept. 2014, n° 13-11.836 P.

A. RECHERCHE DE LA COMMUNE INTENTION

1° PRISE EN COMPTE DE LA VOLONTÉ RÉELLE

3. Obligation pour le juge de rechercher la commune intention des parties. Lorsque les stipulations d'un contrat sont ambiguës, il appartient au juge de déterminer quelle a été la commune intention des parties. • Com. 30 mars 2022, nos 20-16.168 et 20-17.354 B *D. 2022. 1875, obs. Lamazerolles et Rabreau ; ibid. 2023. 22, note Moury ; Rev. sociétés 2022. 425, note Dondero ; RTD com. 2022. 329, obs. Moury* (cassation au visa de l'art. 1103 d'un arrêt ayant fondé sa décision sur le caractère clair d'une clause).

4. Primauté de la volonté réelle sur la volonté déclarée. Refus d'appliquer littéralement une clause claire et précise lorsque celle-ci semble être le résultat d'une erreur manifeste et est en contradiction avec l'intention commune et certaine des parties. • Req. 6 févr. 1945 : *Gaz. Pal. 1. 116*. ♦ Lorsque les juges du fond estiment, par une interprétation souveraine de la commune intention des parties, exclusive de dénaturation des termes de la clause litigieuse, que la mention d'un indice figurant dans la clause de révision d'un loyer était le résultat d'une erreur provenant d'une rédaction hâtive et maladroite, ils peuvent en écarter l'application. • Civ. 3e, 8 oct. 1974 : *D. 1975. 189*. ♦ Interprétation de la clause d'un contrat d'assurance vie désignant comme bénéficiaires les héritiers de l'assuré. Cassation : cassation de l'arrêt ayant conclu à une répartition égalitaire du capital de l'assurance entre les trois enfants de la défunte sans tenir compte des dispositions testamentaires de celle-ci accordant un surcroît de droit à l'un des enfants, légataire de la quotité disponible, au motif que ces dispositions ne faisaient pas perdre leur qualité d'héritiers aux deux autres enfants et que le capital payable au décès de l'assuré ne fait pas partie de sa succession alors qu'il incombait au juge de rechercher la volonté du souscripteur quant à la répartition du capital garanti. • Civ. 1re, 19 sept. 2018, n° 17-23.568 P : *D. 2018, obs. Godechot-Patris et Grare-Didier ; AJ fam. 2018. 622, obs. Vernières ; JCP N 2018, n° 1348, note Robineau ; RGDA 2018. 514, note Mayaux ; RDBF 2018, n° 161, obs. Leblond.*

5. Limite : force obligatoire des clauses dites « de style ». Les stipulations contractuelles, fussent-elles usuelles, s'imposent aux contractants qui les ont signées et sont supposés les avoir lues. V. par ex. • Civ. 3e, 3 mai 1968 : *Bull. civ. II, n° 184* • 8 juill. 1971 : *Bull. civ. II, n° 442*. ♦ Refus de la Cour de cassation d'imposer sa propre interprétation en ce qui concerne les clauses de style. • Civ. 18 nov. 1930 : *Gaz. Pal. 1930. 2. 940*. ♦ ... En ce qui concerne les « règles d'York et d'Anvers » en matière de connaissement maritime. • Com. 15 mai 1950 : *D. 1950. 773, note Ripert*. ♦ Cependant, V. ci-dessous en ce qui concerne l'interprétation des clauses types dans les contrats d'assurance.

6. Recherche de la volonté réelle : pouvoir souverain des juridictions du fond. La recherche de la commune intention des parties relève du pouvoir souverain des juridictions du fond. Jurisprudence constante. • Cass., sect. réun., 2 févr. 1808, *Lubert c/ Wancareghem : GAJC, 11e éd., n° 159 ; Jur. gén., v° Cassation, n° 1573, concl. Merlin* (bien que cet arrêt soit un arrêt de rejet et que l'expression « appréciation souveraine » n'y figure pas, il décide que les juges ont un pouvoir souverain pour interpréter les clauses d'un acte de société et que, quand bien même il serait prouvé qu'ils ont mal interprété la volonté des parties, leur décision ne saurait être cassée). ♦ Solution maintenue : V., par ex., • Req. 22 nov. 1865 : *DP 1866. 1. 108 ; S. 1866. 1. 23, concl. Fabre* • 31 oct. 1934 : *DH 1934. 602* • Civ. 10 mai 1948 : *Gaz. Pal. 1948. 2. 41* • Soc. 11 mai 1948 : *ibid.* ♦ Après avoir constaté que, postérieurement à la résiliation du contrat d'exercice qui le liait à une clinique, un praticien avait continué à travailler dans cette clinique aux mêmes conditions, c'est dans l'exercice de son pouvoir souverain d'appréciation de la volonté des parties, rendue nécessaire par l'absence d'expression écrite de celles-ci, qu'une cour d'appel décide que ce nouveau contrat d'exercice avait le même contenu que l'ancien. • Com. 11 avr. 2012, n° 10-20.505 P : *D. 2012. 1123 ; RDC 2012. 755, obs. Génicon*. ♦ Limite au pouvoir souverain des juridictions du fond : contrôle de la dénaturation par la Cour de cassation, V. art. 1192 et la jurisprudence citée.

7. ... Prise en compte de comportements ultérieurs ou de propositions antérieures. Il appartient aux juges du fond de rechercher l'intention des parties contractantes dans les termes employés par elles comme dans tout comportement ultérieur de nature à la manifester. • Civ. 3e, 5 févr. 1971 : *D. 1971. 281, rapport Cornuey* • Civ. 1re, 13 déc. 1988 : *Bull. civ. I, n° 352* • 9 nov. 1993, n° 91-22.059 P. ♦ Interprétation d'une convention (contrat d'édition) à la lumière des propositions antérieurement faites par l'éditeur à l'auteur : V. • Civ. 1re, 18 févr. 1986 : *Bull. civ. I, n° 31.*

8. ... Prise en compte d'éléments contextuels. Recherche de l'intention réelle des parties à un contrat de cautionnement à partir de la concomitance de la date des actes de prêt et de cautionnement, d'une part, et du montant des engagements, d'autre part. • Com. 9 juin 1998, n° 95-19.464 P • 24 mai 2005, n° 00-19.721 P.

2° PRISE EN COMPTE DES ACCORDS INTERPRÉTATIFS

9. Contrôle du caractère interprétatif d'un accord. Un accord ne peut être considéré comme interprétatif qu'autant qu'il se borne à reconnaître, sans rien innover, un état de droit préexistant qu'une définition imparfaite a rendu susceptible de controverse ; en l'espèce, tel n'est pas le cas de l'avenant à un accord relatif à l'indemnité bonifiée de cessation de fonction des salariés d'un établissement, dès lors que cet avenant, ayant pour objet l'indemnisation de tous les préjudices subis du fait d'une exposition potentielle à l'amiante, ajoute au droit préexistant. • Soc. 4 févr. 2015, n° 14-13.646 P. ♦ Rappr. pour le refus de considérer comme interprétatif un avenant à une convention collective modifiant le mode de calcul de l'indemnité de départ à la retraite prévu dans la convention initiale. • Soc. 12 juin 2014, n° 13-15.416 P.

B. APPLICATIONS PARTICULIÈRES

10. Interprétation de clauses types figurant dans des contrats d'assurance. Clause subordonnant la garantie à la détention d'un « permis régulier ». • Civ. 18 mars 1942 : *S. 1943. 1. 13, note Houin.* ♦ Clause de direction du procès par l'assureur. • Civ. 4 mai 1942 : *DC 1942. 1. 131, note Besson.* ♦ Clauses d'exclusion en matière d'assurance automobile. • Civ. 1re, 9 janv. 1973 : *D. 1973. 553, note Berr et Groutel* • 9 oct. 1973 (2 arrêts) : *D. 1973. IR 233* • Cass., ass. plén., 13 déc. 1974 : *JCP 1975. II. 18017, rapp. Lemercier.* ♦ Interprétation de la formule « pénétration clandestine ». • Civ. 1re, 24 janv. 1984 : *Bull. civ. I, n° 28.* ♦ Définition de différentes formes d'effraction. • Civ. 1re, 2 mai 1990, n° 87-18.835 P : *RGAT 1990. 639, note Kullmann* • 17 juill. 1990 : *RGAT 1990. 639, note Kullmann* • 16 mai 1995 : *D. 1995. 349* ; *RGAT 1995. 533, rapp. Sargos.* ♦ Comp., refusant de contrôler les définitions contractuelles de l'invalidité et de l'incapacité : • Civ. 1re, 9 févr. 1999 (2 arrêts) : *D. 1999. 339, note Malleville* . ♦ *Adde : Kuhnmunch, RGAT 1992. 237* (la Cour de cassation et l'assurance).

Lorsque la clause d'exclusion de garantie est sujette à interprétation, cela exclut que l'exclusion mentionnée puisse être formelle et limitée. • Civ. 3e, 27 oct. 2016, n° 15-23.841 P : *D. 2016. 2212* ; *RDI 2016. 654, obs. Noguéro* • Civ. 3e, 24 nov. 2016, n° 15-25.415 P : *D. 2016. 2464* ; *RDI 2017. 144, obs. Boubli* .

11. Interprétation des conventions collectives du travail. Une convention collective, si elle manque de clarté, doit être interprétée comme la loi, c'est-à-dire d'abord en respectant la lettre du texte, ensuite en tenant compte d'un éventuel texte législatif ayant le même objet et, en dernier recours, en utilisant la méthode téléologique consistant à rechercher l'objectif social du texte. • Soc. 8 juin 2022, n° 20-20.100 B. ♦ Il appartient au juge de trancher le litige en interprétant lui-même la convention collective. • Soc. 13 nov. 2008, n° 06-40.060 P (cassation de l'arrêt qui, sous couvert d'une règle de preuve, adopte l'interprétation de l'employeur) • 15 juill. 1998, n° 96-42.005 P. ♦ Recevabilité des pourvois fondés directement sur la violation d'une convention collective en dehors de toute référence à une dénaturation de ses clauses. • Cass., ass. plén., 6 févr. 1976 : *JCP 1976. II. 14481, note Groutel* • Soc. 6 mai 1985 : *Bull. civ. V, n° 272* • Cass., ass. plén., 12 mai 1989 (3 arrêts) : *Bull. civ. n° 1 ; JCP 1989. II. 21322.* ♦ L'avis donné par la commission paritaire, dans un but de conciliation, ne lie pas le juge. • Soc. 10 févr. 1998, n° 95-43.984 P. ♦ Refus de considérer comme interprétatif un avenant à une convention collective modifiant le mode de calcul de l'indemnité de départ à la retraite prévu dans la convention initiale. • Soc. 12 juin 2014, n° 13-15.416 P (visa des art. 2 et 1134 C. civ.).

12. Exigence d'une clause contractuelle transparente et compréhensible en matière de contrats de travail. S'il est possible d'inclure l'indemnité de congés payés dans la rémunération forfaitaire lorsque des conditions particulières le justifient, cette inclusion doit résulter d'une clause contractuelle transparente et compréhensible, ce qui suppose que soit clairement distinguée la part de rémunération qui correspond au travail de celle qui correspond aux congés et que soit précisée l'imputation de ces sommes sur un congé déterminé, devant être effectivement pris. • Soc. 22 mai 2019, n° 17-31.517 P : *D. 2019. 1177* ; *Dr. soc. 2019. 641, note Radé* ; *RDT 2019. 646, obs. Véricel* (en l'espèce, cassation de l'arrêt qui déboute le salarié de sa demande d'indemnité compensatrice de congés payés après avoir constaté que le contrat de travail, en ses conditions générales et particulières, se bornait à stipuler que la rémunération globale du salarié incluait les congés payés, ce dont il résultait que cette clause du contrat n'était ni transparente ni compréhensible).

13. Autres cas. Interprétation des contrats d'adhésion, V. art. 1190. ♦ Interprétation d'une pluralité de contrats concourant à une même opération, V. art. 1189. ♦ Interprétation d'une pluralité de contrats contenant des dispositions contradictoires, V. jurisprudence citée ss. art. 1189.

Art. 1189 *(Ord. n° 2016-131 du 10 févr. 2016, art. 2, en vigueur le 1er oct. 2016)* **Toutes les clauses d'un contrat s'interprètent les unes par rapport aux autres, en donnant à chacune le sens qui respecte la cohérence de l'acte tout entier.**

Lorsque, dans l'intention commune des parties, plusieurs contrats concourent à une même opération, ils s'interprètent en fonction de celle-ci. – *Dispositions transitoires, V. Ord. n° 2016-131 du 10 févr. 2016, art. 9, ss. art. 1386-1.*

Comp. C. civ., art. 1161 anc.

1° INTERPRÉTATION DES CLAUSES D'UN CONTRAT

1. Respect de la cohérence de l'acte entier. Interprétation d'une clause d'indemnisation forfaitaire en cas de perte de pellicules par référence au contrat pris dans son entier. • Civ. 1re, 5 févr. 2002, n° 00-10.250 P.

2. Respect de l'économie générale du contrat. Les juges du fond écartent à bon droit une clause contractuelle en contradiction avec l'économie générale de la convention. • Com. 15 févr. 2000, n° 97-19.793 P : *D. 2000. Somm. 364, obs. Delebecque ; JCP 2000. I. 272, nos 9 s., obs. Constantin ; JCP E 2001. 320, obs. Seube ; Defrénois 2000. 1118, obs. D. Mazeaud ; LPA 29 déc. 2000, note Meilhac-Redon et Marmoz ; RTD civ. 2000. 325, obs. Mestre et Fages*.

2° INTERPRÉTATION D'UNE PLURALITÉ DE CONTRATS

3. Pluralité de contrats concourant à une même opération. Si une promesse de vente, considérée isolément, peut sembler claire et précise, le rapprochement de cette promesse et des conventions qui l'ont suivies peut faire naître une ambiguïté ; il appartient alors aux juges du fond de dégager des termes employés dans ces actes la véritable intention des parties. • Civ. 1re, 13 oct. 1965 : *JCP 1965. II. 14426, note J. A.*

4. Pluralité de contrats contradictoires : clauses relatives à la compétence juridictionnelle. Le juge, en présence de deux contrats entre les mêmes parties, contenant l'un une clause compromissoire, l'autre une clause attributive de juridiction, peut déduire, de la constatation que les parties ont voulu distinguer ces deux contrats par des clauses contraires, que la convention d'arbitrage stipulée au premier contrat est inapplicable à un litige relatif au second contrat. • Civ. 1re, 4 juill. 2006, n° 05-11.591 P.

5. ... Contrats de travail. En présence de deux contrats de travail signés à la même date par le salarié avec le même employeur, seul le plus favorable au salarié doit recevoir application. • Soc. 12 juill. 2006, n° 04-48.654 P.

6. ... Copropriété. Interprétation d'un règlement de copropriété en fonction des précisions apportées par l'état descriptif de division auquel le règlement conférait une valeur contractuelle ; appréciation souveraine, par les juges du fond, de l'absence de contradiction entre l'affectation de certains lots à destination exclusive d'habitation par l'état descriptif de division et les stipulations du règlement autorisant un usage professionnel ou d'habitation, les dispositions de l'état descriptif étant plus précises que la destination énoncée au règlement de manière générale. • Civ. 3e, 6 juill. 2017 n° 16-16.849 P.

Art. 1190 *(Ord. n° 2016-131 du 10 févr. 2016, art. 2, en vigueur le 1er oct. 2016)* **Dans le doute, le contrat de gré à gré s'interprète contre le créancier et en faveur du débiteur, et le contrat d'adhésion contre celui qui l'a proposé.** – *Dispositions transitoires, V. Ord. n° 2016-131 du 10 févr. 2016, art. 9, ss. art. 1386-1.*

Comp. C. civ., art. 1162 anc.

BIBL. ► CHÉNEDÉ, *D. 2015. Chron. 1226* (le contrat d'adhésion dans le projet de réforme).

1° INTERPRÉTATION DU CONTRAT DE GRÉ À GRÉ

1. Interprétation favorable au débiteur : absence de caractère impératif. L'interprétation de l'intention des parties, destinée à donner effet à une clause ambiguë, ne saurait être remise en cause devant la Cour de cassation, selon laquelle, dans le doute, la convention s'interprète contre celui qui a stipulé et en faveur de celui qui a contracté l'obligation [anc. art. 1162] n'ayant, au surplus, pas de caractère impératif. • Soc. 20 févr. 1975 : *Bull. civ. V, n° 93.*

2. ... Caractère subsidiaire de la règle. En faveur du caractère subsidiaire de la règle privilégiant l'interprétation favorable au débiteur [anc. art. 1162] par rapport aux autres directives d'interprétation, V. • Aix-en-Provence, 26 juin 2002 : *JCP 2004. II. 10022, note Égéa* (art. 1156 anc.) • Reims, 7 janv. 2004 : *RDC 2004. 933, obs. Stoffel-Munck.*

2° INTERPRÉTATION DU CONTRAT D'ADHÉSION

3. Illustrations particulières : contrats de consommation. **BIBL.** Lamoureux, *D. 2006. Chron. 2848*. – Witz, *Mél. B. Gross, PU Nancy, 2009* (exception au principe d'interprétation en faveur du consommateur). ♦ Sur l'obligation d'interpréter les clause ambiguës des contrats de consommation dans le sens le plus favorable au consommateur (C. consom., art. L. 133-2 [L. 211-1], al. 2, V. • Civ. 1re, 21 janv. 2003, n° 00-19.001 P : *D. 2003. 2600, note Claret ; ibid. AJ 693, obs. Avena-Robardet ; Dr. et patr. 5/2003. 112, obs. Chauvel ; RCA 2003. Chron. 13, par Courtieu ; RTD civ. 2003. 292, obs. Mestre et Fages ; RDC 2003. 91, obs. Bruschi ; RGDA 2003. 442, note Kullmann* • Civ. 2e, 13 juill. 2006, n° 05-18.104 P : *Gaz. Pal. 2007. 4036, note Leducq ; CCC 2006, n° 209, note Raymond ; RDC 2007. 347, obs. Fenouillet* • Civ. 1re, 22 mai 2008, n° 05-21.822 P : *R., p. 300 ; D. 2008. 1954, note Martin ; ibid. 2008. AJ 1547, obs. Delpech ; ibid. 2009. Pan. 253, obs. Groutel ; JCP 2008. II. 10133, note Sériaux ; ibid. I. 179, n° 8, obs. Grosser ; ibid. I. 218, n° 11, obs. Sophanor-Brouillaud ; RCA 2008, n° 270, obs. Groutel ; RLDC 2008/51, n° 3046, obs. Maugeri ; RTD civ. 2008. 477, obs. Fages ; RDC 2008. 1135, obs. Mazeaud ; ibid. 1155, obs. Deshayes ; ibid. 1214, obs. Bruschi ; ibid. 2009. 1142, obs. Grynbaum* • 1er juin 2011, n° 09-72.552 P : *D. 2011. 1612, obs. de Ravel d'Esclapon*.

Art. 1191 *(Ord. n° 2016-131 du 10 févr. 2016, art. 2, en vigueur le 1er oct. 2016)* **Lorsqu'une clause est susceptible de deux sens, celui qui lui confère un effet l'emporte sur celui qui ne lui en fait produire aucun.** — *Dispositions transitoires, V. Ord. n° 2016-131 du 10 févr. 2016, art. 9, ss. art. 1386-1.*

Comp. C. civ., art. 1157 anc.

1. Application au contrat de société. En présence d'une clause mettant à la charge d'un associé d'une société en participation certains frais exposés, les juges du fond, rappelant la disposition de l'art. 1157, peuvent décider que ces frais devaient être considérés comme des pertes éprouvées par l'association en participation, et en conséquence être partagés entre les associés ; dans une interprétation contraire, en effet, la clause litigieuse, tendant à faire supporter à l'un des associés la quasi-totalité des pertes, serait nulle. • Civ. 3e, 19 déc. 1968 : *Bull. civ. III, n° 573.*

2. Application au testament. Application de la règle privilégiant le sens susceptible de conférer un effet à la clause d'un acte [anc. art. 1157] pour l'interprétation d'un testament : V. • Paris, 22 sept. 1986 : *D. 1987. 150, note Najjar.*

Art. 1192 *(Ord. n° 2016-131 du 10 févr. 2016, art. 2, en vigueur le 1er oct. 2016)* **On ne peut interpréter les clauses claires et précises à peine de dénaturation.** — *Dispositions transitoires, V. Ord. n° 2016-131 du 10 févr. 2016, art. 9, ss. art. 1386-1.*

Comp. C. civ., art. 1156 anc.

A. CONTRÔLE DE LA DÉNATURATION : PRINCIPE

1. Admission du contrôle de dénaturation par la Cour de cassation. Il n'est pas permis aux juges, lorsque les termes d'une convention sont clairs et précis, de dénaturer les obligations qui en résultent et de modifier les stipulations qu'elle renferme. • Civ. 15 avr. 1872, *Veuve Foucauld et Coulombe c/ Pringault : GAJC, 11e éd., n° 160 ; DP 1872. 1. 176 ; S. 1872. 1. 232.* ♦ Solution maintenue : V. par ex., • Civ. 6 juin 1921 : *DP 1921. 1. 73, rapp. A. Colin ; S. 1921. 1. 193, note Hugueney* • 9 oct. 1940 : *DA 1941. 1. 130 (1re esp.)* • 16 déc. 1940 : *DA 1941. 1. 130 (2e esp.)* • Civ. 1re, 11 mai 1982 : *Gaz. Pal. 1982. 2. 612, note Chabas* • Com. 5 juill. 1984 : *JCP 1985. II. 20409, note E.-M. Bey* • Civ. 1re, 4 avr. 2001, n° 98-20.528 P : *JCP 2001. II. 10647, note Puigelier* (application au juge des référés, bien que l'existence d'une contestation sérieuse, au sens *de l'art. 809, al. 2, C. pr. civ.,* ne relève pas du contrôle de la Cour de cassation). ♦ Pour la censure de la dénaturation d'un testament par la CEDH : • CEDH, sect. IV, 13 juill. 2004, *P. et P. c/ Andorre : V. note 4 ss. art. 310.*

2. Définition de la dénaturation : méconnaissance du sens clair et précis d'un écrit. La dénaturation se définit comme la méconnaissance du sens clair et précis d'un écrit. • Civ. 6 juin 1921 : *préc. note 1.* ♦ Le grief de dénaturation portant sur un ensemble de documents n'est pas recevable s'il ne précise pas celui ou ceux des documents qui en font l'objet. • Civ. 1re, 16 avr. 2015, n° 14-10.257 P : *D. 2015. 928.* ♦ Une clause n'est claire et précise que si elle n'est susceptible que d'un seul sens. • Civ. 12 janv. 1938 : *DH 1938. 197* • Civ. 1re, 28 févr. 1962 : *Bull. civ. I, n° 128.* ♦ L'ambiguïté d'une clause peut résulter de sa discordance avec d'autres stipulations. • Civ. 1re, 5 janv. 1956 : *Bull. civ. I, n° 11* • Com. 5 mai 1970 : *ibid. IV, n° 147.* ♦ Un contrat verbal est ambigu par nature. • Com. 5 déc. 1984 : *Bull. civ. IV, n° 332.* ♦ Le contrôle de la dénaturation ne s'exerce que sur un écrit et non sur des faits. • Civ. 1re, 3 févr. 1981 : *JCP 1981. IV. 132.* ♦ Dénaturation de l'accord des parties résultant d'un échange de correspondance. • Civ. 1re, 19 mai 1999 : *D. Affaires 1999. 1113, obs. V. A.-R.* ♦ Dénaturation des termes clairs et précis d'une facture : • Com. 31 janv. 1995 : *JCP 1995. II. 22385, note Perdriau.*

3. Obligation d'interpréter lorsque la clause n'est pas claire et précise. Lorsque les stipulations d'un contrat sont ambiguës, il appartient au juge de déterminer quelle a été la commune intention des parties. • Com. 30 mars 2022, n° 20-16.168 B : *D. 2022. 1875, obs. Lamazerolles et Rabreau ; ibid. 2023. 22, note Moury ; Rev. sociétés 2022. 425, note Dondero ; RTD com. 2022. 329, obs. Moury* (cassation au visa de l'art. 1103 d'un arrêt ayant fondé sa décision sur le caractère clair d'une clause)

B. ... APPLICATIONS

1° ACTES JURIDIQUES CONCERNÉS

4. *Contrats.* Contrat de société. • Com. 5 févr. 1991, n° 89-16.844 P (dénaturation des statuts d'une SARL). ♦ Contrat d'assurance. • Civ. 23 avr. 1945 (2 arrêts) : *D. 1945. 261, note P. L.-P.* • 15 janv. 1948 : *D. 1948. 265* • 29 juin 1948 : *D. 1948. 554* • 22 avr. 1950 : *D. 1950. 613, note A. B.* ♦ Contrat de travail. • Soc. 3 août 1948 : *D. 1948. 536* • 5 janv. 1956 : *D. 1956. 391.* ♦ Contrat de bail. • Civ. 10 juin 1949 : *D. 1949. 496* • Civ. 3e, 30 juin 2004, n° 02-20.721 P : *AJDI 2004. 805, obs. Rouquet ; RDC 2005. 354, obs. Seube.* ♦ Contrat d'agence de voyages. • Civ. 1re, 24 mai 1989 : *Bull. civ. I, n° 207.* ♦ Cautionnement. • Civ. 1re, 10 déc. 1991, n° 90-14.519 P (il y a dénaturation lorsque les juges confèrent à la caution la qualité de débiteur principal en énonçant qu'il convenait, en l'espèce, de ne pas s'attacher au sens littéral des termes de l'acte) • Civ. 1re, 19 juin 2001 : *D. 2001. AJ 2298* (dénaturation d'une clause claire et précise de limitation de durée). ♦ Convention d'honoraires. • Civ. 1re, 19 mai 1999 : *préc. note 2* • Civ. 2e, 28 avr. 2011, n° 10-15.477 P : *D. 2011. 1290* • 5 oct. 2017, n° 16-23.050 P : *D. 2017. 2037 ; D. avocats 2017. 408, obs. Royer .* ♦ Donation. • Civ. 1re, 23 janv. 2007 : *D. 2007. AJ 510, obs. Gallmeister ; AJ fam. 2007. 144, obs. Bicheron ; Dr. fam. 2007, n° 69, note Beignier* • Civ. 1re, 4 juin 2009, n° 08-16.584 P : *D. 2009. Pan. 2508, obs. Brémond ; AJ fam. 2009. 351, obs. Bicheron ; Dr. fam. 2009, n° 109, note Beignier ; RLDC 2009/63, n° 3549, obs. Pouliquen* (clause d'entrée en communauté) • Civ. 3e, 18 nov. 2009, n° 08-18.740 P : *D. 2009. AJ 2864 ; JCP 2010, n° 203, § 13, obs. Le Guidec* (donation partage sur des droits d'associés). ♦ Convention d'obsèques : • Civ. 1re, 17 mars 2010, n° 08-20.426 P : *D. 2010. AJ 892 ; AJ fam. 2010. 286, obs. Vernières ; RLDC 71/2010, n° 3800, obs. Le Gallou.* ♦ Convention quant aux conséquences d'un divorce : • Civ. 1re, 6 oct. 2010, n° 09-12.731 P : *D. 2010. Actu. 2431, obs. Gallmeister ; Dr. fam. 2010, n° 179, obs. Larribau-Terneyre.*

5. *... Actes juridiques unilatéraux.* Dénaturation des termes clairs et précis d'un testament. • Civ. 7 févr. 1912 : *DP 1912. 1. 433 ; S. 1914. 1. 305, note Hugueney* • Civ. 1re, 9 juill. 1958 : *D. 1958. 583* • 25 juin 1968 : *D. 1968. 625* • 30 juin 1976 : *Bull. civ. I, n° 145* • 23 janv. 2001, n° 97-20.618 P : *Defrénois 2001. 626, note Crône.* ♦ Refus de reconnaître la validité d'un acte clair et précis de consentement à l'adoption d'un enfant. • Civ. 1re, 8 mars 2005, n° 02-12.740 P : *Defrénois 2005. 1219, note Revillard (2e esp.) ; ibid. 1356, obs. Massip ; AJ fam. 2005. 191, obs. Chénedé ; Dr. fam. 2005, n° 98, note Murat ; RTD civ. 2005. 377, obs. Hauser ; RDSS 2005. 510, obs. F. Monéger .*

6. *Règlements, statuts ou cahier des charges.* Règlement du « Loto national ». • Civ. 1re, 10 janv. 1995, n° 92-18.013 P : *Defrénois 1995. 746, obs. Delebecque.* ♦ Statut de l'AFNOR. • Civ. 1re, 2 oct. 2007, n° 06-19.521 P : *CCC 2008, n° 36, note Leveneur.* ♦ Cahier des charges prévoyant un droit de substitution après adjudication au profit de coïndivisaires : • Civ. 1re, 17 nov. 2010, n° 09-68.013 P : *D. 2010. Actu. 2847 .*

7. *Accords d'entreprise.* Dénaturation d'un accord d'entreprise, signé par une société et deux organisations syndicales représentatives, relatif au recours au vote électronique pour les élections des membres du comité d'entreprise et des délégués du personnel. • Soc. 4 juin 2014, n° 13-18.914 P : *D. 2014. 1282 .*

2° CAS DE DÉNATURATION

8. *Modifications des stipulations contractuelles.* Dénaturation par adjonction au contrat d'une condition ou distinction qu'il ne comporte pas. • Civ. 1re, 4 nov. 1968 : *Bull. civ. I, n° 262* • 8 juin 1977 : *ibid. I, n° 271* • Com. 4 déc. 1979 : *ibid. IV, n° 323.* ♦ Dénaturation résultant d'une modification des stipulations contractuelles. • Civ. 3e, 1er mars 1989 : *Bull. civ. III, n° 56 ; Defrénois 1990. 1208, note Vion ; RTD civ. 1991. 113, obs. Mestre* (substitution d'un complément de prix à un droit d'usage et d'habitation) • Civ. 1re, 21 févr. 1995 : *RDBF 1995. 144, obs. Crédot et Gérard ; Defrénois 1996. 363, obs. D. Mazeaud* (l'offre préalable présentée par le prêteur et acceptée par l'emprunteur faisant la loi des parties, le juge ne peut sous couvert d'interprétation, aggraver la situation de l'emprunteur en modifiant les stipulations contractuelles) • Civ. 3e, 4 juill. 1968 : *Bull. civ. III, n° 325,* rejetant le pourvoi formé contre • Paris, 29 juin 1964 : *JCP 1965. II. 14135, note Boccara* (impossibilité pour le juge de se substituer aux parties pour exercer en leur nom une option qu'elles se sont réservée, ou d'autoriser le cocontractant qui n'avait pas ce droit d'après la convention à opérer le choix à la place de la partie défaillante).

9. *Méconnaissance de la force obligatoire d'une clause non équivoque.* Méconnaissance de l'effet obligatoire ou de la portée d'une clause non équivoque. • Com. 9 oct. 1990, n° 89-12.955 P (clause pénale prévue pour le cas de dénonciation unilatérale du contrat, impossibilité de l'appliquer en cas de résiliation judiciaire de ce contrat) • Com. 27 mars 1990 : *D. 1991.*

289, note Testu ; *Defrénois 1991. 610, obs. J. Honorat* ; *RTD civ. 1991. 112, obs. Mestre* (cassation de l'arrêt qui, en présence d'une clause d'indivisibilité, décide que la nullité d'une clause d'indexation illicite ne s'étend pas au contrat entier). ♦ Comp., pour le cas ou une telle clause d'indivisibilité, entachée de fraude, est privée d'effet : • Civ. 3e, 6 juin 1972 : *D. 1973. 151, note Malaurie* ; *JCP 1972. II. 17255* ; *Defrénois 1973. 448, obs. Aubert* • 9 juill. 1973 : *D. 1974. 24, note Ph. M.* ♦ ... Méconnaissance de la portée d'une clause d'un bail claire et précise sur l'obligation d'entretien des lieux. • Civ. 3e, 30 juin 2004, nº 02-20.721 P : *AJDI 2004. 805, obs. Rouquet* ; *RDC 2005. 354, obs. Seube*. – Rappr. • Civ. 1re, 23 janv. 2007 : *préc. note 4* (clause d'une donation). ♦ Dénaturation par « omission » d'une clause du contrat. • Civ. 3e, 19 nov. 1970 : *Bull. civ. III, nº 616*. ♦ Dénaturation par l'ajout d'une obligation de moyen : • Civ. 1re, 3 mars 2011, nº 09-70.754 P : *D. 2011. 818* ; *JCP 2011. 955. obs. Ghestin* ; *RLDC 2011/82, nº 4229, obs. Paulin* ; *RDC 2011. 841, note Deshayes* (contrat de forage ne garantissant pas le résultat de celui-ci). ♦ Dénaturation d'une clause d'une convention d'honoraires qui définit le succès comme un profit réalisé ou des pertes évitées, l'avocat ayant obtenu une condamnation moindre de ses clients par rapport à ce qui était demandé. • Civ. 1re, 5 oct. 2017, nº 16-23.050 P : *D. 2017. 2037* ; *D. avocats 2017. 408, obs. Royer*. ♦ Cassation, pour méconnaissance de la force obligatoire de la convention des parties, de l'arrêt qui déclare caduque une promesse de vente et rejette la demande en paiement de la pénalité contractuelle présentée par les candidats acquéreurs évincés au motif que ces derniers ne justifient pas de la réalisation de la condition suspensive relative à l'octroi d'un prêt pour un montant maximum déterminé alors qu'un prêt leur avait été accordé à un montant inférieur au montant maximal prévu, ce qui était conforme aux stipulations contractuelles. • Civ. 3e, 14 janv. 2021, nº 20-11.224 P : *D. 2021. 134* ; *RTD civ. 2021. 408, obs. Barbier* ; *CCC 2021, nº 55, note Leveneur*.

10. Méconnaissance de la portée d'un acte juridique. Méconnaissance de la portée d'un pacte d'actionnaires comportant l'engagement « de faire en sorte que les besoins de trésorerie soient couverts au mieux pendant une durée de... ». • Com. 20 févr. 2007, nº 05-18.882 P : *D. 2007. AJ 807, obs. Delpech* ; *JCP 2007. II. 10082, note Descorps-Declère* ; *LPA 15 mai 2007, note Barbiéri* (obligation de résultat, et non de moyens). ♦ ... Méconnaissance de la portée de deux actes de cautionnement séparés et indépendants signés par deux conjoints (actes analysés comme un cautionnement solidaire limité au montant porté dans chacun des actes). • Com. 30 oct. 2000 : *D. 2000. AJ 436*. ♦ Refus de reconnaître la validité d'une cession de créance stipulée dans un acte notarié de vente et de prêt, nonobstant des clauses claires et précises. • Civ. 1re, 20 mars 2001 : *D. 2001. IR 1213*. ♦ Méconnaissance de la portée de la mission confiée à un arbitre par un protocole d'accord. • Com. 16 févr. 2010, nº 09-11.586 P : *D. 2010. 1765, note Moury* ; *Rev. sociétés 2010. 165, note Couret*.

CHAPITRE IV LES EFFETS DU CONTRAT

(Ord. nº 2016-131 du 10 févr. 2016, art. 2, en vigueur le 1er oct. 2016)

DALLOZ RÉFÉRENCE *Le nouveau droit des obligations et des contrats 2019/2020, nos 125.00 s.*

RÉP. CIV. vº *Contrat : effets*, par G. Chantepie.

SECTION 1 Les effets du contrat entre les parties

(Ord. nº 2016-131 du 10 févr. 2016, art. 2, en vigueur le 1er oct. 2016)

BIBL. ▸ Lahnane, *AJ contrat 2017. 475* (l'inflexion nécessaire du principe d'intangibilité du contrat : étude comparée entre droit des sociétés et droit commun des contrats).

SOUS-SECTION 1 Force obligatoire

(Ord. nº 2016-131 du 10 févr. 2016, art. 2, en vigueur le 1er oct. 2016)

BIBL. ▸ Coutant-Lapalus, *RDI 2016. 348*.

Art. 1193 *(Ord. nº 2016-131 du 10 févr. 2016, art. 2, en vigueur le 1er oct. 2016)* **Les contrats ne peuvent être modifiés ou révoqués que du consentement mutuel des parties, ou pour les causes que la loi autorise.** – *Dispositions transitoires, V. Ord. nº 2016-131 du 10 févr. 2016, art. 9, ss. art. 1386-1.*

Comp. C. civ., art. 1134 anc., al. 2.

BIBL. ▸ Dossier, *AJ contrat 2020. 256* et *307* (modification unilatérale du contrat).

PLAN DES ANNOTATIONS

I. PRINCIPE D'INTANGIBILITÉ DES CONTRATS

A. NÉCESSITÉ D'UN NOUVEL ACCORD POUR MODIFIER LE CONTRAT

1. Impossibilité de modifier le contrat sans accord de toutes les parties contractantes. Une partie à un contrat ne peut modifier unilatéralement les conditions contractuelles initiales, serait-ce au motif d'un changement dans les circonstances économiques. • Paris, 28 janv. 2009 : *RTD civ. 2009. 529, obs. Fages* . – Rappr. décisions citées ci-dessous notes 19 s. (refus de la révision pour imprévision). ♦ Application à un marché de travaux ; nécessité de constater que les travaux supplémentaires dont le paiement est demandé ont été soit commandés avant leur exécution, soit acceptés sans équivoque après leur exécution, V. note 37 ss. art. 1787. ♦ Il résulte des dispositions de l'art. L. 322-4-7 C. trav., dans sa rédaction applicable au litige, que le recours à un contrat emploi-solidarité, qui a pour but de faciliter l'insertion de personnes rencontrant des difficultés d'accès à l'emploi, étant subordonné à la conclusion d'une convention entre l'État et l'organisme employeur définissant la nature des activités faisant l'objet du contrat et la rémunération, l'employeur et le bénéficiaire du contrat ne peuvent, par avenant, modifier lesdites activités et le montant de cette rémunération. • Soc. 24 mars 2010, n° 07-44.541 P. ♦ Un créancier appelé à négocier dans le cadre d'une procédure de mandat *ad hoc* n'est pas tenu d'accepter les propositions du mandataire *ad hoc* ; la banque peut, sans faute de sa part, refuser son accord. • Com. 22 sept. 2015, n° 14-17.377 P. ♦ Viole l'art. 1134 anc. l'arrêt qui condamne un assuré sur la vie à rembourser à l'assureur le montant total des avances à lui consenties sur le fondement d'une lettre postérieure à la conclusion du contrat par laquelle l'assureur avait communiqué à l'assuré ses nouvelles conditions générales, prévoyant à son profit une faculté de rachat total en cas de dépassement de la valeur de rachat du contrat par le montant total des avances consenties, alors que cette stipulation constituait une modification unilatérale du contrat. • Civ. 2e, 7 juill. 2022, n° 16-17.147 B.

2. Applications en matière de contrat de travail. • Soc. 25 févr. 2003, n° 01-40.588 P (accord collectif ne pouvant modifier le contrat de travail d'un salarié) • 15 sept. 2021, n° 19-15.732 B : *Dr. soc. 2022. 89, obs. Bento de Carvalho* *(idem)* • Soc. 7 déc. 2017, nos 16-15.109 P et 16-15.110 P : *D. 2017. 2541* ; *RDC 2018. 103, note Loiseau* (sauf disposition légale contraire, un accord collectif ne peut modifier le contrat de travail d'un salarié ; cette règle constitue un élément objectif pertinent propre à justifier une différence de traitement entre les salariés selon qu'ils ont été engagés antérieurement ou postérieurement à la signature de cet accord) • Soc. 28 sept. 2011, n° 09-68.537 P (appréciation de la validité d'une clause de non-concurrence à la date de sa conclusion, sans avoir égard à une convention collective postérieure) • Soc. 17 juin 2009, n° 07-44.570 P (impossibilité d'imposer une modification de son contrat de travail au salarié, y compris à titre disciplinaire) • Soc. 5 mai 2010, n° 07-45.409 P : *D. 2010. 1290* ; *RDT 2010. 435, obs. Tournaux* • 18 mai 2011, n° 09-69.175 P : *D. 2011. Actu. 1424* (impossibilité de modifier le mode de rémunération d'un salarié sans son accord, peu important que le nouveau mode soit plus avantageux) • Soc. 29 nov. 2011, n° 10-19.432 (exigence d'un accord exprès du salarié et impossibilité de déduire cet accord du fait que le salarié se soit exécuté pendant plusieurs années) • Soc. 30 mars 2010, n° 08-44.227 P (lorsque l'application de l'art. L. 1224-1 C. trav. entraîne une modification du contrat de travail autre que le changement d'employeur, le salarié est en droit de s'y opposer) • 12 févr. 2014, n° 12-23.051 P : *D. 2014. 488* (impossibilité de modifier l'exécution convenue du contrat en tout ou partie au domicile du salarié).

L'acceptation par un salarié protégé d'une modification du contrat de travail ou d'un changement des conditions de travail ne peut résulter ni de l'absence de protestation de celui-ci ni de la poursuite par l'intéressé de son travail. • Soc. 15 févr. 2023, n° 21-20.572 B.

3. Impossibilité de renoncer unilatéralement à une clause stipulée dans l'intérêt de chacune des parties. La clause de non-concurrence, dont la validité est subordonnée à l'existence d'une contrepartie financière, est stipulée dans l'intérêt de chacune des parties au contrat de travail, de sorte que l'employeur ne peut, sauf stipulation contraire, renoncer unilatéralement à cette clause, au cours de l'exécution de cette convention. • Soc. 11 mars 2015, n° 13-22.257 P.

4. Impossibilité de déduire l'inapplicabilité d'une clause d'arbitrage de l'impécuniosité d'un contractant. L'inapplicabilité manifeste d'une clause d'arbitrage ne peut être déduite de l'impossibilité alléguée par le liquidateur judiciaire de l'une des sociétés contractantes de faire face au coût de la procédure d'arbitrage. • Civ. 1re, 13 juill. 2016, n° 15-19.389 P.

B. EXISTENCE ET PORTÉE DE L'ACCORD RÉVOCATOIRE

1° CONDITIONS DE L'ACCORD RÉVOCATOIRE

5. Respect des conditions générales de validité des conventions. Consentement ; exigence d'un consentement exempt de vice, • Civ. 3e, 11 mai 2005 : *RTD civ. 2005. 590, obs. Mestre et Fages*. ♦ Capacité et pouvoir ; la révocation amiable reste soumise aux mêmes autorisations que la formation de l'accord. • Com. 27 févr. 1996, n° 94-12.454 P : *RTD civ. 1996. 909, obs. Mestre* (convention entrant dans le champ d'application de l'art. 101, L. 24 juill. 1966 [C. com., art. L. 225-38]. La résiliation d'un commun accord doit pareillement être soumise à l'autorisation du conseil d'administration).

6. Insuffisance du simple silence gardé pour témoigner du mutuus dissensus. Le simple fait de ne pas poursuivre l'exécution de la convention au moyen de l'astreinte prévue et de conserver le silence pendant plusieurs mois ne caractérise pas la volonté non équivoque de renoncer. • Civ. 1re, 7 mars 2000, n° 97-20.588 P : *Gaz. Pal. 2000. 2. Somm. 1823, obs. Guével ; RTD civ. 2001. 132, obs. Mestre et Fages* (en l'espèce, la cour d'appel avait admis le *mutuus dissensus*, après avoir constaté que l'attitude des demandeurs qui réclamaient paiement du prix d'actions cédées par convention était révélatrice d'une renonciation, de sorte que le contrat était caduc).

7. Absence de conditions de forme. Si, aux termes de l'art. 1134 anc., les conventions légalement formées ne peuvent être révoquées que par l'accord des contractants, semblable accord n'est soumis à aucune condition de forme ; il peut être tacite et résulter des circonstances dont l'appréciation appartient aux juges du fond. • Civ. 1re, 22 nov. 1960 : *Bull. civ. I, n° 510 ; D. 1961. 89, note G. Holleaux* • Civ. 3e, 22 nov. 1983 : *Bull. civ. III, n° 239 ; RTD civ. 1985. 161, obs. Mestre.* ♦ Il n'est pas nécessaire d'en rapporter la preuve par écrit. • Civ. 1re, 18 mai 1994, n° 92-15.184 P : *RTD civ. 1995. 108, obs. Mestre ; Defrénois 1994. 1123, obs. Delebecque.*

8. Cas particulier du contrat de travail. Sur le principe en vertu duquel le contrat de travail peut prendre fin, non seulement par un licenciement ou une démission, mais encore du commun accord des parties : • Soc. 2 déc. 2003, n° 01-46.540 P : *R., p. 315 ; D. 2004. Somm. 390, obs. Lyon-Caen ; JCP 2004. I. 177, n° 8, obs. Cesaro ; JCP E 2004. 605, note F. Petit ; RDC 2004. 384, obs. Radé* • 2 déc. 2003, n° 01-46.176 P. ♦ Sauf dispositions légales contraires, la rupture du contrat de travail par accord des parties ne peut intervenir que dans les conditions prévues par les textes relatifs à la rupture conventionnelle. • Soc. 15 oct. 2014, n° 11-22.251 P : *D. 2015. Chron. C. cass. 104, note Flores ; Dr. soc. 2014. 1066, obs. Mouly ; ibid. 2015. 32, note Couturier ; RDT 2014. 752, obs. Bento de Carvalho* (constitue un licenciement sans cause réelle et sérieuse une rupture prévue par un document signé par les parties, mais ne respectant pas l'art. L. 1237-11 C. trav.). ♦ L'assistance de l'employeur lors de l'entretien préalable à la signature de la convention de rupture ne peut entraîner la nullité de la rupture conventionnelle que si elle a engendré une contrainte ou une pression pour le salarié qui se présente seul à l'entretien. • Soc. 5 juin 2019, n° 18-10.901 P. ♦ Mais les dispositions de l'art. L. 1237-11 C. trav. relatives à la rupture conventionnelle entre un salarié et son employeur ne sont pas applicables à une convention tripartite, conclue entre un salarié et deux employeurs successifs, ayant pour objet d'organiser, non pas la rupture, mais la poursuite du contrat de travail. • Soc. 8 juin 2016, n° 15-17.555 P. ♦ Lorsque le contrat de travail a été rompu par l'exercice par l'une ou l'autre des parties de son droit de résiliation unilatérale, la signature postérieure d'une rupture conventionnelle vaut renonciation commune à la rupture précédemment intervenue. • Soc. 3 mars 2015, n° 13-20.549 P. ♦ Le contrat comportant une clause de garantie d'emploi ne peut être rompu pendant la période couverte par la garantie qu'en cas d'accord des parties, de faute grave du salarié ou de force majeure. • Soc. 15 avr. 2015, n° 13-21.306 P : *D. 2015. 927* (l'inaptitude du salarié résultant de son harcèlement n'entre dans aucune de ces exceptions). ♦ Possibilité, hors vice du consentement ou fraude de l'employeur, d'avoir recours à une rupture conventionnelle pour mettre fin au contrat de travail du salarié en situation d'inaptitude partielle. • Soc. 28 mai 2014, n° 12-28.082 P : *D. 2014. 1208 ; RDT 2014. 622, obs. Lardy-Pélissier ; JCP 2014, n° 683, note Lefranc-Hamoniaux.* ♦ Sur l'interprétation des accords révocatoires : • Soc. 2 avr. 2014, n° 11-25.442

P : *D. 2014. 1363, note Karaquillo* ; *ibid. 1412, note Flores* ; *ibid. 2015. 538, obs. Amrani-Mekki* ; *Dr. soc. 2014. 576, obs. Mouly* ; *RDT 2014. 416, note Jacotot* ; *JCP 2014, n° 803, note Tricoit ; ibid. 483, obs. Lefranc-Harmoniaux ; RDC 2014. 339, note Laithier* (cassation de l'arrêt estimant que la clause selon laquelle tous les contrats ou accords antérieurs conclus entre un club sportif et un joueur sont annulés n'est pas applicable à un pré-contrat).

2° EFFETS DE L'ACCORD RÉVOCATOIRE

9. Principe : effets identiques à l'accomplissement d'une condition résolutoire. La révocation produit le même effet que l'accomplissement d'une condition résolutoire, les choses sont remises au même état que si l'obligation n'avait pas existé. • Civ. 27 juill. 1892 : *DP 1892. 1. 462* • Com. 30 nov. 1983 : *Bull. civ. IV, n° 337 ; RTD civ. 1985. 166, obs. Mestre ; RTD com. 1985. 149, obs. Hémard et Bouloc.*

10. Cas particulier des contrats présentant un caractère successif. Lorsque le contrat présente un caractère successif, sa révocation par les parties ne joue que pour l'avenir. • Com. 1er févr. 1994 : *RTD civ. 1994. 356, obs. Mestre*. ♦ Sauf disposition contraire résultant de l'accord des parties, la résiliation, d'un commun accord, du contrat d'enregistrement exclusif n'y met fin que pour l'avenir, de sorte qu'elle n'a pas pour effet d'anéantir rétroactivement les cessions antérieurement intervenues sur les enregistrements réalisés en cours de contrat. • Soc. 20 déc. 2006, n° 05-43.057 P : *D. 2007. 555, note G. Blanc-Jouvan* ; *JCP 2007. II. 10104, note Treppoz ; CCE 2007, n° 35, note Caron ; RLDC 2007/37, n° 2471, note Buy ; RTD civ. 2007. 117, obs. Mestre et Fages*. – Même sens : • Civ. 1re, 5 juill. 2006, n° 05-10.463 P : *CCE 2007, n° 35, note Caron.*

II. TEMPÉRAMENTS AU PRINCIPE D'INTANGIBILITÉ

A. TEMPÉRAMENTS RÉSULTANT D'UNE CLAUSE DU CONTRAT

1° CLAUSES PERMETTANT UNE ADAPTATION DU CONTRAT

11. Clauses d'adaptation automatique du contrat. Clause d'indexation entraînant une variation automatique du prix en fonction d'un indice de référence : V. notes 3 s. ss. art. 1343. ♦ Clauses relatives à la détermination du prix dans la vente : V. notes 19 s. ss. art. 1591. ♦ En présence d'une clause d'un contrat de travail prévoyant le déclenchement de la rémunération variable à partir de la réalisation de 70 % du chiffres d'affaires prévu par les objectifs annuels acceptés par un salarié, une cour d'appel qui constate que d'après l'employeur les résultats de 2002 avaient été mauvais car les objectifs étaient trop ambitieux, alors qu'il n'était pas établi que les objectifs fixés pour l'exercice 2003 étaient raisonnables et compatibles avec le marché, aurait dû, en présence d'un désaccord entre l'employeur et le salarié, déterminer le montant de la rémunération en fonction des critères visés au contrat et des accords conclus les années précédentes et, à défaut, des données de la cause. • Soc. 13 janv. 2009, n° 06-46.208 P : *D. 2009. 1931, note Pasquier* ; *Dr. soc. 2009. 611, obs. Radé*.

12. Clauses anticipant la survenance d'un événement particulier. Alors que le contrat d'exercice libéral conclu entre un gynécologue obstétricien et une clinique, par lequel la clinique confiait au praticien la co-exclusivité des lits de maternité, réservait expressément l'hypothèse d'une résiliation d'agrément des organismes de tutelle et alors que le fait pour un établissement de santé de s'engager dans un regroupement de ses activités conforme aux schémas régionaux d'organisation sanitaire en transférant sa maternité dans un centre hospitalier public ne saurait lui être imputé à faute, cassation de l'arrêt ayant prononcé la résiliation judiciaire de ce contrat aux torts exclusifs de la clinique au motif que la perte d'agrément était la conséquence des choix antérieurs de la clinique de ne pas poursuivre son activité d'obstétrique. • Civ. 1re, 17 juin 2015, n° 14-19.740 P : *D. 2016. 566, obs. Mekki* ; *RTD civ. 2015. 873, obs. Barbier* ; *JCP 2015, n° 1023, note Viney ; RDC 2015. 857, obs. Borghetti.*

13. Clauses de renégociation. Les juges du fond apprécient souverainement qu'une clause de renégociation insérée dans un contrat n'oblige pas les contractants, qui se conforment aux modalités de mise en œuvre de cette clause, à réviser le contrat, mais en autorise seulement la possibilité. • Com. 3 oct. 2006 : *D. 2007. 765, note D. Mazeaud*. ♦ Clause de sauvegarde (clause de « *hardship* » permettant à l'une des parties de demander un réaménagement du contrat en cas de changement intervenu dans les données initiales sur lesquelles reposait l'équilibre du contrat) : V. • Paris, 28 sept. 1976 : *JCP 1978. II. 18810, note J. Robert* (renégociation d'un prix en application d'une clause de sauvegarde, intervention du juge pour inciter les parties à explorer toutes les possibilités de réaménagement de leur contrat afin de parvenir à un nouvel accord).

14. Clause permettant une modification unilatérale de certains éléments contractuels. S'agissant d'un contrat d'assurance sur la vie « multisupports », a commis un abus dans l'exercice de la faculté que lui conférait la clause du contrat de modifier unilatéralement la liste des supports l'assureur qui a modifié cette liste dans le seul but de neutraliser le jeu d'une clause d'arbitrage à cours connu stipulée au bénéfice du souscripteur. • Civ. 2e, 22 févr. 2007, n° 05-

19.754 P : *Gaz. Pal. 4-6 nov. 2007, note Leducq ; Dr. et patr. 9/2007. 92, obs. Stoffel-Munck.*

15. Nullité des clauses permettant une modification unilatérale ou la rupture du contrat de travail par l'employeur. La clause par laquelle l'employeur se réserve le droit de modifier, en tout ou partie, le contrat de travail, est nulle comme contraire aux dispositions de l'art. 1134 anc., al. 2, le salarié ne pouvant valablement renoncer aux droits qu'il tient de la loi. • Soc. 27 févr. 2001, n° 99-40.219 P : *D. 2001. Somm. 2166, obs. Frossard ; JCP 2001. I. 330, n° 1 s., obs. Loiseau ; JCP E 2001. 1391, note Puigelier ; Dr. soc. 2001. 514, note Radé.* ♦ Une clause de mobilité doit définir de façon précise sa zone géographique d'application et ne peut conférer à l'employeur le droit d'en étendre unilatéralement la portée. • Soc. 14 oct. 2008, n° 06-46.400 P : *JCP 2008. II. 10202, note Jacotot ; RDC 2009. 175, obs. Radé* (nullité d'une clause visant la zone d'activité d'une union d'associations, sur l'ensemble du territoire, et pouvant s'appliquer à toute nouvelle implantation d'association) • 9 juill. 2014, n° 13-11.906 P : *D. 2014. 1595* (validité d'un clause qui mentionne le territoire français). ♦ Nullité de la clause de mobilité par laquelle le salarié, lié par son contrat de travail à une société, s'est engagé à accepter toute mutation dans une autre société, alors même que cette société appartiendrait au même groupe. • Soc. 19 mai 2016, n°s 14-26.556 et 14-26.557 P : *D. 2016. 1144 ; Dr. soc. 2016. 650, note Tournaux ; RDT 2016. 482, obs. Reynès ; JCP 2016, n° 649, note Casey.* ♦ La mise en œuvre d'une clause de mobilité suppose, nonobstant toute clause contractuelle ou conventionnelle contraire, que le salarié accepte cette mise en œuvre lorsqu'elle s'accompagne d'un passage d'un horaire de nuit à un horaire de jour ou d'un horaire de jour à un horaire de nuit. • Soc. 14 oct. 2008, n° 07-40.092 P : *JCP 2008. II. 10201, note Corrignan-Carsin ; RDC 2009. 175, obs. Radé.* – *Adde* : Lokiec, *D. 2009. Chron. 1427* .

2° CLAUSES DE RÉTRACTATION OU DE RÉSILIATION UNILATÉRALE

16. Clause de dédit. Vente avec arrhes : V. art. 1590. ♦ Pour une faculté de dédit gratuite, V. • Com. 30 oct. 2000 : *D. 2001. Somm. 3241, obs. D. Mazeaud ; CCC 2001, n° 21, note Leveneur.* ♦ Sur le refus de prendre en compte le dédit exercé de mauvaise foi, V. note 23. ♦ Une clause de dédit-formation ne peut être mise en œuvre lorsque la rupture du contrat de travail est imputable à l'employeur. • Soc. 11 janv. 2012 : *D. 2012. 226* . ♦ Sur la nécessité de caractériser la volonté expresse du bénéficiaire de renoncer à sa faculté de dédit, V. • Civ. 1re, 3 oct. 2000, n° 98-22.132 P.

17. Clauses de résiliation unilatérale : validité. Validité d'une clause de résiliation unilatérale discrétionnaire sans obligation de motiver la rupture ou de justifier de son bien-fondé. • Civ. 1re, 3 avr. 2001, n° 99-18.442 P : *D. 2001. Somm. 3087, obs. Penneau ; ibid. 3240, obs. D. Mazeaud ; JCP 2001. I. 354, n°s 19 s., obs. Rochfeld ; Defrénois 2001. 1048, obs. Savaux ; RTD civ. 2001. 584, obs. Mestre et Fages* • Civ. 1re, 30 oct. 2008 : *JCP 2009. II. 10052, note Chabas.* ♦ Validité de la clause de résiliation automatique sans préavis pour survenance d'un événement (perte de la qualité d'actionnaire). • Civ. 1re, 8 janv. 2002 : *RTD civ. 2002. 297, obs. Mestre et Fages* .

18. ... Mise en œuvre. La résiliation de plein droit d'un bail commercial par application de la clause résolutoire implique un manquement aux obligations expressément visées dans ce bail. • Civ. 3e, 15 sept. 2010, n° 09-10.339 P : *D. 2010. 2225, obs. Rouquet ; RLDC 2010/76, n° 3993, obs. Paulin ; RDC 2011. 173, obs. Seube ; RTD com. 2011. 57, obs. kenderian* . ♦ Sur la mise en œuvre d'une clause autorisant chacune des parties à résilier le contrat pour faute : • Com. 10 juill. 2012, n° 11-20.060 P : *D. 2013. 391, obs. Amrani-Mekki et Mekki ; RTD civ. 2012. 726, obs. Fages ; RDC 2013. 86, note Laithier* (dès lors que les parties ont écarté l'appréciation judiciaire de la gravité de leur comportement, la cour d'appel n'avait pas à procéder à cette recherche). ♦ Sur la perte du droit d'exercer la faculté de résiliation telle qu'elle est aménagée par la convention des parties en cas de rupture unilatérale anticipée, V. • Com. 20 mai 1997, n° 96-22.406 P : *JCP 1998. I. 129, n°s 4 s., obs. Virassamy ; ibid. II. 10125, note Kamdem.* ♦ Comp. sur la mise en œuvre d'une clause d'un marché de travaux publics prévoyant la résiliation par le maître de l'ouvrage pour un motif d'intérêt général, V. • Civ. 3e, 11 mai 2022, n° 21-12.291 B : *AJCT 2022. 517, obs. Mokhtar* (résiliation justifiée par la recherche d'économie).

19. Contrat de travail : rôle de la période d'essai. La période d'essai est destinée à permettre à l'employeur d'apprécier les qualités professionnelles du salarié. • Soc. 10 déc. 2008, n° 07-42.445 P : *D. 2009. 1062, note Mouly* . ♦ L'employeur peut discrétionnairement mettre fin aux relations contractuelles au cours de la période d'essai, mais ce droit reste susceptible de dégénérer en abus : V. • Soc. 6 déc. 1995, n° 92-41.398 P : *JCP 1996. II. 22671, note Puigelier* • 5 mai 2004, n° 02-41.224 P • 15 nov. 2005, n° 03-47.546 P • 20 nov. 2007, n° 06-41.212 P : *D. 2008. 196, note J. Mouly ; ibid. Pan. 445, obs. Peskine ; JCP 2008. II. 10005, note Corrignan-Carsin ; RDT 2008. 29, obs. Pélissier* (caractère abusif de la rupture de l'essai pour un motif non inhérent à la personne du salarié) • 10 déc. 2008 : *préc.* (caractère abusif de la rupture fondée sur le refus d'une diminution de sa rémunération contractuelle). ♦ En cas d'inexécution par l'employeur de ses obligations, il appartient au juge d'indemniser le préjudice résultant de la rupture abusive de la période d'essai. • Soc. 7 févr. 2012, n° 10-27.525 P (en l'espèce, non-paiement du salaire ; cassation retenant une prise d'acte et traitant la rupture comme un licenciement sans cause réelle et sérieuse).

20. ... Nullité des clauses prédéterminant les causes de licenciement. Aucune clause du contrat ne peut valablement décider qu'une circonstance quelconque constituera en elle-même une cause de licenciement. • Soc. 12 févr. 2014, n° 12-11.554 P : *D. 2014. 489* (absence de cause réelle et sérieuse du licenciement motivé exclusivement par la mise en œuvre d'une clause du contrat de travail prévoyant le licenciement du salarié en cas de perte du permis de conduire).

B. TEMPÉRAMENTS LÉGAUX

21. Révision subordonnée à une prévision insuffisante ou à un changement de circonstances imprévisible. Prise en compte de l'imprévision : principe général, V. art. 1195. ♦ Sur le rejet de la théorie de l'imprévision par le juge judiciaire antérieurement à l'Ord. n° 2016-131 du 10 févr. 2016 portant réforme du droit des contrats, du régime général et de la preuve des obligations, V. notes ss. anc art. 1134 anc. ♦ Révision admise en faveur de l'auteur d'une œuvre de l'esprit ayant cédé ses droits d'exploitation et subissant un préjudice de plus des sept douzièmes dû à une prévision insuffisante : V. CPI, art. L. 131-5 (L. 11 mars 1957, art. 37). Réévaluation de la soulte due par un copartageant lorsque, par suite d'un changement de circonstances économiques, la valeur des biens mis dans son lot a augmenté ou diminué de plus d'un quart depuis le partage : V. art. 828 (L. 3 juill. 1971, anc. art. 855-1, mod. par L. 23 juin 2006). Révision des conditions et charges apposées à certaines libéralités lorsque, par suite des circonstances, l'exécution en devient extrêmement difficile ou sérieusement dommageable : V. art. 900-2 s. (L. 4 juill. 1984).

22. Faculté de résiliation unilatérale d'origine légale. Faculté de résiliation unilatérale reconnue à chacune des parties lorsque le contrat est à durée indéterminée, V. art. 1211 et la jurisprudence citée. ♦ Facultés légales de résiliation unilatérale d'un contrat à durée déterminée, V. note 7 ss. art. 1212.

23. Droit de repentir reconnu par la loi à une des parties : protection du consommateur. Démarchage à domicile : V. anc. art. L. 121-25. – **C. consom.** ♦ Crédit à la consommation : V. art. L. 311-1 s. – **C. consom.** ♦ Vente à distance : V. C. consom., art. L. 121-20 s. – **C. consom.** ♦ Courtage matrimonial : V. art. 6 L. 23 juin 1989. ♦ Achat ou construction d'un immeuble à usage d'habitation : V. CCH, art. L. 271-1. ♦ Contrat de jouissance d'immeuble à temps partagé : V. art. L. 121-64 s. – **C. consom.**

24. ... Assurances. Assurance vie : V. C. assur., art. L. 132-5-1. – **C. assur.** ♦ Victime d'un accident de la circulation ayant accepté une transaction : V. art. L. 211-16 C. assur. ♦ Assurance de groupe : il résulte de l'art. L. 141-4 C. assur. que, sous réserve d'un abus de droit, l'assureur et le souscripteur peuvent convenir de toute modification du contrat de groupe, à charge pour le souscripteur d'en informer par écrit les adhérents trois mois au minimum avant la durée prévue de son entrée en vigueur. Viole ce texte, par refus d'application, la cour d'appel qui accueille la demande de trois salariés d'une société ayant adhéré à un contrat d'assurance sur la vie collectif à adhésion facultative visant à voir déclarer abusive la suppression d'une unité de compte alors que cette modification convenue entre le souscripteur et l'assureur avait été portée à la connaissance des adhérents au moins trois mois avant son entrée en vigueur. • Civ. 2e, 3 mars 2016, n° 15-13.027 P.

25. Pouvoir modérateur reconnu par la loi au juge. Modération de la clause pénale : V. art. 1152 et 1231 anc. (L. 9 juill. 1975 et L. 11 oct. 1985). ♦ Délais de grâce : V. art. 1244-1 anc. et 1343-5.

26. Prise en compte de la bonne foi. Sur le principe d'ordre public de bonne foi qui doit être respecté lors de la formation et de l'exécution du contrat, ainsi que sur les atteintes à l'intangibilité des contrats susceptibles d'en résulter, V. art. 1104 et la jurisprudence citée.

27. Autres cas. Atteintes à l'intangibilité des conventions en cas de procédures collectives, sauvegarde, redressement et liquidation judiciaires des entreprises en difficulté, V. C. com., art. L. 620-1 s. ♦ Surendettement des particuliers, V. C. consom., anc. art. L. 330-1 s. – **C. consom.** ♦ Modifications de caractère pécuniaire répondant à des fins économiques ; majoration des loyers des immeubles d'habitation selon le système dit de « la surface corrigée », V. art. 26 s. L. 1er sept. 1948, ss. art. 1778 ; Révision des rentes viagères : V. L. 25 mars et 2 août 1949, régulièrement modifiées, ss. art. 1976. – *Adde* : Ripert, *D. 1949. Chron. 89*. – Savatier, *JCP 1949. I. 801* ; Révision des loyers commerciaux : V. C. com., art. L. 145-33 s. – **C. com.**

L'absence d'*affectio societatis* en la personne du cessionnaire de droits sociaux ne constitue pas l'une des causes que la loi autorise au sens de l'art. 1134 anc., al. 2. • Com. 11 juin 2013, n° 12-22.296 P : *D. 2013. 1546*.

C. TEMPÉRAMENTS JURISPRUDENTIELS

1° RÉDUCTION DES HONORAIRES EXCESSIFS

28. Réduction des honoraires des mandataires ou de certains prestataires de

services : principe. Pouvoir reconnu aux tribunaux par la Cour de cassation de réduire les honoraires des mandataires et agents d'affaires lorsqu'ils sont excessifs : V. • Civ. 29 janv. 1867 : *GAJC, 11e éd., n° 266* ; *DP 1867. 1. 53 ; S. 1867. 1. 245* • Req. 27 janv. 1908 : *DP 1908. 1. 155* • 11 mars 1913 : *DP 1913. 1. 408* • Civ. 27 déc. 1944 : *Gaz. Pal. 1945. 1. 77* • Com. 23 janv. 1962 : *Bull. civ. IV, n° 52* • Civ. 1re, 14 janv. 1976 : *Bull. civ. I, n° 10 ; JCP 1976. II. 18388* • Com. 23 mai 1978 : *Bull. civ. IV, n° 146* • Paris, 28 janv. 1980 : *D. 1980. 161, concl. Jéol ; JCP 1980. II. 19332* • Civ. 1re, 24 sept. 2002 : *CCC 2003, n° 3, note Leveneur* (charge de la preuve de l'excès) • 21 févr. 2006, n° 02-14.326 P : *Defrénois 2006. 1223, obs. Libchaber* (l'appréciation de l'excès relève du pouvoir souverain des juges du fond).

29. Applications : réduction des honoraires des généalogistes. Pouvoir reconnu aux tribunaux de réduire les honoraires des généalogistes. • Civ. 1re, 5 mai 1998, n° 96-14.328 P : *D. Affaires 1998. 1170, obs. V. A.-R. ; Defrénois 1998. 1042, obs. Delebecque ; JCP 1998. I. 177, nos 1 s., obs. Labarthe ; JCP N 1999. 24, note Leveneur ; ibid. 20, étude Lochouarn ; CCC 1998, n° 111, note Leveneur ; RTD civ. 1998. 901, obs. Mestre* • 21 févr. 2006 : *préc. note 28* – V. aussi • Pau, 5 déc. 2005 : *D. 2006. 2020, note Lecourt*. ♦ L'aléa exclusivement supporté par une personne ayant engagé des frais de procédure pour permettre au cocontractant de bénéficier d'un héritage ne fait pas obstacle à la réduction éventuelle de la rémunération convenue, et il convient de rechercher si cette rémunération n'est pas excessive au regard du service rendu. • Civ. 1re, 23 nov. 2011 : *D. 2011. 2932, obs. Gallmeister ; ibid. 2012. 589, note Séjean ; AJ fam. 2012. 112, obs. Bonnet ; RDC 2012. 396, obs. Laithier.*

30. ... Réduction des honoraires des avocats. Il ne peut être soutenu que la portée effective, conférée par la jurisprudence constante de la Cour de cassation, à l'art. 1134 dans sa rédaction antérieure à l'Ord. du 10 févr. 2016, et à l'art. 10 de la L. n° 71-1130 du 31 déc. 197, méconnaît le droit du client d'un avocat à un recours juridictionnel effectif dès lors que le client peut toujours saisir du différend le juge de l'honoraire, qui a le pouvoir de contrôler que l'accord sur les honoraires n'est affecté d'aucun vice du consentement et qu'il a été précédé d'une information autorisant un consentement éclairé. • Civ. 2e, 11 janv. 2018, n° 17-20.259 P (absence de renvoi d'une QPC).

Pouvoir reconnu aux tribunaux de réduire les honoraires des avocats. • Civ. 1re, 3 mars 1998, n° 95-15.799 P : *R., p. 294 ; D. Affaires 1998. 576, obs. V. A.-R. (1re esp.) ; JCP 1998. II. 10115, note Sainte-Rose ; Defrénois 1998. 734, obs. Aubert* • 7 juill. 1998, n° 96-10.387 P : *D. Affaires 1998. 1587, obs. V. A.-R. ; CCC 1998, n° 159, note Leveneur* (convention d'honoraires complétant une aide juridique partielle) • Civ. 2e, 18 déc. 2003 : *D. 2004. IR 394* ; *LPA 25 oct. 2004, note Kessler* (honoraires de résultat). – V. aussi R. Martin, *JCP 1999. I. 110*. – Boccara, *Gaz. Pal. 1998. 2. Doctr. 1142*. ♦ ... A condition, toutefois, que le principe et le montant de l'honoraire n'aient pas été acceptés par le client après service rendu, que celui-ci ait été ou non précédé d'une convention. • Civ. 2e, 5 juin 2003, n° 01-15.411 P : *D. 2003. IR 2409* • 18 sept. 2003, n° 01-16.013 P : *D. 2004. Somm. 2830, obs. Blanchard ; RTD civ. 2004. 114, obs. Gautier*. ♦ Ainsi, cassation de l'ordonnance qui procède à la réduction des honoraires d'un avocat alors que ces honoraires avaient été payés à réception de la facture sans contestation et qu'aucun vice du consentement n'était établi, ce dont il résultait que le paiement des honoraires avait été effectué librement, après service rendu. • Civ. 2e, 6 mars 2014, n° 13-14.922 P : *D. 2014. 672*. ♦ Mais le premier président saisi pour fixer le montant des honoraires d'un avocat ne peut se faire juge d'un manquement à l'obligation d'information et de conseil de l'avocat. • Civ. 2e, 6 mai 2010, n° 09-65.389 P : *D. 2010. Actu. 1291*. – **Bibl.** Lasbordes, *D. 2001. Chron. 1893* (fixation des honoraires d'avocat). – Steff, *R. 1999, p. 235* (contestations en matière d'honoraires d'avocat).

31. ... Autres professions concernées. Pouvoir reconnu aux tribunaux de réduire les honoraires des architectes. • Civ. 1re, 4 mars 1958 : *D. 1958. 495*. ♦ ... Des médecins. • Rouen, 12 nov. 1959 : *D. 1960. 164*. ♦ ... Des conseils en organisation ou en gestion. • Com. 2 mars 1993 : *D. 1994. Somm. 11, obs. Kullmann ; RTD civ. 1994. 346, obs. Mestre*. ♦ ... Des experts-comptables. • Civ. 1re, 3 juin 1986 : *Bull. civ. I, n° 150 ; JCP 1987. II. 20791, note Viandier.* ♦ ... Des détectives. • Civ. 1re, 4 oct. 1989 : *Bull. civ. I, n° 301.*

2° AUTRES HYPOTHÈSES

32. Réfection des contrats défectueux. Sauvetage de clauses d'indexation par substitution d'un indice de remplacement licite à un indice disparu ou annulé : V. • Civ. 1re, 9 nov. 1981 : *Bull. civ. I, n° 332 ; RTD civ. 1982. 601, obs. Chabas* • Civ. 3e, 22 juill. 1987 : *Bull. civ. III, n° 151* • Lyon, 9 juill. 1990 : *D. 1991. 47, note Malaurie*. ♦ Sauvetage de clauses de pénalités de retard excédant le maximum légal par leur réduction à un taux autorisé. • Civ. 3e, 9 juill. 2003, n° 99-17.632 P : *D. 2003. 2914, note Gout ; Defrénois 2004. 457, obs. Périnet-Marquet ; RTD civ. 2004. 88, obs. Mestre et Fages*. ♦ Conversion d'une obligation de soins stipulée au contrat en un complément de rente viagère : V. • Civ. 1re, 8 janv. 1980 : *D. 1983. 307, note Carreau ; RTD civ. 1980. 782, obs. Cornu*

• 18 juill. 1984 : *Bull. civ. I, n° 237 ; RTD civ. 1985. 410, obs. Rémy.*

33. Suspension momentanée de l'exécution d'une obligation. V. • Civ. 1re, 24 févr. 1981 : *D. 1982. 479, note D. Martin.* ♦ *Adde :* Artz, *D. 1979. Chron. 95* (suspension du contrat à exécution successive). – Vasseur-Lambry, *LPA 17 mars 2000* (droit du travail).

34. Interprétation de la volonté des parties et circonstances exceptionnelles. Se conforme à l'art. 1156 [anc.] la décision qui, par une interprétation souveraine de l'intention présumée des parties, décide qu'une clause n'a été insérée dans la convention qu'en vue de son application en temps normal et non pour le cas de l'espèce, où l'existence d'une ligne de démarcation séparait le territoire de la France en deux zones. • Soc. 11 juin 1942 : *DC 1943. 135, note J. Flour.* ♦ Sur le problème de l'imprévision antérieurement à l'Ord. du 10 févr. 2016, V. ss. art. 1386-1. ♦ Sur le nouveau régime de l'imprévision, V. art. 1195.

Art. 1194 *(Ord. n° 2016-131 du 10 févr. 2016, art. 2, en vigueur le 1er oct. 2016)* **Les contrats obligent non seulement à ce qui y est exprimé, mais encore à toutes les suites que leur donnent l'équité, l'usage ou la loi.** – *Dispositions transitoires, V. Ord. n° 2016-131 du 10 févr. 2016, art. 9, ss. art. 1386-1.*

Comp. C. civ., art. 1135 anc., al. 2.

PLAN DES ANNOTATIONS

I. OBLIGATIONS ASSOCIÉES À CERTAINS CONTRATS

A. OBLIGATION DE SÉCURITÉ OU DE PRUDENCE

1. Régime de l'obligation de sécurité ou de prudence. Sur la nature de l'obligation de sécurité ou de prudence (obligation de moyen ou obligation de résultat) et ses conséquences quant à la mise en œuvre de la responsabilité de son débiteur en cas de manquement, V. art. 1231-1 s. et la jurisprudence citée. – *Adde* anc. art. 1147.

1° CONTRAT DE TRANSPORT

2. Principe : obligation contractuelle de sécurité du transporteur. L'exécution du contrat de transport comporte pour le transporteur l'obligation de conduire le voyageur sain et sauf à destination. • Civ. 21 nov. 1911 : *GAJC, 11e éd., n° 262 ; DP 1913. 1. 249 (1re esp.), note Sarrut ; S. 1912. 1. 73, note Lyon-Caen.* ♦ L'obligation de sécurité de résultat pesant sur le transporteur de voyageurs est applicable aux bagages transportés. • Civ. 1re, 9 juill. 2015, n° 14-13.423 P (dommages causés par un incendie à l'arrière d'un car). ♦ Pour les personnes transportées victimes d'accidents de la circulation, V. cep. ss. art. 1242, L. du 5 juill. 1985, art. 1er. ♦ Pour d'autres illustrations : V. notes ss. art. 1231-1.

3. Portée : durée de l'obligation du transporteur. L'obligation de sécurité n'existe à la charge du transporteur que pendant l'exécution du contrat de transport, c'est-à-dire à partir du moment où le voyageur commence à monter dans le véhicule et jusqu'au moment où il achève d'en descendre. • Civ. 1re, 1er juill. 1969 : *Bull. civ. I, n° 260 ; R. 1969-1970, p. 49 ; D. 1969. 640, note G. C.-M. ; JCP 1969. II. 16091, concl. Lindon, note M. B. et A. R. ; RTD civ. 1970. 184, obs. Durry* • 7 mars 1989 : *Bull. civ. I, n° 118 ; R., p. 335 ; D. 1991. 1, note Malaurie ; Gaz. Pal. 1989. 2. 632, note Paire ; RTD civ. 1989. 548, obs. Jourdain* • 15 juill. 1999, n° 97-10.268 P : *R., p. 401 ; D. 2000. 283, note Pech-Le Gac ; JCP E 2000. 1225, obs. Bon-Garcin ; RTD civ. 1999. 843, obs. Jourdain* (transport aérien). ♦ L'obligation de sécurité afférente au contrat de transport cesse avec celui-ci, à partir de l'instant où les voyageurs ont repris leur autonomie. • Civ. 2e, 10 mai 1991, n° 90-11.684 P. – Mascala, *D. 1991. Chron. 80.* ♦ En dehors de l'exécution du contrat de transport, la responsabilité du transporteur à l'égard du voyageur est soumise aux règles de la responsabilité délictuelle. • Civ.

1re, 7 mars 1989 : *préc.* ♦ V. conf. • Civ. 1re, 19 févr. 1991, n° 89-19.999 P (accident survenu au cours d'une correspondance). ♦ Comp. • Civ. 1re, 15 juill. 1999 : *préc.* (reconnaissant, à la charge du transporteur aérien, en dehors du vol proprement dit et des opérations d'embarquement et de débarquement, une obligation de sécurité de moyens dans l'exécution du contrat le liant à ses clients). ♦ Comp. aussi, plus récemment, • Civ. 1re, 14 juin 2007 : *RDC 2007. 1185, obs. Fenouillet* (énonçant que toute action en responsabilité, à quelque titre que ce soit, à l'encontre du transporteur aérien de personnes, ne peut être exercée que dans les conditions et limites de la Convention de Varsovie).

4. *Illustrations particulières : exploitant de remontées mécaniques.* Si l'obligation de sécurité pesant sur l'exploitant d'un télésiège est de résultat pendant le trajet, elle n'est plus que de moyens lors des opérations d'embarquement et de débarquement, en raison du rôle actif qu'y tiennent les usagers. • Civ. 1re, 10 mars 1998, n° 96-12.141 P : *D. 1998. 505, note J. Mouly ; LPA 2 oct. 1998, note Gauvin* • 11 juin 2002, n° 00-10.415 P : *D. 2002. IR 2099 ; JCP 2003. I. 152, n° 13 s., obs. Viney ; CCC 2002, n° 154, note Leveneur ; LPA 30 mai 2003, note Cochet* (phase préliminaire au débarquement : obligation de résultat). ♦ En raison de la participation active de l'usager d'un remonte-pente, l'exploitant est tenu d'une obligation de sécurité de moyens. • Civ. 1re, 4 nov. 1992 : *D. 1994. 45, note Brun ; D. 1994. Somm. 15, obs. Fortis ; JCP 1993. II. 22058, note Sarraz-Bournet ; Gaz. Pal. 1993. 2. 436, note Leroy ; RTD civ. 1993. 364, obs. Jourdain*.

5. *... Exploitant de toboggan, piste de luge et manèges forains.* L'exploitant d'un toboggan est, pendant la descente, tenu d'une obligation de résultat en ce qui concerne la sécurité de ses clients. • Civ. 1re, 28 oct. 1991, n° 90-14.713 P : *D. 1992. Somm. 271, obs. Fortis ; RTD civ. 1992. 397, obs. Jourdain* • 3 févr. 2011 : *RCA 2011, n° 165.* ♦ Comp. : • Montpellier, 20 janv. 1992 : *JCP 1993. II. 22125, note Bories.* ♦ Il en est de même de l'exploitant d'une piste de bob-luge, dès lors que ses clients ne peuvent décider librement de la trajectoire de l'engin. • Civ. 1re, 17 mars 1993, n° 91-14.417 P. ♦ L'exploitant d'un manège d'autos tamponneuses est, pendant le jeu, tenu d'une obligation de résultat en ce qui concerne la sécurité de ses clients. • Civ. 1re, 12 févr. 1975 : *D. 1975. 512, note le Tourneau ; JCP 1975. II. 18179 (2e esp.), note Viney.* ♦ Même solution pour l'exploitant d'un manège de balançoires : • *Civ. 1re, 18 févr. 1986 : Bull. civ. I, n° 32 ; RTD civ. 1986. 770, obs. J. Huet.*

2° CONTRATS LIÉS À UNE ACTIVITÉ SPORTIVE

6. *Principe : obligation de sécurité du club, de l'association ou du moniteur.* Tant le club sportif que les moniteurs ne sont tenus que d'une obligation de moyens en ce qui concerne la sécurité des adhérents dans la pratique de leur sport (gymnastique). • Civ. 1re, 21 nov. 1995, n° 94-11.294 P • 16 nov. 2004, n° 01-17.629 P (moniteur de karaté ayant blessé un élève). ♦ Cette obligation est cependant appréciée avec plus de rigueur lorsqu'il s'agit d'un sport dangereux. • Civ. 1re, 16 oct. 2001, n° 99-18.221 P : *D. 2002. Somm. 2711, obs. Lacabarats ; JCP 2002. II. 10194, note Lièvremont ; Gaz. Pal. 2002. 1374, note Polère ; CCC 2002, n° 21, note Leveneur ; Dr. et patr. 3/2002. 96, obs. Chabas ; RTD civ. 2002. 107, obs. Jourdain* (planeur, en l'espèce). ♦ V. aussi, jugeant qu'il existe à la charge d'une association sportive une obligation de prudence et de diligence dépassant le seul respect des obligations de sécurité fixées par les instances sportives : • Civ. 1re, 16 mai 2006, n° 03-12.537 P : *D. 2006. IR 1706* (hockey sur glace). ♦ L'association sportive est tenue d'une obligation contractuelle de sécurité, de prudence et de diligence envers les sportifs exerçant une activité dans ses locaux et sur des installations mises à leur disposition, quand bien même ceux-ci pratiquent librement cette activité. • Civ. 1re, 15 déc. 2011, n° 10-23.528 P : *D. 2012. 539, note Develay ; RTD civ. 2012. 121, obs. Jourdain ; RCA 2012, n° 120, obs. Hocquet-Berg ; RDC 2012. 431, obs. Borghetti ; RLDC 2012/90, n° 4542, obs. Pouliquen* (chute d'un mur d'escalade, alors que l'activité était pratiquée sans formation, refusée par la victime, ni encadrement).

7. *... Obligation de sécurité de l'organisateur d'une compétition.* Tenu d'une obligation de moyens, l'organisateur d'une compétition à risques élevés et connus doit néanmoins prévenir ceux-ci dans toute la mesure du possible. • Civ. 1re, 25 janv. 2005, n° 02-15.861 P : *D. 2005. IR 459 ; RCA 2005, n° 80, note Hocquet-Berg.*

8. *Illustrations particulières : sports aéronautiques.* L'organisateur d'un stage d'initiation au vol en ULM est tenu, en ce qui concerne la sécurité des participants, d'une obligation de moyens qui doit s'apprécier avec d'autant plus de sévérité qu'il s'agit d'un sport dangereux ; aussi a-t-il le devoir non seulement de faire assimiler aux élèves les consignes techniques mais aussi de tester leurs capacités psychologiques. • Civ. 1re, 29 nov. 1994, n° 92-11.332 P. ♦ Mais un aéro-club, dès lors qu'il a perdu la maîtrise de l'appareil mis à la disposition d'un utilisateur qui en assure le pilotage, n'est pas tenu envers celui-ci, ni envers les passagers, d'une quelconque obligation de résultat. • Civ. 1re, 5 juill. 1989 : *Bull. civ. I, n° 283.* ♦ Analyse de la mise à disposition d'un appareil, avec seulement une participation aux frais, comme un prêt à usage d'appareil. • Civ. 1re, 20 mai 2010, n° 09-65.835.

9. *... Parachutisme, parapente.* L'organisateur d'une activité sportive de parachutisme n'est tenu que d'une obligation de sécurité de moyens. • Civ. 1re, 22 juin 2004, nº 01-13.330 P. ♦ L'association organisant un stage de parapente, tenue d'une obligation de moyens, commet une faute en n'interrogeant pas la stagiaire avant son premier saut sur son état physique et psychologique. • Civ. 1re, 5 nov. 1996, nº 94-14.975 P : *D. 1998. Somm. 37, obs. Lacabarats*. ♦ Mais l'organisateur d'un vol en parapente et le moniteur sont tenus d'une obligation de résultat en ce qui concerne la sécurité de leurs clients pendant les vols sur appareil biplace au cours desquels ceux-ci n'ont joué aucun rôle actif. • Civ. 1re, 21 oct. 1997, nº 95-18.558 P : *D. 1998. 271, note Brun ; D. 1998. Somm. 199, obs. Jourdain ; ibid. 1999. Somm. 85, obs. Lacabarats ; JCP 1998. II. 10103, note Varet ; ibid. I. 144, nº 9, obs. Viney ; Gaz. Pal. 1999. 1. 236, note Mouly.*

10. ... Sports automobiles ou motocyclisme. L'organisateur d'un rallye qui a porté à la connaissance des participants les conditions de la course et notamment le fait qu'une épreuve de liaison se courait sur des routes non neutralisées, ce qui impliquait le respect des conditions locales de circulation, n'a commis aucun manquement à son obligation de moyens concernant la sécurité des participants. • Civ. 2e, 27 mai 1999, nº 97-16.200 P. ♦ Mais a manqué à son obligation de sécurité l'organisateur d'une épreuve d'endurance motocycliste sur circuit non ouvert à la circulation qui n'a pas mis en place les aménagements de nature à empêcher l'accident survenu à un pilote (choc contre un arbre en bordure de piste). • Civ. 1re, 15 juill. 1999, nº 97-15.984 P : *JCP 2000. I. 197, nº 9, obs. Viney* (caractère inopérant du moyen tiré de l'acceptation des risques). ♦ Sur l'obligation de sécurité de moyens des organisateurs de courses ou de stages de kart, V. • Civ. 1re, 1er déc. 1999, nº 97-21.690 P : *D. 2000. 287, note J. Mouly* • 1er déc. 1999, nº 97-20.207 P : *D. 2000. 287, note Mouly ; CCC 2000, nº 59, note Leveneur.* ♦ Dans le cadre d'un contrat de moto-école, manquement à son obligation de sécurité envers son élève de la part d'une auto-école : • Civ. 1re, 15 oct. 2014, nº 13-20.851 P : *D. 2014. 2386, note Da Silva*.

11. ... Sports équestres. L'obligation qui pèse sur un loueur de chevaux n'est qu'une obligation de prudence et de diligence. • Civ. 1re, 16 mars 1970 : *D. 1970. 421, note R. Rodière ; RTD civ. 1970. 793, obs. Cornu ; 1971. 161, obs. Durry* • 17 févr. 1982 : *Bull. civ. I, nº 82.* ♦ Comp., pour l'entrepreneur de promenades équestres, • Civ. 1re, 27 mars 1985 : *Bull. civ. I, nº 111 ; RTD civ. 1986. 609, obs. Rémy* • 11 mars 1986 : *Bull. civ. I, nº 64 ; RTD civ. 1986. 768, obs. J. Huet* • 29 juin 1994, nº 92-16.442 P (obligation de sécurité qui n'est qu'une obligation de moyens) • 5 mai 1998, nº 96-17.429 P : *CCC 1998, nº 110, note Leveneur* (l'insuffisante qualification du moniteur constitue un manquement à l'obligation de moyens). ♦ Sur le degré de diligence exigé du maître de manège, V. • Civ. 1re, 30 avr. 1965 : *D. 1965. 709* • 22 mars 1983 : *Bull. civ. I, nº 106* • 28 nov. 2000, nº 98-10.290 P : *D. 2001. IR 44 ; JCP 2002. II. 10010, note Lièvremont.* ♦ Le contrat de dressage de chevaux ne comporte, sauf clause contraire, qu'une obligation de moyens en ce qui concerne la sécurité de l'animal. • Civ. 1re, 15 avr. 1980 : *JCP 1980. II. 19402 et Rect. 19404 bis, note Bénabent.* ♦ Sur la responsabilité des prestataires d'activités équestres, V. obs. E. Wagner, *D. 1989. Somm. 408.*

12. Parcours d'aventure. La pratique d'un parcours d'aventure dans des arbres en empruntant notamment des tyroliennes descendantes implique un rôle actif de chaque participant ; en conséquence, l'obligation contractuelle de sécurité de l'organisateur d'un tel parc de loisirs est une obligation de moyens. • Civ. 1re, 22 janv. 2009 : *LPA 6 avr. 2009, note Corpart* (conformité des instructions, du matériel et de l'encadrement) • Grenoble, 12 avr. 2011 : *JCP 2011. 1026, obs. Ruffieux.*

3º CONTRATS LIÉS À L'HÉBERGEMENT OU À L'ACCUEIL DU PUBLIC

13. Hôtellerie. La responsabilité de l'hôtelier, tenu à l'égard de ses clients d'une obligation contractuelle de sécurité, suppose qu'une faute soit établie à son encontre (chute d'un client regagnant sa chambre : autorité au civil de la décision pénale de relaxe). • Civ. 1re, 22 mai 1991, nº 89-21.791 P : *RTD civ. 1991. 757, obs. Jourdain*. ♦ V. aussi : • Civ. 1re, 19 juill. 1983 : *Bull. civ. I, nº 211 ; RTD civ. 1984. 729, obs. H. Huet* (explosion d'un radiateur à gaz démuni de dispositif de sécurité efficace) • 29 janv. 1985 : *Gaz. Pal. 1985. 1. 264* (faute ayant permis la propagation rapide de l'incendie). ♦ Cette obligation de sécurité est exclusive de toute responsabilité délictuelle. • Civ. 1re, 8 févr. 2005, nº 01-10.309 P : *D. 2005. 2058, note Corgas-Bernard ; Dr. et patr. 4/2005. 99, obs. Chabas.*

14. Restauration. Si, en ce qui concerne la qualité gustative et digestive des mets servis, le restaurateur n'est tenu que d'une obligation de diligence ordinaire, par contre en ce qui concerne la sécurité du client, l'obligation contractuelle assumée est bien une obligation déterminée consistant à rendre le client sain et sauf à l'issue du repas, le client entendant ne point être empoisonné par les aliments absorbés et la présence de toxine botulinique dans le poisson servi ne constitue pas un cas de force majeure exonérant le restaurateur de sa responsabilité. • Poitiers, 16 déc. 1970 : *JCP 1972. II. 17127, note Mémeteau* (réformation de • TGI Poitiers, 7 janv. 1969 : *D. 1969. 174, note Pradel).* ♦ Dans l'aménagement, l'organisation et le fonctionnement de son établissement, le restaurateur est tenu d'observer les règles de prudence et de surveillance qu'exige la sécurité de ses clients. • Civ. 1re, 14 mars 1995, n° 93-14.458 P (noyade d'un jeune enfant dans la piscine insuffisamment protégée lors d'une soirée de mariage).

15. Organisation de spectacles ou de soirée. Sauf convention contraire, l'entrepreneur de spectacles (exploitant de cinéma) s'oblige seulement à observer, dans l'organisation et le fonctionnement de son exploitation, les mesures de prudence et de diligence qu'exige la sécurité du spectateur, et n'assume pas l'obligation de rendre celui-ci sain et sauf à la sortie de son établissement. • Civ. 17 mars 1947 : *D. 1947. 269.* ♦ V. aussi • Civ. 1re, 10 juin 1986 : *Bull. civ. I, n° 164* (discothèque) • 29 nov. 1989 : *ibid. I, n° 371* (décision précisant que l'entrepreneur de spectacles n'est tenu que d'une obligation de moyens en ce qui concerne la sécurité des spectateurs, sauf circonstances exceptionnelles découlant de la nature du spectacle) • 30 mars 1994, n° 92-12.930 P • 22 juin 1999, n° 97-10.126 P (exploitant de discothèque organisateur de « combats de sumo »). ♦ L'association organisatrice d'une soirée pour les élèves d'une école est débitrice d'une obligation de moyens envers les participants à la soirée. • Civ. 1re, 18 juin 2014, n° 13-14.843 P : *D. 2014. 1625, note Ménabé ; ibid. 2015. 124, obs. Gout ; RTD civ. 2014. 663, obs. Jourdain ; JCP 2014, n° 920, note Bakouche* (absence de faute en l'espèce, malgré le décès d'un étudiant, compte tenu des mesures prises, l'association ayant conclu une convention de partenariat avec une société de surveillance pour assurer la sécurité des clients au sein de la fête et à proximité, sur une plage horaire importante, surveillance effectivement bien assurée).

16. Accueil d'enfants. BIBL. Lhuillier, *Mél. Alfandari, Dalloz, 1999, p. 377* (responsabilité de la baby-sitter). ♦ Nature de l'obligation de sécurité pesant sur ceux qui se chargent des enfants d'autrui (colonie de vacances, centre de jeu pour enfants, nourrice...) : V. obs. Durry, *RTD civ. 1982. 769*, et obs. J. Huet, *ibid. 1985. 389.* ♦ La personne, rémunérée ou non, qui se voit confier des enfants en bas âge n'est tenue que d'une obligation de moyens quant à leur santé. • Civ. 1re, 18 nov. 1997, n° 95-12.698 P : *D. 1998. Somm. 197, obs. Delebecque ; RTD civ. 1998. 116, obs. Jourdain ; RCA 1998. Comm. 115, et Chron. 8, par Cathelineau ; Dr. et patr. 4/1998. 86, obs. Chabas ; JCP 1998. I. 144, n° 9, obs. Viney ; Dr. fam. 1998, n° 85, note Murat ; Gaz. Pal. 1998. 2. 450, note Omarjee.* ♦ Un centre municipal de loisirs est tenu d'une obligation de moyens à l'égard des enfants qu'il accueille. • Civ. 1re, 1er févr. 1983 : *Bull. civ. I, n° 47 ; JCP 1984. II. 20129, note Chabas.* ♦ V. conf., pour un club de plage, • Civ. 1re, 19 janv. 1982 : *Bull. civ. I, n° 32.* ♦ ... Pour une colonie de vacances, • Civ. 1re, 10 févr. 1993, n° 91-14.889 P : *D. 1993. 605, note Bonnard* • 11 mars 1997, n° 95-12.891 P : *RTD civ. 1997. 947, obs. Jourdain* • 10 févr. 1998, n° 96-14.623 P. ♦ Faute grave de surveillance d'un responsable d'atelier ayant permis à un jeune homme d'escalader un rocher puis de faire une descente en rappel sans être ni assuré, ni empêché. • Civ. 1re, 6 mars 1996 : *D. 1997. 93, note Lebreton*.

4° AUTRES CONTRATS

17. Contrat de travail : obligation de sécurité de l'employeur. En vertu du contrat de travail le liant à son salarié, l'employeur est tenu envers celui-ci d'une obligation de sécurité de résultat, notamment en ce qui concerne les maladies professionnelles contractées par ce salarié du fait des produits fabriqués ou utilisés par l'entreprise. • Soc. 28 févr. 2002, n° 99-18.389 P : *D. 2002. 2696, note Prétot ; JCP 2002. II. 10053, concl. Benmakhlouf ; ibid. I. 186, nos 23 s., obs. Viney ; Gaz. Pal. 2002. 598, concl. Benmakhlouf* (amiante) • Civ. 2e, 6 avr. 2004, n° 02-30.688 P • 8 nov. 2007, n° 07-11.219 P (obligation de l'employeur de se renseigner sur les conditions de travail de son salarié chez un tiers). ♦ Dans le même sens, en ce qui concerne les accidents du travail : • Soc. 11 avr. 2002, n° 00-16.535 P : *D. 2002. 2215, note Saint-Jours ; JCP 2002. I. 186, nos 27 s., obs. Viney ; RTD civ. 2002. 310, obs. Jourdain* • 23 mai 2002, n° 00-14.125 P : *D. 2002. IR 1885* • 11 juill. 2002, n° 00-17.377 P • Civ. 2e, 16 sept. 2003 : *RCA 2003, n° 318, note Groutel* • Cass., ass. plén., 24 juin 2005, n° 03-30.038 P : *R., p. 280 ; BICC 15 sept. 2005, rapp. Tredez, concl. Barrairon ; D. 2005. 2375, note Saint-Jours ; JCP 2005. II. 10117, note Vachet ; JCP E 2005. 1201, note Morvan.* ♦ ... En ce qui concerne le harcèlement moral : • Soc. 21 juin 2006, n° 05-43.914 P : *R., p. 280 ; BICC 1er nov. 2006, n° 2090, et la note ; D. 2006. 2831, note Miné ; ibid. IR 1770, obs. Dechristé ; ibid. 2007. Pan. 183, obs. Dockès ; JCP E 2006. 2513, note S. Prieur ; Gaz. Pal. 2006. 2489, concl. Allix ; RDT 2006. 245, obs. Adam* • Civ. 2e, 22 févr. 2007, n° 05-13.771 P : *R., p. 380 ; D. 2007. AJ 791, note Fabre ; JCP 2007. II. 10144, note Colonna ; LPA 6 avr. 2007, note Lerouge.* • 1er mars 2011, n° 09-69.616 P. ♦ L'employeur, tenu d'une obligation de sécurité de résultat en matière de protection de la santé et de la sécurité des travailleurs, manque à cette obligation lorsqu'un salarié est victime, sur son lieu de travail, de violences physiques ou morales exercées par l'un ou l'autre de ses salariés, quand bien même il aurait pris des mesures en vue de faire cesser ces agissements. • Soc. 29 juin 2011, n° 09-69.444 P : *D. 2011. Actu. 1978* • 3 févr. 2010, n° 08-40.144 P : *BICC 1er juill. 2010, et les obs. ; D. 2010. AJ 445, obs. Cortot ; JCP 2010, n° 225, obs. Léger ; ibid. n° 321, obs. Mouly ; RDT 2010. 303, obs. Véricel*

18. ... Obligation de prudence de l'entreprise de travail temporaire ou du conseil en recrutement. Toute entreprise de travail temporaire est tenue d'une obligation de prudence dans le recrutement du personnel qu'elle fournit ; si cette obligation est plus rigoureuse à l'égard du personnel appelé à exercer des fonctions de confiance ou de particulière responsabilité, elle n'en existe pas moins dans tous les cas (infraction commise par le salarié mis à disposition, déjà pénalement condamné antérieurement). • Civ. 1re, 26 févr. 1991, n° 88-15.333 P. ♦ Responsabilité du conseil en recrutement pour les détournements de fonds commis, après son embauche, par le comptable recruté par son intermédiaire, dès lors que le conseil n'a procédé à aucune vérification des éléments de CV fournis par le candidat et n'a même pas averti le client de cette absence de vérification. • Civ. 1re, 2 nov. 2005, n° 03-10.909 P : *RDC 2006. 826, obs. Carval.*

19. *Obligation de sécurité du vendeur ou de l'entrepreneur.* Sur l'obligation de sécurité du vendeur et l'incidence de l'art. 13 de la Dir. 85/374/CEE du 25 juill. 1985, V. jurisprudence citée ss. art. 1603. ♦ Sur l'obligation de sécurité de l'entrepreneur : V. notes 25 s. ss. art. 1787.

20. *Obligation de sécurité des professionnels de santé.* Obligation de sécurité à la charge du médecin en ce qui concerne le matériel utilisé pour l'exécution d'un acte médical : V. jurisprudence citée notes 83 s. ss. CSP, art. L. 1142-1, ss. art. 1242. ♦ Obligation de sécurité à la charge du chirurgien du fait de la pose de dispositifs médicaux ou de prothèses : V. jurisprudence citée notes 88 s. ss. CSP, art. L. 1142-1, ss. art. 1242. ♦ Sur l'existence d'une obligation de sécurité à la charge des établissements de santé qui fournissent des produits de santé et l'incidence de la Dir. 85/374/CEE du 25 juill. 1985 : V. notes 96 s. ss. CSP, art. L. 1142-1, ss. art. 1242.

21. *Autre illustration.* Association d'une obligation de sécurité ou de prudence à divers autres contrats : V. jurisprudence citée ss. art. 1231 s.

B. OBLIGATION DE RENSEIGNEMENT OU DE CONSEIL

22. *Régime de l'obligation de renseignement ou de conseil.* Sur la nature et la portée de l'obligation de renseignement ou de conseil, ainsi que sur la sanction de la violation de cette obligation à travers la mise en œuvre de la responsabilité de son débiteur, V. art. 1231-1 s. et la jurisprudence citée. – *Adde* anc. art. 1147. ♦ Sur le devoir d'information au cours des négociations précontractuelles : V. art. 1112-1 et la jurisprudence citée.

1° ASSURANCE

23. *Obligation d'information et de conseil de l'assureur : assurance vie capitalisation.* Nécessité, indépendamment de l'information documentaire fournie, d'une information adaptée à la complexité de l'opération, permettant de déterminer si le montage répondait à la situation personnelle de l'intéressé. • Civ. 1re, 4 juin 2014, n° 13-12.770 P : *D. 2014. 1272.* ♦ Comp. : l'assureur qui a communiqué au souscripteur d'une assurance vie libellée en unités de comptes les caractéristiques essentielles des divers supports financiers qui lui étaient proposés ainsi que les risques qui leur étaient associés a, par là même, satisfait à son obligation d'information et ne saurait voir sa responsabilité engagée, peu important que la note d'information remise à l'assuré ait omis certaines des mentions exigées par les art. L. 132-5-1 et A. 132-5 C. assur. • Civ. 2e, 9 juill. 2009, n° 08-18.730 P (caractéristiques reprises dans un document annexe accompagnant la note d'information). ♦ Responsabilité de l'assureur pour n'avoir pas mis en garde le souscripteur d'une assurance vie au sujet de l'indisponibilité des fonds résultant de l'acceptation par le bénéficiaire. • TGI Lyon, 1er juill. 2002 : *JCP 2003. II. 10063, note Gimalac et Portal.* ♦ Pour d'autres illustrations : V. notes ss. art. 1231-1.

24. *... Assurance risques.* Manque à son obligation d'information l'agent général d'assurance qui, lors de la souscription par l'assuré d'une nouvelle police remplaçant la précédente, n'attire pas son attention sur une réduction de garantie. • Civ. 2e, 8 mars 2006 : *D. 2006. 1941, note Noguero ; RDC 2007. 308, obs. Viney.* ♦ Il appartient à l'assureur de responsabilité obligatoire des travaux de bâtiment de fournir, dans l'attestation délivrée à son assuré et destinée à l'information des éventuels bénéficiaires de cette garantie, les informations précises sur le secteur d'activité professionnelle déclaré. • Civ. 3e, 17 déc. 2003, n° 01-12.259 P : *R., p. 466 ; JCP 2004. II. 10091, note Pimbert ; RCA 2004, n° 83, note Durry (1re esp.) ; RDI 2004. 62, obs. Leguay ; RGDA 2004. 112, note Karila (3e esp.)* (responsabilité délictuelle à l'égard du bénéficiaire de la garantie) • 22 sept. 2004, n° 02-13.847 P : *D. 2005. Pan. 1322, obs. Groutel* • 29 mars 2006, n° 05-13.119 P : *RDC 2006. 1235, obs. Carval* • 11 mai 2006, n° 04-20.250 P. ♦ L'assureur est tenu d'éclairer l'assuré sur l'adéquation des risques couverts par les stipulations du contrat d'assurance, fussent-elles claires et précises, à sa situation personnelle. • Civ. 1re, 13 déc. 2012, n° 11-27.631 P : *D. 2013. 6.* ♦ En revanche, une SCI, professionnelle de la construction, ne peut reprocher à l'assureur d'avoir manqué à son obligation de conseil, pour la souscription d'une garantie constructeur non réalisateur dont la définition impliquait qu'elle ne participe pas directement à l'acte de construire, alors qu'elle n'avait pas informé l'agent d'assurance de ce qu'elle interviendrait sur le chantier en qualité de maître d'œuvre. • Civ. 2e, 10 déc. 2015, n° 15-13.305 P.

25. *Obligation d'information et de conseil à la charge des groupements sportifs.* L'art. 38 de la L. du 16 juill. 1984 [C. sport, art.

L. 321-4 et L. 321-6] fait obligation aux groupements sportifs, non seulement d'attirer l'attention de leurs adhérents sur leur intérêt à souscrire une assurance de personnes couvrant leurs dommages corporels, mais encore de leur proposer plusieurs formules de garantie. • Civ. 1re, 13 févr. 1996, n° 94-11.726 P : *D. 1997. Somm. 181, obs. J. Mouly*. ♦ Cette obligation s'applique aux fédérations sportives et à leurs délégataires. • Civ. 2e, 13 oct. 2005, n° 04-15.888 P : *D. 2005. IR 2770 ; Gaz. Pal. 2006. 3251, note Leducq ; RCA 2005, n° 369, note Groutel ; LPA 29 déc. 2005, note Tricoit*. ♦ Responsabilité d'un club de judo, qui n'a pas informé son adhérent de son intérêt à souscrire une assurance complémentaire, en raison de la perte d'une chance subie par celui-ci d'obtenir une meilleure réparation à la suite d'un accident. • Civ. 1re, 7 avr. 1998, n° 96-15.615 P. – Dans le même sens, pour un club de rugby : • Civ. 1re, 14 janv. 2003 : *RGDA 2003. 321, note Favre-Rochex*.

26. *Obligation d'information du voyagiste.* Les compétences professionnelles ou personnelles du voyageur ne dispensent pas l'agence de voyage, de son obligation d'information envers lui. • Civ. 1re, 28 sept. 2016, n° 15-17.033 : *D. 2017. 341, note achièze ; ibid. 24, obs. Brun, Gout et Quézel-Ambrunaz ; AJ contrat 2017. 41, obs. Dagorne-Labbe* (en l'espèces médecin devant être prévenu par le voyagiste du danger que présentait une excursion en haute altitude).

2° BANQUE ET SERVICES FINANCIERS

27. *Activité de gestionnaire de comptes : obligation de renseignement et de conseil.* La banque est tenue, en tant que gestionnaire des divers comptes de son client, d'éclairer celui-ci sur les choix à faire entre le recours au crédit et la mobilisation de son épargne. • Civ. 1re, 12 juill. 2005, n° 03-10.115 P : *R., p. 335 ; D. 2005. 3094, note Parance (4e esp.) ; ibid. AJ 2276, obs. Delpech (4e esp.) ; JCP 2005. II. 10140, note Gourio (3e esp.) ; JCP E 2005. 1359, note D. Legeais (2e esp.)*. ♦ La banque doit informer les clients du fonctionnement de leurs comptes bancaires dans le cadre d'un PEA. • Com. 4 mars 2008, n° 04-16.280 P : *D. 2008. AJ 842, obs. Delpech ; ibid. 2008. Chron. C. cass. 1231, n° 4, obs. Bélaval ; ibid. 2009. Pan. 1044, obs. R. Martin* (financement d'une opération par prélèvement sur le compte de dépôt). ♦ Pour d'autres illustrations : V. notes ss. art. 1231.

28. *Octroi d'un crédit : obligation ordinaire d'information et de conseil.* Manque à son obligation de renseignement et de conseil, la banque qui n'a pas informé l'emprunteur de la véritable qualification du contrat principal conclu, en l'occurrence un contrat de construction de maison individuelle, dont la nature n'avait pu lui échapper et qui lui a fait conclure un contrat de cent pages précisant, au titre des conditions diverses, qu'il ne bénéficiait pas des règles protectrices du CCH, sans indiquer précisément les risques encourus. • Civ. 3e, 11 janv. 2012, n° 10-19.714 P : *D. 2012. 285* (non-respect de l'art. L. 231-10 CCH). ♦ Faute d'une banque qui a manqué à son obligation d'informer en ne mettant pas son client en mesure d'apprécier les conséquences, sur son engagement personnel, de la modification du projet initial intervenue dans la précipitation et la confusion. • Com. 3 déc. 2013, n° 12-23.976 P : *D. 2013. 2908* (modification du montage financier, prévoyant initialement un prêt à la société et transformé en prêt personnel accordé au gérant). ♦ Pour d'autres illustrations : V. notes ss. art. 1231-1.

29. *... Devoir de mise en garde à l'égard du client non averti.* Le banquier est tenu à l'égard de ses clients, emprunteurs profanes, d'un devoir de mise en garde. • Civ. 1re, 12 juill. 2005, n° 03-10.921 P : *R., p. 335 ; D. 2005. 3094, note Parance (3e esp.) ; ibid. AJ 2276, obs. Delpech (2e esp.) ; JCP 2005. II. 10140, note Gourio (2e esp.) ; JCP E 2005. 1359, note D. Legeais (1re esp.)*. ♦ Dans le même sens, pour la chambre commerciale : • Com. 3 mai 2006, n° 04-15.515 P. • 20 juin 2006, n° 04-14.114 P : *D. 2006. AJ 1887, obs. Delpech ; JCP 2006. II. 10122, note Gourio (4e esp.) ; JCP E 2006. 2271, note D. Legeais ; RDC 2007. 300, obs. Viney ; RTD com. 2006. 645, obs. D. Legeais* (peu importe que les emprunteurs profanes aient disposé des mêmes informations que la banque). ♦ Il incombe à la banque de rapporter la preuve qu'elle a satisfait au devoir de mise en garde auquel elle est tenue à l'égard d'un emprunteur non averti. • Com. 11 déc. 2007, n° 03-20.747 P : *D. 2008. AJ 220, obs. Avena-Robardet ; JCP 2008. II. 10055, note Gourio ; JCP E 2008. 1192, note D. Legeais (1re esp.)*. ♦ Mais il appartient à l'emprunteur de rapporter la preuve qu'à l'époque de la souscription du crédit litigieux, sa situation financière imposait l'accomplissement par la banque de son devoir de mise en garde. • Civ. 1re, 4 juin 2014, n° 13-10.975 P.

Le devoir de mise en garde oblige le banquier, avant d'apporter son concours, à vérifier les capacités financières de son client. • Cass., ch. mixte, 29 juin 2007, n° 05-21.104 P : *R., p. 409 ; BICC 15 oct. 2007, rapp. Betch, avis Maynial ; D. 2007. 2081, note S. Piedelièvre ; ibid. AJ 1950, obs. Avena-Robardet ; ibid. 2008. Pan. 878, obs. R. Martin ; JCP 2007. II. 10146, note Gourio ; JCP E 2007. 2105, note D. Legeais ; LPA 30 nov. 2007, note Chendeb ; ibid. 23 mai 2008, note Darny* ; RLDC 2007/43, n° 2726, note Parance ; RCA 2007. *Étude 15, par Hocquet-Berg ; CCC 2007, n° 268, note Raymond ; RLDC 2007/44, n° 2778, note Delebecque ; RTD civ. 2007. 779, obs. Jourdain ; RTD com. 2007. 579, obs. D. Legeais*. ♦ Conformément au devoir de mise en garde dont il est tenu, le banquier doit justifier avoir satisfait à cette obligation au regard non seulement des « charges du prêt » mais aussi des capacités financières et du risque de l'endettement né de l'octroi du prêt. • Civ. 1re, 18 sept. 2008, n° 07-17.270 P : *D. 2008. AJ 2343, obs. Avena-Robardet ; Gaz. Pal. 2008. 3990, obs. Piedelièvre ; RLDC 2008/54, n° 3171, obs. Maugeri* • 24 sept. 2009, n° 08-16.345 P : *D. 2009. AJ 2341 ; LPA 19 févr. 2010, note Dagorne-Labbe.* ♦ Pour d'autres illustrations : V. notes ss. art. 1231-1 s.

30. ... Obligation complémentaire du prêteur en matière d'assurance. Le devoir d'information du prêteur en matière d'assurance bénéficie à tous les emprunteurs, fussent-ils avertis, et s'impose indépendamment de tout risque d'endettement excessif, la souscription d'une assurance destinée à garantir le remboursement d'un prêt n'étant pas déterminée par le niveau d'endettement de l'emprunteur mais par la perspective d'un risque dont la couverture apparaît opportune lors de la souscription du prêt. • Civ. 1re, 30 sept. 2015, n° 14-18.854 P. ♦ Le banquier, qui mentionne dans l'offre de prêt que celui-ci sera garanti par un contrat d'assurance souscrit par l'emprunteur auprès d'un assureur choisi par ce dernier, est tenu de vérifier qu'il a été satisfait à cette condition ou, à tout le moins, de l'éclairer sur les risques d'un défaut d'assurance. • Civ. 2e, 14 juin 2007, n° 03-19.229 P : *D. 2007. AJ 1868, obs. Delpech ; JCP N 2007. 1302, n° 10, obs. S. Piedelièvre ; RCA 2007, n° 330, note Courtieu.*

Le banquier, qui propose à son client auquel il consent un prêt d'adhérer au contrat d'assurance de groupe qu'il a souscrit, est tenu de l'éclairer sur l'adéquation des risques couverts à sa situation personnelle d'emprunteur, la remise de la notice ne suffisant pas à satisfaire à cette obligation. • Cass., ass. plén., 2 mars 2007, n° 06-15.267 P : *R., p. 443 ; BICC 15 mai 2007, rapp. Renard-Payen, avis Main ; D. 2007. 985, note S. Piedelièvre ; ibid. AJ 863, obs. Avena-Robardet ; D. 2008. Pan. 127, obs. Groutel ; ibid. 880, obs. R. Martin ; JCP 2007. II. 10098, note Gourio ; ibid. I. 158, n° 6, obs. Simler ; JCP E 2007. 1375, note D. Legeais ; RLDC 2007/39, n° 2556, note N. Bicheron ; RGDA 2007. 397, note Kullmann ; LPA 10 mai 2007, note Markhoff ; ibid. 25 mai 2007, note Gossou ; ibid. 23 août 2007, note Prigent ; RDI 2007. 319, obs. Grynbaum ; RDC 2007. 750, obs. Viney* (assurance couvrant l'invalidité définitive et non l'inaptitude professionnelle) • Civ. 2e, 2 oct. 2008, n° 07-15.276 P : *D. 2008. AJ 2499, obs. Avena-Robardet ; ibid. 2009. Pan. 1044, obs. R. Martin ; LPA 30 janv. 2009, note Siffrein-Blanc ; RCA 2008, n° 339, obs. Courtieu ; RLDC 2008/54, n° 3182, obs. Pichon ; RDC 2009. 100, obs. Carval ; ibid. 1142, obs. Grynbaum* • 2 oct. 2008, n° 07-16.018 P : *eod loc. ; RCA 2008, n° 338, obs. Courtieu* • Civ. 1re, 22 janv. 2009, n° 07-19.867 P : *D. 2009. AJ 368, obs. Avena-Robardet ; JCP 2009. II. 10055, note N. Dupont ; RDC 2009. 100, obs. Carval ; Dr. fam. 2009, n° 80, note Beignier ; RDC 2009. 1142, obs. Grynbaum* • Com. 13 sept. 2011 : *RCA 2011, n° 399* (assurance automobile souscrite à l'occasion d'un crédit-bail). ♦ En revanche l'assureur de groupe n'est pas tenu d'éclairer l'assuré sur l'adéquation des risques couverts à sa situation personnelle d'emprunteur ou à celle de celui qui cautionne ses engagements, cette obligation incombant au seul établissement de crédit souscripteur du contrat d'assurance. • Com. 1er déc. 2015, n° 14-22.134 P : *D. 2015. 2560 ; RGDA 2016. 99, note Asselain.*

31. Opération d'investissement : obligation de se renseigner afin d'informer et de conseiller. Quelles que soient ses relations contractuelles avec son client, le prestataire de services d'investissement est tenu : de s'enquérir de la situation financière de celui-ci. • Com. 12 févr. 2008, n° 06-20.835 P : *D. 2008. AJ 689, obs. Delpech ; ibid. Chron. C. cass. 1231, obs. Salomon* (transmission d'ordres sur le marché à règlement différé). ♦ ... Ainsi que d'évaluer la compétence du client afin de lui fournir une information adaptée. • Même arrêt. ♦ L'obligation du prestataire de services d'investissement de se renseigner sur les capacités financières des investisseurs a pour but d'aider ceux-ci à mesurer les risques que comportent les opérations sur le marché à terme et leurs aptitudes à y procéder ; aucun manquement à cette obligation de mise en garde ne peut être reproché par des investisseurs avertis. • Com. 13 mai 2014, n° 09-13.805 P. ♦ Pour d'autres illustrations : V. notes ss. art. 1231-1 s.

32. ... Devoir de mise en garde à l'égard du client profane. Quelles que soient les relations contractuelles entre un client et une banque (mandat de gestion de portefeuille ou convention de services d'exécution d'ordres et de tenue de compte), celle-ci a le devoir de l'informer des risques encourus dans les opérations spéculatives sur les marchés à terme, hors le cas où il en a connaissance. • Com. 5 nov. 1991, n° 89-18.005 P (opérations à découvert sur le marché à terme) • 18 mai 1993 : *D. 1994. 142, note Najjar ; Gaz. Pal. 1994. 1. 85, note S. Piedelièvre (idem).* ♦ Même solution avec une référence à une obligation de mise en garde : • Com. 22 mai 2001, n° 98-14.087 P. ♦ Un prestataire de services d'investissement est tenu d'une obligation d'information et de mise en garde à l'égard d'un client profane sur les risques des opérations boursières. • Com. 31 janv. 2006, n° 04-18.920 P (courtage par Internet pour des opérations sur le marché à règlement différé). ♦ V. aussi : • Com. 26 mars 2008, n° 07-11.554 P : *D. 2008. AJ 1058, obs. Pech ; LPA 29 avr. 2009, note El Badawi.* ♦ Le client d'un intermédiaire financier doit recevoir une information spécifique sur les risques encourus avant la signature des contrats de placement et non postérieurement à celle-ci dès lors qu'il n'est pas un investisseur averti. • Com. 30 nov 2010, nº 09-70.810 P : *D. 2010. 2900, obs. Delpech*.

Préjudice réparable : le manquement de la société de bourse aux obligations d'information, de mise en garde et de conseil auxquelles elle peut être tenue à l'égard de son client prive seulement celui-ci d'une chance de mieux investir ses capitaux. • Com. 4 févr. 2014, nº 13-10.630 P : *D. 2014. 421* (cassation de l'arrêt qui condamne la société de bourse au remboursement des pertes financières). ♦ Pour d'autres illustrations : V. notes ss. art. 1231-1 s.

3º PRESTATIONS JURIDIQUES

33. Assistance en justice : avocats. La mission d'assistance en justice emporte pouvoir et devoir de conseiller la partie : manque à son devoir de conseil l'avocat qui omet d'informer son client sur les moyens de défense, quelles qu'aient été les instructions reçues. • Civ. 1re, 9 mai 1996, nº 94-14.022 P. ♦ ... Ou sur les voies de recours existant contre les décisions rendues à son encontre. • Civ. 1re, 13 nov. 1997, nº 95-14.141 P. ♦ Il appartient à l'avocat de recueillir de sa propre initiative auprès de ses clients les éléments d'information et documents propres à lui permettre d'assurer au mieux la défense de leurs intérêts. • Civ. 1re, 1er mars 2005, nº 03-16.329 P. ♦ L'avocat doit rapporter la preuve qu'il a exécuté son obligation particulière d'information et de conseil. • Civ. 1re, 29 avr. 1997, nº 94-21.217 P : *R., p. 294 ; JCP 1997. II. 22948, note R. Martin ; CCC 1997, nº 111, note Leveneur ; LPA 15 août 1997, note M.-H. et V. Maleville ; RCA 1997. Comm. 231, et Chron. 19, par Groutel.* ♦ Même solution, réciproquement, pour un avoué : • Civ. 1re, 24 juin 1997, nº 95-10.629 P : *D. 1998. Somm. 198, obs. Jourdain ; JCP 1997. II. 22970, note du Rusquec ; JCP N 1998. 54, note Leveneur* • 1er févr. 2005, nº 03-11.956 P : *D. 2006. Pan. 546, obs. Julien et Fricero*. ♦ Pour d'autres illustrations : V. notes ss. art. 1231-1 s.

34. Activité de conseil : avocats et conseillers juridiques. L'avocat, conseiller juridique et fiscal, est tenu d'une obligation particulière d'information vis-à-vis de son client, laquelle comporte le devoir de s'informer de l'ensemble des conditions de l'opération pour laquelle son concours est demandé. • Com. 13 oct. 2009 : *D. 2009. 2842, note Avril ; JCP 2010, nº 270, § 12, obs. Tanaskovic.* ♦ V. cependant, dans la même affaire, jugeant que l'avocat ne disposait d'aucune information qui lui aurait permis de mettre en garde le client contre les conséquences fiscales du choix retenu et que cet avocat n'était tenu ni de contrôler le fonctionnement de la société, ni de vérifier les déclarations d'ordre factuel fournies par le client : • Civ. 1re, 31 oct. 2012 : *D. 2012. 2737, obs. Avril*. ♦ Les compétences professionnelles d'un client ne peuvent, à elles seules, dispenser l'avocat choisi par celui-ci de toute obligation de conseil. • Civ. 1re, 12 janv. 1999, nº 96-18.775 P : *Defrénois 1999. 382, obs. Aubert* • 19 mai 1999, nº 96-20.332 P : *D. 2000. Somm. 153, obs. Blanchard*. ♦ Le devoir de conseil d'un conseiller juridique comporte l'obligation de s'informer de l'ensemble des conditions de l'augmentation de capital pour laquelle son concours est demandé et, le cas échéant, de la déconseiller. • Civ. 1re, 23 mai 2000, nº 97-19.223 P : *D. 2000. IR 189 ; Defrénois 2000. 1127, obs. Delebecque ; CCC 2000, nº 139.* ♦ La circonstance que la procédure ait été confiée à un avocat n'autorise pas le conseil juridique à s'en désintéresser. • Civ. 1re, 15 janv. 2002, nº 99-21.799 P : *D. 2002. IR 541 ; JCP 2002. II. 10063, note Croze.* ♦ Pour d'autres illustrations : V. notes ss. art. 1231-1 s.

35. Rédaction d'actes : notaires. Les notaires sont professionnellement tenus d'éclairer les parties sur la portée des actes par eux dressés et sur la valeur des garanties qui peuvent y être attachées. • Civ. 1re, 6 avr. 1965 : *Bull. civ. I, nº 252 ; D. 1965. 448.* ♦ Ils doivent éclairer les parties et attirer leur attention sur les conséquences et les risques des actes qu'ils authentifient. • Civ. 1re, 7 nov. 2000, nº 96-21.732 P : *Defrénois 2001. 261, obs. Aubert ; JCP E 2001. 372, note D. Legeais (1re esp.) ; JCP N 2002. 1105, étude Montravers ; RTD civ. 2001. 627, obs. Crocq* • Cass., ass. plén., 5 déc. 2014, nº 13-19.674 P (vente en l'état futur d'achèvement) • Civ. 1re, 17 juin 2015, nº 14-19.692 P (la recherche de la délivrance ou non du certificat de conformité ne suffit pas, en l'absence d'information sur les incidences d'un refus de délivrance du certificat de conformité et du risque encouru dans ce cas). ♦ Le notaire doit attirer l'attention du client sur les risques encourus, en l'espèce sur le fait d'acquérir des lots pour une destination qui n'est pas celle visée par l'ordonnance du juge-commissaire ; même si les sous-acquéreurs n'étaient pas de bonne foi, ils étaient déchargés de l'obligation de procéder aux vérifications nécessaires à l'efficacité des actes de vente, cette obligation ne reposant que sur le notaire. • Civ. 3e, 30 janv. 2013, nº 11-26.074 P : *D. 2014. 47, obs. Gout ; AJDI 2013. 625, obs. de La Vaissière*. ♦ Les modalités de paiement retenues, particulièrement favorables à l'acquéreur, imposent au notaire d'informer spécialement le vendeur, nonobstant la clarté de la clause. • Civ. 1re, 14 nov. 2001, nº 98-21.531 P : *Defrénois 2002. 273, obs. Aubert ; AJDI 2002. 405, obs. Malbosc-Cantegril*. ♦ L'obligation d'information du notaire doit prendre en considération les mobiles des parties, extérieurs à l'acte, lorsqu'il en a eu précisément connaissance. • Civ. 1re, 13 déc. 2005, nº 03-11.443 P : *RCA 2006,* n° 57, note *E. Groutel* • 15 avr. 2012 : *RCA 2012, n° 211* (obligation de vérifier qu'un terrain est constructible, compte tenu des intentions du client).

Le notaire, rédacteur d'un acte, est tenu d'un devoir de conseil à l'égard de toutes les parties à l'acte. • Civ. 1re, 14 mars 2000, n° 97-19.813 P : *D. 2000. IR 123* ; *Defrénois 2000. 1391, obs. Aubert.* ♦ ... Quand bien même il serait le conseil régulier de l'une d'elles. • Civ. 1re, 15 mai 2007, n° 06-15.318 P : *D. 2007. AJ 1501* ; *Defrénois 2007. 1464, obs. Libchaber.* ♦ Pour d'autres illustrations : V. notes ss. art. 1231-1 s.

36. ... Autres professions juridiques. Le devoir de conseil auquel est tenu le rédacteur d'actes s'apprécie au regard du but poursuivi par les parties et de leurs exigences particulières lorsque, dans ce dernier cas, le praticien du droit en a été informé. • Civ. 1re, 25 mars 2010, n° 09-12.294 P : *D. 2010. Actu. 892* ; *AJDI 2010. 911, obs. Thioye* ; *Defrénois 2010. 2214, obs. Latina* ; *RLDC 2010/72, n° 3846, obs. Le Nestour-Drelon* ; *RDC 2010. 851, obs. Viney.* ♦ Manque à ses obligations un avocat, rédacteur d'une lettre de licenciement, qui n'y mentionne que la disparition d'une branche d'activité de l'entreprise, sans faire état de la suppression du poste du salarié, alors pourtant que la jurisprudence avait d'ores et déjà renforcé les obligations en la matière, l'arrêt ultérieur de la Cour de cassation ne constituant ni un revirement, ni même l'expression d'une évolution imprévisible de la jurisprudence. • Civ. 1re, 5 févr. 2009, n° 07-20.196 P : *D. 2010, Pan. 49, obs. Brun* ; *RLDC 2009, n° 3382, obs. Bugnicourt* ; *RTD civ. 2009. 493, obs. Deumier* ; *ibid. 725, obs. Jourdain*. ♦ Manque aussi à ses obligations le rédacteur qui n'attire pas l'attention : sur les conséquences financières d'un licenciement en raison de l'existence d'une clause de non-concurrence. • Civ. 1re, 13 mars 1996, n° 93-20.578 P. ♦ ... Ou sur les incidences fiscales de l'opération projetée. • Civ. 1re, 9 nov. 2004, n° 02-12.415 P : *RCA 2005, n° 21* (expert-comptable). ♦ L'expert-comptable qui accepte dans l'exercice de ses activités juridiques accessoires, d'établir un acte de cession de droits sociaux pour le compte d'autrui, est tenu, en sa qualité de rédacteur, d'informer et d'éclairer de manière complète les parties sur les effets et la portée de l'opération projetée ; l'expert-comptable n'est pas déchargé de cette obligation par les compétences personnelles de l'une des parties à l'acte qu'il dresse. • Com. 4 déc. 2012 : *D. 2012. 2963* ; *Rev. sociétés 2013. 279, note Ansault*.

L'avocat, unique rédacteur d'un acte sous seing privé, est tenu de veiller à assurer l'équilibre de l'ensemble des intérêts en présence et de prendre l'initiative de conseiller les deux parties à la convention sur la portée des engagements souscrits de part et d'autre, peu important le fait que l'acte a été signé en son absence après avoir été établi à la demande d'un seul des contractants. • Civ. 1re, 27 nov. 2008, n° 07-18.142 P : *D. 2009. 706, note Jamin* ; *JCP 2009. I. 120, n° 15, obs. Jamin* ; *RLDC 2009/57, n° 3285, obs. Maugeri* ; *RTD civ. 2009. 134, obs. Gautier*. ♦ Pour d'autres illustrations : V. notes ss. art. 1231-1 s.

4° AUTRES CONTRATS

37. Agence de voyages. Il entre dans les obligations de l'agence de voyages, en tant que professionnel mandataire de son client, à qui elle vend un billet d'avion, de l'informer des conditions précises d'utilisation du billet, parmi lesquelles figurent les formalités d'entrée sur le territoire de l'État de destination. • Civ. 1re, 7 févr. 2006, n° 03-17.642. ♦ Rappr. note 3. ♦ Comp. : il appartient à tout parent qui envisage de faire sortir son enfant du territoire français de s'informer des formalités légales requises, de sorte qu'aucune obligation particulière ne pèse à cet égard sur l'agence de voyages. • Civ. 1re, 24 nov. 1998, n° 96-22.782 P : *D. 1999. 156, note F. Boulanger* ; *JCP 1999. II. 10106, note Dagorne-Labbe (1re esp.).* ♦ Mais dès lors que n'est pas établie la connaissance qu'avait ou qu'aurait dû avoir l'agence de ce que la finalité du voyage était un pèlerinage à La Mecque, il y a cassation de l'arrêt condamnant l'agence à rembourser aux clients le coût des billets que ceux-ci ont dû acheter auprès de l'unique compagnie aérienne autorisée par l'Arabie saoudite. • Civ. 1re, 12 juin 2012, n° 10-26.328 P : *D. 2012. 1606* (contrat conclu par internet).

38. Prestations médicales ou thérapeutiques. Obligation d'information, à la charge du médecin, relativement aux risques encourus par le patient, préalablement aux investigations, traitements ou actions proposées : V. jurisprudence citée notes 2 s. ss. CSP, art. L. 1111-2, ss. art. 16-9.

39. Autre illustration. Association d'un devoir de renseignement ou d'une obligation d'information, ainsi que d'un devoir de conseil à divers contrats : V. notes ss. art. 1231-1 s.

C. OBLIGATION DE GARANTIE

40. Convention d'assistance bénévole. La convention d'assistance bénévole emporte nécessairement l'obligation pour l'assisté de garantir l'assistant de la responsabilité par lui encourue, sans faute de sa part, à l'égard de la victime d'un accident éventuel, que cette victime soit ou non un autre assistant. • Civ. 1re, 17 déc. 1996, n° 94-21.838 P : *D. 1997. Somm. 288, obs. Delebecque* ; *RTD civ. 1997. 431, obs. Jourdain* ; *CCC 1997. 78, obs. Leveneur.* ♦ V. aussi • Civ. 1re, 27 janv. 1993, n° 91-12.131 P : *Gaz. Pal. 1993. 2. 434, note Chabas* • 10 oct. 1995 : *CCC 1996, n° 1, note Leveneur* • 19 janv. 1999 : *RCA 1999. Chron. 10, Groutel.*

41. Contrat de travail : principe. L'employeur est tenu de garantir ses salariés à raison des actes ou faits qu'ils passent ou accomplissent en exécution du contrat de travail ; condamnation de l'employeur à rembourser au salarié les frais engagés pour sa défense à un contentieux pénal dont l'objet était lié à l'exercice de ses fonctions. • Soc. 18 oct. 2006, n° 04-48.612 P : *R., p. 265 ; D. 2007. 695, note Mouly ; JCP 2007. I. 139, n° 2, obs. Sérinet ; JCP E 2006. 2679, note Puigelier ; LPA 28 févr. 2007, note Quentin et Robert ; RDT 2006. 282, obs. A. M. ; RDC 2007. 714, obs. Laithier* (visa de l'art. 1135 anc.). ♦ Les frais qu'un salarié expose pour les besoins de son activité professionnelle et dans l'intérêt de son employeur doivent être supportés par ce dernier. • Soc. 5 juill. 2017, n° 15-29.424 P (en l'espèce, remboursement par l'employeur d'une paire de lunettes de vue suite à un examen ophtalmologique prescrit par le médecin du travail).

42. ... Application aux frais vestimentaires. Il résulte des dispositions combinées des art. 1135 anc. C. civ. et L. 1221-1 C. trav. que les frais qu'un salarié expose pour les besoins de son activité professionnelle et dans l'intérêt de l'employeur doivent être supportés par ce dernier. • Soc. 12 déc. 2012, n° 11-26.585 P : *D. 2013. 20* (clause contraire réputée non écrite). ♦ Mais si, en application de ces principes, l'employeur qui impose le port d'une tenue de travail doit assumer le coût de son entretien, les modalités de ce dernier doivent être définies par l'employeur, dans le cadre de son pouvoir de direction, et non par le juge. • Même arrêt. ♦ Les frais qu'un salarié expose pour les besoins de son activité professionnelle et dans l'intérêt de l'employeur, en l'occurrence pour les vêtements de travail, doivent être supportés par ce dernier. • Soc. 21 mai 2008, n° 06-44.044 P.

II. PRISE EN COMPTE DES USAGES

A. EXISTENCE D'UN USAGE

43. Appréciation souveraine par les juges du fond. Appréciation souveraine par les juges du fond d'un usage général s'imposant aux parties à un contrat de publicité, à défaut de conventions contraires : V. • Com. 25 janv. 1972 : *D. 1972. 423.* – V. aussi • T. com. Nanterre, 5 mars 1985 : *Gaz. Pal. 1985. 2. 618, note Friocourt.* ♦ Appréciation souveraine des juges du fond de l'existence d'un usage professionnel entre les cliniques et leurs médecins imposant un préavis de deux ans en cas de rupture. • Civ. 1re, 17 juin 1997, n° 95-14.162 P : *D. 1997. 604, note Mémeteau .*

44. Nécessité de respecter le principe du contradictoire. Le juge qui prend l'initiative de se référer à un usage conventionnel est tenu de respecter le principe du contradictoire : V. • Com. 17 mai 1988 : *Bull. civ. IV, n° 167.*

45. Nécessité de constater l'adhésion des parties à l'usage. Les juges du fond ne sauraient faire application d'un usage prévu par le contrat type applicable aux professionnels de la publicité et à leurs partenaires habituels sans vérifier que l'annonceur était informé de cet usage et que son comportement indiquait qu'il y avait adhéré. • Com. 16 déc. 1997, n° 95-18.586 P : *D. Affaires 1998. 146, obs. J. F.* • 4 janv. 2000 : *Gaz. Pal. 2000. 1. Somm. 1325, obs. Vray.* ♦ Cassation pour défaut de base légale de la décision qui interprète une clause litigieuse selon un usage, sans constater que les parties avaient entendu expressément l'adopter. • Com. 17 mai 1988 : *Bull. civ. IV, n° 167.*

En l'absence de toute stipulation prévoyant l'allocation d'un honoraire complémentaire en fonction du résultat obtenu, la seule référence aux usages en vigueur à l'ordre des avocats au barreau de Paris pour le calcul des honoraires de l'avocat n'implique pas l'accord des parties pour l'octroi, en fin de procès, d'un honoraire de résultat. • Civ. 1re, 17 oct. 1995, n° 93-16.157 P. ♦ En l'absence d'adhésion du cotitulaire d'un compte joint à un usage bancaire, cet usage ne lui est pas opposable. • Com. 4 mai 1999, n° 95-21.752 P : *D. 2000. 191, note Djoudi ; JCP E 2000. 895, note Neau-Leduc ; Defrénois 1999. 997, obs. Delebecque.*

46. Illustrations : usages dont l'existence a été reconnue. Existence d'un usage conférant aux clients le droit à une ristourne en matière de dépôt de listes de mariage : V. • TI Paris, 20 mai 1970 : *JCP 1970. II. 16396, note P. L.* ♦ Selon un usage constant entre commerçants, les prix s'entendent hors taxes sauf convention contraire. • Com. 9 janv. 2001, n° 97-22.212 P : *R., p. 405 ; Gaz. Pal. 2001. Somm. 1329, obs. Guével ; CCC 2001, n° 70, note Leveneur (1re esp.) ; RTD civ. 2001. 870, obs. Mestre et Fages .* ♦ Existence d'un usage établi par les attestations d'une chambre des métiers selon lequel, entre professionnels du même secteur d'activité, un outil spécialement conçu pour une fabrication demeure la propriété du fabricant et non du maître de l'ouvrage. • Com. 9 janv. 2001, n° 97-22.668 P : *R., p. 405 ; CCC 2001, n° 70, note Leveneur (2e esp.) ; RTD civ. 2001. 870, obs. Mestre et Fages .* ♦ Existence d'un usage autorisant l'utilisation, pour des affiches de promotion d'un magazine, d'une photographie cédée pour l'illustration de la couverture du même magazine. • Civ. 1re, 15 mai 2002 : *JCP E 2002. 1121, note Caron ; ibid. 2004. 561, n° 5, obs. Laporte-Legeais.* ♦ Pour un « usage ancien et constant en Bordelais », en matière de vente de vins par courtier, V. • Com. 13 mai 2003, n° 00-21.555 P : *R., p. 430 ; D. 2004. 414, note Bahans et Menjucq ; JCP E 2004. 384, n° 4, obs. Masquéfa ; CCC 2003, n° 124, note Leveneur ; RTD civ. 2003. 727, obs. Gautier .*

47. ... Simples pratiques professionnelles non constitutives d'un usage. Pratiques non constitutives d'usage en matière de diffusion d'œuvres d'art à la télévision : V. • Civ. 1re,

13 nov. 2003, n° 01-14.385 P. ♦ ... Distinction des relations d'affaires et des usages professionnels : V. • Com. 23 janv. 2001, n° 98-10.975 P : *R., p. 405 ; D. 2001. 2509, note Bimes-Arbus ; ibid. AJ 701, obs. A. Lienhard ; RTD com. 2001. 977, obs. Martin-Serf* (à propos du « mode de paiement communément admis dans les relations d'affaires » [C. com., art. L. 621-107, 4°, devenu L. 632-1, 4°]).

Il résulte de la combinaison des anc. art. 1134, 1147 et 1382, devenu 1240, qu'en l'absence de désordre, le non-respect des normes qui ne sont rendues obligatoires ni par la loi ni par le contrat ne peut donner lieu à une mise en conformité à la charge du constructeur. • Civ. 3e, 10 juin 2021, n° 20-15.277 P (impossibilité d'invoquer le non-respect d'un DTU qui n'avait pas été contractualisé).

B. PORTÉE JURIDIQUE DES USAGES

48. Application limitée aux professionnels concernés. L'usage selon lequel la lettre de confirmation établie par un courtier en vin vaut écrit ne s'applique qu'aux transactions entre producteur et négociants, qualité dont ne dispose pas la SCI qui a donné en location un bâtiment, destiné à l'élaboration et au stockage du vin de champagne, dont elle est propriétaire. • Civ. 3e, 15 oct. 2014, n° 12-28.767 P : *D. 2014. 2112*.

49. Impossibilité de faire prévaloir un usage sur une loi d'ordre public. Un usage bancaire ne saurait prévaloir contre les dispositions d'ordre public relatives au taux effectif global (Décr. du 4 sept. 1985, art. 1er) selon lesquelles l'année civile, pour le calcul des intérêts, comporte 365 ou 366 jours, et non 360 jours. • Com. 18 mars 1997 : *CCC 1997, n° 124, note Raymond.*

50. Caractère supplétif de l'usage dans le silence de la convention. Les usages professionnels ont valeur supplétive et, dans le silence de la convention des parties, ils doivent être appliqués. • Com. 19 févr. 2002 : *CCC 2002, n° 91, note Leveneur* (en l'espèce, code des usages en matière d'illustration photographique) • Civ. 1re, 4 juin 2014, n° 13-17.077 P : *D. 2014. 2508, note Ansaloni ; JCP 2014, n° 922, note François ; RDC 2014. 618, obs. Libchaber ; ibid. 750, note Berlioz* (application des modalités de paiement convenues et non d'un usage pour la cession d'un office notarial).

51. Cas particulier : usage prévoyant une procédure de conciliation préalable. Une procédure préalable de conciliation ne peut résulter que d'une stipulation contractuelle, seule de nature à s'imposer au juge. • Civ. 1re, 6 mai 2003, n° 01-01.291 P : *JCP 2003. I. 186, nos 14 s., obs. Virassamy ; JCP 2004. II. 10021, note Colson ; JCP E 2004. 424, n° 12, obs. Brena.*

52. ... Usage d'entreprise plus favorable au salarié en matière de contrat de travail. Obligation pour le juge, statuant sur l'existence d'une discrimination directe ou indirecte dans la fixation de la rémunération de référence d'un permanent syndical, de rechercher s'il existait un usage plus favorable que les dispositions conventionnelles et si son application était plus avantageuse pour le salarié. • Soc. 24 sept. 2014, n° 13-11.782.

Conséquences de la dénonciation d'un usage d'entreprise sur le contrat de travail : les avantages résultant pour les salariés d'un usage d'entreprise n'étant pas incorporés aux contrats de travail, la dénonciation de l'usage ou de l'engagement unilatéral de l'employeur n'emporte aucune modification de ces contrats. • Soc. 3 déc. 1996, n° 94-19.466 P (obligation de respecter néanmoins un préavis suffisant) • 10 févr. 1998, n° 95-42.543 P : *JCP 1998. I. 161, n° 1, obs. Darmaisin* • 7 avr. 1998, n° 95-42.992 P • 6 juill. 2005, n° 04-45.037 P • 16 nov. 2005, n° 04-40.339 P (nécessité d'une dénonciation régulière). ♦ La remise au salarié, lors de son embauche, d'un document résumant les usages et les engagements unilatéraux de l'employeur n'a pas pour effet de contractualiser les avantages qui y sont décrits. • Soc. 11 janv. 2000, n° 97-44.148 P : *D. 2000. 893, note Pignarre ; RTD civ. 2001. 165, obs. Gautier*. ♦ La remise au salarié, lors de son embauche, d'un document résumant les usages et les engagements unilatéraux de l'employeur n'a pas pour effet de contractualiser les avantages qui y sont décrits. • Soc. 11 janv. 2000, n° 97-44.148 P : *D. 2000. 893, note Pignarre ; RTD civ. 2001. 165, obs. Gautier*. ♦ La dénonciation par l'employeur d'un usage doit, pour être régulière, être précédée d'un préavis suffisant pour permettre des négociations et être notifiée aux représentants du personnel et à tous les salariés individuellement s'il s'agit d'une disposition qui leur profite. • Soc. 28 janv. 2015, n° 13-24.242 P : *D. 2015. 327*.

III. AUTRES SUITES DU CONTRAT

53. Contenu du contrat et équité. Contrôle de l'abus dans la fixation du prix : V. art. 1164 s. et la jurisprudence citée. ♦ Dans les contrats d'adhésion lutte contre les clauses qui créent un déséquilibre significatif entre les droits et les obligations des parties : V. art. 1171 et la jurisprudence citée. ♦ Protection du consommateur et lutte contre les clauses abusives : V. C. consom., art. L. 212-1, ss. art. 1171 et la jurisprudence citée.

54. ... Impossibilité pour le juge de se référer uniquement à l'équité. Cassation de la sentence prud'homale ayant attribué en équité un salaire majoré de 100 % pour travail un jour férié, alors que, les jours fériés autres que le 1er mai n'étant pas nécessairement chômés, un salarié qui travaille un jour férié n'a droit, sauf disposition conventionnelle ou contractuelle particulière, qu'à son salaire. • Soc. 4 déc. 1996, n° 94-40.693 P. – Molfessis, *RTD civ. 1998. 221.*

55. Documents publicitaires. Sur la valeur contractuelle de documents publicitaires. • Civ. 3e, 17 juill. 1996, n° 94-17.810 P : *D. 1997. Somm. 342, obs. Tournafond ; CCC 1997. 4, obs. Leveneur ; Defrénois 1996. 1366, obs. Delebecque ; LPA 24 oct. 1997, note D. R. Martin (1re esp.)* (refus en l'espèce) • Com. 17 juin 1997, n° 95-11.164 P : *D. 1998. 248, note Pignarre et Paisant ; JCP 1997. I. 4056, nos 1 s., obs. Labarthe ; ibid. 1998. I. 144, n° 8, obs. Viney ; CCC 1997, n° 177, note Leveneur ; RTD civ. 1998. 363, obs. Mestre* (société reconnue engagée, en l'espèce, par ses affirmations publicitaires) • Civ. 3e, 17 juill. 1997, n° 95-19.166 P (même solution, s'agissant de la mention d'un espace vert dans les documents de commercialisation d'un lotissement) • 22 oct. 2002 : *RDI 2003. 153, obs. Trébulle* (mention « vue sur mer » : absence de valeur contractuelle, en l'espèce). ♦ Les documents publicitaires peuvent avoir une valeur contractuelle dès lors que, suffisamment précis et détaillés, ils ont eu une influence sur le consentement du cocontractant. • Civ. 1re, 6 mai 2010 : *D. 2011. Pan. 472, obs. Amrani-Mekki ; JCP 2010, n° 922, note Labarthe ; ibid. n° 983, obs. Ghestin ; RDC 2010. 1197, obs. D. Mazeaud ; RTD civ. 2010. 580, obs. Gautier* . ♦ Une cour d'appel peut souverainement estimer qu'est inopposable au locataire la clause du contrat écrite en petits caractères et noyée dans les clauses d'exclusion, prévoyant que la garantie complète des dommages au véhicule nécessite une assurance complémentaire, alors que le dépliant publicitaire annonçait sans nuances une garantie de ces dommages, ce qui incitait les clients à relâcher leur attention. • Civ. 1re, 27 févr. 1996 : *CCC 1996. 94, obs. Leveneur ; Defrénois 1996. 742, obs. Aubert ; RTD civ. 1997. 118, obs. Mestre* .

56. Condition suspensive constituant une suite évidente et naturelle de l'accord des parties. Ayant constaté que la réalité matérielle d'un bail rural ne pouvait être discutée, une cour d'appel retient a bon droit que les parties étaient libres de soumettre leur relations au statut du fermage alors même que les conditions de ce statut feraient défaut et qu'en vertu de la liberté contractuelle, rien ne s'opposait à ce que le futur propriétaire conclût par avance avec le preneur un accord relatif au bail rural grevant la propriété qu'il s'était engagé à acquérir. Dès lors, cette convention était soumise à la condition suspensive non écrite mais constituant, au sens de l'art. 1135 anc., une suite évidente et naturelle de l'accord, que la vente se concrétisât définitivement, condition réalisée en l'espèce, de sorte que les juges d'appel en ont justement déduit que le futur propriétaire du bien objet du bail rural, devenu propriétaire, était lié par son engagement. • Civ. 3e, 9 déc. 2009, n° 08-18.559 P : *AJDI 2010. 396, obs. Porcheron ; RDC 2010. 670, note Seube ; RLDC 2010/68, n° 3702, obs. Le Gallou.*

57. Devoirs associés à l'exigence de bonne foi : loyauté et coopération. Sur l'existence et la portée d'un devoir de loyauté, ainsi que d'un devoir de coopération, tous deux dérivés de l'obligation faite aux parties d'exécuter le contrat de bonne foi, V. art. 1104 et la jurisprudence citée.

Art. 1195 *(Ord. n° 2016-131 du 10 févr. 2016, art. 2, en vigueur le 1er oct. 2016)* **Si un changement de circonstances imprévisible lors de la conclusion du contrat rend l'exécution excessivement onéreuse pour une partie qui n'avait pas accepté d'en assumer le risque, celle-ci peut demander une renégociation du contrat à son cocontractant. Elle continue à exécuter ses obligations durant la renégociation.**

En cas de refus ou d'échec de la renégociation, les parties peuvent convenir de la résolution du contrat, à la date et aux conditions qu'elles déterminent, ou demander d'un commun accord au juge de procéder à son adaptation. A défaut d'accord dans un délai raisonnable, le juge peut, à la demande d'une partie, réviser le contrat ou y mettre fin, à la date et aux conditions qu'il fixe. — *Dispositions transitoires, V. Ord. n° 2016-131 du 10 févr. 2016, art. 9, ss. art. 1386-1.*

L'art. 1195 C. civ. n'est pas applicable aux obligations qui résultent d'opérations sur les titres et les contrats financiers mentionnés aux I à III de l'art. L. 211-1 C. mon. fin. (C. mon. fin., art. L. 211-40-1, réd. L. n° 2018-287 du 20 avr. 2018, art. 8, en vigueur le 1er oct. 2018). L'art. L. 211-40-1 C. mon. fin., dans sa rédaction résultant de la L. n° 2018-287 du 20 avr. 2018, est applicable aux actes juridiques conclus ou établis à compter du 1er oct. 2018 (L. préc., art. 16). Sur l'entrée en vigueur des modifications issues de la L. n° 2018-287, V. L. préc., art. 16, ss. art. 1386-1.

RÉP. CIV. v° *Imprévision*, par P. Ancel.

BIBL. ▸ Armillei, *RTD civ. 2022. 815* (la révision pour imprévision appliquée aux accords collectifs de travail). – Bucher, *CCC 2016.* Dossier 6. – Cabrillac, RDC 2015. 771. – Chaiehloudj, *RTD com. 2017. 527* (la lutte contre le déséquilibre dans les contrats de la propriété intellectuelle). – Confino, *AJDI 2016. 358* (bail commercial). – Debernardi, *LPA 23 mars 2018* (expérience italienne). – Dissaux et Jamin, Projet de réforme, *2016*, p. 94. – Dupichot, La nouvelle résiliation judiciaire pour imprévision, *in* Réforme du droit des contrats et pratique des affaires, *dir. Ph. Stoffel-Munck, Dalloz, 2015, p. 73.* – el Mejri, *RLDC 2017/149. 11* (imprévision et contrats aléatoires). – Fortunato, *LPA 11 janv. 2018, p. 7.* – Horn, *AJ contrat 2019. 333* (distinction entre onérosité excessive et coût manifestement disproportionné dans le nouveau droit des contrats). – HOEPFFNER et UBAUD-BERGERON, *AJDA 2022. 2156* (juge administratif : théorie de l'imprévision : retour vers le futur). – KULLMANN, *RGDA 2018. 67* (contrat d'assurance). – LATINA, *blog Dalloz obligations 2015* (l'imprévision). – LIBCHABER, *D. 2020. 1185* (pour une impérativité raisonnée de la révision pour imprévision). – MAYAUX, *RGDA 2017. 87* (imprévisibilité et assurance). – MOLFESSIS, *JCP 2015, n° 1415.* – MOURY, *Rev. sociétés. 2017. 472* (cessions de droits sociaux). – MOURY et FRANÇOIS, *D. 2016. 2225* (incidence de la réforme sur la cession de droits sociaux). – PICOD, *AJCA 2015. 441* (imprévision à la française, commentaire du projet). – RICHARD, *Journ. sociétés 9/2016. 61* (inspiration publiciste ?). – STOFFEL-MUNCK, *AJCA 2015. 262* ; *RDC 2016, hors-série, p. 30* (réforme du droit des contrats : quelles innovations ?). – THIBIERGE, *AJ contrat 2018. 266* (effets du contrat et loi de ratification). – Dossier, *RDC 2022/3. 147* (renégociation du contrat : sources, méthodes, enjeux).

▸ **Covid-19 :** AYNÈS et BÉNABENT, *RDC 2021/1. 157* (force majeure et révision pour imprévision). – BUCHER, *CCC 2020. Étude 5* (force majeure et imprévision). – HEINICH, *D. 2020. 611* (incidence de l'épidémie de coronavirus sur les contrats d'affaires : de la force majeure à l'imprévision). – MEKKI, *AJ contrat 2020. 164* (boîte à outils contractuels). – L. VOGEL et J. VOGEL, *AJ contrat 2020. 275* (possibilités, limites et exclusions du recours à l'imprévision dans la crise du covid-19). – ZIADÉ et CAVICCHIOLI, *AJ contrat 2020. 176* (contrats commerciaux).

1. Admission de la révision pour imprévision en matière administrative. V. • CE 30 mars 1916, *Cie générale d'éclairage de Bordeaux : GAJA, 15e éd., n° 31 ; D. 1916. 3. 25, concl. Chardenet ; S. 1916. 3. 17, concl. Chardenet, note Hauriou* (constatant qu'une hausse imprévisible du charbon avait bouleversé l'économie d'un contrat de concession, le Conseil d'État reconnaît au concessionnaire un droit à une indemnité contre l'autorité concédante). ♦ *Adde* • CE 9 déc. 1932, *Cie des tramways de Cherbourg : D. 1933. 3. 17, concl. Josse, note Pelloux ; S. 1933. 3. 9, concl. Josse, note P. Laroque* (le bouleversement du contrat doit être dû à un événement imprévisible, extérieur aux parties et ne présenter qu'un caractère temporaire car si le déséquilibre est définitif, il y a lieu de résilier le contrat).

2. Droit antérieur : rejet de la révision pour imprévision par la juridiction judiciaire. Sur l'impossibilité, pour le juge judiciaire, de modifier la convention des parties en raison d'un changement de circonstances sous l'empire du droit antérieur à l'Ord. n° 2016-131 du 10 févr. 2016 portant réforme du droit des contrats, du régime général et de la preuve des obligations : V. notes ss. anc. art. 1134.

SOUS-SECTION 2 Effet translatif

(Ord. n° 2016-131 du 10 févr. 2016, art. 2, en vigueur le 1er oct. 2016)

Art. 1196 *(Ord. n° 2016-131 du 10 févr. 2016, art. 2, en vigueur le 1er oct. 2016)* **Dans les contrats ayant pour objet l'aliénation de la propriété ou la cession d'un autre droit, le transfert s'opère lors de la conclusion du contrat.**

Ce transfert peut être différé par la volonté des parties, la nature des choses ou par l'effet de la loi.

Le transfert de propriété emporte transfert des risques de la chose. Toutefois le débiteur de l'obligation de délivrer en retrouve la charge à compter de sa mise en demeure, conformément à l'article 1344-2 et sous réserve des règles prévues à l'article 1351-1.

– Dispositions transitoires, V. Ord. n° 2016-131 du 10 févr. 2016, art. 9, ss. art. 1386-1.

Comp. C. civ., art. 1138 anc.

Sur la mise en demeure du débiteur, V. art. 1344-2 s.

BIBL. ▸ BONHOMME, *Études Calais-Auloy, Dalloz, 2004, p. 69* (dissociation des risques et de la propriété). – CHAZAL et VICENTE, *RTD civ. 2000. 477* (le transfert de propriété par l'effet des obligations). – MARAIN, *AJ contrat 2016. 526* (le transfert de propriété après la réforme du droit des contrats). – SÉRIAUX, *Mél. Serra, Dalloz, 2006, p. 387 (res perit domino).*

1. Domaine : dation en paiement. La règle selon laquelle l'obligation de livrer la chose est parfaite par le seul consentement des parties et rend le créancier propriétaire s'applique à la dation en paiement. • Civ. 1re, 27 janv. 1993 : *Bull. civ. I, n° 39 ; JCP 1994. II. 22195, note Pételt-Teyssié ; JCP N 1993. II. 256, note Leveneur ; Defrénois 1993. 730, obs. Aubert ; RTD civ. 1994. 132, obs. Zenati.*

2. Caractère supplétif : clause de réserve de propriété. Sur la clause de réserve de propriété en général, V. Bibl. et notes ss. art. 1583 et ss. art. 2367 s.

3. Transfert des risques. Pour l'application des règles relatives au transfert des risques aux contrats de vente, V. notes 24 s. ss. art. 1583 et note 1 ss. art. 1197. ♦ ... Aux contrats de vente en l'état futur d'achèvement V. note 2 ss. art. 1601-3. ♦ Sur l'influence de la mise en demeure, V. aussi art. 1344-2.

Art. 1197 *(Ord. n° 2016-131 du 10 févr. 2016, art. 2, en vigueur le 1er oct. 2016)* **L'obligation de délivrer la chose emporte obligation de la conserver jusqu'à la délivrance, en y apportant tous les soins d'une personne raisonnable.** – *Dispositions transitoires, V. Ord. n° 2016-131 du 10 févr. 2016, art. 9, ss. art. 1386-1.*

Comp. C. civ., art. 1136 anc. et 1137 anc.

BIBL. ▸ RAYNAUD DE LAGE, *RRJ 2001/4. 1269* (l'entretien).

1. Clause de réserve de propriété. Lorsque, en dépit de la livraison intervenue, les risques de perte de la chose sont restés au vendeur, toujours propriétaire en application de la clause de réserve de propriété, l'acquéreur, débiteur d'une obligation de restitution du matériel en cas de non-paiement, est tenu à une obligation de moyens et non de résultat ; et les juges du fond ne renversent pas la charge de la preuve en considérant que c'est au vendeur qu'il appartenait dès lors d'établir que l'acquéreur n'avait pas apporté à la conservation du matériel litigieux tous les soins d'un bon père de famille. • Com. 19 oct. 1982, *Mécarex : Bull. civ. IV, n° 321 ; D. 1983. IR 482, obs. B. A. ; RTD civ. 1984. 515, obs. J. Huet.* ♦ L'acheteur d'un bien dont la propriété est réservée n'est tenu que d'une obligation de moyens, qui lui impose d'apporter à la conservation de la chose vendue tous les soins d'un bon père de famille. • Com. 26 mai 2010, n° 09-66.344 P : *D. actu. 4 juin 2010, obs. Delpech ; D. 2011. 406, obs. Crocq ; RDC 2011. 165, obs. Pimont ; RTD com. 2011. 163, obs. Bouloc.*

2. Invendus. Tenu d'une obligation qui s'apparente à celle d'un dépositaire, le détaillant qui doit garder et restituer à son fournisseur les marchandises invendues peut, en cas de perte de celles-ci, s'exonérer de toute responsabilité en démontrant que ce dommage n'était pas imputable à sa faute. • Civ. 1re, 22 janv. 1991, n° 89-11.357 P.

Art. 1198 *(Ord. n° 2016-131 du 10 févr. 2016, art. 2, en vigueur le 1er oct. 2016)* **Lorsque deux acquéreurs successifs d'un même meuble corporel tiennent leur droit d'une même personne, celui qui a pris possession de ce meuble en premier est préféré, même si son droit est postérieur, à condition qu'il soit de bonne foi.**

Lorsque deux acquéreurs successifs de droits portant sur un même immeuble tiennent leur droit d'une même personne, celui qui a, le premier, publié son titre d'acquisition passé en la forme authentique au fichier immobilier est préféré, même si son droit est postérieur, à condition qu'il soit de bonne foi. – *Dispositions transitoires, V. Ord. n° 2016-131 du 10 févr. 2016, art. 9, ss. art. 1386-1.*

Comp. C. civ., art. 1141 anc.

Sur la publication, V. Décr. n° 55-22 du 4 janv. 1955, art. 30, ss. C. civ., art. 2474.

BIBL. ▸ REBOUL-MAUPIN, *D. 2016. Pan. 1779.*

1. Sur la bonne foi en matière mobilière : V. notes ss. art. 2276.

2. Sur les conflits entre acquéreurs successifs d'un même immeuble, V. Décr. 4 janv. 1955, art. 30, spéc. notes 17 s. pour la prise en compte de la mauvaise foi.

SECTION 2 Les effets du contrat à l'égard des tiers

(Ord. n° 2016-131 du 10 févr. 2016, art. 2, en vigueur le 1er oct. 2016)

SOUS-SECTION 1 Dispositions générales

(Ord. n° 2016-131 du 10 févr. 2016, art. 2, en vigueur le 1er oct. 2016)

Art. 1199 *(Ord. n° 2016-131 du 10 févr. 2016, art. 2, en vigueur le 1er oct. 2016)* **Le contrat ne crée d'obligations qu'entre les parties.**

Les tiers ne peuvent ni demander l'exécution du contrat ni se voir contraints de l'exécuter, sous réserve des dispositions de la présente section et de celles du chapitre III du titre IV. – *Dispositions transitoires, V. Ord. n° 2016-131 du 10 févr. 2016, art. 9, ss. art. 1386-1.*

Comp. C. civ., art. 1165 anc.

BIBL. ▸ DESHAYES, *Mél. Goubeaux, Dalloz-LGDJ, 2009, p. 85* (recherches sur les origines de la notion d'ayant cause). – GRIMALDI, *Mél. Jestaz, Dalloz, 2006, p. 163* (le contrat et les tiers). ▸ **Distinction des parties et des tiers :** AUBERT, *RTD civ. 1993. 263.* – GHESTIN, *JCP 1992. I.*

3628 ; RTD civ. 1994. 777. – Guelfucci-Thibierge, *RTD civ. 1994. 275.* ▸ **Étude de jurisprudence :** Billiau, *Études Ghestin, LGDJ, 2001, p. 119* (application du principe relatif par la Cour de cassation). – Brignon, *RLDC 2009/64, n° 3558* (le tiers dans la formation du contrat). – Mestre, *RTD civ. 1992. 90.* ▸ **Prétendu principe de l'effet relatif des contrats :** Savatier, *RTD civ. 1934. 525.* ▸ **Relativité des actes juridiques :** Lescot, *JCP 1962. I. 1682.* ▸ **Contrat, source de responsabilité envers les tiers :** Debat, *LPA 23 sept. 2003.* ▸ Groupes de contrats : P. Ancel, *Études Ponsard, Litec, 2003, p. 3* (les arrêts de 1988 sur l'action en responsabilité contractuelle, quinze ans après). – Boubli, *RDI 1992. 27*. – Delpérier et Roché, *Defrénois 2003. 351* (transmission des actions en matière immobilière). – Jamin, *D. 1991. Chron. 257.* – Jourdain, *D. 1992. Chron. 149* ; obs. *RTD civ. 1993. 131.* – Lacour, *LPA 9 juin 2005* (action directe dans les chaînes de contrats). – Lagarde, *JCP 2008. I. 200* (le manquement contractuel comme faute délictuelle). – Laronde-Clérac, *CCC 2003. Chron. 6* (nature de la responsabilité dans les chaînes contractuelles). – Larroumet, *JCP 1991. I. 3531.* – Lisanti-Kalczynski, *JCP 2003. I. 102* (dix ans après l'arrêt *Besse*). – Mainguy, *Études Béguin, Litec, 2005, p. 449* (actualité des actions directes dans les chaînes de contrats). – D. Mazeaud, *LPA 5 mai 2000.* – Puig, *Études Calais-Auloy, Dalloz, 2004, p. 913* (faut-il supprimer l'action directe dans les chaînes de contrats ?). – Stoffel-Munck, *RDC 2019/4. 166* (responsabilité des contractants à l'égard des tiers : regard franco-anglais). – Viney, *Mél. Holleaux, Litec, 1990, p. 399* (action en responsabilité) ; *RDC 2019/4. 20* (réflexions à partir d'une nouvelle proposition relative à la responsabilité du débiteur contractuel à l'égard des tiers au contrat – art. 1234 projet). – *Adde :* Bauerreis, *Rev. crit. DIP 2000. 331* (action directe contractuelle dans les chaînes internationales de contrats). ▸ **Violation des droits contractuels d'autrui :** Starck, *JCP 1954. I. 1180.*

Plan des annotations

1. *Principe de l'effet relatif.* En l'absence d'adhésion du praticien à l'association réseau de santé ayant pour objet l'amélioration de la prise en charge des patients diabétiques, il n'y a pas de contrat entre le patient et le réseau pouvant produire des effets sur le médecin traitant. • Civ. 1re, 22 sept. 2016, n° 15-23.664 P : *D. 2016. 1933*.

2. *Renvois.* Situation des ayants cause à titre *particulier : V. notes ss. art. 1203.* ♦ Transmission des obligations aux ayants droit : V. ss. art. 1122 anc. ♦ Cession de contrat : V. ss. art. 1216 s.. ♦ Promesse de porte-fort : ss. art. 1204. ♦ Actions directes en paiement : V. ss. art. 1341-3.

I. EFFET RELATIF ET EXÉCUTION DU CONTRAT

A. DISTINCTION DES PARTIES ET DES TIERS

3. Distinction de la personne morale et de ses membres : contrat conclu avec la société. Les membres d'une personne morale de droit privé ne sont pas responsables à l'égard des tiers du passif de cette personne morale, dont le patrimoine est distinct de celui de ses membres. • Civ. 3e, 12 juin 2002, n° 00-19.207 P : *R., p. 408 ; BICC 1er oct. 2002, n° 926, et les obs. ; D. 2003. Somm. 1288, obs. Lemée ; JCP 2003. II. 10005, note Rakotovahiny ; Defrénois 2002. 1312, obs. Atias* (association syndicale libre). ♦ Les associés d'une SCI ne sont pas contractuellement liés au créancier de la société. • Civ. 3e, 8 nov. 2000, n° 95-18.331 P : *D. 2000. AJ 444, obs. A. Lienhard ; D. 2002. Somm. 478, obs. Hallouin ; JCP 2001. II. 10450, concl. Weber, note Chartier ; LPA 7 mai 2001, note Gibirila ; RDI 2001. 248, obs. Magnin* • Com. 2 juin 2015, n° 13-25.337 P : *cité note 8 ss. art. 1842* (possibilité d'une action délictuelle pour le manquement contractuel du cocontractant de la SCI).

4. … Contrat conclu avec les membres. Absence de qualité pour agir en responsabilité contractuelle de la société civile de moyens regroupant trois médecins seuls signataires de la convention inexécutée. • Civ. 1re, 11 avr. 1995, n° 93-16.147 P : *RTD civ. 1996. 155, obs. Mestre* (les juges du fond n'étaient pas tenus de modifier le fondement de la demande). ♦ Viole l'art. 1165 anc. l'arrêt qui condamne un débiteur à payer à une société des honoraires convenus par un contrat signé au profit d'un membre de cette société préalablement à sa constitution, sans rechercher les conditions dans lesquelles cette société bénéficiait dudit contrat. • Civ. 1re, 10 mars 1998, n° 95-22.111 P.

5. … Personne morale créée après la conclusion du contrat. Un architecte ne peut être condamné, sur le fondement de la responsabilité contractuelle de droit commun, à indemniser un syndicat de copropriétaires constitué après la construction de l'immeuble sans que les juges aient recherché l'existence d'un lien contractuel unissant l'architecte au syndicat. • Civ. 3e, 7 mai 1986 : *Bull. civ. III, n° 62 ; RTD civ. 1987. 361, obs. Rémy.* ♦ Sur la reprise des engagements d'une société en formation, V. art. 1843.

6. … Limites. Mais c'est sans violer l'art. 1165 anc. qu'une cour d'appel retient, pour condamner une société, que celle-ci avait, en les exécutant volontairement, reconnu comme siens les engagements mis à sa charge par une transaction signée de tous ses membres. • Civ. 1re, 20 mai 2003, n° 01-03.016 P.

7. Distinction des personnes morales d'un groupe. L'indépendance des personnalités juridiques respectives d'une fédération nationale et d'une association affiliée fait obstacle à l'applicabilité directe, dans les statuts de l'association affiliée, de modifications types décidées par la fédération nationale, nonobstant son obligation contractuelle de les adopter. • Civ. 1re, 7 mai 2008, n° 05-18.532 P.

Une société n'est tenue de répondre de la dette d'une filiale que si son immixtion dans les relations contractuelles de cette filiale a été de nature à créer, pour le cocontractant de celle-ci, une apparence trompeuse propre à lui permettre de croire légitimement qu'il était aussi le cocontractant de la société mère ; le paiement partiel, par la société mère, d'une dette que sa filiale a été mise en demeure de payer, ne saurait, à lui seul, caractériser une immixtion de cette société de nature à créer une apparence trompeuse. • Com. 9 nov. 2022, n° 20-22.063 B : *D. 2023. 164, note Dondero* .

8. Distinction de l'intermédiaire et du donneur d'ordre. Impossibilité de condamner un comité d'entreprise à rembourser à un de ses membres l'acompte qu'il avait versé, après annulation du voyage, dès lors que le comité n'était pas le vendeur de ce voyage et avait seulement servi d'intermédiaire avec l'agence de voyages organisatrice. • Civ. 1re, 19 févr. 2013, n° 11-26.881 P : *D. 2013. 639* .

9. Distinction du syndic et du syndicat de copropriétaires. Le titulaire d'un compte courant étant le syndic, la convention de compte courant est inopposable au syndicat des copropriétaires. • Civ. 3e, 1er mars 2006, n° 03-10.383 P. ♦ Un syndic ne peut revendiquer à l'encontre d'un copropriétaire le bénéfice d'une clause relative à sa rémunération figurant dans un contrat conclu entre le syndic et le syndicat de copropriétaires. • Civ. 3e, 30 janv. 2008, n° 07-10.750 P : *D. 2008. AJ 548, obs. Forest* .

10. Distinction du contrat et de ses conséquences au regard de la communauté. Le fait que les droits ou obligations nés d'un contrat passé par un époux tombent en communauté n'a pas pour effet de conférer la qualité de contractant à l'autre époux ni de lui permettre d'exercer, à ce titre, sur le fondement du contrat, les actions en réparation d'un dommage corporel ou moral qui lui demeurent personnelles. • Civ. 2e, 13 déc. 1989 : *Bull. civ. II, n° 222 ; Defrénois 1990. 874, obs. Champenois ; RTD civ. 1990. 645, obs. Mestre* .

11. Stipulation pour autrui. Sur la possibilité pour le bénéficiaire d'une stipulation pour autrui de demander l'exécution d'une promesse faite à son profit, V. art. 1205 s. ♦ Sur la conservation au-delà de sa qualité de tiers : le bénéficiaire d'une stipulation pour autrui n'est pas fondé à se prévaloir de la clause compromissoire liant uniquement le stipulant au promettant. • Com. 4 juin 1985 : *Bull. civ. IV. n° 178 ; RTD civ. 1986. 593, obs. Mestre.*

12. Limites : contrat de transport. L'expéditeur, le transporteur et le destinataire étant parties à une même convention ayant pour objet la même opération de transport, le prix dont le destinataire est garant du paiement auprès du transporteur est celui convenu entre ce dernier et l'expéditeur. • Com. 30 oct. 2012, n° 11-22.917 P : *D. 2012. 2591, obs. Delpech* . ♦ Le voiturier s'entend du professionnel qui effectue personnellement la prestation de déplacement de la marchandise. • Com. 18 mars 2014, n° 12-29.524 P : *D. 2014. 2272, obs. Kenfack ; AJCA 2014. 130, obs. Godin ; RTD com. 2014. 393, obs. Bouloc* .

13. Sur les conséquences en matière de responsabilité : est une action contractuelle l'action pour avarie du destinataire contre le transporteur de marchandises. • Com. 4 mars 2008, n° 07-11.728 P : *D. 2008. AJ 845, obs. Delpech ; RTD civ. 2008. 483, obs. Jourdain* (art. L. 132-8, C. com. ; conséquences : opposabilité de la clause limitative). ♦ … L'action du destinataire, partie au contrat de transport, pour perte de la marchandise, contre le transporteur. • Com. 1er avr. 2008, n° 07-11.093 P : *D. 2008. AJ 1140, obs. Delpech ; RLDC 2008/50, n° 3021, obs. Gaudin.* ♦ Comp. précédemment : ne peut être fondée que sur la responsabilité quasi délictuelle l'action du destinataire des marchandises contre le transporteur, dès lors que ce destinataire s'est trouvé privé, par la perte des marchandises en cours de transport, de la possibilité d'adhérer au contrat de transport, laquelle adhésion s'opère par la réception desdites marchandises. • Com. 18 mars 2003, n° 01-11.495 P : *D. 2003. AJ 1164, obs. Chevrier ; RDC 2003. 139, obs. Delebecque.*

B. IMPOSSIBILITÉ POUR UN TIERS D'ÊTRE LIÉ PAR UN CONTRAT

14. Paiement d'un prix. Une société ne peut être condamnée à payer des travaux qu'une autre avait commandés. • Civ. 1re, 15 févr. 2000, n° 97-20.179 P. ♦ Une société ayant accordé sa franchise à des commerçants qui ont été livrés par un fournisseur ne peut être condamnée à payer à ce dernier le prix des factures correspondantes qu'elle avait reçues sans protester, dès lors qu'elle n'a pas manifesté sa volonté de les régler. • Com. 3 juill. 1990, n° 87-20.028 P : *RTD civ. 1991. 318, obs. Mestre* . ♦ Le titulaire d'un compte courant étant le syndic, la convention de compte courant est inopposable au syndicat des copropriétaires. • Civ. 3e, 1er mars 2006, n° 03-10.383 P. ♦ Un syndic ne peut revendiquer à l'encontre d'un copropriétaire le bénéfice d'une clause relative à sa rémunération figurant dans un contrat conclu entre le syndic et le syndicat de copropriétaires. • Civ. 3e, 30 janv. 2008, n° 07-10.750 P : *D. 2008. AJ 548, obs. Forest* . ♦ L'action en paiement du montant d'un chèque sans provision ne peut être dirigée que contre le débiteur de l'obligation que ce chèque prétendait éteindre, et non contre l'auteur du retrait de la provision, dès lors que celui-ci est tiers au contrat ayant fait naître la créance. • Crim. 22 sept. 2015, n° 14-83.787.

Comp. : l'obligation d'adhérer à une société d'exploitation de services communs interentreprises prévue par le cahier des charges d'une zone d'aménagement concerté déroge à l'effet relatif des contrats. • Civ. 3e, 26 juin 2013, n° 12-19.698 P : *D. 2013. 1685* .

15. Respect d'une clause. Une agence de voyages, condamnée à l'égard de sa cliente sur le fondement d'une clause du contrat les unissant, ne peut, lors d'une action récursoire, invoquer cette stipulation à l'encontre d'une autre agence qui est un tiers par rapport à ce contrat. • Civ. 1re, 28 janv. 1997 : *RCA 1997, n° 128.* ♦ Absence de faute du particulier déposant un sac-poubelle contenant des morceaux de verre sur la voie publique dès lors que la convention concernant la collecte sélective du verre n'unit que la commune et la communauté urbaine et qu'aucun règlement municipal n'interdisait ce comportement. • Civ. 2e, 3 juin 2004, n° 02-14.128 P. ♦ Si, en matière de transport maritime, le destinataire qui invoque un préjudice du fait du transport peut agir en responsabilité contractuelle contre le transporteur indépendamment des mentions du connaissement, qui n'ont pas pour objet d'attribuer de manière exclusive aux seules personnes qu'elles indiquent la qualité de partie à ce contrat, ce destinataire n'est lié par ce document qu'en ce qu'il définit et précise les conditions du transport lui-même, depuis la prise en charge jusqu'à la livraison. Il ne peut, dès lors, se voir opposer la clause de compétence que le connaissement contiendrait, à moins qu'il ne l'ait spécialement acceptée ou que la compétence internationale qu'elle institue ne s'impose en vertu d'un traité ou du droit de l'UE. • Com. 14 déc. 2022, n° 20-17.768 B.

16. Effet relatif et transaction. Une transaction entre cohéritiers à laquelle l'un d'entre eux n'a pas été partie ne fait naître ni obligation ni droit à sa charge ; les juges du fond ne portent donc pas atteinte au principe de la relativité des effets du contrat en lui refusant toute qualité pour attaquer cet acte. En revanche, ils sont en droit de lui imposer le respect des relations que cet acte avait établies entre les autres cohéritiers. • Civ. 1re, 7 juill. 1981 : *Bull. civ. I, n° 250.* – V. aussi • Civ. 1re, 28 avr. 1981 : *ibid. I, n° 139* • 30 juin 1993, n° 91-18.620 P. ♦ Si l'effet relatif des contrats interdit aux tiers de se prévaloir de l'autorité d'une transaction à laquelle ils ne sont pas intervenus, ces mêmes tiers peuvent néanmoins invoquer la renonciation à un droit que renferme cette transaction. • Soc. 14 mai 2008 : *cité note 7 ss. art. 2051* • 20 nov. 2013, n° 10-28.582 P : *Gaz. Pal. 2014. 248, obs. Garinot ; RDC 2014. 243, obs. Pellet* (renonciation du salarié à contester son licenciement susceptible d'être invoquée par un repreneur). ♦ Constitue un droit fondamental, en vue d'un procès équitable, le droit d'être pleinement informé de la faculté de contester devant un juge une transaction opposée à celui qui n'y était pas partie. • Cass., ass. plén., 29 mai 2009, n° 08-11.422 P : *R., p. 413 ; D. 2010. Pan. 49, obs. Gout ; RTD civ. 2009. 550, obs. Gautier* (contestation prévue par le code des assurances dans le cadre d'une transaction entre un fonds d'indemnisation et la victime).

17. Inopposabilité de la renonciation à une condition. Le cautionnement d'une obligation conditionnelle ne peut exister lorsque la condition est défaillie, nonobstant la renonciation ultérieure du créancier et du débiteur à cette condition qui est inopposable à la caution. • Civ. 1re, 29 avr. 1997, n° 95-13.505 P : *JCP 1997. II. 22893, note Billiau ; Gaz. Pal. 1997. 2. Somm. 445, obs. S. Piedelièvre.*

18. Rééchelonnement de la dette et emprunteurs solidaires. En cas de réaménagement ou de rééchelonnement des modalités de règlement des échéances impayées d'un crédit à la consommation consenti à plusieurs emprunteurs, le report du point de départ du délai biennal de forclusion n'est pas opposable à l'emprunteur, fût-il tenu solidairement, qui n'a pas souscrit l'acte de réaménagement ou de rééchelonnement, à moins qu'il ait manifesté la volonté d'en bénéficier. • Civ. 1re, 11 févr. 2010, n° 08-20.800 P : *D. 2010. AJ 498, obs. Avena-Robardet ; ibid. Chron. C. cass. 522, n° 8, obs. Creton ; ibid. 994, note François ; JCP 2010, n° 213, note Clément ; ibid. n° 475, note Monachon-Duchêne ; CCC 2010, n° 109, note Raymond.*

19. *Restitutions après annulation d'un contrat.* Il résulte de l'art. 1165 anc. que, en cas d'annulation d'un contrat d'assurance, seul l'assuré auquel ont été versées les indemnités est tenu de les restituer. • Civ. 2e, 16 juin 2022, n° 20-20.745 B : *RGDA 2022/9. 12, note Tournaire* (cassation de l'arrêt ayant condamné le gérant d'une société, solidairement avec celle-ci, au remboursement des sommes versées par l'assureur après un sinistre lié à un premier bail conclu par la société, à la suite de l'annulation du contrat d'assurance après la découverte d'un second contrat de bail conclu à titre personnel par ce gérant, alors que le gérant était un tiers au contrat annulé).

C. IMPOSSIBILITÉ POUR UN TIERS DE SE PRÉVALOIR D'UN CONTRAT

20. *Illustrations.* L'architecte condamné *in solidum* avec l'entrepreneur à réparer le préjudice subi par le maître de l'ouvrage ne saurait être admis à réclamer l'application d'une clause pénale existant dans un contrat conclu par l'entrepreneur et qui lui est étranger. • Civ. 3e, 13 nov. 1974 : *Gaz. Pal. 1975. 1. 210, note Plancqueel.* ♦ Le seul fait qu'un « règlement » de lotissement ait été publié à la conservation des hypothèques ne suffit pas pour qu'un tiers au lotissement puisse, en l'absence d'un préjudice personnel, demander le respect de ses dispositions par les colotis. • Civ. 3e, 1er mars 2006, n° 04-20.833 P. ♦ V. aussi • Soc. 5 juin 1996, n° 92-42.461 P : *D. 1997. Somm. 25, obs. Delebecque ; JCP 1997. I. 4002, n° 7, obs. Billiau* (impossibilité pour un salarié d'invoquer la clause insérée par son employeur dans les contrats avec ses clients leur interdisant d'embaucher les personnes qu'il leur avait envoyées, sauf à invoquer une responsabilité délictuelle de l'employeur). ♦ La clause statutaire organisant les modalités de prorogation de la société ne peut être invoquée par les tiers, en l'occurrence pour contester le non-respect des modalités prévues. • Com. 30 juin 2015, n° 14-17.649 P : *D. 2015. 2401, obs. Hallouin ; Rev. sociétés 2016. 19, note Schlumberger* ; *RTD civ. 2015. 880, obs. Barbier.*

21. Le contrat de vente et le contrat de transport de marchandises étant indépendants, le transporteur ou son assureur ne peuvent se prévaloir des effets de la vente quant aux droits et obligations du vendeur. • Com. 16 juin 2009, n° 07-16.840 P : *R., p. 407 ; BICC 15 déc. 2009, n° 1703 ; RCA 2009, n° 268, note Groutel.*

22. Le seul fait qu'un « règlement » de lotissement ait été publié à la conservation des hypothèques ne suffit pas pour qu'un tiers au lotissement puisse, en l'absence d'un préjudice personnel, demander le respect de ses dispositions par les colotis. • Civ. 3e, 1er mars 2006, n° 04-20.833 P.

23. *Impossibilité pour un tiers de faire modifier ou résilier un contrat.* Les dispositions de l'art. L. 1152-4 C. trav. obligeant l'employeur à prévenir les agissements de harcèlement moral n'autorisent pas le juge à ordonner la modification ou la rupture du contrat de travail du salarié suspecté de ces pratiques à la demande d'autres salariés, tiers à ce contrat. • Soc. 1er juill. 2009, n° 07-44.482 P : *D. 2009. 2041, note Perrin ; JCP 2009, n° 136, note Dauxerre.* ♦ Pas plus que le juge du principal, le juge des référés n'a le pouvoir, à la demande d'un tiers, d'ordonner la résiliation d'un contrat de travail ou de prendre une mesure entraînant la rupture de celui-ci. • Soc. 18 nov. 2009, n° 08-19.419 P : *RDC 2010. 575, note Laithier.* ♦ Impossibilité pour le bailleur commercial dont le contrat de location prévoit la faculté de sous-location d'agir en expulsion du sous-locataire pour défaut de concours à l'acte de sous-location, le bail principal se poursuivant et la sous-location produisant ses effets dans les rapports entre locataire principal et sous-locataire. • Civ. 3e, 1er févr. 2012 : *D. 2012. 434, obs. Rouquet ; JCP 2012, n° 561, § 14, obs. Barthez.*

24. *Limites.* La clause d'un règlement de copropriété qui instaure une procédure d'autorisation préalable avant le licenciement du personnel du syndicat emporte engagement unilatéral du syndicat des copropriétaires ; les salariés peuvent ainsi se prévaloir de l'obligation faite au syndic, par le règlement de copropriété, de recueillir l'autorisation de l'assemblée générale des copropriétaires avant le licenciement des gardiens, cette procédure d'autorisation préalable avant licenciement constituant une garantie de fond. • Cass., ass. plén., 5 mars 2010, n° 08-42.843 P : *JCP 2010, n° 1040, obs. Loiseau.* ♦ V. aussi pour le droit pour le cocontractant d'exiger le respect des engagements pris à l'égard des tiers : le locataire bénéficiaire d'une clause d'exclusivité qui lui a été consentie par son bailleur est en droit d'exiger que ce dernier fasse respecter cette clause par ses autres locataires, même si ceux-ci ne sont pas parties au contrat contenant cette stipulation. • Civ. 3e, 4 mai 2006, n° 04-10.051 P : *D. 2006. AJ 1454, obs. Rouquet ; D. 2007. Pan. 1831, obs. Rozès ; JCP 2006. II. 10119, note Deshayes ; JCP E 2006. 2504, note Raynard ; RDC 2006. 1154, obs. Seube ; ibid. 2007. 267, obs. D. Mazeaud, 295, obs. Viney, et 419, obs. Behar-Touchais ; RTD civ. 2006.*

554, obs. Mestre et Fages. ♦ Rappr. • Civ. 3e, 3 mai 2007 : *cité note 40 ss. art. 1719.*

D. IMPOSSIBILITÉ POUR UN DÉBITEUR DE SE DÉCHARGER PAR ACCORD AVEC UN TIERS

25. Divorce du couple cocontractant. Effet relatif de la convention réglant les conséquences du divorce : V. note 7 ss. art. 250-1.

26. Renonciation du bailleur à l'encontre d'un codébiteur solidaire. Cassation de l'arrêt qui a mis hors de cause l'époux et rejeté la demande de l'épouse tendant à le voir déclaré solidairement responsable de la dette locative, au motif que le bailleur avait renoncé à la solidarité ménagère, alors que la convention par laquelle le bailleur avait déchargé l'époux de ses obligations nées du bail portant sur le domicile conjugal était susceptible de nuire à l'épouse, au titre de la créance résultant de la contribution à la dette locative. • Civ. 1re, 17 juin 2015, n° 14-17.906 P. ♦ V. aussi *supra* note 18.

27. Sous-contrat. Le contractant qui a recours à un sous-contrat demeure tenu des obligations initiales à l'égard de son cocontractant. V., pour la sous-location, note 2 ss. art. 1717. ♦ ... Pour la sous-traitance, note 42 ss. art. 1787.

28. Vente d'un bien après un manquement du vendeur. Celui qui était propriétaire d'un immeuble au moment où s'est produit le sinistre engageant sa responsabilité ne peut opposer à la victime un acte de vente postérieur, aux termes duquel l'acquéreur faisait son affaire personnelle de l'instance éventuelle. • Civ. 1re, 6 juin 1966 : *D. 1966. 481 (2e esp.), note Voulet.* ♦ V. aussi ss. art. 1615.

29. ... Vice caché. L'acheteur d'une chose comportant un vice caché qui accepte que le vendeur procède à la remise en état de ce bien ne peut plus invoquer l'action en garantie dès lors que le vice originaire a disparu, mais cette solution ne peut pas être étendue à la réparation du vice caché par un tiers, laquelle, n'ayant pas d'incidence sur les rapports contractuels entre l'acquéreur et le vendeur, ne peut supprimer l'action estimatoire permettant à l'acquéreur d'obtenir la restitution du prix à hauteur du coût des travaux mis à sa charge pour remédier au vice. • Civ. 3e, 8 févr. 2023, n° 22-10.743 B (travaux réalisés par le syndicat de copropriétaires).

30. Vente d'un bien loué : restitution du dépôt de garantie. La clause d'un acte de vente constatant la transmission à l'acquéreur du dépôt de garantie versé par le locataire n'est pas opposable à celui-ci, qui n'a pas été partie à l'acte de vente ; à la suite de la résiliation amiable du bail, l'ancien propriétaire doit donc être condamné à lui rembourser le dépôt de garantie. • Civ. 3e, 18 janv. 1983 : *Bull. civ. III, n° 14.* ♦ Également en ce sens que la restitution du dépôt de garantie pèse sur l'ancien propriétaire : • Douai, 6 févr. 1992 : *BICC n° 352, 15 sept. 1992, n° 1494.*

31. Vente d'un fonds de commerce. L'acte de cession d'un fonds de commerce qui comporte une clause organisant la transmission des créances et dettes du cédant à l'acquéreur ne peut avoir effet à l'égard du créancier qui n'y a pas consenti. • Civ. 1re, 30 avr. 2009, n° 08-11.093 P : *D. 2009. 2400, note Andreu ; JCP 2009, n° 27, p. 17, note Ansault ; JCP 2009, n° 37, p. 55, obs. Billiau ; ibid. 574, n° 16, obs. Barthez ; Defrénois 2009. 1290, obs. Libchaber ; RLDC 2009/62, n° 3490, obs. Maugeri ; RDC 2009. 1363, obs. Mazeaud ; RTD civ. 2009. 531, obs. Fages*.

32. Autre illustration. Les clauses du contrat liant un fournisseur de carburant à la société chargée de la distribution des produits ne peuvent être opposées au gérant agissant sur le fondement de l'art. L. 7321-2 C. trav. • Soc. 5 déc. 2012 : *D. 2012. 2970* (impossibilité pour la société pétrolière d'invoquer, à l'encontre du gérant, la durée déterminée du contrat de fourniture la liant à la société de distribution de carburant).

II. EFFET RELATIF ET INEXÉCUTION DU CONTRAT DOMMAGEABLES À UN TIERS

BIBL. Leturmy, *RTD civ. 1998. 839* (responsabilité délictuelle du contractant). – Tchendjou, *Gaz. Pal. 2000. 1. Doctr. 614* (faute extracontractuelle). – Tosi, *Mél. Gobert, Economica, 2004, p. 479* (le manquement contractuel dérelativisé).

33. Principe. Les tiers à un contrat sont fondés à invoquer l'exécution défectueuse de celui-ci lorsqu'elle leur a causé un dommage. • Civ. 1re, 15 déc. 1998, n° 96-21.905 P : *Defrénois 1999. 745, obs. D. Mazeaud ; CCC 1999, n° 37, note Leveneur ; RTD civ. 1999. 623, obs. Mestre* ♦ La banque est responsable en cas de vol des objets déposés dans un coffre loué par elle quand bien même ils appartiendraient à un tiers et le locataire du coffre est en droit de requérir que l'indemnité soit versée par la banque au propriétaire des objets volés à qui il avait donné procuration pour l'utilisation du coffre. • Civ. 1re, 29 mars 1989 : *Bull. civ. I, n° 242 ; JCP 1990. II. 21415, note Putman et Solletty.*

34. Responsabilité contractuelle ou responsabilité délictuelle, office du juge. V., avant l'arrêt d'assemblée plénière du 6 oct. 2006 (V. note 35) : dès lors que le demandeur, qui a fondé son action sur la responsabilité contractuelle, est tiers au contrat, le juge n'est pas tenu de rechercher si les conditions de la responsabilité délictuelle sont remplies à son égard. • Civ.

1re, 21 févr. 2006, n° 03-12.004 P : *RDC 2006. 816, obs. Viney.*

A. PRINCIPE : RESPONSABILITÉ DÉLICTUELLE

1° NATURE DE LA RESPONSABILITÉ

35. Principe. Le tiers à un contrat peut invoquer, sur le fondement de la responsabilité délictuelle, un manquement contractuel, dès lors que ce manquement lui a causé un dommage. • Cass., ass. plén., 6 oct. 2006, n° 05-13.255 P : *R., p. 398 ; BICC 1er déc. 2006, note et rapp. Assié, concl. Gariazzo ; D. 2006. 2825, note Viney ; ibid. IR 2484, obs. Gallmeister ; D. 2007. Pan. 2900, obs. Jourdain , et 2976, obs. Fauvarque-Cosson ; JCP 2006. II. 10181, concl. Gariazzo, note Billiau ; ibid. 2007. I. 115, n° 4, obs. Stoffel-Munck ; JCP E 2007. 1523, n°s 15 s., obs. Kenfack ; CCC 2007, n° 63, note Leveneur ; AJDI 2007. 295, obs. Damas ; LPA 22 janv. 2007, note Lacroix ; ibid. 16 mai 2007, note Depadt-Sebag ; RCA 2006. Étude 17, par Bloch ; RLDC 2007/34, n° 2346, note Brun ; RDI 2006. 504, obs. Malinvaud ; RDC 2007. 269, obs. D. Mazeaud, 279, obs. Carval, et 379, obs. Seube ; RTD civ. 2007. 61, obs. Deumier, 115, obs. Mestre et Fages , et 123, obs. Jourdain .* ♦ En effet, les conventions n'ont d'effet qu'entre les parties contractantes, elles ne nuisent point aux tiers, et elles ne lui profitent que dans le cas prévu par l'art. 1121 ; il en résulte que les contrats, opposables aux tiers, ne peuvent, cependant, leur nuire. Le manquement par un contractant à une obligation contractuelle est de nature à constituer un fait illicite à l'égard d'un tiers au contrat lorsqu'il lui cause un dommage et il importe de ne pas entraver l'indemnisation de ce dommage : dès lors, le tiers au contrat qui établit un lien de causalité entre un manquement contractuel et le dommage qu'il subit n'est pas tenu de démontrer une faute délictuelle ou quasi délictuelle distincte de ce manquement. • Cass., ass. plén., 13 janv. 2020, n° 17-19.963 P : *D. 2020. 416, Borghetti ; ibid. 353, obs. Mekki ; ibid. 394, obs. Bacache ; AJ contrat 2020. 80, obs. Latina ; RTD civ. 2020. 96, obs. Barbier ; JCP 2020, n° 92, avis Jean Richard de la Tour ; ibid., n° 93, note Mekki ; RCA 2020. Étude 4, note Bloch ; RDC 2020/2. 40, note Viney ; ibid. 2020/3. 11, note Dournaux ; Defrénois 2020/10. 34, note Balat.* ♦ V. aussi : • Com. 6 mars 2007, n° 04-13.689 P : *D. 2007. AJ 1078, obs. Chevrier ; JCP 2007. I. 185, n°s 5 s., obs. Stoffel-Munck ; RDC 2007. 1137, obs. Carval* (action du cessionnaire d'une marque contre le titulaire d'un contrat de licence conclu avant la cession) • Civ. 1re, 15 mai 2007, n° 05-16.926 P : *D. 2007. AJ 1594 ; ibid. Pan. 2901, obs. Jourdain ; JCP 2007. I. 185, n°s 5 s., obs. Stoffel-Munck* (action de l'épouse de l'acquéreur, en cas de résolution de la vente imputable au vendeur, tendant à mettre à la charge du vendeur le coût de l'emprunt souscrit) • Civ. 3e, 4 juill. 2007, n° 06-15.776 P : *D. 2007. AJ 2102 ; ibid. Pan. 2901, obs. Jourdain ; Defrénois 2007. 1449, obs. Savaux ; RTD civ. 2007. 562, obs. Fages* (responsabilité du vendeur d'immeuble qui a refusé de signer l'acte authentique de vente à la date convenue envers une société tierce, obligée de transférer son siège social à une autre adresse) • 27 mars 2008, n° 07-10.473 P : *RDC 2008. 1151, obs. Carval ; Defrénois 2009. 81, obs. Périnet-Marquet* (entrepreneur principal n'ayant pas vérifié la bonne exécution par le sous-traitant des instructions données) • Com. 21 oct. 2008 : *RDC 2009. 506, obs. Borghetti* • Com. 6 sept. 2011, n° 10-11.975 P (tiers invoquant la rupture de relations commerciales qui lui cause un préjudice). – V. aussi • Civ. 2e, 6 févr. 2014, n° 13-10.540 P : *D. 2014. 1722, obs. Lazergues-Cousquer et Touati ; RTD civ. 2014. 371, obs. Barbier ; RGDA 2014. 155, obs. Kullmann ; JCP 2014, n° 336, note Dissaux ; RDC 2014. 365, note Carval* (faute d'un assureur dans le défaut d'indemnisation d'un sinistre invoquée directement par une caution) • 10 mai 2007, n° 06-13.269 P : *D. 2007. AJ 1502 ; JCP 2007. I. 185, n° 5 s., obs. Stoffel-Munck ; Gaz. Pal. 2007. 4025, note Périer ; LPA 27 nov. 2007, note Pimbert ; RGDA 2007. 592, note Kullmann* (en différant de façon dilatoire le versement de l'indemnité acquise à son assuré, l'assureur commet envers le tiers victime une faute dont celui-ci peut lui demander réparation sur le fondement de la responsabilité délictuelle, nonobstant l'action directe qui lui est ouverte). – V. cependant • Civ. 3e, 18 mai 2017, n° 16-11.203 P : *D. 2017. 1225, note Houtcieff ; ibid. 2018. 35, obs. Quézel-Ambrunaz ; RDI 2017. 349, obs. Malinvaud ; AJ contrat 2017. 377, obs. Chénedé ; RTD civ. 2017. 651, obs. Barbier ; ibid. 666, obs. Jourdain ; CCC 2017, n° 163, note leveneur ; RCA 2017, n° 212, note Bloch ; RGDA 2017. 364, note Dessuet ; RDC 2017. 425, note Borghetti* (V. *infra* note 44). ♦ Comp. • Civ. 1re, 15 déc. 2011 : *D. 2012. 659, note D. Mazeaud ; RDC 2012. 81, note Borghetti* (cassation, pour violation de l'anc. art. 1382, de l'arrêt n'ayant pas caractérisé en quoi le manquement contractuel relevé constituait une faute quasi délictuelle à l'égard d'un tiers). – *Adde*, sur cette question : *RDC 2007. 537 s.* (débats).

Une caisse de garantie qui n'est pas subrogée dans les droits d'un assuré ne peut invoquer, sur le fondement de la responsabilité contractuelle, une faute de l'assureur de ce dernier dans l'exécution du contrat d'assurance. • Civ. 3e, 18 juin 2006, n° 07-12.977 P. ♦ Comp. pour un contrat administratif : • CE 11 juill. 2011, n° 339409 : *AJDA 2011. 1404 ; ibid. 1949, chron. Domino ; D. 2012. 653, note Viney ; RDI 2011. 508, obs. Foulquier ; RDC 2012. 419, obs. Viney.*

Une mutuelle, tiers au contrat entre un courtier et une association, peut se prévaloir sur le fondement de la responsabilité délictuelle, de la faute du courtier qui a proposé au client, pour assurer ses membres, d'adhérer à une garantie de remboursement de frais de santé complémentaire dont il ne pouvait bénéficier. • Civ. 1re, 19 sept. 2018, n° 16-20.164 P : *D. 2018. 1863 ; AJ contrat 2018. 480, obs. Néraudau ; RTD civ. 2018. 902, obs. Barbier .*

Cassation de l'arrêt qui condamne un prestataire pour ne pas avoir respecté des règles d'entretien, sans préciser la règle, ni son contenu, notamment quant aux critères relatifs à l'état du revêtement des ballasts en cause entraînant l'obligation d'ordonner une inspection annuelle de ces éléments. • Com. 12 nov. 2020, n° 18-23.479 P : *D. 2021. 310, obs. Boffa et Mekki ; RDC 2021/1. 26, note Dugué.*

36. Applications : sous-traitance (arrêt Besse). Le sous-traitant n'étant pas contractuellement lié au maître de l'ouvrage, les juges ne peuvent décider que celui-ci ne dispose à l'encontre du sous-traitant que d'une action nécessairement contractuelle. • Cass., ass. plén., 12 juill. 1991, *Besse*, n° 90-13.602 P : *R., p. 105 et 353, concl. Mourier ; GAJC, 11e éd., n° 171-174 (IV) ; D. 1991. 549, note Ghestin ; D. 1991. Somm. 321, obs. Aubert ; JCP 1991. II. 21743, note Viney ; RTD civ. 1991. 750, obs. Jourdain ; ibid. 1992. 593, obs. Zenati* • Civ. 3e, 11 déc. 1991, n° 89-12.751 P • Civ. 1re, 23 juin 1992, n° 91-11.091 P • 7 juill. 1992, n° 91-10.162 P • Com. 4 mai 1993, n° 91-18.670 P. ♦ Ils font une exacte application des art. 1147 anc. et anc. 1382 [1240] en se fondant sur les règles de la responsabilité quasi délictuelle pour apprécier la responsabilité du sous-traitant à l'égard du maître de l'ouvrage. • Civ. 1re, 23 juin 1992, n° 91-11.091 P • Civ. 3e, 18 nov. 1992 : *Gaz. Pal. 1993. 2. 432, note Boubli* (responsabilité délictuelle pour faute prouvée) • 3 avr. 2002 : *RDI 2002. 242, obs. Malinvaud* (responsabilité « de nature nécessairement délictuelle »). ♦ Comp., pour l'application de la prescription de l'art. 1792-3 : • Civ. 3e, 21 oct. 2009 : *cité ss. art. 1792-3.*

37. ... Fournisseur d'un sous-traitant. Ayant exactement énoncé que le sous-traitant engageait sa responsabilité vis-à-vis du maître de l'ouvrage sur le fondement délictuel, une cour d'appel retient à bon droit que le fournisseur de ce sous-traitant devait, à l'égard du maître de l'ouvrage, répondre de ses actes sur le même fondement. • Civ. 3e, 28 nov. 2001, n° 00-13.559 P : *D. 2002. 1442, note Karila ; JCP 2002. II. 10037, note Mainguy ; ibid. I. 186, n° 2 s., obs. Viney ; Defrénois 2002. 255, obs. Libchaber ; RCA 2002, n° 67, note Groutel ; RGDA 2002. 719, note Carcenac ; RDI 2002. 92, obs. Malinvaud ; RTD civ. 2002. 104, obs. Jourdain* • 26 nov. 2014, n° 13-22.067 P : *cité note 47.* ♦ *Contra :* • Paris, 10 janv. 2002 : *JCP 2002. I. 186, nos 2 s., obs. Viney ; RCA 2002, n° 143, note Grynbaum* (responsabilité contractuelle, à l'égard de l'assureur subrogé au maître de l'ouvrage, du fournisseur d'un produit au sous-traitant). ♦ V. aussi note 47.

38. ... Architectes et entrepreneurs. L'architecte et l'entrepreneur, liés contractuellement au maître de l'ouvrage par des conventions distinctes, sont des tiers dans leurs rapports personnels et peuvent engager, l'un à l'égard de l'autre, une action en responsabilité quasi délictuelle. • Civ. 3e, 1er mars 1983 : *Bull. civ. III, n° 57 ; Gaz. Pal. 1984. 1. 119, note Plancqueel* • 11 oct. 1989 : *Bull. civ. III, n° 190* • 11 janv. 1995, n° 93-11.939 P : *Gaz Pal. 1996. 1. Somm. ann. 12, obs. Peisse.* ♦ ... Et c'est à tort qu'une cour d'appel énonce que l'action exercée par le premier contre le second a un fondement nécessairement contractuel, l'un et l'autre ayant participé à la réalisation d'une même opération immobilière en exécution d'un groupe de contrats. • Civ. 1re, 16 févr. 1994, n° 90-19.090 P : *Defrénois 1994. 798, obs. Delebecque.* ♦ La qualité d'associé d'une SCI, tenu aux dettes sociales, ne modifie pas sa qualité de tiers au contrat conclu entre la SCI et des architectes ; l'associé peut donc, en tant que tiers, rechercher la responsabilité délictuelle des architectes en invoquant un manquement dans l'exécution de ce contrat, et non leur responsabilité contractuelle. • Com. 2 juin 2015, n° 13-25.337 P : *cité note 8 ss. art. 1842.*

39. Mandat. L'action en responsabilité délictuelle formée par un tiers à l'encontre d'un membre du conseil syndical et fondée sur un manquement contractuel s'exerce dans les limites prévues par le second al. de l'art. 1992. • Civ. 3e, 29 nov. 2018, n° 17-27.766 P (absence de faute en l'espèce).

40. ... Autres illustrations. Action de nature délictuelle du locataire attributaire contre le constructeur. • Civ. 3e, 11 oct. 1995 : *CCC 1996. 21, obs. Leveneur.* ♦ ... D'un locataire titulaire d'un bail commercial contre un deuxième locataire en se prévalant de l'acte de cession de fonds acquis par ce dernier interdisant d'exercer en même temps que le premier locataire déjà installé dans l'immeuble la même activité. • Civ. 3e, 13 juill. 2010, n° 09-67.516 P : *D. 2010. 1941 ; AJDI 2011. 208, obs. Rouquet ; CCC 2010, n° 240, obs. Leveneur ; RDLC 2010/76, n° 3987, note Bréna ; RDC 2011. 65, obs. Génicon ; ibid. 178, obs. Seube ; RTD com. 2010. 693, obs. kenderian .* ♦ Un syndicat de copropriétaires, tiers à un bail commercial, peut invoquer sur le fondement de la responsabilité délictuelle le manquement contractuel du preneur tenu à réparation envers son bailleur. • Civ. 3e, 30 sept. 2015, n° 14-21.237 P : *cité note 13 ss. art. 1717.* ♦ ... De l'assureur dommages-ouvrage contre le mandataire de son propre expert qui a manqué à son obligation de conseil en ne mettant pas en garde son mandant contre le risque d'extension des désordres. • Civ. 3e, 22 juin 2011 : *cité note 16 ss. art. 1231-1.* ♦ Le lotisseur qui n'a pas respecté ses obligations en matière de viabilisation des lots est responsable sur le fondement de la responsabilité quasi délictuelle envers le crédit-preneur du lot vendu en état défectueux par lui-même au crédit-bailleur. • Civ. 3e, 26 févr. 2003, nº 01-13.579 P : *Defrénois 2003. 1283, obs. Périnet-Marquet ; RDI 2003. 283, obs. Malinvaud* . ♦ Préjudice né de la non-exécution des obligations mises à la charge du repreneur à l'égard des salariés concernés par un changement de prestataire, consistant en l'obligation pour le premier employeur de maintenir aux salariés non transférés le paiement de leurs salaires en raison du manquement de l'entreprise entrante à ses obligations. • Soc. 12 oct. 2017, nº 16-10.120 P. ♦ V. aussi note 21 ss. art. 1240.

41. Victimes par ricochet. La victime par ricochet d'un accident relevant de la responsabilité contractuelle dispose d'une action en responsabilité délictuelle pour obtenir réparation de son préjudice. • Civ. 2e, 23 oct. 2003, nº 01-15.391 P : *JCP 2004. II. 10187, note Tricot-Chamard ; ibid. I. 163, nº 11 s., obs. Viney ; Dr. et patr. 4/2004. 116, obs. Chabas* (fondement permettant d'éviter l'application de l'art. 1891 C. civ.). ♦ V. aussi : • Civ. 1re, 18 juill. 2000, nº 99-12.135 P : *R., p. 386 ; D. 2000. IR 217 ; JCP 2000. II. 10415, concl. Sargos ; ibid. I. 338, nº 8 s., obs. Viney ; CCC 2000, nº 175, note Leveneur ; RTD civ. 2001. 146, obs. Jourdain* (action nécessairement délictuelle). ♦ Comp. notes ss. art. 1206 (stipulation pour autrui). ♦ Cependant, un héritier ne peut agir sur ce fondement en invoquant un manquement contractuel commis envers son auteur qu'en réparation d'un préjudice qui lui est personnel. N'est pas un préjudice personnel subi par l'héritier celui qui aurait pu être effacé, du vivant de son auteur, par une action en indemnisation exercée par ce dernier ou qui peut l'être, après son décès, par une action exercée au profit de la succession en application de l'art. 724 C. civ. • Com. 15 juin 2022, nº 19-25.750 B : *D. 2023. 34, obs. Gout ; JCP 2022, nº 814, note Oudot ; ibid., nº 942, note Barbieri ; JCP N 2022, nº 1268, note Randoux ; RCA 2022, nº 186, obs. Maire.*

2º PREUVE DU MANQUEMENT

42. Principe. Le tiers à un contrat peut invoquer, sur le fondement de la responsabilité délictuelle, un manquement contractuel, dès lors que ce manquement lui a causé un dommage. • *Cass., ass. plén., 6 oct. 2006 : préc. note 35.* ♦ V. aussi antérieurement : les tiers à un contrat sont fondés à invoquer l'exécution défectueuse de celui-ci lorsqu'elle leur a causé un dommage, sans avoir à rapporter d'autres preuves. • Civ. 1re, 18 juill. 2000 : *préc. note 41.* ♦ V. aussi les décisions citées notes 43 et 44.

Comp., antérieurement : un tiers ne peut, sur le fondement de la responsabilité délictuelle, se prévaloir de l'inexécution du contrat qu'à la condition que cette inexécution constitue un manquement à son égard au devoir général de ne pas nuire à autrui. • Com. 5 avr. 2005, nº 03-19.370 P : *D. 2005. Pan. 2848, obs. Fauvarque-Cosson ; JCP E 2005. 873 ; RCA 2005, nº 174, note Groutel ; CCC 2005, nº 149, note Leveneur ; RDC 2005. 687, obs. D. Mazeaud ; RTD civ. 2005. 602, obs. Jourdain* – Déjà en ce sens : • Com. 8 oct. 2002 : *JCP 2003. I. 152, nº 3 s., obs. Viney ; Defrénois 2003. 863, obs. Savaux.* ♦ ... Ou un manquement à une obligation générale de prudence et de diligence. • Com. 17 juin 1997, nº 95-14.535 P : *JCP 1998. I. 144, nº 1 s., obs. Viney ; RTD civ. 1998. 113, obs. Jourdain* . ♦ V. aussi : • Civ. 1re, 24 oct. 1967 : *Bull. civ. I, nº 309 ; JCP 1968. II. 15360, note Lindon* (faute contractuelle commise par un architecte, envisagée en elle-même, en dehors de tout point de vue contractuel) • Civ. 2e, 8 juin 1979 : *D. 1980. 563, note Espagnon* (faute délictuelle de l'installateur à l'égard du client du fournisseur ayant vendu « installation comprise ») • Civ. 3e, 10 déc. 1980 : *Gaz. Pal. 1981. 2. 637, note Plancqueel* (responsabilité délictuelle d'un architecte envers un locataire). ♦ V. encore note 36 *in fine.* ♦ Sur l'action en responsabilité, V. note 267 ss. art. 1241.

43. Applications : obligations de moyens. La responsabilité du médecin pour transgression de son obligation d'information peut être recherchée aussi bien par la mère que par l'enfant blessé lors de l'accouchement. • Civ. 1re, 9 oct. 2001, nº 00-14.564 P : *préc. note 11 ss. art. L. 1111-2 CSP (ss. art. 16-9 C. civ.).* ♦ V. aussi : • Cass., ass. plén., 17 nov. 2000, *Perruche : cité note 10 ss. art. L. 114-5 CASF (ss. art. 1242 C. civ.).* ♦ Responsabilité d'un établissement psychiatrique pour manquement à son obligation de surveillance à l'égard du père de la victime. • Civ. 1re, 18 juill. 2000 : *préc. note 41.* ♦ Faute commise par une avocate lors d'une saisie. • Civ. 1re, 18 mai 2004, nº 01-13.844 P : *D. 2005. Pan. 187, obs. D. Mazeaud ; CCC 2004, nº 121, note Leveneur ; RTD civ. 2004. 502, obs. Mestre et Fages, et 516, obs. Jourdain* . ♦ Droit pour une société agissant en concurrence déloyale d'invoquer la violation par ses concurrents des obligations résultant de leurs contrats de distribution sélective. • Com. 1er juill. 2003, nº 99-17.183 P : *D. 2003. Somm. 2427, obs. Ferrier ; JCP 2004. I. 163, nº 8 s., obs. Viney ; JCP E 2003. 1435, note Vilmart ; LPA 11 oct. 2004, obs. Chagny ; RDC 2004. 396,* obs. Behar-Touchais. ♦ Sur la question de la faute contractuelle justifiant la mise en œuvre de la responsabilité délictuelle de l'auteur à l'égard de tiers au contrat, V., avant l'arrêt d'assemblée plénière du 6 oct. 2006 (note 35) : • Civ. 3e, 25 mars 1998, nº 96-11.812 P : *JCP 1998. I. 144, nº 4 s., obs. Viney* (responsabilité du contrôleur technique à l'égard d'un tiers dès lors que le dommage résulte des fondations dont il était chargé de contrôler la conception).

44. ... Obligations de résultat. Le fournisseur de sang qui manque à son obligation de sécurité de résultat de fournir des produits exempts de vices commet une faute délictuelle à l'égard de la victime transfusée d'un accident de la circulation. • Civ. 2e, 25 janv. 2007, n° 06-12.106 P : *D. 2007. AJ 443, obs. Gallmeister ; ibid. Pan. 2905, obs. Jourdain ; JCP 2007. II. 10035, note Radé ; Gaz. Pal. 2007. Somm. 2082, obs. Bacache-Gibeili ; RCA 2007, n° 116, note Groutel ; RLDC 2007/38, n° 2519, note Corgas-Bernard ; RDC 2007. 725, obs. Borghetti ; RTD civ. 2007. 362, obs. Jourdain*. ♦ V. déjà : • Civ. 1re, 13 févr. 2001, n° 99-13.589 P : *R., p. 428 ; D. 2001. Somm. 2234, obs. Delebecque ; JCP 2001. I. 338, n° 8 s., obs. Viney ; JCP 2002. II. 10099, note Lisanti-Kalczynski ; Defrénois 2001. 712, obs. Savaux ; CCC 2001, n° 86, note Leveneur ; Dr. et patr. 5/2001. 114, obs. Chauvel ; RTD civ. 2001. 367, obs. Jourdain*. ♦ Pour l'obligation de sécurité du vendeur, V. aussi ss. art. 1603. ♦ Bien-fondé de l'action intentée par un locataire-gérant contre le bailleur pour manquement à son obligation d'entretien : • Cass., ass. plén., 6 oct. 2006 : *préc. note 35.*

V. cependant : cassation pour violation de l'art. 1382 [1240] C. civ. de l'arrêt retenant la responsabilité d'entrepreneurs, par des motifs qui, tirés du seul manquement à une obligation contractuelle de résultat de livrer un ouvrage conforme et exempt de vices, sont impropres à caractériser une faute délictuelle. • Civ. 3e, 18 mai 2017, n° 16-11.203 P : *D. 2017. 1225, note Houtcieff ; ibid. 2018. 35, obs. Quézel-Ambrunaz ; RDI 2017. 349, obs. Malinvaud ; AJ contrat 2017. 377, obs. Chénedé ; RTD civ. 2017. 651, obs. Barbier ; ibid. 666, obs. Jourdain ; CCC 2017, n° 163, note leveneur ; RCA 2017, n° 212, note Bloch ; RGDA 2017. 364, note Dessuet ; RDC 2017. 425, note Borghetti.*

B. EXCEPTION : RESPONSABILITÉ CONTRACTUELLE

1° CHAÎNES TRANSLATIVES

a. Domaine

45. Vente/vente. L'action directe dont dispose le sous-acquéreur contre le fabricant ou un vendeur intermédiaire, pour la garantie du vice caché affectant la chose vendue dès sa fabrication, est nécessairement de nature contractuelle. • Civ. 1re, 9 oct. 1979 : *Bull. civ. I, n° 241.* ♦ V. aussi • Civ. 3e, 28 mars 2001 : *CCC 2001, n° 118, note Leveneur ; RDI 2001. 259, obs. Malinvaud* (action contractuelle directe de l'entrepreneur contre le fabricant du matériau fourni par le distributeur). ♦ Comp., admettant la responsabilité délictuelle d'un fournisseur de boîtiers approvisionnant un vendeur de système de géolocalisation dans le cadre d'une action intentée par le transporteur utilisateur du système loué à un établissement l'ayant financé, • Com. 11 déc. 2012, n° 11-25.493 P : *D. 2013. 12 ; RDC 2013. 551, obs. Carval* (absence d'indication dans l'arrêt de la probable utilisation par le transporteur de l'action appartenant au bailleur). ♦ V. cependant, refusant l'action directe pour la garantie de conformité : • Civ. 1re, 6 juin 2018, n° 17-10.553 P : *D. 2018. Chron. C. cass. 2039, obs. Vitse ; AJ contrat 2018. 377, obs. Mainguy ; RDC 2018. 542, obs. Deshayes* (n'agissant pas lui-même en qualité de consommateur à l'égard de son propre auteur, le vendeur ne bénéficie pas d'une telle garantie et ne peut donc en transmettre les droits, ce qui exclut toute action directe de l'acheteur à ce titre).

46. Entreprise/vente. L'obligation de garantie décennale assumée par les architectes et les entrepreneurs, en vertu des art. 1792 et 2270 [1792-4-1] C. civ., constitue une protection légale, attachée à la propriété de l'immeuble et peut être invoquée, non seulement par le maître de l'ouvrage, mais encore par tous ceux qui succèdent à ce dernier, en tant qu'ayants cause, même à titre particulier, dans cette propriété. • Civ. 1re, 28 nov. 1967 : *Bull. civ. I, n° 348 ; D. 1968. 163.* ♦ V. aussi notes ss. art. 1792. ♦ Comp. pour le refus d'accorder le bénéfice de la garantie décennale au locataire : • Civ. 3e, 1er juill. 2009 : *cité note 82 ss. 1792.* ♦ L'action des acheteurs fondée sur la faute dolosive du constructeur étant de nature contractuelle, il s'agit d'une action attachée à l'immeuble et donc transmissible au sous-acquéreur, qui est recevable à se prévaloir de cette faute pour rechercher la responsabilité du constructeur après l'expiration de la garantie légale. • Civ. 3e, 27 mars 2013 : *D. 2013. 910 ; RDI 2013. 373, obs. Tricoire ; RDC 2013. 911, obs. Carval.* ♦ L'acquéreur jouit de tous les droits et actions attachés à la chose qui appartenait à son auteur et dispose contre le réparateur de cette chose d'une action directe contractuelle fondée sur l'inexécution d'une obligation. • Civ. 1re, 26 mai 1999 : *CCC 1999, n° 153, note Leveneur.* ♦ Même sens : • Civ. 1re, 21 janv. 2003, n° 00-15.781 P : *D. 2003. 2993, note Bazin-Beust ; Defrénois 2003. 1172, obs. Aubert* (action de l'acquéreur en responsabilité contractuelle contre le contrôleur technique). ♦ L'action fondée sur la faute dolosive du constructeur s'analyse en une action contractuelle et, attachée à l'immeuble, elle est transmissible aux acquéreurs successifs. • Civ. 3e, 12 juill. 2018, n° 17-20.627 P : *D. 2018. chron. C. cass. 2435, obs. Georget ; RDI 2018. 504, obs. Poumarède ; AJ contrat 2018. 422, obs. Dissaux ; JCP 2018, n° 1041, note Larroumet.* ♦ Sauf clause contraire, l'acquéreur d'un immeuble a qualité à agir contre les constructeurs, même pour les dommages nés antérieurement à la vente, sur le fondement de la responsabilité contractuelle de droit commun qui accompagne l'immeuble en tant qu'accessoire. • Civ. 3e, 9 juill. 2014, n° 13-15.923 P. ♦ V. aussi ss. art. 1615.

47. Vente/entreprise. Le maître de l'ouvrage, comme le sous-acquéreur, jouit de tous les droits et actions attachés à la chose qui appartenait à son auteur ; il dispose donc à cet effet contre le fabricant d'une action contractuelle directe fondée sur la non-conformité de la chose livrée. • Cass., ass. plén., 7 févr. 1986 : *Bull. civ. n° 2 ; R., p. 189 ; GAJC, 11e éd., n° 252 ; D. 1986. 293, note Bénabent ; JCP 1986. II. 20616 (2 arrêts), note Malinvaud ; Gaz. Pal. 1986. 2. 543, note Berly ; RTD civ. 1986. 364, obs. J. Huet et 605, obs. Rémy.* ♦ Le maître de l'ouvrage et l'acquéreur disposent contre le fabricant ou le fournisseur de matériaux d'une action contractuelle directe. • Civ. 3e, 10 mai 1990, n° 88-14.478 P : *RDI 1990. 376, obs. Malinvaud et Boubli* • 26 mai 1992, n° 89-21.897 P : *R., p. 285* (action contractuelle directe d'un syndicat de copropriétaires contre les locateurs d'ouvrage en réparation de malfaçons) • 8 févr. 1995, n° 92-19.639 P : *Gaz. Pal. 1996. 1. Somm. ann. 229, obs. Peisse* • 12 déc. 2001 : *RDI 2002. 92, obs. Malinvaud ; RTD civ. 2002. 303, obs. Jourdain.* ♦ L'entrepreneur principal dispose d'une action contractuelle directe contre le fournisseur de son sous-traitant et vendeur intermédiaire. • Civ. 3e, 26 nov. 2014, n° 13-22.067 P. ♦ *Contra :* V. note 37, pour le fournisseur d'un sous-traitant.

b. Régime

48. Action directe en résolution. Le sous-acquéreur peut exercer directement une action rédhibitoire mais cette action étant celle de son auteur, c'est-à-dire celle du vendeur intermédiaire contre le vendeur originaire, ce dernier ne peut être tenu de restituer davantage qu'il n'a reçu, sauf à devoir des dommages-intérêts en réparation du préjudice causé. • Civ. 1re, 27 janv. 1993, n° 91-11.302 P : *JCP 1993. I. 3684, n° 5, obs. Ghestin ; Defrénois 1993. 1437, obs. Vermelle* • 4 mars 1997 : *CCC 1997, n° 93, note Leveneur ; LPA 19 sept. 1997, note Mouloungui* (vendeur originaire non payé). ♦ V. aussi ss. art. 1604 et 1641.

49. Opposabilité des clauses. BIBL. Moury, *D. 2002. Chron. 2744* (transmission des clauses de compétence dans les chaînes de contrats translatifs). ♦ Le fabricant est en droit d'opposer à l'exploitant d'une installation de chauffage, subrogé dans les droits du maître de l'ouvrage, tous les moyens de défense qu'il pouvait opposer à son propre cocontractant, et spécialement une limitation de garantie. • Civ. 3e, 26 mai 1992, n° 90-17.703 P : *Gaz. Pal. 1993. 2. 427, note D. Mazeaud.* ♦ Dans le même sens : • Civ. 1re, 7 juin 1995 : *D. 1996. 395, note D. Mazeaud ; ibid. Somm. 14, obs. Tournafond ; LPA 22 nov. 1996, note Blasselle.* ♦ Le fabricant d'une pièce d'un groupe électrogène est en droit d'opposer à la société qui en assure la maintenance et à son assureur qui, subrogés dans les droits du sous-acquéreur, exerçent une action de nature contractuelle, tous les moyens de défense qu'elle pouvait invoquer à l'encontre de son propre cocontractant. • Com. 26 mai 2010, n° 07-11.744 P : *cité ss. art. 1245-2.* ♦ L'action directe étant fondée sur le contrat de vente conclu entre le fabricant et le vendeur intermédiaire, la clause attributive de compétence figurant dans ce contrat est opposable au maître de l'ouvrage. • Civ. 3e, 30 oct. 1991, n° 87-15.229 P.

Dans une chaîne de contrats translatifs de propriété, la clause compromissoire est transmise de façon automatique en tant qu'accessoire du droit d'action, lui-même accessoire du droit substantiel transmis, sans incidence du caractère homogène ou hétérogène de cette chaîne. • Civ. 1re, 27 mars 2007 : *cité note 5 ss. art. 2061* • 17 nov. 2010 : *D. 2010. 2829, obs. Delpech ; ibid. 2933, obs. Clay ; JCP 2010, n° 1307, obs. Chevalier ; CCC 2011, n° 23, obs. Leveneur.* ♦ Dans une chaîne homogène de contrats translatifs de marchandises, la clause d'arbitrage international se transmet avec l'action contractuelle, sauf preuve de l'ignorance raisonnable de l'existence de cette clause. • Civ. 1re, 6 févr. 2001, n° 98-20.776 P : *R., p. 470 ; D. 2001. Somm. 1135, obs. Delebecque ; JCP 2001. II. 10567, note Legros ; JCP E 2001. 1238, note Mainguy et Seube ; Defrénois 2001. 708, obs. Libchaber ; CCC 2001, n° 82, note Leveneur ; RTD com. 2001. 413, obs. Loquin ; Rev. crit. DIP 2001. 522, obs. Jault-Seseke* (opposabilité de la clause au sous-acquéreur). – Seraglini, *Gaz. Pal. 2001. Doctr. 1731.* ♦ V. plus généralement notes ss. art. 2061. ♦ Opposabilité d'une clause d'arbitrage, du fait de sa transmission, à une société tierce agissant en qualité d'ayant droit de l'une des parties au contrat. • Civ. 1re, 6 mars 2007, n° 04-16.204 P : *D. 2007. AJ 1024, obs. Delpech.*

50. Une clause de non-garantie opposable par un vendeur intermédiaire à son propre acquéreur ne peut faire obstacle à l'action directe de l'acquéreur final contre le vendeur originaire, dès lors qu'aucune clause de non-garantie n'a été stipulée lors de la première vente. • Civ. 3e, 16 nov. 2005, n° 04-10.824 P : *D. 2006. 971, note R. Cabrillac ; JCP 2006. II. 10069, note Trébulle ; RCA 2006, n° 62, note Groutel* • Civ. 3e, 22 juin 2011 : *cité note 4 ss. art. 1646-1.* ♦ Le maître de l'ouvrage qui agit contre le « sous-traitant » fournisseur d'un matériel défectueux utilise l'action du « vendeur intermédiaire » contre le sous-traitant « vendeur originaire » ; ce dernier peut se prévaloir de la clause limitative de responsabilité figurant dans le contrat qu'il a conclu avec le vendeur intermédiaire, mais ne peut invoquer une clause figurant dans le contrat unissant le maître de l'ouvrage et le contractant intermédiaire. • Com. 22 mai 2002, n° 99-11.113 P : *D. 2002. IR 1885, et les obs. ; ibid. Somm. 2843,* *obs. Delebecque* ; *RTD civ. 2003. 94, obs. Jourdain* .

51. Prescription. Le sous-acquéreur jouit de tous les droits et actions attachés à la chose qui appartenait à son auteur et dispose contre les locateurs d'ouvrage d'une action contractuelle fondée sur un manquement à leurs obligations envers le maître de l'ouvrage (responsabilité ne pouvant être invoquée au-delà des délais prévus par l'art. 2270 [1792-4-1] C. civ.). • Civ. 3e, 8 oct. 1997, n° 96-11.155 P : *RDI 1998. 98, obs. Malinvaud et Boubli* . ♦ Obligation de respecter le délai spécifique propre à la garantie des vices cachés : • Civ. 1re, 9 oct. 1979 : *préc. note 45* (à l'époque, action à bref délai). ♦ Le maître de l'ouvrage exerçant l'action contractuelle directe pour non-conformité des matériaux livrés par le fabricant à l'entrepreneur, le délai de prescription de dix ans prévu entre commerçants ou entre commerçants et non-commerçants [5 ans, depuis la L. du 17 juin 2008, C. com., art. L. 110-4, I, *c.*] est applicable, et ce délai a commencé à courir à compter de la livraison des matériaux à l'entrepreneur. • Civ. 3e, 26 juin 2002, n° 00-12.023 P : *RDI 2002. 424, obs. Malinvaud* ; *CCC 2002, n° 173, note Leveneur* ; *Rev. loyers 2002. 480, obs. J. Rémy* ; *RTD civ. 2003. 103, obs. Jourdain* (bois de charpente non traités contre les insectes xylophages). • Civ. 3e, 7 juin 2018, n° 17-10.394 P : *D. 2018. 1257* ; *RTD civ. 2018. 919, obs. Jourdain* .

52. Conservation de l'action par le cédant. V. note 43 ss. art. 1641 et note 47 ss. art. 1792.

c. Exceptions à l'exception : groupes translatifs internationaux

53. Convention de Bruxelles. Pour l'application de la convention de Bruxelles du 27 sept. 1968 sur la compétence, l'action du sous-acquéreur contre le fabricant, qui n'est pas le vendeur, n'est pas de nature contractuelle. • CJCE 17 juin 1992 : *JCP 1992. II. 21927, note Larroumet* ; *D. 1993. Somm. 214, obs. Kullmann* ; *Rev. crit. DIP 1992. 726, note Gaudemet-Tallon* . – Dans le même sens : • Civ. 1re, 27 janv. 1993, n° 89-14.179 P : *Rev. crit. DIP 1993. 485, note Gaudemet-Tallon* • Com. 18 oct. 1994, n° 92-19.070 P : *Rev. crit. DIP 1995. 721, note Sinay-Cytermann* ; *JDI 1995. 143, note A. Huet.* ♦ L'action du maître de l'ouvrage contre le fabricant n'est pas de nature contractuelle au sens de l'art. 5, § 1, de la Convention de Bruxelles dès lors qu'il n'existe aucun engagement librement consenti par le second à l'égard du premier. • Civ. 1re, 4 juill. 2006, n° 05-10.006 P. ♦ Une clause attributive de juridiction, convenue dans le contrat conclu entre le fabricant d'un bien et l'acquéreur de celui-ci, ne peut pas être opposée au tiers sous-acquéreur qui, au terme d'une succession de contrats translatifs de propriété conclus entre des parties établies dans différents États membres, a acquis ce bien et veut engager une action en responsabilité à l'encontre du fabricant, sauf s'il est établi que ce tiers a donné son consentement effectif à l'égard de ladite clause dans les conditions énoncées à cet article. • CJUE 7 févr. 2013, n° C-543/10 : *D. 2013. 1110, note Bollée* ; *ibid. 1503, obs. Jault-Seseke* ; *ibid. 2293, obs. d'Avout et Bollée* ; *Rev. crit. DIP 2013. 710, note Bureau* ; *RTD civ. 2013. 338, obs. Rémy-Corlay* ; *RTD com. 2013. 381, obs. Marmisse-d'Abbadie d'Arrast* (art. 23 Règl. 44/2001/CE du 22 déc. 2000) • Civ. 1re, 11 sept. 2013, n° 09-12.442 P : *D. 2013. 2105* ; *RTD com. 2013. 384, obs. Delebecque* • 25 mars 2015, n° 13-24.796 P.

54. Convention de Vienne. BIBL. Witz, *Mél. Mouly, Litec, 1998, t. 2, p. 205.* ♦ Refus de reconnaître une action directe au sous-acquéreur contre le vendeur initial dans le cadre d'une chaîne internationale de contrats dont la vente originaire est régie par la convention de Vienne du 11 avr. 1980 sur les ventes internationales de marchandises. • Civ. 1re, 5 janv. 1999, n° 96-19.992 P : *D. 1999. 383, note Witz* ; *JCP 2000. I. 199, n° 19, obs. Viney* ; *Rev. crit. DIP 1999. 519, note Heuzé* ; *RTD civ. 1999. 503, obs. Raynard* . ♦ Comp. • Com. 16 janv. 2019, n° 17-21.477 P : *D. 2019. 124* ; *AJ contrat 2019. 139, obs. Nourissat* ; *RTD civ. 2019. 294, obs. Usunier* ; *ibid. 358, obs. Gautier* ; *CCC 2019, n° 61, obs. Leveneur* ; *RDC 2021/3. 8, note Latina.*

2° VENTES DE VOYAGES

55. Il résulte des art. L. 211-16 et L. 211-1-I C. tourisme, que toute personne physique ou moral qui se livre à une opération consistant en l'organisation ou la vente de voyages ou de séjours individuels ou collectifs est responsable de plein droit à l'égard de l'acheteur de la bonne exécution des obligations résultant du contrat ; dès lors, la mise en œuvre de cette responsabilité à l'encontre de l'organisateur du voyage ou du séjour n'est pas subordonnée à l'existence d'un lien contractuel entre ce dernier et l'acheteur. • Civ. 1re, 9 déc. 2015, n° 14-20.533 P : *D. 2016. 633, note Delebecque et. Lévy* ; *ibid. 1396, obs. Kenfack* ; *RTD civ. 2016. 375, obs. Jourdain* ; *RCA 2016, Étude n° 3, par Bloch* (action contre l'organisateur de la croisière vendue par une agence).

Art. 1200 *(Ord. n° 2016-131 du 10 févr. 2016, art. 2, en vigueur le 1er oct. 2016)* **Les tiers doivent respecter la situation juridique créée par le contrat.**

Ils peuvent s'en prévaloir notamment pour apporter la preuve d'un fait. – *Dispositions transitoires, V. Ord. n° 2016-131 du 10 févr. 2016, art. 9, ss. art. 1386-1.*

Comp. C. civ., art. 1165 anc.

A. PRINCIPES

1. Opposabilité de l'existence du contrat. Les tiers à un contrat peuvent invoquer à leur profit, comme un fait juridique, la situation créée par ce contrat (caution admise à se prévaloir d'une convention passée entre deux banques, dont celle bénéficiant du cautionnement, et ayant pour objet de répartir entre les deux établissements diverses créances). • Com. 22 oct. 1991 : *D. 1993. 181, note Ghestin* • Civ. 1re, 21 avr. 2022, n° 20-17.185 B : *D. 2022. 843 ; RTD civ. 2022. 388, obs. Barbier ; ibid. 637, obs. Jourdain ; RCA 2022, n° 147, obs. Bourdoiseau* (possibilité pour la caisse de sécurité sociale subrogée dans les droits de la victime d'un accident d'invoquer l'existence d'une transaction entre la victime et le responsable à l'appui de son recours subrogatoire contre celui-ci). ♦ Un tiers peut se prévaloir du contrat en tant que situation de fait à la condition que celle-ci soit de nature à fonder l'application d'une règle juridique lui conférant le droit qu'il invoque. • Com. 18 déc. 2012, n° 11-25.567 P : *D. 2013. 746, note Boffa ; RDC 2013. 533, obs. Laithier.* ♦ L'effet relatif des contrats n'interdit pas aux tiers d'invoquer la situation de fait créée par les conventions auxquelles ils n'ont pas été parties dès lors que cette situation de fait leur cause un préjudice de nature à fonder une action en responsabilité délictuelle. • Amiens, 2 nov. 1976 : *JCP N 1978. II. 203, note Galle* (possibilité pour un créancier, non réglé par le notaire désigné comme séquestre, de se prévaloir à l'encontre de ce dernier de la convention de séquestre).

L'ancien associé qui engage une action tendant à faire déclarer opposable à un tiers la cession de ses parts n'est pas tenu de mettre en cause la société, dont les parts ont fait l'objet de la cession. • Com. 24 sept. 2013, n° 12-24.083 P : *D. 2013. 2272 ; Rev. sociétés 2014. 175, note Poracchia et Brignon ; RTD com. 2014. 148, obs. Monsèrié-Bon ; JCP N 2014, n° 1123, obs. Hovasse.*

2. Opposabilité du contenu du contrat. Admission de la preuve par l'assureur d'un entrepreneur que sa garantie n'incluait pas les travaux litigieux, par la production d'une photocopie de conditions particulières d'un contrat conclu avec celui-ci. • Civ. 3e, 30 juin 2016, n° 15-18.206 P : *RDI 2016. 483, obs. Noguéro* (rejet de l'argument du maître de l'ouvrage invoquant une violation de l'art. 1165 anc. C. civ.). ♦ Des tiers à un groupement foncier agricole peuvent se prévaloir des statuts de celui-ci pour invoquer le dépassement de pouvoir commis par son gérant. • Civ. 3e, 14 juin 2018, n° 16-28.672 P : *Rev. sociétés 2019. 42, note Lecourt ; RTD civ. 2018. 892, obs. Barbier ; RTD com. 2018. 701, obs. Lecourt ; ibid. 982, obs. Monsèrié-Bon .* ♦ Mais les tiers ne peuvent invoquer les statuts d'une personne morale pour critiquer la régularité de la désignation de son représentant, en vue de contester le pouvoir d'agir de celui-ci. • Civ. 1re, 20 sept. 2017, n° 16-18.442 P. ♦ Si le salarié d'une association peut se prévaloir des statuts ou du règlement intérieur d'une association pour justifier du défaut de pouvoir de la personne signataire de la lettre de licenciement, il ne peut en revanche invoquer, sur le fondement de ces mêmes statuts, l'irrégularité de la désignation de l'organe titulaire du pouvoir de licencier au regard de ces statuts pour contester son pouvoir. • Soc. 23 mars 2022, n° 20-16.781 B.

3. Opposabilité de la disparition du contrat : nullité. La nullité du contrat peut être invoquée comme moyen de défense contre un tiers qui l'invoque à son profit. • Civ. 1re, 21 févr. 1995, n° 92-17.814 P : *RTD civ. 1995. 883, obs. Mestre ; JCP 1995. I. 3867, n° 9, obs. Billiau.* ♦ V. cependant pour la nullité relative d'un mandat, pour défaut de pouvoir, qui ne peut être invoquée que par la partie représentée, note 20 ss. art. 1984. ♦ V. aussi *infra* note 7.

4. … Résiliation. La résiliation régulière du contrat entre l'assureur et le souscripteur d'un contrat d'assurance de groupe produit effet de plein droit à l'égard des adhérents au contrat, nonobstant un éventuel défaut d'information de ceux-ci par le souscripteur. • Civ. 2e, 23 sept. 2004, n° 03-10.501 P : *RGDA 2005. 98, note Kullmann.* ♦ Même sens : • Com. 11 sept. 2019, n° 18-11.401 P : *D. 2019. Chron. C. cass. 2208, obs. Barbot ; AJ contrat 2019. 539, obs. Tirel ; RTD civ. 2019. 863, obs. Barbier .* (opposabilité de la résiliation prononcée dans le cadre d'une procédure collective par le juge commissaire, V. note 52 ss. art. 1355).

B. APPLICATIONS

5. Contrat source d'information. L'effet relatif des contrats n'interdit pas aux juges du fond de rechercher dans un acte étranger à l'une des parties en cause des renseignements de nature à éclairer leur décision ; ils peuvent, dès lors, pour déterminer l'intention des parties se référer à un second contrat conclu par une même personne avec le fils de son premier contractant. • Civ. 1re, 24 janv. 1967 : *Bull. civ. I, n° 33.* ♦ Même sens : • Com. 8 mai 1972 : *JCP 1972. II. 17193, note P. L.* (rapports d'un ramasseur de lait avec d'autres producteurs). ♦ V. aussi • Civ. 1re, 3 janv. 1996, n° 93-20.404 P : *Defrénois 1996. 1022, obs. Delebecque ; RTD civ. 1996. 904, obs. Mestre .* ♦ Mais pour apprécier la validité d'une offre de vente faite à des locataires, les juges du fond n'ont pas à prendre en compte une clause figurant dans le mandat qui lie la venderesse au mandataire qui ne concerne pas les locataires. • Civ. 3e, 17 déc. 2008, n° 07-15.943 P : *D. 2009. AJ 101, obs. Rouquet ; JCP N 2009. 1052, note Altide ; Defrénois 2009. 653, obs. Savaux.*

6. Contrat élément de preuve de la propriété. Celui qui soutient être propriétaire d'un fonds peut invoquer, à titre de présomptions vis-à-vis des tiers, les titres translatifs ou déclaratifs de propriété. • Civ. 3e, 5 mai 1982 : *Bull. civ. III, n° 116 ; D. 1983. IR 17, obs. A. Robert.* – Jurisprudence constante. ♦ V. aussi • Civ. 3e, 2 juill. 1997, n° 95-20.190 P : *Defrénois 1997. 1420, obs. Atias* (la preuve de la propriété est étrangère à la question de l'opposabilité des actes aux tiers). ♦ Mais s'il est exact que, pour déterminer la propriété d'un bien, les juges doivent examiner les titres sans avoir à appliquer l'art. 1165 anc., il en va autrement lorsque le procès relatif à la propriété d'un bien se déroule entre les ayants droit d'un auteur commun. • Civ. 1re, 1er avr. 1981 : *JCP 1982. II. 19897, note Tomasin.*

7. Contrat source de droits et préjudices. Si en principe les conventions n'ont d'effet qu'à l'égard des parties, elles constituent des faits juridiques dont peuvent être déduites des conséquences en droit à l'égard des tiers. • Civ. 1re, 10 mai 2005, n° 02-11.759 P : *D. 2006. 1156, note Guégan-Lécuyer* (évaluation du préjudice subi par des acquéreurs du fait de l'annulation de contrats de prêt dans leur action contre un notaire). ♦ V. aussi : • Com. 18 déc. 2012 : *préc. note 1.* ♦ Comp., en matière de cession de créance non signifiée ni acceptée : • Civ. 20 juin 1938 : *GAJC, 11e éd., n° 241-242 (II) ; DP 1939. 1. 26, note Weill* • 27 nov. 1944 : *D. 1945. 78.*

8. Tiers complice d'une inexécution contractuelle. Toute personne qui, avec connaissance, aide autrui à enfreindre les obligations contractuelles pesant sur lui, commet une faute délictuelle à l'égard de la victime de l'infraction. • Com. 11 oct. 1971 : *Bull. civ. IV, n° 237 ; D. 1972. 120* • 13 mars 1979 : *Bull. civ. IV, n° 100 ; D. 1980. 1, note Serra.* ♦ V. aussi • Civ. 2e, 13 avr. 1972 : *Bull. civ. II, n° 93 ; D. 1972. 440* (contrat d'édition ayant pour effet de priver le précédent éditeur du droit de préférence sur l'œuvre considérée) • Com. 23 avr. 1985 : *Bull. civ. IV, n° 124* (tiers complice de la violation d'une clause de non-concurrence) • Com. 4 mai 1993, n° 91-18.670 P (tiers complice de la violation de la garantie d'éviction) • Civ. 1re, 26 janv. 1999, n° 96-20.782 P : *D. 1999. Somm. 263, obs. Delebecque ; LPA 23 juin 2000, note Arcaute-Descazeaux ; RTD civ. 1999. 405, obs. Jourdain ; ibid. 625, obs. Mestre* • Versailles, 29 juin 2000 : *D. 2000. AJ 384, obs. A. Lienhard* (société tierce ayant incité des actionnaires à violer le pacte de préférence souscrit) • Cass., ass. plén., 9 mai 2008, n° 07-12.449 P : *R., p. 317 ; BICC 1er juill. 2008, rapp. Foulquié, avis de Gouttes ; JCP 2008. II. 10183, note Kenfack ; Gaz. Pal. 2008. 1867, avis de Gouttes ; RLDC 2008/51, n° 3047, obs. Maugeri ; ibid., n° 3054, obs. Pichon ; RTD civ. 2008. 485, obs. Fages ; ibid. 498, obs. Gautier ; RDC 2008. 1151, obs. Carval* (obligation pour un acquéreur de réparer, sur le fondement de la responsabilité délictuelle, le préjudice subi par son fait par un agent immobilier à qui il a fait perdre sa commission). ♦ V. aussi note 233 ss. art. 1231-1. ♦ Le tiers à un contrat qui se rend complice de la violation par une partie de ses obligations contractuelles engage sa responsabilité délictuelle. • Com. 19 oct. 2022, n° 21-16.169 B : *D. 2022. 2283, note Jost ; CCC 2023, n° 2, note Leveneur* (complicité de la violation d'un contrat de distribution exclusive). ♦ Pour la complicité de violation d'une promesse unilatérale de vente, V. ss. art. 1124. ♦ Pour la sanction de la violation d'un pacte de préférence, V. ss. art. 1123.

9. Le tiers qui acquiert d'un franchisé un fonds de commerce, sans déloyauté et dans le respect du droit de préemption du franchiseur, ne commet pas de faute de nature à le rendre complice de la rupture, même fautive, du contrat de franchise par le cédant. • Com. 15 mai 2007, n° 06-12.871 P : *D. 2007. AJ 1498, obs. Chevrier ; RTD civ. 2007. 794, obs. Gautier*. ♦ Rappr. : • Com. 9 juin 2009 : *JCP 2009, n° 41, p. 25, note Dissaux* (absence de faute du fournisseur qui conclut avec un franchisé ayant rompu antérieurement le contrat de franchise précédent).

10. On ne saurait faire grief aux juges du fond d'avoir condamné *in solidum* le complice de la violation d'obligations contractuelles et le contractant en faute à réparer l'entier préjudice que le concours des fautes contractuelles et délictuelles a causé à la victime. • Civ. 1re, 16 juill. 1970 : *Bull. civ. I, n° 241.*

11. Tiers portant atteinte à un droit exclusif. Responsabilité de l'éditeur d'un journal qui a publié des informations reprises d'un ouvrage à paraître, privant ainsi cette parution d'une partie de son originalité, au détriment de l'éditeur titulaire des droits de l'auteur. • Civ. 1re, 17 oct. 2000, n° 97-22.498 P : *D. 2001. 952, note Billiau et Moury ; JCP 2001. I. 338, n° 6 s., obs. Viney.*

Art. 1201 *(Ord. n° 2016-131 du 10 févr. 2016, art. 2, en vigueur le 1er oct. 2016)* **Lorsque les parties ont conclu un contrat apparent qui dissimule un contrat occulte, ce dernier, appelé aussi contre-lettre, produit effet entre les parties. Il n'est pas opposable aux tiers, qui peuvent néanmoins s'en prévaloir.** — *Dispositions transitoires, V. Ord. n° 2016-131 du 10 févr. 2016, art. 9, ss. art. 1386-1.*

Comp. C. civ., art. 1321 anc.

A. NOTION DE SIMULATION

1. Prête-nom. L'opération par laquelle une personne achète à son nom l'immeuble dont le prix d'acquisition est financé par un tiers s'analyse en une convention de prête-nom. • Com. 17 févr. 2009, n° 08-10.384 P : *D. 2009. AJ 728*. ♦ Le terme de simulation peut s'appliquer soit à la simulation conventionnelle, soit au prête-nom. S'agissant de l'achat d'un immeuble dans lequel l'acquéreur n'était que le prête-nom de son fils, l'accord des vendeurs à la simulation ainsi entendue n'est pas nécessaire. • Civ. 1re, 11 févr. 1976 : *Bull. civ. I, n° 64*. ♦ Le prête-nom est personnellement et directement engagé envers celui avec lequel il a contracté, quand bien même ce cocontractant aurait eu connaissance de sa qualité. • Com. 26 avr. 1982 : *D. 1986. 233, note Rambure*. ♦ Mais si le cocontractant a sciemment participé à la simulation, il ne peut se prévaloir de l'acte ostensible contre le prête-nom. • Civ. 3e, 8 juill. 1992 : *JCP 1993. II. 21982, note Wiederkehr.*

2. Existence de deux conventions. La notion de contre-lettre suppose l'existence de deux conventions, l'une ostensible, l'autre occulte, intervenues entre les mêmes parties, dont la seconde est destinée à modifier ou à annuler les stipulations de la première. • Civ. 1re, 13 janv. 1953 : *Bull. civ. I, n° 15*. ♦ Mais l'interposition de personnes ne suppose pas que l'acte ostensible et l'acte secret aient été conclus entre les mêmes personnes. • Civ. 1re, 28 nov. 2000, n° 98-14.618 P : *D. 2001. Somm. 1139, obs. Delebecque ; JCP 2001. II. 10645, note Azzi ; Defrénois 2001. 237, obs. Libchaber ; Gaz. Pal. 2001. Somm. 1287, obs. Guével ; RTD civ. 2001. 134, obs. Mestre et Fages*.

3. ... Simultanéité non exigée. L'acte secret et l'acte ostensible ne sont pas nécessairement contemporains (acte secret précédant l'acte apparent). • Civ. 1re, 2 juin 1970 : *Bull. civ. I, n° 186*.

B. EFFETS ORDINAIRES DE LA SIMULATION

4. Principe de validité de l'acte, objet de la simulation. La simulation n'est pas en soi une cause de nullité de l'acte qui en est l'objet. • Civ. 1re, 11 juill. 1979 : *Bull. civ. I, n° 209*. ♦ Si la cause d'une reconnaissance de dette est simulée, sa fausseté apparente n'entraîne pas nécessairement la nullité de l'obligation et n'interdit pas de reconnaître à l'engagement le *caractère d'une libéralité* déguisée. • Civ. 1re, 22 oct. 1975 : *Bull. civ. I, n° 291*.

5. ... Conséquences pour une partie à l'acte. N'ayant pas la qualité de tiers, une partie ne saurait se prévaloir des dispositions de l'anc. art. 1321. • Civ. 1re, 12 nov. 1998 : *CCC 1999, n° 35, note Leveneur.*

6. ... Cas des ayants cause. L'ayant cause universel d'une partie, n'étant pas un tiers, est lié par les dispositions de l'acte secret. • Civ. 3e, 21 mai 1979 : *Bull. civ. III, n° 112*. ♦ V. aussi • Civ. 1re, 8 juin 1999, n° 97-13.780 P (distinction entre l'ayant cause universel et l'héritier exerçant un droit propre). ♦ Même solution en cas d'absorption de société, la société absorbante n'étant pas un tiers au sens de l'anc. art. 1321. • Civ. 1re, 4 mars 1981 : *Bull. civ. I, n° 79*.

7. Effets à l'égard des tiers : tiers complice. Si le tiers a sciemment participé à la simulation (vente fictive destinée à permettre aux vendeurs d'obtenir des fonds de la banque), il ne peut se prévaloir de l'acte ostensible contre les personnes ayant agi en qualité de prête-nom. • Civ. 3e, 8 juill. 1992, n° 90-12.452 P : *JCP 1993. II. 21982, note Wiederkehr*. ♦ La connaissance de la simulation par le tiers ne suffit pas à caractériser sa participation active. • Civ. 1re, 17 nov. 1999, n° 97-16.749 P : *Defrénois 2000. 716, obs. Delebecque ; CCC 2000, n° 42, note Leveneur.*

8. ... Créanciers. Action oblique. En cas de simulation, la contre-lettre est opposable aux créanciers du souscripteur qui, agissant par la voie oblique, exercent tous les droits et actions de leur débiteur. • Civ. 1re, 12 oct. 1982 : *Bull. civ. I, n° 284*.

9. ... Inopposabilité de l'acte secret. Une contre-lettre n'est pas opposable au cessionnaire de bonne foi d'une créance lorsqu'elle contrarie l'acte ostensible dont les effets ont été cédés. • Civ. 15 mai 1944 : *DA 1944. 86*. ♦ L'administration est fondée à percevoir les droits d'enregistrement d'après les stipulations des seuls actes qui lui ont été soumis, sans avoir à tenir compte des conventions qui ont été tenues occultes à son égard. • Com. 25 avr. 1977 : *Bull. civ. IV, n° 114*.

10. ... Faculté de se prévaloir de l'acte secret. Mais les tiers qui y ont intérêt ont le droit de se prévaloir de l'acte secret. • Civ. 1re, 19 juin 1984 : *Bull. civ. I, n° 205* • Com. 14 mai 1985 : *ibid. IV, n° 153* (acte apparent déclaré inopposable à l'administration fiscale) • Civ. 1re, 17 sept. 2003, n° 01-12.925 P : *RTD civ. 2004. 93, obs. Mestre et Fages*.

11. ... Réintégration. Dans l'hypothèse d'une convention de prête-nom, l'achat par une personne ayant été financé par son père, en liquidation judiciaire, celui-ci est le véritable propriétaire des biens ; le liquidateur peut procéder à la ratification de l'acte réel accompli par le débiteur en liquidation judiciaire dessaisi de l'administration et de la disposition de ses biens, dans le but d'accroître l'actif de celui-ci, ce qui ne requiert pas l'autorisation du juge-commissaire. • Com. 17 févr. 2009 : *préc. note 1*.

12. ... Partage fictif dissimulant une donation. L'art. 882 C. civ. ne s'applique pas à un partage fictif dissimulant une donation, l'action paulienne étant recevable dans les mêmes conditions que contre les actes à titre gratuit. • Civ. 1re, 29 mai 1979 : *Bull. civ. I, n° 157* • Paris, 21 mars 1984 : *D. 1986. 131, note Potiron.*

13. … Conflit d'intérêts entre tiers. En cas de conflit entre des cohéritiers sur l'inopposabilité d'une contre-lettre, l'anc. art. 1321 ne permet pas à certains des héritiers de l'opposer aux autres, ce qui serait leur nuire, dès lors, du moins, que ceux-ci sont de bonne foi. • Civ. 1re, 22 févr. 1983 : *JCP 1985. II. 20359, note Verschave.*

C. DÉCLARATION DE SIMULATION

14. Démonstration de l'intention de nuire (non). Il est à tort soutenu que n'auraient pu être utilement argués de simulation des actes qui n'avaient pas pour objet de nuire aux droits des créanciers d'une personne. La recherche de l'acte réel sous l'acte simulé n'implique pas, en effet, la considération d'une intention de nuire aux créanciers. • Civ. 2e, 14 déc. 1983 : *Gaz. Pal. 1984. 2. Pan. 167, obs. Dupichot ; RTD civ. 1985. 369, obs. Mestre* • Civ. 1re, 17 sept. 2003 : *préc. note 10.*

15. Démonstration de la fraude (non). L'action en déclaration de simulation peut être exercée par un tiers sans qu'il ait à justifier d'une fraude des parties aux actes litigieux. • Civ. 3e, 4 juin 2003, n° 02-12.275 P : *JCP 2004. II. 10136, note Dagot ; RTD civ. 2004. 93, obs. Mestre et Fages.*

16. Prescription. L'action par laquelle des héritiers réservataires font valoir la simulation en vue d'obtenir la réduction de donations constitue pour eux un droit propre, d'où il résulte que la prescription ne commence à courir qu'à compter du jour où ils ont eu la faculté d'exercer cette action, c'est-à-dire du jour du décès de leur auteur. • Civ. 1re, 24 nov. 1987 : *JCP 1989. II. 21214, note Testu ; RTD civ. 1989. 803, obs. Patarin* • 23 mars 1994, n° 92-14.370 P : *D. 1995. Somm. 333, obs. Vareille ; RTD civ. 1994. 920, obs. Patarin.*

17. Preuve entre parties. Dans les rapports entre les parties, la preuve d'une contre-lettre doit être administrée par écrit lorsque l'acte apparent est constaté en cette forme, sauf dans *le cas où la simulation a lieu dans un but illicite.* • Civ. 1re, 24 oct. 1977 : *Bull. civ. I, n° 379* • Civ. 3e, 3 mai 1978 : *ibid. III, n° 186.*

En l'absence d'invocation d'un écrit, l'absence de rigueur au cours de l'exécution d'un bail emphytéotique ne permet pas de dire que les parties avaient passé une convention simulée. • Civ. 3e, 15 sept. 2010, n° 09-68.656 P : *JCP 2010, n° 1112, note Dagorne-Labbe ; RDC 2011. 43, obs. Laithier ; RTD civ. 2010. 781, obs. Fages.*

18. … En cas de fraude. En cas de fraude, la simulation peut être établie par tous moyens, même entre les parties à un acte ou leurs héritiers. • Civ. 1re, 19 avr. 1977 : *Bull. civ. I, n° 172* • Com. 19 nov. 2002, n° 00-21.620 P • Civ. 1re, 17 déc. 2009, n° 08-13.276 P : *D. 2010. Pan. 2671, obs. Delebecque ; JCP 2010, n° 315, note Leveneur ; RLDC 2010/68, n° 3704, obs. Le Gallou.* – V. aussi • Civ. 1re, 19 sept. 2007, n° 06-14.550 P : *RJPF 2008-1/11, note Casey ; CCC 2008, n° 2, note Leveneur ; RTD civ. 2007. 772, obs. Fages* (moyen de pur droit pouvant être relevé d'office).

19. Preuve par les tiers. A l'égard des tiers, la preuve de la fictivité d'un acte peut être rapportée par tous moyens. • Com. 21 mars 1977 : *Bull. civ. IV, n° 90.* ♦ Toute personne intéressée est recevable à établir par tous moyens de preuve la simulation d'un acte qui aurait pour effet de porter atteinte à des droits reconnus par la loi, au nombre desquels figure le droit à la réserve successorale. • Civ. 1re, 21 juill. 1980 : *Bull. civ. I, n° 232* • 5 janv. 1983 : *ibid. I, n° 10 ; R., p. 44.* ♦ La mention, dans un acte de vente notarié, d'un paiement du prix intervenu hors la vue ou hors la comptabilité du notaire faisant foi jusqu'à preuve contraire, il incombe au tiers à l'acte qui la conteste de démontrer par tous moyens l'absence de paiement effectif. • Civ. 1re, 11 mars 2009, n° 07-20.132 P : *D. 2009. AJ 872 ; AJ fam. 2009. 222, obs. Tisserand-Martin ; Defrénois 2009. 1279, obs. Savaux ; ibid. 1386, obs. Vareille ; RTD civ. 2009. 339, obs. Gautier ; ibid. 563, obs. Grimaldi.* ♦ La simulation dans un acte authentique peut être établie par le tiers qui y a intérêt par tous moyens. • Paris, 11 juill. 1990 : *D. 1991. 33, note Larroumet.* ♦ La défense de prouver par témoins ou par présomptions contre et outre le contenu à l'acte ne concerne que les parties contractantes ; l'acquéreur véritable d'un bien est admis à faire la preuve de la simulation contre l'acquéreur fictif par tous les moyens. • Com. 30 juin 1980 : *Bull. civ. IV, n° 279.* ♦ Les juges du fond apprécient souverainement la valeur des présomptions invoquées par l'administration fiscale pour soutenir qu'une vente dissimule un acte à titre gratuit. • Civ. 1re, 1er juill. 1981 : *Bull. civ. I, n° 245.*

Art. 1202 *(Ord. n° 2016-131 du 10 févr. 2016, art. 2, en vigueur le 1er oct. 2016)* **Est nulle toute contre-lettre ayant pour objet une augmentation du prix stipulé dans le traité de cession d'un office ministériel.**

Est également nul tout contrat ayant pour but de dissimuler une partie du prix, lorsqu'elle porte sur une vente d'immeubles, une cession de fonds de commerce ou de clientèle, une cession d'un droit à un bail, ou le bénéfice d'une promesse de bail por-

tant sur tout ou partie d'un immeuble et tout ou partie de la soulte d'un échange ou d'un partage comprenant des biens immeubles, un fonds de commerce ou une clientèle. – *Dispositions transitoires, V. Ord. n° 2016-131 du 10 févr. 2016, art. 9, ss. art. 1386-1.*

Comp. C. civ., art. 1321-1 anc.

1. Conventions portant dissimulation du prix. La nullité édictée par l'art. 1840 CGI sanctionne toute convention qui porte dissimulation de tout ou partie du prix de vente d'un immeuble ou d'un fonds de commerce, quels que soient les mobiles de cette dissimulation. • Civ. 3e, 18 mars 1981 : *Bull. civ. III, n° 61.* ♦ L'acte secret n'a pas besoin d'avoir une existence matérielle. • Civ. 3e, 5 mars 1997, n° 95-14.838 P : *Defrénois 1997. 744, obs. Delebecque* (dissimulation d'une partie du prix établie par l'aveu du vendeur). ♦ L'art. 1840 CGI (art. 1202) ne sanctionne pas la convention réalisant une simulation de son véritable caractère (en l'espèce, gérance-vente déguisée en location-gérance), mais seulement celle qui porte dissimulation de tout ou partie du prix de vente. • Com. 19 févr. 1979 : *JCP N 1979. II. 314, concl. Robin, note D. F.*

2. Conventions énumérées par les art. 1321-1 anc. et 1202 (anciennement art. 1840 CGI). La cession d'un droit d'usage et d'habitation ne figure pas parmi les contrats énumérés par l'art. 1840 CGI. • Civ. 3e, 20 mars 1996, n° 92-12.835 P : *Defrénois 1996. 1438, obs. Bénabent.*

3. Validité de l'acte ostensible. La nullité édictée par l'art. 1840 CGI à l'égard de toute convention ayant pour but de dissimuler partie du prix d'une cession de fonds de commerce ne s'applique qu'à la convention secrète et ne porte pas atteinte à la validité de l'acte ostensible, sans qu'il y ait lieu de rechercher s'il y a ou non indivisibilité entre les deux conventions. • Cass., ch. mixte, 12 juin 1981 : *Bull. civ. n° 5 ; R., p. 39 ; GAJC, 11e éd., n° 168 ; D. 1981. 413, concl. Cabannes ; RTD civ. 1982. 141, obs. Chabas.*

4. Caractère d'ordre public de la nullité de la contre-lettre. La nullité d'ordre public d'une lettre de change représentant en réalité la partie dissimulée du prix de vente d'une maison interdit aux juges de lui faire produire effet et l'acheteur est en droit de s'en prévaloir alors même qu'il en aurait été responsable. • Civ. 3e, 25 juin 1985 : *D. 1986. 212, note Agostini.* – Dans le même sens : • Com. 18 janv. 1994 : *D. 1996. 235, note Orsini ; Defrénois 1994. 808, obs. Delebecque.*

5. Conséquences de l'annulation. La nullité prévue par l'art. 1840 CGI a pour effet de remettre les parties dans la situation initiale, comme si la convention occulte n'avait jamais été passée, et notamment d'obliger les vendeurs, non fondés à invoquer la maxime *nemo auditur...*, à répéter les sommes versées. • Douai, 8 juill. 1992 : *JCP N 1993. II. 245, note Lemaire.* ♦ Le vendeur est tenu à restitution de la fraction dissimulée du prix. • Civ. 3e, 5 mars 1997 : *préc. note 1.*

SOUS-SECTION 2 Le porte-fort et la stipulation pour autrui

(Ord. n° 2016-131 du 10 févr. 2016, art. 2, en vigueur le 1er oct. 2016)

Art. 1203 *(Ord. n° 2016-131 du 10 févr. 2016, art. 2, en vigueur le 1er oct. 2016)* **On ne peut s'engager en son propre nom que pour soi-même.** – *Dispositions transitoires, V. Ord. n° 2016-131 du 10 févr. 2016, art. 9, ss. art. 1386-1.*

1. Nemo plus juris. La référence au principe selon lequel nul ne peut transmettre plus de droits qu'il n'en a, utilisée par une Cour constitutionnelle pour combler un vide législatif, n'est pas contraire à la logique. • CEDH, sect. II, 11 janv. 2005, *Blücher c/ Rép. tchèque*, n° 58580/00.

A. AYANTS CAUSE À TITRE PARTICULIER

1° PRINCIPE : ABSENCE DE TRANSMISSION

2. Illustration. Le successeur ou ayant cause à titre particulier n'est pas de plein droit, et comme *tel, directement tenu des obligations* personnelles de son auteur ; ce principe s'applique même aux conventions que ce dernier aurait passées par rapport à la chose formant l'objet de la transmission, à moins qu'elles n'aient eu pour effet de restreindre ou de modifier le droit transmis. • Civ. 15 janv. 1918 : *DP 1918. 1. 17.*

3. ... Acquéreur d'un immeuble. La vente d'un immeuble n'emporte pas de plein droit cession au profit de l'acquéreur des droits et actions à fin de dommages et intérêts qui ont pu naître au profit du vendeur en raison de dégradations causées à l'immeuble antérieurement à la vente. • Civ. 3e, 25 janv. 1983 : *Bull. civ. III, n° 26* • 18 juin 1997, n° 95-18.254 P : *D. Affaires 1997. 895 ; RTD civ. 1997. 964, obs. Gautier.*

4. ... Destinataire non partie au contrat de transport ou de commission. Sur l'inopposabilité au destinataire, qui est étranger au contrat de transport ou de commission de transport, d'une clause limitative de responsabilité : • Com. 26 mai 1992, n° 90-19.295 P. ♦ ... Ou d'une clause attributive de compétence : • Com. 26 mai 1992, n° 90-17.352 P • 27 mai 1997, n° 95-15.313 P • 25 nov. 1997, n° 95-21.021 P. ♦ Comp. pour l'opposabilité d'une clause de livraison sous palan tendant à préciser l'étendue des obligations du transporteur. • Com. 16 janv. 1996, n° 94-13.653 P : *JCP 1996. I. 3985, n° 6, obs. Viney.*

5. ... Cession de parts sociales. Le cessionnaire de parts sociales ne succède pas de plein droit aux obligations personnelles de son auteur. • Com. 1er avr. 1997 : *D. Affaires 1997. 614.*

6. Location-gérance. Sauf clause expresse de l'acte de location-gérance, le locataire-gérant, qui n'est pas l'ayant cause à titre universel du propriétaire du fonds, n'est pas tenu des obligations personnelles de ce dernier. • Com. 9 déc. 2008, n° 06-14.414 P : *D. 2009. AJ 95, obs. Chevrier ; RTD com. 2009. 280, obs. Saintourens.*

7. Cession de fonds de commerce. Si la cession d'un fonds de commerce transfère la propriété des éléments du fonds cédé, elle ne substitue pas le cessionnaire au cédant dans les relations contractuelles et commerciales que cette société entretient avec une société tierce. • Com. 15 sept. 2015, n° 14-17.964 P.

2° TEMPÉRAMENTS

8. Transmission d'une clause de non-concurrence. La clause de non-concurrence souscrite par un membre d'une profession libérale au profit d'un confrère à l'occasion de la cession des éléments constitutifs de son cabinet doit être, sauf clause contraire, présumée comprise parmi les droits transmis par le cessionnaire lorsqu'il vient à son tour à procéder à la même opération au profit d'un tiers. • Civ. 1re, 3 déc. 1996, n° 94-21.775 P : *R., p. 322 ; D. 1997. 151, rapp. Chartier, note Serra ; JCP 1997. II. 22799, note Daigre ; JCP N 1998. 202, étude Youego ; Defrénois 1997. 327, obs. Delebecque ; RTD civ. 1997. 420, obs. Mestre.* ♦ Mais l'interdiction de concurrence n'est pas fondée s'il n'est pas constaté que la clause de non-concurrence convenue entre deux personnes exploitant deux fonds voisins était insérée dans l'acte de cession de l'un des fonds et que l'acquéreur l'avait expressément acceptée. • Com. 1er avr. 1997, n° 95-12.025 P : *D. 1998. Somm. 111, obs. Libchaber ; ibid. 214, obs. Serra ; RTD civ. 1999. 659, obs. Zenati.*

9. Convention d'exercice en commun. Dès lors qu'une convention d'exercice en commun est le complément nécessaire et indissociable de la société civile de moyens constituée entre des médecins et que les cessionnaires des parts de cette société de moyens ont exécuté pendant plusieurs années la convention d'exercice professionnel, une cour d'appel peut en déduire que, par l'effet de leur consentement tacite, les cessionnaires sont liés par les stipulations de la convention. • Civ. 1re, 15 nov. 1994 : *JCP 1995. II. 22510, note Mémeteau.*

10. Maître de l'ouvrage. Le maître de l'ouvrage, comme le sous-acquéreur, jouit de tous les droits et actions attachés à la chose qui appartenait à son auteur ; il dispose donc à cet effet contre le fabricant d'une action contractuelle directe fondée sur la non-conformité de la chose livrée. • Cass., ass. plén., 7 févr. 1986 : *Bull. civ. n° 2 ; R., p. 189 ; GAJC, 11e éd., n° 252 ; D. 1986. 293, note Bénabent ; JCP 1986. II. 20616 (deux arrêts), note Malinvaud ; Gaz. Pal. 1986. 2. 543, note Berly ; RTD civ. 1986. 364, obs. J. Huet ; ibid. 605, obs. Rémy.*

11. Transmission d'une action en garantie. Pour une transmission de l'action en garantie d'un commerçant à l'EURL auquel il a apporté son fonds de commerce dont dépendait le bien défectueux : • Civ. 1re, 4 juill. 1995 : *JCP 1996. II. 22623, note Leveneur ; Defrénois 1995. 1299, obs. J. Honorat.*

12. Transmission de la restriction à son droit de propriété consentie par un coloti. La restriction à son droit de propriété consentie par un coloti (autorisation accordée à un voisin de construire à une distance inférieure à celle prévue par le cahier des charges) ne s'impose à l'acquéreur du lot qu'à la condition qu'elle soit mentionnée dans l'acte de vente ou qu'il soit établi que l'acquéreur en a eu connaissance et y a consenti. • Civ. 3e, 23 janv. 2002, n° 00-17.005 P : *Defrénois 2002. 936, obs. Atias.* ♦ Mais les clause du cahier des charges engageant les colotis entre eux prévalent sur les stipulations contenues dans les actes individuels de vente. • Civ. 3e, 17 juin 2009, n° 06-19.347 P : *D. 2009. AJ 1829, obs. Vincent ; AJDI 2009. 741, obs. Porcheron ; Defrénois 2009. 2442, obs. Benoit-Cattin ; RDC 2009. 1473, obs. Brun.*

13. Transmission de l'obligation de procéder aux travaux de désamiantage. Cassation de l'arrêt qui retient que, si le coût de ces travaux peut être mis contractuellement à la charge de l'acquéreur, il n'apparaît pas que le vendeur puisse lui transférer l'obligation d'y procéder. • Civ. 3e, 4 avr. 2001, n° 99-11.522 P : *D. 2001. IR 1518 ; Defrénois 2001. 1034, note Gelot ; CCC 2001, n° 122, note Leveneur ; AJDI 2002. 329, obs. Cohet-Cordey.*

B. AYANTS CAUSE UNIVERSELS

1° PRINCIPE : TRANSMISSION

14. Transmissibilité passive des conventions. Il résulte des anc. art. 724 et anc. 1122 que les héritiers qui ont accepté purement et simplement la succession sont tenus par les conventions que leur auteur a passées ; ne peut être déclarée inopposable aux héritiers du mari la convention passée par les anciens époux pour réaliser à titre transactionnel le partage des biens de leur communauté matrimoniale. • Civ. 1re, 2 juin 1992, n° 90-15.114 P (décision rendue en application de l'anc. art. 724). ♦ Est opposable aux héritiers, ayants cause universels, le prêt consenti par la défunte à l'un d'entre eux, quand bien même aurait-il porté sur des deniers dont elle n'avait que le quasi-usufruit. • Civ. 1re, 5 déc. 2012, n° 11-24.758.

15. Applications : transmission de l'obligation de non-concurrence. Dans le sens d'une transmission aux héritiers du débiteur de la clause : • Com. 17 mai 1971 : *Bull. civ. IV, n° 133* • Lyon, 6 nov. 1969 : *D. 1971. 117, note Cohendy* • Com. 16 mars 1954 : *D. 1954. 474.*

16. ... Transmission de l'action en garantie. Si un indivisaire, après avoir consenti seul des baux sur des immeubles indivis, décède en laissant pour héritiers ses coïndivisaires, ceux-ci sont tenus, s'ils acceptent purement et simplement la succession, de garantir les conventions passées par leur auteur. • Civ. 1re, 2 juin 1987 : *Bull. civ. I, n° 177 ; JCP 1988. II. 21068, note Salvage* • Civ. 3e, 29 nov. 2000, n° 98-22.737 P : *JCP N 2001. 632, obs. Grimonprez* (bail rural) • 15 mai 2008, n° 07-14.655 P : *D. 2008. AJ 1625 ; JCP 2008. I. 194, n° 5, obs. Périnet-Marquet ; JCP 2008. 1328, n° 5, obs. Périnet-Marquet ; RTD civ. 2009. 154, obs. Grimaldi .*

17. ... Transmission de l'action en nullité. L'anc. art. 1122 ne fait pas obstacle à ce qu'un héritier agisse en nullité d'un bail rural consenti par le défunt, titulaire d'un droit d'usage, en dépassement de ses droits, • Civ. 3e, 9 nov. 2011 : *cité note 1 ss. art. 631.*

18. ... Transmission de l'action en répétition de l'indu. L'héritier d'un crédirentier, investi de tous les droits et actions du défunt, est recevable à agir en restitution de loyers indûment perçus par le débirentier en violation du droit d'usage et d'habitation réservé dans la vente. • Civ. 3e, 13 juill. 1999, n° 97-21.537 P : *Defrénois 1999. 1000, obs. Delebecque ; ibid. 2000. 476, note Dagorne-Labbe ; RTD civ. 1999. 834, obs. Mestre .*

2° TEMPÉRAMENTS

19. Exclusion de certains héritiers du bénéfice de la stipulation. Désignation des bénéficiaires d'une police d'assurance vie, d'où résulte l'exclusion des héritiers autres que les enfants et l'époux survivant : V. • Req. 15 mai 1934 : *DP 1934. 1. 141, rapport Pilon.* – Dans le même sens : • T. civ. Lyon, 26 mars 1935 : *DP 1936. 2. 105, note Besson.*

20. Contrat conclu en considération de la personne du cocontractant. Le contrat d'agence commerciale, conclu en considération de la personne du cocontractant, ne peut être transmis, même par cession partielle d'actif, qu'avec l'accord du cessionnaire et de l'agent commercial. • Com. 29 oct. 2002 : *D. 2003. 2231, note Brill et Koering ; CCC 2003, n° 36, note Leveneur ; Dr. et patr. 4/2003. 97, obs. Poracchia ; RTD civ. 2003. 295, obs. Mestre et Fages .* ♦ V. conf., dans le cadre d'une fusion-absorption entraînant transmission universelle du patrimoine : • Com. 13 déc. 2005, n° 03-16.878 P : *JCP 2006. II. 10103, note Hovasse ; RTD civ. 2006. 310, obs. Mestre et Fages .* ♦ Mais les créances et les dettes nées d'un tel contrat antérieurement à la transmission universelle font partie du patrimoine de la société dissoute et sont transmises avec lui. • Com. 7 juin 2006, n° 05-11.384 P : *R., p. 358 ; D. 2006. AJ 1685, obs. Lienhard ; JCP E 2006. 2294, note Hovasse ; LPA 7 sept. 2006, note Morelli ; ibid. 4 oct. 2006, note Albortchire.*

Le maître de l'ouvrage, comme le sous-acquéreur, jouit de tous les droits et actions attachés à la chose qui appartenait à son auteur ; il dispose donc à cet effet contre le fabricant d'une action contractuelle directe fondée sur la non-conformité de la chose livrée. • Cass., ass. plén., 7 févr. 1986 : *Bull. civ. n° 2 ; R., p. 189 ; GAJC, 11e éd., n° 252 ; D. 1986. 293, note Bénabent ; JCP 1986. II. 20616 (deux arrêts), note Malinvaud ; Gaz. Pal. 1986. 2. 543, note Berly ; RTD civ. 1986. 364, obs. J. Huet ; ibid. 605, obs. Rémy.*

Art. 1204 *(Ord. n° 2016-131 du 10 févr. 2016, art. 2, en vigueur le 1er oct. 2016)* **On peut se porter fort en promettant le fait d'un tiers.**

Le promettant est libéré de toute obligation si le tiers accomplit le fait promis. Dans le cas contraire, il peut être condamné à des dommages et intérêts.

Lorsque le porte-fort a pour objet la ratification d'un engagement, celui-ci est rétroactivement validé à la date à laquelle le porte-fort a été souscrit. – *Dispositions transitoires, V. Ord. n° 2016-131 du 10 févr. 2016, art. 9, ss. art. 1386-1.*

Comp. C. civ., art. 1120 anc.

RÉP. CIV. v° *Porte-fort*, par C. AUBERT DE VINCELLES.

BIBL. ► RIERA, *AJ contrat 2017. 262* (porte-fort et droit des sûretés). – BROCARD, *Rev. sociétés 2018. 86* (porte-fort d'exécution et droit des sociétés).

► V. Bibl. ss. art. 1120 anc.

1. Notion : obligation de faire. L'engagement de porte-fort constitue un engagement de faire (non-application de l'art. 1326 [anc.]). • Com. 18 juin 2013, n° 12-18.890 P : *D. 2013. 1621, obs. Delpech ; ibid. 2561, note Pellier ; RTD civ. 2013. 653, obs. Crocq ; ibid. 842, obs.*

Barbier ; *JCP 2013, n° 960, note Mégret.* ♦ La promesse de porte-fort est un engagement personnel autonome d'une personne qui promet à son cocontractant d'obtenir l'engagement d'un tiers à son égard. • Civ. 1re, 25 janv. 2005, n° 01-15.926 P : *D. 2005. IR 387* ; *JCP 2006. II. 10021, note Simler* ; *Defrénois 2005. 908, obs. J. Honorat* ; *CCC 2005, n° 81, note Leveneur* ; *RTD civ. 2005. 391, obs. Mestre et Fages*. ♦ Comp. : celui qui se porte fort pour un tiers en promettant la ratification par ce dernier d'un engagement est tenu d'une obligation autonome dont il se trouve déchargé dès la ratification par le tiers, tandis que celui qui se porte fort de l'exécution d'un engagement par un tiers s'engage accessoirement à l'engagement principal souscrit par le tiers à y satisfaire si le tiers ne l'exécute pas lui-même. • Com. 13 déc. 2005, n° 03-19.217 P : *R., p. 359* ; *D. 2006. AJ 298, obs. Delpech* ; *ibid. Pan. 2856, obs. Crocq* ; *JCP 2006. II. 10021, note Simler* ; *JCP E 2006. 1342, note Grosser* ; *Defrénois 2006. 414, note Savaux* ; *CCC 2006, n° 63, note Leveneur* ; *LPA 24 avr. 2006, note Prigent* ; *RLDC 2006/26, n° 1096, note Riassetto* ; *Banque et Dr. 3-4/2006. 60, obs. Rontchevsky* ; *RTD civ. 2006. 305, obs. Mestre et Fages*. – V. aussi Arlie, *D. 2006. Chron. 2244.*

2. ... *Promesse d'exécution.* Celui qui se porte fort de l'exécution d'un engagement par un tiers s'engage accessoirement à l'engagement principal souscrit par le tiers à y satisfaire si le tiers ne l'exécute pas lui-même. • Com. 18 déc. 2007 : *JCP 2008. 1. 152, n° 13, obs. Simler* ; *Banque et Dr. 2008/118. 43, note Rontchevsky et Jacob* (paiement d'honoraires). ♦ La société tenue par un engagement s'analysant en une promesse de porte-fort est tenue par une obligation de résultat. • Soc. 3 mai 2012 : *cité note 4.*

Le porte-fort, débiteur d'une obligation de résultat autonome, est tenu envers le bénéficiaire de la promesse, des conséquences de l'inexécution de l'engagement promis. • Com. 1er avr. 2014, n° 13-10.629 P : *D. 2014. 1185, note Dondero* ; *ibid. 1610, obs. Crocq* ; *AJCA 2014. 128, obs. Picod* ; *Rev. sociétés 2014. 558, note Massart* ; *RTD com. 2014. 309, obs. Saintourens* ; *JCP 2014, n° 752, obs. Dagorne-Labbe* ; *CCC 2014, n° 150, obs. Leveneur* ; *RDC 2014. 347, note Génicon* ; *ibid. 625, obs. Klein.* ♦ Le porte-fort qui a promis l'exécution d'un engagement du tiers en reste tenu lui-même, même dans le cas où le tiers était hors d'état d'exprimer une volonté et donc de conclure un contrat. • Civ. 1re, 16 avr. 2015, n° 14-13.694 P : *D. 2015. 1569, obs. Plazy* ; *RTD civ. 2015. 598, obs. Hauser* ; *ibid. 622, obs. Barbier* ; *RDC 2015. 827, note Génicon.*

3. ... *Obligation de moyens (exclusion du porte-fort).* Celui qui se porte fort pour un tiers promet le fait de celui-ci et s'engage à le procurer ; aussi le coïndivisaire vendeur qui ne s'est obligé qu'à aider par tous ses moyens à légaliser l'acte de vente, n'ayant pas promis de procurer le consentement de son coïndivisaire et n'ayant contracté qu'une obligation de moyens, ne s'est-il pas porté fort. • Civ. 3e, 7 mars 1978 : *Bull. civ. III, n° 108.* ♦ Une promesse de porte-fort ne peut résulter que d'actes manifestant l'intention certaine du promettant de s'engager pour un tiers. • Com. 17 juill. 2001 : *CCC 2001, n° 170, note Leveneur.*

4. *Applications.* Convention de porte-fort dans les donations-partages : V. • Civ. 28 déc. 1926 : *DP 1930. 1. 73, note Lalou.* ♦ ... Dans la vente des biens d'un mineur : V. • Poitiers, 13 nov. 1934 : *DP 1935. 2. 61, note Savatier.* ♦ ... Dans la vente de biens indivis : V. • Civ. 1re, 28 juin 1965 : *JCP 1967. II. 14987, note Delhay.* ♦ ... Dans les contrats passés pendant la période de formation d'une société civile immobilière : V. • Paris, 29 avr. 1971 : *Gaz. Pal. 1972. 2. 503 (1re esp.).* ♦ ... Dans un contrat de leasing : V. • Rouen, 7 avr. 1970 : *D. 1970. 676, note Trochu.* ♦ ... Dans un contrat de travail : • Soc. 3 mai 2012 : *D. 2012. 1339* ; *RDC 2012. 1205, obs. Deshayes* ; *ibid. 1221, obs. Mazeaud.*

5. *Engagement nul du prétendu promettant.* L'aval d'un effet de commerce irrégulier en raison d'un vice de forme est lui-même nul et ne vaut pas promesse de porte-fort. • Com. 8 sept. 2015, n° 14-14.208 P.

6. *Fraude à la loi.* Est illicite la convention qui a pour objet ou pour effet de restreindre ou d'entraver la révocation *ad nutum* du directeur général d'une société anonyme par les conséquences financières importantes qu'elle entraîne pour un tiers qui peut exercer une influence sur la décision de révocation. • Com. 4 juin 1996, n° 94-15.238 P (bénéficiaire d'une promesse de cession d'actions s'engageant, par acte séparé, à la nomination du cédant au poste de directeur général et se portant fort de son maintien jusqu'à une certaine date).

7. *Promesse non ratifiée : époux porte-fort de son conjoint.* En l'absence de ratification par l'époux qui n'a pas participé à la vente du logement familial, l'acte par lequel l'autre époux a consenti à cette vente en se portant fort pour son conjoint est nul en son entier, promesse de porte-fort comprise. • Civ. 1re, 11 oct. 1989 : *D. 1990. 310, note Le Guidec* ; *D. 1992. Somm. 219, obs. Lucet* ; *JCP 1990. II. 21549, note Henry* ; *JCP N 1990. II. 261, note Venandet* ; *RTD civ. 1991. 387, obs. Vareille*. ♦ V. aussi, pour la vente d'un bien commun, • Civ. 1re, 15 juill. 1993, n° 91-18.368 P : *JCP 1994. I. 3733, n° 16, obs. Simler* ; *JCP N 1994. II. 287, note Robinel* ; *ibid. II. 353, note Hugon* ; *RTD civ. 1994. 929, obs. Vareille*. ♦ Comp. • Com. 1er oct. 1996 : *JCP N 1997. 1347, étude Goascoz* ; *JCP 1998. I. 135, n° 12, obs. Simler* (une épouse, agissant pour elle-même et se portant fort pour son époux, s'étant engagée à vendre un fonds de commerce commun et le mari ayant refusé de signer l'acte définitif, la cour d'appel qui a condamné la venderesse à indemniser les acheteurs n'encourt pas les critiques du pourvoi invoquant le défaut de pouvoir de la femme, l'arrêt ne s'étant pas fondé sur ce que la femme pouvait disposer du fonds sans le consentement du mari, mais sur ce que la vente n'ayant pu être réalisée faute du consentement de ce dernier, la responsabilité de la venderesse était engagée à l'égard des acheteurs pour avoir failli à sa promesse de porte-fort). ♦ Sur la portée incertaine de cet arrêt : Vareille, *obs. RTD civ. 1997. 989.*

8. … Absence d'engagement de la personne pour laquelle on s'est porté fort. La personne pour qui l'on s'est porté fort est un tiers à l'acte conclu sans son consentement et n'est engagée par un tel acte qu'autant qu'elle accepte de tenir l'engagement. • Com. 25 janv. 1994, n° 91-21.582 P : *Defrénois 1994. 792, obs. Delebecque.* ♦ Dès lors, les juges du fond ne peuvent accueillir une demande de prorogation de délai accordée aux acquéreurs par deux des trois vendeurs, dont chacun s'était porté fort pour les autres, sans constater que le troisième avait ratifié la prorogation de délai accordée par les deux autres. • Même arrêt.

Ne peut être déclarée parfaite la vente d'un bien, faute de consentement du propriétaire ou de son représentant, dès lors que le propriétaire n'a pas ratifié la promesse de porte-fort avant son placement sous tutelle et que le gérant de tutelle, autorisé par le juge à vendre le bien, n'a signé ni la promesse de vente ni l'acte authentique avant le décès du majeur sous tutelle. • Civ. 3e, 23 juin 2004, n° 03-11.311 P : *Defrénois 2005. 445, obs. Massip ; AJ fam. 2004. 460, obs. Attuel-Mendès ; CCC 2004, n° 152, note Leveneur ; RJPF 2004-10/12, note Valory.*

9. … Obligation d'indemnisation à la charge du porte-fort. En l'absence de ratification par le tiers, celui qui s'est porté fort n'est pas déchargé de son obligation à l'égard du bénéficiaire de la promesse. • Civ. 1re, 18 avr. 2000, n° 98-15.360 P : *JCP 2000. I. 272, nos 14 s., obs. Virassamy ; RTD civ. 2000. 832, obs. Mestre et Fages.* ♦ Mais la sanction de l'inexécution de cette obligation ne pouvant être la résolution, elle ne peut consister qu'en des dommages-intérêts. • Civ. 1re, 7 mars 2018, n° 15-21.244 P : *D. 2018. 614 ; AJ contrat 2018. 231, obs. Delebecque ; RTD civ. 2018. 396, obs. Barbier ; JCP 2018, n° 604, note Latil ; RDC 2018. 341, obs. Génicon ; ibid. 352, obs. Viney.*

10. *Application de l'art.* 1149 anc. (perte subie et gain manqué) pour la fixation des dommages-intérêts dus par celui qui s'est porté fort en cas de non-ratification. • Soc. 9 avr. 1957 : *D. 1957. 335.*

11. … Transmission de l'obligation d'indemniser aux héritiers. L'inexécution de la promesse de porte-fort ne peut être sanctionnée que par la condamnation de son auteur à des dommages-intérêts et ses héritiers, pour lesquels il s'était porté fort, ne peuvent donc être condamnés, sur le fondement d'une obligation de garantie, à tenir l'engagement ainsi pris. En cas d'inexécution de la promesse, ils sont eux-mêmes, en tant que successeurs, passibles de dommages-intérêts. • Civ. 1re, 26 nov. 1975 : *D. 1976. 353, note Larroumet ; JCP 1976. II. 18500, note Monéger ; RTD civ. 1976. 575, obs. Cornu.* ♦ Comp. • Lyon, 11 mars 1980 : *D. 1981. 617, note Peyrard.*

12. Caractère autonome de la promesse : procédure collective ouverte à l'encontre de la personne pour laquelle on s'est porté fort. L'absence de déclaration de créance du bénéficiaire à la procédure collective ouverte à l'encontre du tiers visé par le porte-fort est sans effet entre celui-ci et le bénéficiaire, le caractère autonome de la promesse n'ouvrant pas au promettant la possibilité de se prévaloir des exceptions qu'aurait pu soulever le débiteur principal contrairement à l'engagement de caution. • Douai, 2 déc. 1999 : *BICC 1er août 2000, n° 1003.*

13. Nature d'acte unilatéral de la ratification. La ratification d'une promesse de porte-fort constitue un acte unilatéral n'exigeant nullement le concours des bénéficiaires de cette promesse et a pour effet de libérer de son engagement celui qui s'est porté fort. • Civ. 3e, 7 mars 1979 : *D. 1979. IR 395.*

14. Effet rétroactif de la ratification. La ratification de l'acte passé par le porte-fort a un caractère rétroactif et remonte au jour de l'acte ratifié, l'obligation du tiers prenant naissance au jour de l'engagement du porte-fort ; c'est donc dès ce moment que commence à courir le délai de deux ans prévu par l'art. 1676 en matière de rescision pour lésion de plus des 7/12. • Civ. 1re, 8 juill. 1964 : *D. 1964. 560.*

15. Clause de substitution. La stipulation d'un acte de vente prévoyant la possibilité d'une substitution en lieu et place de la société acheteuse de toute personne physique, sans exclusion, le porte-fort qui a conclu le contrat peut bénéficier de cette faculté et le vendeur qui a accepté de conclure la vente avec le porte-fort comme acquéreur ne peut se dérober à cette obligation en tirant argument de l'absence de constitution de la société bénéficiant initialement de la promesse de porte-fort. • Civ. 3e, 26 juin 1996, n° 94-18.525 P : *Defrénois 1996. 1359, obs. Delebecque.*

16. Ducroire. A défaut de toute stipulation contraire, fût-elle implicite, la clause de ducroire garantit le défaut de paiement à l'échéance par un tiers et non la solvabilité de celui-ci. • Com. 22 oct. 1996, n° 94-20.488 P : *D. 1998. 511, note Arlie ; CCC 1997, n° 21, note Leveneur.*

♦ Sur la convention de ducroire et ses dérivés, V. obs. Mestre, *RTD civ. 1988. 734* (à propos de l'insolvabilité d'une des parties qu'un intermédiaire a rapprochées) ; obs. Gautier, *RTD civ. 2006. 576* (obligation ducroire de l'avocat qui demande une consultation à un expert pour le compte de son client). ♦ V. aussi, sur les opérations de référencement, Delbarre et Lavabre, *D. 1985. Chron. 165.*

17. Sanction de l'inexécution d'une promesse de porte-fort insérée dans une transaction. L'inexécution de la promesse de porte-fort ne peut être sanctionnée que par la condamnation de son auteur à des dommages-intérêts ; cassation, au visa des anc. art. 1184 et anc. art. 1120, de l'arrêt ayant considéré que la transaction contenant la promesse de porte-fort est susceptible de résolution en cas d'inexécution totale ou partielle. • Civ. 1re, 7 mars 2018, n° 15-21.244 P : *D. 2018. 614 ; AJ contrat 2018. 231, obs. Delebecque ; RTD civ. 2018. 396, obs. Barbier ; JCP 2018, n° 604, note Latil ; RDC 2018. 341, obs. Génicon ; ibid. 352, obs. Viney.*

Art. 1205 *(Ord. n° 2016-131 du 10 févr. 2016, art. 2, en vigueur le 1er oct. 2016)* **On peut stipuler pour autrui.**

L'un des contractants, le stipulant, peut faire promettre à l'autre, le promettant, d'accomplir une prestation au profit d'un tiers, le bénéficiaire. Ce dernier peut être une personne future mais doit être précisément désigné ou pouvoir être déterminé lors de l'exécution de la promesse. — *Dispositions transitoires, V. Ord. n° 2016-131 du 10 févr. 2016, art. 9, ss. art. 1386-1.*

Comp. C. civ., art. 1121 anc.

RÉP. CIV. v° *Stipulation pour autrui,* par C. LARROUMET et D. MONDOLONI.

BIBL. ▶ V. Bibl. ss. anc. art. 1121.

1. Bénéficiaire déterminable. Lorsque la loi permet de stipuler utilement en faveur d'un tiers, il faut qu'il s'agisse d'un tiers dont il soit possible de déterminer l'individualité au jour où la condition doit recevoir effet, sans qu'il soit nécessaire de le désigner nominativement. • Civ. 28 déc. 1927 : *DH 1928. 135.* ♦ Une personne future peut être le bénéficiaire d'une stipulation pour autrui : l'engagement pris lors d'un échange de céder gratuitement des parcelles à une ASL non encore constituée est valable. • Civ. 3e, 12 nov. 2020, n° 19-23.160 P : *RDI 2021. 84, obs. Bergel ; RTD civ. 2021. 177, obs. Dross .*

2. Qualifications : expertise demandée par le vendeur pour le compte de l'acquéreur. Lorsqu'à l'occasion de la vente d'un timbre, une expertise a été demandée par le vendeur et effectuée par l'expert pour le compte de l'acheteur, celui-ci est le bénéficiaire d'une stipulation faite à son profit par le vendeur, laquelle a créé entre l'acquéreur et l'expert un lien contractuel direct de nature à engager la responsabilité contractuelle de ce dernier. • Paris, 18 juin 1957 : *JCP 1957. II. 10134 (2e esp.), note Lindon.*

3. ... Promesse de vente avec faculté de substitution. Lorsqu'une promesse unilatérale de vente comporte pour le bénéficiaire la faculté de se substituer tout acquéreur de son choix, une telle opération se réalise par une simple déclaration de sa part, sans qu'aucune cession de créance n'intervienne entre lui et les acquéreurs désignés par lui, le contrat s'analysant en une stipulation pour autrui. • Civ. 3e, 2 juill. 1969 : *D. 1970. 150, note Aubert.*

4. ... Clause d'exclusivité. Sur l'existence, dans un bail commercial, d'une clause d'exclusivité prise en faveur d'un tiers (colocataire du bailleur) et constituant ainsi une stipulation pour autrui, V. • Civ. 3e, 4 févr. 1986 : *Gaz. Pal. 1986. 1. 370, note Barbier.*

5. ... Clause de non-concurrence ; clause de garantie du passif. Sur l'appréciation de l'intention commune des parties de faire ou non bénéficier le successeur du vendeur d'une clause de non-concurrence insérée dans le premier contrat de vente, V. • Com. 15 oct. 1968 : *D. 1969. 98.* ♦ ... De réaliser, par la clause de garantie du passif insérée dans une cession de parts sociales, une stipulation pour autrui, V. • Com. 7 oct. 1997 : *cité note 1 ss. art. 1206.*

6. ... Location-gérance : engagement de paiement direct. L'engagement de paiement direct des loyers au bailleur, inclus dans un contrat de location-gérance, constitue une stipulation pour autrui ; ne sont pas indus les règlements de loyers faits au bailleur par le locataire-gérant postérieurement à la liquidation judiciaire du preneur. • Com. 27 mai 2003 : *Rev. loyers 2003. 495, obs. Gallet.*

7. Stipulations pour autrui implicites : convention entre l'Assistance publique et le Centre national de transfusion sanguine. La convention passée entre l'Assistance publique et le Centre national de transfusion sanguine est accompagnée d'une stipulation pour autrui, faite au nom du malade qui, bien qu'étranger au contrat originaire et n'y ayant pas été représenté, doit bénéficier de l'engagement contracté à son profit ; l'inexécution de celui-ci par le débiteur rend donc ce dernier, par l'effet combiné des anc. art. 1121 et anc. 1135 C. civ., directement responsable envers le malade du préjudice en résultant. • Civ. 2e, 17 déc. 1954 : *D. 1955. 269, note R. Rodière ; JCP 1955. II. 8490, note R. Savatier.* —

V. aussi • Civ. 1re, 14 nov. 1995, n° 92-18.199 P : *JCP 1996. I. 3985, n° 7, obs. Viney* • Paris, 28 nov. 1991 : *D. 1992. 85, note Dorsner-Dolivet* ; *JCP 1992. II. 21797, note Harichaux ; Gaz. Pal. 1992. 1. 120, concl. Benas, note J. G. M., note Paire* • Aix-en-Provence, 12 juill. 1993 : *D. 1994. 13, note Vidal*. ♦ Comp. • Paris, 4 juill. 1970 : *D. 1971. 73, note Plat et Duneau* (le contrat conclu entre le pharmacien et le fabricant de produits pharmaceutiques ne comporte pas de stipulation pour autrui au profit des futurs clients utilisateurs du produit). ♦ Comp. également, pour l'abandon du recours à la notion de stipulation pour autrui implicite : • Civ. 1re, 28 avr. 1998, n° 96-20.421 P : *D. Affaires 1998. 1122, obs. J. F. ; JCP 1998. II. 10088, rapp. Sargos.*

8. ... Contrat de transport de fonds. En l'état d'une convention conclue entre une banque et une entreprise de transport de fonds, le client de la banque, dont les fonds ont été détournés, dispose d'une action contre l'entreprise de transport ; en effet, la convention conclue, tant dans l'intérêt de la banque que de son client, contient une stipulation pour autrui au profit de ce dernier, le fait que le contrat mette à la charge du client le règlement des factures, ce que celui-ci a accepté, n'excluant pas l'existence d'une stipulation pour autrui. • Civ. 1re, 21 nov. 1978 : *D. 1980. 309, note crit. Carreau ; JCP 1980. II. 19315, note crit. P. Rodière.*

9. ... Contrat d'alimentation en électricité. En demandant à EDF d'alimenter un groupe d'habitations, le constructeur est censé avoir implicitement stipulé pour autrui, en l'espèce au profit des acquéreurs éventuels des pavillons, ceux-ci devant prendre nécessairement la qualité d'abonnés ; une telle stipulation était possible dès l'instant que le constructeur avait un intérêt personnel évident à l'exécution des travaux par EDF. et que les tiers bénéficiaires étaient facilement déterminables. • TGI Lisieux, 24 févr. 1971 : *Gaz. Pal. 1971. 2. 481.*

10. ... Contrat de transport de personnes. Le voyageur victime d'un accident mortel est présumé avoir stipulé, en ce qui concerne la réparation du dommage causé, au profit des personnes envers lesquelles il était tenu du devoir d'assistance en vertu d'un lien légal ; mais une telle présomption ne saurait être étendue au cas où aucune obligation alimentaire ne peut être invoquée. • Civ. 1re, 15 févr. 1955 : *D. 1955. 519.* – V. déjà en ce sens : • Civ. 24 mai 1933 : *GAJC, 11e éd., n° 263-265 (II)* ; *DP 1933. 1. 137 (2e esp.), note Josserand.* ♦ Mais il n'y a pas stipulation pour autrui implicite au titre du contrat de voyage pour les victimes par ricochet, dès lors qu'elles ne sont pas ayants cause des personnes décédées, n'agissant en qualité ni de cessionnaires, ni d'héritiers. • Civ. 1re, 28 oct. 2003, n° 00-18.794 P : *R., p. 439 ; D. 2004. 233, note Delebecque* ; *JCP 2004. II. 10006, note Lardeux ; ibid. I. 163, nos 13 s., obs. Viney ; Defrénois 2004. 383, obs. Libchaber ; CCC 2004, n° 1, note Leveneur ; RCA 2004, n° 30, note Groutel ; Dr. et patr. 4/2004. 113, obs. Chabas, et p. 121, obs. F. Monéger ; RLDC 2004/2, n° 49, note Josselin-Gall ; LPA 23 déc. 2003, note P. Ancel ; ibid. 8 juin 2004, note Chanteloup ; ibid. 4 août 2004, note Azavant ; RTD civ. 2004. 96, obs. Jourdain*. ♦ Absence de stipulation pour autrui implicite. • Civ. 1re, 28 sept. 2016, n° 15-17.033 P : *D. 2017. 341, note Achièze* ; *ibid. 24, obs. Brun, Gout et Quézel-Ambrunaz* ; *AJ contrat 2017. 41, obs. Dagorne-Labbe*.

Art. 1206 *(Ord. n° 2016-131 du 10 févr. 2016, art. 2, en vigueur le 1er oct. 2016)* **Le bénéficiaire est investi d'un droit direct à la prestation contre le promettant dès la stipulation.**

Néanmoins le stipulant peut librement révoquer la stipulation tant que le bénéficiaire ne l'a pas acceptée.

La stipulation devient irrévocable au moment où l'acceptation parvient au stipulant ou au promettant. – *Dispositions transitoires, V. Ord. n° 2016-131 du 10 févr. 2016, art. 9, ss. art. 1386-1.*

Comp. C. civ., art. 1121 anc.

1° DROIT DIRECT DU BÉNÉFICIAIRE

1. Principe. Sur l'action directe et personnelle du tiers bénéficiaire contre le promettant en cas d'inexécution, V. • Req. 30 avr. 1888 : *DP 1888. 1. 291* • Com. 23 mai 1989 : *Bull. civ. IV, n° 164 ; Defrénois 1989. 1389, obs. Aubert ; RTD civ. 1990. 71, obs. Mestre* • 7 oct. 1997, n° 95-18.119 P : *D. 1998. Somm. 112, obs. Delebecque* ; *JCP 1998. I. 131, n° 6, obs. Viandier et Caussain.* ♦ Opposabilité, au tiers bénéficiaire, de l'exception de compensation inhérente au contrat existant entre le stipulant et le promettant : V. • Civ. 1re, 29 nov. 1994, n° 92-15.783 P : *Defrénois 1995. 1405, obs. Delebecque ; RTD civ. 1995. 622, obs. Mestre*. ♦ Affirmant l'opposabilité, dans l'assurance pour compte, au tiers bénéficiaire auquel la stipulation faite à son profit confère la qualité d'assuré, d'une clause d'exclusion de garantie relative à la faute intentionnelle, V. • Civ. 1re, 15 déc. 1998, n° 96-20.885 P : *D. 1999. Somm. 223, obs. Groutel*. – V. également, pour l'assurance de groupe, • Civ. 1re, 22 mai 2008, n° 05-21.822 P : *R., p. 300 ; D. 2008. 1954, note Martin* ; *ibid. 2008. AJ 1547, obs. Delpech* ; *ibid. 2009. Pan. 253, obs. Groutel* ; *JCP 2008.*

II. 10133, note Sériaux ; ibid. I. 179, n° 8, obs. Grosser ; ibid. I. 218, n° 11, obs. Sauphanor-Brouillaud ; RCA 2008, n° 270, obs. Groutel ; RLDC 2008/51, n° 3046, obs. Maugeri ; RTD civ. 2008. 477, obs. Fages ; RDC 2008. 1135, obs. Mazeaud ; ibid. 1155, obs. Deshayes ; ibid. 1214, obs. Bruschi ; ibid. 2009. 1142, obs. Grynbaum. – V. aussi Goldie-Génicon, *D. 2008. Chron. 2447.*

2. Date de naissance du droit direct. Dès lors qu'un engagement de céder à titre gratuit des parcelles à une association future, prévu dans un acte d'échange pour permettre la réalisation d'un lotissement, constituait une stipulation pour autrui dont cette association était le bénéficiaire identifiable, celle-ci se voit immédiatement conférer la propriété de ces parcelles, avant même la régularisation de la cession par acte authentique. • Civ. 3e, 12 nov. 2020, n° 19-23.160 P : *RDI 2021. 84, obs. Bergel ; RTD civ. 2021. 177, obs. Dross .*

3. Cas de l'assurance de groupe. BIBL. Boucard, *RGDA 2002. 644.* ♦ L'établissement de crédit, bénéficiaire du contrat d'assurance de groupe auquel l'adhérent a donné son adhésion et en vertu duquel l'assureur doit, en cas de sinistre, se substituer à lui pour le remboursement du solde des prêts garantis, recueille directement, à ce moment, le bénéfice de l'assurance par l'effet de la stipulation ainsi faite à son profit, ce qui vaut paiement de la dette de l'emprunteur et emporte la libération de celui-ci. • Civ. 1re, 14 nov. 1995 : *D. 1996. 436, note Billiau ; RTD civ. 1997. 122, obs. Mestre ; Defrénois 1996. 750, obs. Delebecque.* ♦ V. aussi • Civ. 1re, 31 mars 1998, n° 96-16.326 P : *R., p. 279 ; RCA 1998. Chron. 12, par Groutel ; ibid. Chron. 28, par Courtieu.* ♦ Comp. • Civ. 1re, 5 déc. 1978 : *D. 1979. 401, note crit. Berr et Groutel.* ♦ L'adhésion au contrat d'assurance de groupe, bien que conséquence d'une stipulation pour autrui, n'en crée pas moins, entre l'adhérent et l'assureur, qui l'agrée, un lien contractuel direct, de nature synallagmatique, dont les stipulations relèvent, comme telles, des dispositions sur les clauses abusives. • Civ. 1re, 22 mai 2008, n° 05-21.822 P : *R., p. 300 ; D. 2008. 1954, note Martin ; ibid. 2008. AJ 1547, obs. Delpech ; ibid. 2009. Pan. 253, obs. Groutel ; JCP 2008. II. 10133, note Sériaux ; ibid. I. 179, n° 8, obs. Grosser ; ibid. I. 218, n° 11, obs. Sophanor-Brouillaud ; RCA 2008, n° 270, obs. Groutel ; RLDC 2008/51, n° 3046, obs. Maugeri ; RTD civ. 2008. 477, obs. Fages ; RDC 2008. 1135, obs. Mazeaud ; ibid. 1155, obs. Deshayes ; ibid. 1214, obs. Bruschi ; ibid. 2009. 1142, obs. Grynbaum.* – Goldie-Génicon, *D. 2008. Chron. 2447* (assurance de groupe et clauses abusives). ♦ L'adhésion au contrat d'assurance de groupe crée un lien contractuel direct entre l'adhérent et l'assureur, le souscripteur étant alors un tiers au contrat d'assurance liant l'assureur à l'adhérent assuré, n'étant ainsi pas débiteur des prestations convenues et ne pouvant être tenu à paiement. • Com. 13 avr. 2010, n° 09-13.712 P : *D. 2010. Actu. 1208, obs. Delpech ; ibid. 2011. Pan. 1643, obs. R. Martin ; RDC 2010.1228, obs. Génicon.*

4. Prescription. Dès lors qu'une stipulation pour autrui prévoit la cession à titre gratuit de parcelles au profit du bénéficiaire, l'action en régularisation forcée de cette cession tendant à faire reconnaître le droit de propriété cédé constitue une action en revendication imprescriptible. • Civ. 3e, 12 nov. 2020, n° 19-23.160 P : *RDI 2021. 84, obs. Bergel ; RTD civ. 2021. 177, obs. Dross .*

2° RÉVOCATION DE LA STIPULATION

5. La révocation de la stipulation du vivant du stipulant constitue un acte unilatéral qui doit produire effet même s'il n'est connu du promettant (compagnie d'assurance) et du tiers bénéficiaire (personne désignée comme bénéficiant de l'assurance-décès) qu'après le décès du stipulant ; cette révocation peut être contenue dans un acte de forme testamentaire. • Civ. 1re, 24 juin 1969 : *D. 1969. 544.*

6. Interprétation souveraine des juges du fond pour considérer que des lettres-types, non revêtues de la signature du souscripteur, ne pouvaient être considérées comme la manifestation de sa volonté de modifier la désignation des bénéficiaires. • Civ. 2e, 26 nov. 2020, n° 18-22.563 P.

7. Action oblique. Révocation de la stipulation par les créanciers exerçant les droits de leur débiteur : V. • Douai, 10 déc. 1895, confirmant • T. civ. Lille, 30 avr. 1895 : *DP 1896. 2. 417, note Dupuich.*

3° ACCEPTATION DU BÉNÉFICIAIRE

8. Portée de l'acceptation du bénéficiaire : principe. L'acceptation du bénéficiaire n'est pas une condition de la stipulation pour autrui. • Civ. 1re, 19 déc. 2000, n° 98-14.105 P : *R., p. 393 ; D. 2001. 3482, note Ardeeff ; Defrénois 2001. 700, obs. Libchaber ; RCA 2001, n° 90, note Groutel.* ♦ La stipulation pour autrui, lorsqu'elle est pure et simple, confère immédiatement un droit au tiers au profit duquel elle a eu lieu ; ce droit peut être révoqué par le stipulant, mais il devient irrévocable du jour où le tiers a déclaré vouloir en profiter ; cette déclaration peut être faite postérieurement au décès du stipulant, tant que la stipulation n'a pas été révoquée. • Civ. 8 févr. 1888 : *DP 1888. 1. 193 (4e esp., spéc. p. 201).* ♦ Dans le cas où la déclaration du tiers est postérieure à la faillite du stipulant, V. • Besançon, 2 mars 1887 : *DP 1888. 2. 1, note Thaller* • Civ. 27 mars 1888 : *DP 1888. 1. 193 (3e esp., spéc. p. 199).*

9. Obligations du bénéficiaire acceptant. La stipulation pour autrui n'exclut pas, dans le cas d'acceptation par le bénéficiaire, qu'il soit tenu de certaines obligations. • Civ. 1re, 8 déc. 1987 : *Bull. civ. I, n° 343 ; D. 1989. Somm. 233, obs. Aubert ; RTD civ. 1988. 532, obs. Mestre.* – V. Venandet, *JCP 1989. I. 3391.* ♦ Comp. • Civ. 3e, 10 avr. 1973 : *D. 1974. 21, note Larroumet.* ♦ Sur les rapports entre stipulation pour autrui et cession de contrat, V. • Civ. 3e, 10 avr. 1973 : *préc.*

10. Limites. En l'absence de renonciation expresse de sa part, le souscripteur d'un contrat d'assurance sur la vie mixte est fondé à exercer le droit de rachat prévu au contrat même en présence de bénéficiaires ayant accepté le bénéfice de ce contrat. • Civ. 1re, 20 nov. 2019, n° 16-15.867 P : *D. 2019. 2246 ; AJ fam. 2020. 193, obs. Hilt ; RTD civ. 2020. 173, obs. Nicod ; JCP 2020, n° 11, note Peterka ; JCP N 2020, n° 1054, note Hélaine ; Dr. fam. 2020, n° 27, note Tani ; ibid., n° 28, note Nicod* (cassation au visa des art. L. 132-9 anc. et L. 132-21 C. assur. et 894 C. civ.).

4° RENONCIATION DU BÉNÉFICIAIRE

11. Transports aérien et maritime. S'il est constaté par les juges du fond que les ayants cause de la victime décédée lors d'un accident d'avion ont renoncé à la prétendue stipulation pour autrui incluse en leur faveur dans le contrat de transport, rien ne leur interdit d'engager contre l'auteur du dommage une action en réparation quasi délictuelle (L. du 2 mars 1957, prohibant une telle action, non applicable en l'espèce). • Civ. 2e, 23 janv. 1959, *Vizioz : D. 1959. 101, note R. Savatier.* ♦ Même solution en matière de transport maritime : V. • Civ. 2e, 23 janv. 1959 : *GAJC, 11e éd., n° 263-265 (III) ; D. 1959. 281, note R. Rodière.* – Déjà en ce sens : • Com. 19 juin 1951, *affaire du Lamoricière : D. 1951. 717 (1er arrêt), note Ripert.*

Art. 1207 *(Ord. n° 2016-131 du 10 févr. 2016, art. 2, en vigueur le 1er oct. 2016)* **La révocation ne peut émaner que du stipulant ou, après son décès, de ses héritiers. Ces derniers ne peuvent y procéder qu'à l'expiration d'un délai de trois mois à compter du jour où ils ont mis le bénéficiaire en demeure de l'accepter.**

Si elle n'est pas assortie de la désignation d'un nouveau bénéficiaire, la révocation profite, selon le cas, au stipulant ou à ses héritiers.

La révocation produit effet dès lors que le tiers bénéficiaire ou le promettant en a eu connaissance.

Lorsqu'elle est faite par testament, elle prend effet au moment du décès.

Le tiers initialement désigné est censé n'avoir jamais bénéficié de la stipulation faite à son profit. – *Dispositions transitoires, V. Ord. n° 2016-131 du 10 févr. 2016, art. 9, ss. art. 1386-1.*

Comp. C. civ., art. 1121 anc.

1. V. notes 3 et 7 ss. art. 1206.

2. Assurance sur la vie. Si en principe l'attribution à titre gratuit du bénéfice d'une assurance sur la vie à une personne déterminée devient irrévocable par l'acceptation de ce bénéficiaire, l'attribution est réputée, sauf clause contraire, sous condition que le bénéficiaire est toujours en vie au moment où le capital ou la rente est devenu exigible. Dans le cas contraire, le capital ou la rente font partie de la succession du souscripteur. • Civ. 2e, 10 sept. 2015, n° 14-20.017 P.

3. Contrats de capitalisation couplés à une assurance vie. Sur la nature juridique des contrats de capitalisation, couplés à une assurance vie et une faculté de rachat anticipé : • Civ. 1re, 28 avr. 1998, n° 96-10.333 P : *R., p. 282 ; JCP 1998. II. 10112, note Bigot ; Defrénois 1998. 861, note Hovasse-Bauget ; D. Affaires 1998. 1173, obs. S. P. ; RCA 1998, n° 367, note Raffray ; Dr. fam. 1998, n° 159, note Beignier* (rejetant le pourvoi contre • Grenoble, 7 nov. 1995 : *cité infra) :* il résulte des art. L. 132-8, L. 132-9, L. 132-12 et L. 132-14 C. assur. que, tant que le contrat n'est pas dénoué, le souscripteur est seulement investi, sauf acceptation du bénéficiaire désigné, du droit personnel de faire racheter le contrat et de désigner ou modifier le bénéficiaire de la prestation ; que, dès lors, nul créancier du souscripteur n'est en droit de se faire attribuer immédiatement ce que ce dernier ne peut recevoir. – Même sens : • Civ. 1re, 2 juill. 2002, n° 99-14.819 P : *RJPF 2002-11/38, étude Hauser et Delmas Saint-Hilaire.* – V. aussi : • Paris, 23 mars 2000 : *RCA 2001, n° 62, note Grynbaum.* ♦ Lorsque le droit de rachat du souscripteur est prévu dans un contrat d'assurance vie mixte, le bénéficiaire qui a accepté sa désignation n'est pas fondé à s'opposer à la demande de rachat du contrat en l'absence de renonciation expresse du souscripteur à son droit. • Cass., ch. mixte, 22 févr. 2008, n° 06-11.934 P : *R., p. 323 ; BICC 15 mai 2008, p. 7, rapp. Aldigé et avis de Gouttes ; D. 2008. AJ 691, obs. Speroni ; ibid. 2009. Pan. 1044, obs. R. Martin ; Gaz. Pal. 2008. 937, avis de Gouttes ; ibid. 15 mai 2008, note Martial-Braz ; Dr. fam. 2008, n° 61, obs. Beignier ; Dr. et patr. 5/2008. 84, obs. Fulchiron ; Defrénois 2008. 1332, obs. Petroni-Maudière ; RCA 2008. Étude 9, note Martial-Braz ; RLDC 2008/5, n° 2998, note Lefèbvre.* ♦ Comp. précédemment, • TGI Nanterre, 5 oct. 2007 : *AJ fam. 2008. 37, obs. Pécaut-Rivolier ; Dr. et patr. 5/2008. 80,* *obs. Fulchiron ; RTD civ. 2008. 276, obs. Hauser*. – V. désormais, art. L. 132-9 C. assur. réd. issue de L. n° 2007-1775 du 17 déc. 2007. – V. aussi Duchange, *JCP N 2008. 1200.*

La demande de rachat total d'un contrat d'assurance sur la vie met fin à ce contrat et prive de tout effet la faculté de renonciation exercée antérieurement. • Civ. 2e, 22 oct. 2009 : *D. 2009. AJ 2685*.

Art. 1208 *(Ord. n° 2016-131 du 10 févr. 2016, art. 2, en vigueur le 1er oct. 2016)* **L'acceptation peut émaner du bénéficiaire ou, après son décès, de ses héritiers. Elle peut être expresse ou tacite. Elle peut intervenir même après le décès du stipulant ou du promettant.** – *Dispositions transitoires, V. Ord. n° 2016-131 du 10 févr. 2016, art. 9, ss. art. 1386-1.*

Comp. C. civ., art. 1121 anc.

1. Transmission aux héritiers du bénéficiaire. Lorsque le contrat d'assurance vie mentionne deux bénéficiaires par parts égales, il comporte deux stipulations pour autrui distinctes, le bénéfice de l'une d'entre elles étant transmise aux héritiers du bénéficiaire, même non acceptant. • Civ. 2e, 23 oct. 2008, n° 07-19.163 P : *JCP 2009. II. 10041, note Cannarsa ; JCP N 2008. 1364, note Hovasse ; AJ fam. 2008. 485, obs. Bicheron ; RLDC 2008/55, n° 3237, obs. Le Gallou ; Defrénois 2009. 658, obs. Libchaber ; Dr. fam. 2009, n° 7, obs. Nicolas ; ibid., n° 79, note Beignier ; Defrénois 2009. 1585, obs. Petroni-Maudière.* ♦ Cependant, si le bénéfice d'une stipulation pour autrui est en principe transmis aux héritiers du bénéficiaire désigné lorsque celui-ci vient à décéder après le stipulant mais sans avoir déclaré son acceptation, il en va autrement lorsque le stipulant, souscripteur d'une assurance sur la vie, a désigné, outre ce bénéficiaire, des bénéficiaires à titre subsidiaire, sans réserver les droits des héritiers du premier nommé. • Civ. 1re, 9 juin 1998, n° 96-10.794 P : *R., p. 282 ; D. Affaires 1998. 1209, obs. J. F. ; RCA 1999. Chron. 4, par Delmas Saint-Hilaire ; Defrénois 1998. 1416, obs. Delebecque ; RTD civ. 1999. 836, obs. Mestre*. ♦ V. aussi en ce sens : • Civ. 1re, 10 juin 1992, n° 90-20.262 P : *R., p. 348 ; D. 1992. 493, note Aubert ; JCP 1993. II. 22142, note Maury ; RTD civ. 1994. 99, obs. Mestre* • 15 déc. 1998 : *RCA 1999, n° 82* • 22 mai 2007 : *cité note 2 ss. art. 1437.* ♦ Sur cette jurisprudence, V. Delmas Saint-Hilaire, *RCA 1999. Chron. 4.* ♦ Ainsi, le bénéfice de l'assurance vie n'ayant pas été accepté avant la dissolution du régime, les capitaux garantis ne peuvent entrer dans l'actif de la communauté : la veuve d'un des enfants bénéficiaires d'un contrat d'assurance vie souscrit par sa mère, dont il n'avait pas accepté le bénéfice avant de décéder, ne peut prétendre au versement des sommes réparties alors entre les autres enfants bénéficiaires. • Civ. 1re, 5 nov. 2008, n° 07-14.598 P : *D. 2009. Chron. C. cass. 747, obs. Chauvin ; ibid. Pan. 2508, obs. Revel ; JCP 2009. II. 10041, note Cannarsa ; ibid. I. 140, n° 16, obs. Tisserand-Martin ; JCP N 2008. 1364, note Hovasse ; LPA 14 janv. 2008, note Dagorne-Labbe ; AJ fam. 2008. 484, obs. Bicheron ; RLDC 2008/55, n° 3238, obs. Le Gallou ; ibid. 2009/58, n° 3346, obs. Mahinga ; RJPF 2008-12/30, note Sauvage ; Defrénois 2009. 657, obs. Libchaber ; ibid. 1585, obs. Petroni-Maudière ; Dr. fam. 2009, n° 7, obs. Nicolas ; ibid., n° 79, note Beignier.*

2. Héritiers bénéficiaires subsidiaires. L'acceptation des enfants du défunt, bénéficiaires à titre subsidiaire des contrats d'assurance vie souscrits par leur père, ne rend irrévocable à leur profit l'attribution des capitaux que par défaut d'attribution au bénéficiaire désigné, qu'il s'agisse du conjoint à l'égard duquel, en vertu de l'art. 1096, la stipulation demeurait révocable, ou de toute autre personne que le stipulant lui aurait substituée. • Civ. 2e, 2 juin 2005, n° 04-13.306 P : *D. 2005. 2928, note M. Robineau ; RGDA 2005. 676, note Kullmann.*

3. Décès de l'assuré souscripteur. Le contrat d'assurance vie se trouve dénoué du fait du décès de l'assuré souscripteur, de sorte que la faculté de renoncer ne peut s'exercer. • Civ. 2e, 16 avr. 2015, n° 14-13.291 P : *D. 2015. 920*.

4. Assurance vie. Le conjoint bénéficiaire de l'assurance vie étant décédé au moment du décès du souscripteur, et l'attribution à titre gratuit du bénéfice d'une assurance sur la vie à une personne déterminée étant présumée faite sous la condition de l'existence du bénéficiaire à l'époque de l'exigibilité du capital ou de la rente garantie, au moment du décès de l'assuré le contrat est devenu sans bénéficiaire déterminé de sorte que le capital décès fait partie de la succession du contractant. • Civ. 2e, 1er juin 2011, n° 10-30.430 P : *AJ fam. 2011. 386, obs. Vernières ; RTD civ. 2011. 544, obs. Jourdain*.

Art. 1209 *(Ord. n° 2016-131 du 10 févr. 2016, art. 2, en vigueur le 1er oct. 2016)* **Le stipulant peut lui-même exiger du promettant l'exécution de son engagement envers le bénéficiaire.** – *Dispositions transitoires, V. Ord. n° 2016-131 du 10 févr. 2016, art. 9, ss. art. 1386-1.*

Comp. C. civ., art. 1121 anc.

1. *Action en exécution du stipulant.* Si le tiers bénéficiaire d'une stipulation pour autrui acquiert contre le promettant un droit propre et direct, le stipulant n'en possède pas moins une action en exécution de la promesse souscrite par le débiteur. • Civ. 1re, 12 juill. 1956 : *GAJC, 11e éd., no 170 ; D. 1956. 749, note Radouant.* – Dans le même sens : • Com. 14 mai 1979 : *D. 1980. 157, note Larroumet* • Civ. 1re, 7 juin 1989 : *Bull. civ. I, no 233 ; Defrénois 1989. 1057, obs. Aubert ; RTD civ. 1990. 71, obs. Mestre* • Com. 1er avr. 1997, no 95-11.191 P : *Defrénois 1997. 1438, obs. Bénabent* • Civ. 1re, 15 déc. 1998 : *préc. note 1 ss. art. 1206* • 14 déc. 1999, no 97-20.040 P : *D. 2000. Somm. 361, obs. Delebecque*.

2. *Absence d'obligation du stipulant.* Le stipulant oblige le promettant envers le tiers bénéficiaire sans s'obliger personnellement envers celui-ci, à moins d'une clause spéciale inscrite en l'acte et dérogeant à cette règle générale. • Req. 6 juin 1888 : *DP 1889. 1. 55.* ♦ La stipulation pour autrui n'implique pas que le stipulant s'engage à l'égard du promettant à réaliser l'opération stipulée au bénéfice du tiers. • Com. 25 mars 1969 : *Bull. civ. IV, no 118.*

SECTION 3 La durée du contrat

(Ord. no 2016-131 du 10 févr. 2016, art. 2, en vigueur le 1er oct. 2016)

DALLOZ RÉFÉRENCE *Le nouveau droit des obligations et des contrats 2019/2020, nos 126.00 s.*

BIBL. GÉN. ▶ CHANTEPIE, *blog Dalloz obligations 2015* (durée du contrat, projet de réforme, art. 1211 à 1213). – DISSAUX et JAMIN, Projet de réforme, supplément *C. civ. 2016, p. 111.* – ÉTIENNEY-DE SAINTE MARIE, *RDC 2015. 777.* – PRAUD, *RTD com. 2017. 257* (les motifs légitimes de résiliation dans les contrats à durée déterminée). – TERNEYRE, *RFDA 2016. 276*.

Art. 1210 *(Ord. no 2016-131 du 10 févr. 2016, art. 2, en vigueur le 1er oct. 2016)* **Les engagements perpétuels sont prohibés.**

Chaque contractant peut y mettre fin dans les conditions prévues pour le contrat à durée indéterminée. — *Dispositions transitoires, V. Ord. no 2016-131 du 10 févr. 2016, art. 9, ss. art. 1386-1.*

Comp. C. civ., art. 1709 (bail), 1780, al. 1er (contrat de louage), et 1838 (société).

BIBL. ▶ FABRE, *D. 2020. 1189* (réflexions sur la sanction des engagements perpétuels après la réforme du 10 févr. 2016).

1. *Caractère perpétuel de certains engagements correspondant à des droits réels sui generis.* Est perpétuel un droit réel attaché à un lot de copropriété conférant le bénéfice d'une jouissance spéciale d'un autre lot ; les engagements relatifs au fonctionnement et à l'accès à une piscine, souscrits dans le règlement de copropriété par la SCI propriétaire du lot à usage de piscine, constituent des droits réels *sui generis* perpétuels trouvant leur source dans le règlement de copropriété. • Civ. 3e, 7 juin 2018, no 17-17.240 P : *D. 2018. 1577, note Masson ; ibid. 1772, obs. Neyret et Reboul-Maupin ; ibid. chron. C. cass. 2435, obs. Jariel ; AJ contrat 2019. 170, note Drouiller ; AJDI 2019. 216, obs. Tomasin ; RDI 2018. 448, obs. Bergel ; RTD civ. 2018. 712, obs. Dross ; JCP 2018, no 892, rapp. Jariel ; ibid., no 893, note Périnet-Marquet ; Defrénois, 25 oct. 2018, p. 33, note Laurent ; RDC 2018. 436, obs. Danos.*

2. *Contrat prévoyant une reconduction systématique.* Nécessité de rechercher si, s'agissant d'un contrat évolutif de location de matériels informatiques, dont chaque modification relative aux matériels loués avait pour effet de reconduire la durée du contrat pour une période de 42 mois, l'impossibilité de faire usage des options d'échange pendant la totalité de cette même durée ou bien pendant la durée de préavis de 9 mois, n'était pas de nature à priver la société contractante de la possibilité d'adapter son matériel aux besoins de son exploitation et donc d'une caractéristique substantielle du contrat, sauf à accepter la reconduction systématique du contrat, la soumettant ainsi à une obligation infinie. • Com. 11 mai 2022, no 19-22.015 B : *D. 2022. 1239, note Etienney-de Sainte Marie ; ibid. 2023. 254, obs. Boffa et Mekki ; RTD civ. 2022. 613, obs. Barbier ; JCP 2022, no 845, note Houtcieff ; CCE 2022, no 50, obs. Loiseau ; RDC 2022/4. 34, note Huet ; ibid. 44, note Seube.*

3. *Sanction : refus de la nullité.* Les engagements perpétuels ne sont pas sanctionnés par la nullité du contrat mais chaque contractant peut y mettre fin à tout moment, sous réserve de respecter le délai de préavis contractuellement prévu ou, à défaut, un délai raisonnable. • Com. 21 sept. 2022, no 20-16.994 B : *D. 2022. 1700 ;* Rev. sociétés 2023. 23, note Pillet ; *RTD civ. 2022. 879, obs. Barbier*. ♦ Sur la faculté reconnue à chacune des parties de rompre unilatéralement un contrat à durée indéterminée, conséquence de la prohibition des engagements perpétuels : V. art. 1211 et la jurisprudence citée.

Art. 1211 *(Ord. nº 2016-131 du 10 févr. 2016, art. 2, en vigueur le 1er oct. 2016)* **Lorsque le contrat est conclu pour une durée indéterminée, chaque partie peut y mettre fin à tout moment, sous réserve de respecter le délai de préavis contractuellement prévu ou, à défaut, un délai raisonnable.** – *Dispositions transitoires, V. Ord. nº 2016-131 du 10 févr. 2016, art. 9, ss. art. 1386-1.*

A. DROIT DE ROMPRE UNILATÉRALEMENT

1. Principe : faculté de résiliation unilatérale pour chacune des parties. Si le contrat est la loi commune des parties, la liberté qui découle de l'art. 4 de la Déclaration des droits de l'homme et du citoyen de 1789 justifie qu'un contrat de droit privé à durée indéterminée puisse être rompu unilatéralement par l'un ou l'autre des contractants, l'information du cocontractant, ainsi que la réparation du préjudice éventuel résultant des conditions de la rupture, devant toutefois être garanties ; à cet égard, il appartient au législateur, en raison de la nécessité d'assurer pour certains contrats la protection de l'une des parties, de préciser les causes permettant une telle résiliation, ainsi que les modalités de celle-ci, notamment le respect d'un préavis. • Cons. const. 9 nov. 1999, nº 99-419 DC : *V. note 1 ss. art. 515-1 ; RTD civ. 2000. 109, obs. Mestre et Fages.*

2. Domaine d'application : contrats successifs ne prévoyant aucun terme. Le contrat à exécution successive dans lequel aucun terme n'est prévu n'est pas nul, mais constitue une convention à durée indéterminée que chaque partie peut résilier unilatéralement, à condition de respecter un juste préavis. • Com. 8 févr. 2017, nº 14-28.232 P : *D. 2017. 678, note Etienney de Sainte Marie ; AJ contrat 2017. 222, obs. Cattalano-Cloarec ; Dalloz IP/IT 2017. 336, obs. Disdier-Mikus et Larrieu ; RTD civ. 2017. 389, obs. Barbier.* ♦ Dans les contrats à exécution successive dans lesquels aucun terme n'a été prévu, la résiliation unilatérale est, sauf abus sanctionné par l'al. 3 du même texte, offerte aux deux parties. • Civ. 1re, 5 févr. 1985 : *Bull. civ. I, nº 54 ; RTD civ. 1986. 105, obs. Mestre* • Com. 14 nov. 1989 : *Bull. civ. IV, nº 286* • Civ. 1re, 11 juin 1996, nº 95-17.339 P : *D. 1997. Somm. 324, obs. Penneau ; CCC 1996. 164, obs. Leveneur* • Com. 7 oct. 1997, nº 95-14.158 P : *D. 1998. 413, note Jamin (1re esp.) ; ibid. Somm. 333, obs. Ferrier (1re esp.) ; JCP 1998. II. 10085, note Chazal ; CCC 1998, nº 20, note Leveneur ; RTD civ. 1998. 130, obs. Gautier ; ibid. 370, obs. Mestre.*

3. Mise en œuvre du droit de rompre : exigence de motivation (non). L'auteur de la rupture n'a pas à justifier d'un motif légitime. • Com. 15 déc. 1969 : *Bull. civ. IV, nº 384 ; JCP 1970. II. 16391, note J. H.* ♦ Dans le même sens : • Com. 7 oct 1997 : *CCC 1998, nº 20, note Leveneur* • Com. 21 févr. 2006 : *RDC 2006. 704, obs. Mazeaud ; CCC 2006, nº 99, note Leveneur* • Civ. 1re, 30 oct. 2008 : *JCP 2009. II. 10052, note Chabas* • Com. 10 nov. 2009 : *CCC 2010, nº 36, note Leveneur.* ♦ Le caractère abusif de la rupture ne saurait résulter du fait qu'elle se produit hors des cas prévus au contrat. • Com. 31 mai 1994, nº 92-12.548 P : *JCP 1994. I. 3803, nº 1, obs. Virassamy.*

4. ... Hypothèses particulières. Dans un souci de protection, le législateur impose parfois une exigence de motivation à l'une des parties, V. par ex. en matière de contrat de travail, obligation pour l'employeur de motiver le licenciement du salarié, art. L. 1231-1 s. [L. 122-4 anc.] C. trav. ♦ Enfin, la jurisprudence consacre parfois une obligation d'information au nom du respect des droits de la défense, V. en matière de contrat d'association • Civ. 1re, 21 nov. 2006, nº 05-13.041 P : *RTD civ. 2007. 347, obs. Mestre et Fages ; RTD com. 2007. 560, obs. Grosclaude* (l'exclusion d'un sociétaire, rupture unilatérale du contrat d'association, suppose, pour le respect des droits de la défense, que l'intéressé ait reçu notification des griefs retenus contre lui et ait été mis à même de faire valoir ses observations préalablement à la décision).

5. ... Absence d'effet rétroactif de la résiliation. La résiliation unilatérale de la convention d'honoraires liant un avocat à son client n'a pas d'effet rétroactif et ne vaut que pour l'avenir de sorte que les prestations accomplies par l'avocat antérieurement à la rupture demeurent régies par la conventions d'honoraires et doivent être rémunérées conformément au barème convenu par les parties. • Civ. 2e, 2 juin 2005, nº 04-12.045 P.

B. OBLIGATION DE RESPECTER UN PRÉAVIS

6. Caractère abusif de la rupture en l'absence de préavis. La faculté de résiliation unilatérale ne constitue pas une prérogative discrétionnaire ; l'auteur de la rupture qui n'avertit pas son cocontractant quelque temps à l'avance, afin de lui permettre de retrouver un nouveau partenaire, rompt abusivement. • Com. 8 avr. 1986 : *Bull. civ. IV, nº 58* (contrat de concession) • Com. 19 nov. 1985 : *Bull. civ. IV, nº 275* (ouverture de crédit) • Com. 19 juin 2001, nº 98-21.536 P : *CCE 2002, nº 73, note Stoffel-Munck* (ouverture de crédit : nécessité de rechercher la commune intention des parties pour la fixation du délai de préavis). ♦ Toutefois la gravité du comportement du cocontractant peut justifier la rupture du contrat sans préavis. • Civ. 1re, 2 févr. 1999, nº 97-12.964 P : *D. 1999. Somm. 387, obs. Penneau* (convention verbale à durée indéterminée entre un médecin et une clinique que chaque partie pouvait rompre à tout moment en respectant le préavis d'usage ; comportement du médecin caractérisant la faute grave et justifiant une rupture du contrat sans préavis).

7. *Respect du délai de préavis contractuel : contrat de concession.* La rupture du contrat de concession demeure soumise au droit commun : V. • Com. 7 oct. 1997, n° 95-14.158 (arrêt qui dénie au contrat de concession exclusive la qualification de mandat d'intérêt commun). ♦ Si le concédant respecte le préavis contractuel, il n'y a pas abus dans la rupture, et la violation des engagements contractuels est impropre à caractériser l'abus. • Com. 9 avr. 2002 : *CCC 2003, n° 9, note Malaurie-Vignal ; RDC 2003. 156, obs. Béhar-Touchais.* ♦ Le concédant qui respecte le préavis contractuel, propre à permettre au concessionnaire d'organiser sa reconversion, n'engage pas sa responsabilité. • Com. 6 mai 2002, n° 99-14.093 P : *D. 2002. AJ 1754, obs. Chevrier ; ibid. Somm. 2842, obs. D. Mazeaud ; ibid. 3008, obs. Ferrier ; JCP 2002. II. 10146, note Stoffel-Munck ; JCP E 2002 ; Cah. dr. entr. n° 5, p. 19, note Respaud ; ibid. 2003. 66, note Sonet ; CCC 2002, n° 134, note Leveneur ; ibid., n° 158, note Malaurie-Vignal ; LPA 7 mars 2003, note Diloy ; RTD civ. 2002. 810, obs. Mestre et Fages ; RDC 2003. 34, obs. Chazal ; ibid. 154, obs. Béhar-Touchais.* ♦ A l'inverse, la méconnaissance du délai de préavis ne suffit pas à caractériser une rupture abusive lorsque le comportement du cocontractant de l'auteur de la résiliation a fait obstacle à la poursuite des relations : V. • Com. 5 mars 1996 : *RTD civ. 1996. 904, obs. Mestre*.

8. *... Contrat de travail.* Le refus d'un salarié de poursuivre l'exécution de son contrat de travail en raison d'un simple changement des conditions de travail décidé par l'employeur dans l'exercice de son pouvoir de direction rend ce salarié responsable de l'inexécution du préavis qu'il refuse d'exécuter aux nouvelles conditions et le prive des indemnités compensatrices de préavis et de congés payés afférents. • Soc. 4 mars 2020, n° 18-10.636 P : *RDT 2020. 396, obs. Fabre*.

9. *Respect d'un délai de préavis raisonnable.* Sur l'exigence d'un délai de préavis raisonnable, V. aussi • Civ. 1re, 16 mai 2006 : *LPA 12 juill. 2006, note Boismain.* ♦ Rappr., pour la rupture brutale et abusive de relations d'affaires non formalisées par un contrat : • Com. 28 févr. 1995, n° 93-14.437 P : *RTD civ. 1995. 885, obs. Mestre*.

10. *Exigence d'un préavis écrit tenant compte de la durée de la relation commerciale (art. L. 442-6-I-5° C. com.).* Sur la rupture brutale de relations commerciales établies, V. C. com., art. L. 442-6, et note 68 ss. art. 1241. ♦ L'existence d'un délai de préavis contractuel ne dispense pas la juridiction qui statue sur la rupture de relations commerciales établies d'examiner si ce délai de préavis tient compte de la durée de la relation commerciale. • Com. 22 oct. 2013 : *D. 2013. 2516* (en l'espèce, préavis de 24 mois ramené à 6 mois pour tenir compte de la faible ancienneté du contrat). ♦ Compétence juridictionnelle : les dispositions des art. L. 442-6-III, al. 5, et D. 442-3 C. com. ayant pour conséquence de priver toute cour d'appel autre que celle de Paris du pouvoir de connaître des demandes fondées sur l'art. L. 442-6-I-5° C. com., une cour d'appel a pu déclarer irrecevable les demandes fondées sur ce texte tout en statuant sur l'application de l'art. 1134 anc. • Com. 7 oct. 2014, n° 13-21.086 P : *D. 2014. 2329, note Buy ; ibid. 2015. 943, obs. Ferrier ; AJCA 2015. 86, obs. Ponsard ; RTD com. 2015. 144, obs. Bouloc ; RDC 2015. 11, note Génicon ; ibid. 2015 18, note Savaux ; JCP 2015, n° 306, obs. Ghestin et Virassamy ; CCC 2014, n° 270, note Mathey.*

C. ABUS DU DROIT DE ROMPRE UNILATÉRALEMENT

11. *Principe.* Si la partie qui met fin à un contrat de durée indéterminée dans le respect des modalités prévues n'a pas à justifier d'un quelconque motif, le juge peut néanmoins, à partir de l'examen de circonstances établies, retenir la faute faisant dégénérer en abus l'exercice du droit de rompre. • Civ. 1re, 21 févr. 2006, n° 02-21.240 P : *D. 2006. Pan. 2648, obs. Fauvarque-Cosson ; D. 2007. Pan. 1456, obs. Penneau ; CCC 2006, n° 99, note Leveneur ; RDSS 2006. 751, note Arhab ; RDC 2006. 704, obs. D. Mazeaud ; RTD civ. 2006. 314, obs. Mestre et Fages*.

12. *Circonstances ou comportements constitutifs d'abus.* Il y a abus lorsque la mauvaise foi de l'auteur de la rupture est établie. • Paris, 17 févr. 1992 : *CCC 1992, n° 52, obs. Vogel.* ♦ ... Notamment lorsque les motifs de rupture sont fallacieux. • Paris, 8 juin 1994 : *D. 1995. Somm. 69, obs. Ferrier*. ♦ Recherche de la mauvaise foi : • Civ. 3e, 10 nov. 2010, n° 09-15.937 P : *D. 2010. Actu. 2769, obs. Rouquet ; ibid. 2011. 480, obs. Fauvarque-Cosson ; JCP 2011, n° 63, obs. Grosser.* ♦ L'abus peut également résulter des circonstances accompagnant la rupture. • Com. 5 oct. 1993, n° 91-10.408 P : *JCP 1994. II. 22224, note Jamin ; RTD civ. 1994. 603, obs. Mestre*. ♦ L'abus ne résulte pas exclusivement de la volonté de nuire de celui qui résilie. • Com. 3 juin 1997, n° 95-12.402 P : *D. 1998. Somm. 113, obs. D. Mazeaud ; JCP 1997. I. 406, n° 8, obs. Jamin ; RTD civ. 1997. 935, obs. Mestre*. ♦ ... Et l'intérêt légitime de rompre le contrat reconnu à une partie n'exclut pas que celle-ci puisse être tenue pour seule responsable de la rupture. • Civ. 1re, 21 mai 1997, n° 95-13.286 P : *D. 1999. Somm. 385, obs. Penneau ; JCP 1998. I. 113, nos 4 s., obs. Fabre-Magnan ; RTD civ. 1997. 934, obs. Mestre*. ♦ Absence d'abus dans la décision d'une banque de mettre un terme aux relations avec une société, celle-ci considérant que la résiliation arbitraire constitue une source potentielle de discrimination mais n'établissant pas que la décision de la banque, assortie d'un délai de préavis de suffisant, procédait d'un motif illégitime ou d'une volonté de nuire. • Com. 26 janv. 2010, n° 09-65.086 P : *D. 2010. AJ 379* ; *ibid. 2178, note Mazeaud* ; *JCP 2010, n° 516, note Ghestin* ; *Gaz. Pal. 8 avr. 2010, p. 23, obs. Houtcieff* ; *RLDC 2011/78, n° 4081, obs. Paulin.* ♦ Sur des abus résultant du non-respect d'un préavis suffisant, V. notes 6 s.

13. Illustrations particulières : contrat de concession. Certains arrêts semblent cependant considérer que la rupture est abusive lorsque le concédant, tout en respectant le délai de préavis prévu au contrat, n'a pas informé son concessionnaire et l'a incité à effectuer des investissements qui ne peuvent être amortis durant la période de préavis : V. • Com. 5 avr. 1994 : *D. 1995. Somm. 90, obs. D. Mazeaud* ; *JCP 1994. I. 3803, obs. Jamin* ; *CCC 1994, n° 159, obs. Leveneur* ; *RTD civ. 1994. 603, obs. Mestre* • 20 janv. 1998, n° 96-18.353 P : *D. 1998. 413, note Jamin (2e esp.)* ; *ibid. Somm. 333, obs. Ferrier (4e esp.)* ; *ibid. 1999. Somm. 114, obs. D. Mazeaud* ; *JCP 1999. II. 10018, note Chazal (1re esp.)* ; *CCC 1998, n° 56, note Leveneur* ; *RTD civ. 1998. 675, obs. Mestre*. ♦ ... Ou l'a entretenu dans l'illusion que le contrat serait renouvelé. • Com. 23 mai 2000 : *RTD civ. 2001. 137, obs. Mestre et Fages*. ♦ ... Ou a manqué à son obligation de bonne foi dans l'exercice de son droit de résiliation. • Com. 8 oct. 2013 : *D. 2013. 2617, note Mazeaud* ; *ibid. 2014. 630, obs. Amrani-Mekki et Mekki* ; *RTD civ. 2014. 117, obs. Fages* ; *CCC 2014, n° 1, obs. Leveneur* (notification de la résiliation d'un contrat de concession... pour céder le fonds). ♦ Comp., énonçant que le concédant est en droit de rompre le contrat à tout moment dès lors qu'il n'a pas fait croire au concessionnaire que le contrat serait poursuivi pour l'inciter à procéder à des investissements : • Com. 5 oct. 2004, n° 02-17.338 P : *D. 2005. Pan. 2843 et 2847, obs. Fauvarque-Cosson* ; *D. 2006. Pan. 516, obs. Ferrier* ; *JCP 2005. I. 114, nos 11 s., obs. Chagny* ; *CCC 2005, n° 1, note Leveneur* ; *RLDC 2005/12, n° 478, note Mainguy et Respaud* ; *Dr. et patr. 3/2005. 83, obs. Chauvel* ; *RDC 2005. 288, obs. Stoffel-Munck* ; *RTD civ. 2005. 127, obs. Mestre et Fages*.

14. ... Agrément d'un nouveau concessionnaire par le concédant. Sur la portée de l'engagement pris par le concédant d'examiner équitablement et soigneusement une offre de substitution de concessionnaire, V. • Com. 2 juill. 2002, n° 01-12.685 P : *D. 2003. 93, note D. Mazeaud* ; *ibid. Somm. 2426, obs. Ferrier* ; *JCP 2003. II. 10023, note Mainguy* ; *JCP E 2003. 543, n° 5, obs. Respaud* ; *CCC 2003, n° 10, note Malaurie-Vignal* ; *RTD civ. 2002. 810, obs. Mestre et Fages* ; *RDC 2003. 50, obs. Stoffel-Munck* ; *ibid. 152, obs. Béhar-Touchais.* ♦ Rappr. refusant de considérer un refus d'agrément d'un nouveau concessionnaire comme illégitime, dès lors qu'un tel refus d'agrément peut être fondé sur des motifs autres que ceux tenant à la personne du candidat. • Com. 5 oct. 2004 : *préc. note 13.*

Art. 1212 *(Ord. n° 2016-131 du 10 févr. 2016, art. 2, en vigueur le 1er oct. 2016)* **Lorsque le contrat est conclu pour une durée déterminée, chaque partie doit l'exécuter jusqu'à son terme.**

Nul ne peut exiger le renouvellement du contrat. — *Dispositions transitoires, V. Ord. n° 2016-131 du 10 févr. 2016, art. 9, ss. art. 1386-1.*

A. RESPECT DU TERME FIXE

1. Principe : obligation d'exécution jusqu'à l'arrivée du terme. Un contrat à durée déterminée doit être exécuté jusqu'à son terme. • Com. 12 nov. 1996 : *D. Affaires 1997. 248* (contrat de franchise : non-respect par le franchiseur de la clause d'exclusivité pendant le délai de préavis prévu en cas de non-reconduction du contrat) • Civ. 1re, 27 févr. 2001, n° 98-22.346 P (engagement d'adhésion à une coopérative). ♦ Application en matière de contrat de travail : il résulte des dispositions d'ordre public de l'art. L. 1243-1 C. trav. que, sauf accord des parties, le contrat de travail à durée déterminée ne peut être rompu avant l'échéance du terme qu'en cas de faute grave ou de force majeure. • Soc. 1er juill. 2009, n° 08-40.023 P.

2. Application : identification des contrats à durée déterminée. Dès qu'un terme est fixé par un événement certain, même si sa date de réalisation est inconnue (décès du cocontractant), l'engagement est à durée déterminée et ne peut être résilié que du consentement mutuel des deux parties. • Soc. 28 oct. 1992, n° 89-45.500 P : *D. 1993. Somm. 211, obs. Delebecque* ; *JCP 1993. I. 3660, n° 2, obs. Billiau* • Civ. 3e, 18 janv. 1995 : *Defrénois 1995. 1051, obs. D. Mazeaud.* ♦ Mais la fixation d'une date ultime de cessation du contrat au soixante-sixième anniversaire du contractant n'est pas incompatible avec la mention que la convention est à durée indéterminée. • Civ. 1re, 2 déc. 1997 : *Defrénois 1998. 332, obs. Delebecque* ; *ibid. 406, obs. Bénabent.* ♦ Enfin, lorsque le contrat fixe une échéance trop lointaine, il y a lieu de l'assimiler à un contrat à durée indéterminée. • Civ. 1re, 31 janv. 1989 : *Bull. civ. I, n° 53* (contrat de société coopérative d'une durée de 50 ans). ♦ De même, un pacte d'actionnaires qui prévoit qu'il s'applique aussi longtemps que les sociétés demeurent actionnaires de la société est à durée indéterminée. • Com. 6 nov. 2007 : *JCP*

2008. I. 147, n° 5, obs. Caussain, Deboissy et Wickler ; Gaz. Pal. 2008. 1. 318, note Armand-Prévost ; RTD civ. 2008. 104, obs. Fages ; *Rev. sociétés 2008. 89, note Moury*.

3. Requalification des contrats de travail à durée déterminée en contrats à durée indéterminée. En l'absence de respect par l'employeur des dispositions permettant le recours à un contrat dérogatoire, l'application des règles de droit commun du contrat à durée indéterminée à temps complet est conforme au principe de prévisibilité de la règle de droit et à l'art. 6-1 Conv. EDH. • Soc. 19 mars 2014, n° 13-10.759. ♦ La requalification judiciaire d'un contrat de travail intermittent en contrat à temps complet et le rappel de salaire subséquent ne constituent ni une sanction ayant le caractère d'une punition au sens de l'art. 8 DDH, ni une privation de propriété au sens des art. 2 et 17 de cette Déclaration. • Soc. 10 juill. 2013, n° 13-10.760 P • 10 juill. 2013, n° 13-10.759 P. ♦ L'absence ou le caractère erroné, dans le contrat de travail à durée déterminée d'usage, de la désignation du poste de travail n'entraîne pas la requalification en contrat à durée indéterminée lorsque l'emploi réellement occupé est par nature temporaire. • Soc. 21 sept. 2017, n° 16-17.241 P : *D. 2017. 1915* ; *Dr. soc. 2017. 1077, obs. Mouly*. ♦ La requalification d'un contrat de travail à durée déterminée en contrat à durée indéterminée ne porte que sur le terme du contrat et laisse inchangées les autres stipulations contractuelles. • Soc. 2 juin 2021, n° 19-18.080 P : *Dr. soc. 2021. 818, note Bento de Carvalho*. ♦ ...En particulier les stipulations contractuelles relatives à la durée du travail. • Soc. 17 nov. 2021, n° 20-17.526 B : *D. 2021. 2094* ; *RDT 2022. 35, obs. Fabre* (cassation d'un arrêt ayant déduit de la requalification que le salarié avait droit à des rappels de salaire pour les périodes pendant lesquelles il n'avait pas travaillé entre les différents contrats à durée déterminée). ♦ La requalification d'un contrat de travail à temps partiel en contrat de travail à temps complet, ou l'inverse, ne porte que sur la durée de travail et laisse inchangées les autres stipulations relatives au terme du contrat. • Soc. 10 déc. 2014, n° 13-22.422 P. ♦ Sur la portée dans le temps de la requalification : la requalification de contrats à durée déterminée en contrat à durée indéterminée ne saurait faire rétroactivement disparaître les obligations auxquelles l'employeur était tenu envers le salarié engagé à temps partiel. • Soc. 13 juin 2018, n° 17-14.658 P. ♦ L'absence ou le caractère erroné, *dans le contrat de travail)* à durée déterminée d'usage, de la désignation du poste de travail n'entraîne pas la requalification en contrat à durée indéterminée lorsque l'emploi réellement occupé est par nature temporaire. • Soc. 21 sept. 2017, n° 16-17.241 P : *D. 2017. 1915* ; *Dr. soc. 2017. 1077, obs. Mouly*. ♦ Les effets de la requalification du contrat à durée déterminée en contrat à durée indéterminée remontent à la date du premier CDD irrégulier. • Soc. 23 mars 2016, n° 14-22.250 P : *D. 2016. 720* ; *Dr. soc. 2016. 650, note Tournaux*.

4. Sanction du non-respect du terme : allocation de dommages et intérêts. La résiliation fautive d'un contrat à exécution successive à durée déterminée engage la responsabilité de son auteur et ne donne lieu, sauf clause pénale, qu'à des dommages et intérêts. • Com. 22 oct. 1996, n° 94-15.410 P : *D. 1997. Somm 173, obs. Libchaber* ; *ibid. 286, obs. Jourdain* ; *RTD civ. 1997. 123, obs. Mestre* (cassation de l'arrêt ayant condamné l'auteur de la rupture à payer la fraction du prix restant due, alors que le prix, fût-il forfaitaire, n'est dû qu'en cas d'exécution de la convention). ♦ V. en sens contraire, pour un bail, note 1 ss. art. 1737.

5. ... Maintien forcé du contrat dénoncé (non). Viole l'art. 873 C. pr. civ. le juge des référés qui ordonne la poursuite des relations contractuelles tout en ayant relevé que le contrat initial avait été régulièrement dénoncé et sans constater la conclusion d'un nouveau contrat. • Com. 28 nov. 2006, n° 04-20.734 P : *RDC 2007. 415, obs. Béhar-Touchais ; RTD civ. 2007. 345, obs. Mestre et Fages*. ♦ *Contra* • Civ. 1re, 7 nov. 2000, n° 99-18.576 P : *R., p. 420 ; D. 2001. 256, note Jamin et Billiau* ; *ibid. Somm. 1137, obs. D. Mazeaud* ; *JCP 2001. II. 10506, note Vuitton ; ibid. I. 303, nos 9 s., obs. Kullmann ; Defrénois 2001. 437, note Savaux ; CCC 2001, n° 19, note Leveneur ; RDI 2001. 133, obs. Durry* ; *RTD civ. 2001. 135, obs. Mestre et Fages* ; *ibid. 2002. 137, obs. Normand* (en adoptant comme mesure conservatoire la poursuite des effets du contrat, fût-il dénoncé, le juge des référés ne fait qu'user du pouvoir que lui confère l'art. 873, al. 1er, C. pr. civ. ; il ne peut cependant le faire qu'en fixant à sa mesure un terme certain). ♦ V., sur renvoi : • Paris, 15 mai 2002 : *CCE 2002, n° 120, note Stoffel-Munck*. ♦ *Adde* : • Orléans, 15 juill. 2004 : *RDC 2005. 385, obs. Béhar-Touchais*. ♦ Rappr. • Civ. 1re, 15 juin 2004, n° 00-16.392 P. ♦ Le droit à l'emploi ne constitue pas une liberté fondamentale qui justifierait la poursuite du contrat de travail au-delà du terme de la mission de travail temporaire en cas d'action en requalification en contrat à durée indéterminée. • Soc. 21 sept. 2017, nos 16-20.270 P et 16-20.277 P : *D. 2017. 1923* ; *RDT 2017. 717, obs. Galy*. ♦ **BIBL.** Maintien forcé du contrat par le juge : Le Blan-Delannoy, *LPA 24 janv. 2005*. – Marais, *LPA 2 oct. 2002*.

B. TEMPÉRAMENTS ET EXCEPTIONS

6. Prise en compte du comportement du cocontractant. La gravité du comportement d'une partie à un contrat peut justifier que l'autre partie y mette fin de façon unilatérale à ses risques et périls, et cette gravité n'est pas nécessairement exclusive d'un délai de préavis. • Civ. 1re, 13 oct. 1998, n° 96-21.485 P : *D. 1999. 197, note Jamin ; ibid. Somm. 115, obs. Delebecque ; JCP 1999. II. 10133, note Rzepecki ; Defrénois 1999. 374, obs. D. Mazeaud ; RTD civ. 1999. 394, obs. Mestre ; ibid. 506, obs. Raynard*. ♦ Il en est ainsi, que le contrat soit à durée déterminée ou non. • Civ. 1re, 20 févr. 2001, n° 99-15.170 P : *D. 2001. 1568, note Jamin ; ibid. Somm. 3239, obs. D. Mazeaud ; Defrénois 2001. 705, obs. Savaux ; RTD civ. 2001. 363, obs. Mestre et Fages*. ♦ La gravité du comportement d'une partie à un contrat peut justifier que l'autre partie y mette fin de façon unilatérale à ses risques et périls, peu important les modalités formelles de résiliation contractuelle. • Com. 10 févr. 2009 : *CCC 2009, n° 123, obs. Leveneur ; RDC 2010. 44, obs. Génicon.*

7. … *Faculté de résiliation unilatérale d'origine légale.* Mandat : V. art. 2004 et 2007 (faculté de résiliation offerte à chaque partie). ♦ Dépôt : V. art. 1944 (faculté de résiliation offerte au déposant). ♦ Bail d'habitation : V. art. 12 L. 6 juill. 1989 (faculté de résiliation offerte au locataire). ♦ Courtage matrimonial : V. art. 6-I, al. 3, L. 23 juin 1989 (faculté de résiliation pour motif légitime pour les deux parties).

Art. 1213 *(Ord. n° 2016-131 du 10 févr. 2016, art. 2, en vigueur le 1er oct. 2016)* **Le contrat peut être prorogé si les contractants en manifestent la volonté avant son expiration. La prorogation ne peut porter atteinte aux droits des tiers.** — *Dispositions transitoires, V. Ord. n° 2016-131 du 10 févr. 2016, art. 9, ss. art. 1386-1.*

BIBL. ▸ Bettoni, *RTD civ. 2022. 309* (les nouvelles dispositions du code civil consacrées au prolongement du lien contractuel).

Art. 1214 *(Ord. n° 2016-131 du 10 févr. 2016, art. 2, en vigueur le 1er oct. 2016)* **Le contrat à durée déterminée peut être renouvelé par l'effet de la loi ou par l'accord des parties.**

Le renouvellement donne naissance à un nouveau contrat dont le contenu est identique au précédent mais dont la durée est indéterminée. — *Dispositions transitoires, V. Ord. n° 2016-131 du 10 févr. 2016, art. 9, ss. art. 1386-1.*

BIBL. ▸ Bettoni, *RTD civ. 2022. 309* (les nouvelles dispositions du code civil consacrées au prolongement du lien contractuel).

1° CONSÉQUENCES DU RENOUVELLEMENT

1. *Baux commerciaux.* Le bail commercial renouvelé après délivrance d'un congé est un nouveau bail. • Cass., ass. plén., 7 mai 2004, n° 02-13.225 P : *R., p. 201 et 294 ; BICC 15 juill. 2004, rapp. Gillet, concl. de Gouttes ; D. 2004. 1451, concl. de Gouttes, note Lienhard ; JCP 2004. II. 10138, note Demoustier ; ibid. I. 173, n° 14, obs. Pétel ; Defrénois 2004. 1663, obs. Gibirila ; LPA 8 déc. 2004, note G. Serra.*

2. *Durée indéterminée du nouveau contrat.* Sur la durée indéterminée du nouveau contrat ayant pris naissance à la suite d'un renouvellement par tacite reconduction, V. la jurisprudence citée ss. art. 1215.

3. *Contenu identique du nouveau contrat.* A défaut de convention contraire, le renouvellement du bail commercial s'opère aux clauses et conditions du bail venu à expiration, sauf le pouvoir reconnu au juge en matière de fixation du prix. • Civ. 3e, 17 mai 2006, n° 04-18.330 P. ♦ F. Planckeel, *AJDI 2006. 433* (bail commercial renouvelé).

Comp. : le preneur ayant formulé une demande de renouvellement du bail aux clauses et conditions du précédent bail et le bailleur ayant exprimé son accord pour un tel renouvellement, les parties ont ainsi toutes deux exprimé leur volonté de voir renouveler le contrat « aux mêmes clauses et conditions antérieures » sans mention d'aucune réserve, et ont ainsi conclu un accord exprès sur les conditions et clauses du bail précédent ; la demande en fixation du loyer du bail renouvelé doit être rejetée. • Civ. 3e, 15 avr. 2021, n° 19-24.231 P.

4. Un contrat est renouvelé à la date d'effet du bail renouvelé ; impossibilité de prétendre que certaines de ses clauses sont réputées non écrites en vertu d'une loi entrée en vigueur postérieurement au renouvellement. • Civ. 3e, 17 juin 2021, n° 20-12.844 B.

5. *Tempéraments : logements appartenant à un organisme HLM.* Les dispositions propres aux logements appartenant à des organismes HLM ne faisant pas l'objet d'une convention ne sont pas applicables aux baux en cours lors de l'acquisition de ces logements par l'organisme HLM mais, les baux reconduits étant de nouveaux baux, ceux-ci ne peuvent, lors de leur reconduction, demeurer régis par les dispositions de droit commun des baux d'habitation auxquelles ils étaient initialement soumis : ayant relevé que le logement donné à bail avait été acquis par une société d'HLM au moyen d'un prêt locatif intermédiaire et que le bail, venu à expiration, s'était trouvé reconduit, une cour d'appel en a exactement déduit que le bailleur avait pu faire application, à compter de la reconduction, de la législation applicable aux logements non conventionnés appartenant à un organisme d'HLM et que la locataire ne bénéficiait donc pas, lors de la délivrance du congé, du droit de préemption prévu par l'art. 15 de la L. du 6 juill. 1989, mais d'un droit au maintien dans les lieux. • Civ. 3e, 28 mai 2020, n° 19-14.089 P : *D. 2020. 1174 ; AJDI 2021. 54, obs. Wertenschlag ; ibid. 127, obs. Damas ; RDI 2020. 665, obs. Heugas-Darraspen*.

6. Renonciation à se prévaloir d'une clause de résiliation préexistante. Le renouvellement du contrat vaut renonciation à une clause de résiliation qui lui préexistait et qui était déjà connue. • Soc. 16 sept. 2015, n° 14-17.371 P (agrément maintenu au gérant d'une succursale alors que les locaux n'étaient plus aux normes requises par la marque).

2° REFUS DU RENOUVELLEMENT

7. Exigence de motivation (non). S'agissant d'un contrat de concession à durée déterminée, le concédant n'est pas tenu de justifier par un motif légitime son refus de renouvellement. Jurisprudence constante. • Com. 9 juin 1992 : *CCC 1992. 223, obs. Leveneur.* ♦ V. aussi : • Com. 30 nov. 1982 : *Bull. civ. IV, n° 392* • 6 janv. 1987 : *ibid. IV, n° 7 ; RTD com. 1988. 122, obs. Hémard* • 25 avr. 2001 : *D. 2001. Somm. 3237, obs. D. Mazeaud ; RTD civ. 2002. 99, obs. Mestre et Fages (1re esp.)*.

8. Droit susceptible de dégénérer en abus. Le refus de renouvellement d'un contrat à durée déterminée peut présenter un caractère abusif ouvrant droit à dommages et intérêts. • Com. 22 oct. 1996, n° 94-20.488 P : *D. 1998. 511, note Arlie ; CCC 1997, n° 21, note Leveneur* • 23 mai 2000 : *RTD civ. 2001. 137, obs. Mestre et Fages*.

Art. 1215 *(Ord. n° 2016-131 du 10 févr. 2016, art. 2, en vigueur le 1er oct. 2016)* **Lorsqu'à l'expiration du terme d'un contrat conclu à durée déterminée, les contractants continuent d'en exécuter les obligations, il y a tacite reconduction. Celle-ci produit les mêmes effets que le renouvellement du contrat.** – *Dispositions transitoires, V. Ord. n° 2016-131 du 10 févr. 2016, art. 9, ss. art. 1386-1.*

1. Conditions de la tacite reconduction. BIBL. Amar-Layani, *D. 1996. Chron. 143*. – Mestre, *RTD civ. 1999. 93*. ♦ La tacite reconduction reposant sur une présomption de la volonté des parties est exclue dans le cas où le maintien en possession d'un locataire est contredit par l'expression de la volonté du bailleur d'obtenir la restitution du bien loué. • Civ. 1re, 20 févr. 1996, n° 94-14.737 P : *JCP 1996. I. 3958, n° 9, obs. Billiau*.

2. Conséquences de la tacite reconduction : naissance d'une nouvelle convention. La tacite reconduction n'entraîne pas la prorogation du contrat primitif mais donne naissance à une convention nouvelle. Jurisprudence constante. V. par exemple : • Com. 13 mars 1990, n° 88-18.251 P : *RTD civ. 1990. 464, obs. Mestre* • 11 févr. 1997, n° 95-15.310 P : *D. 1998. 552, note D. Boccara (1re esp.) ; LPA 24 oct. 1997, note D. R. Martin (4e esp.)* (extinction du cautionnement, accessoire du contrat initial) • Civ. 3e, 10 juin 1998, n° 96-15.626 P : *D. Affaires 1998. 1208, obs. Y. R. ; JCP 1998. I. 177, nos 6 s., obs. Billiau* (bail professionnel) • Com. 14 janv. 2003 : *CCC 2003, n° 69* (obligation d'appliquer la loi Doubin, intervenue entre-temps) • Civ. 3e, 28 mai 2020, n° 19-14.089 P : *D. 2020. 1174 ; AJDI 2021. 54, obs. Wertenschlag ; ibid. 127, obs. Damas ; RDI 2020. 665, obs. Heugas-Darraspen* (sort des baux en cours au moment de l'acquisition du logement par un organisme HLM, caractère nouveau *du bail reconduit qui ne peut, lors de* sa reconduction, demeurer régi par les dispositions de droit commun des baux d'habitation auxquelles il était initialement soumis). ♦ D'une façon générale, sur l'apparition d'un contrat nouveau à la suite du renouvellement du contrat, V. art. 1214 et la jurisprudence citée.

3. ... Durée indéterminée du nouveau contrat. Sauf disposition ou volonté contraire, la tacite reconduction d'un contrat de durée déterminée, dont le terme extinctif a produit ses effets, donne naissance à un nouveau contrat, de durée indéterminée, et dont les autres éléments ne sont pas forcément identiques. • Civ. 1re, 15 nov. 2005, n° 02-21.366 P : *D. 2006. 587, note Mekki ; ibid. Pan. 2647, obs. Fauvarque-Cosson ; Defrénois 2006. 829, note Le Gallou ; CCC 2006, n° 43, note Leveneur ; RLDC 2006/25, n° 1012, note Buy ; RDC 2006. 696, obs. Laithier ; RTD civ. 2006. 114, obs. Mestre et Fages* (contrat de parrainage). ♦ A défaut de congé, le contrat de bail qui se poursuit est à durée indéterminée. • Civ. 3e, 7 déc. 2004, n° 03-19.226 P. ♦ Comp. • Com. 15 janv. 2008, n° 06-14.698 P : *RTD civ. 2008. 299, obs. Fages* (hors les situations régies par une loi spéciale, un contrat conclu pour une période déterminée, et renouvelable ensuite d'année en année par tacite reconduction, sauf dénonciation adressée par l'une des parties à l'autre, trois mois au moins avant la fin de la période annuelle en cours, et qui s'est effectivement poursuivi au-delà de la période initialement convenue, conserve le caractère de contrat à durée déterminée). ♦ D'une façon générale, sur la durée indéterminée du nouveau contrat ayant pris naissance à la suite du renouvellement du contrat, V. art. 1214.

4. ... Application en matière de contrat de travail. S'il résulte de l'art. L. 122-3-10 C. trav. anc. que la poursuite des relations de travail à l'expiration d'un contrat de travail à durée déterminée transforme ce contrat en contrat à durée indéterminée, les conditions du contrat non liées à sa nature demeurent inchangées, à défaut d'accord contraire des parties. • Soc. 28 mai 2008, n° 06-45.572 P. ♦ Si l'art. L. 1244-1 C. trav. prévoit que les dispositions de l'art. L. 1243-11 du même code, selon lesquelles lorsque la relation contractuelle de travail se poursuit après l'échéance du terme du contrat, celui-ci devient un contrat à durée indéterminée, ne font pas obstacle dans certains cas à la conclusion, avec le même salarié, de contrats à durée déterminée successifs, il limite le champ d'application de cette exception aux seuls cas qu'il énumère. • Soc. 30 sept. 2014, n° 13-18.162 P : *D. 2014. 2002* ; *Dr. soc. 2015. 206, note Tournaux* ; *JCP 2014 n° 1078, obs. Lefranc-Hamoniaux.*

5. ... Application en matière de contrat de bail. Sur les conditions de la tacite reconduction, ainsi que sur le contenu et la durée du bail tacitement reconduit, V. jurisprudence citée ss. art. 1738. ♦ Sur le renouvellement par tacite reconduction des baux commerciaux, V. C. com., art. L. 145-9. – C. com.

6. Cas particulier du contrat de délégation de service public. L'illégalité de la clause de reconduction tacite contenue dans un contrat de délégation de service public conclu antérieurement à l'entrée en vigueur de l'art. 38 de la L. n° 93-122 du 29 janv. 1993, relative à la prévention de la corruption et à la transparence de la vie économique et des procédures publiques, a pour conséquence l'illégalité de la clause prévoyant l'indemnisation du cocontractant de la personne publique du fait de la non-reconduction tacite du contrat, aucun droit à indemnité ne pouvant naître, pour ce cocontractant, de l'absence de reconduction à l'issue de la durée initiale convenue par les parties. • Civ. 1re, 14 nov. 2018, n° 17-28.464 P.

SECTION 4 La cession de contrat

(Ord. n° 2016-131 du 10 févr. 2016, art. 2, en vigueur le 1er oct. 2016)

DALLOZ RÉFÉRENCE *Le nouveau droit des obligations et des contrats 2019/2020, nos 127.00 s.*

RÉP. CIV. v° *Cession de contrat*, par N. Balat et E. Jeuland.

BIBL. GÉN. ▶ **Ord. n° 2016-131 du 10 févr. 2016.** Rapport au Président de la République, *JO 11 févr. 2016.* – V. la Bibl. citée ss. le titre III.

▶ Antippas, *RTD civ. 2017. 43* (regards comparatistes internes sur la cession conventionnelle de contrat). – d'Avout, *D. 2017. 457* (loi applicable à la cession de créance ou de contrat). – R. Boffa, *Gaz. Pal. 4 juin 2015, n° 155, p. 8* (opérations translatives dans le projet). – Chatry, *AJCA 2015. 313* (la cession de contrat portant sur un droit de propriété intellectuelle). – Dissaux et Jamin, Projet de réforme, supplément *C. civ. 2016, p. 240.* – Juillet, *RDC 2017. 382* (sort des sûretés du cédé dans la cession de contrat de droit commun). – Lisanti, *JCP N 2017, n° 1270* (clause de substitution dans les contrats préparatoires). – Simler, *CCC 2016. Dossier 8.* – Dossier « La cession de contrat après la réforme, quels usages, quelles précautions ? », *RDC 2017. 369.*

Art. 1216 *(Ord. n° 2016-131 du 10 févr. 2016, art. 2, en vigueur le 1er oct. 2016)* **Un contractant, le cédant, peut céder sa qualité de partie au contrat à un tiers, le cessionnaire, avec l'accord de son cocontractant, le cédé.**

Cet accord peut être donné par avance, notamment dans le contrat conclu entre les futurs cédant et cédé, auquel cas la cession produit effet à l'égard du cédé lorsque le contrat conclu entre le cédant et le cessionnaire lui est notifié ou lorsqu'il en prend acte.

La cession doit être constatée par écrit, à peine de nullité. — *Dispositions transitoires, V. Ord. n° 2016-131 du 10 févr. 2016, art. 9, ss. art. 1386-1.*

BIBL. ▶ **Droit antérieur à l'Ord. du 10 févr. 2016 :** Aynès, *D. 1998. Chron. 25* (rôle du cédé). – Billiau, *JCP 1994. I. 3758 ; Études Béguin, Litec, 2005, p. 17* (cession légale de contrat et cession de dette). – Bouruet-Aubertot, *D. Affaires 1999. 578.* – J. Flour, Aubert, Y. Flour et Savaux, *Defrénois 2000. 811.* – Izorche, *D. 1996. Chron. 347* (information et cession de contrat). – Jamin, *D. 1995. Chron. 131*. – Jamin et Billiau, *D. 1998. Chron. 145* (portée du consentement du cédé). – Jeuland, *D. 1998. Chron. 356* (cession de contrat et substitution de personne). – Lachièze, *D. 2000. Chron. 184*. – Larroumet, *Mél. Cabrillac, Litec, 1999, p. 151 ; D. 2002. Point de vue 1555*. – Malaurie, *Defrénois 1976. 1009.* – D. R. Martin, *D. 2001. Chron. 3144* (changement de contractant). – Mestre, *RTD civ. 1987. 538* (cession judiciaire de contrat) ; *ibid. 1992. 762* ; *ibid. 1998. 375* (transmission des obligations à l'occasion de celle d'un bien). – Nourissat, *JCP N 1999. 874* (clause de substitution). – Pichard, *JCP N 1996. Prat. 3777* (transfert des contrats d'assurance et cession de fonds de commerce).

1. Régime de la cession. Selon le principe posé par l'art. 1105, les législations spéciales priment les législations générales. Pour d'autres régimes, plus ou moins restrictifs que l'art. 1216, V. :

C. civ., art. 1601-4 (cession d'un contrat de vente d'immeuble à construire), 1717 (possibilité pour le preneur de céder son bail, sauf clause contraire), 1743 (obligation de l'acheteur du bien loué de respecter les baux en cours) ; C. com., art. L. 145-16 (interdiction des clauses empêchant la cession par le preneur) ; CCH, art. L. 311-8 (transfert des prêts accordés par le Crédit foncier à la charge de l'acquéreur) ; C. tourisme, art. L. 211-12 (droit de l'acheteur dans une vente de voyages de céder le contrat à une personne respectant les conditions requises) ; L. 6 juill. 1989, art. 8 (interdiction de la cession par le locataire, sauf accord écrit du bailleur, y compris sur le prix du loyer). ♦ V. aussi C. trav., art. L. 1224-1 (transfert des contrats de travail) et C. com., art. L. 642-7 (plan de cession).

2. *Nature de la cession.* Le nouvel art. 1216 tranche en faveur du transfert de la qualité de partie et non de l'addition d'une cession de créance et d'une cession de dette * Rapport, *JO 11 févr. 2016* (comp. note 8 ss. art. 1717). ♦ Comp. notes ss. art. 1690, pour les clauses de substitution dans les promesses. ♦ Sur la distinction entre la cession d'un bail et sa transmission universelle découlant de la dissolution de la société locataire, V. • Civ. 3e, 9 avr. 2014, n° 13-11.640 P : *cité note 4 ss. art. 1844-5.*

3. *Accord anticipé à la cession de contrat : licéité de principe.* V., sous l'empire du droit antérieur : ne donne pas de base légale à sa décision la cour d'appel qui, pour condamner un client ayant commandé des matériaux à un fournisseur à en payer le coût à une autre société à qui ce fournisseur aurait confié la revente de sa production, ne recherche pas si, dans le contrat conclu entre le fournisseur et le client ou ultérieurement, le client avait donné son accord à la substitution de son cocontractant. • Com. 6 mai 1997, n° 94-16.335 P : *D. 1997. 588, note Billiau et Jamin ; JCP E 1997. II. 1027, note Leveneur ; RTD civ. 1997. 936, obs. Mestre ; Defrénois 1997. 36633, obs. Mazeaud.* ♦ V. aussi • Com. 6 mai 1997, n° 95-10.252 P.

4. ... *Clause abusive.* Selon l'art. R. 132-2 C. consom., dans sa rédaction résultant du Décr. du 18 mars 2009, « dans les contrats conclus entre des professionnels et des non-professionnels ou des consommateurs, sont présumées abusives au sens des dispositions du 1er et du 2e al. de l'art. L. 132-1, sauf au professionnel à rapporter la preuve contraire, les clauses ayant pour objet ou pour effet de : [...] 5° Permettre au professionnel de procéder à la cession de son contrat sans l'accord du non-professionnel ou du consommateur et lorsque cette cession est susceptible d'engendrer une diminution des droits du non-professionnel ou du consommateur ».

5. *Consentement tacite du cédé.* V. en droit du travail : sauf application éventuelle de l'art. L. 1224-1 C. trav., le changement d'employeur prévu et organisé par voie conventionnelle suppose l'accord exprès du salarié, qui ne peut résulter de la seule poursuite de son contrat de travail sous une autre direction. • Soc. 19 mai 2016, nos 14-26.556 et 14-26.557 P : *D. 2016. 1144 ; Dr. soc. 2016. 650, note Tournaux ; RDT 2016. 482, obs. Reynès ; JCP 2016, n° 649, note Casey.*

6. *Obligations d'information : cédé.* L'obligation d'information précontractuelle, édictée par l'art. L. 330-3 C. com., doit être respectée par le concédant qui donne son agrément au nouveau concessionnaire à l'occasion d'une cession du contrat. • Com. 21 févr. 2012, n° 11-13.653 P : *D. 2012. 677, obs. Chevrier ; ibid. 2013. 732, obs. Ferrier ; RTD com. 2012. 723, obs. Saintourens ; RDC 2012. 1260, obs. Grimaldi.*

7. ... *Cessionnaire.* La cession du fonds de commerce qui comprend la cession du bail n'entraîne pas la transmission de l'obligation d'informer le bailleur de la sous-location intervenue antérieurement à la cession du fonds. • Civ. 3e, 17 sept. 2008, n° 07-10.170 P : *D. 2008. 2426, obs. Forest ; RTD civ. 2008. 677, obs. Fages .*

8. ... *Prise d'acte par le cédé.* En payant un loyer entre les mains du cessionnaire, après une mise en demeure, le cédé prend acte de la cession intervenue. • Com. 9 juin 2022, n° 20-18.490 B : *D. 2022. 1692, note Pellier ; RTD civ. 2022. 614, obs. Barbier. CCC 2022, n ° 148, note Leveneur.*

Art. 1216-1 *(Ord. n° 2016-131 du 10 févr. 2016, art. 2, en vigueur le 1er oct. 2016)* **Si le cédé y a expressément consenti, la cession de contrat libère le cédant pour l'avenir.**

A défaut, et sauf clause contraire, le cédant est tenu solidairement à l'exécution du contrat. — *Dispositions transitoires, V. Ord. n° 2016-131 du 10 févr. 2016, art. 9, ss. art. 1386-1.*

1. *Obligations du cédant.* Pour l'existence d'un engagement solidaire du cédant et du cessionnaire, *V. aussi C. tourisme,* art. L. 211-12, al. 2 (« le cédant et le cessionnaire sont responsables solidairement, vis-à-vis du vendeur, du paiement du solde du prix ainsi que des frais supplémentaires éventuels occasionnés par cette cession »). ♦ Comp., sous l'empire du droit antérieur : en cas de cession régulière d'un bail commercial, et en l'absence de clause de solidarité entre cédant et cessionnaire, le bailleur ne peut exiger du cédant le paiement des loyers échus postérieurement à la cession. • Civ. 3e, 12 juill. 1988 : *Bull. civ. III, n° 125 ; RTD civ. 1990. 677, obs. Rémy* • 15 janv. 1992 : *Gaz. Pal. 1992. 2. 654, note Barbier.* ♦ Sauf convention contraire, le cédant d'un bail commercial n'est pas tenu de garantir au bailleur le paiement des indemnités d'occupation dues par le cessionnaire après la résiliation du bail. • Civ. 3e, 28 oct. 2009, n° 08-16.826 P.

Dès lors que l'offre n'avait pas soumis la clause de substitution au profit d'une société en cours de création à la condition que celle-ci s'opérerait sans garantie de l'acquéreur substitué, le juge-commissaire devait retenir que, l'acceptation de la faculté de substitution ne déchargeant jamais, à elle seule, le débiteur originaire de sa dette, l'offrant restait tenu du paiement du prix de cession. • Com. 14 nov. 2019, n° 18-18.833 P.

2. La clause d'un bail commercial par laquelle le cédant reste garant solidaire du cessionnaire pour le paiement des loyers et l'exécution des clauses du bail doit s'appliquer jusqu'à l'expiration du bail tacitement reconduit. • Civ. 3e, 5 juin 2002, n° 00-20.806 P : *D. 2002. 2471, obs. Rouquet ; JCP E 2003. 807, note Keita ; ibid. 585, n° 14, obs. André ; Rev. loyers 2002. 496, obs. Quément ; RTD civ. 2002. 830, obs. Gautier* • 7 févr. 2007, n° 06-11.148 P : *D. 2007. AJ 664, obs. Rouquet ; ibid. Pan. 1649, obs. Rozès ; AJDI 2007. 651, obs. Blatter ; RDC 2007. 812, obs. Seube.*

3. Obligations du cessionnaire. Les cessions successives d'un bail commercial opérant transmission des obligations en découlant au dernier titulaire du contrat, celui-ci devient débiteur envers son bailleur de la réparation des dégradations commises par ses prédécesseurs. • Civ. 3e, 30 sept. 2015, n° 14-21.237 P. ♦ Sauf stipulation contraire dans l'acte de cession, le cessionnaire est tenu envers le bailleur en sa qualité d'ayant cause du cédant des dégradations causées par celui-ci, sauf celles pour lesquelles ce dernier s'était engagé à effectuer les réparations lors de l'établissement de l'état des lieux de sortie. • Civ. 3e, 13 juin 2001 : *AJDI 2002. 28, obs. Briand* . ♦ Les cessions successives d'un bail (commercial) opèrent transmission des obligations en découlant au dernier titulaire du contrat qui devient débiteur envers le bailleur des dégradations causées par ses prédécesseurs. • Civ. 3e, 9 juill. 2003, n° 02-11.794 P : *D. 2003. AJ 2312, obs. Rouquet ; JCP 2003. I. 186, nos 20 s., obs. Barthez ; Gaz. Pal. 2003. 3142, note Barbier ; AJDI 2003. 756, note Dumont ; Loyers et copr. 2003, n° 197, obs. Brault et Pereira-Osouf ; RTD civ. 2003. 725, obs. Gautier* .

Art. 1216-2 *(Ord. n° 2016-131 du 10 févr. 2016, art. 2, en vigueur le 1er oct. 2016)* **Le cessionnaire peut opposer au cédé les exceptions inhérentes à la dette, telles que la nullité, l'exception d'inexécution, la résolution ou la compensation de dettes connexes. Il ne peut lui opposer les exceptions personnelles au cédant.**

Le cédé peut opposer au cessionnaire toutes les exceptions qu'il aurait pu opposer au cédant. — *Dispositions transitoires, V. Ord. n° 2016-131 du 10 févr. 2016, art. 9, ss. art. 1386-1.*

Art. 1216-3 *(Ord. n° 2016-131 du 10 févr. 2016, art. 2, en vigueur le 1er oct. 2016)* **Si le cédant n'est pas libéré par le cédé, les sûretés qui ont pu être consenties subsistent. Dans le cas contraire, les sûretés consenties par** *(L. n° 2018-287 du 20 avr. 2018, art. 9)* **« le cédant ou par » des tiers ne subsistent qu'avec leur accord.**

Si le cédant est libéré, ses codébiteurs solidaires restent tenus déduction faite de sa part dans la dette. — *Dispositions transitoires, V. Ord. n° 2016-131 du 10 févr. 2016, art. 9, ss. art. 1386-1.*

Les modifications apportées par la L. n° 2018-287 du 20 avr. 2018 à l'art. 1216-3 ont un caractère interprétatif (L. préc., en vigueur le 1er oct. 2018, art. 16-I). — Sur les conséquences du caractère interprétatif d'une modification législative, V. L. préc., ss. art. 1386-1.

BIBL. ▶ DANIS-FATÔME et MÉLOT-CORDONNIER, *AJ contrat 2018. 304* (transmission des obligations et loi de ratification). - DESHAYES, *RDC 2017. 189* (proposition de modification). - JUILLET, *RDC 2017. 382* (sort des sûretés du cédé dans la cession de contrat de droit commun).

SECTION 5 L'inexécution du contrat

(Ord. n° 2016-131 du 10 févr. 2016, art. 2, en vigueur le 1er oct. 2016)

DALLOZ ACTION *Droit de la responsabilité et des contrats 2023/2024, nos 321.00 s.*

DALLOZ RÉFÉRENCE *Le nouveau droit des obligations et des contrats 2019/2020, nos 128.00 s.*

BIBL. ▶ AYNÈS, Les remèdes unilatéraux (résolution unilatérale, réduction de prix) *in* Réforme du droit des contrats et pratique des affaires, *dir. Ph. Stoffel-Munck, Dalloz, 2015, p. 113* - DESHAYES, *RDC 2019. 29* (mise en demeure préalable aux sanctions de l'inexécution contractuelle). - DISSAUX et JAMIN, Projet de réforme, *supplément C. civ. 2016, p. 125.* - DURAND-PASQUIER, *RDI 2016. 355* (droit immobilier). - GROSSER, *LPA 2015, n° 176-177, p. 78 ; AJCA 2014. 320* (l'exception d'inexécution) ; *Dr. et patr. 5/2016. 71.* - FRANÇOIS, *Dr. soc. 2023. 196* (négociation collective et accord collectif, classification des sanctions). - LAITHIER, *JCP 25 mai 2015, suppl. au n° 21, p. 47 ; RDC civ. 2016, hors-série, p. 39.* - LARDEUX, *JCP 2021, n° 502* (contrôle de proportionnalité des sanctions en matière contractuelle). - LÉCUYER, *CCC 2016.*

Dossier 7. – Le Gac-Pech, *JCP 2016, n° 991* (proportionnalité de la sanction). – Martinon, *Dr. soc. 2023. 234* (actions en exécution de l'accord collectif de travail). – Oudot, *JCP 2016, n° 769*. – Dossier, *Dr. et patr. 6/2016. 38* (inexécution des contrats). – Dossier, *AJ contrat 2017. 9* (renouvellement des sanctions contractuelles).

Art. 1217 *(Ord. n° 2016-131 du 10 févr. 2016, art. 2, en vigueur le 1er oct. 2016)* **La partie envers laquelle l'engagement n'a pas été exécuté, ou l'a été imparfaitement, peut :**

— refuser d'exécuter ou suspendre l'exécution de sa propre obligation ;

— poursuivre l'exécution forcée en nature de l'obligation ;

— *(L. n° 2018-287 du 20 avr. 2018, art. 10)* **« obtenir** *[ancienne rédaction : solliciter]* **» une réduction du prix ;**

— provoquer la résolution du contrat ;

— demander réparation des conséquences de l'inexécution.

Les sanctions qui ne sont pas incompatibles peuvent être cumulées ; des dommages et intérêts peuvent toujours s'y ajouter. — *Dispositions transitoires, V. Ord. n° 2016-131 du 10 févr. 2016, art. 9, ss. art. 1386-1.*

Les modifications apportées par la L. n° 2018-287 du 20 avr. 2018 à l'art. 1217 ont un caractère interprétatif (L. préc., en vigueur le 1er oct. 2018, art. 16-I). — Sur les conséquences du caractère interprétatif d'une modification législative, V. L. préc., ss. art. 1386-1.

Comp. C. civ., art. 1142 anc., 1147 anc. et 1184 anc. (résolution).

Sur les conséquences de l'état d'urgence sanitaire lié au covid-19 sur les délais, V. Ord. n° 2020-306 du 25 mars 2020 et la Circ. du 26 mars 2020 de présentation du titre I de cette Ord. — V. également Ord. n° 2020-315 du 25 mars 2020 relative aux conditions financières de résolution de certains contrats de voyages touristiques et de séjours en cas de circonstances exceptionnelles et inévitables ou de force majeure et Ord. n° 2020-538 du 7 mai 2020 relative aux conditions financières de résolution de certains contrats en cas de force majeure dans les secteurs de la culture et du sport, App., v° Mesures d'urgence sanitaire - Covid-19.

BIBL. ▶ Desgorces, *Mél. Tallon, Soc. légis. comp., 1999, p. 243* (remèdes à l'inexécution du débiteur). – Dissaux, *AJ contrat 2017. 10* (nouvelles sanctions en matière contractuelle). – Dross, *RTD civ. 2018. 787* (la déception contractuelle). – Gridel et Laithier, *JCP 2008. I. 143* (sanctions civiles de l'inexécution du contrat). – Guiguet-Schielé, *RTD civ. 2021. 797* (incompatibilité des sanctions de droit commun de l'inexécution contractuelle). – Hauksson-Tresch, *LPA 29 mai 1998* (détermination par le juge du mode de réparation). – Kouhaiz, *Rev. sociétés 2019. 87* (compatibilité des sanctions dans les pactes d'associés). – Ta, *Dr. et patr. 2019/5. 13* (articulation des sanctions contractuelles de l'inexécution du contrat avec les solutions de droit commun).

A. PRINCIPE : LIBERTÉ DE CHOIX DE LA SANCTION PAR LE CRÉANCIER

1. *Incidence des sanctions conventionnellement stipulées.* La stipulation de sanctions à l'inexécution du contrat n'exclut pas la mise en œuvre des solutions issues du droit commun des obligations. • Civ. 3e, 14 févr. 2019, n° 17-31.665 P : *D. 2019. 381 ; RDI 2019. 280, obs. Tournafond et Tricoire ; RTD civ. 2019. 330, obs. Barbier ; JCP 2019, n° 363, note Deshayes* (possibilité pour un contractant d'invoquer l'exception d'inexécution en réponse à un retard de paiement déjà sanctionné par la stipulation de pénalités contractuelles).

2. *Paiement du prix ou résolution.* Le créancier d'une obligation contractuelle de sommes d'argent demeurée inexécutée est toujours en droit de préférer le paiement du prix au versement de dommages-intérêts ou à la résolution de la convention. • Civ. 1re, 9 juill. 2003 : *JCP 2004. I. 163, nos 4 s., obs. Viney ; RTD civ. 2003. 709, obs. Mestre et Fages*. ♦ Dans ce cas, le juge qui se borne à ordonner l'exécution du contrat qui n'a pas été résilié ni annulé n'a pas à procéder à une évaluation de préjudice. • Civ. 1re, 19 juin 2007 : *LPA 25 juill. 2007, note Garaud (2e esp.)*.

3. *Exécution forcée ou dommages et intérêts.* L'entrepreneur responsable de désordres de construction ne peut imposer à la victime la réparation en nature du préjudice subi par celle-ci. • Civ. 3e, 28 sept. 2005, n° 04-14.586 P : *JCP 2006. II. 10010, note Noblot ; Defrénois 2006. 1507, obs. Périnet-Marquet ; CCC 2006, n° 4, note Leveneur ; RDI 2005. 458, obs. Malinvaud ; RDC 2006. 818, obs. Viney ; RTD civ. 2006. 129, obs. Jourdain ; ibid. 311, obs. Mestre et Fages*. ♦ Comp. : le preneur à bail de locaux à usage d'habitation, qui recherche la responsabilité du bailleur pour défaut d'exécution de son obligation d'entretien, ne peut refuser l'offre de ce dernier d'exécuter son obligation en nature. • Civ. 3e, 27 mars 2013, n° 12-13.734 P : *D. 2013. 910 ; AJDI 2014. 203, obs. Maire ; RTD civ. 2013. 603, obs. Barbier ; RDC 2013. 890, obs.*

Génicon ; ibid. 903, obs. Viney ; ibid. 974, obs. Seube.

Rappr. aussi les art. 1345 s., sur le refus du créancier d'accepter le paiement sans motif légitime.

4. Résolution ou clause pénale. La stipulation d'une clause pénale à défaut d'exécution d'une convention n'emporte pas de plein droit renonciation du créancier à poursuivre la résolution de cette convention. • Civ. 3e, 22 févr. 1978 : *Bull. civ. III, n° 99.*

B. LIMITES À LA LIBERTÉ DE CHOIX

5. Sanctions compatibles : résiliation du contrat et clause pénale. La clause d'un contrat de location de matériel fixant, d'un commun accord entre les parties, l'indemnité mise à la charge du locataire en cas de résiliation au montant total des loyers restant à courir ne se heurte pas à la règle d'option, entre exécution forcée et résolution, résultant des dispositions des anciens art. 1184 et 1228. • Com. 4 juill. 1972 : *Bull. civ. IV, n° 213 ; D. 1972. 732, note Malaurie* • 22 févr. 1977 : *Bull. civ. IV, n° 58.*

6. Sanctions incompatibles : exécution du principal et clause pénale. Rappr. la solution posée par l'anc. art. 1229, al. 2, qualifiée « d'évidente » par le rapport sur l'ordonnance, qui disposait que le créancier « ne peut demander en même temps le principal et la peine, à moins qu'elle n'ait été stipulée pour le simple retard ».

7. Non-cumul des responsabilités délictuelle et contractuelle. V. ss. art. 1231-1 (présentation générale) et 1231-5 (clause pénale).

8. Respect préalable des clauses de conciliation ou de médiation. La clause d'un contrat instituant une procédure de conciliation obligatoire et préalable à toute instance judiciaire s'impose au juge, quelle que soit la nature de celle-ci. • Civ. 1re, 1er oct. 2014, n° 13-17.920 P : *D. 2014. 2541, obs. Clay ; ibid. 2015. 287, obs. Fricero ; RTD civ. 2015. 131, obs. Barbier ; ibid. 187, obs. Théry ; Defrénois 2015. 28, obs. Albarian et Poli ; RDC 2015. 88, note Pelletier* (nécessité de respecter la procédure avant une procédure d'exécution forcée). ♦ L'existence d'une clause contractuelle instituant un préalable obligatoire de conciliation constitue une fin de non-recevoir. • Civ. 1re, 30 oct. 2007, n° 06-13.366 P. ♦ Dans le même sens : • Civ. 1re, 8 avr. 2009, n° 08-10.866 P (qui approuve les juges du fond d'avoir fait droit à la fin de non-recevoir tirée de l'existence d'une clause de médiation prévoyant la possibilité de saisir le juge seulement « en cas d'échec ou de refus de la médiation », soulignant qu'en présence d'une telle clause, on ne peut par avance refuser la procédure de médiation qui n'a pas encore été mise en œuvre). • Civ. 2e, 16 déc. 2010, n° 09-71.575 P : *D. 2011. 172 ; RTD civ. 2011. 170, obs. Perrot ; RDC 2011. 916, obs. Pelletier.* • Com. 13 oct. 2015, n° 14-19.734 P. ♦ Mais une clause imposant ou permettant une médiation préalablement à la présentation d'une demande en justice relative aux droits et obligations contractuels des parties ne peut, en l'absence de stipulation expresse en ce sens, faire obstacle à l'accomplissement d'une mesure d'exécution forcée. • Civ. 2e, 22 juin 2017, n° 16-11.975 P : *D. 2017. Chron. C. cass. 1868, obs. de Leiris ; RTD civ. 2017. 653, obs. Barbier ; RDC 2017. 648, note Pelletier.*

En raison de l'existence en matière prud'homale d'une procédure de conciliation préliminaire et obligatoire, une clause du contrat de travail qui institue une procédure de conciliation préalable en cas de litige survenant à l'occasion de ce contrat n'empêche pas les parties de saisir directement le juge prud'homal de leur différend. • Soc. 5 déc. 2012 : *D. 2012. 2936, obs. Clay ; Just. et cass. 2013. 178, rapp. Corbel ; ibid. 186, avis Lalande ; RDT 2013. 124, obs. Serverin ; Dr. soc. 2013. 178, obs. Boulmier ; ibid. 576, note Tournaux ; RDC 2013. 1010, obs. Pelletier.* ♦ La clause contractuelle prévoyant une tentative de règlement amiable, non assortie de conditions particulières de mise en œuvre, ne constitue pas une procédure de conciliation obligatoire préalable à la saisine du juge, dont le non-respect caractérise une fin de non-recevoir s'imposant à celui-ci. • Com. 29 avr. 2014 : *D. 2014. 1044 ; AJCA 2014. 176, obs. Fricero ; RTD civ. 2014. 655, obs. Barbier ; JCP 2014, n° 1128, note Foulon et Strickler.*

Art. 1218 *(Ord. n° 2016-131 du 10 févr. 2016, art. 2, en vigueur le 1er oct. 2016)* **Il y a force majeure en matière contractuelle lorsqu'un événement échappant au contrôle du débiteur, qui ne pouvait être raisonnablement prévu lors de la conclusion du contrat et dont les effets ne peuvent être évités par des mesures appropriées, empêche l'exécution de son obligation par le débiteur.**

Si l'empêchement est temporaire, l'exécution de l'obligation est suspendue à moins que le retard qui en résulterait ne justifie la résolution du contrat. Si l'empêchement est définitif, le contrat est résolu de plein droit et les parties sont libérées de leurs obligations dans les conditions prévues aux articles 1351 et 1351-1. — *Dispositions transitoires, V. Ord. n° 2016-131 du 10 févr. 2016, art. 9, ss. art. 1386-1.*

Comp. C. civ., art. 1148 anc. (force majeure) et 1184 anc. (résolution).

Sur les conséquences de l'état d'urgence sanitaire lié au covid-19 sur certains contrats, V. Ord. n° 2020-315 du 25 mars 2020 relative aux conditions financières de résolution de certains contrats de voyages touristiques et de séjours en cas de circonstances exceptionnelles et inévitables ou de force majeure et Ord. n° 2020-538 du 7 mai 2020 relative aux conditions financières de résolution de certains contrats en cas de force majeure dans les secteurs de la culture et du sport, App., v° Mesures d'urgence sanitaire – Covid-19, .

RÉP. CIV. v° *Force majeure,* par F. GRÉAU.

BIBL. ▶ BARBA, *RTD civ. 2022. 287* (force majeure procédurale). – BROS, *Dr. et patr. 6/2016. 40.* – DUBREUIL, *AJDA 2022. 2162* (force majeure en droit des contrats administratifs). – DUPONT, *CCC 2021. Étude 7* (le créancier peut-il invoquer la force majeure ?). – POUMARÈDE, *RDI 2017. 456* (clause de force majeure dans les contrats de construction – validité et rédaction). – V. Bibl. ss. art. 1148 anc.

▶ **Covid-19 et force majeure :** AYNÈS et BÉNABENT, *RDC 2021/1. 157* (force majeure et révision pour imprévision). – BUCHER, *CCC 2020. Étude 5* (force majeure et imprévision). – HEINICH, *D. 2020. 611* (incidence de l'épidémie de coronavirus sur les contrats d'affaires : de la force majeure à l'imprévision). – LANDIVAUX, *D. actu. 20 mars 2020* (contrats et coronavirus : un cas de force majeure ?). – P. GUIOMARD, *D. actu. 4 mars 2020* (la grippe, les épidémies et la force majeure en dix arrêts). – MEKKI, *AJ contrat 2020. 164* (boîte à outils contractuels). – ZIADÉ et CAVICCHIOLI, *AJ contrat 2020. 176* (contrats commerciaux). – Dossier, *AJ contrat 2020. 164* .

1. *Notion de force majeure : empêchement du débiteur.* L'art. 1218 vise tout « événement » qui « empêche l'exécution de son obligation par le débiteur ». V. sous l'empire du droit antérieur à la réforme, les décisions qui évoquaient les événements qui « rendent l'exécution de l'obligation impossible » et pas seulement plus onéreuse, note 3 ss. art. 1148 anc.

2. *... Et non du créancier.* Il y a force majeure en matière contractuelle lorsqu'un événement échappant au contrôle du débiteur, qui ne pouvait être raisonnablement prévu lors de la conclusion du contrat et dont les effets ne peuvent être évités par des mesures appropriées, empêche l'exécution de son obligation par le débiteur ; il en résulte que le créancier qui n'a pu profiter de la prestation à laquelle il avait droit ne peut obtenir la résolution du contrat en invoquant la force majeure. • Civ. 1re, 25 nov. 2020, n° 19-21.060 P : *D. 2021. 114, note Tisseyre ; ibid. 89, obs. C. Grimaldi ; ibid. 310, obs. Boffa et Mekki ; ibid. Chron. C. cass. 483, obs. Serrier ; AJ contrat 2020. 554, obs. Mekki ; AJDI 2021. 118, obs. Houtcieff ; RTD civ. 2021. 126, obs. Barbier ; ibid. 152, obs. Jourdain ; JCP 2020, n° 1409, note Mekki ; CCC 2021, n° 1, note Leveneur ; RDC 2021/1. 17, note Latina* (curiste empêché de bénéficier de l'intégralité de son séjour en raison d'une hospitalisation). ♦ Le créancier qui n'a pu profiter de la contrepartie à laquelle il avait droit ne peut pas non plus obtenir la suspension de son obligation en invoquant la force majeure. • Civ. 3e, 30 juin 2022, n° 21-20.190 B : *D. 2022. 1445, note Houtcieff ; ibid. 1398, obs. Tisseyre ; AJDI 2022. 605, obs. Blatter ; RTD civ. 2022. 887, obs. Barbier ; ibid. 912, obs. Gautier ; RTD com. 2022. 435, obs. Kendérian ; JCP 2022, n° 975, note Monéger ; CCC 2022, n° 129, note Leveneur ; Defrénois 2022/42. 35, obs. Huet* (locataire commercial exploitant un supermarché n'ayant pu pendant une certaine période recevoir du public en raison des mesures gouvernementales de lutte contre le covid). ♦ Comp. pour un cas où les mesures de lutte contre le covid ont rendu impossible l'exécution par le débiteur de la prestation objet du contrat. • Com. 18 janv. 2023, n° 21-16.812 B : *cité note 3 ss. art. 1224,* ayant admis la résolution du contrat.

3. *Caractères de la force majeure : imprévisibilité.* L'art. 1218 évoque un événement « qui ne pouvait être raisonnablement prévu lors de la conclusion du contrat ». Sous l'empire du droit antérieur à la réforme, la jurisprudence (• Cass., ass. plén., 14 avr. 2006) visait tout événement présentant un « caractère imprévisible lors de la conclusion du contrat ». V. notes 11 s. ss. art. 1148 anc.

4. *... Irrésistibilité.* L'art. 1218 vise tout événement « échappant au contrôle du débiteur » et « dont les effets ne peuvent être évités par des mesures appropriées ». Sous l'empire du droit antérieur à la réforme, la jurisprudence (• Cass., ass. plén., 14 avr. 2006) visait tout événement rendant le contrat « irrésistible dans son exécution ». V. notes 21 s. ss. art. 1148 anc.

5. *... Extériorité.* L'art. 1218 ne reprend plus explicitement cette condition (V. Rapport sur l'ordonnance, *JO 11 févr. 2016,* considérant que la condition avait été abandonnée en 2006 par l'Assemblée plénière). L'idée reste partiellement présente dans l'exigence d'un événement échappant au contrôle du débiteur (rappr. note 25 ss. art. 1148 anc.), solution pouvant sans doute s'appliquer aussi aux événements provoqués par des personnes sous le contrôle du débiteur (V. note 25 ss. art. 1148 anc.). ♦ Comp. sous l'empire du droit antérieur à la réforme, l'exclusion traditionnelle de la force majeure lorsque l'événement provient de la défectuosité d'un matériel fourni ou utilisé par le débiteur : notes 29 et 30 ss. art. 1148 anc. ♦ Rappr. sans référence explicite à la force majeure : les vices affectant les matériaux ou les éléments d'équipement mis en œuvre par un constructeur ne constituent pas une cause susceptible de l'exonérer de la responsabilité qu'il encourt à l'égard du maître de l'ouvrage, quel que soit le fondement de cette responsabilité. • Civ. 3e, 16 févr. 2022, n° 20-19.047 B : *D. 2022. 585, avis Brun ; ibid. 590, note Borghetti ; RDC 2022/2. 55, note Thibierge ; RCA 2022, n° 105, obs. Menard.*

6. Clauses relatives à la force majeure. Clauses restrictives : V. note 4 ss. art. 1148 anc. ♦ Clauses extensives : sur leur caractère abusif entre un consommateur et un non-professionnel, V. note ss. art. L. 212-1 C. consom., ss. art. 1171, et C. consom., art. R. 212-1-6°. – *C. consom.*

7. Effets de la force majeure : empêchement temporaire. L'art. 1218, al. 2, confirme la jurisprudence antérieure ne donnant qu'un effet suspensif aux empêchements temporaires : V. note 9 ss. art. 1148 anc.

8. ... Empêchement définitif. L'art. 1218, al. 2, précise explicitement le régime de la constatation d'un empêchement définitif en renvoyant explicitement aux art. 1351 et 1351-1. ♦ V. aussi art. 1351 et 1351-1. ♦ Comp. antérieurement le renvoi généralement admis à l'anc. art. 1184 : note 8 ss. art. 1148 anc.

9. Preuve de la force majeure. V. sous l'empire du droit antérieur à la réforme, notes 4 (circonstances inconnues) et 5 (portée d'une constatation administrative) ss. art. 1148 anc.

SOUS-SECTION 1 L'exception d'inexécution

(Ord. n° 2016-131 du 10 févr. 2016, art. 2, en vigueur le 1er oct. 2016)

Art. 1219 *(Ord. n° 2016-131 du 10 févr. 2016, art. 2, en vigueur le 1er oct. 2016)* **Une partie peut refuser d'exécuter son obligation, alors même que celle-ci est exigible, si l'autre n'exécute pas la sienne et si cette inexécution est suffisamment grave.** – *Dispositions transitoires, V. Ord. n° 2016-131 du 10 févr. 2016, art. 9, ss. art. 1386-1.*

DALLOZ ACTION *Droit de la responsabilité et des contrats 2023/2024, nos 3211.00 s.*

BIBL. ▸ Atias, *D. 2003. Chron. 1103* (les « risques et périls » de l'exception d'inexécution). – Cuzacq, *LPA 7 mai 2003* (notion de riposte proportionnée). – Guérin et Genty, *AJ contrat 2017. 17* (exception d'inexécution et formes de résolution du contrat). – Pinna, *RTD civ. 2003. 31* (l'exception pour risque d'inexécution). – Roche-Dahan, *D. 1994. Chron. 255* (l'exception d'inexécution, une forme de résolution unilatérale du contrat synallagmatique). – Mekki, *Gaz. Pal. 30 avr. 2015, n° 120, p. 37 s.* (remèdes à l'inexécution) – Malecki, L'exception d'inexécution, *LGDJ, 1999.* – Pillebout, Recherches sur l'exception d'inexécution, *LGDJ, 1971.* – R. Cassin, De l'exception tirée de l'inexécution dans les rapports synallagmatiques (exception *non adimpleti contractus*) et de ses relations avec le droit de rétention, la compensation et la résolution, *Sirey, 1914.*

1. Principe. L'interdépendance des obligations réciproques résultant d'un contrat synallagmatique comme le bail permet à l'une des parties de ne pas exécuter son obligation lorsque l'autre n'exécute pas la sienne (en conséquence, un preneur est fondé à refuser le paiement des loyers dès lors que le bailleur refuse les réparations nécessitées par l'état des lieux). • Soc. 31 mai 1956 : *Bull. civ. IV, n° 503.* ♦ Le refus par un salarié de reprendre le travail peut être légitimé par un manquement de l'employeur à ses obligations. • Soc. 23 juin 2009, n° 07-44.844 P. ♦ Lorsqu'un salarié n'est pas en mesure de fournir la prestation inhérente à son contrat de travail, l'employeur ne peut être tenu de lui verser un salaire que si une disposition légale, conventionnelle ou contractuelle lui en fait obligation • Soc. 28 nov. 2018, n° 17-15.379 P : *D. 2019. 326, note Salomon et David ; Dr. soc. 2019. 360, obs. Mouly* (salarié ne disposant plus du véhicule automobile nécessaire à l'accomplissement de son travail).

A. CONDITIONS

2. Des obligations nées d'un même contrat. L'exception d'inexécution ne saurait être invoquée qu'à propos d'obligations nées d'une même convention : V. • Com. 26 nov. 1973 : *Bull. civ. V, n° 340* • Civ. 1re, 20 mai 2003, n° 00-19.751 P (inexécution d'une prestation étrangère au contrat). ♦ Dans le même sens : • Rouen, 1er févr. 1854 : *S. 1856. 2. 398* (qui refuse au preneur, devenu créancier du bailleur auquel il a consenti un prêt, la possibilité de suspendre le paiement des loyers bien que la somme empruntée n'ait pas été remboursée). ♦ Toutefois l'inexécution d'une convention peut être justifiée si le contractant n'a pas lui-même satisfait à une obligation contractuelle, même découlant d'une convention distincte, dès lors que l'exécution de cette dernière est liée à celle de la première • Com. 12 juill. 2005 : *JCP 2005. I. 194, n° 19 s., obs. Constantin ; Defrénois 2006. 610, obs. Libchaber ; RTD civ. 2006. 307, obs. Mestre et Fages* .

3. L'inexécution d'une obligation certaine. En aucun cas un preneur à bail rural ne peut, pour refuser le paiement des fermages échus, qui constituent une créance certaine, liquide et exigible, opposer au bailleur l'inexécution par lui de travaux qui représentent une créance incertaine. • Soc. 7 juill. 1955 : *Bull. civ. IV, n° 595 ; D. 1957. 1, note Savatier.* ♦ Certaines décisions admettent cependant le jeu de l'exception d'inexécution alors que la créance de l'*excipiens* n'est ni liquide ni exigible : V. • Com. 2 févr. 1993 : *RTD civ. 1993. 819, obs. Mestre* (arrêt qui rejette le pourvoi dirigé contre la décision d'une cour d'appel qui avait admis que le cessionnaire de parts d'une société civile puisse suspendre le versement du solde du prix de cession en relevant simplement que les éléments versés aux débats étaient de nature à laisser penser que le cessionnaire serait fondé à faire jouer les clauses de garantie d'actif et de passif stipulées en sa faveur). ♦ Un crédit-preneur immobilier ne peut invoquer l'exception d'inexécution pour suspendre le paiement de ses échéances en invoquant des vices cachés de la construction dont le crédit-bailleur s'est valablement exonéré, compte tenu de son rôle purement financier. • Civ. 3e, 15 janv. 2003, n° 00-16.453 P.

4. Une inexécution imputable au débiteur : incidence des mesures administratives prises pendant la crise covid. Dès lors que l'impossibilité d'exploiter un local commercial résultant d'une mesure générale de police administrative portant interdiction de recevoir du public est le seul fait du législateur, cette impossibilité n'est pas constitutive d'une inexécution de l'obligation de délivrance de la part du bailleur qui justifierait que le preneur invoque l'exception d'inexécution pour se soustraire à son obligation de payer les loyers. • Civ. 3e, 30 juin 2022, n° 21-20.190 B : *D. 2022. 1445, note Houtcieff ; ibid. 1398, obs. Tisseyre ; AJDI 2022. 605, obs. Blatter ; RTD civ. 2022. 887, obs. Barbier ; ibid. 912, obs. Gautier ; RTD com. 2022. 435, obs. Kendérian ; JCP 2022, n° 975, note Monéger ; CCC 2022, n° 129, note Leveneur, Monéger ; Defrénois 2022/42. 35, obs. Huet* (incidence des mesures prises pour lutter contre l'épidémie de covid). ♦ V. aussi sur la même question • Civ. 3e, 30 juin 2022, n° 21-20.127 B : *D. 2022. 1445, note Houtcieff ; ibid. 1398, obs. Tisseyre ; AJDI 2022. 605, obs. Blatter ; JCP 2022, n° 975, note Monéger ; Defrénois 2022/42. 35, obs. Huet.*

5. Preuve de l'inexécution. Le cocontractant de l'*excipiens* peut saisir le juge pour faire constater que l'exception d'inexécution a été opposée à tort, les conditions n'en étant pas réunies ; il appartient alors à celui qui invoque l'exception d'inexécution en alléguant que son cocontractant n'a rempli que partiellement son obligation d'établir cette inexécution. • Civ. 1re, 18 déc. *1990, n° 89-14.975 P.*

6. Une inexécution d'une certaine gravité. L'inexécution par l'une des parties de quelques uns de ses engagements n'affranchit pas nécessairement l'autre de toutes ses obligations ; il appartient au juge de décider d'après les circonstances si cette inexécution est suffisamment grave pour entraîner pareil résultat. • Soc. 21 oct. 1954 : *Bull. civ. IV, n° 613 ; JCP 1955. II. 8563.* ♦ N'est pas fondé à suspendre le paiement des loyers le locataire qui invoque une ventilation défectueuse des lieux loués, équipés de ventilateurs il est vrai non agréés, sans apporter la preuve de leur caractère dangereux, ni même d'une imperfection rendant impossible l'usage normal des locaux. • Civ. 1re, 26 mai 1961 : *Bull. civ. I, n° 264.* ♦ V. également • Com. 30 janv. 1979 : *Bull. civ. IV, n° 41 ; D. 1979. IR 317* (qui juge que les déficiences constatées dans les matériels loués – ordinateurs – ne sont pas suffisamment graves pour rendre légitime le refus de paiement des redevances).

7. Limites : ordre public. Des copropriétaires, tenus de participer aux charges de copropriété en application des dispositions d'ordre public de la L. du 10 juill. 1965, ne peuvent refuser de payer ces charges en opposant l'inexécution de travaux décidés. • Civ. 3e, 19 déc. 2007, n° 06-21.012 P.

8. Limites : obligation de prudence pesant sur l'excipiens. L'*excipiens* doit ne suspendre ses prestations qu'avec prudence lorsque le débiteur de l'obligation inexécutée se trouve vis-à-vis de lui dans une situation de dépendance telle que l'exception d'inexécution qui pourrait être opposée à ce débiteur risquerait de mettre son entreprise en péril : V. • Toulouse, 30 oct. 1985 : *RTD civ. 1986. 591, obs. Mestre* (condamnation à réparer un ordinateur prononcée, malgré un impayé de 400 000 F, à l'encontre du constructeur d'un équipement informatique sophistiqué qui avait une importance vitale pour son utilisateur et dont la maintenance ne pouvait être assurée de manière satisfaisante que par ce constructeur).

9. Inutilité d'une mise en demeure. Celui qui oppose l'exception *non adimpleti contractus* n'est pas tenu à une mise en demeure préalable. • Com. 27 janv. 1970 : *JCP 1970. II. 16554, note A. Huet.*

10. Compatibilité avec la stipulation de sanctions conventionnelles. La stipulation de sanctions à l'inexécution du contrat n'exclut pas la mise en œuvre des solutions issues du droit commun des obligations ; en conséquence, la stipulation de pénalités contractuelles pour sanctionner un retard de paiement ne fait pas obstacle à ce que le créancier puisse opposer l'exception d'inexécution à un tel retard de paiement de son cocontractant pour suspendre l'exécution de sa propre prestation. • Civ. 3e, 14 févr. 2019, n° 17-31.665 P : *D. 2019. 381 ; RDI 2019. 280, obs. Tournafond et Tricoire ; RTD civ.* 2019. 330, obs. Barbier ; JCP 2019, n° 363, note *Deshayes* (visa de l'art. 1184 anc.).

B. EFFETS

11. Survie du contrat, qui conserve vocation à être exécuté. L'inexécution de ses obligations contractuelles par le bénéficiaire d'une concession exclusive pour la vente d'un produit permet au concédant de ne pas exécuter son obligation de respecter l'exclusivité et de vendre lui-même ses produits dans le secteur d'activité considéré, mais non de choisir un autre agent exclusif sans avoir auparavant fait prononcer judiciairement la résolution du contrat. • Com. 15 janv. 1973 : *D. 1973. 473, note Ghestin.* ♦ Dans le même sens : • Com. 1er déc. 1992, n° 91-10.930 P : *RTD civ. 1993. 578, obs. Mestre* . ♦ Il suffit que le débiteur s'exécute pour que s'évanouisse la protection du créancier, qui doit lui-même s'exécuter : V. • Orléans, 23 oct. 1975 : *JCP 1977. II. 18653, note le Tourneau* (condamnation d'un architecte qui décide de ne plus rien entreprendre sans être payé d'avance, et qui prétend même mettre un terme à sa mission, pour la raison qu'il n'a pas été payé de certains acomptes dans le délai convenu, alors que le maître d'ouvrage n'a pas attendu trois jours pour régler les acomptes qui étaient dus).

12. Inefficacité en cas de clause résolutoire acquise. L'acheteur d'un appartement vendu en état futur d'achèvement ne peut s'opposer, en invoquant une exception d'inexécution, à une clause résolutoire acquise un mois après le commandement de payer à lui adressé, dès lors que, dans ce mois, il n'a ni payé ni saisi le juge aux fins de suspension des effets de la clause résolutoire comme l'y autorisait l'art. L. 261-13 CCH. • Civ. 3e, 28 janv. 2015, n° 14-10.963 P : *D. 2015. 321* .

13. Incidence de l'ouverture d'une procédure collective. La suspension de l'exécution d'un contrat régulièrement notifiée avant l'ouverture d'une procédure collective n'est pas remise en cause par le jugement d'ouverture du redressement judiciaire. • Com. 10 oct. 2018, n° 17-18.547 P : *D. 2019. 244, note. Touzain* ; *Rev. sociétés 2019. 218, obs. Reille* ; *RTD civ. 2018. 886, obs. Barbier* (suspension de l'exécution d'un contrat d'entreprise notifiée sur le fondement de l'art. 1799-1 C. civ en raison du défaut d'obtention de la garantie financière due par le maître de l'ouvrage).

Art. 1220 *(Ord. n° 2016-131 du 10 févr. 2016, art. 2, en vigueur le 1er oct. 2016)* **Une partie peut suspendre l'exécution de son obligation dès lors qu'il est manifeste que son cocontractant ne s'exécutera pas à l'échéance et que les conséquences de cette inexécution sont suffisamment graves pour elle. Cette suspension doit être notifiée dans les meilleurs délais.** — *Dispositions transitoires, V. Ord. n° 2016-131 du 10 févr. 2016, art. 9, ss. art. 1386-1.*

BIBL. ► BRETZNER, *JCP 2016, n° 999.* – V. avant la réforme du 10 févr. 2016 : PINNA, L'exception pour risque d'inexécution : *RTD civ. 2003. 31* s.

SOUS-SECTION 2 L'exécution forcée en nature

(Ord. n° 2016-131 du 10 févr. 2016, art. 2, en vigueur le 1er oct. 2016)

Art. 1221 *(Ord. n° 2016-131 du 10 févr. 2016, art. 2, en vigueur le 1er oct. 2016)* **Le créancier d'une obligation peut, après mise en demeure, en poursuivre l'exécution en nature sauf si cette exécution est impossible ou s'il existe une disproportion manifeste entre son coût pour le débiteur** *(L. n° 2018-287 du 20 avr. 2018, art. 10)* **« de bonne foi » et son intérêt pour le créancier.** — *Dispositions transitoires, V. Ord. n° 2016-131 du 10 févr. 2016, art. 9, ss. art. 1386-1.*

Les modifications apportées par la L. n° 2018-287 du 20 avr. 2018 à l'art. 1221 ont un caractère interprétatif (L. préc., en vigueur le 1er oct. 2018, art. 16-I). — Sur les conséquences du caractère interprétatif d'une modification législative, V. L. préc., ss. art. 1386-1.

Comp. C. civ., art. 1142 anc., 1184 anc.

RÉP. CIV. v° *Exécution forcée en nature,* par V. FORTI ; *Mise en demeure,* par B. GRIMONPREZ.

DALLOZ ACTION *Droit de la responsabilité et des contrats 2023/2024,* nos 3212.00 s.

BIBL. ► GROSSER, *AJCA 2016. 119* . – LEDUC, *D. 2022. 665* (rétractation par le souscripteur d'un pacte de préférence de l'offre faite au bénéficiaire de conclure le contrat projeté). – MAZEAUD, *D. 2016. 2477* . – THIBIERGE, *AJ contrat 2018. 266* (effets du contrat et loi de ratification).

► **Droit antérieur à l'ordonnance du 10 févr. 2016 :** BELLIVIER et SEFTON-GREEN, *Études Ghestin, LGDJ, 2001, p. 91* (exécution en nature : droits français et anglais). – L. BORÉ, *Gaz. Pal. 1996. 1. Doctr. 654* (juge pénal, astreinte et obligation de faire). – DESGORCES, *Mél. Tallon, Soc. législ. comp., 1999, p. 243* (remèdes à l'inexécution du débiteur). – ÉGÉA, *D. 2012. 2111* (circulation de créance non monétaire, exemple de la délivrance). – GARAUD, *RLDC 2010/70, n° 3761* (exécution contractuelle en nature). – HAUKSSON-TRESCH, *LPA 29 mai 1998* (détermination par le juge du mode de réparation). – HORN, *AJ contrat 2019. 333* (distinction entre onérosité excessive et coût manifestement disproportionné dans le nouveau droit des contrats). – Jeandidier, *RTD civ. 1976. 700* (exécution forcée des obligations contractuelles de faire). – Lebois, *JCP 2008. I. 210* (obligations contractuelles de faire à caractère personnel). – Mairot, *RLDC 2012/90, n° 4570* (obligation de ne pas faire). – Mestre, *Mél. Raynaud, Dalloz, 1985, p. 439* (abus du droit de recouvrer sa créance).

I. PRINCIPE : DROIT À L'EXÉCUTION EN NATURE

A. RÈGLES GÉNÉRALES

1. Droit à l'exécution forcée. Sur la liberté pour le créancier de choisir la sanction de l'inexécution, notamment l'exécution forcée, sous les limites ci-dessous énoncées et celles prévues par l'art. 1222, V. notes ss. art. 1217. ♦ V. avant la réforme : • Com. 2 nov. 2016, n° 14-29.723 P : *D. 2016. 2276* ; *RTD civ. 2017. 133, obs. Barbier* (un créancier qui agit en recouvrement de sa créance dans le délai de prescription ne commet pas de faute, sauf abus dans l'exercice de ce droit).

2. ... Droit à l'exécution en nature. Sous l'empire du droit antérieur, la jurisprudence admettait déjà le droit du créancier de poursuivre l'exécution en nature des obligations de faire et de ne pas faire. V. • Civ. 3e, 11 mai 2005, n° 03-21.136 P : *D. 2005. IR 1504* ; *JCP 2005. II. 10152, note Bernheim-Desvaux ; CCC 2005, n° 187, note Leveneur ; RDI 2005. 299, obs. Malinvaud ; ibid. 2006. 307, obs. Tournafond ; RTD civ. 2005. 596, obs. Mestre et Fages,* cassant un arrêt ayant refusé de faire droit à une demande en démolition et en reconstruction d'une maison non conforme aux stipulations contractuelles. • Civ. 1re, 16 janv. 2007, n° 06-13.983 : *D. 2007. 1119, note Gout* ; *CCC 2007, n° 144, note Leveneur ; RDC 2007, obs. D. Mazeaud* (la partie envers laquelle un engagement contractuel n'a point été exécuté a la faculté de forcer l'autre à l'exécution de la convention lorsque celle-ci est possible ; le prononcé de mesures d'interdiction et de retrait, sous astreinte, destinées à assurer une telle exécution et le respect des engagements souscrits, entre dans les pouvoirs des juges du fond tenus de trancher le litige, tel que déterminé par les prétentions des parties, conformément aux règles de droit qui lui sont applicables) • Civ. 3e, 22 mai 2013, n° 12-16.217 : *RDC 2014. 22, obs Laithier ; JCP 2013. 974, n° 11, obs. P. Grosser* (une obligation contractuelle peut faire l'objet d'une exécution forcée indépendamment de la gravité du manquement contractuel). ♦ V aussi notes ss. art. 1142 à 1144 anc.

3. Modalités : astreinte. Sur les modalités de *l'astreinte, V. C. pr. exéc., art. L. 131-1 s.*, not. l'art. L. 131-2 qui dispose que « l'astreinte est indépendante des dommages-intérêts ». ♦ L'astreinte, qui est l'accessoire de la condamnation qu'elle assortit, n'est pas indépendante de l'obligation, objet de cette condamnation, dont elle vise à assurer l'exécution. • Com. 27 sept. 2016, n° 15-10.393 P : *D. 2016. 1997* ; *RTD civ. 2016. 861, obs. Barbier* .

4. Conditions : nécessité d'un préjudice (non). V. ss. l'empire du droit antérieur : viole l'ancien art. 1143 l'arrêt qui déboute un demandeur (en dommages et intérêts) au motif qu'il n'a subi aucun préjudice. • Civ. 3e, 13 nov. 1997, n° 95-21.311 P : *RTD civ. 1998. 124, obs. Jourdain* ; *ibid. 696, obs. Gautier* . ♦ Viole l'ancien art. 1145 l'arrêt qui refuse à une clinique et au cardiologue exerçant en son sein l'application de la clause de non-rétablissement stipulée à leur profit et les déboute de leurs demandes en interdiction d'exercice et en dommages-intérêts, aux motifs que cette inexécution ne leur est pas préjudiciable. • Civ. 1re, 10 mai 2005, n° 02-15.910 P : *D. 2005. IR 1505* ; *JCP 2006. I. 111, nos 3 s., obs. Stoffel-Munck ; Defrénois 2005. 1247, obs. Aubert ; CCC 2005, n° 184, note Leveneur ; RTD civ. 2005. 594, obs. Mestre et Fages, et 600, obs. Jourdain.* ♦ V. cependant *infra* notes 14 et 15 la limite de l'abus de droit ou du caractère disproportionné de l'exécution en nature. ♦ Comp., sur l'exigence d'un préjudice résultant de la faute contractuelle, note 2 ss. art. 1231-2.

5. Nature de la demande (procédure). La demande d'exécution de travaux en nature, qui tend à la réparation d'un même préjudice que la demande en paiement d'une somme représentant le coût de ces travaux formée, n'est pas nouvelle en appel. • Civ. 3e, 10 mars 2016, n° 15-12.291 P (art. 565 C. pr. civ). ♦ Toute demande tendant à la condamnation du défendeur à l'exécution d'une obligation de faire constitue en elle-même une demande indéterminée. • Civ. 2e, 6 juin 2013, n° 12-20.062 P.

B. DESTRUCTION D'UNE CONSTRUCTION

6. Non-respect du cahier des charges d'un lotissement. BIBL. Brun, *Mél. Decottignies, PU Grenoble, 2003, p. 57.* ♦ En vertu de l'art. 1143 anc., le propriétaire dans un lotissement a le droit de demander que ce qui a été fait par contravention à l'engagement résultant du cahier des charges soit détruit, indépendamment de l'existence ou de l'importance du dommage, dès lors que, l'infraction aux clauses du cahier des charges étant établie, aucune impossibilité d'exécution de la démolition n'est invoquée. • Civ. 3e, 19 mai 1981 : Bull. civ. III, n° 101. – Déjà en ce sens : • Civ. 3e, 23 mai 1978 : *Bull. civ. III, n° 213.* ♦ V. aussi • Civ. 3e, 20 nov. 1974 : *Bull. civ. III, n° 423 ; JCP 1975. II. 18060, note G.G.* • 20 déc. 1989 : *ibid. III, n° 248 ; RDI 1990. 192, obs. Bergel* (violation d'une servitude de lotissement) • 18 janv. 1972 : *ibid. III, n° 39* (infraction à une disposition du règlement de copropriété) • 25 janv. 1995, n° 92-19.600 P *(idem)* • 9 mai 2007 : *RDI 2007. 336, obs. Trébulle* (construction d'un mur en infraction au cahier des charges du lotissement) • 21 janv. 2016, n° 15-10.566 P : *AJDI 2016. 442, obs. Morin et Niel ; RDI 2016. 223, obs. Bergel ; ibid. 301, obs. Soler-Couteaux ; RTD civ. 2016. 356, obs. Barbier ; ibid. 394, obs. Dross ; ibid. 449, obs. Cayrol* (inutilité d'une question préjudicielle devant le juge administratif). ♦ Un coloti est fondé à réclamer, en application de l'ancien art. 1143, la démolition d'une construction irrégulièrement édifiée sans avoir à justifier d'un préjudice. • Civ. 3e, 21 juin 2000, n° 98-21.129 P. ♦ V. cep. : • Civ. 3e, 13 juill. 2022, n° 21-16.408 B : *D. 2022. 1647, note Genicon ; ibid. 2023. 254, obs. Boffa et Mekki ; AJDI 2023. 43, obs. Maire ; RDI 2022. 591, obs. Bergel ; Defrénois 2022/45. 18, obs. Meng ; RDC 2022/4. 10, obs. Dournaux,* posant la limite du caractère disproportionné de la démolition, *infra* note 15. ♦ Comp. aussi, l'irrecevabilité de l'action en démolition lorsque l'irrégularité a déjà fait l'objet d'une indemnisation. • Civ. 3e, 19 nov. 2008, n° 07-18.414 P.

7. Violation des règles d'urbanisme. Même solution en cas de violation de règles d'urbanisme, lorsque le demandeur justifie d'un préjudice personnel directement causé par l'infraction. • Civ. 3e, 7 juin 1979 : *Bull. civ. III, n° 124* • 18 févr. 1981 : *ibid. III, n° 38* • 22 mai 1997, n° 93-20.957 P : *D. 1998. Somm. 61, obs. A. Robert ; JCP 1997. I. 4060, n° 2, obs. Périnet-Marquet ; ibid. 4070, nos 26 s., obs. Viney ; JCP N 1998. 761, étude Chaibou ; Defrénois 1997. 1005, obs. Delebecque* (violation du POS) • 30 sept. 1998, n° 96-19.771 P : *D. 1999. 374, note Kenderian .* ♦ Sur l'incidence, depuis la L. du 31 déc. 1976 ayant ajouté au code de l'urbanisme un art. L. 480-13, de l'existence d'un permis de construire, V. • Civ. 3e, 31 janv. 1984 : *Defrénois 1984. 1309, note E. Frank* • 11 févr. 2021, n° 20-13.627 P : *D. 2021. 351 ; RDI 2021. 242, obs. Revert ; RTD civ. 2021. 454, obs. Dross* (incidence de la L. n° 2015-990 du 6 août 2015 qui limite l'action des tiers en démolition du fait de la méconnaissance des règles d'urbanisme ou des servitudes d'utilité publique à certaines zones). ♦ *Les mesures de démolition et de mise en conformité ordonnées en application de l'art. L. 480-5 C. urb. sont des mesures à caractère réel.* • Civ. 3e, 25 janv. 2012, n° 10-26.300 P : *D. 2012. 355 ; RDI 2012. 223, chron. Roujou de Boubée* (cassation de l'arrêt refusant l'expulsion au motif que la mesure ne serait pas opposable à un occupant n'étant ni bénéficiaire, ni propriétaire du terrain). V. aussi : • Civ. 3e, 29 févr. 2012, n° 10-27.889 P : *AJDA 2012. 467 ; D. 2012. 738* (les peines complémentaires, destinées à faire cesser la situation illicite résultant du non-respect de l'affection du bien dans le permis de construire, sont des mesures à caractère réel). • Civ. 1re, 14 avr. 2016, n° 15-13.194 P : *AJDA 2016. 756 ; RDI 2016. 425, obs. Soler-Couteaux* (en l'absence d'annulation du permis de construire, le juge judiciaire, saisi d'une action en démolition de l'immeuble, est tenu de se prononcer, lorsque cette action est fondée sur la méconnaissance des règles d'urbanisme ou des servitudes d'utilité publique, sur la conformité des travaux réalisés au permis de construire) • Civ. 1re, 14 févr. 2018, n° 17-14.703 P : *D. 1772, obs. Neyret et Reboul-Maupin* (s'il n'appartient qu'à la juridiction administrative de connaître de la demande tendant à l'enlèvement d'une éolienne, au motif que son implantation ou son fonctionnement serait susceptible de compromettre la commodité du voisinage, la santé, la sécurité, la salubrité publiques, l'agriculture, la protection de la nature, de l'environnement et des paysages, l'utilisation rationnelle de l'énergie, ou la conservation des sites et des monuments ainsi que des éléments du patrimoine archéologique, le juge judiciaire est compétent en revanche, lorsque le permis autorisant la construction d'une telle installation a été annulé par la juridiction administrative, pour ordonner la démolition de l'éolienne implantée en méconnaissance des règles d'urbanisme). Comp. : la mise en conformité des lieux ou des ouvrages, la démolition de ces derniers ou la réaffectation du sol, prévues par l'art. L. 480-5 C. urb., constituent des mesures à caractère réel destinées à faire cesser une situation illicite, et non des sanctions pénales. • Crim. 6 nov. 2012 : *RDI 2013. 87, obs. Roujou de Boubée* • Civ. 3e, 21 mars 2019, n° 18-13.288 P : *D. 2019. 586 ; RDI 2019. 304, obs. Revert ; ibid. 331, obs. Bergel ; JCP 2019, n° 537, note Perinet-Marquet.* ♦ Violation de l'art. 1er du protocole n° 1 en cas de refus des autorités d'exécuter une décision de démolition d'une construction illégale (non-respect des règles d'urbanisme). • CEDH, sect. II, 24 mai 2007, *Paudicio c/ Italie,* n° 77606/01.

II. LIMITES

A. EXÉCUTION IMPOSSIBLE

8. Impossibilité de délivrer un bien. Lorsque l'exécution en nature est devenue impossible, un vendeur est à bon droit condamné à exécuter son obligation de délivrance en deniers en payant à son acheteur une indemnité équivalente à la valeur actuelle de la chose vendue. • Com. 5 oct. 1993, n° 90-21.146 P (impossibilité de livrer le véhicule dont la fabrication avait été arrêtée). ♦ V. aussi : • Civ. 1re, 27 nov. 2008, n° 07-11.282 P : *RDC 2009. 613, obs. Seube* (impossibilité d'ordonner la délivrance d'un local objet d'un contrat de bail, local entretemps loué à un tiers).

9. Impossibilité de démolition. Jugé que la démolition est socialement impossible lorsque la suppression de l'immeuble destiné au logement de personnes disposant de faibles ressources aurait pour conséquence d'aggraver le problème du logement de membres de catégories sociales défavorisées. • Grenoble, 5 oct. 1978 : *JCP N 1979. II. 260.* ♦ V. aussi notes ss. art. 1221.

10. *Impossibilité résultant du droit de l'auteur sur son œuvre.* Jusqu'à la date de mise à disposition du tableau à la disposition de celui qui l'a commandé, le peintre reste maître de son œuvre, sans toutefois qu'il lui soit possible de la retenir pour lui-même ou d'en disposer au profit d'un tiers, à l'état de portrait, le droit de reproduire les traits du modèle ne lui ayant été concédé que conditionnellement en vue de l'exécution complète du contrat ; faute par l'artiste de satisfaire à ses engagements, il se rend passible de dommages-intérêts. • Civ. 14 mars 1900, *William Eden c/ Whistler : D. 1900. 1. 497, rapp. Rau, concl. Desjardins.*

11. *... Exécution illicite : demande en paiement déguisée (procédure collective).* Pour une demande en démolition à l'encontre d'un débiteur en redressement judiciaire considérée, par application de l'art. 1142 [anc.], comme dissimulant une demande en paiement de somme d'argent pour une cause antérieure au jugement d'ouverture, V. : • Com. 9 juill. 1996, n° 94-18.676 P.

12. *Impossibilité résultant d'une modification de la situation initiale.* Cassation de l'arrêt réparant en nature la violation d'un pacte d'actionnaires imposant à ses membres de ne pas acquérir individuellement certains titres par la cession forcée de titres, cette réparation se traduisant par une majoration de la participation d'une des sociétés. • Com. 24 mai 2011, n° 10-24.869 P : *D. 2011. 1556, obs. Delpech ; ibid. 2315, note Helleringer ; Rev. sociétés 2011. 482, note Gaudemet ; RTD com. 2011. 587, obs. P. Le Cannu et Dondero ; RDC 2011. 1170, note Carval.*

B. DISPROPORTION ENTRE LE COÛT DE L'EXÉCUTION ET L'INTERÊT POUR LE CRÉANCIER

13. *Solutions antérieures à la réforme : admission de l'exécution forcée quel qu'en soit le coût.* Sous l'empire du droit antérieur, la Cour de cassation avait parfois retenu une position contraire au texte nouveau, en admettant des exécutions forcées d'un coût disproportionné au regard du manquement du débiteur. V. *par exemple :* • *Civ. 3e, 11 mai 2005,* n° 03-21.136 P : *cité supra note 2,* cassant un arrêt qui avait refusé de faire droit à la demande de maîtres de l'ouvrage en démolition puis reconstruction d'une maison aux motifs que la non-conformité aux stipulations contractuelles – insuffisance de 0,33 m du niveau de la construction – ne rendait pas l'immeuble impropre à sa destination et à son usage et ne portait pas sur des éléments essentiels et déterminants du contrat.

14. *Solutions antérieures à la réforme : limite de l'abus de droit.* Certains arrêts avaient cependant retenu la limite d'un abus de droit. Jugé ainsi qu'en présence d'une action intentée par l'acheteur d'une pharmacie, bénéficiaire d'une clause de non-rétablissement, tendant à l'obtention de dommages et intérêts et à la fermeture du fonds ouvert par le vendeur, les juges du fond peuvent estimer qu'en l'absence de préjudice (les demandeurs n'ayant pas provisionné les frais d'expertise visant à préciser ce préjudice), l'acheteur n'a pas d'intérêt à agir en exécution de la clause contractuelle, caractérisant ainsi l'abus de droit dont procède cette demande. • Civ. 1re, 19 nov. 1996, n° 02-15.910 P : *RTD civ. 1997. 156, obs. Gautier ; ibid. 437, obs. Jourdain.* ♦ V. aussi posant en principe le droit à l'exécution mais réservant cette limite : • Com. 2 nov. 2016, n° 14-29.723 P : *cité supra note 1.*

15. *Solutions postérieures à la réforme : exclusion de l'exécution en nature disproportionnée.* Ayant retenu qu'il était totalement disproportionné de demander la démolition d'un immeuble d'habitation collective dans l'unique but d'éviter aux propriétaires d'une villa le désagrément de ce voisinage, alors que l'immeuble avait été construit dans l'esprit du règlement du lotissement et n'occasionnait aucune perte de vue ni aucun vis-à-vis, une cour d'appel, qui a fait ressortir l'existence d'une disproportion manifeste entre le coût de la démolition pour le débiteur et son intérêt pour les créanciers, a pu déduire, de ces seuls motifs, que la demande d'exécution en nature devait être rejetée et que la violation du cahier des charges devait être sanctionnée par l'allocation de dommages-intérêts. • Civ. 3e, 13 juill. 2022, n° 21-16.408 B : *D. 2022. 1647, note Genicon ; ibid. 2023. 254, obs. Boffa et Mekki ; AJDI 2023. 43, obs. Maire ; RDI 2022. 591, obs. Bergel ; Defrénois 2022/45. 18, obs. Meng ; RDC 2022/4. 10, obs. Dournaux* (solution rendue sur le fondement de l'ancien art. 1143 mais reprenant la formule de l'art. 1221).

Art. 1222 *(Ord. n° 2016-131 du 10 févr. 2016, art. 2, en vigueur le 1er oct. 2016)* **Après mise en demeure, le créancier peut aussi, dans un délai et à un coût raisonnables, faire exécuter lui-même l'obligation ou, sur autorisation préalable du juge, détruire ce qui a été fait en violation de celle-ci. Il peut demander au débiteur le remboursement des sommes engagées à cette fin.**

Il peut aussi demander en justice que le débiteur avance les sommes nécessaires à cette exécution ou à cette destruction. — *Dispositions transitoires, V. Ord. n° 2016-131 du 10 févr. 2016, art. 9, ss. art. 1386-1.*

Comp. C. civ., art. 1143 anc. et 1144 anc.

DALLOZ ACTION *Droit de la responsabilité et des contrats 2023/2024, n°s 3213.00 s.*

BIBL. ▸ GRIMALDI, *RDC 2017. 192* (proposition de modification). – TADROS, *RDC 2017. 193* (proposition de modification).

BIBL. Atias et Debeaurain, *D. 1990. Chron. 291* (abandon du chantier de construction). – Lardeux, *D. 2006. Chron. 1406* (plaidoyer pour un droit contractuel efficace). – Loko-Balossa, *RRJ 1990/3. 453* (ancien art. 1144). – Mousseron, *Mél. Mouly, Litec, 1998, t. 2, p. 141* (moyens de substitution). – Plantamp, *D. 2000. Chron. 243* (remplacement dans la vente commerciale).

1. Conditions : autorisation judiciaire (non). Contrairement au nouvel art. 1222, l'ancien art. 1144 exigeait une autorisation judiciaire préalable (V. notes ss. ce texte).

2. Illustrations. Sur le recours à l'art. 1144 anc. dans le cadre d'un contrat d'entreprise, V. • Douai, 4 sept. 1986 : *Gaz. Pal. 1987. 1. 44* (réformant • TGI Dunkerque, 3 oct. 1984 : *Gaz. Pal. 1985. 1. 154, note Chartier*).

Le bailleur qui, en application de l'art. 1144 anc., a effectué l'avance des frais de remise en état du logement, peut demander la condamnation du preneur à exécuter les travaux ainsi financés. • Civ. 3e, 21 déc. 2017, n° 15-24.430 P : *D. 2018. 1117, obs. Damas ; AJDI 2018. 363, obs. Maire ; RTD civ. 2018. 394, obs. Barbier* (condamnation sous astreinte à exécuter les travaux financés, faute pour le preneur de justifier d'un empêchement légitime).

SOUS-SECTION 3 **La réduction du prix**

(Ord. n° 2016-131 du 10 févr. 2016, art. 2, en vigueur le 1er oct. 2016)

Art. 1223 *(L. n° 2018-287 du 20 avr. 2018, art. 10, en vigueur le 1er oct. 2018)* **En cas d'exécution imparfaite de la prestation, le créancier peut, après mise en demeure et s'il n'a pas encore payé tout ou partie de la prestation, notifier dans les meilleurs délais au débiteur sa décision d'en réduire de manière proportionnelle le prix. L'acceptation par le débiteur de la décision de réduction de prix du créancier doit être rédigée par écrit.**

Si le créancier a déjà payé, à défaut d'accord entre les parties, il peut demander au juge la réduction de prix.

L'art. 1223, dans sa rédaction résultant de la L. n° 2018-287 du 20 avr. 2018, est applicable aux actes juridiques conclus ou établis à compter du 1er oct. 2018 (L. préc., art. 16).

DALLOZ ACTION *Droit de la responsabilité et des contrats 2023/2024, n°s 3214.00 s.*

BIBL. ▸ GAUTIER, *JCP 2016, n° 947.* – CHÉNEDÉ, *RDC 2017. 571.* – LEMAY, *D. 2018. 567* . – LIMBACH, *RTD civ. 2022. 539* (exécution imparfaite de la prestation et réduction du prix).

Ancien art. 1223 *(Ord. n° 2016-131 du 10 févr. 2016, art. 2, en vigueur le 1er oct. 2016)* ***Le créancier peut, après mise en demeure, accepter une exécution imparfaite du contrat et solliciter une réduction proportionnelle du prix.***

S'il n'a pas encore payé, le créancier notifie sa décision de réduire le prix dans les meilleurs délais. — *Dispositions transitoires, V. Ord. n° 2016-131 du 10 févr. 2016, art. 9, ss. art. 1386-1.*

Sur la rédaction de l'art. 1223 issue de la L. n° 2018-287 du 20 avr. 2018, V. art. 1223 ci-dessus.

Comp. C. civ., art. 1617, 1644 et 1619 (vente).

1. Réduction directe du prix (droit antérieur à l'Ord. du 10 févr. 2016). Sous l'empire du droit antérieur à la réforme, la réfaction du prix en cas d'inexécution partielle ou défectueuse du contrat n'était prévue que par certains textes et supposait une action judiciaire : garantie de contenance dans la vente (art. 1617 s.) ou le bail (art. 1745), garantie des vices cachés (action estimatoire de l'art. 1644, V. aussi art. 1647). ♦ Pour le principe inverse, dans les autres cas : l'inexécution partielle par le vendeur de son obligation de délivrance ne peut être sanctionnée que par l'allocation de dommages-intérêts, et non par une réduction judiciaire du prix. • Civ. 3e, 29 janv. 2003, n° 01-02.759 P : *D. 2003. IR 534 ; JCP 2003. I. 186, n°s 1 s., obs. Labarthe ; Defrénois 2003. 844, obs. Savaux ; AJDI 2003. 793, note Cohet-Cordey ; LPA 14 août 2003, note Chavent-Leclère ; RDC 2004. 340, obs. Brun.* ♦ S'appliquent aux cessions d'offices publics ou ministériels les règles de droit commun de la vente mobilière qui n'admettent pas la révision du prix. • Civ. 1re, 7 déc. 2004, n° 01-10.271 P : *JCP N 2005. 1321, note Leveneur ; Gaz.*

Pal. 2005. 499, concl. Sainte-Rose ; RDC 2005. 681, obs. D. Mazeaud. ♦ Sur la jurisprudence constante prohibant les révisions judiciaires du prix, rappr. notes. ss. art. 1583.

2. La réfaction était en revanche traditionnellement admise dans les ventes commerciales. Pour une décision évoquant une réfaction unilatérale par un acheteur étranger : • Com. 11 oct. 1971 : *Bull. civ. IV, n° 236* (réfaction par l'acheteur autrichien de 35 % du prix en raison des vices de la chose vendue). ♦ Pour des décisions admettant une réfaction judiciaire du prix : l'acquéreur, eût-il été mis en possession de l'objet de la vente, peut, s'agissant d'une vente commerciale, demander la réduction du prix en cas d'inexécution partielle par le vendeur de son obligation de délivrance. • Com. 15 nov. 1992 : *JCP 1993. II. 22075, note Poulnais.* ♦ Saisis d'une action en réduction de prix exercée par l'acheteur de marchandises défectueuses, les juges du fond ont un pouvoir souverain d'appréciation pour fixer le montant de la réfaction à accorder à l'acheteur. • Com. 23 mars 1971 : *Bull. civ. IV, n° 89 ; D. 1974. 40, note Alter* (possibilité, sans se contredire, de constater à la fois que la marchandise livrée n'était pas conforme dans la proportion des deux tiers et que cependant plus de la moitié en avait été revendue dans des conditions normales). ♦ V. aussi : • Com. 13 juin 1989, n° 87-12.662 (appréciation souveraine selon laquelle l'inexécution de la clause litigieuse est suffisamment réparée par la réfaction du prix convenu) • Com. 15 déc. 1992, n° 90-18.299 (appréciation souveraine du montant de la réfaction à accorder à l'acheteur, peu important que celui-ci ne soit pas en mesure de restituer la marchandise dès lors que la résolution de la vente n'a pas été prononcée) • Com. 7 janv. 1997, n° 93-17.326 (vente de fonds de commerce ; possibilité pour la cour d'appel, dans le cadre de son appréciation souveraine du mode et du montant de la réparation du préjudice causé, de décider que la somme allouée représente pour une part une réduction du prix convenu et, de l'autre, la réparation des frais de la vente). ♦ Lorsque les acquéreurs d'un fonds de commerce ont formé une demande en réduction du prix de vente, en raison des irrégularités affectant, selon eux, l'acte de cession, les juges ne peuvent accueillir la demande des vendeurs en résolution de la vente pour défaut de paiement sans avoir préalablement apprécié le mérite de la demande en réduction de prix. • Com. 12 nov. 1991, n° 89-21.402 P.

3. Différence avec les dommages et intérêts pour inexécution (droit antérieur à l'Ord. du 10 févr. 2016). La réfaction du prix a un objet distinct de celui des dommages-intérêts réparant les conséquences dommageables de la non-conformité de la chose vendue. • Com. 22 janv. 2008, n° 07-11.375.

4. Différence avec le dol incident (droit antérieur à l'Ord. du 10 févr. 2016). L'action en dommages-intérêts pour dol, n'ayant pas le même objet, ne se heurte pas à l'autorité de la décision qui s'est prononcée sur la demande en réduction du prix de cession de parts sociales. • Com. 2 févr. 2010, n° 09-11.064 P.

5. Accord sur une réduction du prix. Sous l'empire du droit antérieur, il a toujours été loisible aux parties de se mettre d'accord sur une diminution du prix en cas d'exécution défectueuse du contrat. V. par exemple : • Com. 10 oct. 1989, n° 87-16.334 (appréciation souveraine des juges du fond pour considérer que l'acheteur avait adhéré à la proposition de réduction de prix faite par son vendeur et qu'il devait être tenu comme ayant accepté la fourniture de façon définitive ; situation exclusive de toute novation) • Com. 22 juin 1993, n° 91-17.169 (appréciation souveraine de l'absence d'accord sur une réfaction du prix pour l'ensemble du marché). ♦ La reconnaissance de principe d'une réduction du prix de cession d'un droit d'entrée dans une association de médecins exerçant en commun, assortie de l'expression d'un désaccord sur le montant du remboursement éventuel, ne constitue pas un engagement de payer, faute de détermination de l'objet de l'engagement. • Civ. 1re, 3 juill. 1996, n° 94-13.239 P : *D. 1997. 531, note Descamps-Dubacle ; RTD civ. 1997. 659, obs. Mestre.*

SOUS-SECTION 4 La résolution

(Ord. n° 2016-131 du 10 févr. 2016, art. 2, en vigueur le 1er oct. 2016)

RÉP. CIV. v° *Résolution – Résiliation*, par N. HAGE-CHAHINE.

Art. 1224 *(Ord. n° 2016-131 du 10 févr. 2016, art. 2, en vigueur le 1er oct. 2016)* **La résolution résulte soit de l'application d'une clause résolutoire soit, en cas d'inexécution suffisamment grave, d'une notification du créancier au débiteur ou d'une décision de justice.** – *Dispositions transitoires, V. Ord. n° 2016-131 du 10 févr. 2016, art. 9, ss. art. 1386-1.*

DALLOZ ACTION *Droit de la responsabilité et des contrats 2023/2024, nos 3215.00 s.*

1. Notion de résolution. Sur la distinction des causes de résolution et des causes de nullité d'un contrat : V. • Civ. 1re, 12 févr. 1975 : *JCP 1976. II. 18463, note Larroumet,* et • Com. 3 mars 1975 : *eod. loc.*

2. Inexécution grave. Sur la notion de faute grave visée dans une clause résolutoire insérée dans un contrat d'exploitation ou d'exercice conclu entre un professionnel de santé ou une société professionnelle et un établissement de santé, V. • Civ. 1re, 14 nov. 2018, n° 17-23.135 P : *cité note 4 ss art. 1225.*

3. Inexécution fautive ou non. Dès lors que les prestations objet d'un contrat n'ont pas été exécutées et que l'inexécution est d'une gravité suffisante, les juges ne peuvent pas rejeter la demande en résolution au seul motif que l'inexécution n'était pas fautive. • Com. 18 janv. 2023, n° 21-16.812 B (cassation de l'arrêt ayant rejeté la demande en résolution d'un contrat de prestation de services dont l'exécution avait été rendue impossible en raison de l'annulation pendant la crise sanitaire de la manifestation au cours de laquelle la prestation devait être exécutée).

4. Domaine de la résolution de droit commun. En application de l'art. L. 322-12 C. pr. exéc., ce n'est qu'en l'absence de consignation ou de versement du prix et de paiement des frais à la date où le juge statue que la résolution de la vente peut être constatée, à l'occasion de la procédure de réitération des enchères ou par une action tendant à cette seule résolution. Ces dispositions, d'ordre public, impliquent que si elle peut être demandée à titre principal en cas de défaut de paiement du prix, la résolution de la vente ne peut l'être que sur le fondement des dispositions spéciales du C. pr. exéc., qui dérogent à celles du droit commun de la vente, et tant que le prix de vente n'a pas été payé. • Civ. 2e, 3 févr. 2022, n° 20-19.522 B : *D. 2022. Chron. C. cass. 864, obs. Bohnert et Jollec ; ibid. 1331, obs. Leborgne ; AJDI 2022. 633, obs. Cohet ; RDC 2022/2. 88, note Cayrol.*

Art. 1225 *(Ord. n° 2016-131 du 10 févr. 2016, art. 2, en vigueur le 1er oct. 2016)* **La clause résolutoire précise les engagements dont l'inexécution entraînera la résolution du contrat.**

La résolution est subordonnée à une mise en demeure infructueuse, s'il n'a pas été convenu que celle-ci résulterait du seul fait de l'inexécution. La mise en demeure ne produit effet que si elle mentionne expressément la clause résolutoire. — *Dispositions transitoires, V. Ord. n° 2016-131 du 10 févr. 2016, art. 9, ss. art. 1386-1.*

Comp. C. civ., art. 1184 anc.

DALLOZ ACTION *Droit de la responsabilité et des contrats 2023/2024, nos 3227.00 s.*

BIBL. ▶ Borricand, *RTD civ. 1957. 433* (clause résolutoire dans les contrats). – Chantepie, *AJCA 2016. 130* . – Chaput, *Journ. sociétés 9/2016. 14* (résolution unilatérale du contrat commercial). – Fourgoux, *AJCA 2016. 127* . – Osman, *Defrénois 1993. 65* (pouvoir modérateur du juge dans la mise en œuvre de la clause résolutoire de plein droit). – Picod, *JCP 1990. I. 3447* (clause résolutoire et règle morale). – Robert et Charluteau, *RLDC 2010/68, n° 3701* (clauses résolutoires). – Vial-Pedroletti, *Loyers et copr. 1999. Chron. 4* (la clause résolutoire en matière de bail d'habitation). – Heymans, *AJCA 2015. 67* (la clause résolutoire dans les contrats administratifs). – Mestre, *RTD civ. 1987. 540* (ampleur de la résolution) ; *ibid. 1992. 92* (contrôle par le juge de l'application des clauses résolutoires).

A. CONDITIONS D'EFFICACITÉ DE LA CLAUSE RÉSOLUTOIRE

1. Existence d'une clause de résolution de plein droit : caractère non équivoque. La clause résolutoire de plein droit, qui permet aux parties de soustraire la résolution d'une convention à l'appréciation des juges, doit être exprimée de manière non équivoque, faute de quoi les juges recouvrent leur pouvoir d'appréciation. • Civ. 1re, 25 nov. 1986 : *RTD civ. 1987. 313, obs. Mestre* • Civ. 3e, 7 déc. 1988 : *Bull. civ. III, n° 176, R., p. 193* • Civ. 3e, 12 oct. 1994, n° 92-13.211 P. ♦ La simple application d'une clause résolutoire claire et précise ne soulève aucune contestation sérieuse (compétence du juge des référés). • Civ. 3e, 2 avr. 2003, n° 01-14.774 P : *Loyers et copr. 2003, n° 146, obs. Vial-Pedroletti ; RTD civ. 2003. 705, obs. Mestre et Fages*. ♦ Une clause résolutoire ambiguë ne dessaisit pas le juge du pouvoir d'appréciation que lui confère l'art. 1184 anc. • Civ. 1re, 16 juill. 1992, n° 90-17.760 P : *Defrénois 1993. 733, obs. Aubert.* ♦ N'est pas une clause résolutoire de plein droit, la clause d'un contrat de vente qui ouvre, en cas de défaut de paiement d'une rente viagère, plusieurs possibilités au choix du vendeur, en particulier celle de demander la résolution de la vente par décision judiciaire. • Civ. 1re, 13 déc. 1988 : *Bull. civ. I, n° 353.* ♦ Dans le même sens : • Civ. 1re, 10 oct. 1995, n° 93-14.581 P • Civ. 3e, 7 oct. 1998, n° 97-10.926 P • 24 févr. 1999, n° 96-22.664 P : *Defrénois 1999. 983, note Dagorne-Labbe (2e esp.) ; CCC 1999, n° 85, obs. Leveneur.* ♦ Sur la portée de la clause résolutoire assortie de la mention « si bon lui semble », stipulée dans le seul intérêt du bailleur, V. • Civ. 3e, 24 mars 1999, n° 96-20.590. *Gaz. Pal. 1999. 2. 443, note Barbier ; Defrénois 1999. 1209, obs. Duplan-Miellet.*

2. Bénéficiaire de la clause de résolution de plein droit. La clause résolutoire ayant été stipulée au seul profit du bailleur, lequel demandait la poursuite du bail, une cour d'appel en déduit exactement que la locataire ne peut se prévaloir de l'acquisition de la clause. • Civ. 3e, 27 avr. 2017, n° 16-13.625 P : *D. 2017. 1595, note Tirel ; ibid. 1572, obs. Dumont-Lefrand*

; *RTD civ. 2017. 854, obs. Barbier* ; *RTD com. 2017. 291, obs. Monéger* ; *RDC 2017. 455, note Seube*. ♦ Sur la portée de la clause résolutoire assortie de la mention « si bon lui semble », stipulée dans le seul intérêt du bailleur, V. • Civ. 3e, 24 mars 1999, n° 96-20.590 P : *D. Affaires 1999. 855, obs. Y. R.* ; *Gaz. Pal. 1999. 2. 443, note Barbier* ; *Defrénois 1999. 1209, obs. Duplan-Miellet*.

3. *Engagements dont l'inexécution entraîne la résolution du contrat.* Une clause résolutoire stipulée pour défaut de paiement des loyers ne peut pas jouer en cas de non-paiement de l'indemnité d'occupation, dès lors que celle-ci est distincte du loyer, auquel elle se substitue dès l'expiration du bail. • Civ. 3e, 24 févr. 1999, n° 97-11.554 P : *JCP 2000. II. 10239, note Boccara (1re esp.)*. ♦ En cas de vente consentie pour un prix global et portant sur des biens distincts, le vendeur ne peut invoquer la clause résolutoire expresse insérée au contrat pour obtenir la résolution de la vente de l'un seulement des biens vendus. • Civ. 3e, 16 avr. 1986 : *Bull. civ. III, n° 45*.

4. *Clause résolutoire en cas de faute grave.* Dans un contrat d'exploitation ou d'exercice conclu entre un professionnel de santé ou une société professionnelle et un établissement de santé prévoyant la résiliation unilatérale du contrat en cas de faute grave du praticien, la faute grave est celle qui, par son importance, rend impossible le maintien d'un contrat pendant la durée même limitée du préavis, de sorte qu'elle ne peut, dès lors, être retenue que si la résiliation a été prononcée avec un effet immédiat. • Civ. 1re, 14 nov. 2018, n° 17-23.135 P : *D. 2018. 2229* ; *RDC 1/2019. 10, note Génicon*.

5. *Limites à la validité des clauses résolutoires.* Une clause de convention collective ne peut prévoir une résiliation de plein droit du contrat de travail en raison du classement du salarié dans une catégorie d'invalidité déterminée et dispenser en ce cas l'employeur de l'avis du médecin du travail. • Soc. 7 déc. 2011, n° 10-15.222 P : *D. 2012. 106*.

6. *Incidence du redressement ou de la liquidation judiciaire.* En présence d'une convention conclue par deux contractants avec la Coface pour se prémunir de risques à l'exportation, le coassuré *in bonis* ne peut se prévaloir au lieu et place du liquidateur de l'art. 37 (C. com., art. L. 621-28) de la L. du 25 janv. 1985 pour faire échec à la clause résolutoire invoquée par cette dernière, l'impossibilité de mettre en œuvre cette clause n'étant édictée que dans l'intérêt de l'entreprise en redressement ou en liquidation judiciaires. • Com. 19 déc. 1995, n° 93-20.398 P : *RTD civ. 1996. 611, obs. Mestre*. ♦ L'art. L. 622-21 C. com. ne fait pas obstacle à l'action aux fins de constat de la résolution d'un contrat de crédit-bail immobilier par application d'une clause résolutoire de plein droit qui a produit ses effets avant le jugement d'ouverture de la liquidation judiciaire du crédit-preneur. • Com. 18 nov. 2014, n° 13-23.997 P : *D. 2014. 2405*.

B. MISE EN ŒUVRE DE LA CLAUSE RÉSOLUTOIRE

7. *Caractère facultatif.* L'insertion dans un bail d'une clause prévoyant la résolution de plein droit ne prive pas le bailleur du droit de demander la résiliation judiciaire pour le même manquement. • Civ. 3e, 29 avr. 1985 : *Bull. civ. III, n° 70* ; *RTD civ. 1986. 108, obs. Mestre*. ♦ La délivrance, par le propriétaire, d'un commandement visant la clause résolutoire du bail ne le prive pas de la faculté de demander ultérieurement le prononcé de la résiliation de cette convention, même en invoquant les manquements objets de cette mise en demeure, que de tels manquements aient causé ou non un préjudice au bailleur. • Civ. 3e, 4 mai 1994, n° 92-11.196 P. ♦ Mais lorsque, dans un bail commercial, l'ordonnance de référé accordant des délais au preneur est passée en force de chose jugée et en l'absence de décision contraire statuant au principal, le bailleur ne peut plus, en cas de non-respect par le preneur des délais de paiement conditionnant la suspension des effets de la clause résolutoire, demander unilatéralement l'exécution du bail résilié. • Civ. 3e, 22 oct. 2020, n° 19-19.542 P. ♦ La faculté de résolution unilatérale conférée par la clause résolutoire ne prive pas le vendeur en viager du droit de se prévaloir de l'art. 1184 anc. et de demander la résolution de la convention pour inexécution par l'acquéreur de ses engagements. • Civ. 3e, 8 juin 2006, n° 05-14.356 P : *D. 2006. IR 1772* ; *Defrénois 2006. 1495, note Dagorne-Labbe*. ♦ L'existence d'une clause résolutoire conventionnelle ne prive pas le salarié de la faculté de rompre le contrat de travail dans les conditions de droit commun. • Soc. 22 juin 2011, n° 10-18.897 P : *D. 2011. Actu. 1829*.

8. *Nécessité de la mise en demeure.* En l'absence de dispense expresse et non équivoque, la clause résolutoire ne peut être acquise au créancier sans la délivrance préalable d'une mise en demeure restée infructueuse. • Civ. 1re, 3 févr. 2004, n° 01-02.020 P : *JCP 2004. II. 10149, note Treppoz* ; *CCC 2004, n° 55, note Leveneur*. ♦ De même la clause d'un contrat de prêt prévoyant la déchéance du terme en cas de défaillance de l'emprunteur non commerçant ne peut produire effet qu'après une mise en demeure précisant le délai dont dispose le débiteur pour y faire obstacle ; si le contrat de prêt d'une somme d'argent peut prévoir que la défaillance de l'emprunteur non commerçant entraînera la déchéance du terme, celle-ci ne peut, sauf disposition expresse et non équivoque, être déclarée acquise au créancier sans la délivrance d'une mise en demeure restée sans effet, précisant le délai dont dispose le débiteur pour y faire obstacle. • Civ. 1re, 3 juin 2015, n° 14-15.655 P : *D. 2015. 1677*, *note Poissonnier* ; *RTD civ. 2015. 875, obs. Barbier* ; *RDC 2015. 836, obs. Laithier.* ♦ V. aussi : si le contrat de prêt d'une somme d'argent peut prévoir que la défaillance de l'emprunteur non commerçant entraînera la déchéance du terme, celle-ci ne peut, sauf disposition expresse et non équivoque, être déclarée acquise au créancier, sans la délivrance d'une mise en demeure restée sans effet, précisant le délai dont dispose le débiteur pour y faire obstacle. • Civ. 1re, 22 juin 2017, n° 16-18.418 P : *D. 2017. 1356* ; *AJ contrat 2017. 386, obs. Lasserre Capdeville*. ♦ Lorsqu'une clause résolutoire est stipulée pour sanctionner l'inexécution d'une obligation en nature, une sommation de payer n'équivaut pas à une mise en demeure d'exécuter cette obligation. • Civ. 3e, 23 mars 2017, n° 16-13.060 P : *RTD com. 2017. 409, obs. Legeais* ; *CCC 2017. 117, note Leveneur.*

Lorsqu'une mise en demeure, adressée par la banque à l'emprunteur et précisant qu'en l'absence de reprise du paiement des échéances dans un certain délai la déchéance du terme serait prononcée, est demeurée sans effet, la déchéance du terme est acquise à l'expiration de ce délai sans obligation pour la banque de procéder à sa notification. • Civ. 1re, 10 nov. 2021, n° 19-24.386 B : *D. 2022. 310, obs. Boffa et Mekki* ; *RDBF 2022, n° 2, note Mathey.*

9. Exigence de bonne foi du créancier. La clause résolutoire ne peut pas jouer si elle n'a pas été invoquée de bonne foi : V. • Civ. 3e, 25 janv. 1983 : *Bull. civ. III, n° 21* • 6 juin 1984 : *ibid. III, n° 111.* ♦ Il en va ainsi notamment d'un bailleur qui s'était abstenu délibérément de délivrer les quittances correspondant à l'apurement définitif de chaque terme de loyer, occasionnant ainsi directement les retards de paiement des locataires, privés de la possibilité de récupérer des allocations logement. • Civ. 3e, 17 juill. 1992, n° 90-18.810 P : *D. 1992. Somm. 399, obs. Aubert*

D'une banque qui attend six ans après l'exigibilité du prêt pour faire jouer une clause résolutoire au seul motif que les emprunteurs, qui se sont acquittés du principal de la créance, n'ont pas réglé tous les intérêts. • Civ. 1re, 31 janv. 1995 : *D. 1995. 389, note Jamin* ; *ibid. Somm. 230, obs. D. Mazeaud* ; *Defrénois 1995. 749, obs. Delebecque* ; *RTD civ. 1995. 623, obs. Mestre*. ♦ ... D'un bailleur commercial ayant fait jouer la clause résolutoire dans le but de faire cesser une exploitation concurrente d'un commerce qu'il possédait par ailleurs. • Civ. 3e, 10 nov. 2010, n° 09-15.937 P : *D. 2010. 2769, obs. Rouquet* ; *ibid. 2011. 472, obs. Fauvarque-Cosson* ; *JCP 2011, n° 63, note Grosser* ; *Defrénois 2011. 486, obs. Ruet.* ♦ ...D'une crédirentière qui délivre un commandement de payer pour des sommes échues depuis plus de douze ans sans avoir protesté antérieurement et en ayant accepté deux augmentations des arrérages. • Civ. 1re, 16 févr. 1999, n° 96-21.997 P : *D. 2000. Somm. 360, obs. D. Mazeaud* (vente en viager). ♦ V. aussi Mestre, obs. *RTD civ. 1985. 163 et 1988. 120.* ♦ Comp. à propos d'une crédirentière n'ayant jamais manifesté, de son vivant, l'intention d'exercer une action en résolution du contrat. • Civ. 1re, 13 déc. 1988 : *Bull. civ. I, n° 353* ; *JCP 1989. II. 21349, note Béhar-Touchais* ; *Defrénois 1989. 1414, obs. Vermelle* ; *RTD civ. 1989. 576, obs. Rémy* (clause déclarée intransmissible aux héritiers de la crédirentière). ♦ Mais le seul écoulement du temps ne peut caractériser un acte manifestant sans équivoque la volonté de renoncer à se prévaloir des effets de la clause résolutoire. • Civ. 3e, 19 mars 2008, n° 07-11.194 P : *D. 2008. AJ 1056, obs. Rouquet* ; *Gaz. Pal. 2008. 4. 2529, obs. Brault* ; *AJDI 2008. 760, obs. Denizot* ; *RLDC 2008/50, n° 3014, obs. Le Gallou* ; *RTD civ. 2008. 294, obs. Fages* ; *ibid. 688, obs. Gautier* ; *RTD com. 2009. 81, obs. kenderian*. ♦ Ne manque pas à la loyauté commerciale le concédant qui met en jeu, sans préavis ni indemnité, la clause résolutoire prévue au contrat en cas de manquement du concessionnaire à son obligation d'exclusivité. • Com. 21 janv. 2003 : *CCC 2003, n° 68.*

10. Absence d'incidence de la bonne foi du débiteur. La bonne foi du débiteur est inopérante dès lors que le manquement spécialement sanctionné par la clause résolutoire est avéré. • Civ. 3e, 10 mars 1993 : *D. 1993. 357, note Bihr* ; *JCP 1993. I. 3725, n° 15, obs. Jamin* ; *Defrénois 1994. 347, obs. D. Mazeaud* • Com. 18 mars 1997 : *D. Affaires 1997. 629* (même sens) • Civ. 3e, 24 sept. 2003, n° 02-12.474 P : *JCP E 2004. 976, note Kéita* ; *Defrénois 2004. 139, note Dagorne-Labbe, et 382, obs. Aubert* ; *CCC 2003, n° 174, note Leveneur* ; *Dr. et patr. 7-8/2004. 40, étude Aynès* ; *RTD civ. 2003. 707, obs. Mestre et Fages* ; *RDC 2004. 644, obs. D. Mazeaud* (même sens). ♦ Rappr. égal. • Com. 14 janv. 1997 : *D. Affaires 1997. 273* ; *Defrénois 1997. 745, obs. D. Mazeaud* • Civ. 3e, 2 déc. 1998, n° 97-11.109 P : *D. Affaires 1999. 506, obs. Y. R.* (acquisition de la clause résolutoire, dès lors que le preneur ne s'est exécuté qu'après l'expiration du délai fixé dans le commandement). ♦ Comp. ayant refusé d'appliquer la clause résolutoire d'un bail au motif que la bonne foi du locataire était constatée. • Civ. 3e, 13 avr. 1988 : *D. 1989. 334, note Aubert.*

Art. 1226 *(Ord. n° 2016-131 du 10 févr. 2016, art. 2, en vigueur le 1er oct. 2016)* **Le créancier peut, à ses risques et périls, résoudre le contrat par voie de notification. Sauf urgence, il doit préalablement mettre en demeure le débiteur défaillant de satisfaire à son engagement dans un délai raisonnable.**

La mise en demeure mentionne expressément qu'à défaut pour le débiteur de satisfaire à son obligation, le créancier sera en droit de résoudre le contrat.

Lorsque l'inexécution persiste, le créancier notifie au débiteur la résolution du contrat et les raisons qui la motivent.

Le débiteur peut à tout moment saisir le juge pour contester la résolution. Le créancier doit alors prouver la gravité de l'inexécution. — *Dispositions transitoires, V. Ord. nº 2016-131 du 10 févr. 2016, art. 9, ss. art. 1386-1.*

BIBL. ▸ AMRANI-MEKKI, *Defrénois 2003. 369* (résiliation unilatérale des contrats à durée déterminée). – AYNÈS, *Dr. et patr. 5/2004. 64* (droit de rupture unilatérale : fondement et perspectives). – BAKOUCHE, *JCP 2014, nº 414* (articulation des résolutions unilatérales et conventionnelles). – BAZIN, *RRJ 2000/4-1. 1381* (résolution unilatérale). – VAN DAI DO et CHANG, *LPA 9 avr. 2004* (résolution unilatérale). – LAFOND, *JCP N 2018, nº 1093* (résolution unilatérale et baux commerciaux). – MAZEAUD, *RDC 2010. 1076*. – PELLÉ, *D. 2011. Chron. 1230*. – SIMLER, *JCP 1971. I. 2413* (résiliation unilatérale anticipée des contrats à durée déterminée). – DE LA VAISSIÈRE, *RLDC 2006/29, nº 2163* (résiliation unilatérale des contrats à durée déterminée).

1. L'art. 1226, dans sa rédaction issue de l'Ord. nº 2016-131 du 10 févr. 2016, n'est pas applicable au salarié qui prend acte de la rupture de son contrat de travail. • Soc. 3 avr. 2019, nº 15003 : *RDT 2019. 328, obs. Bento de Carvalho*.

2. Solutions antérieures. La gravité du comportement d'une partie à un contrat peut justifier que l'autre partie y mette fin de façon unilatérale à ses risques et périls, et cette gravité n'est pas nécessairement exclusive d'un délai de préavis. • Civ. 1re, 13 oct. 1998, nº 96-21.485 P : *D. 1999. 197, note Jamin ; ibid. Somm. 115, obs. Delebecque ; JCP 1999. II. 10133, note Rzepecki ; Defrénois 1999. 374, obs. D. Mazeaud ; RTD civ. 1999. 394, obs. Mestre, et 506, obs. Raynard*. ♦ Il en est ainsi, que le contrat soit à durée déterminée ou non. • Civ. 1re, 20 févr. 2001, nº 99-15.170 P : *D. 2001. 1568, note Jamin ; ibid. Somm. 3239, obs. D. Mazeaud ; Defrénois 2001. 705, obs. Savaux ; RTD civ. 2001. 363, obs. Mestre et Fages*. ♦ Il incombe au juge du fond de rechercher si le comportement revêtait une gravité suffisante pour justifier la rupture unilatérale. • Civ. 1re, 28 oct. 2003, nº 01-03.662 P : *JCP 2004. II. 10108, note Lachièze ; Defrénois 2004. 378, obs. Libchaber, et 381, obs. Aubert ; CCC 2004, nº 4, note Leveneur ; Dr. et patr. 1/2004. 89, obs. Chauvel ; RTD civ. 2004. 89, obs. Mestre et Fages ; RDC 2004. 273, obs. Aynès, et 277, obs. D. Mazeaud*. ♦ Pour les applications, V. les décisions citées ss. art. 1184 anc.

Art. 1227 *(Ord. nº 2016-131 du 10 févr. 2016, art. 2, en vigueur le 1er oct. 2016)* **La résolution peut, en toute hypothèse, être demandée en justice.** — *Dispositions transitoires, V. Ord. nº 2016-131 du 10 févr. 2016, art. 9, ss. art. 1386-1.*

1. Absence de caractère d'ordre public. L'art. 1184 anc. n'est pas d'ordre public et un contractant peut renoncer par avance au droit de demander la résolution judiciaire du contrat. • Civ. 3e, 3 nov. 2011 : *D. 2012. Pan. 459, obs. Amrani-Mekki et Mekki ; AJDI 2012. 780, obs. Cohet-Cordey ; RTD civ. 2012. 114, obs. Fages ; JCP N 2012, nº 1117, note Leveneur ; RDC 2012. 402, note Laithier ; Gaz. Pal. 2012. 1417, obs. Mayer*. ♦ V. déjà : V. • Com. 7 mars 1984 : *JCP 1985. II. 20407, note Delebecque*. – V. aussi : Dagot, *JCP N 1986. I. 361*. ♦ Mais la stipulation d'une clause pénale à défaut d'exécution d'une convention n'emporte pas de plein droit renonciation du créancier à poursuivre la résolution de cette convention. • Civ. 3e, 22 févr. 1978 : *Bull. civ. III, nº 99*. ♦ De même, le créancier *qui exerce l'action en exécution* n'est pas présumé par là même avoir renoncé à l'action résolutoire. • Com. 27 oct. 1953 : *D. 1954. 201, note H. L.* ♦ La renonciation à exercer l'action résolutoire en cas de non-paiement du prix de vente de lots immobiliers ne saurait être déduite de la délivrance des lots antérieurement au paiement intégral du prix d'achat et de la non-inscription du privilège du vendeur. • Civ. 3e, 13 juill. 2016, nº 14-26.958 P : *D. 2017. 375, obs. Mekki ; RTD civ. 2016. 856, obs. Barbier ; RDC 2016. 672, note Le Bourg*. ♦ Lorsque les acquéreurs d'un fonds de commerce ont formé une demande en réduction du prix de vente, en raison des irrégularités affectant, selon eux, l'acte de cession, les juges ne peuvent accueillir la demande des vendeurs en résolution de la vente pour défaut de paiement sans avoir préalablement apprécié le mérite de la demande en réduction de prix. • Com. 12 nov. 1991, nº 89-21.402 P.

A. DOMAINE DE LA RÉSOLUTION JUDICIAIRE

2. Contrat de travail à durée indéterminée. L'employeur, qui dispose du droit de résilier unilatéralement un contrat de travail à durée indéterminée par la voie du licenciement, en respectant les garanties légales, n'est pas recevable, hors les cas où la loi en dispose autrement, à demander la résiliation judiciaire dudit contrat. • Soc. 13 mars 2001, nº 98-46.411 P :

R., p. 360 ; JCP 2001. II. 10562, note J. Mouly ; JCP E 2001. 1286, note Puigelier • 5 juill. 2005 : *D. 2005. IR 2176* • 3 nov. 2005, n° 03-43.345 P : *D. 2005. IR 2898* (fût-ce reconventionnellement). ♦ Le salarié, en revanche, peut demander la résiliation judiciaire, étant entendu d'ailleurs que lorsqu'un salarié demande la résiliation judiciaire de son contrat de travail en raison de faits qu'il reproche à son employeur, tout en continuant à travailler à son service, et que ce dernier le licencie ultérieurement pour motif économique ou que le contrat de travail prend fin par suite de l'adhésion du salarié à une convention de reclassement personnalisé, le juge doit d'abord rechercher si la demande de résiliation judiciaire du contrat de travail est justifiée. • Soc. 12 juin 2012, n° 11-19.641 P : *D. 2012. 1621 ; RDT 2012. 556, obs. Fabre*. – Déjà, dans ce sens : • Soc. 7 févr. 2007, n° 06-40.250 P : *D. 2007. AJ 730* (obligation pour le juge d'examiner la demande en résiliation intentée par le salarié avant de statuer sur le licenciement) • Soc. 3 mai 2006, n° 03-46.971 P : *D. 2007. Pan. 182, obs. Berthier*. ♦ Dans ce cas, pour apprécier si les manquements de l'employeur sont de nature à empêcher la poursuite du contrat de travail, le juge peut tenir compte de la régularisation survenue jusqu'à la date du licenciement. • Soc. 2 mars 2022, n° 20-14.099 B : *D. 2022. 514 ; Dr. soc. 2022. 362, obs. Mouly* (cassation d'un arrêt ayant refusé de prononcer la résiliation en se fondant sur une régularisation opérée après la date du licenciement). ♦ L'action du salarié, tendant à la résiliation judiciaire de son contrat de travail aux torts de l'employeur, devient sans objet lorsque au moment où le juge statue, le contrat de travail a pris fin par la démission du salarié. • Soc. 30 avr. 2014 : *D. 2014. 1043*. ♦ Sur la nécessité que la demande de résiliation soit formée par le salarié avant que le contrat ne soit rompu par l'envoi de la lettre de licenciement, V. • Soc. 7 mars 2012, n° 10-17.090 P : *D. 2012. 821*. ♦ Sur la possibilité pour le salarié de demander par ailleurs à titre principal que son licenciement soit déclaré sans cause réelle et sérieuse, V. • Soc. 26 sept. 2012, n° 11-14.742 P (où la Cour de cassation, visant l'art. 4 C. pr. civ. aux termes duquel l'objet du litige est déterminé par les prétentions respectives des parties, admet que l'on puisse statuer sur le bien-fondé du licenciement sans examiner au préalable une demande de résiliation judiciaire aux torts de l'employeur lorsque cette demande est subsidiaire). ♦ Sur la nécessité de manquements suffisamment graves pour empêcher la poursuite du contrat de travail : • Soc. 12 juin 2014, n° 12-29.063 P. • 12 juin 2014, n° 13-11.448 P • 16 oct. 2019, n° 18-16.539 P : *RDT 2020. 129, obs. Véricel* (atteinte aux droits du salarié en ce qui concerne l'organisation de son temps de travail, son temps de repos et les conséquences inévitables que cette situation fait peser sur sa vie personnelle). ♦ Sur la date de prise d'effet de la résiliation judiciaire demandée par le salarié lorsqu'il est resté au service de son employeur, V. • Soc. 15 mai 2007, n° 04-43.663 P : *R., p. 366*. ♦ ... Et lorsque le salarié n'est plus à la disposition de l'employeur. • Soc. 21 sept. 2016, n° 14-28.031 P. ♦ Lorsque la résiliation judiciaire du contrat de travail est prononcée aux torts de l'employeur, l'indemnité de préavis est toujours due. • Soc. 28 avr. 2011, n° 09-40.708 P : *D. 2011. Actu. 1290*. ♦ La résiliation judiciaire du contrat de travail prononcée aux torts de l'employeur, en raison notamment du harcèlement moral dont la salariée a été victime sur son lieu de travail, est une rupture qui produit les effets d'un licenciement nul conformément aux dispositions de l'art. L. 1152-3 C. trav. • Com. 20 févr. 2013, n° 11-26.560 P : *D. 2013. 1026, obs. Lokiec et Porta*.

3. Contrat de travail à durée déterminée. S'agissant d'un contrat de travail à durée déterminée, en l'absence de faute grave ou de force majeure, l'action en résiliation judiciaire introduite par l'employeur est irrecevable et son exercice s'analyse en une rupture anticipée du contrat. • Soc. 15 juin 1999 : *Bull. civ. V, n° 277 ; D. 1999. 623, note Radé* ; • 4 déc. 2001, n° 98-44.295 P : *D. 2002. 2361, note J. Mouly*. ♦ La faute de nature à justifier la rupture anticipée d'un contrat à durée déterminée doit avoir été commise durant l'exécution de ce contrat et l'employeur ne peut se fonder sur des fautes prétendument commises antérieurement à la prise d'effet du contrat pour justifier la rupture de celui-ci. • Soc. 15 mars 2023, n° 21-17.227 B (fautes alléguées commises au cours d'un précédent contrat, mais dont l'employeur prétendait n'avoir eu connaissance qu'au cours du contrat ultérieur résilié). ♦ L'employeur d'un salarié engagé par contrat de travail à durée déterminée, et déclaré par le médecin du travail inapte à son emploi en conséquence d'un accident ou d'une maladie non professionnels, ne peut pas exercer l'action en « résolution » judiciaire prévue à l'art. L. 122-32-9 C. trav. • Cass., avis, 29 avr. 2002, n° 02-00.001 P : *R., p. 355 ; JCP E 2002. 1557, note J. Mouly*. ♦ Une telle action exige que l'inaptitude physique du salarié ait une origine professionnelle. • Même avis. ♦ Rappr. : • Soc. 18 avr. 2008, n° 06-43.846 P (à propos d'un contrat emploi-jeune). – V. également, sur l'indemnisation du salarié, • Soc. 18 nov. 2003, n° 01-44.280 P : *R., p. 329 ; D. 2004. 1194, note Karaquillo ; ibid. Somm. 377, obs. Wauquier ; RDC 2004. 653, obs. Stoffel-Munck*.

4. Qualité de délégué syndical du cocontractant. La protection exceptionnelle et exorbitante du droit commun dont bénéficie le délégué syndical exclut que soit poursuivie par la voie judiciaire la résiliation de son contrat de travail. • Cass., ass. plén., 28 janv. 1983 : *Bull. civ.*

n° 1 ; R., p. 35 ; D. 1983. 269, concl. Cabannes. ♦ Cependant, le salarié protégé ne peut être privé de la possibilité de poursuivre la résiliation judiciaire de son contrat de travail aux torts de l'employeur en cas de manquement, par ce dernier, à ses obligations. • Soc. 16 mars 2005, n° 03-40.251 P : *R., p. 259 ; BICC 1er juill. 2005, n° 1278, et la note ; D. 2005. 1613, note J. Mouly ; ibid. Pan. 2506, obs. Lardy-Pélissier ; JCP 2005. II. 10125, note Miné ; JCP E 2005. 942, note Boulmier ; Gaz. Pal. 2005. 1967, note Vray ; RDC 2005. 763, obs. Radé.* ♦ Rappr. : lorsqu'une autorisation administrative de licenciement d'un salarié protégé a été accordée à l'employeur, le juge judiciaire ne peut, sans violer le principe de la séparation des pouvoirs, apprécier le caractère réel et sérieux de la cause du licenciement ni la régularité de la procédure antérieure à la saisine de l'inspecteur du travail. • Soc. 3 mars 2010, n° 08-42.526 P • 3 mars 2010, n° 08-40.895 P. ♦ Cependant, dans le cas où une demande d'autorisation de licenciement d'un salarié protégé est motivée par son inaptitude physique, il n'appartient pas à l'administration du travail de rechercher la cause de cette inaptitude, de sorte que l'autorisation de licenciement donnée par l'inspecteur du travail ne fait pas obstacle à ce que le salarié fasse valoir devant les juridictions judiciaires tous les droits résultant de l'origine de l'inaptitude lorsqu'il l'attribue à un manquement de l'employeur à ses obligations, le juge ne pouvant néanmoins, sans violer le principe de la séparation des pouvoirs, se prononcer sur une demande de résiliation judiciaire postérieurement au prononcé du licenciement notifié sur le fondement de l'autorisation administrative de licenciement. • Soc. 17 oct. 2018, n° 17-17.985 P.

5. Engagement de coopérateur. L'engagement de l'associé coopérateur se renouvelant par tacite reconduction, la coopérative agricole ne peut y faire obstacle, sauf à recourir à la procédure d'exclusion ou à demander la résolution judiciaire du contrat par application de l'art. 1184 anc. • Civ. 1re, 13 déc. 2005, n° 02-20.397 P : *Rev. sociétés 2006. 555, note Saintourens* .

B. MISE EN ŒUVRE DE L'ACTION EN RÉSOLUTION

6. Assignation. Pour l'exercice de l'action en résolution, l'assignation suffit à mettre en demeure la partie qui n'a pas rempli son engagement. • Civ. 19 oct. 1931 : *DH 1931. 537* • Com. 28 févr. 1972 : *Bull. civ. IV, n° 75* • 26 avr. 1977 : *ibid. IV, n° 118* • Civ. 1re, 23 mai 2000, n° 97-22.547 P : *D. 2000. IR 203* • 23 janv. 2001, n° 98-22.760 P : *D. 2001. IR 594 ; CCC 2001, n° 69, note Leveneur.*

7. Condition de délai. L'action en résolution fondée sur la non-conformité de la marchandise livrée à celle commandée n'est soumise à aucune condition de délai, et les juges du fond qui déclarent cette action irrecevable en raison de sa tardiveté méconnaissent l'art. 1184 anc. • Com. 3 mai 1983 : *Gaz. Pal. 1983. 2. Pan. 240, obs. Dupichot.* ♦ V. aussi : • Civ. 1re, 5 nov. 1985 : *Bull. civ. I, n° 287 ; RTD civ. 1986. 370, obs. Rémy* • 14 févr. 1989 : *Bull. civ. I, n° 83* (mauvais fonctionnement d'un système d'alarme contre le vol). ♦ La résolution judiciaire du contrat peut être demandée même s'il est arrivé à son terme au jour où il est statué sur la demande. • Com. 19 sept. 2006 : *CCC 2007, n° 2, note Leveneur ; RTD civ. 2007. 117, obs. Mestre et Fages* . ♦ *Comp.* : • Civ. 3e, 10 mai 2010, n° 09-13.296 P : *D. 2010. 1343 ; AJDI 2010. 883, obs. Rouquet ; RTD civ. 2010. 554, obs. Fages* (un bail expiré ne peut être résolu).

8. Médiation préalable obligatoire. L'existence d'une clause contractuelle instituant un préalable obligatoire de conciliation constitue une fin de non-recevoir. • Civ. 1re, 30 oct. 2007, n° 06-13.366 P. ♦ Dans le même sens : • Civ. 1re, 8 avr. 2009, n° 08-10.866 P (qui approuve les juges du fond d'avoir fait droit à la fin de non-recevoir tirée de l'existence d'une clause de médiation prévoyant la possibilité de saisir le juge seulement « en cas d'échec ou de refus de la médiation », soulignant qu'en présence d'une telle clause, on ne peut par avance refuser la procédure de médiation qui n'a pas encore été mise en œuvre). • Civ. 2e, 16 déc. 2010, n° 09-71.575 P : *D. 2011. 172 ; RTD civ. 2011. 170, obs. Perrot ; RDC 2011. 916, obs. Pelletier* • Com. 13 oct. 2015, n° 14-19.734 P. ♦ Le moyen tiré du défaut de mise en œuvre de la clause qui institue une procédure de conciliation obligatoire et préalable à la saisine du juge, constitue une fin de non-recevoir. • Civ. 3e, 19 mai 2016, n° 15-14.464 P : *D. 2016. 2377, note V. Mazeaud ; ibid. 2589, obs. Clay ; RTD civ. 2016. 621, obs. Barbier ; RDC 2017. 94, note Pelletier.* ♦ Toutefois, en raison de l'existence en matière prud'homale d'une procédure de conciliation préliminaire et obligatoire, une clause du contrat de travail qui institue une procédure de conciliation préalable en cas de litige survenant à l'occasion de ce contrat n'empêche pas les parties de saisir directement le juge prud'homal de leur différend. • Soc. 5 déc. 2012 : *D. 2012. 2936, obs. Clay ; Just. & cass. 2013. 178, rapp. Corbel ; ibid. 186, avis Lalande ; RDT 2013. 124, obs. Serverin ; Dr. soc. 2013. 178, obs. Boulmier ; ibid. 576, note Tournaux ; RDC 2013. 1010, obs. Pelletier.* ♦ La clause contractuelle prévoyant une tentative de règlement amiable, non assortie de conditions particulières de mise en œuvre, ne constitue pas une procédure de conciliation obligatoire préalable à la saisine du juge, dont le non-respect caractérise une fin de non-recevoir s'imposant à celui-ci. • Com. 29 avr. 2014 : *D. 2014. 1044 ; AJCA 2014. 176, obs. Fricero ; RTD civ. 2014. 655, obs. Barbier ; JCP 2014, n° 1128, note Foulon et Strickler.*

9. Sur les conditions de fond de la résolution et le pouvoir d'appréciation du juge, V. *infra* ss. art. 1228.

Art. 1228 *(Ord. n° 2016-131 du 10 févr. 2016, art. 2, en vigueur le 1er oct. 2016)* **Le juge peut, selon les circonstances, constater ou prononcer la résolution ou ordonner l'exécution du contrat, en accordant éventuellement un délai au débiteur, ou allouer seulement des dommages et intérêts.** – *Dispositions transitoires, V. Ord. n° 2016-131 du 10 févr. 2016, art. 9, ss. art. 1386-1.*

Comp. C. civ., art. 1184 anc.

1. ***Appréciation souveraine de la gravité des manquements.*** Lorsque le contrat ne contient aucune clause expresse de résolution, il appartient aux tribunaux d'apprécier souverainement, en cas d'inexécution partielle, si cette inexécution a assez d'importance pour que la résolution doive être immédiatement prononcée, ou si elle ne sera pas suffisamment réparée par une condamnation à des dommages-intérêts. • Civ. 14 avr. 1891 : *GAJC, 11e éd., n° 176 ; DP 1891. 1. 329, note Planiol.* – Même sens : • Com. 27 mai 1981 : *Bull. civ. IV, n° 252* • Civ. 3e, 22 mars 1983 : *ibid. III, n° 84* • Civ. 1re, 15 juill. 1999, n° 97-16.001 P ♦ En matière de contrat de travail : • Soc. 15 mars 2005, n° 03-41.555 P : *R., p. 270* • 15 mars 2005, n° 03-42.070 P. ♦ Appréciation du caractère concurrentiel de l'activité d'un médecin pour une clinique pour apprécier le caractère fautif du non-respect d'une clause d'exclusivité insérée dans un contrat d'exercice avec une autre clinique. • Civ. 1re, 17 juin 2015, n° 14-19.740 P. ♦ Mais les juges doivent caractériser le manquement de l'employeur à ses obligations contractuelles. • Soc. 25 sept. 2013, n° 12-11.832 P : *D. 2013. 2278* (absence de manquement dans le seul fait d'engager, sans la mener à terme, une procédure disciplinaire, dès lors que sa mise en œuvre ne procède pas d'une légèreté blâmable ou d'une intention malveillante). ♦ La modification du contrat de travail par l'employeur ne constitue un manquement justifiant la résiliation judiciaire que si elle empêche la continuation du contrat • Soc. 12 juin 2014, n° 12-29.063 P : *D. 2014. 1628, note Driguez* (modification générant une créance de salaire ne représentant qu'une faible partie de la rémunération) • Soc. 12 juin 2014, n° 13-11.448 P : *D. 2014. 1628, note Driguez* (modification du mode de calcul de la rémunération appliquée par l'employeur n'ayant pas eu d'influence défavorable sur le montant de la rémunération).

2. ***Variété des manquements susceptibles d'être sanctionnés par la résolution.*** Il appartient au juge du fond d'apprécier si le retard dans l'exécution est d'une gravité suffisante pour que la résolution doive être prononcée. • Civ. 1re, 4 janv. 1995, n° 92-17.858 P : *Defrénois 1995. 1408, obs. D. Mazeaud.* ♦ Le juge peut prononcer une résolution judiciaire en cas d'inexécution partielle d'un contrat dès lors qu'elle porte sur une obligation déterminante de la conclusion du contrat. • Com. 2 juill. 1996, n° 93-14.130 P : *JCP 1996. I. 3983, n° 14, obs. Jamin ; Defrénois 1996. 1364, obs. Mazeaud ; CCC 1997. 197, obs. Leveneur ; RTD civ. 1997. 130, obs. Mestre .* ♦ Le contrat imposant à un bureau d'étude de préconiser les fondations les plus économiques, validité de la résolution prononcée pour non-respect de cette obligation, l'expert judiciaire ayant confirmé que la société n'avait pas proposé la solution la plus économique dans deux chantiers. • Civ. 3e, 10 déc. 2014, n° 13-27.332 P. ♦ Disposant d'un pouvoir souverain pour apprécier le respect des obligations mises à la charge des parties, les juges du fond peuvent prononcer la résolution d'une vente d'immeuble après avoir constaté que les acquéreurs, qui avaient suspendu le paiement du prix en raison de malfaçons, n'avaient pas consigné la somme mise à leur charge par une première décision de justice. • Civ. 3e, 18 déc. 1991, n° 90-14.948 P. ♦ Sur la mésintelligence entre les contractants, cause de résolution judiciaire, V. • Civ. 3e, 21 avr. 1987 : *Bull. civ. III, n° 93 ; RTD civ. 1988. 536, obs. Mestre.* ♦ Validité de la résiliation par une clinique du contrat la liant à un médecin pour manquements de celui-ci à ses obligations vis-à-vis de la sécurité sociale. • Civ. 1re, 29 nov. 2005, n° 03-20.844 P. – Contrat de travail : est insuffisamment grave pour justifier la résiliation judiciaire un manquement qui n'est pas de nature à empêcher la continuation du contrat • Soc. 12 juin 2014, n° 12-29.063 P (modification générant une créance de salaire ne représentant qu'une faible partie de la rémunération) • Soc. 12 juin 2014, n° 13-11.448 P (modification du mode de calcul de la rémunération appliquée par l'employeur n'ayant pas eu d'influence défavorable sur le montant de la rémunération).

3. ***Faits insusceptibles d'être sanctionnés par la résolution.*** Sauf mauvaise foi, la dénonciation d'un harcèlement moral ou sexuel ne pouvant être sanctionnée, ce motif ne peut être pris en compte dans l'appréciation des fautes de nature à justifier la résiliation judiciaire aux torts d'un contractant (contrat d'apprentissage). • Soc. 10 juin 2015, n° 14-13.318 P. ♦ Dans le même sens, affirmant qu'un salarié ne peut pas être licencié pour avoir relaté des faits de harcèlement moral, et précisant que la mauvaise foi ne peut résulter que de la reconnaissance par le salarié de la fausseté des faits dénoncés. • Soc. 10 juin 2015, n° 13-25.554.

L'obligation d'exploiter est une condition d'application du statut des baux commerciaux dont l'inexécution ne peut entraîner la résiliation du bail en l'absence d'une clause imposant l'exploitation effective et continue du fonds dans les lieux loués. • Civ. 3e, 10 juin 2009, n° 07-18.618 P : *BICC 1er déc. 2009, n° 1531 ; D. 2009. 2839, note Dumont-Lefrand ; JCP 2009, n° 330, note Auque ; AJDI 2010. 28, obs. Denizot ; Dr. et pr. 2010. suppl. janv. 12, obs. Schütz ; RLDC 2009/64, n° 3563, obs. Maugeri ; RDC 2010. 125, obs. Seube ; ibid. 684, obs. Grimaldi ; RTD civ. 2009. 720, obs. Fages*. • 10 juin 2009, n° 08-14.422 P : *eod. loc.*

L'inexécution de la promesse de porte-fort ne peut être sanctionnée que par la condamnation de son auteur à des dommages-intérêts, et non par la résolution de la convention contenant cette promesse ; cassation, au visa des art. 1184 et 1120 anc., de l'arrêt ayant considéré que la transaction contenant la promesse de porte-fort est susceptible de résolution en cas d'inexécution totale ou partielle. • Civ. 1re, 7 mars 2018, n° 15-21.244 P : *D. 2018. 614 ; AJ contrat 2018. 231, obs. Delebecque ; RTD civ. 2018. 396, obs. Barbier ; JCP 2018, n° 604, note Latil ; RDC 2018. 341, obs. Génicon ; ibid. 352, obs. Viney.*

4. Incidence ou non de l'évolution des comportements. Les juges du fond qui ont décidé que le contrat serait résilié aux torts respectifs des parties, à compter de la date à laquelle elles n'ont plus respecté leurs obligations, n'ont pas à tenir compte des comportements ultérieurs des contractants. • Civ. 1re, 6 mars 1996, n° 93-21.728 P : *Defrénois 1996. 1025, obs. Delebecque.* ♦ Comp., admettant au contraire la possibilité de tenir compte de manquements commis en cours d'instance : • Civ. 3e, 26 juin 1991, n° 89-21.640 P • 5 mai 1993 : *CCC 1993. 173, obs. Leveneur* • 9 juill. 2014, n° 13-14.802 P : *D. 2014. 1544* (prise en compte d'une réitération des troubles de jouissance du locataire après l'assignation). ♦ ... Ou d'une amélioration du comportement du débiteur : • Civ. 3e, 22 mars 1983 : *Bull. civ. III, n° 84* • 4 janv. 1995, n° 93-11.031 P. ♦ Dans le cas du contrat de travail, il est possible, pour apprécier la gravité des manquements et prononcer la résiliation du contrat aux torts d'un employeur, plutôt que le licenciement, de tenir compte de la persistance de ces manquements postérieurement à la demande de résiliation formée par le salarié. • Soc. 14 déc. 2011, n° 10-13.542 P : *D. 2012. 156*. ♦ Mais lorsque l'employeur a commis un manquement grave à ses obligations, la résiliation du contrat de travail est justifiée, peu importe que les faits (de discrimination en l'espèce) ne se soient pas poursuivis. • Soc. 23 mai 2013 : *D. 2013. 1354*. ♦ Particularisme des baux ruraux imposant une appréciation des manquements au jour de la demande. • Civ. 3e, 6 déc. 1995, n° 93-21.260 P : *Defrénois 1996. 813, obs. Bénabent* • 30 janv. 2002, n° 00-14.231 P. ♦ Pour le refus de prendre en compte des comportements très anciens pour prononcer la résiliation d'un bail : • Civ. 3e, 10 nov. 2009 : *cité note 2 ss. art. 1729.* ♦ ... Des faits insuffisamment établis qui ne pouvaient justifier la résiliation du bail que s'ils avaient persisté au jour où le juge statuait. • Civ. 3e, 27 oct. 2010, n° 09-11.160 P : *BICC 15 févr. 2011, n° 142 ; RLDC 2010/78, n° 4039, obs. Paulin.*

5. Absence d'incidence de l'effacement d'une dette résultant d'une mesure de rétablissement personnel. L'effacement d'une dette résultant d'un jugement de rétablissement personnel, qui n'équivaut pas à son paiement, ne fait pas disparaître le manquement contractuel du contractant qui n'a pas réglé cette dette, de sorte qu'il ne prive pas le juge, saisi d'une demande de résolution judiciaire du contrat, de la faculté d'apprécier, dans l'exercice de son pouvoir souverain, si le défaut de paiement justifie de prononcer la résolution. • Civ. 2e, 10 janv. 2019, n° 17-21.774 P : *D. 2019. 411, note François ; ibid. 1129, obs. Damas ; RDC 2/2019. 63, note Julien* (résiliation d'un bail justifiée par le défaut de paiement des loyers malgré l'effacement de la dette locative).

6. Absence d'incidence de la force majeure. L'art. 1184 anc. ne distingue pas entre les causes d'inexécution des conventions et n'admet pas la force majeure comme faisant obstacle à la résolution, pour le cas où l'une des deux parties ne satisfait pas à son engagement ; en effet, dans un contrat synallagmatique, l'obligation de l'une des parties a pour cause l'obligation de l'autre et réciproquement, en sorte que, si l'obligation de l'une n'est pas remplie, quel qu'en soit le motif, l'obligation de l'autre devient sans cause. • Civ. 14 avr. 1891 : *GAJC, 11e éd., n° 176 ; DP 1891. 1. 329, note Planiol.* – Même sens : • Civ. 1re, 2 juin 1982 : *Bull. civ. I, n° 205* • 12 mars 1985 : *ibid. I, n° 94 ; RTD civ. 1986. 345, obs. Mestre.* ♦ Comp. • Com. 28 avr. 1982 : *Bull. civ. IV, n° 145 ; RTD civ. 1983. 340, obs. Chabas.* ♦ Sur les effets de la force majeure sur le sort du contrat V. aussi décisions citées sous art. 1218.

7. Délai accordé par le juge. Le délai que peut accorder le juge, en application de l'art. 1184 anc., al. 3, doit emprunter sa mesure aux circonstances ; si ce délai peut être suspendu en cas de force majeure, il ne peut être renouvelé. • Civ. 1re, 19 déc. 1984 : *Bull. civ. I, n° 343 ; RTD civ. 1986. 107, obs. Mestre.* ♦ Impossibilité d'accorder des délais en présence d'une clause résolutoire expresse stipulée en cas de défaut de paiement du prix : • Civ. 3e, 4 juin 1986 : *Gaz. Pal. 1987. 1. Somm. 175, obs. Piedelièvre.* ♦ *Contra,* dans le cadre de l'application de l'anc. art. L. 313-12 C. consom. : • Civ. 1re, 7 janv. 1997 : *CCC 1997. 53, obs. Raymond.*

Art. 1229 *(Ord. n° 2016-131 du 10 févr. 2016, art. 2, en vigueur le 1er oct. 2016)* **La résolution met fin au contrat.**

La résolution prend effet, selon les cas, soit dans les conditions prévues par la clause résolutoire, soit à la date de la réception par le débiteur de la notification faite par le créancier, soit à la date fixée par le juge ou, à défaut, au jour de l'assignation en justice.

Lorsque les prestations échangées ne pouvaient trouver leur utilité que par l'exécution complète du contrat résolu, les parties doivent restituer l'intégralité de ce qu'elles se sont procuré l'une à l'autre. Lorsque les prestations échangées ont trouvé leur utilité au fur et à mesure de l'exécution réciproque du contrat, il n'y a pas lieu à restitution pour la période antérieure à la dernière prestation n'ayant pas reçu sa contrepartie ; dans ce cas, la résolution est qualifiée de résiliation.

Les restitutions ont lieu dans les conditions prévues aux articles 1352 à 1352-9. — *Dispositions transitoires, V. Ord. n° 2016-131 du 10 févr. 2016, art. 9, ss. art. 1386-1.*

Sur les conséquences du covid-19 sur la résolution de certains contrats, V. ndlr ss. art. 1218.

BIBL. ▶ MORON-PUECH, *RTD com. 2021. 15* (portée temporelle de la résolution).

1. Résiliation judiciaire du contrat de travail. En matière de résiliation judiciaire du contrat de travail, la prise d'effet ne peut être fixée qu'à la date de la décision judiciaire la prononçant, dès lors qu'à cette date le contrat de travail n'a pas été rompu et que le salarié est toujours au service de son employeur. ● Soc. 21 sept. 2016, n° 14-30.056 P : *D. 2016. 1937 ; Dr. soc. 2017. 136, étude S. Tournaux ; RDT 2017. 40, obs. L. Bento de Carvalho* ● 22 juin 2022, n° 20-21.411 B : *D. 2022. Chron. C. cass. 1617, obs. Ala* (cassation de l'arrêt ayant retenu la date à laquelle le salarié avait subi des violences de la part de son employeur). ♦ Comp. ● Soc. 15 mai 2007, n° 04-43.663 P : *R., p. 366* (si le salarié a été licencié, le juge doit fixer la date de la résiliation au jour du licenciement).

2. Sur les effets de la résolution avant la réforme, V. notes 11 s. ss. art. 1184 anc. ♦ V. aussi notes ss. art. 1186.

Art. 1230 *(Ord. n° 2016-131 du 10 févr. 2016, art. 2, en vigueur le 1er oct. 2016)* **La résolution n'affecte ni les clauses relatives au règlement des différends, ni celles destinées à produire effet même en cas de résolution, telles les clauses de confidentialité et de non-concurrence.** — *Dispositions transitoires, V. Ord. n° 2016-131 du 10 févr. 2016, art. 9, ss. art. 1386-1.*

Clauses limitatives de réparation. Comp. sous l'empire du droit antérieur : ● Com. 7 févr. 2018, n° 16-20.352 P : *D. 2018. 537, note Mazeaud ; AJ contrat 2018. 130, obs. Augagneur ; RTD civ. 2018. 401, obs. Barbier ; RTD com. 2018. 184, obs. Bouloc ; JCP 2018, n° 454, note Moisdon-Chataigner ; RDC 2018. 196, note Knetsch*, jugeant qu'en cas de résolution d'un contrat pour inexécution, les clauses limitatives de réparation des conséquences de cette inexécution demeurent applicables.

SOUS-SECTION 5 La réparation du préjudice résultant de l'inexécution du contrat

(Ord. n° 2016-131 du 10 févr. 2016, art. 2, en vigueur le 1er oct. 2016)

Art. 1231 *(Ord. n° 2016-131 du 10 févr. 2016, art. 2, en vigueur le 1er oct. 2016)* **A moins que l'inexécution soit définitive, les dommages et intérêts ne sont dus que si le débiteur a préalablement été mis en demeure de s'exécuter dans un délai raisonnable.** — *Dispositions transitoires, V. Ord. n° 2016-131 du 10 févr. 2016, art. 9, ss. art. 1386-1.*

Comp. C. civ., art. 1146 anc.

RÉP. CIV. v^is *Mise en demeure*, par B. GRIMONPREZ ; *Exception d'inexécution*, par O. DESHAYES.

BIBL. ▶ ALLIX, *JCP 1977. I. 2844.* – X. LAGARDE, *JCP 1996. I. 3974* (actualité de la mise en demeure).

1. Renvoi. Sur l'auteur, la notion et le régime de la mise en demeure, V. désormais ss. art. 1344.

A. PRINCIPE : EXIGENCE D'UNE MISE EN DEMEURE

2. Indemnisation d'un retard. Les juges du fond décident à bon droit qu'une mise en demeure par écrit est nécessaire pour faire courir les dommages-intérêts dus à raison du retard apporté à la restitution de la chose déposée ; en effet, le code civil, au titre du dépôt, n'a édicté aucune disposition exceptionnelle dérogeant aux règles générales établies par les anciens art. 1139 anc. [1344] et 1146 anc. [1231]. ● Civ. 6 juill. 1908 : *DP 1909. 1. 510.* ♦ Mise en demeure et dommages et intérêts moratoires pour les obligations de sommes d'argent : V. ss. art. 1231-5 et 1344-1 C. civ.

3. Clause résolutoire. Pour les clauses résolutoires, V. art. 1225, et sous l'empire du droit antérieur à la réforme : la mise en demeure qui précède contractuellement la résiliation d'un contrat doit faire mention de la manifestation par le bailleur de son intention de se prévaloir de la clause résolutoire. • Civ. 3e, 1er juin 2011, n° 09-70.502 P : *D. 2011. Chron. C. cass. 2679, obs. Monge* ; *RDI 2011. 447, obs. Poumarède* ; *AJCT 2011. 530, obs. Driard*. ♦ V., pour le cas où existe une stipulation contraire : • Com. 17 mars 1992, n° 90-14.742 P : *JCP 1992. I. 3608, obs. Virassamy.*

4. Respect d'un délai raisonnable. En l'absence de délai déterminé dans un devis, le juge doit rechercher si l'entrepreneur, infructueusement mis en demeure par le maître de l'ouvrage, avait manqué à son obligation de livrer les travaux dans un délai raisonnable. • Civ. 3e, 16 mars 2011 : *D. 2011. 947* ; *RTD civ. 2011. 533, obs. Fages* ; *CCC 2011, n° 135, obs. Leveneur.*

B. LIMITES À L'EXIGENCE D'UNE MISE EN DEMEURE

5. Clauses de dispense de mise en demeure. Sur les clauses de dispense conventionnelle de mise en demeure, V. ss. art. 1344 C. civ. ♦ V. aussi pour les clauses pénales, V. notes 61 s. ss. art. 1231-5 C. civ.

6. Exception d'inexécution. Celui qui oppose l'exception *non adimpleti contractus* n'est pas tenu à une mise en demeure préalable. • Com. 27 janv. 1970 : *JCP 1970. II. 16554, note A. Huet.* ♦ V. notes ss. art. 1219 C. civ.

7. Demande de résiliation réciproque. La mise en demeure suppose, de la part d'une partie, la volonté d'exécuter la convention, et devient sans objet lorsque la résiliation est demandée de part et d'autre. • Civ. 24 juill. 1928 : *DP 1930. 1. 16.*

8. Résolution. Sur la mise en demeure en cas d'exercice d'une action en résolution, V. ss. art. 1226 (résolution unilatérale) et 1227 (résolution judiciaire) C. civ.

9. Déclaration de refus d'exécution. Une mise en demeure est inutile quand le débiteur prend l'initiative de déclarer à son créancier qu'il refuse d'exécuter son obligation. • Req. 4 janv. 1927 : *DH 1927. 65.* ♦ Dans le même sens : • Com. 14 févr. 1967 : *Bull. civ. III, n° 73.* ♦ *Comp. : en présence d'un délai* contractuellement prévu pour exécuter une obligation, une cour d'appel ne peut condamner le débiteur à des dommages-intérêts en retenant qu'à la date de l'assignation, délivrée avant l'expiration de ce délai, les créanciers avaient obtenu la certitude que l'obligation ne pourrait être exécutée, sans énoncer, eu égard au délai contractuel convenu, les éléments lui permettant de tenir un tel fait pour établi, ni répondre aux conclusions dénonçant l'absence de mise en demeure. • Civ. 1re, 22 nov. 2007, n° 06-18.905 P.

10. Inexécution acquise et préjudiciable. L'inexécution étant acquise et ayant causé un préjudice au contractant, celui-ci est en droit d'obtenir des dommages-intérêts, malgré l'absence de mise en demeure. • Cass., ch. mixte, 6 juill. 2007, n° 06-13.823 P : *R., p. 440* ; *BICC 1er nov. 2007, rapp. Héderer, avis de Gouttes* ; *D. 2007. 2642, note Viney* ; *ibid. AJ 1956, obs. Gallmeister* ; *ibid. Pan. 2974, obs. Fauvarque-Cosson* ; *JCP 2007. II. 10175, note Mekki* ; *ibid. 2008. I. 125, n° 12, obs. Stoffel-Munck* ; *Gaz. Pal. 10-11 août 2007, note Lanthiez* ; *Defrénois 2007. 1442, obs. Savaux* ; *CCC 2007, n° 295, note Leveneur* ; *RCA 2007, n° 300, note Dupuy-Loup* ; *Dr. et patr. 2/2008. 40, obs. Forray* ; *ibid. 5/2008. 94, obs. Aynès et Stoffel-Munck* ; *LPA 27 sept. 2007, note Prigent* ; *ibid. 1er-2 nov. 2007, note Pellier* ; *ibid. 8 janv. 2008, obs. Casson* ; *ibid. 25 janv. 2008, note Latina* ; *RLDC 2007/43, n° 2716, note Garaud* ; *RDC 2007. 1115, obs. D. Mazeaud* ; *RTD civ. 2007. 787, obs. Jourdain*. ♦ V. aussi : • Civ. 3e, 4 juin 2014, n° 13-12.314 P : *D. 2014. 1274, obs. Rouquet* (troubles de jouissance découlant du non-respect de l'obligation de délivrance d'un logement décent). ♦ Si les intérêts moratoires ne sont dus qu'à partir de la mise en demeure, le débiteur est tenu de réparer le dommage qui aurait été causé par l'inexécution de ses obligations avant qu'il ait été mis en demeure. • Civ. 1re, 9 déc. 1965 : *Bull. civ. I, n° 694* (responsabilité du locataire qui n'a pas exécuté les travaux d'entretien dont il avait la charge). ♦ Il en est ainsi notamment en cas d'accident survenu au locataire par suite du mauvais état de la chose louée, à moins que ce dernier n'eût négligé d'aviser, sous une forme quelconque, son propriétaire de la nécessité des réparations qui s'imposaient et dont lui seul, par suite des circonstances, était à même de constater l'urgence. • Civ. 5 janv. 1938 : *DH 1938. 97.* ♦ Pour des solutions contraires, dans des situations particulières : sans préjudice de l'obligation continue d'entretien de la chose louée, les vices apparus en cours de bail et que le preneur est, par suite des circonstances, seul à même de constater, ne sauraient engager la responsabilité du bailleur que si, informé de leur survenance, celui-ci n'a pris aucune disposition pour y remédier. • Civ. 3e, 13 oct. 2021, n° 20-19.278 B : *D. 2022. Chron. C. cass. 1409, obs. Schmitt*. ♦ V. aussi : les dommages et intérêts ne sont dus que lorsque le débiteur est en demeure de remplir son obligation ; il en est ainsi spécialement lorsque l'exécution de l'obligation requiert le concours du créancier. • Com. 28 mai 1996, n° 94-17.076 P : *RTD civ. 1996, 920, obs. Jourdain*. ♦ Rappr. • Civ. 3e, 22 sept. 2016, n° 15-18.456 P : *AJDI 2017. 114, obs. Blatter* (la dénégation du droit au statut des baux commerciaux en raison du défaut d'immatriculation n'a pas à être précédée d'une mise en demeure).

11. Intérêts conventionnels. La mise en demeure n'est pas une condition du droit aux intérêts conventionnels. • Civ. 1re, 24 juin 1997, n° 95-11.380 P.

12. Troubles de voisinage. La réparation de troubles anormaux de voisinage n'est pas subordonnée à l'existence d'une mise en demeure préalable. • Civ. 2e, 25 nov. 1992, n° 91-15.192 P.

13. Obligation de ne pas faire. Sur l'obligation de ne pas faire, V. sous l'empire du droit antérieur, dans le cadre de l'art. 1145 anc. : cassation des arrêts qui subordonnent à une mise en demeure la résiliation du bail, en cas d'infractions aux clauses imposant au preneur une obligation de ne pas faire. • Civ. 3e, 25 oct. 1968 : *Bull. civ. III, n° 414 ; JCP 1969. II. 16062, note Prieur* • 22 mai 1969 : *Bull. civ. III, n° 416 ; JCP 1969. II. 16141.*

Art. 1231-1 *(Ord. n° 2016-131 du 10 févr. 2016, art. 2, en vigueur le 1er oct. 2016)* **Le débiteur est condamné, s'il y a lieu, au paiement de dommages et intérêts soit à raison de l'inexécution de l'obligation, soit à raison du retard dans l'exécution, s'il ne justifie pas que l'exécution a été empêchée par la force majeure.** — *Dispositions transitoires, V. Ord. n° 2016-131 du 10 févr. 2016, art. 9, ss. art. 1386-1.*

Comp. C. civ., art. 1147 anc.

RÉP. CIV. v° *Responsabilité contractuelle*, par H. BOUCARD.

DALLOZ ACTION *Droit de la responsabilité et des contrats 2023/2024, nos 3111.00 s.*

BIBL. ▸ DROSS, *RTD civ. 2014. 1* (exception d'inexécution : essai de généralisation). – GRIDEL et LAITHIER, *JCP 2008. I. 143* (sanctions civiles de l'inexécution du contrat). – LARROUMET, *Études P. Catala, Litec, 2001, p. 543* (pour la responsabilité contractuelle). – LETURMY, *RTD civ. 1998. 839* (responsabilité délictuelle du contractant). – RADÉ, *D. 1998. Chron. 301* (faute et responsabilité). – RÉMY, *RTD civ. 1997. 323* (« responsabilité contractuelle » : histoire d'un faux concept). – SAVAUX, *RTD civ. 1999. 1* (fin de la responsabilité contractuelle ?). – SERLOOTEN, *Mél. Hébraud, Univ. Toulouse, 1981, p. 805* (responsabilité professionnelle). – TALLON, *Mél. Cornu, PUF, 1994, p. 429* (pourquoi parler de faute contractuelle ?). – TCHENDJOU, *Gaz. Pal. 2000. 1. Doctr. 614* (faute extracontractuelle). – VINEY, *Études Ghestin, LGDJ, 2001, p. 921* (la responsabilité contractuelle en question). – Colloque de Rouen 26-27 janv. 2001, *LPA 11 juill. 2001* (la responsabilité professionnelle).

PLAN DES ANNOTATIONS

V. PRINCIPE DU NON-CUMUL DES RESPONSABILITÉS CONTRACTUELLE ET DÉLICTUELLE nos 220 à 237

A. NATURE DE LA RESPONSABILITÉ nos 220 à 225

1. Principe constitutionnel de responsabilité. La protection constitutionnelle du principe de responsabilité et du droit corrélatif à un recours juridictionnel effectif ne vaut qu'en matière de responsabilité pour faute. • Civ. 1re, 5 juill. 2012, n° 12-12.159 P (n'est pas critiquable sur ce fondement l'art. L. 6421-4 C. transp., soumettant les opérations de transport aérien effectuées à titre gratuit à un régime spécial de responsabilité pour faute prouvée qui met en œuvre ce principe sans y apporter la moindre restriction). ♦ N'est pas critiquable au regard du principe d'égalité devant la loi l'art. L. 6421-4 C. transp. qui soumet les opérations de transport aérien effectuées à titre gratuit à un régime spécial de responsabilité pour faute prouvée plus favorable au transporteur que celui applicable au transporteur à titre onéreux, dès lors que ce régime répond, non seulement, à une différence objective de situation, mais aussi, à l'objectif de la loi consistant à promouvoir le développement de l'aviation sportive et de tourisme auquel participent les aéroclubs. • Même arrêt.

B. RAPPORTS ENTRE LES PARTIES AU CONTRAT nos 226 à 232

C. RAPPORTS DES PARTIES ET DES TIERS nos 233 à 237

I. TYPOLOGIE DES OBLIGATIONS SOURCES DE RESPONSABILITÉ CONTRACTUELLE

A. OBLIGATIONS DE MOYENS ET DE RÉSULTAT

BIBL. Distinction des obligations de moyens et de résultat : Bouloc, *Mél. B. Gross, PU Nancy, 2009, 39* (garantie professionnelle des notaires). – Jourdain, *JCP 2016, n° 909* (avenir après la réforme du droit des obligations). – Malabat, *Études Lapoyade-Deschamps, Univ. Montesquieu-Bordeaux IV, 2003*. – F. Maury, *RRJ 1998/4. 1243.*

2. Agences de publicité. Si une agence de publicité ne peut être tenue, en ce qui concerne le succès d'une campagne publicitaire, que d'apporter à celle-ci tous les soins visés à l'anc. art. 1137 C. civ. [1197], en revanche elle doit s'assurer préalablement que le graphisme proposé pourrait être exploité sans risque d'entraîner des poursuites pénales ou une action civile en dommages et intérêts pour contrefaçon. • Com. 24 juin 1986 : *Bull. civ. IV, n° 143.* ♦ V. aussi note 98. ♦ V. aussi • Com. 9 oct. 1990, n° 88-19.804 P (manquement de l'agence à l'obligation de moyens dont elle était tenue, le film publicitaire réalisé donnant une image peu attrayante d'une collection de prêt-à-porter féminin et desservant les intérêts du client). ♦ Mais une agence de communication pour clubs sportifs souscrit une véritable obligation de résultat en s'engageant à apporter à son client un budget supplémentaire d'un certain montant. • Com. 8 janv. 2002 : *D. 2002. Somm. 2708, obs. Karaquillo* .

3. Agences de voyages. BIBL. Coulon, *RCA 2019, Dossier 10* (responsabilité des agents de voyage, trente ans après). ♦ Lorsque la responsabilité de plein droit prévue par l'art. L. 211-17 C. tourisme ne joue pas, la responsabilité de l'agence qui se borne à délivrer des titres de transport ne peut être engagée qu'en cas de faute prouvée : • Civ. 1re, 22 oct. 2002 : *CCC 2003, n° 35, note Leveneur* (V art. L. 211-18 C. tourisme). – V. conf. • Civ. 1re, 30 janv. 2007 : *D. 2007. 2374, note Dagorne-Labbe ; JCP 2007. II. 10060, note Poumarède ; Gaz. Pal. 2007. 3223, obs. Gory* • 30 oct. 2007, n° 06-18.510 P : *R., p. 432 ; D. 2007. AJ 2868, obs. Delpech ; JCP 2008. II. 10039, note Bazin ; RCA 2007, n° 356 ; ibid., Repère 12, par Groutel.* ♦ Comp. antérieurement : • Civ. 1re, 31 mai 1978 : *Bull. civ. I, n° 210 ; R., p. 39 ; D. 1979. 48, note J. Foulon-Piganiol* (obligation de l'agence d'assurer l'efficacité du titre de transport délivré). ♦ Rappr. note 5 pour un contrat d'assistance.

L'art. L. 211-16 C. tourisme instaure une responsabilité légale de plein droit au seul profit de l'acheteur du voyage, de sorte que les ayants droit de celui-ci ne peuvent agir contre l'agence de voyages, pour leur préjudice personnel, que sur le fondement de la responsabilité délictuelle consécutive à un manquement contractuel, exigeant la preuve d'une faute du voyagiste. • Civ. 1re, 28 sept. 2016, n° 15-17.033 P : *D. 2017. 341, note achièze ; ibid. 24, obs. Brun, Gout et Quézel-Ambrunaz ; AJ contrat 2017. 41, obs. Dagorne-Labbe* .

L'agent de voyages commet une faute engageant sa responsabilité lorsque, dans la vente d'un titre de transport aérien, il s'est présenté clairement comme la partie contractante, y compris après la liquidation judiciaire du transporteur aérien : • Civ. 1re, 30 oct. 2007 : *préc.* ♦ Mais la responsabilité de l'agence ne peut être engagée dès lors que l'inefficacité des titres résulte de circonstances extérieures au contrat (changement de vol imposé par l'embarquement en dernière minute d'un passager sur une civière). • Civ. 1re, 12 juin 1985 : *Bull. civ. I, n° 185* • 30 janv. 2007 : *préc.* (mise en liquidation judiciaire de la compagnie aérienne). ♦ Sur la responsabilité des agences de voyages, V. aussi notes 27 (responsabilité de plein droit) et 99 (obligation d'information).

Absence de responsabilité de plein droit d'une association qui a proposé un voyage ses adhérents, l'organisation du voyage étant confiée à une agence de voyages, le prix du voyage et celui des excursions ayant bien été encaissés en premier lieu par l'association mais la preuve n'était pas rapportée que celle-ci ait été rémunérée à cette occasion. • Civ. 1re, 22 juin 2017, n° 16-14.035 P : *D. 2017. 1356* ; *AJ contrat 2017. 385, obs. Dagorne-Labbe*.

4. *Arbitres.* En laissant expirer le délai d'arbitrage sans demander sa prorogation au juge d'appui, à défaut d'accord des parties ou faute pour celles-ci de la solliciter, les arbitres, tenus à cet égard d'une obligation de résultat, ont commis une faute ayant entraîné l'annulation de la sentence, et ont engagé leur responsabilité. • Civ. 1re, 6 déc. 2005, n° 03-13.116 P : *D. 2006. 274, note Gautier* ; *JCP 2006. II. 10066, note Clay ; ibid. I. 148, n° 2, obs. Seraglini ; JCP E 2006. 1284, note Chabot ; RLDC 2006/26, n° 1089, note Train ; RDC 2006. 812, obs. Viney ; RTD civ. 2006. 144, obs. Théry* ; *RTD com. 2006. 299, obs. Loquin*. – V. aussi Paillusseau, *JCP E 2006. 1395.* ♦ Nécessité de rapporter la preuve de faits propres à caractériser une faute personnelle équipollente au dol ou constitutive d'une fraude, d'une faute lourde ou d'un déni de justice. • Civ. 1re, 15 janv. 2014, n° 11-17.196 P.

5. *Assistance (contrat d').* BIBL. Bazin-Beust, *RCA 2000. Chron. 23.* – Piganeau-Desmaisons, *RCA 2005. Étude 8* (assistance médicale à l'étranger). ♦ L'assisteur qui s'est engagé à garantir le retour prématuré de son client et lui a délivré le titre de transport est tenu de s'assurer de l'efficacité de ce titre, sans pouvoir invoquer la sur-réservation pratiquée par la compagnie aérienne. • Civ. 1re, 18 mai 2005, n° 02-12.689 P : *D. 2005. IR 1507* ; *JCP 2006. I. 135, nos 17 s., obs. Kullmann ; Gaz. Pal. 2006. 1178, note Gory ; RCA 2005, n° 232, note Piganeau-Desmaisons ; RDC 2005. 1102, obs. Delebecque.*

6. *Avocats.* BIBL. Y. Avril, *Gaz. Pal. 2002. Doctr. 1679.* ♦ L'avocat, qu'il soit ou non désigné au titre de l'aide juridictionnelle, n'est tenu que d'une obligation de moyens. • Civ. 1re, 7 oct. 1998, n° 96-13.614 P.

7. *Bourse.* Une gestion hautement spéculative d'un portefeuille boursier exclut une obligation de résultat. • Paris, 12 avr. 1996 : *JCP 1996. II. 22705, note le Tourneau* (faute retenue en raison du manque de logique de la gestion et de l'insuffisance de l'information personnalisée). ♦ V. aussi • Paris, 23 sept. 1993 : *D. 1994. Somm. 213, obs. Delebecque* • Com. 13 juin 1995, n° 93-17.982 P : *R., p. 289 ; JCP 1995. II. 22501, note Storck.* ♦ Mais obligation de résultat des gérants et dépositaires de fonds communs de placement quant à la délivrance d'un certificat de crédit d'impôt conforme à sa destination, c'est-à-dire propre à permettre aux souscripteurs de bénéficier des dispositions fiscales relatives aux parts de FCP. • Com. 24 sept. 2002, n° 00-16.245 P : *D. 2003. 235, note Delebecque* ; *RTD com. 2003. 134, obs. M. Storck*.

8. *Commissaires aux comptes.* Obligation de moyens : V. • Com. 19 oct. 1999, n° 96-20.687 P : *R., p. 372.*

9. *Commissaire à la transformation.* Devoir de fiabilité : • Com. 10 déc. 2013, n° 11-22.188 P : *D. 2014. 9*.

10. *Conseil.* En présence d'un contrat de conseil en stratégie, qui stipule que la mission comporte un certain nombre de tâches, renvoyant à un cahier des charges précisant un calendrier d'exécution détaillé de la mission, l'obligation stipulée par le contrat de mettre en œuvre tous les moyens et efforts nécessaires pour remplir la mission caractérise une obligation de moyens ; cette mission comporte un certain nombre de tâches précises présentant un caractère matériel, à réaliser dans un délai convenu, relevant, dès lors, d'une obligation de résultat. • Com. 6 sept. 2016, n° 15-13.109 : *AJ contrat 2016. 489, obs. Forti*.

11. *Contrat de travail.* La responsabilité pécuniaire d'un salarié à l'égard de son employeur ne peut résulter que de sa faute lourde. • Soc. 14 déc. 2022, n° 21-18.036 B.

12. *Distribution d'eau.* Une commune est tenue de fournir une eau propre à la consommation ; elle ne peut s'exonérer de cette obligation contractuelle de résultat que totalement, par la preuve d'un événement constitutif d'un cas de force majeure, ou, partiellement, par celle de la faute de la victime. • Civ. 1re, 28 nov. 2012, n° 11-26.814 P : *AJDA 2012. 2295* ; *D. 2012. 2888, obs. Gallmeister* ; *ibid. 2013. Chron. C. cass. 591, obs. Darret-Courgeon* ; *RTD civ. 2013. 128, obs. Jourdain*.

13. *Entreprises de travail temporaire, conseils en recrutement.* Toute entreprise de travail temporaire est tenue d'une obligation de prudence dans le recrutement du personnel qu'elle fournit ; si cette obligation est plus rigoureuse à l'égard du personnel appelé à exercer des fonctions de confiance ou de particulière responsabilité, elle n'en existe pas moins dans tous les cas (infraction commise par le salarié mis à disposition, déjà pénalement condamné antérieurement). • Civ. 1re, 26 févr. 1991, n° 88-15.333 P.

14. Responsabilité du conseil en recrutement pour les détournements de fonds commis, après son embauche, par le comptable recruté par son intermédiaire, dès lors que le conseil n'a procédé à aucune vérification des éléments de CV fournis par le candidat et n'a même pas averti le client de cette absence de vérification. • Civ. 1re, 2 nov. 2005, n° 03-10.909 P : *RDC 2006. 826, obs. Carval.*

15. *Entrepreneurs.* Garagistes, réparateurs, teinturiers et sous-traitants, V., ss. art. 1787. ♦ Entrepreneurs de construction et assimilés, V. ss. art. 1787 s.

16. *Experts.* Sauf stipulation contraire, le professionnel qui évalue des biens en vue de leur assurance ne souscrit pas, envers l'assuré, l'obligation de résultat que l'assureur ne se prévaudra pas d'une sous-évaluation du risque. • Civ. 1re, 17 juill. 2001, n° 99-19.474 P. ♦ La société qui procède à l'expertise de divers biens est tenue d'une obligation de moyens en vue de la souscription d'un contrat d'assurance et d'une obligation de résultat en vue d'une appréciation de valeur dans l'absolu. • Bordeaux, 28 sept. 2009 : *D. 2010. 749, note Kenderian*. ♦ Lien de causalité entre la faute de l'expert qui a mal évalué des travaux de réparation et l'obligation pour l'assureur dommages-ouvrage de financer des travaux complémentaires imprévus : • Civ. 3e, 22 juin 2011, n° 10-16.308 P : *D. 2011. Actu. 2034* (condamnation *in solidum*). ♦ Il ne peut être mis à la charge de l'auteur d'un catalogue raisonné qui exprime une opinion, en dehors d'une transaction déterminée, une responsabilité équivalente à celle d'un expert consulté dans le cadre d'une vente. • Versailles, 3 déc. 2015, n° 13/06134 : *D. 2016. 1353, note Merle et Seror*. ♦ Responsabilité de l'expert judiciaire : Larribau-Terneyre, *LPA 2 déc. 1998*. – Hureau et de Fontbressin, *RLDC 2009/66, n° 3663*. – Robert, *D. 2013. 855*. ♦ Pour les contrôleurs techniques de véhicule automobile, V. notes ss. art. 1642.

17. Gardiennage : télésurveillance. Manque à ses obligations contractuelles l'entreprise de télésurveillance qui, ayant détecté une anomalie, ne donne pas l'alerte selon les modalités définies au contrat. • Civ. 1re, 16 juill. 1997 : *CCC 1997, n° 174, note Leveneur.* ♦ ... Ou celle qui est intervenue directement à trois reprises à la suite d'un vol nocturne de bijoux sans en aviser le propriétaire du magasin, en violation d'une clause substantielle du contrat. • Civ. 1re, 2 déc. 1997, n° 95-21.907 P : *D. 1998. Somm. 200, obs. D. Mazeaud* ; *JCP 1998. I. 144, nos 10 s., obs. Viney ; RTD civ. 1998. 673, obs. Mestre* ; *LPA 24 juill. 1998, note Briton.*

L'installateur d'un système d'alarme est tenu d'une obligation de résultat pour ce qui concerne le fonctionnement de cette alarme. • Civ. 1re, 20 oct. 1998 : *RCA 1998, n° 389 (1re esp.).*

Existence d'un lien de causalité entre la défaillance du système d'alarme posé par l'installateur et le dommage, fût-il une perte de chance de subir un préjudice moindre à la suite d'un cambriolage. • Civ. 1re, 6 oct. 1998, n° 95-16.660 P : *D. Affaires 1998. 1773, obs. J. F. ; JCP 1999. I. 147, nos 4 s., obs. Viney ; CCC 1999, n° 4, note Leveneur.*

18. Poste télécommunications. L'obligation de délivrance du courrier étant assimilable à une obligation de résultat, La Poste ne peut s'en exonérer sauf en cas de force majeure. • Aix-en-Provence, 12 déc. 2000 : *D. 2002. 607, note Fehrenbach-Andreani*. ♦ La Poste a commis une faute en remettant une lettre recommandée avec AR à une personne autre que le destinataire, sans procéder à aucune vérification sur son identité, même si l'adresse indiquée était erronée. • Civ. 1re, 12 avr. 2005, n° 02-21.223 P : *BICC 15 juill. 2005, n° 1478.* ♦ ... Ou en négligeant de laisser un avis de passage dans la boîte aux lettres du destinataire du pli et en omettant de mentionner sur l'envoi la date de première présentation. • Civ. 1re, 19 sept. 2007, n° 05-17.769 P : *D. 2008. 395, note Nadaud* ; *JCP 2007. II. 10176, note Delebecque ; CCC 2008, n° 1, note Leveneur* (faute lourde). ♦ S'agissant d'un manquement à l'obligation de réexpédier le courrier selon l'ordre reçu, La Poste est tenue de sa simple faute. • Civ. 1re, 16 juin 1998, n° 95-21.066 P. ♦ Sur la compétence judiciaire pour connaître du contentieux touchant à la responsabilité de La Poste, V. • T. confl. 15 mars 1999, n° 99-03.081 P. ♦ ... Et à celle de France Télécom, V. • T. confl. 23 juin 2003, n° 03-03.356 P.

Le fournisseur d'accès internet, tenu d'une obligation de résultat quant aux services offerts, ne peut s'exonérer de sa responsabilité à l'égard de son client en raison d'une défaillance technique, hormis le cas de force majeure ; la défaillance technique consistant en la mauvaise qualité de la ligne téléphonique, même émanant d'un tiers, ne permet pas de caractériser la force majeure, à défaut d'imprévisibilité. • Civ. 1re, 19 nov. 2009 : *LPA 22 janv. 2010, note Fernet ; CCC 2010, n° 35, note Leveneur ; RCA 2010, n° 19, note Hocquet-Berg.*

19. Professions de santé. V. art. L. 1142-1 CSP et la jurisprudence antérieure, ss. art. 1242 C. civ.

20. Renseignements (contrats de fourniture de). Manquement fautif à l'obligation de moyens dont est tenu le débiteur : V. • Com. 30 janv. 1974 : *D. 1974. 428, note Tendler* (agence de renseignements commerciaux) • 24 nov. 1983 : *Bull. civ. IV, n° 322 ; RTD civ. 1984. 518, obs. J. Huet* (banque ayant fourni, contre rémunération, des informations erronées). – V. aussi J. Huet, *RTD civ. 1988. 355.*

21. Transporteur. *R. 2011. 173* (risque dans le contrat de transport). – Gency-Tandonnet, *CCC 2020. Étude 16* (l'incidence paradoxale du droit européen sur la protection du voyageur ferroviaire). – Sur l'obligation de ponctualité de la SNCF : • Paris, 4 oct. 1996 : *JCP 1997. II. 22811, note Paisant et Brun ; Gaz. Pal. 1996. 2. 635, concl. Gizardin, note J.-G. M.* • TI Paris, 2 nov. 2011 : *D. 2012. 609, obs. Avena-Robardet* (préjudice moral d'un professeur de droit). ♦ V. aussi sous l'angle du préjudice réparable, note 3 ss. art. 1231-3. ♦ Si, aux termes des conditions générales du transport, la société Air France s'engage à faire de son mieux pour transporter ses passagers avec une diligence raisonnable, les heures indiquées sur les horaires ou ailleurs ne sont pas garanties et ne font pas partie du contrat. • Civ. 1re, 5 juill. 2005, n° 04-13.944 P :

D. 2007. Pan. 113, obs. Kenfack ; *CCC 2005, n° 200, note Leveneur.* ♦ Faute contractuelle du transporteur de marchandises qui s'est présenté en avance à la société devant assurer l'étiquetage de celles-ci, qu'il a ensuite livrées au destinataire final qui les a refusées faute d'étiquetage. • Com. 30 oct. 2012 : *cité note 1 ss. art. 1231-7.*

Sur l'efficacité du titre de transport et l'information sur les modalités de franchissement des frontières, V. note 118. ♦ Le transporteur de voyageurs est accessoirement tenu d'une obligation de résultat relativement au transport des bagages placés en soute, de sorte qu'il est tenu de répondre de leur disparition. • Civ. 1re, 26 sept. 2006, n° 03-13.726 P : *D. 2006. IR 2417* ; *JCP 2006. II. 10206, note Mignot ; RDC 2007. 391, obs. Delebecque* (voyage en car). – Déjà en ce sens : • Civ. 1re, 3 juin 1998, n° 95-16.887 P : *D. 1998. IR 160* ; *JCP 1999. II. 10010, note Rzepzcki ; JCP E 1999. 225, note Youego* (voyage organisé en car). ♦ Sur la distinction entre la responsabilité de l'autorité organisatrice de transport, pour insuffisance du plan de transport, et celle de la SNCF. • Civ. 1re, 26 sept. 2012, n° 11-21.284 P : *D. 2012. 2305* (application des art. L. 1222-2 s. C. transp.).

Le transporteur qui a reçu mandat de délivrer la marchandise contre remise d'une lettre de change domiciliée et acceptée à retourner à l'expéditeur contracte une obligation de résultat d'assurer la remise effective de la lettre de change à son mandant. • Com. 14 janv. 1997, n° 94-18.765 P.

22. Vétérinaire. Il se forme entre un vétérinaire et son client un contrat comportant pour le praticien l'engagement de donner, moyennant des honoraires, des soins attentifs, consciencieux, et conformes aux données acquises de la science. La violation même involontaire de cette obligation peut être sanctionnée par une responsabilité contractuelle dans la mesure où elle procède d'une faute qu'il appartient au client de prouver. • Civ. 1re, 31 janv. 1989 : *Bull. civ. I, n° 56.* ♦ Ne manque pas à son obligation contractuelle de moyens le vétérinaire qui, dans l'impossibilité de se rendre immédiatement sur place, prescrit des soins à distance en laissant le client libre d'apprécier la nécessité d'une intervention urgente d'un confrère auprès de l'animal. • Civ. 1re, 18 janv. 2000, n° 98-16.203 P : *D. 2000. IR 60* ; *LPA 15 déc. 2000, note Carius.*

B. RESPONSABILITÉ CONTRACTUELLE DU FAIT DES CHOSES

BIBL. Leduc, *D. 1996. Chron. 164* .

23. Établissement scolaire. Contractuellement tenu d'assurer la sécurité des élèves qui lui sont confiés, un établissement d'enseignement est responsable des dommages qui leur sont causés non seulement par sa faute mais encore par le fait des choses qu'il met en œuvre (cerceau en matière plastique utilisé pour des exercices de psychomotricité) pour l'exécution de son obligation contractuelle. • Civ. 1re, 17 janv. 1995, n° 93-13.075 P : *R., p. 307 ; D. 1995. 350, note Jourdain* ; *D. 1996. Somm. 15, obs. Paisant* ; *RTD civ. 1995. 631, obs. Jourdain* . ♦ Sur les incertitudes quant à la pérennité de cette solution, V. Viney, *JCP 1996. I. 3944, n° 6.* ♦ Sur la responsabilité du fait des produits défectueux, V. art. 1245 s.

24. Établissement accueillant du public. Pour les obligations des bars, hôtels et restaurants accueillant du public, quant aux matériels utilisés (chaises, radiateurs, etc.), V. notes 70 à 72.

25. Médecins et établissements de santé. V. les décisions rapportées notes ss. art. L. 1142-1 CSP.

26. Kinésithérapeute. Obligation de sécurité d'un kinésithérapeute dans l'utilisation d'une installation de balnéothérapie : V. • Crim. 29 janv. 2002 : *Dr. et patr. 5/2002. 88, obs. Chabas* (blessure du patient à la suite de l'inversion du courant artificiel d'une piscine).

C. RESPONSABILITÉ CONTRACTUELLE DU FAIT D'AUTRUI

BIBL. Fossereau, *R. 1991, p. 161* (entrepreneur principal et sous-traitant). – Rebut, *RRJ 1996/2. 409* (caractère autonome). – Rodière, *D. 1952. Chron. 79.* – Picasso, *Gaz. Pal. 2004. Doctr. 1461* (domaine médical). – Tardieu-Naudet, *RRJ 1979/1980. 99 ; ibid. 1981/1. 80* (faute caractérisée du préposé). – Viney, *JCP 1996. I. 3944, n° 16 ; RCA, nov. 2000, n° spécial, p. 31.*

27. Agence de voyages. BIBL. Chemel, *CCC 1996. Chron. 2.* ♦ En application de l'art. 23 de la L. du 13 juill. 1992 (devenu C. tourisme, art. L. 211-17), tout organisateur ou vendeur de voyages ou de séjours est responsable de plein droit à l'égard de l'acheteur de la bonne exécution des obligations résultant du contrat, que ces obligations soient à exécuter par lui-même ou par d'autres prestataires de services. • Civ. 1re, 15 mars 2005, n° 02-15.940 P : *Gaz. Pal. 2006. 1173, note Gory ; RTD civ. 2006. 132, obs. Jourdain* . – Dans le même sens, • Civ. 1re, 13 déc. 2005, n° 03-17.897 P : *Gaz. Pal. 2007. 3236, obs. Gory ; RTD civ. 2006. 329, obs. Jourdain* (chute mortelle lors d'une randonnée à ski). ♦ Application des dispositions de la L. du 13 juill. 1992, auxquelles le contrat se référait, à la vente d'une croisière maritime. • Civ. 1re, 15 déc. 2011, n° 10-10.585 P : *D. 2012. 93, obs. Delpech* ; *RCA 2012, n° 68, obs. Bloch* (la L. n° 66-420 du 18 juin 1966 sur les croisières maritimes n'est pas une cause d'exclusion du texte). ♦ Le Règl. communautaire n° 261/2004 du 11 févr. 2004, établissant des règles communes en matière d'indemnisation et d'assistance des passagers en cas de refus d'embarquement et d'annulation ou de retard important d'un vol désigne le « transporteur aérien effectif » comme débiteur exclusif des obligations d'assistance et d'indemnisation qu'il édicte, de sorte qu'il ne peut être invoqué à l'encontre d'une agence de voyages, quand seules les dispositions du code du tourisme ont vocation à régir la responsabilité de celle-ci à l'égard de son client en raison de l'inexécution ou de la mauvaise exécution des obligations résultant du contrat qui les lie. • Civ. 1re, 8 mars 2012, n° 11-10.226 P : *D. 2012. 1304, note Lachièze*.

L'agence de voyages est tenue d'indemniser le préjudice subi par son client victime d'une chute dans l'escalier de l'hôtel où il séjournait, dès lors que, responsable de plein droit de l'exécution des obligations résultant du contrat, elle n'établit ni la faute de la victime, ni le fait imprévisible et irrésistible d'un tiers étranger à la fourniture des prestations contractuelles, ni un cas de force majeure. • Civ. 1re, 2 nov. 2005, n° 03-14.862 P : *D. 2006. 1016, note Maréchal ; JCP 2006. II. 10018, note Poumarède ; Gaz. Pal. 2006. 1162, note Gory ; CCC 2006, n° 41, note Leveneur ; RTD civ. 2006. 329, obs. Jourdain*. ♦ V. aussi : • Civ. 1re, 15 déc. 2011 : *préc.* (refus d'exonérer l'agence en cas d'intoxication alimentaire lors d'une croisière, faute d'avoir rapporté la preuve que la maladie aurait été contractée soit avant le départ, soit à l'occasion d'une excursion non prévue par le contrat) • 9 avr. 2015, n° 14-15.720 P (absence de faute du passager d'une pirogue qui a plongé sans avoir été informé de la profondeur insuffisante de la rivière). ♦ Rappr. • Paris, 19 mai 2008 : *D. 2008. 2774, note Dagorne-Labbe*.

L'organisateur de voyages dispose d'un recours pour faute prouvée contre les prestataires auxquels il a eu recours. • Civ. 1re, 15 mars 2005 : *préc.* (faute non établie par le seul fait d'un accident d'autocar). ♦ V. cependant : • Civ. 1re, 15 déc. 2011 : *préc.* (rejet du pourvoi contre un arrêt ayant admis le recours intégral de l'agence contre un croisiériste, sur le fondement de la responsabilité de plein droit de ce dernier à l'égard des passagers lorsque le dommage résulte de la fourniture d'une prestation autre que l'exécution du contrat de transport proprement dit).

Sur la responsabilité des agences de voyages, V. aussi notes 3 (délivrance de titre de transport) et 99 (obligation d'information).

28. Avocats. L'avocat est civilement responsable des actes professionnels accomplis pour son compte par un collaborateur. • Civ. 1re, 17 mars 2011 : *D. 2011. 959, obs. Tahri ; ibid. 1483, note Dondero* (responsabilité n'excluant pas celle du collaborateur).

29. Responsabilité contractuelle du fait des préposés. Une société de gardiennage est contractuellement tenue de garantir son client, dont elle s'était engagée à assurer la surveillance et le gardiennage des locaux, des conséquences d'un dommage causé par la faute du préposé qu'elle s'était substitué. • Civ. 1re, 18 janv. 1989, n° 87-18.081 P (clause de non-recours inapplicable en ce cas). ♦ Une société, intervenue dans l'organisation du transport en qualité de commissionnaire substitué, est tenue de garantir le fait du voiturier auquel elle a fait appel, les conditions de la force majeure et l'existence d'une faute lourde devant être appréciées en la personne de ce voiturier. • Com. 3 oct. 1989 : *D. 1990. 81, concl. Jéol ; JCP 1990. II. 21423, concl. Jéol ; RTD civ. 1990. 87, obs. Jourdain* (appréciation de la faute lourde dans la personne du préposé du voiturier à qui l'exécution du transport a été confiée).

30. Médecins et établissements de santé. En vertu du contrat d'hospitalisation et de soins le liant au patient, un établissement de santé privé est responsable des fautes commises tant par lui-même que par ses substitués ou ses préposés qui ont causé un préjudice à ce patient. • T. confl. 14 févr. 2000 : *cité note 155 ss. art. 1242.* ♦ ... A la condition que ce médecin soit son salarié. • Civ. 1re, 26 mai 1999 : *ibid.* ♦ Un chirurgien est responsable des fautes d'un médecin qu'il s'est substitué, en dehors de tout consentement du patient, pour une partie inséparable de son obligation. • Civ. 1re, 18 oct. 1960, n° 58-11.594 P : *D. 1961. 125 ; JCP 1960. II. 21730, note J. Savatier* (anesthésiste) • 18 juill. 1983, n° 82-14.323 P : *D. 1984. 149, note Penneau ; JCP 1984. II. 20248, note Chabas* (anesthésiste). ♦ V. aussi notes 13 s. ss. CSP, art. L. 1142-1 ss. art. 1242.

31. Le médecin salarié, qui agit sans excéder les limites de la mission qui lui est impartie par l'établissement de santé privé, n'engage pas sa responsabilité à l'égard du patient. • Civ. 1re, 9 nov. 2004, n° 01-17.908 P : *cité note 124 ss. art. 1242* • 9 nov. 2004 : *ibid.* (même solution pour une sage-femme salariée). – Sur ces arrêts : Asselain, *RCA 2005. Étude 6.* ♦ ... Sauf faute pénale du salarié. • Civ. 1re, 17 févr. 2011, n° 10-10.449 : *cité note 155 ss. art. 1242.*

32. Équipes médicales. Sur la responsabilité dans le cadre d'équipes médicales, V. par exemple : • Civ. 1re, 18 oct. 1960 : *préc. note 30* • 18 juill. 1983 : *D. 1984. 149, note Penneau ; JCP 1984. II. 20248, note Chabas* (responsabilité du chirurgien qui doit répondre de la faute du médecin anesthésiste qu'il s'est substitué sans le consentement de son patient). ♦ Sur la responsabilité de l'établissement de santé du fait des personnels qui assistent le médecin lors d'un acte médical lorsque la victime est le praticien lui-même, V. • Civ. 1re, 13 mars 2001, n° 99-16.093 P : *R., p. 430 ; D. 2001. Somm. 3084, obs. Penneau ; Dr. et patr. 11/2001. 93, obs. Chabas ; Gaz. Pal. 2002. 387, note Gency-Tandonnet ; RTD civ. 2001. 599, obs. Jourdain*. ♦ Absence de transfert du lien de préposition au médecin, pour une surveillance post-opératoire attribuée par le

CSP à des agents médicaux de l'établissement. • Civ. 1re, 10 déc. 2014, n° 13-21.607 P : *D. 2015. 8 ; RTD civ. 2015. 145, obs. Jourdain ; RDC 2015. 237, note Borghetti.*

33. Droit du travail. Pour un arrêt énonçant que l'employeur doit répondre des agissements des personnes qui exercent, de fait ou de droit, une autorité sur les salariés : • Soc. 10 mai 2001, n° 99-40.059 P : *D. 2002. 1167, note Desbarats ; JCP 2002. II. 10044, note Adom ; ibid. I. 186, nos 18 s., obs. Viney* • 19 oct. 2011, n° 09-68.272 P : *D. 2011. 2661 .* ♦ Rappr., pour la responsabilité de l'employeur en cas de harcèlement moral : • Soc. 21 juin 2006 : *cité note 80* (harcèlement moral entre salariés) • 1er mars 2011, n° 09-69.616 P (harcèlement moral par un tiers exerçant une autorité de fait sur les salariés).

34. Sous-traitance. La faute du sous-traitant engage la responsabilité de l'entrepreneur principal à l'égard du maître de l'ouvrage. • Civ. 3e, 11 mai 2006, n° 04-20.426 P : *RDC 2006. 1214, obs. Viney* • 11 sept. 2013, n° 12-19.483 P : *D. 2013. 2173 .*

35. Transport (commissionnaire). Le commissionnaire de transport dont la responsabilité est recherchée en tant qu'il est garant de ses substitués, ne justifie d'un intérêt à exercer à l'encontre de ces derniers une action principale en garantie que s'il a désintéressé le créancier d'indemnité ou s'est obligé à dédommager ce créancier qui a accepté d'attendre le résultat de la procédure engagée par le commissionnaire contre ses substitués ou leurs assureurs. • Com. 23 nov. 2022, n° 20-18.593 B.

II. OBLIGATION DE SÉCURITÉ

BIBL. Bouche, *LPA 14 mars 2003* (obligation de surveillance de la personne du créancier). – Defferrard, *D. 1999. Chron. 364* (obligation de sécurité et cause étrangère). – Delebecque, *Gaz. Pal. 1997. 2. Doctr. 1184* (contrats spéciaux). – Gross, *D. Affaires 1996. 667.* – Hassler, *LPA 12 févr. 1997.* – Hocquet-Berg, *RCA 2019, Dossier 4* (le fabuleux destin de l'obligation de sécurité). – Jourdain, *Gaz. Pal. 1993. 2. Doctr. 1171 ; ibid. 1997. 2. Doctr. 1196* (fondement). – Lambert-Faivre, *D. 1994. Chron. 81 .* – Mainguy, *Dr. et patr. 12/1998. 68 (obligation de sécurité* dans la vente). – D. Mazeaud, *Gaz. Pal. 1997. 2. Doctr. 1201* (régime). – Paisant, *Gaz. Pal. 1997. 2. Doctr. 1189* (droit de la consommation). – Peyrefitte, *Mél. Breton/Derrida, Dalloz, 1991, p. 321* (statut du passager transporté par route). – Viney, *Gaz. Pal. 1997. 2. Doctr. 1212.*

A. CONTRATS DE DÉPLACEMENT

1° CONTRAT DE TRANSPORT

36. Responsabilité contractuelle. L'exécution du contrat de transport comporte pour le transporteur l'obligation de conduire le voyageur sain et sauf à destination. • Civ. 21 nov. 1911 : *GAJC, 11e éd., n° 262 ; DP 1913. 1. 249 (1re esp.), note Sarrut ; S. 1912. 1. 73, note Lyon-Caen.* ♦ Rappr. sous l'angle des obligations positives des États dans le respect du droit à la vie (art. 2 Conv. EDH), note 7 ss. art. 16 (obligation de faire respecter la réglementation protégeant les voyageurs ferroviaires en installant les passages souterrains exigés par la réglementation interne).

Cette solution traditionnelle est désormais d'une portée limitée. Les transports ferroviaires sont soumis au régime uniforme de la Convention COTIF-CIV (V. ci-dessous ***a.*** et ***b.***). Les transports aériens relèvent de règles spéciales (c). Enfin, les personnes victimes d'un accident de la circulation sont soumise à la L. du 5 juill. 1985 même si elles voyagent en vertu d'un contrat de transport (V. ss. art. 1242, L. du 5 juill. 1985, art. 1er). ♦ Comp. : l'obligation de sécurité de résultat pesant sur le transporteur de voyageurs est applicable aux bagages transportés. • Civ. 1re, 9 juill. 2015, n° 14-13.423 P (dommages causés par un incendie à l'arrière d'un car).

a. Transport ferroviaire : règlement européen du 23 octobre 2007

37. Primauté du règlement. Aux termes de l'art. 11 du Règl. (CE) n° 1371/2007 du Parlement européen et du Conseil du 23 oct. 2007, sans préjudice du droit national octroyant aux voyageurs une plus grande indemnisation pour les dommages subis, la responsabilité des entreprises ferroviaires relative aux voyageurs et à leurs bagages est régie par le titre IV, chapitres I, III et IV, ainsi que les titres VI et VII de l'annexe I du règlement n° 1371/2007 ; aux termes de l'art. 26 de l'annexe I au Règl. (CE) n° 1371/2007 du Parlement européen et du Conseil du 23 oct. 2007, le transporteur est responsable du dommage résultant de la mort, des blessures ou de toute autre atteinte à l'intégrité physique ou psychique du voyageur causé par un accident en relation avec l'exploitation ferroviaire survenu pendant que le voyageur séjourne dans les véhicules ferroviaires, qu'il y entre ou qu'il en sorte et quelle que soit l'infrastructure ferroviaire utilisée ; ces dispositions du droit de l'Union, entrées en vigueur le 3 déc. 2009, sont reprises à l'art. L. 2151-1 C. transp., lequel dispose que le Règl. n° 1371/2007 s'applique aux voyages et services ferroviaires pour lesquels une entreprise doit avoir obtenu une licence conformément à la Dir. 2012/34/UE du Parlement européen et du Conseil du 21 nov. 2012 établissant un espace ferroviaire unique européen. • Civ. 1re, 11 déc. 2019, n° 18-13.840 P : *D. 2020. 188, note François ; ibid. Chron. C. cass. 1058, obs. Le Gall ; AJ contrat 2020. 27, obs. Bucher ; RTD civ. 2020. 119, obs. Jourdain ; RTD com. 2020. 200, obs. Bouloc ; JCP 2020, n° 10, note Delebecque ;*

CCC 2020, n° 37, note Leveneur ; RDC 2020/2. 26, note Dugué ; ibid. 2020/3. 115, note Heymann.

38. Sur l'applicabilité des art. 22 et 24 du Règl., concernant l'accessibilité aux personnes handicapées, dès lors qu'aucun décret n'a renouvelé le délai de cinq ans prévu à l'art. L. 2151-2 C. transp. : • Civ. 1re, 25 nov. 2020, n° 19-18.786 P (SNCF ayant satisfait à ses obligations légales quant à la mise aux normes progressive des voitures destinée à assurer l'accessibilité des couloirs et des toilettes dans les trains aux personnes handicapées ou à mobilité réduite, sans porter atteinte à leur dignité).

39. Exonération partielle pour faute de la victime. Il résulte de l'art. 26, § 2, b), de l'annexe I au Règl. (CE) n° 1371/2007 du 23 oct. 2007 que le transporteur ferroviaire peut s'exonérer de sa responsabilité envers le voyageur lorsque l'accident est dû à une faute de celui-ci, sans préjudice de l'application du droit national en ce qu'il accorde une indemnisation plus favorable des chefs de préjudices subis par la victime ; cassation de l'arrêt refusant de faire application du règlement et faisant primer l'anc. art. 1147 C. civ. pour accorder une réparation intégrale au voyageur. • Civ. 1re, 11 déc. 2019, n° 18-13.840 P : *préc. note 37* (écrasement d'un pouce à la suite de la fermeture d'une porte automatique).

b. Transport ferroviaire : jurisprudence ancienne

40. Domaine de l'obligation de résultat : contrats visés. L'existence d'un accord sur le partage des frais de voyage est insuffisante pour établir entre les parties un lien de nature à engendrer une responsabilité contractuelle liée à une obligation de sécurité. • Civ. 1re, 6 avr. 1994, n° 91-21.047 P : *RTD civ. 1994. 866, obs. Jourdain ; JCP 1994. I. 3781, n°s 1 s., obs. Fabre-Magnan ; Defrénois 1994. 1129, obs. Delebecque.* ♦ L'existence d'un contrat de transport, générateur d'une obligation de résultat mise à la charge du transporteur, implique que le contrôle et la conduite du moyen de locomotion fourni pour parcourir un itinéraire ne soient pas abandonnés à la personne qui parcourt cet itinéraire. • Civ. 1re, 27 janv. 1982 : *Bull. civ. I, n° 52* (fourniture de bicyclettes par une colonie de vacances).

41. ... Limites dans le temps. L'obligation de sécurité n'existe à la charge du transporteur que pendant l'exécution du contrat de transport, c'est-à-dire à partir du moment où le voyageur commence à monter dans le véhicule et jusqu'au moment où il achève d'en descendre. • Civ. 1re, *1er juill. 1969 : Bull. civ. I, n° 260 ; R. 1969-1970, p. 49 ; D. 1969. 640, note G. C.-M. ; JCP 1969. II. 16091, concl. Lindon, note M. B. et A. R. ; RTD civ. 1970. 184, obs. Durry* • 7 mars 1989 : *Bull. civ. I, n° 118 ; R., p. 335 ; D. 1991. 1, note Malaurie ; Gaz. Pal. 1989. 2. 632, note Paire ; RTD civ. 1989. 548, obs. Jourdain* • 15 juill. 1999, n° 97-10.268 P : *R., p. 401 ; D. 2000. 283, note Pech-Le Gac ; JCP E 2000. 1225, obs. Bon-Garcin ; RTD civ. 1999. 843, obs. Jourdain* (transport aérien). ♦ L'obligation de sécurité afférente au contrat de transport cesse avec celui-ci, à partir de l'instant où les voyageurs ont repris leur autonomie. • Civ. 2e, 10 mai 1991, n° 90-11.684 P. – V. aussi Mascala, *D. 1991. Chron. 80.* ♦ En dehors de l'exécution du contrat de transport, la responsabilité du transporteur à l'égard du voyageur est soumise aux règles de la responsabilité délictuelle. • Civ. 1re, 7 mars 1989 : *préc.* ♦ V. conf. • Civ. 1re, 19 févr. 1991, n° 89-19.999 P (accident survenu au cours d'une correspondance). ♦ V. aussi pour l'application de la responsabilité délictuelle lorsque le contrat de transport est achevé, note 229.

42. ... Personnes concernées. Le tiers au contrat de transport liant le transporteur à la personne transportée n'est pas fondé à se prévaloir de l'obligation contractuelle de résultat quant à la sécurité de la personne transportée (question du recours de l'auteur du dommage contre le transporteur). • Civ. 1re, 2 mai 1989 : *Bull. civ. I, n° 182 ; RTD civ. 1989. 758, obs. Jourdain.* ♦ Mais le Fonds de garantie des victimes des actes de terrorisme et d'autres infractions bénéficie d'une subrogation dans les droits de la victime d'une infraction à l'encontre, non seulement des personnes responsables du dommage causé par l'infraction, mais également de celles tenues à un titre quelconque d'en assurer la réparation totale ou partielle ; cette disposition ne limite nullement la subrogation aux actions fondées sur une responsabilité délictuelle et n'impose aucun préalable dans le choix des personnes actionnées, il en résulte que l'agression ayant eu lieu à bord d'un train, le Fonds pouvait exercer son recours subrogatoire contre la SNCF, tenue d'une obligation contractuelle de sécurité de résultat à l'égard de la victime transportée. • Civ. 2e, 7 avr. 2011, n° 10-17.884 P : *D. 2011. Actu. 1136*.

43. Exonération totale du transporteur. Le transporteur ne peut s'exonérer de son obligation de sécurité qu'en démontrant que l'accident est dû à la faute exclusive de la victime présentant le caractère de la force majeure. • Civ. 1re, 26 juin 1990, n° 88-19.937 P. ♦ ... Ou à un fait imprévisible et irrésistible. • Civ. 1re, 21 oct. 1997, n° 95-19.136 P.

44. Exonération partielle pour faute de la victime : principe. Le transporteur tenu d'une obligation de sécurité de résultat envers un voyageur ne peut s'en exonérer partiellement ; la faute de la victime, à condition de présenter le caractère de la force majeure, ne peut jamais emporter qu'exonération totale. • Civ. 1re, 13 mars 2008, n° 05-12.551 P : *D. 2008. AJ 920, obs. Gallmeister ; ibid., Chron. C. cass. 2363, n° 7, obs. Creton ; ibid. Pan. 2894, obs. Brun ; ibid. 2009. Pan. 972, obs. Kenfack ; JCP 2008. Actu. 219, obs. Brusorio-Aillaud ; ibid.*

II. 10085, note Grosser ; ibid. I. 186, n° 8, obs. Stoffel-Munck ; CCC 2008, n° 173, obs. Leveneur ; RCA 2008. Étude n° 6, note Hocquet-Berg ; ibid. n° 159, obs. Leduc ; LPA 6 août 2008, note Quezel-Ambrunaz ; ibid. 25 août 2008, note Bouche ; RTD civ. 2008. 312, obs. Jourdain ; RTD com. 2008. 843, obs. Bouloc . ♦ Dans le même sens : le transporteur ferroviaire, tenu envers les voyageurs d'une obligation de sécurité de résultat, ne peut s'exonérer de sa responsabilité en invoquant la faute d'imprudence de la victime que si cette faute, quelle qu'en soit la gravité, présente les caractères de la force majeure. • Cass., ch. mixte, 28 nov. 2008, n° 06-12.307 P : *R., p. 314 ; D. 2008. 3079, obs. Gallmeister ; ibid. 2009. 461, note Viney ; ibid. Pan. 972, obs. Kenfack ; ibid. 2010. Pan. 49, obs. Gout ; JCP 2008. II. 10011, obs. Grosser ; ibid. 2009. I. 123, n° 12, obs. Stoffel-Munck ; Gaz. Pal. 2009. 491, avis Domingo, note Oudot ; RCA 2009, n° 4, obs. Hocquet-Berg ; RLDC 2009/56, n° 3254, obs. Bugnicourt ; ibid. n° 3415, note Julien ; RTD civ. 2009. 129, obs. Jourdain ; RDC 2009. 487, obs. Génicon.* ♦ Mais admission de l'exonération partielle d'un transporteur fluvial, en raison de la faute de la victime qui a été blessée en tentant de toucher la voûte d'un pont sous lequel le bateau passait. • Civ. 1re, 16 avr. 2015, n° 14-13.440 P : *D. 2015. 1137, note Mazeaud .*

45. Illustrations. Cette preuve ne peut résulter d'éléments provenant exclusivement du transporteur, en l'occurrence ferroviaire. • Civ. 1re, 2 avr. 1996, n° 93-17.181 P : *D. 1996. Somm. 329, note Delebecque .* ♦ Cette preuve n'est pas rapportée dans l'hypothèse de la chute d'un voyageur par la portière d'un train, accident qui aurait pu être évité par la mise en place d'un système approprié interdisant l'ouverture des portières pendant la marche du train. • Civ. 1re, 21 oct. 1997 : *préc. note 43.* ♦ ... Ni dans le cas d'une agression commise sur un voyageur dans un train, dès lors que les agressions ne sont pas imprévisibles et que la présence de contrôleurs en nombre suffisant peut revêtir un effet dissuasif. • Civ. 1re, 3 juill. 2002, n° 99-20.217 P : *R., p. 481 ; D. 2002. 2631, note Gridel ; JCP 2003. I. 152, nos 31 s., obs. Viney ; Gaz. Pal. 2002. 1756, concl. Sainte-Rose ; Dr. et patr. 11/2002. 101, obs. Chabas ; RCA 2002, n° 323, note Groutel ; RTD civ. 2002. 821, obs. Jourdain .* – Même sens : • Civ. 1re, 21 nov. 2006, n° 05-10.783 P : *D. 2007. AJ 15, obs. Gallmeister ; RCA 2007, n° 43 ; ibid. Repère 2, par Groutel ; CCC 2007, n° 89, note Leveneur ; RDC 2007. 392, obs. Delebecque ; RTD civ. 2007. 574, obs. Jourdain* (des systèmes efficaces de verrouillage des portes des compartiments couchettes auraient permis d'éviter l'agression). – Déjà en ce sens : • Civ. 1re, 12 déc. 2000, n° 98-20.635 P : *D. 2001. 1650, note Paulin ; ibid. Somm. 2230, obs. Jourdain ; CCC 2001, n° 53, note Leveneur ; RCA 2001, n° 72* et *Chron. 6 par Groutel.*

c. Transport aérien

46. Transports concernés. Sur la constitutionnalité du régime particulier des transports gratuits (C. transp., art. L. 6421-4), V. note 1. – Sur la question des baptêmes de l'air, V. Gency-Tandonnet, *D. 2005. Chron. 3039.* – Bruneau, *LPA 4 août 2006.*

Il se déduit de l'art. L. 322-3 C. aviat., devenu L. 6421-4 C. transp., qu'une promenade aérienne, fût-elle effectuée par un particulier, à titre gratuit, avec un point de départ et d'arrivée identique, constitue un transport aérien soumis à la Conv. de Varsovie du 12 oct. 1929 et que l'action en réparation d'un tel accident aérien échappe à la compétence matérielle des juridictions répressives... • Crim. 10 sept. 2019, n° 18-83.858 P. ♦ ... La responsabilité de ce particulier ne pouvant être engagée que si la victime prouve qu'il a commis une faute. • Civ. 1re, 8 avr. 2021, n° 19-21.842 P : *D. 2021. 1695, obs. Kenfack .*

Conformément à l'art. L. 322-3 C. aviat., l'acheminement de passagers par aéronef constitue un transport aérien ; doit être qualifié comme tel le baptême de l'air en deltaplane biplace. • Civ. 1re, 22 nov. 2005, n° 02-18.584 P : *D. 2007. Pan. 112, obs. Kenfack ; JCP 2006. II. 10051, note Gency-Tandonnet ; RCA 2006, n° 61, note Groutel ; LPA 24 mars 2006, concl. Sainte-Rose* (cassation de l'arrêt ayant appliqué l'art. 1147 anc. C. civ.).

Dans le même sens pour un vol en parapente biplace : • Civ. 1re, 19 oct. 1999, n° 97-14.759 P : *D. 2000. Somm. 298, obs. Mercadal ; JCP E 2000. 1224, obs. M. B.* (un parapente est un aéronef et un baptême de l'air, sans initiation à une pratique sportive, est un transport aérien, qu'il soit circulaire ou non) • 3 juill. 2001, n° 00-10.435 P : *RCA 2001, n° 330, note Vaillier (1re esp.)* (baptême de l'air) • 22 nov. 2005, n° 01-20.778 P : *D. 2007. Pan. 112, obs. Kenfack ; JCP 2006. II. 10051, note Gency-Tandonnet ; RCA 2006, n° 61, note Groutel ; LPA 24 mars 2006, concl. Sainte-Rose* • 27 juin 2006, n° 03-10.094 P : *RCA 2006, n° 266, note Groutel.*

Dans le même sens pour un vol en ULM biplace. • Civ. 1re, 7 mars 2000, n° 97-15.045 P (vol dont l'objet principal était le déplacement d'un aérodrome à un autre) • 3 juill. 2001, n° 00-10.437 P : *RCA 2001, n° 330, note Vaillier (2e esp.)* (promenade aérienne) • 22 nov. 2005, n° 03-17.395 P : *D. 2006. 421, note Tosi ; ibid. 2007. Pan. 112, obs. Kenfack ; CCC 2006, n° 46, note Leveneur ; RDC 2006. 1160, obs. Delebecque* (baptême de l'air).

Comp. • Civ. 1re, 25 nov. 1997, n° 94-20.194 P [un vol ayant pour but la participation sportive du passager (voltige) et non son acheminement d'un point à un autre ne constitue pas un transport aérien] • Crim. 20 mars 2001, n° 00-83.286 P : *D. 2001. IR 1773* (le vol de découverte en parapente biplace constitue pour le passager une activité sportive et pour le pilote l'encadrement de cette activité) • Civ. 1re, 15 janv. 2014, n° 12-12.159 P (un vol dont l'objet principal est la réalisation d'un travail aérien et non un simple déplacement d'un point à un autre ne peut donner lieu à la conclusion d'un contrat de transport aérien avec l'aéroclub).

47. Accidents concernés. Toute action en responsabilité, à quelque titre que ce soit, à l'encontre du transporteur aérien de personnes ne peut être exercée que dans les conditions et limites de la Convention de Varsovie. • Civ. 1re, 14 juin 2007 : *RDC 2007. 1185, obs. Fenouillet.* ♦ Sur l'exigence, dans le cadre de la Conv. de Montréal du 28 mai 1999, d'un accident pour engager la responsabilité du transporteur : • Civ. 1re, 15 janv. 2014, n° 11-21.394 P : *D. 2014. 1084, note Paulin ; JCP 2014, n° 90, note Dumery ; ibid. n° 264, note Barbiéri ; RDC 2014. 379, note Borghetti* (absence de preuve d'une imputabilité à un accident en cas de lésions auditives liées au fonctionnement de l'avion et aux phénomènes de compression lors des décollages et atterrissages) • 15 janv. 2014, n° 11-27.962 P : *D. 2014. 1084, note Paulin ; JCP 2014, n° 90, note Dumery ; ibid., n° 264, note Barbiéri ; RDC 2014. 379, note Borghetti* (*idem* pour une chute au cours de l'embarquement, dans des circonstances inconnues, sur le tarmac de l'aéroport). ♦ Comp. • Civ. 1re, 15 juill. 1999 : *préc. note 41* (reconnaissant, à la charge du transporteur aérien, en dehors du vol proprement dit et des opérations d'embarquement et de débarquement, une obligation de sécurité de moyens dans l'exécution du contrat le liant à ses clients).

48. Indemnisation. La Conv. de Montréal et le Règl. n° 261/2004 consacrent des droits d'indemnisation différents, la première ayant pour objet de définir les conditions dans lesquelles peuvent être engagées par les passagers les actions visant à obtenir des dommages-intérêts à titre de réparation individualisée, tandis que ce règlement prévoit des mesures réparatrices standardisées. • Civ. 1re, 25 mars 2015, n° 13-24.431 P (exclusion des règles de compétence de la Convention pour une action fondée sur le règlement).

2° AUTRES CONTRATS DE DÉPLACEMENT

49. Déplacements ludiques ou sportifs : descente. L'exploitant d'un toboggan est, pendant la descente, tenu d'une obligation de résultat en ce qui concerne la sécurité de ses clients. • *Civ. 1re, 28 oct. 1991, n° 90-14.713 P : D. 1992. Somm. 271, obs. Fortis ; RTD civ. 1992. 397, obs. Jourdain* • 3 févr. 2011 : *RCA 2011, n° 165.* ♦ Comp. : • Montpellier, 20 janv. 1992 : *JCP 1993. II. 22125, note Bories.* ♦ Il en est de même de l'exploitant d'une piste de bob-luge, dès lors que ses clients ne peuvent décider librement de la trajectoire de l'engin. • Civ. 1re, 17 mars 1993, n° 91-14.417 P. ♦ Dans le même sens pour un saut à l'élastique, le participant ne contribuant pas à sa sécurité par son comportement et ne disposant d'aucun moyen de se prémunir lui-même du danger qu'il court en sautant : • Civ. 1re, 30 nov. 2016, n° 15-25.249 P : *D. 2017. 198, note Mazeaud ; RDC 2017. 235, note Borghetti* (absence de rôle actif ; saut provoquant une fracture).

50. ... Montée. Si l'obligation de sécurité pesant sur l'exploitant d'un télésiège est de résultat pendant le trajet, elle n'est plus que de moyens lors des opérations d'embarquement et de débarquement, en raison du rôle actif qu'y tiennent les usagers. • Civ. 1re, 10 mars 1998, n° 96-12.141 P : *D. 1998. 505, note J. Mouly ; LPA 2 oct. 1998, note Gauvin* • 11 juin 2002, n° 00-10.415 P : *D. 2002. IR 2099 ; JCP 2003. I. 152, nos 13 s., obs. Viney ; CCC 2002, n° 154, note Leveneur ; LPA 30 mai 2003, note Cochet* (phase préliminaire au débarquement : obligation de résultat). ♦ En raison de la participation active de l'usager d'un remonte-pente, l'exploitant est tenu d'une obligation de sécurité de moyens. • Civ. 1re, 4 nov. 1992 : *D. 1994. 45, note Brun ; D. 1994. Somm. 15, obs. Fortis ; JCP 1993. II. 22058, note Sarraz-Bournet ; Gaz. Pal. 1993. 2. 436, note Leroy ; RTD civ. 1993. 364, obs. Jourdain*.

51. Mise à disposition de moyens de déplacement. Un aéroclub, dès lors qu'il a perdu la maîtrise de l'appareil mis à la disposition d'un utilisateur qui en assure le pilotage, n'est pas tenu envers celui-ci, ni envers les passagers, d'une quelconque obligation de résultat. • Civ. 1re, 5 juill. 1989 : *Bull. civ. I, n° 283.* ♦ Analyse de la mise à disposition d'un appareil par un aéroclub, avec seulement une participation aux frais, comme un prêt à usage d'appareil. • Civ. 1re, 20 mai 2010, n° 09-65.835. ♦ L'organisateur d'un stage d'initiation au vol en ULM est tenu, en ce qui concerne la sécurité des participants, d'une obligation de moyens qui doit s'apprécier avec d'autant plus de sévérité qu'il s'agit d'un sport dangereux ; aussi a-t-il le devoir non seulement de faire assimiler aux élèves les consignes techniques mais aussi de tester leurs capacités psychologiques. • Civ. 1re, 29 nov. 1994, n° 92-11.332 P. ♦ V. aussi notes 57 (location de cheval) et 59 (location de kayak).

52. Auto-école. Une société d'auto-école est tenue d'une obligation contractuelle de sécurité de moyens envers ses élèves. • Civ. 1re, 15 oct. 2014, n° 13-20.851 P : *D. 2014. 2386, note Da Silva* (faute admise en l'espèce pour un contrat de moto-école, l'élève ayant alerté le moniteur sur les difficultés causées par le froid).

53. Organisation de voyages. Sur la responsabilité de plein droit des organisateurs de voyages et de séjours, V. note 27 et C. tourisme (Ord. n° 2004-1391 du 20 déc. 2004, *JO 24 déc.*), art.

L. 211-17, codifiant L. n° 92-645 du 13 juill. 1992, art. 23 (**C. consom.**).

B. ACTIVITÉS SPORTIVES ET DE LOISIR

BIBL. Cabrol, *LPA 9 janv. 2001* (la sécurité des loisirs). – Mistretta, *JCP 1998. I. 116* (responsabilité civile sportive). – J. Mouly, *JCP 2005. I. 134* (responsabilité civile dans les activités sportives). – Rizzo, *LPA 8 juill. 2002* (responsabilité des clubs sportifs vis-à-vis des spectateurs).

54. Principe. Tant le club sportif que les moniteurs ne sont tenus que d'une obligation de moyens en ce qui concerne la sécurité des adhérents dans la pratique de leur sport (gymnastique). • Civ. 1re, 21 nov. 1995, n° 94-11.294 P • 16 nov. 2004, n° 01-17.629 P (moniteur de karaté ayant blessé un élève). ♦ Cette obligation est cependant appréciée avec plus de rigueur lorsqu'il s'agit d'un sport dangereux. • Civ. 1re, 16 oct. 2001, n° 99-18.221 P : *D. 2002. Somm. 2711, obs. Lacabarats ; JCP 2002. II. 10194, note Lièvremont ; Gaz. Pal. 2002. 1374, note Polère ; CCC 2002, n° 21, note Leveneur ; Dr. et patr. 3/2002. 96, obs. Chabas ; RTD civ. 2002. 107, obs. Jourdain* (planeur, en l'espèce) • Civ. 1re, 16 mai 2018, n° 17-17.904 P : *D. 2018. 1072 ; AJ contrat 2018. 327, obs. Gout* (lutte : obligation de sécurité de moyens renforcée). ♦ V. aussi, jugeant qu'il existe à la charge d'une association sportive une obligation de prudence et de diligence dépassant le seul respect des obligations de sécurité fixées par les instances sportives : • Civ. 1re, 16 mai 2006, n° 03-12.537 P : *D. 2006. IR 1706* (hockey sur glace). ♦ Tenu d'une obligation de moyens, l'organisateur d'une compétition à risques élevés et connus doit néanmoins prévenir ceux-ci dans toute la mesure du possible. • Civ. 1re, 25 janv. 2005, n° 02-15.861 P : *D. 2005. IR 459 ; RCA 2005, n° 80, note Hocquet-Berg.* ♦ Sur l'obligation d'information quant aux assurances souscrites, V. note 103.

L'association sportive est tenue d'une obligation contractuelle de sécurité, de prudence et de diligence envers les sportifs exerçant une activité dans ses locaux et sur des installations mises à leur disposition, quand bien même ceux-ci pratiquent librement cette activité. • Civ. 1re, 15 déc. 2011, n° 10-23.528 P : *D. 2012. 539, note Develay ; RTD civ. 2012. 121, obs. Jourdain ; RCA 2012, n° 120, obs. Hocquet-Berg ; RDC 2012. 431, obs. Borghetti ; RLDC 2012/90, n° 4542, obs. Pouliquen* (chute d'un mur d'escalade, alors que l'activité était pratiquée sans formation, refusée par la victime, ni encadrement).

Cassation de l'arrêt qui a condamné une association de danse folklorique à réparer le dommage subi par un membre victime d'une agression commise par des personnes extérieures s'étant introduites dans les locaux, alors que l'agression ne constituait pas la réalisation d'un risque en lien avec l'activité pratiquée qui aurait imposé à l'association, tenue d'une obligation de moyens, de prendre des mesures particulières de sécurité. • Civ. 1re, 30 nov. 2016, n° 15-20.984 P : *D. 2016. 2518 ; AJ contrat 2017. 35, obs. Chénedé ; RDC 2017. 235, note Borghetti.*

55. Alpinisme. Obligation pesant sur l'organisateur d'un stage d'alpinisme : • Civ. 1re, 10 mars 1992, n° 87-17.824 P (obligation de moyens). – V. aussi • Grenoble, 15 juin 1993 : *D. 1994. 239, note Lebreton* .

56. Club de vacances. L'organisateur de séjours (en l'espèce, club de vacances) n'est tenu, pour les activités de ses clients, que d'une obligation de moyens. • Civ. 1re, 18 févr. 1981 : *Gaz. Pal. 1981. 2. Pan. 174, obs. Chabas.* ♦ V. cependant • Crim. 1er juill. 1997, n° 96-85.320 P : *D. 1998. Somm. 199, obs. Jourdain ; RCA 1998. Comm. 101 ; ibid. Chron. 6, par Leduc* [cassant pour manque de base légale l'arrêt qui, pour exonérer de sa responsabilité contractuelle l'exploitant d'un club de vacances pour l'accident survenu à un client au cours d'une séance de plongée (morsure par une murène), a retenu que cet exploitant n'avait pas commis de faute, sans relever le caractère imprévisible et irrésistible de la présence d'une murène sur les lieux de plongée]. ♦ V. aussi note 68 pour les colonies de vacances.

57. Équitation. L'obligation qui pèse sur un loueur de chevaux n'est qu'une obligation de prudence et de diligence. • Civ. 1re, 16 mars 1970 : *Bull. civ. I, n° 103 ; D. 1970. 421, note R. Rodière ; RTD civ. 1970. 793, obs. Cornu ; ibid. 1971. 161, obs. Durry* • 17 févr. 1982 : *Bull. civ. I, n° 82.* ♦ Comp., pour l'entrepreneur de promenades équestres, • Civ. 1re, 27 mars 1985 : *Bull. civ. I, n° 111 ; RTD civ. 1986. 609, obs. Rémy* • 11 mars 1986 : *Bull. civ. I, n° 64 ; RTD civ. 1986. 768, obs. J. Huet* • 29 juin 1994, n° 92-16.442 P (obligation de sécurité qui n'est qu'une obligation de moyens) • 5 mai 1998, n° 96-17.429 P : *CCC 1998, n° 110, note Leveneur* (l'insuffisante qualification du moniteur constitue un manquement à l'obligation de moyens). ♦ Sur le degré de diligence exigé du maître de manège, V. • Civ. 1re, 30 avr. 1965 : *Bull. civ. I, n° 282 ; D. 1965. 709* • 22 mars 1983 : *Bull. civ. I, n° 106* • 28 nov. 2000, n° 98-10.290 P : *D. 2001. IR 44 ; JCP 2002. II. 10010, note Lièvremont.* ♦ Le contrat de dressage de chevaux ne comporte, sauf clause contraire, qu'une obligation de moyens en ce qui concerne la sécurité de l'animal. • Civ. 1re, 15 avr. 1980 : *Bull. civ. I, n° 115 ; JCP 1980. II. 19402 et Rect. 19404 bis, note Bénabent.* ♦ Sur la responsabilité des prestataires d'activités équestres, V. obs. E. Wagner, *D. 1989. Somm. 408.*

58. Escalade. L'obligation contractuelle de sécurité de l'exploitant d'une salle d'escalade est une obligation de moyens dans la mesure où la pratique de l'escalade implique un rôle actif de chaque participant. • Civ. 1re, 25 janv. 2017, nº 16-11.953 P : *D. 2018. 35, obs. Gout* ; *CCC 2017, nº 70, note Leveneur* (prise en compte de la faute d'imprudence de la victime, celle-ci connaissant le règlement intérieur et l'interdiction de se tenir au sol sous un grimpeur, aucune faute ne pouvant être reprochée au grimpeur ayant décroché, par ailleurs prioritaire). ♦ Même solution lorsque l'association se contente de mettre à disposition un mur d'escalade, que l'utilisateur utilise librement. • Civ. 1re, 15 déc. 2011, nº 10-23.528 P : *D. 2012. 539, note Develay* ; *RTD civ. 2012. 121, obs. Jourdain* ; *RCA 2012, nº 120, obs. Hocquet-Berg* ; *RDC 2012. 431, obs. Borghetti* ; *RLDC 2012/90, nº 4542, obs. Pouliquen* (chute d'un mur d'escalade, alors que l'activité était pratiquée sans formation, refusée par la victime, ni encadrement).

59. *Loueur de matériel.* Sur la responsabilité du loueur professionnel de matériel sportif, V. • Civ. 1re, 6 févr. 2001 : *D. 2001. Somm. 1661, obs. F. Lagarde* (canoës-kayaks). ♦ V. aussi note 51.

60. *Lutte.* La lutte étant un sport potentiellement dangereux rendant nécessaire la fixation de règles précises, notamment, l'interdiction d'actions sportives susceptibles de porter atteinte à la sécurité corporelle des lutteurs, et au regard des différences de taille, niveau et pratique des joueurs, l'entraîneur de lutte est soumis à une obligation contractuelle de sécurité de moyens renforcée. • Civ. 1re, 16 mai 2018, nº 17-17.904 P : *D. 2018. 1072* ; *AJ contrat 2018. 327, obs. Gout* (manquement à cette obligation par l'entraîneur qui ne pouvait ignorer que l'action était porteuse d'un risque majeur de lésions graves et irréversibles et ne l'avait pas empêchée).

61. *Manèges forains.* L'exploitant d'un manège d'autos tamponneuses est, pendant le jeu, tenu d'une obligation de résultat en ce qui concerne la sécurité de ses clients. • Civ. 1re, 12 févr. 1975 : *D. 1975. 512, note le Tourneau* ; *JCP 1975. II. 18179 (2e esp.), note Viney.* ♦ Même solution pour l'exploitant d'un manège de balançoires : • Civ. 1re, 18 févr. 1986 : *Bull. civ. I, nº 32* ; *RTD civ. 1986. 770, obs. J. Huet.*

62. *Parachutisme, parapente.* L'organisateur d'une activité sportive de parachutisme n'est tenu que d'une obligation de sécurité de moyens. • Civ. 1re, 22 juin 2004, nº 01-13.330 P. ♦ L'association organisant un stage de parapente, tenue d'une obligation de moyens, commet une faute en n'interrogeant pas la stagiaire avant son premier saut sur son état physique et psychologique. • Civ. 1re, 5 nov. 1996, nº 94-14.975 P : *D. 1998. Somm. 37, obs. Lacabarats*. ♦ Mais l'organisateur d'un vol en parapente et le moniteur sont tenus d'une obligation de résultat en ce qui concerne la sécurité de leurs clients pendant les vols sur appareil biplace au cours desquels ceux-ci n'ont joué aucun rôle actif. • Civ. 1re, 21 oct. 1997, nº 95-18.558 P : *D. 1998. 271, note Brun* ; *D. 1998. Somm. 199, obs. Jourdain* ; *D. 1999. Somm. 85, obs. Lacabarats* ; *JCP 1998. II. 10103, note Varet* ; *ibid. I. 144, nº 9, obs. Viney* ; *Gaz. Pal. 1999. 1. 236, note J. Mouly.* ♦ Sur la distinction entre les vols sportifs ou d'enseignement et les transports aériens, V. note 46.

63. *Parcours d'aventure.* La pratique d'un parcours d'aventure dans des arbres en empruntant notamment des tyroliennes descendantes implique un rôle actif de chaque participant ; en conséquence, l'obligation contractuelle de sécurité de l'organisateur d'un tel parc de loisirs est une obligation de moyens. • Civ. 1re, 22 janv. 2009 : *LPA 6 avr. 2009, note Corpart* (conformité des instructions, du matériel et de l'encadrement) • Grenoble, 12 avr. 2011 : *JCP 2011. 1026, obs. Ruffieux.*

64. *Pêche.* Une association de pêche est tenue, à l'égard de ses adhérents, d'une obligation de sécurité qui n'est que de moyens. • Civ. 1re, 22 juin 1999, nº 97-11.458 P : *D. 1999. IR 194*.

65. *Piscine.* L'obligation de sécurité mise à la charge de l'exploitant d'une piscine s'analyse en une obligation de moyens. • Civ. 1re, 12 juin 1985 : *Bull. civ. I, nº 186.*

66. *Ski.* Ne manque pas à son obligation de sécurité l'exploitant d'un domaine skiable qui a mis en place un système de signalisation efficace, la victime moniteur de ski ayant adopté une vitesse excessive compte tenu des circonstances climatiques. • Civ. 1re, 19 mars 1996, nº 94-15.651 P. ♦ Obligation pesant sur un moniteur diplômé de ski : • Civ. 1re, 9 févr. 1994, nº 91-17.202 P (obligation de moyens). ♦ Pour la responsabilité des exploitants de remonte-pente et télésiège, V. note 50. ♦ Sur la compétence judiciaire : • Civ. 1re, 31 mars 2010, nº 09-10.560 P : *D. 2010. 961, obs. Gallmeister*. ♦ Absence d'obligation de sécurité permanente du syndicat des moniteurs de l'ESF sur une piste, en dehors des entraînements et compétitions organisés par lui, à défaut de preuve d'un engagement contractuel de sa part, qui seul pourrait être à la source d'une telle obligation. • Civ. 1re, 27 juin 2018, nº 17-17.796 P (accident survenu lors d'une sortie libre).

67. *Sports mécaniques.* L'organisateur d'un rallye qui a porté à la connaissance des participants les conditions de la course et notamment le fait qu'une épreuve de liaison se courait sur des routes non neutralisées, ce qui impliquait le respect des conditions locales de circulation, n'a commis aucun manquement à son obligation de moyens concernant la sécurité des participants. • Civ. 2e, 27 mai 1999, nº 97-16.200 P. ♦ Mais a manqué à son obligation de sécurité l'organisateur d'une épreuve d'endurance motocycliste sur circuit non ouvert à la circulation qui n'a pas mis en place les aménagements de nature à empêcher l'accident survenu à un pilote (choc contre un arbre en bordure de piste). • Civ. 1re, 15 juill. 1999, n° 97-15.984 P : *JCP 2000. I. 197, n° 9, obs. Viney* (caractère inopérant du moyen tiré de l'acceptation des risques). ♦ Sur l'obligation de sécurité de moyens des organisateurs de courses ou de stages de kart, V. • Civ. 1re, 1er déc. 1999, n° 97-21.690 P : *D. 2000. 287, note J. Mouly* • 1er déc. 1999, n° 97-20.207 P : *D. 2000. 287, note J. Mouly ; CCC 2000, n° 59, note Leveneur.*

C. CONTRATS D'HÉBERGEMENT ET D'ACCUEIL DU PUBLIC

68. *Accueil d'enfants.* BIBL. Lhuillier, *Mél. Alfandari, Dalloz, 1999, p. 377* (responsabilité de la baby-sitter). ♦ Nature de l'obligation de sécurité pesant sur ceux qui se chargent des enfants d'autrui (colonie de vacances, centre de jeu pour enfants, nourrice...) : V. obs. Durry, *RTD civ. 1982. 769* et obs. J. Huet, *ibid. 1985. 389.* ♦ La personne, rémunérée ou non, qui se voit confier des enfants en bas âge n'est tenue que d'une obligation de moyens quant à leur santé. • Civ. 1re, 18 nov. 1997, n° 95-12.698 P : *D. 1998. Somm. 197, obs. Delebecque ; RTD civ. 1998. 116, obs. Jourdain ; RCA 1998. Comm. 115 ; ibid. Chron. 8, par Cathelineau ; Dr. et patr. 4/1998. 86, obs. Chabas ; JCP 1998. I. 144, n° 9, obs. Viney ; Dr. fam. 1998, n° 85, note Murat ; Gaz. Pal. 1998. 2. 450, note Omarjee.* ♦ Un centre municipal de loisirs est tenu d'une obligation de moyens à l'égard des enfants qu'il accueille. • Civ. 1re, 1er févr. 1983 : *Bull. civ. I, n° 47 ; JCP 1984. II. 20129, note Chabas.* ♦ V. conf., pour un club de plage, • Civ. 1re, 19 janv. 1982 : *Bull. civ. I, n° 32.* ♦ ... Pour une colonie de vacances, • Civ. 1re, 10 févr. 1993, n° 91-14.889 P : *D. 1993. 605, note Bonnard* • 11 mars 1997, n° 95-12.891 P : *RTD civ. 1997. 947, obs. Jourdain* • 10 févr. 1998, n° 96-14.623 P. ♦ Faute grave de surveillance d'un responsable d'atelier ayant permis à un jeune homme d'escalader un rocher puis de faire une descente en rappel sans être ni assuré, ni empêché. • Civ. 1re, 6 mars 1996 : *D. 1997. 93, note Lebreton.*

69. *Maison de retraite.* Absence de manquement à l'obligation de surveillance de l'établissement, en dépit du fait que le nombre de rondes de nuit pratiquées était inférieur à celui prévu dans un protocole interne. • Civ. 1re, 15 déc. 2011, n° 10-25.740 P : *cité note 100 ss. art. 1242* (agression d'un pensionnaire par un autre pensionnaire, alors que tout était normal lors de la dernière ronde pratiquée le matin).

70. *Bars et cafés.* Si le tenancier d'un bar ou d'un café n'est tenu, en principe, en ce qui concerne la sécurité de ses clients, que d'une obligation de moyens, les juges du fond peuvent estimer qu'il contracte l'obligation de mettre à la disposition des clients des sièges suffisamment solides pour ne pas s'effondrer sous leur poids. • Civ. 1re, 2 juin 1981 : *Bull. civ. I, n° 189 ; JCP 1982. II. 19912, note Dejean de la Bâtie.*

71. *Hôtellerie.* La responsabilité de l'hôtelier, tenu à l'égard de ses clients d'une obligation contractuelle de sécurité, suppose qu'une faute soit établie à son encontre (chute d'un client regagnant sa chambre : autorité au civil de la décision pénale de relaxe). • Civ. 1re, 22 mai 1991, n° 89-21.791 P : *RTD civ. 1991. 757, obs. Jourdain.* ♦ V. aussi : • Civ. 1re, 19 juill. 1983 : *Bull. civ. I, n° 211 ; RTD civ. 1984. 729, obs. H. Huet* (explosion d'un radiateur à gaz démuni de dispositif de sécurité efficace constituant un manquement à l'obligation de moyens) • 29 janv. 1985 : *Bull. civ. I, n° 40 ; Gaz. Pal. 1985. 1. 264* (faute ayant permis la propagation rapide de l'incendie). ♦ Cette obligation de sécurité est exclusive de toute responsabilité délictuelle. • Civ. 1re, 8 févr. 2005, n° 01-10.309 P : *D. 2005. 2058, note Corgas-Bernard ; Dr. et patr. 4/2005. 99, obs. Chabas.*

72. *Restauration.* Si, en ce qui concerne la qualité gustative et digestive des mets servis, le restaurateur n'est tenu que d'une obligation de diligence ordinaire, par contre en ce qui concerne la sécurité du client, l'obligation contractuelle assumée est bien une obligation déterminée consistant à rendre le client sain et sauf à l'issue du repas, le client entendant ne point être empoisonné par les aliments absorbés et la présence de toxine botulinique dans le poisson servi ne constitue pas un cas de force majeure exonérant le restaurateur de sa responsabilité. • Poitiers, 16 déc. 1970 : *JCP 1972. II. 17127, note Mémeteau* (réformation de • TGI Poitiers, 7 janv. 1969 : *D. 1969. 174, note Pradel).* ♦ Dans l'aménagement, l'organisation et le fonctionnement de son établissement, le restaurateur est tenu d'observer les règles de prudence et de surveillance qu'exige la sécurité de ses clients. • Civ. 1re, 14 mars 1995, n° 93-14.458 P (noyade d'un jeune enfant dans la piscine insuffisamment protégée lors d'une soirée de mariage).

73. *Site touristique.* L'exploitant d'un site touristique naturel (grottes) a une obligation de sécurité de moyens. • Civ. 1re, 17 juin 1997, n° 95-14.145 P : *RTD civ. 1998. 116, obs. Jourdain.*

74. *Spectacles.* Sauf convention contraire, l'entrepreneur de spectacles (exploitant de cinéma) s'oblige seulement à observer, dans l'organisation et le fonctionnement de son exploitation, les mesures de prudence et de diligence qu'exige la sécurité du spectateur, et n'assume pas l'obligation de rendre celui-ci sain et sauf à la sortie de son établissement. • Civ. 17 mars 1947 : *D. 1947. 269.* ♦ V. aussi • Civ. 1re, 10 juin 1986 : *Bull. civ. I, n° 164* (discothèque) • 29 nov. 1989 : *Bull. civ. I, n° 371* (décision précisant que l'entrepreneur de spectacles n'est tenu que d'une obligation de moyens en ce qui concerne la sécurité des spectateurs, sauf circonstances exceptionnelles découlant de la nature du spectacle) • 30 mars 1994, n° 92-12.930 P • 22 juin 1999, n° 97-10.126 P (exploitant de discothèque organisateur de « combats de sumo »).

75. Organisation de soirée. L'association organisatrice d'une soirée pour les élèves d'une école est débitrice d'une obligation de moyens envers les participants à la soirée. • Civ. 1re, 18 juin 2014, n° 13-14.843 P : *D. 2014. 1625, note Ménabé ; ibid. 2015. 124, obs. Gout ; RTD civ. 2014. 663, obs. Jourdain ; JCP 2014, n° 920, note Bakouche* (absence de faute en l'espèce, malgré le décès d'un étudiant, compte tenu des mesures prises, l'association ayant conclu une convention de partenariat avec une société de surveillance pour assurer la sécurité des clients au sein de la fête et à proximité, sur une plage horaire importante, surveillance effectivement bien assurée).

D. AUTRES ILLUSTRATIONS

76. Assistance bénévole. BIBL. Blond, *LPA 14 juill. 1999*. – Hocquet-Berg, *Gaz. Pal. 1996. 1. Doctr. 32*. – Sériaux, *Mél. Cabrillac, Litec, 1999, p. 299*. ♦ La convention d'assistance bénévole emporte nécessairement l'obligation pour l'assisté de garantir l'assistant de la responsabilité par lui encourue, sans faute de sa part, à l'égard de la victime d'un accident éventuel que cette victime soit ou non un autre assistant. • Civ. 1re, 17 déc. 1996, n° 94-21.838 P : *D. 1997. Somm. 288, obs. Delebecque ; RTD civ. 1997. 431, obs. Jourdain ; CCC 1997, n° 78, obs. Leveneur.* ♦ V. égal. • Civ. 1re, 27 janv. 1993, n° 91-12.131 P : *Gaz. Pal. 1993. 2. 434, note Chabas ; RTD civ. 1993. 584, obs. Jourdain* • 10 oct. 1995 : *CCC 1996, n° 1, note Leveneur* • 16 déc. 1997, n° 95-18.593 P : *D. 1998. 580, note Viala (1re esp.)* • Civ. 2e, 10 mars 2004, n° 03-11.034 P : *Dr. et patr. 11/2004. 78, obs. Chabas ; RTD civ. 2004. 515, obs. Jourdain* (l'action récursoire étant fondée sur la convention d'assistance, les règles de l'anc. art. 1382 [1240] C. civ. et de la L. du 5 juill. 1985 sont hors de l'objet du litige) • 12 sept. 2013 : *RCA 2013, n° 330, obs. Hocquet-Berg ; RDC 2014. 16, note Génicon.* ♦ V. aussi obs. Jourdain, *RTD civ. 1994. 864* . – Viney, *JCP 1994. I. 3809, n° 1* (responsabilité délictuelle du bénéficiaire d'un acte de courtoisie).

En présence d'une convention d'assistance bénévole, toute faute de l'assistant, fût-elle d'imprudence, ayant causé un dommage à l'assisté est susceptible d'engager la responsabilité de l'assistant ; cassation de l'arrêt ayant considéré que la responsabilité de l'assistant s'apprécie au regard de la commune intention des parties qui exclurait dans ce cas que l'assistant réponde des conséquences d'une simple imprudence. • Civ. 1re, 5 janv. 2022, n° 20-20.331 B : *D. 2022. 740, note Gaiardo ; RTD civ. 2022. 395, obs. Jourdain ; CCC 2022, n° 41, note Leveneur ; RCA 2022, n° 65, obs. Hocquet-Berg ; RDC 2022/3. 10, note Pellet* (imprudence dans l'utilisation d'une lampe à souder provoquant un incendie de la toiture).

En jetant un carton d'un balcon, sans vérifier la sécurité de ce geste, l'assistant venu aider l'assisté à trier et ranger des objets a commis une faute extracontractuelle à l'égard d'un autre assistant blessé ; cette faute n'est pas exclusive de la responsabilité contractuelle de l'assisté au titre de ses propres manquements, en l'espèce le fait de lui donner un ordre dont les conséquences pouvaient être dangereuses pour les personnes, sans l'accompagner d'une quelconque consigne de sécurité ; ces deux fautes ayant contribué à la réalisation du dommage, doit être rejeté le pourvoi contre l'arrêt qui a limité le recours intenté par l'assureur de l'assisté, après indemnisation de la victime, à la part de responsabilité de l'assistant, qu'il a souverainement appréciée. • Civ. 1re, 5 mai 2021, n° 19-20.579 P : *D. 2021. 1803, note Galbois-Lehalle ; ibid. 2022. 35, obs. Gout ; RTD civ. 2021. 653, obs. Jourdain ; Gaz. Pal. 2021. 2020, note Stevignon ; RDC 2021/3. 17, note Knetsch ; CCC 2021, n° 111, note Leveneur* (70 % pour l'assisté et 30 % pour l'assistant).

77. Intervention d'une convention d'assistance entre un artisan et son client au cours du transport du meuble réparé par l'artisan entre l'atelier de ce dernier et la voiture du client. • Civ. 1re, 16 juill. 1997, n° 95-17.880 P : *D. 1998. 566, note Arhab ; RTD civ. 1997. 944, obs. Jourdain* . ♦ En revanche, absence de convention d'assistance dans le cas d'une intervention spontanée et inopportune : V. • Civ. 1re, 7 avr. 1998, n° 96-19.171 P : *JCP 1998. II. 10203, note Gout ; Defrénois 1998. 1050, obs. Delebecque.* ♦ Sur l'existence d'une convention d'assistance entre plongeurs : • Paris, 25 janv. 1995 : *D. 1997. Somm. 191, obs. F. Lagarde ; JCP 1995. I. 3867, n° 1, obs. Fabre-Magnan ; LPA 30 oct. 1996, note Filios et Kourtis.*

78. Toute faute de l'assistant peut décharger l'assisté de son obligation, dans la mesure où elle a contribué à la réalisation du dommage. • Civ. 1re, 13 janv. 1998, n° 96-11.223 P : *D. 1998. 580, note Viala (2e esp.)* . ♦ V. aussi obs. Viney, *JCP 1998. I. 144, nos 6 s.*

79. Contrat d'entreprise. Sur l'obligation de sécurité des entrepreneurs, V. ss. art. 1787.

80. Contrat de travail. BIBL. Ollier, *R. 2002, p. 109*. – Pignarre, *RDT 2006. 150* . – Radé, *RLDC 2008/51, suppl., n° 3085*. – Saint-Jours, *D. 2007. Chron. 3024* . ♦ En vertu du contrat de travail le liant à son salarié, l'employeur est tenu envers celui-ci d'une obligation de sécurité de résultat, notamment en ce qui concerne les maladies professionnelles contractées par ce salarié du fait des produits fabriqués ou utilisés par l'entreprise. • Soc. 28 févr. 2002, n° 99-18.389 P : *D. 2002. 2696, note Prétot* ; *JCP 2002. II. 10053, concl. Benmakhlouf ; ibid. I. 186, n*^{os} *23 s., obs. Viney ; Gaz. Pal. 2002. 598, concl. Benmakhlouf* (amiante) • Civ. 2e, 6 avr. 2004, n° 02-30.688 P • 8 nov. 2007, n° 07-11.219 P (obligation de l'employeur de se renseigner sur les conditions de travail de son salarié chez un tiers). ♦ Dans le même sens, en ce qui concerne les accidents du travail : • Soc. 11 avr. 2002, n° 00-16.535 P : *D. 2002. 2215, note Saint-Jours* ; *JCP 2002. I. 186, n*^{os} *27 s., obs. Viney ; RTD civ. 2002. 310, obs. Jourdain* • 23 mai 2002, n° 00-14.125 P : *D. 2002. IR 1885* • 11 juill. 2002, n° 00-17.377 P • Civ. 2e, 16 sept. 2003 : *RCA 2003, n° 318, note Groutel* • Cass., ass. plén., 24 juin 2005, n° 03-30.038 P : *R., p. 280 ; BICC 15 sept. 2005, rapp. Tredez, concl. Barrairon ; D. 2005. 2375, note Saint-Jours* ; *JCP 2005. II. 10117, note Vachet ; JCP E 2005. 1201, note Morvan.* ♦ ... En ce qui concerne le harcèlement moral : • Soc. 21 juin 2006, n° 05-43.914 P : *R., p. 280 ; BICC 1er nov. 2006, n° 2090, et la note ; D. 2006. 2831, note Miné* ; *ibid. IR 1770, obs. Dechristé* ; *ibid. 2007. Pan. 183, obs. Dockès* ; *JCP E 2006. 2513, note S. Prieur ; Gaz. Pal. 2006. 2489, concl. Allix ; RDT 2006. 245, obs. Adam* • Civ. 2e, 22 févr. 2007, n° 05-13.771 P : *R., p. 380 ; D. 2007. AJ 791, note Fabre* ; *JCP 2007. II. 10144, note Colonna ; LPA 6 avr. 2007, note Lerouge.* • 1er mars 2011 : *préc. note 33* • 29 juin 2017, n° 15-15.775 P • Soc. 1er déc. 2021, n° 19-25.715 B : *D. 2022. 414, note Ala et Lanoue* ; *Dr. soc. 2022. 414, note Kapp et Keim-Bagot* (l'obligation de prévention du harcèlement moral pesant sur l'employeur participe de son obligation de sécurité). ♦ L'employeur, tenu d'une obligation de sécurité de résultat en matière de protection de la santé et de la sécurité des travailleurs, manque à cette obligation lorsqu'un salarié est victime, sur son lieu de travail, de violences physiques ou morales exercées par l'un ou l'autre de ses salariés, quand bien même il aurait pris des mesures en vue de faire cesser ces agissements. • Soc. 29 juin 2011, n° 09-69.444 P : *D. 2011. Actu. 1978* • 23 janv. 2013, n° 11-18.855 P : *D. 2013. 314* (validité d'une prise d'acte effectuée 18 mois après le licenciement du fautif) • *19 nov. 2014, n° 13-17.729* P (mais refus de requalifier en licenciement une démission donnée plus de six mois après des faits de harcèlement auxquels l'employeur avait rapidement mis fin) • 11 mars 2015, n° 13-18.603 P. ♦ Manque gravement à ses obligations l'employeur qui porte une atteinte physique ou morale à son salarié. • Soc. 8 juin 2011, n° 10-15.493 P : *D. 2011. 1768*.

81. Ne méconnaît pas l'obligation légale lui imposant de prendre les mesures nécessaires pour assurer la sécurité et protéger la santé physique et mentale des travailleurs l'employeur qui justifie avoir pris toutes les mesures prévues par les art. L. 4121-1 et L. 4121-2 C. trav. • Soc. 25 nov. 2015, n° 14-24.444 P : *D. 2016. 807, obs. Lokiec et Porta* ; *Dr. soc. 2016. 457, note Antonmattei* ; *RDC 2016. 217, note Viney.* ♦ L'employeur, tenu d'une obligation de sécurité de résultat en matière de protection de la santé et de la sécurité des travailleurs dans l'entreprise, doit en assurer l'effectivité. • Soc. 28 févr. 2006, n° 05-41.555 P : *R., p. 279 ; JCP E 2006. 1990, note Miné* (contrôle de l'aptitude physique après accident du travail) • 13 déc. 2006 : *R., p. 279 ; D. 2007. AJ 85* (*idem*) • 19 déc. 2007, n° 07-40.384 P (prise en compte des propositions du médecin du travail de mesures individuelles telles que mutations ou transformations de postes) • 16 juin 2009, n° 08-41.519 P (visite médicale de reprise après de nombreux arrêts de travail) • 23 sept. 2009, n° 08-42.629 P (obligation de prendre les mesures individuelles nécessaires, telles que mutations ou transformations de postes) • 14 oct. 2009, n° 08-42.878 P • 17 oct. 2012, n° 10-14.248 P : *D. 2012. 2526* (l'absence de visite médicale d'embauche cause nécessairement au salarié un préjudice). ♦ ... Spécialement en ce qui concerne le tabagisme. • Soc. 29 juin 2005, n° 03-44.412 P : *R., p. 247 ; D. 2005. 2565, note Bugada* ; *JCP 2005. II. 10144, note Corrignan-Carsin ; JCP E 2005. 1839, note Miné.* ♦ ... Et il ne peut prendre, dans l'exercice de son pouvoir de direction, des mesures qui auraient pour objet ou pour effet de compromettre la santé et la sécurité des salariés. • Soc. 5 mars 2008, n° 06-45.888 P : *R., p. 228 ; RDC 2008. 1267, obs. Radé.* ♦ V. aussi, pour le caractère illicite, dans un contrat de travail d'un coursier, des clauses contenant une incitation directe ou indirecte à des comportements contraires à la sécurité. • Soc. 15 oct. 2014, n° 12-29.235 P (prime illicite dépendant notamment des distances parcourues et des délais de livraison, en violation des art. L. 4121-1 C. trav. et 14 de l'annexe 1 de la conv. coll. des transports routiers du 21 déc. 1950). ♦ L'employeur, tenu d'une obligation de sécurité de résultat en matière de protection de la santé et de la sécurité des travailleurs, manque à cette obligation lorsqu'un salarié est victime sur le lieu de travail de violences physiques ou morales, exercées par l'un ou l'autre de ses salariés, quand bien même il aurait pris des mesures en vue de faire cesser ces agissements. • Soc. 3 févr. 2010, n° 08-40.144 P : *BICC 1er juill. 2010, et les obs. ; D. 2010. AJ 445, obs. Cortot* ; *JCP 2010, n° 225, obs. Léger ; ibid. n° 321, obs. Mouly ; RDT 2010. 303, obs. Vericel* • 3 févr. 2010 : *R., p. 327.*

Pour les faits antérieurs à la L. du 17 janv. 2002, le salarié est en droit d'obtenir des dommages-intérêts en réparation du préjudice subi du fait du harcèlement, sur le fondement de l'art. 1147 anc. • Soc. 30 mars 2011, n° 09-41.583 P : *D. 2011. 1086*.

Les obligations des travailleurs dans le domaine de la sécurité et de la santé au travail n'affectent pas le principe de responsabilité de l'employeur. • Soc. 10 févr. 2016, n° 14-24.350 P : *D. 2016. 807, obs. Lokiec et Porta ; RDC 2016. 439, note Viney ; ibid. 508, note Icard* (refus de limiter les dommages et intérêts octroyés à une salarié au motif qu'elle aurait accepté ses mauvaises conditions de travail).

82. Un salarié, dont l'affection n'est pas prise en charge au titre de la législation sur les accidents du travail ou les maladies professionnelles, peut engager une action contre son employeur sur le fondement du droit commun de la responsabilité civile contractuelle. • Soc. 7 déc. 2011, n° 10-22.875 P : *R., p. 425 ; D. 2012. 103, obs. Siro* (responsabilité de l'employeur vis-à-vis d'un salarié victime d'une agression à l'étranger, qui n'a commis aucune faute et qui avait alerté son employeur sur les risques et demandé son rapatriement sécurisé).

83. Le droit à la santé et au repos est au nombre des exigences constitutionnelles. • Soc. 11 juin 2014, n° 11-20.985 P : *D. 2014. 1331* • 17 déc. 2014, n°s 13-22.890 P et 13-23.230 P (les États membres ne peuvent déroger aux dispositions relatives à la durée du temps de travail que dans le respect des principes généraux de la protection de la sécurité et de la santé du travailleur) • 14 déc. 2016, n° 15-22.003 P : *D. 2017. 840, obs. Lokiec et Porta* • 6 nov. 2019, n° 18-19.752 P. ♦ Sur les obligations positives des États, au titre de l'art. 8 Conv. EDH : le « droit du public à l'information » ne doit pas être limité à des informations concernant des risques qui se sont déjà matérialisés, mais doit également inclure les mesures préventives à prendre, y compris dans le domaine des risques professionnels. • CEDH, sect. I, 5 déc. 2013, *Vilnes et a. c/ Norvège*, n°s 52806/09 et 22703/10 (manquement dans le fait de ne pas avoir contrôlé les informations données par les compagnies à des plongeurs professionnels qu'elles employaient sur les paliers de décompression, alors que ces informations étaient essentielles pour apprécier les risques pour leur santé ou leur vie).

84. ... Prévoyance. L'employeur doit indemniser le préjudice résultant de la faute commise dans la souscription d'une assurance ne garantissant pas le paiement d'un capital décès correspondant aux stipulations de la convention collective. • Soc. 17 avr. 2019, n° 17-27.096 P : *RDT 2019. 583, obs. Morin*.

85. Maintenance. Celui qui est chargé de la maintenance et de l'entretien complet d'un *ascenseur est tenu d'une obligation* de résultat en ce qui concerne la sécurité. • Civ. 3e, 1er avr. 2009, n° 08-10.070 : *V. note 2 ss. art. 1721.* ♦ Même obligation pour celui qui est chargé de la maintenance d'une porte automatique d'accès à un parking. • Civ. 3e, 5 nov. 2020, n° 19-10.857 P : *D. 2021. 68, note Penin ; ibid. 310, obs. Boffa et Mekki ; RTD civ. 2021. 147, obs. Jourdain* (solution maintenue en dépit de la périodicité des visites d'entretien et de la nécessité d'une information pour une intervention).

86. Transfusions sanguines. Sur l'obligation de sécurité des centres de transfusion et des cliniques, V. note 99 ss. art. L. 1142-1 CSP (ss. art. 1242 C. civ.).

87. Vendeurs professionnels et fabricants. V. notes ss. art. 1603.

III. OBLIGATION DE RENSEIGNEMENT ET DEVOIR DE CONSEIL

BIBL. Becqué-Ickowicz, *Defrénois 2003. 521* (obligation d'information et revirements de jurisprudence). – Bernard de Saint Affrique, *Defrénois 1995. 913* (devoir de conseil). – Boré, *Gaz. Pal. 1996. 2. Doctr. 1411* (rédacteurs d'actes). – Cassuto-Teytaud, *R. 2002, p. 175* (la responsabilité des professions juridiques devant la 1re ch. civ.). – Guettier, *RCA 2002. Chron. 12* (jurisprudence administrative). – Izorche, *D. 1996. Chron. 347* (information et cession de contrat). – Jourdain, *D. 1983. Chron. 139.* – De Juglart, *RTD civ. 1945. 1* (obligation de renseignement dans les contrats). – Llorens, *RDI 1986. 1* (devoir de conseil des constructeurs). – Maleville, *JCP 2000. I. 222* (intermédiaires professionnels). – Mestre, obs. *RTD civ. 1986. 339* (limites de l'obligation de renseignement) ; *obs. ibid. 1990. 465 ; obs. ibid. 1999. 83* . – Mistretta, *LPA 5 juin 1998.* – Nahon, *Gaz. Pal. 2002. Doctr. 285* (médecin et avocat). – Neyret, *D. 2008. Chron. 804* (neutralisation pour certains professionnels). – Profit, *RDC 2016. 761* (l'obligation d'information dans l'assurance maritime). – Tchendjou, *JCP 2003. I. 141* (alourdissement pour le professionnel). – Tétard, *Dr. et patr. 11/2005. 46* (droit de ne pas tout dire). – Thunis, *Mél. Cabrillac, Litec, 1999, p. 313* (obligation précontractuelle d'information). – le Tourneau, *D. 1987. Chron. 101* (allégement de l'obligation de renseignement ou de conseil). – Viney, *JCP 2014, n° 879* (preuve de l'obligation d'information). – Willems, *Dr. et patr. 11/2002. 32* (obligation de mise en garde). – *R. 2010. 99 s.* – *R. 2011. 165* (risque dans la responsabilité des notaires et des avocats). – Dossier, *RDC 2012. 1041* (colloque 16 nov. 2011). – Dossier, *AJ contrat 2018. 56* .

88. Réforme du droit des obligations. Sur l'obligation précontractuelle d'information, comp. avec le nouvel art. 1112-1 C. civ.

A. PRINCIPES OU PROBLÈMES COMMUNS

89. Informations visées. L'obligation de loyauté et de sincérité s'impose en matière contractuelle et nul ne saurait voir sa responsabilité engagée pour n'avoir pas rappelé à une partie ce principe de bonne foi élémentaire ou les conséquences de sa transgression. • Civ. 1re, 31 oct. 2012, n° 11-15.529 P : *D. 2012. 2658* ; *RTD civ. 2013. 109, obs. Fages* (absence de responsabilité d'un avocat qui n'est pas tenu d'attirer l'attention de son client sur les conséquences d'une fausse déclaration). ♦ Nul ne peut voir sa responsabilité engagée pour n'avoir pas rappelé à une autre partie des obligations relevant de l'obligation de bonne foi qui s'impose en matière contractuelle, ou les conséquences de leur transgression. • Civ. 1re, 28 mars 2000, n° 97-18.737 P : *D. 2001. 35, note Cristau.* ♦ Sur l'absence d'obligation d'information d'une caisse de sécurité sociale sur une modification de la législation, V. note 16 ss. art. 1241. ♦ V. aussi • Civ. 3e, 12 mars 2008, n° 07-13.651 P : *RDI 2008. 270, obs. Périnet-Marquet* (absence d'obligation du maître d'œuvre d'informer le maître de l'ouvrage des conséquences du défaut d'agrément d'un sous-traitant).

L'obligation de conseil ne s'applique pas aux faits qui sont de la connaissance de tous. • Civ. 3e, 20 nov. 1991, n° 90-10.286 P • 6 mars 2002 : *RTD civ. 2003. 81, obs. Mestre et Fages* (travaux d'aménagement d'une maison et augmentation de leur coût par suite d'exigences nouvelles et changeantes du maître de l'ouvrage). ♦ Le devoir d'information du notaire ne s'étend pas aux données de fait qui sont connues. • Civ. 1re, 26 nov. 1996, n° 94-20.334 P : *Defrénois 1997. 343, obs. Aubert* • 18 déc. 2001 : *RTD civ. 2003. 81, obs. Mestre et Fages* . ♦ Mais cassation pour manque de base légale de l'arrêt écartant le manquement du notaire au motif inopérant que la stipulation d'un bouquet en cas de vente avec rente viagère est connue de tous. • Civ. 1re, 3 mai 2018, n° 16-20.419 P : *D. 2018. 1010* ; *AJ fam. 2018. 401, obs. Ferré-André* ; *RTD civ. 2018. 691, obs. Gautier* .

Limitation de l'obligation de conseil à l'opération envisagée : V. note 20 ss. art. 1787 et note 64 ss. art. 1792. ♦ V. cependant, imposant dans un montage de cinq contrats que l'obligation d'information porte aussi sur la globalité de l'opération. • Civ. 1re, 4 juin 2014, n° 13-12.770 P : *D. 2014. 1272* ; *AJCA 2014. 150, obs. Delpech* ; *JCP 2014, n° 864, note Mayaux* ; *RDC 2015. 30, note Carval* ♦ Limitation à la sphère de compétence du débiteur de cette obligation : V. note 19 ss. art. 1615. ♦ Absence d'obligation d'information de l'auxiliaire de justice sur une procédure dilatoire ou abusive. • Civ. 1re, 23 nov. 2004 : *cité note 105.* ♦ ... Ou pour des informations obtenues mais couvertes par une interdiction professionnelle de les divulguer. • Com. 2 déc. 2014, n° 13-25.705 P : *D. 2014. 2519* (insolvabilité connue d'un huissier en raison de l'existence de mandats multiples).

90. Créancier de l'obligation. Nécessité d'un lien contractuel. Le notaire n'est pas tenu d'un devoir de conseil envers ceux qui restent tiers par rapport aux actes auxquels il intervient. • Civ. 1re, 28 mars 2000, n° 97-20.169 P : *D. 2000. IR 152* ; *Defrénois 2000. 1389, obs. Aubert* (banque prêteuse, dans une vente d'immeuble). – V. aussi • Civ. 1re, 15 janv. 2002 : *Defrénois 2003. 268, obs. Aubert* • 15 janv. 2002 : *eod. loc.* • 26 oct. 2004, n° 02-13.456 P (promesse de vente avec substitution). ♦ Comp. note 183 sur l'obligation du notaire d'informer toutes les parties à l'acte et note 117 pour l'obligation similaire de l'avocat, unique rédacteur d'un acte. ♦ Pour des créanciers sans lien contractuel, V. cep. : tout entrepreneur est tenu d'un devoir de conseil à l'égard des autres entrepreneurs concourant à l'exécution d'un même chantier, dès lors que le travail de l'un dépend du travail de l'autre. • Civ. 3e, 31 janv. 2007, n° 05-18.311 P : *D. 2007. AJ 579* ; *RGDA 2007. 426, note Karila.* ♦ V. aussi notes 8 et 9 ss. art. 1992, pour l'obligation de l'agent immobilier à l'égard des éventuels acquéreurs.

– *Cession de contrat.* L'obligation d'information précontractuelle, édictée par l'art. L. 330-3 C. com., doit être respectée par le concédant qui donne son agrément au nouveau concessionnaire à l'occasion d'une cession du contrat. • Com. 21 févr. 2012, n° 11-13.653 P : *D. 2012. 677, obs. Chevrier* ; *ibid. 2013. 732, obs. Ferrier* ; *RTD com. 2012. 723, obs. Saintourens* ; *RDC 2012. 1260, obs. Grimaldi.*

– *Compétence du créancier.* Obligation du vendeur en cas d'achat par un professionnel, V. notes ss. art. 1615. ♦ Pour les conseils juridiques, la compétence personnelle du client ne supprime pas le principe de l'obligation d'information du professionnel mais peut affecter son étendue. V. notes 106 (avocat), 117 (rédacteur d'actes) et 188 (notaire). ♦ Même solution pour le client d'une agence de voyages, V. note 85. ♦ V. cep., en matière bancaire, note 147 et, en matière boursière, notes 163 s.

– *Assistance du créancier.* Maintien de l'obligation d'information lorsque le créancier se fait assister par une personne compétente : V. notes 106 (avocat) et 189 (notaire). ♦ V. aussi dans le cadre d'un contrat d'entreprise, note 71 ss. art. 1792. ♦ Sur l'assistance en matière bancaire, V. note 142. ♦ Le fait de ne pas se faire assister n'est pas une faute : V. note 65 ss. art. 1792 (absence de recours à un maître d'œuvre).

– *Dol du créancier.* Sur les conséquences d'un dol commis par le créancier de l'obligation de renseignement quant à son action contre le débiteur de celle-ci, même fautif, V. notes 145 (banque), 218 (notaire) et 14 ss. art. 1992 (agent immobilier).

91. Débiteur de l'obligation. V. ss. art. 1615, pour l'obligation de renseignement pesant sur les intermédiaires et les installateurs. ♦ Pour des hypothèses de pluralité d'intervenants, V., en matière médicale, note 13 ss. art. L. 1111-2 CSP, ss. art. 16-9. ♦ ... En matière bancaire. • Civ. 1re,

8 juin 2004 : *cité note 141.* ♦ ... En matière de conseil juridique, V. • Civ. 1re, 15 janv. 2002 : *cité note 109.* ♦ ... En matière de construction, V. note 65 ss. art. 1792. ♦ La cession du fonds de commerce qui comprend la cession du bail n'entraîne pas la transmission de l'obligation d'informer le bailleur de la sous-location intervenue antérieurement à la cession du fonds. • Civ. 3e, 17 sept. 2008, n° 07-10.170 P : *D. 2008. 2426, obs. Forest ; RTD civ. 2008. 677, obs. Fages*.

92. Nature de l'obligation. L'obligation de renseignement d'un fabricant ou d'un revendeur spécialisé est une obligation de moyens. • Civ. 1re, 23 avr. 1985 : *D. 1985. 558, note Dion ; RTD civ. 1986. 367, obs. Huet.* ♦ Sur le caractère précontractuel, V. note 100.

93. Charge de la preuve de l'obligation. Celui qui est légalement ou contractuellement tenu d'une obligation particulière d'information, en l'espèce un médecin, doit rapporter la preuve de l'exécution de cette obligation. • Civ. 1re, 25 févr. 1997, n° 94-19.685 P : *R., p. 271 ; GAJC, 12e éd., n° 16 ; D. 1997. Somm. 319, obs. Penneau ; JCP 1997. I. 4025, n° 7, obs. Viney ; Gaz. Pal. 1997. 1. 274, rapp. Sargos, note Guigue ; Defrénois 1997. 751, obs. Aubert ; LPA 16 juill. 1997, note Dorsner-Dolivet ; RCA 1997. Chron. 8, par Lapoyade-Deschamps ; CCC 1997. Chron. 5, par Leveneur ; RDSS 1997. 288, note Dubouis ; RGAT 1997. 852, note Rémy ; RTD civ. 1997. 434, obs. Jourdain* • 17 févr. 1998, n° 95-21.715 P : *R., p. 273 ; JCP 1998. I. 144, n° 20, obs. Viney ; LPA 6 mai 1999, note Halliez ; RTD civ. 1998. 681, obs. Jourdain* • 27 mai 1998, n° 96-19.161 P : *R., p. 273 ; D. 1998. 530, note Laroche-Gisserot*. ♦ Confirmation légale par CSP, art. L. 1111-2, al. 7, et par C. civ., art. 1112-1. ♦ V. dans le même sens pour :

– Un *avocat* : • Civ. 1re, 29 avr. 1997, n° 94-21.217 P : *R., p. 294 ; JCP 1997. II. 22948, note R. Martin ; CCC 1997, n° 111, note Leveneur ; LPA 15 août 1997, note M.-H. et V. Maleville ; RCA 1997. Comm. 231, et Chron. 19, par Groutel.*

– Un *constructeur*, au regard de la technique employée : • Civ. 3e, 28 avr. 2011 : *cité note 17 ss. art. 651.*

– Un *huissier [commissaire de justice]* : • Civ. 1re, 15 déc. 1998, n° 96-15.321 P : *Gaz. Pal. 1999. 1. 208, note Loyer.*

– Un *notaire* : • Civ. 1re, 3 févr. 1998, n° 96-13.201 P : *JCP N 1998. 701, note Pillebout ; ibid. 1082, note Kuhn ; Defrénois 1998. 743, obs. Aubert ; RTD civ. 1998. 381, obs. Jourdain* • 19 déc. 2006, n° 04-14.487 P : *D. 2007. AJ 304, obs. Gallmeister ; LPA 15 mai 2007, note Perruchot-Triboulet.*

– Un *assureur* : • Civ. 1re, 9 déc. 1997, n° 95-16.923 P • Civ. 2e, 8 avr. 2004, n° 03-11.485 P : *D. 2004. IR 1349 ; Dr. et patr. 7-8/2004. 95, obs. Chauvel.*

– Une *mutuelle* (tenue de prouver qu'elle a avisé l'assuré de la possibilité de demander sa radiation) : • Soc. 15 juill. 1999, n° 97-19.788 P.

– Une *caisse de sécurité sociale* : • Soc. 4 mars 1999 : *RDSS 2000. 124, note Bocquillon*.

– La *Caisse nationale d'assurance vieillesse* : • Soc. 12 oct. 2000, n° 98-15.831 P : *RDSS 2001. 389, obs. Muller*.

– Un *banquier*, à l'égard d'un emprunteur non averti : • Com. 11 déc. 2007, n° 03-20.747 P : *cité note 139.*

– Une *société de bourse*. • Com. 22 mars 2011 : *D. 2011. Actu. 1010, obs. Delpech ; ibid. 1600, note Causse ; RTD com. 2011. 382, obs. Storck ; RDC 2011. 857, note Carval.*

– Le *souscripteur d'une assurance de groupe* : • Civ. 1re, 6 nov. 2001, n° 98-20.518 P • Civ. 2e, 18 mars 2004, n° 03-11.273 P (preuve de la date de remise d'une notice informative).

– Un *vendeur professionnel*. • Civ. 1re, 15 mai 2002, n° 99-21.521 P : *D. 2002. IR 1811 ; JCP 2002. I. 184, nos 1 s., obs. Labarthe ; ibid. 2003. I. 152, n° 19, obs. Viney ; CCC 2002, n° 135, note Leveneur ; RTD civ. 2003. 84, obs. Mestre et Fages* • 28 oct. 2010 : *cité note 25 ss. art. 1353* • 13 déc. 2012, n° 11-27.766 P : *D. 2013. 6* (C. consom., art. L. 111-1). ♦ Confirmation légale pour les art. L. 111-1 à L. 111-3, par C. consom., art. L. 111-4-I.

Dans le même sens, pour un locataire, tenu d'informer son bailleur de son lien matrimonial (art. 9-1, L. 6 juill. 1989) : • Civ. 3e, 19 oct. 2005, n° 04-17.039 P : *D. 2006. Pan. 960, obs. Damas ; JCP 2006. I. 141, n° 4, obs. Wiederkehr ; AJDI 2006. 201, obs. Rouquet*. ♦ En matière de priorité de réembauchage (C. trav., art. L. 1233-45), il incombe à l'employeur d'apporter la preuve qu'il a satisfait à son obligation en établissant soit qu'il a proposé les postes disponibles, soit en justifiant de l'absence de tels postes. • Soc. 23 juin 2009, n° 07-44.640 P.

Mais doit être rejetée l'action du client d'une banque qui n'établit pas que le conseil qui lui a été donné était erroné. • Com. 8 avr. 2015, n° 14-10.058 P : *D. 2015. 863 ; JCP 2015, n° 653, note Chacornac.*

94. Modes de preuve de l'obligation. La preuve de l'exécution de l'obligation d'information du médecin peut être faite par tous moyens, et notamment par présomption. • Civ. 1re, 14 oct. 1997, n° 95-19.609 P : *R., p. 271 ; JCP 1997. II. 22942, rapp. Sargos ; ibid. I. 4068, nos 6 s., obs. Viney ; RTD civ. 1998. 100, obs. Mestre ; LPA 13 mars 1998, note Dagorne-Labbe ; RDSS 1998. 68, note Harichaux* • 4 janv. 2005, n° 02-11.339 P : *RCA 2005, n° 99, note Radé ; RTD civ. 2005. 381, obs. Mestre et Fages ; RDSS 2005. 330, obs. Pitcho*. ♦ V., admettant aussi que la preuve de l'exécution de l'obligation du notaire peut résulter de toute circonstance ou document : • Civ. 1re, 3 févr. 1998 : *préc.*

note 93 • 6 juill. 2004 : ♚ *JCP N 2005. 1072, note Biguenet-Maurel.*

Mais seule la remise à l'assuré, par le souscripteur d'une assurance de groupe, d'une notice explicative précise est de nature à faire preuve de l'exécution de l'obligation de renseignement. • Civ. 1re, 6 nov. 2001 : ♚ *préc. note 93.*

95. Partage de responsabilité. Le manquement à l'obligation de conseil et d'information du loueur professionnel d'engin de chantier ne dispense pas l'utilisateur de toute obligation de prudence et de diligence. • Civ. 1re, 22 oct. 2002 : ♚ *CCC 2003, n° 22.* ♦ Mais le maître de l'ouvrage n'est pas tenu de s'assurer de la délivrance de l'attestation de garantie de livraison pour l'obtention d'un prêt destiné à financer un contrat de construction de maison individuelle avec fourniture de plan. • Civ. 3e, 25 mai 2011, ♚ n° 10-10.905 P : *D. 2011. 1560* ; *RCA 2011, n° 293, obs. Groutel.* (cassation de l'arrêt retenant un double manquement du prêteur et du maître de l'ouvrage).

96. Obligation d'information et nullité. Le non-respect de l'obligation d'information de l'agent de voyages n'a pas pour effet d'entraîner la nullité du contrat en dehors des conditions de droit commun. • Civ. 1re, 31 oct. 2007, ♚ n° 05-15.601 P : *D. 2008. 522, note Dagorne-Labbe* ; *CCC 2008, n° 34, note Leveneur.* ♦ Sur les rapports entre le dol et l'obligation d'information, V. art. 1112-1 et note 15 ss. art. 1137. ♦ Mais la méconnaissance de l'obligation légale d'information du consommateur (Décr. 14 mars 1986), d'ordre public, est sanctionnée non seulement pénalement, mais aussi par la nullité du contrat. • Civ. 1re, 7 déc. 2004 : ♚ *V. note 32 ss. art. 1615.*

B. ILLUSTRATIONS

BIBL. Alexandre, *Dr. et patr. 5/1999. 92* (responsabilité des concepteurs de montages juridiques). – J. Boré, *Études Ghestin, LGDJ, 2001, p. 139* (limites du devoir de conseil du rédacteur d'actes).

97. Agent immobilier. V. ss. art. 1992.

98. Agence de publicité. Une agence de publicité doit conseiller utilement le client sur le plan de la sécurité juridique et il est de son devoir, en tant que professionnel, d'obtenir les autorisations nécessaires de la part de l'auteur du modèle choisi pour s'assurer que la maquette publicitaire pouvait être exploitée sans risque par le client. • Com. 30 nov. 1993, ♚ n° 91-21.628 P. ♦ Dans le même sens, pour une agence de presse fournissant des photographies à un éditeur : • Civ. 1re, 11 mars 1997, ♚ n° 95-11.143 P : *RTD civ. 1997. 950, obs. Jourdain* . ♦ V. aussi note 2 et rappr. note 116.

99. Agence de voyages. Les compétences professionnelles ou personnelles du voyageur ne dispensent pas l'agence de voyages de son obligation d'information envers lui. • Civ. 1re, 28 sept. 2016, ♚ n° 15-17.033 P : *D. 2017. 341, note Achièze* ; *ibid. 24, obs. Brun, Gout et Quézel-Ambrunaz* ; *AJ contrat 2017. 41, obs. Dagorne-Labbe* . ♦ Il entre dans les obligations de l'agence de voyages en tant que professionnel mandataire de son client, à qui elle vend un billet d'avion, de l'informer des conditions précises d'utilisation du billet, parmi lesquelles figurent les formalités d'entrée sur le territoire de l'État de destination. • Civ. 1re, 7 févr. 2006, ♚ n° 03-17.642 P : *préc. note 21.* ♦ Le vendeur de prestations de voyages ou de séjours doit informer le consommateur par écrit, préalablement à la conclusion du contrat, des formalités administratives à accomplir par celui-ci en cas de franchissement des frontières ; mais cassation de l'arrêt l'ayant condamné pour ne pas avoir rappelé ces formalités après la conclusion du contrat. • Civ. 1re, 27 mars 2019, ♚ n° 17-31.319 P. ♦ Rappr. note 3. ♦ Comp. : il appartient à tout parent qui envisage de faire sortir son enfant du territoire français de s'informer des formalités légales requises, de sorte qu'aucune obligation particulière ne pèse à cet égard sur l'agence de voyages. • Civ. 1re, 24 nov. 1998, ♚ n° 96-22.782 P : *D. 1999. 156, note F. Boulanger* ; *JCP 1999. II. 10106, note Dagorne-Labbe (1re esp.).* ♦ Mais dès lors que n'est pas établie la connaissance qu'avait ou qu'aurait dû avoir l'agence de ce que la finalité du voyage était un pèlerinage à La Mecque, cassation de l'arrêt condamnant l'agence à rembourser aux clients le coût des billets que ceux-ci ont dû acheter auprès de l'unique compagnie aérienne autorisée par l'Arabie saoudite. • Civ. 1re, 12 juin 2012, ♚ n° 10-26.328 P : *D. 2012. 1606* (contrat conclu sur internet).

100. Assurance : obligation de l'assureur. BIBL. Bigot, *JCP 2008. I. 135* (mise en garde). – Hourdeau-Bodin, *RGDA 2016. 582.* – Leblond, *RCA 2008. Étude 11* (assurance vie). – Linglin, *RCA 2018. Étude 10* (devoir d'information relatif à la prescription des actions dérivant du contrat d'assurance). ♦ L'assureur est tenu d'une obligation particulière d'information précontractuelle et l'action engagée contre lui en raison d'un manquement à cette obligation ne dérive pas du contrat d'assurance (exclusion de la prescription de deux ans). • Civ. 1re, 30 janv. 2001, ♚ n° 98-18.145 P : *R., p. 449* ; *JCP 2001. II. 10609, note Maleville.* ♦ L'obligation de conseil de l'assureur ne peut s'étendre à des circonstances qui excèdent le cadre de l'opération d'assurance qu'il propose. • Civ. 1re, 2 juill. 2002, ♚ n° 99-14.765 P : *D. 2003. 169, note Beignier (3e esp.)* ; *RTD civ. 2003. 81, obs. Mestre et Fages* • Civ. 2e, 5 juill. 2006, ♚ n° 05-13.580 P : *RDC 2007. 308, obs. Viney.* ♦ Le devoir d'information et de conseil de l'agent d'assurance ne s'achève pas lors de la souscription du contrat. • Civ. 2e, 5 juill. 2006, ♚ n° 04-10.273 P : *RDC 2007. 308, obs. Viney.*

♦ Rappr. pour un courtier : cassation pour manque de base légale de l'arrêt ne recherchant pas si un courtier n'avait pas commis une faute en s'abstenant de vérifier si les renseignements qu'il avait transmis, qu'il appartenait à l'assuré de déclarer spontanément en application de l'art. L. 113-2, al. 1er, 3°, C. assur., avaient été suivis d'une modification effective du contrat. • Civ. 1re, 30 sept. 2015, n° 14-19.613 P.

Un courtier, qui n'a ni proposé le contrat, ni participé à l'élaboration de la proposition d'assurance et n'a été chargé que d'effectuer la gestion administrative des dossiers des assurés, n'est débiteur à l'égard de l'assuré d'aucune obligation d'information et de conseil. • Civ. 2e, 23 mars 2017, n° 16-15.090 P : *D. 2017. Chron. C. cass. 1868, obs. Touati et Becuwe* ; *RGDA 2017. 380, note Bigot.*

101. Obligation de renseignement incombant au courtier habituel de l'assuré auquel conseil a été donné de regrouper diverses polices : V. • Civ. 1re, 13 mai 1985 : *Bull. civ. I, n° 144.* ♦ Manque à son obligation d'information l'agent général d'assurance qui, lors de la souscription par l'assuré d'une nouvelle police remplaçant la précédente, n'attire pas son attention sur une réduction de garantie. • Civ. 2e, 8 mars 2006 : *D. 2006. 1941, note Noguero* ; *RDC 2007. 308, obs. Viney.* ♦ Mais ne commet pas de faute le courtier d'assurances à qui on ne saurait reprocher d'avoir manqué de diligence en n'avisant pas son client de l'existence de la prescription biennale et des procédés à mettre en œuvre pour l'interrompre, dès lors que l'assurée, mandataire judiciaire, dispose des compétences nécessaires pour connaître de cette prescription spéciale, rappelée expressément aux conditions générales du contrat d'assurance, et qu'elle était assistée d'un conseil professionnel du droit. • Civ. 2e, 24 oct. 2013, n° 12-27.000 : *RGDA 2014. 236, obs. Langé.* ♦ Devoir de conseil et de renseignement incombant à l'assureur vis-à-vis de l'assuré : V. • Civ. 1re, 2 oct. 1984 : *Bull. civ. I, n° 241* • 27 mars 1985 : *Bull. civ. I, n° 108* • 25 nov. 1992, n° 89-16.438 P • 9 déc. 1997, n° 95-16.923 P (preuve de l'exécution de ce devoir de renseignement) • 17 nov. 1998, n° 96-18.152 P (assurance de groupe ; sur ce point, V. aussi notes 150 s., pour les obligations du banquier) • 23 nov. 1999, n° 97-15.372 P (caractère inopérant de l'intervention d'un intermédiaire) • 1er févr. 2000, n° 96-16.459 P : *D. 2001. 1983, note Choisez* ; *RCA 2000, n° 168, note Courtieu* (devoir d'information d'une institution de prévoyance) • 9 mai 2001, n° 98-20.107 P : *R., p. 449 ; D. 2001. IR 1994 ; RTD civ. 2001. 875, obs. Mestre et Fages* (responsabilité de l'assureur pour des conseils erronés, nonobstant la clarté des stipulations de la police dont il a recommandé l'acceptation) • Civ. 2e, 13 juill. 2006, n° 05-10.958 P (assurance vie : obligation de remettre au souscripteur la note d'information prévue par l'art. L. 132-5-1 C. assur.). ♦ Comp. : l'assureur qui a communiqué au souscripteur d'une assurance vie libellée en unités de comptes les caractéristiques essentielles des divers supports financiers qui lui étaient proposés ainsi que les risques qui leur étaient associés a, par là même, satisfait à son obligation d'information et ne saurait voir sa responsabilité engagée, peu importe que la note d'information remise à l'assuré ait omis certaines des mentions exigées par les art. L. 132-5-1 et A. 132-5 C. assur. • Civ. 2e, 9 juill. 2009, n° 08-18.730 P (caractéristiques reprises dans un document annexe accompagnant la note d'information). ♦ Responsabilité de l'assureur pour n'avoir pas mis en garde le souscripteur d'une assurance vie au sujet de l'indisponibilité des fonds résultant de l'acceptation par le bénéficiaire. • TGI Lyon, 1er juill. 2002 : *JCP 2003. II. 10063, note Gimalac et Portal.* ♦ Commet une faute la mutuelle qui n'avertit pas en temps utile un de ses adhérents de sa radiation. • Soc. 30 mai 1996, n° 94-16.007 P. ♦ V. aussi • Soc. 15 juill. 1999 : *préc. note 93.*

Il appartient à l'assureur de responsabilité obligatoire des travaux de bâtiment de fournir, dans l'attestation délivrée à son assuré et destinée à l'information des éventuels bénéficiaires de cette garantie, les informations précises sur le secteur d'activité professionnelle déclaré. • Civ. 3e, 17 déc. 2003, n° 01-12.259 P : *R., p. 466 ; JCP 2004. II. 10091, note Pimbert ; RCA 2004, n° 83, note Durry (1re esp.) ; RDI 2004. 62, obs. Leguay* ; *RGDA 2004. 112, note Karila (3e esp.)* (responsabilité délictuelle à l'égard du bénéficiaire de la garantie) • 22 sept. 2004, n° 02-13.847 P : *D. 2005. Pan. 1322, obs. Groutel* • 29 mars 2006, n° 05-13.119 P : *RDC 2006. 1235, obs. Carval* • 11 mai 2006, n° 04-20.250 P. ♦ Lorsque, dans un contrat d'assurance de responsabilité professionnelle d'un architecte ne relevant pas de l'assurance obligatoire, une clause fait de la déclaration de chaque chantier une condition de la garantie, l'architecte n'est assuré pour chaque chantier qu'après sa déclaration ; commet une faute de nature à engager sa responsabilité civile l'assureur qui délivre une attestation d'assurance avant que la déclaration de chantier qui conditionne la garantie n'ait été effectuée. • Civ. 3e, 1er oct. 2020, n° 19-18.165 P : *D. 2020. 1952* ; *RDI 2020. 612, obs. Dessuet* ; *RCA 2020. Étude 11, note Brun ; RGDA 2020/11. 12, note Karila.*

102. … Adéquation de l'assurance. L'assureur est tenu d'éclairer l'assuré sur l'adéquation des risques couverts par les stipulations du contrat d'assurance, fussent-elles claires et précises, à sa situation personnelle. • Civ. 1re, 13 déc. 2012, n° 11-27.631 P : *D. 2013. 6*. ♦ Manquement du courtier à son obligation de conseil en n'attirant pas spécialement l'attention du souscripteur sur la nécessité de souscrire une assurance facultative complémentaire, le courtier soutenant, à tort, que le produit d'assurance conseillé couvrait le risque survenu, ce dont il résultait qu'il avait induit les assurés en erreur. • Civ. 2e, 15 sept. 2022, n° 21-15.528 B : *RCA 2022, n° 261, note Bloch ; RGDA 2022/11. 25, note Langé* (organisation d'une manifestation sportive motocycliste impliquant des bénévoles). ♦ Nécessité, indépendamment de l'information documentaire fournie, d'une information adaptée à la complexité de l'opération, permettant de déterminer si le montage répondait à la situation personnelle de l'intéressé. • Civ. 1re, 4 juin 2014, n° 13-12.770 P : *D. 2014. 1272*. ♦ V. note 155 pour l'assureur de groupe.

En revanche, une SCI, professionnelle de la construction, ne peut reprocher à l'assureur d'avoir manqué à son obligation de conseil, pour la souscription d'une garantie constructeur non réalisateur dont la définition impliquait qu'elle ne participe pas directement à l'acte de construire, alors qu'elle n'avait pas informé l'agent d'assurance de ce qu'elle interviendrait sur le chantier en qualité de maître d'œuvre. • Civ. 2e, 10 déc. 2015, n° 15-13.305 P.

103. ... Obligation des non-assureurs. Groupements sportifs. L'art. 38 de la L. du 16 juill. 1984 [C. sport, art. L. 321-4 et L. 321-6] fait obligation aux groupements sportifs, non seulement d'attirer l'attention de leurs adhérents sur leur intérêt à souscrire une assurance de personnes couvrant leurs dommages corporels, mais encore de leur proposer plusieurs formules de garantie. • Civ. 1re, 13 févr. 1996, n° 94-11.726 P : *D. 1997. Somm. 181, obs. J. Mouly*. ♦ Cette obligation s'applique aux fédérations sportives et à leurs délégataires. • Civ. 2e, 13 oct. 2005, n° 04-15.888 P : *D. 2005. IR 2770 ; Gaz. Pal. 2006. 3251, note Leducq ; RCA 2005, n° 369, note Groutel ; LPA 29 déc. 2005, note Tricoit.* ♦ Responsabilité d'un club de judo, qui n'a pas informé son adhérent de son intérêt à souscrire une assurance complémentaire, en raison de la perte d'une chance subie par celui-ci d'obtenir une meilleure réparation à la suite d'un accident. • Civ. 1re, 7 avr. 1998, n° 96-15.615 P. – Dans le même sens, pour un club de rugby : • Civ. 1re, 14 janv. 2003 : *RGDA 2003. 321, note Favre-Rochex.*

Si l'organisateur d'une manifestation nautique maritime est tenu d'informer les participants sur l'existence, l'étendue et l'efficacité des assurances qu'il a souscrites afin qu'ils puissent, le cas échéant, souscrire des garanties individuelles couvrant leurs propres dommages ou leur responsabilité, son obligation d'information ne porte pas sur l'étendue et l'efficacité de l'assurance individuelle de responsabilité souscrite par le chef de bord, lequel, ne pouvant légitimement ignorer le régime de responsabilité personnelle auquel il est soumis et, notamment, le montant maximum des indemnités qui peuvent être mises à sa charge, doit lui-même se renseigner sur ce point, afin de souscrire l'assurance adéquate, sans pouvoir reprocher à l'organisateur l'erreur que celui-ci aurait pu commettre sur ce montant. • Com. 25 nov. 2020, n° 19-11.430 P : *RGDA 2021/1. 58, note Bruschi.*

104. ... Société d'expertise en assurances. Il entre dans l'obligation d'information et de mise en garde d'une société d'expertise en assurances, en cas d'incendie de l'immeuble assuré, suivi soit de sa démolition, soit de sa reconstruction, d'évaluer les dommages subis par l'immeuble voisin. • Civ. 1re, 19 sept. 2007, n° 05-17.536 P : *D. 2007. AJ 2534 ; Gaz. Pal. 2009. 466, note Périer.*

105. Avocat, avoué. **BIBL.** Y. Avril, *Gaz. Pal. 2002. Doctr. 1679.* – Michaud, *Gaz. Pal. 1997. 1. Doctr. 716.* – Slim, *RLDC 2013/105, n° 5116.* ♦ Sur la responsabilité de l'avocat, V. aussi note 116. ♦ La mission d'assistance en justice emporte pouvoir et devoir de conseiller la partie : manque à son devoir de conseil l'avocat qui omet d'informer son client sur les moyens de défense, quelles qu'aient été les instructions reçues. • Civ. 1re, 9 mai 1996, n° 94-14.022 P. ♦ ... Ou sur les voies de recours existant contre les décisions rendues à son encontre. • Civ. 1re, 13 nov. 1997, n° 95-14.141 P. ♦ Si l'avocat est civilement responsable des actes professionnels accomplis pour son compte par un collaborateur, cette responsabilité n'est pas exclusive de celle qui est encourue par ce dernier. • Civ. 1re, 17 mars 2011 : *D. 2011. 959, obs. Tahri ; ibid. 1483, note Dondero*. ♦ L'avocat ne peut être tenu de délivrer une information qui aurait pour seule justification de permettre un recours abusif ou purement dilatoire, que sa déontologie l'oblige à déconseiller. • Civ. 1re, 23 nov. 2004, n° 03-15.090 P : *D. 2005. 2857, note Moret-Bailly ; JCP 2005. II. 10058, note T. Lamarche ; RLDC 2005/17, n° 684, note J. Julien.* ♦ Mais un avocat aux Conseils, qui a attiré l'attention du client et de son avocat sur la nécessité de lui communiquer la signification d'un arrêt pour former un pourvoi recevable, n'a pas d'autres initiatives à prendre à l'égard du client qui est assisté de professionnels du droit et de la procédure et n'a pas manqué à son devoir de diligence. • Cass., ass. plén., 13 avr. 2007, n° 06-19.533 P : *D. 2007. AJ 1434, obs. Avena-Robardet ; JCP 2007. Actu. 211, obs. Slim ; AJDI 2007. 856, obs. de La Vaissière*. ♦ Absence de faute d'un avocat aux Conseils qui a mis fin à ses fonctions avec l'accord des clients et a attiré leur attention sur les délais à respecter pour la suite de la procédure ; il lui incombait d'informer ses clients de la possibilité de saisir le président du conseil de l'ordre d'une demande de désignation d'un avocat. • Civ. 1re, 21 mars 2018, n° 16-50.060 P (saisine ayant bien eu lieu).

Il appartient à l'avocat de recueillir de sa propre initiative auprès de ses clients les éléments d'information et documents propres à lui permettre d'assurer au mieux la défense de leurs intérêts. • Civ. 1re, 1er mars 2005, n° 03-16.329 P. ♦ L'avocat, conseiller juridique et fiscal, est tenu d'une obligation particulière d'information vis-à-vis de son client, laquelle comporte le devoir de s'informer de l'ensemble des conditions de l'opération pour laquelle son concours est demandé. • Com. 13 oct. 2009 : *D. 2009. 2842, note Avril ; JCP 2010, n° 270, § 12, obs. Tanaskovic.* ♦ V. cependant, dans la même affaire, jugeant que l'avocat ne disposait d'aucune information qui lui aurait permis de mettre en garde le client contre les conséquences fiscales du choix retenu et que cet avocat n'était tenu ni de contrôler le fonctionnement de la société, ni de vérifier les déclarations d'ordre factuel fournies par le client : • Civ. 1re, 31 oct. 2012 : *D. 2012. 2737, obs. Avril.* ♦ Responsabilité d'une SCP d'avocats chargée d'une mission de conseil auprès d'une copropriété en construction, pour le préjudice financier subi par les copropriétaires, qui résulte certes de la faute des constructeurs, mais aussi de l'absence de tout conseil efficient de la part de la société d'avocats, notamment quant à l'échelonnement des paiements judicieux dans une opération de maîtrise d'œuvre. • Civ. 3e, 3 déc. 2020, n° 19-17.868 P.

L'avocat doit rapporter la preuve qu'il a exécuté son obligation particulière d'information et de conseil. • Civ. 1re, 29 avr. 1997 : *préc. note 93.*

106. La présence d'un avoué dans la procédure d'appel ne dispense pas l'avocat de son devoir de conseil. • Civ. 1re, 29 avr. 1997 : *préc. note 93.* ♦ Même solution, réciproquement, pour un avoué : • Civ. 1re, 24 juin 1997, n° 95-10.629 P : *D. 1998. Somm. 198, obs. Jourdain ; JCP 1997. II. 22970, note du Rusquec ; JCP N 1998. 54, note Leveneur* • 1er févr. 2005, n° 03-11.956 P : *D. 2006. Pan. 546, obs. Julien et Fricero.* ♦ Les compétences professionnelles d'un client ne peuvent, à elles seules, dispenser l'avocat choisi par celui-ci de toute obligation de conseil. • Civ. 1re, 12 janv. 1999, n° 96-18.775 P : *Defrénois 1999. 382, obs. Aubert* • 19 mai 1999, n° 96-20.332 P : *D. 2000. Somm. 153, obs. Blanchard.*

107. Lorsqu'une décision de justice emporte vente, l'avoué du vendeur est tenu au même titre qu'un notaire d'une obligation de conseil pour la préservation des droits de son client dans la parfaite exécution du jugement. • Civ. 1re, 24 juin 1997 : *préc. note 106.*

108. L'avocat est tenu d'informer préalablement son client des conditions de fixation de sa rémunération. • *Civ. 1re, 18 juill. 2000,* n° 97-14.713 P : *D. 2002. Somm. 854, obs. Blanchard ; JCP 2000. II. 10417, note R. Martin ; RTD civ. 2000. 828, obs. Mestre et Fages.* ♦ Responsabilité de l'avocat qui n'avertit pas son client des modalités de calcul de ses honoraires en cas de dessaisissement. • Civ. 1re, 23 sept. 2020, n° 19-13.214 P : *D. 2021. 104, obs. Wickers ; JCP 2021, n° 12, note Rozec.* ♦ Un avocat aux Conseils, ayant informé le client et l'avocat de ce dernier de ce qu'il acceptait un règlement de ses honoraires en deux fois et que le solde devait être payé avant une date déterminée faute de quoi une ordonnance de déchéance serait prononcée rendant définitif l'arrêt, a ainsi satisfait à ses obligations et n'est pas tenu de réitérer l'avertissement de s'acquitter du solde. • Cass., ass. plén., 13 avr. 2007 : *D. 2007. AJ 1433, obs. Avena-Robardet ; JCP 2007. Actu. 211, obs. Slim.*

109. Conseils. BIBL. Alexandre, *Dr. et patr. 5/1999. 92* (concepteurs de montages juridiques). – Mialon, *RTD civ. 1973. 5.* – R. Savatier, *D. 1972. Chron. 137.* – Viney, *JCP 1975. I. 2750.* – le Tourneau, *D. 1987. Chron. 101.* ♦ Le devoir de conseil d'un conseiller juridique comporte l'obligation de s'informer de l'ensemble des conditions de l'augmentation de capital pour laquelle son concours est demandé et, le cas échéant, de la déconseiller. • Civ. 1re, 23 mai 2000, n° 97-19.223 P : *D. 2000. IR 189 ; Defrénois 2000. 1127, obs. Delebecque ; CCC 2000, n° 139.* ♦ La circonstance que la procédure ait été confiée à un avocat n'autorise pas le conseil juridique à s'en désintéresser. • Civ. 1re, 15 janv. 2002, n° 99-21.799 P : *D. 2002. IR 541 ; JCP 2002. II. 10063, note Croze.* ♦ Ne constitue pas une faute, pour un conseil fiscal, la prise en considération du dernier état de la jurisprudence du Conseil d'État, même contraire à sa jurisprudence antérieure et à la doctrine de l'administration fiscale. • Com. 29 mars 1994, n° 91-21.191 P. ♦ V. aussi note 113.

110. Employeur. L'employeur est, en vertu de l'art. L. 3332-7 C. trav., et dès la souscription d'un plan d'épargne d'entreprise, débiteur d'une obligation d'information qui ne porte pas seulement sur l'existence de ce plan mais doit aussi concerner son contenu. • Soc. 17 juin 2009, n° 07-45.560 P (information des salariés des modifications intervenues par rapport au règlement initial portant sur les dates auxquelles les versements des salariés doivent être réalisés) • Soc. 5 mars 2008, n° 06-45.205 P. ♦ ... Et sa modification • Soc. 18 mai 2011, n° 09-42.741 P : *D. 2011. Actu. 1493 ; ibid. 2011. 1955, note Robineau ; RGDA 2011. 1067, obs. Kullmann.* ♦ Le préjudice subi par le salarié résulte de sa perte de chance d'obtenir, par une souscription individuelle à un contrat de prévoyance, une garantie comparable et ne peut être équivalent au montant de la garantie invalidité prévue par le contrat d'assurance de groupe. • Même arrêt.

111. Enseignement. L'absence de révélation aux parents d'une rumeur concernant le comportement de leur enfant ne constitue pas une faute de l'établissement d'enseignement. • Civ. 1re, 25 févr. 2010, n° 09-12.773 P : *D. 2010. 652, obs. de Gaudemont.*

112. Entrepreneurs. V. ss. art. 1787 et 1792 (constructeurs et architectes).

113. Expert-comptable. N'a pas manqué à son devoir de conseil l'expert-comptable qui a conseillé son client sur la base de l'interprétation en vigueur, à l'époque, de la législation fiscale, interprétation qui n'a été remise en cause que par un arrêt ultérieur du Conseil d'État. • Com. 12 juill. 1993, n° 91-17.592 P. ♦ V. aussi note 109. ♦ V. aussi, pour une présence « silencieuse » lors de réunions, ayant donné une apparence de sérieux aux comptes : • Com. 1er déc. 1998, n° 96-18.657 P. ♦ Responsabilité de l'expert-comptable qui, en conseillant une réduction de capital par annulation de titres, a exposé son client à un redressement fiscal. • Com. 25 mars 2003, n° 99-16.669 P : *JCP E 2003. 1513, note D. F.*

L'expert-comptable qui accepte dans l'exercice de ses activités juridiques accessoires, d'établir un acte de cession de droits sociaux pour le compte d'autrui, est tenu, en sa qualité de rédacteur, d'informer et d'éclairer de manière complète les parties sur les effets et la portée de l'opération projetée ; l'expert-comptable n'est pas déchargé de cette obligation par les compétences personnelles de l'une des parties à l'acte qu'il dresse. • Com. 4 déc. 2012 : *D. 2012. 2963 ; Rev. sociétés 2013. 279, note Ansault*. ♦ V. également note 117.

114. Géomètre. Obligation pour le géomètre-expert d'attirer l'attention de son client, nonobstant sa qualité de professionnel de l'immobilier, sur le fait que le premier étage de son immeuble avait une surface supérieure à celle du rez-de-chaussée, de sorte qu'une partie d'un lot du premier étage se situait sur une parcelle dont cette société n'apparaissait pas être propriétaire selon son titre. • Civ. 3e, 6 juin 2019, n° 18-14.547 P : *D. 2019. 1684, avis Sturlèse ; ibid. 1689, note Dubarry ; ibid. 1801, obs. Reboul-Maupin et Strickler ; AJDI 2020. 260, étude G. Trédez ; RDI 2019. 510, obs. Bergel ; RTD civ. 2019. 622, obs. Dross ; JCP 2019. 729, note Danos ; Defrénois 2019/27. 26, avis Sturlèse ; ibid. 30, note Laurent ; RDC 2019/4. 111, note Tadros.*

115. Loueur professionnel. V. ss. art. 1719.

116. Photographe. Le photographe n'est pas tenu d'une obligation d'information et de conseil à l'égard du client qui lui passe commande d'un cliché, quant à la nécessité de conclure un contrat de cession de droits d'auteur en cas d'exploitation. • Civ. 1re, 3 avr. 2007, n° 04-18.396 P : *D. 2007. AJ 1606 ; CCE 2007, n° 80, note Caron ; RTD com. 2007. 541, obs. Pollaud-Dulian*. ♦ Rappr. note 3.

117. Rédacteur d'acte. BIBL. Fronton, *LPA 14 oct. 1999* (clerc d'avocat) ; *R. 1984, p. 107.* – Raffray, *Études Lapoyade-Deschamps, Univ. Montesquieu-Bordeaux IV, 2003* (clauses de non-responsabilité). ♦ L'avocat rédacteur d'acte est tenu à l'égard de toutes les parties, quelles que soient leurs compétences personnelles, d'une obligation de conseil et, le cas échéant, de mise en garde en ce qui concerne, notamment, les effets et les risques des stipulations convenues, et l'existence d'une clause claire dans l'acte ne le dispense pas de les informer sur les conséquences qui s'y attachent. • Civ. 1re, 10 nov. 2021, n° 20-12.235 B : *D. 2021. 2086 ; CCC 2022, n° 4, note Leveneur* (nécessité de rechercher si l'avocat avait spécialement mis en garde les acquéreurs de la totalité des parts d'une société exploitant une concession sur le domaine public, sur les risques que comportait l'exploitation par celle-ci d'un fonds de commerce présentant de telles spécificités). ♦ En sa qualité de rédacteur d'acte (prêt), l'avocat manque à son obligation de conseil s'il ne vérifie pas l'état des inscriptions et la valeur de la garantie stipulée au profit du prêteur. • Civ. 1re, 5 févr. 1991, n° 89-13.528 P. ♦ De même, manque à ses obligations un avocat, rédacteur d'une lettre de licenciement, qui n'y mentionne que la disparition d'une branche d'activité de l'entreprise, sans faire état de la suppression du poste du salarié, alors pourtant que la jurisprudence avait d'ores et déjà renforcé les obligations en la matière, l'arrêt ultérieur de la Cour de cassation ne constituant ni un revirement, ni même l'expression d'une évolution imprévisible de la jurisprudence. • Civ. 1re, 5 févr. 2009, n° 07-20.196 P : *D. 2010, Pan. 49, obs. Brun ; RLDC 2009, n° 3382, obs. Bugnicourt ; RTD civ. 2009. 493, obs. Deumier ; ibid. 725, obs. Jourdain*. ♦ Les manquements d'un notaire à ses obligations professionnelles s'apprécient au regard du droit positif existant à la date de son intervention : dans l'hypothèse d'une décision de la Cour de cassation antérieure de quelques mois à l'intervention du notaire, la cour d'appel aurait dû rechercher si l'arrêt de la Cour de cassation avait fait l'objet, à la date de l'intervention du notaire, d'une publication ou de toute autre mesure d'information. • Civ. 1re, 12 oct. 2016, n° 15-18.659 P : *RTD civ. 2017. 161, obs. Jourdain ; Defrénois 2017. 141, note Dagorne-Labbe ; RDC 2017. 48, note Pellet ; RCA 2017, n° 13, obs. Groutel.* ♦ L'intermédiaire professionnel, qui prête son concours à la rédaction d'un acte, après avoir été mandaté par l'une des parties, est tenu de s'assurer que se trouvent réunies toutes les conditions nécessaires à l'efficacité juridique de la convention, même à l'égard de l'autre partie. • Civ. 1re, 14 janv. 2016, n° 14-26.474 P : *AJDI 2016. 454, obs. Cohet ; ibid. 529, obs. Thioye ; RTD civ. 2016. 351, obs. Barbier ; ibid. 391, obs. Gautier*. ♦ L'avocat, unique rédacteur d'un acte sous seing privé, est tenu de veiller à assurer l'équilibre de l'ensemble des intérêts en présence et de prendre l'initiative de conseiller les deux parties à la convention sur la portée des engagements souscrits de part et d'autre, peu important le fait que l'acte a été signé en son absence après avoir été établi à la demande d'un seul des contractants. • Civ. 1re, 27 nov. 2008, n° 07-18.142 P : *D. 2009. 706, note Jamin ; JCP 2009. I. 120, n° 15, obs. Jamin ; RLDC 2009/57, n° 3285, obs. Maugeri ; RTD civ. 2009. 134, obs. Gautier* . ♦ Rappr., pour la condamnation d'un notaire et d'un avocat pour ne pas avoir vérifié le prix d'un immeuble à l'occasion de l'établissement de l'état liquidatif de communauté : • Paris, 12 mai 2009 : *D. 2009. Pan. 2704, obs. Blanchard ; AJ fam. 2009. 399, obs. C. Lienhard* . ♦ La mise en jeu de la responsabilité du conseil n'est pas subordonnée à la défaillance de l'emprunteur. • Civ. 1re, 28 janv. 1992, n° 88-17.062 P. ♦ Manque aussi à ses obligations le rédacteur qui n'attire pas l'attention sur l'absence de garantie de remboursement. • Civ. 1re, 14 janv. 1997, n° 94-16.769 P. ♦ ... Ou sur les conséquences financières d'un licenciement en raison de l'existence d'une clause de non-concurrence. • Civ. 1re, 13 mars 1996, n° 93-20.578 P. ♦ ... Ou sur les incidences fiscales de l'opération projetée. • Civ. 1re, 9 nov. 2004, n° 02-12.415 P : *RCA 2005, n° 21* (expert-comptable). ♦ Comp. • Com. 22 févr. 2005, n° 02-13.348 P : *Defrénois 2005. 1717, obs. J. Honorat* (absence de faute de la part de l'expert-comptable, en l'espèce, dans le choix du type de société et du régime fiscal en découlant). ♦ Mais un avocat ne peut se voir reprocher de ne pas avoir attiré l'attention de son client sur les conséquences d'une fausse déclaration compte tenu de la généralité de l'obligation de loyauté et de sincérité qui s'impose en matière contractuelle. • Civ. 1re, 31 oct. 2012, n° 11-15.529 P : *D. 2012. 2658* . ♦ Les compétences personnelles du client ne dispensent pas le rédacteur d'acte de son devoir de conseil. • Civ. 1re, 7 juill. 1998, n° 96-14.192 P : *D. Affaires 1998. 1392, obs. J. F. ; JCP 1999. I. 126, n° 13, obs. R. Martin ; RTD civ. 1998. 911, obs. Jourdain* • Com. 4 déc. 2012 : *préc. note 113.* ♦ Les restitutions réciproques consécutives à l'annulation du contrat instrumenté ne constituent pas, en elles-mêmes, un préjudice indemnisable que le rédacteur d'actes peut être tenu de réparer. • Civ. 1re, 27 févr. 2007, n° 05-21.677 P : *D. 2007. AJ 867 ; JCP 2007. I. 151, n° 6, obs. G'Sell-Macrez ; RCA 2007, n° 147, note Hocquet-Berg ; RLDC 2007/41, n° 2679, note Guyader.*

Le devoir de conseil auquel est tenu le rédacteur d'actes s'apprécie au regard du but poursuivi par les parties et de leurs exigences particulières lorsque, dans ce dernier cas, le praticien du droit en a été informé. • Civ. 1re, 25 mars 2010, n° 09-12.294 P : *D. 2010. Actu. 892 ; AJDI 2010. 911, obs. Thioye ; Defrénois 2010. 2214, obs. Latina ; RLDC 2010/72, n° 3846, obs. Le Nestour-Drelon ; RDC 2010. 851, obs. Viney.* ♦ Si le professionnel doit veiller, dans ses activités de conseil et de rédaction d'actes, à réunir les justificatifs nécessaires à son intervention, il n'est, en revanche, pas tenu de vérifier les déclarations d'ordre factuel faites par les parties en l'absence d'éléments de nature à éveiller ses soupçons quant à la véracité des renseignements donnés. • Même arrêt. ♦ Cassation de l'arrêt ayant retenu la faute d'un avocat rédacteur d'un acte alors que la cour d'appel n'a pas précisé en quoi les éléments dont disposait l'avocat, qui n'était pas tenu de prendre l'initiative de s'assurer de la viabilité économique et financière de l'opération instrumentée, étaient de nature à éveiller ses soupçons quant à l'insuffisance des sûretés prévues au regard des risques encourus. • Civ. 1re, 22 sept. 2011 : *D. 2011. 2644, note Dondero* . ♦ Sur les obligations de l'expert-comptable rédacteur d'acte, V. également note 113.

118. Transporteur. Dès lors que les billets d'avion ont été délivrés par un transporteur aérien, ni l'obligation d'information incombant au vendeur, ni celle, incombant aux opérateurs de la vente de voyages et de séjours, au sens des art. L. 211-1 s. C. tourisme, relative aux conditions de franchissement des frontières, ne sont applicables. • Civ. 1re, 10 sept. 2015, n° 14-22.223 P : *D. 2015. 1838* . ♦ V. cependant antérieurement, sous l'angle de l'efficacité du titre de transport : le transporteur aérien a l'obligation de vérifier que les passagers sont en possession des documents nécessaires à leur entrée sur le territoire du pays de destination, vérification requise pour la complète efficacité du contrat de transport. • Civ. 1re, 7 févr. 2006, n° 03-17.642 P : *D. 2006. 1807, note Dagorne-Labbe ; Gaz. Pal. 2007. 3224, obs. Gory ; RDC 2006. 1161, obs. Delebecque.*

119. Vendeurs et fabricants. Le fabricant d'un produit doit fournir tous les renseignements indispensables à son usage et notamment avertir l'utilisateur des précautions à prendre lorsque le produit est dangereux. • Civ. 1re, 14 déc. 1982 : *Bull. civ. I, n° 361 ; RTD civ. 1983. 544, obs. Durry.* ♦ V. aussi : • Com. 2 mai 1990, n° 88-17.092 P (produit nouveau et utilisateur professionnel) • Civ. 1re, 2 déc. 1997, n° 95-19.466 P : *JCP 1998. I. 129, nos 9 s., obs. Labarthe ; Defrénois 1998. 330, obs. Delebecque ; CCC 1998, n° 40, note Leveneur ; RTD civ. 1998. 380, obs. Jourdain* (devoir d'un facteur d'orgues d'informer son client des conditions de chaleur et d'hygrométrie nécessaires à la bonne conservation de l'orgue) • 18 juin 2014, n° 13-16.585 P : *D. 2014. 1376* (mise en garde sur les précautions d'installation). ♦ Devoir de conseil d'un installateur quant au calcul du crédit d'impôt applicable à l'opération envisagée, ce crédit ayant déterminé le consentement de la cliente. • Civ. 1re, 8 mars 2012, n° 10-21.239 P : *D. 2012. 735* .

Obligation de renseignement du vendeur professionnel, V. notes ss. art. 1615. ♦ Responsabilité du fait des produits défectueux : V. art. 1245 s.

IV. RESPONSABILITÉS PROFESSIONNELLES

120. Absence de caractère subsidiaire de la responsabilité des professionnels du droit, V.

• Civ. 1re, 25 nov. 2015, nº 14-26.245 P : *cité note 216* (notaire) et • Civ. 1re, 22 sept. 2016, nº 15-20.565 P (avocat).

BIBL. Durand-Pasquier, *RCA 2009. Étude nº 1* (diagnostiqueurs immobiliers).

A. ABÉCÉDAIRE

121. Agence matrimoniale. Le courtier n'est tenu que d'une obligation de moyens et il appartient au client de faire la preuve de sa faute. • Civ. 1re, 14 déc. 2004, nº 01-17.563 P : *D. 2005. Pan. 810, obs. Lemouland et Vigneau ; CCC 2005, nº 62, note Leveneur.* ♦ En sa qualité d'intermédiaire et au titre de son devoir d'information, le professionnel doit vérifier les renseignements les plus élémentaires concernant ses adhérents et notamment leur âge. • Civ. 1re, 13 avr. 1999, nº 97-10.773 P : *D. 1999. Somm. 371, obs. Lemouland* (résolution du contrat prononcée) • 9 juill. 2015, nº 14-23.109 P : *D. 2015. 1535 ; AJ fam. 2015. 620, obs. de Boysson* (personnes présentes sur différents sites avec des âges et professions différents). ♦ Des diligences insuffisantes peuvent constituer une inexécution partielle du contrat justifiant sa résiliation. • Civ. 1re, 19 juin 2007 : *D. 2008. Pan. 1788, obs. Lemouland et Vigneau ; CCC 2007, nº 264, note Raymond ; LPA 25 juill. 2007, note Garaud (1re esp.) ; Dr. fam. 2007, nº 161, note Larribau-Terneyre (2e esp.).*

122. Avocat : devoir de compétence. L'avocat, investi d'un devoir de compétence, est tenu d'accomplir, dans le respect des règles déontologiques, toutes les diligences utiles à la défense des intérêts de son client. • Civ. 3e, 25 oct. 2018, nº 17-16.828 P : *D. 2018. 2134 ; D. avocats 2018. 394, obs. de La Vaissière.* ♦ Déjà : • Civ. 1re, 14 mai 2009, nº 08-15.899 P : *cité note 123.*

123. ... Action en justice. **BIBL.** Hocquet-Berg, *RCA 2012. Étude 1* (dommage réparable). ♦ Tenu d'accomplir, dans le respect des règles déontologiques, toutes les diligences utiles à la défense des intérêts de son client et investi d'un devoir de compétence, l'avocat, sans que puisse lui être imputé à faute de n'avoir pas anticipé une évolution imprévisible du droit positif, se doit de faire valoir une évolution jurisprudentielle acquise dont la transposition ou l'extension à la cause dont il a la charge a des chances sérieuses de la faire prospérer. • Civ. 1re, 14 mai 2009, nº 08-15.899 P : *D. 2010, Pan. 49, obs. Brun ; ibid. 2010. 183, note De la Asuncion Planes ; JCP 2009, nº 28, p. 15, note Slim ; Gaz. Pal. 2009. 3035, obs. Avril ; LPA 10 août 2009, note Barbiéri ; RDC 2009. 1373, obs. Carval ; RTD civ. 2009. 493, obs. Deumier ; ibid. 725, obs. Jourdain ; ibid. 744, obs. Gautier ; RCA 2009, nº 219, note Hocquet-Berg.* ♦ Sur la prise en compte pour un notaire de la publication d'un arrêt : • Civ. 1re, 12 oct. 2016, nº 15-18.659 P : *RTD civ. 2017. 161, obs. Jourdain ; Defrénois 2017. 141, note Dagorne-Labbe ; RDC 2017. 48, note Pellet ; RCA 2017, nº 13, obs. Groutel.* ♦ Responsabilité pour erreur de fondement juridique : • Civ. 1re, 16 sept. 2010 : *D. actu. 19 oct. 2010, obs. Guiomard ; JCP 2011, nº 80, note Hocquet-Berg.* ♦ Comp. : les éventuels manquements de l'avocat à ses obligations professionnelles ne s'apprécient qu'au regard du droit positif existant à l'époque de son intervention, sans que l'on puisse lui imputer à faute de n'avoir pas prévu une évolution postérieure du droit consécutive à un revirement de jurisprudence. • Civ. 1re, 15 déc. 2011, nº 10-24.550 P : *D. 2012. 94 ; Rev. sociétés 2012. 176, obs. Prévost ; RTD civ. 2012. 318, obs. Jourdain ; JCP 2012, nº 169, obs. Slim ; RCA 2012, nº 109, obs. Hocquet-Berg.* ♦ Inversement lorsque la solution postérieure invoquée ne constitue ni un revirement ni même l'expression d'une évolution imprévisible de la jurisprudence : • Civ. 1re, 4 juin 2014, nº 13-14.363 P : *D. avocats 2014. 267, obs. Deharo ; JCP 2014, nº 1093, obs. Pillet.* ♦ Responsabilité pour ne pas avoir saisi la CIVI à une date à laquelle une telle action aurait été recevable au regard de la jurisprudence applicable à l'époque. • Civ. 2e, 1er juin 2011, nº 09-72.002 P : *RCA 2011, nº 291, obs. Groutel.* ♦ ... Pour ne pas avoir soutenu une action, et avoir informé le greffe qu'il n'était plus en charge du dossier, alors que l'avocat désigné au titre de l'aide juridictionnelle est tenu de prêter son concours tant qu'il ne justifie pas avoir été valablement déchargé de sa mission : • Civ. 1re, 16 janv. 2013, nº 12-12.647 P : *D. 2013. 315.* ♦ ... Pour une mauvaise information sur un risque de prescription : • Civ. 2e, 9 févr. 2011 : *RCA 2011, nº 119, obs. Groutel.* ♦ Sur l'obligation d'information, V. notes 105 s.

Responsabilité de l'avocat en cas de faute lors d'une action en justice (exemples) : • Civ. 1re, 15 oct. 1985 : *Bull. civ. I, nº 257 ; RTD civ. 1986. 759, obs. J. Huet* (action intentée tardivement et méconnaissance d'une nouvelle jurisprudence de la Cour de cassation) • 28 janv. 1992, nº 89-17.661 P (action intentée hors délai) • 8 juill. 1997, nº 95-14.067 P (absence de réponse à des lettres adressées par un avocat aux Conseils, préjudice consistant dans la perte d'une chance de gagner le procès devant la Cour de cassation) • 15 mai 2007, nº 05-16.926 P : *D. 2007. AJ 1594 ; JCP 2007. I. 206, nº 13, obs. Jamin* (omission de conclure sur les restitutions chiffrées consécutives à la résolution d'une vente) • 14 déc. 2016, nº 16-12.686 P : *D. 2018. 87, obs. Wickers ; CCC 2017, nº 50, note Leveneur* (faute de l'avocat qui n'a pas produit toutes les pièces requises par le juge-commissaire pour admettre une créance et a contraint la cliente à engager des frais supplémentaires pour parvenir à l'accueil de sa prétention, au regard du seul montant des honoraires qu'elle aurait dû utilement exposer devant le juge-commissaire). ♦ Caractère certain du préjudice résultant de la faute de l'avocat qui n'a pas déposé, dans le délai requis, la demande d'aide au recouvrement des sommes allouées par la juridiction répressive, la somme versée par le FGTI à la partie civile dépendant exclusivement de la condamnation prononcée par la juridiction pénale statuant sur intérêts civils. • Civ. 2e, 17 nov. 2016, n° 16-10.941 P : *D. 2016. 2398*. ♦ L'avocat ne peut prendre l'initiative d'introduire une seconde procédure de liquidation de l'astreinte sans nouvelles instructions de son client, dès lors que chacun des précédents mandats a pris fin avec la procédure correspondante. • Civ. 1re, 17 mars 2011 : *D. 2011. 947 ; RLDC 2011/82, n° 4235, obs. Bugnicourt.*

Le juge doit, pour évaluer le préjudice pouvant résulter de la faute de l'avocat pour omission d'un appel en garantie, reconstituer fictivement la discussion qui aurait pu s'instaurer entre l'emprunteur, le prêteur et l'assureur, si ce dernier avait été appelé en garantie. • Civ. 1re, 2 avr. 2009, n° 08-12.848 P : *D. 2009. AJ 1142 ; JCP 2009, n° 38, p. 41, obs. Stoffel-Munck ; RLDC 2009/61, n° 3456, obs. Bugnicourt.* ♦ Indemnisation de la perte de chance de voir admettre ses pourvois, sans qu'il soit établi de façon certaine que leur admission aurait permis une cassation des arrêts ayant ouvert les procédures collectives ni qu'en cas de cassation, la société aurait pu éviter l'ouverture de ces procédures. • Civ. 1re, 20 déc. 2017, n° 16-28.167 P : *D. 2018. Chron. C. cass. 748, obs. Barel* (avocat au Conseil n'ayant pas invoqué un moyen d'irrecevabilité de l'assignation en ouverture de la procédure, lequel risquait d'être jugé nouveau et donc irrecevable). ♦ Les perspectives de recouvrement sont étrangères aux chances de succès d'un éventuel recours pour l'évaluation de la perte de chance. • Civ. 1re, 25 nov. 2010, n° 09-69.191 P : *D. 2011. 348, avis Sarcelet*. ♦ La perte de chance subie par le justiciablequiaétéprivédela possibilitéde former un pourvoi en cassation par la faute d'un auxiliaire de justice se mesure à la seule probabilité de succès de cette voie de recours ; cassation de l'arrêt qui a pris en compte les chances de succès devant la cour de renvoi, • Civ. 1re, 6 oct. 2011, n° 10-24.554 P : *D. 2011. 2599 ; JCP 2011, n° 1380, note Gerbay ; RDC 2012. 433, obs. Carval.* ♦ La perte certaine d'une chance, même faible, est indemnisable, faute de démontrer l'absence de toute probabilité de succès de l'appel manqué par la faute de l'avocat. • Civ. 1re, 16 janv. 2013, n° 12-14.439 P : *D. 2013. 243, obs. Gallmeister ; ibid. 619, note Bacache*. ♦ Mais un avocat ne peut être condamné pour avoir fait perdre à ses clients une chance sérieuse d'obtenir la cassation d'une décision alors que les clients disposaient encore de la possibilité de se pourvoir contre la décision litigieuse. • Civ. 1re, 21 nov. 2006, n° 05-15.674 P. ♦ Un avocat ou un avoué n'engage pas sa responsabilité professionnelle en ne soulevant pas un moyen de défense inopérant. • Civ. 1re, 31 janv. 2008, n° 04-20.151 P : *D. 2008. AJ 488, obs. Avena-Robardet ; ibid. 2008. 1448, note Aynès ; JCP 2008. I. 140, n° 15, obs. Pillet ; JCP 2008. II. 10074, note Slim ; Gaz. Pal. 2008. 1. 359 ; LPA 10 avr. 2008, note Lasserre Capdeville ; RLDC 2008/51, n° 3078, obs. Beignier ; RTD civ. 2008. 442, obs. Deumier* • 14 mai 2009 : *préc.* • 28 oct. 2015, n° 14-24.616 P (moyen irrecevable en raison de la déchéance encourue de plein droit conformément aux dispositions alors en vigueur et à une jurisprudence constante). ♦ Absence de responsabilité de l'avocat auquel le client reproche l'absence de production de pièces dans le cadre d'un redressement fiscal, alors que la production des pièces litigieuses aurait été insuffisante à écarter la présomption instituée par le CGI et n'aurait pas permis d'obtenir une décision plus favorable devant la juridiction administrative. • Civ. 1re, 9 sept. 2020, n° 19-16.047 P.

Pour l'appréciation de la responsabilité d'avocats aux Conseils, V. • Com. 25 avr. 2001, n° 98-13.456 P • CE 2 oct. 2006 : *Gaz. Pal. 2006. Somm. 4033* • Civ. 1re, 20 févr. 2019, n° 17-50.056 P.

La responsabilité des professionnels du droit ne présente pas un caractère subsidiaire, de sorte que la mise en jeu de la responsabilité d'un avocat n'est pas subordonnée au succès de poursuites préalables contre un autre débiteur et qu'est certain le dommage subi par sa faute, quand bien même la victime disposerait, contre un tiers, d'une action consécutive à la situation dommageable née de cette faute et propre à assurer la réparation du préjudice. • Civ. 1re, 22 sept. 2016, n° 15-20.565 P : *D. 2017. 24, obs. Brun, Gout et Quézel-Ambrunaz ; D. avocats 2016. 263, obs. Dargent ; ibid. 319, note Caseau-Roche ; RTD civ. 2017. 154, obs. Jourdain ; JCP 2016, n° 1239, note Grayot-Dirx ; RDC 2017. 44, note Knetsch.*

124. … Rédaction d'acte. Il incombe à l'avocat chargé d'assister son client dans la conclusion d'un acte de vente de veiller à l'accomplissement par le notaire des formalités nécessaires à l'efficacité de cet acte et de s'assurer notamment de la radiation du privilège grevant le bien vendu. • Civ. 1re, 4 mars 1997 : *JCP N 1997. II. 1397, note Kuhn.* ♦ Responsabilité de l'avocat lors de la rédaction d'un acte (exemples) : • Civ. 1re, 5 févr. 1991, n° 89-13.528 P (manquement de l'avocat à l'obligation de veiller à l'efficacité d'un acte de prêt rédigé par ses soins) • 18 déc. 2001, n° 98-20.246 P : *Defrénois 2002. 1386, note Chappert* (omission de l'exercice d'une option fiscale dans un acte d'apport à une SARL). ♦ V. aussi notes 117 et 134. ♦ Nécessité de préciser en quoi les éléments dont disposait l'avocat, qui avait rédigé le cahier des charges d'une adjudication sur la foi des mentions de l'acte notarié relatives à l'hypothèque et en se conformant, pour la désignation du bien saisi, au procès-verbal de description dressé par l'huissier de justice, sont de nature à éveiller ses soupçons quant à la discordance constatée entre le terrain construit et le terrain objet d'une adjudication. • Civ. 1re, 25 nov. 2010, n° 09-70.767 P : *D. 2010. Actu. 2910* ; *Gaz. Pal. 2011. 1564, obs. Brenner.*

L'absence de renouvellement d'une inscription n'engage pas la responsabilité de l'avocat lorsque l'inscription initiale n'avait elle-même pas été valablement obtenue par un créancier pourvu de la personnalité morale. • Civ. 1re, 16 sept. 2010, n° 09-65.909 P : *D. actu. 29 sept. 2010, obs. Gallmeister ; Rev. sociétés 2011. 159, note Saintourens* . ♦ Le préjudice résultant du défaut d'inscription, qui aurait imposé au débiteur de transiger ou de réserver le reliquat du prix, caractérisant ainsi l'aléa auquel était soumis le montant qu'aurait pu percevoir le créancier consiste en une perte de chance d'obtenir au moins partiellement le règlement de sa créance. • Civ. 1re, 16 sept. 2010 : *préc.* ♦ Dans le cadre de son devoir de compétence, il incombe à l'avocat qui représente les bailleurs, lors de l'instance en résiliation du bail dont il a rédigé l'acte introductif, de veiller à ce que l'état des inscriptions sur le fonds de commerce émane du greffe du tribunal compétent. • Civ. 3e, 25 oct. 2018, n° 17-16.828 P : *D. 2018. 2134* ; *D. avocats 2018. 394, obs. de La Vaissière* .

Le devoir d'efficacité incombant à la société d'avocats dans l'accomplissement de sa mission d'élaboration des documents fiables en vue de l'approbation des comptes et de la gestion de l'exercice et d'assistance lors des négociations relatives à la cession des actions de la société concernée impliquait l'obtention et l'examen de l'ensemble des documents sociaux utiles. • Civ. 1re, 14 oct. 2010, n° 09-13.840 P : *D. actu. 25 oct. 2010, obs. de Ravel d'Esclapon ; JCP 2011, n° 468, obs. Pillet ; Rev. sociétés 2011. 223, note Poracchia* ; *RLDC 2011/78, n° 4088, obs. Le Nestour-Drelon.* ♦ Mais il ne peut être exigé d'un avocat la surveillance des mesures de publicité susceptibles d'atteindre toute personne physique non commerçante dont ses clients peuvent être créanciers. • Civ. 1re, 22 sept. 2011, n° 10-23.503 P.

125. Commissaire-priseur. V. note 9 ss. art. 1132.

126. Employeur : assurance de groupe. L'employeur, souscripteur d'un contrat d'assurance de groupe garantissant le décès, manque à son obligation d'information et de conseil en s'abstenant d'attirer l'attention du salarié adhérent sur l'exclusion contractuelle de la garantie du risque suicide, la perte de chance de souscrire une garantie complémentaire couvrant ce risque constituant un préjudice en relation de causalité directe et certaine avec cette faute. • Civ. 2e, 15 déc. 2011 : *D. 2012. 150* • 11 sept. 2014, n° 13-19.439 P : *D. 2014. 1823* .

127. Entreprise de travail temporaire. Si l'entreprise utilisatrice ne peut invoquer, pour faire valoir auprès de l'entreprise de travail temporaire des droits afférents à la responsabilité contractuelle, la méconnaissance par cette dernière des obligations mises à sa charge à l'égard du salarié par les art. L. 1251-8, L. 1251-16 et L. 1251-17 C. trav., il appartient aux juges du fond d'apprécier souverainement si un manquement peut être imputé à l'entreprise de travail temporaire dans l'établissement des contrats de mise à disposition. L'entreprise de travail temporaire qui ne respecte pas les obligations relatives au respect du délai de carence qui lui sont propres, engage sa responsabilité contractuelle dans ses rapports avec l'entreprise utilisatrice. • Soc. 14 févr. 2018, n° 16-21.940 P.

128. Experts-comptables. Responsabilité de l'expert-comptable pour avoir inscrit au bilan, au titre des immobilisations, la valeur du fonds de commerce en retenant la somme résultant du redressement fiscal opéré par l'administration et non le prix déclaré lors de la cession. • Com. 29 janv. 1991, n° 89-16.511 P. ♦ L'expert-comptable qui accepte d'établir une déclaration fiscale pour le compte d'un client doit, compte tenu des informations qu'il détient sur la situation de celui-ci, s'assurer que cette déclaration est, en tout point, conforme aux exigences légales. • Com. 6 févr. 2007, n° 06-10.109 P : *D. 2007. AJ 725, obs. Delpech* ; *JCP E 2007. 2279, nos 42 s., obs. Navarro.* ♦ L'expert-comptable qui a reçu la mission de rédiger les bulletins de paie et les déclarations sociales pour le compte de son client a, compte tenu des informations qu'il doit recueillir sur le contrat de travail pour établir ces documents, une obligation de conseil afférente à la conformité de ce contrat aux dispositions légales et réglementaires. • Com. 17 mars 2009, n° 07-20.667 P : *D. 2009. AJ 945, obs. Delpech* ; *ibid. Chron. C. cass. 1240, obs. Salomon* • 20 sept. 2011 : *RCA 2011, n° 409.* ♦ Possibilité pour le client d'agir soit contre l'associé d'une société expertise comptable, soit contre la société elle-même. • Com. 21 juin 2011, n° 10-22.790 P : *D. 2011. 1754, obs. A. Lienhard* ; *JCP 2011, n° 1085, note Barbièri.*

129. Garant de livraison. Le préjudice résultant du retard du garant de livraison à mettre en œuvre sa garantie dans le cadre d'une construction ne saurait être minoré au motif que les victimes y ont partiellement contribué par les différentes procédures initiées et leurs atermoiements, ces motifs ne suffisant pas à caractériser la faute des clients. • Civ. 3e, 27 juin 2019, n° 17-25.949 P : *D. 2019. Chron. C. cass. 2199, obs. Georget* .

130. Gardiennage de bateaux. Le contrat de gardiennage de bateaux n'oblige pas, en principe, le gardien à exécuter les opérations d'amarrage des navires confiés ou à en vérifier la qualité, fût-ce dans le cadre de mesures conservatoires. • Com. 18 sept. 2007, n° 06-12.082 P : *D. 2007. AJ 2468, obs. Delpech*.

131. Huissier [commissaire] de justice. L'huissier de justice, confronté à une incertitude sur la portée rétroactive d'une ordonnance du conseiller de la mise en état assortissant de l'exécution provisoire la décision de première instance, est tenu, relativement au recouvrement de l'arriéré de pension alimentaire, soit de s'abstenir, soit de soumettre la difficulté au juge de l'exécution. • Civ. 1re, 22 mars 2012, n° 10-25.811 P : *D. 2012. 886* (cassation de l'arrêt estimant que, dans le silence de la loi et en l'absence de toute jurisprudence certaine, l'huissier n'avait pas commis de faute en mettant en place une procédure de recouvrement).

Il incombe à l'huissier de justice, garant de la légalité des poursuites, de vérifier que le titre provisoire, en vertu duquel il pratique une saisie-attribution aux risques du créancier mandant, reste exécutoire au jour de l'acte de saisie. • Civ. 1re, 13 mai 2014 : *D. 2014. 1159* • 28 sept. 2016, n° 14-29.776 P : *D. 2016. 2005*.

Tenu de veiller à la validité et à l'efficacité des actes qu'il est requis de délivrer, l'huissier de justice doit réunir les justificatifs nécessaires à son intervention. • Civ. 1re, 12 sept. 2019, n° 18-17.783 P : *D. 2020. Chron. C. cass. 1058, obs. Kloda* (responsabilité de l'huissier qui aurait dû être alerté d'un changement de preneur compte tenu des discordances entre les pièces remises).

132. Liquidateur. Lors de la vente de gré à gré de l'immeuble d'un débiteur en liquidation judiciaire, le liquidateur n'est pas tenu d'une obligation d'information et de conseil à l'égard de l'acquéreur. • Civ. 3e, 21 déc. 2017, n° 16-20.675 P : *D. 2018. 5, obs. Lienhard* ; *AJDI 2018. 380, obs. Cohet*.

133. Parcs de stationnement. L'exploitant d'un parc de stationnement manque à son obligation contractuelle en cas de dommage causé au véhicule d'un usager par la chute inopinée de la barrière automatique installée à la sortie du parc. • Civ. 1re, 29 janv. 1991, n° 89-16.315 P. ♦ ... Ou par une inondation qui ne présente pas pour cet exploitant le caractère d'une cause étrangère. • Civ. 1re, 23 févr. 1994, n° 92-11.378 P : *R., p. 360 ; D. 1995. 214, note Dion* ; *Gaz. Pal. 1996. 2. 459, note de Quenaudon ; RTD civ. 1994. 616, obs. Jourdain*.

134. Rédaction d'actes. L'intermédiaire professionnel, négociateur et rédacteur d'un acte, est tenu de s'assurer que se trouvent réunies toutes les conditions nécessaires à l'efficacité juridique de la convention. • Civ. 1re, 17 janv. 1995, n° 92-21.193 P : *Gaz. Pal. 1997. 1. 193, note G. Decocq.* ♦ Responsabilité du rédacteur d'acte qui, dans une reconnaissance de dette, omet l'indication du taux contractuel des intérêts dans la mention requise par l'art. 1326 anc. • Civ. 1re, 24 juin 1997, n° 95-11.380 P : *JCP 1997. II. 22914, note R. Martin.* ♦ Responsabilité *in solidum* du bailleur, professionnel de l'immobilier, et de son mandataire, rédacteur de l'acte, pour n'avoir pas attiré l'attention du preneur sur l'irrégularité de la clause du bail régissant la forme du congé. • Civ. 3e, 13 janv. 1999, n° 96-22.241 P : *D. 2000. Somm. 11, obs. Bénabent*. ♦ V. aussi notes 99 et 117 pour les avocats rédacteurs d'actes.

B. BANQUES, SERVICES FINANCIERS

BIBL. Attard, *RTD com. 2011. 11* ; *ibid. 2013. 639* (exécution du devoir de conseil du banquier). – Boismain, *JCP 2010, n° 301* (obligation de mise en garde du banquier dispensateur de crédit). – Boucard, *AJ contrat 2018. 65* (la disgrâce du devoir de conseil du banquier). – Bourdalle et Lasserre Capdeville, *Banque et Dr. n° 107, 5-6/2006. 17* (mise en garde). – Cohen-Branche, *RDBF 2009. Étude n° 19* (politique jurisprudentielle). – Daniel, *LPA 18 févr. 2008* (devoir de mise en garde du banquier). – Courtieu, *RCA 2009. Étude n° 8* (assurance des emprunteurs). – Djoudi et Boucard, *D. 2008. Chron. 500* (protection de l'emprunteur profane). – Fériel, *D. 2014. Chron. 877* (évolution européenne du devoir de mise en garde du banquier). – Guerchoun, *RLDC 2010/72, n° 3847* (devoir de mise en garde de la caution par le banquier). – Guyader, *CCC 2008. Chron. n° 5* (devoir de mise en garde à l'égard de l'emprunteur non averti). – Kilgus, *D. 2020. 2018* (placements atypiques et vigilance du banquier). – Kilgus et de Ravel d'Esclapon, *D. 2023. 147* (limites de l'obligation de vigilance du banquier). – Lamanda, *Mél. Tricot, Dalloz-Litec, 2011, p. 21*. – Lasserre, *Gaz. Pal. 2017. 2581* (obligation d'information du banquier et crédits aux consommateurs). – Le Goff, *Dr. et patr. 10/2007. 42* (mise en garde des emprunteurs professionnels). – Pailler, *D. 2016. 953* (banquier souscripteur en assurance de groupe). – A. Pélissier, *RGDA 2019/7. 7* (devoir de conseil de l'assureur et de la banque : impacts des nouvelles décisions de jurisprudence en la matière ?). – S. Piedelièvre, *Dr. et patr. 1/2001. 62*. – Rivière, *LPA 22 juin 2001* (banquier souscripteur en assurance de groupe). – Scolastique, *Defrénois 1996. 689*. – Vabres, *JCP 2012, n° 1052* (devoir de ne pas contracter). – Adrien Tehrani, *RTD com. 2019. 291* (responsabilité civile des dépositaires de placements collectifs). – Tricot, Causse, Stoufflet, Mekki, Routier, Valette, Riffard et Dumoulin, *RDBF nov.-déc. 2007. Dossier. 25* (devoir de mise en garde du banquier). – Dossier, *RDBF 2023, nos 1 s.* (responsabilité du banquier dispensateur de crédit).

1° BANQUE ET CRÉDIT

135. Principes : vie privée, secret professionnel. Le banquier n'a pas à s'immiscer dans la gestion des affaires de son client. • Com. 11 mai 1999, n° 96-16.088 P : *R., p. 357 ; RTD com. 1999. 733, obs. M. Cabrillac*. ♦ L'obligation au secret professionnel à laquelle sont tenus les établissements de crédit leur interdit de fournir à un client qui en formule la demande des renseignements autres que simplement commerciaux d'ordre général et économique sur la solvabilité d'un autre de leurs clients. • Com. 18 sept. 2007, n° 06-10.663 P : *D. 2007. AJ 2466, obs. Delpech ; RDBF 2007, n° 213, obs. Crédot et Samin ; Dr. et patr. 3/2008. 73, obs. Mattout et Prüm.*

136. Exclusion d'un devoir de conseil. Principe. Le banquier n'a pas de devoir de conseil envers son client. • Com. 24 sept. 2003, n° 02-11.362 P : *RTD com. 2004. 142, obs. D. Legeais* • 25 janv. 2000, n° 96-12.697 P (absence de devoir de conseil particulier des caisses régionales de crédit agricole mutuel) • 13 janv. 2015, n° 13-25.856 : *D. 2015. 2145, obs. D. R. Martin ; RTD com. 2015. 340, obs. Legeais*. ♦ V. aussi • Com. 3 mai 2006, n° 04-15.517 P : *D. 2006. 1618, note François (2e esp.) ; ibid. AJ 1445, obs. Delpech (1re esp.) ; D. 2007. Pan. 760, obs. D. R. Martin ; JCP 2006. II. 10122, note Gourio (1re esp.) ; JCP E 2006. 1890, note D. Legeais (1re esp.) ; Gaz. Pal. 2006. 1927, note S. Piedelièvre (1re esp.) ; RDC 2007. 300, obs. Viney ; RTD civ. 2007. 103, obs. Mestre et Fages* (cassant un arrêt ayant retenu la responsabilité du banquier pour manquement à son devoir de conseil, alors qu'aurait pu être retenu un manquement à un devoir de mise en garde).

L'obligation qui pèse sur les banques ne va pas jusqu'à leur imposer de conseiller aux accédants à la propriété tel cadre contractuel plutôt que tel autre pour réaliser leurs projets de construction. • Civ. 3e, 14 janv. 2009, n° 07-20.416 P : *D. 2009. AJ 293, obs. Vincent ; Defrénois 2010. 234, obs. Périnet-Marquet ; RLDC 2009/58, n° 3325, obs. Maugeri* (banque pouvant présumer en l'espèce, compte tenu des informations dont elle disposait, que les clients s'étaient adressés directement à un architecte) • 11 juill. 2019, n° 18-10.368 P : *D. 2019. 1494 ; RDI 2019. 614, obs. Heugas-Darraspen ; RTD com. 2019. 745, obs. Legeais (idem)*. ♦ Rappr. : • Civ. 3e, 9 oct. 2013 : *D. 2013. 2399 ; RDI 2013. 592, obs. Tomasin* (banque pouvant présumer d'un cadre juridique, à partir des documents fournis, sans avoir à se renseigner davantage).

La banque n'a pas à s'immiscer dans le choix d'un investissement par le client. • Civ. 3e, 21 mars 2019, n° 17-28.021 P : *RDI 2019. 288, obs. Noguéro ; RTD civ. 2019. 586, obs. Barbier*. ♦ Rappr. • Com. 21 sept. 2022, n° 21-12.335 B : *D. 2023. 147, note Kilgus et de Ravel d'Esclapon*. ♦ ... Et le fait que la banque ait fait preuve ultérieurement d'une vigilance dépassant le cadre légal de ses obligations en effectuant des recherches sur l'identité des organismes bénéficiant des virements par ordonnés le client ne saurait être retenu contre elle, le client ayant persisté dans les opérations litigieuses en signant une décharge de responsabilité circonstanciée au bénéfice de la banque. • Même arrêt.

137. ... Limites. La banque est tenue, en tant que gestionnaire des divers comptes de son client, d'éclairer celui-ci sur les choix à faire entre le recours au crédit et la mobilisation de son épargne. • Civ. 1re, 12 juill. 2005, n° 03-10.115 P : *R., p. 335 ; D. 2005. 3094, note Parance (4e esp.) ; ibid. AJ 2276, obs. Delpech (4e esp.) ; JCP 2005. II. 10140, note Gourio (3e esp.) ; JCP E 2005. 1359, note D. Legeais (2e esp.).* ♦ Manque à son obligation de renseignement et de conseil, la banque qui n'a pas informé l'emprunteur de la véritable qualification du contrat principal conclu, en l'occurrence un contrat de construction de maison individuelle, dont la nature n'avait pu lui échapper et qui lui a fait conclure un contrat de cent pages précisant, au titre des conditions diverses, qu'il ne bénéficiait pas des règles protectrices du CCH, sans indiquer précisément les risques encourus. • Civ. 3e, 11 janv. 2012, n° 10-19.714 P : *D. 2012. 285* (non-respect de l'art. L. 231-10 CCH). ♦ Pour une faute de la banque qui a fourni au client un conseil inadapté : • Com. 8 avr. 2008 : *cité note 162*. ♦ V. aussi note 23 ss. art. 1137.

138. Obligation d'information. Faute d'une banque qui a manqué à son obligation d'informer en ne mettant pas son client en mesure d'apprécier les conséquences, sur son engagement personnel, de la modification du projet initial intervenue dans la précipitation et la confusion. • Com. 3 déc. 2013, n° 12-23.976 P : *D. 2013. 2908* (modification du montage financier, prévoyant initialement un prêt à la société et transformé en prêt personnel accordé au gérant).

Illustration de l'absence de manquement du banquier à son obligation d'information, compte tenu des renseignements fournis : • Civ. 1re, 20 févr. 2019, n° 17-31.067 P (contrat « Helvet immo »).

Sur l'obligation d'information du banquier sur un risque d'amortissement négatif, V. • Civ. 1re, 25 mai 2022, n° 21-10.635 B : *cité note 144.*

Un établissement prêteur est tenu d'informer l'emprunteur sur les caractéristiques du prêt qu'il offre de lui consentir et en particulier, le cas échéant, sur les modalités du remboursement du prêt par anticipation afin de lui permettre de s'engager en toute connaissance de cause. • Com. 15 févr. 2023, n° 21-10.950 B.

Lorsqu'elle consent un prêt libellé en devise étrangère, stipulant que celle-ci est la monnaie de compte et que l'euro est la monnaie de paiement et ayant pour effet de faire peser le risque de change sur l'emprunteur, la banque est tenue de fournir à celui-ci des informations suffisantes et exactes lui permettant de comprendre le fonctionnement concret du mécanisme financier en cause et d'évaluer ainsi le risque des conséquences économiques négatives, potentiellement significatives, d'une telle clause sur ses obligations financières pendant toute la durée de ce même contrat, notamment en cas de dépréciation importante de la monnaie ayant cours légal dans l'État où celui-ci est domicilié et d'une hausse du taux d'intérêt étranger. • Civ. 1re, 7 sept. 2022, n° 20-20.826 B. ♦ Pour l'approche de cette question dans le cadre de l'appréciation du caractère clair et compréhensible des clauses portant sur la définition de l'objet principal, V. note 104 ss. art. L. 212-1 C. consom.

139. Devoir de mise en garde à l'égard des clients non avertis : principe. Le banquier est tenu à l'égard de ses clients, emprunteurs profanes, d'un devoir de mise en garde. • Civ. 1re, 12 juill. 2005, n° 03-10.921 P : *R., p. 335 ; D. 2005. 3094, note Parance (3e esp.) ; ibid. AJ 2276, obs. Delpech (2e esp.) ; JCP 2005. II. 10140, note Gourio (2e esp.) ; JCP E 2005. 1359, note D. Legeais (1re esp.).* ♦ Dans le même sens, pour la chambre commerciale : • Com. 3 mai 2006 : *préc. note 136* • 20 juin 2006, n° 04-14.114 P : *D. 2006. AJ 1887, obs. Delpech ; JCP 2006. II. 10122, note Gourio (4e esp.) ; JCP E 2006. 2271, note D. Legeais ; RDC 2007. 300, obs. Viney ; RTD com. 2006. 645, obs. D. Legeais* (peu importe que les emprunteurs profanes aient disposé des mêmes informations que la banque).

Le devoir de mise en garde du banquier n'existe qu'en cas de risque d'endettement excessif de l'emprunteur. • Civ. 1re, 1er juin 2016, n° 15-15.051 P : *D. 2016. 1252 ; AJDI 2016. 695, obs. Cohet*. ♦ Absence d'obligation de mise en garde à l'occasion de la souscription d'un crédit de restructuration réduisant le montant total de la mensualité sans coût supplémentaire, ne créant pas ainsi de risque d'endettement nouveau. • Civ. 1re, 23 nov. 2022, n° 21-15.435 B.

Pour apprécier les capacités financières et le risque d'endettement d'un emprunteur non averti, doivent être pris en considération ses biens et revenus, dont la valeur du bien immobilier financé par l'emprunt, sous déduction du montant de la dette au jour de la conclusion du contrat. • Civ. 1re, 9 nov. 2022, n° 21-16.846 B.

Pour invoquer le manquement d'un établissement de crédit à son obligation de mise en garde envers elle, une caution, fût-elle non avertie, doit rapporter la preuve que son engagement n'est pas adapté à ses capacités financières personnelles ou qu'il existe un risque d'endettement né *de l'octroi du prêt garanti*, lequel résulte de l'inadaptation de celui-ci aux capacités financières de l'emprunteur débiteur principal. • Com. 21 oct. 2020, n° 18-25.205 P : *D. 2020. 2116 ; Rev. sociétés 2021. 174, note Houtcieff*.

Sur le devoir de mise en garde de l'intermédiaire en crédit sur un risque d'amortissement négatif, V. • Civ. 1re, 25 mai 2022, n° 21-10.635 B : *cité note 144.*

140. Charge de la preuve. Il incombe à la banque de rapporter la preuve qu'elle a satisfait au devoir de mise en garde auquel elle est tenue à l'égard d'un emprunteur non averti. • Com. 11 déc. 2007, n° 03-20.747 P : *D. 2008. AJ 220, obs. Avena-Robardet ; JCP 2008. II. 10055, note Gourio ; JCP E 2008. 1192, note D. Legeais (1re esp.).* ♦ Mais il appartient à l'emprunteur de rapporter la preuve qu'à l'époque de la souscription du crédit litigieux, sa situation financière imposait l'accomplissement par la banque de son devoir de mise en garde. • Civ. 1re, 4 juin 2014, n° 13-10.975 P.

Il incombe au prêteur de rapporter la preuve de ce qu'il a satisfait à son obligation d'information ; prononce à juste titre la déchéance du droit aux intérêts la cour d'appel qui constate que la banque se prévaut d'une clause type, figurant au contrat de prêt, selon laquelle l'emprunteur reconnaît avoir reçu la fiche d'information précontractuelle normalisée européenne, mais ne verse pas ce document aux débats et en déduit que la signature de la mention d'une telle clause ne pouvait être considérée que comme un simple indice non susceptible, en l'absence d'élément complémentaire, de prouver l'exécution par le prêteur de son obligation d'information. • Civ. 1re, 5 juin 2019, n° 17-27.066 P : *D. 2019. 1746, note Poissonnier ; RDC 2019/4. 23, note Libchaber ; RGDA 2019/0. 22, note Schulz.*

141. ... Débiteur. Une obligation identique pèse sur le courtier bancaire. • Com. 20 juin 2006 : *préc. note 139.* ♦ La mise en garde d'un autre banquier n'exonère pas le banquier qui, en définitive, a fourni le crédit. • Civ. 1re, 8 juin 2004, n° 02-12.185 P : *D. 2004. AJ 1897, et les obs. ; JCP 2004. II. 10142, note Dagorne-Labbe ; Gaz. Pal. 2005. 1183, note Boucard ; RTD com. 2004. 581, obs. D. Legeais*. ♦ Rejet justifié de l'action pour manquement de la banque à son obligation d'information quant au rappel des dispositions de l'art. 1er du Décr. n° 92-797 du 17 août 1992 relatif à la limitation du nombre de PEA susceptible d'être souscrit par une personne, dès lors que celle-ci a fourni un exemplaire d'un contrat contenant la mention alors que le client n'a pas communiqué le sien. • Com. 9 févr. 2022, n° 20-16.471 B.

142. ... Créancier. Obligation pour les juges du fond de rechercher le caractère averti ou non de l'épouse, indépendamment de la qualité de celle de son mari co-emprunteur. • Cass., ch. mixte, 29 juin 2007, n° 06-11.673 P : *R., p. 409 ; BICC 15 oct. 2007, rapp. Betch, avis Maynial ; D. 2007. 2081, note S. Piedelièvre ; ibid. AJ 1950, obs. Avena-Robardet ; ibid. 2008. Pan. 878, obs. R. Martin ; JCP 2007. II. 10146, note Gourio ; JCP E 2007. 2105, note D. Legeais ; LPA 30 nov. 2007, note Chendeb ; ibid. 23 mai 2008, note Darny ; RLDC 2007/43, n° 2726, note Parance ; RCA 2007.*

Étude 15, par Hocquet-Berg ; CCC 2007, n° 268, note Raymond ; RLDC 2007/44, n° 2778, note Delebecque ; RTD civ. 2007. 779, obs. Jourdain ; RTD com. 2007. 579, obs. D. Legeais • Com. 17 nov. 2009, n° 08-70.197 P : *D. 2009. AJ 2926 ; RLDC 2010/68, n° 3714, obs. Ansault.* ♦ La banque ne peut être dispensée de son devoir de mise en garde par la présence au côté de l'emprunteur d'une personne avertie, peu important qu'elle soit tiers ou partie. • Civ. 1re, 30 avr. 2009, n° 07-18.334 P : *D. 2009. AJ 1351, obs. Avena-Robardet ; JCP 2009, n° 38, p. 25, note Mellottée ; Gaz. Pal. 2009. 1979, obs. Piedelièvre ; Banque et Dr. 7-8/2009. 20, obs. Bonneau ; Dr. et patr. 9/2009. 90, obs. Mattout et Prüm ; RLDC 2009/61, n° 3447, obs. Maugeri ; ibid., n° 3460, obs. Bugnicourt ; RTD com. 2009. 604, obs. Legeais.*

Obligation pour les juges du fond de rechercher si le client, professionnel ou non-professionnel, peut être considéré ou non comme averti : • Civ. 1re, 27 juin 2006, n° 04-18.845 P : *D. 2006. AJ 1887, obs. Delpech ; RDC 2007. 300, obs. Viney ; RTD com. 2006. 890, obs. D. Legeais* • 21 févr. 2006 : *cité note 144* • 12 juill. 2006 : *cité note 144* • 13 févr. 2007 : *cité note 144* • Cass., ch. mixte, 29 juin 2007 : *cité note 144* (2 arrêts) • Civ. 1re, 6 déc. 2007 : *cité note 144* • Com. 11 déc. 2007 : *préc. note 140* • Civ. 1re, 19 nov. 2009, n° 07-21.382 P : *D. 2009. AJ 2859, obs. Avena-Robardet ; ibid. 2010. Chron. C. cass. 522, n° 7, obs. Creton ; RTD civ. 2010. 109, obs. Jourdain* • 6 janv. 2011, n° 09-70.651 P : *D. 2011. 486, note Routier* (compte courant à vocation professionnelle). ♦ Obligation de rechercher si le client, par suite de circonstances exceptionnelles, pouvait ignorer que la situation de son entreprise était irrémédiablement compromise. • Com. 11 mai 1999 : *préc. note 135.*

Obligation pour les juges du fond de préciser les compétences professionnelles leur permettant d'affirmer qu'une caution, en l'espèce attachée de direction, était une caution avertie. • Com. 13 sept. 2017, n° 15-20.294 P : *D. 2017. 1756 ; AJ contrat 2017. 494, obs. Houtcieff ; Rev. sociétés 2018. 23, note Martial-Braz ; CCC 2017, n° 234, note Bernheim-Desvaux.*

Appréciation du caractère averti d'une commune ayant souscrit à des emprunts au regard de l'importance de la commune, des emprunts antérieurement souscrits, des compétences du maire, de l'existence d'une commission des finances et d'une politique active de gestion de la dette. • Com. 28 mars 2018, n° 16-26.210 P : *AJ contrat 2018. 228, obs. Lasserre Capdeville ; RTD com. 2018. 429, obs. Legeais.*

Le caractère averti de l'emprunteur, personne morale, s'apprécie en la personne de son représentant légal et non en celles de ses associés, même si ces derniers sont tenus solidairement des dettes sociales. • Com. 11 avr. 2018, n° 15-27.133 P : *D. 2018. 844 ; RTD civ. 2018. 658, obs. Barbier ; RTD com. 2018. 427, obs. Legeais ; Rev. sociétés 2019. 56, note Juillet ; JCP 2018, n° 775, note Gallois* • Civ. 3e, 19 sept. 2019, n° 18-15.398 P : *D. 2019. Chron. C. cass. 2199, obs. Georget ; AJ contrat 2020. 33, obs. de Ravel d'Esclapon* (dirigeant de la société cautionnée étant emprunteur et caution avertis) • Com. 4 janv. 2023, n° 15-20.117 B : *cité note 146.*

143. ... Coemprunteurs. En présence d'un emprunt souscrit par plusieurs emprunteurs, l'existence d'un risque d'endettement excessif résultant de celui-ci, et susceptible d'engager la responsabilité du banquier pour absence de mise en garde, s'apprécie au regard des capacités financières globales de ces coemprunteurs. • Com. 4 mai 2017, n° 16-12.316 P : *D. 2017. 1697, note Souhami.* ♦ ... En prenant en compte l'ensemble des biens et revenus des coemprunteurs lors de l'octroi des prêts. • Civ. 1re, 29 juin 2022, n° 21-11.690 B.

144. ... Contenu de l'obligation. Le devoir de mise en garde oblige le banquier, avant d'apporter son concours, à vérifier les capacités financières de son client. • Civ. 1re, 12 juill. 2005 : *préc. note 137* • 2 nov. 2005, n° 03-17.443 P : *D. 2005. AJ 3084, obs. Avena-Robardet ; RTD com. 2006. 171, obs. D. Legeais* • Com. 3 mai 2006 : *préc. note 136* • Civ. 1re, 12 juill. 2006, n° 04-13.192 P : *JCP N 2007. 1157, n° 6, obs. S. Piedelièvre ; RDC 2007. 300, obs. Viney* (appréciation devant tenir compte de la progressivité des remboursements) • Cass., ch. mixte, 29 juin 2007, n° 05-21.104 P : *R., p. 409 ; BICC 15 oct. 2007, rapp. Betch, avis Maynial ; D. 2007. 2081, note S. Piedelièvre ; ibid. AJ 1950, obs. Avena-Robardet ; ibid. 2008. Pan. 878, obs. R. Martin ; JCP 2007. II. 10146, note Gourio ; JCP E 2007. 2105, note D. Legeais ; LPA 30 nov. 2007, note Chendeb ; ibid. 23 mai 2008, note Darny ; RLDC 2007/43, n° 2726, note Parance ; RCA 2007. Étude 15, par Hocquet-Berg ; CCC 2007, n° 268, note Raymond ; RLDC 2007/44, n° 2778, note Delebecque ; RTD civ. 2007. 779, obs. Jourdain ; RTD com. 2007. 579, obs. D. Legeais* • 29 juin 2007 : *préc. note 142* • Civ. 1re, 6 déc. 2007, n° 06-15.258 P : *D. 2008. AJ 80, obs. Avena-Robardet* • Com. 11 déc. 2007 : *préc. note 139* • Civ. 1re, 20 déc. 2007, n° 06-16.543 P : *D. 2008. AJ 220, obs. Avena-Robardet* • 19 nov. 2009 : *préc. note 142.* ♦ ... A alerter son client des risques encourus. • Civ. 1re, 21 févr. 2006, n° 02-19.066 P : *D. 2006. 1618, note François (1re esp.) ; JCP E 2006. 1522, note D. Legeais ; RTD com. 2006. 462, obs. D. Legeais* • 12 juill. 2006, n° 05-12.699 P : *D. 2007. AJ 723, obs. Avena-Robardet ; CCC 2007, n° 38, obs. Raymond ; LPA 12 oct. 2006, note Boismain* • 13 févr. 2007, n° 04-17.287 P • Cass., ch. mixte, 29 juin 2007 : *préc.* (2 arrêts) • Civ. 1re, 29 mars 2017, n° 15-27.231 P :

D. 2017. 1893, note Kleiner ; ibid. 2176, obs. Martin et H. Synvet ; AJDI 2017. 596, obs. Moreau ; AJ contrat 2017. 278, obs. Brignon ; RTD civ. 2017. 383, obs. Barbier (contrat « Helvet immo » ; cassation de l'arrêt ne recherchant pas s'il existait un risque d'endettement excessif né de l'octroi du prêt, indexé sur le franc suisse, au regard des capacités financières de l'emprunteur, justifiant sa mise en garde par la banque). ♦ Conformément au devoir de mise en garde dont il est tenu, le banquier doit justifier avoir satisfait à cette obligation au regard non seulement des « charges du prêt » mais aussi des capacités financières et du risque de l'endettement né de l'octroi du prêt. • Civ. 1re, 18 sept. 2008, n° 07-17.270 P : *D. 2008. AJ 2343, obs. Avena-Robardet ; Gaz. Pal. 2008. 3990, obs. Piedelièvre ; RLDC 2008/54, n° 3171, obs. Maugeri* • 24 sept. 2009, n° 08-16.345 P : *D. 2009. AJ 2341 ; LPA 19 févr. 2010, note Dagorne-Labbe.* ♦ Absence d'obligation de mise en garde : au profit d'un emprunteur faisant l'objet d'une mesure d'interdiction bancaire, lors de la souscription du prêt, qui n'était pas suffisante pour caractériser la situation obérée de ce dernier. • Com. 3 juill. 2012, n° 11-18.945 P : *D. 2012. 1878, obs. Avena-Robardet ; RDI 2012. 493, obs. Heugas-Darraspen .* ♦ ... Au profit d'emprunteurs ayant fourni des renseignements sur leur situation financière compatibles avec l'octroi du crédit. • Civ. 1re, 10 sept. 2015, n° 14-18.851 P : *D. 2015. 1836* • 1er juin 2016, n° 15-15.051 P : *D. 2016. 1252 ; AJDI 2016. 695, obs. Cohet .* ♦ Obligation de la banque d'informer son client du risque de change encouru si son compte était immédiatement crédité du montant d'un chèque libellé en devises. • Com. 23 janv. 2007, n° 05-18.557 P : *Banque et Dr. 5-6/2007. 37, obs. Bonneau ; RDC 2007. 740, obs. Carval* (préjudice consistant dans la perte de chance d'éviter la perte subie).

Lorsqu'il consent à un emprunteur non averti un prêt comportant des paliers d'échéances, dont le montant de certaines est inférieur à celui des intérêts échus, de sorte que le règlement de ces échéances n'affecte pas le capital emprunté, et que la différence calculée entre le montant de l'échéance et ces intérêts s'ajoute au capital restant dû, le prêteur est tenu à une obligation d'information et l'intermédiaire en crédit à un devoir de mise en garde sur le risque d'amortissement négatif qui en résulte. • Civ. 1re, 25 mai 2022, n° 21-10.635 B : *D. 2022. 1036 ; RTD com. 2022. 835, obs. Legeais ; JCP 2022, n° 846, note Lasserre Capdeville.* ♦ Lorsqu'elle consent un prêt libellé en devise étrangère, stipulant que celle-ci est la monnaie de compte et que l'euro est la monnaie de paiement et ayant pour effet de faire peser le risque de change sur l'emprunteur, la banque est tenue de fournir à celui-ci des informations suffisantes et exactes lui permettant de comprendre le fonctionnement concret du mécanisme financier en cause et d'évaluer ainsi le risque des conséquences économiques négatives, potentiellement significatives, d'une telle clause sur ses obligations financières pendant toute la durée de ce même contrat, notamment en cas de dépréciation importante de la monnaie ayant cours légal dans l'État où celui-ci est domicilié et d'une hausse du taux d'intérêt étranger. • Civ. 1re, 20 avr. 2022, n° 19-11.599 B : *D. 2022. 789 ; RDI 2022. 382, obs. Bruttin ; RDC 2022/3. 57, note Cattalano ; RCA 2022, n° 171, obs. Espagnon.*

145. ... Limites. S'agissant d'une opération sur produits financiers prétendument spéculative (« *swap* » d'intérêts), dès lors qu'est relevée l'absence de tout risque pour le cocontractant, une banque n'est pas tenue d'un devoir de mise en garde envers celui-ci, qu'il soit ou non averti. • Com. 19 juin 2007, n° 05-22.037 P : *D. 2007. AJ 1952, obs. Delpech ; RTD com. 2007. 815, obs. Legeais .* ♦ Dans le même sens, s'agissant d'une opération de crédit ne présentant pas de risque d'endettement, compte tenu des éléments fournis par l'emprunteur. • Civ. 1re, 18 févr. 2009, n° 08-11.221 P : *D. 2009. AJ 625, obs. Avena-Robardet ; ibid. Chron. C. cass. 756, obs. Creton ; ibid. 1179, note Lasserre Capdeville ; JCP 2009. II. 10091, obs. Gourio ; JCP E 2009. 1364, note Piedelièvre ; Dr. et patr. 9/2009. 90, obs. Mattout et Prüm ; Dr. fam. 2009, n° 80, note Beignier ; RLDC 2009/60, n° 3422, obs. Bugnicourt ; RTD com. 2009. 422, obs. Legeais ; RTD civ. 2009. 536, obs. Jourdain .* ♦ ... D'un crédit qui était adapté au regard des capacités financières des emprunteurs et du risque de l'endettement né de l'octroi de ce prêt à la date de la conclusion du contrat. • Com. 7 juill. 2009, n° 08-13.536 P : *D. 2009. AJ 2034, obs. Delpech ; ibid. 2318, note Lasserre Capdeville ; ibid., Chron. C. cass. 2580, obs. Bélaval ; ibid. 2010. Pan. 2671, obs. Gelbard-Le Dauphin ; RTD com. 2009. 795, obs. Legeais* • Civ. 1re, 19 nov. 2009, n° 08-13.601 P : *D. 2009. AJ 2859, obs. Avena-Robardet ; D. 2010. Chron. C. cass. 522, n° 7, obs. Creton ; RTD civ. 2010. 109, obs. Jourdain .* ♦ ... D'un montage classique de financement d'un emprunt par la souscription d'un contrat d'assurance vie destiné à financer le remboursement du capital *in fine*, ce placement impliquant une prise de risque indiquée dans la proposition d'assurance décrivant précisément divers profils de gestion, l'emprunteur ayant choisi le profil le plus risqué. • Com. 16 juin 2009, n° 08-11.618 P : *D. 2009. AJ 1820 .*

La déloyauté de l'emprunteur, non décelable par la banque, fait obstacle à ce que celui-ci puisse imputer à la banque un manquement à son devoir de mise en garde. • Civ. 1re, 30 oct. 2007, n° 06-17.003 P : *D. 2007. AJ 2871, obs. Avena-Robardet ; D. 2008. 256, note Bazin ;*

ibid., Chron. C. cass. 645, obs. Creton ; JCP E 2007. 2576, note D. Legeais ; RDI 2008. 35, obs. Heugas-Darraspen ; Dr. et patr. 3/2008. 81, obs. Mattout et Prüm ; RTD com. 2008. 163, obs. Legeais . ♦ Dans le même sens : • Civ. 1re, 25 juin 2009, n° 08-16.434 P • Com. 23 sept. 2014, n° 13-20.874 P : *RDI 2014. 632, obs. Heugas-Darraspen ; RTD com. 2014. 839, obs. Legeais ; Gaz. Pal. 2014. 3691, obs. Lasserre Capdeville* (emprunteurs dissimulant la souscription de plusieurs prêts leur permettant d'échapper à l'exigence d'un apport personnel).

Le banquier, tenu, dans le cadre du financement de la construction d'une maison individuelle, de s'assurer de la délivrance de l'attestation de garantie de livraison, n'est pas tenu de s'assurer de la souscription effective de l'assurance dommages-ouvrage avant de débloquer les fonds. • Civ. 3e, 8 sept. 2010, n° 09-68.652 P : *RGDA 2011. 147, note Karila* • 5 oct. 2010 : *RDI 2010. 619, obs. Dessuet ; RGDA 2011. 147, note Karila.* ♦ Mais les obligations découlant de l'art. L. 231-10 CCH ne jouent pas lorsque la banque n'a pas consenti le prêt à la SCI maître de l'ouvrage, mais à ses associés pour le financement du capital constitutif de celle-ci. • Civ. 3e, 25 janv. 2018, n° 16-24.698 P.

146. Sanction. Le préjudice né du manquement par un établissement de crédit à son obligation de mise en garde s'analyse en la perte d'une chance de ne pas contracter. • Com. 20 oct. 2009, n° 08-20.274 P : *D. 2009. AJ 2607, obs. Delpech ; ibid. 2971, note Houtcieff ; JCP 2009, n° 422, obs. Dumoulin ; ibid. n° 482, note Piedelièvre ; ibid. 2010, n° 456, obs. Stoffel-Munck ; LPA 19 févr. 2010, note Dagorne-Labbe ; Banque et Dr. 128/2009. 62, obs. Rontchevsky ; RLDC 2009/66, n° 3647, obs. Ansault ; RDC 2010. 30, obs. Mazeaud ; ibid. 610, note Borghetti* (impossibilité de condamner la banque à payer à la caution une indemnité égale au montant de la dette). ♦ ... Et se manifeste dès l'octroi des crédits, ce qui fait courir le délai de prescription. • Com. 26 janv. 2010, n° 08-18.354 P : *D. 2010. AJ 578, obs. Avena-Robardet ; ibid. 935, note Lasserre Capdeville ; JCP 2010, n° 354, note Gourio ; Banque et Dr. 131/2010. 21, note Bonneau ; Defrénois 2010. 2220, note Latina ; RDC 2010. 843, obs. Borghetti.* ♦ Comp. dans le cas d'un prêt *in fine*, le risque ne se réalisant qu'au terme prévu. • Com. 13 févr. 2019, n° 17-14.785 P : *cité note 29 ss. art. 1231-2* (préjudice restant éventuel avant cette date). ♦ Une demande d'indemnisation formée contre la banque au titre d'un manquement à son devoir de mise en garde tend à l'octroi de dommages-intérêts et ne vise pas à éteindre la dette de l'emprunteur. • Civ. 1re, 24 mars 2021, n° 19-24.484 P : *D. 2021. Chron. C. cass. 1784, obs. Champ .*

147. Absence d'obligation à l'égard des clients avertis. Le prêteur n'est tenu d'un devoir de mise en garde qu'à l'égard d'un emprunteur non averti. • Civ. 1re, 5 janv. 2022, n° 19-24.436 B : *RTD com. 2022. 134, obs. Legeais ; RCA 2022, n° 104, obs. Piette ; RGDA 2022/3. 24, note Pimbert* (caractère averti de l'emprunteur, associé majoritaire d'une société de transactions immobilières créée par lui, l'exercice de ces fonctions lui ayant permis d'acquérir une expérience professionnelle et une connaissance certaine du monde des affaires).

V. précédemment plutôt en faveur d'une obligation limitée : l'emprunteur averti ne peut faire grief à une banque de lui avoir accordé un prêt qu'il a lui-même sollicité dès lors qu'il ne prétend pas que celle-ci aurait eu sur sa situation financière des renseignements que lui-même aurait ignorés. • Civ. 1re, 12 juill. 2005, n° 03-10.770 P : *R., p. 335 ; D. 2005. 3094, note Parance (1re esp.) ; ibid. AJ 2276, obs. Delpech (3e esp.) ; JCP 2005. II. 10140, note Gourio (4e esp.) ; JCP E 2005. 1359, note D. Legeais (3e esp.).* ♦ L'obligation de mise en garde à laquelle peut être tenu un établissement de crédit à l'égard d'un emprunteur averti, avant de lui consentir un prêt, ne porte que sur l'inadaptation de celui-ci aux capacités financières de l'emprunteur et sur le risque de l'endettement qui résulte de son octroi et non sur l'opportunité ou les risques de l'opération financée. • Com. 11 avr. 2018, n° 15-27.133 P : *D. 2018. 844 ; RTD civ. 2018. 658, obs. Barbier ; RTD com. 2018. 427, obs. Legeais ; Rev. sociétés 2019. 56, note Juillet ; JCP 2018, n° 775, note Gallois.* ♦ V. aussi : • Civ. 1re, 12 juill. 2005, n° 02-13.155 P : *R., p. 335 ; D. 2005. 3094, note Parance (2e esp.) ; ibid. AJ 2276, obs. Delpech (1re esp.) ; JCP 2005. II. 10140, note Gourio (1re esp.) ; JCP E 2005. 1359, note D. Legeais (4e esp.)* • Com. 12 déc. 2006, n° 03-20.176 P : *JCP E 2007. 1310, note D. Legeais ; RTD com. 2007. 214, obs. D. Legeais* (emprunteur averti, artisan expérimenté) • Com. 8 janv. 2008 : *JCP 2008. II. 10055, note Gourio* (client se présentant lui-même comme un ancien comptable expérimenté, conscient des risques encourus) • 7 avr. 2009, n° 08-12.192 P : *D. 2009. AJ 1203, obs. Avena-Robardet ; ibid. 2080, note Ghestin ; ibid. 2010. Pan. 1043, obs. R. Martin ; JCP 2009, n° 27, note Lasserre Capdeville ; RLDC 2009, n° 3449, obs. Maugeri ; Banque et Dr. 7-8/2009. 18, obs. Bonneau ; Dr. et patr. 7/2009. 87, obs. Aynès et Stoffel-Munck ; Defrénois 2009. 1942, note J. François ; RTD com. 2009. 598, obs. Legeais* (commerçant ayant exercé de longue date une activité de pâtissier-chocolatier). • Civ. 1re, 29 mars 2017, n° 16-13.050 P : *D. 2017. 1893, note Kleiner ; ibid. Chron. C. cass. 1859, obs. Barel ; ibid. 2176, obs. Martin et Synvet ; AJDI 2017. 596, obs. Moreau ; AJ contrat 2017. 278, obs. Brignon ; RTD civ. 2017. 383, obs. Barbier ; JCP 2017, n° 532, note Bonneau ; RLDC 7-8/2017. 11, note Constantin-Vallet* (prêt indexé sur le franc suisse « Helvet immo » pour un investissement « Périssol » : qualité d'emprunteurs avertis reconnue à un directeur adjoint des opérations d'une chambre de compensation, anciennement agent de change, et à son épouse, sans emploi, mais ayant exercé des fonctions de responsable du personnel et de comptable) • Civ. 3e, 21 mars 2019, n° 17-28.021 P : *RDI 2019. 288, obs. Noguéro ; RTD civ. 2019. 586, obs. Barbier* (analyste financier résidant en France depuis de nombreuses années et ayant acquis la nationalité française, en mesure de comprendre le sens et la portée d'une clause d'intérêts à taux variable) • Com. 5 mai 2021, n° 19-21.468 P : *D. 2021. 1418, note Dournaux ; RTD civ. 2021. 639, obs. H. Barbier ; ibid. 687, obs. Gijsbers ; JCP 2021, n° 714, note Simler ; Gaz. Pal. 2021. 1802, note Mignot ; RDC 2021/3. 36, note Houtcieff* (caution gérant de la société cautionnée depuis de nombreuses années, avec une grande expérience de la vie des affaires). • Com. 4 janv. 2023, n° 15-20.117 B (salarié ayant une expérience de 5 ans au sein de l'entreprise dont il est devenu gérant, en tant que responsable commercial et en ayant doublé le chiffre d'affaires avec par ailleurs la mise en place d'un montage juridique pour concrétiser le financement de son rachat par l'endettement). ♦ N'engage pas sa responsabilité en accordant aux emprunteurs le crédit immobilier qu'ils ont demandé le prêteur qui n'a pas, sur la fragilité de la situation financière de ces derniers, des informations qu'eux-mêmes auraient ignorées. • Com. 26 mars 2002, n° 99-13.810 P : *R., p. 451 ; D. 2002. AJ 1341, obs. A. Lienhard ; JCP E 2002. 852, note Gourio* – Dans le même sens : • Com. 3 déc. 2002 : *JCP 2004. II. 10003, note Baruchel* • 24 sept. 2003 : *préc. note 136.* ♦ Une banque n'a pas de devoir de mise en garde envers un client qui a la connaissance nécessaire des mécanismes du crédit documentaire. • Com. 4 juill. 2006, n° 05-10.529 P : *D. 2006. AJ 2309, obs. Delpech ; RDC 2007. 300, obs. Viney ; RTD civ. 2007. 103, obs. Mestre et Fages.* ♦ Un chef d'entreprise avisé ne peut ignorer que le taux d'un crédit à court terme est plus élevé qu'un crédit à long terme. • Com. 18 mai 2005 : *Defrénois 2005. 1425, note S. Piedelièvre.* ♦ Absence de devoir de mise en garde d'un crédit-bailleur à l'égard de cautions, engagées dans une opération commerciale importante, dès lors qu'il n'est pas établi qu'il détenait des informations ignorées de celles-ci. • Com. 3 mai 2006, n° 04-19.315 P : *R.,p. 385 ; D. 2006. AJ 1445, obs. Delpech (3e esp.) ; JCP 2006. II. 10122, note Gourio (3e esp.) ; JCP E 2006. 1890, note D. Legeais (3e esp.) ; Gaz. Pal. 2006. 1927, note S. Piedelièvre (3e esp.) ; RDC 2007. 300, obs. Viney ; RTD civ. 2007. 103, obs. Mestre et Fages* • Com. 11 avr. 2012, n° 11-15.429 P : *D. 2012. 1117, obs. Delpech ; ibid. 2013. 391, obs. Amrani-Mekki et Mekki ; RTD com. 2012. 381, obs. Legeais ; ibid. 608, obs. Bouloc ; RDC 2012. 1175, obs. Laithier ; RLDC 2012/99, n° 4881, note Dupré* (infirmière libérale ayant acheté du matériel pour son activité et en mesure d'évaluer sa capacité d'endettement). ♦ Pour la responsabilité de la banque prêteuse à l'égard des cautions, V. note 23 ss. art. 2288. ♦ Absence de faute d'une banque qui n'a pas informé son client des conséquences de la mise en place de la garantie à première demande qu'il sollicitait par des instructions détaillées laissant présumer, de la part d'une société importante, habituée au négoce international, la connaissance de la portée de cet engagement. • Com. 3 mai 2000, n° 96-21.814 P (absence de manquement de la banque à son devoir d'information vis-à-vis d'une société importante, habituée au négoce international et apte à mesurer les conséquences d'une garantie autonome).

148. Prescription. Les emprunteurs faisant grief à une banque de leur avoir accordé un prêt malgré leur incapacité manifeste à faire face à son remboursement, du défaut de proposition d'une assurance perte d'emploi et de l'octroi d'un second prêt en dépit du défaut de paiement des échéances de remboursement du premier, ont eu connaissance du caractère dommageable de ces faits dès les premières difficultés de remboursement, date de début du cours de la prescription. • Civ. 1re, 9 juill. 2009 : *cité note 36 ss. art. 2224.*

149. Exécution des ordres du client. Abstraction faite de la négligence éventuelle du tireur, il appartient à la banque de prendre les dispositions propres à lui permettre d'exécuter de manière utile l'ordre de paiement de son client sans pouvoir, sauf stipulation conventionnelle expresse, se prévaloir de ses contraintes d'exploitation pour prétendre échapper à sa responsabilité. • Com. 18 mai 2005, n° 02-13.358 P : *D. 2005. AJ 1549, obs. Delpech ; JCP E 2005. 1676, nos 58 s., obs. J. S. ; RTD com. 2005. 572, obs. M. Cabrillac* (numéro de compte biffé et remplacé à la main par un autre sur une formule de chèque).

Le banquier auquel un chèque est remis à l'encaissement, s'il ne procède pas à son inscription en compte immédiatement, a l'obligation d'en prévenir son client, faute de quoi il engagerait sa responsabilité, sauf stipulations contractuelles contraires ou circonstances particulières. • Com. 19 juin 2012, n° 11-17.061 P : *D. 2012. 2364, note Lasserre Capdeville.*

2° BANQUE ET ASSURANCE CRÉDIT

150. Créanciers bénéficiaires. Le devoir d'information du prêteur en matière d'assurance bénéficie à tous les emprunteurs, fussent-ils avertis, et s'impose indépendamment de tout risque d'endettement excessif, la souscription d'une assurance destinée à garantir le remboursement d'un prêt n'étant pas déterminée par le niveau d'endettement de l'emprunteur mais par la perspective d'un risque dont la couverture apparaît opportune lors de la souscription du prêt. • Civ. 1re, 30 sept. 2015, n° 14-18.854 P.

151. Obligation en cas de défaut d'assurance. Le banquier, qui mentionne dans l'offre de prêt que celui-ci sera garanti par un contrat d'assurance souscrit par l'emprunteur auprès d'un assureur choisi par ce dernier, est tenu de vérifier qu'il a été satisfait à cette condition ou, à tout le moins, de l'éclairer sur les risques d'un défaut d'assurance. • Civ. 2e, 14 juin 2007, n° 03-19.229 P : *D. 2007. AJ 1868, obs. Delpech ; JCP N 2007. 1302, n° 10, obs. S. Piedelièvre ; RCA 2007, n° 330, note Courtieu.* ♦ Absence de manquement de l'organisme de crédit à son devoir de conseil lorsqu'il est établi que le couple emprunteur, en dépit des renseignements figurant sur les notices relatives à l'assurance de groupe, a exprimé sa volonté délibérée de ne souscrire une assurance qu'au profit du mari seul. • Civ. 1re, 16 juill. 1998, n° 96-14.686 P.

152. Remise de la notice : obligation impérative. En cas d'adhésion à un contrat d'assurance de groupe, la remise de la notice d'information prévue par le code de la consommation revêt un caractère impératif. • Civ. 2e, 25 janv. 2007, n° 05-19.700 P : *D. 2007. AJ 577, obs. Rondey ; D. 2008. Pan. 127, obs. Groutel ; JCP N 2007. 1157, n° 9, obs. S. Piedelièvre ; CCC 2007, n° 139, note Raymond ; RDC 2007. 750, obs. Viney* • Civ. 1re, 2 oct. 2007 : *RCA 2007, n° 366, note Courtieu ; CCC 2008, n° 27, note Raymond.*

La remise des conditions générales et particulières du contrat ne peut suppléer le défaut de remise de la notice. • Civ. 1re, 5 avr. 2018, n° 13-27.063 P : *D. 2018. 796 ; AJ contrat 2018. 233, obs. Néraudau et Guillot ; RGDA 2018. 423, note A. Pélissier.*

153. ... Remise d'une notice insuffisante. L'obligation de conseil ne se limite pas à la remise d'une notice, dès lors que celle-ci ne définit pas de façon claire et précise les conditions et modalités de l'assurance. • Civ. 2e, 3 juin 2004, n° 03-13.896 P : *RTD com. 2004. 799, obs. D. Legeais ; CCC 2004, n° 137, note Leveneur ; Dr. et patr. 11/2004. 86, obs. B. Saint-Alary ; RDC 2005. 321, obs. Bruschi.*

154. ... Insuffisance de la remise de la notice. *Manquement à l'obligation d'informer les* adhérents, en l'espèce des cautions, sur les suites données à leur demande d'adhésion. • Civ. 1re, 15 déc. 2005, n° 04-13.896 P.

L'obligation d'information et de conseil du banquier souscripteur de l'assurance de groupe ne s'achève pas avec la remise de la notice. • Civ. 2e, 13 janv. 2005, n° 03-17.199 P : *D. 2005. IR 456 ; JCP 2005. I. 149, n° 12, obs. Viney* (tableau d'amortissement créant l'apparence trompeuse d'une assurance couvrant la durée totale du prêt) • Civ. 1re, 17 juin 2015, n° 14-20.257 P : *D. 2015. 1365 ; RCA 2015, n° 263, note Groutel* (absence d'information sur l'existence, la durée et le point de départ du délai de prescription de l'art. L. 114-1 C. assur.). ♦ V. aussi : • Civ. 2e, 5 juill. 2006, n° 05-12.603 P : *BICC 15 nov. 2006, n° 2187 ; Gaz. Pal. 2007. 1866, note Périer ; RGDA 2007. 142, note Kullmann* (apparence trompeuse de garantie totale jusqu'à la fin du contrat de prêt du fait du prélèvement, fût-ce par erreur, d'une prime couvrant le risque d'invalidité au-delà de la période d'effet de la garantie) • 3 sept. 2009 : *JCP 2009. 511, note N. Dupont.* ♦ Rappr. pour l'application de la même solution au mandataire d'une société de courtage, exerçant une activité d'intermédiaire en assurance, et, à ce titre, personnellement tenu envers ses clients d'un devoir d'information et de conseil qui ne s'achève pas avec le remise de la notice d'information. • Civ. 2e, 7 juill. 2011, n° 10-21.719 P : *cité note 154 ss. art. 1242.*

Commet une faute le souscripteur d'une assurance de groupe qui omet de conseiller à un adhérent de procéder à la déclaration du sinistre à l'assureur. • Civ. 1re, 19 déc. 2000, n° 98-15.101 P : *R., p. 406 ; RGDA 2001. 89, note Fonlladosa* • 7 déc. 2004 : *RGDA 2005. 102, note Kullmann.* ♦ Dans le même sens, la banque connaissant les soucis de santé du souscripteur : • Com. 13 déc. 2017, n° 13-24.057 P : *D. 2018. 1884, obs. Crocq ; RTD civ. 2018. 484, obs. Cayrol .* ♦ Le banquier doit avertir la caution que le débiteur ne paie plus les primes de l'assurance de groupe. • Civ. 1re, 27 juin 1995, n° 92-21.085 P : *RTD civ. 1996. 393, obs. Mestre .*

155. ... Adéquation de l'assurance. Le banquier, qui propose à son client auquel il consent un prêt d'adhérer au contrat d'assurance de groupe qu'il a souscrit, est tenu de l'éclairer sur l'adéquation des risques couverts à sa situation personnelle d'emprunteur, la remise de la notice ne suffisant pas à satisfaire à cette obligation. • Cass., ass. plén., 2 mars 2007, n° 06-15.267 P : *R., p. 443 ; BICC 15 mai 2007, rapp. Renard-Payen, avis Main ; D. 2007. 985, note S. Piedelièvre ; ibid. AJ 863, obs. Avena-Robardet ; D. 2008. Pan. 127, obs. Groutel ; ibid. 880, obs. R. Martin ; JCP 2007. II. 10098, note Gourio ; ibid. I. 158, n° 6, obs. Simler ; JCP E 2007. 1375, note D. Legeais ; RLDC 2007/39, n° 2556, note N. Bicheron ; RGDA 2007. 397, note Kullmann ; LPA 10 mai 2007, note Markhoff ; ibid. 25 mai 2007, note Gossou ; ibid. 23 août 2007, note Prigent ; RDI 2007. 319, obs. Grynbaum ; RDC 2007. 750, obs. Viney* (assurance couvrant l'invalidité définitive et non l'inaptitude professionnelle) • Civ. 2e, 2 oct. 2008, n° 07-15.276 P : *D. 2008. AJ 2499, obs. Avena-Robardet ; ibid. 2009. Pan. 1044, obs. R. Martin ; LPA 30 janv. 2009, note Siffrein-Blanc ; RCA 2008, n° 339, obs. Courtieu ; RLDC 2008/54, n° 3182, obs. Pichon ; RDC 2009. 100, obs. Carval ; ibid. 1142, obs. Grynbaum* • 2 oct.

2008, n° 07-16.018 P : *RCA 2008, n° 338, obs. Courtieu* • Civ. 1re, 22 janv. 2009, n° 07-19.867 P : *D. 2009. AJ 368, obs. Avena-Robardet* ; *JCP 2009. II. 10055, note N. Dupont ; RDC 2009. 100, obs. Carval ; Dr. fam. 2009, n° 80, note Beignier ; RDC 2009. 1142, obs. Grynbaum* • Com. 13 sept. 2011 : *RCA 2011, n° 399* (assurance automobile souscrite à l'occasion d'un crédit-bail) • Civ. 2e, 17 juin 2021, n° 19-24.467 B. *D. 2021. 1186* ; *RDI 2021. 668, obs. Noguéro* ; *RGDA 2021/7 30, note Kullmann ; ibid./8-9. 34, note Pélissier.* ♦ ... Y compris à l'occasion de la conclusion d'un avenant. • Civ. 2e, 8 déc. 2016, n° 14-29.729 P. ♦ Commet une faute le souscripteur qui omet d'attirer l'attention de l'adhérent sur le fait que, compte tenu de son âge, la couverture des risques cessera plusieurs années avant la fin du crédit immobilier garanti. • Civ. 2e, 24 mai 2006 : *CCC 2006, n° 169, note Raymond.* ♦ Commet une faute le banquier qui, ayant connaissance du fait que la garantie perte d'emploi ne s'applique pas à la cliente, salariée en Suisse, aurait dû la conseiller explicitement sur les possibilités de souscription individuelle, auprès d'une autre compagnie, d'une assurance garantissant ce risque spécifique, ou s'assurer que son refus de souscrire une telle assurance était parfaitement éclairé et ne résultait pas d'un éventuel manque d'information. • Civ. 2e, 23 juin 2016, n° 15-12.113 P *D. 2016. 1507* ; *ibid. 2025, obs. d'Avout et Bollée* . ♦ Dans le même sens, pour un employeur : • Civ. 2e, 15 déc. 2011, n° 10-23.889 P : *RCA 2012, n° 81, obs. Groutel* (assurance ne couvrant pas le risque suicide).

Contra, antérieurement, ne retenant pas de manquement de l'établissement de crédit qui n'a pas conseillé la souscription d'une assurance complémentaire à l'assurance de groupe (Rappr., note 98) : • Civ. 1re, 1er déc. 1998, n° 96-16.608 P : *D. 2000. 404, note Choisez* ; *JCP 1999. I. 171, nos 9 s., obs. Virassamy ; RTD civ. 1999. 83, obs. Mestre* (assurance ne couvrant que l'invalidité nécessitant l'assistance d'une tierce personne) • 30 janv. 2001, n° 98-13.149 P : *D. 2001. IR 827 ; RGDA 2001. 87, note Kullmann* (assurance ne couvrant qu'un des emprunteurs) • 4 déc. 2001, n° 99-12.497 P : *RGDA 2002. 156, note Fonlladosa ; RTD civ. 2003. 81, obs. Mestre et Fages* • 30 janv. 2002, n° 00-22.709 P : *D. 2003. 169, note Beignier (1re esp.)* (assurance ne couvrant pas le risque maladie) • Civ. 3e, 24 avr. 2003, n° 01-12.658 P. ♦ V. aussi : • Civ. 1re, 17 juill. 2001, n° 98-18.242 P : *R., p. 449 ; RGDA 2001. 992, note Kullmann.*

En revanche l'assureur de groupe n'est pas tenu d'éclairer l'assuré sur l'adéquation des risques couverts à sa situation personnelle d'emprunteur ou à celle de celui qui cautionne ses engagements, cette obligation incombant au seul établissement de crédit souscripteur du contrat d'assurance. • Com. 1er déc. 2015, n° 14-22.134 P : *D. 2015. 2560* ; *RGDA 2016. 99, note Asselain.*

156. Mise en œuvre des garanties. Faute du banquier, seul interlocuteur des emprunteurs lors de la conclusion du contrat d'assurance de groupe conclu par son intermédiaire jusqu'à l'issue des procédures judiciaires, le banquier les ayant informés à deux reprises du refus de garantie en leur opposant, pour éviter cette prise en charge, des arguments que la simple lecture du contrat permettait d'identifier comme étant faux. • Com. 5 sept. 2018, n° 17-15.866 P : *AJ contrat 2018. 481, obs. Lasserre Capdeville* ; *RDBF 2018, n° 160, obs. Leblond ; RGDA 2018. 474, note A. Pélissier.*

157. Prescription. La prescription de dix ans [5 ans] de l'art. L. 110-4-1 C. com. est applicable à l'action en responsabilité pour manquement à l'obligation d'information et de conseil intentée contre le souscripteur de l'assurance de groupe. • Civ. 2e, 24 févr. 2005, n° 04-11.182 P.

3° BOURSE

BIBL. Bouchetemble, *Dr. et patr. 9/2011. 23* (produits « toxiques »). – Conac, *Rev. sociétés 2022. 270* (pour une évolution du régime de la réparation du préjudice boursier). – Daigre, *Banque et Dr. 3-4/2000. 4* (intermédiaire financier). – Germain, *ibid., p. 14* (mandat de gestion). – Kilgus, *RDBF 2022, Dossier, n° 27* (responsabilité contractuelle du prestataire de services d'investissement). – Leborgne, *RTD com. 1995. 261* (opérations sur le marché boursier). – Piedelièvre, *RLDC 2010/77, n° 4040* (responsabilité en matière de gestion de portefeuille). – Pénichon, *Rev. jur. com. 2003. 48* (prestataires de services d'investissement).

158. Obligation de s'informer. Quelles que soient ses relations contractuelles avec son client, le prestataire de services d'investissement est tenu de s'enquérir de la situation financière de celui-ci. • Com. 12 févr. 2008, n° 06-20.835 P : *D. 2008. AJ 689, obs. Delpech* ; *ibid. Chron. C. cass. 1231, obs. Salomon* (transmission d'ordres sur le marché à règlement différé). ♦ ... Ainsi que d'évaluer la compétence du client afin de lui fournir une information adaptée. • Même arrêt. ♦ L'obligation du prestataire de services d'investissement de se renseigner sur les capacités financières des investisseurs a pour but d'aider ceux-ci à mesurer les risques que comportent les opérations sur le marché à terme et leurs aptitudes à y procéder ; aucun manquement à cette obligation de mise en garde ne peut être reproché par des investisseurs avertis. • Com. 13 mai 2014, n° 09-13.805 P : *cité note 163.* ♦ Sur les liens entre l'obligation de se renseigner et l'obligation de conseil, V. aussi note 161.

159. Obligation d'information : sur les comptes. La banque doit informer les clients du fonctionnement de leurs comptes bancaires dans le cadre d'un PEA. • Com. 4 mars 2008, n° 04-16.280 P : *D. 2008. AJ 842, obs. Delpech ; ibid. Chron. C. cass. 1231, n° 4, obs. Bélaval ; ibid. 2009. Pan. 1044, obs. R. Martin* (financement d'une opération par prélèvement sur le compte de dépôt).

160. ... Sur les produits financiers. La publicité délivrée par la personne qui propose à son client de souscrire des parts de fonds commun de placement doit être cohérente avec l'investissement proposé et mentionner le cas échéant les caractéristiques les moins favorables et les risques inhérents aux options qui peuvent être le corollaire des avantages énoncés ; l'obligation d'information qui pèse sur ce professionnel ne peut être considérée comme remplie par la remise de la notice visée par la commission des opérations de bourse lorsque la publicité ne répond pas à ces exigences. • Com. 24 juin 2008, n° 06-21.798 P : *R., p. 292 ; D. 2008. AJ 1892, obs. Delpech ; ibid. 2697, note Houtcieff ; ibid. 2009. Pan. 1044, obs. R. Martin ; JCP 2008. Actu. 486, obs. Rousille ; ibid. II. 10160, note Mathey ; Dr. et patr. 9/2008. 97, obs. Mattout et Prüm ; RLDC 2008/52, n° 3094, obs. Maugeri ; RTD civ. 2008. 670, obs. Fages ; RDC 2009. 107, obs. Carval.* ♦ Absence de manquement de La Poste à son obligation d'information dans la commercialisation d'un produit financier. • Com. 19 sept. 2006, n° 05-14.343 P : *D. 2006. AJ 2395, obs. Delpech ; ibid. 2007. Pan. 761, obs. Synvet ; JCP 2006. II. 10201, note Gourio ; JCP E 2006. 2697, n° 40, obs. Mathey ; RDC 2007. 305, obs. Viney ; RTD civ. 2007. 103, obs. Mestre et Fages* (fonds commun de placement « Bénéfic »). – V. aussi deux autres arrêts analogues sur la même question : • Com. 19 sept. 2006, n° 05-14.343 P • 19 sept. 2006, n° 05-15.304 P.

161. Clients profanes : obligation de mise en garde. Quelles que soient les relations contractuelles entre un client et une banque (mandat de gestion de portefeuille ou convention de services d'exécution d'ordres et de tenue de compte), celle-ci a le devoir de l'informer des risques encourus dans les opérations spéculatives sur les marchés à terme, hors le cas où il en a connaissance. • Com. 5 nov. 1991, n° 89-18.005 P (opérations à découvert sur le marché à terme) • *18 mai 1993 : D. 1994. 142, note Najjar ; Gaz. Pal. 1994. 1. 85, note S. Piedelièvre* (*idem*). ♦ Même solution avec une référence à une obligation de mise en garde : • Com. 22 mai 2001, n° 98-14.087 P. ♦ Un prestataire de services d'investissement est tenu d'une obligation d'information et de mise en garde à l'égard d'un client profane sur les risques des opérations boursières. • Com. 31 janv. 2006, n° 04-18.920 P (courtage par internet pour des opérations sur le marché à règlement différé). ♦ V. aussi : • Com. 26 mars 2008, n° 07-11.554 P : *D. 2008. AJ 1058, obs. Pech ; LPA 29 avr. 2009, note El Badawi.*

Le client d'un intermédiaire financier doit recevoir une information spécifique sur les risques encourus avant la signature des contrats de placement et non postérieurement à celle-ci dès lors qu'il n'est pas un investisseur averti. • Com. 30 nov 2010, n° 09-70.810 P : *D. 2010. 2900, obs. Delpech*.

162. ... Obligation de conseil. Si le banquier prestataire de services d'investissement n'est pas, en cette seule qualité, tenu d'une obligation de conseil à l'égard de son client, il est tenu, lorsque, à la demande de celui-ci ou spontanément, il lui recommande un service ou un produit et lui prodigue ainsi un conseil, de le faire avec pertinence, prudence et loyauté, en s'enquérant de ses connaissances, de son expérience en matière d'investissement, ainsi que de sa situation financière et de ses objectifs, afin que l'instrument financier conseillé soit adapté. • Com. 20 juin 2018, n° 17-11.473 P : *D. 2018. 1383 ; AJ contrat 2018. 427, obs. Moreau et Poindron*. ♦ Commet une faute la banque qui fournit à son client un conseil inadapté à sa situation personnelle dont elle avait connaissance, faute sans laquelle le client n'aurait pas procédé aux opérations génératrices de pertes. • Com. 8 avr. 2008, n° 07-13.013 P : *D. 2008. AJ 1202, obs. Delpech ; RLDC 2008/50, n° 3022, obs. Gaudin* (situation familiale, connue de la banque, excluant toute perte en capital, qui n'était pas exclue pour la souscription de Sicav). – Sur l'absence d'efficacité de clauses exigeant la preuve d'une faute lourde, V. • Com. 22 mars 2011, et sur second pourvoi • 4 févr. 2014, n° 13-10.630 P : *cités note 164.*

163. Clients avertis : notion. Le client d'un prestataire de services d'investissement classé dans la catégorie des clients non professionnels, au sens des dispositions de l'art. L. 533 16 C. mon. fin., peut néanmoins être un opérateur averti des risques résultant d'opérations spéculatives données. • Com. 27 mars 2019, n° 18-10.592 P : *D. 2019. 1424, note Pailler ; ibid. 2009, obs. Martin et Synvet* (client averti des risques des produits en cause pour avoir fréquemment investi dans ce type de produits, avec une expérience et des compétences suffisantes pour permettre de mieux comprendre les services proposés). ♦ Illustrations de clients avertis : • Com. 18 févr. 1997, n° 94-21.644 P : *R., p. 246* (qualité déduite, non seulement de celle d'employée de banque, mais aussi de la maîtrise manifestée lors d'une crise boursière et de l'utilisation de bons de souscription d'actions) • Civ. 1re, 13 oct. 1998, n° 96-18.322 P : *R., p. 251 ; JCP 1999. I. 147, n° 17, obs. Viney* (volume des transactions et gains très importants) • Com. 14 déc. 2004, n° 02-13.638 P : *R., p. 315 ; D. 2005. Pan. 2609, obs. Reinhard et Thomasset-Pierre* (qualité établie par la passation pendant six ans de centaines de transactions sur le Monep)

• Com. 13 mai 2014, n° 09-13.805 P (clients ayant géré eux-même leur portefeuille de manière active et profitable) • Com. 17 nov. 2015, n° 14-18.673 P (client étant devenu client averti compte tenu de son comportement sur les marchés pendant un an). ♦ Illustrations de décisions rejetant cette qualité : • Com. 26 mars 2008 : *préc. note 161* (cliente avocate, titulaire d'un DEA de droit des affaires, mais n'ayant d'expérience que sur le marché au comptant et non sur le nouveau marché) • Com. 4 févr. 2014, n° 13-10.630 P : *cité note 164* (cliente institutrice n'ayant acquis une connaissance suffisante des risques encourus dans les opérations spéculatives, ni dès l'origine des relations contractuelles, ni avant l'apparition des pertes litigieuses).

164. ... Charge de la preuve. C'est à la société de bourse de rapporter la preuve que son client a la qualité d'opérateur averti. • Com. 4 févr. 2014, n° 13-10.630 P : *D. 2014. 421*. ♦ V. déjà dans la même affaire : • Com. 22 mars 2011 : *D. 2011. Actu. 1010, obs. Delpech ; ibid. 1600, note Causse ; RTD com. 2011. 382, obs. Storck ; RDC 2011. 857, note Carval.*

165. ... Absence d'obligation de mise en garde. Un banquier n'est pas tenu d'une obligation de mise en garde à l'égard des clients avertis : • Com. 27 janv. 1998, n° 93-18.672 P : *R., p. 251 ; Gaz. Pal. 1999. 1. Somm. 102, obs. S. Piedelièvre* (client ayant acquis une solide expérience ; décision rendue dans la même affaire que Com. 5 nov. 1991, préc. note 161) • 22 mai 2001 : *préc. note 161* • 8 juill. 2003, n° 00-18.941 P : *D. 2003. AJ 2095, obs. Avena-Robardet ; JCP 2003. II. 10174, note Gauberti ; Gaz. Pal. 2004. Somm. 1994, obs. S. Piedelièvre* • 14 déc. 2004 : *préc. note 163* • 13 mai 2014, n° 09-13.805 P : *préc. note 163.*

166. ... Absence d'obligation de conseil. Une banque n'a pas d'obligation de conseil à l'égard d'un client averti. • Civ. 1re, 13 oct. 1998 : *préc. note 163.*

167. Limites à l'obligation de mise en garde. Le banquier teneur de compte de titres n'est pas tenu, en l'absence d'opérations spéculatives, à une obligation de mise en garde envers son client. • Com. 14 déc. 2004, n° 03-10.099 P : *D. 2005. AJ 360, obs. Avena-Robardet ; ibid. Pan. 2610, obs. Reinhard et Thomasset-Pierre*. – Rappr. • Com. 19 juin 2007 : *préc. note 145.* ♦ Sur l'insuffisance de mentions stéréotypées pour rapporter la preuve du caractère averti du client ou de l'exécution de l'obligation de mise en garde, V. l'arrêt frappé de pourvoi par : • Civ. *2e, 24 sept. 2020,* n° 18-12.593 P : *D. 2020. 2323, note Marly ; AJ contrat 2020. 492, obs. Guillot ; ibid. 558, obs. Perdrix ; RGDA 2020/11. 38, note Mayaux.*

168. Mandat de gestion. Sur la nature d'obligation de moyens des gestionnaires de portefeuilles, V. note 7. ♦ Sur le non-respect d'un mandat de gestion, V. note 19 ss. art. 1992.

169. Tenue de comptes. Sauf convention contraire, le prestataire de services d'investissement qui tient un compte-titres n'est pas tenu, en l'absence d'opérations spéculatives, de mettre en garde son client contre les risques de pertes inhérents à l'évolution du cours des titres financiers objets des ordres de vente dont ce dernier prend l'initiative. • Com. 12 juin 2012, n° 11-12.513 P : *D. 2012. 1673, obs. Delpech*. ♦ V. aussi : • Com. 18 oct. 2017, n° 16-10.271 P : *D. 2018. 47, note Barbier ; Rev. sociétés 2018. 114, note Martin Laprade* (délivrance d'une information appropriée sur le risque de perte attaché à la souscription d'actions dès lors que la cliente disposait d'un compte-titres depuis 20 ans et que le risque était clairement mentionné dans le prospectus visé par l'AMF, alors que l'arrêt d'appel cassé avait jugé que la longueur excessive de cette note de 90 pages était inadaptée à l'expérience personnelle et à la compréhension du consommateur moyen qu'était la retraitée, ancienne secrétaire médicale).

Le non-respect par un prestataire de services d'investissement de l'obligation de couverture peut être invoqué par le donneur d'ordre, dans la mesure où ce prestataire est tenu d'exercer son activité avec la compétence, le soin et la diligence qui s'imposent, au mieux des intérêts de ses clients et de l'intégrité du marché, ainsi que de se conformer à toutes les réglementations applicables à l'exercice de son activité de manière à promouvoir au mieux les intérêts de son client et l'intégrité du marché. • Com. 26 févr. 2008, n° 07-10.761 P : *R., p. 293 ; D. 2008. AJ 776, obs. Delpech ; ibid. Chron. C. cass. 2008. 1231, obs. Bélaval, Orsini et Salomon ; ibid. 2009. Pan. 1044, obs. R. Martin ; LPA 27 nov. 2008, note de Watrigant* • 13 mai 2014, n° 09-13.805 P : *préc. note 163.* ♦ Dans le même sens, à propos des obligations qui pèsent sur le prestataire de services d'investissement qui fournit les services de réception et transmission d'ordres via internet, • Com. 4 nov. 2008, n° 07-21.481 P : *D. 2008. AJ 2859, obs. Delpech ; ibid. 2009. Pan. 1044, obs. Synvet ; Gaz. Pal. 2008. 3989, obs. Piedelièvre.* ♦ L'intermédiaire doit répondre de l'aggravation du solde débiteur du compte causé par le non-respect de l'obligation de couverture ; cassation de l'arrêt n'ayant retenu que la perte de chance. • Com. 22 mai 2012, n° 11-17.936 P : *D. 2012. 1477*. ♦ Cassation de l'arrêt exonérant partiellement un prestataire de services d'investissement, en raison de la faute commise par le client, alors que celle-ci n'aurait pu être commise en l'absence de la faute du prestataire de services d'investissement qui n'a pas liquidé les positions de son client. • Com. 26 juin 2012, n° 11-11.450 P : *D. 2012. 1818* • 26 mars 2013, n° 12-13.631 P : *D. 2013. 906, obs. Delpech ; Gaz. Pal. 2013. 1617, obs. Le Mesle.*

170. Partage de responsabilité entre la

banque et son client. A contribué à la réalisation de son propre préjudice le client, donneur d'ordre non averti, ayant un faible degré de conscience du risque présenté par les opérations effectuées et une compétence notoirement insuffisante en matière de warrants, mais qui aurait dû, du fait de son expérience professionnelle de dirigeant d'une société florissante, s'inquiéter des lourdes pertes financières éprouvées, dont il avait forcément connaissance, et freiner ainsi ses velléités de spéculateur néophyte, au lieu de quoi il avait pris des risques déraisonnables en investissant massivement sur le marché des warrants et a été particulièrement imprudent en cherchant à compenser les pertes subies par des investissements de plus en plus importants, qui n'ont fait qu'aggraver la situation débitrice de son compte. • Com. 4 nov. 2014, n° 13-24.196 P : *D. 2014. 2342* ; *RDC 2015. 235, note Viney.*

171. *Préjudice.* Le manquement de la société de bourse aux obligations d'information, de mise en garde et de conseil auxquelles elle peut être tenue à l'égard de son client prive seulement celui-ci d'une chance de mieux investir ses capitaux. • Com. 4 févr. 2014, n° 13-10.630 P : *préc. note 164* (cassation de l'arrêt qui condamne la société de bourse au remboursement des pertes financières). ♦ Dans le même sens : • Com. 20 juin 2018, n° 17-11.473 P : *D. 2018. 1383* ; *AJ contrat 2018. 427, obs. Moreau et Poindron* • Civ. 2e, 24 sept. 2020, n° 18-12.593 P : *D. 2020. 2323, note Marly* ; *AJ contrat 2020. 492, obs. Guillot* ; *ibid. 558, obs. Perdrix* ; *RGDA 2020/11. 38, note Mayaux.* ♦ Sur le préjudice réparable et la distinction entre la perte de chance d'échapper à une mauvaise opération et les conséquences de celle-ci : • Com. 10 déc. 1996, n° 94-16.082 P (contexte d'évolution défavorable). ♦ Comp., dans un contexte d'évolution favorable : • Paris, 26 janv. 2006 : *Banque et Dr. 5-6/2006. 54, obs. de Vauplane et Daigre* (gestion plus prudente) • 17 févr. 2006 : *ibid.* (gestion de portefeuille plus équilibrée). ♦ Rejet du préjudice moral déduit des seules difficultés financières consécutives aux pertes subies. • Com. 4 févr. 2014, n° 13-10.630 P : *préc. note 164.*

C. NOTAIRES

BIBL. Albarian, *Defrénois 2011. 249.* – Attard, *Defrénois 26 avr. 2018, p. 21* (sûretés). – Letartre, *JCP N 1999. 1798.* – Mestre, *obs. RTD civ. 1996. 384.* – Rouzet, *JCP N 1995. Prat. 3540.* – Aubert, *R. 1994, p. 69* (dix ans de jurisprudence). – Chataignier, *JCP N 2005. 1370* (jurisprudence de la Cour de cassation 2004). – Dagot, *note JCP 1989. II. 21367* (incidences fiscales de la conversion d'un usufruit en rente viagère). – Dagorne-Labbe, *Defrénois 2018/8. 21* (responsabilité du notaire face aux déclarations erronées du client). – Fabiani, *Dr. et patr. 7-8/2017. 50.* – Kuhn, *Gaz. Pal. 1983. 1. Doctr. 103* (limites du devoir de conseil du notaire). – Latina, *Dr. et patr. 7-8/2017. 46.* – Latina et Sagaut, *Defrénois 2011. 976* (sûretés). – Malaurie, *Defrénois 2003. 1399* (décisions récentes). – S. Piedelièvre, *RLDC 2005/16, n° 644* (matière hypothécaire) ; *RLDC 2006/33, n° 2299.* – Sanséau, *Defrénois 1983. 337* (devoir de conseil du notaire en matière fiscale à propos des donations déguisées) ; *JCP N 1996. II. 1005, 1089, 1213* (chron. de jurisprudence). – Sargos, *JCP N 2007. 1301* (principes d'efficacité et de proportionnalité). – Dossier, *JCP N 2018, nos 1134 s.* (formation du contrat et obligation d'information du notaire) ; *ibid., nos 1266 s.*(le notaire face au risque). – Dossier, *Dr. et patr. 1/2019, p. 21.*

1° ÉTENDUE DE LA MISSION DU NOTAIRE

a. Efficacité des actes

172. *Principe.* Les notaires doivent, avant de dresser les actes, procéder à la vérification des faits et conditions nécessaires pour assurer l'utilité et l'efficacité de ces actes. • Civ. 1re, 4 janv. 1966 : *Bull. civ. I, n° 7* ; *D. 1966. 227, note Mazeaud* ; *JCP 1966. II. 14590, note O. D.* • 12 nov. 1987 : *Bull. civ. I, n° 288* ; *R., p. 219.* ♦ V. par exemple : • Civ. 1re, 20 janv. 1998, n° 96-14.385 P : *D. Affaires 1998. 332, obs. J. F.* (responsabilité du notaire pour la rédaction d'une clause inefficace, car en contradiction avec une disposition d'un règlement de copropriété) • 4 juin 2007 : *cité note 207* (établissement d'un testament authentique ne remplissant pas les conditions de l'art. 972) • 27 nov. 2008, n° 07-18.875 P : *D. 2009. 1122, note Dagorne-Labbe* ; *RLDC 2009/57, n° 3297, obs. Bugnicourt* ; *RTD civ. 2009. 113, obs. Fages* (compromis de vente concernant un bien de la communauté conclu par le mari sans le concours de l'épouse) • Civ. 3e, 6 mai 2009, n° 06-21.242 P : *D. 2009. AJ 1480* (vérification du dépôt d'une marque prévue dans l'acte de vente) • 23 sept. 2009, n° 07-20.965 P : *D. 2009. AJ 2426* (vérification de la situation de l'immeuble vendu au regard des exigences administratives relatives à la division de propriétés foncières en vue de l'implantation de bâtiments) • Civ. 1re, 2 juill. 2014, n° 12-28.615 P : *D. 2014. 1494* ; *ibid. 2015. 124, obs. Brun* ; *RTD civ. 2014. 893, obs. Jourdain* ; *JCP N 2014, n° 1383, note Pierre* ; *Defrénois 2014. 1332, note Dagorne-Labbe* ; *RDC 2015. 61, note Boffa* (connaissance d'un recours exercé contre un permis de construire et d'une procédure de référé) • Cass., ass. plén., 5 déc. 2014, n° 13-19.674 P : *D. 2015. 287, obs. Fricero* ; *RDI 2015. 135, obs. Tricoire et Tournafond* ; *D. avocats 2015. 80, note Lhermitte* ; *JCP 2015, n° 424, obs. Serinet* ; *JCP 2014, n° 1300, note Gerbay* ; *JCP N 2015, n° 504, obs. Delpérier* ; *ibid. n° 1112, obs. Mekki* ; *Defrénois 2015. 428, note Périnet-Marquet* (dans le cas d'une vente en l'état futur d'achèvement, ni la formalité d'une déclaration d'ouverture de chantier ni l'existence d'une garantie d'achèvement ne dispensent le notaire de vérifier le commencement effectif des travaux, seule circonstance de nature à prolonger le délai de validité du permis de construire et d'informer les acquéreurs des risques). • Civ. 3e, 1er juin 2017, n° 16-14.428 P : *D. 2018. 35, obs. Brun* ; *AJDI 2017. 685, obs. Cohet* ; *ibid. 686, obs. Moreau* ; *RDI 2017. 402, obs. Heugas-Darraspen* ; *AJ contrat 2017. 298, obs. de Ravel d'Esclapon* ; *RLDC 7-8/2017. 4, note Labasse* (convention de vente ne comportant aucune des mentions légales imposées pour une vente en l'état futur d'achèvement).

Le notaire est tenu de vérifier, par toutes investigations utiles, spécialement lorsqu'il existe une publicité légale, les déclarations faites par le vendeur et qui, par leur nature ou leur portée juridique, conditionnent la validité ou l'efficacité de l'acte qu'il dresse. • Civ. 1re, 11 janv. 2017, n° 15-22.776 P : *D. 2018. 35, obs. Brun* ; *Defrénois 2017. 379, note Dagorne-Labbe* ; *RDC 2017. 246, note Pellet* ; *JCP N 2017 n° 1191, note Pierre* (connaissance par le notaire, compte tenu de la localisation de l'étude, d'un arrêté de catastrophe naturelle).

Le notaire chargé de dresser un acte de vente immobilière n'est pas tenu de vérifier la possibilité de procéder à un changement de destination de l'immeuble vendu qui n'est pas mentionné à l'acte et dont il n'a pas été avisé, à moins qu'il n'ait pu raisonnablement l'ignorer. • Civ. 1re, 29 mars 2017, n° 15-50.102 P : *D. 2018. 35, obs. Brun* ; *JCP N 2017, n° 1222, note Dagorne-Labbe.* ♦ Si le notaire, recevant un acte en l'état de déclarations erronées d'une partie quant aux faits rapportés, engage sa responsabilité seulement s'il est établi qu'il disposait d'éléments de nature à faire douter de leur véracité ou de leur exactitude, il est, en revanche, tenu, en cas de représentation de cette partie par un mandataire, de vérifier, par toutes investigations utiles, spécialement lorsqu'il existe une publicité légale aisément accessible, les déclarations faites en son nom et qui, par leur nature ou leur portée juridique, conditionnent la validité ou l'efficacité de l'acte qu'il dresse. • Civ. 1re, 8 janv. 2009, n° 07-18.780 P : *D. 2009. AJ 228* ; *RLDC 2009/58, n° 3323, obs. Maugeri* (partie représentée par un clerc de notaire). ♦ Absence de faute du notaire qui a rédigé un acte de cession d'un débit de boisson, dans la mesure où le cessionnaire avait déclaré ne se trouver dans aucun des cas d'incapacité prévus par la loi pour l'exploitation d'une *licence de 3e catégorie, faute pour* le notaire de disposer d'éléments de nature à faire douter de la véracité ou de l'exactitude des déclarations erronées du cessionnaire. • Civ. 1re, 6 sept. 2017, n° 16-18.524 P : *D. 2018. 371, obs. Mekki* ; *ibid. Chron. C. cass. 748, obs. Kloda* ; *RTD com. 2017. 822, obs. Saintourens*. ♦ Dans le même sens pour un notaire qui s'est vu remettre une fausse attestation d'assurance, faute d'élément de nature à faire naître un doute sur l'existence et l'étendue des assurances obligatoires, • Civ. 1re, 27 juin 2018, n° 17-18.582 P : *D. 2018. Chron. C. cass. 2039, obs. Le Gall* ; *RDI 2018. 456, obs. Noguéro*. ♦ Équivalence des droits français et espagnol au regard de l'obligation faite aux notaires de veiller à la régularité des actes qu'ils rédigent : V. note 5 ss. art. 3.

173. Applications : évolution du droit. Il ne peut être reproché à un notaire de n'avoir pas prévu une évolution ultérieure du droit. • Civ. 1re, 25 nov. 1997, n° 95-22.240 P : *D. Affaires 1998. 63, obs. J. F. (1re esp.)* ; *Defrénois 1998. 354, obs. Aubert* ; *JCP 1998. I. 144, n° 23, obs. Viney* ; *JCP N 1998. 893, note Géraud* ; *RTD civ. 1998. 367, obs. Mestre* ; *LPA 12 oct. 1998, note Blin-Franchomme.* ♦ Mais l'existence d'une incertitude juridique ne dispense pas le notaire de son devoir de conseil. • Civ. 1re, 9 déc. 1997, n° 96-10.378 P : *Defrénois 1998. 354, obs. Aubert* • 18 févr. 2003, n° 00-16.447 P : *Defrénois 2003. 1186, obs. Aubert.* ♦ Rappr. • Civ. 1re, 7 mars 2006, n° 04-10.101 P : *D. 2006. 2894, note Marmoz* ; *JCP 2006. I. 166, n° 9, obs. Stoffel-Munck* ; *JCP N 2006. 1217, note Buy* ; *Defrénois 2006. 851, obs. Gelot* ; *ibid. 1200, note Hébert* ; *RDC 2006. 1234, obs. Carval* ; *RTD civ. 2006. 521, obs. Deumier* ; *ibid. 580, obs. Gautier* ; *ibid. 2007. 103, obs. Mestre et Fages* (évolution juridique en cours, devant conduire le notaire à mettre en garde son client). ♦ Les manquements d'un notaire à ses obligations professionnelles s'apprécient au regard du droit positif existant à la date de son intervention : dans l'hypothèse d'une déicision de la cour de cassation antérieure de quelques mois à l'intervention du notaire, la cour d'appel aurait du rechercher si l'arrêt de la Cour de cassation avait fait l'objet, à la date de l'intervention du notaire, d'une publication ou de toute autre mesure d'information. • Civ. 1re, 12 oct. 2016, n° 15-18.659 P : *RTD civ. 2017. 161, obs. Jourdain* ; *Defrénois 2017. 141, note Dagorne-Labbe* ; *RDC 2017. 48, note Pellet* ; *RCA 2017, n° 13, obs. Groutel.*

174. … Erreur invincible, dol. Aucune faute ne peut être reprochée à un notaire en présence d'une situation rendant l'erreur invincible. • Civ. 1re, 21 nov. 2000, n° 98-13.860 P (usucapion ignorée de tous et ultérieurement constatée par une décision judiciaire). ♦ Absence de recours en garantie ou en responsabilité contre le notaire, en dépit de la faute professionnelle commise par celui-ci, de la part du coresponsable qui s'est rendu coupable d'un dol. • Civ. 1re, 11 févr. 2010 : *Defrénois 2010. 2223, obs. Sagaut.*

175. Vérifications des droits. Le notaire doit procéder à des recherches sur la situation des biens et, plus particulièrement, vérifier les origines de propriété de l'immeuble vendu. • Civ. 1re, 12 déc. 1995, n° 93-18.753 P : *R., p. 314.*

♦ V. aussi : • Civ. 1re, 13 nov. 1991, n° 89-15.011 P (recherches insuffisantes sur l'origine de propriété d'un terrain – condamnation *in solidum* du notaire et du vendeur) • 12 févr. 2002, n° 99-11.106 P (responsabilité du notaire qui s'est borné à reprendre d'un acte antérieur une origine de propriété qui s'est révélée erronée) • 3 avr. 2007, n° 05-16.570 P (responsabilité du notaire qui a dressé, en toute connaissance, un acte de vente portant partiellement sur la chose d'autrui) • 3 déc. 2008 : *cité note 11 ss. art. 1626* (absence d'investigation au sujet de l'étendue du droit de propriété du vendeur, condamnation du notaire au paiement des sommes dues au titre de la résolution de la vente compte tenu de l'insolvabilité du vendeur) • Civ 3e, 17 juin 2009, n° 08-12.699 P (absence de recueil du consentement et de la signature de tous les vendeurs indivis mentionnés dans l'acte) • 11 juill. 2012 : *RCA 2012, n° 311* (notaire ayant connaissance du fait que le vendeur avait dans le passé été commerçant, ce qui aurait dû, au regard du résultat de la consultation du site Infogreffe, éveiller les soupçons de l'officier public et l'inciter à procéder à de plus amples vérifications) • Civ. 1re, 29 juin 2016, n° 15-15.683 P : *D. 2016. 1497* ; *AJDI 2017. 133, obs. Borel* (nécessité de lever l'ambiguïté de l'expression « passage commun » pouvant recouvrir un chemin indivis, une servitude de passage, voire une simple tolérance). ♦ V. aussi note 190 (existence d'une assurance).

Mais n'engage pas sa responsabilité le notaire ayant établi l'acte de vente d'un immeuble sur la base des documents attestant de la répartition des parts sociales de la société civile immobilière détenant l'immeuble, dont aucun indice ne permettait de soupçonner la fausseté, le notaire, chargé de donner forme authentique à la vente de l'immeuble et non à la cession des parts sociales, étant ainsi fondé à ne pas consulter le registre des nantissements. • Civ. 1re, 5 mars 2009, n° 07-20.848 P : *D. 2009. AJ 871* ; *JCP N 2009. 1238, note Garçon*. ♦ ... Le notaire qui a instrumenté un acte sans tenir compte d'un échange antérieur emportant transfert de propriété de la parcelle cédée, d'après un acte qui n'avait pas été publié et était inopposable aux tiers en sorte qu'il ne pouvait refuser d'instrumenter le second acte de vente portant sur la même parcelle. • Civ. 1re, 11 sept. 2013, n° 12-23.357 P : *D. 2013. 2507, note Dubarry* ; *AJDI 2013. 850* ; *RTD civ. 2014. 125, obs. Jourdain* ; *Defrénois 2013. 1210, obs. Dagorne-Labbe*. ♦ ... Le notaire qui a établi un état liquidatif mentionnant que les époux avaient déclaré ne pas avoir reçu de bien par donation, succession ou legs et qu'il n'existait pas de récompenses, ce dont il résultait, d'une part, qu'il s'était enquis auprès des parties du point de savoir si leurs biens propres avaient été financés en tout ou partie par la communauté, et, d'autre part, qu'il ne disposait d'aucun élément permettant de douter de la véracité de leurs déclarations. • Civ. 1re, 9 juill. 2015, n° 14-17.666 P : *D. 2015. 1540* ; *AJ fam. 2015. 679, obs. David* ; *RTD civ. 2015. 856, obs. Hauser* ; *ibid. 927, obs. Vareille* ; *JCP N 2016, n° 1088, note Favier et Bottet*. ♦ Le notaire n'a pas à vérifier la régularité de la délibération du conseil municipal autorisant la vente d'une parcelle, contre laquelle aucun recours administratif n'a été formé, • Civ. 3e, 11 mai 2017, n° 16-12.236 P : *D. 2018. 35, obs. Brun* ; *AJDI 2017. 692, obs. Le Rudulier*. ♦ En l'absence de toute contestation, il ne peut être prétendu qu'il appartenait au notaire de solliciter la feuille d'émargement de l'assemblée générale d'une association syndicale libre pour vérifier la conformité du procès-verbal, qui s'est avéré ultérieurement erroné. • Civ. 3e, 27 juin 2019, n° 17-28.871 P.

176. ... Surface. Obligation pour le notaire disposant d'éléments de nature à le faire douter de l'exactitude des surfaces déclarées par la société venderesse d'attirer l'attention des parties sur l'incidence juridique d'une éventuelle moindre mesure. • Civ. 1re, 25 mars 2010, n° 09-66.282 P : *D. 2010. Actu. 962* .

177. ... Facultés mentales. Engage sa responsabilité le notaire qui a recueilli la signature de personnes dont l'altération des facultés mentales était évidente. • Civ. 1re, 13 nov. 1997, n° 95-19.686 P : *D. Affaires 1998. 105, obs. S. P.* ; *Defrénois 1998. 356, obs. Aubert*. ♦ ...Ou qui n'a pas vérifié la capacité de son client, malgré des circonstances lui permettant de mettre en doute ses facultés mentales. • Civ. 1re, 24 févr. 1998, n° 95-21.473 P : *JCP 1998. II. 10118, note Fossier* • 2 oct. 2013 : *AJ fam. 2013. 718, obs. Raoul-Cormeil* . ♦ Comp. • Civ. 1re, 9 févr. 1999 : *Defrénois 1999. 758, obs. Aubert* (absence de circonstances permettant au notaire de mettre en doute les facultés mentales de son client).

178. Intégrité du consentement. Le devoir d'information et de conseil du notaire ne se limite pas à s'assurer de l'intégrité du consentement du donateur au regard de l'erreur ou du dol. • Civ. 1re, 12 mai 2016, n° 14-29.959 P : *D. 2016. 1077* ; *AJDI 2016. 783, obs. Borel* ; *AJ fam. 2016. 342, obs. Hilt* .

Commet une faute de nature à engager sa responsabilité professionnelle le notaire qui constate la mauvaise connaissance de la langue française par son client et ne l'invite pas à se faire assister par un interprète pour la signature de l'acte. • Civ. 1re, 13 mai 2014, n° 13-13.509 P : *D. 2014. Chron. C. cass. 1715, note Darret-Courgeon* ; *JCP N 2014, n° 1311, note Pierre*.

179. Origine des fonds. V., sous l'angle d'une responsabilité disciplinaire, l'obligation pour le notaire de vérifier l'origine des fonds et de procéder à une déclaration auprès de la cellule Tracfin, en présence d'une opération particulièrement complexe, entourée de circonstances ne permettant pas d'exclure tout soupçon sur la provenance des sommes en cause : • Civ. 1re, 22 mai 2019, n° 18-12.101 P (modifications importantes entre le compromis et l'acte authentique, usufruit surévalué, prix pour l'essentiel payé hors la comptabilité du notaire, etc.).

180. Identités des parties ; procurations. Responsabilité du notaire qui s'est contenté, comme indication de domicile de la part du vendeur d'un bien immobilier, de l'adresse du bien vendu. • Civ. 1re, 4 févr. 2003, n° 01-14.889 P : *JCP N 2003. 1572, étude Rivière ; Gaz. Pal. 2003. 1759, concl. Sainte-Rose ; ibid. Somm. 2566, obs. S. Piedelièvre ; Defrénois 2003. 866, obs. Aubert.* ♦ Obligation du notaire de vérifier la sincérité au moins apparente de la signature figurant sur une procuration sous seing privé. • Civ. 1re, 20 janv. 1998, n° 96-12.431 P : *D. Affaires 1998. 288, obs. J. F. ; JCP N 1998. 699, note Dagot ; Defrénois 1998. 744, obs. Aubert ; Dr. et patr. 4/1998. 100, obs. Rouzet.* ♦ ... De comparer la signature figurant sur un ordre de virement avec celle apposée sur l'acte dressé en son étude, cet élément étant de nature à faire soupçonner l'existence des faux. • Civ. 1re, 29 mai 2013, n° 12-21.781 P : *D. 2014. 47, obs. Gout ; Defrénois 2013. 869, note Dagorne-Labbe.* ♦ Responsabilité du notaire qui a annexé à un acte authentique de cautionnement des procurations sous seing privé irrégulières au regard de l'art. 1326 anc. • Civ. 1re, 7 nov. 2000, n° 98-13.432 P : *D. 2000. AJ 435, obs. Avena-Robardet ; D. 2001. Somm. 690, obs. Aynès ; JCP 2001. I. 315, n° 6, obs. Simler ; JCP E 2001. 372, note D. Legeais (2e esp.) ; Defrénois 2001. 256, obs. Aubert ; RTD civ. 2001. 370, obs. Jourdain .* ♦ Sur les conséquences de l'obligation de vérification quant à l'impossibilité de consacrer un mandat apparent, V. note 24 ss. art. 1998.

181. ... Capacité et pouvoir des parties. Il appartient au notaire de vérifier les déclarations des vendeurs sur leur capacité de disposer librement de leurs biens, notamment en procédant à la consultation des publications légales afférentes aux procédures collectives. • Civ. 1re, 29 juin 2016, n° 15-17.591 P : *D. 2016. 1498 ; AJDI 2017. 134, obs. Borel .* ♦ Mais le notaire n'est pas tenu de procéder à d'autres recherches que celles consistant en la consultation des publications légales ; cassation de l'arrêt ayant considéré que par une simple recherche du nom de l'intéressé sur internet, le notaire aurait pu déceler qu'il était en redressement judiciaire, comme *dirigeant d'une société.* • *Civ. 1re, 28 nov. 2018,* n° 17-31.144 P : *D. 2018. 2360 ; RTD civ. 2019. 98, obs. Barbier ; Defrénois 24 janv. 2019, p. 22, note Cazajus.* ♦ V. aussi note 190 (existence d'une assurance).

182. ... Acte de notoriété, filiation. Absence de circonstances permettant au notaire de douter de la sincérité des déclarants et des témoins pour l'établissement d'un acte de notoriété. • Civ. 1re, 15 déc. 1999, n° 97-16.041 P : *D. 2000. IR 28 ; Defrénois 2000. 256, obs. Aubert ; ibid. 1163, note Gelot ; RTD civ. 2001. 175, obs. Patarin .* ♦ Faute dans l'absence de vérification de l'existence d'un héritier issu d'une première union, non indiquée dans le livret de famille mais dans le jugement de divorce qui y était mentionné. • Civ. 1re, 25 mars 2009, n° 07-20.774 P : *AJ fam. 2009. 267, obs. Avena-Robardet ; RLDC 2009/61, n° 3459, obs. Bugnicourt ; ibid., n° 3478, obs. Pouliquen.* ♦ L'héritière prétendue ne pouvant justifier, à la date d'établissement de l'acte de notoriété de la succession, d'un lien de filiation avec le défunt, et donc de sa qualité d'héritière, elle ne rapporte pas la preuve du lien de causalité entre la faute du notaire et du généalogiste et le préjudice invoqué. • Civ. 1re, 12 juin 2018, n° 17-19.825 P : *D. 2018. 1311 ; AJ fam. 2018. 473, obs. Saulier ; Dr. fam. 2018, n° 217, obs. Nicod.*

b. Portée des actes

183. Les notaires sont professionnellement tenus d'éclairer les parties sur la portée des actes par eux dressés et sur la valeur des garanties qui peuvent y être attachées. • Civ. 1re, 6 avr. 1965 : *Bull. civ. I, n° 252 ; D. 1965. 448.* ♦ Ils doivent éclairer les parties et attirer leur attention sur les conséquences et les risques des actes qu'ils authentifient. • Civ. 1re, 7 nov. 2000, n° 96-21.732 P : *Defrénois 2001. 261, obs. Aubert ; JCP E 2001. 372, note D. Legeais (1re esp.) ; JCP N 2002. 1105, étude Montravers ; RTD civ. 2001. 627, obs. Crocq* • 19 déc. 2006 : *préc. note 93* • Cass., ass. plén., 5 déc. 2014, n° 13-19.674 P : *préc. note 172* (vente en l'état futur d'achèvement) • Civ. 1re, 17 juin 2015, n° 14-19.692 P (la recherche de la délivrance ou non du certificat de conformité ne suffit pas, en l'absence d'information sur les incidences d'un refus de délivrance du certificat de conformité et du risque encouru dans ce cas). ♦ Le notaire est tenu d'éclairer les parties et d'appeler leur attention, de manière complète et circonstanciée, sur la portée, les effets et les risques des actes auxquels il est requis de donner la forme authentique. • Civ. 1re, 12 mai 2016, n° 14-29.959 P : *D. 2016. 1077 ; AJDI 2016. 783, obs. Borel ; AJ fam. 2016. 342, obs. Hilt* (information de l'épouse sur les incidences patrimoniales des libéralités consenties à son époux, qui concernaient la quasi-intégralité de ses droits dans le partage de communauté, et sur les risques découlant, notamment en cas de divorce, de l'irrévocabilité de ces libéralités) • 3 mai 2018, n° 16-20.419 P : *D. 2018. 1010 ; AJ fam. 2018. 401, obs. Ferré-André ; RTD civ. 2018. 691, obs. Gautier* (information sur les conséquences pour les enfants d'une donation à un tiers : cassation de l'arrêt écartant le manquement du notaire au motif inopérant qu'il n'appartient pas au notaire de s'immiscer dans les affaires de famille des parties). ♦ Le notaire rédacteur d'un acte pour une opération créant un lien de dépendance entre deux actes successifs, doit examiner l'acte initial et appeler l'attention des parties sur ses stipulations. • Civ. 1re, 19 nov. 2009 : *cité note 37 ss. art. 2314.* ♦ Le notaire ne peut décliner le principe de sa responsabilité en alléguant que son client avait déclaré faire son affaire personnelle des conséquences d'un jugement, non annexé à l'acte, quand il lui incombait de s'assurer que les acheteurs avaient connaissance de la teneur de ce jugement et de son incidence sur le sort de l'opération que constatait l'acte qu'il recevait. • Civ. 1re, 14 nov. 2012, n° 11-24.726 P : *D. 2012. 2736 ; JCP N 2013, n° 1019, note Poumarède ; RCA 2013, n° 67, obs. Waltz.* ♦ Le notaire qui a dressé tous les actes de vente d'un immeuble ne pouvait méconnaître les dispositions légales d'ordre public qui s'imposent lors d'une vente d'un immeuble inhabitable et non divisé devant faire l'objet d'une complète réhabilitation, ni se méprendre sur l'importance des travaux prévus dès lors qu'ils étaient chiffrés dans la promesse de vente : il a commis une faute en ne proposant pas aux parties le cadre juridique approprié qui aurait permis aux acquéreurs de bénéficier de la garantie d'achèvement applicable à la vente en l'état futur d'achèvement. • Civ. 3e, 18 févr. 2016, n° 15-12.719 P : *D. 2016. 480 ; RTD civ. 2016. 351, obs. Barbier ; RDC 2016. 451, note Knetsch.* ♦ Le notaire doit attirer l'attention du client sur les risques encourus, en l'espèce sur le fait d'acquérir des lots pour une destination qui n'est pas celle visée par l'ordonnance du juge-commissaire ; même si les sous-acquéreurs n'étaient pas de bonne foi, ils étaient déchargés de l'obligation de procéder aux vérifications nécessaires à l'efficacité des actes de vente, cette obligation ne reposant que sur le notaire. • Civ. 3e, 30 janv. 2013, n° 11-26.074 P : *D. 2014. 47, obs. Gout ; AJDI 2013. 625, obs. de La Vaissière .* ♦ Les modalités de paiement retenues, particulièrement favorables à l'acquéreur, imposent au notaire d'informer spécialement le vendeur, nonobstant la clarté de la clause. • Civ. 1re, 14 nov. 2001, n° 98-21.531 P : *Defrénois 2002. 273, obs. Aubert ; AJDI 2002. 405, obs. Malbosc-Cantegril .* ♦ L'obligation d'information du notaire doit prendre en considération les mobiles des parties, extérieurs à l'acte, lorsqu'il en a eu précisément connaissance. • Civ. 1re, 13 déc. 2005, n° 03-11.443 P : *RCA 2006, n° 57, note E. Groutel* • 15 avr. 2012 : *RCA 2012, n° 211* (obligation de vérifier qu'un terrain est constructible, compte tenu des intentions du client). ♦ Si le notaire n'est pas tenu d'une obligation de conseil et de mise en garde concernant l'opportunité économique d'une opération en l'absence d'éléments d'appréciation qu'il n'a pas à rechercher, le notaire est, en revanche, tenu d'une telle obligation pour que les droits et obligations réciproques légalement contractés par les parties répondent aux finalités révélées de leur engagement, soient adaptés à leurs capacités ou facultés respectives et soient assortis des stipulations propres à leur conférer leur efficacité, quand bien même leur engagement procéderait d'un accord antérieur, dès lors qu'au moment de l'authentification cet accord n'a pas produit tous ses effets ou ne revêt pas un caractère immuable. • Civ. 1re, 28 mai 2009, n° 07-14.075 P : *D. 2009. AJ 1608 ; Defrénois 2009. 1837, note Piedelièvre.* ♦ Mais, sauf mission particulière, l'obligation du notaire d'assurer l'efficacité des actes qu'il dresse et son devoir de conseil ne s'étendent pas à l'opération réalisée ultérieurement sans son concours. • Civ. 1re, 6 juill. 2004 : *Defrénois 2004. 1409, obs. Aubert* • 15 mars 2005, n° 03-11.823 P • 12 avr. 2005, n° 03-15.088 P (projet d'agrandissement de construction non mentionné dans l'acte). ♦ Ainsi le notaire n'a pas à répondre, dès lors qu'ont été prises les mesures propres à garantir la bonne exécution du montage choisi, des aléas financiers liés à la conjoncture boursière acceptés par ses clients. • Civ. 1re, 8 déc. 2009, n° 08-16.495 P : *D. 2010. AJ 91 ; RLDC 2010/68, n° 3711, obs. Bugnicourt.* ♦ Le secret professionnel interdit au notaire de révéler au vendeur d'un bien immobilier qu'il a été chargé par l'acquéreur de sa revente, quel qu'en soit le prix. • Civ. 1re, 3 mai 2006, n° 04-17.599 P : *D. 2006. IR 1402, et les obs. ; JCP N 2006. 1278, n° 12, obs. S. Piedelièvre ; ibid. 1324, note M. Couturier.*

184. Le notaire, rédacteur d'un acte, est tenu d'un devoir de conseil à l'égard de toutes les parties à l'acte. • Civ. 1re, 14 mars 2000, n° 97-19.813 P : *D. 2000. IR 123 ; Defrénois 2000. 1391, obs. Aubert.* ♦ ... Quand bien même il serait le conseil régulier de l'une d'elles. • Civ. 1re, 15 mai 2007, n° 06-15.318 P : *D. 2007. AJ 1501 ; Defrénois 2007. 1464, obs. Libchaber.* ♦ Comp. note 90. ♦ L'obligation de conseil du notaire n'est due qu'au bénéficiaire identifié et non à celui qu'il s'est substitué ultérieurement. • Civ. 1re, 26 oct. 2004, n° 02-13.456 P.

L'attention du notaire quant à l'effectivité de l'acte juridique qu'il reçoit doit d'autant plus être mobilisée lorsqu'il est le seul notaire à intervenir pour cette opération. • Civ. 3e, 1er juin 2017, n° 16-14.428 P : *D. 2018. 35, obs. Brun ; AJDI 2017. 685, obs. Cohet ; ibid. 686, obs. Moreau ; RDI 2017. 402, obs. Heugas-Darraspen ; AJ contrat 2017. 298, obs. de Ravel d'Esclapon ; RLDC 7-8/2017. 4, note Labasse.*

Inversement, le notaire qui instrumente un acte de vente n'est tenu d'aucun devoir d'information et de conseil envers les tiers dont il n'a pas à protéger les intérêts et qui ne disposent pas d'un droit opposable aux parties. • Civ. 1re, 3 mai 2018, n° 17-12.473 P : *D. 2018. 1010 ; AJDI*

2019. 144, obs. Borel ; *RTD civ. 2018. 902, obs. Barbier* ; *JCP N 2018, n° 1284, note Vauvillé* ; *RDC 2018. 345, obs. Knetsch* (vendeur ayant révoqué un mandat de faire un virement à une banque, qui avait été préalablement confirmé par le notaire à la banque).

c. Influence des circonstances particulières

185. Influence de la nature de l'intervention. La mesure et la portée du devoir de conseil doivent être appréciées selon les circonstances et selon, notamment, que le notaire a participé directement aux tractations relatives aux stipulations de la convention, ou n'est intervenu que pour donner une forme authentique à des accords déjà conclus. • Civ. 1re, 6 avr. 1965 : *préc. note 183* • 30 juin 1987 : *Bull. civ. I, n° 214* ; *R., p. 219* • 7 févr. 1990, n° 87-10.887 P : *Defrénois 1990. 1021, obs. Aubert* • 18 déc. 2002, n° 99-15.187 P. ♦ Il n'y a plus de place pour l'exercice du devoir de conseil du notaire dès lors que la convention est déjà parfaite au moment où il intervient. • Civ. 1re, 28 nov. 1995, n° 93-17.473 P : *R., p. 314* ; *Defrénois 1996. 765, obs. Aubert.* ♦ Comp. • Civ. 1re, 19 nov. 1985 : *Bull. civ. I, n° 308* ; *RTD civ. 1986. 771, obs. J. Huet* (décision indiquant qu'une décharge de responsabilité serait possible lorsque la convention a été entièrement conclue en dehors du notaire).

186. Les notaires ne peuvent décliner le principe de leur responsabilité en alléguant qu'ils se sont bornés à donner la forme authentique aux déclarations reçues. • Civ. 1re, 4 janv. 1966 : *Bull. civ. I, n° 7* ; *D. 1966. 227, note Mazeaud* ; *JCP 1966. II. 14590, note O. D.* • 25 mars 1991, n° 89-21.221 P • 26 nov. 1996, n° 94-18.582 P (insuffisance du gage connue ou soupçonnable) • 10 juin 1997, n° 95-14.767 P : *Defrénois 1998. 743, obs. Aubert* (le devoir de conseil subsiste en dépit d'une mission limitée à l'authentification de conventions directement arrêtées par les parties) • Civ. 3e, 18 oct. 2005, n° 04-13.930 P • Civ. 1re, 3 avr. 2007, n° 06-13.304 P : *D. 2007. AJ 1271* ; *JCP N 2007. 1302, n° 6, obs. S. Piedelièvre.* ♦ Le notaire doit s'abstenir de prêter son ministère pour conférer le caractère authentique à une convention dont il sait qu'elle méconnaît les droits d'un tiers. • Civ. 1re, 5 mars 2002, n° 99-18.984 P : *Defrénois 2002. 1275, obs. Aubert.*

187. Utilisation d'un acte hors du cadre prévu. Absence de responsabilité du notaire qui a rédigé un acte qui devait initialement être reçu en la forme authentique, et qui a fait l'objet, plusieurs mois après, d'une signature sous seing privé hors la présence du notaire, le notaire n'ayant perçu aucune rémunération, les parties s'étant ravisées sur l'étendue de sa mission, ce dont il se déduisait que le notaire n'avait pas été mis en mesure d'exercer pleinement son devoir de conseil et d'information dont il n'était libéré qu'à la signature de l'acte authentique, tel qu'initialement prévu. • Civ. 1re, 30 mai 2012, n° 11-18.166 P : *D. 2012. 1489*.

188. Compétence du client. Le notaire n'est pas déchargé de son devoir de conseil par les compétences personnelles de son client. • Civ. 1re, 28 nov. 1995 : *R., p. 314* ; *Defrénois 1996. 361, obs. Aubert* • 12 déc. 1995, n° 93-18.753 P : *R., p. 314* • 25 nov. 1997, n° 95-18.618 P : *R., p. 277* • 9 juin 1998, n° 96-13.785 P • 14 mars 2000, n° 97-19.813 P : *D. 2000. IR 123* ; *Defrénois 2000. 1391, obs. Aubert* • 4 avr. 2001, n° 98-19.925 P • 12 juill. 2005, n° 03-19.321 P : *D. 2005. IR 2340* ; *Defrénois 2005. 2012, obs. Libchaber* • 13 déc. 2005 : *préc. note 183* • 19 déc. 2006 : *préc. note 93* • 13 mai 2014, n° 13-13.509 P : *préc. note 178* • 3 avr. 2007, n° 06-12.831 P : *D. 2007. AJ 1271* ; *RLDC 2007/41, n° 2643, note Parance* ; *RTD civ. 2007. 499, obs. Deumier* (client lui-même notaire) • Civ. 3e, 23 sept. 2009 : *préc. note 172* (client architecte, dans le cadre de la création d'un lotissement) • Civ. 1re, 13 déc. 2012 : *cité note 13 ss. art. 232* • 10 oct. 2018, n° 16-16.548 P (SCI dirigée par un notaire). ♦ Quelles que soient ses compétences personnelles, le client se trouve déchargé des formalités à la charge du notaire tenu de s'assurer de l'efficacité de l'acte auquel il prête son concours. • Civ. 1re, 16 oct. 2008, n° 07-14.695 P : *D. 2009. 603, note Albiges* ; *JCP 2009. I. 150, n° 17, obs. Simler et Delebecque* ; *JCP N 2009. 1051, note Piedelièvre* ; *Defrénois 2008. 2526, obs. Libchaber* ; *RLDC 2008/54, n° 3184, obs. Marraud des Grottes* ; *ibid. 2008/55, n° 3206, obs. Maugeri* ; *ibid. n° 3214, obs. Bugnicourt.* ♦ Comp. • Civ. 3e, 12 juin 1996 : *JCP N 1997. II. 241, note Nanzir* (pas d'obligation d'information quant à la nécessaire immatriculation au registre du commerce d'un locataire, s'agissant d'une obligation légale qu'un commerçant ne peut ignorer). ♦ *Contra*, précédemment, retenant une conception relative du devoir de conseil. • Civ. 1re, 2 juill. 1991, n° 90-12.065 P • Com. 11 déc. 1990, n° 88-14.821 P : *RTD civ. 1991. 318, obs. Mestre*.

Mais la faute commise par le client et qui constitue une cause du dommage qu'il a subi peut, le cas échéant, être retenue pour fonder un partage de responsabilité. • Civ. 1re, 29 févr. 2000, n° 97-18.734 P : *R., p. 396* ; *D. 2000. IR 83* ; *Defrénois 2000. 733, obs. Aubert* ; *RTD civ. 2000. 576, obs. Jourdain* • 12 juill. 2005 : *préc.* ♦ V. déjà dans le même sens : • Civ. 1re, 30 janv. 1996 : *Defrénois 1996. 361, obs. Aubert* • 19 mai 1999, n° 96-22.892 P : *D. Affaires 1999. 1036, obs. J. F.* ; *Defrénois 1999. 1339, obs. Aubert.* ♦ Comp. : le notaire ne peut se prévaloir de la mauvaise foi du client pour ne pas avoir procédé aux vérifications nécessaires à la validité d'un acte, cette obligation ne reposant que sur le notaire. • Civ. 3e, 30 janv. 2013 : *préc. note 183.*

189. Assistance du client. La présence d'un conseiller personnel au côté d'un client ne saurait dispenser le notaire de son devoir de conseil. • Civ. 1re, 10 juill. 1995 (1er arrêt), n° 93-13.672 P : *R., p. 314 ; Defrénois 1995. 1413, obs. Aubert* (avocat) • 10 juill. 1995 (2e arrêt), n° 93-16.894 P • 12 déc. 1995, n° 93-18.753 P : *R., p. 314* • 18 juin 1996, n° 94-10.753 P • 26 nov. 1996, n° 94-13.989 P (conseiller également notaire) • 13 nov. 1997, n° 95-20.123 P : *Defrénois 1998. 351, obs. Aubert ; RDI 1998. 107, obs. Groslière ; RTD civ. 1999. 90, obs. Mestre* (le devoir de conseil n'a pas un caractère relatif) • 3 mars 1998, n° 96-12.882 P : *D. 2000. 122, note Sabatier* • 13 déc. 2005 : *préc. note 183* • Civ. 3e, 28 nov. 2007, n° 06-17.758 P (présence d'un autre notaire aux côtés d'une des parties à l'acte) • Civ. 1re, 2 oct. 2013, n° 12-24.754 (agent immobilier présent lors de la signature d'une promesse de vente).

Les informations ou avis donnés par des tiers ne dispensent pas le notaire de son devoir de conseil. • Civ. 1re, 26 oct. 2004 : *Defrénois 2004. 1739, obs. Aubert* (consultation du CRIDON, en l'espèce).

2° ILLUSTRATIONS PARTICULIÈRES

190. Assurances. Le notaire, tenu aux termes de l'art. L. 243-2, al. 2, C. assur., de mentionner dans un acte de vente immobilière l'existence ou l'absence d'une assurance-construction, a l'obligation, pour assurer l'efficacité de son acte, de vérifier l'exactitude des déclarations du vendeur à ce sujet ; à défaut, sa responsabilité est engagée. • Civ. 1re, 7 mars 1995, n° 93-13.669 P : *D. 1995. IR 94.* ♦ Absence de responsabilité du notaire qui s'est fait remettre une attestation d'assurance ayant l'apparence de validité, des diligences complémentaires ne s'imposant au notaire qu'en présence d'éléments de nature à faire naître un doute sur l'existence et l'étendue des assurances obligatoires. • Civ. 1re, 27 juin 2018, n° 17-18.582 P : *D. 2018. Chron. C. cass. 2039, obs. Le Gall ; RDI 2018. 456, obs. Noguéro*. ♦ Ayant mentionné l'absence d'assurance, il n'est pas tenu, en outre, d'attirer spécialement l'attention des parties sur les conséquences en résultant. • Civ. 1re, 13 mars 2001, n° 98-18.155 P : *D. 2001. IR 1213 ; Defrénois 2001. 857, note Gelot ; AJDI 2002. 153, obs. Malbosc-Cantegril*. ♦ Absence d'obligation de l'assureur de se renseigner sur la capacité de l'assuré lors du renouvellement tacite du contrat ni lors de la délivrance des attestations, • Civ. 3e, 24 oct. 2012 : *cité ss. art. 1145.*

Il n'est pas tenu de conseiller aux cautions des emprunteurs la souscription d'une assurance facultative. • Civ. 1re, 4 déc. 2001 : *préc. note 155* (comp. note 155 l'évolution de la Cour sur les obligations du banquier).

191. Bail. Responsabilité du notaire qui, à l'occasion d'un bail portant sur un bien indivis, a certifié, sans vérification suffisante, que le bailleur avait reçu de ses coïndivisaires le mandat requis. • Civ. 1re, 9 nov. 2004, n° 03-13.481 P : *D. 2004. IR 3195*.

En revanche, seul le bailleur pouvant se prévaloir de la nullité de l'acceptation de l'offre de vente qu'édicte l'art. 15, II, al. 5, de la L. du 6 juill. 1989, le notaire n'a, en instrumentant l'acte de vente requis par le bailleur après l'expiration du délai que sanctionne cette nullité relative, manqué à aucune de ses obligations professionnelles envers les consorts acheteurs évincés de la vente par l'exercice du droit de préemption du locataire. • Civ. 1re, 15 janv. 2015, n° 14-11.019 P : *D. 2015. 1178, obs. Damas ; JCP N 2015, n° 1129, obs. Pierre ; ibid., n° 1112, obs. Mekki ; ibid., n° 1178, note Collard.*

192. Cautionnement. V. par exemple : • Civ. 1re, 11 déc. 1990, n° 89-17.486 P (caution non informée de l'exacte situation hypothécaire de l'immeuble affecté à la garantie de la créance) • 7 nov. 2000, n° 96-21.732 P : *Defrénois 2001. 261, obs. Aubert ; JCP E 2001. 372, note D. Legeais (1re esp.) ; JCP N 2002. 1105, étude Montravers ; RTD civ. 2001. 627, obs. Crocq* (caution hypothécaire insuffisamment informée des conséquences de son engagement).

193. Contrat de mariage. Le notaire chargé de rédiger le contrat choisi par des futurs époux est tenu, non pas de les informer de façon abstraite des conséquences des différents régimes matrimoniaux, mais de les conseiller concrètement au regard de leur situation, en les éclairant et en appelant leur attention, de manière complète et circonstanciée, sur la portée, les effets et les risques des régimes matrimoniaux pouvant répondre à leurs préoccupations. • Civ. 1re, 3 oct. 2018, n° 16-19.619 P : *D. 2018. 2474, note Rousseau ; AJ fam. 2018. 621, obs. Hilt ; RTD civ. 2018. 957, obs. Vareille ; Dr. fam. 2018, n° 278, note Torricelli-Chrifi.*

194. Dispositions applicables de plein droit. Le notaire n'a pas à insérer dans un acte de vente des dispositions légales s'appliquant de plein droit dont l'économie correspond à la volonté des acquéreurs d'accéder à la propriété dans des conditions favorables (interdiction de donner à bail l'immeuble tant que l'emprunt n'était pas remboursé). • Civ. 1re, 15 oct. 1991, n° 89-14.288 P.

195. Fonds de commerce. Le notaire qui rédige un acte comportant pour les parties une incidence quelconque en matière de registre du commerce est tenu de procéder aux formalités correspondantes, dont le client se trouve alors déchargé. • Civ. 1re, 13 déc. 2005, n° 03-15.918 P : *D. 2006. AJ 231, obs. Chevrier ; Defrénois 2006. 616, obs. Libchaber ; RTD com. 2006. 46, obs. J. Monéger* (vente de fonds de commerce) • 6 oct. 2011, n° 10-19.190 P :

D. 2011. 2471 ● 13 oct. 1999, n° 97-13.762 P (vente de fonds de commerce, omission des données comptables dans l'acte). ♦ Comp. note 188. ♦ Obligation du notaire de vérifier la situation du fonds (café-brasserie) au regard de la législation sur les débits de boissons : ● Civ. 1re, 10 déc. 1985 : *Bull. civ. I, n° 340 ; JCP 1986. II. 20668, note Dagot* ● 9 nov. 1999, n° 97-14.521 P : *D. 1999. IR 278 ; JCP 2000. I. 243, n° 29, obs. Viney* (client ayant subi une condamnation emportant incapacité d'exploiter). ♦ Mais le notaire n'est pas tenu de vérifier si le bien vendu (fonds de commerce de café-hôtel-restaurant) est soumis, pour son exploitation, à des prescriptions administratives qui ne font l'objet d'aucune publicité. ● Civ. 3e, 6 juill. 2005, n° 01-03.590 P.

196. Financements. Le notaire qui, irrégulièrement, organise des prêts pour ses clients n'est pas dispensé, même en ce cas, de prendre toutes précautions pour les garantir contre les risques d'insolvabilité des emprunteurs. ● Civ. 1re, 19 mai 1992, n° 90-18.227 P : *Defrénois 1992. 136, obs. Aubert ; JCP N 1993. II. 280, note Dagorne-Labbe ; RTD civ. 1993. 135, obs. Jourdain* . ♦ V. aussi : ● Civ. 1re, 4 déc. 2001 : *D. 2002. IR 256 ; Defrénois 2002. 272, obs. Aubert ; RTD civ. 2002. 287, obs. Mestre et Fages* (rédaction d'un acte de prêt avant l'expiration du délai légal de réflexion, en violation d'une réglementation d'ordre public). ♦ Le notaire, par la faute même qui a causé l'annulation de la vente, engage sa responsabilité professionnelle de par l'annulation de droit du prêt, conséquence de l'annulation de la vente. ● Civ. 1re, 10 mai 2005, n° 02-11.759 P : *D. 2006. 1156, note Guégan-Lécuyer* . ♦ Mais le notaire, demeuré étranger à la conclusion des prêts, n'a pas à se substituer aux banques dans la recherche de la solvabilité des acquéreurs emprunteurs. ● Civ. 1re, 28 juin 2007, n° 06-11.076 P : *JCP N 2007. 1302, n° 5, obs. S. Piedelièvre ; Defrénois 2007. 1461, obs. Libchaber ; RTD com. 2007. 818, obs. Legeais* . ♦ Faute du notaire qui prend en compte des fonds destinés à être versés aux vendeurs d'un terrain comme garantie intrinsèque d'achèvement pour la construction d'un immeuble, alors que, par l'effet de la clause du contrat de promotion permettant son versement aux vendeurs avant l'achèvement de l'immeuble, cette somme ne pouvait plus être considérée comme investie dans l'opération ou disponible pour la financer. ● Civ. 3e, 15 janv. 2014, n° 11-28.701 P :

197. Fiscalité. Le notaire est tenu d'éclairer les parties sur la portée et les effets, notamment quant à ses incidences fiscales, ainsi que sur les risques, de l'acte auquel il prête son concours et, le cas échéant, de le déconseiller. ● Civ. 1re, 13 déc. 2005 : *préc. note 183* (loi Malraux) ● 3 avr. 2007 : *préc. note 188.*

Le notaire est tenu d'informer et d'éclairer les parties, de manière complète et circonstanciée, sur la portée et les effets, notamment quant aux incidences fiscales, de l'acte auquel il prête son concours. ● Civ. 1re, 20 déc. 2017, n° 16-13.073 P : *D. 2018. 8 ; LPA 19 avr. 2018, note Niel* (responsabilité du notaire, les manquements déclaratifs du vendeur quant à la TVA étant consécutifs à une information incomplète sur la fiscalité des mutations en cause).

Absence de preuve d'un lien de causalité entre le défaut de conseil imputé au notaire et le préjudice invoqué, rien ne permettant d'établir que si les acquéreurs avaient été plus amplement informés sur les contraintes de l'opération, ils auraient renoncé à contracter, compte tenu de la défiscalisation envisagée. ● Civ. 3e, 17 janv. 2019, n° 17-26.490 P : *D. 2019. 127 ; Defrénois 11 avr. 219, p. 28, note Dagorne-Labbe.*

Absence de faute du notaire dans une hypothèse où l'objectif même des acquéreurs d'un immeuble est d'obtenir un investissement défiscalisé permettant la déduction du coût des travaux engagés de l'impôt sur leur revenu, ce dont il résulte que les acquéreurs ne peuvent ignorer que la réalisation effective des travaux est une condition des déductions fiscales. ● Civ. 3e, 27 juin 2019, n° 17-28.872 P.

198. Hypothèques : vérification de l'état hypothécaire. BIBL. Latina et Sagaut, *Defrénois 2011. 976.* ♦ Le fait que l'acquéreur ait pu avoir connaissance par lui-même de l'emprunt souscrit par le vendeur ne dispense pas le notaire de son devoir d'information et de conseil quant à la situation hypothécaire du bien vendu. ● Civ. 1re, 1er juin 1999, n° 97-14.063 P : *Defrénois 1999. 1340, obs. Aubert ; RTD civ. 2000. 121, obs. Jourdain* . ♦ V. aussi : ● Civ. 1re, 11 déc. 1990, n° 89-17.486 P (vérification incomplète de l'état hypothécaire) ● Civ. 3e, 20 oct. 2004 : *AJDI 2005. 417, note Prigent* . ♦ Mais le notaire qui a pris soin de lever, avant la vente, un état hypothécaire de l'immeuble ne peut se voir reprocher de s'être dessaisi du prix de la vente après avoir réglé l'unique créancier inscrit. ● Civ. 1re, 23 nov. 2004, n° 03-10.233 P : *D. 2005. 874, note Loyer, et note S. Piedelièvre ; JCP N 2006. 1012, note de Poulpiquet ; Defrénois 2005. 623, obs. Aubert, et 1553, étude Vauvillé* (hypothèque « intermédiaire »). ♦ De même, absence de faute du notaire qui a obtenu, peu avant la vente, un état hypothécaire ne mentionnant aucune inscription. ● Civ. 1re, 15 mars 2005, n° 03-11.823 P : *D. 2005. IR 1052 ; Defrénois 2006. 512, obs. S. Piedelièvre.* ♦ Absence de faute du notaire qui distribue aux vendeurs les fonds provenant de la vente de leur immeuble sans tenir compte d'une inscription d'hypothèque provisoire inefficace à leur égard pour avoir été prise du chef des acquéreurs. ● Civ. 1re, 27 nov. 2008, n° 07-18.739 P : *JCP 2009. I. 150, n° 17, obs. Simler et Delebecque ; RLDC 2009/56, n° 3261, obs. Marraud des Grottes.* ♦ ... Qui instrumente une vente au vu d'un état hypothécaire délivré deux mois plus tôt et en se dispensant d'une nouvelle vérification hypothécaire au moment de la vente, alors que l'hypothèque provisoire, non confirmée par une inscription définitive dans le délai requis, avait ainsi été privée rétroactivement d'effet. • Civ. 1re, 5 mars 2009 : *RLDC 2009/60, n° 2424, obs. Marraud des Grottes.*

199. ... Efficacité des sûretés. Le notaire qui établit un acte de garantie hypothécaire a l'obligation de s'assurer de l'efficacité de la sûreté qu'il constitue au regard de la situation juridique de l'immeuble et, le cas échéant, d'appeler l'attention du créancier sur les risques d'insuffisance du gage inhérents à cette situation. • Civ. 1re, 5 oct. 1999, n° 97-14.545 P : *D. 1999. IR 244 ; Defrénois 1999. 1341, obs. Aubert.* ♦ Le notaire, tenu de s'assurer de l'efficacité de l'acte auquel il prête son concours, doit, sauf s'il en est dispensé expressément par les parties, veiller à l'accomplissement des formalités nécessaires à la mise en place des sûretés qui en garantissent l'exécution. • Civ. 1re, 16 oct. 2008 : *préc. note 188.* ♦ ... Dont, quelles que soient ses compétences personnelles, le client concerné se trouve alors déchargé. • Civ. 1re, 3 mars 2011, n° 09-16.091 P : *D. 2011. 818 ; Dr. et patr. 7-8/2011. 108, obs. Aynès ; RLDC 2011/82, n° 4241, obs. Ansault ; RDC 2011. 861, note Deshayes.* ♦ Le notaire n'est pas tenu de contrôler la véracité des informations d'ordre factuel fournies par les parties en l'absence d'éléments de nature à éveiller ses soupçons. • Civ. 1re, 23 févr. 2012, n° 09-13.113 P : *cité note 1 ss. art. 2388* (établissement d'un acte de prêt en ignorant que la vente, dont il n'était pas le rédacteur, était déjà conclue et qu'elle comportait une clause d'inaliénabilité rendant impossible la prise d'une hypothèque conventionnelle).

200. ... Renouvellement de l'inscription. Le notaire n'est pas tenu de procéder lui-même au renouvellement de l'inscription hypothécaire qu'il a précédemment requise, à moins qu'il n'ait reçu à cet égard un mandat exprès ou tacite ou qu'il ne soit tenu envers son client d'un mandat général l'obligeant à cette diligence. • Civ. 1re, 19 mai 1999, n° 96-22.460 P. ♦ V. aussi, pour l'obligation de rechercher l'existence d'un mandat tacite : • *Civ. 1re, 12 janv. 1999,* n° 96-18.775 P : *D. 1999. Somm. 303, obs. Piedelièvre ; Defrénois 1999. 382, obs. Aubert.* ♦ Sur le renouvellement du privilège du vendeur avant sa péremption, V. note 204.

201. Privilège du prêteur de deniers. Condamnation du notaire qui savait que les époux étaient communs en biens et que l'achat était fait pour la communauté, et qui a omis de solliciter le consentement de l'époux à l'emprunt, manquant ainsi à son obligation d'assurer l'efficacité de l'acte auquel il a prêté son concours. • Civ. 1re, 5 mai 2021, n° 19-15.072 P : *D. 2021. 1879, obs. Ansault et Gijsbers ; AJ fam. 2021. 377, obs. Ferré-André ; RDI 2021. 476, obs. Bruttin ; Dr. fam. 2021, n° 111, note Beignier ; Defrénois 2021/40. 34, note Bouathong* (impossibilité de mettre en œuvre le privilège de prêteur de deniers).

202. Paiement du prix. Absence de faute du notaire qui n'a pas exigé de l'acquéreur un chèque de banque, dès lors que, cette exigence n'étant pas d'ordre public, il ne pouvait refuser d'instrumenter l'acte requis de lui. • Civ. 1re, 15 févr. 2005, n° 03-10.946 P : *Defrénois 2005. 1246, obs. Aubert ; JCP N 2005. 1363, note Lepeltier.* ♦ Faute du notaire en présence d'un séquestre : • Civ. 1re, 20 janv. 2021, n° 19-18.567 P : *cité ss. art. 1960.*

203. Prestation compensatoire fixée par consentement mutuel. Lorsqu'ils servent au paiement de la prestation compensatoire que détermine la convention de divorce par consentement mutuel conclue entre les époux en présence de leur avocat et soumise à l'homologation du juge, l'allotissement de l'intégralité de l'actif de communauté à l'un des époux et la prise en charge par l'autre de la totalité du passif commun ne caractérisent pas un partage inégal et n'imposent pas au notaire rédacteur de l'état liquidatif de communauté un devoir de conseil sur les conséquences de la prestation compensatoire. • Civ. 1re, 9 juill. 2015, n° 14-17.666 P : *D. 2015. 1540 ; AJ fam. 2015. 679, obs. David ; RTD civ. 2015. 856, obs. Hauser ; ibid. 927, obs. Vareille ; JCP N 2016, n° 1088, note Favier et Bottet.*

204. Privilèges et garantie du vendeur. Obligation pour le notaire d'éclairer son client sur les conséquences d'une renonciation au privilège du vendeur. • Civ. 1re, 25 nov. 1997, n° 95-18.618 P : *R., p. 277* • 19 mai 1999, n° 96-22.892 P : *Defrénois 1999. 1339, obs. Aubert.* ♦ La simple lecture d'une clause dispensant le notaire de l'inscription du privilège ne suffit pas à établir l'exécution du devoir de conseil. • Civ. 1re, 26 févr. 1991, n° 89-15.071 P. ♦ Devoir du notaire d'attirer l'attention des vendeurs sur l'importance du renouvellement du privilège du vendeur avant sa péremption. • Civ. 1re, 23 nov. 1999, n° 97-12.598 P. ♦ Obligation du notaire de conseiller au vendeur l'insertion d'une clause résolutoire lorsque les garanties constituées paraissent insuffisantes. • Civ. 1re, 29 nov. 2005, n° 02-13.550 P : *RTD civ. 2006. 311, obs. Mestre et Fages .* ♦ Le notaire, qui dispose d'éléments révélant une insuffisance des garanties prévues par l'acte qu'il reçoit, doit en informer les parties mais il ne lui incombe pas, en l'absence de tels éléments, de procéder à des investigations à cet égard, notamment de s'assurer de la solvabilité d'une caution. • Civ. 1re, 13 mars 2007, n° 05-21.150 P : *Banque et Dr. 7-8/2007. 51, obs. Rontchevsky.*

205. Promesses de vente. Absence de manquement à l'obligation de conseil, s'agissant d'un compromis, acte seulement préparatoire à la vente. • Civ. 1re, 6 nov. 2001, n° 98-14.508 P : *Defrénois 2002. 271, obs. Aubert ; AJDI 2002. 326, obs. Malbosc-Cantegril*. – V. aussi, dans le même sens : • Civ. 3e, 15 déc. 2004, n° 03-14.036 P : *Defrénois 2005. 621, obs. Aubert.* ♦ Il ne peut être imposé au notaire d'obtenir la délivrance d'un état de l'immeuble préalablement à la conclusion d'une promesse de vente, dès lors que cet avant-contrat est précisément destiné à arrêter la volonté des parties sans attendre l'expiration des délais utiles à l'obtention des documents administratifs et hypothécaires nécessaires à la perfection de la vente. • Civ. 1re, 25 mars 2010, n° 08-20.351 P : *D. 2010. Actu. 892 ; AJDI 2010. 913, obs. Thioye ; Defrénois 2010. 1685, obs. Seube ; RLDC 71/2010, n° 3806, obs. Le Nestour-Drelon.* ♦ Absence de faute du notaire, l'annulation judiciaire de l'acte valant promesse de vente n'étant due qu'à la défaillance des vendeurs dans leur obligation d'information à l'égard des acquéreurs, dès lors que cet avant-contrat était destiné à arrêter la volonté des parties sans attendre l'expiration des délais utiles à l'obtention des renseignements complémentaires et documents administratifs nécessaires à la perfection de la vente, le notaire n'ayant aucun motif de suspecter l'inexactitude des déclarations reçues. • Civ. 1re, 26 nov. 2014, n° 13-27.965 P : *D. 2014. 2462*. ♦ Manquements du notaire : • Civ. 1re, 25 janv. 1989 : *JCP 1990. II. 21468, note Dagot ; Defrénois 1989. 753, note Aubert* (négligences dans l'établissement d'une promesse de vente) • 21 janv. 1992, n° 90-15.545 P : *Defrénois 1992. 744, obs. Aubert* (non-publication d'une promesse de vente).

Responsabilité du notaire qui n'a pas refusé d'authentifier une vente conclue en violation d'un pacte de préférence dont il avait connaissance. • Civ. 1re, 11 juill. 2006, n° 03-18.528 P : *D. 2006. 2510, note Gautier ; JCP 2006. II. 10191, note Mekki.* ♦ En revanche, il ne peut être reproché à un notaire de ne pas avoir refusé d'instrumenter un acte de vente, alors qu'il avait connaissance d'une promesse de vente antérieure, cette promesse de vente n'ayant pas été publiée, et étant ainsi inopposable aux tiers en sorte que le notaire ne pouvait refuser d'instrumenter l'acte de vente. • Civ. 1re, 20 déc. 2012, n° 11-19.682 P : *D. 2013. 97 ; ibid. 2013. Chron. C. cass. 591, obs. Darret-Courgeon*.

206. Réitération. Défaut d'avertissement des clients des conséquences de la non-réitération de l'acte sous seing privé (bail à construction) par *acte authentique : • Civ. 1re, 22 mai 2001,* n° 98-18.888 P : *RTD civ. 2001. 875, obs. Mestre et Fages*.

207. Successions, testaments. A manqué à son devoir de conseil le notaire qui n'a pas personnellement averti son client des sanctions encourues au titre de la méconnaissance du délai de dépôt d'une déclaration de succession. • Civ. 1re, 26 nov. 2002, n° 99-17.745 P : *D. 2003. IR 401 ; RJPF 2003-2/54, obs. J. C.* ♦ Il incombe au notaire d'informer les donataires d'un immeuble sur les risques d'une éventuelle action en réduction qui serait engagée par les héritiers réservataires et de faire intervenir ces derniers pour consentir à l'aliénation, conformément à l'art. 930, al. 2, ancien, C. civ., ce qui aurait protégé les acquéreurs de tout recours ultérieur. • Civ. 1re, 16 déc. 2015, n° 14-29.758 P. ♦ Absence de responsabilité du notaire qui a reçu du testateur, sous pli fermé, un testament olographe dépourvu de signature. • Civ. 1re, 22 mars 2005, n° 03-19.907 P : *Dr. fam. 2005, n° 170, note Beignier.* ♦ Manquement à son obligation de conseil du notaire qui n'a pas constaté l'impossibilité d'établir un testament authentique, eu égard à l'état de santé du testateur. • Civ. 1re, 4 juin 2007, n° 05-21.189 P : *Dr. fam. 2007, n° 151, note Beignier (2e esp.).* ♦ ... Le notaire qui règle une succession sans tenir compte d'un legs *de résiduo*. • Civ. 1re, 20 févr. 2008 : *V. note 2 ss. art. 1040.*

208. Urbanisme. Le notaire n'a pas à s'entourer, lorsque l'efficacité d'un acte peut être subordonnée à des questions d'urbanisme, d'autres précautions en ce domaine que l'obtention d'un certificat d'urbanisme, à moins qu'il n'ait quelque raison de soupçonner le caractère erroné ou incomplet de ce document. • Civ. 1re, 22 oct. 1985 : *Bull. civ. I, n° 268* (responsabilité retenue en l'espèce en raison d'une faute distincte, consistant à n'avoir réclamé qu'après la vente l'état hypothécaire qui l'aurait informé de l'existence d'un lotissement). ♦ Rappr. • Civ. 1re, 4 mars 2003, n° 99-18.259 P : *Defrénois 2003. 1187, obs. Aubert* (tout acte administratif est présumé légal et les renseignements délivrés par l'Administration – en l'espèce, sur l'affectation des locaux vendus – sont présumés exacts). ♦ *Contra*, en présence d'un projet de construction : un certificat d'urbanisme, document purement informatif, n'ayant pas pour objet d'autoriser une construction ou la réalisation d'une opération immobilière, le notaire, informé d'un projet de construction concerné par la loi Littoral, se doit d'attirer l'attention de l'acquéreur sur les risques qu'il encourt en s'engageant avant que le permis de construire requis n'ait acquis un caractère définitif, et de l'informer de la possibilité d'insérer une condition résolutoire dans l'acte de vente. • Civ. 1re, 20 mars 2014, n° 13-14.121 P : *D. 2014. 776 ; AJDI 2014. 391, note Porcheron ; Defrénois 2014. 1040, note* Dagorne-Labbe. ♦ La note de renseignements d'urbanisme ne dispense pas le notaire de son obligation de s'informer sur l'existence d'un arrêté préfectoral publié, relatif à un plan de prévention des risques d'inondation. • Civ. 1re, 14 févr. 2018, n° 16-27.263 P : *D. 2018. 416 ; AJDI 2018. 621, obs. Borel*. ♦ Il n'appartient pas au notaire, rédacteur de l'acte, de vérifier l'application d'une règle d'urbanisme (non-construction dans la bande littorale des 100 m) au respect de laquelle seul l'architecte est tenu. • Civ. 3e, 10 nov. 1998, n° 97-11.128 P : *JCP 1999. II. 10007, note Liet-Veaux.* ♦ ... Ni de se substituer à l'autorité administrative pour évaluer, suivant des appréciations subjectives, les chances de délivrance d'un permis de construire. • Civ. 1re, 5 déc. 2000, n° 98-12.689 P. ♦ Comp. : • Civ. 1re, 21 févr. 1995, n° 93-14.233 P : *Defrénois 1995. 750, obs. Aubert* (sanctionnant l'absence de vérification des possibilités de construction au regard du POS) • Civ. 3e, 23 mai 2007, n° 06-11.889 P : *D. 2007. 2977, note Maillard ; JCP N 2007. 1240, note Brusorio-Aillaud ; ibid. 1302, n° 21, obs. S. Piedelièvre ; CCC 2007, n° 231, note Leveneur ; LPA 12 nov. 2007, obs. Pimont ; RDI 2007. 396, note Trébulle ; ibid. 2008. 58, obs. Soler-Couteaux ; Dr. patr. mars 2008, p. 91, obs. Mallet-Bricout ; RTD civ. 2007. 565, obs. Fages* (sanctionnant le défaut de mise en garde des clients sur le caractère non définitif du permis de construire).

Faute du notaire qui, dans la déclaration d'intention d'aliéner qu'il a établie, a négligé d'indiquer que la cession de l'immeuble conditionnait celle du fonds de commerce exercé dans l'immeuble, privant ainsi la commune d'éléments utiles pour apprécier l'opportunité de la préemption. • Civ. 1re, 12 juill. 2007, n° 06-15.633 P : *D. 2007. AJ 2235 ; Defrénois 2007. 1459, obs. Libchaber.*

Absence de faute du notaire qui, en matière d'installations classées pour la protection de l'environnement, a donné l'information utile concernant la nécessité de l'attestation de la préfecture sur les sites classés et en a présenté deux fois la demande, le vendeur indiquant dans la déclaration insérée à l'acte qu'à sa connaissance l'immeuble vendu n'était pas soumis à cette réglementation et la vente ayant été conclue avant l'obtention de cette attestation à la demande expresse de l'acheteur pourtant conscient de ce que le problème de l'autorisation préfectorale restait en suspens. • Civ. 3e, 9 avr. 2008, n° 07-10.795 P : *D. 2008. AJ 1275, obs. Forest ; ibid. Chron. C. cass. 2742, n° 3, obs. Nési ; JCP 2008. II. 10096, note Trébulle ; JCP N 2008. 1337, obs. Leveneur ; RLDC 2008/50, n° 3020, obs. Gaudin.* ♦ Comp. : le notaire est tenu de s'assurer en sa qualité de rédacteur de l'acte de l'efficacité de celui-ci, à ce titre de vérifier la situation de l'immeuble au regard des exigences administratives (vérification de la commercialité de l'immeuble compte tenu de l'existence d'un périmètre de protection autour). • Civ. 3e, 28 nov. 2007 : *préc. note 189.*

209. Autres illustrations. V. par exemple : • Civ. 1re, 28 avr. 1986 : *Bull. civ. I, n° 104* (scission de la vente d'un domaine en deux actes, l'un comportant une minoration de prix ayant provoqué l'exercice par l'administration fiscale de son droit de préemption) • 9 nov. 2004 : *D. 2004. IR 3195* (indication erronée de la validité d'un bail d'un bien indivis conclu par un indivisaire seul) • Civ 3e, 16 déc. 2009 : *cité note 5 ss. art. 1643* (notaire n'ayant pas annexé un état parasitaire, responsable des pertes locatives liées au retard dans les travaux) • Civ. 1re, 25 mars 2010, n° 09-66.282 P (différences de surfaces) • Civ. 3e, 13 déc. 2011 : *D. 2012. 790, note Boutonnet* • 14 déc. 2017, n° 16-24.170 P : *D. 2018. 371, obs. Mekki ; AJDI 2018. 378, obs. Cohet ; AJ contrat 2018. 193, obs. Bucher ; RTD civ. 2018. 421, obs. Jourdain ; ibid. 661, obs. Barbier ; RDC 2018. 29, note Deshayes* (notaire condamné à indemniser le vendeur pour avoir omis de joindre à l'acte de vente le jugement qui aurait permis aux acquéreurs de prendre connaissance de l'ampleur réelle du sinistre et des préconisations de démolition et de reconstruction de la maison dont ils se portaient acquéreurs retenues pour y remédier).

3° RÉGIME DE L'ACTION EN RESPONSABILITÉ

210. Nature de la responsabilité. Les obligations du notaire, qui ne tendent qu'à assurer l'efficacité d'un acte instrumenté par lui et qui ne constituent que le prolongement de sa mission de rédacteur d'acte, relèvent de sa responsabilité délictuelle. • Civ. 1re, 12 avr. 2005, n° 03-14.842 P : *D. 2005. IR 1180 ; Defrénois 2005. 2010, obs. Aubert* • 19 sept. 2007 : *RLDC 2008/45, n° 2810, note R. Bigot* (application de la prescription de l'art. 2270-1. – Comp. depuis la L. du 17 juin 2008, l'art. 2224) • 23 janv. 2008, n° 06-17.489 P : *D. 2008. AJ 483 ; Defrénois 2008. 712, obs. Libchaber (idem)* • 6 juin 2018, n° 17-13.975 P. ♦ Mais il en va différemment lorsque celui-ci a souscrit une obligation contractuelle à l'égard de son client, tel l'engagement de procéder lui-même à une substitution de garantie. • Civ. 1re, 12 avr. 2005 : *préc.* ♦ Pour des décisions de cassation retenant la responsabilité professionnelle du notaire (visa de l'anc. art. 1382 [1240]) : V. • Civ. 1re, 12 mai 1976 : *Bull. civ. I, n° 168 ; Gaz. Pal. 1976. 2. 569, note G. R.* • 18 déc. 1984 : *Bull. civ. I, n° 339 ; Gaz. Pal. 1985. 1. 387, note Massip* • 11 déc. 1990 : *préc. note 198* • 26 févr. 1991 : *préc. note 204* • 25 mars 1991, n° 89-21.119 P • 25 mars 1991, n° 89-21.221 P • 20 janv. 1993, n° 88-16.452 P • 17 mars 1993 : *préc. note 213* (lien de causalité) • 10 janv. 1995, n° 92-21.730 P : *R., p. 313* • 24 janv. 1995, n° 92-17.008 P • 10 juill. 1995 : *préc. note 189* • 13 févr. 1996, n° 93-18.809 P • 26 mars 1996, n° 94-12.228 P : *Defrénois 1996. 1030, obs. Aubert* • 18 juin 1996, n° 94-10.753 P • 26 nov. 1996 : *préc. note 189* • 26 nov. 1996, n° 94-18.582 P • 20 janv. 1998, n° 96-12.431 P • 20 janv. 1998 : *préc. note 180* • 3 févr. 1998 :

préc. note 93 • 3 mars 1998 : préc. note 189 • 9 juin 1998 : préc. note 188 • 1er juin 1999 : préc. note 198 (lien de causalité) • 5 oct. 1999 : préc. note 199 • 23 nov. 1999 : préc. note 204 • 22 mai 2001 : préc. note 206. ♦ V. dans le même sens, à propos du préjudice : • Civ. 1re, 6 janv. 1994 : préc. note 214 • 2 avr. 1997 : ibid. • 9 déc. 1997 : ibid. • 4 mai 1999 : ibid. • 19 mai 1999 : préc. note 188 • 1er juin 1999 : préc. note 198 • 29 févr. 2000 : préc. note 188 • 14 mars 2000 : préc. note 188 • 7 nov. 2000 : préc. note 180 • 7 nov. 2000 : préc. note 192 • 4 avr. 2001 : préc. note 188.

211. ... Responsabilité personnelle. Le notaire qui prend la succession d'un confrère en cessation de fonctions ne répond que des fautes personnelles qu'il a commises dans la gestion du dossier en cours d'exécution qui lui a été transmis et n'est pas responsable du fait de son prédécesseur. • Civ. 1re, 27 nov. 2008, n° 05-17.740 P : *D. 2009. AJ 19* ; *RLDC 2009/57, n° 3297, obs. Bugnicourt* • 29 juin 2016, n° 15-17.591 P : *D. 2016. 1498* ; *AJDI 2017. 134, obs. Borel*.

212. Preuve de la délivrance du conseil. La preuve du conseil donné incombe au notaire, et elle peut résulter de toute circonstance ou document. • Civ. 1re, 3 févr. 1998 : *préc. note 93.* ♦ Ne commet pas de faute le notaire qui ne remet pas au bénéficiaire d'une promesse les arrêtés préfectoraux la réservant à l'usage exclusif d'habitation, dès lors que la promesse mentionnait une telle utilisation et que le bénéficiaire faisait son affaire personnelle de l'obtention aléatoire d'une autorisation d'exercice d'autres activités. • Civ. 1re, 9 mai 1996, n° 94-15.275 P : *Defrénois 1996. 1029, obs. Aubert.* ♦ Dans le même sens : • Civ. 1re, 3 févr. 1998 : *préc. note 93* (client faisant son affaire personnelle des conséquences d'une clause d'inaliénabilité affectant le bien vendu). ♦ Preuve de l'exécution du devoir de conseil du notaire par la rédaction d'un acte séparé, intervenu avant toute remise des fonds : • Civ. 1re, 10 juin 1997, n° 95-14.767 P : *Defrénois 1998. 743, obs. Aubert.*

213. Lien de causalité. Si le notaire commet une faute en ne vérifiant pas l'état hypothécaire de l'immeuble à la date de la vente, cette faute est sans lien de causalité avec le préjudice subi par le créancier, dès lors que ce préjudice prend sa source dans la propre carence de ce dernier qui n'a pas pris en temps voulu d'inscription définitive d'hypothèque sur l'immeuble vendu. • Civ. 1re, 11 févr. 1992, n° 89-12.090 P. ♦ Dans le même sens, pour l'exigence du lien de causalité, V. • Civ. 1re, 17 mars 1993 : *Defrénois 1993. 1379, obs. Aubert* • 20 oct. 1993, n° 91-20.961 P • 25 nov. 1997, n° 95-18.618 P : *R., p. 277* • 27 mai 2003, n° 99-17.602 P : *Defrénois 2004. 307, obs. S. Piedelièvre.* ♦ Absence de lien de causalité entre le manquement du notaire à son obligation d'information sur les risques d'annulation de la vente pour vil prix, dès lors que les parties auraient en tout état de cause contracté aux mêmes conditions. • Civ. 1re, 20 mars 2014, n° 13-12.287 P : *D. 2014. 776*. ♦ Dans le même sens, absence de lien de causalité entre la faute du notaire et le préjudice résultant d'un manque à gagner et d'une plus-value, dès lors que, mieux informés, les victimes n'auraient pas donné suite, si ce n'est à leurs risques. • Civ. 1re, 2 juill. 2014, n° 13-17.894 P : *D. 2014. 1494* . ♦ Lien de causalité entre la faute du notaire qui a manqué à son devoir d'information et a ainsi exposé les acquéreurs au risque, qui s'est réalisé, de subir les conséquences de l'annulation de la vente. • Civ. 1re, 2 juill. 2014, n° 12-28.615 P : *préc. note 172.* ♦ Mais rejet de la demande de dommages-intérêts d'une banque contre un notaire responsable de la perte d'une sûreté, la banque disposant, pour le recouvrement de sa créance, contre le co-emprunteur et contre les cautions personnelles, de recours qu'elle n'avait pas mis en œuvre et qui n'étaient pas la conséquence de la situation dommageable imputée à la faute du notaire, de sorte que le préjudice allégué n'était pas actuel et certain. • Civ. 1re, 1er mars 2023, n° 21-24.166 B.

214. Préjudice. La circonstance qu'un notaire ait manqué à son devoir d'assurer l'efficacité de l'acte instrumenté n'implique pas nécessairement qu'il en résulte un préjudice. • Civ. 1re, 20 mars 2014, n° 13-12.287 P : *préc. note 213.* ♦ Sur la preuve de l'existence et du caractère certain du préjudice : • Civ. 1re, 6 janv. 1994 : *Gaz. Pal. 1994. 1. Somm. 90 ; JCP N 1996. II. 1090, obs. Sanséau* (perte définitive non établie avant les résultats de la procédure collective) • 2 avr. 1997, n° 94-20.352 P : *Defrénois 1997. 754, obs. Aubert ; RTD civ. 1997. 665, obs. Jourdain* (apurement définitif dépendant des résultats d'une garantie hypothécaire) • 9 déc. 1997, n° 95-18.192 P (attente de l'issue d'un recours à l'étranger) • 4 mai 1999 : *D. Affaires 1999. 988, obs. J. F.* (inutilité des recours en cas d'insolvabilité complète des débiteurs) • 29 févr. 2000 : *préc. note 188* (la condamnation subordonnée à la réalisation d'un événement déterminé dont la survenance entraînerait nécessairement un préjudice également déterminé n'emporte pas réparation d'un préjudice hypothétique) • 7 nov. 2000 : *préc. note 180* • 19 déc. 2000, n° 98-14.105 P : *R., p. 393 ; D. 2001. 3482, note Ardeeff* ; *Defrénois 2001. 258, obs. Aubert ; RTD civ. 2001. 370, obs. Jourdain* (la victime ne peut se voir imposer, à la suite de la faute du notaire, l'exercice de voie de droit autre que celles initialement prévues) • 26 oct. 2004 : *Defrénois 2004. 1738, obs. Aubert ; ibid. 2005. 522, obs. S. Piedelièvre* (même solution) • 28 sept. 2004, n° 02-11.288 P : *D. 2004. AJ 2711* ; *Defrénois 2005. 520, obs. S. Piedelièvre* (le créancier qui n'a pas exercé son droit de suite ne justifie pas d'un préjudice certain dans son action contre le notaire) • 27 févr. 2013, n° 12-16.891 P : *D. 2014. 47, obs. Brun et Gout* ; *AJDI 2013. 775, obs. Le Rudulier* ; *RTD civ. 2013. 609, obs. Jourdain* (*idem*) • Civ. 1re, 16 déc. 2015, n° 14-29.758 P : *préc. note 207* (préjudice actuel et certain résultant du défaut d'information sur une action en réduction d'une donation, et non simple perte de chance). ♦ V. aussi, pour le cas d'un acquéreur de mauvaise foi qui s'est sciemment associé à une opération frauduleuse : • Civ. 1re, 16 juin 1992, n° 89-17.305 P : *JCP N 1993. II. 280, note Dagorne-Labbe.*

Constitue un préjudice entièrement consommé, et non la perte d'une chance, le fait pour un notaire d'avoir, par son concours à une donation déguisée en méconnaissance des dispositions fiscales, exposé les héritiers de la donatrice au paiement d'un redressement et d'intérêts de retard, la donatrice n'ayant pas été informée des solutions fiscales régulières au regard de son intention libérale non contestée. • Civ. 1re, 9 déc. 2010, n° 09-16.531 P : *D. actu. 7 janv. 2011, obs. Rabu* ; *D. 2011. Actu. 12* ; *AJ fam. 2011. 115, obs. Vernières* ; *RLDC 2011/79, n° 4125, obs. Le Nestour-Drelon.* ♦ L'évaluation du préjudice commande de prendre en compte l'incidence financière des solutions fiscales licitement envisageables. • Même arrêt. ♦ Sur le caractère certain du préjudice, V. également note 110 ss. art. 1241, ainsi que : Jourdain, *obs. RTD civ. 2005. 400.*

Les condamnations prononcées à la suite de l'annulation d'une vente, au titre du remboursement des charges de copropriété, du coût de l'assurance et des taxes foncières acquittés par l'acquéreur, ne constituent pas des restitutions consécutives à l'annulation du contrat de vente, mais présentent un caractère indemnitaire. • Civ. 3e, 12 oct. 2022, n° 20-22.911 B : *préc.*

215. La restitution partielle du prix de vente par le vendeur, en application de l'art. 1644, ne constitue pas par elle-même un préjudice indemnisable. • Civ. 1re, 16 janv. 2001, n° 98-15.048 P : *Defrénois 2001. 722, obs. Aubert* • Civ. 3e, 14 déc. 2017, n° 16-24.170 P : *D. 2018. 371, obs. Mekki* ; *AJDI 2018. 378, obs. Cohet* ; *AJ contrat 2018. 193, obs. Bucher* ; *RTD civ. 2018. 421, obs. Jourdain* ; *ibid. 661, obs. Barbier* ; *RDC 2018. 29, note Deshayes* (cassation de l'arrêt ayant condamné le notaire et l'agent immobilier à indemniser le vendeur). ♦ Dans le même sens, en cas d'annulation de la vente pour erreur : • Civ. 3e, 3 mai 2018, n° 17-11.132 P : *D. 2018. 1008* ; *RTD civ. 2018. 658, obs. Barbier*. ♦ Les travaux réalisés par l'acquéreur d'un bien immobilier sont des dépenses nécessaires et utiles donnant lieu à restitution du vendeur et, devant s'analyser en des dépenses de conservation du bien, cette restitution ne peut donner lieu à garantie du notaire, cette condamnation ne correspondant pas à un préjudice indemnisable. • Civ. 3e, 12 oct. 2022, n° 20-22.911 B : *préc.* ♦ Les restitutions dues à la suite de l'anéantissement d'un contrat de prêt ne constituent pas, en elles-mêmes, un préjudice réparable. • Civ. 1re, 2 juill. 2014 : *préc. note 172.* ♦ ... A l'inverse de la perte des intérêts conventionnels. • Civ. 3e, 19 mai 2016, n° 15-11.441 P : *D. 2016. 1135* ; *AJDI 2016. 860, obs. Borel*. ♦ La restitution du dépôt de garantie consécutive à la nullité d'un bail commercial ne constitue pas en soi un préjudice indemnisable. • Civ. 1re, 28 oct. 2015, n° 14-17.518. ♦ Les restitutions correspondant à une indemnité d'occupation dues à la suite de l'annulation d'un bail ne constituent pas, par elles-mêmes, un préjudice indemnisable ; le notaire ne peut être tenu de garantir la restitution des loyers qu'en cas d'insolvabilité de la bailleresse. • Civ. 3e, 14 juin 2018, nos 17-13.422 P : *D. 2019. 1129, obs. Damas* ; *AJDI 2019. 201, obs. Damas*. ♦ Si le trop perçu du prix de vente d'un bien immobilier dont les surfaces se sont révélées moindres que celles mentionnées dans l'acte de vente ne constitue pas un préjudice que le notaire fautif peut être tenu de réparer, celui-ci est néanmoins tenu à indemnisation de l'acquéreur lorsque le débiteur de la restitution est insolvable. • Civ. 1re, 25 mars 2010, n° 09-66.282 P. ♦ Rappr., pour l'exécution de la garantie du vendeur (art. 1638) : • Civ. 1re, 23 sept. 2003, n° 99-21.174 P : *Defrénois 2003. 1579, obs. Aubert* ; *RTD civ. 2004. 99, obs. Jourdain*. ♦ Comp. pour la plus value de l'art. 1633, qui est une réparation et non une restitution. • Civ. 3e, 27 oct. 2016, n° 15-21.495 P : *D. 2017. 375, obs. Mekki* ; *ibid. 1789, obs. Reboul-Maupin* ; *RTD civ. 2017. 187, obs. Dross*. ♦ V. aussi, dans le même sens, pour la demande de remboursement des améliorations apportées au fonds par le bénéficiaire d'un droit d'usage et d'habitation à la suite de l'annulation de la convention instituant ce droit : • Civ. 1re, 10 mai 2005, n° 03-12.496 P : *JCP 2006. I. 111, n° 1, obs. Stoffel-Munck* ; *AJDI 2005. 934, note Prigent*. ♦ Le notaire rédacteur de l'acte peut seulement être tenu de garantir cette restitution en cas d'insolvabilité du vendeur. • Civ. 1re, 1er juin 1999 : *préc. note 198* • 18 juin 2002, n° 99-17.122 P : *Defrénois 2002. 1630, obs. Aubert* • 10 juill. 2002 : *RCA 2002, n° 338.* – Même sens : • Civ. 1re, 9 nov. 2004, n° 01-16.382 P : *D. 2004. IR 3117* ; *JCP 2005. I. 114, n° 1 s., obs. Grosser (1re esp.)* ; *ibid. I. 132, n° 1, obs. Viney* • 9 nov. 2004, n° 02-12.506 P • 25 mars 2010 : *préc. note 176* • Civ. 3e, 18 févr. 2016, n° 15-12.719 P : *D. 2016. 480* ; *RTD civ. 2016. 351, obs. Barbier* ; *RDC 2016. 451, note Knetsch.* ♦ Dans le même sens, la restitution d'une partie de l'actif successoral ne constitue pas en elle-même un préjudice indemnisable, le notaire ayant omis un héritier lors de la liquidation de la succession pouvant seulement être condamné à la garantir à la mesure de l'insolvabilité des héritiers condamnés à restitution. • Civ. 1re, 25 mars 2009 :

préc. note 182. – *Adde*, Ph. Pierre, *RLDC 2010/70, n° 2768* (perte de chance et responsabilité des notaires).

Le notaire peut voir mis à sa charge les frais de l'instance tendant à prévenir les conséquences dommageables du manquement à son obligation de conseil et de mise en garde, peu important à cet égard, qu'elle ait été introduite sans le conseil ou l'assistance de ce notaire. • Civ. 1re, 6 mai 2010 : *D. actu. 28 mai 2010, obs. Guiomard.*

216. Réparation et recours. La responsabilité des professionnels du droit ne présente pas un caractère subsidiaire, de sorte que la mise en jeu de la responsabilité d'un notaire, dont la faute n'est pas contestée, n'est pas subordonnée à une poursuite préalable contre un autre débiteur et qu'est certain le dommage subi par sa faute, quand bien même la victime disposerait, contre un tiers, d'une action consécutive à la situation dommageable née de cette faute et propre à assurer la réparation du préjudice. • Civ. 1re, 25 nov. 2015, n° 14-26.245 P : *D. 2016. 553, note Sindres ; AJDI 2016. 288, obs. Borel ; RTD civ. 2016. 351, obs. Barbier ; JCP N 2016, n° 1086, note Dagorne-Labbe ; RDC 2016. 221, note Deshayes.* ♦ Ainsi, doit être réparé par le notaire qui a failli à son devoir d'assurer l'efficacité juridique de l'acte par lui reçu le dommage directement causé par sa faute, quand bien même la victime aurait disposé, dans le procès engagé contre elle par un tiers en conséquence de la faute professionnelle de l'officier ministériel, d'un moyen de défense de nature à limiter les effets préjudiciables de la situation dommageable. • Civ. 1re, 22 sept. 2016, n° 15-13.840 P : *D. 2017. 24, obs. Brun, Gout et Quézel-Ambrunaz ; ibid. 1789, obs. Reboul-Maupin ; RTD civ. 2017. 154, obs. Jourdain ; Defrénois 2016. 1265, note Deshayes ; JCP 2016, n° 1239, note Grayot-Dirx ; JCP N 2017, n° 1000, note Gayet.* ♦ Déjà : la mise en jeu de la responsabilité du notaire n'est pas subordonnée à une poursuite préalable contre d'autres débiteurs. • Civ. 1re, 13 févr. 1996, n° 93-18.809 P. ♦ Cassation de l'arrêt refusant de condamner *in solidum* les notaires avec le vendeur. • Civ. 1re, 26 mars 1996 : *Defrénois 1996. 1030, obs. Aubert.* ♦ Garantie due par le notaire à la banque prêteuse, son mandant, pour défaut de souscription d'un contrat d'assurance groupe décès pour le compte de l'emprunteur. • Civ. 1re, 4 févr. 1997 : *JCP N 1997. II. 1255, note Dagot.* ♦ Sur le recours subrogatoire du notaire condamné à payer au créancier la créance dont la garantie a été perdue par sa faute, V. • Civ. 3e, 15 mars 2006, n° 04-13.666 P. ♦ Rappr. : • Civ. 1re, 19 nov. 2009 : *cité note 110 ss. art. 1241.*

217. Faute du client. Le notaire n'étant, en principe, pas tenu à une obligation de conseil et de mise en garde en ce qui concerne l'opportunité économique de l'opération à laquelle il prête son concours, la faute du client, ayant accepté des engagements qu'en sa qualité de commerçant il pouvait savoir disproportionnés par rapport à sa capacité de remboursement, peut être prise en compte comme ayant contribué, comme celle du notaire, à la réalisation du préjudice né de la résolution de la vente du fonds de commerce. • Civ. 1re, 4 nov. 2011 : *D. 2011. 2793 ; Defrénois 2012. 146, note Dagorne-Labbe* (partage de responsabilité). ♦ Mais, la faute intentionnelle ne prive pas le vendeur de tout recours contributif contre le notaire qui, ayant prêté son concours à la rédaction d'un acte dolosif, peut être tenu de le garantir partiellement, en considération de la faute professionnelle qu'il a commise. • Civ. 1re, 11 janv. 2017, n° 15-22.776 P : *D. 2018. 35, obs. Brun ; Defrénois 2017. 379, note Dagorne-Labbe ; RDC 2017. 246, note Pellet ; JCP N 2017 n° 1191, note Pierre.*

218. Le juge peut décider d'écarter tout recours en garantie ou en responsabilité contre le notaire, en dépit de sa faute professionnelle, de la part du client coresponsable qui s'est rendu coupable d'un dol. • Civ. 1re, 17 déc. 1996, n° 95-13.091 P : *R., p. 340 ; Defrénois 1997. 343, obs. Aubert ; RCA 1997, n° 132* • 16 janv. 2001, n° 98-15.048 P : *Defrénois 2001. 722, obs. Aubert* • 4 févr. 2003, n° 99-17.013 P. ♦ Il peut aussi condamner le notaire à garantir partiellement le client. • Civ. 1re, 14 oct. 1997, n° 95-19.083 P : *JCP 1998. I. 144, n° 12, obs. Viney ; JCP N 1998. 1211, note Kuhn ; Defrénois 1998. 348, obs. Aubert* • 13 nov. 1997, n° 95-20.123 P : *Defrénois 1998. 351, obs. Aubert ; RDI 1998. 107, obs. Groslière ; RTD civ. 1999. 90, obs. Mestre* • 3 mars 1998, n° 95-20.637 P : *D. Affaires 1998. 572, obs. J. F. ; RTD civ. 1999. 90, obs. Mestre* • 29 févr. 2000 : *préc. note 188* • 18 juin 2002, n° 99-17.122 P : *Defrénois 2002. 1630, obs. Aubert* • 1er mars 2005, n° 02-20.813 P : *Defrénois 2006. 516, obs. S. Piedelièvre ; RTD civ. 2005. 611, obs. Jourdain* (le dol du notaire ne lui interdit pas d'invoquer la faute de la victime pour voir limiter sa responsabilité). ♦ ... Mais non à le garantir intégralement. • Civ. 1re, 22 oct. 1996, n° 94-19.828 P. ♦ Comp., pour une condamnation du notaire fautif à garantir intégralement le client, malgré la faute de celui-ci : • Civ. 1re, 23 nov. 1999, n° 97-12.595 P : *Defrénois 2000. 258, obs. Aubert ; RCA 2000, n° 58, obs. Groutel ; RTD civ. 2000. 345, obs. Jourdain* • 13 janv. 2004, n° 00-20.399 P : *Defrénois 2004. 1412, obs. Aubert* (la faute du client étant complètement absorbée par celle, plus grave, du notaire – non-vérification de l'existence de servitudes –, il n'y a pas lieu à partage de responsabilité). ♦ Le recel successoral supposant l'intention frauduleuse de son auteur, il ne constitue pas, pour celui qui le commet, un préjudice ouvrant droit à réparation, ce qui lui interdit de poursuivre le notaire pour ne pas avoir vérifié l'acte de naissance du *de cujus*, ce qui lui aurait permis de découvrir la seconde union. • Civ. 1re, 9 avr. 2014, n° 13-16.348 P : *D. 2014. 929*.

219. Prescription. La prescription de l'action en responsabilité contre un notaire auquel il est reproché de ne pas avoir procédé à une recherche suffisante quant à l'origine de propriété d'un bien ne court qu'à compter de la réalisation du dommage ou de la date à laquelle il est révélé à la victime si celle-ci établit qu'elle n'en avait pas eu précédemment connaissance. • Civ. 1re, 11 mars 2010, n° 09-12.710 P (exacte situation révélée à l'occasion d'une expertise). ♦ En présence d'un montage juridique, destiné à éviter une taxation, ayant finalement donné lieu à un redressement, cassation de l'arrêt ayant déclaré l'action contre le notaire prescrite en prenant comme point de départ du délai la date de réception de la lettre par laquelle l'administration fiscale l'informait de la taxation, alors que le dommage ne s'est réalisé qu'à la date de l'arrêt de la cour administrative d'appel ayant rejeté son recours. • Civ. 1re, 29 juin 2022, n° 21-10.720 B.

V. PRINCIPE DU NON-CUMUL DES RESPONSABILITÉS CONTRACTUELLE ET DÉLICTUELLE

A. NATURE DE LA RESPONSABILITÉ

220. Magasins. La responsabilité de l'exploitant d'un magasin dont l'entrée est libre ne peut être engagée, à l'égard de la victime d'une chute survenue dans ce magasin et dont une chose inerte serait à l'origine, que sur le fondement de l'art. 1242, al. 1er, à charge pour la victime de démontrer que cette chose, placée dans une position anormale ou en mauvais état, a été l'instrument du dommage. • Civ. 1re, 9 sept. 2020, n° 19-11.882 P : *D. 2021. 401, note Perdrix ; ibid. 46, obs. Brun ; AJ contrat 2020. 443, obs. Borius ; RTD civ. 2020. 890, obs. Jourdain ; CCC 2020, n° 154, note Leveneur ; ibid., n° 168, note Bernheim-Desvaux ; RDC 2021/1. 114, note Julien.* ♦ *Contra*, retenant à l'encontre d'une entreprise de distribution une obligation générale de sécurité de résultat en application de l'anc. art. L. 221-1, devenu L. 421-3 C. consom. • Civ. 1re, 20 sept. 2017, n° 16-19.109 : *RDC 2018. 33, note Knetsch* (client ayant chuté sur un tapis antidérapant placé devant un rayon de supermarché).

Déjà : la responsabilité d'un commerçant à l'égard de ses clients quant à l'organisation et au fonctionnement d'un établissement dont l'entrée est libre est de nature quasi délictuelle. • Civ. 2e, 5 juin 1991 : *D. 1992. 409, note Lapoyade-Deschamps ; ibid. Somm. 270, obs. A. Penneau*. – Rappr. • Civ. 2e, 1er avr. 1999 : *préc. note 54 ss. art. 16.* ♦ V. dans le même sens : • Civ. 1re, 29 mai 1996, n° 94-16.820 P : *RTD civ. 1997. 140, obs. Jourdain* (le commerçant n'est pas tenu à l'égard des personnes se trouvant dans son magasin d'une obligation contractuelle de sécurité) • 9 juill. 2002, n° 99-15.471 P : *D. 2003. Somm. 461, obs. Jourdain (2e esp.)* (responsabilité de l'exploitant du magasin retenue sur le fondement de l'art. 1384 anc. [1242], al. 1er). ♦ La manipulation par un client d'un objet offert à la vente ne suffit pas à lui en transférer la garde. • Civ. 2e, 28 févr. 1996, n° 93-20.817 P : *D. 1997. Somm. 29, obs. Jourdain ; RCA 1996, n° 162, et Chron. 20, par Groutel.* ♦ Mais les clients, qui ont le libre usage des chariots mis à leur disposition par le magasin, en acquièrent la garde. • Civ. 2e, 14 janv. 1999, n° 97-11.527 P : *JCP 2000. II. 10245, note Reifegerste ; RTD civ. 1999. 630, obs. Jourdain*.

221. Chèque. En payant un chèque émis dans des conditions irrégulières, une banque commet une faute de nature quasi délictuelle. • Com. 4 juin 1991 : *D. 1992. 399, note D. Martin*. ♦ Elle est à bon droit condamnée à dédommager le bénéficiaire d'un second chèque qui s'est trouvé être sans provision du fait du paiement du premier. • Même arrêt.

222. Passager sans titre de transport. Le contrat de transport ferroviaire se formant par la délivrance du billet, est à bon droit écarté le fondement contractuel de l'action en responsabilité de la victime, montée sur le marchepied d'un train quittant une gare et précipitée peu après sur la voie ferrée, dès lors qu'elle était dépourvue de billet. • Civ. 1re, 6 oct. 1998, n° 96-12.540 P : *D. Affaires 1998. 1809, obs. J. F. ; JCP 1999. II. 10186, note Aubrée ; RTD civ. 1999. 113, obs. Jourdain*. ♦ Sur la question du transport, V. aussi notes 36 s., et L. du 5 juill. 1985 (ss. art. 1242).

223. Responsabilités professionnelles : notaire. V. note 210.

224. … Huissier [commissaire de justice]. La responsabilité d'un huissier, officier ministériel, en cas de nullité de l'un de ses actes, trouve son fondement non pas dans le contrat pouvant le lier à son client, mais dans les dispositions de la loi elle-même. • Civ. 1re, 2 mars 1966 : *JCP 1966. II. 14622, note J. A.* ♦ Mais lorsqu'il délivre un congé, l'huissier de justice agit en qualité de mandataire du bailleur et sa responsabilité doit être appréciée dans les conditions prévues par l'art. 1992 C. civ. pour le mandataire salarié. • TGI Paris, 18 juin 1969 : *Gaz. Pal. 1969. 2. 379.* ♦ V. aussi, pour un visa de l'art. 1992 à l'occasion d'une faute commise dans la vérification de l'enrôlement d'une affaire. • Civ. 1re, 3 déc. 1996, n° 94-17.671 P.

225. … Commissaire-priseur. Dossier, *Dr. et patr. 10/2017. 27* (la responsabilité des acteurs du marché de l'art). ♦ Nonobstant la responsabilité contractuelle qui lie, en tant que mandataire, le commissaire-priseur au vendeur, les textes réglementaires relatifs à la responsabilité des commissaires-priseurs et des experts s'appliquent non seulement aux relations avec l'acheteur, mais aussi à celles du commissaire-priseur et des experts avec le vendeur. • Reims, 25 juin 1974 : *JCP 1975. II. 18120, note R. Lindon.* ♦ Mais ni le procès-verbal d'adjudication ni les documents subséquents constatant la vente ne sauraient avoir pour effet de mettre une dette contractuelle à la charge du commissaire-priseur en cas de non-paiement du prix par l'acquéreur. • Civ. 1re, 30 juin 1998, nº 96-19.631 P.

B. RAPPORTS ENTRE LES PARTIES AU CONTRAT

BIBL. Leturmy, *RTD civ. 1998. 839* (responsabilité délictuelle du contractant). – Tchendjou, *Gaz. Pal. 2000. 1. Doctr. 614* (faute extracontractuelle). – Tosi, *Mél. Gobert, Economica, 2004, p. 479* (le manquement contractuel dérelativisé).

226. Principe du non-cumul. L'anc. art. 1382 [1240] est inapplicable à la réparation d'un dommage se rattachant à l'exécution d'un engagement contractuel. • Civ. 2e, 9 juin 1993 : *JCP 1994. II. 22264, note Roussel.* – V. déjà : • Civ. 11 janv. 1922 : *GAJC, 11e éd., nº 177 ; DP 1922. 1. 16 ; S. 1924. 1. 105, note Demogue.* ♦ Le créancier d'une obligation contractuelle ne peut se prévaloir contre le débiteur de cette obligation, quand bien même il y aurait intérêt, des règles de la responsabilité délictuelle. • Civ. 1re, 11 janv. 1989 : *JCP 1989. II. 21326, note Larroumet* • 4 nov. 1992, nº 89-17.420 P. ♦ Dans le même sens : • Civ. 2e, 26 mai 1992, nº 91-11.149 P : *RTD civ. 1992. 766, obs. Jourdain* • Civ. 1re, 27 janv. 1993 : *préc. note 76* (pour une convention d'assistance bénévole) • Civ. 3e, 8 juill. 1998, nº 96-22.224 P : *RTD civ. 1998. 909, obs. Jourdain* • Com. 24 sept. 2003, nº 01-17.503 P : *R., p. 428 ; RTD civ. 2004. 94, obs. Jourdain* (contrat de transport maritime : dommage causé par le navire du transporteur au quai exploité par le destinataire des marchandises) • Civ. 2e, 12 mai 2005, nº 03-17.994 P : *D. 2005. IR 1451* (hébergement de mineurs handicapés par une institution, en dehors de toute décision de l'autorité publique) • 24 mai 2006, nº 04-17.495 P : *RJPF 2006-11/34, note Corpart ; LPA 9 févr. 2007, note A. Paulin ; RDSS 2006. 760, note Cristol ; RDC 2007. 286, obs. Borghetti ; RTD civ. 2006. 779, obs. Jourdain* (mineur n'ayant pas été confié à l'association par une décision de justice). – V. déjà en ce sens, • Civ. 1re, 7 déc. 1955 : *JCP 1956. II. 9246 (2e esp.), note Esmein* • *11 mai 1982 : Gaz. Pal. 1982. 2. 612, note Chabas ; RTD civ. 1983. 145, obs. Durry* • Com. 26 févr. 1985 : *Bull. civ. IV, nº 78.* ♦ L'accident dont est victime un enfant qui fait usage de l'aire de jeux d'un restaurant, exclusivement réservée à la clientèle, au cours d'un goûter auquel il participait en compagnie d'un adulte et d'autres enfants, relève de la responsabilité contractuelle de l'établissement, et non de l'art. 1384 anc. [1242], al. 1er. • Civ. 1re, 28 juin 2012, nº 10-28.492 P : *D. 2013. 40, obs. Brun et Gout ; RTD civ. 2012. 729, obs. Jourdain ; JCP 2012, nº 1069, note Dubarry ; RLDC 2012/98, nº 4839, note Garaud.*

La règle de non-cumul des responsabilités contractuelle et délictuelle ne reçoit application que dans les rapports entre contractants. • Com. 9 juill. 2002, nº 99-19.156 P : *CCC 2002, nº 172, note Leveneur ; Dr. et patr. 2/2003. 101, obs. Houtcieff.*

227. Le principe de non-cumul des responsabilités contractuelle et délictuelle interdit seulement au créancier d'une obligation contractuelle de se prévaloir, contre le débiteur de cette obligation, des règles de la responsabilité délictuelle et n'interdit pas la présentation d'une demande distincte, fondée sur l'art. L. 442-6, I, 5° C. com., qui tend à la réparation d'un préjudice résultant non pas d'un manquement contractuel, mais de la rupture brutale d'une relation commerciale établie. • Com. 24 oct. 2018, nº 17-25.672 P : *D. 2018. 2396, note Buy ; ibid. 2019. 783, obs. Ferrier ; AJ contrat 2019. 86, obs. Dissaux ; RTD civ. 2019. 103, obs. Barbier ; ibid. 112, obs. Jourdain ; RDC 1/2019. 38, note Knetsch.*

228. Dommages sans lien avec le contrat. L'assureur aux droits du locataire indemnisé à la suite de dégâts des eaux dans les lieux loués ne peut agir qu'en responsabilité contractuelle contre le bailleur, celui-ci serait-il également propriétaire de l'appartement de l'étage supérieur d'où sont venues les infiltrations. • Civ. 3e, 14 mai 1997, nº 95-14.517 P : *RTD civ. 1998. 111, obs. Jourdain* • 5 juin 2002, nº 00-21.519 P : *D. 2002. AJ 2407, obs. Rouquet.* ♦ Lorsque les parties ont défini le champ de leur responsabilité contractuelle en cas de dommage causé aux biens du contractant, la responsabilité peut être d'ordre délictuel pour un dommage non prévu. • Civ. 1re, 24 févr. 1981 : *D. 1981. 560 ; RTD civ. 1982. 145, obs. Durry.* ♦ V. aussi notes 41 et 220. ♦ Mais dans un cas ne relevant pas de la législation sur les maladies professionnelles, le salarié qui attribue son état de santé aux mauvaises conditions de travail imposées par l'employeur est en droit d'agir sur le terrain de la responsabilité contractuelle, mais ne peut se prévaloir de l'art. 1384 anc. [1242] C. civ. • Soc. 11 oct. 1994, nº 91-40.025 P : *D. 1995. 440, note crit. Radé ; JCP 1995. I. 3893, nº 19, obs. Viney ; RTD civ. 1995. 890, obs. Jourdain* • 28 oct. 1997, nº 95-40.509 P : *D. 1998. 219, note Radé ; JCP 1998. I. 185, nos 6 s., obs. Viney.*

229. Victime sortie du champ d'application du contrat. Caractère délictuel de l'action contre la SNCF d'une victime qui a été blessée alors que, s'étant trompée de direction, elle essayait de descendre d'un train qui avait reçu le signal du départ ; cassation de l'arrêt ayant retenu la responsabilité contractuelle de la SNCF, en raison du fait que le passager disposait d'un abonnement, alors que l'accident n'était pas survenu dans l'exécution du contrat convenu entre les parties. • Civ. 1re, 1er déc. 2011 : *D. 2011. 2996 ; RTD civ. 2012. 119, obs. Jourdain ; RCA 2012, n° 36, obs. Hocquet-Berg ; CCC 2012, n° 59, obs. Leveneur ; Gaz. Pal. 2012. 206, note Carayol.* ♦ Rappr. note 41.

230. Bagages à main. Dès lors que le transport des bagages à main a lieu en exécution du contrat de transport de voyageur, la SNCF ne saurait avoir engagé, à l'occasion de leur vol, sa responsabilité quasi délictuelle. • Paris, 23 nov. 1993 : *Gaz. Pal. 1994. 1. 1, note J.-G. M.* ♦ *Contra :* en l'absence de prise en charge d'un bagage n'ayant pas fait l'objet d'un enregistrement, la responsabilité de la SNCF dans la survenance d'un vol ne peut être engagée que sur le terrain délictuel. • Paris, 14 oct. 1993 : *BICC 1er mars 1994, n° 292.* ♦ V. aussi • Civ. 2e, 29 avr. 1994, n° 92-12.987 P : *RTD civ. 1994. 869, obs. Jourdain* (cassation d'un arrêt ayant retenu, sur un fondement délictuel, la responsabilité de la SNCF, l'existence d'une faute n'étant pas caractérisée à son encontre) • 6 mars 1996, n° 94-18.924 P : *JCP 1996. I. 3958, n° 4, obs. M. Fabre-Magnan ; D. 1997. Somm. 25, obs. Delebecque ; RTD civ. 1997. 139, obs. Jourdain* (cassation d'un jugement ayant condamné la SNCF sans préciser le fondement de la responsabilité retenue pour un vol de bagages non enregistrés) • 10 juill. 1996, n° 93-21.132 P : *RTD civ. 1997. 139, obs. Jourdain* (même hypothèse et même solution).

231. Comportement d'un contractant : faute pénale. **BIBL.** Véron, *LPA 22 sept. 1999* (responsabilité pénale du médecin). ♦ Un fait dommageable, lorsqu'il constitue une infraction pénale caractérisée, entraîne une responsabilité d'ordre délictuel, faisant ainsi échec au principe du non-cumul des responsabilités contractuelle et délictuelle. • Paris, 27 juin 1972 : *Gaz. Pal. 1973. 1. 249.* ♦ Application en matière médicale : V. • Crim. 12 déc. 1946 : *D. 1947. 94* • 26 nov. 1964 : *Gaz. Pal. 1965. 1. 312 ; RTD civ. 1965. 819, obs. R. Rodière* • 10 mai 1984 : *D. 1985. 256, note Penneau ; JCP 1984. II. 20303, note Dorsner-Dolivet ; Gaz. Pal. 1984. 2. 710, note Chabas* ; et, *dans la même affaire,* • *Cass., ass. plén., 30 mai 1986 : Bull. civ. n° 8 ; R., p. 188 ; D. 1987. 109, note Penneau.* ♦ Comp., dans le cas d'une relaxe, pour des exemples d'application de l'art. 470-1 C. pr. pén. : • Crim. 20 mars 1996 : *JCP 1996. I. 3985, n° 22, obs. Viney* • 28 sept. 1999, n° 97-82.353 P : *RCA 2000, n° 77, note Groutel* (la juridiction répressive peut, après relaxe du prévenu, retenir une faute contractuelle en relation de cause à effet avec le dommage).

232. ... Faute dolosive. Incidence de la faute dolosive commise par un contractant sur la nature de la responsabilité encourue : V. • Civ. 3e, 18 déc. 1972 : *D. 1973. 272, note J. Mazeaud* (admission de la responsabilité délictuelle). ♦ Comp. • Civ. 3e, 9 mai 1979 : *D. 1980. 414, note Espagnon* (si lourdes que soient les fautes reprochées par le maître de l'ouvrage à l'architecte ou aux entrepreneurs relatives à des manquements à leurs obligations contractuelles, l'action en garantie est éteinte après l'expiration du délai de dix ans, celle qui est intentée en application des règles de la responsabilité quasi délictuelle ne pouvant être fondée que sur une faute extérieure au contrat).

C. RAPPORTS DES PARTIES ET DES TIERS

233. Opposabilité du contrat aux tiers. Conséquences de l'opposabilité du contrat aux tiers : V. ss. art. 1200. ♦ L'ancien employeur qui a intenté une action en violation d'une clause de non-concurrence contre son ancien salarié n'est pas privé du droit d'agir en concurrence déloyale contre le nouvel employeur, ces deux actions, l'une contractuelle et l'autre délictuelle, tendant à la réparation d'un préjudice différent et pouvant se cumuler. • Com. 24 mars 1998, n° 96-15.694 P : *D. 1999. Somm. 113, obs. Libchaber ; JCP 1998. I. 185, n° 13, obs. Viney.*

234. Absence de lien contractuel : responsabilité délictuelle. Sur la possibilité pour un tiers d'invoquer un manquement contractuel qui lui est préjudiciable, dans le cadre d'une action délictuelle, V. ss. art. 1199. ♦ L'agence immobilière est responsable du dommage subi par toutes les parties à une opération dont l'échec est imputable à ses fautes professionnelles, le fondement de cette responsabilité étant contractuel à l'égard de ses clients et délictuel à l'égard des autres parties. • Civ. 1re, 16 déc. 1992, n° 90-18.151 P : *RTD civ. 1993. 362, obs. Jourdain .* – Dans le même sens : • Civ. 1re, 25 nov. 1997, n° 96-12.325 P : *D. Affaires 1998. 63, obs. J. F. (2e esp.).* ♦ Action délictuelle de l'expéditeur contre le transporteur maritime avec lequel il n'a pas de lien contractuel pour le dommage causé à une partie de la cargaison. • Com. 30 juin 2021, n° 19-23.665 B (détermination de la juridiction compétente).

235. L'action récursoire dirigée contre l'entrepreneur par le maître de l'ouvrage subrogé dans l'action des héritiers de la victime a un fondement quasi délictuel, la victime et ses héritiers n'ayant pas été parties au contrat d'entreprise. • Civ. 3e, 10 janv. 1984 : *Bull. civ. III, n° 5 ; RTD civ. 1984. 740, obs. Rémy.* ♦ V., dans le même sens, pour une action en garantie : • Civ. 3e, 17 déc. 1997 : *RCA 1998, n° 119 ; RDI 1998. 266, obs. Malinvaud et Boubli .* ♦ *Contra :* • Civ. 3e, 24 mars 1999, n° 96-19.775 P : *D. Affaires 1999. 866, obs. J. F. ; RCA 1999, n° 177 ; note Groutel ; RTD civ. 1999. 640, obs. Jourdain* (l'entrepreneur et le maître de l'ouvrage étant contractuellement liés, le recours du second contre le premier en garantie de troubles de voisinage ne peut invoquer une présomption de responsabilité fondée sur la garde du chantier). ♦ Comp. notes 72 s. ss. art. 1792. ♦ Faute délictuelle du contrôleur technique, tenu, de ce fait, à garantie envers l'architecte. • Civ. 3e, 18 janv. 2006, nº 04-18.950 P : *RDI 2006. 236, obs. Malinvaud*.

Lorsque les demandes tendant à l'indemnisation de préjudices résultant de l'inexécution, par le notaire, de la mission de séquestre qui lui a été confiée par le tribunal, sont formulées par un demandeur qui ne lui est lié par aucun contrat, l'action litigieuse est une action en responsabilité extracontractuelle soumise à la prescription décennale de l'anc. art. 2270-1. • Civ. 1re, 14 févr. 2018, nº 16-20.278 P : *RDC 2018. 349, obs. Pellet.*

236. Victimes par ricochet. La victime par ricochet d'un accident relevant de la responsabilité contractuelle dispose d'une action en responsabilité délictuelle pour obtenir réparation de son préjudice. • Civ. 2e, 23 oct. 2003, nº 01-15.391 P : *JCP 2004. II. 10187, note Tricot-Chamard ; ibid. I. 163, nº 11 s., obs. Viney ; Dr. et patr. 4/2004. 116, obs. Chabas.* ♦ V. aussi notes 10 ss. art. 1205.

237. Groupes de contrats. V. ss. art. 1199.

Art. 1231-2 *(Ord. nº 2016-131 du 10 févr. 2016, art. 2, en vigueur le 1er oct. 2016)* **Les dommages et intérêts dus au créancier sont, en général, de la perte qu'il a faite et du gain dont il a été privé, sauf les exceptions et modifications ci-après.** — *Dispositions transitoires, V. Ord. nº 2016-131 du 10 févr. 2016, art. 9, ss. art. 1386-1.*

BIBL. ▶ SAEDI, *LPA 7 juin 2005* (« dommages-intérêts » ou « dommages et intérêts » ?).

PLAN DES ANNOTATIONS

A. PRINCIPES GÉNÉRAUX nos 1 à 5	*C. RÉPARATION DU PRÉJUDICE* nos 16 à 53
B. DÉTERMINATION DU PRÉJUDICE nos 6 à 15	*1º PRINCIPES* nos 17 à 27
1º NATURE nos 6 à 8	*2º PERTE DE CHANCE* nos 28 à 48
2º CARACTÈRES nos 9 et 10	*3º MODES DE RÉPARATION* nos 49 et 50
3º ILLUSTRATIONS nos 11 à 15	*4º OBLIGATION IN SOLIDUM* nos 51 à 53

A. PRINCIPES GÉNÉRAUX

1. Double condition : inexécution contractuelle et dommage. Une faute contractuelle n'implique pas nécessairement par elle-même l'existence d'un dommage en relation de cause à effet avec cette faute. • Civ. 1re, 18 nov. 1997, nº 95-19.516 P : *D. Affaires 1998. 20, obs. S. P.* • Civ. 2e, 11 sept. 2008, nº 07-20.857 P : *RDC 2009. 77, obs. Deshayes.* ♦ Nécessité pour le juge qui accorde des dommages-intérêts de caractériser l'inexécution d'une obligation contractuelle. • Civ. 1re, 7 févr. 2006, nº 03-19.868 P. ♦ En sens contraire : l'inexécution donne lieu à dommages-intérêts, peu important qu'elle n'ait pas été fautive. • Com. 30 juin 1992, nº 90-20.991 P : *D. 1994. 454, note crit. Bénabent* (modification des dates de mise à disposition d'une aire de marché, à la suite d'une décision communale interdisant la circulation des camions le jour habituel de la tenue du marché).

2. Le préjudice hypothétique ne donne pas lieu à réparation. • Soc. 8 juin 2016, nº 15-11.324 P : *D. 2016. 1259* (prise en compte du versement d'une prime, qui n'était qu'une éventualité dépendant du résultat de négociations). ♦ Des dommages-intérêts ne peuvent être alloués que si le juge, au moment où il statue, constate qu'il est résulté un préjudice de la faute contractuelle. • Civ. 3e, 3 déc. 2003, nº 02-18.033 P : *R., p. 364 ; D. 2005. Pan. 185, obs. D. Mazeaud ; JCP 2004. I. 163, nº 2 s., obs. Viney ; Gaz. Pal. 2004. 525, note Raby ; ibid. 547, note Barbier ; Defrénois 2004. 1332, obs. Ruet ; AJDI 2004. 204, note Beaugendre ; CCC 2004, nº 38, note Leveneur ; LPA 3 nov. 2004, note Rakotovahiny ; RDC 2004. 280, obs. Stoffel-Munck ; ibid. 359, obs. Seube ; RTD civ. 2004. 295, obs. Jourdain*. ♦ V. conf., sur l'exigence d'un préjudice certain dans son principe et dans son montant : • Com. 13 mars 2007 : *LPA 11 sept. 2007, note Lanthiez.*

3. Nature des dommages-intérêts. Les dommages-intérêts alloués en raison de l'inexécution ou du retard dans l'exécution d'une obligation de faire ou de ne pas faire constituent une modalité d'exécution de cette obligation. • Soc. 4 déc. 2002, nº 00-44.303 P : *RDC 2003. 54, obs. Stoffel-Munck ; RTD civ. 2003. 711, obs. Jourdain* (les dommages-intérêts dus par un employeur pour défaut de remise de bulletins de paie, de certificats de travail ou d'attestations ASSEDIC relèvent de la garantie de l'AGS).

4. Distinction de l'astreinte et des dommages-intérêts. V. Chabas, *D. 1972. Chron. 271* (réforme de l'astreinte par la L. du 5 juill. 1972) ; *D. 1992. Chron. 299* (réforme de l'astreinte par la L. du 9 juill. 1991). – Perrot, *Gaz. Pal. 1991. 2. Doctr. 801* (réforme de l'astreinte par la L. du 9 juill. 1991).

5. Office des juges du fond. Les juges ont un pouvoir souverain pour évaluer et régler le montant des dommages-intérêts dus en vertu de l'art. 1149 anc. • Civ. 24 oct. 1893 : *DP 1894. 1. 14.* – Jurisprudence constante. ♦ L'existence d'un préjudice et l'évaluation de celui-ci relèvent du pouvoir souverain d'appréciation des juges du fond. • Soc. 13 avr. 2016, n° 14-28.293 P : *D. 2016. 1588, chron. Flores, Wurtz, Sabotier, Ducloz et Mariette ; Dr. soc. 2016. 650, étude Tournaux ; Gaz. Pal. 2016. 1608, note Bailly* • Soc. 14 sept. 2016, n° 15-21.794 : *D. 2016. 1866* (absence de préjudice du fait de la non-délivrance de certains documents – solde de tout compte, attestation Pôle emploi et certificat de travail – en fin de contrat d'un footballeur professionnel). ♦ Ils peuvent allouer une somme unique tant pour les dépenses faites que pour le gain manqué du fait du retard dans la livraison des marchandises achetées. • Même arrêt. ♦ Ils ne sont pas tenus de s'expliquer sur chacun des préjudices invoqués, et en énonçant que la somme qu'ils allouent (1 franc) constitue réparation de tous les préjudices, ils considèrent nécessairement que les fautes retenues trouvent ainsi leur réparation. • Civ. 1re, 16 juill. 1991, n° 90-10.843 P. ♦ Refus d'évaluer le montant du dommage : V. note 8 ss. art. 4.

B. DÉTERMINATION DU PRÉJUDICE

1° NATURE

6. *Préjudice moral d'une personne morale.* Cassation, au visa des anciens art. 1147, 1382 et 1383 anc. [1240 et 1241], de l'arrêt ayant refusé d'admettre le préjudice moral d'une personne morale. • Com. 15 mai 2012 : *cité note 78 ss. art. 1241.*

7. *Naissance d'un enfant (échec d'une IVG).* En l'absence d'un dommage particulier qui, ajouté aux charges normales de la maternité, aurait été de nature à permettre à la mère de réclamer une indemnité à raison de l'échec d'une interruption volontaire de grossesse, la décision des juges du fond de rejeter la demande en dommages-intérêts est justifiée, l'existence de l'enfant ne pouvant, à elle seule, constituer pour sa mère un préjudice juridiquement réparable. • Civ. 1re, 25 juin 1991, n° 89-18.617 : *D. 1991. 566, note le Tourneau ; JCP 1992. II. 21784, note Barbiéri ; RTD civ. 1991. 753, obs. Jourdain*.

8. *Préjudice spécifique de contamination.* BIBL. E. Savatier, *JCP 1999. I. 125.* ♦ Sur l'appréciation du préjudice spécifique de contamination par le virus VIH : • Civ. 2e, 28 févr. 1996, n° 95-06.002 P • 2 avr. 1996, n° 94-15.676 P • Civ. 1re, 1er avr. 2003, n° 01-00.575 P : *JCP 2004. I. 101, n° 6, obs. Viney ; RTD civ. 2003. 506, obs. Jourdain* (hépatite C). ♦ V. Viney, *JCP 1996. I. 3985, n° 11.* ♦ Sur l'option offerte aux victimes entre le recours au Fonds d'indemnisation et l'action de droit commun : • Civ. 1re, 9 juill. 1996, n° 93-19.160 P : *D. 1996. 610, note Lambert-Faivre ; JCP 1996. I. 3985, n° 16, obs. Viney ; CCC 1996. 200, obs. Leveneur ; RTD civ. 1997. 146, obs. Jourdain* • Civ. 1re, 9 juill. 1996, n° 94-18.666 P. ♦ ... A condition que le préjudice n'ait pas déjà été intégralement réparé par le Fonds d'indemnisation. • Civ. 1re, 9 juill. 1996, n° 94-13.414 P : *D. 1996. 610, note Lambert-Faivre (1re esp.) ; JCP 1996. I. 3985, n° 11, obs. Viney ; RTD civ. 1997. 146, obs. Jourdain* • Cass., ass. plén., 6 juin 1997, n° 95-12.824 P : *BICC 15 oct. 1997, p. 5, concl. Tatu, rapp. Dorly ; D. 1998. 255, concl. Tatu ; RTD civ. 1998. 518, obs. Marguénaud* • Civ. 2e, 14 janv. 1998, n° 95-15.088 P (réparation par les juridictions de droit commun des seuls chefs de préjudice non indemnisés par le Fonds). – V. aussi • Civ. 1re, 6 juin 2000, n° 98-22.117 P : *R., p. 391 ; D. 2000. IR 185 ; JCP 2000. I. 280, n° 29 s., obs. Viney.* ♦ Sur le régime d'indemnisation, V. • Civ. 2e, 9 oct. 2003, n° 03-06.001 P (nécessité de justifier de préjudices précis). ♦ Pour le préjudice résultant d'une contamination, V. note 89 ss. art. 1241.

2° CARACTÈRES

9. *Préjudice certain.* Il n'y a pas lieu d'indemniser à l'avance le dommage futur et incertain résultant d'éventuelles coupures ultérieures de courant électrique. • Civ. 1re, 24 nov. 1993 : *CJEG 1995. 64, note Nénert.* ♦ Mais le juge peut accorder une provision à un maître de l'ouvrage, dans le cadre de la garantie décennale, pour le préjudice né de l'obligation de libérer les lieux loués durant les travaux de réfection, dès lors que leur durée prévisible oscille entre quatre et six mois, sans pouvoir être encore chiffrée précisément. • Civ. 2e, 10 janv. 2013, n° 11-27.131 P. ♦ En l'absence de vente de l'immeuble et de dommages de nature décennale, n'est qu'éventuel le préjudice résultant de la dépréciation du bâtiment en cas de vente de l'immeuble dans les dix ans et de l'absence de toutes assurances tant de dommages que de responsabilité en cas de désordres survenant pendant les dix années suivant la réception. • Civ. 3e, 2 mars 2022, n° 21-10.753 B : *D. 2023. 430, obs. A. Aynès* (arrêt notant que les demandeurs ne réclamaient pas l'indemnisation d'un préjudice moral lié à l'insécurité engendrée par l'absence d'assurance décennale).

10. *Préjudice direct.* Le coût d'une étude, réalisée à la seule initiative de l'emprunteur dans le but de vérifier le calcul du TEG du crédit dont il bénéficiait, ne constitue pas une suite immédiate et directe de la faute de la banque à l'origine du préjudice et ne peut être mis à la charge de la banque qu'en application des dispositions de l'art. 700 C. pr. civ. • Com. 11 déc. 2019, n° 18-15.369 P.

3° ILLUSTRATIONS

11. *Suites du non-respect d'une réglementation.* Indemnisation de l'appauvrissement résultant de pénalités fiscales infligées à des sociétés ayant souscrit à un fonds commun de placement. • Com. 24 sept. 2002, n° 00-16.425 P.

12. Évaluation du préjudice subi par l'employeur du fait des défaillances d'un service de santé au travail dans l'exécution de sa mission au coût total de la prestation, dès lors que l'omission de certaines visites de santé des salariés constituait une infraction pénale commise par l'employeur. • Civ. 1re, 19 déc. 2013 : *D. 2014. 23* (employeur manquant également d'informations déterminantes pour l'accomplissement des actions de prévention et le respect des obligations qui lui incombent dans le domaine de la sécurité et de la santé au travail).

13. *Durée du travail.* Le seul constat du dépassement de la durée maximale de travail ouvre droit à la réparation. • Soc. 26 janv. 2022, n° 20-21.636 B : *D. 2022. 1280, obs. Vernac et Ferkane ; Dr. soc. 2022. 369, obs. Mouly ; ibid. 647, obs. Véricel* (cassation de l'arrêt estimant que le salarié doit démontrer en quoi ses horaires lui ont porté préjudice).

14. *Violation d'une clause de garantie d'emploi.* La violation de la clause de garantie d'emploi oblige l'employeur à indemniser le salarié du solde des salaires restant dû jusqu'au terme de la période garantie. • Soc. 27 oct. 1998, n° 95-43.308 P : *D. 1999. 186, note J. Mouly ; D. 1999. Somm. 172, obs. Aubert-Monpeyssen ; JCP 1999. II. 10040, note Auzero* • 2 févr. 1999, n° 96-40.773 P. ♦ Efficacité de la renonciation volontaire des salariés ayant opté librement pour un départ volontaire donnant lieu au versement d'une indemnité. • Soc. 13 mai 2014, n° 13-10.781 P : *D. 2015. 829, obs. Lokiec*.

15. *Préjudice inévitable et lien de causalité.* Dès lors que, si le projet de l'architecte avait été correctement réalisé, le maître de l'ouvrage aurait dû nécessairement payer le surcoût des prestations complémentaires omises de son évaluation, il n'y a pas de lien de causalité entre le préjudice lié à ce surcoût et les fautes de l'architecte. • Civ. 3e, 19 janv. 2022, n° 20-15.376 B : *D. 2022. 686, note Bonnardel ; RDI 2022. 175, obs. Charbonneau ; RTD civ. 2022. 386, obs. Barbier ; ibid. 403, obs. Jourdain ; RDC 2022/2. 29, note Dugué ; RCA 2022, n° 106, obs. Bertolaso ; RGDA 2022/4. 8, note Dessuet* (réparation admise toutefois au titre des déconvenues éprouvées lors de la découverte de ce surcoût).

C. RÉPARATION DU PRÉJUDICE

16. *Réparation accordée à la victime du préjudice.* Cassation de l'arrêt condamnant une banque, qui a fautivement cessé son concours au débiteur principal, à indemniser la caution de la perte de valeur du fonds de commerce, préjudice que celle-ci n'a pas subi. • Com. 24 mars 2015, n° 13-16.076 P.

1° PRINCIPES

17. *Réparation intégrale.* Une fois le dommage déterminé dans sa nature et dans son étendue, il importe uniquement d'assurer à la victime une indemnisation intégrale par le versement de l'équivalent monétaire dudit dommage au jour de sa réparation. • Com. 16 févr. 1954 : *D. 1954. 534, note R. Rodière*. ♦ Pour l'affirmation d'un principe de réparation intégrale du préjudice sans perte ni profit, V. • Civ. 2e, 28 mai 2009 : *cité note 100 ss. art. 1241* • Civ. 3e, 4 nov. 2010, n° 09-70.235 P : *D. 2010. 2705*.

18. *Refus des indemnisations forfaitaires.* Viole l'art. 1147 anc. C. civ. la cour d'appel qui fixe les préjudices subis à une somme forfaitaire. • Civ. 1re, 2 avr. 1996, n° 94-13.871 P. ♦ Pour l'évaluation du préjudice subi dans le cas d'un cautionnement disproportionné : • Civ. 1re, 20 déc. 2007, n° 06-19.313.

19. *Refus des indemnisations en équité.* Et viole l'art. 12 C. pr. civ., al. 1er, la cour d'appel qui laisse en équité une part de responsabilité à un contractant, alors que le juge doit trancher le litige conformément aux règles de droit applicables. • Com. 16 avr. 1996 : *CCC 1996. 122, obs. Leveneur.*

20. *Dommages et intérêts punitifs (DIP).* Le principe d'une condamnation à des dommages-intérêts punitifs n'est pas, en soi, contraire à l'ordre public ; mais il en est autrement lorsque le montant alloué est disproportionné au regard du préjudice subi et des manquements aux obligations contractuelles du débiteur. • Civ. 1re, 1er déc. 2010 : *D. 2011. 423, note Licari ; JCP 2011, n° 140, note Juvénal ; ibid. n° 158, § 12, obs. Nourissat ; Gaz. Pal. 2011. 849, note de Bérard ; RLDC 2011/79, n° 4120, obs. Paulin ; Rev. crit. DIP 2011. 93, note Gaudemet-Tallon ; RTD civ. 2011. 122, obs. Fages ; ibid. 317, obs. Rémy-Corlay*.

21. *Date d'appréciation.* Les juges du fond qui octroient une indemnité à un cocontractant au titre du gain dont il a été privé en raison de l'inexécution du contrat ne font qu'assurer la réparation intégrale de ce préjudice en l'estimant au jour où il s'était produit et en l'actualisant au jour de leur décision en fonction de l'évolution d'un indice. • Com. 2 nov. 1993, n° 91-14.673 P : *JCP 1994. I. 3773, n° 20, obs. Viney ; RTD civ. 1994. 622, obs. Jourdain*. ♦ Viole, au contraire, l'art. 1149 anc. la cour d'appel qui fixe le montant du préjudice en se fondant sur des éléments (avis d'experts) antérieurs à la date de sa décision, sans le réévaluer ou s'expliquer sur les motifs justifiant une absence de réévaluation.

• Civ. 1re, 6 oct. 1998, n° 96-19.575 P. ♦ V. aussi note 26.

V. cependant : • Civ. 1re, 20 nov. 1990, n° 87-19.564 P (cassation de l'arrêt qui alloue à des agriculteurs dont les récoltes ont été perdues par suite de l'utilisation d'un produit reconnu défectueux une indemnité réparant la perte des récoltes telles que chiffrée par expert au jour du dommage, indemnité réévaluée au jour de la décision (majoration de 125 % par application de l'indice des prix à la consommation) et assortie des intérêts des sommes fixées par l'expert, alors que la perte faite par les agriculteurs était, sauf justification d'un préjudice supplémentaire, de la valeur de la récolte à l'époque où elle a été perdue, valeur qui aurait dû augmenter leur patrimoine) • Civ. 3e, 31 mars 1999, n° 97-15.444 P : *JCP 2000. I. 219, n° 8 s., obs. Mayaux* (cassation de l'arrêt qui réévalue à sa date des acomptes indemnitaires provisionnels sans limiter l'actualisation de ces sommes au jour où elles ont été perçues).

22. Aggravation du préjudice par la victime. Doit être cassé l'arrêt qui, après avoir constaté que l'assureur avait suspendu à tort le bénéfice des garanties au profit du conjoint, le privant de la jouissance de son véhicule, a rejeté la demande de ce dernier en réparation du préjudice subi, au motif qu'il aurait pu assurer le véhicule auprès d'un autre assureur, de tels motifs ne caractérisant pas la faute de l'assuré ayant causé l'aggravation de son préjudice matériel. • Civ. 2e, 24 nov. 2011 : *D. 2012. 141, note Adida-Canac ; ibid. Chron. C. cass. 644, obs. Adida-Canac et Bouvier ; ibid. 2013. 40, obs. Brun et Gout ; RTD civ. 2012. 324, obs. Jourdain ; Gaz. Pal. 2012. 1470, note Mekki ; JCP 2012, n° 170, note Rebeyrol ; RDC 2012. 437, obs. Carval ; RCA 2012, n° 33, obs. Hocquet-Berg ; RGDA 2012. 424, note Pélissier* (interprétation de la clause excluant les conjoints séparés comme ne désignant que les conjoints séparés de corps). ♦ Sur l'absence d'obligation de la victime de modérer le dommage, rappr. note 217 ss. art. 1241.

23. Prohibition des doubles indemnisations. Violent l'art. 1149 anc. en procédant à une double indemnisation les juges du fond : qui indemnisent intégralement le client des conséquences des manquements de l'entrepreneur à ses obligations, tout en le dispensant de payer les travaux exécutés. • Civ. 3e, 21 juin 2005 : *CCC 2005, n° 189, note Leveneur* • 14 mai 2020, n° 19-16.278 P. ♦ ... Qui attribuent à la victime d'une contamination par le virus de l'hépatite C, outre une indemnité au titre des souffrances endurées, un préjudice spécifique de contamination. • Civ. 1re, 3 mai 2006, n° 05-10.411 P : *D. 2006. IR 1403, obs. Gallmeister ; Gaz. Pal. 2006. Somm. 4113, obs. Bacache ; RDSS 2006. 745, note Hennion-Jacquet* • 3 mai 2006, n° 05-11.139 P : *D. 2006. IR 1486 ; RTD civ. 2006. 562, obs. Jourdain*. ♦ .. Qui attribuent à un salarié victime d'un accident du travail une indemnité au titre de la perte d'emploi, alors que l'indemnisation de ce préjudice était comprise dans les dommages-intérêts alloués à l'intéressé en réparation du préjudice résultant de la méconnaissance par l'employeur de son obligation de reclassement (C. trav., art. L. 1226-10) • Soc. 29 mai 2013, n° 11-28.799 P : *D. 2013. 1416*. ♦ ... Qui attribuent des dommages-intérêts au titre du préjudice résultant de la privation des mesures d'un plan de sauvegarde de l'emploi dans la mesure où la cour d'appel avait déjà condamné l'employeur à payer à chaque salarié une indemnité réparant intégralement le préjudice résultant du caractère illicite du licenciement. • Soc. 14 sept. 2017, n° 16-11.563 P. ♦ Mais, ayant constaté que les salariés licenciés pour motif économique avaient bénéficié d'une indemnité pour licenciement sans cause réelle et sérieuse en raison de l'insuffisance du plan de sauvegarde de l'emploi et du manquement de l'employeur à son obligation de reclassement, la cour d'appel en a justement déduit que les préjudices allégués par les salariés résultant de la perte de leur emploi et de la perte d'une chance d'un retour à l'emploi optimisé en l'absence de moyens adéquats alloués au plan de sauvegarde de l'emploi avaient déjà été indemnisés. • Soc. 27 janv. 2021, n° 18-23.535 P : *D. 2021. 1152, obs. Vernac et Ferkane ; Dr. soc. 2021. 516, note Delmas ; RDT 2021. 241, obs. Bento de Carvalho ; RDC 2021/2. 31, note Borghetti*. ♦ Rappr. au visa de l'art. L. 1224-1 C. trav., interprété à la lumière de la Dir. 2001/23/CE du 12 mars 2001 : un salarié ne peut obtenir deux fois réparation du même préjudice ; cassation de l'arrêt imposant au cessionnaire la réparation intégrale du préjudice résultant de la rupture illicite du contrat de travail, sans déduire l'indemnité transactionnelle déjà reçue. • Soc. 25 sept. 2013, n° 12-20.256 P : *D. 2013. 2278*. ♦ Cassation de l'arrêt ayant alloué des dommages-intérêts au salarié licencié sans caractériser une faute dans les circonstances de la rupture de nature à justifier l'allocation d'une indemnité distincte des dommages-intérêts pour licenciement sans cause réelle et sérieuse. • Soc. 11 déc. 2019, n° 18-11.792 P. ♦ Les juges ne peuvent indemniser la perte de la chance d'éviter un dommage, tout en ayant déjà réparé les conséquences de sa survenance. • Civ. 1re, 22 nov. 2007, n° 06-14.174 P : *D. 2008. Pan. 2894, obs. Jourdain ; JCP 2008. I. 125, n° 9, obs. Stoffel-Munck ; RCA 2008, n° 30, note Radé ; CCC 2008, n° 64, obs. Leveneur* • Civ. 3e, 7 juill. 2016, n° 15-12.370 P.

24. Viole l'art. 1149 anc. C. civ. l'arrêt qui condamne une personne à verser une somme « outre TVA » alors que la victime, soumise au régime de cette taxe, était habilitée à récupérer les sommes décaissées à ce titre. • Civ. 1re, 4 juin

1996, n° 94-12.049 P. – Dans le même sens : • Civ. 3e, 22 mars 2000 : *Gaz. Pal. 2001. 88, note Zavaro.* ♦ Sur la date d'appréciation du taux de TVA, V. • Civ. 3e, 25 sept. 2002, n° 00-21.614 P. ♦ Sur la charge de la preuve du non-assujettissement à la TVA : • Civ. 3e, 6 nov. 2007, n° 06-17.275 P : *Defrénois 2009. 83, obs. Périnet-Marquet.*

25. Cassation de l'arrêt condamnant le vendeur dont le produit a pollué la cuve de l'acheteur à dépolluer celle-ci tout en lui accordant une somme destinée à remplacer la cuve devenue inutilisable. • Com. 5 mai 2015, n° 14-11.148 P : *D. 2015. 1151 ; RTD com. 2015. 584, obs. Bouloc ; RDC 2015. 845, obs. Savaux.* ♦ La réparation ne pouvant excéder le montant du dommage, cassation de l'arrêt qui condamne le garagiste à garantir le vendeur d'un véhicule d'occasion mal réparé de sa dette de reversement du prix à l'acheteur, le vendeur étant dit par ailleurs créancier de la restitution du véhicule. • Civ. 1re, 25 mars 2003, n° 00-21.114 P : *RTD civ. 2003. 505, obs. Jourdain* .

26. Violent l'art. 1149 anc. les juges du fond qui décident, d'une part, que l'indemnité due par l'assureur sera actualisée à la date de son paiement effectif et, d'autre part, qu'elle portera intérêt au taux légal à la date de la demande. • Civ. 1re, 14 janv. 1992, n° 90-13.243 P. ♦ Dans le même sens : • Civ. 3e, 8 févr. 1995, n° 92-19.639 P : *D. 1995. Somm. 234, obs. Libchaber ; Gaz. Pal. 1996. 1. Somm. ann. 229, obs. Peisse.* ♦ *Contra :* • Civ. 1re, 16 mai 1995, n° 92-15.276 P : *RTD civ. 1995. 910, obs. Jourdain* (il n'y a pas double indemnisation dès lors que l'actualisation compense la dépréciation monétaire entre le jour où la créance est évaluée et le jour du paiement, tandis que les intérêts moratoires indemnisent seulement le retard dans le paiement) • 6 juin 2000, n° 97-14.965 P (*idem*).

27. Vétusté. Violent aussi l'art. 1149 anc. les juges qui appliquent un coefficient de vétusté dans la fixation de l'indemnité due à un maître de l'ouvrage pour les désordres subis. • Civ. 3e, 6 mai 1998, n° 96-13.001 P : *D. Affaires 1998. 1171, obs. J. F.* ♦ Rappr., en matière délictuelle, notes 206 s. et 257 s. ss. art. 1241.

2° PERTE DE CHANCE

28. Notion de perte de chance. **BIBL.** Nussenbaum, *CCC 2019. Étude 10* (la perte de chance ou la question des aléas). ♦ Seule constitue une perte de chance réparable la disparition actuelle *et certaine d'une éventualité favorable.* • Civ. 1re, 21 nov. 2006, n° 05-15.674 P : *D. 2006. IR 3013 ; JCP 2007. II. 10181, note Ferrière ; ibid. I. 115, n° 2, obs. Stoffel-Munck ; RDC 2007. 266, obs. D. Mazeaud* (absence de perte de chance d'intenter un pourvoi en cassation, du fait de l'inertie de l'avocat, dès lors que les clients disposaient encore de la possibilité de se pourvoir contre la décision litigieuse, signifiée par un acte dont la mention relative au délai du recours en cassation était erronée) • 8 mars 2012, n° 11-14.234 P : *D. 2012. 736* (absence de perte de chance du versement d'une commission stipulée irrégulièrement dans le mandat d'un agent immobilier). ♦ La perte de chance présente un caractère direct et certain chaque fois qu'est constatée la disparition d'une éventualité favorable. • Civ. 1re, 22 mars 2012, nos 11-10.935 P, 11-11.237 P : *D. 2012. 877 ; RTD civ. 2012. 529, obs. Jourdain ; RDC 2012. 813, obs. Carval.* ♦ Perte de chance de faire fructifier son patrimoine : • Civ. 3e, 18 juin 2014, n° 13-13.617 P : *AJDI 2015. 129, obs. Prigent* (rétractation fautive au bénéfice du statut du fermage). ♦ Perte de chance, pour le vendeur d'un immeuble, de vendre son bien au même prix pour une surface moindre, le vendeur ayant été condamné à indemniser l'acquéreur pour une moindre mesure par rapport à la superficie convenue. • Civ. 3e, 28 janv. 2015, n° 13-27.397 : *D. 2015. 657, note Rouvière ; JCP 2015, n° 216, note Viney.*

Lorsqu'un emprunteur, ayant adhéré au contrat d'assurance de groupe souscrit par la banque prêteuse à l'effet de garantir, en cas de survenance de divers risques, l'exécution de tout ou partie de ses engagements, reproche à cette banque d'avoir manqué à son obligation de l'éclairer sur l'adéquation des risques couverts à sa situation personnelle d'emprunteur et d'être responsable de l'absence de prise en charge, par l'assureur, du remboursement du prêt au motif que le risque invoqué n'était pas couvert, le dommage qu'il invoque consiste en la perte de la chance de bénéficier d'une telle prise en charge. • Com. 6 janv. 2021, n° 18-24.954 P : *D. 2021. 76 ; RTD civ. 2021. 411, obs. Barbier ; ibid. 421, obs. Jourdain ; RDC 2021/2. 40, note Klein ; RGDA 2021/3. 42, note Pimbert.* ♦ Cassation de l'arrêt qui a exigé du souscripteur d'une assurance emprunteur qu'il démontre que, s'il avait été parfaitement informé par la banque sur l'adéquation ou non de l'assurance offerte à sa situation, il aurait souscrit, de manière certaine, un contrat mieux adapté. • Civ. 2e, 20 mai 2020, n° 18-25.440 P : *D. 2021. 46, obs. Quézel-Ambrunaz ; ibid. 310, obs. Boffa et Mekki ; RDI 2020. 524, obs. Heugas-Darraspen ; AJ contrat 2020. 385, obs. François ; RTD civ. 2020. 629, obs. Barbier* . ♦ Dans le même sens : il se déduit du principe de la réparation intégrale sans perte ni profit pour la victime que toute perte de chance ouvre droit à réparation, sans que l'emprunteur ait à démontrer que, mieux informé et conseillé par la banque, il aurait souscrit de manière certaine une assurance garantissant le risque réalisé. • Civ. 2e, 17 juin 2021, n° 19-24.467 B : *D. 2021. 1186 ; RDI 2021. 668, obs. Noguéro ; RGDA 2021/7 30, note Kullmann ; ibid./8-9. 34, note Pélissier* • 15 sept. 2022, n° 21-13.670 B :

D. 2022. 1955, note Bouland ; *RTD civ. 2022. 894, obs. Barbier* ; *JCP 2022, n° 1324, note Vignon-Barrault* (même principe et cassation de l'arrêt exigeant la preuve d'une chance raisonnable).

Cassation de l'arrêt indemnisant intégralement les acquéreurs d'un immeuble rénové, sur le fondement d'un manquement à l'obligation d'information et de conseil, pour le préjudice lié aux travaux de reprise nécessités par l'exécution défectueuse de la rénovation effectuée sans assurance, sans constater qu'il était certain que, mieux informés, les acquéreurs auraient pu obtenir un avantage équivalent au coût des travaux de réparation. • Civ. 1re, 9 déc. 2010, n° 09-69.490 P : *D. actu. 17 janv. 2011, obs. Prigent* ; *RDI 2011. 119, obs. Dessuet* . ♦ Sur la perte de chance résultant de la violation d'une obligation d'information, V. aussi ss. CSP, art. L. 1111-2 (ss. art. 16-9 C. civ.). ♦ Sur les obligations du prestataire de services boursiers, V. note 16 ss. art. 1231-1. ♦ Sur la perte de chance en matière médicale, V. ss. CSP, art. L. 1142-1.

29. Un risque, fût-il certain, ne suffit pas à caractériser la perte certaine d'une chance, le préjudice qui en résulte étant purement éventuel. • Civ. 1re, 16 juin 1998, n° 96-15.437 P : *D. Affaires 1998. 1356, obs. J. F.* ; *CCC 1998, n° 129, note Leveneur* (cassation de l'arrêt accueillant l'action en responsabilité pour perte de chance de titulaires de parts d'un cheval de course contre le porteur majoritaire, fondée sur la mise à disposition du cheval décidée par ce dernier à une société étrangère, en raison d'un risque d'augmentation des saillies et d'une concurrence de celle-ci, qui n'a pris aucune obligation quant à la limitation des saillies). ♦ V. aussi • Civ. 1re, 19 déc. 2006 : *cité note 94 ss. art. L. 1142-1 CSP, ss. art. 1242.* • Com. 13 févr. 2019, n° 17-14.785 P : *D. 2019. Chron. C. cass. 1367, note Barbot* ; *RDI 2019. 322, obs. Heugas-Darraspen* ; *RDC 2/2019. 21, note Pellet* (le manquement d'une banque à son obligation de mettre en garde un emprunteur non averti sur le risque d'endettement excessif né de l'octroi d'un prêt prive cet emprunteur d'une chance d'éviter le risque qui s'est réalisé, la réalisation de ce risque supposant que l'emprunteur ne soit pas en mesure de faire face au paiement des sommes exigibles au titre du prêt, ce qui n'est pas le cas lorsque le terme du prêt, remboursable *in fine*, n'est pas échu, de sorte que le risque, sur lequel la banque s'est abstenue de mettre la cliente en garde, ne s'est pas réalisé).

Cassation de l'arrêt rejetant l'action en responsabilité d'un créancier du locataire contre le bailleur, au motif que le préjudice de ce dernier, qui consiste en une perte de chance de se faire payer sa créance sur le prix de vente du fonds de commerce, n'existe que si le fonds a une valeur patrimoniale, alors que si l'assignation en résiliation du bail lui avait été dénoncée, le créancier aurait pu payer l'arriéré de loyers à la date du commandement de payer et aurait ainsi pu préserver le droit au bail et, par voie de conséquence, le fonds de commerce qui constituait son gage. • Civ. 3e, 25 oct. 2018, n° 17-16.828 P : *D. 2018. 2134* ; *D. avocats 2018. 394, obs. de La Vaissière* .

30. Le dommage subi par une personne par l'effet de la faute d'un professionnel du droit est certain, quand bien même la victime disposerait, contre un tiers, d'une action consécutive à la situation dommageable née de cette faute et propre à assurer la réparation du préjudice.. • Civ. 1re, 19 déc. 2013, n° 13-11.807 P : *D. 2014. 256, note Avril* ; *AJ fam. 2014. 132, obs. de Guillenchmidt-Guignot* ; *D. avocats 2014. 69, obs. Royer* ; *JCP 2014, n° 6, obs. Slim* ; *Ibid. 2014, n° 597, note Pillet* ; *RDC 2014. 194, note Carval* (la nécessité pour la victime d'exercer à nouveau une action contre son débiteur du fait des fautes de son avocat n'est pas de nature à priver la perte de chance invoquée de son caractère actuel et certain). ♦ Caractère certain du préjudice résultant de la faute de l'avocat qui n'a pas déposé, dans le délai requis, la demande d'aide au recouvrement des sommes allouées par la juridiction répressive, la somme versée par le FGTI à la partie civile dépendant exclusivement de la condamnation prononcée par la juridiction pénale statuant sur intérêts civils. • Civ. 2e, 17 nov. 2016, n° 16-10.941 P : *D. 2016. 2398* .

31. Illustrations : succès d'une action en justice. Pour rejeter l'action, les juges doivent caractériser l'absence de toute probabilité de succès de l'action. • Civ. 1re, 8 juill. 1997, n° 95-14.067 P (cassation de l'arrêt n'ayant pas effectué cette recherche) • Civ. 1re, 18 oct. 1978 : *Gaz. Pal. 1979. 1. 118, note Damien* (absence de chance de succès) • 30 avr. 2014 : *D. 2015. 124, obs. Brun* ; *JCP 2014, n° 815, obs. Borghetti* ; *RCA 2014, n° 215, obs. Leduc* ; *RDC 2014. 613, note Deshayes* (*idem*, compte tenu de la faiblesse des éléments de preuve). ♦ La chance perdue est, non celle de voir l'affaire portée en justice, mais celle d'y obtenir satisfaction. • Civ. 1re, 8 juill. 2003, n° 99-21.504 P. ♦ Le préjudice né d'une perte de chance d'éviter une condamnation devenue exécutoire s'apprécie uniquement au regard de la probabilité d'obtenir une décision plus favorable. • Civ. 1re, 19 sept. 2007, n° 05-15.139 P. ♦ Ces chances de succès ne peuvent, toutefois, être appréciées au vu du résultat d'une procédure postérieure. • Civ. 1re, 4 avr. 2001, n° 98-23.157 P : *D. 2001. IR 1589* ; *JCP 2001. II. 10640, note Noblot.*

32. Toute perte de chance ouvre droit à réparation. • Civ. 1re, 14 déc. 2016, n° 16-12.686 P : *D. 2018. 87, obs. Wickers* ; *CCC 2017, n° 50, note Leveneur.* ♦ Pour accorder une indemnisation, les juges doivent rechercher quelles étaient les chances de succès. • Civ. 2e, 15 janv. 1997 :

RCA 1997, n° 129 • Civ. 1re, 2 avr. 1997, n° 95-11.287 P : *Defrénois 1997. 1435, obs. Bénabent* • Civ. 1re, 1er févr. 2005, n° 03-15.740 P : *Dr. et patr. 4/2005. 100, obs. Chabas* (reconstitution de la discussion qui aurait pu avoir lieu devant la cour de renvoi ; chance qusai certaine) • Cass., ass. plén., 13 avr. 2007 : *JCP 2007. Actu. 211, obs. Slim* (négligence d'un avocat aux Conseils ; reconstitution de la discussion à partir des deux moyens que la victime aurait voulu soulever) • Civ. 1re, 14 févr. 2008, n° 06-17.285 P (aveu judiciaire fautif d'un avoué ; perte d'une chance d'avoir pu faire juger l'affaire selon les règles probatoires ordinaires) • 2 avr. 2009 : *cité note 123 ss. art. 1231-1* (cassation de l'arrêt n'ayant pas reconstitué fictivement, au vu des conclusions des parties et des pièces produites aux débats, la discussion qui aurait pu s'instaurer) • Civ. 1re, 16 janv. 2013, n° 12-14.439 P : *D. 2013. 243, obs. Gallmeister ; ibid. 619, note Bacache ; ibid. 2014. 47, obs. Brun ; ibid. 169, obs. Wickers ; D. avocats 2013. 196, note Mahy-Ma-Somga et Jeannin ; RTD civ. 2013. 380, obs. Jourdain ; RCA 2013, n° 108, note Leduc ; Gaz. Pal. 2013. 990, obs. Guégan-Lécuyer.* ♦ Cassation de l'arrêt qui a accordé une indemnisation à un prévenu pour la perte d'une chance minime de voir réduire ses condamnations, l'arrêt ayant relevé l'existence d'une jurisprudence défavorable constante. • Civ. 1re, 25 nov. 2015, n° 14-25.109 P. ♦ Inversement, en présence d'un certain aléa judiciaire de nature à conduire la juridiction de renvoi à une solution différente, la faute commise par l'avocat ayant fait perdre une chance, même minime, de voir écarter les prétentions du prêteur à son encontre ouvre droit à réparation. • Civ. 1re, 12 oct. 2016, n° 15-23.230 P : *D. 2017. 46, note Traullé ; ibid. 24, obs. Brun ; D. avocats 2016. 365, obs. Mahy-Ma-Somga ; RDC 2017. 27, note Borghetti.* ♦ S'agissant d'un pourvoi en cassation, dont la déchéance a été prononcée par suite de la négligence d'un huissier de justice, seul doit être recherché s'il avait des chances d'aboutir. • Civ. 1re, 16 janv. 2007, n° 06-10.120 P : *RJPF 2007-4/24, obs. Garé.* ♦ ... Notamment au regard des textes communautaires invoqués par le moyen. • Civ. 1re, 22 nov. 2007, n° 04-19.774 P : *D. 2008. AJ 17 ; JCP 2008. I. 140, n° 15, obs. Pillet* (pourvoi en cassation).

33. Pour des illustrations de responsabilité de l'avocat pour perte de chance de gagner un procès, non plaidé par suite de la négligence d'un avocat. Par ex., • Bourges, 27 mars 1984 : *Gaz. Pal. 1984. 1. 376, note A. D.* • Civ. 1re, 7 févr. 1989 : *Bull. civ. I, n° 62* (délai d'appel écoulé, alors que le jugement n'avait pas motivé sa décision de laisser les deux tiers du dommage à la charge de la victime, à qui l'avocat n'avait pas communiqué la décision) • Soc. 14 févr. 2001, n° 99-12.620 P : *D. 2001. IR 1589* (perte d'un pourvoi alors que la notion était contrôlée par la Cour de cassation).

34. Perte de chance pour la victime d'un AVC d'être indemnisée des conséquences de l'aggravation de son état, dès lors que le rejet, par la juridiction administrative statuant en référé, de la demande d'expertise complémentaire est motivé par l'irrecevabilité du recours formé contre la décision du centre hospitalier refusant la demande d'indemnisation du préjudice initial, l'avocat ayant omis de contester cette décision définitive écartant toute responsabilité du centre hospitalier. • Civ. 1re, 14 janv. 2016, n° 14-30.086 P : *D. 2016. 256, obs. Carval*.

35. ... Investissement. Le rejet de la demande principale en nullité de la vente pour dol dirigée contre le vendeur ne fait pas obstacle à une demande subsidiaire en responsabilité quasi délictuelle contre le professionnel chargé de la commercialisation d'un programme d'investissement immobilier défiscalisé et à l'indemnisation du préjudice en résultant pour les acquéreurs demeurés propriétaires du bien, pour perte de chance d'avoir effectué un investissement plus rentable. • Civ. 3e, 14 janv. 2021, n° 19-24.881 P : *D. 2021. 135 ; RDI 2021. 226, obs. Heugas-Darraspen ; CCC 2021, n° 53, note Leveneur* (investissement ayant perdu quasiment la moitié de sa valeur en 7 ans).

Le manquement d'un assureur ou d'un courtier à son obligation d'informer, à l'occasion d'un arbitrage, le souscripteur d'un contrat d'assurance vie libellé en unités de comptes sur le risque de pertes présenté par un support d'investissement, ou à son obligation de le conseiller au regard d'un tel risque, prive ce souscripteur d'une chance d'éviter la réalisation de ces pertes. • Com. 10 mars 2021, n° 19-16.302 P.

36. ... Redressement fiscal. Pour retenir que le préjudice résultant d'un redressement fiscal ne constitue pas une simple perte de chance, une cour d'appel doit rechercher si un autre montage, initialement envisagé, était effectivement réalisable et si, dûment informée, la victime du redressement aurait opté pour cette option. • Civ. 1re, 5 mars 2009, n° 08-11.374 P : *RDC 2009. 1028, obs. Deshayes.* ♦ Rappr. : • Com. 7 avr. 2009, n° 08-17.778 P : *JCP 2009, nos 29-30, p. 32, note Maublanc ; LPA 17 juin 2009, note Barbiéri.*

37. ... Chèques sans provision. Le préjudice résultant du défaut de délivrance de l'information du titulaire du compte, préalable au rejet du chèque pour défaut de provision suffisante, prévu par l'art. L. 131-73, al. 1er, C. mon. fin., qui ne se confond pas avec le rejet fautif du chèque, consiste en la perte de la chance, pour le titulaire du compte, d'approvisionner celui-ci pour couvrir les chèques émis et échapper aux conséquences qui résultent du refus de paiement du chèque. • Com. 14 juin 2016, n° 14-19.742 P (cassation de l'arrêt ayant condamné la banque à payer une somme correspondant au solde débiteur du compte).

38. ... Contrat de travail. Pour la perte de chance subie par un salarié qui n'a pas été informé de la modification d'un contrat de prévoyance, V. • Soc. 18 mai 2011, n° 09-42.741 P : *D. 2011. Actu. 1493 ; ibid. 2011. 1955, note Robineau ; RGDA 2011. 1067, obs. Kullmann.* ♦ Le salarié, dont la prise d'acte de la rupture du contrat de travail est justifiée et qui n'est pas tenu d'exécuter un préavis, a droit à être indemnisé de la perte de chance d'utiliser les droits qu'il a acquis au titre du droit individuel à la formation. • Soc. 18 mai 2011, n° 09-69.175 P : *D. 2011. Actu. 1424* . ♦ La perte d'une chance de pouvoir bénéficier un jour de l'avantage de retraite applicable dans l'entreprise constitue un préjudice qui doit être réparé. • Soc. 31 mai 2011, n° 09-71.350 P : *D. 2011. 1623* . ♦ Mais l'indemnité de départ à la retraite ne pouvant se cumuler avec l'indemnité de licenciement, la cour d'appel, qui a condamné l'employeur au paiement d'une somme à titre d'indemnité conventionnelle de licenciement, ne peut retenir l'existence d'une perte de chance d'obtenir le paiement de l'indemnité conventionnelle de mise à la retraite. • Soc. 11 déc. 2019, n° 18-11.792 P. ♦ La violation d'un accord de gestion prévisionnelle des emplois et des compétences, par lequel l'employeur s'était engagé pour une durée de trois ans à maintenir la stabilité des effectifs du groupe, caractérisée par le transfert ultérieur des salariés, prive les salariés d'une chance de conserver un emploi au sein du groupe. • Soc. 18 juin 2014, n° 12-18.589. ♦ La rupture illicite de contrats à durée déterminée conclus avec les membres d'un groupe musical ayant empêché la réalisation de deux des trois albums prévus, la cour d'appel a pu retenir que les salariés justifiaient d'un préjudice direct et certain résultant de la perte d'une chance de percevoir les gains liés à la vente et à l'exploitation de ces œuvres, préjudice qui constituait une suite immédiate et directe de l'inexécution de la convention. • Soc. 3 juill. 2019, n° 18-12.306 P : *RDC 2019/4. 13, note Knetsch.*

L'art. L. 1243-4 C. trav., qui fixe le montant minimum des dommages-intérêts dus au salarié, dont le contrat à durée déterminée a été rompu avant son terme de manière illicite, à un montant au moins égal aux rémunérations qu'il aurait perçues jusqu'au terme du contrat, ne lui interdit pas de solliciter la réparation d'un préjudice causé par la perte de chance de percevoir des gains liés à la vente et à l'exploitation des disques non produits dès lors qu'il rapporte la preuve du caractère direct et certain de ce préjudice et que celui-ci constitue une suite immédiate et directe de l'inexécution de la Conv. • Soc. 15 sept. 2021, n° 19-21.311 B : *D. 2021. 1676 ; Dr. soc. 2021. 1042, obs. Radé* .

39. ... Conclusion d'une opération. Le notaire, qui omet d'alerter ses clients sur le fait que le contrat de crédit-bail qu'il instrumente ne comporte pas la clause de non-recours à l'obtention de laquelle tout engagement social était statutairement subordonné, ne doit indemniser que le préjudice résultant de la perte de chance de ne pas conclure, dans la mesure où, compte tenu du montant de l'opération, l'établissement de crédit-bail aurait refusé de limiter son droit de poursuite contre les associés aux seules parts nanties à son profit ; ceci caractérisant l'aléa affectant le processus dommageable né de l'omission du conseil par le notaire. • Civ. 1re, 14 nov. 2013, n° 12-22.033 P : *D. 2013. 2695* .

40. ... Bénéfice de l'assurance. Cassation de l'arrêt refusant l'action du maître de l'ouvrage contre le mandataire qui avait commis une faute, en refusant la réception, sans rechercher si, en l'absence de cette faute et en l'état de la mise en demeure adressée à l'entrepreneur, les désordres réservés à la réception et non réparés au titre de la garantie de parfait achèvement n'auraient pas pu relever, en application de l'art. L. 242-1, al. 8, C. assur., de la garantie de l'assurance dommages-ouvrage. • Civ. 3e, 1er avr. 2021, n° 19-16.179 P : *D. 2021. Chron. C. cass. 980, note Georget ; RDI 2021. 372, obs. Dessuet ; RGDA 2021/5. 19, note Dessuet.*

41. ... Choix d'un régime matrimonial. Refus d'indemniser la perte de chance jugée minime du mari de choisir un autre régime matrimonial, qui lui aurait été plus favorable au moment du divorce, dès lors que la préoccupation principale des époux était d'assurer la protection du conjoint survivant et non d'envisager les conséquences d'une rupture du lien matrimonial. • Civ. 1re, 30 avr. 2014 : *D. 2015. 124, obs. Brun et Gout ; AJ fam. 2014. 570, obs. Thouret ; Dr. soc. 2015. 271, note Hennion et Del Sol ; JCP 2014, n° 815, obs. Borghetti ; JCP N 2014, n° 1238, note Borel ; RCA 2014, n° 215, obs. Leduc ; RDC 2014. 610, note Deshayes* (partage par moitié de la communauté en dépit d'apports inégaux, faute de clause de reprise d'apports).

42. Réparation de la perte de chance : une fraction. En cas de perte de chance, la réparation du dommage ne peut être totale. • Civ. 1re, 27 mars 1973 : *Bull. civ. I, n° 115 ; JCP 1974. II. 17643, note R. Savatier ; Gaz. Pal. 1973. 2. 630, note Doll* • 9 mai 1973 : *Bull. civ. I, n° 162 ; eod. loc.* • Civ. 1re, 14 févr. 2008, n° 06-17.285 P. ♦ V. aussi • Com. 19 oct. 1999, n° 97-13.446 P : *Defrénois 2000. 1278, note Lecourt ; LPA 6 avr. 2000, note Coffy de Boisdeffre* (les réserves qui auraient pu être émises par le commissaire aux comptes, s'il n'avait pas agi hâtivement, n'auraient pu, à elles seules, empêcher la poursuite des détournements, mais sa faute a fait perdre une chance d'y mettre fin dans les meilleurs délais) • Civ. 1re, 9 déc. 2010 : *préc. note 28* (réparation intégrale incompatible avec la perte de chance).

43. Elle doit être mesurée à la chance perdue

et ne peut être égale à l'avantage qu'aurait procuré cette chance si elle s'était réalisée. • Civ. 1re, 16 juill. 1998, nº 96-15.380 P : *D. Affaires 1998. 1530, obs. S. P. ; JCP 1998. II. 10143, note R. Martin* (responsabilité contractuelle d'un avoué) • 15 janv. 2002 : *CCC 2002, nº 73, note Leveneur* (conseil juridique omettant d'inscrire une sûreté) • 9 avr. 2002, nº 00-13.314 P : *D. 2002. IR 1469* (avocat). ♦ V. pour le cas où la chance de gagner un procès était quasi certaine : • Civ. 1re, 1er févr. 2005, nº 03-15.740 P : *Dr. et patr. 4/2005. 100, obs. Chabas* (rejet du pourvoi qui ne tend qu'à remettre en discussion l'appréciation souveraine de la probabilité de succès de l'action en justice) • Civ. 2e, 22 mai 2014, nº 13-14.698 P : *D. 2014. 1201*. ♦ Perte de chance de vendre une villa ayant fait l'objet de malfaçons à un prix supérieur : • Civ. 3e, 27 oct. 2016, nº 15-25.143 P : *D. 2016. 2213*.

44. Il incombe seulement à la victime de préciser à quel montant elle évalue ses différents préjudices, l'office du juge consistant alors à en apprécier le bien-fondé et à déterminer souverainement la fraction de ces préjudices correspondant à la perte de chance de les éviter. • Civ. 1re, 8 juill. 1997, nº 65-17.076 P : *R., p. 274 ; JCP 1997. II. 22921, rapp. Sargos (2e esp.).* ♦ L'étendue du dommage subi pouvant se trouver modifiée par l'aggravation de l'incapacité du patient, une demande de réparation complémentaire est recevable. • Civ. 1re, 7 juin 1989 : *Bull. civ. I, nº 230 ; D. 1991. 158, note J.-P. Couturier ; Defrénois 1990. 746, obs. Aubert.*

45. Si les pertes liées au défaut d'information sur les risques présentés par la souscription d'un contrat d'assurance vie ne se réalisent effectivement qu'au rachat de ce contrat, quand bien même le support en cause aurait fait antérieurement l'objet d'un désinvestissement, le préjudice résultant d'un tel manquement doit être évalué au regard, non de la variation de la valeur de rachat de l'ensemble du contrat, mais de la moins-value constatée sur ce seul support, modulée en considération du rendement que, dûment informé, le souscripteur aurait pu obtenir, jusqu'à la date du rachat du contrat, du placement des sommes initialement investies sur ce support. • Com. 10 mars 2021, nº 19-16.302 P : *préc. note 35.* ♦ Dès lors, la perte d'une chance d'éviter les moins-values constatées sur les unités de compte investies dans le fonds ne peut être compensée par les performances des réinvestissements effectués sur d'autres supports ; la cour d'appel a pu allouer une somme correspondant *à la moins-value enregistrée entre* les décisions d'investissement et de désinvestissement sur le fonds en cause, augmentée du rendement qu'aurait produit un placement moins risqué, le tout affecté du coefficient de probabilité que, dûment informés, les investisseurs aient renoncé à cet investissement. • Même arrêt.

46. ... *De tous les chefs de préjudice.* La réparation du dommage résultant de la perte d'une chance ne présente pas un caractère forfaitaire mais correspond à une fraction des différents préjudices subis. • Soc. 17 déc. 1998, nº 97-12.897 P : *D. 1999. IR 64* (possibilité de recours des tiers payeurs). – Dans le même sens : • Civ. 1re, 18 juill. 2000, nº 98-20.430 P : *R., p. 392 ; D. 2000. 853, note Chartier ; Defrénois 2000. 1385, obs. Aubert ; RCA 2000, nº 373, note Groutel.*

47. *Limites : préjudice certain.* Certitude du préjudice résultant de la présence d'amiante dans un logement. • Civ. 3e, 21 mai 2014, nº 13-14.891 P (préjudice résultant de la faute du diagnostiqueur et correspondant au coût des travaux de désamiantage). ♦ Dans le même sens pour des termites, avec des préjudices matériels et de jouissance : • Cass., ch. mixte, 8 juill. 2015, nº 13-26.686 P : *D. 2015. 2155, note Mazeaud ; ibid. 2016. 35, obs. Brun et Gout ; AJDI 2015. 868, obs. Cohet ; RTD civ. 2015. 895, obs. Gautier ; JCP 2015, nº 1008, note Serinet ; RCA 2015, nº 293, obs. Hocquet-Berg ; RDC 2015. 848, obs. Deshayes* • Civ. 3e, 8 déc. 2016, nº 15-20.497 P : *D. 2016. 2567 ; AJDI 2017. 375, obs. Cohet*. ♦ Mais selon le II de l'art. L. 271-4 CCH, le DPE n'a, à la différence des autres documents constituant le dossier de diagnostic technique, qu'une valeur informative ; le préjudice subi par les acquéreurs du fait de l'erreur commise par le diagnostiqueur ne consiste pas dans le coût de l'isolation, mais en une perte de chance de négocier une réduction du prix de vente. • Civ. 3e, 21 nov. 2019, nº 18-23.251 P : *D. 2019. 2384, avis Brun ; ibid. 2387, note Jourdain ; AJ contrat 2020. 41, obs. Bucher ; RTD civ. 2020. 85, obs. Barbier ; JCP 2020, nº 192, note Serinet ; CCC 2020, nº 19, note Leveneur.* ♦ Ne constitue pas une perte de chance le préjudice subi par l'exploitant d'une centrale, qui n'a pas choisi des tuyaux résistant à la corrosion, en raison d'un manquement du fournisseur de canalisation, qui ne s'est pas renseigné sur le risque de corrosion et a manqué à ses obligations d'information et de conseil. • Civ. 3e, 19 janv. 2017, nº 15-25.283 P : *D. 2017. 214 ; RDI 2017. 151, obs. Malinvaud*.

48. *Procédure : moyen devant être invoqué devant les juges du fond.* Est nouveau, mélangé de fait et donc irrecevable devant la C. cass., le moyen qui prétend que le préjudice de perte de nuitées doit s'analyser en une perte de chance, alors qu'il n'a pas été soutenu devant les juges du fond. • Civ. 3e, 16 mars 2022, nº 20-16.829 B : D. 2022. 1117, obs. Bigot ; RDI 2022. *289, obs. Boubli*.

3º *MODES DE RÉPARATION*

49. *Réparation en nature.* Réparation du préjudice causé par des micro-coupures de courant par l'allocation de dommages et intérêts et non par la fourniture d'un onduleur qui n'était pas prévue par le contrat et dont il appartenait au client de faire l'acquisition s'il le jugeait utile. • Civ. 1re, 24 nov. 1993 : *CJEG 1995. 64, note Nénert,* rejet du pourvoi contre • Paris, 11 juill. 1991 : *ibid. 69,* infirmant • T. com. Paris, 23 oct. 1989 : *JCP 1990. II. 21573, note Paisant (2e esp.).* ♦ Rappr. • Civ. 1re, 19 févr. 2002 : *CCC 2002, no 92, note Leveneur.* ♦ Viole l'art. 1149 anc. la cour d'appel qui condamne l'installateur d'un système d'alarme inefficace à payer une somme comprenant le prix d'une installation de remplacement, plus coûteuse, commandée à un autre fournisseur. • Com. 20 janv. 1998, no 95-19.099 P : *D. Affaires 1998. 288, obs. J. F. ; JCP 1998. I. 187, no 26, obs. Viney.*

50. Exécution par équivalent. En cas de travaux défectueux, nécessité de replacer les maîtres de l'ouvrage dans la situation où ils se seraient trouvés si l'immeuble avait été livré sans vices. • Civ. 3e, 27 mars 2012 : *RDC 2012. 773, obs. Génicon* (cassation de l'arrêt qui avait validé une proposition de travaux moins importants emportant quelques désagréments). ♦ Le remplacement de l'ouvrage inadéquat (four) étant la seule solution pour résoudre le problème de circulation au sein des lieux, ce remplacement n'a ni procuré un enrichissement ni accordé une indemnisation excédant le préjudice subi. • Com. 7 févr. 2012 : *RDC 2012. 773, obs. Génicon.* ♦ Mais l'avocat condamné pour avoir laissé prescrire une action contre l'assureur en dommages-ouvrages ne peut se prévaloir des conditions d'exercice de cette action, et notamment de l'obligation de réaliser des travaux, même si l'indemnisation a été calculée par référence au coût de financement des travaux nécessaires à la réparation. • Civ. 3e, 29 mai 2013, no 12-17.349 P : *RDC 2013. 1345, obs. Carval.*

4o OBLIGATION IN SOLIDUM

51. Principe. Chacun des coauteurs d'un même dommage, conséquence de leurs fautes respectives, doit être condamné *in solidum* à la réparation de l'entier dommage, chacune de ces fautes ayant concouru à le causer tout entier, sans qu'il y ait lieu de tenir compte du partage de responsabilités entre les coauteurs, lequel n'affecte que les rapports réciproques de ces derniers, mais non le caractère et l'étendue de leur obligation à l'égard de la victime du dommage. • Civ. 3e, 19 janv. 2022, no 20-15.376 B : *D. 2022. 686, note Bonnardel ; RDI 2022. 175, obs. Charbonneau ; RTD civ. 2022. 386, obs. Barbier ; ibid. 403, obs. Jourdain ; RDC 2022/2. 29, note Dugué ; RCA 2022, no 106, obs. Bertolaso ; RGDA 2022/4. 8, note Dessuet.*

52. Coexistence d'un préjudice corporel et d'une perte de chance. Le dommage consécutif à une perte de chance correspond à une fraction des différents chefs de préjudice subis qui est déterminée en mesurant la chance perdue et ne peut être égale aux atteintes corporelles résultant de l'acte médical ; en présence de coresponsables dont l'un répond du dommage corporel et l'autre d'une perte de chance, il ne peut être prononcé une condamnation *in solidum* qu'à concurrence de la partie du préjudice total de la victime à la réalisation duquel les coresponsables ont l'un et l'autre contribué. • Civ. 1re, 8 févr. 2017, no 15-21.528 P.

53. Portée des clauses d'exclusion de solidarité ou d'obligation in solidum : architecte. La clause d'un contrat de maîtrise d'œuvre prévoyant que l'architecte ne pourra être tenu responsable ni solidairement, ni *in solidum*, des fautes commises par d'autres intervenants à l'opération ne limite pas la responsabilité de l'architecte, tenu de réparer les conséquences de sa propre faute, le cas échéant, *in solidum* avec d'autres constructeurs ; elle ne saurait avoir pour effet de réduire le droit à réparation du maître d'ouvrage contre l'architecte, quand sa faute a concouru à la réalisation de l'entier dommage. • Civ. 3e, 19 janv. 2022, no 20-15.376 B : *RDC 2022/2. 29, note Dugué ; RCA 2022, no 106, obs. Bertolaso ; RGDA 2022/4. 8, note Dessuet* (cassation de l'arrêt limitant la responsabilité de l'architecte à sa part contributive, alors que la faute de l'architecte était à l'origine de l'entier dommage).

Art. 1231-3 *(Ord. no 2016-131 du 10 févr. 2016, art. 2, en vigueur le 1er oct. 2016)* **Le débiteur n'est tenu que des dommages et intérêts qui ont été prévus ou qui pouvaient être prévus lors de la conclusion du contrat, sauf lorsque l'inexécution est due à une faute lourde ou dolosive.** — *Dispositions transitoires, V. Ord. no 2016-131 du 10 févr. 2016, art. 9, ss. art. 1386-1.*

Comp. C. civ., art. 1150 anc.

Sur les informations à fournir au consommateur avant toute vente de biens ou fourniture de services, V. C. consom., art. L. 111-1 s., ss. C. civ., art. 1602. — ***C. consom.***

Sur la qualification de faute inexcusable du voiturier ou du commissionnaire de transport, V. C. com., art. L. 133-8. — ***C. com.***

Sur divers cas de limitation légale de responsabilité, V. art. 1953 et 1954 (hôteliers). — ... C. transp., art. L. 5422-13 s. (transports maritimes), L. 6422-1 et L. 6421-4 (transports aériens). — ... CPCE, art. L. 7 à L. 9, issus de la L. no 2005-516 du 20 mai 2005, art. 19 (JO 21 mai), et art. R. 2-1 à R. 2-5, issus du Décr. n° 2006-1020 du 11 août 2006 (JO 17 août) (services postaux). – ... CSP, art. L. 1113-2 et L. 1113-3 (objets déposés dans les établissements de santé et de retraite). – **CSP.**

BIBL. ► BUSTIN, *D. 2012. 239* (présomption de prévisibilité du dommage contractuel). – FALIN, *Dr. et patr. 5/2009. 50* (réparation du dommage contractuel prévisible). – LEVENEUR, *Mél. Fatôme, Dalloz 2011, p. 255.* – LASBORDES-DE VIRVILLE, *RLDC 2011/82, n° 4224* (clauses limitatives ou exclusives de responsabilité). – LOISEAU, *RLDC 2007/38, n° 2511* (crépuscule des clauses limitatives de réparation). – MOILLE, *RLDC 2014/112, n° 5290* (réparation des seuls dommages prévisibles).

PLAN DES ANNOTATIONS

A. LIMITATION LÉGALE DES DOMMAGES-INTÉRÊTS AU DOMMAGE PRÉVISIBLE

1. *Principes.* Un dommage est prévisible, au sens de l'anc. art. 1150, lorsqu'il peut être normalement prévu par les contractants au moment de la conclusion de la convention. • Civ. 1re, 25 janv. 1989 : *D. 1989. IR 47.*

2. Les dispositions de l'anc. art. 1150, qui limitent la responsabilité du débiteur, concernent seulement la prévision ou la prévisibilité des éléments constitutifs du dommage et non l'équivalent monétaire destiné à le réparer. • Com. 4 mars 1965 : *D. 1965. 449 ; JCP 1965. II. 14219, note R. Rodière* (valeur du mobilier confié à un garde-meuble et détruit par incendie supérieure à celle déclarée par le client lors du contrat) • Civ. 1re, 6 déc. 1983 : *Bull. civ. I, n° 287.* ♦ C'est par une appréciation souveraine qu'une cour d'appel estime que le transporteur pouvait prévoir que, compte tenu du programme du voyage, les voyageurs emporteraient dans leurs bagages des objets de valeur (bijoux d'une valeur supérieure à 200 000 F) et leur imposer d'en déclarer le prix. • Civ. 1re, 3 juin 1998, n° 95-16.887 P : *D. Affaires 1998. 1393, obs. S. P. ; JCP 1999. II. 10010, note Rzepecki.* ♦ V. aussi note ss. art. 1783.

3. *Illustrations.* Refus d'indemniser des vacanciers que le retard de leur train a empêché de partir, faute d'expliquer en quoi la SNCF pouvait prévoir, lors de la conclusion du contrat, que le terme du voyage en train n'était pas la destination finale et qu'ils avaient conclu des contrats de transport aérien. • Civ. 1re, 28 avr. 2011, n° 10-15.056 P : *D. 2011. 1280, obs. Gallmeister ; ibid. 1725, note Bacache ; ibid. 2012. Pan. 47, obs. Gout ; ibid. 2012. Pan. 459, obs. Amrani-Mekki et Mekki ; JCP 2011. 1253, obs. Bernheim-Van de Casteele ; Gaz. Pal. 2011. 1529, note Vignolle ; RTD civ. 2011. 547, obs. Jourdain ; CCC 2011, n° 154, obs. Leveneur ; RCA 2011, n° 242, obs. Hocquet-Berg ; RLDC 2011/85, n° 4331, note Garaud ; RD transp. 2011/10. Étude 9, note Tchendjou ; RDC 2011. 1157, note Laithier ; ibid. 1163, note Viney.* ♦ Dans le même sens : • Civ. 1re, 23 juin 2011 : *RCA 2011, n° 315 ; RDC 2011. 1157, note Laithier.* ♦ Rappr. : • Paris, 31 mars 1994 : *Gaz. Pal. 1994. 1. 407* • Dijon, 7 oct. 2003 : *RCA 2004, n° 3, note Radé* (une compagnie de taxis devait prévoir que des clients ayant commandé un taxi pour le lendemain matin voulaient prendre le train conduisant à l'aéroport et donc poursuivre leur voyage).

Cassation du jugement admettant l'indemnisation du préjudice subi par une avocate, n'ayant pu assister à une audience, au titre de la perte d'honoraires et de crédibilité à l'égard de son client, sans établir que le dommage invoqué était prévisible lors de la conclusion du contrat de transport, si ce n'est quant au coût de celui-ci rendu inutile par l'effet du retard subi, et constituait une suite immédiate et directe de l'inexécution de ce contrat. • Civ. 1re, 26 sept. 2012, n° 11-13.177 P : *D. 2012. 2305, obs. Gallmeister ; RTD com. 2012. 843, obs. Bouloc ; RCA 2012, n° 330, obs. Hocquet-Berg ; Gaz. Pal. 2012. 3317, obs. Pierroux.* ♦ Comp. : • Paris, 22 sept. 2010 : *D. 2011. Actu. 12, obs. Gallmeister ; JCP 2011, n° 47, note Clerc* (indemnisation du préjudice subi par l'avocat qui n'a pas pu plaider en raison d'un retard de train).

4. Le dommage qui résulte du paiement tardif de marchandises livrées, ayant entraîné des frais financiers, est prévisible et doit être réparé par l'acquéreur. • Com. 4 juill. 2006, n° 04-19.577 P.

5. Caractère imprévisible du préjudice consistant, à la suite de l'incendie d'un château, en la perte de loyers et en frais correspondant aux intérêts d'un emprunt contracté pour assurer la mise hors d'eau du bâtiment incendié. • Civ. 1re, 11 mai 1982 : *Bull. civ. I, n° 170 ; Gaz. Pal. 1982. 2. 612, note Chabas ; RTD civ. 1983. 145, obs. Durry.*

6. Régimes spéciaux. L'application des art. 19 et 22, § 1, de la Convention de Montréal est exclusive de celle de l'anc. art. 1150. • Civ. 1re, 2 avr. 2014, n° 13-16.038 P : *D. 2014. 1755, note Paulin ; JCP 2014, n° 793, note Delebecque.* ♦ Si, dans ce cadre, seul le dommage prévisible lors de la conclusion du contrat est réparable, doit être rejeté le pourvoi du transporteur condamné à indemniser le passager qui a manqué sa correspondance, dès lors qu'il n'a pas soutenu qu'il ne pouvait prévoir, lors de la conclusion du contrat, que le terme du vol faisant l'objet de celui-ci n'était pas la destination finale des intéressés. • Même arrêt (absence d'obligation de la juridiction de procéder à une recherche qui ne lui était pas demandée).

7. Office du juge. Les juges du fond ne sont pas tenus de rechercher d'office si le dommage dont la réparation est demandée était prévisible. • Civ. 1re, 15 juill. 1999, n° 97-10.268 P : *R., p. 401 ; D. Affaires 1999. 1239, obs. J.F. ; RTD civ. 1999. 843, obs. Jourdain.*

B. VALIDITÉ DES CLAUSES LIMITATIVES OU EXONÉRATOIRES DE RESPONSABILITÉ

BIBL. Bigot, *JCP 1976. I. 2755* (contrats de vente et de fourniture entre professionnels). – Bitan, *CCE 2004. Chron. 2* (contrats informatiques). – Burst, *D. 1976. Chron. 115* (clauses de non-garantie dans les cessions de brevets). – Jourdain, obs. *RTD civ. 1989. 553* (groupes de contrats). – Laithier, *RDC 2010. 1091.* – Malinvaud, *JCP 1975. I. 2690 ; Mél. Terré, Dalloz/PUF/Juris-Classeur, 1999, p. 689* (application de l'anc. art. 1152). – Mayaud, *D. 2008. Chron. 1776* (évolution). – Paisant, note *JCP 1990. II. 21573* (cas d'EDF). – Robino, *RTD civ. 1951. 3.* – Starck, *D. 1974. Chron. 157.* – Viney, *RDI 1982. 319* (clauses aménageant la responsabilité des constructeurs).

8. Opposabilité. Opposabilité d'une clause d'irresponsabilité dès lors qu'elle figure sur toutes les factures du débiteur et que le contrat l'incluant unit deux professionnels. • Com. 23 nov. 1999, n° 96-21.869 P : *JCP 2000. II. 10326, note Chazal ; CCC 2000, n° 40, note Leveneur ; ibid., n° 69, note Raymond ; Defrénois 2000. 245, obs. D. Mazeaud* (nature professionnelle du contrat excluant l'application des textes protégeant le consommateur).

1° PRINCIPE DE LICÉITÉ

9. Principe. Aucune disposition légale ne prohibe de façon générale l'insertion de clauses limitatives ou exonératoires de responsabilité dans les contrats d'adhésion (règlement du Loto). • Civ. 1re, 19 janv. 1982 : *D. 1982. 457, note Larroumet ; JCP 1984. II. 20215, note Chabas ; RTD civ. 1983. 144, obs. Durry* (N.B. solution obsolète dans ce cas d'espèce par application de l'art. R. 132-1-6° C. consom.).

10. Applications : dommage corporel. **BIBL.** Esmein, *Mél. R. Savatier, Dalloz, 1965, p. 271.* ♦ Licéité d'une clause limitative de responsabilité en cas de dommage à la personne : V. • Civ. 1re, 8 nov. 1983 : *Bull. civ. I, n° 261 ; Gaz. Pal. 1984. 1. 384, note Tarabeux.* – V. aussi • Civ. 1re, 12 mai 2004, n° 01-14.931 P : *JCP 2005. II. 10030, note Légier.* ♦ A propos de la « clause de négligence » : V. • Com. 19 oct. 1965 : *Bull. civ. III, n° 507 ; RTD civ. 1966. 309, obs. R. Rodière.* ♦ V. aussi note 4 ss. art. 16-1. ♦ V. cep. désormais, C. consom., art. R. 132-1-6°, dans les contrats de consommation, et art. 1245-14, pour les produits défectueux.

11. ... Location. Le locataire d'un navire de plaisance peut limiter sa responsabilité (application des art. 57 et 58 L. 3 janv. 1967). • Com. 26 mars 1996, n° 94-14.320 P.

12. ... Vente : vice caché. En cas de vente entre professionnels de la même spécialité, la garantie du vendeur ne peut être invoquée lorsqu'une clause de non-garantie des vices cachés est insérée dans l'acte. • Com. 6 nov. 1978 : *Bull. civ. IV, n° 250 ; JCP 1979. II. 19178 (2e esp.), note Ghestin* • Civ. 3e, 30 oct. 1978 : *ibid. (1re esp.).* – V. aussi ss. art. 1643 pour les vendeurs non professionnels, et ss. art. 1199.

13. ... Non-conformité. S'agissant pour un vendeur professionnel de limiter sa responsabilité non à raison des vices cachés de la chose vendue mais des défauts de conformité de la chose livrée, une cour d'appel n'a pas à rechercher, pour déclarer la clause opposable à l'acheteur, si ce dernier est un professionnel de même spécialité que le vendeur. • Civ. 1re, 20 déc. 1988 : *Bull. civ. I, n° 373 ; JCP 1989. II. 21354, note Virassamy ; Defrénois 1989. 1418, obs. Vermelle* • 24 nov. 1993 : *JCP 1994. II. 22334, note Leveneur ;* Defrénois 1994. 818, obs. D. Mazeaud.

2° EXCEPTIONS : NULLITÉ OU ÉVICTION DE LA CLAUSE

14. Fondements généraux : responsabilité délictuelle. Sur la nullité des clauses d'exonération de responsabilité en matière délictuelle, V. • Civ. 2e, 28 nov. 1963 : *JCP 1964. II. 13710, note de Juglart ; RTD civ. 1964. 756, obs. R. Rodière.*

15. ... Clauses abusives. Sur le caractère abusif et non écrit d'une clause exonératoire ou limative de responsabilité insérée dans un contrat entre consommateur et professionnel, V. C. consom., art. R. 212-1-6°, ss. art. 1171.

16. … Atteinte à une obligation essentielle. V. notes ss. art. 1170 C. civ.

17. Réglementation propre à certains contrats : vente. Sur l'illicéité des clauses limitatives de garantie stipulées par un vendeur professionnel, V. notes ss. art. 1643.

18. … Transport de marchandises. En donnant effet à une clause exonérant le vendeur, qui avait procédé au transport de la marchandise, de la responsabilité des avaries survenues durant le transport, les juges du fond méconnaissent les exigences de l'art. 103 (art. L. 133-1), al. 3, C. com., selon lesquelles toute clause d'irresponsabilité insérée dans un contrat de transport terrestre de marchandises est frappée de nullité. • Com. 3 avr. 1968 : *Bull. civ. I, n° 128 ; JCP 1968. II. 15575, note R. Rodière.* ♦ Est nulle, par application de l'art. L. 133-1 C. com., la clause ayant pour effet d'exclure, en toutes circonstances, la responsabilité du transporteur en cas de perte des colis dont la valeur dépasse un certain montant. • Com. 24 mars 2021, n° 19-22.708 P : *D. 2021. 1695, obs. Kenfack.* ♦ V. aussi pour l'application des art. 41, al. 1er, et 23, al. 5, de la CMR : une clause contractuelle qui exonère le transporteur de toute responsabilité pour retard est nulle. • Com. 9 mai 2018, n° 17-13.030 P : *D. 2018. 1004 ; AJ contrat 2018. 341, obs. Arié Lévy.*

C. EFFICACITÉ DES CLAUSES LIMITATIVES OU EXONÉRATOIRES

BIBL. Brière de L'Isle, *D. 1980. Chron. 133* (faute dolosive en matière d'assurances). – Ghestin, *D. 1974. Chron. 31* (faute intentionnelle du notaire et assurance de responsabilité). – Jambu-Merlin, *D. 1955. Chron. 89* (dol et faute lourde). – Lalou, *DH 1940. Chron. 17* (gamme des fautes). – Le Roy, *LPA 16 juill. 2009* (faute inexcusable du droit des transports). – Margeat et Favre-Rochex, *Gaz. Pal. 1974. 1. Doctr. 455* (faute intentionnelle et assurance de responsabilité). – De Monteynard, *R. 2002, p. 247* (responsabilité et limitation en droit des transports). – Nguyen Thanh-Bourgeais, *RTD civ. 1973. 496.* – Viney, *D. 1975. Chron. 263* (faute intentionnelle, inexcusable et lourde).

19. Pour une décision antérieure à la réforme, posant une solution similaire : une clause limitative ne peut, en règle générale, être écartée qu'en cas de dol ou de faute lourde du débiteur. • Civ. 1re, 24 févr. 1993, n° 91-13.940 P : *D. 1994. 6, note Agostinelli ; D. 1993. Somm. 249, obs. Hassler ; JCP 1993. II. 22166, note Paisant ; Defrénois 1994. 354, obs. D. Mazeaud.*

1° INEXÉCUTION DOLOSIVE

20. Nécessité d'une intention de nuire (non). Le débiteur commet une faute dolosive lorsque, de propos délibéré, il se refuse à exécuter ses obligations contractuelles, même si ce refus n'est pas dicté par l'intention de nuire à son cocontractant. • Civ. 1re, 4 févr. 1969, *Soc. des comédiens français : Bull. civ. I, n° 60 ; D. 1969. 601, note J. Mazeaud ; JCP 1969. II. 16030, note Prieur.* – Dans le même sens : • Civ. 1re, 22 oct. 1975 : *Bull. civ. I, n° 290 ; D. 1976. 151, note J. Mazeaud* • Com. 19 janv. 1993, n° 91-11.805 P • Civ. 3e, 10 févr. 1999 : *RCA 1999, n° 110* (vente). ♦ Le transporteur de marchandise, qui s'est vu interdire toute sous-traitance par l'expéditeur et qui sous-traite l'opération, se refuse ainsi, de propos délibéré, à exécuter son engagement, et commet une faute dolosive qui le prive du bénéfice des limitations d'indemnisation. • Com. 4 mars 2008, n° 07-11.790 P : *D. 2008. AJ 844, obs. Delpech ; ibid. 2009. Pan. 972, obs. Kenfack ; JCP 2008. II. 10079, note Guignard ; RLDC 2008/5, n° 2875, obs. Le Gallou ; Dr. et patr. 2/2009. 132, obs. Aynès et Stoffel-Munck ; CCC 2008, n° 172, obs. Leveneur ; RTD civ. 2008. 490, obs. Jourdain ; RTD com. 2008. 845, obs. Bouloc.* ♦ Comp. : la faute intentionnelle, au sens de l'art. L. 113-1 C. assur., est celle qui suppose la volonté de causer le dommage et pas seulement d'en créer le risque. • Civ. 1re, 10 avr. 1996, n° 93-14.571 P.

21. Le choix d'une politique de « surbooking », en connaissance du risque qu'elle implique de ne pouvoir assurer l'embarquement de la totalité des passagers ayant réservé dans un vol déterminé, constitue un dol. • Paris, 15 sept. 1992 : *D. 1993. 98, note Delebecque.* ♦ Rappr., sur la notion de faute inexcusable dans le cadre de la Convention de Varsovie sur le transport aérien, • Com. 21 mars 2006, n° 04-19.246 P : *D. 2007. Pan. 114, obs. Kenfack ; JCP 2006. II. 10090, note Mekki ; RTD civ. 2006. 569, obs. Jourdain.*

22. Cassation de l'arrêt estimant que, compte tenu d'une qualité de béton à la limite de l'acceptable et de l'ampleur considérable du déficit de ferraillage du béton armé, le bureau d'étude professionnel avait commis une faute lourde tellement grave qu'elle devait être qualifiée de dolosive, motifs insuffisants pour caractériser une violation des obligations contractuelles par dissimulation ou par fraude et, partant, une faute dolosive. • Civ. 3e, 12 juill. 2018, n° 17-19.701 P : *D. 2018. chron. C. cass. 2435, obs. Georget ; RDI 2018. 503, obs. Malinvaud ; AJ contrat 2018. 422, obs. Dissaux.*

23. Lien entre la faute dolosive et le dommage. Si le transporteur a commis une faute dolosive en ayant recours à un sous-traitant, malgré son engagement de ne pas y recourir, le seul fait de ne pas respecter cette interdiction n'induit pas en lui-même la survenance du dommage. • Com. 13 sept. 2017, n° 16-10.596 P : *D. 2017. 2348, note Balat ; ibid. 2018. 1412, obs. Kenfack ; AJ contrat 2017. 500, obs.*

Fleuris ; RTD civ. 2018. 129, obs. Jourdain (maintien de l'application de la clause limitative).

2° FAUTE LOURDE

a. Principes

24. Domaine. La disposition contractuelle abrégeant le délai de prescription reçoit application même en cas de faute lourde. • Com. 12 juill. 2004, n° 03-10.547 P : *R., p. 365 ; D. 2004. 2296, note Delebecque ; D. 2005. Pan. 2845, obs. Fauvarque-Cosson ; CCC 2004, n° 169, note Leveneur ; RDC 2005. 272, obs. D. Mazeaud ; RTD civ. 2005. 133, obs. Mestre et Fages*.

25. Les dispositions exonératoires de responsabilité prévues par l'art. L. 13 [ancien] CPCE ne s'imposent que dans le cas où La Poste, ou le transporteur que celle-ci s'est substitué, n'a commis aucune faute lourde dans l'exécution de sa mission. • Cass., ass. plén., 30 juin 1998, n° 96-11.866 P : *R., p. 183 ; BICC 1er oct. 1998, concl. Joinet, rapp. Apollis ; D. 1999. Somm. 262, obs. D. Mazeaud ; JCP 1998. II. 10146, note Delebecque ; ibid. I. 187, n° 28 s., obs. Viney ; JCP E 1999. 718, obs. Bon-Garcin ; CCC 1998, n° 143, note Leveneur ; RTD civ. 1999. 119, obs. Jourdain* • Civ. 1re, 19 sept. 2007, n° 05-17.769 P : *D. 2008. 395, note Nadaud ; JCP 2007. II. 10176, note Delebecque* • Com. 7 sept. 2010, n° 09-66.477 P : *D. 2010. Actu. 2515, obs. Delpech ; RLDC 2010/77, n° 4041, obs. Le Nestour-Drelon.* ♦ V. désormais, sur la responsabilité de droit commun des prestataires de services postaux, CPCE, art. L. 7 et L. 8. – **C. consom.**

26. Définition. La faute lourde est caractérisée par un comportement d'une extrême gravité, confinant au dol et dénotant l'inaptitude du débiteur de l'obligation à l'accomplissement de la mission contractuelle qu'il avait acceptée. • Com. 3 avr. 1990, n° 88-14.871 P (cassation pour défaut de base légale de l'arrêt ayant écarté une clause limitative de responsabilité sans caractériser l'existence d'une faute lourde). ♦ V. conf. : • Com. 28 mai 1991, n° 89-15.358 P • 13 nov. 1990, n° 89-15.378 P (opérations de manutention mal exécutées par suite d'une faute lourde) • 10 mars 2009, n° 08-15.457 P : *D. 2009. AJ 869, obs. Delpech ; JCP 2009, n° 38, p. 42, obs. Stoffel-Munck ; RLDC 2009/60, n° 3413, obs. Maugeri ; RDC 2009. 1044, obs. Carval* (société ayant livré un pli à un mauvais destinataire, privant ainsi l'expéditeur de la possibilité de poser sa candidature dans les délais dans le cadre d'un marché public) • 8 févr. 2023, nos 21-11.415 et 21-17.705 B : *cité note 45* (transporteur).

27. Faute lourde et clause expresse. La non-exécution d'une obligation prévue par une clause expresse, de sorte qu'elle constituait une condition substantielle du contrat, caractérise la faute lourde. • Civ. 1re, 2 déc. 1997, n° 95-21.907 P : *D. 1998. Somm. 200, obs. D. Mazeaud ; JCP 1998. I. 144, nos 10 s., obs. Viney ; LPA 24 juill. 1998, note Briton.*

28. Faute lourde et inexécution totale. En cas d'inexécution totale de ses obligations par un annonceur (défaut de parution de l'annonce dans l'annuaire téléphonique), la clause limitative de responsabilité stipulant que toute erreur ou omission ne donne droit qu'à une réduction proportionnelle à l'exclusion de toute autre indemnité est sans application. • Com. 17 janv. 1984 : *Bull. civ. IV, n° 20 ; RTD civ. 1984. 728, obs. J. Huet.*

29. Auteur de la faute : préposé. Le débiteur ne peut se prévaloir de la limitation contractuelle d'indemnisation prévue à son profit en cas de vol commis par son préposé. • Com. 17 nov. 1981 : *JCP 1982. II. 19811, note Tardieu-Naudet.* ♦ En effet, au dol du débiteur lui-même doit être assimilé celui émanant de toute personne qu'il a introduite, déléguée ou commise dans l'exécution de la convention et dont il doit contractuellement répondre. • Amiens, 24 mai 1984 : *Gaz. Pal. 1984. 2. 642, note Tardieu-Naudet.* ♦ V. aussi dans le cadre de la CMR, estimant que l'appréciation peut aussi porter sur les préposés et les sous-traitants. • Com. 13 sept. 2017, n° 16-10.596 P : *D. 2017. 2348, note Balat ; ibid. 2018. 1412, obs. Kenfack ; AJ contrat 2017. 500, obs. Fleuris ; RTD civ. 2018. 129, obs. Jourdain*.

30. Influence de la faute du contractant. La faute d'un contractant n'exclut pas que celle de son cocontractant puisse être qualifiée de faute lourde. • Com. 19 nov. 1996, n° 94-12.254 P.

31. Effets. La faute lourde, assimilable au dol, empêche le contractant auquel elle est imputable de limiter la réparation du préjudice qu'il a causé aux dommages prévus ou prévisibles lors du contrat et de s'en affranchir par une clause de non-responsabilité. • Req. 24 oct. 1932 : *DP 1932. 1. 176, note E. P.* ♦ Même solution pour une clause limitative de responsabilité : V. • Civ. 29 juin 1932 : *DP 1933. 1. 49 (1re esp.), note Josserand* • Com. 7 mai 1980 (deux arrêts) : *Bull. civ. IV, nos 184 et 185 ; R., p. 42 ; D. 1981. 245, note Chabas* (application en matière de transports routiers) • 15 déc. 1992, n° 90-19.490 P • Paris, 15 sept. 1992 : *préc. note 21.* – V. aussi • Civ. 1re, 24 févr. 1993 : *préc. note 19.* ♦ Impossibilité, dans un contrat de transport ferroviaire, de se prévaloir d'un accord stipulant que le chemin de fer participait à raison de 50 % du coût des dommages. • Com. 16 nov. 2010, n° 09-69.823 P : *CCC 2011, n° 24, obs. Leveneur.*

b. Faute lourde et obligation essentielle

BIBL. Jestaz, *Mél. Raynaud, Dalloz, 1985, p. 273* (obligation fondamentale).

32. Principes. La faute lourde ne peut résulter du seul manquement à une obligation contractuelle, fût-elle essentielle, mais doit se déduire de la gravité du comportement du débiteur. • Com. 29 juin 2010, *Faurecia*, n° 09-11.841 P : *Rapp. 2010* (clause limitative de réparation ne vidant pas en l'espèce de toute substance l'obligation essentielle) ; *D. 2010. 1832, obs. et note D. Mazeaud ; ibid. 2011. 35, obs. Brun et Gout ; ibid. 472, obs. Amrani Mekki et Fauvarque-Cosson ; RTD civ. 2010. 555, obs. Fages*.

V. déjà dans le même sens : la faute lourde de nature à tenir en échec la limitation d'indemnisation prévue par le contrat type de messagerie rapide ne saurait résulter du seul manquement à une obligation contractuelle, fût-elle essentielle, mais doit se déduire de la gravité du comportement du débiteur. • Com. 21 févr. 2006, n° 04-20.139 P : *D. 2006. AJ 717, obs. Chevrier ; ibid. Pan. 1932, obs. Jourdain ; ibid. 2007. Pan. 114, obs. Kenfack ; CCC 2006, n° 103, note Leveneur ; RDC 2006. 694, obs. D. Mazeaud ; RTD civ. 2006. 322, obs. Jourdain* • 13 juin 2006, n° 05-12.619 P : *R., p. 391 ; BICC 1er oct. 2006, n° 1887, et la note ; D. 2006. AJ 1680, obs. Delpech ; ibid. 2007. Pan. 114, obs. Kenfack ; JCP 2006. II. 10123, note Loiseau ; JCP E 2006. 2591, note Paulin ; Gaz. Pal. 2006. 2589, note Dagorne-Labbe ; RLDC 2006/31, n° 2220, note Train ; RTD civ. 2006. 773, obs. Jourdain*. ♦ V. également, à propos de l'entreprise *Chronopost*, énonçant que seule la faute lourde peut mettre en échec la limitation d'indemnisation prévue au contrat type de messagerie rapide mais qu'une telle faute ne peut résulter du seul retard de livraison • Cass., ch. mixte, 22 avr. 2005, n° 03-14.112 P : *R., p. 339 ; BICC 15 juill. 2005, rapp. Garban, concl. de Gouttes ; D. 2005. 1864, note Tosi (2e esp.) ; ibid. AJ 1224, obs. Chevrier ; ibid. Pan. 2750, obs. Kenfack , et 2844, obs. Fauvarque-Cosson ; D. 2006. Pan. 1932, obs. Jourdain ; JCP 2005. II. 10066, note Loiseau (1re esp.) ; JCP E 2005. 1446, note Paulin ; RCA 2005, n° 175, note Hocquet-Berg ; CCC 2005, n° 150, note Leveneur ; Dr. et patr. 10/2005. 36, étude Viney ; RDC 2005. 673, obs. D. Mazeaud, et 753, obs. Delebecque ; RTD civ. 2005. 604, obs. Jourdain , et 779, obs. Mestre et Fages* • 22 avr. 2005, n° 02-18.326 P : *R., p. 339 ; eod. loc.* – Adde, Bloch, *RCA 2010. Étude 11* (ère post-Chronopost).

33. Jurisprudence ancienne. Pour la solution contraire dans des arrêts antérieurs : les juges du fond peuvent décider qu'en raison du caractère essentiel de l'obligation inexécutée (défaut d'acheminement des bulletins du Loto) et *de la gravité des conséquences* possibles du manquement constaté, celui-ci s'analyse en une faute lourde faisant obstacle à l'application de la clause exonératoire de responsabilité. • Civ. 1re, 18 janv. 1984 : *Bull. civ. I, n° 27 ; JCP 1985. II. 20372, note J. Mouly ; RTD civ. 1984. 727, obs. J. Huet.* ♦ Le manquement d'une banque à son obligation de surveillance, fondamentale eu égard à la nature du contrat de location de coffre-fort, exclut pour elle la possibilité de bénéficier de la clause limitative de responsabilité. • Civ. 1re, 15 nov. 1988 : *D. 1989. 349, note Delebecque ; D. 1989. Somm. 332, obs. Vasseur.* ♦ V. conf. • Com. 9 mai 1990, n° 88-17.687 P : *RTD civ. 1990. 666, obs. Jourdain ; ibid. 1991. 353, obs. Jourdain* (omission du numéro de téléphone dans une annonce publicitaire insérée dans l'annuaire des abonnés au téléphone) • Civ. 1re, 30 nov. 2004, n° 01-13.110 P : *Dr. et patr. 6/2005. 98, obs. Chauvel* (omission pendant un an des coordonnées d'un dentiste dans l'annuaire du téléphone). – Même sens : • Civ. 1re, 4 avr. 2006 : *LPA 26 oct. 2006, note Meyzeaud-Garaud ; RTD civ. 2006. 773, obs. Jourdain*.

34. Illustrations : fourniture d'électricité. En présence d'un contrat dont l'obligation essentielle réside dans la fourniture d'électricité, mais sans garantie de continuité, le fournisseur d'électricité ne peut se voir reprocher une faute lourde à l'occasion de coupures de courant dont le risque est explicitement évoqué dans le contrat. • Com. 18 déc. 2007, n° 04-16.069 P.

35. ... Transport rapide. Cassation de l'arrêt retenant une faute lourde au seul motif que la livraison a été faite avec retard. • Cass., ch. mixte, 22 avr. 2005 : *préc. note 32* (limitation découlant du contrat-type) • Com. 21 févr. 2006 : *préc. note 32.* ♦ ... Que le transport ne présentait aucune difficulté en raison de sa courte distance. • Com. 13 juin 2006 : *préc. note 32.* ♦ ... Que le transporteur ne peut fournir aucune explication de l'inexécution. • Cass., ch. mixte, 22 avr. 2005 : *préc. note 32.* ♦ ... Que le pli a été remis par erreur à une mauvaise adresse. • Com. 10 mars 2009 : *cité note 26.*

c. Illustrations

36. Bail. Absence de faute lourde du bailleur, qui n'a pas averti le preneur de la suppression du poste d'agent de surveillance du local loué, après un cambriolage, alors que le contrat prévoyait que le bailleur déclinait toute responsabilité en cas de vol nonobstant l'existence d'un service de surveillance. • Civ. 3e, 21 janv. 2009, n° 08-10.439 P : *D. 2009. AJ 500 ; RLDC 2009/59, n° 3371, obs. Maugeri ; Defrénois 2009. 1264, note Ruet ; RDC 2009. 1044, obs. Carval ; ibid. 1103, obs. Seube.*

37. Carte de crédit. La circonstance qu'une carte bancaire ait été utilisée par un tiers avec composition du code confidentiel est, à elle seule, insusceptible de constituer la preuve d'une faute lourde du titulaire de la carte. • Com. 2 oct. 2007 : *cité note 23 ss. art. 1353.* ♦ Inversement le fait de laisser une carte de retrait dans son véhicule et le code confidentiel dans la boîte à gants dans un lieu sans surveillance est une imprudence constituant une faute lourde.

• Com. 16 oct. 2012, n° 11-19.981 P : *D. 2012. 2508, obs. Delpech* ; *D. 2013. 407, note Lasserre Capdeville* ; *RTD com. 2012. 825, obs. Legeais*. ♦ Rappr., dans le cadre du C. mon. fin., cassant un arrêt ayant écarté la faute du titulaire d'une carte frauduleusement utilisée, sans rechercher s'il n'aurait pas pu avoir conscience que le courriel reçu était frauduleux et si, en conséquence, le fait d'avoir communiqué diverses données permettant à un tiers d'utiliser sa carte ne caractérisait pas un manquement, par négligence grave, aux obligations mentionnées à l'art. L. 133-16 C. mon. fin. • Com. 25 oct. 2017, n° 16-11.644 P : *D. 2017. 2465, note Mélin* ; *Dalloz IP/IT 2018. 256, obs. Kilgus* ; *RTD civ. 2018. 485, obs. Cayrol* ; *JCP N 2017, n° 1333, note Sauvage*. ♦ Manque, par négligence grave, à son obligation de prendre toute mesure raisonnable pour préserver la sécurité de ses dispositifs de sécurité personnalisés, l'utilisateur d'un service de paiement qui communique les données personnelles de ce dispositif de sécurité en réponse à un courriel qui contient des indices permettant à un utilisateur normalement attentif de douter de sa provenance, peu important qu'il soit, ou non, avisé des risques d'hameçonnage. • Com. 28 mars 2018, n° 16-20.018 P : *D. 2018. 716* ; *Dalloz IP/IT 2018. 440, obs. Kilgus* ; *RTD com. 2018. 436, obs. Legeais* ; *JCP 2018, n° 458, note Kilgus* ; *RDC 2018. 362, obs. Huet*. – Henry et Guinamant, *D. 2018. 2316* (utilisation frauduleuse de la carte bancaire après hameçonnage). ♦ V. aussi pour une réponse à un courriel présentant de sérieuses anomalies tenant tant à la forme qu'au contenu du message qu'il comporte : • Com. 1er juill. 2020, n° 18-21.487 P : *D. 2020. 1452* ; *RTD com. 2020. 696, obs. Legeais* (cassation du jugement condamnant la banque à payer la moitié de la somme détournée, alors qu'était constatée une négligence grave, exclusive de toute appréciation de la bonne foi éventuelle du payeur).

38. Classification maritime. Constitue une faute lourde le fait pour une société de classification maritime, professionnel du contrôle, de ne pas avoir décelé les vices d'un navire qu'un examen diligent lui aurait permis de découvrir. • Versailles, 21 mars 1996 : *D. 1996. 547, note le Tourneau*.

39. Transport. Pour l'abandon de la référence à la faute lourde en application de l'art. L. 133-8 C. com., dans sa rédaction résultant de la L. du 8 déc. 2009, V. note 51.

40. Transport aérien. Constitue une faute lourde le fait pour une compagnie aérienne d'avoir, sans raison, conservé un colis douze jours avant de l'expédier. • Cass., ass. plén., 30 juin 1998 : *préc. note 25*.

41. Transport maritime. Absence de faute lourde résultant de la seule perte d'un conteneur : • Com. 7 févr. 2006, n° 03-20.963 P : *D. 2007. Pan. 115, obs. Kenfack* ; *RTD com. 2006. 521, obs. Delebecque*.

42. Transport ferroviaire. Faute lourde du transporteur ayant maintenu des wagons sans protection particulière en gare de triage, sans prendre de mesures alors que des orages étaient annoncés. • Com. 16 nov. 2010 : *préc. note 31*.

43. Transport routier : vol de la marchandise. Sur l'exigence d'une faute inexcusable, V. désormais C. com., art. L. 133-8 et *infra* 3°. ♦ Constitue une faute lourde le fait d'avoir laissé la nuit sans surveillance un camion simplement bâché dans lequel des marchandises de grande valeur faciles à soustraire ont été volées. • Com. 7 mai 1980 : *Bull. civ. IV, n° 184* ; *R., p. 42* ; *D. 1981. 245 (1re esp.), note Chabas*. ♦ Rappr. : • Com. 20 janv. 2009 : *D. 2011. 1445, obs. Kenfack* ; *RTD com. 2009. 610, obs. Bouloc*. – V. aussi • Com. 3 avr. 2002, n° 00-11.398 P. ♦ Comp. • Com. 26 févr. 1985, n° 83-10.811 P • 3 avr. 2002, n° 00-14.327 P. ♦ ... Le fait, pour un transporteur, d'avoir choisi une aire de stationnement nocturne non sécurisée et dangereuse, alors que le camion était dépourvu de système de sécurité et transportait de la marchandise facilement négociable. • Com. 26 sept. 2006 : *CCC 2007, n° 3, note Leveneur*. ♦ ... Le fait de stationner dans une zone expressément interdite par le commissionnaire. • Com. 28 nov. 2000, n° 98-13.707 P : *D. 2001. 2029, note Mercadal et Letacq*. ♦ Mais ne constitue pas une faute lourde le stationnement sur une aire non déserte, habituellement utilisée par les véhicules poids lourds, en bordure d'un axe routier fréquenté, alors que le conducteur était resté dans sa cabine pour y prendre son repos obligatoire sans avoir eu la possibilité de rejoindre une aire de stationnement éclairée et sécurisée. • Com. 27 nov. 2007, n° 06-20.620 P : *D. 2008. AJ 11, obs. Delpech* ; *RCA 2008, n° 68, obs. H. G.* ♦ Rappr. : • Com. 4 mars 2008 : *préc. note 20* (stationnement du chauffeur sur une aire d'autoroute qui n'était pas réputée dangereuse, sans avoir été informé de la nature particulière des marchandises transportées) • 9 déc. 2008, n° 07-20.934 P : *D. 2010. Pan. 224, obs. Fauvarque-Cosson* ; *RDC 2009. 1044, obs. Carval* (facturation ne prenant pas en compte le surcoût d'un stationnement sécurisé) • Com. 16 nov. 2010 : *D. 2011. 1445*, obs. Kenfack • 1er avr. 2014, n° 12-14.418 P : *D. 2014. 868* (transporteur n'ayant reçu aucune instruction particulière relative à la sécurité de la marchandise, chauffeur s'étant arrêté quinze minutes sur une aire d'autoroute comportant un restaurant ouvert toute la nuit, un poste de police autoroutière, ainsi qu'un système de vidéosurveillance).

44. ... Conservation de la marchandise. Commet une faute lourde le transporteur frigorifique qui transporte ensemble des produits craignant le gel et d'autres exigeant des températures négatives, sans créer deux compartiments séparés comme le véhicule le permettait. • Com. 21 févr. 2012 : *cité note 3 ss. anc. art. 1250.* ♦ ...Le déménageur, transporteur professionnel exerçant en milieu insulaire et dans des zones tropicales, qui a omis d'assurer la ventilation nécessaire à l'intérieur du conteneur et de placer des absorbeurs d'humidité, alors que le lieu et la durée de l'escale en Malaisie, ainsi que les conditions d'humidité et de température habituelles dans ce pays, étaient des éléments connus ou prévisibles. • Civ. 1re, 29 oct. 2014, n° 13-21.980 P : *D. 2015. 124, obs. Gout ; ibid. 188, note V. Mazeaud ; RTD civ. 2015. 134, obs. H. Barbier ; RDC 2015. 246, note Deshayes.*

45. ... Accident de la circulation. Faute lourde et accident de la circulation : V. • Com. 30 juin 2004, n° 02-17.048 P : *R., p. 321 ; D. 2004. AJ 2301 ; ibid. Pan. 2750, obs. Kenfack* • 28 juin 2005, n° 03-20.744 P : *R., p. 339 ; D. 2005. AJ 1939, obs. Chevrier ; ibid. Pan. 2750, obs. Kenfack ; JCP 2005. II. 10150, note Tricoire ; ibid. 2006. I. 111, n° 14, obs. Stoffel-Munck ; CCC 2005, n° 201, note Leveneur* (transporteur routier : excès de vitesse constitutif, en l'espèce, d'une faute lourde) • 16 oct. 2012, n° 11-10.071 P : *D. 2012. 2512* (excès de vitesse sous la pluie et non-respect par le chauffeur de l'interdiction de circulation des véhicules de transport de marchandises après 22 h) • 8 févr. 2023, n° 21-11.415 B (faute lourde non caractérisée par le fait de rouler à une vitesse excessive et d'effectuer un dépassement dangereux, le chauffeur n'ayant pas connaissance de la mauvaise répartition des charges à l'intérieur du conteneur).

46. ... Arrimage et chargement. Mauvais arrimage du voilier transporté sur la remorque. • Com. 27 févr. 2007, n° 05-17.265 P : *D. 2007. AJ 1013, obs. Delpech ; ibid. 2008. Pan. 1243, obs. Kenfack ; JCP E 2007. 1705, note Cathiard ; RTD com. 2007. 592, obs. Bouloc.* ♦ Utilisation, lors d'une opération de manutention, d'un engin de levage manifestement inadapté. • Com. 13 nov. 1990, n° 89-15.378 P.

47. Transport de déménagement. Constitue une faute lourde le fait, pour un déménageur, de n'avoir pas satisfait à son obligation de déballage et de remontage du mobilier après transport. • Com. 3 avr. 2001, n° 98-21.233 P : *JCP 2001. I. 354, nos 11 s., obs. Labarthe.*

48. Vente. Constitue une faute lourde le fait de ne pas s'être assuré de la qualité du produit mis en vente (semences de betteraves sucrières) par un moyen véritablement sûr. • Civ. 1re, 11 oct. 1966 : *Bull. civ. I, n° 466 ; JCP 1967. II. 15193, note G. de La Pradelle.* ♦ ... Le fait d'avoir fourni un produit pesticide dont l'usage s'est révélé nocif. • Civ. 1re, 22 nov. 1978 : *Bull. civ. I, n° 358 ; JCP 1979. II. 19139, note Viney.* ♦ ... Le fait pour des vendeurs de ne pas avoir fait exécuter les travaux conformes aux règles de l'art (traitement d'un immeuble contre les termites) auxquels ils s'étaient engagés envers les acquéreurs. • Civ. 3e, 10 févr. 1999 : *RCA 1999, n° 110.*

3° FAUTE INEXCUSABLE

49. Transport aérien de marchandises. Une cour d'appel déduit exactement de l'art. 22 de la Convention de Montréal que le dol ou la faute inexcusable du transporteur aérien de marchandises ne permettent pas de mettre à sa charge la réparation intégrale du préjudice. • Com. 30 juin 2015, n° 13-27.609 P (rejet implicite de l'argument du moyen soutenant que l'art. 22 n'était pas exclusif de l'anc. art. 1150).

50. Transport maritime. Manque à son obligation de sécurité et commet une faute inexcusable le transporteur maritime qui, dans une situation dangereuse, n'alerte pas les passagers sur les conditions difficiles de la traversée, ne leur demande pas de rester assis et, surtout, n'interdit pas l'accès au pont. • Civ. 1re, 18 juin 2014, n° 13-11.898 P : *D. 2014. 1372* (manquement impliquant objectivement la conscience de la probabilité du dommage et son acceptation téméraire, justifiant l'éviction des limites d'indemnisation prévues par la Convention internationale sur la limitation de responsabilité en matière de créances maritimes). ♦ Absence de faute inexcusable de l'organisateur d'une sortie en mer, un passager ayant été blessé, dans la mesure où les conditions de navigation étaient bonnes, où les passagers avaient été alertés d'une augmentation de la vitesse de progression du bateau et invités à se cramponner, et où le passager conservait la possibilité de se maintenir à la main courante du bastingage. • Civ. 1re, 8 nov. 2017, n° 16-24.656 P : *D. 2018. 280, note Adeline ; RGDA 2018. 55, note Turgné* (la faute retenue n'impliquait pas objectivement la conscience de la probabilité du dommage et son acceptation téméraire).

51. Transport terrestre. Pour l'abandon de la référence à la faute lourde en application de l'art. L. 133-8 C. com., dans sa rédaction résultant de la L. du 8 déc. 2009, « seule est équipollente au dol la faute inexcusable du voiturier ou du commissionnaire de transport. Est inexcusable la faute délibérée qui implique la conscience de la probabilité du dommage et son acceptation téméraire sans raison valable ». ♦ Sur la différence entre la faute inexcusable de l'art. L. 133-8 C. com. et la fraude ou l'infidélité de l'art. L. 133-6 C. com., V. • Com. 13 déc. 2016, n° 15-19.509 P : *D. 2017. 4 ; RTD com. 2017.* 165, obs. Bouloc. ♦ La destruction, même volontaire, par le transporteur des marchandises qui lui ont été confiées ne peut pas, par principe, être qualifiée de faute inexcusable, cette qualification dépendant des circonstances de chaque espèce. • Com. 24 mars 2021, n° 19-22.708 P : *D. 2021. 1695, obs. Kenfack.* ♦ Pour l'admission d'une faute inexcusable en cas de vol lors d'un stationnement dans une zone non protégée : • Com. 21 nov. 2018, n° 17-17.468 P : *D. 2018. 2302* ; *AJ contrat 2019. 44, obs. Delebecque* ; *JCP 2018, n° 1276, obs. Siguoirt.*

Dans le cas d'un transport de dossier, en vue de répondre à un appel d'offres, prévoyant une date de livraison impérative, ne donne pas de base légale à sa décision l'arrêt qui admet l'existence d'une faute inexcusable au motif que le transporteur a manqué gravement à son obligation en ne prenant aucune initiative pour acheminer le pli à sa destination. • Com. 18 nov. 2014, n° 13-23.194 P : *D. 2014. 2404* ; *AJCA 2015. 123, note Delebecque* (remise le 9 juill. pour une livraison le 12). ♦ Le fait de se garer sur une aire non surveillée, en remplacement de la solution initiale – parking de la gendarmerie qui était complet – est insuffisant pour établir que le transporteur avait conscience qu'un dommage résulterait probablement de son comportement. • Com. 13 déc. 2016, n° 15-16.027 P : *D. 2016. 2566* ; *ibid. 2017. 1077, chron. Jollec* ; *AJ contrat 2017. 78, obs. Delebecque* ; *CCC 2017, n° 49, note Leveneur.* ♦ V. aussi : • Com. 13 sept. 2017, n° 16-10.596 P : *D. 2017. 2348, note Balat* ; *ibid. 2018. 1412, obs. Kenfack* ; *AJ contrat 2017. 500, obs. Fleuris* ; *RTD civ. 2018. 129, obs. Jourdain* (stationnement, pour respecter les temps de conduite, sur une aire d'autoroute visible de celle-ci et protégée par un mur, le chauffeur n'ayant pas une connaissance exacte de la marchandise transportée) • 9 mai 2018, n° 17-13.030 P : *D. 2018. 1004* ; *AJ contrat 2018. 341, obs. Arié Lévy* (ni le retard dans la livraison ni le défaut de demande d'instruction complémentaire en cours de livraison, n'établissent la preuve d'une faute inexcusable).

Art. 1231-4 *(Ord. n° 2016-131 du 10 févr. 2016, art. 2, en vigueur le 1er oct. 2016)* **Dans le cas même où l'inexécution du contrat résulte d'une faute lourde ou dolosive, les dommages et intérêts ne comprennent que ce qui est une suite immédiate et directe de l'inexécution.** – *Dispositions transitoires, V. Ord. n° 2016-131 du 10 févr. 2016, art. 9, ss. art. 1386-1.*

Comp. C. civ., art. 1151 anc.

Sur la notion de préjudice constituant une suite directe et immédiate de l'inexécution de la convention, V. • Com. 2 oct. 1973 : *JCP 1974. II. 17699, note Hémard* (préjudice subi par un concessionnaire du fait de la vente de véhicules par d'autres concessionnaires hors de leur zone).

Art. 1231-5 *(Ord. n° 2016-131 du 10 févr. 2016, art. 2, en vigueur le 1er oct. 2016)* **Lorsque le contrat stipule que celui qui manquera de l'exécuter paiera une certaine somme à titre de dommages et intérêts, il ne peut être alloué à l'autre partie une somme plus forte ni moindre.**

Néanmoins, le juge peut, même d'office, modérer ou augmenter la pénalité ainsi convenue si elle est manifestement excessive ou dérisoire.

Lorsque l'engagement a été exécuté en partie, la pénalité convenue peut être diminuée par le juge, même d'office, à proportion de l'intérêt que l'exécution partielle a procuré au créancier, sans préjudice de l'application de l'alinéa précédent.

Toute stipulation contraire aux deux alinéas précédents est réputée non écrite.

Sauf inexécution définitive, la pénalité n'est encourue que lorsque le débiteur est mis en demeure. – *Dispositions transitoires, V. Ord. n° 2016-131 du 10 févr. 2016, art. 9, ss. art. 1386-1.*

Comp. C. civ., art. 1152 anc. et 1226 anc. s.

RÉP. CIV. v° *Clause pénale*, par S. PIMONT.

DALLOZ ACTION *Droit de la responsabilité et des contrats 2023/2024, nos 3226.00 s.*

BIBL. ▶ DE RAVEL D'ESCLAPON, *AJ contrat 2017. 408* (le financement par le crédit-bail : les incidences de la clause pénale en cas de défaut de paiement). – DISSAUX et JAMIN, Projet de réforme, suppl., *C. civ. 2016, p. 138.* – GROSSER, *LPA 2015, n° 176-177, p. 78.* – LEMAY, *RTD com. 2017. 801* (la clause pénale en nature). – LAITHIER, *JCP 25 mai 2015, suppl. au n° 21, p. 47* (les règles relatives à l'inexécution des obligations contractuelles). – V. Bibl. citée ss. art. 1152 anc.

PLAN DES ANNOTATIONS

1. Sur les mesures de protection juridique en faveur des Français rapatriés, V. L. no 70-632 du 15 juill. 1970, art. 49 (cessation d'effet des clauses pénales) mod. par L. no 78-1 du 2 janv. 1978 et art. 60, mod. par L. no 74-1129 du 30 déc. 1974, art. 68 *(D. et BLD 1975. 20)* et L. no 82-4 du 6 janv. 1982 *(D. et BLD 1982. 51)*.

I. VALIDITÉ DE LA CLAUSE PÉNALE

A. PRINCIPES GÉNÉRAUX

2. *Validité de principe.* L'indemnité due au titre de la clause pénale stipulée dans un contrat de location de matériel et correspondant à la totalité des loyers à échoir au jour de la résiliation du contrat ne constitue ni un enrichissement injuste pour le bailleur, ni la continuation du paiement des loyers par le preneur, mais n'est que l'exécution d'une clause librement acceptée ; et cette clause ne se heurte pas à la règle d'option entre l'exécution forcée de l'obligation principale et la résiliation qui résulte des dispositions des anciens art. 1184 anc. et 1229 anc. C. civ. • Com. 22 févr. 1977, no 75-15.054 P.

3. L'art. 1152 [anc.] ne subordonne pas la validité de la clause pénale à sa vérification par le juge. • Civ. 2e, 5 avr. 1993, no 91-19.979 P : *D. 1994. Somm. 13, obs. A. Penneau* (possibilité de mettre en jeu les garanties convenues en invoquant la créance résultant de la clause pénale).

4. Sur le lien entre la validité et la faculté de révision : cassation de l'arrêt annulant une indemnité contractuelle venant s'ajouter à l'indemnité conventionnelle de licenciement, au motif qu'elle annihilerait le droit de l'employeur de rompre unilatéralement le contrat de travail et qu'elle porterait ainsi une atteinte excessive et injustifiée à la liberté du travail, alors que de tels motifs ne caractérisent pas en quoi cette clause pénale, qu'ils avait le pouvoir de réduire, même d'office, était de nature à faire échec au droit de licenciement reconnu à l'employeur. • Soc. 5 mars 2014, no 12-23.106 P : *D. 2014. 671* ; *Dr. soc. 2014. 481, obs. Mouly* ; *ibid. 760, note Tournaux* ; *RTD civ. 2014. 644, obs. Barbier*.

♦ Comp. • Soc. 18 déc. 1979 : *Bull. civ. V, no 1009 ; JCP 1980. II. 19432, note G. Lyon-Caen* (caractère excessif du montant justifiant tant la réduction au titre de l'anc. art. 1152 que la nullité de la clause). ♦ V. aussi note 9.

5. *Liberté de choix des manquements.* Possibilité de sanctionner par une clause pénale non seulement l'inexécution de l'obligation principale, mais aussi tous autres manquements : V. • Civ. 1re, 10 févr. 1960 : *Bull. civ. I, no 94.*

6. *Différence avec l'usure.* La clause pénale, fixant les dommages et intérêts dus par le débiteur qui n'exécute pas son obligation, ne joue que comme la sanction de cette inexécution et n'est donc pas soumise aux dispositions des textes réprimant l'usure. • Com. 22 févr. 1977 : *Bull. civ. IV, no 58.* – V. aussi • Civ. 1re, 1er févr. 1978 : *ibid. I, no 44 ; RTD civ. 1979. 147, obs. Cornu.*

B. LÉGISLATIONS SPÉCIALES

7. *Agent immobilier.* Le statut des agents immobiliers interdit la perception par ces derniers de sommes d'argent, à quelque titre que ce soit, avant que l'opération pour laquelle ils ont reçu un mandat écrit ait été effectivement conclue et constatée dans un seul acte contenant l'engagement des parties ; cette règle interdit à l'agent de se prévaloir des dispositions d'une clause pénale prévue si la vente n'est pas conclue. • Civ. 1re, 27 nov. 2013, no 12-13.897 P : *D. 2013. 2845, obs. Rouquet* • Civ. 3e, 9 juill. 2014, no 13-19.061 P : *D. 2014. 1591, obs. Rouquet* ; *AJDI 2014. 467, obs. Thioye ; RTD civ. 2014. 111, obs. Barbier ; RTD com. 2014. 391, obs. Bouloc.*

8. *Bail d'habitation.* Depuis sa réforme par la L. no 2014-366 du 24 mars 2014, l'art. 4-i) de la L. du 6 juill. 1989 dispose qu'est réputée non écrite toute clause « qui autorise le bailleur à percevoir des amendes ou des pénalités en cas d'infraction aux clauses d'un contrat de location ou d'un règlement intérieur à l'immeuble ». Sur la solution antérieure, qui limitait la prohibition aux amendes sans interdire les clauses pénales, V.

• Civ. 3e, 25 mars 1987 : *D. 1987. 380, note Paisant ; RTD civ. 1987. 781, obs. Rémy* [art. 27 de la L. du 22 juin 1982 (devenu art. 4-i de la L. du 6 juill. 1989)] • 22 nov. 1995, n° 94-11.971 P • 8 janv. 1997, n° 95-10.339 P : *LPA 29 mai 1998, note Rasler.* ♦ V. aussi Rémy, obs. *RTD civ. 1986. 145.*

9. Contrat de travail. Sur l'appréciation de la validité des clauses excessives portant atteinte à la liberté d'ordre public de l'employeur de mettre fin au contrat de travail, V. note 4.

10. Crédit-bail immobilier. Validité de la clause de résiliation anticipée d'un contrat de crédit-bail immobilier dès lors que, si le preneur devait payer les loyers pendant toute la période où le bien n'aurait pu être loué ou vendu, il lui suffisait, pour s'en décharger, de faire preuve de diligences normales pour proposer la relocation ou la vente, auxquelles le bailleur ne pouvait s'opposer que pour des motifs légitimes. • Civ. 3e, 18 nov. 1998 : *D. Affaires 1999. 169, obs. J. F.* ♦ V. aussi note 4.

11. Libéralités : donation. Nécessité de rechercher si la clause pénale contenue dans un acte de donation, prévoyant qu'en cas de contestation de l'acte, la personne à l'origine de cette contestation serait privée de toute part dans la quotité disponible, n'a pas pour effet de porter une atteinte excessive au droit d'agir en justice, au regard de l'art. 6, § 1, Conv. EDH. • Civ. 1re, 16 déc. 2015, n° 14-29.285 P.

12. Testament. Sur la validité de la clause pénale contenue dans un testament, par laquelle le testateur entend assurer l'exécution de ses dernières volontés, V. notes 6 s. ss. art. 900.

13. Procédure collective. Le principe d'égalité des créanciers ne s'oppose à la validité au regard de la procédure collective d'une clause pénale convenue entre un créancier et le débiteur antérieurement à l'ouverture de la procédure collective que lorsqu'il résulte de cette clause une majoration des obligations du débiteur envers le créancier en cas de prononcé de son redressement judiciaire. • Com. 11 mai 1993, n° 91-11.379 P : *D. 1993. Somm. 368, obs. A. Honorat* • 2 juill. 2013, n° 12-22.284 P : *D. 2013. 1740, obs. Lienhard*. ♦ Aucun texte ne dispose que la clause déterminant le montant de l'indemnité destinée à réparer le préjudice causé en cas de résiliation de la convention serait réputée non écrite après le prononcé du redressement judiciaire du locataire : • Com. 10 déc. 1991, n° 90-11.145 P • 3 mai 1994, n° 91-20.479 P : *RTD civ. 1995. 110, obs. Mestre* (efficacité de la clause pénale stipulée dans un contrat d'affiliation résilié par l'administrateur).

C. INFLUENCE DE LA DISPARITION DE L'OBLIGATION PRINCIPALE SUR LA CLAUSE

14. Nullité du contrat. V. sous l'empire de l'art. 1227 ancien, qui posait explicitement que « la nullité de l'obligation principale entraîne celle de la clause pénale » : la nullité de la convention entraîne celle de la clause pénale qui s'y trouvait insérée et les effets de cette nullité ne peuvent être limités par l'acceptation, antérieure à l'annulation, du principe du versement des pénalités. • Com. 20 juill. 1983 : *D. 1984. 422, note Aubert ; RTD civ. 1984. 710, obs. Mestre.*

15. Caducité du contrat. La caducité d'un acte n'affecte pas la clause pénale qui y est stipulée et qui doit précisément produire effet en cas de défaillance fautive de l'une des parties. • Com. 22 mars 2011, n° 09-16.660 P : *D. 2011. Actu. 1012, obs. Delpech ; ibid. 2179, note Hontebeyrie ; Rev. sociétés 2011. 626, note J. Moury ; JCP 2011. 955, obs. Grosser ; JCP 2011, n° 1212, obs. Mortier ; RLDC 2011/82, n° 4225, obs. Paulin ; RDC 2011. 826, note Savaux ; RTD civ. 2011. 345, obs. Fages* (promesse de vente).

16. Résolution ou résiliation du contrat. Sur la possibilité de faire application d'une clause pénale pour le préjudice causé par la résolution ou la résiliation du contrat, V. notes 50 s.

II. QUALIFICATION DE LA CLAUSE PÉNALE

17. Principes : évaluation forfaitaire et anticipée des conséquences d'une inexécution. Constitue une clause pénale la clause d'un contrat par laquelle les parties évaluent forfaitairement et d'avance l'indemnité à laquelle donnera lieu l'inexécution de l'obligation contractée. • Civ. 1re, 10 oct. 1995, n° 94-11.209 P : *D. 1996. 486, note Fillion-Dufouleur ; ibid. Somm. 116, obs. Delebecque ; JCP 1996. II. 22580, note Paisant ; ibid. I. 3914, obs. Billiau.*

Comp. : les parties ayant prévu dans le contrat de travail qu'à la pénalité mise à la charge du salarié du seul fait de l'inobservation de la clause de non-concurrence pourrait éventuellement s'ajouter la réparation du préjudice effectivement subi par l'employeur, la cour qui condamne le salarié à verser des dommages et intérêts pour préjudice commercial, sans constater que le préjudice subi n'excédait pas le montant de la pénalité, ne fait qu'appliquer les dispositions du contrat. • Soc. 10 févr. 1998, n° 95-44.747 P : *D. 1999. Somm. 102, obs. Auguet*.

18. ... Caractère contractuel. Les pénalités mises à la charge de l'acheteur en cas de retard de paiement par l'art. L. 441-6 C. com. constituant des dispositions légales supplétives, elles ne constituent pas une clause pénale et ne peuvent donc être réduites en raison de leur caractère abusif. • Com. 2 nov. 2011 : *D. 2011. 2788, obs. Chevrier*. ♦ Lorsque les parties contractantes conviennent de l'application au contrat de travail d'une convention collective autre que celle applicable de droit, l'indemnité de licenciement prévue par ladite convention collective revêt la nature d'une indemnité conventionnelle non susceptible d'être réduite par le juge. • Soc. 9 nov. 2011 : *D. 2011. 2875 ; JCP 2012, n° 57, note Lokiec.* ♦ V. aussi note 38.

19. … Caractère comminatoire. Illustrations de décisions définissant la clause pénale comme une stipulation ayant pour objet de faire assurer par l'une des parties l'exécution de son obligation. V. par exemple : • Civ. 1re, 16 janv. 1985 : *cité note 35* (indemnité forfaitaire pour les frais de recouvrement) • Civ. 3e, 29 juin 1994 : *cité note 31* (indemnité d'immobilisation dans une vente conditionnelle) • Com. 5 juill. 1994 : *cité note 51* (indemnité de résiliation d'un crédit-bail) • Civ. 1re, 11 oct. 1994 : *cité note 25* (faculté de remboursement anticipé d'un prêt) • Civ. 1re, 21 févr. 1995 : *cité note 35* (indemnité forfaitaire pour les frais de recouvrement) • Com. 14 oct. 1997 : *cité note 24* (dédit) • Civ. 3e, 30 avr. 2002 : *cité note 31* (indemnité d'immobilisation dans une vente conditionnelle) • Com. 4 mai 2017, n° 15-19.141 P : *D. 2017. 972 ; AJ contrat 2017. 335, obs. Bros ; Rev. sociétés 2017. 477, note Martial-Braz ; RTD civ. 2017. 645, obs. Barbier ; RTD com. 2017. 413, obs. Legeais* (indemnité stipulée à la fois comme un moyen de contraindre l'emprunteur à l'exécution spontanée, moins coûteuse pour lui, et comme l'évaluation conventionnelle et forfaitaire du préjudice futur subi par le prêteur du fait de l'obligation d'engager une procédure). ♦ V. aussi note 68.

A. CLAUSES SANS ÉVALUATION FORFAITAIRE ET ANTICIPÉE

20. Avance sur les dommages-intérêts. La clause prévoyant le versement d'une somme à titre d'avance sur des dommages-intérêts à fixer n'est pas une clause pénale. • Com. 5 avr. 1994 : *JCP 1995. II. 22384, note Dagorne-Labbe ; Defrénois 1994. 1128, obs. Delebecque.*

21. Clause limitative de responsabilité. La clause qui ne prévoit pas le règlement d'une indemnisation forfaitaire, mais fixe un plafond d'indemnisation « dans la limite du préjudice subi par le client », constitue une clause limitative de responsabilité et non une clause pénale. • Com. 18 déc. 2007, n° 04-16.069 P : *D. 2008. AJ 154, obs. Delpech ; JCP 2008. I. 125, obs. Stoffel-Munck.*

22. Clause résolutoire. Une clause résolutoire insérée dans un bail commercial n'étant pas une clause pénale, les juges n'ont pas à rechercher si la sanction de la résolution était ou non *proportionnée au manquement invoqué.* • Civ. 3e, 20 juill. 1989 : *Bull. civ. III, n° 172 ; Defrénois 1990. 361, obs. Aubert ; RTD civ. 1990. 74, obs. Mestre .*

23. Abattement sur indemnité de fin de mandat. N'est pas une clause pénale la stipulation de l'accord contractuel conclu entre une entreprise d'assurance et les syndicats professionnels de ses agents généraux qui, en cas de méconnaissance par un agent général de certaines des obligations de son mandat, prévoit à la charge de ce dernier un abattement, non forfaitaire et non déterminé à l'avance, ne pouvant excéder 30 % de la totalité de son indemnité de fin de mandat. • Civ. 2e, 31 mars 2022, n° 20-23.284 B : *D. 2022. 1016, note Sindres ; RTD civ. 2022. 381, obs. Barbier .*

B. CLAUSES NE SANCTIONNANT PAS L'INEXÉCUTION D'UNE OBLIGATION

1° CLAUSE COMPENSANT L'EXERCICE D'UNE FACULTÉ

24. Clause de dédit. BIBL. Boyer, *Mél. Raynaud, Dalloz, 1985, p. 41.* – Humann, *RDI 1997. 169 .* ♦ La clause dont l'objet est de permettre aux parties de se libérer unilatéralement de leurs engagements ne s'analyse pas en une clause pénale mais en une faculté de dédit. • Com. 2 avr. 1996 : *D. 1996. Somm. 329, obs. D. Mazeaud .* – Dans le même sens : • Com. 14 oct. 1997, n° 95-11.448 P : *D. 1999. 103, note Willmann ; Defrénois 1998. 328, obs. D. Mazeaud ; ibid. 538, note Dagorne-Labbe ; Gaz. Pal. 1998. 2. 701, note Taillens-Dessalle* • 3 juin 2003 : *RDC 2004. 930, obs. D. Mazeaud* • Civ. 3e, 15 févr. 2006, n° 04-17.595 P : *JCP N 2006. 1278, obs. S. Piedelièvre* • Com. 18 janv. 2011, n° 09-16.863 P : *D. 2011. Actu. 376 ; JCP 2011, n° 492, note Da Silva ; CCC 2011, n° 86, obs. Leveneur ; Dr. et patr. 5/2011. 72, obs. Aynès ; RDC 2011. 812, note Savaux ; RLDC 2011/80, n° 4155, obs. Paulin.* ♦ La clause d'un contrat de construction qui autorise le maître de l'ouvrage à dénoncer le contrat moyennant paiement d'une indemnité, en plus des sommes correspondant à l'échelonnement du paiement stipulées acquises au constructeur, ne s'analyse pas en une clause pénale, mais en une faculté de dédit, excluant le pouvoir du juge de diminuer ou de supprimer l'indemnité convenue. • Civ. 3e, 9 janv. 1991 : *D. 1991. 481, note Paisant .*

25. Clause de remboursement anticipé d'un prêt. La clause stipulant une indemnité pour le remboursement anticipé d'un prêt ne peut être considérée comme une clause pénale puisque le remboursement ne constitue pas de la part de l'emprunteur une inexécution du contrat mais l'exercice d'une faculté convenue entre les parties. • Civ. 1re, 24 nov. 1993 : *Defrénois 1994. 800, obs. D. Mazeaud ; RTD civ. 1994. 857, obs. Mestre* (application de la clause dépendant de la seule volonté du débiteur). – V. aussi • Civ. 1re, 11 oct. 1994, n° 92-13.947 P : *Defrénois 1995. 759, obs. D. Mazeaud.* ♦ Comp. note 39 pour une justification de la même solution fondée sur les conséquences économiques du remboursement anticipé.

26. Clause de résiliation unilatérale. L'indemnité contractuelle de résiliation d'un contrat de mandat à durée déterminée, qui ne représente que le prix de la faculté de résiliation unilatérale offerte à tout moment au mandant, en dehors de toute notion d'inexécution, n'a pas le caractère d'une clause pénale. • Civ. 1re, 6 mars 2001, n° 98-20.431 P : *D. 2001. Somm. 3243, obs. Delebecque ; JCP 2002. II. 10067, note Dagorne-Labbe ; CCC 2001, n° 102, note Leveneur ; RTD civ. 2001. 589, obs. Mestre et Fages* (décision précisant que l'art. 2004 n'a qu'un caractère supplétif). ♦ Refus de qualifier de clause pénale la stipulation d'un contrat d'exercice à durée indéterminée conclu entre un médecin et une clinique, permettant à celle-ci de résilier discrétionnairement le contrat. • Civ. 1re, 4 avr. 2006 : *LPA 25 sept. 2006, concl. Sainte-Rose.* ♦ Comp. notes 50 s. pour des résiliations consécutives à une inexécution des obligations. ♦ Même fixée de manière forfaitaire, l'indemnité de résiliation due en cas d'exercice du droit de résilier le contrat de manière anticipée conféré au crédit-preneur, en application de l'art. L. 313-9, al. 2, C. mon. fin., ou à son liquidateur en application de l'art. L. 641-11-1, II, et III, 3°, dans sa rédaction issue de l'Ord. du 18 déc. 2008, ne constitue pas une pénalité au sens des art. L. 341-1 et L. 341-6 C. consom., mais a pour objet de réparer le préjudice subi par le crédit-bailleur du fait de l'exercice par le crédit-preneur de sa faculté de résiliation anticipée du contrat. • Com. 11 avr. 2018, n° 16-24.143 P : *D. 2018. 844 ; AJ contrat 2018. 295, obs. de Ravel d'Esclapon ; RTD com. 2018. 452, obs. Bouloc .*

27. Dépôt de garantie (contrat préliminaire). Ne donne pas de base légale à sa décision le tribunal qui qualifie de clause pénale le dépôt de garantie versé en exécution d'un contrat de réservation d'une habitation à construire sans relever l'obligation mise à la charge du réservataire par le contrat et dont l'inexécution serait sanctionnée par la perte du dépôt de garantie. • Civ. 3e, 28 mars 1990 : *D. 1991. 187, note R. Cabrillac ; D. 1991. Somm. 158, obs. Paisant ; Defrénois 1990. 1342, obs. Souleau.*

28. Indemnité d'immobilisation (promesse unilatérale de vente). Le bénéficiaire d'une promesse unilatérale de vente, n'étant pas tenu d'acquérir, ne manque pas à une obligation contractuelle en s'abstenant de requérir du promettant l'exécution de sa promesse et la stipulation au profit du promettant d'une indemnité d'immobilisation ne constitue pas une clause pénale. • Civ. 3e, 5 déc. 1984 : *Bull. civ. III, n° 207 ; R., p. 77 ; D. 1985. 544, note Bénac-Schmidt ; JCP 1986. II. 20555, note Paisant ; Defrénois 1986. 126, note Olivier ; RTD civ. 1985. 372, obs. Mestre ; 1985. 592 et 594, obs. Rémy* • 5 déc. 1984 : *Bull. civ. III, n° 208 ; R., p. 77 ; eod. loc.* ♦ Comp. note 31 pour les indemnités d'immobilisation dans les ventes conditionnelles. ♦ Comp. aussi, pour une promesse de vente dont la nature n'est pas précisée : • Civ. 3e, 26 avr. 1978 : *Bull. civ. III, n° 160 ; R., p. 37 ; D. 1978. 349 ; RTD civ. 1978. 672, obs. Cornu.*

29. Transfert d'un compte d'épargne. La stipulation de reprise d'intérêts par l'établissement de crédit en cas de transfert d'un compte d'épargne populaire dans un autre établissement ne constitue pas une clause pénale dès lors que le transfert est une faculté ouverte à l'épargnant, de sorte que l'indemnité forfaitaire convenue par avance ne sanctionne pas une inexécution contractuelle. • Civ. 1re, 12 juill. 2005, n° 00-18.543 P : *D. 2005. 3021, note Pastré-Boyer ; ibid. AJ 2218, obs. Delpech ; Gaz. Pal. 2005. 3462, note Dagorne-Labbe ; RTD civ. 2005. 781, obs. Mestre et Fages .*

2° CLAUSE CONSTITUANT LA CONTREPARTIE DE L'EXÉCUTION D'UNE OBLIGATION OU DE L'OCTROI D'UN AVANTAGE

30. Clause de garantie d'emploi. Une cour d'appel peut décider, par interprétation de la volonté des parties, qu'une clause de garantie d'emploi, qui a pour but de préserver la salariée de la perte de son emploi dans un contexte économique rendant difficile son reclassement professionnel, ne constitue pas une clause pénale. • Soc. 23 oct. 2007, n° 06-42.994 P : *D. 2007. 3107, note Waquet ; D. 2008. Pan. 447, obs. Fabre ; RDC 2008. 1158, obs. Borghetti.* ♦ Dans le même sens : • Soc. 4 mars 2008, n° 06-45.221 P : *JCP 2008. II. 10095, note Mouly* (rejet de la qualification de clause pénale, faute d'indemnité forfaitaire en cas de violation de la garantie d'emploi). ♦ Rappr. note 52, pour une solution identique appliquée à une indemnité de licenciement. ♦ Inversement, constitue une clause pénale la clause contractuelle qui prévoit le versement d'une indemnité forfaitaire en cas de violation de la garantie d'emploi, cette clause n'ayant pas été stipulée pour tenir compte de la difficulté pour le salarié de retrouver sa situation antérieure. • Soc. 15 avr. 2015, n° 13-21.306 P : *D. 2015. 927 .* ♦ Constitue une clause pénale la stipulation prévoyant le remboursement des frais de formation professionnelle exposés par l'employeur, en cas de départ du salarié avant le terme convenu au contrat. • Soc. 23 janv. 1985 : *Bull. civ. V, n° 58.* ♦ V. aussi : • Paris, 3 mai 1984 : *D. 1985. 156, note Amiel-Donat et Serra.* ♦ S'analyse en une clause pénale la clause d'un accord d'entreprise prévoyant qu'en cas de non-respect par une société de son engagement de maintenir l'emploi, celle-ci s'obligeait à indemniser chaque salarié du montant total des efforts concédés entre la date de mise en application et la date de rupture de l'engagement. • Soc. 8 mars 2017, n° 15-26.975 P : *D. 2017. 651 ; Dr. soc. 2017. 477, obs. Mouly ; ibid. 843, note Tournaux ; RDT 2017. 418, obs. Roussel ; RTD* *civ. 2017. 645, obs. Barbier* ; *RDC 2017. 325, note Loiseau.*

31. Indemnité d'immobilisation (vente conditionnelle). En cas de vente sous la condition suspensive pour l'acquéreur de l'obtention d'un prêt, la stipulation d'une indemnité d'immobilisation, qui n'a pas pour objet de faire assurer par une des parties l'exécution de son obligation, ne constitue pas une clause pénale. • Civ. 3e, 29 juin 1994, n° 92-19.645 P : *JCP 1994. I. 3809, obs. Viney ; Defrénois 1994. 1459, obs. D. Mazeaud.* – Dans le même sens : • Civ. 3e, 30 avr. 2002, n° 00-16.422 P : *Defrénois 2002. 1257, obs. Savaux ; JCP E 2003. 585, obs. Seube ; RDC 2003. 99, obs. Collart-Dutilleul.* ♦ Comp. note 28 pour les indemnités d'immobilisation prévues dans les promesses unilatérales.

32. Obligation de non-concurrence. La contrepartie financière de la clause de non-concurrence ayant la nature d'une indemnité compensatrice de salaire stipulée en conséquence de l'engagement du salarié de ne pas exercer, après la cessation du contrat de travail, d'activité concurrente à celle de son ancien employeur, et ne constituant pas une indemnité forfaitaire prévue en cas d'inexécution d'une obligation contractuelle, elle n'est pas une clause pénale. • Soc. 13 oct. 2021, n° 20-12.059 B : *D. 2021. 1926* ; *Dr. soc. 2021. 1036, obs. Mouly* ; *RDT 2021. 707, obs. Rosa* . ♦ Il n'y a pas lieu de modifier le montant de l'indemnité stipulée dans une clause de non-concurrence, le versement de l'indemnité étant prévu en contrepartie de l'obligation de non-concurrence, ce qui exclut la qualification de clause pénale. • Soc. 17 oct. 1984, n° 82-41.114 P • Soc. 9 avr. 2015, n° 13-25.847 P. ♦ Même sens : • 4 juill. 1983 : *Bull. civ. V, n° 380* • 26 mai 1988 : *Bull. civ. V, n° 318 ; D. 1989. Somm. 265, obs. Serra* • 19 juill. 1988 : *Bull. civ. V, n° 461 ; D. 1989, eod. loc.*

33. Remboursement d'avances. La clause par laquelle un agent général d'assurances s'engage, en cas de fin prématurée de son mandat, à rembourser les avances sur commissions consenties par sa compagnie, sans remise mais sans majoration non plus, ne constitue pas une clause pénale. • Civ. 2e, 19 juin 2003, n° 00-22.626 P : *D. 2003. IR 1808* .

3° CLAUSE ASSURANT L'ÉQUILIBRE ÉCONOMIQUE DU CONTRAT

34. Compensation d'un manque à gagner. Le prélèvement opéré au profit des caves coopératives sur les primes d'abandon définitif de superficie viticole ayant pour objet, non de sanctionner la rupture d'un engagement d'apport, mais de compenser forfaitairement un manque à gagner de la coopérative, la clause statutaire relative à ce prélèvement ne constitue pas une clause pénale. • Civ. 1re, 6 juin 2000, n° 98-12.307 P.

35. Compensation d'un surcoût : frais de recouvrement. N'ayant pas pour objet de faire assurer par l'une des parties l'exécution de son obligation, n'a pas le caractère d'une clause pénale la stipulation selon laquelle, dans le cas où le créancier « serait obligé de produire à un ordre ou à une distribution par contribution, de faire délivrer une sommation, d'exercer ou de participer à une procédure quelconque..., il aurait droit à une indemnité forfaitaire de 5 % du montant de sa créance ». • Civ. 1re, 16 janv. 1985 : *Bull. civ. I, n° 24 ; JCP 1986. II. 20661, note Paisant ; RTD civ. 1986. 103, obs. Mestre* • 21 févr. 1995, n° 92-18.988 P : *JCP N 1996. II. 1433, note Piedelièvre.*

36. Cotisations syndicales. La disposition du règlement intérieur d'un syndicat qui, conformément à l'art. L. 411-8 [L. 2141-3] C. trav., prévoit qu'en cas de démission d'un de ses membres la cotisation totale afférente aux six mois qui suivent la date de démission restera due ne constitue pas une clause pénale et ne peut être modérée par le juge. • Civ. 1re, 23 mars 1983 : *Bull. civ. I, n° 112.* ♦ Comp. note 50.

37. Élément de détermination du prix. La pénalité s'appliquant à toute livraison de lait détectée positive aux résidus d'inhibiteurs, prévue par les textes régissant la profession, homologués par arrêtés ministériels, est un élément de détermination du prix et ne constitue pas une clause pénale, susceptible d'être réduite par le juge. • Civ. 1re, 22 mai 2008, n° 06-15.486 P : *RDC 2008. 1158, obs. Borghetti* (possibilité d'obtenir des dommages-intérêts).

38. Majorations de retard (cotisations sociales). Les majorations de retard appliquées en cas de versement tardif des cotisations dues à une institution de retraite complémentaire ont la même nature que les cotisations ; elles sont dues de plein droit et ne sont assimilables à aucun titre à des dommages-intérêts évalués par les tribunaux. Elles ne peuvent être modérées, pas plus qu'elles ne pourraient être augmentées par le juge en application de l'art. 1152 [anc.] au motif qu'elles seraient manifestement excessives ou dérisoires. • Soc. 10 nov. 1981 : *Bull. civ. V, n° 891* • 2 juin 1994, n° 91-11.493 P. ♦ Même solution pour les pénalités instituées de manière obligatoire par un acte administratif réglementaire pour assurer le fonctionnement d'un service public (caisse de congés payés du bâtiment) : • Soc. 29 nov. 1978 : *Bull. civ. V, n° 810.* ♦ Rappr. note 18.

39. Remboursement anticipé d'un prêt. La clause de remboursement immédiat d'un prêt, en principal et intérêts, en cas de règlement judiciaire de l'emprunteur, destinée à indemniser le prêteur du bouleversement de l'économie du contrat par l'effet de la résiliation anticipée, n'est pas une clause pénale. • Com. 9 juill. 1991, n° 89-18.270 P : *D. 1993. Somm. 72, obs. A. Honorat* . ♦ Ne constitue pas une clause pénale la stipulation d'intérêts dont l'objet n'est pas d'assurer l'exécution des obligations des emprunteurs, mais de rétablir, dans tous les cas de remboursement anticipé, un taux moyen constant. • Civ. 1re, 2 déc. 1992, n° 90-20.712 P : *D. 1993. Somm. 213, obs. Delebecque ; JCP N 1993. II. 217, note Steinmetz.* ♦ Comp. note 25 pour une autre justification de la même solution.

C. ILLUSTRATIONS DE CLAUSES PÉNALES

40. Défaillance fautive d'une condition. La stipulation d'une promesse de vente d'un immeuble conclue sous la condition suspensive de l'obtention d'un prêt, selon laquelle, si le défaut d'obtention du prêt résulte de la faute de l'acquéreur, le dépôt de garantie versé par celui-ci restera acquis au vendeur, est improprement qualifiée d'indemnité d'immobilisation, car ayant pour objet de faire assurer par l'acquéreur l'exécution de son obligation de diligence, elle constitue une clause pénale. • Civ. 3e, 24 sept. 2008, n° 07-13.989 P : *D. 2008. AJ 2497, obs. Forest ; JCP 2009. II. 10016, note Dagorne-Labbe ; Dr. et patr. 7/2009. 88, obs. Aynès et Stoffel-Munck ; RLDC. 2008/54, n° 3175, obs. Maugeri ; ibid. 2009/62, n° 3484, note Kenfack ; RDC 2009. 60, obs. D. Mazeaud ; ibid. 88, obs. Borghetti ; RTD civ. 2008. 675, obs. Fages* (inexécution de l'obligation de diligence).

41. Inexécution d'obligations : adhésion à une coopérative. Constitue une clause pénale l'évaluation conventionnelle et forfaitaire du préjudice futur subi par une coopérative du fait de l'inexécution par un coopérateur de ses obligations : • Civ. 1re, 22 oct. 1996, n° 94-12.910 P.

42. ... Obligation de non-concurrence. La clause prévoyant une indemnité en cas de non-respect de la clause de non-concurrence étant une clause pénale, les juges peuvent user de la faculté que leur reconnaît l'art. 1152 [anc.], al. 2. • Soc. 3 mai 1989 : *Bull. civ. V, n° 325 ; RTD civ. 1990. 74, obs. Mestre* • 5 juin 1996, n° 92-42.298 P : *D. 1997. Somm. 101, obs. Serra ; Defrénois 1997. 737, obs. D. Mazeaud* (augmentation d'une clause dérisoire). ♦ Dans le même sens : la clause de l'accord d'entreprise conclu entre l'entreprise d'assurance et les syndicats professionnels de ses agents généraux qui, en sanction des obligations statutaires de non-réinstallation et de non-concurrence prévues par le statut des agents généraux d'assurance, stipule à la charge de l'agent général sortant une pénalité équivalente à la valeur de son indemnité de cessation de fonctions, est une clause pénale. • Civ. 1re, 17 déc. 2015, n° 14-18.378 P.

43. ... Prix d'une vente avec réserve de propriété. Entre dans les prévisions de l'art. 1152 [anc.] la clause d'une vente avec réserve de propriété prévoyant que la partie du prix déjà payée restera acquise au vendeur « en contrepartie de la jouissance de la marchandise » en cas de résolution du contrat consécutive à la défaillance de l'acheteur. • Com. 10 juill. 1990, n° 89-12.804 P : *Defrénois 1991. 552, note Dagorne-Labbe.*

44. ... Remboursement d'un prêt. Constitue une clause pénale la stipulation selon laquelle le taux sera majoré en cas de défaillance de l'emprunteur. • Com. 18 mai 2005, n° 03-10.508 P : *Defrénois 2005. 1425, note S. Piedelièvre.* ♦ Constitue une clause pénale la clause qui prévoit une indemnisation forfaitaire pour sanctionner l'inexécution de l'obligation de payer chaque annuité à l'échéance, du fait de la déchéance du terme. • Com. 9 mai 2001, n° 98-15.722 P : *D. 2001. AJ 1945* • 4 mai 2017, n° 15-19.141 P : *D. 2017. 972 ; AJ contrat 2017. 335, obs. Bros ; Rev. sociétés 2017. 477, note Martial-Braz ; RTD civ. 2017. 645, obs. Barbier ; RTD com. 2017. 413, obs. Legeais.* ♦ V. aussi, en matière de protection des emprunteurs dans le domaine immobilier : • Civ. 1re, 20 mars 1989 : *Bull. civ. I, n° 138.*

45. Inexécution d'une obligation de restitution : bail. Constatant la différence très importante entre le montant du loyer (1 200 F par mois) et celui de l'indemnité d'occupation (5 000 F par semaine) due pour le maintien dans les lieux après l'expiration du bail, les juges du fond ont pu en déduire que, draconienne, cette indemnité constituait en réalité une pénalité excessive soumise à leur pouvoir de modération. • Civ. 3e, 18 janv. 1989 : *Bull. civ. III, n° 15.* ♦ L'indemnité d'occupation égale au double du loyer prévue au contrat de bail présente le caractère d'une clause pénale. • Civ. 3e, 8 avr. 2010, n° 08-20.525 P : *D. 2010. Actu. 1021.* ♦ L'indemnité de jouissance prévue par un contrat de location de matériels informatiques représente pour le bailleur une contrepartie du service dont le locataire continue de bénéficier après le terme de la location en conservant les matériels loués, mais cette indemnité vise également à contraindre le locataire à restituer le matériel loué et constitue une évaluation forfaitaire et anticipée du montant du préjudice résultant pour le bailleur de l'inexécution, qui s'applique du seul fait de celle-ci. • Com. 14 juin 2016, n° 15-12.734 P : *D. 2016. 1628, note Mazeaud ; AJCA 2016. 387, obs. Dagorne-Labbe.*

46. ... Perte d'objets remis. Qualification de clause pénale de la stipulation prévoyant la réparation forfaitaire par un éditeur du préjudice subi par un photographe du fait de la perte des clichés remis par lui à l'éditeur pour publication. • Civ. 1re, 16 juill. 1997, n° 95-16.200 P.

47. ... Clause limitant les restitutions. Constitue une clause pénale la clause qui prévoit que, lors de la résolution, toutes les sommes versées par l'acquéreur pour quelque cause que ce soit et toutes les améliorations apportées à l'immeuble vendu seront de plein droit définitivement acquises au vendeur, sans recours ni répétition à titre de dommages-intérêts et d'indemnité forfaitaire. • Civ. 3e, 26 janv. 2011, n° 10-10.376 P : *D. 2011. 2298, obs. Reboul-Maupin ; JCP 2011. 561, obs. Périnet-Marquet ; ibid. 955, obs. Grosser ; CCC 2011, n° 87, obs. Leveneur ; RTD civ. 2011. 373, obs. Revet ; RDC 2011. 817, note Laithier.*

48. Exécution tardive d'une obligation : astreinte conventionnelle. Qualification de clause pénale pour une astreinte conventionnelle : • Civ. 2e, 3 sept. 2015, n° 14-20.431 P : *D. 2015. 1771 ; RTD civ. 2016. 102, obs. Barbier ; JCP 2015, n° 1130, note Dagorne-Labbe ; RDC 2016. 30, note Viney.*

49. ... Pénalités de retard. Les stipulations relatives à la fixation de pénalités de retard constituent une clause pénale. • Com. 18 juin 2013, n° 12-18.420 P : *D. 2013. 1617 ; Rev. sociétés 2013. 524, obs. Henry*. ♦ V. aussi : • Civ. 1re, 19 juin 2013, n° 12-18.478 P : *D. 2013. 1615, obs. Avena-Robardet* (l'indemnité forfaitaire de 10 % du capital échu en retard prévue dans un contrat de prêt est une clause pénale). ♦ Comp. note 38, pour des majorations de cotisations sociales. ♦ La clause majorant le taux des intérêts contractuels, en cas de défaillance de l'emprunteur, s'analyse en une clause pénale. • Com. 5 avr. 2016, n° 14-20.169 P : *D. 2016. 2244, chron. Arbellot, Le Bras, Gauthier et Tréard ; Rev. sociétés 2016. 395, obs. Roussel Galle ; RTD com. 2016. 547, obs. Martin-Serf ; JCP 2016, n° 790, note Dagorne-Labbe.*

50. Indemnités de résiliation pour inexécution : contrat d'enseignement. Tel est le cas de la stipulation figurant aux conditions générales d'une école privée et prévoyant que le droit d'inscription reste intégralement dû en cas de rupture, quels qu'en soient les motifs ou la période. • Civ. 1re, 10 oct. 1995 : *préc. note 17.*

51. ... Contrat de crédit-bail. Constitue une clause pénale l'indemnité due en cas de résiliation pour inexécution d'un crédit-bail qui, tant par l'anticipation de l'exigibilité des loyers dès la résiliation du contrat que par le paiement d'une année de loyer supplémentaire, majore les charges financières pesant sur le débiteur, et est stipulée à la fois pour le contraindre à l'exécution du contrat et comme évaluation conventionnelle et forfaitaire du préjudice subi par le bailleur. • Civ. 3e, 21 mai 2008, n° 07-12.848 P : *D. 2008. AJ 1619 ; RDC 2008. 1158, obs. Borghetti ; ibid. 1257, obs. Seube.* ♦ V. déjà : • Com. 5 juill. 1994, n° 92-19.106 P : *R., p. 344 ; JCP 1994. I. 3809, obs. Viney* (majoration des charges financières pesant sur le débiteur en cas de résiliation d'un crédit-bail).

52. Indemnités de licenciement. L'indemnité de licenciement, lorsqu'elle est prévue par le contrat de travail, a le caractère d'une clause pénale. • Soc. 17 mars 1998, n° 95-43.411 P : *R., p. 205.* ♦ Inversement lorsque les parties contractantes conviennent de l'application au contrat de travail d'une convention collective autre que celle applicable de droit. • Soc. 9 nov. 2011, n° 09-43.528. ♦ L'indemnité contractuelle de rupture due par l'employeur en cas de cessation du contrat de travail à son initiative ayant pour finalité le maintien de l'emploi des intéressés et non la compensation d'un sacrifice ou d'une renonciation de ceux-ci, de sorte que l'indemnité litigieuse a bien le caractère d'une clause pénale réductible. • Soc. 22 juin 2011, n° 09-68.762 P : *D. 2011. 1829*. ♦ En cas d'indemnité de licenciement fixée à un montant manifestement excessif, les juges du fond peuvent estimer qu'elle représente pour partie une pénalité, susceptible d'être réduite par application de l'art. 1152 [anc.]. • Soc. 2 juill. 1984 : *Bull. civ. V, n° 279* • 5 nov. 2014, n° 13-19.662 P : *D. 2014. 2294* (application à une indemnité accordée en supplément des indemnités légales). ♦ Déjà en ce sens : • Soc. 7 mars 1979 : *ibid. V, n° 210* • 18 déc. 1979 : *JCP 1980. II. 19432, note G. Lyon-Caen.*

L'indemnité de licenciement, lorsqu'elle est prévue par le contrat de travail, a le caractère d'une clause pénale et peut être réduite par le juge si elle présente un caractère manifestement excessif ; cassation de l'arrêt refusant de modérer la clause, alors qu'il constatait que le contrat de travail se référait, non pas à l'application globale d'un accord d'entreprise, mais seulement à la base de calcul de l'indemnité conventionnelle prévue par cet accord. • Soc. 16 mars 2015, n° 14-23.861 P : *D. 2016. 720 ; Dr. soc. 2016. 470, obs. Mouly*. ♦ Inversement lorsque les parties contractantes conviennent de l'application au contrat de travail d'une convention collective autre que celle applicable de droit. • Soc. 9 nov. 2011, n° 09-43.528. ♦ V. aussi : les juges du fond ne peuvent exercer le pouvoir modérateur qu'ils tiennent de l'art. 1152 [anc.] à l'égard du montant d'une indemnité de licenciement fixé contradictoirement par les parties signataires d'une convention collective. • Soc. 14 mai 1987 : *Bull. civ. V, n° 320 ; RTD civ. 1988. 531, obs. Mestre* • 22 févr. 1995, n° 93-44.268 P.

N'est pas une clause pénale l'indemnité de licenciement qui a été stipulée par les parties pour tenir compte de la difficulté pour le salarié de retrouver un emploi équivalent aux mêmes conditions. • Soc. 17 oct. 1996 : *D. 1997. 179, note Defossez.*

III. MISE EN ŒUVRE DE LA CLAUSE PÉNALE

A. CHOIX OFFERTS AU CRÉANCIER

53. Résolution ou clause pénale. La stipulation d'une clause pénale à défaut d'exécution d'une convention n'emporte pas de plein droit renonciation du créancier à poursuivre la résolution de cette convention. • Civ. 3e, 22 févr. 1978 : *Bull. civ. III, n° 99.*

54. Cumul de sanctions : exécution du principal et clause pénale pour retard. Rappr. la solution posée par l'anc. art. 1229, al. 2, qualifiée « d'évidente » par le rapport de présentation de l'ordonnance, qui disposait que le créancier « ne peut demander en même temps le principal et la peine, à moins qu'elle n'ait été stipulée pour le simple retard ».

55. ... Résiliation du contrat et clause pénale. La clause d'un contrat de location de matériel fixant, d'un commun accord entre les parties, l'indemnité mise à la charge du locataire en cas de résiliation au montant total des loyers restant à courir, ne se heurte pas la règle d'option, entre exécution forcée et résolution, résultant des dispositions des anciens art. 1184 et 1228 C. civ. • Com. 4 juill. 1972 : *D. 1972. 732, note Malaurie* • 22 févr. 1977 : *Bull. civ. IV, n° 58.*

56. ... Responsabilité délictuelle contre un tiers et clause pénale. L'action délictuelle en concurrence déloyale contre le nouvel employeur qui a embauché un salarié lié par une clause de non-concurrence et l'action contractuelle de l'ancien employeur contre ce salarié peuvent se cumuler. • Com. 24 mars 1998, n° 96-15.694 P : *D. 1999. Somm. 113, obs. Libchaber ; JCP 1998. I. 185, obs. Viney ; RTD civ. 1999. 116, obs. Jourdain .*

57. ... Sanction légale et clause pénale. Au regard de la nature de sanction civile de l'indemnité forfaitaire pour travail dissimulé, les dispositions de l'art. L. 8223-1 C. trav. ne font pas obstacle au cumul de cette indemnité avec les indemnités de toute nature auxquelles le salarié a droit en cas de rupture de la relation de travail. • Soc. 15 mai 2013 : *D. 2013. 1285 .*

B. CONDITIONS DE MISE EN ŒUVRE

58. Imputabilité du manquement. L'inexécution de l'obligation sanctionnée par une clause pénale doit être imputable au débiteur. • Civ. 3e, 20 févr. 1996, n° 94-14.776 (l'indemnisation du bailleur, pour le cas de non-exploitation du fonds de commerce cédé par le locataire, ayant été contractuellement mise à la charge du vendeur du fonds, qui n'avait de ce chef aucune obligation, la cour d'appel en a exactement déduit que la convention ne pouvait être qualifiée de clause pénale).

59. Existence du manquement. Viole les art. 1108, 1126 et 1226 anc. la cour d'appel qui applique une clause pénale alors qu'il résulte de ses constatations qu'il existe une incertitude sur la portée de l'engagement souscrit à ce titre. • Com. 22 févr. 2000, n° 97-17.020 P.

60. Preuve d'un préjudice (non). La clause pénale, sanction contractuelle du manquement d'une partie à ses obligations, s'applique du seul fait de cette inexécution (absence de justification d'un préjudice par le créancier). • Civ. 3e, 12 janv. 1994, n° 91-19.540 P : *RTD civ. 1994. 605, obs. Mestre ; Defrénois 1994. 804, obs. D. Mazeaud ; JCP 1994. I. 3809, obs. Viney* • 20 déc. 2006, n° 05-20.065 P : *D. 2007. AJ 371 ; JCP 2007. II. 10024, note Bakouche ; RDI 2007. 351, obs. Tournafond ; RDC 2007. 749, obs. Carval.*

61. Clause dispensant d'une mise en demeure : office du juge. Dès lors que les parties ont fixé, dans un marché à forfait, un terme pour l'achèvement des travaux, les juges du fond ne peuvent retenir, pour refuser au maître de l'ouvrage le bénéfice de la clause pénale insérée dans le contrat, l'absence de justification de mise en demeure, sans rechercher si les parties n'avaient pas eu l'intention de dispenser le créancier de l'obligation de toute mise en demeure. • Civ. 3e, 17 nov. 1971 : *Bull. civ. III, n° 564.* – Déjà en ce sens : • Civ. 3e, 7 mars 1969 : *JCP 1970. II. 16461, note Prieur.*

62. ... Dispense implicite. La dispense spéciale d'une mise en demeure peut s'induire des termes de l'acte constitutif d'obligation, et il relève du pouvoir des juges du fond de décider que l'engagement de payer une indemnité comporte convention dérogatoire à la formalité de la mise en demeure. • Soc. 3 juill. 1953 : *D. 1954. 615.* – Dans le même sens : • Civ. 3e, 24 mars 1971 : *Bull. civ. III, n° 214* • 9 juin 1999, n° 97-20.977 P : *CCC 1999, n° 154, note Leveneur.*

IV. RÉVISION JUDICIAIRE DE LA CLAUSE PÉNALE

A. RÉVISION DES CLAUSES MANIFESTEMENT EXCESSIVES OU DÉRISOIRES

63. Refus de révision : absence de nécessité d'une motivation. Le juge, pour qui la réduction des obligations résultant d'une clause pénale « manifestement excessive » n'est qu'une simple faculté, n'a pas à motiver spécialement sa décision lorsque, faisant application pure et simple de la convention, il refuse de modifier le montant de la « peine » qui y est forfaitairement prévue. • Civ. 1re, 23 févr. 1982 : *Bull. civ. I, n° 85 ; RTD civ. 1982. 603, obs. Chabas.* – Même sens : • Civ. 3e, 26 avr. 1978 : *Bull. civ. III, n° 160 ; R., p. 37 ; D. 1978. 349 ; RTD civ. 1978. 672, obs. Cornu* • 17 juill. 1978 : *Bull. civ. III, n° 294 ; D. 1979. IR 151 (2e esp.), obs. Landraud* (sol. applicable que la clause suit excessive ou dérisoire) • Com. 26 févr. 1991, n° 89-12.081 P : *JCP N 1992. II. 185, note Gain* • 19 nov. 1991, n° 90-15.465 P • Civ. 3e, 12 janv. 1994, n° 91-19.540 P : *Defrénois 1994. 804, obs. D. Mazeaud* • Civ. 1re, 26 juin 2001, n° 99-21.479 P • 12 juill. 2001, n° 99-13.555 P : *D. 2001. IR 2360 ; Defrénois 2001. 1417, note Dagorne-Labbe ; CCC 2001, n° 168, note Leveneur (1re esp.)* • 31 oct. 2007 : *D. 2007. AJ 2946 ; CCC 2008, n° 34, note Leveneur* • 5 nov. 2013 : *D. 2013. 2639, obs. Lienhard* (pouvoir « discrétionnaire » du juge). ♦ Comp. • Civ. 1re, 9 févr. 1983 : *Bull. civ. I, n° 55 ; R., p. 55 ; Gaz. Pal. 1984. 1. 182, note Chabas.*

1° CLAUSES MANIFESTEMENT EXCESSIVES

64. *Révision : obligation de motiver.* Pour réduire le montant d'une clause pénale, les juges du fond ne peuvent se borner à énoncer qu'il était « un peu élevé », sans rechercher en quoi ce montant était manifestement excessif. • Cass., ch. mixte, 20 janv. 1978 : *Bull. civ. n° 1 ; R., p. 37 ; D. 1978. 349 (en note) ; ibid. IR 229, obs. Vasseur ; RTD civ. 1978. 377, obs. Cornu.* ♦ V. conf. • Civ. 3e, 14 nov. 1991, n° 90-14.025 P (cassation de l'arrêt qui se borne à retenir que l'application de la clause apparaît, compte tenu des circonstances, à tout le moins excessive) • Civ. 3e, 12 janv. 2011, n° 09-70.262 P : *RDI 2011. 220, obs. Boubli ; ibid. 231, obs. Tricoire ; RLDC 2011/81, n° 4197, obs. Paulin ; RTD civ. 2011. 122, obs. Fages* (cassation de l'arrêt ayant réduit le montant de la clause pénale stipulée au contrat en retenant les calculs précis faits par l'expert mais sans préciser en quoi le montant des indemnités de retard résultant de la clause pénale était manifestement excessif). – V. aussi • Civ. 3e, 26 avr. 1978 : *préc. note 63* • Soc. 16 oct. 1985 : *Bull. civ. V, n° 459* • Civ. 1re, 14 nov. 1995, n° 94-04.008 P : *R., p. 304 ; CCC 1996. 14, note Raymond ; Defrénois 1996. 365, obs. D. Mazeaud* (application en matière de redressement judiciaire civil) • 13 nov. 1996 : *CCC 1997. 18, obs. Raymond* (surendettement).

a. Mesure de l'excès

65. *Date d'appréciation.* Pour apprécier le caractère excessif des clauses pénales, le juge doit se placer à la date de sa décision. • Civ. 1re, 19 mars 1980 : *Bull. civ. I, n° 95.* ♦ Cassation de l'arrêt qui énonce que le caractère excessif ou non de la clause pénale doit être apprécié au moment où la pénalité s'est trouvée exigible et non après que des paiements partiels ont réduit le montant de la dette. • Civ. 1re, 10 mars 1998, n° 96-13.458 P : *RTD civ. 1999. 97, obs. Mestre.*

66. *Notion de disproportion.* La disproportion manifeste s'apprécie en comparant le montant de la peine conventionnellement fixé et celui du préjudice effectivement subi. • Com. 11 févr. 1997, n° 95-10.851 P : *CCC 1997. 75, obs. Leveneur ; Defrénois 1997. 740, obs. Delebecque ; RTD civ. 1997. 654, obs. Mestre ; Dr. et patr. 1997, n° 1816, obs. Chauvel.* ♦ Des motifs tirés du comportement du débiteur de la pénalité sont impropres à justifier à eux seuls le caractère manifestement excessif du montant de la clause. • Com. 11 févr. 1997, n° 95-10.851 P : *D. 1997. IR 71.* ♦ V. aussi : • Com. 5 avr. 2016, n° 14-20.169 P : *D. 2016. 2244, chron. Arbellot, Le Bras, Gauthier et Tréard ; Rev. sociétés 2016. 395, obs. Roussel Galle ; RTD com. 2016. 547, obs. Martin-Serf ; JCP 2016, n° 790, note Dagorne-Labbe* (caractère manifestement excessif d'une majoration de 75 à 100 % du taux d'intérêt conventionnel, qui excède notablement le coût de refinancement de la banque et qui est sans commune mesure avec le préjudice résultant pour elle du retard de paiement). ♦ Une cour d'appel, ayant caractérisé la disproportion excessive entre la pénalité mise à la charge de la partie responsable, par son comportement passif fautif, de la non-réalisation de la vente et le préjudice effectivement subi par le créancier en constatant que l'immeuble avait ensuite rapidement trouvé acquéreur et pour un bon prix, fixe souverainement le montant de la clause pénale aux sommes séquestrées par l'acheteur au moment de la promesse de vente. • Civ. 3e, 30 janv. 2008 : *D. 2008. AJ 485, obs. Vincent ; JCP 2008. IV. 1406.* ♦ Sur la possibilité de recourir à un expert : • Civ. 3e, 13 nov. 2003 : *RTD civ. 2004. 506, obs. Mestre et Fages.*

67. *Éléments indifférents : comportement du débiteur.* Des motifs tirés du comportement du débiteur de la pénalité sont impropres à justifier à eux seuls le caractère manifestement excessif du montant de la clause. • Com. 11 févr. 1997 : *préc. note 66.*

68. *… Finalité de la clause.* Si la peine stipulée peut se concevoir aussi bien comme un moyen de contraindre les parties à l'exécution que comme une évaluation conventionnelle anticipée du préjudice futur, elle n'en peut pas moins, dans l'un et l'autre cas, être réduite par le juge qui doit, pour en apprécier le caractère excessif, tenir compte de son but. • Civ. 1re, 3 janv. 1985 : *Bull. civ. I, n° 4* • Com. 27 mars 1990 : *D. 1990. 390, note de La Marnierre ; D. 1991. Somm. 158, obs. Paisant ; RTD civ. 1990. 514, obs. Rémy ; ibid. 655, obs. Mestre.* ♦ V. aussi : • Civ. 2e, 5 juin 2014, n° 13-16.053 P : *D. 2014. 1284* (prise en compte du fait que des locaux n'ont pas été immédiatement occupés après le départ des locataires pour réduire une clause pénale liée à l'absence de libération de ces locaux à une date fixée). ♦ Rappr. note 19.

69. *… Nature ou importance de l'inexécution.* Il n'y a pas lieu de distinguer s'il s'agit d'une inexécution ou d'un retard dans l'exécution, ou si l'inexécution est totale ou partielle, pour l'exercice du pouvoir des juges de modérer la peine lorsque celle-ci est manifestement excessive. • Civ. 1re, 1er févr. 1978 : *Bull. civ. I, n° 44 ; RTD civ. 1979. 147, obs. Cornu.*

b. Mesure de la réduction

70. *Appréciation souveraine des juges du fond.* Il appartient aux juges du fond, souverains dans l'appréciation du préjudice subi par le créancier, de fixer librement le montant de l'indemnité résultant de l'application d'une clause pénale dès lors qu'ils l'estiment manifestement excessive. • Civ. 1re, 24 juill. 1978, n° 77-11.770 P : *R., p. 38 ; D. 1979. IR 151 (1re esp.), obs. Landraud ; RTD civ. 1979. 150, obs. Cornu* • Com. 29 janv. 1991, n° 89-16.446 P • 11 févr. 1997 : *préc. note 66* • Civ. 3e, 30 janv. 2008 : *préc. note 66.*

Le juge qui décide de modérer la peine convenue par une clause pénale si elle est manifestement excessive peut, lorsque cette clause porte sur des intérêts moratoires, modifier tant le taux que le point de départ de ces intérêts. • Com. 10 févr. 2021, n° 19-10.306 P : *D. 2021. Chron. C. cass. 993, obs. Le Bras ; CCC 2021, n° 72, note Leveneur.*

71. Limites tenant au préjudice. L'art. 1152 [anc.] n'impose pas au juge de limiter le montant de l'indemnité résultant de la clause pénale à celui du préjudice réellement subi par le créancier victime de l'inexécution du contrat. • Com. 23 janv. 1979, n° 77-12.129 P.

Mais les juges du fond ne peuvent toutefois allouer une somme inférieure au montant du dommage. • Civ. 1re, 24 juill. 1978 : *préc. note 70* • 9 juin 1980, n° 78-13.192 P • 3 févr. 1982, n° 80-13.061 P : *RTD civ. 1982. 603, obs. Chabas* • 8 juill. 1986, n° 84-15.655 P. ♦ V. aussi : • Com. 7 nov. 1978, n° 77-10.653 P (cassation pour défaut de réponse aux conclusions soutenant que l'indemnité ne couvrait pas le préjudice) • 13 mars 1979, n° 77-14.749 P : *Gaz. Pal. 1979. 2. 343, note Viatte* (absence de préjudice : peine réduite à un franc) • 28 avr. 1980, n° 78-16.463 P (cassation du jugement refusant tout paiement sans constater l'absence de préjudice) • 16 juill. 1991 : *D. 1992. 365, note crit. D. Mazeaud* (absence de préjudice : rejet de la demande en paiement de la pénalité) • 11 févr. 1997 : *préc. note 66* (montant réduit à un franc).

72. Limites légales (textes spéciaux). En matière de pénalités de retard prévues par les contrats de construction de maisons individuelles sur plan proposé, le juge ne peut allouer au maître de l'ouvrage une indemnisation inférieure au minimum prévu par la loi. • Civ. 3e, 22 nov. 2000, n° 99-11.582 P : *D. 2001. IR 40 ; Defrénois 2001. 879, obs. Périnet-Marquet.*

73. Effets de la réduction : intérêts. La modération par le juge d'une peine convenue entre les parties ne lui fait pas perdre son caractère d'indemnité forfaitaire, de sorte que les intérêts au taux légal de la somme qu'il retient sont dus à compter de la sommation de payer : V. note ss. art. 1231-6.

c. Procédure

74. JEX : modération. Le juge de l'exécution connaissant, aux termes de l'art. L. 213-6 COJ, de manière exclusive des difficultés relatives aux titres exécutoires et des contestations qui s'élèvent à l'occasion de l'exécution forcée même si elles portent sur le fond du droit, une cour d'appel, saisie de l'appel du jugement d'un juge de l'exécution, retient à bon droit sa compétence pour statuer sur la demande de modération de la clause pénale contenue dans l'acte notarié fondant les poursuites. • Civ. 2e, 5 juin 2014, n° 13-16.053 P : *cité note 68.*

75. Référé : allocation d'une provision. Le pouvoir des juges du fond de modifier les indemnités conventionnelles n'exclut pas celui du juge des référés d'allouer une provision sur le montant de la clause pénale quand la dette n'est pas sérieusement contestable. • Civ. 2e, 10 juill. 1978 : *JCP 1980. II. 19355, note E.-M. Bey* • Com. 1er mars 1983 : *Gaz. Pal. 1983. 2. 533, note E.-M. Bey.* – V. aussi • Civ. 3e, 29 juin 1983, n° 82-12.085 P.

2° CLAUSES DÉRISOIRES

76. Révision : obligation de motiver. Cassation d'un arrêt ayant procédé à un relèvement de la pénalité prévue au motif qu'elle était inférieure au dommage subi, sans constater qu'elle était dérisoire. • Com. 10 juill. 2001 : *CCC 2001, n° 168, note Leveneur (2e esp.).*

77. Mesure de la réduction. Appréciation souveraine du montant de la réévaluation d'une clause pénale manifestement dérisoire : V. • Soc. 5 juin 1996 : *préc. note 42* (appréciation souveraine de la réévaluation).

B. RÉVISION EN CAS D'EXÉCUTION PARTIELLE

78. Office du juge. Obligation de rechercher l'intérêt que l'exécution partielle a procuré au créancier. • Civ. 1re, 13 nov. 1996 : *CCC 1997, n° 18, obs. Raymond* (surendettement).

79. Respect des clauses prenant en compte l'exécution partielle. Le juge ne peut appliquer l'art. 1231 [anc.] lorsque les parties ont elles-mêmes prévu une diminution de la peine convenue à proportion de l'intérêt que l'exécution partielle de l'engagement aura procuré au créancier. • Com. 21 juill. 1980 : *D. 1981. 335, note Chabas ; JCP 1982. II. 19778, note Boccara ; Gaz. Pal. 1981. 1. 207, note Bey.* – V. conf. • Com. 19 nov. 1991 : *D. 1993. 56, note Paisant* • Paris, 20 sept. 1991 : Gaz. Pal. 1993. 1. 211, note *D. Mazeaud.*

80. Articulation des dispositifs de révision. V. avant la création de l'art. 1231-5, al. 3, *in fine*, pour la coordination des dispositions des anciens art. 1152 et 1231 : • Civ. 3e, 8 avr. 2010, n° 08-20.525 P : *D. 2010. Actu. 1021* (réduction d'une indemnité d'occupation ayant la nature de clause pénale, compte tenu de l'exécution partielle de leurs obligations par les locataires). • TI Paris, 23 oct. 1975 : *Gaz. Pal. 1976. 1. 217, note Plancqueel ; RTD civ. 1976. 571, obs. Cornu.*

81. Appréciation en référé (non). Le juge des référés n'a pas le pouvoir de diminuer ce montant à proportion de l'intérêt que l'exécution partielle de l'obligation a procuré au créancier. • Civ. 3e, 19 févr. 2003, n° 01-16.991 P : *Gaz. Pal. 2003. 3081, note J. Rémy ; AJDI 2003. 659, note Beaugendre ; Dr. et patr. 7-8/2003. 91, obs. Chauvel ; RTD civ. 2003. 705, obs. Mestre et Fages .*

Art. 1231-6 *(Ord. n° 2016-131 du 10 févr. 2016, art. 2, en vigueur le 1er oct. 2016)* **Les dommages et intérêts dus à raison du retard dans le paiement d'une obligation de somme d'argent consistent dans l'intérêt au taux légal, à compter de la mise en demeure.**

Ces dommages et intérêts sont dus sans que le créancier soit tenu de justifier d'aucune perte.

Le créancier auquel son débiteur en retard a causé, par sa mauvaise foi, un préjudice indépendant de ce retard, peut obtenir des dommages et intérêts distincts de l'intérêt moratoire. — *Dispositions transitoires, V. Ord. n° 2016-131 du 10 févr. 2016, art. 9, ss. art. 1386-1.*

Comp. C. civ., art. 1153 anc.

V., ss. art. 1907, C. mon. fin., art. L. 313-2 et L. 313-3 relatifs au taux de l'intérêt légal.

RÉP. CIV. v° *Intérêts de somme d'argent*, par F. GRÉAU.

BIBL. ▶ BÉNABENT, *Études Ghestin, LGDJ, 2001, p. 113.* – DAILLANT, *RDC 2018. 289* (théorie des intérêts moratoires). – DERAINS, *Études Bellet, Litec, 1991, p. 101* (intérêts moratoires, dommages-intérêts compensatoires et dommages punitifs devant l'arbitre international). – HOONAKKER, *D. 1999. Chron. 328* (intérêts dus sur les créances de restitution). – JOURDAIN, *Mél. Lambert, Dalloz, 2002, p. 231* (intérêts légaux de l'indemnité d'assurance).

PLAN DES ANNOTATIONS

1. Conv. EDH. Violation de l'art. 1 Prot. n° 1 en raison de l'application d'un point de départ retardé pour les intérêts moratoires des créances contre l'État. • CEDH, sect. I, 25 juin 2009, *Zouboulidis c/ Grèce*, n° 36963/06. ♦ Mais, l'art. 1er Prot. n° 1 ne fait peser sur les États aucune obligation d'appliquer à des créances privées des taux d'intérêts moratoires ajustés sur l'inflation. • CEDH, sect. II, 26 nov. 2013, *Köksal c/ Turquie*, n° 30253/06.

A. CONDAMNATION AU TAUX D'INTÉRÊT LÉGAL NÉCESSITANT UNE SOMMATION DE PAYER

2. Caractère supplétif. Sur la possibilité d'une dispense de mise en demeure, V. art. 1344. ♦ Sur la possibilité de prévoir conventionnellement un taux différent de l'intérêt légal, V. note 36.

3. Notion de sommation de payer. Sur la notion de sommation de payer, V. désormais l'art. 1344 (mise en demeure du débiteur).

1° CRÉANCES CONCERNÉES

4. Principes. La créance d'une somme d'argent dont le principe et le montant résultent de la loi ou du contrat et non de l'appréciation du juge porte intérêt dès la sommation de payer. • Civ. 1re, 29 nov. 2005, n° 03-16.530 P • Com. 31 oct. 2006, n° 05-13.890 P. ♦ V. aussi *infra* note 17. ♦ La règle selon laquelle les intérêts ne sont dus qu'après mise en demeure est un moyen de pur droit recevable pour la première fois devant la Cour de cassation. • Civ. 2e, 7 déc. 2006, n° 04-17.322 P.

a. Nature de la créance

5. Restitutions consécutives : à l'annulation d'un contrat. Les intérêts au taux légal de la somme dont le remboursement a été ordonné en conséquence de l'annulation du contrat en application duquel cette somme avait été versée ne peuvent avoir pour point de départ que le jour de la demande en justice équivalant à la sommation de payer et non le jour du versement. • Civ. 1re, 4 mai 1982, n° 81-11.551 P • Civ. 3e, 7 juill. 2004, n° 01-17.446 P.

6. ... À la résolution d'un contrat. S'agissant d'une restitution de prix consécutive à la résolution d'un contrat, les intérêts sont dus du jour de la demande en justice équivalant à la sommation. • Civ. 1re, 3 juin 1997, n° 95-18.458 P. ♦ Seul le débiteur de la restitution du prix (non le notaire rédacteur de l'acte) est tenu au paiement des intérêts de retard. • Civ. 1re, 9 nov. 2004, n° 02-12.506 P : *D. 2004. IR 3117 ; JCP 2005. I. 114, nos 1 s., obs. Grosser (2e esp.).*

7. ... À la révocation d'une donation. En cas de révocation d'une donation pour inexécution des charges, la somme dont la restitution est ordonnée porte intérêts à compter du jour de la sommation de payer. • Civ. 1re, 15 juill. 1993, n° 91-18.469 P.

8. ... À l'anéantissement d'une décision judiciaire exécutée. La partie qui doit restituer une somme qu'elle détenait en vertu d'une décision de justice exécutoire n'en doit les intérêts au taux légal qu'à compter de la notification, valant mise en demeure, de la décision ouvrant droit à restitution. • Cass., ass. plén., 3 mars 1995, n° 91-19.497 P : *R., p. 333 ; BICC n° 407, 15 avr. 1995, concl. Jéol, note Séné ; D. 1995. 249, concl. Jéol ; JCP 1995. II. 22482, note Delebecque ; Gaz. Pal. 1995. 2. 372, concl. Jéol, note Ferrand ; RTD civ. 1995. 687, obs. Perrot* • Civ. 3e, 30 nov. 2011, n° 10-27.021 (absence de preuve d'une faute du débiteur de la restitution susceptible de justifier l'octroi de dommages et intérêts pour privation de jouissance des fonds). ♦ V. conf. • Civ. 1re, 26 nov. 1996, n° 94-16.844 P • 2 avr. 1997, n° 95-13.928 P • 3 févr. 1998, n° 96-10.264 P • Com. 24 févr. 1998, n° 95-18.909 P : *D. Affaires 1998. 534, obs. J. F.* • Civ. 1re, 12 nov. 1998, n° 96-18.041 P • Civ. 2e, 6 mai 1999, n° 97-10.121 P • 9 déc. 1999, n° 98-10.416 P • Civ. 1re, 18 oct. 2000, n° 98-10.680 P : *D. 2000. IR 273* • 23 janv. 2001, n° 97-20.618 P • Civ. 2e, 15 mai 2003, n° 99-21.657 P : *D. 2003. IR 1546 ; RTD civ. 2003. 548, obs. Perrot* • Soc. 23 juin 2004, n° 02-40.929 P • Civ. 2e, 15 déc. 2005, n° 04-12.299 P : *D. 2006. IR 177* • Civ. 3e, 31 janv. 2007, n° 05-15.790 P • Civ. 3e, 31 janv. 2007, n° 05-15.790 P • Civ. 3e, 12 janv. 2010, n° 08-18.624 P : *RLDC 2010/69, n° 3731, obs. Le Gallou ; Defrénois 2010. 1691, obs. Lécuyer ; RDC 2010. 567, note Génicon.* ♦ V. aussi • Civ. 2e, 25 juin 1997, n° 95-12.851 P (somme détenue en vertu d'un arrêt infirmatif de cour d'appel : intérêts dus à compter de la notification de l'arrêt de la Cour de cassation cassant cette décision). ♦ Des conclusions déposées devant la cour d'appel de renvoi valent notification. • Civ. 1re, 5 mai 1999, n° 96-19.712 P. ♦ Sur la détermination de la décision ouvrant droit à restitution, V. • Com. 20 janv. 1998 : *D. 1999. 261, note Cottin* • Civ. 3e, 1er avr. 1998, n° 95-21.647 P. ♦ Fixation du point de départ des intérêts à la date de signification de la décision rectificative et non de la décision rectifiée : • Civ. 3e, 6 déc. 2006, n° 05-19.376 P.

Un arrêt de cassation constituant une décision de justice faisant naître un droit à restitution de la somme versée en exécution de la décision cassée, les dispositions de l'art. L. 313-3 C. mon. fin. sont applicables à la créance de restitution, après signification de l'arrêt. • Civ. 2e, 20 janv. 2011, n° 10-11.904 P : *D. 2011. AJ 386 ; JCP 2011, n° 377, note Barbiéri.*

9. Mais en cas de condamnation à une somme moindre par la juridiction de renvoi après cassation, les intérêts doivent être arrêtés à la date du paiement et non prolongés jusqu'à la date de notification de la décision de la juridiction de renvoi. • Civ. 2e, 1er févr. 2006, n° 04-13.105 P.

10. Restitution d'un dépôt de garantie. En matière de dépôt de garantie, les intérêts ne peuvent être accordés qu'à compter du jour où est intervenue la mise en demeure d'en faire restitution. • Com. 28 juin 1983, n° 82-12.724 P. ♦ La majoration prévue par la L. 6 juill. 1989, art. 22, peut se cumuler avec les intérêts moratoires au taux légal fixés par l'art. 1153 anc., al. 3, et ne produit intérêt qu'à compter du jugement la liquidant. • Civ. 3e, 15 nov. 2018, n° 17-26.986 P : *D. 2018. 2232 ; RDC 1/2019. 57, note Seube.* ♦ Sur le dépôt de garantie stipulé dans un bail d'habitation, V. L. 6 juill. 1989, art. 22, ss. art. 1778.

11. Indemnités diverses. L'indemnité compensatrice de préavis et les commissions dues à un représentant constituent des créances que le juge ne fait que constater et sur lesquelles les intérêts légaux courent de plein droit à compter de la demande valant mise en demeure. • Soc. 2 févr. 1983, n° 80-40.981 P. ♦ Même solution pour l'indemnité de congés payés. • Soc. 12 mai 1982, n° 79-41.240 P • 5 mars 1986, n° 83-41.583 P. ♦ ... Et pour divers rappels et compléments d'indemnités ou de salaires. • Soc. 21 avr. 1988, n° 89-40.324 P • 6 juin 1990, n° 87-14.705 P • 18 avr. 2000, n° 97-43.743 P. ♦ ... Et pour l'indemnité conventionnelle de licenciement dont la fixation n'est pas laissée à l'appréciation des juges, mais résulte de l'application du contrat de travail et de la convention collective. • Soc. 10 juill. 2013, n° 12-18.273 P • 15 janv. 2014, n° 12-21.179 P.

12. Indemnités d'assurance : de responsabilité. BIBL. Groutel, *RCA 2002. Chron. 2.* – Jourdain, *ibid. Chron. 3.* ♦ En ce sens que la prestation mise à la charge de l'assureur en vertu du contrat d'assurance de responsabilité donne lieu à intérêts de retard en application de l'anc. art. 1153, sans qu'y fasse obstacle l'anc. art. L. 113-5 C. assur. : • Civ. 1re, 14 nov. 2001, nº 98-19.205 P : *R., p. 447 ; D. 2001. IR 3584 ; JCP 2002. I. 116, nos 26 s., obs. Mayaux ; RCA 2002, nº 37, note Groutel ; Gaz. Pal. 2002. 664, note Périer ; RGDA 2002. 175, note Kullmann* (non-application à ces intérêts du plafond de garantie).

13. ... De chose. En matière d'assurance de chose, l'indemnité due par l'assureur étant fixée en fonction de la valeur de la chose assurée au jour du sinistre et ne résultant pas de l'évaluation d'un préjudice faite par le juge, les intérêts moratoires sont dus à compter de la sommation de payer. • Civ. 1re, 21 juin 1989, nº 87-12.039 P : *R. 1995, p. 327.* ♦ Même sens : • Civ. 1re, 10 mai 1988, nº 86-13.188 P : *R., p. 240* • 10 févr. 2004, nº 99-20.716 P.

14. ... D'assurance invalidité. Point de départ au jour de la demande des intérêts de retard pour des indemnités journalières dues en vertu d'une assurance-invalidité et calculées sur la base d'un indice erroné. • Civ. 1re, 29 nov. 2005 : *préc. note 4.*

15. ... Recours subrogatoire. La créance du tiers payeur, dont le recouvrement est poursuivi par subrogation dans le droit d'action de la victime, n'est pas indemnitaire et se borne au paiement d'une somme d'argent (fixation du point de départ des intérêts légaux au jour de la demande). • Cass., ass. plén., 4 mars 2005, nº 02-14.316 P : *R., p. 368 ; BICC 15 mai 2005, rapp. Rognon, concl. Volff ; D. 2006. Pan. 1935, obs. Jourdain ; JCP 2005. II. 10064, concl. Volff, note Gréau ; RGDA 2005. 425, note Landel ; RTD civ. 2005. 413, obs. Jourdain* (recours d'un agent judiciaire du Trésor contre l'assureur du responsable). ♦ Viole l'anc. art. 1153 la cour d'appel qui fixe à la date de la quittance subrogative délivrée par un assuré à son assureur, et non à la date de la mise en demeure, le point de départ des intérêts de retard dus par la personne tenue à réparation du dommage. • Civ. 1re, 7 mai 2002, nº 99-13.458 P : *R., p. 483 ; D. 2002. Somm. 3177, obs. Groutel ; JCP 2002. II. 10182, note Khodri-Benamrouche ; Defrénois 2002. 1274, obs. Aubert ; Gaz. Pal. 2003. 427, note Périer ; RGDA 2002. 711, note Mayaux ; RTD civ. 2002. 813, obs. Mestre et Fages* • 27 mai 2003, *nº 01-10.478 P* • Com. 5 déc. 2006, nº 04-18.621 P : *BICC 1er avr. 2007, nº 667, et la note ; D. 2008. Pan. 124, obs. Groutel ; RCA 2007, nº 102, note Groutel* • Civ. 3e, 24 janv. 2007, nº 06-13.028 P : *D. 2007. Chron. C. cass. 1299, obs. Monge et Nési*.

Pour la jurisprudence antérieure de la deuxième Chambre civile condamnée par l'arrêt de l'Assemblée plénière (selon le rapport préc., l'exigence d'un lien de causalité ne concerne que l'exercice du recours et non la créance, qui repose sur une obligation légale du tiers payeur) : • Civ. 2e, 29 avr. 1997, nº 94-20.452 P : *D. 1998. 321, note P. Ancel et C. Béroujon* (application de l'anc. art. 1153-1 et cassation de l'arrêt ayant fixé le point de départ des intérêts de la créance due à un tiers payeur au jour de la demande en justice, alors que le montant de la créance était subordonné au lien de causalité à établir entre le service des prestations et le dommage subi par la victime) • 12 nov. 1997, nº 96-10.726 P • 1er avr. 1998, nº 93-20.322 P.

16. Recours en garantie. Les intérêts dus au garanti sur la somme qu'il a payée aux victimes ne peuvent lui être dus par son garant qu'à compter de la sommation de payer, alors même que la décision judiciaire de condamnation à garantie serait antérieure. • Civ. 1re, 7 avr. 1999, nº 97-15.254 P : *RCA 1999, nº 172, rapp. Sargos ; RTD civ. 1999. 849, obs. Jourdain* (l'anc. art. 1153-1 C. civ. est inapplicable en ce cas). ♦ Dès lors que les conditions de mise en œuvre de la garantie financière sont réunies, la mise en demeure adressée au garant fait courir des intérêts au taux légal à la charge de ce dernier pour les sommes qu'il a tardé à payer. • Civ. 1re, 16 oct. 2008 : *D. 2008. AJ 2721 ; RLDC 2008/55, nº 3222, obs. Marraud des Grottes* (garantie financière des agents immobiliers).

Contra, appliquant l'anc. art. 1153-1 : le garant est tenu du règlement des intérêts au taux légal, notamment de ceux courus postérieurement à la décision l'ayant condamné à garantie qui lui avait été notifiée. • Civ. 2e, 25 oct. 1995, nº 94-10.747 P : *RTD civ. 1996. 474, obs. Perrot* (architecte garant de la condamnation d'une société exécutée près de deux ans après sa signification).

b. Influence du montant de la créance

17. Somme d'un montant déterminé. La cour d'appel qui ordonne, à titre de dommages-intérêts, la restitution d'une somme versée à tort, somme déterminée sans intervention du juge, en déduit justement que le débiteur doit être condamné, en application de l'anc. art. 1153, au paiement des intérêts à compter du jour de la demande. • Civ. 1re, 13 déc. 1988, nº 87-17.064 P : *Defrénois 1989. 768, obs. Aubert* (somme versée à un tiers par un notaire, sans autorisation de son client). ♦ V. conf., pour une somme dont le montant était déjà déterminé avant l'assignation, • Civ. 1re, 29 mars 1989, nº 87-17.278 P. ♦ La créance d'une somme d'argent née et déterminée dans son montant antérieurement à toute décision du juge qui se borne à la constater porte intérêts à compter de la sommation de payer. • Civ. 1re, 14 oct. 2010, nº 09-12.921 P : *D. actu. 3 nov. 2010, obs. Marrocchella.*

18. Somme d'un montant déterminable : reddition de compte. Il résulte de l'anc. art. 1153, applicable aux demandes en reddition de comptes, que le débiteur doit l'intérêt de sommes dont il est reliquataire à compter du jour où il est mis en demeure, même si le reliquat n'a pas encore été liquidé à cette date. • Civ. 1re, 27 juin 1973 : *JCP 1974. II. 17606.* – Dans le même sens : • Civ. 1re, 23 mai 2000, n° 97-20.848 P : *Defrénois 2000. 1380, obs. Aubert.* ♦ V. aussi, en cas de compte à établir entre les parties, • Civ. 1re, 27 févr. 1985, n° 83-15.775 P.

19. Créance périodique : montant au jour de la sommation. Viole l'anc. art. 1153 la cour d'appel qui condamne une partie à payer à son bailleur, au titre de loyers impayés, une somme avec intérêts au taux légal à compter du commandement de payer, tout en constatant qu'à la date de ce commandement, le locataire n'était redevable que d'une somme inférieure, même si des loyers étaient échus postérieurement. • Civ. 2e, 14 févr. 2002, n° 00-18.172 P : *Dr. et patr. 5/2002. 92, obs. Chauvel.*

20. Augmentation de la demande initiale. Les intérêts portent sur la somme mentionnée lors de la demande initiale et non sur le montant majoré de la créance qui n'a été fixé qu'au jour de l'audience. • Soc. 20 févr. 2013, n° 11-26.855.

21. Diminution judiciaire de la somme réclamée. La circonstance que les sommes restant dues en fonction d'un contrat aient été réduites par le juge ne fait pas obstacle à l'application de l'anc. art. 1153 en vertu duquel le débiteur doit l'intérêt des sommes dues à compter du jour où il est mis en demeure. • Civ. 3e, 16 févr. 1983, n° 81-14.671 P • Com. 16 juill. 1991, n° 90-11.809 P. ♦ Dans le même sens, lorsque la somme due en vertu d'une convention d'honoraires a été déterminée par une expertise : • Com. 3 nov. 1983, n° 82-12.180 P. – V. aussi • Civ. 1re, 2 avr. 1974 : *D. 1974. 473, note Malaurie* • Civ. 2e, 5 juin 2003, n° 01-15.411 P.

22. Diminution judiciaire d'une clause pénale. La modération par le juge d'une peine convenue entre les parties ne fait pas perdre à cette peine son caractère d'indemnité forfaitaire contractuellement prévue pour le cas d'inexécution, par une partie, de ses obligations, de sorte que les intérêts au taux légal de la somme retenue par le juge sont dus à compter du jour de la sommation de payer. • Soc. 9 nov. 1983, n° 81-41.236 P • Com. 21 juill. 1980 : *D. 1981. 335, note Chabas ; JCP 1982. II. 19778, note Boccara ; Gaz. Pal. 1981. 1. 207, note Bey* • 27 mars 1990 : *D. 1990. 390, note de La Marnierre* • Soc. 19 févr. 1991, n° 88-40.407 P • Civ. 3e, 25 nov. 1998 : *RCA 1999, n° 7.*

2° INTÉRÊTS COURANT À UNE DATE DIFFÉRENTE DE LA SOMMATION

a. Exigence d'une décision judiciaire préalable

23. Amiable composition. Possibilité pour le juge de fixer le point de départ des intérêts portant sur les condamnations prononcées à la date de signification de l'arrêt. • Civ. 1re, 11 févr. 2015, n° 13-21.478 P.

24. Créances indemnitaires. Tant en matière délictuelle qu'en matière contractuelle, la créance de réparation ne peut produire d'intérêts moratoires que du jour où elle est allouée judiciairement. • Civ. 1re, 16 mars 1966 : *Bull. civ. I, n° 190.* ♦ Dans le même sens, V. par ex. : • Civ. 3e, 17 juin 1975, n° 74-11.330 P • 17 juill. 1975, n° 74-11.791 P (décision réservant le cas du préjudice distinct). ♦ L'indemnité destinée à réparer le préjudice subi en cas de licenciement abusif constitue une créance indemnitaire qui ne produit des intérêts moratoires qu'à compter du jour où elle est judiciairement fixée. • Soc. 22 juill. 1985, n° 82-41.677 P. ♦ Comp. note 11 pour une indemnité contractuelle de licenciement. ♦ V. aussi ss. art. 1231-7.

25. Enrichissement sans cause. La créance née d'un enrichissement sans cause n'existe et ne peut produire d'intérêts moratoires que du jour où elle est judiciairement constatée. • Civ. 1re, 5 févr. 1980, n° 78-15.230 P • Com. 5 janv. 1987, n° 85-12.759 P • 24 mars 1987, n° 84-14.063 P : *RTD civ. 1987. 754, obs. Mestre.*

26. Autres hypothèses. En cas d'exercice par une SAFER de son droit de préemption sous réserve de la fixation du prix par le tribunal, les juges du fond ne peuvent fixer le point de départ des intérêts au taux légal au jour de la levée de l'option par la SAFER, aucune vente n'étant intervenue à cette date. • Civ. 3e, 27 oct. 1983, n° 81-12.496 P.

b. Exigibilité de la créance

27. Compte courant : clôture. Le solde d'un compte courant n'étant exigible de la caution qui en garantit le paiement qu'à partir de la clôture de compte, laquelle ne résulte pas de la seule ouverture du redressement judiciaire, la caution n'est tenue des intérêts, sur le fondement de l'anc. art. 1153, al. 3, qu'à la double condition que le compte eût été clôturé et qu'elle eût été mise en demeure. • Com. 16 avr. 1996, n° 94-14.250 P.

28. Créances salariales. S'agissant de créances salariales, les intérêts moratoires ne pouvaient courir qu'à compter de chaque échéance devenue exigible ; cassation de l'arrêt ayant fait courir les intérêts à la date de la convocation devant le bureau de conciliation. • Soc. 12 sept. 2018, n° 17-10.307 P • 9 oct. 2019, n° 18-14.677 P (même solution en cas de licenciement, à compter du jour où le salarié formalise sa demande en réintégration).

29. Caisse primaire : paiement des sommes recouvrées. La créance de la caisse primaire qui poursuit le recouvrement des dépenses auxquelles elle est légalement tenue doit, conformément à l'anc. art. 1153, applicable aux obligations légales, produire intérêt du jour de la demande, ou, du moins, si cette date est postérieure à celle de la demande, du jour où les dépenses ont été exposées. • Soc. 16 janv. 1985, n° 82-15.222 P • 27 sept. 1989, n° 86-17.502 P • Crim. 11 déc. 1996, n° 96-81.535 P (art. 29, L. du 5 juill. 1985).

c. Point de départ antérieur à la mise en demeure du défendeur

30. Action directe. Lorsque la victime d'un dommage agit directement contre l'assureur de responsabilité, les intérêts moratoires courent du jour de la décision de condamnation qui constitue pour l'assureur la réalisation du risque couvert. • Civ. 1re, 25 mai 1992, n° 89-18.923 P : *RCA 1992, n° 334 et n° 29, chron. Groutel.*

d. Point de départ anticipé à titre de sanction

31. Répétition de l'indu. Sur les conséquences de la mauvaise foi de l'*occipiens*, V. art. 1352-7 (intérêts dus à compter du paiement). Pour un *occipiens* de bonne foi, V. déjà : celui qui a reçu de bonne foi une somme qui ne lui était pas due doit la restituer avec les intérêts moratoires à compter de la demande, dès lors que le montant de ladite somme peut être déterminé par l'application de dispositions légales ou réglementaires. • Cass., ass. plén., 2 avr. 1993, n° 89-15.490 P : *R., p. 326 ; GAJC, 11e éd., n° 226 ; D. 1993. 373, concl. Jéol*.

B. CONDAMNATIONS AU TAUX D'INTÉRÊT LÉGAL DISPENSÉES D'UNE SOMMATION DE PAYER

1° HYPOTHÈSES

32. Solde d'un compte courant. Le solde d'un compte courant porte intérêt de plein droit à compter de sa clôture sans mise en demeure préalable. • Com. 4 nov. 1981, n° 80-13.250 P.

33. Cautionnement. L'anc. art. 1153, al. 2, ne trouve plus application lorsque les intérêts sont attribués de plein droit par la loi ; il en est ainsi notamment de ceux accordés par l'art. 2028 [2305], al. 2, C. civ. à la caution qui a payé. • Civ. *1re, 26 avr. 1977,* n° 75-14.889 P.

34. Intérêts conventionnels. La mise en demeure n'est pas une condition du droit aux intérêts conventionnels. • Civ. 1re, 24 juin 1997, n° 95-11.380 P : *D. Affaires 1997. 1076.* ♦ Lorsque les juges du fond ont admis que les intérêts conventionnels stipulés étaient dus même après l'échéance de la dette en capital jusqu'à complet paiement, ils ont pu en déduire qu'ils réparaient ainsi le retard dans l'exécution sans possibilité de cumul avec les intérêts légaux moratoires. • Civ. 1re, 25 nov. 1975 : *JCP 1976. II. 18328, note H. T.*

35. Autres hypothèses. Point de départ des intérêts de l'indemnité due en cas de réduction en valeur d'une libéralité : V. note ss. art. 924-3. ♦ ... En cas de rapport : V. note 2 ss. art. 856. ♦ V. aussi, pour le mandataire, art. 1996.

2° TAUX APPLICABLE

36. Absence de stipulation particulière. Le taux des intérêts applicable au solde débiteur d'un compte courant après sa clôture est, en l'absence d'une convention des parties, le taux légal. • Com. 31 mai 1983 : *Bull. civ. IV, n° 161.* – Dans le même sens : • Com. 17 mars 1981 : *Bull. civ. IV, n° 142* • 14 oct. 1981 : *ibid. IV, n° 358* • 9 nov. 1982 : *ibid. IV, n° 341* • 12 oct. 1982 : *ibid. IV, n° 308* • 29 mai 1984 : *ibid. IV, n° 180* • Civ. 1re, 11 juill. 1984 : *ibid. I, n° 229* • 20 oct. 1987 : *ibid. I, n° 273* • Com. 11 juin 1991, n° 89-11.727 P. ♦ Comp. • Com. 15 juill. 1986 : *Bull. civ. IV, n° 160.*

37. Stipulation illicite. En matière de prêt d'argent consenti à titre onéreux, et à défaut de validité de la stipulation conventionnelle d'intérêts, il convient de faire application du taux d'intérêt légal à compter de la date du prêt. • Civ. 1re, 24 juin 1981, n° 80-12.900 P : *R., p. 49 ; JCP 1982. II. 19713, note Vasseur (1re esp.).* ♦ V. aussi notes ss. art. 1907.

38. Majoration. La majoration de l'indemnité d'un intérêt égal au double du taux de l'intérêt légal n'est pas subordonnée à l'engagement préalable des dépenses. • Civ. 3e, 25 mai 2011, n° 10-18.780 P : *RCA 2011, n° 301 ; RGDA 2011. 1019, obs. Périer.*

C. PRÉJUDICE DISTINCT DU RETARD

39. Double condition : préjudice distinct du retard. Les juges du fond ne peuvent allouer des dommages-intérêts distincts des intérêts moratoires sans constater l'existence, pour le créancier, d'un préjudice indépendant du retard apporté au paiement par le débiteur et causé par sa mauvaise foi. Pour des décisions estimant cette preuve non rapportée : • Civ. 1re, 21 juin 1989, n° 87-12.507 P (retard de paiement d'une lithographie) • 9 mai 1990, n° 88-10.082 P (retard d'un commissaire-priseur dans le versement des fonds provenant d'une vente aux enchère publiques) • Civ. 2e, 8 oct. 2020, n° 19-17.734 P (cassation de l'arrêt ayant condamné la caisse qui avait suspendu abusivement le versement d'une pension, en ajoutant une condition à la loi, aux seuls motifs que cette décision avait engendré des troubles dans la vie de l'assuré) • Soc. 1er juin 2022, n° 20-16.836 B (retard dans le paiement d'heures de délégation contestées). ♦ Pour une illustration de préjudice distinct : • Civ. 3e, 3 nov. 2016, n° 15-24.793 P : *D. 2016. 2282* (retard dans le paiement des charges de copropriété, accompagné d'une obstruction systématique à l'autorisation des travaux indispensables, créant un préjudice financier au détriment des autres copropriétaires obligés de faire l'avance des fonds).

40. ... Mauvaise foi du débiteur. Les dommages indépendants du retard et résultant du paiement tardif de l'indemnité d'assurance, n'obligent l'assureur à réparation que lorsque ce dernier a agi de mauvaise foi. • Civ. 1re, 29 févr. 2000, n° 97-20.545 P (condition non établie). ♦ Dans le même sens : • Civ. 1re, 28 juin 2005, n° 01-17.730 P : *D. 2005. IR 2102* (retard d'une caisse primaire à verser directement une pension alimentaire à l'épouse divorcée ; cassation du jugement admettant la réparation du préjudice de trésorerie et du préjudice moral, sans constater la mauvaise foi de la caisse).

Cassation de l'arrêt condamnant des cessionnaires d'actions pour avoir payé le prix avec dix-huit ans de retard, aux motifs qu'ils avaient usé de tous les recours civil et pénal pour retarder le paiement, alors que ces recours avaient été partiellement admis. • Com. 2 févr. 2010, n° 09-11.064 P : *RTD civ. 2010. 322, obs. Fages* (manque de base légale, ces motifs étant impropres à caractériser la mauvaise foi).

41. ... Application en matière sociale. Cassation de l'arrêt condamnant l'AGS pour le retard dans le paiement de salaires, sans constater l'existence d'un préjudice pour le salarié indépendant du retard et causé par la mauvaise foi de l'employeur. • Soc. 26 janv. 2000, n° 96-42.376 P. ♦ Dans le même sens, estimant, sans les individualiser, que les conditions posées par le texte ne sont pas remplies : • Soc. 9 juill. 2015, n° 14-12.779 P (imprimeur ayant procédé à une retenue de 50 % pour les salariés ayant « bouclé » les titres dans les délais, en dépit de la grève, et de 100 % pour les autres) • 14 sept. 2016, n° 14-26.101 P (non-respect des dispositions conventionnelles en matière d'heures supplémentaires) • 25 mars 2020, n° 18-11.433 P : *D. 2020. 770 ; RDT 2020. 337, obs. Adam* (non-paiement d'heures de trajet ; arrêt cassé retenant un préjudice moral résultant du retard anormal apporté à la régularisation des droits) • 24 juin 2020, n° 18-23.869 (maintien d'une retenue sur salaire, alors que son irrégularité au regard de la convention collective avait été signalée à plusieurs reprises).

Cassation de l'arrêt ne constatant pas la mauvaise foi : • Soc. 29 sept. 2021, n° 20-10.634 B (refus du bénéfice du Smic à une gérante non salariée). ♦ ... Ou un préjudice distinct. • Soc. 14 déc. 2022, n° 21-12.552 B.

D. RÈGLEMENT DES INTÉRÊTS MORATOIRES

1° MOYENS DE DÉFENSE

42. Moyens admis : faute du créancier. Les intérêts sont dus de plein droit dès la sommation de payer, sauf au débiteur à établir une faute du créancier l'ayant empêché de s'acquitter du montant de la dette. • Com. 19 oct. 1993, n° 91-17.703 P.

43. Moyens refusés. Un débiteur qui a fait l'objet de deux mises en demeure de payer de la part de deux créanciers concurrents doit les intérêts moratoires au créancier dont le droit a été reconnu à compter de la mise en demeure émise par celui-ci, sans pouvoir invoquer utilement l'anc. art. 1242 C. civ. • Com. 9 mars 1993, n° 91-11.572 P.

44. Les dispositions de l'art. 48 de la L. du 1er mars 1984 (C. mon. fin., art. L. 313-22, ss. art. 2314) (déchéance des intérêts en cas de manquement par l'établissement de crédit à son obligation d'informer chaque année la caution) concernent les intérêts dus par la caution en cette dernière qualité et non ceux dus par application de l'anc. art. 1153, al. 3, après qu'elle eut été mise en demeure d'exécuter son engagement. • Com. 25 juin 1991, n° 89-20.071 P.

45. Si l'application de l'art. L. 311-33 ancien C. consom. entraîne pour le prêteur la déchéance du droit aux intérêts appliqués au solde débiteur d'un compte courant, l'emprunteur n'en reste pas moins tenu aux intérêts légaux depuis la mise en demeure. • Civ. 1re, 26 nov. 2002, n° 00-17.119 P • 18 mars 2003, n° 00-17.761 P : *D. 2003. AJ 1036, obs. Rondey ; CCC 2003, n° 97, note Raymond ; Gaz. Pal. 2003. Somm. 2574, obs. S. Piedelièvre ; RTD com. 2003. 554, obs. D. L. ; RDC 2003. 95, obs. Bruschi ; RDI 2004. 94, obs. Heugas-Darraspen* • 27 mai 2003, n° 01-10.635 P : *CCC 2003, n° 169, note Raymond ; LPA 8 déc. 2003, obs. Paisant.*

2° RECOUVREMENT

46. Mentions du titre exécutoire. Pour pouvoir être recouvrés par voie d'exécution, les dommages-intérêts prévus à l'anc. art. 1153 C. civ. doivent faire l'objet d'une disposition spéciale du titre en vertu duquel est exercée la poursuite. • Civ. 1re, 10 mars 1998, n° 95-21.817 P : *RTD civ. 1999. 206, obs. Perrot* .

47. Pouvoirs du juge de l'exécution. Le juge de l'exécution ne fait qu'user des pouvoirs que lui confère l'art. L. 311-12-1 (devenu L. 213-6) COJ en apportant à un arrêt, condamnant un employeur à une indemnité de licenciement, la simple précision que cette indemnité a produit de plein droit intérêts à compter de la demande en justice. • Civ. 2e, 17 juin 1999, n° 97-15.151 P : *RTD civ. 1999. 706, obs. Perrot* .

48. Absence de prise en compte dans le

calcul des dépens. Les intérêts moratoires, étrangers au montant de la dette, tel qu'évalué par décision judiciaire, sont exclus de la base de calcul des émoluments de l'avoué. • Civ. 2e, 30 janv. 2014, n° 12-28.323 P.

Art. 1231-7 *(Ord. n° 2016-131 du 10 févr. 2016, art. 2, en vigueur le 1er oct. 2016)* **En toute matière, la condamnation à une indemnité emporte intérêts au taux légal même en l'absence de demande ou de disposition spéciale du jugement. Sauf disposition contraire de la loi, ces intérêts courent à compter du prononcé du jugement à moins que le juge n'en décide autrement.**

En cas de confirmation pure et simple par le juge d'appel d'une décision allouant une indemnité en réparation d'un dommage, celle-ci porte de plein droit intérêt au taux légal à compter du jugement de première instance. Dans les autres cas, l'indemnité allouée en appel porte intérêt à compter de la décision d'appel. Le juge d'appel peut toujours déroger aux dispositions du présent alinéa. – *Dispositions transitoires, V. Ord. n° 2016-131 du 10 févr. 2016, art. 9, ss. art. 1386-1.*

BIBL. ▶ JOURDAIN, *RTD civ. 1991. 350*. – LOMBARD, *Gaz. Pal. 1995. 1. Doctr. 562.*

A. DÉCISIONS CONCERNÉES : CONDAMNATIONS INDEMNITAIRES

1. *Créance indemnitaire : responsabilité contractuelle.* Le point de départ des intérêts ne peut être antérieur à la date du transport à l'origine de la responsabilité du transporteur. • Com. 30 oct. 2012, n° 11-18.287 P , rectifié par : • Com. 22 janv. 2013, n° 11.18.287 (rectification du visa et remplacement du visa de l'anc. art. 1153 par celui de l'anc. art. 1153-1). ♦ V. aussi note 24 ss. art. 1231-6.

2. *Indemnisation des victimes d'infraction.* Les sommes allouées en matière d'indemnisation des victimes d'infraction sont des condamnations au sens de l'anc. art. 1153-1 [1231-7] C. civ. • Civ. 2e, 11 févr. 1998, n° 95-13.995 P • 22 nov. 2012 : *RCA 2012, n° 65.*

3. *Indemnité d'éviction.* L'anc. art. 1153-1 [1231-7] s'applique à l'indemnité d'éviction en matière de baux commerciaux, de sorte que le juge a la faculté de fixer discrétionnairement le point de départ des intérêts moratoires produits par cette indemnité. • Civ. 3e, 4 juill. 2001, n° 97-20.663 P : *D. 2001. Somm. 3525, obs. Rozès ; Gaz. Pal. 2002. 71, note Brault ; Loyers et copr. 2002, n° 13, note Brault* et *Pereira.*

4. *Prestation compensatoire de divorce.* La prestation compensatoire comme les intérêts qu'elle produit sont dus à compter de la date à laquelle la décision prononçant le divorce est devenue irrévocable. • Civ. 1re, 8 juill. 2010, n° 09-14.230 P : *D. 2010. 1941 ; JCP 2010, n° 1220, obs Simler ; AJ fam. 2010. 436, obs. David ; ibid. 443, obs. Hilt ; Defrénois 2010. 2024, obs. Massip ; RLDC 2010/75, n° 3972, obs. Serra ; Dr. fam. 2010, n° 145, obs. Larribau-Terneyre* (cassation pour violation des art. 260 et 1153-1 [1231-7] de la décision fixant le point de départ à la date de l'état liquidatif, alors que la faculté donnée au débiteur de la prestation compensatoire de régler sa dette à l'occasion des opérations de liquidation de la communauté ne retire pas à cette dette son caractère exigible de sorte que celle-ci porte intérêts à compter du jour où ils ont été demandés). ♦ V. déjà : application de l'anc. art. 1153-1 [1231-7] lorsque la décision de divorce passe irrévocablement en force de chose jugée antérieurement à la fixation ou à l'exigibilité de la prestation compensatoire. • Civ. 1re, 20 févr. 2007 : *cité note 2 ss. art. 260.*

5. *Octroi d'une provision.* Viole l'anc. art. 1153-1 [1231-7] la cour d'appel qui retient qu'une provision n'est qu'une avance octroyée dans l'attente de l'évaluation définitive de la somme due et n'ouvre aucun droit au titre des intérêts légaux. • Civ. 2e, 19 oct. 2000, n° 98-21.407 P.

6. *C. pr. civ., art. 700.* Les sommes allouées au titre de l'art. 700 C. pr. civ. sont des condamnations au sens de l'anc. art. 1153-1 [1231-7] C. civ. • Civ. 2e, 10 mai 1999, n° 96-20.827 P • Civ. 3e, 31 oct. 2007, n° 06-19.128 P.

7. *Astreinte.* La liquidation de l'astreinte donne naissance à une dette de somme d'argent, effective et exigible, et, comme telle, productive d'intérêts légaux du jour où la décision est devenue exécutoire. • Civ. 1re, 18 oct. 1983 : *Bull. civ. I, n° 234.* ♦ Mais elle peut être déclarée productive d'intérêts au taux légal à compter du jour de la décision. • Com. 19 mars 1991, n° 89-15.606 P.

8. *Ordonnances de référé.* Le juge des référés peut, sans excéder ses pouvoirs, assortir d'intérêts moratoires la condamnation qu'il prononce et en ordonner la capitalisation. • Civ. 3e, 17 juin 1998, n° 96-19.230 P.

9. *Décision étrangère.* L'anc. art. 1153-1 [1231-7] s'applique, comme loi du for, à l'exécution en France d'une condamnation prononcée par une juridiction étrangère reconnue exécutoire. • Civ. 1re, 6 mars 2007, n° 04-17.127 P : *D. 2007. Chron. C. cass. 2328, n° 2, obs. Chauvin ; ibid. AJ 874, obs. Gallmeister ; Dr. et pr. 2007. 227, note Cuniberti ; Rev. crit. DIP 2007. 784, note Libchaber ; JDI 2008. 537, note Bollée.* ♦ Les intérêts moratoires dus en exécution d'une condamnation prononcée par une juridiction étrangère ne courent qu'à compter de la décision d'exequatur. • Même arrêt. ♦ Dans le même sens : • Civ. 1re, 19 nov. 2015, n° 14-25.162 P.

10. Sentence arbitrale. Les dispositions de l'anc. art. 1153-1 [1231-7] s'appliquent à une sentence arbitrale. • Civ. 1re, 9 janv. 2007, n° 04-10.719 P : *JCP 2007. I. 168, obs. Ortscheidt.*

B. FACULTÉ DE REPORT À UNE DATE ANTÉRIEURE

11. Pouvoir discrétionnaire. En fixant à une autre date que celle de sa décision le point de départ des intérêts, une cour d'appel ne fait qu'user de la faculté remise à sa discrétion par l'anc. art. 1153-1 [1231-7]. • Cass., ass. plén., 3 juill. 1992, n° 90-83.430 P : *R., p. 339 ; D. 1992. Somm. 404, obs. A. Penneau ; JCP 1992. II. 21898, concl. Dontenwille, note Perdriau ; Defrénois 1992. 1453, obs. Aubert* • Soc. 15 juin 1993, n° 90-42.892 P • Civ. 3e, 15 juin 1994, n° 92-12.091 P • Civ. 1re, 11 mars 1997, n° 94-17.621 P : *D. 1997. 407, note Billiau* • 14 oct. 1997, n° 95-18.361 P (une cour d'appel ne méconnaît pas son pouvoir discrétionnaire en fixant le point de départ des intérêts à la date de la décision) • Civ. 2e, 20 juin 2002, n° 99-18.603 P : *RCA 2002, n° 287, note Groutel ; Dr. et patr. 11/2002. 108, obs. Chauvel* • 27 mars 2003, n° 01-12.983 P : *RCA 2003, n° 172, note Groutel* • Civ. 1re, 29 nov. 2005, n° 02-13.550 P • Com. 8 avr. 2015, n° 13-28.512 P : *D. 2015. 862, obs. A. Lienhard* .

12. Nature des intérêts antérieurs à la décision. Les intérêts alloués en application de l'anc. art. 1153-1 [1231-7] pour une période antérieure à la date de la décision qui fixe l'indemnité ont nécessairement un caractère moratoire. • Civ. 1re, 28 avr. 1998, n° 96-14.762 P : *R., p. 278 ; JCP 1999. I. 137, obs. Kullmann ; Defrénois 1998. 1049, obs. Aubert ; RCA 1998. Chron. 20, par Groutel ; RTD civ. 1998. 920, obs. Jourdain* . ♦ V. aussi • Civ. 3e, 15 mars 2000, n° 98-13.890 P : *LPA 27 sept. 2000, note Dagorne-Labbe* • Civ. 1re, 11 juill. 2001, n° 98-20.159 P. ♦ Tant en matière délictuelle qu'en matière contractuelle, la créance de réparation ne peut produire d'intérêts moratoires que du jour où elle est allouée judiciairement ; les intérêts alloués à compter d'une date antérieure constituent une réparation complémentaire faisant partie intégrante des dommages-intérêts accordés à titre principal. • Civ. 1re, 16 mars 1966 : *Bull. civ. I, n° 190.* – V. aussi • Civ. 1re, 18 janv. 1984 : *JCP 1985. II. 20372, note J. Mouly.*

13. Ne procède pas à une double indemnisation du préjudice la cour d'appel qui actualise l'indemnité due par l'assureur à la date du paiement effectif et condamne cet assureur au paiement des intérêts moratoires à compter de la demande en paiement, dès lors que l'actualisation compense la dépréciation monétaire entre le jour où la créance est évaluée et le jour du paiement, tandis que les intérêts moratoires indemnisent seulement le retard dans le paiement. • Civ. 1re, 16 mai 1995, n° 92-15.376 P : *RTD civ. 1995. 910, obs. Jourdain.* ♦ Comp. : cassation de l'arrêt qui a procédé à une double indemnisation du préjudice subi en raison du retard dans le paiement de l'indemnité, en condamnant un assureur, au titre des travaux de reprise, à une somme indexée sur l'indice du coût de la construction jusqu'à la date du paiement avec intérêts de droit à compter du jour du jugement. • Civ. 3e, 8 févr. 1995, n° 92-19.639 P : *D. 1995. Somm. 234, obs. Libchaber ; RTD civ. 1995. 910, obs. Jourdain* .

14. Illustrations : report au jour de la demande. L'art. 1153-1 [1231-7] permet au juge de fixer le point de départ des intérêts à une date antérieure au prononcé du jugement, et spécialement à compter du jour de la demande en justice. • Civ. 1re, 18 janv. 1989 : *Bull. civ. I, n° 32 ; RTD civ. 1989. 340, obs. Jourdain.*

15. Limites dans le choix de la date de report. Les intérêts dus sur une créance indemnitaire ne peuvent courir à compter d'une date antérieure à la naissance du préjudice qu'elle a pour objet de réparer. • Soc. 12 févr. 2008, n° 07-40.413 P.

Art. 1232 à 1239 *Réservés.*

SOUS-TITRE II LA RESPONSABILITÉ EXTRACONTRACTUELLE

(Ord. n° 2016-131 du 10 févr. 2016, art. 2, en vigueur le 1er oct. 2016)

CHAPITRE I LA RESPONSABILITÉ EXTRACONTRACTUELLE EN GÉNÉRAL

(Ord. n° 2016-131 du 10 févr. 2016, art. 2, en vigueur le 1er oct. 2016)

Les art. 1240 à 1244 reprennent à l'identique les art. 1382 à 1386 anc.

RÉP. CIV. v° *Responsabilité : généralités,* par PH. LE TOURNEAU.

DALLOZ ACTION *Droit de la responsabilité et des contrats 2023/2024.*

BIBL. GÉN. ▶ AZZI, *RTD civ. 2007. 227* (responsabilité civile délictuelle et droits subjectifs). – BEAUDEUX, *LPA 25 avr. 2008* (causalité : frontière entre responsabilités délictuelle et contractuelle).

– Bellis, *RLDC 2019/12. 40* (pour la consécration d'un principe de concours des responsabilités contractuelle et délictuelle). – Bensamoun et Loiseau, *JCP 2017, n° 1203* (intelligence artificielle). – Bernard-Ménoret, *Gaz. Pal. 2012. 2027* (principe de précaution et responsabilité civile). – de Bertier-Lestrade, *D. 2020. 1628* (responsabilité civile et handicap). – Bigot, *RGDA 2020/5. 14* (la fonction normative de la responsabilité civile et le comportement de l'assuré). – Boutonnet, *D. 2010. Chron. 2662* (principe de précaution). – Brun, *Mél. le Tourneau, Dalloz, 2008, p. 117* (abécédaire du droit de la responsabilité). – Bugnicourt, Borghetti et Collart-Dutilleul, *D. 2010. Chron. 1099* (droit civil de la responsabilité et droit spécial de l'alimentation). – Chabas, *Gaz. Pal. 2000. 2. Doctr. 1399* (cent ans de responsabilité civile). – Danis-Fatôme et Viney, *D. 2017. 1610* (responsabilité civile dans le loi relative au devoir de vigilance des sociétés mères et des entreprises donneuses d'ordre). – Danis-Fatôme, *RTD com. 2018. 23* (articulation entre le droit spécial de la responsabilité pour insuffisance d'actif et le droit commun de la responsabilité civile). – Descheemaeker, *RTD civ. 2010. 435* (délits, quasi-délits et notion de faute). – Dubois, *RTD civ. 2020. 275* (la responsabilité civile pourrait-elle voler au secours de la culture ?). – Dupré, *JCP 2020, n° 1024* (neutralisation de la faute de la victime privée de discernement : un choix de politique juridique). – Encinas de Munagorri, *Mél. Larroumet, Economica, 2010, p. 125* (théorie du risque). – Fischer, *Mél. le Tourneau, Dalloz, 2008, p. 383* (causalité, imputation, imputabilité). – Galbois-Lehalle, *D. 2021. 87* (responsabilité civile pour l'intelligence artificielle selon Bruxelles). – Gali, *D. 2022. 908* (la nécessité du préjudice en droit du travail). – Huet, *JCP 2020, n° 1232* (étude des rapports entre la responsabilité contractuelle et la responsabilité délictuelle – rapprochements avec le projet de réforme de la responsabilité.). – Jourdain, *Mél. Jestaz, Dalloz, 2006, p. 247* (faut-il recodifier le droit de la responsabilité civile ?) ; *Mél. Bouloc, Dalloz, 2007, p. 511* (l'imputabilité) ; *RCA 2016. Étude 4* (constitutionnalisation du droit de la responsabilité civile) ; *ibid. 2019. Dossier 6* (dommages à la personne). – Lagoutte, *RGDA 2014. 535* (responsabilité civile environnementale). – Leduc, *LPA 6 juill. 2005* (le droit de la responsabilité civile hors le code civil). – Léger, *D. 2018. 1320* (la nature de la responsabilité dans l'hypothèse de la violation du périmètre d'une licence de logiciel). – Loiseau, *JCP 2018, n° 597* (personnalité juridique des robots). – O. Lucas, *JCP 2002. I. 111* (droits de l'homme et responsabilité civile). – Marmisse, *LPA 19 et 20 sept. 2002* (évolution au XXe siècle : le rôle de la doctrine). – Maurin, *RTD civ. 2015. 517* (droit souple de la responsabilité civile). – Mesa, *D. 2021. 303* (rapports entre infraction et faute civile et conséquences sur l'indemnisation des victimes). – N. Pierre, *Mél. Goubeaux, Dalloz-LGDJ, 2009, p. 423* (propriété et responsabilité). – Porchy-Simon, *D. 2021. 296* (la victime de dommage corporel : retour sur deux concepts fondamentaux du droit de la réparation). – Poumarède, *RTD civ. 2019. 465* (précaution et responsabilité civile : de la règle au principe et inversement). – Quézel-Ambrunaz, *Thèse, Dalloz, 2010* (causalité) ; *RTD civ. 2012. 251* (la responsabilité civile et les droits du titre I du livre I du code civil). – Radé, *D. 2003. Chron. 2247* (pour une réforme de la responsabilité civile) ; *Mél. le Tourneau, Dalloz, 2008, p. 885* (présomptions d'imputabilité) ; *RCA 2009. Étude 5* (responsabilité et solidarité). – Rivollier, *D. 2021. 1140* (le droit commun de la responsabilité civile comme fondement résiduel et subversif à la réparation des atteintes subies dans le cadre professionnel). – de Salve de Bruneton, *Mél. Boré, Dalloz, 2007, p. 407* (les principes constitutionnels et la responsabilité civile). – Schneider, *Gaz. Pal. 16-17 mai 2008* (responsabilité de l'anticipation). – Sintez, *Thèse, Dalloz, 2011* (sanction préventive). – Tauran, *RDSS 2012. 544* (responsabilité civile des URSSAF). – Thibierge, *D. 2004. Chron. 577* (responsabilité de l'avenir). – Tisseyre, *RCA 2016. Étude 1* (devoir de minimiser son dommage). – Traullé, *D. 2021. 360* (le renouveau des présomptions en droit de la responsabilité civile). – Urban, *RTD com. 2021. 479* (droit de la responsabilité et groupes transnationaux). – Viney, *Mél. Lambert, Dalloz, 2002, p. 417* (harmonisation des droits en Europe) ; *Mél. le Tourneau, Dalloz, 2008, p. 1041* (modernité ou obsolescence du code civil : l'exemple de la responsabilité) ; *Mél. Goubeaux, Dalloz-LGDJ, 2009, p. 547* (cessation de l'illicite et responsabilité civile). – Wester-Ouisse, *RTD civ. 2010. 419* (fusion des régimes de responsabilités délictuelle et contractuelle à l'heure internationale) ; *R. 2011, p. 77* (le risque) ; *RTD civ. 2016. 531* (dommage anormal). – Dossier, *RCA 2013. Étude 22* (responsabilité civile et responsabilité pénale). – Dossier, *RDSS 2015. 3* (responsabilité sanitaire et sociale). – Dossier, *RDC 2017. 687* (le juge et le droit de la responsabilité civile : bilan et perspectives).

▸ **Projet de réforme du droit de la responsabilité civile :** *RDC 2007. 7 s.* (actes du colloque du 12 mai 2006). – Bernfeld, *JCP 2012, n° 30* (réparation intégrale). – Graziani, *D. 2018. 428* (amende civile). – De Gouttes, *Gaz. Pal. 2012. 152*. – Juillet, *D. 2011. Chron. 259*. – Viney, *Mél. Boré, préc., p. 473* ; *D. 2009. Chron. 2944*. – Méadel, *LPA 17 avr. 2007* (introduction en droit français de la notion de fautelucrative ?). – Mésa, *JCP 2012, n° 625* (faute lucrative).

▶ **Avant-projet avril 2016 et mars 2017 :** D'ALÈS et TERDJMAN, *AJ contrat 2017. 69* (introduction envisagée de mécanismes répressifs). – ANTIPPAS, *D. 2017. 455* (responsabilité des commettants et des préposés). – BACACHE, *D. 2016. 1454* (relativité de la faute contractuelle). – BARGUE, *D. 2019. 1667* (le défaut d'organisation ou de fonctionnement de la personne morale). – BECQUÉ-ICKOWICZ, *RDI 2017. 588* (causes d'exonération et immobilier). – BELLIS, *D. 2020. 2025* (préjudices réparables et office du juge : préjudice médiat de privation d'assistance). – BERG, *RCA 2019. Étude 3* (amende civile ou dommages et intérêts collectifs). – BERNARD-ROUJOU DE BOUBÉE, *D. 2017. 337* (responsabilité médicale). – BORGHETTI, *D. 2016. 1386* ; *ibid. 1442* ; *ibid. 2017. 770* ; *ibid. 1846* (responsabilité des contractants à l'égard des tiers). – BOUQUET et FOUASSIER, *D. 2017. 834* (produits de santé). – BOUTONNET, SINTEZ, et THIBIERGE, *D. 2016. 2414*. – CARVAL, *JCP 2017, n° 401*. – CASTON, *Gaz. Pal. 2016. 3256* (contrat de construction). – CHARDEAUX, *LPA 2018/22. 6* (amende civile). – DESHAYES, *RDC 2017. 238* (responsabilité des parties à l'égard des tiers). – DEXANT-DE BAILLIENCOURT, *D. 2019. 144* (pour une consécration légale de la faute séparable des fonctions du dirigeant). – DISSAUX, *AJ contrat 2017. 169* ; *ibid. 205* (droit de la distribution). – DREYER, *D. 2017. 1136* (faute lucrative). – DURAND-PASQUIER, *RDI 2017. 579* (droit immobilier et de la construction). – FÉRIEL, *RCA 2021. Étude 2* (avenir de la réparation du préjudice). – Groupe de travail de l'institut Droit et Santé, *RDSS 2016. 904* (projet de réforme et santé). – HAFTEL, *RDC 2017. 721* (la responsabilité contractuelle). – JUEN, *RTD civ. 2017. 565* (vers la consécration des dommages-intérêts punitifs en droit français) ; *RDC 2017. 533* (droit des tiers à la réparation du dommage causé par une faute contractuelle). – KNETSCH, *D. 2017. 18* (européanisation de la responsabilité civile) ; *ibid. 2019. 138* (faut-il soumettre les accidents ferroviaires au régime de la loi Badinter ?). – LAGOUTTE, *RCA 2017. Étude 2* (faute). – LANDEL, *RGDA 2016. 289* (accidents de la circulation). – LARROUMET, *JCP 2016, n° 1031* (intensité de l'obligation dans la responsabilité contractuelle) ; *ibid. n° 1234* (responsabilité du débiteur contractuel envers les tiers). – LEVENEUR-AZEMAR, *JCP 2017, n° 1882* (engagement de la responsabilité des contractants par les tiers). – MALLET-BRICOUT (dir.), *Thèmes et commentaires, 2018* (vers une réforme de la responsabilité civile francaise. regards franco-québécois). – MALINVAUD, *RDI 2016. 572* (responsabilité des constructeurs) ; *ibid. 2017. 241 (idem)*. – MARRAUD DES GROTTES, *RLDC 2017/147. 15*. – MEKKI, *Gaz. Pal. 2016. 1512*. – PRÉTOT, *Dr. et patr. 3/2017. 18* (concours des responsabilités civiles du fait d'autrui). – PROROK, *RTD civ. 2018. 327* (amende civile). – RIAS, *D. 2016. 2072* (l'amende civile). – ROUSSEAU, *JCP 2018, n° 686* (amende civile face aux principes directeurs du droit pénal). – TOUZAIN, *D. 2020. 1636* (obligation et contribution à la dette entre coresponsables : l'article 1265 du projet de réforme de la responsabilité civile). – VINEY, *JCP 2016, n° 99* ; *D. 2016. 1378* ; *RDC 2019/4. 20* (réflexions à partir d'une nouvelle proposition relative à la responsabilité du débiteur contractuel à l'égard des tiers au contrat – art. 1234). – VINGIANO-VIRICEL, *RTD com. 2017. 19* (faute lucrative). – WALTZ-TERACOL, *D. 2017. 16* (causes d'exonération de la responsabilité). – Dossier, *JCP, suppl. au n° 38, juill. 2016*. – Dossier, *RDC 2016. 770* (pour une réforme ambitieuse de la responsabilité contractuelle). – Dossier, *RDC 2019/4. 143* (regards comparatistes sur le droit français de la responsabilité civile). – Dossier, *Dalloz IP/IT 2020. 150* (enjeux et légitimité du développement de la responsabilité numérique) ; *ibid. 656* (fondements juridiques de la responsabilité numérique). – Dossier, *RDC 2022/1. 124* (liens entre responsabilité civile et pénale à la lumière de la réforme du droit de la responsabilité civile).

▶ **Panorama Dalloz – Responsabilité civile :** *D. 2023. 34* (nov. 2021 – oct. 2022) ; *D. 2022. 35* (nov. 2020 – oct. 2021) ; *D. 2021. 46* (nov. 2019 – oct. 2020) ; *D. 2020. 40* (nov. 2018 – oct. 2019) ; *D. 2019. 38* (nov. 2017 – oct. 2018) ; *D. 2018. 35* (nov. 2016 – nov. 2017) ; *D. 2017. 24* (nov. 2015 – nov. 2016) ; *D. 2016. 35* (nov. 2014 – nov. 2015) ; *D. 2015. 124* (nov. 2013 – nov. 2014) ; *D. 2014. 47* (nov. 2015 – nov. 2013) ; *D. 2013. 40 (nov. 2011 – nov. 2012).*

Art. 1240 *(Ord. n° 2016-131 du 10 févr. 2016, art. 2, en vigueur le 1er oct. 2016)* **Tout fait quelconque de l'homme, qui cause à autrui un dommage, oblige celui par la faute duquel il est arrivé à le réparer.** — *Dispositions transitoires, V. Ord. n° 2016-131 du 10 févr. 2016, art. 9, ss. art. 1386-1.*

L'art. 1240 reprend à l'identique l'art. 1382 anc.

Sur la responsabilité du fait des pratiques anticoncurrentielles, V. C. com., art. L. 420-1 s. — **C. com.**

PLAN DES ANNOTATIONS

1. Ordre public. V. notes 188 s. ss. art. 1241.

2. Application dans le temps. La responsabilité extracontractuelle est soumise à la loi en vigueur au jour du fait générateur de responsabilité. • Com. 12 mai 2021, n° 20-12.670 P.

3. Responsabilité extracontractuelle et Constitution : principe. Responsabilité pour faute et Constitution : la faculté d'agir en responsabilité, offerte par l'art. 515-7 C. civ. au partenaire d'un pacte civil de solidarité à qui la rupture est imposée, met en œuvre l'exigence constitutionnelle posée par l'art. 4 DDH, dont il résulte que tout fait quelconque de l'homme qui cause à autrui un dommage oblige celui par la faute duquel il est arrivé à le réparer. • Cons. const. 9 nov. 1999, n° 99-419 DC : *V. note 1 ss. art. 515-1 et note 2 ss. art. 515-7.* – Adde : Viney, *obs. JCP 2000. I. 280.* – Ph. Brun, *RCA, juin 2003, p. 37.* ♦ V. aussi, dans le cadre d'une responsabilité contractuelle : la protection constitutionnelle du principe de responsabilité et du droit corrélatif à un recours juridictionnel effectif ne vaut qu'en matière de responsabilité pour faute. • Civ. 1re, 5 juill. 2012, n° 12-12.159 P : *D. 2012. 1881*.

4. … Limites. L'art. 4 DDH ne fait pas obstacle à ce que le législateur aménage, pour des motifs d'intérêt général et de manière non disproportionnée, les conditions d'indemnisation des victimes. • Civ. 2e, 16 déc. 2010, n° 10-17.096 P : *D. 2011. 76, obs. Gallmeister* (constitutionnalité de la L. du 5 juill. 1985 qui autorise la réduction ou la suppression de l'indemnisation du conducteur qui a commis une faute, en l'absence d'atteinte disproportionnée ou d'atteinte substantielle au droit à un recours juridictionnel effectif). ♦ Le principe de responsabilité ne fait pas obstacle à ce que le législateur aménage, pour un motif d'intérêt général, les conditions dans lesquelles la *responsabilité peut être engagée* ; il peut ainsi, pour un tel motif, apporter à ce principe des exclusions ou des limitations à condition qu'il n'en résulte pas une atteinte disproportionnée aux droits des victimes d'actes fautifs ainsi qu'au droit à un recours juridictionnel effectif qui découle de l'art. 16 DDH. • Soc. 18 déc. 2014, n° 14-40.043 P (limitation de la garantie des salaires de l'AGS, qui procède d'un nécessaire équilibre entre les droits des assurés salariés et les charges supportées par les entreprises contribuant au financement de cette assurance, cette restriction ne créant pas une atteinte disproportionnée aux droits des salariés).

5. L'art. 8 DDH, qui prescrit que la loi ne doit établir que des peines strictement et évidemment nécessaires, ne concerne pas les mesures de réparation civile. • Soc. 11 oct. 2012, n° 12-40.066 (C. trav., art. L. 1152-1, instaurant des mesures de réparation civile en cas de harcèlement moral). ♦ Absence d'un droit constitutionnel à la protection de la réputation qui serait fondé sur l'art. 2 DDH, sans que la question justifie une QPC. • Crim. 27 mars 2018, n° 17-84.509 P (impossibilité pour un État, étranger ou français, d'invoquer une diffamation, alors qu'il ne peut être assimilé à un particulier au sens de l'art. 32 de la L. du 29 juill. 1881).

6. La Charte de l'environnement et le principe de précaution ne remettent pas en cause les règles selon lesquelles il appartient à celui qui sollicite l'indemnisation du dommage à l'encontre du titulaire de la servitude d'établir que ce préjudice est la conséquence directe et certaine de celui-ci. • Civ. 3e, 18 mai 2011, n° 10-17.645 P : *D. 2011. 1483, obs. Gallmeister* ; *ibid. 2089, note Boutonnet* ; *ibid. Chron. C. cass. 2679, obs. Monge* ; *ibid. 2012. Pan. 47, obs. Brun* ; *RTD civ. 2011. 540, obs. Jourdain* ; *RCA 2011. Étude 11, note Bary ; RLDC 2011/86, n° 4374, obs. Parance* (courants électromagnétiques).

7. Responsabilité extracontractuelle et Conv. EDH. Responsabilité pour faute et Conv. EDH : il résulte de l'art. 1er du premier protocole additionnel à la Conv. EDH qu'une personne ne peut être privée de son droit à réparation qu'à condition que soit respecté le juste équilibre entre l'intérêt général et les impératifs de la sauvegarde du droit au respect des biens. • Civ. 1re, 8 juill. 2008, n° 07-12.159 : *cité note 6 ss. art. L. 114-5 CASF, ss. art. 1242.* – V. notes ss. art. L. 114-5 CASF, ss. art. 1242. ♦ V. aussi : • CEDH, sect. IV, 13 mars 2012, *Reynolds c/ Royaume-*

Uni (violation des art. 2 et 13 combinés, lorsque la mère d'un enfant schizophrène, qui s'est suicidé après son internement à sa demande, n'a pas pu exercer de recours pour l'indemnisation de son préjudice moral).

8. L'art. 2 Conv. EDH n'interdit pas aux tribunaux saisis d'une demande d'indemnisation d'un préjudice corporel d'écarter la responsabilité de la personne mise en cause dès lors que l'atteinte subie par la victime ne lui est pas imputable. • Civ. 1re, 27 janv. 1993, n° 91-16.072. ♦ Le principe de réparation intégrale étant étranger au respect de l'intégrité de la personne humaine garanti par les art. 2 et 14 Conv. EDH, la limitation de responsabilité prévue par la Convention de Varsovie doit être appliquée, étant observé qu'une différence de régime juridique applicable aux victimes en fonction du mode de transport est légitime. • Civ. 1re, 12 mai 2004, n° 01-14.259 P : *JCP 2005. II. 10030, note Légier.*

9. Responsabilité extracontractuelle et droit de l'Union. Est contraire aux dispositions de la Dir. 2009/72/CE et n'aurait pas dû être appliqué l'art. L. 452-3-1, II, C. énergie, issu de la L. n° 2017-1839 du 30 déc. 2017, dès lors qu'il interdit toute action en réparation au titre d'une pratique discriminatoire, en l'espèce le refus de conclure un contrat de prestation de services de gestion de clientèle rémuréré. • Com. 16 mars 2022, n° 20-16.257 B.

I. COMPÉTENCE DU JUGE ADMINISTRATIF ET COMPÉTENCE DU JUGE CIVIL

10. Gestion d'un service public administratif. Les tribunaux judiciaires ne sont pas compétents pour la réparation des conséquences dommageables d'une faute engageant la responsabilité d'une personne morale de droit public à l'occasion de la gestion d'un service public administratif. • Crim. 24 oct. 2017, n° 16-85.975 P : *AJ pénal 2018. 151, obs. Otero ; AJCT 2018. 108, obs. Didriche ; RSC 2017. 738, obs. Mayaud .*

11. Travaux publics. Hormis le cas où le préjudice invoqué trouve sa cause déterminante dans l'action d'un véhicule, la juridiction administrative est seule compétente pour connaître de l'action en réparation des dommages survenus à l'occasion de la réalisation de travaux publics, fût-elle dirigée contre la personne privée ayant exécuté ces travaux. • Civ. 1re, 16 nov. 2016, n° 15-25.370 P : *AJDA 2016. 2245 ; D. 2016. 2403 ; RDI 2017. 103, obs. de Gaudemar .* ♦ C'est à l'ensemble du litige et à toutes les parties concernées que s'appliquent les règles de la responsabilité en matière de travaux publics telles qu'elles découlent de l'art. 4 de la L. du 28 pluviôse an VIII alors applicable, à l'exclusion des anc. art. 1382 s. [1240 s.]. • Civ. 1re, 17 mars 2010 : *D. 2010. Actu. 891* (exclusion d'une responsabilité composite).

12. Concessionnaire d'autoroutes. Le véhicule de la victime ayant été accidenté après avoir heurté des morceaux de glissière dispersés sur la chaussée de l'autoroute, la responsabilité du concessionnaire relève de la seule compétence des juridictions administratives. • Civ. 1re, 6 juin 2018, n° 17-20.672 P.

13. Permis de construire : recours abusif. Sauf dispositions législatives contraires, la responsabilité qui peut incomber à l'État ou aux autres personnes morales de droit public, en raison des dommages imputés à leurs services publics administratifs, est soumise à un régime de droit public et relève, en conséquence, de la compétence de la juridiction administrative. • Civ. 3e, 9 mars 2022, n° 19-24.594 B (incompétence du juge judiciaire pour examiner la responsabilité d'une commune lors de la délivrance d'un permis de construire). ♦ Mais les dispositions de l'art. L. 600-7 C. urb. qui autorisent, dans des conditions strictes, le bénéficiaire d'un permis de construire à solliciter, devant le juge administratif saisi d'un recours pour excès de pouvoir contre un permis de construire, des dommages-intérêts contre l'auteur du recours, n'ont ni pour objet ni pour effet d'écarter la compétence de droit commun du juge judiciaire pour indemniser, sur le fondement de l'art. 1382, devenu 1240 C. civ., le préjudice subi du fait d'un recours abusif. • Civ. 1re, 16 nov. 2016, n° 16-14.152 P : *RDI 2017. 206, obs. Revert* (contre un permis de construire). ♦ Rappr. les décisions citées note 49.

14. Question préjudicielle : responsabilité de l'assuré relevant du juge administratif. Un assureur de responsabilité ne peut être tenu d'indemniser le préjudice causé à un tiers par la faute de son assuré que dans la mesure où ce tiers peut se prévaloir, contre l'assuré, d'une créance née de la responsabilité de celui-ci ; il n'entre pas dans les pouvoirs du juge judiciaire, saisi de l'action directe de la victime contre l'assureur de l'auteur du dommage, de se prononcer sur la responsabilité de l'assuré lorsque celle-ci relève de la compétence de la juridiction administrative ; à défaut de reconnaissance, par les assureurs, de la responsabilité de leurs assurés, il incombe au juge judiciaire de surseoir à statuer jusqu'à ce que la juridiction administrative se soit prononcée sur cette responsabilité. • Civ. 1re, 11 déc. 2019, n° 18-25.441 P.

II. RESPONSABILITÉ EXTRACONTRACTUELLE ET RESPONSABILITÉ CONTRACTUELLE

15. Responsabilité précontractuelle. BIBL. Joanna Schmidt, *RTD civ. 1974. 46.* – le Tourneau, *D. 1987. Chron. 101.* – Deshayes, *RTD com. 2004. 187* (dommage précontractuel). – Menu, *LPA 1er févr. 2006* (préjudice précontractuel). – Ghestin, *JCP 2007. I. 155* (rupture abusive des pourparlers : responsabilité délictuelle) ; *ibid. 157* (... dommages réparables). ♦ Nature extracontractuelle de la responsabilité encourue pour une faute éventuellement commise pendant la période précontractuelle. • Com. 12 févr. 2002 : *CCC 2002, n° 90, obs. Leveneur* • Civ. 1re, 15 mars 2005, n° 01-13.018 P : *D. 2005. 1462, note Cathiard ; RTD civ. 2005. 381, obs. Mestre et Fages ; Rev. sociétés 2005. 587, note Mathey* (manquement à l'obligation de contracter de bonne foi : visa de l'anc. art. 1382 [1240]). ♦ La preuve d'une intention de nuire n'est pas nécessaire. • Civ. 3e, 3 oct.1972, n° 71-12.993 P • Com. 11 juill. 2000 : *CCC 2000, n° 174, note Leveneur ; LPA 21 mars 2001, note Dagorne-Labbe* (est fautive une rupture dépourvue de motifs légitimes, même sans intention de nuire). ♦ Pour d'autres illustrations : • Com. 25 févr. 1986, n° 84-13.432 P : *RTD civ. 1987. 85, obs. Mestre* (absence de preuve d'une faute dans la remise d'une étude prévisionnelle dont le professionnel destinataire pouvait contrôler le sérieux) • Civ. 1re, 14 juin 2000 : *CCC 2000, n° 157* (manquement à l'obligation de loyauté pendant la période contractuelle et précontractuelle). ♦ Dans le même sens, pour l'application de la Conv. Bruxelles 27 sept. 1968 (art. 5-3°) : • CJCE 17 sept. 2002, n° C-334/00 : *D. 2002. IR 2774 ; JCP 2003. I. 152, n° 8, obs. Viney ; Defrénois 2003. 254, obs. Libchaber ; RTD com. 2003. 207, obs. Marmisse*. ♦ ... Pour l'absence de remise par l'assureur de la notice d'information prévue par le C. assur. : • Civ. 2e, 8 oct. 2009, n° 08-18.928 P : *cité note 3 ss. art. 1136*. ♦ Rappr. • Com. 3 oct. 1978, n° 77-10.180 P : *D. 1980. 55, note Schmidt-Szalewski* (faute de l'entrepreneur qui a favorisé une entreprise pour l'obtention d'un marché de sous-traitance).

16. La faute commise dans l'exercice du droit de rupture unilatérale des pourparlers précontractuels n'est pas la cause du préjudice consistant dans la perte d'une chance de réaliser les gains que permettait d'espérer la conclusion du contrat. • Com. 26 nov. 2003, n° 00-10.243 P : *R. p. 391 ; D. 2004. 869, note Dupré-Dallemagne ; ibid. Somm. 2922, obs. Lamazerolles ; JCP 2004. I. 163, nos 18 s., obs. Viney ; JCP E 2004. 738, note Stoffel-Munck ; ibid. 601, nos 3 s., obs. Caussain, Deboissy et Wicker ; Dr. et patr. 3/2004. 102, obs. Poracchia ; RTD civ. 2004. 80, obs. Mestre et Fages ; Rev. sociétés 2004. 325, note Mathey ; RDC 2004. 257, obs. D. Mazeaud* (préjudice n'incluant que les frais de négociation et d'études préalables) • Civ. 3e, 28 juin 2006, n° 04-20.040 P : *R., p. 399 ; D. 2006. 2963, note D. Mazeaud ; ibid. Pan. 2639, obs. Amrani-Mekki ; JCP 2006. II. 10130, note Deshayes ; ibid. I. 166, n° 6, obs. Stoffel-Munck ; JCP N 2006. 1352, note Brusorio ; ibid. 2007. 1157, n° 3, obs. S. Piedelièvre ; Gaz. Pal. 2006. 3287, note Dagorne-Labbe ; CCC 2006, n° 223, note Leveneur ; Defrénois 2006. 1858, obs. Libchaber ; Dr. et patr. 3/2007. 26, étude Chauvel ; RCA 2006, n° 287, note Hocquet-Berg ; LPA 11 oct. 2006, note Prigent ; RDC 2006. 1069, obs. D. Mazeaud ; RTD civ. 2006. 754, obs. Mestre et Fages ; ibid. 770, obs. Jourdain* • 7 janv. 2009, n° 07-20.783 P : *D. 2009. AJ 297 ; RLDC 2009/58, n° 3324, obs. Maugeri ; ibid. 2009/59, n° 3375, obs. Bugnicourt ; RTD civ. 2009. 113, obs. Fages ; RDC 2009. 480, obs. Laithier ; ibid. 1108, obs. Seube* • Com. 18 sept. 2012, n° 11-19.629 P : *D. 2012. 2241, obs. Delpech ; RTD civ. 2012. 721, obs. Fages ; RDC 2013. 98, obs. Deshayes*. ♦ La faute commise dans la rupture des pourparlers n'est pas exclue par la constatation qu'il n'est pas établi que les parties étaient effectivement parvenues à un accord sur le prix d'acquisition d'un immeuble. • Com. 9 nov. 2010, n° 09-70.726 P : *D. 2010. 2702, obs. A. Lienhard*.

17. Renonciation au contrat. L'exercice de la faculté de renonciation prévue par l'art. L. 132-5-1 C. assur., en cas de défaut de remise des documents et informations énumérés par le texte, ne fait pas obstacle à la mise en œuvre de la responsabilité de l'assureur sur le fondement de l'art. 1241, au titre du manquement du défendeur à son obligation précontractuelle d'information. • Civ. 2e, 23 nov. 2017, n° 16-21.671 P : *D. 2018. 1279, obs. Bacache ; RGDA 2018. 50, note Mayaux*.

18. Annulation d'un contrat. Par l'effet de l'anéantissement rétroactif d'un contrat, annulé la responsabilité d'une des parties à ce contrat ne peut être recherchée que sur le fondement délictuel ou quasi délictuel. • Civ. 3e, 18 mai 2011, n° 10-11.721 P : *RLDC 2011/84, n° 4296, obs. Paulin ; RDC 2011. 1139, note Génicon*. ♦ V. aussi : • Com. 5 nov. 1991, n° 90-11.694 P (absence de preuve d'une légèreté ou d'une conscience de nuire fautives dans le fait d'avoir proposé la conclusion d'un contrat de franchise nul pour indétermination de l'objet). ♦ Sur l'articulation de la responsabilité extracontractuelle et de l'annulation pour dol, V. note 31 ss. art. 1137, note 20 ss. art. 1178 et note 12 ss. art. 1641 (vices cachés).

19. Non-cumul des responsabilités contractuelles et extracontractuelles entre les parties : principe. V. notes ss. art. 1231-1.

20. ... Limites : responsabilité notariale. Les obligations du notaire, qui ne tendent qu'à assurer l'efficacité d'un acte instrumenté par lui et qui ne constituent que le prolongement de sa mission de rédacteur d'acte, relèvent de sa responsabilité délictuelle. • Civ. 1re, 12 avr. 2005, n° 03-14.842 P : *D. 2005. IR 1180 ; Defrénois 2005. 2010, obs. Aubert*. ♦ V. plus généralement notes 210 s., ss. art. 1231-1.

21. Situation des tiers : action en responsabilité extracontractuelle fondée sur un manquement contractuel. Sur des manquements contractuels constitutifs de faute délictuelle à l'égard d'un tiers, V. Jourdain : *RTD civ.*

1995. 895. ♦ Les conventions n'ont d'effet qu'entre les parties contractantes, elles ne nuisent point au tiers et elles ne lui profitent que dans le cas prévu par l'art. 1121 ; il en résulte que les contrats, opposables aux tiers, ne peuvent, cependant, leur nuire. Le manquement par un contractant à une obligation contractuelle est de nature à constituer un fait illicite à l'égard d'un tiers au contrat lorsqu'il lui cause un dommage et il importe de ne pas entraver l'indemnisation de ce dommage : dès lors, le tiers au contrat qui établit un lien de causalité entre un manquement contractuel et le dommage qu'il subit n'est pas tenu de démontrer une faute délictuelle ou quasi délictuelle distincte de ce manquement. • Cass., ass. plén. 13 janv. 2020, n° 17-19.963 P : *préc. note 35 ss. art. 1199.* ♦ V. déjà : • Cass., ass. plén., 6 oct. 2006, n° 05-13.255 P : *ibid.*

V. sous un angle procédural : la recevabilité de l'action en responsabilité délictuelle formée par le propriétaire d'un logement contre un occupant auquel il n'est pas contractuellement lié n'est pas subordonnée à la mise en cause du locataire. • Civ. 3e, 20 déc. 2018, n° 17-31.461 P : *D. 2019. 1129, obs. Damas ; AJDI 2019. 630, obs. Damas ; AJ contrat 2019. 93, obs. Magnier-Merran ; RTD civ. 2019. 338, obs. Jourdain ; ibid. 360, obs. Gautier ; JCP 2019, n° 231, note Sturlèse ; ibid., n° 232, note Pignarre.*

22. La mise en œuvre de ce principe suppose de déterminer le manquement contractuel à l'origine du dommage. • Com. 12 nov. 2020, n° 18-23.479 P : *cité note 35 ss. art. 1199.* ♦ Le seul manquement à l'obligation contractuelle de résultat de livrer un ouvrage conforme et exempt de vice ne suffit pas à caractériser une faute délictuelle. • Civ. 3e, 18 mai 2017, n° 16-11.203 P : *D. 2017. 1225, note Houtcieff ; ibid. 2018. 35, obs. Quézel-Ambrunaz ; RDI 2017. 349, obs. Malinvaud ; AJ contrat 2017. 377, obs. Chénedé ; RTD civ. 2017. 651, obs. Barbier ; ibid. 666, obs. Jourdain ; CCC 2017, n° 163, note leveneur ; RCA 2017, n° 212, note Bloch ; RGDA 2017. 364, note Dessuet ; RDC 2017. 425, note Borghetti.* ♦ Une salariée démissionnaire, n'étant pas partie aux contrats liant l'employeur à ses clients, ne peut réclamer des dommages-intérêts à raison d'une clause d'interdiction d'embauche figurant dans ces contrats, sauf à établir l'existence d'une faute quasi délictuelle de l'employeur lui ayant causé un préjudice. • Soc. 5 juin 1996, n° 92-42.461 P : *D. 1997. Somm. 25, obs. Delebecque ; JCP 1997. I. 4002, nos 7 s., obs. Billiau.*

23. L'art. L. 211-16 C. tourisme instaure une responsabilité légale de plein droit au seul profit de l'acheteur du voyage, de sorte que les ayants droit de celui-ci ne peuvent agir contre l'agence de voyages, pour leur préjudice personnel, que sur le fondement de la responsabilité délictuelle consécutive à un manquement contractuel, exigeant la preuve d'une faute du voyagiste. • Civ. 1re, 28 sept. 2016, n° 15-17.033 P : *D. 2017. 341, note Lachièze ; ibid. 24, obs. Brun, Gout et Quézel-Ambrunaz ; AJ contrat 2017. 41, obs. Dagorne-Labbe .*

24. Régimes supprimant la distinction. V. L. du 5 juill. 1985, art. 1er, sur les accidents de la circulation, pour l'application de ce texte aux victimes transportées en vertu d'un contrat. ♦ Sur l'exclusion de la solution pour les passagers des chemins de fer et tramways circulant en site propre, V. ce même art., et pour l'application désormais du règlement européen, V. notes 37 s. ss. art. 1231-1. ♦ Sur la possibilité pour toute victime d'invoquer la responsabilité du fait des produits défectueux à l'encontre du producteur, qu'elle soit liée ou non à celui-ci par un contrat, V. art. 1245 C. civ.

III. ARTICULATION DES RESPONSABILITÉS EXTRACONTRACTUELLES DU CODE CIVIL

25. Troubles de voisinage. L'action fondée sur un trouble anormal du voisinage est une action en responsabilité civile extracontractuelle qui, indépendamment de toute faute, permet à la victime de demander réparation au propriétaire de l'immeuble à l'origine du trouble, responsable de plein droit. • Civ. 3e, 16 mars 2022, n° 18-23.954 B : *D. 2022. 1528, obs. Reboul-Maupin ; ibid. 2023. 34, obs. Gout ; RDI 2022. 295, obs. Charbonneau ; ibid. 332, obs. Leray ; RTD civ. 2022. 639, obs. Jourdain ; RDC 2022/2. 140, note Danos.* ♦ V. Déjà pour une action « délictuelle » : • Civ. 2e, 13 sept. 2018, n° 17-22.474 P : *D. 2018. 1806 ; AJDI 2019. 470, obs. Le Rudulier ; RTD civ. 2018. 948, obs. Dross .* – V. notes ss. art. 651.

26. Recours subrogatoire d'un gardien contre un autre. Admission du recours subrogatoire du gardien d'une chose inanimée contre le coauteur, sur le fondement de l'art. 1384 anc. [1242], al. 1er, nonobstant le principe que seule la victime du dommage causé par une chose est recevable à invoquer le bénéfice de l'art. 1384 anc. [1242], al. 1er. • Civ. 2e, 22 oct. 1975, n° 74-10.575 P : *JCP 1977. II. 18517, note Chabas et Saluden ; Gaz. Pal. 1976. 1. 192, note Plancqueel.* ♦ V. aussi ss. art. 1242 et comp. note suivante.

27. Absence de recours du responsable fautif contre un gardien de la chose. Le responsable d'une faute prouvée ne peut exercer un recours contre un coresponsable en vue d'être garanti du dommage causé qu'en démontrant également une faute de ce dernier, son action ne pouvant avoir de fondement différent de celui qu'a invoqué le créancier désintéressé. • Civ. 2e, 20 mai 1985 : *Gaz. Pal. 1985. 2. Pan. 234, obs. Chabas.*

Statuant sur l'action en garantie d'une personne dont ils ont retenu la responsabilité par application de l'anc. art. 1382 [1240], les juges du fond, après avoir écarté l'existence d'une faute à la charge du défendeur à cette action récursoire, n'ont pas à rechercher si la responsabilité de celui-ci se trouve engagée sur le fondement de l'art. 1384 anc. [1242], al. 1er, dont seule la victime du dommage peut invoquer le bénéfice. • Civ. 2e, 23 mai 1984 : *Gaz. Pal. 1984. 2. Pan. 299, obs. F. C.* – V. aussi : • Civ. 2e, 12 janv. 1966 : *Bull. civ. II, n° 45* • 19 févr. 1969 : *JCP 1969. II. 16084, note Rodière* • 5 juin 1991, n° 90-12.117 P.

28. Produits défectueux. Lorsque le dommage invoqué trouve sa cause dans le caractère défectueux du bien, sa réparation ne peut être demandée que sous le régime de la responsabilité du fait des produits défectueux, à l'exclusion notamment du régime de la responsabilité du fait des choses. • Civ. 1re, 11 juill. 2018, n° 17-20.154 P : *D. 2018. 1840, note Borghetti ; AJ contrat 2018. 442, obs. Bucher ; RTD civ. 2019. 121, obs. Jourdain .* ♦ La victime de la défaillance d'un produit qui fonde son action sur les dispositions de l'anc. art. 1382 [1240] ne peut se prévaloir d'un régime de responsabilité distinct du régime de responsabilité du fait des produits défectueux que si elle établit que le dommage subi résulte d'une faute distincte du défaut de sécurité du produit en cause. • Civ. 1re, 10 déc. 2014, n° 13-14.314 P. ♦ V. aussi ss. art. 1245-17. ♦ La validation par l'autorité de santé de la notice et de l'étiquetage d'un médicament ne fait pas, à elle seule, obstacle à une responsabilité pour faute du fabricant. • Civ. 1re, 16 mars 2022, n° 20-19.786 B : *D. 2022. 1934, obs. Guégan ; RTD civ. 2022. 397, obs. Jourdain ; JCP 2022, n° 480, note Borghetti* (Levothyrox ; admission d'une faute du fabricant qui n'a pas fait apparaître suffisamment clairement le changement de composition).

29. Aspects procéduraux : fondement de la demande et office du juge. Sous réserve du principe du contradictoire, le juge a la faculté en vertu de l'art. 12 C. pr. civ. d'appliquer un régime de responsabilité autre que celui invoqué par les parties. • Civ. 2e, 26 avr. 1984, n° 82-16.936 P (de la responsabilité du fait des choses à la responsabilité pour ruine du bâtiment) • Civ. 1re, 19 mars 1985 : *Bull. civ. I, n° 96* (de la responsabilité délictuelle à la responsabilité contractuelle) • 31 oct. 1989 : *JCP 1989. IV. 423.* ♦ Sur l'absence d'obligation : l'art. 12 C. pr. civ. n'oblige pas le juge, sauf règles particulières, à changer la dénomination ou le fondement juridique des demandes des parties. • Cass., ass. plén., 21 déc. 2007, n° 06-11.343 P : *cité note 13 ss. art. 1604 (vice caché* et non-conformité).

30. ... Changement en cause d'appel. La partie civile est recevable à réclamer pour la première fois en cause d'appel l'application de l'art. 1384 anc. [1242], s'agissant non d'une demande nouvelle, la partie civile poursuivant toujours la réparation des dommages qui lui ont été causés par l'accident, mais d'un moyen nouveau. • Paris, 18 avr. 1985 : *Gaz. Pal. 1985. 2. 501.*

IV. RESPONSABILITÉ DES ART. 1240 et 1241 ET LOIS SPÉCIALES

A. RÉGIMES SPÉCIAUX EXCLUSIFS DE LA RESPONSABILITÉ POUR FAUTE DE DROIT COMMUN

31. Accident du travail et maladies professionnelles. Les dispositions des art. L. 451-1, L. 452-1 et L. 452-3 CSS, qui interdisent à la victime d'un accident du travail ou d'une maladie professionnelle imputable à la faute inexcusable de l'employeur d'exercer contre celui-ci une action en réparation conformément au droit commun et prévoient une réparation spécifique des préjudices causés, n'engendrent pas une discrimination prohibée par l'art. 14 Conv. EDH et l'art. 1er du Protocole additionnel n° 1, du seul fait que la victime ne peut obtenir une réparation intégrale de son préjudice. • Civ. 2e, 11 juill. 2013, n° 12-15.402 P : *D. 2013. 1908 .*

32. Action en comblement de passif. L'action en comblement d'insuffisance d'actif social à l'encontre des dirigeants sociaux de droit ou de fait (L. n° 85-98 du 25 janv. 1985, art. 180 et 183 – C. com., art. L. 624-3 et L. 624-6) ne se cumule pas avec une action fondée sur les anc. art. 1382 [1240] et anc. 1383 [1241] C. civ. • Com. 20 juin 1995, n° 93-12.810 P : *R., p. 265 ; D. 1995. 448 .* ♦ V. aussi • Com. 28 févr. 1995, n° 92-17.329 P : *R., p. 265 ; D. 1995. 390, note Derrida .*

33. Atteinte à la vie privée (C. civ., art. 9). Autonomie du droit à réparation en cas d'atteinte à la vie privée, hors des conditions de l'anc. art. 1382 [1240] : selon l'art. 9 C. civ., la seule constatation de l'atteinte à la vie privée ouvre droit à réparation. • Civ. 1re, 5 nov. 1996, n° 94-14.798 P : *GAJC, 12e éd., n° 20 ; D. 1997. 403, note Laulom ; ibid. Somm. 289, obs. Jourdain ; JCP 1997. II. 22805, note Ravanas ; ibid. I. 4025, nos 1 s., obs. Viney* • 25 févr. 1997 : *JCP 1997. II. 22873, note Ravanas.*

34. Atteinte à l'intégrité physique sans information préalable (C. civ., art. 16 et 16-3). En vertu des principes du respect de la dignité de la personne humaine et d'intégrité du corps humain, ensemble l'anc. art. 1382 [1240], le non-respect par un médecin du devoir d'information dont il est tenu envers son patient cause à celui auquel cette information était légalement due un préjudice qu'en vertu du texte susvisé le juge ne peut laisser sans réparation. • Civ. 1re, 12 juin 2012, n° 11-18.327 P : *D. 2012. 1794, note Laude ; RDSS 2012. 757, obs. Arhab-Girardin ; Gaz. Pal. 2012. 2099, note Bacache ; JCP 2012, n° 987, note Gout ; RCA 2012, n° 245, note Hocquet-Berg ; RDC 2012. 1195, obs. Carval ; ibid. 2013. 111, obs. Viney.* ♦ V. aussi : • Civ. 1re, 23 janv. 2019, n° 18-10.706 P :

D. 2019. 976, note Mattiussi ; ibid. Chron. C. cass. 1784, note Kloda ; ibid. 2058, obs. Bacache ; RDSS 2019. 565, obs. Trédez ; RDC 2/2019. 17, note Knetsch.

35. Brevets. Les art. L. 615-3 CPI et L. 111-10 C. pr. exéc., qui ont pour objet de rétablir la partie poursuivie, ou le débiteur de l'exécution, dans ses droits, sont exclusifs de la responsabilité fondée sur l'anc. art. 1382 [1240]. • Com. 10 févr. 2015, n° 13-20.150 P.

36. Concurrence : rupture brutale. Les dispositions de l'art. L. 442-6, I, 5°, C. com., dans sa rédaction antérieure à celle issue de l'Ord. n° 2019-359 du 24 avr. 2019, relatives à la rupture brutale d'une relation commerciale établie, sont exclusives de celles de l'art. 1382, devenu 1240, C. civ., en l'absence de toute faute délictuelle distincte établie. • Com. 2 oct. 2019, n° 18-15.676 P : *D. 2019. 2257, point de vue Buy ; AJ contrat 2019. 483, obs. Dissaux.*

37. FGTI. Les art. 706-3 à 706-15 C. pr. pén. instaurent, s'agissant du fonds de garantie des victimes des actes de terrorisme et d'autres infractions (FGTI), un régime d'indemnisation autonome et exclusif répondant à des règles qui lui sont propres. • Civ. 2e, 14 déc. 2017, n° 16-24.169 P. ♦ Il appartient à la CIVI de fixer le montant de l'indemnité allouée, sans être tenue par la décision de la juridiction précédemment saisie. • Civ. 2e, 4 juill. 2019, n° 18-13.853 P.

38. Indu de sécurité sociale. Le litige portant sur le remboursement, par l'assuré à la caisse de sécurité sociale, de prestations indues, relève exclusivement des dispositions du CSS applicables ; cassation de l'arrêt qui a évalué le préjudice subi au visa de l'art. 1240 C. civ. • Civ. 2e, 7 nov. 2019, n° 18-21.329 P.

39. Procédure civile : dépens. Les dépens ne constituent pas des dommages relevant des règles de la responsabilité civile. • Civ. 2e, 9 juin 2016, n° 15-20.456 P (la rémunération des experts désignés par le tribunal n'est pas un dommage résultant de l'atteinte à la personne et ne peut donc être mise à la charge du fonds d'indemnisation des victimes). ♦ Les frais de procédure non compris dans les dépens ne constituent pas un préjudice réparable et ne peuvent être remboursés que sur le fondement de l'art. 700 C. *pr. civ. • Civ. 1re, 10 avr. 2019, n° 17-13.307 P* (cassation de l'arrêt ayant alloué des dommages-intérêts en réparation du préjudice lié aux tracas et frais occasionnés par la procédure).

40. ... Non-respect d'une obligation procédurale. En l'absence d'abus, le défaut d'accomplissement d'une charge de la procédure par la partie à laquelle elle incombe ne constitue pas une faute de nature à engager la responsabilité de son auteur, lequel n'encourt d'autres sanctions que celles prévues par les règles procédurales applicables à l'instance en cause. • Civ. 2e, 27 mai 2021, n° 19-23.898 P : *D. 2021. 1079 ; RTD civ. 2021. 697, obs. Cayrol* (absence de remise devant la Cour de cassation d'un mémoire contenant les moyens de droit).

41. ... Saisie. Les dispositions selon lesquelles lorsque la mainlevée d'une saisie conservatoire a été ordonnée par le juge le créancier peut être condamné à réparer le préjudice causé par la mesure conservatoire (L. n° 91-650 du 9 juill. 1991, art. 73 ; C. pr. exéc., art. L. 512-2), n'exigent pas la preuve d'une faute ; la personne saisie peut ainsi obtenir des dommages-intérêts en réparation de la gêne financière subie du fait d'une saisie conservatoire qui l'a prive de la jouissance de cette somme sans que l'abus de droit soit établi. • Com. 25 sept. 2012, n° 11-22.337 P : *D. 2012. 2301, obs. Lienhard .*

42. ... Service public de la justice. La responsabilité de l'État en raison d'un dommage causé par le fonctionnement défectueux du service public de la justice ne peut être engagée que sur le fondement de l'art. L. 141-1 COJ, à l'exclusion des dispositions de droit commun prévues par le C. civ. Cette responsabilité n'existe qu'en cas de faute lourde ou de déni de justice. • Civ. 1re, 18 nov. 2020, n° 19-19.517 P. – V COJ, art. L. 141-1. – C. pr. civ.

B. RÉGIMES SPÉCIAUX COMPATIBLES AVEC LA RESPONSABILITÉ POUR FAUTE DE DROIT COMMUN

43. Mariage, communauté de vie, art. 229 s. et 306 C. civ. Le refus par un époux de se soumettre à l'obligation de communauté de vie constitue une faute dont aucun texte n'indique qu'elle serait exclue du champ d'application de l'anc. art. 1382 [1240] C. civ. car, indépendamment des situations prévues par les art. 229 s. et 306 C. civ. et leurs sanctions propres, l'époux qui invoque un préjudice qui lui est particulier, en dehors de toute rupture judiciaire du lien conjugal, est recevable à en demander réparation dans les conditions du droit commun. • Aix-en-Provence, 22 juin 1978 : *D. 1979. 192, note Prévault.*

44. Rupture d'un couple : divorce (C. civ., art. 266). Sur le régime particulier applicable en cas de divorce pour la réparation du préjudice résultant de la dissolution du mariage, V. ss. art. 266, texte et note. ♦ Sur l'articulation avec la responsabilité de droit commun, V. par ex., outre les décisions citées note 6 ss. art. 266 : indépendamment du divorce et de ses sanctions propres, l'époux qui invoque un préjudice étranger à celui résultant de la rupture du lien conjugal peut demander réparation à son conjoint dans les conditions du droit commun. • Civ. 1re, 24 janv. 1990, n° 87-17.785 P.

45. ... PACS (C. civ., art. 515-7). Sur la possibilité d'agir en responsabilité offerte par l'art. 515-7 C. civ. (« sans préjudice de la réparation du dommage éventuellement subi »), au partenaire d'un pacte civil de solidarité à qui la rupture est imposée, dès lors qu'elle est la conséquence d'une faute, V. • Cons. const. 9 nov. 1999, n° 99-419 DC : *préc. note 3.* ♦ Sur la nature de la faute, V. note 3 ss. art. 515-7.

46. Majeurs protégés. Si l'action contre les organes de tutelle prévue par l'anc. art. 473 est réservée au majeur protégé, à son représentant légal ou à ses ayants droit, les tiers sont recevables à rechercher la responsabilité du tuteur sur le fondement de l'anc. art. 1382 [1240] C. civ. • Civ. 1re, 16 déc. 2015, n° 14-27.028 P : *cité note 2 ss. art. 421.*

47. Concurrence : pratiques anti-concurrentielles. La décision de la juridiction communautaire relative à des pratiques anti-concurrentielles mettant hors de cause une société n'interdit pas aux juridictions judiciaires françaises de condamner cette même société sur le fondement des art. 1383 anc. s. [1241 s.]. • Com. 6 oct. 2015, n° 13-24.854 P.

48. Gibier. La possibilité d'une indemnisation par la fédération départementale des chasseurs en application des art. L. 426-1 et L. 426-4 C. envir. exclut la responsabilité fondée sur l'art. 544 et sur les troubles anormaux de voisinage, et ne laisse place qu'à une action fondée sur l'anc. art. 1382 [1240] contre le fautif. • Civ. 2e, 11 sept. 2014, n° 13-18.136 P : *D. actu. 17 sept. 2014, obs. Kilgus ; JCP 2014, n° 1142, obs. Barbiéri.* ♦ Comp. : Le régime spécial de responsabilité et d'indemnisation des dégâts matériels causés aux cultures et aux récoltes par un gibier quelconque et aux dommages qui en découlent, institué et organisé par les art. L. 426-1 à L. 426-8 C. envir., a une portée générale et s'applique à toute action en réparation des dommages de toute nature, y compris celle fondée sur les anc. art. 1382 et anc. 1383 [1240 et 1241] C. civ. et celle fondée sur l'art. 544 du même code et sur le principe selon lequel nul ne doit causer à autrui un trouble excédant les inconvénients normaux du voisinage. • Civ. 2e, 13 déc. 2012, n° 11-27.538 P : *D. 2013. 17.* ♦ La fédération de chasse ayant exercé l'action récursoire prévue par l'art. L. 426-4 C. envir., qui laisse la possibilité d'agir sur le fondement de l'anc. art. 1382 [1240], il en résulte que les règles de prescription étaient celles applicables en droit commun, et non la courte prescription de 6 mois prévue par l'art. L. 426-7 C. envir. pour l'indemnisation des dégâts causés. • Civ. 2e, 4 févr. 2016, n° 15-11.010 P.

49. Permis de construire. Lorsqu'une construction a été édifiée conformément à un permis de construire, le propriétaire ne peut être condamné par un tribunal de l'ordre judiciaire à *la démolir du fait de la méconnaissance* des règles d'urbanisme ou des servitudes d'utilité publique que si, préalablement, le permis a été annulé pour excès de pouvoir ou son illégalité constatée par la juridiction administrative et si la construction est située dans l'une des zones énumérées au 1° de l'art. L. 480-13 C. urb. • Civ. 3e, 21 mars 2019, n° 18-13.288 P : *D. 2019. 586 ; RDI 2019. 304, obs. Revert ; ibid. 331, obs. Bergel ; JCP 2019, n° 537, note Périnet-Marquet* (cassation de l'arrêt ayant ordonné la démolition à la demande d'un voisin alors que la construction n'était pas située dans l'un des périmètres spécialement protégés). ♦ Pour ordonner la remise en état des lieux, c'est à bon droit que les juges d'appel ont retenu que les travaux étaient irréguliers et ne pouvaient être régularisés par des permis de construire qui, entachés de fraude, étaient nuls, de nul effet et non régularisables au regard du règlement d'urbanisme applicable. • Crim. 8 déc. 2020, n° 19-84.245 P : *RDI 2021. 93, obs. de Jacobet de Nombel .* ♦ L'action attribuée à une commune par l'art. L. 480-14 C. urb., qui a pour objet la démolition ou la mise en conformité, est destinée à faire cesser une situation illicite et ne nécessite pas la même condition de preuve d'un préjudice que l'action de droit commun ouverte à tout tiers victime de la violation de règles d'urbanisme. • Civ. 3e, 16 mai 2019, n° 17-31.757 P : *RDI 2019. 448, obs. Bergel ; ibid. 456, obs. Roujou De Boubée ; ibid. 483, obs. Revert ; AJCT 2019. 357, obs. Bonnefont .*

50. Responsabilité de l'expert désigné en matière de contentieux de la sécurité sociale. L'expert chargé de déterminer si le trouble dont souffre la victime de l'accident de trajet, pris en charge au titre de la législation sur les accidents de travail, engage sa responsabilité personnelle en cas de faute dans l'exécution de sa mission, dans le cadre des règles de droit commun de la responsabilité civile. • Civ. 2e, 10 sept. 2015, n° 14-23.896 P.

51. Transport maritime. La L. du 24 nov. 1961, qui rend le propriétaire d'une marchandise tombée d'un navire à la mer débiteur envers l'État des conséquences des opérations de sauvetage, de récupération, d'enlèvement, de destruction ou de celles destinées à supprimer les dangers que présente cette épave que l'État a mises en œuvre, ne fait pas obstacle au droit que l'État, qui a procédé à de telles opérations, tient des anc. art. 1382 s. [1240 s.] de rechercher la responsabilité de celui qui est à l'origine du sinistre. • Com. 16 déc. 2008, n° 07-21.943 P : *RCA 2009, n° 60 ; RLDC 2009/58, n° 3329, obs. Bugnicourt* (faute de l'armateur).

C. RESPONSABILITÉ EXTRACONTRACTUELLE ET LIBERTÉ D'EXPRESSION

BIBL. Bruguière, *Mél. Cabrillac, Litec, 1999, p. 69* (rumeur et responsabilité). – Derieux, CCE 2006. *Étude 4* (exclusion de l'anc. art. 1382). – Dreyer, *D. 2006. Chron. 1337* (disparition de la responsabilité civile en matière de presse). – Hasnaoui, *RLDC 2011/78, n° 4082* (fait distinct). – De Lamy, *Mél. le Tourneau, D. 2008. 275* (anc. art. 1382 et liberté d'expression). – Viney, *Mél. Bouloc, Dal-*

loz 2007, p. 1166 (relations entre le civil et le pénal en cas d'abus de la liberté d'expression); *D. 2014. 787* (sanction des abus de la liberté d'expression).

1° PRIMAUTÉ DE LA L. DU 29 JUILL. 1881

a. Principe et illustrations

52. *Principe.* Les abus de la liberté d'expression prévus et réprimés par la L. du 29 juill. 1881 ne peuvent être réparés sur le fondement de l'anc. art. 1382 [1240] C. civ. • Cass., ass. plén., 12 juill. 2000, n° 98-11.155 P : *R., p. 401 ; BICC 1er nov. 2000, concl. Joinet, rapp. Durieux ; D. 2000. Somm. 463, obs. Jourdain ; JCP 2000. I. 280, nos 2 s., obs. Viney ; LPA, 14 août 2000, note Derieux (2e esp.) ; CCE 2000, n° 108, obs. A. Lepage ; RTD civ. 2000. 845, obs. Jourdain* (atteinte à la mémoire d'un mort). ♦ Pour les mêmes faits, deux instances ne peuvent être engagées sur des fondements différents, l'une fondée sur l'anc. art. 1382 [1240] et l'autre sur la L. du 29 juill. 1881. • Crim. 10 sept. 2013 : *D. 2013. 2276* (diffamation).

La liberté d'expression est un droit dont l'exercice ne revêt un caractère abusif que dans les cas spécialement déterminés par la loi ; il s'ensuit que, hors restriction légalement prévue, l'exercice du droit à la liberté d'expression ne peut, sauf dénigrement de produits ou de services, être sanctionné sur le fondement de l'art. 1240 C. civ. • Civ. 2e, 24 nov. 2022, n° 21-17.167 B : *D. 2022. 2168 ; AJ fam. 2023. 55, obs. Mary*.

53. La solution est applicable quel que soit le mode de diffusion, dès lors qu'il entre dans le champ d'application de la L. du 29 juill. 1881. V. en ce sens pour des atteintes par affichage : • Civ. 3e, 3 nov. 2016, n° 15-17.150 P : *D. 2016. 2283* (atteinte causée à la réputation de copropriétaires par l'affichage sur la porte vitrée de l'immeuble de notes du conseil syndical relevant que le non-paiement des charges par les intéressés empêchait les travaux prévus) • Civ. 2e, 10 mars 2004, n° 00-16.934 P : *CCE 2004, n° 80, note Lepage* (affichage dans la salle d'attente d'un cabinet médical de deux documents manuscrits portant atteinte à la considération et à l'honneur de la victime). ♦ ... Par un blog : • Civ. 1re, 6 oct. 2011, n° 10-18.142 P : *D. 2011. 2476*. ♦ ... *Par des notes adressées :* • Civ. 1re, 31 janv. 2008 : *CCE 2008, n° 45, obs. Lepage* (notes adressées par un délégué syndical et un délégué du personnel au personnel de l'établissement contenant des propos discriminatoires).

54. Sur les conséquences quant à la détermination des responsables : les art. 42 et 43 de la L. du 29 juill. 1881 énumèrent exhaustivement les personnes susceptibles d'engager leur responsabilité pénale et prévoient qu'en cas de condamnation de l'une de ces personnes les propriétaires des journaux et périodiques ayant publié les propos incriminés seront responsables des condamnations pécuniaires prononcées contre celle-ci, mais, en l'absence de mise en cause d'une de ces personnes, l'action en responsabilité contre un propriétaire est irrecevable. • Civ. 1re, 17 juin 2015, n° 14-17.910 P : *D. 2015. 1370 ; JCP 2015, n° 882, note Sudre ; ibid. n° 883, note Dreyer.* ♦ Il se déduit de l'art. 43-1 de la L. du 29 juill. 1881 qu'aucune peine ne saurait être prononcée à l'encontre des personnes morales en raison des délits de presse. • Crim. 11 juill. 2017, n° 16-84.859 P : *AJ pénal 2017. 497, obs. Thierry*.

55. *Illustrations : atteinte à la mémoire d'un mort (art. 34).* V. par ex. dans le même sens que l'arrêt de l'assemblée plénière du 12 juill. 2000 (préc.) : • Civ. 2e, 9 oct. 2003, n° 00-21.079 P : *D. 2004. 590, note Dreyer* (action atteinte par la prescription de trois mois de l'art. 65) • 13 nov. 2003, n° 01-00.792 P *(idem)* • 11 déc. 2003, n° 00-19.453 P : *Gaz. Pal. 2005. 1220, note Guerder* • Civ. 1re, 12 déc. 2006, n° 04-20.719 P : *R., p. 249 ; D. 2007. 541, note Dreyer ; JCP 2007. II. 10010, note de Lamy ; RTD civ. 2007. 732, obs. Marguénaud* (l'art. 34 a précisément pour but de garantir l'équilibre entre des valeurs fondamentales).

56. *... Dénonciation calomnieuse.* En dehors des cas visés par les art. 91, 472 et 516 C. pr. pén., la dénonciation, auprès de l'autorité judiciaire, de faits de nature à être sanctionnés pénalement, seraient-ils inexacts, ne peut être considérée comme fautive. • Civ. 2e, 24 nov. 2022, n° 21-17.167 B : *D. 2022. 2168 ; AJ fam. 2023. 55, obs. Mary* (autorité de chose jugée du jugement de relaxe pour dénonciation calomnieuse, au sens de l'art. 226-10 C. pén., et absence de faute de la mère ayant accusé le père de viol sur la foi d'affirmations de l'enfant dont elle ignorait le caractère mensonger).

57. *... Diffamation (art. 29, al. 1er).* V. par ex. : • Civ. 2e, 14 mars 2002, n° 00-13.917 P : *Gaz. Pal. 2003. 3830, note Guerder ; LPA 27 mai 2002, note Derieux* (nullité de l'acte introductif qui ne respecte pas l'art. 53) • 12 déc. 2002, n° 00-10.150 P • 6 févr. 2003, n° 00-20.147 P • 6 févr. 2003, n° 00-22.650 P • 24 avr. 2003, n° 00-12.965 P (la prescription de l'art. 65, d'ordre public, doit être relevée d'office, aucune distinction n'étant à apporter suivant que l'action civile est exercée séparément ou non de l'action publique) • 2 oct. 2003, n° 00-14.318 P (L. du 29 juill. 1881, prescription des art. 65 et 65-2, point de départ fixé à la date à laquelle la décision de non-lieu pour contrefaçon est devenue définitive) • 11 déc. 2003, n° 02-12.747 P (prescription) • 18 déc. 2003, n° 01-02.524 P (visa rectifié par arrêt du 13 mai 2004, n° 01-02.524) • 5 févr. 2004, n° 01-14.394 P • 18 mars 2004, n° 02-12.743 P (admission en revanche d'une atteinte à la vie privée) • 23 sept. 2004, n° 01-16.832 P : *Gaz.*

Pal. 2006. 419, note Guerder (acte introductif ne respectant pas l'art. 53) • 25 nov. 2004, n° 02-12.829 P • Civ. 1re, 7 févr. 2006, n° 05-10.309 P • Civ. 3e, 1er oct. 2008, n° 07-15.338 P : *D. 2008. AJ 2601 ; Defrénois 2008. 2499, obs. Libchaber ; RLDC 2008/55, n° 3211, obs. Maugeri ; RDC 2009. 70, obs. Génicon ; ibid. 168, obs. Seube* • Civ. 1re, 6 mai 2010, n° 09-67.624 P : *D. actu. 21 mai 2010, obs. Lavric* • 29 oct. 2014, n° 13-15.850 P : *D. 2014. 2242* (atteinte causée à la réputation par la publication tronquée d'un jugement par une association de consommateurs, comportement rattaché par l'arrêt à l'art. 29).

Pour le maintien de cette solution lorsqu'est invoqué un autre fondement indissociable de la diffamation : • Civ. 2e, 29 nov. 2001, n° 98-20.529 P : *R., p. 445* (même solution, l'appel au boycottage étant indissociable de la diffamation à l'encontre de la société accusée à tort de fabriquer des mines anti-personnel) • Civ. 1re, 31 mai 2007, n° 06-10.747 P : *D. 2007. AJ 1734 ; ibid. Pan. 2902, obs. Jourdain ; CCE 2007, n° 138, note A. Lepage* (reproduction de l'image d'une personne ne faisant qu'illustrer des propos estimés diffamatoires : non-application des art. 9 et anc. 1382 [1240]). ♦ Relèvent de l'art. 29 de la L. du 29 juill. 1881 sur la diffamation des imputations portant sur des faits précis et visant le fabricant du produit identifié. • Civ. 1re, 27 sept. 2005, n° 04-12.148 P : *D. 2007. Pan. 1040, obs. Massis ; Gaz. Pal. 2006. 3942, note Bourg* (produits de régime). ♦ Comp. *infra* note 69 pour l'application de l'art. 1240 lorsque seuls les produits et services sont critiqués.

58. ... Diffamation envers un citoyen chargé d'un mandat public (art. 29). V. par ex. : • Civ. 2e, 29 mars 2001, n° 99-10.332 P : *LPA 14 juin 2001, note (crit.) Derieux* (irrecevabilité de l'action portée devant la juridiction civile) • Crim. 7 févr. 2017, n° 15-86.970 P : *D. 2017. 409 ; RTD civ. 2017. 406, obs. Jourdain* (diffamation publique envers un citoyen chargé d'un mandat public).

59. ... Injures (art. 29, al. 2). V. par ex. : • Civ. 2e, 23 janv. 2003, n° 00-20.864 P • 20 nov. 2003, n° 01-16.787 P (injures publiques et diffamation) • Civ. 1re, 29 nov. 2005, n° 04-16.508 P.

60. ... Provocation à la haine religieuse (art. 24). V. par ex. : • Civ. 2e, 8 mars 2001, n° 98-17.574 P : *R., p. 445 ; D. 2002. Somm. 2767, obs. Massis ; JCP 2002. I. 122, nos 3 s., obs. Viney ; Gaz. Pal. 2001. 821, rapp. Guerder, concl. Chemithe ; RJPF 2001-6/24, obs. Putman.*

61. Illustrations extensives : atteintes à la présomption d'innocence (C. civ., art. 9-1). Les abus de la liberté d'expression prévus par la L. du 29 juill. 1881 ou par l'art. 9-1 C. civ. ne peuvent être poursuivis sur le fondement de l'anc. art. 1382 [1240]. • Civ. 2e, 8 mars 2001, n° 99-14.995 P : *D. 2001. IR 1076 ; LPA 18 mai 2001, note Derieux ; Gaz. Pal. 2001. 831, note P. L. G. ; CCE 2002, n° 65, obs. A. Lepage* (propos couverts par l'immunité du compte rendu judiciaire de l'art. 41 de la L. du 29 juill. 1881) • 21 juin 2001 : *LPA 29 août 2001, note Derieux* (*idem*) • Civ. 1re, 31 janv. 2008, n° 07-11.479 P (prescription de l'art. 65-1). ♦ Rappr. : L'auteur de l'action civile qui est fondée sur le délit de diffamation et est exercée devant le juge pénal ne peut plus agir en réparation devant le juge civil en raison des mêmes faits sur le fondement de l'art. 9-1. • Civ. 1re, 28 juin 2007, n° 06-14.185 P : *D. 2007. AJ 2039* (rabat de l'arrêt quant à la portée de la cassation par arrêt du 30 oct. 2007, n° 06-14.185).

62. ... Omission de démentir une information mensongère. Dès lors que l'interview incriminée avait été recueillie par un journaliste pour être publiée dans un organe de presse, sa teneur ne pouvait être qualifiée qu'au regard de la L. du 29 juill. 1881 sur la liberté de la presse. • Civ. 2e, 25 janv. 2007, n° 03-20.506 P : *D. 2007. Pan. 2901, obs. Jourdain ; Gaz. Pal. 2007. 3277, note Guerder ; RTD civ. 2007. 354, obs. Jourdain* (interviewé n'ayant pas rectifié l'affirmation du journaliste le présentant comme le directeur d'une station de radio). ♦ Comp. *infra* note 68.

b. Limites

63. Absence de propos injurieux ou diffamatoires. L'imputation de la paternité d'une publication en l'absence de propos injurieux ou portant atteinte à l'honneur ou à la considération ne relève pas des dispositions de la L. du 29 juill. 1881 mais de l'anc. art. 1382 [1240] C. civ. • Civ. 1re, 30 oct. 2008, n° 07-19.223 P : *D. 2009. Pan. 1779, obs. Massis ; JCP 2009. II. 10006, note Dreyer ; RLDC 2009/56, n° 3264, obs. Evenat ; CCE 2008, n° 139, obs. Lepage ; RTD civ. 2009. 331, obs. Jourdain*.

64. Atteintes à la vie privée. La cour d'appel qui a constaté que la publication non autorisée de la photographie litigieuse constituait une atteinte à l'intimité de la vie privée de l'intéressée, qui avait exclusivement fondé son action sur l'art. 9, sans évoquer aucune diffamation, en a déduit à bon droit que l'action engagée ne relevait pas des dispositions de la L. du 29 juill. 1881 mais de celles de l'art. 9. • Civ. 2e, 18 déc. 2003, n° 00-22.249 P : *D. 2004. IR 251*. ♦ Rappr. • Civ. 2e, 24 avr. 2003, n° 01-01.186 P : *D. 2003. IR 1411* (l'action initiale ayant été fondée sur l'art. 9 C. civ., pour violation du droit au respect de la vie privée et du droit à l'image, sans contestation de ce fondement, rejet du pourvoi contre l'arrêt ayant refusé d'annuler l'acte introductif sur le fondement de l'art. 53 de la L. du 29 juill. 1881, alors que le moyen tiré des propos diffamatoires n'a été évoqué qu'en cause d'appel). ♦ Comp. ambigu, sans référence à la L. du 29 juill. 1881 : les abus de la liberté d'expression envers les personnes ne peuvent être poursuivis sur le fondement de l'anc. art. 1382 [1240].

• Civ. 1re, 27 sept. 2005, n° 03-13.622 P : *D. 2006. 485, note Hassler ; ibid. 768, note G. Lécuyer ; ibid. Pan. 1932, obs. Jourdain ; ibid. 2007. Pan. 1039, obs. Massis ; Gaz. Pal. 2005. 4149, note Lasfargeas ; RTD civ. 2006. 126, obs. Jourdain* (décision concernant la parution d'un roman inspiré d'un fait divers, mêlant de façon indissociable fiction et éléments réel, les demandeurs semblant viser des atteintes à leur vie privée, leur image et leur réputation). ♦ Comp. *supra* note 33 sur l'autonomie de l'art. 9 au regard de l'art. 1240.

65. Dénonciation calomnieuse. Ne relèvent pas de la L. du 29 juill. 1881 les atteintes portées à la réputation et à la dignité d'une personne par l'envoi de lettres à son employeur, constituant des faits de dénonciation calomnieuse. • Civ. 1re, 6 déc. 2007, n° 06-15.290 P • 24 mai 2017, n° 16-16.773 P.

66. Provocation à la commission d'une infraction pénale. Lorsqu'à l'appel de leur syndicat, des manifestants se sont rendus au siège de la société à laquelle ils voulaient faire part de leur mécontentement, ont entassé des pneus devant le portail de l'entreprise et y ont mis le feu, occasionnant ainsi des dégâts, le syndicat, qui a pris en charge l'organisation logistique de la manifestation en donnant les instructions, se rend coupable de provocation à une infraction pénale et devient ainsi complice de cette infraction, engageant sa responsabilité civile sur le fondement de l'art. 1240, sans pouvoir invoquer le bénéfice de la loi de 1881. • Cass., ch. mixte, 30 nov. 2018, n° 17-16.047 P : *D. 2019. 563, note Pellé ; RTD civ. 2019. 348, obs. Jourdain ; JCP 2019, n° 70, note Morvan ; ibid. 2020, n° 1209, note Caseau-Roche.*

2° RESPONSABILITÉ CIVILE ET LIBERTÉ D'EXPRESSION EN DEHORS DE LA L. DU 29 JUILL. 1881

67. Satires et caricatures. Des propos tenus dans le cadre d'une émission télévisée satirique et non dissociables de la caricature faite du dirigeant de l'entreprise mise en cause ne constituent pas une faute de la part de la société de télévision. • Cass., ass. plén., 12 juill. 2000, n° 99-19.004 P : *R., p. 318 ; BICC 15 nov. 2000, concl. Joinet, rapp. Bargue ; D. 2000. Somm. 463, obs. Jourdain ; ibid. 2001. 259, note Edelman ; JCP 2000. II. 10439, note A. Lepage ; ibid. I. 280, nos 7 s., obs. Viney ; Defrénois 2002. 602, note Brun et S. Piedelièvre ; LPA 14 août 2000, note Derieux (3e esp.) ; RTD civ. 2000. 842, obs. Jourdain*, rejetant le pourvoi contre • Reims, aud. sol., 9 févr. 1999 : *D. 1999. 449, note Edelman ; JCP 1999. II. 10144, note Bigot*, sur renvoi de • Civ. 2e, 2 avr. 1997, n° 95-14.687 P : *D. 1997. 411, note Edelman ; ibid. 1998. Chron. 183, par Gridel ; JCP 1998. II. 10010, note Bigot ; ibid. I. 185, nos 11 s., obs. Viney.* ♦ En utilisant, sur un mode humoristique, des éléments du décor des paquets de cigarettes d'une marque pour une campagne contre le tabagisme, une association agissant conformément à son objet, dans un but de santé publique, n'abuse pas de son droit de libre expression. • Civ. 2e, 19 oct. 2006, n° 05-13.489 P : *D. 2008. Pan. 254, obs. Auguet ; JCP 2006. II. 10195, note Pollaud-Dulian ; Gaz. Pal. 2007. 435, avis Kessous, note E. B. ; LPA 18 sept. 2008, note Guérin-Seysen ; CCC 2007, n° 22, note Malaurie-Vignal ; RLDC 2007/35, n° 2390, note Mekki.* – V. aussi Geiger, *D. 2007. Chron. 884* (droit des marques et liberté d'expression).

68. Falsification des faits. La rediffusion, en connaissance de cause, d'une information inexacte est constitutive d'une faute au sens de l'anc. art. 1382 [1240] C. civ. • Civ. 2e, 13 mai 1998, n° 96-11.676 P. ♦ Indépendamment des dispositions spéciales concernant la presse et l'édition et eu égard au droit du public à l'information, l'auteur d'une œuvre relatant des faits historiques engage sa responsabilité à l'égard des personnes concernées lorsque la présentation des thèses soutenues manifeste, par dénaturation, falsification ou négligence grave, un mépris flagrant pour la recherche de la vérité. • Civ. 1re, 15 juin 1994, n° 92-16.471 P. ♦ Comp. *supra* note 62. ♦ Un salarié commet un abus dans l'exercice de sa liberté d'expression en détournant sciemment le sens d'une recommandation de lecture du psychiatre de l'établissement et en dénigrant l'association auprès de tiers exerçant une autorité de tutelle sur celle-ci, donnant ainsi une large publicité à des propos excessifs et diffamatoires traduisant une volonté de nuire à l'association. • Soc. 22 sept. 2021, n° 18-22.204 B : *D. 2022. 132, obs. Vernac et Ferkane.*

69. Critique de produits ou services. Les appréciations, même excessives, touchant les produits, les services ou les prestations d'une entreprise industrielle ou commerciale n'entrent pas dans les prévisions de l'art. 29 de la L. du 29 juill. 1881 dès lors qu'elles ne concernent pas la personne physique ou morale. • Civ. 2e, 23 janv. 2003, n° 01-12.848 P : *Gaz. Pal. 2003. 3845, note Guerder* • 7 oct. 2004, n° 02-18.995 P • 16 juin 2005, n° 03-18.625 P : *D. 2005. 2916, note Agostini.* ♦ Le fait pour des associations de défense de l'environnement de reproduire le logo d'une entreprise, associée à une tête de mort et à un poisson maladif, ne vise pas la société mais les marques déposées par elle et en conséquence les produits ou services qu'elles servent à distinguer, ce qui justifie l'application de l'anc. art. 1382 [1240]. • Civ. 1re, 8 avr. 2008, n° 07-11.251 P : *D. 2008. AJ 1207, obs. Lavric ; ibid. 2402, note Neyret ; ibid. Pan. 2894, obs. Brun ; ibid. 2009. Pan. 1779, obs. Massis ; JCP 2008. II. 10106, note Hugon ; RJPF 2008-6/13, obs. Putman ; RLDC 2008/50, n° 3017, obs. Gaudin ; ibid., n° 3029, obs. Marraud des Grottes ; ibid.*

2008/55, n° 3212, note Guégan ; RTD civ. 2008. 487, obs. Jourdain (absence d'abus de la liberté d'expression, le fait visant à frapper l'esprit du public sur le danger du nucléaire, conformément à l'objet de l'association et dans un but d'intérêt général et de santé publique, par des moyens proportionnés à cette fin) • Com. 8 avr. 2008, n° 06-10.961 P : *RLDC 2008/50, n° 3017, obs. Gaudin* • 30 mai 2006, n° 05-16.437 P : *D. 2007. Pan. 1040, obs. Massis ; CCC 2006, n° 167, note Raymond* • 5 juill. 2006, n° 05-16.614 P. ♦ Sur l'application de la L. du 29 juill. 1881 lorsque la critique porte atteinte aux personnes, V. note 73. ♦ Rappr. si les propos litigieux affirmaient que le gérant d'une société établissait de « faux certificats » et de « faux rapports », il résulte de ces constatations que ces allégations, même si elles visaient ce gérant, n'avaient pour objet que de mettre en cause la qualité des prestations fournies par la société, dans la mesure où elles émanaient d'une société concurrente de la même spécialité exerçant dans le même secteur et étaient proférées dans le but manifeste d'en détourner la clientèle. • Civ. 1re, 5 déc. 2006, n° 05-17.710 P : *D. 2008. 672, note Valette-Ercole* (services en matière immobilière ; cassation pour fausse application de la L. du 29 juill. 1881 et refus d'application de l'art. 1240, l'action étant intentée par la société).

70. ... Critiques gastronomiques. La critique gastronomique est libre et permet la libre appréciation de la qualité ou de la préparation des produits servis dans un restaurant. Illustrations de décisions appliquant la responsabilité de droit commun en excluant la faute : • Civ. 2e, 23 janv. 2003, n° 01-12.848 P : *préc.* (condition remplie pour la critique du goût de certains produits et du fait que d'autres soient congelés ou en boite) • 7 oct. 2004, n° 02-18.995 P (critiques sur l'origine des raisins utilisés pour le champagne) • 16 juin 2005, n° 03-18.625 P : *préc.* (critique affirmant que le Beaujolais ne serait pas du vin), cassant • Lyon, 13 août 2003 : *Gaz. Pal. 2005. 346, note Goni* • Civ. 1re, 30 mai 2006, n° 05-16.437 P : *préc.* (jus d'orange testés par une revue de défense des consommateurs) • 5 juill. 2006, n° 05-16.614 P (vin qualifié de « picrate, à peine buvable »).

Si les appréciations portées par le critique ne faisaient qu'exprimer son opinion et relevaient, par suite, du droit de libre critique, il incombait à la société qui a publié son article, en sa qualité d'éditeur de presse, de procéder à la vérification des éléments factuels qu'elle portait elle-même à la connaissance du public et qui avaient un caractère dénigrant. • *Civ. 1re, 12 déc. 2018,* n° 17-31.758 P : *D. 2019. Chron. C. cass. 840, obs. Barel*.

71. ... Autres illustrations. Même principe que pour les notes précédentes dans des secteurs et pour des activités différentes : • Civ. 2e, 24 avr. 2003, n° 00-16.895 P : *Gaz. Pal. 2003. Somm. 4028, obs. Roiland* (services de voyance ; absence de faute, cassation, l'arrêt estimant que la réputation de la société en elle-même n'était pas atteinte, alors que le guide litigieux l'inscrivait dans une liste de « charlatans »). ♦ Hors restriction légalement prévue, la liberté d'expression est un droit dont l'exercice, sauf dénigrement de produits ou services, ne peut être contesté sur le fondement de l'anc. art. 1382 [1240]. • Civ. 1re, 2 juill. 2014, n° 13-16.730 P : *D. 2014. 1498* (absence de faute de l'auteur d'un ouvrage consacré à une affaire financière, les informations livrées n'étant ni mensongères, ni fausses, ni trompeuses, l'auteur ayant livré son opinion, fût-elle empreinte de subjectivité et d'une insuffisante rigueur).

Pour l'admission d'une faute : • Civ. 1re, 8 avr. 2004, n° 02-17.588 P (complément nutritionnel ; manquement au devoir de prudence et d'objectivité de l'éditeur de l'article qui contient des propos dénigrants, dépassant les limites du billet d'humeur, et fait un amalgame avec une enquête d'une association de consommateurs qui ne concernait par le produit).

72. Dénigrements entre entreprises concurrentes. Même en l'absence d'une situation de concurrence directe et effective entre les personnes concernées, la divulgation, par l'une, d'une information de nature à jeter le discrédit sur un produit commercialisé par l'autre, peut constituer un acte de dénigrement ; cependant, lorsque l'information en cause se rapporte à un sujet d'intérêt général et repose sur une base factuelle suffisante, cette divulgation relève du droit à la liberté d'expression, qui inclut le droit de libre critique, et ne saurait, dès lors, être regardée comme fautive, sous réserve qu'elle soit exprimée avec une certaine mesure. • Civ. 1re, 11 juill. 2018, n° 17-21.457 P : *D. 2018. 2010, note Bigot ; RTD civ. 2018. 913, obs. Jourdain ; JCP 2018, n° 1042, note Raynaud.*

73. Des critiques même sévères ne dépassent pas les limites admissibles de la liberté d'expression dès lors que les publications litigieuses s'insèrent dans un débat général portant sur la santé publique et que l'Agence française de sécurité sanitaire des produits de santé a d'ailleurs pris des décisions de suspension du produit en cause. • Civ. 1re, 11 juill. 2018, n° 17-21.457 P : *préc.* ♦ Mais la divulgation à la clientèle d'une action en contrefaçon n'ayant pas donné lieu à une décision de justice, dépourvue de base factuelle suffisante en ce qu'elle ne repose que sur le seul acte de poursuite engagé par le titulaire des droits, constitue un dénigrement fautif. • Com. 9 janv. 2019, n° 17-18.350 P : *D. 2019. 872, note Bruguière et Brégou ; ibid. 1578, obs. Galloux et Kamina*.

74. Violation du principe de confidentialité. Le devoir de confidentialité imposé à toutes les personnes appelées à une procédure de conciliation ou de mandat *ad hoc*, ainsi qu'à toutes personnes en ayant eu connaissance de par leurs fonctions, s'étend aux organes de presse qui, ayant divulgué en dehors d'un débat d'intérêt général des informations protégées, engagent leur responsabilité au titre de l'art. 1382, devenu 1240 C. civ. • Com. 13 juin 2019, n° 18-10.688 P : *D. 2019. 1279, obs. Lienhard ; ibid. 1903, obs. Lucas et Cagnoli ; Rev. sociétés 2019. 553, obs. L. C. Henry*. ♦ La publication d'articles divulguant des informations confidentielles sur les difficultés des sociétés demanderesses, ainsi que les détails des négociations entreprises en vue d'une restructuration de leur dette, couverte par la confidentialité prévue par l'art. L. 611-15 C. com., n'étant pas de nature à ouvrir un débat d'intérêt général portant sur les répercussions sur l'emploi et l'économie nationale, les juges du fond ont fait une juste application de l'art. 10 Conv. EDH en considérant que ces articles créaient un trouble manifestement illicite et en ordonnant leur retrait. • Com. 13 févr. 2019, n° 17-18.049 P. ♦ Lorsqu'un courriel a été adressé à des tiers par rapport à la personne visée, il convient d'apprécier, avant toute autre chose, si ledit courriel a été envoyé aux destinataires dans des conditions exclusives de toute confidentialité ; et ce n'est que si ce courriel a été adressé de manière non confidentielle qu'il convient alors de déterminer s'il a été envoyé à des destinataires liés par une communauté d'intérêts. • Crim. 14 juin 2022, n° 21-84.537 B : *D. 2022. 2023 . 137, obs. Dreyer ; AJ pénal 2022. 428, obs. Raschel ; Dalloz IP/IT 2022. 513, obs. Mesa* (absence de faute civile de l'auteur d'un courriel privé, la divulgation ayant été le fait d'un des destinataires).

75. … Violation d'un devoir de loyauté. Si l'exercice de la liberté d'expression ne constitue pas une faute professionnelle justifiant la révocation d'un agent général d'assurances, c'est sous réserve que cet exercice n'excède pas les limites du droit de critique admissible en regard du devoir de loyauté découlant du mandat d'intérêt commun qui le lie à l'entreprise d'assurances. Cassation de l'arrêt qui écarte l'application de l'anc. art. 1382 [1240] pour des faits de dénigrement résultant des propos relatés par des quotidiens locaux, ces propos ayant jeté le discrédit sur les produits d'une société en incitant une partie de leur clientèle à s'en détourner, ce dont il résultait un abus spécifique de la liberté d'expression. • Civ. 1re, 27 nov. 2013, n° 12-24.651 P : *D. 2013. 2850 ; RTD civ. 2014. 127, obs. Jourdain* (exclusion de l'art. 10 Conv. EDH et fausse application de l'art. 29 de la L. du 29 juill. 1881). ♦ V. note 32, ss. art. 1231-6.

Art. 1241 *(Ord. n° 2016-131 du 10 févr. 2016, art. 2, en vigueur le 1er oct. 2016)* **Chacun est responsable du dommage qu'il a causé non seulement par son fait, mais encore par sa négligence ou par son imprudence.** – *Dispositions transitoires, V. Ord. n° 2016-131 du 10 févr. 2016, art. 9, ss. art. 1386-1.*

L'art. 1241 reprend à l'identique l'art. 1383 anc.

RÉP. CIV. v° *Responsabilité : généralités*, par Ph. le Tourneau ; *Responsabilité du fait personnel*, par Ph. Brun.

BIBL. ▸ *Archives Phil. dr., t. 22, 1977.* – R. Savatier, *D. 1966. Chron. 149.* – Bach, *RTD civ. 1977. 17 ; ibid. 221.* – Jourdain, *LPA 30 nov. 2000* (principe de précaution). – Kayser, *RRJ 2000/2. 445* (sentiment de justice et développement de la responsabilité civile). – le Tourneau, *Gaz. Pal. 1985. 1. Doctr. 283.* – Lambert-Faivre, *RTD civ. 1987. 1 ; ibid. 1998. 1* (éthique de la responsabilité). – Le Couviour, *JCP 2008. I. 126* (responsabilité des dommages de pollution par hydrocarbures). – Leduc, *RCA 2001. Chron. 20* (fait causal et responsabilité du fait personnel). – Marty, *Études Julliot de la Morandière, Dalloz, 1964, p. 339* (illicéité et responsabilité). – Moury, *D. 2012. Chron. 1021* (risque). – Pariguet et Mansion, *JCP 2011. 1383* (risque). – Radé, *D. 1999. Chron. 313 et 323* (fondements). – Saint-Pau, *Études Lapoyade-Deschamps, Univ. Montesquieu-Bordeaux IV, 2003* (responsabilité civile et anormalité). – Thibierge, *RTD civ. 1999. 561* (évolution du droit de la responsabilité). – Viney, *Études P. Catala, Litec, 2001, p. 555* (pour ou contre un principe général de responsabilité pour faute). ▸ **Responsabilité pour *atteinte à l'environnement* :** Boutonnet et Neyret, *D. 2010. Chron. 912* (préjudice moral et atteinte à l'environnement). – Calfayan, *RLDC 2009/63, n° 3527.* – Gaillot-Mercier, *Dr. et patr. 1/2001. 58.* – Larroumet, *D. 1994. Chron. 101*. – Neyret, *D. 2012. 2673* (préjudice écologique). – Neyret et J. Martin, *JCP 2012, n° 567* (nomenclature des préjudices environnementaux). – Raviet et Sutterlin, *D. 2012. 2675* (*idem*). – Viney, *JCP 1996. I. 3900.* ▸ **Responsabilité de celui qui fournit le moyen du dommage :** Grua, *RTD civ. 1994. 1* . ▸ **Responsabilité civile sportive :** Lassale, *JCP 2000. I. 277* (violences sportives). – Mistretta, *JCP 1998. I. 116.* – Vial, *Gaz. Pal. 2009. 2435.* ▸ Colloque CREDO, 12 déc. 1997, *RCA, mai 1998, n° spécial* (le préjudice : questions choisies). ▸ Colloque Rouen, 26-27 janv. 2001, *LPA 11 juill. 2001* (responsabilité professionnelle) ; Colloque CDPPOC, 24-25 nov. 2011 (concours de responsabilité). – Dossier, *RLDC 2012/97, nos 4833 s.* (responsabilités sportives).

PLAN DES ANNOTATIONS

I. CONDITIONS DE LA RESPONSABILITÉ DÉLICTUELLE POUR FAUTE

A. FAUTE

BIBL. Desideri, *D. 2000. Chron. 238* (la précaution en droit privé). – Y. Flour, *Droits 1987/5. 3* (faute et responsabilité civile). – Mazeaud, *D. 1985. Chron. 13*. – le Tourneau, *RTD civ. 1988. 505*. – Ph. Pierre, *RLDC 71/2010, no 3802* (responsabilité objective, notion et rôle de la faute). – Radé, *D. 1998. Chron. 301* (faute et responsabilité). – Vingiano-Viricel, *RTD com. 2017. 19* (faute lucrative). – Colloque CDRUM et CRDP Tours, 17 janv. 2003, *RCA, juin 2003, p. 33* (la responsabilité pour faute).

1o QUALIFICATION

1. Contrôle de la Cour de cassation. S'il appartient aux juges du fond de constater souverainement les faits d'où ils déduisent l'existence d'une faute délictuelle ou quasi délictuelle, la qualification juridique de la faute relève du contrôle de la Cour de cassation. • Civ. 2e, 16 juill. 1953 : *JCP 1953. II. 7792, note R. Rodière* • 24 nov. 1955 : *D. 1956. 163*. ♦ Encourt la cassation la décision des juges du fond qui ont conclu à l'absence de faute du défendeur sans s'expliquer sur les irrégularités invoquées par le demandeur, ni sur les erreurs reconnues par le défendeur. • Civ. 2e, 6 juin 2019, no 18-16.892 P (le demandeur dénonçait des irrégularités volontaires dans le calcul de la quotité saisissable et dans le montant des sommes prélevées par le défendeur).

2. Charge de la preuve. Il appartient à la victime de rapporter la preuve de la faute, du préjudice et du lien de causalité entre les deux. ♦ Les dispositions de l'anc. art. L. 380-1 [L. 122-10] C. for. n'instituent pas une « présomption de responsabilité pour faute » de l'ONF pour les dommages survenus au public dans les forêts visées par ce texte. • Civ. 2e, 14 juin 2018, no 17-14.781 P (texte se contentant d'inciter à une ouverture large des forêts domaniales d'État, en invitant à la mise en place de mesures de protection de l'environnement).

3. Acte autorisé par la loi qualifié de faute. Le fait que la loi ou le règlement autorise un acte, en le subordonnant à certaines conditions dans l'intérêt des tiers, n'a pas pour effet de relever ceux qui accomplissent cet acte de l'obligation générale de prudence et de diligence civilement sanctionnée par la disposition de l'anc. art. 1382 [1240]. • Civ. 2e, 14 juin 1972 : *D. 1973. 423, note Lepointe.* ♦ Faute (action de chasse prohibée) déduite de la primauté d'une directive européenne sur une disposition interne : V. • Civ. 2e, 23 sept. 2004, n° 03-13.763 P.

4. Faute civile et poursuites pénales. BIBL. Dejean de la Bâtie, *D. 2023. 51* (violences conjugales et légitime défense : l'unité des fautes à l'épreuve du patriarcat). – Dorsner-Dolivet, Principe de l'identité des fautes civile et pénale, *RRJ 2002/1. 199.* – Tapia, *Gaz. Pal. 2003. Doctr. 686.* – Wester-Ouisse, *D. 2016. 2018*. ♦ Le dommage dont la partie civile peut obtenir réparation, devant la juridiction pénale, de la personne relaxée résulte de la faute civile démontrée à partir et dans les limites des faits objets de la poursuite. • Crim. 4 mai 2016, n° 15-81.244 P : *D. 2016. 1002 ; AJ pénal 2016. 436 ; RTD com. 2016. 566, obs. Saenko ; JCP 2016, n° 717, note Lasserre-Capdeville.* ♦ Après la décision de relaxe du tribunal correctionnel, la victime, ayant seule fait appel, ne peut obtenir réparation devant la cour d'appel que sur faute démontrée à partir et dans la limite des faits objets de la poursuite. • Crim. 10 mai 2017, n° 15-86.906 P : *AJ pénal 2017. 396, obs. Grégoire*. ♦ Rappr. : • 4 juin 2019, n° 18-84.720 P : *D. 2019. 1174 ; RSC 2019. 626, obs. Mayaud* (faits de violence incriminés par l'art. 222-11 C. pén., constitués, même sans atteinte physique de la victime, par tout acte de nature à impressionner vivement celle-ci et à lui causer un choc émotif). ♦ Même solution après une requalification des faits : l'évaluation du préjudice reste en discussion devant la cour d'appel pour tous les chefs de dommage qui découlent des faits objet de la poursuite, les juges du second degré devant notamment apprécier eux-mêmes le lien de causalité fondant la responsabilité. • Crim. 25 juin 2019, n° 18-84.825 P. ♦ Ainsi, même si l'escroquerie n'est pas reconnue, le fait de recourir à un prête-nom pour obtenir un prêt sur la base d'un dossier contenant des documents falsifiés est constitutif de manœuvres frauduleuses susceptibles d'établir une faute civile ouvrant droit à la réparation des préjudices des parties civiles. • Crim. 4 mai 2016, n° 15-81.244 P : *préc.* ♦ Inversement, lorsque la faute civile retenue découle de faits non visés dans la poursuite : • Crim. 19 mai 2016, n° 15-81.491 P : *D. 2016. 1139 ; RTD com. 2016. 571, obs. Saenko*.

Sur l'appréciation d'une faute civile lorsqu'elle peut constituer une infraction à la suite d'un revirement d'interprétation postérieur à sa commission : • Crim. 30 juin 2021, n° 20-81.570 B : *D. 2021. 1708, note Ballot-Squirawski ; AJ pénal 2021. 472, note de Combles de Nayves ; RSC 2021. 845, obs. Matsopoulou*.

L'absence de faute pénale non intentionnelle au sens de l'art. 121-3 C. pén. ne fait pas obstacle à l'exercice d'une action devant les juridictions civiles afin d'obtenir la réparation d'un dommage sur le fondement de l'art. 1383 anc. [1241] C. civ. si l'existence de la faute civile prévue par cet art. est établie, ou en application de l'art. L. 452-1 CSS, si l'existence de la faute inexcusable prévue par cet art. est établie (C. pr. pén., art. 4-1, issu de L. n° 2000-647 du 10 juill. 2000). ♦ La faute pénale du préposé, dont résulte la faute civile au sens de l'art. 1242, al. 5, ne peut plus être contestée par le commettant, fût-ce à l'occasion d'un procès ayant pour objet la seule action civile, lorsqu'elle constitue le fondement d'une condamnation pénale devenue définitive ; dès lors, une clinique dont la responsabilité civile est engagée du fait du harcèlement moral commis par un préposé, s'il lui est loisible d'invoquer une cause d'exonération de sa responsabilité en établissant que ce préposé s'est placé hors des fonctions auxquelles il était employé, n'est plus recevable à contester l'existence de la faute commise par ce dernier. • Crim. 13 nov. 2018, n° 17-81.398 P : *D. 2018. 2234 ; RDT 2019. 112, obs. Gallois*. ♦ Sur le rapport entre faute pénale et faute civile à l'occasion d'une manifestation organisée par un syndicat, manifestation ayant donné lieu à des dégradations : • Cass., ch. mixte, 30 nov. 2018, n° 17-16.047 P : *cité note 171.*

5. Travaux certifiés conformes par une décision administrative. Viole les règles de la responsabilité la cour d'appel qui affirme que le certificat de conformité pour des travaux ayant fait l'objet d'un permis de construire est une décision administrative qui, la légalité n'en étant pas contestée, ne peut être mise en cause par le juge de l'ordre judiciaire et prévaut sur les constatations des experts judiciaires. • Civ. 3e, 23 oct. 2013, n° 12-24.919.

6. Élément intentionnel non exigé. La faute civile ne requiert pas un élément intentionnel. • Civ. 2e, 23 nov. 1972 : *Gaz. Pal. 1973. 1. 417, note Doll.* ♦ L'application de l'anc. art. 1382 [1240] n'exige pas l'existence d'une intention de nuire. • Civ. 2e, 2 avr. 1997, n° 95-14.687 P : *D. 1997. 411, note Edelman ; D. 1998. Chron. 183, par Gridel ; JCP 1998. II. 10010, note Bigot.* ♦ Mais la boxe française est un sport de combat à risque ; la victime s'étant blessée en tombant sur le sol à la suite d'un coup porté par son adversaire, la responsabilité de ce dernier ne peut être engagée sans caractériser une faute volontaire contraire à la règle du jeu. • Civ. 2e, 5 déc. 1990, n° 89-17.698 P.

7. Faculté de discernement non exigée.

BIBL. Castaignède, *Études Lapoyade-Deschamps, Univ. Montesquieu-Bordeaux IV, 2003* (mineur). – Jacopin, *D. 2001. Chron. 2768* (faute du mineur). – R. Legeais, *Mél. Cornu, PUF, 1994, p. 253* (mineurs). ♦ La minorité de l'auteur du dommage n'exclut pas sa responsabilité et ne fait pas obstacle à sa condamnation personnelle sur le fondement de l'art. 1382, devenu 1240, C. civ. • Civ. 2e, 20 oct. 2016, n° 15-25.465 P : *D. 2016. 2167 ; RDSS 2016. 1175, obs. Tauran ; LPA 17 févr. 2017, note Bertier-Lestrade.* ♦ Les juges du fond, qui ne sont pas tenus de vérifier si le mineur était capable de discerner les conséquences de son acte, peuvent estimer, sur le fondement de l'anc. art. 1382 [1240], que l'enfant victime a commis une faute qui a concouru avec celle du défendeur à la réalisation du dommage dans une proportion souverainement appréciée. • Cass., ass. plén., 9 mai 1984 *(arrêts Lemaire et Derguini)*, n° 80-93.031 P : *R., p. 104 ; GAJC, 11e éd., n° 186 ; D. 1984. 525, concl. Cabannes, note Chabas ; JCP 1984. II. 20256, note Jourdain ; RTD civ. 1984. 508, obs. J. Huet.* – R. Legeais, *Defrénois 1985. 557.* – H. Mazeaud, *D. 1985. Chron. 13.* – V. aussi Viney, *JCP 1985. I. 3189.* ♦ Les juges du fond ne sont pas tenus de vérifier si un mineur est capable de discerner les conséquences de son acte pour caractériser une faute commise par lui (à l'égard d'un tiers). • Civ. 2e, 12 déc. 1984 : *Bull. civ. II, n° 193 ; RTD civ. 1986. 120, obs. J. Huet.* ♦ La faute d'un mineur peut être retenue à son encontre même s'il n'est pas capable de discerner les conséquences de son acte. • Civ. 2e, 28 févr. 1996 : *D. 1996. 602, note Duquesne ; ibid. 1997. Somm. 28, obs. D. Mazeaud ; Gaz. Pal. 1997. 1. 86, note Jacques ; JCP 1996. I. 3985, n° 14, obs. Viney ; RTD civ. 1996. 628, obs. Jourdain* • 19 févr. 1997, n° 94-19.726 P. ♦ V. cependant, pour la prise en considération de l'âge du sujet dans l'appréciation de son comportement fautif : • Civ. 1re, 7 mars 1989 : *JCP 1990. II. 21403, note Dejean de la Bâtie* • Civ. 2e, 4 juill. 1990, n° 89-15.177 P : *RTD civ. 1991. 123, obs. Jourdain* • 7 mai 2002, n° 00-11.716 P (enfant de 7 ans considéré comme non fautif).

Incidence du défaut de discernement sur la garde des choses inanimées : V. note 29 ss. art. 1242. ♦ Cas des personnes privées de discernement par l'effet d'un trouble mental : V. art. 414-3.

8. Fautes des dirigeants de personnes morales. **BIBL.** M.-C. Guérin, *LPA 11 janv. 2006* (faute intentionnelle). ♦ La responsabilité personnelle des administrateurs d'une association n'est engagée que s'ils ont commis une faute détachable de leurs fonctions. • Civ. 2e, 7 oct. 2004, n° 02-14.399 P : *JCP 2005. I. 132, n° 10, obs. Viney ; Rev. sociétés 2005. 225, note Randoux.* – Déjà en ce sens, pour un président d'association : • Civ. 2e, 19 févr. 1997, n° 95-11.959 P. ♦ ... Pour des dirigeants de société : • Com. 28 avr. 1998, n° 96-10.253 P : *JCP 1998. II. 10177, note Ohl ; RTD com. 1998. 623, obs. Petit et Reinhard ; Rev. sociétés 1998. 767, note Saintourens* • 27 janv. 1998, n° 93-11.437 P : *D. 1998. 605, note Gibirila ; ibid. Somm. 392, obs. Hallouin* • Civ. 3e, 4 avr. 2001, n° 99-17.731 P • Com. 20 mai 2003, n° 99-17.092 P : *D. 2003. 2623, note Dondero ; ibid. AJ 1502, obs. A. Lienhard ; D. 2004. Somm. 266, obs. Hallouin ; JCP 2003. II. 10178, note Reifegerste ; Rev. sociétés 2003. 479, note Barbièri.* ♦ Dans le même sens : • Com. 18 févr. 2014, n° 12-29.752 P : *D. 2014. 764, note Favario ; ibid. 2434, obs. Hallouin ; RDC 2014. 372, note Viney ; ibid. 2015. 75, note Grimaldi* • 27 mai 2014, n° 12-28.657 P : *D. 2014. 1197 ; Rev. sociétés 2014. 529, obs. Roussel Galle ; RTD com. 2014. 687, obs. Martin-Serf ; Banque et Dr. 9-10/2014. 56, note Urban* (SARL, C. com., art. L. 223-22, al. 1er) • Civ. 3e, 10 mars 2016, n° 14-15.326 P : *D. 2016. 656, obs. Lienhard ; RDI 2016. 415, obs. Roussel ; Rev. sociétés 2016. 370, obs. Pisoni* (faute intentionnelle, constitutive d'une infraction pénale) • Civ. 2e, 30 juin 2016, n° 15-18.639 P. ♦ Cassation de l'arrêt ayant rejeté une action en responsabilité à l'encontre de dirigeants sociaux, sans rechercher si les décisions prises ne constituaient pas de la part de leurs auteurs, même agissant dans les limites de leurs attributions, des fautes intentionnelles d'une particulière gravité incompatibles avec l'exercice normal de leurs fonctions sociales. • Com. 10 févr. 2009, n° 07-20.445 P. ♦ Cassation de l'arrêt qui n'a pas recherché si le dirigeant d'une société de construction n'a pas commis des fautes séparables de ses fonctions sociales, engageant sa responsabilité personnelle, en omettant de conclure un contrat de construction de maison individuelle et de souscrire une assurance de responsabilité décennale. • Civ. 3e, 7 juin 2018, n° 16-27.680 P : *D. 2018. 1255 ; RDI 2018. 454, obs. Noguéro ; Rev. sociétés 2018. 723, note Barbièri.* ♦ Absence de faute intentionnelle et d'une particulière gravité, incompatible avec l'exercice normal de ses fonctions sociales de la part d'un dirigeant qui n'a pas procédé à une déclaration de cessation d'activité auprès de l'administration pour une activité polluante, la réglementation n'imposant qu'une simple obligation d'information de l'administration et l'omission de cette déclaration n'étant passible que de l'amende prévue pour les contraventions de cinquième classe. • Civ. 3e, 30 janv. 2013 : *cité note 20 ss. art. 1787.* – Comp., pour une société en participation, note 4 ss. art. 1872-1. ♦ Mais responsabilité civile d'un gérant de société, sans qu'il importe que sa faute soit détachable de ses fonctions, ni qu'elle soit d'une exceptionnelle gravité. • Crim. 5 avr. 2018, n° 16-87.669 P : *D. 2018. 1128, avis Salomon ; ibid. 1137, note Saenko ; AJ pénal 2018. 248, note Mangematin* • 5 avr. 2018, n° 16-83.984 P :

Rev. sociétés 2018. 598, note Prorok ; Dr. soc. 2018. 857, obs. Salomon ; RTD civ. 2018. 677, obs. Jourdain . ♦ La faute pénale intentionnelle du dirigeant est par essence détachable des fonctions, peu important qu'elle ait été commise dans le cadre de celles-ci. • Com. 18 sept. 2019, n° 16-26.962 P : *D. 2019. 2169, note François ; RTD com. 2019. 926, obs. Lecourt ; Rev. sociétés 2020. 108, note François ; RTD civ. 2020. 117, obs. Jourdain .* ♦ ... Et la faute pénale intentionnelle commise par le dirigeant est un acte personnel dont il doit seul assumer les conséquences, ce dont il se déduit que la dette de réparation du préjudice causé par cette faute est une dette propre. • Même arrêt.

9. Agent d'un service public. Responsabilité personnelle du maire d'une commune condamné pour favoritisme, les faits commis présentant le caractère d'une faute personnelle détachable du service. • Crim. 7 nov. 2012 : *AJDA 2012. 2143 ; D. 2012. 2664* • Civ. 1re, 25 janv. 2017, n° 15-10.852 P (obstruction systématique à un projet immobilier).

Condamnation pour faute du directeur d'un hôpital ayant contourné les règles des marchés publics pour faire réaliser des travaux dans son logement de fonction, les fautes commises, même non dépourvues de tout lien avec le service, constituant des manquements volontaires et inexcusables à des obligations d'ordre professionnel et déontologique. • Crim. 12 sept. 2018, n° 17-83.793 P : *AJ pénal 2018. 509, note J.-M. Brigant .*

10. Service public délégué à une société privée. En raison de la faute caractérisée de son représentant, la collectivité est responsable, en même temps que la société privée qui, sur délégation de service public mise en œuvre par la commune, a organisé une activité de loisirs au cours de laquelle un accident est survenu. • Crim. 28 juin 2016, n° 15-83.862 P.

2° VARIÉTÉS DE FAUTES

a. Abstention

11. Notion : manquement à une obligation d'agir. La faute prévue par les anc. art. 1382 et anc. 1383 [1240 et 1241] peut consister aussi bien dans une abstention que dans un acte positif. *L'abstention, même non dictée* par la malice et l'intention de nuire, engage la responsabilité de son auteur lorsque le fait omis devait être accompli soit en vertu d'une obligation légale, réglementaire ou conventionnelle, soit aussi, dans l'ordre professionnel, s'il s'agit notamment d'un historien, en vertu des exigences d'une information objective. • Civ. 27 févr. 1951 *(arrêt Branly) : D. 1951. 329, note Desbois ; JCP 1951. II. 6193, note Mihura.* – V. aussi Carbonnier, *D. 1951. Chron. 119.* ♦ Causent nécessairement un préjudice : le délit d'emploi d'un étranger non muni d'une autorisation de travail salarié. • Crim. 11 avr. 2012, n° 11-85.224 P : *D. 2012. 1409 ; Dr. soc. 2012. 720, chron. Salomon et Martinel ; ibid. 755, obs. Duquesne ; RTD com. 2012. 858, obs. Bouloc .* ♦ ... L'inobservation des règles de la procédure de licenciement préalable à l'acceptation de la convention de reclassement personnalisé par le salarié • Soc. 17 déc. 2013, n° 12-23.726 P : *D. 2014. 23 .* ♦ ... L'absence de visite médicale d'embauche avant la fin de la période d'essai. • Soc. 18 déc. 2013, n° 12-15.454 P : *D. 2014. 88 .* ♦ ... La délivrance tardive d'une attestation destinée aux ASSEDIC et d'un certificat de travail. • Soc. 29 sept. 2014, n° 13-13.661 P. ♦ ... La méconnaissance du droit de préemption du locataire. • Civ. 3e, 3 juill. 2013, n° 12-19.442 P : *D. 2013. 1747, obs. Rouquet* (action en responsabilité du locataire évincé contre le bailleur, l'acheteur, l'agent immobilier et le notaire). ♦ ... La méconnaissance, par le médecin prescripteur, de la procédure d'accord amiable du service médical de la sécurité sociale, cette faute ayant causé à la caisse un préjudice direct et certain constitué par la prise en charge des prestations en nature dispensées aux assurés. • Civ. 2e, 9 mai 2018, n° 17-17.984 P : *RDSS 2018. 734, obs. Tauran .*

Cassation de l'arrêt qui, après la chute d'un piéton sur un trottoir verglacé, retient la responsabilité du propriétaire riverain ayant omis de répandre du sable ou des cendres sur le trottoir, malgré un affichage municipal rappelant cette obligation, sans rechercher quelle disposition légale ou réglementaire imposait une telle mesure. • Civ. 1re, 18 avr. 2000, n° 98-15.770 P : *D. 2000. IR 144 .* ♦ L'URSSAF ne saurait être condamnée pour ne pas avoir publié une lettre du ministère et une circulaire de l'ACOSS, pour avoir manqué de transparence et de loyauté à l'égard des cotisants et a ainsi rompu le principe d'égalité des citoyens devant l'impôt, alors que cette publication ne lui incombe pas selon les textes applicables. • Civ. 2e, 31 mars 2016, n° 15-17.060 P : *D. 2016. Chron. C. cass. 1886, obs. Hénon et Palle ; Dr. soc. 2016. 665, chron. Salomon .*

Cassation de l'arrêt qui retient la faute d'un administrateur judiciaire qui n'a pas procédé à la résiliation d'un bail, sans rechercher si l'administrateur n'était pas fondé à différer sa prise de position sur le sort du bail jusqu'à la réalisation du diagnostic de l'entreprise, qu'il devait effectuer conformément à sa mission légale, conformément aux objectifs de la procédure de sauvegarde. • Com. 7 oct. 2020, n° 19-14.807 P : *D. 2021. 276, note Lledo .*

12. ... Manquement à une obligation de vérification des faits. Il incombe à un éditeur de presse de procéder à la vérification des éléments factuels qu'il porte à la connaissance du public et qui ont un caractère dénigrant. • Civ.

1re, 12 déc. 2018, n° 17-31.758 P : *D. 2019. Chron. C. cass. 840, obs. Barel*.

13. ... Intention de nuire. Si, en principe, l'abstention dommageable ne peut entraîner une responsabilité qu'autant qu'il y avait, pour celui auquel on l'impute, obligation d'accomplir le fait omis, il en est autrement lorsque cette abstention dommageable (en l'espèce, refus du « gueth » après divorce d'époux mariés selon la loi mosaïque) a été dictée par l'intention de nuire et constitue un abus de droit. • Civ. 2e, 13 déc. 1972 : *D. 1973. 493, note Larroumet* • 12 déc. 1994, n° 92-17.098 P (attitude obstinée du mari qui ne s'explique pas sur les raisons de son refus). ♦ Comp. note 74.

14. Illustrations : refus de délivrer une attestation. L'inscription d'un établissement sur la liste des établissements susceptibles d'ouvrir droit à l'allocation de cessation anticipée d'activité des travailleurs de l'amiante ne dispense pas l'employeur de son obligation, dont l'objet et la finalité ne sont pas les mêmes, de remettre au salarié une attestation d'exposition à l'amiante à son départ de l'établissement. • Soc. 23 oct. 2012, n° 11-13.792 P.

15. ... Défaut de mention dans une publication. Un syndicat d'initiative qui publie une liste des hôtels recommandés ne commet pas de faute en omettant certains établissements de cette liste, à condition que ces omissions soient justifiées par les circonstances. • Civ. 1re, 3 déc. 1968 : *D. 1969. 253, note Couvrat ; JCP 1969. II. 15787, note R. L.* ♦ Même sens, pour l'omission du nom d'un chercheur dans une communication scientifique à un congrès : • Civ. 2e, 31 janv. 1964 : *JCP 1964. II. 13620, note R. Savatier.* ♦ Commet une faute l'éditeur d'un annuaire téléphonique professionnel qui omet deux noms alors qu'il a l'obligation de les mentionner tous. • Civ. 2e, 9 oct. 2003, n° 02-12.641 P.

La liberté d'expression étant un droit dont l'exercice ne revêt un caractère abusif que dans les cas spécialement déterminés par la loi, le refus de l'auteur d'un catalogue raisonné d'y insérer une œuvre, fût-elle authentique, ne peut, à défaut d'un texte spécial, être considéré comme fautif. • Civ. 1re, 22 janv. 2014, n° 12-35.264 P : *D. 2014. 276 ; RTD civ. 2014. 383, obs. Jourdain ; RTD com. 2014. 129, chron. Pollaud-Dulian ; JCP 2014, n° 384, note Raschel* (application de l'art. 10 Conv. EDH, respect de la liberté d'expression). ♦ La simple déclaration de l'auteur d'un catalogue recensant les œuvres d'un artiste, selon laquelle il n'envisageait pas d'insérer, dans de futures publications de son ouvrage, le tableau dont il contestait l'authenticité, ne permet pas, à elle seule, de caractériser une abstention fautive. • Civ. 1re, 13 mars 2008, n° 07-13.024 P : *D. 2008. 1797, note Bruguière* (injonction d'insérer l'œuvre dans les prochaines éditions du catalogue, en précisant que son authenticité avait été judiciairement reconnue, cette mesure répondant à l'impératif d'objectivité que requiert l'établissement d'un catalogue exhaustif).

16. ... Défaut d'information. Responsabilité du vendeur et du commissaire-priseur pour avoir présenté à la vente, sans la moindre réserve, un tableau dont l'authenticité douteuse était par ailleurs constatée en raison des opinions divergentes relevées lors d'une précédente procédure pénale. • Civ. 1re, 16 mai 2013, n° 11-14.434 P. ♦ Rappr. : faute du GIE des commissaires-priseurs qui a procédé à une vente malgré un doute sur la qualité de l'œuvre, peu important que le GIE n'ait pas été l'organisateur de la vente. • Civ. 1re, 3 mai 2018, n° 16-13.656 P : *D. 2018. 1009 ; AJ contrat 2018. 393, obs. Kilgus ; RTD com. 2018. 763, obs. Bouloc ; JCP 2018, n° 333, note Serinet ; Gaz. Pal. 2018. 1474, obs. Mignot.* ♦ Manquement à un devoir de conseil dans le cadre d'une opération de défiscalisation : • Civ. 3e, 29 oct. 2015, n° 14-17.469 P.

L'obligation d'information dont les organes de sécurité sociale sont débiteurs envers leurs allocataires leur impose seulement de répondre aux demandes qui leurs sont soumises. • Civ. 2e, 5 nov. 2015, n° 14-25.053 P. ♦ Rappr. : • Civ. 2e, 19 déc. 2013 : *RDSS 2014. 192, obs. Tauran ; Gaz. Pal. 2014. 309, obs. Piau* (*idem*) • 28 nov. 2013, n° 12-24.210 P : *D. 2013. 2858* (CSS, art. R. 112-2).

Le titulaire d'un marché soumis à un appel d'offres, en vue de son renouvellement et dont les contrats de travail liés à la réalisation de ce marché doivent être repris par l'attributaire, commet une faute en ne communiquant pas une information, telle que les évolutions prévues de la masse salariale concernée par l'obligation de reprise du personnel, essentielle à l'élaboration de leurs offres par les candidats et qu'il est seul à connaître, faisant ainsi obstacle au respect des règles de publicité et de mise en concurrence. • Com. 11 janv. 2023, n° 20-13.967 B.

Mais la preuve d'un manquement à l'obligation de délivrer une information exacte doit être établie par le demandeur d'une manière suffisamment certaine. • Civ. 3e, 24 mai 2018, n° 17-18.866 P (action de collectifs contre l'enfouissement de déchets radioactifs contre l'Agence nationale pour la gestion des déchets radioactifs).

17. ... Défaut d'interdiction d'accès à un lieu dangereux. Faute de négligence du maître d'œuvre qui n'a pas clôturé un chantier pour en interdire l'accès aux enfants du quartier qui s'en servaient de terrain de jeux. • Civ. 2e, 6 janv. 2000, n° 97-21.456 P. – Dans le même sens : • Civ. 2e, 5 oct. 2006 : *RCA 2006, n° 364, note Groutel.* ♦ Faute d'un huissier, procédant à une vente d'objets mobiliers, consistant à n'avoir pas interdit l'accès à un local dont le plancher était dangereux. • Civ. 2e, 16 oct. 1991, n° 90-

17.492 P. ♦ ... Mais absence de faute des grands-parents qui n'ont pas interdit l'accès d'un local où se trouvait un bidon d'essence à leur petit-fils âgé de dix ans. • Civ. 2e, 18 mars 2004, n° 02-19.454 P : *JCP 2004. II. 10123, note Moisdon-Chataignier.*

Faute de l'établissement de jeux qui n'a pris aucune disposition pour assurer l'efficacité de la mesure d'exclusion des salles de jeux. • Civ. 2e, 30 juin 2011, n° 10-30.838 P : *D. 2011. 2448, note Pénin ; RTD civ. 2011. 770, obs. Jourdain ; Gaz. Pal. 2011. 2825, note Pierroux.*

18. ... Défaut de prévention d'un risque de dommage aux tiers. Faute du propriétaire qui n'a pas pris toutes les mesures nécessaires à la stabilisation de son terrain menaçant de s'effondrer. • Civ. 1re, 28 nov. 2007, n° 06-19.405 P : *JCP 2008. I. 125, n° 7, obs. Stoffel-Munck ; RDI 2008. 191, obs. Trébulle* (admission du recours de la commune intervenue après un arrêté de péril imminent). ♦ ... Qui n'a pas satisfait à son obligation d'entretien des berges d'une rivière. • Civ. 3e, 7 oct. 2009, n° 08-13.834 P. ♦ ... Qui a comblé un fossé de remembrement à l'occasion de travaux pour la création d'un étang sur sa propriété sans s'informer auprès de son voisin des conséquences de la création d'un étang et de ses aménagements sur son système d'évacuation des eaux traitées situé à proximité, la modification du parcours de ces eaux entraînant un surcoût pour les voisins. • Civ. 3e, 27 mars 2013 : *cité note 6 ss. art. 703.* ♦ Faute d'une société qui a détruit une machine dans le but d'empêcher tout examen et toute expertise judiciaire. • Civ. 2e, 18 nov. 2010 : *RGDA 2011. 199, note Abravanel-Jolly.* ♦ Faute de l'époux en instance de divorce qui, connaissant la perte d'autonomie de son épouse, ne pouvait que douter du consentement de son épouse à la vente et de sa capacité à disposer de son bien ; en omettant d'informer le notaire de cette situation, il a participé à la conclusion de l'acte litigieux. • Civ. 1re, 2 oct. 2013, n° 12-24.754.

Faute du copropriétaire pour avoir refusé de répondre aux appels de fonds nécessaires à l'exécution de travaux urgents, contribuant ainsi à la détérioration de l'immeuble et à la dégradation de l'un des appartements. • Civ. 3e, 7 sept. 2017, n° 16-18.777 P : *AJDI 2017. 858, obs. Sabatié* .

19. ... Défaut de réparation. Le défaut de réparation d'une digue comportant une brèche par laquelle les eaux ont inondé la terre du voisin constitue une faute. • Civ. 1re, 6 juin 1966 (deux arrêts) : *D. 1966. 481, note Voulet.* ♦ Responsabilité d'un garagiste ayant acquis un véhicule gravement accidenté et l'ayant revendu à un particulier sans réaliser les réparations nécessaires et sans faire procéder à une expertise du véhicule conformément à l'art. L. 327-2 C. route. • Civ. 2e, 9 juill. 2009, n° 08-16.453 P : *RLDC 2009/65, n° 3601, obs. Bugnicourt.*

20. ... Assistance passive à la commission d'une faute. Une faute n'est pas caractérisée à la charge de deux enfants qui avaient regardé un troisième mettre le feu à une meule de paille sans protester ni tenter d'empêcher son geste. • Civ. 2e, 19 avr. 1985 : *Gaz. Pal. 1986. 1. Somm. 252, obs. Chabas.*

21. ... Non-assistance à personne en danger. Les ayants droit de la victime directe de violences sont fondés à solliciter l'indemnisation des préjudices par ricochet qui leur ont été personnellement causés par les délits de non-empêchement de crime ou délit contre les personnes et de non-assistance à personne en péril dont le prévenu a été déclaré coupable. • Crim. 13 mai 2015, n° 13-83.191 P.

22. ... Promesse non respectée. L'engagement qu'aurait pris un parti politique de présenter la candidature aux élections législatives de la prétendue victime n'ayant pas été établi, les juges du fond ont pu en déduire que ce parti politique n'avait pas commis de faute en donnant son investiture à un autre candidat. • Civ. 2e, 13 sept. 2012, n° 11-16.014 P : *D. 2013. Chron. C. cass. 599, obs. Bouvier et Adida-Canac* .

Préjudice né du non-respect par une entreprise des obligations mises à sa charge par un accord en terme de reprise des salariés concernés par un changement de prestataire, l'entreprise précédemment titulaire du marché devant maintenir aux salariés non transférés le paiement de leurs salaires en raison du manquement de l'entreprise entrante à ses obligations. • Soc. 12 oct. 2017, n° 16-10.120 P.

23. ... Négligence bancaire. Faute de la banque, coupable de négligence dans la vérification de l'identité d'un client lors de l'ouverture d'un compte et dans le contrôle du fonctionnement de ce compte. • Civ. 1re, 2 nov. 2005, n° 03-10.909 P. ♦ Faute de la banque qui n'a pas vérifié si une société, dont les statuts révélaient que ses activités relevaient de professions réglementées, a bien obtenu l'agrément correspondant. • Com. 22 nov. 2011 : *D. 2011. 2924, obs. Delpech* (anomalies de fonctionnement de comptes appelant une vigilance particulière de la banque). ♦ Il ne saurait être reproché à la banque d'avoir laissé signer le contrat de vente puisque à cette date, elle pouvait estimer que le chantier allait régulièrement démarrer et alors que les différentes demandes postérieures auprès de la SCI démontraient que cette banque avait pris les mesures de suivi utiles et fait preuve de vigilance dans le suivi du chantier et avait prévenu le notaire lorsqu'il lui était apparu que le chantier risquait de ne pas se poursuivre. • Civ. 3e, 26 nov. 2014, n° 13-22.863 P : *RDI 2015. 132, obs. Tricoire ; Defrénois 2015. 430, note Périnet-Marquet.* ♦ Mais faute de la banque qui ne met pas en œuvre la garantie d'achèvement dès qu'elle a connaissance de la défaillance du constructeur et laisse délibérément périmer le permis de construire, mettant ainsi les acheteurs dans l'impossibilité de rentrer en possession de leur bien. • Civ. 3e, 26 nov. 2014, n° 13-25.534 P : *D. 2014. 2463* ; *RDI 2015. 32, obs. Tournafond et Tricoire* ; *Defrénois 2015. 430, note Périnet-Marquet*.

Si la juxtaposition du nom de deux bénéficiaires sur un chèque ne constitue pas, en elle-même, une anomalie apparente, la banque présentatrice est cependant tenue, lors de la remise d'un chèque portant une telle mention par l'un des deux bénéficiaires pour encaissement à son seul profit, de s'assurer du consentement de l'autre, sauf circonstances particulières lui permettant de tenir un tel consentement pour acquis. • Com. 27 nov. 2019, n° 18-11.439 P : *D. 2019. 2348* ; *JCP 2020, n° 134, note Lasserre Capdeville*. ♦ ... La banque tirée, qui verse la provision entre les mains de la banque présentatrice à charge pour celle-ci d'en créditer le montant sur le compte du ou des bénéficiaires du chèque, n'est tenue ni de vérifier auprès du tireur, en l'absence d'anomalie apparente, matérielle ou intellectuelle, la sincérité de la mention ni de s'assurer du consentement de l'autre bénéficiaire. • Même arrêt.

24. ... Négligence de l'assureur. Commet une faute l'assureur qui, pendant la période de suspension de la garantie, délivre une attestation sans mentionner la mise en demeure adressée à son assuré ni préciser le risque de résiliation à l'expiration du délai de régularisation. • Civ. 3e, 24 oct. 2012, n° 11-16.012 P : *RDI 2012. 638, obs. Dessuet* ; *Gaz. Pal. 2013. 792, note Caston et Ajaccio* (attestation de garantie décennale délivrée par l'assureur et remise par l'entrepreneur à son client). ♦ V. aussi : • Civ. 2e, 6 févr. 2014, n° 13-10.540 P : *RTD civ. 2014. 371, obs. Barbier* (faute dans le défaut d'indemnisation d'un sinistre à l'origine d'un préjudice pour les cautions de la société concernée). ♦ Mais aucun texte légal ou réglementaire ne contraint l'assureur à vérifier la capacité juridique de l'assuré lors du renouvellement tacite du contrat ni lors de la délivrance des attestations. • Civ. 3e, 24 oct. 2012, n° 11-20.439 P : *Gaz. Pal. 2013. 792, note Caston et Ajaccio* (entrepreneur interdit d'exercer).

25. ... Négligence de l'administrateur judiciaire. Il appartient à l'administrateur judiciaire, chargé d'une mission de surveillance, de s'assurer de l'efficacité de l'assurance de responsabilité décennale souscrite par le débiteur en vérifiant que le risque a été exactement déclaré. • Civ. 3e, 22 oct. 2014 : *D. 2014. 2172*.

b. Abus de droit

26. BIBL. Rotondi, *RTD civ. 1980. 66*. – Pollaud-Dulian, *D. 1993. Chron. 97* (droit d'auteur ; droit moral). – Wiederkehr, *Hommage H. Sinay, Peter Lang, 1994, p. 169* (grève et abus de droit). – *Dr. et patr. 6/2000. 38 s.* (dossier).

27. Notion : intention de nuire. L'exercice d'un droit peut constituer une faute lorsque le titulaire de ce droit en fait, à dessein de nuire, un usage préjudiciable à autrui. • Civ. 2e, 26 nov. 1953 : *D. 1956. 154, note Friedel*.

28. ... Détournement d'un droit de sa finalité. L'abus de droit, qui conduit à priver d'efficacité une renonciation déjà effectuée et dont la preuve incombe à l'assureur, est établi lorsque l'exercice de cette prérogative a été détourné de sa finalité par un souscripteur qui, suffisamment informé, a été en mesure d'apprécier la portée de son engagement. • Civ. 2e, 16 déc. 2021, n° 19-23.907 B : *D. 2022. Chron. C. cass. 864, obs. Talabardon et Guého* (renonciation à un contrat d'assurance vie).

29. ... Mauvaise foi, légèreté blâmable. Le droit discrétionnaire du maître de l'ouvrage d'agréer un sous-traitant est susceptible d'abus si les motifs du refus sont fallacieux et « fabriqués » avec des moyens frauduleux. • Civ. 3e, 2 févr. 2005, n° 03-15.482 P : *JCP 2005. II. 10077, concl. Guérin* ; *RDI 2005. 291, obs. Périnet-Marquet*. ♦ Faute de la société mère, principal actionnaire, ayant accompli exclusivement dans son propre intérêt une série d'actes pour le compte de sa filiale qui ont conduit celle-ci à la déconfiture et ses salariés à la perte de leur emploi. • Soc. 24 mai 2018, n° 16-22.881 P : *D. 2018. 1158* ; *Rev. sociétés 2018. 604, note Couret*. ♦ Légèreté blâmable d'une société mère et de sa filiale pour des décisions ayant concouru à la déconfiture d'une société reprise par la filiale, ces décisions ne répondant à aucune utilité pour elle et n'étant profitables qu'à l'actionnaire unique. • Soc. 8 juill. 2014, n° 13-15.573 P : *D. 2014. 1552* ; *ibid. 2147, obs. Lucas* ; *Rev. sociétés 2014. 709, note Couret et Schramm* ; *RDT 2014. 672, note Fabre*.

30. La demande d'un administrateur de société anonyme, dont il était aussi le président-directeur général visant à la condamnation pour abus de droit des administrateurs qui ont voté sa révocation est justement rejetée par les juges du fond, du moment que n'est rapportée la preuve d'aucun agissement de leur part caractérisant une volonté malveillante ou une intention de nuire. • Com. 14 mai 2013 : *D. 2013. 2319, note Dondero* ; *Rev. sociétés 2013. 566, note Saintourens*.

31. ... Rupture abusive des pourparlers. V. notes ss. art. 1112 (et sur la responsabilité contractuelle : V. art. 1231-1). ♦ Cassation de l'arrêt qui condamne une banque pour ne pas avoir accordé un prêt après un accord de principe, alors qu'un accord de principe donné par une banque « sous les réserves d'usage » implique nécessairement que les conditions définitives de l'octroi de son concours restent à définir et oblige seulement celle-ci à poursuivre, de bonne foi, les négociations en cours. • Com. 10 janv. 2012 : *D. 2013. 391, obs. Amrani-Mekki et Mekki* ;

RTD civ. 2012. 311, obs. Fages ; *RTD com. 2012. 174, obs. Legeais* .

32. ... Application du principe « la fraude corrompt tout ». Cassation de l'arrêt qui rejette une demande tendant à faire reconnaître qu'une opération d'apport et d'augmentation de capital a été réalisée dans des conditions fautives aboutissant à la dilution des droits de l'associé minoritaire, au motif qu'il n'est pas établi que la société ne tirerait pas un avantage justifiant l'avantage consenti aux autres associés, alors que ce motif est impropre à exclure l'existence d'une collusion frauduleuse au détriment de l'associée minoritaire, de nature à engager la responsabilité civile de ses auteurs. • Com. 30 sept. 2020, n° 18-22.076 P : *D. 2020. 2273, note Schmidt* .

33. Abus du droit de rétractation. L'information précontractuelle délivrée avant la souscription du contrat d'assurance vie ne satisfaisant ni dans sa forme ni par son contenu aux exigences des art. L. 132-5-2 et A. 132-4 C. assur., rejet du pourvoi contre l'arrêt ayant énoncé que le détournement de la finalité du droit de renonciation ne peut être le fait que d'un investisseur parfaitement informé, qu'il l'ait été avant la souscription du contrat ou par la suite, et que l'abus ne peut se déduire ni du simple fait que le souscripteur décide de renoncer grâce à la prorogation du délai, alors que son placement a subi des pertes ou même qu'il ait manifesté son mécontentement avant de renoncer à son contrat, ni seulement du temps s'étant écoulé depuis la souscription. • Civ. 2e, 13 juin 2019, n° 18-14.743 P : *JCP 2019, n° 553, note Noguéro.* ♦ V. aussi : • Civ. 2e, 13 juin 2019, n° 18-17.907 P (cassation de l'arrêt ne recherchant pas, à la date d'exercice de la faculté de renonciation, au regard de la situation concrète de l'assurée, de sa qualité d'assuré averti ou profane et des informations dont elle disposait réellement, quelle était la finalité de l'exercice de son droit de renonciation et s'il n'en résultait pas l'existence d'un abus de droit).

34. ... Absence d'intérêt légitime. Est caractérisé l'abus dont procède la demande de l'acquéreur d'une officine de pharmacie en exécution d'une clause de non-réinstallation souscrite par son vendeur, dès lors qu'il est constaté qu'en l'absence de préjudice (refus de provisionner les frais d'une expertise destinée à rechercher les éléments permettant de chiffrer le préjudice), il était sans intérêt à agir en exécution de cette clause contractuelle. • Civ. 1re, 19 nov. 1996, n° 94-20.207 P : *RTD civ. 1997. 156, obs. Gautier* . ♦ Si la faculté prorogée de renonciation prévue par l'art. L 132-5-1 C. assur., en l'absence de respect par l'assureur du formalisme informatif qu'il édicte, revêt un caractère discrétionnaire pour le preneur d'assurance, son exercice peut dégénérer en abus. • Civ. 2e, 7 févr. 2019, n° 17-27.223 P : *RDC 3/2019. 33, note Libchaber* (obligation pour les juges du fond de rechercher quelle est la finalité de l'exercice de ce droit). ♦ ... Et l'abus s'apprécie au moment où le preneur d'assurance exerce cette faculté. • Civ. 2e, 28 mars 2019, n° 18-15.612 P : *RDC 3/2019. 33, note Libchaber ; Defrénois 2019/28. 23, note Thomas-Marotel.*

35. Principe de la liberté de l'action en justice. BIBL. Renard, *Gaz. Pal. 2007. Doctr. 1522.* ♦ L'exercice d'une action en justice ne peut constituer un abus de droit que dans des circonstances particulières le rendant fautif. • Civ. 2e, 11 janv. 2018, n° 16-26.168 P. ♦ La demande en résiliation de son contrat de travail introduite par un salarié devant le conseil de prud'hommes ne constitue pas un abus dans l'exercice de son droit d'ester en justice et le licenciement de l'intéressé fondé sur la faute qu'aurait constituée sa demande en justice est nul, le grief invoqué par l'employeur portant atteinte à une liberté fondamentale. • Soc. 3 févr. 2016, n° 14-18.600 P : *D. 2016. 383* ; *RDT 2016. 433, obs. Enjolras* . ♦ La seule référence dans la lettre de rupture à une procédure contentieuse envisagée par le salarié est constitutive d'une atteinte à la liberté fondamentale d'ester en justice entraînant à elle seule la nullité de la rupture. • Soc. 21 nov. 2018, n° 17-11.122 P. ♦ Nullité d'un licenciement, la lettre de licenciement mentionnant que le salarié avait produit dans le cadre de l'instance prud'homale des documents internes falsifiés ainsi que des attestations de salariés obtenues par abus de sa position hiérarchique ; ces faits n'étant pas établis, le licenciement était en lien avec l'exercice par le salarié de son droit d'ester en justice et était nul. • Soc. 9 oct. 2019, n° 18-14.677 P. ♦ L'exercice d'une action en justice, de même que la défense à une telle action, constitue, en principe, un droit et ne dégénère en abus pouvant donner naissance à une dette de dommages-intérêts que dans le cas de malice, de mauvaise foi ou d'erreur grossière équipollente au dol. • Civ. 2e, 11 janv. 1973 : *Gaz. Pal. 1973. 2. 710.* – Dans le même sens : • Civ. 2e, 18 févr. 1970 : *D. 1970. 429* • Com. 4 juill. 1995, n° 93-17.969 P • Civ. 1re, 18 juill. 1995, n° 93-14.485 P (défense à une action) • Civ. 3e, 10 oct. 2012, n° 11-15.473 P. ♦ Rappr., • Civ. 3e, 17 déc. 2015, n° 14-16.372 P (absence de caractère abusif de l'action d'un copropriétaire, même refusant des travaux, contre le syndicat de copropriétaires responsable légalement de l'entretien de l'immeuble). ♦ V. aussi Toulemon, *JCP 1968. I. 2182.* – Desdevises, *D. 1979. Chron. 21.* ♦ La longueur d'une procédure ne suffit pas à elle seule à établir l'abus de droit qu'aurait commis le défendeur. • Com. 20 sept. 2017, n° 16-15.829 P : *D. 2017. 1830, obs. Lienhard* (pendant 5 ans de procédure le demandeur a été empêché d'entrer sur les terres que le défendeur lui avait cédées).

Le créancier qui agit tardivement, mais dans le

délai de prescription, en recouvrement de sa créance ne commet pas de faute, sauf abus dans l'exercice de son droit. • Com. 2 nov. 2016, n° 14-29.723 P : *D. 2016. 2276* ; *RTD civ. 2017. 133, obs. Barbier* . ♦ La mise en cause d'un supérieur pour des faits de harcèlement dont un salarié s'estime victime, même si l'imputation a été jugée non fondée, ne suffit pas à caractériser une faute de nature à dégénérer en abus de droit. • Soc. 17 mai 2017, n° 15-20.094 P. ♦ Ne caractérise pas une faute faisant dégénérer en abus le droit d'agir en justice le fait que par le jeu de diverses procédures relatives à l'existence d'une servitude, les propriétaires d'un fonds aient été contraints d'y laisser passer leurs voisins pendant plusieurs années. • Civ. 3e, 19 janv. 2011 : *cité note 4 ss. art. 691.* ♦ Il ne peut être reproché à des locataires ayant invoqué la nullité d'un bail d'avoir mis en œuvre les moyens légaux dont ils disposaient alors que l'enjeu du litige était important pour leur identité professionnelle auprès de leur clientèle qui les connaissait à cette adresse depuis plusieurs années. • Civ. 3e, 22 juin 2017, n° 16-17.946 P : *D. 2017. 1361* ; *AJDI 2017. 854, obs. Damas* (congé délivré à des avocats s'étant maintenus dans les lieux).

L'exercice d'une action en justice, expression du droit fondamental d'accès au juge, ne peut être qualifié d'abusif qu'à la double condition, d'une part, de ne pouvoir être raisonnablement considéré comme visant à faire valoir les droits de l'entreprise concernée et, d'autre part, de s'inscrire dans un plan visant à empêcher, restreindre ou fausser le jeu de la concurrence sur le marché considéré. • Crim. 9 sept. 2020, n° 18-82.746 P : *Dr. soc. 2021. 41, note Salomon* ; *RTD com. 2020. 973, obs. Bouloc* (cassation de l'arrêt admettant un abus de position dominante, en raison de prétendues intimidations du fait d'actions en justice, sans vérifier qui était l'auteur de ces actions et si elles étaient dépourvues de fondement).

36. ... Limites : mauvaise foi. Il y a abus de droit à élever des contestations exactes en droit mais dénuées de conséquences de fait, la mauvaise foi du plaideur étant établie. • Civ. 1re, 10 déc. 1968 : *D. 1969. 165* • Civ. 2e, 1er juill. 2010 : *RGDA 2011. 261, note Schulz* • 25 sept. 2014, n° 13-15.597 P : *RTD civ. 2014. 942, obs. Théry* (multiplication de moyens de défense, dilatoires ou artificiels, et de procédures incidentes, pour s'opposer à l'exécution de titres de plus de vingt ans) • Civ. 1re, 5 déc. 2018, n° 17-31.189 P : *D. 2018. 2415* ; *AJ fam. 2019. 157, obs. Casey* ; *RTD civ. 2019. 362, obs. Dross* ; *Dr. fam. 2019, n° 52, note Tani* (changement de conseil quelques semaines avant la clôture de l'instruction, tentative d'obtenir un nouveau report de l'affaire, et constant manque de diligence devant le notaire, manifestant ainsi la volonté de ralentir les opérations liquidatives). ♦ V. aussi • Cass., ch. mixte, 6 sept. 2002, n° 98-14.397 P : *R., p. 448* ; *BICC 15 oct. 2002, concl. de Gouttes, rapp. Gridel* ; *JCP 2002. II. 10173, note Reifegerste (1re esp.)* ; *JCP E 2002. 1687, note Viney (2e esp.)* ; *Gaz. Pal. 2002. 1725, concl. de Gouttes (1re esp.)* ; *CCC 2002, n° 151, note Raymond (1re esp.)* ; *LPA 24 oct. 2002, note Houtcieff (1re esp.)* (action abusive du demandeur qui a cherché à tirer profit d'un pseudo-gain qu'il savait n'être pas le sien) • Civ. 1re, 9 janv. 2007, n° 05-10.098 P (acharnement judiciaire empreint d'un esprit de revanche dénué de toute objectivité) • 20 mars 2013, n° 11-27.285 P (machination tendant à faire croire à l'existence d'un testament, avec la complicité d'un notaire peu scrupuleux et en lançant une action en justice en vue de conférer à ce montage frauduleux le sceau de l'autorité irréfragable de la chose jugée, ce qui a privé la véritable héritière de la jouissance de la succession de sa mère pendant plusieurs années, la contraignant à subir des procédures judiciaires coûteuses et pénibles) • Civ. 2e, 12 avr. 2018, n° 17-16.945 P (demandeur ayant eu recours au droit du chèque pour obtenir un paiement indu et ne pouvant reprocher à la banque d'y avoir fait opposition, conformément aux ordres de son client et faute de provision) • 27 févr. 2020, n° 18-23.370 P (temps de la procédure consacré à invoquer en pure perte, dans un esprit d'acharnement procédural, de manière déraisonnable et de mauvaise foi, des arguments contraires aux règles élémentaires du droit). ♦ Le caractère abusif ou non d'une action dépend de l'appréciation globale du bien-fondé ou non des demandes principales. • Soc. 3 juin 2015, n° 13-25.542 P. ♦ Faute ayant fait dégénérer en abus le droit d'agir en justice, pour une action tardive menée dans une intention malicieuse et vexatoire dans le but de nuire. • Civ. 1re, 9 juin 2010, n° 09-10.641 P : *D. 2010. Chron. C. cass. 2092, note Auroy* ; *AJ fam. 2010. 393* ; *RTD civ. 2010. 545, obs. Hauser* .

37. ... Autres fautes. Une partie condamnée à payer des dommages-intérêts à son adversaire en réparation du préjudice moral causé par son action en justice ne peut reprocher aux juges du fond de n'avoir pas recherché si elle avait agi dans une intention malicieuse ou avec mauvaise foi, dès lors que la faute, même non grossière ou dolosive suffit, lorsqu'un préjudice en résulte, à justifier une condamnation à des dommages-intérêts. • Civ. 2e, 10 janv. 1985 : *Gaz. Pal. 1985. 1. Pan. 113, obs. Guinchard.*

38. ... Abus dans l'exercice d'une voie de recours. Les motifs du jugement de première instance relevant le caractère, non seulement mal fondé, mais abusif de la procédure engagée devant le tribunal ne suffisent pas à caractériser une faute dégénérant en abus de droit dans l'exercice de l'appel. • Civ. 1re, 16 nov. 2016, n° 15-24.248 P. ♦ Le caractère infondé des allégations formulées avec insistance, tant en première instance qu'en cause d'appel, ne suffit pas à caractériser une faute ayant fait dégénérer en abus le droit d'exercer une voie de recours. • Civ. 1re, 16 déc. 2015, nº 14-29.285 P. ♦ Relever appel pour ne faire valoir que les moyens déjà avancés devant les premiers juges et rejetés par ceux-ci ne caractérise aucun abus du droit de saisir la juridiction du second degré pour statuer en fait et en droit sur la chose jugée en première instance. • Civ. 3e, 16 janv. 1991, nº 89-13.236 P : *Defrénois 1991. 1269, obs. Aubert.* ♦ *Contra* : • Paris, 29 mai 1991 : *D. 1992. 82, note Mayer*. ♦ Le nombre et la durée des procédures, même générateurs d'un préjudice pour le défendeur, ne suffisent pas à caractériser la faute du demandeur. • Civ. 3e, 21 janv. 1998, nº 95-19.109 P : *D. Affaires 1998. 293, obs. S. P.* ♦ La modicité financière de l'enjeu ne peut suffire à caractériser l'abus dans la procédure d'appel. • Civ. 1re, 7 déc. 1999, nº 97-22.505 P. ♦ L'exercice d'un recours manifestement irrecevable constitue un abus du droit d'agir en justice. • Com. 11 mai 1999, nº 98-11.392 P (appel-nullité d'un repreneur évincé) • Civ. 1re, 24 avr. 2013, nº 11-26.597 P : *AJDI 2013. 529, obs. de La Vaissière* ; *RTD civ. 2013. 600, obs. Barbier* (abuse de son droit d'agir en justice celui qui, conscient du caractère infondé de la voie de recours qu'il entend exercer dans une intention dilatoire, reprend en termes identiques des raisonnements de mauvaise foi dont une sentence arbitrale avait clairement démontré l'inanité). • Civ. 1re, 28 mai 2015, nº 14-14.506 P (action fondée sur deux pièces, dont la validité était remise en cause par la simple application des règles du C. civ. et du CPI, ce qui aurait dû conduire à la prudence, et argumentation réitérée en cause d'appel, sans tenir compte de la motivation des premiers juges). ♦ Le débiteur étant informé depuis 27 ans qu'il devait une somme conséquente sans proposer un mode d'apurement de la dette et ayant adopté une position de contestation systématique des mesures d'exécution et multiplié les demandes, telles la péremption d'instance ou sa suspension, et l'invocation de moyens dont il ne pouvait ignorer la fragilité, la cour d'appel a caractérisé les circonstances particulières constitutives d'une faute ayant fait dégénérer en abus son droit d'agir en justice. • Civ. 1re, 1er juin 2022, nº 21-12.276 B : *D. 2022. 1459, note Pellier*.

39. ... Abus dans la remise en cause d'une décision devenue définitive. Caractère manifestement abusif de l'exercice par l'époux de son droit d'agir en justice, celui-ci ayant agi dans une intention dilatoire en cherchant à remettre en cause un jugement irrévocable, ayant ainsi contribué à retarder les opérations de liquidation du régime matrimonial des époux pourtant arrêtées par jugement dont il n'a pas interjeté appel, mais qu'il n'a pas hésité à remettre en cause par une nouvelle assignation. • Civ. 1re, 10 févr. 2021, nº 19-17.028 P : *D. 2021. 923, obs. Clavel et Jault-Seseke* ; *AJ fam. 2021. 246, obs. Boiché* ; *Rev. crit. DIP 2021. 837, note Fulli-Lemaire* ; *JCP 2021, nº 403, note Fongaro* ; *Dr. fam. 2021, nº 85, obs. Devers.*

40. ... Arrêt réformant ou non un jugement de première instance. Une cour d'appel ne peut déclarer abusive une procédure en considérant qu'elle est manifestement dépourvue de tout bien-fondé, alors que la demande avait été accueillie en première instance. • Com. 11 févr. 1992 : *JCP 1992. II. 21817, note Perdriau.* – Dans le même sens : • Civ. 1re, 3 mai 1995, nº 92-16.451 P • 10 mars 1998, nº 95-21.817 P : *RTD civ. 1999. 199, obs. Perrot* • 9 oct. 2001, nº 98-14.991 P : *D. 2001. IR 3169* • Civ. 2e, 13 mars 2003, nº 01-17.418 P • Civ. 3e, 23 janv. 2013, nº 11-27.477 P : *D. 2013. 305* (même partiellement). ♦ Une cour d'appel ne peut, tout en déclarant les demandes de l'appelant irrecevables, condamner l'intimé à des dommages-intérêts pour résistance abusive. • Civ. 2e, 21 déc. 2006, nº 06-12.368 P.

Mais l'anc. art. 1382 [1240] n'exclut pas qu'une cour d'appel, saisie de l'entier litige par l'effet dévolutif de l'appel, condamne à des dommages et intérêts pour procédure abusive une partie à la demande ou à la défense de laquelle il avait été fait droit en première instance. • Civ. 1re, 7 nov. 1995, nº 92-10.053 P : *D. 1995. IR 271* • Com. 1er oct. 1997 : *D. Affaires 1997. 1258.* ♦ V. aussi • Com. 5 janv. 1999, nº 96-15.478 P (l'infirmation de la décision de première instance n'empêche pas le juge d'appel de retenir l'abus dans l'exercice de l'action). ♦ Caractère abusif et dilatoire d'une demande d'arrêt de l'exécution provisoire introduite dans le seul but de faire échec au jugement : V. • Civ. 2e, 12 nov. 1997, nº 95-20.280 P.

41. ... Plainte ou dénonciation téméraire, diffamation (non). L'action fondée sur des faits reconnus diffamatoires ne peut constituer un abus du droit d'ester en justice. • Civ. 2e, 15 mars 2001, nº 99-15.165 P : *D. 2001. IR 1517* • 10 mai 2001 : *LPA 25 juin 2001, note Derieux* ; *CCE 2001, nº 134, note A. Lepage* • 13 nov. 2003, nº 01-13.468 P : *D. 2003. IR 2933.* ♦ La témérité d'une plainte ou d'une dénonciation est distincte de l'abus du droit d'ester en justice et est, à elle seule, susceptible d'entraîner la responsabilité de son auteur. • Civ. 2e, 9 mars 2000, nº 98-10.070 P : *D. 2000. IR 109* ; *JCP 2000. I. 280, nº 9, obs. Viney.* – V. aussi • Civ. 2e, 3 mai 2006, nº 04-19.504 P : *D. 2006. 2780, note Robaczewski*.

42. ... Exécution d'une décision de justice. L'exécution d'une décision de justice exécutoire ne constitue pas une faute. • Civ. 1re, 1er févr. 2005, nº 03-10.018 P : *D. 2005. IR 596* ; *JCP N 2005. 1421, note Chataignier* (ordonnance sur requête de déconsignation d'une somme sous séquestre). ♦ Une cour d'appel ne peut reprocher aux victimes d'un dommage de ne pas avoir mis à exécution la décision assortie de l'exécution provisoire qu'elle infirme. • Civ. 3e, 4 juin 2008, n° 07-14.118 P : *JCP 2008. II. 10177, note Sabard ; Defrénois 2009. 83, obs. Périnet-Marquet ; RDI 2008. 392, obs. Malinvaud* (aggravation de désordres affectant un immeuble). ♦ Ne commet pas de faute l'avocat qui fait procéder à la transcription d'un jugement définitif de divorce, l'épouse s'étant désistée de son appel en raison de la réconciliation des époux, la décision de divorce étant ainsi passée en force de chose jugée et la transcription s'inscrivant dans un cadre parfaitement légal et n'ayant eu aucune incidence sur le statut juridique l'épouse. • Civ. 1re, 25 mars 2009 : *Dr. fam. 2009, n° 86, note Larribau-Terneyre.*

43. ... Non-respect du caractère suspensif d'un jugement. Le recours contre la décision de refus de poursuivre l'accueil d'un enfant handicapé ayant un caractère suspensif, les parents peuvent obtenir réparation du préjudice moral résultant de la déscolarisation de leur enfant pendant deux ans. • Civ. 2e, 19 janv. 2017, n° 16-13.394 P. ♦ Ayant délivré un commandement de payer valant saisie immobilière, le créancier poursuivant ne peut, sauf abus de saisie, voir sa responsabilité engagée à raison de ce qu'il aurait tardé à répondre, avant le jugement d'orientation autorisant la vente amiable, à une sollicitation du débiteur saisi tendant à l'autoriser à vendre amiablement le bien saisi. • Civ. 2e, 3 févr. 2022, n° 20-20.355 B : *RDC 2022/2. 85, note Cayrol.*

44. ... Saisie. Il peut être abusif de procéder à une saisie immobilière pour le recouvrement d'une créance minime. • Civ. 2e, 13 mai 1991, n° 90-10.452 P. ♦ Dans le même sens, pour une saisie-vente : • Paris, 7 déc. 1995 : *D. 1996. 203, note Prévault*. ♦ ... De prolonger les effets d'une saisie-arrêt après règlement de la créance. • TGI Perpignan, 15 nov. 1989 : *JCP 1990. II. 21444, note Prévault et Villacèque.* ♦ ... De délivrer à un débiteur qui n'est pas en état de cessation de paiements des assignations en redressement judiciaire en vue d'exercer sur lui un moyen de pression. • Com. 5 déc. 1989 : *Defrénois 1990. 1013, note Beaubrun.* ♦ Sur la nécessité de démontrer la légèreté blâmable ou l'intention de nuire du créancier saisissant, V. • Civ. 2e, 18 mars 2004, n° 02-11.898 P. ♦ Sur la nécessité pour le débiteur saisi de dénoncer, avant l'adjudication, l'irrégularité ou l'inutilité de la procédure : • Civ. 2e, 18 sept. 2003, n° 01-14.406 P • 18 sept. 2003, n° 01-13.902 P.

Selon l'art. L. 121-2 C. pr. exéc., le juge de l'exécution a le pouvoir d'ordonner la mainlevée de *toute mesure inutile ou abusive* et de condamner le créancier à des dommages-intérêts en cas d'abus de saisie ; pour trancher la demande de mainlevée de la mesure inutile ou abusive, il appartient au juge de l'exécution de se placer au jour où il statue. • Civ. 2e, 20 oct. 2022, n° 20-22.801 B.

45. ... Prestations sociales. Faute de la caisse de sécurité sociale qui, suspectant un indu de prestation, a suspendu sans avertissement préalable le versement à la victime de la rente d'accident du travail, sans en rétablir immédiatement le paiement après le recours formé par celle-ci auprès de la commission de recours amiable, lui causant ainsi un préjudice moral. • Civ. 2e, 28 mai 2020, n° 19-11.815 P.

46. ... Faculté de renonciation. L'exercice par l'assureur de la faculté de renonciation qui, prévue par le C. assur., ne constitue cependant pas un droit discrétionnaire, est susceptible de dégénérer en abus. • Civ. 2e, 19 mai 2016, n° 15-12.767 P : *D. 2016. 1797, note Perdrix ; RTD civ. 2016. 605, obs. Barbier ; JCP 2016, n° 811, note Mayaux ; ibid. 916, obs. Noguéro ; RDC 2017. 25, obs. Stoffel-Munck ; RGDA 2016. 321, note Kullmann.*

47. ... Refus de vente. Le refus de vente, qui ne constitue plus par lui-même une faute civile, peut néanmoins constituer un abus de droit, dont il appartient à celui qui s'en prévaut d'établir la réalité. • Com. 18 déc. 2001, n° 99-11.787 P : *D. 2002. Somm. 3009, obs. Ferrier*.

48. ... Droit des marques. Si la protection de la marque régulièrement déposée est absolue et confère à celui qui en est investi une action contre ceux qui y portent atteinte, le fait qu'une société aurait acquis la propriété d'une marque dans la seule intention d'entraîner par le jeu de l'antériorité ainsi acquise et exploitée la perte d'une entreprise concurrente, serait susceptible de faire échec, comme constitutif d'abus de droit, à l'action en dommages-intérêts engagée par ladite société. • Com. 21 févr. 1978 : *D. 1978. 407, note Foulon-Piganiol.*

L'usage d'un signe enregistré en tant que marque n'est pas fautif s'il n'est pas susceptible d'être à l'origine d'une dégénérescence de cette marque. • Com. 1er mars 2017, n° 15-13.071 P (utilisation du terme Meccano comme métaphore pour désigner des constructions scientifiques, politiques ou intellectuelles subtiles et compliquées, cette usage ne tendant pas en l'espèce à désigner des produits ou services).

49. Refus de délivrance d'un legs. Constitue une faute le refus injustifié par l'héritier de délivrer un legs au légataire particulier. • Civ. 1re, 18 déc. 2013, n° 12-21.875.

50. ... Opposition à mariage. Nécessité de caractériser les circonstances particulières faisant dégénérer en abus le droit d'opposition. • Civ. 1re, 11 juill. 2019, n° 15-17.718 P : *D. 2019. 1639, note Lemouland ; AJ fam. 2019. 473, obs. Houssier*.

51. ... « Gueth ». En déduisant l'absence de faute de la seule absence de preuve par la femme de l'intention de nuire, sans rechercher si, abstraction faite de cette intention, le refus du mari de délivrer une lettre de répudiation ou

« *gueth* » n'était pas abusif, les juges du fond n'ont pas donné de base légale à leur décision. • Civ. 2e, 5 juin 1985 : *Gaz. Pal. 1986. 1. 9, note Chabas; JCP 1987. II. 20728, note Agostini* • 15 juin 1988 : *JCP 1989. II. 21223, note Morançais-Demeester ; RTD civ. 1988. 770, obs. Jourdain.* ♦ Comp. note 13. ♦ V. aussi (abstention dommageable et intention de nuire caractérisées) : • Civ. 2e, 21 avr. 1982 : *Gaz. Pal. 1983. 2. 590, note Chabas ; RTD civ. 1984. 114, obs. Durry* • Aix-en-Provence, 23 oct. 2008 : *RLDC 2009/64, n° 3578, note Réglier.* ♦ Barbier, *Gaz. Pal. 1987. 2. Doctr. 484.* – Rubellin-Devichi, *RTD civ. 1989. 283* (« *gueth* »). ♦ Les juges du fond ne peuvent condamner un mari à une astreinte d'un certain montant par jour de retard dans la délivrance d'une lettre de répudiation ou « *gueth* », alors que la délivrance du « *gueth* » constituait pour le mari une simple faculté relevant de sa liberté de conscience et dont l'abus ne pouvait donner lieu qu'à dommages-intérêts. • Civ. 2e, 21 avr. 1982 : *Gaz. Pal. 1983. 2. 590, note Chabas ; RTD civ. 1984. 114, obs. Durry* • 21 nov. 1990, n° 89-17.659 P : *D. 1991. 434, note Agostini* .

52. ... Relations de voisinage. Abus du droit de propriété, responsabilité pour troubles de voisinage : V. notes ss. art. 544 et 651.

53. ... Comportement d'un copropriétaire. Est abusif le comportement d'un propriétaire de lots qui, dans l'incapacité de payer les charges, ne cesse de faire obstruction aux décisions du syndicat des copropriétaires et aux mesures nécessaires à la sauvegarde de l'immeuble, causant ainsi un préjudice à la collectivité distinct de celui réparé par des dommages-intérêts moratoires.. • Civ. 3e, 3 nov. 2016, n° 15-24.793 P : *D. 2016. 2282* .

c. Droit de la famille

54. Rupture de fiançailles et de concubinage. Faute dans les circonstances de la rupture d'une promesse de mariage : V. note 24 ss. art. 143. ♦ Faute dans les circonstances de la rupture d'un concubinage adultérin : V. note 18 ss. art. 515-8.

55. Adultère. BIBL. Edon-Lamballe, *RRJ 2002/1. 77.* – Gil, *RLDC 2012/90* (action en responsabilité *pour détournement des sentiments*). ♦ Absence de faute de la part de la personne qui s'est installée dans une relation adultère avec un homme marié. • Civ. 2e, 4 mai 2000 : *JCP 2000. II. 10356, note Garé ; RTD civ. 2000. 810, obs. Hauser* . – Dans le même sens : • Civ. 2e, 5 juill. 2001, n° 99-21.445 P : *D. 2002. Somm. 1318, obs. Delebecque ; JCP 2002. II. 10139, note Houtcieff ; Defrénois 2003. 119, obs. Massip ; AJ fam. 2001. 28, et les obs. ; RTD civ. 2001. 856, obs. Hauser ; ibid. 893, obs. Jourdain* .

56. Filiation. BIBL. Garron, *RRJ 1999/2. 367* (la responsabilité du géniteur). ♦ Faute à souscrire une reconnaissance mensongère d'enfant naturel. • Civ. 1re, 21 juill. 1987 : *D. 1988. 225, note Massip* • 6 déc. 1988 : *D. 1989. 317, note Massip* • Paris, 13 févr. 1975 : *Gaz. Pal. 1975. 1. 320, note Viatte.* ♦ Pour une responsabilité contractuelle en ce cas : • Civ. 1re, 6 déc. 1988 : *préc.* • 10 juill. 1990, n° 88-15.105 P : *R., p. 253 ; D. 1990. 517, note Huet-Weiller ; Gaz. Pal. 1990. 2. 708, note Massip ; RTD civ. 1991. 119, obs. Jourdain ; ibid. 311, obs. Hauser* . ♦ Celui qui s'est abstenu, alors qu'il ne pouvait ignorer sa paternité, de verser à la mère la moindre participation aux besoins de l'enfant, s'est soustrait à ses obligations et doit réparation du préjudice causé par cet agissement fautif. • Paris, 12 mai 1977 : *Gaz. Pal. 1978. 2. 369 (3e esp.), note Massip.* ♦ Pour un arrêt excluant la faute de la femme qui s'est prêtée à un rapport sexuel sans moyen de contraception et qui a ensuite agi contre son partenaire en reconnaissance de paternité de l'enfant né de ce rapport : • Civ. 2e, 12 juill. 2007 : *D. 2008. Pan. 1371, obs. Granet-Lambrechts ; JCP 2008. I. 125, n° 1, obs. Stoffel-Munck ; Defrénois 2008. 575, obs. Massip ; Dr. fam. 2007, n° 171, note Rouxel ; RCA 2007, n° 236 ; ibid. Repère 8, par Groutel ; RJPF 2007-12/31, note Corpart ; RTD civ. 2008. 91, obs. Hauser* . ♦ Comp., admettant la faute de la mère qui a dissimulé à son partenaire sa situation familiale et patrimoniale : • Pau, 16 déc. 2013 : *JCP 2014, n° 503, obs. Étienney de Sainte Marie.*

d. Autres domaines

57. Fourniture de renseignements. Celui qui a accepté de donner des renseignements a lui-même l'obligation de s'informer pour informer en connaissance de cause. • Civ. 2e, 19 oct. 1994, n° 92-21.543 P : *D. 1995. 499, note Gavard-Gilles* • 19 juin 1996, n° 94-12.777 P : *R., p. 342 ; Defrénois 1996. 1373, obs. Delebecque ; Gaz. Pal. 15 févr. 1997, Somm., obs. D. Mazeaud ; RTD civ. 1997. 144, obs. Jourdain* • Civ. 1re, 20 déc. 2012, n° 11-28.202 P : *D. 2013. 84* . ♦ En laissant paraître une annonce comportant des mentions erronées sur le nombre d'immatriculations antérieures et désignant un véhicule qui avait été gravement accidenté, un journal de petites annonces a commis, au regard des documents contractuels, une faute ayant concouru au dommage subi par l'acheteur, en possession d'un véhicule inutilisable et dans l'impossibilité de retrouver le vendeur. • Civ. 2e, 10 juin 2004, n° 02-19.600 P : *JCP 2005. I. 114, nos 5 s., obs. Labarthe ; CCE 2004, n° 117, note Stoffel-Munck ; RTD civ. 2004. 728, obs. Mestre et Fages* . ♦ V. aussi • Soc. 12 juill. 1995 : *D. 1996. 35, note Saint-Jours* • Civ. 2e, 2 avr. 1996, n° 94-15.361 P : *R., p. 342* • Soc. 5 nov. 1999, n° 98-11.309 P (responsabilité civile d'une caisse d'assurance maladie pour la fourniture de renseignements de nature à induire en erreur sur l'étendue de sa couverture sociale un assuré social se rendant à l'étranger) • 8 févr. 2012, n° 10-30.892 P (obligation des organismes d'assurance chômage d'assurer l'information complète des demandeurs d'emploi : faute dans le fait de n'avoir évoqué qu'une seule des deux prestations susceptibles d'être accordées). ♦ Mais la divergence d'interprétation d'un texte entre l'URSSAF et les cotisants, tranchée ultérieurement par la Cour de cassation en faveur de celle défendue par les débiteurs des cotisations, n'est pas constitutive d'une faute à la charge des organismes de recouvrement. • Civ. 2e, 20 déc. 2007, n° 06-17.889 P : *D. 2008. 1183, note Ngo Ky ; JCP 2008. II. 10015, note Loiseau ; Gaz. Pal. 2008. 4. 2614, obs. Jacques* • 12 mars 2009, n° 08-11.210 P : *D. 2009. AJ 879*.

58. Complicité dans la violation d'un contrat. Le tiers à un contrat qui se rend complice de la violation par une partie de ses obligations contractuelles engage sa responsabilité délictuelle. • Com. 19 oct. 2022, n° 21-16.169 B : *D. 2022. 2283, note Jost ; CCC 2023, n° 2, note Leveneur.* ♦ V. note 8 ss. art. 1200.

59. Calcul de droit sociaux. Ayant constaté que l'analyse opposée par la caisse de retraite à l'assuré avait été retenue par plusieurs cours d'appel, la cour a pu en déduire que celle-ci n'avait pas commis de faute en adoptant une position déjà judiciairement confirmée. • Civ. 2e, 25 nov. 2021, n° 20-17.234 B.

60. Expertise. L'expert chargé du bornage d'un terrain qui remet un rapport critiquable et inexploitable en ce qu'il ne permettait pas le bornage des propriétés en cause, compte tenu de ses approximations et erreurs, commet une faute qui présente un lien de causalité directe avec la saisine de la cour d'appel et la nouvelle mesure d'instruction ordonnée. • Civ. 2e, 13 sept. 2012, n° 11-16.216 P : *D. 2012. 2169*. ♦ Faute d'un expert consulté sur des désordres relatifs à une piscine, celui-ci ayant partiellement identifié l'origine du désordre initial mais n'ayant pas pris les mesures nécessaires pour apprécier sa gravité et son degré évolutif et ses préconisations étant insuffisantes, ce dont il résultait que la faute de l'expert est à l'origine de la persistance des dommages. • Civ. 3e, 11 mars 2015, n° 13-28.351 P : *cité note 50 ss. art. 1792.*

L'expert qui se fait communiquer par les parties les pièces nécessaires à l'accomplissement de sa mission doit, au terme de ses opérations et sauf dispense des parties, leur restituer les pièces non dématérialisées. • Civ. 1re, 5 oct. 2022, n° 21-12.542 B : *RCA 2022, n° 274, note Bloch* (faute de l'expert qui s'est dessaisi des pièces médicales sans s'assurer de l'accord des parties).

61. Fausse déclaration d'un tiers saisi. Si, après avoir exactement répondu sur-le-champ à l'huissier de justice, le tiers entre les mains duquel la saisie est pratiquée lui fournit ultérieurement des informations complémentaires mensongères ou inexactes, il engage sa responsabilité aux conditions de l'art. 1240. • Civ. 2e, 4 févr. 2021, n° 19-12.424 P : *D. 2021. Chron. C. cass. 491, obs. Lemoine, de Leiris*.

62. Outrage. Victime outragée à plusieurs reprises et souffrant d'une atteinte à sa dignité et à son honneur. • Crim. 14 janv. 2020, n° 19-82.145 P : *D. 2020. 85 ; RSC 2020. 114, obs. Jeanne*.

63. Dénonciation à un organisme public. Préjudice moral subi par une assistante maternelle, son employeur ayant adressé au service de la protection maternelle et infantile une lettre ayant provoqué une visite exceptionnelle de suivi au domicile de l'assistante maternelle, ce courrier ayant porté atteinte à l'honneur et à l'intégrité de la salariée. • Soc. 2 déc. 2015, n° 14-24.546 P. ♦ La dénonciation à l'office public d'habitation du gardien d'un immeuble par un ancien locataire qui l'accuse sans preuve d'intrusion dans les appartements de certains locataires, de vol de correspondance, de manœuvres abjectes et d'absences répétées à son poste de travail caractérise l'infraction de dénonciation calomnieuse et constitue une faute civile. • Civ. 1re, 24 mai 2017, n° 16-16.773 P.

64. Tromperie. BIBL. Loteries et concours publicitaires : Autem, *CCC 1999. Chron. 11.* – Lecourt, *JCP 1999. I. 155.* – Maurin, *RRJ 1998/4. 1257.* – Tchendjou, *Mél. Aubert, Dalloz, 2005, p. 311.* ♦ Commet une faute la société qui, à l'occasion d'un jeu qu'elle organisait, définit un prix comme portant sur une certaine valeur sans allusion à une quelconque division de celui-ci entre divers attributaires, ce qui était de nature à persuader un des gagnants que son numéro tiré au sort lui avait permis de se voir attribuer la totalité du lot. • Civ. 2e, 28 juin 1995 : *D. 1996. 180 (2e esp.) note Mouralis*. ♦ Même sens : • Civ. 2e, 18 déc. 1996, n° 94-20.368 P • Paris, 18 juin 1999 : *D. 1999. AJ 4, obs. C.R. (1re esp.)* • Civ. 2e, 26 oct. 2000, n° 98-18.246 P : *Defrénois 2001. 693, obs. Savaux.* ♦ Comp. • Dijon, 8 déc. 1998 : *BICC 1er juill. 1999, n° 862.* ♦ L'absence de perception des gains promis par une loterie publicitaire n'est de nature à constituer par la déception qu'elle engendre, sur le fondement de la responsabilité délictuelle, qu'un préjudice moral. • Crim. 22 nov. 2022, n° 21-86.010 B : *CCC 2023, n° 34, note Bernheim-Desvaux.*

65. Dénigrement fautif. BIBL. Bigot, *D. 2019. 319* (dénigrement et concurrence déloyale : vers un changement de paradigme). ♦ Même en l'absence d'une situation de concurrence directe et effective entre les personnes concernées, la divulgation, par l'une, d'une information de nature à jeter le discrédit sur un produit commercialisé par l'autre constitue un acte de dénigrement, à moins que l'information en cause ne se rapporte à un sujet d'intérêt général et repose sur une base factuelle suffisante, et sous réserve qu'elle soit exprimée avec une certaine mesure.

• Com. 4 mars 2020, n° 18-15.651 P (en l'espèce, l'information divulguée ne reposait pas sur une base factuelle suffisante au regard de la gravité des allégations en cause). ♦ Il s'infère nécessairement un préjudice d'un acte de dénigrement. • Com. 15 janv. 2020, n° 17-27.778 P. ♦ La divulgation par le défendeur à la clientèle du demandeur d'une action en contrefaçon ouverte contre ce dernier, sans donner lieu à une décision de justice en raison de l'absence de toute base factuelle, constitue une faute de nature à engager la responsabilité civile de son auteur. • Com. 9 janv. 2019, n° 17-18.350 P : *D. 2019. 872, note Bruguière et Brégou* ; *ibid. 1578, obs. Galloux et Kamina* .

66. Concurrence déloyale, parasitisme. BIBL. Amaro, *D. 2022. 1323* (esquisse d'une nomenclature des préjudices en droit de la concurrence). – Colloque AFEC, *CCC 2017, Dossier, n° 1 s.* – Bigot, *D. 2019. 319* (dénigrement et concurrence déloyale : vers un changement de paradigme). – Ménard, *D. 2019. 1549* (le dommage induit de l'acte de concurrence déloyale).

♦ L'action en concurrence déloyale trouve son fondement dans les dispositions des anc. art. 1382 et anc. 1383 [1240 et 1241]. • Com. 29 mai 1967 : *Bull. civ. III, n° 209.* ♦ Rappr. : • Com. 24 févr. 1998, n° 96-12.638 P : *D. 1999. Somm. 100, obs. Picod* ; *JCP 1999. II. 10003, note Keita* (obligation de loyauté d'un ancien dirigeant). ♦ Il s'infère nécessairement un préjudice d'un acte de concurrence déloyale. • Com. 15 janv. 2020, n° 17-27.778 P • 12 févr. 2020, n° 17-31.614 P : *D. 2020. 1086, note Borghetti* ; *ibid. Chron. C. cass. 1254, obs. Le Bras* ; *RTD civ. 2020. 391, obs. Barbier* ; *ibid. 401, obs. Jourdain* ; *RTD com. 2020. 313, obs. Chagny* ; *JCP 2020, n° 792, note Rebeyrol* ; *RDC 2020/2. 36, note Pellet.* ♦ Sur la présomption de préjudice en la matière, V. • Com. 9 oct. 2001 : *CCC 2002, n° 6, obs. Malaurie-Vignal* ; *RTD civ. 2002. 304, obs. Jourdain* . ♦ La caractérisation d'une faute de concurrence déloyale n'exige pas la constatation d'un élément intentionnel. • Com. 13 oct. 2021, n° 19-20.504 B : *D. 2022. 482, obs. Clavier* ; *Rev. sociétés 2022. 244, note Pollaud-Dulian* (nécessité de rechercher si l'exploitation à des fins commerciales de l'histoire d'une famille sans mentionner la cession du fonds de commerce de la société portant ce nom n'est pas de nature à entraîner, fût-ce non intentionnellement, un risque de confusion entre les produits commercialisés sous les deux marques). ♦ Constitue un acte de concurrence déloyale la copie servile d'un produit commercialisé par une entreprise susceptible de créer un risque de confusion dans l'esprit de la clientèle. • Civ. 1re, 9 avr. 2015, n° 14-11.853 P. ♦ Les agissements parasitaires d'une société peuvent être constitutifs d'une faute au sens de l'anc. art. 1382 [1240], même en l'absence de toute situation de concurrence. • Com. 30 janv. 1996, n° 94-15.725 P. ♦ L'action en parasitisme, fondée sur l'art. 1382, devenu 1240, qui implique l'existence d'une faute commise par une personne au préjudice d'une autre, peut être mise en œuvre quels que soient le statut juridique ou l'activité des parties, dès lors que l'auteur se place dans le sillage de la victime en profitant indûment de ses efforts, de son savoir-faire, de sa notoriété ou de ses investissements. • Com. 16 févr. 2022, n° 20-13.542 B : *D. 2022. 1383, note Bruguière et Brégou* (utilisation par deux associations des outils de communication conçus et financés par une association de protection animale très connue, peu important la finalité de leurs campagnes respectives). ♦ Faute délictuelle dans l'imitation d'une marque notoirement connue : • Com. 11 mars 2003, n° 00-22.722 P : *D. 2003. Somm. 2688, obs. Durrande* ; *JCP 2004. II. 10034, note Debat* ; *Rev. sociétés 2003. 557, note Pollaud-Dulian* . ♦ … Dans la création d'une société à la dénomination très proche de celle d'une ancienne filiale dont les parts avaient été cédées. • Com. 20 févr. 2007 : *D. 2008. Pan. 247, obs. Picod* ; *CCC 2007, n° 123, note Malaurie-Vignal.* ♦ … Dans la reproduction par un journal, sans indication de source, d'une interview ayant impliqué un travail complet, ceci traduisant un comportement parasitaire, contraire à l'éthique professionnelle. • Civ. 1re, 22 oct. 2009, n° 08-19.499 P : *D. 2009. AJ 2685* .

Est fautive la dénonciation à la clientèle d'une action n'ayant pas donné lieu à une décision de justice. • Com. 12 mai 2004, n° 02-16.623 P : *JCP E 2004. 1739, n° 4, obs. Caron* ; *CCC 2004, n° 112, note Malaurie-Vignal* • 12 mai 2004, n° 02-19.199 P. – Rappr. : • Com. 20 nov. 2007 : *D. 2008. Pan. 255, obs. Auguet* . ♦ Est fautive la dénonciation auprès des clients d'un concurrent d'une action en justice intentée contre ce dernier, alors qu'elle n'a pas encore été jugée. • Com. 7 mars 2018, n° 16-16.645 P : *D. 2018. 2106, obs. Martin et Synvet* ; *AJ contrat 2018. 178, obs. Legrand* ; *Dalloz IP/IT 2018. 509, obs. Lecourt* ; *RTD com. 2018. 441, obs. Legeais* .

La divulgation d'une information de nature à jeter le discrédit sur un concurrent constitue un dénigrement, peu important qu'elle soit exacte. • Com. 24 sept. 2013, n° 12-19.790 P : *D. 2013. 2270, obs. Delpech* .

La responsabilité civile des membres d'une entente peut être engagée du fait du dommage causé par un effet d'ombrelle sur les prix ; l'art. 101 TFUE doit être interprété en ce sens qu'il s'oppose à une interprétation et à une application du droit interne d'un État membre qui consiste à exclure de manière catégorique, pour des motifs juridiques, que des entreprises participant à une entente répondent sur le plan civil de dommages résultant de prix qu'une entreprise ne participant pas à cette entente a fixés, en considération des agissements de ladite entente, à un niveau plus élevé que celui qui aurait été appliqué en l'absence d'entente. • CJUE 5 juin 2014, n° C-557/12 : *AJCA 2014. 235, obs. Parléani* ; *AJDA 2014. 1651, chron. Aubert, Broussy et Cassagnabère* ; *D. 2014. 1525, note Carval*. ♦ Mais cassation de l'arrêt ayant condamné une société à des dommages-intérêts en raison de sa pratique de prix imposée à des concessionnaires, alors que cette pratique n'était pas une entente entre concurrents et qu'aucune présomption de préjudice ne découlant de cette pratique, il appartenait à la cour d'appel d'établir le dommage causé par celle-ci. • Com. 28 sept. 2022, n° 21-20.731 B.

Constitue un acte de concurrence déloyale le fait, pour une société à la création de laquelle a participé le salarié d'une société concurrente, de débuter son activité avant le terme du contrat de travail liant ceux-ci. • Com. 7 déc. 2022, n° 21-19.860 B. ♦ Mais absence de concurrence déloyale de la part de salariés organisant à titre bénévole leurs transports, avec indemnisation des frais du conducteur, sans recourir au service offert par un transporteur ayant conclu un contrat cadre avec leur employeur. • Com. 12 mars 2013, n° 11-21.908 P : *D. 2013. Chron. C. cass. 1172, note Lecaroz*. ♦ Les idées étant de libre parcours, le seul fait de reprendre, en le déclinant, un concept mis en œuvre par un concurrent ne constitue pas un acte de parasitisme. • Civ. 1re, 22 juin 2017, n° 14-20.310 P : *D. 2017. 1359* ; *Dalloz IP/IT 2017. 597, obs. Lecourt*.

67. ... Captation de clientèle. L'absence d'information du consommateur français, de la part d'une entreprise de commerce électronique située à l'étranger, sur l'obligation de payer la rémunération pour copie privée, dont il est redevable, constitue un acte de captation de clientèle, le consommateur n'étant pas informé des conséquences de cette obligation sur le prix de vente des produits. • Civ. 1re, 27 nov. 2008, n° 07-15.066 P : *D. 2008. AJ 3081, obs. Manara* ; *JCP E 2009. 1238, note Beyneix* ; *CCC 2009, n° 18, obs Malaurie-Vignal* ; *RTD com. 2009. 131, obs. Pollaud-Dulian*. ♦ Désorganisation de l'entreprise concurrente, en raison d'une installation dans la même commune et de l'embauche de la totalité de ses salariés : • Com. 31 janv. 2012 : *RCA 2012, n° 88.*

Distinction entre concurrence et concurrence déloyale : un manquement à une règle de déontologie, dont l'objet est de fixer les devoirs des membres d'une profession et qui est assortie de sanctions disciplinaires, ne constitue pas nécessairement un acte de concurrence déloyale. • Com. 10 sept. 2013, n° 12-23.888 P : *D. 2013. 2169, obs. Lienhard* (associé d'une SAS) • 10 sept. 2013, n° 12-19.356 P : *D. 2013. 2165, obs. Chevrier* ; *D. avocats 2013. 359, obs. Dargent* ; *JCP 2013, n° 1203, note Brigant* (en vertu du principe de la liberté du commerce et de l'industrie, le démarchage de la clientèle d'autrui, fût-ce par un ancien salarié de celui-ci, est libre, dès lors que ce démarchage ne s'accompagne pas d'un acte déloyal) • 24 juin 2014, n° 11-27.450 P : *D. 2014. 1444*. ♦ *Contra* antérieurement : la méconnaissance des règles déontologiques de la profession (expert-comptable, en l'espèce) suffit à établir que les agissements en cause étaient constitutifs de concurrence déloyale. • Com. 29 avr. 1997, n° 94-21.424 P : *JCP 1997. I. 4068, nos 1 s., obs. Viney.*

Il incombe à un centre de santé régi par les art. L. 6323-1, D. 6323-2 s. et R. 4127-215 CSP de délivrer des informations objectives relatives aux prestations qu'il propose au public, mais non de se livrer à des actes de promotion de nature à favoriser l'activité des chirurgiens-dentistes qu'il emploie au détriment de leurs collègues. • Civ. 1re, 26 avr. 2017, n° 16-14.036 P.

68. Rupture de pourparlers ou de relations commerciales. Les juges du fond peuvent relever un abus du droit de rompre des négociations en constatant la légèreté blâmable de l'auteur de cette rupture. • Com. 22 févr. 1994, n° 91-18.842 P. ♦ ... Ou un abus du droit de rompre des relations commerciales avec un fournisseur, en constatant l'ancienneté et l'importance de ces relations et le fait que le client avait laissé croire qu'elles se poursuivraient normalement. • Com. 28 févr. 1995, n° 93-14.437 P. ♦ Légèreté blâmable dans la rupture de la période d'essai d'un contrat de travail, caractérisant un abus de droit : • Soc. 5 mai 2004 : *D. 2004. IR 1641*.

Le fait pour tout commerçant ou artisan de rompre brutalement une relation commerciale établie engage la responsabilité délictuelle de son auteur. • Com. 6 févr. 2007, n° 04-13.178 P : *D. 2007. AJ 653, obs. Chevrier* ; *ibid. Pan. 1694, obs. Ballot-Léna* ; *JCP 2007. II. 10108, note Marmoz* ; *ibid. I. 185, n° 11, obs. Stoffel-Munck* ; *RDC 2007. 731, obs. Borghetti* ; *RTD civ. 2007. 343, obs. Mestre et Fages*. – V. aussi Le Couviour, *RTD com. 2008. 1* • 13 janv. 2008 : *CCC 2009, n° 72, obs. Mathey.* ♦ Rappr. : • Com. 23 sept. 2014 : *D. 2014. 1932* (question préjudicielle jugée non sérieuse).

69. La contestation injustifiée du projet de cession d'un bail commercial par les bailleurs, revenant sur un accord préalable qui avait conduit la locataire à cesser son exploitation, a provoqué l'échec de cette cession et entraîné un préjudice, caractérisé par une perte de chance. • Civ. 3e, 23 nov. 2011 : *D. 2011. 2928*.

70. Internet. BIBL. Amaudric du Chaffaut, *LPA 29 janv. 2003* (responsabilité des forums de discussion). – Barbry et Olivier, *Légicom 2000/1 et 2, p. 79.* – Boizard, *Dr. et patr. 1/2001. 70.* – Castets-Renard, *D. 2012. 827* (intermédiaires de l'internet). – De Candé, *D. 2001. Chron. 1934.* – Iteanu et Livory, *Gaz. Pal. 1999. Doctr. 1289.* –

Jez et Pansier, *Gaz. Pal. 2000. Doctr. 1511* (L. du 1er août 2000). – A. Lepage, *D. 2001. Chron. 322* ; *CCE 2002. Chron. 5.* – Oudot, *Gaz. Pal. 31 oct.-3 nov. 2007, Doctr.* – Voituriez, *Gaz. Pal. 1999. 1. Doctr. 491.* ♦ V. désormais L. n° 2004-575 du 21 juin 2004 pour la confiance dans l'économie numérique, art. 6, ss. art. 1242. ♦ S'agissant d'atteintes à la vie privée, V. note 144 ss. art. 9.

71. Sport. BIBL. Cappello, *RTD civ. 2013. 777* (la faute civile et la violation des règles régissant une activité sportive ou professionnelle). – Lassalle, *JCP 2000. I. 277* (violences sportives). – Le Drevo et Lassalle, *JCP 2019, n° 286* (fautes civile et pénale en matière sportive). – Lorvellec, *Mél. Bouzat, Pédone, 1980, p. 285* (même thème). – J. Mouly, *JCP 2005. I. 134* (responsabilité civile et sport) ; *RLDC 2006/29, n° 2162* (*idem*). – Voinot, *RLDC 2005/15, n° 609* (la faute en matière sportive). ♦ La responsabilité d'un sportif est engagée envers un autre dès lors qu'est établie une faute caractérisée par une violation des règles du sport concerné. • Civ. 2e, 23 sept. 2004, n° 03-11.274 P : *D. 2005. 551, note Brignon* (karaté). – Même sens : • Civ. 2e, 4 nov. 2004 : *RCA 2005, n° 20, note Groutel* (pilote et copilote de rallye automobile) • 13 janv. 2005, n° 03-12.884 P : *D. 2005. 2435, note Cornut* ; *RTD civ. 2005. 410, obs. Jourdain* (football) • 5 oct. 2006, n° 05-18.494 P : *LPA 21 févr. 2007, note Lafay* (rugby). ♦ V. également, note 34. ♦ Rappr., pour la responsabilité de l'association sportive du fait de ses membres, note 76 ss. art. 1242. ♦ Responsabilité d'une association organisatrice d'une course qui n'a pas pris toutes les mesures de prévention pour éviter des débordements prévisibles. • Civ. 2e, 7 juill. 2011 : *RCA 2011, n° 347* (course de taureaux). ♦ … D'une association qui n'a pas vérifié la situation de l'utilisateur de son circuit de motocross qui y a pénétré et s'y est entrainé à plusieurs reprises sans avoir adhéré à l'association. • Civ. 2e, 15 déc. 2011 : *RCA 2012, n° 53, obs. Hocquet-Berg* ; *CCC 2012, n° 58, obs. Leveneur.* ♦ Le fait de provoquer, en tombant au cours d'une escalade, la chute d'un autre grimpeur constitue une faute. • Civ. 2e, 18 mai 2000, n° 98-12.802 P : *JCP 2000. I. 280, nos 10 s., obs. Viney* ; *Gaz. Pal. 2002. 390, note A. Bolze* ; *RRJ 2001/2. 1191, étude Gonzalvez.* ♦ Rappr., sur la maladresse en matière médicale, note 30 ss. art. L. 1142-1 CSP (ss. art. 1242 C. civ.). ♦ Mais ne peut être considéré comme fautif le déclenchement de la chute d'une pierre par un alpiniste en précédant un autre, dans un parcours pierreux où ce risque était évident. • Civ. 2e, 24 avr. 2003, n° 01-00.450 P : *D. 2003. IR 1340* ; *JCP 2004. II. 10049, note Gavin-Millan-Oosterlynck (2e esp.)* ; *Gaz. Pal. 2004. 1880, note Bolze (2e esp.).* ♦ De même, doit être exonéré de toute responsabilité le footballeur auteur d'un dommage à un adversaire par suite d'un geste maladroit qui ne révélait aucune agressivité ou malveillance et alors qu'aucun manquement aux règles du sport ou à la loyauté sportive n'a été commis. • Civ. 2e, 16 nov. 2000, n° 98-20.557 P : *D. 2000. IR 307*. ♦ Dans l'appréciation du comportement des pratiquants, le juge n'est pas lié par les décisions des arbitres sportifs. • Civ. 2e, 10 juin 2004, n° 02-18.649 P : *D. 2004. IR 1937* ; *JCP 2004. II. 10175, note Buy* ; *Gaz. Pal. 2004. 3821, note Polère* ; *Dr. et patr. 11/2004. 80, obs. Chabas* ; *RTD civ. 2005. 137, obs. Jourdain*. – Déjà en ce sens : • Civ. 2e, 21 janv. 1979 : *D. 1979. IR 543, obs. Alaphilippe et Karaquillo.*

72. Provocation à la commission d'une infraction pénale. A l'occasion d'une manifestation : • Cass., ch. mixte, 30 nov. 2018, n° 17-16.047 P : *cité note 66 ss. art. 1240.*

73. Esclavage – Minorité de la victime et travail forcé. Le travail forcé imposé à une enfant vulnérable, âgée de 12 ans, constitue une violation de l'art. 4 de la Conv. EDH, de l'art. 1er de la Convention supplémentaire relative à l'abrogation de l'esclavage, de la traite des esclaves et des institutions et pratiques analogues à l'esclavage du 30 avr. 1956, de l'art. 12 de la Conv. sur le travail forcé du 28 juin 1930, de l'art. 1er de la Conv. n° 138 de l'OIT. Concernant l'âge minimum d'admission à l'emploi et de l'art. 19 de la Conv. de New-York relative aux droits des enfants du 20 nov. 1989 entraînant sur le fondement des art. 1240 s. la responsabilité civile des personnes poursuivies déjà pénalement condamnées et l'obligation pour elles de réparer le préjudice économique de la victime. • Soc. 3 avr. 2019, n° 16-20.490 P.

B. PRÉJUDICE

1° NATURE DU DOMMAGE RÉPARABLE

a. Principe

74. Dommage matériel ou moral. BIBL. Bau, *Gaz. Pal. 2017. 191* (*quantum* du préjudice économique). – Boutonnet et Neyret, *D. 2010. Chron. 912* (préjudice moral et atteinte à l'environnement). – Belot, *LPA 28 déc. 2005* (préjudice économique). – Carval, *D. 2017. 414* (les intérêts compensatoires). – Corgas-Bernard, *RCA 2010. Étude 4* (préjudice d'angoisse) ; *ibid. 2012. Étude 7* (préjudice extrapatrimonial). – Coudevylle, *D. 1979. Chron. 173* (préjudice moral et droit administratif). – Duong, *JCP E 2005. 525* (préjudice « immatériel »). – Esmein, *D. 1954. Chron. 113* (indemnisation du préjudice moral). – Fagnart, *Mél. Lambert, Dalloz, 2002, p. 187* (vers un droit européen du dommage corporel ?). – Gout et Porchy-Simon, *D. 2015. 1499* (nomenclatures dans le droit du dommage corporel). – Hilger, *Gaz. Pal. 2017. 2592* (préjudice religieux). – Houssin, *D. 2018. 366* (critique de la reconnaissance du préjudice moral des personnes morales). – Gout et Porchy-Simon,

D. 2015. 1499 (nomenclatures dans le droit du dommage corporel). – Jacquemin, *RDC 2017. 705* (juge et dommage réparable). – Jourdain, *JCP 2015, n° 739* (préjudices d'angoisse). – Knetsch, *D. 2015. 443* (désintégration du préjudice moral) ; *ibid. 2022. 1815* (qu'est-ce qu'un dommage corporel ?). – Mémeteau, *Gaz. Pal. 1978. 2. Doctr. 400* (affection). – Morlet-Haïdara, *RCA 2011. Étude 13* (droit du dommage corporel). – Neyret, *D. 2012. 2673* (préjudice écologique). – Pellegrini, *RCA 2015. Étude 9* (préjudice d'angoisse de mort imminente). – Porchy-Simon, *D. 2017. 2265* (préjudice d'angoisse des victimes d'actes de terrorisme). – Prévost, *Gaz. Pal. 2018. 119* (dommage corporel et justice prédictive).– Quistrebert, *RCA 2019. Étude 8* (préjudice d'angoisse de mort imminente). – Ravit et Sutterlin, *D. 2012. 2675* (*idem*). – Rebeyrol, *D. 2010. Chron. 1804* (préjudice écologique). – Rémond-Gouilloud, *D. 1989. Chron. 259* (préjudice écologique). – Sarafian, Blanc et Macquart, *RGDA 2017. 297* (indemnisation du dommage corporel, préjudices futurs patrimoniaux et barème de capitalisation). – Stoffel-Munck, *Mél. le Tourneau, Dalloz, 2008, p. 959* (préjudice moral des personnes morales). – Tapinos, *Gaz. Pal. 2013. 209* (doctrine et dommage corporel). – Thévenot, *D. 1994. Chron. 225* (environnement et préjudice moral). – Traullé, *RTD civ. 2018. 285* (préjudice économique). – Verhulst, *LPA 3 déc. 2001* (dommage immatériel résultant des pertes d'exploitation). – Viney, *RCA, mai 1998, n° spécial* (préjudice écologique). – Wester-Ouisse, *JCP 2003. I. 145* (préjudice moral des personnes morales). – Dossier, *RCA 2010. Études 2 à 14 ; ibid. 2013. Études 1 à 10* (préjudice professionnel). – Dossier, *Gaz. Pal. 2014. 639* (préjudices exceptionnels des victimes directes). – Dossier, *AJ pénal 2017. 7* (indemnisation du dommage corporel). – Dossier, *Gaz. Pal. 2016. 3582 ; ibid. 2017. 685* (indemnisation des victimes d'attentat). ♦ L'anc. art. 1382 [1240] s'applique, par la généralité de ses termes, aussi bien au dommage moral qu'au dommage matériel. • Civ. 13 févr. 1923 : *GAJC, 11e éd., n° 179 ; DP 1923. 1. 52, note Lalou.*

75. Les conséquences d'un engagement librement souscrit et judiciairement déclaré valable ne constituent pas un préjudice réparable. • Civ. 1re, 10 avr. 2019, n° 18-14.987 P : *D. 2019. 818 ; AJDI 2020. 56, obs. Borel ; Defrénois 2019/39. 25, note Dagorne-Labbe.*

76. Préjudice identique sous deux appellations différentes. V. • Civ. 2e, 17 juin 2010 : *cité note 103* • 16 sept. 2010 : *cité note 97.* ♦ *Comp.* • *Civ. 2e, 13 sept. 2018,* n° 17-26.011 P : *cité note 240.*

77. Preuve du dommage. La preuve d'un dommage peut être rapportée par tout moyen, et notamment par un décompte d'indemnisation établi par la victime, dont le juge apprécie souverainement la valeur et la portée. • Civ. 2e, 10 févr. 2005, n° 02-20.495 P.

b. Victimes pouvant se prévaloir d'un dommage réparable

78. Personne morale et préjudice moral. **BIBL.** Broche, *RLDC 2013/104, n° 5079.* ♦ Cassation, au visa des anc. art. 1147, anc. 1382 et anc. 1383 [1240 et 1241], de l'arrêt ayant refusé d'admettre le préjudice moral d'une personne morale. • Com. 15 mai 2012, n° 11-10.278 P : *D. 2012. 1403, obs. Delpech ; ibid. 2285, note Dondero ; Rev. sociétés 2012. 620, note Stoffel-Munck ; JCP 2012, n° 1012, note Wester-Ouisse.* ♦ Rappr. pour l'indemnisation du préjudice moral distinct d'un associé. • Com. 4 nov. 2021, n° 19-12.342 B : *cité note 140* (atteinte à son image distincte du préjudice social).

79. Personne morale et intérêt collectif. La fédération ayant pour objet statutaire la protection du milieu aquatique est fondée à agir en réparation contre les défendeurs dont le comportement fautif a porté atteinte aux intérêts collectifs de la demanderesse. • Civ. 3e, 8 nov. 2018, n° 17-26.180 (prélèvement massif de grenouilles rousses, espèce protégée, ayant provoqué la mort de plusieurs milliers d'entre elles).

Le conseil départemental de l'ordre des médecins est fondé à demander la réparation du préjudice causé aux intérêts collectifs qu'il représente par des faits pour lesquels le prévenu a été déclaré coupable. • Crim. 12 juin 2019, n° 17-81.235 P.

80. Réparation symbolique au pénal et réparation du préjudice matériel au civil. Une victime ayant, sur sa constitution de partie civile, obtenu du tribunal correctionnel un franc à titre de dommages-intérêts en réparation de son préjudice moral, peut réclamer devant la juridiction civile la réparation de son préjudice matériel, le préjudice invoqué devant la juridiction pénale n'ayant pas le même objet que celui dont la réparation est demandée devant la juridiction civile. • Civ. 2e, 13 mai 1991, n° 89-21.535 P.

81. Conjoint de la victime séparé ou en instance de divorce. La veuve d'une victime ne justifie d'aucun préjudice moral ou matériel s'il est constaté qu'elle avait présenté une requête en divorce par consentement mutuel et que le projet de requête conjointe ne prévoyait ni pension alimentaire ni prestation compensatoire. • Civ. 2e, 8 déc. 1993, n° 92-12.781 P : *Defrénois 1994. 813, obs. D. Mazeaud ; RTD civ. 1994. 84, obs. Hauser .* ♦ Même sens : • Civ. 2e, 29 janv. 1997 : *RCA 1997, n° 119* (veuve vivant au Maroc, séparée de fait du mari résidant en France). ♦ Comp. note 116.

82. Victimes en état d'inconscience. **BIBL.** Évadé, *Gaz. Pal. 1991. 2. Doctr. 339.* – Gromb, *Gaz. Pal. 1991. 2. Doctr. 326.* – Margeat, *Gaz.*

Pal. 1991. 2. Doctr. 375. – Peano, *RCA 1995. Chron. 13.* – Kamara, *Gaz. Pal. 1996. 1. Doctr. 309.* – Terrasson de Fougères, *RTD civ. 1997. 893.* – Ravillon, *RDSS 1999. 191*. ♦ L'indemnisation d'un dommage n'est pas fonction de la représentation que s'en fait la victime mais de sa constatation par le juge et de son évaluation objective. • Crim. 5 janv. 1994, n° 93-83.050 P : *R., p. 382.* ♦ Rappr. : • Crim. 26 mars 2013 : *cité note 119.* ♦ V. dans le même sens : • Crim. 3 avr. 1978 : *JCP 1979. II. 19168, note Brousseau ; D. 1979. IR 64, obs. Larroumet* • 11 oct. 1988 : *Gaz. Pal. 1989. 1. 440, note Guth* (cassation d'un arrêt limitant l'évaluation du dommage subi par une victime réduite à l'état végétatif aux dépenses nécessaires à sa subsistance). ♦ L'état végétatif d'une personne humaine n'excluant aucun chef d'indemnisation, son préjudice doit être réparé dans tous ses éléments. • Civ. 2e, 22 févr. 1995 (1er arrêt), n° 92-18.731 P : *R., p. 316 ; D. 1996. 69, note Chartier ; D. 1995. Somm. 233, obs. D. Mazeaud ; JCP 1995. II. 22570, note Dagorne-Labbe ; Gaz. Pal. 1996. 1. 147, note Évadé ; RTD civ. 1995. 629, obs. Jourdain* • 22 févr. 1995 (2e arrêt) : *eod. loc.* • 28 juin 1995, n° 93-18.465 P : *R., p. 316.* ♦ Dans le même sens : • CE 24 nov. 2004 : *Lebon 445 ; AJDA 2005. 336, concl. Olson ; RCA 2005, n° 164, note Guettier.* ♦ Comp., approuvant l'appréciation souveraine des juges du fond ayant écarté la demande tendant à la réparation du préjudice moral, après avoir accueilli celle relative aux souffrances physiques, la victime étant décédée quasi instantanément. • Crim. 5 oct. 2010 : *RTD civ. 2011. 353, obs. Jourdain ; JCP 2011, n° 435, obs. Bloch* • Crim. 5 oct. 2010 : *D. 2011. 1040, obs. Lemouland et Vigneau ; RTD civ. 2011. 353, obs. Jourdain ; JCP 2011, n° 435, obs. Bloch ; Dr. fam. 2011, n° 1, obs. Larribau-Terneyre* (victime n'étant jamais sortie du coma et décédée quinze jours après l'accident sans avoir jamais repris connaissance).

83. *Victime décédée.* Les héritiers de la victime d'un accident ne peuvent obtenir l'indemnisation de son incapacité permanente partielle pour la période postérieure à son décès, serait-il consécutif à l'accident. • Civ. 2e, 21 févr. 1990, n° 88-16.741 P • 27 févr. 1991, n° 89-20.494 P • Crim. 13 nov. 2013 : *D. 2013. 2695 ; RCA 2014, n° 44, obs. Corgas-Bernard.*

84. *Victimes pas encore nées.* Dès sa naissance, l'enfant peut demander réparation du préjudice résultant du décès accidentel de son père survenu alors qu'il était conçu. • Civ. 2e, 14 déc. 2017, n° 16-26.687 P : *D. 2018. 386, note Bacache ; AJ fam. 2018. 48, obs. Saulier ; RDSS 2018. 178, obs. Tauran ; RTD civ. 2018. 72, obs. Mazeaud ; ibid. 92, obs. Leroyer ; ibid. 126, obs. Jourdain ; Gaz. pal. 2018. 214, note Dupré ; JCP 2018, n° 204, note Binet ; RCA 2018. Étude 3, par Hocquet-Berg ; LPA 24 mai 2018, note Bertier-Lestrade* • Crim. 10 nov. 2020, n° 19-87.136 P : *D. 2020. 2288 ; AJ fam. 2020. 679, obs. Mary ; AJ pénal 2021. 31, note Mayaud*.

L'enfant qui est conçu au moment du décès de la victime directe de faits présentant le caractère matériel d'une infraction peut demander réparation du préjudice que lui cause ce décès. • Civ. 2e, 11 févr. 2021, n° 19-23.525 P : *D. 2021. 349 ; AJ fam. 2021. 191, obs. Houssier ; RTD civ. 2021. 388, obs. Leroyer ; ibid. 415, obs. Jourdain ; Dr. fam. 2021, n° 70, obs. Dupin* (enfant conçu au moment du décès de son grand-père). ♦ Comp. absence de lien de causalité entre le décès de la victime et le préjudice subi par sa petite-fille, ainsi privée de son grand-père, le décès du grand-père étant survenu avant la naissance de l'enfant. • Civ. 2e, 4 nov. 2010, n° 09-68.903 P : *D. 2011. Chron. C. cass. 632, obs. Adida-Canac et Grignon-Dumoulin ; JCP 2011, n° 435, obs. Bloch* • 3 mars 2011, n° 10-16.284 : *RTD civ. 2012. 110, obs. Hauser ; Dr. fam. 2011, n° 161, obs. Rouxel.*

V. aussi, sous l'angle du lien de causalité, lorsque la naissance survient plusieurs années après le fait dommageable : absence de lien de causalité entre le décès d'un grand-père et le préjudice prétendument souffert par son petit-fils né 8 ans après son décès. • Civ. 2e, 24 mai 2006, n° 05-18.663 P. ♦ Absence de lien de causalité entre le dommage invoqué par la prétendue victime et la disparition non élucidée de sa soeur intervenue plusieurs années avant sa conception. • Civ. 2e, 11 mars 2021, n° 19-17.384 P : *D. 2021. Chron. C. cass. 1795, obs. Talabardon ; ibid. 1980, obs. Bacache, Guégan et Porchy-Simon ; ibid. 2022. 35, obs. Brun ; RTD civ. 2021. 388, obs. Leroyer* (action intentée contre le FGTI).

85. *Proches de la victime non décédée d'un acte de terrorisme.* Aucun des textes applicables à l'indemnisation des victimes d'actes de terrorisme par le FGTI n'exclut l'indemnisation des proches de la victime directe d'un attentat, en cas de survie de celle-ci, selon les règles du droit commun. • Civ. 2e, 27 oct. 2022, nos 21-24.425 B et 21-24.426 B : *D. 2022. 2269, note Porchy-Simon ; JCP 2022, n° 1437, note Pimbert ; RCA 2022, n° 271, note Hocquet-Berg* (3 arrêts). ♦ V. déjà, sur le préjudice d'attente des proches : • Cass., ch. mixte, 25 mars 2022, n° 20-17.072 B : *cité note 270.*

c. Variétés de préjudices selon leur cause

86. *Naissance d'un enfant.* BIBL. Deguergue, *RCA, mai 1998, n° spécial.* – Dekeuwer-Défossez, *RLDC 2011/82, n° 4243.* – M. Paillet, *Mél. Bolze, Economica, 1999, p. 261* (l'enfant préjudice devant le juge administratif). ♦ L'existence de l'enfant qu'elle a conçu ne peut, à elle seule, constituer pour sa mère un préjudice juridiquement réparable, même si la naissance est survenue après une intervention pratiquée sans succès en vue de l'interruption de la grossesse. • Civ. 1re, 25 juin 1991 : *D. 1991. 566, note le Tourneau ; JCP 1992. II. 21784, note Barbiéri ; Gaz. Pal. 1992. 2. Somm. 285, obs. Chabas ; RTD civ. 1991. 753, obs. Jourdain*. ♦ Absence de préjudice indemnisable de l'homme dont la paternité a été judiciairement établie et qui a été condamné à contribuer à l'entretien de l'enfant. • Civ. 2e, 12 juill. 2007 : *préc. note 56.*

87. ... Avec un handicap. Sur la question de la naissance avec un handicap dû à une faute médicale, V. désormais art. L. 114-5 CASF rapporté ss. art. 1242.

88. ... Né d'un viol. Préjudice moral consistant pour un enfant né d'un viol incestueux dans l'impossibilité d'établir sa filiation paternelle : V. • TGI Lille, 6 mai 1996 : *D. 1997. 543, note Labbée ; RTD civ. 1999. 64, obs. Hauser*. ♦ ... Ou dans le caractère nécessairement douloureux que prendra l'évocation de sa conception. • Caen, 7 nov. 2000 : *JCP 2002. II. 10001, note Sériaux*. ♦ ... Dans la connaissance que celui-ci aura des faits en grandissant, des difficultés qu'il rencontrera à se construire et de l'impossibilité légale d'établir sa filiation paternelle en application des dispositions de l'art. 310-2 C. civ. • Crim. 23 sept. 2010, n° 09-84.108 P : *D. actu. 13 oct. 2010, obs. Léna ; D. 2011. Pan. 35, obs. Brun ; ibid. Pan. 2565, obs. Laude ; JCP 2011, n° 435, obs. Bloch ; RCA 2010, n° 313, obs. Hocquet-Berg ; RLDC 2011/78, n° 4083, obs. Guessoum ; RTD civ. 2011. 132, obs. Jourdain*. ♦ Dans cette hypothèse le préjudice indemnisé ne résulte pas de la seule naissance de l'enfant. • Même arrêt. ♦ Rappr. • Crim. 4 févr. 1998, n° 97-80.305 P : *R., p. 298 ; D. 1999. 445, note Bourgault-Coudevylle ; JCP 1998. I. 185, n° 15, obs. Viney ; JCP 1999. II. 10178, note Moine-Dupuis ; RTD civ. 1999. 64, obs. Hauser*. ♦ Cassation de l'arrêt ayant refusé d'indemniser le préjudice subi par l'enfant né d'un viol, au motif que l'enfant ne peut se prévaloir d'un préjudice du seul fait des circonstances dans lesquelles il a été conçu, la conception ne pouvant être dissociée de la naissance, alors que les proches de la victime d'une infraction sont recevables à rapporter la preuve d'un dommage dont ils ont personnellement souffert et qui découle des faits objet de la poursuite. • Crim. 23 sept. 2010, n° 09-82.438 P : *D. actu. 13 oct. 2010, obs. Léna ; D. 2011. Pan. 35, obs. Brun ; JCP 2011, n° 435, obs. Bloch ; RCA 2010, n° 313, obs. Hocquet-Berg ; RTD civ. 2011. 132, obs. Jourdain*.

89. Préjudice spécifique de contamination. BIBL. Chabas, *RCA, mai 1998, n° spécial.* – *Minet-Leleu, RDSS 2019. 876* (subrogation et contamination transfusionnelle par le virus de l'hépatite C : entre effort de simplification et inévitable complexité). – Morlet-Haïdara, *RCA 2013. Étude 11.* – Waltz, *RCA 2013. Étude 5.* ♦ Le préjudice spécifique de contamination par le virus d'immunodéficience humaine (VIH) comprend l'ensemble des préjudices de caractère personnel tant physiques que psychiques et résultant notamment de la réduction de l'espérance de vie, des perturbations de la vie sociale, familiale et sexuelle ainsi que des souffrances et de leur crainte, du préjudice esthétique et d'agrément ainsi que de toutes les affections opportunistes consécutives à la déclaration de la maladie. Ce préjudice est distinct de l'atteinte à l'intégrité physique. • Civ. 2e, 2 avr. 1996, n° 94-15.676 P : *JCP 1996. I. 3985, n° 12, obs. Viney.* ♦ Le préjudice spécifique de contamination par le virus de l'hépatite C comprend l'ensemble des préjudices de caractère personnel tant physiques que psychiques résultant du seul fait de la contamination virale ; il inclut notamment les perturbations et craintes éprouvées, toujours latentes, concernant l'espérance de vie ainsi que la crainte des souffrances, le risque de toutes les affections opportunistes consécutives à la découverte de la contamination, les perturbations de la vie sociale, familiale et sexuelle, les souffrances, le préjudice esthétique et le préjudice d'agrément provoqués par les soins et traitements subis pour combattre la contamination ou en réduire les effets. • Civ. 1re, 28 nov. 2018, n° 17-28.272 P : *D. 2018. 2362 ; RTD civ. 2019. 117, obs. Jourdain* (cassation de l'arrêt qui alloue une indemnité au titre des souffrances endurées et une indemnité au titre du préjudice spécifique de contamination incluant les souffrances, réparant ainsi deux fois les éléments d'un même préjudice). ♦ V. aussi, • Civ. 2e, 1er févr. 1995, n° 94-06.006 P : *JCP 1995. I. 3893, nos 23 s., obs. Viney ; RTD civ. 1995. 627, obs. Jourdain* • Civ. 1re, 1er avr. 2003, n° 01-00.575 P : *JCP 2004. I. 101, n° 6, obs. Viney ; RTD civ. 2003. 506, obs. Jourdain* (hépatite C) • 3 mai 2006, n° 05-11.139 P : *D. 2006. IR 1486 ; RTD civ. 2006. 562, obs. Jourdain* (*idem*) • Civ. 2e, 24 sept. 2009, n° 08-17.241 P : *RTD civ. 2010. 117, obs. Jourdain* (*idem*) • 18 mars 2010, n° 08-16.169 P : *D. 2010. Actu. 892, obs. Gallmeister ; RLDC 71/2010, n° 3804, obs. Le Nestour-Drelon.* ♦ Mais il n'inclut ni le déficit fonctionnel, ni les autres préjudices à caractère personnel liés à la survenue de ces affections. • Civ. 1re, 16 mars 2022, n° 20-12.020 B : *D. 2022. 1934, obs. Guégan ; RCA 2022, n° 124, obs. Hocquet-Berg* (cassation de l'arrêt excluant l'indemnisation des affections « opportunes »). ♦ Le préjudice spécifique de contamination fondé notamment sur l'incertitude et l'inquiétude devant l'avenir ne se confond pas avec le préjudice à caractère personnel de déficit fonctionnel. • Civ. 2e, 19 nov. 2009, n° 08-11.622 P : *RDSS 2010. 156, note Cristol* • 19 nov. 2009 : *eod. loc.* • 19 nov. 2009, n° 08-15.853 P. ♦ Il résulte de l'art. L. 3122-1 CSP et du principe de réparation intégrale que l'absence de consolidation de la victime contaminée par le VIH ne fait pas obstacle à l'indemnisation du déficit fonctionnel qui est éprouvé à la suite de cette contamination et de ses conséquences. • Civ. 1re, 16 mars 2022, n° 20-12.020 B : *préc.* ♦ Sur le préjudice spécifique de contamination, V. également note 8 ss. art. 1231-2.

90. ... Caractère conscient. Le caractère exceptionnel du préjudice spécifique de contamination est intrinsèquement associé à la prise de conscience des effets spécifiques de la contamination ; il ne peut être reconnu pour une victime tenue jusqu'à sa mort dans l'ignorance de sa contamination par le VIH et le virus de l'hépatite C. • Civ. 2e, 22 nov. 2012, n° 11-21.031 P : *D. 2013. 346, note Porchy-Simon ; ibid. 2013. Chron. C. cass. 599, obs. Bouvier et Adida-Canac ; ibid. 2014. 47, obs. Brun ; RTD civ. 2013. 123, obs. Jourdain ; RCA 2013. Étude 1, note Hocquet-Berg.*

Le préjudice spécifique de contamination peut être caractérisé même dans le cas d'une guérison après traitement ; il s'apprécie alors pendant la durée de la période au cours de laquelle la victime a subi les angoisses et perturbations liées à la maladie. • Civ. 2e, 4 juill. 2013, n° 12-23.915 P : *D. 2013. 2664 obs. Guégan-Lécuyer ; ibid. 2014. 47, obs. Brun et Gout ; RTD civ. 2013. 846, obs. Jourdain ; RCA 2013. Étude 11, note Morlet-Haïdara* (craintes légitimes d'aggravation de l'état de santé de la victime, et notamment de contracter des affections favorisées par la présence du virus de l'hépatite C). ♦ Mais pour allouer une indemnité au titre du préjudice spécifique de contamination à une personne considérée comme guérie, compte tenu de la crainte de cette maladie et des affections opportunistes, les juges doivent caractériser l'existence, après la date de la guérison, d'un risque d'altération de l'état de santé lié à la contamination, justifiant la réparation d'un tel préjudice. • Civ. 1re, 28 nov. 2018, n° 17-28.272 P.

91. ... Mort d'un animal. BIBL. Higy, *AJ fam. 2012. 85* (préjudice d'affection). ♦ Jugé qu'indépendamment du préjudice matériel qu'elle entraîne, la mort d'un animal (en l'espèce, cheval « *Lunus* ») peut être pour son propriétaire la cause d'un préjudice d'ordre subjectif et affectif susceptible de donner lieu à réparation. • Civ. 1re, 16 janv. 1962 : *D. 1962. 199, note R. Rodière ; S. 1962. 281, note Foulon-Piganiol ; JCP 1962. II. 12557, note Esmein ; RTD civ. 1962. 316, obs. Tunc.* – Même sens : • TGI Caen, 30 oct. 1962 : *D. 1963. 92 ; RTD civ. 1963. 93, obs. Tunc.* – V. aussi • Civ. 1re, 27 janv. 1982 : *JCP 1983. II. 19923, note Chabas* • Rouen, 16 sept. 1992 : *D. 1993. 353, note Marguénaud* . ♦ Sur la protection juridique du lien d'affection envers un animal, V. Marguénaud et a., *D. 2004. Chron. 3009* . ♦ La mise à mort d'un animal, lors d'une opération militaire, est une atteinte injustifiée au respect des biens. • CEDH, sect. I, 24 mars 2005, *Akkum c/ Turquie*, n° 21894/93.

d. Variétés de préjudices selon leurs effets (d'après la nomenclature Dintilhac)

92. Préjudices patrimoniaux de la victime directe : assistance d'une tierce personne. BIBL. Haftel, *Gaz. Pal. 2018. 1816 s.* – Dossier, *Gaz. Pal. 2018. 2930.* ♦ Le poste de préjudice lié à l'assistance d'une tierce personne indemnise la perte d'autonomie de la victime restant atteinte, à la suite du fait dommageable, d'un déficit fonctionnel permanent la mettant dans l'obligation de recourir à un tiers pour l'assister dans les actes de la vie quotidienne. • Civ. 2e, 28 févr. 2013 : *D. 2013. 2658, obs. Porchy-Simon ; RTD civ. 2013. 612, obs. Jourdain ; Gaz. Pal. 2013. 977, obs. Bascoulergue* (inapplication au cas d'une orpheline prise en charge par ses grands-parents et ne présentant pas de déficit fonctionnel réduisant son autonomie résultant de l'accident). ♦ L'indemnisation du préjudice lié à l'assistance d'une tierce personne n'empêche pas la mère de la victime, qui a abandonné son emploi pour assister elle-même son fils, d'obtenir la réparation du préjudice qu'elle a personnellement subi pour pertes de gains professionnels et de droits de retraite. • Civ. 2e, 14 avr. 2016, n° 15-16.697 P : *RTD civ. 2016. 637, obs. Jourdain* . ♦ Cassation de l'arrêt ayant rejeté une demande d'indemnisation au titre du besoin d'assistance par une tierce personne, faute pour le demandeur d'avoir produit des éléments médicaux consacrant expressément la nécessité de l'assistance d'une tierce personne, ou permettant, le cas échéant, d'en déterminer l'étendue, alors que ces motifs sont insuffisants à caractériser l'absence de besoin d'assistance par une tierce personne, en l'état de l'incapacité fonctionnelle totale constatée. • Civ. 2e, 9 mars 2023, n° 21-20.565 B. ♦ V. note 111.

93. ... Préjudice de formation. Le poste de préjudice scolaire, universitaire ou de formation a notamment pour objet de réparer la perte d'années d'étude consécutive à la survenance du dommage. • Civ. 2e, 9 avr. 2009, n° 08-15.977 P : *LPA 23 juill. 2009, note Dumery ; RLDC 2009/61, n° 3455, obs. Bugnicourt* (perte d'années d'étude et prise en compte d'un prêt conclu pour financer des études qui n'ont pu aboutir en raison du dommage). ♦ Refus d'indemniser un préjudice lié à la perte ou à la diminution des possibilités de promotion professionnelle au-delà de l'indemnisation du déclassement professionnel pour un étudiant qui n'avait pas encore de perspectives de promotion professionnelle. • Civ. 2e, 30 juin 2011 : *RCA 2011, n° 312.*

94. ... Caractère bénévole de l'assistance. La victime de la faute commise par un praticien a subi un dommage réparable, puisque, sans l'aide de son mari, elle a dû, pour les besoins de son exploitation exposer des frais pour bénéficier d'une assistance ou subir une perte de gains professionnels. Il ne saurait être exigé d'elle la production de justificatifs des dépenses effectives, étant donné que le caractère bénévole de l'assistance familiale n'était pas discuté. • Civ. 1re, 22 mai 2019, n° 18-14.063 P : *D. 2019. 2058, obs. Porchy-Simon ; AJ fam. 2019. 470, obs. S. Prétot*.

95. ... Perte de revenus. BIBL. Hocquet-Berg, *RCA 2019. Étude 1* (l'ambivalence de l'incidence professionnelle). ♦ Pour déterminer le préjudice subi, il doit être tenu compte de l'incidence du fait dommageable sur les revenus de la victime au-delà de l'âge de la retraite. • Civ. 2e, 15 janv. 2015, n° 13-27.761 P : *D. 2015. 661, note Saulier*.

S'agissant des pertes de gains futurs, il doit être tenu compte du potentiel de la victime, lycéenne bonne élève au moment des faits, celle-ci n'étant pas destinée à rester inactive toute sa vie et pouvant au moins prétendre à un salaire équivalent au SMIC. • Civ. 2e, 25 juin 2015, n° 14-21.972 P : *D. 2016. 35, obs. Brun et Gout ; RTD civ. 2015. 887, obs. Jourdain ; RCA 2015, n° 252, note Hocquet-Berg*.

Comp. : lorsque la victime se trouve, du fait d'un accident corporel survenu dans son jeune âge, privée de toute possibilité d'exercer un jour une activité professionnelle, la seule circonstance qu'il soit impossible de déterminer le parcours professionnel qu'elle aurait suivi ne fait pas obstacle à ce que soit réparé le préjudice, qui doit être regardé comme présentant un caractère certain, résultant pour elle de la perte des revenus qu'une activité professionnelle lui aurait procurés et de la pension de retraite consécutive. En outre, la seule circonstance qu'il soit impossible de déterminer le parcours scolaire qu'elle aurait suivi ne fait pas davantage obstacle à ce que soit réparé le préjudice ayant résulté pour elle de l'impossibilité de bénéficier de l'apport d'une scolarisation. • CE 24 juill. 2019, n° 408624 A.

Subit une perte de gains professionnels futurs totale imputable au fait dommageable la victime d'un enlèvement par un groupe terroriste qui n'a pu travailler pendant plusieurs années en raison des faits eux-mêmes, sa détention ayant duré plus de 3 ans, puis des troubles qu'il a présentés, en lien avec son enlèvement et sa détention, qui l'empêchent de pouvoir retravailler après la consolidation de son état de santé, peu important qu'elle ait été sans emploi depuis quelques semaines au moment de son enlèvement. • Civ. 2e, 27 oct. 2022, n° 21-12.881 B : *RCA 2023, n° 7, note Hocquet-Berg* (revenus irréguliers, prise en compte de la moyenne des salaires des 4 dernières années précédant son *enlèvement)*.

La privation de toute activité professionnelle étant prise en charge au titre du déficit fonctionnel permanent, lequel inclut la perte de qualité de vie et les troubles ressentis par la victime dans ses conditions d'existence personnelles, familiales et sociales, il n'y avait pas lieu de retenir l'existence d'une incidence professionnelle distincte de la perte de revenus déjà indemnisée. • Civ. 2e, 7 mars 2019, n° 17-25.855 P : *D. 2019. 2058, obs. Porchy-Simon ; ibid. 2020. 40, obs. Brun, Gout et Quézel-Ambrunaz ; RTD civ. 2019. 344, obs. Jourdain*. ♦ Comp. : compte tenu des restrictions importantes à une activité, du marché du travail et de son âge, un retour à l'emploi de la victime est très aléatoire réparation au titre de l'incidence professionnelle de la perte de chance d'une promotion professionnelle, préjudice distinct de celui réparé au titre de la perte de gains professionnels futurs calculée au vu de son ancien salaire et qui n'intègre pas l'évolution de carrière qu'il aurait pu espérer est justifiée. Le reproche fait au juge d'avoir indemnisé deux fois le même préjudice est donc infondé. • Civ. 2e, 23 mai 2019, n° 18-17.560 P : *D. 2019. Chron. C. cass. 1792, note Touati et Bohnert ; ibid. 2058, obs. Porchy-Simon ; RTD civ. 2019. 881, obs. Jourdain*. ♦ V. aussi • Civ. 2e, 27 oct. 2022, n° 21-12.881 B : *préc.* (suites d'un enlèvement : absence de double indemnisation lorsqu'il est réparé deux préjudices au titre des séquelles sur l'existence sociale, dans et en dehors de la sphère professionnelle).

96. Dévalorisation sociale. Cassation de l'arrêt ayant rejeté une demande d'indemnisation au titre de l'incidence professionnelle, distincte du préjudice indemnisé au titre de la perte de gains professionnels, alors que la cour d'appel aurait dû rechercher, comme elle y était invitée, si n'était pas caractérisée l'existence d'un préjudice résultant de la dévalorisation sociale ressentie par la victime du fait de son exclusion définitive du monde du travail, indemnisable au titre de l'incidence professionnelle. • Civ. 2e, 6 mai 2021, n° 19-23.173 P : *D. 2022. 35, obs. Gout ; RTD civ. 2021. 649, obs. Jourdain*.

97. Souffrances psychiques et physiques. Par l'indemnisation du prix de la douleur sont réparées non seulement les souffrances physiques, mais aussi les souffrances morales. • Civ. 2e, 5 janv. 1994, n° 92-12.185 P. ♦ Rejet du pourvoi contre l'arrêt, qui n'a pas indemnisé deux fois le même préjudice, en accordant à l'indivision successorale une réparation au titre des souffrances endurées du fait de multiples coups de couteaux et, de façon autonome, une autre au titre de l'angoisse d'une mort imminente. • Cass., ch. mixte, 25 mars 2022, n° 20-15.624 B : *D. 2022. 774, note Porchy-Simon ; ibid. 2023. 34, obs. Brun ; AJ pénal 2022. 262, note Lacroix ; JCP 2022, n° 513, note Jourdain* (arrêt d'appel conditionnant le second chef à la conscience de la victime, laquelle était en l'espèce établie lors de son transport en ambulance). ♦ Le poste de préjudice temporaire des souffrances endurées regroupe toutes les souffrances de la victime, qu'elles soient physiques ou psychiques, et les troubles qui y sont associés, subies à compter de la survenance de l'événement à l'origine de ces souffrances et ce, quel que soit l'acte y ayant conduit. • Civ. 2e, 27 oct. 2022, n° 21-12.881 B : *RCA 2023, n° 7, note Hocquet-Berg* (enlèvement par des terroristes : réparation au titre des souffrances endurées et rejet au titre du préjudice situationnel d'angoisse). ♦ V. déjà : le préjudice moral lié aux souffrances psychiques et aux troubles qui y sont associés étant inclus dans le poste de préjudice temporaire des souffrances endurées ou dans le poste de préjudice du déficit fonctionnel permanent, il ne peut être indemnisé séparément. • Civ. 2e, 16 sept. 2010, n° 09-69.433 P : *D. 2010. Actu. 2228, obs. Gallmeister* ; *D. 2011. Chron. C. cass. 632, obs. Adida-Canac et Grignon-Dumoulin* (prise en compte des critères de la nomenclature Dintilhac) • 5 févr. 2015, n° 14-10.097 P : *D. 2015. 375*. ♦ Le préjudice lié à l'angoisse d'une mort imminente étant déjà réparé au titre du préjudice temporaire des souffrances endurées ne peut l'être une seconde fois sous l'appellation préjudice d'angoisse de mort imminente. • Civ. 2e, 2 févr. 2017, n° 16-11.411 P : *D. 2018. 35, obs. Brun* ; *Gaz. Pal. 2017. 953, obs. Mazouz*. ♦ Pour la distinction du préjudice d'affection et du préjudice d'inquiétude lorsqu'un proche est en péril, V. pour le cas d'un attentat note 267. ♦ Mais ne procède pas à une double indemnisation l'arrêt qui évalue séparément les préjudices distincts constitués par les souffrances endurées du fait des blessures et par l'angoisse d'une mort imminente. • Crim. 23 oct. 2012 : *D. 2012. 2659* ; *ibid. 2013. 1993, obs. Porchy-Simon* ; *ibid. 2014. 47, obs. Brun* ; *AJ pénal 2012. 657, obs. de Combles de Nayves* ; *RTD civ. 2013. 125, obs. Jourdain*. ♦ Les juges du fond ne peuvent allouer une somme au titre de l'indemnisation des souffrances physiques et morales, sans rechercher si ces dommages n'ont pas déjà été indémnisés au titre du déficit fonctionnel permanent. • Civ. 2e, 31 mars 2016, n° 14-30.015 P : *D. 2016. 1886, chron. Adida-Canac, Vasseur, de Leiris, Hénon, N. Palle, Becuwe et Touati* ; *Dr. soc. 2016. 665, chron. Salomon*. ♦ Sur le préjudice d'angoisse des victimes d'actes de terrorisme, V. Porchy-Simon, *D. 2017. 2265*. ♦ Pour le préjudice résultant d'une contamination, V. note 89. ♦ V. également note 267.

98. Préjudices extrapatrimoniaux permanents de la victime directe : déficit fonctionnel, troubles physiologiques. Les troubles physiologiques subis du fait de l'accident ayant affecté les conditions de travail ou d'existence de la victime constituent un préjudice corporel de caractère objectif qui doit être distingué d'un simple préjudice d'agrément (afin de déterminer l'assiette du recours de la caisse de sécurité sociale). • Soc. 16 nov. 1983, n° 81-16.226 P : *R., p. 60* ; *D. 1984. 466, note Chartier* • Crim. 5 mars 1985 (3 arrêts) : *D. 1986. 445, note Groutel*. ♦ Comp. : • Soc. 5 janv. 1995, n° 92-15.958 P : *JCP 1995. I. 3853, obs. Viney* ; *RTD civ. 1995. 892, obs. Jourdain* (la privation des agréments d'une vie normale, distincte du préjudice objectif résultant de l'incapacité constatée, justifie l'octroi d'une indemnité de caractère personnel).

A la date de la consolidation, le déficit fonctionnel permanent se substitue au déficit fonctionnel temporaire qui ne peut plus être indemnisé au-delà de cette date, car, sinon, une même période d'incapacité serait indemnisée doublement. • Civ. 2e, 8 déc. 2016, n° 13-22.961 P.

99. Préjudice d'agrément. BIBL. Jourdain, *RCA, mai 1998, n° spécial*. – Mélennec, *Gaz. Pal. 1976. 1. Doctr. 272*. – Le Roy, *D. 1979. Chron. 49*. – Sargos, *D. 2010. Chron. 1089*. – Vassas, *Gaz. Pal. 1981. 2. Doctr. 460*. – Sur l'ncidence de la L. du 27 déc. 1973 : Bedoura, *D. 1980. Chron. 139*. – Dangibaud et Ruault, *D. 1981. Chron. 157*.

100. ... Notion. Le préjudice d'agrément est le préjudice subjectif de caractère personnel résultant des troubles ressentis dans les conditions d'existence. • Cass., ass. plén., 19 déc. 2003, n° 02-14.783 P : *R., p. 358* ; *BICC 15 févr. 2004, rapp. Lesueur de Givry, concl. de Gouttes* ; *D. 2004. 161, note Lambert-Faivre* ; *D. 2005. Pan. 190, obs. Jourdain* ; *JCP 2004. II. 10008, note Jourdain* ; *ibid. I. 163, nos 32 s., obs. Viney* ; *RCA 2004. Chron. 9, par Groutel* ; *LPA 12-13 avr. 2004, note Steinlé-Feurbach* ; *ibid. 10 sept. 2004, note Dagorne-Labbe* ; *Dr. et patr. 10/2004. 104, obs. Chabas* ; *RTD civ. 2004. 300, obs. Jourdain* • Civ. 2e, 3 juin 2004, n° 02-14.920 P • 19 avr. 2005, n° 04-30.121 P : *RTD civ. 2006. 119, obs. Jourdain* (privation des agréments d'une vie normale) • 11 oct. 2005, n° 04-30.360 P : *RTD civ. 2006. 119, obs. Jourdain* (idem) • 5 oct. 2006, n° 05-20.139 P : *D. 2006. IR 2483* ; *RTD civ. 2007. 127, obs. Jourdain* (privation transitoire des joies usuelles de la vie). ♦ Au sens de l'art. L. 452-3 CSS, le préjudice d'agrément est celui qui résulte des troubles ressentis dans les conditions d'existence. • Civ. 2e, 8 avr. 2010, n° 09-11.634 P : *D. 2010. 1089, obs. Sargos* ; *ibid. 2011. 35, obs. Gout* ; *JCP 2010, n° 1015, obs. Bloch* ; *RTD civ. 2010. 559, obs. Jourdain* • Civ. 2e, 8 avr. 2010, n° 09-14.047 P : *eod. loc.* ♦ Le préjudice d'agrément réparable en application de l'art. L. 452-3 CSS est constitué par l'impossibilité pour la victime de continuer à pratiquer régulièrement une activité spécifique sportive ou de loisirs. • Civ. 2e, 2 mars 2017, n° 15-27.523 P : *D. 2017. 2224, obs. Bacache*. ♦ ... Ce poste de préjudice inclut la limitation de la pratique antérieure. • Civ. 2e, 29 mars 2018, n° 17-14.499 P (indemnité au titre d'un préjudice d'agrément pour une personne qui a dû renoncer à une pratique de compétition, les activités antérieures ne pouvant plus être exercées que de façon modérée et dans un but essentiellement thérapeutique). ♦ Il résulte de la perte de qualité de vie de la victime et il est distinct de l'incidence professionnelle indemnisée au titre du préjudice économique. • Civ. 2e, 19 mars 1997 : *D. 1998. 59, note Lambert-Faivre (1re esp.)*. ♦ La Cour de cassation approuve les juges du fond d'avoir intégré le préjudice temporaire d'agrément au préjudice fonctionnel temporaire. • Civ. 2e, 5 mars 2015, nº 14-10.758 P : *D. 2015. Chron. C. cass. 1791, note Lazerges-Cousquer ; ibid. 2016. 35, obs. Brun et Gout ; JCP 2015, nº 434, note Jourdain* (la nomenclature Dintilhac comporte la rubrique préjudice d'agrément définitif mais non pas celle de préjudice d'agrément temporaire). ♦ Il a aussi été décidé par la Cour de cassation que la réparation d'un préjudice d'agrément vise exclusivement à l'indemnisation du préjudice lié à l'impossibilité pour la victime de pratiquer régulièrement une activité spécifique sportive ou de loisirs, la réparation de la perte de qualité de vie et des joies usuelles de la vie courante étant comprise dans l'indemnisation du « déficit fonctionnel temporaire ». • Civ. 2e, 28 mai 2009, nº 08-16.829 P : *D. 2009. AJ 1606, obs. Gallmeister ; ibid. 2010. Pan. 49, obs. Gout ; JCP 2009, nº 38, obs. Bloch ; RTD civ. 2009. 534, obs. Jourdain* • Civ. 1re, 8 févr. 2017, nº 15-21.528 P.

La réparation du préjudice d'agrément, de nature extrapatrimoniale et consistant en l'impossibilité de pratiquer une activité sportive ou de loisirs dans les mêmes conditions qu'avant l'accident, ne saurait exclure, par principe, le droit à l'indemnisation de dépenses de santé futures, destinées à acquérir et à renouveler une prothèse de sport permettant la pratique d'activités physiques, ces deux chefs de préjudice étant distincts. • Crim. 17 déc. 2019, nº 18-85.191 P : *D. 2020. 9 ; RSC 2020. 114, obs. Jeanne ; RTD civ. 2020. 404, obs. Jourdain*.

101. ... Conditions. Les juges du fond ne peuvent rejeter une demande d'indemnisation du préjudice d'agrément, au motif que la victime ne justifiait pas avoir, avant l'accident, exercé une activité particulière lui donnant des satisfactions d'ordre sportif, artistique ou social qui lui seraient désormais interdites, sans s'expliquer sur la question de l'existence d'un préjudice affectif. • Crim. 14 juin 1978 : *Gaz. Pal. 1978. 2. 550.* ♦ Indemnisation du préjudice d'agrément même lorsque la victime, devenue démente, ne se rend pas compte de son état. • Crim. 3 avr. 1978 : *JCP 1979. II. 19168, note Brousseau.*

102. ... Recours des tiers payeurs. Sur la notion de préjudice fonctionnel d'agrément, exclu de l'assiette des recours des tiers payeurs, V. • Paris, 17 sept. 2001 : *D. 2001. IR 2948 ; RTD civ. 2002. 113, obs. Jourdain*. ♦ *Contra* : cassation pour violation de la loi de l'arrêt qui exclut du recours des tiers payeurs, par la notion de préjudice fonctionnel d'agrément traduisant l'ensemble des troubles causés par le handicap dans les actes de la vie courante et les activités affectives, familiales et de loisirs, des indemnités réparant l'atteinte objective à l'intégrité physique de la victime. • Cass., ass. plén., 19 déc. 2003 : *préc. note 100.* – Dans le même sens : • Crim. 9 mars 2004, nº 03-81.094 P : *D. 2004. IR 1214 ; RCA 2004, nº 177, note H. G.* • Crim. 6 avr. 2004, nº 02-84.156 P.

103. ... Préjudice sexuel. BIBL. Carayon-Dugué et Mattiussi, *D. 2017. 2257*. – Mélennec, *Gaz. Pal. 1977. 2. Doctr. 525.* – Bourrié-Quenillet, *JCP 1996. I. 3986.* – Dossier, *Gaz. Pal. 2018. 586.* ♦ Le poste de préjudice de déficit fonctionnel temporaire, qui répare la perte de qualité de vie de la victime et des joies usuelles de la vie courante pendant la maladie traumatique, intègre le préjudice sexuel subi pendant cette période. • Civ. 2e, 11 déc. 2014, nº 13-28.774 P : *D. actu. 6 janv. 2015, obs. Cayol ; D. 2015. 469, note Guégan-Lécuyer*. ♦ Le préjudice sexuel ne constitue pas un élément du préjudice d'agrément. • Civ. 2e, 6 janv. 1993, nº 91-15.391 P : *RTD civ. 1993. 587, obs. Jourdain* • 5 janv. 1994, nº 92-12.185 P : *RTD civ. 1994. 619, obs. Jourdain*. ♦ Distinct de l'intégrité corporelle, il revêt un caractère personnel, comme tel exclu du recours des organismes sociaux. • Civ. 2e, 12 mai 2005, nº 04-14.018 P : *D. 2005. IR 1451 ; RCA 2005, nº 212, note Groutel.* ♦ Le préjudice sexuel, lequel n'est pas seulement limité à la perte de sensation de plaisir, concerne l'atteinte, sous toutes ses formes, à la vie sexuelle ; il comprend tous les préjudices touchant à la sphère sexuelle, à savoir : le préjudice morphologique lié à l'atteinte aux organes sexuels primaires et secondaires résultant du dommage subi, le préjudice lié à l'acte sexuel lui-même qui repose sur la perte du plaisir lié à l'accomplissement de l'acte sexuel, qu'il s'agisse de la perte de l'envie ou de la libido, de la perte de la capacité physique de réaliser l'acte, ou de la perte de la capacité à accéder au plaisir, le préjudice lié à une impossibilité ou à une difficulté à procréer. • Civ. 2e, 17 juin 2010, nº 09-15.842 P : *D. 2011. 35, obs. Gout ; RLDC 2010/74, nº 3927, obs. Paulin ; RTD civ. 2010. 562, obs. Jourdain*. ♦ V. en matière d'accident du travail : CSS, art. L. 452-3. – ***CSS.***

Le préjudice sexuel, qui comprend tous les préjudices touchant à la sphère sexuelle, peut être éprouvé par ricochet par le conjoint de la victime directe qui, à la suite du fait dommageable, subit elle-même un tel préjudice. • Civ. 1re, 30 juin 2021, nº 19-22.787 B (préjudice en revanche non indemnisé par l'Oniam).

104. ... Préjudice d'établissement. Le préjudice d'établissement consiste en la perte d'espoir et de chance de réaliser un projet de vie familiale en raison de la gravité du handicap. • Civ. 2e, 12 mai 2011, nº 10-17.148 P : *D. 2011. Chron. C. cass. 2150, obs. Adida-Canac et Bouvier ; ibid. 2012. Pan. 47, obs. Brun*. ♦ *Contra :* • Civ. 2e, 30 juin 2005 : *RTD civ. 2006. 130, obs. Jourdain*. ♦ ... Et le préjudice d'établissement recouvre, en cas de séparation ou de dissolution d'une précédente union, la perte de chance pour la victime handicapée de réaliser un nouveau projet de vie familiale. • Civ. 2e, 15 janv. 2015, n° 13-27.761 P : *préc. note 95.* ♦ Le préjudice d'établissement à raison d'un handicap physique ayant créé une incapacité permanente partielle de 67 % constitue un poste de préjudice distinct du poste de préjudice du déficit fonctionnel permanent dans sa dimension intégrant les troubles ressentis dans les conditions d'existence personnelles, familiales et sociales. • Civ. 2e, 13 janv. 2012, n° 11-10.224 P : *D. 2012. 281, obs. Da Silva ; RTD civ. 2012. 316, obs. Jourdain ; RCA 2012, n° 92.* ♦ Au sens de l'art. L. 452-3 CSS, le préjudice d'établissement réparable en application de ce texte consiste en la perte d'espoir et de chance de réaliser un projet de vie familiale en raison de la gravité du handicap. • Civ. 2e, 2 mars 2017, n° 15-27.523 P : *préc. note 100.*

Le préjudice d'établissement répare la perte de la faculté de réaliser un projet de vie familiale en raison de la gravité d'un handicap ; absence de réparation des conséquences de la stérilité d'une personne ayant été exposée au distilbène dans la mesure où elle a adopté un enfant, ce dont il résulte qu'elle avait fondé une famille. • Civ. 2e, 8 juin 2017, n° 16-19.185 P : *D. 2017. 2224, obs. Porchy-Simon ; ibid. 2018. 35, obs. Brun .*

105. ... Préjudice permanent exceptionnel. Le poste des préjudices permanents exceptionnels indemnise des préjudices extra-patrimoniaux atypiques, directement liés au handicap permanent, qui prend une résonance particulière pour certaines victimes en raison soit de leur personne, soit des circonstances et de la nature du fait dommageable, notamment de son caractère collectif pouvant exister lors de catastrophes naturelles ou industrielles ou d'attentats. • Civ. 2e, 16 janv. 2014, n° 13-10.566 P (cassation de la décision des juges du fond qui ont indemnisé un tel préjudice sans caractériser l'existence d'un poste lui correspondant distinct de celui du déficit fonctionnel permanent et du préjudice esthétique par ailleurs indemnisés). • Civ. 2e, 2 mars 2017, n° 15-27.523 P ; *préc. note 100* • 25 mai 2022, n° 20-16.351 B : *D. 2022. 1934, obs. Guégan ; RCA 2022, n° 190, obs. Lagrange* (l'impossibilité pour un sportif professionnel d'exercer un « métier passion » n'établit pas l'existence d'un préjudice permanent exceptionnel distinct des préjudices après consolidation déjà réparés au titre de l'incidence professionnelle et du déficit fonctionnel permanent).

106. ... Préjudice d'anxiété. BIBL. Bloch, *RCA 2019. Étude 11* (le « désamiantage » du préjudice d'anxiété par la chambre sociale). ♦ L'indemnisation du préjudice d'anxiété, telle qu'elle est prévue par les textes, ne heurte pas la Constitution, dès lors qu'elle n'exclut pas toute cause d'exonération de responsabilité et qu'elle ne constitue ni une charge publique, ni un avantage disproportionné. • Soc. 27 juin 2013, n° 12-29.347 P. ♦ En application des règles de droit commun régissant l'obligation de sécurité de l'employeur, il y a lieu d'admettre que le salarié qui justifie d'une exposition à l'« amiante », générant un risque élevé de développer une pathologie grave, peut agir contre son employeur, pour manquement de ce dernier à son obligation de sécurité, quand bien même il n'aurait pas travaillé dans l'un des établissements mentionnés à l'art. 41 de la L. du 23 déc. 1998 modifiée. • Cass., ass. plén., 5 avr. 2019, n° 18-17.442 P : *D. 2019. 922, note Jourdain ; ibid. 2058, obs. Guégan ; ibid. 2020. 40, obs. Brun, Gout et Quézel-Ambrunaz ; AJ contrat 2019. 307, obs. ; Dr. soc. 2019. 456, étude Asquinazi-Bailleux ; RDT 2019. 340, obs. Pignarre ; RDSS 2019. 539, note Willmann ; JCP 2019, n° 508, note Bacache ; RCA 2019. Étude 6, note Vignon-Barrault : RDC 3/2019. 14, note Borghetti.* • Soc. 11 sept. 2019, nos 17-24.879 P et 17-18.311 P (2 arrêts) : *D. 2020. chron. C. cass. 558, obs. Silhol ; AJ pénal 2019. 558, obs. Lacroix ; Dr. soc. 2020. 58, note Aumeran ; RTD civ. 2019. 873, obs. Jourdain* • 20 nov. 2019, n° 18-19.578 P : *D. 2019. 2307 ; RDT 2020. 60, obs. Pignarre .* ♦ Auparavant la jurisprudence décidait que l'indemnisation n'était ouverte qu'au salarié qui avait travaillé dans l'un des établissements mentionnés à l'art. 41 de la L. n° 98-1194 du 23 déc. 1998 et figurant sur une liste établie par arrêté ministériel pendant une période où y étaient fabriqués ou traités l'amiante ou des matériaux contenant de l'amiante. • Soc. 21 sept. 2017, n° 16-15.130 P. ♦ Dès lors la jurisprudence considérait également que le préjudice d'anxiété ne pouvait naître qu'à la date à laquelle les salariés avaient eu connaissance de l'arrêté ministériel d'inscription de l'établissement sur la liste des établissements permettant la mise en œuvre de l'ACAATA. • Soc. 22 nov. 2017, n° 16-20.666 P. ♦ Sur le point de départ de la prescription, V. note 48, ss. art. 2224. ♦ Mais la déclaration de la maladie et le contentieux auquel elle a donné lieu ne privent pas le salarié du droit de demander à la juridiction prud'homale la réparation des conséquences du trouble psychologique, compris dans le préjudice d'anxiété, subi avant la déclaration de la maladie. • Soc. 25 sept. 2013, n° 12-20.157 P : *D. 2013. 2658, obs. Porchy-Simon ; ibid. 2014. 2954, note Guégan-Lécuyer ; ibid. 47, obs. Brun ; RTD civ. 2013. 844, obs. Jourdain ; JCP 2013, n° 1206, note Bousez ; RDC 2014. 23, note Viney* • 28 mai 2014, n° 12-12.949 P : *D. 2014. 1404, obs. Wurtz .*

107. Le préjudice d'anxiété, qui ne résulte pas de la seule exposition au risque créé par une substance nocive ou toxique, est constitué par les troubles psychologiques qu'engendre la connaissance du risque élevé de développer une pathologie grave par les salariés ; le salarié doit justifier d'un préjudice d'anxiété personnellement subi résultant d'un tel risque. • Soc. 13 oct. 2021, n° 20-16.584 P (preuve non rapportée) • 13 oct. 2021, n° 20-16.585 P (*idem*). ♦ Comp. pour le même principe, mais la solution inverse : • Soc. 15 déc. 2021, n° 20-11.046 P : *D. 2022. 1280, obs. Vernac et Ferkane*. ♦ V. aussi : • Soc. 27 janv. 2016, n° 15-10.640 P : *D. 2016. 320 ; RDT 2016. 272, obs. Meyer ; Gaz. Pal. 2016. 306, obs. Liffran* • 21 sept. 2017, n° 16-15.130 P : *préc.* ♦ Doit être indemnisé le préjudice d'anxiété résultant d'une situation d'inquiétude permanente face au risque de déclaration à tout moment d'une maladie liée à l'amiante et à l'obligation de subir des contrôles et examens réguliers propres à réactiver cette angoisse. • 11 mai 2010, n° 09-42.241 P : *D. 2010. 2048, note C. Bernard ; ibid. 2011. 35, obs. Gout ; JCP 2010, n° 568, obs. Miara ; ibid., n° 733, note Colonna et Renaux-Personnic ; ibid., n° 1015, obs. Bloch ; RLDC 2010/73, n° 3876, obs. Le Nestour-Drelon ; RTD civ. 2010. 564, obs. Jourdain* • 4 déc. 2012 : *D. 2013. 2658, obs. Bacache, Guégan-Lécuyer et Porchy-Simon ; ibid. 2014. 47, obs. Brun ; RLDC 2013/103, n° 5041, note Develay ; RCA 2013. Étude 3, note Corgas-Bernard* • Soc. 3 mars 2015, n° 13-20.474 P : *Dr. soc. 2015. 360, obs. Keim-Bagot ; RTD civ. 2015. 393, obs. Jourdain* • 10 févr. 2016, n° 14-26.909 P : *RDC 2016. 441, note Viney* (la santé mentale est une composante de la santé). ♦ ... Que les salariés se soumettent ou non à des contrôles et examens médicaux réguliers. • Soc. 2 juill. 2014, n° 12-29.788 P : *D. 2014. 1493*.

108. Préjudice esthétique temporaire. Le préjudice esthétique temporaire n'est pas indemnisé par la réparation au titre du déficit fonctionnel temporaire. • Civ. 2e, 11 déc. 2014, n° 13-28.774 P : *préc. note 103* • 4 févr. 2016, n° 10-23.378 P : *D. 2016. Chron. C. cass. 1886, obs. Becuwe et Touati*.

109. Préjudice de la victime indirecte : préjudice d'affection. Le préjudice d'affection consistant en la douleur pour la victime d'avoir perdu son conjoint assassiné est distinct de celui résultant de l'atteinte à l'intégrité psychique réparé au titre des souffrances endurées et du déficit fonctionnel permanent. • Civ. 2e, 23 mars 2017, n° 16-13.350 P : *D. 2017. 1409, note Bascoulergue ; RTD civ. 2017. 664, obs. Jourdain*. ♦ Il faut et il suffit que ledit dommage soit personnel, direct et certain (en l'espèce, *préjudice moral d'une victime* par ricochet). • Civ. 2e, 23 mai 1977 : *Gaz. Pal. 1977. 2. 677* • 5 oct. 1988 : *ibid. 1989. 2. Somm. 377, obs. Chabas* • 16 avr. 1996, n° 94-13.613 P : *RTD civ. 1996. 627, obs. Jourdain* (cassation de l'arrêt ayant exigé la preuve de liens affectifs particuliers unissant à la victime directe ses oncles et tantes demandant réparation d'un préjudice moral). ♦ Le préjudice d'affection causé par les conséquences pathologiques du deuil est distinct du préjudice résultant de l'atteinte à l'intégrité psychique consécutive au décès d'un frère, réparé au titre des souffrances endurées et du déficit fonctionnel permanent. • Crim. 2 avr. 2019, n° 18-81.917 P : *D. 2019. 2058, obs. Bacache ; RTD civ. 2019. 595, obs. Jourdain*.

110. Logement. La victime ayant d'abord été hébergée chez ses parents dont le logement a dû être aménagé, puis, une fois son état consolidé, ayant acheté une maison adaptée à son état, l'assurance est tenue de la garantie de l'intégralité des dépenses occasionnées par l'aménagement, d'abord, et par l'achat ensuite. • Civ. 2e, 14 avr. 2016, nos 15-16.625, 15-22.147 P : *D. 2016. 2187, obs. Porchy-Simon ; ibid. 2017. 24, obs. Brun, Gout et Quézel-Ambrunaz ; ibid. 375, obs. M. Mekki ; RGDA 2016. 305, note Landel.* ♦ Les frais que la victime a dû engager pour acquérir un terrain et faire construire un logement adapté à son handicap sont directement imputables aux séquelles provoquées par l'accident et doivent en conséquence être indemnisés, en l'espèce par le fonds de garantie (FGAO) : • Civ. 2e, 18 mai 2017, n° 16-15.912 P : *D. 2017. 1701, note Hilger ; ibid. 2224, obs. Guégan-Lécuyer*.

Si l'aménagement du logement de la victime pour l'adapter aux contraintes liées à son handicap constitue un préjudice qui lui est propre, les frais engagés par ses proches pour rendre leur logement accessible afin de pouvoir la recevoir constituent un élément de leur préjudice économique. • Civ. 2e, 5 oct. 2017, n° 16-22.353 P : *D. 2018. Chron. C. cass. 757, obs. Becuwe et Touati ; RTD civ. 2018. 133, obs. Jourdain ; Gaz. Pal. 2017. 3259, note Hilger.*

111. Assistance de la victime directe. Selon le principe de réparation intégrale sans perte ni profit, la cessation de son activité professionnelle causée par la nécessité d'assister son conjoint, est pour l'épouse un préjudice personnel consistant en une perte de gains qui n'est pas compensé par la rémunération permise par l'indemnité allouée à la victime directe. • Civ. 2e, 8 juin 2017, n° 16-17.319 P : *D. 2017. 2224, obs. Porchy-Simon ; RGDA 2017. 483, note Landel.*

112. ... Perte de la prestation de compensation du handicap suite au décès de la victime directe. Lorsqu'elle est affectée à une charge liée à un besoin d'aides humaines, y compris pour celles apportées par les aidants familiaux, la contrepartie monétaire attachée à la prestation de compensation du handicap bénéficie exclusivement à la tierce personne qu'elle dédommage ou rétribue ; dès lors, la prestation de compensation du handicap affectée au dédommagement de l'aidant familial, calculée sur la base d'un pourcentage du salaire minimum de croissance, doit être considérée comme une ressource de l'aidant, incluse dans le revenu de référence du foyer servant au calcul du préjudice économique des victimes indirectes. • Civ. 2e, 16 juin 2022, n° 20-20.270 B : *D. 2022. 1934, obs. Guégan* ; *RTD civ. 2022. 899, obs. Jourdain* ; *RCA 2022, n° 189, obs. Hocquet-Berg* (perte indemnisable pour la mère à la suite du décès du fils aidé).

2° CARACTÈRE CERTAIN DU PRÉJUDICE. CAS DE LA PERTE D'UNE CHANCE

BIBL. Boré, *JCP 1974. I. 2620.* – Bacache, *D. 2008. Chron. 1908* (responsabilité médicale). – Crédeville, *D. 2008. Chron. 1914* (matière médicale). – Boussard, *RFDA 2008. 1023* (perte de chance et responsabilité hospitalière). – Descorps-Declère, *D. 2005. Chron. 742* (matière médicale). – Margeat, *Gaz. Pal. 1979. 2. Doctr. 568.* – J. Huet, obs. *RTD civ. 1986. 117.* – Jourdain, obs. *RTD civ. 1989. 85 ; ibid. 1992. 109* ; *ibid. 1994. 120* . – Laroque, *Gaz. Pal. 1985. 2. Doctr. 607* (droit administratif). – Mémeteau, *Gaz. Pal. 1997. 2. Doctr. 1367* (responsabilité médicale). – Ruellan, *RRJ 1999/3. 729.* – Tacchini-Laforest, *LPA 19 juill. 1999.* – Vacarie, *RRJ 1987/3. 903.* – Sindres, *RTD civ. 2016. 25* (exposition à un risque et perte de chance). – Wester-Ouisse *RLDC 2013/100, n° 4934* (droit médical).

113. Condition de la certitude du préjudice. Du moment qu'il est certain, le préjudice futur doit être réparé, sans qu'il puisse être objecté que la demande est prématurée. • Civ. 3e, 2 juin 2016, n° 15-16.967 P : *D. 2016. 1254* ; *AJDI 2016. 843, obs. Rouquet* . ♦ Justifie légalement sa décision la cour d'appel qui retient que, en cas de séropositivité, le préjudice résultant de la survenance du SIDA n'avait pas un caractère certain (d'où indemnisation immédiate du préjudice correspondant à la séropositivité, tandis que le paiement de l'indemnisation afférente au SIDA déclaré, d'ores et déjà évaluée, est subordonné à la constatation médicale de la maladie). • Civ. 2e, 20 juill. 1993, n° 92-06.001 P : *R., p. 329 ; D. 1993. 526, note Chartier* ; *RTD civ. 1994. 107, obs. Jourdain* . ♦ Certitude du préjudice résultant de la présence d'amiante dans un logement, dans la mesure où il n'est pas possible de procéder à des travaux sans prendre des mesures particulières très contraignantes et onéreuses, tant pour un simple bricolage que pour des travaux de grande envergure, alors qu'il faut veiller à l'état de conservation de l'immeuble, afin d'éviter tout risque de dispersion de l'amiante dans l'air. • Civ. 3e, 21 mai 2014, n° 13-14.891 P (préjudice résultant de la faute du diagnostiqueur et correspondant au coût des travaux de désamiantage). ♦ Dans le même sens • Civ. 3e, 19 mai 2016, n° 15-12.408 P. ♦ … Et pour des termites, avec des préjudices matériels et de jouissance : • Cass., ch. mixte, 8 juill. 2015, n° 13-26.686 P. ♦ Le coût des réparations nécessitées par la présence de termites non signalés par le diagnostiqueur dans l'attestation destinée à informer les acquéreurs sur la présence des parasites constitue un préjudice certain. • Civ. 3e, 15 oct. 2015, n° 14-18.077 P. ♦ Un préjudice hypothétique ne donne pas lieu à réparation : • Civ. 1re, 28 juin 2012, n° 11-19.265 P : *D. 2012. 1736* (cassation de l'arrêt acceptant d'indemniser la réticence, alléguée par la victime d'une erreur médicale, à subir dans le futur une autre intervention chirurgicale, qui ne constitue qu'une simple éventualité). ♦ Mais cassation de l'arrêt refusant la réparation du préjudice résultant du passage d'un tiers sur un chemin, aux motifs que ses propriétaires n'ont pas été privés en totalité de la jouissance du chemin. • Civ. 1re, 29 juin 2022, n° 20-18.136 B : *D. 2022. 1317* ; *AJDI 2022. 617, obs. Lagraulet* .

114. En présence d'excavations réalisées sur un fonds, présentant un risque pour le fonds voisin, ce risque autorise la mise en place d'une « parade confortative » et caractérise un préjudice portant en lui-même les conditions de sa réalisation. • Civ. 2e, 15 mai 2008, n° 07-13.483 P : *D. 2008. Pan. 2894, obs. Brun* ; *JCP 2008. I. 186, obs. Stoffel-Munck ; RDI 2008. 489, obs. Trébulle ; RTD civ. 2008. 679, obs. Jourdain.* ♦ Rappr., dans le cadre du régime spécial des dégâts commis par le gibier : si la L. du 7 mars 2012 a consacré, à l'art. L. 426-5 C. envir., un principe général de prise en charge, par les fédérations de chasseurs, des mesures de prévention des dégâts causés par le grand gibier, elle ne comporte aucune disposition ouvrant à un exploitant agricole un droit à la prise en charge, par ces fédérations, sur le fondement de ce texte, du coût de mesures de prévention de dommages susceptibles d'affecter son exploitation (clôture). • Civ. 2e, 25 mai 2022, n° 20-16.476 B.

115. Même si l'irrégularité initiale disparaît, le préjudice n'en existe pas moins pour la période pendant laquelle l'irrégularité a perduré. • Crim. 13 nov. 2013 : *D. 2013. 2695* ; *RDI 2014. 45, obs. Roujou de Boubée* ; *RTD civ. 2014. 130, obs. Jourdain* ; *RCA 2014, n° 38, obs. Corgas-Bernard* (préjudice résultant d'une construction irrégulière, pour la période qui précède la régularisation). ♦ L'annulation de l'arrêté d'agrément pour un individu en tant qu'agent municipal n'entraîne pas le remboursement des salaires versés par la commune à l'intéressé, ces salaires correspondant au travail effectué, même s'il ne l'a pas été dans des conditions légales. • Crim. 14 mai 2019, n° 17-87.259 P.

116. Victime pouvant être indemnisée par un tiers. Est certain le dommage subi par une personne par l'effet de la faute d'un professionnel, alors même que la victime disposerait, contre un tiers, d'une action consécutive à la situation dommageable née de cette faute et propre à assurer la réparation du préjudice. • Civ. 1re,

7 mai 2002, n° 99-14.675 P : *D. 2003. 998, note Fischer* ; *JCP 2003. I. 152, n°s 20 s., obs. Viney* (en l'espèce, séquestre ayant fait imprudemment des paiements à un seul des coïndivisaires).

117. Perte d'une chance : notion. L'élément de préjudice constitué par la perte d'une chance peut présenter en lui-même un caractère direct et certain chaque fois qu'est constatée la disparition, par l'effet du délit, de la probabilité d'un événement favorable, encore que, par définition, la réalisation d'une chance ne soit jamais certaine. • Crim. 9 oct. 1975 : *Gaz. Pal. 1976. 1. 4* • 4 déc. 1996, n° 96-81.163 P. ♦ V. aussi • Crim. 6 juin 1990, n° 89-18.857 P (perte d'une chance résultant de l'impossibilité, pour un éleveur victime de blessures involontaires, de faire participer un cheval à des courses) • Civ. 2e, 28 juin 2012 : *RCA 2012, n° 258, obs Hocquet-Berg* (perte de chance de bénéficier de nouvelles donations). ♦ Cassation de l'arrêt exigeant la perte d'une chance sérieuse, alors que toute perte de chance ouvre droit à réparation. • Civ. 2e, 25 mai 2022, n° 20-16.351 B : *D. 2022. 1934, obs. Guégan* ; *RCA 2022, n° 190, obs. Lagrange* (perte de la possibilité pour un athlète de participer aux Jeux Olympiques). ♦ Il est fréquemment jugé que la perte d'une chance d'évolution favorable de l'activité professionnelle, si elle ne constitue pas un dommage déjà réalisé, constitue cependant un dommage réparable. Par ex. : • Civ. 2e, 9 juill. 1954 : *D. 1954. 627* • 13 nov. 1985 : *Bull. civ. II, n° 172* (à condition de préciser en quoi la perte de chance était certaine et en relation directe avec le fait dommageable) • 9 nov. 1983 : *JCP 1985. II. 20360, note Chartier* • 14 oct. 1992, n° 91-12.266 P : *RTD civ. 1993. 148, obs. Jourdain* • 16 janv. 2014, n° 13-10.566 P (perte de chance pour un jeune de reprendre avec succès l'activité de forain de ses parents, alors qu'il les aidait déjà dans leur exploitation, que cette aide le formant à son futur métier) • Crim. 28 janv. 2015, n° 13-86.772 P : *D. 2015. 323* ; *RDC 2015. 923, obs. Ollard* (perte de chance résultant de ce que la victime d'une escroquerie, ayant signé une clause restrictive quant à la recherche d'un acquéreur pendant le temps de l'offre d'achat d'une société, s'est interdit, pendant la durée d'application de la convention, de rechercher un autre acquéreur, même si la preuve de la présence d'autres acquéreurs n'est pas rapportée) • Com. 9 juin 2015, n° 14-15.074 P (perte de chance de bénéficier de l'obligation d'achat de l'électricité photovoltaïque compte tenu du retard de la société ERDF à raccorder l'installation au réseau public). ♦ *V. aussi* • *Crim. 23 nov. 1971 : D. 1972. 225, rapport Lecourtier* (refus de prendre en considération les revenus supplémentaires que l'intéressé aurait pu tirer d'une activité nouvelle après sa retraite). ♦ Perte de chance d'occuper un emploi à temps plein par la survenance d'un accident. • Crim. 18 févr. 2014, n° 12-87.629 P (victime ayant refusé une proposition de travail à temps plein en raison de son état de santé). ♦ Perte de chance pour un militaire d'accéder à un grade supérieur : • Civ. 2e, 13 janv. 2012 : *RCA 2012, n° 91*. ♦ ... Pour une étudiante aux résultats corrects de travailler à un niveau au moins égal au SMIC. • Civ. 2e, 25 juin 2015, n° 14-21.972 P. ♦ Constitue un préjudice certain et non la perte d'une chance, l'inscription d'hypothèques par des créanciers rendue possible par le retard apporté fautivement à la publication d'un partage. • Civ. 2e, 23 juin 1993, n° 91-20.728 P : *RTD civ. 1994. 110, obs. Jourdain* . ♦ ... Le préjudice résultant de la rupture d'un contrat d'enseigne ayant entraîné un arrêt des approvisionnements qui étaient contractuellement prévus jusqu'au terme du contrat. • Com. 18 févr. 2014, n° 12-29.752 P : *D. 2014. 543* . ♦ Rappr., pour des investisseurs immobiliers insuffisamment informés par leur agent immobilier sur les risques du placement qu'ils n'auraient pas souscrit s'ils en avaient connu les risques, la sécurité annoncée du placement constituant une caractéristique essentielle qui les avait déterminés à s'engager : • Civ. 1re, 2 oct. 2013, n° 12-20.504 P : *D. 2013. 2336* ; *RDI 2014. 161, obs. Heugas-Darraspen* ; *RTD civ. 2013. 855, obs. Gautier* . ♦ Sur la notion de perte d'une chance en matière de responsabilité contractuelle et notamment professionnelle, V. notes ss. art. 1231-2 et, plus spécialement dans le domaine médical, V. notes ss. art. L. 1142-1 CSP.

118. ... Chances hypothétiques. Mais, généralement, est jugée hypothétique la chance dont seraient privés des parents de bénéficier un jour de l'obligation alimentaire dont leur enfant serait tenu envers eux. Par ex., • Crim. 12 févr. 1979 : *Gaz. Pal. 1979. 2. 563*. ♦ Comp. • Civ. 2e, 4 oct. 1989 (2 arrêts) : *Bull. civ. II, n° 156* ; *RTD civ. 1990. 81, obs. Jourdain* (perte du droit à obtenir une contribution aux charges du mariage) • 24 juin 1998 : *Dr. fam. 1999, n° 16, note Lécuyer* (perte d'une chance, pour une épouse, d'obtenir une prestation compensatoire, le mari ayant organisé son insolvabilité). ♦ V. aussi, pour une veuve séparée de fait depuis cinq ans, privée de l'« éventuelle » exécution de l'obligation de secours, maintenue pendant la séparation de fait : • Crim. 25 oct. 2000 : *D. 2001. Somm. 2233, obs. Jourdain* ; *JCP 2001. I. 338, n° 12, obs. Viney*. ♦ Lorsqu'il est impossible d'affirmer que l'intéressée aurait été dans les conditions médicales requises par la loi pour l'interruption thérapeutique de grossesse, la perte de chance de pouvoir y recourir n'est qu'hypothétique. • Civ. 1re, 9 mars 2004 : préc. note 102. ♦ V. égal. note 127.

119. ... Caractère aléatoire de la durée de vie. Aucun préjudice résultant de son propre décès n'a pu naître, du vivant de la victime, dans son patrimoine et être ainsi transmis à ses héritiers. • Crim. 26 mars 2013 : *D. 2013. 1993,* *obs. Pradel* ; *ibid. 2658, obs. Porchy-Simon* ; *RTD civ. 2013. 614, obs. Jourdain* ; *JCP 2013, n° 675, note Bakouche* (rejet du pourvoi contre l'arrêt justifiant cette solution par le fait que le droit de vivre jusqu'à un âge statistiquement déterminé n'est pas suffisamment certain, au regard des aléas innombrables de la vie quotidienne et des fluctuations de l'état de santé de toute personne, pour être tenu pour un droit acquis, entré dans le patrimoine de celle-ci de son vivant).

120. ... Évaluation du dommage. En cas de perte de chance, la réparation du dommage ne peut être que partielle. • Civ. 1re, 27 mars 1973 : *JCP 1974. II. 17643, note R. Savatier*; *Gaz. Pal. 1973. 2. 630, note Doll* • 9 mai 1973 : *eod. loc.* – V. aussi • Com. 19 oct. 1999, n° 97-13.446 P : *Defrénois 2000. 1278, note Lecourt*; *LPA 6 avr. 2000, note Coffy de Boisdeffre.* ♦ Elle doit être mesurée à la chance perdue et ne peut être égale à l'avantage qu'aurait procuré cette chance si elle s'était réalisée. • Civ. 1re, 16 juill. 1998, n° 96-15.380 P : *D. Affaires 1998. 1530, obs. S. P.*; *JCP 1998. II. 10143, note R. Martin* (responsabilité contractuelle) • 15 janv. 2002 : *CCC 2002, n° 73, note Leveneur* (*idem*) • 9 avr. 2002, n° 00-13.314 P : *D. 2002. IR 1469* (*idem*). ♦ Il ne peut être ainsi tenu pour acquis que la victime, empêchée de poursuivre ses études suite à un accident, aurait obtenu un poste de cadre supérieur, ce qui exclut l'indemnisation de toute la perte de salaire correspondante capitalisée. • Civ. 2e, 9 avr. 2009, n° 08-15.977 P. ♦ Il incombe seulement à la victime de préciser à quel montant elle évalue ses différents préjudices, l'office du juge consistant alors à en apprécier le bien-fondé et à déterminer souverainement la fraction de ces préjudices correspondant à la perte de chance de les éviter. • Civ. 1re, 8 juill. 1997, n° 95-17.076 P : *R., p. 274*; *JCP 1997. II. 22921, note Sargos.* ♦ L'étendue du dommage peut se trouver modifiée par l'aggravation de cet état, et une demande de réparation complémentaire est en conséquence recevable. • Civ. 1re, 7 juin 1989 : *D. 1991. 158, note J.-P. Couturier* ; *Defrénois 1990.746, obs. Aubert.* ♦ V. aussi note 206.

121. La réparation du dommage résultant de la perte d'une chance ne présente pas un caractère forfaitaire mais correspond à une fraction des différents préjudices subis. • Soc. 17 déc. 1998, n° 97-12.897 P : *D. 1999. IR 64* (possibilité de recours des tiers payeurs). – Dans le même sens : • Civ. 1re, 18 juill. 2000, n° 98-20.430 P : *R., p. 392*; *D. 2000. 853, note Chartier* ; *Defrénois 2000. 1385, obs. Aubert*; *RCA 2000, n° 373, note Groutel.* ♦ Le juge du fond ne peut se contenter d'affirmer qu'il existe des éléments suffisants pour apprécier le préjudice, il doit préciser quels sont les éléments sur lesquels il se fonde. • Com. 8 sept. 2015, n° 14-15.831 P (déclarations inexactes du tiers saisi, le créancier étant privé de la possibilité de recourir à d'autres mesures d'exécution forcée). ♦ Sur l'appréciation du préjudice : • Com. 10 juill. 2012, n° 11-21.954 P : *D. 2012. 2772, note Caffin-Moi* ; *Rev. sociétés 2012. 686, note Fages* ; *RTD civ. 2012. 725, obs. Fages* ; *ibid. 732, obs. Jourdain* ; *RDC 2013. 91, obs. Deshayes.*

3° *CARACTÈRE DIRECT ET PERSONNEL*

122. Exigence d'un caractère direct et personnel. Le manquement de l'employeur à l'obligation de convoquer individuellement les membres du CHSCT, en vue de la réunion organisée à la demande motivée de deux de ses membres, n'engendre pas, en soi, pour les auteurs de cette demande, un préjudice personnel et direct. • Soc. 25 nov. 2015, n° 14-16.067 P. ♦ L'action en réparation du dommage résultant du délit d'escroquerie étant distincte de l'action en recouvrement de la taxe fraudée, constitue un préjudice réparable direct pour l'État, le montant de la TVA qui n'a pas été perçu à la suite de la fourniture de factures falsifiées. • Crim. 16 juin 2021, n° 19-86.630 P : *D. 2021. 1564, obs. Perrier* ; *RTD com. 2021. 666, obs. Bouloc* (application délibérée d'un taux plus faible).

123. Préjudice par ricochet. BIBL. Chabas, *Mél. Marty, Univ. Toulouse, 1978, p. 291* (parenté ou alliance entre victime et auteur du dommage). – Viney, *D. 1974. Chron. 3* (autonomie). – Carcaly, *LPA 18 mars 1998* (indemnisation des conjoints). – Bourrié-Quenillet, *JCP 1998. I. 186* (préjudice moral des proches d'une victime blessée). – Quistrebert, *RCA 2018. Étude 11* (indemnisation des troubles dans les conditions d'existence de la victime par ricochet). ♦ L'État est tenu de réparer le dommage personnel causé aux victimes par ricochet par le fonctionnement défectueux du service public de la justice lorsque cette responsabilité est engagée par une faute lourde ou un déni de justice. • Civ. 1re, 16 avr. 2008, n° 07-16.286 P : *R., p. 313*; *RCA 2008, n° 199, obs. Hocquet-Berg*; *RLDC 2008/50, n° 3019, obs. Gaudin* • 16 avr. 2008, n° 07-16.504 P : *RCA 2008, n° 199, obs. Hocquet-Berg*; *R., p. 313*; *RLDC 2008/50, n° 3019, obs. Gaudin.*

124. Absence de condition de lien de droit avec la victime principale. V. note 142.

125. Dommage moral. Aucune disposition de la loi n'interdit aux juges de tenir compte, dans l'évaluation du préjudice causé directement par l'infraction, de la souffrance morale ressentie par les parties civiles dans le cours d'une longue procédure qui a dû être engagée pour obtenir réparation d'une faute ayant entraîné le décès d'un être cher. • Crim. 10 mai 1984 : *D. 1985. 256, note Penneau.* ♦ Indemnisation pour une dépression consécutive au décès de la victime immédiate de l'infraction. • Crim. 6 mai 1982 : *Bull. crim. n° 115*; *RTD civ. 1983. 349, obs. Durry* • Civ. 2e,

28 avr. 2011, n° 10-17.380 P : *D. 2011. Chron. C. cass. 2150, obs. Adida-Canac et Bouvier* ; *RTD civ. 2011. 538, obs. Jourdain* ; *RCA 2011, n° 241.* ♦ V. également note 89. ♦ Mais la réparation intégrale du dommage ne s'étend pas aux conséquences ne se rattachant qu'indirectement à la faute commise (frais, droits et pénalités afférents à la succession ouverte par le décès des victimes, acquittés dans des conditions particulièrement onéreuses tenant aux circonstances brutales du décès). • Civ. 1re, 15 avr. 1986 : *Bull. civ. I, n° 91.* ♦ Même sens : • Civ. 2e, 8 nov. 1995 : *D. 1996. 360, note Roets* • Crim. 8 févr. 1996, n° 95-84.589 P : *JCP 1996. I. 3985, n° 9, obs. Viney.* ♦ Le placement irrégulier de leur fils en milieu psychiatrique cause à ses parents un préjudice direct dont ils sont bien fondés à demander réparation. • Civ. 1re, 23 juin 2010 : *cité note 217.*

126. ... Préjudice d'accompagnement de fin de vie. Le préjudice spécifique d'accompagnement de fin de vie a pour objet d'indemniser les troubles et perturbations dans les conditions d'existence d'un proche qui partageait habituellement une communauté de vie affective et effective avec la victime. • Civ. 2e, 21 nov. 2013, n° 12-28.168 P : *D. 2013. 2014. Chron. C. cass. 571, obs. Lazerges-Cousquer et Touati* ; *Gaz. Pal. 2014. 221, obs. Quézel-Ambrunaz, RLDC 2014/114, n° 5378, note Corgas-Bernard* (réparation intégrale en droit du dommage corporel ; cassation de l'arrêt qui, pour retenir l'existence de ce préjudice, retient des rapports particulièrement étroits entre la victime et son beau-frère et ses neveux et nièces, et le fait que ces derniers l'avaient soutenu plusieurs mois alors qu'elle était dans le coma, mais sans caractériser une communauté de vie affective et effective). ♦ Cassation de l'arrêt qui fixe l'indemnisation de l'époux en retenant l'existence, d'une part, de préjudices résultant de la maladie de son épouse liés au bouleversement dans les conditions de vie de celui-ci, d'autre part, des préjudices consécutifs au décès, constitués notamment d'un préjudice d'accompagnement, réparant ainsi deux fois le bouleversement dans les conditions de vie de l'époux avant le décès de son épouse. • Civ. 1re, 24 oct. 2019, n° 18-21.339 P : *D. 2019. 2090* ; *RDSS 2019. 1144, obs. Curier-Roche* .

127. Dommage matériel : perte de chance. Perte d'une chance d'obtenir des subsides qui se seraient accrus avec l'augmentation des ressources de la victime principale. • Crim. 3 nov. 1983 : *JCP 1985. II. 20360 (2e esp.), note Chartier.* ♦ Perte de chance de la victime par ricochet, lourdement handicapée, de bénéficier d'une assistance viagère de la victime directe. • Crim. 27 mai 2014, n° 13-82.116 P : *D. 2015. 124, obs. Brun* ; *RTD civ. 2014. 659, obs. Jourdain* ; *JCP 2014, n° 843, note Bascoulergue.* ♦ Indemnisation du préjudice moral des parents d'un enfant décédé, consécutif à la perte de chance de survie de l'enfant. • Crim. 20 mars 1996 : *préc. note 117.* ♦ Sur la perte d'une chance, V. aussi notes 117 s.

128. ... Perte du bénéfice d'une assurance décès. L'employeur qui a souscrit une assurance décès au bénéfice des ayants droit de ses salariés présents dans les effectifs de l'entreprise au moment de leur décès doit réparer le préjudice subi par ceux-ci du fait du licenciement pour faute grave du salarié décédé quelques jours plus tard, la faute grave n'étant pas caractérisée et le salarié ayant ainsi été privé du bénéfice du préavis et de la possibilité d'être présent dans les effectifs de l'entreprise à la date de son décès. • Soc.15 avr. 2015, n° 13-22.044 P.

129. ... Perte de chance d'assistance. V. note 253.

130. Dommages matériels non retenus. Le locataire principal, qui perd le bénéfice des revenus d'une sous-location à la suite de la résiliation du bail principal aux torts du bailleur, ne saurait prétendre à une indemnisation à ce titre, ces revenus n'étant perçus qu'à raison du bail principal, la résiliation de celui-ci entraînant l'extinction du droit de les percevoir, et la valeur du droit au bail de la sous-locataire n'étant pas incluse dans celle du fonds de commerce du locataire. • Civ. 3e, 8 juill. 2009, n° 08-10.869 P : *D. 2009. 2036, obs. Rouquet* ; *AJDI 2010. 458, obs. Denizot* . ♦ La dépense résultant pour l'héritier de la victime de l'obligation d'assumer la charge de la rente que servait son ayant cause à titre de prestation compensatoire (anc. art. 276-2 C. civ.) ne constitue pas un élément du préjudice né directement de l'infraction d'homicide involontaire. • Crim. 18 nov. 1998, n° 97-82.268 P : *R., p. 297* ; *D. 1999. Somm. 323, obs. Pradel* ; *JCP 1999. I. 147, n° 10, obs. Viney* ; *RTD civ. 1999. 848, obs. Jourdain* . ♦ La dépense résultant, pour l'héritier, de l'obligation légale d'acquitter les droits de mutation après décès ne constitue pas un élément du préjudice né directement de l'infraction ou des faits objets de la poursuite. • Crim. 29 avr. 2014, n° 13-80.693. ♦ La victime d'un accident n'ayant pu trouver un emploi autre que celui qu'il ne lui était plus possible d'exercer, l'ASSEDIC ne rapporte pas la preuve d'un préjudice personnel et certain découlant pour elle de l'obligation dans laquelle elle s'est trouvée de verser des allocations de chômage. • Civ. 2e, 28 avr. 1982, n° 80-14.311 P : *R., p. 70* ; *D. 1982. 575, concl. Charbonnier* ; *RTD civ. 1983. 136, obs. Durry.* ♦ La mère de la victime ayant cessé ses activités professionnelles pour s'occuper de son fils handicapé ne subit pas de préjudice, dès lors que l'abandon de son activité professionnelle résultait d'une option personnelle, la victime étant assistée par des tierces personnes. • Civ. 2e, 15 janv. 1997 : *RCA 1997, n° 118.* ♦ Mais pour une mère qui s'est elle-même consacrée à l'assistance de son fils, V.

• Civ. 2e, 14 avr. 2016, n° 15-16.697 P : *RTD civ. 2016. 637, obs. Jourdain* . ♦ V. note 92.

131. Survie de la victime directe. Abandon de la jurisprudence qui déclarait irrecevable devant les juridictions répressives l'action civile des victimes par ricochet en cas de survie de la victime immédiate : • Crim. 9 févr. 1989, n° 87-81.359 P : *R., p. 357 ; D. 1989. 614, note Bruneau ; Gaz. Pal. 1989. 1. 392, note Doucet ; RTD civ. 1989. 563, obs. Jourdain* • 21 mars 1989, n° 88-80.816 P : *R., p. 357.*

132. Opposabilité aux victimes par ricochet de la faute de la victime directe. V. note 183 s.

133. Groupements, associations et intérêts collectifs. BIBL. Action des associations agréées de consommateurs : Viney, *JCP 1988. 1. 3355* (L. du 5 janv. 1988). – R. Martin, *JCP 1994. I. 3756* (L. du 18 janv. 1992). – Lienhard, *D. 1996. Chron. 314* (associations de défense des victimes d'accidents collectifs). ▶ **Préjudice collectif** : Dreveau, *RTD civ. 2011. 249* . ♦ Sur l'action de groupe, V. C. consom., art. L. 423-1 s. – **C. consom.** ♦ Sur les conséquences devant une juridiction pénale : l'action civile devant les tribunaux répressifs est un droit exceptionnel qui, en raison de sa nature, doit être strictement renfermé dans les limites fixées par le C. pr. pén. ; il en résulte qu'une association ne peut exercer les droits reconnus à la partie civile en vue de la réparation d'un préjudice porté à un intérêt collectif que dans les conditions prévues par les art. 2-1 s. C. pr. pén. • Crim. 7 sept. 2021, n° 19-87.031 B : *D. 2022. 45, note Saenko ; AJ pénal 2021. 469, note Lasserre Capdeville* .

134. ... Associations. Une association peut, conformément à son objet, réclamer en justice la réparation de l'atteinte portée aux intérêts collectifs de ses membres. • Soc. 11 oct. 1994, n° 90-11.206 P. ♦ Est ainsi recevable l'action d'une association ayant pour objet la lutte contre le racisme anti-chrétien contre une publication portant atteinte aux sentiments religieux que partagent ses membres. • Paris, 3 juill. 1995 : *JCP 1996. II. 22601, note Duvert.* ♦ Est habilitée à agir devant une juridiction civile pour demander réparation du préjudice occasionné par un affichage publicitaire contrevenant aux dispositions du code des débits de boissons, une association de lutte contre l'alcoolisme qui tient de l'art. L. 96 dudit code le pouvoir d'exercer les droits reconnus à la partie civile. • Civ. 2e, 25 juin 1998, n° 96-10.397 P. ♦ Action d'une association de protection de l'environnement : • Civ. 3e, 9 juin 2010, n° 09-11.738 P : *D. 2010. 2468, obs. Trébulle ; ibid., Chron. C. cass. 2608, note Nési* • Crim. 22 mars 2016, n° 13-87.650 P : *D. 2016. 1236, note Epstein ; AJ pénal 2016. 320, note Perrier ; RSC 2016. 287, obs. Robert ; RTD civ. 2016. 634, obs. Jourdain* . ♦ La seule violation de la réglementation applicable est de nature à causer aux associations de protection de l'environnement concernées un préjudice moral indemnisable. • Crim. 29 juin 2021, n° 20-82.245 P : *D. 2021. 2219, note Bourgais ; AJ pénal 2021. 425, obs. Daoud ; RTD civ. 2021. 897, obs. Jourdain* (non-respect des règles de traitement des déchets nucléaires, sans preuve d'un dommage aux personnes ou à l'environnement). ♦ Si une association régulièrement déclarée peut réclamer la réparation des atteintes portées aux intérêts collectifs de ses membres, il ne lui est pas possible, en l'absence d'une disposition légale l'habilitant expressément, d'agir en justice pour la défense d'intérêts généraux, l'association ne pouvant se prétendre directement et personnellement victime des agissements contraires aux valeurs qu'elle défend. • Paris, 15 nov. 1991 : *JCP 1992. II. 21954 (4e esp.) note Viney.* ♦ Est ainsi irrecevable l'action d'une association ayant pour objet la défense des intérêts collectifs des téléspectateurs dirigée contre une chaîne de télévision et des journalistes ayant diffusé un reportage truqué. • Paris, 5 juill. 1994 : *D. 1996. 578, note R. Martin ; JCP 1996. II. 22562, note Mécary et Gras* • TGI Paris, 29 nov. 1995 : *JCP 1996. II. 22563, plaidoiries Montebourg et Moncorps.* ♦ Comp., sur le préjudice invoqué par une association de défense : Viney, *JCP 1992. I. 3625, n° 33.*

135. ... Fédérations de chasseurs. Le préjudice subi par une fédération de chasseurs se trouve établi du seul fait du dépassement des prélèvements de gibier autorisés par le plan de chasse. • Civ. 2e, 24 oct. 2013, n° 12-14.384. ♦ Les fédérations départementales de chasseurs ayant pour objet la répression du braconnage, la constitution et l'aménagement de réserves de chasse, la protection et la reproduction du gibier, encourt la cassation une décision qui a débouté une fédération au motif qu'elle ne justifie pas en quoi la chasse de lapins de garenne à l'aide d'un véhicule la nuit lui cause un préjudice direct. • Civ. 2e, 2 févr. 1994, n° 92-15.615 P. ♦ V. cependant, • Crim. 8 févr. 1995 : *D. 1996. 96, note Guihal* (les juges ne peuvent accorder des dommages-intérêts à une fédération départementale de chasseurs à l'occasion d'une infraction de chasse avec engins prohibés, le préjudice invoqué n'étant ni personnel ni distinct de celui éprouvé par la collectivité publique).

136. Institution représentative d'une profession réglementée. Un huissier s'étant rendu coupable d'abus de confiance aggravé au préjudice de clients de l'étude, la Chambre nationale des huissiers peut demander la réparation de son préjudice moral pour atteinte à la considération de la profession, mais elle ne subit pas un préjudice matériel distinct de celui des clients de l'étude et ne peut se constituer partie civile pour obtenir le remboursement des sommes exposées en exécution de ses obligations légales. • Crim. 9 mars 2016, n° 13-85.943 P.

137. ... Syndicats. Les syndicats n'ont qualité pour exercer l'action civile que lorsque le litige soulève une question de principe dont la solution, susceptible d'avoir des conséquences pour l'ensemble de leurs adhérents, est de nature à porter un préjudice, même indirect, à l'intérêt collectif de la profession. • Crim. 16 févr. 1999, n° 98-81.621 P.

Les syndicats professionnels peuvent exercer tous les droits réservés à la partie civile concernant les faits portant un préjudice direct ou indirect à l'intérêt collectif qu'ils représentent : l'existence d'un préjudice même indirect à l'intérêt collectif donne ouverture à l'action civile d'un syndicat, et à son droit d'obtenir réparation du dommage causé • Crim. 9 févr. 2016, n° 14-87.753 P : *Dr. soc. 2016. 665, note Salomon* (installation destinée à permettre l'enregistrement, le traitement et la conservation illicites de l'image des salariés dans leur activité et notamment dans l'exercice de leurs droits syndicaux).

138. ... Société. Le préjudice subi par l'associé d'une SCI qui reproche à l'autre associé d'avoir donné l'immeuble à bail et perçu seul les loyers, constitué par l'absence de perception d'une fraction des fruits de l'immeuble social calculée proportionnellement au nombre de parts sociales détenues, ne se distinguait pas du préjudice subi par la société tout entière dont il n'était que le corollaire. • Civ. 3e, 8 juin 2010, n° 09-66.802 P : *BICC 1er nov. 2010, n° 1650.* ♦ Le préjudice subi par un associé, qui résulte, non d'une faute délictuelle du prêteur, mais directement de la défaillance de la SCI dans le remboursement du prêt et de son obligation corrélative de supporter les pertes sociales en sa qualité d'associé, ne présente pas le caractère personnel de nature à justifier de sa part une action en responsabilité contre le prêteur. • Com. 13 oct. 2015, n° 11-20.746 P. ♦ V. aussi • Civ. 1re, 3 févr. 2016, nos 14-25.695 P, 14-25.733 P. ♦ Sur la responsabilité civile en matière de sociétés anonymes, V. C. com., art. L. 225-250 s. – **C. com., C. sociétés.**

139. Défense de l'intérêt collectif des créanciers. Recevabilité de l'action en responsabilité exercée contre un des créanciers d'une société en liquidation judiciaire ou contre toute autre personne par le liquidateur, chargé par la loi de la défense de l'intérêt collectif des créanciers. • Com. 16 nov. 1993 : *D. 1994. 5, concl. de Gouttes, rapp. Pasturel, note Derrida et Sortais ; RTD civ. 1994. 623, obs. Jourdain .*

140. Associé. La recevabilité de l'action en responsabilité engagée par un associé à l'encontre d'un cocontractant de la société est subordonnée à l'allégation d'un préjudice personnel et distinct de celui qui pourrait être subi par la société elle-même. • Com. 8 févr. 2011, n° 09-17.034 P : *D. 2011. Actu. 592, obs. A. Lienhard ; ibid. 1535, note Boucobza et Sérinet ; RLDC 2011/81, n° 4200, obs. Le Nestour-Drelon.* ♦ ... Le seul fait que cet associé agisse sur le fondement de la responsabilité contractuelle ne suffit pas à établir le caractère personnel du préjudice allégué ; cassation de l'arrêt qui n'a pas recherché si le préjudice financier allégué par la victime en sa qualité d'actionnaire n'était pas, en tout ou partie, le corollaire du préjudice subi par la société du fait de la dépréciation alléguée du catalogue d'œuvres constituant son principal actif. • Com. 4 nov. 2021, n° 19-12.342 B : *D. 2022. 103, note Tadros ; RDC 2022/2. 68, note Caffin-Moi.*

141. Subissent un préjudice résultant du détournement de biens non seulement les propriétaires de ces derniers, mais aussi les détenteurs et possesseurs. • Crim. 11 déc. 2013, n° 12-86.624 P : *D. 2013. 2916 ; AJ pénal 2014. 132, obs. Gallois ; RGDA 2014. 239, obs. Langé ; RDC 2015. 97, note Malabat* (abus de confiance).

4° *LÉGITIMITÉ DE L'INTÉRÊT LÉSÉ*

142. Concubins. L'anc. art. 1382 [1240] n'exige pas, en cas de décès, l'existence d'un lien de droit entre le défunt et le demandeur en indemnisation. Une concubine peut donc obtenir réparation du préjudice résultant pour elle de la mort de son concubin. • Cass., ch. mixte, 27 févr. 1970 : *R. 1969-1970, p. 71 ; GAJC, 11e éd., n° 181-182 (II) ; D. 1970. 201, note Combaldieu ; JCP 1970. II. 16305, concl. Lindon, note Parlange ; RTD civ. 1970. 353, obs. Durry.* ♦ V. également note 89. ♦ Commentaires : Chabas, *D. 1973. Chron. 211.* – Gomaa, *D. 1970. Chron. 145.* – Vidal, *JCP 1971. I. 2390.* ♦ Cassation de l'arrêt qui refuse à la concubine sans profession la réparation du préjudice économique résultant du décès de son concubin. • Crim. 29 mai 2001, n° 00-83.902 P : *D. 2002. Somm. 613, obs. Lemouland ; Dr. et patr. 2/2002. 106, obs. Chabas* (arrêt cassé ayant évoqué la durée brève du concubinage, un an et demi, tout en accordant une indemnité à l'enfant commun). ♦ L'action indemnitaire contre un tiers, en l'espèce celle d'un fiancé contre le médecin qu'il juge responsable du décès de sa fiancée lors d'un accouchement, ne relève pas de la vie privée ou familiale au sens de l'art. 8 Conv. EDH. • CEDH, sect. V, 23 févr. 2010, *Hofmann c/ Allemagne*, n° 1289/09.

143. Une concubine n'a pas la qualité d'ayant droit au sens de l'art. L. 451-1 CSS et peut, dès lors, être indemnisée selon les règles du droit commun du préjudice personnel que lui cause la mort de son compagnon, victime d'un accident du travail. • Soc. 25 oct. 1990 : *D. 1991. 111, note Saint-Jours ; RTD civ. 1991. 306, obs. Hauser .*

144. Refus d'indemnisation de deux maîtresses, la double liaison ayant un caractère précaire. • Crim. 8 janv. 1985 : *JCP 1986. II. 20588, note Endréo.* ♦ Indemnisation accordée simultanément à l'épouse légitime et à la maîtresse de la victime : • Riom, 9 nov. 1978 : *JCP 1979. II. 19107, note Almairac.* ♦ Indemnisation accordée à la survivante de partenaires d'un concubinage homosexuel. • TGI Belfort, 25 juill. 1995 : *JCP 1996. II. 22724, note Paulin ; ibid. I. 3903, n° 3, obs. Mattei ; LPA 2 mars 1998, note Corpart.*

145. Situation irrégulière de la victime. Une cour d'appel qui relève la situation irrégulière d'un voyageur blessé en ayant voulu emprunter un train n'établit pas l'illégitimité de son intérêt à demander réparation de son dommage à la SNCF. • Civ. 2e, 19 févr. 1992 : *JCP 1993. II. 22170, note Casile-Hugues.* ♦ Une commune reconnue coupable de voie de fait doit être condamnée à indemniser le préjudice causé, sans qu'elle puisse invoquer l'irrégularité de la situation adverse pour s'exonérer de sa faute, et sans qu'il y ait lieu de vérifier la réalité de cette cette irrégularité. • Civ. 1re, 23 mai 2006, n° 04-12.488 P (obturation du réseau d'assainissement d'un camping exploité irrégulièrement). ♦ Mais un employeur qui n'a pas fait figurer une personne dans son effectif et ne l'a pas déclarée à l'URSSAF ne justifie pas d'un intérêt légitime à demander réparation du préjudice que lui cause l'absence de cette personne, victime d'un accident. • Civ. 2e, 27 mai 1999, n° 97-19.234 P : *JCP 2000. I. 197, nos 4 s., obs. Viney ; RTD civ. 1999. 637, obs. Jourdain.* ♦ L'auteur d'une infraction n'est pas recevable à se porter partie civile à l'encontre des personnes qui l'auraient incité à commettre celle-ci, en alléguant le préjudice que lui causerait une éventuelle condamnation. • Crim. 21 sept. 2016, n° 16-82.082 P. ♦ Rappr. note 146. ♦ Rejet de l'action de médecins contre la clinique qui les a irrégulièrement licenciés en garantie des condamnations prononcées contre eux pour voie de fait envers leur remplaçant. • Civ. 2e, 7 mai 2002, n° 00-15.318 P.

L'adage *Nemo auditur...* est étranger aux règles de la responsabilité délictuelle. • Civ. 1re, 17 nov. 1993, n° 91-15.867 P : *RTD civ. 1994. 115, obs. Jourdain* (indemnisation du passager complice du vol du véhicule) • 22 juin 2004, n° 01-17.258 P : *D. 2005. Pan. 189, obs. D. Mazeaud ; JCP 2005. II. 10006, note Eyraud ; ibid. I. 132, n° 2, obs. Viney ; CCC 2004, n° 136, note Leveneur ; Dr. et patr. 11/2004. 82, obs. Chauvel ; LPA 22 juin 2005, note Chardeaux ; RTD civ. 2004. 503, obs. Mestre et Fages* (suite de l'annulation d'un contrat pour dol). ♦ V. aussi note 189. ♦ *V. cependant, refusant à l'auteur* d'un dol une action en responsabilité contre un notaire fautif, au motif qu'il ne pouvait sans se prévaloir de sa mauvaise foi délibérée faire grief au notaire de ne pas avoir pallié les effets de sa carence : • Civ. 1re, 17 déc. 1996, n° 95-13.091 : *RCA 1997. Comm. 132 ; Defrénois 1997. 343, obs. Aubert.*

146. Perte d'un profit illicite. Une victime ne peut obtenir la réparation de la perte de ses rémunérations que si celles-ci sont licites. • Civ. 2e, 24 janv. 2002, n° 99-16.576 P : *D. 2002. 2559, note D. Mazeaud ; JCP 2002. II. 10118, note Boillot ; ibid. 2003. I. 152, nos 22 s., obs. Viney ; Defrénois 2002. 786, obs. Libchaber ; Dr. et patr. 4/2002. 92, obs. Chabas ; RCA 2002. Chron. 11, par Hocquet-Berg ; RTD civ. 2002. 306, obs. Jourdain* (en l'espèce, rémunération provenant d'un travail dissimulé) • 22 févr. 2007, n° 06-10.131 P : *D. 2007. 2709, note Golhen ; JCP 2007. II. 10099, note Brusorio-Aillaud ; ibid. I. 185, n° 1, obs. Stoffel-Munck ; RCA 2007, n° 146, note Hocquet-Berg ; CCC 2007, n° 142, note Leveneur ; RTD civ. 2007. 572, obs. Jourdain* (gains d'un joueur interdit de jeu). ♦ Ce principe ne s'applique pas à la demande en réparation des nouvelles pertes subies par un joueur qui, en raison de son addiction au jeu, devait bénéficier d'une mesure d'exclusion des salles de jeu et qui reprochait à la société de jeu de n'avoir rien fait pour assurer l'efficacité de cette mesure. • Civ. 2e, 30 juin 2011 : *préc. note 17.*

147. Perte d'un profit découlant d'une illégalité. Une commune, qui a illégalement autorisé une construction immobilière, ne saurait prétendre être indemnisée de sa perte et des revenus afférents à celle-ci, lors de sa démolition par l'exploitant conformément à une décision d'annulation du permis de construire. • Crim. 4 nov. 2008 : *JCP 2009. I. 123, n° 1, obs. Stoffel-Munck.*

148. Peine privée. La sanction du recel successoral, qui suppose l'intention frauduleuse de rompre l'égalité du partage, ne constitue pas, pour celui qui le commet, un préjudice ouvrant droit à réparation. • Civ. 1re, 9 avr. 2014, n° 13-16.348 P : *D. 2014. Chron. C. cass. 1715, note Darret-Courgeon ; AJ fam. 2014. 325, obs. Gilles.*

C. RAPPORT DE CAUSALITÉ

BIBL. Aberkane, *RTD civ. 1958. 516* (dommage causé par une personne indéterminée). – Canselier, *RTD civ. 2010. 41* (explication causale). – Duval-Arnould et Quézel-Ambrunaz, *RDC 2017. 710* (le juge et le rapport de causalité). – Esmein, *D. 1964. Chron. 205.* – Gratton, *RTD civ. 2013. 275* (le dommage déduit de la faute). – Grynbaum, *D. 2008. Chron. 1928* (lien de causalité en matière de santé). – Lambert-Faivre, *D. 1992. Chron. 311.* – Lamoureux, *JCP 2016, n° 731* (causalité juridique et algorithmes). – Leduc, *RCA 1999. Chron. 17* (cause exclusive). – Radé, *D. 2012. Chron. 112* (causalité juridique et causalité scientifique). – Rouvière, *D. 2012. Chron. 2186* (causalité et L. du 5 juill. 1985). – Sargos, *D. 2008. Chron. 1935.* – Colloque Rennes 15-16 déc. 2006, *RLDC 2007, suppl. au n° 40 de juill.-août* (distorsions de la causalité).

1° PREUVE

149. Certitude du lien causal. La responsabilité prévue par l'anc. art. 1382 [1240] suppose un rapport de causalité certain entre la faute et le dommage. • Civ. 2e, 27 oct. 1975 : *Gaz. Pal. 1976. 1. 169, note Plancqueel.* ♦ Lien de causalité entre la faute du notaire qui n'a pas vérifié la portée de la vente, ce qui a conduit à sa nullité, celle-ci ayant pour conséquence la nullité du prêt, et la perte par l'établissement prêteur des intérêts conventionnels auxquels il avait droit. • Civ. 3e, 30 janv. 2013 : *D. 2014. 47, obs. Gout ; AJDI 2013. 625, obs. de La Vaissière.* ♦ Absence de lien de causalité entre l'obligation du vendeur de recourir aux travaux de reprise d'un sous-sol et l'erreur du diagnostiqueur qui avait affirmé qu'il était en bon état, l'erreur de diagnostic n'étant pas à l'origine des désordres constatés car même si le diagnostic réalisé avait révélé le véritable état des sous-sols, des travaux de reprise auraient dû être entrepris. • Civ. 3e, 7 janv. 2016, no 14-18.561 P : *D. 2016. 130 ; RTD civ. 2016. 373, obs. Jourdain ; RDC 2016. 220, note Deshayes* (préjudice fixé au surcoût des travaux rendus nécessaires par l'aggravation des désordres). ♦ La démonstration du dommage subi par un cheptel du fait de courants électromagnétiques, sans exiger une preuve scientifique, peut résulter de présomptions graves, précises, fiables et concordantes. • Civ. 3e, 18 mai 2011, no 10-17.645 : *cité note 3 ss. art. 1240* (preuve jugée non rapportée en l'espèce). ♦ V. aussi note 5 ss. art. 1603.

150. *Absence d'autre cause envisageable : bangs d'avion supersonique.* L'effondrement d'un mur s'étant produit aussitôt après que plusieurs « bangs » imputables à un appareil dont l'État français était responsable eurent été perçus et aucune autre cause susceptible d'amener un effondrement de l'immeuble n'ayant été relevée, les juges du fond ont pu en déduire la relation de causalité entre le fait des avions et le dommage. • Civ. 2e, 13 oct. 1971 : *D. 1972. 117 ; JCP 1972. II. 17044, note de Juglart et du Pontavice.*

151. *... Passage d'un train.* Après avoir noté la concomitance entre la blessure d'un enfant et le passage d'un train, l'absence d'obstacle entre celui-ci et l'enfant et la concordance des conclusions des experts médicaux et techniques, les juges peuvent tenir pour établi que le fragment métallique qui avait blessé l'enfant avait été projeté par le train et provenait soit du matériel soit de la voie. • Civ. 2e, 1er juill. 1976 : *JCP 1977. II. 18684, note le Tourneau.* ♦ Comp., pour le refus d'attribution à la SNCF de la garde d'une bouteille lancée d'un train, • Civ. 2e, 26 oct. 1972, no 71-10.417 P : *R. 1972-1973, p. 55 ; JCP 1973. II. 17441, note Rodière* • 10 oct. 1973, no 72-12.796 P : *R. 1973-1974, p. 69 ; D. 1973. 739.* – V. aussi Starck, *D. 1973. Chron. 269.*

152. *Atteintes à la santé (sang, vaccins, médicaments).* Pour les difficultés de preuve de la causalité en cas de contamination post-transfusionnelle, V. note 176 et notes 101 s. ss. art. L. 1142-1, CSP ss. art. 1242. – V. CSP, art. L. 3122-1. – **CSP.** ♦ Pour la vaccination contre l'hépatite B, V. notes ss. art. 1245-8. ♦ Pour les dommages causes par le Distilbène, V. note 61 ss. art. 1353.

2o CAUSALITÉ DIRECTE ET ENCHAÎNEMENT DES CAUSES

a. Théories causales

153. *Équivalence des conditions.* Le préjudice eût-il été aggravé par la suite du fait d'autres personnes ou d'autres causes non imputables à l'auteur de la faute, celui-ci n'en doit pas moins être condamné à réparation intégrale du dommage résultant des conséquences de son geste, sans lequel le dommage ne se serait pas produit. • Crim. 13 nov. 1975 : *Gaz. Pal. 1976. 1. 178.* ♦ La faute *sine qua non,* c'est-à-dire sans laquelle le préjudice ne se serait pas produit, doit être réputée causale. Dès lors que plusieurs causes produites successivement ont été les conditions nécessaires du dommage, toutes sont les causes, de la première à la dernière. • Paris, 7 juill. 1989 : *Gaz. Pal. 1989. 2. 752, concl. Pichot* (contamination par le virus du SIDA à la suite d'une transfusion lors d'une intervention chirurgicale faisant suite à un accident de la circulation ; responsabilité de l'auteur de l'accident). – V. aussi • Civ. 1re, 2 juill. 2002, no 00-15.848 P : *D. 2002. IR 2517* • Civ. 2e, 27 mars 2003, no 01-00.850 P : *JCP 2004. I. 101, no 13, obs. Viney ; RGDA 2003. 504, note Landel (1re esp.).*

154. *Causalité adéquate.* La responsabilité civile s'encourt dès que le dommage allégué se trouve lié à la faute établie par un rapport de causalité adéquate ; un tel rapport existe lorsque la faute a constitué le facteur qui, parmi ceux en cause, a joué un rôle véritablement perturbateur, ne laissant aux autres, même lorsqu'ils ont faiblement concouru au dommage, qu'un caractère secondaire. • Versailles, 30 mars 1989 : *JCP 1990. II. 21505, note Dorsner-Dolivet ; RTD civ. 1992. 117, obs. Jourdain* (contamination par le virus du SIDA à la suite des transfusions lors d'interventions chirurgicales rendues nécessaires par des fautes médicales antérieures ; responsabilité du médecin auteur de la faute). ♦ Dans le même sens : • Civ. 1re, 17 févr. 1993 : *JCP 1994. II. 22226, note Dorsner-Dolivet ; Gaz. Pal. 1994. 1. 82, note Memmi ; RTD civ. 1993. 589, obs. Jourdain*, rejetant le pourvoi contre • Dijon, 16 mai 1991 : *D. 1993. 242, note Kerckhove.* ♦ V. aussi • Civ. 2e, 23 juin 1993, no 91-21.307 P (la victime ayant introduit chez elle un inconnu après avoir consommé de l'alcool avec lui, ce comportement qui peut être qualifié d'imprudent ou d'irraisonné ne peut être rattaché à des conséquences aussi imprévisibles et aussi dramatiques que celles imputables à l'auteur des faits). ♦ Rappr. pour l'appréciation d'une faute inexcusable : il est indifférent que la faute inexcusable de l'employeur ait été la cause déterminante de l'accident ; il suffit qu'elle en soit une cause nécessaire pour que la responsabilité de l'employeur soit engagée, alors même que d'autres fautes auraient concouru au dommage. • Soc. 31 oct. 2002, n° 00-18.359 P : *R., p. 396 ; D. 2003. 644, note Saint-Jours ; JCP E 2003. 903, n° 20, obs. Asquinazi-Bailleux ; RCA 2003, n° 100, note Groutel.* ♦ Rappr. aussi les décisions citées notes 154 et 158.

b. Illustrations

155. *Prédispositions de la victime.* BIBL. Nguyen Than Nha, *RTD civ. 1976. 1.* – Groutel, *RCA 2012. Étude 3* (assurance du conducteur). ♦ Le droit à réparation de la victime ne saurait être réduit en raison d'une prédisposition pathologique lorsque l'affection qui en est issue n'a été révélée ou provoquée que du fait de l'infraction elle-même. • Crim. 10 avr. 1973, n° 71-92.772 P : *Gaz. Pal. 1973. 2. 710* (troubles névrotiques). ♦ Dans le même sens pour des troubles psychologiques : • Civ. 2e, 10 juin 1999, n° 97-20.028 P • 13 juill. 2006, n° 04-19.380 : *RCA 2006, n° 361, note Hocquet-Berg* • 19 mai 2016, n° 15-18.784 P. ♦ ... Pour des troubles neurologiques : • Crim. 10 nov. 2009, n° 08-16.920 P : *D. 2009. AJ 2863 ; RLDC 2010/67, n° 3674, obs. Bugnicourt ; RCA 2010. Étude 3, note Martial-Braz* (troubles neurologiques, l'accident entraînant une paraplégie) • Civ. 2e, 20 mai 2020, n° 18-24.095 P : *D. 2021. 46, obs. Gout* (parkinson non encore décelé). ♦ ... Pour une imprégnation alcoolique : • Civ. 2e, 13 janv. 1982 : *JCP 1983. II. 20025, note Dejean de la Bâtie* (traumatisme consécutif à l'accident, élément déclenchant de complications mortelles). ♦ ... Pour des troubles articulaires : • Crim. 12 avr. 1994, n° 93-84.367 P (état arthrosique) • Crim. 11 janv. 2011 : *RCA 2011, n° 130* (coxarthrose jusque là débutante et silencieuse). ♦ Jugé aussi que l'auteur d'une infraction a l'obligation de réparer en totalité le dommage qui en est résulté, sans pouvoir invoquer l'état préexistant de la victime. • Crim. 14 juin 1990, n° 89-85.234 P : *RTD civ. 1991. 126, obs. Jourdain* (accident d'ambulance ayant entraîné le décès d'une personne blessée dans un premier accident qui n'engageait pas son préjudice vital).

V. cep. pour une aggravation du taux d'incapacité antérieur : il y a lieu de tenir compte, pour déterminer l'importance du préjudice consécutif à une infraction, de l'incidence des atteintes physiologiques antérieures. • Crim. 10 févr. 1976, n° 75-91.728 P : *D. 1976. 297, rapp. Robert.* ♦ Comp. sur la limite du raisonnement : l'accident n'ayant pas eu seulement pour effet d'aggraver une incapacité antérieure mais ayant transformé radicalement la nature de l'invalidité, la victime qui, malgré son état antérieur, exerçait régulièrement une activité professionnelle exigeant une pleine capacité de travail et qui menait une vie normale, se trouve atteinte d'une invalidité totale à la suite de l'accident litigieux dont elle est en droit de demander la réparation intégrale. • Civ. 2e, 6 mai 1987, n° 86-11.044 P : *Gaz. Pal. 1987. 1. Pan. 141.* ♦ V. égal., pour l'indemnisation de la cécité en cas d'accident ayant fait perdre la vision d'un oeil à un borgne. • Civ. 2e, 19 juill. 1966 : *D. 1966. 598, note Le Roy ; JCP 1966. II. 14902, note Meurisse* • Crim. 15 déc. 1966, n° 66-91.184 P : *JCP 1967. II. 15162, note Meurisse* • Civ. 1re, 28 oct. 1997, n° 95-17.274 P : *JCP 1998. I. 144, n° 15, obs. Viney ; RTD civ. 1998. 123, obs. Jourdain.*

Rappr. pour la qualification d'une infraction d'homicide involontaire : ni l'art. 319 anc., ni l'art. 221-6 C. pén. n'exigent qu'un lien de causalité direct et immédiat existe entre la faute du prévenu et le décès de la victime ; il suffit que l'existence d'un lien de causalité soit certaine. • Crim. 14 févr. 1996, n° 95-81.765 P : *JCP 1996. I. 3985, n° 15, obs. Viney.*

V. aussi : absence de lien de causalité entre le dommage favorisé par une prédisposition et le fait dommageable à l'origine de la prédisposition. • Civ. 2e, 13 juill. 2006, n° 05-16.645 : *RTD civ. 2007. 128, obs. Jourdain* (victime se plaignant d'une aggravation de son état au regard d'un premier fait dommageable, alors que l'expertise démontrait que la détérioration de sa situation n'était que la conséquence du second fait dommageable).

156. *Rupture du lien de causalité du fait d'une décision personnelle de la victime.* Absence de lien de causalité entre une explosion ayant eu pour seule conséquence de contraindre l'exploitant d'un site à suspendre son activité le temps nécessaire au contrôle de ses installations, et sa décision d'arrêter la production du phosgène sur ce site. • Civ. 2e, 17 juin 2010, n° 09-13.583 P. ♦ L'exploitation d'un fonds de commerce ayant perduré 21 mois après le décès du commerçant, la vente de ce fonds est un choix des héritiers et non une conséquence inévitable du décès. • Civ. 2e, 14 juin 1995, n° 93-20.103 P. ♦ Absence de relation de causalité directe et certaine entre l'accident ayant provoqué l'inaptitude définitive du salarié à l'exercice de son emploi antérieur et le versement de l'indemnité de licenciement ayant ainsi pour cause la rupture du contrat de travail découlant de l'exercice par le salarié de sa liberté de choix de refuser le poste de reclassement que l'employeur est légalement tenu de lui proposer. • Civ. 2e, 7 avr. 2011, n° 10-30.566 P : *D. 2011. 1136, obs. Marrochella ; ibid. 2012. Pan. 47, obs. Brun ; RTD civ. 2011. 543, obs. Jourdain.* ♦ L'enfant d'une femme mortellement blessée dans un accident ayant rejoint son père à l'étranger où il travaillait et celui-ci, constatant que son fils ne pouvait pas s'adapter aux conditions de vie de ce pays, ayant résilié son contrat de travail pour revenir en France, il n'y a aucun lien de causalité entre le préjudice résultant de la rupture du contrat de travail et l'accident. • Civ. 2e, 3 oct. 1990, n° 89-12.937 P. ♦ Absence de lien de causalité entre l'information défectueuse donnée par la SEITA sur les dangers du tabac et le décès d'un fumeur. • Civ. 2e, 20 nov. 2003, n° 01-17.977 P : *R., p. 445 ; D. 2003. 2902, concl. Kessous, note Grynbaum ; ibid. 2004. Somm. 1344, obs. D. Mazeaud ; ibid. Chron. 653, par Bugada ; JCP 2004. II. 10004, note Daille-Duclos ; ibid. I. 163, nos 36 s., obs. Viney ; RCA 2004. Chron. 5, par Radé ; RTD civ. 2004. 103, obs. Jourdain* • Civ. 1re, 8 nov. 2007, n° 06-15.873 P : *D. 2008. 50, note Revel ; ibid. Chron. 804, par Neyret ; ibid. Pan. 2894, obs. Brun ; JCP 2008. II. 10033, note Sauvat ; ibid. I. 125, nos 6 et 10, obs. Stoffel-Munck ; RCA 2007, n° 361, note Radé ; RTD civ. 2008. 290, obs. Hauser.* ♦ Absence de lien entre un accident et le choix de solliciter le bilan d'un ergothérapeute, ce bilan n'étant pas impératif, la réalisation d'un tel bilan ressortant d'un choix personnel et n'ayant pas été préconisée par l'expert. • Civ. 2e, 24 nov. 2011, n° 10-25.133 : *D. 2012. Chron. C. cass. 644, obs. Adida-Canac et Bouvier ; AJ fam. 2012. 109, obs. Verheyde ; RDSS 2012. 187, obs. Tauran ; RCA 2012, n° 7, obs. Groutel.*

Mais admission d'un lien de causalité entre le grave accident subi par une personne qui est restée privée de toute autonomie et le préjudice subi par ses parents qui ont choisi de l'héberger chez eux. • Civ. 2e, 12 mai 2005, n° 01-16.963 : *RTD civ. 2005. 786, obs. Jourdain.*

157. Rupture du lien de causalité du fait du comportement d'un tiers. Absence de lien de causalité entre la non-remise d'une décoration à un médecin et l'avis défavorable de son ordre professionnel, l'avis n'étant pas motivé et ne liant pas l'administration. • Civ. 2e, 25 janv. 2001, n° 98-21.821 P. ♦ ... Entre l'incendie survenu dans un appartement et le dégât des eaux survenu dans un autre appartement suite aux défauts du bâchage du toit nécessité par l'incendie. • Civ. 3e, 19 févr. 2003, n° 00-13.253 : *RCA 2003, n° 125 ; RTD civ. 2003. 508, obs. Jourdain.* ♦ ... Entre la faute commise par l'employeur dans l'exercice de son droit de licencier et le préjudice allégué par la veuve du salarié licencié, laquelle s'est vu refuser le bénéfice de l'assurance groupe souscrite par l'employeur en cas de décès. • Civ. 2e, 8 nov. 2007, n° 06-19.655 P : *BICC 1er mars 2008, n° 351 ; D. 2008. Chron. C. cass. 659, n° 15, obs. Nicoleis ; RTD civ. 2008. 307, obs. Jourdain.* ♦ ... Entre le nombre de rondes de nuit pratiquées dans une maison de retraite, inférieur à celui prévu dans un protocole interne, et l'agression dont a été victime un pensionnaire de la part d'un autre pensionnaire, faute de preuve que celle-ci se serait déroulée au moment de ces rondes. • Civ. 1re, 15 déc. 2011, n° 10-25.740 P : *cité note 100 ss. art. 1242* (agression commise à 6 h du matin, alors que la dernière ronde avait lieu à 5 h). ♦ ... Entre la faute de l'auteur de l'accident et le décès de la victime, handicapée depuis cet accident et morte plusieurs années après dans l'incendie de son lit, alors que l'auteur de l'accident avait versé à la victime une indemnité pour assistance d'une tierce personne de nature à inclure la prévention des risques inhérents à l'invalidité de la victime. • Civ. 2e, 8 févr. 1989, n° 87-19.167 : *JCP 1990. II. 21544, note Dejean de la Bâtie ; RTD civ. 1990. 556, obs. Jourdain.* ♦ Absence de responsabilité de l'organisatrice d'une soirée alors que l'incendie mortel s'est déclaré dans une pièce où elle n'était pas, un ami ayant pris l'initiative d'aller chercher des bougies et n'ayant pas veillé à les éteindre, cette initiative étant la cause directe de l'incendie provoqué par ces bougies. • Civ. 2e, 28 avr. 2011, n° 10-17.380 : *préc. note 125.*

Est à bon droit exclu tout lien de causalité entre la présence d'un véhicule en stationnement sur le bord d'une route, débordant partiellement sur la chaussée, de nuit et sans éclairage, et le fait qu'un autre véhicule circulant en sens inverse est venu le percuter, dès lors que la position du premier véhicule ne créait aucune gêne pour le second. • Civ. 2e, 21 avr. 2005, n° 04-10.513 P : *RTD civ. 2005. 610, obs. Jourdain* (décision rendue hors implication, sur le recours entre coauteurs).

Inversement, jugé qu'il y a un lien de causalité entre la fourniture d'un renseignement erroné à la police et l'arrestation et la détention d'une personne jusqu'à sa relaxe. • Civ. 2e, 2 avr. 1996, n° 94-15.361 P : *R., p. 342.*

158. Suites d'un accident : poursuites de l'auteur. Jugé qu'il n'y a pas de lien de causalité entre la faute de l'auteur d'un accident et le décès de la victime, frappée d'une crise cardiaque en poursuivant l'automobiliste fautif. • Crim. 25 avr. 1967 : *Gaz. Pal. 1967. 1. 343.* ♦ Absence de lien de causalité entre les blessures subies par un policier, victime d'une chute purement accidentelle alors qu'il poursuivait un scooter et l'infraction commise. • Civ. 2e, 5 mars 2020, n° 18-26.137 P.

159. ... Stress d'un proche. Relation de cause à effet entre l'accident dont a été victime un homme et l'avortement subi par sa femme quelques semaines plus tard, par suite du choc émotionnel ressenti. • Civ. 2e, 17 mai 1973, n° 71-10.987 P : *Gaz. Pal. 1974. 1. 71, note H. M.*

160. ... Soins médicaux dommageables. Existence d'un lien de causalité entre l'accident de la circulation dans lequel un hémophile a été blessé et la contamination de celui-ci par le virus du SIDA, conséquence des transfusions massives reçues après l'accident, d'une importance sans rapport avec les produits administrés antérieurement. • Civ. 1re, 17 févr. 1993, n° 91-17.458 :

préc. note 154. ♦ ... Entre l'accident de la circulation et la contamination par le virus de l'hépatite C entraînée par les transfusions sanguines rendues nécessaires par l'accident. • Civ. 1re, 4 déc. 2001, n° 99-19.197 P : *R., p. 431 ; D. 2002. 3044, note de Lambertye-Autrand ; JCP 2002. II. 10198, note Gout ; ibid. I. 186, nos 10 s., obs. Viney ; RCA 2002, n° 126, note Groutel ; Gaz. Pal. 2002. 394, note Caseau-Roche ; RTD civ. 2002. 308, obs. Jourdain* • 2 juill. 2002, n° 00-15.848 : *préc. note 153* (partage de responsabilité, en l'espèce, entre le centre de transfusion sanguine et les responsables de l'accident). ♦ ... Entre l'accident de la circulation et l'atteinte oculaire subie par la victime, consécutive à une intervention chirurgicale à la colonne vertébrale nécessitée par l'accident. • Civ. 2e, 27 janv. 2000, n° 97-20.889 P : *D. 2001. 2073, note Chakiran ; JCP 2000. II. 10363, note Conte ; ibid. I. 241, n° 7, obs. Viney ; RTD civ. 2000. 335, obs. Jourdain.* – V. aussi • Civ. 2e, 12 oct. 2000, n° 98-21.878 : *Dr. et patr. 5/2001. 110, obs. Chabas.*

Rappr. pour la même solution en cas de cécité d'un patient due à la persistance d'un médecin dans un diagnostic erroné, le médicament prescrit ayant entraîné une aggravation de l'infection. • Civ. 1re, 13 nov. 2008, n° 07-18.008 : *JCP 2009. II. 10030, note Sargos ; RDC 2009. 1032, obs. Deshayes.* ♦ En sens contraire : une intervention chirurgicale pratiquée sans nécessité n'étant pas une suite nécessaire pour remédier à une maladresse médicale initiale, il n'y a pas de lien direct entre la faute du premier praticien et le dommage. • Civ. 1re, 30 sept. 1997, n° 95-16.500 P.

La faute du tiers ayant nécessité une intervention, qui a entraîné une infection nosocomiale, peut engager sa responsabilité, mais n'exonère pas l'établissement. • Civ. 1re, 1er juill. 2010, n° 09-69.151 P : *D. 2010. Actu. 1785* .

161. ... Suicide postérieur au fait dommageable. Le fait que l'accident n'ait été que la cause indirecte et partielle du suicide ne suffit pas à établir l'inexistence d'un préjudice direct dont l'auteur de l'accident doit répondre. • Crim. 24 nov. 1965 : *D. 1966. 104.*

Jugé inversement que, s'il est constaté que la mort de la victime qui s'est suicidée n'a pas été *la suite nécessaire de la faute de l'auteur* de l'accident, il ne peut être admis que l'accident a été l'une des causes, même indirecte, du décès. • Crim. 24 avr. 1975 : *Gaz. Pal. 1975. 2. 537.* ♦ Nécessité de permettre à la Cour de cassation de contrôler l'existence d'un lien de causalité entre l'accident survenu à la victime et le suicide de celle-ci : • Civ. 2e, 13 mai 1969, n° 67-14.328 P : *JCP 1970. II. 16470, note Dejean de la Bâtie.* – V. aussi Nayral de Puybusque et Mélennec, *Gaz. Pal. 1975. 2. Doctr. 722.*

Le suicide du client d'une banque, fautive pour lui avoir notifié sans préavis le rejet d'un effet assorti d'une interdiction bancaire, ne peut être tenu pour la conséquence certaine de cette faute, eu égard au caractère disproportionné de ce geste et au fait que rien dans les relations antérieures de la victime et de la banque ne pouvait le laisser prévoir. • Com. 4 déc. 2001, n° 99-17.664 P : *JCP 2002. I. 186, nos 10 s., obs. Viney ; RTD com. 2002. 140, obs. M. Cabrillac.*

162. Suites d'une infraction : voleur victime. Le propriétaire d'un cabanon dans lequel ont été volés des détonateurs n'est pas responsable des blessures subies par le voleur en manipulant un de ces détonateurs, le préjudice invoqué étant sans relation de cause à effet avec le fait originaire qu'auraient constitué les facilités laissées aux tiers de pénétrer dans le cabanon. • Civ. 2e, 20 déc. 1972, n° 71-13.530 P : *JCP 1973. II. 17541, note Dejean de la Bâtie.*

163. ... Proches du délinquant victimes par ricochet. L'incarcération de l'auteur de l'infraction n'est pas une conséquence dommageable de l'infraction ouvrant droit à réparation. • Civ. 2e, 29 mars 2001, n° 99-15.602 : *D. 2001. IR 1218 ; RJPF 2001-6/40, note Leduc ; RCA 2001, n° 187, note Groutel* (refus d'indemniser le préjudice économique résultant, pour les descendants, de l'incarcération de leur père).

164. ... Tiers victimes. Les facilités dont a profité un voleur pour s'emparer d'une pelleteuse sont sans relation de cause à effet avec les dégâts causés volontairement par le voleur à d'autres véhicules. • Civ. 2e, 17 mars 1977, n° 75-15.507 P : *D. 1977. 631, note Robert.* – Dans le même sens : • Civ. 2e, 5 avr. 1965, n° 64-10593 P : *D. 1965. 737, note Azard* (accident provoqué par le voleur d'une moto) • 7 déc. 1988, n° 87-18.917 P : *RTD civ. 1989. 557, obs. Jourdain* (oubli dans une cabine téléphonique d'une sacoche contenant un carnet de chèques ; rejet de l'action intentée par la société impayée du fait de l'opposition du titulaire du compte) • 11 janv. 1995, n° 93-14.424 P (incendie volontaire d'un bus qui n'était pas fermé s'étendant à un car proche).

165. Prévention d'une infraction. Admission d'un lien de causalité entre l'attitude menaçante d'un homme pris de boisson et la réaction de défense de la personne menacée qui a occasionné un dommage à un tiers. • Civ. 2e, 27 mars 2003, n° 01-13.858 P. ♦ Les ayants droit de la victime directe de violences sont fondés à solliciter l'indemnisation des préjudices par ricochet qui leur ont été personnellement causés par les délits de non-empêchement de crime ou délit contre les personnes et de non-assistance à personne en péril dont le prévenu a été déclaré coupable. • Crim. 13 mai 2015, n° 13-83.191 P : *préc. note 21.*

166. Lien de causalité et écoulement du temps. Absence de lien de causalité entre le décès d'un grand-père et le préjudice prétendument souffert par son petit-fils né huit ans après son décès. • Civ. 2e, 24 mai 2006, n° 05-18.663 P. ♦ ...Entre le dommage invoqué par la prétendue victime et la disparition non élucidée de sa soeur intervenue plusieurs années avant sa conception. • Civ. 2e, 11 mars 2021, n° 19-17.384 P : *D. 2021. Chron. C. cass. 1795, obs. Talabardon ; ibid. 1980, obs. Bacache, Guégan et Porchy-Simon ; ibid. 2022. 35, obs. Brun ; RTD civ. 2021. 388, obs. Leroyer* (action intentée contre le FGTI). ♦ ... Entre le préjudice moral subi par les enfants nés d'une personne restée handicapée à la suite d'un accident et cet accident. • Civ. 2e, 24 févr. 2005, n° 02-11.999 P : *D. 2006. Pan. 1929, obs. Jourdain ; JCP 2005. I. 149, n° 1, obs. Viney ; RTD civ. 2005. 404, obs. Jourdain* (enfants nés 3, 11 et 13 ans après l'accident) • 5 oct. 2006, n° 05-18.494 P : *D. 2006. IR 2 55 ; LPA 21 févr. 2007, note Lafay.*

167. Lien de causalité et étendue du préjudice. Un établissement de crédit, qui a par sa faute retardé l'ouverture de la procédure collective de son client, n'est tenu de réparer que l'aggravation de l'insuffisance d'actifs qu'il a ainsi contribué à créer. • Com. 23 avr. 2013, n° 12-22.843 P : *D. 2013. 1129* (absence de lien de causalité de lien entre la faute de la banque et la dépréciation de certains éléments de l'actif). ♦ Admission d'un lien de causalité entre la contamination post-transfusionnelle par le VIH et l'incapacité de travail présente et future de l'intéressé, aggravée par la maladie déclarée au titre de la contamination. • Civ. 2e, 9 oct. 2003, n° 02-06.001 P : *D. 2003. IR 2550 ; RCA 2005, n° 145, note Hocquet-Berg.* ♦ Une personne ayant fait l'objet d'une hospitalisation d'office irrégulière peut prétendre à l'indemnisation de l'entier préjudice né de l'atteinte portée à sa liberté, sans que cette indemnisation puisse être limitée par le fait que, nonobstant les irrégularités formelles des arrêtés ordonnant son placement d'office, celui-ci était justifié par son état pathologique préalable à l'irrégularité commise. • Civ. 1re, 23 juin 2010, n° 09-66.026 : *D. actu. 2 juill. 2010, obs. Gallmeister ; RTD civ. 2010. 529, obs. Hauser*. ♦ Selon la chambre criminelle, le juge ne peut ordonner au défendeur, sous couvert de dommages et intérêts, le remboursement d'une créance contractuelle préexistante, dont la seule débitrice non partie à l'instance était la société, même si le défendeur était gérant de ladite société et était l'auteur de l'opposition au paiement des chèques destinés au paiement de la dette. • Crim. 18 déc. 2019, n° 18-85.535 P.

168. Lien de causalité admis : autres illustrations. Admission d'un lien de causalité entre l'octroi d'un prêt immobilier par une banque à un emprunteur dont elle connaissait la situation déjà obérée et le non-paiement par ce dernier des charges de copropriété relatives au bien acquis grâce à ce prêt. • Civ. 2e, 2 juill. 1997, n° 95-10.377 P : *R., p. 279 ; D. 1998. 231, note Atias ; LPA 6 oct. 1997, note D. R. Martin.* ♦ ... Entre la faute du créancier hypothécaire, qui, ayant provoqué une procédure d'adjudication de l'immeuble hypothéqué, a autorisé le propriétaire de ce dernier à le vendre de gré à gré, et le dommage subi par l'acheteur par suite de la nullité de la vente, l'immeuble ayant été adjugé. • Civ. 3e, 18 févr. 2016, n° 14-26.464 P : *D. 2016. 76 ; JCP N 2016, n° 1216, note Piedelièvre.* ♦ ... Entre la faute de l'expert immobilier, consistant dans la surévaluation d'un bien, et la perte de créance subie par le prêteur dont ce bien constituait la garantie. • Civ. 2e, 19 juin 2003, n° 01-03.639 P : *AJDI 2003. 862, note Heugas-Darraspen* . ♦ ... Entre les graves négligences commises lors du contrôle technique préalable à la vente du véhicule d'occasion et révélées par l'expertise, et les dommages subis par l'acquéreur au titre des frais de gardiennage et du trouble de jouissance. • Civ. 2e, 28 mars 2002, n° 00-11.293 P : *CCC 2002, n° 105, note Leveneur.*

3° FAUTE ET ACTION COLLECTIVE

BIBL. *D. 2011. 1983* (responsabilité collective).

169. Chasseurs. Responsabilité collective de chasseurs ayant, dans leur action commune qui a eu des conséquences dommageables, tous commis des fautes dont les éléments étaient indissociables. • Civ. 2e, 19 mai 1976, n° 74-15.063 P : *JCP 1978. II. 18773 (1re esp.), note Dejean de la Bâtie.* ♦ ... A moins qu'un des chasseurs n'établisse que le type de balle par lui utilisé n'est pas celui qui a blessé la victime. • Civ. 2e, 19 mai 1976, n° 75-10.300 P : *D. 1976. 629, note Mayer ; JCP 1978. II. 18773 (3e esp.), note Dejean de la Bâtie.* ♦ V. aussi : • Civ. 2e, 19 mai 1976, n° 74-15.301 P (cassation de l'arrêt n'ayant pas recherché si un des tireurs n'était pas hors de portée). ♦ V. aussi, condamnation *in solidum* de chasseurs dont les fusils sont intervenus dans la réalisation du dommage (gerbe unique de plombs), • Civ. 2e, 11 févr. 1966 : *D. 1966. 228, note Schmelck* • Lyon, 3 avr. 1980 : *Gaz. Pal. 1980. 1. 384.* – V. aussi Alauze, *Gaz. Pal. 1975. 1. Doctr. 335.*

170. Participants à une rixe. Responsabilité *in solidum* des membres d'un groupe ayant participé à une bagarre aboutissant à la mort d'une personne dès lors que c'est l'enchaînement des comportements fautifs des membres de ce groupe qui a permis au drame de se réaliser. • Civ. 2e, 2 avr. 1997, n° 95-14.428 P : *JCP 1997. I. 4068, nos 11 s., obs. Viney ; RCA 1997, n° 150, et Chron. 11, par Groutel.*

171. ... À une manifestation. Faute civile d'une organisation syndicale qui, par le biais de son président, a participé effectivement aux actes illicites commis lors d'une manifestation, qui constituait une complicité par provocation au sens de l'art. 121-7 C. pén. • Cass., ch. mixte, 30 nov. 2018, n° 17-16.047 P : *cité note 66 ss. art. 1240.*

172. Enfants : jeux interdits. Étant établi qu'un incendie a résulté des actes concertés d'enfants sans qu'il fût possible d'attribuer la responsabilité du sinistre au fait de l'un ou de l'autre d'entre eux, les agissements des enfants présentaient un caractère indivisible permettant d'en faire grief à chacun d'eux. • Civ. 2e, 9 févr. 1983 : *Gaz. Pal. 1983. 2. Pan. 215, obs. F. C.* ♦ Mais manque de base légale la décision qui déclare responsables *in solidum* de l'incendie d'un hangar deux mineurs au motif que la détermination et la preuve du rôle exact de chaque enfant à l'occasion de jeux de groupe sont indifférentes dès lors que le comportement de chacun d'eux constitue au moins une imprudence, alors qu'ayant relevé que seul un des deux mineurs connaissait l'emplacement des cigarettes et des allumettes qu'il avait cachées, elle n'indique pas en quoi le comportement de l'autre mineur avait été en relation directe avec l'incendie. • Civ. 2e, 4 mai 1988, n° 86-26.819 P : *RTD civ. 1988. 769, obs. Jourdain.* ♦ Cependant, sur renvoi, V. • Lyon, 16 nov. 1989 : *D. 1990. 207, note Vialard* (retenant la responsabilité des deux mineurs pour avoir, en se réunissant pour fumer en cachette dans un local où se trouvait de la paille, participé effectivement à une activité commune de nature à provoquer un incendie). ♦ La simple participation à un jeu, même dangereux, est insuffisante pour engager la responsabilité de participants dès lors qu'aucune faute en relation avec le dommage n'est établie à leur encontre. • Civ. 2e, 3 févr. 1993, n° 91-16.184 P : *D. 1994. Somm. 15, obs. A. Penneau*. ♦ Comp. • Civ. 2e, 1er avr. 1998, n° 95-20.804 P (la participation effective d'un enfant aux diverses étapes d'un jeu dangereux consistant à faire éclater des pétards dans un entrepôt suffit à caractériser son rôle positif dans la survenance de l'incendie et permet d'en déduire que son comportement a été en relation avec le dommage).

4° PLURALITÉ DES CAUSES

a. Obligation in solidum des coresponsables

173. Rapport d'obligation (relations entre la victime et les coresponsables) : principe. BIBL. Boré, *JCP 1967. I. 2126.* – Chabas, *Mél. Marty, Univ. Toulouse, 1998, p. 291* (parenté ou alliance entre victime et auteur du dommage). – Raynaud, *Mél. Vincent, Dalloz, 1981, p. 317.* ♦ Sur les cas d'obligation solidaire, V. note 200. ♦ Chacun des responsables d'un même dommage doit être condamné à le réparer en totalité, sans qu'il y ait lieu de tenir compte du partage des responsabilités auquel les juges du fond ont procédé entre les divers responsables, qui n'affecte que les rapports réciproques de ces derniers et non l'étendue de leurs obligations envers la partie lésée. Il en est ainsi même si l'un des responsables est demeuré inconnu. • Civ. 2e, 29 avr. 1970 : *JCP 1971. II. 16586.* – V. aussi • Civ. 2e, 3 févr. 1983 : *JCP 1984. II. 20183, note Chabas* • 12 janv. 1984 : *Bull. civ. II, n° 5* • 26 avr. 2007, n° 06-12.430 P : *D. 2007. AJ 1337* ; *RGDA 2007. 702, note Landel* • Civ. 3e, 19 janv. 2022, n° 20-15376 B. ♦ La condamnation d'un responsable d'un dommage à le réparer ne prive pas la victime d'intérêt à agir contre les autres responsables du même dommage, tant qu'elle n'a pas effectivement reçu réparation. • Civ. 1re, 20 juin 2000, n° 97-22.660 P.

174. ... Généralité de l'obligation. Application de l'obligation *in solidum* dans le cadre de la responsabilité du fait des choses, V. notes 76 s. ss. art. 1242. ♦ ... De la L. du 5 juill. 1985 sur les accidents de la circulation, V. note 9 ss. L. du 5 juill. 1985, ss. art. 2. ♦ ... A des responsables sur un fondement contractuel ou non, V. note 11 ss. art. 1792-1. ♦ Pour la jurisprudence administrative : lorsqu'un dommage trouve sa cause dans plusieurs fautes qui, commises par des personnes différentes ayant agi de façon indépendante, portaient chacune en elle normalement ce dommage au moment où elles se sont produites, la victime peut rechercher devant le juge administratif la réparation de son préjudice en demandant la condamnation de l'une de ces personnes à réparer l'intégralité de son préjudice. L'un des coauteurs ne peut alors s'exonérer, même partiellement, de sa responsabilité en invoquant l'existence de fautes commises par l'autre coauteur. • CE, avis, 20 janv. 2023, n° 468190 (sol. applicable en présence d'une personne publique et d'une personne privée).

175. ... Application aux accidents du travail. La victime d'un accident du travail, en cas de partage de la responsabilité de cet accident entre l'employeur ou son préposé et un tiers étranger à l'entreprise, est en droit d'obtenir de ce tiers, dans les conditions du droit commun, la réparation de son entier dommage dans la mesure où celui-ci n'est pas indemnisé par les prestations de sécurité sociale. • Cass., ass. plén., 22 déc. 1988 (3 arrêts), n° 86-91.864 P : *R., p. 176* ; *D. 1989. 105, concl. Monnet, note Paire* ; *ibid. Somm. 238, obs. Prétot* ; *JCP 1989. II. 21236, concl. Monnet, note Saint-Jours* ; *RTD civ. 1989. 333, obs. Jourdain* • Civ. 2e, 1er mars 1989 : *Bull. civ. II, n° 58* ; *Gaz. Pal. 1989. 2. Somm. 465, obs. Chabas* • 14 févr. 2013, n° 12-13.775 P : *Dr. soc. 2013. 381, obs. Hocquet-Berg* • 4 avr. 2013, n° 12-13.921 P : *RDSS 2013. 556, obs. Tauran*. – V. aussi Dejean de la Bâtie, *JCP 1989. I. 3402.* – Lambert, *Gaz. Pal. 1989. 2. Doctr. 401.* • Civ. 2e, 14 oct. 2021, n° 20-10.572 B : *RTD civ. 2022. 143, obs. Jourdain*. ♦ Sur le cas des accidents de la circulation, V. ss. L. du 5 juill. 1985, art. 1er, note 51. ♦ Lorsque la lésion dont est atteint l'assuré social est imputable à une personne autre que l'employeur ou ses préposés, le recours de la victime contre le tiers n'est pas subordonné à l'exercice préalable d'un recours contre l'employeur (CSS, art. L. 454-1). • Civ. 2e, 4 avr. 2013, nº 12-13.921 : *préc.* ♦ … Et les caisses primaires d'assurance maladie, tenues de servir à la victime ou à ses ayants droit les prestations et indemnités mentionnées par ce même livre, sont admises de plein droit à intenter contre l'auteur de l'accident une action en remboursement des sommes payées par elles. • Civ. 2e, 14 févr. 2013, nº 12-13.775 : *préc.*

Il résulte des art. L. 451-1 et L. 452-5 CSS que, sauf si la faute de l'employeur est intentionnelle, le tiers étranger à l'entreprise qui a indemnisé la victime d'un accident du travail de son entier dommage, n'a pas de recours contre l'employeur de la victime ou ses préposés, ni contre leur assureur. • Cass., ass. plén., 31 oct. 1991 (3 arrêts), nº 88-17.449 P : *R., p. 284 ; D. 1993. Somm. 271, obs. Prétot ; JCP 1992. II. 21800, note Saint-Jours ; Gaz. Pal. 1992. 2. Somm. 289, obs. Chabas ; RTD civ. 1992. 129, obs. Jourdain.* ♦ En cas de partage de responsabilité avec un tiers, l'employeur, auteur d'une faute inexcusable, ou son assureur, est en droit d'obtenir le remboursement par ce tiers de la fraction, correspondant à sa part de responsabilité, de la cotisation complémentaire d'accident du travail. • Soc. 18 janv. 1996, nº 93-15.675 P • Civ. 1re, 11 janv. 2000, nº 97-16.605 P : *RCA 2000. Chron. 5, par Groutel.*

Sur l'appréciation de la date de consolidation à l'encontre du coresponsable : le juge saisi de l'action contre l'auteur du dommage doit fixer, dans l'exercice de son pouvoir souverain d'appréciation, la date à laquelle les blessures de la victime ont été consolidées, sans être tenu par la date retenue par l'organisme social pour la détermination des prestations dues à la victime au titre de la législation sociale. • Civ. 2e, 14 oct. 2021, nº 20-10.572 B : *RTD civ. 2022. 143, obs. Jourdain.*

176. … Limites : opposabilité de la faute de la victime immédiate à la victime par ricochet. Celui dont la faute a causé un dommage est déchargé en partie de la responsabilité mise à sa charge s'il prouve qu'une faute de la victime a concouru à la production du dommage. Il en est ainsi non seulement lorsque la demande d'indemnité est formée par la victime elle-même, mais encore lorsqu'elle l'est par un tiers qui, agissant de son propre chef, demande réparation du préjudice personnel dont il a souffert du fait du décès de la victime ou de l'atteinte corporelle subie par celle-ci. Si l'action de ce tiers est *distincte par son objet de celle* que la victime a pu exercer, elle n'en procède pas moins du même fait originaire considéré dans toutes ses circonstances. • Cass., ass. plén., 19 juin 1981, nº 78-91.827 P : *R., p. 35 ; GAJC, 11e éd., nº 188-189 (II) ; D. 1981. 641, note Larroumet ; D. 1982. 85 (2 arrêts), concl. Cabannes, note Chabas ; JCP 1982. II. 19712, rapport Ponsard ; Gaz. Pal. 1981. 2. 529, note Boré ; RTD civ. 1981. 857, obs. Durry.*

177. … Préjudices de natures différentes. Le dommage consécutif à une perte de chance correspond à une fraction des différents chefs de préjudice subis qui est déterminée en mesurant la chance perdue et ne peut être égale aux atteintes corporelles résultant de l'acte médical ; en présence de coresponsables dont l'un répond du dommage corporel et l'autre d'une perte de chance, il ne peut être prononcé une condamnation *in solidum* qu'à concurrence de la partie du préjudice total de la victime à la réalisation duquel les coresponsables ont l'un et l'autre contribué. • Civ. 1re, 8 févr. 2017, nº 15-21.528 P (intervention d'un premier médecin provoquant une infection nosocomiale, le mauvais suivi faisant perdre une chance de l'éviter, alors que l'intervention ultérieure a été l'occasion d'une faute entraînant la responsabilité entière de la clinique).

178. Rapports de contribution (recours des coresponsables entre eux) : principe. Le coauteur qui a payé le tout peut réclamer à l'autre la part lui incombant dans la production du dommage. • Civ. 2e, 15 nov. 1972 : *D. 1973. 533, note Chabas.* ♦ Et l'auteur d'un dommage assigné en réparation par la victime peut rechercher la garantie d'un tiers en invoquant la faute de celui-ci dans la réalisation de ce dommage. • Com. 14 juin 2016, nº 14-16.471 P. ♦ Mais l'obligation *in solidum* n'est plus applicable et le coauteur doit diviser ses recours : aux termes de l'anc. art. 1213 C. civ. et des principes régissant l'obligation *in solidum*, l'obligation contractée solidairement envers le créancier se divise de plein droit entre les débiteurs, qui n'en sont tenus entre eux que chacun pour sa part et portion ; cassation de l'arrêt admettant un recours entre codébiteurs supérieur à la part de responsabilité qui lui a été attribuée. • Civ. 3e, 18 janv. 2023, nº 20-19127 B.

179. … Fondement : recours subrogatoire. Le co-auteur, qui agit par la voie subrogatoire, peut se voir opposer la prescription de l'action par le coresponsable poursuivi. • Civ. 2e, 24 avr. 1981, nº 78-16553 : *Gaz. Pal. 1981. 2. Pan. 353, obs. Chabas.* ♦ Sur l'application du même principe à tous les subrogés, V. note 203.

180. … Recours personnel. Le coauteur qui a payé l'intégralité de l'indemnité dispose aussi d'une action personnelle contre son coauteur, qui peut subsister malgré la renonciation de la victime mettant obstacle à la subrogation. • Civ. 1re, 7 juin 1977, nº 76-10.143 : *D. 1978. 289, note Larroumet ; JCP 1978. II. 19003, note Dejean de la Bâtie ; Gaz. Pal. 1978. 1. 131, note Plancqueel.* ♦ Rappr. • Civ. 3e, 30 avr. 2002, nº 00-15.645 P : *Defrénois 2002. 1032, obs. Périnet-Marquet ; RDI 2002. 324, obs. Malinvaud.*

181. … Partage de responsabilité. Chacun des coauteurs d'un dommage doit supporter, dans ses rapports avec les autres coauteurs et dans la mesure à déterminer par les juges, les conséquences de sa propre faute et ses héritiers sont obligés à réparation du dommage causé par cette faute sans pouvoir invoquer utilement la maxime « *nemo auditur...* », sans application en un tel cas. • Civ. 1re, 14 déc. 1982, n° 81-16.102 P : *RTD civ. 1983. 342, obs. Durry.* ♦ Le partage de responsabilité effectué par les juges dans une proportion déterminée exclut nécessairement qu'un des coauteurs, pour la part mise à sa charge en raison de ses fautes personnelles, exerce un recours en garantie contre l'autre. • Civ. 1re, 30 oct. 1995, n° 93-20.786 P.

Partage entre fautifs selon la gravité des fautes commises. • Civ. 1re, 7 mars 1973, n° 71-10.824 P • 7 juill. 1998, n° 97-10.869 P. ♦ Dans le même sens, pour un accident de la circulation : contribution à la dette de réparation du dommage subi par la victime d'un accident de la circulation, entre un conducteur impliqué dans l'accident et un autre coobligé fautif, a lieu en proportion de la gravité des fautes respectives. • Civ. 2e, 13 janv. 2011, n° 09-71.196 P. ♦ Un coauteur, responsable d'un accident sur le fondement de l'art. 1242, al. 1er, C. civ., peut recourir pour le tout contre un coauteur fautif. • Civ. 2e, 13 sept. 2018, n° 17-20.099 P • Civ. 3e, 22 juin 2005, n° 03-20.068 P.

Les coauteurs ayant correctionnellement été condamnés à des peines différentes, le juge civil peut néanmoins estimer que les fautes commises par chacun d'eux sont d'égale importance et répartir par parts égales la charge de l'indemnisation. • Civ. 2e, 13 sept. 2018, n° 17-14.654 P. ♦ Sur l'absence de compétence de la juridiction pénale en la matière : il résulte de l'art. 464 C. pr. pén., qu'en matière civile, la compétence de la juridiction pénale, limitée à l'examen des demandes formées par les parties civiles contre les prévenus, ne s'étend pas aux recours de ces derniers entre eux ; il s'ensuit qu'il n'appartient pas à cette juridiction de prononcer un partage de responsabilité entre les coauteurs du dommage dont la réparation a été ordonnée. • Crim. 7 avr. 2009, n° 08-85.519 P.

182. ... Fautes dans la commercialisation de médicaments (distilbène). Contribution à la dette proportionnelle au risque qui est imputable à chacun des laboratoires, au prorata de leurs parts de marché respectives. • Versailles, 14 avr. 2016, n° 16/00296 : *RDC 2017. 36, note Borghetti.*

b. Faute de la victime

183. Principe : cause d'exonération partielle. BIBL. Allix, *D. 2022. 29* (faute de la victime n'ayant pas causé le dommage). – Éloi et a., *Études Lapoyade-Deschamps, Univ. Montesquieu-Bordeaux IV, 2003.* ♦ L'auteur d'une faute qui a causé un dommage est tenu à entière réparation envers la victime, une faute de celle-ci pouvant seule l'exonérer en partie quand cette faute a concouru à la production du dommage. • Civ. 2e, 11 févr. 1976 : *D. 1976. 609, note Larroumet.* – V. aussi • Civ. 2e, 12 juin 1975, n° 73-16.600 P : *R., p. 74 ; JCP 1976. II. 18444, note Larroumet* • 27 nov. 1975 : *ibid.* – Dans le même sens : • Cass., ass. plén., 9 mai 1984 *(arrêts Derguini et Lemaire)*, n° 80-93.031 P : *R., p. 104 ; GAJC, 11e éd., n° 186 ; D. 1984. 525, concl. Cabannes, note Chabas ; JCP 1984. II. 20256, note Jourdain ; RTD civ. 1984. 508, obs. J. Huet.*

184. ... Généralité de la solution : préposé victime. Pour la limitation de la portée de l'immunité du préposé instituée par l'arrêt *Costedoat* : le préposé qui poursuit la réparation du préjudice que lui aurait personnellement causé un tiers, lui-même cocontractant de son commettant, peut se voir opposer sa propre faute par ce tiers. • Com. 10 déc. 2013, n° 11-22.188 P : *D. 2014. 9 ; RTD civ. 2014. 386, obs. Jourdain.*

185. ... Infraction intentionnelle et imprudence de la victime. * *Atteintes aux personnes.* Pour l'admission d'un partage de responsabilité entre la victime et l'auteur d'une infraction involontaire contre les personnes : • Cass., ch. mixte, 28 janv. 1972, n° 70-90.072 P : *D. 1972. Somm. 134 ; JCP 1972. II. 17050, concl. Lindon ; RTD civ. 1972. 405, obs. Durry ; RGAT 1972. 227, note A. B.* (passagers d'une voiture ayant commis une faute en montant en connaissance de l'état de fatigue et d'imprégnation alcoolique du conducteur).

* *Atteintes aux biens.* Lorsque plusieurs fautes ont concouru à la production du dommage, la responsabilité de leurs auteurs se trouve engagée dans une mesure dont l'appréciation appartient souverainement aux juges du fond ; cassation de l'arrêt qui condamne un *trader*, condamné pour abus de confiance envers son employeur, à lui verser une somme de plusieurs milliards d'euros correspondant à l'intégralité du préjudice financier, au motif que le prévenu a été l'unique concepteur, initiateur et réalisateur du système de fraude ayant provoqué le dommage, alors que les juges avaient relevé l'existence de fautes commises par la banque, ayant concouru au développement de la fraude et à ses conséquences financières. • Crim. 19 mars 2014, n° 12-87.416 P : *D. 2014. 912, note Lasserre Capdeville ; ibid. 1564, obs. Mascala ; ibid. 1569, obs. Mascala ; Gaz. Pal. 2013. 919, note Pitti ; AJ pénal 2014. 293, note Gallois ; RTD civ. 2014. 389, obs. Jourdain ; RTD com. 2014. 427, obs. Bouloc ; JCP 2014, n° 449, note Roussel ; ibid. n° 1028, obs. Maron ; RDC 2014. 377, note Viney ; ibid. 2015. 92, note Ollard ; ibid. 95, note Malabat ; LPA, 16 avr. 2014, p. 3, note de Lamaze.* ♦ Dans le même sens, • Crim. 25 juin 2014, n° 13-84.450 P : *D. 2014. 1453 ; JCP 2014, n° 893, note Detraz* (la passivité d'un loueur de véhicules, face au comportement de

son locataire qui vendait ou donnait en location avec option d'achat ses véhicules à ses propres clients, a contribué au dommage qui en est résulté pour lui du fait qu'il n'a pu obtenir la restitution de la totalité d'entre eux). ♦ ... Est de nature à constituer une telle faute le fait, pour la victime, de ne pas avoir pris les précautions utiles pour éviter le dommage. • Crim. 20 oct. 2020, n° 19-84.641 P : *D. 2020. 2063* ; *AJ pénal 2020. 584, obs. Beaussonie* (vol). ♦ Le caractère volontaire d'une infraction n'exclut pas, par définition, que la victime ait pu commettre une faute d'imprudence. Mais il appartient aux juges du fond d'apprécier l'existence d'une telle faute. • Crim. 23 sept. 2014, n° 13-83.357 P : *D. 2014. 2332, note Lasserre Capdeville*.

La réparation du dommage causé par des faits présentant le caractère matériel d'une infraction peut être refusée, ou son montant réduit, en raison de la faute de la victime en relation de causalité directe et certaine avec le dommage. • Civ. 2e, 12 déc. 2019, n° 18-21.360 P : *D. 2021. 46, obs. Gout*.

Pour la solution inverse antérieurement : aucune disposition de la loi ne permet de réduire, en raison d'une négligence de la victime, le montant des réparations civiles dues à celle-ci par l'auteur d'une infraction intentionnelle contre les biens. • Crim. 7 nov. 2001, n° 01-80.592 P : *R., p. 486* ; *D. 2002. IR 138* ; *Dr. et patr. 12/2002. 82, obs. Chabas* ; *LPA 16 oct. 2002, note Jaluzot* ; *RTD civ. 2002. 314, obs. Jourdain* • 10 mars 2004, n° 02-85.285 P • Civ. 2e, 19 nov. 2009, n° 08-19.380 P : *D. 2009. AJ 2934, obs. Gallmeister* ; *RLDC 2010/67, n° 3675, obs. Bugnicourt*.

186. Illustrations. Pour un partage de responsabilité entre une banque ayant versé des fonds directement à un promoteur et non au notaire, et ce dernier n'ayant pas vérifié la réception des fonds sur le compte de l'étude : • Civ. 1re, 1er juill. 2010, n° 09-13.896 P : *D. 2010. Actu. 1785* ; *RLDC 2010/75, n° 3964, obs. Paulin* ; *Gaz. Pal. 9 sept. 2010, p. 26, obs. Albigès* ; *AJDI 2010. 745, obs. Porcheron* ; *Banque et Dr. 2010. 62, note Jacob* ; *JCP N 2010, n° 1349, note Guyader et Challe-Zehnder*. ♦ ... Entre la victime d'un accident de roller et le cycliste qui l'a heurtée, la victime n'ayant pas à emprunter la piste cyclable, qui plus est dans le mauvais sens. • Civ. 2e, 7 juill. 2011 : *RCA 2011, n° 349*.

L'acceptation d'un risque par la victime ne saurait être invoquée par l'auteur du dommage que si ce risque est tel que son acceptation constitue une faute. • Civ. 2e, 24 janv. 1964 : *Gaz. Pal. 1964. 1. 394*. ♦ Pour la suppression de l'acceptation des risques dans le cadre de la responsabilité du fait des choses, V. ss. art. 1242.

187. Cas particuliers : exonération totale. Rejet de la demande de dommages-intérêts réparant le préjudice né de la perte d'une sûreté, celle-ci résultant de l'inertie du créancier et non de la notification tardive de l'assignation en résiliation du bail. • Civ. 3e, 9 nov. 2011, n° 10-20.021 : *D. 2011. 2864, obs. Rouquet* ; *ibid. 2012. 1844, obs. Dumont-Lefrand* ; *AJDI 2012. 343, obs. Dumont-Lefrand*. ♦ L'ONIAM, chargé de l'indemnisation des victimes de préjudices résultant de la contamination par le virus d'immunodéficience humaine causée par une transfusion de produits sanguins, ne saurait être tenu, fût-ce partiellement, des préjudices propres invoqués par la personne contaminée du fait de la contamination de ses proches, lorsque cette contamination a été causée par des relations sexuelles non protégées auxquelles cette personne, qui s'était ainsi affranchie de la contrainte qu'elle prétendait avoir subie, a eu sciemment recours. • Civ. 1re, 22 janv. 2014, n° 12-35.023 P : *D. 2015. 124, obs. P.Gout* ; *RCA 2014, n° 117, obs. Hocquet-Berg* (personne contaminée ayant eu des relations sexuelles non protégées avec son épouse et donc à l'origine de la contamination de celle-ci et de leur fille). – V. CSP, art. L. 3122-1. – CSP.

II. MISE EN ŒUVRE

A. CARACTÈRE D'ORDRE PUBLIC DE LA RESPONSABILITÉ EXTRA-CONTRACTUELLE

188. Nullité des clauses exonératoires ou limitatives de responsabilité. La victime d'un accident ne peut renoncer d'avance à demander la réparation du dommage résultant d'une faute délictuelle. • Civ. 3 janv. 1933 : *DH 1933. 113* • 4 janv. 1933 : *eod. loc.* ♦ Sont nulles les clauses d'exonération ou d'atténuation de responsabilité en matière délictuelle, les anc. art. 1382 et anc. 1383 [1240 et 1241] étant d'ordre public et leur application ne pouvant être paralysée d'avance par une convention. • Civ. 2e, 17 févr. 1955 : *GAJC, 11e éd., n° 178* ; *D. 1956. 17, note Esmein* ; *JCP 1955. II. 8951, note Rodière*.

189. Validité des clauses de garantie par un tiers. La clause par laquelle un maître d'ouvrage se fait garantir par l'entrepreneur des conséquences pécuniaires de sa responsabilité envers les tiers du fait ou à l'occasion des travaux ne constitue pas une clause d'exonération de responsabilité prohibée. • Civ. 3e, 23 janv. 1991, n° 89-15.097 P.

190. Contrat d'assurance de dommages : renonciation à recourir contre le responsable. La clause (d'un contrat d'assurance de dommages) de renonciation à tout recours contre la personne responsable d'un dommage n'emporte pas, sauf stipulation contraire, renonciation à recourir contre l'assureur de cette personne. • Civ. 1re, 30 mai 1995, n° 92-14.285 P : *R., p. 398* • 17 mars 1998, n° 96-12.249 P : *D. 1999. Somm. 226, obs. Groutel*, et 241, *obs. Lemée*.

B. L'ACTION FONDÉE SUR LES ART. 1240 et 1241

1° LES PARTIES

191. La personnalité juridique, source du droit d'exercer l'action. Un comité d'hygiène, de sécurité et des conditions de travail, étant doté de la personnalité morale, peut agir en justice contre l'employeur en réparation du préjudice que lui a causé l'atteinte portée par ce dernier à ses prérogatives. • Soc. 3 mars 2015, n° 13-26.258 P (est infondé le moyen qui soutient que cette personnalité morale est dépourvue de patrimoine).

a. Demandeurs

192. Enfant. Sur la possibilité d'agir d'un enfant né ou même seulement conçu au moment du décès d'un parent, V. note 84. ♦ V. aussi art. L. 114-5 CASF, pour l'action en responsabilité en raison d'une faute médicale ayant causé ou aggravé un handicap, mais pas pour le seul fait de la naissance.

193. Action successorale des héritiers : principe. Le droit à réparation d'un dommage, quelle que soit sa nature, s'ouvre à la date du fait qui en est la cause ; entré dans le patrimoine de la victime décédée, il est transmis à ses héritiers. • CE 29 mars 2000, n° 195662 B : *D. 2000. 563, note Bourrel ; ibid. 2002. Somm. 523, obs. Bon et de Béchillon ; JCP 2000. II. 10360, note Derrien ; ibid. I. 280, n*^{os} *23 s., obs. Viney ; Gaz. Pal. 2000. 2. 2440, note Villeneuve ; RRJ 2001/4. 2133, note Laucci ; RDSS 2001. 77, note Pugeault* • 15 janv. 2001 : *D. 2001. IR 597 ; RCA 2002, n° 3, note Guettier ; RFDA 2002. 139, concl. Chauvaux.* ♦ V. aussi : • Cass., ch. mixte, 30 avr. 1976 (2 arrêts), n° 73-93.014 P : *cité note 195.* ♦ Les ayants droit d'une victime d'infraction, agissant en qualité d'héritiers, peuvent obtenir réparation conformément au droit commun. • Civ. 2e, 6 janv. 2000, n° 98-13.023 P. ♦ Le droit pour la victime d'obtenir réparation existe dès que le dommage est causé. • Com. 2 févr. 2010, n° 09-11.938 P (obligation de la société dissoute d'indemniser l'ancien salarié licencié abusivement avant la dissolution, la dette étant incluse dans le passif transmis avec le patrimoine). ♦ *Cassation de l'arrêt soumettant l'action à la* condition que l'auteur ait entendu réclamer le bénéfice de cette action à son profit. • Civ. 1re, 31 mars 2016, n° 15-10.748 P : *D. 2016. 782 ; AJ fam. 2016. 263, obs. Casey* (défunte et sa curatrice n'ayant pas demandé l'indemnisation). ♦ Comp. note 266 pour la solution contraire pour le droit à l'indemnisation par le FGTI.

194. ... Articulation avec l'action publique. Lorsque l'action publique n'a été mise en mouvement ni par la victime ni par le ministère public, seule la voie civile est ouverte aux héritiers pour exercer le droit à réparation reçu en cette qualité. • Cass., ass. plén., 9 mai 2008, n° 06-85.751 P : *BICC 15 juill. 2008, rapp. Terrier, avis Boccon-Gibod ; RLDC 2008/51, n° 3057, obs. Pichon ; ibid. 2008/53, n° 3141, note Hocquet-Berg.* ♦ Les héritiers peuvent demander réparation des préjudices subis par la victime devant la cour d'appel saisie des seuls intérêts civils, peu important que leur auteur n'ait pas introduit d'action à cette fin avant son décès, dès lors que le ministère public avait mis en mouvement l'action publique et que la victime n'avait pas renoncé à l'action civile. • Cass., ass. plén., 9 mai 2008 : *Bull. ass. plén., n° 2 (1*^{re} *esp.) ; BICC 15 juill. 2008, rapp. Terrier, avis Boccon-Gibod ; RLDC 2008/51, n° 3057, obs. Pichon ; ibid. 2008/53, n° 3141, note Hocquet-Berg.*

195. ... Droits à réparation transmissibles : souffrances physiques et morales. BIBL. Hasnaoui, *Dr. fam. 2011. Étude 12* (validité de la transmission successorale du droit à réparation d'un préjudice extrapatrimonial). ♦ Le droit à réparation du dommage résultant de la souffrance physique éprouvée par la victime avant son décès, étant né dans son patrimoine, se transmet à ses héritiers. • Cass., ch. mixte, 30 avr. 1976 (2 arrêts), n° 73-93.014 P : *R. 1976-1977, p. 96 ; D. 1977. 185, note Contamine-Raynaud.* ♦ Dans le même sens, pour le dommage résultant de la souffrance morale éprouvée par une victime avant son décès, en raison d'une perte de chance de survie. • Civ. 1re, 13 mars 2007, n° 05-19.020 P : *D. 2007. AJ 1015 ; RCA 2007, n° 207, note Hocquet-Berg ; RTD civ. 2007. 785, obs. Jourdain.* ♦ ... Pour les victimes d'un accident d'avion, les passagers ayant eu conscience de l'imminence de leur décès. • Fort-de-France, 25 févr. 2011 : *JCP 2011, n° 1118, note de Graëve.* ♦ ... Pour la douleur morale ayant résulté pour la victime d'une noyade, qui s'est débattue un certain temps avant de se noyer, de la conscience de sa mort imminente. • Crim. 29 avr. 2014, n° 13-80.693. ♦ V. aussi : • Soc. 12 févr. 2014, n° 12-28.571 P : *D. 2014. 488* (transmission de l'action en harcèlement intentée par le salarié avant son décès).

Le préjudice d'angoisse de mort imminente ne peut exister que si la victime est consciente de son état. • Crim. 27 sept. 2016, n° 15-83.309 P : *D. 2016. 2612, note Bouchet ; ibid. 2017. 24, obs. Brun,* Gout et Quézel-Ambrunaz • Civ. 2e, 23 nov. 2017, n° 16-13.948 P : *préc.* (enfant de quatre ans victime d'une noyade, dont il n'est pas établi qu'il avait eu conscience de l'imminence de sa mort).

196. ... Droits à réparation déniés : perte de vie. En revanche la perte de sa vie ne fait en elle-même naître aucun droit à réparation dans le patrimoine de la victime ; seul est indemnisable le préjudice résultant de la souffrance morale liée à la conscience de sa mort prochaine. • Civ. 2e, 20 oct. 2016, n° 14-28.866 P : *D. 2017. 24, obs. Brun, Gout et*

Quézel-Ambrunaz • Civ. 2e, 23 nov. 2017, nº 16-13.948 P : *D. 2017. 2425* ; *AJ fam. 2018. 49, obs. Houssier* ; *RCA 2018, nº 32, note Hocquet-Berg* ; *LPA 19 avr. 2018, note Fabas Serlooten.*

197. ... Conséquences successorales. La dépense résultant pour l'héritier de l'obligation d'acquitter les droits de succession après décès ne constitue pas un élément du préjudice résultant de l'accident. • Civ. 2e, 8 nov. 1995, nº 92-10.124 : *D. 1996. 360, note Roets* .

198. Victimes par ricochet. Cas des victimes par ricochet : V. notes 122 s. ♦ Cas des concubins : V. notes 142 s. ♦ L'action civile en réparation du dommage causé par un délit n'appartient qu'à ceux qui ont personnellement souffert du dommage directement causé par l'infraction ; les créanciers et actionnaires de la société débitrice ne peuvent se constituer partie civile dans le cadre d'une procédure suivie du chef de banqueroute qu'à la condition d'invoquer un préjudice distinct du montant de leur créance déclarée dans la procédure collective ouverte contre leur débiteur. • Crim. 22 juin 2022, nº 21-83.036 B.

199. . ... Accident du travail et victime par ricochet. Le conjoint de la victime d'un accident du travail, lorsque cette victime a survécu, n'a pas la qualité d'ayant droit au sens de l'art. L. 451-1 CSS et peut, dès lors, être indemnisé de son préjudice personnel selon les règles du droit commun. • Cass., ass. plén., 2 févr. 1990, nº 89-10.682 P : *R., p. 306* ; *D. 1991. Somm. 120, obs. Prétot* ; *ibid. 1992. 49, note Chabas* ; *JCP 1990. II. 21558, concl. Joinet, note Saint-Jours* ; *RTD civ. 1990. 294, obs. Jourdain* • Soc. 18 avr. 1991, nº 89-11.094 P : *R., p. 284.* ♦ Il en est de même de la mère de la victime. • Soc. 10 oct. 1991, nº 88-16.579 : *D. 1992. 212, note Saint-Jours* . ♦ ... Et de ses ascendants. • Civ. 2e, 15 janv. 1997, nº 94-13.234 : *D. 1997. 317, note Saint-Jours* • 17 sept. 2009, nº 08-16.484 P. ♦ V. aussi note 143 (cas de la concubine).

b. Défendeurs

200. Solidarité des coresponsables. Sur la responsabilité solidaire des mère et père, V. art. 1242. ♦ ... Des auteurs et complices d'infraction, V. art. 375-2 (crimes), 480-1 (délits) et 543 C. pr. pén. (contravention de la 5e classe).

201. Obligation in solidum des coresponsables. Sur l'obligation *in solidum* des coresponsables, V. notes 173 s.

202. ... Responsabilité de l'individu s'étant abstenu d'intervenir. Les ayants droit de la victime directe de violences sont fondés à solliciter l'indemnisation des préjudices par ricochet qui leur ont été personnellement causés par les délits de non-empêchement de crime ou délit contre les personnes et de non-assistance à personne en péril dont le prévenu a été déclaré coupable. • Crim. 13 mai 2015, nº 13-83.191 P.

2º RÉGIME DE L'ACTION

203. Prescription. Sur la durée de la prescription, V. art. 2224, 2225, 2226. ♦ Si la L. du 23 déc. 1980 a mis fin au principe de la solidarité des prescriptions de l'action publique et de l'action civile, elle n'a pas abrogé l'art. 65 de la L. du 29 juill. 1881 sur la presse qui, indépendamment de l'application dudit principe, dispose que l'action civile résultant des crimes, délits et contraventions prévus par ladite loi se prescrit après trois mois révolus. • Civ. 2e, 13 juin 1985 : *Bull. civ. II, nº 120* • 17 févr. 1993, nº 91-18.877 P : *D. 1994. Somm. 19, obs. Fortis* ; *JCP 1993. I. 3727, nº 3, obs. Viney.* – V. aussi • Civ. 2e, 1er avr. 1998, nº 95-20.848 P • 14 janv. 1999, nº 97-12.157 P • 28 janv. 1999, nº 96-16.992 P • 6 mai 1999, nº 95-18.883 P. ♦ Celui qui est subrogé dans les droits de la victime d'un dommage ne dispose que des actions bénéficiant à celle-ci, de sorte que son action contre le responsable est soumise à la prescription applicable à l'action directe de la victime. • Civ. 1re, 4 févr. 2003, nº 99-15.717 P • Civ. 2e, 15 mars 2007, nº 06-11.509.

204. Action contre les personnes publiques (État, départements, communes, établissements publics) : prescription quadriennale. La déchéance quadriennale des créances sur l'État prévue par la L. du 31 déc. 1968 commence à courir le premier jour de l'année au cours de laquelle s'est produit le fait générateur du dommage allégué. • Cass., ass. plén., 6 juill. 2001, nº 98-17.006 P : *R., p. 460* ; *BICC 15 sept. 2001, concl. de Gouttes* ; *D. 2001. IR 2358* ; *JCP 2002. II. 10105, note Fossier.* ♦ V. aussi • Civ. 2e, 25 oct. 2001, nº 99-10.194 P : *R., p. 460* ; *D. 2001. IR 3492* (préjudice résultant d'une atteinte à la personne : point de départ de la prescription fixé à la date de la consolidation).

Les demandes d'indemnisation adressées au fonds d'indemnisation des victimes de l'amiante (FIVA) par les victimes d'une exposition à l'amiante sont soumises à la prescription quadriennale. Ce délai de prescription ne peut commencer à courir tant que la consolidation du dommage n'a pas été constatée ; toutefois, lorsque cette consolidation a été constatée avant la date d'entrée en vigueur du Décr. nº 2001-963 du 23 oct. 2001, le point de départ du délai ne peut être fixé avant cette date. • Cass., avis, 18 janv. 2010, nº 09-00.004 P. ♦ L'action exercée par la victime d'une maladie liée à une exposition à l'amiante devant la juridiction de sécurité sociale tendant à la reconnaissance du caractère professionnel de la maladie et/ou à la déclaration de la faute inexcusable de l'employeur n'interrompt pas le délai de prescription. • Même arrêt.

205. Référés. BIBL. Compétence du juge des

référés en cas d'instance pénale : Bertin, *Gaz. Pal. 1985. 1. Doctr. 226*. – Le Calvez, *ibid. 1985. 1. Doctr. 259*. – Pradel, *D. 1983. Chron. 241*. ♦ V. aussi • Civ. 2e, 24 juin 2004, n° 02-17.383 P.

C. RÉPARATION DU DOMMAGE

BIBL. Aspects généraux : Boismain, *LPA 22 févr. 2007* (évaluation des dommages-intérêts par les juges du fond). – Bouvet, *RCA 2007. Étude 10* (équité dans la réparation du préjudice). – Gout, *RLDC 2004/10, n° 433* (diversité des systèmes d'indemnisation). – Lambert-Faivre, *RTD civ. 1998. 1* (éthique de la responsabilité). – Marchadier, *RTD civ. 2009. 245* (réparation des dommages à la lumière de la Conv. EDH). – A. Perrot, *CCC 2017, Dossier, n° 3* (analyse économique du dommage). – Viney, *Mél. Drai, Dalloz, 2000, p. 671* (avenir des régimes d'indemnisation indépendants de la responsabilité civile). – Colloque CEDAG, *LPA 20 nov. 2002* (moraliser le droit français de la réparation du dommage ?).

▸ **Contamination par transfusion sanguine, responsabilité et indemnisation :** Morançais-Demeester, *D. 1992. Chron. 189*. – Lambert-Faivre, *D. 1993. Chron. 67* ; *RTD civ. 1993. 1*. – Memmi, *Gaz. Pal. 1993. 1. Doctr. 533*. – Margeat, *Gaz. Pal. 1993. 2. Doctr. 977*. – Bergé, *Gaz. Pal. 1996. 2. Doctr. 737*. – E. Savatier, *JCP 1999. I. 125*. – Moniolle, *RDSS 1999. 91*.

▸ **Dommage corporel :** Bourdoiseau, *RCA 2021. Étude 7* (la réparation algorithmique du dommage corporel : binaire ou ternaire ?). – Bourrié-Quenillet, *JCP 2004. I. 136* (droit du dommage corporel et prix de la vie humaine). – Brousseau, *JCP 1974. I. 2656* (incidence des prothèses). – Lambert-Faivre, *Gaz. Pal. 1991. 2. Doctr. 335* ; *D. 1992. Chron. 165* ; *RCA 1997. Chron. 31*. – Le Roy, *D. 1982. Chron. 57* ; *ibid. 1983. Chron. 33* (préjudice physiologique). – Margeat, *Gaz. Pal. 1991. 2. Doctr. 375* (victimes gravement handicapées). – Moore, *Gaz. Pal. 2013. 2936* (réparation du préjudice corporel depuis 1930). – Quenillet-Bourrié, *JCP 1995. I. 3818*. – Sarafian, Blanc et Macquart, *RGDA 2021/7. 15* (préjudices futurs patrimoniaux). – Varese, *Gaz. Pal. 1991. 2. Doctr. 371* (lésions successives). – Dossier, Réparation du dommage corporel, *Gaz. Pal. 2009. 164*.

▸ **Autres thèmes :** Charbonneau, *RLDC 2013/107, n° 5187*. – Douaoui, *D. 2001. Chron. 1333* (réparation du trouble médiatique). – Gavalda, *JCP 1965. I. 1936* (déclarations fiscales).

1° PRINCIPE DE LA RÉPARATION INTÉGRALE

BIBL. Adida-Canac, *RLDC 2013/110, n° 5246* (réparation intégrale en droit du dommage corporel). – Boustani, *D. 2014. 389* (réparation intégrale et règles de procédure). – Brun, *RLDC 2013/110, n° 5245* (réparation intégrale en droit du dommage corporel). – Carval, Laborde, Nérot, *D. 2018. 252* (réparation de la perte de marge). – Estienne, Guégan et Quézel-Ambrunaz, *RCA 2022. Étude 1* (la réparation intégrale maltraitée par les barèmes de capitalisation à 0 %). – C. Lienhard, *D. 2006. Chron. 2485* (réparation intégrale des préjudices en cas de dommage corporel). – Pierre, *RLDC 2013/110, n° 5247* (réparation intégrale en Europe).

206. Principe : équivalence quantitative. Le préjudice résultant d'une infraction doit être réparé dans son intégralité, sans perte ni profit pour aucune des parties. • Crim. 13 nov. 2013 : *cité note 83* • 1er sept. 2015, n° 14-84.353 P • 8 déc. 2020, n° 19-84.245 P : *RDI 2021. 93, obs. de Jacobet de Nombel* . ♦ Sur la justification : le propre de la responsabilité civile est de rétablir aussi exactement que possible l'équilibre détruit par le dommage et de replacer la victime, aux dépens du responsable, dans la situation où elle se serait trouvée si l'acte dommageable ne s'était point produit. • Civ. 2e, 4 févr. 1982, n° 80-17.139 : *JCP 1982. II. 19894, note Barbiéri* • 13 janv. 1988, n° 86-16.046 : *Gaz. Pal. 1988. 1. Somm. 261, obs. Chabas.*

a. Absence de profit : impossibilité d'une condamnation supérieure au préjudice

207. Principes. La réparation d'un dommage, qui doit être intégrale, ne peut excéder le montant du préjudice. • Civ. 1re, 9 nov. 2004, n° 02-12.506 P : *D. 2004. IR 3117* ; *JCP 2005. I. 114, nos 1 s., obs. Grosser (2e esp.)* • Com. 11 mai 1999, n° 98-11.392 P (préjudice causé par l'abus du droit d'agir en justice réparé deux fois, par l'attribution de dommages-intérêts et par l'attribution d'une somme pour procédure abusive). ♦ Sur la nécessité pour le juge de distinguer la réparation intégrale du préjudice et la perte de chance, V. • Civ. 2e, 19 mars 1997, n° 94-19.249 P : *R., p. 278* ; *D. 1998. Somm. 50, obs. Groutel (3e esp.)* ; *ibid. 1999. Somm. 87, obs. J. Mouly* (cassation de l'arrêt accordant une réparation intégrale du préjudice, alors que le préjudice subi du fait du manquement d'une association sportive à ses obligations n'était, pour la victime, que de la perte d'une chance d'être assurée par un contrat d'assurance de personne à garanties forfaitaires). ♦ Cassation de l'arrêt qui abaisse la somme allouée par un tribunal à la partie civile, correspondant au prix de vente aux enchères d'un tableau acheté à vil prix, au motif que rien ne permet de considérer que s'il n'avait pas été frauduleusement acquis, la victime en aurait tiré un prix équivalent et que doit être réparée la seule perte de chance d'acquisition d'un gain, incertain en son *quantum* ; en effet, la cour d'appel ne peut analyser le préjudice comme une perte de chance et doit retenir la valeur du tableau au jour de sa décision, en tenant compte de tous les éléments connus à cette date. • Crim. 12 sept. 2018, n° 17-82.122 : *D. 2018. 2217, note Dejean de la Bâtie* .

208. Illustrations. Le préjudice lié à l'extinction de la créance subi par le créancier qui n'a pas pu la déclarer dans une procédure de redressement judiciaire en raison de la faute du débiteur, ne correspond pas nécessairement au montant de cette créance, dans la mesure où cette créance chirographaire, si elle avait été déclarée, serait restée partiellement impayée. • Com. 17 nov. 2009, n° 08-11.198 P : *D. 2009. AJ 2861, obs. Lienhard* • 17 nov. 2009, n° 07-21.157 P (prise en compte de l'insuffisance d'actif). ♦ L'établissement de crédit qui a fautivement retardé l'ouverture de la procédure collective de son client n'est tenu de réparer que l'aggravation de l'insuffisance d'actif qu'il a ainsi contribué à créer. • Com. 22 mars 2016, n° 14-14.980 P. ♦ Cassation de l'arrêt qui a évalué le préjudice subi par un locataire ayant souscrit un emprunt pour réaliser l'aménagement d'un local commercial en réalité impropre à sa destination au montant total de l'emprunt, sans rechercher, comme cela était demandé, le montant effectif des dépenses financées par le prêt, seule une fraction de celui-ci ayant été engagée. • Civ. 3e, 3 nov. 2021, n° 20-16.334 B : *D. 2021. 2045* ; *ibid. 2022. 310, obs. Boffa et Mekki*. ♦ Cassation de l'arrêt ayant indemnisé deux fois le même préjudice, dès lors qu'en allouant à la victime une somme au titre de sa perte future de revenus personnels, elle avait pris en considération la diminution du bénéfice annuel de l'exploitation de la victime, qui inclut nécessairement le surcoût de charges lié à l'embauche d'un salarié. • Civ. 2e, 9 févr. 2023, n° 21-21.217 B. ♦ V. aussi pour la perte de chance d'une assurance : • Civ. 2e, 21 févr. 2002, n° 99-20.711 P : *RCA 2002, n° 181, note Courtieu* (cassation de l'arrêt condamnant une fédération sportive au paiement de la différence entre l'indemnité obtenue et le montant du préjudice, sans tenir compte du montant maximal de cette garantie supplémentaire ni de son coût). ♦ Rappr. : la réparation intégrale due à la victime par le Fonds d'indemnisation des victimes de l'amiante doit tenir compte des indemnités de toute nature reçues ou à recevoir d'autres débiteurs du chef du même préjudice. • Civ. 2e, 13 sept. 2018, n° 17-18.885 P : *RDSS 2018. 1109, obs. Tauran*.

209. Impossibilité de majorer la réparation en raison du comportement du responsable. L'indemnité nécessaire pour compenser le dommage subi doit être calculée en fonction de la valeur du dommage, sans que la gravité de la faute puisse avoir aucune influence sur le montant de ladite indemnité. • Civ. 2e, 8 mai 1964 : *JCP 1965. II. 14140, note Esmein ; RTD civ. 1965. 137, obs. R. Rodière*. ♦ Rappr. : le principe d'une condamnation à des dommages-intérêts punitifs n'est pas, en soi, contraire à l'ordre public, mais il en est autrement lorsque le montant alloué est disproportionné au regard du préjudice subi et des manquements aux obligations contractuelles du débiteur. • Civ. 1re, 1er déc. 2010 : *D. 2011. 423, note Licari* ; *JCP 2011, n° 140, note Juvénal ; ibid. n° 158, obs. Nourissat ; Dr. et patr. 7-8/2011. 42, note Attal ; RTD civ. 2011. 122, obs. Fages*. – *Adde*, Wester-Ouisse, *RCA 2011. Étude 5*. – Juen, *RTD civ. 2017. 565* (vers la consécration des dommages-intérêts punitifs en droit français).

210. Renonciation de la victime à une dépense excluant le versement de la TVA. Rejet du pourvoi contre un arrêt ayant exclu du dommage résultant de l'infraction le montant correspondant à une somme dont la cour a constaté que la victime ne la dépenserait pas et qui ne constitue pas un gain dont elle sera privée. • Crim. 27 mai 2021, n° 20-81.804 P (condamnation des prévenus, en réparation du préjudice subi par l'État, à la suite de la destruction d'un portique routier, au paiement d'une somme n'incluant pas la taxe sur la valeur ajoutée, au motif que les frais demandés pour la reconstruction de l'ouvrage devront faire l'objet d'une réparation hors taxe, puisque l'État, ayant abandonné le projet de l'écotaxe, n'effectuera pas la remise en état du portique).

211. Renonciation à recours d'un subrogé : caisse de sécurité sociale. La caisse de sécurité sociale est admise à poursuivre le remboursement des prestations mises à sa charge à due concurrence de la part d'indemnité mise à la charge du tiers qui répare l'atteinte à l'intégrité physique de la victime. Si la caisse ne réclame pas le remboursement des prestations servies, le montant de celles-ci doit néanmoins être déduit de l'évaluation du préjudice global pour fixer l'indemnité complémentaire due à la victime. • Civ. 2e, 11 janv. 1995, n° 93-11.610 P.

b. Absence de perte : impossibilité d'une condamnation inférieure au préjudice

212. Principes. La réparation d'un dommage, qui doit être intégrale, ne peut être inférieure au montant du préjudice. • Civ. 2e, 12 mai 2011, n° 10-17.148 P : *préc. note 104.*

213. Absence de limitation au dommage prévisible. Une faute délictuelle étant relevée, se trouve par là même écartée toute possibilité d'appliquer les dispositions de l'anc. art. 1150 C. civ. • Req. 14 déc. 1926 : *DP 1927. 1. 105, note Josserand.*

214. Absence de limitation à l'indemnité d'assurance. L'indemnisation de la victime par son assureur ne limite pas l'obligation de réparation pesant sur l'auteur de l'infraction. • Crim. 28 mars 2018, n° 16-84.872 P : *RDC 2018. 377, obs. Leduc ; RGDA 2018. 299, note Schulz.*

215. Absence de prise en compte d'événements hypothétiques. Les juges ne peuvent, pour diminuer le montant de l'indemnité allouée, se fonder sur un événement qui, fût-il d'usage coutumier, n'en présente pas moins un caractère hypothétique (remariage d'une veuve musulmane). • Crim. 11 oct. 1988 : *Gaz. Pal. 1989. 1. 93 ; RTD civ. 1989. 337, obs. Jourdain.* ♦ S'agissant d'une usine arrêtée depuis très longtemps et dont la remise en route est hypothétique, l'indemnisation peut n'être opérée qu'en valeur vénale. • Civ. 2e, 14 janv. 1999, n° 96-17.562 P : *R., p. 393 ; JCP 2000. I. 199, n° 13, obs. Viney ; RTD civ. 1999. 412, obs. Jourdain.*

216. Autres illustrations. Le salarié dont le licenciement a été annulé et qui a demandé sa réintégration a droit à la réparation de la totalité du préjudice subi au cours de la période écoulée entre le licenciement et la réintégration dans la limite des salaires dont il a été privés. • Soc. 14 déc. 2016, n° 14-21.325 P. ♦ Le salarié indûment licencié qui obtient sa réintégration a droit à une indemnité égale à la rémunération qu'il aurait dû percevoir entre la date de son licenciement et celle de sa réintégration, sans déduction des revenus de remplacement dont il a pu bénéficier pendant cette période. • Soc. 21 nov. 2018, n° 17-11.122 P. ♦ L'exécution des mesures ordonnées en référé pour faire cesser un trouble manifestement illicite n'exclut pas la réparation du préjudice que ce trouble a pu causer. • Civ. 3e, 14 janv. 2016, n° 14-19.092 P : *D. 2016. 1613, obs. Dumont-Lefrand* . ♦ Cassation de l'arrêt ayant refusé la prise en compte de l'examen neuropsychologique et du bilan psychiatrique de la victime, au motif qu'il s'agit de rapports d'expertise privés qui ne sauraient être indemnisés au titre des frais divers, alors que la cour d'appel aurait dû rechercher, comme elle y était invitée, si ces examens n'avaient pas été indispensables à l'évaluation des préjudices de la victime et n'étaient pas, par conséquent, imputables à l'accident. • Civ. 2e, 6 févr. 2020, n° 18-19.518 P : *D. 2020. 2142, obs. Bacache, Guégan et Porchy-Simon ; ibid. 2021. 46, obs. Brun ; RTD civ. 2020. 632, obs. Jourdain* .

217. Absence d'obligation pour la victime de réduire son dommage. BIBL. Obligation de modérer le dommage : Gency-Tandonnet, *Gaz. Pal. 2004. Doctr. 1485.* – Pimont, *RLDC 2004/9, n° 364 ; ibid. 2004/10, n° 402.* – Thiriez, *Gaz. Pal. 2014. 3630.* ♦ L'auteur du fait dommageable doit en réparer toutes les conséquences et la victime n'est pas tenue de limiter son préjudice dans l'intérêt du responsable. • Civ. 2e, 19 juin 2003, n° 00-22.302 P : *R., p. 460 ; D. 2003. 2326, note Chazal ; D. 2004. Somm. 1346, obs. D. Mazeaud ; JCP 2003. II. 10170, note Castets-Renard ; ibid. 2004. I. 101, nos 9 s., obs. Viney ; Gaz. Pal. 2003. 3101, note Rosenfeld et Bouchez ; Defrénois 2003. 1574, obs. Aubert ; RCA 2004. Chron. 2, par Agard ; RGDA 2003. 504, note Landel (2e esp.) ; LPA 31 déc. 2003, note Dagorne-Labbe ; Dr. et patr. 11/2003. 82, obs. Chabas ; RTD civ. 2003. 716, obs. Jourdain* • 19 juin 2003, n° 01-13.289 P : *R., p. 460 ; D. eod. loc . ; Gaz. Pal. eod. loc. ; Defrénois eod. loc. ; RTD civ. eod. loc . ; RCA eod. loc. ; JCP 2004. I. 101, nos 9 s., obs. Viney ; LPA 17 oct. 2003, note Reifegerste ; ibid. 31 déc. 2003, note Dagorne-Labbe ; Dr. et patr. 11/2003. 83, obs. Chabas* • Civ. 3e, 10 juill. 2013 : *RDC 2014. 27, note Deshayes* (aggravation des dommages à un mur) • Civ. 1re, 2 juill. 2014, n° 13-17.599 P : *D. 2014. 1919, note Boismain ; ibid. 2015. 124, obs. Brun ; RTD civ. 2014. 893, obs. Jourdain ; JCP 2014, n° 1034, note Dagorne-Labbe ; RDC 2015. 24, note Viney* (refus d'opter pour un autre régime fiscal).

Cassation de l'arrêt qui limite l'indemnisation de la victime, au motif que son refus de se soigner est fautif, alors que la victime n'a pas l'obligation de se soumettre aux actes médicaux préconisés par ses médecins. • Civ. 2e, 19 juin 2003, n° 01-13.289 : *préc. (2e arrêt).* ♦ Déjà en ce sens, pour le refus d'une opération chirurgicale : • Civ. 2e, 19 mars 1997, n° 93-10.914 P : *R., p. 280 ; RTD civ. 1997. 632, obs. Hauser ; ibid. 675, obs. Jourdain ; LPA 8 mars 1999, note Lucas-Gallay* (visa de l'art. 16-3 C. civ.). ♦ V. aussi : Doll, *JCP 1970. I. 2351.* ♦ Le refus du patient de se soumettre aux traitements préconisés, dès lors qu'il n'a pas l'obligation de les suivre, ne peut entraîner ni la perte ou la diminution de son droit à indemnisation, ni la prise en compte d'une aggravation susceptible de découler d'un tel choix. • Civ. 1re, 3 mai 2006, n° 05-10.411 P : *D. 2006. IR 1403, obs. Gallmeister ; Gaz. Pal. 2006. Somm. 4113, obs. Bacache ; RDC 2006. 1228, obs. Carval ; RDSS 2006. 745, note Hennion-Jacquet ; RTD civ. 2006. 562, obs. Jourdain* (hépatite C). ♦ Le refus d'une personne, victime d'une infection nosocomiale dont un établissement de santé a été reconnu responsable, de se soumettre à des traitements médicaux, qui ne peuvent être pratiqués sans son consentement, ne peut entraîner la perte ou la diminution de son droit à indemnisation de l'intégralité des préjudices résultant de l'infection. • Civ. 1re, 15 janv. 2015, n° 13-21.180 P : *D. 2015. 1075, note Gisclard ; ibid. 2016. 35, obs. Brun et Gout ; Gaz. Pal. 2015. 916, obs. Guigue et Penneau ; JCP 2015, n° 436, note Houssier.*

L'indemnité résultant de l'inaptitude à poursuivre l'activité de cuisinier ne peut être réduite au motif que la victime a refusé le poste proposé par son employeur. • Civ. 2e, 26 mars 2015, n° 14-16.011 P : *D. 2015. 1475, note Gréau ; ibid., chron. C. cass.1791, obs. Lazerges-Cousquer et Touati ; ibid. 2016. 35, obs. Brun et Gout* . ♦ Cassation de l'arrêt qui refuse à la victime d'un accident l'indemnisation du préjudice résultant de la perte de son fonds de commerce resté inexploité pendant plusieurs années, au motif qu'elle aurait pu le faire exploiter par un tiers, alors que l'accident avait entraîné pour la victime une incapacité l'empêchant de reprendre son activité professionnelle, ce dont il résultait l'existence d'un lien de causalité directe entre l'accident et le préjudice allégué. • Civ. 2e, 19 juin 2003 : *préc. (1er arrêt).* ♦ Rappr. : • Civ. 2e, 22 janv. 2009, n° 07-20.878 P : *D. 2009. 1114, note Loir ; Gaz. Pal. 2009. 1264, note Saleh et Spinelli ; RCA 2009, n° 98, obs. Brusorio-Aillaud ;*

RTD civ. 2009. 334, obs. Jourdain (vente d'actions constituant une mesure de gestion jugée raisonnable, et en lien avec l'infraction, le préjudice correspondant à la moins-value réalisée).

Victime d'une escroquerie et d'autres infractions qui l'ont conduit à octroyer un crédit excessif non remboursé, l'établissement de crédit ne peut se voir reprocher d'avoir augmenté son préjudice en tardant à mettre en œuvre une voie d'exécution. • Crim. 21 mars 2018, n° 17-80.058 P : *D. 2018. 672* ; *AJ pénal 2018. 321, obs. Courtin*.

2° MODE DE RÉPARATION

BIBL. Belot, *D. 2007. Chron. 1681* (évaluation du préjudice économique). – Hauksson-Tresch, *LPA 29 mai 1998* (détermination par le juge). – Huglo, *Gaz. Pal. 1992. 2. Doctr. 582* (réparation du dommage écologique au milieu marin). – Mélennec, *Gaz. Pal. 1994. 2. Doctr. 1313* (tierce personne et dépendance). – Mésa, *D. 2012. Chron. 2754* (principe de restitution intégrale des profits illicites comme sanction des fautes lucratives). – Mevoungou Nsana, *RTD civ. 1995. 733* (réparation en nature ou par équivalent en matière immobilière). – Traullé, *RTD civ. 2018. 285* (préjudice économique). – Dossier, *RDC 2019. 159* (l'évaluation des dommages et intérêts : question de fait ou question de droit ?).

218. Non-affectation des dommages-intérêts. Le juge ne peut, sans excéder ses pouvoirs, décider de l'affectation des sommes allouées à la victime en réparation de son préjudice (cassation d'un arrêt décidant que la rente allouée à la victime serait versée à l'établissement de soins pendant les périodes d'hospitalisation et par fractions trentenaires au mandataire de l'invalide pour chacun de ses séjours en famille). • Crim. 22 févr. 1995, n° 94-82.991 P : *RTD civ. 1996. 402, obs. Jourdain* ; *JCP 1995. I. 3893, n° 22, obs. Viney.* ♦ Le principe de la réparation intégrale n'implique pas de contrôle sur l'utilisation des fonds alloués à la victime qui conserve leur libre utilisation. • Civ. 2e, 8 juill. 2004, n° 02-20.199 P : *D. 2004. IR 2087* (arrêt cassé exigeant des justificatifs des frais d'aménagement du logement et du véhicule) • 7 juill. 2011, n° 10-20.373 : *RCA 2011, n° 353* (frais de réparation d'un véhicule) • Crim. 2 juin 2015, n° 14-83.967 P (frais d'appareillage). ♦ La victime n'a pas à justifier avoir effectué les réparations ou acquis un bien semblable. • Civ. 2e, 31 mars 1993, n° 91-18.691 P : *RTD civ. 1993. 838, obs. Jourdain*. ♦ Rappr. pour des frais *réellement exposés* : • *Civ. 2e, 8 juill. 2004*, n° 02-14.854 P : *D. 2005. Pan. 190, obs. Jourdain* ; *RCA 2004, n° 328, note Groutel* ; *RTD civ. 2004. 739, obs. Jourdain* (cassation de l'arrêt refusant d'indemniser un enfant des frais d'aménagement du logement de ses parents chez qui elle vivait).

219. Rente ou capital. Les juges ne portent pas atteinte au caractère définitif de leur décision en convertissant en une rente viagère indexée une partie de l'indemnité. • Cass., ch. mixte, 6 nov. 1974, n° 73-10.591 P : *R. 1973-1974, p. 59* ; *GAJC, 11e éd., n° 184* ; *JCP 1975. II. 17978, concl. Gégout, note R. Savatier.* ♦ Pouvoir souverain des juges du fond pour la conversion du capital alloué en rente. • Civ. 1re, 7 juin 2001, n° 99-17.645 P. ♦ Pour les rentes allouées judiciairement en réparation du préjudice causé par un véhicule terrestre à moteur, V. notes ss. L. du 5 juill. 1985, art. 12 à 27. ♦ Les juges du fond apprécient souverainement le mode de réparation du dommage ; ils peuvent ainsi allouer à la victime une indemnité sous forme de rente, au lieu du capital demandé par celle-ci, au titre du préjudice découlant de son incapacité permanente partielle. • Crim. 19 juin 1996, n° 95-82.631 P. ♦ Sur la possibilité d'indexer une rente, V. • Civ. 3e, 4 juill. 2017, n° 17-70.008 P : *D. 2017. Chron. C. cass. 2321, obs. Collomp* ; *AJDI 2017. 836, obs. Damas*.

220. Réparation en nature : principe. Les juges peuvent choisir une réparation en nature effectuée par un tiers aux frais de l'auteur du dommage. • Civ. 2e, 9 juill. 1981 : *Gaz. Pal. 1982. 1. 109, note Chabas.* ♦ Faute de préjudice économique démontré, l'interdiction d'utiliser une marque dans la dénomination sociale d'une autre société sous quelque forme et en quelque lieu que ce soit suffit à assurer la réparation intégrale du préjudice résultant de la contrefaçon de marque. • Com. 8 juin 2017, n° 15-21.357 P : *D. 2017. 1635, note Pollaud-Dulian*. ♦ Mais la victime qui demande la condamnation de l'auteur du dommage à lui verser des dommages-intérêts correspondant au coût des travaux de remise en état à faire effectuer par l'entreprise de son choix ne peut se voir imposer leur réalisation par l'auteur du dommage dès lors qu'il s'y oppose. • Civ. 2e, 18 mars 2010, n° 09-13.376 P : *D. 2010. Chron. C. cass. 2102, obs. Adida-Canac et Grignon-Dumoulin*. – Sur la réparation en nature en matière d'action de groupe, V. C. consom., art. L. 423-3. – **C. consom.**

221. ... Limites : mesure inadaptée. Le juge peut refuser d'ordonner une réparation en nature, lorsqu'elle n'est pas propre à réparer le dommage. • Crim. 1er sept. 2015, n° 14-84.353 P (refus d'ordonner la remise en état).

222. ... Limites : mesure disproportionnée. Le principe de la réparation intégrale du dommage n'impose pas aux juges d'ordonner la démolition d'un immeuble construit dans une zone inconstructible mais de définir les modalités les plus appropriées à la réparation de celui-ci ; la cour d'appel ayant relevé que les instances compétentes avaient constaté que la construction s'intégrait parfaitement au site et ne nuisait en rien à l'environnement, il n'y a pas lieu d'ordonner la remise en état, mais la construction réalisée, en s'affranchissant de la réglementation de l'urbanisme, porte atteinte aux intérêts généraux de protection de l'environnement défendus par l'association, laquelle subit un préjudice qui doit être réparé par l'allocation d'une somme de 1 €. • Crim. 12 juin 2019, n° 18-81.874 P : *D. 2019. 1227* ; *RDI 2019. 457, obs. de Jacobet de Nombel* . ♦ V. aussi après l'annulation d'un contrat : cassation de l'arrêt ordonnant la démolition d'un immeuble, en conséquence de l'annulation du contrat de construction, imposant de remettre les parties dans l'état où elles se trouvaient avant sa conclusion, sans rechercher si la démolition de l'ouvrage constituait une sanction proportionnée à la gravité des désordres et des non-conformités qui l'affectaient. • Civ. 3e, 15 oct. 2015, n° 14-23.612 : *D. 2015. 2423, note Dubois* .

223. Publication du jugement. Les juges du fond appréciant souverainement l'étendue du préjudice et les modalités de sa réparation intégrale, méconnaît l'étendue de ses pouvoirs la cour qui, pour refuser de faire droit à la demande de la victime tendant à la publication de la décision, énonce qu'aucun texte ne prévoit une telle publication. • Com. 5 déc. 1989 : *Bull. civ. IV, n° 307*. – V. aussi • Paris, 28 nov. 1988 : *D. 1989. 410, note Aubert*. ♦ Mais violent l'anc. art. 1382 [1240] les juges qui ordonnent la publication de leur décision condamnant un club sportif sur un motif évoquant « le droit de la consommation », faisant ainsi apparaître que la publication ordonnée est étrangère à la réparation des préjudices en cause. • Civ. 1re, 14 mai 1992, n° 90-14.047 P : *D. 1992. Somm. 405, obs. Kullmann* ; *RTD civ. 1992. 772, obs. Jourdain* .

Les juges qui ordonnent, à la demande de la partie civile, la publication d'une décision de condamnation sont tenus d'en préciser le coût maximal. • Crim. 11 avr. 2012, n° 11-83.007 P : *D. 2012. 1129* .

3° ÉVALUATION DU PRÉJUDICE

BIBL. Nomenclature Dintilhac : Adida-Canac, *D. 2011. Chron. 1497* . – Robineau, *JCP 2010, n° 612*. – Coviaux, *AJ pénal 2017. 8* .

▸ **Autres thèmes :** Klein, *JCP 2015, n° 455* (évaluation du préjudice financier de l'investisseur dans les sociétés cotées). – Maréchal, *RTD com. 2012. 245* (évaluation des dommages-intérêts en cas de contrefaçon). – Nussenbaum, *CCC 2018. Étude 13* (place des intérêts compensatoires, ou « *pre-judgment interest* », dans l'évaluation des préjudices). – Varaine, *D. 2018. 741* (incidence des avantages perçus par la victime d'un dommage sur l'évaluation du préjudice indemnisable). – Dossier, *AJ pénal 2017. 7* (indemnisation du dommage corporel).

a. Principes

224. Nécessité d'une évaluation : prohibition des indemnisations forfaitaires. Les juges du fond ne peuvent décider de fixer le préjudice en équité à une somme forfaitaire. • Civ. 1re, 3 juill. 1996, n° 94-14.820 P • Civ. 3e, 26 sept. 2007, n° 06-13.896 P : *D. 2007. AJ 2534* • 3 déc. 2015, n° 13-22.503 P : *D. 2015. 2559* ; *AJDI 2016. 532, obs. Le Rudulier* (indemnité d'occupation) • Com. 30 nov. 2022, n° 21-17.703 B.

225. ... Prohibition des indemnisations indéterminées. Impossibilité de condamner le responsable au paiement de dommages et intérêts indéterminés. • Civ. 1re, 14 févr. 2008 : *JCP 2008. I. 186, n° 2, obs. Stoffel-Munck* (cassation de l'arrêt condamnant le responsable de dommages à un véhicule au paiement d'une indemnité journalière pour privation de jouissance dans l'attente de réparations dont la date reste inconnue). ♦ Rappr. aussi *supra* note 223 (réparation en nature et publication du jugement) et *infra* note 261 (préjudice écologique).

226. ... Évaluation globale ou individuelle. L'existence et l'étendue du préjudice relevant de l'appréciation souveraine des juges du fond, en énonçant que la somme par elle allouée constituait réparation de tous les préjudices invoqués, une cour d'appel a nécessairement considéré que les fautes retenues trouvaient ainsi leur réparation. • Civ. 1re, 16 juill. 1991, n° 90-10.843 P : *JCP 1992. I. 3572, obs. Viney*. ♦ Saisis par les victimes d'une demande groupée de dommages-intérêts, sans que les défendeurs y fassent objection, ils ne sont pas tenus de procéder à une évaluation détaillée du préjudice subi par chacune des victimes. • Com. 19 oct. 1999, n° 97-12.554 P. – Sur la réparation du préjudice en matière d'action de groupe, V. C. consom., art. L. 423-3. – **C. consom.**

227. ... Évaluation séparée des préjudices. Une cour d'appel apprécie souverainement le montant du préjudice dont elle justifie l'existence par l'évaluation qu'elle en fait, sans être tenue d'en préciser les divers éléments. • Cass., ass. plén., 26 mars 1999, n° 95-20.640 P : *JCP 2000. I. 199, n° 12, obs. Viney* • Cass., ch. mixte, 6 sept. 2002, n° 98-22.981 : *cité note 1 ss. art. 1300* • Civ. 2e, 22 mai 2014, n° 13-14.698 P : *D. 2014. 1201* .

Cependant l'appréciation globale n'est plus compatible avec l'exigence de la réparation poste par poste du dommage corporel : V. en matière d'action récursoire du tiers payeur, L. du 5 juill. 1985, note 5 ss. art. 30, ss. C. civ., art. 1242. ♦ Comp. • Civ. 2e, 23 mai 2019, n° 18-17.560 P : *préc. note 95*. ♦ Par l'indemnisation du prix de la douleur sont réparées non seulement les souffrances physiques, mais aussi les souffrances morales. • Civ. 2e, 5 janv. 1994, n° 92-12.185 P. ♦ V. aussi., approuvant les juges du fond d'avoir distingué et réparé deux chefs de préjudice : • Civ. 2e, 19 avr. 2005, n° 04-30.121 P : *RTD civ. 2006. 119, obs. Jourdain* • 11 oct. 2005, n° 04-

30.360 P : *RTD civ. 2006. 119, obs. Jourdain*.

228. Appréciation souveraine des juges du fond : principe. Il appartient au pouvoir souverain des juges du fond d'apprécier le montant du dommage et d'en déterminer le mode de réparation. • Civ. 23 mai 1911 : *DP 1912. 1. 421.* – Jurisprudence constante. Ivainer, *D. 1972. Chron. 7.* ♦ ... Dans les limites des prétentions ou conclusions des parties. • Crim. 10 déc. 2013, n° 13-80.954 P • 23 mars 2016, n° 15-80.513 P : *AJCT 2016. 402, obs. Mayaud* • 16 janv. 2019, n° 17-86.581 P : *D. 2019. 128 ; AJ pénal 2019. 218, obs. Hennebois*.

229. ... Existence du préjudice. L'existence d'un préjudice et l'évaluation de celui-ci relèvent du pouvoir souverain d'appréciation des juges du fond. • Soc. 26 févr. 2020, n° 17-18.136 P (inobservation des règles relatives à l'ordre des licenciements). ♦ Appréciation souveraine du montant du dommage. • Com. 12 févr. 2020, n° 17-31.614 P : *D. 2020. 1086, note Borghetti ; ibid. Chron. C. cass. 1254, obs. Le Bras ; RTD civ. 2020. 391, obs. Barbier ; ibid. 401, obs. Jourdain ; RTD com. 2020. 313, obs. Chagny ; JCP 2020, n° 792, note Rebeyrol ; RDC 2020/2. 36, note Pellet* (les juges du fond ont pu décider que la réparation du dommage causé par un acte de concurrence déloyale devait être évalué en considérant l'avantage indu que s'est octroyé son auteur au détriment de ses concurrents, modulé à proportion des volumes d'affaire respectifs de ceux-ci). ♦ Les juges du fond disposent d'un pouvoir souverain pour apprécier le montant d'une indemnité due par un occupant sans droit, ni titre, et peuvent, conformément au principe de la réparation intégrale, l'assortir des modalités qu'ils estiment nécessaires. • Civ. 3e, 4 juill. 2017, n° 17-70.008 P : *D. 2017. Chron. C. cass. 2321, obs. Collomp ; AJDI 2017. 836, obs. Damas* (indexation de l'indemnité d'occupation).

230. ... Absence ou insignifiance du préjudice. L'absence de préjudice relève de l'appréciation souveraine des juges du fond. • Cass., ch. mixte, 6 sept. 2002, n° 98-14.397 : *préc. note 35.* ♦ L'existence comme l'évaluation du dommage relève du pouvoir souverain du juge du fond qui peut décider qu'un salarié n'a subi aucun préjudice résultant de l'illicéité d'une clause de non-concurrence. • Soc. 25 mai 2016, n° 14-20.578 P : *D. 2016. 2484 ; Dr. soc. 2016. 650, note Tournaux ; ibid. 773, obs. Mouly ; RDT 2016. 557, obs. Bento de Carvalho*. ♦ Une cour d'appel qui relève le caractère insignifiant du fait invoqué peut estimer qu'un tel fait n'a pas causé au demandeur un préjudice ouvrant droit *à réparation.* • *Civ. 1re, 4 avr. 1991,* n° *89-17.011 P.*

Mais il s'infère nécessairement un préjudice, fût-il seulement moral, d'un acte de concurrence déloyale. • Com. 12 févr. 2020, n° 17-31.614 P : *D. 2020. 1086, note Borghetti ; ibid. Chron. C. cass. 1254, obs. Le Bras ; RTD civ. 2020. 391, obs. Barbier ; ibid. 401, obs. Jourdain ; RTD com. 2020. 313, obs. Chagny ; JCP 2020, n° 792, note Rebeyrol ; RDC 2020/2. 36, note Pellet.*

231. ... Indemnisations symboliques. **BIBL.** Brunie, *RCA 2020. Étude 3* (le refus des dommages et intérêts symboliques par la Cour de cassation, une négation de la fonction recognitive de la responsabilité civile). ♦ Si les juges du fond constatent que le préjudice invoqué sera réparé par la somme de un franc à titre de dommages-intérêts, ils peuvent fixer à ce chiffre le montant dudit préjudice. • Crim. 16 mai 1974 : *D. 1974. 513, rapp. Dauvergne.* ♦ Mais si les juges de répression apprécient souverainement, dans les limites des conclusions de la partie civile, l'importance du dommage et le montant de l'indemnité destinée à le réparer, c'est à la condition de fonder leur décision sur l'importance réelle de ce dommage qu'ils sont tenus d'évaluer afin de le réparer dans son intégralité et non pas seulement pour le principe. • Crim. 8 juill. 1975 : *JCP 1976. II. 18369, note Caleb.* ♦ Le juge ne peut se borner à allouer une somme à titre symbolique, sans procéder, comme il lui appartient, à l'évaluation du préjudice réel subi. • Soc. 18 nov. 2009, n° 08-43.523 P : *RTD civ. 2010. 328, obs. Jourdain* (préjudice subi par un syndicat intervenant dans un litige pour la défense des intérêts collectifs de la profession). ♦ Le non-respect par un employeur de la procédure de licenciement entraîne nécessairement pour le salarié un préjudice dont la réparation n'est pas assurée par l'allocation d'un franc symbolique. • Soc. 11 mars 1998, n° 96-41.350 P. ♦ L'utilisation par l'employeur d'une sanction en violation des dispositions conventionnelles applicables causait nécessairement un préjudice au salarié dont le juge apprécie souverainement le montant. • Soc. 4 déc. 2013, n° 12-23.930 P : *D. 2013. 2920*.

232. Office du juge : motivation. Une cour d'appel apprécie souverainement les préjudices corporels d'une victime, sans être tenue de s'expliquer sur la méthode d'évaluation de l'incapacité permanente partielle. • Civ. 2e, 21 déc. 2006, n° 04-13.567 P. ♦ Tenue d'assurer la réparation intégrale du dommage actuel et certain de la victime sans perte ni profit, c'est dans l'exercice de son pouvoir souverain que la cour d'appel a fait application du barème de capitalisation qui lui a paru le plus adapté à assurer les modalités de cette réparation pour le futur. • Civ. 2e, 10 déc. 2015, n° 14-27.243 P : *D. 2016. 350, note Porchy-Simon ; RCA 2016, n° 74, obs. Groutel ; JCP 2016, n° 152, note Brun* (barème de capitalisation, mars 2013, Gaz. Pal.) • Civ. 2e, 12 sept. 2019, n° 18-13.791 P : *D. 2019. 1757 ; RTD civ. 2020. 122, obs. Jourdain* (application du barème de capitalisation de 2016 et non du barème applicable au jour du décès de la victime, soit celui de 2004). ♦ ... Et sans avoir à soumettre son choix à un débat contradictoire. • Crim. 5 avr. 2016, n° 15-81.349 P : *D. 2016. 2187, obs. Bacache, Guégan-Lécuyer et Porchy-Simon* .

Mais si les juges du fond apprécient souverainement le montant du préjudice subi par la victime d'une infraction, il en va différemment lorsque cette appréciation est déduite de motifs insuffisants, contradictoires ou erronés. • Crim. 21 oct. 2014, n° 13-87.669 P : *RTD civ. 2015. 140, obs. Jourdain* (cassation de l'arrêt qui écarte l'éventualité de préjudices corporels en l'absence de blessures, alors même que le médecin ayant examiné la victime avait retenu une invalidité consécutive à cet état de stress).

233. ... Preuves insuffisantes. Dès lors qu'il ressort des éléments soumis au juge que le défendeur a subi un préjudice, le juge ne peut le débouter de sa demande d'indemnisation au motif qu'il ne fournit pas d'éléments suffisants pour procéder à l'évaluation. • Civ. 2e, 19 oct. 2006, n° 06-10.059 : *RCA 2006, n° 363, note Radé.* ♦ A défaut de justificatif produit, il appartient au juge de fixer souverainement le montant de l'indemnité correspondant à l'assistance d'un tiers dont la nécessité a été établie par l'expert. • Civ. 2e, 18 déc. 2014, n° 13-25.839 P. ♦ Mais rejet d'une demande d'indemnisation d'un préjudice économique par ricochet faute d'éléments sur les revenus prétendument perdus. • Civ. 2e, 20 mai 2020, n° 19-10.247 P : *RTD civ. 2020. 637, obs. Jourdain* .

b. Date d'évaluation

234. Principe : date de la décision. BIBL. Chartier, *RCA, mai 1998, n° spécial.* ♦ Si le droit, pour la victime d'un accident, d'obtenir la réparation du préjudice subi existe dès que le dommage a été causé, l'évaluation de ce dommage doit être faite par le juge au moment où il rend sa décision. • Civ. 2e, 21 mars 1983 : *Bull. civ. II, n° 88.* – Jurisprudence constante. – V. aussi, par ex., • Civ. 2e, 27 juin 1984 : *D. 1985. 321 (1re esp.), note Chartier* • 10 mai 1989 : *Gaz. Pal. 1989. 2. Somm. 466, obs. F. C.* • 24 juin 1998, n° 96-18.534 P • 11 oct. 2001, n° 99-16.760 P : *D. 2001. IR 3093* (prise en compte du salaire auquel la victime aurait eu droit au jour de la décision). ♦ Le préjudice causé par une infraction doit être évalué au jour de la décision. • Crim. 1er mars 2011, n° 10-85.965. ♦ Sur l'évaluation, au moment de la décision du juge, de la perte subie par l'acheteur d'un meuble d'époque qui s'est révélé être une copie, V. • Civ. 1re, 3 juin 1997, n° 95-11.308 P : *D. 1998. 148, note Crevel* ; *JCP 1998. I. 144, n° 16, obs. Viney ; RTD civ. 1998. 392, obs. Jourdain.* ♦ L'établissement de crédit qui a fautivement retardé l'ouverture de la procédure collective de son client n'est tenu de réparer que l'aggravation de l'insuffisance d'actif qu'il a ainsi contribué à créer ; le montant de l'aggravation de l'insuffisance d'actif est égal à la différence entre le montant de l'insuffisance d'actif à la date à laquelle le juge statue et le montant de l'insuffisance d'actif au jour de l'octroi du soutien abusif. • Com. 22 mars 2016, n° 14-14.980 P.

235. Perte de revenus. Si la perte éprouvée par la victime ne peut être fixée qu'en fonction des pertes de gains professionnels perçus à l'époque de l'incapacité totale temporaire ou partielle de travail, le principe de la réparation intégrale impose au juge de procéder, si elle est demandée, à l'actualisation au jour de leur décision de l'indemnité allouée en réparation du préjudice, en fonction de la dépréciation monétaire. • Civ. 2e, 12 mai 2010, n° 09-14.569 P : *D. 2010. Actu. 1346, obs. Gallmeister* ; *ibid. Chron. C. cass. 2102, obs. Adida-Canac et Grignon-Dumoulin* ; *RLDC 2010/73, n° 3875, obs. Le Nestour-Drelon ; RTD civ. 2010. 576, obs. Jourdain* • Crim. 8 mars 2011, n° 10-81.741 : *D. 2011. 1075* (revalorisation des salaires de la victime pour indemniser le préjudice des ayants droit). – V. déjà • Civ. 2e, 18 oct. 1989 • 25 oct. 1989 : *Bull. civ. II, nos 189 et 194 ; RTD civ. 1990. 501 ; ibid. 1991. 349, obs. Jourdain.* ♦ V. aussi pour des frais exposés : • Com. 2 nov. 1993, n° 91-14.673 P : *JCP 1994. I. 3773, nos 20 s., obs. Viney ; RTD civ. 1994. 622, obs. Jourdain* (décidant qu'une cour d'appel ne fait qu'assurer la réparation intégrale d'un préjudice constitué par une perte de bénéfices en l'estimant au jour où il s'était produit et en l'actualisant au jour de sa décision en fonction de l'évolution d'un indice).

V. cep. antérieurement : la perte éprouvée par une victime dans sa période d'incapacité temporaire ne peut être fixée qu'en fonction des salaires perçus à cette époque ; cassation de l'arrêt qui applique aux salaires réels un coefficient de revalorisation. • Civ. 2e, 8 juill. 1992, n° 91-12.702 P.

236. Dommage futur et certain. La réparation du préjudice esthétique permanent, de nature extrapatrimoniale et consistant en l'altération de l'apparence physique de la victime, ne saurait exclure par principe le droit à l'indemnisation de dépenses de santé futures destinées à acquérir et à renouveler une prothèse esthétique, ces deux chefs de préjudice étant distincts. • Crim. 17 déc. 2019, n° 18-85.191 P : *D. 2020. 9* ; *RSC 2020. 114, obs. Jeanne* ; *RTD civ. 2020. 404, obs. Jourdain* . ♦ Même solution pour la réparation du préjudice d'agrément, qui ne saurait exclure, par principe, le droit à l'indemnisation de dépenses de santé futures, destinées à acquérir et à renouveler une prothèse de sport permettant la pratique d'activités physiques, ces deux chefs de préjudice étant distincts. • Même arrêt.

237. Dommage futur certain mais indéterminé. Si les juges peuvent surseoir à statuer sur les chefs de dommage dont l'étendue définitive ne peut, en l'état, être déterminée, ils ne peuvent se dispenser de prononcer, au jour de leur décision, la réparation de la part de ces préjudices dont ils ont, dès à présent, constaté la réalité. • Crim. 10 mai 1979 : *Gaz. Pal. 1980. 1. 127.*

238. Évaluation immédiate d'un préjudice futur incertain. Évaluation immédiate d'un préjudice non certain (survenance du SIDA chez un séropositif) : • Paris, 27 nov. 1992 : *Gaz. Pal. 1993. 2. 727*, pourvoi rejeté par • Civ. 2e, 20 juill. 1993, n° 93-06.003 : *préc. note 113.*

239. Aggravation postérieure. BIBL. Lambert-Faivre, *RCA, mai 1998, n° spécial.* ♦ La réparation du dommage est définitivement fixée à la date à laquelle le juge rend sa décision ou à celle à laquelle une transaction est intervenue. • Civ. 2e, 11 janv. 1995, n° 98-13.224 P.

Toute victime dispose d'une nouvelle action en réparation contre le responsable en cas d'aggravation de son dommage, l'autorité de la chose jugée ne pouvant être opposée à une nouvelle action tendant à la réparation d'un élément du préjudice inconnu au moment de la demande initiale et sur lequel il n'a donc pu être statué. • Crim. 9 juill. 1996, n° 95-18.143 P : *JCP 1997. I. 4025, n° 23, obs. Viney.* ♦ Dans le même sens : • Civ. 2e, 9 déc. 1999, n° 98-10.416 P • 19 févr. 2004 : *RTD civ. 2005. 147, obs. Jourdain* • 30 juin 2005, n° 03-19.817 : *RTD civ. 2006. 130, obs. Jourdain* (préjudice non inclus dans la demande initiale). ♦ La circonstance que la victime ait été atteinte d'une incapacité permanente de 100 % n'exclut pas la possibilité d'une aggravation du dommage. • Crim. 9 juill. 1996, n° 98-10.416 : *préc.* (en l'espèce, cessation de la prise en charge par la Sécurité sociale des frais de séjour dans l'établissement où la victime était placée).

Sur la distinction entre les remises en cause de l'évaluation initiale et la prise en compte d'une aggravation : ne peuvent être remises en question ni l'évaluation du préjudice originaire, ni les condamnations prononcées au profit tant de la victime que du tiers payeur. • Civ. 2e, 3 févr. 2000, n° 98-13.324 P. ♦ Les juges ne peuvent fixer le montant global de la réparation s'ils ne sont saisis que d'une demande de réparation de l'aggravation du dommage initial. • Civ. 2e, 11 janv. 1995, n° 93-11.045 : *préc.* ♦ Ils ne peuvent non plus se fonder sur la comparaison entre le taux d'incapacité retenu par les experts et celui primitivement reconnu à la victime. • Civ. 2e, 12 oct. 2000, n° 98-20.160 P : *D. 2000. IR 275 ; RCA 2000, n° 361, note Groutel (1re esp.) ; RTD civ. 2001. 158, obs. Jourdain.* ♦ Mais l'aggravation du dommage initial causé par un accident peut découler de nouveaux préjudices résultant des soins qui ont été prodigués à la victime postérieurement à sa consolidation, en vue d'améliorer son état séquellaire résultant de cet accident ; cassation de l'arrêt ayant retenu que lorsque, à la suite de sa consolidation une victime qui a bénéficié d'une indemnisation se soumet à de nouveaux soins médicaux ou chirurgicaux qui ont pour but d'améliorer son état, les conséquences de ces nouveaux soins ou interventions ne peuvent être qualifiées d'aggravation de l'état initial. • Civ. 2e, 10 mars 2022, n° 20-16.331 B : *D. 2022. 1934, obs. Guégan ; RTD civ. 2022. 406, obs. Jourdain ; RCA 2022, n° 125, obs. Lagrange.*

240. L'indemnisation de la perte de ses gains professionnels sur la base d'une rente viagère d'une victime privée de toute activité professionnelle pour l'avenir fait obstacle à une indemnisation supplémentaire au titre de l'incidence professionnelle, même en cas d'aggravation de son état. • Civ. 2e, 13 sept. 2018, n° 17-26.011 P : *D. 2018. 2153, obs. Bacache, Guégan et Porchy-Simon ; RTD civ. 2019. 114, obs. Jourdain ; JCP 2018, n° 1109, note Cousin ; Gaz. Pal. 2018. 2500, obs. Hilger.*

241. Disparition ultérieure. Sur les conséquences de la régularisation d'un permis de construire, pour l'appréciation du préjudice résultant de la construction irrégulière d'un immeuble, V. • Crim. 13 nov. 2013, n° 12-84.430 : *cité note 115.*

c. Illustrations par types de préjudice

242. Préjudice temporaire : frais de surveillance d'un accident. Une société d'autoroute est en droit d'obtenir de l'auteur d'un accident l'indemnisation des frais qu'elle a exposés pour la surveillance et la protection des lieux de l'accident. • Civ. 1re, 1er juill. 1997, n° 95-16.771 P.

243. Préjudice économique d'une entreprise. Le préjudice économique imputable à un sinistre ayant détruit un lieu où s'exerçait une activité commerciale recouvre les bénéfices d'exploitation perdus et les charges fixes exposées en vain. • Civ. 2e, 13 sept. 2012, n° 11-13.139 P : *D. 2012. 2013 ; 40, obs. Brun et Gout ; ibid. 2013, Chron. C. cass. 599, obs. Bouvier et Adida-Canac ; RTD civ. 2012. 735, obs. Jourdain ; Gaz. Pal. 2012. 3404, note Coviaux ; RCA 2012, n° 346, obs. Groutel ; RGDA 2013. 86, obs. Landel.* ♦ Pour la prise en compte de la marge non réalisée en raison de la résiliation fautive d'une convention d'approvisionnement : • Com. 18 févr. 2014, n° 12-29.752 P : *D. 2014. 543.*

La mobilisation de salariés, même non recrutés spécialement, pour la réparation de dommages causés à l'entreprise par un tiers constitue un préjudice indemnisable. • Civ. 3e, 10 mars 2016, n° 15-10.897 P.

244. Préjudice économique d'une victime vivante : indemnité de licenciement. L'indemnité de licenciement, contrepartie du droit de résiliation unilatérale de l'employeur, n'a pas à être prise en compte pour évaluer la perte des gains professionnels de la victime. • Civ. 2e, 11 oct. 2007, n° 06-14.611 P : *D. 2008. 582,* *note Mouly* ; *JCP 2008. I. 125, n° 2, obs. Stoffel-Munck ; RTD civ. 2008. 111, obs. Jourdain.*

245. ... Charges sociales et fiscales pesant sur les revenus. Les charges sociales portant sur les salaires ne constituent pas un élément de préjudice pour la victime. • Civ. 2e, 19 févr. 1992, n° 90-20.064 P. ♦ Comp., admettant le recours des tiers payeurs pour les cotisations salariales précomptées : • Crim. 23 mai 1995, n° 94-80.174 P : *R., p. 351 ; RTD civ. 1996. 184* • Civ. 2e, 19 juin 1996, n° 93-16.248 P • 13 mai 1998, n° 96-15.843 P : *D. 1998. IR 152*.

En revanche, les dispositions fiscales sont sans incidence sur les obligations du responsable du dommage et sur le droit à réparation de la victime. • Soc. 12 juill. 1989, n° 86-18.604 P (la perte de salaires peut être déterminée sans prendre en considération l'impôt sur le revenu acquitté sur les salaires). ♦ Les dispositions relatives aux impôts sur le revenu sont sans incidence sur les obligations du responsable d'un dommage corporel et sur le droit à réparation de la victime. • Crim. 17 mars 2020, n° 19-81.332 P (cassation de l'arrêt qui a limité la condamnation en se fondant sur le salaire après impôt de la victime). ♦ V. aussi : • Crim. 18 oct. 1990, n° 89-82.719 P • Civ. 2e, 28 oct. 1992, n° 91-12.135 P • 16 nov. 1994, n° 93-14.554 : *D. 1995. 220, note Chartier* • 8 juill. 2004, n° 03-16.173 P • Com. 27 mars 2019, n° 17-26.646 P (absence de prise en compte des déductions des factures de location d'œuvres d'art sur le résultat fiscal) • Soc. 6 avr. 2022, n° 20-22.918 B : *D. 2022. 708* ; *Dr. soc. 2022. 661, obs. Mouly* ; *JCP 2022, n° 519, note Dedessus-Le-Moustier* (absence de prise en compte de la majoration d'impôt sur le revenu due au versement de l'indemnité due au salarié protégé irrégulièrement licencié). – V. aussi les obs. de Jourdain, *RTD civ. 1993. 145.* ♦ L'assujettissement à l'impôt de l'indemnité de cessation de contrat d'agent commercial ne constitue pas un préjudice réparable. • Com. 15 sept. 2009, n° 08-16.696 P.

246. Préjudice économique en cas de décès : principes. En cas de décès de la victime directe, le préjudice patrimonial subi par l'ensemble de la famille proche du défunt doit être évalué en prenant en compte comme élément de référence le revenu annuel du foyer avant le dommage ayant entraîné le décès de la victime directe en tenant compte de la part de consommation personnelle de celle-ci, et des revenus que continue à percevoir le conjoint, le partenaire d'un pacte civil de solidarité ou le concubin survivant. • Civ. 2e, 24 oct. 2019, n° 18-14.211 P. ♦ Le préjudice économique de la veuve doit être calculé en comparant les revenus du ménage avant le décès, après déduction de la part du défunt, à ceux qu'elle perçoit après le décès. • Civ. 2e, 10 févr. 2011, n° 10-10.089 P : *RLDC 2011/81, n° 4203, obs. Bugnicourt.* ♦ Le préjudice économique du conjoint survivant ne peut être établi que par référence aux revenus globaux antérieurs cumulés du couple, si les deux époux contribuaient aux besoins du ménage. • Crim. 29 juin 1999, n° 98-85.788 : *RCA 2000, n° 6 ; RTD civ. 2000. 346, obs. Jourdain* • 13 juin 2006, n° 05-84.667 P : *LPA 9 oct. 2007, obs. Casson* (pour des concubins).

Le préjudice économique d'un enfant résultant du décès d'un de ses parents doit être évalué sans tenir compte ni de la séparation ou du divorce de ces derniers, ces circonstances étant sans incidence sur leur obligation de contribuer à l'entretien et à l'éducation de l'enfant, ni du lieu de résidence de celui-ci ; il en résulte qu'en cas de décès du parent chez lequel vivait l'enfant, le préjudice économique subi par ce dernier doit être évalué en prenant en considération, comme élément de référence, les revenus annuels de ses parents avant le décès, en tenant compte, en premier lieu, de la part d'autoconsommation de chacun d'eux et des charges fixes qu'ils supportaient dans leur foyer respectif, et, en second lieu, de la part de revenu du parent survivant pouvant être consacrée à l'enfant ; cassation de l'arrêt ayant comparé la part des revenus de la mère, incluant la pension alimentaire versée par son père, qui pouvait être dédiée à son entretien et à son éducation, avec le montant que ce dernier pouvait lui consacrer après le décès. • Civ. 2e, 19 janv. 2023, n° 21-12.264 B.

247. ... Revenus antérieurs au décès. Pour fixer le préjudice économique de l'épouse d'un hémophile décédé du SIDA, il y a lieu de tenir compte du salaire que lui procure un emploi à temps partiel qu'elle a pris antérieurement au décès de son mari. • Civ. 2e, 2 févr. 1994, n° 93-06.005 P (rejet de l'argument selon lequel cet emploi avait rendu nécessaire par la maladie). ♦ L'allocation aux adultes handicapés, versée à la victime avant son décès afin de lui garantir un minimum de revenus, doit être prise en considération pour déterminer le montant de ce revenu annuel de référence du foyer. • Civ. 2e, 24 oct. 2019, n° 18-14.211 P : *préc. note 243.*

Sur le préjudice économique de la concubine survivante sans profession : cassation de l'arrêt accordant une indemnité à l'enfant commun, mais pas à la concubine, en raison de la durée du concubinage d'un an et demi et de l'insuffisance des justificatifs produits sur sa vie professionnelle, tout en constatant son absence de profession. • Crim. 29 mai 2001, n° 00-83.902 P : *R., p. 485* (motifs jugés inopérants et contradictoires).

248. ... Revenus postérieurs au décès : pension de réversion. Prise en compte d'une pension de réversion dans l'évaluation du préjudice patrimonial subi par une veuve. • Cass., ass. plén., 9 mai 1980, n° 79-92.321 P : *R., p. 70 ; Gaz. Pal. 1980. 2. 488 ; RTD civ. 1980. 574, obs. Durry* • Crim. 15 févr. 1995, n° 93-83.848 P : *RTD civ.*

1995. 907, obs. Jourdain ; *RCA 1995, n° 255* ; *ibid. Chron. 33, par Groutel* • Civ. 2e, 21 mai 1997, n° 95-21.194 P : *RCA 1997, n° 257, note Groutel* • Crim. 5 nov. 1997, n° 96-85.366 P : *RCA 1998. 80, note Groutel* • Civ. 2e, 7 juin 2001, n° 99-15.645 : *D. 2002. Somm. 1313, obs. Jourdain (2e esp.)* • 8 juill. 2004, n° 03-12.323 P.

Mais le revenu annuel du foyer après décès, qui doit être pris en compte comme élément de référence pour le calcul de l'indemnité due au titre du préjudice économique du conjoint survivant et des enfants de la victime directe, ne doit pas intégrer la pension de réversion lorsqu'elle ouvre droit à un recours subrogatoire, dès lors que celle-ci doit ensuite être imputée sur ce poste de préjudice économique. • Civ. 2e, 3 mai 2018, n° 16-24.099 P : *D. 2018. Chron. C. cass. 2048, obs. Becuwe et Touati* ; *RTD civ. 2018. 668, obs. Barbier* ; *ibid. 685, obs. Jourdain*.

Ne doit pas être déduite la pension de réversion versée du chef du premier conjoint, suspendue pendant le temps du second mariage, avant le décès de l'époux, pension qui ne constitue pas un revenu de leur foyer et n'est pas la conséquence directe et nécessaire du décès. • Civ. 2e, 16 sept. 2021, n° 20-14.383 B : *D. 2021. 1980, obs. Bacache, Guégan et Porchy-Simon* ; *AJ fam. 2021. 567, obs. Casey* ; *RTD civ. 2021. 894, obs. Jourdain*.

249. ... Revenus postérieurs au décès : versements non indemnitaires. N'est pas indemnitaire la prestation qui est servie à une veuve, à l'âge normal de la retraite par la caisse de retraite à laquelle cotisait son mari tué dans un accident de chasse. • Civ. 2e, 5 juill. 1989 : *Bull. civ. II, n° 145* ; *RTD civ. 1989. 760, obs. Jourdain.* ♦ Le capital décès versé à la veuve de la victime d'un accident de la circulation par l'employeur du défunt ne figure pas parmi les prestations pour lesquelles les dispositions limitatives de l'art. 29 de la L. du 5 juill. 1985 permettent au tiers payeur d'exercer son recours contre la personne tenue à réparation ou son assureur ; dès lors, son montant n'est pas déductible de la somme à laquelle est évalué le préjudice de la veuve qui en est la bénéficiaire. • Crim. 22 mars 1990, n° 88-81.008 P.

250. ... Revenus postérieurs au décès : droits successoraux. L'évaluation du préjudice patrimonial subi par une personne du fait du décès d'un parent ne peut être diminuée à raison de sa part de succession, celle-ci ne pouvant entrer en ligne de compte dans le calcul de la réparation du dommage. • Civ. 2e, 2 févr. 1994, n° 92-11.733 P. ♦ Pour évaluer un préjudice trouvant sa source dans une infraction pénale, il ne peut être tenu compte d'une dévolution successorale dont, seule, la loi constitue le fondement. • Crim. 1er juin 1999, n° 98-82.616 P : *R., p. 426* ; *D. 1999. IR 221* ; *JCP 2000. I. 197, n° 7, obs. Viney* ; *RTD civ. 1999. 847, obs. Jourdain.*

251. ... Revenus postérieurs au décès : réorganisation patrimoniale. Pour fixer le préjudice économique subi par une épouse et ses enfants du fait du décès de son mari causé par une infraction, ne doit pas être pris en considération ce qui n'est pas la conséquence directe et nécessaire du décès. • Civ. 2e, 12 févr. 2009, n° 08-12.706 P : *D. 2009. AJ 562* (absence de prise en compte des revenus tirés du fermage après la mise en location de terres que l'épouse a cessé d'exploiter). ♦ Il n'y a pas lieu de tenir compte, dans l'évaluation du préjudice économique subi par une épouse du fait du décès de son mari, de l'augmentation de ses revenus provenant du fait qu'elle a immédiatement remplacé le défunt à la tête de ses affaires, cette situation n'étant pas la conséquence directe et nécessaire du décès mais résultant d'activités exercées postérieurement. • Civ. 2e, 2 nov. 1994, n° 93-12.509 P.

252. ... Revenus postérieurs au décès : réorganisation familiale. La circonstance que le conjoint ou le concubin survivant de la victime d'un accident ait reconstitué un foyer avec une tierce personne n'est pas de nature à dispenser le tiers responsable de réparer entièrement le préjudice qu'il a causé dès lors que cette circonstance n'est pas la conséquence nécessaire du fait dommageable. • Crim. 29 juin 2010, n° 09-82.462 P : *D. 2010. 1999* ; *JCP 2011, n° 435, obs. Stoffel-Munck.* ♦ Après le décès de l'épouse du demandeur, les nouvelles ressources liées au salaire perçu par la seconde épouse résultent de la réorganisation de son existence et ne sont pas la conséquence directe du décès, de sorte qu'elles n'ont pas à être prises en compte pour évaluer les préjudices économiques consécutifs au décès. • Civ. 1re, 7 oct. 2020, n° 19-17.041 P : *D. 2020. 2008* ; *RTD civ. 2021. 145, obs. Jourdain*.

253. Assistance d'une tierce personne : perte de l'assistance de la victime décédée. La femme handicapée, victime médiate de l'accident mortel subi par son mari, subit un préjudice du fait d'avoir perdu l'assistance que ce dernier lui fournissait ; en l'absence de certitude du fait de l'état de santé de son mari qu'elle aurait pu bénéficier sa vie durant de son assistance, le dommage consiste en une perte de chance. • Crim. 27 mai 2014, n° 13-82.116 P (préjudice distinct de celui découlant de la nécessité d'une assistance). ♦ Mais un veuf n'établit pas l'existence d'un préjudice patrimonial certain résultant de la disparition de sa femme qui tenait le foyer s'il ne justifie pas que cette disparition lui ait imposé d'embaucher une aide ménagère. • Civ. 2e, 19 févr. 1997, n° 95-12.550 P. ♦ Ne constituent pas un préjudice consécutif à l'accident dont sa mère a été victime, les frais d'hébergement et de soins d'une personne qui, en raison de son handicap, doit être accueillie en foyer d'accueil médicalisé, peu important qu'elle ait, avant l'accident, été hébergée par sa mère. • Civ. 2e, 19 mai 2016, n° 11-22.684 P :

D. 2016. 2187, obs. Bacache, Guégan-Lécuyer et Porchy-Simon ; *RTD civ. 2016. 866, obs. Jourdain* .

254. ... Évaluation de l'indemnité d'assistance : élément non déductibles. Le montant d'une indemnité allouée au titre de l'assistance d'une tierce personne ne saurait être réduit en cas d'assistance d'un membre de la famille (pas même pour le montant des charges sociales patronales, dont il n'y a pas lieu d'exiger la preuve qu'elles sont payées). • Civ. 2e, 16 nov. 1994, n° 93-11.177 P : *RTD civ. 1995. 377, obs. Jourdain* . ♦ Même sens : • Civ. 2e, 4 mai 2000, n° 98-19.903 P : *D. 2000. IR 154* ; *JCP 2001. II. 10489, note Dagorne-Labbe* • 14 nov. 2002, n° 01-03.581 P : *D. 2002. IR 3245* ; *AJ fam. 2003. 33, obs. S. D.-B* ; *RJPF 2003-3/47, obs. Chabas* • Cass., ass. plén., 28 nov. 2001 (2e arrêt), n° 00-14.248 P : *R., p. 425* • Civ. 2e, 5 juin 2003, n° 01-16.335 P : *D. 2003. IR 1735* • CE 22 févr. 2010, n° 313333 : *RLDC 2010/70, n° 3770, obs. Le Nestour-Drelon.* ♦ Cassation de l'arrêt qui déduit de la somme indemnisant le préjudice lié au besoin d'assistance par une tierce personne l'allocation d'éducation de l'enfant handicapé et son complément alors que cette prestation à affectation spéciale, liée à la reconnaissance de la spécificité des charges induites par le handicap de l'enfant, constitue une prestation familiale et ne répare pas un préjudice de cet enfant et qu'elle n'a pas de caractère indemnitaire. • Civ. 2e, 7 mars 2019, n° 17-25.855 P. ♦ En application du principe de la réparation intégrale, le montant de l'indemnité allouée au titre de l'assistance d'une tierce personne ne saurait être réduit ni en cas d'assistance familiale, ni en cas d'organisation d'une mesure de protection des majeurs. • Civ. 2e, 24 nov. 2011 : *préc. note 158.* ♦ Ne constituent pas un préjudice indemnisable les charges de la tutelle consécutives à un accident ayant provoqué le décès des parents d'un mineur, ces charges ne pouvant être indemnisées que par prélèvement sur le patrimoine du mineur. • Crim. 9 oct. 1996, n° 95-82.788 P : *RTD civ. 1997. 398, obs. Hauser* ; *ibid. 946, obs. Jourdain* . ♦ Rappr. : • Civ. 2e, 9 déc. 2010, n° 09-69.819 : *RTD civ. 2011. 322, obs. Hauser* ; *Dr. fam. 2011, n° 43, obs. Maria.*

255. ... Éléments déductibles. Possibilité de prendre en compte le volume d'heures d'aide-ménagère accordée par un conseil général : • Crim. 27 mai 2014, n° 13-82.116 P : *préc. note 127* (appréciation souveraine). ♦ L'allocation personnalisée d'autonomie (l'APA) constitue une prestation indemnitaire, en application de l'art. L. 232-1 CASF, dès lors qu'elle n'est pas attribuée sous condition de ressources, et que, fixée en fonction des besoins individualisés de la victime d'un handicap, elle répare les postes de préjudice relatifs à l'assistance par une tierce personne. • Civ. 1re, 24 oct. 2019, n° 18-21.339 P : *D. 2019. 2090* ; *RDSS 2019. 1144, obs. Curier-Roche* .

256. ... Conditions de versement. Le versement ne peut être subordonné à la production de justificatifs des dépenses effectuées. • Crim. 25 sept. 2012, n° 11-83.285 : *RCA 2012, n° 339* • Civ. 2e, 15 janv. 2015, n° 13-27.761 P : *préc. note 95.* ♦ Mais le point de départ du paiement d'une rente au titre de l'assistance d'une tierce personne doit être fixé à la date de retour à domicile. • Crim. 18 oct. 2011, n° 11-81.566 : *RCA 2012, n° 8, obs. Morlet-Haïdara.*

257. Frais de remise en état ou valeur de remplacement d'un bien : principe. **BIBL.** Hontebeyrie, *D. 2007. Chron. 675* . – Quistrebert, *RCA 2019. Dossier 7* (méthodes d'évaluation de l'indemnité allouée en cas de dommages aux biens... trente ans plus tard). ♦ Le propre de la responsabilité civile est de rétablir aussi exactement que possible l'équilibre détruit par le dommage et de replacer la victime, aux dépens du responsable, dans la situation où elle se serait trouvée si l'acte dommageable ne s'était point produit. En conséquence, la réparation intégrale d'un dommage causé à une chose n'est assurée que par le remboursement des frais de remise en état de la chose ou par le paiement d'une somme d'argent représentant la valeur de son remplacement. La victime n'a pas à courir le risque de la vente de l'épave, laquelle, sauf accord des parties sur ce point, doit être laissée pour compte au responsable. • Civ. 2e, 4 févr. 1982, n° 80-17.139 : *JCP 1982. II. 19894, note Barbiéri* • 13 janv. 1988, n° 86-16.046 : *Gaz. Pal. 1988. 1. Somm. 261, obs. Chabas.* ♦ Dans le même sens pour les immeubles, V. note 259. ♦ Le préjudice résultant d'une infraction doit être réparé dans son intégralité, sans perte ni profit pour aucune des parties ; le droit au remboursement des frais de remise en état d'une chose endommagée a pour limite sa valeur de remplacement. • Crim. 22 sept. 2009, n° 08-88.181 P : *AJ pénal 2009. 507, obs. Roussel* ; *JCP 2010, n° 456, obs. Bloch* ; *RCA 2010, n° 8, obs. Hocquet-Berg* ; *RTD civ. 2010. 338, obs. Jourdain* . ♦ Rappr. • Crim. 8 déc. 2020, n° 19-84.245 P : *RDI 2021. 93, obs. de Jacobet de Nombel* .

258. ... Véhicule. **BIBL.** Amouroux, *Gaz. Pal. 1989. 1. Doctr. 95* (dommages aux véhicules automobiles) ; *ibid. 1991. 2. Doctr. 609* (cas du crédit-bail). ♦ La victime est en droit d'exiger la remise en état d'un véhicule sans qu'il y ait lieu d'appliquer un coefficient de vétusté aux pièces remplacées. • Civ. 2e, 8 juill. 1987 : *Bull. civ. II, n° 152.* – V. conf. • Civ. 2e, 3 oct. 1990, n° 89-16.420 P. ♦ Le montant de la TVA non récupérable peut être compris dans le préjudice matériel résultant de la réfection d'une voiture accidentée. • Civ. 2e, 21 oct. 1987 : *Bull. civ. II, n° 207* • Com. 29 nov. 1988 : *Bull. civ. IV, n° 329.* ♦ Solution inverse si la victime (société de crédit-bail) est en droit de déduire le montant de la TVA au titre des déductions de la TVA grevant les services nécessaires à son exploitation. • Com. 18 juin 1991, n° 89-16.967 P • Civ. 2e, 8 nov. 1995, n° 94-11.789 P. ♦ La victime est en droit d'obtenir l'indemnité représentant la valeur de son véhicule détruit dans l'accident ainsi que le remboursement des échéances du prêt contracté pour son achat, rendues directement exigibles du fait de l'accident, et dont elle a dû s'acquitter. • Civ. 2e, 19 nov. 1997, n° 95-21.026 P : *Gaz. Pal. 1999. 1. 148, note Mury.*

La réparation intégrale du préjudice occasionné par la perte, en France, d'un véhicule immatriculé en Belgique ne peut être assurée que par son évaluation dans ce dernier pays. • Civ. 2e, 31 mai 2000, n° 97-20.320 P.

259. ... Immeuble. **BIBL.** Alexandre et Brideau, *Gaz. Pal. 1971. 2. Doctr. 445.* – Jourdain, *obs. RTD civ. 1989. 324 et 337 ; RDI 1995. 51* (réparation des dommages immobiliers et enrichissement de la victime). ♦ La remise en état des immeubles sinistrés étant impossible, l'indemnisation des propriétaires doit être telle qu'elle puisse leur permettre d'acquérir un immeuble équivalent à l'immeuble abandonné, et doit être égale à la valeur de remplacement. • Civ. 2e, 23 nov. 1988, n° 87-16.965 P : *RTD civ. 1989. 339, obs. Jourdain* (fragilisation d'immeubles du fait de galeries de mines). ♦ Sur la démolition, V. note 223.

* *Refus de principe d'un coefficient de vétusté.* Un mur vétuste, mais qui remplissait son rôle de mur de soutènement, ayant été détruit, les juges peuvent ordonner la reconstruction d'un mur conformément aux règles de l'art et aux normes de sécurité, pour éviter de faire supporter à la victime une partie du préjudice. • Civ. 3e, 12 déc. 1973 : *JCP 1974. II. 17697, note Goubeaux* • 16 juin 1993, n° 91-21.226 P : *RTD civ. 1994. 118, obs. Jourdain* (mur de soutènement ; refus de tenir compte du surcoût qui aurait été nécessaire pour des travaux correctement effectués). ♦ Cassation d'un arrêt ayant appliqué un abattement pour vétusté dans l'indemnisation d'un dégât des eaux : V. • Civ. 2e, 23 janv. 2003, n° 01-00.200 P : *D. 2003. IR 605* ; *JCP 2003. II. 10110, note Barbiéri ; Dr. et patr. 6/2003. 89, obs. Chabas.* ♦ Dans le même sens, pour le refus d'appliquer un coefficient de vétusté : • Civ. 2e, 3 oct. 1990, n° 89-16.420 P (poteau électrique) • Civ. 3e, 6 mai 1998, n° 96-13.001 P • Civ. 2e, 14 juin 1995, n° 93-16.667 P (réseau d'assainissement ancien) • Civ. 2e, 5 juill. 2001, n° 99-18.712 P • Crim. 24 févr. 2009, n° 08-83.956 : *D. 2009. AJ 1021* . ♦ Dans le même sens, pour la responsabilité des constructeurs : • *Civ. 3e, 17 avr. 1991,* n° 89-16.478 P (réfection d'une toiture : cassation de l'arrêt diminuant l'indemnité en raison de la possible réutilisation de certaines tuiles et de l'amélioration apportée par les neuves) • 9 oct. 1991, n° 87-18.226 P (*idem* pour la réfection d'une façade). ♦ Après avoir souverainement apprécié l'état d'abandon de l'immeuble et avoir écarté en conséquence à bon droit la valeur de la reconstruction, les juges du fond auraient dû s'expliquer sur l'adéquation entre la somme retenue et la valeur vénale de l'immeuble au jour de l'incendie, actualisée au jour de la décision de l'indemnisation. • Crim. 15 janv. 2019, n° 17-87.480 P. ♦ Légitimité de l'application d'un coefficient de vétusté à l'évaluation du préjudice subi à l'occasion d'un dégât des eaux dans un local commercial, tenant compte du fait que l'activité avait cessé depuis plusieurs années, sans projet de reprise d'activité. • Civ. 3e, 16 juin 2010, n° 09-13.156 P : *D. actu. 30 juin 2010, obs. Rouquet ; D. 2010. Chron. C. cass. 2608, obs. Monge* .

* *Obstacles à une reconstruction.* La victime d'un incendie d'un immeuble ne peut prétendre à la valeur à neuf de l'immeuble dès lors qu'elle a revendu le terrain à un tiers en abandonnant toute idée de reconstruction. • Civ. 3e, 8 avr. 2010, n° 08-21.393 P : *RTD civ. 2010. 578, obs. Jourdain* . ♦ Un immeuble incendié ne pouvant être reconstruit à l'identique en raison de la dangerosité de sa situation et du refus du maire d'accorder un permis de construire, et octroyer aux propriétaires une valeur de reconstruction à neuf dans un autre lieu leur procurant un avantage indu puisqu'ils bénéficieraient d'un bien équivalent mais mieux situé, la cour d'appel en a exactement déduit, sans violer le principe de la réparation intégrale, que l'indemnisation du préjudice devait s'effectuer selon la valeur vénale de l'immeuble à la date du sinistre. • Civ. 3e, 7 sept. 2017, n° 16-15.257 P : *D. 2017. 2577, note V. Mazeaud* ; *AJDI 2018. 35, obs. de La Vaissière* ; *RDC 2018. 41, note Viney ; RGDA 2017. 629, note A. Pélissier.* ♦ La nouvelle destination de l'ouvrage étant compromise indépendamment de la survenance du sinistre, dès lors que le propriétaire du bien n'avait jamais eu l'intention de rendre les lieux compatibles avec une activité théâtrale comportant l'accueil d'un public, prise en compte de la valeur vénale et non en référence à la valeur de reconstruction d'un atelier ne correspondant à aucun usage que pourrait recevoir un tel ouvrage de façon effective dans l'intérêt du propriétaire. • Civ. 2e, 9 déc. 2010 : *RCA 2011, n° 88, obs. Groutel.*

* *Préjudices connexes.* La perte d'une subvention destinée à la rénovation des chambres d'un hôtel n'est pas génératrice d'un préjudice pour l'hôtelier dès lors qu'il est constaté que, l'hôtel ayant été détruit par une explosion, il allait être procédé à sa reconstruction à neuf. • Civ. 2e, 19 oct. 2006, n° 05-14.338 P. ♦ Le préjudice résultant de la mention de surfaces erronées lors de la vente d'un immeuble ne peut être réparé par une somme calculée de telle sorte que le juge accorde ainsi à l'acquéreur le remboursement d'une partie du prix de vente. • Civ. 3e, 11 sept. 2013, n° 12-23.772 P : *JCP 2013, n° 1237, note Dagorne-Labbe ; ibid. 2014, n° 115, note Grosser ;*

JCP N 2013, n° 1282, obs. Mekki ; ibid. n° 1057 note Piedelièvre ; RDC 2014. 59, obs. Quézel-Ambrunaz ; ibid. 197 note Borghetti.

Le réaménagement d'un site sur lequel a été exploitée une installation classée fait partie intégrante de l'activité exercée, de sorte que l'indemnité d'occupation due pendant la remise en état après cessation de l'activité doit être fixée par référence au loyer prévu au bail. • Civ. 3e, 23 juin 2016, n° 15-11.440 P : *D. 2016. 1435* ; *AJDI 2016. 848, obs. Wertenschlag et Geib* ; *RDC 2016. 657, note Knetsch.*

260. Préjudice écologique. BIBL. Neyret, *D. 2008. Chron. 170* ; *ibid. Chron. 2681* (réparation des atteintes à l'environnement). ♦ En cas de destruction d'un verger, l'indemnisation doit correspondre à la reconstitution du verger et à la perte des récoltes selon les barèmes départementaux applicables. • Civ. 2e, 24 sept. 2020, n° 19-22.695 P.

261. Il incombe au juge qui reconnaît l'existence d'un préjudice écologique de le chiffrer, en recourant, si nécessaire, à une expertise, et consistant en l'espèce en l'altération notable de l'avifaune et de son habitat, pendant une période de deux ans, du fait de la pollution de l'estuaire de la Loire. • Crim. 22 mars 2016, n° 13-87.650 P : *D. 2016. 1236, note Epstein* ; *AJ pénal 2016. 320, note Perrier* ; *RSC 2016. 287, obs. Robert* ; *RTD civ. 2016. 634, obs. Jourdain* (cassation de l'arrêt qui avait rejeté le mode d'évaluation proposé par l'association requérante). ♦ Le principe de la réparation intégrale du dommage n'impose pas aux juges d'ordonner la démolition d'un immeuble construit dans une zone inconstructible mais de définir les modalités les plus appropriées à la réparation de celui-ci ; la cour d'appel ayant relevé que les instances compétentes avaient constaté que la construction s'intégrait parfaitement au site et ne nuisait en rien à l'environnement, il n'y a pas lieu d'ordonner la remise en état, mais la construction réalisée, en s'affranchissant de la réglementation de l'urbanisme, porte atteinte aux intérêts généraux de protection de l'environnement défendus par l'association, laquelle subit un préjudice qui doit être réparé par l'allocation d'une somme de 1 €. • Crim. 12 juin 2019, n° 18-81.874 P : *D. 2019. 1227* ; *RDI 2019. 457, obs. de Jacobet de Nombel* .

4° INCIDENCE DES PRESTATIONS D'ASSURANCE ET DE SÉCURITÉ SOCIALE

262. Si une caisse de sécurité sociale est fondée à obtenir qu'une partie de l'indemnité globale soit mise en réserve pour couvrir les dépenses futures mais d'ores et déjà certaines compte tenu de l'état de la victime, elle ne peut obtenir du tiers responsable que le remboursement de ses dépenses au fur et à mesure qu'elles sont exposées et non le versement anticipé du capital représentatif de celles-ci, en l'absence d'accord du tiers responsable. • Civ. 2e, 7 févr. 1990, n° 86-17.023 P.

263. S'agissant de la victime d'un accident mortel de la circulation en même temps accident de trajet, il y a lieu de fixer l'étendue du préjudice des ayants droit et de procéder à son évaluation selon les règles du droit commun, indépendamment des prestations versées par les organismes sociaux. • Civ. 2e, 14 mars 2002, n° 00-12.823 P.

264. Érosion monétaire. Pour la prise en compte de l'inflation et de l'érosion monétaire pour déterminer le montant de l'indemnisation due à raison de cambriolages commis plusieurs décennies plus tôt : • Crim. 28 mars 2018, n° 16-84.872 P : *RDC 2018. 377, obs. Leduc ; RGDA 2018. 299, note Schulz.*

265. V. notes ss. L. du 5 juill. 1985, art. 12 à 27, ss. art. 1242.

5° INDEMNISATION DES VICTIMES D'INFRACTIONS

266. Naissance du droit à réparation. L'existence du droit à indemnisation de la victime par le FGTI, qui ne naît pas à la date du fait dommageable, doit être appréciée au jour de la demande. • Civ. 2e, 12 janv. 2017, n° 16-10.069 P. ♦ Comp. note 193 pour la solution contraire en droit commun.

267. Rejet de la demande d'indemnisation d'un préjudice d'avilissement par la victime de faits de prostitution forcée et de traite d'êtres humains, ce préjudice étant inclus dans le poste des souffrances endurées et, après consolidation, dans celui du déficit fonctionnel permanent. • Civ. 2e, 13 déc. 2018, n° 18-10.276 P : *D. 2019. 182, note Porchy-Simon* • 13 déc. 2018, n° 17-28.716 P : *D. 2019. 182, note Porchy-Simon* ; *ibid. Chron. C. cass. 848, obs. Touati et Bohnert* ; *ibid. 856, obs. Régine* ; *ibid. 2058, obs. Guégan* ; *ibid. 2020. 40, obs. Brun, Gout et Quézel-Ambrunaz* ; *RTD civ. 2019. 341, obs. Jourdain* (*idem*, ce préjudice ne pouvant être assimilé à un préjudice permanent exceptionnel ou spécifique). ♦ Rappr. • Civ. 2e, 13 déc. 2018, n° 18-10.276 P : *D. 2019. 182, note Porchy-Simon* .

Lorsqu'elle est saisie par la victime d'une infraction imputable à un transporteur aérien, la CIVI, tenue d'assurer la réparation intégrale du dommage, suivant les règles du droit commun de la responsabilité, sans perte ni profit pour la victime, et ne peut limiter l'indemnisation mise à la charge du FGTI au plafond de garantie prévu par l'art. L. 6421-4 C. transp., qui ne régit que la responsabilité des transporteurs aériens. • Civ. 2e, 10 févr. 2022, n° 20-20.814 B : *RGDA 2022/3. 30, note Landel* (l'étendue de l'obligation du FGTI est indépendant de l'étendue de son recours subrogatoire ultérieur).

268. Actes terroristes et recevabilité de l'action civile. Sur l'appréciation d'une relation directe entre une infraction liée à un attentat terroriste et le préjudice subi par les victimes, V., estimant l'action civile recevable pour une victime proche de l'attentat et se blessant en tentant de fuir : • Crim. 15 févr. 2022, n° 21-80.265 B : *D. 2022. 354 ; AJ pénal 2022. 143, note Alix ; RSC 2022. 332, obs. Mayaud*. ♦ ... Pour une victime tentant d'interrompre ou d'empêcher le renouvellement des infractions. • Crim. 15 févr. 2022, n° 21-80.670 B : *eod. loc.* • 15 févr. 2022, n° 21-80.264 B : *D. 2022. 1487, obs. Perrier ; AJ pénal 2022. 143, note Alix ; RSC 2022. 332, obs. Mayaud*. ♦ V. aussi pour l'admission de la recevabilité de l'action des victimes directes d'un attentat contre l'auteur d'un recel de malfaiteurs. • Crim. 15 févr. 2022, n° 19-82.651 B : *D. 2022. 353 ; AJ fam. 2022. 110, obs. Mary ; AJ pénal 2022. 143, note Alix*.

269. Le fait pour une personne de s'être trouvée à proximité du lieu d'un attentat et d'en avoir été le témoin ne suffit pas, en soi, à lui conférer la qualité de victime d'acte de terrorisme, au sens des art. 421-1 C. pén. et L. 121-6 C. assur. • Civ. 2e, 27 oct. 2022, n° 21-13.134 B : *D. 2022. 2269, note Porchy-Simon ; JCP 2022, n° 1437, note Pimbert ; RCA 2022, n° 271, note Hocquet-Berg ; RGDA 2023/1-2. 43, note A. Pélissier.* ♦ Ainsi, absence de préjudice en relation directe avec une action terroriste pour les personnes qui, bien que proches des faits, n'ont pas été en situation de prendre la mesure des faits qui étaient en train de se dérouler, de sorte qu'elles n'ont pu se croire exposées à une action criminelle ayant pour but de tuer indistinctement un grand nombre de personnes. • Crim. 24 janv. 2023, n° 21-85.828 B • 24 janv. 2023, n° 21-82.778 B.

270. La souffrance, qui survient antérieurement à la connaissance de la situation réelle d'une personne exposée au péril et qui naît de l'attente et de l'incertitude, est en soi constitutive pour ses proches d'un préjudice directement lié aux circonstances contemporaines de l'événement ; ce préjudice, qui se réalise ainsi entre la découverte de l'événement par les proches et leur connaissance de son issue pour la personne exposée au péril, est, par sa nature et son intensité, un préjudice spécifique qui ouvre droit à indemnisation lorsque la victime directe a subi une atteinte grave ou est décédée des suites de cet événement ; il ne se confond pas avec le préjudice d'affection et constitue un préjudice spécifique qui est réparé de façon autonome. • Cass., ch. mixte, 25 mars 2022, n° 20-17.072 B : *D. 2022. 774, note Porchy-Simon ; AJ pénal 2022. 262, note Lacroix ; JCP 2022, n° 513, note Jourdain ; RCA 2022, n° 120, obs. Bloch.* ♦ Aucun des textes applicables à l'indemnisation des victimes d'actes de terrorisme par le FGTI n'exclut l'indemnisation des proches de la victime directe d'un attentat, en cas de survie de celle-ci, selon les règles du droit commun. • Civ. 2e, 27 oct. 2022, nos 21-24.424 B, 21-24.425 B et 21-24.426 B : *D. 2022. 2269, note Porchy-Simon ; JCP 2022, n° 1437, note Pimbert ; RCA 2022, n° 271, note Hocquet-Berg* (3 arrêts). ♦ Le préjudice résultant de la perte pour la victime par ricochet de l'assistance que lui apportait la victime directe d'un acte de terrorisme constitue un préjudice indemnisable selon les règles du droit commun ; cassation de l'arrêt ayant refusé d'ordonner une expertise. • Civ. 2e, 19 janv. 2023, n° 21-21.265 B.

Art. 1242 *(Ord. n° 2016-131 du 10 févr. 2016, art. 2, en vigueur le 1er oct. 2016)* **On est responsable non seulement du dommage que l'on cause par son propre fait, mais encore de celui qui est causé par le fait des personnes dont on doit répondre, ou des choses que l'on a sous sa garde.**

Toutefois, celui qui détient, à un titre quelconque, tout ou partie de l'immeuble ou des biens mobiliers dans lesquels un incendie a pris naissance ne sera responsable, vis-à-vis des tiers, des dommages causés par cet incendie que s'il est prouvé qu'il doit être attribué à sa faute ou à la faute des personnes dont il est responsable.

Cette disposition ne s'applique pas aux rapports entre propriétaires et locataires, qui demeurent régis par les articles 1733 et 1734 du code civil.

Le père et la mère, en tant qu'ils exercent l'autorité parentale, sont solidairement responsables du dommage causé par leurs enfants mineurs habitant avec eux.

Les maîtres et les commettants, du dommage causé par leurs domestiques et préposés dans les fonctions auxquelles ils les ont employés ;

Les instituteurs et les artisans, du dommage causé par leurs élèves et apprentis pendant le temps qu'ils sont sous leur surveillance.

La responsabilité ci-dessus a lieu, à moins que les père et mère et les artisans ne prouvent qu'ils n'ont pu empêcher le fait qui donne lieu à cette responsabilité.

En ce qui concerne les instituteurs, les fautes, imprudences ou négligences invoquées contre eux comme ayant causé le fait dommageable, devront être prouvées, conformément au droit commun, par le demandeur, à l'instance. — *Dispositions transitoires, V. Ord. n° 2016-131 du 10 févr. 2016, art. 9, ss. art. 1386-1.*

L'art. 1242 reprend à l'identique l'art. 1384 anc.

La responsabilité des parents d'un mineur âgé de seize ans révolus nommé directeur ou codirecteur d'une publication réalisée bénévolement ne peut être engagée, sur le fondement de l'art. 1242, que si celui-ci a commis un fait de nature à engager sa propre responsabilité civile dans les conditions prévues par la L. du 29 juill. 1881 sur la liberté de la presse (L. préc., art. 6 ; L. n° 82-652 du 29 juill. 1982, art. 93-2).

RÉP. CIV. v° *Responsabilité du fait d'autrui*, par J. Julien ; *Responsabilité du fait des choses inanimées*, par L. Grynbaum.

DALLOZ ACTION *Droit de la responsabilité et des contrats 2023/2024, n°s 2231.00 s.*

BIBL. ▶ Deffains et de Montcuit, *RTD civ. 2022. 257* (proposition d'un régime de responsabilité objective applicable au dommage causé par une machine auto-apprenante). – Dubois, *Dalloz IP/IT 2022. 134* (les drones face aux enjeux de responsabilité civile).

Plan des annotations

I. RESPONSABILITÉS DU FAIT DES CHOSES

A. RESPONSABILITÉ GÉNÉRALE DU FAIT DES CHOSES

1° DOMAINE

1. *Principe.* Le principe de la responsabilité du fait des choses inanimées trouve son fondement dans la notion de garde, indépendamment du caractère intrinsèque de la chose et de toute faute personnelle du gardien. • Civ. 2e, 20 nov. 1968, n° 67-10.961 P : *JCP 1970. II. 16567, note Dejean de la Bâtie ; RTD civ. 1969. 337, obs. Durry.* – Déjà en ce sens • Cass., ch. réun., 13 févr. 1930, *Jand'heur : GAJC, 11e éd., n° 193 ; DP 1930. 1. 57, concl. Matter, note Ripert ; S. 1930. 1. 121, note Esmein.*

2. *Exclusion en cas de dommage à la chose.* La présomption de responsabilité prévue par l'art. 1384 anc. [1242], al. 1er, ne vise que le dommage causé par la chose que l'on a sous sa garde et non le dommage causé à la chose. • Civ. 2e, 25 nov. 1992, n° 91-14.708 P : *RTD civ. 1993. 368, obs. Jourdain* (impossibilité pour la cliente d'un hôtel d'utiliser l'action pour demander la réparation du préjudice causé par l'employé en garant son véhicule).

3. *Exclusion entre cogardiens.* Ayant constaté la garde collective, les juges du fond en déduisent à bon droit que le cogardien blessé ne dispose d'aucune action en réparation contre les autres sur le fondement de l'art. 1384 anc. [1242], al. 1er. • Civ. 2e, 25 nov. 1999, n° 97-20.343 P (abattage d'un arbre par quatre personnes, sans qu'aucune n'en assure la direction). ♦ V. déjà : • Civ. 2e, 20 nov. 1968, n° 66-12.644 P (impossibilité d'utiliser l'action entre joueurs d'un match de tennis de double). ♦ Rappr. pour l'exclusion du texte lorsqu'un animal cause un dommage à son gardien, note 8 ss. art. 1243.

4. *Exclusion par des régimes spéciaux.* La responsabilité générale du fait des choses peut être primée par un régime spécial : V. *infra* I, B, et pour les accidents de la circulation, L. du 5 juill. 1985.

5. *Acceptation des risques : suppression de principe et limite.* BIBL. Cappello, *RTD civ. 2013. 777* (la faute civile et la violation des règles régissant une activité sportive ou professionnelle). – Hocquet-Berg, *RCA 2002. Chron. 15* (pour la suppression de la théorie de l'acceptation des risques). – Millet, *D. 2005. Chron. 2830* ; *Err. 2906* (acceptation des risques et responsabilité du fait d'autrui). ♦ La victime d'un dommage causé par une chose peut invoquer la responsabilité résultant de l'art. 1384 anc. [1242], al. 1er, à l'encontre du gardien de la chose instrument du dommage, sans que puisse lui être opposée son acceptation des risques. • Civ. 2e, 4 nov. 2010, n° 09-65.947 P : *D. 2010. Actu. 2772, obs. Gallmeister* ; *ibid. 2011. Chron. C. cass. 632, obs. Adida-Canac* et *Grignon-Dumoulin* ; *ibid. Chron. 690, note Mouly* ; *R., p. 394* ; *JCP 2011, n° 12, note 12* ; *ibid., n° 435, § 6, obs. Bloch* ; *RLDC 2011/78, n° 4084, obs. Le Nestour-Drelon* ; *RCA 2011. Étude 3, note Hocquet-Berg* ; *RTD civ. 2011. 137, obs. Jourdain* • 21 mai 2015, n° 14-14.812 P : *D. 2015. 2164, note Casson* ; *ibid. 2283, obs. M. Bacache, A. Guégan-Lécuyer* et *S. Porchy-Simon* (blessure d'un copilote de rallye). ♦ Ainsi le concurrent victime d'un accident à l'entraînement, évoluant sur un circuit fermé exclusivement dédié à l'activité sportive où les règles du code de la route ne s'appliquent pas, ne peut se voir opposer que la participation à cet entraînement impliquait une acceptation des risques inhérents à une telle pratique sportive. • Civ. 2e, 4 nov. 2010, n° 09-65.947 P : *préc.* ♦ V. dans la même affaire pour l'exclusion de la loi de 1985, note 27 ss. art. 1er L. du 5 juill. 1985.

Sur le caractère inopérant de l'argument dans le cadre d'une action contre l'organisateur d'une compétition pour manquement à son obligation de sécurité dans l'aménagement du circuit, V. *déjà :* • *Civ. 1re, 15 juill. 1999,* n° 97-15.984 P : *cité note 67 ss. art. 1231-1.*

Sur la limitation de la portée de cette solution et l'exclusion de la responsabilité du fait des choses pour les dommages matériels causés par un sportif, lors d'un entraînement ou d'une manifestation sportive, sur un lieu réservé à cette pratique, V. désormais C. sport, art. L. 321-3-1, issu de la L. n° 2012-348 du 12 mars 2012.

6. *... Rappel des solutions antérieures.* Sur l'exigence d'un risque anormal : la participation à une régate en mer de haut niveau n'implique pas acceptation du risque de mort, qui, dans les circonstances de la course, constituait un risque anormal. • Civ. 2e, 8 mars 1995, n° 91-41.895 P : *R., p. 316* ; *D. 1998. Somm. 43, obs. J. Mouly* ; *JCP 1995. II. 22499, note Gardach* ; *ibid. 1995. I. 3893, n° 16 s., obs. Viney* ; *RTD civ. 1995. 904, obs. Jourdain*.

Sur les activités relevant de l'acceptation des risques : • Civ. 2e, 8 oct. 1975, n° 73-14.214 P : *R., p. 71* ; *RTD civ. 1976. 357, obs. Durry* (concurrents d'une course automobile) • 5 juin 1985, n° 84-11.786 P : *JCP 1987. II. 20744, note Agostini* (compétition hippique ; exclusion de l'art. 1385 anc.). ♦ Rappr. plus ambigu : • Civ. 2e, 16 juin 1976 : *JCP 1977. II. 18585, note Bénabent* • 8 nov. 1976 : *JCP 1977. II. 18759, note Bénabent* (compétition hippique ; arrêt interprété comme visant implicitement l'acceptation des risques alors qu'il se contentait d'évoquer l'absence de comportement anormal du cheval).

Sur les activités exclues : la participation de l'enfant victime d'un jeu improvisé, hors du cadre d'une compétition sportive, exclut l'acceptation des risques. • Civ. 2e, 28 mars 2002, n° 00-10.628 P : *R., p. 477* ; *D. 2002. 3237, note Zerouki* ; *RJPF 2002-7-8/33, note Chabas* ; *LPA 4 sept. 2002, note Laydu* ; *ibid. 25-26 déc. 2002, note Cicile-Delfosse* ; *ibid. 20 juin 2003, note Vial* ; *RTD civ. 2002. 520, obs. Jourdain*. ♦ ... De même que sa participation à une activité pédagogique sous l'autorité et la surveillance d'un moniteur. • Civ. 2e, 4 juill. 2002, n° 00-20.686 P : *D. 2003. 519, note Cordelier* ; *ibid. Somm. 461, obs. Jourdain* ; *RCA 2002, n° 324, note Groutel* ; *AJ fam. 2002. 345, obs. S. D.-B*. ; *RJPF 2002-11/33, obs. Chabas* ; *LPA 25-26 déc. 2002, note Cicile-Delfosse* ; *ibid. 26 mars 2003, note Laydu* ; *ibid. 20 juin 2003, note Vial* (match de football). ♦ Il n'y a pas lieu de retenir l'acceptation par la victime des risques résultant de la pratique du sport cycliste en cas d'accident survenu entre participants à une sortie dominicale organisée entre amateurs animés du seul désir de s'entraîner. • Civ. 2e, 22 mars 1995, n° 93-14.051 P : *D. 1998. Somm. 43, obs. J. Mouly* ; *JCP 1995. I. 3893, n° 15, obs. Viney* ; *RTD civ. 1995. 904, obs. Jourdain*. ♦ Même sens : • Limoges, 25 nov. 1993 : *D. 1995. Somm. 62, obs. J. Mouly* (pas d'acceptation de risques dans la pratique du golf, de surcroît hors compétition).

2° FAIT DE LA CHOSE

BIBL. Brun, *RCA 2019. Dossier 2* (trente ans de responsabilité du fait des choses). – Danjaume, *JCP 1996. I. 3895* (responsabilité du fait de l'information). – Lalanne, *RLDC 2006/23, n° 977* (l'anormalité de la chose). – A. Lucas, *Études P. Catala, Litec, 2001, p. 817* (responsabilité du fait des choses immatérielles). – Pierroux, *RRJ 2004/4. 2279* (le fait des choses inertes). – Tricoire, *Mél. le Tourneau, Dalloz, 2008, p. 983* (responsabilité du fait des choses immatérielles). – Vix, *Defrénois 21 juin 2018. 37* (le robot intelligent).

a. Choses visées par l'art. 1242, al. 1er

7. Généralité de la notion de chose. La disposition de l'al. 1er de l'art. 1384 anc. [1242] est d'une généralité absolue. Ce texte ne distingue pas les choses mobilières des choses immobilières. • Req. 6 mars 1928 : *DP 1928. 1. 97, note Josserand.* ♦ L'art. 1384 anc. [1242], al. 1er, a une portée générale et son application ne saurait être exclue que par la loi. • Civ. 2e, 18 nov. 1976, n° 75-12.241 P (absence d'exclusion par les textes de l'aviation civile et possibilité d'engager la responsabilité de l'État pour les dommages causés par le « bang » d'un avion supersonique).

8. Mise en mouvement par l'homme, élément indifférent. L'art. 1384 anc. [1242], al. 1er, ne distingue pas suivant que la chose a été ou non mise en mouvement par la main de l'homme (application en cas de blessure causée par un coup de fourche). • Civ. 2e, 20 mai 1974, n° 72-13.148 P : *JCP 1975. II. 18183, note Dejean de la Bâtie.* ♦ V. aussi • Civ. 2e, 16 oct. 1963, n° 62-11 279 P : *Gaz. Pal. 1964. 1. 159* (heurt d'un casier à bouteilles porté par une personne). ♦ Application de l'art. 1384 anc. [1242], al. 1er, au cas de la personne descendue d'une automobile dont elle referme la portière. • Civ. 2e, 2 mai 1968 : *Gaz. Pal. 1968. 2. 109 ; RTD civ. 1968. 721, obs. Durry.*

9. Illustrations : meubles. L'imperméable d'un piéton est une chose de nature à engager la responsabilité de son gardien. • Rennes, 20 juin 1975 : *D. 1976. 351, note Tunc ; Gaz. Pal. 1975. 2. 843, note Héno* (accrochage de la poignée de frein d'un cyclomoteur dans la poche de l'imperméable, provoquant la chute du cycliste). ♦ Responsabilité d'une entreprise, sur le fondement de l'art. 1384 anc. [1242], al. 1er, de la maladie (asbestose) contractée par l'épouse d'un de ses salariés et causée par les particules d'amiante rapportées chez lui par ce salarié dans ses vêtements de travail. • Caen, 20 nov. 2001 : *JCP 2003. II. 10045, note Trébulle.* ♦ Maraîchers considérés comme gardiens des molécules présentes dans divers produits phytosanitaires ayant causé la pollution des eaux pompées par la station alimentant en eau potable diverses communes. • Civ. 2e, 27 sept. 2012, n° 11-11.762 P.

10. ... Immeubles. Sous réserve de l'applicabilité du régime spécial des bâtiments en ruine à l'encontre de leur propriétaire (V. ss. art. 1244), l'art. 1384 anc. [1242], al. 1er, est applicable à des immeubles tels que des arbres. • Civ. 2e, 12 mai 1966 (2 arrêts), n° 65-11.078 P : *D. 1966. 700, note Azard.* ♦ ... Des falaises. • Civ. 2e, 4 mars 1976, n° 74-13.817 P : *JCP 1977. II. 18544, note Mourgeon* (chute d'un rocher, mais admission d'un cas de force majeure) • 15 nov. 1984 : *Gaz. Pal. 1985. 1. 296, note Chabas* • 17 mai 1995, n° 93-15.183 P • 26 sept. 2002, n° 00-18.627 P : *D. 2003. 1257, note Audic ; JCP 2003. I. 154, n° 34 s., obs. Viney ; Gaz. Pal. 2003. 2435, note Liagre ; RTD civ. 2003. 100, obs. Jourdain ; RDI 2003. 157, obs. Trébulle* (falaise menaçant de s'écrouler ; indemnisation de la privation de jouissance pendant les travaux confortatifs, sur le fondement de l'art. 1384 anc. [1242]). ♦ ... Des glissements de terrain. • Civ. 2e, 20 nov. 1968, n° 67-10.961 P : *préc. note 1* • 19 juin 2003, n° 01-02.950 P : *D. 2003. IR 2053 ; Dr. et patr. 12/2003. 91, obs. Chabas ; AJDI 2003. 874, note Abram ; RDI 2004. 257, obs. Trébulle ; RTD civ. 2003. 715, obs. Jourdain* (cassation de l'arrêt ayant condamné le propriétaire de la parcelle supérieure sur le fondement du trouble de voisinage).

11. Image susceptible de conservation. Jugé que l'ensemble des éléments techniques mis en œuvre en matière de diffusion télévisée effectuée en direct aboutit à la réalisation d'une image qui, susceptible notamment de reproduction et de conservation dans des archives, constitue une chose au sens de l'art. 1384 anc. [1242]. • TGI Paris, 27 févr. 1991 : *JCP 1992. II. 21809, note le Tourneau* (exclusion toutefois de la qualité de gardien du rediffuseur en direct d'images provenant de l'étranger).

12. Choses abandonnées. Application de l'art. 1384 anc. [1242], al. 1er, à une bouteille abandonnée, dans laquelle un mineur donne un coup de pied. • Civ. 2e, 10 févr. 1982, n° 81-40.495 P : *JCP 1983. II. 20069, note Cœuret* (cassation de l'arrêt estimant que la détention était trop précaire et trop brève pour en permettre l'appropriation et qu'elle ne visait pas à satisfaire un besoin déterminé, motifs insuffisants pour écarter la garde). ♦ V. aussi • Civ. 2e, 18 juin 1997, n° 95-17.145 P : *D. 1998. Somm. 202, obs. Delebecque* (détonateur de mine trouvé dans une ancienne carrière par la victime : en s'appropriant cet objet devenu chose abandonnée et en exerçant sur lui les pouvoirs d'usage de direction et de contrôle, elle en est devenue la gardienne).

13. Choses inappropriées : neige. Le propriétaire d'un immeuble ne peut être considéré comme ayant eu la garde d'un paquet de neige tombé de son toit. • Civ. 2e, 9 avr. 1973, n° 72-11.010 P : *D. 1973. 714, note Moderne.* – Dans le même sens : • Civ. 2e, 18 déc. 1958 : *Gaz. Pal. 1959. 1. 165 ; RTD civ. 1959. 325, obs. H. et L. Mazeaud.* ♦ En énonçant que le propriétaire d'un immeuble est devenu gardien de la neige recouvrant le trottoir, pour s'être abstenu de l'enlever, sans rechercher s'il exerçait effectivement sur la neige les pouvoirs qui caractérisent la garde, les juges du fond ne donnent pas de base légale à leur décision. • Civ. 2e, 17 oct. 1979, n° 78-12.460 P.

14. *... Pierres.* Des alpinistes ne peuvent être considérés comme les gardiens des pierres qui tombent sur leur passage. • Civ. 2e, 24 avr. 2003, n° 00-16.732 P : *D. 2003. IR 1340* ; *JCP 2004. II. 10049, note Gavin-Millan-Oosterlynck (1re esp.) ; Gaz. Pal. 2004. 1880, note Bolze (1re esp.)* • 24 avr. 2003, n° 01-00.450 P : *D. eod. loc. ; JCP eod. loc. (2e esp.) ; Gaz. Pal. eod. loc. (2e esp.).*

15. *Chose ayant causé un dommage par l'intermédiaire du corps humain.* L'art. 1384 anc. [1242], al. 1er, doit recevoir application lorsque les skis sont l'instrument du dommage, non seulement en cas de heurt des skis eux-mêmes. • Chambéry, 19 oct. 1954 : *JCP 1954. II. 8408, note Esmein.* ♦ ... Mais encore quand le dommage est causé par le corps du skieur lui-même. • Toulouse, 14 mars 1958 : *JCP 1961. II. 11942 bis, note Colombini* • Grenoble, 8 juin 1966 : *JCP 1967. II. 14928, note W. R.* ♦ Même solution pour le choc avec un cycliste. • Crim. 21 juin 1990, n° 89-82.632 P : *RTD civ. 1991. 124, obs. Jourdain* . ♦ ... Mais non quand la personne qui a été heurtée allait à pied, tenant sa bicyclette à la main. • Civ. 2e, 8 juill. 1987, n° 78-12.460 P. ♦ V. aussi : • Civ. 2e, 13 oct. 1982, n° 81-12.996 P : *RTD civ. 1983. 347, obs. Durry* (absence de responsabilité du conducteur d'une voiture, debout à côté d'elle et s'apprêtant à ouvrir sa portière, laquelle était encore verrouillée au moment où il a été heurté par le cyclomotoriste victime).

b. Rôle de la chose

16. *Charge de la preuve du rôle causal : preuve incombant en principe à la victime.* L'application de l'art. 1384 anc. [1242], al 1er, suppose que la victime rapporte la preuve que la chose a été en quelque manière, et ne fut-ce que pour partie, l'instrument du dommage. • Civ. 2e, 19 nov. 1964 : *Bull. civ. II, n° 730* (absence de preuve du rôle du sol d'un magasin dans une chute) • 29 mars 1971, n° 70-11.319 P : *JCP 1972. II. 17086 (2e esp.), note Boré* • 19 nov. 1998, n° 96-22.628 : *RCA 1999, n° 5* (preuve non rapportée par la victime d'un lien de causalité entre l'exploitation d'un gisement de gaz ou des tirs d'explosifs d'un chantier de démolition et l'effondrement d'une grange).

17. *... Présomption en cas de mouvement de la chose et de contact avec le siège du dommage.* Cassation de l'arrêt refusant de considérer qu'une voiture avait été, même pour partie, l'instrument du dommage, tout en constatant qu'au moment de la collision avec la moto, la voiture était en mouvement. • Civ. 2e, 28 nov. 1984, n° 83-14.718 P (décision antérieure à la L. du 5 juill. 1985). ♦ Dans le même sens, pour des escalators : • Civ. 2e, 29 mars 2001, n° 99-10.735 P : *D. 2001. IR 1285* ; *RCA 2001. Chron. 14, par Groutel ; Dr. et patr. 7-8/2001. 106, obs. Chabas ; RTD civ. 2001. 598, obs. Jourdain* (cassation de l'arrêt ayant écarté la présomption de responsabilité du supermarché, aux motifs que la victime avait été bousculée par un autre utilisateur, alors que l'escalator en mouvement avait été, au moins pour partie, l'instrument du dommage, et que le fait d'un tiers ne pouvait être exonératoire que s'il était imprévisible et irrésistible) • Civ. 2e, 13 mars 2003, n° 01-12.356 P : *D. 2003. IR 866* (idem pour une victime renversée par la valise d'un tiers), cassant • Paris, 25 avr. 2000 : *Gaz. Pal. 2001. 1. 478, note Chabas,* et pour l'issue conforme à l'arrêt de cassation • 3 avr. 2006 : *JCP 2006. II. 10173, note Delagarde.* ♦ En faveur du caractère réfragable de cette présomption, lorsque la chose était en mouvement et est entrée en contact avec le siège du dommage, V. cep. : • Versailles, 21 avr. 2000 : *D. 2000. IR 154* (exonération du gardien d'une porte basculante de parking ayant eu un fonctionnement normal, ni violent, ni rapide, ni irrégulier).

18. *... Indifférence du caractère direct ou indirect du contact avec le siège du dommage.* Des alpinistes sont gardiens des cordes qu'ils utilisent et donc responsables du dommage causé par une chute de pierres résultant du maniement de la corde. • Aix-en-Provence, 8 mai 1981 : *JCP 1982. II. 19819, note Sarraz-Bournet.* ♦ Dans un jeu collectif improvisé inspiré du baseball, au cours duquel un enfant a été blessé à l'œil par une balle de tennis, c'est la raquette du joueur ayant projeté la balle en direction de l'enfant blessé qui a été l'instrument du dommage. • Civ. 2e, 28 mars 2002, n° 00-10.628 P : *R., p. 477 ; D. 2002. 3237, note Zerouki* ; *RJPF 2002-7-8/33, note Chabas ; LPA 4 sept. 2002, note Laydu ; ibid. 25-26 déc. 2002, note Cicile-Delfosse ; ibid. 20 juin 2003, note Vial ; RTD civ. 2002. 520, obs. Jourdain* (exclusion de la garde collective de la balle). ♦ Un navire peut être gardien des vagues provoquées par son sillage. • Civ. 2e, 10 juin 2004, n° 03-10.837 P. ♦ V. aussi *supra* note 15 pour l'interposition d'un corps humain.

19. *... Indifférence de l'existence ou non d'un contrat entre la chose et le siège du dommage.* L'art. 1384 anc. [1242], al. 1er, en posant comme condition à son application que le dommage ait été causé par le fait de la chose incriminée, n'exige pas pour autant la matérialité d'un contact. L'absence de contact entre la chose et la personne ou l'objet qui ont subi le dommage n'est pas nécessairement exclusive du lien de causalité. • Civ. 22 janv. 1940 (2 arrêts) : *DC 1941. 101, note R.*

20. *... Office du juge.* Les juges du fond apprécient souverainement, en la matière, les éléments de preuve qui leur sont soumis. • Civ.

2e, 7 mai 2002, nº 99-20.533 P : *D. 2003. Somm. 461, obs. Jourdain* (1re esp. ; appréciation de l'état d'un escalier) • 28 mars 1990, nº 89-13.092 P (appréciation souveraine de l'absence de preuve que le palier de l'escalier était anormalement glissant). ♦ Mais les juges du fond ne peuvent déduire de la seule constatation de la rupture d'une branche qu'un arbre avait été l'instrument du dommage. • Civ. 2e, 29 mars 1971, nº 70-11.319 : *préc. note 16.* – Dans le même sens : • Civ. 2e, 5 mai 1993, nº 91-15.035 P (circonstances exactes et cause de la chute indéterminées).

21. Rôle instrumental d'une chose inerte : position anormale. Lorsqu'un dommage est imputé à une chose immobile, il incombe à la victime d'établir la position anormale de celle-ci. • Civ. 2e, 22 nov. 1984, nº 83-13.986 P : *JCP 1985. II. 20477, note Dejean de la Batie* (décision antérieure à la L. du 5 juill. 1985 et visant un véhicule). ♦ Pour des illustrations : • Civ. 2e, 11 févr. 1999, nº 97-13.456 P : *D. 1999. IR 71* ; *RCA 1999, nº 97* (grumes entreposées sur le bas-côté d'une route et percutées par une automobile : position anormale et instrument partiel du dommage) • Civ. 2e, 14 déc. 2000, nº 99-11.171 : *RCA 2001, nº 76 (2e esp.), note Groutel* (jardinières installées de façon anormale et dangereuse) • Civ. 2e, 25 oct. 2001, nº 99-21.616 P : *D. 2002. 1450, note Prat* ; *JCP 2002. I. 122, nos 9 s., obs. Viney* ; *RTD civ. 2002. 108, obs. Jourdain* ; *RRJ 2003/1. 593, note Colonna* (boîte aux lettres fixée en position de débordement sur le trottoir) • Civ. 2e, 18 sept. 2003, nº 02-14.204 P : *D. 2004. 25, note Damas* ; *JCP 2004. II. 10013, note Le Tertre* ; *ibid. I. 101, nº 18, obs. Viney* ; *Defrénois 2004. 1002, obs. Libchaber* ; *LPA 15 juin 2004, note Bouché* ; *ibid. 17 nov. 2004, note Raffi* ; *RCA 2003, nº 286, note Groutel* ; *RTD civ. 2004. 108, obs. Jourdain* (plot en ciment délimitant un passage pour piétons et enlevé après l'accident). ♦ Un fil de fer tendu à une dizaine de centimètres du sol sur un chemin privé mais dans le prolongement d'un chemin rural emprunté par des motos crée une situation dangereuse et, bien qu'inerte, a pu jouer un rôle causal dans la réalisation d'un accident. • Civ. 2e, 30 nov. 1994, nº 93-12.721 P. ♦ Pour des illustrations en sens inverse, la chose *n'étant pas en position anormale* : • Civ. 2e, 8 juill. 1992, nº 91-14.304 P (poutres de béton entreposées sur le terre-plein central d'une voie de circulation, à un emplacement ni anormal ni dangereux) • Civ. 2e, 25 nov. 1992, nº 91-13.580 P (barrières destinées à canaliser des skieurs montant au téléski, dans une position non anormale et un état non défectueux) • Civ. 2e, 29 mars 2012, nº 10-27.553 P : *D. 2012. 1008* ; *JCP 2012, nº 701, note Dumery* ; *RCA 2012, nº 150, obs. Groutel* ; *ibid. Étude 7, note Vignon-Barrault* (muret en béton en bon état, peint en blanc, parfaitement visible pour une personne normalement attentive, cette couleur tranchant avec la couleur gris foncé du bitume recouvrant le parking) • Civ. 2e, 13 déc. 2012, nº 11-22.582 P : *D. 2013. 11, obs. Gallmeister* (tige métallique plantée verticalement dans le sol d'un jardin pour servir de tuteur à un arbuste).

22. ... Agencement anormal. A été pour partie l'instrument du dommage l'escalier d'un établissement commercial non muni de rampe, avec deux marches très peu visibles et non signalées ayant des hauteurs inégales. • Civ. 1re, 9 juill. 2002, nº 99-15.471 P : *D. 2003. Somm. 461, obs. Jourdain (2e esp.)*. ♦ Pour des illustrations en sens inverse : • Civ. 2e, 8 juin 1994, nº 92-19.546 P : *RTD civ. 1995. 121, obs. Jourdain* ; *D. 1996. Somm. 31, obs. F. Lagarde* (fosse de trampoline conforme, en parfait état et exempte de vice) • Civ. 2e, 7 mai 2002, nº 99-20.533 P : *D. 2003. Somm. 461, obs. Jourdain (1re esp.)* (escalier d'hôtel ne présentant aucun caractère dangereux et convenablement éclairé). ♦ Cassation de l'arrêt ayant considéré que la faute de la victime alcoolisée ayant chuté d'un immeuble était déterminante dans la survenance du dommage alors qu'elle avait constaté que la fenêtre située au 5e étage et à 42 cm du sol de l'appartement, était dépourvue de garde-corps susceptible d'empêcher une chute. • Civ. 2e, 7 avr. 2022, nº 20-19.746 B : *D. 2022. 1454, note François* ; *ibid. 2023. 34, obs. Quézel-Ambrunaz* ; *RCA 2022, nº 145, obs. Hocquet-Berg.*

23. ... État anormal. Une chose inerte ne peut être l'instrument d'un dommage si la preuve n'est pas rapportée qu'elle occupait une position anormale ou qu'elle était en mauvais état. • Civ. 2e, 11 janv. 1995, nº 92-20.162 P (plaque d'éclairement d'une toiture qui s'est brisée sous le poids d'une personne montée sur cette toiture pour une expertise : étant à sa place normale et en bon état, cette plaque n'est pas l'instrument du dommage). ♦ Même sens : • Civ. 2e, 29 mai 1964, nº 62-13.156 P : *JCP 1965. II. 14248 (2e esp.), note Boré* (fosse de graissage, correctement éclairée, située dans une partie de l'atelier dont l'accès était interdit, la victime connaissant au surplus son existence pour l'avoir contournée lors de son entrée) • Civ. 2e, 21 juin 1972, nº 71-10.380 P : *D. 1972. 553* (chute dans une cage d'ascenseur, en cours de montage, dont les protections avaient été retirées, alors que les victimes étaient des ouvriers qui connaissaient cette situation) • 9 févr. 1983 : *Gaz. Pal. 1983. 2. Pan. 274, obs. Chabas* (fosse de graissage dans un garage : installation courante, qui n'était rendue dangereuse ni par sa situation, ni par une absence d'éclairage, ni par un sol défectueux ou glissant, ou par un positionnement proche d'un couloir de marche) • Civ. 2e, 18 oct. 1989, nº 87-17.467 P (sol d'un magasin non anormalement humide ou glissant) • Civ. 2e, 25 nov. 2004, nº 03-11.730 P : *D. 2005. IR 114* (escalier non glissant et muni d'une rampe) • Civ. 2e, 11 juill. 2002, n° 00-21.066 P : *D. 2003. Somm. 461, obs. Jourdain (3e esp.)* (rampe inclinée d'un magasin, en bon état et exempte de vice) • 25 mai 2022, n° 20-17.123 B : *D. 2023. 34, obs. Quézel-Ambrunaz ; RTD civ. 2022. 901, obs. Jourdain ; RCA 2022, n° 186, obs. Hocquet-Berg* (cassation de l'arrêt s'étant fondé exclusivement sur le défaut d'entretien de la plaque de fibrociment pour retenir son rôle actif dans la survenance du dommage, sans mettre en évidence l'anormalité de cette chose, en recherchant si la plaque, même correctement entretenue, n'aurait pas cédé sous le poids de la victime).

Pour des illustrations en sens inverse de décisions relevant que la chose a été, au moins pour partie, l'instrument du dommage : • Civ. 2e, 11 déc. 2003, n° 02-30.558 P : *D. 2004. 2181, note Godechot ; AJDI 2004. 227, note Denizot* (sol ciré, particulièrement glissant) • Civ. 2e, 13 mai 2004, n° 03-11.505 P (sol d'immeuble en travaux, semé d'obstacles et dépourvu de mesures de protection pour les piétons) • 25 mai 2022, n° 20-17.123 B : *préc.* (cassation de l'arrêt s'étant fondé exclusivement sur le défaut d'entretien de la plaque de fibrociment pour retenir son rôle actif dans la survenance du dommage, sans mettre en évidence l'anormalité de cette chose, en recherchant si la plaque, même correctement entretenue, n'aurait pas cédé sous le poids de la victime).

24. *Fonctionnement anormal.* Responsabilité d'un grand magasin, retenue sur le fondement de l'art. 1384 anc. [1242], al. 1er, dès lors qu'en émettant une sonnerie intempestive au passage d'un client, le portique de détection électronique est intervenu dans la réalisation du dommage moral de ce dernier, soupçonné à tort de vol. • Civ. 2e, 5 juin 1991, n° 88-20.132 P : *D. 1992. 409, note Lapoyade Deschamps ; ibid. 1992. Somm. 270, obs. A. Penneau ; Gaz. Pal. 1993. 1. 209, note Jourdain* (arrêt se contentant de rejeter le premier moyen qui ne contestait que la nature extracontractuelle de la responsabilité retenue). ♦ V. aussi : • 4 janv. 2006 : *LPA 10 janv. 2007 (3e esp.), note Le Magueresse* (comportement anormal de la porte vitrée automatique d'une pharmacie qui ne s'est pas ouverte à l'approche du client). ♦ Mais n'a pas été l'instrument du dommage un présentoir inerte, normalement stable, et qui est tombé à la suite de la force exercée sur ses sangles par un enfant. • Civ. 2e, 13 oct. 1982, n° 81-10.306 P.

25. *Chose dangereuse.* Dès lors qu'il ressort des constatations des juges du fond que la chose était dangereuse et qu'elle a été l'instrument du dommage, l'art. 1384 anc. [1242], al. 1er, s'applique. • Civ. 2e, 14 nov. 2002, n° 01-12.318 P : *D. 2002. IR 3245 ; Gaz. Pal. 2003. Somm. 1287, obs. Chabas* (brûlure provoquée par une explosion de gaz à la suite d'une fuite due à la mauvaise fermeture, soit du robinet de la gazinière, soit d'un robinet inutilisé situé dans un placard et non obturé).

26. *Cas particulier des portes vitrées.* Dès lors qu'il résulte des constatations des juges du fond qu'une porte vitrée, qui s'était brisée, était fragile, la chose, en raison de son anormalité, a été l'instrument du dommage. • Civ. 2e, 24 févr. 2005, n° 03-13.536 P : *R., p. 363 ; D. 2005. 1395, note Damas (1re esp.) ; JCP 2005. I. 149, n° 6, obs. Viney ; RCA 2005, n° 121, note Groutel (1re esp.) ; RLDC 2005/20, n° 820, note Train ; LPA 23 nov. 2005, note Gallmeister ; RTD civ. 2005. 407, obs. Jourdain*. – V. déjà en ce sens • Civ. 2e, 4 juill. 1990, n° 89-15.713 P (blessures à la sortie d'un salon de coiffure par les éclats de verre) • Civ. 2e, 29 avr. 1998, n° 95-20.811 P : *JCP 1998. I. 185, n° 18, obs. Viney ; RTD civ. 1998. 913, obs. Jourdain* (porte palière se brisant lorsque la victime l'a poussée) • Civ. 2e, 15 juin 2000, n° 98-20.510 P : *D. 2001. 886, note Blanc ; JCP 2000. I. 280, n° 21, obs. Viney ; RCA 2000, n° 292, note Groutel ; RTD civ. 2000. 849, obs. Jourdain* (bris d'une paroi de verre dans le sas d'entrée d'une galerie commerciale). ♦ Admission que le choc avec une vitrine établissait qu'elle avait été l'instrument du dommage. • Civ. 2e, 12 mai 1980, n° 78-16.157 P : *JCP 1981. II. 19684, note Dejean de la Bâtie* (porte vitrée d'un garage insérée dans une succession de vitrines).

Contra : • Civ. 2e, 28 mai 1986, n° 85-11.875 P (n'a pas été l'instrument du dommage une vitrine d'un hall d'exposition qui était suffisamment signalée, le dommage n'étant dû qu'à l'inattention de la victime qui sortait du garage). ♦ Comp. • Civ. 2e, 19 févr. 2004, n° 02-18.796 P : *RCA 2004. Étude 14, par Bloch* (responsabilité du gardien de la paroi pour les deux tiers seulement : si la paroi de verre a concouru à la réalisation du dommage de la victime, celle-ci a commis une faute d'inattention, car elle connaissait les lieux).

27. *Usage sciemment détourné par la victime.* N'a pas été l'instrument du dommage la chose, exempte d'anormalité, dont l'usage a été sciemment détourné par la victime. • Civ. 2e, 24 févr. 2005, n° 03-18.135 P : *R., p. 363 ; D. 2005. 1395, note Damas (2e esp.) ; JCP 2005. I. 149, n° 6, obs. Viney ; RCA 2005, n° 121, note Groutel (2e esp.) ; RLDC 2005/20, n° 820, note Train ; RTD civ. 2005. 407, obs. Jourdain* (tremplin de VTT utilisé comme plongeoir).

3° GARDE DE LA CHOSE

BIBL. Peano, D. 1991. Chron. 51 (incompatibilité entre qualités de gardien et de préposé). – Rétif, *RCA 2004. Étude 24* (critère unique de la garde : la faculté de prévenir le dommage ?).

28. *Identification du gardien.* En l'absence d'action commune (V. ci-dessous pour la garde collective), l'action ne peut aboutir sans identification du gardien. • Lyon, 23 mai 1991 : *Gaz. Pal. 31 août 1993, Somm. n° 97* (rocher se détachant d'une falaise sans qu'il soit possible d'identifier de quel terrain il est tombé, alors que quatre propriétaires pouvaient être concernés). ♦ Comp. • Civ. 2e, 15 nov. 1984 : *Gaz. Pal. 1985. 1. 296, note Chabas* (preuve rapportée que le rocher est tombé de la partie haute d'une falaise, appropriée).

29. Absence de condition de discernement. BIBL. Legeais, *Mél. Cornu, PUF, 1994, p. 253 ; D. 1984. Chron. 237 ; Defrénois 1985. 557*. – Viney, *JCP 1985. I. 3189*. ♦ En retenant qu'un enfant avait l'usage, la direction et le contrôle d'une chose, les juges du fond n'avaient pas, malgré le très jeune âge de ce mineur, à rechercher si celui-ci avait un discernement. • Cass., ass. plén., 9 mai 1984, *Épx Gabillet*, n° 80-14.994 P : *R., p. 104 ; GAJC, 11e éd., n° 197-199 (III) ; D. 1984. 525, concl. Cabannes, note Chabas ; JCP 1984. II. 20255 (1re esp.), note Dejean de la Bâtie ; ibid. 20291, rapp. Fédou ; RTD civ. 1984. 508, obs. J. Huet*. ♦ Exemples de cas de mineurs gardiens : • Civ. 2e, 17 oct. 1990, n° 89-17.008 P • 30 janv. 1991, n° 89-11.762 P • 24 mai 1991, n° 90-12.443 P. ♦ Mais V. • Civ. 2e, 26 nov. 2020, n° 19-19.676 P : *cité note 44*. ♦ V. aussi avant l'art. 489-2 C. civ., devenu 414-3 : celui qui exerce sur une chose les pouvoirs d'usage, de direction et de contrôle conserve la qualité de gardien, même s'il n'est pas en mesure d'exercer correctement lesdits pouvoirs (démence). • Civ. 2e, 30 juin 1966, n° 64-13.971 P.

a. Critères de la garde

30. Usage, direction et contrôle de la chose. Le gardien est celui qui exerce sur la chose les pouvoirs d'usage, de direction et de contrôle. – Jurisprudence constante, depuis l'arrêt *Franck*, cité note 40. – Par ex., • Civ. 2e, 18 juin 1997, n° 95-17.145 P : *D. 1998. Somm. 202, obs. Delebecque* (détonateur de mine trouvé dans une ancienne carrière par la victime qui en est devenue gardienne). ♦ Pour une formule différente : la responsabilité du dommage causé par une chose est liée à l'usage qui est fait de la chose ainsi qu'aux pouvoirs de surveillance et de contrôle exercés sur elle, qui caractérisent la garde. • Civ. 2e, 5 mai 1978, n° 76-14.564 P : *R., p. 71 ; JCP 1979. II. 19066 (2e esp.), note Chabas* (cassation de l'arrêt déclarant un enfant en colonie de vacances gardien de la bicyclette qu'il utilisait, alors que celle-ci avait été mise à sa disposition pour effectuer une randonnée que la colonie avait organisée et qu'elle faisait surveiller sur un itinéraire qu'elle même avait fixé) • Civ. 2e, 10 févr. 1982, n° 81-40.495 P : *JCP 1983. II. 20069, note Coeuret* • Civ. 1re, 9 juin 1993, n° 91-10.608 : *D. 1994. 80, Dagorne-Labbe ; JCP 1994. II. 22202, note Viney ; RTD civ. 1993. 833, obs. Jourdain*.

31. Incompatibilité des qualités de gardien et de préposé. Incompatibilité des qualités de gardien et de préposé. • Civ. 27 avr. 1929 : *DP 1929. 1. 129, note Ripert ; S. 1929. 1. 297, note Hugueney*. ♦ V. réaffirmant ce principe : • Civ. 2e, 12 juill. 1966, n° 63-12.741 P • 1er avr. 1998 : *RTD civ. 1998. 914, obs. Mestre*. ♦ V. aussi note 12 ss. L. du 5 juill. 1985, art. 1er.

L'existence d'un lien de préposition n'implique pas nécessairement chez le commettant les connaissances techniques pour pouvoir donner des ordres avec compétence ; le propriétaire d'un arbre et de la tronçonneuse utilisée pour son abattage, qui donnait des directives à la personne qui coupait l'arbre, était, au moment de l'accident, le commettant de cette personne et était resté gardien de la chose instrument du dommage. • Civ. 2e, 11 oct. 1989, n° 88-16.219 P.

32. Propriétaire indéterminé ou inexistant. Présomption de garde pesant sur l'utilisateur, lorsque le propriétaire de la chose, instrument du dommage, reste indéterminé. V. • Civ. 2e, 28 nov. 2002, n° 00-13.272 P : *D. 2003. IR 253 ; RTD civ. 2003. 303, obs. Jourdain*. ♦ Sur la garde des choses inappropriées, V. *supra* notes 16 s.

33. Présomption pesant sur le propriétaire. La société propriétaire d'un magasin est présumée demeurée gardienne d'une bouteille qui a basculé du plan incliné d'une caisse enregistreuse. • Civ. 2e, 16 mai 1984 : *Bull. civ. II, n° 86 ; RTD civ. 1985. 585, obs. J. Huet*. ♦ Le propriétaire d'un immeuble loué par appartements ne perd pas la garde du mur de façade. • Civ. 2e, 17 mai 1983 : *Gaz. Pal. 1983. 2. Pan. 275, obs. F. C.* (explosion de gaz projetant des débris sur le trottoir). ♦ La mission de surveillance d'un immeuble confiée à une entreprise spécialisée n'a pas pour effet d'opérer un transfert de la garde et d'en décharger le propriétaire. • Civ. 1re, 16 juin 1998, n° 96-20.640 P : *R., p. 272 ; D. Affaires 1998. 1312, obs. J. F. ; JCP 1998. I. 185, n° 17, obs. Viney ; RTD civ. 1998. 917, obs. Jourdain*. ♦ La seule présence d'un détonateur, quelqu'en soit l'origine, dans un immeuble en rend sa propriétaire gardienne. • 23 janv. 2003, n° 01-11.043 P : *RTD civ.* 2003. 304, obs. *Jourdain* (détonateur introduit par le père de la propriétaire et transmis avec la propriété de l'immeuble, l'ouvrier qui ignorait sa présence n'en ayant pas acquis la garde). ♦ A conservé la garde du carburant stocké dans l'enceinte de son entreprise, sans mesures particulières de sécurité, la société propriétaire de ce carburant, alors que des inconnus ayant pénétré de nuit par effraction dans ses locaux en ont provoqué l'écoulement. • Civ. 2e, 22 mai 2003, n° 02-10.367 P : *AJDI 2004. 146, note Wertenschlag ; RDI 2003. 327, obs. Jégouzo et Trébulle*.

34. Garde conservée par le propriétaire. Le propriétaire de la chose, bien que la confiant à un tiers, ne cesse d'en être responsable que s'il est établi que ce tiers a reçu corrélativement toute possibilité de prévenir lui-même le préjudice qu'elle peut causer. • Civ. 1re, 9 juin 1993, n° 91-10.608 : *D. 1994. 80, note Dagorne-Labbe* ; *JCP 1994. II. 22202, note Viney* ; *RTD civ. 1993. 833, obs. Jourdain* (à propos de la présence d'orge mêlée à des gravois de démolition et susceptible de fermentation dangereuse ; arrêt réservant l'effet des stipulations contraires valables entre les parties). ♦ V. aussi pour un raisonnement similaire appliqué à un terril : • Civ. 2e, 15 déc. 1986 : *D. 1987. 221, note Larroumet.* ♦ Sur l'utilisation d'une formule similaire pour justifier la garde de la structure, V. *infra*, notes 57 s. ♦ ... Ou s'il est établi que le tiers a reçu corrélativement les pouvoirs d'usage, de direction et de contrôle de la chose. • Civ. 2e, 19 juin 2003, n° 01-17.575 P : *D. 2003. IR 1881*.

Conserve la garde le propriétaire qui confie une tondeuse à un tiers, pour un court laps de temps et pour un usage déterminé dans son propre intérêt. • Civ. 2e, 19 juin 2003, n° 01-17.575 P : *préc.* ♦ V. aussi pour d'autres remises d'un bien à l'initiative du propriétaire et pour une tâche précise : • Civ. 2e, 11 févr. 1999 : *RCA 1999, n° 95* ; *RTD civ. 1999. 632, obs. Jourdain* (chute d'une échelle pour cueillir des cerises à la demande du propriétaire) • Civ. 2e, 7 mai 2002, n° 00-14.594 P : *D. 2003. Somm. 463, obs. Jourdain* ; *Dr. et patr. 12/2002. 80, obs. Chabas* (utilisation d'un escabeau à la demande du propriétaire de la chose et en sa présence). ♦ Comp. *infra*, notes 49 et 56 pour le cas du tiers qui manipule le bien de son propre chef. ♦ Rappr. pour une décision décrivant les faits très sommairement : • Civ. 2e, 5 oct. 2006 : *RCA 2006, n° 368* ; *RTD civ. 2007. 132, obs. Jourdain* (maintien de la garde d'une friteuse utilisée par un tiers qui cuisinait chez le propriétaire). ♦ Comp., cassant pour manque de base légale l'arrêt admettant la qualité de gardien du propriétaire du véhicule en état d'ébriété qui en a confié la conduite à un tiers : • Civ. 2e, 7 juill. 2022, n° 20-23.240 B : *D. 2022. 2143, note Messang-Blansché* ; *ibid. Chron. C. cass. 1993, obs. Ittah et Pradel* ; *ibid. 2023. 34, obs. Quézel-Ambrunaz* ; *RTD civ. 2022. 902, obs. Jourdain* ; *RCA 2022, n° 226, note Bloch.*

Lorsque, procédant à l'essai d'une voiture, l'acheteur éventuel a pris le volant sous le contrôle et la surveillance d'un préposé du vendeur, celui-ci a conservé sur la voiture dont il est propriétaire les pouvoirs d'usage, de contrôle et de direction. • Civ. 2e, 13 juill. 1966 : *D. 1966. 554* • 19 mai 1969, n° 67-13.676 P : *JCP 1969. II. 16105* (acheteur sous le contrôle et la surveillance du propriétaire, lequel pouvait lui donner des instructions et fixer le trajet et la vitesse).

35. Garde conservée par un vendeur. Conserve la garde le vendeur d'un bien à l'origine d'un dommage avant qu'il ait été livré. • Civ. 2e, 27 sept. 2001, n° 00-10.208 P : *D. 2001. IR 2948* (veau ayant échappé au préposé chargé de le livrer et s'étant réfugié dans un troupeau voisin, où il a indirectement provoqué la charge d'un taureau, alors que le préposé du vendeur était reparti sans avoir tenté de le récupérer). ♦ Sur la conservation de la garde par un potentiel vendeur à l'égard d'un éventuel acheteur, V. note précédente. ♦ Rappr. : l'obligation légale faite à une entreprise d'extraction d'utiliser une trémie pour filtrer le sable, lui confère un pouvoir de contrôle et de direction pour éliminer les corps étrangers que pouvait contenir le sable. • Civ. 2e, 16 mars 1994, n° 92-11.091 (responsabilité à l'égard de l'ouvrier d'une autre entreprise blessé par l'explosion d'une mine alors qu'il épandait le sable sur une route ; arrêt notant que le débat n'avait pas été porté sur la question de la dissociation de la garde de la structure et du comportement). ♦ Comp. aussi • Civ. 2e, 12 mai 1966, n° 65-11.078 P : *D. 1966. 700, note Azard* (détermination de la date d'acquisition de la garde par l'acheteur d'arbres à abattre).

36. Transfert de la garde : principes. Les juges du fond ne peuvent écarter la présomption de garde pesant sur le propriétaire et reconnaître une garde collective sans préciser les circonstances d'où aurait résulté un transfert de garde au moment de la réalisation du dommage. • Civ. 2e, 14 juin 1995, n° 93-19.188 P (naufrage d'une barque où se trouvaient la propriétaire et un tiers, qui avaient l'habitude de partir pêcher ensemble). ♦ Mais le juge qui retient le transfert de la garde n'a pas à déterminer à qui cette garde a été transférée. • Civ. 2e, 7 oct. 2004, n° 03-11.498 P : *D. 2004. IR 2835* ; *RCA 2004, n° 365, note Groutel.*

37. Transfert volontaire par l'effet d'un contrat de prêt. En disposant librement du chariot prêté par le magasin, le client s'en voit transférer la garde. • Civ. 2e, 14 janv. 1999, n° 97-11.527 P : *RTD civ. 1999. 630, obs. Jourdain*. ♦ Même solution pour un caddie de supermarché détourné de sa fonction. • Civ. 2e, 13 janv. 2012, n° 11-11.047 : *CCC 2012, n° 85, obs. Leveneur* (arrêt admettant un premier transfert de garde volontaire au profit de l'utilisateur du chariot et éventuellement un second par celui qui l'a jeté dans un port, dépossédant ainsi le supermarché propriétaire et lui faisant perdre sa qualité de gardien). ♦ Transfert de la garde en cas de prêt à usage. • Civ. 2e, 13 déc. 1973, n° 72-12.915 P : *Gaz. Pal. 1974. 2. 551, note Plancqueel* (prêt d'une caravane, l'emprunteur devenu gardien en ayant la libre disposition pendant la durée d'un week-end, pour une distance non déterminée et un itinéraire absolument libre). ♦ V. aussi : • Cass., ch. mixte, 26 mars 1971, n° 68-11.171 P : *JCP 1972. II. 16957, note Dejean de la Bâtie* (cassation de l'arrêt ne recherchant pas si l'emprunteur d'un véhicule n'était pas devenu gardien).

V., cependant, le refus du transfert de garde dans l'hypothèse du prêt d'une motocyclette pour un trajet déterminé relativement court et pour un temps limité : • Civ. 2e, 15 déc. 1986 : *Gaz. Pal. 1988. 1. Somm. 40, obs. Chabas.* ♦ A conservé la garde de cuves de carburants en sous-sol, la société pétrolière qui est restée propriétaire aussi bien des cuves, exclues du contrat de location-gérance et ne faisant l'objet que d'un prêt à usage, que des carburants, et qui en a assuré le contrôle, la surveillance et la direction, alors que, s'agissant d'une installation dangereuse, il n'est pas établi que les exploitants avaient reçu de sa part toute information pour leur permettre de prévenir eux-mêmes les dommages qu'elle pouvait causer. • Civ. 2e, 12 oct. 2000 : *JCP 2001. I. 338, nos 15 s., obs. Viney ; RCA 2000, no 357 ; RTD civ. 2001. 372, obs. Jourdain* (fuites des cuves causant un dommage à la propriété voisine). ♦ Rappr. aussi les décisions citées *supra* note 34.

38. ... Par l'effet d'un contrat de location. Le locataire d'un bien dont la garde lui a été transférée est responsable du dommage causé par ce bien en application de l'art. 1384 anc. [1242], al. 1er. • Civ. 2e, 12 déc. 2002, no 01-10.974 P : *D. 2003. 454, note Damas ; LPA 10 sept. 2003, note Kéita* (chute d'un volet). ♦ V. aussi : une société exploitant un restaurant est gardienne du sol qu'elle utilise en vertu d'une autorisation d'occupation du domaine public, et donc de l'attache qu'elle y a installée. • Civ. 1re, 22 juin 2004, no 02-13.741 P (piéton blessé par la ferraille implantée dans le trottoir et servant à maintenir la bâche). ♦ Sur la nécessité de vérifier le rôle de la chose louée : responsabilité de l'entreprise locataire d'une grue lors d'une opération de levage, dont elle assumait la direction, dès lors que l'accident n'est pas imputable à la grue, mais à une élingue de guidage dont elle avait la garde. • Civ. 2e, 18 déc. 2003, no 02-12.925 P : *Gaz. Pal. 2004. 1059, concl. Domingo.*

Mais, en cas de location d'un aéronef pour une durée déterminée, le commandant, le pilote et l'équipage restent sous la direction du fréteur, qui conserve donc la garde de l'appareil. • Civ. 1re, 6 juin 1990, no 88-18.991 P. ♦ Maintien, au moment de l'accident, de la garde d'un camion-citerne de transport de gaz loué avec chauffeur au loueur et non au locataire, le contrat stipulant que le loueur gardait la maîtrise des opérations de conduite et le dommage étant survenu du fait d'une erreur commise par le chauffeur lors du « dépotage ». • Civ. 2e, 19 oct. 2006, no 05-14.338 P : *D. 2006. IR 2876 ; JCP 2007. I. 115, no 7, obs. Stoffel-Munck ; RCA 2007, no 15, note Groutel ; RTD civ. 2007. 133, obs. Jourdain* (locataire se contentant d'organiser les tournées).

39. D'une mise à disposition d'autrui. Conserve la garde du véhicule la personne qui en a confié temporairement la conduite à une autre personne et s'est endormie à côté d'elle. • Civ. 1re, 8 nov. 1989, no 87-10.357 P : *RTD civ. 1990. 92, obs. Jourdain*. ♦ Conserve la garde d'une carabine son propriétaire qui laisse une autre personne s'en emparer et lui remet une cartouche en sachant que cette personne allait faire immédiatement et en sa présence usage de l'arme en tirant en direction de tiers qui jetaient des galets sur la maison. • Civ. 2e, 28 mars 1994, no 92-10.743 P : *R., p. 361.* ♦ Comp. notes 34 et 56.

40. Perte involontaire de la garde du fait d'un vol. Le propriétaire d'une automobile, qui en est dépossédé par l'effet d'un vol, privé de l'usage, de la direction et du contrôle de sa voiture, n'en a plus la garde et n'est plus, dès lors, soumis à la présomption de responsabilité édictée par l'art. 1384 anc. [1242], al. 1er. • Cass., ch. réun., 2 déc. 1941, *Franck : GAJC, 11e éd., no 194 ; DC 1942. 25, rapp. Lagarde, note Ripert ; S. 1941. 1. 217, note H. Mazeaud ; JCP 1942. II. 1766, note Mihura* • Civ. 2e, 5 avr. 1965, no 64-10.593 P : *D. 1965. 737, note Azard* (accident provoqué par le voleur d'une moto ; faute du voleur rompant le lien de causalité avec les éventuelles facilités qui lui auraient permis d'utiliser l'engin). ♦ V. aussi Fray et Guerry, *Gaz. Pal. 1976. 2. Doctr. 469.*

41. ... Du souffle d'une explosion criminelle. La personne habitant une maison où s'est produite une explosion n'est pas la gardienne des matériaux projetés par le souffle de l'explosion qui ont endommagé une habitation voisine. • Civ. 2e, 4 mars 1998, no 96-14.119 P : *D. 1999. 217, note Dagorne-Labbe ; RTD civ. 1998. 686, obs. Jourdain* (explosion provoquée par le mari séparé de corps). ♦ Comp. • Civ. 2e, 17 mai 1983 : *Gaz. Pal. 1983. 2. Pan. 275, obs. F. C.* (conservation de la garde d'une façade par le propriétaire d'un immeuble loué par appartements, dès lors que l'origine de l'explosion de gaz est restée indéterminée et que la victime a été blessée par la projection de morceaux de celle-ci).

42. ... De l'intervention d'un tiers commandée par l'urgence. Transfert de la garde d'un bateau, déplacé d'un ponton d'amarrage à un autre par la société de gardiennage, à l'insu du propriétaire, dans une situation d'urgence. • Civ. 2e, 7 oct. 2004, no 03-11.498 P : *préc. note 36.*

43. ... D'une entrée en possession. Une entreprise ayant interrompu son intervention depuis une dizaine de jours sur un chantier où le propriétaire d'un immeuble a prélevé des madriers, une cour d'appel a pu déduire que la garde des madriers avait été transférée de cette entreprise à ce propriétaire. • Civ. 2e, 11 févr. 1999 : *RCA 1999, no 96.*

44. ... D'une manipulation par un tiers.

Transfert de garde en cas d'utilisation du matériel d'autrui en l'absence de convention d'assistance. • Civ. 2e, 10 juin 1998, n° 96-21.228 P : *JCP 1999. II. 10042, note Mandin ; RTD civ. 1999. 630, obs. Jourdain* (victime ayant pris l'initiative de monter sur une échelle pour montrer à son propriétaire comment exécuter des travaux). ♦ Comp. *supra* notes 34 et 39 lorsque l'initiative vient du propriétaire. ♦ Rejet du pourvoi contre l'arrêt estimant qu'en ouvrant une porte, instrument d'un dommage, une personne acquiert sur celle-ci les pouvoirs d'usage, de direction et de contrôle caractérisant la garde. • Civ. 2e, 8 févr. 1989 : *Gaz. Pal. 1990. 1. Somm. 9, obs. Chabas.*

Mais dans un magasin libre-service, il ne suffit pas qu'un client manipule un objet offert à la vente pour qu'il y ait transfert de garde. • Civ. 2e, 28 févr. 1996, n° 93-20.817 P : *RCA 1996. Comm. 162 et Chron. 20, par Groutel ; RTD civ. 1996. 631, obs. Jourdain* (cliente faisant chuter accidentellement une bouteille blessant une autre cliente : responsabilité du supermarché). ♦ Dans le même sens, pour un client blessé par l'objet lors du passage à la caisse, avant paiement : • Dijon, 1er juill. 1999 : *BICC 15 mai 2000, n° 650.* ♦ Le fait pour un enfant de prendre appui sur une croix en pierre, descellée, ou même de pousser celle-ci n'est pas de nature à lui conférer les pouvoirs de contrôle et de direction qui caractérisent la garde. • Civ. 2e, 23 nov. 1988, n° 87-18.483 P. ♦ Conserve la garde le propriétaire d'une arme dont un enfant de onze ans, en visite chez lui, s'est saisi en se blessant. • Civ. 2e, 26 nov. 2020, n° 19-19.676 P : *D. 2020. 2397 ; RTD civ. 2021. 149, obs. Jourdain* (arrêt d'appel ayant noté que l'accès au sous-sol n'avait pas été interdit et que l'accident n'avait pu se produire que parce qu'il y avait des munitions à proximité).

b. Garde de la structure et garde du comportement

BIBL. Goldman, *Mél. Roubier, Dalloz/Sirey, 1961, t. 2, p. 51.* – Jourdain, *RTD civ. 2007. 132* (désuétude de la distinction ?). – Groutel, *RCA 2007. Repère 5.*

45. Principe. Pour l'arrêt initiant la distinction de la garde de la structure et du comportement : le propriétaire de la chose ne cesse d'en être responsable que s'il est établi que celui à qui il l'a confiée a reçu corrélativement toute possibilité de prévenir lui-même le préjudice qu'elle peut causer ; cassation pour manque de base légale de l'arrêt qui, pour rendre un transporteur responsable de l'éclatement d'une bouteille de gaz comprimé, *se borne à caractériser la garde* par la seule détention matérielle, alors que les juges du fond devaient, compte tenu de la nature particulière des récipients transportés et de leur conditionnement, rechercher si le détenteur, auquel la garde aurait été transférée, avait l'usage de l'objet qui a causé le préjudice ainsi que le pouvoir d'en surveiller et d'en contrôler tous les éléments. • Civ. 2e, 5 janv. 1956, n° 56-02.126 P : *GAJC, 11e éd., n° 195-196 (II) ; D. 1957. 261, note Rodière ; JCP 1956. II. 9095, note R. Savatier* (solution applicable sous réserve de l'effet de stipulations contraires valables entre les parties) et pour une seconde cassation dans la même affaire : • Civ. 2e, 10 juin 1960, n° 58-11.013 P : *D. 1960. 609, note Rodière ; JCP 1960. II. 11824, note Esmein* (même solution).

46. Domaine : incertitude sur la portée actuelle de la règle. Sur l'influence de l'introduction de la directive sur la sécurité des produits défectueux et l'impossibilité de conserver des régimes concurrents à la directive, lorsqu'ils ont le même fondement, solution qui pourrait concerner l'action fondée sur la garde de la structure, en tout cas dans le champ d'application de la directive, V. • CJCE 25 avr. 2002, n° C-183/00 : *cité note 1 ss. art. 1245-17.*

47. Dissociation admise : avion. Si la responsabilité d'un aéroclub ne pouvait être recherchée, en l'espèce, qu'en sa qualité de gardien de la structure de l'appareil, cette responsabilité doit être écartée dès lors qu'il est établi que l'appareil était en parfait état de vol à son décollage. • Civ. 1re, 27 févr. 2007, n° 03-16.683 P : *D. 2007. AJ 1014 ; RCA 2007, n° 166, et Repère 5, par Groutel ; ibid. Étude 16, note Vignon-Barrault.*

48. … Bouteille. Les juges du fond qui, dans l'exercice de leur pouvoir souverain, ont considéré qu'une bouteille remplie d'une boisson gazeuse avait un dynamisme propre, capable de se manifester dangereusement, ont pu déduire que la société qui avait fabriqué la boisson et l'avait mise en bouteille en avait conservé la garde malgré les ventes successives dont elle avait été l'objet. • Civ. 1re, 12 nov. 1975 : *JCP 1976. II. 18479 (1re esp.), note Viney ; Gaz. Pal. 1976. 1. 174, note Héno* • Civ. 2e, 4 juin 1984 : *Gaz. Pal. 1984. 2. 634, note Chabas.* ♦ Même sens (bouteille de butane) : • Civ. 2e, 4 nov. 1987 : *Gaz. Pal. 1988. 1. Somm. 259, obs. Chabas.* – V. aussi : • Civ. 2e, 14 avr. 1988 : *Gaz. Pal. 1988. 2. Somm. 321, obs. Chabas* (fuite au niveau du robinet d'alimentation ; cassation de l'arrêt n'ayant pas recherché si le dommage résultait d'un vice de structure). ♦ V. déjà, affaire de « l'Oxygène liquide », les décisions citées note 45.

49. Télévision. Possibilité d'appliquer la garde de la structure au fabricant d'un téléviseur ou à un revendeur spécialisé. • Civ. 2e, 3 oct. 1979, n° 78-10.575 P : *cité infra note 55.* ♦ Comp. pour l'action d'un sous-acquéreur : dès lors qu'est constatée l'existence d'un vice caché de fabrication d'un téléviseur, le constructeur en est responsable sur le fondement de l'art. 1641, seul applicable. • Civ. 2e, 30 nov. 1988, n° 86-14.325 P : *RTD civ. 1989. 323, obs. Jourdain* (arrêt ne reprenant pas le raisonnement de la cour d'appel fondé sur la garde de la structure).

50. ... Véhicule. Si l'accident trouve sa cause dans un défaut du véhicule, remis à un tiers lors de l'accident, la qualité de gardien peut, sauf si ce dernier avait été averti de ce vice, demeurer au propriétaire, en tant qu'il a la garde de la structure du véhicule impliqué. • Civ. 2e, 31 mars 2022, n° 20-22.594 B : *D. 2022. 1117, obs. Cayol ; RTD civ. 2022. 634, obs. Jourdain ; RCA 2022, n° 151, obs. Hocquet-Berg ; RGDA 2022/7-8. 18, note Landel* (garde conservée par le propriétaire qui ne rapporte pas la preuve qu'il a informé le garagiste du défaut du tracteur).

51. Dissociation refusée : chariots de supermarché. Des chariots qu'un magasin libre-service met à la disposition de ses clients, qui en ont le libre usage, sont dépourvus de tout dynamisme propre (garde transférée aux clients). • Civ. 2e, 14 janv. 1999, n° 97-11.527 P : *préc. note 37.*

52. ... Cigarettes. Refus d'appliquer la distinction entre garde de la structure et garde du comportement aux cigarettes fumées par un fumeur. • Civ. 2e, 20 nov. 2003, n° 01-17.977 P : *préc. note 156 ss. art. 1241.*

53. ... Pneumatiques. Refus de la dissociation pour des pneumatiques, livrés inertes, et dont le gonflage et le regonflage sont laissés à l'initiative des utilisateurs. • Versailles, 27 janv. 1983 : *JCP 1983. II. 20094, note P. Dupichot.*

54. Perte de la garde de la structure. Ayant constaté qu'une conductrice avait connaissance, avant l'accident, des vices du système de freinage de son véhicule, qu'elle était avertie des risques prévisibles qui en résultaient et qu'elle n'avait pas adopté en conduisant les précautions indispensables, les juges du fond ont pu en déduire qu'au moment de l'accident, le fabricant-vendeur et le garagiste n'étant pas restés gardiens du système de freinage, la conductrice avait la garde du véhicule. • Civ. 2e, 13 déc. 1989, n° 87-14.990 P: *RTD civ. 1990. 292, obs. Jourdain* . ♦ Comp., pour la conservation par le propriétaire de la garde de la structure lorsqu'il n'a pas informé le tiers de l'existence du défaut : • Civ. 2e, 31 mars 2022, n° 20-22.594 B : *préc.*

55. Transfert de la garde de la structure. Le fait qu'un poste de télévision en service soit pourvu d'un dynamisme propre capable de se manifester dangereusement n'implique pas nécessairement que le constructeur en ait conservé la garde ; au contraire, l'entreprise de location qui a acquis la propriété du poste, possédant ses techniciens spécialistes qui en assurent l'entretien, dispose du pouvoir de contrôle sur les organes internes de l'appareil et a la garde de celui-ci. • Civ. 2e, 3 oct. 1979, n° 78-10.575 P: *R., p. 69 ; D. 1980. 325 (1re esp.), note Larroumet ; Gaz. Pal. 1980. 1. 191, note J. V.* ♦ Rappr. • Civ. 2e, 14 nov. 1979, n° 77-15.823 P (cassation pour manque de base légale d'un arrêt retenant la responsabilité du fabricant, gardien de structure, alors que le vendeur était intervenu deux fois pour réparer le poste, par des motifs insuffisants pour déterminer qui était le gardien).

56. Partage de responsabilité. Sur la possibilité de partage de responsabilité entre gardiens de la structure et du comportement, rappr. admettant cette solution, mais dans le cadre d'un recours de nature contractuelle entre les deux, justifiant au surplus l'exclusion de la solution imputant au seul fautif la totalité du dommage : • Civ. 2e, 15 déc. 1986 : *D. 1987. 221, note Larroumet* (combustion interne d'un terril ; l'arrêt estime que la cour d'appel n'a pas raisonné sur la garde de la structure mais s'est contenté de considérer que le propriétaire du terril n'en avait pas transféré la garde à l'exploitant d'une carrière, lequel ignorait ce type de risque).

c. *Garde collective*

BIBL. Mayer, *RTD civ. 1975. 197.*

57. Garde collective en cas d'action commune et actes connexes et inséparables : Dommage causé en groupe : tireurs. Répondent du dommage sur le fondement de l'art. 1384 anc. [1242], al. 1er, des tireurs qui ont, avec les fusils dont ils avaient la garde, participé à une action commune et exécuté des actes connexes et inséparables ayant causé le dommage. • Civ. 2e, 15 déc. 1980, n° 79-11.314 P : *R., p. 68 ; D. 1981. 455, note Poisson-Drocourt* (salve tirée à l'occasion d'un mariage). ♦ V. déjà • Civ. 2e, 13 mars 1975, n° 73-13.961 P (chasseur blessé par le tir de deux chasseurs suffisamment proches pour constituer une « gerbe » de projectiles) • Civ. 2e, 19 mai 1976, n° 74-15.063 P (chasseur blessé par une salve de tirs de douze chasseurs, aucun tir n'étant survenu après les premières douleurs de la victime). ♦ V. conf., pour la garde en commun de flèches lancées par des tireurs non identifiés : • Civ. 2e, 7 nov. 1988, n° 87-11.008 P (attaque d'une baraque par un groupe d'enfants). ♦ *Contra*, pour des « canons artisanaux » frappés de manière distincte : • Civ. 2e, 4 déc. 2008, n° 07-21.163 : *RCA 2009, n° 41, obs. Groutel.*

58. ... Mineurs se livrant à une activité dangereuse. Des mineurs s'étant livrés à une activité commune dangereuse et ayant exécuté des actes connexes inséparables consistant à fumer des cigarettes en jetant autour d'eux des bouts de cigarettes non consumés, agissant ensemble et d'un commun accord, ont exercé sur les cigarettes et les allumettes qu'ils manipulaient et qui ont été l'instrument d'un incendie les pouvoirs qui en caractérisent la garde. • Civ. 2e, 14 juin 1984 : *Gaz. Pal. 1984. 2. Pan. 299, obs. F. C.* ♦ Autres illustrations : • Civ. 2e, 6 mars 1968, n° 66-12.833 P (agression de scouts par un groupe, dans une attaque concertée avec le lancement de pierres ; garde collective admise, même si la cour rejette ensuite le pourvoi contre l'arrêt ayant laissé une part contributive plus importante au « chef de bande ») • Civ. 2e, 29 nov. 1978, n° 77-13.026 P (garde collective admise pour un enfant blessé par le jet d'un crayon provenant d'un groupe d'élèves, l'action étant jugée commune). ♦ Comp. • Civ. 2e, 4 mai 1988, n° 86-16.819 P : *RTD civ. 1988. 769, obs. Jourdain* (écartant la responsabilité *in solidum* faute de constatations sur la relation directe du comportement d'un mineur avec un incendie, alors qu'un seul des deux connaissait l'emplacement des cigarettes et des allumettes ; cassation au visa de l'anc. art. 1382 [1240], l'arrêt attaqué ayant retenu une faute d'imprudence du participant secondaire).

59. ... Sports collectifs. Dans un jeu collectif comme le football, tous les joueurs ont l'usage du ballon et aucun n'en a individuellement le contrôle. • Civ. 2e, 13 janv. 2005, n° 03-12.884 P : *D. 2005. 2435, note Cornut ; RTD civ. 2005. 410, obs. Jourdain .*

60. Gardien individualisé au sein d'un groupe. Exclusion de la garde collective des équipiers sur un voilier en régate alors que l'un d'eux en était le propriétaire et le skipper et que le rôle de chacun au moment de l'accident était resté ignoré. • Civ. 2e, 9 mai 1990, n° 89-11.428 : *D. 1991. 367, note Dagorne-Labbe* , et, dans la même affaire, • Civ. 2e, 8 mars 1995, n° 91-41.895 P : *R., p. 316 ; D. 1998. Somm. 43, obs. J. Mouly ; JCP 1995. II. 22499, note Gardach.* ♦ Dans le même sens : • Civ. 2e, 6 janv. 1993, n° 91-13.434 P. ♦ Pour un side-car cross de compétition, jugeant que seul le pilote a la garde de l'engin, le « singe » ne jouant qu'un rôle secondaire : • Civ. 2e, 14 avr. 2016, n° 15-17.732 P : *D. 2017. 24, obs. Brun, Gout et Quézel-Ambrunaz ; JCP 2016, n° 610, note Brun.*

Il n'y a pas garde de la chose en commun par deux enfants jouant avec un briquet dès lors qu'au moment de l'embrasement du foin l'un d'eux exerçait seul sur la chose les pouvoirs d'usage, de contrôle et de direction qui caractérisent la garde. • Civ. 2e, 11 juill. 2002, n° 00-21.346 P : *D. 2002. 3297, note Dagorne-Labbe ; Gaz. Pal. 2003. 2308, note Le Blan-Delannoy ; RJPF 2002-12/40, obs. Chabas ; RTD civ. 2002. 823, obs. Jourdain* . – Même sens : • Civ. 2e, 19 oct. 2006, n° 04-14.177 P : *D. 2006. IR 2694 ; JCP 2007. II. 10030, note Mekki ; ibid. I. 115, n° 6, obs. Stoffel-Munck ; JCP E 2007. 1227, note Brusorio ; RTD civ. 2007. 130, obs. Jourdain* . – V. aussi *• Civ. 2e, 28 mars 2002,* n° 00-10.628 P : *préc. note 18.*

61. Conséquences de la garde collective à l'égard de la victime. Lorsque la garde d'une chose instrument d'un dommage est exercée en commun par plusieurs personnes, chacun des cogardiens est tenu, vis-à-vis de la victime, à la réparation intégrale du dommage. • Civ. 2e, 7 nov. 1988, n° 87-11.008 P.

62. ... Entre cogardiens. Ayant constaté la garde collective, les juges du fond en déduisent à bon droit que le cogardien blessé ne dispose, sur le fondement de l'art. 1384 anc. [1242], al. 1er, d'aucune action en réparation contre les autres. • Civ. 2e, 25 nov. 1999, n° 97-20.343 P.

4° CAUSES D'EXONÉRATION

BIBL. Coutant-Lapalus, *LPA 26 févr. 2002* (imprévisibilité de la cause étrangère). – Hocquet-Berg, *RCA 2003. Chron. 12* (force majeure). – Leduc, *RCA 1999. Chron. 17* (cause exclusive). – R. Savatier, *Mél. Marty, Univ. Toulouse, 1978, p. 1019* (l'explosion en droit civil).

a. Force majeure

63. Principe. La présomption de responsabilité établie par l'art. 1384 anc. [1242], al. 1er, à l'encontre de celui qui a sous sa garde la chose inanimée qui a causé un dommage à autrui ne peut être détruite que par la preuve d'un cas fortuit ou de force majeure ou d'une cause étrangère qui ne lui soit pas imputable. Il ne suffit pas de prouver qu'il n'a commis aucune faute ou que la cause du fait dommageable est demeurée inconnue. • Cass., ch. réun., 13 févr. 1930, *Jand'heur : GAJC, 11e éd., n° 193 ; DP 1930. 1. 57, concl. Matter, note Ripert ; S. 1930. 1. 121, note Esmein* • Civ. 2e, 20 juill. 1981, n° 80-10.450 P : *R., p. 70 ; JCP 1982. II. 19848, note Chabas ; RTD civ. 1982. 423, obs. Durry* • 4 juin 1984 : *Gaz. Pal. 1984. 2. 634, note Chabas.* ♦ V. conf., pour le fait d'un tiers non identifié : • Civ. 2e, 15 mars 2001, n° 99-11.033 P : *D. 2001. IR 1145 ; RTD civ. 2001. 374, obs. Jourdain* . – Comp., dans la même affaire : • Civ. 2e, 16 déc. 2004, n° 03-15.938 P : *RCA 2005, n° 84, note Groutel.* ♦ Relever qu'un accident d'ascenseur n'a pu se produire sans une manœuvre anormale de la porte n'exonère pas le propriétaire de l'ascenseur de la présomption de responsabilité qui pèse sur lui, dès lors que, les circonstances de l'accident étant indéterminées, il n'est pas établi que cette manipulation anormale présentait un caractère imprévisible et irrésistible. • Civ. 2e, 29 mai 1996, n° 94-18.129 P. – Rappr. • Civ. 2e, 18 mars 2004, n° 02-19.454 P : *cité note 73.* ♦ V. aussi, pour le fait d'un tiers n'ayant pas été, à l'égard du gardien, imprévisible et irrésistible, • Civ. 2e, 29 mars 2001, n° 99-10.735 P : *préc. note 17* • 13 mars 2003 : *eod. loc.* • 23 oct. 2003, n° 02-16.155 P : *D. 2003. IR 2670* .

64. Extériorité : troubles personnels. Une obnubilation passagère des facultés mentales n'est pas un événement susceptible de constituer une cause de dommage extérieure ou étrangère au gardien. • Civ. 2e, 18 déc. 1964, *Trichard : GAJC, 11e éd., n° 197-199 (II) ; D. 1965. 191, concl. Schmelck, note Esmein ; RTD civ. 1965.*

351, obs. R. Rodière • 21 janv. 1966, n° 62-13.203 P : *Gaz. Pal. 1966. 1. 384* (la déficience dans les facultés intellectuelles et le déséquilibre psychique ne constituent pas une cause extérieure ou étrangère au gardien) • 30 juin 1966, n° 64-13.971 P (*idem*). ♦ V. désormais l'art. 414-3 pour les dommages causés sous l'empire d'un trouble mental.

65. ... Tiers non indépendant. Ne constitue pas une cause extérieure à l'entreprise le fait que les membres de l'équipage d'un navire, en conflit avec l'armateur, se soient rendus maîtres du bâtiment. • Cass., ch. mixte, 4 déc. 1981, n° 79-11.193 P : *R., p. 40 ; D. 1982. 365, concl. Cabannes, note Chabas ; JCP 1982. II. 19748, note H. Mazeaud ; RTD civ. 1982. 609, obs. Durry.* ♦ Rappr. aussi • Crim. 2 oct. 2018, n° 15-26.093 P.

66. ... Vice inhérent à la chose. Le vice inhérent à la chose qui a causé le dommage ne constitue pas, au regard de celui qui exerce sur cette chose les pouvoirs de direction, de contrôle et d'usage corrélatifs à l'obligation de garde, un cas fortuit ou de force majeure de nature à l'exonérer de sa responsabilité envers les tiers. • Civ. 2e, 20 nov. 1968, n° 67-10.961 P : *JCP 1970. II. 16567, note Dejean de la Bâtie ; RTD civ. 1969. 337, obs. Durry* (glissement de terrain dû à un relèvement de la nappe phréatique ; Comp. notes suivantes) • 5 mai 1975 : *Gaz. Pal. 1975. 2. 528, note Plancqueel* (pourriture d'un arbre) • 12 déc. 2002, n° 98-19.111 P : *CCC 2003, n° 53, note Leveneur (2e esp.) ; RTD civ. 2003. 301, obs. Jourdain ; RDI 2003. 159, obs. Trébulle* (instabilité de sols).

67. Irrésistibilité. Un phénomène d'infiltration des eaux provenant d'autres terrains, connu depuis longtemps, est une cause du dommage étrangère au gardien d'une parcelle, comme se rattachant à un fait extérieur normalement insurmontable et constitue un cas de force majeure. • Civ. 2e, 21 janv. 1981 : *JCP 1982. II. 19814, note Dejean de la Bâtie ; RTD civ. 1982. 611, obs. Durry.*

68. Les juges du fond ne peuvent rejeter une demande en réparation fondée sur l'art. 1384 anc. [1242], al. 1er, en constatant la difficulté d'éviter un obstacle, alors que seules l'imprévisibilité et l'irrésistibilité sont une cause d'exonération de la responsabilité de plein droit qui pèse sur le gardien. • Civ. 2e, 3 févr. 1966, n° 64-12.910 P : *D. 1966. 349, note Tunc.* – Dans le même sens : • Civ. 2e, 5 févr. 1992, n° 90-19.675 P. ♦ V. aussi, exigeant des juges du fond qu'ils recherchent si, en l'espèce, toutes les mesures requises pour empêcher l'événement avaient été prises : • Civ. 2e, 18 mars 1998, n° 95-22.014 P : *JCP 1998. I. 144, n° 13, obs. Viney* (cyclone annoncé ; art. 1384 anc. [1242], al. 1er) • 22 mai 2003, n° 02-10.367 P : *préc. note 33.*

69. Imprévisibilité. L'inondation d'un local en sous-sol, qui était prévisible en raison de l'existence d'un règlement prévoyant la possibilité d'installer un tampon étanche, n'est pas constitutive de la force majeure. • Civ. 2e, 1er avr. 1999, n° 97-17.909 P : *R., p. 393.* ♦ La survenance de signaux sonores et visuels de véhicules de secours et le déclenchement intempestif d'alarmes de véhicules ne sont pas des circonstances imprévisibles lors d'un spectacle sons et lumières organisé dans une agglomération très fréquentée en période estivale. • Civ. 2e, 13 juill. 2000, n° 98-21.530 P : *D. 2000. IR 225 ; RCA 2000, n° 324, note Groutel ; LPA 12 juill. 2001, note Marie ; RTD civ. 2000. 847, obs. Jourdain.* ♦ En cas de pollution des bassins d'une pisciculture par des effluents provenant d'une parcelle cultivée, ni le caractère naturel du ruissellement, ni l'instabilité des sols du secteur ne constituent pour le propriétaire de la parcelle, gardien des apports solides à l'origine de la pollution, des événements imprévisibles et irrésistibles. • Civ. 2e, 23 sept. 2004, n° 03-13.160 P : *RDI 2005. 259, note Trébulle.* ♦ Ne présente pas les caractères de la force majeure la tempête à l'origine directe de la chute des arbres sur le fonds voisin dès lors qu'un constat d'huissier dressé plusieurs années avant la tempête établissait la présence d'arbres penchant dangereusement sur le fonds voisin et que le propriétaire des arbres avait déjà fait l'objet d'une sommation pour couper ces arbres. • Civ. 3e, 10 déc. 2014, n° 12-26.361 P : *D. actu. 12 janv. 2015, obs. Le Rudulier.* ♦ Comp. • Civ. 2e, 23 mars 2017, n° 16-60.095 P (l'impossibilité d'expédier une lettre recommandée en raison de la fermeture de la poste, un samedi à 18 h 30, n'est ni imprévisible, ni irrésistible). ♦ V. avant la L. du 5 juill. 1985 : si la présence de verglas sur une route ne saurait, de façon générale et absolue, constituer le fait imprévisible et inévitable caractérisant la force majeure, il n'en est pas de même lorsque les juges du fond constatent que le danger en résultant s'est trouvé, en raison des conditions atmosphériques, subitement localisé sur une surface réduite. • Crim. 18 déc. 1978 : *JCP 1980. II. 19261, note Alvarez.*

b. Faute de la victime

BIBL. Éloi et a., *Études Lapoyade-Deschamps, Univ. Montesquieu-Bordeaux IV, 2003.*

70. Absence de condition de discernement. Faute d'un jeune enfant victime. • Civ. 2e, 28 févr. 1996, n° 94-13.084 : D. 1996. 602, *note Duquesne ; D. 1997. Somm. 28, obs. D. Mazeaud ; Gaz. Pal. 1997. 1. 86, note Jacques ; JCP 1996. I. 3996, n° 14, obs. Viney ; RTD civ. 1996. 628, obs. Jourdain* (enfant de huit ans, cachée sous une table, sortant brusquement et heurtant un autre enfant portant une casserole d'eau bouillante).

71. Faute de la victime ayant contribué au dommage. Le gardien de la chose instrument du dommage est partiellement exonéré de sa responsabilité s'il prouve que la faute de la victime a contribué au dommage. • Civ. 2e, 6 avr.

1987, n° 84-17.748 P : *R., p. 217 ; GAJC, 11e éd., n° 204-206 (III) ; D. 1988. 32, note Ch. Mouly ; JCP 1987. II. 20828, note Chabas ; Defrénois 1987. 1136, note Aubert ; RTD civ. 1987. 767, obs. Huet* (enfant ayant pénétré sur un chantier avant de manipuler un outil) • Civ. 2e, 6 avr. 1987, n° 85-16.387 P (victime blessée par la chute de branches alors qu'il lui avait été indiqué à plusieurs reprises de s'éloigner) • Civ. 2e, 6 avr. 1987, n° 85-12.833 P (piéton heurté par un cycliste, alors qu'il marchait sur la chaussée) • Civ. 2e, 8 mars 1995, n° 93-14.059 P : *D. 1995. Somm. 232, obs. Delebecque* (chute d'une personne de 84 kg, montée sur une chaise pour accrocher un tableau sans vérifier qu'elle pouvait supporter son poids) • Civ. 2e, 3 mars 2016, n° 15-12.217 P : *cité note 74* (victime tentant de monter dans un train en marche). ♦ Absence de faute dans le fait de s'installer au pied d'une falaise. • Civ. 2e, 15 nov. 1984 : *Gaz. Pal. 1985. 1. 296, note Chabas.*

72. Faute de la victime : cause exclusive du dommage. Seul le fait de la victime à l'origine exclusive de son dommage fait obstacle à l'examen de la responsabilité du gardien de la chose. • Civ. 2e, 7 avr. 2022, n° 20-19.746 B : *D. 2022. 1454, note François ; ibid. 2023. 34, obs. Quézel-Ambrunaz ; RCA 2022, n° 145, obs. Hocquet-Berg.* ♦ Le gardien est exonéré lorsque la faute de la victime a constitué la cause exclusive de son dommage. • Civ. 1re, 6 oct. 1998, n° 96-12.540 P : *D. Affaires 1998. 1809, obs. J. F. ; JCP 1999. II. 10186, note Aubrée ; RTD civ. 1999. 113, obs. Jourdain* (victime tentant de monter dans un train en marche ; force majeure admise ; comp. note précédente *in fine*).

73. ... Imprévisible et irrésistible. Les juges du fond ne peuvent retenir une faute de la victime totalement exonératoire sans relever que l'accident était dû à une cause étrangère au gardien revêtant pour lui un caractère imprévisible et irrésistible. • Civ. 2e, 2 avr. 1997, n° 95-16.531 P : *RCA 1997. Comm. 255, note Leduc.* ♦ La faute de la victime n'exonère totalement le gardien de la chose que si elle constitue une force majeure. • Civ. 2e, 15 déc. 2005, n° 03-16.772 P : *D. 2006. IR 101*. – Déjà en ce sens : • Civ. 2e, 25 juin 1998, n° 96-19.752 P : *D. 1999. 416, note Lapoyade Deschamps ; JCP 1998. II. 10191, note Fromion-Hébrard ; RCA 1998, n° 296, obs. Groutel* • 27 mai 1999, n° 97-16.200 P : *D. Affaires 1999. 1108, obs. J. F.* • 11 janv. 2001, n° 99-10.417 P : *D. 2001. IR 408 ; LPA 2 oct. 2001, note Szames ; RTD civ. 2001. 375, obs. Jourdain* • 11 juill. 2002, n° 01-10.016 P : *D. 2002. IR 2454 ; Dr. et patr. 11/2002. 102, obs. Chabas* • 27 mars 2003, n° 01-63.653 P : *D. 2003. IR 1078* • 22 mai 2003, n° 02-11.692 P : *D. 2004. 523, note Beaugendre (1re esp.)* • 23 oct. 2003, n° 02-16.155 P : *D. 2003. IR 2670* • 18 mars 2004, n° 02-19.454 P : *D. 2004. IR 998 ; LPA 10 nov. 2004, note Laydu.* ♦ Cette exigence est satisfaite lorsque cette faute présente, lors de l'accident, un caractère imprévisible et irrésistible. • Cass., ass. plén., 14 avr. 2006, n° 04-18.902 P : *BICC 1er juill. 2006, rapp. Petit, concl. de Gouttes ; D. 2006. 1577, note Jourdain (1re esp.) ; ibid. IR 1131, obs. Gallmeister ; ibid. Pan. 1933, obs. Brun ; JCP 2006. II. 10087, note Grosser (1re esp.) ; JCP E 2006. 2224, n° 11, obs. Legros ; Gaz. Pal. 2006. 2496, concl. de Gouttes ; Defrénois 2006. 1212, obs. Savaux ; RLDC 2006/29, n° 2129, note Mekki ; LPA 6 juill. 2006, note Le Magueresse ; RTD civ. 2006. 775, obs. Jourdain* (personne s'étant jetée sous un train).

74. ... Illustrations. Présente les caractères d'imprévisibilité et d'irrésistibilité de nature à exonérer le gardien d'une porte vitrée qui s'est brisée lors du choc avec la victime la faute d'inattention et d'imprudence de cette dernière, alors qu'il n'est pas établi que la porte était défectueuse. • Civ. 2e, 20 janv. 1993, n° 91-17.558 P. ♦ Comp. les décisions citées note 26. ♦ Le comportement imprévisible et irrésistible de la victime quittant un terre-plein planté d'arbustes pour traverser la chaussée en biais en courant au moment où le tramway arrivait à sa hauteur exonère le gardien du tramway. • Civ. 2e, 29 mai 1996, n° 94-19.823 : *D. 1997. 213, note Blanc*.

Mais les juges du fond ne caractérisent pas la force majeure en énonçant que la faute d'un enfant qui s'est allongé sur le battant d'une porte de garage basculante après avoir provoqué sa remontée est une hypothèse qui ne s'impose pas immédiatement à l'esprit et que le dispositif de sécurité était conforme aux normes en vigueur. • Civ. 2e, 8 juin 1994, n° 92-21.413 P : *RTD civ. 1995. 122, obs. Jourdain*. ♦ La faute de la victime qui a transgressé une interdiction de pénétrer dans une propriété privée où elle a été blessée dans l'effondrement d'un pont de bois ne présente pas pour le gardien du pont un caractère imprévisible et insurmontable. • Civ. 2e, 18 déc. 1995, n° 94-13.509 P : *D. 1997. Somm. 188, obs. Lacabarats*. ♦ Dans le même sens, retenant que la présence d'un piéton sur le passage à niveau jouxtant une gare, malgré la fermeture des demi-barrières, n'est pas imprévisible : • Civ. 2e, 23 janv. 2003, n° 00-14.980 P : *D. 2003. IR 669 ; RTD civ. 2003. 301, obs. Jourdain* • 5 avr. 2007 : *RCA 2007, n° 178, note Groutel ; RTD civ. 2007. 574, obs. Jourdain* (présence d'un véhicule).

Le fait pour un voyageur ayant voulu remonter dans le train pour y chercher un bagage oublié n'est ni imprévisible ni irrésistible pour la SNCF puisque des moyens peuvent permettre d'empêcher les passagers de remonter dans le train dans ces conditions, comme la présence d'agents sur le quai, ou la mise en place de systèmes différents de fermeture des portes. • Civ. 2e, 3 mars 2016, n° 15-12.217 P : *D. 2016. 766, note Rias* ; *ibid. 1396, obs. Kenfack* ; *ibid. 2017. 24, obs. Brun, Gout et Quézel-Ambrunaz* ; *Gaz. Pal. 2016. 918, obs. Receveur.* ♦ De même, n'est pas imprévisible pour la SNCF le fait, pour la victime, d'être descendue d'un train en marche, dès lors que le système de fonctionnement des portes rend cet acte possible, bien que dangereux. • Civ. 2e, 23 janv. 2003, nº 00-15.597 P : *D. 2003. 2465, note Depadt-Sebag* ; *JCP 2003. I. 152, nº 33, obs. Viney* ; *RTD civ. 2003. 301, obs. Jourdain* • 27 févr. 2003, nº 01-00.659 P : *D. 2003. IR 809* ; *Dr. et patr. 6/2003. 90, obs. Chabas.* ♦ V. conf. • Civ. 2e, 13 juill. 2006, nº 05-10.250 P : *JCP 2006. Actu. 428, par F. Terré* (victime tombée d'un train en marche après avoir déplombé et actionné la manette de déverrouillage de la porte : comportement non constitutif de la force majeure pour la SNCF) • 21 déc. 2006 : *RCA 2007, nº 45* ; *RTD civ. 2007. 574, obs. Jourdain* *(idem).* ♦ Dans le même sens, pour un accident d'ascenseur : • Civ. 2e, 18 mars 2004, nº 02-19.454 P : *préc. note 73.* ♦ Dès lors qu'il appartient à la SNCF de s'assurer de l'absence de passagers dans une rame avant de la diriger vers le dépôt, ne sont pas caractérisées l'imprévisibilité et l'irrésistibilité du comportement de la victime, restée dans la rame puis descendue au milieu des voies. • Civ. 2e, 15 déc. 2005, nº 03-16.772 P : *préc. note 73.* ♦ L'imprudence de la victime (client tombé d'une échelle qu'il « essayait » dans un magasin en libre service de bricolage) ne constitue pas la force majeure de nature à exonérer le gardien. • Civ. 2e, 27 mars 2003, nº 01-13.653 P : *cité note 101.* ♦ Mais est imprévisible le comportement du voyageur dont le lieu de chute coïncide avec une croix sur un plan trouvé dans son sac, le jet préliminaire des bagages sur la voie ferrée contredisant l'hypothèse d'un accident. • Civ. 1re, 13 mars 2008, nº 05-11.800 P : *D. 2008. AJ 921, obs. Gallmeister* ; *ibid. 1582, note Viney* ; *JCP 2008. Actu. 219, obs. Brusorio-Aillaud* ; *RTD com. 2008. 844, obs. Bouloc* (application de la Convention de Berne).

75. Légitime défense. La légitime défense reconnue par le juge pénal ne peut donner lieu devant la juridiction civile à une action en dommages-intérêts de la part de celui qui l'a rendue nécessaire. • Civ. 2e, 22 avr. 1992, nº 90-14.586 : *D. 1992. 353, note Burgelin* ; *RTD civ. 1992. 768, obs. Jourdain* . ♦ Doit être cassé l'arrêt qui déclare engagée la responsabilité d'une femme en tant que gardienne de l'arme avec laquelle elle a, en état de légitime défense, blessé un tiers. • Même arrêt. ♦ Rappr. • Civ. 2e, 27 mars 2003, nº 01-12.663 P. ♦ Les juges du fond doivent rechercher si, malgré le rejet de l'excuse de légitime défense et la relaxe de la partie civile du chef de violences, celle-ci n'a pas commis une faute ayant concouru à son propre dommage, faute autorisant un partage de responsabilité quant au dommage subi. • Crim. 8 janv. 2008, nº 07-83.423 P : *D. 2008. 1590, note Robaczewski* .

c. Fait d'un tiers ; obligation in solidum

76. Coauteur tenu à réparation intégrale à l'égard de la victime. Le gardien de la chose qui a été l'instrument du dommage, hors le cas où il établit un événement de force majeure totalement exonératoire, est tenu, dans ses rapports avec la victime, à réparation intégrale, sauf son recours éventuel contre le tiers qui aurait concouru à la production du dommage. • Civ. 2e, 15 juin 1977, nº 76-11.225 P : *JCP 1978. II. 18780, note Baudoin* • 11 juill. 1977, nº 75-15.669 P : *D. 1978. 581, note Agostini* • 5 févr. 1986, nº 84-15.406 P • 26 avr. 1990, nº 88-19.820 P. ♦ V. aussi • Civ. 2e, 29 mars 2001, nº 99-10.735 P : *préc. note 17.* ♦ V. aussi *infra*, note 80. ♦ Encore faut-il que le prétendu coauteur soit véritablement un tiers et non une personne sous la dépendance de l'auteur principal. • Civ. 1re, 2 oct. 2018, nº 15-26.093 P.

Le tiers est responsable si sa faute a contribué à la réalisation du préjudice de la victime, sans qu'il importe que cette faute ait été commise à l'encontre de l'auteur de l'appel en garantie. • Com. 14 juin 2016, nº 14-16.471 P.

77. Absence de recours du coauteur fautif contre le gardien. La responsabilité mise à la charge du gardien de la chose par l'art. 1384 anc. [1242], al. 1er, l'a été en faveur des victimes du dommage, seules recevables à en invoquer le bénéfice. L'auteur d'une faute ne peut donc soutenir que la responsabilité d'un tiers qui n'est pas dans la cause se trouve aussi engagée en sa qualité de gardien. • Civ. 2e, 23 févr. 1983, nº 80-14.495 P : *JCP 1984. II. 20124, note Dejean de la Bâtie.*

78. Recours du gardien contre le coauteur fautif. Un coauteur, responsable d'un accident sur le fondement de l'art. 1242, al. 1er, C. civ., peut recourir pour le tout contre un coauteur fautif. • Civ. 2e, 13 sept. 2018, nº 17-20.099 P.

79. Recours entre gardiens. Ne peut être rejeté le recours en garantie formé par le coauteur d'un accident contre l'autre coauteur sur le fondement de l'art. 1384 anc. [1242] au motif qu'aucune faute ne peut être retenue contre celui-ci, alors que la seule absence de faute prouvée à sa charge ne suffit pas à l'exonérer de sa responsabilité sur le fondement de ce texte. • Civ. 2e, 18 oct. 1989, nº 88-10.970 P.

80. ... Subrogation légale. Lorsque deux choses ont contribué à la production d'un même dommage, la partie qui a désintéressé intégralement la victime a, par l'effet de la subrogation légale, contre l'autre coauteur, un recours distinct par son objet et sa cause de l'action de la victime. • Civ. 2e, 18 janv. 1984 : *Gaz. Pal. 1984. 1. Pan. 125, obs. F. C.* • 12 déc. 1984 : *ibid. 1986. 1. Somm. 250, obs. Chabas.* ♦ Le gardien condamné à désintéresser intégralement la victime a, par l'effet de la subrogation légale, un recours contre le gardien coauteur du dommage, dans la mesure de la responsabilité de celui-ci. • Civ. 2e, 11 févr. 1981, n° 79-16.301 P : *D. 1982. 255, note Agostini*. – V. aussi • Civ. 2e, 11 juill. 1977, n° 75-15.669 P : *préc.* • 8 mai 1978, n° 76-13.802 P : *JCP 1981. II. 19506 (2e esp.), note Perallat.*

B. RESPONSABILITÉS SPÉCIALES DU FAIT DES CHOSES

1° COMMUNICATION D'INCENDIE (AL. 2)

BIBL. Courtieu, *Gaz. Pal. 1995. 1. Doctr. 610*. – Feuerbach-Steinle, *JCP N 1993. I. 38*. – Szames, *LPA 27 mars 2002* (pour l'abrogation de l'art. 1384, al. 2).

81. Constitutionnalité. Le régime de l'art. 1384 anc. [1242], al. 2, répond à la situation objective particulière dans laquelle se trouvent toutes les victimes d'incendie communiqué, il est dépourvu d'incidence sur l'indemnisation de la victime par son propre assureur de dommages aux biens et, enfin, il n'est pas porté atteinte au principe selon lequel tout fait quelconque de l'homme, qui cause à autrui un dommage, oblige celui par la faute duquel il est arrivé, à le réparer. • Cass., QPC, 7 mai 2010 : *D. 2010. Actu. 1280* (refus de transmission d'une question prioritaire de constitutionnalité).

82. Exclusivité du régime de l'art. 1242, al. 2 : dommages résultant directement de l'incendie. L'art. 1384 anc. [1242], al. 2, est seul applicable lorsqu'il existe une relation directe entre l'incendie et les dommages subis par des tiers. • Civ. 2e, 27 mai 1999 : *RCA 1999, n° 245, note Groutel ; RTD civ. 2000. 124, obs. Jourdain* (incendie d'un hangar agricole où étaient entreposés des fûts de produits toxiques qui se sont rompus sous l'effet de la chaleur, occasionnant une pollution de cours d'eau et la mort de bovins). ♦ Le texte est donc applicable aux dommages résultant de la communication souterraine d'un incendie • Civ. 2e, 13 mars 2003, n° 99-19.527 P : *D. 2003. IR 1009 ; RDI 2003. 326, obs. Jégouzo et Trébulle*. ♦ ... Ou aux dommages causés par les débris envoyés à la suite d'une explosion provoquée par un incendie. • Civ. 2e, 24 juin 1999, n° 97-21.270 : *JCP 2001. II. 10483, note Maréchal ; RCA 1999, n° 285, note Groutel ; RTD civ. 2000. 124, obs. Jourdain*. ♦ ...Ou aux dommages provoqués par la chaleur et la fumée. • Civ. 2e, 16 avr. 1996, n° 94-18.643 P.

83. ... Art. 1733 C. civ. L'art. 1733 n'est pas applicable à l'action du propriétaire bailleur de l'immeuble incendié, contre le preneur, pour les frais de relogement des locataires de l'immeuble voisin endommagé, qui sont des tiers au contrat de location. • Civ. 3e, 28 janv. 2016, n° 14-28.812 P : *D. 2016. 880, note Waltz-Teracol ; ibid. 1102, obs. Damas ; AJDI 2016. 604, obs. Damas ; Gaz. Pal. 2016. 850, obs. Sturlèse. 681 ; RDC 2016. 255, note Boffa ; ibid. 447, note Knetsch* (application de l'art. 1384 anc. [1242], al. 2, et rejet de l'action en l'absence de preuve d'une faute du preneur).

84. ... Trouble de voisinage. La notion de trouble de voisinage ne peut être étendue au cas de communication d'incendie entre immeubles voisins. • Civ. 3e, 15 nov. 1978, n° 77-12.285 P : *RDI 1979. 306, obs. Bergel* (action à l'encontre du propriétaire du terrain voisin) • Civ. 2e, 7 févr. 2019, n° 18-10.727 P : *RDI 2019. 449, obs. Latil* (action entre colocataires d'un même immeuble).

85. Exclusion par un régime spécial : accident de la circulation. Sur l'incendie dans lequel est impliqué un véhicule terrestre à moteur, V. ss. L. n° 85-677 du 5 juill. 1985, art. 1er, note 46.

86. Notion d'incendie : distinction avec un feu allumé volontairement. Les juges du fond peuvent estimer qu'un feu volontairement allumé ne constitue pas un incendie au sens de l'al. 2 de l'art. 1384 anc. [1242] et retenir la responsabilité découlant de la garde de la chose cause du dommage. • Civ. 2e, 17 déc. 1970, n° 69-12.780 P (feu allumé pour brûler des branches). – V. aussi • Fort-de-France, 11 déc. 1998 : *BICC 15 juill. 1999, n° 920.*

87. Causes initiales de l'incendie. La loi ne distingue pas suivant que la cause première de l'incendie a été ou non déterminée et qu'elle se trouve liée ou non à une chose dont le détenteur à un titre quelconque du fonds premier incendié serait le gardien ; il est nécessaire et suffisant pour l'application de l'al. 2 de l'art. 1384 anc. [1242] que l'incendie ait pris naissance dans l'immeuble ou les biens mobiliers dudit détenteur. • Cass., ass. plén., 25 févr. 1966, n° 61-13.628 P : *D. 1966. 389, note Esmein ; RTD civ. 1966. 540, obs. R. Rodière* (incendie d'un champ provoqué par une étincelle échappée d'un tracteur appartenant au propriétaire ; communication à un champ voisin : rejet de l'action). ♦ Même solution : • 13 févr. 1991, n° 89-21.250 P (flamme jaillie d'un tracteur mettant le feu à un champ). ♦ Le principe est également applicable aux incendies provoqués par un court-circuit, exigeant de la victime la preuve d'une faute. • Civ. 2e, 14 févr. 1990, n° 89-10.066 P : *RTD civ. 1990. 291, obs. Jourdain* (court-circuit ayant provoqué l'incendie) • 19 mars 1997, n° 95-17.844 P : *RTD civ. 1997. 951, obs. Jourdain* (court-circuit ayant provoqué un incendie dans lequel a été brûlé un jeune enfant confié à la garde des occupants de l'appartement). ♦ Sur la combinaison d'une explosion et d'un court-circuit, V. note suivante.

88. Explosions. L'art. 1384 anc. [1242], al. 2, est applicable lorsque l'incendie a précédé les explosions. • Civ. 2e, 24 juin 1999, n° 97-21.270 : *préc. note 82* (incendie dans une entreprise de pyrotechnie).

Inversement, les dispositions de l'art. 1384 anc. [1242], al. 1er, ne se trouvent pas exclues par celles de l'al. 2 de ce texte lorsque les dégâts sont dus à des explosions qui ont précédé l'incendie, lequel n'en a été que la conséquence, les effets de l'incendie étant indissociables de ceux des explosions. • Civ. 2e, 5 déc. 1984, n° 83-12.745 P : *R., p. 105* (explosion à la suite d'une fuite de gaz) • 30 oct. 1989, n° 88-17.762 P : *RTD civ. 1990. 90, obs. Jourdain* (explosion de pièces d'artifice dans un hangar) • Civ. 3e, 30 mai 1990, n° 89-10.356 P : *RTD civ. 1990. 667, obs. Jourdain* (explosion provoquée par la fuite de la canalisation d'une chaudière à gaz ; le locataire ne saurait invoquer la force majeure alors qu'il lui incombait de mettre en œuvre les moyens nécessaires à la conservation de la chose). ♦ Sur la conséquence quant à la charge de la preuve et à l'office du juge : il incombe à celui qui se prévaut des dispositions de l'art. 1384 anc. [1242], al. 2, dérogatoires à celles de l'al. 1er, de prouver que se trouvent réunies les conditions d'application de cet al. 2. ; cassation de l'arrêt qui n'a pas recherché si la preuve avait été rapportée que le dommage n'était pas dû à une cause antérieure à l'incendie, en l'espèce l'explosion de pétards. • Civ. 2e, 6 déc. 1984, n° 83-12.659 P : *R., p. 105* (incendie d'une automobile provoquant la mort d'un passager, hypothèse qui relèverait actuellement de la L. du 5 juill. 1985).

V. cependant en sens contraire, faisant application du principe exposé note précédente, l'explosion étant assimilée à une cause de l'incendie ayant provoqué les dommages : • 13 févr. 1991, n° 89-20.804 P (explosion d'un produit chimique ayant provoqué l'incendie) • 13 mars 1991, n° 90-11.327 P : *Defrénois 1991. 1270, obs. Aubert* (explosion d'une bouteille de gaz ayant provoqué l'incendie) • 16 avr. 1996, n° 94-18.643 P (court-circuit provoquant une explosion puis un incendie).

89. Téléviseurs. Les dispositions de l'art. 1384 anc. [1242], al. 1er, ne se trouvent pas exclues par celles de l'al. 2 lorsque les dégâts sont dus à des causes antérieures à l'incendie telles l'explosion ou l'incendie d'un poste de télévision, lequel n'en *a été que la conséquence, les effets de l'incendie* étant indissociables de ceux de ces causes antérieures. • Civ. 2e, 16 janv. 1991, n° 89-18.525 (combustion spontanée d'un téléviseur). ♦ Comp., admettant à la fois la dissociation de la garde du comportement et de la structure, tout en exigeant la preuve d'une faute à l'encontre de ce gardien de la structure. • Civ. 2e, 3 oct. 1979, n° 78-10.575 : *préc. note 55* (implosion d'un poste de télévision à l'origine de l'incendie).

90. Localisation de l'incendie. L'incendie ayant été provoqué par une forte chaleur dégagée dans le conduit de cheminée de l'appartement du défendeur, ce qui a entraîné la lente combustion d'une poutre de l'appartement voisin, encastrée dans le mur mitoyen, l'art. 1384 anc. [1242], al. 2, n'est pas applicable, l'incendie n'ayant pas pris naissance dans l'immeuble du défendeur. • Civ. 2e, 11 janv. 1995, n° 93-15.534 P. ♦ Mais le texte est applicable à l'encontre du détenteur de l'immeuble où l'incendie a pris naissance avant de se communiquer de façon souterraine. • Civ. 2e, 13 mars 2003, n° 99-19.527 P : *préc. note 82.*

91. Notion de détenteur : détention directe. La loi ne distingue pas suivant que la cause première de l'incendie se trouve liée ou non à une chose dont le détenteur à un titre quelconque du fonds premier incendié serait le gardien ; il est nécessaire et suffisant pour l'application de l'al. 2 de l'art. 1384 anc. [1242] que l'incendie ait pris naissance dans l'immeuble ou les biens mobiliers dudit détenteur. • Cass., ass. plén., 25 févr. 1966, n° 61-13.628 P : *préc. note 87.* ♦ Sur la notion de tiers en cas de communication d'incendie dans l'immeuble d'une société d'attribution en jouissance à temps partagé, V. • Civ. 2e, 9 juin 1993, n° 91-22.170 P (cassation de l'arrêt écartant le texte, aux motifs qu'un associé ne peut se voir attribuer la qualité de tiers à l'égard de la société, alors que le feu avait pris naissance dans un autre appartement de la société et que le préjudice dont il demandait réparation était étranger à l'exécution du contrat de jouissance en temps partagé). ♦ Sur l'articulation de la notion de détenteur et de celle de gardien de la structure, V. • Civ. 2e, 3 oct. 1979 : *préc. note 55* (garde admise à l'encontre du vendeur, mais absence de preuve d'une faute) • 14 nov. 1979, n° 77-15.823 : *D. 1980. 325, note Larroumet ; Gaz. Pal. 1980. 1. 191, note J. V.* (absence de preuve de la qualité de gardien du constructeur, l'arrêt s'étant contenté de relever qu'il était anormal qu'un téléviseur s'enflamme spontanément et que le revendeur n'avait commis aucune faute dans le service après-vente).

92. ... Détention indirecte : faute des personnes dont le détenteur est responsable. La responsabilité du locataire qui a prêté son logement à un tiers pour quelques jours ne saurait être retenue pour un incendie qui y est survenu par la faute du tiers, faute de caractériser en quoi le locataire avait accepté d'organiser, de diriger et de contrôler le mode de vie du tiers. • Civ. 2e, 6 févr. 2014 : *RTD civ. 2014. 661, obs. Jourdain ; JCP 2014, n° 533, note Perdrix.* ♦ Comp. antérieurement plus ambigu : une cour d'appel a pu décider qu'une commune était responsable du dommage (incendie) causé par des « marginaux », personnes connues comme asociales et à risques, dont elle avait toléré la présence dans un immeuble et avait endossé par avance les conséquences dommageables. • Civ. 2e, 22 mai 1995, n° 92-16.852 P : *D. 1996. 453, note Le Bars et Buhler ; Defrénois 1995. 1057,* *obs. Delebecque ; JCP 1995. I. 3893, nos 5 s., obs. Viney ; RTD civ. 1995. 902, obs. Jourdain* (l'arrêt ne vise pas expressément l'art. 1384 anc. [1242], al. 1er, même s'il recherche au préalable si la commune pouvait être considérée comme détentrice de l'immeuble, alors que le chaînage du Bulletin renvoie à l'arrêt *Blieck*). ♦ Responsabilité du locataire pour un incendie survenu peu après le départ des ouvriers de l'entreprise chargée de démonter et déplacer une chaudière. • Civ. 3e, 31 mai 1976, n° 75-11.095 P.

93. Faute du détenteur du bien où l'incendie est né. Illustrations de faute : • Civ. 2e, 12 déc. 2002, n° 01-02.853 P : *RDI 2003. 324, obs. Jégouzo et Trébulle* (faute dans le non-respect de la réglementation du fait de la présence irrégulière d'un produit sur un site de stockage d'hydrocarbures). ♦ La responsabilité du détenteur fautif peut être retenue même en cas d'incendie d'origine criminelle, compte tenu des carences fautives dans l'accessibilité à l'entrepôt. • Civ. 2e, 8 févr. 2001 : *RCA 2001, n° 140.* ♦ Comp. pour l'application de l'art. 1384 anc. [1242], al. 2, doit être établie l'existence d'un lien de causalité entre les fautes imputées au défendeur et l'incendie. • Civ. 2e, 11 janv. 1995, n° 93-14.424 P (cassation de l'arrêt ayant retenu la responsabilité de la société propriétaire d'un bus aux motifs que celle-ci avait commis une imprudence grave en laissant le véhicule ouvert, de nuit, sans garde, et une négligence en laissant du matériel de garniture inflammable dans un état favorisant sa mise à feu, alors que l'incendie était d'origine criminelle) • Civ. 2e, 18 juin 1997, n° 95-20.148 P : *R., p. 280* (absence de preuve d'un lien de causalité entre le fait d'entreposer des palettes de bois, difficilement inflammables, et leur incendie d'origine criminelle). ♦ Illustrations d'absence de faute : • Civ. 2e, 23 sept. 2004 : *RCA 2004, n° 321, note Hocquet-Berg* (usage normal de la fonction de veille d'un téléviseur).

94. La responsabilité de celui qui détient à un titre quelconque tout ou partie de l'immeuble ou des biens mobiliers dans lesquels l'incendie a pris naissance est engagée vis-à-vis des tiers victimes des dommages causés par cet incendie dès lors qu'il est prouvé que soit la naissance dudit incendie soit son aggravation ou son extension doivent être attribuées à sa faute ou à celle des personnes dont il est responsable. • Civ. 3e, 31 mai 1976, n° 75-11.095 P (responsabilité retenue en raison de la faute commise dans l'installation irrégulière d'une cuve de mazout, contre une cloison en bois, qui a contribué à l'aggravation *et à l'extension de l'incendie).* ♦ *Comp.* : cassation de l'arrêt qui condamne le propriétaire des biens mobiliers à l'origine de l'incendie, alors que les locaux dans lesquels il les entreposait à titre gratuit n'étaient pas munis de dispositif coupe-feu et que les autres sociétés occupant ce site n'avaient pas satisfait aux obligations de déclaration de leur activité au service des établissements classés. • Civ. 2e, 25 oct. 2007, n° 06-15.839 : *D. 2008. 1532, obs. Égéa* (solution apparemment adoptée dans le cas où les ballots de papier entreposés avaient favorisé l'incendie sans en être à l'origine).

2° AUTRES RÉGIMES SPÉCIAUX

95. Abordages. Exclusion de l'art. 1384 anc. [1242], al. 1er, par la L. du 5 juill. 1934 relative à l'abordage en navigation intérieure exigeant la preuve d'une faute : • Com. 5 nov. 2003, n° 02-10.486 P : *R., p. 426 ; D. 2003. IR 2869 ; JCP 2004. II. 10166, note Lièvremont ; RCA 2004, n° 45, note H. G.* (collision entre deux « jet-skis »). ♦ Même solution pour l'application de la L. du 7 juill. 1967 relative aux événements de mer : la responsabilité pour abordage a pour fondement la faute prouvée et non le fait des choses que l'on a sous sa garde. • Com. 5 oct. 2010, n° 08-19.408 P : *D. actu. 19 oct. 2010, obs. Delpech* (exclusion de l'art. 1384 anc. [1242], al. 1er). ♦ La condition d'absence d'amarrage ne concerne que les engins qui ne sont pas des navires. • Com. 14 déc. 2022, n° 21-16.785 B : *D. 2023. 442, note Siguoirt* (application du texte à un bateau ayant rompu son amarre sous l'effet du vent).

96. Dommages à la surface causés par un aéronef. Il résulte de la combinaison des art. L. 6131-2 et L. 6131-3, al., C. transp. que l'exploitant d'un aéronef est responsable de plein droit des dommages causés aux biens situés à la surface par les évolutions de l'aéronef ou les objets qui s'en détachent, y compris par suite de force majeure, responsabilité dont il ne peut s'exonérer partiellement ou totalement que par la preuve de la faute de la victime. • Com. 2 oct. 2012, n° 11-21.362 P : *D. 2012. 2866, note Tosi* (cassation de l'arrêt excluant la responsabilité du gardien d'un hélicoptère ayant causé des dommages au sol après avoir largué une antenne qui s'était accrochée à une installation, à la suite d'un coup de vent).

II. RESPONSABILITÉS DU FAIT D'AUTRUI

BIBL. Alt-Maes, *JCP 1998. I. 154* (responsabilité du fait du mineur). – Artus, *D. 2001. Chron. 18* (responsabilité du fait du mineur placé : contentieux administratif). – Autem, *RDSS 2012. 134* (la responsabilité civile du fait d'autrui à l'épreuve de la réforme de la protection de l'enfance). – De Bertier-Lestrade, *LPA 25 janv. 2005* (des fautes sans responsabilité). – Blin-Franchomme, LPA 24 nov. 1997 (garde des personnes). – Bonnet et Mucchielli, *R. 1997, p. 55.* – F. Boulanger, *D. 2005. Chron. 2245* (autorité parentale et responsabilité parentale). – Brun, *Études Lapoyade-Deschamps, Univ. Montesquieu-Bordeaux IV, 2003* (vers l'irresponsabilité des petits ?). – Castaignède, *Études*

Lapoyade-Deschamps, préc. (responsabilité civile du mineur). – Chabot, *Defrénois 1999. 769* (responsabilité civile de l'association et de ses dirigeants). – Droin, *JCP 2010, n° 455* (garde et responsabilité sans faute de l'État). – Eschylle, *AJ fam. 2010. 70* (responsabilité civile des parents séparés). – François, *D. 2007. Chron. 2408* (fait générateur de la responsabilité du fait d'autrui). – Fournel, *AJ fam. 2008. 150* (responsabilité civile des grands-parents). – Gridel, *Mél. Drai, Dalloz, 2000, p. 609*. – Guettier, *RLDC 2008/51, suppl., n° 3082*. – Hugon, *Dr. fam. 2004. Étude 25* (services chargés d'une mesure d'assistance éducative). – Josselin-Gall, *JCP 2000. I. 268*. – Jourdain, *Études Lapoyade-Deschamps, préc.* (recherche des fondements). – Lasserre-Kiesow, *LPA 11 oct. 2001* (garde et responsabilité du fait d'autrui). – Laydu et Guillou, *RRJ 1998/2. 479* (effet Blieck). – Lebreton, *LPA 24 févr. 1997 ; ibid. 11 avr. 2007* (fait dommageable de l'enfant). – Lemaitre, *Dr. fam. 2018. Étude 3* (mineur directeur de publication de presse). – Leverbe, *RCA 2005. Étude 4* (le civilement responsable du fait du mineur). – Marliac, *RDSS 2015. 44* (fondements de la responsabilité appliquée aux mineurs relevant d'une personne publique). – Marteau-Petit, *RRJ 2002/1. 255 ; Err. 2002/2. 817* (dualité des critères de mise en œuvre). – Matutano, *D. 2009. Chron. 2698* (responsabilité de l'administration et rééducation des mineurs). – Millet, *D. 2005. Chron. 2830 ; Err. 2906* (acceptation des risques et responsabilité du fait d'autrui). – Mouly, *RCA 2008. Étude 10*. – Poumarède, *Mél. le Tourneau, Dalloz, 2008, p. 839*. – Prim-Thomas, *RLDC 2006/24, n° 1011* (la faute dans la responsabilité du fait d'autrui). – Radé, *RCA 2004. Étude 15* (résurgence de la faute) ; *ibid. 2019. Dossier 3* (responsabilité civile du fait d'autrui). – Romani, *LPA 29 juill. 2002* (faute et responsabilité objective). – Saint-Pau, *RCA 1998. Chron. 22* (responsabilité directe ?) ; *RCA 2004. Chron. 1* (fait causal ou fait générateur ?). – Siffrein-Blanc, *RTD civ. 2011. 479* (réforme de la responsabilité civile des parents). – Vignon-Barrault, *RLDC 2008/51, suppl., n° 3081* (autorité et responsabilité). – Waltz, *RCA 2012. Étude 9*. – Colloque Université du Maine 2 juin 2000, *RCA, nov. 2000, n° spécial*. – Dossier, *RLDC 2008/51, suppl.* (autorité et responsabilité).

A. RESPONSABILITÉ GÉNÉRALE DU FAIT D'AUTRUI (AL. 1er)

97. Principe. Ayant constaté qu'un centre d'aide par le travail est destiné à recevoir des handicapés mentaux, encadrés dans un milieu protégé et soumis à un régime comportant une totale liberté de circulation dans la journée, une cour d'appel décide à bon droit que l'association gestionnaire de ce centre doit répondre, au sens de l'art. 1384 anc. [1242], al. 1er, de son pensionnaire et réparer les dommages qu'il a causés (incendie de forêt), dès lors qu'il résulte de ces constatations que l'association a accepté la charge d'organiser et de contrôler, à titre permanent, le mode de vie de cet handicapé. • Cass., ass. plén., 29 mars 1991, *Blieck*, n° 89-15.231 P : *R., p. 351 ; GAJC, 11e éd., n° 218-219 (I) ; D. 1991. 324, note Larroumet ; JCP 1991. II. 21673, concl. Dontenwille, note Ghestin ; Gaz. Pal. 1992. 2. 513, note Chabas ; Defrénois 1991. 729, obs. Aubert ; RTD civ. 1991. 312, obs. Hauser, et 541, obs. Jourdain*. – Viney, *D. 1991. Chron. 157*. ♦ Sur l'articulation avec les responsabilités spéciales, V. *infra* note 114 et les renvois, et note 185 pour les instituteurs.

98. Nature de la responsabilité : responsabilité de plein droit. Les personnes tenues de répondre du fait d'autrui au sens de l'art. 1384 anc. [1242], al. 1er, ne peuvent s'exonérer de la responsabilité de plein droit résultant de ce texte en démontrant qu'elles n'ont commis aucune faute. • Crim. 26 mars 1997, n° 95-83.956 P : *R., p. 357 ; GAJC, 11e éd., n° 218-219 (II) ; D. 1997. 496, note Jourdain ; D. 1998. Somm. 201, obs. D. Mazeaud ; JCP 1997. II. 22868, rapp. Desportes ; JCP 1998. II. 10015, note Huyette ; JCP 1997. I. 4070, n° 1 s., obs. Viney ; Dr. fam. 1997, n° 98, note Murat ; RCA 1997. Comm. 292, note Groutel ; LPA 5 oct. 1999, note Alt-Maes.*

1° DOMAINE

99. Absence d'application en cas d'accidents du travail. Viole la législation sur les accidents du travail, qui interdit tout recours contre l'employeur exercé conformément au droit commun, l'arrêt qui condamne une association à réparation envers un de ses salariés victime d'un accident du travail causé par un de ses pensionnaires, en relevant que l'association était assignée, non en qualité d'employeur, mais en qualité de civilement responsable du pensionnaire qu'elle avait sous sa surveillance. • Civ. 2e, 22 févr. 2007, n° 05-11.811 P : *R., p. 381 ; D. 2007. AJ 800, obs. Fabre ; LPA 2 avr. 2007, note Brusorio.*

100. Absence d'application aux auteurs du dommage accueillis en vertu d'un contrat. L'auteur d'un dommage étant hébergé dans une maison de retraite en vertu d'un contrat, cette dernière ne peut être considérée comme responsable, au titre de l'art. 1384 anc. [1242], al. 1er, C. civ., des dommages causés par lui. • Civ. 1re, 15 déc. 2011, n° 10-25.740 P : *D. 2012. 539, note Develay ; ibid. 2013. 40, obs. Brun et Gout ; RTD civ. 2012. 290, obs. Hauser ; ibid. 321, obs. Jourdain ; RLDC 2012/94, n° 4694, obs. Perdrix* (absence de manquement à l'obligation de sécurité).

Application de la responsabilité contractuelle en cas d'hébergement de mineurs handicapés par une institution spécialisée à la demande des parents et en dehors de toute décision de l'autorité publique : • Civ. 2e, 12 mai 2005, n° 03-

17.994 P : *D. 2005. IR 1451* (manquement admis dès lors que les mineurs ont pu commettre des agressions pendant une longue période) • 24 mai 2006, nº 04-17.495 P : *RJPF 2006-11/34, note Corpart ; LPA 9 févr. 2007, note A. Paulin ; RLDC 2006/32, nº 2257, note Vignon-Barrault ; RDSS 2006. 760, note Cristol ; RDC 2007. 286, obs. Borghetti ; RTD civ. 2006. 779, obs. Jourdain* (la responsabilité de l'association ne peut être retenue du chef de la situation personnelle de la victime mais exclusivement au regard des conditions de placement du mineur ayant commis le fait dommageable, lequel en l'espèce ne lui avait pas été confié par une décision de justice) • 13 juill. 2006 : *JCP 2006. II. 10169, note Brusorio ; ibid. 2007. I. 115, nº 11, obs. Stoffel-Munck* (mineur confié à l'institution par ses représentants légaux). ♦ Comp. pour la jurisprudence administrative : la décision du président du conseil général qui admet, à la demande des parents, la prise en charge d'un mineur par le service de l'aide sociale à l'enfance du département a pour effet de transférer à ce dernier la responsabilité d'organiser, diriger et contrôler la vie du mineur pendant la durée de sa prise en charge ; en raison des pouvoirs dont le département se trouve ainsi investi lorsque le mineur est placé dans un service ou établissement qui relève de son autorité, sa responsabilité est engagée, même sans faute, pour les dommages causés aux tiers par ce mineur ; cette responsabilité n'est susceptible d'être atténuée ou supprimée que dans le cas où elle est imputable à un cas de force majeure ou à une faute de la victime. • CE 26 mai 2008, nº 290495 : *AJDA 2008. AJ 2081, obs. Fort ; LPA 29 sept. 2008, note Marliac ; RLDC 2008/51, nº 3055, obs. Pichon.*

2º CONDITIONS RELATIVES AU FAIT DOMMAGEABLE

101. Condition : fait dommageable de l'auteur direct. La plupart des décisions recensées ici ont déclenché la responsabilité générale du fait d'autrui en constatant que l'auteur direct du dommage avait commis une faute, souvent pénale. V. par ex. pour les activités sportives : les associations sportives ayant pour mission d'organiser, de diriger et de contrôler l'activité de leurs membres sont responsables des dommages qu'ils causent à cette occasion, dès lors qu'une faute, caractérisée par une violation des règles du jeu, est imputable à un ou plusieurs de leurs membres. • Cass., ass. plén., 29 juin 2007, nº 06-18.141 P : *cité note 104* (rejet du moyen soutenant que la preuve d'un fait dommageable suffit). ♦ Pour d'autres illustrations de l'exigence d'une faute en matière sportive : • Civ. 2e, 20 nov. 2003, nº 02-13.653 P : *R., p. 451 ; D. 2004. 300, note Bouché ; ibid. 2005. Pan. 187, obs. D. Mazeaud ; JCP 2004. II. 10017, note J. Mouly ; ibid. I. 163, nº 29 s., obs. Viney ; JCP E 2004. 476, note Castets-Renard ; Gaz. Pal. 2004. 1885, note Dagorne-Labbe ; RCA 2004. Chron. 1, par Saint-Pau ; Dr. fam. 2004, nº 63, note J. Julien ; Dr. et patr. 1/2004. 85, obs. Chabas ; LPA 14 avr. 2004, note Kaczmarek ; RTD civ. 2004. 106, obs. Jourdain* (la responsabilité de l'association est à bon droit écartée lorsque aucune faute découlant d'une violation des règles du jeu et imputable à un joueur, même non identifié, membre de l'association n'est établie) • Civ. 2e, 13 janv. 2005, nº 03-18.617 P (cassation de l'arrêt admettant la responsabilité même en l'absence de toute faute) • Civ. 2e, 22 sept. 2005, nº 04-14.092 P : *D. 2005. IR 2706 ; JCP 2006. II. 10000, note Bakouche (2e esp.) ; Dr. fam. 2006, nº 78, note J. Julien* (cassation de l'arrêt ayant retenu une faute sans constater le caractère délibéré de l'effondrement de la mêlée) • Civ. 1re, 16 mai 2006, nº 03-12.537 P : *D. 2006. IR 1706 ; LPA 25 juill. 2006, note Brusorio* (absence de preuve d'une faute) • Civ. 2e, 5 oct. 2006, nº 05-18.494 P : *D. 2007. 2004, note J. Mouly ; LPA 21 févr. 2007, note Lafay* (faute des avants d'une équipe de rugby). ♦ Même solution, s'agissant des séances d'entraînement : • Civ. 2e, 21 oct. 2004, nº 03-17.910 P : *R., p. 346 ; D. 2005. 40, note Laydu ; ibid. Pan. 187, obs. D. Mazeaud ; Gaz. Pal. 2005. 1234, note Polère ; RTD civ. 2005. 412, obs. Jourdain*. ♦ V. déjà, affirmant la nécessité d'un acte illicite pour engager la responsabilité du répondant : • Aix-en-Provence, 27 févr. 2002 : *JCP 2003. II. 10097, note Bloch.*

V. cep. pour une décision admettant une responsabilité sans faute, mais pour un dommage causé par une chose qui en a été l'instrument : une association de majorettes, qui a pour mission d'organiser, de diriger et de contrôler l'activité de ses membres au cours des défilés qu'elle organise, est tenue de plein droit de réparer, avec son assureur, le préjudice résultant du fait dommageable commis par l'un de ses membres à l'occasion de la manifestation qu'elle avait organisée, sans qu'il y ait lieu de tenir compte de la dangerosité potentielle de l'activité de cette personne. • Civ. 2e, 12 déc. 2002, nº 00-13.553 P : *D. 2003. Somm. 2541, obs. F. Lagarde ; JCP 2003. I. 154, nº 49, obs. Viney ; RCA 2003. Chron. 4, par Groutel ; LPA 7 avr. 2003, note Buy ; ibid. 30 sept. 2003, note Laydu ; RTD civ. 2003. 305, obs. Jourdain* (responsabilité du fait de la perte de contrôle d'un bâton par une majorette en blessant une autre).

102. Identification indispensable de l'auteur (non). Une association sportive n'est responsable que si le dommage a été causé par l'un de ses membres. • Civ. 2e, 22 sept. 2005, nº 04-18.258 P : *JCP 2006. II. 10000, note Bakouche (1re esp.).* ♦ Mais, dès lors que cette preuve est rapportée, l'association est responsable même si l'auteur direct n'est pas identifié. • Cass., ass. plén., 29 juin 2007, nº 06-18.141 P : *cité note*

104 • Civ. 2e, 22 mai 1995 (arrêt no 2), no 92-21.871 P : *R., p. 319 ; JCP 1995. II. 22550, note J. Mouly ; JCP 1995. I. 3893, no 5, obs. Viney ; RTD civ. 1995. 899, obs. Jourdain ; RCA 1995. Chron. 36, par Groutel* (responsabilité d'un club de rugby à raison des dommages causés au cours d'un match par un membre non identifié de son équipe à un joueur de l'équipe adverse) • 22 mai 1995 (arrêt no 1), no 92-21.197 : *eod. loc. ; Gaz. Pal. 1996. 1. 16, note Chabas ; D. 1996. Somm. 29, obs. Alaphilippe ; Defrénois 1996. 357, obs. D. Mazeaud.*

3o CONDITIONS RELATIVES AU RESPONSABLE

a. Décisions admettant la responsabilité générale du fait d'autrui

103. Associations de loisirs. Responsabilité, sur le fondement de l'art. 1384 anc. [1242], al. 1er, d'une association scoute ayant pour mission, durant un camp de vacances, d'organiser et de contrôler les activités de ses membres, et notamment leurs activités sportives. • Paris, 9 juin 2000 : *RCA 2001, no 74, note Grynbaum.* ♦ Responsabilité sur le fondement de l'art. 1384 anc. [1242], al. 1er, d'une association de supporters d'un club de football pour les dommages causés par certains de ses membres aux autocars loués pour leur déplacement. • Aix-en-Provence, 9 oct. 2003 : *RCA 2004, no 89, note Radé.* ♦ Comp. *infra* la solution contraire pour des manifestations syndicales.

104. Associations sportives. BIBL. Laydu, *RRJ 2000/4. 1803.* – J. Mouly, *JCP 2005. I. 134* (responsabilité civile et sport). – Vial, *D. 2011. 397* (responsabilité des groupements sportifs amateurs du fait de leurs membres) ; *RLDC 2013/109, no 5294* (responsabilité civile des clubs sportifs). ♦ Les associations sportives ayant pour mission d'organiser, de diriger et de contrôler l'activité de leurs membres sont responsables des dommages qu'ils causent à cette occasion, dès lors qu'une faute caractérisée par une violation des règles du jeu est imputable à un ou plusieurs de leurs membres, même non identifiés. • Cass., ass. plén., 29 juin 2007, no 06-18.141 P : *R., p. 438 ; BICC 1er oct. 2007, rapp. Pascal, avis Duplat ; D. 2007. 2455 ; ibid. Chron. 2408, étude François ; ; ibid. AJ 1957, obs. Gallmeister ; ibid. Pan. 2903, obs. Brun ; JCP 2007. II. 10150, note Marmayou ; JCP E 2007. 2198, note Radé ; RLDC 2007/42, no 2690, note Mekki ; Gaz. Pal. 7-8 nov. 2007, note Polère ; RCA 2007. Étude 17, par Hocquet-Berg ; LPA 13 sept. 2007, note Brusorio-Aillaud ; ibid. 24 sept. 2007, note J. Mouly ; ibid. 25 oct. 2007, note Breluque ; ibid. 7 janv. 2008, obs. Vignon-Barrault ; RTD civ. 2007. 782, obs. Jourdain* (rugby), dans la même affaire que • Civ. 2e, 13 mai 2004, no 03-10.222 P : *D. 2004. IR 1711 ; RCA 2004. Étude 15, par Radé ; LPA 3 janv. 2005, note Cote* (même solution) • Civ. 2e, 16 sept. 2010 : *D. 2011. 35, obs. Brun* (hockey sur glace). ♦ V. déjà en ce sens, sur le principe de la responsabilité du fait d'autrui : • Civ. 2e, 3 févr. 2000, no 98-11.438 P : *R., p. 399 ; D. 2000. 862, note S. Denoix de Saint-Marc ; ibid. Somm. 465, obs. Jourdain ; JCP 2000. II. 10316, note J. Mouly ; ibid. I. 241, no 15, obs. Viney ; Defrénois 2000. 724, obs. D. Mazeaud ; Gaz. Pal. 2002. 724, note Peltier ; RCA 2000, no 110, note Groutel* (même solution). ♦ Application à une agression s'étant produite sur le terrain et à l'occasion d'une altercation générale survenue au cours d'une rencontre de football, un joueur s'étant servi de sa chaussure comme d'une arme pour frapper un joueur de l'équipe adverse et ayant d'ailleurs été condamné pour ce délit. • Civ. 2e, 8 juill. 2010 : *D. 2011. 35, obs. Brun .* ♦ Sur la question de savoir si une association peut être tenue de réparer les dommages causés par un de ses membres à un autre, V. note Radé, ss. • Bordeaux, 15 juin 2006 : *RCA 2007, no 65.*

Dans le même sens pour l'agression d'un arbitre par un joueur : • Civ. 2e, 5 juill. 2018, no 17-19.957 P : *D. 2018. 1680, note Rias ; RTD civ. 2018. 916, obs. Jourdain ; RCA 2018, no 210, note Hocquet-Berg ; JCP 2018, no 948, note Serinet* (faute retenue même si elle a été commise après la rencontre par un joueur qui avait été exclu). – Rappr., s'agissant du joueur professionnel salarié, pour l'application de la responsabilité des commettants du fait de leur préposé. • Civ. 2e, 8 avr. 2004, no 03-11.653 P : *cité note 144.*

105. Mineurs pris en charge par une décision de l'autorité publique : jurisprudence judiciaire. Une association est responsable des délits commis par des mineurs en danger dont la garde lui a été confiée par application de l'art. 375 C. civ., la décision du juge des enfants transférant au gardien la responsabilité d'organiser, diriger et contrôler le mode de vie du mineur et donc la responsabilité de ses actes. • Crim. 10 oct. 1996, no 95-84.187 : *D. 1997. 309, note Huyette ; JCP 1997. II. 22833, note Chabas ; Dr. fam. 1997, no 83, note Murat (2e esp.)* • 26 mars 1997, no 97-22.268 P • 15 juin 2000, no 99-85.240 P : *D. 2001. 653, note Huyette .* ♦ V. aussi • Civ. 2e, 9 déc. 1999, no 97-22.268 P : *D. 2000. 713, note Galliou-Scanvion ; JCP 2000. I. 241, nos 12 s., obs. Viney ; LPA 23 mars 2000, note Meyzeaud-Garaud ; RDSS 2000. 424, note Alfandari ; RTD civ. 2000. 338, obs. Jourdain* (association ayant la garde d'un mineur en liberté surveillée et l'ayant placé dans une famille d'accueil, dans des conditions déterminées et contrôlées par elle) • Civ. 2e, 20 janv. 2000, no 98-17.005 P : *R., p. 398 ; D. 2000. 571, note Huyette ; JCP 2000. I. 241, no 14, obs. Viney ; RCA 2000, no 111, note Vaillier ; RTD civ. 2000. 588, obs. Jourdain* (dommages causés par un mineur pensionnaire d'un foyer éducatif à d'autres pensionnaires) • Civ. 2e, 22 mai 2003, n° 01-15.311 P : *D. 2004. Somm. 1342, obs. Jourdain* ; *Dr. fam. 2003, n° 155, note J. Julien* (association ayant placé un mineur en stage chez un agriculteur, dans le cadre d'une mesure d'assistance éducative). ♦ Déjà dans le même sens • Rouen, 25 sept. 1991 : *D. 1993. 5, note Pigache* • Crim. 4 janv. 1995, n° 93-82.698 P : *JCP 1995. I. 3893, n° 4, obs. Viney* (handicapé mental placé dans un centre d'aide par le travail).

Une association chargée par décision d'un juge des enfants d'organiser et de contrôler à titre permanent le mode de vie d'un mineur demeure responsable de plein droit du fait dommageable commis par ce mineur, même lorsque celui-ci habite avec ses parents, dès lors qu'aucune décision judiciaire n'a suspendu ou interrompu cette mission éducative. • Civ. 2e, 6 juin 2002, n° 00-15.606 P : *R., p. 476* ; *D. 2002. 2750, note Huyette* ; *JCP 2003. II. 10068, note Gouttenoire et Roget* ; *ibid. I. 154, nos 37 s., obs. Viney* ; *Dr. fam. 2002, n° 109, note J. Julien* ; *RJPF 2002-11/32, note Chabas* ; *LPA 16 janv. 2003, note Laydu (2e esp.)* ; *ibid. 9 juill. 2003, note Rexand-Pourias* ; *RTD civ. 2002. 825, obs. Jourdain* • Crim. 8 janv. 2008, n° 07-81.725 P : *LPA 22 sept. 2008, obs. Vignon-Barrault* ; *ibid. 3 juin 2009, note Autem* ; *RCA 2008, n° 88, obs. Groutel.* ♦ V. aussi • Civ. 2e, 7 mai 2003, n° 01-15.607 P : *D. 2003. 2256, note Huyette* ; *JCP 2004. I. 101, nos 19 s., obs. Viney* ; *RJPF 2003-9/35, obs. Chabas* (cassation de l'arrêt qui décide que seule la responsabilité de l'État peut être engagée du fait des actes commis par un mineur placé au titre de l'Ord. 2 nov. 1945) • CE 3 juin 2009, n° 300924 : *RDSS 2009. 768, obs. Cristol*. ♦ Dans le même sens, pour un département à qui la tutelle d'un mineur a été déférée par décision d'un juge des tutelles et dont le service non personnalisé désigné comme tuteur s'est acquitté par un placement provisoire en foyer d'accueil : • Civ. 2e, 7 oct. 2004, n° 03-16.078 P : *D. 2005. 819, note Huyette* ; *JCP 2005. I. 132, n° 6, obs. Viney* ; *RJPF 2005-1/34, note Chabas* ; *RTD civ. 2005. 100, obs. Hauser*.

106. ... Jurisprudence administrative. Lorsque le mineur est confié, au titre des art. 375 s. C. civ., à un service ou un établissement qui relève de l'autorité de l'État, la responsabilité de l'État est engagée, même sans faute, pour les dommages causés aux tiers par ce mineur, sauf force majeure ou faute de la victime. • CE 11 févr. 2005, n° 252169 : *D. 2005. 1762, note Lemaire* ; *JCP 2005. II. 10070, concl. Devys, note Rouault* ; *ibid. I. 149, n° 4, obs. Viney* ; *AJDA 2005. 663, chron. Landais et Lénica* ; *RCA 2005, n° 192, note Guettier* ; *Dr. fam. 2005, n° 173, note Dupré de Boulois* ; *LPA 1er juin 2005, note Matutano* ; *RDSS 2005. 466, note Cristol* ; *RTD civ. 2005. 585, obs. Hauser* ; *RFDA 2005. 595, concl. Devys, note Bon*. ♦ ... Sans qu'y fasse obstacle la circonstance que le mineur ne se trouvait pas, au moment des faits, sous la surveillance effective du service ou de l'établissement qui en a la garde. • CE 17 déc. 2008, n° 301705 : *Gaz. Pal. 2009. 1976, obs. Guyomar* ; *RDSS 2009. 374, obs. Cristol* ; *AJDA 2009. 661, concl. De Silva*.

La circonstance que le juge des enfants ait assorti sa décision de confier un mineur à la garde du service départemental d'aide à l'enfance du « souhait » que ce mineur soit placé au sein d'un organisme privé qu'il désigne est sans incidence sur le transfert au département de la responsabilité d'organiser, diriger et contrôler la vie du mineur. • CE 13 févr. 2009 : *D. 2009. AJ 631, obs. Pastor* ; *JCP 2009. II. 10059, note Tipine* ; *RDSS 2009. 377, obs. Cristol*. ♦ Ne relèvent pas du déni de justice le jugement d'un tribunal administratif écartant la responsabilité du département dans l'incendie causé par une personne sous tutelle au cours d'une fugue, faute de lien de causalité, et la décision d'une juridiction judiciaire écartant la responsabilité de l'association à laquelle était confiée cette personne, les appréciations de fait et de droit portées par cet arrêt et ce jugement ayant pour seule conséquence l'application par la juridiction compétente à la personne ayant, selon les appréciations concordantes des juridictions des deux ordres, la qualité de tuteur, du régime juridique de responsabilité qui, en raison de sa qualité de personne publique, lui était applicable selon le jugement dont il n'a pas été fait appel. • T. confl. 5 mai 2008, n° 08-03.613 P.

Une association de droit privé qui prend en charge des mineurs confiés sur le fondement de l'Ord. du 2 févr. 1945 est investie d'une mission de service public qui ne lui confère aucune prérogative de puissance publique ; alors même que la victime peut poursuivre devant la juridiction administrative la responsabilité de l'État du fait des dommages causés par un mineur délinquant confié à une association chargée de sa rééducation dans le cadre d'une mesure de sursis avec mise à l'épreuve, la juridiction judiciaire est seule compétente pour connaître d'une action mettant en cause la responsabilité de l'association à l'occasion de sa mission d'accueil et de garde du mineur sur le fondement de l'art. 1384 anc. [1242], al. 1er. • T. confl. 6 juill. 2009, n° 09-03.701 P.

b. Décisions écartant la responsabilité générale du fait d'autrui

107. Associations de chasse. Les associations de chasse n'ont pas pour mission d'organiser, de diriger et de contrôler l'activité de leurs membres et n'ont donc pas à répondre de ceux-ci. • Civ. 2e, 11 sept. 2008, n° 07-15.842 P : *D. 2009. Pan. 519, obs. Lachaume* ; *ibid. 2010. Pan. 49, obs. Gout* ; *JCP 2008. II. 10184, note Mouly* ; *ibid. 2009. I. 123, n° 8, obs. Stoffel-Munck* ; *RLDC 2009/58, n° 3328, note Paulin* ; *LPA 14 nov. 2008, note Laydu.* ♦ *Contra.* : responsabilité *in solidum*, avec l'auteur du coup de feu, sur le fondement de l'art. 1384 anc. [1242], al. 1er, du président de l'association de chasse qui, lors de l'action de chasse, a placé les chasseurs et leur a donné les consignes. • Dijon, 5 sept. 2002 : *JCP 2003. IV. 1413.* ♦ En ce qui concerne les associations de chasse, V. Pascual, *RRJ 1999/1. 151.*

108. Mineur : administrateur légal ou tuteur. S'il résulte de l'art. 490 C. civ. que la mesure prévue à cet art. concerne non seulement la gestion des biens du majeur mais aussi la protection de sa personne, il ne s'ensuit pas que le tuteur ou l'administrateur légal sous contrôle judiciaire est responsable des agissements de la personne protégée sur le fondement de l'art. 1384 anc. [1242], al. 1er. • Civ. 2e, 25 févr. 1998, n° 95-20.419 P : *R., p. 268 ; D. 1998. 315, concl. Kessous ; ibid. 1998. Chron. 240, étude Galliou-Scanvion ; JCP 1998. II. 10149, note Viney ; Err. 10162 bis ; JCP N 1998. 1217, note Josselin-Gall ; Defrénois 1998. 1029, obs. Massip ; Gaz. Pal. 1998. 2. 725, note Bonneau ; RJPF 1999-1/52, note Chabas ; RTD civ. 1998. 345, obs. Hauser ; ibid. 388, obs. Jourdain .* ♦ V., en sens contraire, s'agissant de la tutelle d'un mineur : • Crim. 28 mars 2000, n° 99-84.075 P : *D. 2000. Somm. 466, obs. D. Mazeaud ; JCP 2000. I. 241, nos 9 s., obs. Viney ; ibid. 2001. II. 10457, note Robaczewski ; LPA 16 juin 2000, note Galliou-Scanvion ; RJPF 2000-7-8/42, note Chabas ; RTD civ. 2000. 545, obs. Hauser ; ibid. 586, obs. Jourdain* (responsabilité, au titre de l'art. 1384 anc. [1242], al. 1er, du tuteur, beau-père de l'enfant auteur du dommage).

109. ... Grands-parents. La responsabilité des grands-parents pour le fait d'un petit-enfant qu'ils hébergent pendant les vacances scolaires en un lieu éloigné du domicile des parents ne peut être engagée sur le fondement de l'art. 1384 anc. [1242], al. 1er, dont les conditions d'application ne sont pas réunies. • Civ. 2e, 18 sept. 1996, n° 94-20.580 P : *D. 1998. 118, note Rebourg ; D. 1997. Chron. 327 , par G. Blanc ; Dr. fam. 1997, n° 83, note Murat (3e esp.) ; RTD civ. 1997. 436, obs. Jourdain .* – Dans le même sens : • Civ. 2e, 5 févr. 2004, n° 01-03.585 P : *RJPF 2004-9/39, note Chabas ; LPA 24 juin 2005, note Bertol.* ♦ V. aussi implicitement : • Crim. 8 févr. 2005, n° 03-87.447 P : *cité note 127* (cassation de l'arrêt ayant écarté la responsabilité des parents, pour défaut de cohabitation, l'arrêt cassé ayant justifié cette solution par le fait que la grand-mère, qui s'occupait de l'enfant depuis treize ans, répondait aux critères de l'arrêt *Blieck*).

110. ... Hospitalisation temporaire. L'admission d'un mineur en hôpital de jour n'a pas pour effet de transférer à cet établissement la responsabilité d'organiser, diriger et contrôler la vie de ce mineur. • CE 17 févr. 2012, n° 334766 : *AJDA 2012. 1665, étude Belrhali-Bernard ; RDSS 2012. 563, note Marliac .*

111. ... Mesure d'action éducative en milieu ouvert. Inversement, n'est pas responsable une association qui ne s'est vu confier qu'une mesure d'action éducative en milieu ouvert, dont l'objet est d'apporter aide et conseil à la famille et de suivre le développement de l'enfant, cette mesure n'étant pas de nature à transférer à l'association tout ou partie de l'autorité parentale, l'association n'ayant aucun pouvoir effectif de direction et de surveillance sur le mineur, dont elle ne pouvait contrôler le mode de vie. • Civ. 2e, 19 juin 2008, n° 07-12.533 P : *D. 2008. 2205, note Huyette ; ibid. 2009. Chron. C. cass. 757, n° 11, obs. Nicolétis ; JCP 2008. II. 10203, note Boulanger ; AJ fam. 2008. 399, obs. Chénedé ; ibid. 2008 -10/36, note Corpart ; RLDC 2008/52, n° 3103, obs. Gaudin ; RTD civ. 2008. 667, obs. Hauser ; ibid. 682, obs. Jourdain ; RDSS 2008. 926, note Cristol .*

112. Occupant précaire et incendie. La responsabilité du locataire qui a prêté son logement à un tiers pour quelques jours ne saurait être retenue pour un incendie qui y est survenu par la faute du tiers, faute de caractériser en quoi le locataire avait accepté d'organiser, de diriger et de contrôler le mode de vie du tiers. • Civ. 2e, 6 févr. 2014 : *RTD civ. 2014. 661, obs. Jourdain ; JCP 2014, n° 533, note Perdrix.* ♦ Comp. antérieurement plus ambigu : • Civ. 2e, 22 mai 1995, n° 92-16.852 P : *préc. note 92.*

113. Syndicats : manifestations. Absence de responsabilité de plein droit, sur le fondement de l'art. 1384 anc. [1242], al. 1er, d'un syndicat pour les agissements de ses adhérents au cours des manifestations auxquelles ils participent. • Civ. 2e, 26 oct. 2006, n° 04-11.665 P : *D. 2007. 204, note Laydu ; JCP 2007. II. 10004, note J. Mouly ; ibid. I. 115, n° 5, obs. Stoffel-Munck ; LPA 3 janv. 2007, note Brusorio ; ibid. 23 janv. 2007, note Barbiéri ; RDT 2007. 258, obs. Leclerc ; RCA 2006, n° 365, note Radé ; RTD civ. 2007. 357, obs. Jourdain* (FNSEA). ♦ Comp. *supra* la solution contraire pour une association de supporters sportifs.

B. RESPONSABILITÉS SPÉCIALES DU FAIT D'AUTRUI

114. Caractère alternatif des régimes de responsabilité du fait d'autrui. Les différentes responsabilités du fait d'autrui ne sont pas cumulatives mais alternatives : cassation de l'arrêt ayant retenu que les conditions de la responsabilité du père, comme celles de l'employeur, étaient réunies. • Civ. 2e, 18 mars 1981, n° 79-14.036 P : *R., p. 69 ; D. 1981. IR 319, obs. Larroumet.* ♦ Dans le même sens, pour la responsabilité du fait des préposés et des apprentis, V. *infra* note 185. ♦ V. cependant *infra* note 116 pour la responsabilité des parents et responsabilité de l'État du fait de l'instituteur et notes 117 et 129 pour la responsabilité générale du fait d'autrui.

1° RESPONSABILITÉ DES PÈRE ET MÈRE (AL. 4 et 7)

BIBL. Alt-Maes, *JCP 1992. I. 3627* (victime de mineur) ; *JCP 1998. I. 154* (responsabilité du fait du mineur). – Bizot, *R. 2002, p. 157* (de la faute au risque). – Boiché, *AJ fam. 2011. 93* (convention de La Haye du 19 oct. 1996). – Bonnet et Mucchielli, *R. 1997, p. 55*. – Boré, *JCP 1968. I. 2180*. – F. Boulanger, *D. 2005. Chron. 2245* (autorité parentale et responsabilité parentale). – Buttner, *RRJ 2000/4. 1783* (accidents en milieu scolaire : responsabilité des parents et des surveillants). – Caron, *Gaz. Pal. 1998. 2. Doctr. 1130* (force majeure). – Décamps, *LPA 24 et 27 sept. 1999*. – François, *D. 2007. Chron. 2408* (fait générateur de la responsabilité du fait d'autrui). – Frémeaux, *RRJ 2000/4-1. 1367* (faute indirecte des parents). – Gourdon, *Dr. fam. 2003. Chron. 20* (« garde de fait » du mineur). – J. Julien, *Dr. fam. 2002. Chron. 21* (accidents scolaires). – Lapoyade Deschamps, *D. 1988. Chron. 299*. – Lasserre-Kiesow, *LPA 11 oct. 2001* (garde et responsabilité du fait d'autrui). – Lebreton, *RRJ 2002/3. 1269 ; LPA 11 avr. 2007* (fait dommageable de l'enfant). – Leduc, *RCA 1997. Chron. 9 ; RLDC 2008/51, suppl., n° 3080*. – Leverbe, *RCA 2005. Étude 4* (le civilement responsable du fait du mineur). – L.-A. Lucas, *LPA 29 juin 2004* (réflexions critiques). – D. Mazeaud, *Études P. Catala, Litec, 2001, p. 569* (famille et responsabilité). – Montanier, *Dr. fam. 2003. Chron. 13*. – Moracchini-Zeidenberg, *RCA 2013. Étude 2 ; ibid. 2014. Étude 6*. – Pohé, *RRJ 2002/1. 239* (force majeure). – Ponseille, *RTD civ. 2003. 645* (condition de cohabitation). – Proutière-Maulion, *LPA 26 sept. 2002*. – Puill, *D. 1988. Chron. 185*. – Radé, *D. 1997. Chron. 279* (arrêt Bertrand). – Reynaud, *AJ fam. 2002. 132* (responsabilité des père et mère et résidence alternée). – Thierry, *LPA 7 janv. 2008* (rôle de l'autorité parentale). – Warembourg-Auque, *RTD civ. 1982. 329*. – Zeidenberg, *RRJ 2001/4. 1351* (source de la responsabilité parentale).

115. Possibilité de cumuler la responsabilité du mineur avec celle des père et mère. La condamnation des père et mère sur le fondement de l'art. 1384 anc. [1242], al. 4, ne fait pas obstacle à la condamnation personnelle du mineur sur le fondement de l'anc. art. 1382 [1240]. • Civ. 2e, 11 sept. 2014, n° 13-16.897 P : *D. actu. 17 sept. 2014, obs. Coustet ; D. 2015. 124, obs. Brun et O. Gout ; ibid. 2015. Chron. C. cass. 517, note Lazerges-Cousquer et Touatii ; ibid. 1919, obs. Bonfils et Gouttenoire ; AJ fam. 2014. 566, obs. Perdrix ; JCP 2014, n° 1074, note Deharo* (responsabilité *in solidum* avec ses parents, tenus eux solidairement).

116. Cassation de l'arrêt admettant la responsabilité de l'État mais pas du père de l'enfant, sans constater un cas de force majeure seul à même d'exonérer ce dernier. • Civ. 2e, 4 juin 1997, n° 95-16.490 P : *D. 1997. IR 159 ; LPA 29 oct. 1997, note Galliou-Scanvion.* ♦ V. aussi sous l'angle du maintien de la responsabilité des père et mère, sans que la décision aborde la question de la responsabilité de l'instituteur : la présence de l'enfant dans un établissement scolaire ne suffit pas, par elle-même, à écarter la présomption pesant sur les parents. • Civ. 2e, 16 mai 1988, n° 87-12.209 : *Gaz. Pal. 1989. 2. Somm. 371* (dommage causé à un élève).

117. … Avec une responsabilité générale du fait d'autrui. Cassation de l'arrêt écartant la responsabilité par une décision judiciaire d'une mesure d'assistance éducative à l'égard d'un mineur, alors que par ailleurs celui-ci et sa mère avaient déjà été déclarés responsables. • Crim. 8 janv. 2008, n° 07-81.725 P : *LPA 22 sept. 2008, obs. Vignon-Barrault ; ibid. 3 juin 2009, note Autem ; RCA 2008, n° 88, obs. Groutel.* ♦ V. aussi *infra* note 129.

a. Conditions relatives au mineur, auteur du fait dommageable

118. Minorité de l'enfant. La responsabilité civile des père et mère s'apprécie au jour de l'accident ; cassation de l'arrêt qui, pour mettre la mère hors de cause, relève que son fils est devenu majeur, alors qu'il était mineur au jour du fait dommageable. • Civ. 2e, 25 oct. 1989, n° 88-16.210 P. ♦ Sur la suppression de la responsabilité des mère et père en cas d'émancipation du mineur, V. art. 413-7, mesure possible à partir de 16 ans (art. 413-2) ou même avant en cas de mariage (art. 413-1 et 145).

119. Responsabilité déclenchée par le simple fait dommageable de l'enfant. Pour que soit présumée, sur le fondement de l'art. 1384 anc. [1242], al. 4, la responsabilité des père et mère d'un mineur habitant avec eux, il suffit que celui-ci ait commis un acte qui soit la cause directe du dommage invoqué par la victime. • Cass., ass. plén., 9 mai 1984, *Fullenwarth*, n° 79-16.612 P : *R., p. 104 ; GAJC, 11e éd., n° 208-209 (I) ; D. 1984. 525, concl. Cabannes, note Chabas ; JCP 1984. II. 20255, note Dejean de la Bâtie ; RTD civ. 1984. 508, obs. J. Huet* (jet d'une flèche blessant un autre enfant). ♦ Cette responsabilité de plein droit n'est pas subordonnée à l'existence d'une faute de l'enfant. • Civ. 2e, 10 mai 2001, *Levert*, n° 99-11.287 P : *R., p. 435 ; D. 2001. 2851, rapp. Guerder, note Tournafond ; D. 2002. Somm. 1315, obs. D. Mazeaud ; JCP 2001. II. 10613, note J. Mouly ; JCP 2002. I. 124, n° 20 s., obs. Viney ; Defrénois 2001. 1275, note Savaux ; RCA 2001. Chron. 18, par Groutel ; Dr. fam. 2002. Chron. 7, par J. Julien ; RJPF 2001-9/41, note Chabas ; LPA 3 déc. 2001, note F. Niboyet ; RTD civ. 2001. 601, obs. Jourdain* (placage non fautif lors d'un match de rugby pendant la récréation) • Civ. 2e, 3 juill.

2003, n° 02-15.696 P : *D. 2003. IR 2207* ; *JCP 2004. II. 10009, note Desgorces* ; *Dr. fam. 2004, n° 63, note J. Julien* ; *LPA 29 mars 2004, note Laydu* (coup de coude involontaire lors d'un « jeu de combat » dans le cadre du cours d'éducation physique). ♦ Dans le même sens : • Cass., ass. plén., 13 déc. 2002, n° 01-14.007 P : *R., p. 475* ; *BICC 1er mars 2003, concl. de Gouttes, rapp. Le Corroller* ; *D. 2003. 231, note Jourdain (2 arrêts)* ; *JCP 2003. II. 10010, note Hervio-Lelong* ; *ibid. I. 154, n° 46 s., obs. Viney* ; *Gaz. Pal. 2003. 1008, note Chabas* ; *ibid. 1035, note Icard et Pansier* ; *RCA 2003. Chron. 4, par Groutel* ; *Dr. fam. 2003, n° 23, note J. Julien* ; *RJPF 2003-5/32, note Saluden* ; *LPA 18 avr. 2003, note Laydu* (il suffit que le dommage ait été directement causé par le fait, même non fautif, du mineur ; perte d'équilibre d'origine indéterminée alors que l'élève reprenait sa place) • Civ. 2e, 20 oct. 2005 : *Dr. fam. 2006, n° 78, note J. Julien* (glissade lors d'une altercation entre élèves ; cassation en revanche de l'arrêt qui n'a pas examiné les conséquences éventuelles d'une faute de la victime) • Civ. 2e, 17 févr. 2011, n° 10-30.439 P : *D. actu. 2 mars 2011, obs. Marrocchella* ; *D. 2011. 1117, note Bouteille* ; *ibid. 2012. Pan. 47, obs. Gout* ; *RTD civ. 2011. 244, obs. Jourdain* ; *JCP 2011, n° 519, note Bakouche* ; *Dr. fam. 2011, n° 106, obs. Moracchini-Zeidenberg* ; *ibid., n° 122, obs. Rouxel* ; *RCA 2011, n° 164, obs. Leduc* ; *RLDC 2011/82, n° 4234, obs. Bugnicourt* (enfant en roller ayant provoqué la chute d'un cycliste).

120. Responsabilité déclenchée par la responsabilité de l'enfant. Les juges du fond ne sont pas tenus de vérifier si le mineur était capable de discerner les conséquences de son acte. • Cass., ass. plén., 9 mai 1984, *(arrêts Lemaire et Derguini)*, n° 80-93.031 P : *R., p. 104* ; *GAJC, 11e éd., n° 186* ; *D. 1984. 525, concl. Cabannes, note Chabas* ; *JCP 1984. II. 20256, note Jourdain* ; *RTD civ. 1984. 508, obs. J. Huet.* ♦ Et ils n'ont pas à rechercher, dès lors qu'ils retiennent que l'enfant avait l'usage, la direction et le contrôle du bâton qui avait été l'instrument du dommage, si cet enfant, malgré son très jeune âge (3 ans), avait un discernement. • Cass., ass. plén., 9 mai 1984, *Épx Gabillet*, n° 80-14.994 P : *préc. note 29.* – V. aussi, à propos des arrêts de l'assemblée plénière de 1984 : *Legeais, Defrénois 1985. 557.* – H. Mazeaud, *D. 1985. Chron. 13.* – Viney, *JCP 1985. I. 3189.* ♦ Sur la possibilité de cumuler les deux responsabilités, V. *supra* note 115.

b. Conditions relatives aux mère et père

121. Filiation au premier degré ; annulation de reconnaissance de paternité. L'annulation de la reconnaissance a un effet rétroactif sur l'existence du lien de filiation et, par voie de conséquence, sur la responsabilité des parents du fait de leurs enfants ; celui dont la reconnaissance de paternité a été annulée ne peut être déclaré civilement responsable des conséquences des faits délictueux commis par l'enfant. • Crim. 8 déc. 2004, n° 03-84.715 P : *R., p. 386* ; *D. 2005. 2267, note A. Paulin* ; *JCP 2005. I. 132, n° 4, obs. Viney* ; *Gaz. Pal. 2005. 2690, note Nicoletti* ; *AJ fam. 2005. 105, obs. Chénedé* ; *Dr. fam. 2005, n° 50, note Murat* ; *LPA 18 juill. 2005, note Corpart-Oulerich* (arrêt cassé ayant fait application de la jurisprudence citée note 5 ss. art. 337). ♦ Sur la responsabilité des autres parents, V. *infra.*

122. Exercice de l'autorité parentale. Absence de responsabilité du père d'un enfant né hors mariage et ne disposant pas de l'autorité parentale. • Crim. 5 nov. 1986, n° 85-96.591 P (décision rendue à l'époque où l'attribution de l'autorité parentale au père nécessitait une décision judiciaire). ♦ Mais, une mère, sous curatelle renforcée, n'est pas privée de l'exercice de l'autorité parentale au sens de l'art. 373 et reste civilement responsable du délit commis par son fils mineur. • Caen, 2 févr. 2006 : *D. 2006. 2016, note Raoul-Cormeil* .

123. Cohabitation : notion juridique. La cohabitation de l'enfant avec ses père et mère visée à l'art. 1384 anc. [1242], al. 4, résulte de la résidence habituelle de l'enfant au domicile des parents ou de l'un d'eux. • Civ. 2e, 20 janv. 2000, n° 98-14.479 P : *R., p. 397* ; *D. 2000. Somm. 469, obs. D. Mazeaud* ; *JCP 2000. II. 10374, note Gouttenoire-Cornut* ; *ibid. I. 241, n° 20, obs. Viney* ; *RCA 2000, n° 146, note Groutel* ; *RJPF 2000-4/38, note Chabas* ; *LPA 9 nov. 2000, note Dagorne-Labbe (1re esp.)* ; *RTD civ. 2000. 340, obs. Jourdain* . ♦ Sur la prééminence de la résidence judiciairement fixée lors d'un divorce, V. note suivante. ♦ Sur l'absence d'influence de cessations illégitimes (fugues de l'enfant) : il est insuffisant, pour écarter la présomption de responsabilité, d'énoncer que, si la mineure avait été confiée par le jugement de divorce à la « garde » de sa mère, à l'époque des faits elle ne résidait plus habituellement chez cette dernière, sans rechercher si la cohabitation de la mineure avec sa mère avait pris fin pour une cause légitime. • Crim. 11 janv. 1996, n° 95-81.001 P. ♦ V. aussi : • Crim. 28 juin 2000, n° 99-84.627 P : *D. 2001. Somm. 2792, obs. Dumaine* ; *JCP 2000. I. 280, n° 18, obs. Viney* (cessation de cohabitation pour une cause illégitime : père ayant récupéré l'autorité parentale sans exiger de sa fille qu'elle réside avec lui). ♦ Dans le même sens, V. déjà : • Civ. 2e, 24 nov. 1966, n° 64-13.329 P (sortie nocturne du mineur).

124. Maintien de la cohabitation en cas d'exercice d'un droit de visite et d'hébergement. En cas de divorce, la responsabilité de plein droit prévue par l'art. 1384 anc. [1242], al. 4, incombe au seul parent chez lequel la résidence habituelle de l'enfant a été fixée, quand bien même l'autre parent, bénéficiaire d'un droit de visite et d'hébergement, exercerait conjointement l'autorité parentale. • Crim. 6 nov. 2012 : *D. 2012. 2658, obs. Gallmeister ; ibid. 2013. Chron. C. cass. 124, obs. Roth ; AJ fam. 2012. 613, obs. Chénedé ; RTD civ. 2013. 106, obs. Hauser ; Gaz. Pal. 2014. 1640, obs. Oudot.* ♦ La responsabilité de plein droit prévue par l'al. 4 de l'art. 1384 anc. [1242] incombe au seul parent chez lequel la résidence habituelle de l'enfant a été fixée, quand bien même l'autre parent, bénéficiaire d'un droit de visite et d'hébergement, exercerait conjointement l'autorité parentale et aurait commis une faute civile personnelle dont l'appréciation ne relève pas du juge pénal. • Crim. 29 avr. 2014, n° 13-84.207 : *D. 2014. 1620, note Perdrix ; ibid. 2015. 124, obs. Brun ; AJ fam. 2014. 370, obs. Zelcevic-Duhamel ; RTD civ. 2014. 639, obs. Hauser.* ♦ V. déjà sous l'empire des textes anciens sur l'autorité parentale : l'exercice d'un droit de visite et d'hébergement ne fait pas cesser la cohabitation du mineur avec celui des parents qui exerce sur lui le « droit de garde ». • Civ. 2e, 19 févr. 1997, *SAMDA*, n° 93-14.646 P : *Gaz. Pal. 1997. 2. 575, note Chabas ; Dr. fam. 1997, n° 97, note Murat ; RTD civ. 1997. 670, obs. Jourdain ; LPA 29 déc. 1997, note Dagorne-Labbe ; ibid. 14 janv. 1998, note Dumont ; Gaz. Pal. 1997. 1. Doctr. 658, étude Galliou-Scanvion (2e esp.)* • 20 janv. 2000, n° 98-14.479 P : *préc. note 123* (sol. impl.), rejetant le pourvoi contre • Besançon, 11 févr. 1998 : *JCP 1998. II. 10150, note Philippe.*

125. ... *Lorsque l'enfant est en milieu scolaire.* La présomption de responsabilité n'est pas écartée par la seule circonstance que l'enfant se trouvait au moment des faits dans un établissement scolaire. • Civ. 2e, 20 avr. 2000, n° 98-18.809 P : *D. 2000. Somm. 468, obs. Jourdain* (dommage causé par l'élève à l'institutrice) • Civ. 2e, 16 mai 1988, n° 87-12.209 : *Gaz. Pal. 1989. 2. Somm. 371* (dommage causé à un élève). ♦ La présence d'un enfant mineur dans un établissement scolaire, même en régime d'internat, ne supprime pas la cohabitation de l'enfant avec ses parents. • Civ. 2e, 16 nov. 2000 : *JCP 2001. I. 340, n° 18, obs. Viney ; RTD civ. 2001. 603, obs. Jourdain* • 29 mars 2001, n° 98-20.721 P : *D. 2002. Somm. 1309, obs. Jourdain ; JCP 2002. II. 10071, note Prigent ; RJPF 2001-6/34, obs. Chabas ; LPA 8 nov. 2001, note Laydu ; RTD civ. 2001. 603, obs. Jourdain* • Crim. 25 sept. 2002 : *Gaz. Pal. 2003. 996, note Chabas* • 18 mai 2004, n° 03-83.616 P : *R., p. 384 ; LPA 3 nov. 2004, note Laydu ; RTD civ. 2005. 140, obs. Jourdain* (mineur confié par ses parents *exerçant l'autorité parentale* à un établissement d'éducation spécialisé pour handicapés en régime d'internat).

126. ... *Lorsque l'enfant est en vacances.* Le fait que l'enfant séjournait en vacances chez ses grands-parents n'écarte pas la responsabilité de plein droit de ses père et mère, dès lors qu'il résidait habituellement avec eux. • Civ. 2e, 5 févr. 2004, n° 01-03.585 P : *préc. note 134.* ♦ La cohabitation de l'enfant avec ses parents, résultant de sa résidence habituelle à leur domicile ou au domicile de l'un d'eux, ne cesse pas lorsque le mineur est confié par contrat à un organisme de vacances, qui n'est pas chargé d'organiser et de contrôler à titre permanent le mode de vie de l'enfant. • Crim. 29 oct. 2002, n° 01-82.109 P : *D. 2003. 2113, note Mauger-Vielpeau ; JCP 2003. I. 154, n° 37 s., obs. Viney ; RJPF 2003-2/42, obs. Chabas ; RTD civ. 2003. 101, obs. Jourdain.*

127. ... *Lorsque l'enfant est confié à un grand-parent.* Le fait que le mineur a été confié par ses parents, qui exercent l'autorité parentale, à sa grand-mère qui l'élève depuis douze ans n'a pas fait cesser la cohabitation de l'enfant avec eux. • Crim. 8 févr. 2005, n° 03-87.447 P : *JCP 2005. II. 10049, note Steinlé-Feuerbach ; ibid. I. 149, n° 5, obs. Viney ; RCA 2005, n° 118, note Groutel ; RJPF 2005-6/36, note Chabas.*

128. ... *Lorsque l'enfant est confié à un centre médico-pédagogique.* La circonstance que les parents ont confié temporairement l'enfant à un centre médico-pédagogique n'a pas fait cesser la cohabitation. • Civ. 2e, 9 mars 2000, n° 98-18.095 P : *R., p. 397 ; D. 2000. IR 109 ; JCP 2000. II. 10374, note Gouttenoire-Cornut ; LPA 9 nov. 2000, note Dagorne-Labbe (2e esp.).* ♦ Comp. excluant la responsabilité du centre pour les périodes de week-end précédant la prise en charge du mineur. • Crim. 15 juin 2000, n° 99-84.912 P : *D. 2000. IR 245 ; JCP 2000. I. 280, nos 15 s., obs. Viney ; LPA 9 nov. 2000, note Dagorne-Labbe* (3e esp.).

129. *Cas des mesures d'assistance éducative.* BIBL. Tesson, *RDSS 2017. 828* (responsabilité administrative du fait de la garde des mineurs). ♦ Une mesure d'assistance éducative ne privant pas les parents de l'exercice des attributs de l'autorité parentale qui ne sont pas inconciliables avec cette mesure (C. civ., art. 375-7), est civilement responsable de son fils la mère d'un mineur confié jusqu'à sa majorité, par décision du juge des enfants, à un centre socio-éducatif, dès lors que les faits se sont produits à l'occasion des visites et de l'hébergement de ce mineur chez sa mère. • Crim. 25 mars 1998, n° 94-86.137 P : *D. 1998. IR 152 ; JCP 1998. II. 10162, note Huyette ; ibid. I. 187, n° 22 s., obs. Viney ; Gaz. Pal. 1999. 1. Doctr. 101, étude Gan ; LPA 5 oct. 1999, note Alt-Maes ; RTD civ. 1998. 918, obs. Jourdain.* ♦ Mais cette solution n'exclut pas la responsabilité de l'organisme en charge de cette mesure au titre de la responsabilité générale du fait d'autrui : une association chargée par décision d'un juge des enfants d'organiser et de contrôler à titre permanent le mode de vie d'un mineur demeure responsable de plein droit du fait dommageable commis par ce mineur, même lorsque celui-ci habite avec ses parents, dès lors qu'aucune décision judiciaire n'a suspendu ou interrompu cette mission éducative. • Civ. 2e, 6 juin 2002, n° 00-15.606 P : *préc. note 105* • Crim. 8 janv. 2008, n° 07-81.725 P : *LPA 22 sept. 2008, obs. Vignon-Barrault ; ibid. 3 juin 2009, note Autem ; RCA 2008, n° 88, obs. Groutel.* ♦ V. aussi note 137.

c. Causes d'exonération

130. Responsabilité de plein droit : exonération par la force majeure. Seule la force majeure ou la faute de la victime peut exonérer le père de la responsabilité de plein droit encourue du fait des dommages causés par son fils mineur habitant avec lui. • Civ. 2e, 19 févr. 1997, *Bertrand*, n° 94-21.111 P : *R., p. 277 ; GAJC, 11e éd., n° 208-209 (II) ; D. 1997. 265, note Jourdain ; D. 1997. Somm. 290, obs. D. Mazeaud ; JCP 1997. II. 22848, concl. Kessous, note Viney ; RCA 1997. Chron. 9, par Leduc ; Gaz. Pal. 1997. 2. 572, note Chabas ; ibid. 1998. 1. 171, note Puill ; Dr. fam. 1997, n° 83, note Murat (1re esp.) ; LPA 15 sept. 1997, note Lebreton* (la cour d'appel n'a pas à rechercher l'existence d'un défaut de surveillance) • Civ. 2e, 4 juin 1997, n° 95-16.490 P : *D. 1997. IR 159 ; LPA 29 oct. 1997, note Galliou-Scanvion* (cassation de l'arrêt admettant l'exonération sans constater un cas de force majeure) • Civ. 2e, 2 déc. 1998, n° 96-22.158 P : *D. 1999. IR 29 ; JCP 1999. II. 10165, note Josselin-Gall ; RTD civ. 1999. 410, obs. Jourdain (idem)* • 9 mars 2000, n° 98-18.095 P : *cité note 128 (idem)* • Cass., ass. plén., 13 déc. 2002 (2 arrêts), n° 01-14.007 P : *préc. note 119* • 17 janv. 2003, n° 00-13.787 : *D. 2003. 591, note Jourdain* (rectification du 2e arrêt précité afin de remplacer « cause étrangère » par « force majeure ») • 17 févr. 2011, n° 10-30.439 P : *préc. note 119* (reprise du terme de cause étrangère : cassation de l'arrêt ayant exonéré totalement le père, alors que la faute du cycliste n'était pas la cause exclusive du dommage causé par le choc avec un enfant en rollers). – Dans le même sens : • Crim. 28 juin 2000, n° 99-84.627 P : *D. 2001. Somm. 2792, obs. Dumaine ; JCP 2000. I. 280, n° 18, obs. Viney* (absence de preuve d'un cas de force majeure). ♦ Le fait que l'enfant soit un grand adolescent presque majeur n'est pas une cause d'exonération. • Civ. 2e, 18 mai 2000, n° 98-20.468 P : *D. 2000. Somm. 468, obs. Jourdain.*

131. ... Par la faute de la victime. Il n'est pas exigé que la faute de la victime ait un caractère volontaire pour exonérer partiellement les parents de l'auteur du dommage de leur responsabilité. • Civ. 2e, 29 avr. 2004, n° 02-20.180 P : *D. 2005. Pan. 188, obs. D. Mazeaud ; RJPF 2004-11/41, obs. Chabas.* ♦ Pour une exonération partielle des parents due à la faute de la victime : • Civ. 2e, 19 oct. 2006 : *RJPF 2007-2/26, note Brusorio.*

d. Responsabilités des autres personnes accueillant l'enfant

132. Responsabilité du père ou de la mère échappant à la présomption de l'art. 1242, al. 4. La responsabilité du parent chez lequel la résidence habituelle de l'enfant n'a pas été fixée ne peut être engagée sans la preuve d'une faute de sa part. • Crim. 6 nov. 2012 : *préc.* ♦ Responsabilité du père, pour faute de surveillance, dès lors qu'il connaissait les absences de son fils et que le dommage a été causé à un moment où celui-ci aurait dû être en classe. • Civ. 2e, 19 févr. 1997, *SAMDA*, n° 93-14.646 P : *préc.* (dommages à une voiture lors de son vol).

133. Responsabilité des autres parents : exclusion de l'art. 1242, al. 4. La responsabilité édictée par l'art. 1384 anc. [1242], al. 4, ne s'applique qu'aux père et mère. • 25 janv. 1995, n° 92-18.802 P : *D. 1995. Somm. 232, obs. Delebecque ; RTD civ. 1995. 613, obs. Hauser* (grands-parents) • Civ. 2e, 18 sept. 1996, n° 94-20.580 P : *D. 1997. Chron. 327, par G. Blanc ; ibid. 1998. 118, note Rebourg ; Dr. fam. 1997, n° 83, note Murat (3e esp.) ; RTD civ. 1997. 436, obs. Jourdain* (idem).

134. ... Exclusion de l'art. 1242, al. 1er. La responsabilité des grands-parents pour le fait d'un petit-enfant qu'ils hébergent pendant les vacances scolaires en un lieu éloigné du domicile des parents ne peut être engagée sur le fondement de l'art. 1384 anc. [1242], al. 1er, dont les conditions d'application ne sont pas réunies. • Civ. 2e, 18 sept. 1996, n° 94-20.580 P : *préc.* • 5 févr. 2004, n° 01-03.585 P : *RJPF 2004-9/39, note Chabas ; LPA 24 juin 2005, note Bertol.*

135. ... Exigence d'une faute prouvée. En dehors des cas prévus par l'art. 1384 anc. [1242], celui chez qui le mineur est placé est responsable non du fait d'autrui, mais de son propre fait et ne répond à cet égard que de sa faute personnelle. • Civ. 2e, 15 févr. 1956 : *Bull. civ. II, n° 126 ; D. 1956. 410, note Blanc ; JCP 1956. II. 9564, note R. Rodière.*

136. ... Illustrations : grands-parents, oncles et tantes. Cassation, pour manque de base légale, de l'arrêt écartant la faute de la grand-mère qui accueillait son petit-fils pendant les vacances, tout en constatant que celui-ci, âgé de six ans, avait mis le feu à un brin de paille avec une boite d'allumettes qui était dans une de ses poches. • Civ. 2e, 9 nov. 1971, n° 70-11.668 P : *D. 1972. 75.* ♦ Mais absence de preuve d'une faute de la grand-mère pour un mineur de treize ans ayant mis le feu à une grange avec le briquet qu'il venait d'acheter. • Civ. 2e, 25 janv. 1995, n° 92-18.802 P : *préc.* (enfant accueilli par la grand-mère à la suite du retrait de l'autorité parentale de la mère). ♦ ...Ou lorsque l'enfant, accueilli pendant quelques jours par son grand-père, a accidentellement mis le feu avec un briquet qu'il venait de trouver et dont il voulait se servir pour s'éclairer. • Civ. 2e, 5 févr. 2004, n° 01-03.585 P : *préc. note 134.* ♦ Absence de preuve d'une faute lorsque l'enfant a heurté un piéton en roulant à bicyclette. • Civ. 2e, 18 sept. 1996 : *préc.* (enfant en vacances chez sa grand-mère et sa tante).

Rappr. pour le rejet d'une faute de surveillance des grands-parents lorsque c'est l'enfant qui est la victime. • Civ. 2e, 18 mars 2004, n° 03-10.600 P : *JCP 2004. II. 10123, note Moisdon-Chataignier* (enfant de dix ans, résidant depuis plus de trois semaines chez ses grands-parents, doté d'un discernement et d'une autonomie suffisants, et s'étant brûlé en manipulant un bidon d'essence).

137. Responsabilité des autres personnes accueillant des enfants. Pour l'application éventuelle de la responsabilité générale du fait d'autrui pesant sur l'organisme qui a la charge de l'enfant, V. *supra* notes 138 s. ♦ Comp. antérieurement : • Civ. 2e, 24 nov. 1976, n° 74-15.217 P : *D. 1977. 595, note Larroumet* (cassation de l'arrêt écartant le régime pour faute prouvée des instituteurs pour un service de l'aide sociale à l'enfance à qui la garde de l'enfant avait été confiée, au profit d'une présomption de responsabilité fondée sur l'art. 1384 anc. [1242], al. 1er).

2° RESPONSABILITÉ DES COMMETTANTS (ART. 1242, AL. 5)

BIBL. R. Legeais, *Études J. Savatier, PUF, 1992, p. 303* (droits français et allemand). – M.-Th. Rives-Lange, *JCP 1970. I. 2309*. – Molfessis, *Mél. Gobert, Economica, 2004, p. 495* (évolution de la jurisprudence). ▸ Abus de fonctions : Brun, *RCA 2013. Étude 15*. – Euzen, *LPA 30 mai 1997*. – Frémeaux, *Dr. et patr. 12/2002. 40*. – Hassler, *D. 1980. Chron. 125*. – Jourdain, *obs. RTD civ. 1990. 495*. – Kessous et Desportes, *R. 2000, p. 257* (arrêt Costedoat – Ass. plén. 25 févr. 2000). – Lambert-Faivre, *D. 1986. Chron. 143*. – Puill, *JCP 1996. I. 3939*. – Veaux, *Trav. Assoc. Capitant, XXVIII-1977, p. 77*. ▸ Autres thèmes : Adam, *Dr. soc. 2018. 465* (responsabilité civile du salarié). – Antippas, *D. 2013. Chron. 2928* (droit comparé interne). – Ayissi Manga, *RRJ 2002/2. 703* (préposé et responsabilité). – Brun, *Dr. et patr. 1/2001. 52* (mise en œuvre). – Durand-Pasquier, *RLDC 2008/51, suppl., n° 3087* (préposé de fait). – Durry, *Mél. Gobert, préc., p. 549* (pour une révision de la jurisprudence Costedoat). – Fournier, *LPA 23 juill. 1997* (faute personnelle du préposé). – Gallmeister, *Gaz. Pal. 2005. Doctr. 3052* (faute *du préposé). – Gaudu, D. 1988. Chron. 235* (prêt de main-d'œuvre). – Hontebeyrie, *D. 2004. Chron. 81* (responsabilité des cliniques du fait des médecins). – Mazeaud, *RLDC 2008/51, suppl., n° 3084* (autorité du commettant). – Molfessis, *Dr. soc. 2004. 31* (vie personnelle des préposés et responsabilité des commettants). – Peano, *D. 1991. Chron. 51* (qualités de gardien et de préposé). – Radé, *RLDC 2008/51, suppl., n° 3085*. – Vignal, *Dr. et patr. 9/2003. 72* (responsabilité des salariés). – Viney, *Études Lapoyade-Deschamps, Univ. Montesquieu-Bordeaux IV, 2003* (responsabilité personnelle du préposé). – Dossier *RCA 2013. Étude 11 s.* (responsabilité civile : le fait du préposé).

138. Caractère alternatif des responsabilités du fait des préposés et des apprentis. Ayant constaté que l'auteur direct du dommage était en apprentissage, la cour d'appel ne pouvait, en méconnaissance de cette qualité d'apprenti, considérer qu'il avait agi, en la circonstance, comme préposé. • Civ. 2e, 8 déc. 1961, n° 60-10.756 P : *JCP 1962. II. 12658, note Pierron.* ♦ Sur le caractère alternatif des différentes responsabilités du fait d'autrui, V. aussi note 114 pour l'articulation entre la responsabilité des préposés et celle des mère et père.

139. Possibilité d'être commettant et gardien. La qualité de commettant et celle de gardien ne sont pas incompatibles. • Civ. 2e, 6 mai 1970, n° 69-11.227 P (dommage causé par les flammèches d'un foyer allumé par les ouvriers d'un chantier, l'action étant dirigée contre l'entrepreneur qui les employait). ♦ Comp. *infra* pour l'impossibilité pour un préposé d'être gardien, note 145.

a. Domaine

140. Art. 1242, al. 5, et lois spéciales. Les dispositions d'ordre public de la L. du 5 juill. 1985 n'excluent pas celles de l'art. 1384 anc. [1242], al. 5, relatives à la responsabilité du commettant du fait du préposé. • Crim. 27 mai 2014, n° 13-80.849 P : *D. 2014. 1202 ; RGDA 2014. 391, obs. Landel.* ♦ V. égal. • Civ. 2e, 23 nov. 2017, n° 16-21.664 P : *D. 2017. 2425 ; RGDA 2018. 31, note Landel* • 8 mars 2018, n° 17-13.554 P : *D. 2018. 559 ; RTD civ. 2018. 428, obs. Jourdain* . ♦ Le chapitre I de la L. du 7 juill. 1967 sur l'abordage en mer, qui s'impose au juge pour l'identification du navire responsable des dommages causés par un abordage, n'exclut pas l'application des règles gouvernant la responsabilité des commettants du fait de leurs préposés, pour la fixation de la contribution à la dette. • Com. 24 janv. 2006, n° 03-21.153 P : *R., p. 393 ; BICC 1er mai 2006, n° 856, et la note ; RTD civ. 2006. 327, obs. Jourdain* .

141. … Et inexécution d'un contrat par un salarié du cocontractant. Une société de gardiennage est contractuellement tenue de garantir son client, dont elle s'est engagée à assurer la surveillance et le gardiennage des locaux, des conséquences d'un dommage causé par la faute du préposé qu'elle s'est substitué et la clause de non-recours est inapplicable dans un tel cas. • Civ. 1re, 18 janv. 1989, n° 87-18.081 P : *R., p. 335 ; JCP 1989. II. 21326, note Larroumet ; RTD* *civ. 1989. 330, obs. Jourdain* (préposé ayant mis le feu aux locaux qu'il devait surveiller). ♦ Dans le même sens, appliquant la responsabilité contractuelle aux relations entre l'expéditeur, le commissionnaire de transport et le transporteur, pour le vol d'un chargement de pièces de monnaies. • Com. 3 oct. 1989, n° 87-18.479 P : *D. 1990. 81, concl. Jéol ; JCP 1990. II. 21423, concl. Jéol ; RTD civ. 1990. 87, obs. Jourdain* (chauffeur ignorant le contenu du chargement, s'étant arrêté pour secourir un chauffeur de la même entreprise, simulant une panne : absence de force majeure) et pour la suite de l'affaire • Com. 19 mars 1996, n° 94-11.656 (absence de faute lourde du chauffeur qui s'est arrêté). ♦ Comp. pour des décisions raisonnant dans le cadre de la responsabilité des commettants, *infra* note 166.

142. La responsabilité des commettants peut en revanche s'appliquer lorsque le préposé fautif n'était pas celui qui était chargé de l'exécution du contrat. • Com. 19 mars 1996, n° 94-11.656 : *préc.* (refus d'appliquer la responsabilité contractuelle pour le chauffeur, complice des voleurs, ayant simulé la panne, dès lors que ses agissements ne se situaient pas dans le cadre du lien de préposition spécifique à l'exécution de ce contrat de transport de fonds ; application de la responsabilité des commettants et admission d'un abus de fonction dès lors qu'en interférant dans le contrat de transport de monnaie qu'il n'avait pas pour mission d'effectuer, le préposé avait agi hors l'exercice de ses fonctions, sans autorisation et à des fins étrangères à ses attributions).

143. Par ailleurs, il est de jurisprudence constante que les juridictions pénales, dans le cadre de l'action civile, n'appliquent pas les règles de la responsabilité contractuelle, mais celles de la responsabilité extracontractuelle. Pour l'application de la responsabilité des commettants à l'entreprise de gardiennage dont le préposé, abusant de ses fonctions, a commis un vol dans les locaux qu'il devait protéger, V. • Crim. 23 juin 1988, n° 87-80.410 P (arrêt n° 7) • 23 juin 1988, n° 84-92.215 P (arrêt n° 9). ♦ ...Ou a incendié les locaux qu'il devait surveiller. • Crim. 23 juin 1988, n° 84-95.978 P (arrêt n° 8).

b. Conditions

144. Faute du préposé. Le déclenchement de la responsabilité du commettant suppose la preuve d'une faute du préposé et en dehors des cas où le dommage résulte du fait d'une chose qui en a été l'instrument (V. note suivante), aucune des décisions citées par ailleurs n'a engagé la responsabilité du commettant pour un simple fait causal non fautif, comme dans le cas de l'arrêt *Fulllenwarth* pour le fait d'un mineur. ♦ V. par ex. en matière sportive : engage la responsabilité de son employeur le sportif professionnel salarié qui, au cours d'une compétition, cause un dommage à un autre participant par sa faute caractérisée par une violation des règles du jeu. • Civ. 2e, 8 avr. 2004, n° 03-11.653 P : *D. 2004. 2601, note Sérinet ; ibid. 2005. Pan. 187, obs. D. Mazeaud ; ibid. 2006. Pan. 194, obs. Lagarde ; JCP 2004. II. 10131, note Imbert ; Gaz. Pal. 2004. Doctr. 2785, étude Perez et Polère ; Dr. et patr. 10/2004. 105, obs. Chabas ; RTD civ. 2004. 517, obs. Jourdain*, et, sur renvoi, • Angers, aud. sol., 7 oct. 2005 : *D. 2006. 1733, note Jacotot*. ♦ La faute pénale du préposé, dont résulte la faute civile au sens de l'art. 1242, al. 5, ne peut plus être contestée par le commettant, fût-ce à l'occasion d'un procès ayant pour objet la seule action civile, lorsqu'elle constitue le fondement d'une condamnation pénale devenue définitive. • Crim. 13 nov. 2018, n° 17-81.398 P : *D. 2018. 2234 ; RDT 2019. 112, obs. Gallois* (responsabilité civile d'une clinique engagée du fait du harcèlement moral commis par un préposé, l'arrêt admettant toutefois que celle-ci peut encore invoquer un abus de fonction). ♦ Sur l'immunité du salarié resté dans les limites de sa mission, à l'égard de la victime, V. *infra* note n° 170 pour le principe et notes nos 175 s. pour les limites. – V. cep. pour une décision rendue dans une hypothèse très particulière et se contentant d'évoquer « un fait du préposé engageant la responsabilité de son commettant ». • Civ. 2e, 24 oct. 2002, n° 00-22.639 P : *RCA 2003, n° 3* (responsabilité d'un transporteur engagée du fait de son préposé qui s'est présenté pour une livraison avec un transpalette volé chez... son propriétaire, sans que le commettant, à qui incombait la charge de la preuve, puisse expliquer comment il était entré en possession de celle-ci, alors qu'il ne contestait pas le vol et avait restitué spontanément la palette, le moyen n'invoquant pas l'absence de preuve d'une faute, mais l'absence d'imputation du vol au préposé).

145. Incompatibilité des qualités de préposé et de gardien. V. • Civ. 27 avr. 1929 : *DP 1929. 1. 129, note Ripert ; S. 1929. 1. 297, note Hugueney.* ♦ V. réaffirmant ce principe : • Civ. 2e, 12 juill. 1966, n° 63-12.741 P • 1er avr. 1998 : *RTD civ. 1998. 914, obs. Mestre*. ♦ V. aussi note 12 ss. L. du 5 juill. 1985, art. 1er. ♦ Mais le préposé peut devenir gardien en cas d'abus de fonction. • Civ. 2e, 8 nov. 1976, n° 75-13.155 P : *JCP 1977. II. 18759, note Bénabent* (solution appliquée en l'espèce à un véhicule dont le préposé a fait un usage personnel). ♦ Comp. *supra* note 139 pour la possibilité d'admettre que le commettant est également gardien.

146. Rapport de préposition : notion. **BIBL.** Leveneur, *RCA 2013. Étude 12.* ♦ Le lien de subordination, d'où découle la responsabilité mise à la charge des commettants par l'art. 1384 anc. [1242], al. 5, suppose essentiellement que ceux-ci ont le droit de faire acte d'autorité en donnant à leurs préposés des ordres ou des instructions sur la manière de remplir, à titre temporaire ou permanent, avec ou sans rémunération, fût-ce en l'absence de tout louage de service, les emplois qui leur ont été confiés pour un temps et un objet déterminés. • Crim. 7 nov. 1968, n° 68-90.118 P (retraité agricole causant un incendie lors de travaux de débroussaillage) • Crim. 16 avr. 1975, n° 74-92.160 P : *Gaz. Pal. 1975. 2. 506* • 30 juin 1987, n° 85-96.040 P (concubin de la fille de restaurateurs tenant régulièrement mais à titre occasionnel le bar) • Crim. 14 juin 1990, n° 88-87.396 P (aide occasionnelle dans le service des clients d'un restaurant). ♦ La notion de profit n'est pas déterminante pour apprécier qui est le commettant, le lien de préposition résultant du pouvoir de commandement, du droit de donner des ordres et des instructions. • Civ. 2e, 17 déc. 1964, n° 63-10.791 P : *JCP 1965. II. 14125, note R. Rodière.*

147. ... Commettant occasionnel. Qualité de commettant occasionnel du pilote d'un avion reconnue au service départemental de lutte contre l'incendie qui a ordonné le déroutage de l'avion. • Civ. 2e, 6 févr. 2003, n° 01-16.380 P. ♦ V. aussi les décisions citées note précédente.

148. ... Insuffisance d'un lien purement apparent. Le rapport de subordination prévu par l'art. 1384 anc. [1242], al. 5, ne peut résulter d'une situation de pure apparence. • Crim. 15 févr. 1972, n° 71-91.734 P : *D. 1972. 368 ; JCP 1972. II. 17159, note D. Mayer* (si la création de cette apparence peut constituer une faute, celle-ci relève de la juridiction civile). ♦ Comp. : lorsqu'il s'agit de décider si le commettant peut se prévaloir d'un abus de fonction de son préposé, il peut être tenu compte de ce que la victime a été fondée à se fier aux apparences (V. notes 178 s.).

149. ... Absence de lien nécessaire avec les connaissances techniques. Le lien de préposition n'implique pas nécessairement chez le commettant les connaissances techniques pour pouvoir donner des ordres avec compétence. • Civ. 2e, 11 oct. 1989, n° 88-16.219 P (admission de la responsabilité du propriétaire d'un arbre et de la tronçonneuse utilisée pour le couper, qui se trouvait aux côtés du préposé et lui donnait des directives). ♦ Le commettant ne saurait se soustraire à sa responsabilité sous le prétexte que son préposé présentait, pour son emploi, des garanties professionnelles auxquelles il n'avait qu'à s'en remettre. • Crim. 20 juin 1924 : *DP 1925. 1. 93.* ♦ En ce sens, pour un jockey dit « de grande cravache » : • Civ. 2e, 26 oct. 2000, n° 98-19.387 P.

150. ... Limites temporelles : occupation d'un logement de fonction. Le salarié qui occupe un logement de fonction dans les locaux de l'entreprise n'est plus, en dehors du temps de travail, dans un lien de subordination découlant du contrat de travail. • Civ. 2e, 10 juin 1999 : *RCA 1999, n° 288, note Groutel.*

151. Pluralité de commettants. Sur la possibilité pour un préposé, dans certaines situations exceptionnelles, d'être rattaché à plusieurs commettants : • Com. 4 nov. 1953 : *JCP 1954. II. 8134* (responsabilité des trois armateurs de plusieurs navires en convoi sous la conduite d'un pilote unique, qui a commis une faute, quel que soit le rôle exact de chaque navire) • Civ. 2e, 9 févr. 1967 : *Gaz. Pal. 1967. 1. 224 ; RTD civ. 1967. 634, obs. Durry* (berger gardant les troupeaux de plusieurs employeurs). ♦ Responsabilité cumulative de deux commettants d'un même préposé (entreprise de surveillance et magasin où est placé l'agent). • Orléans, 21 avr. 1986 : *Gaz. Pal. 1986. 2. 628, note F. Lévy.*

152. Préposé disposant d'une certaine autonomie : activités sportives. Le propriétaire d'un cheval est le commettant du driver qu'il rémunère, qui court pour son compte et auquel il peut donner toutes instructions utiles. • Civ. 2e, 26 oct. 2000, n° 98-19.387 P. ♦ Mais n'est pas caractérisée l'existence d'un lien de préposition entre un comité local des pêches qui a confié la direction d'un navire à un skipper pour la participation à une régate et ce skipper, dont le navire a causé un abordage au cours de la régate. • Com. 24 janv. 2006, n° 03-21.153 P : *préc. note 140.* ♦ Rappr. estimant que le skipper, en tant que commandant de bord, était le gardien exclusif du voilier. • Civ. 2e, 12 avr. 2012 : *RCA 2012, n° 195* (rejet du moyen arguant du fait que sa qualité de préposé excluait cette solution).

153. ... Artisan indépendant. Rejet du pourvoi contre l'arrêt qui, après avoir souverainement apprécié la situation de fait dans laquelle se trouvait le prévenu vis-à-vis de son donneur d'ordres, a caractérisé le lien de subordination qui, malgré son statut d'artisan indépendant, l'unissait à cette société dans l'accomplissement des tâches qu'elle lui confiait. • Crim. 22 mars 1988, n° 87-82.802 P : *RTD civ. 1988. 774, obs. Jourdain* (artisan intervenant pour la pose et l'installation des biens vendus par un grand magasin, qui encadrait son activité et dont le service après-vente contrôlait ses interventions, en faisant remonter les observations des clients). ♦ Comp. *infra* note 165 pour la solution contraire admise généralement en matière de sous-traitance.

154. ... Mandat. La qualité de président du conseil d'administration d'une société est exclusive de celle de préposé pour l'application de l'art. 1384 anc. [1242], al. 5. • Crim. 20 mai 2003, n° 02-84.307 P. ♦ Mais la qualité de mandataire attribuée à certains organes dirigeants d'une société n'est pas nécessairement exclusive de celle de préposé. • Civ. 1re, 27 mai 1986, n° 84-16.420 P (Pdg et directeur général ayant frappé un salarié qui venait d'être licencié par leur société). ♦ Responsabilité d'une société, sur le fondement de l'art. 1384 anc. [1242] al. 5, en raison de la faute commise par son gérant dans l'accomplissement de travaux réalisés pour son compte. • Civ. 2e, 15 mai 2008, n° 06-22.171 P : *RTD civ. 2008. 680, obs. Jourdain*. ♦ V. aussi, dans le cadre spécifique des agents d'assurance : le renvoi fait par l'art. L. 511-1 C. assur. à l'art. 1384 anc. [1242] C. civ. a pour seul objet de faire bénéficier le client de l'agent général d'assurances, pris en qualité de mandataire de l'assureur, de la garantie de ce dernier (et non d'exclure la responsabilité personnelle de l'agent général). • Civ. 1re, 10 déc. 2002, n° 99-15.180 P : *D. 2003. 510, concl. Sainte-Rose ; RCA 2003, n° 52 ; ibid. Repères 2, par Groutel ; RGDA 2003. 129, note Langé* • Civ. 2e, 7 juill. 2011, n° 10-21.719 P : *D. 2012. Chron. C. cass. 644, obs. Adida-Canac et Bouvier ; RCA 2011, n° 379.*

155. ... Professionnels de santé. BIBL. Riot, *D. 2006. Chron. 111* (exercice « subordonné » de l'art médical). ♦ L'indépendance professionnelle du médecin dans l'exercice de son art n'est pas incompatible avec l'état de subordination résultant d'un contrat de louage de services le liant à un tiers, lequel peut dès lors être déclaré civilement responsable de son préposé. • Crim. 5 mars 1992, n° 91-81.888 P : *JCP 1993. II. 22013, note Chabas ; RTD civ. 1993. 137, obs. Jourdain*. ♦ Même sens pour une sage-femme : • Civ. 1re, 17 févr. 2011, n° 10-10.449 P : *D. 2011. 675, obs. Gallmeister ; RTD civ. 2011. 356, obs. Jourdain ; RLDC 2011/81, n° 4204, obs. Bugnicourt.* ♦ V. aussi note 175 pour la confirmation de cette solution lors de l'extension aux médecins salariés de l'immunité du préposé accordée par l'arrêt *Costedoat*.

Pour la solution contraire admise antérieurement : • T. confl. 14 févr. 2000, n° 00-02.929 P : *D. 2000. IR 138 ; JCP 2001. II. 10584, note Hardy ; LPA 26 avr. 2001, note De Andrade ; RFDA 2000. 1232, note Pouyaud ; RDSS 2001. 85, obs. Mémeteau* (l'argumentation d'un médecin salarié d'une clinique et auteur d'une faute, fondée sur les principes de la responsabilité des commettants du fait de leurs préposés, ne saurait être retenue) • Civ. 1re, 13 nov. 2002, n° 00-22.432 P : *D. 2003. 580, note Deis-Beauquesne ; ibid. Somm. 459, obs. Jourdain ; JCP 2003. II. 10096, note Billiau ; Gaz. Pal. 2003. 1000, note Chabas ; RCA 2003, n° 50, note Groutel ; RGDA 2003. 96, note Rémy ; LPA 29 mai 2003, note Barbièri* (si l'établissement de santé peut être déclaré responsable des fautes commises par un praticien salarié, ce principe ne fait pas obstacle à l'action récursoire de l'établissement de santé, en raison de l'indépendance professionnelle du médecin, même salarié). ♦ V. aussi lorsque le recours de la victime (patient d'une clinique) était fondé sur la responsabilité contractuelle et non sur l'art. 1384 anc. [1242], al. 5 : • Civ. 1re, 9 avr. 2002, n° 00-21.014 P : *JCP 2002. I. 186, n° 20 s., obs. Viney ; RCA 2002, n° 234, et Chron. 13, par Radé ; Dr. et patr. 7-8/2002. 96, obs. Chabas ; RTD civ. 2002. 516, obs. Jourdain* (rejet du pourvoi contre l'arrêt ayant condamné un médecin salarié, coupable d'une faute de maladresse, à garantie envers son employeur).

156. Transfert du lien de préposition : entreprise de travail temporaire. Sur le problème de la détermination du commettant, V. : • Crim. 29 nov. 1973, n° 72-93.886 P : *D. 1974. 194, note Dauvergne* (conservation du lien de préposition d'une entreprise intérimaire pour la mise à disposition d'un comptable). ♦ Solution inverse pour une entreprise ayant mis à disposition un conducteur d'engin : • Crim. 10 mai 1976, n° 75-92.112 P : *Gaz. Pal. 1976. 2. 587 ; RTD civ. 1976. 785, obs. Durry.* ♦ V. aussi : • Com. 26 janv. 1976, n° 74-11.542 P : *D. 1976. 449, rap. Mérimée* (agent de la SNCF mis à la disposition d'une entreprise privée : cassation pour manque de base légale de l'arrêt qui n'a pas recherché, compte tenu notamment de l'accord entre les parties, qui avait le pouvoir de donner des ordres quant au choix de la manœuvre d'aiguillage) • Civ. 1re, 18 janv. 1989, n° 87-16.269 P : *R., p. 335 ; RTD civ. 1989. 561, obs. Jourdain* (salarié d'une entreprise de gardiennage passé sous la subordination de l'entreprise utilisatrice, qui l'avait intégré dans son équipe de gardiens).

157. ... Location avec chauffeur. Détermination du commettant dans le cas de location : de camion-citerne avec chauffeur par un fournisseur de gaz propane. • Civ. 2e, 19 oct. 2006, n° 05-14.338 P : *préc. note 38* (conservation du lien de préposition initial, pour un accident survenu lors d'une opération liée à la livraison du gaz). ♦ Solution inverse pour un chariot élévateur loué avec chauffeur, le loueur donnant des ordres au chauffeur, celui-ci étant placé dans un rapport de préposition. • Civ. 2e, 18 mai 2017, n° 16-18.421 P : *D. 2018. 35, obs. Brun*.

158. ... Professions de santé. Absence de preuve qu'une clinique a transféré au médecin le lien de préposition à l'égard de sa sage-femme salariée, alors que les manquements reprochés concernaient des tâches relevant de sa compétence. • Civ. 1re, 17 févr. 2011, n° 10-10.449 P : *cité infra note 155* (surveillance post-accouchement à charge d'alerter le médecin en cas de complications). ♦ Rappr. • Crim. 18 nov. 1976, n° 75-91.803 P (responsabilité du médecin du fait de l'infirmière qui lui était rattachée, pour un incident survenu lors d'une opération où il n'était pas présent et qu'il avait mise à disposition du chirurgien, en dépit de son absence de qualification en matière d'anesthésie).

159. ... Stage. Pour l'absence de tout lien de préposition entre le maître de stage et un stagiaire à l'origine d'un accident, la convention de stage indiquant que l'élève stagiaire, non rémunéré, demeure sous la seule responsabilité du chef d'établissement. • Civ. 2e, 20 déc. 2007, n° 07-11.679 P (réparation du préjudice conformément aux règles du droit commun).

160. Incompatibilité entre un lien de préposition et une action indépendante : contrat d'entreprise (sous-traitant). L'entrepreneur principal n'est pas délictuellement responsable envers les tiers des dommages causés par un sous-traitant. • Civ. 3e, 8 sept. 2009, n° 08-12.273 P : *D. 2010. 239, note Dissaux ; RDI 2010. 604, obs. Périnet-Marquet ; JCP 2010, n° 456, § 6, obs. Stoffel-Munck ; RDC 2010. 70, note Carval.* ♦ ... Dont il n'est pas le commettant. • Civ. 3e, 22 sept. 2010, n° 09-11.007 P : *D. 2010. Actu. 2227, obs. Delpech ; RDI 2010. 604, obs. Périnet-Marquet : RLDC 2010/77, n° 4042, obs. Le Nestour-Drelon.* ♦ Comp. dans un cadre très spécifique : cassation de l'arrêt ayant écarté la responsabilité d'une société en charge de la vérification de la conformité de prothèses mammaires, dans le cadre de l'annexe XI de la Dir. n° 93/42/CEE du 14 juin 1993, alors qu'elle avait sous-traité cette prestation au profit d'une autre société, sans s'assurer de l'indépendance de cette dernière au regard du fabricant des produits contrôlés. • Civ. 1re, 2 oct. 2018, n° 15-26.093 P. ♦ V. cep. *supra* note 153 pour un artisan indépendant chargé d'installer les biens vendus.

c. Causes d'exonération du commettant : abus de fonction

161. Abus de fonction : principe. Le commettant s'exonère de sa responsabilité si son préposé a agi hors des fonctions auxquelles il était employé, sans autorisation, et à des fins étrangères à ses attributions. • Cass., ass. plén., 19 mai 1988, n° 87-82.654 P : *R., p. 223 ; D. 1988. 513, note Larroumet ; Gaz. Pal. 1988. 2. 640, concl. Dorwling-Carter ; Defrénois 1988. 1097, obs. Aubert ; RTD civ. 1989. 89, obs. Jourdain* ♦ Comp. préc. pour des arrêts restés ambigus sur le caractère autonome et cumulatif des trois conditions : • Cass., ass. plén., 17 juin 1983, n° 82-91.632 P : *R., p. 38 ; GAJC, 11e éd., n° 211-215 (III) ; D. 1984. 134, note Denis ; JCP 1983. II. 20120, concl. Sadon, note Chabas ; RTD civ. 1984. 315, obs. Durry* • 15 nov. 1985, n° 84-12.601 P : *R., p. 123 ; D. 1986. 81, note Aubert ; JCP 1986. II. 20568, note Viney ; RTD civ. 1986. 128, obs. J. Huet.* ♦ Rappr. : violation de l'art. 2 Conv. EDH lorsque l'État n'est pas jugé civilement responsable du fait d'un réserviste de la police ayant tué un serveur en état d'ébriété, pendant ses horaires de service, en uniforme et avec son arme de service. • CEDH, sect. V, 19 avr. 2012, *n° 49382/06 (meurtre dans un bar alors que cette sortie n'était pas autorisée).* ♦ Cassation de l'arrêt exonérant l'employeur en se contentant de constater qu'une faute constitutive d'une infraction pénale volontaire ne peut entrer dans le cadre de l'obligation qui revient à l'employeur d'assumer les conséquences civiles des fautes commises par ses employés ou salariés. • Civ. 2e, 12 mai 2011, n° 10-20.590 P : *D. 2011. Actu. 1412, obs. Gallmeister ; ibid. 1938, obs. Gout ; ibid. 2012. Pan. 47, obs. Brun ; JCP 2011. 1421, note Rias ; RLDC 2011/84, n° 4301, obs. Bugnicourt ; RCA 2011, n° 243, obs. Radé.*

162. Illustrations : dommages à la personne. Était dans l'exercice de ses fonctions et a trouvé dans son emploi l'occasion et les moyens de sa faute le salarié qui a projeté de l'air comprimé dans le rectum d'un compagnon de travail. • Crim. 23 juin 1988, n° 84-92.915 P : *Gaz. Pal. 1989. 1. 13 (1re esp.), note Doucet* (arrêt reprenant la définition de l'arrêt du 19 mai 1988). ♦ Pour la reprise de cette solution par la 2e chambre civile, estimant que le salarié n'avait pas agi en dehors de ses fonctions, même si c'était sans autorisation et à des fins étrangères à ses attributions. • Civ. 2e, 17 mars 2011, n° 10-14.468 P : *D. 2011. 1530, note Sindres ; ibid. Chron. C. cass. 2150, obs. Adida-Canac et Bouvier ; RCA 2011, n° 202* (viols commis à l'occasion du travail). ♦ L'assassinat d'un chef de service, commis sur les lieux du travail par un de ses subordonnés venant d'apprendre qu'il était licencié, n'est pas indépendant du rapport de préposition et entraîne la responsabilité civile du commettant. • Crim. 25 mars 1998, n° 96-85.593 P.

163. ... Harcèlement moral. Absence d'abus de fonction pour un harcèlement moral. • Crim. 28 mai 2013, n° 11-88.009 • 23 juin 1988, n° 84-95.383 (conditions non réunies pour l'accident causé sous l'empire de l'alcool par un employé reconduisant une autre employée avec un véhicule de location dont il était un des conducteurs autorisés).

164. ... Applications diverses : détournements. Ne se place pas hors de ses fonctions l'employé qui détourne des fonds qui lui ont été remis dans l'exercice de celles-ci. • Civ. 2e, 11 juin 1992, n° 91-10.281 P • Crim. 4 janv. 1996, n° 94-85.432 P. ♦ N'agit pas hors de ses fonctions un inspecteur d'assurances qui, chargé de rechercher par prospection à domicile la conclusion de contrats, fait souscrire à une personne différents titres et détourne à son profit une partie des sommes versées. • Cass., ass. plén., 19 mai 1988, n° 87-82.654 P : *préc. note 161.* ♦ ... Ou l'employé d'un agent général d'une compagnie d'assurances qui a commis des détournements au temps et au lieu de son travail, à l'occasion de ses fonctions et avec le matériel mis à sa disposition. • Civ. 2e, 19 juin 2003, n° 00-22.626 P : *D. 2003. IR 1808 .*

Nécessité d'établir, pour écarter la responsabilité de la compagnie d'assurance pour les actes de son mandataire indélicat, qu'à la date de la conclusion du contrat et de la remise des fonds au mandataire, la cliente ne pouvait légitimement croire que le mandataire n'agissait pas à l'occasion de ses fonctions de mandataire de l'assureur. • Civ. 2e, 7 févr. 2013, n° 11-25.582 P : *D. 2014. 47, obs. Gout* (cassation de l'arrêt qui retient qu'elle ne pouvait ignorer, compte tenu de la rédaction du contrat et de ses propres compétences, les limites des pouvoirs du mandataire, la cliente ayant agi avec une légèreté coupable en dissimulant également certains versements dont elle avait bénéficié ultérieurement).

165. ... Escroquerie, abus de confiance. Était hors de ses attributions religieuses le « prêtre de l'Église néo-apostolique » qui, dans le cadre de son activité professionnelle (gérant de SCI), a commis une escroquerie au préjudice d'un tiers rencontré grâce à son appartenance à cette même Église. • Civ. 2e, 6 févr. 2003, n° 00-20.780 P : *JCP 2003. II. 10120, note Castets-Renard.* ♦ L'existence d'un mandat donné par ses clients à un employé de banque, condamné pour abus de confiance à leur détriment, n'implique pas nécessairement que celui-ci ait agi hors de ses fonctions, les victimes ayant pu être fondées à croire qu'elles avaient traité avec lui en sa qualité de préposé de la banque. • Civ. 2e, 29 mai 1996, n° 94-15.460 P. ♦ Comp. • Com. 14 déc. 1999, n° 97-15.241 P : *R., p. 357 ; D. 2000. AJ 81, obs. Faddoul ; RTD civ. 2000. 336, obs. Jourdain* (de l'absence d'instructions écrites du client il résulte que le préposé n'a pas agi hors de ses fonctions). ♦ Le délit d'abus de faiblesse commis par la gardienne d'une résidence pour personnes âgées qui a soutiré de l'argent à une pensionnaire n'implique pas qu'elle ait agi hors de ses fonctions, de sorte que son employeur ne s'exonère pas de sa responsabilité. • Civ. 2e, 16 juin 2005, n° 03-19.705 P : *D. 2005. IR 1806 ; JCP 2006. I. 111, n° 10, obs. Stoffel-Munck ; LPA 16 avr. 2007, note Chaaban.*

166. ... Vol. N'a pas agi hors de ses fonctions le préposé d'une entreprise de nettoyage auteur d'un vol dans les locaux d'une bijouterie que son entreprise était chargée de nettoyer, dès lors qu'il a agi sur le lieu de son travail, pendant le temps et à l'occasion de celui-ci. • Civ. 2e, 22 mai 1995, n° 92-19.172 P : *R., p. 318 ; JCP 1995. I. 3893, n° 12, obs. Viney ; RTD civ. 1996. 181, obs. Jourdain* . ♦ Il en est de même des préposés d'Air France qui ont commis des vols pendant leurs heures de service alors qu'ils procédaient conformément à leur fonction de bagagiste à l'embarquement des bagages et qu'ils ont pu dissimuler le produit des vols sans être inquiétés en raison de leur qualité d'employé d'Air France. • Civ. 2e, 22 janv. 1997 : *RCA 1997, n° 123.* ♦ Comp. *supra* note 145, faisant application de la responsabilité contractuelle. ♦ ... Du préposé d'une société de gardiennage auteur de vols dans les locaux soumis à sa surveillance. • Crim. 16 févr. 1999, n° 96-86.225 P : *JCP 2000. I. 199, n° 11, obs. Viney ; RTD civ. 1999. 409, obs. Jourdain* . ♦ Comp. l'affirmation antérieure que le préposé se place nécessairement hors de ses fonctions lorsqu'il agit à des fins non seulement étrangères, mais encore contraires à ses attributions (préposés d'entreprises de gardiennage ayant commis des vols dans les locaux qu'ils étaient chargés de surveiller) : • Crim. 23 juin 1988, n° 87-80.410 P : *Gaz. Pal. 1989. 1. 13, note Doucet (3e et 4e esp.) ; RTD civ. 1989. 94, obs. Jourdain* • Crim. 23 juin 1988, n° 84-92.215 P : *ibid.* – Dans le même sens : • Civ. 2e, 17 mars 1993, n° 91-19.419 P. ♦ N'a pas agi hors de ses fonctions l'agent technico-commercial qui a établi un bon d'enlèvement pour s'approprier des colis entreposés chez son employeur. • Crim. 23 juin 1988, n° 86-90.509 P : *Gaz. Pal. 1989. 1. 13, note Doucet (2e esp.).*

167. ... Malhonnêtetés diverses. N'a pas agi hors de ses fonctions le démarcheur qui a falsifié un bon de commande qu'il avait fait souscrire par un client dans l'exercice de ses fonctions. • Civ. 2e, 8 nov. 1993, n° 92-12.677 P. ♦ ... Ni la directrice de gestion chargée de faire établir les chèques destinés au Trésor public, qui a émis des chèques à son profit personnel en imitant la signature du président du conseil d'administration (ce qui a pour conséquence de paralyser le recours du commettant, responsable des agissements de sa préposée, contre la banque qui a débité indûment son compte). • Com. 7 juin 1994, n° 91-22.328 P : *Defrénois 1995. 343, obs. Delebecque ; RTD civ. 1995. 127, obs. Jourdain* . ♦ N'était pas hors de ses fonctions l'employé qui a importé en contrebande des marchandises prohibées en utilisant le camion de son employeur lors d'un transport effectué pour le compte de celui-ci pendant le temps du travail. • Crim. 19 févr. 2003, n° 02-81.851 P.

168. ... Travail au noir. Ne peut se fonder sur l'art. 1384 anc. [1242], al. 5, le client qui a fait faire un travail de ravalement par un préposé de l'entreprise en dehors de tout devis et pour une rémunération « de la main à la main ». • Civ. 2e, 14 janv. 1998, n° 96-13.832 P : *D. Affaires 1998. 372, obs. J. F.*

169. ... Placements ruineux ; rôle de la victime. N'agit pas hors de ses fonctions le directeur d'une agence bancaire qui a fait acheter à un client divers objets de placement qui se sont avérés être d'une valeur dérisoire. • Civ. 2e, 23 juin 1993, n° 91-17.882 P. ♦ Mais ne peut invoquer la responsabilité civile du commettant du fait de son préposé le client d'une banque qui fait preuve d'une imprudence consciente et délibérée en se livrant avec l'agent de la banque à une opération « extrabancaire ». • Civ. 2e, 13 nov. 1992, n° 91-12.143 P : *RTD civ. 1993. 371, obs. Jourdain* . – Dans le même sens : • Civ. 2e, 7 juill. 1993, n° 91-21.118 P • 2 avr. 1997, n° 95-13.944 P : *Dr. et patr. 1997, n° 1786, obs. B. Saint-Alary* • 29 avr. 1998, n° 95-22.068 P • 24 juin 1998, n° 96-12.781 P • 22 mai 2003, n° 02-12.198 P. ♦ Ne s'est pas placé hors de ses fonctions le caissier comptable taxateur d'une SCP notariale, à qui un client de la SCP a remis des fonds par chèque établi à l'ordre de la SCP, fonds qui ont été inscrits dans la comptabilité de la SCP, puis placés de manière hasardeuse, de sorte que le client n'a pu les récupérer. • Civ. 2e, 4 mars 1999, n° 96-20.270 P : *D. Affaires 1999. 756, obs. J. F.* • 4 mars 1999, n° 96-18.361 P.

170. ... Intrusion dans le véhicule d'autrui. Était hors de ses attributions le préposé qui s'est introduit par curiosité dans le véhicule d'un tiers, à l'insu de celui-ci, par l'effet d'une initiative personnelle sans rapport avec sa mission, et a causé le dommage en le faisant volontairement démarrer. • Civ. 2e, 3 juin 2004, n° 03-10.819 P : *JCP 2005. I. 132, n° 5, obs. Viney ; Gaz. Pal. 2004. 3857, note Gréau ; RCA 2004, n° 250, note Groutel ; RTD civ. 2004. 742, obs. Jourdain*.

d. Immunité du préposé resté dans les limites de sa mission

171. Principe : impossibilité pour la victime d'agir contre le préposé resté dans les limites de sa fonction. N'engage pas sa responsabilité à l'égard des tiers le préposé qui agit sans excéder les limites de la mission qui lui a été impartie par son commettant. • Cass., ass. plén., 25 févr. 2000, *Costedoat*, n° 97-17.378 P : *R., p. 257 et 315 ; GAJC, 11e éd., n° 217 ; BICC 15 avr. 2000, concl. Kessous, note Ponroy ; D. 2000. 673, note Brun ; ibid. Somm. 467, obs. Delebecque ; JCP 2000. II. 10295, concl. Kessous, note Billiau ; ibid. I. 241, nos 16 s., obs. Viney ; Gaz. Pal. 2000. 2. 1462, note Rinaldi ; RCA 2000. Chron. 11, par Groutel ; ibid. Chron. 22, par Radé ; RTD civ. 2000. 582, obs. Jourdain* (rejet de l'action contre le pilote d'un hélicoptère dont l'épandage a causé des dommages à un autre champ que celui traité). ♦ Comp. peu après cette décision, pour un arrêt isolé se référant à une faute personnelle commise hors des fonctions : • Civ. 2e, 18 mai 2000, n° 98-13.688 P : *JCP 2000. I. 280, nos 19 s., obs. Viney ; Gaz. Pal. 2001. Somm. 611, obs. Chabas* (salarié tentant de mettre en cause la responsabilité extracontractuelle de son supérieur hiérarchique, tout en reconnaissant que celle-ci supposerait la preuve d'une « faute personnelle assimilable à la faute personnelle détachable du service du droit public », le motif de l'arrêt attaqué constatant cette position n'étant pas contesté en cassation).

172. Illustrations de comportements couverts par l'immunité : accidents de la circulation. N'est pas tenu à indemnisation à l'égard de la victime le préposé conducteur d'un véhicule de son commettant impliqué dans un accident de la circulation qui agit dans les limites de la mission qui lui a été impartie. • Civ. 2e, 28 mai 2009, n° 08-13.310 P : *R., p. 414 ; D. 2009. AJ 1606, obs. Gallmeister ; ibid. Chron. C. cass. 2069, obs. Nicolétis ; ibid. 2667, note N. Pierre ; ibid. 2010. Pan. 49, obs. Brun ; Gaz. Pal. 2009. 2621, obs. Clerc-Renaud ; JCP 2009, n° 28, p. 18, note Mouly ; ibid., n° 38, p. 42, obs. Bloch ; Dr. et patr. 11/2009. 48, note Pellet ; RLDC 2009/63, n° 3528, obs. Bugnicourt ; ibid. 2009/67, n° 3600, note Corgas-Bernard ; RTD civ. 2009. 541, obs. Jourdain*. ♦ V. aussi : • Crim. 27 mai 2014, n° 13-80.849 P : *préc. note 140.*

173. ... Activités sportives. Rejet de l'action contre un arbitre de rugby n'ayant pas sanctionné une pratique de « relevage » lors d'une mêlée. • Civ. 2e, 5 oct. 2006, n° 05-18.494 P : *D. 2007. 2004, note J. Mouly ; LPA 21 févr. 2007, note Lafay.*

174. ... Infractions pénales non intentionnelles. Rejet justifié de l'action en réparation dirigée contre le salarié condamné pour une infraction non intentionnelle, dès lors qu'il avait conduit le véhicule impliqué dans l'accident afin d'exécuter la mission qui lui avait été confiée par son employeur. • Crim. 27 mai 2014, n° 13-80.849 P : *préc. note 140.* ♦ Dans le même sens, en cas d'infraction pénale non intentionnelle du préposé : • Lyon, 19 janv. 2006 : *D. 2006. 1516, note Paulin*. ♦ V. aussi note 182 *in fine*.

175. ... Médecins. Le médecin salarié, qui agit sans excéder les limites de la mission qui lui est impartie par l'établissement de santé privé qui l'emploie, n'engage pas sa responsabilité à l'égard du patient. • Civ. 1re, 9 nov. 2004, n° 01-17.908 P : *R., p. 348 ; D. 2005. 253, note Chabas ; ibid. Pan. 406, obs. Penneau ; JCP 2005. II. 10020, rapp. Duval-Arnould, note Porchy-Simon ; ibid. I. 132, nos 8 s., obs. Viney ; JCP E 2005. 625, note Viottolo ; LPA 22 déc. 2004, note Barbièri ; RTD civ. 2005. 143, obs. Jourdain* (médecin salarié) et sur renvoi • Paris, 20 janv. 2006 : *RCA 2006, n° 349, note Radé* • 9 nov. 2004, n° 01-17.168 P : *eod. loc. ; Gaz. Pal. 2005. 360, note Bangoura* (sage-femme salariée). – Sur ces arrêts : Asselain, *RCA 2005. Étude 6.* ♦ Dans le même sens : • Civ. 1re, 12 juill. 2007, n° 06-12.624 P : *D. 2007. 2908, note Porchy-Simon ; D. 2008. Pan. 509, obs. Penneau ; ibid. Pan. 2899, obs. Brun ; JCP 2007. II. 10162, note Hocquet-Berg ; ibid. 2008. I. 125, n° 8, obs. Stoffel-Munck ; LPA 12 déc. 2007, note Barbièri ; RDSS 2007. 1108, note Arhab ; RTD civ. 2008. 109, obs. Jourdain*. ♦ Le médecin du travail, salarié de l'employeur, qui agit sans excéder les limites de la mission qui lui est impartie, n'engage pas sa responsabilité civile personnelle. • Soc. 26 janv. 2022, n° 20-10.610 B : *D. 2023. 34, obs. Gout ; Dr. soc. 2022. 372, obs. Mouly ; ibid. 444, obs. Vericel* (rejet du pourvoi ayant accordé l'immunité pour tous les griefs, sauf le harcèlement moral et la violation du secret professionnel, en écartant ainsi l'existence de toute faute intentionnelle).

176. Limites de l'immunité à l'égard de la victime : infraction intentionnelle du préposé. BIBL. M.-C. Guérin, *LPA 11 janv. 2006*. – J. Mouly, *D. 2006. Chron. 2756* (quelle faute pour la responsabilité civile du salarié). ♦ Le préposé condamné pénalement pour avoir intentionnellement commis, fût-ce sur l'ordre du commettant, une infraction ayant porté préjudice à un tiers, engage sa responsabilité civile à l'égard de celui-ci. • Cass., ass. plén., 14 déc. 2001, *Cousin*, n° 00-82.066 P : *R., p. 444 ; BICC 1er mars 2002, concl. de Gouttes ; D. 2002. 1230, note J. Julien ; ibid. Somm. 1317, obs. D. Mazeaud ; ibid. Somm. 2117, obs. Thullier ; JCP 2002. II. 10026, note Billiau ; ibid. I. 124, nos 22 s., obs. Viney ; JCP E 2002. 275, note Brière ; Gaz. Pal. 2002. 124, concl. de Gouttes, note Monnet ; Dr. et patr. 3/2002. 94, obs. Chabas ; RCA 2002. Chron. 4, par Groutel ; RTD civ. 2002. 108, obs. Jourdain* (préposé ayant rédigé de faux contrats de qualification pour obtenir les subventions qui y étaient liées). ♦ L'immunité du préposé ne peut s'étendre aux fautes susceptibles de revêtir une qualification pénale ou procéder de l'intention de nuire : rejet du pourvoi contre l'arrêt écartant l'immunité d'un médecin du travail salarié pour les griefs de harcèlement moral et de violation du secret professionnel. • Soc. 26 janv. 2022, n° 20-10.610 B : *D. 2023. 34, obs. Gout ; Dr. soc. 2022. 372, obs. Mouly ; ibid. 444, obs. Vericel*. ♦ Le préposé qui a intentionnellement commis une infraction ayant porté préjudice à un tiers engage sa responsabilité civile à l'égard de celui-ci, alors même que la juridiction répressive qui, saisie de la seule action civile, a déclaré l'infraction constituée en tous ses éléments, n'a prononcé contre lui aucune condamnation pénale. • Crim. 7 avr. 2004, n° 03-86.203 P : *D. 2004. IR 1563 ; Gaz. Pal. 2004. 3802, note Y. M.*

Comp. avant ces arrêts : est seul responsable des conséquences civiles de l'infraction, l'employeur du responsable salarié d'un centre commercial qui a commis des faits de tromperie et publicité mensongère à l'occasion d'une campagne commerciale, dès lors que le prévenu a agi dans l'exercice normal de ses attributions. • Crim. 23 janv. 2001, n° 00-82.826 P : *R., p. 444 ; RCA 2001, n° 212, note Groutel.* ♦ Comp. aussi ne visant qu'une faute pénale : • Civ. 2e, 21 févr. 2008, n° 06-21.182 P : *cité infra note 178* • Soc. 26 janv. 2022, n° 20-10.610 B : *préc.* (fautes susceptibles de revêtir une qualification pénale).

177. ... Faute qualifiée au sens de l'art. 121-3 C. pén. Le préposé, titulaire d'une délégation de pouvoir, auteur d'une faute qualifiée aux sens de l'art. 121-3 C. pén., engage sa responsabilité civile à l'égard du tiers victime de l'infraction, même si cette faute a été commise dans l'exercice de ses fonctions. • Crim. 28 mars 2006, n° 05-82.975 P : *JCP 2006. II. 10188, note J. Mouly ; Gaz. Pal. 2006. Somm. 3484, obs. Y. M. ; RCA 2006, n° 289, note Groutel ; RTD civ. 2007. 135, obs. Jourdain* (condamnation pour homicide et blessures involontaires d'un chargé de chantier ayant violé de façon manifestement délibérée les règles de sécurité au travail). ♦ Dans le même sens pour un capitaine de navire, pour l'application de l'art. 5, L. n° 69-8 du 3 janv. 1969 : • Crim. 13 mars 2007 : *RCA 2007. Étude 13, par Vialard.*

178. ... Faute civile intentionnelle. N'engage pas sa responsabilité à l'égard des tiers le préposé qui agit sans excéder les limites de la mission qui lui est impartie par son commettant, hors le cas où le préjudice de la victime résulte d'une infraction pénale ou d'une faute intentionnelle. • Civ. 2e, 21 févr. 2008, n° 06-21.182 : *D. 2008. 2125, note Laydu ; JCP 2008. I. 186, n° 5, obs. Stoffel-Munck* (cassation pour manque de base légale de l'arrêt ayant écarté la responsabilité d'une gardienne d'immeuble ayant refusé de recevoir le courrier du mari de la copropriétaire d'une cave, alors qu'ils étaient tous les deux domiciliés ailleurs, sans rechercher si celle-ci avait agi en qualité de préposée en dehors des limites de ses fonctions). ♦ Comp. se référant à une intention de nuire : • Soc. 26 janv. 2022, n° 20-10.610 B : *préc. note 176.*

179. Portée de l'immunité quant aux autres actions : commettant personnellement victime. La responsabilité civile mise à la charge du commettant ne prive pas ce dernier, lorsqu'il a été lui-même victime du dommage, du droit appartenant à toute victime d'un préjudice d'en demander en principe réparation à son auteur, fût-il son préposé. • Soc. 28 avr. 1964, n° 63-11.637 P (décision rendue avant l'arrêt *Costedoat*).

180. ... Préposé personnellement victime. Le préposé qui poursuit la réparation du préjudice que lui aurait personnellement causé un tiers, lui-même cocontractant de son commettant, peut se voir opposer sa propre faute par ce tiers. • Com. 10 déc. 2013, n° 11-22.188 P : *D. 2014. 9*.

181. ... Recours entre assureurs. L'immunité édictée par l'art. L. 121-12, al. 3, C. assur. ne bénéficie qu'aux personnes visées au texte et ne fait pas obstacle à l'exercice, par l'assureur qui a indemnisé la victime, de son recours subrogatoire contre l'assureur de responsabilité de l'une de ces personnes ; cette immunité n'emportant pas l'irresponsabilité de son bénéficiaire, l'immunité bénéficiant au médecin préposé ne fait pas obstacle à l'exercice d'un recours subrogatoire à l'encontre de son assureur de responsabilité, exercé par l'assureur du commettant, en l'espèce une association en charge d'un établissement privé de santé. • Civ. 1re, 12 juill. 2007, n° 06-12.624 P : *préc. note 175.*

182. Aspects procéduraux. La responsabilité du commettant peut être directement recherchée par la victime d'un dommage, qui n'est nullement tenue d'assigner en même temps le préposé par la faute duquel le dommage est survenu. • Civ. 2e, 11 mars 1971, n° 70-10.366 P (arrêt antérieur à l'arrêt *Costedoat*, mais *a fortiori* toujours valable après). ♦ V. aussi pour un recours contre les assureurs : la garantie due par l'assureur de responsabilité civile du commettant n'est pas exclue lorsque le dommage est susceptible de relever aussi de la garantie de l'assureur du véhicule manœuvré par le préposé dont la faute a causé le dommage. • Civ. 2e, 8 mars 2018, n° 17-13.554 P : *D. 2018. 559* ; *RTD civ. 2018. 428, obs. Jourdain* (conducteur d'un camion ayant blessé un autre ouvrier sur un chantier lors d'une manœuvre de déchargement ; possibilité pour la victime d'engager la responsabilité de l'assureur du commettant pour la faute de son préposé, sans assigner l'assureur distinct du véhicule). ♦ Le commettant est tenu de garantir le salarié et de prendre en charge les frais exposés pour sa défense par ce dernier, qui a bénéficié d'une relaxe alors qu'il était pénalement poursuivi pour des actes accomplis dans l'exercice de ses fonctions. • Soc. 5 juill. 2017, n° 15-13.702 P : *D. 2017. 1477* ; *AJ pénal 2017. 503, obs. Mercinier* ; *Dr. soc. 2017. 874, obs. Mouly* ; *RDC 2017. 668, note Icard.*

e. Recours entre commettant et préposé

183. Impossibilité du recours du préposé contre le commettant. L'art. 1384, généralement édicté pour assurer à la victime d'un dommage la réparation qui lui est due, a, dans son al. 5, spécialement pour but de protéger les tiers contre l'insolvabilité de l'auteur du préjudice en leur permettant de recourir contre son employeur ; il s'ensuit que le préposé, dont la faute entraîne la responsabilité civile de son commettant, ne saurait appeler ce dernier en garantie, la victime ayant seule qualité pour le mettre en cause, et invoquer contre lui, à son profit, les dispositions du texte susvisé. • Civ. 2e, 6 févr. 1974, n° 72-14.444 P : *D. 1974. 409, note Le Tourneau.* ♦ Dans le même sens : • Civ. 2e, 28 oct. 1987, n° 85-17.737 P : *R., p. 218* • Civ. 1re, 6 févr. 2013, n° 12-12.683 : *RCA 2013, n° 111, obs. Hocquet-Berg.*

184. Action récursoire du commettant contre le préposé. Le commettant ne dispose d'aucune action récursoire contre son salarié devant la juridiction de droit commun dès lors qu'il ne peut se prévaloir d'une subrogation dans les droits de la victime, laquelle ne dispose d'aucune action contre le préposé qui a agi dans les limites de la mission qui lui était impartie, hors le cas où le préjudice de la victime résulte d'une infraction pénale intentionnelle. • Civ. 2e, 20 déc. 2007, n° 07-13.403 P : *D. 2008. Chron. C. cass. 657, n° 12, obs. Nicoletis* ; *ibid. 1248, note Mouly* ; *RCA 2008, n° 50, note Groutel* ; *RTD civ. 2008. 315, obs. Jourdain* (compétence de la juridiction prud'homale).

3° RESPONSABILITÉ DITE DES INSTITUTEURS (ART. 1242, AL. 6 et 8)

BIBL. Chabas, *Gaz. Pal. 1982. 2. Doctr. 501.* – Grynbaum, *AJ fam. 2004. 84*. – J. Julien, *Dr. fam. 2002. Chron. 21* (accidents scolaires). – A propos de la responsabilité des établissements de rééducation : Martaguet et Ph. Robert, *D. 1966. Chron. 17.* – Ph. Robert, *JCP 1971. I. 2389.* ▸ Accident de la circulation lié à un défaut de surveillance scolaire : Carli, *JCP 1991. I. 3514.*

185. Personnes concernées. Doit être considéré comme membre de l'enseignement public, au sens de l'art. L. 911-4 C. éduc., l'agent territorial spécialisé des écoles maternelles, qui appartient à la communauté éducative et remplit une mission d'accueil des élèves, d'assistance pédagogique et de surveillance, auquel est imputée une faute pénale commise à l'occasion d'activités scolaires ou périscolaires, d'enseignement ou de surveillance. • Crim. 2 févr. 2022, n° 21-82.535 B. ♦ Les agents du service de l'éducation surveillée du ministère de la Justice n'ont pas la qualité de membres de l'enseignement public ; dès lors la L. du 5 avr. 1937 (C. éduc., art. L. 911-4) n'est pas applicable, et la juridiction administrative est compétente pour connaître de l'action en réparation du dommage subi par un mineur confié à un tel établissement. • T. confl. 25 mars 1968 : *D. 1968. 534, concl. Dutheillet de Lamothe.* ♦ Régime de la responsabilité pour risque spécial applicable aux établissements recourant à des méthodes de rééducation fondées sur un système de liberté surveillée : V. • CE 14 juin 1978, *Min. de la Justice c/ Mutuelle générale française Accident : Lebon* ; *D. 1978. 686, note Moderne* (responsabilité admise) • 14 juin 1978, *Min. de la Justice c/ SOCOFA : eod. loc.* (responsabilité refusée). ♦ V. aussi *supra*, note 106.

186. Établissements d'enseignement privés. Pour l'application de la L. du 5 avr. 1937 aux établissements d'enseignement privé sous contrat d'association avec l'État (Décr. du 22 avr. 1960) : V. • Civ. 2e, 5 déc. 1979, n° 78-10.243 P • 24 avr. 1981, n° 79-14.666 P : *Gaz. Pal. 1981. 2. 665, note Viatte* (le texte ne comporte aucune distinction en ce qui concerne le statut des personnels mis en cause) • Civ. 2e, 16 mars 1994, n° 92-19.649 P : *JCP 1994. II. 22336 (2e esp.), note Merger et Feddal.* ♦ Sur la compétence judiciaire : • T. confl. 27 nov. 1995, n° 02963 : *Rec. CE* ; *Gaz. Pal. 1996. 1. 280* (si les établissements privés d'enseignement sous contrat d'association participent à la mission de service public de l'enseignement, ils ne sont investis d'aucune prérogative de puissance publique).

187. Exigence d'une faute prouvée de l'enseignant. La responsabilité des instituteurs pour les dommages causés par leurs élèves pendant que ceux-ci sont sous leur surveillance ne peut être retenue que si une faute invoquée contre eux est prouvée, ce qui exclut l'application à leur encontre de la responsabilité fondée sur l'art. 1384 anc. [1242], al. 1er. • Civ. 2e, 11 mars 1981, n° 78-16.333 P : *D. 1981. IR 320, obs. Larroumet* (chute de bicyclette ; rejet du moyen prétendant que l'instituteur en était le gardien) • 16 mars 1994 : *préc.* (cette responsabilité n'est pas une responsabilité de plein droit au sens de l'art. 1384 anc. [1242], al. 1er).

188. ... D'une faute d'un enseignant déterminé. Pour condamner l'État à réparer le dommage causé par les élèves pendant le temps qu'ils sont sous la surveillance des instituteurs, il faut retenir la responsabilité d'un instituteur déterminé, auteur d'une faute personnelle ; il ne suffit pas d'énoncer qu'il n'y avait aucun surveillant dans les lieux où se sont déroulés les faits et que l'accident est révélateur de l'insuffisance de l'encadrement. • Civ. 2e, 17 juill. 1991, n° 89-17.216 P (coup de tête dans les escaliers) • Civ. 2e, 29 mars 2001, n° 98-20.721 P : *préc. note 125* (cassation de l'arrêt déduisant la faute de l'établissement de l'absence d'interdiction d'un jeu de tennis en dehors d'un lieu approprié). ♦ V. aussi • Civ. 2e, 10 mai 2001, n° 99-11.287 P : *préc. note 119* (pas de responsabilité de l'État ni du collège pour un accident de sport – placage lors d'un jeu de rugby en cours de récréation – en l'absence de faute d'un enseignant ou de manquement du collège quant à la qualité des lieux et du matériel). ♦ Le préjudice ayant sa cause dans une carence de l'établissement d'enseignement, dont le personnel a signalé avec retard les absences répétées d'une élève, n'entre pas dans les prévisions de la L. du 5 avr. 1937. • Civ. 2e, 3 déc. 1980, n° 79-13.462 P : *RTD civ. 1981. 641, obs. Durry.* ♦ Comp. note suivante pour la possibilité de retenir une faute sans avoir identifié l'élève auteur direct du dommage.

189. Illustrations de fautes. Commet une faute engageant la responsabilité de l'État le maître qui laisse s'organiser le désordre à l'occasion d'un changement de classe. • Civ. 2e, 5 déc. 1979, n° 78-12.481 P (responsabilité admise même si l'élève auteur du dommage n'a pas été identifié). ♦ ... Ou qui laisse sciemment sans aucune surveillance l'ensemble de ses élèves d'un âge moyen de quinze ans, sans s'assurer de la continuité de la prise en charge par un autre collègue ou surveillant. • Civ. 1re, 20 déc. 1982, n° 81-11.748 P : *RTD civ. 1983. 544, obs. Durry.* ♦ ... Ou qui laisse, après son cours, ses élèves emprunter sans surveillance l'escalier menant à la cour de récréation. • Civ. 2e, 8 juill. 1998, *n° 96-18.519 P.* ♦ *Faute du surveillant* qui a introduit une carabine dans l'établissement. • Civ. 2e, 24 avr. 1981, n° 79-14.666 P : *préc. note 186.*

Il en va de même de professeurs d'éducation physique qui n'ont pas su appréhender l'importance des difficultés pouvant se présenter lors d'un stage de canoë-kayak. • Civ. 2e, 20 nov. 1996, n° 94-19.688 P : *R., p. 336 ; D. 1998. Somm. 38, obs. F. Lagarde.* ♦ ... D'un professeur d'éducation physique qui a organisé entre ses élèves un « jeu de combat » ayant occasionné un accident. • Civ. 2e, 3 juill. 2003 : *préc. n° 68.* ♦ ... D'un professeur d'éducation physique qui n'est pas affranchi de ses obligations de surveillance et de prévoyance par la tâche de notation des élèves. • Civ. 2e, 5 nov. 1998, n° 96-16.662 P : *D. 2000. Somm. 229, obs. J. Mouly* (accident survenu lors d'un exercice de saut à la poutre). ♦ ... Ou qui s'est abstenu de toute initiative pour écarter le danger constitué par la présence d'un rouleau de flotteurs en bord de piscine, hors de son socle. • Civ. 2e, 23 oct. 2003, n° 02-14.359 P : *D. 2004. 728, note S. Petit et note Dagorne-Labbe.*

190. Responsabilité de l'État. La L. du 5 avr. 1937 (C. éduc., art. L. 911-4) a institué une responsabilité générale de l'État, mise en jeu devant les tribunaux de l'ordre judiciaire, pour tous les cas où un dommage causé par un élève a son origine dans la faute d'un membre de l'enseignement et il n'est dérogé à cette règle que dans le cas où le préjudice subi doit être regardé comme indépendant du fait de l'agent, soit que ce préjudice ait son origine dans un dommage afférent à un travail public, soit qu'il trouve sa cause dans un défaut d'organisation du service. • CE 25 mars 1983, *Héritiers de J. Bacou : JCP 1984. II. 20287, note Mirieu de Labarre* (conditions non remplies faute de preuve que les deux élèves ont pu quitter l'établissement en raison d'une faute de surveillance) • T. confl. 4 mai 1987, n° 02471 : *Lebon ; D. 1987. IR 157* (absence de faute détachable de la faute de surveillance dans le fait d'avoir laissé diffuser un journal contenant des imputations diffamatoires) • 6 mars 1989, n° 02555 B : *D. 1989. IR 137* (compétence administrative pour une mauvaise organisation en lien avec un défaut de surveillance). ♦ Est sans incidence la circonstance que, au cours d'une activité organisée dans le cadre de l'enseignement, l'enfant ait été sous la surveillance, non de l'instituteur lui-même, mais d'un moniteur, agent de la commune. • T. confl. 15 févr. 1999, n° 02555 P • 19 nov. 2001 : *D. 2002. Somm. 2710, obs. Lachaume* • Civ. 2e, 13 déc. 2001, n° 99-18.239 P : *R., p. 436 ; D. 2002. 1517, note Hunter-Hénin ; RTD civ. 2002. 312, obs. Jourdain.* ♦ Comp., pour un accident survenu pendant la récréation : • T. confl., 30 juin 2008, n° 08-03.671 P : *LPA 23 janv. 2009, note Ondo ; RLDC 2008/53, n° 3142, obs. Pichon.*

191. Compétence des tribunaux judiciaires. En application de la L. du 5 avr. 1937 (C. éduc., art. L. 911-4), les tribunaux judiciaires de droit commun sont compétents pour connaître des actions exercées contre l'État pris, non comme civilement responsable, mais comme substitué aux membres de l'enseignement public, sans qu'en soient exclues les juridictions répressives. • Cass., ch. mixte, 23 avr. 1976, n° 74-90.569 P : *D. 1977. 21, note J. Martin ; RTD civ. 1976. 553, obs. Durry* (recevabilité de l'action civile contre l'institutrice, avec mise en cause de l'État).

192. Refus de l'action de la victime contre l'instituteur. La disposition selon laquelle la responsabilité de l'État est substituée à celle des membres de l'enseignement public, lesquels ne peuvent jamais être mis en cause devant les tribunaux civils par la victime ou ses représentants, par sa généralité, ne permet pas d'exclure l'hypothèse d'un préjudice de quelque nature que ce soit causé à l'enfant par le professeur lui-même. • Civ. 2e, 3 oct. 1984, n° 83-11.171 P : *R., p. 106.* – Déjà en ce sens : • Civ. 2e, 28 mars 1966, n° 64-14.282 P : *JCP 1966. II. 14835, note Bigot.* ♦ Dès lors, en cas de coups et blessures volontaires, si la constitution de partie civile, qui tend seulement à établir la culpabilité du prévenu, est recevable, l'action civile en réparation du dommage ne peut être suivie contre l'instituteur. • Crim. 24 mai 1973, n° 70-91.066 P : *R. 1973-1974, p. 91 ; JCP 1974. II. 17855, note Dupeyron* (par ailleurs, l'action récursoire de l'État est irrecevable devant le tribunal répressif, le préjudice qui résulte d'une substitution légale de responsabilité n'ayant pas été causé directement par l'infraction) • Crim. 20 sept. 2006, n° 05-87.229 P : *D. 2007. 187, note Ambroise-Castérot ; LPA 8 juin 2007, note Brusorio* (la constitution de partie civile, qui tend seulement à établir la culpabilité du prévenu, est recevable, mais pas l'action civile en réparation du dommage dirigée contre l'enseignant) • Crim. 7 nov. 2017, n° 16-84.329 P : *AJ pénal 2018. 151 ; RSC 2017. 740, obs. Mayaud* (cassation de l'arrêt condamnant l'enseignante à des dommages et intérêts).

I. Accidents de la circulation

Loi n° 85-677 du 5 juillet 1985,

Tendant à l'amélioration de la situation des victimes d'accidents de la circulation et à l'accélération des procédures d'indemnisation.

RÉP. CIV. v° *Responsabilité – Régime des accidents de la circulation,* par P. Oudot.

DALLOZ ACTION *Droit de la responsabilité et des contrats 2023/2024, n°s 6211.00 s.*

BIBL. GÉN. ▸ **Études générales :** Bloch, *JCP 1985. I. 3223.* – Chabas, *JCP 1985. I. 3205.* – Groutel, *JCP 1986. I. 3244.* – Landraud, *JCP 1985. I. 3222.* – Larroumet, *D. 1985. Chron. 237.* – Margeat, Landel et Marchand, *Gaz. Pal. 1986. 1. Doctr. 147.* – Zenati, *RTD civ. 1985. 790 ; R. 2011. 191* (risque dans le régime de responsabilité en matière d'accidents de la circulation). – Dossier, *RCA mai 2012.* ▸ **Question de l'autonomie de la loi :** Bigot, *JCP 1987. I. 3278.* – Camproux, *D. 1994. Chron. 109* (caractère exclusif de la loi). – Conte, *JCP 1990. I. 3471.* – Wiederkehr, *D. 1986. Chron. 255.* ▸ **Droit transitoire :** Normand, *RTD civ. 1990. 548.* ▸ **Application jurisprudentielle de la loi :** *R. 1985, p. 122. – R. 1988, p. 230.* – Chabas, *Gaz. Pal. 1995. 1. Doctr. 656* (question des recours). – Ferrari, *R. 1993, p. 195* (jurisprudence de la chambre criminelle). – Groutel, *D. 1987. Somm. 87 ; RCA 2014. Étude 7.* – Huet, obs. *RTD civ. 1987. 326.* – Jourdain, obs. *RTD civ. 1988. 778 ; ibid. 1990. 506 ; Gaz. Pal. 1995. 1. Doctr. 642.* – Lacabarats, *R. 1986, p. 13 ; R. 1987, p. 13 ; Gaz. Pal. 1987. 1. Doctr. 74.* – Larher-Loyer, *D. 1986. Chron. 205.* – Leduc, *RCA 2009. Étude 4.* – Michaud, Bouillane de Lacoste et Guth, *R. 1989, p. 47.* – Viney, *D. 1986. Chron. 209.* ▸ **Thèmes divers :** Béjui-Hugues, *RCA 2012. Étude 20* (place du médecin). – Bonnardel, *RCA 2023, Dossier 4* (risques générés par les véhicules autonomes). – Clerc-Renaud, *RLDC 2011/87* (indemnisation). – Croze, *JCP 2018, n° 378* (voiture autonome). – Noguéro, *Dalloz IP/IT 2019. 597* (assurance et véhicules connectés). – Rouvière, *D. 2012. Chron. 2186* (causalité et L. du 5 juill. 1985). – Sargos, *D. 2010. Chron. 273* (projet d'amélioration de l'indemnisation). – Teresi, Rakotovahiny et Jambort, *JCP 2019, n° 83* (incidences des systèmes de conduite automatiques sur les responsabilités civiles et pénales). – Vignon-Barrault, *RLDC 2007/36, n° 2468* (notion d'accident de la circulation). – Dossier, *RCA 2012. Études 15 à 29* (la loi Badinter aujourd'hui et demain).

▸ **Proposition de modification des art. 1er, 2 et 4 de la loi du 5 juill. 1985 :** *R. 2005, p. 14 s.*

▸ **Projet de réforme 2016 :** Knetsch, *D. 2019. 138* (faut-il soumettre les accidents ferroviaires au régime de la loi Badinter ?). – Landel, *RGDA 2016. 289* (projet de réforme de la responsabilité civile). – Traulle, *RDC 2017. 725.*

CHAPITRE I. *INDEMNISATION DES VICTIMES D'ACCIDENTS DE LA CIRCULATION*

Art. 1er Les dispositions du présent chapitre s'appliquent, même lorsqu'elles sont transportées en vertu d'un contrat, aux victimes d'un accident de la circulation dans lequel est impliqué un véhicule terrestre à moteur ainsi que ses remorques ou semi-remorques, à l'exception des chemins de fer et des tramways circulant sur des voies qui leur sont propres.

Plan des annotations

I. DOMAINE DE LA LOI

BIBL. Lucas-Gallay, *Gaz. Pal. 1997. 2. Doctr. 1227* (notion de véhicule terrestre à moteur). – Peyrefitte, *Mél. Breton/Derrida, Dalloz, 1991, p. 321* (statut du passager). – Soletty, *JCP 1991. I. 3508* (L. du 5 juill. 1985 et contrat de transport).

1. *Territorialité.* La L. du 5 juill. 1985 n'est pas applicable à un accident de la circulation survenu à l'étranger. • Civ. 2e, 2 nov. 1994 : *JCP 1996. II. 22586, note Ruel* • 11 janv. 1995 : *ibid.* • Civ. 1re, 12 juill. 2001, no 99-10.889 P : *D. 2001. IR 2363* ; *RGDA 2001. 963, note Landel ; Rev. crit. DIP 2002. 541, note Boskovic*. ♦ V. notes 98 s. ss. art. 3 C. civ.

2. *Office du juge.* Saisi sur le fondement de la responsabilité de droit commun, le juge ne peut pas, après avoir lui-même relevé que le litige relevait de la loi du 5 juill. 1985, rejeter purement et simplement la demande comme étant mal fondée sans faire application des dispositions de cette loi. • Civ. 2e, 5 juill. 2018, no 17-19.738 P : *D. 2018. 1489* ; *RTD civ. 2018. 928, obs. Jourdain* ; *RCA 2018, no 267, note Groutel.*

Le droit de la victime d'un accident de la circulation survenu dans un pays de l'Espace économique européen à être indemnisée selon les modalités prévues aux art. L. 421-1 et L. 424-1 à L. 424-7 C. assur. s'apprécie au jour de l'accident et la recevabilité de la requête déposée devant la CIVI s'apprécie à la date de celle-ci. • Civ. 2e, 24 nov. 2022, no 20-23.462 B. ♦ Sur l'articulation entre le FGAO et la CIVI, V. aussi : • Civ. 2e, 24 nov. 2022, no 20-19.288 B • 24 nov. 2022, no 20-22.100 B : *RGDA 2023/1-2. 27, note Landel.*

A. VICTIMES BÉNÉFICIAIRES

3. *Victimes concernées par la loi.* BIBL. Alt-Maes, *D. 1990. Chron. 219.* ♦ L'application de la loi n'est pas subordonnée à la qualité de piéton de la victime. • Civ. 2e, 13 janv. 1988 : *Bull. civ. II, no 12.* ♦ V. conf. • Civ. 2e, 12 nov. 1986 : *D. 1987. Somm. 91, obs. Groutel* (cavalier) • 20 juill. 1987 : *Bull. civ. II, no 165* (cycliste) • Grenoble, 9 févr. 1987 : *D. 1987. 245, note Chabas* (skieurs) • Civ. 2e, 6 juin 2002, no 00-12.014 P (passager transporté). ♦ La L. du 5 juill. 1985 est applicable à l'indemnisation des dommages subis par les spectateurs lors d'un exercice de cascade réalisé durant le tournage d'un film à l'aide d'un véhicule terrestre à moteur, ce dont il résulte qu'elle s'applique, par suite, à ceux subis par le producteur, victime par ricochet • Civ. 2e, 14 juin 2012, no 11-13.347 P : *R. 452 ; D. 2012. 1922, note Mouly* ; *ibid. 2013. 40, obs. Brun et Gout* ; *RTD civ. 2012. 543, obs. Jourdain* ; *Gaz. Pal. 30 nov. 2012, obs. Ehrenfeld ; RCA 2012, no 234, obs. Groutel ; RGDA 2012. 1050, obs. Landel* (retard pris dans la réalisation du film).

4. *Situation du conducteur victime du seul véhicule impliqué. Recours contre l'auteur du dommage.* Le conducteur victime d'un accident de la circulation ne saurait invoquer la L. du 5 juill. 1985 lorsque seul son véhicule est impliqué dans l'accident. • Civ. 2e, 19 nov. 1986 : *Gaz. Pal. 1987. 1. 140, note Chabas* • 24 mai 1991, no 90-11.805 P. ♦ Ainsi, le conducteur ou gardien d'un véhicule victime d'un accident ne peut-il invoquer la loi contre un cycliste. • Civ. 2e, 7 oct. 1987 : *Bull. civ. II, no 180* • 18 mars 1998, no 96-19.066 P. ♦ ... Ou contre un piéton. • Civ. 2e, 7 oct. 1987 : *Bull. civ. II, no 181.* ♦ L'indemnisation des dommages causés par un piéton au conducteur d'un véhicule terrestre à moteur ne peut être fondée que sur les dispositions des anc. art. 1382 [1240] s., à l'exclusion de celles de la L. no 85-677 du 5 juill. 1985. • Civ. 2e, 15 mars 2007, no 06-12.680 P : *RCA 2007, no 205, note Groutel ; RGDA 2007. 617, note Landel ; LPA 8 janv. 2008, obs. Casson.* ♦ V. note 49.

5. *... Recours contre son propre assureur.* Le conducteur d'un véhicule terrestre à moteur, dont il est aussi le gardien, victime d'un accident de la circulation, ne peut se prévaloir des dispositions de la L. du 5 juill. 1985 à l'encontre de son propre assureur, pour obtenir l'indemnisation de son dommage, en l'absence d'un tiers conducteur du véhicule, débiteur d'une indemnisation à son égard. • Civ. 2e, 13 juill. 2006, no 05-17.095 P : *D. 2006. IR 2128* ; *JCP 2007. I. 115, no 10, obs. Stoffel-Munck ; RCA 2006. Étude 12, par Groutel (4e esp.) ; RGDA 2006. 935, note Landel ; RTD civ. 2006. 780, obs. Jourdain* (victime descendue de son véhicule heurté par un autre véhicule, et percutée alors par un troisième véhicule non identifié). ♦ V. aussi • Civ. 2e, 13 juill. 2006, n° 04-20.290 P : *D. 2006. IR 2213* ; *RCA 2006. Étude 12, par Groutel (3e esp.) ; RTD civ. 2006. 780, obs. Jourdain* (victime descendue de son véhicule heurté par un autre véhicule, et percutée alors par un troisième véhicule non identifié) • 7 déc. 2006, n° 05-16.720 P : *D. 2007. AJ 223* ; *RCA 2007, n° 85, note Groutel (2e esp.) ; RGDA 2007. 93, note Landel* (préjudice moral éprouvé par le conducteur à la suite du décès de sa fille) • 24 mars 2016, n° 15-15.306 P. ♦ ... Et l'exclusion de l'application de la L. du 5 juill. 1985 peut être opposée aux ayants droit de ce conducteur décédé. • Civ. 2e, 7 déc. 2006 : *RCA 2007, n° 85, note Groutel (1re esp.) ; RGDA 2007. 93, note Landel.*

6. ... Recours contre le gardien. Lorsqu'un véhicule est seul impliqué, le conducteur, s'il n'en est pas le gardien, a droit, de la part de celui-ci, à l'indemnisation des dommages qu'il a subis, directement ou par ricochet, sauf s'il a commis une faute ayant contribué à la réalisation de son préjudice. • Civ. 2e, 2 juill. 1997, n° 96-10.298 P : *D. 1997. 448, note Groutel* ; *D. 1998. Somm. 203, obs. D. Mazeaud* ; *RTD civ. 1997. 959, obs. Jourdain* ; *Dr. et patr. 1997. 1804, obs. Chabas* • 28 janv. 1998, n° 96-13.079 P : *RCA 1998, n° 118, note Groutel* (seules les dispositions de la L. du 5 juill. 1985 sont applicables) • 15 mars 2001 : *RCA 2001, n° 183, note Groutel.* – V. aussi • Crim. 4 déc. 2001, n° 01-81.985 P : *Gaz. Pal. 2002. 1713, note Y. M.* ♦ Comp., antérieurement : • Civ. 2e, 3 févr. 1993 : *RTD civ. 1993. 599, obs. Jourdain* (recours du conducteur contre le gardien fondé sur le droit commun), et postérieurement : • Crim. 29 juin 1999, n° 98-84.981 P : *D. 1999. IR 229* ; *JCP 2000. II. 10290, note Abravanel-Jolly ; RCA 1999. Chron. 27, par Groutel ; RTD civ. 2000. 131, obs. Jourdain* (cassation de l'arrêt ayant admis le recours des ayants droit du conducteur victime – enfant de 13 ans conduisant un kart – contre le gardien – moniteur situé à l'arrière du véhicule –, le kart étant le seul véhicule impliqué).

7. ... Recours du gardien contre le conducteur. Bien qu'un seul véhicule terrestre à moteur soit impliqué dans l'accident, la victime, gardienne de ce véhicule, mais passagère au moment de l'accident, est en droit de demander au conducteur la réparation de son préjudice en application de la L. du 5 juill. 1985. • Civ. 2e, 3 oct. 1990, n° 89-16.113 P : *RTD civ. 1991. 129, obs. Jourdain* • 10 juin 1998, n° 96-17.787 P : *JCP 1999. I. 147, n° 21, obs. Viney ; RCA 1998. Chron. 23, par Groutel (2e esp.) ; RTD civ. 1999. 123, obs. Jourdain*. ♦ ... Sans que puisse y faire obstacle la faute du conducteur. • Civ. 1re, 29 févr. 2000, n° 96-22.884 P : *D. 2000. IR 145* ; *RTD civ. 2000. 589, obs. Jourdain*.

8. ... Recours du gardien contre son préposé conducteur. Il en est ainsi même si le conducteur était le préposé de la victime, agissant dans l'exercice de ses fonctions, sans qu'il soit nécessaire d'établir contre lui l'existence d'une faute lourde. • Civ. 2e, 6 mars 1991 : *D. 1991. 257, note Groutel*. ♦ V. cependant, notes 172 s. ss. art. 1242.

9. Recours des gardiens en l'absence de conducteur. En cas de garde collective du seul véhicule impliqué dans l'accident et en l'absence de conducteur, les co-gardiens victimes et leurs ayants droit ne peuvent obtenir l'indemnisation de leurs dommages en invoquant la loi du 5 juill. 1985. • Civ. 2e, 22 mai 2014, n° 13-10.561 P : *cité note 3 ss. art. 786.*

B. RESPONSABLE

10. Conducteur ou gardien. Le conducteur ou le gardien d'un véhicule impliqué est tenu d'indemniser les victimes ; le propriétaire d'un véhicule étant présumé en être le gardien, est justifiée la condamnation du propriétaire de la motocyclette impliquée, nonobstant le doute sur sa qualité de conducteur. • Civ. 2e, 19 juin 2003, n° 00-18.991 P : *D. 2003. IR 2414* ; *RGDA 2003. 729, note Landel ; RTD civ. 2003. 722, obs. Jourdain*. ♦ Mais, dans le cas de l'accident d'un véhicule volé, absence de responsabilité du propriétaire victime du vol et contraint de rester à l'intérieur du véhicule, la victime étant l'un des passagers et ayant participé au vol comme coauteur ou complice du conducteur, la garde du véhicule instrument du dommage ayant été transférée à ce conducteur. • Civ. 2e, 17 mars 2011 : *RCA 2011, n° 206 ; RGDA 2011. 751, obs. Landel.*

Les victimes d'un accident de la circulation ne peuvent se prévaloir des dispositions de l'art. 3 de la loi qu'à l'encontre des conducteurs ou gardiens de véhicules impliqués dans l'accident. Cassation de l'arrêt qui condamne le propriétaire d'un véhicule à réparer le dommage subi par une victime heurtée par ce véhicule qu'elle venait d'arrêter devant chez elle, dans un chemin en déclivité, et qui s'était déplacé, en se bornant à retenir que la victime n'avait pas la qualité de conducteur, sans rechercher si le propriétaire du véhicule n'en avait pas perdu la garde. • Civ. 2e, 24 juin 1992, n° 90-22.165 P : *D. 1993. Somm. 212, obs. Aubert*. – V. aussi • Civ. 2e, 5 nov. 1998, n° 97-10.848 P. ♦ De même, cassation de l'arrêt qui condamne *in solidum* le propriétaire d'une voiture remorquée et le garagiste effectuant le remorquage sans rechercher si le garagiste n'était pas devenu le gardien de la voiture remorquée. • Civ. 2e, 18 oct. 1995 : *JCP 1996. II. 22651, note Duquesne.*

Cassation pour manque de base légale de l'arrêt qui, pour déclarer le propriétaire d'un véhicule responsable, sur le fondement de la L. du 5 juill. 1985, de l'accident de la circulation ayant occasionné des dommages à l'un des passagers, retient que le fait que ce propriétaire ait, dans son seul intérêt et pour un laps de temps limité, confié la conduite à une autre personne, en raison de son état d'ébriété, tout en restant passager dans son propre véhicule n'était pas de nature à transférer au conducteur les pouvoirs d'usage, de direction et de contrôle caractérisant la garde, ces seuls motifs étant impropres à exclure, en considération des circonstances de la cause, que le propriétaire non conducteur avait perdu tout pouvoir d'usage, de contrôle et de direction de son véhicule. • Civ. 2e, 7 juill. 2022, n° 20-23.240 B : *D. 2022. 2143, note Messang-Blansché ; ibid. Chron. C. cass. 1993, obs. Ittah et Pradel ; ibid. 2023. 34, obs. Quézel-Ambrunaz ; RTD civ. 2022. 902, obs. Jourdain ; RCA 2022, n° 226, note Bloch.*

11. Conducteur et gardien. Responsabilité *in solidum* du propriétaire du tracteur prêté, qui n'en a pas perdu la garde, et du conducteur auteur de la manœuvre à l'origine de l'accident. • Civ. 2e, 6 juin 2002, n° 00-10.187 P : *D. 2002. IR 2029*. ♦ Si le propriétaire d'un véhicule impliqué dans un accident de la circulation en est présumé gardien, il peut apporter la preuve qu'il en avait confié la garde à une autre personne et, si l'accident trouve sa cause dans un défaut du véhicule, remis à un tiers lors de l'accident, la qualité de gardien peut, sauf si ce dernier avait été averti de ce vice, demeurer au propriétaire, en tant qu'il a la garde de la structure du véhicule impliqué. • Civ. 2e, 31 mars 2022, n° 20-22.594 B : *D. 2022. 1117, obs. Cayol ; RTD civ. 2022. 634, obs. Jourdain ; RCA 2022, n° 151, obs. Hocquet-Berg ; RGDA 2022/7-8. 18, note Landel.*

12. Cas du préposé conducteur. Les dispositions d'ordre public de la L. du 5 juill. 1985 n'excluent pas celles de l'art. 1384 anc. [1242], al. 5, relatives à la responsabilité du commettant du fait du préposé. • Crim. 27 mai 2014, n° 13-80.849 P : *D. 2014. 1202* • Civ. 2e, 23 nov. 2017, n° 16-21.664 P : *D. 2017. 2425 ; RGDA 2018. 31, note Landel* • 8 mars 2018, n° 17-13.554 P : *D. 2018. 559 ; RTD civ. 2018. 428, obs. Jourdain*. ♦ Ainsi la garantie due par l'assureur de responsabilité civile du commettant n'est pas exclue lorsque le dommage est susceptible de relever aussi de la garantie de l'assureur du véhicule manœuvré par le préposé dont la faute a causé le dommage. • Civ. 2e, 8 mars 2018, n° 17-13.554 P : *préc.* ♦ N'est pas tenu à indemnisation à l'égard de la victime le préposé, conducteur d'un véhicule de son commettant impliqué dans un accident de la circulation, qui agit dans les limites de la mission qui lui a été impartie. • Civ. 2e, 28 mai 2009, n° 08-13.310 P : *cité note 172 ss. art. 1242.* • Crim. 27 mai 2014, n° 13-80.849 P : *préc.* ♦ Comp. : est irrecevable l'action de la victime d'un accident provoqué par l'état défectueux d'un camion, comme exclusivement dirigée contre le conducteur préposé (le propriétaire du camion, non assuré, étant en état de liquidation judiciaire), dès lors que le préposé n'avait pas la garde des éléments de la structure du véhicule. • Civ. 2e, 11 avr. 2002, n° 00-13.387 P : *D. 2002. IR 1598 ; JCP 2002. I. 186, nos 33 s., obs. Viney ; RCA 2002. Chron. 9, par Groutel ; Dr. et patr. 9/2002. 100, obs. Chabas ; RTD civ. 2002. 519, obs. Jourdain*. ♦ La présomption de garde pesant sur le propriétaire n'ayant pas été écartée par la preuve d'un transfert, le préposé conducteur ne doit pas réparation du préjudice subi par la victime sur le fondement de la L. du 5 juill. 1985. • Même arrêt.

13. Notion de conducteur ou de non-conducteur. Sur la qualité de conducteur ou de non-conducteur, V. notes ss. art. 4.

C. VÉHICULES CONCERNÉS

14. Type de véhicule. Le texte concerne des accidents dans lesquels sont impliqués des automobiles, camions, motocyclettes, cyclomoteurs, mais aussi des tracteurs agricoles, moissonneuses, engins de chantier, engins de damage de pistes de ski, chariots élévateurs, etc. : V. notes 19 et 26. ♦ Mais une dameuse, engin à moteur dépourvu de roues, que l'on manipule par le manche, ne constitue pas un véhicule au sens de la loi. • Civ. 2e, 20 mars 1996, n° 94-14.524 P. ♦ Une mini-moto se déplaçant sur route au moyen d'un moteur à propulsion, avec faculté d'accélération, ne peut être considérée comme un simple jouet et est un véhicule terrestre à moteur sans qu'il importe que le véhicule en cause soit soumis à une obligation légale d'assurance. • Civ. 2e, 22 oct. 2015, n° 14-13.994 P (mini-moto pilotée par une enfant de 6 ans). ♦ *Contra* précédemment pour une voiture miniature assimilable à un jouet non soumis à l'obligation d'assurance : • Civ. 2e, 4 mars 1998, n° 96-12.242 P : *R., p. 350 ; JCP 1999. I. 137, n° 9, obs. Favre-Rochex ; RTD civ. 1998. 693, obs. Jourdain ; RCA 1998. Chron. 25, par Groutel.* ♦ Est un véhicule terrestre à moteur une tondeuse « auto-portée » comme telle, assujettie à l'assurance automobile obligatoire. • Civ. 2e, 24 juin 2004, n° 02-20.208 P : *BICC 1er nov. 2004, n° 1551, et la note ; D. 2005. Pan. 1321, obs. Groutel ; Gaz. Pal. 2004. 3752, note Sardin ; Dr. et patr. 12/2004. 82, obs. Chabas ; RGDA 2004. 967, note Landel* • 22 mai 2014, n° 13-10.561 P : *cité note 3 ss. art. 786.*

Un fauteuil roulant électrique, dispositif médical destiné au déplacement d'une personne en situation de handicap, n'est pas un véhicule terrestre à moteur au sens de la L. du 5 juill. 1985. • Civ. 2e, 6 mai 2021, n° 20-14.551 P : *D. 2021. 1413, note Oudot ; ibid. 1695, obs. Kenfack ; ibid. 2022. 35, obs. Quézel-Ambrunaz ; RDSS 2021. 926, note de Bertier-Lestrade ; RTD civ. 2021. 660, obs. Jourdain ; ibid. 975, obs. Rouvière ; JCP 2021, n° 767, note Raoul-Cormeil.*

15. ... Fonctionnement ou non du moteur. Peu importe que le moteur du véhicule fonctionne ou non. • Civ. 2e, 14 janv. 1987 : *JCP 1987. II. 20768, note Chabas* (automobile en panne) • TGI Beauvais, 27 févr. 1987 : *Gaz. Pal. 1988. 1. 280, note Chabas* (cyclomoteur poussé par son utilisateur) • Civ. 2e, 28 avr. 1986 : *Bull. civ. II, no 63* • 13 janv. 1988 : *Bull. civ. II, no 14* • Nîmes, 19 sept. 1994 : *JCP 1997. II. 22794, note Bories* (cyclomoteur utilisé moteur arrêté comme une bicyclette) • Civ. 2e, 25 mai 1994, no 92-19.455 P : *R., p. 362* (chariot élévateur descendant une pente pour tenter de faire démarrer le moteur) • 13 sept. 2012 : *préc. note 243 ss. art. 1241* (incendie d'un camion frigorifique garé dans un hangar). • 22 mai 2014, no 13-10.561 P : *cité note 3 ss. art. 786* (tondeuse à gazon).

16. ... Tramway. BIBL. Gaba, *D. 2011. 2184* (notion de « voie propre » des chemins de fer et tramways). La loi s'applique à l'accident causé par un tramway sur ses rails circulant dans une rue. • Civ. 2e, 6 mai 1987 : *Bull. civ. II, no 92.* ♦ ... A un tramway qui traverse un carrefour ouvert aux autres usagers de la route. • Civ. 2e, 16 juin 2011, no 10-19.491 P : *D. 2011. 1756, obs. Gallmeister ; ibid. 2184, note Gaba ; ibid. Chron. C. cass. 2150, obs. Adida-Canac et Bouvier ; RTD civ. 2011. 774, obs. Jourdain ; RCA 2011, no 326, obs. Groutel ; RGDA 2011. 997, obs. Landel.* ♦ ... Mais non à l'accident causé par un tramway circulant sur une voie propre, constituée par un couloir délimité d'un côté par le trottoir et de l'autre par une ligne blanche continue interdisant à tout véhicule de venir y circuler. • Civ. 2e, 18 oct. 1995, no 93-19.146 P. ♦ ... Ou séparée de la rue par un terre-plein planté d'arbustes formant une haie vive. • Civ. 2e, 29 mai 1996 : *D. 1997. 213, note Bl anc.* ♦ ... Nonobstant l'existence, à certains carrefours, de passages autorisés aux véhicules. • Colmar, 20 sept. 2002 : *JCP 2003. IV. 2934.*

17. ... Chemin de fer. Dans le cas d'une collision entre une automobile et un train à un passage à niveau, la L. du 5 juill. 1985 est applicable à l'indemnisation de la SNCF pour les dommages subis par le train, mais non à l'action de l'automobiliste en réparation de son propre dommage, le train circulant sur une voie qui lui est propre. En ce sens : • Civ. 2e, 17 mars 1986 : *D. 1987. 49, note Groutel ; Gaz. Pal. 1986. 2. Somm. 412, obs. Chabas.* – V. aussi • Civ. 2e, 19 mars 1997, no 95-19.314 P. ♦ Rappr. : • Civ. 2e, 5 mars 2020, no 19-11.411 P : *D. 2020. 1205, obs. Bacache, Noguéro et Pierre ; ibid. Chron. C. cass. 2198, obs. Touati et Bohnert ; RTD civ. 2020. 639, obs. Jourdain .* ♦ En effet, une voie ferrée n'est pas une voie commune aux chemins de fer et aux usagers de la route, ces derniers pouvant seulement la traverser à hauteur d'un passage à niveau, sans pouvoir l'emprunter ; le train entré en collision avec le véhicule à un passage à niveau circule, sur une voie qui lui est propre. • Civ. 2e, 17 nov. 2016, no 15-27.832 P : *D. 2017. Chron. C. cass. 605, note Touati et Becuwe ; RTD civ. 2017. 166, obs. Jourdain ; RCA 2017, no 33, obs. Groutel.*

D. ACCIDENT

18. Accident volontairement provoqué. La L. du 5 juill. 1985 n'est applicable qu'aux seuls accidents de la circulation à l'exclusion des infractions volontaires. • Civ. 2e, 30 nov. 1994, no 93-13.399 P : *RTD civ. 1995. 132, obs. Jourdain* (incendie causé par un tracto-pelle utilisé par des voleurs pour défoncer un mur) • 30 nov. 2000, no 98-20.870 P : *JCP 2001. IV. 1152* (dommages provoqués par un véhicule volé dont le conducteur a été reconnu coupable de dégradations volontaires, ce qui implique l'intention de causer le dommage) • 15 mars 2001, no 99-16.852 P : *R., p. 443 ; D. 2001. IR 1145 ; RCA 2001, no 186, note Groutel ; LPA 6 sept. 2001, note Leroy ; RTD civ. 2001. 606, obs. Jourdain* (incendie volontaire d'un véhicule stationné dans un parking souterrain) • 12 déc. 2002, no 00-17.433 P : *D. 2003. IR 468 ; RCA 2003, no 66, note Groutel ; Dr. et patr. 5/2003. 109, obs. Chabas* (poursuite de piétons par une voiture) • 23 janv. 2003, no 00-21.676 P : *D. 2003. IR 605 ; RCA 2003, no 105, note Groutel* (véhicule volontairement percuté par l'arrière par un autre véhicule) • 11 déc. 2003, no 00-20.921 P : *RTD civ. 2004. 519, obs. Jourdain* (piéton ayant poussé volontairement une conductrice de scooter et ayant provoqué sa chute) • 22 janv. 2004, no 01-11.665 P : *Dr. et patr. 4/2004. 114, obs. Chabas ; RTD civ. 2004. 519, obs. Jourdain* (voiture volée heurtant volontairement une voiture de police, elle-même projetée contre une autre) • Crim. 29 mars 2006, no 05-82.515 P : *RGDA 2006. 933, note Landel* (non-application de l'art. 4 lorsque les dommages subis par un conducteur sont la conséquence des violences volontaires dont un autre conducteur a été déclaré coupable).

V. déjà en ce sens : • Civ. 2e, 6 déc. 1991, no 88-19.990 P : *RTD civ. 1992. 571, obs. Jourdain* • 2 mars 1994 : *RTD civ. 1995. 132, obs. Jourdain .* ♦ Comp. • Civ. 1re, 14 oct. 1997 : *RCA 1998, no 37, note Groutel* [parlant d'« accident de la circulation volontairement provoqué » à propos d'un suicide par immobilisation du véhicule sur une voie ferrée (décision rendue à propos de l'application de l'art. L. 113-1 C. assur.)]. ♦ *Contra* : • Civ. 2e, 22 nov. 1995 : *D. 1996. 163, note Jourdain (2e esp.) ; JCP 1996. II. 22656, note J. Mouly (3e esp.)* (application de la loi dans le cas de l'incendie volontaire d'un véhicule par un inconnu).

E. FAIT DE CIRCULATION

19. Application de la loi : accidents divers. La loi s'applique à l'accident provoqué dans un champ par un gyrobroyeur qui, attelé à un tracteur, a projeté une pierre dans l'œil de la victime. • Civ. 2e, 31 mars 1993, n° 91-18.655 P : *D. 1994. Somm. 17, obs. A. Penneau*. ♦ ... A condition que le gyrobroyeur soit en mouvement au moment de l'accident. • Civ. 2e, 5 janv. 1994, n° 92-13.245 P. ♦ ... A l'accident provoqué par un tracteur qui, en manœuvrant, a sectionné le flexible hydraulique de la fourche, laquelle est tombée sur la victime. • Civ. 2e, 6 juin 2002 : *préc. note 11*. ♦ ... A l'accident causé sur un chantier par une pelleteuse mécanique à chenilles. • Civ. 2e, 30 juin 2004, n° 02-15.488 P : *D. 2004. IR 2272 ; RGDA 2004. 967, note Landel*. ♦ De même, la loi s'applique à l'accident occasionné par un engin agricole de chargement d'une remorque à maïs, pourvu d'un moteur lui permettant de se déplacer le long de celle-ci pour répartir le contenu de sa trémie. • Civ. 2e, 19 févr. 1997, n° 95-14.279 P : *RCA 1997, n° 197, et Chron. 15, par Leduc*. ♦ Est un accident de la circulation celui provoqué par la chute sur la victime d'un élément transporté lors du déchargement d'un camion en stationnement. • Civ. 2e, 26 mars 1997, n° 95-14.995 P : *RTD civ. 1997. 680, obs. Jourdain ; RCA 1997, n° 197, et Chron. 15, par Leduc* (bottes de paille) • 29 mars 2006, n° 03-19.843 P : *JCP E 2006. 2224, n° 10, obs. Bon-Garcin* (plaque de béton) • 7 févr. 2008, n° 07-13.397 P : *RCA 2008, n° 165, obs. Groutel* (idem sans intervention d'un appareil de levage). ♦ ... Celui causé par la projection d'un objet placé sur le toit d'un véhicule et du tendeur élastique arrimant cet objet, le véhicule fût-il en stationnement, moteur arrêté. • Civ. 2e, 20 oct. 2005, n° 04-15-418 P : *D. 2006. Pan. 1938, obs. Brun ; RCA 2005, n° 361, note Groutel ; RTD civ. 2006. 136, obs. Jourdain*. ♦ ... Celui dû au déplacement inopiné, par suite de la mise en marche du moteur alors qu'une vitesse était enclenchée, d'une voiture stationnée sur le pont élévateur d'un garage. • Civ. 2e, 25 oct. 2007 : *D. 2007. AJ 2946 ; Gaz. Pal. 2009. 472, note Leducq ; RCA 2007, n° 351, note Groutel*. – Déjà en ce sens : • TGI Montpellier, 22 nov. 1994 : *JCP 1997. II. 22775, note Bories* (réparation d'un véhicule sur un terrain privé) • Bordeaux, 30 juin 1998 : *Gaz. Pal. 1999. 783, note Pastor* (réparation d'un véhicule dans l'atelier de mécanique d'une station-service).

20. Résulte d'un fait de circulation, au sens de l'art. 1er de la L. du 5 juill. 1985, l'accident au cours duquel le chauffeur d'un ensemble routier, dont il ne contrôlait plus la vitesse, a sauté hors de son véhicule, se blessant mortellement, avant que le camion ne s'écrase contre un bâtiment. • Civ. 2e, 24 juin 1998, n° 96-20.284 P : *JCP 1999. I. 147, n° 21, obs. Viney ; RCA 1998. Chron. 23, par Groutel (1re esp.)*.

La perte par un engin de chantier d'un produit glissant, puis le déversement de gravillons sur lesquels une automobiliste a glissé est à l'origine d'un fait de circulation perturbateur, et non d'une action de chantier. • Civ. 2e, 24 mai 2012 : *RCA 2012, n° 203, obs. Groutel*.

21. Aide apportée à un véhicule accidenté. Est victime d'un accident de la circulation au sens de l'art. 1er de la L. du 5 juill. 1985 la victime s'étant blessée au bras en relevant un véhicule terrestre à moteur, en l'espèce un scooter au sol. • Civ. 2e, 24 oct. 2019, n° 18-20.910 P : *cité note 40*.

22. ... Incendies. La loi s'applique à l'incendie provoqué par une étincelle échappée du moteur d'un tracteur effectuant un travail agricole dans un champ, même s'il n'est pas établi qu'il était en mouvement. • Civ. 2e, 8 nov. 1995 : *D. 1996. 163, note Jourdain*. ♦ ... A l'incendie d'un hangar provoqué par un tracteur agricole effectuant des opérations d'ensilage. • Civ. 2e, 21 juin 2001, n° 99-15.732 P : *D. 2001. IR 2243 ; RTD civ. 2001. 901, obs. Jourdain*. ♦ ... A l'incendie provoqué par une tondeuse à gazon stationnée dans un garage. • Civ. 2e, 22 mai 2014, n° 13-10.561 P : *cité note 3 ss. art. 786*. ♦ Est un accident de la circulation celui provoqué par une débroussailleuse attelée à un tracteur en mouvement et dont le rotor, en produisant une gerbe d'étincelles, a causé un incendie. • Civ. 2e, 17 déc. 1997, n° 96-12.850 P.

23. Non-application de la loi : fait de l'homme, cause exclusive du dommage. N'est pas un accident de la circulation le sinistre qui procède du seul comportement fautif de l'homme et non d'un rôle spontané du véhicule (explosion du réservoir d'un camion en stationnement dans une station-service, le conducteur ayant voulu dégeler le bouchon de ce réservoir avec une lampe à souder). • Lyon, 25 nov. 1992 : *BICC 1er août 1993, n° 968 ; RTD civ. 1993. 843, obs. Jourdain*. ♦ Mais cassation de l'arrêt qui exclut l'application de la L. du 5 juill. 1985 au motif que l'enfant qui a mis en marche le véhicule en voulant écouter la radio n'a à aucun moment eu l'intention de déplacer le véhicule, ajoutant à la loi une condition qu'elle ne comporte pas. • Civ. 2e, 28 mars 2013, n° 12-17.548 P : *D. 2013. 907 ; RGDA 2013. 643, obs. Landel*.

24. ... Accident dû à un élément étranger à la fonction de déplacement. Ne relèvent pas des dispositions de la L. du 5 juill. 1985 les accidents dont les circonstances révèlent que l'engin était immobilisé et utilisé dans sa fonction d'outil et non dans sa fonction de déplacement (accident exclusivement en lien avec la fonction d'outil de soulèvement de charge d'un chariot élévateur et sans lien avec sa fonction de circulation). • Civ. 2e, 18 mai 2017, n° 16-18.421 P : *D. 2018. 35, obs. Brun* (victime ayant pris en location un chariot élévateur avec son chauffeur et ayant eu le pouvoir de donner à ce dernier les ordres en vue du chargement de la grume, de l'arrêt de l'engin, du mesurage, du déplacement vers un point de stockage, ainsi devenu le commettant du chauffeur et devant assumer la responsabilité du dommage causé par la chute de la grume) • Civ. 2e, 9 déc. 2021, n° 20-14.254 B : *D. 2022. 1117, obs. Cayol* (accident exclusivement en lien avec la fonction d'outil d'une moissonneuse-batteuse et aucunement avec sa fonction de circulation, dès lors que la machine ne se trouvait plus en action de fauchage, mais en position de maintenance de la vis sans fin et à l'arrêt). ♦ La L. du 5 juill. 1985 ne s'applique pas à une ensileuse à maïs fonctionnant dans un champ, dès lors que seule la partie machine-outil était en fonctionnement et a blessé la victime. • Civ. 2e, 8 janv. 1992, n° 90-19.143 P. ♦ Pour la distinction entre la fonction déplacement et la fonction outil d'une tondeuse autoportée : le réservoir et le carburant qui s'y trouve sont des éléments d'une tondeuse autoportée qui ont pour fonction son déplacement. • Civ. 2e, 22 mai 2014, n° 13-10.561 P : *cité note 3 ss. art. 786.* ♦ N'est pas impliqué dans un accident de la circulation le véhicule terrestre à moteur immobile dont seule la partie étrangère à sa fonction de déplacement était en cause. • Civ. 2e, 9 juin 1993, n° 91-12.452 P (accident causé par la benne basculante d'un camion à l'arrêt) • 5 nov. 1998, n° 95-18.064 P : *D. 1999. 256, note J. Mouly* ; *RCA 1999. Chron. 27, par Groutel (1re esp.)* (accident survenu lors de la manœuvre de la porte arrière d'un van en stationnement) • 8 mars 2001, n° 98-17.678 P : *R., p. 440 ; RTD civ. 2001. 607, obs. Jourdain* (accident causé à un piéton par l'ouverture de l'auvent d'une remorque servant à la vente de pizzas, attelée à un véhicule à l'arrêt) • 8 mars 2001, n° 99-13.525 P : *R., p. 440 ; D. 2001. IR 1077* ; *RTD civ. 2001. 607, obs. Jourdain* (renversement de la benne de la remorque d'un ensemble routier lors d'une opération de déchargement de terre) • 23 oct. 2003, n° 02-13.989 P : *Dr. et patr. 1/2004. 87, obs. Chabas ; RGDA 2004. 80, note Landel* (incendie survenu à un camion à l'arrêt au cours d'une opération de chargement de copeaux de bois par tuyaux d'aspiration) • 19 oct. 2006, n° 05-14.338 P : *D. 2006. IR 2876* ; *RCA 2007, n° 15, note Groutel ; RGDA 2006. 939, note Landel ; RTD civ. 2007. 133, obs. Jourdain* (explosion lors du transvasement de gaz liquide d'un camion-citerne à la cuve du client). – Conf. • Civ. 2e, 3 mai 2006, n° 04-17.724 P : *D. 2006. IR 1404* ; *RTD civ. 2006. 575, obs. Jourdain* (incendie provoqué par un chargeur de batterie, accessoire non nécessaire à la circulation, lors d'une opération de recharge de la batterie d'un véhicule stationné dans un garage). – Dans le même sens, en matière d'assurance automobile : • *Civ. 1re, 8 juill. 2003,* n° 00-18.216 P : *JCP 2004. I. 137, nos 7 s., obs. Favre-Rochex ; RGDA 2003. 715, note Landel* (personne tombée de la nacelle d'un chariot élévateur à l'arrêt). ♦ *Contra*, en matière d'assurance automobile : • Civ. 1re, 4 avr. 1995, n° 92-20.112 P : *D. 1996. 113, note Dagorne-Labbe* ; *RTD civ. 1995. 912, obs. Jourdain* (accident causé à un piéton sur un trottoir par le tuyau de vidange d'un camion-citerne en stationnement : implication du camion) • Civ. 2e, 13 sept. 2012 : *préc. note 15* (incendie d'un camion frigorifique garé dans un hangar). ♦ Comp. • Civ. 2e, 27 mai 1998, n° 96-22.040 P : *Gaz. Pal. 2001. Somm. 485, obs. Chabas* (implication du camion en cours de chargement dans le dommage subi par le chariot élévateur tombé du quai de chargement, le camion s'étant écarté du quai) • 19 nov. 1998, n° 97-11.888 P : *JCP 1999. II. 10113, note Nizard de Saint-Didier ; RCA 1999, n° 36* (est un accident de la circulation celui causé par une pelle mécanique qui, sous l'effet de son bras en action, a ripé sur le sol, écrasant la victime avec sa partie chenillée) • 14 janv. 1999 : *RCA 1999, n° 65* (même solution pour l'accident dont l'origine est dans le mouvement du tracteur qui, à l'arrêt, a basculé et non dans une action distincte de son bras élévateur).

Ne constitue pas un accident de la circulation, celui résultant de la chute d'une victime sur un véhicule en stationnement dans un garage privé, lorsque aucun des éléments liés à sa fonction de déplacement n'est à l'origine de l'accident. • Civ. 2e, 7 juill. 2022, n° 21-10.945 B : *D. 2023. 34, obs. Brun* ; *RTD civ. 2022. 905, obs. Jourdain* ; *RCA 2022, n° 227, note Hocquet-Berg.*

25. ... *Engin non attelé ou dont l'attelage est une circonstance indifférente.* La loi ne s'applique pas à un appareil (bétonnière) non attelé, en stationnement sur la chaussée. • Civ. 2e, 7 juin 1989 : *D. 1990. 116, note Légier* ; *Gaz. Pal. 1989. 2. 768, note Chabas.* ♦ Comp., pour une remorque, • Toulouse, 24 nov. 1986 : *Gaz. Pal. 1987. 1. 107.* ♦ ... Ni à une benne de gravats déposée sur une chaussée. • Crim. 29 janv. 1991, n° 90-81.162 P : *R., p. 391.* ♦ ... Ni à un presse-paille, matériel immobile insusceptible de se déplacer par lui-même et autonome dans son fonctionnement, le même accident ayant pu se produire si cette presse n'avait pas été attelée à un tracteur. • Civ. 2e, 3 juill. 1991, n° 89-17.169 P : *RTD civ. 1991. 763, obs. Jourdain*.

F. VOIE DE CIRCULATION

26. *Lieux de circulation ou de stationnement.* La loi s'applique à l'accident survenu sur une voie privée de desserte d'un ensemble immobilier. • Paris, 14 févr. 1986 : *Gaz. Pal. 1986. 1. 304, note Chabas* • Civ. 2e, 8 janv. 1992, n° 90-19.336 P : *RTD civ. 1992. 401, obs. Jourdain* (voie d'accès au parking d'un immeuble). ♦ ... Ou dans un parking d'immeuble en sous-sol privatif. • Civ. 2e, 18 mars 2004, n° 02-15.190 P : *D. 2004. IR 998* ; *Gaz. Pal. 2004. 3750, note Dagorne-Labbe ; RCA 2004, n° 183, note Groutel ; Dr. et patr. 11/2004. 79, obs. Chabas* (incendie de véhicule). ♦ *Contra* : • Nancy, 28 janv. 2002 : *BICC 15 mai 2002, n° 516.* ♦ ... Ou dans l'atelier de réparation d'un garage. • Civ. 2e, 25 oct. 2007 : *préc. note 19.* ♦ ... A l'accident causé par un tracteur ou par une moissonneuse-batteuse dans un champ. • Civ. 2e, 5 mars 1986 et • 25 juin 1986 : *D. 1987. Somm. 87, obs. Groutel* • 10 mai 1991, n° 90-11.377 P. ♦ V. conf., pour un gyrobroyeur, • Civ. 2e, 31 mars 1993 : *préc. note 19.* ♦ ... A l'accident causé par un engin de damage circulant sur une piste de ski. • Grenoble, 9 févr. 1987 : *D. 1987. 245, note Chabas.* ♦ ... A l'accident causé par un chariot élévateur évoluant dans une cour privée. • Paris, 5 juill. 1989 : *JCP 1989. II. 21384, note Chabas.* – V. aussi • Civ. 2e, 13 janv. 1988 : *Bull. civ. II, n° 12* • 25 mai 1994, n° 92-19.455 P : *R., p. 362.* ♦ ... A l'accident causé sur un chantier par une pelleteuse mécanique à chenilles. • Civ. 2e, 30 juin 2004 : *préc. note 19.* ♦ ... A l'accident causé par un trolleybus, véhicule circulant grâce à des câbles aériens dans un couloir de circulation propre. • Civ. 2e, 12 mai 1993, n° 91-22.004 P.

Mais la loi ne s'applique pas à l'incendie provoqué par l'embrasement d'un cyclomoteur stationné dans un hall d'immeuble, lieu d'habitation impropre à cette destination. • Civ. 2e, 26 juin 2003, n° 00-22.250 P : *D. 2003. IR 1881 ; RCA 2003. Chron. 24, par Groutel ; RGDA 2003. 721, note Landel ; RTD civ. 2003. 720, obs. Jourdain.* ♦ Comp. : la loi s'applique au stationnement dans un garage privé à usage individuel. • Civ. 2e, 22 mai 2014, n° 13-10.561 P : *cité note 3 ss. art. 786.* ♦ Pour une piste de golf, qui n'est pas une voie ouverte à la circulation : • Civ. 2e, 12 juin 2014 : *RGDA 2014. 453, obs. Landel.*

27. *Compétitions sportives.* BIBL. Leduc, *RCA 2012. Étude 10.* – Polère, *Gaz. Pal. 2007. Doctr. 711* (accident sur circuit). ♦ La loi s'applique à l'accident survenu lors d'une compétition sportive en circuit fermé. • Crim. 16 juill. 1987 : *Gaz. Pal. 1987. 2. 767 ; RTD civ. 1987. 770, obs. J. Huet* • Civ. 2e, 10 mars 1988 : *Bull. civ. II, n° 59* (moto-cross) • Besançon, 18 oct. 1989 : *Gaz. Pal. 1990. 1. 274, note Chabas* (course automobile de côte). ♦ Mais elle n'est pas applicable entre concurrents de compétitions sportives. • Civ. 2e, 28 févr. 1996, n° 93-17.457 P : *RCA 1996, n° 168, et Chron. 22, par Groutel* • 19 juin 2003, n° 00-22.330 P : *D. 2003. Somm. 2540, obs. F. Lagarde ; RCA 2003. Chron. 24, par Groutel ; RGDA 2003. 719, note Landel* (copilote). ♦ L'accident survenant entre des concurrents à l'entraînement évoluant sur un circuit fermé exclusivement dédié à l'activité sportive n'est pas un accident de la circulation. • Civ. 2e, 4 janv. 2006, n° 04-14.841 P : *D. 2006. 2443, note J. Mouly ; ibid. Pan. 1939, obs. Brun ; Gaz. Pal. 2006. 2597, note A. Paulin ; LPA 23 mars 2006, note Boismain ; RTD civ. 2006. 337, obs. Jourdain.* ♦ Pour un side-car : • Civ. 2e, 14 avr. 2016, n° 15-17.732 P : *D. 2017. 24, obs. Brun, Gout et Quézel-Ambrunaz ; JCP 2016, n° 610, note Brun.*

28. *Spectacles et tournages.* La L. du 5 juill. 1985 est applicable à l'indemnisation des dommages subis par les spectateurs lors d'un exercice de cascade réalisé durant le tournage d'un film à l'aide d'un véhicule terrestre à moteur. • Civ. 2e, 14 juin 2012 : *préc. note 3* (accident ayant eu lieu sur une voie fermée à la circulation par arrêté du préfet de police, destinée exclusivement à la réalisation de cascades dans le cadre d'une production cinématographique). ♦ Comp. : exclusion de la loi dans le cas d'un accident survenu au cours d'un spectacle d'acrobaties avec moto. • Bordeaux, 15 juin 2006 : *JCP 2007. IV. 1401 ; RCA 2007, n° 65, note Radé.*

G. IMPLICATION

BIBL. Chabas, *Gaz. Pal. 1986. 1. Doctr. 64 et 262.* – Groutel, *D. 1987. Chron. 1 ; ibid. 1990. Chron. 263.* – Jourdain, *JCP 1994. I. 3794.* – Raffi, *D. 1994. Chron. 158.* – Leduc, *RCA 2019. Dossier 8.* – Rouvière, *D. 2012. Chron. 2186.*

29. *Distinction entre implication et causalité.* L'absence de lien de causalité entre la faute d'un conducteur et le dommage subi par la victime n'exclut pas que le véhicule puisse être impliqué dans l'accident. • Civ. 2e, 11 avr. 1986 : *Gaz. Pal. 1986. 2. 610, note Jourdain ; JCP 1986. II. 20672, note Barbiéri (2e esp.).* ♦ La motivation du juge pénal retenant que l'existence d'un lien de causalité n'était pas caractérisée n'exclut pas nécessairement l'implication. • Civ. 2e, 17 mars 1993, n° 91-16.676 P. ♦ Encourt la cassation une décision écartant l'application de la L. du 5 juill. 1985 au motif que la preuve d'un lien de causalité entre la présence du véhicule et l'accident n'était pas rapportée. • Civ. 2e, 16 juill. 1987, n° 85-18.816 P. ♦ Doit être cassé un arrêt qui écarte la demande de réparation de son préjudice formée par la passagère d'un véhicule entré en collision avec une voiture en retenant que cette voiture avait joué un rôle purement passif dans l'accident. • Civ. 2e, 4 déc. 1985 : *Bull. civ. II, n° 186.* – Dans le même sens : • Civ. 2e, 16 déc. 1985 : *Bull. civ. II, n° 96* • 14 oct. 1987 : *ibid. II, n° 192.* ♦ Viole les dispositions de la L. du 5 juill. 1985 l'arrêt qui déclare seul responsable d'un accident le conducteur d'un cyclomoteur en considérant que la cause unique de l'accident avait été la maladresse et le défaut de maîtrise de ce conducteur qui, après avoir perdu le contrôle du cyclomoteur, était venu percuter une automobile qui circulait en sens inverse parfaitement à sa droite et à une allure très raisonnable, alors que l'automobile était impliquée dans l'accident. • Civ. 2e, 20 mars 1989 : *Gaz. Pal. 1989. 2. Somm. 462, obs. Chabas.*

30. *Notion d'implication.* Un véhicule est impliqué dans un accident de la circulation dès lors qu'il est intervenu d'une manière ou d'une autre dans cet accident. • Civ. 2e, 28 févr. 1990 : *D. 1991. 123, note Aubert (2e esp.)* • 24 juin

1998, n° 96-20.575 P : *JCP 1998. I. 187, n° 35, obs. Viney ; RCA 1998. Chron. 19, par Groutel ; RTD civ. 1998. 922, obs. Jourdain* (implication de tous les véhicules ayant participé à un accident complexe).

31. Charge de la preuve. Il appartient à la victime de rapporter la preuve de l'implication d'un véhicule dans l'accident. • Civ. 2e, 28 mai 1986 : *D. 1987. 160, note Groutel (1re esp.)* • 5 déc. 1990, n° 89-18.935 P • 16 mai 1994, n° 92-14.601 P : *R., p. 362.* ♦ Les seules declarations de la victime sont insuffisantes pour constituer la preuve de l'implication du défendeur. • Civ. 2e, 26 oct. 2017, n° 16-22.462 P : *LPA 22 mars 2018, note Vingiano-Viricel* (absence de preuve d'un écart du véhicule dépassé). ♦ Il appartient au conducteur assigné par la victime et exerçant un recours en garantie contre un autre conducteur de prouver l'implication du véhicule de ce dernier. • Civ. 2e, 19 févr. 1992, n° 91-10.297 P. ♦ Mais c'est au gardien du véhicule impliqué d'apporter la preuve que la victime avait la qualité de conducteur de ce véhicule au moment de l'accident. V. note 11 ss. art. 4.

32. Heurt. Est nécessairement impliqué tout véhicule qui a été heurté, qu'il soit à l'arrêt ou en mouvement. • Civ. 2e, 25 janv. 1995, n° 92-17.164 P : *GAJC, 11e éd., n° 220-222 (II) ; Gaz. Pal. 1995. 1. 315, note Chabas ; RTD civ. 1995. 382, obs. Jourdain* • 29 avr. 1998, n° 96-18.421 P. ♦ La collision de deux véhicules caractérise leur implication. • Civ. 2e, 5 nov. 1998 : *cité note 59 in fine* (absence de contestation sérieuse pour le juge des référés).

33. ... Véhicule en mouvement. Dès lors qu'il y a heurt entre deux véhicules en mouvement, chacun d'eux est impliqué dans l'accident. • Civ. 2e, 31 mars 1993, n° 91-19.351 P. ♦ ... Même si le défendeur a eu un comportement exempt de toute anormalité, le couloir de marche de son véhicule s'étant trouvé subitement obstrué par l'autre voiture. • Civ. 2e, 16 mars 1988 : *Gaz. Pal. 1988. 2. 560, note Archambaud.*

34. ... Véhicule immobile. La L. du 5 juill. 1985 s'applique aux accidents de la circulation dans lesquels est impliqué un véhicule terrestre à moteur, que celui-ci soit en mouvement ou en stationnement. • Civ. 2e, 21 oct. 1987 : *Bull. civ. II, n° 202.* ♦ Le stationnement d'une automobile sur la voie publique est un fait de circulation au sens de l'art. 1er de la L. du 5 juill. 1985. • Civ. 2e, 22 nov. 1995 : *D. 1996. 163, note Jourdain (1re esp.) ; JCP 1996. II. 22656, note J. Mouly (2e esp.).*

35. ... Véhicule en stationnement régulier. Le fait qu'un véhicule terrestre à moteur soit en stationnement sans perturber la circulation n'exclut pas son implication dans un accident. • Civ. 2e, 23 mars 1994 : *D. 1994. 299, note Groutel ; JCP 1994. II. 22292, note Conte ; RTD civ. 1994. 627, obs. Jourdain* • 25 janv. 1995, n° 92-17.164 P : *GAJC, 11e éd., n° 220-222 (II) ; Gaz. Pal. 1995. 1. 315, note Chabas ; RTD civ. 1995. 382, obs. Jourdain* • 12 juin 1996, n° 94-14.600 P. ♦ *Contra*, antérieurement, énonçant qu'il n'y a pas implication lorsque, le véhicule se trouvant en stationnement régulier, la circulation n'a pas été perturbée : • Civ. 2e 21 juill. 1986 (3 arrêts) : *GAJC, 11e éd., n° 220-222 (I) ; JCP 1987. II. 20769, note Durry ; Gaz. Pal. 1986. 2. 651, note Chabas ; ibid. 1987. 1. 98 concl. Charbonnier* • 7 oct. 1987 : *Bull. civ. II, n° 182.* ♦ La relaxe du chef de stationnement dangereux prononcée par une décision pénale n'exclut pas à elle seule l'implication du véhicule dans l'accident. • Civ. 2e, 13 nov. 1991, n° 90-18.041 P : *Gaz. Pal. 1993. 1. Somm. 115, obs. Chabas.*

36. ... Véhicule projeté. Est impliqué le véhicule garé dans un parc de stationnement qui a été projeté par un autre véhicule sur un troisième, également en stationnement. • Civ. 2e, 21 mai 1990 : *D. 1991. 123, note Aubert (1re esp.).*

37. Absence de heurt : véhicule en mouvement non impliqué. Un véhicule est impliqué dans un accident de la circulation dès lors qu'il a joué un rôle quelconque dans sa réalisation. • Civ. 2e, 2 mars 2017, n° 16-15.562 P : *D. 2017. 902, note Mazeaud ; ibid. 2018. 35, obs. Brun ; RTD civ. 2017. 671, obs. Jourdain.* (cassation de l'arrêt qui déboute la victime au motif qu'elle n'a pas établi que le véhicule avec lequel il n'y a eu aucun contact a eu un comportement perturbateur). ♦ V. cependant la seule présence d'un véhicule sur les lieux d'un accident de la circulation ne suffit pas à caractériser son implication. • Civ. 2e, 13 déc. 2012, n° 11-19.696 P : *D. 2013. 12, obs. Gallmeister ; RTD civ. 2013. 390, obs. Jourdain ; RCA 2013, n° 84, obs. Groutel ; Gaz. Pal. 2013. 294, obs. Tisseyre* (véhicule présent dans la file des véhicules concernés par la manœuvre de dépassement à l'origine d'un accident et ayant été aspergé de liquide corrosif). ♦ Les juges du fond ont pu décider qu'une motocyclette roulant derrière une autre, accidentée, n'était pas impliquée, s'ils ont retenu l'absence de choc entre les deux véhicules. • Civ. 2e, 8 févr. 1989 : *Bull. civ. II, n° 29 ; RTD civ. 1989. 567, obs. Jourdain.* ♦ En l'absence de manœuvre perturbatrice de sa part, la seule presence d'un véhicule à proximité de l'endroit où un motocycliste a chuté sous les roues d'un camion ne suffit pas à en établir l'implication. • Civ. 2e, 8 juill. 2004, n° 03-12.323 P. ♦ Non-implication du véhicule dépassé qui n'a pas été heurté dans l'accident. • Civ. 2e, 21 oct. 2004 : *RCA 2004, n° 368, note Groutel.* ♦ L'implication d'un camion ne peut être déduite de la seule concomitance entre le dépassement, par ce camion, d'un cyclomotoriste et la chute de celui-ci. • Civ. 2e, 10 mai 1991, n° 90-11.618 P • 25 mai 1994, n° 92-19.200 P : *R., p. 362* (chute d'un cycliste lors du croisement d'une automobile, sans choc et sans fait perturbateur du conducteur) • 18 mars 1999, n° 97-14.306 P : *JCP 2000. I. 199, n° 21, obs. Viney* (*idem*). ♦ Non-implication d'un premier véhicule, heurté par un sanglier, dans un second accident, compte tenu d'un enchaînement discontinu des collisions. • Civ. 2e, 17 févr. 2011 : *RCA 2011, n° 176, obs. Groutel.*

38. ... Véhicule en mouvement impliqué. Mais, inversement, l'absence de contact n'exclut pas nécessairement l'implication. • Civ. 2e, 14 nov. 2002, n° 00-20.594 P (cassation du jugement énonçant que le rôle causal du véhicule n'est pas démontré puisqu'il n'y a pas eu de contact avec la moto de la victime). ♦ ... Notamment, si le cyclomotoriste a été surpris par l'arrivée du camion qu'il n'avait pas remarqué, ce qui aurait provoqué une réaction violente de sa part qui l'aurait déséquilibré et jeté à terre. • Civ. 2e, 14 déc. 1987 : *Gaz. Pal. 1988. 1. 428, note F. C.* ♦ ... Si la perte de contrôle d'un véhicule a été déclenchée par la perception des phares d'un autre véhicule. • Crim. 21 juin 1988 : *Bull. crim. n° 279 ; RTD civ. 1989. 99, obs. Jourdain.* ♦ ... Si l'écart sur la gauche d'un conducteur a été provoqué par la vue d'une ambulance s'avançant dans son couloir de circulation (implication de l'ambulance). • Civ. 2e, 15 janv. 1997 : *JCP 1997. II. 22883, note Chabas.* ♦ ... Si un coureur cycliste, ayant freiné brutalement pour éviter la voiture qui le précédait, a dérapé et chuté. • Civ. 2e, 15 mai 1992, n° 90-20.322 P. ♦ Un motocycliste roulant en tête d'un groupe de trois est impliqué dans l'accident survenu aux deux suivants lors d'une manœuvre de changement de direction qu'il a commandée. • Civ. 2e, 1er avr. 1999, n° 97-17.867 P : *JCP 2000. I. 199, n° 21, obs. Viney ; RCA 1999, n° 214, note Groutel.* ♦ Est impliqué le véhicule qui a perdu une roue de secours, laquelle, heurtée par un autre véhicule, a été la cause d'une collision en chaîne. • Civ. 2e, 28 juin 1995, n° 93-20.540 P : *JCP 1996. I. 3944, nos 20 s., obs. Viney.* ♦ Est impliqué le véhicule circulant normalement dans son couloir, mais dont la présence a surpris un conducteur roulant en sens inverse, qui s'était déporté sur la gauche par inattention, et dont la brusque manœuvre d'évitement a provoqué l'accident. • *Civ. 2e, 14 juin 2006, n° 04-20.830 P : RCA 2006. Étude 12, obs. Groutel (2e esp.).* ♦ Est impliqué le véhicule dont le conducteur s'est rabattu prématurément devant un véhicule qui, pour l'éviter, s'est trouvé contraint de changer de file brusquement, heurtant alors un autre véhicule. • Civ. 2e, 14 janv. 2016, n° 15-11.108 P. ♦ Est impliqué le véhicule dépassé dont la présence sur la droite du véhicule en cours de dépassement a empêché celui-ci de se rabattre. • Civ. 2e, 18 mars 1998, n° 96-13.726 P : *RCA 1998. Chron. 14, par Groutel.* ♦ Est impliqué le tracteur en activité de fauchage à très lente allure et empiétant sur la voie de circulation dans l'accident dont a été victime un motocycliste qui a chuté pendant qu'il le dépassait. • Civ. 2e, 18 avr. 2019, n° 18-14.948 P : *D. 2019. 887 ; RTD civ. 2019. 600, obs. Jourdain .* ♦ Dans une poursuite de véhicules, le véhicule poursuivant est impliqué dans l'accident survenu au véhicule poursuivi. • Civ. 2e, 18 mai 2000, n° 98-10.190 P : *RTD civ. 2000. 853, obs. Jourdain .* ♦ ... Et, inversement, le véhicule poursuivi est impliqué dans l'accident du véhicule poursuivant (voiture de police). • Civ. 2e, 4 juill. 2007, n° 06-14.484 P : *RCA 2007, n° 315, et Repère 11, par Groutel.* ♦ Est impliqué le camion de pompiers dont le conducteur a interpellé les victimes cyclistes qui le dépassaient, le camion ayant ainsi joué un rôle dans l'accident. • Civ. 2e, 1er juin 2011, n° 10-17.927 P : *D. 2011. 1618 ; RCA 2011, n° 288, obs. Groutel.*

39. ... Projection par le véhicule de la chose, cause du dommage. Est impliquée la balayeuse municipale qui a projeté des gravillons devant le domicile d'une personne, laquelle a fait une chute, quelques instants plus tard, en voulant les balayer. • Civ. 2e, 24 avr. 2003, n° 01-13.017 P : *D. 2003. IR 1266 ; RTD civ. 2003. 515, obs. Jourdain .*

40. ... Véhicule immobile impliqué. Sont impliqués des véhicules momentanément immobilisés sur la chaussée devant un passage protégé, qui ont continué à participer à la circulation en créant un arrêt de celle-ci et ont, par leur positionnement, modifié la progression d'une motocyclette. • Civ. 2e, 29 nov. 2001, n° 00-10.549 P : *Dr. et patr. 4/2002. 93, obs. Chabas.* ♦ Deux véhicules étant immobilisés l'un derrière l'autre sur la voie de circulation de droite à la suite d'un accident, cassation de l'arrêt qui déboute le conducteur d'un troisième véhicule venu percuter l'arrière du deuxième véhicule de son recours contre le conducteur du premier véhicule aux prétendus motifs que celui-ci n'a joué aucun rôle dans la deuxième collision et qu'aucun heurt ne s'est produit entre le premier et le troisième véhicule, alors que le premier véhicule était impliqué dans l'accident comme les deux autres. • Civ. 2e, 6 janv. 2000, n° 97-21.360 P : *D. 2000. IR 39 ; RTD civ. 2000. 348, obs. Jourdain .* ♦ *Contra*, antérieurement : • Civ. 2e, 16 mars 1994, n° 92-19.089 P.

Est victime d'un accident de la circulation au sens de l'art. 1er de la L. du 5 juill. 1985 la victime s'étant blessée au bras en relevant un véhicule terrestre à moteur, en l'espèce un scooter au sol. • Civ. 2e, 24 oct. 2019, n° 18-20.910 P : *D. 2020. 40, obs. Brun, Gout et Quézel-Ambrunaz ; ibid. 322, note Trédez ; ibid. Chron. C. cass. 1065, obs. Touati et Bohnert ; RTD civ. 2020. 128, obs. Jourdain ; JCP 2019, n° 1329, note Vingiano-Viricel ; RCA 2019, n° 295, note Hocquet-Berg ; RGDA 2019/12. 27, note Landel.*

41. ... Véhicule immobile impliqué en l'absence de contact. L'absence de contact entre la victime et un véhicule immobile n'exclut pas par elle-même l'implication. • Civ. 2e, 11 avr. 1986 : *JCP 1987. II. 20672, note Barbiéri (1re esp.).* ♦ ... Si un piéton, surpris, fait une chute en découvrant soudain un véhicule immobilisé à côté de lui après avoir effectué une marche arrière. • Civ. 2e, 20 janv. 1993, n° 91-15.707 P : *D. 1994. Somm. 17, obs. Aubert ; RTD civ. 1994. 368, obs. Jourdain .* ♦ Rappr. • Civ. 2e, 2 avr. 1997, n° 95-13.303 P. ♦ Est impliqué le véhicule dont l'alarme sonore, en se déclenchant, a concouru directement, avec d'autres bruits, à l'affolement de chevaux qui ont, par la suite, après avoir été rattrapés et s'être de nouveau affolés au passage d'un véhicule de pompiers, heurté une voiture et blessé ses occupants. • Civ. 2e, 13 juill. 2000, n° 98-21.530 P : *D. 2000. IR 225 ; RCA 2000, n° 324, note Groutel ; LPA 12 juill. 2001, note Marie ; RTD civ. 2000. 847, obs. Jourdain .* ♦ Implication du véhicule immobilisé sur le toit sur le terre-plein central, du seul fait de sa position insolite : • Civ. 2e, 8 mars 2012, n° 11-11.532 : *RCA 2012, n° 163, obs. Hocquet-Berg.*

Dans un accident complexe, implication du véhicule en stationnement sur lequel le scooter de la victime a terminé sa course, même si la victime n'a pas été en contact avec celui-ci. • Civ. 2e, 15 déc. 2022, n° 21-11.423 B : *D. 2023. 7 ; JCP 2023, n° 273, obs. Waltz-Teracol ; RCA 2023, n° 25, note Radé.*

42. Chute de passager. Est impliqué, au sens de la L. du 5 juill. 1985, l'autobus immobilisé à un arrêt, dont un voyageur a fait une chute en descendant. • Civ. 2e, 7 juin 1989 : *Bull. civ. II, n° 122 ; RTD civ. 1989. 764, obs. Jourdain.* ♦ ... Ou en s'apprêtant à en descendre. • Civ. 2e, 11 oct. 1989 : *Bull. civ. II, n° 163.* ♦ ... Ou a chuté à l'intérieur du véhicule. • Civ. 2e, 25 janv. 2001, n° 99-12.506 P : *D. 2001. IR 678 .* ♦ Mais un trolleybus n'est pas impliqué dans l'accident subi par une personne qui, se dirigeant vers celui-ci, arrêté au-delà de l'abribus où elle attendait, heurte une borne interdisant le stationnement sur le trottoir et se blesse. • Civ. 2e, 10 avr. 1991, n° 90-11.305 P. ♦ De même, lorsqu'un voyageur descendu d'un autobus fait une chute sur le trottoir où il a fait quelques pas après avoir quitté le véhicule, l'autobus n'est pas impliqué dans l'accident. • Civ. 2e, 10 mai 1991, n° 90-11.684 P. – Dans le même sens : • Civ. 2e, 13 mai 2004, n° 02-19.725 P (personne renversée par une voiture en traversant la chaussée devant un car à l'arrêt dont elle venait de descendre : non-implication du car).

43. Incendie. Est impliqué dans l'accident, le véhicule en mouvement à bord duquel un incendie se déclare, occasionnant des brûlures à un passager. • Civ. 2e, 8 janv. 1992 : *D. 1993. 375, note Dagorne-Labbe (1re esp.) .* ♦ ... Le véhicule à bord duquel un incendie s'est déclaré alors qu'il circulait sur une autoroute et s'est propagé par la suite au talus bordant celle-ci. • Civ. 2e, 3 mars 1993, n° 91-17.962 P : *RTD civ. 1993. 840, obs. Jourdain .* ♦ ...Le camion frigorifique garé dans un hangar à l'intérieur duquel un incendie s'est déclaré. • Civ. 2e, 13 sept. 2012 : *cité note 243 ss. art. 1241.*

44. Perte d'huile. Implication d'un tracteur ayant involontairement répandu de l'huile sur la chaussée ainsi rendue glissante et à l'origine d'un accident. • Civ. 2e, 16 janv. 2020, n° 18-23.787 P : *D. 2021. 46, obs. Quézel-Ambrunaz .*

45. Intervention d'éléments extérieurs. Est impliquée, même en l'absence de toute collision, la remorque d'un camion circulant sur une autoroute, et renversée par le vent, causant un préjudice à la société d'autoroutes. • Civ. 2e, 22 janv. 1992, n° 90-17.385 P. ♦ Est impliqué dans l'accident le véhicule dont le passager a été blessé par une pierre tombée d'un talus qui a traversé le pare-brise, la vitesse de l'automobile s'étant conjuguée avec celle de la pierre. • Civ. 2e, 28 févr. 1990 : *D. 1991. 123, note Aubert (2e esp.) .*

II. RELATIONS AVEC LES AUTRES RÉGIMES DE RESPONSABILITÉ

46. Caractère exclusif de la loi. L'indemnisation de la victime d'un accident de la circulation dans lequel est impliqué un véhicule terrestre à moteur ne peut être fondée que sur les dispositions de la L. du 5 juill. 1985, à l'exclusion de celles des anc. art. 1382 [1240] s. C. civ. • Civ. 2e, 4 févr. 1987 : *D. 1987. 187, note Groutel* • 4 mai 1987 : *Gaz. Pal. 1987. 2. 428, note Chabas* • 21 mai 1990, n° 89-11.904 P • 7 mai 2002, n° 00-20.649 P • 23 janv. 2003, n° 01-16.067 P • 5 nov. 2020, n° 19-17.062 P : *D. 2021. 222, note Gréau .* ♦ ... Même dans le cas d'explosion communiquant un incendie à des bâtiments. • Civ. 2e, 5 juin 1991, n° 90-12.314 P : *D. 1992. Somm. 207, obs. Couvrat et Massé ; ibid. 272, obs. A. Penneau ; RTD civ. 1991. 549, obs. Jourdain .* ♦ Dans le même sens : • Civ. 2e, 8 janv. 1992, n° 90-19.336 P : *Defrénois 1992. 1452, obs. Aubert ; RTD civ. 1992. 401, obs. Jourdain* (incendie d'un véhicule momentanément immobilisé à la sortie d'un parking d'immeuble ; dommages causés à l'immeuble). ♦ L'incendie provoqué par un véhicule terrestre à moteur, ce dernier fût-il en stationnement, est régi par la L. du 5 juill. 1985, et non pas par l'art. 1384 anc. [1242], al. 2, C. civ. • Civ. 2e, 22 nov. 1995 : *D. 1996. 163, note Jourdain (3e esp.) ; JCP 1996. II. 22656, note J. Mouly (1re esp.)* • 8 janv. 2009, n° 08-10.074 P : *D. 2009. AJ 228, obs. Gallmeister ; LPA 18 juin 2009, note Ondo ; RCA 2009, n° 71, obs. Vignon-Barrault ; RLDC. 2009/59, n° 3377, obs. Bugnicourt.* ♦ V. aussi notes 22, 26 et 43. ♦ Dans le même sens, pour l'incendie volontaire d'un véhicule par un inconnu : • Civ. 2e, 22 nov. 1995 : *D. 1996. 163, note Jourdain (2e esp.)* ; *JCP 1996. II. 22656, note J. Mouly (3e esp.).* ♦ *Contra* : • Civ. 2e, 15 mars 2001 : *D. 2001. IR 1145* (exclusion de la loi du 5 juill. 1985 dans le cas d'un incendie volontaire de véhicule). ♦ Sur l'incendie d'un véhicule : Khadim, *Gaz. Pal. 1994. 1. Doctr. 148.*

47. ... Dans le cadre de relations contractuelles. Application impérative de la loi de 1985 nonobstant la circonstance que le dommage est survenu dans le cadre de l'exécution d'un contrat de bail à ferme : V. • Civ. 2e, 21 juin 2001 : *préc. note 22.* ♦ Comp. • Civ. 1re, 12 avr. 2005 : *RCA 2005. Étude 10, par Groutel* [faisant application des règles de la responsabilité contractuelle (art. 1147 anc. C. civ.) à l'accident survenu à une personne ayant pris en location une voiture électrique dans un parc de loisirs].

48. Contrat de transport de marchandises. La L. du 5 juill. 1985, qui tend à assurer une meilleure protection des victimes d'accidents de la circulation par l'amélioration et l'accélération de leur indemnisation, dès lors qu'est impliqué un véhicule terrestre à moteur, n'a pas pour objet de régir l'indemnisation des propriétaires de marchandises endommagées à la suite d'un tel accident, survenu au cours de leur transport par le professionnel auquel elles ont été remises à cette fin, en exécution d'un contrat de transport ; les conditions et modalités de la réparation de tels préjudices, d'ordre exclusivement économique, sont déterminées par ce contrat et les dispositions du code de commerce qui lui sont applicables. • Civ. 2e, 31 mars 2022, no 20-15.448 B : *D. 2022. 1117, obs. Cayol* ; *ibid. 2023. 34, obs. Brun* ; *RTD civ. 2022. 644, obs. Jourdain* ; *RDC 2022/3. 15, note Dugué* • 7 avr. 2022, no 21-11.137 B : *D. 2022. 1117, obs. Cayol* ; *ibid. 2127, obs. Kenfack* ; *RTD civ. 2022. 644, obs. Jourdain* ; *RDC 2022/3. 15, note Dugué* ; *RCA 2022, no 148, obs. Piette.*

49. Responsables autres que du fait du véhicule impliqué. La L. du 5 juill. 1985 n'exclut pas la responsabilité d'un piéton pour les dommages qu'il cause, serait-il lui-même victime : la qualité de victime d'un accident de la circulation ne peut exonérer celle-ci de sa responsabilité encourue à l'égard d'autres victimes. • Civ. 2e, 27 févr. 1991, no 89-17.368 P : *D. 1991. Somm. 325, obs. Aubert* • 3 févr. 2005, no 04-10.342 P : *D. 2005. IR 459* (passager transporté, lui-même victime). ♦ ... Y compris le conducteur impliqué lui-même. • Civ. 2e, 5 févr. 1992 : *D. 1993. 396, note Dagorne-Labbe (1re esp.)* ; *D. 1992. Somm. 402, obs. Aubert* • 17 févr. 1993, no 91-17.865 P : *RTD civ. 1993. 596, obs. Jourdain* • 18 mars 1998 : *RCA 1998, no 191* (dommages causés par un cycliste). ♦ Cette responsabilité est régie par les anc. art. 1382 [1240] s. C. civ. • Civ. 2e, 4 mars 1992 : *D. 1993. 396, note Dagorne-Labbe (2e esp.)* ; *JCP 1992. II. 21941, note Dejean de la Bâtie* ; *Gaz. Pal. 1993. 1. 204, note Chabas* • 19 janv. 1994 : *D. 1994. 574, note Lapoyade-Deschamps* • 4 mars 1999, no 97-10.888 P : *D. 1999. IR 90* • 15 mars 2007 : *préc. note 4.*

50. Recours du responsable du fait du véhicule impliqué contre les coauteurs. V. notes ss. art. 2.

51. Accidents du travail. La victime d'un accident de la circulation constituant un accident du travail est en droit d'obtenir l'indemnisation de son entier dommage, dans la mesure où celui-ci n'est pas réparé par les prestations de la sécurité sociale, du conducteur d'un véhicule impliqué sans que puisse lui être opposé le fait ou la faute d'un autre conducteur, fût-il le préposé de l'employeur ou l'employeur lui-même. • Civ. 2e, 23 janv. 1991, no 89-12.115 P • Soc. 28 mars 1996 : *D. 1996. 544, note Radé* ; *RTD civ. 1997. 151, obs. Jourdain* . ♦ Sur la question du recours, V. note 43 ss. art. 2. ♦ Sur l'action de la victime de l'accident de la circulation constituant un accident du travail contre l'employeur lui-même ou une personne de la même entreprise, V. art. L. 455-1-1 CSS, issu de L. no 93-121 du 27 janv. 1993, art. 15, mod. par L. no 94-43 du 18 janv. 1994, art. 69. – V. aussi Viney : *JCP 1993. I. 3727, nos 45 et 46.* ♦ L'art. L. 455-1 CSS permet à la victime d'un accident du travail d'obtenir une indemnisation complémentaire de l'employeur sur le fondement de la L. no 85-677 du 5 juill. 1985 lorsque l'accident survient sur une voie ouverte à la circulation publique à condition que soit impliqué un véhicule terrestre à moteur conduit par l'employeur, un préposé ou une personne appartenant à la même entreprise. • Soc. 5 févr. 2015, no 13-26.358 P : *RTD civ. 2015. 633, obs. Jourdain* (condition non remplie en l'espèce, la préposée, victime conductrice, étant descendue du véhicule au moment où celui-ci l'a renversée). ♦ Rappr. • Civ. 2e, 24 mars 2016, no 15-15.306 P. ♦ En soumettant l'indemnisation du salarié victime d'un accident de la circulation survenu sur une voie non ouverte à la circulation publique au régime des accidents du travail prévu par le code de la sécurité sociale, à l'exclusion des dispositions de la L. du 5 juill. 1985, l'art. L. 455-1 CSS est conforme à la Constitution. • Cons. const. 23 sept. 2011, no 2011-167 QPC : *RCA 2011, no 356.*

L'art. L. 455-1-1 CSS, selon lequel l'accident du travail survenu à l'occasion de la conduite d'un véhicule sur une voie ouverte à la circulation relève de la L. du 5 juill. 1985, n'exclut pas l'application des dispositions du chapitre II du titre V du livre IV du CSS en cas de faute inexcusable de l'employeur. • Civ. 2e, 12 juill. 2012 : *D. 2013. Chron. C. cass. 599, obs. Salomon* ; *Dr. soc. 2012. 963, obs. Hocquet-Berg* .

52. Entraide agricole. La L. du 5 juill. 1985 s'applique à l'accident dont est victime un agriculteur qui regagne son domicile après avoir participé à une opération d'entraide agricole (L. 8 août 1962, art. 20, devenu C. rur., art. L. 325-3), cet accident n'étant pas survenu au cours des travaux agricoles d'entraide. • Soc. 23 févr. 1995 : *D. 1996. 562, note Casson ; D. 1996. Somm. 123, obs. Martine*. ♦ Pour l'affirmation que la L. du 5 juill. 1985 s'applique à l'accident de la circulation survenu dans le cadre de l'entraide agricole : • Civ. 2ᵉ, 17 nov. 2005, nº 03-20.551 P : *R., p. 367 ; D. 2005. IR 2971, obs. Chevrier ; D. 2006. Pan. 1940, obs. Brun ; Gaz. Pal. 2006. 1868, note Coursier ; RCA 2005. Étude 19, par Groutel ; RD rur. 2006, nº 1, note Guerder ; RTD civ. 2006. 134, obs. Jourdain*.

53. Accidents causés par des véhicules administratifs. Les tribunaux judiciaires, compétents en vertu de la L. du 31 déc. 1957 pour connaître des conséquences des accidents causés par des véhicules de l'Administration, doivent appliquer les règles de droit civil pour l'indemnisation des victimes, seraient-elles des agents de l'État. • Civ. 2ᵉ, 13 févr. 1991 : *D. 1991. 416, note Saint-Jours*. ♦ Les tribunaux de l'ordre judiciaire sont compétents pour la réparation des dommages causés par tout véhicule, peu important qu'il ait été conduit par un militaire, que la victime soit elle-même agent de l'État et qu'ils aient tous deux été dans l'exercice de leurs fonctions, dès lors que le préjudice découle de la seule action d'un véhicule. • Crim. 23 sept. 2014 : *D. 2014. 1938 ; AJDA 2015. 528, note Claeys*. ♦ La Cour de cassation avait précédemment décidé que l'action d'un agent titulaire contre une personne de droit public, en vue de réparer les conséquences dommageables d'un accident de service survenu à l'occasion de l'exercice de ses fonctions, relève de la juridiction administrative, même lorsque l'accident a été causé par un véhicule. • Civ. 2ᵉ, 8 déc. 2011 : *D. 2012. 21* (agent victime en qualité de conducteur du véhicule administratif). ♦ Relève de la compétence judiciaire en vertu de la L. du 31 déc. 1957 la demande en réparation du dommage occasionné par des véhicules de travaux publics, dès lors qu'il n'a pas pour origine l'exécution même des travaux. • T. confl. 26 mai 2003, nº 03-03.363 P (accident de la circulation imputé à la présence sur la chaussée de boue provenant du passage des camions d'un chantier de travaux publics voisin) • 30 juin 2008, nº 08-03.680 P (accident de train dû à la chute sur la voie de la flèche d'une grue mobile utilisée pour des travaux publics). ♦ Inversement, relève de la compétence administrative un litige relatif aux conditions défectueuses d'exécution du chantier par une entreprise de travaux publics. • T. confl. 2 mars 2009, nº 09-03.691 P.

54. Responsabilité pénale. BIBL. Couvrat, *Mél. Vitu, Cujas, 1989, p. 137*. ♦ L'action civile exercée par une victime en application de la L. du 5 juill. 1985 procède d'un fondement juridique autonome, distinct de la réparation d'une faute pénale et ne se heurte donc pas à l'autorité de la chose jugée au pénal. • Civ. 2ᵉ, 21 juill. 1992, nº 91-12.609 P. – V. aussi • Civ. 2ᵉ, 25 mars 1998, nº 96-15.444 P. ♦ Mais sur l'autorité de la chose jugée au pénal à l'égard de la faute du conducteur, V. note 27 ss. L. du 5 juill. 1985, art. 4.

55. Victimes d'infractions. BIBL. Train, *RLDC 2005/14, nº 601*. ♦ Le 1° de l'art. 706-3 C. pr. pén. excluant l'indemnisation des atteintes à la personne entrant dans le champ d'application de la L. du 5 juill. 1985 constitue une exception au principe, posé par le texte, de l'indemnisation de toute personne ayant subi un préjudice résultant de faits présentant le caractère matériel d'une infraction ; dès lors, seules sont exclues les atteintes pour lesquelles la L. du 5 juill. 1985 est applicable. • Civ. 2ᵉ, 11 juin 1998, nº 96-13.945 P. – V. aussi • Civ. 2ᵉ, 8 déc. 1999, nº 97-20.120 P : *D. 2000. Somm. 472, obs. Delebecque ; RCA 2000, nº 82, note Groutel* • 7 mai 2002, nº 00-20.442 P • 17 mars 2005, nº 03-19.597 P • 10 nov. 2009, nº 08-20.273 P : *RLDC 2010/67, nº 3677, obs. Bugnicourt ; RCA 2010, nº 13, note Groutel ; RTD civ. 2010. 115, obs. Jourdain* (conducteur d'un quad qui en avait la garde).

III. CONDITIONS DE LA RESPONSABILITÉ

A. IMPLICATION DANS L'ACCIDENT

56. Sur la condition d'implication, V. notes 29 s.

B. IMPUTABILITÉ DU DOMMAGE À L'ACCIDENT

BIBL. Béhar-Touchais, *JCP 1991. I. 3492*.

57. Imputabilité du dommage à l'accident. V. note 153 ss. art. 1241.

58. Accidents successifs ayant causé des dommages distincts. Une personne ayant été blessée dans des chocs successifs avec plusieurs véhicules et sa motocyclette projetée sur une autre partie de la chaussée où elle fut heurtée par une automobile, ce dernier véhicule qui a seulement causé des dégâts à la motocyclette de la victime n'est pas impliqué dans l'accident corporel de la victime. • Civ. 2ᵉ, 24 oct. 1990, nº 89-13.306 P : *GAJC, 11ᵉ éd., nº 220-222 (III) ; RTD civ. 1991. 131, obs. Jourdain*. ♦ L'automobile qui a heurté un véhicule renversé après un choc contre la glissière d'une autoroute et qu'aucun témoin n'a vu entrer en contact avec la victime alors allongée sur la chaussée n'est pas impliquée dans l'accident qui a causé à la victime un préjudice corporel. • Civ. 2ᵉ, 9 janv. 1991, nº 89-19.663 P : *RTD civ. 1991. 550, obs. Jourdain*.

59. Accidents complexes impliquant plusieurs véhicules. BIBL. Groutel, *RCA 2012. Étude 19*. ♦ Un véhicule s'étant renversé et une automobile qui suivait ayant heurté le corps du passager du premier véhicule, projeté sur la chaussée, le second véhicule est impliqué dans l'accident dont a été victime cette personne, les juges du fond ayant constaté que la victime était encore en vie immédiatement après ce second accident avant de décéder peu après. • Civ. 2e, 3 mars 1993, n° 91-15.506 P : *JCP 1993. I. 3727, n° 51, obs. Viney.* ♦ Comp. • Civ. 2e, 17 mai 1995 : *D. 1996. 307, note Radé* (retenant l'implication dans l'accident de l'ensemble routier qui est passé sans le toucher au-dessus du corps de la victime déjà mortellement blessée par un choc avec un premier véhicule et heurtée ensuite par un troisième). ♦ V. aussi, retenant l'implication de tous les véhicules ayant participé à un accident complexe : • Civ. 2e, 24 juin 1998, n° 96-20.575 P : *JCP 1998. I. 187, n° 35, obs. Viney ; RCA 1998. Chron. 19, par Groutel ; RTD civ. 1998. 922, obs. Jourdain* • 6 janv. 2000 : *préc. note 40* • 24 févr. 2000, n° 98-12.731 P : *D. 2000. IR 86 ; JCP 2000. I. 243, n° 32, obs. Viney ; RTD civ. 2000. 348, obs. Jourdain* • 24 févr. 2000, n° 98-18.448 P : *Gaz. Pal. 2001. 477, note Chabas* • 12 oct. 2000 : *RCA 2001, n° 16, note Groutel* • 11 janv. 2001 : *RCA 2001, n° 81, note Groutel* • 11 juill. 2002, n° 01-01.666 P : *R., p. 478* • 13 mai 2004, n° 02-17.545 P : *D. 2005. Pan. 191, obs. Jourdain ; RTD civ. 2004. 744, obs. Jourdain.* ♦ Comp. • Civ. 2e, 5 nov. 1998, n° 96-20.243 P : *JCP 1999. II. 10084, note Conte ; ibid. I. 147, n° 20, obs. Viney ; RCA 1998. Chron. 27, par Groutel (3e esp.) ; RTD civ. 1999. 121, obs. Jourdain.* ♦ Les véhicules impliqués dans un premier accident pour lequel les pompiers sont intervenus sont également impliqués dans l'accident dont ceux-ci ont été victimes ; fauchés par un véhicule tiers, leur présence sur les lieux étant consécutive au premier accident. • Civ. 2e, 25 oct. 2007 : *D. 2008. Chron. C. cass. 659, n° 14, obs. Nicoletis.* ♦ Sur la question de preuve, V. note 60. ♦ Les collisions successives intervenues dans un même laps de temps et dans un enchaînement continu constituent le même accident. • Civ. 2e, 17 juin 2010 : *D. 2011. 35, obs. Brun ; RLDC 2010/75, n° 3961, obs. Paulin* • 7 juill. 2011 : *RCA 2011, n° 358, obs. Groutel.*

Dans un accident complexe, la victime est en droit de demander l'indemnisation de son préjudice à l'assureur de l'un quelconque des véhicules impliqués, même si elle n'a pas été en contact avec celui-ci. • Civ. 2e, 15 déc. 2022, n° 21-11.423 B : *D. 2023. 7 ; JCP 2023, n° 273, obs. Waltz-Teracol ; RCA 2023, n° 25, note Radé* (scooter de la victime ayant achevé sa course contre un véhicule en stationnement : implication admise pour la réparation des dommages corporels du conducteur qui a heurté un autre véhicule).

60. Présomption d'imputabilité. Le conducteur d'un véhicule impliqué dans un accident ne peut se dégager de son obligation d'indemnisation que s'il établit que cet accident est sans relation avec le dommage. • Civ. 2e, 19 févr. 1997, n° 95-14.034 P : *D. 1997. 384, note Radé ; JCP 1998. II. 10005, note Brun ; ibid. 1997. I. 4070, nos 32 s., obs. Viney ; RCA 1997, n° 163, note Groutel* (victime décédée d'une crise cardiaque quelques minutes après un accident de la circulation lui ayant occasionné une blessure légère à la jambe). ♦ En cas d'accident complexe, lorsqu'un véhicule est impliqué dans un accident, l'imputation du dommage à cet accident est présumée : c'est au conducteur ou gardien du véhicule qu'il appartient de prouver que le dommage n'est pas imputable à l'accident dans lequel son véhicule est impliqué. Ainsi, lorsque après une collision entre deux automobiles, l'un des conducteurs a été éjecté de sa voiture et que, gisant au sol, il a été heurté par un autre véhicule, le conducteur de ce dernier doit être condamné à indemniser les ayants cause de la victime décédée, dès lors qu'il n'est pas établi que la victime avait été mortellement blessée dans la première collision et que le défendeur ne rapportait pas la preuve de l'absence de lien de causalité entre le dommage et le fait de son véhicule. • Civ. 2e, 25 mars 1991, n° 89-20.510 P : *RTD civ. 1991. 550, obs. Jourdain.* – V. dans le même sens : • Civ. 2e, 28 juin 1989 : *Gaz. Pal. 1989. 2. 898, note Chabas ; JCP 1990. II. 21508, note Montanier* • 8 nov. 1989 : *Bull. civ. II, n° 200 ; D. 1990. Chron. 263, par Groutel ; RTD civ. 1990. 94, obs. Jourdain* • 24 oct. 1990, n° 89-18.423 P : *RTD civ. 1991. 131, obs. Jourdain* • 16 oct. 1991 : *D. 1992. Somm. 273, obs. Aubert ; JCP 1992. II. 21934, note Conte ; Gaz. Pal. 1992. 2. Somm. 283, obs. Chabas ; RTD civ. 1992. 125, obs. Jourdain* • 3 mars 1993, n° 91-15.506 P • 7 févr. 1996, n° 94-14.182 P : *RTD civ. 1996. 406, obs. Jourdain.* ♦ Sur la portée de la présomption d'imputabilité (présomption de fait), V. Jourdain, *obs. préc.*

61. Absence de présomption d'imputabilité pour les dommages apparus postérieurement. Il en va différemment pour l'imputation à un accident du préjudice révélé postérieurement : c'est à la victime demanderesse qu'il incombe d'apporter la preuve d'un lien de causalité entre l'accident et le dommage dont elle entend obtenir réparation. Les juges du fond ayant retenu que la dégradation de l'état de santé de la passagère d'une automobile blessée dans une collision avait commencé peu de temps après l'accident, ne peuvent faire supporter au conducteur d'un des véhicules la preuve de la non-imputabilité à l'accident du dommage qui s'est révélé postérieurement à celui-ci. • Civ. 2e, 24 janv. 1996, n° 94-13.678 P : *D. 1997. Somm. 30, obs. D. Mazeaud ; JCP 1996. I. 3944, n° 25, obs. Viney ; RTD civ. 1996. 406, obs. Jourdain.* – V. dans le même sens : • Crim. 13 juin 1991, n° 90-83.491 P : *RTD civ. 1992. 125, obs. Jourdain* • Civ. 2e, 3 nov. 1991 : *RCA 1992, n° 17.*

SECTION 1. *Dispositions relatives au droit à indemnisation*

Art. 2 Les victimes, y compris les conducteurs, ne peuvent se voir opposer la force majeure ou le fait d'un tiers par le conducteur ou le gardien d'un véhicule mentionné à l'article 1er.

BIBL. Baqué, *LPA 25 juill. 2000* (recours entre coauteurs). – Béhar-Touchais, *JCP 1988. I. 3339.* – Groutel, *D. 1987. Chron. 86 ; ibid. 1990. Chron. 211.* – Jourdain, *RTD civ. 1993. 374.*

A. RECOURS ENTRE CORESPONSABLES

1. Division des recours : principe. Le codébiteur tenu *in solidum*, qui a exécuté l'entière obligation, ne peut, comme le débiteur solidaire, même s'il agit par subrogation, répéter contre les autres débiteurs que les part et portion de chacun d'eux. • Civ. 2e, 1er mars 2001, no 99-11.974 P : *RTD civ. 2001. 609, obs. Jourdain* • 8 juill. 2004, no 02-21.575 P : *D. 2004. IR 2836*.

2. ... Décès d'un des coresponsables. Il résulte des dispositions des art. 1213 et 1214 anc. que le décès de l'un des codébiteurs, tenu *in solidum*, comme celui d'un codébiteur solidaire, qui laisse plusieurs héritiers, n'efface pas le caractère solidaire de la dette au regard des débiteurs originaires. Il en modifie seulement les effets pour les héritiers, tenus dans la proportion de leurs parts héréditaires. • Civ. 2e, 20 mai 2020, no 19-10.247 P : *RTD civ. 2020. 637, obs. Jourdain*.

1° FONDEMENTS JURIDIQUES

a. Recours contre un coauteur impliqué

3. Recours d'un autre coauteur impliqué. Le conducteur d'un véhicule terrestre impliqué dans un accident de la circulation et son assureur qui a indemnisé les dommages causés à un tiers ne peuvent exercer un recours contre un autre conducteur impliqué que sur le fondement des anc. art. 1214, anc. 1251 et anc. 1382 [1240] C. civ. • Civ. 2e, 8 juill. 2004, no 02-21.575 P : *préc. note 3.* – Déjà en ce sens, visant les anc. art. 1382 anc. [1240] et C. civ. : • Civ. 2e, 14 janv. 1998, no 95-18.617 P : *R., p. 267 ; D. 1998. 174, note Groutel ; JCP 1998. II. 10045, note Jourdain ; RTD civ. 1998. 393, obs. Jourdain* • 14 janv. 1998, no 96-13.059 P • 18 mars 1998, no 95-20.722 P • 29 avr. 1998, no 96-17.994 P • 1er avr. 1999, no 97-17.867 P • 11 déc. 2003, no 02-12.694 P : *RTD civ. 2004. 306, obs. Jourdain*. ♦ Déjà en ce sens, pour *l'assureur du conducteur* : • Civ. 2e, 1er mars 2001, no 99-11.974 P : *préc. note 3.* ♦ En sens contraire, précédemment : • Civ. 2e, 6 mars 1991, no 89-15.697 : *D. 1991. 257, note Groutel ; RTD civ. 1991. 552, obs. Jourdain* (le conducteur impliqué peut également, en tant que subrogé dans les droits de la victime, se prévaloir des dispositions des art. 1er à 6 de la L. du 5 juill. 1985 à l'encontre des autres coauteurs).

4. Recours d'un responsable pour faute. L'action récursoire d'un coobligé fautif (Établissement français du sang, en l'espèce) contre le conducteur impliqué dans un accident de la circulation ne peut s'exercer que dans les conditions prévues par les anc. art. 1382 [1240] et anc. 1251 C. civ. • Civ. 2e, 6 mars 2003, no 01-12.652 P : *R., p. 453 ; D. 2003. IR 867 ; RCA 2003, no 200, note Groutel ; Dr. et patr. 7-8/2003. 77, obs. Chabas ; RTD civ. 2003. 310, obs. Jourdain* • 9 oct. 2003, no 02-11.443 P : *D. 2003. IR 2550 ; Dr. et patr. 1/2004. 86, obs. Chabas* • 20 oct. 2005, no 04-14.787 P : *D. 2006. 492, note Chantepie ; RCA 2006, no 51, note Groutel (1re esp.) ; RTD civ. 2006. 122, obs. Jourdain (1re esp.)* • 24 mai 2006, no 05-17.091 P : *D. 2006. IR 1637 ; RDSS 2006. 742, note Arhab* • 25 janv. 2007, no 06-13.611 P : *D. 2007. AJ 443, obs. Gallmeister ; JCP 2007. II. 10035, note Radé ; Gaz. Pal. 2007. Somm. 2082, obs. Bacache-Gibeili ; RCA 2007, no 116, note Groutel ; RLDC 2007/38, no 2519, note Corgas-Bernard ; RGDA 2007. 349, note Landel ; LPA 18 avr. 2007, note Prigent ; RDC 2007. 725, obs. Borghetti ; RTD civ. 2007. 362, obs. Jourdain* • 25 janv. 2007 : *eod. loc.*

5. Recours d'un responsable sans faute. Le gardien d'un animal, condamné à ce titre à réparation envers un tiers, ne peut exercer de recours contre un conducteur d'un véhicule impliqué dans le même accident que sur le fondement des anc. art. 1382 et anc. 1385 [1240 et 1243] C. civ. • Civ. 2e, 13 juill. 2000, no 98-21.530 P : *D. 2000. IR 225 ; RCA 2000, no 324, note Groutel ; LPA 12 juill. 2001, note Marie ; RTD civ. 2000. 847 et 855, obs. Jourdain.* ♦ Cependant, un recours ne peut être exercé sur le fondement de l'art. 1385 anc. [1243] contre un conducteur, même lorsque celui-ci est aussi le gardien de l'animal qui a causé le dommage. • Civ. 2e, 11 juin 2009 : *cité note 2 ss. art. 1243.*

6. Recours restant. Proposition : fondé sur la L. du 5 juill. 1985 : recours entre conducteur et gardien du véhicule impliqué. V. notes 6 s. ss. art. 1er.

7. ... Contre les parents d'un mineur coauteur impliqué. L'action récursoire exercée par l'assureur subrogé dans les droits de la victime contre les parents du mineur tenu à réparation est fondée tant sur la L. du 5 juill. 1985 que sur l'art. 1384 anc. [1242], al. 4, C. civ. • Civ. 2e, 9 mars 2000, no 97-22.119 P : *D. 2000. IR 131 ; RCA 2000. Chron. 13, par Groutel ; RTD civ. 2000. 590, obs. Jourdain*.

8. ...Recours du tiers payeur. En vertu de l'art. 30 de la L. du 5 juill. 1985 le recours du tiers payeur (caisse primaire d'assurance maladie) a un caractère subrogatoire ; la caisse est donc fondée, comme la victime elle-même, à invoquer les dispositions de la L. du 5 juill. 1985 contre le tiers responsable, à l'exclusion des textes du droit commun. • Civ. 2e, 17 oct. 1990, n° 89-16.376 P : *RTD civ. 1991. 133, obs. Jourdain*. ♦ La liste de la L. du 5 juill. 1985, art. 29, sur les prestations ouvrant droit à recours est limitative. • Civ. 2e, 28 mars 1994, n° 92-19.897 P : *D. 1994. IR 110*. ♦ Cette loi, de portée générale, exclut toute disposition contraire et limite la portée d'une loi postérieure. • Même arrêt.

b. Recours contre un coresponsable autre qu'un conducteur ou gardien

9. Action récursoire d'un coauteur impliqué contre un responsable pour faute. Action en responsabilité pour faute contre le piéton qui, en marchant au milieu de la route, a provoqué un écart puis une collision. • Civ. 2e, 27 févr. 1991, n° 89-17.368 P : *D. 1991. Somm. 325, obs. Aubert* (dommages matériels). ♦ En vertu des anc. art. 1382 [1240] et anc. 1251 C. civ., le conducteur impliqué et condamné n'a de recours contre un coauteur n'ayant pas la qualité de conducteur ou de gardien d'un véhicule que dans la limite de la part de responsabilité encourue par ce dernier à l'égard de la victime. • Civ. 2e, 10 mars 2004, n° 02-13.518 P : *D. 2004. IR 1563* ; *RCA 2004, n° 185, note Groutel ; Dr. et patr. 5/2004. 79, obs. Chabas ; RTD civ. 2004. 521, obs. Jourdain* (conséquence : l'organisateur de la course cycliste peut opposer au conducteur la faute grave commise par le cycliste décédé qui a brûlé un feu rouge).

10. ... Contre le gardien d'un animal. Recours du conducteur tenu à réparation contre le gardien de l'animal qui a provoqué l'accident, sur le fondement de l'art. 1385 anc. [1243] C. civ. • Civ. 2e, 9 déc. 1992, n° 91-13.843 P (enfant traversant la chaussée par peur d'un chien en état de divagation).

11. Cas des accidents du travail. Sur la dérogation à l'exclusion des recours contre l'employeur de la victime ou un membre de la même entreprise que celle-ci pour les accidents de la circulation survenus, à compter du 1er mars 1993, sur une voie ouverte à la circulation publique et impliquant un véhicule terrestre à moteur conduit par l'employeur ou une personne appartenant à l'entreprise, V. art. L. 455-1-1 CSS, issu de L. n° 93-121 du 27 janv. 1993, art. 15 et n° 94-43 du 18 janv. 1994, art. 69. ♦ Pour la situation antérieure (exclusion du recours) : • Cass., ass. plén., 31 oct. 1991 *(3 arrêts)*, n° 88-17.449 P : *R., p. 284 ; JCP 1992. II. 21800, note Saint-Jours ; D. 1993. Somm. 271, obs. Prétot ; Gaz. Pal. 1992. 2. Somm. 289, obs. Chabas ; RTD civ. 1992. 129, obs. Jourdain*. – V. aussi Groutel, *D. 1992. Chron. 19*.

2° CONTRIBUTION ENTRE CORESPONSABLES

12. En l'absence de faute des coauteurs. Lorsque aucune faute n'est établie contre les conducteurs de véhicules terrestres à moteur impliqués dans un accident de la circulation, leur contribution à l'indemnisation des victimes se répartit entre eux par parts égales. • Civ. 2e, 19 juin 1991, n° 90-14.338 P (visa des art. 1384 anc. et 4 de la loi). ♦ Dans le même sens, sous des visas variables : • Civ. 2e, 10 mai 1991, n° 90-12.257 P *(idem)* • 24 janv. 1996, n° 94-10.923 P : *RCA 1996, n° 91, et Chron. 12, par Groutel ; RTD civ. 1996. 409, obs. Jourdain* (visa du seul art. 1384) • 18 déc. 1996, n° 95-11.984 P (visa des art. 1er à 6). ♦ Pour le maintien de cette solution sous le seul visa des art. 1251 et 1382 anc. : • Civ. 2e, 14 janv. 1998, n° 95-18.617 : *préc. note 7* • 18 mars 1998, n° 95-20.722 : *préc.* • 29 avr. 1998, n° 96-17.994 : *préc.* • 1er avr. 1999, n° 97-17.867 : *préc. note 7* • 1er mars 2001, n° 99-11.974 : *préc.* • 11 déc. 2003, n° 02-12.694 : *préc.* • 8 juill. 2004, n° 02-21.575 : *préc. note 3* • 1er juin 2011, n° 10-20.036 P : *D. actu. 16 juin 2011, obs. Marrocchella ; RCA 2011, n° 289.*

13. En cas de fautes commises par plusieurs coauteurs. En cas de fautes, la part contributive de chacun des coauteurs s'apprécie uniquement en fonction de la gravité des fautes commises. V. en ce sens pour un partage entre coauteurs impliqués : • Civ. 2e, 13 janv. 2011, n° 09-71.196 : *cité. note 12.* ♦ V. déjà en ce sens : • Civ. 2e, 14 janv. 1998, n° 95-18.617 : *préc. note 7* • 18 mars 1998, n° 95-20.722 : *préc.* • 29 avr. 1998, n° 96-17.994 : *préc.* • 1er mars 2001, n° 99-11.974 : *préc.* • 11 déc. 2003, n° 02-12.694 : *préc.* • 8 juill. 2004, n° 02-21.575 : *préc. note 3.*

Dans le même sens, entre un responsable pour faute et un coauteur impliqué : • Civ. 2e, 25 janv. 2007 : *préc.* • Civ. 1re, 14 févr. 2008, n° 07-11.710 : *JCP 2008. II. 10080, note Radé ; ibid. I. 186, obs. Stoffel-Munck ; RCA 2008, n° 137, obs. Groutel* • Civ. 2e, 13 janv. 2011, n° 09-71.196 P : *D. 2011. Actu. 303* ; *RCA 2011, n° 132 ; RLDC 2011/80, n° 4165*, obs. Bugnicourt. ♦ Comp. : chacun des coobligés fautifs est tenu de contribuer par moitié à la réparation du dommage. • Civ. 1re, 5 juill. 2006, n° 05-15.235 P : *R., p. 400 ; D. 2006. IR 2127, obs. Gallmeister* ; *JCP 2007. II. 10031, note Vial ; ibid. I. 115, n° 14, obs. Stoffel-Munck ; RCA 2006. Étude 13, par Groutel ; RTD civ. 2006. 783, obs. Jourdain.*

14. Lorsque deux personnes ont, par leurs seules fautes conjuguées, causé réciproquement des dommages, soit à elles-mêmes, soit à leurs commettants respectifs, le partage de responsabilité qui en résulte ne peut être instauré que dans une proportion unique. • Crim. 24 juin 1992, n° 91-83.420 : *RTD civ. 1993. 142*.

15. Le fait pour le conducteur d'une motocyclette de circuler en transportant un passager dépourvu de casque constitue de sa part une faute de nature à concourir au dommage subi par ce passager et pouvant lui être opposée dans le cadre de l'action récursoire du conducteur d'un autre véhicule impliqué. • Civ. 2e, 18 sept. 2003, n° 02-15.461 P : *R., p. 455 ; D. 2003. IR 2413 ; Gaz. Pal. 2003. 3083 ; RCA 2004, n° 7, note Groutel ; RTD civ. 2004. 110, obs. Jourdain.*

16. En cas de faute exclusive de l'un d'eux. Avant de condamner, sur le recours du conducteur d'un véhicule terrestre à moteur assigné par la victime, le conducteur d'un autre véhicule impliqué dans l'accident, le juge est tenu de rechercher dans quelle mesure chaque conducteur doit contribuer à la réparation du dommage ; il ne peut condamner le défendeur à rembourser intégralement les sommes versées à la victime sans retenir qu'il avait commis une faute, cause exclusive de l'accident. • Civ. 2e, 13 nov. 1991, n° 90-16.796 P. ♦ En l'absence de toute faute du conducteur impliqué, l'assureur dispose d'un recours total contre le fournisseur de produits sanguins : • Civ. 2e, 17 avr. 2008, n° 07-16.824 : *D. 2008. AJ 1345, note Gallmeister ; JCP 2008. II. 10145, note Brusorio-Aillaud ; RLDC 2008/50, n° 3018, obs. Gaudin ; RDSS 2008. 572, obs. Arhab.*

17. En cas de coauteurs impliqués fautif et non fautif. Le recours entre 3 coauteurs, fondé sur la démonstration d'une faute, doit, eu égard au partage de la responsabilité par moitié entre deux de ceux-ci, être admis au profit du 3e à concurrence de moitié à l'égard de chacun des deux fautifs. • Civ. 2e, 20 juin 2002, n° 00-20.996 P : *D. 2002. IR 2173 ; Dr. et patr. 2/2003. 106, obs. Chabas.*

B. IRRECEVABILITÉ DES RECOURS POUR PRÉSERVER LE DROIT À INDEMNISATION INTÉGRALE

18. Recours contre le parent du mineur victime. Le recours en garantie exercé par le coauteur d'un accident contre le parent d'un mineur victime d'un accident de la circulation ayant pour effet de priver directement ou indirectement cette victime de la réparation intégrale de son préjudice, prévue par les dispositions d'ordre public de la L. du 5 juill. 1985, est irrecevable. • Civ. 2e, 20 avr. 1988 : *D. 1988. 580, note Lambert-Faivre (2 arrêts) ; RTD civ. 1988. 790, obs. Jourdain.*

19. ... Contre le parent des enfants majeurs victimes par ricochet. Manque de base légale un arrêt qui retient qu'aucune limitation ni exclusion n'est applicable à l'indemnisation des ayants droit de la victime, sans rechercher si le recours du coauteur aurait pour effet de priver directement ou indirectement les victimes (en l'espèce, victimes par ricochet) de la réparation intégrale de leur préjudice. • Civ. 2e, 6 déc. 1989, n° 88-18.405 P : *D. 1991. 295, note Durnerin ; RTD civ. 1990. 296, obs. Jourdain* (recours de l'assureur contre le père, conducteur lors de l'accident dont a été victime son fils passager, pour les indemnités versées à ses autres enfants majeurs).

20. ... Contre la succession du parent décédé. Même solution pour le recours contre succession du parent, coauteur décédé, qui priverait les victimes par ricochet de l'indemnité leur revenant : • Civ. 2e, 13 janv. 1988, n° 86-10.142 P : *D. 1988. 293, note Groutel (2e esp.) ; RTD civ. 1988. 788, obs. Jourdain* • 28 juin 1989, n° 88-14.787 P.

21. ... Contre le conjoint de la victime. Est de même irrecevable l'action récursoire exercée par le coauteur d'un accident de la circulation contre le conjoint de la victime, ayant pour effet de priver directement ou indirectement celle-ci d'une indemnisation intégrale prévue par des dispositions d'ordre public. • Civ. 2e, 28 juin 1989, n° 88-15.708 P • 28 juin 1989, n° 88-13.910 P : *RTD civ. 1989. 767, obs. Jourdain* • 5 juill. 1989 : *Bull. civ. II, n° 144.* ♦ Mais la victime ne serait privée de son indemnisation par l'effet du recours que s'il y a communauté de vie entre elle et son conjoint : si le mari victime de l'accident est décédé, la communauté de vie entre les époux a disparu et c'est l'héritière seule et non l'épouse qui se verra privée du bénéfice de la réparation du préjudice de son conjoint. • Civ. 2e, 27 févr. 1991, n° 89-15.862 P : *RTD civ. 1991. 555, obs. Jourdain*.

22. ... Contre la victime elle-même et son assureur. Le coauteur d'un accident condamné à indemniser une victime de cet accident restée gardienne de son véhicule également impliqué ne peut recourir contre elle et son assureur en remboursement des sommes qu'il a dû lui verser. • Civ. 2e, 7 juin 2001, n° 99-18.220 P : *RCA 2001, n° 261, note Groutel.* ♦ Déjà en ce sens, refusant le recours contre les ayants droit de la victime : • Civ. 2e, 29 avr. 1994, n° 92-17.729 P : *RTD civ. 1995. 135, obs. Jourdain*.

23. Limites : actions contre l'assureur. Le recours contre le coauteur assuré, parent de la victime, et son assureur ne porte aucun préjudice à celle-ci. • Civ. 2e, 18 mars 1992, n° 90-21.056 P. – V. aussi • Civ. 2e, 8 janv. 1992, n° 90-18.414 P • 9 déc. 1992, n° 91-11.409 P • 2 févr. 1994, n° 92-14.864 P. – Jourdain, *RTD civ. 1992. 574.* ♦ Mais manque de base légale l'arrêt qui accueille le recours contre le coauteur conjoint de la victime, ce qui aurait pour effet de priver celle-ci de la réparation intégrale de son préjudice, sans rechercher si ce coauteur bénéficiait d'une assurance. • Civ. 2e, 17 juill. 1991, n° 89-13.388 P. ♦ ... Ainsi que l'arrêt qui accueille le recours contre un coauteur en constatant qu'il n'est pas assuré sans rechercher si ce recours n'avait pas pour effet de priver la victime de la réparation intégrale de son dommage. • Civ. 2e, 1er avr. 1992, n° 91-10.452 P.

24. ... Recevabilité des actions en réparation d'un préjudice propre. Le droit de la victime à une indemnisation intégrale ne met pas obstacle au recours exercé contre elle en qualité de coauteur d'un dommage causé à un tiers, la qualité de victime ne pouvant l'exonérer de sa responsabilité encourue à l'égard d'autres victimes. • Civ. 2e, 27 févr. 1991, n° 89-17.368 P : *D. 1991. Somm. 325, obs. Aubert* (admission de l'action d'un conducteur en réparation de ses dommages matériels, contre le piéton blessé, qui avait provoqué son écart). ♦ Est recevable l'action d'un coauteur, qui n'est pas un recours en garantie, mais vise à la réparation d'un préjudice qui lui est propre. • Civ. 2e, 6 juill. 1994, n° 92-20.368 : *JCP 1995. II. 22457, note Dagorne-Labbe ; RTD civ. 1994. 876, obs. Jourdain* (recours du conducteur d'une moto contre les parents du mineur décédé avec lequel il est entré en collision). ♦ V. note 49 ss. art. 1er.

Art. 3 Les victimes, hormis les conducteurs de véhicules terrestres à moteur, sont indemnisées des dommages résultant des atteintes à leur personne qu'elles ont subis, sans que puisse leur être opposée leur propre faute à l'exception de leur faute inexcusable si elle a été la cause exclusive de l'accident.

Les victimes désignées à l'alinéa précédent, lorsqu'elles sont âgées de moins de seize ans ou de plus de soixante-dix ans, ou lorsque, quel que soit leur âge, elles sont titulaires, au moment de l'accident, d'un titre leur reconnaissant un taux d'incapacité permanente ou d'invalidité au moins égal à 80 p. 100, sont, dans tous les cas, indemnisées des dommages résultant des atteintes à leur personne qu'elles ont subis.

Toutefois, dans les cas visés aux deux alinéas précédents, la victime n'est pas indemnisée par l'auteur de l'accident des dommages résultant des atteintes à sa personne lorsqu'elle a volontairement recherché le dommage qu'elle a subi.

BIBL. Bloch, *JCP 1988. I. 3328 ; ibid. 3332 bis.* – Bories, *Gaz. Pal. 1992. 2. Doctr. 679.* – Keime Robert-Houdin, *R. 1995, p. 141.* – Leduc, *RCA 2010. Étude 12* (sanction de la faute du conducteur victime). – Légier, *D. 1986. Chron. 97.* – C. Mouly, *D. 1987. Chron. 234.* – Rovinski, *Gaz. Pal. 1999. 1. Doctr. 192* (faute inexcusable du passager).

1. Faute inexcusable : notion. Est inexcusable, au sens de l'art. 3 de la L. du 5 juill. 1985, la faute volontaire, d'une exceptionnelle gravité, exposant sans raison valable son auteur à un danger dont il aurait dû avoir conscience. • Civ. 2e, 20 juill. 1987, n° 85-12.584 P : *R., p. 24, concl. Bouyssic ; GAJC, 11e éd., n° 223 ; Gaz. Pal. 1988. 1. 26 (trois arrêts), note Chabas* • Crim. 4 nov. 1987 : *Bull. crim. n° 383* • Cass., ass. plén., 10 nov. 1995, n° 94-13.912 P : *R., p. 321 ; D. 1995. 633, rapp. Chartier ; JCP 1996. II. 22564, concl. Jéol, note Viney ; Gaz. Pal. 1996. 1. 174, concl. Jéol ; ibid. 1997. 1. 82, note Chabas ; Defrénois 1996. 762, obs. D. Mazeaud ; RTD civ. 1996. 187, obs. Jourdain* • Civ. 2e, 11 avr. 2002, n° 00-12.224 P (cassation d'un arrêt retenant une appréciation *in concreto*) • 28 mars 2019, n° 18-14.125 P.

2. ... Incidence de l'état mental. Ne commet pas une faute inexcusable une victime qui, au moment de l'accident, est dans un état de confusion mentale ou, à tout le moins, d'absence momentanée de discernement. • Civ. 2e, 2 mars 2017, n° 16-11.986 P : *D. 2017. 800, note Noguéro*. ♦ *Contra* : L'état mental de la victime qui n'invoquait aucun titre lui reconnaissant un taux d'invalidité au moins égal à 80 % ne peut être pris en considération pour apprécier sa faute civile. • Civ. 2e, 7 juin 1989 : *D. 1989. 559, note Aubert ; JCP 1990. II. 21451, note Barbiéri ; Gaz. Pal. 1989. 2. 783, note Chabas ; RTD civ. 1989. 766, obs. Jourdain.*

3. ... Illustrations : piétons, fautes inexcusables. Il y a faute inexcusable, cause exclusive de l'accident, de la part d'un piéton qui traverse brusquement une autoroute ou une voie à grande circulation en surgissant à la sortie d'un tunnel, en franchissant les glissières de sécurité ou en franchissant un terre-plein planté de haies. • Civ. 2e, 15 juin 1988 (2 arrêts) : *Bull. civ. II, n° 138* • 7 juin 1989 : *préc. note 2* • 28 juin 1989 : *Bull. civ. II, n° 137* • 7 mars 1990, n° 88-20.349 P • 13 févr. 1991, n° 89-10.054 P. – V. aussi • Civ. 2e, 8 janv. 1992, n° 89-18.663 P : *D. 1992. Somm. 208, obs. Couvrat et Massé ; ibid. 403, obs. Aubert* • 23 juin 1993, n° 91-19.412 P • 6 déc. 1995, n° 94-11.481 P • 29 nov. 1997, n° 96-10.577 P : *RCA 1998, n° 87, note Groutel ; Dr. et patr. 1998. 1919, obs. Chabas* (piéton ayant franchi, de nuit, un talus et une glissière de sécurité pour accéder à une route nationale où il s'est couché au milieu de la chaussée) • 10 déc. 1998 : *RCA 1999, n° 66 (2e esp.)* (piéton en état d'ébriété ayant enjambé les rails de sécurité) • 27 mai 1999, n° 97-21.309 P (personne ayant quitté sa voiture en panne et se trouvant dans la voie de circulation la plus rapide d'une autoroute) • 5 févr. 2004, n° 02-18.587 P (individu qui, fuyant la police, fait irruption sur une artère à quatre voies). • 7 oct. 2010 : *RGDA 2011. 101, note Landel* (personne en état d'ébriété s'étant jetée sur une voiture circulant en contrebas) • 28 mars 2013 : *cité note 5* (victime s'étant allongée volontairement sur une voie de circulation fréquentée, en état d'ébriété, de nuit, et en un lieu dépourvu d'éclairage public) • 28 mars 2019, n° 18-15.168 P (piéton se tenant debout, en sécurité, à côté de sa voiture, stationnée en bon état de marche, sur un refuge d'autoroute et s'étant, sans raison valable connue, soudainement engagé à pied sur la chaussée de l'autoroute, à la sortie d'une courbe masquant la visibilité pour les véhicules arrivant sur les voies, devant un ensemble routier circulant sur la voie de droite à la vitesse autorisée).

4. ... Illustrations : piétons, fautes excusables. Mais n'est pas inexcusable la faute du piéton qui traverse une route nationale de façon soudaine, sans regarder s'il arrivait des véhicules, et se jette sur l'un d'eux. • Civ. 2e, 20 avr. 1988, n° 87-10.763 P. ♦ ... Qui traverse la chaussée dans une agglomération, alors que les feux de signalisation lui en faisaient une interdiction absolue. • Civ. 2e, 20 avr. 1988, n° 87-11.193 P. ♦ ... Qui traverse sans précaution une artère urbaine à deux voies dans chaque sens en se faufilant entre des voitures à l'arrêt. • Civ. 2e, 12 nov. 1987 : *Bull. civ. II, n° 222.* ♦ ... Qui traverse la chaussée d'une avenue où la circulation était importante, en dehors des passages protégés, puis s'arrête et reprend sa traversée en courant. • Civ. 2e, 10 mai 1989 : *Gaz. Pal. 1989. 2. Somm. 462, obs. F. C.* ♦ ... Qui entreprend, dans une zone de circulation intense, à la nuit tombante et alors qu'il pleuvait, la traversée d'une route à quatre voies de circulation sans emprunter un passage protégé se trouvant à proximité. • Civ. 2e, 7 févr. 1996, n° 94-12.206 P. ♦ Même sens : • Civ. 2e, 28 janv. 1998, n° 95-21.844 P • 14 janv. 1999 : *RCA 1999, n° 66 (1re esp.)* (absence de barrière de sécurité) • Paris, 20 févr. 1996 : *Gaz. Pal. 1996. 2. Somm. 477, obs. J.-G. M.* ♦ ... Qui, de nuit, descendu de sa voiture en panne, après avoir tenté d'arrêter plusieurs voitures, se place sur la route dans l'espoir d'être vu. • Civ. 2e, 4 juin 1997, n° 94-21.881 P. ♦ Appréciation du comportement de la victime, risqué mais rendu nécessaire par les circonstances : • Civ. 2e, 13 sept. 2018, n° 17-15.056 : *RCA 2018, n° 300, note Groutel.*

5. ... Illustrations : état d'ébriété. Ne caractérise pas l'exceptionnelle gravité de la faute de la victime la cour d'appel qui relève que la victime avait le comportement d'un homme ivre et s'était affalée sur la chaussée au moment précis où survenait un véhicule. • Civ. 2e, 24 mai 1991, n° 90-12.006 P. – V. aussi • Civ. 2e, 23 juin 1993, n° 92-10.466 P. ♦ N'est pas inexcusable la faute d'un piéton en état d'ébriété qui traversait une chaussée hors agglomération, de nuit, en l'absence de tout éclairage, alors que survenait un véhicule qu'il aurait dû voir. • Civ. 2e, 10 mai 1991, n° 90-10.196 P • 3 mars 1993, n° 90-18.797 P • 30 juin 2005, n° 04-10.996 P : *JCP 2006. I. 111, n° 12, obs. Stoffel-Munck.* ♦ Dans le même sens : • Cass., ass. plén., 10 nov. 1995 : *préc. note 1,* cassant • Paris, 16 mars 1994 : *D. 1994. 277, concl. Paire* (sur renvoi après cassation). ♦ V. aussi, dans le même sens que l'arrêt cassé : • Paris, 6 sept. 1994 : *D. 1995. 394, note Lapoyade-Deschamps*. ♦ Ne commet pas de faute inexcusable l'individu dans un état alcoolique proche du coma éthylique qui, en s'apprêtant à ouvrir la porte de sa voiture, a fait irruption brusquement sur la route et, en reculant, est venu heurter la remorque d'un véhicule. • Civ. 2e, 10 avr. 1991, n° 89-21.762 P. ♦ ... L'individu qui, se trouvant sous l'empire de la boisson, avait insisté pour prendre la place du passager à l'avant de l'automobile sans attacher sa ceinture de sécurité et s'était affalé sur le conducteur, sa corpulence et sa position interdisant à celui-ci de conserver la maîtrise de son véhicule. • Civ. 2e, 20 mars 1996, n° 93-10.240 P. ♦ ... Le piéton ivre qui s'était accroupi sur la chaussée, hors agglomération, de nuit par temps de brouillard, au milieu du couloir de marche de l'automobile. • Civ. 2e, 6 nov. 1996, n° 95-12.428 P • 1er avr. 1998, n° 96-17.402 P. ♦ Constitue une faute inexcusable le fait pour le propriétaire d'un véhicule d'en confier la conduite à une personne qu'il sait sous l'empire d'un état alcoolique. • Civ. 2e, 4 nov. 2004, n° 03-16.424 P : *D. 2004. IR 3118 ; RCA 2005. Étude 2, par Groutel ; RTD civ. 2005. 152, obs. Jourdain*. ♦ ... Le fait pour la victime de s'allonger volontairement sur une voie de circulation fréquentée, en état d'ébriété, de nuit, et en un lieu dépourvu d'éclairage public • Civ. 2e, 28 mars 2013, n° 12-15.958.

6. ... Illustrations : chutes. Est inexcusable la faute de l'automobiliste qui, ayant arrêté sa voiture sur un pont surplombant une route, a enjambé le parapet et chuté. • Civ. 2e, 16 nov. 2000 : *RCA 2001, n° 41, note Groutel.* ♦ ... Qui, interpellé pour conduite en état d'ivresse manifeste et conduit à l'hôpital dans un fourgon de police pour une prise de sang, saute en marche du véhicule, se blessant mortellement. • Crim. 28 juin 1990, n° 88-86.996 P. ♦ ... Celle de la personne qui saute en marche d'un ensemble routier. • Civ. 2e, 19 janv. 1994, n° 92-13.804 P : *R., p. 362.* ♦ ... Celle de la personne qui fait une chute du toit d'une voiture en mouvement où elle était montée. • Civ. 2e, 25 oct. 1995, n° 93-17.084 P : *RCA 1996, n° 14, note Groutel.* ♦ Comp., écartant la faute inexcusable dans une situation voisine (personne montée par jeu sur le pare-chocs arrière d'une voiture) : • Civ. 2e, 3 juill. 2003, n° 01-16.405 P : *RCA 2003. Chron. 24, par Groutel,* cassant • Nancy, 11 juin 2001 : *BICC 1er nov. 2001, n° 1066.* ♦ V. aussi note 9.

7. ... Illustrations : cyclistes. Est inexcusable la faute d'un cycliste qui circule en sens interdit sur un boulevard, aborde une intersection alors que la signalisation lumineuse au rouge prohibait cette manœuvre et s'engage dans une autre voie à nouveau à contresens. • Civ. 2e, 7 juin 1990, n° 89-14.016 P. ♦ Mais n'est pas inexcusable la faute du cycliste qui tourne brutalement sans précaution. • Civ. 2e, 14 avr. 1988 : *Bull. civ. II, n° 78.* ♦ ... Qui tend son bras et se déporte aussitôt. • Civ. 2e, 17 févr. 1988 : *Bull. civ. II, n° 43.* ♦ ... Qui, sans respecter les obligations que lui imposait la présence d'un panneau « stop », s'engage sur une voie prioritaire. • Civ. 2e, 24 févr. 1988, n° 87-11.359 P. ♦ ... Qui, sans observer un feu rouge, met pied à terre pour se faufiler entre les voitures. • Civ. 2e, 18 nov. 1987 : *Bull. civ. II, n° 225* • 14 avr. 1988 : *ibid. II, n° 78.* ♦ ... Qui, circulant de nuit sans éclairage, débouche d'un sens interdit pour couper la route de l'automobile impliquée dans l'accident. • Civ. 2e, 28 mars 1994, n° 92-15.863 P. ♦ ... Qui a volontairement décidé d'emprunter de nuit la route départementale au lieu de la piste cyclable pour rentrer plus vite alors qu'il circulait sur une bicyclette dépourvue de tout éclairage et sans aucun équipement lumineux ou réfléchissant, qu'il connaissait les lieux et que compte tenu de son âge il avait conscience du danger. • Civ. 2e, 28 mars 2019, n° 18-14.125 P.

8. ... Illustrations : circonstances diverses. N'a pas commis une faute inexcusable la victime qui a glissé sur le carter d'une moissonneuse-batteuse où elle était montée pour désengorger l'engin malgré la présence d'une inscription l'interdisant. • Civ. 2e, 20 janv. 2000, n° 98-14.490 P : *D. 2000. IR 53* . ♦ ... Ni le piéton présent, malgré l'interdiction, sur une piste de kart, alors qu'il s'apprêtait à pousser un kart pour le faire démarrer. • Civ. 2e, 11 avr. 2002 : *préc. note 1.* ♦ ... Ni la personne assise sur la portière, vitre baissée, d'un véhicule, et qui a été victime d'une chute, même si ce comportement très imprudent est dû en partie à la consommation de résine de cannabis. • Crim. 2 nov. 2011 : *RCA 2012, n° 107.* ♦ Mais est inexcusable la faute de la personne qui, voyant sa voiture déplacée par un chariot élévateur, a eu un comportement totalement contraire à celui que devrait avoir une personne sensée jouissant de toutes ses facultés. • Civ. 2e, 5 juin 2003, n° 01-16.806 P : *D. 2003. IR 1946* ; *RCA 2003. Chron. 24, par Groutel ; RTD civ. 2003. 721, obs. Jourdain* .

9. Faute inexcusable et causalité. N'ont pas donné de base légale à leur décision les juges qui ont énoncé que la faute inexcusable de la victime n'était pas la cause exclusive de l'accident, sans caractériser un lien de causalité entre le comportement du conducteur et l'accident. • Civ. 2e, 19 janv. 1994, n° 92-13.804 P : *R., p. 362.* ♦ N'est pas la cause exclusive de l'accident la faute, même inexcusable, de la victime, montée sur le toit d'un autobus momentanément arrêté, s'il est constaté que le conducteur de l'autobus a remis son véhicule en marche alors qu'il savait qu'un passager était sur le toit. • Civ. 2e, 8 nov. 1993, n° 91-18.127 P. ♦ N'est pas la cause exclusive de l'accident dont il a été victime en tant que passager transporté la faute, inexcusable, commise par le propriétaire d'un véhicule qui en a confié la conduite à une personne qu'il savait sous l'empire d'un état alcoolique. • Civ. 2e, 4 nov. 2004 : *préc. note 5.*

10. Recherche volontaire du dommage. Une cour d'appel qui retient, dans l'exercice de son pouvoir souverain d'appréciation, que la victime a volontairement recherché le dommage, en déduit exactement, sans avoir à rechercher si le conducteur impliqué avait commis une faute, que les ayants droit de la victime ne pouvaient être indemnisés. • Civ. 2e, 24 juin 1998, n° 96-11.897 P : *D. 1998. IR 191* ; *RCA 1998, n° 309, obs. Groutel.* ♦ Il y a recherche volontaire du dommage en cas de suicide de la victime. • Civ. 2e, 24 févr. 1988 : *Bull. civ. II, n° 49.* ♦ ... Ou de comportement suicidaire. • Civ. 2e, 21 juill. 1992, n° 91-13.186 P : *D. 1993. Somm. 212, obs. Aubert* . – V. aussi • Civ. 2e, 29 nov. 1997 : *préc. note 3* • 31 mai 2000, n° 98-16.707 P : *D. 2000. IR 185* ; *JCP 2001. II. 10577, note Butruille-Cardew* • 16 nov. 2000 : *préc. note 6.* ♦ En revanche, il n'en est pas ainsi en cas de participation à un attroupement illicite, dès lors que les juges du fond n'établissent pas qu'en se maintenant sur la chaussée devant une voiture dont le chauffeur se trouvait aux prises avec d'autres manifestants, la victime s'est mise délibérément dans la situation de se faire blesser. • Civ. 2e, 17 févr. 1988 : *Bull. civ. II, n° 44.* ♦ V. conf., pour la personne qui, en tant que passager, a laissé le conducteur ivre conduire à grande vitesse et lui a fourni de l'alcool à boire : • Crim. 22 mai 2002, n° 01-81.773 P : *D. 2002. IR 2238* .

11. Recours du tiers payeur. La caisse, tiers payeur, est subrogée dans l'ensemble des droits de la victime, y compris ceux conférés par la loi en considération de sa situation personnelle (victime âgée de moins de seize ans) ; la règle de portée générale selon laquelle une telle victime dispose en raison de son âge à la date de l'accident d'un droit à la réparation intégrale qu'aucune faute personnelle, même inexcusable, ne peut réduire, détermine ainsi l'ampleur de sa créance d'indemnisation ; ce droit est nécessairement compris dans les droits et actions transmis par cette victime, par l'effet de la subrogation légale, au tiers payeur qui a réglé tout ou partie de cette créance à la place du conducteur du véhicule impliqué. • Civ. 2e, 17 juin 2010, n° 09-67.530 P : *D. 2010. 1708* ; *RLDC 2010/74, n° 3928, obs. Paulin.*

Art. 4 La faute commise par le conducteur du véhicule terrestre à moteur a pour effet de limiter ou d'exclure l'indemnisation des dommages qu'il a subis.

1. QPC (non). Absence de renvoi de l'art. 4 au Conseil constitutionnel pour une question prioritaire de constitutionnalité : • Civ. 2e, 16 déc. 2010, n° 10-17.096 P : *D. 2011. 76, obs. Gallmeister ; RLDC 2010/77, n° 4043, obs. Le Nestour-Drelon ; ibid. 2011/80, n° 4164, obs. Bugnicourt* • 9 sept. 2010 : *D. 2011. 35, obs. Brun et Gout ; RGDA 2011. 95, note Landel.*

A. NOTIONS DE CONDUCTEUR ET DE NON-CONDUCTEUR

2. Fonctionnement du moteur, circonstance indifférente. Sont exclus du bénéfice de l'art. 3 de la L. du 5 juill. 1985 les conducteurs de véhicules terrestres à moteur, que ce moteur soit ou non en marche au moment de l'accident. • Civ. 2e, 13 janv. 1988 : *Bull. civ. II, n° 14* • Crim. 10 janv. 2001, n° 00-82.422 P. ♦ Est un conducteur le cyclomotoriste à l'arrêt sur son engin. • Civ. 2e, 4 févr. 1987 : *Bull. civ. II, n° 33.* ♦ ... Occupé à la fixation sur sa tête de son casque réglementaire tout en se tenant debout, les deux pieds au sol, le cyclomoteur entre les jambes. • Civ. 2e, 29 mars 2012 : *D. 2012. Chron. C. cass. 2057, note Adida-Canac et Bouvier .* ♦ ... Comme celui qui essaie de faire démarrer son véhicule en pédalant. • Civ. 2e, 28 avr. 1986 : *Bull. civ. II, n° 63.* ♦ ... Ou qui, assis sur la selle, le fait avancer à l'aide de ses jambes. • Crim. 10 janv. 2001 : *préc.* ♦ Est un conducteur celui qui, au moment de l'accident, se trouve dans une automobile remorquée à l'aide d'une barre de fer courte et rigide, dès lors qu'il a une certaine maîtrise dans la conduite du véhicule. • Civ. 2e, 14 janv. 1987 : *JCP 1987. II. 20768, note Chabas.*

3. Fauteuil roulant électrique. Par l'instauration d'un dispositif d'indemnisation sans faute par la L. du 5 juill. 1985, interprétée à la lumière des objectifs assignés aux États par la Convention internationale des droits des personnes handicapées du 30 mars 2007, le législateur, prenant en considération les risques associés à la circulation de véhicules motorisés, a entendu réserver une protection particulière à certaines catégories d'usagers de la route, à savoir les piétons, les passagers transportés, les enfants, les personnes âgées, et celles en situation de handicap. Il en résulte qu'un fauteuil roulant électrique, dispositif médical destiné au déplacement d'une personne en situation de handicap, n'est pas un véhicule terrestre à moteur ; cassation de l'arrêt ayant reconnu la qualité de conducteur d'un véhicule terrestre à moteur pour la personne utilisant un fauteuil roulant électrique. • Civ. 2e, 6 mai 2021, n° 20-14.551 P : *D. 2021. 1413, note Oudot ; ibid. 1695, obs. Kenfack ; ibid. 2022. 35, obs. Quézel-Ambrunaz ; RDSS 2021. 926, note de Bertier-Lestrade ; RTD civ. 2021. 660, obs. Jourdain ; ibid. 975, obs. Rouvière ; JCP 2021, n° 767, note Raoul-Cormeil.*

4. Victime poussant à la main son véhicule. En revanche, n'est pas un conducteur le possesseur d'un véhicule en panne qui, à pied, le pousse d'une main et le dirige de l'autre. • Crim. 22 mars 1988 : *D. 1988. IR 152.* ♦ ... La personne qui court sur la chaussée en poussant son cyclomoteur pour tenter de le faire démarrer. • Civ. 2e, 7 oct. 2004, n° 02-17.738 P : *D. 2005. 938, note C. Maury .* ♦ ... Celle qui traverse la chaussée à pied en tenant son cyclomoteur à la main. • Civ. 2e, 14 janv. 1987 : *JCP 1987. II. 20910, note Chabas.*

5. Accident survenu au conducteur descendant ou descendu de son véhicule. N'est pas un conducteur la personne qui est sortie du véhicule dont elle se trouve à proximité et dont elle assurait la conduite dans un temps voisin de l'accident. • Civ. 2e, 4 déc. 1985 : *Bull. civ. II, n° 186* • 15 juin 1988, n° 87-14.684 P. ♦ ... La personne qui a été heurtée soit à l'extérieur du véhicule, soit alors qu'elle était occupée à y prendre place. • Civ. 2e, 20 avr. 1988 : *JCP 1989. II. 21328, note Dagorne-Labbe (2e esp.).* ♦ ... Qui était en train de changer une roue. • Civ. 2e, 12 févr. 1986 : *Bull. civ. II, n° 13.* ♦ ... Qui a été blessée au moment où, après avoir arrêté la voiture, coupé le moteur et ouvert la portière, elle descendait du véhicule. • Civ. 2e, 10 mars 1988 : *JCP 1989. II. 21328, note Dagorne-Labbe (1re esp.)* • 31 mai 1995, n° 93-17.100 P. ♦ ... Celle qui descend du véhicule pour porter secours à une autre victime. • Civ. 2e, 20 juill. 1987 : *Bull. civ. II, n° 164.*

6. Constance de la qualité de conducteur ou de non-conducteur au cours d'un accident unique, V. note 10.

7. Constance de la qualité de conducteur ou de non-conducteur au cours d'un accident unique. La qualité de conducteur ou de piéton de la victime ne peut changer au cours de l'accident reconnu comme un accident unique et indivisible. • Civ. 2e, 1er juill. 2010, n° 09-67.627 P : *D. 2011. 35, obs. Brun ; ibid. 2011. Chron. C. cass. 632, obs. Adida-Canac et Grignon-Dumoulin ; JCP 2011, n° 435, obs. Bloch ; RLDC 2010/75, n° 3961, obs. Le Nestour-Drelon ; RTD civ. 2010. 792, obs. Jourdain* • 12 mai 2011 : *RCA 2011, n° 287, obs. Groutel.*

8. Conducteur resté dans le véhicule mais ayant quitté le volant. Absence de qualité de conducteur pour la victime d'un accident, qui à la suite d'une panne s'était installée à l'arrière du véhicule pour se reposer et avait donc quitté les commandes de son véhicule, dont elle n'a par conséquent pas gardé la maîtrise. • Crim. 31 mai 2016, n° 15-83.625 P.

9. Accident survenu après la chute ou l'éjection du conducteur. N'est pas un conducteur le motocycliste tombé de sa machine à la suite d'un dérapage. • Civ. 2e, 28 mai 1986 : *JCP 1986. II. 20692, note Chabas.* ♦ ... Le cyclomotoriste gisant sur la chaussée à plusieurs mètres de son cyclomoteur. • Civ. 2e, 2 déc. 1987 : *Bull. civ.*

II, n° 255. ♦ ... La victime qui n'était plus sur son cyclomoteur lorsque l'automobile est passée sur elle. • Civ. 2e, 24 mai 1991 : *JCP 1993. II. 21987, note Dagorne-Labbe* • 8 nov. 1995, n° 93-11.891 P. ♦ V. conf., pour l'automobiliste éjecté de son véhicule lors d'une collision et heurté à terre par une autre automobile : • Civ. 2e, 11 déc. 1991 : *JCP 1993. II. 21987, note Dagorne-Labbe* • 16 avr. 1996, n° 94-11.904 P (accident réalisé en deux temps) • 29 avr. 1998, n° 96-18.421 P (motard éjecté après un premier choc, puis heurté alors qu'il gisait à terre) • 29 juin 2000 : *LPA 31 oct. 2000, note Leroy (idem)* • Crim. 9 mars 2004, n° 03-84.991 P : *R., p. 385 ; D. 2004. IR 1645* (*idem*). ♦ Comp. le cas où la chute et la collision se réalisent en un seul trait de temps, note 10. ♦ ... Ou l'automobiliste dont le véhicule s'est immobilisé sur la chaussée après une perte de contrôle et à qui on est en train de porter secours. • Civ. 2e, 24 nov. 1993, n° 92-12.549 P.

10. *Accident survenu au cours de la chute ou de l'éjection du conducteur.* La qualité de conducteur perdure lors des différentes phases d'un accident complexe, au cours duquel des collisions se succèdent dans un enchaînement continu et dans un même laps de temps, et qui constitue un accident unique. • Crim. 3 mai 2017, n° 16-84.485 P : *RCA 2017, n° 219, note Groutel.* ♦ Cassation de l'arrêt ayant reconnu la qualité de piéton à la victime impliquée dans un premier accident et ayant été percuté par un autre véhicule alors qu'il était descendu de son véhicule pour porter secours à la personne percutée par son propre véhicule. • Même arrêt. ♦ V. déjà : ne perd pas la qualité de conducteur celui qui tombe de son engin et vient, en glissant sur la chaussée, heurter un véhicule. • Civ. 2e, 4 oct. 1989 : *JCP 1991. II. 21600, note Dagorne-Labbe* • 11 janv. 1995, n° 93-15.766 P • 18 oct. 1995, n° 93-16.640 P • Nîmes, 5 mars 1992 : *JCP 1993 II. 22016, note Bories.* ♦ ... Ou celui qui, lors d'une collision avec un camion, est éjecté de sa voiture et écrasé par les roues du camion. • Civ. 2e, 15 mai 1992, n° 91-11.330 P : *RTD civ. 1992. 775, obs. Jourdain*. ♦ ... Ou le motocycliste qui, tombant de sa machine, est au même moment heurté par une automobile venant en sens inverse. • Civ. 2e, 31 mars 1993, n° 91-12.353 P • 8 déc. 1993, n° 92-13.452 P • 5 juin 2003, *n° 01-17.486 P : D. 2003. IR 1735*. ♦ ... Ou par derrière, dès lors que les faits se sont produits en un seul trait de temps. • Civ. 2e, 16 avr. 1996, n° 93-18.897 P • 6 févr. 2003, n° 00-18.501 P : *Dr. et patr. 9/2003. 114, obs. Chabas* • 8 oct. 2009, n° 08-16.915 P : *D. 2009. AJ 2488 ; Gaz. Pal. 2009. 3826, note Dumery ; RLDC 2009/66, n° 3644, obs. Bugnicourt.* ♦ V. aussi, pour le maintien de la qualité de conducteur en cas de chocs successifs globalisés en un accident complexe : • Civ. 2e, 20 juin 2002, n° 00-20.747 P : *RTD civ. 2002. 827, obs. Jourdain*.

11. *Pouvoir de contrôle ou ingérence dans la conduite.* L'élève d'une auto-école, ne disposant pas des pouvoirs de commandement, ne peut être considéré comme co-conducteur. • Civ. 2e, 29 juin 2000, n° 98-18.847 P : *D. 2000. IR 226 ; JCP 2001. II. 571, note Bailloeuil ; RCA 2000, n° 294, note Groutel.* ♦ Mais a seul la qualité de conducteur le mineur, stagiaire agricole, aux commandes du tracteur, alors que le maître de stage, monté sur la flèche arrière, est privé de tout moyen de direction et de contrôle de l'engin. • Civ. 2e, 22 mai 2003, n° 01-15.311 P : *D. 2004. Somm. 1342, obs. Jourdain ; Dr. fam. 2003, n° 155, note J. Julien.* ♦ De même, a la qualité de conducteur le propriétaire du véhicule confié à un garage pour réparation, qui, à la demande du garagiste, a remis en marche le moteur de la voiture placée sur un pont élévateur, après avoir pris place au volant. • Civ. 2e, 25 oct. 2007, n° 05-21.807 P : *D. 2008. Chron. C. cass. 660, n° 16, obs. Nicoletis ; RCA 2007, n° 351, note Groutel.* ♦ Prend la qualité de conducteur le passager qui se saisit du volant tout en appuyant sur la jambe droite du conducteur, provoquant ainsi l'accélération du véhicule. • Civ. 2e, 31 mai 2000, n° 98-21.203 P : *RCA 2000, n° 259, note Groutel.* ♦ Mais le seul fait que le passager a manœuvré le volant n'établit pas qu'il se soit substitué à la conductrice dans la conduite du véhicule et qu'il ait acquis la qualité de conducteur. • Civ. 2e, 23 mars 2017, n° 15-25.585 P.

12. *Passager actionnant la clé de contact.* Cassation de l'arrêt qui considère que n'acquiert pas la qualité de conducteur le passager d'une voiture à l'arrêt qui actionne la clé de contact pour mettre en marche l'auto-radio ; en effet il a actionné le démarreur et sa manœuvre a mis la voiture en mouvement. • Civ. 2e, 28 mars 2013 : *préc. note 23 ss. art. 1er* (enfant de 13 ans ayant fortuitement mis en marche la voiture). ♦ *Contra* : • Bordeaux, 20 janv. 1994 : *BICC 1er avr. 1994, n° 397.*

13. *Victime présumée non-conducteur.* La victime d'un accident de la circulation doit seulement prouver l'implication du véhicule ; c'est au gardien du véhicule impliqué d'apporter la preuve que la victime avait la qualité de conducteur au moment de l'accident. • Civ. 2e, 16 mai 1994, n° 92-17.135 P : *R., p. 362* • 6 nov. 1996, n° 95-10.786 P. ♦ V. déjà : • Civ. 2e, 9 juill. 1986 : *D. 1987. 1, note Groutel ; JCP 1987. II. 20747, note F. C.* – Même sens, implicitement : • Civ. 2e, 10 mars 2004, n° 01-14.794 P : *RCA 2004, n° 181, note Groutel.* ♦ Comp., dans la même affaire : • Civ. 2e, 4 nov. 2004 : *D. 2004. IR 3118 ; RCA 2005. Étude 2, par Groutel ; RTD civ. 2005. 152, obs. Jourdain*. ♦ Comp. également : • Civ. 2e, 3 mai 2007 : *RCA 2007, n° 245, note Groutel ; LPA 8 janv. 2008, obs. Vignon-Barrault ; RTD civ. 2008. 114, obs. Jourdain* (impossibilité de déterminer lequel des deux occupants d'une motocyclette avait la qualité de conducteur). ♦ Pour un conducteur resté dans le véhicule mais ayant quitté le volant et ainsi perdu sa qualité de conducteur. • Crim. 31 mai 2016, n° 15-83.625 P.

B. SITUATION DU CONDUCTEUR

BIBL. Groutel, *D. 1995. Chron. 335* ; *ibid. 1997. Chron. 18* ; *RCA 1998. Chron. 17* (indemnisation du conducteur victime). – Leduc, *RCA 2001. Chron. 2* (sanction de la faute du conducteur victime) ; *RCA 2006. Étude 19* (indemnisation de la victime conductrice fautive). – Mazars, *RCA 2012. Étude 17* (le conducteur victime). – Ridel, *RCA 2006. Étude 3* (faute de comportement du conducteur victime). – Sutter, *RCA 2012. Étude 18.*

14. Principe de la prise en compte de la faute. Il ne résulte de l'art. 4 de la L. du 5 juill. 1985 aucune atteinte disproportionnée ni aucune atteinte substantielle au droit à un recours juridictionnel effectif dans le fait que seule la propre faute de la victime conductrice est de nature, sous le contrôle du juge, à limiter ou à exclure son droit à indemnisation. • Civ. 2e, 16 déc. 2010, n° 10-17.096 P : *préc. note 4 ss. art. 1240* (refus de transmission d'une QPC estimant contraire à la Const. le fait que l'éventuelle faute de l'autre conducteur ne soit pas prise en compte). ♦ La différence instaurée par les art. 3 et 4 de la L. du 5 juill. 1985 entre les fautes des conducteurs et celles des non-conducteurs se justifie pleinement par le fait que les premiers constituent une catégorie de personnes ayant le contrôle, l'usage et la direction de leurs véhicules dont elles sont par conséquent responsables de la conduite, au contraire des seconds ; elle n'est donc pas discriminatoire. • Paris, 4 mars 2002, n° 2000/03243. ♦ Le juge du fond doit répondre aux conclusions qui invoquent une faute du conducteur victime (absence de port correct du casque par un motocycliste). • Crim. 24 févr. 2015, n° 14-82.350 P.

15. Conséquences de la faute du conducteur victime. En vertu de l'art. 4 de la L. du 5 juill. 1985, la faute commise par le conducteur d'un véhicule terrestre à moteur victime d'un accident de la circulation a pour effet de limiter ou d'exclure l'indemnisation de son dommage dès lors qu'elle a contribué à sa réalisation. • Civ. 2e, 16 oct. 1991, n° 89-14.856 P : *D. 1992. Somm. 275, obs. Aubert* (cyclomotoriste circulant sans casque) • Crim. 24 févr. 2015, n° 14-82.350 P (*idem*) • 15 mai 1992, n° 91-11.330 P (*automobiliste n'ayant pas mis sa* ceinture de sécurité) • 5 oct. 1994, n° 92-20.540 P : *R., p. 362* • 16 nov. 1994, n° 93-10.156 P : *RTD civ. 1995. 385, obs. Jourdain* (vitesse excessive). ♦ V. aussi • Civ. 2e, 7 févr. 1990, n° 88-17.124 P (dommages aux biens). ♦ Le juge du fond apprécie souverainement si l'indemnisation du conducteur victime qui a commis une faute doit être limitée dans une certaine proportion. • Civ. 2e, 28 janv. 1998, n° 96-15.017 P.

16. ... En cas d'implication de plusieurs véhicules. Lorsque plusieurs véhicules sont impliqués dans un accident de la circulation, chaque conducteur a droit à une indemnisation des dommages qu'il a subis, directement ou par ricochet, sauf s'il a commis une faute ayant contribué à la réalisation de son préjudice ; il appartient alors au juge d'apprécier souverainement si cette faute a pour effet de limiter l'indemnisation ou de l'exclure. • Cass., ch. mixte, 28 mars 1997, n° 93-11.078 P : *BICC 1er juill. 1997, concl. Monnet, rapp. Ollier ; D. 1997. 294, note Groutel ; ibid. Somm. 291, obs. D. Mazeaud ; JCP 1997. I. 4025, nos 25 s., obs. Viney ; Gaz. Pal. 1997. 1. 293 ; ibid. Doctr. 750, étude Appietto ; RTD civ. 1997. 681, obs. Jourdain ; Dr. et patr. 1997. 1712, obs. Chabas* • Civ. 2e, 6 mai 1997, n° 95-14.996 P : *D. 1997. 503, note Groutel* • 6 mai 1997, n° 95-15.483 P : *D. 1997. 503, note Groutel* • 3 juill. 1997, n° 95-19.313 P : *RCA 1997, n° 334, et Chron. 28, par Groutel* • 9 juill. 1997, n° 93-17.286 P : *RCA 1997, n° 334, et Chron. 28, par Groutel* • 18 mars 1998, n° 93-19.841 P • 5 nov. 1998, n° 97-11.124 P • 20 juin 2002, n° 00-20.747 P : *RTD civ. 2002. 827, obs. Jourdain* • Crim. 2 juin 2004, n° 03-85.811 P. ♦ Déjà dans le même sens : • Crim. 22 mai 1996, n° 94-85.607 P : *R., p. 363 ; D. 1997. 138, note Chabas ; RTD civ. 1997. 153, obs. Jourdain*. – V. aussi Groutel, *D. 1997. Chron. 18*. ♦ Mais le juge n'a pas à tenir compte du comportement du conducteur de l'autre véhicule impliqué. • Civ. 2e, 7 juill. 2011 : *RCA 2011, n° 357, obs. Groutel* (il appartient au juge d'apprécier souverainement si la faute a pour effet de limiter l'indemnisation ou de l'exclure, en faisant abstraction du comportement de l'autre conducteur : cassation de l'arrêt qui se réfère à la seule cause génératrice de l'accident, se fondant sur le comportement du conducteur de l'autre véhicule impliqué) • 22 nov. 2012 : *D. 2013. Chron. C. cass. 599, obs. Bouvier et Adida-Canac* (cassation de l'arrêt qui se réfère à la seule cause génératrice de l'accident, se fondant sur le comportement du conducteur de l'autre véhicule impliqué) • Crim. 16 févr. 2016, n° 15-80.705 P • Civ. 2e, 3 mars 2016, n° 15-14.285 P. ♦ Rejet du pourvoi contre l'arrêt qui, en prenant en compte la position du véhicule impliqué à seule fin de déterminer celle du véhicule de la victime, a fait abstraction du comportement du conducteur de l'autre véhicule. • Civ. 2e, 10 févr. 2022, n° 20-18.547 B : *D. 2022. 1117, obs. Cayol ; RCA 2022, n° 130, obs. Hocquet-Berg* (faute du motard victime roulant au milieu de la chaussée).

17. Faute du conducteur victime : condition de l'exonération totale. Les juges du fond qui ont retenu à la charge du conducteur une faute de nature à exclure en totalité son droit à indemnisation n'ont pas à rechercher si cette faute était la cause exclusive de l'accident. • Civ. 2e, 9 oct. 2003, n° 01-17.109 P : *D. 2003. IR 2550 ; Gaz. Pal. 2004. 1877, note Landel* • 10 juin 2004, n° 03-13.345 P : *D. 2004. IR 2549 ; RCA 2004, n° 257, note Groutel* • 30 juin 2005 : *LPA 27 déc. 2005, note Pierroux.* ♦ En retenant que, pour entraîner le rejet de toute indemnisation, la faute du conducteur doit être la cause exclusive de l'accident, ils ajoutent une condition à la loi. • Civ. 2e, 18 mars 2004, n° 02-12.679 P : *RCA 2004, n° 182, note Groutel.*

18. Appréciation de la faute du conducteur victime. La faute de la victime ayant contribué à son préjudice doit être appréciée en faisant abstraction du comportement de l'autre conducteur (cassation des arrêts qui s'y réfèrent). • Civ. 2e, 14 nov. 2002, n° 00-19.028 P : *D. 2002. IR 3245 ; Dr. et patr. 2/2003. 104, obs. Chabas* • 5 juin 2003, n° 01-17.486 P : *D. 2003. IR 1735* • 31 mai 2005, n° 04-86.476 P : *R., p. 399 ; D. 2005. IR 1807 ; Gaz. Pal. 2005. 4108, note Monnet ; RCA 2005. Étude 13, par Groutel ; RTD civ. 2005. 790, obs. Jourdain* • Civ. 2e, 13 oct. 2005 : *cité note 22* • Crim. 18 oct. 2005 : *RCA 2006, n° 17, note Groutel.* ♦ Comp. : la prise en considération du comportement de l'autre conducteur est surabondante. • Crim. 27 juin 2006 (3 arrêts), n° 05-87.114 P : *R., p. 449 ; Gaz. Pal. 2006. Somm. 3334, obs. M. B. ; ibid. 2007. Somm. 489, obs. Y. M. ; RCA 2006, n° 335, note Groutel ; RTD civ. 2006. 781, obs. Jourdain*. – Déjà en ce sens : • Crim. 2 juin 2004 : *préc. note 16.*

19. Pouvoir d'appréciation des juges sur la faute du conducteur victime. Les juges du fond ne peuvent rejeter la demande d'indemnisation d'un conducteur victime sans avoir recherché s'il avait commis une faute de nature à limiter ou à exclure son droit à indemnisation. • Civ. 2e, 28 janv. 1998, n° 96-14.849 P. ♦ Il appartient aux juges du fond d'apprécier souverainement si la faute du conducteur victime a pour effet de limiter son indemnisation ou de l'exclure. • Civ. 2e, 14 janv. 1998, n° 96-12.585 P : *JCP 1998. I. 144, n° 24, obs. Viney* • 22 janv. 2004 : *JCP 2004. IV. 1524.* ♦ V. conf. • Civ. 2e, 28 janv. 1998, n° 96-10.045 P • 28 janv. 1998, n° 96-13.596 P • 28 janv. 1998, n° 96-19.336 P • 23 sept. 1999 : *D. 1999. IR 248* • 15 nov. 2001, n° 99-19.459 P : *D. 2001. IR 3588* (non-respect d'un feu à l'orange : exclusion du droit à indemnisation) • 20 juin 2002, n° 00-21.414 P (circulation dans la moitié gauche de la chaussée, nonobstant une relaxe au pénal du chef de vitesse excessive : exclusion du droit à indemnisation) • 11 juill. 2002, n° 00-22.445 P : *D. 2003. 859, note Groutel (1re esp.)* (vitesse excessive d'un poids lourd sur une autoroute encombrée : exclusion du droit à indemnisation) • 22 janv. 2004, n° 02-14.918 P : *Dr. et patr. 4/2004. 115, obs. Chabas* (freinage brutal sur route boueuse ; non-port de la ceinture de sécurité). ♦ Une première décision ayant estimé que la victime, en raison de sa faute, n'avait pas droit à la réparation de son préjudice matériel et une deuxième décision n'ayant, en raison de la même faute, réduit le droit à réparation de son préjudice corporel que de moitié, la Cour de cassation décide que les deux décisions ne sont pas inconciliables dans leur exécution. • Civ. 2e, 19 mars 2015, n° 14-16.275 P.

20. Obligation pour le juge de tenir compte de la faute du conducteur victime. Inversement, les juges du fond ne peuvent accorder au conducteur victime l'entier dédommagement du préjudice qu'il a subi dès lors qu'il a commis une faute en relation avec son dommage. • Civ. 2e, 27 janv. 2000, n° 98-12.363 P : *D. 2000. IR 93* (tricycle à moteur circulant sur une autoroute dont l'accès lui était interdit) • 23 mai 2013, n° 12-18.339 (sortie d'une voie privée d'un ensemble routier agricole, la remorque empiétant partiellement sur la voie de circulation de l'autre véhicule impliqué).

21. Exigence d'un lien causal entre la faute du conducteur victime et le dommage. Il n'y a pas lieu de réduire l'indemnisation du préjudice corporel subi par le conducteur d'un véhicule entré en collision avec un autre en raison de l'absence du port de la ceinture de sécurité s'il a été constaté qu'il n'existait pas de relation de cause à effet entre les blessures et l'absence du port de la ceinture de sécurité. • Civ. 2e, 7 févr. 1990, n° 86-17.023 P.

22. Illustrations : alcoolémie, stupéfiants. Ayant déduit des circonstances de l'accident l'absence de lien de causalité entre l'état d'alcoolémie du conducteur victime et la réalisation de son dommage, une cour d'appel refuse à bon droit de limiter ou d'exclure son droit à indemnisation. • Cass., ass. plén., 6 avr. 2007, n° 05-81.350 P : *R., p. 441 ; BICC 15 juin 2007, rapp. Gallet, avis Charpenel ; D. 2007. 1839, note Groutel ; ibid. AJ 1199, obs. Gallmeister ; ibid. Pan. 2906, obs. Brun ; JCP 2007. II. 10078, note Jourdain ; ibid. I. 185, n° 9, obs. Stoffel-Munck ; LPA 21 nov. 2007, note Dagorne-Labbe ; RLDC 2007/40, n° 2597, note G'Sell-Macrez ; RGDA 2007. 613, note Landel ; RTD civ. 2007. 789, obs. Jourdain* • 6 avr. 2007, n° 05-15.950 P : *eod. loc.* ♦ *Contra*, antérieurement : la conduite sous l'empire d'un état alcoolique ou de stupéfiants constitue une faute en relation avec le dommage du conducteur victime de nature à limiter ou exclure son droit à indemnisation. • Civ. 2e, 13 oct. 2005, n° 04-17.428 P : *D. 2006. 425, note Cornut ; JCP 2006. II. 10004, note Kessler ; ibid. I. 111, n° 11, obs. Stoffel-Munck ; RCA 2005, n° 348, note Groutel.* ♦ Déjà en ce sens, pour l'alcoolémie : • Civ. 2e, 4 juill. 2002, n° 00-12.529 P : *R., p. 480 ; D. 2003. 859,* *note Groutel (2e esp.)* ; *RCA 2002, n° 330, note Groutel* ; *RTD civ. 2002. 829, obs. Jourdain* • 10 mars 2004, n° 02-19.841 P : *D. 2004. IR 1069* ; *RCA 2004, n° 180, note Groutel.*

23. ... Défaut de permis de conduire. Ayant déduit des circonstances de l'accident l'absence de lien de causalité entre le défaut de permis de conduire du conducteur victime et la réalisation de son dommage, la cour d'appel qui refuse de limiter ou d'exclure son droit à indemnisation fait l'exacte application de l'art. 4 de la L. du 5 juill. 1985. • Crim. 27 nov. 2007, n° 07-81.585 P : *JCP 2008. II. 10022, note Bakouche* ; *ibid. I. 125, n° 11, obs. Stoffel-Munck.*

24. ... Refus de priorité. Le refus de priorité constitue une faute de nature à limiter ou à exclure l'indemnisation du conducteur qui l'a commis. • Civ. 2e, 10 mars 2004, n° 02-16.486 P.

25. ... Circulation imprudente. Faute du conducteur d'une trottinette thermique, qui ne doit pas circuler sur la voie publique, s'agissant d'un véhicule terrestre à moteur non homologué, la victime ayant commis une faute en s'abstenant de porter les équipements de protection individuelle préconisés. • Civ. 2e, 17 mars 2011 : *RCA 2011, n° 214* ; *RGDA 2011. 734, obs. Landel.*

26. Preuve de la faute. Dans le cas d'une collision, en l'absence de preuve d'une faute d'un conducteur, les causes de l'accident étant restées inconnues, le propriétaire d'un des véhicules doit indemniser entièrement le propriétaire de l'autre. • Civ. 2e, 24 juin 1987 : *Bull. civ. II, n° 136* • 9 déc. 1992, n° 91-11.409 P.

27. ... Chose jugée au pénal. La relaxe au pénal d'un conducteur du chef de blessures involontaires implique nécessairement l'inexistence d'une faute à sa charge. • Civ. 2e, 3 mars 1993, n° 91-19.193 P • 28 avr. 1993, n° 91-20.931 P • 25 mars 1998, n° 95-21.513 P. ♦ Dans le même sens, pour une relaxe au bénéfice du doute : • Civ. 2e, 6 déc. 1995, n° 93-19.305 P. ♦ Mais, l'autorité de la chose jugée étant circonscrite au fondement des poursuites, la relaxe au pénal d'un conducteur du chef de défaut de maîtrise de sa vitesse n'empêche pas de retenir une faute contre lui pour avoir circulé dans la voie de circulation inverse à la sienne. • Civ. 2e, 20 juin 2002, n° 00-21.414 P : *JCP 2003. I. 152, nos 1 s., obs. Viney.*

Art. 5 La faute, commise par la victime a pour effet de limiter ou d'exclure l'indemnisation des dommages aux biens qu'elle a subis. Toutefois, les fournitures et appareils délivrés sur prescription médicale donnent lieu à indemnisation selon les règles applicables à la réparation des atteintes à la personne.

Lorsque le conducteur d'un véhicule terrestre à moteur n'en est pas le propriétaire, la faute de ce conducteur peut être opposée au propriétaire pour l'indemnisation des dommages causés à son véhicule. Le propriétaire dispose d'un recours contre le conducteur.

1. Dommages aux biens. Au sens de l'art. 5 de la L. du 5 juill. 1985, le dommage aux biens s'entend du dommage causé à des biens matériels et non du préjudice économique résultant d'une atteinte à la personne de la victime directe ; ce préjudice économique ne connaît d'autres limitations que celles applicables à cette victime. • Civ. 2e, 24 janv. 1990 : *JCP 1990. II. 21581, note Barbiéri.* ♦ Le préjudice moral et économique des victimes n'est pas un dommage aux biens au sens de l'art. 5 de la L. du 5 juill. 1985. • Civ. 2e, 24 oct. 1990 : *JCP 1991. II. 21769, note Barbiéri.*

2. Dommages économiques. Un automobiliste responsable d'un accident est à bon droit condamné à réparer le préjudice consistant, pour une société concessionnaire d'autoroute, dans la perte de recettes consécutive à la fermeture temporaire de l'autoroute en raison de l'accident. • Versailles, 5 nov. 1999 : *D. 2001. 30, note Gallant.*

3. Faute d'un tiers. *Seule la faute commise* par la victime a pour effet de limiter ou d'exclure l'indemnisation des dommages aux biens qu'elle a subis ; l'EDF propriétaire d'un pylône détruit par un accident de la circulation doit donc être intégralement indemnisée du préjudice subi, dès lors qu'aucune faute n'a été alléguée à son encontre et que la victime ne peut se voir opposer la faute d'un tiers. • Civ. 2e, 1er févr. 1989 : *Bull. civ. II, n° 25* ; *Defrénois 1989. 1395, obs. Aubert.*

4. Question préjudicielle : responsabilité d'une personne publique. Les dispositions de l'art. 5 de la L. du 5 juill. 1985, selon lesquelles la faute de la victime a pour effet de limiter ou d'exclure l'indemnisation des dommages aux biens qu'elle a subis, énoncent une règle de fond qui n'a ni pour objet ni pour effet de déroger aux règles de répartition des compétences entre les juridictions administratives et judiciaires ; il s'ensuit que, lorsque l'appréciation à porter sur l'existence d'une faute de la victime et sur son incidence sur la responsabilité encourue est conditionnée par la reconnaissance de la responsabilité d'une personne publique ou de l'un de ses concessionnaires à raison de dommages imputables à des travaux publics, il appartient au juge judiciaire, si une difficulté sérieuse se présente, de surseoir à statuer à titre préjudiciel sur ces questions qui relèvent de la compétence exclusive de la juridiction administrative. • T. confl. 17 déc. 2001, n° 01-03.267 P : *RGDA 2002. 400, note Landel.*

5. Recours du propriétaire contre le conducteur. Aux termes de l'art. 5, al. 2, de la

L. du 5 juill. 1985, le propriétaire du véhicule est en droit de demander le paiement de la franchise prévue par le contrat d'assurance au conducteur responsable de l'accident de la circulation ayant endommagé le véhicule. • Civ. 2e, 22 sept. 2005, n° 04-17.071 P : *D. 2005. IR 2484* ; *RCA 2005, n° 321, note Groutel.* ♦ L'arrêt qui se borne à relever que l'accident a été causé par la faute de l'animal du conducteur ne caractérise pas la faute de ce dernier au regard de l'art. 5, al. 2, de la L. du 5 juill. 1985. • Civ. 2e, 11 juin 2009 : *V. note 19 ss. art. 1243 C. civ.*

Art. 6 Le préjudice subi par un tiers du fait des dommages causés à la victime directe d'un accident de la circulation est réparé en tenant compte des limitations ou exclusions applicables à l'indemnisation de ces dommages.

BIBL. Clavier, *LPA 6 août 1997.*

1. Faute de la victime médiate conductrice. Lorsque plusieurs véhicules sont impliqués dans un accident de la circulation, chaque conducteur a droit à l'indemnisation des dommages qu'il a subis directement ou par ricochet, sauf s'il a commis une faute ayant contribué à la réalisation de son préjudice. • Cass., ch. mixte, 28 mars 1997, n° 93-11.078 P : *D. 1997. 294, note Groutel* ; *Gaz. Pal. 1997. 1. 293* ; *ibid. Doctr. 750, étude Appietto* ; *JCP 1997. I. 4025, nos 32 et 33, obs. Viney.* ♦ Le conducteur qui a commis une faute peut se voir opposer une faute de nature à limiter l'indemnisation de l'ensemble des préjudices qu'il a subis, directement ou par ricochet. • Crim. 5 mai 2015, n° 13-88.124 P (application du partage de responsabilité institué entre lui et l'autre conducteur pour indemniser le préjudice résultant de la mort de son épouse). ♦ Déjà dans le même sens : • Crim. 15 mars 1995, n° 93-80.695 P : *R., p. 351* ; *D. 1996. Somm. 119, obs. D. Mazeaud* ; *RTD civ. 1995. 642, obs. Jourdain* (si le préjudice subi par un tiers du fait des dommages causés à la victime directe d'un accident de la circulation doit être, en principe, intégralement réparé lorsque aucune limitation ou exclusion n'est applicable à l'indemnisation de ces dommages, il en est autrement lorsque ce tiers, lui-même conducteur d'un véhicule terrestre à moteur impliqué dans l'accident, est convaincu d'une faute en relation avec celui-ci). ♦ Comp., antérieurement, en sens contraire. • Civ. 2e, 8 mars 1989 : *D. 1990. 245, note Aubert* • 11 déc. 1989 : *Bull. civ. II, n° 336* • 11 déc. 1991, n° 90-17.608 P • Crim. 15 déc. 1987 : *JCP 1988. II. 21031, note Chabas* ; *RTD civ. 1988. 783, obs. Jourdain* (lorsque le dommage de la victime directe est intégralement réparé, celui du tiers victime par ricochet doit l'être également, sans que puisse lui être opposée sa faute personnelle) • 6 déc. 1989 : *D. 1991. 295, note Durnerin* ; *RTD civ. 1990. 296, obs. Jourdain* .

2. ... Non-conductrice. La victime non conductrice d'un accident de la circulation ne peut être reconnue partiellement responsable de son propre dommage. • Crim. 11 mars 2014, n° 12-86.769 P : *D. 2014. 725* .

3. Survie de la victime directe. Viole l'art. 6 de la L. du 5 juill. 1985 la cour d'appel qui, pour débouter une femme dont le mari avait été blessé dans un accident de la circulation de sa demande tendant à la réparation de son préjudice moral, énonce qu'un tel préjudice n'est indemnisable que si les lésions subies par la victime sont extrêmement graves, de sorte que son état nécessite des soins excédant le devoir normal d'assistance ou que la contemplation d'un être gravement diminué engendre chez ses proches une souffrance morale, alors que la seule preuve à la charge de la demanderesse était celle d'un préjudice personnel, direct et certain. • Civ. 2e, 8 oct. 1988 : *Gaz. Pal. 1989. 2. Somm. 371, obs. Chabas.*

4. Notion d'ayant droit au sens de la législation du travail. V. notes 143 et 199 ss. art. 1241 C. civ.

SECTION 2. *Dispositions relatives à l'assurance et au fonds de garantie*

Art. 7 et 8 *V. C. assur., art. L. 211-1.* — **C. assur.**

Art. 9 à 11 *V. C. assur., art. L. 421-1, L. 421-3 et L. 421-8-1, ci-dessous (à la suite de la présente loi).*

SECTION 3. *De l'offre d'indemnité*

Art. 12 à 27 *Codifiés au C. assur., art. L. 211-9 à L. 211-24, ci-dessous (à la suite de la présente loi).*

CHAPITRE II. *DES RECOURS DES TIERS PAYEURS CONTRE LES PERSONNES TENUES À RÉPARATION D'UN DOMMAGE RÉSULTANT D'UNE ATTEINTE À LA PERSONNE*

Art. 28 Les dispositions du présent chapitre s'appliquent aux relations entre le tiers payeur et la personne tenue à réparation d'un dommage résultant d'une atteinte à la personne, quelle que soit la nature de l'événement ayant occasionné ce dommage.

Art. 29 Seules les prestations énumérées ci-après versées à la victime d'un dommage résultant des atteintes à sa personne ouvrent droit à un recours contre la personne tenue à réparation ou son assureur :

1. Les prestations versées par les organismes, établissements et services gérant un régime obligatoire de sécurité sociale et par ceux qui sont mentionnés aux articles 1106-9, 1234-8 et 1234-20 du code rural ;

2. Les prestations énumérées au II de l'article 1er de l'ordonnance n° 59-76 du 7 janvier 1959 relative aux actions en réparation civile de l'État et de certaines autres personnes publiques ;

3. Les sommes versées en remboursement des frais de traitement médical et de rééducation ;

4. Les salaires et les accessoires du salaire maintenus par l'employeur pendant la période d'inactivité consécutive à l'événement qui a occasionné le dommage ;

5. Les indemnités journalières de maladie et les prestations d'invalidité versées par les groupements mutualistes régis par le code de la mutualité *(L. n° 94-678 du 8 août 1994, art. 15)* « , les institutions de prévoyance régies par le code de la sécurité sociale ou le code rural et les sociétés d'assurance régies par le code des assurances ».

1. Le mot « Seules » figurant au premier al. de l'art. 29 de la L. du 5 juill. 1985 tendant à l'amélioration de la situation des victimes d'accidents de la circulation et à l'accélération des procédures d'indemnisation, dans sa rédaction résultant de la L. n° 94-678 du 8 août 1994 relative à la protection sociale complémentaire des salariés est conforme à la Constitution. • Cons. const. 24 févr. 2017, n° 2016-613 QPC : *JO 25 févr ; AJDA 2017. 442 ; D. 2017. 504 ; AJ fam. 2017. 162 ; RTD civ. 2017. 408, obs. Jourdain ; RCA 2017. Étude 7, note Groutel.*

2. Le préjudice résultant d'une infraction doit être réparé, dans son intégralité, sans perte ni profit pour aucune des parties ; l'art. 29 ne fait aucune distinction entre les prestations versées en conséquence du fait dommageable, toutes les prestations, sans distinction, versées en conséquence de faits dommageables par les organismes, établissements et services gérant un régime obligatoire de sécurité sociale ouvrent droit à un recours subrogatoire et, dès lors, doivent être imputées sur l'indemnité mise à la charge du tiers responsable. • Crim. 8 déc. 2015, n° 14-87.182 P : *D. 2016. 2187, obs. Bacache* (prise en compte des rentes d'orphelins et de veuve versées par un organisme complémentaire). ♦ Pour la détermination de l'indemnité complémentaire revenant à la victime en réparation de son préjudice soumis à recours, doivent être prises en compte toutes les prestations versées par les tiers payeurs subrogés, même si ces derniers n'exercent pas leur recours ou le limitent à une somme inférieure. • Crim. 19 avr. 2017, n° 15-86.351 P.

3. Les allocations d'aide au retour à l'emploi perçues par la victime, qui ne sont pas mentionnées par l'art. 29 de la L. du 5 juill. 1985, ne donnent pas lieu à recours subrogatoire contre la personne tenue à réparation. • Civ. 2e, 26 mars 2015, n° 14-16.011 P. ♦ Dans le même sens pour la prestation de compensation du handicap. • Civ. 2e, 2 juill. 2015, n° 14-19.797 P : *D. 2015. 1539 ; RTD civ. 2015. 889, obs. Jourdain* • 6 févr. 2020, n° 18-19.518 P : *D. 2020. 2142, obs. Bacache, Guégan et Porchy-Simon ; ibid. 2021. 46, obs. Brun ; RTD civ. 2020. 632, obs. Jourdain* (..., que l'indemnité soit payée par la personne tenue à réparation ou prise en charge à titre subsidiaire par le FGAO).

4. La prestation de compensation du handicap versée par le conseil général n'entre pas dans la catégorie des prestations ouvrant droit à action contre la personne tenue à réparation du dommage ou son assureur mentionnées aux art. 29 et 32 de la L. du 5 juill. 1985. • Crim. 1er sept. 2015, n° 14-82.251 P.

L'allocation personnalisée versée par le conseil départemental et non mentionnée par l'art. 29 de la L. du 5 juill. 1985, ne donne pas lieu à un recours subrogatoire contre la personne tenue à réparation. • Civ. 2e, 20 oct. 2016, n° 15-17.507 P : *D. 2016. 2167 ; RDSS 2017. 183, obs. Dagorne-Labbe .*

5. Cassation de l'arrêt qui refuse toute imputation sur le préjudice de la victime de la créance de la MSA, qui n'avait pas reçu du juge injonction de produire le décompte de ses débours, au motif inopérant que cet organisme n'avait pas constitué avocat, ni fait connaître le montant de sa créance. • Civ. 2e, 16 janv. 2014 : *D. 2014. Chron. C. cass. 571, obs. Lazerges-Cousquer et Touati .*

6. L'art. L. 211-22 C. assur. ne fait aucune distinction entre le FGAO et les assureurs quant à l'assiette de la pénalité. • Crim. 3 mai 2016, n° 14-84.246 P.

7. V. notes 9 s. ss. art. L. 211-9 C. assur.

Art. 30 Les recours mentionnés à l'article 29 ont un caractère subrogatoire.

1. Action subrogatoire et non directe. La seule action dont dispose l'assureur qui a versé des prestations à caractère indemnitaire pour des atteintes à la personne est une action subrogatoire contre le tiers responsable ou son assureur et non une action directe contre son propre assuré. • Civ. 2e, 23 oct. 2008, n° 07-18.234 P : *D. 2008. AJ 286 ; RCA 2009, n° 28, obs. Groutel ; RDSS 2008. 572, obs. Arhab .*

2. Ayant versé en sa qualité de tiers payeur à son agent des prestations énumérées au II de l'art. 1er de l'Ord. n° 59-76 du 7 janv. 1959, l'APHP est recevable à exercer un recours subrogatoire en remboursement de ces prestations contre l'assureur du véhicule impliqué dans l'accident dont cet agent avait été victime, la circonstance qu'elle soit aussi tiers responsable à l'égard de la victime étant indifférente. • Civ. 2e, 22 nov. 2018, n° 17-26.346 P : *D. 2019. 1196, obs. Bacache ; RDC 2/2019. 27, note Libchaber ; RGDA févr. 2019. 20, note Landel.*

3. Droit du tiers payeur malgré la carence de la victime. La carence totale ou partielle de la victime d'une infraction, constituée partie civile, ne saurait priver le tiers payeur de son droit d'obtenir de la juridiction pénale le remboursement de ses dépenses à concurrence du préjudice réel dont la réparation incombe au tiers responsable. • Crim. 24 janv. 2012 : *D. 2012. 551 .*

4. Selon l'art. L. 376-1 CSS, les organismes de sécurité sociale sont subrogés à la victime à laquelle ils ont versé des prestations, et ils conservent la faculté de réclamer directement au tiers responsable, dans la limite de la part du préjudice soumise à leur recours, le remboursement de leurs prestations qui ont été versées en relation de causalité avec ce dommage. • Civ. 2e, 7 juill. 2011, n° 09-16.616 P.

5. Le recours subrogatoire des tiers payeurs s'exerce poste par poste : cassation de l'arrêt qui a omis de préciser les postes de préjudice se rapportant à l'aggravation de l'état de santé de la victime et pris en charge par la caisse primaire d'assurance maladie. • Civ. 2e, 23 mai 2019, n° 18-14.332 P. ♦ La rente versée aux mineurs orphelins par la caisse primaire d'assurance maladie en application de l'art. L. 434-10 CSS doit s'imputer sur l'indemnité réparant la perte de revenus des victimes par ricochet. • Crim. 4 juin 2013, n° 12-84.377. ♦ Le fonds de garantie des victimes d'infraction est subrogé dans les droits de la victime pour obtenir des responsables du dommage causé par l'infraction ou tenus à un titre quelconque d'en assurer la réparation totale ou partielle, le remboursement de l'indemnité ou de la provision versée par lui, dans la limite du montant de la réparation à la charge des dites personnes. • Crim. 9 janv. 2019, n° 17-87.070 P : *AJ pénal 2019. 213, obs. Lasserre Capdeville .*

6. Les dispositions de l'art. 53-VI de la L. n° 2000-1257 du 23 déc. 2000 ont pour seul objet de subroger, à due concurrence des sommes versées, le FIVA dans les droits que possède la personne indemnisée contre la personne responsable du dommage ainsi que contre les personnes ou organismes tenus à un titre quelconque d'en assurer la réparation, et d'agir ou d'intervenir à cette fin devant les juridictions civiles et répressives, et sont ainsi sans effet sur les conditions dans lesquelles la responsabilité de l'auteur du dommage ou l'obligation à réparer des autres personnes ou organismes peut être engagée. • Civ. 2e, 1er oct. 2015, n° 15-40.030 P.

7. Il résulte des art. L. 376-1 CSS et 30 de la L. du 5 juill. 1985 que, sauf accord du tiers responsable sur le paiement d'un capital, les caisses de sécurité sociale ne peuvent prétendre au remboursement de leurs dépenses qu'au fur et à mesure de leur engagement ; cassation de l'arrêt qui condamne l'assureur et l'auteur du dommage à payer un capital correspondant à des prestations futures. • Civ. 2e, 23 mai 2019, n° 18-14.332 P.

Art. 31 *(L. n° 2006-1640 du 21 déc. 2006, art. 25-IV)* Les recours subrogatoires des tiers payeurs s'exercent poste par poste sur les seules indemnités qui réparent des préjudices qu'elles ont pris en charge, à l'exclusion des préjudices à caractère personnel.

Conformément à *(Ord. n° 2016-131 du 10 févr. 2016, art. 6-XXXVI, en vigueur le 1er oct. 2016)* « l'article 1346-3 *[ancienne rédaction : l'article 1252]* » du code civil, la subrogation ne peut nuire à la victime subrogeante, créancière de l'indemnisation, lorsqu'elle n'a été indemnisée qu'en partie ; en ce cas, elle peut exercer ses droits contre le responsable, pour ce qui lui reste dû, par préférence au tiers payeur dont elle n'a reçu qu'une indemnisation partielle.

Cependant, si le tiers payeur établit qu'il a effectivement et préalablement versé à la victime une prestation indemnisant de manière incontestable un poste de préjudice personnel, son recours peut s'exercer sur ce poste de préjudice.

Sur l'entrée en vigueur des dispositions issues de l'Ord. n° 2016-131 du 10 févr. 2016, V. cette Ord., art. 9, ss. art. 1386-1.

BIBL. ▸ **Proposition de modification de l'art. 31 :** *R. 2004, p. 12.* ▸ **Réforme du 21 déc. 2006 :** Arcadio et Grandguillotte, *Gaz. Pal. 1er-3 avr. 2007, Doctr.* – Bernfeld, *Gaz. Pal. 2006. Doctr. 3874.* – Casson, *JCP 2007. I. 144.* – Groutel, *RCA 2007. Études 1 et 4 ; ibid. 2008. Étude 2.* – Jourdain, *D. 2007. Chron. 454 ; RCA 2009. Étude 3.* – C. Lienhard, *D. 2007. Point de vue 452 .* – Quézel-Ambrunaz, *Gaz. Pal. 2009. 723.*

▸ **Recours des tiers payeurs :** Dejean de la Bâtie, *RLDC 2011/79, n° 4122.* – Richard et Debauve, *RCA 2012. Étude 27* (recours des caisses primaires). – Colloque, *Gaz. Pal. 2017. 715.*

▸ **Préjudices :** Bizot, *RCA 2012. Étude 22* (préjudice indemnisable). – Boré, *RCA 2012. Étude 21* (réparation des préjudices).

1. Ordre public. Les règles concernant les modalités d'imputation du recours des tiers payeurs sont d'ordre public. • Civ. 2e, 26 janv. 2023, n° 21-15.483 B.

2. Portée de la réforme. Sur la portée de la réforme issue de la L. n° 2006-1640 du 21 déc. 2006, art. 25, V. • CE, avis, 4 juin 2007, n° 303422 : *AJDA 2007. 1800, chron. Boucher et Bourgeois-Machureau ; JCP E 2007. 1897, étude Guettier ; RTD civ. 2007. 577, obs. Jourdain* • Cass., avis, 29 oct. 2007, n° 00-00.015 P : *BICC 1er févr. 2008, rapp. Grignon-Dumoulin, obs. Delbano, avis Mazard ; D. 2007. AJ 2801, obs. Gallmeister ; JCP 2007. II. 10194, note Jourdain ; Gaz. Pal. 9-10 nov. 2007, note Bibal ; RDSS 2007. 1123, note Verkindt* • Cass., avis, 29 oct. 2007, n° 07-00.016 P : *eod. loc.* • 6 oct. 2008 : *BICC 15 janv. 2008, rapp. Adida-Canac, obs. Lautru ; D. 2009. 203, note Sargos ; RLDC 2008/55, n° 3216, obs. Bugnicourt.*

3. Droit transitoire. Cette réforme s'applique aux dommages survenus avant son entrée en vigueur dès lors que le montant de l'indemnité due à la victime n'a pas été définitivement fixé. • Cass., avis, 29 oct. 2007 : *préc.* • Civ. 2e, 21 févr. 2008, n° 07-11.712 P : *D. 2008. AJ 691* • 11 sept. 2008 : *D. 2008. AJ 2347*. ♦ Elle ne s'applique pas en présence d'un arrêt rendu avant l'entrée en vigueur de la L. du 21 déc. 2006, insusceptibe d'un recours suspensif d'exécution : les nouvelles dispositions ne sont pas, en l'espèce, applicables pour la première fois devant la Cour de cassation. • Même arrêt.

4. Domaine d'application. Elle s'applique aux recours exercés par les caisses de sécurité sociale dans une action engagée par la victime d'un accident du travail. • Cass., avis, 29 oct. 2007 : *préc. note 3* • Paris, 10 sept. 2007 : *D. 2008. 269, note Saint-Jours* • Crim. 5 févr. 2008, n° 07-83.327 P : *R., p. 363 ; D. 2008. 1800, note Saint-Jours*. ♦ Les dispositions de l'art. 31 de la L. du 5 juill. 1985, modifié par la L. du 21 déc. 2006, s'appliquent lorsque l'accident relève de la législation sur les accidents du travail ; il en résulte que les prestations énumérées à l'art. 29 de la même loi doivent être déduites poste par poste, sur les seules indemnités qui réparent des préjudices qu'elles ont pris en charge. • Civ. 2e, 22 janv. 2009, n° 07-17.124 P : *D. 2009. AJ 429* • *22 janv. 2009,* n° 07-16.974 P (application à la CIVI).

Les dispositions de l'art. 31, al. 2, de la L. n° 85-677 du 5 juill. 1985, dans sa rédaction issue de l'art. 25 de la L. n° 2006-1640 du 21 déc. 2006, instituant un droit de préférence au bénéfice de la victime subrogeante lorsqu'elle n'a été indemnisée qu'en partie, c'est à bon droit que la cour d'appel a fixé la réparation en déduisant, poste par poste, les prestations visées à l'art. 706-9 C. pr. pén. • Civ. 2e, 10 déc. 2015, n° 14-25.757 P : *D. 2016. 2187, obs. Bacache ; RTD civ. 2016. 380, obs. Jourdain ; RGDA 2016. 95, note Landel ; RCA 2016, Étude n° 2, par Groutel.*

5. Le capital ou la rente versée à la victime d'un accident du travail ou d'une maladie professionnelle indemnise les pertes de gains professionnels et l'incidence professionnelle de l'incapacité sur les postes desquelles ils s'imputent. • Civ. 2e, 26 janv. 2023, n° 21-15.483 B.

6. Régime : recours s'exerçant poste par poste. Le recours subrogatoire de l'État contre les tiers s'exerce poste par poste sur les seules indemnités qui réparent les préjudices qu'il a pris en charge, à l'exclusion des préjudices à caractère personnel ; le capital décès servi par l'État ne peut être déduit des frais d'obsèques et de sépulture exposés par la veuve de la victime d'un homicide involontaire. • Crim. 10 mars 2009 : *D. 2009. AJ 1088*.

Lorsque le décès, l'infirmité ou la maladie d'un agent de l'État est imputable à un tiers, l'État dispose d'un recours subrogatoire contre ce tiers en remboursement des prestations versées ou maintenues à la victime ou à ses ayants droit, les prestations devant être déduites poste par poste sur les seules sommes réparant les préjudices pris en charge. La réparation ne pouvant excéder le montant du préjudice, l'évaluation du préjudice corporel global ne peut comprendre la rente d'invalidité versée par l'État. • Civ. 2e, 28 juin 2012 : *D. 2012. 1820 ; RCA 2012, n° 302, obs. Groutel.*

Le recours subrogatoire exercé par une caisse de sécurité sociale au titre d'une rente d'accident du travail ne saurait s'exercer sur un poste de préjudice personnel. • CE 8 mars 2013 : *AJDA 2013. 793, chron. Domino et Bretonneau ; D. 2013. 1258, note Porchy-Simon*.

La rente accident du travail, qui répare un préjudice permanent, quand bien même son versement aurait commencé avant la date de consolidation retenue par le juge, ne peut être imputée sur un poste de préjudice patrimonial temporaire de perte de gains professionnels actuels. • Civ. 2e, 14 oct. 2021, n° 19-24.456 B.

7. Le recours subrogatoire de la caisse primaire d'assurance maladie ayant vocation à s'imputer sur les pertes de gains professionnels futurs, l'incidence professionnelle et, le cas échéant, sur le déficit fonctionnel permanent, rejet du pourvoi contre la décision ayant sursis à statuer dans l'attente du décompte définitif des sommes qu'elle doit verser à la victime au titre d'une pension d'invalidité. • Crim. 18 mars 2014, n° 12-87.521 P : *D. 2014. 721*.

Cassation de l'arrêt qui répare le préjudice soumis à recours sans déduire la pension d'invalidité servie par la caisse primaire d'assurance maladie qui s'impute, même si celle-ci n'exerce pas son recours, sur les pertes de gains professionnels futurs, l'incidence professionnelle et, en cas de reliquat, sur le déficit fonctionnel permanent. • Civ. 2e, 29 mars 2018, n° 17-15.260 P.

Viole les art. 29 et 31 de la L. du 5 juill. 1985 et le principe de la réparation intégrale sans perte ni profit pour la victime une cour d'appel qui, sans avoir préalablement fixé son préjudice au titre de l'incidence professionnelle, rejette la demande de la victime de ce chef au motif qu'elle percevait une pension d'invalidité. • Civ. 2e, 15 déc. 2022, n° 21-10.783 B.

8. Cassation de l'arrêt qui affirme que, faute de capitalisation, la créance de la CPAM au titre du capital représentatif de la majoration tierce personne ne sera pas prise en compte, et l'organisme social sera intégralement remboursé mensuellement sur justification des dépenses faites, alors que la cour d'appel aurait dû déterminer préalablement l'assiette du recours de la CPAM au titre du poste de préjudice lié au besoin d'assistance par une tierce personne et imputer les prestations réparant ce poste de préjudice. • Civ. 2e, 15 janv. 2015, n° 13-27.761 P : *D. 2015. 661, note Saulier*.

9. ... Préjudice personnel de déficit fonctionnel. La rente d'accident du travail ne répare pas le déficit fonctionnel permanent. • Cass., ass. plén., 20 janv. 2023, nos 20-23.673 B et 21-23.947 B (2 arrêts) : *D. 2023. 321, note Rivollier* ; *RGDA 2023/3. 41, note Landel.* ♦ V. en sens contraire précédemment : en l'absence de perte de gains professionnels ou d'incidence professionnelle, l'allocation temporaire d'invalidité versée à la victime d'un accident de service indemnise le préjudice personnel de déficit fonctionnel et doit en conséquence être déduite du montant de l'indemnité allouée en réparation du poste de préjudice de déficit fonctionnel permanent. • Civ. 2e, 11 juin 2009, n° 07-21.816 P : *D. 2010. Pan. 540, obs. Adida-Canac et Grignon-Dumoulin* ; *JCP 2009, n° 194, obs. Porchy-Simon* ; *RTD civ. 2009. 545, obs. Jourdain* • 11 juin 2009, n° 08-11.853 P : *eod. loc.*

10. Al. 2. La subrogation ne peut nuire à la victime subrogeante, créancière de l'indemnisation, lorsqu'elle n'a été prise en charge que partiellement par les prestations sociales ; en ce cas, l'assuré social peut exercer ses droits contre le responsable, par préférence au tiers payeur subrogé. • Crim. 20 nov. 2012 : *D. 2013. 11*. ♦ Il en résulte que le droit de préférence de la victime doit s'exercer, poste par poste, sur l'indemnité due par le responsable, pour la part du poste de son préjudice que ne réparent pas les prestations versées, le solde de l'indemnité étant, le cas échéant, alloué au tiers payeur. • Civ. 2e, 14 janv. 2010, n° 08-17.293 P : *D. 2010. AJ 267* ; *JCP 2010, n° 456, obs. Bloch* ; *RCA 2010, n° 71, note Groutel.*

La victime subrogeante, assurée sociale, créancière de l'indemnisation, qui n'a été prise en charge que partiellement par les prestations sociales, peut exercer ses droits contre le responsable par préférence au tiers payeur : en cas de limitation du droit à indemnisation de la victime, le droit de préférence de celle-ci sur la dette du responsable a pour conséquence que son préjudice corporel, évalué poste par poste, doit être intégralement réparé pour chacun des postes, dans la mesure de l'indemnisation laissée à la charge du responsable, le tiers payeur ne pouvant exercer son recours que sur l'éventuel reliquat. • Civ. 2e, 13 janv. 2012 : *D. 2012. 1051, note Bourdoiseau* ; *RCA 2012, n° 104, obs. Groutel.*

11. Les souffrances physiques et morales relèvent du préjudice d'agrément, à condition que la victime puisse justifier d'une activité spécifique sportive antérieure à la maladie et que les souffrances invoquées n'aient pas déjà été réparées au titre du déficit fonctionnel permanent. • Civ. 2e, 28 févr. 2013, n° 11-21.015 P : *D. 2013. 646* ; *RDSS 2013. 359, obs. Badel*.

12. Al. 3. L'art. 31, al. 3, de la L. du 5 juill. 1985 prévoit que le tiers payeur qui établit qu'il a effectivement et préalablement versé à la victime une prestation indemnisant de manière incontestable un poste de préjudice personnel peut exercer son recours sur ce poste ; tel est le cas pour des prestations réparant des préjudices définis selon la loi espagnole et revêtant, en droit français, une nature mixte, patrimoniale et extrapatrimoniale. • Civ. 2e, 4 févr. 2016, n° 14-24.568 P : *D. 2016. 2187, obs. Bacache*.

Art. 32 Les employeurs sont admis à poursuivre directement contre le responsable des dommages ou son assureur le remboursement des charges patronales afférentes aux rémunérations maintenues ou versées à la victime pendant la période d'indisponibilité de celle-ci. Ces dispositions sont applicables à l'État par dérogation aux dispositions de l'article 2 de l'ordonnance n° 59-76 du 7 janvier 1959 précitée.

Caractère direct, et non subrogatoire, de l'action : V. • Civ. 2e, 24 janv. 2002 : *Dr. et patr. 4/2002. 91, obs. Chabas.*

Art. 33 Hormis les prestations mentionnées aux articles 29 et 32, aucun versement effectué au profit d'une victime en vertu d'une obligation légale, conventionnelle ou statutaire n'ouvre droit à une action contre la personne tenue à réparation du dommage ou son assureur.

Toute disposition contraire aux prescriptions des articles 29 à 32 et du présent article est réputée non écrite à moins qu'elle ne soit plus favorable à la victime.

Toutefois, lorsqu'il est prévu par contrat, le recours subrogatoire de l'assureur qui a versé à la victime une avance sur indemnité du fait de l'accident peut être exercé contre l'assureur de la personne tenue à réparation dans la limite du solde subsistant après paiements aux tiers visés à l'article 29. Il doit être exercé, s'il y a lieu, dans les délais impartis par la loi aux tiers payeurs pour produire leurs créances. — *Alinéa codifié au C. assur., art. L. 211-25.*

Art. 34 L'organisme de sécurité sociale chargé du remboursement des soins représente auprès du responsable des dommages ou de l'assureur de celui-ci, et pour la conclusion d'une transaction, les organismes de sécurité sociale chargés de la couverture des autres risques et du versement de prestations familiales.

CHAPITRE III. *DISPOSITIONS DIVERSES*

SECTION 1. *De l'intervention du fonds de garantie en application de l'article 366 ter du code rural*

Art. 35 *V. C. rur., art. 366 ter [abrogé ; V. C. assur., art. L. 421-8, ci-dessous (à la suite de la présente loi)].*

SECTION 2. *Des intérêts moratoires*

Art. 36 *V. C. civ., anc. art. 1153-1, 1231-7.*

SECTION 3. *Des prescriptions*

Art. 37 *V. C. civ., art. 2244 [ancien].*

Art. 38 *V. C. civ., art. 2270-1.*

SECTION 4. *Des appels en déclaration de jugement commun*

Art. 39 *V. CSS, art. L. 397 [art. L. 376-1]. — **CSS.***

Art. 40 et 41 *Modifient C. rur., art. 1046 et 1234-12 [anciens].*

Art. 42 *Modifie Ord. n° 59-76 du 7 janv. 1959, art. 3.*

SECTION 5. *Des rentes indemnitaires*

Art. 43 *V. L. n° 74-1118 du 27 déc. 1974, art. 1er, ss. art. 1976 C. civ.*

Art. 44 Dans tous les cas où une rente a été allouée, soit conventionnellement, soit judiciairement, en réparation d'un préjudice causé par un accident, le crédirentier peut demander au juge, lorsque sa situation personnelle le justifie, que les arrérages à échoir soient remplacés en tout ou partie par un capital, suivant une table de conversion fixée par décret. *— V. Décr. n° 86-973 du 8 août 1986 (D. et ALD 1986. 461).*

SECTION 6. *De l'organisation judiciaire*

Art. 45 *V. COJ, art. L. 311-10-1 (ancien). — **C. pr. civ.***

CHAPITRE IV. *DISPOSITIONS DIVERSES (Ord. n° 2012-578 du 26 avr. 2012, art. 11).*

Art. 46 La prescription prévue à l'article 38 en cours lors de l'entrée en vigueur de la présente loi sera acquise à l'expiration d'un délai de dix ans à compter de cette entrée en vigueur, à moins que la prescription telle qu'elle était fixée antérieurement ne soit acquise pendant ce délai.

Art. 47 Les autres dispositions de la présente loi entreront en vigueur le premier jour du sixième mois qui suit la date de sa publication *[JO 6 juill.]*. Toutefois :

— les dispositions des articles 1er à 6 *(L. n° 85-1097 du 11 oct. 1985)* « s'appliqueront dès la publication de la présente loi, même aux accidents » ayant donné lieu à une action en justice introduite avant cette publication, y compris aux affaires pendantes devant la Cour de cassation. Elles s'appliqueront également aux accidents survenus dans les trois années précédant cette publication et n'ayant pas donné lieu à l'introduction d'une instance. Les transactions et les décisions de justice irrévocablement passées en force de chose jugée ne peuvent être remises en cause ;

— les dispositions des articles 12 à 34 ne sont pas applicables aux accidents survenus avant la date d'entrée en vigueur de la présente loi.

Les dispositions des art. 12 à 34 régissent toutes les conséquences de l'accident, qu'elles soient initiales ou en aggravation ; cassation de l'arrêt qui fait application de ces art. à une demande en réparation d'une aggravation, apparue en 1992, du préjudice de la victime, alors que l'accident était antérieur à la L. du 5 juill. 1985. • Civ. 2e, 10 mars 2004, ☎ n° 01-14.722 P : *D. 2004. IR 998* ✎.

Art. 48 Pendant un délai de dix-huit mois à compter de l'entrée en vigueur de la présente loi, les délais de huit mois et de cinq mois prévus à l'article 12 et celui de quatre mois prévu à l'article 14 sont portés respectivement à douze, neuf et huit mois. Pendant la même période, le délai prévu à l'article 20 est porté à deux mois lorsque le débiteur de l'indemnité de réparation est l'État, une collectivité publique, une entreprise ou un organisme pour lesquels une dérogation a été accordée en vertu de l'article L. 211-3 du code des assurances.

Art. 49 *(Ord. nº 2012-578 du 26 avr. 2012, art. 11)* La présente loi est applicable dans le Département de Mayotte.

Pour l'application de la L. nº 85-677 du 5 juill. 1985 dans les territoires de la Nouvelle-Calédonie, de la Polynésie française et des îles Wallis-et-Futuna, V. Ord. nº 92-1146 du 12 oct. 1992 (JO 16 oct.), ratifiée par L. nº 92-1440 du 31 déc. 1992 (JO 1er janv. 1993).

Code des assurances

Les textes reproduits ci-dessous sont également insérés au ***Code des assurances Dalloz,*** *où ils sont assortis d'importantes annotations de jurisprudence.*

1re PARTIE : LÉGISLATIVE

(Décr. nº 76-666 du 16 juill. 1976)

LIVRE II. ASSURANCES OBLIGATOIRES

Art. L. 200-1 *(L. nº 2005-1564 du 15 déc. 2005, art. 20-II-1º)* Pour l'application du présent livre, les mots : « la France » et les mots : « en France » désignent la France métropolitaine et les collectivités territoriales régies par l'article 73 de la Constitution *(Ord. nº 2008-698 du 11 juill. 2008)* « ainsi que Saint-Barthélemy et Saint-Martin ». Sauf pour les dispositions qui concernent la libre prestation de services et la liberté d'établissement, ces mots désignent également *(Abrogé par Ord. nº 2015-378 du 2 avr. 2015, art. 9, à compter du 1er janv. 2016) (Ord. nº 2007-1801 du 21 déc. 2007, art. 4-II) « Mayotte et »* Saint-Pierre-et-Miquelon.

TITRE I. L'ASSURANCE DES VÉHICULES TERRESTRES À MOTEUR ET DE LEURS REMORQUES ET SEMI-REMORQUES

RÉP. CIV. vº *Assurance automobile*, par C. Caillé.

CHAPITRE I. L'OBLIGATION DE S'ASSURER

SECTION 6. *Procédures d'indemnisation*

(Décr. nº 88-260 du 18 mars 1988)

Art. L. 211-8 Les dispositions de la présente section s'appliquent, même lorsqu'elles sont transportées en vertu d'un contrat, aux victimes d'un accident de la circulation dans lequel est impliqué un véhicule terrestre à moteur ainsi que ses remorques ou semi-remorques, à l'exception des chemins de fer et des tramways circulant sur des voies qui leur sont propres. — *Comp. L. nº 85-677 du 5 juill. 1985, art. 1er.*

Sur la prise en charge des accidents causés par des accessoires en application de l'art. R. 211-5 C. assur., V. • Civ. 2e, 13 sept. 2018, ☎ nº 17-25.671 P : *RGDA 2018. 506, note Landel.*

Art. L. 211-9 *(L. n° 2003-706 du 1er août 2003, art. 83-I)* Quelle que soit la nature du dommage, dans le cas où la responsabilité n'est pas contestée et où le dommage a été entièrement quantifié, l'assureur qui garantit la responsabilité civile du fait d'un véhicule terrestre à moteur est tenu de présenter à la victime une offre d'indemnité motivée dans le délai de trois mois à compter de la demande d'indemnisation qui lui est présentée. Lorsque la responsabilité est rejetée ou n'est pas clairement établie, ou lorsque le dommage n'a pas été entièrement quantifié, l'assureur doit, dans le même délai, donner une réponse motivée aux éléments invoqués dans la demande.

Une offre d'indemnité doit être faite à la victime qui a subi une atteinte à sa personne dans le délai maximum de huit mois à compter de l'accident. En cas de décès de la victime, l'offre est faite à ses héritiers et, s'il y a lieu, à son conjoint. L'offre comprend alors tous les éléments indemnisables du préjudice, y compris les éléments relatifs aux dommages aux biens lorsqu'ils n'ont pas fait l'objet d'un règlement préalable.

Cette offre peut avoir un caractère provisionnel lorsque l'assureur n'a pas, dans les trois mois de l'accident, été informé de la consolidation de l'état de la victime. L'offre définitive d'indemnisation doit alors être faite dans un délai de cinq mois suivant la date à laquelle l'assureur a été informé de cette consolidation.

En tout état de cause, le délai le plus favorable à la victime s'applique.

En cas de pluralité de véhicules, et s'il y a plusieurs assureurs, l'offre est faite par l'assureur mandaté par les autres.

BIBL. Examen médical et rôle du médecin-conseil : Apelbaum, *Gaz. Pal. 1985. 2. Doctr. 583.* – Barrot, *Gaz. Pal. 1986. 1. Doctr. 273.* – M. Olivier, *Gaz. Pal. 1987. 1. Doctr. 329.* ♦ Recours des tiers payeurs : Groutel, *D. 1987. Chron. 283.* – Huet, *RTD civ. 1987. 773.* – Lambert-Faivre, *D. 1987. Chron. 97 ; JCP 1998. I. 110* (recours de la sécurité sociale) ; *D. 2004. 161* (indemnisation du dommage corporel). – Margeat, *Gaz. Pal. 1985. 2. Doctr. 489.* – Porchy-Simon, *D. 2010. Chron. 593*. ♦ Autres thèmes : Bailly, *D. 1992. Chron. 202* (indemnisation et aléa judiciaire). – Bourrié-Quenillet, *JCP 1996. I. 3919* (statut juridique de la réparation du préjudice corporel). – Chauchard, *RTD civ. 1989. 1* (transaction). – Quenillet, *JCP 1994. I. 3770* (indemnisation du préjudice corporel).

I. OBLIGATION DE L'ASSUREUR

1. Offre d'indemnité. Conformité à la Conv. EDH de la procédure d'offre obligatoire d'indemnisation. • Civ. 2e, 9 oct. 2003, n° 02-15.412 P : *D. 2004. 371, note Poulet ; RGDA 2004. 91, note Landel.*

Il appartient à l'assureur, tenu de faire une offre, d'établir qu'il a satisfait à cette obligation. • Civ. 2e, 24 févr. 2000, n° 98-10.775 P. ♦ Une offre faite sous la condition de la reconnaissance en justice de la responsabilité de l'assuré ne constitue pas une offre. • Civ. 2e, 23 sept. 1999, n° 97-21.741 P : *JCP 2000. I. 243, nos 30 s., obs. Viney.* ♦ L'assureur ne peut tirer argument de l'obligation de présenter une offre d'indemnité *dans le délai maximum de huit mois* pour soutenir que toute action contentieuse avant l'expiration de ce délai est irrecevable (demande de provision) : • Paris, 12 mars 1987 : *D. 1987. IR 93* • 21 sept. 1988 : *D. 1988. IR 255.* ♦ Inversement, l'introduction d'une procédure à l'initiative de la victime ne dispense pas l'assureur de faire l'offre dans le délai requis. • Civ. 1re, 20 janv. 1993, n° 91-11.999 P. ♦ Sur la validité d'une offre faite en cours d'instance, V. • Civ. 2e, 20 oct. 2005 : *RCA 2006, n° 18, note Groutel.* – Déjà en ce sens : • Civ. 2e, 14 déc. 2000, n° 99-12.232 P : *Gaz. Pal. 2001. 1162, note Favre-Rochex ; RCA 2001, n° 113, note Groutel* • 16 déc. 2004, n° 02-19.450 P.

Mécanisme de l'offre et règles de procédure contentieuse : V. • TGI Paris, 24 avr. 1990 : *Gaz. Pal. 1991. 1. 237, note Margeat.*

2. Offre irrégulière. N'est pas régulière l'offre faite à la victime par l'intermédiaire de son assureur qui, en l'absence de mandat, ne dispose pas du pouvoir de représenter celle-ci. • Civ. 2e, 11 oct. 2007, n° 06-14.611 P : *D. 2007. AJ 2731*.

3. Offre tardive. Est assimilée à une offre tardive l'absence totale d'offre. • TGI Laval, 2 mai 1988 : *Gaz. Pal. 1988. 2. 811, note Margeat.* ♦ Pour l'application des art. L. 211-9 et L. 211-13 C. assur., une offre manifestement insuffisante peut être assimilée à une absence d'offre. • Civ. 2e, 4 mai 2000, n° 98-20.179 P : *D. 2000. IR 173* • 9 déc. 2010 : *D. actu. 6 janv. 2011, obs. de Ravel d'Esclapon ; RCA 2011, n° 96, obs. Groutel.* ♦ V. aussi, note 5. ♦ L'assureur est tenu de présenter une offre même s'il n'a pas été informé dans les trois mois de l'accident de l'état de consolidation de la victime ; à défaut, la sanction prévue à l'art. L. 211-13 C. assur. est applicable. • Crim. 5 févr. 1997, n° 93-82.930 P • Civ. 2e, 1er avr. 1999, n° 97-17.581 P : *JCP 2000. I. 1999, n° 22, obs. Viney ; RCA 1999. Chron. 15*, par Groutel (1re esp.). ♦ La sanction s'applique en l'absence de prise en compte, pour le calcul du préjudice économique de la victime, de rémunérations perçues à l'occasion d'un travail dissimulé ayant fait l'objet d'une sanction pénale pour l'employeur. • Civ. 2e, 25 févr. 2010, n° 08-20.587 P.

4. ... Régime de la sanction. La sanction prévue à l'art. L. 211-13 C.assur. a pour assiette la totalité de l'indemnité allouée à la victime à titre de dommages-intérêts et non pas le solde restant dû après déduction des provisions déjà versées. • Civ. 2e, 10 juin 1999, nº 96-22.584 P : *JCP 2000. I. 199, nº 22, obs. Viney.* ♦ ... Ou après imputation de la créance des organismes sociaux. • Civ. 2e, 13 mars 2003, nº 01-15.951 P : *D. 2003. IR 1010* ; *JCP 2004. I. 137, nos 4 s., obs. Favre-Rochex* • Crim. 18 sept. 2007, nº 06-88.171 P : *D. 2007. AJ 2670* . ♦ Lorsque l'indemnité doit être versée sous forme de rente, le doublement de l'intérêt légal pour caractère tardif de l'offre (C. assur., art. L. 211-13) s'applique à cette rente et non au capital servant de base à son calcul. • Civ. 2e, 9 oct. 1996, nº 94-12.198 P • 28 janv. 1999, nº 97-11.079 P : *RCA 1999, nº 134, note Groutel* • Crim. 19 juin 2007 : *RCA 2007, nº 273, note Groutel* (le doublement s'applique uniquement aux arrérages échus à compter de l'expiration du délai de l'offre). ♦ Le doublement du taux de l'intérêt légal est dû à compter de l'expiration du délai et jusqu'au jour de l'offre ou du jugement devenu définitif. • Civ. 2e, 3 mai 2006, nº 05-13.029 P : *RGDA 2006. 671, note Landel.* ♦ L'assiette des intérêts majorés doit porter sur les sommes offertes par l'assureur à la date à laquelle les juges en ont arrêté le cours. • Civ. 2e, 16 janv. 2014, nº 13-11.340 P : *D. 2014. Chron. C. cass. 571, note Lazerges-Cousquer et Touati* . ♦ Une pénalité dont l'assiette est fixée à la totalité des sommes allouées par le juge ne peut avoir pour terme que la date de la décision devenue définitive ; lorsque l'offre d'indemnité de l'assureur est tenue pour suffisante et que sa date est retenue comme terme de la sanction, son montant constitue l'assiette de la sanction. • Civ. 2e, 23 mai 2013 : *D. 2013. 1348* .

Le doublement de l'indemnité, en raison de la tardiveté de l'offre, peut être prononcé par le juge pénal. • Crim. 4 nov. 2014 : *D. 2014. 2406* .

La sanction du doublement du taux de l'intérêt légal a un objet distinct de la condamnation à réparer les conséquences dommageables du sinistre. • Civ. 2e, 6 oct. 2022, nº 21-16.060 B : *RCA 2022, nº 286, note Bloch* ; *RGDA 2022/11. 15, note Landel* (cassation de l'arrêt qui impute la charge du doublement à deux assureurs, alors que celle-ci avait été prononcée à l'encontre d'un troisième pour offre tardive).

5. Offre manifestement insuffisante. Application de l'art. L. 211-14 C. assur. : V. • Crim. 24 juin 2003, nº 02-85.178 P. ♦ Les juges du fond apprécient souverainement le préjudice résultant de l'insuffisance de l'offre. • Civ. 2e, 5 avr. 2007, nº 06-12.952 P : *RGDA 2007. 627, note Landel.* ♦ L'absence d'offre constitue une offre manifestement insuffisante au sens de l'art. L. 211-14 C. assur., dont il doit être fait application sans préjudice des dispositions de l'art. L. 211-13 du même code. • Civ. 2e, 3 déc. 1997, nº 96-11.046 P : *JCP 1998. I. 144, nº 25, obs. Viney* ; *RCA 1998, nº 17 et Chron. 2, par Groutel* ; *Dr. et patr. 1998. 1290, obs. Chabas.*

6. ... Limites. L'offre de l'assureur ne peut porter sur des chefs de préjudice qu'il ignore (refus de doublement de l'intérêt légal. • Civ. 2e, 13 sept. 2018, nº 17-22.727 P : *RGDA 2018. 470, note Landel*) • 25 mai 2022, nº 21-10.439 B : *RGDA 2022/7-8. 21, note Landel.*

7. Octroi d'une provision. Sur l'incidence de la L. du 5 juill. 1985 sur le caractère non sérieusement contestable du droit de la victime, V. • Civ. 2e, 4 déc. 1985 : *Bull. civ. II, nº 189* • TGI Châteauroux, réf., 2 août 1985 : *JCP 1985. II. 20476, note Chabas* • TGI Colmar, réf., 4 oct. 1985 : *Gaz. Pal. 1986. 1. 22* • Civ. 2e, 19 juin 1991, nº 90-13.301 P • 20 janv. 2000, nº 98-14.490 P : *D. 2000. IR 53* . ♦ Le paiement d'une provision en exécution d'une ordonnance de référé ne dispense pas l'assureur de son obligation de présenter une offre d'indemnisation dans le délai légal. • Civ. 2e, 19 nov. 1998, nº 96-16.128 P. ♦ Rappr., s'agissant d'une victime par ricochet, • Civ. 2e, 21 oct. 2004, nº 02-30.903 P.

8. Acceptation de l'offre : transaction. Lorsque la transaction doit être autorisée par le juge des tutelles, elle n'est pas censée être acceptée du seul fait de sa saisine ; elle ne l'est que lorsque ce dernier l'a approuvée. • Civ. 2e, 2 juill. 2015, nº 14-21.562 P. ♦ La convention qui se forme lors de l'acceptation de l'offre de l'assureur par la victime, quoique qualifiée de « transaction » par la L. du 5 juill. 1985, dérogatoire au droit commun, ne peut être remise en cause en raison de l'absence de concessions réciproques. • Civ. 2e, 16 nov. 2006, nº 05-18.631 P : *R., p. 407* ; *D. 2007. Pan. 1688, obs. Train* ; *JCP 2007. II. 10032, note Mayaux* ; *Gaz. Pal. 2007. 1050, note Sardin* ; *RCA 2006. Repère 12, par Groutel* ; *RLDC 2007/36, nº 2439, note Baugard* ; *RDC 2007. 671, obs. Pérès.* ♦ En l'absence de transaction entre la victime et cet assureur les tiers payeurs sont recevables, selon le droit commun, à demander le recouvrement de leurs prestations. • Civ. 2e, 15 avr. 2010, nº 09-66.430 P : *D. 2010. 1209* .

La victime ayant refusé l'offre d'indemnisation, l'assureur peut librement la modifier, sans qu'elle puisse légitimement en attendre le bénéfice. • Civ. 2e, 8 juin 2017, nº 16-17.767 P : *D. 2017. 1899, note Rivollier* .

II. CALCUL DE L'INDEMNITÉ

A. IMPUTABILITÉ DES PRESTATIONS SERVIES PAR DES TIERS PAYEURS

9. Conditions : lien de causalité. ♦ Sur la condition de lien de causalité entre les prestations servies et le fait dommageable, V. • Crim. 1er juin 1994, nº 93-82.257 P : *RTD civ. 1995.*

379, obs. Jourdain • Cass., ass. plén., 7 févr. 1997, n° 93-17.292 P : *BICC 15 avr. 1997, concl. Monnet, rapp. Durieux ; JCP 1997. II. 22838, note Prétot* • Civ. 2e, 29 avr. 1997, n° 95-19.510 P : *RTD civ. 1997. 679, obs. Jourdain* • 17 déc. 1997, n° 95-17.534 P.

10. ... Sommes versées à titre indemnitaire. Seules doivent être imputées sur l'indemnité réparant les dommages résultant d'une atteinte à la personne les sommes versées à titre indemnitaire ; tel n'est pas le cas de prestations d'assurance qui revêtent un caractère forfaitaire dès lors qu'elles sont calculées en fonction d'éléments prédéterminés indépendamment du préjudice subi. • Civ. 2e, 23 sept. 1999, n° 97-21.279 P : *RTD civ. 2000. 126, obs. Jourdain* – V. aussi • Cass., ass. plén., 19 déc. 2003, n° 01-10.670 P : *R., p. 464 ; BICC 1er mars 2004, rapp. Tric, concl. Benmakhlouf ; JCP 2004. I. 163, nos 34 s., obs. Viney ; RCA 2004. Chron. 7, par Groutel ; RTD civ. 2004. 303, obs. Jourdain* • Crim. 29 oct. 2013 : *D. 2013. 2580* (allocations chômage et rente trimestrielle servie par une compagnie d'assurances volontaires sans référence au préjudice réparable) • Civ. 2e, 11 juin 2015, n° 14-21.867 P (obligation pour le juge de vérifier si le capital-décès possédait une nature indemnitaire ou forfaitaire). ♦ L'allocation d'aide au retour à l'emploi perçue par la victime à la suite de la détérioration de son état de santé ne peut être déduite du montant de l'indemnisation du préjudice concernant la perte de gains professionnels actuels, cette allocation n'étant pas mentionnée par l'art. 29 de la L. du 5 juill. 1985 et ne donnant pas lieu à recours subrogatoire contre la personne tenue à réparation. • Civ. 2e, 12 juin 2014, n° 13-18.459 P : *D. 2014. 1327*. ♦ Mais ouvrent droit à recours subrogatoire, par application des art. 29-5 (tel que modifié par la L. du 8 août 1994) et 30 de la loi, les indemnités journalières de maladie versées par l'assureur de la victime. • Civ. 2e, 12 juill. 2007, n° 06-16.084 P : *R., p. 384 ; RCA 2007. Étude 18, par Groutel ; RLDC 2008/46, n° 2846, note Charbonneau et Lefebvre* • 8 nov. 2007, n° 06-19.744 P : *JCP 2007. IV. 3212 ; RCA 2008, n° 38, note Groutel (2e esp.) ; RTD civ. 2008. 112, obs. Jourdain*. ♦ Le salarié de la SNCF, victime, est en droit de percevoir les prestations en espèces prévues par son statut et, ces prestations ayant été versées, le recours subrogatoire de l'art. 29 de la L. du 5 juill. 1985 s'exerce, sans considération de leur caractère indemnitaire ou statutaire, pour la totalité des sommes versées. • Civ. 2e, 28 juin 2012 : *D. 2012. Chron. C. cass. 2057, obs. Adida-Canac et Bouvier*. ♦ L'allocation personnalisée d'autonomie (l'APA) constitue une prestation indemnitaire, en application de l'art. L. 232-1 CASF, dès lors qu'elle n'est pas attribuée sous condition de ressources, et que, fixée en fonction des besoins individualisés de la victime d'un handicap, elle répare les postes de préjudice relatifs à l'assistance par une tierce personne. • Civ. 1re, 24 oct. 2019, n° 18-21.339 P : *D. 2019. 2090 ; RDSS 2019. 1144, obs. Curier-Roche*.

11. ... Prestations ouvrant droit à un recours subrogatoire. Doivent être imputées sur l'indemnité réparant l'atteinte à l'intégrité physique de la victime les prestations versées par des tiers payeurs qui ouvrent droit, au profit de ceux-ci, à un recours subrogatoire contre la personne tenue à réparation. Le préjudice professionnel étant soumis au recours des caisses de sécurité sociale, la victime ne peut plus prétendre à indemnisation de ce préjudice, compte tenu des débours de la caisse qui absorbent l'intégralité du préjudice corporel soumis à recours. • Civ. 2e, 8 juin 1994, n° 92-20.136 P. ♦ Est soumis au recours des tiers payeurs le dommage résultant du retentissement professionnel, d'ordre patrimonial. • Civ. 2e, 7 oct. 2004, n° 03-15.034 P : *RTD civ. 2005. 403, obs. Jourdain*. ♦ Sur l'imputation des rentes d'accident du travail, V. • Cass., avis, 29 oct. 2007, n° 07-00.010 P : *D. 2007. AJ 2801, obs. Gallmeister ; JCP 2007. II. 10194, note Jourdain ; Gaz. Pal. 9-10 nov. 2007, note Bibal* • CE 5 mars 2008 : *D. 2008. AJ 821 ; AJDA 2008. 941, concl. Thiellay*. ♦ V. aussi : • Civ. 2e, 11 juin 2009, n° 08-17.581 P : *D. 2009. 1789, note Jourdain* • 11 juin 2009, n° 07-21.768 P : *eod. loc.*

12. Recours poste par poste. Les recours des tiers payeurs s'exercent poste par poste sur les seules indemnités qui réparent les préjudices qu'ils ont pris en charge, à l'exclusion des préjudices à caractère personnel, sauf si le tiers payeur établit qu'il a effectivement et préalablement versé à la victime une prestation indemnisant un poste de préjudice personnel. • Civ. 2e, 11 juin 2009, n° 08-11.510 P : *D. 2009. AJ 1767* • 11 juin 2009, n° 07-21.472 P.

13. Exclusions : prestation d'assistance. Le montant du revenu minimum d'insertion perçu par la victime ne doit pas être déduit du préjudice économique de celle-ci, s'agissant d'une allocation versée en exécution d'une obligation nationale qui constitue une prestation d'assistance dont la charge incombe à la collectivité et qui ne donne pas lieu à recours subrogatoire contre la personne tenue à réparation. • Civ. 2e, 28 mars 1994, n° 91-17.165 P. ♦ Dans le même sens, pour l'allocation aux adultes handicapés. • Civ. 2e, 10 juill. 2008, n° 07-17.424 P : *D. 2008. AJ 2226*.

14. ... Allocations de chômage. Dans le même sens, pour les allocations de chômage : • Civ. 2e, 7 avr. 2005, n° 04-10.563 P : *RCA 2005, n° 180, note Groutel.*

15. ... Capital décès. Dans le même sens, pour le capital décès : • Civ. 2e, 28 mars 1994, n° 92-19.897 P : *RTD civ. 1994. 618, obs. Jourdain*.

16. ... Assurances. Dans le même sens, également, pour des prestations servies en exécution d'un contrat d'assurance groupe souscrit par l'employeur de la victime et qui n'ont pas le caractère de salaires. • Civ. 1re, 16 mai 1995, n° 93-17.193 P. ♦ ... Pour des prestations servies en vertu d'un contrat d'assurance individuel par un organisme mutualiste ne gérant pas de régime obligatoire de sécurité sociale. • Civ. 2e, 10 juin 1998, n° 96-19.105 P : *RCA 1998. Chron. 24, par Groutel.*

B. REVALORISATION

17. Rentes. Il résulte de l'art. 1er de la L. du 27 déc. 1974 modifié par l'art. 43 de la L. du 5 juill. 1985 (V. ss. art. 1976) que c'est de plein droit que la rente allouée en réparation du préjudice causé du fait d'un accident de la circulation doit être majorée selon les coefficients de revalorisation prévus par l'art. L. 455, devenu art. L. 434-17 CSS. Les juges ne sont donc pas tenus de préciser l'indexation applicable. • Civ. 2e, 19 juin 1991, n° 88-20.295 P. ♦ ... Et ils ne peuvent indexer la rente selon l'indice de leur choix. • Civ. 2e, 10 mai 1991, n° 89-21.507 P • 16 janv. 2014 : *D. 2014. Chron. C. cass. 571, note Lazerges-Cousquer et Touati*. – V. déjà en ce sens : • Crim. 22 janv. 1976 : *JCP 1976. II. 18413, note R. Savatier ; RTD civ. 1976. 557, obs. Durry.* – Jurisprudence constante. – V. encore : • Civ. 2e, 7 juin 2001, n° 99-17.645 P.

Art. L. 211-10 A l'occasion de sa première correspondance avec la victime, l'assureur est tenu, à peine de nullité relative de la transaction qui pourrait intervenir, d'informer la victime qu'elle peut obtenir de sa part, sur simple demande, la copie du procès-verbal d'enquête de police ou de gendarmerie et de lui rappeler qu'elle peut à son libre choix se faire assister d'un avocat et, en cas d'examen médical, d'un médecin.

Sous la même sanction, cette correspondance porte à la connaissance de la victime les dispositions du *(L. n° 2003-706 du 1er août 2003, art. 83-II)* « troisième » alinéa de l'article L. 211-9 et celles de l'article L. 211-12. — *[L. 5 juill. 1985, art. 13.]*

....

Art. L. 211-11 Dès lors que l'assureur n'a pu, sans qu'il y ait faute de sa part, savoir que l'accident avait imposé des débours aux tiers payeurs visés à l'article 29 de la loi n° 85-677 du 5 juillet 1985 et à l'article L. 211-25, ceux-ci perdent tout droit à remboursement contre lui et contre l'auteur du dommage. Toutefois, l'assureur ne peut invoquer une telle ignorance à l'égard des organismes versant des prestations de sécurité sociale.

Dans tous les cas, le défaut de production des créances des tiers payeurs, dans un délai de quatre mois à compter de la demande émanant de l'assureur, entraîne déchéance de leurs droits à l'encontre de l'assureur et de l'auteur du dommage. — *V. L. n° 85-677 du 5 juill. 1985, art. 48.*

Dans le cas où la demande émanant de l'assureur ne mentionne pas la consolidation de l'état de la victime, les créances produites par les tiers payeurs peuvent avoir un caractère provisionnel. *(L. n° 2003-1199 du 18 déc. 2003, art. 8-III)* « Il en est de même lorsque les prestations de sécurité sociale sont versées après avis de la commission départementale d'éducation spéciale ou de la commission technique d'orientation et de reclassement professionnel. » — *[L. 5 juill. 1985, art. 14.]*

Art. L. 211-12 Lorsque, du fait de la victime, les tiers payeurs n'ont pu faire valoir leurs droits contre l'assureur, ils ont un recours contre la victime à concurrence de l'indemnité qu'elle a perçue de l'assureur au titre du même chef de préjudice et dans les limites prévues à l'article 31 de la loi n° 85-677 du 5 juillet 1985. Ils doivent agir dans un délai de deux ans à compter de la demande de versement des prestations. — *[L. 5 juill. 1985, art. 15.]*

Art. L. 211-13 Lorsque l'offre n'a pas été faite dans les délais impartis à l'article L. 211-9, le montant de l'indemnité offerte par l'assureur ou allouée par le juge à la victime produit intérêt de plein droit au double du taux de l'intérêt légal à compter de l'expiration du délai et jusqu'au jour de l'offre ou du jugement devenu définitif. Cette pénalité peut être réduite par le juge en raison de circonstances non imputables à l'assureur. — *[L. 5 juill. 1985, art. 16.]*

1. La pénalité dont l'assiette est fixée à la totalité des sommes allouées par le juge ne peut avoir pour terme que la date de la décision devenue définitive. • Civ. 2e, 29 sept. 2016, n° 15-24.524 P : *D. 2016. 2000*.

2. Le pourvoi en cassation n'étant pas suspensif d'exécution, l'arrêt de la cour d'appel doit à cet égard être considéré comme devenu définitif. • Crim. 9 avr. 2013, n° 12-83.250.

Art. L. 211-14 Si le juge qui fixe l'indemnité estime que l'offre proposée par l'assureur était manifestement insuffisante, il condamne d'office l'assureur à verser au fonds de garantie prévu par l'article L. 421-1 une somme au plus égale à 15 p. 100 de l'indemnité allouée, sans préjudice des dommages et intérêts dus de ce fait à la victime. – *[L. 5 juill. 1985, art. 17.]*

Art. L. 211-15 L'assureur doit soumettre au juge des tutelles ou au conseil de famille, compétents suivant les cas pour l'autoriser, tout projet de transaction concernant un mineur ou un majeur en tutelle. Il doit également donner avis sans formalité au juge des tutelles, quinze jours au moins à l'avance, du paiement du premier arrérage d'une rente ou de toute somme devant être versée à titre d'indemnité au représentant légal de la personne protégée.

Le paiement qui n'a pas été précédé de l'avis requis ou la transaction qui n'a pas été autorisée peut être annulé à la demande de tout intéressé ou du ministère public à l'exception de l'assureur.

Toute clause par laquelle le représentant légal se porte fort de la ratification par le mineur ou le majeur en tutelle de l'un des actes mentionnés à l'alinéa premier du présent article est nulle. – *[L. 5 juill. 1985, art. 18.]*

Art. L. 211-16 La victime peut, par lettre recommandée *(Ord. nº 2017-1433 du 4 oct. 2017, art. 9, en vigueur le 1er avr. 2018)* « , ou par envoi recommandé électronique » avec demande d'avis de réception, dénoncer la transaction dans les quinze jours de sa conclusion.

Toute clause de la transaction par laquelle la victime abandonne son droit de dénonciation est nulle.

Les dispositions ci-dessus doivent être reproduites en caractères très apparents dans l'offre de transaction et dans la transaction à peine de nullité relative de cette dernière. – *[L. 5 juill. 1985, art. 19.]*

Art. L. 211-17 Le paiement des sommes convenues doit intervenir dans un délai d'un mois après l'expiration du délai de dénonciation fixé à l'article L. 211-16. Dans le cas contraire, les sommes non versées produisent de plein droit intérêt au taux légal majoré de moitié durant deux mois, puis, à l'expiration de ces deux mois, au double du taux légal. – *[L. 5 juill. 1985, art. 20.] – V. L. nº 85-677 du 5 juill. 1985, art. 48.*

Art. L. 211-18 En cas de condamnation résultant d'une décision de justice exécutoire, même par provision, le taux de l'intérêt légal est majoré de 50 p. 100 à l'expiration d'un délai de deux mois et il est doublé à l'expiration d'un délai de quatre mois à compter du jour de la décision de justice, lorsque celle-ci est contradictoire et, dans les autres cas, du jour de la notification de la décision. – *[L. 5 juill. 1985, art. 21.]*

Art. L. 211-19 La victime peut, dans le délai prévu par l'article *(L. nº 2008-561 du 17 juin 2008, art. 18)* « 2226 » du code civil, demander la réparation de l'aggravation du dommage qu'elle a subi à l'assureur qui a versé l'indemnité. – *[L. 5 juill. 1985, art. 22.]*

Art. L. 211-20 Lorsque l'assureur invoque une exception de garantie légale ou contractuelle, il est tenu de satisfaire aux prescriptions des articles L. 211-9 à L. 211-17 pour le compte de qui il appartiendra ; la transaction intervenue pourra être contestée devant le juge par celui pour le compte de qui elle aura été faite, sans que soit remis en cause le montant des sommes allouées à la victime ou à ses ayants droit. – *[L. 5 juill. 1985, art. 23.]*

Art. L. 211-21 Pour l'application des articles L. 211-9 à L. 211-17, l'État ainsi que les collectivités publiques, les entreprises ou organismes bénéficiant d'une exonération en vertu de l'article L. 211-2 sont assimilés à un assureur. – *[L. 5 juill. 1985, art. 24.]*

Art. L. 211-22 Les dispositions des articles L. 211-9, L. 211-10 et L. 211-13 à L. 211-19 sont applicables au fonds de garantie des assurances obligatoires de dommages institué par l'article L. 421-1, dans ses rapports avec les victimes ou leurs ayants droit ; toutefois, les *délais prévus à l'article* L. 211-9 courent contre le fonds à compter du jour où celui-ci a reçu les éléments justifiant son intervention.

L'application des articles L. 211-13 et L. 211-14 ne fait pas obstacle aux dispositions particulières qui régissent les actions en justice contre le fonds. Lorsque le fonds de garantie est tenu aux intérêts prévus à l'article L. 211-14, ils sont versés au Trésor public. – *[L. 5 juill. 1985, art. 25.]*

Art. L. 211-23 Sous le contrôle de l'autorité publique, une publication périodique rend compte des indemnités fixées par les jugements et les transactions. — *[L. 5 juill. 1985, art. 26.]*

Art. L. 211-24 Un décret en Conseil d'État fixe les mesures nécessaires à l'application de la présente section. Il détermine notamment les causes de suspension ou de prorogation des délais mentionnés à l'article L. 211-9, ainsi que les informations réciproques que se doivent l'assureur, la victime et les tiers payeurs. — *[L. 5 juill. 1985, art. 27.] — V. art. R. 211-29 à R. 211-44.*

Art. L. 211-25 Les deux premiers alinéas de l'article 33 de la loi n° 85-677 du 5 juillet 1985 sont applicables aux assureurs.

Lorsqu'il est prévu par contrat, le recours subrogatoire de l'assureur qui a versé à la victime une avance sur indemnité du fait de l'accident peut être exercé contre l'assureur de la personne tenue à réparation dans la limite du solde subsistant après paiements aux tiers visés à l'article 29 de la même loi du 5 juillet 1985. Il doit être exercé, s'il y a lieu, dans les délais impartis par la loi aux tiers payeurs pour produire leurs créances. — *[L. 5 juill. 1985, art. 33, 3e al.]*

....

LIVRE IV. ORGANISATIONS ET RÉGIMES PARTICULIERS D'ASSURANCE

Art. L. 400-1 *(L. n° 2005-1564 du 15 déc. 2005, art. 20-IV-1°)* Pour l'application du présent livre, les mots : "en France", les mots : "la France", et les mots : "territoire de la République française" désignent la France métropolitaine et les collectivités territoriales régies par l'article 73 de la Constitution *(Ord. n° 2008-698 du 11 juill. 2008)* « ainsi que Saint-Barthélemy et Saint-Martin ».

Sauf pour les dispositions qui concernent la libre prestation de services et la liberté d'établissement, ces mots désignent également *(Abrogé par Ord. n° 2015-378 du 2 avr. 2015, art. 9, à compter du 1er janv. 2016) (Ord. n° 2007-1801 du 21 déc. 2007, art. 4-IV) « Mayotte et »* Saint-Pierre-et-Miquelon.

TITRE II. LE FONDS DE GARANTIE

CHAPITRE I. *LE FONDS DE GARANTIE DES ASSURANCES OBLIGATOIRES DE DOMMAGES (L. n° 2003-706 du 1er août 2003, art. 81).*

DALLOZ ACTION *Droit de la responsabilité et des contrats 2023/2024, nos 6111.00 s.*

BIBL. ▶ BOUCHET, *RCA 2012. Étude 26* (recours du FGAO).

Dispositions générales

Art. L. 421-1 *(L. n° 2007-1774 du 17 déc. 2007, art. 1er-VI)* I. — Le fonds de garantie des assurances obligatoires de dommages indemnise, dans les conditions prévues aux 1 et 2 du présent I, les victimes ou les ayants droit des victimes des dommages nés d'un accident survenu en France dans lequel est impliqué un véhicule au sens de l'article L. 211-1.

1. Le fonds de garantie indemnise les dommages résultant d'atteintes à la personne :

a) Lorsque le responsable des dommages est inconnu ;

b) Lorsque le responsable des dommages n'est pas assuré, sauf par l'effet d'une dérogation légale à l'obligation d'assurance.

c) Abrogé par Ord. n° 2017-1609 du 27 nov. 2017, art. 1er, à compter du 1er juill. 2018.

2. Le fonds de garantie indemnise les dommages aux biens, dans les conditions et limites fixées par un décret en Conseil d'État :

a) Lorsque le responsable des dommages est inconnu, sous réserve que l'accident ait causé une atteinte à la personne ;

b) Lorsque le responsable des dommages est identifié mais n'est pas assuré, sauf par l'effet d'une dérogation légale à l'obligation d'assurance.

c) Abrogé par Ord. n° 2017-1609 du 27 nov. 2017, art. 1er, à compter du 1er juill. 2018.

Dans le cas d'un accident impliquant un véhicule expédié d'un État membre de la Communauté européenne vers la France et survenant dans les trente jours suivant l'acceptation de la livraison du véhicule par l'acheteur, le fonds de garantie est tenu d'intervenir au titre du *b* des 1 et 2, quel que soit l'État membre sur le territoire duquel survient l'accident.

(Abrogé par Ord. n° 2017-1609 du 27 nov. 2017, art. 1er, à compter du 1er juill. 2018) « Lorsqu'il intervient au titre du c des 1 et 2 pour prendre en charge, pour le compte de l'entreprise

en liquidation, le règlement des dommages mentionnés à l'article L. 211-1, le fonds de garantie ne peut exercer aucun recours contre les assurés et souscripteurs de contrats pour le recouvrement des indemnités qu'il a versées. »

II. — Le fonds de garantie indemnise également, dans les conditions prévues aux 1 et 2 du présent II, les victimes ou les ayants droit des victimes de dommages nés d'un accident de la circulation causé, dans les lieux ouverts à la circulation publique, par une personne circulant sur le sol ou un animal.

1. Le fonds de garantie indemnise les dommages résultant d'atteintes à la personne :

a) Lorsque la personne responsable du dommage est inconnue ou n'est pas assurée ;

b) Lorsque l'animal responsable du dommage n'a pas de propriétaire ou que son propriétaire est inconnu ou n'est pas assuré.

2. Le fonds de garantie indemnise les dommages aux biens, dans les conditions et limites fixées par décret en Conseil d'État :

a) Lorsque la personne responsable du dommage est identifiée mais n'est pas assurée ;

b) Lorsque la personne responsable du dommage est inconnue, sous réserve que l'accident ait causé une atteinte à la personne ;

c) Lorsque le propriétaire de l'animal responsable du dommage n'est pas assuré ;

III. — Lorsque le fonds de garantie intervient au titre des I et II, les indemnités doivent résulter soit d'une décision juridictionnelle exécutoire, soit d'une transaction ayant reçu l'assentiment du fonds de garantie.

Lorsque le fonds de garantie intervient au titre des I et II, il paie les indemnités allouées aux victimes ou à leurs ayants droit qui ne peuvent être prises en charge à aucun autre titre lorsque l'accident ouvre droit à réparation. Les versements effectués au profit des victimes ou de leurs ayants droit et qui ne peuvent pas donner lieu à une action récursoire contre le responsable des dommages ne sont pas considérés comme une indemnisation à un autre titre.

IV. — Le fonds de garantie est également chargé de gérer et de financer, *(L. nº 2012-1510 du 29 déc. 2012, art. 78)* « pour les rentes allouées au titre des accidents survenus avant le 1er janvier 2013 », les majorations de rentes prévues à l'article 1er de la loi nº 74-1118 du 27 décembre 1974 relative à la revalorisation de certaines rentes allouées en réparation du préjudice causé par un véhicule terrestre à moteur et portant diverses dispositions d'ordre civil et à l'article 1er de la loi nº 51-695 du 24 mai 1951 portant majoration de certaines rentes viagères et pensions, au titre des états justificatifs certifiés. Les créances relatives aux majorations de rentes visées au présent alinéa se prescrivent dans un délai de quatre ans à partir du premier jour de l'année suivant celle au cours de laquelle les droits ont été acquis. Le fonds peut contrôler sur pièces et sur place l'exactitude des renseignements fournis par les organismes débirentiers. — *V. ces textes ss. art. 1976 C. civ.*

(L. nº 2012-1510 du 29 déc. 2012, art. 78) « La gestion de cette mission par le fonds fait l'objet d'une comptabilité séparée des autres missions, selon des modalités fixées par arrêté du ministre chargé de l'économie. »

V. — Le fonds de garantie peut financer, selon des modalités et dans des limites fixées par décret en Conseil d'État, des actions visant à réduire le nombre des accidents de la circulation et à prévenir l'absence d'assurance de responsabilité civile automobile.

(L. nº 2016-1547 du 18 nov. 2016, art. 35-I-2º) « Le fonds de garantie peut également mener directement, selon des modalités fixées par décret en Conseil d'État, des actions visant à limiter les cas de défaut d'assurance de responsabilité civile automobile. Pour mener ces actions, le fonds de garantie est autorisé à conserver pendant une durée de sept ans les informations communiquées par l'organisme d'information mentionné à l'article L. 451-1 relatives aux véhicules terrestres à moteur ne répondant pas à l'obligation d'assurance mentionnée à l'article L. 211-1. » — *Ces dispositions entrent en vigueur le 31 déc. 2018 (L. nº 2016-1547 du 18 nov. 2016, art. 35-V ; Décr. nº 2018-644 du 20 juill. 2018, art. 3).*

VI. — Le fonds de garantie est l'organisme chargé des missions mentionnées aux articles L. 424-1 à L. 424-7.

Dans l'ensemble du code des assurances, les mots "Fonds de garantie contre les accidents de circulation et de chasse" sont remplacés par les mots "Fonds de garantie des assurances obligatoires de dommages" (L. nº 2003-706 du 1er août 2003, art. 81-A-I).

BIBL. ▸ **Actes volontaires :** Groutel, *RCA 1989. Chron. 6 ; ibid. 1990. Chron. 15 et 17 ; ibid. 1992. Chron. 11.* ▸ **Préjudice d'agrément :** Groutel, *RCA 2004. Chron. 19.*

Art. L. 421-2 *(L. nº 2003-706 du 1er août 2003, art. 81-A-V)* Le fonds de garantie est une personne morale de droit privé. *(Ord. nº 2017-1609 du 27 nov. 2017, art. 2, en vigueur le 1er juill.*

2018) « Il regroupe les entreprises d'assurance qui couvrent les risques faisant l'objet d'une assurance obligatoire en matière d'assurance automobile et de chasse et en matière d'assurance de dommages prévue par l'article L. 242-1. »

(L. nº 2023-171 du 9 mars 2023, art. 6) « Le directeur général du fonds de garantie est entendu par les commissions de l'Assemblée nationale et du Sénat chargées des finances avant sa désignation. »

Art. L. 421-3 Le fonds de garantie est subrogé dans les droits que possède le créancier de l'indemnité contre la personne responsable de l'accident ou son assureur. Il a droit, en outre, à des intérêts calculés au taux légal en matière civile et à des frais de recouvrement. — *[L. 31 déc. 1951, art. 15, al. 4.]*

(L. nº 85-677 du 5 juill. 1985) « Lorsque le fonds de garantie transige avec la victime, cette transaction est opposable à l'auteur des dommages, sauf le droit pour celui-ci de contester devant le juge le montant des sommes qui lui sont réclamées du fait de cette transaction. Cette contestation ne peut avoir pour effet de remettre en cause le montant des indemnités allouées à la victime ou à ses ayants droit. »

Art. L. 421-4 Le fonds de garantie est alimenté par des contributions des entreprises d'assurance, des automobilistes assurés et des responsables d'accidents d'automobiles non bénéficiaires d'une assurance. *(Abrogé par L. nº 2013-1279 du 29 déc. 2013, art. 62) « Ces diverses contributions sont liquidées et recouvrées dans les conditions et sous les sanctions fixées par le décret en Conseil d'État prévu à l'article L. 421-6. »*

Art. L. 421-4-1 *(L. nº 2013-1279 du 29 déc. 2013, art. 62)* Les contributions pour l'alimentation du fonds de garantie mentionnées à l'article L. 421-4 sont ainsi définies :

1º La contribution des assurés est assise sur toutes les primes ou cotisations nettes qu'ils versent aux entreprises d'assurance pour l'assurance des risques de responsabilité civile résultant d'accidents causés par les véhicules terrestres à moteur et des remorques ou semi-remorques des véhicules lorsque le risque est situé sur le territoire de la République française. Elle est perçue par les entreprises d'assurance suivant les mêmes règles et sous les mêmes garanties et sanctions que la taxe sur les conventions d'assurance prévue à l'article 991 du code général des impôts. Elle est recouvrée mensuellement par le fonds de garantie ;

2º La contribution des entreprises d'assurance est proportionnelle aux primes ou cotisations du dernier exercice, accessoires et rappels compris et annulations déduites, relatives à l'assurance des véhicules terrestres à moteur et des remorques ou semi-remorques des véhicules lorsque le risque est situé sur le territoire de la République française. Elle est acquittée par les entreprises d'assurance suivant les mêmes règles et sous les mêmes garanties et sanctions que la taxe sur les conventions d'assurance prévue au même article 991. Elle est recouvrée mensuellement par le fonds de garantie ;

3º et 4º *Abrogés par Ord. nº 2017-1609 du 27 nov. 2017, art. 3, à compter du 1er juill. 2018.*

5º La contribution des responsables d'accidents causés par l'utilisation des véhicules définis au 1º du présent article, non bénéficiaires d'une assurance, est assise sur le montant total des indemnités mises à leur charge à titre de réparation des dommages résultant de ces accidents. Sont considérées comme bénéficiaires d'une assurance, au sens du présent article, les personnes dont la responsabilité civile est couverte par un contrat d'assurance dans les conditions prévues à l'article L. 211-1. Un tel bénéfice ne leur est toutefois acquis, au sens du présent article, que pour la part excédant la franchise prévue éventuellement par leur contrat en application de l'article L. 121-1.

En cas d'instance judiciaire, la décision doit faire apparaître si le responsable est ou non bénéficiaire d'une assurance.

La contribution est liquidée et recouvrée par les services de la direction générale des finances publiques, selon les mêmes règles, sous les mêmes garanties et sous les mêmes sanctions qu'en matière de droits d'enregistrement. Elle est perçue sur la notification faite à cette direction par le fonds de garantie.

La contribution doit être acquittée dans le délai d'un mois à compter de la réclamation adressée par la direction générale des finances publiques.

Art. L. 421-4-2 *(L. nº 2013-1279 du 29 déc. 2013, art. 62)* Le taux des contributions mentionnées à l'article L. 421-4-1 est fixé par arrêté du ministre chargé des assurances dans les limites suivantes :

1º Pour la contribution des assurés, ce taux est compris entre 0 % et 2 % des primes mentionnées au 1º du même article ;

2° Pour la contribution des entreprises d'assurance au titre de la section "automobile", ce taux est compris entre 0 % et *(L. n° 2018-1317 du 28 déc. 2018, art. 124)* « 14 % » de la totalité des charges de cette section ;

3° Abrogé par Ord. n° 2017-1609 du 27 nov. 2017, art. 4, à compter du 1er juill. 2018.

4° Pour la contribution des responsables d'accidents non assurés, ce taux est fixé à 10 % des indemnités restant à leur charge. Toutefois, ce taux peut être ramené à 5 % lorsque l'accident a été provoqué par un véhicule utilisé par l'État ou par un État étranger. Il est également ramené à 5 % des indemnités restant à leur propre charge pour les bénéficiaires d'une assurance avec franchise.

Art. L. 421-5 Le fonds de garantie peut intervenir même devant les juridictions répressives et même pour la première fois en cause d'appel, en vue notamment de contester le principe ou le montant de l'indemnité réclamée, dans toutes les instances engagées entre les victimes d'accidents ou leurs ayants droit, d'une part, les responsables ou leurs assureurs, d'autre part. Il intervient alors à titre principal et peut user de toutes les voies de recours ouvertes par la loi. – *[L. 31 déc. 1951, art. 15, al. 7.]*

Art. L. 421-6 *(L. n° 89-1014 du 31 déc. 1989, art. 50 ; L. n° 2003-706 du 1er août 2013, art. 81 ; L. n° 2013-1279 du 29 déc. 2013, art. 62)* Un décret en Conseil d'État fixe les conditions d'application des articles L. 421-1 à L. 421-5 et notamment les bases et modalités juridiques de détermination des indemnités pouvant être dues par le fonds de garantie, les personnes exclues du bénéfice du fonds, les obligations et droits respectifs ou réciproques du fonds de garantie, de l'assureur, du responsable de l'accident, de la victime ou de ses ayants droit, les délais assignés pour l'exercice de ces droits ou la mise en jeu de ces obligations, les conditions de fonctionnement, d'intervention en justice du fonds de garantie, les conditions dans lesquelles il peut être exceptionnellement mis en cause, les modalités du contrôle exercé sur l'ensemble de la gestion du fonds par le ministre de l'économie et des finances. – *V. art. R. 421-1 s.* – ***C. assur.***

Art. L. 421-6-1 *(L. n° 2012-1510 du 29 déc. 2012, art. 78)* Il est instauré une contribution pour le financement de la mission prévue au IV de l'article L. 421-1, à la charge des assurés et affectée au fonds de garantie. Cette contribution est assise sur toutes les primes ou cotisations nettes qu'ils versent aux entreprises d'assurance pour l'assurance des risques de responsabilité civile résultant d'accidents causés par les véhicules terrestres à moteur et des remorques ou semi-remorques des véhicules lorsque le risque est situé sur tout le territoire de la France métropolitaine, des départements d'outre-mer, du Département de Mayotte, de Saint-Barthélemy, de Saint-Martin et de Saint-Pierre-et-Miquelon. Elle est perçue par les entreprises d'assurance suivant les mêmes règles et sous les mêmes garanties et sanctions que la taxe sur les conventions d'assurance. Elle est recouvrée mensuellement par le fonds de garantie. Un décret fixe son montant dans la limite de 1 % de ces primes ou cotisations. Cette contribution s'applique aux primes émises à compter du 1er juillet 2013.

Art. L. 421-7 Lorsque l'auteur d'un accident n'est pas en mesure de justifier qu'il a été satisfait à l'obligation d'assurance instituée par l'article L. 211-1, la victime et le fonds de garantie sont fondés à se prévaloir des mesures conservatoires prévues aux articles 48 à 57 *[abrogés]* du code de procédure civile *[ancien]*. – *V. désormais C. pr. exéc., art. L. 511-1.* – ***C. pr. exéc.***

(L. n° 94-5 du 4 janv. 1994) « Toutefois, ces dispositions ne sont pas applicables lorsque l'assurance de la responsabilité civile concerne des véhicules ayant leur stationnement habituel sur le territoire d'un État visé à l'article L. 211-4 à l'exception de la France et de Monaco. »

Dispositions spéciales aux accidents de chasse survenus en France métropolitaine

Art. L. 421-8 *(L. n° 93-1444 du 31 déc. 1993)* Le fonds de garantie institué par l'article L. 421-1 est chargé d'indemniser les dommages corporels occasionnés par tous actes de chasse ou de destruction des animaux *(L. n° 2016-1087 du 8 août 2016, art. 157-III)* « susceptibles d'occasionner des dégâts » dans les parties du territoire où l'assurance instituée par l'article *(Ord. n° 2017-1609 du 27 nov. 2017, art. 5, en vigueur le 1er juill. 2018)* « L. 423-16 du code de l'environnement » est obligatoire, même si ces actes ne sont pas compris dans l'obligation d'assurance, dès lors qu'ils sont le fait d'un auteur demeuré inconnu, ou non assuré *(Abrogé par Ord. n° 2017-1609 du 27 nov. 2017, art. 5, à compter du 1er juill. 2018)* « *, ou que son assureur est totalement ou partiellement insolvable* ».

Les dépenses résultant de l'application de l'alinéa précédent sont couvertes par les contributions des sociétés d'assurances, des chasseurs assurés et des responsables d'accidents corporels de chasse non bénéficiaires d'une assurance, ainsi que par une majoration de 50 p. 100 des amendes, y compris celles qu'une mesure de grâce aurait substituées à l'emprisonnement, prononcées pour un acte de chasse effectué sans permis ou dans un lieu, un temps ou au moyen d'engins prohibés.

(L. n° 2013-1279 du 29 déc. 2013, art. 62-I-4°) « Les contributions prévues pour l'alimentation du fonds de garantie sont fixées dans les conditions suivantes :

« 1° La contribution des assurés est fixée à une somme forfaitaire par personne garantie pour sa responsabilité civile résultant d'accidents de chasse ou de destruction des animaux *(L. n° 2016-1087 du 8 août 2016, art. 157)* « susceptibles d'occasionner des dégâts » ;

« 2° La contribution des entreprises d'assurance est proportionnelle aux sommes recouvrées par elles au titre de la contribution des assurés mentionnée au 1°.

« Elle est liquidée et recouvrée par les entreprises d'assurance suivant les mêmes règles et sous les mêmes garanties et sanctions que la taxe sur les conventions d'assurance prévue à l'article 991 du code général des impôts.

« Les taux et quotités des contributions mentionnées à ce même article sont fixés par arrêté du ministre chargé des assurances, dans les limites suivantes :

« *a)* Pour la contribution des assurés, ce montant est compris entre 0 € et la somme forfaitaire maximale de 0,38 € par personne garantie ;

« *b)* Pour la contribution des entreprises d'assurance, ce taux est compris entre 0 % et 12 % de la totalité des charges des opérations du fonds de garantie afférentes à la chasse et à la destruction des animaux » *(L. n° 2016-1087 du 8 août 2016, art. 157)* « susceptibles d'occasionner des dégâts ». — *V. art. R. 421-21 s. —* ***C. assur.***

Régime financier du fonds de garantie

Art. L. 421-8-1 *(L. n° 85-677 du 5 juill. 1985)* Les délais prévus à l'article 3 *[C. mon. fin., art. L. 313-3, ss. art. 1907 C. civ.]* de la loi n° 75-619 du 11 juillet 1975 relative au taux de l'intérêt légal ne courent à l'encontre du fonds de garantie qu'à compter du jour où celui-ci a reçu les éléments justifiant son intervention.

....

Dispositions particulières aux territoires d'outre-mer et à Mayotte

....

Dispositions particulières applicables aux accidents d'automobile survenus à l'étranger

Art. L. 421-11 *(L. n° 94-5 du 4 janv. 1994)* « Le fonds de garantie est chargé de l'indemnisation des victimes d'accidents causés par les véhicules dont la circulation entraîne l'application d'une obligation d'assurance de la responsabilité civile et qui ont leur stationnement habituel en France métropolitaine ou à Monaco lorsque ces accidents surviennent sur le territoire d'un État visé à l'article L. 211-4 à l'exception de la France et de Monaco. »

L'intervention du fonds de garantie est subordonnée aux conditions ci-après :

Le responsable des dommages ne doit pas disposer de la garantie d'assurance obligatoire de responsabilité civile ;

L'indemnisation des victimes est effectuée dans les conditions prévues par la législation nationale de l'État sur le territoire duquel s'est produit l'accident. — *[L. 31 déc. 1951, art. 15-1 et 15-4.]*

Art. L. 421-12 Le fonds de garantie est également chargé de l'indemnisation des victimes lorsque l'accident causé par un véhicule mentionné à l'article L. 421-11 s'est produit pendant le trajet reliant directement deux territoires où le traité instituant la Communauté économique européenne est applicable.

L'intervention du fonds est, dans ce cas, subordonnée aux conditions prévues à l'article L. 421-11 ainsi qu'aux conditions suivantes :

— il doit n'exister pour le territoire parcouru aucun bureau national d'assurance ;

— *(L. n° 94-5 du 4 janv. 1994)* « les victimes doivent être ressortissantes d'un État visé à l'article L. 211-4 ».

L'indemnisation des victimes est, dans ce cas, effectuée dans les conditions prévues par la législation nationale sur l'obligation d'assurance en vigueur dans l'État où le véhicule qui a causé l'accident a son stationnement habituel. — *[L. 31 déc. 1951, art. 15-2 et 15-4.]*

Art. L. 421-13 Lorsqu'il intervient en vertu des articles L. 421-11 et L. 421-12, le fonds de garantie est subrogé dans les droits que possède le créancier de l'indemnité contre la personne responsable de l'accident. — *[L. 31 déc. 1951, art. 15-3.]*

Art. L. 421-14 Un décret en Conseil d'État fixe les conditions d'application de la présente section, notamment les modalités selon lesquelles est constatée la réunion des conditions entraînant l'intervention du fonds de garantie, les modalités de versement de l'indemnité aux victimes par l'intermédiaire des bureaux nationaux d'assurance, ainsi que les modalités de l'exercice par le fonds de garantie du droit de subrogation prévu à l'article L. 421-13. — *V. art. R. 421-64 à R. 421-70.* — ***C. assur.***

Un décret en Conseil d'État fixe les conditions d'adaptation de la présente section dans les départements d'outre-mer *(Ord. n° 2008-698 du 11 juill. 2008)* « ainsi qu'à Saint-Barthélemy et à Saint-Martin ».

Art. L. 421-15 *(L. n° 91-716 du 26 juill. 1991)* Toute entreprise d'assurance couvrant, sur le territoire de la République française, les risques de responsabilité civile résultant de l'emploi de véhicules terrestres à moteur adhère au bureau national d'assurance compétent sur le territoire de la République française.

2e PARTIE : DÉCRETS EN CONSEIL D'ÉTAT
(Décr. n° 76-667 du 16 juill. 1976)

LIVRE II. ASSURANCES OBLIGATOIRES

TITRE I. L'ASSURANCE DES VÉHICULES TERRESTRES À MOTEUR ET DE LEURS REMORQUES ET SEMI-REMORQUES

CHAPITRE I. *L'OBLIGATION DE S'ASSURER*

SECTION 6. *Procédures d'indemnisation*
(Décr. n° 88-261 du 18 mars 1988)

Art. R. 211-29 Lorsque l'assureur qui garantit la responsabilité civile du fait d'un véhicule terrestre à moteur n'a pas été avisé de l'accident de la circulation dans le mois de l'accident, le délai prévu au premier alinéa de l'article L. 211-9 pour présenter une offre d'indemnité est suspendu à l'expiration du délai d'un mois jusqu'à la réception par l'assureur de cet avis.

Art. R. 211-30 Lorsque la victime d'un accident de la circulation décède plus d'un mois après le jour de l'accident, le délai prévu à l'article L. 211-9 pour présenter une offre d'indemnité aux héritiers et, s'il y a lieu, au conjoint de la victime est prorogé du temps écoulé entre la date de l'accident et le jour du décès diminué d'un mois.

Art. R. 211-31 Si, dans un délai de six semaines à compter de la présentation de la correspondance qui est prévue au premier alinéa de l'article L. 211-10 et par laquelle l'assureur demande les renseignements qui doivent lui être adressés conformément aux articles R. 211-37 ou R. 211-38, l'assureur n'a reçu aucune réponse ou qu'une réponse incomplète, le délai prévu au premier alinéa de l'article L. 211-9 est suspendu à compter de l'expiration du délai de six semaines et jusqu'à la réception *(Décr. n° 2018-229 du 30 mars 2018, art. 10)* « des » renseignements demandés.

Art. R. 211-32 Si l'assureur n'a reçu aucune réponse ou qu'une réponse incomplète dans les six semaines de la présentation de la correspondance par laquelle, informé de la consolidation de l'état de la victime, il a demandé à cette dernière ceux des renseignements mentionnés à l'article R. 211-37 qui lui sont nécessaires pour présenter l'offre d'indemnité, le délai prévu au quatrième alinéa de l'article L. 211-9 est suspendu à compter de l'expiration du délai de six semaines jusqu'à la réception de la réponse contenant les renseignements demandés.

Art. R. 211-33 Lorsque la victime, les héritiers ou le conjoint ne fournit qu'une partie des renseignements demandés par l'assureur dans sa correspondance et que la réponse ne permet pas, en raison de l'absence de renseignements suffisants, d'établir l'offre d'indemnité, l'assureur dispose d'un délai de quinze jours à compter de la réception de la réponse complète pour présenter à l'intéressé une nouvelle demande par laquelle il lui précise les renseignements qui font défaut.

Dans le cas où l'assureur n'a pas respecté ce délai, la suspension des délais prévus aux articles R. 211-31 et R. 211-32 cesse à l'expiration d'un délai de quinze jours à compter de la réception de la réponse incomplète, lorsque celle-ci est parvenue au-delà du délai de six semaines mentionné aux mêmes articles ; lorsque la réponse incomplète est parvenue dans le délai de six semaines mentionné aux articles R. 211-31 et R. 211-32 et que l'assureur n'a pas demandé dans un délai de quinze jours à compter de sa réception les renseignements nécessaires, il n'y a pas lieu à suspension des délais prévus à l'article L. 211-9.

Art. R. 211-34 Lorsque la victime ne se soumet pas à l'examen médical mentionné à l'article R. 211-43 ou lorsqu'elle élève une contestation sur le choix du médecin sans qu'un accord puisse intervenir avec l'assureur, la désignation, à la demande de l'assureur, d'un médecin à titre d'expert par le juge des référés proroge d'un mois le délai imparti à l'assureur pour présenter l'offre d'indemnité.

Art. R. 211-35 Lorsque la victime demeure outre-mer ou à l'étranger, les délais qui lui sont impartis en vertu des articles R. 211-31 et R. 211-32 sont augmentés d'un mois. Le délai imparti à l'assureur pour présenter l'offre d'indemnité est prorogé de la même durée.

Lorsqu'un tiers payeur demeure outre-mer ou à l'étranger, les délais prévus à l'article L. 211-9 sont augmentés d'un mois.

Art. R. 211-36 La computation des délais mentionnés à la présente section est faite conformément aux articles 641 et 642 du code de procédure civile.

Art. R. 211-37 La victime est tenue, à la demande de l'assureur, de lui donner les renseignements ci-après :

1° Ses nom et prénoms ;

2° Ses date et lieu de naissance ;

3° Son activité professionnelle et l'adresse de son ou de ses employeurs ;

4° Le montant de ses revenus professionnels avec les justifications utiles ;

5° La description des atteintes à sa personne accompagnée d'une copie du certificat médical initial et autres pièces justificatives en cas de consolidation ;

6° La description des dommages causés à ses biens ;

7° Les noms, prénoms et adresses des personnes à charge au moment de l'accident ;

8° Son numéro d'immatriculation à la sécurité sociale et l'adresse de la caisse d'assurance maladie dont elle relève ;

9° La liste des tiers payeurs appelés à lui verser des prestations ;

10° Le lieu où les correspondances doivent être adressées.

Art. R. 211-38 Lorsque l'offre d'indemnité doit être présentée aux héritiers de la victime, à son conjoint ou aux personnes mentionnées au deuxième alinéa de l'article L. 211-9, chacune de ces personnes est tenue, à la demande de l'assureur, de lui donner les renseignements ci-après :

1° Ses nom et prénoms ;

2° Ses date et lieu de naissance ;

3° Les nom et prénoms, date et lieu de naissance de la victime ;

4° Ses liens avec la victime ;

5° Son activité professionnelle et l'adresse de son ou de ses employeurs ;

6° Le montant de ses revenus avec les justifications utiles ;

7° La description de son préjudice, notamment les frais de toute nature qu'elle a exposés du fait de l'accident ;

8° Son numéro d'immatriculation à la sécurité sociale et l'adresse de la caisse d'assurance maladie dont elle relève ;

9° La liste des tiers payeurs appelés à lui verser des prestations ainsi que leurs adresses ;

10° Le lieu où les correspondances doivent être adressées.

A la demande de l'assureur, les mêmes personnes sont tenues de donner également ceux des renseignements mentionnés à l'article R. 211-37 qui sont nécessaires à l'établissement de l'offre.

Art. R. 211-39 La correspondance adressée par l'assureur en application des articles R. 211-37 et R. 211-38 mentionne, outre les informations prévues à l'article L. 211-10, le nom de la personne chargée de suivre le dossier de l'accident. Elle rappelle à l'intéressé les conséquences d'un défaut de réponse ou d'une réponse incomplète. Elle indique que la copie du procès-verbal d'enquête de police ou de gendarmerie qu'il peut demander en vertu de l'article L. 211-10 lui sera délivrée sans frais.

Cette correspondance est accompagnée d'une notice relative à l'indemnisation des victimes d'accidents de la circulation dont le modèle est fixé par arrêté conjoint du garde des sceaux, ministre de la justice, du ministre chargé des assurances et du ministre chargé de la sécurité sociale. — *V. C. assur., art. A. 211-11 (Arr. du 22 juin 1988, JO 2 juill.). —* ***C. assur.***

Art. R. 211-40 L'offre d'indemnité doit indiquer, outre les mentions exigées par l'article L. 211-16, l'évaluation de chaque chef de préjudice, les créances de chaque tiers payeur et les sommes qui reviennent au bénéficiaire. Elle est accompagnée de la copie des décomptes produits par les tiers payeurs.

L'offre précise, le cas échéant, les limitations ou exclusions d'indemnisation retenues par l'assureur, ainsi que leurs motifs. En cas d'exclusion d'indemnisation, l'assureur n'est pas tenu, dans sa notification, de fournir les indications et documents prévus au premier alinéa.

Art. R. 211-41 La demande adressée par l'assureur à un tiers payeur en vue de la production de ses créances indique les nom, prénoms, adresse de la victime, son activité professionnelle et l'adresse de son ou de ses employeurs. Elle rappelle de manière très apparente les dispositions des articles L. 211-11 et L. 211-12. A défaut de ces indications, le délai de déchéance prévu au deuxième alinéa de l'article L. 211-11 ne court pas.

Art. R. 211-42 Le tiers payeur indique à l'assureur pour chaque somme dont il demande le remboursement la disposition législative, réglementaire ou conventionnelle en vertu de laquelle cette somme est due à la victime.

Dans le cas prévu au troisième alinéa de l'article L. 211-11, les créances réclamées n'ont un caractère provisionnel que si le tiers payeur le précise expressément.

Art. R. 211-43 En cas d'examen médical pratiqué en vue de l'offre d'indemnité mentionnée à l'article L. 211-9, l'assureur ou son mandataire avise la victime, quinze jours au moins avant l'examen, de l'identité et des titres du médecin chargé d'y procéder, de l'objet, de la date et du lieu de l'examen, ainsi que du nom de l'assureur pour le compte duquel il est fait. Il informe en même temps la victime qu'elle peut se faire assister d'un médecin de son choix.

Art. R. 211-44 Dans un délai de vingt jours à compter de l'examen médical, le médecin adresse un exemplaire de son rapport à l'assureur, à la victime et, le cas échéant, au médecin qui a assisté celle-ci.

V. Convention de La Haye du 4 mai 1971 sur la loi applicable en matière d'accidents de la circulation routière, publiée par Décr. n° 75-554 du 26 juin 1975 (D. et BLD 1975. 228).

En ce qui concerne la compétence pour connaître des actions en responsabilité résultant des dommages causés par les véhicules, V. L. n° 57-1424 du 31 déc. 1957, et COJ, art. R. 212-8. — ***C. pr. civ.***

II. Autres textes en matière de responsabilité civile

Code de l'action sociale et des familles

(Ord. n° 2000-1249 du 21 déc. 2000)

Art. L. 114-5 *(L. n° 2005-102 du 11 févr. 2005, art. 2-II)* Nul ne peut se prévaloir d'un préjudice du seul fait de sa naissance.

La personne née avec un handicap dû à une faute médicale peut obtenir la réparation de son préjudice lorsque l'acte fautif a provoqué directement le handicap ou l'a aggravé, ou n'a pas permis de prendre les mesures susceptibles de l'atténuer.

Lorsque la responsabilité d'un professionnel ou d'un établissement de santé est engagée vis-à-vis des parents d'un enfant né avec un handicap non décelé pendant la grossesse à la suite d'une faute caractérisée, les parents peuvent demander une indemnité au titre de leur seul préjudice. Ce préjudice ne saurait inclure les charges particulières découlant, tout au long de la vie de l'enfant, de ce handicap. La compensation de ce dernier relève de la solidarité nationale. — *[L. n° 2002-303 du 4 mars 2002, art. 1er-I, al. 1er à 3.]*

Les dispositions de l'art. L. 114-5, qui constituent la codification, opérée par la loi du 11 févr. 2005, des trois premiers alinéas de l'art. 1er-I de la loi n° 2002-303 du 4 mars 2002, sont applicables aux instances en cours à la date d'entrée en vigueur de la loi n° 2002-303 du 4 mars 2002, à l'exception de celles où il a été irrévocablement statué sur le principe de l'indemnisation (L. n° 2005-102 du 11 févr.

2005, art. 2-II, dispositions déclarées contraires à la Constitution par Cons. const. n° 2010-2 QPC, 11 juin 2010).

BIBL. ▸ **Article L. 114-5 CASF (L. du 4 mars 2002)** : BANDRAC, *Études Normand, Litec, 2003* (déni d'action). – BOCQUILLON, *RDSS 2002. 358*. – BRUN, *RCA 2002. Chron. 8.* – DE FORGES, *RDSS 2002. 645*. – DREIFUSS-NETTER, *LPA 19 juin 2002.* – HAUSER et DELMAS SAINT-HILAIRE, *RJPF 2002-6/13.* – JOURDAIN, *D. 2002. Point de vue. 891*. – LAMBERT-FAIVRE, *D. 2002. Chron. 1217*. – MALAURIE, *JCP 2003. I. 110.* – MÉMETEAU, *Gaz. Pal. 2002. Doctr. 1476* (fallait-il légiférer ?). – MISTRETTA, *JCP 2002. I. 141.* – NEYRET, *D. 2003. Chron. 1711* (tout risque d'action en responsabilité de l'enfant contre sa mère est-il écarté ?). – PUTMAN, *RJPF 2002-5/13.* – YOUEGO, *Gaz. Pal. 2009. 59.*

▸ **Conformité à la Conv. EDH de l'art. 1er de la loi du 4 mars 2002** (CE, avis, 6 déc. 2002) : DEBET, *Dr. fam. 2003. Chron. 2.* – GUEDJ, *LPA 10 mars 2003* (concl. sur TA Paris, 3 sept. 2002, ayant saisi le Conseil d'État pour avis). ▸ **Inconventionnalité de la loi « anti-Perruche » ?** : BOURSIER, *LPA 30 mai 2002.*

▸ **Conformité à la Constitution** : SAINTE-ROSE et PÉDROT, *D. 2010. 2086*.

▸ **Jurisprudence « *Perruche* »** : AUBERT, *D. 2001. Chron. 489* ; *Defrénois 2001. 262.* – AYNÈS, *D. 2001. Chron. 492* ; *Defrénois 2001. 281.* – DE BÉCHILLON, CAYLA et THOMAS, *Le Monde 21 déc. 2000.* – DEGUERGUE, *Gaz. Pal. 2002. Doctr. 664.* – EDELMAN, *D. 2002. Chron. 2349.* – FABRE-MAGNAN, *RTD civ. 2001. 285* (avortement et responsabilité médicale). – FENOUILLET, *Dr. fam. 2001. Chron. 7.* – GAUTIER, *JCP 2001. I. 287.* – GOBERT, *LPA 8 déc. 2000.* – KAYSER, *D. 2001. Chron. 1889.* – LABRUSSE-RIOU et MATHIEU, *D. 2000. 44.* – LEDUC, *RCA 2001. Chron. 4.* – MAYAUX, *RGDA 2001. 13.* – MÉMETEAU, *JCP 2000. I. 279.* – MERCIER-JACQUEMONT, *RRJ 2001/3. 1243* (l'action de « vie préjudiciable » aux États-Unis). – PAILLET, *Mél. Bolze, Economica, 1999, p. 261* (l'enfant-préjudice devant le juge administratif). – PIGNARRE, BRUN et PIEDELIÈVRE, *RRJ 2001/2. 477.* – RADÉ, *RCA 2001. Chron. 1* ; *Études Lapoyade-Deschamps, Univ. Montesquieu-Bordeaux IV, 2003.* – SAINTE-ROSE, concl. orales *D. 2001. 316.* – SAINT-JOURS, *D. 2001. Chron. 1263.* – SALAS, *D. 2001, n° 20 du 24 mai, hors série Justices, p. 14.* – SÉRIAUX, *D. 2002. Chron. 1996.* – TERRASSON DE FOUGÈRES, *RDSS 2001. 1*. – TERRÉ, *JCP 2000, n° 50, p. 2267.* – VINEY, *JCP 2001. I. 286.* – *Adde* : MARKESINIS, *RTD civ. 2001. 77* (réflexion d'un comparatiste anglais). – DE BÉCHILLON, *RTD civ. 2002. 47* (atteinte aux catégories anthropologiques ?). – THÉRY, *Mél. Gobert, Economica, 2004, p. 113* (un grand bruit de doctrine).

1. Statut de l'enfant à naître. Sur le statut de l'enfant à naître, V., de façon plus générale, les notes ss. art. 16 C. civ.

A. RÉGIME RÉSULTANT DE L'ART. L. 114-5 CASF (L. 4 mars 2002)

2. Conventionnalité de la loi. Le nouveau régime de responsabilité, défini par le législateur pour des motifs d'intérêt général, tenant à des raisons d'ordre éthique, à la bonne organisation du système de santé et au traitement équitable de l'ensemble des personnes handicapées, n'est incompatible ni avec l'art. 6, § 1, Conv. EDH, ni avec les art. 5, 8, 13 et 14 de ladite convention, ni avec les art. 14 et 26 du Pacte sur les droits civils et politiques. • *CE, avis, 6 déc. 2002 : JO 12 janv. 2003 ; JCP 2003. I. 110, étude Malaurie ; RFDA 2003. 339, note J. Petit ; AJDA 2003. 283, note Donnat et Casas ; RTD civ. 2003. 157, obs. Libchaber*. ♦ La réparation issue du mécanisme de compensation prévu par l'art. L. 114-5 CASF au titre de la solidarité nationale procède d'un juste équilibre entre les exigences de l'intérêt général et les impératifs de sauvegarde du droit au respect des biens, dès lors que le dommage est survenu postérieurement à l'entrée en vigueur de la L. du 4 mars 2002. • Civ. 1re, 14 nov. 2013, n° 12-21.576 P : *D. 2013. 2694, obs. Delouvée ; ibid. 2014. 47, obs. Gout ; JCP 2013, n° 1334, note Sargos ; ibid. n° 1232, obs. Bascoulergue ; RCA 2014. Étude 2, note Hocquet-Berg ; RDC 2014. 188, note Viney.*

3. Constitutionnalité de la loi. La limitation du préjudice indemnisable décidée par le législateur ne revêt pas un caractère disproportionné au regard des buts poursuivis ; elle n'est contraire ni au principe de responsabilité, ni au principe d'égalité, ni à aucun autre droit ou liberté que la Constitution garantit. • Cons. const. 11 juin 2010, n° 2010-2 QPC : *D. 2010. 2090, note Sainte-Rose et Pédrot ; Dr. fam. 2010. Étude 34, note Nefussy-Venta ; RLDC 2011/80, n° 4188, obs. Parance* (conformité à la Constitution des al. 1er et 3 de l'art. L. 114-5).

Mais si les motifs d'intérêt général peuvent justifier que les nouvelles règles fussent rendues applicables aux instances à venir relatives aux situations juridiques nées antérieurement, ils ne pouvaient justifier des modifications aussi importantes aux droits des personnes qui avaient, antérieurement à cette date, engagé une procédure en vue d'obtenir la réparation de leur préjudice. • Cons. const. 11 juin 2010, n° 2010-2 QPC : *préc.* (contrariété à la Constitution des dispositions transitoires issues du 2 du § II de l'art. 2 de la L. du 11 févr. 2005).

4. Entrée en vigueur de la loi. Le législateur n'a pas subordonné la mise en œuvre du régime de responsabilité pour faute qu'il a défini à l'intervention de textes ultérieurs destinés à fixer les conditions dans lesquelles la solidarité nationale s'exercera à l'égard des personnes handicapées (entrée en vigueur immédiate). • CE, avis, 6 déc. 2002 : *préc. note 2.*

5. Application aux instances en cours. BIBL. Monnier, *LPA 17 mars 2006.* ♦ Sur la contrariété à la Constitution des dispositions prévoyant l'application aux instances en cours, V. • Cons. const. 11 juin 2010, n° 2010-2 QPC : *préc. note 3.* ♦ L'application aux instances en cours de l'art. 1er de la L. du 4 mars 2002 viole le droit au respect des biens, dès lors qu'elle aboutit à priver les requérants d'une créance d'indemnisation qu'ils pouvaient légitimement espérer voir se concrétiser. • CEDH, gr. ch., 6 oct. 2005 (2 arrêts) : *D. 2005. IR 2546, obs. de Montecler ; JCP 2006. II. 10061, note Zollinger ; ibid. I. 109, n° 16, obs. Sudre ; Dr. fam. 2005, n° 258, note Radé ; RCA 2005, n° 327, note Radé ; RJPF 2006-1/30, note Leborgne ; RTD civ. 2005. 743, obs. Marguénaud ; ibid. 798, obs. Revet ; RDSS 2006. 149, étude Hennion-Jacquet ; JDI 2006. 1165, obs. I. M.* ♦ V. aussi dans ce sens : • Civ. 1re, 24 janv. 2006, n° 02-13.775 P : *D. 2006. IR 325, obs. Gallmeister ; JCP 2006. II. 10062, note Gouttenoire et Porchy-Simon ; Gaz. Pal. 2006. 475, concl. Sainte-Rose ; ibid. Somm. 2046, obs. Bacache ; RCA 2006, n° 94, note Radé ; CCC 2006, n° 76, note Leveneur ; Dr. fam. 2006, n° 105, concl. Sainte-Rose, note Beignier ; RLDC 2006/28, n° 2085, note C. Coulon ; LPA 31 mars 2006, note Prigent ; ibid. 15 juin 2007, note Pichard ; RDC 2006. 885, obs. Marais ; RTD civ. 2006. 263, obs. Marguénaud* • 24 janv. 2006, n° 01-16.684 P • 24 janv. 2006, n° 02-12.260 P • 21 févr. 2006, n° 03-11.917 P : *LPA 28 juill. 2006, note Zattara ; RDSS 2006. 357, note Hennion-Jacquet* • CE 24 févr. 2006 : *D. 2006. IR 812 ; JCP 2006. II. 10062, note Gouttenoire et Porchy-Simon ; AJDA 2006. 1272, note Hennette-Vauchez ; RDSS 2006. 360, note Hennion-Jacquet.* ♦ Pour l'épilogue des affaires, V. • CEDH 21 juin 2006 (2 arrêts) : *JCP 2006. II. 10162, note Zollinger* (validation par la CEDH des transactions conclues).

Pour l'exception des affaires où il a été irrévocablement statué sur le principe de l'indemnisation, V. • Paris, 5 nov. 2003 : *Gaz. Pal. 2004. 1183, note Bonneau.* ♦ Mais cassation de l'arrêt ayant déclaré irrecevables les demandes des parents au motif qu'ils avaient renoncé, dans un premier arrêt d'appel, à réclamer l'indemnisation des préjudices personnels de leur enfant et de leurs préjudices matériels autres que professionnels, pensant relever de la L. du 4 mars 2002, alors que cette renonciation procédait d'une erreur en ce que les parents avaient cru devoir se soumettre aux dispositions de l'art. 1er de la L. du 4 mars 2002, prévoyant son application immédiate aux instances en cours, qui a été ultérieurement déclarée contraire à la Conv. EDH. • Civ. 2e, 15 oct. 2009, n° 07-20.129 P : *D. 2010. Pan. 604, obs. Gaumont-Prat ; JCP 2009. 574, obs. Sérinet ; RLDC 2009/66, n° 3644, obs. Bugnicourt.* ♦ Les effets de l'annulation par le Conseil constitutionnel des dispositions transitoires de la L. du 4 mars 2002 n'ont pas pour conséquence de rendre indemnisable le préjudice subi par des enfants nés avant le 7 mars 2002 avec un handicap non diagnostiqué avant leur naissance. • CE 13 mai 2011 : *AJDA 2011. 991 ; ibid. 1136, chron. Domino et Bretonneau ; D. 2011. 1482, obs. Brondel ; RFDA 2011. 789, concl. Geffray ; ibid. 806, note Verpeaux ; RTD civ. 2012. 71, obs. Deumier ; RDSS 2011. 749, note Cristol ; Gaz. Pal. 2011. 1557, note Lachaud.* ♦ Compte tenu de l'abrogation de la totalité du dispositif transitoire et en l'absence d'autre disposition législative le prévoyant expressément, l'art. L. 114-5 CASF ne saurait être appliqué à des faits nés antérieurement à l'entrée en vigueur de la L. du 4 mars 2002, quelle que soit la date d'introduction de l'instance, en vertu des règles de droit commun relatives à l'application des lois dans le temps. • CEDH 3 févr. 2022, n° 66328/14 : *RDSS 2022. 482, note Cristol .* ♦ Pour la solution contraire adoptée par le Conseil d'État dans cette affaire : la décision du Conseil constitutionnel n'emporte abrogation du 2 du II de l'art. 2 de la loi du 11 févr. 2005 que dans la mesure où la disposition inconstitutionnelle rendait les règles nouvelles applicables aux instances en cours au 7 mars 2002 ; elle ne définit par ailleurs aucune autre condition ou limite remettant en cause les effets que cette disposition a produits vis-à-vis des situations de fait n'ayant pas encore donné lieu à cette même date à l'engagement d'une instance. • CE 31 mars 2014, n° 345812 : *AJDA 2014. 771 ; D. 2014. 1578, note Bucher ; RDSS 2014. 542, note Cristol ; JCP 2014, n° 665, note Zollinger.*

6. Inapplicabilité aux faits antérieurs. La L. du 4 mars 2002 ne s'applique pas à des faits antérieurs, même si l'instance a été introduite ultérieurement. • Civ. 1re, 8 juill. 2008, n° 07-12.159 P : *R., p. 315 ; D. 2008. AJ 1995, obs. Gallmeister ; ibid. 2765, obs. Porchy-Simon ; ibid. 2010. Pan. 604, obs. Gaumont-Prat ; JCP 2008. I. 186, n° 10, obs. Stoffel-Munck ; ibid. II. 10166, avis Mellottée et Sargos ; RJPF 2008-12/28, note Chabas ; CCC 2008, n° 266, obs. Leveneur ; RCA 2008, n° 329, obs. Radé ; RLDC 2008/52, n° 3105, obs. Gaudin ; ibid. 2008/53, n° 3167, obs. Parance ; ibid. 2009/56, n° 3251, note Coulon ; RDC 2009. 90, obs. Borghetti ; RDSS 2008. 975, obs. Hennion-Jacquet .* ♦ S'agissant d'un dommage survenu antérieurement à l'entrée en vigueur de la L. du 4 mars 2002, l'art. L. 114-5 n'était pas applicable, indépendamment de la date de l'introduction de la demande en justice. • Civ. 1re, 15 déc. 2011 : *R, p. 398 ; D. 2012. 12, obs. Gallmeister ; ibid. 323, obs. Vigneau ; ibid. Chron. 297, note Maziau ; RFDA 2012. 364, avis Chevalier ; RDSS 2012. 366, note Cristol ; RTD civ. 2012. 75, obs. Deumier ; JCP 2012, n° 72, concl. Chevalier, note Sargos ; RCA 2012, n° 72, obs. Radé.* ♦ V. cependant note 5.

7. *Domaine d'application de la loi.* Jugé que les dispositions de l'art. 1er (art. L. 114-5) ne sont pas applicables aux fautes qui ont pour effet de ne pas permettre aux parents d'éviter la conception d'un enfant handicapé. • CAA Paris, 24 juin 2003 : *D. 2004. 983, note Sériaux ; JCP 2004. II. 10041, note Saison.* ♦ Sur le domaine d'application de l'art. 1er (art. L. 114-5), V. aussi, à propos de • Civ. 1re, 9 mars 2004, n° 01-17.277 P. – V. aussi Radé, *RCA 2004, n° 189* ; Chabas, *RJPF 2004-10/46.*

Sur la notion de « parents » au sens du texte : • CAA Lyon, 30 nov. 2021, n° 20LY00877 : *AJDA 2022. 875, obs. Duguit-Larcher* (exclusion d'un grand-parent). ♦ En sens contraire, pour un frère de l'enfant : • CAA Bordeaux, 4 déc. 2018, n° 16BX02831 : *AJ fam. 2019. 5, obs. Dionisi-Peyrusse.*

8. *Applications.* ... Par les juridictions judiciaires : • Aix-en-Provence, 19 sept. 2002 : *JCP 2003. IV. 1917* • Paris, 3 juill. 2003 : *Gaz. Pal. 2003. 3811, concl. Terrier-Mareuil.* ♦ ... Par les juridictions administratives : • CAA Paris, 13 juin 2002 : *D. 2002. 2156, note de Montecler.* ♦ V. aussi, dans la même affaire : • TA Paris, 25 nov. 2003, *Épx Maurice : RFDA 2004. 782, concl. Guedj.* ♦ Pour un arrêt appliquant l'art. 1147 C. civ. : • Nancy, 30 mars 2010 : *Dr. fam. 2010. Étude 33, note Nefussy-Venta.*

9. *Notion de faute caractérisée.* La faute requise par l'art. L. 114-5, al. 3, CASF pour engager la responsabilité d'un professionnel ou d'un établissement de santé vis-à-vis des parents d'un enfant né avec un handicap non décelé pendant la grossesse doit revêtir les exigences d'intensité et d'évidence, constitutives de la faute caractérisée. • Civ. 1re, 14 nov. 2013 : *préc. note 2* (faute non caractérisée en l'espèce compte tenu du suivi complet de la grossesse, rien ne laissant supposer une malformation malgré le retard de croissance). ♦ Faute caractérisée, par son intensité et son évidence, commise par l'échographe dont le compte rendu mentionne des membres visibles avec leurs extrémités alors que l'enfant est né avec une agénésie de l'avant-bras droit. • Civ. 1re, 16 janv. 2013, n° 12-14.020 P : *D. 2013. 244, obs. Gallmeister ; ibid. 681, note Porchy-Simon ; ibid. Chron. C. cass. 591, obs. Darret-Courgeon ; ibid. 2014. 47, obs. Gout ; ibid. 2021, obs. Laude ; RDSS 2013. 325, note Cristol ; JCP 2013, n° 375, obs. Mistretta ; RLDC 2013/108, n° 5151, obs. Corgas-Bernard* (application de l'art. L. 114-5 CASF). ♦ L'inversion des résultats de tests réalisés sur deux patients est une faute caractérisée. • CE 19 févr. 2003, n° 247908 A : *D. 2004. 530, note Douchy-Oudot ; AJDA 2003. 854, note Deguergue ; RFDA 2003. 349, concl. Chauvaux.*

B. RÉGIME ANTÉRIEUR À L'ART. L. 114-5 CASF

10. *Indemnisation des préjudices : handicaps.* Dès lors que les fautes commises par un médecin et un laboratoire dans l'exécution de contrats formés avec une femme enceinte (non détection de la rubéole) ont empêché celle-ci d'exercer son choix d'interrompre sa grossesse afin d'éviter la naissance d'un enfant atteint d'un handicap, ce dernier peut demander la réparation du préjudice résultant de ce handicap et causé par les fautes retenues. Cassation de l'arrêt qui, dans un tel cas, décide que l'enfant ne subit pas de préjudice indemnisable en relation de causalité avec les fautes commises aux prétendus motifs que les séquelles dont il est atteint ont pour seule cause la rubéole transmise par sa mère et non les fautes commises et qu'il ne peut se prévaloir de la décision de ses parents quant à une interruption de grossesse. • Cass., ass. plén., 17 nov. 2000, *Perruche*, n° 99-13.701 P : *R., p. 319 et 389 ; D. 2001. 332, note D. Mazeaud et note Jourdain ; ibid. Somm. 2796, obs. Vasseur-Lambry ; JCP 2000. II. 10438, rapp. Sargos, concl. contraires Sainte-Rose, note Chabas ; Gaz. Pal. 2001. 37, rapp. Sargos, concl. Sainte-Rose, note Guigue ; Dr. fam. 2001, n° 11, note Murat ; CCC 2001, n° 39, note Leveneur ; RTD civ. 2001. 103, obs. Hauser ; ibid. 149, obs. Jourdain ; ibid. 226, obs. Libchaber.* – Pour l'épilogue de l'affaire *Perruche*, V. • Paris, 11 déc. 2002 : *D. 2003. IR 254, et les obs. ; RCA 2003, n° 140, note Radé.* ♦ *Adde* : l'enfant né handicapé peut demander la réparation du préjudice résultant de son handicap si ce dernier est en relation de causalité directe avec les fautes commises par le médecin dans l'exécution du contrat formé avec sa mère et qui ont empêché celle-ci d'exercer son choix d'interrompre sa grossesse ; dans le cas d'une interruption pour motif thérapeutique, il doit être établi que les conditions médicales prescrites par l'art. L. 2213-1 CSP étaient réunies (condition jugée non remplie en l'espèce). • Cass., ass. plén., 13 juill. 2001 (3 arrêts), n° 97-17.359 P : *R., p. 425 ; BICC 1er oct. 2001, concl. Sainte-Rose, rapp. Blondet ; D. 2001. 2325, note Jourdain ; D. 2002. Somm. 1314, obs. D. Mazeaud ; JCP 2001. II. 10601, concl. Sainte-Rose, note Chabas ; Gaz. Pal. 2001. 1458, note Guigue ; RJPF 2001-10/33, note Hauser et Delmas Saint-Hilaire ; RGDA 2001. 751, note Mayaux ; RTD civ. 2001. 850, obs. Hauser ; RDSS 2001. 848, obs. Terrasson de Fougères.* – V. aussi Dekeuwer-Défossez, *Dr. et patr. 12/2001. 24.* – Gobert, *LPA 21 nov. 2001.* – Benillouche, *LPA 17 avr. 2002.* – Murat, *Dr. fam. 2001. Chron. 24.* Dans le même sens : • Cass., ass. plén., 28 nov. 2001, n° 00-11.197 P : *R., p. 425 ; BICC 1er févr. 2002, concl. Sainte-Rose, rapp. Blondet ; D. 2001. IR 3587 ; JCP 2002. II. 10018, concl. Sainte-*

Rose, note Chabas (condition jugée remplie en l'espèce) • 28 nov. 2001, n° 00-14.248 P : *R., p. 425 ; BICC ibid. ; D. 2001. IR 3588* ; *JCP ibid.* (*idem*). – V. aussi Slim, *RCA 2001. Chron. 24.* – Lafage, *Gaz. Pal. 2002. Doctr. 275.* – Dans le même sens : • Civ. 1re, 9 mars 2004, n° 01-17.277 P : *RCA 2004, n° 189, note Radé ; RJPF 2004-10/46, note Chabas.*

V. déjà, dans l'affaire ayant donné lieu à l'arrêt *Perruche* précité (et cassant • Paris, 17 déc. 1993 : *D. 1995. Somm. 98, obs. Penneau*) : • Civ. 1re, 26 mars 1996, n° 94-10.951 P : *D. 1997. 35, note Roche-Dahan (2e esp.)* ; *D. 1997. Somm. 322, obs. Penneau (2e esp.)* ; *JCP 1996. I. 3946, n° 6, obs. Murat ; ibid. 3985, nos 19 s., obs. Viney ; RTD civ. 1996. 623, obs. Jourdain* ; *ibid. 871, obs. Hauser* (décision admettant l'indemnisation du préjudice d'un enfant né handicapé par suite d'une faute médicale dans le diagnostic de la rubéole). – V. aussi Hermitte, *Gaz. Pal. 1997. 2. Doctr. 1403.* ♦ *Contra,* sur renvoi : • Orléans, 5 févr. 1999 : *RTD civ. 2000. 80, obs. Hauser*, et, postérieur à l'arrêt *Perruche,* • Aix-en-Provence, 21 mars 2001 : *JCP 2001. II. 10600, note Bloch* (il ne saurait être fait droit à la demande portant sur une évaluation du préjudice de l'enfant dont la malformation est sans lien de causalité avec l'échographie). ♦ Comp., également en sens inverse : si un être humain est dès sa conception titulaire de droits, il ne possède pas celui de naître ou de ne pas naître. • Bordeaux, 26 janv. 1995 : *JCP 1995. IV. 1568 ; RTD civ. 1995. 863, obs. Hauser* (refus d'indemnisation d'une personne handicapée). ♦ V. aussi, estimant qu'il n'est pas établi que l'infirmité dont souffre l'enfant, né trisomique, et qui est inhérente à son patrimoine génétique serait consécutive aux fautes commises par l'hôpital dans les examens pratiqués sur la mère : • CE 14 févr. 1997, *CHR de Nice c/ Quarez : Lebon 44, concl. Pécresse* ; *D. 1997. Somm. 322, obs. Penneau (3e esp.)* ; *ibid. 1998. Somm. 294, obs. Henneron* ; *D. 1999. Somm. 60, obs. Bon et de Béchillon* ; *JCP 1997. II. 22828, note Moreau ; RFDA 1997. 374, concl. Pécresse, note Mathieu* ; *RD publ. 1997. 1139, notes Auby et Waline ; LPA 28 mai 1997, note Alloiteau.*

Code des assurances

Les textes reproduits ci-dessous sont également insérés au ***Code des assurances Dalloz*** *où ils sont assortis d'importantes annotations de jurisprudence.*

DALLOZ ACTION *Droit de la responsabilité et des contrats 2023/2024, nos 5111.00 s.*

1re PARTIE : LÉGISLATIVE
(Décr. n° 76-666 du 16 juill. 1976)

LIVRE I. LE CONTRAT

CHAPITRE IV. *LES ASSURANCES DE RESPONSABILITÉ*

Art. L. 124-1 Dans les assurances de responsabilité, l'assureur n'est tenu que si, à la suite du fait dommageable prévu au contrat, une réclamation amiable ou judiciaire est faite à l'assuré par le tiers lésé. – *[L. 13 juill. 1930, art. 50.]*

Art. L. 124-1-1 *(L. n° 2003-706 du 1er août 2003, art. 80-I)* Au sens du présent chapitre, constitue un sinistre tout dommage ou ensemble de dommages causés à des tiers, engageant la responsabilité de l'assuré, résultant d'un fait dommageable et ayant donné lieu à une ou plusieurs réclamations. Le fait dommageable est celui qui constitue la cause génératrice du dommage. Un ensemble de faits dommageables ayant la même cause technique est assimilé à un fait dommageable unique. – *V. note ss. art. L. 124-5.*

Art. L. 124-2 L'assureur peut stipuler qu'aucune reconnaissance de responsabilité, aucune transaction, intervenues en dehors de lui, ne lui sont opposables. L'aveu de la matérialité d'un fait ne peut être assimilé à la reconnaissance d'une responsabilité. – *[L. 13 juill. 1930, art. 52.]*

Art. L. 124-3 *(L. n° 2007-1774 du 17 déc. 2007, art. 1er-I)* « Le tiers lésé dispose d'un droit d'action directe à l'encontre de l'assureur garantissant la responsabilité civile de la personne responsable. »

L'assureur ne peut payer à un autre que le tiers lésé tout ou partie de la somme due par lui, tant que ce tiers n'a pas été désintéressé, jusqu'à concurrence de ladite somme, des conséquences pécuniaires du fait dommageable ayant entraîné la responsabilité de l'assuré. – *[L. 13 juill. 1930, art. 53.]*

Art. L. 124-4 Dans le cas prévu par l'article L. 25-1 *[art. L. 325-2]* du code de la route, comme il est dit à cet article, "l'assureur du propriétaire du véhicule est tenu de garantir dans les limites du contrat la réparation du dommage causé au tiers sauf recours, s'il y a lieu, contre la collectivité publique qui, par son fait, a causé le dommage ayant donné lieu à la responsabilité de l'assureur et sans qu'une majoration de prime puisse en résulter pour le propriétaire. Il est statué sur ce recours ainsi que sur toute action en responsabilité en cas de non-assurance du véhicule dans les conditions prévues par l'article 1er de la loi n° 57-1424 du 31 décembre 1957".

Art. L. 124-5 *(L. n° 2003-706 du 1er août 2003, art. 80-II)* La garantie est, selon le choix des parties, déclenchée soit par le fait dommageable, soit par la réclamation. Toutefois, lorsqu'elle couvre la responsabilité des personnes physiques en dehors de leur activité professionnelle, la garantie est déclenchée par le fait dommageable. Un décret en Conseil d'État peut également imposer l'un de ces modes de déclenchement pour d'autres garanties.

Le contrat doit, selon les cas, reproduire le texte du troisième ou du quatrième alinéa du présent article.

La garantie déclenchée par le fait dommageable couvre l'assuré contre les conséquences pécuniaires des sinistres, dès lors que le fait dommageable survient entre la prise d'effet initiale de la garantie et sa date de résiliation ou d'expiration, quelle que soit la date des autres éléments constitutifs du sinistre.

La garantie déclenchée par la réclamation couvre l'assuré contre les conséquences pécuniaires des sinistres, dès lors que le fait dommageable est antérieur à la date de résiliation ou d'expiration de la garantie, et que la première réclamation est adressée à l'assuré ou à son assureur entre la prise d'effet initiale de la garantie et l'expiration d'un délai subséquent à sa date de résiliation ou d'expiration mentionné par le contrat, quelle que soit la date des autres éléments constitutifs des sinistres. Toutefois, la garantie ne couvre les sinistres dont le fait dommageable a été connu de l'assuré postérieurement à la date de résiliation ou d'expiration que si, au moment où l'assuré a eu connaissance de ce fait dommageable, cette garantie n'a pas été resouscrite ou l'a été sur la base du déclenchement par le fait dommageable. L'assureur ne couvre pas l'assuré contre les conséquences pécuniaires des sinistres s'il établit que l'assuré avait connaissance du fait dommageable à la date de la souscription de la garantie.

Le délai subséquent des garanties déclenchées par la réclamation ne peut être inférieur à cinq ans. Le plafond de la garantie déclenchée pendant le délai subséquent ne peut être inférieur à celui de la garantie déclenchée pendant l'année précédant la date de la résiliation du contrat. Un délai plus long et un niveau plus élevé de garantie subséquente peuvent être fixés dans les conditions définies par décret. — *V. art. R. 124-2 à R. 124-4, issus du Décr. n° 2004-1284 du 26 nov. 2004 (JO 28 nov.).*

Lorsqu'un même sinistre est susceptible de mettre en jeu les garanties apportées par plusieurs contrats successifs, la garantie déclenchée par le fait dommageable ayant pris effet postérieurement à la prise d'effet de la loi n° 2003-706 du 1er août 2003 de sécurité financière est appelée en priorité, sans qu'il soit fait application des quatrième et cinquième alinéas de l'article L. 121-4.

Les dispositions du présent article ne s'appliquent pas aux garanties d'assurance pour lesquelles la loi dispose d'autres conditions d'application de la garantie dans le temps.

Les dispositions des art. L. 124-1-1 et L. 124-5 entrent en vigueur à l'issue d'un délai de trois mois à compter de la publication de la loi n° 2003-706 du 1er août 2003 [JO 2 août]. — Elles s'appliquent aux garanties prenant effet postérieurement à l'entrée en vigueur de ladite loi, du fait de la souscription d'un nouveau contrat, ou de la reconduction de garanties d'un contrat en cours. — Toute autre garantie, dès lors qu'il est stipulé que la survenance du fait dommageable pendant la durée de validité du contrat est une condition nécessaire de l'indemnisation, est déclenchée par le fait dommageable conformément aux art. L. 124-1-1 et L. 124-5. — Toute garantie ne relevant d'aucun des deux alinéas précédents est déclenchée par la réclamation. Sans préjudice de l'application de clauses contractuelles stipulant une protection plus étendue, les art. L. 124-1-1 et L. 124-5 sont applicables (L. préc., art. 80-IV et VII).

……………………………………………………………………

LIVRE IV. ORGANISATIONS ET RÉGIMES PARTICULIERS D'ASSURANCE

CHAPITRE II (DU TITRE II). *LE FONDS DE GARANTIE DES VICTIMES DES ACTES DE TERRORISME ET D'AUTRES INFRACTIONS (L. n° 90-589 du 6 juill. 1990). (Décr. n° 88-260 du 18 mars 1988)*

SECTION 1. *Indemnisation des victimes des actes de terrorisme et d'autres infractions (L. n° 2008-644 du 1er juill. 2008, art. 2).*

Art. L. 422-1 *(L. n° 90-589 du 6 juill. 1990, art. 14)* « Pour l'application de l'article L. 126-1, la réparation intégrale des dommages résultant d'une atteinte à la personne est assurée par l'intermédiaire du fonds de garantie des victimes des actes de terrorisme et d'autres infractions. »

Ce fonds, doté de la personnalité civile, est alimenté par un prélèvement sur les contrats d'assurance de biens dans *(L. n° 2013-1279 du 29 déc. 2013, art. 62-I-5°)* « les conditions suivantes.

« Ce prélèvement est assis sur les primes ou cotisations des contrats d'assurance de biens qui garantissent les biens situés sur le territoire national et relevant des branches 3 à 9 de l'article R. 321-1, dans sa rédaction en vigueur à la date de publication de la loi n° 2013-1279 du 29 décembre 2013 de finances rectificative pour 2013, et souscrits auprès d'une entreprise mentionnée à l'article L. 310-2.

« Le montant de la contribution, compris entre 0 € et 6,50 €, est fixé par arrêté du ministre chargé des assurances. »

(L. n° 2019-1479 du 28 déc. 2019, art. 166-I) « Cette contribution est recouvrée et contrôlée suivant les mêmes règles et sous les mêmes garanties et sanctions que la taxe sur les conventions d'assurance prévue à l'article 991 du code général des impôts. Les réclamations sont présentées, instruites et jugées selon les règles applicables à cette même taxe.

« Le fonds de garantie » est subrogé dans les droits que possède la victime contre la personne responsable du dommage.

(L. n° 2014-896 du 15 août 2014, art. 27-II, en vigueur le 1er oct. 2014) « Le fonds est également alimenté par des versements prévus au II de l'article 728-1 du code de procédure pénale. Lorsque ces versements sont effectués, la victime est alors directement indemnisée par le fonds à hauteur, le cas échéant, des versements effectués et, à hauteur de ces versements, l'avant-dernier alinéa du présent article n'est pas applicable. »

Le I de l'art. 166 de la L. n° 2019-1479 du 28 déc. 2019 s'applique aux contributions pour lesquelles un fait générateur d'imposition intervient à compter du 1er janv. 2022 (L. préc., art. 166-VI).

Art. L. 422-1-1 *(L. n° 2019-222 du 23 mars 2019, art. 64, en vigueur le 1er avr. 2019)* Le fonds de garantie mentionné à l'article L. 422-1 peut requérir de toute administration ou tout service de l'État et des collectivités publiques, de tout organisme de sécurité sociale, de tout organisme assurant la gestion des prestations sociales, de tout employeur ainsi que des établissements financiers ou entreprises d'assurance susceptibles de réparer tout ou partie du préjudice la réunion et la communication des renseignements dont ceux-ci disposent ou peuvent disposer relatifs à l'exécution de leurs obligations éventuelles, sans que ne puisse lui être opposé le secret professionnel.

Le fonds de garantie informe la victime mentionnée à l'article L. 126-1 avant toute réquisition susceptible de porter sur des renseignements relatifs à sa personne ou à sa situation et sollicite son accord préalable lorsque la réquisition est adressée à son employeur.

Les renseignements ainsi recueillis ne peuvent être utilisés à d'autres fins que l'instruction du dossier d'indemnisation et leur divulgation est interdite. Les personnes qui ont à connaître des documents et informations fournis au fonds de garantie sont tenues au secret professionnel dans les conditions et sous les peines prévues aux articles 226-13 et 226-14 du code pénal.

Art. L. 422-2 Le fonds de garantie est tenu, dans un délai d'un mois à compter de la demande qui lui est faite, de verser une ou plusieurs provisions à la victime qui a subi une atteinte à sa personne ou, en cas de décès de la victime, à ses ayants droit, sans préjudice du droit pour ces victimes de saisir le juge des référés.

(L. n° 2019-222 du 23 mars 2019, art. 64, en vigueur le 1er sept. 2020) « Pour procéder à l'examen médical de la victime mentionnée à l'article L. 126-1, le fonds de garantie choisit un médecin spécialisé en évaluation des dommages corporels inscrit sur les listes des experts judiciaires dressées par les cours d'appel. »

Le fonds de garantie est tenu de présenter à toute victime une offre d'indemnisation dans un délai de trois mois à compter du jour où il reçoit de celle-ci la justification de ses préjudices. Cette disposition est également applicable en cas d'aggravation du dommage.

Les articles L. 211-15 à L. 211-18 sont applicables à ces offres d'indemnisation. Les offres tardives ou manifestement insuffisantes peuvent ouvrir droit à des dommages et intérêts au profit de la victime. — *[L. 9 sept. 1986, art. 9-III.]*

(L. n° 2016-1827 du 23 déc. 2016, art. 60) « Le fonds rembourse aux régimes d'assurance maladie les dépenses mentionnées au 1° et au *a* du 2° du II de l'article L. 169-10 du code de la sécurité sociale. »

(L. n° 2019-222 du 23 mars 2019, art. 64, en vigueur le 1er avr. 2019) « Le présent article s'applique lorsque la juridiction reconnaît le droit à indemnisation de la victime. En ce cas, le délai mentionné au *(L. n° 2019-222 du 23 mars 2019, art. 64-VI, en vigueur le 1er sept. 2020)* « troisième » alinéa court à compter du jour où la décision de la juridiction est exécutoire. »

Art. L. 422-3 En cas de litige, le juge civil, si les faits générateurs du dommage ont donné lieu à des poursuites pénales, n'est pas tenu de surseoir à statuer jusqu'à décision définitive de la juridiction répressive.

Les victimes des dommages disposent, dans le délai prévu à l'article *(L. n° 2008-561 du 17 juin 2008, art. 18)* « 2226 » du code civil, du droit d'action en justice contre le fonds de garantie. — *[L. 9 sept. 1986, art. 9-IV.]*

Art. L. 422-4 *(L. n° 90-589 du 6 juill. 1990, art. 15)* Les indemnités allouées en application des articles 706-3 à 706-14 du code de procédure pénale par la commission instituée par l'article 706-4 de ce code *(L. n° 2008-644 du 1er juill. 2008, art. 2)* « ainsi que les indemnités et provisions prévues par l'article L. 422-7 du présent code » sont versées par le fonds de garantie des victimes des actes de terrorisme et d'autres infractions.

Art. L. 422-5 *(L. n° 92-665 du 16 juill. 1992)* Le fonds de garantie peut interjeter appel des décisions rendues par la commission instituée par l'article 706-4 du code de procédure pénale.

Art. L. 422-6 *(L. n° 2019-1479 du 28 déc. 2019, art. 166-I)* L'article L. 422-1, à l'exception de son cinquième alinéa, et les articles L. 422-1-1 à L. 422-5 sont applicables dans les îles Wallis-et-Futuna, en Polynésie française et en Nouvelle-Calédonie.

Dans ces collectivités, la contribution prévue à l'article L. 422-1 est perçue par les entreprises d'assurance suivant les mêmes règles et sous les mêmes garanties et sanctions que la taxe sur les conventions d'assurance prévue à l'article 991 du code général des impôts. Elle est recouvrée mensuellement par le fonds de garantie.

Le I de l'art. 166 de la L. n° 2019-1479 du 28 déc. 2019 s'applique aux contributions pour lesquelles un fait générateur d'imposition intervient à compter du 1er janv. 2022 (L. préc., art. 166-VI).

SECTION 2. *Aide au recouvrement des dommages et intérêts pour les victimes d'infractions (L. n° 2008-644 du 1er juill. 2008, art. 2).*

Les modifications issues de l'art. 2 de la L. n° 2008-644 du 1er juill. 2008 sont applicables à toutes les décisions juridictionnelles rendues à compter du 1er oct. 2008.

Art. L. 422-7 Dans un délai de deux mois à compter de la réception de la demande d'aide au recouvrement formulée en application de l'article 706-15-1 du code de procédure pénale, le fonds de garantie accorde à la partie civile le paiement intégral des dommages et intérêts et des sommes allouées en application des articles 375 ou 475-1 du même code si leur montant total est inférieur ou égal à 1 000 €.

Si le montant total des dommages et intérêts et des sommes allouées en application des articles 375 ou 475-1 du même code est supérieur à 1 000 €, le fonds accorde dans le même délai une provision correspondant à 30 % du montant desdits dommages et intérêts et sommes dans la limite d'un plafond de 3 000 €. Toutefois, le montant de cette provision ne peut pas être inférieur à 1 000 €.

Le fonds de garantie est subrogé dans les droits de la victime dans les conditions prévues par le premier alinéa de l'article 706-11 du même code. Pour les sommes à recouvrer supérieures à la provision versée, le fonds de garantie dispose d'un mandat.

Art. L. 422-8 Le fonds de garantie peut exercer toutes voies de droit utiles pour obtenir des personnes responsables du dommage causé par l'infraction ou tenues à un titre quelconque d'en assurer la réparation totale ou partielle le paiement des dommages et intérêts et des sommes allouées en application des articles 375 ou 475-1 du code de procédure pénale.

Le fonds de garantie peut se faire communiquer les renseignements nécessaires à l'exercice de sa mission d'aide au recouvrement dans les conditions prévues par le dernier alinéa de l'article 706-11 du même code.

Art. L. 422-9 Les sommes à recouvrer par le fonds de garantie sont majorées d'une pénalité, au titre des frais de gestion, égale à un pourcentage des dommages et intérêts et des sommes allouées en application des articles 375 ou 475-1 du code de procédure pénale. Ce pourcentage est fixé par arrêté du ministre chargé des assurances.

Lorsque l'auteur de l'infraction a fait l'objet d'une obligation d'indemnisation de la victime dans le cadre d'une peine de sanction-réparation, d'un sursis probatoire ou d'une décision d'aménagement de peine ou de libération conditionnelle, la partie de la somme recouvrée sous le contrôle du procureur de la République ou du juge de l'application des peines et dans le respect des conditions fixées par ce dernier ou par son délégué ne sera assortie d'aucune pénalité au titre des frais de gestion.

Le fonds recouvre par ailleurs les frais d'exécution éventuellement exposés.

Art. L. 422-10 Les sommes recouvrées par le fonds de garantie sont utilisées en priorité pour le remboursement au fonds de garantie des indemnités ou des provisions versées à la partie civile en application de l'article L. 422-7, des frais d'exécution éventuellement exposés et d'une partie des frais de gestion mentionnés à l'article L. 422-9 égale à un pourcentage des indemnités ou des provisions versées à la partie civile en application de l'article L. 422-7. Ce pourcentage est fixé par arrêté du ministre chargé des assurances.

Pour les sommes recouvrées par le fonds au-delà des indemnités, provisions ou frais mentionnés au précédent alinéa, le fonds perçoit, au titre du remboursement des frais de gestion mentionnés à l'article L. 422-9, un montant égal à ce même pourcentage de ces sommes. Le solde est versé à la partie civile.

Le montant total des frais de gestion perçus par le fonds ne peut en aucun cas dépasser le montant déterminé en application de l'article L. 422-9.

Art. L. 422-11 Les articles L. 422-7 à L. 422-10 sont applicables dans les îles Wallis-et-Futuna, en Polynésie française et en Nouvelle-Calédonie.

Pour l'application de l'article L. 422-7 dans les îles Wallis-et-Futuna, en Polynésie française et en Nouvelle-Calédonie, le montant des dommages et intérêts et des sommes allouées en application des articles 375 et 475-1 du code de procédure pénale est exprimé en monnaie locale, compte tenu de la contre-valeur dans cette monnaie.

Code de l'éducation

(Ord. n° 2000-549 du 15 juin 2000)

Art. L. 911-4 Dans tous les cas où la responsabilité des membres de l'enseignement public se trouve engagée à la suite ou à l'occasion d'un fait dommageable commis, soit par les élèves ou les étudiants qui leur sont confiés à raison de leurs fonctions, soit au détriment de ces élèves ou de ces étudiants dans les mêmes conditions, la responsabilité de l'État est substituée à celle desdits membres de l'enseignement qui ne peuvent jamais être mis en cause devant les tribunaux civils par la victime ou ses représentants.

Il en est ainsi toutes les fois que, pendant la scolarité ou en dehors de la scolarité, dans un but d'enseignement ou d'éducation physique, non interdit par les règlements, les élèves et les étudiants confiés ainsi aux membres de l'enseignement public se trouvent sous la surveillance de ces derniers.

L'action récursoire peut être exercée par l'État soit contre le membre de l'enseignement public, soit contre les tiers, conformément au droit commun.

Dans l'action principale, les membres de l'enseignement public contre lesquels l'État pourrait éventuellement exercer l'action récursoire ne peuvent être entendus comme témoins.

L'action en responsabilité exercée par la victime, ses parents ou ses ayants droit, intentée contre l'État, ainsi responsable du dommage, est portée devant le tribunal de l'ordre judiciaire du lieu où le dommage a été causé et dirigée contre *(L. n° 2015-177 du 16 févr. 2015, art. 15-I-2°)* « l'autorité académique compétente ».

La prescription en ce qui concerne la réparation des dommages prévus par le présent article est acquise par trois années à partir du jour où le fait dommageable a été commis. — *[L. 5 avr. 1937, art. 2.]*

La modification issue de l'art. 15-I-2° de la L. n° 2015-177 du 16 févr. 2015 est applicable aux actions en responsabilité introduites, sur le fondement de l'art. L. 911-4 C. éduc., devant les juridictions judiciaires à compter du premier jour du troisième mois suivant la publication du décret pris en application de ces dispositions (L. préc., art. 15-VIII-2).

....

Art. R. 442-40 En matière d'accidents scolaires, la responsabilité de l'État est appréciée dans le cadre des dispositions de l'article 1242 du code civil et de l'article L. 911-4 du présent code.

Code minier

Art. L. 155-3 *(Ord. n° 2022-535 du 13 avr. 2022, art. 1er)* L'explorateur ou l'exploitant, ou toute personne assurant ou ayant assuré la conduite effective d'opérations d'exploration ou d'exploitation des substances du sous-sol ou de ses usages ou, à défaut, le titulaire du titre minier est responsable des dommages, y compris des dommages sanitaires et environnementaux, ayant pour cause déterminante l'activité d'exploration ou d'exploitation dès lors qu'elle est régie par le présent code.

Sa responsabilité n'est limitée ni au périmètre du titre minier, ni à sa durée de validité.

Le responsable peut s'exonérer de sa responsabilité en apportant la preuve d'une cause étrangère. Il peut également réduire ou supprimer sa responsabilité s'il démontre que le dommage est causé conjointement par l'activité minière et par la faute de la victime, consistant, notamment, en une abstention de prise en compte par cette dernière des recommandations émises par les autorités sanitaires.

Dans les mêmes conditions et sous les mêmes limites que celles posées aux premier, deuxième et troisième alinéas, en cas de défaillance ou de disparition du responsable, l'État est garant de la réparation des dommages causés par ces activités. Il peut également prendre ou faire prendre, en son nom et à ses frais, par un établissement public de l'État, des mesures de réparation ou visant à prévenir la survenance imminente d'un dommage grave ou, en cas de risque minier menaçant gravement la sécurité des personnes, faire appel à la procédure prévue à l'article L. 174-6.

L'État est subrogé dans les droits de la victime à l'encontre du responsable.

Est seul réparable le préjudice actuel, direct et certain résultant d'un dommage mentionné au premier alinéa.

L'indemnisation des dommages mentionnés par les dispositions de l'article L. 421-17 du code des assurances peut être gérée, pour le compte de l'État, par un fonds de garantie, qui perçoit alors une rémunération correspondant aux dépenses, exposées par ce fonds, pour cette activité.

L'art. 1er de l'Ord. n° 2022-535 du 13 avr. 2022 s'applique à tout dommage découvert après le 14 avr. 2022 (Ord. préc., art. 2).

Code de la santé publique

(Ord. n° 2000-548 du 15 juin 2000)

LIVRE I (DE LA 1re PARTIE). PROTECTION DES PERSONNES EN MATIÈRE DE SANTÉ

(L. n° 2002-303 du 4 mars 2002, art. 98 et 119)

TITRE IV. RÉPARATION DES CONSÉQUENCES DES RISQUES SANITAIRES

(L. n° 2002-303 du 4 mars 2002, art. 98 et 119)

RÉP. CIV. v° *Médecine : réparation des conséquences des risques sanitaires*, par. E. Terrier et J. Penneau.

DALLOZ ACTION *Droit de la responsabilité et des contrats 2023/2024, nos 6411.00 s.*

BIBL. GÉN. ▸ **Loi du 4 mars 2002** : Alt-Maes, *Gaz. Pal. 2009. 2862* (suicide et responsabilité des établissements et personnels de soins). – Bacache, *Mél. Larroumet, Economica, 2010, p. 19* (responsabilité médicale sans faute). – Bandon-Tourret, *Gaz. Pal. 2008. 3965* (faute de diagnostic et responsabilité de l'établissement de santé). – Bellivier et Rochfeld, *RTD civ. 2002. 574.* – Courtieu, *RCA 2003. Chron. 6* (des lois perverses). – Dreifuss-Netter, *RCA 2002. Chron. 17* (feue la responsabilité civile contractuelle du médecin ?). – Dubouis, *RDSS 2002. 803*. – Duval-Arnould, *R. 2002, p. 213* (la responsabilité des professionnels et établissements privés de santé à la lumière de la loi du 4 mars 2002). – Garay, *Gaz. Pal. 2002. Doctr. 713.* – Lachaud, *Dr. et patr. 1/2003. 95.* – Lambert-Faivre, *D. 2002. Chron. 1367.* – Lambert-Garrel, *Cah. dr. entr. 2004, n° 1.* – Lantero, *RDSS 2015. 37* (fondements de la responsabilité sans faute des établissements publics de santé). – Leca, *RRJ 2002/3. 1305* (aléa thérapeutique). – Mistretta, *JCP 2002. I. 141.* – Neyret, *RLDC 2009/57, n° 3290.* – Penneau, *Mél. Gobert, Economica, 2004, p. 327.* – Radé, *RCA 2002. Chron. 7.* – Reboul-

Maupin, *LPA 19 juin 2002* (aléa thrapeutique). ▸ **Infections nosocomiales :** Dendoncker, *Gaz. Pal. 2003. Doctr. 823 et 838.* – Sargos, *JCP 2002, n° 25, Aperçu rapide. 276.* ▸ **Premières applications :** Hocquet-Berg et Vialla, *Cah. dr. entr. 2004, n° 1.* ▸ **Premier bilan :** Berthiau, *RDSS 2007. 772* (la faute médicale depuis la loi du 4 mars 2002). – D. Martin, *D. 2006. Chron. 3021* (l'indemnisation des victimes d'accidents médicaux comme politique publique). – Philopoulos, *D. 2007. Chron. 1813* (réparation des risques sanitaires). – *R. 2011, p. 201* (risque dans le régime de responsabilité des professionnels de santé). – Truchet, *RDSS 2015. 14* (la faute et la loi du 4 mars 2002 en matière de responsabilité des établissements publics de santé). – Dossier, *RDSS 2012. 411* (dix ans après) ; *ibid. 2022. 195* (vingt ans après).

▸ **Loi du 30 déc. 2002 sur la responsabilité médicale** : J. Bigot, *JCP 2003. I. 118.* – Lacœuilhe, *D. 2003. Point de vue. 499.* – Lambert-Faivre, *D. 2003. Chron. 361.* – Mistretta, *JCP 2003. Actu. 57.* – Pansier, *Gaz. Pal. 2003. Doctr. 26.* – Radé, *RCA 2003. Chron. 5.* – J.-A. Robert et Régnault, *LPA 5 mars 2003.* – Dossier, *RDSS 2012. 411* (dix ans après). – Dossier, *RDSS 2019. 973* (responsabilité médicale et indemnisation des accidents médicaux). – Dossier, *RCA 2022. 1* (vingt ans de coexistence de la responsabilité et de la solidarité en matière médicale).

▸ **Responsabilité médicale (régime antérieur à la loi du 4 mars 2002 ; art. 1147 anc. C. civ.)** : Chabas, *LPA 22 sept. 1999* (obligation de moyens). – Fabre-Magnan, *RTD civ. 2001. 285* (avortement et responsabilité médicale). – Gimbert, *LPA 4 mars 1998* (transfusion sanguine). – Guigue et Esper, *Gaz. Pal. 1998. 2. Doctr. 1384* (responsabilité du fait anesthésique). – Harichaux, *Clés pour le siècle, Dalloz, 2000, p. 1603* (données de la science). – Hocquet-Berg, *Gaz. Pal. 1999. 1. Doctr. 572* (obligation de sécurité-résultat). – Jourdain, *RCA 1999, n° hors série 7-8 bis, p. 4* (nature et portée). – Kriegk, *Gaz. Pal. 1993. 1. Doctr. 519* (médecine : obligation de sécurité). – Laroche-Gisserot, *LPA 22 sept. 1999* (PMA). – Lokiec, *RTD civ. 2004. 641* (la décision médicale). – Malaurie, *Defrénois 2002. 1516.* – Mansart, *LPA 1er oct. 1999* (prothèses). – Mazière, *LPA 6 juin 2000.* – Mémeteau, *Gaz. Pal. 1987. 1. Doctr. 154* (utilisation du matériel médical et dentaire) ; *ibid. 2001. Doctr. 1346* (responsabilité médicale et information des médecins). – Penneau, *RCA 1999, n° hors série 7-8 bis, p. 9* (fautes médicales) ; *Mél. Lambert, Dalloz, 2002, p. 335* (responsabilité sans faute prouvée). – Picard, *Gaz. Pal. 1995. 2. Doctr. 944* (rôle des présomptions en matière médicale). – Plancqueel, *RTD civ. 1972. 334.* – Porchy, *D. 1998. Chron. 379* (volonté du patient). – Radé, *RCA 2000. Chron. 17* (harmonisation des jurisprudences judiciaire et administrative). – Sami, *Études Lapoyade-Deschamps, Univ. Montesquieu-Bordeaux IV, 2003* (la jurisprudence et la responsabilité médicale). – Sargos, *R. 1996, p. 189* (faute médicale) ; *RCA 1999, n° hors série 7-8 bis, p. 35* (doctrine de la Cour de cassation) ; *ibid. 226* (principe de précaution) ; *Dr. et patr. 4/2001. 18* (jurisprudence de la Cour de cassation) ; *Mél. Lambert, Dalloz, 2002, p. 375* (même thème). – Tunc, *JCP 1945. I. 449.* – Véron, *LPA 22 sept. 1999* (responsabilité pénale). – Welsch, *LPA 10 avr. 1998 ; Gaz. Pal. 1997. 2. Doctr. 1348, n° spécial Droit de la santé.*

▸ **Aléa thérapeutique** : Bonneau, *Gaz. Pal. 1994. 1. Doctr. 823 ; ibid. 1999. 1. Doctr. 857.* – Duval-Arnould, *JCP 2007. I. 165* (accident ou faute médicale ? Point de jurisprudence). – Gouesse, *LPA 25 janv. 2000.* – Guigue, *Gaz. Pal. 2000. 1. Doctr. 520.* – Kimmel-Alcover, *LPA 25 déc. 1996.* – Larroumet, *D. 1999. Chron. 33* (indemnisation). – Leveneur, *CCC 1997. Chron. 5.* – F. Maury, *RRJ 1999/2. 335* (fondement de l'indemnisation). – Sargos, *JCP 2000. I. 202.*

▸ **Accidents médicaux** : Béguin, *RDSS 2019. 975* (contours de la faute de technique médicale). – Borgetto, *RDSS 2019. 973* (responsabilité médicale et indemnisation des accidents médicaux). – Jourdain et Viney, *JCP 1997. I. 4016.* – Lambert-Faivre, *D. 2001. Chron. 570.* – Pansier et Skornicki, *Gaz. Pal. 1998. 2. Doctr. 1391* (faute et accident médical). – Radé, *D. 2022. 1217* (l'autonomie du régime d'indemnisation des victimes d'accidents médicaux en question). – Romani, *LPA 29 mai 2001* (indemnisation). – Sargos, *D. 1996. Chron. 365* .

▸ ***Consommateur* de soins** : Cathelineau, *CCC 1999. Chron. 13.* – Laude, *D. 2000. Chron. 415* ; *D. 2011. 253* (prescription hors autorisation de mise sur le marché et responsabilités).

▸ **Infections nosocomiales dans les établissements de santé** : Chabas, *Gaz. Pal. 2002. Doctr. 661.* – Clément, *LPA 2 sept. 1999.* – Cristol, *RDSS 2019. 983* (infections nosocomiales : entre responsabilité et solidarité). – Daver, *LPA 5 et 6 oct. 1999.* – Dendoncker, *Gaz. Pal. 2003. Doctr. 823 et 838.* – Duval-Arnould, *D. 2007. Chron. 1675* (jurisprudence récente). – Groutel, *RCA 1999, n° hors série 7-8 bis, p. 27.* – Lachaud, *Gaz. Pal. 1999. 2. Doctr. 1619.*

▸ **Produits de santé défectueux :** Bergoignan Esper, *RDSS 2012. 302* (benfluorex-Médiator). – Bloch, *RCA 2014. Étude 1 ; RDSS 2019. 992* (responsabilité du fait des produits de santé : enjeux et perspectives). – Duval-Arnould, *JCP 2013, n° 1151.* – Jouslin de Noray et Joseph-Oudin, *Gaz. Pal. 2017. 2588* (dépakine). – Peigné, *RDSS 2011. 95* (responsabilité hospitalière) ; *ibid. 2012. 305* (Médiator, prothèses PIP...). – Rihal, *RDSS 2015. 33* (la responsabilité sans faute, mode de réparation du risque subi par l'usager de l'hôpital ou causé au tiers par un malade). – Véron et Vialla, *D. 2012. Chron. 1558*.

▸ **Transfusions sanguines** (contamination par transfusion, responsabilité et indemnisation) : Bergé, *Gaz. Pal. 1996. 2. Doctr. 737.* – Dendoncker, *RRJ 2002/2. 743.* – Dorly, *R. 1994, p. 155* (jurisprudence de la Cour de cassation). – Jacotot, *RRJ 2000/2. 509* (charge de la preuve). – J. Julien, *Dr. fam. 2003. Chron. 10.* – Lambert-Faivre, *D. 1993. Chron. 67* ; *RTD civ. 1993. 1*. – Lebeau, *Gaz. Pal. 1999. 1. Doctr. 880.* – Leveneur, *CCC 1995. Chron. 9* (à propos des arrêts du 12 avr. 1995). – Memmi, *Gaz. Pal. 1993. 1. Doctr. 533.* – Morançais-Demeester, *D. 1992. Chron. 189.* – M.-A. et D. Peano, *RCA 1995. Chron. 31.* – Welsch, *LPA 16 avr. 1997.*

▸ **Autres thèmes** : Arhab-Girardin, *RDSS 2019. 1007* (conditions de l'indemnisation de l'accident médical non fautif : une interprétation restrictive ?). – Bloch, *RCA 2022. Étude 8* (réflexions sur le normal et l'anormal en matière de responsabilité médicale). – Clerc-Renaud, *RDSS 2019. 1016* (extension du domaine d'intervention de la solidarité nationale : les accidents dus au Valproate de sodium – Dépakine). – Hocquet-Berg, *RDSS 2014. 444* (incidence de la forme d'exercice sur la responsabilité médicale). – Mistretta, *RDSS 2019. 1001* (indemniser ou punir : place pour la responsabilité pénale médicale depuis la loi du 4 mars 2002). – Porchy-Simon, *RDSS 2019. 1025* (évaluation des préjudices par les acteurs de la réparation). – Sargos, *D. 2012. Chron. 2903* (chirurgie esthétique) ; *JCP 2015, n° 315 (idem).* –Simon, *RTD civ. 2019. 477* (sanctionner la mise en danger grâce aux jeux de la causalité). – Théron, *RDSS 2017. 1079* (fait de la victime) ; *ibid. 2019. 474* (essor des contentieux relatifs à la délivrance de traitements ou de soins). – Vignon-Barrault, *RDSS 2019. 1033* (projet de réforme de la responsabilité civile du 13 mars 2017 et indemnisation du dommage corporel). – Vioujas, *D. 2014. 2535*.

CHAPITRE II. *RISQUES SANITAIRES RÉSULTANT DU FONCTIONNEMENT DU SYSTÈME DE SANTÉ*
(L. n° 2002-303 du 4 mars 2002, art. 98 et 119)

SECTION 1. *Principes généraux*

Art. L. 1142-1 I. — Hors le cas où leur responsabilité est encourue en raison d'un défaut d'un produit de santé, les professionnels de santé mentionnés à la quatrième partie du présent code, ainsi que tout établissement, service ou organisme dans lesquels sont réalisés des actes individuels de prévention, de diagnostic ou de soins ne sont responsables des conséquences dommageables d'actes de prévention, de diagnostic ou de soins qu'en cas de faute.

Les établissements, services et organismes susmentionnés sont responsables des dommages résultant d'infections nosocomiales, sauf s'ils rapportent la preuve d'une cause étrangère.

II. — Lorsque la responsabilité d'un professionnel, d'un établissement, service ou organisme mentionné au I ou d'un producteur de produits n'est pas engagée, un accident médical, une affection iatrogène ou une infection nosocomiale ouvre droit à la réparation des préjudices du patient *(L. n° 2004-806 du 9 août 2004, art. 114)* « et, en cas de décès, de ses ayants droit » au titre de la solidarité nationale, lorsqu'ils sont directement imputables à des actes de prévention, de diagnostic ou de soins et qu'ils ont eu pour le patient des conséquences anormales au regard de son état de santé comme de l'évolution prévisible de celui-ci et présentent un caractère de gravité, fixé par décret, apprécié au regard de la perte de capacités fonctionnelles et des conséquences sur la vie privée et professionnelle mesurées en tenant notamment compte du taux *(L. n° 2009-526 du 12 mai 2009, art. 112)* « d'atteinte permanente à l'intégrité physique ou psychique, de la durée de l'arrêt temporaire des activités professionnelles ou de celle du déficit fonctionnel temporaire ».

Ouvre droit à réparation des préjudices au titre de la solidarité nationale un taux *(L. n° 2009-526 du 12 mai 2009, art. 112)* « d'atteinte permanente à l'intégrité physique ou psychique » supérieur à un pourcentage d'un barème spécifique fixé par décret ; ce pourcentage, au plus égal à 25 %, est déterminé par ledit décret.

Sur l'exclusion de la chirurgie esthétique du dispositif de réparation des préjudices au titre de la solidarité nationale, V. CSP, art. L. 1142-3-1.

Le pourcentage mentionné au dernier al. de l'art. L. 1142-1 est fixé à 24 %.

Un accident médical, une affection iatrogène ou une infection nosocomiale présente également le caractère de gravité mentionné à l'art. L. 1142-1 lorsque la durée de l'incapacité temporaire de travail résultant de l'accident médical, de l'affection iatrogène ou de l'infection nosocomiale est au moins égale à six mois consécutifs ou à six mois non consécutifs sur une période de douze mois.

A titre exceptionnel, le caractère de gravité peut être reconnu :

1° Lorsque la victime est déclarée définitivement inapte à exercer l'activité professionnelle qu'elle exerçait avant la survenue de l'accident médical, de l'affection iatrogène ou de l'infection nosocomiale ;

2° Ou lorsque l'accident médical, l'affection iatrogène ou l'infection nosocomiale occasionne des troubles particulièrement graves, y compris d'ordre économique, dans ses conditions d'existence (CSP, art. D. 1142-1, issu du Décr. n° 2003-314 du 4 avr. 2003, art. 1er).

Le barème d'évaluation des taux d'incapacité des victimes d'accidents médicaux, d'affections iatrogènes ou d'infections nosocomiales mentionné à l'art. L. 1142-1 constitue l'annexe 11-2 du CSP (CSP, art. D. 1142-2). – ***CSP.***

PLAN DES ANNOTATIONS

1. *Droit transitoire.* En application de l'art. 101 de la L. du 4 mars 2002, tel que modifié par la L. n° 2002-1577 du 30 déc. 2002, les dispositions du titre IV du livre I, à l'exception du chapitre I (art. L. 1141-1 à L. 1141-4), de l'art. L. 1142-2 (assurance obligatoire) et de la section 5 du chapitre II (dispositions pénales) s'appliquent aux accidents médicaux, affections iatrogènes et infections nosocomiales consécutifs à des activités de prévention, de diagnostic ou de *soins réalisées à compter du 5 sept. 2001*, même s'ils font l'objet d'une instance en cours, à moins qu'une décision de justice irrévocable n'ait été prononcée. ♦ L'art. 3 de la L. du 30 déc. 2002, qui s'est borné à interpréter l'art. 101 de la L. du 4 mars 2002 dont la rédaction était ambiguë, ne caractérise pas une ingérence injustifiée du législateur dans le cours de la justice qui serait constitutive d'une violation des art. 2 C. civ. et 6 Conv. EDH. • Civ. 1re, 18 oct. 2005, n° 04-14.268 P : *D. 2006. 705, note Smallwood et Vialla ; ibid. Pan. 694, obs. Penneau ; RDSS 2005. 1047, note Arhab ; LPA 3 août 2007, note Lazarus* • 4 avr. 2006, n° 04-17.491 P : *D. 2006. IR 1187 ; RDSS 2006. 749, note Hennion-Jacquet ; RCA 2006. Étude 20, par Chekli ; RTD civ. 2006. 567, obs. Jourdain*. ♦ V. également note ss. art. L. 1142-1-1.

2. *Solidarité nationale.* Pour la prise en compte de certains dommages au titre de la solidarité nationale, V. ss. art. L. 1142-1-1.

Sur la limitation, à compter de la L. n° 2014-1554 du 22 déc. 2014 (art. L. 1142-3-1 CSP), de la prise en charge des actes dépourvus de finalité préventive, diagnostique, thérapeutique ou reconstructrice, y compris dans leur phase préparatoire ou de suivi, entraînant l'exclusion des actes à visée esthétique, V. • Civ. 1re, 9 déc. 2020, n° 19-10.114 P (acte soumis en l'espèce aux textes antérieurs).

I. RESPONSABILITÉ DES PROFESSIONNELS DE SANTÉ : PRINCIPES GÉNÉRAUX

3. Domaine de l'art. L. 1142-1 CSP. Les actes de chirurgie esthétique, quand ils sont réalisés dans les conditions prévues aux art. L. 6322-1 et L. 6322-2 CSP, ainsi que les actes médicaux qui leur sont préparatoires, constituent des actes de soins au sens de l'art. L. 1142-1 CSP. • Civ. 1re, 5 févr. 2014, n° 12-29.140 P : *D. 2014. 697, note Porchy-Simon ; ibid. 2021, obs. Laude ; ibid. 2015. 124, obs. Gout ; RTD civ. 2014. 394, obs. Jourdain ; RCA 222014, n° 27, obs. Hocquet-Berg.* ♦ Jugé qu'un accouchement par voie basse ne constitue pas un acte médical et n'est donc pas compris dans la catégorie des actes de prévention, de diagnostic ou de soins visés par l'art. L. 1142-1 CSP. • TA Amiens, 6 déc. 2007 : *AJDA 2008. 550 ; D. 2009. Somm. 1303, obs. crit. Penneau.* ♦ Mais si l'accouchement par voie basse constitue un processus naturel, les manœuvres obstétricales pratiquées par un professionnel de santé lors de cet accouchement caractérisent un acte de soins au sens de l'art. L. 1142-1. • Civ. 1re, 19 juin 2019, n° 18-20.883 P : *RDSS 2019. 942, obs. Curier-Roche ; RTD civ. 2019. 602, obs. Jourdain.*

4. Fondement de la responsabilité : art. L. 1142-1 CSP. Sur le changement de fondement de la responsabilité et l'adoption d'une référence directe à l'art. L. 1142-1-I CSP, V. • Civ. 1re, 28 janv. 2010, n° 09-10.992 P : *D. 2010. 1522, note Sargos ; RJPF 2010-4/13, note Putman ; RCA 2010, n° 85, obs. Radé ; RLDC 2010/69, n° 3737, obs. Bugnicourt ; RDSS 2010. 375, note Arhab-Girardin ; Constitutions 2010. 304, obs. Bioy* (responsabilité du médecin pour une intervention chirurgicale mutilante, non justifiée et non adaptée, sur le fondement des art. L. 1142-1 CSP et 16-3 C. civ.) • 14 oct. 2010, n° 09-69.195 P : *R., p. 399 ; D. 2010. 2682, note Sargos ; RLDC 2011/78, n° 4087, obs. Le Nestour-Drelon ; RTD civ. 2011. 128, obs. Jourdain.* ♦ Si l'art. L. 1142-1 CSP concerne indifféremment les secteurs public et privé de la santé, des différences de régime peuvent se maintenir. V. sur la prescription des actions en responsabilité médicale, CSP, art. L. 1142-28, et sur la compétence juridictionnelle, note 101.

Le non-respect par un médecin du devoir d'information dont il est tenu envers son patient cause à celui auquel cette information était légalement due un préjudice qu'en vertu de l'anc. art. 1382 [1240] le juge ne peut laisser sans réparation. • Civ. 1re, 12 juin 2012 : *cité note 24 ss. CSP, art. L. 1111-2, ss. art. 16-9* (visa des principes du respect de la dignité de la personne humaine et d'intégrité du corps humain et de l'anc. art. 1382 [1240]).

5. Solution ancienne : responsabilité contractuelle. V. précédemment pour l'utilisation des règles de la responsabilité contractuelle : il se forme entre le médecin et son client un véritable contrat comportant pour le praticien l'engagement de donner des soins attentifs, consciencieux et, sous réserve faite de circonstances exceptionnelles, conformes aux données acquises de la science ; la violation, même involontaire, de cette obligation contractuelle est sanctionnée par une responsabilité de même nature, également contractuelle. • Civ. 20 mai 1936, *Mercier : GAJC, 11e éd., n° 161-162 (I) ; DP 1936. 1. 88, rapp. Josserand, concl. Matter, note E. P.* – Dans le même sens : • Civ. 1re, 30 oct. 1962 : *D. 1963. 57, note Esmein.*

V. également pour les établissements de santé : nature contractuelle de la relation entre un patient et un établissement de soins privé. • Civ. 6 mars 1945 : *D. 1945. 217.* ♦ Le contrat de soins du patient qui consulte dans un établissement privé est conclu avec cet établissement et non avec le médecin qui reçoit le patient, dès lors que ce médecin est le salarié de l'établissement. • Civ. 1re, 4 juin 1991 : *JCP 1991. II. 21730, note J. Savatier ; Gaz. Pal. 1992. 2. 503, note Chabas ; RTD civ. 1992. 123, obs. Jourdain.*

6. Exceptions : responsabilité délictuelle. Les décisions ci-dessous ont été rendues dans le cadre de la jurisprudence antérieure à la L. du 4 mars 2002. La rédaction actuelle de l'art. L. 1142-1-I CSP n'évoquant plus l'existence d'un contrat, la question d'un visa direct de ce texte est posée.

En l'absence de contrat conclu entre la patiente d'un chirurgien et le médecin anesthésiste que celui-ci s'est substitué sans son consentement, l'éventuelle responsabilité de l'anesthésiste ne pourrait être recherchée par la patiente que sur un fondement délictuel. • Civ. 1re, 18 oct. 1960, n° 58-11.594 P : *D. 1961. 125 ; JCP 1960. II. 21730, note J. Savatier.* ♦ Comp. pour une action contractuelle lorsqu'un lien direct a été établi entre le patient et l'anesthésiste. • Civ. 1re, 27 mai 1970, n° 69-10.117 P.

Le contrat d'hospitalisation et de soins liant seulement l'établissement de santé à son patient, l'action en réparation des victimes par ricochet (parents du patient) a un caractère délictuel. • Civ. 1re, 18 juill. 2000, n° 99-12.135 P : *R., p. 386 et 392 ; D. 2000. IR 217 ; JCP 2000. II. 10415, concl. Sargos ; CCC 2000, n° 175, note Leveneur.*

Responsabilité délictuelle d'un médecin salarié, à l'encontre d'une victime ayant contracté avec l'établissement employeur, sous la réserve de l'application de la jurisprudence *Coste-Doat*, V. note 41 et • Civ. 1re, 9 avr. 2002 : *cité note 30.*

Responsabilité délictuelle à l'égard d'une salariée d'un médecin du travail et de son employeur, un centre de médecine du travail. • Civ. 1re, 24 janv. 2006, n° 02-16.648 P : *D. 2006. IR 396* ; *RCA 2006, n° 90, note Radé* (commet une faute le médecin du travail, chargé d'un service de médecine préventive, qui a prescrit à une patiente un médicament contre l'obésité, en contravention à ses obligations de médecin du travail).

Un agent public n'engage sa responsabilité personnelle devant la juridiction judiciaire que dans le cas d'une faute personnelle détachable du service, caractérisée par un manquement volontaire et inexcusable à des obligations d'ordre professionnel et déontologique. • Civ. 1re, 18 janv. 2023, n° 21-13.369 B.

7. Exclusion des obligations de résultat. Pour des décisions excluant explicitement, avant la L. du 4 mars 2002, l'existence d'une obligation de résultat à la charge d'un médecin dans le cadre de son obligation de soins : • Civ. 1re, 29 oct. 1968, n° 66-14.133 P : *JCP 1969. II. 15799, note R. Savatier* (cassation ; conservation d'une séquelle à la suite de l'opération d'une hernie) • 7 oct. 1992, n° 90-21.141 P : *D. 1993. 589, note Dorsner-Dolivet* ; *JCP 1993. II. 22071, note Chabas* (application à un chirurgien esthétique ; aléa lié à la technique des prothèses mammaires) • 8 nov. 2000, n° 99-11.735 P : *R., p. 384* ; *D. 2001. Somm. 2236, obs. D. Mazeaud* ; *ibid. 3083, obs. Penneau* ; *JCP 2001. II. 10493, rapp. Sargos, note Chabas* ; *ibid. I. 340, nos 19 s., obs. Viney* ; *Defrénois 2001. 267, obs. Aubert* ; *Gaz. Pal. 2000. 2. 2453, note Bonneau* ; *RDSS 2001. 54, note Dubouis* ; *CCC 2001, n° 3, note Leveneur* ; *LPA 4 déc. 2000, note S. Prieur* ; *RTD civ. 2001. 154, obs. Jourdain* • 27 mars 2001, n° 99-13.471 P : *R., p. 429* ; *D. 2001. IR 1284* ; *RCA 2001. Chron. 13, par Radé* • 4 janv. 2005, n° 03-13.579 P : *JCP 2005. II. 10061, note Mistretta* ; *RDSS 2005. 332, obs. Pitcho* (anesthésiste ; séquelles dentaires après une intubation ; la responsabilité du médecin étant subordonnée à la preuve d'une faute commise dans l'accomplissement de l'acte médical, cassation de l'arrêt se fondant sur une obligation de sécurité de résultat, fût-elle qualifiée d'accessoire à une obligation de moyens).

Exclusion d'une obligation de sécurité résultat pour une chute d'une patiente descendant d'une table d'examen radiographique. • Civ. 1re, 9 nov. 1999 : *cité note 83.*

8. Exclusion des aléas thérapeutiques. La réparation des conséquences de l'aléa thérapeutique n'entre pas dans le champ des obligations dont un médecin est contractuellement tenu à l'égard de son patient. • Civ. 1re, 8 nov. 2000 : *préc. note 7* • 27 mars 2001 : *préc. note 7* • Paris, 4 mars 2005 : *D. 2005. 2131, note Terrier* • Civ. 1re, 22 nov. 2007, n° 05-20.974 P : *D. 2008. 816, note Bacache* ; *JCP 2008. II. 10069, note Corpart* ; *Gaz. Pal. 3-5 févr. 2008, avis Legoux* ; *RCA 2008, n° 31, note Hocquet-Berg.*

Pour des illustrations : • Civ. 1re, 8 nov. 2000 : *préc. note 7* (paralysie irréversible des membres inférieurs et incontinence à la suite d'une intervention de dérivation du liquide céphalo-rachidien pour remédier à une hydrocéphalie) • 27 mars 2001 : *préc. note 7* (intervention sur le maxillaire supérieur entraînant une cécité d'un œil consécutive à un accident vasculaire).

Sur la distinction de l'aléa thérapeutique et de l'obligation de précision du geste, V. note 33. ♦ ... De la responsabilité du fait des matériels, V. note 84. ♦ Aléa thérapeutique et obligation d'information, V. note 6 ss. art. L. 1142-1-1 CSP.

II. RESPONSABILITÉ POUR FAUTE LORS D'ACTES INDIVIDUELS DE PRÉVENTION, DE DIAGNOSTIC ET DE SOINS

A. PRINCIPES GOUVERNANT L'APPRÉCIATION DE LA FAUTE

9. Cadre scientifique : références aux données acquises. Sur la référence aux données « acquises » de la science à la date des soins, par opposition à la notion, erronée, de données « actuelles » de la science, V. • Civ. 1re, 6 juin 2000, n° 98-19.295 P : *R., p. 380* ; *JCP 2001. II. 10447, note Mémeteau.* – V. aussi Atias, *RRJ 1995/3. 759* (références médicales et anesthésie). ♦ Sur l'exigence d'une faute qualifiée, V., en matière de dépistage de maladies ou d'anomalies du fœtus, art. L. 114-5 CASF.

Un professionnel de santé est fondé à invoquer le fait qu'il a prodigué des soins qui sont conformes à des recommandations émises postérieurement et il incombe, alors, à des médecins experts judiciaires d'apprécier, notamment au regard de ces recommandations, si les soins litigieux peuvent être considérés comme appropriés. • Civ. 1re, 5 avr. 2018, n° 17-15.620 P : *D. 2018. 1156, obs. Vialla* ; *RTD civ. 2018. 684, obs. Jourdain*. ♦ Absence de preuve d'une faute imputable au praticien découlant de la discordance entre les mentions figurant dans le dictionnaire Vidal et la notice du vaccin. • Civ. 1re, 14 nov. 2018, n° 17-27.980 P : *D. 2018. 2230* ; *RCA 2019, n° 51, note Hocquet-Berg* ; *RDC 1/2019. 47, note Viney.*

10. Cadre déontologique. Sur la possibilité de se référer au code de déontologie médicale, V. par exemple : responsabilité d'un médecin qui a manqué à l'obligation pesant sur lui en application de l'art. 18 du code de déontologie médicale [CSP, art. R. 4127-40], de ne pas faire courir au patient un risque injustifié et de refuser d'accéder à ses demandes qui l'exposaient, sans justification thérapeutique, à un danger. • Civ. 1re, 27 mai 1998, n° 96-19.161 P : *D. 1998. 530, note Laroche-Gisserot* . ♦ En présence d'un doute diagnostique, le code de déontologie médicale oblige le praticien à recourir à l'aide de tiers compétents ou de concours appropriés. • Civ. 1re, 27 nov. 2008, n° 07-15.963 P : *D. 2009. Pan. 1302, obs. Penneau ; JCP 2009. II. 10067, note Mordefroy ; RLDC 2009/57, n° 3296, obs. Bugnicourt ; RDC 2009. 533, obs. Borghetti.* ♦ Un médecin, tenu, par l'art. R. 4127-5 CSP, d'exercer sa profession en toute indépendance, ne saurait être lié par le diagnostic établi antérieurement par un confrère, mais doit apprécier, personnellement et sous sa responsabilité, le résultat des examens et investigations pratiqués et, le cas échéant, en faire pratiquer de nouveaux conformément aux données acquises de la science. • Civ. 1re, 30 avr. 2014 : *D. 2014. Chron. C. cass. 1715, note Darret-Courgeon ; RCA 2014, n° 240, obs. Hocquet-Berg.* ♦ Pour la prise en compte de l'art. R. 4127-35 CSP autorisant le médecin à limiter l'information du patient en cas de diagnostic ou de pronostic grave, V. art. L. 1111-2 CSP, ss. art. 16-9 C. civ.

11. Cadre subjectif : personnalité du patient. Le principe de liberté de prescription ne trouve application que dans le respect du droit de toute personne de recevoir les soins les plus appropriés à son âge et à son état, conformes aux données acquises de la science et ne lui faisant pas courir de risques disproportionnés par rapport au bénéfice escompté. • Civ. 1re, 14 oct. 2010 : *RLDC 2011/78, n° 4086, obs. Le Nestour-Drelon ; RTD civ. 2011. 135, obs. Jourdain* (inadéquation du choix d'un médicament pour un nourrisson qui ne constituait plus, depuis plusieurs années, le médicament de référence et de première intention).

12. Des considérations liées aux possibilités financières du patient ne peuvent autoriser le praticien (chirurgien-dentiste) à dispenser des soins non conformes aux données acquises de la science. • Civ. 1re, 19 déc. 2000, n° 99-12.403 P : *R., p. 380 et 382 ; D. 2001. Somm. 3082, obs. Penneau ; RDSS 2001. 278, note Dubouis* .

13. Cadre subjectif : équipe médicale. BIBL. Bert, *D. 2010. Chron. 1801* . ♦ Le chirurgien est tenu, en vertu du contrat qui le lie à son patient, de le faire bénéficier, pour l'ensemble de l'intervention, de soins consciencieux, attentifs et conformes aux données de la science et il répond dès lors des fautes que peut commettre le médecin auquel il a recours pour l'anesthésie, et *qu'il se substitue*, en dehors de tout consentement du patient, pour l'accomplissement d'une partie inséparable de son obligation. • Civ. 1re, 18 oct. 1960, n° 58-11.594 P : *D. 1961. 125 ; JCP 1960. II. 21730, note J. Savatier* • 18 juill. 1983, n° 82-14.323 P : *D. 1984. 149, note Penneau ; JCP 1984. II. 20248, note Chabas* (même motif pour un médecin faisant partie de l'équipe médicale qu'il s'est substituée pour l'anesthésie ; conséquence : il n'appartient pas au patient de mettre en cause l'anesthésiste).

14. … Surveillance des sages-femmes. La liberté dont les sages-femmes doivent disposer dans l'exercice de leur art ne dispense pas le médecin-obstétricien de prendre toutes dispositions utiles pour permettre à la parturiente d'accoucher dans les meilleures conditions. • Civ. 1re, 7 juill. 1998, n° 97-10.869 P : *R., p. 275 ; D. 1999. Somm. 391, obs. Penneau* (devoir de donner des consignes et les recommandations qu'il désire voir appliquer et de solliciter les examens nécessaires) • 9 nov. 2004, n° 01-16.739 P (défaut de contrôle de l'action de la sage-femme qui n'avait pas reçu d'instructions précises sur les mesures appropriées). ♦ Mais un médecin accoucheur n'est pas tenu de suivre l'état d'une parturiente dès son entrée en clinique, lorsque celle-ci est sous la surveillance d'une sage-femme, et qu'aucun élément ne permet de suspecter un accouchement dystocique. • Civ. 1re, 20 juin 2000, n° 98-21.283 P : *R., p. 380, 382 et 391.*

15. … Intervention dans le cadre de la permanence des soins (SAMU). Si la permanence des soins constitue une mission de service public, les actes de diagnostic et de soins réalisés par un médecin d'exercice libéral lors de son service de garde engagent sa responsabilité personnelle, même lorsque son intervention a été sollicitée par le centre de réception et de régulation des appels du SAMU. • Civ. 1re, 4 févr. 2015, n° 14-10.337 P : *AJDA 2015. 248 ; D. 2015. 379* (compétence judiciaire).

16. Identification de l'auteur. La preuve d'une faute lors d'actes de prévention, de diagnostic ou de soins incombe au demandeur ; s'agissant d'une responsabilité personnelle, elle implique que soit identifié le professionnel de santé ou l'établissement de santé auquel elle est imputable ou qui répond de ses conséquences. • Civ. 1re, 3 nov. 2016, n° 15-25.348 P : *D. 2017. 337, note Roujou de Boubée ; ibid. 24, obs. Gout ; RDSS 2017. 306, note Dugué ; RTD civ. 2017. 163, obs. Jourdain ; JCP 2016, n° 1205, note Sargos ; RDC 2017. 250, note Viney* (en l'espèce, en présence de deux interventions successives par des chirurgiens différents, exerçant dans des cliniques distinctes, impossibilité de déterminer à qui était imputable l'oubli d'une compresse).

La présomption de faute à l'encontre d'un chirurgien qui a porté atteinte à un organe ou un tissu que son intervention n'impliquait pas, sauf preuve d'une anomalie rendant l'atteinte inévitable ou de la survenance d'un aléa thérapeutique, implique qu'il soit tenu pour certain que l'atteinte a été causée par le chirurgien lui-même en accomplissant son geste chirurgical. • Civ. 1re, 26 févr. 2020, n° 19-13.423 P : *D. 2020. 488 ; RTD civ. 2020. 398, obs. Jourdain* .

17. Charge de la preuve. L'admission par le juge de la responsabilité du médecin a comme condition préalable la reconnaissance d'une faute commise par lui, et c'est au malade, par application du droit commun, qu'il incombe de la prouver. • Civ. 27 juin 1939 : *DC 1941. 53 (1re esp.), note Nast.* ♦ Dans le même sens : • Civ. 13 juill. 1949 : *D. 1949. 423.* ♦ Mais faute d'enregistrement du rythme fœtal pendant plusieurs minutes, il incombe à la clinique d'apporter la preuve que, au cours de cette période, n'était survenu aucun événement nécessitant l'intervention du médecin obstétricien. • Civ. 1re, 13 déc. 2012, n° 11-27.347 P : *D. 2013. 818, note Lemay ; JCP 2013, n° 140, note Paisant.* ♦ Sur l'inversion de la charge de la preuve en cas de perte d'un dossier médical par un établissement de santé, V. note 51.

En l'absence d'indices sérieux en ce sens, la faute médicale ne peut être admise en se fondant seulement sur des données statistiques. • Civ. 1re, 8 févr. 2023, n° 22-10.169 B.

18. Modes de preuve. L'existence d'une faute ne peut se déduire, par référence à la notion erronée de « faute incluse », de la seule anormalité d'un dommage et de sa gravité. • Civ. 1re, 27 mai 1998, n° 96-17.197 P : *D. 1999. 21, note Porchy ; JCP 1998. I. 187, n° 32, obs. Viney ; Gaz. Pal. 1998. 2. 724, note Guigue.* ♦ V. aussi, à propos de cet arrêt : Héas, *LPA 2 juill. 1999* (maxime *res ipsa loquitur*). ♦ Comp. : responsabilité du médecin dès lors que les seules hypothèses envisageables sont une négligence par défaut d'isolement du nerf et d'une veine, une inattention ou une maladresse, le bistouri venant sectionner le nerf par défaut de précaution. • Civ. 1re, 25 mai 1983, n° 82-14.453 P : *JCP 1984. II. 20281, note Dorsner-Dolivet ; RTD civ. 1984. 115, obs. Durry.*

19. Ne donne pas de base légale à sa décision la cour d'appel qui retient la faute d'un chirurgien, sans préciser sur quels éléments médicaux elle se fonde pour parvenir à une conclusion contraire à celles des expertises judiciaire et administrative réalisées. • Civ. 1re, 14 déc. 2022, n° 21-22.037 B.

B. ILLUSTRATIONS DE FAUTES

1° FAUTES DES MÉDECINS

a. Fautes dans le principe ou la date de l'intervention

20. Consentement et information du patient. Sur la nécessité du consentement, V. ss. art. 16-3 C. civ. ♦ Sur la question de l'information des usagers du système de santé et de l'expression de leur volonté, V. désormais CSP, art. L. 1111-1 s., spécialement L. 1111-2, L. 1111-4 et L. 1111-5, rapportés ss. art. 16-9 C. civ., et la jurisprudence antérieure décrite ss. art. L. 1111-2.

21. Actes injustifiés. *Responsabilité* du chirurgien qui a pratiqué une intervention sans nécessité pour extraire un tire-nerf avalé par le patient d'un dentiste, dès lors que celui-ci ne présentait aucun signe pouvant faire suspecter une perforation et qu'en ce cas la pratique médicale recommandée est d'attendre sous surveillance l'évacuation par les voies naturelles. • Civ. 1re, 30 sept. 1997, n° 95-16.500 P : *R., p. 276 ; JCP 1998. I. 144, n° 21, obs. Viney* (évacuation effectivement survenue après... l'échec de l'intervention). ♦ Sur l'obligation de résister aux demandes du patient pouvant présenter un danger pour lui : • Civ. 1re, 27 mai 1998 : *préc. note 10* (commet une faute le gynécologue qui n'a pas résisté aux demandes déraisonnables de sa patiente, l'exposant à un danger sans justification thérapeutique). ♦ Font preuve d'une obstination déraisonnable caractérisant une faute médicale les médecins ayant conduit des opérations de réanimation d'un nouveau-né, sans pouvoir ignorer les séquelles résultant pour cet enfant de l'anoxie cérébrale de plus d'une demi-heure antérieure à sa naissance et de l'absence d'oxygénation tout au long de ladite réanimation. • TA Nîmes, 2 juin 2009 : *D. 2009. 2874, note Cheynet de Beaupré ; ibid. 2010. 419, note Borghetti ; AJDA 2009. 2474, rapp. Riffard* , appréciation remise en cause par • CAA Marseille12 mars 2015, *CH d'Orange*, n° 10MA03054 : *AJDA 2015. 861, note Hogedez . – Adde*, Malauzat-Martha, *RLDC 2011/84, n° 4300.*

22. Retard dans l'intervention. Responsabilité pour faute en raison du retard apporté à l'intervention, V. par exemple : • Civ. 1re, 7 mars 1966 : *D. 1966. 453* (radiographie pratiquée tardivement) • 1er juin 1976 : *JCP 1976. II. 18483 (deux arrêts), note R. Savatier* (intervention tardive du médecin accoucheur) • 19 mai 1998, n° 96-13.394 P (faute de l'anesthésiste qui n'a pas répondu aux appels d'urgence en un minimum de temps). ♦ Sur le préjudice réparable en cas de retard d'intervention, V. notes 63 s.

23. Un médecin ophtalmologue qui a refusé d'avancer un rendez-vous, alors qu'il connaissait la complication pouvant atteindre son patient diabétique qu'il suivait depuis plusieurs années, qu'il savait que ce dernier ne se soignait pas de façon rigoureuse et qu'il avait été alerté de l'existence de troubles visuels, ne peut invoquer la surcharge des cabinets, qui ne constitue pas une excuse, un médecin devant réserver les cas d'urgence. • Civ. 1re, 6 oct. 2011 : *D. 2011. 2599 ; JCP 2011, n° 1349, note Sargos ; RCA 2012, n° 18.*

b. Fautes de diagnostic et de choix de traitement

24. Diagnostic. Si l'erreur de diagnostic ne saurait constituer une faute lorsqu'elle s'explique par la complexité des symptômes et la difficulté de leur constatation ou interprétation, en revanche le diagnostic rendu impossible par des négligences, notamment par l'omission d'un examen de routine, est constitutif d'une faute en relation de causalité avec le préjudice subi, consistant en un retard au diagnostic et en une perte de chance d'un traitement conservateur. • Civ. 1re, 30 sept. 2010 : *D. actu. 12 oct. 2010,* *obs. P. Guiomard.* ♦ Absence d'erreur de diagnostic en présence d'un accident gravissime et parfaitement imprévisible, la rupture utérine étant impossible à diagnostiquer et à éviter : • Civ. 1re, 4 mai 2012, n° 11-17.022. ♦ Faute caractérisée, par son intensité et son évidence, commise par l'échographe dont le compte rendu mentionne des membres visibles avec leurs extrémités alors que l'enfant est né avec une agénésie de l'avant-bras droit. Pour une faute dans la conduite à tenir face à un doute sur le diagnostic : • Civ. 1re, 27 nov. 2008 : *préc. note 10.*

25. Obligation de se renseigner sur l'état de santé du patient. L'obligation, pour le médecin, de donner au patient des soins attentifs, consciencieux et conformes aux données acquises de la science comporte le devoir de se renseigner avec précision sur son état de santé, afin d'évaluer les risques encourus et de lui permettre de donner un consentement éclairé. • Civ. 1re, 5 mars 2015, n° 14-13.292 P : *D. 2015. 623 ; JCP 2015, n° 555, note Bacache.*

26. Obligation de solliciter les résultats d'analyses prescrites. Faute du médecin qui n'a pas sollicité les résultats d'un test de trisomie 21, et qui ne peut se prévaloir du protocole avec le laboratoire, celui-ci ne prévoyant que la transmission des tests à risque : le praticien ne peut fonder son diagnostic sur le défaut de réponse du laboratoire, sans avoir sollicité ce dernier. • Civ. 1re, 3 mai 2018, n° 16-27.506 P : *D. 2018. 1008 ; AJ fam. 2018. 318, obs. Dionisi-Peyrusse ; RTD civ. 2018. 681, obs. Jourdain* (l'obligation d'information du médecin ne peut dépendre des aléas d'une communication par les laboratoires ou l'intervention des médecins biologistes des laboratoires chargés du test).

27. Choix du traitement. Le principe de liberté de prescription ne trouvant application que dans le respect du droit de toute personne de recevoir les soins les plus appropriés à son âge et à son état, conformes aux données acquises de la science et ne lui faisant pas courir de risques disproportionnés par rapport au bénéfice escompté. • Civ. 1re, 14 oct. 2010 : *D. actu. 28 oct. 2010, obs. Gallmeister.* ♦ Faute dans le choix du traitement : • Montpellier, 14 déc. 1954 : *D. 1955. 745, note Carbonnier* (traitement homéopathique imprudemment ordonné). ♦ Faute dans l'établissement de l'ordonnance. • Civ. 1re, 14 oct. 2010 : *préc. note 11* (responsabilité *in solidum* avec le pharmacien du médecin qui a choisi un médicament inadapté à un nourrisson et qui, en n'indiquant pas l'âge et le poids du patient, n'a pas permis au pharmacien de contrôler la prescription). ♦ Faute du médecin qui s'en tient au diagnostic établi antérieurement par un confrère, sans apprécier personnellement, et sous sa responsabilité, l'état du patient. • Civ. 1re, 30 avr. 2014 : *préc. note 10.* ♦ Mais il n'y a pas faute pour le médecin, en présence d'alternatives thérapeutiques, à choisir l'une d'entre elles dès lors que rien ne permettait de la privilégier ou de la déconseiller par rapport aux autres. • Civ. 1re, 6 juin 2000 : *préc. note 9.* ♦ Absence de faute compte tenu des circonstances entourant un accouchement difficile, n'ayant pas permis au médecin accoucheur de faire un autre choix médical que celui ayant entraîné des séquelles sur l'enfant. • Civ. 1re, 14 oct. 2010 : *D. actu. 25 oct. 2010, obs. Gallmeister.*

Un professionnel de santé est fondé à invoquer le fait qu'il a prodigué des soins qui sont conformes à des recommandations émises postérieurement et il incombe, alors, à des médecins experts judiciaires d'apprécier, notamment au regard de ces recommandations, si les soins litigieux peuvent être considérés comme appropriés. • Civ. 1re, 5 avr. 2018, n° 17-15.620 P : *D. 2018. 1156, obs. Vialla ; RTD civ. 2018. 684, obs. Jourdain* (prise en compte des recommandations du collège national des gynécologues et obstétriciens français édictées quelques mois après la naissance de l'enfant sujette à discussion sur la nécessité de procéder à une césarienne).

28. Choix du geste chirurgical. Cassation de l'arrêt n'ayant pas recherché si la nécrose cutanée à la jonction de cicatrices, complication connue pour ce type d'intervention, n'aurait pas pu être évitée par un geste médical adapté. • Civ. 1re, 6 févr. 2013, n° 12-17.423 P : *D. 2013. 433 .*

c. Fautes d'exécution

29. Mauvaise exécution. Obligation de moyens lors de l'accomplissement d'un examen radiographique. • Civ. 1re, 9 nov. 1999 : *cité note 83.* ♦ Constitue une faute le surdosage d'un produit injecté en vue d'une radiographie. • Civ. 1re, 23 mai 1973 : *JCP 1975. II. 17955 (2e arrêt), note R. Savatier ; RTD civ. 1974. 618, obs. Durry.* ♦ Utilisation d'un matériel inadapté et maladresse. • Civ. 1re, 10 sept. 2014, n° 13-22.535 P : *D. 2014. 2221, note Bacache .*

30. Maladresses et précision du geste : principe. L'atteinte portée par un chirurgien à un organe ou un tissu, que son intervention n'impliquait pas, est fautive en l'absence de preuve par celui-ci d'une anomalie rendant l'atteinte inévitable ou de la survenance d'un risque inhérent à cette intervention qui, ne pouvant être maîtrisé, relève de l'aléa thérapeutique : l'application de cette présomption de faute implique qu'il soit tenu pour certain que l'atteinte a été causée par le chirurgien lui-même en accomplissant son geste chirurgical. • Civ. 1re, 26 févr. 2020, n° 19-13.423 P : *D. 2020. 488 ; RTD civ. 2020. 398, obs. Jourdain .*

V. déjà antérieurement : Toute maladresse d'un praticien engage sa responsabilité. • Civ. 1re, 30 sept. 1997, n° 95-16.500 P : *R., p. 276 ; JCP*

1998. I. 144, n° 21, obs. Viney. ♦ Dans le même sens : • Civ. 1re, 7 janv. 1997, n° 95-10.939 P : *R., p. 276 ; D. 1997. Somm. 319, obs. Penneau ; RCA 1997, n° 135* • 13 oct. 1999 : *LPA 5 juill. 2000, note Villeneuve* (si la perforation du colon ne suffit pas à engager la responsabilité d'un médecin, tel n'est pas le cas d'une erreur de trajet constitutive d'une maladresse et qui constitue une faute) • 9 avr. 2002, n° 00-21.014 P : *Dr. et patr. juill.-août 2002. 96, obs. Chabas ; RTD civ. 2002. 516, obs. Jourdain* (geste maladroit d'un anesthésiste, constitutif d'une faute).

Comp. consacrant la même solution, mais avec une formule plus ambiguë ayant suscité des difficultés d'interprétation : • Civ. 1re, 7 janv. 1997, n° 94-19.497 P : *R., p. 276 ; D. 1997. 189, rapp. Sargos , note Thouvenin ; D. 1997. Somm. 319, obs. Penneau ; JCP 1997. I. 4016 (annexe) ; LPA 14 mai 1997, note Jacotot* (cassation de l'arrêt excluant la responsabilité d'un chirurgien qui a blessé une artère de son patient, en relevant que le praticien n'avait pas commis de maladresse fautive alors qu'il résultait de ces constatations que la blessure de l'artère avait été le fait du chirurgien de sorte que sa responsabilité était engagée). ♦ V. encore ultérieurement : ayant constaté que le rétrécissement de l'œsophage était dû à une erreur d'appréciation du chirurgien sur la tension à donner aux tissus permettant la création d'une valve qui a été posée trop serrée, les juges du fond ont caractérisé l'existence d'un fait anormal imputable au praticien et engageant sa responsabilité. • Civ. 1re, 13 mai 1998, n° 96-22.920 P.

Pour l'utilisation ultérieure d'une formule différente : dès lors que la réalisation d'une intervention médicale n'implique pas l'atteinte à la personne du patient qui s'est effectivement produite, la faute du médecin ne peut être écartée sans la constatation d'une anomalie chez le patient rendant cette atteinte inévitable. • Civ. 1re, 23 mai 2000, n° 98-20.440 P : *R., p. 382 ; D. 2000. IR 183 ; JCP 2000. I. 280, nos 12 s., obs. Viney ; Gaz. Pal. 2000. 2. 2448, note Virfolet ; RTD civ. 2000. 840, obs. Jourdain* • 23 mai 2000, n° 98-19.869 P : *R., p. 382 ; D. 2000. IR 192 ; JCP 2000. I. 280, nos 12 s., obs. Viney ; Gaz. Pal. 2000. 2. 2448, note Virfolet ; RTD civ. 2000. 840, obs. Jourdain* • 18 sept. 2008, n° 07-12.170 P : *D. 2008. AJ 2347 ; ibid. 2009. Pan. 1302, obs. Penneau ; RLDC 2008/54, n° 3179, obs. Pichon ; RTD civ. 2009. 123, obs. Jourdain* (geste maladroit).

Pour le complément de cette formule par la référence à l'obligation de précision du geste : dès lors que la réalisation des extractions dentaires n'impliquait pas les atteintes survenues, la cour d'appel a pu décider que le praticien, tenu d'une obligation de précision du geste de chirurgie dentaire, avait commis une faute dans l'exécution du contrat. • Civ. 1re, 9 oct. 2001, n° 99-20.826 P : *R., p. 430.*

31. La persistance de cette jurisprudence après la L. du 4 mars 2002 semble avoir été implicitement admise par la Cour de cassation : • Civ. 1re, 20 janv. 2011 : *D. 2011. Actu. 376, obs. Gallmeister ; RTD civ. 2011. 354, obs. Jourdain ; RLDC 2011/80, n° 4167, obs. Bugnicourt ; RDC 2011. 549, note Borghetti* (visa exclusif de l'art. L. 1142-1 CSP).

32. ... Illustrations. Pour le sectionnement d'un vaisseau : • Civ. 1re, 7 janv. 1997 : *préc. note 30* (artère) • Civ. 1re, 23 mai 2000 : *préc note 30. ; arrêt n° 1* (artère). ♦ ... Une déchirure de la trachée. • 9 avr. 2002, n° 00-21.014 P : *Dr. et patr. 7-8/2002. 96, obs. Chabas ; RTD civ. 2002. 516, obs. Jourdain* (geste maladroit, constitutif d'une faute de l'anesthésiste, lors d'une intubation). ♦ ... Des perforations : • Civ. 1re, 7 janv. 1997 : *préc.* (perforation de la cloison recto-vaginale) • 18 sept. 2008 : *préc.* (coloscopie à visée exploratoire, en l'absence de prédispositions du patient). ♦ Comp. • Civ. 1re, 29 nov. 2005 : *V. note 33.* ♦ ... L'atteinte portée à un nerf : • Civ. 1re, 23 mai 2000 : *préc. note 30 ; arrêt n° 2* (dentiste) • Civ. 1re, 9 oct. 2001 : *préc. note 30* (dentiste). ♦ Pour la perte d'un instrument : • Civ. 1re, 30 sept. 1997 : *préc. note 30* (perte d'un tire-nerfs lors de soins dentaires, le patient l'ayant avalé). ♦ Comp. • Civ. 1re, 25 févr. 1997, n° 95-11.205 P : *R., p. 273 ; D. 1997. IR 118 ; CCC 1997. 77, obs. Leveneur ; JCP 1997. I. 4016* (annexe) ; *Gaz. Pal. 1997. 1. 273* (absence de faute dans la perte d'un appareil lors d'une intervention).

33. ... Distinction avec l'aléa thérapeutique. Toute maladresse d'un praticien engage sa responsabilité et est par là même exclusive de la notion de risque inhérent à un acte médical. • Civ. 1re, 30 sept. 1997 : *préc.* ♦ Un juge ne saurait énoncer que le préjudice subi par un patient relève de l'aléa thérapeutique sans constater la survenance d'un risque accidentel inhérent à l'acte médical et qui ne pouvait être maîtrisé ; cassation du jugement écartant la responsabilité d'un anesthésiste en analysant comme un aléa la lésion dentaire provoquée lors de l'intubation. • Civ. 1re, 20 janv. 2011 : *préc.* (distinction de l'obligation de précision et de l'aléa thérapeutique).

Mais la réalisation d'un risque inhérent à une intervention chirurgicale ou à la technique utilisée n'établit pas la faute du praticien et s'analyse en un aléa thérapeutique. V. en ce sens : • Civ. 1re, 29 nov. 2005, n° 03-16.308 P : *D. 2006. Pan. 694, obs. Penneau ; Gaz. Pal. 2006. 1095, concl. Sainte-Rose ; RCA 2006, n° 59, note Hocquet-Berg* (section du nerf médian de la main, lors d'une intervention sous endoscopie) • 18 sept. 2008, n° 07-13.080 P : D. 2008. AJ 2347 ; D. 2009. Somm. 1305, obs. *Penneau ; RLDC 2008/54, n° 3180, obs. Pichon ; RTD civ. 2009. 123, obs. Jourdain* (lésion du nerf tibial constituant un risque inhérent à la réparation chirurgicale de la rupture du tendon d'Achille ; chirugien ayant utilisé une technique de réparation conforme aux données acquises de la science). ♦ V. aussi en matière administrative : • CAA Lyon, 29 juin 2010 : *AJDA 2010. 2334* (geste technique difficile compte tenu, en particulier, des variations morphologiques d'un individu à l'autre et de la position variable des vaisseaux sanguins).

d. Obligations postérieures à l'acte de soins

34. Interprétation et transmission des résultats d'examen. Commet une faute un pédiatre qui, chargé de l'examen obligatoire d'un nouveau-né, laisse à des tiers le soin de porter, sur le carnet de santé qu'il signe en blanc, les renseignements relatifs à ce test de dépistage, sans les avoir vérifiés lui-même au vu des documents reçus par la clinique. • Civ. 1re, 23 juin 1998, nº 96-22.728 P : *R., p. 276.* ♦ Faute du radiologue qui n'a pas fourni au gynécologue l'ensemble des informations fournies par une mammographie. • Civ. 1re, 29 nov. 2005, nº 04-13.805 P : *Gaz. Pal. 2006. 1097, concl. Sainte-Rose.*

35. Surveillance des patients. Absence de faute d'un psychiatre dans la surveillance du malade, faute d'éléments permettant de déceler une intention suicidaire. • Civ. 1re, 1er mars 2005, nº 03-18.481 P : *D. 2005. IR 796*. ♦ Un médecin ophtalmologue, ayant connaissance d'une complication quasi constante du diabète, survenant la plupart du temps dix ans après le début de la maladie, et qui, suivant un patient depuis plusieurs années, n'ignore pas que celui-ci ne se soigne pas de façon rigoureuse, se doit de mettre en place une surveillance accrue de son patient. • Civ. 1re, 6 oct. 2011 : *préc. note 23.*

36. ... En présence de plusieurs médecins intervenants. L'obligation de tout médecin de donner à son patient des soins attentifs, consciencieux et conformes aux données acquises de la science emporte, lorsque plusieurs médecins collaborent à l'examen ou au traitement de ce patient, l'obligation pour chacun d'eux d'assurer un suivi de ses prescriptions afin d'assumer ses responsabilités personnelles au regard de ses compétences. • Civ. 1re, 16 mai 2013 : *D. 2013. 2014. 47, obs. Gout ; RTD civ. 2013. 619, obs. Jourdain ; RDSS 2013. 741, obs. Arhab-Girardin ; JCP 2013, nº 762, note Sargos ; Gaz. Pal. 2013. 2294, obs. Zelcevic-Duhamel ; RCA 2013, nº 269, obs. Hocquet-Berg (responsabilité de l'anesthésiste qui a prescrit un* neuroleptique en raison de céphalées lors d'un accouchement, et à qui il incombait de s'informer de l'effet de ce traitement, notamment aux fins de déterminer, en collaboration avec le gynécologue-obstétricien, si les troubles étaient en lien avec l'anesthésie ou avec l'accouchement, afin de former un diagnostic).

e. Fautes en cas d'infections nosocomiales

37. Retour à une responsabilité pour faute. Avant la L. du 4 mars 2002, la jurisprudence admettait qu'un médecin soit tenu vis-à-vis de son patient d'une obligation de sécurité de résultat, dont il ne pouvait se libérer qu'en rapportant la preuve d'une cause étrangère. V. pour l'arrêt initial : • Civ. 1re, 29 juin 1999, nº 97-21.903 P : *R., p. 396 ; GAJC, 11e éd., nº 161-162 (II) ; D. 1999. 559, note Thouvenin (2e esp.) ; ibid. Somm. 395, obs. Penneau ; JCP 1999. II. 10138, rapp. Sargos ; JCP 2000. I. 199, nos 15 s., obs. Viney ; Gaz. Pal. 2000. 1. Doctr. 624, étude Hocquet-Berg ; Defrénois 1999. 994, obs. D. Mazeaud ; RCA 1999. Chron. 20, par Groutel ; LPA 15 nov. 1999, note Denis-Chaubet ; RTD civ. 1999. 841, obs. Jourdain*.

Cette jurisprudence a été brisée par l'art. L. 1142-1-I CSP qui limite désormais l'obligation de résultat aux établissements, services et organismes de santé réalisant des actes individuels de prévention, de diagnostic ou de soins, exigeant *a contrario* pour tous les autres la preuve d'une faute. V. en ce sens : • Poitiers, 21 janv. 2003, nº 00/01149 • Lyon, 27 mars 2003, nº 2001/03396 (sol. impl. ; loi non applicable à l'espèce : maintien de l'obligation de résultat).

Le lieu de l'acte médical, cabinet ou établissement de santé, peut-il influer sur la nature de l'obligation ? Rappr., avant la loi de 2002 et dans le cadre de l'obligation de résultat, ne faisant aucune différence selon que l'acte médical a été réalisé dans un établissement de santé ou dans le cabinet. • Civ. 1re, 13 févr. 2001, nº 98-19.433 P : *R., p. 428 ; D. 2001. Somm. 3083, obs. Penneau*.

Sur la charge de la preuve du caractère nosocomial, qui pèse sur le patient, V. note 76 (solution ayant perdu de son importance lorsque l'obligation est de moyens).

38. Obligation d'information sur les infections nosocomiales. Cette modification ne dispense pas les professionnels de santé de leur obligation d'information : en présence d'un risque d'infection nosocomiale scientifiquement connu comme étant en rapport avec le type d'intervention pratiqué, la seule absence de faute du praticien dans la réalisation de celle-ci ne peut suffire à déterminer la teneur de son devoir d'information, V. • Civ. 1re, 8 avr. 2010 : *cité ss. art. L. 1111-2 CSP, ss. art. 16-9.*

f. Causes d'exonération

39. Faute du patient. Seule une faute du patient peut exonérer, totalement ou partiellement, le praticien de sa responsabilité. • Civ. 1re, 17 janv. 2008, nº 06-20.107 P : *D. 2008. 1256, note Dumery ; JCP 2008. I. 186, nº 4, obs. Stoffel-Munck ; RCA 2008, nº 110, obs. Radé ; LPA 4 avr. 2008, note Youego* (arrêt écartant la prétendue faute du patient, cause d'aggravation du dommage, consistant dans un retour en avion de la Martinique pour se faire soigner en métropole).

2° FAUTES DES ÉTABLISSEMENTS

40. QPC. Le deuxième al. de l'art. L. 1142-1 CSP, qui instaure une différence de traitement dans l'engagement de la responsabilité pour obtenir la réparation des dommages liés à une infection nosocomiale n'ouvrant pas droit à réparation au titre de la solidarité nationale, selon que cette infection a été contractée dans un établissement, service ou organisme de santé ou auprès d'un professionnel de santé exerçant en ville, est conforme à la Constitution ; en effet, les actes de prévention, de diagnostic ou de soins pratiqués dans un établissement, service ou organisme de santé se caractérisent par une prévalence des infections nosocomiales supérieure à celle constatée chez les professionnels de santé exerçant en ville, tant en raison des caractéristiques des patients accueillis et de la durée de leur séjour qu'en raison de la nature des actes pratiqués et de la spécificité des agents pathogènes de ces infections ; ces organismes de santé sont tenus de mettre en œuvre une politique d'amélioration de la qualité et de la sécurité des soins et d'organiser la lutte contre les événements indésirables, les infections associées aux soins et l'iatrogénie, le législateur ayant entendu prendre en compte les conditions dans lesquelles les actes de prévention, de diagnostic ou de soins sont pratiqués dans les établissements, services et organismes de santé et la spécificité des risques en milieu hospitalier ; la différence de traitement qui découle des conditions d'engagement de la responsabilité pour les dommages résultant d'infections nosocomiales repose sur une différence de situation et elle est en rapport avec l'objet de la loi. • Cons. const. 1er avr. 2016, n° 2016-531 QPC : *D. 2016. 1064, note Vauthier et Vialla ; RTD civ. 2016. 643, obs. Jourdain .* ♦ Sur la transmission de la QPC : • Civ. 1re, 6 janv. 2016, n° 15-16.894 P : *D. 2016. 2187, obs. Bacache ; ibid. 2017. 24, obs. Brun, Gout et Quézel-Ambrunaz ; RCA 2016, Alerte n° 4, obs. Bloch* , et sur l'issue de l'affaire : • Civ. 1re, 12 oct. 2016, n° 15-16.894 P : *D. 2016. 131 .*

41. *Faute des médecins.* BIBL. Hontebeyrie, *D. 2004. Chron. 81* (responsabilité des cliniques du fait des médecins). – Jourdain, *RCA 1999, n° hors série 7-8 bis, p. 16 ; LPA 22 sept. 1999.* – Porchy-Simon, *Mél. Lambert, Dalloz, 2002, p. 361* (responsabilité de la clinique du fait du médecin). – Riot, *D. 2006. Chron. 111* (exercice « subordonné » de l'art médical). ♦ En vertu du contrat d'hospitalisation et de soins le liant au patient, un établissement de santé privé est responsable des fautes commises tant par lui-même que par ses substitués ou ses préposés qui ont causé un préjudice à ce patient. • T. confl. 14 févr. 2000, n° 00-02.929 P : *D. 2000. IR 138 ; JCP 2001. II. 10584, note Hardy ; LPA 26 avr. 2001, note De Andrade ; RFDA 2000. 1232, note Pouyaud ; RDSS 2001. 85, obs. Mémeteau .* ♦ Si, en vertu du contrat d'hospitalisation et de soins le liant au patient, un établissement de santé privé est responsable des fautes commises tant par lui-même que par ses substitués ou ses préposés, et si, nonobstant l'indépendance professionnelle inaliénable dont bénéficie le médecin dans l'exercice de son art, un tel établissement, sans préjudice de son action récursoire, peut être déclaré responsable de fautes commises par un praticien, c'est à la condition que ce médecin soit son salarié. • Civ. 1re, 26 mai 1999, n° 97-15.608 P : *R., p. 394 ; D. 1999. 719, note E. Savatier ; ibid. Somm. 386, obs. Penneau ; JCP 1999. II. 10112, rapp. Sargos ; JCP 2000. I. 199, n° 18, obs. Viney ; Defrénois 1999. 1334, obs. Aubert ; RTD civ. 1999. 634, obs. Jourdain .* ♦ Une telle responsabilité n'est pas celle de l'art. 1384 anc. [1242], al. 5. • Civ. 1re, 9 avr. 2002 : *préc. note 30.* ♦ Rappr. retenant une violation de l'art. 8 Conv. EDH lorsque les autorités ont refusé d'engager la responsabilité de l'hôpital alors que les fautes du médecin avaient été établies et que celui-ci était insolvable. • CEDH, sect. III, 2 juin 2009, *C. c/ Roumanie*, n° 31675/04 (assurance du médecin non obligatoire à l'époque).

Sur la responsabilité de l'établissement de santé du fait des personnels qui assistent le médecin lors d'un acte médical lorsque la victime est le praticien lui-même, V. • Civ. 1re, 13 mars 2001, n° 99-12.255 P : *R., p. 430 ; D. 2001. Somm. 3084, obs. Penneau ; Dr. et patr. 11/2001. 93, obs. Chabas ; Gaz. Pal. 2002. 387, note Gency-Tandonnet ; RTD civ. 2001. 599, obs. Jourdain .*

42. Le médecin salarié, qui agit sans excéder les limites de la mission qui lui est impartie par l'établissement de santé privé, n'engage pas sa responsabilité à l'égard du patient. • Civ. 1re, 9 nov. 2004, n° 01-17.908 P : *R., p. 348 ; D. 2005. 253, note Chabas ; ibid. 2005. Pan. 405, obs. Penneau ; JCP 2005. II. 10020, rapp. Duval-Arnould, note Porchy-Simon ; ibid. I. 132, nos 8 s., obs. Viney ; JCP E 2005. 625, note Viottolo ; LPA 22 déc. 2004, note Barbièri ; RTD civ. 2005. 140, obs. Jourdain* • 9 nov. 2004, n° 01-17.168 P : *Gaz. Pal. 2005. 360, note Bangoura* (même solution pour une sage-femme salariée). – Sur ces arrêts : Asselain, *RCA 2005. Étude 6.* ♦ ... Sauf faute pénale du salarié. • Civ. 1re, 17 févr. 2011, n° 10-10.449 P : *cité note 60 ss. art. 1242.*

43. *Faute de l'établissement : principe.* En vertu du contrat d'hospitalisation et de soins le liant à son patient, un établissement de santé privé est tenu de lui donner des soins attentifs et consciencieux. • Civ. 1re, 18 juill. 2000, n° 99-12.207 P : *R., p. 392* (responsabilité de l'établissement dont le personnel, alerté par le patient, s'est contenté d'administrer des calmants, sans procéder à des vérifications ni alerter le médecin). ♦ ... Ainsi que d'une obligation de renseignements concernant les prestations qu'il est en mesure d'assurer. • Civ. 1re, 11 juin 2009 :

D. 2010. 364, note Mémeteau ; RCA 2009, n° 258, note Radé.

44. ... Formation du personnel. Commet une faute la clinique qui, disposant de l'équipement technique conforme aux données acquises de la science obstétricale, met à la disposition des parturientes un personnel n'ayant pas reçu la formation suffisante pour lui permettre d'utiliser cet équipement. • Civ. 1re, 7 juill. 1998 : *préc. note 14.* ♦ Manquement à son obligation de mettre à disposition du patient un personnel compétent de l'établissement laissant un médecin généraliste pratiquer des opérations relevant de la chirurgie esthétique, sans vérifier s'il disposait des compétences requises en ce domaine. • Civ. 1re, 14 oct. 1997, n° 95-21.390 P : *D. 1999. Somm. 391, obs. Penneau ; JCP 1998. I. 144, n° 22, obs. Viney ; RTD civ. 1998. 120, obs. Jourdain* • Civ. 1re, 11 juin 2009 : *préc. note 43.*

45. ... Organisation et continuité des soins. En vertu du contrat d'hospitalisation et de soins le liant à son patient, un établissement de santé privé est tenu de mettre à son service des médecins pouvant intervenir dans les délais imposés par son état. • Civ. 1re, 15 déc. 1999, n° 97-22.652 P : *R., p. 394 ; D. 2001. Somm. 3085, obs. Penneau ; JCP 2000. II. 10384, note Mémeteau ; ibid. I. 241, n° 6, obs. Viney* (faute d'organisation dans le fait de ne pas avoir mis en place une permanence de médecins anesthésistes réanimateurs permettant une intervention dans les trois minutes suivant la naissance) • 13 nov. 2008, n° 07-15.049 P : *D. 2009. Pan. 1302, obs. Penneau ; JCP 2009. II. 10030, note Sargos ; RLDC 2009/56, n° 3256, obs. Bugnicourt ; RDC 2009. 533, obs. Borghetti* (faute admise lorsqu'en raison des dispositions trop imprécises et insuffisamment contraignantes du règlement intérieur, la continuité des soins n'a pas été garantie lors d'un accouchement).

L'absence de communication de la découverte d'un germe chez l'enfant par le service de pédiatrie au service de gynécologie où la mère demeurait hospitalisée établit un défaut de coordination entre les deux services du même établissement hospitalier qui constitue une faute d'organisation et de fonctionnement. • CE 9 déc. 1988, n° 53755 B.

46. ... Surveillance. Ne manque pas à son obligation d'assurer la surveillance de ses patients et de leur donner des soins conformes aux prescriptions médicales l'établissement qui n'était pas informé des contre-indications d'un traitement anti-coagulant ni du fait que la patiente prenait un tel traitement durant son séjour. • Civ. 1re, 15 nov. 2005, n° 03-18.669 P : *D. 2005. IR 2970 ; RCA 2006, n° 58, note Hocquet-Berg.*

Responsabilité de la clinique, conjointement avec le médecin anesthésiste, pour un accident survenu à un enfant en salle de réanimation, le médecin ayant été imprudent en transférant l'enfant en salle de surveillance post-interventionnelle avant son réveil complet, alors que l'infirmière présente dans cette salle aurait dû, compte tenu de cette circonstance et de la fréquence du risque, prendre toutes les précautions nécessaires pour assurer une surveillance maximale. • Civ. 1re, 10 déc. 2014, n° 13-21.607 P (application des dispositions du CSP attribuant la prise en charge des patients admis dans une salle de surveillance post-interventionnelle aux agents paramédicaux spécialement formés, à charge pour eux de prévenir, en cas de besoin, le médecin anesthésiste-réanimateur, engageant la responsabilité de l'établissement, faute de transfert du lien de préposition au médecin).

47. ... Établissements psychiatriques. Les cliniques psychiatriques ne sont tenues à l'égard des malades qui leur sont confiés que d'une obligation de moyens consistant à assurer leur surveillance et à leur donner des soins d'après les prescriptions des médecins. • Civ. 1re, 29 juin 1982, n° 81-12.040 P (patient hospitalisé en milieu ouvert, entré pour se reposer, sans nécessité d'une surveillance particulière). ♦ V. aussi • Civ. 1re, 13 oct. 1999, n° 97-16.216 P : *D. 1999. IR 245* (obligation de moyens adaptée à la pathologie du malade et à sa situation administrative ; la notion de surveillance constante au sens de l'art. L. 333 CSP anc. signifie qu'une équipe soignante, engagée dans un projet thérapeutique, doit pouvoir, à tout moment, intervenir en cas de besoin). ♦ En vertu du contrat d'hospitalisation et de soins le liant à son patient, un établissement de santé privé est tenu de prendre les mesures nécessaires pour veiller à sa sécurité, les exigences afférentes à cette obligation étant fonction de l'état du patient. • Civ. 1re, 18 juill. 2000, n° 99-12.135 P : *R., p. 386 et 392 ; D. 2000. IR 217 ; JCP 2000. II. 10415, concl. Sargos* (malade suicidaire laissé sans surveillance). ♦ Absence de faute d'une clinique qui a fait toute diligence pour accueillir son patient, sans être informée des antécédents psychiatriques de ce dernier et de la surveillance particulière qu'ils justifiaient : • Civ. 1re, 3 mars 1998, n° 96-13.775 P. ♦ Absence de faute d'un hôpital psychiatrique accueillant un toxicomane, sur demande d'un tiers, dès lors que celui-ci a profité d'un programme de réinsertion auquel il avait adhéré, pour quitter l'établissement. • Civ. 1re, 13 oct. 1999 : *préc.* ♦ Il appartient au médecin psychiatre, chargé au sein de l'établissement de santé de suivre le patient, de prescrire les mesures de soins et de surveillance appropriées à son état. • Civ. 1re, 21 juin 2005, n° 03-18.779 P : *D. 2005. IR 1805* (omission du psychiatre de prescrire les mesures de surveillance appropriées d'un patient dont les tendances suicidaires étaient connues).

48. ... Établissements accueillant des handicapés. Un centre médico-pédagogique et professionnel accueillant des déficients mentaux n'est tenu que d'une obligation de moyens.

• Civ. 1re, 4 nov. 1982, nº 81-13.415 P : *RTD civ. 1983. 546, obs. Durry* • 5 juill. 2006, nº 03-12.344 P : *D. 2006. IR 2212* ; *JCP 2006. II. 10169, note Brusorio* (absence de faute dans la participation à un exercice physique, dans l'ignorance de la fragilité de la rotule du pensionnaire). ♦ Manquement d'un centre d'accueil de handicapés à son obligation contractuelle de sécurité en raison de l'exercice dangereux demandé à un pensionnaire infirme moteur soumis à des problèmes d'équilibre : • Civ. 1re, 16 avr. 1996, nº 94-14.660 P. ♦ ... Ou en raison de l'organisation défectueuse du système de surveillance : • Civ. 2e, 12 mai 2005, nº 03-17.994 P : *D. 2005. IR 1451* .

49. Articulation des obligations de l'établissement et des médecins. La circonstance que les médecins exercent à titre libéral et engagent leur seule responsabilité au titre du contrat de soins n'est pas de nature à exonérer l'établissement de santé privé de sa responsabilité encourue pour son manque de rigueur dans l'organisation. • Civ. 1re, 13 nov. 2008 : *préc.* ♦ La circonstance que les médecins aient eux-mêmes des obligations n'est pas de nature à exonérer l'établissement de sa responsabilité. • Civ. 1re, 15 déc. 1999 : *préc.*

50. L'organisation du service incombant à l'établissement de santé, cassation de l'arrêt retenant une faute d'un médecin au motif qu'il avait effectué un nombre de visites insuffisant alors que pendant cette période le praticien était seulement d'astreinte à son domicile, qu'il n'avait pas été appelé par l'établissement et n'avait pas reçu d'indications préalables sur l'état de santé du patient justifiant ces visites. • Civ. 1re, 21 févr. 2006, nº 02-19.297 P : *D. 2007. Pan. 1457, obs. Penneau* ; *RDSS 2006. 740, obs. Arhab* .

51. Perte d'un dossier. Les établissements de santé engagent leur responsabilité en cas de perte d'un dossier médical dont la conservation leur incombe ; une telle perte, qui caractérise un défaut d'organisation et de fonctionnement, place le patient ou ses ayants droit dans l'impossibilité d'accéder aux informations de santé concernant celui-ci et, le cas échéant, d'établir l'existence d'une faute dans sa prise en charge ; dès lors, elle conduit à inverser la charge de la preuve et à imposer à l'établissement de santé de démontrer que les soins prodigués ont été appropriés. • Civ. 1re, 26 sept. 2018, nº 17-20.143 P : *D. 2018. 2153, obs. Bacache* ; *RTD civ. 2019. 119, obs. Jourdain* ; *RCA 2018, nº 306, note Bloch.* ♦ Lorsque l'établissement de santé n'a pas rapporté une telle preuve et que se trouve en cause un acte accompli par un praticien exerçant à titre libéral, *la faute imputable à cet établissement* fait perdre au patient la chance de prouver que la faute du praticien est à l'origine de l'entier dommage corporel subi ; perte de chance souverainement évaluée par les juges du fond ; l'ONIAM est fondé à exercer un recours subrogatoire à l'encontre de l'établissement de santé. • Même arrêt.

3º FAUTES DES AUTRES PRATICIENS

52. Chirurgien-dentiste : obligation de moyens. BIBL. Le Masson, *Gaz. Pal. 1995. 2. Doctr. 948.* ♦ Le contrat qui se forme entre le chirurgien-dentiste et son client entraine l'obligation pour le premier de donner au second des soins conformes aux règles consacrées par la pratique dentaire et aux données de la science. Le praticien est responsable des suites dommageables des soins s'il s'est rendu coupable d'une imprudence, d'une inattention ou d'une négligence révélant une méconnaissance de ses devoirs. • Civ. 1re, 14 mars 1967, nº 66-10.284 P (absence de faute lorsque le dommage a été provoqué par un mouvement de la langue du patient) • 29 oct. 1985, nº 83-17.091 P : *D. 1986. 417 (2e esp.), note Penneau* • 15 nov. 1988, nº 86-16.443 P • 12 juin 1990, nº 89-11.909 P (absence de pertinence d'une référence à une obligation de résultat pour analyser les soins prodigués lors de la pose d'une prothèse). ♦ Absence de faute en présence de prestations opportunes, adaptées et nécessaires eu égard à la pathologie et de soins dispensés dans les règles de l'art en fonction de la difficulté particulière du cas de la patiente, les résultats obtenus correspondaient au pronostic qu'il était raisonnable d'envisager. • Civ. 1re, 20 mars 2013, nº 12-12.300 P : *D. 2013. 836, obs. Gallmeister* ; *ibid. 2014. 47, obs. Gout* ; *RTD civ. 2013. 616, obs. Jourdain* ; *Gaz. Pal. 2013. 1010, obs. Legoux* ; *RDC 2013. 929, obs. Viney* (prothèses dentaires).

53. ... Obligation de précision. Engage sa responsabilité le chirurgien-dentiste qui, lors de l'extraction d'une dent, provoque par son fait la fracture du maxillaire du patient. • Civ. 1re, 3 févr. 1998, nº 96-13.329 P : *JCP 1998. I. 187, nº 33, obs. Viney* ; *RCA 1998, nº 165, obs. Groutel.* – V. aussi • Civ. 1re, 9 oct. 2001, nº 99-20.826 P : *R., p. 430* (obligation de précision du geste de chirurgie dentaire) • 17 janv. 2008 : *préc. note 39* (perforation du sinus lors de l'extraction d'une dent ; arrêt qui écarte la prétendue faute du patient, cause d'aggravation du dommage, consistant dans un retour en avion de la Martinique pour se faire soigner en métropole).

54. ... Prothèses. V. notes 88 s.

55. Infirmier. Le personnel infirmier chargé d'appliquer les prescriptions médicales est tenu, conformément à l'art. 3 du Décr. nº 93-345 du 15 mars 1993, applicable en la cause, et en l'absence d'information relative à un autre traitement médical, de vérifier la prise des médicaments prescrits lors du séjour dans l'établissement de santé et la surveillance de leurs effets. • Civ. 1re, 15 nov. 2005 : *préc. note 46* (absence de faute du personnel infirmier de n'avoir pas recherché si la patiente disposait de médicaments à son insu, ni suspecté qu'elle prenait des médicaments qui n'avaient pas été prescrits). ♦

Pour un exemple de faute : • Civ. 1re, 6 juin 2000, n° 97-18.082 P (piqûre intramusculaire sur un jeune enfant non immobilisé).

56. *Sage-femme.* Faute de surveillance de la patiente. • Civ. 1re, 9 nov. 2004 : *préc. note 14.* ♦ Faute dans l'administration à trop forte dose d'une médication qui n'a pas été prescrite par un praticien, seul habilité à le faire. • Civ. 1re, 7 juill. 1998 : *préc. note 14.* ♦ Faute de la sage-femme qui, en cas d'accouchement dystocique, n'a pas fait appeler sans délai un médecin. • Civ. 1re, 13 déc. 2005, n° 03-12.364 P. ♦ Sur la surveillance des sages-femmes qui incombe aux médecins, V. note 14. ♦ La sage-femme salariée qui agit sans excéder les limites de la mission qui lui est impartie par l'établissement de santé privé, n'engage pas sa responsabilité à l'égard de la patiente. • Civ. 1re, 9 nov. 2004 : *préc. note 42.*

C. LIEN DE CAUSALITÉ

57. *Exigence d'une causalité directe entre la faute et le préjudice.* L'auteur d'une faute ne peut être condamné à réparation que si sa faute a contribué de façon directe à la production du dommage dont la réparation est demandée. • Civ. 1re, 4 févr. 2003, n° 00-15.572 P : *D. 2004. Somm. 600, obs. Penneau* ; *Dr. et patr. 9/2003. 111, obs. Chabas* (absence de lien de causalité entre une sortie prématurée constituant un manquement au devoir de surveillance post-opératoire et la complication immédiatement traitée sitôt le diagnostic établi).

58. *Causalité et retard de diagnostic.* La négligence d'un pédiatre qui n'a pas vérifié les résultats d'un examen présente un lien de causalité direct avec le retard apporté au diagnostic, chez l'enfant, de la maladie dont le test permettait le dépistage. • Civ. 1re, 23 juin 1998, n° 96-22.728 P : *R., p. 276.* ♦ Est en lien de causalité avec la souffrance fœtale subie la faute d'une sage-femme qui a administré une médication sans une surveillance monitorée qui aurait permis de la dépister. • Civ. 1re, 7 juill. 1998, n° 97-10.869 P : *R., p. 275* ; *D. 1999. Somm. 391, obs. Penneau* . ♦ Sur la réparation, V. note 63.

59. *Causalité et succession d'interventions.* L'auteur d'une faute ne peut être condamné à réparation que si sa faute a contribué de façon directe à la production du dommage. Cassation de l'arrêt retenant la responsabilité d'un chirurgien-dentiste en raison de la maladresse qu'il a commise en laissant échapper un tire-nerf, alors que la surveillance du patient et l'élimination par les voies naturelles était la pratique médicale recommandée et que l'intervention décidée ultérieurement par son confrère n'était pas la suite nécessaire de la maladresse initiale. • Civ. 1re, 30 sept. 1997 : *préc. note 21.* ♦ Mais dès lors que la seconde intervention était nécessaire pour remédier aux conséquences de la première, les juges du fond ont pu estimer qu'il y avait un lien certain et direct entre le fait initial et les conséquences dommageables subies par le patient à la suite des deux interventions. • Civ. 1re, 13 mai 1998, n° 96-22.920 P.

D. PRÉJUDICE

BIBL. R. Savatier, *D. 1970. Chron. 123.* – Chabas, *note JCP 1980. II. 19272.* – Penneau, *notes D. 1981. 545* ; *D. 1986. 390.*

60. *Distinction entre l'entier dommage et la perte de chance.* Sur la distinction entre le préjudice et la perte de chance : une sage-femme ayant été définitivement condamnée pour blessures involontaires, au motif qu'elle avait, au cours de l'accouchement, par ses négligences répétées et déterminantes, contribué à créer le handicap de l'enfant, il en résultait qu'elle avait été à l'origine des atteintes corporelles constitutives de l'entier dommage, lequel ne pouvait dès lors être limité à une perte de chance. • Civ. 1re, 17 févr. 2011, n° 10-10.449 P : *D. actu. 8 mars 2011, obs. Rabu* ; *D. 2011. Actu. 675, obs. Gallmeister* . ♦ En limitant l'indemnisation à certains dommages résultant de la chance perdue par la patiente en raison du défaut d'information, alors que les préjudices découlaient de façon directe, certaine et exclusive d'une intervention mutilante, non justifiée et non adaptée, de sorte qu'ils ouvraient droit aussi à réparation, une cour d'appel a violé l'art. L. 1142-1 CSP et l'art. 16-3 C. civ. • Civ. 1re, 28 janv. 2010 : *D. 2010. AJ 440* .

61. *Notion de perte de chance.* La perte de chance présente un caractère direct et certain chaque fois qu'est constatée la disparition d'une éventualité favorable, de sorte que ni l'incertitude relative à l'évolution de la pathologie ni l'indétermination du syndrome ayant entraîné la mort ne sont de nature à faire écarter le lien entre la faute commise et la perte d'une chance de survie. • Civ. 1re, 14 oct. 2010, n° 09-69.195 P : *D. 2010. Actu. 2430, obs. Gallmeister* ; *ibid. 2682, note Sargos* ; *ibid. 2011. 35, obs. Gout* ; *RDC 2011. 77, obs. Borghetti* ; *RTD civ. 2011. 128, obs. Jourdain* • 22 mars 2012, n° 11-10.935 P : *D. 2012. 877* ; *RTD civ. 2012. 529, obs. Jourdain* ; *RDC 2012. 813, obs. Carval* (complications d'un traitement d'orthodontie liées à un manque de précaution lors du retrait des bagues).

62. *Perte de chance et absence d'intervention.* Justifie légalement sa décision la cour d'appel qui, constatant que les experts n'avaient pu déterminer si la pratique d'une césarienne faite de manière précoce aurait permis d'éviter à coup sûr les lésions dont souffre l'enfant, a néanmoins conclu que l'erreur de diagnostic et l'abstention thérapeutique qui en est résultée ont été à l'origine d'une perte de chance pour l'enfant de naître indemne de ces lésions et apprécié souverainement la réparation due par le praticien à la moitié des préjudices réels. • Civ. 1re,

10 juill. 2002, n° 81-13.530 P : *RJPF 2002-11/34, obs. Chabas.*

63. Perte de chance et retard d'intervention. S'il n'est pas établi que des soins administrés à temps eussent guéri le patient, le retard fautif ne peut être indemnisé qu'au titre de la perte de chance. • Civ. 1re, 4 nov. 2003, n° 01-13.204 P : *D. 2004. Somm. 601, obs. Penneau.* ♦ V. depuis la L. du 4 mars 2002 : viole l'art. L. 1142-1-I CSP l'arrêt qui, bien qu'ayant constaté que la faute d'un médecin, commise après l'entrée en vigueur de la L. du 4 mars 2002, avait eu pour effet de retarder la prise en charge d'une patiente, décédée, et la perte pour celle-ci d'une chance de survie, écarte toute réparation. • Civ. 1re, 14 oct. 2010, n° 09-69.195 P : *D. 2010. Actu. 2430, obs. Gallmeister ; ibid. 2682, note Sargos ; ibid. 2011. 35, obs. Gout.*

64. Perte de chance de survie. Ayant retenu la faute d'un chirurgien, les juges peuvent décider que, s'il n'était pas certain que cette faute avait été la cause du décès du patient, elle n'en avait pas moins privé celui-ci d'une chance de survie. • Civ. 1re, 18 mars 1969, n° 68-11.252 P : *JCP 1970. II. 16422 (1re esp.), note Rabut.* ♦ Par application de l'art. 470-1 C. pr. pén., la juridiction répressive peut, après relaxe d'un prévenu du chef d'homicide involontaire, faute de preuve d'un lien de causalité entre la faute et le décès, retenir à la charge de celui-ci une faute d'imprudence en rapport de causalité avec la perte de chance qui lui est imputable. • Crim. 20 mars 1996, n° 95-81.168 P : *RTD civ. 1996. 912, obs. Jourdain ; JCP 1996. I. 3985, n° 22, obs. Viney* (faute dans le fait de déclencher artificiellement le travail d'accouchement en l'absence de raison médicale impérieuse et en augmentant le risque de contamination infectieuse du nouveau-né, même s'il n'est pas possible d'affirmer que, né à terme, l'enfant aurait survécu s'il avait contracté la même méningite fulgurante).

65. Perte d'une chance de réduire les séquelles. En raison de leur persistance dans un diagnostic erroné, des médecins sont responsables de la perte d'une chance, pour le patient, de subir des séquelles moindres. • Civ. 1re, 8 juill. 1997, n° 95-18.113 P : *R., p. 274 ; JCP 1997. II. 22921, rapp. Sargos (1re esp.) ; RTD civ. 1998. 126, obs. Jourdain* (dommage déjà partiellement réalisé lorsque le patient s'est présenté).

66. Perte d'une chance de réduire les souffrances. Réparation de la perte de chance de retarder l'échéance fatale que comportait la maladie de la victime et de la possibilité pour celle-ci d'avoir une fin de vie meilleure et moins douloureuse. • Civ. 1re, 7 juill. 2011, n° 10-19.766 P : *D. 2011. 1968, obs. Gallmeister ; RCA 2011, n° 363, obs. Groutel.*

67. Perte de chance hypothétique. Cassation de l'arrêt retenant la responsabilité du médecin traitant d'un malade décédé au cours d'un incident postopératoire, au motif qu'il aurait laissé le chirurgien dans l'ignorance de l'allergie présentée par celui-ci, alors qu'il n'était pas établi que le décès de ce dernier soit imputable à cette allergie, de sorte que l'existence d'un lien de causalité entre la faute imputée au médecin traitant et la perte des chances de survie du malade demeurait purement hypothétique. • Civ. 1re, 10 janv. 1990, n° 87-17.091 P : *Gaz. Pal. 1991. 1. Somm. 159, obs. Chabas.* ♦ V. aussi : les juges du fond qui ont constaté l'absence de preuve d'une relation de cause à effet entre la faute retenue (insufflation d'air dans les sinus) et la réalisation du dommage (embolie gazeuse) ne peuvent avoir recours à la notion de perte d'une chance pour déclarer le médecin partiellement responsable de la réalisation d'un risque. • Civ. 1re, 17 nov. 1982, n° 81-13.530 P : *D. 1984. 305, note Dorsner-Dolivet ; JCP 1983. II. 20056, note Saluden ; RTD civ. 1983. 547, obs. Durry* (arrêt ajoutant par ailleurs, dans un motif désormais dépassé, que la notion de perte de chance ne peut concerner que l'évaluation du préjudice). ♦ Un préjudice hypothétique ne donne pas lieu à réparation : • Civ. 1re, 28 juin 2012 : *cité note 113 ss. art. 1241* (cassation de l'arrêt acceptant d'indemniser la réticence, alléguée par la victime d'une erreur médicale, à subir dans le futur une autre intervention chirurgicale, qui ne constitue qu'une simple éventualité).

68. Réparation : fraction de tous les chefs de préjudice. Dans le cas où la faute du médecin a fait perdre au patient la chance d'échapper à une atteinte à son intégrité physique, le dommage qui en résulte pour lui est fonction de la gravité de son état réel et de toutes les conséquence en découlant et sa réparation ne se limite pas au préjudice moral mais correspond à une fraction des différents chefs de préjudice qu'il a subis. • Civ. 1re, 29 juin 1999, n° 97-14.254 P : *R., p. 398.* ♦ V. déjà : • Civ. 1re, 10 janv. 1990, n° 87-17.091 P : *Gaz. Pal. 1991. 1. Somm. 159, obs. Chabas* (la perte d'une chance d'être « soigné efficacement » subie par un malade décédé au cours d'un accident postopératoire ne constitue pas seulement un préjudice moral, cette perte étant celle d'une chance d'éviter la mort et les divers préjudices en résultant directement).

Est légalement justifiée la décision des juges du fond qui évalue, d'une part, le préjudice afférent à l'atteinte à l'intégrité physique, d'autre part, le montant de son indemnité de caractère personnel, et fixe ensuite, par une appréciation souveraine, la fraction de ces chefs de préjudice dont les médecins sont redevables au titre de la perte de chance. • Civ. 1re, 8 juill. 1997 : *préc. note 65.*

Dans le cas où la faute du médecin a fait perdre au malade la chance d'obtenir une amélioration de son état de santé ou d'échapper à une infirmité, le dommage qui résulte pour lui de cette perte de chance est fonction de la gravité de son état réel et de toutes les conséquences en découlant. • Civ. 1re, 7 juin 1989, n° 88-11.675 P : *D. 1991. 158, note J.-P. Couturier ;*

Defrénois 1990. 746, obs. Aubert • 8 juill. 1997, n° 65-17.076 P : *R., p. 274 ; JCP 1997. II. 22921, rapp. Sargos (2e esp.)* (il incombe seulement à la victime de préciser à quel montant elle évalue ses différents préjudices, l'office du juge consistant alors à en apprécier le bien-fondé et à déterminer, par une appréciation souveraine, la fraction de ces préjudices correspondant à la perte de chance de les éviter si le médecin n'avait pas commis une faute). ♦ L'étendue du dommage subi pouvant se trouver modifiée par l'aggravation de l'incapacité du patient, une demande de réparation complémentaire est recevable. • Civ. 1re, 7 juin 1989 : *préc.*

69. ... Obligation in solidum. La perte de chance subie par un enfant de voir limiter son infirmité cérébrale peut donner lieu à la condamnation *in solidum* des différents médecins dont les fautes ont, au moins pour partie, été à l'origine du dommage, leurs comportements ayant retardé le diagnostic de souffrance fœtale et la mise en place de mesures adaptées pour en empêcher ou en limiter les conséquences, peu important que l'origine première du handicap soit affectée d'un degré d'incertitude. • Civ. 1re, 28 janv. 2010, n° 08-20.755 P : *D. 2010. 947, note Maitre ; JCP 2010, n° 474, note Hocquet-Berg ; RDSS 2010. 372, note Vignon-Barrault ; RTD civ. 2010. 330, obs. Jourdain*. ♦ Rappr. dans le secteur public : lorsqu'un dommage trouve sa cause dans plusieurs fautes qui, commises par des personnes différentes ayant agi de façon indépendante, portaient chacune en elle normalement ce dommage au moment où elles se sont produites, la victime peut rechercher la réparation de son préjudice en demandant la condamnation de l'une de ces personnes ou de celles-ci conjointement, sans préjudice des actions récursoires que les coauteurs du dommage pourraient former entre eux. • CE 2 juill. 2010, n° 323890 : *AJDA 2011. 116, note Belrhali-Bernard ; ibid. 2010. 1344*.

Le dommage consécutif à une perte de chance correspond à une fraction des différents chefs de préjudice subis qui est déterminée en mesurant la chance perdue et ne peut être égale aux atteintes corporelles résultant de l'acte médical ; en présence de coresponsables dont l'un répond du dommage corporel et l'autre d'une perte de chance, il ne peut être prononcé une condamnation *in solidum* qu'à concurrence de la partie du préjudice total de la victime à la réalisation duquel les coresponsables ont l'un et l'autre contribué. • Civ. 1re, 8 févr. 2017, n° 15-21.528 P.

III. RESPONSABILITÉS SANS FAUTE DU FAIT DES ACTES INDIVIDUELS DE PRÉVENTION, DE DIAGNOSTIC ET DE SOINS

A. INFECTION NOSOCOMIALE DANS UN ÉTABLISSEMENT

70. Principe d'une responsabilité sans faute. Aux termes de l'art. L. 1142-1-I CSP, les établissements, services et organismes sont responsables des dommages résultant d'infections nosocomiales, sauf s'ils rapportent la preuve d'une cause étrangère. Cette solution confirme la jurisprudence antérieure : le contrat d'hospitalisation et de soins conclu entre un patient et un établissement de santé met à la charge de ce dernier, en matière d'infection nosocomiale, une obligation de sécurité de résultat dont il ne peut se libérer qu'en rapportant la preuve d'une cause étrangère. V. pour l'arrêt fondateur : • Civ. 1re, 29 juin 1999, n° 97-14.254 P : *R., p. 396 ; D. 1999. 559, note Thouvenin (1re esp.) ; ibid. Somm. 395, obs. Penneau ; JCP 1999. II. 10138, rapp. Sargos (1re esp.) ; JCP 2000. I. 199, nos 15 s., obs. Viney ; Gaz. Pal. 1999. 2. 678, note Guigue ; ibid. 2000. 1. Doctr. 624, étude Hocquet-Berg ; Defrénois 1999. 994, obs. D. Mazeaud ; RCA 1999. Chron. 20, par Groutel ; LPA 15 nov. 1999, note Denis-Chaubet ; RTD civ. 1999. 841, obs. Jourdain*.

71. Définition de la structure de soins. Une clinique, société civile de moyens, qui a pour seul objet de faciliter l'exercice de sa profession par chacun de ses membres ne constituait pas l'une des structures auxquelles s'applique, en vertu de l'art. L. 1142-1-I, al. 2, CSP une responsabilité de plein droit pour les infections nosocomiales qui y sont survenues. • Civ. 1re, 12 juill. 2012 : *D. 2012. 1957 ; RTD civ. 2012. 733, obs. Jourdain ; RCA 2012, n° 276, obs. Hocquet-Berg*. ♦ Dans le même sens : • Civ. 1re, 12 oct. 2016, n° 15-16.894 P : *D. 2016. 131*. ♦ Dans le même sens pour une installation autonome de chirurgie esthétique : • Civ. 1re, 8 déc. 2021, n° 19-26.191 B : *CCC 2022, n° 22, note Leveneur.*

Une société à responsabilité limitée, qui est constituée par des médecins radiologues pour exercer leur profession et a pour activité l'exploitation, l'achat, la vente et la location de matériel d'imagerie médicale et de radiothérapie, ne peut être considérée comme un établissement au sens de l'art. L. 1142-1, I, CSP, soumis à une responsabilité de plein droit au titre des dommages résultant d'infections nosocomiales. • Civ. 1re, 10 nov. 2021, n° 19-24.227 B : *RTD civ. 2022. 148, obs. Jourdain*.

72. Notion. Présente un caractère nosocomial une infection survenant au cours, ou au décours, de la prise en charge d'un patient et qui n'était ni présente ni en incubation au début de celle-ci, sauf s'il est établi qu'elle a une autre origine que la prise en charge. • CE 23 mars 2018, n° 402237 : *AJDA 2018. 1230, concl. Marion ;D. 2018. 674 ; D. 2018. 674, obs. de Montecler ; RDSS 2018. 727, obs. Cristol ; RTD civ. 2018. 688, obs. Jourdain* • Civ. 1re, 6 avr. 2022, n° 20-18.513 B : *D. 2022. 1934, obs. Porchy-Simon ; ibid. 2023. 34, obs. Gout ; RCA 2022, n° 174, obs. Hocquet-Berg* (l'existence de prédispositions pathologiques et du caractère endogène du germe à l'origine de l'infection ne permet pas d'écarter tout lien entre l'intervention réalisée et la survenue de l'infection) • Civ.

1re, 23 nov. 2022, n° 21-24.103 B : *RCA 2023, n° 31, note Bloch.* ♦ Comp. précédemment : • CE 21 juin 2013, n° 347450 : *D. 2014. 2021, obs. A. Laude* .

73. Notion : infection nosocomiale endogène (oui). La responsabilité de plein droit pesant sur l'établissement de santé en matière d'infection nosocomiale n'est pas limitée aux infections d'origine exogène. • Civ. 1re, 4 avr. 2006 : *préc. note 1* • 14 juin 2007, n° 06-10.812 P : *D. 2007. AJ 1870 ; CCC 2007, n° 271, note Leveneur.* ♦ Dans le même sens, pour la jurisprudence administrative : le fait que le patient soit porteur d'un germe antérieurement à son hospitalisation n'est pas de nature à faire regarder l'infection comme ne présentant pas un caractère nosocomial, dès lors qu'il ressort de l'expertise que c'est à l'occasion de l'intervention chirurgicale que le germe est devenu pathogène. • CE 10 oct. 2011 : *AJDA 2011. 2536, note Lantero ; D. 2012. 47, obs. Brun et Gout ; RDSS 2011. 1158, obs. Cristol* (refus de considérer que la réalisation d'un risque connu, même difficile à prévenir, constitue une cause étrangère) • CAA Lyon, 26 mai 2009 : *AJDA 2009. 2087* .

74. Notion : nécrose de tissus (non). Dès lors qu'il est établi qu'une infection est liée à l'évolution obligatoire de la nécrose survenue à l'issue de la prothèse en raison d'une insuffisante vascularisation des tissus, cette infection ne peut être qualifiée de nosocomiale, la nécrose qui est, en elle-même, extérieure à l'activité de soins de l'établissement caractérisant, en outre, l'existence d'une cause étrangère exonératoire de responsabilité. • Paris, 1re ch. B, 16 nov. 2007 : *D. 2008. Pan. 509, obs. Penneau* .

75. Portée : conséquences de l'infection. Prise en charge par le centre chirurgical et son assureur non seulement des préjudices résultant de l'infection nosocomiale, mais également des troubles imputables à un défaut de contrôle du traitement antibiotique rendu nécessaire par la survenue de l'infection nosocomiale, sans préjudice des actions en garantie pouvant être exercées à l'égard des praticiens et de l'hôpital en raison des fautes commises dans la prise en charge de cette infection. • Civ. 1re, 6 juin 2018, n° 17-18.913 P : *D. 2018. 1260 ; ibid. 2019. 38, obs. Brun, Gout et Quézel-Ambrunaz ; RCA 2018, n° 254, note Hocquet-Berg.*

76. Charge et modes de preuve. Il incombe au patient ou à ses ayants droit de démontrer le caractère nosocomial de l'infection, fût-ce par présomptions graves, précises et concordantes. • Civ. 1re, 30 oct. 2008, n° 07-13.791 P : *D. 2008. AJ 2936 ; RLDC 2008/55, n° 3217, obs. Bugnicourt ; RDSS 2008. 1159, obs. Cristol ; RDC 2009. 533, obs. Borghetti.* ♦ V. déjà : • Civ. 1re, 27 mars 2001, n° 99-17.672 P : *R., p. 428 ; D. 2001. IR 1284 ; CCC 2001, n° 105, note Leveneur ; RTD civ. 2001. 596, obs. Jourdain* (médecin) • 1er mars 2005, n° 03-16.789 P : *D. 2005. IR 737 ; Gaz. Pal. 2006. 1103, note Eymard et Fleuridas ; RCA 2005, n° 159, note Hocquet-Berg* (clinique).

77. Exonération : cause étrangère. Ayant constaté que c'est l'intervention chirurgicale qui avait rendu possible la migration du germe dans le site opératoire et que la présence de ce germe sur la patiente elle-même constituait une complication connue et prévisible nécessitant, pour y remédier, une exploration spécifique, la cour d'appel a pu en déduire que l'infection survenue ne présentait pas les caractères d'une cause étrangère. • Civ. 1re, 4 avr. 2006 : *préc. note 73.* ♦ Un risque connu de complication, lié à l'intervention, fût-elle non fautive, du praticien ne peut être retenu comme cause étrangère. • Civ. 1re, 18 févr. 2009, n° 08-15.979 P : *D. 2009. AJ 630 ; RLDC 2009/59, n° 3381, obs. Bugnicourt ; RDSS 2009. 359, obs. Vignon-Barrault ; RTD civ. 2009. 543, obs. Jourdain* . ♦ Absence de cause étrangère, même si l'infection a pu être provoquée par la pathologie de la patiente, liée à un aléa thérapeutique, dès lors cette infection demeure consécutive aux soins dispensés au sein de la clinique et ne procède pas d'une circonstance extérieure à l'activité de cet établissement. • Civ. 1re, 14 avr. 2016, n° 14-23.909 P.

78. Le caractère nosocomial de l'infection étant établi, la circonstance qu'une faute, commise antérieurement, ait rendu nécessaire l'intervention au cours de laquelle celle-ci a été contractée, si elle est susceptible, le cas échéant, de faire retenir la responsabilité de son auteur à l'égard de la victime, ne saurait, dès lors qu'il n'est pas allégué qu'elle aurait rendu l'infection inévitable, constituer une cause étrangère, seule de nature à exonérer l'établissement des conséquences de la violation de son obligation de résultat. • Civ. 1re, 1er juill. 2010 : *D. 2010. Actu. 1785 ; RCA 2010, n° 258, obs. Hocquet-Berg.*

79. Compte tenu de l'état de vulnérabilité de la patiente – qui était immunodéprimée du fait du traitement chimiothérapique lourd dont elle faisait l'objet en vue de la réalisation d'une greffe vitale – aux complications infectieuses susceptibles d'être générées par un tel traitement, l'hôpital, qui démontre avoir mis en œuvre l'ensemble des mesures d'hygiène et d'asepsie connues pour prévenir de telles complications, doit être regardé comme apportant la preuve d'une cause étrangère au sens de l'art. L. 1142-1 CSP. • CAA Lyon, 29 juin 2010 : *AJDA 2010. 2334* .

80. Exonération : pluralité d'établissements. Lorsque la preuve d'une infection nosocomiale est apportée mais que celle-ci est susceptible d'avoir été contractée dans plusieurs établissements de santé, il appartient à chacun de ceux dont la responsabilité est recherchée d'établir qu'il n'est pas à l'origine de cette infection. • Civ. 1re, 17 juin 2010, n° 09-67.011 P : *D. 2010. Actu. 1625, obs. Gallmeister ; ibid. 2011. 283, note Bonnin ; ibid. 2092, chron. C.*

cass. Auroy et Creton ; *RTD civ. 2010. 567, obs. P. Jourdain* ; *JCP 2010, n° 870, note Gout* ; *RLDC 2010/74, n° 3930, obs. Le Nestour-Drelon* ; *RDC 2010. 1247, note Viney.*

Responsabilité de la clinique qui a sous-loué des locaux au profit d'une société civile de moyens qui, assurant tous ses besoins en matière de radiologie courante et bénéficiant de l'exclusivité de l'installation et de l'usage de tout appareil radiologique, pouvait être considérée comme le service de radiologie de la clinique. • Civ. 1re, 12 juill. 2012 : *préc. note 71.*

Mais lorsqu'un groupement de coopération sanitaire a été conclu entre deux établissements de santé, seul celui dans lequel les soins ont été réalisés peut être responsable de plein droit d'une infection nosocomiale ; en présence d'une intervention chirurgicale pratiquée au nom d'une clinique privée dans les locaux du centre hospitalier, la responsabilité de l'hôpital privé n'est pas engagée. • Civ. 1re, 3 mai 2018, n° 17-13.561 P.

81. Recours entre coauteurs. Lorsque la faute d'un médecin dans la prise en charge d'une personne a rendu nécessaire une intervention au cours de laquelle celle-ci a contracté une infection nosocomiale dont elle a demandé réparation à la clinique où a eu lieu l'intervention, au titre de son obligation de résultat, cette dernière, obligée à indemniser la victime pour le tout, est fondée à invoquer la faute médicale initiale pour qu'il soit statué sur la répartition de la charge de la dette. • Civ. 1re, 1er juill. 2010 : *préc. note 78.*

En présence d'une infection nosocomiale qui a rendu nécessaire une seconde intervention au cours de laquelle un accident non fautif s'est produit, l'origine de cet accident réside dans l'infection nosocomiale et relève de la responsabilité de l'établissement prévue par l'art. L. 1142-1-I, al. 2, CSP. • Civ. 1re, 18 déc. 2014, n° 13-24.377 P : *D. actu. 8 janv. 2015, obs. Kilgus* ; *D. 2015. 606, note M. Bacache* ; *RTD civ. 2015. 150, obs. Jourdain* ; *JCP 2015, n° 217, note Knetsch.*

Partage de responsabilité entre une clinique, responsable des conséquences d'une infection nosocomiale, et un praticien dont les négligences, à l'origine d'un retard préjudiciable dans le traitement, ont seulement pour partie aggravé les séquelles de l'intéressé. • Civ. 1re, 14 avr. 2016, n° 14-23.909 P.

82. Avant la L. du 4 mars 2002, lorsqu'un médecin et un établissement engageaient leur responsabilité sur le fondement de l'obligation de résultat, en l'absence de preuve d'une cause étrangère, la contribution à la réparation du dommage se faisait par parts égales (solution qui pourrait demeurer applicable lorsque l'infection peut provenir de deux établissements, V. note 80 pour l'hypothèse). • Civ. 1re, 21 juin 2005, n° 04-12.066 P : *Gaz. Pal. 2006. 1101, note Guigue* ; *RDSS 2005. 870, note Arhab* • 10 avr. 2013, n° 12-14.219 P : *D. 2013. 995, obs. Véron* ; *RDSS 2013. 551, obs. Cristol* ; *Gaz. Pal. 2013. 1631, obs. Guerrero* ; *RDC 2013. 1354, obs. Guégan-Lecuyer* (la présence, dans l'organisme du patient, d'un germe habituellement retrouvé dans les infections nosocomiales ne constitue pas à elle seule la preuve d'une faute de l'établissement résultant de ce que les mesures d'asepsie qui lui incombaient n'auraient pas été prises). ♦ Sur le fondement subrogatoire : • Civ. 1re, 1er févr. 2005 : *RCA 2005, n° 101, note Radé.*

B. RESPONSABILITÉ DU FAIT DES MATÉRIELS UTILISÉS POUR LA RÉALISATION DE L'ACTE DE SOINS

[Jurisprudence antérieure à la L. du 4 mars 2002]

83. Principe : obligation de résultat. Le contrat conclu entre le patient et son médecin met à la charge de ce dernier une obligation de sécurité de résultat en ce qui concerne les matériels qu'il utilise pour l'exécution d'un acte médical d'investigation ou de soins. • Civ. 1re, 9 nov. 1999, n° 98-10.010 P : *R., p. 396* ; *D. 2000. 117, note Jourdain* ; *JCP 2000. II. 10251, note Brun* ; *ibid. I. 243, nos 26 s., obs. Viney* ; *Defrénois 2000. 251, obs. D. Mazeaud* ; *LPA 10 avr. 2000, note Imbert* ; *ibid. 26 oct. 2000, note Dagorne-Labbe* • 4 févr. 2003, n° 00-15.572 P : *D. 2004. Somm. 600, obs. Penneau* ; *Dr. et patr. 9/2003. 111, obs. Chabas.* ♦ Déjà en ce sens, à propos d'un médecin-ophtalmologiste : • Paris, 12 janv. 1989 : *D. 1989. Somm. 317, obs. Penneau* (brûlure due au formol présent sur un appareil mal rincé). ♦ Même sens, dans le secteur public : le service public hospitalier est responsable, même en l'absence de faute, des conséquences dommageables pour les usagers de la défaillance des produits et appareils de santé qu'il utilise. • CE 9 juill. 2003 : *AJDA 2003. 1946, note Deguergue.*

Comp. • Paris, 4 mars 2005 : *D. 2005. 2131, note Terrier* (absence de démonstration que les écarteurs utilisés pour l'exécution de l'acte chirurgical aient présenté un vice ou qu'ils n'aient pas été posés conformément aux règles de l'art, de sorte que le patient ne peut prétendre que le praticien était tenu d'une obligation de sécurité résultat pour l'utilisation de ces matériels).

84. Limites : aléa thérapeutique. La survenance, en l'absence de faute du praticien ou de vice des gants utilisés, d'un risque accidentel inhérent à l'acte médical et qui ne pouvait être maîtrisé, en l'espèce une réaction allergique aux gants utilisés par le chirurgien, constitue un aléa thérapeutique qui n'entre pas dans le champ des obligations dont le médecin est contractuellement tenu. • Civ. 1re, 22 nov. 2007, n° 05-20.974 P : *D. 2008. 816, note Bacache* ; *JCP 2008. II. 10069, note Corpart* ; *Gaz. Pal. 2008. 1. 339, avis Legoux* ; *RCA 2008, n° 31, note Hocquet-Berg* ; *Méd. et droit 2008. 132, obs. Corgas-Bernard.* ♦ V. déjà : • Civ. 1re, 4 févr. 2003 : *préc. note 83* (blessure infligée lors de la pose d'une sonde constituant un complication très rare provoquée qui ne pouvait être évitée par un examen ou une manœuvre particulière).

85. *Preuve du rôle du matériel.* Il appartient au patient de démontrer que le matériel est à l'origine de son dommage. • Civ. 1re, 9 nov. 1999 : *préc. note 83* (preuve jugée non rapportée lorsqu'une patiente est tombée en descendant, de sa propre initiative, d'une table d'examen radiographique) • 4 févr. 2003 : *préc. note 83* (absence de preuve de la défectuosité de la sonde et de possibilité de prévenir la blessure).

86. *Exonération.* Un appareil stérilisé au formol étant sans danger s'il a été soigneusement rincé, le praticien ne peut invoquer de cause étrangère. • Paris, 12 janv. 1989 : *préc. note 83.*

87. *Recours en garantie.* Le professionnel de santé peut exercer un recours en garantie contre un éventuel responsable du matériel (ex. fabricant, vendeur, bailleur, etc.). • Civ. 1re, 9 nov. 1999 : *préc. note 83* • CE 9 juill. 2003 : *préc. note 83.*

C. RESPONSABILITÉ DU FAIT DE LA POSE DE DISPOSITIFS MÉDICAUX (APPAREILS, PROTHÈSES)

BIBL. Mansart, *LPA 1er oct. 1999* (prothèses).

88. *Pose du matériel.* Le chirurgien n'est tenu qu'à une obligation de moyens lorsqu'il procède à la pose d'un appareil sur la personne du patient. • Civ. 1re, 25 févr. 1997, nº 95-11.205 P : *R., p. 273 ; D. 1997. IR 118 ; CCC 1997. 77, obs. Leveneur ; JCP 1997. I. 4016 (annexe) ; Gaz. Pal. 1997. 1. 273* (installation d'un ballonnet dont la position a dû être modifiée, ce qui a supposé son dégonflement à l'occasion duquel il s'est décroché) • Civ. 1re, 4 févr. 2003 : *préc. note 83.* ♦ V. dans le même sens pour un chirurgien-dentiste : l'obligation liée aux soins nécessaires à la pose des prothèses est une obligation de moyens. • Civ. 1re, 10 juill. 1996 : *D. 1997. Somm. 316, obs. Penneau* (pose correcte d'un bridge) • 12 juin 1990, nº 89-11.909 P (absence de pertinence de la référence à une obligation de résultat pour la pose). ♦ Obligation de moyens quant à l'amélioration de l'état du patient résultant de la pose d'un bridge. • Civ. 1re, 29 oct. 1985, nº 83-17.091 P : *D. 1986. 417 (2e esp.), note Penneau* (rupture d'un bridge). ♦ Illustration de fautes : • Civ. 1re, 12 juin 1990, nº 89-11.909 P : *préc.* (mauvaise préparation de la cavité buccale et meulage anormal lors de la pose).

89. *Adaptation du matériel.* Les difficultés d'adaptation de la prothèse qui peuvent être corrigées à l'occasion d'une consultation relèvent de *l'obligation de soins et non de l'obligation* de résultat. • Civ. 1re, 10 déc. 1996, nº 95-13.154 P : *LPA 15 juin 1998, note Doussan.* ♦ V. aussi : • Civ. 1re, 9 oct. 1985, nº 84-10.245 P : *Gaz. Pal. 1986. 1. 150, note Bertin* (cassation pour manque de base légale de la décision admettant l'opposition du patient au paiement du prix, sans caractériser l'inadaptation du matériel ni un manquement du praticien à son obligation de donner des soins consciencieux, attentifs et conformes aux données acquises de son art). ♦ Absence de faute du client qui, ayant perdu confiance en son praticien, s'est adressé à un tiers. • Civ. 1re, 17 févr. 1971, nº 70-10.206 P : *R. 1972-1973, p. 40 ; D. 1971. 289.*

1º JURISPRUDENCE POSTÉRIEURE À LA L. DU 4 MARS 2002

90. *Défaut d'une prothèse.* La responsabilité des prestataires de services de soins, qui ne peuvent être assimilés à des distributeurs de produits ou dispositifs médicaux et dont les prestations visent essentiellement à faire bénéficier les patients des traitements et techniques les plus appropriés à l'amélioration de leur état, ne relève pas, hormis le cas où ils en sont eux-mêmes les producteurs, du champ d'application de la directive sur la responsabilité des produits défectueux ; cette responsabilité ne peut dès lors être recherchée que pour faute lorsqu'ils ont recours aux produits, matériels et dispositifs médicaux nécessaires à l'exercice de leur art ou à l'accomplissement d'un acte médical, pourvu que soit préservée leur faculté et/ou celle de la victime de mettre en cause la responsabilité du producteur sur le fondement de ladite directive lorsque se trouvent remplies les conditions prévues par celle-ci. • Civ. 1re, 12 juill. 2012 : *cité ss. art. 1245-5.*

Responsabilité du producteur, dès lors qu'il est établi que la rupture n'est pas imputable au surpoids du patient, qu'aucune erreur n'a été commise dans le choix et la conception de la prothèse ni lors de sa pose et que le point de fracture se situe à la base, dans la zone de faiblesse de toute prothèse de hanche. • Civ. 1re, 26 févr. 2020, nº 18-26.256 P : *D. 2021. 46, obs. Brun ; ibid. 2020. 489 ; RTD civ. 2020. 406, obs. Jourdain ; JCP 2020, nº 785, note Bakouche ; CCC 2020, nº 78, note Leveneur ; RDC 2020/2. 14, note Borghetti.*

2º JURISPRUDENCE ANTÉRIEURE À LA L. DU 4 MARS 2002

91. *Défaut du matériel.* Pour la formule initiale : le chirurgien-dentiste a l'obligation de livrer un dentier donnant satisfaction. • Civ. 1re, 15 nov. 1972, nº 70-14.430 P : *R. 1972-1973, p. 40 ; D. 1973. 243.* ♦ V. aussi précédemment : • Civ. 1re, 17 févr. 1971 : *préc.* (sol. plus impl.). ♦ V. ultérieurement : en tant que fournisseur d'une prothèse, le chirurgien-dentiste doit délivrer un appareil apte à rendre le service que son patient peut légitimement en attendre, c'est-à-dire un appareil sans défaut. • Civ. 1re, 29 oct. 1985 : *préc. note 88* (responsabilité du fait de la rupture d'un bridge, en l'absence de preuve de son utilisation anormale par le patient). ♦ V. enfin : un chirurgien-dentiste est tenu à une obligation de résultat comme fournisseur d'une prothèse, devant délivrer un appareil sans défaut. • Civ. 1re, 15 nov. 1988, n° 86-16.443 P (cassation de l'arrêt retenant une obligation de moyens en cas de fourniture d'un appareil défectueux) • 17 oct. 1995, n° 93-14.939 P (obligation de résultat ; absence de responsabilité, les interventions ultérieures étant dues au substrat dentaire de la patiente favorable à la formation de la carie) • 23 nov. 2004, n° 03-12.146 P : *D. 2005. Pan. 406, obs. Penneau* ; *RTD civ. 2005. 139, obs. Jourdain* ; *RDSS 2005. 151, obs. Pitcho* ; *ibid. 2006. 86, étude Jacotot* (obligation de résultat incluant la conception et la confection de l'appareillage ; responsabilité retenue pour une prothèse trop fragile en raison de sa conception laquelle aurait dû prendre en compte les données physiologiques du patient).

92. Matériel et obligation d'information. Manquement du praticien (orthodontiste) à son obligation de renseignement : • Civ. 1re, 22 nov. 1994, n° 92-16.423 P : *RTD civ. 1995. 375, obs. Jourdain* (défaut d'information des parents sur le caractère dangereux de l'appareil porté par un enfant de huit ans).

93. Droit de rétention sur le matériel (non). Le contrat conclu en vue de la pose d'une prothèse dentaire oblige le chirurgien-dentiste à mener l'opération à son terme, le praticien ne disposant d'aucun droit de rétention sur l'appareil qu'il s'est engagé à poser. • Civ. 1re, 9 oct. 1985, n° 84-10.245 P : *Gaz. Pal. 1986. 1. 150, note Bertin.*

94. Préjudice. Dans l'action contre le fabricant de sondes cardiaques affectées d'un vice de conception, le dommage résultant de la réalisation d'une intervention pour retirer une sonde de ce modèle, à la demande du patient, n'est pas indemnisable s'agissant d'un préjudice éventuel, dès lors que le changement de sonde, effectué à titre préventif et sans preuve que la surveillance renforcée préconisée aurait été insuffisante, n'avait pas posé de problème et que le patient avait été ainsi soumis à un risque qui ne s'était pas réalisé. • Civ. 1re, 19 déc. 2006 : *JCP 2007. II. 10052, note Hocquet-Berg ; RCA 2007. Comm. 64, obs. Radé ; RTD civ. 2007. 352, obs. Jourdain* ; *D. 2007. 2897, obs. Brun*, rejetant sur ce point le pourvoi contre • Lyon, 25 nov. 2004, n° 2004/06334 (le risque, simple éventualité de la réalisation d'un dommage, ne peut donner lieu à indemnisation). ♦ Mais cassation de l'arrêt refusant l'indemnisation du préjudice moral lié à l'annonce de la défectuosité de la sonde posée et à la crainte de subir d'autres atteintes graves jusqu'à son explantation. • Même arrêt.

D. RESPONSABILITÉ DU FAIT DE LA FOURNITURE DE PRODUITS ET MÉDICAMENTS

95. Responsabilité pour faute du pharmacien. BIBL. Leca, *RRJ 2002/2. 911* (responsabilité du pharmacien d'officine). ♦ Responsabilité retenue en raison d'une erreur d'un préposé délivrant un produit dosé à 0,50 g et non à 0,10 g comme indiqué sur l'ordonnance. • Civ. 1re, 14 oct. 2010 : *préc. note 11* (responsabilité *in solidum* avec le médecin qui a choisi un médicament inadapté à un nourrisson et qui, en n'indiquant pas l'âge et le poids du patient, n'a pas permis au pharmacien de contrôler la prescription).

96. Responsabilité du fait des produits. V. la responsabilité du fait des produits ss. art. 1386-1 s. anc. [1245 s.] et pour le droit antérieur interprété à la lumière de la directive : • Civ. 1re, 5 avr. 2005, n° 02-11.947 P : *D. 2005. 2256, note Gorny* ; *ibid. 2006. Pan. 1931, obs. Jourdain* ; *ibid. 1938, obs. Brun ; JCP 2005. II. 10085, note Grynbaum et Job ; ibid. I. 149, n° 7, obs. Viney ; Dr. et patr. 9/2005. 104, obs. Chabas ; RCA 2005, n° 189, note Radé ; LPA 21 juin 2005, note Hénin et Maillols ; ibid. 12 juill. 2005, note Rebeyrol ; RTD civ. 2005. 607, obs. Jourdain* (la seule constatation que certains principes actifs d'un médicament sont dangereux ne dispense pas les juges du fond de rechercher si, au regard des circonstances, le produit était défectueux) • 24 janv. 2006 (3 arrêts), n° 02-16.648 P (preuve par présomption). ♦ V. aussi : • CJCE 10 janv. 2006 : *JCP 2006. II. 10082, note Grynbaum* • 9 févr. 2006 : *JCP 2006. II. 100083, note Zarka.* ♦ Pour les hésitations antérieures sur la nature de la responsabilité du fabricant, et particulièrement des laboratoires pharmaceutiques, à l'égard des utilisateurs des produits : V. • Rouen, 14 févr. 1979 : *JCP 1980. II. 19360, note Boinot* (responsabilité contractuelle) • Paris, 4 juill. 1970 : *D. 1971. 73, note Plat et Duneau* (responsabilité délictuelle) • Versailles, 25 juin 1992 : *D. 1995. Somm. 255, obs. J.-P. Storck* (responsabilité délictuelle).

La preuve de l'exposition *in utero* au diéthylstilbestrol (DES) et celle de l'imputabilité du dommage à cette exposition peuvent être rapportées par tout moyen, notamment par présomptions, sans qu'il puisse être exigé que cette exposition soit la cause exclusive des pathologies. • Civ. 1re, 19 juin 2019, n° 18-10.380 P : *D. 2019. 2028, note Bouquet et Fouassier* .

97. Responsabilité des professionnels de santé. Même lorsqu'ils ont recours à des produits de santé pour l'accomplissement d'un acte médical, les professionnels de santé n'engagent leur responsabilité qu'en cas de faute et il appartient au patient de prouver que son dommage est imputable à une telle faute. • Civ. 1re, 14 nov. 2018, n° 17-27.980 P : *D. 2018. 2230* ; *RCA 2019, n° 51, note Hocquet-Berg ; RDC 1/2019. 47, note Viney* (absence de faute dans l'administration d'un vaccin contre l'hépatite C, la preuve d'un lien de causalité n'étant par ailleurs pas établie entre la vaccination et l'affection contractée).

V. aussi, sur la prise en compte explicite de la responsabilité du fait des produits défectueux :

Sur l'incidence de la Dir. n° 85/374 sur la responsabilité des établissements de santé en matière de fourniture de produits de santé : la Dir. n° 85/374 ne prévoit la responsabilité du fournisseur que dans l'hypothèse où le producteur ne peut pas être identifié et interdit aux États de maintenir un régime général de responsabilité du fait des produits défectueux différent de celui qu'elle prévoit, sauf dans l'hypothèse où ce régime, limité à un secteur déterminé de production, aurait été en vigueur le 30 juill. 1985, dérogation qui ne saurait être appliquée au cas du régime spécial de responsabilité institué par l'arrêt du Conseil d'État du 9 juill. 2003. • TA Toulouse, 30 déc. 2008 : *D. 2009. 1939, note Borghetti* ; *AJDA 2009. 721, concl. Truilhé* (peu importe que la jurisprudence présente un caractère rétroactif) • CAA Lyon, 23 mars 2010 : *AJDA 2010. 1485, note Vinet*.

98. Comp. antérieurement : Le contrat d'hospitalisation et de soins liant un patient à un établissement de santé privé met à la charge de ce dernier, sans préjudice de son recours en garantie, une obligation de sécurité de résultat en ce qui concerne les produits, tels les médicaments, qu'il fournit. • Civ. 1re, 7 nov. 2000, n° 99-12.255 P : *R., p. 384 ; D. 2001. Somm. 2236, obs. D. Mazeaud* ; *ibid. 3085, obs. Penneau* ; *JCP 2001. I. 340, nos 23 s., obs. Viney ; Defrénois 2001. 268, obs. Savaux ; CCC 2001, n° 4, note Leveneur ; RCA 2001, n° 50, note Groutel ; RTD civ. 2001. 151, obs. Jourdain*. ♦ Sans préjudice d'éventuels recours en garantie, le service public hospitalier est responsable, même en l'absence de faute, des conséquences dommageables pour les usagers de la défaillance des produits et appareils de santé qu'il utilise. • CE 9 juill. 2003 : *AJDA 2003. 1946, note Deguergue*.

E. RESPONSABILITÉ DU FAIT DE L'UTILISATION DE PRODUITS DU CORPS OU D'ORGANES

[Jurisprudence antérieure à la L. du 4 mars 2002]

99. Transplantation d'organes. En cas de contamination du bénéficiaire d'une greffe par un agent pathogène dont le donneur était porteur, la responsabilité du ou des hôpitaux qui ont prélevé l'organe et procédé à la transplantation n'est susceptible d'être engagée que s'ils ont manqué aux obligations qui leur incombaient afin d'éviter un tel accident ; faute de l'établissement qui a prélevé l'organe en ne réalisant qu'un test de dépistage pour vérifier que le donneur n'était pas porteur du virus de l'hépatite C. • CE 27 janv. 2010, n° 313568 : *AJDA 2010. 180* ; *JCP 2010. Actu. 161, obs. Sorbara ; RDSS 2010. 501, note Peigné* • CAA Lyon, 20 déc. 2007 : *AJDA 2008. 826, note Marginean-Faure*.

100. Dès lors qu'il est établi qu'une infection est liée à l'évolution obligatoire de la nécrose survenue à l'issue de la prothèse en raison d'une insuffisante vascularisation des tissus, cette infection ne peut être qualifiée de nosocomiale, la nécrose qui est, en elle-même, extérieure à l'activité de soins de l'établissement caractérisant, en outre, l'existence d'une cause étrangère exonératoire de responsabilité. • Paris, 1re ch. B, 16 nov. 2007 : *D. 2008. Pan. 509, obs. Penneau*.

101. Transfusions sanguines : obligation de résultat des centres et de l'EFS. Les centres de transfusion sanguine sont tenus de fournir aux receveurs des produits exempts de vice et ils ne peuvent s'exonérer de cette obligation que par la preuve d'une cause étrangère qui ne puisse leur être imputée. • Civ. 1re, 12 avr. 1995, n° 92-20.747 P : *R., p. 309* • 14 nov. 1995, n° 92-18.199 P : • 9 juill. 1996, n° 94-13.414 P : *D. 1996. 610, note Lambert-Faivre* ; *RTD civ. 1997. 146, obs. Jourdain* • 9 juill. 1996, n° 93-19.160 P : *D. 1996. 610, note Lambert-Faivre* ; *JCP 1996. I. 3985, obs. Viney ; CCC 1996. 200, obs. Leveneur ; RTD civ. 1997. 146, obs. Jourdain*. ♦ Cette obligation de sécurité est de résultat. • Civ. 1re, 29 mai 1997 : *CCC 1997, n° 145, note Leveneur* • 13 févr. 2001, n° 99-13.589 P : *R., p. 428 ; D. 2001. Somm. 2234, obs. Delebecque* ; *JCP 2001. I. 338, nos 8 s., obs. Viney ; JCP 2002. II. 10099, note Lisanti-Kalczynski ; Defrénois 2001. 712, obs. Savaux ; CCC 2001, n° 86, note Leveneur ; Dr. et patr. 5/2001. 114, obs. Chauvel ; RTD civ. 2001. 367, obs. Jourdain* • Civ. 2e, 20 oct. 2005, n° 03-19.420 P : *D. 2006. Pan. 1930, obs. Jourdain* ; *RCA 2006, n° 51, note Groutel (2e esp.) ; RDSS 2005. 1056, note Arhab* ; *RTD civ. 2006. 122, obs. Jourdain (2e esp.)* (Établissement français du sang) • 25 janv. 2007, n° 06-13.611 P : *D. 2007. AJ 443, obs. Gallmeister* ; *ibid. Pan. 2905, obs. Jourdain* ; *JCP 2007. II. 10035, note Radé ; Gaz. Pal. 2007. Somm. 2082, obs. Bacache-Gibeili ; RCA 2007, n° 116, note Groutel ; RLDC 2007/38, n° 2519, note Corgas-Bernard ; RGDA 2007. 349, note Landel ; RDC 2007. 725, obs. Borghetti ; RTD civ. 2007. 362, obs. Jourdain* • 25 janv. 2007 : *eod. loc.* ♦ L'inexécution, par le centre de transfusion sanguine, de son obligation de sécurité, distincte de la garantie légale des vices cachés, ne relève pas du régime du délai prévu par l'art. 1648 C. civ. • Aix-en-Provence, 12 juill. 1993 : *D. 1994. 13, note Vidal* (à l'époque, bref délai).

102. Sur la compétence administrative : l'art. 15 de l'Ord. n° 2005-1087 du 1er sept. 2005, unifiant au profit des juridictions administratives les contentieux transfusionnels dans lesquels l'EFS vient aux droits et obligations des centres de transfusions sanguines, n'est pas applicable aux demandes tendant à la condamnation des établissements de santé privés, au titre de l'administration de produits sanguins contaminés, qui demeurent de la compétence des juridictions judiciaires. • Civ. 1re, 12 nov. 2015, n° 14-25.889 P. ♦ Dans ce cas, les juridictions judiciaires, apprécient seules la responsabilité de ces établissements qui ne peut, cependant, être engagée qu'en cas de faute. • Même arrêt.

103. ... Obligation de résultat des établissements de soins. La responsabilité des établissements de santé privés, au titre de l'administration de produits sanguins contaminés, ne peut être engagée qu'en cas de faute. • Civ. 1re, 12 nov. 2015, n° 14-25.889 P : *préc. note 101.* ♦ Retenant une simple obligation de prudence et de diligence dans la fourniture de produits sanguins livrés par un centre de transfusion. • Civ. 1re, 12 avr. 1995 : *préc.* • Toulouse, 10 mars 2003 : *JCP 2004. IV. 1185.*

En sens contraire, pour un arrêt intermédiaire admettant une obligation de résultat : il appartient aux établissements de soins, tenus d'une obligation de sécurité de résultat, de prendre toutes dispositions utiles pour s'assurer de l'innocuité des produits sanguins fournis et transfusés ; la contamination par le virus de l'hépatite C devant être imputée à la transfusion pratiquée par la clinique, la responsabilité de celle-ci est engagée envers la victime. • Civ. 2e, 21 avr. 2005, n° 03-20.683 P : *RCA 2005, n° 223, note Radé ; LPA 30 déc. 2005, note Georges.*

104. ... Causes d'exonération. L'EFS, soumis à une obligation de résultat, ne peut s'exonérer de sa responsabilité à l'égard de la victime que par la preuve d'un cas de force majeure. • Civ. 2e, 20 oct. 2005 : *préc. note 101.* ♦ Le vice interne du sang, même indécelable, ne constitue pas, pour l'organisme fournisseur, une cause qui lui est étrangère, et les obligations des centres de transfusion quant à la conservation du sang et à sa délivrance, dont ils ont le monopole ne les dispensent pas de réparer les conséquences dommageables dues à la fourniture de sang nocif. • Civ. 1re, 12 avr. 1995, n° 92-11.975 P : *R., p. 309 ; BICC 1er juin 1995, n° 584, concl. Lesec ; JCP 1995. II. 22467, note Jourdain ; JCP 1995. I. 3893, n° 20, obs. Viney ; Gaz. Pal. 1995. 2. 344, note Guigue* • 9 juill. 1996 : *préc. note 101.* ♦ Les fautes imputées aux pouvoirs publics à raison d'une information insuffisante ne constituent pas davantage une cause étrangère. • Civ. 1re, 9 juill. 1996, n° 94-13.414 P. ♦ Sur la responsabilité envers les victimes par ricochet, V. note 13 ss. art. 1603 C. civ.

105. ... Lien de causalité. Sur la charge de la preuve du lien de causalité entre les transfusions et la contamination, V. note 152 ss. art. 1241. ♦ Sur la présomption simple d'imputabilité édictée par l'art. 102 de la L. n° 2002-303 du 4 mars 2002, V. *infra* ss. ce texte. ♦ Action de la victime d'un accident contre l'auteur du dommage, en raison d'une contamination par le virus de l'hépatite C, la preuve du lien de causalité entre cette contamination et l'accident ayant nécessité des transfusions massives étant considérée comme rapportée en l'espèce. • Civ. 1re, 9 juill. 1996, n° 94-12.868 P.

106. ... Recours contre les assureurs. Si l'ONIAM a été substitué à l'EFS pour l'indemnisation des préjudices résultant des contaminations par le virus de l'hépatite C causées par une transfusion de produits sanguins ou une injection de médicaments dérivés du sang (L. 17 déc. 2012, art. 72), il a la possibilité, lorsqu'il a indemnisé les victimes de contamination transfusionnelle, de demander à être garanti des sommes versées par les assureurs des structures reprises par l'EFS ; il résulte de ces dispositions que les victimes d'une contamination dont l'origine transfusionnelle est considérée comme établie sont indemnisées par l'ONIAM au titre de la solidarité nationale, même lorsqu'il est substitué à l'EFS, et qu'elles ne sont pas tenues de prouver la provenance des produits sanguins administrés. • Civ. 1re, 3 févr. 2016, n° 14-22.351 P : *D. 2016. 377 ; RDSS 2016. 375, obs. Cristol ; RTD civ. 2016. 383, obs. Jourdain .* ♦ Sur la possibilité de recourir contre les assureurs pour des contrats conclus par les centres de transfusion, V. aussi : • Civ. 1re, 17 févr. 2016, n° 15-12.805 P. ♦ En revanche, l'incertitude sur le centre de transfusion sanguine ayant fourni les produits sanguins contaminés fait obstacle à l'action en garantie de l'ONIAM contre l'assureur de ces structures. • Civ. 1re, 3 févr. 2016, n° 14-22.351 P : *D. 2016. 377 ; RDSS 2016. 375, obs. Cristol ; RTD civ. 2016. 383, obs. Jourdain .* ♦ Comp. : la garantie de l'assureur étant due à l'ONIAM au titre des seuls produits fournis par leur assuré, il incombe au juge de tenir compte de la fourniture par d'autres établissements de transfusion sanguine de produits sanguins dont l'innocuité n'a pu être établie ; dès lors la garantie au titre des produits fournis par le centre de transfusion sanguine doit être limitée à une partie de l'indemnisation mise à la charge de l'ONIAM. • Civ. 1re, 22 mai 2019, n° 18-13.934 P. ♦ Dans le même sens, en cas d'incertitude sur la date de la contamination et donc sur l'assureur concerné. • Civ. 1re, 9 janv. 2019, n° 18-12.906 P : *RGDA mars 2019. 51, note Maleville.*

Si les victimes de contamination, dont l'origine transfusionnelle est considérée comme établie, sont indemnisées par l'ONIAM au titre de la solidarité nationale, peu important la provenance des produits sanguins contaminés, les créances des tiers payeurs ne peuvent être mises à la charge de l'ONIAM que si l'établissement de transfusion sanguine ayant fourni ces produits est identifié et si les dommages subis peuvent être couverts par une assurance souscrite par celui-ci. • Civ. 1re, 14 avr. 2016, n° 15-16.592 P. ♦ Dans le même sens : • Civ. 1re, 29 mars 2017, n° 16-12.815 P : *D. 2017. 1213, obs. Bacache .* ♦ En l'absence d'ouverture d'une action en garantie de l'ONIAM contre l'assureur de l'établissement de transfusion sanguine, le tiers payeur ne peut exercer aucun recours subrogatoire contre l'ONIAM. • Civ. 1re, 16 nov. 2016, n° 15-26.932 P : *D. 2016. 2397 ; RTD civ. 2017. 168, obs. Jourdain ; RGDA 2017. 21, note Landel.*

Si l'ONIAM bénéficie d'une action directe

contre les assureurs, celle-ci s'exerce en lieu et place de l'EFS, venant lui-même aux droits et obligations des assurés, qu'il substitue dans les procédures en cours ; dès lors, l'ONIAM dispose des mêmes droits que les assurés et son action se trouve soumise à la prescription biennale prévue par l'art. L. 114-1 C. assur. • Civ. 1re, 29 juin 2016, nº 15-19.751 P. – Rappr. : • CE, avis, 9 mai 2019, nº 426365 (litiges en cours au 1er juin 2010). – V. note ss. art. L. 1142-28.

107. Compétence : CHR. L'action contre un centre hospitalier régional universitaire, établissement public, gérant un centre de transfusion, relève de la compétence des juridictions administratives. • Civ. 1re, 13 nov. 1996, nº 95-20.753 P. ♦ Sur l'unification du contentieux post-transfusionnel au profit des juridictions administratives, V. Ord. nº 2005-1087 du 1er sept. 2005, art. 15 (*JO 2 sept.*).

Art. L. 1142-1-1 *(L. nº 2002-1577 du 30 déc. 2002)* Sans préjudice des dispositions du septième alinéa de l'article L. 1142-17, ouvrent droit à réparation au titre de la solidarité nationale :

1º Les dommages résultant d'infections nosocomiales dans les établissements, services ou organismes mentionnés au premier alinéa du I de l'article L. 1142-1 correspondant à un taux *(L. nº 2009-526 du 12 mai 2009, art. 112)* « d'atteinte permanente à l'intégrité physique ou psychique » supérieur à 25 % déterminé par référence au barème mentionné au II du même article, ainsi que les décès provoqués par ces infections nosocomiales ;

2º Les dommages résultant de l'intervention, en cas de circonstances exceptionnelles, d'un professionnel, d'un établissement, service ou organisme en dehors du champ de son activité de prévention, de diagnostic ou de soins.

1. Droit transitoire. Sur la non-rétroactivité des dispositions de l'art. L. 1142-1-1 CSP, V. • CE 13 juill. 2007, nº 293196 : *Gaz. Pal. 2007. Somm. 4240, obs. Lequillerier ; RFDA 2008. 337, concl. Olson ; RDSS 2007. 847, note Cristol*. ♦ L'art. 1er de la L. du 30 déc. 2002, créant notamment l'art. L. 1142-1-1 CSP, n'est pas d'application rétroactive. • Civ. 1re, 16 oct. 2008, nº 07-17.605 P : *D. 2008. AJ 2719, obs. Gallmeister ; ibid. 2009. Pan. 1302, obs. Penneau ; JCP 2009. I. 117, nº 17, obs. Byk ; RCA 2008, nº 369, obs. Radé ; RLDC 2008/55, nº 3218, obs. Gaudin* (l'établissement de santé condamné avant l'entrée en vigueur du texte, en réparation des dommages résultant d'une infection nosocomiale ne peut exercer un recours en garantie contre l'office national d'indemnisation des accidents médicaux). ♦ L'art. L. 1142-1-1 CSP est applicable aux infections nosocomiales contractées postérieurement à l'entrée en vigueur de la loi du 30 déc. 2002, soit au 1er janv. 2003. • Civ. 1re, 19 juin 2013, nº 12-20.433 P : *D. 2013. 1620, obs. Gallmeister ; RDSS 2013. 1131, obs. Arhab-Girardin ; RDC 2013. 1367, obs. Guégan-Lecuyer.*

2. Primauté du texte sur l'art. L. 1142-1 (infections nosocomiales). Lorsque les dommages résultant d'une infection nosocomiale ouvrent droit, en raison de leur gravité, à une indemnisation au titre de la solidarité nationale, sur le fondement de l'art. L. 1142-1-1, 1º, l'application du régime de responsabilité de plein droit prévu à l'art. L. 1142-1, I, al. 2, est exclue ; les victimes et les tiers payeurs ne gardent la possibilité d'agir à l'encontre de l'établissement où a été contractée l'infection ou du professionnel de santé qui a pris en charge la victime, que sur le fondement des fautes qu'ils peuvent avoir commises et qui sont à l'origine du dommage, telles qu'un manquement caractérisé aux obligations posées par la réglementation en matière de lutte contre les infections nosocomiales. • Civ. 1re, 8 févr. 2017, nº 15-19.716 P.

A. DOMAINE DE LA PRISE EN CHARGE PAR LA SOLIDARITÉ NATIONALE

3. Dommage distinct de l'atteinte initiale. Pour être réparé au titre de la solidarité nationale, un dommage doit présenter un caractère distinct de l'atteinte initiale ou résulter de son aggravation ; le fait que l'évolution favorable de l'état de santé d'un patient se trouve retardée par un échec thérapeutique ne caractérise pas un tel dommage. • Civ. 1re, 24 mai 2017, nº 16-16.890 P : *D. 2017. Chron. C. cass. 1859, obs. Kloda ; RTD civ. 2017. 674, obs. Jourdain ; RCA 2017, nº 235, note Bloch* (ne caractérise pas un dommage directement imputable à un acte de soins le retard dans l'évolution favorable de l'état de santé du patient, consécutif au fait que l'intervention chirurgicale, réalisée conformément aux règles de l'art, n'a pas permis de remédier aux douleurs qu'il présentait et ne les a pas non plus aggravées). ♦ Lors de l'appréciation du taux d'atteinte permanente lié à la survenue d'un accident médical, il ne peut être tenu compte du taux préexistant à l'acte médical en cause lorsque cet acte aurait permis d'y remédier en l'absence d'accident. • Civ. 1re, 15 juin 2022, nº 21-12.742 B : *D. 2022. 1934, obs. Porchy-Simon ; RTD civ. 2022. 907, obs. Jourdain ; RCA 2022, nº 197, obs. Bloch* (cassation de l'arrêt n'ayant pas recherché la part du déficit fonctionnel permanent préexistant lié à l'arthrose auquel il avait été remédié par la pose de la prothèse).

4. Dommage exclusivement imputable à un professionnel de santé. Lorsqu'une faute a été commise lors de la réalisation de l'acte médical qui est à l'origine du dommage, cette faute est exclusive d'une indemnisation au titre de la solidarité nationale, fondée sur les risques que comportait cet acte. • Civ. 1re, 16 nov. 2016, n° 15-20.611 P : *D. 2016. 2397*. ♦ Comp. : Les dispositions du II de l'art. L. 1142-1 CSP n'excluent toute indemnisation par l'ONIAM que si le dommage est entièrement la conséquence directe d'un fait engageant la responsabilité des personnes mentionnées au I du même texte. • CE 30 mars 2011, n° 327669 : *AJDA 2011. 709 ; D. 2011. 1074, obs. Grand ; RTD civ. 2011. 550, obs. P. Jourdain ; RFDA 2011. 329, étude Alonso*.

5. Dommage partiellement imputable à un professionnel de santé. Peut ouvrir droit à réparation au titre de la solidarité nationale l'hypothèse où un accident médical non fautif est à l'origine de conséquences dommageables mais où une faute commise par une personne mentionnée à l'art. L. 1142-1-I CSP a fait perdre à la victime une chance d'échapper à l'accident ou de se soustraire à ses conséquences. • CE 30 mars 2011, n° 327669 : *préc. note 4* (thrombose post-opératoire constituant la réalisation d'un risque inhérent à l'intervention mais aggravée par un retard dans la prise en charge post-opératoire).

6. Dommage partiellement imputable à un manquement à l'obligation d'information. Il résulte du rapprochement des art. L. 1142-1 et L. 1142-18 CSP, lequel prévoit que la commission peut déterminer la part de préjudice imputable à la responsabilité et celle relevant d'une indemnisation au titre de l'office, que ne peuvent être exclus du bénéfice de la réparation au titre de la solidarité nationale les préjudices, non indemnisés, ayant pour seule origine un accident non fautif. • Civ. 1re, 11 mars 2010, n° 09-11.270 P : *D. 2010. 1119, note Bacache ; JCP 2010, n° 379, note Jourdain* (complément à l'indemnisation pour perte de chance d'éviter l'accident médical dont la survenance n'était pas imputable au médecin à l'encontre duquel avait été exclusivement retenu un manquement à son devoir d'information). ♦ Il résulte de la combinaison des art. L. 1142-1-I et II et L. 1142-18 que la réparation par l'établissement responsable du dommage résultant de la perte de chance liée à un défaut d'information n'est pas exclusive de l'indemnisation, au titre de la solidarité nationale, des conséquences dommageables liées à la survenance d'un aléa thérapeutique restées non indemnisées par application du pourcentage de perte de chance. • CAA Nantes, 30 déc. 2010, n° 09NT01646.

7. Victimes bénéficiaires. Le régime spécifique de prise en charge des dommages au titre de la solidarité nationale de l'art. L. 1142-1-1, 1°, est distinct de celui prévu par l'art. L. 1142-1, II, de sorte que ne sont alors pas applicables les dispositions de ce texte qui limitent la réparation aux préjudices du patient et, en cas de décès, de ses ayants droit. • Civ. 1re, 8 févr. 2017, n° 15-19.716 P (cassation de l'arrêt refusant l'indemnisation par l'ONIAM du préjudice d'accompagnement).

Contra : en l'absence de décès de la victime immédiate, l'ONIAM ne peut indemniser que le patient et non les victimes par ricochet. • CE 30 mars 2011, n° 327669 : *préc. note 4*. – V., pour le VIH, CSP, art. L. 3122-1. – **CSP**.

Dans le cas d'une indemnisation au titre de la solidarité nationale sur le fondement de l'art. L. 1142-1-II, les préjudices de la victime indirecte éprouvés du vivant de la victime directe n'ouvrent pas droit à réparation et les conséquences personnelles éprouvées par la victime indirecte, à la suite du décès de son conjoint, telles que la privation de relations sexuelles avec lui, sont indemnisées au titre du préjudice d'affection. • Civ. 1re, 30 juin 2021, n° 19-22.787 B.

B. RÉGIME

8. Anormalité des conséquences au regard de l'état du patient. L'art. L. 1142-1-II CSP exclut la prise en charge par la solidarité nationale des conséquences d'un acte, si préjudiciables fussent-elles, qui ne sont pas anormales au regard de l'état de santé comme de l'évolution prévisible de celui-ci (patient particulièrement exposé à des complications compte tenu de son état de santé). • Civ. 1re, 31 mars 2011, n° 09-17.135 P : *R., p. 408 ; D. 2011. 1075, obs. Gallmeister ; ibid. 2565, obs. Laude ; ibid. 2012. Pan. 47, obs. Gout ; RDSS 2011. 761, obs. Arhab-Girardin ; RTD civ. 2011. 553, obs. Jourdain*. ♦ La condition d'anormalité du dommage doit être regardée comme remplie lorsque l'acte médical a entraîné des conséquences notablement plus graves que celles auxquelles le patient était exposé par sa pathologie de manière suffisamment probable en l'absence de traitement ; dans le cas contraire, les conséquences de l'acte médical ne peuvent être considérées comme anormales sauf si, dans les conditions où l'acte a été accompli, la survenance du dommage présentait une probabilité faible. • Civ. 1re, 15 juin 2016, n° 15-16.824 P : *D. 2017. 24, obs. Brun, Gout et Quézel-Ambrunaz* • 6 avr. 2022, n° 21-12.825 B : *D. 2022. 708 ; RTD civ. 2022. 647, obs. Jourdain*. ♦ Ainsi, elles ne peuvent être regardées comme anormales au regard de l'état de santé du patient lorsque la gravité de cet état a conduit à pratiquer un acte comportant des risques élevés dont la réalisation est à l'origine du dommage. • Civ. 1re, 15 juin 2016, n° 15-16.824 P : *préc.* ♦ Dans le même sens, le patient ayant dû subir, dans l'espoir d'obtenir une amélioration de son état de santé, une intervention indispensable, présentant un risque important lié à sa pathologie et qui s'était réalisé. • Civ. 1re, 2 juill. 2014, n° 13-15.750 P : *D. 2015. 124, obs. Brun et Gout ; RTD civ. 2014. 899, obs. Jourdain*. ♦ Les conséquences de l'acte médical peuvent être notablement plus graves que celles auxquelles le patient était exposé par sa pathologie de manière suffisamment probable en l'absence de traitement si les troubles présentés, bien qu'identiques à ceux auxquels il était exposé par l'évolution prévisible de sa pathologie, sont survenus prématurément ; dans ce cas, une indemnisation ne peut être due que jusqu'à la date à laquelle les troubles seraient apparus en l'absence de survenance de l'accident médical. • Civ. 1re, 6 avr. 2022, n° 21-12.825 B : *préc.*

Pour apprécier le caractère faible ou élevé du risque dont la réalisation a entraîné le dommage, il y a lieu de prendre en compte la probabilité de survenance d'un événement du même type que celui qui a causé le dommage et entraînant une invalidité grave ou un décès ; en l'espèce, lors d'un accouchement, le risque issu de la réalisation des manœuvres obstétricales, constitué par la paralysie du plexus brachial, est notablement moins grave que le décès possible de l'enfant. • Civ. 1re, 19 juin 2019, n° 18-20.883 P : *RDSS 2019. 942, obs. Curier-Roche ; RTD civ. 2019. 602, obs. Jourdain* (séquelles permanentes de paralysie rares, entre 1 % et 2,5 % des cas). ♦ Cette précision vise uniquement à la prise en compte de la probabilité de survenance d'un dommage d'une gravité comparable à celui effectivement subi par le patient et n'affecte pas la condition de gravité du dommage ouvrant droit à réparation qui est déterminée par les art. L. 1142-1, II, et D. 1142-1 CSP. • Civ. 1re, 14 déc. 2022, n° 21-23.032 B (cassation de l'arrêt ayant soumis l'indemnisation du dommage à l'exigence d'une invalidité grave, en violation des textes du CSP).

9. Dommage grave. Même si l'infection survenue présente un caractère nosocomial, l'indemnisation des dommages consécutifs à cette infection, qui ne répond pas aux critères de gravité de l'art. L. 1142-1-1, al. 1er, et qui a été contractée au sein d'un établissement de santé, soumis à une responsabilité de droit, ne peut être mise à la charge de l'ONIAM. • Civ. 1re, 23 nov. 2022, n° 21-24.103 B : *RCA 2023, n° 31, note Bloch.*

10. Préjudice : pluralité de causes. En cas de combinaison entre un accident médical et une faute d'un professionnel de santé qui aurait permis de l'éviter, le préjudice en lien direct avec cette faute est la perte de chance d'éviter le dommage corporel advenu et non le dommage corporel lui-même, lequel demeure tout entier en lien direct avec l'accident non fautif. • CE 30 mars 2011, n° 327669 : *préc. note 4* (perte de chance d'éviter une complication post opératoire évaluée à 80 % du dommage corporel).

11. Faute de la victime. Possibilité pour *l'ONIAM d'invoquer la faute de la victime* ayant contribué à la réalisation de son dommage. • Civ. 1re, 8 févr. 2017, n° 15-19.716 P (continuation du tabagisme).

12. Recours. En cas de combinaison entre un accident médical et une faute d'un professionnel de santé qui aurait permis de l'éviter, l'indemnité due par l'ONIAM est réduite du montant de celle mise, le cas échéant, à la charge du responsable de la perte de chance, égale à une fraction du dommage corporel correspondant à l'ampleur à laquelle un tel accident ouvre droit. • CE 30 mars 2011, n° 327669 : *préc. note 4.* ♦ Sur l'absence d'action récursoire de l'ONIAM, V. • Civ. 1re, 18 déc. 2014, n° 13-21.019 P : *D. 2015. 606, note Bacache ; RTD civ. 2015. 154, obs. Jourdain .*

Même lorsque les dommages résultant d'une infection nosocomiale ouvrent droit, en raison de leur gravité, à une indemnisation au titre de la solidarité nationale, sur le fondement de l'art. L. 1142-1-1, 1°, qui exclut l'application du régime de responsabilité de plein droit prévu à l'art. L. 1142-1, I, al. 2, la responsabilité de l'établissement où a été contractée cette infection comme celle du professionnel de santé, ayant pris en charge la victime, demeurent engagées en cas de faute ; tant les victimes du dommage que les tiers payeurs, disposant, selon l'art. L. 376-1 CSS, d'un recours contre l'auteur responsable d'un accident, gardent la possibilité d'agir à l'encontre de l'établissement et de ce professionnel de santé, conformément à l'art. L. 1142-1, I, al. 1er, sur le fondement des fautes qu'ils peuvent avoir commises et qui sont à l'origine du dommage, telles qu'un manquement caractérisé aux obligations posées par la réglementation en matière de lutte contre les infections nosocomiales. • Civ. 1re, 28 sept. 2016, n° 15-16.117 P : *D. 2016. 1999, obs. Gallmeister ; ibid. 2187, obs. Bacache, Guégan-Lécuyer et Porchy-Simon ; ibid. 2437, note Bacache ; ibid. 2017. 24, obs. Brun, Gout et Quézel-Ambrunaz ; RTD civ. 2016. 875, obs. Jourdain ; JCP 2016, n° 1171, note Vauthier et Vialla.*

13. Recours des organismes sociaux. La victime, lorsque l'art. L. 1142-1-1 CSP est applicable, n'étant titulaire d'aucune action à l'encontre de l'établissement de santé où l'infection a été contractée, les caisses d'assurance maladie ne disposent d'aucune action subrogatoire à l'encontre de cet établissement ; les caisses n'ont pas d'action récursoire envers l'établissement de santé au titre des sommes qu'elles ont versées à leur assuré ou pour son compte. • Civ. 1re, 9 avr. 2014, n° 13-16.165 P : *D. 2014. 928 ; RDSS 2014. 768, note Tauran ; RCA 2014, n° 223, obs. Groutel* (fausse application de l'art. L. 376-1 CSS). ♦ V. aussi : • Civ. 1re, 1er juin 2016, n° 15-17.472 P : *D. 2016. 2187, obs. Bacache, Guégan-Lécuyer et Porchy-Simon ; RTD civ. 2016. 878, obs. Jourdain* (cassation de l'arrêt affirmant que la substitution de l'ONIAM à la clinique en application des dispositions de l'art. L. 1142-1-1 ne s'étend pas au recours des organismes sociaux).

C. MISE EN ŒUVRE

14. Nature de l'intervention de l'ONIAM. L'ONIAM est seul tenu d'assurer la réparation des dommages répondant aux conditions posées par l'art. L. 1142-1-1 CSP, l'établissement de santé dans lequel l'infection a été contractée pouvant uniquement, en cas de faute, être appelé à indemniser l'ONIAM, au titre d'une action récursoire ou subrogatoire, de tout ou partie des sommes ainsi mises à sa charge. • Civ. 1re, 19 juin 2013, n° 12-20.433 P : *D. 2013. 1620, obs. Gallmeister* (cassation de l'arrêt qui met l'ONIAM hors de cause au motif que son intervention est subsidiaire). ♦ L'indemnisation au titre de la solidarité nationale présente un caractère subsidiaire ; lorsque la commission d'indemnisation a estimé que le dommage engageait la responsabilité de deux personnes distinctes, que seul l'un de leurs assureurs a fait une offre d'indemnisation partielle qui a été acceptée et que l'ONIAM s'est substitué à l'autre assureur pour que la victime bénéficie d'une réparation intégrale, l'ONIAM dispose alors, comme l'assureur auquel il s'est substitué, d'un recours contre toute personne qu'il considère comme responsable du dommage sans que l'acceptation par la victime d'une offre d'indemnisation partielle n'y fasse obstacle. • Civ. 1re, 15 juin 2022, n° 21-16.022 B : *D. 2022. 1934, obs. Guégan* ; *RDSS 2022. 761, obs. Curier-Roche* ; *RTD civ. 2022. 909, obs. Jourdain* ; *RGDA 2022/9. 45, note Maleville.*

15. Avis de la commission : contestation. Possibilité pour l'assureur d'un professionnel de santé, dont la commission régionale de conciliation et d'indemnisation a estimé la responsabilité engagée par un dommage relevant du premier al. de l'art. L. 1142-8 CSP, de contester l'avis de cette commission et le principe de la responsabilité de son assuré devant un juge, soit par l'exercice de l'action subrogatoire contre le tiers responsable ou contre l'ONIAM, soit, en cas de silence ou de refus de sa part de faire une offre d'indemnisation, à l'occasion de l'invocation par l'ONIAM, qui lui est alors substitué, de la transaction conclue avec la victime ou à l'occasion de l'action subrogatoire de cet organisme. • Civ. 1re, 31 mars 2011 : *D. 2011. 1135* (non-lieu à QPC).

16. Offre de l'assureur. Le caractère dérisoire du montant des indemnités proposées par l'assureur équivaut à une absence d'offre au sens de l'art. L. 1142-15 CSP, de sorte que l'ONIAM s'est régulièrement substitué à cet assureur qui encourt dès lors la pénalité égale à 15 % des sommes allouées aux intéressés. • Civ. 1re, 7 juill. 2011, n° 10-19.766 P : *D. 2011. 1968, obs. Gallmeister* ; *ibid. 2125, chron. Vioujas* ; *ibid. 2012. Pan. 47, obs. Gout* .

17. Décision de l'ONIAM. L'ONIAM n'est pas lié par l'avis émis par la CRCI, commission administrative dont la mission est de faciliter, par des mesures préparatoires, un éventuel règlement amiable des litiges relatifs à des accidents médicaux, des affections iatrogènes ou des infections nosocomiales. • Civ. 1re, 6 mai 2010, n° 09-66.947 P : *D. 2010. 1280* ; *RLDC 2010/73, n° 3877, obs. Le Nestour-Drelon.*

Art. L. 1142-2 *(Assurance obligatoire des professionnels et établissements de santé).*

Art. L. 1142-3 *(L. n° 2004-806 du 9 août 2004, art. 95)* Les dispositions de la présente section ne sont pas applicables au promoteur de recherche biomédicale, dont la responsabilité peut être engagée conformément au premier alinéa de l'article L. 1121-10 et qui est soumis à l'obligation d'assurance prévue au troisième alinéa du même article.

Les personnes qui subissent des dommages dans le cadre de la recherche biomédicale peuvent faire valoir leurs droits en application des deux premiers alinéas de l'article L. 1121-10 auprès des commissions régionales mentionnées aux sections 2, 3 et 4 du présent chapitre. Lorsque la responsabilité du promoteur n'est pas engagée, les victimes peuvent être indemnisées par l'office institué à l'article L. 1142-22, conformément aux dispositions du II de l'article L. 1142-1. Toutefois l'indemnisation n'est pas dans ce cas subordonnée au caractère de gravité prévu par ces dispositions.

Art. L. 1142-3-1 *(L. n° 2014-1554 du 22 déc. 2014, art. 70-I)* I. — Le dispositif de réparation des préjudices subis par les patients au titre de la solidarité nationale mentionné au II de l'article L. 1142-1 et aux articles L. 1142-1-1 et L. 1142-15 n'est pas applicable aux demandes d'indemnisation de dommages imputables à des actes dépourvus de finalité *(L. n° 2016-41 du 26 janv. 2016, art. 185)* « contraceptive, abortive, » préventive, diagnostique, thérapeutique ou reconstructrice, y compris dans leur phase préparatoire ou de suivi.

II. — Toutefois, le recours aux commissions mentionnées à l'article L. 1142-5 exerçant dans le cadre de leur mission de conciliation reste ouvert aux patients ayant subi des dommages résultant des actes mentionnés au I du présent article.

Cet art. s'applique aux demandes d'indemnisation postérieures au 31 déc. 2014 (L. n° 2014-1554 du 22 déc. 2014, art. 70-II).

SECTION 6. *Prescription en matière de responsabilité médicale*

Art. L. 1142-28 *(L. nº 2016-41 du 26 janv. 2016, art. 188-I)* Les actions tendant à mettre en cause la responsabilité des professionnels de santé ou des établissements de santé publics ou privés à l'occasion d'actes de prévention, de diagnostic ou de soins et les demandes d'indemnisation formées devant l'Office national d'indemnisation des accidents médicaux, des affections iatrogènes et des infections nosocomiales en application du II de l'article L. 1142-1 et des articles *(L. nº 2016-1917 du 29 déc. 2016, art. 150)* « L. 1142-24-9, » L. 1221-14, L. 3111-9, L. 3122-1 et L. 3131-4 se prescrivent par dix ans à compter de la consolidation du dommage.

Le titre XX du livre III du code civil est applicable, à l'exclusion de son chapitre II.

La rédaction de l'art. L. 1142-28 issue de la L. nº 2016-41 du 26 janv. 2016, art. 188-I, s'applique lorsque le délai de prescription n'était pas expiré à la date de publication de la L. préc. Il est alors tenu compte du délai déjà écoulé. Toutefois, lorsque aucune décision de justice irrévocable n'a été rendue, l'Office national d'indemnisation des accidents médicaux, des affections iatrogènes et des infections nosocomiales applique le délai prévu au nouvel art. L. 1142-28 aux demandes d'indemnisation présentées devant lui à compter du 1er janv. 2006. Dans ce cas, il ne peut engager d'action subrogatoire ou récursoire à raison de droits qui, en application des dispositions transitoires, étaient prescrits à la date de publication de la L. nº 2016-41 du 26 janv. 2016 (L. préc., art. 188-1, JO 27 janv.).

BIBL. ▶ **Prescription médicale et prescription quadriennale :** ALVES, *LPA 14 sept. 2004.* ▶ **Application aux instances en cours :** BERNFELD, *Gaz. Pal. 2002. Doctr. 962.* – MÉLIN, *LPA 2 déc. 2004.* – METTETAL, *JCP E 2003, Cah. dr. entr. nº 2, p. 8.* ▶ Sur la position de la Cour de cassation, avant l'intervention de la loi du 30 déc. 2002, V. Cass., avis, 22 nov. 2002, *Bull. civ. nº 5 ; D. 2003. 1196, note Dendoncker.* – *Adde :* BERNFELD, *Gaz. Pal. 2003. Doctr. 2647.*

1. Durée de la prescription. Par l'art. L. 1142-28 CSP, le législateur a entendu instituer une prescription décennale se substituant à la prescription quadriennale instaurée par la L. du 31 déc. 1968. • CE, avis, 19 mars 2003 : *Lebon 133 ; D. 2003. IR 1137 ; RCA 2003, nº 209, note Guettier.* ♦ Lorsqu'il exerce contre les assureurs des structures reprises par l'EFS l'action directe prévue par le 7e al. de l'art. L. 1221-14 CSP, pour des litiges engagés après le 1er juin 2010, l'ONIAM est subrogé dans les droits de la victime qu'il a indemnisée au titre de la solidarité nationale ; l'action est soumise au délai de dix ans prévu à l'art. L. 1142-28 CSP délai de prescription applicable à l'action de la victime. • CE, avis, 9 mai 2019, nº 426365.

2. Créances prescrites à l'entrée en vigueur de la L. du 4 mars 2002. L'art. 101, al. 2, de la L. du 4 mars 2002 n'a pas eu pour effet, en l'absence de dispositions le prévoyant expressément, de relever de la prescription les créances qui étaient prescrites en application de la L. du 31 déc. 1968 à la date d'entrée en vigueur de la L. du 4 mars 2002. • CE, avis, 19 mars 2003 : *préc. note 1.* • CE 16 mars 2005 : *RCA 2005, nº 259, note Guettier.* ♦ V. aussi : • CE 15 nov. 2010, nº 342947 : *AJDA 2010. 2241, obs. Grand* (l'absence de disposition rétroactive n'entraîne pas de rupture d'égalité entre les titulaires de créance, selon que celle-ci était prescrite ou non).

3. Créances publiques. Les dispositions du 2e al. de l'art. 101 de la L. du 4 mars 2002 ont pour objet d'unifier les délais de prescription applicables aux accidents médicaux dans le souci de l'égalité de traitement des victimes, que la procédure soit engagée devant le juge administratif ou devant le juge judiciaire. Faute pour le législateur d'avoir précisé les causes interruptives inhérentes au nouveau régime de prescription, ces dispositions doivent s'entendre comme ne modifiant pas, pour les créances publiques, les causes interruptives prévues par la L. du 31 déc. 1968. • CE, avis, 19 mars 2003 : *préc. note 1.* ♦ Même sens : • CE 27 juin 2005, nº 261574 B : *AJDA 2005. 2301, concl. Chauvaux* ♦ V. plus généralement notes CSP.

4. Suspension de la prescription. Si la saisine de la commission de conciliation et d'indemnisation suspend les délais de prescription et de recours jusqu'au terme de la procédure de règlement amiable, dans le cas où l'ONIAM s'est substitué à l'assureur et où la victime a accepté son offre d'indemnisation, la procédure de règlement amiable a atteint son terme, de sorte que le délai de prescription, suspendu depuis la saisine de la CCI, recommence à courir à compter du jour de cette acceptation. • Civ. 1re, 16 mars 2022, nº 20-15.172 B : *D. 2022. 1934, obs. Guégan* .

Les dispositions du chapitre II ci-dessus, issues de l'art. 98 de la loi nº 2002-303 du 4 mars 2002, à l'exception de l'art. L. 1142-2 et de la section 5, s'appliquent aux accidents médicaux, affections iatrogènes et infections nosocomiales consécutifs à des activités de prévention, de diagnostic ou de soins réalisées à compter du 5 sept. 2001, même si ces accidents médicaux, affections iatrogènes et infections nosocomiales font l'objet d'une instance en cours, à moins qu'une décision de justice irrévocable n'ait été prononcée (art. 101, al. 1er, de la loi, mod. par L. n° 2002-1577 du 30 déc. 2002, art. 3).

....

Code du sport

Art. L. 321-3-1 *(L. n° 2012-348 du 12 mars 2012, art. 1er)* Les pratiquants ne peuvent être tenus pour responsables des dommages matériels causés à un autre pratiquant par le fait d'une chose qu'ils ont sous leur garde, au sens du *(Ord. n° 2016-131 du 10 févr. 2016, art. 6-XVIII, en vigueur le 1er oct. 2016)* « premier alinéa de l'article 1242 *[ancienne rédaction : premier alinéa de l'article 1384]* » du code civil, à l'occasion de l'exercice d'une pratique sportive au cours d'une manifestation sportive ou d'un entraînement en vue de cette manifestation sportive sur un lieu réservé de manière permanente ou temporaire à cette pratique.

Sur l'entrée en vigueur des dispositions issues de l'Ord. n° 2016-131 du 10 févr. 2016, V. cette Ord., art. 9, ss. art. 1386-1.

BIBL. ▶ BAKOUCHE, *JCP 2012, n° 397.* – BOLLE et BOISGROLLIER, *JCP 2012, n° 507.* – HOCQUET-BERG, *RCA 2012, n° 149.* – MOULY, *D. 2012. Chron. 1070* ✎. – RASCHEL, *RLDC 2012/97, n° 4804.* – Dossier, *RLDC 2012/97, nos 4833 s.* (responsabilités sportives).

Loi n° 2000-1257 du 23 décembre 2000,

De financement de la sécurité sociale pour 2001 (JO 24 déc.).

Indemnisation des victimes de l'amiante

DALLOZ ACTION *Droit de la responsabilité et des contrats 2023/2024, nos 6321.00 s.*

Art. 53 I. — Peuvent obtenir la réparation intégrale de leurs préjudices :

1° Les personnes qui ont obtenu la reconnaissance d'une maladie professionnelle occasionnée par l'amiante au titre de la législation française de sécurité sociale ou d'un régime assimilé ou de la législation applicable aux pensions civiles et militaires d'invalidité ;

2° Les personnes qui ont subi un préjudice résultant directement d'une exposition à l'amiante sur le territoire de la République française ;

3° Les ayants droit des personnes visées aux 1° et 2°.

II. – *(Fonds d'indemnisation des victimes de l'amiante) (Complété par L. n° 2001-1246 du 21 déc. 2001, art. 43-II, JO 26 déc.).*

III. — Le demandeur justifie de l'exposition à l'amiante et de l'atteinte à l'état de santé de la victime.

Le demandeur informe le fonds des autres procédures relatives à l'indemnisation des préjudices définis au I éventuellement en cours. Si une action en justice est intentée, il informe le juge de la saisine du fonds.

[...]

IV. — Dans les six mois à compter de la réception d'une demande d'indemnisation, le fonds présente au demandeur une offre d'indemnisation. Il indique l'évaluation retenue pour chaque chef de préjudice, ainsi que le montant des indemnités qui lui reviennent compte tenu des prestations énumérées à l'article 29 de la loi n° 85-677 du 5 juillet 1985 tendant à l'amélioration de la situation des victimes d'accidents de la circulation et à l'accélération des procédures d'indemnisation *[V. ce texte]*, et des indemnités de toute nature reçues ou à recevoir d'autres débiteurs du chef du même préjudice. Le fonds présente une offre d'indemnisation nonobstant l'absence de consolidation.

Une offre est présentée dans les mêmes conditions en cas d'aggravation de l'état de santé de la victime.

L'acceptation de l'offre ou la décision juridictionnelle définitive rendue dans l'action en justice prévue au V vaut désistement des actions juridictionnelles en indemnisation en cours et rend irrecevable tout autre action juridictionnelle future en réparation du même préjudice. Il en va de même des décisions juridictionnelles devenues définitives allouant une indemnisation intégrale pour les conséquences de l'exposition à l'amiante.

V. — Le demandeur ne dispose du droit d'action en justice contre le fonds d'indemnisation que si sa demande d'indemnisation a été rejetée, si aucune offre ne lui a été présentée dans le délai mentionné au premier alinéa du IV ou s'il n'a pas accepté l'offre qui lui a été faite.

Cette action est intentée devant la cour d'appel dans le ressort de laquelle se trouve le domicile du demandeur.

VI. — Le fonds est subrogé, à due concurrence des sommes versées, dans les droits que possède le demandeur contre la personne responsable du dommage ainsi que contre les personnes ou organismes tenus à un titre quelconque d'en assurer la réparation totale ou partielle dans la limite du montant des prestations à la charge desdites personnes.

Le fonds intervient devant les juridictions civiles, y compris celles du contentieux de la sécurité sociale, notamment dans les actions en faute inexcusable, et devant les juridictions de jugement en matière répressive, même pour la première fois en cause d'appel, en cas de constitution de partie civile du demandeur contre le ou les responsables des préjudices ; il intervient à titre principal et peut user de toutes les voies de recours ouvertes par la loi.

Si le fait générateur du dommage a donné lieu à des poursuites pénales, le juge civil n'est pas tenu de surseoir à statuer jusqu'à décision définitive de la juridiction répressive.

[...]

IX. — Les demandes d'indemnisation des préjudices causés par l'exposition à l'amiante en cours d'instruction devant les commissions instituées par l'article 706-4 du code de procédure pénale à la date de publication du décret mentionné au X sont transmises au fonds d'indemnisation des victimes de l'amiante. Les provisions allouées en application du dernier alinéa de l'article 706-6 du code de procédure pénale sont remboursées par le fonds d'indemnisation des victimes de l'amiante au fonds de garantie des victimes des actes de terrorisme et d'autres infractions.

X. — Les modalités d'application du présent article sont fixées par décret en Conseil d'État. *– V. Décr. n° 2001-963 du 23 oct. 2001 (JO 24 oct.), mod. par Décr. n° 2004-836 du 20 août 2004, art. 43 (JO 22 août).*

Le délai fixé au IV est porté à neuf mois pendant l'année qui suit la publication du décret mentionné à l'alinéa précédent.

....

BIBL. ▸ GUETTIER, *AJDA 2001. 529* ; *RCA 2002. Chron. 19 et 22.* – HARDY, *JCP E 2001. 605.*

1. L'art. 53-IV de la L. du 23 déc. 2000 impose au fonds d'indemnisation des victimes de l'amiante de faire à la victime une offre pour chaque chef de préjudice, en tenant compte des prestations énumérées à l'art. 29 de la L. du 5 juill. 1985 pour le montant qui résulte, poste par poste, de l'application de l'art. 31, al. 1er et 3, de cette loi, dans sa rédaction issue de l'art. 25 de la L. du 21 déc. 2006. • Cass., avis, 6 oct. 2008, n° 08-00.009 P.

2. L'existence d'une action juridictionnelle en contestation de l'offre d'indemnisation du FIVA a pour objet de rendre caduque cette offre. • Civ. 2e, 14 janv. 2016, n° 14-26.080 P.

Loi n° 2002-303 du 4 mars 2002,

Relative aux droits des malades et à la qualité du système de santé (JO 5 mars).

Art. 1er *Abrogé par L. n° 2005-102 du 11 févr. 2005, art. 52-III.*

Aux termes des art. 2 et 52 de la loi n° 2005-102 du 11 févr. 2005, le § I de l'art. 1er a été codifié à l'art. L. 114-5 CASF. — Pour les § II et III, V. CASF, art. L. 114-1, al. 1er, et L. 146-1, al. 4. – ***CASF.***

....

Art. 102 En cas de contestation relative à l'imputabilité d'une contamination par le virus de l'hépatite C antérieure à la date d'entrée en vigueur de la présente loi, le demandeur apporte des éléments qui permettent de présumer que cette contamination a pour origine une transfusion de produits sanguins labiles ou une injection de médicaments dérivés du sang. Au vu de ces éléments, il incombe à la partie défenderesse de prouver que cette transfusion ou cette injection n'est pas à l'origine de la contamination. Le juge forme sa conviction après avoir ordonné, en cas de besoin, toutes les mesures d'instruction qu'il estime utiles. Le doute profite au demandeur.

Cette disposition est applicable aux instances en cours n'ayant pas donné lieu à une décision irrévocable.

Sur l'unification du contentieux post-transfusionnel au profit des juridictions administratives, V. Ord. n° 2005-1087 du 1er sept. 2005, art. 15 (JO 2 sept.).

1. Présomption d'imputabilité : preuve contraire. Preuve rapportée par l'Établissement français du sang que les transfusions sanguines n'étaient pas à l'origine de la contamination (application de l'art. 102 L. 4 mars 2002) : • Civ. 1re, 24 févr. 2004, n° 02-20.515 P. ♦ Preuve non rapportée : • Civ. 1re, 18 janv. 2005, n° 03-12.166 P : *RCA 2005, n° 100, note Radé* • 7 févr. 2006, n° 04-20.256 P : *D. 2006. IR 533* (présomption de contamination non renversée). ♦ V. aussi • Civ. 1re, 3 avr. 2007, n° 06-18.647 P : *D. 2007. AJ 1270* (éléments apportés par le demandeur de nature à établir la présomption de contamination) • 14 juin 2007, n° 06-12.948 P : *LPA 7 janv. 2008, obs. Vignon-Barrault* (*idem*) • 12 juill. 2007, n° 06-14.606 P : *BICC 15 nov. 2007, n° 2292, et les obs. ; D. 2007. AJ 2160, obs. Gallmeister* ; *RDSS 2007. 1105, note Cristol* (doute devant profiter au demandeur) • 5 mars 2009, n° 08-14.729 P : *RCA 2009, n° 102, obs. Radé ; RDSS 2009. 356, obs. Arhab-Girardin*. ♦ Pour des arrêts estimant que le demandeur n'apporte pas suffisamment d'éléments permettant de présumer l'origine transfusionnelle de sa contamination, de sorte qu'il ne peut se prévaloir de l'existence d'un doute lui profitant : • Civ. 1re, 5 juill. 2005, n° 04-11.688 P : *RDSS 2005. 868, note Arhab* • 13 déc. 2005, n° 03-17.547 P.

2. … Opposabilité. La présomption d'imputabilité édictée par l'art. 102 est opposable à toute partie tenue à réparation du dommage causé par la contamination (en l'espèce, au conducteur responsable de l'accident ayant rendu nécessaires les transfusions sanguines). • Civ. 2e, 20 oct. 2005, n° 04-14.787 P : *D. 2006. 492, note Chantepie* ; *ibid. Pan. 1930, obs. Jourdain* ; *RCA 2006, n° 51, note Groutel (1re esp.) ; RTD civ. 2006. 122, obs. Jourdain (1re esp.)* • 24 mai 2006, n° 05-17.091 P : *D. 2006. IR 1637* ; *RDSS 2006. 742, note Arhab* (recours de l'EFS contre l'assureur du conducteur responsable).

3. La présomption simple d'imputabilité est édictée par l'art. 102 au seul bénéfice des victimes. • Civ. 2e, 17 juin 2010, n° 09-65.190 P : *RCA 2010, n° 217, obs. Radé ; RLDC 2010/75, n° 3962, obs. Paulin ; RDC 2011. 91, obs. Deshayes ; RTD civ. 2010. 570, obs. Jourdain*. ♦ Les recours entre co-fournisseurs de produits sanguins obéissent aux règles du droit commun. • Civ. 2e, 17 juin 2010, n° 09-10.786 P : *D. 2010. AJ 1706*.

4. Conv. EDH. Sur la condamnation d'une législation discriminatoire prévoyant une indemnisation amiable des préjudices causés par les transfusions pour les hémophiles et non pour les thalassémiques. • CEDH, sect. II, 1er déc. 2009, *G. N. c/ Italie*, n° 43134/05.

Code des transports

(Ord. n° 2010-1307 du 28 oct. 2010)

……………………………………………

QUATRIÈME PARTIE : NAVIGATION INTÉRIEURE ET TRANSPORT FLUVIAL

……………………………………………

LIVRE I. LE BATEAU

……………………………………………

TITRE III. RÉGIME DE RESPONSABILITÉ

Art. L. 4130-1 Les dispositions du présent titre sont également applicables aux engins flottants et aux matériels flottants.

CHAPITRE I. *L'ABORDAGE ENTRE BATEAUX*

Art. L. 4131-1 *La réparation du dommage* survenu du fait d'un abordage entre bateaux est régie par la convention internationale relative à l'unification de certaines règles en matière d'abordage en navigation intérieure faite à Genève le 15 mars 1960.

CHAPITRE II. *L'ABORDAGE ENTRE BATEAUX ET NAVIRES*

Art. L. 4132-1 Les dispositions relatives à l'abordage survenu entre navires et bateaux, ainsi que celles relatives à l'assistance entre les navires et les bateaux en danger, sont fixées par les chapitres I et II du titre III du livre I de la cinquième partie.

……………………………………………

CINQUIÈME PARTIE : TRANSPORT ET NAVIGATION MARITIMES

LIVRE I. LE NAVIRE

TITRE II. RÉGIMES DE RESPONSABILITÉ ET OBLIGATIONS D'ASSURANCE *(Ord. n° 2011-635 du 9 juin 2011).*

CHAPITRE I. *RÉGIME GÉNÉRAL DE RESPONSABILITÉ*

SECTION 1. *Dispositions générales*

Art. L. 5121-1 Les dispositions du présent chapitre s'appliquent sous réserve des dispositions spéciales fixées par le chapitre II du présent titre.

Art. L. 5121-2 Les dispositions du présent chapitre s'appliquent à l'affréteur, à l'armateur, à l'armateur-gérant *(L. n° 2016-816 du 20 juin 2016, art. 87)* « au » capitaine ou à leurs autres préposés terrestres ou nautiques agissant dans l'exercice de leurs fonctions *(L. n° 2016-816 du 20 juin 2016, art. 87)* « ainsi qu'à la personne commandant un engin flottant de surface ou sous-marin dans les conditions définies au premier alinéa de l'article L. 5121-3 », de la même manière qu'au propriétaire lui-même.

Elles peuvent être invoquées par le capitaine et les autres membres de l'équipage, même lorsqu'ils ont commis une faute personnelle.

Si le propriétaire du navire, l'affréteur, l'armateur ou l'armateur-gérant est le capitaine ou un membre de l'équipage, les dispositions de l'alinéa précédent ne s'appliquent qu'aux fautes qu'il a commises dans l'exercice de ses fonctions de capitaine ou de membre de l'équipage.

SECTION 2. *Le droit à limitation de responsabilité*

Art. L. 5121-3 Les personnes mentionnées à l'article L. 5121-2 peuvent limiter leur responsabilité envers des cocontractants ou des tiers, même s'il s'agit de l'État, si les dommages se sont produits à bord du navire ou s'ils sont en relation directe avec la navigation ou l'utilisation du navire. *(L. n° 2016-816 du 20 juin 2016, art. 87)* « Les dommages causés par un engin flottant de surface ou sous-marin, à bord duquel aucune personne n'est embarquée, commandé à partir d'un navire, sont réputés être en relation directe avec la navigation ou l'utilisation du navire si l'engin a été embarqué sur le navire ou remorqué par celui-ci.

« Les personnes mentionnées au même article L. 5121-2 » peuvent, dans les mêmes conditions, limiter leur responsabilité pour les mesures prises afin de prévenir ou de réduire les dommages mentionnés au premier alinéa, ou pour les dommages causés par ces mesures.

Toutefois, elles ne sont pas en droit de limiter leur responsabilité s'il est prouvé que le dommage résulte de leur fait ou de leur omission personnels et qu'il a été commis avec l'intention de provoquer un tel dommage ou commis témérairement et avec conscience qu'un tel dommage en résulterait probablement.

(L. n° 2016-816 du 20 juin 2016, art. 88) « L'assureur qui couvre la responsabilité des personnes mentionnées à l'article L. 5121-2 à l'égard des créances soumises à limitation est en droit de se prévaloir de celle-ci dans la même mesure que l'assuré lui-même. »

Art. L. 5121-4 La limitation de responsabilité n'est pas opposable :

1° Aux créances d'indemnité d'assistance, de sauvetage, ou de contribution en avarie commune ;

2° Aux créances du capitaine et des autres membres de l'équipage nées de l'embarquement ;

3° Aux créances de toute autre personne employée à bord en vertu d'un contrat de travail ;

4° Aux créances de l'État ou de toute autre personne morale de droit public qui aurait, au lieu et place du propriétaire, renfloué, enlevé, détruit ou rendu inoffensif un navire coulé, naufragé, échoué ou abandonné, y compris tout ce qui se trouve ou s'est trouvé à bord.

Art. L. 5121-5 Les limites de la responsabilité prévues à l'article L. 5121-3 sont celles établies par la convention de 1976 sur la limitation de la responsabilité en matière de créances maritimes, faite à Londres le 19 novembre 1976, modifiée.

Toutefois, les limites de la responsabilité du propriétaire du navire dont la jauge est inférieure ou égale à 300 sont égales à la moitié de celles fixées par les dispositions de l'article 6 de la convention, pour les navires dont la jauge est inférieure ou égale à *(Ord. n° 2011-635 du 9 juin 2011)* « 2000 ».

Art. L. 5121-5-1 *(Ord. nº 2021-1330 du 13 oct. 2021, art. 3)* La limitation de responsabilité prévue à l'article L. 5121-3 bénéficie aux personnes mentionnées à l'article L. 5121-2 pour les dommages causés par un drone maritime.

Les limites de la responsabilité pour un tel engin sont égales à la moitié de celles fixées par les dispositions de l'article 6 de la convention de 1976 sur la limitation de la responsabilité en matière de créances maritimes, faite à Londres le 19 novembre1976, pour les navires dont la jauge ne dépasse pas 2 000 tonneaux.

SECTION 3. *Mise en œuvre de la limitation de responsabilité*

Art. L. 5121-6 Lorsque l'ensemble des créances nées d'un même événement dépasse les limites de la responsabilité déterminées par les dispositions de l'article L. 5121-5, le montant global des répartitions dues par *(L. nº 2016-816 du 20 juin 2016, art. 88)* « une personne » mentionnée à l'article L. 5121-2 dans le cadre de la limitation légale est constitué, à la diligence et par les soins *(L. nº 2016-816 du 20 juin 2016, art. 88)* « de cette personne, de son assureur ou de toute autre personne à elle » substituée, en un fonds de limitation unique.

Le fonds ainsi constitué est affecté exclusivement au règlement des créances auxquelles la limitation de responsabilité est opposable.

Après la constitution du fonds, aucun droit ne peut être exercé, pour les mêmes créances, sur d'autres biens du propriétaire ou de toute autre personne mentionnée par les créanciers auxquels le fonds est réservé, à condition que le fonds de limitation soit effectivement disponible au profit du demandeur.

Art. L. 5121-7 *(L. nº 2016-816 du 20 juin 2016, art. 88)* « Lorsqu'une » personne mentionnée à l'article L. 5121-2 *(L. nº 2016-816 du 20 juin 2016, art. 88)* « ou son assureur » a fourni une garantie pour une somme correspondant aux limites de sa responsabilité, cette garantie sert au paiement de toutes les créances nées d'un même événement et pour lesquelles la responsabilité peut être limitée.

Art. L. 5121-8 Le fait pour le propriétaire ou toute autre personne mentionnée à l'article L. 5121-2 d'invoquer la limitation de responsabilité ou de constituer le fonds de limitation n'emporte pas reconnaissance de sa responsabilité.

Art. L. 5121-9 Dans tous les cas où une personne est autorisée par le présent chapitre à limiter sa responsabilité, elle peut obtenir la mainlevée de la saisie de son navire ou de tout autre bien lui appartenant ainsi que la libération des cautions et garanties données. Elle prouve au préalable *(L. nº 2016-816 du 20 juin 2016, art. 88)* « que le fonds a été constitué ou qu'ont été fournies » toutes garanties propres à sa constitution.

Pour l'application des dispositions du premier alinéa du présent article, il est tenu compte de la constitution du fonds ou de la fourniture de garanties suffisantes, non seulement sur le territoire de la République française, mais également :

1º Soit au port où s'est produit l'événement donnant lieu à la créance du saisissant ;

2º Soit à la première escale après l'événement, si celui-ci n'a pas eu lieu dans un port ;

3º Soit au port de débarquement ou de déchargement, s'il s'agit d'une créance relative à des dommages corporels ou à des dommages aux marchandises.

Art. L. 5121-10 Le fonds de limitation prévu par l'article L. 5121-6 comporte trois parties affectées respectivement :

1º Au règlement des créances pour mort ou lésions corporelles des passagers au sens de l'article L. 5421-1 ;

2º Au règlement des créances pour mort ou lésions corporelles des personnes autres que les passagers ;

3º Au règlement des autres créances.

Pour chaque partie du fonds, la répartition se fait entre les créanciers, proportionnellement au montant de leurs créances.

Lorsque le montant des créances prévues par le 2º dépasse le montant de limitation de responsabilité fixé pour ces créances, l'excédent vient en concurrence avec les créances autres que celles résultant de mort ou lésions corporelles, prévues par le 3º.

Art. L. 5121-11 Si, avant la répartition du fonds, *(L. nº 2016-816 du 20 juin 2016, art. 88)* « une personne mentionnée à l'article L. 5121-2 ou son assureur » a payé en tout ou en partie une des créances mentionnées aux articles L. 5121-3 et L. 5121-4, *(L. nº 2016-816 du 20 juin 2016, art. 88)* « cette personne ou son assureur est autorisé » à prendre, à due concurrence, les lieu et place *(L. nº 2016-816 du 20 juin 2016, art. 88)* « du créancier » dans la distribution du fonds.

Toutefois, cette possibilité ne peut s'exercer que si le droit de l'État où le fonds est constitué permet au créancier de faire reconnaître sa créance à l'encontre *(L. nº 2016-816 du 20 juin 2016, art. 88)* « des personnes mentionnées à l'article L. 5121-2 ».

CHAPITRE II. *RÉGIMES SPÉCIAUX DE RESPONSABILITÉ*

SECTION 1. *Responsabilité civile des exploitants de navires nucléaires*

Art. L. 5122-1 Au sens de la présente section :

1° Est un exploitant la personne autorisée par l'État du pavillon à exploiter un navire nucléaire ou l'État qui exploite un tel navire ;

2° Est un navire nucléaire tout navire ou navire de guerre pourvu d'une installation de production d'énergie qui utilise ou est destinée à utiliser un réacteur nucléaire comme source d'énergie, que ce soit pour la propulsion ou à toute autre fin ;

3° Est un dommage nucléaire tout dommage qui provient en tout ou en partie des propriétés radioactives du combustible nucléaire ou de celles de produits ou déchets radioactifs de ce navire ;

4° Est considéré comme constituant un même accident nucléaire tout fait ou toute succession de faits de même origine qui cause un dommage nucléaire.

Art. L. 5122-2 L'exploitant d'un navire nucléaire est responsable de plein droit, à l'exclusion de toute autre personne, des dommages nucléaires dus à un accident nucléaire.

La responsabilité de l'exploitant déterminée par les dispositions de la présente section ne s'étend pas :

1° Aux accidents nucléaires survenus avant la prise en charge du combustible nucléaire par l'exploitant ni après la prise en charge du combustible ou des produits ou déchets radioactifs par une autre personne légalement autorisée ;

2° Aux dommages nucléaires imputables à un acte de guerre civile ou étrangère, à des hostilités ou à une insurrection ;

3° Au dommage nucléaire subi par le navire nucléaire lui-même, ses agrès et apparaux, son combustible et ses provisions.

Art. L. 5122-3 En cas de dommages dont l'origine est à la fois nucléaire et non nucléaire, sans qu'il soit possible de déterminer quel est l'effet de chacune des causes de l'accident, la totalité des dommages est régie par les dispositions de la présente section.

Art. L. 5122-4 Entre la date du lancement du navire et celle où son exploitation est autorisée, le propriétaire de celui-ci est considéré comme l'exploitant au sens de l'article L. 5122-1 et le navire est réputé battre pavillon de l'État où il a été construit.

Art. L. 5122-5 L'exploitant qui établit que le dommage nucléaire est dû à la faute intentionnelle de la victime est exonéré de toute responsabilité envers celle-ci.

Art. L. 5122-6 L'exploitant est tenu de maintenir une assurance ou d'offrir toute autre garantie financière couvrant sa responsabilité pour dommage nucléaire.

Art. L. 5122-7 Est puni de six mois d'emprisonnement et de 18 000 euros d'amende le fait de contrevenir aux dispositions de l'article L. 5122-6.

Art. L. 5122-8 Les sommes provenant de l'assurance ou de la garantie financière mentionnées à l'article L. 5122-6 sont exclusivement réservées à la réparation des dommages nucléaires mentionnés par la présente section.

Art. L. 5122-9 Le montant de la responsabilité de l'exploitant concernant un même navire nucléaire est limité à 76 224 509 euros pour un même accident nucléaire, même si celui-ci résulte d'une faute personnelle de l'exploitant ; ce montant ne comprend pas les intérêts, ni les dépens alloués par la juridiction compétente dans une action en réparation intentée en vertu des dispositions de la présente section.

Toutefois, le montant maximum de la responsabilité de l'exploitant d'un navire nucléaire étranger est, sauf accord passé avec l'État dont le navire bat pavillon, celui fixé par la loi de cet État, sans que ce montant puisse, en aucun cas, être inférieur à celui qui est fixé par les dispositions du premier alinéa.

En cas de dommages nucléaires causés sur le territoire ou dans les eaux soumises à la souveraineté d'un État étranger par un navire nucléaire battant pavillon français affecté à un service public de l'État, le montant maximum de la responsabilité de l'exploitant est, sauf accord passé avec l'État concerné, déterminé par la loi de cet État. La responsabilité est illimitée si cette loi ne fixe aucune limite.

Art. L. 5122-10 En cas de dommages dus au combustible nucléaire ou aux produits ou déchets radioactifs d'un navire nucléaire dont l'exploitation ne faisait pas, au moment de l'accident, l'objet d'une autorisation accordée par un État, le propriétaire du navire est considéré comme en ayant été l'exploitant, sans toutefois que sa responsabilité soit limitée.

Lorsqu'il s'agit d'un navire nucléaire battant pavillon français, l'État prend en charge l'indemnisation des dommages subis sur le territoire français, dans les limites et les conditions prévues par les dispositions des articles L. 5122-9 et L. 5122-13.

Art. L. 5122-11 Lorsque les dommages nucléaires engagent la responsabilité de plusieurs exploitants sans qu'il soit possible de déterminer avec certitude ceux de ces dommages qui sont attribuables à chacun d'eux, ces exploitants sont solidairement responsables.

Chacun d'eux est tenu de réparer l'entier dommage, sauf son recours contre les autres exploitants à proportion de leurs fautes respectives. Si la gravité respective des fautes ne peut être déterminée, les uns et les autres contribuent par parts égales.

En aucun cas, la responsabilité de chaque exploitant ne peut excéder la somme fixée par les dispositions de l'article L. 5122-9.

Art. L. 5122-12 Si, à la suite d'un accident nucléaire, il apparaît que l'ensemble des dommages causés par celui-ci risque d'excéder la limite de responsabilité résultant de l'application des dispositions de l'article L. 5122-9 et, le cas échéant, de celles de l'article L. 5122-11, un décret constate cette situation dans un délai de six mois à compter du jour de l'accident.

Ce décret peut définir les mesures de contrôle particulier auxquelles doit se soumettre la population pour déterminer les personnes susceptibles d'avoir subi un dommage et fixer l'importance des indemnités provisionnelles, non susceptibles de réduction, qui peuvent être attribuées aux victimes par la juridiction compétente.

Ces indemnités peuvent être majorées, dans les mêmes conditions, si des éléments nouveaux le permettent.

Les règles définitives de l'indemnisation, opérée dans la limite de responsabilité prévue par les dispositions des articles L. 5122-9 et L. 5122-11 sont également déterminées, le moment venu, dans les mêmes conditions.

Art. L. 5122-13 Pour les navires nucléaires battant pavillon français, la réparation des dommages est subsidiairement supportée par l'État, dans la mesure où l'assurance ou les autres garanties financières ne permettraient pas le règlement des indemnités mises à la charge de l'exploitant à concurrence du montant fixé par l'article L. 5122-9.

Lorsque cette intervention subsidiaire est la conséquence de l'inobservation par l'exploitant de l'obligation d'assurance ou de garantie mise à sa charge, l'État peut demander à ce dernier le remboursement des indemnités qu'il a dû verser de ce fait.

Art. L. 5122-14 En ce qui concerne les dommages corporels, un décret établit, en fonction de l'irradiation et de la contamination reçues et du délai dans lequel l'affection a été constatée, une liste non limitative des affections qui, sauf preuve contraire, sont présumées avoir pour origine l'accident.

Art. L. 5122-15 Les indemnités provisionnelles ou définitives effectivement versées aux victimes ne peuvent donner lieu à répétition en raison des limitations de responsabilités et de garanties prévues par l'article L. 5122-9.

Art. L. 5122-16 La victime d'un dommage peut agir directement contre l'assureur de l'exploitant responsable ou contre toute personne ayant accordé sa garantie financière.

Art. L. 5122-17 *Les tribunaux judiciaires* sont compétents pour connaître des actions intentées en application des dispositions de la présente section.

La juridiction répressive, éventuellement saisie, ne peut statuer sur l'action civile.

Art. L. 5122-18 Toutes actions en réparation de dommages nucléaires sont intentées dans les quinze années à compter du jour de l'accident.

Toutefois, si la loi de l'État du pavillon prévoit que la responsabilité de l'exploitant est couverte par une assurance ou toute autre garantie financière pendant une période supérieure à quinze ans, ces actions peuvent être intentées pendant toute cette période, sans porter atteinte aux droits de ceux qui ont agi contre l'exploitant du chef de décès ou dommage aux personnes avant l'expiration du délai de quinze ans.

Lorsqu'un dommage nucléaire est causé par du combustible nucléaire ou des produits ou déchets radioactifs qui ont été volés, perdus, jetés à la mer ou abandonnés, le délai mentionné par le deuxième alinéa du présent article est calculé à partir de la date de l'accident nucléaire qui a causé le dommage nucléaire. Ce délai ne peut en aucun cas être supérieur à vingt années à compter de la date du vol, de la perte, du jet à la mer ou de l'abandon.

Les délais prévus par le présent article sont préfix.

Art. L. 5122-19 Sans préjudice des dispositions de l'article L. 5122-18 relatives au délai d'action, toute action ou réparation de dommages nucléaires est, à peine de prescription, intentée dans le délai de trois ans à compter du jour où le demandeur a eu connaissance que le dommage avait pour origine un accident nucléaire donné.

Art. L. 5122-20 L'exploitant a un recours :

1° Contre toute personne qui a volontairement causé ou provoqué l'accident ;

2° Contre toute personne qui a entrepris des travaux de relèvement de l'épave, sans son autorisation et sans l'autorisation, soit de l'État dont le navire battait le pavillon, soit de l'État dans les eaux duquel se trouve l'épave, lorsque le dommage est la conséquence de ces travaux ;

3° Contre toute personne qui, par contrat, s'est obligée à supporter tout ou partie des dommages considérés.

Art. L. 5122-21 La personne qui a indemnisé les victimes dispose des droits de recours reconnus à l'exploitant par l'article L. 5122-20.

Art. L. 5122-22 Les dispositions de la présente section s'appliquent sans préjudice des dispositions législatives générales, ou particulières à certaines catégories professionnelles, relatives aux assurances sociales et à la réparation des accidents du travail et des maladies professionnelles, notamment pour les règles de recours prévues par ces dernières.

Les recours sont exercés contre l'exploitant, son assureur ou les personnes lui fournissant une garantie, sauf dans les cas où la victime, au service de l'exploitant lors de l'accident nucléaire, a été indemnisée au titre d'un accident du travail ou de service ou d'une maladie professionnelle.

Dans le cas où la victime, au service de l'exploitant lors de l'accident nucléaire, a été indemnisée au titre d'un accident du travail ou de service ou d'une maladie professionnelle et où cet accident a été causé par une personne autre que l'exploitant ou ses préposés, la victime et l'organisme qui lui a versé les prestations sociales exercent contre l'exploitant le recours dont ils disposent contre l'auteur de l'accident.

Les recours s'exercent dans les limites et les conditions prévues par les articles L. 5122-9 à L. 5122-17.

Art. L. 5122-23 L'application de la présente section exclut la mise en œuvre des règles particulières relatives à la prescription des créances sur l'État, les collectivités territoriales et les établissements publics.

Art. L. 5122-24 Les conditions d'application des dispositions de la présente section sont déterminées par décret en Conseil d'État.

SECTION 2. *Responsabilité civile des propriétaires de navires pour les dommages résultant de la pollution par les hydrocarbures*

(L. n° 2013-431 du 28 mai 2013, art. 29-I)

Art. L. 5122-25 Pour l'application de la présente section, les mots : "propriétaire", "navire", "événement", "dommages par pollution" et "hydrocarbures" s'entendent au sens qui leur est donné à l'article 1er de la convention internationale sur la responsabilité civile pour les dommages dus à la pollution par les hydrocarbures, faite à Londres le 27 novembre 1992, telle que modifiée.

Art. L. 5122-26 Le propriétaire d'un navire transportant une cargaison d'hydrocarbures en vrac est responsable de tout dommage par pollution causé par son navire, dans les conditions et limites fixées par la convention mentionnée à l'article L. 5122-25.

Art. L. 5122-27 Sous réserve de l'application du paragraphe 2 de l'article V de la convention mentionnée à l'article L. 5122-25, le propriétaire du navire est en droit de bénéficier de la limitation de responsabilité s'il constitue auprès d'un tribunal un fonds de limitation pour un montant s'élevant à la limite de sa responsabilité déterminée dans les conditions fixées par la même convention.

Art. L. 5122-28 Après la constitution du fonds de limitation, aucun droit ne peut être exercé, pour les mêmes créances, sur d'autres biens du propriétaire, à condition que le demandeur ait accès au tribunal qui contrôle le fonds de limitation et que le fonds de limitation soit effectivement disponible au profit du demandeur.

Art. L. 5122-29 Le fonds de limitation est réparti entre les créanciers proportionnellement au montant des créances admises.

Si, avant la répartition du fonds de limitation, le propriétaire du navire, son préposé ou son mandataire, ou toute personne qui lui fournit l'assurance ou une autre garantie financière, a indemnisé en tout ou partie certains créanciers, il est autorisé à prendre, à due concurrence, la place de ces créanciers dans la distribution du fonds de limitation.

Art. L. 5122-30 Les conditions d'application de la présente section sont fixées par décret en Conseil d'État.

....

TITRE III. RÉPARATION DES ACCIDENTS DE NAVIGATION

CHAPITRE I. *ABORDAGE*

SECTION 1. *Dispositions générales*

Art. L. 5131-1 Les dispositions du présent chapitre s'appliquent à l'abordage survenu entre navires, y compris les navires de guerre, ou entre de tels navires et bateaux. Dans ce dernier cas, elles s'appliquent également au bateau.

Pour l'application des dispositions du présent chapitre, est assimilé au navire, ou au bateau, tout engin flottant *(Ord. nº 2021-1330 du 13 oct. 2021, art. 4)* « , y compris les drones maritimes, » non amarré à poste fixe.

Art. L. 5131-2 En cas d'abordage, les indemnités dues à raison des dommages causés aux navires, aux personnes ou aux choses se trouvant à bord sont réglées conformément aux dispositions du présent chapitre, sans tenir compte des eaux où l'abordage s'est produit.

SECTION 2. *Responsabilité des dommages*

Art. L. 5131-3 Si l'abordage est causé par la faute de l'un des navires, la réparation des dommages incombe à celui qui l'a commise.

Si l'abordage est fortuit, s'il est dû à un cas de force majeure ou s'il y a doute sur les causes de l'accident, les dommages sont supportés par ceux qui les ont éprouvés, sans distinguer le cas où soit les navires, soit l'un d'eux, étaient au mouillage au moment de l'abordage.

Art. L. 5131-4 S'il y a faute commune, la responsabilité de chacun est proportionnelle à la gravité des fautes respectivement commises. Toutefois, si, d'après les circonstances, la proportion ne peut être établie ou si les fautes apparaissent comme équivalentes, la responsabilité est partagée par parties égales.

Les dommages causés soit aux navires, soit à leur cargaison, soit aux effets ou autres biens des équipages, des passagers ou autres personnes se trouvant à bord, sont supportés par les navires en faute, dans cette proportion, sans solidarité à l'égard des tiers.

Les navires en faute sont tenus solidairement à l'égard des tiers, pour les dommages causés par mort ou blessures, sauf recours de celui qui a payé une part supérieure à celle qu'il doit définitivement supporter, conformément aux dispositions du deuxième alinéa.

Art. L. 5131-5 La responsabilité prévue par les articles L. 5131-3 et L. 5131-4 subsiste dans le cas où l'abordage est causé par la faute d'un pilote, même lorsque le service de celui-ci est obligatoire.

SECTION 3. *Action en réparation*

Art. L. 5131-6 L'action en réparation des dommages se prescrit par deux ans à partir de l'événement.

Le délai pour intenter l'action en recours prévue par le troisième alinéa de l'article L. 5131-4 est d'une année à compter du jour du paiement.

Le délai de prescription ne court pas lorsque le navire ou le bateau n'a pu être saisi dans les eaux soumises à la souveraineté française. Toutefois les dispositions du présent alinéa ne sont pas applicables aux navires ou bateaux de l'État ou affectés à un service public.

Art. L. 5131-7 Les dispositions du présent chapitre sont applicables à la réparation des dommages qu'un navire a causés, soit par exécution ou omission de manœuvre, soit par inobservation des règlements, à un autre navire, ou aux personnes ou aux choses se trouvant à leur bord, alors même qu'il n'y aurait pas eu abordage.

....

SIXIÈME PARTIE : AVIATION CIVILE

LIVRE I. L'AÉRONEF

TITRE III. DOMMAGES ET RESPONSABILITÉS

CHAPITRE I. *RESPONSABILITÉ DES ÉQUIPAGES ET DES EXPLOITANTS*

Art. L. 6131-1 En cas de dommage causé par un aéronef en évolution à un autre aéronef en évolution, la responsabilité du pilote et de l'exploitant de l'appareil est régie par les dispositions du code civil.

Art. L. 6131-2 L'exploitant d'un aéronef est responsable de plein droit des dommages causés par les évolutions de l'aéronef ou les objets qui s'en détachent aux personnes et aux biens à la surface.

La responsabilité de l'exploitant ne peut être atténuée ou écartée que par la preuve de la faute de la victime.

Art. L. 6131-3 Hors les cas de force majeure, il est interdit de jeter d'un aéronef en évolution des marchandises ou objets quelconques, à l'exception du lest réglementaire.

En cas de jet par suite de force majeure ou de jet de lest réglementaire ayant causé un dommage aux personnes et biens à la surface, la responsabilité est régie conformément aux dispositions de l'article L. 6131-2.

Art. L. 6131-4 En cas de location de l'aéronef, le propriétaire et l'exploitant sont solidairement responsables vis-à-vis des tiers des dommages causés.

Toutefois, si la location a été inscrite au registre d'immatriculation, le propriétaire n'est responsable que si le tiers établit une faute de sa part.

Art. 1243 *(Ord. nº 2016-131 du 10 févr. 2016, art. 2, en vigueur le 1er oct. 2016)* **Le propriétaire d'un animal, ou celui qui s'en sert, pendant qu'il est à son usage, est responsable du dommage que l'animal a causé, soit que l'animal fût sous sa garde, soit qu'il fût égaré ou échappé.** — *Dispositions transitoires, V. Ord. nº 2016-131 du 10 févr. 2016, art. 9, ss. art. 1386-1.*

L'art. 1243 reprend à l'identique l'art. 1385 anc.

Sur la garde des animaux domestiques et sauvages apprivoisés ou tenus en captivité, V. C. rur., livre II, art. L. 211-1 à L. 211-27, L. 212-1, L. 212-2, L. 215-1 à L. 215-4. — ***C. rur.***

Sur l'indemnisation des dégâts de gibier, V. C. envir., art. L. 426-1 à L. 426-8. — ***C. envir.***

Sur la destruction des animaux nuisibles, V. C. envir., préc., art. L. 427-1 à L. 427-10. — ***C. envir.***

RÉP. CIV. vº *Responsabilité du fait des animaux*, par J. JULIEN.

DALLOZ ACTION *Droit de la responsabilité et des contrats 2023/2024, nos 2222.00 s.*

BIBL. ▸ DARNANVILLE, *LPA 19 avr. 2000* (dommages causés par les animaux sauvages). – FOURNEL, *AJ fam. 2012. 81*. – FRANK, *AJDA 2008. 1821* (chiens dangereux).

A. DOMAINE

1. Exclusion du gardien victime. La responsabilité édictée par l'art. 1385 anc. [1243] à l'encontre du gardien d'un animal l'a été en faveur des tiers victimes du dommage causé par cet animal, qui sont seuls recevables à en invoquer le bénéfice. • Civ. 2e, 2 déc. 1982 : *Bull. civ. II, nº 156 ; JCP 1984. II. 20136, note Chabas ; RTD civ. 1983. 543, obs. Durry* (texte inapplicable au propriétaire et gardien d'un cheval blessé par l'emballement de celui-ci, provoqué par un tiers, et cassation de l'arrêt estimant que la victime ne démontre pas le caractère imprévisible et irrésistible du fait du tiers, seul à même de détruire la présomption de responsabilité à son égard). ♦ V. aussi • 13 juin 1985, nº 84-10.664 P (cas où la victime est un maréchal-ferrant, devenu gardien de l'animal). ♦ Rappr. entre cogardiens, note 7 ss. art. 1242.

2. Exclusion par des régimes spéciaux (accidents de la circulation) : recours contre le conducteur. Le caractère d'ordre public des dispositions de la L. du 5 juill. 1985 s'oppose à ce que la responsabilité du conducteur soit recherchée sur le fondement de l'art. 1385 anc. [1243], en raison de sa qualité de gardien de l'animal ayant été à l'origine de l'accident. • Civ. 2e, 11 juin 2009, nº 08-14.224 P : *D. 2009. AJ 1758 ; RCA 2010. Étude 11, note Groutel ; RTD civ. 2009. 733, obs. Jourdain*.

3. ... Recours contre le gardien de l'animal. Recevabilité du recours du conducteur du véhicule impliqué dans un accident de la circulation, tenu à réparation, contre le gardien de l'animal ayant provoqué l'accident. • Civ. 2e, 9 déc. 1992, n° 91-13.843 P.

4. ... *Recours du gardien de l'animal.* Le gardien d'un animal, condamné à réparer les dommages causés à un tiers, ne peut exercer de recours contre un conducteur de véhicule terrestre à moteur impliqué dans le même accident que sur le fondement des anc. art. 1382 et anc. 1385 [1240 et 1243]. • Civ. 2e, 13 juill. 2000, n° 98-21.530 P : *D. 2000. IR 225 ; RCA 2000, n° 324, note Groutel ; LPA 12 juill. 2001, note Marie ; RTD civ. 2000. 847 et 855, obs. Jourdain*. ♦ La contribution à la dette a lieu en proportion des fautes respectives ; en l'absence de faute prouvée, la contribution se fait entre eux par parts égales. • Même arrêt.

5. *Acceptation des risques.* Sur la remise en cause de l'acceptation des risques, V. note 11 ss. art. 1242. ♦ V. antérieurement pour l'admission de l'acceptation des risques en cas d'accidents survenus entre participants à une course ou à un concours hippique. • Civ. 2e, 8 nov. 1976, n° 75-11.046 P : *JCP 1977. II. 18759, note Bénabent* • 5 juin 1985, n° 84-11.786 P : *JCP 1987. II. 20744, note Agostini* (risques normaux inhérents à la compétition). ♦ Le cavalier qui fait une promenade dans une manade a par avance accepté le risque normal de voir un taureau effrayer sa monture et provoquer sa chute. • Civ. 2e, 15 avr. 1999, n° 97-15.071 P : *JCP 2000. II. 10317, note Antoine ; ibid. I. 197, n° 10, obs. Viney ; RTD civ. 1999. 633, obs. Jourdain ; RCA 1999. Chron 16, par Groutel* (absence de responsabilité du propriétaire de la manade).

B. FAIT DE L'ANIMAL

6. *Animaux appropriés.* Application de l'art. 1385 anc. [1243] en cas de piqûre par une abeille dont il a été établi qu'elle provenait des ruches d'un apiculteur. • Civ. 2e, 6 mai 1970, n° 69-11.121 P : *D. 1970. 528*. ♦ ... Ou de dégâts causés par des pigeons provenant d'un colombier voisin. • Civ. 2e, 8 nov. 1984, n° 83-12.643 P • 24 mai 1991, n° 90-12.912 P. ♦ Rapport de causalité établi entre le fait de l'animal et le préjudice de la victime. • Civ. 2e, 21 juill. 1992, n° 91-12.843 P (brucellose transmise par des moutons).

7. *Animaux inappropriés : exclusion du ténia.* Exclusion du ténia, non approprié : • Angers, 12 oct. 2011 : *RCA 2012, n° 99, obs. Groutel.*

8. *Exclusion du gibier.* Le détenteur du droit de chasse n'est pas gardien, au sens de l'art. 1385 anc. [1243], du gibier vivant à l'état sauvage. • Civ. 2e, 9 janv. 1991, n° 89-15.489 P (absence de preuve d'une prolifération anormale et donc fautive de lièvres) • 14 oct. 1992, n° 91-14.211 P (absence de preuve d'une faute consistant à ne pas avoir pris les mesures propres à assurer la destruction des lapins). ♦ En cas de dommage causé par le gibier, la responsabilité du propriétaire des terres parcourues par ces animaux, ou de l'adjudicataire du droit de chasse, ne peut être engagée que si une faute est démontrée à son encontre. • Civ. 2e, 1er juin 1972, n° 71-12.493 P : *D. 1972. 554* (absence de preuve d'un nombre excessif de sangliers) • Paris, 1er juill. 1963 : *D. 1964. 370, note Azard et Bouché*.

9. *Régime spécial d'indemnisation des dégâts causés aux cultures par le gibier.* Les art. R. 416-12 s. C. envir. imposent l'obligation d'indemniser les dommages à la Fédération départemental, des chasseurs. • Civ. 2e, 30 juin 2016, n° 15-21.907 P. ♦ La procédure d'indemnisation des dégâts de gibiers, prévue aux art. L. 426-1 s. C. envir. n'a pas pour objet la réparation intégrale du préjudice subi par l'exploitant mais seulement l'indemnisation forfaitaire notamment du préjudice de perte de récolte, c'est-à-dire de la perte des produits effectivement récoltés et non des produits transformés issus de la récolte. • Civ. 2e, 8 juin 2017, n° 16-21.242 P (indemnisation de la perte du raisin et non de la perte de la commercialisation future du vin en bouteilles obtenu à partir de ces raisins).

10. *Nécessité d'un comportement anormal de l'animal.* Responsabilité du propriétaire de chiens qui ont causé l'emballement d'un cheval et la chute d'un cavalier, les deux gros chiens, non tenus en laisse, étant arrivés en courant d'un talus en surplomb non visible, accentuant l'effet de surprise et de peur des chevaux, ce qui caractérise le comportement anormal des chiens. • Civ. 2e, 17 janv. 2019, n° 17-28.861 P : *D. 2019. 126 ; RTD civ. 2019. 351, obs. Jourdain ; JCP 2019, n° 271, note Rebeyrol.*

C. GARDE DE L'ANIMAL

11. *Garde de l'animal : notion.* La responsabilité édictée par l'art. 1385 anc. [1243], à l'encontre du propriétaire de l'animal ou de celui qui s'en sert, est fondée sur l'obligation de garde, corrélative aux pouvoirs de direction, de contrôle et d'usage qui la caractérisent. • Civ. 2e, 17 mars 1965, n° 62-11.860 P : *JCP 1965. II. 14436, note Esmein ; RTD civ. 1965. 656, obs. R. Rodière* • 16 juill. 2020, n° 19-14.678 P : *D. 2020. 1704, note Waltz-Teracol ; ibid. 2021. 46, obs. Gout ; RTD civ. 2020. 892, obs. Jourdain ; JCP 2020, n° 1278, note François.* ♦ Celui qui exerce lesdits pouvoirs est responsable même s'il n'est pas le propriétaire de l'animal. • Civ. 2e, 8 juill. 1970, n° 69-11.747 P : *D. 1970. 704* (garde d'un veau attribuée au vendeur qui, après la vente, menait l'animal à la pesée, dans son intérêt et en l'absence de l'acheteur, nouveau propriétaire) • 20 nov. 1970, n° 69-13.434 P : *Gaz. Pal. 1971. 1. 179* (chien recueilli par un couple depuis plusieurs mois). ♦ Qualité de gardien d'un animal reconnue à une personne morale : • Civ. 2e, 22 févr. 1984, 82-17.061 P : *D. 1985. 19, note Agostini ; RTD civ. 1985. 399, obs. J. Huet* (chien présent depuis des mois dans l'enceinte de l'entreprise, sans opposition des salariés, peu important l'absence de lien avec l'objet social de la société).

12. Garde conservée par le propriétaire. Les juges du fond qui observent que le vendeur d'un animal en avait conservé la garde jusqu'à la remise matérielle et effective à l'acheteur, justifient leur décision déclarant que ce dernier ne pouvait être déclaré responsable du dommage causé par cet animal lors des opérations de livraison. • Civ. 2e, 3 févr. 1966, n° 64-11.399 P. ♦ Comp. • Civ. 2e, 21 oct. 1981 : *Gaz. Pal. 1982. 1. Pan. 147, obs. F. C.* ♦ A conservé la garde de l'animal (veau) la société chargée de le livrer, dont le préposé, alors que l'animal s'était échappé avant même d'avoir été livré, a quitté les lieux sans l'avoir récupéré. • Civ. 2e, 27 sept. 2001, n° 00-10.208 P.

13. Au cours d'une manifestation taurine consistant en un lâcher de deux taureaux entourés de cavaliers, un spectateur ayant été blessé par un cheval, le propriétaire et cavalier de ce dernier en est resté le gardien, les conditions d'un transfert au manadier superviseur de la manifestation, mais non commettant, n'étant pas caractérisées. • Civ. 2e, 16 juill. 2020, n° 19-14.678 P : *cité note 11.*

14. N'a pas la garde d'un animal (jument) la personne dont le rôle est limité à l'entretien courant de l'animal au sens de la nourriture, des soins quotidiens et des promenades. • Civ. 2e, 15 avr. 2010 : *JCP 2010, n° 725, obs. Zelcevic-Duhamel ; RCA 2010, n° 170, obs. Moracchini-Zeidenberg.* ♦ Comp. : • Civ. 2e, 9 déc. 2010 : *RCA 2011, n° 87, obs. Groutel* (cassation de l'arrêt écartant la qualité de gardien d'une association, analysée par l'arrêt cassé comme une possible emprunteuse à usage, sans rechercher si celle-ci ne pourvoyait pas à l'entretien de l'animal, n'assurait pas des soins quotidiens et n'assumait pas un rôle de surveillance).

15. Exclusion de la qualité de gardien de celui qui promène le chien d'un ami pour lui rendre service. • Dijon, 16 févr. 1989 : *D. 1989. IR 140.* ♦ Comp. note suivante.

16. Garde transférée. Celui qui se sert d'un animal est responsable, pendant qu'il est à son usage, du dommage qu'il a causé ; cassation de l'arrêt admettant l'action contre le propriétaire d'un chien intentée par celui à qui il l'avait confié temporairement pour le surveiller, alors qu'au moment de la morsure ce dernier se servait du chien. • Civ. 2e, 30 nov. 1966, n° 65-11.596 P : *D. 1967. 126.* ♦ V. aussi : • 7 juin 1967 : *D. 1967. 694.* ♦ La personne qui, même bénévolement, prend en charge le chien d'un voisin que celui-ci lui confie pendant une absence de plusieurs jours a accepté que la garde de l'animal lui soit transférée. • Versailles, 13 févr. 1998 : *D. 1998. IR 125.* ♦ Déjà en ce sens que le propriétaire, bien que présumé gardien, se trouve déchargé de la présomption de responsabilité si l'animal se trouve sous la garde d'une autre personne : • Civ. 2e, 5 mars 1953 : *D. 1953. 473, note R. Savatier.*

17. Garde liée à l'exercice de la profession. Doit être considéré comme se servant de l'animal, au sens de l'art. 1385 anc. [1243], celui qui, par lui-même ou par ses préposés, en fait l'usage que comporte l'exercice de sa profession. • Civ. 2 mai 1911 : *DP 1911. 1. 367* • Req. 10 nov. 1924 : *DP 1925. 1. 49, note R. Savatier* (entraîneur de chevaux de course). ♦ Ainsi, devient gardien le marchand de bestiaux qui a pris l'initiative de procéder lui-même à l'examen de la vache qu'il souhaitait acheter, dans l'exercice normal de sa profession et hors de l'assistance de son propriétaire, et qui était, à cet effet, entré en contact avec l'animal. • Civ. 2e, 17 mars 1965, n° 62-11.860 : *cité note 11* (marchand entrant dans la pâture et enroulant la chaîne de la vache à son poignet). ♦ V. aussi : le vétérinaire qui donne ses soins à un animal « s'en sert pendant qu'il est à son usage » et en devient le gardien à la place du propriétaire. • Aix-en-Provence, 28 avr. 1970 : *JCP 1970. II. 16498.* ♦ Même solution lorsque l'animal est confié à un maréchal-ferrant. • Civ. 2e, 17 juill. 1967, n° 65-14.056 P : *D. 1967. 650* • 13 juin 1985, n° 84-10.664. ♦ Au cours d'une scène de cascade équestre exécutée pour le tournage d'un film, la garde d'un cheval n'est pas transférée au cavalier qui monte l'animal, lorsque les pouvoirs effectifs de direction, de contrôle et d'usage de l'animal ont été conservés par la société prestataire de services, en la personne de son gérant, professionnel qualifié, présent sur les lieux, et sous l'autorité duquel se trouve le cascadeur. • Civ. 2e, 20 juin 2002, n° 00-17.081 P.

18. Garde collective : action commune de plusieurs animaux. La responsabilité d'un dommage survenu à l'occasion de l'action commune de deux ou plusieurs animaux incombe au propriétaire de chacun d'eux, à moins qu'il ne rapporte la preuve que le sien n'a pas participé à la réalisation de ce dommage ou qu'il ne s'exonère de sa responsabilité par la preuve d'un fait extérieur, imprévisible et irrésistible. • Civ. 2e, 14 déc. 1983, n° 82-16.776 P : *RTD civ. 1984. 316, obs. Durry* (garde collective admise dans le cas d'une « bagarre » entre deux chiens dont l'un des deux a ensuite mordu un passant) • 15 mars 2001, n° 98-22.078 P : *JCP 2002. I. 122, n° 11, obs. Viney ; RCA 2001, n° 178, note Groutel* (même solution pour des victimes ayant tenté de séparer les deux chiens).

D. CAUSES D'EXONÉRATION

19. Indifférence de la preuve de l'absence de faute. Inversent la charge de la preuve les juges du fond qui énoncent qu'il appartient à la victime d'un dommage causé par un chien de rapporter la preuve d'une faute ayant entraîné ce dommage. • Civ. 2e, 2 avr. 1997, n° 95-20.735 P (victime propriétaire du véhicule accidenté à la suite du choc avec l'animal).

20. Faute de la victime. Exonération totale du gardien de l'animal, la faute de la victime, cause unique du dommage, ayant été pour le gardien imprévisible et irrésistible. • Civ. 2e, 19 févr. 1992, n° 90-14.470 P (victime s'étant approchée d'un chien attaché, dont elle connaissait la férocité). ♦ Pour la solution inverse, lorsque le comportement de la victime ne présente pas les caractères de la force majeure : • 1er avr. 1999, n° 97-16.283 : *JCP 1999. II. 10218, note Reboul* (enfant mordu par un poney à qui il voulait donner de la paille, l'absence de force majeure étant également appliquée à la faute de surveillance des parents) • 27 mars 2014 : *D. 2015. 124, obs. Gout* (victime mordue par un chien alors qu'en dépit des panneaux et face à la fermeture d'un entrepôt, elle avait pris l'initiative d'entrer dans la cour privée). ♦ V. aussi : • Civ. 2e, 18 oct. 1995, n° 93-17.277 P (absence de faute dans le fait de donner un coup de cravache sur une jument lors d'une course d'entraînement).

21. Fait du tiers. La présomption de responsabilité cède aussi devant la preuve du fait d'un tiers présentant un caractère imprévisible et irrésistible. • Crim. 1er oct. 1997, n° 95-83.471 P : *D. 1997. IR 242* (absence de responsabilité du propriétaire de chevaux qui ont divagué par suite d'un acte de malveillance d'un tiers ayant ouvert, de nuit, leur enclos).

Art. 1244 *(Ord. n° 2016-131 du 10 févr. 2016, art. 2, en vigueur le 1er oct. 2016)* **Le propriétaire d'un bâtiment est responsable du dommage causé par sa ruine, lorsqu'elle est arrivée par une suite du défaut d'entretien ou par le vice de sa construction.** – *Dispositions transitoires, V. Ord. n° 2016-131 du 10 févr. 2016, art. 9, ss. art. 1386-1.*

L'art. 1244 reprend à l'identique l'art. 1386 anc.

RÉP. CIV. v° *Responsabilité du fait des bâtiments,* par J. JULIEN.

DALLOZ ACTION *Droit de la responsabilité et des contrats 2023/2024, nos 2223.00 s.*

BIBL. ▸ DESNOYER, *RTD civ. 2012. 461* (articulation des art. 1386 et 1384, al. 1er). – GRIMALDI, *D. 2021. 2099* (distinction entre champ d'application et conditions de mise en œuvre d'une norme). ▸ **Proposition d'abrogation de l'art. 1386 :** *R. 2005, p. 12.* – JULIEN, *RLDC 2010/68, n° 3706.* – SEIFERT, *RCA 2009. Étude 9.*

I. DOMAINE

1. Exclusion de l'incendie. L'art. 1386 anc. [1244] ne vise pas le cas d'incendie. • Req. 10 févr. 1925 : *DP 1925. 1. 97, note Josserand.*

2. Bâtiment : notion. L'art. 1386 anc. [1244] n'est pas applicable : à une palissade reposant simplement sur le sol et n'étant maintenue que par des contrefiches. • Civ. 23 oct. 1950 : *D. 1950. 774.* ♦ ... A un baraquement posé sur un chantier pendant la durée des travaux. • Lyon, 30 nov. 1953 : *D. 1954. 172, note R. Rodière.* ♦ Mais le texte est applicable à tout élément mobilier ou immobilier qui est incorporé à la construction de façon indissoluble. • Civ. 2e, 12 juill. 1966, n° 64-13.796 P : *D. 1966. 632 ; JCP 1967. II. 15185, note Dejean de La Bâtie* (balustrade d'un balcon). ♦ V. aussi les ex. cités note 5.

II. CONDITIONS

3. Ruine : condition autonome. Pour l'application de l'art. 1386 anc. [1244], il ne suffit pas de relever qu'un vice de construction affectait le système de fermeture d'une porte, mais il faut rechercher si cette porte, élément du bâtiment, était en ruine. • Civ. 2e, 17 oct. 1990, n° 89-14.124 P.

4. ... Notion. Cas d'application du texte. L'art. 1386 anc. [1244] a vocation à s'appliquer : lorsque la chute d'un élément parachève ou continue la ruine d'un bâtiment déjà très détérioré. • Nancy, 8 févr. 1978 : *JCP N 1981. II. 144.* ♦ ... En cas d'effondrement d'un pont de pierres. • Angers, 4 nov. 1971 : *D. 1972. 169, note J. L.* ♦ ... Ou d'une dalle en ciment, vestige du mur de l'Atlantique. • Bordeaux, 9 mai 1972 : *JCP 1972. II. 17258, note Cheminade.* ♦ ... Ou d'un plancher. • Civ. 1re, 3 mars 1964, n° 60-13.025 : *D. 1964. 245, note R. Savatier ; JCP 1964. II. 13622, note Esmein ; RTD civ. 1964. 552, obs. Tunc.* ♦ ... En cas de chute d'une clôture. • Nancy, 30 mai 1945 : *D. 1946. 14* • Civ. 3e, 1er juill. 1971, n° 67-13.789 P : *D. 1971. 672.* ♦ ... Ou de rupture d'une rampe d'escalier. • Civ. 2e, 19 mai 1953 : *JCP 1953. II. 7879, note Esmein.* ♦ ... Ou du garde-corps d'un balcon. • Civ. 1re, 11 oct. 1967, n° 66-10.279 : *D. 1968. 106* (action intentée par le sous-locataire) • Civ. 2e, 12 juill. 1966, n° 64-13.796 : *cité note 3* • 17 févr. 2005, n° 02-10.770 P • 8 févr. 2006 : *Gaz. Pal. 2006. 2613, note A. Paulin.* ♦ ... Ou de la grille d'un portail. • Civ. 2e, 14 déc. 1956 : *Gaz. Pal. 1957. 1. 174.* ♦ ... Ou d'une porte de grange sur le haut de laquelle était appuyée une échelle. • Civ. 2e, 4 mai 1972, n° 71-10.977 P. ♦ V. aussi pour une poignée de porte : • 30 nov. 1988, n° 87-18.768 P : *JCP 1989. II. 21319, note Giraudel ; RTD civ. 1989. 331, obs. Jourdain.* ♦ ... Ou en cas de chute d'une tuile, qui constitue la ruine partielle du bâtiment. • Civ. 2e, 4 mai 2000, n° 98-19.951 : *RCA 2000, n° 218, note Groutel.*

5. ... Notion. Cas exclus. L'art. 1386 anc. [1244] n'est pas applicable à l'existence de fissures dans un conduit de cheminée. • Civ. 2e, 3 mars 1993, n° 91-19.694 P. ♦ L'art. 1386 anc. [1244] n'est pas applicable à une verrière démunie de dispositif de protection sur laquelle la victime a marché, l'accident n'étant pas dû à la ruine du bâtiment. • Civ. 2e, 16 mars 1994, n° 92-12.216 P : *R., p. 361.*

6. L'art. 1386 anc. [1244] n'est pas applicable à un bâtiment en cours de construction, l'entrepreneur chargé de cette construction étant, en application de l'art. 1384 anc. [1242], al. 1er, responsable des dommages causés par le fait de la chose sur laquelle il travaillait. • Civ. 2e, 21 déc. 1965, no 62-13.442 P. ♦ Mais lorsque le mur dont la ruine a provoqué le dommage ne fait pas partie du « chantier » de l'entreprise, il est à bon droit fait application de l'art. 1386 anc. [1244] à l'encontre du syndicat des copropriétaires de cet immeuble. • Civ. 3e, 4 juin 1973, no 71-14.373 P.

7. *Absence de nécessité de prouver une faute.* L'art. 1386 anc. [1244] n'exige pas de la victime la preuve d'une faute du propriétaire de l'immeuble, mais seulement qu'elle établisse que la ruine de cet immeuble a eu pour cause le vice de construction ou le défaut d'entretien. • Civ. 3e, 4 juin 1973, no 71-14.373 P : *préc.* – Même sens : • Civ. 1re, 22 nov. 1983 : *Gaz. Pal. 1984. 2. Pan. 263, obs. Chabas.*

8. *Vice de construction : notion.* Constituent un vice de construction : l'insuffisance d'ancrage et la trop faible pente de la toiture d'un chalet. • Civ. 2e, 14 déc. 1978, no 77-12.245 : *Gaz. Pal. 1979. 2. 401, note Plancqueel.* ♦ ... L'insuffisance d'ancrage d'un ouvrage. • Civ. 3e, 15 mars 2000 : *JCP 2000. IV. 1794.*

III. IDENTIFICATION DU RESPONSABLE

9. *Action contre le propriétaire : caractère exclusif.* L'art. 1386 anc. [1244], visant spécialement la ruine d'un bâtiment, laquelle doit s'entendre non seulement de sa destruction totale, mais encore de la dégradation partielle de tout ou partie de la construction ou de tout élément mobilier ou immobilier qui y est incorporé de façon indissoluble, exclut l'application de la disposition générale de l'art. 1384 anc. [1242], al. 1er, relative à la responsabilité du fait de toute chose mobilière ou immobilière que l'on a sous sa garde. • Civ. 2e, 12 juill. 1966 : *cité note 3* • 4 mai 1972 : *cité note 5* • 30 nov. 1988, no 87-18.768 • 17 déc. 1997, no 96-12.260 P : *D. Affaires 1998. 196, obs. V. A.-R.* – Déjà en ce sens : • Civ. 4 août 1942 : *GAJC, 11e éd., no 191-192 (I) ; DC 1943. 1, note Ripert.*

10. ... *Propriété indivise.* Les parties communes sont l'objet d'une propriété indivise entre l'ensemble des copropriétaires. • Civ. 2e, 17 déc. 1997, no 96-12.260 P : *cité note 14* (action du locataire contre le syndicat de copropriété).

11. *Nue-propriété.* Le nu-propriétaire ne peut s'exonérer de sa responsabilité à l'égard des tiers en invoquant le défaut d'entretien de l'usufruitier. • Civ. 3e, 8 déc. 2004, no 03-15.541 P : *Defrénois 2005. 1173, obs. Atias.*

12. ... *Immeuble loué.* La responsabilité encourue par le propriétaire aux termes de l'art. 1386 anc. [1244], lequel est conçu en termes généraux, est indépendante de la forme de la tenure du bâtiment et elle persiste encore que l'immeuble ait été donné à bail. • Civ. 28 janv. 1936 : *DH 1936. 148.*

13. *Applicabilité de l'art. 1242 : circonstances hors du domaine de l'art. 1386 anc. [1244].* BIBL. Desnoyer, *RTD civ. 2012. 461.* ♦ Lorsque le dommage n'a pas été causé dans les circonstances prévues par l'art. 1386 anc. [1244], l'art. 1384 anc. [1242], al. 1er, est applicable contre le gardien même propriétaire. • Civ. 2e, 16 oct. 2008, no 07-16.967 P : *D. 2008. AJ 2720 ; ibid. 2009. Chron. C. cass. 772, no 15, obs. Nicolétis ; RDI 2008. 558, obs. Leguay ; RLDC 2008/55, no 3214, obs. Bugnicourt ; RTD civ. 2009. 128, obs. Jourdain* (absence de chute d'un élément de construction) • 22 oct. 2009, no 08-16.766 P : *R., p. 410 ; D. 2009. AJ 2684, obs. Gallmeister ; ibid. 2010. 413, note Duloum ; JCP 2010, no 456, obs. Bloch ; RLDC 2010/67, no 3673, obs. Bugnicourt ; RCA 2010, no 37, note Bloch ; RTD civ. 2010. 115, obs. Jourdain* (chute de pierres provenant de la voûte d'un bâtiment).

14. ... *Demande formée contre un gardien non propriétaire.* L'art. 1386 anc. [1244] n'exclut pas que les dispositions de l'art. 1384 anc. [1242], al. 1er, soient invoquées à l'encontre du gardien non propriétaire. • Civ. 2e, 23 mars 2000, no 97-19.991 P : *R., p. 400 ; GAJC, 11e éd., no 191-192 (II) ; D. 2001. 586, note Garçon ; D. 2000. Somm. 467, obs. D. Mazeaud ; JCP 2000. II. 10379, note Dagorne-Labbe ; ibid. I. 280, no 22, obs. Viney ; RCA 2000. Chron. 16, par Groutel ; LPA 4 juill. 2000, note A.-M. L. ; RTD civ. 2000. 581, obs. Jourdain* • 8 févr. 2006, no 04-19.371.

IV. CAUSES D'EXONÉRATION

15. *Responsabilité de plein droit : force majeure.* Le propriétaire d'un bâtiment dont la ruine a causé un dommage en raison d'un vice de construction ou du défaut d'entretien ne peut s'exonérer de la responsabilité de plein droit par lui encourue que s'il prouve que ce dommage est dû à une cause étrangère qui ne peut lui être imputée. • Civ. 1re, 3 mars 1964, no 60-13.025 : *D. 1964. 245, note R. Savatier ; JCP 1964. II. 13622, note Esmein ; RTD civ. 1964. 552, obs. Tunc* (cassation de l'arrêt déchargeant le propriétaire sur le notaire, chargé des visites dans le cadre d'une vente aux enchères publiques et qui aurait dû s'assurer de la sécurité de celle-ci). ♦ Absence de force majeure dans le cas d'une tempête dont l'intensité n'était pas exceptionnelle dans une zone de montagne. • Civ. 2e, 14 déc. 1978, no 77-12.245 : *préc. note 13.*

16. ... *Faute de la victime.* Absence de faute de la victime dans le fait de s'adosser à une clôture présentant les apparences d'une solidité suffisante. • Civ. 3e, 1er juill. 1971, no 67-13.789 P : *D. 1971. 672.* ♦ ... De la victime qui ne pouvait prévoir qu'un simple appui sur la balustrade provoquerait son effondrement. • Civ. 2e, 17 févr. 2005, no 02-10.770 P (appréciation souveraine).

CHAPITRE II LA RESPONSABILITÉ DU FAIT DES PRODUITS DÉFECTUEUX

(Ord. nº 2016-131 du 10 févr. 2016, art. 2, en vigueur le 1er oct. 2016)

Les art. 1245 à 1245-17 reprennent les art. 1386-1 à 1386-18 anc.

V. Dir. (CE) nº 85/374 du Conseil du 25 juill. 1985 relative au rapprochement des dispositions législatives, réglementaires et administratives des États membres en matière de responsabilité du fait des produits défectueux. — ***C. consom.***

RÉP. CIV. vº *Responsabilité du fait des produits défectueux,* par C. CAILLÉ.

DALLOZ ACTION *Droit de la responsabilité et des contrats 2023/2024, nos 6311.00 s.*

BIBL. GÉN. ▸ **Directive (CE) nº 85/374 :** BERG, *JCP 1996. I. 3945* (risque de développement). – FAGNART, *Cah. dr. eur. 1987. 1.* – GHESTIN, *D. 1986. Chron. 135.* – TASCHNER, *Rev. Marché commun 1986. 257 ; JCP E 1986. II. 14761.* – TOREM et FOCSANEANU, *JCP 1987. I. 3269.* – VÉZINET, *Dr. et patr. 6/1997. 54* (risque de développement).

▸ **Transposition de la directive en droit français :** CARTOU, *LPA 11 avr. 1997.* – GHESTIN, *RJ com. 1988. 201.* – HUGLO, *JCP E 1990. II. 15687 ; Rev. aff. eur. 1991, nº 2. 23.* – JOURDAIN, *RTD civ. 1989. 381.* – KARILA, *Gaz. Pal. 1991. 1. Doctr. 208.* – LEVEL, *Gaz. Pal. 1990. 2. Doctr. 492.* – PIZZIO, *Dr. et patr. 6/1997. 48.* ▸ **Appréciation de la transposition :** LAPORTE, *CCC 2000. Chron. 11.* – Condamnation de la France pour transposition incorrecte (CJCE 25 avr. 2002) : DABURON, *LPA 5 nov. 2002.* – GOSSELIN-GORAND, *LPA 18 déc. 2002.* – GRYNFOGEL, *Gaz. Pal. 2003. Doctr. 1446.* – LAPORTE, *CCC 2002. Chron. 20.* – RAYNARD, *obs. RTD civ. 2002. 868.* ✎

▸ **Commentaire de la loi du 19 mai 1998 :** CHABAS, *Gaz. Pal. 1998. 2. Doctr. 1111.* – DAGORNE-LABBE, *Defrénois 1998. 1265.* – GHESTIN, *JCP 1998. I. 148.* – J. HUET, *D. Affaires 1998. 1160.* – JAMIN, *chron. lég. RTD civ. 1998. 763.* ✎ – JOURDAIN, *JCP N 1999. 1089 ; RCA 1998. Chron. 16.* – LARROUMET, *D. 1998. Chron. 311.* ✎ – RAYMOND, *CCC 1998. Chron. 7.* – RAYNARD, *chron. lég. RTD civ. 1998. 524.* ✎ – TESTU, *D. Affaires 1998. 1996.* – TESTU et MOITRY, *D. Affaires 1998, supplément au nº 125.* – VINEY, *D. 1998. Chron. 291.* ✎ – Colloque de Paris-II du 27 oct. 1998, *LPA 28 déc. 1998.* – BACACHE, *RCA 2008. Étude nº 7* (dix ans après).

▸ **Thèmes particuliers :** Apport du droit communautaire au droit français de la responsabilité civile : VINEY, *Études Calais-Auloy, Dalloz, 2004, p. 1135.* – Réactions des assureurs : FOREST, *D. Affaires 1998. 2006.* – Risque pour l'entreprise : PUGNET, *CCC 2009. Étude nº 10 ; R. 2011. 181* (risque dans le régime de responsabilité du fait des produits défectueux).

▸ **Domaine :** Droit de la construction : MALINVAUD, *D. 1999. Chron. 85 et 93.* ✎ – VALDES, *Administrer 7/2000.* ▸ **Produits de grande consommation :** DIETZ, *D. Affaires 1998. 2000.* ▸ **Éléments et produits du corps humain :** CHABAS, *Gaz. Pal. 1999. 1. Doctr. 568.* – MASCRET, *LPA 2 févr. 1999.* ▸ **Produits de santé :** BLOCH, *RCA 2014. Étude 1 ; ibid. 2021. Étude 7.* – CLERC-RENAUD, *RLDC 2007/34, nº 2354.* – Dossier, *RDSS 2008. 1005* ✎. – FARHAT, *RRJ 2002/1. 789* (responsabilité du fabricant d'implants mammaires en France et aux USA). – FOUASSIER et VAN DEN BRINK, *Gaz. Pal. 2002. Doctr. 1004.* – LAUDE, *D. 1999. Chron. 189* ✎ ; *RDSS 2005. 743* ✎ (jurisprudence nationale). – VÉRON et VIALLA, *D. 2012. Chron. 1558* ✎ (art. L. 1142-1 CSP). – VINEY, *D. 2010. Chron. 391* ✎ (preuve pour les fabricants de vaccins et médicaments). ▸ **Organismes génétiquement modifiés :** CASSIN, *Gaz. Pal. 1999. 1. Doctr. 134.* ▸ **Application à l'Administration :** ROUQUETTE, *Dr. adm. 2000. Chron. 20.* ▸ **Application internationale :** BÉRAUDO, *JCP 1999. I. 140.* ▸ **Électricité :** SABLIÈRE, *CCC 2017. Étude 12.* ▸ **Produits incorporés :** BAKOUCHE et MOREL, *RCA 2020. Étude 9.*

▸ **Régime :** ▸ *Loi du 19 mai 1998* et droit commun : CHABAS, Gaz. Pal. 1999. 1. Doctr. 565. – LOLIES, *RRJ 1999/2. 349.* – REVEL, *RTD com. 1999. 317.* ✎ – CALAIS-AULOY, *D. 2002. Chron. 2458* ✎ (l'obligation de sécurité du vendeur professionnel après l'arrêt CJCE 25 avr. 2002). – PAUL, *CCC 2004. Chron. 2* (causalité en matière de produits défectueux). – RIEHM, *D. 2007. Chron. 2749* ✎ (quel avenir pour les droits communs français et allemand ?). – VINEY, *Mél. Aubert, Dalloz, 2005, p. 329* (système français de responsabilité des producteurs pour le défaut de sécurité de leurs produits). ▸ Mise en circulation : CONFINO, *Gaz. Pal. 2001. Doctr. 523.* ▸ Risque de développement : BRISSY, *D. Affaires 1998. 2004.* – CALAIS-AULOY, *Mél. Cabrillac, Litec, 1999, p. 81.* – LARROUMET, *Clés pour le siècle, Dalloz, 2000, p. 1589.* ▸ **Doubles délais extinctifs :** JOLY, *D. 2001. Chron. 1450.* ✎ ▸ **Rapports entre professionnels :** BATTEUR, *LPA 8 oct. 2001.*

▸ **Autres thèmes** : BIGOT, *JCP 2010, nº 1014.* – BLOCH, *RDC 2017. 732* (le juge et la responsabilité du fait des produits défectueux) ; *RCA 2017. Étude 3* (dommages subis par des choses destinées à l'usage professionnel). – Deffains et de Montcuit, *RTD civ. 2022. 257* (proposition d'un régime de responsabilité objective applicable au dommage causé par une machine auto-apprenante). – Dossier, *RCA janv. 2016* (trente ans après la directive).

Art. 1245 *(Ord. n° 2016-131 du 10 févr. 2016, art. 2, en vigueur le 1er oct. 2016)* **Le producteur est responsable du dommage causé par un défaut de son produit, qu'il soit ou non lié par un contrat avec la victime.** — *Dispositions transitoires, V. Ord. n° 2016-131 du 10 févr. 2016, art. 9, ss. art. 1386-1.*

L'art. 1245 reprend à l'identique l'art. 1386-1 anc.

1. Transposition irrégulière de la Dir. 85/374. La transposition de la Dir. n° 85/374 n'a pas été effectuée correctement. Sur la suppression irrégulière de la franchise de 500 €, V. note 1 ss. art. 1245-1. ♦ Sur les conditions d'engagement de la responsabilité des intermédiaires, V. ss. art. 1245-6. ♦ Rappr. sur l'impossibilité de maintenir des régimes concurrents reposant sur le même fondement, ss. art. 1245-17.

2. Application dans le temps : produits mis en circulation après l'entrée en vigueur de la L. du 19 mai 1998 (22 mai 1998). La L. du 19 mai 1998 ayant transposé la Dir. relative aux produits défectueux, le régime ainsi instauré ne s'applique qu'aux produits mis en circulation postérieurement ; la preuve de l'antériorité doit être rapportée par le producteur. • Civ. 1re, 21 oct. 2020, n° 19-18.689 P : *D. 2021. 46, obs. Quézel-Ambrunaz ; RTD civ. 2021. 155, obs. Jourdain ; JCP 2020, n° 1276, note Parance ; CCC 2021, n° 2, note Leveneur.*

3. … Entre la date prévue pour la transposition et l'entrée en vigueur de la L. du 19 mai 1998. Le droit interne applicable au litige relatif à un produit mis en circulation après le 30 juill. 1988, date d'expiration du délai de transposition de la directive, et avant la date d'entrée en vigueur de la L. n° 98-389 du 19 mai 1998 transposant en droit français cette directive, doit être interprété à la lumière de cette dernière. • Com. 18 mai 2016, n° 14-16.234 P. ♦ … A condition que la disposition concernée soit contraignante pour l'État membre et ne lui laisse pas une faculté d'option pour l'adaptation de son droit national au droit « communautaire ». • Civ. 1re, 9 juill. 1996, n° 93-19.160 P : *D. 1996. 610, note Lambert-Faivre ; JCP 1996. I. 3985, n° 16, obs. Viney ; CCC 1996, n° 200, obs. Leveneur ; RTD civ. 1997. 146, obs. Jourdain* (condition non remplie pour l'exonération pour risque de développement) • 15 mai 2007, n° 05-10.234 P : *D. 2007. AJ 1592, obs. Gallmeister ; ibid. Pan. 2906, obs. Brun ; JCP 2007. I. 185, n° 7, obs. Stoffel-Munck ; Gaz. Pal. 2007. Somm. 4242, obs. Onat ; RDC 2007. 1147, obs. Borghetti (idem).* ♦ Pour les conséquences sur le droit interne, pendant cette période transitoire, V. ss. art. 1603, not. notes 6, 13 (action offerte aux tiers) et 21 (prescription).

4. … Produits mis en circulation avant la directive. Une cour d'appel ayant à statuer sur la responsabilité au regard des art. 1147 anc. et anc. 1382 [1240] C. civ. n'a pas à se référer à la Dir. CEE n° 85-374 du 24 juill. 1985 dont les dispositions sont sans incidence sur son appréciation, s'agissant d'un produit mis en circulation en févr. 1985. • Civ. 1re, 24 janv. 2006, n° 03-20.178 P : *D. 2006. Pan. 1931, obs. Jourdain ; JCP 2006. II. 10082, note Grynbaum (3e esp.) ; ibid. I. 166, nos 4 s., obs. Stoffel-Munck ; RCA 2006, n° 89, note Radé ; LPA 13 juill. 2006, concl. Sarcelet ; RDSS 2006. 495, note Peigné (3e esp.) ; RDC 2006. 841, obs. Borghetti ; RTD civ. 2006. 323, obs. Jourdain .*

5. Texte d'ordre public ; office du juge. Le juge est tenu d'examiner d'office l'applicabilité du régime de responsabilité du fait des produits défectueux, du moment qu'il résulte de ses constatations que ce régime pourrait être applicable. • Cass., ch. mixte, 7 juill. 2017, n° 15-25.651 P : *D. 2017. 1800, note Bacache ; RTD civ. 2017. 829, obs. Usunier ; ibid. 872, obs. Jourdain ; ibid. 882, obs. Gautier ; CCC 2017, n° 219, note Leveneur ; RCA 2017, n° 250, note Bloch ; RDC 2017. 594, note Borghetti.* ♦ Comp. ss. art. 1245-10, l'absence d'obligation du juge de rechercher l'existence d'une cause d'exonération qu'il appartient au producteur d'invoquer.

Art. 1245-1 *(Ord. n° 2016-131 du 10 févr. 2016, art. 2, en vigueur le 1er oct. 2016)* **Les dispositions du présent chapitre s'appliquent à la réparation du dommage qui résulte d'une atteinte à la personne.**

Elles s'appliquent également à la réparation du dommage supérieur à un montant déterminé par décret, qui résulte d'une atteinte à un bien autre que le produit défectueux lui-même. — *Dispositions transitoires,* V. Ord. n° 2016-131 du 10 févr. 2016, art. 9, ss. *art. 1386-1.*

L'art. 1245-1 reprend à l'identique l'art. 1386-2 anc.

1. Franchise de 500 €. En incluant dans l'anc. art. 1386-2 [1245-1] les dommages inférieurs à 500 €, la France a manqué aux obligations qui lui incombent en vertu de l'art. 9, 1er al., ss. b), de la directive. • CJCE 25 avr. 2002, n° C-52/00 : *D. 2002. 2462, note Larroumet (1re esp.) ; ibid.*

AJ 1670, obs. Rondey ; ibid. Somm. 2935, obs. Pizzio ; CCC 2002, n° 117, note Raymond ; RTD civ. 2002. 523, obs. Jourdain ; ibid. 868, obs. Raynard ; RTD com. 2002. 585, obs. Luby . ♦ L'anc. art. 1386-2, recodifié à l'art. 1245-1, a été modifié en conséquence par la L. du 9 déc. 2004. ♦ Cassation, pour violation de la directive, d'un jugement ayant condamné un fabricant sans tenir compte de la franchise de 500 €. • Civ. 1re, 3 mai 2006, n° 04-10.994 P : *RDC 2006. 1239, obs. Borghetti ; RTD civ. 2007. 137, obs. Jourdain .*

2. *Exclusion des atteintes au bien défectueux : dommage au bien lui-même.* Pour engager la responsabilité du producteur, la défectuosité du produit doit consister en un défaut de sécurité ayant causé un dommage à une personne ou à un bien autre que le produit défectueux lui-même. • Civ. 1re, 9 juill. 2003, n° 00-21.163 P : *RCA 2003, n° 268* (condition non réalisée en l'espèce : coulures du mastic de fenêtres à double vitrage) • Grenoble, 28 juin 2006 : *JCP E 2006. 2754* (*idem* : plants de pommes de terre de semence infectés par une bactérie) • Bordeaux, 2 oct. 2006 : *RCA 2007, n° 164, note Radé* (*idem* : voiture ayant pris feu) • Civ. 1re, 14 oct. 2015, n° 14-13.847 P (yacht ayant démâté).

3. Les art. 1245 s. sont en revanche applicables à des défauts constatés sur des bouteilles en verre, qui affectent non seulement les bouteilles, mais aussi le vin qu'elles devaient contenir, ce dont il résulte que la mévente des bouteilles défectueuses, engendrant le préjudice invoqué, est consécutive au caractère impropre à la consommation du vin. • Civ. 1re, 1er juill. 2015, n° 14-18.391 P : *D. 2015. 2227, note Girard ; RTD civ. 2015. 892, obs. Jourdain ; RCA 2015, n° 295, obs. Bloch ; RDC 2015. 852, obs. Borghetti.* ♦ Cassation de l'arrêt ayant rejeté les demandes d'indemnisation pour du vin dont le goût avait été altéré par l'utilisation des produits chimiques au motif que les produits litigieux ne sauraient être considérés comme défectueux dès lors que la pollution des vins n'est pas de nature à nuire à la santé des consommateurs ni à leur intégrité, alors que la cour d'appel avait bien constaté une altération des vins consécutive à leur pollution par les produits dont la défectuosité était invoquée. • Civ. 1re, 9 déc. 2020, n° 19-17.724 P : *D. 2021. 7 ; RTD civ. 2021. 430, obs. Jourdain .*

4. *... Pertes d'exploitation découlant de la défectuosité du bien.* Le régime de responsabilité des art. 1245-1 s. ne s'applique pas à la réparation du dommage qui résulte d'une atteinte au produit défectueux lui-même et aux préjudices économiques découlant de cette atteinte : la perte d'exploitation et l'absence de fourniture de machine de remplacement sont consécutives à l'atteinte au matériel en cause et ne sont pas indemnisables sur ce fondement. • Civ. 1re, 9 déc. 2020, n° 19-21.390 P : *D. 2021. 7 ; RTD civ. 2021. 427, obs. Jourdain .* ♦ Mais la délivrance d'un bien non conforme autorise le vendeur à agir en résolution de la vente. • Même arrêt (résumé ss. art. 1245-17).

5. *Application aux dommages aux biens destinés à un usage professionnel.* En l'absence de limitation du droit national, l'art. 1386-2, devenu 1245-1 C. civ., s'applique au dommage causé à un bien destiné à l'usage professionnel. • Civ. 1re, 11 juill. 2018, n° 17-20.154 P : *D. 2018. 1840, note Borghetti ; AJ contrat 2018. 442, obs. Bucher ; RTD civ. 2019. 121, obs. Jourdain* (bâtiment d'exploitation). ♦ Rappr. *infra*, art. 1245-14, al. 2.

Comp. pour la position de la CJUE : la Dir. n° 85/374/CEE doit être interprétée en ce sens qu'elle ne s'oppose pas à l'interprétation d'un droit national ou à l'application d'une jurisprudence interne établie selon lesquelles la victime peut demander réparation du dommage causé à une chose destinée à l'usage professionnel et utilisée pour cet usage, dès lors que cette victime rapporte seulement la preuve du dommage, du défaut du produit et du lien de causalité entre ce défaut et le dommage. • CJCE 4 juin 2009, n° C-285/08 : *D. 2009. 1731, note Borghetti ; ibid. 2010. Pan. 49, obs. Gout ; JCP 2009, n° 27, p. 35, note Jourdain ; ibid., n° 38, p. 42, obs. Stoffel-Munck ; RLDC 2009/63, n° 3533, obs. Bugnicourt ; RDC 2009. 1381, obs. Viney ; ibid. 1448, obs. Aubert de Vincelles ; RTD civ. 2009. 738, obs. Jourdain* , sur la question préjudicielle posée par • Com. 24 juin 2008, n° 07-11.744 P : *D. 2008. AJ 1895, obs. Gallmeister ; ibid. 2318, note Borghetti ; JCP 2008. I. 186, n° 7, obs. Stoffel-Munck ; RLDC 2008/52, n° 3109, obs. Gaudin ; RTD civ. 2008. 685, obs. Jourdain .* ♦ V. pour la suite de l'affaire, suivant la CJCE et raisonnant sur une obligation de sécurité : • Com. 26 mai 2010, n° 07-11.744 P : *D. 2010. Actu. 1484, obs. gallmeister ; ibid. 2628, note Borghetti ; JCP 2010, n° 849, note Barbiéri ; RDC 2010. 1262, obs. Carval ; RTD civ. 2010. 787, obs. Jourdain .*

Sur l'application de la directive aux biens défectueux à usage professionnel, V. ss. art. 1245-2.

Art. 1245-2 *(Ord. n° 2016-131 du 10 févr. 2016, art. 2, en vigueur le 1er oct. 2016)* **Est un produit tout bien meuble, même s'il est incorporé dans un immeuble, y compris les produits du sol, de l'élevage, de la chasse et de la pêche. L'électricité est considérée comme un produit.** — *Dispositions transitoires, V. Ord. n° 2016-131 du 10 févr. 2016, art. 9, ss. art. 1386-1.*

L'art. 1245-2 reprend à l'identique l'art. 1386-3 anc.

1. Notion de produit défectueux : corps humain. Sur l'applicabilité de la responsabilité des produits défectueux à des éléments du corps humain ou des produits de celui-ci, V. art. 1245-11.

2. ... Bien utilisé à titre professionnel. La directive s'applique au producteur d'un produit affecté d'un défaut, quelle que soit la destination, privée ou professionnelle, de l'usage de ce produit. • Civ. 1re, 11 janv. 2017, n° 16-11.726 P : *D. 2017. 626, note Borghetti ; ibid. 2018. 35, obs. Gout ; RTD civ. 2017. 415, obs. Jourdain*. ♦ Rappr. lorsque le bien endommagé est à usage professionnel, ss. art. 1245-1.

3. ... Électricité. Application de la responsabilité des produits défectueux à des dommages provoqués par le réseau électrique. • Civ. 1re, 11 juill. 2018, n° 17-20.154 P : *cité note 5 ss. art. 1245-1* (bâtiment d'exploitation détruit par une surtension et l'explosion d'un transformateur) • Civ. 1re, 2 juin 2021, n° 19-19.349 P : *D. 2021. 1079 ; RTD civ. 2021. 658, obs. Jourdain ; RDC 2021/4. 16, note Dugué ; CCC 2021, n° 132, note Leveneur* (surtension).

Art. 1245-3 *(Ord. n° 2016-131 du 10 févr. 2016, art. 2, en vigueur le 1er oct. 2016)* **Un produit est défectueux au sens du présent chapitre lorsqu'il n'offre pas la sécurité à laquelle on peut légitimement s'attendre.**

Dans l'appréciation de la sécurité à laquelle on peut légitimement s'attendre, il doit être tenu compte de toutes les circonstances et notamment de la présentation du produit, de l'usage qui peut en être raisonnablement attendu et du moment de sa mise en circulation.

Un produit ne peut être considéré comme défectueux par le seul fait qu'un autre, plus perfectionné, a été mis postérieurement en circulation. — *Dispositions transitoires, V. Ord. n° 2016-131 du 10 févr. 2016, art. 9, ss. art. 1386-1.*

L'art. 1245-3 reprend à l'identique l'art. 1386-4 anc.

1. Défectuosité déduite de l'insuffisance des informations données. Est dépourvu de la sécurité à laquelle on peut légitimement s'attendre le béton, à l'origine de brûlures sérieuses pour le client utilisateur, dont le fournisseur, dans ses conditions générales de vente, n'a que très insuffisamment attiré l'attention sur les dangers présentés par la mise en œuvre du produit et les précautions à prendre. • Civ. 1re, 7 nov. 2006, n° 05-11.604 P : *D. 2006. IR 2950 ; CCC 2007, n° 60, note Raymond ; ibid. n° 64, note Leveneur ; RDI 2007. 94, obs. Malinvaud ; RDC 2007. 312, obs. Borghetti ; RTD civ. 2007. 139, obs. Jourdain*. ♦ ... Le produit anti-rides dont la plaquette d'information préalablement communiquée à la patiente ne mentionne pas le risque d'effets indésirables, contrairement à la notice d'utilisation remise aux seuls médecins esthéticiens. • Civ. 1re, 22 nov. 2007, n° 06-14.174 P.

2. Dans l'appréciation de cette exigence, il doit être tenu compte, notamment, de la présentation du produit, de l'usage qui peut en être raisonnablement attendu, et du moment de sa mise en circulation. • Civ. 1re, 9 juill. 2009, n° 08-11.073 P : *R., p. 411 ; D. 2009. AJ 1968, obs. Gallmeister ; ibid. 2010, Pan. 49, obs. Brun ; JCP 2009, n° 41, p. 13, note Sargos ; ibid. 2010, n° 456, § 10, obs. Stoffel-Munck ; Gaz. Pal. 2009. 2595, avis Legoux ; Dr. fam. 2009, n° 135, note Julien ; RLDC 2009/64, n° 3571, obs. Bugnicourt ; CCC 2009, n° 262, obs. Leveneur ; RLDC 2010/69, n° 3736, note Derycke et Caron ; RTD civ. 2009. 735, obs. Jourdain ; RDC 2010. 79, obs. Borghetti* (dictionnaire médical et notice ultérieure mentionnant la sclérose en plaques comme effet possible d'un vaccin, la notice de présentation ne contenant pas cette information). ♦ Rejet du pourvoi contre l'arrêt qui a pu déduire qu'en raison d'un étiquetage ne respectant pas la réglementation applicable et d'une absence de mise en garde sur la dangerosité particulière des travaux sur ou dans les cuves et réservoirs, le produit ne présentait pas la sécurité à laquelle on pouvait légitimement s'attendre et était dès lors défectueux. • Civ. 1re, 21 oct. 2020, n° 19-18.689 P : *D. 2021. 46, obs. Quézel-Ambrunaz ; RTD civ. 2021. 155, obs. Jourdain ; JCP 2020, n° 1276, note Parance ; CCC 2021, n° 2, note Leveneur* (pesticide Lasso). ♦ Responsabilité du producteur retenue, dès lors que la bouteille de propane était dépourvue de connectique spécifique, ce qui permettait de la brancher sur une installation destinée à du gaz butane, rendant l'erreur possible pour un utilisateur qui n'est pas informé de la dangerosité du gaz propane et n'a pas forcément pu consulter la notice d'information de la bouteille consignée. • Civ. 1re, 4 févr. 2015, n° 13-19.781 P : *D. 2015. 375*.

3. Défectuosité maintenue en dépit de l'information donnée. Les effets nocifs constatés d'un produit (contraceptif oral) sont de nature à caractériser un défaut du produit au sens de l'art. 1245-3 C. civ., si, nonobstant les mentions figurant dans la notice, la gravité du risque encouru et la fréquence de sa réalisation excédent les bénéfices attendus du produit en cause. • Civ. 1re, 26 sept. 2018, n° 17-21.271 P : *D. 2019. 61, note Storck ; RTD civ. 2019. 124, obs. Jourdain ; JCP 2018, n° 1337, note Borghetti ; RCA 2018, n° 307, note Bloch ; RDC 1/2019. 45, note Viney*. ♦ Comp. *infra*, note 9 ss. art. 1245-10.

4. Identification de la cause exacte d'un sinistre. La simple imputabilité du dommage au produit incriminé ne suffit pas à établir son défaut, ni le lien de causalité entre ce défaut et le dommage. • Civ. 1re, 27 juin 2018, n° 17-17.469 P : *D. 2018. 1439 ; RTD civ. 2018. 925, obs. Jourdain ; RCA 2018, n° 253, note Bloch* (cassation de l'arrêt admettant la responsabilité du producteur d'un coffret électrique, alors que le sinistre pouvait résulter soit d'un défaut d'origine, soit de sa pose par l'installateur). ♦ Les juges du fond relèvent souverainement qu'en l'absence de faute médicale, alors que le surpoids de la victime n'est pas la cause de l'accident, la rupture prématurée d'une prothèse de hanche était due à un défaut du produit. • Civ. 1re, 26 févr. 2020, n° 18-26.256 P : *D. 2021. 46, obs. Brun ; ibid. 2020. 489 ; RTD civ. 2020. 406, obs. Jourdain ; JCP 2020, n° 785, note Bakouche ; CCC 2020, n° 78, note Leveneur ; RDC 2020/2. 14, note Borghetti* (absence de faute dans le choix de la prothèse, sa conception et sa pose, la rupture s'étant produite au point de faiblesse connu de ce genre d'appareil). ♦ Comp. : jugé qu'il importe peu que les causes exactes du sinistre (explosion de la vitre d'un insert de cheminée) ne soient pas établies, dès lors que le demandeur établit que le produit n'offre pas une sécurité normale, le producteur ayant la charge de la preuve d'une cause exonératoire ou de la faute de l'utilisateur. • TGI Aix-en-Provence, 2 oct. 2001 : *D. 2001. IR 3092.*

5. Conditions non exigées : identification individuelle dans un lot défectueux. L'art. 6, § 1, de la Dir. doit être interprété en ce sens que le constat d'un défaut potentiel des produits appartenant au même groupe ou relevant de la même série de la production, tels que les stimulateurs cardiaques et les défibrillateurs automatiques implantables, permet de qualifier de défectueux un tel produit sans qu'il soit besoin de constater dans ce produit ledit défaut. • CJUE 5 mars 2015, n° C-503/13 : *D. 2015. 1247, note Borghetti ; ibid. 2283, obs. M. Bacache, Guégan-Lécuyer et Porchy-Simon ; ibid. 2016. 35, obs. Brun et Gout ; RTD civ. 2015. 406, obs. Jourdain .*

6. ... Exigence d'un danger anormal et excessif. Cassation de l'arrêt ayant écarté l'action au motif que les produits litigieux, impliqués dans la détérioration d'une production de vin, ne sauraient être considérés comme défectueux dès lors qu'aucun danger anormal et excessif caractérisant un défaut de sécurité des produits n'est établi ; la cour aurait dû rechercher si, au regard des circonstances et notamment de leur présentation et de l'usage qui pouvait en être raisonnablement attendu, les produits dont la défectuosité était invoquée présentaient la sécurité à laquelle on pouvait légitimement s'attendre. • Civ. 1re, 9 déc. 2020, n° 19-17.724 P : *D. 2021. 7 ; RTD civ. 2021. 430, obs. Jourdain .*

7. ... Connaissance du défaut par le producteur. Un produit est défectueux lorsqu'il n'offre pas la sécurité à laquelle on peut légitimement s'attendre ; il doit être tenu compte, dans l'appréciation de la sécurité à laquelle on peut légitimement s'attendre, de toutes les circonstances et notamment de la présentation du produit, de l'usage qui peut en être raisonnablement attendu et du moment de sa mise en circulation ; la constatation par le juge du défaut d'un produit, à la suite de la mise en évidence de risques graves liés à son utilisation que ne justifie pas le bénéfice qui en est attendu, n'implique pas que le producteur ait eu connaissance de ces risques lors de la mise en circulation du produit ou de sa prescription. • Civ. 1re, 25 févr. 2016, n° 15-11.257 P : *RTD civ. 2016. 386, obs. Jourdain* (Mediator). ♦ Sur le caractère défectueux du produit, V. • TGI Nanterre, 22 oct. 2015 : *D. 2016. 687, note Borghetti .*

8. Preuve du caractère défectueux. V. notes ss. art. 1245-8.

Art. 1245-4 *(Ord. n° 2016-131 du 10 févr. 2016, art. 2, en vigueur le 1er oct. 2016)* **Un produit est mis en circulation lorsque le producteur s'en est dessaisi volontairement.**

Un produit ne fait l'objet que d'une seule mise en circulation. — *Dispositions transitoires, V. Ord. n° 2016-131 du 10 févr. 2016, art. 9, ss. art. 1386-1.*

L'art. 1245-4 reprend à l'identique l'art. 1386-5 anc.

1. Notion de mise en circulation : principe. *Un produit est mis en circulation lorsqu'il* est sorti du processus de fabrication mis en œuvre par le producteur et qu'il est entré dans un processus de commercialisation dans lequel il se trouve en l'état offert au public aux fins d'être utilisé ou consommé. • CJCE 9 févr. 2006, n° C-127-04 : *D. 2006. Pan. 1261, obs. Nourissat, et 1937, obs. Brun ; JCP 2006. I. 166, n° 14, obs. Stoffel-Munck ; Gaz. Pal. 2006. Somm. 1982, obs. Grynbaum ; RTD civ. 2006. 265, obs. Rémy-Corlay ; ibid. 331, obs. Jourdain .*

2. ... Distributeur étroitement lié au producteur. Lorsque l'un des maillons de la chaîne de distribution est étroitement lié au producteur, ce rattachement a pour conséquence que cette entité peut être considérée comme impliquée dans le processus de fabrication du produit concerné. • CJCE 9 févr. 2006, n° C/127-04 : *préc.* ♦ Pour une application : • Civ. 1re, 21 oct. 2020, n° 19-18.689 P : *D. 2021. 46, obs. Quézel-Ambrunaz ; RTD civ. 2021. 155, obs. Jourdain ; JCP 2020, n° 1276, note Parance ; CCC 2021, n° 2, note Leveneur* (la mise en circulation du produit correspondant à l'entrée dans le processus de commercialisation, une cour d'appel fixe à bon droit la date de mise en circulation du pesticide à la date de sa vente par la filiale française du producteur à une coopérative agricole, filiale qui n'avait fait qu'apposer sa marque et qui ne justifiait pas avoir réalisé un stockage de longue durée).

3. ... ***Produits fabriqués en série.*** La date de mise en circulation du produit qui a causé le dommage s'entend, dans le cas de produits fabriqués en série, de la date de commercialisation du lot dont il faisait partie. • Civ. 1re, 20 sept. 2017, nº 16-19.643 P : *D. 2017. 2279, avis Sudre ; ibid. 2018. 35, obs. Brun ; ibid. 2284, note Viney ; RDSS 2017. 1132, obs. Peigné ; RTD civ. 2018. 143, obs. Jourdain ; JCP 2017, nº 1186, note Borghetti ; Gaz. Pal. 2017. 2689, note Le Goffic ; CCC 2018, nº 2, note Leveneur ; RCA 2017. Étude 12, note Bloch* (Mediator) • Civ. 1re, 21 oct. 2020, nº 19-18.689 P : *préc.* (pesticide).

4. ... ***Produit intégré dans une prestation de service médicale.*** La Dir. 85/374 doit être interprétée en ce sens qu'un produit défectueux est mis en circulation lorsqu'il est utilisé à l'occasion d'une prestation de service concrète, de nature médicale, consistant à préparer un organe humain en vue de sa transplantation, et que le dommage causé à celui-ci est consécutif à cette préparation. • CJCE 10 mai 2001, nº C-203/99 : *D. 2001. 3065, note Kayser ; RTD civ. 2001. 898, obs. Jourdain ; ibid. 988, obs. Raynard ; RTD com. 2001. 827, obs. Luby* .

5. ***Différence avec l'autorisation de mise sur le marché.*** La date de mise en circulation du produit défectueux ne saurait résulter de la seule autorisation de mise sur le marché. • Cass., ch. mixte, 7 juill. 2017, nº 15-25.651 P : *D. 2017. 1800, note Bacache ; RTD civ. 2017. 829, obs. Usunier ; ibid. 872, obs. Jourdain ; ibid. 882, obs. Gautier ; CCC 2017, nº 219, note Leveneur ; RCA 2017, nº 250, note Bloch ; RDC 2017. 594, note Borghetti.*

6. ... ***Avec la date de la vente.*** La date de mise en circulation du produit défectueux n'est pas nécessairement celle de la vente. • Com. 18 mai 2016, nº 14-16.234 P : *cité ss. art. 1245-15.*

Art. 1245-5 *(Ord. nº 2016-131 du 10 févr. 2016, art. 2, en vigueur le 1er oct. 2016)* **Est producteur, lorsqu'il agit à titre professionnel, le fabricant d'un produit fini, le producteur d'une matière première, le fabricant d'une partie composante.**

Est assimilée à un producteur pour l'application du présent chapitre toute personne agissant à titre professionnel :

1º Qui se présente comme producteur en apposant sur le produit son nom, sa marque ou un autre signe distinctif ;

2º Qui importe un produit dans la Communauté européenne en vue d'une vente, d'une location, avec ou sans promesse de vente, ou de toute autre forme de distribution.

Ne sont pas considérées comme producteurs, au sens du présent chapitre, les personnes dont la responsabilité peut être recherchée sur le fondement des articles 1792 à 1792-6 et 1646-1. — *Dispositions transitoires, V. Ord. nº 2016-131 du 10 févr. 2016, art. 9, ss. art. 1386-1.*

L'art. 1245-5 reprend à l'identique l'art. 1386-6 anc., excepté les dispositions issues de la L. nº 2016-138 du 11 févr. 2016, art. 2.

1. ***Producteurs par assimilation : apposition d'un signe distinctif (1º).*** Est assimilée au producteur toute personne agissant à titre professionnel qui se présente comme producteur en apposant sur le produit son nom, sa marque ou un autre signe distinctif. • Civ. 1re, 21 oct. 2020, nº 19-18.689 P : *D. 2021. 46, obs. Quézel-Ambrunaz ; RTD civ. 2021. 155, obs. Jourdain ; JCP 2020, nº 1276, note Parance ; CCC 2021, nº 2, note Leveneur* (une action a pu être intentée contre la filiale française de Monsanto, étant inscrit en gros caractères sur le produit « un herbicide Monsanto », suivi de « Siège social Monsanto agriculture France SAS » avec *l'adresse de la société à Lyon et le numéro* d'inscription au registre du commerce et des sociétés de Lyon).

2. ... ***Articulation avec la qualité d'importateur (2º).*** L'assimilation d'un importateur à un producteur n'est pas limitée au seul importateur de produits en provenance de pays tiers, dès lors que l'art. 1386-6-2º n'est pas exclusif de l'art. 1386-6-1º [1245-5] : ce texte n'exclut pas de son champ d'application l'importateur parallèle commercialisant un produit au titre d'une autorisation de mise sur le marché simplifiée. • Civ. 1re, 4 juin 2014, nº 13-13.548 P : *D. 2014. 1272 ; RTD com. 2014. 846, obs. Bouloc ; RDC 2014. 613, note Borghetti.*

3. ***Produit mis à disposition sans contrepartie directe.*** Application des dispositions de la directive 85/374 à un produit fabriqué et utilisé dans le cadre d'une prestation médicale entièrement financée par des fonds publics, sans contrepartie de la part du patient. • CJCE 10 mai 2001, nº C-203/99 : *cité note 4 ss. art. 1245-4.*

Art. 1245-6 *(Ord. nº 2016-131 du 10 févr. 2016, art. 2, en vigueur le 1er oct. 2016)* **Si le producteur ne peut être identifié, le vendeur, le loueur, à l'exception du crédit-**

bailleur ou du loueur assimilable au crédit-bailleur, ou tout autre fournisseur professionnel, est responsable du défaut de sécurité du produit, dans les mêmes conditions que le producteur, à moins qu'il ne désigne son propre fournisseur ou le producteur, dans un délai de trois mois à compter de la date à laquelle la demande de la victime lui a été notifiée.

Le recours du fournisseur contre le producteur obéit aux mêmes règles que la demande émanant de la victime directe du défaut. Toutefois, il doit agir dans l'année suivant la date de sa citation en justice. — *Dispositions transitoires, V. Ord. n° 2016-131 du 10 févr. 2016, art. 9, ss. art. 1386-1.*

L'art. 1245-6 reprend à l'identique l'art. 1386-7 anc.

1. Irrégularité de la transposition initiale de la Dir. 85/374 : exposé. En considérant, à l'art. 1386-7, 1er al. anc., que le distributeur d'un produit défectueux est responsable dans tous les cas et au même titre que le producteur, la France a manqué aux obligations qui lui incombent en vertu de l'art. 3, § 3, de la directive. • CJCE 25 avr. 2002, n° C-52/00 : *préc. ss. art. 1245-1.* ♦ Sur cet arrêt, V. Calais-Auloy, *D. 2002. Chron. 2458.* ♦ V. désormais art. 1245-6. ♦ V. aussi pour une nouvelle condamnation de la France pour transposition incorrecte, ne respectant pas les préconisations de l'arrêt du 25 avr. 2002, ayant conduit à l'adoption de la L. du 5 avr. 2006 : • CJCE, gr. ch., 14 mars 2006, n° C-177-04 : *D. 2006. IR 1334 ; ibid. Pan. 1936, obs. Brun ; JCP 2006. I. 166, n° 13, obs. Stoffel-Munck ; Gaz. Pal. 2006. Somm. 1986, obs. Peigné ; RDC 2006. 835, obs. Borghetti ; RTD civ. 2006. 265, obs. Rémy-Corlay ; ibid. 337, obs. Jourdain .*

Sur l'interprétation de la directive en ce qui concerne la responsabilité du fournisseur, V. • CJCE 10 janv. 2006, n° C-402-03 : *D. 2006. Pan. 1261, obs. Nourissat ; ibid. 1936, obs. Brun ; JCP 2006. I. 166, n° 12, obs. Stoffel-Munck ; Gaz. Pal. 2006. Somm. 1983, obs. Onat ; LPA 11 déc. 2006, obs. Pignarre ; RDC 2006. 835, obs. Borghetti ; RTD civ. 2006. 265, obs. Rémy-Corlay ; ibid. 333, obs. Jourdain ; RTD com. 2006. 515, obs. Luby* (si le fournisseur ne peut être déclaré responsable en dehors du cas prévu par le texte, il peut l'être sans restriction dans un tel cas).

2. ... Conséquences. Application anticipée, à des faits postérieurs à la date limite de transposition, de la directive non encore transposée à l'anc. art. 1386-7, conduisant à déclarer irrecevable l'action dirigée contre le fournisseur non fabricant : • Civ. 1re, 15 mai 2007, n° 05-17.947 P : *D. 2007. AJ 1593, obs. Gallmeister ; ibid. Pan. 2907, obs. Brun ; JCP 2007. I. 185, n° 8, obs. Stoffel-Munck ; CCC 2007, n° 233, note Leveneur ; RDC 2007. 1147, obs. Borghetti ; RTD civ. 2007. 580, obs. Jourdain .* ♦ Rappr. pour des décisions ayant admis à tort des actions contre des fournisseurs : • Toulouse, 22 févr. 2000 : *D. 2000. IR 269 ; JCP 2000. II. 10429, note Le Tourneau ; RCA 2000, n° 369, note Grynbaum ; CCC 2001, n° 52, note Raymond ; Gaz. Pal. 2001. 1202, note Roulet et Peisse* (boucher vendeur de viande de cheval contaminée par la trichinellose) • Toulouse, 7 nov. 2000 : *RCA 2001, n° 199, note Grynbaum* (vendeur professionnel d'un pneu défectueux affecté d'un défaut d'étanchéité).

3. Électricité. Application de la responsabilité des produits défectueux à l'encontre du distributeur public d'électricité, qui n'est pas le producteur, sans analyse de sa qualité ou de référence à l'impossibilité d'identifier le producteur. • Civ. 1re, 11 juill. 2018, n° 17-20.154 P : *cité note 5 ss. art. 1245-1* (exclusion de la responsabilité du fait des choses et action prescrite pour non-respect du délai triennal) • Civ. 1re, 2 juin 2021, n° 19-19.349 P : *D. 2021. 1079 ; RTD civ. 2021. 658, obs. Jourdain ; RDC 2021/4. 16, note Dugué ; CCC 2021, n° 132, note Leveneur* (surtension).

4. Irrecevabilité de l'action contre le fournisseur sur un autre fondement : principe. Se rangeant à la solution imposée par la CJCE (V. notes ss. art. 1245-17), la Cour de cassation a décidé que le régime de la responsabilité du fait des produits défectueux exclut l'application d'autres régimes de responsabilité contractuelle ou extracontractuelle de droit commun fondés sur le défaut d'un produit qui n'offre pas la sécurité à laquelle on peut légitimement s'attendre, à l'exception de la responsabilité pour faute et de la garantie des vices cachés. • Com. 26 mai 2010, n° 08-18.545 P : *D. 2010. Actu. 1483 ; JCP 2010, n° 1015, obs. Stoffel-Munck ; CCC 2010, n° 198, note Leveneur ; RDC 2010. 1266, obs. Carval ; RTD civ. 2010. 790, obs. Jourdain ; RTD com. 2011. 166, obs. Bouloc .* ♦ V. notes ss. art. 1603.

5. ... Limites : faute extracontractuelle distincte. L'action en responsabilité délictuelle pour faute, fondée sur l'anc. art. 1382 [1240], n'est recevable à l'encontre du fournisseur non fabricant que si la faute est distincte du défaut de sécurité du produit. • Com. 26 mai 2010 : *préc.*, approuvant • Grenoble, 11 juin 2008 : *RDC 2009. 542, obs. Borghetti.*

6. Cas des professionnels de santé : exclusion de la qualité de fournisseur professionnel. La responsabilité d'un prestataire de services qui utilise, dans le cadre d'une prestation de services telle que des soins dispensés en milieu hospitalier, des appareils ou des produits défectueux dont il n'est pas le producteur au sens des dispositions de l'art. 3 de la Dir. n° 85/374/CEE, et cause, de ce fait, des dommages au bénéficiaire de la prestation, ne relève pas du champ d'application de cette directive. • CJUE 21 déc. 2011, n° C-495/10 : *D. 2012. 926, note Borghetti ; ibid. 2013. 40, obs. Brun et Gout ; AJDA 2011. 2012 . 306, chron. Aubert, Broussy et Donnat ; RTD civ. 2012. 329, obs. Jourdain ; RTD eur. 2012. 679, obs. Aubert de Vincelles ; RCA 2012. Étude n° 8, note Hocquet-Berg.*

Dans un premier temps, cette solution a été suivie par la Cour de cassation : en considération des objectifs et de l'économie de la Dir. du 25 juill. 1985 et de l'interprétation qu'en a donnée la CJUE, la directive détermine celui qui doit assumer la responsabilité qu'elle institue parmi les professionnels ayant participé aux processus de fabrication et de commercialisation et n'a pas vocation à harmoniser de manière exhaustive le domaine de la responsabilité du fait des produits défectueux au-delà des points qu'elle réglemente ; la responsabilité des prestataires de services de soins, qui ne peuvent être assimilés à des distributeurs de produits ou dispositifs médicaux et dont les prestations visent essentiellement à faire bénéficier les patients des traitements et techniques les plus appropriés à l'amélioration de leur état, ne relève pas, hormis le cas où ils en sont eux-mêmes les producteurs, du champ d'application de la directive. • Civ. 1re, 12 juill. 2012, n° 11-17.510 P : *D. 2012. 2277, note Bacache ; ibid. 2013. 40, obs. Brun et Gout ; RTD civ. 2012. 737, obs. Jourdain ; RTD eur. 2013. 292 -36, obs. Rias ; JCP 2012, n° 1036, note Sargos ; ibid. 2013, n° 948, note Chausfoin et Hollestelle ; RCA 2012. Étude 9, note Hocquet-Berg.* ♦ Dans le même sens pour le Conseil d'État : • CE 12 mars 2012, n° 327449 : *D. 2013. 40, obs. Brun et Gout ; AJDA 2012. 1665, étude Belrhali-Bernard ; D. 2013. 40, obs. Brun et Gout ; RFDA 2012. 961, chron. Mayeur-Carpentier, Clément-Wilz et Martucci ; RDSS 2012. 716, note Peigné .*

Mais la Cour est revenue sur cette position : la responsabilité de droit d'un professionnel de santé ou d'un établissement de santé ne peut être engagée, sur le fondement de l'art. 1245-6, que dans le cas où le producteur n'a pu être identifié et où le professionnel de santé ou l'établissement de santé n'a pas désigné son propre fournisseur ou le producteur dans le délai imparti. • Civ. 1re, 26 févr. 2020, n° 18-26.256 P : *D. 2021. 46, obs. Brun ; ibid. 2020. 489 ; RTD civ. 2020. 406, obs. Jourdain ; JCP 2020, n° 785, note Bakouche ; CCC 2020, n° 78, note Leveneur ; RDC 2020/2. 14, note Borghetti* (arrêt *intégrant dans son raisonnement* l'art. 1142-1 CSP qui prévoit une responsabilité des professionnels de santé pour faute prouvée « hors le cas où leur responsabilité est encourue en raison d'un défaut d'un produit de santé »).

7. ... Régime de responsabilité applicable au prestataire. * *CJUE.* La CJUE ne s'oppose dès lors pas à ce qu'un État membre institue un régime prévoyant la responsabilité d'un tel prestataire à l'égard des dommages ainsi occasionnés, même en l'absence de toute faute imputable à celui-ci, à condition, toutefois, que soit préservée la faculté pour la victime et/ou ledit prestataire de mettre en cause la responsabilité du producteur sur le fondement de la directive lorsque se trouvent remplies les conditions prévues par celle-ci. • CJUE 21 déc. 2011 : *préc.*

* *Cour de cassation.* Pour la solution applicable si le prestataire a permis l'identification du producteur : l'instauration d'un régime de responsabilité de droit du producteur du fait des produits défectueux, les restrictions posées par l'art. 1245-6 C. civ. à l'application de ce régime de responsabilité à l'égard des professionnels de santé et des établissements de santé, la création d'un régime d'indemnisation au titre de la solidarité nationale des accidents médicaux non fautifs et des affections iatrogènes graves sur le fondement de l'art. L. 1142-1, II, CSP et le fait que les professionnels de santé ou les établissements de santé privés peuvent ne pas être en mesure d'appréhender la défectuosité d'un produit, dans les mêmes conditions que le producteur, justifient, y compris lorsque se trouve applicable l'art. L. 1142-1, al. 1er, de ne pas soumettre ceux-ci, hors du cas prévu par l'art. 1245-6 précité, à une responsabilité sans faute, qui serait, en outre, plus sévère que celle applicable au producteur, lequel, bien que soumis à une responsabilité de droit, peut bénéficier de causes exonératoires de responsabilité. • Civ. 1re, 26 févr. 2020, n° 18-26.256 P : *préc.* ♦ V. déjà en ce sens : • Civ. 1re, 12 juill. 2012, n° 11-17.510 P : *D. 2012. 2277, note Bacache ; ibid. 2013. 40, obs. Brun et Gout ; RTD civ. 2012. 737, obs. Jourdain ; RTD eur. 2013. 292-36, obs. Rias ; JCP 2012, n° 1036, note Sargos ; ibid. 2013, n° 948, note Chausfoin et Hollestelle ; RCA 2012. Étude 9, note Hocquet-Berg.*

* *Conseil d'État.* Pour la position différente du Conseil d'État : il résulte de l'interprétation ainsi donnée par la CJUE que la Dir. du 25 juill. 1985 ne fait pas obstacle à l'application du principe selon lequel, sans préjudice des actions susceptibles d'être exercées à l'encontre du producteur, le service public hospitalier est responsable, même en l'absence de faute de sa part, des conséquences dommageables pour les usagers de la défaillance des produits et appareils de santé qu'il utilise et que ce principe trouve à s'appliquer lorsque le service public hospitalier implante, au cours de la prestation de soins, un produit défectueux dans le corps d'un patient. • CE 25 juill. 2013, n° 339922 : *AJDA 2013. 1972, chron. Domino et Bretonneau ; D. 2013. 2438, note Bacache ; ibid. 2014. 47, obs. Gout ; ibid. 2021, obs. Laude ; RDSS 2013. 881, note Peigné ; JCP 2013, n° 1079, note Paillard.* ♦ Sur le renvoi de deux questions préjudicielles : • CE

4 oct. 2010, n° 327449 : *D. 2011. 213, note Borghetti*.

8. Recours du fournisseur contre le producteur. Le recours prévu à l'art. 1386-7 anc. [1245-6] est réservé au fournisseur dont la responsabilité de plein droit a été engagée en raison du défaut d'identification du producteur, et ne s'applique pas lorsque les deux sociétés en cause sont toutes deux les producteurs, pour l'une de la prothèse, et pour l'autre d'une partie composante de celle-ci. • Civ. 1re, 15 mars 2017, n° 15-27.740 P.

Art. 1245-7 *(Ord. n° 2016-131 du 10 févr. 2016, art. 2, en vigueur le 1er oct. 2016)* **En cas de dommage causé par le défaut d'un produit incorporé dans un autre, le producteur de la partie composante et celui qui a réalisé l'incorporation sont solidairement responsables.** — *Dispositions transitoires, V. Ord. n° 2016-131 du 10 févr. 2016, art. 9, ss. art. 1386-1.*

L'art. 1245-7 reprend à l'identique l'art. 1386-8 anc.

Aux termes de l'art. 1386-8 anc. [1245-7], qui transpose en droit interne l'art. 5 de la Dir. n° 85/374/CEE du Conseil du 25 juill. 1985, en cas de dommage causé par le défaut d'un produit incorporé dans un autre, le producteur de la partie composante et celui qui a réalisé l'incorporation sont solidairement responsables ; selon l'art. 5 préc., la solidarité dont est assortie la responsabilité de plusieurs personnes dans la survenance d'un même dommage est sans préjudice des dispositions du droit national relatives au droit de recours ; il résulte de la combinaison de ces règles que le producteur du produit fini et celui de la partie composante sont solidairement responsables à l'égard de la victime, mais que, dans leurs rapports entre eux, la détermination de leur contribution respective à la dette ne relève pas du champ d'application de la directive et, notamment, des dispositions de l'anc. art. 1386-11 [1245-10], qui transpose en droit interne l'art. 7 de la même dir. • Civ. 1re, 26 nov. 2014, n° 13-18.819 P : *D. 2015. 405, note Borghetti ; RDC 2015. 252, note Viney.* ♦ En droit interne, la contribution à la dette, en l'absence de faute, se répartit à parts égales entre les coobligés, cassation de l'arrêt qui a condamné le producteur du sous-composant à l'origine du dommage à garantir entièrement le producteur de la prothèse en cause des condamnations prononcées solidairement contre elles. • Même arrêt.

Art. 1245-8 *(Ord. n° 2016-131 du 10 févr. 2016, art. 2, en vigueur le 1er oct. 2016)* **Le demandeur doit prouver le dommage, le défaut et le lien de causalité entre le défaut et le dommage.** — *Dispositions transitoires, V. Ord. n° 2016-131 du 10 févr. 2016, art. 9, ss. art. 1386-1.*

L'art. 1245-8 reprend à l'identique l'art. 1386-9 anc.

1. Charge de la preuve. Il appartient au demandeur en réparation du dommage causé par un produit qu'il estime défectueux de prouver le défaut invoqué. • Civ. 1re, 4 févr. 2015, n° 13-27.505 P : *D. 2016. 167, obs. Bretzner et Aynès ; RTD civ. 2015. 404, obs. Jourdain ; Gaz. Pal. 2015. 951, obs. Oudot* (cassation de l'arrêt inversant la charge de la preuve en exigeant du producteur qu'il démontre que l'étiquette de sécurité avait été apposée sur le guidon de la motomarine). ♦ Le demandeur doit prouver le dommage, le défaut du produit et le lien de causalité : *la preuve peut se faire par tous moyens* et notamment par présomptions ou indices précis, graves et concordants. • Civ. 1re, 21 oct. 2020, n° 19-18.689 P : *D. 2021. 46, obs. Quézel-Ambrunaz ; RTD civ. 2021. 155, obs. Jourdain ; JCP 2020, n° 1276, note Parance ; CCC 2021, n° 2, note Leveneur ; RDC 2021/1. 35, note Knetsch* (preuve rapportée en l'espèce : expertise établissant que les troubles et le stress subis par la victime résultent bien du produit). ♦ La simple implication d'un produit dans la réalisation d'un dommage ne suffit pas à établir son défaut au sens des anc. art. 1386-1 s. [1245 s.]. • Civ. 1re, 22 oct. 2009 : *CCC 2010, n° 61, note Raymond ; RDC 2010. 619, note Borghetti* (produit ayant agi comme un révélateur de désordres existants sur une vigne).

2. Modes de preuve : admission de la preuve par présomption. La preuve du caractère défectueux du produit peut être rapportée par des présomptions graves, précises et concordantes. • Civ. 1re, 26 sept. 2012, n° 11-17.738 P : *cité note 4* • 10 juill. 2013, n° 12-21.314 P : *cité note 4.* ♦ La preuve du dommage, du défaut et du lien de causalité peut se faire par tous moyens et notamment par présomptions ou indices précis, graves et concordants. • Civ. 1re, 21 oct. 2020, n° 19-18.689 P : *préc.* ♦ La preuve du lien de causalité dont la charge incombe à la victime ne peut résulter d'une présomption de droit, mais elle peut reposer sur des indices ou des présomptions de fait selon la loi du for, seule compétente pour établir les modalités de la preuve, sans cependant que puisse lui être opposée l'absence de certitude scientifique. • CJUE 21 juin 2017, n° C-621/15 : *D. 2017. 1807, note Borghetti ; RTD civ. 2017. 877, obs. Jourdain ; Gaz. Pal. 2017. 2648, note Cormier.*

♦ Dans la même affaire : transmission d'une question préjudicielle à la CJUE pour déterminer si l'art. 4 de la directive, repris par l'art. 1386-9 anc. [1245-8], doit être interprété en ce sens que la preuve, à la charge de la victime, de l'existence d'un lien de causalité entre le défaut invoqué et le dommage par elle subi ne peut être considérée comme rapportée que si ce lien est établi de manière scientifique. • Civ. 1re, 12 nov. 2015, n° 14-18.118 P : *D. 2015. 2602, note Borghetti ; JCP 2016, n° 8, note Viney.*

3. Influence des instances pénales. Absence de sursis à statuer dans l'attente d'une décision pénale dans la mesure où l'action introduite devant la juridiction civile n'est pas fondée sur les infractions pour lesquelles une information pénale était ouverte contre la société des chefs de tromperie, homicides et blessures involontaires, mais sur la responsabilité sans faute de celle-ci au titre de la défectuosité du Mediator. • Civ. 1re, 20 sept. 2017, n° 16-19.643 P : *préc. note 6.*

4. Illustrations : vaccination contre l'hépatite B. Pour des décisions estimant que le lien n'est pas établi entre la sclérose en plaques et l'administration du vaccin : la participation du produit à la survenance du dommage est un préalable implicite, nécessaire à l'exclusion éventuelle d'autres causes possibles de la maladie, pour la recherche de la défectuosité du produit et du rôle causal de cette défectuosité, sans pour autant que sa simple implication dans la réalisation du dommage suffise à établir son défaut au sens de l'art. 1386-4 anc. [1245-3], ni le lien de causalité entre ce défaut et le dommage. • Civ. 1re, 29 mai 2013, n° 12-20.903 P : *D. 2013. 1408, obs. Gallmeister ; ibid. 1717, note Borghetti ; ibid. 1723, note Brun ; ibid. 2014. 47, obs. Brun et Gout ; RTD civ. 2013. 625, obs. Jourdain ; RTD com. 2013. 797, obs. Bouloc ; Gaz. Pal. 2013. 2297, obs. Bargue ; ibid. 2984, obs. Oudot.* ♦ V. aussi : appréciation souveraine par les juges du fonds sur le fait que la concomitance entre la vaccination et l'apparition de la maladie comme l'absence d'antécédents neurologiques personnels et familiaux, prises ensemble ou isolément, ne constituaient pas de telles présomptions permettant de retenir l'existence d'un lien de causalité entre les vaccins administrés et la maladie. • Civ. 1re, 18 oct. 2017, n° 14-18.118 P : *D. 2018. 35, obs. Quézel-Ambrunaz ; ibid. 490, note Borghetti ; RDSS 2017. 1136, obs. Peigné ; RTD civ. 2018. 140, obs. Jourdain ; RTD eur. 2018. 340, obs. Jeauneau ; Gaz. Pal. 2017. 3271, obs. Prieur ; RCA 2017, n° 319, note Bloch ; RLDC 2018/155. 17, note Corgas-Bernard.*

Comp. : les juges ne peuvent débouter une victime de son action en responsabilité en se fondant sur une considération générale sur le rapport bénéfice/risque du vaccin, qui exclurait qu'il puisse présenter un défaut de sécurité objective, sans examiner si les circonstances particulières d'espèce qu'ils relevaient ne constituaient pas des présomptions graves, précises et concordantes de nature à établir le caractère défectueux des trois doses administrées à l'intéressé. • Civ. 1re, 26 sept. 2012, n° 11-17.738 P : *D. 2012. 2304, obs. Gallmeister ; ibid. 2853, note Borghetti ; ibid. 2376, obs. Radé ; RTD civ. 2013. 131, obs. Jourdain ; JCP 2012, n° 1199, note Quézel-Ambrunaz ; CCC 2012, n° 273, obs. Leveneur ; RCA 2012, n° 350, note Hocquet-Berg ; RLDC 2012/99, n° 4888, note Gout* (visa des art. 1386-4 et 1353 anc. ; arrêt cassé ayant constaté l'excellent état de santé antérieur de la victime, l'absence d'antécédents familiaux et le lien temporel entre la vaccination et l'apparition de la maladie) • Civ. 1re, 10 juill. 2013, n° 12-21.314 P : *D. 2013. 2306, avis Mellottée ; ibid. 2312, note Brun ; ibid. 2315, note Borghetti ; ibid. 2014. 47, obs. Gout ; ibid. Chron. C. cass. 563, obs. Darret-Courgeon ; ibid. 2021, obs. Laude ; RDSS 2013. 938, obs. Peigné ; RTD civ. 2013. 852, obs. Jourdain ; RCA 2013. Étude 6, note Bakouche ; RLDC 2013/108, n° 5223, obs. Tisseyre ; RDC 2014. 37, note Viney* (hypothèse et solution similaires ; l'impossibilité de prouver scientifiquement tant le lien de causalité que l'absence de lien entre la sclérose en plaques et la vaccination contre l'hépatite B, laisse place à une appréciation au cas par cas, par présomptions, de ce lien de causalité).

5. ... Médiator (benfluorex). Présomptions graves, précises et concordantes permettant de retenir que la pathologie d'une patiente est imputable au Mediator ; si l'expert judiciaire a conclu à une causalité seulement plausible, le collège d'experts, placé auprès de l'Office national d'indemnisation des accidents médicaux, des affections iatrogènes et des infections nosocomiales, et chargé d'émettre un avis sur les dommages et les responsabilités en vue d'une indemnisation amiable des victimes du benfluorex, s'est ensuite prononcé en faveur d'une imputabilité de l'insuffisance aortique à la prise de Mediator, la connaissance sur les effets nocifs du médicament ayant alors progressé, aucune hypothèse faisant appel à une cause étrangère n'ayant été formulée et aucun élément ne permettant de considérer que la pathologie de l'intéressée est antérieure au traitement par le Mediator. • Civ. 1re, 20 sept. 2017, n° 16-19.643 P : *D. 2017. 2279, avis Sudre ; ibid. 2284, note Viney ; ibid. 2018. 35, obs. Brun ; RDSS 2017. 1132, obs. Peigné ; RTD civ. 2018. 143, obs. Jourdain ; JCP 2017, n° 1186, note Borghetti ; Gaz. Pal. 2017. 2689, note Le Goffic ; CCC 2018, n° 2, note Leveneur ; RCA 2017. Étude 12, note Bloch.*

6. ... Distilbène. Preuve dans le contentieux Distilbène : • Paris, 26 oct. 2012 : *D. 2012. 2859, note Quétand-Finet ; ibid. 2013. 2709, note Ferey et G'Sell (2 arrêts).*

Art. 1245-9 *(Ord. n° 2016-131 du 10 févr. 2016, art. 2, en vigueur le 1er oct. 2016)* **Le producteur peut être responsable du défaut alors même que le produit a été fabriqué dans le respect des règles de l'art ou de normes existantes ou qu'il a fait l'objet d'une autorisation administrative.** — *Dispositions transitoires, V. Ord. n° 2016-131 du 10 févr. 2016, art. 9, ss. art. 1386-1.*

L'art. 1245-9 reprend à l'identique l'art. 1386-10 anc.

Art. 1245-10 *(Ord. n° 2016-131 du 10 févr. 2016, art. 2, en vigueur le 1er oct. 2016)* **Le producteur est responsable de plein droit à moins qu'il ne prouve :**

1° Qu'il n'avait pas mis le produit en circulation ;

2° Que, compte tenu des circonstances, il y a lieu d'estimer que le défaut ayant causé le dommage n'existait pas au moment où le produit a été mis en circulation par lui ou que ce défaut est né postérieurement ;

3° Que le produit n'a pas été destiné à la vente ou à toute autre forme de distribution ;

4° Que l'état des connaissances scientifiques et techniques, au moment où il a mis le produit en circulation, n'a pas permis de déceler l'existence du défaut ;

5° Ou que le défaut est dû à la conformité du produit avec des règles impératives d'ordre législatif ou réglementaire.

Le producteur de la partie composante n'est pas non plus responsable s'il établit que le défaut est imputable à la conception du produit dans lequel cette partie a été incorporée ou aux instructions données par le producteur de ce produit. — *Dispositions transitoires, V. Ord. n° 2016-131 du 10 févr. 2016, art. 9, ss. art. 1386-1.*

L'art. 1245-10 reprend à l'identique l'art. 1386-11 anc.

BIBL. ▶ CARTAPANIS, *RTD civ. 2021. 523* (faut-il repenser l'exonération pour risque de développement ?).

1. Contestation de la mise en circulation d'un produit. Sur la notion de mise en circulation du produit et la détermination de la date de celle-ci, V. notes ss. art. 1245-4.

2. Causes d'exonération : interprétation stricte. Les cas d'exonération, limitativement énumérés par l'art. 7 de la Dir. européenne du 25 juill. 1985, doivent faire l'objet d'une interprétation stricte. • CJCE 10 mai 2001, n° C-203/99 : *D. 2001. 3065, note Kayser ; RTD civ. 2001. 898, obs. Jourdain ; ibid. 988, obs. Raynard ; RTD com. 2001. 827, obs. Luby.*

3. ... Exclusion de la force majeure. La force majeure ne figure pas parmi les causes d'exonération énumérées de manière limitative par les anc. art. 1386-1 s. [1245 s.]. • Toulouse, 14 déc. 2004 : *JCP E 2005. 926* (viande commercialisée avec l'autorisation des services vétérinaires qui n'ont pas décelé sa contamination).

4. ... Admission des risques de développement. Interprétation de l'art. 7 de la directive européenne du 25 juill. 1985 sur l'exonération du producteur pour les défauts indécelables en l'état des connaissances scientifiques et techniques au moment de la mise en circulation. • CJCE 29 mai 1997 : *D. 1998. 488, note A. Penneau ; JCP 1997. I. 4070, n° 31, obs. Viney* (appréciation objective du niveau le plus avancé des connaissances, indépendamment du secteur concerné). ♦ Responsabilité du producteur sauf preuve que l'état des connaissances scientifiques et techniques au moment de la mise en circulation n'a pas permis de déceler le défaut. • Civ. 1re, 21 oct. 2020, n° 19-18.689 P : *D. 2021. 46, obs. Quézel-Ambrunaz ; RTD civ. 2021. 155, obs. Jourdain ; JCP 2020, n° 1276, note Parance ; CCC 2021, n° 2, note Leveneur ; RDC 2021/1. 35,note Knetsch* (preuve non rapportée en l'espèce).

5. Sur le refus d'étendre cette cause d'exonération pour la période antérieure à l'entrée en vigueur de la loi de 2018 et postérieure à la date imposée pour la transposition de la directive en droit interne (V. aussi ss. art. 1245) : si le juge national, saisi d'un litige entrant dans le domaine d'application d'une directive, est tenu d'interpréter son droit interne à la lumière du texte et de la finalité de cette directive, c'est à la condition que celle-ci soit contraignante pour l'État membre et ne lui laisse pas une faculté d'option pour l'adaptation de son droit national au droit communautaire. • Civ. 1re, 9 juill. 2009, n° 08-12.777 : *JCP 2009. n° 41, p. 13, note Sargos ; CCC 2009, n° 261, obs. Leveneur.* ♦ L'art. 15 de la Dir. 85/374/CEE laissait aux États la faculté d'introduire ou non dans leur législation interne l'exonération pour risque de développement, de sorte que les dispositions de l'art. 7, e), de la Dir., alors non encore transposée, prévoyant ce cas d'exonération, ne pouvaient donner lieu à une interprétation conforme des textes de droit interne, dans un litige entre particuliers. • Même arrêt.

6. ... Défectuosité liée à une insuffisance de l'information : portée de la notice officielle. Les juges du fond doivent répondre au moyen soulevé par le défendeur selon lequel à la date de la prise du médicament (Dépakine) la présentation dans les documents d'information, et notamment de la notice, était conforme aux règles édictées par l'autorité. • Civ. 1re, 27 nov. 2019, P+B+I, n° 18-16.537 P : *D. 2019. 2297* ; *RTD civ. 2020. 124, obs. Jourdain* ; *JCP 2020, n° 53, note Viney ; RDC 2020/1. 10, note Borghetti.* ♦ Comp. postérieurement : la validation par l'autorité de santé de la notice et de l'étiquetage d'un médicament ne fait pas, à elle seule, obstacle à une responsabilité pour faute du fabricant. • Civ. 1re, 16 mars 2022, n° 20-19.786 B : *D. 2022. 1934, obs. Guégan* ; *RTD civ. 2022. 397, obs. Jourdain* ; *JCP 2022, n° 480, note Borghetti.*

7. Rapport entre producteur et producteur d'un composant. V. note ss. art. 1245-7.

8. Procédure : office du juge. Le juge n'est pas tenu de rechercher une cause d'exonération dont le producteur ne s'est pas prévalu devant lui. • Civ. 1re, 25 févr. 2016, n° 15-11.257 P : *RTD civ. 2016. 386, obs. Jourdain* .

9. ... Cause d'exonération invoquée en référé. L'invocation d'une cause d'exonération de responsabilité constitue une contestation dont le sérieux doit être examiné par le juge des référés sans que puisse être exigée l'évidence de la réunion des conditions de l'exonération. • Civ. 2e, 4 juin 2015, n° 14-13.405 P.

Loi n° 2013-316 du 16 avril 2013,

Relative à l'indépendance de l'expertise en matière de santé et d'environnement et à la protection des lanceurs d'alerte.

Art. 13 Tout employeur saisi d'une alerte en matière de santé publique ou d'environnement qui n'a pas respecté les obligations lui incombant en application des articles L. 4133-1 et L. 4133-2 du code du travail perd le bénéfice des dispositions du 4° de *(Ord. n° 2016-131 du 10 févr. 2016, art. 6-XXXXI, en vigueur le 1er oct. 2016)* « l'article 1245-10 *[ancienne rédaction : l'article 1386-11]* » du code civil. *[...]*

Sur l'entrée en vigueur des dispositions issues de l'Ord. n° 2016-131 du 10 févr. 2016, V. cette Ord., art. 9, ss. art. 1386-1.

Art. 1245-11 *(Ord. n° 2016-131 du 10 févr. 2016, art. 2, en vigueur le 1er oct. 2016)* **Le producteur ne peut invoquer la cause d'exonération prévue au 4° de l'article 1245-10 lorsque le dommage a été causé par un élément du corps humain ou par les produits issus de celui-ci.** — *Dispositions transitoires, V. Ord. n° 2016-131 du 10 févr. 2016, art. 9, ss. art. 1386-1.*

L'art. 1245-11 reprend à l'identique l'art. 1386-12 anc.

1. Irrégularité de la transposition initiale de la directive 85/374. En prévoyant, à l'art. 1245-11, 2e al., que le producteur doit prouver qu'il a pris les dispositions propres à prévenir les conséquences d'un produit défectueux afin de pouvoir se prévaloir des causes d'exonération prévues à l'art. 7, sous d) et e), de la directive, la France a manqué aux obligations qui lui incombent en vertu de l'art. 7 de la directive. • CJCE 25 avr. 2002, n° C-52/00 : *V. note ss. art. 1245-1.* ♦ Sur cet arrêt, V. Calais-Auloy, *D. 2002. Chron. 2458* .

2. Conformité à la Constitution. L'art. 1386-12, repris à l'identique à l'art. 1245-11, est conforme à la Cons. ; les dispositions qui limitent aux seuls dommages causés par un élément du corps humain ou par les produits issus de celui-ci l'impossibilité pour le producteur d'invoquer la cause d'exonération prévue au 4° de l'art. 1245-10 [anc. 1386-11], créant une différence de traitement, sont en rapport avec l'objet de la loi : afin de préserver la recherche et l'innovation, le législateur a entendu permettre à un producteur, responsable de plein de droit du fait d'un produit défectueux, de s'exonérer de cette responsabilité lorsque l'état des connaissances scientifiques et techniques, au moment où il l'a mis en circulation, n'a pas permis de déceler l'existence de ce défaut ; les éléments du corps humain et les produits issus de celui-ci emportent par eux-mêmes des risques spécifiques, indépendamment de tout processus de fabrication, ainsi, eu égard à la nature et aux risques spécifiques que présentent les éléments du corps humain et produits issus de celui-ci, le législateur a pu prévoir que, en cas de dommages causés par ces derniers, le producteur ne peut pas se prévaloir de la cause d'exonération pour risque de développement. • Cons. const. 10 mars 2023, n° 2023-1036 QPC. ♦ Transmission d'une QPC : • Civ. 1re, 5 janv. 2023, n° 22-17.439 B.

Art. 1245-12 *(Ord. n° 2016-131 du 10 févr. 2016, art. 2, en vigueur le 1er oct. 2016)* **La responsabilité du producteur peut être réduite ou supprimée, compte tenu de toutes les circonstances, lorsque le dommage est causé conjointement par un défaut du pro-**

duit et par la faute de la victime ou d'une personne dont la victime est responsable. – *Dispositions transitoires, V. Ord. n° 2016-131 du 10 févr. 2016, art. 9, ss. art. 1386-1.*

L'art. 1245-12 reprend à l'identique l'art. 1386-13 anc.

1. Illustrations : fautes exclues. Le fait, pour la victime de brûlures occasionnées par du béton, d'avoir gardé sur elle pendant une heure un pantalon imprégné de béton mouillé ne caractérise pas la faute exonératoire de l'art. 1386-13 anc. [1245-12]. • Civ. 1re, 7 nov. 2006 : *cité note 3 ss. art. 1245-3.*

2. Absence de faute de la victime qui a branché une bouteille de gaz propane à la place d'une bouteille de gaz butane suite à une erreur lors de l'échange des bouteilles, et qui ne pouvait avoir conscience du danger. • Civ. 1re, 4 févr. 2015, n° 13-19.781 P : *cité note 2 ss. art. 1245-3.*

3. Fautes non causales. La faute alléguée de la victime résidant dans l'absence d'une protection du visage lors de l'inhalation du produit est sans lien de causalité avec le dommage subi, étant établi qu'une telle protection n'aurait pas permis d'éviter celui-ci. • Civ. 1re, 21 oct. 2020, n° 19-18.689 P : *D. 2021. 46, obs. Quézel-Ambrunaz ; RTD civ. 2021. 155, obs. Jourdain ; JCP 2020, n° 1276, note Parance ; CCC 2021, n° 2, note Leveneur ; RDC 2021/1. 35,note Knetsch.*

4. Fautes ayant aggravé le dommage. Cassation de l'arrêt ayant réduit la responsabilité de la société au motif que les victimes ont commis une faute ayant aggravé le sinistre, alors que cette faute n'avait pas causé le dommage mais l'avait seulement aggravé. • Civ. 1re, 2 juin 2021, n° 19-19.349 P : *D. 2022. 35, obs. Gout ; RTD civ. 2021. 658, obs. Jourdain ; RDC 2021/4. 16, note Dugué ; CCC 2021, n° 132, note Leveneur* (surtension imputée à Enedis, dont les conséquences avaient été aggravées par l'installation par les victimes d'un réenclencheur non conforme).

Art. 1245-13 *(Ord. n° 2016-131 du 10 févr. 2016, art. 2, en vigueur le 1er oct. 2016)* **La responsabilité du producteur envers la victime n'est pas réduite par le fait d'un tiers ayant concouru à la réalisation du dommage.** – *Dispositions transitoires, V. Ord. n° 2016-131 du 10 févr. 2016, art. 9, ss. art. 1386-1.*

L'art. 1245-13 reprend à l'identique l'art. 1386-14 anc.

Impossibilité pour un constructeur d'avion et celui d'un de ses composants d'échapper à leur obligation en invoquant le fait d'un tiers, la compagnie aérienne, et sa méconnaissance de l'absence de fiabilité du composant litigieux. • Civ. 1re, 28 nov. 2018, n° 17-14.356 P : *D. 2018. 2360 ; RCA 2019, n° 47, note Bloch* (cassation de l'arrêt estimant que l'obligation des producteurs est sérieusement contestable, au motif que le module défectueux aurait dû être changé dans le cadre de la maintenance de l'appareil).

Art. 1245-14 *(Ord. n° 2016-131 du 10 févr. 2016, art. 2, en vigueur le 1er oct. 2016)* **Les clauses qui visent à écarter ou à limiter la responsabilité du fait des produits défectueux sont interdites et réputées non écrites.**

Toutefois, pour les dommages causés aux biens qui ne sont pas utilisés par la victime principalement pour son usage ou sa consommation privée, les clauses stipulées entre professionnels sont valables. – *Dispositions transitoires, V. Ord. n° 2016-131 du 10 févr. 2016, art. 9, ss. art. 1386-1.*

L'art. 1245-14 reprend à l'identique l'art. 1386-15 anc.

Art. 1245-15 *(Ord. n° 2016-131 du 10 févr. 2016, art. 2, en vigueur le 1er oct. 2016)* **Sauf faute du producteur, la responsabilité de celui-ci, fondée sur les dispositions du présent chapitre, est éteinte dix ans après la mise en circulation du produit même qui a causé le dommage à moins que, durant cette période, la victime n'ait engagé une action en justice.** – *Dispositions transitoires, V. Ord. n° 2016-131 du 10 févr. 2016, art. 9, ss. art. 1386-1.*

L'art. 1245-15 reprend à l'identique l'art. 1386-16 anc.

BIBL. ▸ JOLY, *D. 2001. Chron. 1450* (doubles délais extinctifs). – WINTGEN, *RDC 2007. 907* (double délai de prescription extinctive).

1. Il résulte des art. 1147 anc. et 1384 anc. [1242], al. 1er, C. civ. anc., interprétés à la lumière de la directive CEE n° 85-374 du 24 juill. 1985, et de l'art. L. 110-4 C. com. que l'action de la victime d'un produit vendu défectueux, dont la mise en circulation est antérieure à l'entrée en vigueur de la L. du 19 mai 1998, codifiée aux art. 1386-1 à 1386-18 anc. [1245 s.] C. civ., se prescrit à l'encontre du vendeur à compter de la vente. • Com. 24 janv. 2006, n° 02-11.323 P :

RTD civ. 2006. 571, obs. Jourdain. ♦ Le droit interne applicable au litige relatif à un produit mis en circulation après le 30 juill. 1988, date d'expiration du délai de transposition de la directive, et avant la date d'entrée en vigueur de la L. n° 98-389 du 19 mai 1998 transposant en droit français cette directive, doit être interprété à la lumière de cette dernière ; cassation de l'arrêt ayant retenu comme point de départ du délai de prescription décennale de l'art. L. 110-4 C. com. le jour de la livraison du bien, objet du contrat, alors que la cour d'appel aurait dû rechercher, au besoin d'office, si, eu égard à la date de mise en circulation du produit défectueux, qui n'est pas nécessairement celle de la vente, le droit interne dont elle faisait application à toutes les parties ne devait pas être interprété à la lumière de la directive précitée pour les dommages entrant dans le champ d'application de celle-ci. • Com. 18 mai 2016, n° 14-16.234 P.

2. Pour l'applicabilité dans le temps de cette disposition, V. • Civ. 1re, 15 mai 2015, n° 14-13.151 P : *V. note 1 ss. art. 1245-16* • 31 janv. 2018, n° 17-11.259 : *RDC 2018. 192, note Borghetti.*

3. Comp. sur l'atteinte substantielle au droit d'accès au juge lorsque la période de latence d'une maladie excède le délai légal de péremption ou de prescription. • CEDH, sect. II, 11 mars 2014, *Howald Moor et a. c/ Suisse*, nos 52067/10 et 41072/11.

Art. 1245-16 *(Ord. n° 2016-131 du 10 févr. 2016, art. 2, en vigueur le 1er oct. 2016)* **L'action en réparation fondée sur les dispositions du présent chapitre se prescrit dans un délai de trois ans à compter de la date à laquelle le demandeur a eu ou aurait dû avoir connaissance du dommage, du défaut et de l'identité du producteur.** — *Dispositions transitoires, V. Ord. n° 2016-131 du 10 févr. 2016, art. 9, ss. art. 1386-1.*

L'art. 1245-16 reprend à l'identique l'art. 1386-17 anc.

1. Mise en circulation antérieure à la transposition de la directive. Il résulte du principe de non-rétroactivité que l'action en réparation n'est pas soumise au délai de trois ans, mais au délai de dix ans à compter de la date de consolidation du dommage alors prévu par la loi française, lorsque la mise en circulation du produit défectueux, bien que postérieure à l'expiration du délai de transposition, est cependant antérieure à l'entrée en vigueur de la loi du 19 mai 1998 qui a effectivement transposé la directive en droit français. • Civ. 1re, 15 mai 2015, n° 14-13.151 P (cassation de l'arrêt qui avait appliqué le délai de 3 ans prévu par la directive).

2. Application. Les demandeurs n'ayant pas été informés que la Dépakine pouvait produire des effets tératogènes, ce n'est qu'à l'issue d'investigations et après le dépôt du rapport d'expertise qu'ils ont pu avoir connaissance du défaut du produit. • Civ. 1re, 27 nov. 2019, *P+B+I*, n° 18-16.537 P : *D. 2019. 2297* ; *RTD civ. 2020. 124, obs. Jourdain* ; *JCP 2020, n° 53, note Viney* ; *RDC 2020/1. 10, note Borghetti.* ♦ V. également : • Civ. 1re, 6 déc. 2017, n° 16-21.493 : *RDC 2018. 190, note Borghetti* (éléments connus dès le sinistre, peu important que le montant du dommage ait été fixé par un arrêt de cour administrative d'appel postérieur à la date à laquelle la victime avait eu connaissance de l'existence du même dommage).

Art. 1245-17 *(Ord. n° 2016-131 du 10 févr. 2016, art. 2, en vigueur le 1er oct. 2016)* **Les dispositions du présent chapitre ne portent pas atteinte aux droits dont la victime d'un dommage peut se prévaloir au titre du droit de la responsabilité contractuelle ou extracontractuelle ou au titre d'un régime spécial de responsabilité.**

Le producteur reste responsable des conséquences de sa faute et de celle des personnes dont il répond. — *Dispositions transitoires, V. Ord. n° 2016-131 du 10 févr. 2016, art. 9, ss. art. 1386-1.*

L'art. 1245-17 reprend à l'identique l'art. 1386-18 anc.

1. Restriction ou limitation des régimes généraux ayant le même fondement : principe. L'art. 13 de la directive 85/374/CEE doit être interprété en ce sens que les droits conférés par la législation d'un État membre aux victimes d'un dommage causé par un produit défectueux, au titre d'un régime général de responsabilité ayant le même fondement que celui mis en place par ladite directive, peuvent se trouver limités ou restreints à la suite de la transposition de celle-ci dans l'ordre juridique interne dudit État. • CJCE 25 avr. 2002, n° C-183/00 : *D. 2002. 2462, note Larroumet (2e esp.)* ; *ibid. Somm. 2937, obs. Pizzio* ; *D. 2003. Somm. 463, obs. D. Mazeaud* ; *RTD civ. 2002. 523, obs. Jourdain* ; *RTD com. 2002. 585, obs. Luby* ; *RDC 2003. 107, obs. Brun* (arrêt estimant que la garantie des vices cachés et la faute ont des fondements différents). ♦ V. aussi : Calais-Auloy, *D. 2002. Chron. 2458.* – Gorny, LPA 9 mai 2003. – Oudot, *Dr. et patr. 1/2003. 40.* – Viney, *JCP 2002. I. 177.* ♦ Sur l'office du juge, V. plus généralement note 5 ss. art. 1245.

2. ... Illustrations : responsabilité du fait des choses. Ne repose pas sur un fondement différent l'action en responsabilité du fait des choses, prévue à l'anc. art. 1384, al. 1er, devenu 1242, al. 1er, C. civ. qui, lorsqu'elle est invoquée à l'encontre du producteur après la mise en circulation du produit, procède nécessairement d'un défaut de sécurité. • Civ. 1re, 11 juill. 2018, n° 17-20.154 P : *D. 2018. 1840, note Borghetti ; AJ contrat 2018. 442, obs. Bucher ; RTD civ. 2019. 121, obs. Jourdain .*

3. Possibilité de maintenir des régimes au fondement différent : faute. Le régime mis en place par la directive préc. n'exclut pas l'application d'autres régimes de responsabilité contractuelle ou extracontractuelle reposant sur des fondements différents, tels que la garantie des vices cachés ou la faute. • Civ. 1re, 10 déc. 2014, n° 13-14.314 P • Civ. 1re, 17 mars 2016, n° 13-18.876 P : *D. 2017. 24, obs. Brun, Gout et Quézel-Ambrunaz ; RTD civ. 2016. 646, obs. Jourdain ; RDC 2016. 442, note Borghetti.* ♦ Mais la victime de la défaillance d'un produit qui fonde son action sur les dispositions de l'anc. art. 1382 [1240] ne peut se prévaloir d'un régime de responsabilité distinct du régime de responsabilité du fait des produits défectueux que si elle établit que le dommage subi résulte d'une faute distincte du défaut de sécurité du produit en cause. • Civ. 1re, 10 déc. 2014 : *préc.* (condition non remplie pour un dommage à l'oreille résultant de l'interphone défectueux) • Civ. 1re, 17 mars 2016 : *préc.* (*idem* pour la rupture d'une plaque de toiture en fibrociment). ♦ Pour une illustration de faute distincte : • Civ. 1re, 16 mars 2022, n° 20-19.786 B : *D. 2022. 1934, obs. Guégan ; RTD civ. 2022. 397, obs. Jourdain ; JCP 2022, n° 480, note Borghetti* (Levothyrox ; admission d'une faute du fabricant qui n'a pas fait apparaître suffisamment clairement le changement de composition).

4. Possibilité d'agir en résolution du contrat : manquement à l'obligation de délivrance conforme. L'action en résolution de la vente en cas de manquement du vendeur à son obligation contractuelle de délivrance d'un bien conforme ne tend pas à la réparation d'un dommage qui résulte d'une atteinte à la personne causée par un produit défectueux ou à un bien autre que ce produit ; elle se trouve hors du champ de la Dir. 85/374/CEE du 25 juill. 1985 et de la L. du 19 mai 1998 qui l'a transposée, et n'est donc soumise à aucune de leurs dispositions ; cassation de l'arrêt déclarant irrecevable l'action en résolution de la vente d'un matériel agricole pour non-conformité, aux motifs que, sous le couvert d'une non-conformité du matériel acquis, l'acheteur se fonde sur la défectuosité résultant du défaut de sa sécurité. • Civ. 1re, 9 déc. 2020, n° 19-21.390 P : *D. 2021. 7 ; RTD civ. 2021. 427, obs. Jourdain .* – V. note 29 ss. art. 1604.

5. Situation des professionnels de santé. Sur la situation des professionnels de santé, V. ss. l'art. 1245-6, pour l'admission de l'application de la responsabilité de plein droit prévue par ce texte lorsqu'ils n'ont pas permis l'identification du producteur, et, dans le cas inverse, le maintien d'une responsabilité pour faute prouvée, conformément à l'art. L. 1142-1 CSP.

CHAPITRE III LA RÉPARATION DU PRÉJUDICE ÉCOLOGIQUE

(L. n° 2016-1087 du 8 août 2016, art. 4-VI)

Les art. 1246 à 1252 sont applicables à la réparation des préjudices dont le fait générateur est antérieur au 1er oct. 2016. Ils ne sont pas applicables aux préjudices ayant donné lieu à une action en justice introduite avant cette date (L. n° 2016-1087 du 8 août 2016, art. 4-VIII). Les mêmes art. sont applicables dans les îles Wallis-et-Futuna et dans les Terres australes et antarctiques françaises (L. préc., art. 4-IX).

Art. 1246 Toute personne responsable d'un préjudice écologique est tenue de le réparer.

RÉP. CIV. v° *Responsabilité civile environnementale*, par M. Hautereau-Boutonnet.

DALLOZ ACTION *Droit de la responsabilité et des contrats 2023/2024, nos 6811.00 s.*

BIBL. ▸ Bacache, *JCP 2016, n° 647.* – Bolch, *RCA 2017. Étude 3* (dommages subis par des choses destinées à l'usage professionnel). – Deguergue, *AJDA 2018. 2077* (les imperfections de la responsabilité administrative environnementale). – Epstein, D. 2016. 1236 (réparation du préjudice écologique en droit commun de la responsabilité civile). – Gali, *D. 2021. 709* (le préjudice et l'environnement). – Hautereau-Boutonnet, *JCP 2016, n° 948.* – Hautereau-Boutonnet et Truilhe-Marengo, *D. 2017. 827* (procès environnemental). – Hlaleh, *LPA 18 janv. 2018, p. 8* (prévention contractuelle des préjudices environnementaux). – J. Martin, *D. 2013. 2347* (rapport « pour la réparation du préjudice écologique »). – Neyret, *D. 2012. 2673 ; ibid. 2017. 924 .* – Parance, *JCP 2016, n° 648 ; D. 2018. 1449* (régulation des perturbateurs endocriniens). – Perrier, *AJ pénal 2016. 320* (indemnisation et la nécessaire évaluation du préjudice écologique). – Rebeyrol, *D. 2010. 1804 .* – Reboul-Maupin, *D. 2016. 2074* (obligations réelles environnementales). – Renucci, *D. 2020. 181* (risques environnementaux et Convention européenne des droits de l'homme). – Torre-Schaub, *JCP 2021, n° 305* (environnement – Le préjudice écologique au secours du climat, ombres et lumières). – Van Lang, *AJDA 2008. 934* (affaire de l'Erika) ; *ibid. 2016. 2381* (loi biodiversité).

1. Préjudice écologique subi par un parc naturel en raison de la pêche en zone protégée et évaluation des dommages-intérêts faute de réparation en nature possible : • T. corr. Marseille, 6 mars 2020, n° 18330000441 : *D. 2020. 1553, note Leray, Bardy, Martin et Vanuxem* .

2. Action contre l'État en raison de l'insuffisance de son action contre les changements climatiques *(l'affaire du siècle)* : • TA Paris, 3 févr. 2021, n° 1904967 : *AJDA 2021. 2228, note Bétaille ; D. 2021. 240, obs. Pastor ; ibid. 709, note Gali ; ibid. 1004, obs. Leray et Monteillet ; RFDA 2021. 747, note Van Lang, Perrin et Deffairi* . – Adde, Cournil, *AJDA 2019. 437* (« l'affaire du siècle » devant le juge administratif) • TA Paris, 14 oct. 2021, n° 1904967 : *AJDA 2021. 2063 ; D. 2021. 1924, obs. Pastor ; JCP 2021, n° 1195, obs. Hautereau-Boutonnet.*

3. Une faute d'imprudence suffit à caractériser l'élément moral du délit d'atteinte à la conservation d'espèces animales non domestiques protégées, prévu par l'art. L. 415-3 C. envir. ; rejet du pourvoi contre l'arrêt ayant admis l'action en réparation d'une association pour la protection des oiseaux, sur le fondement du droit commun, en raison de la destruction de spécimens d'une espèce protégée, les propriétaires exploitants n'ayant pas sollicité la dérogation aux interdictions édictées par l'art. L. 411-1 C. envir., constitutive d'un fait justificatif exonératoire de responsabilité. • Civ. 3e, 30 nov. 2022, n° 21-16.404 B : *RCA 2023, n° 27, note Lagoutte.*

Art. 1247 Est réparable, dans les conditions prévues au présent titre, le préjudice écologique consistant en une atteinte non négligeable aux éléments ou aux fonctions des écosystèmes ou aux bénéfices collectifs tirés par l'homme de l'environnement.

BIBL. ▶ J. Martin, *JCP 2020, n° 1367* (l'article 1247 du code civil est-il contraire à la Constitution ?).

Constitutionnalité. Les mots : « non négligeable » figurant à l'art. 1247, dans sa rédaction résultant de la L. n° 2016-1087 du 8 août 2016 pour la reconquête de la biodiversité, de la nature et des paysages, sont conformes à la Constitution. • Cons. const. 5 févr. 2021, n° 2020-881 QPC : *AJDA 2021. 926, note Savonitto ; D. 2021. 709, note Gali ; ibid. 1004, obs. Leray et Monteillet ; RTD civ. 2021. 474, obs. Cayrol ; RCA 2021. Étude 4, note Lagoutte ; JCP 2021, n° 217, note J. Martin.*

Art. 1248 L'action en réparation du préjudice écologique est ouverte à toute personne ayant qualité et intérêt à agir, telle que l'État, l'(*L. n° 2019-773 du 24 juill. 2019, art. 21, en vigueur le 1er janv. 2020*) **« Office français de la biodiversité », les collectivités territoriales et leurs groupements dont le territoire est concerné, ainsi que les établissements publics et les associations agréées ou créées depuis au moins cinq ans à la date d'introduction de l'instance qui ont pour objet la protection de la nature et la défense de l'environnement.**

La recevabilité de l'action en responsabilité civile de droit commun exercée par une association en raison du délit environnemental invoqué n'est pas conditionnée par la constatation ou la constitution préalable de l'infraction, la recevabilité d'une action ne pouvant être subordonnée à la démonstration préalable de son bien-fondé. • Civ. 3e, 30 nov. 2022, n° 21-16.404 B : *cité note 3 ss. art. 1246.*

Art. 1249 La réparation du préjudice écologique s'effectue par priorité en nature.

En cas d'impossibilité de droit ou de fait ou d'insuffisance des mesures de réparation, le juge condamne le responsable à verser des dommages et intérêts, affectés à la réparation de l'environnement, au demandeur ou, si celui-ci ne peut prendre les mesures utiles à cette fin, à l'État.

L'évaluation du préjudice tient compte, le cas échéant, des mesures de réparation déjà intervenues, en particulier dans le cadre de la mise en œuvre du titre VI du livre I du code de l'environnement.

Complément d'une réparation en nature par une indemnisation de droit commun. Le *préjudice écologique* consiste en l'atteinte directe ou indirecte portée à l'environnement et découlant de l'infraction ; la remise en état prévue par l'art. L. 162-9 C. envir. n'exclut pas une indemnisation de droit commun que peuvent solliciter, notamment, les associations habilitées, visées par l'art. L. 142-2 du même code. • Crim. 22 mars 2016, n° 13-87.650 P : D. 2016. 1236, *note Epstein ; AJ pénal 2016. 320, note Perrier ; RSC 2016. 287, obs. Robert ; RTD civ. 2016. 634, obs. Jourdain* .

Art. 1250 En cas d'astreinte, celle-ci est liquidée par le juge au profit du demandeur, qui l'affecte à la réparation de l'environnement ou, si le demandeur ne peut prendre les mesures utiles à cette fin, au profit de l'État, qui l'affecte à cette même fin.

Le juge se réserve le pouvoir de la liquider.

Art. 1251 Les dépenses exposées pour prévenir la réalisation imminente d'un dommage, pour éviter son aggravation ou pour en réduire les conséquences constituent un préjudice réparable.

Art. 1252 Indépendamment de la réparation du préjudice écologique, le juge, saisi d'une demande en ce sens par une personne mentionnée à l'article 1248, peut prescrire les mesures raisonnables propres à prévenir ou faire cesser le dommage.

Art. 1253 à 1299 *Réservés.*

SOUS-TITRE III AUTRES SOURCES D'OBLIGATIONS

(Ord. n° 2016-131 du 10 févr. 2016, art. 2, en vigueur le 1er oct. 2016)

DALLOZ ACTION *Droit de la responsabilité et des contrats 2023/2024, nos 3114.00 s.*

DALLOZ RÉFÉRENCE *Le nouveau droit des obligations et des contrats 2019/2020, nos 131.00 s.*

Art. 1300 *(Ord. n° 2016-131 du 10 févr. 2016, art. 2, en vigueur le 1er oct. 2016)* **Les quasi-contrats sont des faits purement volontaires dont il résulte un engagement de celui qui en profite sans y avoir droit, et parfois un engagement de leur auteur envers autrui.**

Les quasi-contrats régis par le présent sous-titre sont la gestion d'affaire, le paiement de l'indu et l'enrichissement injustifié. – *Dispositions transitoires, V. Ord. n° 2016-131 du 10 févr. 2016, art. 9, ss. art. 1386-1.*

Comp. C. civ., art. 1371 anc.

RÉP. CIV. v° *Quasi-contrat*, par Ph. LE TOURNEAU.

BIBL. ▶ F. CHÉNEDÉ, *JCP 25 mai 2015, suppl. au n° 21, p. 60.* – R. LIBCHABER, *Dr et patr. mai 2016, p. 73.* - Dossier, *AJDA 2021. 313* (les quasi-contrats administratifs).

QUALIFICATION DE QUASI-CONTRATS

Décisions rendues en application de l' anc. art. 1371.

1. *Loteries publicitaires en l'absence d'aléa : obligation de l'organisateur.* **BIBL.** Fenouillet, *obs. RDC 2007. 788.* – le Tourneau et Zabalza, *CCC 2002. Chron. 22.* – Brun, *Études Calais-Auloy, Dalloz, 2004, p. 191* (foire aux qualifications). – Petit, *D. 2013. 2649*. ♦ Viole l'anc. art. 1371 la cour d'appel qui, pour condamner une société de vente par correspondance à verser un certain montant de dommages-intérêts au destinataire d'un document publicitaire, retient qu'en annonçant de façon affirmative une *simple éventualité, la société avait commis* une faute délictuelle constituée par la création de l'illusion d'un gain important et que le préjudice ne saurait correspondre au prix que l'intéressé avait cru gagner, alors que l'organisateur d'une loterie qui annonce un gain à une personne dénommée sans mettre en évidence l'existence d'un aléa s'oblige, par ce fait purement volontaire, à le délivrer. • Cass., ch. mixte, 6 sept. 2002, n° 98-22.981 P : *R., p. 448 ; BICC 15 oct. 2002, concl. de Gouttes, rapp. Gridel ; D. 2002. 2963, note D. Mazeaud ; ibid. AJ 2531, obs. A. Lienhard ; JCP 2002. II. 10173, note Reifegerste (2e esp.) ; JCP E 2002. 1687, note Viney (1er esp.) ; Gaz. Pal. 2002. 1725, concl. de Gouttes (2e esp.) ; Defrénois 2002. 1608, obs. Savaux ; CCC 2002, n° 151, note Raymond (2e esp.) ; LPA 24 oct. 2002, note Houtcieff (2e esp.) ; CCE 2002, n° 156, note Stoffel-Munck.* – Même sens : • Civ. 1re, 18 mars 2003, n° 00-19.934 P : *D. 2003. IR 1009 ; Defrénois 2003. 1168, obs. Libchaber ; CCC 2003, n° 100, note Raymond ; RDC 2003. 80, obs. Fenouillet.* – V. aussi • Civ. 1re, 13 juin 2006, n° 05-18.469 P : *D. 2006. IR 1772 ; JCP 2007. I. 104, nos 18 s., obs. Sauphanor-Brouillaud ; CCC 2006, n° 222, note Leveneur ; RDC 2006. 1115, obs. Fenouillet* (l'existence de l'aléa doit être mise en évidence, à première lecture, dès l'annonce du gain). ♦ Nature contractuelle, dans le cadre de la Convention de Bruxelles, d'une telle action : V. • CJCE 11 juill. 2002, n° C-96/00 : *D. 2002. IR 2579 ; JCP 2003. II. 10055, note Claret ; LPA 30 oct. 2003, obs. C. L. ; RTD com. 2003. 206, obs. Marmisse ; Rev. crit. DIP 2003. 484, note Rémy-Corlay*. ♦ Comp. • Civ. 2e, 7 juin 2006, n° 04-20.316 P : *D. 2006. IR 1841, et les obs. ; CCC 2006, n° 222, note Leveneur ; LPA 3 août 2006, note Pierroux ; RDC 2006. 1117, obs. Fenouillet ; RDC 2007. 319, obs. Bénabent ; RTD civ. 2007. 174, obs. Théry* (le fondement quasi contractuel de l'action exclut l'option de compétence prévue par l'art. 46 C. pr. civ.). ♦ L'organisateur d'un jeu publicitaire qui annonce un gain à personne dénommée sans mettre en évidence, à première lecture, l'existence d'un aléa s'oblige par ce fait, purement volontaire, à le délivrer. • Civ. 1re, 19 mars 2015, n° 13-27.414 P : *D. 2015. 733 ; RDC 2015. 861, obs. Libchaber.* ♦ Comp. : • Civ. 1re, 7 mai 2010, n° 09-11.177 P : *D. 2010. 2196, obs. Gallmeister, note A. Bolze et L. Perreau-Saussine ; Rev. crit. DIP 2010. 558, note Gaudemet-Tallon ; RTD civ. 2010. 808, obs. Théry* • 7 mai 2010, n° 09-14.324 P • 7 mai 2010, n° 08-16.071 P. ♦ V. égal. art. 1101, note 8.

2. ... Loterie – Préjudice lié à des pratiques commerciales trompeuses. L'absence de perception des gains promis par une loterie publicitaire n'est de nature à constituer par la déception qu'elle engendre, sur le fondement de la responsabilité délictuelle, qu'un préjudice moral. • Crim. 22 nov. 2022, n° 21-86.010 B : *CCC 2023, n° 34, note Bernheim-Desvaux.*

3. Plan de cession non exécuté : engagement du repreneur. Cassation, au visa de l'anc. art. 1371 C. civ., de l'arrêt qui, en présence de l'inexécution de l'engagement pris par une société repreneuse dans le cadre d'un plan de cession, et sans retenir une cause d'exonération de responsabilité, a rejeté la créance en indemnisation du préjudice subi par l'entreprise objet du plan de cession. • Com. 26 oct. 1999, n° 96-19.156 P : *D. 1999. AJ 67, obs. A. L. ; D. 2000. 383, note A. Pelissier ; ibid. Somm. 328, obs. A. Honorat ; JCP 2000. I. 233, n° 7, obs. Cabrillac et Pétel ; JCP E 2000. 563, note Delfour ; Defrénois 2000. 1128, obs. Delebecque ; RTD civ. 2000. 835, obs. Mestre et Fages.* – Asfar, *Dr. et patr. 5/2002. 28.*

4. Exclusion du quasi-contrat : contrat conclu avec un tiers. La seule révélation volontaire faite à l'acquéreur d'une maison de l'existence d'un contrat conclu entre le vendeur et un tiers pour l'exécution du ravalement de ladite maison n'est pas de nature à créer au profit de cet acquéreur un droit à l'exécution de ce contrat (cassation pour violation de l'anc. art. 1371). • Civ. 3e, 15 mars 2006, n° 05-10.252 P : *D. 2007. 1581, note Perruchot-Triboulet ; Defrénois 2006. 1229, obs. Libchaber ; RTD civ. 2006. 555, obs. Mestre et Fages.*

CHAPITRE I LA GESTION D'AFFAIRES

(Ord. n° 2016-131 du 10 févr. 2016, art. 2, en vigueur le 1er oct. 2016)

DALLOZ RÉFÉRENCE *Le nouveau droit des obligations et des contrats 2019/2020, nos 132.00 s.*

Art. 1301 *(Ord. n° 2016-131 du 10 févr. 2016, art. 2, en vigueur le 1er oct. 2016)* **Celui qui, sans y être tenu, gère sciemment et utilement l'affaire d'autrui, à l'insu ou sans opposition du maître de cette affaire, est soumis, dans l'accomplissement des actes juridiques et matériels de sa gestion, à toutes les obligations d'un mandataire.** – *Dispositions transitoires, V. Ord. n° 2016-131 du 10 févr. 2016, art. 9, ss. art. 1386-1.*

Comp. C. civ., art. 1372 anc.

RÉP. CIV. v° *Gestion d'affaires*, par Ph. Le Tourneau.

BIBL. ▸ Albert, *LPA 26 févr. 1997* (définition juridique de la notion de gestion). – Goré, *D. 1953. Chron. 39.* – Chénedé, *D. 2017. 71* (gestion d'affaires intéressée, le concubinage). – Delacour, *D. 1999. Chron. 295* (droit administratif).

A. CONDITIONS RELATIVES AU GÉRANT DE L'AFFAIRE

1. Exécution d'une obligation (non). La gestion d'affaires, qui implique l'intention du gérant d'agir pour le compte et dans l'intérêt du maître de l'affaire, est incompatible avec l'exécution d'une obligation légale, telle que la suppléance d'un avocat empêché. • Civ. 1re, 17 juill. 1996, n° 92-19.017 P : *JCP 1997. I. 4015, n° 8, obs. Virassamy.* ♦ Ainsi, pour l'obligation imposant au liquidateur judiciaire de prendre des mesures conservatoires pour garantir l'exercice effectif du droit à revendication du bailleur, • Com. 13 janv. 2015, n° 13-11.550 P : *D. 2015. 207 ; RTD civ. 2015. 444, obs. Crocq ; RTD com. 2015. 592, obs. Martin-Ser ; JCP 2015, n° 472, note Casson.* ♦ Inversement, cassation de l'arrêt ayant refusé le remboursement, sur le fondement de la gestion d'affaires, de sommes versées par le Conseil régional des notaires pendant la suppléance du titulaire d'un office, dans la mesure où aucune disposition statutaire ne prévoit le paiement par le Conseil régional des notaires des charges d'un office pendant cette période. • Civ. 1re, 22 mars 2012, n° 11-10.616 P : *D. 2012. 885.*

Même solution d'incompatibilité de la gestion d'affaires avec l'exécution d'une obligation d'origine contractuelle : • Com. 16 nov. 1976 : *Bull. civ. IV, n° 291* • Soc. 11 oct. 1984 : *Bull. civ. V, n° 369 ; RTD civ. 1985. 374, obs. Mestre ; D. 1985. IR 442, obs. A. Lyon-Caen* • Civ. 1re, 15 mai 2019, n° 18-15.379 P : *AJ contrat 2019. 347, obs. Dissaux ; RTD civ. 2019. 581, obs. Barbier ; ibid. 608, obs. Gautier* (paiement effectué, en exécution d'un protocole d'accord conclu avec une banque, des cautions et un tiers non caution, invoquant la gestion d'affaires). ♦ Ne peuvent constituer une gestion d'affaires les actes accomplis par des sociétés en conséquence de violations antérieures de leurs obligations contractuelles. • Civ. 1re, 14 juin 1988 : *Bull. civ. I, n° 191.* ♦ Le mandat de syndic est exclusif de l'application des règles de la gestion d'affaires. • Civ. 3e, 3 juin 1987 : *Bull. civ. III, n° 115* (travaux ni urgents, ni nécessaires à la sauvegarde de l'immeuble) • 20 janv. 1999, n° 97-16.470 P : *Gaz. Pal. 2000. 2. Somm. 2077, obs. Gélinet.* ♦ Mais la gestion d'affaires peut être admise dans le cas d'un maître de l'ouvrage qui héberge et nourrit les ouvriers de l'entrepreneur dès lors qu'une telle prestation n'est envisagée par aucun des documents contractuels. • Civ. 3e, 8 juin 1977 : *Bull. civ. III, n° 255.* ♦ V. aussi : • Civ. 1re, 24 mai 1989, n° 87-17.931 P (admission d'une gestion d'affaires pour la société de secours en montagne qui n'a contracté aucune obligation à l'égard de l'assisté, en dépit de l'existence d'une convention d'intervention passée avec la commune).

2. Caractère volontaire de l'intervention. Une condition de la gestion d'affaires est que le supposé gérant ait agi, non par erreur, mais volontairement pour le compte d'un tiers. • TI Paris, 21 oct. 1970 : *Gaz. Pal. 1971. 1. 28* (pas de gestion d'affaires de la part de l'exploitant d'un parking dans lequel un véhicule volé a été abandonné). ♦ Sur l'analyse de l'intention, en cas d'intervention bénévole d'une personne subissant un dommage au cours des opérations auxquelles elle a prêté son concours, V. • Civ. 1re, 14 nov. 1978 : *JCP 1980. II. 19379, note Bout* (surveillance de régates) • 7 janv. 1971 : *JCP 1971. II. 16670* • 26 janv. 1988 : *D. 1989. 405, note D. Martin ; ibid. Somm. 234, obs. Aubert ; JCP 1989. II. 21217, note Dagorne-Labbe ; RTD civ. 1988. 539, obs. Mestre* (participation à l'arrestation d'un voleur). ♦ Pour la qualification contractuelle (convention d'assistance) parfois retenue en pareille hypothèse, V. • Civ. 1re, 1er déc. 1969 : *D. 1970. 422, note crit. Puech ; JCP 1970. II. 16445, note crit. Aubert.*

3. Opposition du maître ou gestion à son insu. Lorsque le maître se refuse et s'oppose à l'intervention du tiers, celui-ci ne saurait légitimement invoquer la gestion d'affaires. • Civ. 3e, *12 avr. 1972, n° 70-13.154 P.* ♦ *Comp.* • Civ. 1re, 11 févr. 1986 : *Bull. civ. I, n° 23.* ♦ Sur la portée de la présence d'un agent du maître : • Com. 24 juin 1964, n° 62-12.988 P. ♦ La gestion d'affaires ne peut jouer au profit d'une personne qui n'existe ni en fait ni en droit. • Civ. 1re, 2 juin 1981 : *Bull. civ. I, n° 191.*

4. Exclusion de la gestion d'affaires : transactions immobilières. La gestion d'affaires est incompatible avec les dispositions d'ordre public sur la nécessité d'un mandat écrit préalable à toute transaction immobilière. • Civ. 1re, 22 mars 2012, n° 11-13.000 P : *D. 2012. 879, obs. Rouquet ; AJDI 2012. 613, obs. Thioye ; RTD civ. 2012. 528, obs. Fages.*

5. ... Syndic. Le mandat du syndic est exclusif de l'application des règles de la gestion d'affaires. • Civ. 3e, 16 oct. 2013 : *D. 2013. 2465, obs. Rouquet ; AJDI 2014. 383, obs. Tomasin ; RTD civ. 2014. 139, obs. Gautier.*

B. ACTES DE GESTION

6. Utilité et opportunité de la gestion. Appréciation de l'opportunité et de l'utilité de la gestion : V. • Civ. 1re, 5 mars 1985 : *Bull. civ. I, n° 86* (utilité certaine des travaux entrepris, à l'initiative de l'épouse, dans le château servant de résidence à la famille et appartenant personnellement à son époux, alors que ce dernier purgeait une peine d'emprisonnement) • Civ. 1re, 22 déc. 1981 : *Bull. civ. I, n° 395* (rapatriement sanitaire) • Com. 13 mai 1980 : *Bull. civ. IV, n° 199* (transformation d'un compte de dépôt en compte courant) • Com. 26 juin 1990, n° 88-15.026 P (absence de preuve de l'utilité de chèques tirés sur le compte d'une société par un de ses anciens gérants) • Civ. 1re, 15 mai 1974 : *Bull. civ. I, n° 147* (utilité de l'aliénation par le mari, sous forme d'échange, d'un propre de son épouse) • Com. 8 juin 1968 : *JCP 1969. II. 15724, note Prieur* (transformation d'un véhicule seulement confié en réparation ; utilité de l'opération non établie) • Civ. 1re, 22 juin 1970 : *JCP 1970. II. 16511* (nécessité de rechercher l'opportunité et l'utilité de l'intervention d'un agent immobilier) • 16 nov. 1955 : *JCP 1956. II. 9087, note Esmein* (appréciation de l'utilité de la gestion au moment où celle-ci a été entreprise) • 31 janv. 1995, n° 93-11.974 P (absence d'utilité pour l'héritier de l'intervention d'un généalogiste) • 18 nov. 2020, n° 19-10.965 P : *D. 2020. 2343 ; AJ fam. 2021. 247, obs. Casey* (utilité de l'intervention du généalogiste ayant permis d'établir la qualité d'héritière exclusive de l'intéressée) • 16 janv. 2007, n° 05-19.832 P : *Dr. fam. 2007, n° 195, note Naudin* (*idem*). ♦ Mais les juges du fond n'ont pas à rechercher si les actes de gestion avaient été utiles, dès lors qu'ils constatent qu'il y a eu ratification de la part du maître de l'affaire. • Com. 4 déc. 1972 : *Bull. civ. IV, n° 318.*

Relève de la gestion d'affaires le licenciement d'une employée de maison prononcé pour faute grave, consistant dans une atteinte au patrimoine de l'employeur, prononcé par la fille de celui-ci, devenue ultérieurement tutrice de son père, et qui était, depuis que ce dernier se trouvait dans l'incapacité de s'occuper de ses affaires en raison de la dégradation de son état de santé, l'interlocutrice habituelle de la salariée dans l'exécution de son contrat de travail, ce licenciement ayant un caractère conservatoire pour les intérêts de l'employeur. • Soc. 29 janv. 2013, n° 11-23.267 P.

7. La banque qui a vendu par décision unilatérale les titres de son client ne peut se prévaloir des règles de la gestion d'affaires sans établir que celui-ci pouvait raisonnablement être considéré comme ne pouvant agir lui-même et sans caractériser la gravité des risques encourus. • Com. 12 janv. 1999, n° 96-11.026 P : *R., p. 373 ; D. 2000. 239, note Fiorina ; JCP 1999. II. 10070, note Petit ; Defrénois 1999. 754, obs. Aubert ; RTD civ. 1999. 839, obs. Mestre*.

C. PREUVE

8. La gestion volontaire des affaires d'autrui, reposant uniquement sur des faits, ne peut être soumise, quant à la preuve de son existence, aux prohibitions édictées par les art. 1341 anc. et 1985 C. civ. • Civ. 9 déc. 1947 : *D. 1948. 142*.

9. Il incombe à celui qui a sciemment acquitté la dette d'autrui, sans être subrogé dans les droits du créancier, de démontrer que la cause dont procédait ce paiement impliquait, pour le débiteur, l'obligation de lui rembourser les sommes ainsi versées. • Civ. 1re, 12 janv. 2012, n° 10-24.512 P : *D. 2012. Chron. C. cass. 635, obs. Creton ; ibid. 1592, note Gouëzel ; RTD civ. 2012. 115, obs. Fages ; ibid. 513, obs. Hauser ; JCP 2012, n° 362, note Casson ; RDC 2012. 831, obs. Klein* (il appartient au gérant de rapporter la preuve de la cause de son paiement).

Art. 1301-1 *(Ord. n° 2016-131 du 10 févr. 2016, art. 2, en vigueur le 1er oct. 2016)* **Il est tenu d'apporter à la gestion de l'affaire tous les soins d'une personne raisonnable ; il doit poursuivre la gestion jusqu'à ce que le maître de l'affaire ou son successeur soit en mesure d'y pourvoir.**

Le juge peut, selon les circonstances, modérer l'indemnité due au maître de l'affaire en raison des fautes ou de la négligence du gérant. — *Dispositions transitoires, V. Ord. n° 2016-131 du 10 févr. 2016, art. 9, ss. art. 1386-1.*

Comp. C. civ., art. 1373 anc. et 1374 anc.

Décisions rendues en application de l'art. 1374 anc. (soins raisonnables dans la gestion).

1. Une association, affrétant un moyen de transport pour ses membres dans le cadre de la réalisation de l'objet associatif, a la qualité de gérant de l'affaire de ses sociétaires et n'est tenue du dommage subi par eux pendant le trajet qu'en cas de négligence ou imprudence prouvée à son endroit. • Civ. 1re, 2 mars 2004, n° 01-15.463 P : *RDC 2005. 370, obs. Delebecque*.

2. Faute commise par un gérant qui a accepté de continuer la gestion d'affaires entreprise par d'autres : V. • Civ. 1re, 3 janv. 1985 : *Bull. civ. I, n° 5 ; RTD civ. 1985. 574, obs. Mestre ; 1986. 142, obs. J. Huet* (sac à main trouvé, puis confié à une préposée du magasin et en définitive non restitué au propriétaire).

3. Cas où la faute commise par le gérant autorise le tiers à agir contre lui : V. note 5 ss. art. 1301-2.

Art. 1301-2 *(Ord. n° 2016-131 du 10 févr. 2016, art. 2, en vigueur le 1er oct. 2016)* **Celui dont l'affaire a été utilement gérée doit remplir les engagements contractés dans son intérêt par le gérant.**

Il rembourse au gérant les dépenses faites dans son intérêt et l'indemnise des dommages qu'il a subis en raison de sa gestion.

Les sommes avancées par le gérant portent intérêt du jour du paiement. — *Dispositions transitoires, V. Ord. n° 2016-131 du 10 févr. 2016, art. 9, ss. art. 1386-1.*

Comp. C. civ., art. 1375 anc.

1. Détermination du maître de l'affaire. La gestion d'affaires relative au remboursement de frais de voyage d'un navire ne peut être faite pour le compte du frêteur coque-nue dudit navire qui s'est dessaisi de la gestion nautique et commerciale de ce bien. • Com. 9 déc. 2020, n° 18-22.477 P.

2. Indivisibilité de la gestion. Une fois l'utilité de la gestion établie et s'agissant d'une seule affaire, il n'est pas permis au maître de diviser la gestion, de manière à n'être obligé d'indemniser le gérant de ses dépenses que pour celles des opérations qui sont avantageuses et de n'avoir pas à lui rembourser les frais nécessités par celles qui ne le seraient point. • Req. 28 févr. 1910 : *GAJC, 11e éd., n° 224 ; DP 1911. 1. 137, note Dupuich*.

3. Frais. Rémunération. Par extension de l'art. 2001 C. civ., le gérant d'affaires a droit à l'intérêt de ses avances du jour où elles ont été constatées. • Civ. 1re, 12 juin 1979 : *Bull. civ. I, n° 173*.

4. L'art. 1375 anc. n'accorde au gérant que le remboursement de ses dépenses utiles ou nécessaires, mais non le paiement d'une rémunération. • Com. 15 déc. 1992, n° 90-19.608 P : *Defrénois 1994. 50, note Dagorne-Labbe*. ♦ ... Quand bien même il aurait agi à l'occasion de sa profession (généalogiste). • Civ. 1re, 29 mai 2019, n° 18-16.999 P : *D. 2019. 1979, note de Ravel d'Esclapon* • 18 nov. 2020, n° 19-10.965 P : *D. 2020. 2343 ; AJ fam. 2021. 247, obs. Casey* (*idem*). ♦ Une société effectuant des travaux pour le compte d'une autre en qualité de gérant d'affaires ne peut prétendre qu'au remboursement des travaux à prix coûtant, sauf si elle a également agi dans son propre intérêt. • Civ. 1re, 18 avr. 2000, nº 97-20.879 P : *D. 2000. IR 177 ; Defrénois 2000. 1384, obs. Delebecque.* ♦ V., accordant une rémunération à un généalogiste sur le fondement de la gestion d'affaires, • Bordeaux, 10 janv. 2006 : *Dr. fam. 2006. Étude 41, obs. Naudin.*

5. Relations entre le gérant et le tiers. Rappr. : le gérant d'affaires n'est pas personnellement obligé envers le tiers avec lequel il contracte pour autrui, à l'exécution des obligations naissant de ce contrat, s'il s'est présenté à ce tiers, explicitement ou implicitement, comme agissant pour le compte du maître de l'affaire, et sauf stipulation contraire. • Civ. 1re, 14 janv. 1959 : *D. 1959. 106.* ♦ Le gérant d'affaires qui contracte avec un tiers dans l'intérêt du maître de l'affaire, mais en son nom personnel, est personnellement tenu de l'exécution des obligations du contrat, même après la révélation de l'identité du maître de l'affaire, laquelle n'a pas pour effet de substituer ce dernier au gérant d'affaires dans l'exécution du contrat conclu, et le maître dont l'affaire a été bien administrée doit rembourser au gérant toutes les dépenses utiles ou nécessaires qu'il a faites ; cassation de l'arrêt ayant limité les sommes dues par le gérant en exéuction de son engagement en retenant que s'il avait entretenu une confusion, en n'énonçant pas clairement agir en qualité de gérant d'affaires pour un tiers, il a ensuite expressément indiqué qu'il ne prenait pas en charge les dépenses suivantes. • Civ. 1re, 2 févr. 2022, nº 20-19.728 B : *JCP 2022, nº 518, note Mignot ; CCC 2022, nº 56, note Leveneur.* ♦ Mais dès lors que se trouve caractérisée l'immixtion d'une personne dans la gestion des affaires d'autrui, sans que l'identité du propriétaire soit indiquée, et sans qu'il soit justifié d'un mandat, la faute ainsi commise place celui qui a traité avec cette personne en situation de ne pouvoir agir que contre elle et non contre le maître de l'affaire. • Civ. 1re, 10 févr. 1982 : *Bull. civ. I, nº 67.*

6. Procédure intentée par le gérant. Les règles de la gestion d'affaires ne peuvent avoir pour conséquence de contraindre les tiers à accepter un débat judiciaire engagé par un demandeur agissant comme gérant d'affaires. • Civ. 1re, 9 mars 1982, nº 80-16.163 P : *R., p. 373 ; RTD civ. 1983. 193, obs. Perrot* • Civ. 3e, 27 oct. 2004, nº 03-15.029 P : *RTD civ. 2005. 182, obs. Perrot*. ♦ Comp. • Civ. 1re, 21 déc. 1981 : *Gaz. Pal. 1982. 2. 398, note Perrot ; JCP 1983. II. 19961, note Verschave.*

7. Prescription. La gestion d'affaires ne relève pas de la prescription biennale édictée par l'art. L. 218-2 C. consom., applicable uniquement à l'action des professionnels pour les biens et services qu'ils fournissent contractuellement aux consommateurs. • Civ. 1re, 9 juin 2017, nº 16-21.247 P : *D. 2017. 1245 ; JCP N 2017, nº 1309, note de Ravel d'Esclapon.*

Art. 1301-3 *(Ord. nº 2016-131 du 10 févr. 2016, art. 2, en vigueur le 1er oct. 2016)* **La ratification de la gestion par le maître vaut mandat.** — *Dispositions transitoires, V. Ord. nº 2016-131 du 10 févr. 2016, art. 9, ss. art. 1386-1.*

Comp. C. civ., art. 1372 anc.

1. Caractère facultatif de la ratification. La gestion utile pour le maître de l'affaire n'a pas nécessairement à être ratifiée par ce dernier pour qu'il soit tenu d'exécuter les engagements pris dans son intérêt et pour son compte par le gérant. • Civ. 1re, 26 nov. 1958 : *Bull. civ. I, nº 525.* ♦... Et l'utilité de la gestion n'a pas à être établie lorsque le maître de l'affaire la ratifie. • Com. 4 déc. 1972 : *Bull. civ. I, nº 318.*

2. Volonté de ratifier. La ratification peut être tacite. • Req., 9 juin 1931 : *S. 1931. 1. 312.* ♦ Le maître qui ratifie la gestion doit avoir connaissance, au moment de cette ratification, des actes qu'il valide rétroactivement. • Civ. 30 déc. 1935 : *DH 1936. 81.*

Art. 1301-4 *(Ord. nº 2016-131 du 10 févr. 2016, art. 2, en vigueur le 1er oct. 2016)* **L'intérêt personnel du gérant à se charger de l'affaire d'autrui n'exclut pas l'application des règles de la gestion d'affaires.**

Dans ce cas, la charge des engagements, des dépenses et des dommages se répartit à proportion des intérêts de chacun dans l'affaire commune. — *Dispositions transitoires, V. Ord. nº 2016-131 du 10 févr. 2016, art. 9, ss. art. 1386-1.*

Comp. C. civ., art. 1372 anc.

Gestion d'affaires et intérêt du gérant. La seule considération que les frais exposés ne l'ont pas été dans le seul intérêt du maître, mais aussi dans celui du gérant, n'est pas, par elle-même, de nature à exclure l'existence d'une gestion d'affaires. • Com. 16 nov. 1976 : *Bull. civ. IV, nº 291.* ♦ Les juges du fond ne méconnaissent pas ce principe dès lors qu'ils relèvent qu'une personne faisant œuvre de généalogiste a agi dans son seul intérêt pour retrouver les héritiers et leur demander ensuite la reconnaissance de droits locatifs dont elle se prétendait titulaire sur une parcelle dépendant de la succession. • Civ. 1re, 28 mai 1991, nº 89-20.258 P : *RTD civ. 1992. 96, obs.*

Mestre ; *Defrénois 1992. 746, obs. Aubert.* ♦ V. aussi : • Com. 27 nov. 1991, n° 89-20.356 P : *Defrénois 1992. 747, obs. Aubert* (cassation de l'arrêt qui retient l'existence d'une gestion d'affaires sans constater la volonté de gérer l'affaire d'autrui ni l'utilité de la gestion).

Admission d'une gestion d'affaires dans l'hypothèse où une personne a payé les dettes d'une autre, en agissant à la fois dans son intérêt et dans celui de la débitrice, afin de permettre non seulement l'extinction de ses dettes mais aussi d'éviter la saisie de ses biens immobiliers. • Civ. 1re, 12 janv. 2012 : *préc. note 9 ss. art. 1301.*

Art. 1301-5 *(Ord. n° 2016-131 du 10 févr. 2016, art. 2, en vigueur le 1er oct. 2016)* **Si l'action du gérant ne répond pas aux conditions de la gestion d'affaires mais profite néanmoins au maître de cette affaire, celui-ci doit indemniser le gérant selon les règles de l'enrichissement injustifié.** — *Dispositions transitoires, V. Ord. n° 2016-131 du 10 févr. 2016, art. 9, ss. art. 1386-1.*

Sur le sort des impenses, V. notes 9 s. ss. art. 1303.

CHAPITRE II LE PAIEMENT DE L'INDU

(Ord. n° 2016-131 du 10 févr. 2016, art. 2, en vigueur le 1er oct. 2016)

DALLOZ RÉFÉRENCE *Le nouveau droit des obligations et des contrats 2019/2020, nos 133.00 s.*

Art. 1302 *(Ord. n° 2016-131 du 10 févr. 2016, art. 2, en vigueur le 1er oct. 2016)* **Tout paiement suppose une dette ; ce qui a été reçu sans être dû est sujet à restitution.**

La restitution n'est pas admise à l'égard des obligations naturelles qui ont été volontairement acquittées. — *Dispositions transitoires, V. Ord. n° 2016-131 du 10 févr. 2016, art. 9, ss. art. 1386-1.*

Comp. C. civ., art. 1235 anc.

RÉP. CIV. v° *Paiement de l'indu*, par M. Douchy-Oudot.

BIBL. ▶ Milleville, *AJ fam. 2016. 465* (paiement de l'indu dans les relations familiales).

1. Existence d'une obligation naturelle. V. notes ss. art. 1100.

2. Absence de répétition en cas d'exécution volontaire. Sur l'exclusion de la répétition du paiement d'une obligation naturelle (dette prescrite), V. • Req. 17 janv. 1938 : *DP 1940. 1. 57, note Chevallier* • Soc. 11 avr. 1991, n° 89-13.068 P : *RTD civ. 1992. 97, obs. Mestre* (paiement volontaire d'une dette de cotisations sociales qui, même prescrite, conservait sa cause dans l'obligation de cotiser). ♦ La prescription ne peut ouvrir aux auteurs de versements volontaires une action en répétition des acomptes par eux spontanément versés, peu important qu'à la date du paiement ils aient ignoré que le bénéfice de la prescription leur était acquis. • Com. 1er juin 2010, n° 09-14.353 P : *RLDC 2010/74, n° 3947, obs. Pouliquen.* ♦ Mais sont sujets à répétition les paiements effectués par un père, qui n'était plus tenu à l'obligation légale d'entretien de ses enfants majeurs, mais qui était soumis à une procédure de paiement direct dont la mère avait refusé la mainlevée, dès lors qu'ils n'ont pas été faits en pleine connaissance de cause et avec la volonté d'acquitter une obligation naturelle. • Civ. 1re, 12 juill. 1994, n° 92-13.375 P.

3. Nature de l'action fondée sur l'indu. L'action en recouvrement de l'indu engagée par un organisme social (art. L. 133-4 CSS) ne revêt pas la nature d'une sanction à caractère de punition au sens de l'art. 6, § 1, Conv. EDH. Elle est, dès lors, exclusive de tout contrôle de l'adéquation du montant des sommes dues à la nature et à la gravité des manquements commis par le professionnel ou l'établissement de santé. • Civ. 2e, 8 oct. 2020, n° 19-20.000 P.

Art. 1302-1 *(Ord. n° 2016-131 du 10 févr. 2016, art. 2, en vigueur le 1er oct. 2016)* **Celui qui reçoit par erreur ou sciemment ce qui ne lui est pas dû doit le restituer à celui de qui il l'a indûment reçu.** — *Dispositions transitoires, V. Ord. n° 2016-131 du 10 févr. 2016, art. 9, ss. art. 1386-1.*

Comp. C. civ., art. 1376 anc.

BIBL. ▶ Defrénois-Souleau, *RTD civ. 1989. 243.* – Derouin, *D. 1980. Chron. 199* (répétition de l'indu et enrichissement sans cause). – Huglo, *R. 1994, p. 227* (répétition de l'indu communautaire) ; *R. 2000, p. 245* (*idem*). – Kamdem, *JCP 1997. I. 4018* (évolution de la répétition de l'« indu objectif »). – D. Martin, *D. 1993. Chron. 167.* – Perruchot-Triboulet, *RTD civ. 2003. 427* (l'indu à trois). – Romani, *D. 1983. Chron. 127* (faute de l'appauvri dans la répétition de l'indu et l'enrichissement sans cause).

PLAN DES ANNOTATIONS

I. CONDITIONS DE LA RÉPÉTITION

A. EXISTENCE D'UN PAIEMENT INDU

1. *Principe : paiement indu.* Dès lors que les sommes versées n'étaient pas dues, le *solvens* est en droit, sans être tenu à aucune autre preuve, d'en obtenir la restitution. • Cass., ass. plén., 2 avr. 1993, n° 89-15.490 P : *R., p. 326 ; GAJC, 11ᵉ éd., n° 226 ; D. 1993. 373, concl. Jéol ; D. 1993. Somm. 273, obs. Prétot ; D. 1994. Somm. 14, obs. Aubert ; JCP 1993. II. 22051, concl. Jéol ; Gaz. Pal. 1993. 2. 560, concl. Jéol ; RTD civ. 1993. 820, obs. Mestre*. – Sériaux, *D. 1993. Chron. 229.* ♦ V. aussi • Civ. 1ʳᵉ, 20 janv. 1998, n° 96-11.176 P : *D. 1999. 500, note D. R. Martin (1ʳᵉ esp.) ; JCP 1999. I. 137, n° 7, obs. Kullmann* (répétition d'une somme versée en exécution d'une décision de justice ensuite réformée). ♦ La créance d'indu ayant son origine dans le fait juridique du paiement, un débiteur en redressement judiciaire peut être condamné à restituer une somme versée postérieurement à l'ouverture de la procédure collective en exécution d'une ordonnance de référé qui lui est antérieure. • Com. 24 nov. 1998, n° 96-17.100 P. ♦ L'origine de la créance d'indu étant le fait juridique du paiement, la créance d'indu contre le bénéficiaire d'un chèque trouve son origine, non dans l'émission du chèque, mais dans son encaissement. • Com. 5 juin 2007, n° 06-14.863 P : *D. 2007. AJ 1730, obs. A. Lienhard ; Gaz. Pal. 2007. Somm. 3480, obs. R. B. ; RTD com. 2007. 840, obs. Martin-Serf*. ♦ Ne constitue pas un indu l'indemnité d'assurance versée en contrepartie de travaux d'embellissement effectués dans un bâtiment destiné à la démolition, avant sa destruction. • *Civ. 3ᵉ, 5 nov. 2015*, n° 14-23.875 P. ♦ L'inobservation de ses obligations par le bénéficiaire d'indemnités journalières de l'assurance maladie ressortit au champ d'application non de l'art. 1376 (anc.) C. civ., mais des dispositions du CSS. • Civ. 2ᵉ, 24 nov. 2016, n° 15-17.178 P : *RDSS 2017. 181, obs. Tauran*.

2. *... Absence d'intention libérale.* Cassation de l'arrêt qui a débouté un employeur de sa demande en remboursement de la somme indûment versée au titre d'une note de frais, au motif que l'irrégularité comptable ne peut pas être imputée à la salariée qui n'est nullement l'auteure de la demande et qui avait même quitté l'entreprise au moment où la note de frais a été réalisée et présentée alors que ces motifs ne caractérisent pas une intention libérale de l'employeur. • Soc. 21 mars 2018, n° 16-21.021 P : *Dr. soc. 2018. 653, obs. Tournaux ; RDT 2018. 447, obs. Dupouey-Dehan ; Dr. fam. 2018, n° 150, note Fulchiron.*

3. *... Paiement par chèque.* Le tireur d'un chèque payé par la banque peut exercer l'action en répétition de l'indu s'il rapporte la preuve qu'aucune dette entre les parties ne justifiait le paiement du chèque. • Civ. 1ʳᵉ, 4 juill. 1995, n° 93-20.174 P.

Mais rejet de l'action en répétition de l'indu de la banque contre un époux qui a encaissé sur un compte personnel le produit de la vente d'un bien commun, la banque ayant remboursé l'épouse, dès lors que chacun des époux a, par application de l'art. 221, le pouvoir d'encaisser sur son compte personnel le montant d'un chèque établi à son ordre et à celui de son conjoint pourvu que celui-ci l'ait endossé. • Civ. 1ʳᵉ, 16 mai 2013 : *D. 2013. 2242, obs. Brémond ; AJ fam. 2013. 382, obs. Hilt*.

4. *... Subrogation d'une créance éteinte.* Est indu le paiement consenti par une caisse primaire d'assurance maladie à un employeur qui avait demandé le bénéfice de la subrogation à une date où la créance du salarié se trouvait éteinte (la caisse, ignorant le paiement par l'employeur de salaires et d'indemnités compensatrices de préavis, tenue de verser au salarié en arrêt maladie des indemnités journalières en application de l'art. R. 323-11 CSS, s'étant valablement libérée de sa dette). • Civ. 2ᵉ, 8 juill. 2004, n° 02-31.225 P.

5. *... Paiement devenu indu.* La même règle autorisant la répétition s'applique lorsque le paiement est devenu ultérieurement indu. • Soc. 16 mai 2000, n° 98-12.571 P : *D. 2000. IR 174* • Civ. 2ᵉ, 15 mars 2012, n° 11-10.163 P (bénéfice de la couverture maladie universelle). ♦ V. égal. : • Soc. 23 oct. 2013 : *D. 2013. 2526* (caractère indu du paiement d'une prime conventionnelle intégrée par erreur dans le salaire de base après condamnation de l'employeur à des dommages-intérêts correspondant au montant de cette prime) • Soc. 6 janv. 2021, n° 17-28.234 P : *Dr. soc. 2021. 278, obs. Radé* ; *RDT 2021. 254, obs. Pignarre* ; *D. actu. 3 févr. 2021, obs. Fraisse* (caractère indu du paiement de jours de réduction du temps de travail effectué en application d'une convention de forfait s'étant trouvée ultérieurement privée d'effet). ♦ Le licenciement d'un salarié protégé ayant été annulé, et l'employeur condamné à lui payer une indemnité compensatrice de salaire pour la période comprise entre son licenciement nul et sa réintégration, le paiement des allocations de chômage versées par l'organisme d'assurance au titre de cette période se révèle indu. • Soc. 19 nov. 2014 : *D. 2014. 2412* . ♦ Comp. : l'agrément préfectoral donné à un agent de police municipal lui ayant été retiré pour fraude, l'intéressé est néanmoins dispensé de rembourser les salaires perçus à la commune puisqu'elle a bénéficié en contrepartie du service rendu par celui-ci au titre de son travail, dont l'exécution n'est pas entamée par le fait qu'il l'ait exercé sans en remplir les conditions légales. • Crim., 14 mai 2019, n° 17-87.259 P.

Mais le paiement fait par un codébiteur tenu *in solidum*, en exécution d'une décision de justice, n'est pas rendu indu par le paiement ultérieur du créancier par le codébiteur sur qui pesait la charge définitive de la dette. • Civ. 1re, 17 mars 2010, n° 08-19.899 P. ♦ L'assureur s'étant acquitté pour le compte de son assuré du paiement d'une indemnité à laquelle la victime du dommage avait droit ne peut, étant ensuite déclaré non tenu à garantie, obtenir de la victime le remboursement des sommes versées pour le compte de l'assuré. • Civ. 3e, 29 févr. 2012, n° 10-15.128 P : *D. 2012. 736* ; *RCA 2012, n° 143, obs. Groutel.* ♦ L'anéantissement rétroactif et absolu d'un brevet ayant donné lieu à une condamnation pour contrefaçon par une décision irrévocable n'est pas de nature à fonder la restitution des sommes payées en exécution de la condamnation du chef de contrefaçon. • Cass., ass. plén., 17 févr. 2012, n° 10-24.282 P : *D. 2012. 715, note Lancrenon* ; *JCP 2012, n° 444, note Raynard* ; *RCA 2012, n° 143, obs. Groutel.* ♦ La clause de rétroactivité insérée dans l'acte de cession d'un fonds de commerce ne peut avoir pour effet de rendre indus les paiements précédemment effectués à l'URSSAF au titre des cotisations sociales par le cédant qui a conservé la qualité d'employeur jusqu'au transfert effectif de la société, le protocole d'accord conférant à ladite cession de fonds un caractère rétroactif ne pouvant être opposé à l'URSSAF. • Civ. 2e, 6 nov. 2014, n° 13-23.571 P.

6. ... Loi nouvelle non rétroactive. Si la *L. du 13 oct. 2014, modifiant l'art. L. 411-74 C. rur.*, est immédiatement applicable aux instances en cours, elle ne peut s'appliquer rétroactivement à la répétition de sommes versées antérieurement à la date de son entrée en vigueur. • Civ. 3e, 24 mai 2017, n° 15-27.302 P (paiement des intérêts sur les sommes indûment versées).

7. ... Condamnation annulée. L'assureur condamné par une décision devenue irrévocable envers la victime qui exerçait l'action directe peut agir en répétition contre elle si le jugement d'un tribunal administratif ayant condamné son assuré est ensuite annulé par le Conseil d'État. • Civ. 1re, 24 juin 1997, n° 95-13.885 P : *RCA 1997, n° 315, et Chron. 23, par Groutel.*

L'obligation de rembourser des sommes versées à la suite d'une condamnation pénale résulte de plein droit de la réformation de la décision de première instance ayant indûment accordé des réparations aux parties civiles. • Crim. 25 mars 2014, n° 12-84.668 P : *D. 2014. 826* ; *RGDA 2014. 288, obs. Schulz* (cassation de l'arrêt qui a considéré qu'il n'appartient pas à la cour d'appel statuant en matière pénale de se prononcer sur la répétition de l'indu). ♦ Le versement effectué en exécution d'une ordonnance infirmée lui confère un caractère indu. • Soc. 19 oct. 2017, n° 16-11.617 P.

8. Restitutions consécutives à une annulation (non). Les restitutions consécutives à une annulation ne relèvent pas de la répétition de l'indu mais seulement des règles de nullité (prescription quinquennale et non décennale). • Civ. 1re, 24 sept. 2002, n° 00-21.278 P : *D. 2003. 369, note Aubert* ; *RTD civ. 2003. 284, obs. Mestre et Fages* . ♦ V. égal. • Civ. 3e, 14 juin 2018, n° 17-13.422 P : *D. 2019. 1129, obs. Damas* ; *AJDI 2019. 201, obs. Damas* (restitutions correspondant à une indemnité d'occupation dues à la suite de l'annulation d'un bail). ♦ Sur le régime des restitutions, V. art. 1352 à 1352-9.

9. Obligation illicite. La cause illicite d'une obligation ne fait pas obstacle à l'action en répétition. • Civ. 1re, 27 nov. 1984 : *Gaz. Pal. 1985. 2. 638, note Chabas.* – V. aussi • Civ. 1re, 18 juin 1969 : *JCP 1969. II. 16131, note P. L.* ♦ Sur la répétition de sommes versées en exécution d'un titre exécutoire constatant une conciliation illicite, V. note 29.

B. CONDITIONS RELATIVES AU SOLVENS

10. Erreur du solvens non requise (indu objectif). Les art. 1235 anc. et 1376 anc. ne font pas de la constatation de l'erreur une condition nécessaire de la répétition de l'indu dans le cas où le paiement se trouve dépourvu de cause en raison de l'inexistence de la dette. • Soc. 14 oct. 1993, n° 91-12.892 P : *RTD civ. 1994. 101, obs. Mestre* • 14 oct. 1993, n° 91-12.974 P (pas d'obstacle à l'action en répétition dans la connaissance par le *solvens* d'une controverse juridique liée à l'interprétation des textes définissant la dette) • 14 déc. 2004, n° 03-46.836 P (*idem*). ♦ V. aussi : • Civ. 1re, 27 févr. 1996, n° 94-12.645 P : *Defrénois 1996. 875, rapp. Sargos* (l'escroquerie commise par un assuré – incendie intentionnel – entraînant l'absence d'assurance à l'égard de tous, la dette de l'assureur est inexistante aussi bien à l'égard de l'assuré qu'à l'égard des tiers contre qui il agit). ♦ Dans le même sens : • Civ. 1re, 11 avr. 1995 : *D. 1996. Somm. 117, obs. Libchaber ; JCP 1995. II. 22485, note Sériaux* (répétition par une ASSEDIC d'allocations de chômage versées à tort) • Soc. 3 mai 1995, n° 92-20.372 P • Com. 14 janv. 2003, n° 01-12.202 P (droits de douanes non dus ; art. 236 C. douanes communautaire) • Civ. 2e, 4 mai 2004, n° 03-30.017 P (répétition de prestations sociales indues).

11. L'erreur ou la négligence du *solvens* ne font pas obstacle à l'exercice par lui de l'action en répétition. • Soc. 6 janv. 1977 : *Bull. civ. V, n° 12* • 8 nov. 1977 : *ibid. V, n° 603* • Civ. 1re, 27 févr. 1996, n° 94-12.645 P : *Defrénois 1996. 875, rapp. Sargos* (simple possibilité de demander des dommages et intérêts) • Com. 3 juin 1998, n° 96-12.217 P : *D. Affaires 1998. 1212, obs. J. F. ; RTD civ. 1999. 102, obs. Mestre*. ♦ L'action en répétition d'un indu objectif n'est pas subordonnée à la démonstration que le solvens a effectué le paiement avec les précautions commandées par la prudence. • Civ. 1re, 16 mai 2006, n° 05-12.972 P (compte crédité deux fois du montant du même virement). ♦ Comp. • CEDH, sect. IV, 15 sept. 2009, *Moskal c/ Pologne*, n° 10373/05 (attribution par erreur pendant plusieurs années d'une pension de retraite anticipée qui était la seule source de revenus du pensionné de bonne foi : l'absence de demande du remboursement n'empêche pas une atteinte disproportionnée au titre de l'art. 1 du prot. n° 1).

12. Renonciation du solvens. Le paiement de fermages, même pendant une longue période, n'emporte pas, à lui seul, renonciation non équivoque à se prévaloir du caractère indu de ces fermages. • Civ. 3e, 7 févr. 2007, n° 05-20.410 P.

13. Paiement en connaissance de cause. Le paiement effectué en connaissance de cause ne fait pas obstacle à l'exercice par son auteur de l'action en répétition de l'indu. • Soc. 17 mai 2011, n° 10-12.852 P : *D. 2011. Actu. 1424* (paiements par l'employeur en exécution d'avenants non signés par le salarié).

14. Solvens ayant payé pour le compte d'un tiers des sommes non dues par celui-ci. Doit être rejetée l'action d'une société d'avocats contre la caisse de sécurité sociale en restitution des sommes qu'elles a payées sans cause après la cessation d'activité de son associé, dès lors que la caisse a déjà remboursé ce dernier, seul redevable des cotisations sociales versées, pour les prélèvement indus qui avaient été effectués. • Civ. 2e, 2 avr. 2015, n° 14-13.698 P (paiement des cotisations par prélèvement sur le compte de la société).

C. CONDITIONS RELATIVES À L'ACCIPIENS

15. Bonne foi (non). La bonne foi d'un assuré ne saurait priver une caisse de son droit à répéter les prestations qu'elle lui a indûment versées. • Soc. 8 juin 1983 : *Bull. civ. V, n° 310 ; RTD civ. 1985. 168, obs. Mestre*. ♦ Comp. : la bonne foi de l'enrichi ne prive pas l'appauvri du droit d'exercer contre celui-là l'action *de in rem verso*. • Civ. 1re, 11 mars 2014, n° 12-29.304 P : *JCP 2014, n° 998, note Billiau ; RDC 2014. 622, note Libchaber*.

16. Absence de droit acquis. Et une erreur, même répétée, ne peut être constitutive d'un droit acquis ni d'un usage. • Soc. 10 mai 1979 : *Bull. civ. V, n° 408*. ♦ Les versements opérés par erreur par une caisse de sécurité sociale ne peuvent créer de droits au profit d'une personne qui n'avait plus la qualité d'assuré social à la date des paiements. • Soc. 14 nov. 1996, n° 95-11.789 P.

17. Qualité de créancier. Ne bénéficie pas d'un paiement celui qui reçoit d'un assureur le paiement d'une indemnité à laquelle il a droit, le vrai bénéficiaire de ce paiement étant celui dont la dette se trouve acquittée par quelqu'un qui ne la doit pas. • Civ. 1re, 23 sept. 2003, n° 01-14.101 P : *D. 2004. 3165, note Harmand-Luque* (obligation pour le juge du fond, au regard de l'art. 1376 anc., de rechercher si la somme versée par l'assureur excédait le montant de la condamnation prononcée contre le débiteur au profit de celui qui reçoit le paiement). – V. aussi • Civ. 2e, 26 avr. 2007, n° 06-12.225 P : *D. 2007. AJ 1338 ; AJDI 2008. 115, note Beaugendre ; RCA 2007. Étude 12, par Groutel ; RGDA 2007. 588, note Kullmann* • Civ. 1re, 22 sept. 2011 : *RCA 2011, n° 416, obs. Groutel*.

N'ouvre pas droit à répétition le paiement fait par un notaire ayant commis une erreur sur l'ordre des privilèges, dès lors que les bénéficiaires n'avaient reçu que ce que leur devait le débiteur. • Civ. 1re, 24 oct. 2019, n° 18-22.549 P : *D. 2020. 200, note Favre Rochex ; RTD civ. 2020. 100, obs. Barbier ; Defrénois 2020/5. 21, note Laurent ; ibid. 21, avis Sudre ; JCP N 2020, n° 1176, note Séjean-Chazal ; RDC 2020/1. 28, note Libchaber*.

II. EXERCICE DE L'ACTION EN RÉPÉTITION

A. PARTIES À L'INSTANCE

1° DEMANDEUR

18. Principes. L'action en répétition de l'indu appartient à celui qui a effectué le paiement, à ses cessionnaires ou subrogés ou encore à celui pour le compte et au nom duquel il a été fait. • Civ. 3e, 25 janv. 2012, n° 10-25.475 P (possibilité pour un syndicat de copropriétaires de réclamer la restitution de paiements indus à une association syndicale libre, même si celle-ci n'est composée que des copropriétaires). ♦ L'action en répétition de l'indu de l'art. L. 411-74, C. rur., n'est pas réservée au seul preneur et est ouverte à celui qui, à l'occasion du changement d'exploitant, avait, pour le compte du preneur, réglé la somme indue au bailleur. • Civ. 3e, 26 janv. 2017, n° 15-12.737 P : *D. 2017. 298* ; *JCP N 2017, n° 1102, note Sturlèse.*

2° DÉFENDEUR

19. *Défendeur à l'action – Principes.* Il résulte de l'art. 1376, devenu 1302-1, que l'action en répétition de l'indu ne peut être engagée que contre celui qui a reçu le paiement ou pour le compte duquel le paiement a été reçu. • Civ. 2e, 30 nov. 2017, n° 16-24.021 P : *D. 2017. 2483* ; *AJ fam. 2018. 40, obs. Saulier* ; *RDSS 2018. 180, obs. Tauran* (rejet de l'action contre le concubin de la bénéficiaire d'une allocation de logement familiale) • 20 déc. 2018, n° 17-26.958 P (rejet de l'action contre l'URSSAF alors que les cotisations d'assurance chômage ont été transférées de l'URSSAF à Pôle emploi). ♦ Sur le principe, V. égal. • Soc. 6 mai 1993, n° 91-17.132 : *cité note 21.* ♦ La caisse qui a remboursé à des assurés sociaux le montant d'honoraires payés directement au médecin n'est pas fondée à agir en répétition de l'indu contre ce médecin, dès lors que celui-ci n'a reçu aucun paiement de la caisse et que les paiements litigieux n'ont pas été reçus pour son compte. • Soc. 31 oct. 2002, n° 01-20.018 P. ♦ La banque qui a versé des sommes au titre d'une garantie de parfait achèvement ne peut les répéter contre l'assureur de dommages-ouvrage du maître de l'ouvrage sans démontrer qu'il était le débiteur de l'obligation imputée à l'entrepreneur. • Civ. 3e, 24 sept. 2003, n° 01-03.753 P : *RCA 2004. Chron. 3, par Courtieu.* ♦ Comp. • Civ. 3e, 13 nov. 2003 : *RCA eod. loc.* ♦ Sur l'exclusion du recours dirigé contre l'*accipiens* créancier de la somme versée : • Civ. 1re, 23 sept. 2003 : *préc. note 17.* ♦ ... Ou contre la victime d'un dommage ayant été indemnisée par un assureur ultérieurement déclaré non tenu à garantie : • Civ. 3e, 29 févr. 2012 : *préc. note 5.* ♦ Sur la possibilité d'une action en responsabilité délictuelle contre un tiers n'ayant pas reçu la somme mais ayant été à l'origine du paiement indu, V. note 51.

20. *... Recours contre la personne pour le compte de laquelle le paiement a été effectué (non).* Si l'action en répétition de l'indu peut être engagée soit contre celui qui a reçu le paiement, soit contre celui pour le compte duquel il a été reçu, elle ne peut être dirigée contre celui pour le compte duquel le paiement a été effectué. • Soc. 6 mai 1993, n° 91-17.132 P : *Defrénois 1994. 709, note Dagorne-Labbe* ; *RTD civ. 1994. 102, obs. Mestre* (la caisse ayant payé directement des honoraires médicaux à un praticien pour un assuré n'ayant pas droit à la prise en charge de cette dépense ne peut en réclamer le remboursement à celui-ci) • 31 janv. 1996 : *D. 1997. 306, note Thullier* • 5 déc. 1996, n° 95-10.686 P : *D. 1998. 107, note Dagorne-Labbe* . ♦ V. déjà en ce sens : • Civ. 1re, 15 janv. 1985, n° 83-14.742 P : *RTD civ. 1985. 728, obs. Mestre* • Soc. 24 oct. 1983 : *Bull. civ. V, n° 531.* ♦ L'assureur qui a payé pour le compte de qui il appartiendra une indemnité due à la victime d'un accident de la circulation ne peut, après avoir été déclaré non tenu à garantie, la répéter contre celle-ci, le paiement indu ayant en réalité bénéficié au Fonds de garantie. • Civ. 1re, 9 mars 2004, n° 01-16.269 P : *Defrénois 2004. 996, obs. Libchaber* ; *RCA 2004, n° 205, note Groutel* ; *RGDA 2004. 421, note Landel.* ♦ Les preneurs d'un bail rural ne peuvent demander au bailleur le paiement de diverses sommes qu'ils ont réglées à tort pour le compte du bailleur, était-il soutenu. • Civ. 3e, 2 avr. 2008, n° 07-10.101 P : *D. 2008. Chron. C. cass. 2742, n° 2, obs. Monge* ; *RLDC 2008/50, n° 3011, obs. Le Gallou.*

21. *Exception – Particularismes de l'art. L. 133-4 CSS.* En matière d'inobservation de la Nomenclature générale des actes professionnels, la procédure de recouvrement de l'indu obéit aux seules dispositions de l'art. L. 133-4 CSS. L'organisme de prise en charge des prestations de sécurité sociale est fondé, en cas de non-respect des règles de tarification et de facturation des actes, prestations et produits délivrés au sein d'un établissement de santé, à engager le recouvrement de l'indu correspondant auprès de cet établissement (application de l'art. L. 133-4 CSS), que le paiement ait été effectué auprès de l'assuré, d'un autre professionnel de santé ou d'un établissement. • Civ. 2e, 28 mai 2015, n° 14-19.061 P • 12 nov. 2020, n° 19-22.649 P. ♦ Les dispositions des art. L. 133-4 et R. 133-9-1 CSS ne font pas obstacle à ce que les organismes de sécurité sociale exercent, en application de l'art. 3 C. pr. pén., l'action en réparation du préjudice qu'ils ont subi. • Crim. 16 janv. 2019, n° 17-86.581 P : *D. 2019. 128* ; *AJ pénal 2019. 218, obs. Hennebois* ; *D. actu. 19 févr. 2019, obs. Fonteix.* ♦ En cas de versement indu d'une prestation, hormis les cas mentionnés à l'art. L. 133-4 CSS et les autres cas où une récupération peut être opérée auprès d'un professionnel de santé, l'organisme chargé de la gestion d'un régime obligatoire ou volontaire d'assurance maladie ou d'accidents du travail et de maladies professionnelles récupère l'indu correspondant auprès de l'assuré (CSS, art. L. 133-4-1). • Civ. 2e, 7 nov. 2019, n° 18-21.329 P. ♦ V. notes ss. art. L. 133-4 CSS.

22. *Concubin ou conjoint de l'accipiens.* L'action en répétition de l'indu ne pouvant être engagée que contre celui qui a reçu le paiement ou pour le compte duquel le paiement a été reçu, rejet de l'action contre le concubin de la bénéficiaire d'une allocation de logement familiale. • Civ. 2e, 30 nov. 2017, n° 16-24.021 P : *préc. note 20.* ♦ Limites tenant au bénéfice ou au profit retiré par le défendeur : Le remboursement d'une allocation versée indûment à une femme vivant en concubinage peut être demandé à son concubin, dès lors que celui-ci, père de l'enfant, tenu à une obligation alimentaire envers lui, a bénéficié de la prestation (allocation de jeune enfant). • Civ. 2e, 14 sept. 2006, n° 04-30.712 P. ♦ ... Ou lorsque celui-ci, ayant vécu continuellement avec sa compagne, en a profité (allocations d'orphelin, de salaire unique et de logement). • Soc. 1er juill. 1981, n° 79-15.206 P. – Même sens : • CE, avis, 9 juill. 2003, n° 255110 : *AJ fam. 2003. 423, obs. F. B.* (pour l'APL).

L'action en répétition des paiements effectués au titre d'une contribution à l'entretien et à l'éducation d'un enfant fondée sur l'effet déclaratif d'un jugement accueillant une action en contestation du lien de filiation ne peut être dirigée que contre celui qui en a reçu paiement en qualité de créancier ; cassation de l'arrêt ayant retenu que l'action en répétition peut être dirigée tant à l'encontre de la mère, créancière de la contribution, que contre le père biologique de l'enfant, alors que seule une action fondée sur l'enrichissement injustifié pouvait être engagée contre le père ayant profité du paiement. • Civ. 1re, 16 sept. 2020, n° 18-25.429 P : *D. 2021. 499, obs. Douchy-Oudot ; AJ fam. 2020. 596, obs. Houssier* .

23. Restitution d'un paiement fait à un représentant. Lorsque le paiement a été fait à un représentant de celui à qui il était destiné (en l'espèce, tuteur aux allocations familiales), l'action en remboursement doit être exercée, non contre le représentant, mais contre le représenté. • Soc. 5 févr. 1981 : *Bull. civ. V, n° 112* • Civ. 2e, 16 févr. 2012, n° 11-11.264 P (CSS, art. R. 831-21-4 : défaillance de l'allocataire, seul le bailleur, qui reçoit l'allocation de logement, peut se voir réclamer le remboursement des sommes versées à ce titre). ♦ Est recevable l'action en répétition exercée par le père contre la mère pour le remboursement des sommes versées directement à l'enfant au titre de l'obligation alimentaire, celui-ci les ayant reçues pour le compte de sa mère. • Civ. 1re, 22 mai 2007 : *JCP 2007. IV. 2291 ; AJ fam. 2007. 312, obs. Chénedé ; RJPF 2007-9/32, obs. Valory.* ♦ La restitution des sommes indûment versées sur un compte bancaire incombe au seul titulaire du compte et, *après son décès, à sa succession, le mandataire* n'y étant pas tenu en cette seule qualité. • Civ. 1re, 25 juin 1996, n° 94-15.637 P. ♦ V. aussi note 6 ss. art. 1993.

24. ... Fait à un subrogé. L'action en répétition de l'indu peut être dirigée contre celui qui a reçu le paiement pour le compte d'une autre personne par subrogation. • Soc. 18 juin 1998, n° 96-20.638 P (ambulancier directement payé par la caisse d'assurance maladie de l'assuré social).

25. ... Revenant à une succession. Il incombe au titulaire du compte sur lequel ont été indûment versés des fonds et, après son décès, à sa succession de les restituer. • Cass., ch. mixte, 12 mai 2000, n° 97-17.851 P : *R., p. 330 ; BICC 1er juill. 2000, concl. Joinet ; D. 2001. 1210, note Mikalef-Toudic* . ♦ Les indemnités journalières indûment versées à un assuré constituent une dette de la succession. • Civ. 2e, 9 avr. 2009, n° 08-12.873 P : *D. 2009. AJ 1357 ; JCP 2009, n° 37, p. 55, obs. Billiau ; AJ fam. 2009. 266, obs. Tisserand-Martin* . ♦ Déjà en ce sens : • Soc. 5 nov. 1998, n° 97-11.970 P (après le décès de l'assuré, la restitution des arrérages indûment versés incombe à la succession qui les a reçus). ♦ L'*accipiens* n'est tenu que selon sa part héréditaire. • Civ. 1re, 24 mai 2005 : *D. 2005. Pan. 2119, obs. Brémond* • 12 nov. 2009 : *RLDC 2010/67, n° 3693, obs. Pouliquen.* . ♦ La dette de répétition incombant à une personne se transmet à son légataire universel. • Civ. 1re, 19 déc. 1995, n° 94-10.831 P.

26. ... Versement de transport. La restitution des sommes indûment versées par l'employeur au titre du versement de transport incombe aux organismes de recouvrement qu'il mentionne (URSSAF en l'espèce). • Civ. 2e, 6 juill. 2017, n° 16-18.896 P.

27. ... Fait dans le cadre d'une allocation de logement social. L'action en répétition de l'indu peut être dirigée contre le locataire ou l'emprunteur lorsque l'organisme payeur a versé une allocation de logement social indue et que le bailleur ou le prêteur justifie avoir déduit l'allocation du montant des loyers et dépenses accessoires de logement ou de celui des charges de remboursement, ce qu'il appartient au juge de rechercher. • Civ. 2e, 10 sept. 2009, n° 08-14.030 P.

B. RÉGIME DE L'ACTION

28. Date de l'action. L'action en répétition de l'indu ne peut être utilement engagée qu'à compter de la date où le paiement est devenu indu. • Civ. 3e, 31 mai 2007, n° 06-13.224 P.

29. Titre exécutoire constatant une conciliation. L'existence d'un titre exécutoire constatant une conciliation ne fait pas obstacle à la répétition des sommes versées en exécution de ce titre lorsque l'objet de l'accord est illicite et pénalement sanctionné. • Civ. 3e, 6 juin 2019, n° 17-19.486 P : *D. 2019. 2076, note Roussel ; JCP 2019, n° 731, note Sturlèse ; ibid. n° 732, note Strickler.*

1° CARACTÈRE NON SUBSIDIAIRE

30. Principes. L'action en répétition de l'indu n'a aucun caractère subsidiaire. • Civ. 1re, 19 oct. 1983 : *Bull. civ. I, n° 242 ; RTD civ. 1985. 169, obs. Mestre.* ♦ Mais lorsqu'une décision définitive (fixation du taux de cotisation par une caisse régionale d'assurance maladie) n'a pas été contestée dans les délais prescrits, elle ne peut être remise en question sur le fondement de la répétition de l'indu. • Soc. 12 juill. 1990, n° 87-18.099 P.

2° COMPÉTENCE

31. Compétence judiciaire. Les juridictions judiciaires sont compétentes pour statuer sur une demande en répétition de versements de transport indûment payés, une telle demande ne pouvant être considérée comme un remboursement au sens de l'art. 233-64 C. communes [CGCT, art. L. 2333-70]. • Soc. 7 mars 1996, n° 93-18.721 P. ♦ La prescription prévue par l'art. L. 243-6 CSS est la seule applicable à cette action. • Même arrêt. ♦ Sur les limites de l'art. L. 243-6 CSS, V. Lalande, *Gaz. Pal. 1995. 1. Doctr. 750.* ♦ Les juridictions judiciaires sont compétentes pour statuer sur la demande de remboursement de sommes versées à un office public d'aménagement et de construction par la caution d'un locataire contestant la validité de son engagement de caution. • T. confl. 8 avr. 2002, n° 02-03.278 P. ♦ ... D'une redevance illégalement perçue par une commune, assise sur des opérations déterminées, présentant le caractère d'une contribution indirecte relevant ainsi de la juridiction de l'ordre judiciaire. • T. confl. 27 nov. 2008, n° 08-03.687 P.

32. ... Juge de l'exécution. Le JEX connaît des contestations qui s'élèvent à l'occasion de l'exécution forcée, y compris celles tendant à une répétition de l'indu. • Civ. 2e, 19 déc. 2002, n° 00-20.774 P : *Gaz. Pal. 2003. Somm. 3242, obs. Brenner.* ♦ Mais il n'est pas compétent pour connaître d'une demande de répétition de l'indu formulée à la suite d'un commandement de payer. • Civ. 2e, 11 déc. 2008, n° 07-19.411 P. ♦ ... Ou d'une demande en paiement de la créance, celle-ci relevant du juge du fond. • Civ. 2e, 3 déc. 2015, n° 13-28.177 P.

33. Compétence administrative. Relève de la compétence de la juridiction administrative l'action en répétition de l'indu engagée par une caisse d'allocations familiales contre le bénéficiaire de l'aide personnalisée au logement. • Civ. 1re, 5 févr. 2002, n° 00-16.816 P : *R., p. 489* • Soc. 25 mars 2003, n° 01-20.753 P. ♦ ... L'action en répétition de sommes versées par une personne à un établissement de santé public pour le compte de la personne hospitalisée, dès lors que, ces sommes étant réclamées à ce seul hospitalisé, le *solvens* n'avait pas été recherché au titre de l'obligation alimentaire. • T. confl. *24 mars 2003,* *n° 03-03.343 P.*

3° PREUVE

34. Charge de la preuve de l'indu. C'est au demandeur en restitution des sommes qu'il prétend avoir indûment payées qu'il incombe de prouver le caractère indu du paiement. • Civ. 1re, 13 mai 1986 : *Bull. civ. I, n° 120* • Soc. 20 oct. 1998, n° 96-41.698 P : *RTD civ. 1999. 104, obs. Mestre* • Civ. 1re, 16 nov. 2004, n° 01-17.182 P. – V. aussi • Versailles, 19 déc. 1997 : *D. 1998. 570, note Chauvel* (la preuve du caractère indu pèse sur le *solvens).* ♦ L'organisme social qui engage une action en répétition de l'indu fondée, en application de l'art. L. 133-4 CSS, sur la méconnaissance des règles de tarification et de facturation fixées par les art. R. 162-32, 1°, et R. 162-32-1 CSS, doit établir l'existence du paiement, d'une part, et son caractère indu, d'autre part. • Civ. 2e, 27 janv. 2022, n° 20-11.702 B : *RDSS 2022. 379, obs. Tauran* (preuve insuffisante par la production d'un tableau ne permettant pas d'établir un double paiement et non détaillé).

35. Mode de preuve. Le paiement de l'indu, simple fait juridique, peut, s'agissant d'un quasi-contrat, être prouvé par tous moyens. • Civ. 1re, 29 janv. 1991, n° 87-18.126 P.

4° PRESCRIPTION

36. Droit de l'Union européenne. **BIBL.** Huglo, *BICC 15 mai 2000, p. 7.* ♦ Aux termes de l'art. L. 190, 2e al., LPF, modifié par la L. du 29 déc. 1989, toutes les actions tendant à la décharge ou à la réduction d'une imposition en raison de la non-conformité de la règle de droit à une règle de droit supérieure (communautaire, en l'espèce) sont instruites et jugées selon les règles du LPF (et non selon les règles de la répétition de l'indu de droit commun). • Com. 13 déc. 1994, n° 93-10.308 P : *R., p. 346 et p. 251, concl. Raynaud* • 13 déc. 1994, n° 93-11.035 P : *R., p. 346 et p. 251, concl. Raynaud.* ♦ La prescription de l'action en restitution de l'indu, fondée sur la déclaration d'invalidité du texte servant de support aux perceptions litigieuses, contenue dans un arrêt rendu par la CJCE, ne peut courir avant la naissance de l'obligation de remboursement découlant de cette décision. • Com. 24 avr. 1985, n° 83-10.265 P : *R., p. 159.* – Dans le même sens : • Com. 17 nov. 1998, n° 96-21.864 P. ♦ V. égal. : • CEDH, sect. I, 25 janv. 2007, *Aon Conseil c/ France,* n° 70160/01. ♦ V. aussi, sur le contentieux provoqué par l'application en cours d'instance d'une loi fiscale rétroactive, dès lors que cette loi n'avait pour objet que de valider une réglementation antérieure conforme au droit communautaire : • Cass., ass. plén., 14 juin 1996, n° 93-21.710 P : *R., p. 325 et 443 ; BICC 1er août 1996, concl. Monnet, rapp. Ransac ; JCP* 1996. II. 22692, concl. Monnet.

37. Fondement. L'action en répétition de l'indu, quelle que soit la source du paiement indu, se prescrit selon le délai de droit commun applicable, à défaut de disposition spéciale, aux quasi-contrats • Civ. 2e, 4 juill. 2013, n° 12-17.427 P : *D. 2013. 1745* . ♦ Application de la prescription quinquennale de l'art. 2224 à l'action en répétition des paiements effectués en exécution d'une contribution à l'entretien et à l'éducation d'un enfant fondée sur l'effet déclaratif d'un jugement accueillant une action en contestation de paternité. • Civ. 1re, 16 sept. 2020, n° 18-25.429 P : *D. 2021. 499, obs. Douchy-Oudot ; AJ fam. 2020. 596, obs. Houssier*.

38. Point de départ – Décision administrative ou juridictionnelle. Lorsque l'indu résulte d'une décision administrative ou juridictionnelle, le délai de prescription de l'action en restitution des cotisations en cause (cotisations de sécurité sociale prévue par l'art. L. 243-6 CSS) ne peut commencer à courir avant la naissance de l'obligation de remboursement découlant de cette décision. • Civ. 2e, 10 juill. 2014, n° 13-25.985 P • Soc. 27 mai 2015, n° 14-10.864 P. ♦ V. également note 42 *in fine*.

39. Incidence d'une prescription abrégée : créances périodiques. L'art. 2224 entraînant la suppression de la prescription quinquennale des créances périodiques, auxquelles la L. du 18 janv. 2005 avait assimilé les actions en répétition des loyers, fermages et des charges locatives (C. civ., art. 2277 anc.), les créances périodiques visées à l'art. 2277 anc. sont soumises au délai de prescription quinquennal de droit commun de l'art. 2224. – V. notes ss. art. 2224 et ss. art. 2277 anc. ♦ Mais l'action en répétition de charges de copropriété non stipulées dans un bail comme étant supportées par le preneur et indûment payées n'est pas soumise à la prescription abrégée édictée par l'art. 2277 C. civ., dans sa rédaction issue de la L. du 18 janv. 2005. • Civ. 3e, 9 mai 2019, n° 16-24.701 P. ♦ Sur la distinction entre l'action en répétition de redevances indûment prélevées au regard du contrat d'exercice libéral conclu entre une clinique et un médecin, et une action en répétition de loyers, de fermages ou de charges locatives, V. • Civ. 1re, 14 avr. 2016, n° 15-13.712 P. ♦ Sur l'application de la prescription triennale de la L. du 1er sept. 1948 à une action en répétition de loyer illicite, V. • Civ. 3e, 28 mai 1971 : *Bull. civ. III, n° 343*. ♦ Application du délai de prescription de trois ans à l'action en paiement ou en restitution de salaire (C. trav., art. L. 3245-1, mod. par L. n° 2013-504 du 14 juin 2013.

Antérieurement à la L. du 17 juin 2008 : • Soc. 23 juin 2004, n° 02-41.877 P (la prescription quinquennale de l'art. L. 143-14 [L. 3245-1] C. trav. s'applique à toute action afférente au salaire, qu'il s'agisse d'une action en paiement ou d'une action en restitution de ce paiement).

40. ... Prescription biennale en matière d'assurance. L'action en répétition de l'indu, quelle que soit la source du paiement indu, se prescrit selon le délai de droit commun applicable, à défaut de disposition spéciale, aux quasi-contrats ; la cour d'appel se fonde à bon droit sur les art. 1235 et 1376 anc. C. civ. pour écarter la prescription biennale de l'art. L. 114-1 C. assur. • Civ. 2e, 4 juill. 2013, n° 12-17.427 P : *D. 2013. 1745* . ♦ Déjà en ce sens : • Civ. 2e, 18 mars 2004, n° 03-10.620 P : *D. 2005. Pan. 1318, obs. Groutel ; RCA 2004. Étude 16, par Groutel ; RGDA 2004. 390, note Kullmann.* ♦ ... Pour l'absence d'application de la prescription biennale lorsque l'action en répétition de l'indu ne résulte pas d'une stipulation de la police, mais du principe indemnitaire posé par l'art. L. 121-1 C. assur. : • Civ. 1re, 27 févr. 1996, n° 94-12.645 P : *Defrénois 1996. 875, rapp. Sargos* • 20 janv. 1998 : *préc. note 1* • Civ. 3e, 3 mars 2004, n° 02-15.411 P. ♦ ... Ou lorsque le caractère indu ne résulte pas d'une stipulation du contrat (double indemnisation) : • Civ. 1re, 12 févr. 2002, n° 99-11.777 P : *D. 2002. Somm. 3183, obs. Groutel* • 23 sept. 2003, n° 02-16.219 P : *RDI 2003. 540, obs. Grynbaum* (inexistence de la dette découlant de conventions étrangères au contrat d'assurance). ♦ *Contra* : application de la prescription biennale en matière d'assurance. • Civ. 1re, 15 mars 1988 : *D. 1988. 485, note Aubert.* – V. aussi obs. *Mestre, RTD civ. 1985. 728.*

41. ... Prescription applicable à l'assurance chômage. Sur l'application de la prescription de l'art. L. 351-6-1 C. trav. (devenu art. L. 5422-19 C. trav.), à la demande de l'employeur en remboursement de contributions d'assurance chômage, • Civ. 2e, 5 juin 2008, n° 07-12.773 P. ♦ Le point de départ de la prescription de l'action en répétition est reporté, en cas de fraude, à la date de la découverte de celle-ci. • Soc. 13 juill. 2000, n° 99-10.447 P. ♦ L'abstention de l'assuré qui ne signale pas l'évolution de sa situation personnelle et sa fausse déclaration à la caisse sont des actes positifs constitutifs des éléments matériels de la fraude. • Civ. 2e, 28 mai 2015, n° 14-17.773 P.

42. ... Prescriptions applicables aux prestations de sécurité sociale. Sur l'application de la prescription biennale de l'art. L. 332-1 CSS à l'action dirigée par la caisse contre l'assuré bénéficiaire de prestations indues : • Soc. 1er avr. 1999, n° 97-13.679 P • 29 mars 2001, n° 99-16.613 P. ♦ La prescription de deux ans instituée par l'art. L. 332-1 CSS ne concerne que l'action de l'organisme social en répétition de prestations indûment versées au titre de l'assurance-maladie, et non l'action exercée pour le recouvrement de sommes perçues sans droit par un établissement de soins, laquelle reste soumise à la prescription de droit commun. • Soc. 29 mars 2001, n° 99-16.613 P : *RJS 2001, n° 790.* ♦ Dès lors, l'action intentée par un organisme payeur en recouvrement de prestations indûment versées au bénéficiaire décédé à l'encontre de ses héritiers, lesquels sont saisis de plein droit de ses actions, est soumise à la prescription biennale de l'art. L. 332-1 CSS. • Civ. 1re, 3 mars 2011 : *JCP S 2011, n° 1221, note Tauran.*

L'action en répétition des arrérages d'une pension de vieillesse est soumise, en cas de versement de celle-ci, postérieurement au décès du bénéficiaire, non à la prescription biennale de l'art. L. 355-3 CSS, mais à la prescription de droit commun. • Civ. 2e, 24 janv. 2019, n° 18-10.994 P. ♦ Déjà : la prescription biennale de l'art. L. 355-3 CSS (en matière de prestations de vieillesse et d'invalidité) ne concerne que les actions en répétition des sommes indûment versées au bénéficiaire de la prestation, non de celles perçues sans droit par une autre personne. • Soc. 7 avr. 1994, n° 88-13.251 P. ♦ La prescription instituée par l'art. L. 355-3 CSS vise exclusivement les sommes versées au bénéficiaire au titre des prestations légales de vieillesse et d'invalidité, et non les prestations supplémentaires servies au titre de l'action sanitaire et sociale. • Civ. 2e, 6 mars 2008, n° 07-40.591 P. – V. notes ss. art. 2277 anc. ♦ Le point de départ du délai de prescription biennal est la date du paiement entre les mains de l'employeur, subrogé dans les droits de l'assuré, bénéficiaire d'indemnités journalières indûment versées. • Civ. 2e, 16 févr. 2023, n° 20-23.241 B (application de l'art. 1er de la Délib. n° 2003-69 APF du 15 mai 2003 relative au recouvrement des prestations versées indûment par la Caisse de prévoyance sociale de la Polynésie française).

Sur l'impossibilité d'agir, de nature à empêcher la prescription de courir, V. note 24 ss. art. 2234. ♦ Comp. • Civ. 2e, 24 janv. 2013, n° 11-22.585 P : *D. 2013. 314* (suspension éventuelle du délai de prescription applicable à un employeur, privé de la possibilité effective de recouvrer des prestations sociales indues en raison du retard de réponse prolongé d'un organisme de sécurité sociale). ♦ La prescription triennale de l'art. L. 243-6 CSS des demandes de remboursement de cotisations de sécurité sociale indûment versées par un employeur court du jour où les cotisations ont été acquittées et est interrompue par le recours formé par celui-ci contre la notification d'un taux de cotisation d'accident du travail si l'accident ayant donné lieu à rectification est celui pour lequel le recours initial a été formé. • Civ. 2e, 10 oct. 2013, n° 12-23.477. ♦ Mais, au regard du même texte, lorsque l'indu de cotisations sociales résulte d'une décision administrative ou juridictionnelle, le délai de prescription de l'action en restitution des cotisations en cause ne peut commencer à courir avant la naissance de l'obligation de remboursement découlant de cette décision. • Civ. 2e, 12 févr. 2015, n° 13-25.985 P. ♦ V. également note 38.

43. … Prescription applicable au contrat de transport. Toutes les actions auxquelles le contrat de transport peut donner lieu sont soumises à la prescription annale, sauf en cas de fraude ou d'infidélité. • Com, 3 mai 2011, n° 10-11.983 P : *D. 2011. Actu. 1342, obs. Delpech* (C. com., art. L. 133-6) • Com. 27 sept. 2017, n° 16-12.942 P : *D. 2018. 1412, obs. Kenfack ; RTD civ. 2018. 121, obs. Barbier ; RTD com. 2017. 984, obs. Bouloc*.

44. … Sommes payées dans le cas d'un bail rural. L'action en répétition des sommes indûment perçues par un preneur rural sortant étant distincte de l'action civile née de l'infraction n'est pas éteinte par le délai de prescription de l'action publique. • Civ. 3e, 16 nov. 1994, n° 93-11.075 P. ♦ Application du délai spécifique prévu par l'art. L. 411-74 C. rur. pour l'action en répétition de sommes indûment exigées par le bailleur ou le preneur sortant à l'occasion d'un changement d'exploitant. • Civ. 3e, 27 nov. 1996, n° 94-16.680 P.

45. … Habitation à loyer modéré. Toutes les sommes indûment perçues par le bailleur au titre d'une habitation à loyer modéré sont sujettes à répétition et soumises à la prescription abrégée de trois ans prévue par la L. du 1er sept. 1948. • Civ. 3e, 16 juin 2010, n° 09-70.354 P : *D. 2010. 1627 ; AJDI 2010. 816, note Rouquet* (charges locatives).

46. … Restitutions consécutives à une annulation. V. note 8.

47. Sommes indûment prélevées par un établissement bancaire. La demande de restitution d'intérêts, de frais et de commissions indûment prélevés sur un compte par un établissement bancaire, qu'elle soit présentée par voie d'action ou de défense au fond, est soumise à la prescription édictée par l'art. L. 110-4 C. com. • Com. 30 janv. 2019, n° 17-20.496 P.

48. … Autres hypothèses. L'action en remboursement du prix de prestations facturées indûment par France Télécom est soumise, non au régime de la répétition de l'indu, mais à la prescription annale de l'art. L. 126 CPCE anc. (devenu art. L. 34-2, al. 2). • Civ. 1re, 21 févr. 2006, n° 04-14.919 P. ♦ … Celle contre les personnes morales de droit public se prescrit par quatre ans. • Civ. 1re, 19 mars 2008, n° 06-20.506 P.

III. EFFETS DE L'ACTION

49. Restitution. L'action en recouvrement de l'indu engagée par un organisme social (art. L. 133-4 CSS), qui ne revêt pas la nature d'une sanction à caractère de punition au sens de l'art. 6, § 1, Conv. EDH, est exclusive de tout contrôle de l'adéquation du montant des sommes dues à la nature et à la gravité des manquements commis par le professionnel ou l'établissement de santé. • Civ. 2e, 8 oct. 2020, n° 19-20.000 P.

50. Responsabilité du solvens. En matière de paiement indu, la faute du *solvens* engage la responsabilité de son auteur envers l'*accipiens* lorsqu'elle a causé à celui-ci un préjudice ; le remboursement mis à la charge de l'*accipiens* doit alors être diminué du montant de ce préjudice. • Civ. 1re, 5 juill. 1989 : *Bull. civ. I, n° 278 ; D. 1991. Somm. 322, obs. Aubert*. – Dans le même sens : • Civ. 1re, 18 mai 1994, n° 91-21.392 P • Soc. 30 mai 2000, n° 98-15.153 P : *RDSS 2000. 638, obs. Willmann*. – V. déjà • Civ. 1re, 18 juill. 1979, n° 77-13.677 P : *R., p. 53 ; D. 1980. 172, note Vasseur ; JCP 1979. II. 19238, concl. Gulphe.* ♦ Comp. • Aix-en-Provence, 2 oct. 1975 : *JCP 1977. II. 18752, note Tardieu-Naudet* (préjudice de l'*accipiens* non établi). ♦ Il incombe à l'*accipiens*, crédité indûment, d'établir qu'il a pu se méprendre sur ses droits et dépenser de bonne foi les sommes portées sur son compte. • Com. 13 mars 2001, n° 98-12.438 P : *D. 2001. 3113, note Saint-Gérand*. ♦ Sur la nécessaire appréciation des fautes respectives de l'établissement de crédit, ayant délivré prématurément les fonds, et la société les ayant reçus qui est à l'origine de la résolution du contrat principal, V. • Civ. 1re, 13 nov. 2008, n° 07-16.898 P : *RTD com. 2009. 189, obs. Legeais*.

51. ... Indifférence de la gravité de la faute ou du préjudice. La caisse de sécurité sociale qui, par sa faute, cause un préjudice (répétition de prestations indûment versées) est tenue de le réparer, peu important que cette faute soit ou non grossière et que le préjudice soit ou non anormal. • Soc. 17 oct. 1996, n° 94-18.537 P : *LPA 7 juill. 1997, note Gauriau.* ♦ V. déjà, pour l'abandon progressif de l'exigence d'une faute grossière ou d'un préjudice anormal pour engager la responsabilité d'un organisme de sécurité sociale : • Soc. 12 juill. 1995, n° 93-12.196 P : *D. 1996. 35, note Saint-Jours* • 12 oct. 1995, n° 93-18.365 P (décisions rendues en dehors du domaine de la répétition de prestations indues).

52. Responsabilité du tiers non accipiens à l'origine du paiement indu. La caisse de sécurité sociale qui a effectué un paiement indu entre les mains d'un établissement de soins en raison de la faute commise par un professionnel de santé peut agir contre celui-ci pour obtenir la réparation du préjudice qui lui a été causé, peu important que cette caisse dispose par ailleurs d'une action contre l'établissement ayant reçu le paiement. • Civ. 2e, 8 nov. 2012, n° 11-23.065 P : *Dr. soc. 2013. 92, obs. Hocquet-Berg*.

53. Remboursement par compensation – droit du travail. Un versement indu de l'employeur ne constitue pas une avance au sens de l'art. L. 3552-2 C. trav. • Soc. 19 oct. 2017, n° 16-11.617 P : *préc. note 7* (non-application des règles particulières de limitation de la compensation des créances entre employeur et salarié).

Art. 1302-2 *(Ord. n° 2016-131 du 10 févr. 2016, art. 2, en vigueur le 1er oct. 2016)* **Celui qui par erreur ou sous la contrainte a acquitté la dette d'autrui peut agir en restitution contre le créancier. Néanmoins ce droit cesse dans le cas où le créancier, par suite du paiement, a détruit son titre ou abandonné les sûretés qui garantissaient sa créance.**

La restitution peut aussi être demandée à celui dont la dette a été acquittée par erreur. – *Dispositions transitoires, V. Ord. n° 2016-131 du 10 févr. 2016, art. 9, ss. art. 1386-1.*

Comp. C. civ., art. 1377 anc.

1. Conditions de l'action. En application de l'art. 1377 anc., al. 1er, l'action en répétition de l'indu peut être exercée même si celui qui a reçu le paiement était vraiment créancier, lorsque le paiement a été effectué par une personne autre que le débiteur et que cette personne a payé par suite d'une erreur. • Civ. 1re, 15 janv. 1985, n° 83-14.742 P : *RTD civ. 1985. 728, obs. Mestre.* ♦ Il incombe aux juges du fond de rechercher, lorsqu'ils sont saisis d'une telle demande, si celui qui a payé sans y être tenu n'a pas commis une erreur ou agi sous la contrainte. • Com. 5 mai 2004, n° 02-18.066 P : *CCC 2004, n° 123, note Leveneur.*

L'absence de faute de celui qui a payé ne constitue pas une condition de mise en œuvre de l'action en répétition de l'indu. • Soc. 30 sept. 2010, n° 09-40.114 P : *D. actu. 14 oct. 2010, obs. Dechristé* (montant du salaire brut perçu en tant que salaire net pendant sept ans) • Civ. 1re, 17 févr. 2010, n° 08-19.789 P : *D. 2010. 864, note Dissaux ; JCP 2010, n° 685, note Dagorne-Labbe ; RJPF 2010-5/19, obs. Garé.* ♦ ... Sauf à déduire, le cas échéant, de la somme répétée, les dommages-intérêts destinés à réparer le préjudice résultant pour l'*accipiens* de la faute commise par le *solvens*. • Même arrêt.

2. Le paiement fait par erreur par une personne qui n'est pas débitrice n'ouvre pas droit à répétition lorsque l'*accipiens* n'a reçu que ce que lui devait son débiteur et que le *solvens* a à se reprocher d'avoir payé sans prendre les précautions commandées par la prudence. • Com. 23 avr. 1976 : *D. 1977. 562, note Vermelle* • 22 nov. 1977 : *JCP 1978. II. 18997, note Gégout* • 26 nov. 1985 : *Bull. civ. IV, n° 281 ; D. 1986. IR 240, obs. A. Honorat ; RTD civ. 1986. 749, obs. Mestre* • 12 janv. 1988, n° 86-14.347 P : *D. 1989. Somm. 234, obs. Aubert, et 329, obs. Vasseur.* ♦ Dans le même sens : • Com. 30 oct. 2000, n° 98-10.688 P : *D. 2000. AJ 430, obs. Pisoni ; D. 2001. 1527, note Pierre ; ibid. Somm. 620, obs. A. Honorat ; ibid. 1612, obs. Brémond ; JCP 2001. I. 298, n° 7, obs. M. Cabrillac ; ibid. 315, n° 20, obs. Delebecque ; Defrénois 2001. 364, obs. Sénéchal ; RTD civ. 2001. 142, obs. Mestre et Fages* (paiement fait par suite d'une erreur sur l'ordre des privilèges). ♦ En revanche, un créancier admis à titre chirographaire ne peut conserver les sommes à lui payées en violation de la règle de l'égalité des créanciers chirographaires. • Com. 11 févr. 2004, n° 02-17.520 P : *JCP E 2004. 879, note Millet ; RTD civ. 2004. 732, obs. Mestre et Fages*. ♦ Sur l'application de cette solution à une banque ayant omis d'accomplir les formalités de publicité définitive de l'hypothèque judiciaire, la banque, redevenue un créancier chirographaire, ne pouvant conserver les sommes à elle payées en violation de la règle de l'égalité des créanciers chirographaires. • Com. 12 mai 2009, n° 08-11.421 P : *D. 2009. AJ 1414 ; JCP 2009. 492, n° 16, obs. Delebecque ; RLDC 2009/61, n° 3464, obs. Marraud des Grottes.*

3. L'acquéreur d'un bien ne peut être condamné à rembourser au vendeur les impositions foncières que celui-ci a payées par erreur au lieu et place de celui-là, dès lors que le vendeur avait la faculté d'obtenir de l'administration la répétition des sommes indûment versées. • Civ. 3e, 27 mai 1971 : *JCP 1971. II. 16865, note P.L. ; Gaz. Pal. 1972. 2. Doctr. 745, étude Blancher.*

4. Paiement délibéré : absence d'erreur. Lorsque c'est délibérément qu'une société a effectué un paiement pour aider une autre société et alors qu'elle savait qu'elle n'y était pas tenue, en sorte que ce paiement ne procède pas d'une erreur, ledit paiement ne peut donner lieu à répétition. • Com. 8 juin 1979 : *Bull. civ. IV, n° 187.* ♦ L'employeur qui a librement versé à un employé des sommes supérieures à son classement, sans qu'aucune erreur puisse être invoquée par lui, n'est pas fondé à répéter ces sommes. • Soc. 24 juin 1971, n° 70-40.333 P. ♦ N'est pas indu le paiement volontairement, opéré volontairement par le liquidateur d'une société en liquidation judiciaire de cotisations postérieurement à la résiliation d'un contrat d'assurances sociales par une institution de prévoyance, pour assurer le maintien des couvertures mutuelle et prévoyance dont bénéficiaient les anciens salariés de la société licenciés (dans le cadre de l'art. 911-8 CSS). • Civ. 2e, 10 mars 2022, n° 20-20.898 B : *RDSS 2022. 574, obs. Tauran*.

5. Perte du droit à répétition. Violent l'art. 1377 anc., al. 2, les juges du fond qui accueillent la demande de remboursement des sommes versées par une caution, alors que celle-ci avait payé après avoir reconnu que la somme qui lui était demandée était bien due et que le créancier affirmait avoir supprimé son titre par suite de ce paiement. • Civ. 1re, 22 juin 1994, n° 92-18.303 P.

6. Le droit à répétition cesse, en vertu de l'art. 1377 anc., al. 2, non seulement en cas de destruction matérielle du titre de la créance, mais aussi en cas de perte des sûretés destinées à en assurer le remboursement, de telle sorte qu'il ne soit plus possible de replacer le créancier, qui ne saurait souffrir de l'erreur de celui qui a payé, dans la situation où il se trouvait avant le paiement. • Civ. 27 nov. 1912 : *DP 1913. 1. 96.* – V. aussi • Civ. 1re, 31 oct. 1989 : *Bull. civ. I, n° 337 ; D. 1991. Somm. 322, obs. Aubert* • 5 déc. 1995, n° 93-17.487 P : *JCP 1996. I. 3942, n° 3, obs. Simler et Delebecque.*

7. Recours du solvens contre le débiteur. V. note 2 ss. art. 1303 et note 7. ♦ En application du principe selon lequel nul ne peut s'enrichir injustement aux dépens d'autrui, celui qui, par erreur, a payé la dette d'autrui de ses propres deniers a, bien que non subrogé aux droits du créancier, un recours contre le débiteur. • Civ. 1re, 4 avr. 2001, n° 98-13.285 P : *R., p. 404 ; D. 2001. 1824, note Billiau ; JCP 2002. I. 134, n° 18 s., obs. Barthez ; Defrénois 2001. 721, obs. Aubert ; RCA 2001. Chron. 15, par Groutel ; RGDA 2001. 689, note Mayaux ; LPA 2 avr. 2002, note Gosselin-Gorand* • Soc. 20 déc. 2001, n° 99-21.671 P. – Déjà dans le même sens : • Civ. 1re, 13 oct. 1998, n° 96-22.515 P : *D. 1999. 500, note D. R. Martin (2e esp.) ; D. 1999. Somm. 116, obs. Aynès ; JCP 1999. I. 143, n° 9 s., obs. Virassamy ; Dr. et patr. 3/1999. 90, obs. Chauvel.* ♦ Rappr. • Civ. 1re, 15 mai 1990 : *D. 1991. 538, note Virassamy ; JCP 1991. II. 21628, note Petit ; Defrénois 1990. 1020, obs. Aubert ; RTD civ. 1990. 662, obs. Mestre*.

Art. 1302-3 *(Ord. n° 2016-131 du 10 févr. 2016, art. 2, en vigueur le 1er oct. 2016)* **La restitution est soumise aux règles fixées aux articles 1352 à 1352-9.**

Elle peut être réduite si le paiement procède d'une faute. – *Dispositions transitoires, V. Ord. n° 2016-131 du 10 févr. 2016, art. 9, ss. art. 1386-1.*

Comp. C. civ., art. 1378 s. anc.

1. Restitution – Principes. V. notes ss. art. 1352 à 1352-9.

2. Réduction pour faute. Rappr. art. 1377 *anc.*

3. Effet de la faute lourde ou intentionnelle. Si le fait d'avoir commis une imprudence ou une négligence ne prive pas de son recours fondé sur l'enrichissement sans cause celui qui, en s'appauvrissant, a enrichi autrui, l'action *de in rem verso* ne peut aboutir lorsque l'appauvrissement est dû à la faute lourde ou intentionnelle de l'appauvri. • Civ. 1re, 5 avr. 2018, n° 17-12.595 P : *D. 2018. 799 ; RTD civ. 2018. 647, obs. Barbier ; RTD com. 2018. 353, obs. Pollaud-Dulian ; RDV 2018. 359, obs. Latina* (application de l'anc. art. 1371).

CHAPITRE III L'ENRICHISSEMENT INJUSTIFIÉ

(Ord. n° 2016-131 du 10 févr. 2016, art. 2, en vigueur le 1er oct. 2016)

DALLOZ RÉFÉRENCE *Le nouveau droit des obligations et des contrats 2019/2020, nos 134.00 s.*

Art. 1303 *(Ord. n° 2016-131 du 10 févr. 2016, art. 2, en vigueur le 1er oct. 2016)* **En dehors des cas de gestion d'affaires et de paiement de l'indu, celui qui bénéficie d'un enrichissement injustifié au détriment d'autrui doit, à celui qui s'en trouve appauvri, une indemnité égale à la moindre des deux valeurs de l'enrichissement et de l'appauvrissement.** — *Dispositions transitoires, V. Ord. n° 2016-131 du 10 févr. 2016, art. 9, ss. art. 1386-1.*

Comp. notes ss. anc. art. 1371.

RÉP. CIV. v° *Enrichissement injustifié*, par A. M. ROMANI.

BIBL. ► CHÉNEDÉ, *JCP 25 mai 2015, suppl. au n° 21, p. 60.* – DISSAUX et JAMIN, Projet de réforme, suppl., *C. civ. 2016, p. 154.* – VIRASSAMY, *LPA 2015, nos 176-177, p. 96.* – YILDIRIM, *AJ fam. 2016. 472.* – MOLIÈRE, *LPA 15 mai 2015, n° 97, p. 6.* – DESCHEEMAEKER, *RTD civ. 2013. 1.* – V. Bibl. ss. anc. art. 1371 (enrichissement sans cause).

1. Entrée en vigueur. En l'absence, dans l'Ord. n° 2016-131 du 10 févr. 2016, de disposition transitoire concernant les quasi-contrats, lorsqu'une instance a été introduite après son entrée en vigueur au 1er oct. 2016, les règles de conflit de lois dans le temps sont celles du droit commun (art. 2 C. civ.). Par suite, si la loi applicable aux conditions d'existence de l'enrichissement injustifié est celle du fait juridique qui en est la source, la loi nouvelle s'applique immédiatement à la détermination et au calcul de l'indemnité. L'indemnisation de la personne appauvrie est déterminée en se référant aux dispositions de l'art. 1303, dans sa rédaction issue de l'Ord. susvisée, lequel n'a fait que reprendre la règle de droit antérieure. • Civ. 1re, 3 mars 2021, n° 19-19.000 P : *D. 2021. 830, note Chénedé ; ibid. 819, obs. Lemouland et Vigneau ; AJ fam. 2021. 301, obs. Casey ; JCP 2021, n° 543, note Combot ; Dr. fam. 2021, n° 88, obs. Ben Hadj Yahia.*

2. Enrichissement du défendeur. L'action *de in rem verso* est recevable, dès lors que celui qui l'intente allègue l'avantage qu'il aurait, par un sacrifice ou un fait personnel, procuré à celui contre lequel il agit. • Civ. 1re, 25 janv. 1965 : *Gaz. Pal. 1965. 1. 198.* ♦ Nécessité de constater que les prestations dont le paiement est demandé sur le fondement de l'enrichissement sans cause sont entrées dans le patrimoine de l'intéressé et de caractériser son enrichissement. • Civ. 3e, 27 sept. 2000, n° 98-22.189 P : *D. 2000. IR 262.* ♦ L'enrichissement peut consister dans l'accroissement du patrimoine du défendeur. • Req. 15 juin 1892 : *DP 1892. 1. 596 ; S. 1893.1. 281, note Labbé ; GAJC, t. 2, 11e éd. 2000, n° 227* (arrêt du « marchand d'engrais »). ♦ ... Ou encore d'une économie ou d'une dépense évitée. • Req. 11 déc. 1928 : *Gaz. Pal. 1929. 1, p. 464* (compagnie de distribution d'eau faisant usage de la conduite d'un particulier pour ses usagers). ♦ ... Ou dans l'extinction d'une dette du défendeur. • Civ. 4 juin 1924 : *DP 1926. 1. 102.*

3. Appauvrissement corrélatif du demandeur. L'appauvrissement peut résulter d'un manque à gagner, par exemple, dans la privation de la jouissance d'un bien. • Com. 3 févr. 1970 : *Bull. civ. IV, n° 42.* ♦ Le lien de corrélation entre l'appauvrissement et l'enrichissement doit être prouvé et peut être direct. • Civ. 1re, 11 oct. 1966 : *Bull. civ. I, n° 464.* ♦ ... Ou indirect. • Civ., 23 nov. 1908 : *DP 1912. 1. 217, note Ripert ; S. 1910. 1. 425, note Naquet.* ♦ Appauvrissement par manque à gagner (travail fourni sans rémunération) et enrichissement corrélatif par dépenses évitées (cas de la collaboration d'un époux à l'activité de l'autre) : V. • Civ. 1re, 9 janv. 1979 : *D. 1981. 241 (1re esp.), note Breton ; Defrénois 1980. 44 (1re esp.), note Ponsard* • 30 mai 1979 : *D. 1981. 241 (2e esp.), note Breton ; Defrénois 1980. 44 (2e esp.), note Ponsard* • 26 oct. 1982, n° 81-14.824 P : *R., p. 44 ; JCP 1983. II. 19992, note Terré* • Aix-en-Provence, 6 sept. 1984 : *Gaz. Pal. 1984. 2. 756, note Lachaud* • Civ. 1re, 29 mai 2001 : *JCP 2002. I. 103, n° 22, obs. M. Storck.* ♦ L'appauvrissement peut provenir de l'obligation imposée par un jugement de payer deux fois des salaires pour la même période. • Soc. 10 déc. 2015, n° 14-21.485 P.

4. Conséquences de la disparition rétroactive de l'obligation d'entretien en cas de succès de l'action en contestation de paternité : V. • Civ. 1re, 13 févr. 1985 : *Bull. civ. I, n° 62* • 1er févr. 1984 : *D. 1984. 388, note Massip.*

5. Concubinage. Un concubin ne peut exercer l'action *de in rem verso* alors qu'il soutient que l'enrichissement de la concubine résulte d'une société créée de fait entre les parties. • Civ. 1re, 8 déc. 1987, n° 85-15.776 P. ♦ Comp., pour la cassation de l'arrêt ayant rejeté une demande subsidiaire fondée sur l'enrichissement sans cause alors que la participation à l'exploitation du fonds de commerce sans rétribution impliquait un appauvrissement et un enrichissement : • Civ. 1re, 15 oct. 1996, n° 94-20.472 P : *RTD civ. 1997. 102, obs. Hauser, et 657, obs. Mestre ; D. 1997. Somm. 177, obs. Libchaber ; Defrénois 1997. 923, note Milhac (1re esp.).* ♦ V. aussi note 22 ss. art. 515-8.

6. ... Incidence de la bonne foi de l'enrichi (non). La bonne foi de l'enrichi ne prive pas l'appauvri du droit d'exercer contre celui-là l'action *de in rem verso*. • Civ. 1re, 11 mars 2014, n° 12-29.304 P : *JCP 2014, n° 998, note Billiau ; RDC 2014. 622, note Libchaber.* ♦ Comp. : au sens de l'art. 1er du protocole n° 1, en présence d'une décision administrative de paiement et d'une espérance légitime dans le versement, l'obligation faite de rembourser le montant des indemnités de chômage que l'autorité compétente avait versées par erreur à la requérante au-delà de la période légale maximale a fait peser sur l'intéressée une charge individuelle excessive. • CEDH 26 avr. 2018, n° 48921/13.

7. Charge de la preuve. Il incombe à la partie qui invoque l'enrichissement sans cause d'établir que l'appauvrissement par elle subi et l'enrichissement corrélatif du défendeur ont eu lieu sans cause. • Civ. 1re, 18 juin 1980 : *Bull. civ. I, n° 191* • 24 oct. 2006, n° 05-18.023 P : *D. 2006. IR 2947* ; *Defrénois 2007. 454, obs. Libchaber.*

8. Indemnité due à l'appauvri – Détermination de l'indemnité. Lorsqu'une instance a été introduite après l'entrée en vigueur de l'Ord. n° 2016-131 du 10 févr. 2016, si la loi applicable aux conditions d'existence de l'enrichissement injustifié est celle du fait juridique qui en est la source, la loi nouvelle s'applique immédiatement à la détermination et au calcul de l'indemnité. L'indemnisation de la personne appauvrie est déterminée en se référant aux dispositions de l'art. 1303, dans sa rédaction issue de l'Ord. susvisée, lequel n'a fait que reprendre la règle de droit antérieure. • Civ. 1re, 3 mars 2021, n° 19-19.000 P : *préc. note 1.* ♦ L'action *de in rem verso* ne tend à procurer à la personne appauvrie qu'une indemnité égale à la moins élevée des deux sommes représentatives, l'une de l'enrichissement, l'autre de l'appauvrissement. • Civ. 1re, 19 janv. 1953 : *D. 1953. 234.* – Dans le même sens : • Civ. 3e, 18 mai 1982, n° 80-10.299 P : *D.1983. IR 14, obs. A. Robert.* ♦ Évaluation au jour du jugement, V. notes ss. art. 1303-3 et comp. notes ss. anc. art. 1371.

9. Impenses utiles. Le remboursement des impenses utiles est dû même au possesseur de mauvaise foi. • Civ. 3e, 12 mars 1985, n° 83-16.548 P. ♦ Comp., pour des restitutions consécutives à l'annulation d'une cession de titres d'une société de construction, Malaurie, note *D. 1974. 93.* ♦ Remboursement des impenses utiles et nécessaires, en cas de convention d'occupation anticipée, au bénéficiaire d'une promesse de vente devenue caduque. • Civ. 3e, 15 janv. 2003, n° 01-12.522 P : *JCP 2003. I. 172, n° 5, obs. Périnet-Marquet ; Defrénois 2003. 986, obs. Atias ; Dr. et patr. 5/2003. 114, obs. Chauvel.*

10. Les juges ne peuvent refuser le remboursement de travaux au motif qu'il ne s'agissait pas d'impenses utiles, sans préciser en quoi ces travaux ne méritaient pas cette qualification. • Civ. 1re, 19 janv. 1977 : *Bull. civ. I, n° 38.* ♦ Sur la notion d'impenses utiles, V. note 3 ss. art. 1634.

11. Montant de l'indemnité. Les impenses utiles dues au possesseur de mauvaise foi ne peuvent être répétées par lui qu'à concurrence de la plus-value existant lors du délaissement du bien. • Civ. 3e, 23 mars 1968, n° 66-12.007 P.

12. Applications législatives particulières : V. art. 555, 599, 815-13, 862, 1469, 1634.

13. Caractère injustifié de l'enrichissement. V. notes ss. art. 1303-1.

Art. 1303-1 *(Ord. n° 2016-131 du 10 févr. 2016, art. 2, en vigueur le 1er oct. 2016)* **L'enrichissement est injustifié lorsqu'il ne procède ni de l'accomplissement d'une obligation par l'appauvri ni de son intention libérale.** — *Dispositions transitoires, V. Ord. n° 2016-131 du 10 févr. 2016, art. 9, ss. art. 1386-1.*

Comp. notes ss. anc. art. 1371.

I. ACCOMPLISSEMENT D'UNE OBLIGATION PAR L'APPAUVRI – JURISPRUDENCE RENDUE EN APPLICATION DE L'ANC. ART. 1371

1. L'action *de in rem verso* ne doit être admise que dans les cas où le patrimoine d'une personne se trouvant, sans cause légitime, enrichi au détriment de celui d'une autre personne, celle-ci ne jouirait, pour obtenir ce qui lui est dû, d'aucune action naissant d'un contrat, d'un *quasi-contrat, d'un délit ou d'un quasi-délit*, et elle ne peut être intentée en vue d'échapper aux règles par lesquelles la loi a expressément défini les effets d'un contrat déterminé. • Civ. 2 mars 1915 : *GAJC, 11e éd., n° 228* ; *DP 1920. 1. 102 (1re esp.).* ♦ V. égal. notes ss. art. 1303-3 (caractère subsidiaire de l'action).

2. Justification de l'enrichissement : dans la loi. N'est pas sans cause l'enrichissement qui a son origine dans l'un des modes légaux d'acquisition des droits. • Civ. 1re, 10 mai 1984, n° 83-12.370 P. ♦ Ainsi en est-il des règles légales régissant la dévolution des successions. • Civ. 1re, 28 mai 1991, n° 89-20.258 P : *RTD civ. 1992. 96, obs. Mestre* (rejet de l'action *de in rem verso* exercée pour obtenir la rémunération de diligences spontanément entreprises à l'effet de révéler une succession).

3. ... Dans un acte. L'enrichissement a une cause légitime quand il trouve sa source dans un acte juridique, même passé entre l'enrichi et un tiers, et tel est le cas lorsque l'enrichissement du propriétaire procède des clauses du bail stipulant que toutes les constructions édifiées par le locataire sur le terrain loué resteraient en fin de contrat la propriété du bailleur sans indemnité ;

l'entrepreneur impayé ne peut donc se prévaloir à l'encontre du bailleur des règles de l'enrichissement sans cause. • Civ. 3e, 28 mai 1986, n° 85-10.367 P. ♦ Le versement par l'assureur du tiers responsable du capital représentatif de la pension d'invalidité ne constitue qu'une modalité d'exécution de la transaction conclue avec la caisse qui ne bénéficie d'aucun enrichissement sans cause lorsqu'elle suspend le service de cette pension. • Soc. 7 mars 1996, n° 94-15.481 P. ♦ Cassation de l'arrêt qui admet une action pour enrichissement sans cause alors que l'appauvrissement constaté et l'enrichissement corrélatif trouvent leur source dans une convention conclue avec un tiers. • Civ. 3e, 27 févr. 2008 : *D. 2012. 63, note J. François ; RTD civ. 2012. 118, obs. Fages ; RTD com. 2012. 169, obs. Legeais* . ♦ Dans le même sens : exclusion de l'enrichissement sans cause lorsque l'appauvrissement d'une société et l'enrichissement corrélatif d'une seconde trouvent leur source dans les conventions conclues par la première avec ses clients (sans que l'enrichi soit nécessairement partie à cet acte). • Com. 16 déc. 2014, n° 13-24.943 P : *D. actu. 8 janv. 2015, obs. Delpech.*

4. ... Dans un contrat. Illustrations. Les règles gouvernant l'enrichissement sans cause ne peuvent être invoquées dès lors que l'appauvrissement et l'enrichissement allégués trouvent leur cause dans l'exécution ou la cessation de la convention conclue entre les parties. • Com. 23 oct. 2012, n° 11-25.175 P : *D. 2012. 2598, obs. Delpech ; ibid. 2862, note Dissaux ; ibid. 2013. 732, obs. Ferrier ; RTD civ. 2013. 114, obs. Fages ; RLDC 2013/103, n° 5034, note Bringuier-Fau* • 23 oct. 2012, n° 11-21.978 P : *D. 2012. 2862, note Dissaux ; ibid. 2013. 732, obs. Ferrier ; RTD civ. 2013. 114, obs. Fages ; RDC 2013. 641, obs. Grimaldi.* ♦ L'appauvri n'est pas fondé à se plaindre, en invoquant l'enrichissement sans cause, du profit que le contrat a pu procurer au cocontractant. • Com. 18 janv. 1994, n° 91-22.237 P • Com. 29 mars 1994, n° 92-12.780 P (contre-passation par une banque du montant d'un chèque pour absence de provision, le montant du chèque n'ayant été mis à la disposition du client que « sous réserve d'encaissement », c'est-à-dire sous une condition contractuellement déterminée). ♦ V. aussi : • Civ. 3e, 23 avr. 1974 : *Gaz. Pal. 1975. 1. 34, note Plancqueel* (travaux supplémentaires réalisés sans ordre écrit contrairement aux stipulations du marché à forfait) • Com. 8 juin 1968 : *JCP 1969. II. 15724, note Prieur* (un garagiste ne peut faire abstraction du contrat qui le liait à son client pour exiger de ce dernier le paiement de travaux non prévus, dont il a pris intempestivement l'initiative). – Même sens : • Civ. 1re, 2 nov. 2005, n° 02-18.723 P : *D. 2006. 841, note Garron* . ♦ Dès lors que le financement de travaux s'inscrit dans un cadre contractuel, en l'occurrence un accord verbal prévoyant l'exécution de travaux contre un droit d'usage et d'habitation, il ne peut ouvrir droit à remboursement sur le fondement des règles qui gouvernent l'enrichissement sans cause. • Civ. 1re, 5 nov. 2009, n° 08-16.497 P : *D. 2009. AJ 2749, obs. Bigot de la Touanne ; JCP 2009. 561, note N. Dupont ; RLDC 2009/66, n° 3634, obs. Le Gallou ; RTD civ. 2010. 106, obs. Fages* (prise en compte du risque pris par l'appauvri d'assumer le financement sur le fondement de ce seul accord verbal). ♦ Mais en ne recherchant pas si, pour les fournitures faites antérieurement à la date mentionnée sur les documents contractuels liant les parties, il n'y avait pas eu enrichissement sans cause au profit de celle ayant reçu ces fournitures, les juges du fond n'ont pas tiré les conséquences qui s'attachaient à leurs propres constatations. • Com. 4 nov. 1982 : *Bull. civ. IV, n° 331.*

5. Il y a enrichissement sans cause dès lors que le contrat liant la maison de retraite à ses pensionnaires, s'il justifie l'appauvrissement de la maison de retraite dans sa relation avec ses pensionnaires, ne justifie pas l'enrichissement corrélatif de leurs débiteurs alimentaires pris en cette seule qualité et à l'égard desquels elle n'entretient aucun rapport ni ne dispose d'aucune voie de recours directe ou oblique. • Civ. 1re, 25 févr. 2003, n° 00-18.572 P : *D. 2004. 1766, note Peis ; JCP 2003. II. 10124, note Lipinski ; RJPF 2003-5/40, note Valory ; Dr. fam. 2003, n° 112, note Geffroy ; RTD civ. 2003. 280, obs. Hauser ; ibid. 297, obs. Mestre et Fages* . ♦ V. conf., dans la même affaire, • Civ. 1re, 14 nov. 2007 : *D. 2008. 1260, note Couturier ; Dr. fam. 2007, n° 223, note Murat ; RJPF 2008-1/44, obs. Valory ; RTD civ. 2008. 291, obs. Hauser* (appliquant au recours fondé sur l'enrichissement sans cause la limite tirée de la maxime « Aliments ne s'arréragent pas »).

6. ... Dans un jugement. Ne donne pas lieu à indemnisation : l'enrichissement ayant sa cause dans une décision judiciaire devenue définitive. • Civ. 2e, 14 oct. 1992, n° 91-12.229 P : *RTD civ. 1993. 580, note Mestre* . ♦ ... Le paiement effectué en exécution d'une décision de justice. • Civ. 1re, 3 mars 2010, n° 09-11.331 P : *JCP 2010, n° 1040, obs. Loiseau ; AJ fam. 2010. 182, note Gallmeister ; Dr. fam. 2010, n° 97, obs. Larribau-Terneyre ; RTD civ. 2010. 311, obs. Hauser* (ordonnance de non-conciliation). ♦ V. aussi : • Soc. 28 mars 1981 : *Bull. civ. V, n° 132.*

7. Disparition de la justification : annulation rétroactive. L'arrêté de péril imminent, sur le fondement duquel le maire a prescrit des travaux de remise en état d'un immeuble, ayant été annulé par la juridiction administrative, il en résulte que, du fait de l'effet rétroactif de l'annulation de cet acte, qui était censé n'avoir jamais existé, l'appauvrissement de la commune ne trouvait pas sa cause dans l'accomplissement, par celle-ci, d'une obligation légale. • Civ. 3e, 26 oct. 2022, n° 21-12.674 B : *AJDI 2023. 57, obs. Le Rudulier ; JCP 2022, n° 1286, obs. Erstein.*

II. INTENTION LIBÉRALE DE L'APPAUVRI

8. *Devoir moral de l'appauvri.* Le devoir moral d'un enfant envers ses parents n'exclut pas que l'enfant puisse obtenir indemnité pour l'aide et l'assistance apportées, dans la mesure où, ayant excédé les exigences de la piété filiale, les prestations librement fournies ont réalisé à la fois un appauvrissement pour l'enfant et un enrichissement corrélatif des parents. • Civ. 1re, 12 juill. 1994, n° 92-18.639 P : *R., p. 272 ; D. 1995. 623, note Tchendjou ; JCP 1995. II. 22425, note Sériaux ; ibid. I. 3876, n° 4, obs. Le Guidec ; Defrénois 1994. 1511, note X. Savatier ; ibid. 1995. 753, obs. Delebecque ; RTD civ. 1995. 373, obs. Mestre ; ibid. 407, obs. Patarin* • 6 juill. 1999 : *JCP 1999. I. 189, n° 3, obs. Le Guidec* • 23 janv. 2001, n° 98-22.937 P : *D. 2001. Somm. 2940, obs. Vareille ; JCP 2001. I. 366, n° 1, obs. Le Guidec ; Dr. fam. 2002, n° 63, note Chassagnard ; RTD civ. 2001. 349, obs. Hauser* • 3 nov. 2004, n° 01-15.176 P : *JCP 2005. II. 10024, note F. Boulanger ; Defrénois 2005. 224, note Gelot ; RTD civ. 2005. 118, obs. Hauser*. ♦ V. aussi • Civ. 1re, 5 janv. 1999 : *JCP 1999. I. 189, n° 3, obs. Le Guidec ; JCP N 1999. 722, note Pillebout ; RTD civ. 2000. 605, obs. Patarin* (l'enfant qui a hébergé et soigné sa mère grabataire peut prétendre à une indemnité compensatrice à la charge de la succession). ♦ Dans le même sens, pour l'assistance apportée par une mère à l'exploitation du fonds de commerce (restaurant) de son fils et de sa bru, en l'absence d'intention libérale ou de convention d'entraide familiale gratuite prouvées : • Civ. 1re, 16 déc. 1997 : *Dr. et patr. 1998, n° 1923, obs. Chauvel.*

III. PREUVE

9. *Charge de la preuve de l'enrichissement injustifié.* V. note 7 ss. art. 1303.

Art. 1303-2 *(Ord. n° 2016-131 du 10 févr. 2016, art. 2, en vigueur le 1er oct. 2016)* **Il n'y a pas lieu à indemnisation si l'appauvrissement procède d'un acte accompli par l'appauvri en vue d'un profit personnel.**

L'indemnisation peut être modérée par le juge si l'appauvrissement procède d'une faute de l'appauvri. — *Dispositions transitoires, V. Ord. n° 2016-131 du 10 févr. 2016, art. 9, ss. art. 1386-1.*

Comp. notes ss. anc. art. 1371.

1. *Gérant ayant agi dans son intérêt et à ses risques et périls.* L'action *de in rem verso*, admise dans le cas où le patrimoine d'une personne se trouve, sans cause légitime, enrichi au détriment de celui d'une autre personne, ne peut trouver son application lorsque celle-ci a agi dans son intérêt et à ses risques et périls. • Civ. 3e, 2 déc. 1975 : *Bull. civ. III, n° 351.* – V. aussi : • Civ. 1re, 6 mai 1953 : *D. 1953. 609, note Goré* • Civ. 3e, 29 nov. 1972 : *Gaz. Pal. 1973. 1. 223, note Moreau* • Civ. 1re, 7 juill. 1987 : *D. 1987. IR 189 ; RTD civ. 1988. 132, obs. Mestre* • Com. 24 févr. 1987 : *Bull. civ. IV, n° 50* • Civ. 3e, 26 févr. 1992 : *Gaz. Pal. 1992. 2. 710, note Lachaud* • Civ. 1re, 24 sept. 2008 : *cité note 22 ss. art. 515-8* (travaux réalisés dans l'immeuble de la concubine, avec l'intention de s'y installer) • Civ. 3e, 20 mai 2009, n° 08-10.910 P • Nancy, 6 sept. 2010 : *JCP 2011. 917, obs. Garnier* (emprunt remboursé par la mère de l'emprunteuse, occupant la maison et ne pouvant obtenir un prêt elle-même du fait de son âge). ♦ Comp. • Civ. 1re, 25 mai 1992, n° 90-18.222 P : *D. 1993. Somm. 235, obs. Tournafond ; JCP 1992. I. 3608, obs. Billiau ; Defrénois 1993. 311, obs. Aubert ; RTD civ. 1993. 580, obs. Mestre* (en énonçant que l'annulation de la vente faisait disparaître tout lien de droit entre le vendeur et l'acquéreur, une cour d'appel relève implicitement que le droit de propriété de l'acquéreur avait rétroactivement disparu ainsi que son intérêt personnel à faire procéder à la restauration du tableau acquis [affaire du « Verrou » de Fragonard]).

2. *Incidence de la faute de l'appauvri (non).* *Contra* antérieurement, dans le cadre de l'enrichissement sans cause : V. note 7 ss. anc. art. 1371.

Art. 1303-3 *(Ord. n° 2016-131 du 10 févr. 2016, art. 2, en vigueur le 1er oct. 2016)* **L'appauvri n'a pas d'action sur ce fondement lorsqu'une autre action lui est ouverte ou se heurte à un obstacle de droit, tel que la prescription.** — *Dispositions transitoires, V. Ord. n° 2016-131 du 10 févr. 2016, art. 9, ss. art. 1386-1.*

Comp. notes ss. anc. art. 1371.

Déjà antérieurement, dans le cadre de l'enrichissement sans cause, V. art. 1371 anc.

1. *Caractère subsidiaire de l'action. Absence de toute autre action.* L'action fondée sur l'enrichissement sans cause ne peut être admise qu'à défaut de toute autre action ouverte au demandeur ; elle ne peut l'être, notamment, pour suppléer à une autre action que le demandeur ne peut intenter par suite d'une prescription, d'une déchéance ou forclusion ou par l'effet de l'autorité de la chose jugée ou parce qu'il ne peut apporter les preuves qu'elle exige ou par suite de tout autre obstacle de droit. • Civ. 3e, 29 avr. 1971, n° 70-10.415 P : *R. 1970-1971, p. 37 ; Gaz. Pal. 1971. 2. 554.* ♦ V. aussi • Com. 10 oct. 2000, n° 98-21.814 P : *D. 2000. AJ 409, obs. Avena-Robardet ; RTD civ. 2001. 591, obs. Mestre et Fages* (action préalable possible contre les cautions) • Civ. 1re, 26 sept. 2007, n° 06-14.422 P (action possible en paiement de salaire différé) • 23 juin 2010 : *cité note 17 ss. art. 270 ; JCP 2010, n° 1027, note Bonnet et Bosse-Platière* (demande présentée subsidiairement sur le fondement de l'enrichissement sans cause tendant aux mêmes fins que la demande de prestation compensatoire, laquelle avait été jugée irrecevable).

Mais le rejet de la demande principale fondée sur l'existence du contrat de société, dans le cadre d'une société de fait entre les parties, ne fait pas échec à l'action subsidiaire fondée sur l'enrichissement sans cause, • Civ. 1re, 4 mai 2017, n° 16-15.563 P : *D. 2017. 1591, note Gouëzel ; JCP 2017, n° 790, note Dagorne-Labbe.*

2. Respect de l'ordre public. Agent immobilier. Les règles de l'enrichissement sans cause ne peuvent tenir en échec les dispositions d'ordre public de la législation applicable aux agents immobiliers, lesquels subordonnent la licéité de l'intervention d'un agent immobilier dans toute opération immobilière, et partant, son droit à rémunération comme à indemnisation, à la détention d'un mandat écrit préalablement délivré à cet effet par l'une des parties à l'opération. • Civ. 1re, 18 juin 2014, n° 13-13.553 P : *D. 2014. 1377 ; AJDI 2015. 136, obs. Thioye ; RTD civ. 2014. 671, obs. Gautier ; RTD com. 2014. 685, obs. Bouloc ; JCP 2014, n° 998, note Loiseau.*

3. Obstacle de droit. L'action *de in rem verso* ne peut être introduite pour suppléer à une autre action qui se heurte à un obstacle de droit. • Com. 16 mai 1995, n° 93-14.709 P : *Rev. sociétés 1996. 95, note Gerschel ; RTD civ. 1996. 160, obs. Mestre ; BJS 1995. 757, note Le Cannu* (interdiction, pour les administrateurs de sociétés, des rémunérations autres que celles prévues par l'art. 107 de la L. du 24 juill. 1966, devenu C. com., art. L. 225-44) • Com. 2 nov. 2005 : *D. 2005. AJ 2943, obs. A. Lienhard* (inopposabilité à la procédure des actes accomplis par le débiteur dessaisi). ♦ *V. aussi* • Civ. 1re, 8 déc. 1987, n° 85-15.776 P : *RTD civ. 1988. 745, obs. Mestre.* ♦ Le demandeur qui n'apporte pas la preuve du contrat de prêt qui constitue l'unique fondement de son action principale en remboursement, ne peut être admis à pallier sa carence dans l'administration d'une telle preuve par l'exercice d'une action fondée sur l'enrichissement sans cause. • Civ. 1re, 2 avr. 2009, n° 08-10.742 P : *D. 2009. Chron. C. cass. 2058, obs. Creton ; JCP 2009, n° 39, p. 13, note Dagorne-Labbe ; Defrénois 2009. 1285, obs. Savaux ; RTD civ. 2009. 321, obs. Fages ; RDC 2009. 1177, obs. Gaudemet.* • 31 mars 2011, n° 09-13.966 P : *D. 2011. 1077* . ♦ L'action en paiement du sous-traitant contre le maître de l'ouvrage ne peut être fondée sur l'enrichissement sans cause. • Civ. 3e, 9 déc. 1992, n° 91-11.210 P : *D. 1994. Somm. 152, obs. Bénabent* . ♦ L'action du sous-traitant est irrecevable dès lors qu'il est établi qu'il avait disposé d'une action directe qu'il n'avait pu exercer qu'en raison de son absence d'agrément par le maître de l'ouvrage. • Civ. 3e, 4 déc. 2002, n° 01-03.907 P : *Defrénois 2003. 1271, obs. Périnet-Marquet ; Dr. et patr. 4/2003. 89, obs. Chauvel.* ♦ Admission de l'action en enrichissement sans cause du locataire sortant contre le locataire entrant au titre du coût du gaz combustible laissé en cuve, dès lors que ce volume de gaz restant n'a pas été payé par le locataire sortant pour le compte du bailleur auquel il ne peut donc en demander le remboursement. • Civ. 3e, 29 nov. 2006, n° 05-12.574 P : *D. 2006. IR 3010 ; AJDI 2007. 391, obs. Rouquet* .

4. … Exercice d'une instance contre un autre débiteur. La condamnation obtenue contre un autre débiteur de l'appauvri, lorsqu'elle est rendue vaine par l'insolvabilité de ce débiteur, ne fait pas obstacle à l'exercice, contre celui qui s'est enrichi, d'une action fondée sur son enrichissement sans cause (action intentée par le premier mari contre le père d'un enfant, légitimé en application de l'art. 318 C. civ., après inexécution de la décision obtenue contre la mère et condamnant celle-ci à rembourser les sommes versées par son premier époux pour l'entretien de cet enfant). • Civ. 1re, 1er févr. 1984 : *D. 1984. 388, note Massip.* ♦ Dans le même sens : • Civ. 1re, 14 janv. 2003, n° 01-01.304 P : *Defrénois 2003. 259, obs. Aubert ; RTD civ. 2003. 295, obs. Mestre et Fages* (action de l'entrepreneur en paiement de travaux contre le vendeur du terrain, l'acquéreur étant insolvable et l'enrichissement du vendeur se trouvant privé de cause par l'annulation de la promesse de vente). ♦ Ayant écarté l'action en garantie du commissaire-priseur contre le vendeur d'un meuble ancien qui s'était révélé être un faux, en l'absence de faute du vendeur, les juges peuvent accueillir l'action fondée sur l'enrichissement sans cause sans faire échec à son caractère subsidiaire. • Civ. 1re, 3 juin 1997, n° 95-13568 P. ♦ Violent l'anc. art. 1371 les juges qui déclarent irrecevable l'action fondée sur l'enrichissement sans cause à titre subsidiaire, après avoir constaté qu'elle ne pouvait avoir pour cause la promesse de vente invoquée à titre principal. • Civ. 1re, 4 avr. 2006, n° 03-13.986 P.

5. Nature de la règle. Le caractère subsidiaire reconnu à l'action fondée sur l'enrichissement sans cause ne constitue pas une fin de non-recevoir au sens de l'art. 122 C. pr. civ., mais une condition inhérente à l'action. • Civ. 1re, 4 avr. 2006 : *préc. note 4.*

6. Prestation compensatoire prenant en compte l'appauvrissement. Si, en principe, l'octroi d'une prestation compensatoire par le juge du divorce ne rend pas irrecevable l'action *de in rem verso* pour l'indemnisation de l'appauvrissement résultant de la participation bénévole à l'activité professionnelle de l'ex-conjoint, il en va différemment quand le jugement de divorce prend en compte cet appauvrissement en vue de l'évaluation de la prestation compensatoire. • Civ. 1re, 5 avr. 1993, n° 91-15.669 P.

7. Action ouverte en l'absence de créance de salaire différé. Le descendant d'un artisan rural ayant participé aux travaux de son père sans recevoir de salaire, exclu du bénéfice de la créance de salaire différé qui est réservé aux descendants d'un exploitant agricole, peut demander une indemnité pour enrichissement sans cause. • Civ. 1re, 20 déc. 1993 : *JCP 1994. II. 22307, note Roussel ; D. 1995. Somm. 46, obs. Grimaldi*. ♦ Le conjoint du descendant d'un exploitant agricole n'étant pas titulaire d'un droit propre pour prétendre à une créance de salaire différé, l'action *de in rem verso* lui demeure ouverte, faute pour lui de disposer d'une autre action. • Civ. 1re, 14 mars 1995 : *D. 1996. 137, note Barabé-Bouchard ; D. 1996. Somm. 127, obs. Martine ; JCP 1995. II. 22516, note Roussel ; JCP N 1995. II. 1433, obs. Moreau ; Defrénois 1996. 468, note Fillette ; RTD civ. 1996. 215, obs. Patarin ; ibid. 160, obs. Mestre*. ♦ Mais l'action fondée sur l'enrichissement sans cause n'a pas pour objet de faire reconnaître une créance de salaire différé mais constitue une action mobilière soumise à la prescription de droit commun : ainsi le conjoint qui a travaillé sur l'exploitation de ses beaux-parents sans être rémunéré a donc connu, chaque mois, les faits lui permettant d'exercer son action, dont le point de départ n'est pas l'ouverture de la succession de son beau-père. • Civ. 1re, 29 mai 2019, n° 18-18.376 P : *AJ fam. 2019. 420, obs. Levillain*.

Art. 1303-4 *(Ord. n° 2016-131 du 10 févr. 2016, art. 2, en vigueur le 1er oct. 2016)* **L'appauvrissement constaté au jour de la dépense, et l'enrichissement tel qu'il subsiste au jour de la demande, sont évalués au jour du jugement. En cas de mauvaise foi de l'enrichi, l'indemnité due est égale à la plus forte de ces deux valeurs.** — *Dispositions transitoires, V. Ord. n° 2016-131 du 10 févr. 2016, art. 9, ss. art. 1386-1.*

Comp. notes ss. anc. art. 1371.

1. Date d'évaluation. *Contra* antérieurement à l'Ord. n° 2016-131 du 10 févr. 2016 : pour apprécier l'enrichissement, le juge doit se placer au jour où l'action est intentée, à moins que des circonstances exceptionnelles ne l'autorisent à fixer l'indemnité à la date des faits d'où procède l'enrichissement. • Civ. 1re, 18 janv. 1960 : *D. 1960. 753, note Esmein.* ♦ Mais l'appauvrissement a pour mesure le montant nominal de la dépense exposée. • Civ. 3e, 18 mai 1982 : *Bull. civ. III, n° 122 ; D. 1983. IR 14, obs. A. Robert.* ♦ Pour évaluer l'appauvrissement de l'ex-épouse, à raison des services d'infirmière fournis sans rémunération à son mari pendant dix ans, et l'enrichissement du mari qui, chirurgien, n'a pas eu à rétribuer les services d'une infirmière, les juges du fond doivent se placer à la même date : celle de la demande en divorce, en raison de l'impossibilité morale pour la femme d'agir antérieurement contre son mari. • Civ. 1re, 26 oct. 1982, n° 81-14.824 P : *R., p. 44 ; JCP 1983. II. 19992, note Terré.* ♦ V. notes ss. anc. art. 1371.

2. Appréciation souveraine. Sur le principe selon lequel la cour d'appel apprécie souverainement, sans être tenue de suivre les parties dans le détail de leur argumentation, le montant de l'enrichissement (en l'occurrence, enrichissement de copropriétaires du fait des travaux accomplis par une commune), V. • Civ. 3e, 26 oct. 2022, n° 21-12.674 B : *cité note 7 ss. art. 1303-1.*

TITRE IV DU RÉGIME GÉNÉRAL DES OBLIGATIONS

(Ord. n° 2016-131 du 10 févr. 2016, art. 3, en vigueur le 1er oct. 2016)

La présente Ord. a été ratifiée par la L. n° 2018-287 du 20 avr. 2018, en vigueur le 1er oct. 2018. V. ce texte ss. C. civ., art. 1386-1.

L'Ord. n° 2016-131 du 10 févr. 2016 portant réforme du droit des contrats, du régime général et de la preuve des obligations substitue aux titres III (des contrats ou des obligations conventionnelles en général ; art. anc. 1101 à 1369-11), IV (des engagements qui se forment sans convention ; art. 1370 à 1386 anc.) et IV bis (de la responsabilité du fait des produits défectueux ; art. 1386-1 à 1386-18 anc.) du livre III du code civil trois nouveaux titres : un titre III intitulé « Des sources d'obligations », comprenant les art. 1100 à 1303-4 ; un titre IV intitulé : « Du régime général des obligations », comprenant les art. 1304 à 1352-9 ; un titre IV bis intitulé : « De la preuve des obligations », comprenant les art. 1353 à 1386-1 (Ord. préc., art. 1er).

Les dispositions de l'Ord. n° 2016-131 du 10 févr. 2016 entrent en vigueur le 1er oct. 2016. Les contrats conclus avant cette date demeurent soumis à la loi ancienne. Lorsqu'une instance a été introduite avant l'entrée en vigueur de la présente ordonnance, l'action est poursuivie et jugée conformément à la loi ancienne. Cette loi s'applique également en appel et en cassation (Ord. préc., art. 9).

Sur les modifications apportées aux conditions d'entrée en vigueur lors de la ratification par la L. n° 2018-287 du 20 avr. 2018, V. ce texte ss. C. civ., art. 1386-1.

Pour la présente édition du Code civil Dalloz, les art. 1101 à 1386-18 des titres III à IV bis dans leur version antérieure à l'Ord. n° 2016-131 du 10 févr. 2016 figurent dans le code avec la mention « Ancien art. », à la suite des titres III à IV bis correspondant aux art. 1100 à 1386-1 issus de cette ordonnance.

DALLOZ RÉFÉRENCE *Le nouveau droit des obligations et des contrats 2019/2020, n°s 21.00 s.*

BIBL. ▶ AUBRY DE MAROMONT, *RTD civ. 2018. 305* (obligations subsidiaires).

CHAPITRE I LES MODALITÉS DE L'OBLIGATION

(Ord. n° 2016-131 du 10 févr. 2016, art. 3, en vigueur le 1er oct. 2016)

SECTION 1 L'obligation conditionnelle

(Ord. n° 2016-131 du 10 févr. 2016, art. 3, en vigueur le 1er oct. 2016)

Art. 1304 *(Ord. n° 2016-131 du 10 févr. 2016, art. 3, en vigueur le 1er oct. 2016)* **L'obligation est conditionnelle lorsqu'elle dépend d'un événement futur et incertain.**

La condition est suspensive lorsque son accomplissement rend l'obligation pure et simple.

Elle est résolutoire lorsque son accomplissement entraîne l'anéantissement de l'obligation. — *Dispositions transitoires, V. Ord. n° 2016-131 du 10 févr. 2016, art. 9, ss. art. 1386-1.*

Comp. C. civ., art. 1168 et 1183 anc.

RÉP. CIV. v° *Condition*, par Y. BUFFELAN-LANORE et J.-D. PELLIER.

BIBL. ▶ A. AYNÈS, *Dr. et patr. 7-8/2015. 37.* – BORGHETTI, Des obligations conditionnelles et à terme, *in* Pour une réforme du régime général des obligations, F. Terré (dir.), *Dalloz, 2013, p. 63.* – BOUTEILLE, *D. 2008. 1848*. – DEROUIN, *RTD civ. 1978. 1.* – DROSS, *RTD civ. 2007. 701* (condtions potestatives). – GOUBEAUX, *Defrénois 1979* (condition potestative). – LATINA, *Thèse, 2007 ; JCP 2016, n° 875 ; JCP N 2016, n° 1114.* – LORIZON et BRIAND, *Journ. sociétés 9/2016. 29* (conditions stipulées dans les promesses de vente immobilières). – TAISNE, La notion de condition dans les actes juridiques, *thèse, Lille, 1977.*

I. NOTION DE CONDITION

1. Distinction de la condition et des réserves pouvant assortir l'offre de contracter. V. • Paris, 5 juill. 1972 : *Gaz. Pal. 1973. 2. 535* (bon de commande précisant que l'ordre de publicité, même payé, pourrait être refusé, sauf restitution du versement effectué). ♦ Comp. • Com. 9 déc. 1980 : *Bull. civ. IV, n° 421 ; D. 1981. IR 441, obs. Audit* (bon de commande d'un véhicule automobile signé par un préposé du vendeur et subordonné à l'agrément de celui-ci).

2. Distinction de la condition et de l'objet de l'obligation. Une condition suspensive fait dépendre l'obligation souscrite d'un événement futur et incertain mais ne constitue pas l'objet de l'obligation, de sorte que la réalisation de la condition ne constitue pas l'exécution, même partielle, de cette obligation et ne peut, par suite, faire échec au caractère perpétuel d'une exception de nullité. • Com. 19 janv. 2022, n° 20-14.010 B : *D. 2022. 165 ; RTD civ. 2022. 134, obs. Barbier ; RTD com. 2022. 313, obs. Lecourt ; JCP 2022, n° 385, note Latina ; RDC 2022/2. 19, note Dournaux* (cassation de l'arrêt ayant déclaré irrecevable une exception de nullité en prenant en compte le règlement des comptes courants correspondant aux conditions suspensives prévues dans une promesse de cession de parts sociales).

3. Distinction de la condition affectant l'existence même de l'obligation et des modalités d'exécution de l'engagement contracté. V. • Civ. 3e, 9 juill. 1984, n° 83-12.223 P (fixation de l'époque du remboursement laissée à la discrétion des emprunteurs) • Com. 7 févr. 1955 : *Gaz. Pal. 1955. 1. 254* (faculté pour le prêteur de se faire rembourser à l'époque fixée par lui). ♦ Comp. • Civ. 1re, 21 mars 1984, n° 83-11.012 P. ♦ L'exigence d'une quittance n'est pas une condition au sens des art. 1168 anc. s. • Civ. 1re, 10 févr. 1998, n° 96-17.060 P : *D. Affaires 1998. 532, obs. S. P. ; JCP 1998. I. 155, n°s 15 s., obs. Loiseau* (pour des offres réelles de paiement). ♦ S'analyse en une condition suspensive de la cession de parts d'une SARL, et non une condition d'exécution de l'acte, la transformation préalable de la SARL en société anonyme dès lors que cette transformation, non encore décidée, présente au moment de la cession le caractère d'un événement futur et incertain • Com. 9 févr. 1999, n° 97-10.907 P : *JCP E 1999. 1679, note Fauchon ; Defrénois 1999. 988, note Chappert.*

4. Condition et élément essentiel à la formation du contrat. La clause qui prévoit une condition portant sur un élément essentiel à la formation du contrat doit être réputée non écrite. • Civ. 3e, 22 oct. 2015, n° 14-20.096 P : *D. 2015. 2478, note Dissaux* (clause d'une cession de bail commercial qui la conditionne à la conclusion d'un nouveau bail entre le bailleur et le cessionnaire).

5. *Condition et tontine.* La clause conférant à l'acquéreur dernier vivant la propriété de l'immeuble tout entier à partir du jour de son acquisition n'est pas une condition dès lors qu'il n'existe pas dans les rapports entre les parties un débiteur d'obligation et un créancier. • Civ. 3e, 5 déc. 2012 : *D. 2012. 2964* ; *AJDI 2013. 628, obs. Delmotte* ; *AJ fam. 2013. 188, obs. Levillain* ; *RTD civ. 2013. 95, obs. Hauser* ; *Defrénois 2014. 663, obs. Dumortier* ; *RDC 2013. 945, obs. Latina* ; *ibid. 994, obs. Bénabent* ; *ibid. 1021, obs. Goldie-Génicon.*

6. *Distinction de la condition et du terme incertain.* V. notes ss. art. 1305.

II. CONDITION SUSPENSIVE : APPLICATIONS

BIBL. GÉN. Condition suspensive prévue par l'art. 17, L. 13 juill. 1979 [C. consom., art. L. 312-16] (obtention du prêt immobilier) : Atias et Ch. Mouly, *JCP N 1980. I. 205 et 303.* – Aynès, *D. 1988. Chron. 283* (promesse unilatérale de vente). – Bergel, *JCP N 1988. I. 225.* – Deprez, *JCP N 1980. I. 311 et 313* (formules d'application). – Moyse et Navarro, *JCP N 1984. I. 66.* – Thibierge, *Defrénois 1980. 1255.* – Thiel, *RRJ 2002/3. 1223* (précision de rédaction). ▸ Défaillance : Kenfack, *Defrénois 1997. 833.* – Pellier, *LPA 10 avr. 2008.* – Wittmann, *D. 2012. Chron. 301* (renonciation unilatérale à la défaillance). ▸ Formules : Dagot, *JCP N 1997. Prat. 363.* ▸ Levée d'option conditionnelle : Dagot, *JCP N 1990. I. 275.* ▸ Nature juridique : Vignal, *Defrénois 1996. 1041* (non-exercice du droit de préemption).

A. VENTE IMMOBILIÈRE SOUS CONDITION DE L'OBTENTION D'UN PRÊT (C. CONSOM., ART. L. 312-16)

7. *Réalisation de la condition.* La condition suspensive de l'obtention d'un prêt au sens de la loi (aujourd'hui C. consom., art. L. 312-16) est réputée réalisée dès la présentation par un organisme de crédit d'une offre régulière correspondant aux caractéristiques du financement de l'opération stipulées par l'emprunteur : • Civ. 1re, 9 déc. 1992, no 91-12.498 P : *D. 1993. Somm. 210, obs. A. Penneau (2e esp.)* • 20 janv. 1993 : *JCP 1993. II. 22106, note Gourio* ; *Defrénois 1993. 1382, obs. Aubert* (condition réalisée dès la présentation par un organisme de crédit d'une offre régulière de prêt conforme à la demande de l'emprunteur). ♦ ... Et non rétractée avant la date prévue pour la réalisation de la vente. • Civ. 1re, 17 nov. 1998, no 96-18.884 P : *D. Affaires 1999. 118, obs. C. R.* ; *CCC 1999, no 19, note Leveneur.* ♦ ... Alors même que l'emprunteur aurait décliné cette offre. • Civ. 1re, 2 juin 1993, no 91-10.578 P : *JCP 1993. I. 3725, no 1, obs. Virassamy* ; *Defrénois 1994. 356, obs. D. Mazeaud.* – V. aussi D. Mazeaud, *JCP N 1993. I. 345.* ♦ Pour la distinction entre une offre effective de prêt et un simple accord de principe, V. • Civ. 3e, 7 nov. 2007, no 06-17.413 P : *D. 2007. AJ 3002, obs. Rondey (1re esp.)* ; *ibid. 2008. Chron. C. cass. 1224, no 4, obs. Nési* ; *JCP 2008. I. 104, nos 1 s., obs. Sérinet* ; *JCP N 2008. 1197, no 9, obs. Piedelièvre* ; *Defrénois 2007. 1744, obs. Savaux (1re esp.)* ; *LPA 5 févr. 2008, obs. Houtcieff (2e esp.)* ; *RTD com. 2008. 157, obs. Legeais.* – V. aussi Kenfack, *JCP N 2008. 1148.*

Un prêt accordé à un montant inférieur au montant maximal prévu est conforme aux stipulations contractuelles. • Civ. 3e, 14 janv. 2021, no 20-11.224 P : *D. 2021. 134* ; *RTD civ. 2021. 408, obs. Barbier* ; *CCC 2021, no 55, note Leveneur* (cassation de l'arrêt ayant déclaré caduque une promesse de vente et rejeté la demande en paiement de la pénalité contractuelle).

8. *Notification de l'octroi de son prêt par l'acquéreur.* La production d'un courrier électronique de la banque comprenant une proposition de prêt aux conditions de la promesse de vente et d'une lettre de la banque notifiant son accord sur ce prêt établit l'existence de l'offre de prêt et non d'un simple accord de principe (étant rappelé que les exigences formelles posées par le code de la consommation en matière d'offre de prêt immobilier ne sont édictées que dans un souci de protection du débiteur, qui peut seul les invoquer). • Civ. 3e, 7 nov. 2007, no 06-11.750 P : *D. 2007. AJ 3002, obs. Rondey (2e esp.)* ; *ibid. 2008. Chron. C. cass. 1224, no 4, obs. Nési* ; *JCP eod. loc.* ; *Defrénois eod. loc. (3e esp.)* ; *LPA eod. loc. (3e esp.).*

9. *Stipulations compatibles (ou non) avec la protection de l'acquéreur.* Le caractère d'ordre public de l'art. L. 312-16 C. consom. interdit la stipulation d'obligations contractuelles imposées à l'acquéreur de nature à accroître les exigences du texte. • Civ. 3e, 7 nov. 2007, no 06-17.867 P : *D. 2007. AJ 3002, obs. Rondey (3e esp.)* ; *ibid. 2008. Chron. C. cass. 1224, no 4, obs. Nési* ; *JCP 2008. I. 104, nos 1 s., obs. Sérinet* ; *JCP N 2008. 1197, no 10, obs. Piedelièvre* ; *Defrénois 2007. 1744, obs. Savaux (2e esp.)* ; *LPA 5 févr. 2008, obs. Houtcieff (1re esp.)* ; *RTD com. 2008. 157, obs. Legeais* (clause obligeant l'acquéreur à justifier de la réception de toute offre de prêt dans un délai de 48 heures). – V. aussi Kenfack, *JCP N 2008. 1148.* ♦ Déjà en ce sens : • Civ. 1re, 11 juill. 1988, no 86-18.919 P : *D. 1989. Somm. 339, obs. Aubert* (clause stipulant que le prêt serait considéré comme obtenu si sa non-obtention n'était pas notifiée au vendeur dans un délai déterminé). ♦ V. aussi, pour une clause imposant au bénéficiaire d'une promesse de vente de signifier au vendeur la non-obtention du prêt dans le délai légal : • Civ. 1re, 9 mai 1996, no 94-12.133 P : *D. 1996. 539, note*

Bénac-Schmidt. ♦ Mais tel n'est pas le cas de la stipulation prévoyant la déchéance du bénéfice de la condition suspensive pour défaut de présentation de la demande de prêt dans le délai d'un mois. • Civ. 1re, 4 juin 1996, n° 94-12.418 P : *Defrénois 1997. 758, obs. D. Mazeaud* (clause jugée opposable aux bénéficiaires d'une promesse de vente d'un terrain qui ont sollicité un prêt permettant de financer également la construction d'une maison). ♦ ... Ni de celle exigeant que l'acceptation intervienne entre le dixième et le quinzième jour de l'offre de prêt, l'offre devant intervenir dans le délai légal d'un mois. • Civ. 3e, 30 avr. 1997, n° 95-15.452 P : *D. 1997. Somm. 342, obs. Tournafond ; Defrénois 1997. 1014, obs. D. Mazeaud.*

B. VENTE SOUS CONDITION DE LA PURGE D'UN DROIT DE PRÉEMPTION

10. La non-préemption érigée en condition : effet. Dans le cas d'une vente immobilière conclue sous la condition suspensive du non-exercice par le preneur de son droit de préférence, l'acceptation expresse de ce dernier dans le délai fixé rend la vente au tiers caduque par défaillance de la condition, et rend la vente parfaite entre le vendeur et le preneur. • Civ. 3e, 16 juin 1999, n° 97-16.764 P : *R., p. 336.* ♦ Même solution en cas de préemption par une SAFER. • Civ. 3e, 18 oct. 2006, n° 05-17.327 P : *Defrénois 2007. 1623, obs. Gelot* (le fait que la condition suspensive de non-préemption par la SAFER soit réputée non écrite en application de l'art. L. 143-5 C. rur. n'affecte pas la validité de la vente).

11. Annulation de la décision de préempter. Lorsque la décision de préemption d'une commune est par la suite annulée par la juridiction administrative, cette annulation étant rétroactive, la commune est censée avoir renoncé à préempter et il doit être fait droit à la demande de l'acheteur en réitération de la vente. • Civ. 3e, 22 juin 2005, n° 03-20.473 P : *Defrénois 2005. 1708, obs. Meng ; CCC 2005, n° 185, note Leveneur ; AJDI 2005. 939, note Cohet-Cordey.* – V. aussi Kenfack, *JCP N 2005. 1468.* – Même sens : • Civ. 3e, 27 juin 2007, n° 06-14.329 P. ♦ La purge du droit de préemption ayant été réalisée par les décisions judiciaires consacrant la forclusion du droit du preneur, la promesse synallagmatique initiale est devenue parfaite, et l'acte notarié la réitérant ne constitue pas une nouvelle vente nécessitant une nouvelle notification au preneur. • Civ. 3e, 10 juill. 2013, n° 10-25.979 P : *D. 2013. 2566, note Roussel ; Defrénois 2013. 864, note Barbiéri et Delorme.* ♦ Mais dans l'hypothèse où l'acheteur n'a pas levé l'option, la condition suspensive du non-exercice du droit de préemption s'est réalisée par l'effet de l'annulation rétroactive de la décision de préemption, mais la promesse est alors devenue caduque, de sorte que l'acquéreur ne dispose d'aucun droit à l'annulation de la vente. • Civ. 3e, 22 sept. 2010, n° 09-14.817 P : *D. actu. 13 oct. 2010, obs. de Ravel d'Esclapon ; JCP 2010, n° 1238, obs. Bonnet ; RLDC 2010/76, n° 3989, obs. Paulin.*

12. Inexistence du droit de préemption (événement arrivé mais inconnu des parties). V. • Civ. 3e, 12 avr. 1995, n° 92-20.494 P : *D. 1996. Somm. 120, obs. D. Mazeaud ; Defrénois 1995. 1402, obs. Delebecque* (vente conclue sous la condition suspensive de la purge de tous droits de préemption, alors qu'aucun droit de préemption n'avait été institué dans la commune). – V. aussi D. Boulanger, *JCP N 1995. I. 1457.*

Art. 1304-1 *(Ord. n° 2016-131 du 10 févr. 2016, art. 3, en vigueur le 1er oct. 2016)* **La condition doit être licite. A défaut, l'obligation est nulle.** – *Dispositions transitoires, V. Ord. n° 2016-131 du 10 févr. 2016, art. 9, ss. art. 1386-1.*

Comp. C. civ., art. 1172 anc.

1. Les dispositions d'ordre public de l'art. L. 1243-1 C. trav., dont il résulte que le contrat de travail à durée déterminée ne peut être rompu avant l'échéance du terme que dans les seuls cas visés par ce texte, ne prohibent pas la stipulation de conditions suspensives. • Soc. 15 mars 2017, n° 15-24.028 P (condition de passage par une joueuse de basket d'un examen médical).

2. Sur la question générale de l'incidence de la nullité d'une clause sur le contrat, V. notes ss. art. 1183.

3. Pour les actes à titre gratuit, V. notes ss. art. 900.

Art. 1304-2 *(Ord. n° 2016-131 du 10 févr. 2016, art. 3, en vigueur le 1er oct. 2016)* **Est nulle l'obligation contractée sous une condition dont la réalisation dépend de la seule volonté du débiteur. Cette nullité ne peut être invoquée lorsque l'obligation a été exécutée en connaissance de cause.** – *Dispositions transitoires, V. Ord. n° 2016-131 du 10 févr. 2016, art. 9, ss. art. 1386-1.*

Comp. C. civ., art. 1172 anc., 1174 anc.

BIBL. ▸ Bus, *RDI 2000. 9* (cas des ventes immobilières). – Chénedé, *RDC 2013. 291 et 1131* (Charles Demolombe, la condition postestative). – Dondero, *RTD civ. 2007. 677* (condition potestative licite). – Dross, *RTD civ. 2007. 701* (introuvable nullité des conditions potestatives). – FRANÇOIS, *RDC 2017. 195* (proposition de modification). – GHESTIN, *Études Weill, Dalloz/Litec, 1983, p. 243 ; D. 1973. Chron. 293* (indétermination du prix de vente et condition potestative). – GJIDARA, *LPA 21 et 22 juin 2000* (déclin de la potestativité). – KAUFFMANN, *D. 1982. Chron. 129* (clause de retour à meilleure fortune dans les abandons de créance amiables et concordataires). – RAKOTOVAHINY, *LPA 3 déc. 2007* (condition potestative dans l'indétermination du prix de vente). – VALORY, *Dr. et patr. 6/1999. 72* (potestativité et requalification du contrat).

1. Distinction de la condition potestative et de l'obligation alternative. V. • Paris, 28 mai 1974 : *D. 1974. 685, concl. Cabannes* (engagement de payer contracté sous une forme alternative) • Com. 7 déc. 2004 : *D. 2005. 2392, note Delebecque ; RTD civ. 2005. 782, obs. Mestre et Fages* (l'obligation du transporteur d'acheminer la marchandise par air ou par route est une obligation alternative) • Civ. 1re, 16 mai 2006, n° 02-17.762 P : *D. 2006. IR 1482 ; Defrénois 2006. 1220, obs. Libchaber ; RTD civ. 2006. 556, obs. Mestre et Fages* (dépôt-vente : obligation alternative de restitution en nature ou en valeur à la charge du revendeur).

2. Critères de la potestativité. Sur les critères de qualification d'une condition potestative, V. en particulier : • Com. 23 sept. 1982 : *Bull. civ. IV, n° 284* (potestativité dès lors que l'exécution de la convention d'un événement qu'il est au seul pouvoir de l'acquéreur de faire survenir ou d'empêcher) • Com. 23 sept. 1982 : *Bull. civ. IV, n° 284* • Com. 22 nov. 1976 : *JCP 1978. II. 18903, note Stemmer* (pas de potestativité dès lors que la réalisation de la condition dépend non seulement de la volonté du débiteur mais aussi de la volonté d'un tiers) • Civ. 1re, 22 nov. 1989, n° 87-19.149 P (pas de potestativité dès lors que la réalisation de la condition dépend non de la seule volonté du débiteur, mais de circonstances objectives, susceptibles d'un contrôle judiciaire). ♦ Pour un arrêt prenant en compte les usages du secteur pour apprécier la potestativité, V. • Com. 20 sept. 2011, n° 10-30.567 : *RDC 2012. 407, obs. Génicon.*

3. Sanction. La nullité d'un contrat pour potestativité est une nullité absolue. • Soc. 9 juill. 1996, n° 95-13.010 P. ♦ V. cependant sur le critère de distinction des nullités absolues et relatives, fondé sur l'intérêt protégé par la règle violée l'art. 1179 et la jurisprudence citée.

La violation alléguée de l'art. 1174 anc., prohibant les clauses potestatives, n'est pas contraire à l'ordre public international. • Civ. 1re, 7 déc. 2022, n° 21-17.492 B.

A. APPLICATIONS : CONDITIONS NON POTESTATIVES

4. Prêt. La clause d'un prêt consenti par une caisse régionale de crédit agricole selon laquelle l'augmentation du taux d'intérêt serait possible en cours de contrat si le taux pratiqué par la caisse nationale venait à changer ou si le maximum du taux d'intérêt fixé par arrêté ministériel était modifié, ne constitue pas une condition purement potestative de la part du débiteur. • Civ. 1re, 20 oct. 1982 : *Bull. civ. I, n° 295.* ♦ La clause de remboursement d'un prêt « dès retour à meilleure fortune » n'est pas une condition potestative mais est licite par application de l'art. 1901 C. civ. • Civ. 1re, 20 nov. 1990, n° 89-13.899 P : *RTD civ. 1991. 333, obs. Mestre* .

5. Vente d'immeuble. La clause selon laquelle l'acquéreur aurait la propriété de l'immeuble vendu à compter de la signature de l'acte notarié, laquelle était subordonnée à la vente d'autres biens appartenant au vendeur, peut être interprétée par les juges du fond en ce sens que la convention ne contient aucune condition potestative rendant nulle l'obligation, la circonstance relative à la vente d'autres biens représentant plutôt un événement à venir, mais certain, convenu entre les contractants quoiqu'à échéance indéterminée. • Civ. 3e, 27 nov. 1969, n° 68-13.175 P. ♦ Dans le même sens, pour la vente d'un autre bien par l'acquéreur : • Civ. 3e, 22 nov. 1995, n° 94-11.014 P : *D. 1996. 604, note Malaurie ; Defrénois 1996. 348, obs. D. Mazeaud ; CCC 1996, n° 19, note Leveneur ; LPA, 4 sept. 1996, note Bléry ; RTD civ. 1997. 128, obs. Mestre* . ♦ Pour l'interprétation contraire d'une clause subordonnant le paiement d'une partie du prix de vente de terrains à la revente de ces terrains, V. • Civ. 3e, 8 oct. 1980 : *Bull. civ. III, n° 154.* ♦ Constitue une condition qui doit être réputée mixte la faculté reconnue aux acquéreurs de demander la réalisation de la vente par acte authentique même dans le cas où ils n'auraient pas obtenu le prêt qu'ils avaient l'obligation de solliciter et dont l'obtention avait été érigée en condition suspensive, cette faculté, loin de dépendre de leur pouvoir discrétionnaire, supposant une décision préalable de l'organisme de crédit sollicité. • Com. 22 nov. 1976 : *préc. note 2.* ♦ V. aussi : Goubeaux, *Defrénois 1979. 753.*

6. Assurance. N'est pas potestative la clause qui permet à un assureur, couvrant un risque d'insolvabilité, de faire varier le montant des garanties dues pour les clients non agréés, dès lors que les documents produits montrent que cette stipulation dépend, non de la seule volonté du débiteur, mais de circonstances objectives, susceptibles d'un contrôle judiciaire. • Civ. 1re, 22 nov. 1989 : *préc. note 2.*

7. Conseil. L'engagement d'apporter son concours à une société dans la mesure de ses possibilités ne constitue pas pour le salarié une obligation purement potestative, dès lors que ce dernier était tenu de donner son avis si la société le lui demandait. • Soc. 5 nov. 1984 : *JCP 1985. II. 20510, note N. S.*

8. Cession d'actions. Lorsque, dans une cession d'actions, le prix des actions vendues est pour partie dépendant du chiffre d'affaires réalisé et de certains loyers perçus par une société dont l'activité et l'intérêt sont distincts de ceux des personnes physiques débitrices, les juges du fond déduisent à bon droit de cette constatation que l'obligation litigieuse n'est pas soumise à une condition purement potestative. • Com. 15 juin 1982 : *JCP 1984. II. 20141, note Grillet-Ponton.*

9. Convention clinique-médecin. Eu égard à son ambiguïté, la clause insérée dans une convention passée entre une clinique et un médecin et qui stipule que, si la clinique cessait d'exercer, le contrat prendrait fin sans indemnité n'est pas purement potestative. • Civ. 1re, 16 oct. 2001, n° 00-10.020 P : *D. 2002. Somm. 2839, obs. D. Mazeaud ; JCP 2002. I. 134, nos 4 s., obs. Rochfeld ; Defrénois 2002. 251, obs. Libchaber ; Dr. et patr. 2/2002. 109, obs. Chauvel ; RTD civ. 2002. 97, obs. Mestre et Fages.*

10. Contrat de distribution. Cassation de l'arrêt qui déclare nul le contrat passé entre un pétrolier et un pompiste en raison du caractère potestatif de la clause par laquelle la commission due au pompiste serait réduite proportionnellement à l'écart constaté entre le prix affiché à la pompe et celui indiqué par le pétrolier pour la zone de prix du point de vente, dès lors que la baisse des prix à la pompe relevait de la seule initiative du pompiste. • Com. 17 déc. 1991, n° 89-20.348 P : *D. 1992. Somm. 267, obs. Fortis.*

11. Donation. La dissolution d'une société à durée illimitée à la demande d'un associé est un événement qui dépend à la fois de la volonté de l'associé et de circonstances qui lui sont étrangères (C. civ., art. 1869) et dès lors le droit de dissolution anticipée ouvert à l'associé donateur fait dépendre d'une condition mixte, et non d'une condition potestative, la donation du revenu des parts. • Civ. 1re, 28 mai 1974 : *JCP 1975. II. 17911, note Thuillier ; Defrénois 1974. 1025, note Ponsard.*

12. Testament. N'est pas potestative la condition insérée dans un testament faisant dépendre le droit d'un des héritiers dans la quotité disponible d'un événement qu'il est du pouvoir de l'autre de faire arriver ou d'empêcher • Civ. 1re, 5 oct. 2016, n° 15-25.459 P : *D. 2016. 2063 ; AJ fam. 2016. 550, obs. Casey ; JCP 2017, n° 168, note Sauvage ; JCP N 2017, n° 1005, note Nicod ; Gaz. Pal. 2016. 3328, note Valory ; RDC 2017. 95, note Goldie-Génicon* (clause attribuant la totalité de la quotité disponible à un des deux héritiers si les deux ne parviennent pas à s'entendre sur un partage amiable).

B. APPLICATIONS : CONDITIONS POTESTATIVES

13. Prêt. La condition figurant dans un contrat de prêt selon laquelle la vente d'un appartement par les emprunteurs entraînerait, seulement à cette date, le remboursement du prêt apparaît bien comme une condition potestative dépendant de la seule volonté des emprunteurs ; l'obligation ainsi contractée s'avère nulle et les fonds prêtés doivent être restitués. • Paris, 15 mars 1974 : *JCP 1974. II. 17786, note Goubeaux.* ♦ Comp. • Civ. 1re, 21 juill. 1965, n° 63-11.244 P • Civ. 3e, 27 nov. 1969, n° 68-13.175 P (distinction de la condition et du terme incertain). ♦ Le caractère potestatif de la condition alternative mise au terme n'affecte pas la validité de ce terme. • Civ. 1re, 13 déc. 2005, n° 04-11.572 P : *JCP 2006. I. 153, nos 11 s., obs. Pérès ; AJDI 2006. 288, note Cohet-Cordey ; LPA 11 déc. 2006, obs. Forray ; RTD civ. 2006. 315, obs. Mestre et Fages* (prêt stipulé remboursable à la vente de sa maison par l'emprunteur ou, au plus tard, au décès de celui-ci).

Pour l'hypothèse où la date de remboursement est laissée à la décision du prêteur, V. • Com. 7 févr. 1955 : *Gaz. Pal. 1955. 1. 254.* ♦ Comp. • Civ. 1re, 21 mars 1984, n° 83-11.012 P.

14. Vente d'immeuble. L'obligation de proposer de vendre un immeuble à des bénéficiaires déterminés sans qu'aucun prix ne soit prévu est purement potestative et ne constitue pas un pacte de préférence. • Civ. 3e, 1er févr. 1984, n° 82-16.266 P. ♦ Comp. • Civ. 3e, 15 janv. 2003, n° 01-03.700 P : *D. 2003. 1190, note Kenfack ; JCP 2003. II. 10129, note Fischer-Achoura ; Defrénois 2003. 852, obs. Libchaber ; CCC 2003, n° 71, note Leveneur ; AJDI 2003. 702, note Cohet-Cordey ; Dr. et patr. 5/2003. 111, obs. Chauvel ; LPA 4 juin 2004, note D. Martin ; RDC 2003. 45, obs. D. Mazeaud* (la prédétermination du prix et la stipulation d'un délai ne sont pas des conditions de validité d'un pacte de préférence). ♦ Dans la vente d'un immeuble conclue entre un acheteur et un vendeur non propriétaire de l'immeuble au moment de la convention mais s'engageant à obtenir du propriétaire actuel une promesse unilatérale de vente, la condition ainsi mise à la vente est purement potestative, dès lors que le vendeur reste libre d'acquérir ou de ne pas acquérir sans être enfermé dans un quelconque délai. • Civ. 3e, 13 oct. 1993 : *D. 1994. Somm. 231, obs. Paisant ; JCP 1994. II. 22280, note Dagorne-Labbe ; Defrénois 1994. 793, obs. Delebecque.*

Potestativité pour la raison que la date d'exécution est laissée à la décision du débiteur. • Civ. 3e, 4 déc. 1985 : *Bull. civ. III, n° 162* (vente d'un terrain consentie moyennant l'obligation pour l'acheteur d'édifier une construction et de la livrer au vendeur, sans qu'une date soit fixée pour l'exécution de cette obligation).

15. Vente de fonds de commerce. Le paiement du prix par l'acquéreur d'un fonds de commerce étant subordonné à la réitération par celui-ci de son intention d'acquérir dans un délai déterminé, cette condition fait dépendre l'exécution de la convention d'un événement qu'il est au seul pouvoir de l'acquéreur de faire survenir ou d'empêcher et celle-ci se trouve atteinte de nullité par suite du caractère potestatif de cette condition. • Com. 23 sept. 1982 : *préc. note 2.* ♦ Même sens : • Civ. 3e, 7 juin 1983 : *Bull. civ. III, n° 132 ; D. 1983. IR 481, obs. Audit ; RTD civ. 1984. 713, obs. Mestre* (cassation de l'arrêt ayant décidé que la nullité de la condition n'affectait pas la validité de la convention en raison de la réciprocité des obligations).

16. Concession d'un brevet. Les juges du fond peuvent décider qu'est purement potestative l'obligation consistant à concéder la licence d'exploitation exclusive de brevets d'invention lorsque la convention ne fixe pas le prix de cette concession et ne contient rien qui permette d'en déterminer l'importance, les bases de calcul et les modalités, puisqu'il suffisait au débiteur, pour se soustraire à son engagement, de manifester des exigences excessives. • Com. 22 févr. 1967 : *Bull. civ. III, n° 87.*

17. Contrat d'édition. Détermination du moment de l'exécution de son obligation laissée à l'une des parties, V. • Paris, 6 déc. 1969 : *JCP 1971. II. 16796, note Ghestin* (édition d'ouvrages devant intervenir lorsque les circonstances le permettront et que l'éditeur le jugera possible et souhaitable).

18. Partage. Est une condition potestative la clause d'un l'acte de partage liant l'obligation d'une partie de supprimer les vues sur le terrain voisin à l'obligation de se clôturer incombant au propriétaire du terrain voisin, en ce qu'elle dépend de la seule volonté de ce dernier. • Civ. 3e, 7 juin 1990, n° 88-18.840 P : *RTD civ. 1991. 333, obs. Mestre*.

19. Clause attributive de juridiction. Revêt un caractère potestatif la clause qui réserve à une banque le droit d'agir devant le domicile de son client ou devant tout autre tribunal, tandis que ce client est lié pour sa part puisqu'il se doit de saisir les tribunaux du siège de sa banque. • Civ. 1re, 26 sept. 2012, n° 11-26.022 P : *D. 2012. 2876, note Martel ; ibid. 2013. 1503, obs. Jault-Seseke ; ibid. 2293, obs. d'Avout et Bollée ; Rev. crit. DIP 2013. 256, note Bureau ; RTD com. 2013. 383, obs. Delebecque ; RTD eur. 2013. 292-24, obs. Lonchamp et Reydellet ; RDC 2013. 565, obs. Klein ; ibid. 661, obs. Racine* (qui juge la clause potestative et, de fait, contraire à l'objet et à la finalité de la prorogation de compétence ouverte par l'art. 23 du Règl. Bruxelles I).

20. Clause de résiliation. La clause de résiliation du contrat qui offre au cocontractant, et à lui seul, la possibilité, purement discrétionnaire, de mettre fin au contrat avec un préavis très court, clause contraire à un protocole en usage dans ce secteur d'activité (locataires gérants de stations-services), présente un caractère purement potestatif. • Com. 20 sept. 2011 : *préc. note 2.*

Art. 1304-3 *(Ord. n° 2016-131 du 10 févr. 2016, art. 3, en vigueur le 1er oct. 2016)* **La condition suspensive est réputée accomplie si celui qui y avait intérêt en a empêché l'accomplissement.**

La condition résolutoire est réputée défaillie si son accomplissement a été provoqué par la partie qui y avait intérêt. — *Dispositions transitoires, V. Ord. n° 2016-131 du 10 févr. 2016, art. 9, ss. art. 1386-1.*

Comp. C. civ., art. 1178 anc.

1. Domaine d'application. L'art. 1178 (anc.) est sans application lorsque, dans le cas d'une promesse unilatérale d'achat, la levée d'option par le bénéficiaire-vendeur n'a jamais eu lieu. • Civ. 3e, 13 mai 1998, n° 96-17.508 P : *D. 1999. Somm. 10, obs. Tournafond*. ♦ L'art. 1178 (anc.) n'est pas applicable à une tontine dès lors qu'il n'existe pas dans les rapports entre les parties un débiteur d'obligation et un créancier • Civ. 3e, 5 déc. 2012 : *cité note 4 ss. art. 1304* (survivant bénéficiaire du pacte tontinier responsable de la mort du prédécédé).

2. Charge de la preuve de l'origine de l'événement. Il incombe au créancier d'une obligation sous condition suspensive de prouver que le débiteur a empêché la réalisation de celle-ci. • Com. 15 déc. 1992, n° 90-14.196 P. ♦ V. cependant les arrêts selon lesquels il appartient à l'acquéreur obligé de solliciter un financement conforme aux prévisions de justifier l'exécution de cette obligation cités note 4. ♦ Il appartient au promettant de rapporter la preuve que le bénéficiaire d'une promesse de vente sous condition suspensive d'obtention d'un prêt, qui démontre avoir présenté au moins une offre de prêt conforme aux caractéristiques stipulées à la promesse, a empêché l'accomplissement de la condition. • Civ. 3e, 26 mai 2010, n° 09-15.317 P : *D. 2010. Actu. 1483 ; RLDC 2010/73, n° 3868, obs. Le Gallou* • 6 oct. 2010, n° 09-69.914 P : *BICC, 1er févr. 2011, n° 133 ; RLDC 2010/78, n° 4032, obs. Paulin.*

A. FAITS IMPUTABLES AU BÉNÉFICIAIRE DE LA CONDITION

1° DANS LA VENTE D'IMMEUBLE OU DE FONDS DE COMMERCE

3. Refus d'un prêt conforme. Époux, engagés sous condition suspensive de l'obtention d'un prêt, qui refusent sans motifs sérieux le prêt qui leur était offert dans les conditions normales du marché monétaire et qui n'était donc pas trop onéreux. • Bordeaux, 1er mars 1984 : *JCP N 1984. II. 153, note Raffray.* – V. aussi • Civ. 3e, 4 févr. 1987 : *JCP N 1988. II. 142 ; RTD civ. 1988. 542, obs. Mestre* • Com. 31 janv. 1989 : *JCP 1989. II. 21382, note Dagorne-Labbe ; Defrénois 1989. 1058, obs. Aubert* • Civ. 1re, 19 juin 1990, n° 88-16.196 P : *R., p. 327 ; Defrénois 1990. 1026, obs. Aubert* • 6 janv. 1993, n° 89-21.298 P.

4. Demande de prêt non conforme aux éléments de la promesse. Il appartient à l'emprunteur de démontrer qu'il a sollicité un prêt conforme aux caractéristiques définies dans la promesse de vente. • Civ. 1re, 13 nov. 1997, n° 95-18.276 P : *Defrénois 1998. 358, obs. Aubert ; RDI 1998. 109, obs. Groslière* • 9 févr. 1999, n° 97-10.195 P : *D. Affaires 1999. 587, obs. V. A.-R. ; Defrénois 1999. 755, obs. Aubert* • 13 févr. 2001, n° 07-11.792 P : *JCP E 2002. 640, n° 5, obs. Neau-Leduc* • 7 mai 2002, n° 99-17.520 P • Civ. 3e, 30 janv. 2008, n° 06-21.117 P : *D. 2008. AJ 545, obs. Forest ; ibid. Chron. C. cass. 1224, obs. Nési ; JCP 2008. II. 10116, note Mallet-Bricout ; JCP N 2008. 1197, n° 6, obs. Piedelièvre.* ♦ Une seule demande conforme suffit, sauf convention contraire. • Civ. 3e, 8 déc. 1999, n° 98-10.766 P : *Defrénois 2000. 254, obs. D. Mazeaud ; CCC 2000, n° 76, note Leveneur ; JCP E 2001. 270, obs. Mainguy ; RTD civ. 2000. 328, obs. Mestre et Fages .* ♦ Concernant des demandes non conformes, V. : • Com. 23 nov. 1993, n° 91-21.846 P : *RTD civ. 1994. 862, obs. Mestre* (bénéficiaire d'une promesse de vente qui fait une demande de financement pour un montant supérieur à celui envisagé dans la promesse et qui ne se soumet pas aux formalités nécessaires) • 27 févr. 2013, n° 12-13.796 P : *D. 2013. 705 ; RDI 2013. 314, obs. Heugas-Darraspen ; CCC 2013, n° 107, obs. Leveneur* (demande de prêt faite au nom d'une société civile immobilière en cours de constitution et non par les personnes signataires de la promesse de vente) • Civ. 3e, 19 mai 1999, n° 97-14.529 P : *D. 2000. 692, note Ardeeff ; JCP 2000. II. 10336, note Elhoueiss* (emprunteur qui demande un prêt supérieur à celui prévu dans la promesse de vente) • 20 nov. 2013, n° 12-29.021 P : *D. 2014. 196, note Tisseyre ; RDI 2014. 99, obs. Heugas-Darraspen ; AJDI 2014. 307, obs. Cohet ; RTD civ. 2014. 111, obs. Barbier ; JCP 2014, n° 420, note Ranouil ; JCP N 2014, n° 1098, obs. Randoux ; RDC 2014. 211, obs. Latina* (demande d'un taux légèrement inférieur à celui prévu par la promesse). ♦ Absence de faute de l'emprunteur qui a sollicité un prêt non conforme aux stipulations du contrat, dès lors que la banque lui aurait, de toute façon, refusé le prêt en raison de l'insuffisance de ses capacités financières. • Civ. 3e, 12 sept. 2007, n° 06-15.640 P : *D. 2007. 329, note A.-C. Martin ; JCP 2008. II. 10116, note Mallet-Bricout ; JCP N 2007. 1302, n° 3, obs. S. Piedelièvre ; Defrénois 2007. 1744, obs. Savaux (4e esp.) ; RDI 2008. 37, obs. Heugas-Darraspen ; RTD civ. 2007. 770, obs. Fages .* ♦ Sur l'office du juge, V. • Civ. 3e, 13 janv. 1999, n° 97-14.349 P : *Defrénois 2000. 729, obs. D. Mazeaud.* ♦ V. par ailleurs note 7 ss. art. 1304.

5. Absence d'obligation d'accepter un prêt inférieur à celui prévu par la promesse de vente. L'indication, dans la promesse de vente conclue sous condition suspensive d'obtention d'un prêt, d'un montant maximal du prêt (414 000 €) n'est pas de nature à contraindre les acquéreurs à accepter toute offre d'un montant inférieur (407 000 € en l'espèce). • Civ. 3e, 14 déc. 2022, n° 21-24.539 B : *D. 2023. 488, note François ; ibid. 254, obs. Boffa et Mekki ; JCP N 2023, n° 1028, note Leveneur ; CCC 2023, n° 20, note Leveneur.*

6. Limite. Les dispositions d'ordre public de l'art. L. 312-16 C. consom. interdisent d'imposer à l'acquéreur de déposer une demande de crédit dans un certain délai, cette obligation contractuelle étant de nature à accroître les exigences de ce texte. • Civ. 3e, 12 févr. 2014, n° 12-27.182 P : *D. 2014. Chron. C. cass. 1000, obs. Guillaudier ; ibid. 2015. 538, obs. Amrani-Mekki ; RDI 2014. 204, obs. Heugas-Darraspen ; JCP N 2014, n° 1150, obs. Piedelièvre ; RDC 2014. 382, note Latina.*

7. Abstention fautive, défaut de diligence. De la part de l'acquéreur : • Civ. 1re, 25 oct. 1994 : *Defrénois 1995. 755, obs. D. Mazeaud* (demande de prêt incomplète, imprécise, vouée à l'échec) • 25 avr. 1978 : *JCP 1979. II. 19056, note Galle* (acquéreur qui ne fait pas l'apport qui permettrait l'obtention du financement) • Civ. 3e, 10 sept. 2008, n° 07-16.177 P : *D. 2008. AJ 2285 ; RLDC 2008/54, n° 3170, obs. Maugeri* (SCI souhaitant acquérir un local commercial sous condition suspensive d'obtention d'une autorisation administrative d'y exploiter un fonds de commerce mais qui ne justifie pas avoir accompli les démarches nécessaires à la réalisation de cette condition) • 12 janv. 2010, n° 08-18.624 P : *RLDC 2010/69, n° 3731, obs. Le Gallou ; Defrénois 2010. 1691, obs. Lécuyer ; RDC 2010. 567, note Génicon* (condition d'obtention d'un permis de construire que l'acquéreur omet de demander ; acquéreur privé du droit d'invoquer cette condition pour ne pas régulariser l'acte de vente, étant précisé que la non-réalisation de la condition ne rend pas par elle-même la vente caduque). ♦ De la part du vendeur : • Civ. 3e, 23 févr. 1977 : *JCP N 1978. II. 175, note Galle* (vente sous condition que la SAFER ne préempte pas par un vendeur qui ne lui notifie pas la vente) • 24 juin 1981 : *Bull. civ. III, n° 135 ; D. 1982. IR 531, obs. Audit* (vendeur qui n'accomplit pas les démarches tendant à l'extension d'une ligne électrique qui aurait valorisé le bien).

8. Incidence sur les droits de l'agent immobilier. Cassation de l'arrêt ayant ordonné, en application de l'art. 1178 anc., le paiement de sa commission à un agent immobilier qui en avait été privé, faute de réalisation de la vente en raison de la rétractation des acheteurs, alors qu'aucune somme d'argent n'est due, à quelque titre que ce soit, à l'agent immobilier avant que l'opération pour laquelle il a reçu un mandat écrit ait été effectivement conclue et constatée dans un seul acte contenant l'engagement des parties (L. 2 janv. 1970 et Décr. 20 juill. 1972). • Civ. 3e, 11 mars 2009, n° 07-20.509 P : *D. 2009. AJ 873, obs. Rouquet ; RLDC 2009/60, n° 3410, obs. Maugeri.*

2° DANS D'AUTRES CONTRATS

9. Résiliation sous condition suspensive d'un bail. Empêche la réalisation de la condition suspensive de départ en préretraite agricole le preneur à bail rural qui, après avoir demandé ses droits à la préretraite, revient sur sa décision et demande le classement sans suite de son dossier. • Civ. 3e, 7 janv. 1998, n° 95-20.785 P : *D. 1998. 582, note Agostini .*

10. Souscription du bail. Empêche la réalisation de la condition le preneur à bail d'un fonds de commerce de débit de boissons, sous condition d'obtention de la licence, qui, alors qu'il est interdit à la suite d'une condamnation pénale, n'a pas tenté d'y remédier en demandant sa réhabilitation. • Civ. 3e, 19 avr. 2000, n° 98-19.187 P : *RTD civ. 2001. 143, obs. Mestre et Fages .*

11. Contrat de recrutement. V. • Versailles, 3 mars 1988 : *JCP 1988. II. 21132, note Estoup* (contrat de recherche et de présentation d'un candidat pour un poste de direction conclu pour une somme forfaitaire mais sous la condition de l'accomplissement d'un stage d'essai concluant auquel il est mis fin sans motif).

B. FAITS NON IMPUTABLES AU BÉNÉFICIAIRE DE LA CONDITION

1° IMPOSSIBILITÉ JURIDIQUE

12. Règles d'urbanisme. La condition n'est pas réputée accomplie lorsque la défaillance de la condition procède d'une impossibilité juridique. • Civ. 3e, 15 déc. 2010, n° 10-10.473 P : *D. actu. 13 janv. 2011, obs. Prigent ; RDI 2011. 269, obs. Heugas-Darraspen ; RLDC 2011/79, n° 4118, obs. Paulin ; ibid., n° 4188, obs. Parance* (règles d'urbanisme interdisant le projet envisagé).

2° CIRCONSTANCES ÉCONOMIQUES

13. Événements économiques irrésistibles. En présence d'une clause insérée dans une convention passée entre une clinique et un médecin et qui stipule que, si la clinique cessait d'exercer, le contrat prendrait fin, aucune faute ne peut être reprochée à la clinique qui n'a mis en œuvre cette clause que sous la pression d'événements économiques irrésistibles. • Civ. 1re, 16 oct. 2001 : *cité note 9 ss. art. 1304-2.*

3° FAIT D'UN TIERS

14. Vente. La condition ne peut être réputée accomplie lorsque sa réalisation est empêchée par un autre que le débiteur engagé sous cette condition. • Civ. 1re, 23 nov. 1983 : *Bull. civ. I, n° 279 ; RTD civ. 1984. 714, obs. Mestre* (prêt empêché par le refus du père de l'un des acheteurs de se porter caution solidaire). – V. aussi • Com. 21 juin 1994, n° 92-15.876 P (demande de prêt pour 800 000 F, insuffisante pour la réalisation de la vente conclue sous la condition d'un prêt de 1 000 000 F, mais offre de prêt annulée par l'organisme auprès duquel le prêt était sollicité).

15. Bail. Le cédant d'un bail commercial n'est en rien responsable de la non-réalisation de la condition suspensive d'agrément par le bailleur, le refus d'agrément étant dû aux exigences excessives du bailleur. • Civ. 3e, 10 juin 2009, n° 08-14.099 P.

Art. 1304-4 *(Ord. n° 2016-131 du 10 févr. 2016, art. 3, en vigueur le 1er oct. 2016)* **Une partie est libre de renoncer à la condition stipulée dans son intérêt exclusif, tant que celle-ci n'est pas accomplie** *(L. n° 2018-287 du 20 avr. 2018, art. 11)* **« ou n'a pas défailli ».** – *Dispositions transitoires, V. Ord. n° 2016-131 du 10 févr. 2016, art. 9, ss. art. 1386-1.*

Les modifications apportées par la L. n° 2018-287 du 20 avr. 2018 à l'art. 1304-4 ont un caractère interprétatif (L. préc., en vigueur le 1er oct. 2018, art. 16-I). — Sur les conséquences du caractère interprétatif d'une modification législative, V. L. préc., ss. art. 1386-1.

BIBL. ▶ FORTI, *RDC 2017. 681.* – HAMELIN, *Defrénois 6 sept. 2018. 19* (renonciation à la condition). – HONTEBEYRIE, *RDC 2017. 197* (proposition de modification) ; *D. 2017. 2211* (éventuelle future rédaction).

1. Renonciation implicite. Renonciation implicite d'un acquéreur à se prévaloir des conséquences juridiques de la défaillance d'une condition suspensive d'obtention d'un prêt. • Com. 6 févr. 1996 : *JCP N 1996. II. 1662, note Petit ; RTD civ. 1996. 613, obs. Mestre .* ♦ Comp. • Civ. 1re, 23 janv. 1996 : *JCP 1997. II. 22800, note Marino ; Defrénois 1996. 1010, obs. Delebecque ;*

RTD civ. 1996. 608, obs. Mestre ; LPA 9 sept. 1996, note Scholastique ; ibid. 13 sept. 1996, note D. R. Martin. ♦ Renonciation implicite des parties à se prévaloir de l'expiration du délai prévu pour la réalisation de la condition suspensive. • Com. 8 juill. 1997 : *D. Affaires 1997. 1069.*

2. Renonciation par commencement d'exécution. La condition suspensive d'aptitude médicalement constatée d'un joueur de basket-ball insérée dans son contrat de travail ne peut pas jouer dès lors que ce contrat a reçu un commencement d'exécution et que, selon les dispositions d'ordre public de l'art. L. 1243-1 C. trav., auxquelles ni la convention collective de branche ni le contrat de travail ne peuvent déroger, le contrat de travail à durée déterminée ne peut, sauf accord des parties, être rompu avant l'échéance du terme qu'en cas de faute grave ou de force majeure. • Soc. 1er juill. 2009, n° 08-40.023 P : *D. 2010.871, note F. Lagarde ; JCP 2009, n° 574, obs. Mekki ; LPA 29 mars 2010, p. 15, note Buy.*

3. Date de la renonciation. Lorsque la date fixée par la promesse de vente pour la signature de l'acte authentique de vente constitue le point de départ de l'exécution forcée du contrat, la renonciation de l'acquéreur à la condition suspensive stipulée dans son intérêt exclusif doit intervenir avant cette date. • Civ. 3e, 17 déc. 2008, n° 07-18.062 P : *JCP 2009. II. 10047, note Dagorne-Labbe ; Defrénois 2009. 647, note Savaux.*

Art. 1304-5 *(Ord. n° 2016-131 du 10 févr. 2016, art. 3, en vigueur le 1er oct. 2016)* **Avant que la condition suspensive ne soit accomplie, le débiteur doit s'abstenir de tout acte qui empêcherait la bonne exécution de l'obligation ; le créancier peut accomplir tout acte conservatoire et attaquer les actes du débiteur accomplis en fraude de ses droits.**

Ce qui a été payé peut être répété tant que la condition suspensive ne s'est pas accomplie. — *Dispositions transitoires, V. Ord. n° 2016-131 du 10 févr. 2016, art. 9, ss. art. 1386-1.*

Comp. C. civ., art. 1180 anc.

Art. 1304-6 *(Ord. n° 2016-131 du 10 févr. 2016, art. 3, en vigueur le 1er oct. 2016)* **L'obligation devient pure et simple à compter de l'accomplissement de la condition suspensive.**

Toutefois, les parties peuvent prévoir que l'accomplissement de la condition rétroagira au jour du contrat. La chose, objet de l'obligation, n'en demeure pas moins aux risques du débiteur, qui en conserve l'administration et a droit aux fruits jusqu'à l'accomplissement de la condition.

En cas de défaillance de la condition suspensive, l'obligation est réputée n'avoir jamais existé. — *Dispositions transitoires, V. Ord. n° 2016-131 du 10 févr. 2016, art. 9, ss. art. 1386-1.*

Comp. C. civ., art. 1179 et 1182 anc.

A. DÉTERMINATION DE L'ACCOMPLISSEMENT OU DE LA DÉFAILLANCE DE LA CONDITION SUSPENSIVE

1° RÈGLES GÉNÉRALES

1. Pouvoirs du juge en cas d'incertitude. Les juges qui relèvent que, aucune des parties ne s'étant souciée de faire dresser le bilan d'activité stipulé à l'acte, il n'est possible ni à l'une ni à l'autre de prouver que le seuil de rentabilité qui devait rendre les engagements définitifs était atteint ou non, font ressortir la caducité du contrat. • Civ. 1re, 7 nov. 2006, n° 05-11.775 P : *JCP 2007. I. 161, nos 1 s., obs. Sérinet ; RLDC 2008/50, n° 3042, note Merland ; RDC 2007. 259, obs. Laithier.*

2. Appréciation du caractère définitif de l'événement pris comme condition. Les parties à une promesse de vente ayant réservé l'éventualité d'un contrôle de légalité du permis de construire dont l'obtention conditionnait la réalisation de la vente, l'obligation pour l'acquéreur de déposer une demande de permis modificatif à la suite d'un contrôle de légalité du préfet a pour effet de priver le permis accordé précédemment de tout caractère définitif ; la condition suspensive relative à l'obtention du permis de construire définitif à la date de réalisation de la vente n'est ainsi pas satisfaite. • Civ. 3e, 13 févr. 2008 : *D. 2008. AJ 693.*

2° CONDITIONS STIPULÉES SANS DÉLAI DE RÉALISATION

3. Licéité. La stipulation d'une condition suspensive sans terme fixe ne confère pas à l'obligation un caractère perpétuel prohibé quoique le contrat subsiste aussi longtemps que la condition n'est pas défaillie. • Civ. 1re, 4 juin 1991 : *D. 1992. 170, note Gain ; ibid. Somm. 267, obs. Fortis ; RTD civ. 1991. 738, obs. Mestre ; Defrénois 1992. 322, obs. Aubert* (insertion d'annonces pour la vente d'un appartement, dont le paiement du prix était subordonné à la vente du bien).

4. Limites : nécessité occasionnelle d'un délai (contrat de construction). Si le contrat de construction d'une maison individuelle avec fourniture du plan peut être conclu sous la condition suspensive de l'obtention de la garantie de livraison, le délai maximal de réalisation de cette condition suspensive ainsi que la date d'ouverture du chantier, déterminée à partir de ce délai, doivent, à peine de nullité, être précisés par le contrat. • Civ. 3e, 30 mars 2011, n° 10-13.457 P : *D. 2011. 1077*.

5. *Conséquence : survivance du contrat jusqu'à la défaillance certaine (art. 1176 anc.).* L'engagement affecté d'une condition suspensive sans terme fixe subsiste aussi longtemps que la condition n'est pas défaillie. • Civ. 1re, 4 juin 1991 : *préc. note 3* • Com. 6 mars 2007, n° 05-17.546 P : *D. 2007. AJ 1077, obs. Delpech ; Defrénois 2007. 1033, obs. Savaux.* ♦ Il ne peut être résilié unilatéralement. • Com. 6 mai 2003 : *LPA 8 déc. 2003, obs. Viaud.*

6. *Illustrations.* V. • Civ. 3e, 4 mars 1975, n° 73-14.309 P : *R., p. 61 ; JCP 1976. II. 18510, note Nicolas* (condition d'obtention d'une licence d'exploitation d'une pharmacie, licence dont la délivrance est subordonnée au chiffre atteint par la population dans un secteur déterminé) • 24 juin 1998, n° 96-18.677 P : *D. 1999. 403, note Kenfack ; JCP E 1999. 218, obs. Raynard ; Defrénois 1998. 1411, obs. D. Mazeaud* (promesses unilatérales de vente en cascade) • 4 mai 2000, n° 98-17.948 P : *RDI 2000. 585, obs. Groslière ; RTD civ. 2000. 572, obs. Mestre et Fages* (condition d'accord de la communauté urbaine à une vente d'immeuble) • 19 déc. 2001, n° 99-15.682 P : *D. 2002. 1586, note Kenfack ; CCC 2002, n° 57, note Leveneur ; RTD civ. 2002. 299, obs. Mestre et Fages* (réalisation d'une voie publique en projet). ♦ Comp. • Civ. 3e, 3 févr. 1982 : *Bull. civ. III, n° 37 ; RTD civ. 1983. 132, obs. Chabas* • 21 nov. 2012, n° 11-23.382 P : *D. 2013. 391, obs. Amrani-Mekki et Mekki ; AJDI 2013. 704, obs. Cohet-Cordey ; Gaz. Pal. 2013. 263, obs. Mignot ; RDC 2013. 621, note Pimont* (la date prévue pour la réitération n'étant pas extinctive mais constitutive du point de départ à partir duquel l'une des parties pourrait obliger l'autre à s'exécuter, en l'absence d'une date fixée pour la réalisation des conditions suspensives, la vente est parfaite dès la réalisation de ces conditions).

7. *Limite : réalisation au-delà d'un délai raisonnable apprécié par le juge.* En l'absence d'indexation du prix et de coefficient de revalorisation, les juges ont pu apprécier souverainement que les parties avaient eu la commune intention de fixer un délai raisonnable *pour la réalisation de la condition* suspensive, la promesse de vente étant caduque. • Civ. 3e, 20 mai 2015, n° 14-11.851 P : *D. 2015. 1349, note Mazeaud ; AJDI 2015. 543, obs. Cohet ; RTD civ. 2015. 619, obs. Barbier ; RDC 2015. 867, obs. Latina.* ♦ V. déjà • Civ. 3e, 3 févr. 1982 : *Bull. civ. III, n° 37 ; RTD civ. 1983. 132, obs. Chabas* [les juges du fond, pour déclarer caducs les accords entre les parties, retiennent souverainement, par une recherche de leur commune intention, et conformément à l'art. 1175 (anc.), que celles-ci n'avaient pu envisager que les conditions suspensives assortissant la vente d'une propriété (obtention d'un prêt et délivrance d'un permis de construire) puissent s'accomplir plus de six ans après la signature de la convention, alors qu'il n'avait été stipulé aucune indexation du prix de la vente, ni aucun coefficient de revalorisation]. – Même sens : • TGI Dinan, 29 juin 1982 : *JCP N 1984. II. 11, note Page.* ♦ Comp. • Civ. 3e, 4 mars 1975 : *préc. note 6.*

B. EFFETS DE L'ACCOMPLISSEMENT OU DE LA DÉFAILLANCE DE LA CONDITION SUSPENSIVE

1° EFFETS DE L'ACCOMPLISSEMENT DE LA CONDITION

8. Sur les effets de l'accomplissement de la condition suspensive lorsque les parties ont stipulé expressément la rétroactivité, V. notes ss. art. 1179 anc. (effets de principe de la rétroactivité) et 1182 anc. (effets sur les risques).

2° EFFETS DE LA DÉFAILLANCE DE LA CONDITION

9. *Caducité.* La défaillance de la condition suspensive entraîne la caducité de la vente, sans qu'y fasse obstacle l'apport tardif des justifications de la réalisation de la condition suspensive. • Civ. 3e, 28 mars 2007, n° 03-14.681 P : *D. 2007. AJ 1139 ; Defrénois 2007. 1033, obs. Savaux* • 11 mai 2011 : *RDI 2011. 443, obs. Heugas-Darraspen ; RLDC 2011/84, n° 4294, obs. Paulin* (accord de prêt notifié tardivement aux acquéreurs d'un immeuble) • 29 mai 2013, n° 12-17.077 P : *R., p. 578 ; D. 2014. 630, obs. Amrani-Mekki et Mekki ; AJDI 2013. 231, obs. Cohet ; RTD civ. 2013. 592, obs. Barbier ; RDC 2013. 1373, obs. Latina ; ibid. 1409, obs. Le Bourg* (absence d'obtention du financement dans le délai convenu, le vendeur ne renonçant pas à la caducité de la promesse) • 14 oct. 2009, n° 08-20.152 P : *AJDI 2010. 324, obs. Prigent* (vente sous condition de la purge du droit de préemption des preneurs, décision de ceux-ci d'exercer leur droit de préemption non remise en cause par leur désistement de leur instance aux fins de fixation du prix).

10. *Détermination du titulaire du droit de s'en prévaloir (ou non).* Seule la partie dans l'intérêt de laquelle la condition a été stipulée a qualité pour se prévaloir de sa non-réalisation. • Civ. 3e, 26 juin 1996, n° 94-18.525 P : *Defrénois 1996. 1359, obs. Delebecque* (appréciation souveraine des juges du fond sur la question de savoir en faveur de qui la condition a été stipulée). ♦ Cassation de l'arrêt qui déboute un vendeur de sa demande en constatation de la caducité de la vente suite à la survenance tardive de la condition suspensive (octroi du permis de construire), sans constater que cette condition avait été stipulée dans l'intérêt exclusif de l'acquéreur. • Civ. 3e, 13 juill. 1999, n° 97-20.110 P : *D. Affaires 1999. 1461, obs. J. F. ; JCP 2000. I. 215, nos 12 s., obs. Virassamy ; LPA 1er févr. 2000, note Courtier ; RDI 1999. 666, obs. Groslière*. ♦ Le fait que, dans une promesse de vente, la condition de purge de droits de préemption ne dépende pas de la volonté des parties est impropre à caractériser la volonté des parties de stipuler la condition dans l'intérêt des deux ou dans l'intérêt du seul acquéreur qui pourrait alors y renoncer. • Civ. 3e, 7 mai 2008, n° 07-11.792 P.

11. Réduction de l'obligation (non). Dans le cas d'une promesse de vente sous condition suspensive, lorsque la condition a défailli, l'acquéreur n'a pour seule alternative que de se prévaloir de la caducité de la promesse ou d'y renoncer et de poursuivre la vente aux conditions initiales, sans pouvoir exiger la réalisation forcée de la vente moyennant une réduction de prix, à titre de dommages-intérêts. • Civ. 3e, 31 mars 2005, n° 04-11.752 P : *D. 2005. IR 1181 ; JCP 2005. II. 10157, note Kenfack ; RTD civ. 2005. 775, obs. Mestre et Fages*.

12. Caducité d'un compromis. Lorsque, dans une promesse synallagmatique de vente, un délai est prévu pour la réalisation de la condition suspensive et qu'à la date prévue pour la réitération par acte authentique, cette condition n'est pas accomplie, la promesse est caduque. • Civ. 3e, 9 mars 2017, n° 15-26.182 P : *D. 2017. 646 ; RDI 2017. 286, obs. Heugas-Darraspen ; AJ contrat 2017. 226, obs. Dagorne-Labbe ; RTD civ. 2017. 393, obs. Barbier* (cassation de l'arrêt ayant déclaré la vente parfaite au motif que les vendeurs n'ont pas rempli les formalités nécessaires à la mise en œuvre de la caducité pour absence de dépôt de la demande du permis de construire et de l'obtention du prêt dans les délais prévus, et n'ont pas cherché à obliger les acquéreurs à signer l'acte authentique après le délai fixé).

Art. 1304-7 *(Ord. no 2016-131 du 10 févr. 2016, art. 3, en vigueur le 1er oct. 2016)* **L'accomplissement de la condition résolutoire éteint rétroactivement l'obligation, sans remettre en cause, le cas échéant, les actes conservatoires et d'administration.**

La rétroactivité n'a pas lieu si telle est la convention des parties ou si les prestations échangées ont trouvé leur utilité au fur et à mesure de l'exécution réciproque du contrat. — *Dispositions transitoires, V. Ord. no 2016-131 du 10 févr. 2016, art. 9, ss. art. 1386-1.*

Comp. C. civ., art. 1183 anc.

1. Conditions : absence de nécessité de mise en demeure. La condition résolutoire, lorsqu'elle s'accomplit, opère, sauf stipulation contraire des parties, la révocation de l'obligation sans mise en demeure préalable. • Civ. 3e, 9 janv. 1980, n° 78-13.720 P.

2. Rétroactivité. Obligation pour le donateur, en cas d'exercice du droit de retour conventionnel, de restituer au conjoint de la donataire la somme versée par celle-ci en exécution d'une clause de la donation. • Civ. 1re, 7 juin 1995 : *D. 1995. 614 ; RTD civ. 1995. 951, obs. Patarin*. ♦ ... De rembourser des impenses. • Civ. 1re, 23 sept. 2015, n° 14-18.131 P : *D. 2015. 1953 ; AJ fam. 2015. 618, obs. Vernières ; RTD civ. 2016. 174, obs. Vareille*.

SECTION 2 L'obligation à terme

(Ord. no 2016-131 du 10 févr. 2016, art. 3, en vigueur le 1er oct. 2016)

Art. 1305 *(Ord. no 2016-131 du 10 févr. 2016, art. 3, en vigueur le 1er oct. 2016)* **L'obligation est à terme lorsque son exigibilité est différée jusqu'à la survenance d'un *événement* futur et certain, encore que la date en soit incertaine.** — *Dispositions transitoires, V. Ord. no 2016-131 du 10 févr. 2016, art. 9, ss. art. 1386-1.*

Comp. C. civ., art. 1185 anc.

RÉP. CIV. v° *Terme*, par Ch. HANNOUN et Y. GUENZOUI.

BIBL. ▶ A. AYNÈS, *Dr. et patr. 7-8/2015. 37.*

1. Distinction du terme et de la condition. Sur la distinction de la condition et du terme incertain : V. • Civ. 1re, 21 juill. 1965, n° 63-11.244 P (engagement de rembourser le montant d'un prêt « lors de la vente d'un local ») • Civ. 3e, 27 nov. 1969 : *ibid. III, n° 772* (clause subordonnant le transfert de propriété à l'établissement d'un acte authentique et à la vente d'un autre bien) • 4 déc. 1985 : *ibid. III, n° 162 ; RTD civ. 1987. 98, obs. Mestre* (vente d'un terrain consentie moyennant l'obligation pour l'acheteur d'édifier une construction et de la livrer au vendeur, sans qu'une date soit fixée pour l'exécution de cette obligation) • Com. 19 juin 1990 :

D. 1991. 436, note Gautier (cession de droits d'exploitation de films pour une durée courant à compter de la première projection à la télévision). ♦ Appréciation souveraine de la commune intention des parties : • Civ. 1re, 28 janv. 1976 : *Bull. civ. I, no 37* • 13 déc. 1994, no 93-10.206 P : *JCP 1995. I. 3843, no 1, obs. Billiau* (engagement du propriétaire d'une œuvre d'art de payer à un tiers une somme d'argent en cas de vente de cette œuvre : terme incertain, les juges du fond ayant souverainement retenu que le propriétaire s'était engagé à vendre). ♦ Viole l'art. 1185 anc. par fausse application l'arrêt qui retient que l'accord des parties comportait un terme et non une condition, dès lors qu'il a été considéré comme de réalisation certaine par les parties alors que, l'événement étant incertain non seulement dans sa date, mais aussi quant à sa réalisation, il s'agissait d'une condition et non d'un terme. • Civ. 1re, 13 avr. 1999, no 97-11.156 P : *D. Affaires 1999. 937, obs. J.F. ; JCP 2000. II. 10309, note Barthez ; Defrénois 1999. 1001, obs. D. Mazeaud ; CCC 1999, no 125, note Leveneur* • 13 juill. 2004, no 01-01.429 P : *D. 2005. 1009, note Bories ; JCP 2004. II. 10155, concl. Sainte-Rose ; Defrénois 2004. 1396, obs. Aubert ; CCC 2004, no 172, note Leveneur ; RTD civ. 2004. 734, obs. Mestre et Fages ; Rev. sociétés 2005. 378, note Bonnet* • Com. 20 mars 2007, no 05-21.526 P : *D. 2007. AJ 1013, obs. Delpech ; ibid. Chron. C. cass. 1308, obs. Salomon* • 20 mars 2007, no 06-14.259 P : *RTD civ. 2007. 601, obs. Grimaldi*.

2. Effets du terme. Le terme ne suspendant pas l'engagement, une dette ayant pris naissance avant le décès de la caution est transmise à ses héritiers même si elle n'était pas encore exigible à cette date. • Civ. 1re, 20 juill. 1994 : *JCP N 1995. II. 652, note Leveneur.*

Art. 1305-1 *(Ord. no 2016-131 du 10 févr. 2016, art. 3, en vigueur le 1er oct. 2016)* **Le terme peut être exprès ou tacite.**

A défaut d'accord, le juge peut le fixer en considération de la nature de l'obligation et de la situation des parties. — *Dispositions transitoires, V. Ord. no 2016-131 du 10 févr. 2016, art. 9, ss. art. 1386-1.*

Interprétation de la volonté des parties. Interprétant la clause d'une reconnaissance de dette par laquelle les débiteurs s'étaient engagés « à effectuer le remboursement dès que leurs possibilités le leur permettraient et, en tout cas, dans un délai maximum de quinze ans », les juges du fond peuvent estimer que le terme dont l'engagement était assorti et qui était fonction des facultés des débiteurs, était échu alors même que le délai de quinze ans n'était pas expiré. • Civ. 1re, 6 nov. 1973 : *D. 1974. 91.*

Sur la détermination du terme du prêt, V. jurisprudence ss. art. 1888 (prêt à usage) et 1900 (prêt de consommation).

Art. 1305-2 *(Ord. no 2016-131 du 10 févr. 2016, art. 3, en vigueur le 1er oct. 2016)* **Ce qui n'est dû qu'à terme ne peut être exigé avant l'échéance ; mais ce qui a été payé d'avance ne peut être répété.** — *Dispositions transitoires, V. Ord. no 2016-131 du 10 févr. 2016, art. 9, ss. art. 1386-1.*

Comp. C. civ., art. 1186 anc.

Art. 1305-3 *(Ord. no 2016-131 du 10 févr. 2016, art. 3, en vigueur le 1er oct. 2016)* **Le terme profite au débiteur, s'il ne résulte de la loi, de la volonté des parties ou des circonstances qu'il a été établi en faveur du créancier ou des deux parties.**

La partie au bénéfice exclusif de qui le terme a été fixé peut y renoncer sans le consentement de l'autre. — *Dispositions transitoires, V. Ord. no 2016-131 du 10 févr. 2016, art. 9, ss. art. 1386-1.*

Comp. C. civ., art. 1187 anc.

1. Détermination de la personne en faveur de qui le terme est stipulé. Sur l'interprétation de la convention en ce sens que le remboursement anticipé d'un prêt doit être exclu : V. • Req. 21 avr. 1896 : *DP 1896. 1. 484, rapp. Voisin.*

2. Renonciation au bénéfice du terme. Ne saurait être tenu comme ayant renoncé au bénéfice du terme le débiteur qui reconnaît son insolvabilité dès lors qu'il a en même temps prié son créancier de ne pas engager de procédure susceptible d'entraver ses efforts de redressement. • Paris, 22 avr. 1976 : *Gaz. Pal. 1977. 1. 14.*

3. Renonciation par le créancier à prononcer l'exigibilité anticipée de ses créances. L'accord de conciliation qui prévoit l'engagement des signataires de ne pas prononcer l'exigibilité anticipée de leurs créances constitue une manifestation non équivoque de l'intention des créanciers de suspendre l'exigibilité de leur créance, et l'absence d'homologation de cet accord, non invoquée par un créancier signataire, ne rend pas exigible ces créances. • Com 12 juill. 2016, no 14-27.983 P : *D. 2016. 1645 ; Rev. sociétés 2016. 553, obs. Henry*.

Art. 1305-4 *(Ord. n° 2016-131 du 10 févr. 2016, art. 3, en vigueur le 1er oct. 2016)* **Le débiteur ne peut réclamer le bénéfice du terme s'il ne fournit pas les sûretés promises au créancier ou s'il diminue celles qui garantissent l'obligation.** — *Dispositions transitoires, V. Ord. n° 2016-131 du 10 févr. 2016, art. 9, ss. art. 1386-1.*

Comp. C. civ., art. 1188 anc.

1. Nature de la déchéance du terme. La déchéance du terme ne modifie pas la nature de la dette. • Civ. 1re, 23 avr. 2003, n° 01-02.502 P (application de l'ancienne prescription quinquennale des créances périodiques à un prêt ayant fait l'objet d'une déchéance du terme).

1° DÉCHÉANCE DU TERME LIÉE À LA PERTE OU À LA DIMINUTION DES SÛRETÉS

2. Notion de sûreté. Sur la notion de sûreté dont la perte peut entraîner la déchéance du terme, V. • Civ. 1re, 9 mai 1994, n° 92-15.063 P : *RTD civ. 1995. 110, obs. Mestre ; Defrénois 1995. 340, obs. Delebecque* (considérant implicitement que le remboursement d'un prêt par prélèvement sur les salaires de l'emprunteur pourrait constituer une sûreté, de sorte que la cessation des fonctions du salarié entraînerait la déchéance du terme).

3. Sûreté donnée par contrat (droit antérieur). Pour un arrêt rappelant, sous l'empire de l'art. 1188 anc., que les sûretés dont la perte entraîne pour le débiteur la déchéance du terme sont celles qu'il a données dans le contrat, V. • Civ. 1re, 9 mai 1994 : *préc. note 2* (condition non reprise par l'art. 1305-4).

4. Perte ou diminution prévisible. La diminution de la sûreté ne peut entraîner la déchéance du terme lorsque le créancier a pu en prévoir l'éventualité à la signature du contrat, surtout lorsque la diminution est inhérente à la nature de la chose, s'agissant de marchandises destinées à la vente. • Paris, 22 avr. 1976 : *Gaz. Pal. 1977. 1. 14.*

2° DÉCHÉANCE DU TERME LIÉE À L'INSOLVABILITÉ DU DÉBITEUR

5. Procédures de traitement des difficultés des entreprises. Sur la solution retenue dorénavant par la loi en cas d'ouverture d'une procédure de sauvegarde ou de redressement judiciaire, *V. C. com., art. L. 622-29* (sauvegarde) et L. 631-14 (redressement). Pour une application V. par exemple, • Com. 21 févr. 2012, n° 11-30.077 P : *D. 2012. 607, obs. Lienhard* (le jugement d'ouverture de la procédure de redressement judiciaire ne rend pas exigibles les créances non échues à la date de son prononcé et toute clause liant directement ou indirectement la déchéance à l'ouverture d'une telle procédure est réputée non écrite). ♦ Pour la déchéance du terme en cas de liquidation judiciaire, V. C. com., art. L. 643-1.

6. Déconfiture. Il était jugé, sous l'empire de l'art. 1188 anc. et avant l'instauration de procédures spécifiques de traitement du surendettement, que la déchéance prévue par l'art. 1188 anc. était applicable en cas de déconfiture du débiteur. • Civ. 1re, 10 févr. 1976 : *Bull. civ. I, n° 62* (valeur très faible du patrimoine immobilier ; saisie-arrêt sur salaires n'ayant donné aucun résultat ; dispositions diverses suspectes destinées à faire disparaitre des éléments d'actif). ♦ Antérieurement, V. déjà • Civ. 1re, 16 déc. 1975 : *Bull. civ. I, n° 372* (si la déconfiture est susceptible d'emporter déchéance du terme, celle-ci n'est pas encourue de plein droit et doit être demandée au juge qui la prononce, s'il y a lieu, après vérification des faits qui la motivent). ♦ Sur la situation en cas d'ouverture d'une procédure de traitement du surendettement, V. C. consom., art. L. 331-7 (mesures de suspension et de rééchelonnement en cas de redressement judiciaire) et L. 332-5 (effacement des dettes en cas de rétablissement personnel).

7. Incidence du règlement de la dette par l'assureur de l'emprunteur. Le règlement des sommes correspondant au montant des échéances impayées d'un prêt ayant conduit la banque à prononcer la déchéance du terme, effectué postérieurement à celle-ci par l'assureur de l'emprunteur, ne peut, sauf stipulations contractuelles expresses, entraîner la caducité de cette déchéance, et la banque ne commet pas de faute en poursuivant le recouvrement forcé des sommes dues malgré le changement de position de l'assureur. • Civ. 1re, 12 nov. 2020, n° 19-16.964 P : *D. 2020. 2284 ; RDI 2021. 143, obs. Heugas-Darraspen* (dans un cas où les conditions générales du prêt stipulaient expressément que les régularisations postérieures à la déchéance du terme ne faisaient pas obstacle à l'exigibilité résultant de cette dernière).

Art. 1305-5 *(Ord. n° 2016-131 du 10 févr. 2016, art. 3, en vigueur le 1er oct. 2016)* **La déchéance du terme encourue par un débiteur est inopposable à ses coobligés, même solidaires** *(L. n° 2018-287 du 20 avr. 2018, art. 11)* **« , et à ses cautions ».** — *Dispositions transitoires, V. Ord. n° 2016-131 du 10 févr. 2016, art. 9, ss. art. 1386-1.*

Les modifications apportées par la L. n° 2018-287 du 20 avr. 2018 à l'art. 1305-5 ont un caractère interprétatif (L. préc., en vigueur le 1er oct. 2018, art. 16-I). — Sur les conséquences du caractère interprétatif d'une modification législative, V. L. préc., ss. art. 1386-1.

BIBL. ▶ Gouëzel, *AJ contrat 2018. 309* (loi de ratification et modalités et extinction des obligations).

Principe. La déchéance du terme résultant de la liquidation judiciaire d'un débiteur n'a d'effet qu'à l'égard de celui-ci et reste sans incidence sur la situation de ses coobligés solidaires. • Com. 15 juin 2011, n° 10-18.850 P : *D. 2011. 1752, obs. Lienhard*.

SECTION 3 L'obligation plurale

(Ord. n° 2016-131 du 10 févr. 2016, art. 3, en vigueur le 1er oct. 2016)

SOUS-SECTION 1 La pluralité d'objets

(Ord. n° 2016-131 du 10 févr. 2016, art. 3, en vigueur le 1er oct. 2016)

BIBL. ▶ Hontebeyrie, *Dr. et patr. 7-8/2015. 41.*

§ 1 L'obligation cumulative

(Ord. n° 2016-131 du 10 févr. 2016, art. 3, en vigueur le 1er oct. 2016)

Art. 1306 *(Ord. n° 2016-131 du 10 févr. 2016, art. 3, en vigueur le 1er oct. 2016)* **L'obligation est cumulative lorsqu'elle a pour objet plusieurs prestations et que seule l'exécution de la totalité de celles-ci libère le débiteur.** — *Dispositions transitoires, V. Ord. n° 2016-131 du 10 févr. 2016, art. 9, ss. art. 1386-1.*

§ 2 L'obligation alternative

(Ord. n° 2016-131 du 10 févr. 2016, art. 3, en vigueur le 1er oct. 2016)

Art. 1307 *(Ord. n° 2016-131 du 10 févr. 2016, art. 3, en vigueur le 1er oct. 2016)* **L'obligation est alternative lorsqu'elle a pour objet plusieurs prestations et que l'exécution de l'une d'elles libère le débiteur.** — *Dispositions transitoires, V. Ord. n° 2016-131 du 10 févr. 2016, art. 9, ss. art. 1386-1.*

Comp. C. civ., art. 1189 anc.

1. Distinction de la condition potestative et de l'obligation alternative. • Paris, 28 mai 1974 : *D. 1974. 685, concl. Cabannes* (engagement de payer contracté sous une forme alternative). ♦ V. aussi • Paris, 7 mars 1989 : *JCP 1989. II. 21318, note Petit* (prêt de financement d'études avec dispense de remboursement en cas d'engagement d'entrer au service de la société prêteuse) • Com. 7 déc. 2004 : *D. 2005. 2392, note Delebecque* (l'obligation du transporteur d'acheminer la marchandise par air ou par route est une obligation alternative) • Civ. 1re, 16 mai 2006, n° 02-17.762 P : *D. 2006. IR 1482* (dépôt-vente : obligation alternative de restitution en nature ou en valeur à la charge du revendeur).

2. Applications. Pour un cas d'obligation alternative dans une convention collective : • Soc. 12 févr. 1975 : *Bull. civ. V, n° 67* (cas du salarié qui, ayant quitté son emploi pour exercer des fonctions syndicales, entend réintégrer cet emploi en raison de l'expiration de son mandat : obligation de l'employeur de le réembaucher, ou de le reclasser, ou de lui verser une indemnité).

3. Effets. Le débiteur peut seulement être tenu de l'un des objets d'une obligation alternative. • Civ. 3e, 15 janv. 1974, n° 72-13.780 P (le locataire ne peut être tenu, en vertu de la clause d'un bail stipulant que le bailleur pourrait conserver sans indemnité les améliorations sans préjudice de son droit d'exiger la remise des lieux en leur état primitif aux frais du preneur, à la fois de rembourser la moquette d'origine et d'abandonner sa propre moquette au bailleur).

Art. 1307-1 *(Ord. n° 2016-131 du 10 févr. 2016, art. 3, en vigueur le 1er oct. 2016)* **Le choix entre les prestations appartient au débiteur.**

Si le choix n'est pas exercé dans le temps convenu ou dans un délai raisonnable, l'autre partie peut, après mise en demeure, exercer ce choix ou résoudre le contrat.

Le choix exercé est définitif et fait perdre à l'obligation son caractère alternatif. — *Dispositions transitoires, V. Ord. n° 2016-131 du 10 févr. 2016, art. 9, ss. art. 1386-1.*

Comp. C. civ., art. 1190 anc.

1. Le principe selon lequel le choix appartient au débiteur posé par l'anc. art. 1190 n'est qu'une interprétation présumée de la volonté des parties et doit être écarté si la volonté des parties apparaît différente. • Req. 17 juill. 1929 : *DP 1929. 1. 143, rapp. Bricout.*

2. Titulaire du droit de choisir. Le juge ne peut, dans les rapports contractuels, se substituer aux parties, pour exercer, en leur nom, une option qu'elles se sont réservée, ni autoriser le cocontractant, qui n'avait pas ce droit d'après la convention, à opérer le choix à la place de la partie défaillante. • Civ. 3e, 4 juill. 1968, n° 66-10.101 P, rejetant le pourvoi formé contre • Paris, 29 juin 1964 : *JCP 1965. II. 14135, note Boccara* (possibilité pour le vendeur de choisir entre un prix fixé à telle somme de manière définitive et un prix fixé à une somme inférieure, mais indexé).

3. Portée du choix. Le choix de l'objet de l'obligation alternative est définitif, dès qu'il est fait par la partie à laquelle il appartient. • Civ. 1re, 3 juin 1966, n° 64-11.436 P : *RTD civ. 1967. 384, obs. J. Chevallier* (possibilité pour le crédirentier de demander soit l'application de la clause d'échelle mobile dont la rente était assortie, soit l'application des majorations légales et option exercée en faveur des majorations légales).

4. Responsabilité du cocontractant. Responsabilité du débiteur qui a délibérément empêché le créancier d'exercer son option. • Civ. 1re, 6 févr. 2001, ☎ n° 99-11.112 P (perte pour un locataire de la faculté de réintégrer des locaux dans l'immeuble qu'il occupait avant les travaux).

Art. 1307-2 *(Ord. n° 2016-131 du 10 févr. 2016, art. 3, en vigueur le 1er oct. 2016)* **Si elle procède d'un cas de force majeure, l'impossibilité d'exécuter la prestation choisie libère le débiteur.** — *Dispositions transitoires, V. Ord. n° 2016-131 du 10 févr. 2016, art. 9, ss. art. 1386-1.*

Comp. C. civ., art. 1193 s. anc.

Art. 1307-3 *(Ord. n° 2016-131 du 10 févr. 2016, art. 3, en vigueur le 1er oct. 2016)* **Le débiteur qui n'a pas fait connaître son choix doit, si l'une des prestations devient impossible, exécuter l'une des autres.** — *Dispositions transitoires, V. Ord. n° 2016-131 du 10 févr. 2016, art. 9, ss. art. 1386-1.*

Art. 1307-4 *(Ord. n° 2016-131 du 10 févr. 2016, art. 3, en vigueur le 1er oct. 2016)* **Le créancier qui n'a pas fait connaître son choix doit, si l'une des prestations devient impossible à exécuter par suite d'un cas de force majeure, se contenter de l'une des autres.** — *Dispositions transitoires, V. Ord. n° 2016-131 du 10 févr. 2016, art. 9, ss. art. 1386-1.*

Comp. C. civ., art. 1194 anc.

Art. 1307-5 *(Ord. n° 2016-131 du 10 févr. 2016, art. 3, en vigueur le 1er oct. 2016)* **Lorsque les prestations deviennent impossibles, le débiteur n'est libéré que si l'impossibilité procède, pour chacune, d'un cas de force majeure.** — *Dispositions transitoires, V. Ord. n° 2016-131 du 10 févr. 2016, art. 9, ss. art. 1386-1.*

Comp. C. civ., art. 1193 s. anc.

§ 3 L'obligation facultative

(Ord. n° 2016-131 du 10 févr. 2016, art. 3, en vigueur le 1er oct. 2016)

Art. 1308 *(Ord. n° 2016-131 du 10 févr. 2016, art. 3, en vigueur le 1er oct. 2016)* **L'obligation est facultative lorsqu'elle a pour objet une certaine prestation mais que le débiteur a la faculté, pour se libérer, d'en fournir une autre.**

L'obligation facultative est éteinte si l'exécution de la prestation initialement convenue devient impossible pour cause de force majeure. — *Dispositions transitoires, V. Ord. n° 2016-131 du 10 févr. 2016, art. 9, ss. art. 1386-1.*

SOUS-SECTION 2 La pluralité de sujets

(Ord. n° 2016-131 du 10 févr. 2016, art. 3, en vigueur le 1er oct. 2016)

BIBL. ► BRIAND, *Dr. et patr. 5/2016. 90* (cotitularité des obligations). – HONTEBEYRIE, *Dr. et patr. 7-8/2015. 46.*

Art. 1309 *(Ord. n° 2016-131 du 10 févr. 2016, art. 3, en vigueur le 1er oct. 2016)* **L'obligation qui lie plusieurs créanciers ou débiteurs se divise de plein droit entre eux. La division a lieu également entre leurs successeurs, l'obligation fût-elle solidaire. Si elle n'est pas réglée autrement par la loi ou par le contrat, la division a lieu par parts égales.**

Chacun des créanciers n'a droit qu'à sa part de la créance commune ; chacun des débiteurs n'est tenu que de sa part de la dette commune.

Il n'en va autrement, dans les rapports entre les créanciers et les débiteurs, que si l'obligation est solidaire ou si la prestation due est indivisible. – *Dispositions transitoires, V. Ord. n° 2016-131 du 10 févr. 2016, art. 9, ss. art. 1386-1.*

Comp. C. civ., art. 1220 anc. (obligation divisible).

BIBL. ▶ Hontebeyrie, *D. 2022. 1563* (sauver l'obligation *in solidum*).

1. Situation avant le partage de la succession du débiteur défunt. Malgré la division légale, entre les héritiers, des dettes de la succession, l'intégralité de chacune de ces dettes, tant que le partage n'a pas été effectué, est garantie par l'hérédité tout entière. • Civ. 1re, 4 avr. 1962 : *Gaz. Pal. 1962. 2. 29.* – Déjà en ce sens : • Req. 24 déc. 1912, *Frécon : GAJC, 12e éd., n° 107 ; DP 1915. 1. 45 ; S. 1914. 1. 201.* ♦ V. aussi note Nast, *DP 1939. 2. 53*, et art. 815-17 C. civ.

2. Renonciation à la garantie prévue au bénéfice du créancier du débiteur défunt. Le décès du débiteur a pour effet d'entraîner, de plein droit, la division des dettes héréditaires entre tous les héritiers ou légataires universels ou à titre universel, au prorata de chacun, et si les créanciers disposent du droit de poursuivre la totalité de la succession, ils ne sont pas obligés d'user de cette garantie ; ils peuvent valablement poursuivre le recouvrement de leur créance contre chacun des héritiers, au prorata de leurs droits respectifs. • Civ. 1re, 14 mars 1972 : *Gaz. Pal. 1972. 2. 638.* ♦ Doit être cassé l'arrêt qui rejette une demande en paiement de salaire différé pour avoir été formée contre un héritier personnellement et non contre la succession. • Civ. 1re, 10 oct. 1995, n° 93-18.782 P.

3. Divisibilité de l'obligation solidaire. L'obligation du débiteur décédé se divise de plein droit entre ses héritiers ; en conséquence, lorsque la dette est solidaire, bien qu'elle conserve ce caractère à l'égard de l'hérédité, chacun des héritiers, ne recueillant qu'une part de la succession, n'est tenu que jusqu'à concurrence de cette part. • Civ. 1re, 2 janv. 1924 (deux arrêts) : *DP 1924. 1. 14* • Civ. 1re, 10 mai 1988 : *Bull. civ. I, n° 140 ; JCP N 1989. II. 10, note Salvage ; RTD civ. 1989. 77, obs. Mestre.* – Dans le même sens : • Civ. 1re, 10 févr. 1993, n° 91-14.865 P : *Defrénois 1994. 712, note Bernard de Saint Affrique* • 19 mars 1996, n° 94-13.884 P. ♦ ... Sans qu'il soit nécessaire de distinguer selon qu'ils sont acceptants purs et simples ou bénéficiaires. • Civ. 1re, 3 déc. 2002, n° 00-13.788 P. ♦ Par suite, doit être cassé, pour violation des art. 873 et 1220 [anc.], l'arrêt qui prononce contre tous les héritiers une condamnation solidaire au paiement des dettes de la succession. • Civ. 1re, 13 déc. 1988 : *Bull. civ. I, n° 362* • 16 juill. 1992 : *D. 1993. 171, note E. S. de La Marnierre* • 19 mars 1996 : *préc.*

4. Renonciation de certains créanciers. Viole l'anc. art. 1220 les juges qui condamnent un débiteur à payer la totalité de sa dette entre les mains de deux seulement des héritiers du créancier défunt, alors que les deux autres héritiers avaient renoncé à leur action. • Civ. 1re, 11 oct. 1988 : *Bull. civ. I, n° 285.* ♦ V. aussi • Civ. 1re, 3 juill. 2001, n° 99-13.399 P : *RJPF 2001-10/45, obs. Casey.*

5. Division des créances après dissolution d'une communauté. Chacun des époux a le droit de demander personnellement à partir de la dissolution de la communauté le règlement de sa quote-part dans les créances communes. • Civ. 1re, 10 févr. 1981 : *JCP 1982. II. 19786, note Rémy.*

6. Division des dettes entre usufruitier et nu-propriétaire. Le caractère indivisible de la dette successorale dont le conjoint survivant, usufruitier légal du quart des biens de la succession en présence d'un enfant (art. 767 anc.), est tenu à proportion de sa vocation ne porte pas atteinte à la divisibilité de l'obligation entre usufruitier et nu-propriétaire, fondée sur la nature de ses droits (art. 1221-5° anc.). • Civ. 1re, 9 déc. 2003, n° 99-17.576 P.

§ 1 L'obligation solidaire

(Ord. n° 2016-131 du 10 févr. 2016, art. 3, en vigueur le 1er oct. 2016)

BIBL. ▶ Deshayes, De la pluralité de sujets *in* Pour une réforme du régime général des obligations, ss. la dir. de F. Terré, *D. 2013. 79 s.* – Dissaux et Jamin, Projet de réforme, *supplément C. civ. 2016, p. 170 s.* – Martin, *RDC 2015. 799.* – Brémond, *blog Dalloz obligations 2015* (l'obligation solidaire). – Hontebeyrie, *D. 2015. 89* (solidarité passive) ; *Dr. et patr. 7-8/2015. 46.*

▶ Groutel, *D. 1987. Chron. 86* (pluralité d'auteurs dans un accident de la circulation). – J. Huet, *RDI 1983. 11* (obligation *in solidum* et solidarité dans la responsabilité des constructeurs). – L'Hôte, *Defrénois 2003. 1383* (congé délivré par un seul des coproneurs). – Mestre, *RTD civ. 1981. 1* (pluralité d'obligés accessoires). – Pacaud et Girard, *JCP N 2000. 234* (solidarité familiale et solidarité juridique). – Prothais, *D. 1987. Chron. 237* (dettes ménagères des concubins : solidaires, *in solidum*, indivisibles ou conjointes).

▶ **Sur l'obligation *in solidum* :** Boré, *JCP 1967. I. 2126.* – Chabas, *RTD civ. 1967. 310.* – Cochet, *LPA 14 juin 2004* (contribution à la dette des coobligés *in solidum*). – Meurisse,

D. 1962. Chron. 243. – Raynaud, *Mél. Vincent, Dalloz, 1981, p. 317* (coauteurs d'un dommage). – Starck, *JCP 1970. I. 2339.* – J. Vincent, *RTD civ. 1939. 601.*

▶ Aynès et Hontebeyrie, *D. 2006. Chron. 328* (pour une réforme du code civil en matière d'obligation conjointe et d'obligation solidaire). – Dondero, *D. 2009. Chron. 1097* (présomption de solidarité en matière commerciale). – Hontebeyrie, *D. 2015. 89* (solidarité passive dans le code civil demain). – Julienne, *D. 2012. Chron. 1201* (pour un réexamen du principe de division des dettes conjointes). – Mignot, *D. 2006. Chron. 2696* (méfaits de la *stipulatio* et obligation solidaire). – Viglino, *D. 2021. 644* (la solidarité passive mise en échec par le décès du débiteur).

Art. 1310 *(Ord. nº 2016-131 du 10 févr. 2016, art. 3, en vigueur le 1er oct. 2016)* **La solidarité est légale ou conventionnelle ; elle ne se présume pas.** — *Dispositions transitoires, V. Ord. nº 2016-131 du 10 févr. 2016, art. 9, ss. art. 1386-1.*

Comp. C. civ., art. 1202 anc.

A. SOLIDARITÉ ENTRE CRÉANCIERS

1. Caractère exprès. La qualité de débiteurs solidaires n'entraîne pas, à défaut de stipulation expresse du contrat, celle de créanciers solidaires. • Civ. 1re, 31 mai 1983 : *Bull. civ. I, nº 163.* ♦ Cassation de l'arrêt fondant la solidarité active sur la stipulation par laquelle les vendeurs s'étaient engagés solidairement envers l'acquéreur « à toutes les garanties ordinaires de fait et de droit les plus étendues en pareille matière ». • Civ. 1re, 23 déc. 1964 : *D. 1965. 153, note Esmein ; JCP 1965. II. 14259 (autre esp.), note Patarin.* ♦ La solidarité active ne se présume pas ; cassation, au visa de l'art. 1197 anc. de l'arrêt ayant considéré que la solidarité est présumée en matière commerciale. • Com. 26 sept. 2018, nº 16-28.133 P : *D. 2018. 2404, note Pellier ; AJ contrat 2018. 547, obs. Houtcieff ; RTD civ. 2018. 875, obs. Barbier ; RTD com. 2018. 907, obs. Saintourens ; ibid. 2019. 145, obs. Lecourt ; Rev. sociétés 2019. 172, note Delvallée ; RDC 1/2019. 50, note Libchaber.*

2. Covendeurs. La mention dans l'acte de la solidarité des covendeurs ne dispense pas de la stipulation expresse que chacun d'eux aura le droit de demander le paiement du total de la créance. • Civ. 1re, 27 avr. 2004, nº 02-10.347 P : *JCP N 2004. 1491, note Leveneur ; JCP E 2005. 446, nº 3, obs. Mousseron ; Defrénois 2004. 1731, obs. Aubert.*

3. Compte joint. La convention de compte joint, qui emporte solidarité active des cotitulaires, ne se présume pas. • *Civ. 1re, 16 juin 1992,* nº 90-18.209 P : *D. 1993. Somm. 216, obs. Delebecque .* ♦ Un compte joint, toujours révocable, perd ce caractère par la seule volonté de l'un des titulaires ; une lettre demandant le blocage du compte doit s'interpréter comme une dénonciation de la solidarité active. • Com. 30 janv. 1990, nº 87-19.133 P : *R., p. 344 ; D. 1990. 513, note D. Martin .* – V. aussi • Com. 4 mai 1999, nº 95-21.752 P : *R., p. 359* (mention sans commentaire) ; *D. 2000. 191, note Djoudi.*

4. Prêteurs. L'art. 5 de la L. du 4 mars 1952, s'il a pour seul objet de permettre la constitution d'une garantie hypothécaire unique au profit de l'établissement de crédit différé et des entreprises de crédit consentant un crédit d'anticipation, n'interdit pas la stipulation d'une solidarité active entre les prêteurs. • Civ. 1re, 9 mai 1994, nº 92-11.842 P.

B. SOLIDARITÉ ENTRE DÉBITEURS

1º PRINCIPE DU CARACTÈRE EXPRÈS

5. Forme de la stipulation de solidarité. Si, en droit, la solidarité ne se présume pas, il appartient aux juges du fond, sous le contrôle de la Cour de cassation, de constater qu'elle ressort clairement et nécessairement du titre constitutif de l'obligation, alors même que celle-ci n'a pas été qualifiée solidaire. • Req. 4 août 1896 : *DP 1896. 1. 456* • Civ. 1re, 3 déc. 1974, nº 73-14.188 P • Civ. 3e, 26 janv. 2005, nº 03-11.646 P : *D. 2005. IR 597 ; CCC 2005, nº 83, note Leveneur.* ♦ Tel n'est pas le cas d'un écrit dans lequel une personne a seulement déclaré « se porter garant » d'une autre. • Civ. 1re, 8 nov. 1978 : *Bull. civ. I, nº 341.* – V. aussi • Civ. 1re, 19 févr. 1991, nº 88-19.136 P • Civ. 3e, 11 juill. 2012 : *D. 2012. Chron. C. cass. 2540, obs. Georget ; RDC 2013. 123, obs. Klein* (convention d'ingénierie ne distinguant pas les obligations et les responsabilités de chacun des intervenants et ne prévoyant pas des honoraires différenciés). ♦ Ne caractérise pas un engagement solidaire d'un concubin l'arrêt qui retient que si l'art. 220 n'a pas vocation à recevoir application, celui-ci est néanmoins solidairement tenu à remboursement dès lors qu'il avait connaissance du contrat établi à partir d'agissements constitutifs de faux imputables à sa concubine et de l'utilisation du crédit pour financer des achats pendant la vie commune, alors que l'acte ne comporte pas sa signature. • Civ. 1re, 7 nov. 2012, nº 11-25.430 P : *D. 2012. 2659 ; AJ fam. 2012. 614, obs. Chénedé ; JCP 2013, nº 47, note Waltz* (concubine ayant entretenu l'ambiguïté sur son statut matrimonial). ♦ La solidarité peut être déduite de l'engagement pris par chacun des deux époux de garantir la totalité de la dette qu'ils ont contractée ensemble. • Civ. 1re, 11 juill. 2006 : *AJ fam. 2006. 423, obs. Hilt*.

6. Indivision. La solidarité ne se présumant pas, des dettes nées du fonctionnement d'une indivision ne sont solidaires entre indivisaires que par l'effet de la loi ou d'une stipulation expresse. • Civ. 1re, 29 nov. 2005, no 03-11.385 P. ♦ La solidarité ne s'attache de plein droit ni à la qualité d'indivisaire, ni à la circonstance que l'un d'eux a agi comme mandataire des autres, ni à celle que chacun d'eux aurait tiré personnellement profit du mandat. • Civ. 3e, 12 mai 1975 : *Bull. civ. III, no 165* • 20 janv. 1993, no 90-15.112 P : *D. 1994. Somm. 122, obs. Atias ; Defrénois 1994. 437, obs. Aynès ; RTD civ. 1993. 845, obs. Gautier*. ♦ Mais un règlement de copropriété peut contenir une clause de solidarité entre les indivisaires d'un lot. • Civ. 3e, 1er déc. 2004, no 03-17.518 P : *D. 2005. IR 169 ; JCP 2005. I. 119, no 9, obs. Périnet-Marquet ; JCP N 2005. 1206, note Djigo ; LPA 18 mars 2005, note Raby* • 23 mai 2007, no 06-13.459 P : *D. 2007. AJ 1661 ; JCP 2007. I. 197, no 8, obs. Périnet-Marquet ; Dr. et patr. 2/2008. 88, obs. Seube et Revet ; AJDI 2008. 297, obs. Capoulade*.

7. Compte joint. Le cotitulaire d'un compte joint n'est, en cette seule qualité, ni obligé en vertu d'un chèque sans provision tiré par l'autre titulaire du compte, ni soumis par une disposition conventionnelle ou légale à une obligation de solidarité passive envers le porteur. • Com. 8 mars 1988, no 86-10.733 P : *R., p. 207 ; D. 1989. Somm. 321, obs. Vasseur.* ♦ Pour les conséquences d'une solidarité passive non discutée : • Civ. 1re, 6 mars 1996, no 93-17.223 P. ♦ Pour réclamer l'intégralité du solde débiteur d'un compte joint à un codébiteur tenu par une clause de solidarité passive, la banque créancière n'a pas à établir que celui-ci a personnellement consenti à l'opération débitrice. • Com. 8 févr. 2005, no 02-16.967 P : *R., p. 322 ; D. 2005. AJ 771, obs. Avena-Robardet ; D. 2006. Pan. 161, obs. Synvet ; CCC 2005, no 106, note Leveneur ; RTD com. 2005. 396, obs. D. Legeais*. ♦... Ni qu'il en a personnellement profité. • Même arrêt.

8. Coresponsables. La solidarité entre les débiteurs ne peut être prononcée que dans les cas prévus par la loi et ne peut être déduite du seul fait de leur obligation à réparer le dommage. • Com. 20 févr. 1978, no 76-10.728 P. ♦ Les juges du fond ne peuvent donc déduire d'une faute commune à un architecte et un entrepreneur un lien de solidarité entre eux. • Civ. 1re, 14 déc. 1964 : *D. 1965. 95 ; JCP 1965. II. 14175, note G. L.-V. ; RTD civ. 1965. 671, obs. Cornu* (sur le jeu de l'obligation *in solidum* en pareil cas, V. note 15).

2o EXCEPTION : PRÉSOMPTION DE SOLIDARITÉ EN MATIÈRE COMMERCIALE

9. Principe et conditions. Les dispositions de l'anc. art. 1202 (selon lequel la solidarité ne se présume point) ne sont pas applicables en matière commerciale. • Com. 21 avr. 1980 : *Bull. civ. IV, no 158.* ♦ ... Où la solidarité entre débiteurs est de règle. • Civ. 18 juill. 1929 : *DH 1929. 556.* – Jurisprudence constante. ♦ ... Si du moins la dette dont il est question est née d'une opération commerciale commune. • Com. 5 juin 2012 : *D. 2012. 1607, obs. Delpech ; ibid. 2580, note Hontebeyrie* (refusant de considérer que les dettes résultant de la fourniture d'équipements et d'avitaillement nécessaires à l'exploitation d'un navire soient nées d'une opération commune au crédit preneur et au crédit-bailleur de ce navire).

3o ÉTENDUE DE LA SOLIDARITÉ STIPULÉE

10. Copreneurs : loyer et charges. La solidarité stipulée entre les deux preneurs d'un local d'habitation ne cesse pas du fait que l'un d'eux donne congé ; par suite, ce preneur reste tenu solidairement des loyers et charges échus après son départ à raison du maintien dans les lieux de l'autre preneur. • Civ. 3e, 8 nov. 1995, no 93-17.110 P : *Defrénois 1996. 355, obs. Delebecque ; ibid. 811, obs. Bénabent* • 13 juin 2001 : *Rev. loyers 2001. 439, note J. Rémy.* ♦ Les copreneurs qui ont acquitté la quote-part de loyers du locataire ayant donné congé peuvent agir en remboursement contre ce dernier, sauf renonciation expresse. • Civ. 3e, 27 févr. 2002 : *Loyers et copr. 2002, no 275, note Vial-Pedroletti.* ♦ Inversement, en l'absence de clause de solidarité entre les locataires : • Civ 3e, 28 oct. 2009, no 08-17.209 P : *D. 2009. AJ 2686, obs. Forest ; LPA 25-28 déc. 2009, note Brénac ; AJDI 2010. 318, obs. Zalewski*. ♦ Comp. le régime mis en place par le VI de l'art. 8-1 de la L. du 6 juill. 1989 (cessation de la solidarité du colocataire et de la caution six mois après la prise d'effet du congé, lorsque le colocataire a été remplacé) et pour une illustration : • Civ. 3e, 8 avr. 2021, no 19-23.343 P : *D. 2021. Chron. C. cass. 2251, obs. Collomp ; RTD civ. 2021. 666, obs. Gautier*.

11. Indemnité d'occupation. En l'absence de stipulation expresse visant les indemnités d'occupation, la solidarité ne peut s'appliquer qu'aux loyers et charges impayés à la date de résiliation du bail. • Civ. 3e, 12 janv. 2017, no 16-10.324 P : *D. 2017. 430, note Tisseyre ; AJ fam. 2017. 199, obs. Casey ; RTD civ. 2017. 129, obs. Barbier ; RDC 2017. 276, note Seube* • 14 juin 2018, no 17-14.365 P : *D. 2019. 1129, obs. Damas ; AJDI 2019. 202, obs. Damas ; RDC 2018. 562, note Seube.* ♦ L'engagement solidaire des copreneurs ne survit pas, sauf stipulation contraire, à la résiliation du bail, et l'indemnité d'occupation est due en raison de la faute quasi délictuelle commise par celui qui se maintient sans droit dans les lieux. • Civ. 3e, 5 mai 2004, no 03-10.201 P : *D. 2005. Pan. 750, obs. Damas ; JCP 2004. II. 10099, note Casey ; JCP E 2004. 1343, note Kéita ; AJDI 2004. 803, obs. Rouquet* • 1er avr. 2009, no 08-13.508 P :

D. 2009. AJ 1142, obs. Rouquet ; *Gaz. Pal. 2009. 1933, obs. Barbier.* ♦ V. antérieurement • Civ. 3e, 24 mars 1999, n° 97-12.982 P : *Defrénois 1999. 804, obs. Bénabent,* appliquant la solidarité à l'indemnité d'occupation.

12. Clause d'usage d'habitation. Lorsque l'usage d'habitation n'a été conféré qu'à l'un seulement des copreneurs, la solidarité stipulée entre eux ne peut être invoquée comme ayant conféré des droits personnels d'habitation aux autres copreneurs. • Civ. 3e, 14 mai 2003 : *Rev. loyers 2003. 500, obs. J. Rémy.*

13. Restitutions après annulation. L'obligation de restituer inhérente au contrat de prêt demeurant valable tant que les parties n'ont pas été remises en l'état antérieur à la conclusion de leur convention annulée, les co-emprunteurs solidaires restent tenus de restituer chacun l'intégralité des fonds qu'ils ont reçus. • Civ. 1re, 5 juill. 2006, n° 03-21.142 P : *D. 2006. IR 2126* ; *JCP 2006. I. 176, nos 21 s., obs. Barthez* ; *LPA 14 déc. 2006, note Ruet* ; *RTD com. 2006. 888, obs. D. Legeais*. – Même sens : • Com. 3 oct. 2006, n° 04-14.611 P.

C. SOLIDARITÉ LÉGALE

14. Coauteurs d'un délit. Sur le jeu de la solidarité entre coauteurs d'un délit pour la réparation du préjudice subi par la victime (art. 55 C. pén. [ancien] ; C. pr. pén., art. 375-2, 480-1 et 543), V. • Crim. 12 janv. 1966 et • 22 févr. 1966 : *Gaz. Pal. 1966. 1. 425.* ♦ V. aussi • Crim. 2 oct. 2012 : *D. 2012. 2521* (tenu de les condamner solidairement, le juge n'a pas compétence pour opérer un partage de responsabilité entre les coauteurs des infractions retenues). ♦ Solidarité entre auteurs et complices d'une même infraction : V. • Crim. 28 janv. 2004, n° 02-87.585 P : *D. 2004. 1447, note Matsopoulou*. ♦ Solidarité et relaxe d'un coauteur. • Crim. 2 mai 2012, n° 11-84.290 P. ♦ Solidarité entre auteurs de délits connexes. • Crim. 18 oct. 2011, n° 11-81.400 P : *D. 2011. 2658* (les infractions sont connexes notamment lorsque les coupables ont commis les unes pour assurer l'impunité des autres). ♦ Le juge ne pouvant statuer que dans la limite des demandes dont il est saisi, *il ne peut faire* droit à une demande de solidarité sollicitée par l'un des condamnés, mais non demandée par la partie civile. • Crim. 30 oct. 2019, n° 18-82.920 P. ♦ Sur l'application de l'art. 55 C. pén. (ancien ; C. pr. pén., art. 375-2, 480-1 et 543) en cas de délits distincts, V. • Crim. 29 déc. 1970 : *D. 1971. 129* (application de la solidarité en raison de la connexité des infractions) • Crim. 13 janv. 1971 : *D. 1971. 147, note X. L.* (les auteurs de délits qui sont seulement de même nature ne sont pas solidaires pour réparer le dommage résultant de ces délits commis au préjudice d'une même victime). ♦ La solidarité édictée par l'art. 480-1 C. pr. pén. pour les restitutions et les dommages et intérêts n'est pas applicable au paiement des frais non recouvrables, lesquels ne peuvent donner lieu qu'à une condamnation *in solidum*. • Crim. 30 mars 2016, n° 13-85.765 P. ♦ Sur la nature de la solidarité fiscale de l'art. 1745 CGI : la solidarité fiscale, qui constitue une garantie pour le recouvrement de la créance du Trésor public, n'est pas une punition de nature pénale. • Crim. 23 févr. 2022, n° 21-86.762 B. ♦ Sur le jeu de l'obligation *in solidum* pour les cas non couverts par la solidarité légale, V. les arrêts cités note 15. ♦ Sur la solidarité légale entre propriétaires et exploitants successifs de locaux insalubres ou dangereux pour le paiement des sommes résultant des mesures exécutées d'office et des frais d'hébergement ou de relogement des occupants, V. CCH, art. L. 541-1 s. – **CCH.** ♦ Sur la solidarité entre époux pour les dettes du ménage, V. notes ss. art. 220 C. civ. ♦ Pour l'application de la législation sur les accidents du travail et situation du coresponsable : V. note 197 ss. art. 1241.

D. OBLIGATION IN SOLIDUM

15. Coauteurs d'un dommage. Chacun des responsables d'un même dommage doit être condamné à le réparer en totalité, sans qu'il y ait lieu de tenir compte du partage de responsabilité auquel il est procédé entre eux et qui n'affecte pas l'étendue de leurs obligations envers la partie lésée. • Civ. 3e, 5 déc. 1984 : *JCP 1986. II. 20543, note Dejean de La Bâtie* • 28 oct. 2003 : *RDI 2004. 126, obs. Malinvaud* (responsabilité des constructeurs) • Civ. 2e, 28 juin 2007 : *D. 2007. AJ 2031* ; *JCP 2007. I. 185, n° 4, obs. Stoffel-Munck* ; *RTD civ. 2007. 778, obs. Jourdain* (piquets de grève) • Civ. 3e, 12 sept. 2007 : *D. 2007. AJ 2388* ; *RDI 2007. 523, obs. Malinvaud* (responsabilité des constructeurs). ♦ V. déjà, pour la reconnaissance d'une obligation *in solidum* entre coauteurs d'un même dommage : • Civ. 4 déc. 1939 : *DP 1941. 124, note Holleaux* • Civ. 2e, 23 avr. 1971 : *JCP 1972. II. 17086 (3e esp.), note Boré* • 3 févr. 1983 : *JCP 1984. II. 20183, note Chabas* • 15 juin 1983 : *JCP 1984. II. 20274, note F. C.* • 25 janv. 1984 : *D. 1984. 242, note Larroumet.* ♦ V. aussi • Civ. 1re, 28 mars 1995, n° 93-10.894 P : *R., p. 309* (possibilité d'une condamnation *in solidum* même si les obligations méconnues procèdent d'un seul et même contrat). ♦ Chacun des coauteurs d'un même dommage est tenu de le réparer en totalité sans que la victime ait à démontrer l'existence d'une fraude ou d'une collusion entre eux. • Soc. 12 mai 1982 : *Bull. civ. V, n° 300.* ♦ Sur la condamnation *in solidum* d'un coauteur même lorsque les autres ont été mis hors de cause, V. • Com. 31 mars 1981, n° 79-12.672 P : *RTD civ. 1982. 150, obs. Durry.* ♦ Possibilité pour le juge des référés de condamner *in solidum* un architecte et un entrepreneur au versement d'une provision : V. • Civ. 3e, 7 juill. 1976 :

Bull. civ. III, n° 303. ♦ Condamnation *in solidum* de notaires et du vendeur à la restitution du prix en conséquence de la résolution d'une vente. • Civ. 1re, 26 mars 1996, n° 94-12.228 P. ♦ ... Des sociétés d'un même groupe à supporter les conséquences de l'inexécution d'un contrat conclu par l'une d'entre elles, qui n'avait aucune autonomie et dans la gestion de laquelle les autres s'étaient immiscées. • Com. 4 mars 1997, n° 95-10.756 P. ♦ Possibilité lorsque l'un des coauteurs est responsable de la totalité du préjudice et les autres d'une perte de chance de les condamner tous *in solidum* sur la perte de chance indépendamment de la part contributive de chacun à sa réalisation. • Civ. 1re, 17 févr. 2011, n° 10-10.449 P : *cité note 155 ss. art. 1242.*

16. Rapports avec la solidarité. Les juges du fond qui, saisis d'une demande de condamnation *in solidum*, déclarent que les coauteurs d'un dommage doivent solidairement réparation du préjudice causé par leur faute, ont nécessairement, bien que par un emploi impropre du terme, entendu prononcer l'obligation *in solidum*. • Cass., ch. mixte, 26 mars 1971, n° 68-13.407 P : *R. 1970-1971, p. 64 ; JCP 1971. II. 16762.* – Dans le même sens : • Civ. 1re, 23 févr. 1972 : *JCP 1972. II. 17135* • Civ. 3e, 5 janv. 1973 : *Bull. civ. III, n° 27.* ♦ V. cependant : • Civ. 2e, 18 janv. 1973 : *ibid. II, n° 27* • Com. 20 févr. 1978 : *ibid. IV, n° 71* (les juges du fond ne peuvent déduire un lien de solidarité entre deux codébiteurs du seul fait de l'obligation qui leur incombait de réparer le dommage). ♦ Sur l'absence d'intérêt à soutenir le moyen reprochant aux juges du fond d'avoir prononcé une condamnation *in solidum* au lieu d'une condamnation solidaire, V. • Com. 9 janv. 1985 : *Bull. civ. IV, n° 17.* ♦ Pour le même raisonnement dans l'hypothèse inverse où une condamnation solidaire a été prononcée au lieu d'une condamnation *in solidum*, V. • Civ. 1re, 13 nov. 1967 : *D. 1968. 97, note Lambert-Faivre.* ♦ V. aussi • Civ. 1re, 30 oct. 2007 : *CCE 2008, n° 27, note A. Lepage* (l'atteinte aux droits consacrés par l'art. 9 C. civ., rapportée à ses auteurs, est un fait indivisible générant entre eux une obligation *in solidum* à réparation, peu important l'erreur terminologique commise par l'arrêt ayant condamné « solidairement » les auteurs). ♦ La clause d'un contrat d'architecte, qui exclut en particulier la solidarité en cas de pluralité de responsables, peut être interprétée comme ne se limitant pas à la responsabilité solidaire et comme s'appliquant également à la responsabilité *in solidum*. • Civ. 3e, 14 févr. 2019, n° 17-26.403 P : *D. 2019. 382 ; RDI 2019. 214, obs. Boubli ; AJ contrat 2019. 255, obs. Cattalano* (appréciation souveraine des juges du fond en raison de l'imprécision des termes de la clause).

17. Débiteurs de prestations nées de conventions indivisibles. Plusieurs débiteurs ne peuvent être engagés *in solidum* qu'autant que l'obligation de chacun soit identique à celle des autres et que sa pleine exécution puisse être réclamée par le créancier indifféremment à l'un et à l'autre ; ce n'est pas le cas de deux fournisseurs de matériels informatiques avec lesquels des conventions distinctes ont été passées, répartissant entre eux les prestations et les prix à leur payer, malgré l'indivisibilité retenue par les juges du fond entre les deux contrats portant l'un sur le matériel et le logiciel de base, l'autre sur le logiciel d'application. • Com. 8 janv. 1991, n° 89-15.439 P : *RTD civ. 1991. 528, obs. Mestre.* ♦ V. aussi • Civ. 3e, 17 mars 2004, n° 02-17.681 P (architecte et entrepreneur). ♦ Pour prononcer une condamnation *in solidum* d'un sous-traitant et d'autres locateurs d'ouvrage, les juges doivent établir que les travaux relevant des lots du sous-traitant ont indissociablement concouru, avec ceux ressortissant des autres lots, à la création de l'entier dommage. • Civ. 3e, 23 sept. 2009, n° 07-21.634 P.

18. Employeurs successifs. L'art. L. 1224-2 C. trav. permettant au salarié d'agir indifféremment à l'encontre des deux employeurs successifs en paiement des salaires échus à la date de la modification dans leur situation juridique, ceux-ci y sont tenus *in solidum*. • Soc. 6 avr. 2011, n° 10-16.203 P : *D. 2011. Actu. 1222.*

Art. 1311 *(Ord. n° 2016-131 du 10 févr. 2016, art. 3, en vigueur le 1er oct. 2016)* **La solidarité entre créanciers permet à chacun d'eux d'exiger et de recevoir le paiement de toute la créance. Le paiement fait à l'un d'eux, qui en doit compte aux autres, libère le débiteur à l'égard de tous.**

Le débiteur peut payer l'un ou l'autre des créanciers solidaires tant qu'il n'est pas poursuivi par l'un d'eux. – *Dispositions transitoires, V. Ord. n° 2016-131 du 10 févr. 2016, art. 9, ss. art. 1386-1.*

Comp. C. civ., art. 1197, 1198 s. anc.

BIBL. ► *CLÉMENT, D. 2007. Chron. 1805* (solidarité et compte bancaire). – TERRÉ, *Mél. Cabrillac, Litec, 1999, p. 529* (compte joint entre époux).

1. Déclaration de créance. Chacun des créanciers solidaires tire de l'art. 1197 anc. le droit de déclarer la créance en totalité au passif de la procédure collective du débiteur. • Com. 20 mars 2001, n° 98-13.961 P : *R., p. 391 ; D. 2001. AJ 1245, obs. A. Lienhard ; D. 2002. Somm. 1482, obs. A. Honorat* (validité, à l'égard de chacun des deux créanciers, de la déclaration faite par un préposé muni d'un pouvoir de la part d'un seul).

2. Action en responsabilité contre un tiers. La solidarité active stipulée à un acte de prêt ne permet pas à l'un des créanciers solidaires d'exercer une action en responsabilité, au nom des autres, à l'encontre d'un tiers à ce contrat par la faute duquel la totalité de la créance est devenue irrécouvrable ; ce créancier ne peut réclamer que la réparation de son préjudice personnel résultant de la faute commise, lequel ne peut représenter que la perte de sa propre créance. • Civ. 1re, 27 juin 2006, n° 04-12.249 P : *RTD civ. 2007. 121, obs. Mestre et Fages*.

3. Sur les conditions de la solidarité entre créanciers, V. notes 1 à 4 ss. art. 1310.

Art. 1312 *(Ord. n° 2016-131 du 10 févr. 2016, art. 3, en vigueur le 1er oct. 2016)* **Tout acte qui interrompt ou suspend la prescription à l'égard de l'un des créanciers solidaires, profite aux autres créanciers.** — *Dispositions transitoires, V. Ord. n° 2016-131 du 10 févr. 2016, art. 9, ss. art. 1386-1.*

Comp. C. civ., art. 1199 anc.

Art. 1313 *(Ord. n° 2016-131 du 10 févr. 2016, art. 3, en vigueur le 1er oct. 2016)* **La solidarité entre les débiteurs oblige chacun d'eux à toute la dette. Le paiement fait par l'un d'eux les libère tous envers le créancier.**

Le créancier peut demander le paiement au débiteur solidaire de son choix. Les poursuites exercées contre l'un des débiteurs solidaires n'empêchent pas le créancier d'en exercer de pareilles contre les autres. — *Dispositions transitoires, V. Ord. n° 2016-131 du 10 févr. 2016, art. 9, ss. art. 1386-1.*

Comp. C. civ., art. 1200 anc., 1203, 1204 anc.

A. PRINCIPE DE L'OBLIGATION AU TOUT DE CHAQUE CODÉBITEUR

1. Unité d'objet, pluralité de liens obligatoires. Lorsque l'obligation est solidaire, si l'objet est un – en sorte qu'il peut être réclamé pour la totalité à l'un des débiteurs et que, quand il est acquitté par l'un, la dette est éteinte pour tous –, les liens entre chaque débiteur et le créancier sont distincts et les poursuites que celui-ci fait contre l'un n'empêchent pas qu'il en soit exercé de pareilles contre les autres ; d'où il suit que le créancier peut céder son droit d'action contre l'un des codébiteurs et le conserver contre les autres, sans que l'unité de l'objet de la dette de chacun soit atteinte. • Req. 11 mars 1935 : *DP 1936. 1. 80, note A. C.*

2. Incidence de la déclaration à la procédure collective ouverte contre un des codébiteurs. Toutes les parties qui ont figuré dans un acte sous signature privée sont tenues solidairement envers l'administration des impôts du paiement des droits d'enregistrement auxquels cet acte est soumis et l'administration est fondée à demander à chacune des parties ledit paiement par l'émission d'avis de mise en recouvrement, peu important qu'elle ait ultérieurement produit à la liquidation des biens de l'une d'entre elles, dès lors qu'il n'est pas démontré que les sommes réclamées ont été payées. • Com. 2 févr. 1981 : *Bull. civ. IV, n° 58.*

3. Portée du désistement contre l'un des codébiteurs. Le désistement de l'instance dirigée contre l'un des coresponsables n'implique pas que le créancier consent à la division de la dette, la condamnation *in solidum* des autres débiteurs trouvant son fondement dans le fait que la faute par eux commise a concouru à la création de l'entier dommage. • Civ. 3e, 24 janv. 1978 : *Gaz. Pal. 1978. 2. 474, note Plancqueel.* ♦ Violent l'art. 1203 anc. les juges du fond qui, en présence de deux débiteurs solidaires, limitent la réparation due par l'un d'eux et disent que le créancier supportera la charge de la part de l'autre puisque la procédure engagée contre ce dernier a été déclarée nulle. • Civ. 3e, 12 mai 1993 : *D. 1994. Somm. 20, obs. Delebecque*.

4. Incidence du décès d'un des codébiteurs. Le décès de l'un des codébiteurs solidaire, qui laisse plusieurs héritiers, n'efface pas le caractère solidaire de la dette au regard des débiteurs originaires. • Civ. 3e, 19 févr. 2014, n° 12-17.263 P : *AJ fam. 2014. 254, obs. de Guillenchmidt Guignot ; RDC 2014.632, note Lattina ; ibid. 709, note Gaudemet.*

5. Faute du créancier dans ses rapports avec les codébiteurs. Sur la possibilité de considérer comme fautif le comportement du créancier qui laisserait s'accroître inconsidérément le passif d'un débiteur en comptant sur l'obligation du codébiteur solidaire. • Com. 17 oct. 1995, n° 93-13.498 P : *RTD civ. 1996. 399, obs. Mestre*.

B. EFFETS DES ACTES ET POURSUITES CONTRE UN DES CODÉBITEURS : REPRÉSENTATION MUTUELLE DES CODÉBITEURS SOLIDAIRES

BIBL. Représentation mutuelle des coobligés : Veaux-Fournerie et Veaux, *Études Weill, Dalloz/Litec, 1983, p. 547.* – Exceptions en matière de solidarité : Jubault, *LPA 16 janv. 2003.*

6. Principe. Chaque codébiteur solidaire doit être considéré comme le représentant nécessaire de ses coobligés. • Soc. 7 oct. 1981, n° 80-12.495 P (chose jugée). ♦ ... Mais le mandat que les débiteurs solidaires sont censés se donner entre eux ne saurait avoir pour effet de nuire à leur situation respective, il leur permet en revanche de l'améliorer. • Civ. 1re, 27 oct. 1969 : *D. 1970. 12.* (transaction). – Même sens : • Com. 28 mars 2006, n° 04-12.197 P : *R., p. 396 ; D. 2006. 2381, note Thomat-Raynaud ; LPA 5 sept. 2007, note Hazoug ; RDC 2006. 808, obs. X. Lagarde ; RTD civ. 2006. 766, obs. Mestre et Fages*. – V. cependant, notes 7 s. : certaines conséquences de la représentation sont de nature à profiter au créancier.

7. Interruption de prescription. Les poursuites faites contre un des codébiteurs solidaires, fût-ce sur le fondement d'un titre exécutoire, interrompent la prescription à l'égard de tous. • Civ. 2e, 24 juin 2004, n° 02-19.761 P. ♦ En matière d'infractions de presse (L. 29 juill. 1881), l'acte interruptif de prescription produit ses effets à l'égard de toutes les personnes ayant pris part, comme auteur ou complice, aux faits poursuivis et tenues *in solidum* d'en réparer les conséquences. • Civ. 2e, 23 oct. 2003, n° 00-19.853 P. ♦ Viole l'art. 1206 anc. la cour d'appel qui, pour décider que l'action du créancier n'était pas prescrite, énonce que la reconnaissance des droits de celui-ci par la caution solidaire, lors d'une procédure de divorce, engageait le débiteur principal, alors que les faits ne constituaient pas une reconnaissance de dette formulée à l'égard du créancier dont celui-ci aurait pu se prévaloir. • Civ. 1re, 21 mai 1990, n° 89-11.520 P.

Cassation de l'arrêt qui déclare prescrite l'action en paiement de la banque pour un prêt au motif que la banque n'était pas dans l'impossibilité d'agir à l'encontre de l'épouse du codébiteur décédé, ce qui aurait eu pour effet d'interrompre le délai de prescription à l'égard de l'ensemble des codébiteurs solidaires : la banque n'a eu connaissance de la dévolution successorale que tardivement, ce qui l'a placée dans l'impossibilité d'agir contre les héritiers du défunt jusqu'à cette date. • Civ. 1re, 23 janv. 2019, n° 17-18.219 P : *D. 2019. 197 ; ibid. Chron. C. cass. 840, obs. Vitse ; AJ fam. 2019. 349, obs. Casey ; AJ contrat 2019. 129, obs. Houtcieff ; AJDI 2019. 707, obs. Moreau ; CCC 2019, n° 60, obs. Leveneur ; RDC 2/2019. 31, obs. Libchaber.*

8. Transaction. Dès lors que le mandat que les débiteurs solidaires sont censés se donner entre eux leur permet d'améliorer leur situation l'un des deux codébiteurs solidaires peut se prévaloir de la transaction conclue par l'autre. • Civ. 1re, 27 oct. 1969 : *D. 1970. 12.* – Même sens : • Com. 28 mars 2006, n° 04-12.197. ♦ Mais la transaction faite par l'un des coobligés *in solidum* ne peut être opposée par les autres intéressés pour se soustraire à leur propre obligation. • Civ. 3e, 31 oct. 2001, n° 00-13.763 P.

9. Rééchelonnement de la dette. En cas de réaménagement ou de rééchelonnement des modalités de règlement des échéances impayées d'un crédit à la consommation consenti à plusieurs emprunteurs, le report du point de départ du délai biennal de forclusion n'est pas opposable à l'emprunteur, fût-il tenu solidairement, qui n'a pas souscrit l'acte de réaménagement ou de rééchelonnement, à moins qu'il ait manifesté la volonté d'en bénéficier. • Civ. 1re, 11 févr. 2010, n° 08-20.800 P : *D. 2010. AJ 498, obs. Avena-Robardet ; ibid. Chron. C. cass. 522, n° 8, obs. Creton ; ibid. 994, note François ; JCP 2010, n° 213, note Clément ; ibid. n° 475, note Monachon-Duchêne ; CCC 2010, n° 109, note Raymond.*

10. Autorité de la chose jugée. Chaque codébiteur solidaire devant être considéré comme le représentant nécessaire de ses coobligés, la chose qui a été jugée à l'égard de l'un est opposable aux autres qui sont restés en dehors de l'instance. • Soc. 7 oct. 1981, n° 80-12.495 P. ♦ Mais le jugement réputé contradictoire notifié à l'un des codébiteurs solidaires est non avenu à l'égard de ceux, non comparants, à qui il n'a pas été notifié dans le délai prévu à l'art. 478 C. pr. civ. • Civ. 2e, 29 janv. 1997 : *JCP 1997. II. 22789, concl. Kessous ; JCP 1997. I. 4015, n° 13, obs. Billiau.* ♦ Un codébiteur solidaire ne peut former tierce opposition contre un jugement rendu contre un autre à moins que sa situation s'en trouve aggravée ou qu'il soit en mesure d'invoquer un moyen personnel ou une fraude. • Com. 4 oct. 1983 : *JCP 1985. II. 20374, note Veaux.*

11. Appel. Si un codébiteur solidaire, condamné en première instance, néglige de faire appel des dispositions civiles d'un jugement correctionnel, celui-ci a force de chose jugée contre lui sur ces dispositions, même s'il est réformé sur appel de son codébiteur. • Civ. 1re, 24 nov. 1998, n° 96-15.572 P : *D. Affaires 1999. 121, obs. J. F. ; JCP 1999. I. 114, nos 11 s., obs. Loiseau.* – Rappr. • Com. 24 juin 2003, n° 00-18.078 P. ♦ Lorsque appel a été formé par un codébiteur solidaire, le droit d'appel des autres est conservé (C. pr. civ., art. 552), sans toutefois qu'ils puissent faire valoir à leur profit exclusif des griefs à eux personnels, ni proposer des moyens étrangers à ceux du codébiteur plus diligent. • Paris, 11 juin 1971 : *JCP 1972. II. 16981, note Guyon ; Gaz. Pal. 1971. 2. 673, note Delaisi.*

12. Cassation. La cassation d'un arrêt prononçant une condamnation solidaire profite à tous les codébiteurs solidaires. • Civ. 1re, 19 janv. 1999, n° 96-22.105 P. ♦ Même solution en cas de condamnation *in solidum* : V. • Civ. 3e, 10 mars 1981 : *D. 1981. 429, note Boré.* ♦ Comp. • Civ. 3e, 18 oct. 1983 : *Bull. civ. III, n° 186.* ♦ Mais il n'en est pas de même lorsqu'un de ces codébiteurs solidaires a formé lui-même un pourvoi en cassation sans se joindre à celui de ses coobligés et que ce pourvoi a été rejeté. • Civ. 1re, 5 juin 1985 : *D. 1986. 361, note Aubert ; RTD civ. 1986. 598, obs. Mestre.* ♦ Le codébiteur *in solidum* profite de la cassation de l'arrêt en toutes ses dispositions dès lors qu'il s'est associé au pourvoi de ses co-obligés par un premier pourvoi, peu important le constat de la déchéance de celui-ci, et le second pourvoi formé par lui contre le même arrêt ayant seulement été déclaré irrecevable, son intervention est recevable. • Com. 13 janv. 2009, n° 08-12.180 P : *D. 2009. AJ 376, obs. Avena-Robardet.*

13. Redressement fiscal. L'administration des impôts n'est pas tenue de notifier un redressement à tous les débiteurs solidaires de la dette fiscale, chacun d'entre eux pouvant opposer à ladite administration, outre les exceptions qui lui sont personnelles, toutes celles qui résultent de la nature de l'obligation ainsi que celles qui sont communes à tous les codébiteurs. • Com. 6 mars 1985 : *Bull. civ. IV, n° 88.* – V. aussi • Com. 16 mai 1995, n° 93-12.717 P. ♦ Mais si l'administration fiscale peut choisir de notifier les redressements à l'un seulement des redevables solidaires de la dette fiscale, la procédure ensuite suivie doit être contradictoire et la loyauté des débats l'oblige à notifier les actes de celle-ci à tous ces redevables. • Com. 26 févr. 2013, n° 12-13.877 P : *D. 2013. 643.*

14. Faculté de révocation des cautions solidaires. La solidarité entre cautions n'a pas pour effet leur représentation mutuelle dans l'exercice de la faculté individuelle de révocation. • Civ. 1re, 13 juin 1995 : *JCP 1996. II. 22593, note Leveneur ; Gaz. Pal. 1996. 2. 434, note S. Piedelièvre ; RTD civ. 1996. 161, obs. Mestre* (la révocation par l'une des cautions solidaires de son engagement est sans effet extinctif sur celui des autres).

15. Congé. La notification d'un congé à l'un des preneurs solidaires est opposable aux autres. • Civ. 3e, 20 juill. 1989 : *JCP 1991. II. 21595, note Dumortier ; Defrénois 1991. 728, obs. Aubert.* – V. déjà • Soc. 4 avr. 1957 : *Bull. civ. IV, n° 413.* – Dans le même sens : • Civ. 3e, 21 oct. 1992 : *JCP 1993. II. 22184, note Dumortier.* ♦ Pour le cas où les époux sont cotitulaires du bail, V. notes ss. art. 1751. ♦ L'administration des impôts peut notifier un redressement à l'un quelconque des débiteurs solidaires de la dette fiscale. • Com. 25 mars 1991, n° 88-20.162 P. – V. aussi note 3 ss. anc. art. 2262.

16. Déchéance du terme. La déchéance du terme résultant de la liquidation judiciaire d'un débiteur n'a d'effet qu'à l'égard de celui-ci et reste sans incidence sur la situation de ses coobligés solidaires. • Com. 15 juin 2011, n° 10-18.850 P : *D. 2011. 1752, obs. Lienhard.* ♦ V. désormais l'art. 1305-5.

Art. 1314 *(Ord. n° 2016-131 du 10 févr. 2016, art. 3, en vigueur le 1er oct. 2016)* **La demande d'intérêts formée contre l'un des débiteurs solidaires fait courir les intérêts à l'égard de tous.** – *Dispositions transitoires, V. Ord. n° 2016-131 du 10 févr. 2016, art. 9, ss. art. 1386-1.*

Comp. C. civ., art. 1207 anc.

Art. 1315 *(Ord. n° 2016-131 du 10 févr. 2016, art. 3, en vigueur le 1er oct. 2016)* **Le débiteur solidaire poursuivi par le créancier peut opposer les exceptions qui sont communes à tous les codébiteurs, telles que la nullité ou la résolution, et celles qui lui sont personnelles. Il ne peut opposer les exceptions qui sont personnelles à d'autres codébiteurs, telle que l'octroi d'un terme. Toutefois, lorsqu'une exception personnelle à un autre codébiteur éteint la part divise de celui-ci, notamment en cas de compensation ou de remise de dette, il peut s'en prévaloir pour la faire déduire du total de la dette.** – *Dispositions transitoires, V. Ord. n° 2016-131 du 10 févr. 2016, art. 9, ss. art. 1386-1.*

Comp. C. civ., art. 1208 anc.

1. Extinction de la créance résultant du redressement judiciaire. L'extinction d'une créance à l'encontre d'un débiteur en redressement judiciaire, faute de déclaration dans le délai légal, ne libère pas le codébiteur solidaire, celui-ci ne pouvant opposer, au titre des exceptions communes, que celles qui affectent l'ensemble des liens obligatoires unissant les débiteurs au créancier. • Com. 19 janv. 1993, n° 89-16.518 P : *R., p. 287 ; D. 1993. 331, note A. Honorat et Patarin ; JCP 1993. II. 22056, note Pétel ; JCP 1994. I. 3733, n° 11, obs. Simler ; Defrénois 1993. 1045, note Derrida ; ibid. 1220, obs. Sénéchal ; RTD civ. 1993. 581, obs. Mestre* • Paris, 25 juin 1993 : *D. 1994. 195 ; ibid. Chron. 108, par Derrida* • Civ. 1re, 17 nov. 1993, n° 92-11.348 P • Com. 23 oct. 2001, n° 99-12.504 P : *D. 2001. AJ 3433, obs. A. Lienhard ; D. 2003. Somm. 1284, obs. Brémond (2e esp.) ; JCP 2002. II. 10103, note de Gentili-Picard ; ibid. I. 186, nos 12 s., obs. Viney ; RJPF 2002-2/26, note Vauvillé ; Banque et Dr. 1-2/2002. 39, obs. Jacob* (qui rejette, en outre, l'action en responsabilité du codébiteur solidaire *in bonis* contre le créancier, dont la négligence ne révèle aucun manquement à l'obligation de bonne foi). ♦ Comp., en ce qui concerne la caution, notes 10 et 11 ss. art. 2313. ♦ Si l'extinction de la créance à l'égard du débiteur faisant l'objet d'une procédure collective en raison du défaut de déclaration laisse subsister l'obligation distincte contractée par son codébiteur solidaire, en revanche, ce dernier peut opposer au créancier la chose jugée résultant de l'admission irrévocable de la créance dans la procédure collective ouverte à l'égard de l'autre codébiteur solidaire. • Com. 25 nov. 2008, n° 07-14.583 P : *D. 2008. AJ 3008, obs. Lienhard ; JCP 2009. I. 136, n° 8, obs. Cabrillac ; RLDC 2009/56, n° 3260, obs. Marraud des Grottes.*

2. Défaut d'information annuelle d'une des cautions solidaires. L'exception tirée de l'inobservation de l'obligation d'information annuelle de la caution (C. mon. fin., art. L. 313-22) est personnelle à la caution qui l'invoque et ne profite pas aux autres cautions, fussent-elles solidaires. • Civ. 1re, 9 nov. 2004, n° 01-03.772 P : *D. 2004. AJ 3135 ; JCP 2005. I. 135, n° 3, obs. Simler ; Gaz. Pal. 2005. Somm. 2058, obs. S. Piedelièvre ; LPA 28-29 mars 2005, note Houtcieff.*

3. Remise de dette à l'un des codébiteurs solidaires. Lorsque le créancier, moyennant le paiement d'une certaine somme, a déchargé l'une des cautions solidaires de son engagement, les autres cautions solidaires ne restent tenues que déduction faite, soit de la part et portion dans la dette du cofidéjusseur bénéficiaire de la remise conventionnelle, soit du montant de la somme versée par ce dernier lorsque cette somme excède sa part et portion. • Civ. 1re, 26 mai 1994, n° 92-13.435 P.

4. Perte de la chose due par l'un des codébiteurs solidaires. La perte de la chose due, en l'occurrence la dissipation de meubles par l'un des locataires-gérants, ne libère pas le codébiteur solidaire. • Com. 2 juill. 1996, n° 93-14.130 P : *RTD civ. 1997. 130, obs. Mestre ; CCC 1997. 197, obs. Leveneur.*

5. Contrat d'assurance-décès souscrit par un autre codébiteur. L'exception de garantie soulevée par le débiteur solidaire poursuivi par le prêteur, créancier de l'obligation de paiement, et tirée de l'existence d'un contrat d'assurance-décès souscrit par un autre codébiteur constitue une exception purement personnelle à celui-ci, que le débiteur poursuivi ne peut opposer au créancier. • Civ. 1re, 5 juin 2019, n° 17-27.066 P : *D. 2019. 1746, note Poissonnier ; RDC 2019/4. 23, note Libchaber* (codébiteur seul signataire du contrat d'assurance, l'autre coemprunteur n'ayant ni la qualité d'assuré ni celle de bénéficiaire du contrat et ne venant pas aux droits du défunt) • Civ. 2e, 20 mai 2021, n° 20-14.472 P : *RDC 2021/4. 32, note Hontebeyrie.*

Art. 1316 *(Ord. n° 2016-131 du 10 févr. 2016, art. 3, en vigueur le 1er oct. 2016)* **Le créancier qui reçoit paiement de l'un des codébiteurs solidaires et lui consent une remise de solidarité conserve sa créance contre les autres, déduction faite de la part du débiteur qu'il a déchargé.** – *Dispositions transitoires, V. Ord. n° 2016-131 du 10 févr. 2016, art. 9, ss. art. 1386-1.*

Comp. C. civ., art. 1210 anc.

Art. 1317 *(Ord. n° 2016-131 du 10 févr. 2016, art. 3, en vigueur le 1er oct. 2016)* **Entre eux, les codébiteurs solidaires ne contribuent à la dette que chacun pour sa part.**

Celui qui a payé au-delà de sa part dispose d'un recours contre les autres à proportion de leur propre part.

Si l'un d'eux est insolvable, sa part se répartit, par contribution, entre les codébiteurs solvables, y compris celui qui a fait le paiement et celui qui a bénéficié d'une remise de solidarité. – *Dispositions transitoires, V. Ord. n° 2016-131 du 10 févr. 2016, art. 9, ss. art. 1386-1.*

Comp. C. civ., art. 1213 s. anc.

A. PRINCIPE DU RECOURS CONTRIBUTIF ENTRE CODÉBITEURS

1. Solidarité. La condamnation solidaire de deux codébiteurs ayant chacun commis une faute qui concourt au dommage n'interdit pas l'action récursoire de l'un contre l'autre suivant les règles du droit commun. • Civ. 2e, 17 juill. 1991, n° 90-14.472 P.

2. Obligation in solidum. Le codébiteur d'une obligation *in solidum* qui l'a payée en entier peut, comme celui d'une obligation solidaire, répéter contre les autres la part et portion de chacun d'eux. • Civ. 1re, 7 juin 1977 : *D. 1978. 289, note Larroumet ; JCP 1978. II. 19003, note Dejean de La Bâtie ; Gaz. Pal. 1978. 1. 131, note Plancqueel* • 12 nov. 1987 : *Bull. civ. I, n° 290* • Civ. 2e, 1er mars 2001, n° 99-11.974 P : *RTD civ. 2001. 609, obs. Jourdain* • 5 oct. 2006, n° 05-16.514 P • Com. 13 oct. 2015, n° 14-10.664 P : *cite note 12.* ♦ Sur le fondement du recours entre coobligés *in solidum*, V. • Civ. 1re, 7 juin 1977 : *préc.* (action personnelle pouvant subsister malgré la renonciation de la victime à l'égard de l'un des coauteurs) • Civ. 2e, 11 févr. 1981 : *D. 1982. 255, note Agostini* (jeu de la subrogation légale).

B. MESURE DE LA CONTRIBUTION

3. Principe. Le codébiteur solidaire qui a payé au-delà de sa part ne dispose d'un recours contre ses coobligés que pour les sommes qui excèdent sa propre part. • Civ. 1re, 10 oct. 2019, n° 18-20.429 P : *D. 2019. 1991* ; *AJ contrat 2020. 48, obs. Houtcieff* ; *RTD civ. 2019. 869, obs. Barbier* ; *RDC 2020/1. 23, note Latina* (cassation d'un arrêt ayant condamné un codébiteur solidaire à rembourser la moitié de la somme payée par l'autre, alors que cette somme étant inférieure au montant dû, la somme à rembourser devait être égale à la différence entre la somme payée et la moitié du montant dû).

4. Office du juge. Le juge, saisi des recours réciproques entre codébiteurs *in solidum*, a l'obligation de déterminer, dans leurs rapports entre eux, la contribution de chacun dans la réparation du dommage. • Civ. 1re, 29 nov. 2005, n° 02-13.550 P : *LPA 27 déc. 2006, note Mignot.* ♦ Ayant condamné *in solidum* deux sociétés, le juge doit, sur le recours en garantie dont il est saisi, déterminer la contribution de chacune des coobligées dans la réparation du dommage. • Soc. 24 avr. 2013, n° 12-11.793 P : *D. 2013. 1143* (recours en contribution d'une entreprise de travail temporaire contre l'entreprise utilisatrice, après requalification d'un contrat de mission en contrat à durée indéterminée). ♦ Rappr. • Civ. 3e, 28 mai 2008, n° 06-20.403 P : *D. 2008. AJ 1622, obs. Rouquet* ; *RDC 2008. 1259, obs. Seube* • Com. 11 déc. 2012, n° 11-25.493 P : *D. 2013. 12* ; *RDC 2013. 551, obs. Carval* (recours en garantie réciproques). ♦ En prononçant une condamnation solidaire ou *in solidum* le juge ne statue pas sur l'appel en garantie exercé par l'un des codébiteurs condamnés à l'encontre d'un autre ni ne préjuge de la manière dont la contribution à la dette entre tous les codébiteurs condamnés devra s'effectuer. • Civ. 1re, 20 mars 2007, n° 06-12.074 P.

5. Incompétence des juridictions pénales. La compétence de la juridiction pénale, en matière civile, est limitée à l'examen des demandes formées par les parties civiles contre les prévenus et ne s'étend pas aux recours de ces derniers entre eux ; il n'appartient donc pas à cette juridiction de prononcer un partage de responsabilité entre les coauteurs du dommage dont la réparation a été ordonnée, ni d'apprécier la part de responsabilité pouvant incomber à la victime, ni enfin d'en tirer de quelconques conséquences quant à la garantie d'un assureur. • Crim. 26 févr. 2013 : *D. 2013. 772*. ♦ De même, la condamnation à des peines différentes par le juge pénal est sans incidence sur la répartition de la charge de l'indemnisation dans les rapports contributifs des coresponsables. • Civ. 2e, 13 sept. 2018, n° 17-14.654 P (fautes jugées de gravité équivalente).

6. Appréciation par les juges de la part de chacun. Les dispositions de l'art. 1213 (anc.) ne font pas obstacle à ce que le juge répartisse sur des bases inégales, dans les rapports entre codébiteurs, la dette dont ils sont tenus, s'il lui apparaît que la responsabilité de chacun d'eux ne présente pas le même degré de gravité. • Civ. 1re, 21 févr. 1956 : *D. 1956. 285* ; *JCP 1956. II. 9200, note Blin.* ♦ La part contributive d'un codébiteur solidaire insolvable se répartit entre les autres selon une proportion souverainement fixée par les juges du fond. • Civ. 3e, 18 mars 1987 : *Bull. civ. III, n° 58.*

7. Obligation in solidum. **BIBL.** Boré, *JCP 1967. I. 2126* (recours entre co-obligés *in solidum*). ♦ Le juge doit répartir entre les co-obligés *in solidum* leur contribution à la totalité de la dette. • Civ. 3e, 21 déc. 2017, nos 16-22.222 et 17-10.074 P : *D. 2018. 547, note Pellier* ; *RDI 2018. 424, obs. Jourdain* (cassation de l'arrêt ayant fixé la répartition entre les co-obligés sur 40 % de la dette, sans tenir compte des 60 % mis à la charge d'une société disparue, qui n'était pas partie à l'instance et n'a pas été condamnée *in solidum*). ♦ Il résulte de l'anc. art. 1213, et des principes régissant l'obligation *in solidum* que cette obligation se divise de plein droit entre les débiteurs, qui n'en sont tenus entre eux que chacun pour sa part et portion. • Civ. 3e, 18 janv. 2023, n° 20-19.127 B : *RGDA 2023/3. 34, note Karila* (cassation de l'arrêt ayant condamné un des coresponsables d'un dommage à rembourser à un autre 85 % des sommes payées alors que sa part de responsabilité avait été fixée à 12 %). ♦ Mais une condamnation *in solidum* ne préjuge pas de la manière dont devra se faire la contribution à la dette entre tous les débiteurs condamnés et n'exclut même pas que, dans les rapports entre ceux-ci, un ou deux d'entre eux puissent être entièrement déchargés. • Civ. 1re, 6 févr. 1979, n° 77-15.232 P. ♦ Les juges du fond peuvent ainsi estimer, quant à la contribution à la dette, que l'un des codébiteurs *in solidum*, seul fautif, doit supporter la charge définitive de l'entière condamnation. • Civ. 3e, 22 juin 1977 : *Bull. civ. III, n° 283.* ♦ En cas de concours de responsabilité entre celui qui, par sa faute, a rendu nécessaire une transfusion sanguine à l'origine d'une contamination et le CRTS qui a fourni les produits sanguins défectueux, ce dernier est, comme dans l'hypothèse d'une pluralité de coauteurs, tenu de contribuer pour moitié à la réparation du dommage. • Civ. 1re, 5 juill. 2006, n° 05-15.235 P : *R., p. 400* ; *D. 2006. IR 2127, obs. Gallmeister* ; *JCP 2007. II. 10031, note Vial* ; *ibid. I. 115, n° 14, obs. Stoffel-Munck* ; *RCA 2006. Étude 13, par Groutel* ; *RTD civ. 2006. 783, obs. Jourdain*. ♦ Comp. : la contribution à la dette a lieu en proportion des fautes respectives du conducteur et du fournisseur de produits sanguins. • Civ. 2e, 25 janv. 2007, n° 06-13.611 P : *cité note 11 ss. art. 1346.* ♦ Décision fixant, dans le contentieux du distilbène, la contribution à la dette entre les deux laboratoires en fonction de leurs parts de marché respectives au moment de la fourniture du produit. • TGI Nanterre, 10 avr. 2014 : *D. 2014. 1434, note Borghetti* ; *JCP 2014, n° 678, obs. Dubarry.*

8. Convention relative à la répartition. Si celui qui a acquitté la dette a recours contre les autres pour la part et portion de chacun, la clause selon laquelle la charge de cette dette envers le créancier est répartie différemment n'est pas illicite (application à des cautions solidaires). • Com. 11 juin 1991, n° 89-18.857 P. ♦ Cassation de l'arrêt qui, au motif que le demandeur ne fait état d'aucun accord de répartition du loyer, déboute le copreneur solidaire resté dans les lieux qui a payé l'intégralité du loyer de son action en paiement de la moitié du loyer contre l'autre copreneur solidaire parti des lieux loués après avoir donné congé. • Civ. 3e, 24 juin 1998, n° 96-19.442 P : *D. 1999. Somm. 115, obs. Libchaber* ; *JCP N 1998. 1702, obs. Djigo* ; *RTD civ. 1998. 906, obs. Mestre* .

9. Textes spéciaux. La contribution des époux aux dettes étant réglée par l'art. 214 à proportion de leurs facultés respectives, le juge n'a pas à faire application des art. 1213 anc. et 1214 anc. • Civ. 1re, 17 juin 2003, n° 01-14.468 P : *D. 2004. 1118, note Lefranc* ; *Defrénois 2004. 67, obs. Champenois* ; *CCC 2003, n° 168, note Raymond* ; *Dr. fam. 2003, n° 97, note Lécuyer.*

10. Incidence de l'extinction de l'obligation d'un des codébiteurs. Sauf convention contraire, lorsque les souscripteurs d'un emprunt destiné à l'acquisition d'un bien indivis ont adhéré à une assurance garantissant le remboursement du prêt, chacun dans la mesure de sa part et portion, la mise en œuvre de l'assurance a pour effet, dans les rapports entre les acquéreurs indivis, d'éteindre à concurrence du montant de la prestation de l'assureur la dette de contribution incombant à l'assuré concerné. • Civ. 1re, 12 mars 2002, n° 00-21.271 P : *JCP 2003. II. 10100, note La Rizza* ; *Defrénois 2003. 446, note Sénéchal* ; *RGDA 2002. 429, note Mayaux* • 15 déc. 2010, n° 09-16.693 P : *D. actu. 14 janv. 2011, obs. Rezgui* ; *D. 2011. 1393, note Brena* ; *Dr. et patr. 5/2011. 75, obs. Aynès* ; *RLDC 2011/80, n° 4168, note Mignot* ; *RGDA 2011. 519, obs. Mayaux.*

11. Incidence du décès d'un codébiteur. Il résulte des dispositions des art. 1213 et 1214 anc. que le décès de l'un des codébiteurs tenu *in solidum*, comme celui d'un codébiteur solidaire, qui laisse plusieurs héritiers, n'efface pas le caractère solidaire de la dette au regard des débiteurs originaires. Il en modifie seulement les effets pour les héritiers, tenus dans la proportion de leurs parts héréditaires. • Civ. 2e, 20 mai 2020, n° 19-10.247 P : *RTD civ. 2020. 637, obs. Jourdain* .

C. EXERCICE DU RECOURS

12. Date de naissance de la créance de recours. La créance de remboursement que détient le codébiteur solidaire qui a payé la dette, à l'encontre de l'autre codébiteur, a son origine dans l'engagement solidaire envers le créancier ; antérieure à l'ouverture de la procédure collective, elle doit être déclarée. • Com. 30 juin 2004, n° 01-14.086 P : *R., p. 286* ; *RTD com. 2005. 171, obs. Martin-Serf* . ♦ C'est au jour où le codébiteur d'une obligation *in solidum* a été assigné en réparation du dommage que naît sa créance indemnitaire contre son coresponsable. • Com. 13 oct. 2015, n° 14-10.664 P (créance antérieure au jugement d'ouverture d'une procédure collective dès lors que l'assignation en responsabilité solidaire était antérieure à ce jugement).

13. Recours contre un coauteur « oublié » par la victime. Celui qui a été condamné à réparation intégrale par la juridiction pénale possède un recours contre le coauteur envers qui la victime ne s'était pas constituée régulièrement partie civile. • Civ. 2e, 21 janv. 1976 : *Bull. civ. II, n° 19.*

14. Appel en garantie. Si le recours en paiement du débiteur solidaire suppose qu'il a payé, il n'en est pas de même de l'appel en garantie, lequel est ouvert contre l'appelé qui est personnellement obligé. • Civ. 1re, 6 oct. 1998, n° 96-20.111 P.

Art. 1318 *(Ord. n° 2016-131 du 10 févr. 2016, art. 3, en vigueur le 1er oct. 2016)* **Si la dette procède d'une affaire qui ne concerne que l'un des codébiteurs solidaires, celui-ci est seul tenu de la dette à l'égard des autres. S'il l'a payée, il ne dispose d'aucun recours contre ses codébiteurs. Si ceux-ci l'ont payée, ils disposent d'un recours contre lui.** — *Dispositions transitoires, V. Ord. n° 2016-131 du 10 févr. 2016, art. 9, ss. art. 1386-1.*

Comp. C. civ., art. 1216 anc.

BIBL. ▶ D. MARTIN, *RTD civ. 1994. 49* . – MIGNOT, *RLDC 2006/27, n° 2050* (pour l'abrogation de l'art. 1216).

1. Nature juridique. Les juges du fond apprécient souverainement qu'un « engagement de remboursement avec solidarité » constitue, non pas un cautionnement solidaire, mais un engagement de codébiteur solidaire non intéressé à la dette, prévu à l'art. 1216 anc. • Civ. 1re, 17 nov. 1999, n° 97-16.335 P : *D. 2000. 407, note P. Ancel* ; *ibid. AJ 47, obs. J.F.* ; *JCP 2000. II. 10403, note Picod* ; *ibid. I. 209, n° 9, obs. Simler* ; Defrénois 2000. 718, obs. Delebecque ; Banque et *Dr. 3-4/2000. 42, obs. Rontchevsky.*

2. Application en matière fiscale. L'art. 1745 CGI, qui permet de condamner solidairement le redevable de l'impôt fraudé et son complice, n'a pas pour effet, dans les rapports entre codébiteurs, de faire supporter par le complice la charge de la dette fiscale incombant au seul redevable. • Com. 19 nov. 1991, nº 89-19.709 P : *R., p. 337.*

3. Garantie d'un cessionnaire substitué. Le bénéficiaire d'une cession d'actions avec faculté de substitution qui déclare qu'en cas d'usage de cette faculté il resterait garant de la bonne exécution de la convention et serait solidaire du paiement du prix des actions ne s'engage pas à payer la dette du cessionnaire substitué, mais en demeure codébiteur solidaire, de sorte que son engagement personnel ne revêt pas un caractère accessoire et, partant, n'est pas soumis aux règles du cautionnement. • Com. 8 juin 2017, nº 15-28.438 P : *D. 2017. 1689, note François ; ibid. 2176, obs. Martin et Synvet ; ibid. 2335, obs. Lamazerolles et Rabreau ; AJ contrat 2017. 382, obs. Douville ; RTD civ. 2017. 660, obs. Barbier ; ibid. 679, obs. Gautier ; RTD com. 2017. 929, obs. Moury ; RDC 2017. 630, note Houtcieff.*

Art. 1319 *(Ord. nº 2016-131 du 10 févr. 2016, art. 3, en vigueur le 1er oct. 2016)* **Les codébiteurs solidaires répondent solidairement de l'inexécution de l'obligation. La charge en incombe à titre définitif à ceux auxquels l'inexécution est imputable.** — *Dispositions transitoires, V. Ord. nº 2016-131 du 10 févr. 2016, art. 9, ss. art. 1386-1.*

§ 2 L'obligation à prestation indivisible

(Ord. nº 2016-131 du 10 févr. 2016, art. 3, en vigueur le 1er oct. 2016)

Art. 1320 *(Ord. nº 2016-131 du 10 févr. 2016, art. 3, en vigueur le 1er oct. 2016)* **Chacun des créanciers d'une obligation à prestation indivisible, par nature ou par contrat, peut en exiger et en recevoir le paiement intégral, sauf à rendre compte aux autres ; mais il ne peut seul disposer de la créance ni recevoir le prix au lieu de la chose.**

Chacun des débiteurs d'une telle obligation en est tenu pour le tout ; mais il a ses recours en contribution contre les autres.

Il en va de même pour chacun des successeurs de ces créanciers et débiteurs. — *Dispositions transitoires, V. Ord. nº 2016-131 du 10 févr. 2016, art. 9, ss. art. 1386-1.*

Comp. C. civ., art. 1217 s. anc.

RÉP. CIV. vº *Indivisibilité*, par B. WALTZ-TERACOL et M. BACACHE.

1. Sur l'indivisibilité entre contrats, V. note 18 ss. art. 1178 et notes 3 s. ss. art. 1186.

1º DISTINCTION DES OBLIGATIONS DIVISIBLES ET INDIVISIBLES

2. Obligation de somme d'argent. L'obligation au remboursement d'une somme d'argent n'est pas par elle-même indivisible et l'indivisibilité ne s'attache pas de plein droit à la circonstance que cette obligation aurait été fixée globalement sans que soit stipulé le versement de la moitié à la charge de l'un ou de l'autre des codébiteurs. • Civ. 1re, 11 janv. 1984 : *Bull. civ. I, nº 12 ; RTD civ. 1985. 171, obs. Mestre* (question du recours, entre concubins, de celui qui a payé en totalité les dettes résultant de contrats souscrits ensemble) ; Prothais, *D. 1987. Chron. 237.* ♦ *L'obligation de restituer les sommes reçues en* exécution d'un contrat résolu n'est pas par elle-même indivisible, et les débiteurs ne peuvent être condamnés *in solidum.* • Com. 25 mai 1993, nº 91-21.744 P. ♦ Les actions en réparation exercées tant au nom d'un enfant victime qu'à titre personnel par ses père et mère ne sont pas indivisibles. • Civ. 2e, 20 juin 1996, nº 93-20.712 P.

3. Obligation indivisible et indivision ou mandat. L'indivisibilité ne s'attache de plein droit ni à l'existence d'une indivision entre les débiteurs, ni à la circonstance que l'un des débiteurs a agi comme mandataire de l'autre lors de la naissance de la dette. • Civ. 1re, 13 mai 1981, nº 79-15.816 P (concerne l'obligation de payer les travaux effectués dans une copropriété que des époux avaient acquise en indivision, chacun pour moitié, avant de divorcer).

4. Bail. Faute pour le bail de stipuler la solidarité des preneurs, la dette de loyer n'est pas par elle-même indivisible ; cassation de l'arrêt qui considère qu'une dette de loyer est indivisible entre des colocataires, dans la mesure où elle est la contrepartie du droit de jouissance des biens donnés à bail, droit qui est lui-même indivisible. • Civ. 3e, 30 oct. 2013 : *D. 2014. Chron. C. cass. 1000, obs. Pic ; ibid. 1221, obs. Damas ; AJDI 2014. 515, obs. Rouquet ; RTD civ. 2014. 137, obs. Gautier ; CCC 2014, nº 32, obs. Leveneur ; RDC 2014. 216, obs. Klein ; ibid. 223, obs. Seube.* ♦ Inversement, en présence d'un bail prévoyant que le preneur avait la faculté de résilier le contrat de location à tout moment, sous réserve d'un préavis, et ne prévoyant aucune solidarité entre les locataires, un seul des copreneurs peut donner valablement congé et le bail se poursuit alors avec le locataire restant sur l'ensemble des locaux avec obligation de payer l'intégralité du loyer en contrepartie de leur jouissance. • Civ. 3e, 30 oct. 2013 : *D. 2014. Chron. C. cass. 1000, obs. Pic ; ibid. 1221, obs. Damas ; AJDI 2014. 515, obs. Rouquet ; RDC 2014. 216, obs. Klein ; ibid. 223, obs. Seube.*

5. Obligation d'effectuer des travaux.

L'obligation d'une société civile d'effectuer des travaux destinés à rendre des bâtiments conformes à une promesse contractuelle est, par nature, indivisible puisqu'elle ne peut supporter un partage de sa charge qui créerait un risque d'inexécution au moins partielle. • Montpellier, 19 avr. 1979 : *JCP 1981. II. 19484, note Steinmetz* (condamnation de chaque associé à exécuter la totalité des travaux). ♦ L'obligation de démolition est par nature indivisible. • Crim. 23 nov. 1994, n° 93-81.605 P. ♦ Mais en cas de pluralité de constructeurs, leur obligation n'a pas de caractère indivisible, de sorte que la prescription soulevée par l'un d'eux ne saurait profiter aux autres. • Civ. 3e, 11 mai 2006, n° 05-12.234 P.

6. Créance d'indemnité d'expropriation. La créance d'indemnité d'expropriation n'étant pas indivisible, c'est justement qu'une cour d'appel a déclaré recevable l'appel de certains coïndivisaires seulement à l'encontre du jugement ayant fixé l'indemnité. • Civ. 3e, 13 déc. 1995, n° 93-70.208 P : *Defrénois 1996. 402, obs. Grimaldi.*

2° EFFETS DE L'INDIVISIBILITÉ

7. Exercice des droits et actions portant sur un objet indivisible. Un bail rural étant indivisible jusqu'à la date de son expiration, les donataires qui ont reçu, par donation-partage, différentes parcelles louées, ne sont pas recevables à demander en cours de bail la révision du fermage pour chacune des parcelles dont ils étaient attributaires. • Civ. 3e, 19 oct. 1983, n° 82-13.338 P. ♦ V. aussi note 9 ss. art. 1736. ♦ Dès lors que l'objet de la vente portant sur trois parcelles et consentie par trois vendeurs différents est indivisible, l'un d'entre eux ne peut demander la nullité de la vente de la seule parcelle qu'il a vendue. • Civ. 3e, 21 févr. 1978 : *Defrénois 1979. 216, note E. Frank.*

8. Maintien de l'indivisibilité après le décès. L'action engagée par la partie civile qui vient à décéder en cours d'instance se transmet à ses héritiers et chacun d'eux l'exerce dans son intégralité et est fondé à obtenir la réparation du préjudice que l'infraction avait causé à son auteur. • Crim. 9 oct. 1985 : *D. 1987. 93, note Breton.* ♦ Le partage entre les deux héritiers d'un bailleur, consécutivement à son décès, des parcelles données à bail à ferme n'a pas pour effet de rendre le bail divisible. • Civ. 3e, 5 avr. 2006, n° 05-10.761 P : *AJDI 2006. 748, obs. Prigent* (cassation de l'arrêt d'appel qui avait reçu la demande de résiliation formée par l'un des héritiers pour non-paiement de loyers et prononcé la résiliation du bail concernant les seules parcelles de cet héritier). ♦ Mais cette indivisibilité du bail cesse à son expiration. • Civ. 3e, 24 sept. 2014, n° 12-25.884 P : *D. 2014. 1939* .

9. Obligation indivisible et solidarité. Lorsqu'il s'agit d'une obligation indivisible, la solidarité n'est que le résultat de l'impossibilité d'accomplir partiellement la prestation qui en est l'objet ; cette impossibilité disparaît lorsque à l'obligation de faire se trouve substituée une condamnation à payer, à titre de dommages-intérêts, une somme d'argent. • Civ. 14 mars 1933 : *DH 1933. 234.* ♦ Sur le caractère divisible de l'obligation solidaire après le décès d'un codébiteur, V. note 3 ss. art. 1309.

CHAPITRE II LES OPÉRATIONS SUR OBLIGATIONS

(Ord. n° 2016-131 du 10 févr. 2016, art. 3, en vigueur le 1er oct. 2016)

DALLOZ RÉFÉRENCE *Le nouveau droit des obligations et des contrats 2019/2020, nos 212.00 s.*

BIBL. ▶ Dossier, *RDC 2018. 307* (opérations sur obligations : quel instrument choisir ?).

SECTION 1 La cession de créance

(Ord. n° 2016-131 du 10 févr. 2016, art. 3, en vigueur le 1er oct. 2016)

Art. 1321 *(Ord. n° 2016-131 du 10 févr. 2016, art. 3, en vigueur le 1er oct. 2016)* **La cession de créance est un contrat par lequel le créancier cédant transmet, à titre onéreux ou gratuit, tout ou partie de sa créance contre le débiteur cédé à un tiers appelé le cessionnaire.**

Elle peut porter sur une ou plusieurs créances présentes ou futures, déterminées ou déterminables.

Elle s'étend aux accessoires de la créance.

Le consentement du débiteur n'est pas requis, à moins que la créance ait été stipulée incessible. — *Dispositions transitoires, V. Ord. n° 2016-131 du 10 févr. 2016, art. 9, ss. art. 1386-1.*

Comp. C. civ., art. 1689 anc. s. (transport de créances).

BIBL. ▶ Andreu, Les opérations translatives (cession de créance, cession de dette, cession de contrat), *in* Pour une réforme du régime général des obligations, ss. la dir. de F. Terré, *D. 2013. 123.* – D'Avout, *D. 2017. 457* (loi applicable à la cession de créance ou de contrat). – Boffa, *Gaz. Pal. 4 juin 2015, n° 155* (les opérations translatives dans le projet d'ordonnance) ; *JCP N 2016, n° 1115* (clauses relatives aux opérations translatives). – Dissaux et Jamin, Projet de réforme, supplément, *C. civ. 2016, p. 205*. – DANIS-FATÔME, *RDC 2015. 807* (projet : le retrait litigieux, un article manquant). – DUPICHOT, *Dr. et patr. 2015. 246* (pour une classification fonctionnelle des opérations sur créances dans le nouveau régime général des obligations). – GOUËZEL, *AJCA 2016. 135*. – JULIENNE, *Dr. et patr. 7-8/2015. 69* (cession de créance : transfert d'un bien ou changement de créancier). – LOTTI, *RTD com. 2019. 581* (la nouvelle cession de créance, entre droit commun et régimes spéciaux). – PELLIER, *RTD civ. 2019. 229* (cession de l'émolument de la créance). – RAIMOND, La cession de créance : le rôle du consentement du débiteur, *blog Dalloz obligations 2015*. – SIMLER, *CCC 2016. Dossier 8*.

A. QUALIFICATION DE LA CESSION DE CRÉANCE

1. Cession de créance et novation. Sur l'absence d'effet novatoire de la cession de créance, V. notes ss. art. 1324.

2. Cession de créance et délégation. L'acte qui consiste à déléguer à un créancier la possibilité d'encaisser une créance peut s'analyser soit comme un nantissement, soit comme une cession de créance, et c'est l'intention des parties qui permet de qualifier l'acte intervenu. • T. com. Béziers, 2 mars 1970 : *Gaz. Pal. 1970. 2. 215*. ♦ Qualification de cession de créance de la clause d'un contrat de crédit-bail par laquelle le bailleur délègue au preneur tous ses droits et actions contre le fournisseur concernant la garantie des vices cachés, l'assignation du fournisseur par le preneur en résolution de la vente opérant signification de cette cession de créance de garantie. • Com. 4 juin 1996 : *D. 1996. 630, note Billiau ; JCP 1996. II. 22744, note Taillens-Dessalle*.

3. ... Mandat. Distinction de la cession de créance et du mandat : • Civ. 1re, 30 nov. 1977, no 76-13.337 P.

4. ... Subrogation. Distinction de la cession de créance et de la subrogation : • Civ. 1re, 5 avr. 1978, no 76-15.480 P (subrogation légale) • T. civ. Pontoise, 23 mai 1951 : *D. 1952. 65, note E. S. M.* (subrogation conventionnelle).

5. Cession de contrat. V. notes ss. art. 1690 et comp. art. 1216.

6. Substitution de bénéficiaire dans une promesse unilatérale. La substitution d'un tiers au bénéficiaire d'une promesse de vente prévoyant cette faculté ne constitue pas une cession de créance. • Civ. 3e, 1er avr. 1987, no 86-15.838 P : *D. 1987. 454, note Aynès ; RTD civ. 1987. 777, obs. Rémy* (absence d'obligation d'accomplir les formalités de l'art. 1690) • 27 avr. 1988 : *D. 1989. 65, note Najjar* • 27 nov. 1990, no 88-11.385 P • 13 juill. 1999, no 97-18.926 P : *D. 2000. 195, note Jeuland ; D. 2000. Somm. 277, obs. Tournafond ; JCP 1999. II. 10207, note Psaume ; Defrénois 2000. 775, note Dagorne-Labbe ; RDI 1999. 666, obs. Groslière* • 12 avr. 2012 : *D. 2013. 391, obs. Amrani-Mekki et Mekki ; AJDI 2013. 300, obs. Cohet-Cordey ; JCP 2012, no 760, note Dagorne-Labbe ; Defrénois 2012. 611, note C. Grimaldi ; RDC 2012. 1217, obs. Klein ; ibid. 1241, obs. Brun*. ♦ Comp. : • Civ. 3e, 7 juill. 1993 : *D. 1994. 597, note Clavier ; Gaz. Pal. 1995. 1. 309, note Roure* (une cour d'appel énonce exactement que la cession du contrat au tiers que l'acquéreur se substitue est soumise aux exigences de l'art. 1690).

7. ... Dans un pacte de préférence. Un pacte de préférence constituant une créance de nature personnelle, la cession de ce droit doit être régulièrement signifiée au cédé ou acceptée par lui dans un acte authentique. • Civ. 3e, 4 janv. 1995, no 92-21.449 P : *D. 1995. Somm. 236, obs. Aynès ; Defrénois 1995. 741, obs. Delebecque*.

B. NATURE DU DROIT CÉDÉ

8. Astreinte. L'astreinte, mesure de contrainte destinée à vaincre la résistance opposée à l'exécution d'une obligation de faire, constitue une condamnation pécuniaire accessoire et éventuelle. Aucune disposition légale n'a pour effet de la rendre incessible. • Civ. 3e, 20 avr. 1982, no 80-15.828 P : *RTD civ. 1983. 338, obs. Chabas*. ♦ V. aussi note 16.

9. Créance future. BIBL. Léonard, *RRJ 2002/1. 149* (cession de créance future et bordereau Dailly). ♦ Des créances futures ou éventuelles peuvent faire l'objet d'un contrat, sous la réserve de leur suffisante identification. • Civ. 1re, 20 mars 2001, no 99-14.982 P : *D. 2001. 3110, note Aynès ; JCP 2002. II. 10124, note Goaziou*. ♦ Une cession de créance professionnelle, effectuée selon les modalités prévues par les art. L. 313-23 s. C. mon. fin, produit ses effets et est opposable aux tiers ainsi qu'au débiteur cédé dans les conditions prévues par ces dispositions légales, auxquelles aucune autre condition ne peut être ajoutée dans le contrat générateur de la créance. • Com. 11 oct. 2017, no 15-18.372 P : *D. 2017. 2028 ; RTD civ. 2017. 861, obs. Barbier ; ibid. 2018. 186, obs. Crocq ; AJ contrat 2017. 527*, obs. Forti ; RTD civ. 2017. *861, obs. Barbier* (contrat principal prévoyant l'exigence d'un préavis).

10. Créance de dommages-intérêts. La cession, par une société, de la créance de dommages-intérêts civils alloués par un juge pénal n'a pas eu pour effet de conférer à la société cessionnaire la qualité de victime et n'est donc pas contraire à la conception française de l'ordre public international. • Civ. 1re, 10 janv. 2018, no 16-20.416 P : *D. 2018. 966, obs. Clavel et Jault-Seseke ; ibid. 1934, obs. d'Avout et Bollée ; Rev. crit. DIP 2019. 177, note d'Avout*.

C. TRANSMISSION DE LA CRÉANCE ET DE SES ACCESSOIRES

BIBL. M. Cabrillac, *Études Weill, Dalloz/Litec, 1983, p. 107* (accessoires de la créance).

11. Droits du cédant. Celui qui cède valablement sa créance ne peut en poursuivre le recouvrement auprès du débiteur cédé. • Civ. 3e, 16 mars 2022, n° 20-22.037 B.

12. Sûretés et garantie. V. sous l'empire de l'anc. art. 1692 C. civ., qui visait explicitement les « caution, privilège et hypothèque » : le cautionnement constitue l'un des accessoires de la créance cédée. • Com. 27 mars 2007, n° 05-20.696 P : *D. 2007. AJ 1076, obs. Avena-Robardet* ; *RDC 2007. 848, obs. Houtcieff* • 5 févr. 2008, n° 06-17.029 P : *D. 2008. AJ 542, obs. Delpech* ; *JCP 2008. I. 152, n° 8, obs. Simler ; RTD civ. 2008. 301, obs. Fages*. ♦ V. aussi note 18.

13. Actions en justice : principe. La cession de créance a pour effet d'emporter de plein droit transfert de tous les accessoires de ladite créance, et notamment des actions en justice qui lui sont attachées. • Civ. 1re, 10 janv. 2006, n° 03-17.839 P : *D. 2006. Chron. 2129, par Bert* ; *ibid. AJ 365, obs. Delpech* ; *Defrénois 2006. 597, obs. Savaux ; Dr. et pr. 2006. 147, note Putman ; LPA 31 oct. 2006, note Mecarelli ; RTD civ. 2006. 552, obs. Mestre et Fages*.

14. ... Illustrations d'actions transmises. Transmission, sauf stipulation contraire, de l'action en responsabilité contractuelle. • Civ. 1re, 19 juin 2007, n° 05-21.678 P : *D. 2007. AJ 1958, obs. Delpech* ; *CCC 2007, n° 270, note Leveneur ; RTD civ. 2008. 301, obs. Fages*. ♦ ... Ou délictuelle : • Civ. 1re, 24 oct. 2006, n° 04-10.231 P : *D. 2006. AJ 2787, obs. Avena-Robardet* ; *RDC 2007. 291, obs. Viney ; RTD civ. 2007. 122, obs. Mestre et Fages* (action du cessionnaire en responsabilité contre un tiers – avocat – pour une faute, antérieure à la cession, ayant entraîné la diminution de la créance) • Civ. 2e, 17 déc. 2009, n° 09-11.612 P : *D. 2010. AJ 150* ; *RDC 2010. 601, note Carval*.

15. ... Illustrations d'actions non transmises. Absence de transmission des actions extrapatrimoniales, incessibles ou strictement personnelles au cédant. • Civ. 1re, 24 oct. 2006 : *préc.* ♦ La cession d'une créance ne confère pas au cessionnaire qualité pour défendre, en l'absence du cédant, à une demande de résolution du contrat dont procède cette créance. • Com. 15 mai 2019, n° 17-27.686 P : *D. 2019. 2009, obs. Martin et Synvet* ; *AJ contrat 2019. 355, obs. Houtcieff* ; *RTD civ. 2019. 584, obs. Barbier* ; *RDC 3/2019. 29, note Latina ; ibid. 110, note Danos*. ♦ Sur l'absence de transmission de l'action en concurrence déloyale, qui n'est pas attachée au titre, V. note 16.

16. Contraintes d'exécution : astreinte. Si l'action en concurrence déloyale, fondée sur l'anc. art. 1382 [1240] C. civ., faute d'être un accessoire du droit sur le titre ayant fait l'objet de la cession, ne peut être transmise avec ce titre, il est loisible aux parties de convenir à cette occasion de la cession de la créance assortie d'astreinte ; aucune disposition légale n'a pour effet de rendre incessible l'astreinte, mesure de contrainte destinée à vaincre la résistance opposée à l'exécution de l'obligation qu'elle assortit. • Civ. 2e, 7 juill. 2011, n° 10-20.296 P : *D. 2011. Actu. 1912* ; *JCP 2011. 1724, obs. Billiau* (arrêt décidant aussi, sous l'empire du droit antérieur, que dans ce cas, la société cessionnaire ne peut se prévaloir du bénéfice de l'astreinte qu'à compter de la notification de la cession de la créance). ♦ V. aussi note 8.

17. ... Recouvrements forcés. Celui qui cède valablement sa créance ne peut en poursuivre le recouvrement auprès du débiteur cédé. • Civ. 3e, 16 mars 2022, n° 20-22.037 B. ♦ Lorsqu'une cession de créance est intervenue au cours d'une instance d'appel relative au recouvrement de celle-ci, engagée par le cédant et poursuivie par ce dernier postérieurement à la cession signifiée au cours de l'instance en cassation, le cessionnaire, substitué de plein droit au cédant dans les actions lui appartenant, intervenu volontairement devant la Cour de cassation et devenu ainsi partie à cette instance, a qualité pour saisir la cour d'appel de renvoi. • Civ. 1re, 22 sept. 2011, n° 09-16.198 P. ♦ Mais l'action en responsabilité fondée sur la mise en œuvre d'une voie d'exécution destinée au recouvrement d'une créance, avant la cession de celle-ci, ne constitue pas l'accessoire de la créance cédée. • Civ. 2e, 20 mai 2010, n° 09-65.434 P : *D. actu. 7 juin 2010, obs. Avena-Robardet*. ♦ V. aussi ss. art. 1690.

18. Titre exécutoire. Le titre exécutoire détenu par le cédant à l'encontre des cautions constitue lui-même un accessoire de cette garantie. • Com. 27 mars 2007 : *préc. note 12* • 5 févr. 2008 : *préc. note 12*.

Art. 1322 *(Ord. n° 2016-131 du 10 févr. 2016, art. 3, en vigueur le 1er oct. 2016)* **La cession de créance doit être constatée par écrit, à peine de nullité.** — *Dispositions transitoires, V. Ord. n° 2016-131 du 10 févr. 2016, art. 9, ss. art. 1386-1.*

Comp. notes ss. art. 1690.

Art. 1323 *(Ord. n° 2016-131 du 10 févr. 2016, art. 3, en vigueur le 1er oct. 2016)* **Entre les parties, le transfert de la créance** *(Ord. n° 2021-1192 du 15 sept. 2021, art. 26-2°, en vigueur le 1er janv. 2022)* **« , présente ou future, » s'opère à la date de l'acte.**

Il est opposable aux tiers dès ce moment. En cas de contestation, la preuve de la date de la cession incombe au cessionnaire, qui peut la rapporter par tout moyen. *(Abrogé par Ord. n° 2021-1192 du 15 sept. 2021, art. 26-2°, à compter du 1er janv. 2022)* ***« Toutefois, le transfert d'une créance future n'a lieu qu'au jour de sa naissance, tant entre les parties que vis-à-vis des tiers. »***

Dispositions transitoires, V. Ord. n° 2016-131 du 10 févr. 2016, art. 9, ss. art. 1386-1.

BIBL. ▶ DANOS, *RDC 2017. 200* (proposition de modification).

1. Date du transfert. Lorsqu'elle est effectuée à titre de garantie et sans stipulation d'un prix, la cession de créance transfère au cessionnaire la propriété de la créance cédée ; elle prend effet entre les parties et devient opposable aux tiers à la date apposée sur le bordereau. • Com. 22 nov. 2005, n° 03-15.669 P : *D. 2005. AJ 3081, obs. Delpech ; Defrénois 2006. 601, obs. Savaux.* ♦ Étant sortie du patrimoine du cédant, son paiement n'est pas affecté par l'ouverture de la procédure collective de celui-ci postérieurement à cette date. • Même arrêt. ♦ Comp. pour les autres cessions, notes ss. art. 1690.

2. Absence d'influence de la notification au débiteur. V. note 2 ss. art. 1324.

3. Opposabilité de la cession aux tiers. Comp. notes ss. art. 1690.

Art. 1324 *(Ord. n° 2016-131 du 10 févr. 2016, art. 3, en vigueur le 1er oct. 2016)* **La cession n'est opposable au débiteur, s'il n'y a déjà consenti, que si elle lui a été notifiée ou s'il en a pris acte.**

Le débiteur peut opposer au cessionnaire les exceptions inhérentes à la dette, telles que la nullité, l'exception d'inexécution, la résolution ou la compensation des dettes connexes. Il peut également opposer les exceptions nées de ses rapports avec le cédant avant que la cession lui soit devenue opposable, telles que l'octroi d'un terme, la remise de dette ou la compensation de dettes non connexes.

Le cédant et le cessionnaire sont solidairement tenus de tous les frais supplémentaires occasionnés par la cession dont le débiteur n'a pas à faire l'avance. Sauf clause contraire, la charge de ces frais incombe au cessionnaire. — *Dispositions transitoires, V. Ord. n° 2016-131 du 10 févr. 2016, art. 9, ss. art. 1386-1.*

Comp. C. civ., art. 1690, dans sa rédaction antérieure à l'Ord. n° 2016-131 du 10 févr. 2016.

A. OPPOSABILITÉ AU DÉBITEUR

1° RÉGIME GÉNÉRAL

1. Renonciation à l'exigence d'une notification. Rappr. sous l'empire du droit antérieur, pour la renonciation à l'inopposabilité résultant de l'absence de signification, notes 10 et 31 ss. art. 1690.

2. Portée de l'absence de notification au débiteur : relations entre cédant et cessionnaire. Rappr. sous l'empire du droit antérieur : dans les rapports entre le cédant et le cessionnaire, le transfert de la créance s'opère indépendamment de sa signification au débiteur cédé, ce dont il résulte que le cessionnaire n'avait pas à déclarer sa créance au passif du cédant. • Com. 9 juill. 2013, n° 11-27.417 P : *D. 2013. 1834 ; RTD civ. 2013. 841, obs. Barbier ; RLDC 2014/111, n° 5253, obs. Bondil ; RDC 2014. 47, note Latina.*

3. ... Caution. Rappr. sous l'empire du droit antérieur : dès lors que l'absence de signification de la cession de créance au débiteur principal n'affecte pas l'existence de la dette, elle ne saurait avoir pour effet de libérer la caution qui a elle-même reçu signification de cette cession de créance. • Civ. 1re, 4 mars 2003, n° 01-01.375 P : *D. 2003. 3041, note Barthez ; ibid. AJ 1562, et les obs. ; Defrénois 2003. 1151, note Roman* • Com. 27 mars 2007, n° 05-20.696 P : *D. 2007. AJ 1076, obs. Avena-Robardet ; RDC 2007. 848, obs. Houtcieff* (application à une caution même non solidaire).

2° RÉGIMES SPÉCIAUX

4. Créances hypothécaires. Transmission de créances hypothécaires (L. n° 76-519 du 15 juin 1976) : V. texte et bibl. ss. art. 1701-1.

5. Droit commercial (non). V. sous l'empire de l'art. 1690 : les règles établies par le code civil formant le droit commun sont applicables même en matière de commerce sur tous les points à l'égard desquels la loi commerciale n'a pas introduit des dispositions spéciales. Il en est ainsi des formalités de la cession de créance. • Civ. 27 nov. 1865 : *DP 1866. 1. 56.*

6. « Loi Dailly ». **BIBL.** Gavalda, *D. 1981. Chron. 199.* – Godé, *RTD civ. 1981. 467.* – Grua, *D. 1986. Chron. 261.* – D. Schmidt et Gramling, *D. 1981. Chron. 217.* – Stoufflet et Chaput, *JCP 1981. I. 3044.* – Turcas, *Gaz. Pal. 1986. 1. Doctr. 263.* – Vasseur, *D. 1982. Chron. 273 ; ibid. 1986. Chron. 73.* – Aspect de droit public : Schreiber, *D. 1987. Chron. 295.* – Conflits entre cessionnaires : Cabrillac, *D. 1990. Chron. 127*. – Réserve de propriété : Cabrillac, *D. 1988. Chron.*

225. – D. Martin, *D. 1986. Chron. 323.* – Sous-traitance : Peisse, *Gaz. Pal. 1989. 1. Doctr. 146.* – Romani, *D. 1990. Chron. 179*. ♦ Bordereaux d'actes de cession ou de nantissement de créances professionnelles (L. n° 81-1 du 2 janv. 1981, dite « loi Dailly », codifiée au C. mon. fin., art. L. 313-23 s.). ♦ L'écrit constituant, aux termes de l'art. 6 de la L. du 2 janv. 1981 (C. mon. fin., art. L. 313-29), l'acte d'acceptation de la cession ou du nantissement d'une créance professionnelle, peut être établi et conservé sur tout support, y compris par télécopies, dès lors que son intégrité et l'imputabilité de son contenu à l'auteur désigné ont été vérifiés ou ne sont pas contestés. • Com. 2 déc. 1997, n° 95-14.251 P : *D. 1998. 192, note D. R. Martin ; JCP 1998. II. 10097, note Grynbaum ; JCP E 1998. 178, note Bonneau ; ibid. 884, chron. Catala et Gautier.* ♦ Une cession de créance professionnelle, effectuée selon les modalités prévues par les art. L. 313-23 s. C. mon. fin, produit ses effets et est opposable aux tiers ainsi qu'au débiteur cédé dans les conditions prévues par ces dispositions légales, auxquelles aucune autre condition ne peut être ajoutée dans le contrat générateur de la créance. • Com. 11 oct. 2017, n° 15-18.372 P : *D. 2017. 2028 ; RTD civ. 2017. 861, obs. Barbier ; ibid. 2018. 186, obs. Crocq ; AJ contrat 2017. 527, obs. Forti ; RTD civ. 2017. 861, obs. Barbier* (contrat principal prévoyant l'exigence d'un préavis).

7. Créances comprises dans un fonds commun. V. sous l'empire de l'art. 1690 : l'art. L. 214-43 C. mon. fin. dans sa rédaction issue de la L. du 26 juill. 2005, qui prévoit un bordereau de cession de créances pour les fonds communs, n'exclut pas le recours à d'autres modes de cession des créances que celui qu'il prévoit. • Com. 6 déc. 2011, n° 10-24.353 P : *D. 2012. 4* (application de l'art. 1690 en l'espèce).

B. EFFETS DE LA CESSION

8. Absence d'effet novatoire. La cession de créance, qui n'a pas d'effet novatoire, ne donne pas naissance à une obligation nouvelle. • Civ. 1re, 27 oct. 1976, n° 75-10.327 P.

9. Nemo plus juris. Le cessionnaire ne peut avoir des droits plus étendus que le cédant et le lieu du paiement est celui qui résulte des rapports initiaux entre le cédant et le débiteur cédé. • Civ. 1re, 6 mai 1968, n° 66-12.130 P : *JCP 1969. II. 15737, note Prieur.* ♦ Sur l'effet translatif provisoire de la cession de créance professionnelle faite à titre de garantie, V. • Com. 22 nov. 2005, n° 03-15.669 P : *D. 2005. AJ 3081, obs. Delpech ; Defrénois 2006. 601, obs. Savaux.*

10. Opposabilité des clauses du contrat : arbitrage. La créance étant transmise au cessionnaire telle qu'elle existe dans les rapports entre le cédant et le débiteur cédé, la clause d'arbitrage international, valable par le seul effet de la volonté des contractants, est transmise avec la créance et s'impose au cessionnaire. • Civ. 1re, 5 janv. 1999, n° 96-20.202 P : *Defrénois 1999. 752, obs. Delebecque.* ♦ Dans le même sens, pour une clause d'arbitrage interne : • Civ. 2e, 20 déc. 2001, n° 00-10.806 P : *R., p. 469 ; D. 2002. IR 251 ; D. 2003. Chron. 569, par X. Pradel ; Dr. et patr. 6/2002. 123, obs. Mestre ; RTD com. 2002. 279, obs. Loquin*.

11. ... Autres clauses. Le cessionnaire ne peut se voir opposer une clause d'agrément incluse dans le contrat intervenu entre le cédé et le cédant, auquel il n'est pas partie. • Com. 21 nov. 2000, n° 97-16.874 P : *D. 2001. AJ 123, obs. Avena-Robardet ; Defrénois 2001. 635, note Billiau ; RTD civ. 2001. 933, obs. Crocq*.

12. Contestation de la créance. Sur la contestation de l'existence et du montant de la créance, V. note 1 ss. art. 1693.

13. Exception d'inexécution. En cas de cession de créance, le débiteur peut invoquer contre le cessionnaire les exceptions inhérentes à la dette même si elles sont apparues postérieurement à la notification de la cession. • Com. 12 janv. 2010, n° 08-22.000 P : *D. 2010. 266, obs. Delpech ; CCC 2010, n° 87, note Leveneur ; RLDC 2010/73, n° 3867, note Danos ; RTD civ. 2010. 106, obs. Fages ; RDC 2010. 834, obs. Laithier.*

14. Retrait litigieux. Pour l'applicabilité des règles du retrait litigieux (art. 1699 s.) à la cession de créance, V. art. 1701-1.

15. Cession professionnelle à titre de garantie (non). Dès lors qu'elle implique la restitution du droit cédé au cas où la créance garantie viendrait à être payée et n'opère qu'un transfert provisoire de la titularité de ce droit, la restitution de la créance au cédant restant subordonnée à l'épuisement de l'objet de la garantie consentie, une cession de créances à titre de garantie ne constitue pas le paiement de la créance garantie. • Com. 22 mars 2017, n° 15-15.361 P : *D. 2017. 1996, obs. Crocq ; ibid. 2176, obs. Martin et Synvet ; AJ contrat 2017. 236, obs. Reygrobellet ; RTD civ. 2017. 455, obs. Crocq ; RTD com. 2017. 434, obs. Martin-Serf*.

Art. 1325 *(Ord. n° 2016-131 du 10 févr. 2016, art. 3, en vigueur le 1er oct. 2016)* **Le concours entre cessionnaires successifs d'une créance se résout en faveur du premier en date ; il dispose d'un recours contre celui auquel le débiteur aurait fait un paiement.** – *Dispositions transitoires, V. Ord. n° 2016-131 du 10 févr. 2016, art. 9, ss. art. 1386-1.*

Comp. C. civ., art. 1694 anc.

BIBL. ▶ MARAIN, *AJ contrat 2017. 426* (le « recours » de l'art. 1325 dans le cadre des conflits entre cessionnaires successifs d'une même créance).

Comp. note 25 ss. art. 1690.

Art. 1326 *(Ord. nº 2016-131 du 10 févr. 2016, art. 3, en vigueur le 1er oct. 2016)* **Celui qui cède une créance à titre onéreux garantit l'existence de la créance et de ses accessoires, à moins que le cessionnaire l'ait acquise à ses risques et périls ou qu'il ait connu le caractère incertain de la créance.**

Il ne répond de la solvabilité du débiteur que lorsqu'il s'y est engagé, et jusqu'à concurrence du prix qu'il a pu retirer de la cession de sa créance.

Lorsque le cédant a garanti la solvabilité du débiteur, cette garantie ne s'entend que de la solvabilité actuelle ; elle peut toutefois s'étendre à la solvabilité à l'échéance, mais à la condition que le cédant l'ait expressément spécifié. — *Dispositions transitoires, V. Ord. nº 2016-131 du 10 févr. 2016, art. 9, ss. art. 1386-1.*

Comp., pour les autres cessions, art. 1693 C. civ.

SECTION 2 La cession de dette

(Ord. nº 2016-131 du 10 févr. 2016, art. 3, en vigueur le 1er oct. 2016)

Art. 1327 *(Ord. nº 2016-131 du 10 févr. 2016, art. 3, en vigueur le 1er oct. 2016)* **Un débiteur peut, avec l'accord du créancier, céder sa dette.**

(L. nº 2018-287 du 20 avr. 2018, art. 12, en vigueur le 1er oct. 2018) **« La cession doit être constatée par écrit, à peine de nullité. »** — *Dispositions transitoires, V. Ord. nº 2016-131 du 10 févr. 2016, art. 9, ss. art. 1386-1.*

L'art. 1327, dans sa rédaction résultant de la L. nº 2018-287 du 20 avr. 2018, est applicable aux actes juridiques conclus ou établis à compter du 1er oct. 2018 (L. préc., art. 16).

BIBL. ▶ ANDREU, Les opérations translatives (cession de créance, cession de dette, cession de contrat), *in* Pour une réforme du régime général des obligations, ss. la dir. de F. Terré, *D. 2013. 123*. – BOFFA, *Gaz. Pal. 4 juin 2015, nº 155* (les opérations translatives dans le projet d'ordonnance) ; *JCP N 2016, nº 1115* (clauses relatives aux opérations translatives). – DANIS-FATÔME et MÉLOT-CORDONNIER, *AJ contrat 2018. 304* (transmission des obligations et loi de ratification). – DISSAUX et JAMIN, Projet de réforme, supplément, *C. civ. 2016, p. 205*. – DUPICHOT, *Dr. et patr. 2015. 246* (pour une classification fonctionnelle des opérations sur créances dans le nouveau régime général des obligations). – EFREMOV, *RDBF 2017. Étude 7* (le financement et la cession de dette). – EVVA, *Journ. sociétés 9/2016. 35* (délégation et cession de dette, approche comparative). – GOUËZEL, *AJCA 2016. 135* (les opérations translatives). – JULIENNE, *Dr. et patr. 7-8/2015. 69* (cession de créance : transfert d'un bien ou changement de créancier) ; *RDC 2015. 801* (article 1338 : la situation du créancier dans la cession de dette). – LASSERRE, *D. 2016. 1578* (cession de dette à la lumière du droit allemand). – MEYNET, *JA 2017, nº 551, p. 32* (cession de créance, de dette et de contrat : une alternative aux restructurations). – Y. PICOD, *AJ contrat 2017. 268* (cession de dette et droit des sûretés) ; la cession de dette *in* la réforme du droit des obligations, 5e journées franco-allemandes, *SLC, 2015, p. 207*. – RAIMOND, La cession de créance : le rôle du consentement du débiteur, *blog Dalloz obligations 2015*. – SIMLER, *RDC 2017. 202* (proposition de modification) ; *CCC 2016. Dossier 8*. – VERN, *JCP N 2020, nº 1021*.

Sur l'utilisation d'autres dispositifs, avant la réforme, pour combler l'absence de consécration légale de la cession de dette, V. par ex. : paiement de la dette par un tiers (art. 1236 anc., à comp. au nouvel art. 1342-1 qui offre au créancier le droit de refuser le paiement pour motif légitime), indication de paiement (art. 1277 anc. et note ss. art. 1340, délégation (art. 1275 s. anc., 1336 s.). ♦ V. aussi, pour la cession de contrat, notes ss. art. 1690 et 1717 anc. et comp. art. 1216 s.

Art. 1327-1 *(Ord. nº 2016-131 du 10 févr. 2016, art. 3, en vigueur le 1er oct. 2016)* **Le créancier, s'il a par avance donné son accord à la cession** *(L. nº 2018-287 du 20 avr. 2018, art. 13)* **« et** *[ancienne rédaction : ou]* **» n'y est pas intervenu, ne peut se la voir opposer ou s'en prévaloir que du jour où elle lui a été notifiée ou dès qu'il en a pris acte.** — *Dispositions transitoires, V. Ord. nº 2016-131 du 10 févr. 2016, art. 9, ss. art. 1386-1.*

Les modifications apportées par la L. nº 2018-287 du 20 avr. 2018 à l'art. 1327-1 ont un caractère interprétatif (L. préc., en vigueur le 1er oct. 2018, art. 16-I). — Sur les conséquences du caractère interprétatif d'une modification législative, V. L. préc., ss. art. 1386-1.

Art. 1327-2 *(Ord. nº 2016-131 du 10 févr. 2016, art. 3, en vigueur le 1er oct. 2016)* **Si le créancier y consent expressément, le débiteur originaire est libéré pour l'avenir. A défaut, et sauf clause contraire, il est tenu solidairement au paiement de la dette.** – *Dispositions transitoires, V. Ord. nº 2016-131 du 10 févr. 2016, art. 9, ss. art. 1386-1.*

Art. 1328 *(Ord. nº 2016-131 du 10 févr. 2016, art. 3, en vigueur le 1er oct. 2016)* **Le débiteur substitué, et le débiteur originaire s'il reste tenu, peuvent opposer au créancier les exceptions inhérentes à la dette, telles que la nullité, l'exception d'inexécution, la résolution ou la compensation de dettes connexes. Chacun peut aussi opposer les exceptions qui lui sont personnelles.** – *Dispositions transitoires, V. Ord. nº 2016-131 du 10 févr. 2016, art. 9, ss. art. 1386-1.*

BIBL. ▸ DANOS, *D. 2017. 1319* (notion d'exception inhérente à la dette).

Art. 1328-1 *(Ord. nº 2016-131 du 10 févr. 2016, art. 3, en vigueur le 1er oct. 2016)* **Lorsque le débiteur originaire n'est pas déchargé par le créancier, les sûretés subsistent. Dans le cas contraire, les sûretés consenties par** *(L. nº 2018-287 du 20 avr. 2018, art. 13)* **« le débiteur originaire ou par » des tiers ne subsistent qu'avec leur accord.**

Si le cédant est déchargé, ses codébiteurs solidaires restent tenus déduction faite de sa part dans la dette. – *Dispositions transitoires, V. Ord. nº 2016-131 du 10 févr. 2016, art. 9, ss. art. 1386-1.*

Les modifications apportées par la L. nº 2018-287 du 20 avr. 2018 à l'art. 1328-1 ont un caractère interprétatif (L. préc., en vigueur le 1er oct. 2018, art. 16-I). – Sur les conséquences du caractère interprétatif d'une modification législative, V. L. préc., ss. art. 1386-1.

BIBL. ▸ DANIS-FATÔME et MÉLOT-CORDONNIER, *AJ contrat 2018. 304* (transmission des obligations et loi de ratification). – DESHAYES, *RDC 2017. 189* (proposition de modification). – PICOD, *AJ contrat 2017. 268* (cession de dette et droit des sûretés).

SECTION 3 La novation

(Ord. nº 2016-131 du 10 févr. 2016, art. 3, en vigueur le 1er oct. 2016)

RÉP. CIV. vº *Novation*, par J.-L. AUBERT et CH. GOLDIE-GÉNICON.

Art. 1329 *(Ord. nº 2016-131 du 10 févr. 2016, art. 3, en vigueur le 1er oct. 2016)* **La novation est un contrat qui a pour objet de substituer à une obligation, qu'elle éteint, une obligation nouvelle qu'elle crée.**

Elle peut avoir lieu par substitution d'obligation entre les mêmes parties, par changement de débiteur ou par changement de créancier. – *Dispositions transitoires, V. Ord. nº 2016-131 du 10 févr. 2016, art. 9, ss. art. 1386-1.*

Comp. C. civ., art. 1271 anc.

1. *Remplacement de l'obligation ancienne.* La novation suppose le remplacement de l'ancienne obligation par une nouvelle. Si la convention novatoire est annulée, la première obligation reprend toute sa force. • Civ. 3e, 30 avr. 1975 : *Gaz. Pal. 1975. 2. 587, note Plancqueel* • Com. 30 nov. 1983 : *Bull. civ. IV, nº 337.* ♦ Il en est ainsi même lorsque le créancier savait que l'obligation nouvelle était annulable de son propre fait. • Com. 14 mai 1996 : *D. Affaires 1996. 772 ; D. 1996. Somm. 334, obs. Libchaber ; JCP 1997. II. 22895, note Jacob ; ibid. I. 4002, nº 14, obs. Virassamy ; CCC 1996, nº 162, obs. Leveneur ; Defrénois 1997. 524, note Dagorne-Labbe ; RTD civ. 1996. 910, obs. Mestre.*

2. *Illustrations.* Le changement d'employeur qui constitue une novation du contrat de travail ne peut résulter, sauf dispositions législatives contraires, que d'une acceptation expresse du salarié. • Soc. 8 avr. 2009, nº 08-41.046 P (application volontaire de l'art. L. 122-12, al. 2, devenu L. 1224-1 C. trav.) • 3 mars 2010 : *D. 2010. AJ 703, note Perrin* (transfert conventionnel des contrats). ♦ Les dispositions de l'art. L. 122-12 [L. 1224-1] C. trav. sur le maintien du contrat de travail en cas de modification de la situation juridique de l'employeur ne font pas obstacle, sous réserve de fraude, à ce que le nouvel employeur convienne avec le salarié de nover le contrat en cours. • Soc. 10 déc. 1984 : *Bull. civ. V, nº 475.* – Dans le même sens : • Soc. 17 sept. 2003, nº 01-43.687 P.

3. Il y a novation lorsque les parties sont convenues non plus de sanctionner forfaitairement par avance au moyen d'une clause pénale l'inexécution d'un contrat, mais de fixer conventionnellement l'indemnité due pour la non-réalisation d'ores et déjà acquise de la convention. • Com. 13 oct. 1981 : *Bull. civ. IV, nº 355.*

4. *Circonstances exclusives de novation.*

Quelle que soit l'intention des parties, une modification dans le montant de la dette ne suffit pas à caractériser la novation. • Civ. 1re, 20 nov. 1967 : *D. 1969. 321, note Gomaa* • 25 mai 1981 : *Bull. civ. I, n° 182.* ♦ Pour le maintien de la nature de créances salariales alors que les sommes versées à titre de gratifications annuelles étaient portées à un compte spécial productif d'intérêts, V. • Soc. 20 juin 1990 : *JCP 1991. II. 21776, note Virassamy.*

5. L'acceptation de paiement sans la majoration résultant d'une clause d'indexation ne suffit pas à caractériser la novation. • Com. 22 mai 1984 : *Bull. civ. IV, n° 178.*

6. Sauf intention contraire des parties, la transaction n'emporte pas novation. • Civ. 1re, 25 févr. 1976 : *Bull. civ. I, n° 86.* ♦ V. conf. • Civ. 1re, 21 janv. 1997, n° 94-13.853 P : *CCC 1997, n° 62, obs. Leveneur ; D. 1997. Somm. 179, obs. Aynès ; RTD civ. 1998. 378, obs. Mestre.*

7. Absence de novation d'un contrat de travail de professeur en une convention de collaboration de type purement libéral, en raison du maintien d'un lien de subordination. • Cass., ass. plén., 4 mars 1983, n° 81-15.290 P : *R., p. 36 ; D. 1983. 381, concl. Cabannes.*

8. La renonciation à une stipulation n'est pas constitutive d'une novation. • Civ. 1re, 29 janv. 2002 : *D. 2002. 2897, note Mémeteau.*

Code monétaire et financier *(Ord. n° 2000-1223 du 14 déc. 2000)* **Art. L. 131-67**
La remise d'un chèque en paiement, acceptée par un créancier, n'entraîne pas novation. En conséquence, la créance originaire, avec toutes les garanties qui y sont attachées, subsiste jusqu'au paiement du chèque. – *[Décr.-L. 30 oct. 1935, art. 62.]*

Art. 1330 *(Ord. n° 2016-131 du 10 févr. 2016, art. 3, en vigueur le 1er oct. 2016)* **La novation ne se présume pas ; la volonté de l'opérer doit résulter clairement de l'acte.**
– *Dispositions transitoires, V. Ord. n° 2016-131 du 10 févr. 2016, art. 9, ss. art. 1386-1.*

Comp. C. civ., art. 1273 anc.

1. Volonté de nover. La volonté de nover doit être non équivoque et résulter clairement des faits et actes intervenus entre les parties. • Com. 31 janv. 1983, n° 81-16.027 P. ♦ Mais il n'est pas nécessaire que l'intention de nover soit exprimée en termes formels, dès lors qu'elle est certaine. • Civ. 3e, 15 janv. 1975 : *Bull. civ. III, n° 16.* – V. aussi • Paris, 20 oct. 1983 : *D. 1985. 445, concl. Paire, note Karila de Van.*

2. ... Déduite des circonstances. Si l'intention de nover n'est pas exprimée dans l'acte emportant novation, les juges peuvent la rechercher dans les faits de la cause. • Civ. 1re, 11 févr. 1986, n° 84-15.849 P. ♦ Pour une novation déduite de l'incompatibilité des obligations successives : • Metz, 6 sept. 1995 : *JCP 1997. II. 22854, note Jacob.* ♦ En cas d'emprunt, il ne suffit pas, pour opérer novation, de modifier les modalités de remboursement. • Civ. 1re, 2 déc. 1997, n° 95-21.315 P : *D. 1998. 549, note Caron ; D. Affaires 1998. 291, obs. V. A.-R. ; Defrénois 1998. 335, obs. Delebecque ; RTD civ. 1998. 377, obs. Mestre.* ♦ Ne caractérise pas non plus la novation un réaménagement de la dette pour l'exécution d'un plan de règlement de surendettement. • Civ. 1re, 20 mai 2003, n° 01-00.212 P : *RDC 2003. 174, obs. Grimaldi ; Banque et Dr. 11-12/2003. 48, obs. Rontchevsky.*

3. ... Pouvoir souverain d'appréciation du juge. Les juges du fond apprécient souverainement l'intention des parties de nover la convention qu'elles ont conclue. • Civ. 1re, 25 mai 1976 : *Bull. civ. I, n° 200.* – Jurisprudence constante. ♦ Mais cassation d'arrêts ne relevant pas des éléments d'où résulte sans équivoque la volonté de nover. Par exemple, • Com. 19 mars 1979 : *Bull. civ. IV, n° 105* • Soc. 16 mai 1990, n° 87-15.278 P • 20 févr. 2007 : *RDT 2007. 325, obs. Pignarre* (absence de novation d'une créance de salaire en créance de prêt).

4. Applications : abstention. Appréciant souverainement la commune intention des parties, les juges du fond peuvent retenir une novation quand une société ayant donné mandat à deux époux de gérer solidairement une succursale n'a pas protesté contre le fait que la femme seule a assuré cette gestion, a seule été rémunérée et quand c'est elle seule qu'a été réclamé le remboursement du déficit. • Com. 25 sept. 1984 : *Bull. civ. IV, n° 245.* ♦ Mais, un engagement de non-concurrence ayant été pris dans la promesse de vente d'un fonds de commerce, les juges du fond ne peuvent retenir comme une manifestation non équivoque de la volonté de nover, à l'exclusion de tout autre élément d'appréciation, l'abstention du promettant de réitérer son engagement dans l'acte constitutif d'une société à laquelle avait été apporté le fonds de commerce. • Com. 9 mars 1981 : *Bull. civ. IV, n° 124.*

5. En l'absence d'actes positifs et non équivoques d'un assureur impliquant qu'il ait su qu'une nouvelle société se substituait à son cocontractant, la volonté de nover n'est pas établie. • Civ. 1re, 28 nov. 1995, n° 93-14.796 P : *RTD civ. 1996. 618, obs. Mestre.*

6. ... Agissements insuffisants. L'examen d'un procès-verbal de conciliation qui ne fait que constater le versement d'une indemnité transactionnelle et ne contient aucune renonciation claire et non équivoque à l'obligation de garantie fiscale contenue dans la transaction antérieure ne permet pas de caractériser la volonté de nover. • Soc. 12 janv. 2010, n° 08-44.321 P. ♦ La souscription conjointe de l'épouse à un contrat d'assurance sur la vie souscrit par son mari n'emporte pas novation du contrat. • Civ. 1re, 19 mars 2015, n° 13-28.776 P : *AJ fam. 2015. 299, obs. Ferré-André* ; *JCP 2015, n° 616, note Robineau ;.778Defrénois 2015. 750, obs. Douet.*

7. Effets de la novation. V. notes ss. art. 1334.

Art. 1331 *(Ord. n° 2016-131 du 10 févr. 2016, art. 3, en vigueur le 1er oct. 2016)* **La novation n'a lieu que si l'obligation ancienne et l'obligation nouvelle sont l'une et l'autre valables, à moins qu'elle n'ait pour objet déclaré de substituer un engagement valable à un engagement entaché d'un vice.** – *Dispositions transitoires, V. Ord. n° 2016-131 du 10 févr. 2016, art. 9, ss. art. 1386-1.*

Comp. C. civ., art. 1271 anc.

V. notes ss. anc. art. 1271.

1. Validité nécessaire des obligations. La novation n'a lieu que si l'obligation ancienne, à laquelle l'obligation nouvelle est substituée, est valable ; si elle est nulle, la seconde obligation est dépourvue de cause et ne produit aucun effet. • Civ. 1re, 7 nov. 1995, n° 92-16.695 P : *Defrénois 1996. 356, obs. Delebecque ; RTD civ. 1996. 619, obs. Mestre* .

2. La novation n'a lieu que si une obligation valable est substituée à l'obligation originaire. Lorsqu'il est constaté que l'engagement qui aurait opéré novation était, dès l'origine, sans objet, la condamnation du débiteur de la première obligation est justifiée. • Civ. 1re, 8 juill. 1975 : *Bull. civ. I, n° 228* • Com. 4 févr. 1992, n° 90-12.609 P : *D. 1992. Somm. 408, obs. A. Penneau* .

3. Un legs verbal, nul de plein droit, peut cependant, comme constituant une obligation naturelle, servir de cause à une obligation civile valable (visa de l'anc. art. 1271). • Civ. 1re, 22 juin 2004 : *JCP 2004. II. 10165, note Sériaux.* ♦ Comp. notes 7 ss. art. 1100.

Art. 1332 *(Ord. n° 2016-131 du 10 févr. 2016, art. 3, en vigueur le 1er oct. 2016)* **La novation par changement de débiteur peut s'opérer sans le concours du premier débiteur.** – *Dispositions transitoires, V. Ord. n° 2016-131 du 10 févr. 2016, art. 9, ss. art. 1386-1.*

Comp. C. civ., art. 1274 anc.

Les juges du fond apprécient souverainement l'intention de nover par changement de débiteur. • Civ. 1re, 5 juin 1985 : *Bull. civ. I, n° 181.* – Jurisprudence constante.

Art. 1333 *(Ord. n° 2016-131 du 10 févr. 2016, art. 3, en vigueur le 1er oct. 2016)* **La novation par changement de créancier requiert le consentement du débiteur. Celui-ci peut, par avance, accepter que le nouveau créancier soit désigné par le premier.**

La novation est opposable aux tiers à la date de l'acte. En cas de contestation de la date de la novation, la preuve en incombe au nouveau créancier, qui peut l'apporter par tout moyen. – *Dispositions transitoires, V. Ord. n° 2016-131 du 10 févr. 2016, art. 9, ss. art. 1386-1.*

V. note 2 ss. art. 1329.

Art. 1334 *(Ord. n° 2016-131 du 10 févr. 2016, art. 3, en vigueur le 1er oct. 2016)* **L'extinction de l'obligation ancienne s'étend à tous ses accessoires.**

Par exception, les sûretés d'origine peuvent être réservées pour la garantie de la nouvelle obligation avec le consentement des tiers garants. – *Dispositions transitoires, V. Ord. n° 2016-131 du 10 févr. 2016, art. 9, ss. art. 1386-1.*

Comp. C. civ., art. 1278 anc., 1279 anc. et 1280 anc.

BIBL. ▸ DESHAYES, *RDC 2017. 189* (proposition de modification).

1. Effets de la novation. La novation, par *voie d'avenant, d'un contrat de concession* exclusive en un contrat de mandat d'intérêt commun ne rend pas inapplicable la clause de résiliation figurant au contrat d'origine s'il n'est pas relevé que l'avenant avait expressément annulé cette clause. • Com. 3 juill. 2001, n° 98-16.691 P : *D. 2001. AJ 2826, obs. Chevrier* ; *ibid. Somm. 3245, obs. Delebecque* ; *JCP 2002. I. 134, nos 10 s.*, obs. Virassamy ; LPA 25 mars 2002, note Corlay.

2. La novation ne peut avoir pour effet de priver d'efficacité la clause compromissoire insérée dans le contrat. • Civ. 1re, 10 mai 1988, n° 86-13.333 P.

3. La novation d'un contrat de construction de maison individuelle ne peut avoir pour effet de priver d'efficacité la garantie de livraison à prix et délais convenus, qui constitue une garantie légale d'ordre public, distincte d'un cautionnement. • Civ. 3e, 4 juin 2003, n° 99-17.185 P.

Art. 1335 *(Ord. n° 2016-131 du 10 févr. 2016, art. 3, en vigueur le 1er oct. 2016)* **La novation convenue entre le créancier et l'un des codébiteurs solidaires libère les autres.**

La novation convenue entre le créancier et une caution ne libère pas le débiteur principal. Elle libère les autres cautions à concurrence de la part contributive de celle dont l'obligation a fait l'objet de la novation. — *Dispositions transitoires, V. Ord. n° 2016-131 du 10 févr. 2016, art. 9, ss. art. 1386-1.*

Comp. C. civ., art. 1281 anc.

V. note ss. anc. art. 1281.

SECTION 4 La délégation

(Ord. n° 2016-131 du 10 févr. 2016, art. 3, en vigueur le 1er oct. 2016)

RÉP. CIV. v° *Délégation*, par M. Billiau.

BIBL. GÉN. ► Dissaux et Jamin, Projet de réforme, supplément, *C. civ. 2016, p. 220.* – Billiau, *LPA 2015, n° 176-177, p. 106.* – Chauvire, *Gaz. Pal., 4 juin 2015, p. 11.* – Danis-Fatôme, *blog Dalloz obligations 2015.* – Evva, *Journ. sociétés 9/2016. 35* (délégation et cession de dette, approche comparative). – Houtcieff, *Dr. et patr. 7-8/2015. 75.* – Mignot, *RLDC 2013, n° 21, p. 63.* – Simler, De la novation et de la délégation, *in* Pour une réforme du régime général des obligations, ss. la dir. de F. Terré, *D. 2013. 133 s.* – V. Bibl. ss. art. 1275 anc.

Art. 1336 *(Ord. n° 2016-131 du 10 févr. 2016, art. 3, en vigueur le 1er oct. 2016)* **La délégation est une opération par laquelle une personne, le délégant, obtient d'une autre, le délégué, qu'elle s'oblige envers une troisième, le délégataire, qui l'accepte comme débiteur.**

Le délégué ne peut, sauf stipulation contraire, opposer au délégataire aucune exception tirée de ses rapports avec le délégant ou des rapports entre ce dernier et le délégataire. — *Dispositions transitoires, V. Ord. n° 2016-131 du 10 févr. 2016, art. 9, ss. art. 1386-1.*

Comp. C. civ., art. 1275 anc. s.

BIBL. ► Forti, *RDC 2019/4. 140* (délégation incertaine et aménagement conventionnel de l'opposabilité des exceptions – observations comparatives).

A. CONDITIONS GÉNÉRALES DE LA DÉLÉGATION

1. Existence d'une dette du délégué (non). Il importe peu, pour la validité d'une opération qui s'analyse en une délégation de paiement, que le délégué ait été ou non débiteur à l'égard du délégant, dès lors que le délégué s'est engagé en toute connaissance de cause. • Com. 21 juin 1994, n° 91-19.281 P : *JCP 1994. I. 3803, n° 10, obs. Billiau ; RTD civ. 1995. 113, obs. Mestre.* ♦ Comp. • Civ. 1re, 9 déc. 1981 : *D. 1982. 445, note Mestre.*

2. Absence de formalisme. La délégation ne suppose pas l'accomplissement des formalités édictées par l'art. 1690 C. civ. • Req. 19 déc. 1923 : *S. 1924. 1. 111 ; Gaz. Pal. 1924. 1. 397 ; DP 1925. 1. 9, note Capitant.*

3. Acceptation du délégataire. Antérieurement à l'Ord. n° 2016-131 du 10 févr. 2016, sur le principe de l'acceptation nécessaire du délégataire : • Civ. 12 mars 1946 : *JCP 1946. II. 3114, note R.C. ; S. 1947. 1. 68 ; DH 1946. 268.* ♦ L'acceptation par le débiteur d'un titre qualifié lettre de change, mais n'en ayant pas la valeur faute de certaines mentions obligatoires, n'emporte pas délégation de créance au profit du tiers porteur, faute de sa désignation lors de l'engagement du débiteur. • Com. 24 mars 1998, n° 95-19.867 P : *D. 1999. 174, note Rossi ; Defrénois 1998. 1047, obs. Delebecque.*

4. L'acceptation du sous-traitant et l'agrément des conditions de paiement du contrat de sous-traitance par le maître de l'ouvrage n'impliquent pas l'existence d'une délégation de paiement. • Civ. 3e, 26 sept. 2007, n° 06-15.441 P : *D. 2007. AJ 2533, obs. Delpech ; JCP 2008. I. 104, nos 17 s., obs. Barthez ; Defrénois 2009. 79, obs. Périnet-Marquet.*

B. EFFETS DE LA DÉLÉGATION

5. Paiement de la dette au délégataire. Sauf convention contraire, le délégué est seulement obligé au paiement de la dette du délégant envers le délégataire, et il se trouve déchargé de son obligation lorsque la créance de ce dernier est atteinte par la prescription. • Civ. 1re, 17 mars 1992 : *D. 1992. 481, note Aynès ; JCP 1992. II. 21922, note Billiau (1re esp.) ; RTD civ. 1992. 765, obs. Mestre.* ♦ *Contra :* en cas de délégation de paiement imparfaite, le délégué ne peut, sauf clause contraire, opposer au délégataire les exceptions dont le délégant pouvait se prévaloir à l'égard de celui-ci (compensation). • Com. 25 févr. 1992 : *JCP 1992. II. 21922, note Billiau (2e esp.).* – V. déjà • Com. 15 oct. 1979 : *Bull. civ. IV, n° 254.*

6. Opposabilité des exceptions. Le délégué ne peut opposer au délégataire les exceptions nées de ses rapports avec le délégant. • Com. 22 avr. 1997, n° 95-17.664 P : *D. Affaires 1997. 662 ; JCP 1998. II. 10050, note Lachièze, Err. 10133 bis ; Defrénois 1997. 1002, obs. D. Mazeaud.* ♦ ... Ou des rapports entre le délégant et le délégataire. • Civ. 3e, 7 juin 2018, n° 17-15.981 P : *D. 2018. 1624, note Pellier ; AJ contrat 2018. 329, obs. Dagorne-Labbe ; RDC 2018. 551, note Latina* (cassation de l'arrêt ayant considéré que si la délégation consentie par l'entrepreneur principal au maître de l'ouvrage prive ce dernier de la possibilité d'opposer au sous-traitant des exceptions tirées de son contrat avec l'entrepreneur principal, elle ne lui interdit pas de lui opposer les exceptions inhérentes à la dette de l'entrepreneur principal résultant des travaux sous-traités ou celles résultant de ses rapports personnels avec le sous-traitant).

7. Une délégation de créance ayant été acceptée par chacune des parties en présence, le délégué ne peut, sous prétexte de nouvelles instructions du délégant, se soustraire sans l'accord du créancier à l'obligation qu'il a souscrite envers ce dernier. • Com. 20 oct. 1980 : *Bull. civ. IV, n° 341.*

8. Portée de l'ordre de paiement du délégant. L'ordre de paiement du délégant n'est ni une condition de validité ni un élément constitutif de la délégation mais une modalité de son exécution ; cassation de l'arrêt qui a refusé le paiement du sous-traitant en considérant que la délégation de paiement a expressément prévu que le maître de l'ouvrage ne procéderait au versement des situations présentées par le sous-traitant que sur ordre de l'entrepreneur principal. • Civ. 3e, 19 déc. 2012, n° 11-25.622 P : *D. 2013. 84 ; JCP 2013, n° 230, note Boffa.*

9. Conflit entre délégataire et créancier du délégant. V. notes ss. art. 1339.

10. Crédit-bail. Sur l'utilisation de la délégation dans le cadre d'un crédit-bail pour transmettre au locataire les droits du crédit-bailleur contre le vendeur, V. • Com. 4 juin 1996 : *D. 1996. 630, note Billiau ; JCP 1996. II. 22744, note Tallens-Dessalle* (requalification en cession de créance).

Art. 1337 *(Ord. n° 2016-131 du 10 févr. 2016, art. 3, en vigueur le 1er oct. 2016)* **Lorsque le délégant est débiteur du délégataire et que la volonté du délégataire de décharger le délégant résulte expressément de l'acte, la délégation opère novation.**

Toutefois, le délégant demeure tenu s'il s'est expressément engagé à garantir la solvabilité future du délégué ou si ce dernier se trouve soumis à une procédure d'apurement de ses dettes lors de la délégation. – *Dispositions transitoires, V. Ord. n° 2016-131 du 10 févr. 2016, art. 9, ss. art. 1386-1.*

Comp. C. civ., art. 1276 anc.

Art. 1338 *(Ord. n° 2016-131 du 10 févr. 2016, art. 3, en vigueur le 1er oct. 2016)* **Lorsque le délégant est débiteur du délégataire mais que celui-ci ne l'a pas déchargé de sa dette, la délégation donne au délégataire un second débiteur.**

Le paiement fait par l'un des deux débiteurs libère l'autre, à due concurrence. – *Dispositions transitoires, V. Ord. n° 2016-131 du 10 févr. 2016, art. 9, ss. art. 1386-1.*

Comp. C. civ., art. 1275 anc.

1° DÉLÉGATION IMPARFAITE

1. Conditions. V. notes 1 à 4 ss. art. 1336.

2. Illustration de délégation imparfaite. La clause d'un acte de vente obligeant l'acquéreur à payer l'indemnité d'éviction due au locataire constitue une délégation imparfaite autorisant le preneur à agir directement contre le délégué sans que puisse lui être opposée la règle de l'effet relatif des contrats. • Civ. 3e, 5 mars 2008, n° 06-19.237 P : *JCP 2008. I. 179, n° 19, obs. Barthez ; Gaz. Pal. 2008. 2525, obs. Barbier ; Defrénois 2008. 1353, obs. Savaux.*

2° DÉLÉGATION PARFAITE (OU NOVATOIRE)

3. Déclaration expresse de décharge du délégant par le délégataire. Conformément à l'art. 1275 anc., la novation par changement de débiteur ne peut avoir lieu qu'au moyen d'une manifestation expresse de volonté du créancier déclarant décharger de la dette le débiteur initial. Dans l'exercice de leur pouvoir souverain d'appréciation de l'intention de nover, les juges du fond peuvent estimer insuffisante une simple signature du créancier au regard d'une mention du contrat de prêt indiquant le changement de débiteur. • Civ. 1re, 4 nov. 1982 : *Bull. civ. I, n° 317.* ♦ V. aussi : • Com. 25 oct. 1994 : *Defrénois 1995. 338, obs. D. Mazeaud.* ♦ Caractérisent l'acceptation expresse du créancier les juges du fond qui relèvent que celui-ci a, par lettre, formellement dégagé le débiteur de ses obligations à son égard. • Civ. 1re, 17 févr. 1998, n° 95-19.305 P.

4. Simple acceptation d'un nouveau débiteur. La seule acceptation par le créancier de la substitution d'un nouveau débiteur au premier, même si elle n'est assortie d'aucune réserve, n'implique pas, en l'absence de déclaration expresse, qu'il ait entendu décharger le débiteur originaire de sa dette. • Com. 12 déc. 1995, n° 93-14.438 P : *CCC 1996, n° 36, note Leveneur ; D. 1996. Somm. 333, obs. Mazeaud ; RTD civ. 1996. 617, obs. Mestre ; LPA 24 janv. 1997, note Courtier* • Civ. 1re, 13 nov. 1997, n° 95-18.680 P : *D. 1998. Somm. 117, obs. Delebecque* • 21 mars 2000 : *CCC 2000, n° 122, note Leveneur* • Civ. 3e, 12 déc. 2001, n° 00-15.627 P : *D. 2002. 984, note Billiau et Jamin ; Defrénois 2002. 775, obs. Libchaber.* ♦ Sur cet arrêt : Larroumet, *D. 2002. Point de vue 1555*. ♦ Les juges du fond doivent rechercher si le créancier, en acceptant un règlement direct de ses factures par un tiers, a exprimé la volonté de décharger son débiteur originaire qui avait fait la délégation. • Com. 22 juin 1983 : *Bull. civ. IV, n° 183 ; RTD civ. 1984. 720, obs. Mestre.* – Même sens : • Com. 17 juill. 1980 : *Gaz. Pal. 1981. 1. 39, note Dupichot.* ♦ Dans l'exercice de leur pouvoir souverain, les juges du fond peuvent décider que l'acceptation d'un acompte payé par un tiers n'établit pas à elle seule l'intention du créancier d'accepter un nouveau débiteur et de libérer le premier débiteur de son obligation. • Com. 26 oct. 1981 : *Bull. civ. IV, n° 368.* – V. aussi • Lyon, 20 avr. 1982 : *D. 1983. 586 (1re esp.), note Landraud.*

Art. 1339 *(Ord. n° 2016-131 du 10 févr. 2016, art. 3, en vigueur le 1er oct. 2016)* **Lorsque le délégant est créancier du délégué, sa créance ne s'éteint que par l'exécution de l'obligation du délégué envers le délégataire et à due concurrence.**

Jusque-là, le délégant ne peut en exiger ou en recevoir le paiement que pour la part qui excèderait l'engagement du délégué. Il ne recouvre ses droits qu'en exécutant sa propre obligation envers le délégataire.

La cession ou la saisie de la créance du délégant ne produisent effet que sous les mêmes limitations.

Toutefois, si le délégataire a libéré le délégant, le délégué est lui-même libéré à l'égard du délégant, à concurrence du montant de son engagement envers le délégataire. – *Dispositions transitoires, V. Ord. n° 2016-131 du 10 févr. 2016, art. 9, ss. art. 1386-1.*

1. Conflit entre délégataire et créancier du délégant. V. • Com. 24 juin 1986, n° 84-14.379 P : *RTD civ. 1987. 550, obs. Mestre.* ♦ Si la créance du délégant sur le délégué s'éteint, non pas du fait de l'acceptation par le délégataire de l'engagement du délégué à son égard, mais seulement par le fait de l'exécution de la délégation, ni le délégant ni ses créanciers ne peuvent, avant la défaillance du délégué envers le délégataire, exiger paiement. • Com. 16 avr. 1996 : *cité ss. art. 1340.* – V. aussi I. Dauriac, *Defrénois 1997. 1169.* ♦ Il en résulte que la saisie-attribution effectuée entre les mains du délégué par le créancier du délégant ne peut avoir pour effet de priver le délégataire, dès son acceptation, de son droit exclusif à un paiement immédiat par le délégué, sans concours avec le créancier saisissant. • Com. 14 févr. 2006, n° 03-17.457 P : *D. 2006. AJ 650, obs. Delpech ; ibid. Pan. 2862, obs. Crocq ; JCP 2006. II. 10145, note Roussille ; JCP E 2006. 1819, note Lachièze ; Defrénois 2007. 553, obs. Théry ; Dr. et pr. 2006. 228, note Putman ; Dr. et patr. 7-8/2006. 95, obs. Crocq ; Banque et Dr. 5-6/2006. 74, obs. Rontchevsky ; RTD civ. 2006. 319, obs. Mestre et Fages.*

2. Procédure collective du délégant. L'obligation du délégué est une obligation personnelle, indépendante de l'obligation du délégant, de sorte que l'extinction de la créance du délégataire contre le délégant pour défaut de déclaration au passif de sa liquidation judiciaire laisse subsister l'obligation distincte du délégué. • Com. 7 déc. 2004, n° 03-13.595 P : *D. 2005. AJ 79, obs. A. Lienhard ; JCP E 2005. 639, n° 12, obs. Pétel ; Defrénois 2005. 627, obs. Savaux ; Dr. et patr. 4/2005. 116, obs. Monsèrié-Bon ; RTD civ. 2005. 400, obs. Mestre et Fages.*

Art. 1340 *(Ord. n° 2016-131 du 10 févr. 2016, art. 3, en vigueur le 1er oct. 2016)* **La simple indication faite par le débiteur d'une personne désignée pour payer à sa place n'emporte ni novation, ni délégation. Il en est de même de la simple indication faite, par le créancier, d'une personne désignée pour recevoir le paiement pour lui.** – *Dispositions transitoires, V. Ord. n° 2016-131 du 10 févr. 2016, art. 9, ss. art. 1386-1.*

Comp. C. civ., art. 1277 anc.

Engagement du délégué et simple indication de paiement. Déjà antérieurement : en l'absence d'engagement du délégué de régler le créancier, il n'y a pas de délégation, le bon de délégation remis au créancier ne constituant qu'une simple indication de paiement. • Civ. 1re, 7 avr. 1998, n° 96-18.210 P : *D. Affaires 1998. 1044, obs. J. F. ; Defrénois 1998. 1048, obs. D. Mazeaud ; CCC 1998, n° 96, note Leveneur.* ♦ Le consentement du délégué à la délégation de créance, s'il doit être certain pour distinguer celle-ci de l'indication de paiement, peut être tacite. • Com. 16 avr. 1996, n° 94-14.618 P : *D. 1996. 571, note Larroumet ; D. 1996. Somm.*

333, obs. Aynès ; JCP 1996. II. 22689, note Billiau ; Defrénois 1996. 1018, obs. D. Mazeaud ; RTD civ. 1997. 132, obs. Mestre . ♦ V. notes ss. art. 1336.

CHAPITRE III LES ACTIONS OUVERTES AU CRÉANCIER

(Ord. n° 2016-131 du 10 févr. 2016, art. 3, en vigueur le 1er oct. 2016)

DALLOZ RÉFÉRENCE *Le nouveau droit des obligations et des contrats 2019/2020, nos 213.00 s.*

BIBL. GÉN. ▸ BORGHETTI, Des droits du créancier, *in* Pour une réforme du régime général des obligations, ss. la dir. de F. Terré, *D. 2013. 57* . – DISSAUX et JAMIN, Projet de réforme, supplément, *C. civ. 2016, p. 199.* – DELEBECQUE, L'action oblique et l'action paulienne : *nihil novi sub sole, Dr. et patr. 7-8/2015. 65.* – LATINA, Les actions du créancier (Projet, art. 1331-1 et 1331-2), *blog Dalloz obligations 2015.* – WICKER et SAUTONIE-LAGUIONIE, Les actions ouvertes aux créanciers, *JCP 25 mai 2015, supplément au n° 21, p. 68.*

Art. 1341 *(Ord. n° 2016-131 du 10 févr. 2016, art. 3, en vigueur le 1er oct. 2016)* **Le créancier a droit à l'exécution de l'obligation ; il peut y contraindre le débiteur dans les conditions prévues par la loi.** – *Dispositions transitoires, V. Ord. n° 2016-131 du 10 févr. 2016, art. 9, ss. art. 1386-1.*

V. art. 1221 s. pour l'exécution forcée en nature.

Gestionnaire de compte prorata. Le gestionnaire d'un compte prorata, créancier de l'obligation à paiement souscrite par l'entreprise signataire de la convention, dispose, à défaut de clause contraire, de l'ensemble des droits attachés à sa créance. Il est donc recevable à agir en justice, en cours de chantier, en paiement des sommes dues par un entrepreneur au titre du compte prorata, sans être tenu de mettre en œuvre la procédure conventionnelle facultative de délégation de paiement. • Civ. 3e, 23 sept. 2020, n° 19-18.266 P.

Art. 1341-1 *(Ord. n° 2016-131 du 10 févr. 2016, art. 3, en vigueur le 1er oct. 2016)* **Lorsque la carence du débiteur dans l'exercice de ses droits et actions à caractère patrimonial compromet les droits de son créancier, celui-ci peut les exercer pour le compte de son débiteur, à l'exception de ceux qui sont exclusivement rattachés à sa personne.** – *Dispositions transitoires, V. Ord. n° 2016-131 du 10 févr. 2016, art. 9, ss. art. 1386-1.*

BIBL. ▸ AUBERT, *RTD civ. 1969. 692* (droit pour le créancier d'agir en nullité des actes passés par son débiteur). – AUDIT, *RRJ 2016/2. 583* (les conditions relatives à la créance dans l'exercice de l'action oblique). – CERMOLACCE, *LPA 25 janv. 2008* (action paulienne et action oblique). – FORTI, *RTD civ. 2021. 27* (dualité de l'action oblique). – GOUBEAUX, *Mél. Aubert, Dalloz, 2005, p. 147* (la carence du débiteur). – TELLIER, *RRJ 2002/4. 1835* (nature juridique).

A. CONDITIONS DE L'ACTION OBLIQUE

1. Carence du débiteur : principe. Sous l'empire de l'art. 1166 anc., qui ne mentionnait pas la carence du débiteur, condition désormais explicitement présente dans l'art. 1341-1, la Cour de cassation considérait déjà que l'exercice de l'action oblique suppose l'inaction du débiteur. • Civ. 2e, 30 avr. 1960 : *Bull. civ. II, n° 272* • Civ. 3e, 7 mars 1968, n° 64-13.677 P (impossibilité de l'exercer quand le débiteur a intenté une action en justice pour faire reconnaître son droit) • Civ. 1re, 14 déc. 1971 : *JCP 1972. II. 17102, note Goubeaux* (créancier opposant la présomption de l'art. 2279 [ancien]) • Civ. 3e, 20 déc. 1994, n° 92-19.904 P : *D. 1997. Somm. 245, obs. Capoulade* (action du syndicat de copropriétaires en cessation du trouble de jouissance causé par un locataire, en cas de carence du copropriétaire-bailleur).

2. ... Charge de la preuve. La carence du débiteur se trouve établie lorsqu'il ne justifie d'aucune diligence dans la réclamation de son dû. • Civ. 1re, 28 mai 2002, n° 00-11.049 P : *D. 2002. 3041, note Perruchot-Triboulet ; ibid. Somm. 2836, obs. Delebecque .* ♦ Inversement, la justification de diligences prive de fondement le recours à l'action oblique. • Civ. 1re, 5 avr. 2005, n° 02-21.011 P : *D. 2005. IR 1176 ; RTD civ. 2005. 598, obs. Mestre et Fages* (action du débiteur en révocation d'une donation, assortie d'une inscription d'hypothèque provisoire). ♦ Comp. • CE 20 oct. 2000 : *D. 2001. Somm. 1919, obs. Chelle et Prétot* (rejet de l'action d'un salarié licencié par une entreprise, sans que ses indemnités aient été payées, contre l'État, faute pour lui de rapporter la preuve que ce dernier a manqué à ses obligations de payer certaines subventions).

3. Intervention. Le droit et l'action que la loi confère au créancier ayant exclusivement pour cause et pour effet de sauvegarder son intérêt personnel, le débiteur peut intervenir et faire écarter la demande pour défaut d'intérêt et le même droit appartient au tiers contre qui l'action oblique est formée et avec lequel l'instance se trouve directement engagée. • Civ. 11 juill. 1951 : *D. 1951. 586.*

4. Compromission des intérêts du créan-

cier. Le créancier doit établir que l'éventuelle carence du débiteur dans l'exercice de son droit compromet ses droits de créancier. • Com. 21 sept. 2022, n° 20-17.089 B : *RTD civ. 2022. 892, obs. Barbier* (droit à se pourvoir en cassation). ♦ Sous l'empire de l'art. 1166 anc., la jurisprudence conditionnait déjà l'action au fait que la négligence du débiteur compromette les droits du créancier. • Civ. 3e, 19 juin 1969 : *Bull. civ. III, n° 498* (la substitution de l'indemnité d'expropriation à la propriété laisse intacte la masse patrimoniale du débiteur et les garanties de ses créanciers) • Civ. 1re, 14 juin 1984 : *Bull. civ. I, n° 197* (exercice de l'action oblique en cas de carence des liquidateurs d'une société civile contre l'architecte garant : l'atteinte aux intérêts du créancier résulte de l'insolvabilité du débiteur) • 17 mai 1982, n° 81-12.312 P (action en partage d'une indivision : obligation de rechercher si le recouvrement de la créance est en péril) • Paris, 8 mai 1978 : *D. 1979. 270, note Jeantin.*

5. Existence de la créance. Poursuivie en paiement par le créancier, la caution dispose, avant même d'avoir payé, d'une créance personnelle d'indemnité contre le débiteur, de sorte que, du chef de cette créance, elle est recevable à agir, par la voie oblique, contre l'assureur de celui-ci en exécution du contrat qui les lie. • Civ. 1re, 25 mai 2005, n° 04-11.622 P : *D. 2005. AJ 1629, obs. Delpech ; RLDC 2006/25, n° 1028, note Corgas-Bernard ; Banque et Dr. 7-8/2005. 62, obs. Rontchevsky ; RTD civ. 2005. 598, obs. Mestre et Fages .*

6. Caractères de la créance. Les créanciers ne peuvent se prévaloir de l'art. 1166 anc. que lorsque leur créance est à la fois certaine, exigible et liquide. • Req. 25 mars 1924 : *DH 1924. 282.* ♦ Pour apprécier l'intérêt du créancier à exercer l'action oblique, l'existence d'une créance liquide, d'un montant déterminé, doit être établie. • Civ. 1re, 4 janv. 1983, n° 81-15.865 P. ♦ Rappr. : les associés d'une société dissoute, s'ils ont un droit ouvert au partage du reliquat d'actif, ne sont pas pour autant des créanciers habiles à agir en lieu et place de la société par application de l'art. 1166 anc. • Civ. 1re, 2 oct. 2003 : *JCP 2003. II. 10192, note Gareil-Sutter ; Rev. sociétés 2003. 291, note Saintourens* . – Déjà en ce sens : • Com. 2 mai 1968, n° 65-12.993 P (*même principe : si les associés* disposent d'une action contre les administrateurs ou les liquidateurs coupables ou négligents, ils ne peuvent se substituer, de leur propre autorité, au liquidateur pour exercer contre l'acquéreur l'action en nullité d'une vente pour vice du consentement).

V. aussi *infra* note 16, pour les créances autres que de sommes d'argent.

7. Conditions non requises : titre exécutoire. L'art. 1166 anc. ne prescrit pas que le créancier qui veut exercer les droits et actions de son débiteur soit muni d'un titre exécutoire. • Req. 8 juill. 1901 : *DP 1901. 1. 498.*

8. ... Lien entre la créance et la dette du défendeur. L'art. 1166 anc. n'exige pas que le demandeur et le défendeur à l'action oblique soient respectivement créancier et débiteur à raison de la même obligation. • Civ. 1re, 6 janv. 1981 : *Gaz. Pal. 1981. 2. Pan. 178.*

B. DROITS SUSCEPTIBLES D'ÊTRE EXERCÉS

9. Respect des pouvoirs d'administration et de gestion du débiteur. La faculté accordée aux créanciers d'exercer les droits et actions de leurs débiteurs n'est qu'une conséquence du gage général qui leur est reconnu sur leurs biens et ne les autorise pas à se substituer à eux dans leurs pouvoirs de gestion et d'administration. • Civ. 1re, 18 janv. 1977, n° 75-13.533 P. ♦ V. aussi *supra* note 3 pour le droit du débiteur d'intervenir à l'action intentée par le créancier.

10. Respect des pouvoirs du liquidateur (procédure collective). Pendant toute la durée de la liquidation judiciaire, les droits et actions du débiteur concernant son patrimoine sont exercés par le liquidateur auquel aucun créancier ne peut se substituer pour recouvrer, fût-ce par voie oblique, une créance de la personne soumise à cette procédure collective. • Com. 3 avr. 2001, n° 98-14.191 P : *D. 2001. AJ 1728 ; JCP 2001. I. 360, n° 16, obs. Pétel ; Defrénois 2001. 1054, obs. Savaux ; RTD civ. 2001. 882, obs. Mestre et Fages ; RTD com. 2001. 771, obs. Vallens .* ♦ Si le débiteur est en redressement judiciaire, un de ses créanciers peut agir par la voie oblique s'il justifie d'un intérêt personnel à ce que les créances pour lesquelles il agit réintègrent le patrimoine du débiteur ; mais l'action oblique est irrecevable si elle est engagée postérieurement au jugement de liquidation judiciaire, car elle nécessite que ce soit le débiteur lui-même qui néglige d'exercer ses droits et actions, et non le liquidateur judiciaire. • Paris, 13 mars 1998 : *JCP 1999. II. 10072, note Dubœuf-Hild.* ♦ Comp. notes 4 et 6, pour la carence de liquidateurs de sociétés en dehors d'une procédure collective.

1° DROITS EXCLUSIVEMENT ATTACHÉS À LA PERSONNE

11. Droits subordonnés à des considérations familiales. Il résulte de l'art. 1166 anc. que le créancier ne peut intenter, aux lieux et place de son débiteur, une action dont l'exercice est subordonné a des considérations personnelles d'ordre moral ou familial. • Civ. 1re, 8 juin 1963 : *D. 1964. 713, note Lamand ; JCP 1965. II. 14087, note R. Savatier* (cassation pour manque de base légale de l'arrêt admettant l'action d'un créancier tendant à la fixation du montant de la rémunération due au mari en qualité de directeur d'un établissement commercial appartenant à sa femme en dehors de tout contrat exprès, sans justifier en quoi celui-ci pourrait s'immiscer dans les relations des époux pour rechercher l'existence d'une convention, excédant les obligations nées du mariage, dont il appartient au mari seul de se prévaloir). ♦ Est attachée à la personne du débiteur l'action visant à solliciter la révision ou la suppression d'une pension alimentaire. • Req. 26 mai 1941 : *DC 1942. 133, note Carbonnier* • Civ. 29 juin 1948 : *D. 1949. 129 (1re esp.), note Ponsard.* ♦ ... L'action en révocation d'une donation entre époux. • Civ. 1re, 19 avr. 1988, n° 86-18.028 P. ♦ ... L'action en autorisation de disposer d'un bien donné avec clause d'inaliénabilité. • Civ. 1re, 29 mai 2001, n° 99-15.776 P : *JCP 2001. I. 360, n° 4, obs. Cabrillac ; JCP 2002. I. 178, n° 10, obs. Le Guidec ; RJPF 2001-11/42, note Casey ; AJ fam. 2001. 27, et les obs. ; RTD civ. 2001. 644, obs. Patarin ; ibid. 882, obs. Mestre et Fages* (V. aussi note 15 ss. art. 900-1). ♦ ... L'exercice d'un droit de rachat d'une assurance vie, qui constitue une révocation de bénéficiaire. • Com. 25 oct. 1994, n° 90-14.316 P.

12. Réparation d'un préjudice. Est attachée à la personne du débiteur l'action tendant à la réparation d'un préjudice causé par la diminution de ses facultés physiques. • Toulouse, 4 mars 1938 : *DC 1941. 28.*

13. Contrat de travail. Est attachée à la personne du débiteur l'action d'un salarié devant la juridiction prud'homale à l'encontre de son employeur. • Soc. 31 janv. 2001, n° 98-44.877 P : *D. 2001. 2404, note Lacamp-Leplaë* (action en nullité d'une clause de non-concurrence). ♦ ... L'action en reconnaissance de l'existence d'un contrat de travail. • Soc. 13 juill. 2004, n° 02-43.444 P : *D. 2004. AJ 2157 ; RTD civ. 2005. 598, obs. Mestre et Fages.*

14. Retrait d'une société. Est attachée à la personne du débiteur le droit de retrait d'une société prévu par l'art. 1869. • Com. 4 déc. 2012 : *D. 2013. 751, note Moury ; ibid. 2729, obs. Rabreau ; Rev. sociétés 2013. 228, note Reygrobellet ; RTD com. 2013. 107, obs. Monsèrié-Bon.*

2° DROITS NON EXCLUSIVEMENT ATTACHÉS À LA PERSONNE

15. Illustrations. Actes conservatoires du patrimoine du débiteur. • Req. 30 nov. 1926 : *DH 1927. 3.* ♦ Action en rescision d'un partage pour cause de lésion. • Civ. 1re, 22 janv. 1980, n° 78-15.551 P : *D. 1980. IR 400, obs. D. Martin.* ♦ Action en réduction de libéralités excessives. • Civ. 1re, 20 oct. 1982, n° 81-16.092 P : *R., p. 48 ; D. 1983. 120, note Rémy ; Defrénois 1983. 627, note Breton ; RTD civ. 1983. 771, obs. Patarin* (action imposant à l'époux gratifié d'exercer l'option offerte par la donation en choisissant la quotité disponible dont il entend se prévaloir, décision constituant un préalable nécessaire à la demande de partage formulée au titre de l'ancien art. 815-17). Demande de rapport des libéralités. • Civ. 1re, 12 mars 1968, n° 65-14.268 P.

Le conjoint d'un exploitant agricole, qui agit en remboursement des sommes versées au titre d'un pas-de-porte contre le preneur sortant, peut intenter l'action oblique pour exercer l'action en répétition de l'indu que ce dernier s'abstient de mettre en œuvre. • Civ. 3e, 11 févr. 2015, n° 14-10.266 P : *D. 2015. 433* (action ne dérivant pas du bail rural dès lors qu'elle n'est pas intentée contre le bailleur). ♦ Restitution des sommes versées sur un plan épargne-logement : • Civ. 2e, 29 mai 1991, n° 90-11.714 P • 17 juin 1992, n° 90-21.430 P.

Action d'un créancier du syndicat des copropriétaires contre ces derniers. • Civ. 3e, 26 oct. 2005, n° 04-16.664 P : *JCP 2006. I. 127, n° 10, obs. Périnet-Marquet.* – V. aussi • Civ. 3e, 1er mars 2006, n° 05-11.522 P. ♦ Action en responsabilité contre l'État pour faute lourde dans le fonctionnement du service public de la justice (art. L. 781-1, devenu L. 141-1 s., COJ). • Com. 12 juill. 2004 : *D. 2004. AJ 2157.* ♦ Exercice de l'action oblique devant la juridiction répressive pour les délits atteignant le patrimoine du débiteur : V. • Crim. 18 mars 1941 : *DA 1941. 247.*

Demande de dissolution d'une SCI, requalifiée en société en participation à durée indéterminée, faute d'avoir été immatriculée dans les délais, et en conséquence, d'ouverture des opérations de comptes, liquidation et partage de l'indivision et de licitation de l'immeuble. • Civ. 3e, 4 mai 2016, n° 14-28.243 P : *D. 2016. 998 ; AJDI 2016. 625, obs. Porcheron ; Rev. sociétés 2016. 747, note Saintourens ; RTD com. 2016. 821, obs. Monsèrié-Bon.*

16. Droits et actions à caractère patrimonial. Le nouvel art. 1341-1 C. civ. ajoute une précision qui ne figurait ni dans l'anc. art. 1166, ni dans le projet de réforme, en ne permettant au créancier que d'exercer les « droits et actions à caractère patrimonial ».

Le sens de cette exigence devra être précisé, notamment lorsque le créancier intente une action pour faire respecter une obligation non monétaire dont l'inexécution lui est dommageable. ♦ Comp. : sous l'empire de l'art. 1166 anc., la jurisprudence avait admis l'exercice de l'action oblique pour des créances qui n'étaient pas de sommes d'argent. V. par ex. : • Civ. 3e, 4 déc. 1984, n° 82-17.005 P : *RTD civ. 1985. 580, obs. Mestre* (exercice par un locataire de l'action appartenant au bailleur, et non exercée par lui, aux fins de faire respecter par un autre locataire du même bailleur la destination contractuelle des lieux loués) • Civ. 3e, 14 nov. 1985, n° 84-15.577 P : D. 1986. 368, note Aubert ; RTD civ. *1986. 599, obs. Mestre* (exercice par un syndicat de copropriétaires de l'action en résiliation de bail appartenant à un copropriétaire en raison de la carence de ce dernier à faire respecter par son locataire les dispositions du bail et du règlement de copropriété) • Civ. 3e, 20 déc. 1994, n° 92-

19.904 P : *D. 1997. Somm. 245, obs. Capoulade* (action du syndicat de copropriétaires en cessation du trouble de jouissance causé par un locataire, en cas de carence du copropriétaire-bailleur). ♦ Tout copropriétaire peut, à l'instar du syndicat des copropriétaires, exercer les droits et actions du copropriétaire-bailleur pour obtenir la résiliation d'un bail lorsque le preneur méconnaît les stipulations du règlement de copropriété contenues dans celui-ci. • Civ. 3e, 8 avr. 2021, n° 20-18.327 P : *D. 2021. Chron. C. cass. 2251, obs. Jariel ; RTD civ. 2021. 642, obs. Barbier ; JCP 2021, n° 580, note Strickler ; RDC 2021/3. 21, note Pellet ; ibid. 30, note Hontebeyrie.*

C. EFFETS DE L'ACTION

1° ACTION DU CRÉANCIER POUR LE COMPTE DU DÉBITEUR

17. Principe. L'art. 1341-1 précise explicitement que le créancier agit « pour le compte du débiteur ». Pour l'admission de cette solution sous l'empire du droit antérieur, V. : le créancier exerce, en vertu de l'art. 1166 anc., les droits de son débiteur. • Civ. 1re, 9 déc. 1970 : *JCP 1971. II. 16920, note MDPS ; RTD civ. 1971. 629, obs. Loussouarn.*

18. Conséquences : opposabilité des exceptions. Le créancier, qui agit du chef de son débiteur, est soumis à toutes les exceptions qui auraient pu être opposées à ce même débiteur s'il eût agi personnellement et en son nom propre. • Civ. 10 juill. 1867 : *DP 1867. 1. 344.* ♦ Ainsi, le défendeur à l'action oblique peut opposer à celui qui l'exerce tous les moyens de défense dont il dispose à l'égard de son créancier. • Civ. 1re, 9 oct. 1991, n° 89-17-916 P : *D. 1992. 421, note Barret ; Defrénois 1992. 388, obs. Aynès.* ♦ Il résulte de la combinaison des anciens art. 1166 et 1321 anc. [1201] C. civ. qu'en cas de simulation, la contre-lettre est opposable aux créanciers du souscripteur qui, agissant par la voie oblique, exercent tous les droits et actions de leur débiteur. • Civ. 1re, 12 oct. 1982, n° 81-14-844 P.

19. ... Intégration du résultat de l'action dans le patrimoine du débiteur. La solution implique que le résultat de l'action intègre le patrimoine du débiteur. Sur l'admission de cette solution sous l'empire du droit antérieur, V. déjà : l'art. 1166 anc., en autorisant expressément les créanciers à exercer les droits et actions de leur débiteur, les subroge de plein droit dans les actions de ce dernier et leur permet de recourir à toutes voies d'exécution et notamment de pratiquer une saisie-arrêt aux lieu et place de leur débiteur négligent dans le but de recouvrer les sommes qui doivent revenir à ce dernier. • Civ. 25 sept. 1940 : *D. 1943. 133 (1re esp.), note Carbonnier.* ♦ V. aussi note 21 et : cassation pour manque de base légale d'un arrêt déboutant un notaire de sa demande de mise à disposition des sommes recouvrées par la caisse de garantie auprès de ses débiteurs, au motif que ces sommes ont été versées par la caisse sur un compte spécial, sans rechercher si l'action de la caisse lui permettait de donner aux sommes recouvrées une destination déterminée. • Civ. 1re, 18 janv. 1977, n° 75-13.533 P.

2° ACTION DU CRÉANCIER EN SON PROPRE NOM

20. Action oblique et mise en demeure du débiteur défaillant. Si le créancier qui exerce, en vertu de l'action oblique, les droits de son débiteur, agit au nom de celui-ci, il agit en même temps en son nom propre, et il exprime ainsi formellement la volonté d'obtenir le remboursement de sa créance dans des conditions telles que son débiteur ne peut s'y tromper ; ce dernier se trouve donc en demeure. • Civ. 1re, 9 déc. 1970 : *préc. note 17.*

21. Action oblique et mise en cause du débiteur défaillant. Si aucune disposition légale ne subordonne la recevabilité de l'action oblique à la mise en cause du débiteur par son créancier, ce débiteur doit, en revanche, être appelé à l'instance lorsque le créancier ne se contente pas d'exercer les droits de son débiteur par la voie oblique et réclame le paiement de ce qui lui est dû sur les sommes réintégrées, par le jeu de cette action, dans le patrimoine de ce dernier. • Civ. 1re, 27 mai 1970, n° 68-12.449 P : *JCP 1971. II. 16675, note Poulain* • Com. 15 oct. 1991, n° 89-18.927 P : *D. 1992. Somm. 276, obs. Aubert ; JCP 1992. II. 21905, note Bolard.* ♦ La mise en cause de son débiteur par le créancier saisissant est nécessaire dans une instance en validité de saisie-arrêt pour que soit valablement déterminée la somme devant rentrer dans le patrimoine du débiteur et la part qui doit être attribuée au créancier saisissant sur cette somme. • Civ. 25 sept. 1940 : *préc. note 19.*

Art. 1341-2 *(Ord. n° 2016-131 du 10 févr. 2016, art. 3, en vigueur le 1er oct. 2016)* **Le créancier peut aussi agir en son nom personnel pour faire déclarer inopposables à son égard les actes faits par son débiteur en fraude de ses droits, à charge d'établir, s'il s'agit d'un acte à titre onéreux, que le tiers cocontractant avait connaissance de la fraude.** — *Dispositions transitoires, V. Ord. n° 2016-131 du 10 févr. 2016, art. 9, ss. art. 1386-1.*

Comp. C. civ., art. 1167 anc.

RÉP. CIV. v° *Action paulienne*, par L. SAUTONIE-LAGUIONIE.

BIBL. ▸ Beyneix, *Gaz. Pal. 2006. Doctr. 2318* (action paulienne et exécution forcée des avant-contrats non respectés par les promettants). – Camensuli-Feuillard, *Dr. et pr. 2007. 318* (insolvabilité). – Cermolacce, *LPA 25 janv. 2008* (action paulienne et action oblique). – Colombet, *RTD civ. 1965. 5* (action paulienne non reçue contre les paiements). – Ghestin, *Mél. Marty, Univ. Toulouse, 1978, p. 569* (fraude paulienne). – Grillet-Ponton, *D. 1996. Chron. 339* (insolvabilité organisée en droit patrimonial de la famille). – Lecourt, *Mél. Guyon, Dalloz, 2003* (action paulienne en droit des sociétés). – Rakotovahiny, *Dr. et patr. 3/2011. 27* (fraude paulienne et procédures collectives). – Roman, *D. 2003. Chron. 2156* (caution et action paulienne) ; *Defrénois 2005. 655* (nature juridique). – Sinay, *RTD civ. 1948. 183* (action paulienne et responsabilité délictuelle).

Plan des annotations

A. CONDITIONS DE L'ACTION PAULIENNE

1° FRAUDE

a. Fraude du débiteur

1. *Notion de fraude.* La fraude paulienne n'implique pas nécessairement l'intention de nuire ; elle résulte de la seule connaissance que le débiteur et son cocontractant à titre onéreux ont du préjudice causé au créancier par l'acte litigieux. • Civ. 1re, 29 mai 1985, n° 83-17.329 P • 14 févr. 1995 : *D. 1996. 391, note Agostini* • 13 avr. 1988 : *ibid. I, n° 91* • 13 janv. 1993, n° 91-11.871 P : *JCP 1993. II. 22027, note Ghestin ; Defrénois 1993. 1376, obs. Aubert* (la fraude résulte de la seule connaissance qu'a le débiteur du préjudice qu'il cause au créancier en se rendant insolvable ou en augmentant son insolvabilité) • Civ. 1re, 12 déc. 2006, n° 04-11.579 P : *D. 2007. AJ 154* ; *RJPF 2007-4/37, note Valory ; RDC 2007. 434, obs. Sérinet.* – Dans le même sens, V. déjà : • Civ. 1re, 4 nov. 1983, n° 82-14.880 P : *RTD civ. 1984. 719, obs. Mestre* • 25 févr. 1981, n° 80-10.605 P : *JCP 1981. II. 19628* • 17 oct. 1979, n° 78-10.564 P : *GAJC, 11e éd., n° 237* ; *JCP 1981. II. 19627, note Ghestin* • 13 mars 1973, n° 70-14.858 P : *JCP 1974. II. 17782, note Ghestin.* ♦ Comp. : • Civ. 1re, 18 févr. 1971, n° 69-12.540 P : *D. 1972. 53, note Agostini* (intention de nuire dans la vente d'un bien à prix normal plus facilement dissimulable) • 21 nov. 1967, n° 66-10.893 P : *D. 1968. 317, note Lambert-Faivre* • Pau, 24 nov. 1981 : *JCP 1982. II. 19839, note Goubeaux.* ♦ ... Et ceci indépendamment de la date d'exigibilité de la créance servant de base à l'action paulienne. • Civ. 1re, 25 févr. 1981 : *préc.* • 4 nov. 1983 : *préc.* • 17 juin 1986 : *JCP 1987. II. 20816, note Simler.*

2. *Date de la fraude.* C'est à la date de l'acte par lequel le débiteur se dépouille que les juges doivent se placer pour déterminer s'il y a eu fraude ou non. • Civ. 1re, 2 mai 1989, n° 87-16.484 P. ♦ Dans le même sens, ne tenant pas compte d'un projet de donation antérieur : • Civ. 1re, 17 déc. 1996, n° 94-20.450 P : *D. 1998. Somm. 116, obs. D. Mazeaud* ; *Defrénois 1997. 733, obs. Delebecque ; CCC 1997, n° 57, obs. Leveneur.* ♦ Comp. pour une fraude consistant à réitérer par acte notarié une reconnaissance de dette très ancienne et à en poursuivre l'exécution forcée rapidement après la validation judiciaire d'une vente à un tiers. • Civ. 2e, 7 déc. 2017, n° 16-19.336 P : *D. 2018. 692, obs. Fricero* ; *ibid. 1223, obs. Leborgne* .

3. *Preuve de la fraude.* Sur la preuve de la fraude par tous moyens : V. • Civ. 1re, 15 févr. 1967, n° 65-11.785 P • 3 mai 1972, n° 70-14.072 P (présomptions tirées de faits, pour certains, postérieurs à l'acte litigieux) • 11 oct. 1978, n° 76-15.406 P (même solution pour l'antériorité de la créance par rapport à l'acte attaqué) • 4 juin 1996, n° 93-13.870 P. ♦ Appréciation souveraine des juges du fond de l'intention frauduleuse. • Civ. 1re, 8 juin 2004, n° 01-15.644 P : *AJ fam. 2004. 332, obs. Deis-Beauquesne* .

b. Fraude des tiers

4. *Principe.* L'action paulienne, présentant un caractère personnel, ne peut atteindre que l'auteur et les complices de la fraude. • Civ. 3e, 25 janv. 1983, n° 81-11.426 P : *Gaz. Pal. 1983. 2. 405, note Piedelièvre ; RTD civ. 1984. 720, obs. Mestre* • 9 mars 1994, n° 91-20.715 P : *JCP 1994. I. 3781, nos 9 et 10, obs. Jamin* (cassation de l'arrêt ayant admis que l'inopposabilité de l'acte frauduleux – vente de l'immeuble – devait s'étendre aux actes subséquents – inscription du privilège du prêteur de deniers) • Civ. 1re, 13 déc. 2005, n° 03-15.455 P : *Gaz. Pal. 2006. 3902,* *note Dutilleul-Francœur ; AJDI 2006. 492, obs. Cohet-Cordey*.

5. *Actes à titre onéreux.* Lorsqu'il s'agit d'un acte à titre onéreux, le créancier qui exerce l'action paulienne doit prouver la complicité de fraude du tiers acquéreur. • Civ. 1re, 27 juin 1984, no 83-12.749 P • Civ. 1re, 29 mai 1985 : *préc. note 1.* ♦ Sur la charge de la preuve, V. désormais la lettre même de l'art. 1341-2. ♦ V. aussi, s'agissant d'un sous-acquéreur, • Civ. 3e, 19 déc. 1990 : *JCP 1991. II. 21739, note Béhar-Touchais ; RTD civ. 1991. 739, obs. Mestre*.

6. *Hypothèques.* L'action paulienne ne peut étendre ses effets au créancier hypothécaire du tiers acquéreur dès lors qu'aucun élément ne démontre sa propre complicité. • Civ. 3e, 25 janv. 1983 : *préc. note 4* • Civ. 1re, 13 déc. 2005 : *préc. note 4* (financement d'un apport et hypothèque prise par une banque).

7. *Limites : acte à titre gratuit.* L'action paulienne, lorsqu'elle tend à la révocation d'un acte consenti par le débiteur à titre gratuit, n'est pas subordonnée à la preuve de la complicité du tiers dans la fraude commise par le débiteur. • Civ. 1re, 23 avr. 1981 : *D. 1981. 395* • Com. 14 mai 1996, no 94-11.124 P.

2o SITUATION PATRIMONIALE DU DÉBITEUR

a. Insolvabilité du débiteur

8. *Principe.* Si les créanciers peuvent faire révoquer les actes faits par leur débiteur en fraude de leurs droits, cette révocation ne peut être prononcée que si, à la date d'introduction de la demande (comp. note suivante), les biens appartenant encore au débiteur ne sont pas de valeur suffisante pour permettre au créancier d'obtenir son paiement. • Civ. 1re, 31 mai 1978, no 76-12.891 P. – Même sens : • Civ. 1re, 27 juin 1972, no 70-11.822 P • 6 janv. 1987, no 85-13.988 P • Com. 14 nov. 2000, no 97-12.708 P : *R., p. 373 ; D. 2000. AJ 441, obs. Avena-Robardet ; JCP 2001. I. 315, no 3, obs. Simler ; Defrénois 2001. 240, obs. Libchaber.*

9. Si c'est au créancier d'établir l'insolvabilité au moins apparente du débiteur, c'est à ce dernier de prouver qu'il dispose de biens de valeur suffisante pour répondre de l'engagement. • *Civ. 1re, 5 juill. 2005, no 02-18.722 P : D. 2005. IR 2174*.

10. *Date de l'insolvabilité.* C'est au jour de l'acte litigieux que le créancier doit établir l'insolvabilité, au moins apparente, de son débiteur. • Civ. 1re, 6 mars 2001, no 98-22.384 P : *D. 2001. Somm. 3244, obs. Delebecque* • 5 déc. 1995, no 94-12.266 P : *D. 1996. Somm. 332, obs. D. Mazeaud*. ♦ Comp. • Civ. 1re, 27 juin 1972 : *ibid* (obligation de rechercher si au moment de l'action, le reste des biens ne suffisait pas à désintéresser le créancier) • 31 mai 1978 : *cité note préc.* (même sens) • 6 janv. 1987 : *ibid* (*idem*).

11. *Limites.* Le créancier qui n'est pas investi de droits particuliers sur certains biens de son débiteur ne peut faire révoquer les actes faits par ce dernier en fraude de ses droits que s'il démontre l'insolvabilité de ce dernier. • Civ. 1re, 1er déc. 1987, no 86-10.541 P • 5 déc. 1995 : *préc. note 10.*

b. Acte d'appauvrissement

12. *Illustrations.* Nature des actes attaqués (exemples) : donations. • Civ. 1re, 17 févr. 2004 : *Gaz. Pal. 2004. 3291, note Roman.* ♦ ... Donation d'un bien que le donateur a lui-même reçu par donation assortie d'une clause de retour. • Civ. 1re, 6 févr. 1996, no 92-19.895 P. ♦ ... Donation-partage. • Civ. 1re, 10 déc. 1974 : *D. 1975. 777, note Simon ; Gaz. Pal. 1975. 1. 363, note Plancqueel.* ♦ ... Renonciation à réduction d'une libéralité. • Civ. 1re, 14 mars 1984 : *Gaz. Pal. 1985. 1. 17, note Plancqueel.* ♦ ... Renonciation à succession. • Civ. 1re, 7 nov. 1984, no 83-15.433 P. ♦ ... Partage : • Civ. 1re, 6 mars 1996, no 93-17.910 P : *Defrénois 1996. 1438, obs. Champenois ; JCP 1996. I. 3962, no 8, obs. Wiederkehr ; RTD civ. 1997. 718, obs. Patarin* • 28 nov. 2000 : *Dr. fam. 2001, no 20, note Beignier.* ♦ V. aussi notes ss. art. 882.

Vente d'immeuble. • Civ. 1re, 27 juin 1984, no 83-12.749 P. ♦ ... Vente à réméré de meubles meublants. • Paris, 27 avr. 2004 : *RTD civ. 2004. 511, obs. Mestre et Fages*. ♦ ... Cession de créance. • Civ. 1re, 1er juill. 1975, no 74-11.109 P. ♦ ... Dation en paiement. • Civ. 1re, 15 févr. 1967, no 65-11.785 P • 19 janv. 1977, no 75-14.274 P. ♦ ... Reconnaissance de dette réitérée par acte notarié dans un contexte caractérisant un montage frauduleux. • Civ. 2e, 7 déc. 2017, no 16-19.336 P : *D. 2018. 692, obs. Fricero ; ibid. 1223, obs. Leborgne*.

Apport d'immeubles par une société à une autre, à titre de fusion. • Com. 10 juin 1963 : *D. 1968. 116, note Lombois.* ♦ ... Fusion de sociétés. • Com. 10 oct. 1995, no 93-15.619 P : *RTD civ. 1996. 201, obs. Bandrac*. ♦ Bail commercial. • Civ. 3e, 31 mars 2016, no 14-25.604 P : *D. 2016. 782 ; RTD civ. 2016. 347, obs. Barbier*.

13. *Acte à prix normal, mais dissimulable.* Le créancier dispose de l'action paulienne lorsque la cession, bien que consentie au prix normal, a eu pour effet de faire échapper un bien à ses poursuites en le remplaçant par un autre facile à dissimuler, dès lors que l'acte est accompli dans le but de nuire au créancier. • Civ. 1re, 18 févr. 1971, no 69-12.540 P : *D. 1972. 53, note Agostini.* ♦ Dans le même sens : • Civ. 3e, 14 nov. 1970, no 69-11.944 P : *R. 1970/71, p. 37* • Com. 1er mars 1994, no 92-15.425 P : *Defrénois 1994. 1118, obs. D. Mazeaud* (fonds de commerce). ♦ V. aussi note 16.

14. *Paiement par un moyen inhabituel.* Seuls sont attaquables par la voie de l'action paulienne les paiements effectués par des moyens inhabituels. • Com. 1er avr. 2008, n° 07-11.911 P : *D. 2008. AJ 1142, obs. Lienhard ; RTD civ. 2008. 301, obs. Fages*. ♦ Ont le caractère de dettes échues, exclusif d'un appauvrissement du débiteur, des paiements qui ne sont pas intervenus par un moyen inhabituel pour avoir été effectués à l'occasion d'une procédure de conciliation. • Même arrêt.

15. Diminution de la valeur du gage des créanciers. Les juges du fond doivent rechercher si les opérations effectuées (en l'espèce, apports des immeubles à des SCI) ne constituent pas des facteurs de diminution de la valeur du gage des créanciers et d'appauvrissement des débiteurs. • Civ. 3e, 20 déc. 2000, n° 98-19.343 P (difficulté de négocier les parts sociales et risque d'inscription d'hypothèque du chef des sociétés). ♦ Dans le même sens, pour un bail commercial risquant de priver d'efficacité une inscription hypothécaire, • Civ. 3e, 31 mars 2016, n° 14-25.604 P : *D. 2016. 782 ; RTD civ. 2016. 347, obs. Barbier*. ♦ L'action paulienne peut être exercée contre un acte frauduleux tendant à réduire la valeur des biens du débiteur de façon à diminuer l'efficacité de la sûreté constituée par le créancier. • Civ. 3e, 12 oct. 2005, n° 03-12.396 P : *D. 2005. AJ 2871, obs. Delpech ; JCP 2006. I. 131, n° 13, obs. Delebecque ; Defrénois 2006. 517, obs. Piedelièvre.*

16. Perte d'un droit spécial. L'action paulienne est recevable même si le débiteur n'est pas insolvable, dès lors que l'acte frauduleux a eu pour effet de rendre impossible l'exercice du droit spécial dont disposait le créancier sur la chose aliénée. • Civ. 1re, 10 déc. 1974 : *D. 1975. 777, note Simon ; Gaz. Pal. 1975. 1. 363, note Plancqueel* (donation-partage de parcelles de terres, chacune des parcelles étant, après division de la propriété, d'une superficie inférieure à celle permettant au preneur d'obtenir le renouvellement de son bail). ♦ Même sens : • Civ. 1re, 18 juill. 1995 : *D. 1996. 391, note Agostini ; ibid. Somm. 208, obs. S. Piedelièvre ; Defrénois 1995. 1410, obs. Delebecque* (conclusion d'un bail de longue durée) • Civ. 3e, 6 oct. 2004, n° 03-15.392 P : *D. 2004. 3098, note Kessler ; JCP 2005. I. 191, étude A.-G. Robert ; Defrénois 2005. 323, note Dagorne-Labbe ; ibid. 526, obs. S. Piedelièvre ; ibid. 612, obs. Libchaber ; Gaz. Pal. 2005. 1194, note Roman ; AJDI 2005. 508, obs. Cohet-Cordey ; RTD civ. 2005. 121, obs. Mestre et Fages* (donation d'un bien malgré une promesse de vente consentie sur le même bien).

17. Contestation d'un jugement (non). *Un jugement ne peut être attaqué que par les voies de recours ouvertes par la loi au nombre desquelles n'entre pas l'action paulienne.* • Civ. 1re, 26 janv. 2012, n° 10-24.697 P : *D. 2012. Chron. C. cass. 635, obs. Creton ; AJ fam. 2012. 150, obs. de Boysson ; Dr. fam. 2012, n° 40, obs. Larribau-Terneyre.*

3° CONDITIONS RELATIVES À LA CRÉANCE

18. Existence. Un créancier ne peut attaquer un acte pour fraude à ses droits que s'il a la qualité de créancier, condition qui n'est pas remplie lorsque la créance est éteinte faute de déclaration et de demande de relevé de forclusion. • Com. 2 févr. 1999, n° 96-18.450 P.

19. Certitude. La créance doit être certaine au moment où le juge statue, ce qui n'est pas le cas en présence de la saisine des juridictions administratives en contestation de la dette fiscale. • Civ. 1re, 16 mai 2013 : *D. 2013. 1272 ; AJ fam. 2013. 381, obs. Levillain ; RTD civ. 2013. 607, obs. Barbier ; JCP 2013, n° 869, note Simler.*

Si le créancier qui exerce l'action paulienne doit invoquer une créance certaine au moins en son principe à la date de l'acte argué de fraude et au moment où le juge statue sur son action, il est néanmoins recevable à exercer celle-ci lorsque l'absence de certitude de sa créance est imputée aux agissements frauduleux qui fondent l'action paulienne. • Com. 24 mars 2021, n° 19-20.033 P : *D. 2021. 1319, note Sautonie-Laguionie ; RTD civ. 2021. 410, obs. Barbier*.

20. Liquidité. Il suffit, pour l'exercice de l'action paulienne, que le créancier justifie d'une créance certaine en son principe au moment de l'acte argué de fraude, même si elle n'est pas encore liquide. • Civ. 1re, 13 avr. 1988, n° 86-14.682 P. – V. aussi • Civ. 1re, 19 nov. 2002, n° 00-12.424 P • 5 juill. 2005 : *préc. note 9* • 15 janv. 2015, n° 13-21.174 P : *D. 2015. 611, note François ; JCP 2015, n° 306, obs. Barthez.* ♦ Comp. : la liquidité de la créance ne constitue une des conditions de recevabilité de l'action paulienne que lorsqu'elle a pour objet une somme d'argent, ce qui n'est pas le cas de la créance du preneur d'un fonds rural et des droits y attachés ; celle-ci est certaine et exigible du jour de la conclusion du bail et le demeure pendant toute la durée de ce dernier. • Civ. 1re, 10 déc. 1974 : *D. 1975. 777, note Simon ; Gaz. Pal. 1975. 1. 363, note Plancqueel.*

21. Antériorité. La condition d'antériorité exigée pour l'application de l'art. 1167 anc. concerne seulement l'existence de la créance et non pas la connaissance par le débiteur des poursuites exercées par le créancier. • Civ. 1re, 29 mai 1985, n° 83-17.329 P : *RTD civ. 1986. 601, obs. Mestre.*

22. Il n'est pas nécessaire, pour que l'action paulienne puisse être exercée, que la créance dont se prévaut le demandeur ait été certaine ni exigible au moment de l'acte argué de fraude ; il suffit que le principe de la créance ait existé avant la conclusion dudit acte par le débiteur. • Civ. 1re, 17 janv. 1984 : *D. 1984. 437, note Malaurie ; RTD civ. 1984. 719, obs. Mestre* • Com. 25 mars 1991 : *D. 1991. IR 117.* – Même sens : • Civ. 3e, 23 avr. 1971, n° 70-10.951 P

• Civ. 1re, 6 mai 2003 : *AJ fam. 2003. 272, obs. S. D.-B*. ♦ L'obligation de la caution étant née dès le jour de son engagement de caution, le créancier possède un principe certain de créance antérieurement : à la vente consentie par la caution en fraude de ses droits. • Civ. 1re, 13 janv. 1993 : *JCP 1993. II. 22027, note Ghestin ; Defrénois 1993. 1376, obs. Aubert*. ♦ ... Ou à la donation à son épouse d'une partie importante de son actif. • Com. 12 juill. 1994, n° 92-14.483 P.

23. L'exercice de l'action paulienne n'est pas subordonné à la constitution de sûretés antérieurement à l'acte d'appauvrissement du débiteur, à supposer même que celle-ci fût possible. • Civ. 1re, 4 janv. 1995, n° 92-17.908 P.

24. La fraude pouvant être prouvée par tous moyens, il en est de même de l'antériorité de la créance par rapport à l'acte attaqué. • Civ. 1re, 11 oct. 1978, n° 76-15.406 P (créance constatée par un acte sous seing privé n'ayant pas date certaine, mais antérieur à la donation-partage consentie par le débiteur au profit de ses enfants).

25. Si, en principe, l'acte critiqué doit être postérieur à la naissance de la créance, il n'en est plus ainsi lorsqu'il est démontré que la fraude a été organisée à l'avance en vue de porter préjudice à un créancier futur. • Civ. 1re, 7 janv. 1982, n° 80-15.960 P. – V. aussi : • Civ. 3e, 27 juin 1972, n° 71-11.786 P • Civ. 1re, 15 févr. 1967, n° 65-11.785 P. ♦ Le complice d'une escroquerie antérieure à la donation litigieuse, ne peut ignorer l'existence d'un principe de créance à son encontre au moment de la donation, ce qui caractérise la connaissance par le débiteur du préjudice causé au créancier. • Civ. 1re, 6 févr. 2008, n° 06-20.993 P : *D. 2008. AJ 614 ; AJ fam. 2008. 170, obs. Hilt ; JCP 2008. I. 144, n° 16, obs. Simler ; RJPF 2008-5/31, obs. Vauvillé ; RLDC 2009/1, n° 3244, note Sautonie-Laguionie ; RTD civ. 2008. 677, obs. Fages*.

B. EXERCICE DE L'ACTION

26. Procédure collective. Le droit conféré aux créanciers peut également être exercé, en leur nom et dans leur intérêt collectif, s'agissant d'une action tendant aux mêmes fins, par le représentant des créanciers ainsi que par le commissaire à l'exécution du plan. • Com. 13 nov. 2001, n° 98-18.292 P : *D. 2001. AJ 3617, obs. A. Lienhard ; JCP 2002. II. 10151, note Bost ; ibid. I. 144, n° 14, obs. Pétel ; JCP E 2002. 726, note Blanc ; LPA 7 août 2002, note Sénéchal ; RTD civ. 2002. 102, obs. Mestre et Fages ; RTD com. 2002. 151, obs. Saint-Alary Houin*. ♦ ... Et par le liquidateur. • Civ. 1re, 13 juill. 2004 : *LPA 13 avr. 2005, note Lécuyer*. ♦ Mais le liquidateur n'est pas recevable à exercer l'action paulienne, faute de pouvoir prétendre agir dans l'intérêt collectif des créanciers, dans une hypothèse où seule une partie des créanciers a intérêt à voir juger que la déclaration d'insaisissabilité leur est inopposable pour cause de fraude paulienne. • Com. 23 avr. 2013, n° 12-16.035 P : *D. 2013. 1127, obs. Lienhard ; Rev. sociétés 2013. 377, obs. Roussel Galle ; JCP 2013, n° 767, note Pétel ; JCP N 2013, n° 1228, note Lebel*. ♦ Le droit exclusif reconnu au représentant des créanciers pour agir au nom et dans l'intérêt de ceux-ci lorsque le débiteur fait l'objet d'une procédure collective n'interdit pas l'exercice par l'un d'entre eux de l'action paulienne contre tous les actes faits en fraude de ses droits par le débiteur. • Com. 8 oct. 1996, n° 93-14.068 P : *R., p. 300 ; D. 1997. 87, note Derrida ; JCP 1997. I. 4002, n° 11, obs. Jamin ; JCP 1997. I. 4004, n° 10, obs. Pétel*. ♦ V. déjà • Com. 14 mai 1996, n° 94-11.124 P. ♦ Dans ce cas, l'inopposabilité de l'acte résultant de l'admission de l'action paulienne n'a d'effet qu'à l'égard du créancier qui a agi. • Com. 2 nov. 2005, n° 04-16.232 P : *D. 2005. AJ 2872, obs. A. Lienhard ; D. 2006. Pan. 83, obs. Le Corre ; JCP E 2006. 1569, n° 11, obs. Pétel ; Gaz. Pal. 2006. 2533, note Daussy-Roman ; Defrénois 2006. 927, obs. Gibirila (2e esp.) ; LPA 17 nov. 2006, note Jambort*. ♦ Sur la compétence procédurale : • Com. 16 juin 2015, n° 14-13.970 P (l'action paulienne du liquidateur, distincte de l'action en annulation des actes passés pendant la période suspecte, n'est pas soumise à la compétence exclusive du tribunal de la procédure collective, prévue par l'art. R. 662-3 C. com.).

27. Qualité pour agir. Un percepteur est recevable à exercer l'action paulienne pour le recouvrement de toutes sommes dues à l'association syndicale autorisée dont il est le receveur. • Civ. 3e, 15 mars 2006, n° 04-11.861 P : *AJDI 2007. 49, obs. Maublanc*.

28. Les pouvoirs du curateur à l'abandon des biens d'une succession vacante se limitent à l'administration de celle-ci et ne s'étendent pas à la représentation des créanciers héréditaires, ce qui lui interdit d'exercer l'action paulienne. • Civ. 2e, 10 avr. 2014, n° 12-26.362 P (art. 813, réd. antérieure à L. n° 2006-728 du 23 juin 2006).

29. Procédure. Dès lors que la banque créancière justifie d'un principe certain de créance, sa faute ne peut être invoquée par voie d'exception par la caution dans le cadre d'une défense à une action paulienne. • Cass., ch. mixte, 21 févr. 2003, n° 99-13.563 P : *R., p. 393 ; BICC 1er juin 2003, concl. de Gouttes, rapp. Assié ; D. 2003. AJ 829, obs. Avena-Robardet (2e esp.) ; JCP 2003. I. 176, n° 6, obs. Simler ; JCP E 2003. 1073, note D. Legeais*.

30. La présence à l'instance du sous-acquéreur n'est pas nécessaire s'il n'est pas prétendu qu'il était de mauvaise foi et si la réintégration du bien dans le patrimoine du vendeur initial n'est pas réclamée. • Com. 14 mai 1996, n° 94-11.124 P.

31. Prescription. L'action paulienne, qui vise à rendre inopposable à un créancier l'acte fait par l'un de ses débiteurs en fraude de ses droits, était une action de nature personnelle soumise à la prescription de droit commun de l'art. 2224 C. civ., courant à compter du jour où le titulaire d'un droit a connu ou aurait dû connaître les faits lui permettant de l'exercer. • Civ. 3e, 8 déc. 2021, nº 20-18.432 B : *D. 2021. 2232 ; AJDI 2022. 382, obs. Cohet ; Dr. fam. 2022, nº 20, obs. Tani ; RDC 2022/2. 43, note Libchaber.* ♦ Si l'action paulienne se prescrit par le délai trentenaire de droit commun [5 ans depuis la L. du 17 juin 2008, art. 2224], il importe de vérifier, lorsque la créance conditionnant l'action est soumise à la prescription quadriennale des créances fiscales, si le créancier n'a pas bénéficié des causes d'interruption liées à la procédure collective ouverte à l'égard du débiteur redevable de l'impôt. • Com. 14 mai 1996, nº 94-11.124 P. ♦ Lorsque la fraude du débiteur a empêché les créanciers d'exercer l'action paulienne à compter du dépôt d'un acte de cession de parts en annexe au registre du commerce et des sociétés, le point de départ de cette action est reporté au jour où les créanciers ont effectivement connu l'existence de l'acte. • Civ. 3e, 12 nov. 2020, nº 19-21.764 P (débiteur ayant dissimulé son adresse aux créanciers, cette dissimulation ayant pu avoir pour effet d'empêcher ces derniers d'avoir connaissance de l'acte de cession attaqué par la voie de l'action paulienne). ♦ Tel n'est pas le cas en présence d'un acte de donation-partage régulièrement porté à la connaissance des tiers du fait de sa publication au service de la publicité foncière. • Civ. 3e, 8 déc. 2021, nº 20-18.432 B : *préc.*

C. CONSÉQUENCES DE L'ACTION

32. Principe : inopposabilité de l'acte au créancier. L'inopposabilité paulienne autorise le créancier poursuivant, par décision de justice et dans la limite de sa créance, à échapper aux effets d'une aliénation opérée en fraude de ses droits, afin d'en faire éventuellement saisir l'objet entre les mains du tiers ; cassation de l'arrêt qui ordonne la réintégration de l'immeuble aliéné dans le patrimoine du débiteur. • Civ. 1re, 30 mai 2006, nº 02-13.495 P : *R., p. 396 ; D. 2006. 2717, note G. François ; JCP 2006. II. 10150, note Desgorces ; JCP E 2006. 2466, note Dagorne-Labbe ; Defrénois 2006. 1863, obs. Libchaber ; LPA 4 oct. 2006, note Prigent ; ibid. 3 janv. 2007, note Gibirila.* ♦ V. aussi : • Civ. 1re, 3 déc. 1985, nº 84-11.556 P (cassation de l'arrêt ayant prononcé la nullité de l'acte attaqué, *alors que celui-ci aurait seulement* dû être déclaré inopposable) • Civ. 3e, 9 juill. 2003, nº 02-10.609 P : *RTD civ. 2004. 292, obs. Mestre et Fages* (cassation de l'arrêt ayant ordonné la vente aux enchères de l'immeuble litigieux).

33. Portée de l'inopposabilité : droits du créancier. La reconnaissance de la fraude paulienne ne rend l'acte frauduleux inopposable au créancier demandeur que dans la mesure des droits de créance dont celui-ci se prévaut à l'égard de son débiteur au soutien de son action. • Civ. 1re, 4 nov. 2010, nº 08-17.898 P : *BICC, 1er mars 2011, nº 252 ; RLDC 2011/78, nº 4091, obs. Marraud des Grottes.* ♦ L'inopposabilité paulienne n'ayant pas été ordonnée pour le démembrement de parts sociales mais pour l'acte d'apport de la nue-propriété de ces parts à une société tierce, cette sanction ne peut avoir d'effet sur l'affectation en nantissement ou sur la saisie de l'usufruit de ces titres, qui était demeuré dans le patrimoine des débiteurs. • Civ. 1re, 9 avr. 2014, nº 12-23.022 P : *D. 2014. 928* (action visant à la restauration du droit de gage général).

34. Lorsqu'un débiteur, époux commun en biens, a passé avec son conjoint un acte de donation portant sur un bien commun qui fait partie du gage du créancier, en fraude des droits de celui-ci, l'acte est inopposable en son entier. • Civ. 1re, 6 févr. 2008 : *préc. note 25.* ♦ Avec la même formulation, pour la nullité de l'acte passé en période suspecte : • Com. 7 avr. 2009, nº 06-19.538 P : *D. 2009. AJ 1085, obs. Lienhard ; ibid. Chron. C. cass. 1240, obs. Bélaval ; JCP 2009. 391, nº 15, obs. Simler ; RJPF 2009-9/27, obs. Vauvillé ; RLDC 2009/61, nº 3477, obs. Pouliquen ; RTD com. 2009. 811, obs. Martin-Serf.*

35. ... Parties à l'instance. L'inopposabilité ne profite qu'aux créanciers parties à l'instance. • Com. 22 mai 1978 : *Bull. civ. IV, nº 139.* ♦ V. déjà dans le même sens : • Req. 28 août 1871 : *GAJC, 11e éd., nº 236 ; S. 1871. 1. 316.* ♦ V. aussi note 26 *in fine.* ♦ La société créancière de l'associé d'une SCI ne peut pas se prévaloir de l'autorité de la chose jugée d'une décision obtenue à l'encontre du même débiteur actionné dans une autre qualité, celle de caution, du chef d'une dette dont l'extinction avait été judiciairement constatée. • Civ. 1re, 4 nov. 2010 : *préc. note 33.*

36. Suites de l'inopposabilité : débiteur en liquidation. Conséquences de la révocation de l'acte frauduleux en cas de liquidation de biens de l'auteur de la fraude : V. Mestre, *RTD civ. 1991. 116.*

37. ... Donataires. Si le créancier, lorsqu'il exerce l'action paulienne contre le bénéficiaire d'une libéralité consentie par son débiteur, sans invoquer la fraude, ne peut réclamer, à défaut du bien donné, que le montant de l'enrichissement du donataire, il n'en est plus ainsi lorsqu'il établit la complicité de ce dernier, comme la fraude qu'il commet en cédant à son tour le bien pour le faire échapper aux poursuites. • Civ. 1re, 19 avr. 1967, nº 65-12.060 P. ♦ Condamnation des donataires, bénéficiaires d'une donation consentie en fraude des droits d'une société dont le donateur s'était porté caution, à payer à la société, en réparation de son préjudice, une indemnité équivalente à l'engagement de caution du donateur. • Civ. 1re, 15 janv. 2015, n° 13-21.174 P : *préc. note 20.*

38. ... Vente forcée. Le prononcé de l'inopposabilité des droits consentis par fraude sur un bien permet au créancier de poursuivre la vente forcée de ce bien libre de tout droit. • Civ. 1re, 12 juill. 2005, n° 02-18.298 P : *D. 2005. 2653, note Gautier*. ♦ Un créancier hypothécaire peut, une fois qu'il a obtenu le prononcé de l'inopposabilité du bail à long terme conclu par le débiteur, poursuivre la vente forcée de l'immeuble libre de tout bail à long terme et cette inopposabilité bénéficie également à l'adjudicataire de l'immeuble. • Civ. 3e, 20 mars 1996, n° 94-14.665 P. – Dans le même sens : • Civ. 1re, 29 janv. 2002, n° 98-20.155 P : *D. 2002. 2153, note G. François ; ibid. Somm. 2505, obs. Mallet-Bricout ; Defrénois 2002. 1096, obs. Théry.* ♦ Il incombe au débiteur et au tiers contestant le droit du créancier de poursuivre la vente forcée de l'immeuble libre de tous droits de démontrer que la vente de l'immeuble, même grevé de tels droits, serait susceptible de couvrir le montant de la créance. • Même arrêt.

39. ... Sous-acquéreur de bonne foi. En cas de revente du bien à un sous-acquéreur dont la mauvaise foi n'est pas alléguée, c'est à bon droit que le créancier, exerçant l'action paulienne et constatant que les biens cédés ne pouvaient réintégrer le patrimoine de son débiteur, demande que leur valeur réintègre ce patrimoine à concurrence du montant de la créance. • Lyon, 21 févr. 1978 : *JCP N 1979. II. 236.*

40. Maintien de l'acte entre les parties. L'action paulienne ne porte pas atteinte à l'acte frauduleux qui demeure valable entre le débiteur auteur et le tiers complice de la fraude. • Com. 14 mai 1996, n° 94-11.124 P (absence d'autorité de la chose jugée de l'Ord. du juge-commissaire décidant de vendre le bien). ♦ V. égal. • Com. 8 oct. 1996 : *préc. note 26.* ♦ La révocation ne se produisant que dans l'intérêt de ce créancier et à la mesure de cet intérêt, l'aliénation subsiste au profit du tiers acquéreur pour tout ce qui excède l'intérêt du créancier demandeur. • Civ. 1re, 1er juill. 1975 : *préc. note 12.*

41. L'inopposabilité paulienne ayant pour seul objet d'autoriser le créancier poursuivant, par décision de justice et dans la limite de sa créance, à échapper aux effets d'une aliénation opérée en fraude de ses droits, afin d'en faire éventuellement saisir l'objet entre les mains du tiers, elle ne peut avoir pour objet d'empêcher une action en partage entre coïndivisaires en niant le transfert de droits intervenu à leur profit. • Civ. 1re, 17 oct. 2012, n° 11-10.786 P : *D. 2012. 2518 ; JCP 2013, n° 1003, note Barbièri ; RDC 2013. 197, obs. Goldie-Génicon ; RDC 2013. 571, obs. Libchaber.*

Art. 1341-3 *(Ord. n° 2016-131 du 10 févr. 2016, art. 3, en vigueur le 1er oct. 2016)* **Dans les cas déterminés par la loi, le créancier peut agir directement en paiement de sa créance contre un débiteur de son débiteur.** — *Dispositions transitoires, V. Ord. n° 2016-131 du 10 févr. 2016, art. 9, ss. art. 1386-1.*

RÉP. CIV. v° *Actions directes*, par F. GRÉAU.

1. DIP. Si, en application de l'art. 18 du Règl. (CE) n° 864/2007 (« Rome II »), en matière non contractuelle, la personne lésée peut agir directement contre l'assureur de la personne devant réparation si la loi applicable à l'obligation non contractuelle, déterminée conformément à l'art. 4 du règlement ou la loi applicable au contrat d'assurance le prévoit, le régime juridique de l'assurance est soumis à la loi de ce contrat. • Civ. 1re, 18 déc. 2019, n° 18-14.827 P : *D. 2020. 9 ; AJ contrat 2020. 148, obs. Perdrix* (opposabilité à l'assureur français de la loi néerlandaise à laquelle le contrat d'assurance était soumis, prévoyant, en cas de sinistres sériels, une indemnisation des victimes au prorata de l'importance du préjudice subi, dans la limite du plafond de la garantie souscrite par l'assuré, qui n'a pas pour effet de vider de sa substance l'action directe de la victime admise par la loi française).

A. DOMAINE DES ACTIONS DIRECTES EN PAIEMENT

2. Principe. Le nouvel art. 1341-3 ne concerne que les actions directes en paiement (sur les actions directes en responsabilité, V. notamment ss. art. 1199, 1604 et 1641) « dans des cas déterminés par la loi ». Pour des actions ayant un fondement légal, V. par ex. : ouvriers (C. civ., art. 1798), sous-traitance (L. du 31 déc. 1975, ss. art. 1799-1, et pour l'application de cette loi dans le temps, l'action directe instituée par la L. du 31 déc. 1975 en matière de sous-traitance trouve son fondement dans la volonté du législateur et non dans les contrats conclus entre les parties). • Cass., ch. mixte, 13 mars 1981, n° 80-12.125 P : *R., p. 38 ; GAJC, 11e éd., n° 261 ; D. 1981. 309 (1re esp.), note Bénabent ; JCP 1981. II. 19568 (1re esp.), concl. Toubas, note Fléchéux* (l'action directe est ouverte au sous-traitant dès l'entrée en vigueur de la loi, bien que le contrat de sous-traitance ait été conclu antérieurement).

3. Illustrations : assurance (art. L. 124-3 C. assur.). **BIBL.** Groutel, *RCA 1991. Chron. 8 ; ibid. 1992. Chron. 2 et 29* (nature de l'action directe) – Lambert-Faivre, *D. 1979. Chron. 243* (exercice de l'action directe). ♦ Selon l'art. L. 124-3 C. assur., dans sa rédaction résultant de la loi n° 2007-1774 du 17 déc. 2007, « le tiers lésé dispose d'un droit d'action directe à l'encontre de l'assureur garantissant la responsabilité civile de la personne responsable. » Pour la consécration jurisprudentielle initiale : la victime d'un accident trouve, dans le droit propre qui lui est conféré par la loi sur l'indemnité dont l'assureur est débiteur, la source d'une action directe lui permettant de mettre en cause celui-ci en même temps que l'assuré ; l'obligation imposée à l'assureur de conserver cette somme dans l'intérêt de la personne lésée a pour conséquence nécessaire de permettre à celle-ci d'en réclamer directement le paiement. • Civ. 14 juin 1926 : *DP 1927. I. 57, note Josserand ; S. 1927. 1. 25, note Esmein.* ♦ Il résulte de la combinaison des art. L. 112-6 et L. 124-3 C. assur. que le droit de la victime puise sa source et trouve sa mesure dans le contrat d'assurance. • Civ. 1re, 28 juin 1989, n° 85-16.790 P : *RCA 1989, n° 349 ; RGAT 1989. 873, note Bout.* ♦ V. note 14 ss. art. 1240.

4. ... Sous-location (art. 1753 C. civ.). Le propriétaire dispose d'une action directe à l'encontre du sous-locataire dans la limite du sous-loyer. • Civ. 3e, 19 févr. 1997, n° 95-12.491 P : *Loyers et copr. 1997, n° 176, obs. Brault et Mutelet.*

5. ... Sous-mandat. V. avant l'Ord. n° 2016-131 du 10 févr. 2016, pour l'admission d'une action directe du mandataire substitué contre le mandant, fondée sur l'existence légale de l'action inverse : le mandant pouvant agir directement, en vertu de l'art. 1994, al. 2, C. civ., contre la personne que le mandataire s'est substituée, le substitué jouit, par voie de conséquence, d'une action personnelle et directe contre le mandant pour obtenir le remboursement de ses avances et frais et le payement de la rétribution qui lui est due. • Civ. 1re, 27 déc. 1960, n° 58-10.833 P : *GAJC, 11e éd., n° 268 ; D. 1961. 491, note Bigot* • Com. 8 juill. 1986, n° 85-10.220 P (« En vertu de l'alinéa 2 de l'article 1994 ») • 4 déc. 1990, n° 89-12.723 P.

6. ... Transport. Comp. pour le contrat de transport note 12 ss. art. 1199, sur le fondement de l'art. L. 132-8 C. com., selon lequel « la lettre de voiture forme un contrat entre l'expéditeur, le voiturier et le destinataire ou entre l'expéditeur, le destinataire, le commissionnaire et le voiturier. Le voiturier a ainsi une action directe en paiement de ses prestations à l'encontre de l'expéditeur et du destinataire, lesquels sont garants du paiement du prix du transport ». ♦ Les dispositions de l'art. L. 132-8 C. com. excluent toute action de l'expéditeur ou du destinataire en responsabilité du transporteur pour avoir poursuivi des relations avec son donneur d'ordre en dépit des difficultés de paiement rencontrées ou sans l'avoir informé de celles-ci. • Com. 25 nov. 2020, n° 18-25.768 P.

B. RÉGIME DES ACTIONS DIRECTES EN PAIEMENT

7. Contrat fondant l'obligation du débiteur : preuve de son existence. Il incombe au tiers lésé d'établir l'existence du contrat d'assurance souscrit par le responsable. • Civ. 1re, 29 avr. 1997 : *RGDA 1997. 831, note Kullmann* • Civ. 2e, 8 janv. 2009 : *RGDA 2009. 231, note Kullmann* • 5 févr. 2015 : *RGDA 2015. 154, note Pélissier.* ♦ Sur les modes de preuve : la preuve du contrat d'assurance par un tiers est libre. • Civ. 1re, 14 oct. 1997, n° 95-16.980 P : *RCA 1997, n° 390 ; RGDA 1997. 1028, note Vincent.* ♦ ... La preuve par écrit des stipulations d'un contrat d'assurance n'étant exigée que dans les rapports entre les parties au contrat et à l'égard de la victime. • Civ. 1re, 9 mai 1996, n° 93-19.807 P : *RCA 1996, n° 286 ; RGAT 1996. 596, note Mayaux.*

8. ... Preuve de son contenu. Lorsque le bénéfice d'un contrat d'assurance est invoqué, non par l'assuré, mais par la victime du dommage, qui est un tiers, c'est à l'assureur qu'il incombe de démontrer, en versant la police aux débats, que son assuré ne bénéficie pas de sa garantie pour le sinistre, objet du litige. • Civ. 1re, 11 oct. 1988, n° 86-15.259 P : *RCA 1989, n° 24, obs. Groutel.* ♦ Pour d'autres illustrations, V. C. assur., art. L. 124-3. ♦ Il incombe à l'assureur invoquant une exclusion de garantie à l'encontre d'un tiers victime du dommage de produire la police souscrite par son assuré. • Civ. 2e, 25 oct. 2012 : *RGDA 2013. 303, note Pélissier.*

9. Moyens de défense du débiteur : opposabilité des exceptions. Si le bénéfice d'un contrat d'assurance est invoqué, non par l'assuré, mais par la victime du dommage, tiers à ce contrat, c'est à l'assureur qu'il incombe de démontrer, en versant la police aux débats, qu'il ne doit pas sa garantie pour le sinistre, objet du litige. • Civ. 1re, 2 juill. 1991, n° 88-18.486 P • Civ. 3e, 10 juill. 1991, n° 89-17.590 P. ♦ Le mandant peut opposer à l'action directe du mandataire substitué la faute commise par ce dernier. • Com. 25 juin 1991, n° 89-20.938 P : *RTD civ. 1992. 414, obs. Gautier.* ♦ Mais la négligence du mandataire substitué à réclamer le montant de ses avances et frais n'est pas de nature à le priver de l'action directe qu'il est en droit d'exercer contre le mandant. • Com. 19 mars 1991, n° 89-17.267 P : *D. 1992. Somm. 81, obs. Rémond-Gouilloud ; RTD civ. 1992. 414, obs. Gautier.*

10. ... Paiement déjà effectué. Il incombe au maître de l'ouvrage à l'encontre duquel le sous-traitant exerce l'action directe de rapporter la preuve de la date et du montant du paiement fait à l'entrepreneur principal. • Civ. 3e, 8 nov. 2006, n° 05-18.482 P. ♦ Sur l'inopposabilité d'un paiement anticipé, V. C. civ., art. 1753 (sous-location). ♦ V. aussi : le mandant n'est pas fondé à opposer au mandataire substitué les paiements faits par lui au mandataire, même si ces paiements étaient antérieurs à l'exercice par le mandataire substitué des droits propres qu'il tient du 2d al. de l'art. 1994 C. civ. • Com. 19 mars 1991 : *préc. note 9.*

11. L'action directe du mandataire substitué ne peut être exercée qu'autant que l'action du mandataire intermédiaire n'est pas elle-même éteinte ; dès lors que ce dernier a reçu les fonds du mandant, l'extinction de sa créance fait obstacle à l'action directe du substitué contre le mandant. • Com. 3 déc. 2002, n° 00-18.988 P : *D. 2003. 786, note Mallet-Bricout ; Defrénois 2003. 236, obs. Savaux ; CCC 2003, n° 55, note Leveneur ; RTD civ. 2003. 312, obs. Gautier* • Civ. 1re, 30 mai 2006, n° 04-10.315 P. ♦ Encore faut-il rechercher si la demande en paiement adressée par le mandataire substitué au mandant ne l'a pas été avant que ce dernier ait payé le mandataire intermédiaire. • Com. 13 févr. 2007, n° 05-10.174 P : *D. 2007. AJ 797 ; RTD com. 2007. 589, obs. Bouloc*.

12. Intérêts moratoires : point de départ. Lorsque la victime d'un dommage agit directement contre l'assureur de responsabilité, les intérêts moratoires courent du jour de la décision de condamnation qui constitue pour l'assureur la réalisation du risque couvert. • Civ. 1re, 25 mai 1992, n° 89-18.923 P : *RCA 1992, nos 29 et 334, chron. Groutel.*

13. Prescription. L'action directe est soumise à la prescription de droit commun. • Civ. 28 mars 1939 : *DP 1939. 1. 68, note Picard* • Civ. 2e, 11 juin 2009 : *RCA 2009, n° 265, note Groutel ; D. 2010. Pan. 1740, note Groutel ; RGDA 2009. 756, note Abravanel-Jolly.* ♦ Pour l'assurance, V. plus généralement ss. art. L. 124-3 C. assur. ♦ Est prescrite une action exercée plus de cinq ans après la publication de la dissolution amiable d'une société civile immobilière de construction-vente, par un syndicat de copropriétaires et les copropriétaires, dans la mesure où ils n'exercent pas l'action de cette société à l'encontre de ses associés mais une action directe contre ceux-ci, puisqu'ils poursuivaient la condamnation personnelle des associés en paiement de la dette de la société civile et non pas la condamnation des associés au paiement de leur dette envers la société. • Civ. 3e, 27 févr. 2008, n° 06-18.854 P : *D. 2008. AJ 856* .

14. Respect de l'ordre des juridictions. Si l'action directe ouverte par l'art. L. 124-3 C. assur. à la victime d'un dommage, ou à l'assureur de celle-ci subrogé dans ses droits, contre l'assureur de l'auteur responsable du sinistre, tend à la réparation du préjudice subi par la victime, elle se distingue de l'action en responsabilité contre l'auteur du dommage en ce qu'elle poursuit l'exécution de l'obligation de réparer qui pèse sur l'assureur en vertu du contrat d'assurance ; la détermination de l'ordre de juridiction compétent pour en connaître dépend du caractère administratif ou de droit privé de ce contrat ; relève de la compétence de la juridiction administrative l'action de la victime d'un dommage consécutif à des soins dispensés dans un hôpital public, dès lors que le contrat d'assurance liant le centre hospitalier à l'assureur avait été passé en application du code des marchés publics, et avait, conformément à l'art. 2 de la L. n° 2001-1168 du 11 déc. 2001, un caractère administratif. • Civ. 1re, 24 oct. 2018, n° 17-31.306 P.

CHAPITRE IV L'EXTINCTION DE L'OBLIGATION

(Ord. n° 2016-131 du 10 févr. 2016, art. 3, en vigueur le 1er oct. 2016)

DALLOZ RÉFÉRENCE *Le nouveau droit des obligations et des contrats 2019/2020, nos 214.00 s.*

BIBL. ▸ ANDREU, *Dr. et patr. 5/2016. 86.*

SECTION 1 Le paiement

(Ord. n° 2016-131 du 10 févr. 2016, art. 3, en vigueur le 1er oct. 2016)

SOUS-SECTION 1 Dispositions générales

(Ord. n° 2016-131 du 10 févr. 2016, art. 3, en vigueur le 1er oct. 2016)

BIBL. ▸ FAGES, *Dr. et patr. 7-8/2015. 51.*

Art. 1342 *(Ord. n° 2016-131 du 10 févr. 2016, art. 3, en vigueur le 1er oct. 2016)* **Le paiement est l'exécution volontaire de la prestation due.**

Il doit être fait sitôt que la dette devient exigible.

Il libère le débiteur à l'égard du créancier et éteint la dette, sauf lorsque la loi ou le contrat prévoit une subrogation dans les droits du créancier. – *Dispositions transitoires, V. Ord. n° 2016-131 du 10 févr. 2016, art. 9, ss. art. 1386-1.*

Sur le paiement, comp. C. civ., art. 1235 anc. s.

1. Existence de la dette. – Obligation naturelle. V. notes ss. art. 1100.

2. Livraison. La livraison s'entend de la remise physique des biens au destinataire ou à son représentant, qui l'accepte ; viole ce texte la cour d'appel qui condamne le consommateur à payer le prix de la prestation de déménagement, alors que celui-ci n'a pas été mis en mesure de vérifier l'état de ses biens transportés et, le cas échéant, d'assortir son acceptation de réserves, puis de prendre effectivement possession de la chose livrée, de sorte que la livraison n'était pas intervenue et que le contrat n'avait pas pris fin. • Civ. 1re, 1er févr. 2023, n° 21-13.029 B.

3. *Remise en compte courant.* L'inscription d'une créance en compte courant équivaut à un paiement. • Soc. 15 oct. 2002, n° 00-41.975 P (salaire, en l'espèce). ♦ V. aussi, pour la nécessité de l'accord exprès du salarié sur les remises en compte courant : • Soc. 23 févr. 2005, n° 03-40.482 P.

4. *Chèque.* Lorsqu'un paiement est effectué par chèque, le débiteur n'est réputé avoir acquitté sa dette qu'à la date où le créancier a effectivement reçu le chèque et sous réserve de son encaissement. • Soc. 28 févr. 1980 : *Bull. civ. V, n° 212.* ♦ Dans le même sens : • Civ. 1re, 4 avr. 2001, n° 99-14.927 P : *D. 2001. Somm. 3323, obs. Groutel* ; *RGDA 2001. 946, note Fonlladosa* • Civ. 3e, 1er juill. 2009, n° 07-19.446 P : *D. 2009. 2905, note Lasserre Capdeville* ; *Banque et Dr. 5-6/2009. 21, obs. Bonneau* ; *CCC 2009, n° 242, obs. Leveneur* ; *RTD com. 2009. 790, obs. Legeais* (chèque n'ayant pas été présenté à l'encaissement, mais le compte n'ayant jamais présenté un solde suffisant pour l'honorer). ♦ Toutefois, à l'occasion d'un achat à crédit, la remise par l'acheteur d'un chèque, fût-il non encaissé, avant l'expiration du délai de rétractation, constitue un paiement sous quelque forme que ce soit (délit de perception par un vendeur ou un prestataire de service à crédit d'un paiement avant l'expiration du délai de rétractation). • Crim. 24 nov. 2020, n° 19-85.829 P (visa de l'art. L. 311-40 C. consom. dans sa rédaction issue de la L. n° 2010-737 du 1er juill. 2010 portant réforme du crédit à la consommation, applicable à l'époque des faits).

5. *Virement.* Le virement vaut paiement dès réception des fonds par le banquier du bénéficiaire qui les détient pour le compte de son client. • Com. 3 févr. 2009, n° 06-21.184 P : *D. 2009. AJ 493, obs. Avena-Robardet* ; *ibid. 2010. Pan. 1043, obs. R. Martin* ; *JCP 2009. II. 10045, note Barbiéri* ; *Dr. et patr. 9/2009. 90, obs. Mattout et Prüm* ; *RLDC 2009/59, n° 3370, obs. Maugeri* ; *RTD com. 2009. 417, obs. Legeais* ; *RTD civ. 2009. 533, obs. Fages*. ♦ Comp. précédemment : le virement ne vaut paiement que lorsqu'il a été effectivement réalisé par l'inscription de son montant au compte du bénéficiaire. • Civ. 1re, 23 juin 1993, n° 91-14.472 : *D. 1994. 27, note D. Martin* ; *Defrénois 1994. 344, obs. Delebecque*. – V. aussi • Com. 8 juill. 2003, n° 99-10.590 P.

6. *Ordre de paiement.* Aux termes de l'art. L. 133-6 C. mon. fin., une opération de paiement est autorisée si le payeur a donné son consentement à son exécution. Ainsi, le bénéficiaire d'un ordre de paiement dispose des fonds dès la date à laquelle le payeur consent à cette opération (dépôt d'une consignation pénale). • Crim. 22 mars 2022, n° 21-82.604 B : *AJ pénal 2022. 274, obs. Lasserre Capdeville* ; *RSC 2022. 640, obs. Delage*. ♦ ... Il résulte des art. L. 133-18 et L. 133-19 C. mon. fin. qu'en cas d'opération de paiement non autorisée, réalisée au moyen d'un instrument de paiement doté de données de sécurité personnalisées, et signalée par l'utilisateur dans les conditions prévues à l'art. L. 133-24 du même code, le prestataire de services de paiement du payeur rembourse au payeur le montant de l'opération non autorisée, sauf si la responsabilité du payeur est engagée en application de l'art. L. 133-19. • Com. 30 nov. 2022, n° 21-17.614 B.

7. *Carte bancaire.* En signant le formulaire « carte bancaire » et en utilisant cette carte, le titulaire renonce implicitement mais nécessairement au système de preuve légale. • Paris, 8 juin 1999 : *D. 2000. Somm. 337, obs. Thullier* (validité de l'ordre de paiement par communication du numéro de carte). ♦ En communiquant son numéro de carte bancaire à un hôtelier, le titulaire de la carte autorise le débit dans la limite du prix convenu, y compris en l'absence d'annulation de la réservation, nonobstant l'absence de convention écrite. • Civ. 1re, 19 oct. 1999, n° 97-10.556 P : *JCP E 1999. 1845, obs. Bouteiller* ; *Defrénois 2000. 717, obs. Delebecque* ; *CCC 2000, n° 1, note Leveneur* ; *RTD civ. 2000. 116, obs. Mestre et Fages* ; *ibid. 354, obs. Gautier*. ♦ *Contra*, dans l'hypothèse où les données figurant sur la carte bancaire n'ont été communiquées que pour garantir la réservation d'une chambre d'hôtel, sur un formulaire précisant que cette communication ne donnerait lieu à aucun débit, ce qui exclut l'existence d'un mandat de payer. • Com. 24 mars 2009, n° 08-12.025 : *D. 2009. 1735, note Lasserre Capdeville* ; *ibid. 2010. Pan. 1043, obs. R. Martin* ; *Banque et Dr. 5-6/2009. 21, obs. Bonneau* ; *Dr. et patr. 9/2009. 90, obs. Mattout et Prüm* ; *CCE 2009, n° 56, obs. Debet*. ♦ Sur les règles légales de responsabilité des titulaires de cartes de paiement, V. C. mon. fin., art. L. 132-3 à L. 132-6, issus de L. n° 2001-1062 du 15 nov. 2001, art. 35 à 38 *(JO 16 nov.)*. – *Adde* : Lasserre Capdeville, *D. 2009. Chron. 2373*.

8. *Paiement et cession professionnelle à titre de garantie.* Dès lors qu'elle implique la restitution du droit cédé au cas où la créance garantie viendrait à être payée et n'opère qu'un transfert provisoire de la titularité de ce droit, la restitution de la créance au cédant restant subordonnée à l'épuisement de l'objet de la garantie consentie, une cession de créances à titre de garantie ne constitue pas le paiement de la créance garantie. • Com. 22 mars 2017, n° 15-15.361 P : D. 2017. 1996, obs. Crocq ; ibid. 2176, *obs. Martin et Synvet* ; *AJ contrat 2017. 236, obs. Reygrobellet* ; *RTD civ. 2017. 455, obs. Crocq* ; *RTD com. 2017. 434, obs. Martin-Serf*.

9. *Paiement en vertu d'un jugement exécutoire par provision.* Les paiements effectués en vertu d'un jugement exécutoire par provision ayant éteint les créances correspondantes de créanciers d'une succession acceptée à concurrence de son actif net, ceux-ci n'étaient pas soumis à l'obligation de les déclarer à la succession. • Civ. 1re, 12 oct. 2022, n° 20-21.016 B : *D. 2022. 2203, note Bouathong ; AJ fam. 2023. 178, obs. Casey ; AJDI 2022. 828 ; JCP 2023, n° 12, obs. C. Leveneur ; Dr. fam. 2023, n° 9, obs. Tani.*

Art. 1342-1 *(Ord. n° 2016-131 du 10 févr. 2016, art. 3, en vigueur le 1er oct. 2016)* **Le paiement peut être fait même par une personne qui n'y est pas tenue, sauf refus légitime du créancier.** — *Dispositions transitoires, V. Ord. n° 2016-131 du 10 févr. 2016, art. 9, ss. art. 1386-1.*

Comp. C. civ., art. 1236 anc.

1. Effet du paiement par un tiers dans les relations débiteur-créancier. Un débiteur est valablement libéré à l'égard de son créancier par le paiement effectué pour son compte par un tiers, quels que soient les recours éventuels que ce tiers pourrait exercer contre lui. • Civ. 1re, 8 déc. 1976, n° 75-11.108 P : • Civ. 3e, 7 déc. 1982 : *Bull. civ. III, n° 243* • 6 déc. 2006, n° 04-14.776 P (paiement de dommages-intérêts par l'assureur du débiteur). ♦ Pour le cas du paiement fait par un tiers au moyen d'un chèque sans provision, V. • Civ. 1re, 18 oct. 2005, n° 04-15.809 P : *D. 2005. AJ 3011, obs. Delpech.* ♦ Un paiement effectué par l'assureur, substitué à l'assuré, valant paiement de la dette de ce dernier, permet d'écarter l'existence d'un incident de paiement non régularisé (surendettement, visa de l'art. L. 311-37 C. consom.). • Civ. 1re, 6 janv. 2021, n° 19-11.262 P.

2. Effet du paiement dans la relation débiteur-tiers solvens. Le tiers qui, sans y être tenu, a payé la dette d'autrui de ses propres deniers est tenu de prouver que la cause dont procède ce paiement implique pour le débiteur l'obligation de lui rembourser les sommes ainsi versées. • Civ. 1re, 2 juin 1992, n° 90-19.374 P : *D. 1992. Somm. 407, obs. Delebecque ; JCP 1992. I. 3632, n° 6, obs. Billiau ; RTD civ. 1993. 130, obs. Mestre* • 17 nov. 1993, n° 91-19.443 P : *Defrénois 1994. 810, obs. D. Mazeaud* • 9 févr. 2012, n° 10-28.475 P : *D. 2012. 498 ; Gaz. Pal. 2012. 796, note Piedelièvre ; RDC 2012. 831, obs. Klein* (cassation d'un jugement qui avait accueilli la demande de remboursement dirigée par le tiers contre le débiteur en se contentant de relever que l'intention libérale du tiers n'était pas démontrée). ♦ Le tiers qui ne prouve pas que la cause dont procède ce qu'il a fait implique l'obligation pour le débiteur de le rembourser ne peut non plus se prévaloir d'un dommage juridiquement réparable. • Civ. 1re, 30 mars 2004, n° 01-11.355 P : *D. 2004. IR 1125 ; CCC 2004, n° 92, note Leveneur ; RLDC 2005/15, n° 638, note Forray.*

3. Possibilité d'un refus du paiement proposé par un tiers. Si la règle posée par l'art. 1236 anc. reçoit exception lorsque débiteur et créancier sont d'accord pour refuser le paiement, cette exception ne saurait être admise lorsque la personne qui a intérêt légitime à payer ne se voit opposer aucune raison légitime de ce refus. • Civ. 2e, 29 mai 1953 : *D. 1953. 516.*

4. Exemple de refus légitime dans le cas d'un bail. Un bailleur est en droit de refuser, comme susceptibles de constituer un commencement de preuve de prétentions abusives, des versements faits à titre personnel par l'ancien fermier après cession du bail à son fils, et d'exiger le paiement par le preneur lui-même. • Civ. 3e, 23 févr. 1972 : *Bull. civ. III, n° 126.*

5. Paiement fait irrégulièrement par un tiers. L'adhérent d'une caisse de congés payés, qui n'est pas apte à se substituer à la caisse pour le règlement des indemnités de congés payés, ne peut en invoquant un paiement direct et irrégulier s'opposer utilement à la demande de la caisse en paiement des cotisations. • Civ. 1re, 6 mai 1997, n° 95-12.001 P.

6. Présomption quant à l'appartenance des fonds apportés par le tiers. Celui qui a payé la dette d'autrui, sans indication dans la quittance de l'origine des fonds, est présumé l'avoir fait de ses propres deniers, mais cette présomption simple peut être détruite par une présomption contraire. • Req. 18 févr. 1901 : *DP 1901. 1. 303.* ♦ Comp. • Civ. 1re, 11 mars 1981 : *Bull. civ. I, n° 88* (la remise d'un chèque en règlement du prix d'achat d'un bien ne suffit pas à établir que le paiement ait été fait avec les seuls deniers du tireur).

7. Paiement fait par erreur par un tiers. En application du principe selon lequel nul ne peut s'enrichir injustement aux dépens d'autrui, celui qui, par erreur, a payé la dette d'autrui de ses propres deniers a, bien que non subrogé aux droits du créancier, un recours contre le débiteur. • Civ. 1re, 4 avr. 2001, n° 98-13.285 P : *R., p. 404 ; D. 2001. 1824, note Billiau ; JCP 2002. I. 134, n° 18 s., obs. Barthez ; Defrénois 2001. 721, obs. Aubert ; RCA 2001. Chron. 15, par Groutel ; RGDA 2001. 689, note Mayaux ; LPA 2 avr. 2002, note Gosselin-Gorand* • Soc. 20 déc. 2001, n° 99-21.671 P. – Déjà dans le même sens : • Civ. 1re, 13 oct. 1998, n° 96-22.515 P : *D. 1999. 500, note D. R. Martin (2e esp.) ; D. 1999. Somm. 116, obs. Aynès ; JCP 1999. I. 143, n° 9 s., obs. Virassamy ; Dr. et patr. 3/1999. 90, obs. Chauvel.* ♦ Rappr. • Civ. 1re, 15 mai 1990 : *D. 1991. 538, note Virassamy ; JCP 1991. II. 21628, note Petit ; Defrénois 1990. 1020, obs. Aubert ; RTD civ. 1990.*

662, obs. Mestre ✐. ♦ V. notes ss. art. 1302-2.

8. *Intention libérale.* Paiement pour autrui du prix d'acquisition d'un bien, dans une intention libérale : V. notes ss. art. 1099-1.

9. *Recours de la caution, après paiement, contre la sous-caution.* V. note 11 ss. art. 2308.

Art. 1342-2 *(Ord. n° 2016-131 du 10 févr. 2016, art. 3, en vigueur le 1er oct. 2016)* **Le paiement doit être fait au créancier ou à la personne désignée pour le recevoir.**

Le paiement fait à une personne qui n'avait pas qualité pour le recevoir est néanmoins valable si le créancier le ratifie ou s'il en a profité.

Le paiement fait à un créancier dans l'incapacité de contracter n'est pas valable, s'il n'en a tiré profit. – *Dispositions transitoires, V. Ord. n° 2016-131 du 10 févr. 2016, art. 9, ss. art. 1386-1.*

Comp. C. civ., art. 1239 anc.

1. *Paiement entre les mains d'un notaire.* Une demande en résiliation de bail pour non-paiement des loyers ne peut être rejetée au motif que le locataire a versé les loyers entre les mains d'un notaire, sans rechercher si ce dernier avait pouvoir de les recevoir pour le bailleur. • Civ. 3e, 2 mars 1977 : *Bull. civ. III, n° 105.* – Dans le même sens : • Civ. 3e, 5 mars 1997, ⚖ n° 95-13.539 P : *Defrénois 1997. 1010, obs. Delebecque ; JCP N 1997. II. 1189, note Djigo* • 29 sept. 2010, ⚖ n° 09-15.511 P : *RLDC 2010/76, n° 3991, obs. Paulin.* ♦ Sur la combinaison du mandat apparent et de l'art. 1239 anc., V. • Com. 5 oct. 1993, ⚖ n° 91-17.109 P (nécessité de relever les circonstances ayant autorisé le débiteur à ne pas vérifier les pouvoirs de la personne entre les mains de qui il a payé).

2. ... *D'un avoué.* Le mandat *ad litem* de l'avoué ne comporte pas mandat de recevoir les fonds dus à son client. • Civ. 2e, 5 janv. 1972 : *Bull. civ. II, n° 3.*

3. ... *D'un avocat.* Lorsqu'un débiteur remet un chèque à son avocat qui le dépose à un sous-compte ouvert à la caisse des règlements pécuniaires des avocats (CARPA), le créancier ne peut être réputé avoir reçu paiement aussi longtemps que la somme due n'a pas été transférée au sous-compte de son propre conseil. • Civ. 1re, 3 déc. 1991, ⚖ n° 89-21.672 P • Civ. 3e, 26 mai 2009, ⚖ n° 08-15.772 P.

4. ... *Du banquier.* Le virement vaut paiement dès réception des fonds par le banquier du bénéficiaire qui les détient pour le compte de son client. • Com. 3 févr. 2009 : ⚖ *cité note 3 ss. art. 1238 anc.*

5. ... *D'un créancier ayant transféré sa créance.* N'est pas libératoire à l'égard de la société d'affacturage le paiement fait par le débiteur en connaissance du contrat liant son créancier à celle-ci. • Com. 15 oct. 1996, ⚖ n° 94-16.302 P.

6. ... *Du propriétaire du fonds loué.* Un débiteur ne peut valablement se libérer entre les mains du propriétaire du fonds de commerce et non entre celles du locataire-gérant en prétendant qu'une confusion était possible et qu'il était de bonne foi, alors que les factures faisaient mention de la location et que celle-ci était régulièrement publiée. • Civ. 1re, 20 mars 1989 : *Bull. civ. I, n° 134.*

7. ... *De personne.* La restitution d'une chose (bague de fiançailles) ne peut résulter du simple dépôt de celle-ci, en l'absence du propriétaire, dans une voiture ouverte à tous et susceptible d'être visitée par des tiers. • Civ. 1re, 19 mars 1974 : *Bull. civ. I, n° 94 ; JCP 1974. II. 17760, note G. G.*

8. *Ratification.* Pour un cas de ratification établie par les livres de compte du créancier, V. • Com. 12 juill. 1993, ⚖ n° 91-16.793 P (reconnaissance implicite du paiement par inscription au débit du compte courant du président du conseil d'administration qui, ayant personnellement encaissé les traites, s'était abstenu d'en reverser le montant à la société créancière).

9. *Profit retiré par le créancier.* V. note 18 ss. art. 1424.

Art. 1342-3 *(Ord. n° 2016-131 du 10 févr. 2016, art. 3, en vigueur le 1er oct. 2016)* **Le paiement fait de bonne foi à un créancier apparent est valable.** – *Dispositions transitoires, V. Ord. n° 2016-131 du 10 févr. 2016, art. 9, ss. art. 1386-1.*

Comp. C. civ., art. 1240 anc.

1. *Antérieurement à l'Ord. n° 2016-131 du 10 févr. 2016.* Les dispositions de l'anc. art. 1240 ne s'appliquent pas en cas d'infirmation de la décision en vertu de laquelle le paiement forcé a été effectué, l'infirmation remet les parties dans la situation où elles se trouvaient avant l'exécution et fait disparaître la cause du paiement, l'obligation de rembourser résultant de plein droit de la réformation. • Com. 11 oct. 2011, ⚖ n° 10-11.938 P : *D. 2012. 1107, note Hontebeyrie* ✐.

2. *Créancier apparent.* V. notes 15 s. ss. art. 1998, relatives au mandat apparent.

Art. 1342-4 *(Ord. nº 2016-131 du 10 févr. 2016, art. 3, en vigueur le 1er oct. 2016)* **Le créancier peut refuser un paiement partiel même si la prestation est divisible.**

Il peut accepter de recevoir en paiement autre chose que ce qui lui est dû. – *Dispositions transitoires, V. Ord. nº 2016-131 du 10 févr. 2016, art. 9, ss. art. 1386-1.*

Comp. C. civ., art. 1243 et 1244 anc.

BIBL. ▶ Dross, *RTD civ. 2018. 787* (la déception contractuelle).

I. PAIEMENT PARTIEL (AL. 1er)

1. Un débiteur ne pouvant forcer son créancier à recevoir paiement d'une partie de la dette, même divisible, les intérêts sont dus sur la totalité de celle-ci si l'offre faite par le débiteur n'a pas été jugée satisfactoire. • Civ. 3e, 13 juin 1972, nº 71-11.627 P. ♦ La poursuite d'une saisie-exécution ne peut être reprochée à un créancier qui s'est contenté de prendre acte des propositions du débiteur d'accomplir un paiement échelonné, sans s'engager à renoncer aux poursuites. • Civ. 2e, 15 nov. 1995 : *Gaz. Pal. 29 avr. 1997, note D. Talon.*

2. *Paiement partiel et imputation.* Si le débiteur de plusieurs dettes a le droit de déclarer, lorsqu'il paye, quelle dette il entend acquitter, l'exercice de ce droit implique, sauf accord de son créancier, qu'il procède au paiement intégral de cette dette. • Civ. 1re, 27 nov. 2019, nº 18-21.570 P : *D. 2019. 2296* ; *RTD civ. 2020. 103, obs. Barbier* .

3. Le privilège général mobilier prévu par l'art. 1928 CGI est distinct de la sûreté conventionnelle que constitue le gage. • Com. 17 mai 2011, nº 10-14.787 P : *D. 2011. Actu. 1476, obs. Avena-Robardet* ; *RLDC 2011/84, nº 4310, obs. Ansault* (impossibilité de retenir que, lorsqu'un gage garantit partiellement une dette unique, le versement résultant de sa réalisation s'impute sur le montant pour lequel la sûreté a été consentie).

II. DATION EN PAIEMENT

A. NOTION

4. Il y a dation en paiement (au sens des dispositions sur les paiements anormaux en cas de faillite) lorsqu'il est remis au créancier autre chose que l'objet même de la dette. • Cass., ass. plén., 22 avr. 1974 : *D. 1974. 613, note Derrida ; JCP 1974. II. 17876, note Bénabent.* ♦ V. aussi • Com. 5 avr. 1994, nº 91-21.840 P • 20 févr. 1996, nº 94-10.866 P (absence de réciprocité des achats et ventes et de connexité des créances respectives dans le cas d'une opération soudaine et inhabituelle au regard des relations d'affaires antérieures) • 2 févr. 1999, nº 96-14.467 P : *D. Affaires 1999. 379, obs. A. L. ; RTD civ. 2000. 115, obs. Mestre et Fages* (paiement par remise de porcelets avec reprise des contrats d'élevage). ♦ Sur la possibilité de convertir le prix de vente d'un terrain en dation en paiement à terme de lots résultant d'une opération de lotissement, V. • Civ. 3e, 12 janv. 1988, nº 86-14.562 P. ♦ Sur l'hypothèse particulière de la vente d'un véhicule avec reprise à l'acquéreur d'un autre véhicule plus ancien, V. • Com. 14 mai 2008, nº 06-20.403 P : *RLDC 2008/51, nº 3062, obs. Marraud des Grottes* (qui juge que la « dation » alors réalisée, dans le cadre ici d'une revente à un sous-acquéreur, ne constitue pas un mode de paiement faisant obstacle à la revendication du prix de revente par le vendeur initial).

B. RÉGIME

5. *Consentement.* Consentement implicite du créancier à la dation en paiement : • Civ. 1re, 13 juin 1979 : *Bull. civ. I, nº 178* • 21 nov. 1995 : *CCC 1996. 18, note Leveneur ; RTD civ. 1996. 617, obs. Mestre* . ♦ Cassation de l'arrêt qui retient l'existence de la dation en paiement invoquée par l'une des parties sans constater l'existence de l'acte juridique portant dation en paiement. • Civ. 3e, 13 avr. 2005 : *CCC 2005, nº 147, note Leveneur ; RTD civ. 2005. 783, obs. Mestre et Fages* .

6. *Exercice d'un droit de préemption.* Le preneur de terres données en paiement est fondé à exercer son droit de préemption, la dation en paiement étant assimilable à une aliénation à titre onéreux. • Civ. 3e, 4 avr. 1968 : *Bull. civ. III, nº 148.*

7. *Transfert de la propriété de la chose donnée.* La règle selon laquelle l'obligation de livrer la chose est parfaite par le seul consentement des parties et rend le créancier propriétaire s'applique à la dation en paiement. • Civ. 1re, 27 janv. 1993, nº 91-12.115 P : *JCP 1994. II. 22195, note Pétel-Teyssié ; JCP N 1993. II. 256, note Leveneur ; Defrénois 1993. 730, obs. Aubert ; RTD civ. 1994. 132, obs. Zenati* .

8. En cas de dation en paiement, comme en cas de vente, d'une chose future, le transfert de propriété ne s'opère que lorsque la chose est effectivement en mesure d'être livrée par celui qui doit la donner et reçue par celui à qui elle est donnée. • Civ. 3e, 12 juill. 1976 : *Bull. civ. III, nº 311* • 22 sept. 2010, nº 09-15.781 P : *D. 2010. 2292* ; *RDI 2010. 558, obs. Tournafond* . ♦ Nature de la dation en paiement devant porter sur des locaux à construire : V. • Civ. 2e, 9 janv. 1991 : *JCP 1992. II. 21846, note Steinmetz.*

9. *Rescision pour lésion.* Les règles relatives à la rescision de la vente pour cause de lésion sont applicables à la dation en paiement. • Civ. 3e, 4 juill. 1968, nº 66-10.521 P.

10. Garantie de contenance. L'art. 1619 (garantie de contenance) n'est pas applicable dès lors qu'il s'agit non de l'obligation de délivrance incombant à un vendeur d'immeuble, mais de l'obligation de construire un immeuble et d'en remettre une partie à titre de dation en paiement. • Civ. 3e, 19 juill. 1983 : *Bull. civ. III, no 168.*

11. Dation faite par un tiers. L'obligation pouvant être acquittée par un tiers, la dation en paiement réalisée pour éteindre la dette d'autrui est valable. • Civ. 3e, 5 avr. 1968, no 64-13.222 P.

12. Dation et lien de connexité. La dation de marchandises en remboursement d'un prêt d'argent constitue un mode d'extinction de la dette et présente avec celle-ci un lien de connexité certain. L'aveu de l'existence de la dette et de la remise des marchandises ne peut être divisé. • Com. 14 janv. 1970 : *Bull. civ. IV, no 20.* ♦ Mais, la vente d'un terrain dont le paiement est assuré par une dation en paiement dont la réalisation est fixée dans le temps, étant un acte ponctuel détaché de toute connexité, ne peut constituer un contrat en cours (solution rendue sous l'empire de la loi de 1967). • Civ. 3e, 18 juill. 1995 : *D. 1996. 70, note Derrida.*

Art. 1342-5 *(Ord. no 2016-131 du 10 févr. 2016, art. 3, en vigueur le 1er oct. 2016)* **Le débiteur d'une obligation de remettre un corps certain est libéré par sa remise au créancier en l'état, sauf à prouver, en cas de détérioration, que celle-ci n'est pas due à son fait ou à celui de personnes dont il doit répondre.** — *Dispositions transitoires, V. Ord. no 2016-131 du 10 févr. 2016, art. 9, ss. art. 1386-1.*

Comp. C. civ., art. 1245 anc.

Art. 1342-6 *(Ord. no 2016-131 du 10 févr. 2016, art. 3, en vigueur le 1er oct. 2016)* **A défaut d'une autre désignation par la loi, le contrat ou le juge, le paiement doit être fait au domicile du débiteur.** — *Dispositions transitoires, V. Ord. no 2016-131 du 10 févr. 2016, art. 9, ss. art. 1386-1.*

Comp. C. civ., art. 1247 anc.

1. DIP. Désignation de la loi française du vendeur, prévoyant un paiement au domicile du débiteur, par application de l'art. 3, al. 1er, de la Convention de La Haye du 15 juin 1955. • Civ. 1re, 6 févr. 1996, no 94-12.115 P.

2. Paiement d'une somme d'argent. V. art. 1343-4.

3. Dette quérable et détermination du lieu de paiement. V. notes ss. art. 1247 anc.

4. Régimes particuliers. – Dette ayant pour objet un corps certain. Cassation de l'arrêt ayant décidé que l'acheteur d'un camion dont la livraison a été défectueuse devrait se rendre dans les établissements du vendeur pour installation des équipements manquants. • Com. 4 juin 1991, no 88-17.247 P.

5. Dette ayant pour objet une prestation de services. Refus d'assimiler le paiement d'une somme d'argent par une caution, dans le cadre de l'art. 46 C. pr. civ., à une prestation de services et d'en déduire la compétence du tribunal du domicile du créancier chez qui le paiement devait avoir lieu. • Com. 21 mars 1989 : *Bull. civ. IV, no 95* • 22 oct. 1996 : *JCP 1997. II. 22821, note Chazal et Vicente.* ♦ Extension du refus d'assimilation à la livraison d'une chose. • Com. 22 oct. 1996 : *préc.*

Art. 1342-7 *(Ord. no 2016-131 du 10 févr. 2016, art. 3, en vigueur le 1er oct. 2016)* **Les frais du paiement sont à la charge du débiteur.** — *Dispositions transitoires, V. Ord. no 2016-131 du 10 févr. 2016, art. 9, ss. art. 1386-1.*

Comp. C. civ., art. 1247 anc.

Art. 1342-8 *(Ord. no 2016-131 du 10 févr. 2016, art. 3, en vigueur le 1er oct. 2016)* **Le paiement se prouve par tout moyen.** — *Dispositions transitoires, V. Ord. no 2016-131 du 10 févr. 2016, art. 9, ss. art. 1386-1.*

Antérieurement à l'Ord. no 2016-131 du 10 févr. 2016, pour le paiement d'une somme d'argent : la preuve du paiement, qui est un fait, peut être *rapportée par tous moyens.* • Civ. 1re, 6 juill. 2004, no 01-14.618 P : *CCE 2005, no 31, note Stoffel-Munck* • 16 sept. 2010, no 09-13.947 P : *D. actu. 22 sept. 2010, obs. Delpech ; D. 2010. Pan. 2671, obs. Delebecque ; ibid. 2011. Chron. C. cass. 622, obs. Creton ; JCP 2010, no 940, note Deharo ; ibid., no 1040, obs. Loiseau ; CCC 2010, no 266, note Leveneur ; RLDC 2010/76, no 3992, obs. Paulin-Hocquet-Berg ; RCA 2010. Étude 12 ; RDC 2011. 103, obs. Libchaber.* ♦ Les textes du code de la sécurité sociale imposant à l'assuré, pour l'ouverture et le calcul des droits à pension de vieillesse, de justifier des cotisations acquittées ou ayant fait l'objet d'un précompte sur ses salaires n'excluent pas la preuve par présomption. • Soc. 18 mars 1993, no 90-21.786 P. ♦ V. art. 1358 s.

Art. 1342-9 *(Ord. nº 2016-131 du 10 févr. 2016, art. 3, en vigueur le 1er oct. 2016)* **La remise volontaire par le créancier au débiteur de l'original sous signature privée ou de la copie exécutoire du titre de sa créance vaut présomption simple de libération.**

La même remise à l'un des codébiteurs solidaires produit le même effet à l'égard de tous. — *Dispositions transitoires, V. Ord. nº 2016-131 du 10 févr. 2016, art. 9, ss. art. 1386-1.*

Comp. C. civ., art. 1282 anc., 1283 anc. et 1284 anc.

1. Présomption simple de libération. Comp. antérieurement, sur la présomption péremptoire de libération par remise du titre. V. notes ss. anc. art. 1282.

2. Remise de copie exécutoire. Antérieurement, V. notes ss. art. 1283 anc.

Art. 1342-10 *(Ord. nº 2016-131 du 10 févr. 2016, art. 3, en vigueur le 1er oct. 2016)* **Le débiteur de plusieurs dettes peut indiquer, lorsqu'il paie, celle qu'il entend acquitter.**

A défaut d'indication par le débiteur, l'imputation a lieu comme suit : d'abord sur les dettes échues ; parmi celles-ci, sur les dettes que le débiteur avait le plus d'intérêt d'acquitter. A égalité d'intérêt, l'imputation se fait sur la plus ancienne ; toutes choses égales, elle se fait proportionnellement. — *Dispositions transitoires, V. Ord. nº 2016-131 du 10 févr. 2016, art. 9, ss. art. 1386-1.*

Comp. C. civ., art. 1253 et 1256 anc.

I. IMPUTATION PAR LE DÉBITEUR (AL. 1er)

1. Caractère général du principe. La règle de l'art. 1253 anc. est générale et doit recevoir application quelle que soit la modalité des dettes, sous la seule réserve du cas où l'imputation n'aurait pas été faite pour satisfaire un intérêt légitime, mais aurait eu pour but unique de nuire à un autre créancier. • Civ. 14 nov. 1922 : *DP 1925. 1. 145, note Josserand.* ♦ En faveur de l'application combinée des art. 1253 anc. s. avec l'art. L. 311-37 [L. 311-52] C. consom. : • Civ. 1re, 4 févr. 2003, nº 99-11.925 P : *Defrénois 2003. 862, obs. Aubert.*

2. Limites : dettes fiscales. Le juge judiciaire ne peut retenir, pour donner mainlevée de la saisie-arrêt pratiquée par un percepteur, qu'aux termes de l'art. 1253 anc. le redevable pouvait choisir celle des dettes fiscales sur laquelle devait s'imputer le paiement, son incompétence à cet égard résultant de l'art. L. 281 du Livre des procédures fiscales selon lequel le juge administratif est seul compétent en matière d'impôts directs. • Com. 19 janv. 1988 : *Bull. civ. IV, nº 37.*

3. ... Paiement partiel. Si le débiteur de plusieurs dettes a le droit de déclarer, lorsqu'il paye, quelle dette il entend acquitter, l'exercice de ce droit implique, sauf accord de son créancier, qu'il procède au paiement intégral de cette dette ; les emprunteurs ne sont pas fondés à se prévaloir de leur droit légal d'imputer leurs paiements en présence de paiements partiels refusés par le créancier. • Civ. 1re, 27 nov. 2019, nº 18-21.570 P : *D. 2019. 2296 ; RTD civ. 2020. 103, obs. Barbier.*

4. Détermination de l'imputation. L'imputation résulte, au moment des paiements, d'une déclaration expresse du débiteur ou d'éléments de nature à établir, de manière non équivoque, quelle dette il a entendu acquitter. • Com. 17 févr. 2009 : *RTD civ. 2009. 322, obs. Fages.*

5. Portée du choix du débiteur. Le choix d'imputation des paiements effectués par le débiteur principal s'impose au tiers qui s'est porté garant, que celui-ci en ait été informé ou non. • Civ. 1re, 24 oct. 2019, nº 18-15.852 P : *D. 2019. 2455, note Pellier* (opposabilité de l'imputation aux cautions du prêt sur lequel le paiement n'a pas été imputé).

II. IMPUTATION LÉGALE

Jurisprudence rendue en application de l'art. 1256 anc.

6. Caractère supplétif. Les dispositions de l'art. 1256 anc. sont supplétives de la volonté des parties. • Com. 19 déc. 1977 : *Bull. civ. IV, nº 306.* ♦ V. aussi note 1 ss. art. 1343-1. ♦ Mais les dispositions de l'art. 2425 ne peuvent permettre à un même créancier qui détient plusieurs créances à l'encontre du propriétaire de l'immeuble de contourner les dispositions de l'art. 1256 anc. et de déterminer, à la place du débiteur, la dette que ce dernier a le plus intérêt d'acquitter. • Civ. 3e, 12 juin 2014, nº 13-18.595 P : *D. 2014. 1327.* ♦ V. art. 2425 anc., note 7. ♦ V., pour un retour à l'art. 1256 anc. C. civ., en présence d'imputations contradictoires, sans que l'art. 23 du statut des agents généraux d'assurance IARD puisse y faire échec : • Civ. 1re, 21 mai 1996, nº 93-21.338 P.

7. Renonciation. L'acceptation de prélèvements bancaires n'implique pas en elle-même, à défaut de stipulation contractuelle expresse, renonciation aux dispositions de l'art. 1256 anc. • Civ. 3e, 10 mars 2004, nº 03-10.807 P : *D. 2004. IR 1283 ; RTD civ. 2004. 512, obs. Mestre et Fages.*

8. Appréciation judiciaire de l'intérêt du débiteur. Appréciation souveraine. Les juges du fond apprécient souverainement l'intérêt qu'avait un débiteur de plusieurs dettes pareillement échues à acquitter l'une des préférences à l'autre. • Civ. 1re, 29 oct. 1963 : *D. 1964. 39* • 15 nov. 2005, n° 02-21.236 P.

9. ... *Éléments d'appréciation.* Le débiteur qui veut obtenir l'application de l'art. 1256 anc. doit fournir au juge les éléments permettant à celui-ci de déterminer quelle était, pour ce débiteur, la dette la plus onéreuse. • Civ. 3e, 23 nov. 1976 : *Bull. civ. III, n° 418.* ♦ La dette que le débiteur avait le plus d'intérêt d'acquitter peut être en particulier celle garantie par une sûreté. • Com. 4 nov. 1986 : *Bull. civ. IV, n° 201.* ♦ Intérêt pour le débiteur d'imputer le paiement sur un prêt éteignant à la fois la dette à l'égard du créancier et de la caution, sans que le créancier puisse faire jouer les dispositions de l'art. 2425. • Civ. 3e, 12 juin 2014, n° 13-18.595 P : *préc. note 6.* ♦ Un assuré, titulaire de plusieurs contrats, a intérêt à imputer son paiement sur la fraction de la prime relative à l'assurance automobile obligatoire dès lors qu'un défaut d'assurance en ce domaine l'exposerait à des poursuites pénales. • Amiens, 26 avr. 1979 : *Gaz. Pal. 1980. 2. 689, note Margeat et Lamure.*

10. ... *Illustrations.* Pour des exemples pris en application de l'art. 1256 anc., V. ce texte, notes 7 s.

SOUS-SECTION 2 Dispositions particulières aux obligations de sommes d'argent

(Ord. n° 2016-131 du 10 févr. 2016, art. 3, en vigueur le 1er oct. 2016)

Art. 1343 *(Ord. n° 2016-131 du 10 févr. 2016, art. 3, en vigueur le 1er oct. 2016)* **Le débiteur d'une obligation de somme d'argent se libère par le versement de son montant nominal.**

Le montant de la somme due peut varier par le jeu de l'indexation.

Le débiteur d'une dette de valeur se libère par le versement de la somme d'argent résultant de sa liquidation. — *Dispositions transitoires, V. Ord. n° 2016-131 du 10 févr. 2016, art. 9, ss. art. 1386-1.*

BIBL. ▶ Regnault, *AJ contrat 2018. 166* (les avatars de la clause d'indexation).

1. *Nominalisme monétaire (al. 1er).* V. également art. 1895.

1° CLAUSES D'INDEXATION. – DOMAINE DE L'ORD. DU 30 DÉC. 1958

BIBL. Chabas, *Mél. Decottignies, PU Grenoble, 2003, p. 71* (indexation conventionnelle). – J. Honorat, *Études Flour, Defrénois, 1979, p. 251* (indexations contractuelles et judiciaires).

2. *Principe.* Sont interdites et frappées d'une nullité d'ordre public, dans les conventions ou accords collectifs de travail, toutes clauses prévoyant des indexations fondées sur le salaire minimum de croissance ou par référence à ce dernier, sur le niveau général des prix ou des salaires, ou sur le prix des biens produits ou des services n'ayant pas de relation directe avec l'objet du statut ou de la convention ou avec l'activité de l'une des parties (art. L. 112-2 C. mon. fin. et L. 3231-2 C. trav.) ; peu importe que l'indice ne recouvre qu'une partie seulement des activités de l'un des cocontractants. • Soc. 5 oct. 2017, n° 15-20.390 P.

3. *Assurance.* L'art. 79-3 de l'Ord. du 30 déc. 1958 (C. mon. fin., art. L. 112-2), n'exclut pas de son champ d'application les sommes versées en vertu d'un contrat d'assurance. • *Civ. 1re*, 28 avr. 1987 : *Bull. civ. I, n° 129* (rejet de la prétention de l'assuré qui, ayant obtenu une « avance » sur le capital garanti pour financer l'acquisition d'un logement, soulevait l'illicéité de l'indexation des remboursements sur l'indice du coût de la construction, au motif qu'en raison de l'objet du contrat d'assurance l'usage des fonds ainsi versés ne pouvait être pris en considération pour valider la clause d'indexation).

4. *Indexation d'intérêts.* L'indexation conventionnelle licite concernant un paiement par annuités peut porter sur les intérêts qui s'y trouvent inclus, comme sur le prix. • Civ. 3e, 6 févr. 1974 : *Bull. civ. III, n° 64.*

2° INDEXATION DES SALAIRES

5. *Indexation sur le SMIC.* Toutes les clauses prévoyant des indexations fondées sur le salaire minimum interprofessionnel de croissance étant interdites, sauf s'il s'agit de dettes d'aliments, un employeur ne peut consentir par avance à un salarié une révision automatique de salaire basée sur le SMIC. • Soc. 18 mars 1992, n° 88-43.434 P. ♦ Mais les dispositions de l'Ord. 30 déc. 1958 modifiée par celle du 4 févr. 1959 (C. mon. fin., art. L. 112-1 s.) doivent être interprétées restrictivement, comme dérogatoires à la liberté des conventions. Ainsi, le choix comme indice du salaire d'une catégorie professionnelle déterminée, n'étant pas la référence au niveau général des salaires, n'est pas prohibé. • Civ. 3e, 15 févr. 1972 : *D. 1972. 339 ; JCP 1972. II. 17094, note Lévy.*

6. *Indexation sur le salaire horaire « France entière ».* Les juges du fond ne peuvent déclarer nulle une indexation sur le salaire horaire, toutes activités, France entière, comme étant fondée sur le niveau général des salaires au sens de l'Ord. du 30 déc. 1958 (C. mon. fin., art.

L. 112-1 s.), sans rechercher la commune intention des parties en insérant dans le contrat une clause qui, dans son ensemble, n'était ni claire ni précise. • Com. 7 janv. 1975 : *Bull. civ. IV, n° 3 ; R., p. 56 ; D. 1975. 516, note Malaurie ; JCP 1975. II. 18167, note Ghestin.* ♦ Sur le pouvoir de substitution du juge, V. notes 14 s.

7. Indexation sur l'inflation. Une clause d'indexation automatique du salaire sur le taux d'inflation est illicite, conformément à l'art. 79 modifié de l'Ord. du 30 déc. 1958 (C. mon. fin., art. L. 112-2). • Soc. 13 déc. 2006, n° 05-44.073 P.

3° RAPPORT ENTRE L'INDICE ET L'OBJET DU CONTRAT

8. Question de fait. L'appréciation du rapport existant entre la nature de l'indice et l'objet du contrat est une question de fait. • Com. 28 juin 1965 : *D. 1965. 582.* – Jurisprudence constante ; par ex. : • Civ. 3e, 17 juill. 1972 : *D. 1973. 238, note Malaurie.* ♦ Mais le contrat de location-gérance d'un fonds de commerce étant relatif à un bien meuble incorporel et non à un immeuble bâti, les juges du fond ne peuvent, sans violer l'art. 79 de l'Ord. du 30 déc. 1958 modifiée par la L. du 9 juill. 1970 (C. mon. fin., art. L. 112-2), déclarer valable la clause prévoyant l'indexation de la redevance due par le locataire-gérant sur l'indice national du coût de la construction. • Com. 16 févr. 1993 : *Gaz. Pal. 1993. 2. 311, note Barbier.*

9. Relation avec une activité accessoire. L'art. 79 de l'Ord. du 30 déc. 1958 modifiée (C. mon. fin., art. L. 112-2) exige seulement que l'indice choisi soit en relation directe avec l'activité d'une des parties quand bien même il ne s'agirait pas d'une activité principale. • Civ. 1re, 7 mars 1984, n° 83-11.094 P : *RTD civ. 1985. 174, obs. Mestre.* – Dans le même sens : • Civ. 3e, 15 févr. 1972 : *D. 1973. 417, note Ghestin ; JCP 1972. II. 17094, note Lévy ; RTD civ. 1972. 616, obs. Cornu.*

10. Objet d'un emprunt. L'objet de la convention, au sens de l'art. 79 de l'Ord. du 30 déc. 1958 modifiée (C. mon. fin., art. L. 112-2), doit s'entendre dans son acception la plus large et notamment l'objet d'un prêt peut être de permettre à un emprunteur de construire ou d'acheter un immeuble. • Civ. 1re, 9 janv. 1974, *n° 72-13.846 P : R. 1973-1974, p. 58 ; JCP 1974. II. 17806, note Lévy.* ♦ L'objet de la convention doit s'entendre de l'affectation des sommes prêtées en vue de laquelle les parties ont contracté. • Paris, 15 déc. 1980 : *Gaz. Pal. 1981. 1. 270, note Solal.* ♦ Mais la simple affirmation portée au contrat spécifiant que l'emprunt devait servir à des travaux immobiliers ne suffit pas pour justifier l'indexation des sommes prêtées sur le coût de la construction. • Civ. 1re, 18 févr. 1976 : *JCP 1976. II. 18465, note Lévy.*

11. Objet du contrat de location-gérance. La validité d'une clause d'indexation doit être appréciée au moment de la conclusion du contrat et ne peut être affectée par le changement d'activité du débiteur survenu ultérieurement. • Civ. 1re, 6 juin 1984 : *JCP 1985. II. 20471, note Lévy ; RTD civ. 1985. 173, obs. Mestre.* ♦ Cependant, lorsque les parties conviennent que les fonds empruntés recevront un autre usage que celui prévu, l'application rétroactive d'une clause d'indexation conforme au nouvel objet (achat d'un immeuble substitué à l'achat d'une pharmacie) n'est pas illicite. • Civ. 1re, 5 oct. 1994, n° 92-17.208 P : *D. 1995. Somm. 227, obs. Libchaber.* ♦ Cassation pour manque de base légale, au sens de l'art. L. 122-2 C. mon. fin., de l'arrêt annulant la clause d'indexation sur l'indice du coût de la construction d'un contrat de location-gérance de fonds de commerce, au motif que ce contrat est relatif à un bien meuble corporel, sans rechercher si cet indice n'était pas en relation directe avec la mise à disposition d'un immeuble bâti, stipulée au contrat à titre accessoire, s'accompagnant de travaux mis à la charge du bailleur. • Com. 4 nov. 2014, n° 13-18.840 P : *D. 2014. 2341.*

12. Loyer commercial et monnaie étrangère. Jugeant que la fixation du loyer en monnaie étrangère (dollar américain) d'un bail commercial de droit interne constitue une indexation sans rapport avec l'objet du contrat ou l'activité de l'une des parties : • Civ. 3e, 2 oct. 2007 : *CCC 2008, n° 35, note Leveneur* (restaurant situé dans l'île de Saint-Martin).

13. Règle spéciale aux contrats à exécution successive. Dans les contrats à exécution successive, les clauses d'indexation se référant à un indice de base fixe ne contreviennent pas à l'art. L. 112-1 C. mon. fin. dès lors qu'il y a concordance entre la période de variation de l'indice et celle de variation du loyer. Sur ce principe et sur la sanction des clauses organisant une distorsion entre la période de variation de l'indice et la durée s'écoulant entre deux révisions, V. C. mon. fin., notes 2 s. ss. art. L. 112-1, ss. C. civ., art. 1343-3.

4° SUBSTITUTION D'INDICE

14. Par renvoi à la volonté subsidiaire des parties. Substitution d'un indice licite à un indice illicite, conforme à la volonté des parties interprétée par les juges du fond, l'indice retenu ayant été proposé par une des parties lors de la conclusion du contrat comme un indice de substitution. • Civ. 1re, 9 nov. 1981, n° 80-11.060 P : *RTD civ. 1982. 601, obs. Chabas.*

15. À la suite d'une erreur des parties. Les juges du fond peuvent écarter l'application de l'indice fixé dans le contrat, en estimant, par une appréciation souveraine de l'intention commune des parties, que la mention de cet indice était le résultat d'une erreur provenant d'une rédaction hâtive et maladroite. • Civ. 3e, 8 oct. 1974 : *D. 1975. 189.*

16. Indice choisi non publié. En raison du défaut de publication de l'indice choisi, les juges du fond peuvent décider, s'agissant de l'application pure et simple d'une clause d'indexation prévue au contrat, qu'il y a lieu, à défaut de la publication à laquelle se référait celle-ci, de déterminer, au besoin par expertise, le taux de l'indice applicable. • Civ. 1re, 22 mai 1967 : *JCP 1967. II. 15214, note Lévy.*

17. Nullité de l'indice choisi. En raison de la nullité de l'indice choisi, une cour d'appel, recherchant la commune intention des parties, a souverainement retenu que leur volonté a essentiellement porté sur le principe de l'indexation et que, la stipulation du choix de l'indice en constituant une application, il y avait lieu de substituer à l'indice annulé un indice admis par la loi. • Civ. 3e, 22 juill. 1987 : *Bull. civ. III, no 151.* – Dans le même sens : • Civ. 3e, 12 janv. 2005, no 03-17.260 P : *D. 2005. Pan. 2847, obs. Fauvarque-Cosson ; CCC 2005, no 105 ; RDC 2005. 1018, obs. D. Mazeaud ; RTD civ. 2006. 117, obs. Mestre et Fages*. – V. aussi • Lyon, 9 juill. 1990 : *D. 1991. 47, note Malaurie* (dans la même affaire, V. • Com. 3 nov. 1988 : *cité note 22*).

5o INDEXATION SE RÉFÉRANT À UN INDICE DE BASE FIXE (ART. L. 112-1 C. MON. FIN.)

18. Validité des clauses d'indexation avec référence à un indice de base fixe. Les art. L. 112-1 et L. 112-2 C. mon. fin. édictés dans le cadre d'un ancien et vaste débat sur le monétarisme et le rôle de l'État en matière monétaire, relèvent de l'ordre public économique et ne sont pas susceptibles d'aménagement conventionnel. • TGI Paris, 4 juill. 2013 : *Administrer 10/2013. 42, obs. Sainturat.* ♦ Mais une cour d'appel qui, en raison de l'ambiguïté d'une clause d'indexation, interprète souverainement celle-ci, peut retenir que la référence à un indice de base fixe n'est que l'illustration de la volonté des parties de prendre en compte les derniers indices publiés tant au début qu'à la fin de la période concernée par la révision et de faire coïncider la durée de cette période avec celle de la durée d'évolution des indices retenus, pour en déduire la licéité de cette clause au regard des dispositions de l'art. L. 112-1 C. mon. fin. • Civ. 3e, 16 oct. 2013 : *Rev. loyers déc. 2013, p. 491, note Vaissié et Chaoui ; AJDI 2014. 36, note Planckeel et Antoniutti*.

19. ... Conformité à l'art. L. 112-1, C. com. *Les clauses d'indexation* se référant à un indice de base fixe ne contreviennent pas à l'art. L. 112-1 C. mon. fin.dès lors qu'il y a concordance entre la période de variation de l'indice et celle de variation du loyer ; la cour d'appel, qui n'a pas recherché si le mode de calcul choisi par la clause créait une distorsion effective entre l'intervalle de variation indiciaire et la durée s'écoulant entre deux révisions, n'a pas donné de base légale à sa décision. • Civ. 3e, 3 déc. 2014, no 13-25.034 P : *D. 2014. 2521, obs. Rouquet ; AJDI 2015. 283, obs. Planckeel et Antoniutti ; JCP E 2015, no 1006, note Brignon ; RJDA 2015, no 240 ; Gaz. Pal. 2015. 1157, obs. Brault ; Loyers et copr. 2015, no 13, obs. Chavance ; Rev. loyers 2015. 32, note Lacger ; Administrer 1/2015. 47, obs. Barbier.* ♦ Dans le même sens : • Civ. 3e, 9 févr. 2017, no 15-28.691 P (distorsion temporelle entre l'indice de base fixe et l'indice multiplicateur).

20. ... Sauf distorsion entre l'intervalle de variation de l'indice et la durée s'écoulant entre deux révisions. S'il n'interdit pas la prise en compte d'un indice de base fixe, l'art. L. 112-1 C. mon. fin.prohibe cependant toute organisation contractuelle d'une distorsion entre la période de variation de l'indice et la durée s'écoulant entre deux révisions. • Civ. 3e, 25 févr. 2016, no 14-28.165 P : *D. 2016. Chron. C. cass. 1033, obs. Collomp ; AJDI 2016. 426, obs. Planckeel et Antoniutti ; JCP E 2016, no 1228, note Brignon ; RJDA 2016, no 424 ; Loyers et copr. 2016, no 96, obs. Régnault ; Administrer 5/2016. 25, note Barbier.* ♦ L'application d'un indice de référence fixe n'ayant pas conduit lors des indexations successives à une distorsion entre l'intervalle de variation indiciaire et la durée s'écoulant entre deux révisions, une cour d'appel a pu déduire de ce seul motif que la clause contractuelle d'indexation se référant à un indice de base fixe était valable. • Civ. 3e, 11 déc. 2013, no 12-22.616 P : *D. 2014. 344, note Brignon ; ibid. Chron. C. cass. 1003, obs. Pic ; AJDI 2014. 136, note Planckeel et Antoniutti ; JCP E 2014, no 1108, note Kenfack ; BRDA 2014, no 1, p. 11 ; Gaz. Pal. 2014. 1107, obs. Houtcieff ; ibid. 1157, obs. Brault ; Rev. loyers 2014. 8, obs. Chaoui et Vaissié ; Administrer 2/2014. 31, obs. Barbier.* ♦ Recevabilité de la demande de révision du loyer, en application de l'art. L. 145-39 C. com., dès lors que la clause d'indexation n'a pas créé de distorsion et si la clause a fait varier le montant du loyer de plus d'un quart depuis la dernière fixation. • Civ. 3e, 17 mai 2018, no 17-15.146 P : *D. 2018. 1070 ; AJDI 2019. 59, obs. Blatter*. ♦ Toutefois, l'art. L. 112-1 C. mon. fin. ne s'applique pas à la distorsion résultant non pas de la clause d'indexation elle-même, mais du décalage entre la date de renouvellement du bail et la date prévue pour l'indexation annuelle du loyer. • Civ. 3e, 13 sept. 2018, no 17-19.525 P.

21. Réciprocité de la variation. Aucune disposition légale ou réglementaire, ni aucun principe jurisprudentiel, n'interdit aux parties à un contrat de prêt de prévoir une clause d'indexation du taux d'intérêt excluant la réciprocité de la variation de ce taux et, lorsque le contrat stipule le paiement d'intérêts à un taux variable, de convenir que, quelle que soit l'évolution des paramètres de calcul de ce taux, celui-ci demeurera supérieur à un plancher, inférieur à un plafond ou compris entre de telles limites. • Com. 4 nov. 2021, n° 20-11.099 B : *RDBF 2022, n° 11, note J. Martin ; D. actu. 18 nov. 2021, obs. Hélaine.* ♦ Comp. Est nulle une clause d'indexation qui exclut la réciprocité de la variation et stipule que le loyer ne peut être révisé qu'à la hausse. Le propre d'une clause d'échelle mobile étant de faire varier à la hausse et à la baisse le loyer, la clause qui exclut, en cas de baisse de l'indice, l'ajustement du loyer prévu pour chaque période annuelle en fonction de la variation de l'indice publié dans le même temps écarte toute réciprocité de variation, et fausse ainsi le jeu normal de l'indexation. • Civ. 3e, 14 janv. 2016, n° 14-24.681 P : *D. 2016. Actu. 199, obs. Rouquet ; AJDI 2016. 365, note Planckeel ; RTD com. 2016. 56, obs. Kendérian et Monéger ; JCP E 2016, n° 1132, note Brignon ; JCP N 2016, n° 1120, note Denizot et Trautmann ; RJDA 2016, n° 261 ; Gaz. Pal. 1er mars 2016, p 66, note Barbier ; Loyers et copr. 2016, n° 66, obs. Brault ; LPA 6 juin 2016, note Battistini ; RDC 2016. 258, obs. Boffa.* – Comp. • Paris, 20 janv. 2016, n° 13/17680 : *AJDI 2016. 360, note Planckeel ; JCP E 2016, n° 1165, note Brignon* • Civ. 3e, 30 juin 2021, n° 19-23.038 B : *D. 2021. Chron. C. cass. 2251, obs. Schmitt ; AJDI 2022. 119, obs. Blatter ; RTD civ. 2021. 635, obs. Barbier ; RTD com. 2021. 771, obs. Kendérian ; JCP 2021, n° 986, note Gaudemet ; RDC 2021/4. 8, note Latina ; CCC 2021, n° 146, note Leveneur* (la clause figurant au bail et écartant toute réciprocité de variation, si elle ne crée pas la distorsion prohibée par l'art. L. 112-1 C. mon. fin., fausse le jeu normal de l'indexation). ♦ V. notes ss. art. L. 112-1 C. mon. fin., ss. art. 1343-3.

6° SANCTION DE L'INDEXATION ILLICITE

22. *Nullité absolue de l'indexation.* Une indexation prohibée par la loi est atteinte d'une nullité absolue qui n'est susceptible ni de confirmation ni de ratification. • Com. 3 nov. 1988 : *D. 1989. 93, note Malaurie ; D. 1989. Somm. 234, obs. Aubert,* et, sur renvoi, • Lyon, 9 juill. 1990 : *D. 1991. 47, note Malaurie ; RTD civ. 1991. 357, obs. Rémy* • Soc. 5 oct. 2017, n° 15-20.390 P (clause contraire aux art. L. 112-2 C. mon. fin. et L. 3231-2 C. trav.).

23. *Nullité de l'ensemble de la convention.* Les juges du fond disposent d'un pouvoir souverain pour apprécier si une clause d'indexation nulle présente un caractère essentiel au contrat dont dépendrait l'existence de l'ensemble de la convention. • Civ. 3e, 13 févr. 1969 : *JCP 1969. II. 15942 (2e esp.), note Lévy.* ♦ Ainsi, la nullité de la convention tout entière est-elle encourue lorsque la clause illicite a été dans l'intention des parties une condition essentielle de leur accord de volontés et que sa suppression aurait pour effet de bouleverser l'économie du contrat. • Civ. 3e, 24 juin 1971 : *JCP 1972. II. 17191, note Ghestin.* ♦ Au contraire, doit seule être annulée la clause d'indexation d'un loyer commercial qui n'est qu'une clause accessoire dont l'annulation ne détruit pas l'équilibre du contrat puisque le propriétaire conserve le droit de révision légale ; le fait d'avoir, dans l'acte, qualifié de déterminante une telle clause qui n'avait rien d'essentiel ne permet pas au bailleur de faire échec, par l'annulation totale, aux droits du locataire. • Civ. 3e, 9 juill. 1973 : *D. 1974. 24.* ♦ Même sens : • Civ. 3e, 6 juin 1972, n° 71-11.279 P : *R. 1972-1973, p. 62 ; D. 1973. 151, note Malaurie* (caractère frauduleux de la clause déclarant déterminante la clause illicite). ♦ Sur les contrats d'assurance libellés en monnaie étrangère, V. C. assur., art. L. 160-3 s. – **C. assur.**

7° DETTES DE VALEUR (AL. 3)

24. V. note 34 ss. art. 778.

Art. 1343-1 *(Ord. n° 2016-131 du 10 févr. 2016, art. 3, en vigueur le 1er oct. 2016)* **Lorsque l'obligation de somme d'argent porte intérêt, le débiteur se libère en versant le principal et les intérêts. Le paiement partiel s'impute d'abord sur les intérêts.**

L'intérêt est accordé par la loi ou stipulé dans le contrat. Le taux de l'intérêt conventionnel doit être fixé par écrit. Il est réputé annuel par défaut. — *Dispositions transitoires, V. Ord. n° 2016-131 du 10 févr. 2016, art. 9, ss. art. 1386-1.*

Comp. C. civ., art. 1254 anc. et 1907 anc.

I. IMPUTATION DES PAIEMENTS D'UNE SOMME D'ARGENT (AL. 1er)

1. *Caractère supplétif.* Les dispositions des art. 1253 anc. à 1256 anc. sont supplétives de la volonté des parties. • Civ. 1re, 29 oct. 2002, n° 00-11.958 P.

2. *Clause contraire – Consentement du créancier.* Seul le consentement du créancier peut permettre l'imputation de paiements partiels sur le capital par préférence aux intérêts. • Com. 20 oct. 1992, n° 90-13.072 P • Civ. 1re, 24 janv. 1995, n° 91-14.910 P : *RTD civ. 1996. 400, obs. Mestre* • 10 juill. 1995, n° 92-13.982 P : *RTD civ. 1996. 400, obs. Mestre* • 10 déc. 1996 (arrêt n° 4), n° 95-12.890 P : *R., p. 330 ; Defrénois 1997. 332, obs. D. Mazeaud ; D. 1997. Somm. 178, obs. Aynès.*

3. *Office du juge.* A défaut de convention contraire, une caisse de retraite peut, en application de l'art. 1254 anc., d'office imputer les paiements reçus aussi bien sur les « arrérages » que sur le principal des cotisations. • Civ. 2e, 21 avr. 1982, n° 81-11.938 P.

4. *Indifférence de l'origine du paiement.* L'art. 1254 anc. ne distingue pas selon que le paiement est effectué ou non par le débiteur. • Com. 5 juill. 1988 : *Bull. civ. IV, n° 232.*

5. *Notion de paiement.* La déchéance du droit aux intérêts conventionnels prononcée à l'encontre de la banque ne constitue pas un paiement, le montant correspondant peut être imputé sur le capital restant dû. • Civ. 1re, 18 févr. 2009, n° 08-12.584 P : *RTD com. 2009. 419, obs. Legeais ; RDC 2009. 1082, obs. Fenouillet.*

6. *Dettes concernées.* L'art. 1254 anc. ne s'applique pas à une majoration prévue en cas de non-paiement intégral de chaque échéance, qui est analysée en une clause pénale et non en un intérêt du principal de la créance. • Com. 10 juill. 1962 : *Bull. civ. III, n° 354.* ♦ Mais les frais de recouvrement d'une créance constituant, au même titre que les intérêts, des accessoires de la dette, les dispositions de l'art. 1254 anc. leur sont applicables. • Civ. 1re, 7 févr. 1995, n° 92-14.216 P : *R., p. 293 ; Defrénois 1995. 492, rapp. Sargos ; D. 1995. Somm. 235, obs. Libchaber ; RTD civ. 1996. 400, obs. Mestre*. ♦ Dans le même sens : • Soc. 1er juin 1995, n° 92-21.833 P.

7. *Imputation et cautionnement.* L'imputation légalement faite du paiement effectué par le débiteur principal est opposable à la caution. • Com. 11 juin 1996, n° 94-15.097 P : *R., p. 310 ; JCP 1997. I. 3991, n° 4, obs. Simler et Delebecque ; RTD civ. 1996. 950, obs. Crocq*. ♦ V. note 16 ss. C. mon. fin., art. L. 313-22, ss. art. 2314.

II. INTÉRÊT ET TAUX (AL. 2)

8. *Indication et variation du taux. – Taux effectif global.* V. notes ss. art. 1907.

Art. 1343-2 *(Ord. n° 2016-131 du 10 févr. 2016, art. 3, en vigueur le 1er oct. 2016)* **Les intérêts échus, dus au moins pour une année entière, produisent intérêt si le contrat l'a prévu ou si une décision de justice le précise.** – *Dispositions transitoires, V. Ord. n° 2016-131 du 10 févr. 2016, art. 9, ss. art. 1386-1.*

Comp. C. civ., art. 1154 anc.

A. RÈGLES GÉNÉRALES

1. *Ordre public.* La disposition de l'anc. art. 1154 est d'ordre public. • Civ. 21 juin 1920 : *DP 1924. 1. 102* • Civ. 1re, 1er juin 1960 : *Bull. civ. I, n° 305.* ♦ V. aussi • Soc. 29 juin 1995, n° 92-22.025 P • Civ. 2e, 22 mai 2014, n° 13-14.698 P : *D. 2014. 1201 ; RGDA 2014. 389, obs. Landel.*

2. *Faute du créancier.* Sous l'empire de l'anc. art. 1154 C. civ., il était admis que la règle posée par le texte pouvait être écartée par les juges du fond, qui pouvaient refuser d'ordonner la capitalisation des intérêts, si c'était par la faute du créancier et par suite du retard ou obstacle apporté par lui qu'il n'avait pu être procédé à la liquidation de la dette. • Req. 16 juin 1942 : *DA 1943. J. 11* • Civ. 1re, 14 mai 1992, n° 90-12.275 P. ♦ V. dans le même sens, pour l'éviction d'une clause d'anatocisme : • Com. 20 janv. 1998, n° 95-14.101 P. ♦ Sur la notion de faute du créancier, V. • Com. 24 sept. 2003, n° 01-15.875 P.

3. *Domaine.* L'art. 1154 anc. s'appliquait sans distinction aux intérêts moratoires qu'ils soient judiciaires ou conventionnels. • Civ. 1re, 10 mai 1978, n° 76-12.292 P • 6 nov. 2013 : *cité note 3 ss. art. 922* (indemnité de rapport à la *succession*). ♦ ... *Et de manière générale* aux intérêts moratoires. • Civ. 2e, 22 mai 2014, n° 13-14.698 P : *D. 2014. 1201*, ce qui inclut le doublement des intérêts prévus par les art. L. 211-9 et L. 211-13 C. assur. ♦ La pénalité de retard prévue par l'art. L. 441-6 C. com. constitue un intérêt moratoire qui peut être assorti de la capitalisation prévue par l'art. 1154 [anc.]. • Com. 10 nov. 2015, n° 14-15.968 P.

4. *Exclusion : crédit à la consommation.* La règle édictée par l'art. L. 311-32 C. consom. dans sa rédaction antérieure à celle issue de la L. du 1er juill. 2010, selon lequel aucune indemnité ni aucun coût autres que ceux qui sont mentionnés aux art. L. 311-29 à L. 311-31 C. consom. ne peuvent être mis à la charge de l'emprunteur dans les cas de remboursement par anticipation ou de défaillance prévue par ces art., fait obstacle à l'application de la capitalisation des intérêts prévue par l'art. 1154 [anc.]. • Civ. 1re, 9 févr. 2012, n° 11-14.605 P : *D. 2012. 1158, note Poissonnier ; RTD com. 2012. 387, obs. Legeais ; Gaz. Pal. 2012. 795, note Piedelièvre ; RDC 2012. 827, obs. Klein.* ♦ ... Mais ce texte ne s'oppose pas à la capitalisation des intérêts moratoires au taux légal. • Com. 4 juill. 2018, n° 17-13.128 P : *D. 2018. 2124, note Lasserre Capdeville ; RDI 2018. 594, obs. Heugas-Darraspen ; RTD com. 2018. 997, obs. Legeais*.

5. *... Crédit immobilier.* La règle édictée par l'art. L. 312-23 C. consom., dans sa rédaction antérieure à celle issue de la L. du 1er juill. 2010, selon laquelle aucune indemnité ni aucun coût autres que ceux qui sont mentionnés aux art. L. 312-21 et L. 312-22 C. consom. ne peuvent être mis à la charge de l'emprunteur dans les cas de remboursement par anticipation d'un prêt immobilier ou de défaillance prévus par ces art., fait obstacle à l'application de la capitalisation des intérêts prévue par l'art. 1154 anc. • Civ. 1re,

20 avr. 2022, n° 20-23.617 B : *D. 2022. 1724, obs. Ansault* ; *RDI 2022. 458, obs. Bruttin* ; *RGDA 2022/2. 36, note Pimbert.* ♦ Cette interdiction concerne tant l'action du prêteur contre l'emprunteur que les recours personnel et subrogatoire exercés contre celui-ci par la caution. • Même arrêt.

B. ANATOCISME JUDICIAIRE

6. *Juge compétent.* Le juge des référés peut, sans excéder ses pouvoirs, assortir d'intérêts moratoires la condamnation qu'il prononce et en ordonner la capitalisation. • Civ. 3e, 17 juin 1998, n° 96-19.230 P.

7. *Pouvoir d'appréciation du juge (non).* Viole l'anc. art. 1154 C. civ. l'arrêt qui rejette une demande de capitalisation qu'il juge injustifiée alors que les seules conditions posées par ce texte sont que la demande en ait été judiciairement formée et qu'il s'agisse d'intérêts dus pour au moins une année entière. • Civ. 1re, 16 avr. 1996, n° 94-13.803 P : *Defrénois 1996. 1443, obs. Champenois* • 6 oct. 2011, n° 10-23.742 P. ♦ V. déjà dans le même sens : • Soc. 29 juin 1995 : *Gaz. Pal. 1996. 2. Somm. ann. 472, obs. Croze et Morel.* ♦ Dès lors que les intérêts ont couru dans les conditions de l'art. 1154 (anc.) avant que la compensation judiciaire ait été prononcée, la demande de capitalisation doit être prise en compte. • Civ. 1re, 6 juin 2001, n° 99-11.528 P.

8. *Nécessité d'une demande.* L'art. 1343-2 ne mentionne plus expressément l'exigence d'une demande d'anatocisme. ♦ Sous l'empire de l'anc. art. 1154, qui évoquait « une demande judiciaire », cette condition était requise. – V. notes ss. anc. art. 1154.

9. *Nécessité d'une capitalisation annuelle.* En faisant référence, dans leur décision, à l'anc. art. 1154, les juges du fond ont nécessairement admis que, seuls, les intérêts ayant plus d'un an d'ancienneté seront productifs d'intérêts. • Civ. 1re, 10 juin 1981 : *Bull. civ. I, n° 196.*

10. V., sous l'empire de l'anc. art. 1154 qui exigeait expressément une demande du créancier : le point de départ des intérêts capitalisés ne peut être antérieur à la demande de capitalisation du créancier : V. • Civ. 17 mai 1865 : *DP 1865. 1. 273* • Civ. 2e, 3 juill. 1991, n° 90-14.500 P : *D. 1992. Somm. 277, obs. Aynès* • Civ. 1re, 19 déc. 2000, n° 98-14.487 P. ♦ Mais l'anc. art. 1154 n'exige pas que les juges précisent dans leur décision le point de départ de la capitalisation des intérêts. • Civ. 2e, 16 juill. 1992, n° 91-11.199 P. ♦ Ils doivent toutefois, en cause d'appel, tenir compte de la demande formulée en première instance (cassation de l'arrêt qui fixe le point de départ de la capitalisation au jour de la demande expressément présentée devant la cour, alors qu'il résulte du jugement qu'une telle demande avait été formulée en première instance). • Soc. 6 avr. 1994, n° 92-42.459 P : *Gaz. Pal. 1995. 2. Somm. ann. 314, obs. Ferrand et Moussa.*

11. *Intérêts capitalisables.* L'anc. art. 1154 ne contient aucune disposition imposant le calcul des intérêts capitalisés selon le taux légal. • Civ. 1re, 14 mai 1991, n° 89-16.098 P.

C. ANATOCISME CONVENTIONNEL

12. *Cas du compte courant.* Capitalisation des intérêts portés dans un compte courant : V. • Com. 11 janv. 1984, n° 81-16.336 P • 22 mai 1991 : *D. 1991. 428, note Gavalda* ; *JCP N 1992. II. 302, note Stoufflet* ; *RTD civ. 1991. 736, obs. Mestre* . ♦ Après clôture du compte : V. • Nîmes, 20 déc. 1972 : *D. 1973. 466, note Gavalda.*

13. *Procédure collective.* Après l'ouverture d'une procédure collective à l'égard du débiteur, aucun texte ne prive d'effet la clause, conforme aux dispositions de l'anc. art. 1154, prévoyant la capitalisation des intérêts de retard, dès lors que leur cours est continué. • Com. 2 juill. 2013 : *D. 2013. 1740, obs. Lienhard* .

D. EFFETS DE LA CAPITALISATION

14. *Prescription.* Les intérêts capitalisés constituent un nouveau capital qui s'ajoute au premier et relève de la prescription de droit commun (éviction de l'art. 2277 [ancien] et application de la prescription trentenaire de l'art. 2262 [ancien]. • Com. 20 janv. 1998 : *préc. note 2* • 27 oct. 1998, n° 96-10.968 P (sol. impl.) • Civ. 1re, 31 mars 2016, n° 14-20.193 P : *D. 2016. 782* ; *AJ fam. 2016. 274, obs. Casey* (prescription trentenaire à l'époque).

15. *Commandement de payer.* Les intérêts capitalisés ne constituant plus des intérêts, mais un nouveau capital s'ajoutant au premier, les dispositions de l'art. R. 321-3 C. pr. exéc. n'imposent pas qu'ils soient distingués du capital échu dans le commandement de payer. • Civ. 2e, 8 janv. 2015, n° 13-26.657 P.

Art. 1343-3 *(L. n° 2018-287 du 20 avr. 2018, art. 14, en vigueur le 1er oct. 2018)* **Le paiement, en France, d'une obligation de somme d'argent s'effectue en euros.**

Toutefois, le paiement peut avoir lieu en une autre monnaie si l'obligation ainsi libellée procède d'une opération à caractère international ou d'un jugement étranger. Les parties peuvent convenir que le paiement aura lieu en devise s'il intervient entre professionnels, lorsque l'usage d'une monnaie étrangère est communément admis pour l'opération concernée.

L'art. 1343-3, dans sa rédaction résultant de la L. n° 2018-287 du 20 avr. 2018, est applicable aux actes juridiques conclus ou établis à compter du 1er oct. 2018 (L. préc., art. 16).

Pour l'application de l'art. 1343-3 dans les îles Wallis-et-Futuna, le mot "euros" est remplacé par les mots "francs CFP" (L. n° 2018-287 du 20 avr. 2018, art. 16-11).

Par dérogation au premier alinéa de l'art. 1343-3, le paiement peut avoir lieu en une autre monnaie si l'obligation ainsi libellée procède d'un instrument financier à terme ou d'une opération de change au comptant (C. mon. fin., art. L. 112-5-1, réd. L. n° 2018-287 du 20 avr. 2018, art. 14, en vigueur le 1er oct. 2018). L'art. L. 112-5-1 C. mon. fin., dans sa rédaction résultant de la L. n° 2018-287 du 20 avr. 2018, est applicable aux actes juridiques conclus ou établis à compter du 1er oct. 2018 (L. préc., art. 16). Sur l'entrée en vigueur des modifications issues de la L. n° 2018-287 préc., V. L. préc., art. 16, ss. art. 1386-1.

Comp. C. civ., notes ss. art. 1243 anc.

BIBL. ► GOUËZEL, *AJ contrat 2018. 309* (loi de ratification et modalités et extinction des obligations). – HEYRAUD, *RTD com. 2019. 1* (le paiement en monnaie étrangère sur le territoire français).

Ancien art. 1343-3 *(Ord. n° 2016-131 du 10 févr. 2016, art. 3, en vigueur le 1er oct. 2016)* ***Le paiement, en France, d'une obligation de somme d'argent s'effectue en euros. Toutefois, le paiement peut avoir lieu en une autre devise si l'obligation ainsi libellée procède d'un contrat international ou d'un jugement étranger.*** *— Dispositions transitoires, V. Ord. n° 2016-131 du 10 févr. 2016, art. 9, ss. art. 1386-1.*

Sur la rédaction de l'art. 1343-3 issue de la L. n° 2018-287 du 20 avr. 2018, V. art. 1343-3 ci-dessus.

A. PAIEMENT EN FRANCE – MONNAIE

1. Monnaie de paiement. S'agissant d'un contrat de droit interne, la monnaie de paiement devait être nécessairement le franc ou l'euro et non une monnaie étrangère. • Civ. 3e, 18 oct. 2005, n° 04-13.930 P (l'euro ayant cours légal en France [C. mon. fin., art. L. 111-1], pour le paiement de sa créance, tout créancier est tenu d'accepter les instruments monétaires établis par la loi).

2. Appoint. Fait une exacte application de l'art. 7 Décr. 22 avr. 1790 (C. mon. fin., art. L. 112-5) et de l'art. 1243 anc. C. civ. la cour d'appel qui énonce que l'usager d'un parcmètre est tenu de se conformer aux modalités de paiement fixées par l'autorité publique. • Crim. 27 oct. 1993, n° 93-80.404 P : *R., p. 371* (obligation de se munir de monnaie). ♦ Rappr. : • Crim. 26 avr. 2006, n° 06-80.263 P : *D. 2006. IR 1632* ; *AJDA 2006. 2011, note Lombard* (légalité d'un système de règlement de la redevance de stationnement exclusivement au moyen d'une carte prépayée) • 5 févr. 2013 : *D. 2013. 568*. ♦ Viole l'art. L. 112-5 C. mon. fin. l'arrêt qui énonce que cet art., qui impose au débiteur de faire l'appoint, ne justifie pas le refus d'un directeur de supermarché d'accepter en paiement un billet de 500 € présenté par un client et de rendre la monnaie. • Crim. 14 déc. 2005 : *D. 2006. AJ 498, obs. Avena-Robardet* ; *JCP E 2006. 1889, note Kenfack et de Lamy.* ♦ Mais la contravention prévue par l'art. R. 642-3 C. pén. est applicable au responsable d'une société qui a refusé de recevoir d'un client un règlement en espèces, dès lors que ladite société n'acceptant aucun règlement en numéraire, le débiteur n'était pas en mesure de s'acquitter de l'obligation de faire l'appoint, prévue à l'art. L. 112-5 C. mon. fin. • Crim. 3 oct. 2007, n° 07-80.045 P.

3. ... Autres modes. Légalité d'un système de paiement exclusif par carte prépayée, pour le stationnement des voitures à Paris, dès lors qu'un tel système de règlement de cette redevance répond à l'objectif d'intérêt public de sécuriser les horodateurs contre le vol, et n'apparaît pas imposer aux usagers d'autre contrainte que celle d'en faire l'acquisition auprès des buralistes, laquelle s'opère par tout moyen de paiement, incluant les pièces de monnaie et les billets de banque ayant cours légal. • Crim. 23 janv. 2013 : *D. 2013. 506* (redevance ne relevant pas au surplus du code de la consommation). ♦ Absence de violation de l'art. 1er du Protocole n° 1 dans le fait que des sommes mises en dépôt non rémunéré dans un consulat ne soient restituées qu'à leur valeur nominale, sans indexation. • CEDH, sect. II, 29 mai 2012, *Flores Cardoso c/ Portugal*, n° 2489/09.

4. Paiement par carte bancaire. V. note 23 ss. art. 1353.

B. CHANGEMENT DE MONNAIE

5. Unité monétaire. Le remboursement d'une somme (dépôt de garantie dans un bail immobilier) libellée en francs antérieurement au 1er janv. 1960 est valablement fait, postérieurement à cette date, par conversion dans la nouvelle unité monétaire. • Civ. 3e, 21 juill. 1999, n° 97-20.478 P : *D. 1999. IR 223* ; *JCP 1999. II. 10223, note Bénabent* (cassation de l'arrêt qui refuse cette modalité de remboursement au motif que la somme nouvelle est dérisoire et sans rapport avec la somme ancienne équivalant à l'époque à trois mois de loyer). ♦ Une cour d'appel ne peut déclarer irrecevable une demande au motif qu'elle a été formée dans une monnaie n'ayant plus cours légal, dès lors qu'il lui appartenait de convertir en euros la somme libellée en francs dès la première instance. • Civ. 1re, 6 déc. 2005, n° 03-12.342 P. ♦ Les références aux unités monétaires nationales qui figurent dans des instruments juridiques existant à la fin de la période transitoire doivent être lues comme des références à l'unité euro en appliquant les taux de conversion respectifs. • Civ. 3e, 20 oct. 2010, n° 09-15.093 P : *JCP 2011, n° 398, note Karila ; RDI 2011. 119, obs. Leguay*.

6. Utilisation de l'écu. L'écu n'étant pas une monnaie étrangère et l'art. 14 de la L. du 16 juill. 1992 (remplacé par C. mon. fin., art. L. 113-8, abrogé depuis lors) autorisant son emploi, le paiement des obligations en écus est autorisé dans les contrats internes (prêt). • Civ. 1re, 13 avr. 1999, n° 97-12.453 P : *D. 2000. Somm. 365, obs. Libchaber*.

C. CLAUSES DE MONNAIE ÉTRANGÈRE

7. Paiement de la dette née d'une décision de justice. L'obligation au paiement résultant d'une décision judiciaire française et étant libellée en francs français, c'est à bon droit qu'une cour d'appel a décidé que le débiteur n'était pas fondé, en vertu de l'art. 1243 anc., à imposer au créancier, fût-il comme lui de nationalité étrangère et domicilié à l'étranger, un paiement en monnaie étrangère. • Civ. 1re, 7 oct. 1997, n° 95-16.671 P : *D. Affaires 1997. 1388 ; RTD civ. 1998. 907, obs. Mestre*. ♦ Inversement, il n'appartient pas au juge français de modifier les termes d'une condamnation à somme fixe, prononcée par un juge étranger dans sa monnaie nationale et sans autre indication de sa part. • Civ. 1re, 11 juin 2002, n° 99-10.044 P : *RTD civ. 2002. 814, obs. Mestre et Fages* • 19 sept. 2007, n° 06-17.096 P : *D. 2007. AJ 2542*.

8. Monnaie de compte ou d'indexation. La stipulation d'une obligation en monnaie étrangère est licite, dès lors que cette monnaie est prévue non comme instrument de paiement mais comme unité de compte. • Civ. 1re, 25 mars 1981, n° 79-16.847 P. ♦ V. aussi • Civ. 1re, 10 mai 1966 : *D. 1966. 497, note Malaurie ; JCP 1966. II. 14871, note Lévy* • 13 mai 1985 : *Bull. civ. I, n° 146* (emprunt devant donner lieu à un paiement international) • Soc. 25 oct. 1990, n° 87-40.852 P (validité de la clause qui, dans le cadre d'un contrat de travail exécuté à l'étranger, indexe la partie de ce salaire versée à l'étranger dans la monnaie de ce pays). ♦ Validité d'un prêt non seulement libellé, mais également remboursable en francs suisses. • Civ. 1re, 22 mai 2019, n° 17-23.663 P : *D. 2019. 2009, obs. Martin et Synvet*. – V. égal. C. consom., art. L. 212-1, note 118. ♦ Validité de la distribution en France par un assureur luxembourgeois de contrats d'assurance sur la vie régis par la loi française mais dont les caractéristiques techniques et financières relèvent du droit luxembourgeois (application de l'art. 10-2 de la Dir. 2002/83/CE du 8 nov. 2002) • Civ. 2e, 19 mai 2016, n° 15-13.606 P : *D. 2016. 1791, note Beignier et Ben Hadj Yahia*. ♦ Mais l'Ord. du 30 déc. 1958 (C. mon. fin., art. L. 112-1 s.) n'admet les indexations que si elles sont en relation directe avec l'objet de la convention ou l'activité de l'une des parties et prohibe ainsi, dans les contrats purement internes, la fixation de la créance en monnaie étrangère, qui constitue une indexation déguisée. • Civ. 1re, 11 oct. 1989 : *D. 1990. 167, note de La Marnierre ; JCP 1990. II. 21393, note Lévy* • Civ. 3e, 18 oct. 2005, n° 04-13.930 P. – Déjà en ce sens : • Civ. 1re, 12 janv. 1988 : *GAJC, 11e éd., n° 230-232 (III) ; D. 1989. 80, note Malaurie*. ♦ V. aussi, s'agissant d'un prêt en monnaie composite, • Bordeaux, 8 mars 1990 : *D. 1990. 550, note Malaurie*. – Morgan de Rivery-Guillaud, *Gaz. Pal. 1991. 1. Doctr. 243*. ♦ Dès lors que la fixation de la créance en monnaie étrangère est en relation directe avec l'activité de banquier de l'un des contractants, le contrat, fût-il purement interne, ne contient pas une clause d'indexation prohibée. • Com. 22 mai 2001, n° 98-14.406 P : *D. 2001. AJ 2127 ; Defrénois 2001. 1067, obs. Libchaber ; Dr. et patr. 12/2001. 115, obs. Mousseron*.

9. Date de conversion. Lorsque la dette d'un héritier envers le défunt a un objet autre qu'une somme fixée en francs français, la conversion en francs doit être opérée d'après la valeur de l'objet de la dette au jour du règlement. • Civ. 1re, 10 juin 1976 : *Bull. civ. I, n° 215*. ♦ La contrevaleur en francs français d'une dette stipulée en monnaie étrangère doit être fixée au jour du paiement, sauf si le retard apporté à celui-ci est imputable à l'une des parties. • Civ. 1re, 18 déc. 1990, n° 88-20.232 P : *RTD civ. 1991. 529, obs. Mestre* • 20 mai 2009, n° 07-21.847 P : *D. 2009. AJ 1478, obs. Delpech ; RLDC 2009/66, n° 3662, note Chabot ; RTD civ. 2009. 532, obs. Fages*. ♦ Ainsi, le débiteur ne peut se prévaloir de l'inexécution de son obligation de payer pour prétendre retarder jusqu'au jour du paiement la conversion en francs français des sommes, exprimées en monnaie étrangère, qu'il est tenu de verser à son créancier. • Civ. 2e, 29 mai 1991, n° 89-18.812 P : *R., p. 379 ; D. 1992. Somm. 276, obs. Kullmann*. ♦ Déjà en ce sens : • Soc. 16 juill. 1987 : *Bull. civ. V, n° 498* (salaires impayés).

10. Rapatriement de fonds. Une clause « devise étrangère » est licite dans un engagement donnant lieu à des paiements internationaux dès lors qu'ils tendent à rapatrier à l'étranger des fonds qui en étaient sortis pour le financement de l'opération et que donc le contrat litigieux a des conséquences réciproques à l'étranger et en France. • Civ. 1re, 15 juin 1983, n° 82-11.882 P : *R., p. 56 ; JCP 1984. II. 20123, note Lévy.* ♦ Comp. • Civ. 1re, 22 déc. 1964 : *JCP 1965. II. 14290, note Hubrecht* • 3 mars 1965 : *JCP 1965. II. 14466, note Hubrecht.* ♦ Les juges du fond doivent rechercher si le contrat (prêt) devait donner lieu à un paiement international ou était destiné à financer une opération de commerce international. • Civ. 1re, 11 oct. 1989 : *préc. note 8.*

11. Incidence de l'introduction de l'euro. Depuis l'introduction de l'euro, il n'est plus défini aucun taux bilatéral de conversion entre les monnaies des États membres de la zone euro ; il convient donc, pour acquitter en francs français une dette contractée dans une autre de ces monnaies, de convertir l'expression monétaire nationale de l'autre pays en euros, puis de convertir ces derniers en francs. • Paris, 1er juill. 1999 : *D. 1999. AJ 2, obs. X. D.*

Code monétaire et financier

(Ord. n° 2000-1223 du 14 déc. 2000)

L'UNITÉ MONÉTAIRE

Art. L. 111-1 La monnaie de la France est l'euro. Un euro est divisé en cent centimes.

Art. L. 111-2 *Abrogé par Ord. n° 2005-429 du 6 mai 2005, art. 12.*

RÈGLES D'USAGE DE LA MONNAIE

Indexation

Art. L. 112-1 Sous réserve des dispositions du premier alinéa de l'article L. 112-2 et des articles L. 112-3 *(Ord. n° 2009-15 du 8 janv. 2009, art. 6)* « , L. 112-3-1 » et L. 112-4, l'indexation automatique des prix de biens ou de services est interdite.

Est réputée non écrite toute clause d'un contrat à exécution successive, et notamment des baux et locations de toute nature, prévoyant la prise en compte d'une période de variation de l'indice supérieure à la durée s'écoulant entre chaque révision.

Est interdite toute clause d'une convention portant sur un local d'habitation prévoyant une indexation fondée sur l'indice « loyers et charges » servant à la détermination des indices généraux des prix de détail. Il en est de même de toute clause prévoyant une indexation fondée sur le taux des majorations légales fixées en application de la loi n° 48-1360 du 1er septembre 1948, à moins que le montant initial n'ait lui-même été fixé conformément aux dispositions de ladite loi et des textes pris pour son application. – *[Ord. n° 58-1374 du 30 déc. 1958, art. 79-1 et 3, al. 3 et 4.]*

1. Aménagement conventionnel. Les art. L. 112-1 et L. 112-2, édictés dans le cadre d'un ancien et vaste débat sur le monétarisme et le rôle de l'État en matière monétaire, relèvent de l'ordre public économique et ne sont pas susceptibles d'aménagement conventionnel. • TGI Paris, 4 juill. 2013 : *Administrer 10/2013. 42, obs. Sainturat.* ♦ Les dispositions de l'art. L. 112-1 n'ont manifestement pas pour objet de prohiber la seule référence à un indice de base. De toute évidence, le législateur a seulement entendu écarter les clauses visant à organiser délibérément une distorsion en prenant en compte une période de variation de l'indice supérieure à la durée s'écoulant entre chaque révision afin d'éviter que les bailleurs ne procèdent ainsi à un rattrapage du loyer, et non prohiber la référence à un indice de base quel que soit l'usage qui en est fait. • Même jugement. ♦ Les clauses d'indexation se référant à un indice de base fixe ne contreviennent pas à l'art. L. 112-1 dès lors qu'il y a concordance entre la période de variation de l'indice et celle de variation du loyer ; la cour d'appel, qui n'a pas recherché si le mode de calcul choisi par la clause créait une distorsion effective entre l'intervalle de variation indiciaire et la durée s'écoulant entre deux révisions, n'a pas donné de base légale à sa décision. • Civ. 3e, 3 déc. 2014, n° 13-25.034 P : *D. 2014. 2521, obs. Rouquet ; AJDI 2015. 283, obs. Planckeel et Antoniutti ; JCP E 2015, n° 1006, note Brignon ; RJDA 2015, n° 240 ; Gaz. Pal. 2015. 1157, obs. Brault ; Loyers et copr. 2015, n° 13, obs. Chavance ; Rev. loyers 2015. 32, note Lacger ; Administrer 1/2015. 47, obs. Barbier.*

2. Indexations successives. – Existence d'une distorsion. Dans les contrats à exécution successive, s'il n'interdit pas la prise en compte d'un indice de base fixe, l'art. L. 112-1 prohibe cependant toute organisation contractuelle d'une distorsion entre la période de variation de l'indice et la durée s'écoulant entre deux révisions. • Civ. 3e, 25 févr. 2016, n° 14-28.165 P : *D. 2016. Chron. C. cass. 1033, obs. Collomp ; AJDI 2016. 426, obs. Planckeel et Antoniutti ; JCP E 2016, n° 1228, note Brignon ; RJDA 2016,* *n° 424; Loyers et copr. 2016, n° 96, obs. Régnault; Administrer 5/2016. 25, note Barbier.* ♦ L'application d'un indice de référence fixe n'ayant pas conduit lors des indexations successives à une distorsion entre l'intervalle de variation indiciaire et la durée s'écoulant entre deux révisions, une cour d'appel a pu déduire de ce seul motif que la clause contractuelle d'indexation se référant à un indice de base fixe était valable. • Civ. 3e, 11 déc. 2013, n° 12-22.616 P : *D. 2014. 344, note Brignon ; ibid. Chron. C. cass. 1003, obs. Pic ; AJDI 2014. 136, note Planckeel et Antoniutti ; JCP E 2014, n° 1108, note Kenfack; BRDA 2014, n° 1, p. 11; Gaz. Pal. 2014. 1107, obs. Houtcieff; ibid. 1157, obs. Brault; Rev. loyers 2014. 8, obs. Chaoui et Vaissié; Administrer 2/2014. 31, obs. Barbier* • Civ. 3e, 3 déc. 2014, n° 13-25.034 P (cassation de l'arrêt qui n'a pas vérifié si le mode de calcul choisi par la clause créait une distorsion effective entre l'intervalle de variation indiciaire et la durée s'écoulant entre deux révisions).

3. Sanction. Seule la stipulation qui crée la distorsion prohibée est réputée non écrite : cassation de l'arrêt qui a déclaré une clause non écrite dans son entier alors que la clause n'engendrait une telle distorsion que lors de la première révision. • Civ. 3e, 6 févr. 2020, n° 18-24.599 P : *D. 2020. 334 ; AJ contrat 2020. 297, obs. Regnault ; RTD civ. 2020. 373, obs. Barbier.*

4. Réciprocité de la variation. Est nulle une clause d'indexation qui exclut la réciprocité de la variation et stipule que le loyer ne peut être révisé qu'à la hausse. Le propre d'une clause d'échelle mobile étant de faire varier à la hausse et à la baisse le loyer, la clause qui exclut, en cas de baisse de l'indice, l'ajustement du loyer prévu pour chaque période annuelle en fonction de la variation de l'indice publié dans le même temps écarte toute réciprocité de variation, et fausse ainsi le jeu normal de l'indexation. • Civ. 3e, 14 janv. 2016, n° 14-24.681 P : *D. 2016. Actu. 199, obs. Rouquet ; AJDI 2016. 365, note Planckeel ; RTD com. 2016. 56, obs. Kendérian et Monéger ; JCP E 2016, n° 1132, note Brignon; JCP N 2016, n° 1120, note Denizot et Trautmann; RJDA 2016, n° 261; Gaz. Pal. 1er mars 2016, p 66, note Barbier; Loyers et copr. 2016, n° 66, obs. Brault; LPA 6 juin 2016, note Battistini; RDC 2016. 258, obs. Boffa.* – Comp. • Paris, 20 janv. 2016, n° 13/17680 : *AJDI 2016. 360, note Planckeel ; JCP E 2016, n° 1165, note Brignon.* ♦ La clause d'indexation excluant toute réciprocité de la variation en prévoyant que l'indexation ne s'effectuerait que dans l'hypothèse d'une variation à la hausse contrevient aux dispositions de l'art. L. 145-39 C. com. et est réputée non écrite par application de l'art. L. 145-15 du même code. • Civ. 3e, 12 janv. 2022, n° 21-11.169 B : *D. 2022. 1375, obs. Dumont ; D actu, 1er févr. 2022, obs. Gaiardo ; AJDI 2022. 200, obs. Blatter .* ♦ C'est à tort qu'une cour d'appel, pour réputer que la clause d'indexation est non écrite dans son entier, retient que l'intention d'un bailleur était de faire de cette clause, sans distinction de ses différentes parties, une condition essentielle et déterminante de son consentement, toutes les stipulations de cette clause revêtant un caractère essentiel, conduisant à l'indivisibilité de celles-ci et empêchant d'opérer un choix entre elles pour n'en conserver que certaines, alors que seule la stipulation prohibée doit être réputée non écrite. • Même arrêt.

Art. L. 112-2 Dans les dispositions statutaires ou conventionnelles, est interdite toute clause prévoyant des indexations fondées sur le salaire minimum de croissance, sur le niveau général des prix ou des salaires ou sur les prix des biens, produits ou services n'ayant pas de relation directe avec l'objet du statut ou de la convention ou avec l'activité de l'une des parties. Est réputée en relation directe avec l'objet d'une convention relative à un immeuble bâti toute clause prévoyant une indexation sur la variation de l'indice national du coût de la construction publié par l'Institut national des statistiques et des études économiques *(L. n° 2008-776 du 4 août 2008, art. 47-II ; L. n° 2011-525 du 17 mai 2011, art. 63)* « ou, pour des activités commerciales ou artisanales définies par décret, sur la variation de l'indice trimestriel des loyers commerciaux publié dans des conditions fixées par ce même décret par l'Institut national de la statistique et des études économiques ».

(L. n° 2011-525 du 17 mai 2011, art. 63) « Est également réputée en relation directe avec l'objet d'une convention relative à un immeuble toute clause prévoyant, pour les activités autres que celles visées au premier alinéa ainsi que pour les activités exercées par les professions libérales, une indexation sur la variation de l'indice trimestriel des loyers des activités tertiaires publié par l'Institut national de la statistique et des études économiques dans des conditions fixées par décret. »

Les dispositions *(L. n° 2011-525 du 17 mai 2011, art. 63)* « des précédents alinéas » ne s'appliquent pas aux dispositions statutaires ou conventionnelles concernant des dettes d'aliments.

Doivent être regardées comme dettes d'aliments les rentes viagères constituées entre particuliers, notamment en exécution des dispositions *(L. n° 2001-1135 du 3 déc. 2001 [entrée en vigueur le 1er juill. 2002])* « de l'article 759 du code civil ». – *[Ord. n° 58-1374 du 30 déc. 1958, art. 79-3, al. 1 ; L. n° 63-699 du 13 juill. 1963, art. 4.]*

*L'indice relatif au coût de la construction mentionné à l'art. L. 112-2 C. mon. fin. et aux art. L. 145-34 et L. 145-38 C. com. est l'indice du coût de la construction publié chaque trimestre au Journal officiel de la République française par l'Institut national de la statistique et des études économiques (Décr. nº 2009-1568 du 15 déc. 2009, art. 1er). — **C. mon. fin.***

*Sur l'indice des loyers des activités tertiaires, V. Décr. nº 2011-2028 du 29 déc. 2011. — **C. mon. fin.***

Art. L. 112-3 *(L. nº 2004-804 du 9 août 2004, art. 3)* Par dérogation aux dispositions de l'article L. 112-1 et *(L. nº 2011-525 du 17 mai 2011, art. 63)* « des premier et deuxième alinéas » de l'article L. 112-2 et selon des modalités définies par décret, peuvent être indexés sur le niveau général des prix :

(Abrogé par Ord. nº 2009-15 du 8 janv. 2009, art. 6) « 1º Les titres de créance et les instruments financiers à terme mentionnés aux 2 et 4 du I de l'article L. 211-1 ; »

2º Les premiers livrets de la Caisse nationale d'épargne et des caisses d'épargne et de prévoyance, ainsi que les comptes spéciaux sur livret du crédit mutuel définis à l'article L. 221-1 ;

3º Les comptes sur livret d'épargne populaire définis à l'article L. 221-13 ;

(L. nº 2008-776 du 4 août 2008, art. 145-VII, en vigueur le 1er janv. 2009) « 4º Les livrets de développement durable *(L. nº 2016-1691 du 9 déc. 2016, art. 80)* « et solidaire » définis à l'article L. 221-27 ; »

5º Les comptes d'épargne-logement définis à l'article L. 315-1 du code de la construction et de l'habitation ;

6º Les livrets d'épargne-entreprise définis à l'article 1er de la loi nº 84-578 du 9 juillet 1984 sur le développement de l'initiative économique ;

7º Les livrets d'épargne institués au profit des travailleurs manuels définis à l'article 80 de la loi de finances pour 1977 (nº 76-1232 du 29 décembre 1976) ;

8º Les prêts accordés aux personnes morales ainsi qu'aux personnes physiques pour les besoins de leur activité professionnelle ;

(L. nº 2005-841 du 26 juill. 2005, art. 35-I) « 9º Les loyers prévus par les conventions portant sur un local d'habitation » *(L. nº 2008-776 du 4 août 2008, art. 40 ; L. nº 2011-525 du 17 mai 2011, art. 63)* « ou sur un local affecté à des activités commerciales ou artisanales relevant du décret prévu au premier alinéa de l'article L. 112-2 ;

(L. nº 2011-525 du 17 mai 2011, art. 63) « 10º Les loyers prévus par les conventions portant sur un local à usage des activités prévues au deuxième alinéa de l'article L. 112-2 ; »

(L. nº 2013-431 du 28 mai 2013, art. 11) « 11º Les rémunérations des cocontractants de l'État et de ses établissements publics ainsi que les rémunérations des cocontractants des collectivités territoriales, de leurs établissements publics et de leurs groupements, au titre des *(Ord. nº 2018-1074 du 26 nov. 2018, art. 8)* « contrats de concession et de marché de partenariat » conclus dans le domaine des infrastructures et des services de transport. »

Pour l'indexation des loyers d'habitation, V. L. nº 89-462 du 6 juill. 1989, art. 17, ss. art. 1778 C. civ.

Art. L. 112-3-1 *(Ord. nº 2009-15 du 8 janv. 2009, art. 6)* Nonobstant toute disposition législative contraire, l'indexation des titres de créance et des contrats financiers mentionnés respectivement au 2 du II et au III de l'article L. 211-1 est libre.

Art. L. 112-4 Est autorisée l'indexation du salaire minimum de croissance selon les règles fixées par l'article 141-3 *[L. 3231-4 et L. 3231-5]* du code du travail. — *[Ord. nº 58-1374 du 30 déc. 1958, art. 79-2.]*

Pouvoir libératoire

Art. L. 112-5 En cas de paiement en billets et pièces, il appartient au débiteur de faire l'appoint. — *[Décr. 22 avr. 1790, art. 7.]*

Art. L. 112-5-1 *V. ndlr ss. art.. 1343-3.*

Interdiction du paiement en espèces de certaines créances

Art. L. 112-6 *(Ord. nº 2016-1635 du 1er déc. 2016, art. 14)* « I. — Ne peut être effectué en espèces ou au moyen de monnaie électronique le paiement d'une dette supérieure à un montant fixé par décret, tenant compte du lieu du domicile fiscal du débiteur, de la finalité professionnelle ou non de l'opération et de la personne au profit de laquelle le paiement est effectué. »

(Ord. nº 2009-104 du 30 janv. 2009, art. 1er) Au-delà d'un montant mensuel fixé par décret, le paiement des traitements et salaires est soumis à l'interdiction mentionnée à l'alinéa précédent et doit être effectué par chèque barré ou par virement à un compte bancaire ou postal *(Ord. nº 2009-866 du 15 juill. 2009, art. 2-I)* « ou à un compte tenu par un établissement de paiement » *(L. nº 2013-100 du 28 janv. 2013, art. 1er)* « ou un établissement de monnaie électronique qui fournit des services de paiement ».

(L. nº 2014-344 du 17 mars 2014, art. 24-III) « Lorsqu'un professionnel achète des métaux à un particulier ou à un autre professionnel, le paiement est effectué par chèque barré ou par virement à un compte ouvert au nom du vendeur. » *(L. nº 2010-788 du 12 juill. 2010, art. 203)* « Le non-respect de cette obligation est puni par une contravention de cinquième classe. »

II. — Nonobstant les dispositions du I, les dépenses des services concédés qui excèdent la somme de 450 € doivent être payées par virement.

(L. nº 2016-1691 du 9 déc. 2016, art. 61) « II *bis.* — Nonobstant le I, le paiement des opérations afférentes au prêt sur gage peut être effectué en espèces ou au moyen de monnaie électronique, dans la limite d'un montant fixé par décret. »

III. — Les dispositions qui précèdent ne sont pas applicables :

a) Aux paiements réalisés par des personnes qui sont incapables de s'obliger par chèque ou par un autre moyen de paiement, ainsi que par celles qui n'ont pas de compte de dépôt ;

b) Aux paiements effectués entre personnes physiques n'agissant pas pour des besoins professionnels ;

c) Au paiement des dépenses de l'État et des autres personnes publiques ;

(L. nº 2023-171 du 9 mars 2023, art. 7) « *d)* Aux paiements réalisés en monnaie électronique dans le cadre du règlement des paiements au titre du règlement (UE) 2022/858 du Parlement européen et du Conseil du 30 mai 2022 sur un régime pilote pour les infrastructures de marché reposant sur la technologie des registres distribués, et modifiant les règlements (UE) nº 600/2014 et (UE) nº 909/2014 et la directive 2014/65/UE. »

....

Art. L. 112-6-1 *(L. nº 2011-331 du 28 mars 2011, art. 10, en vigueur le 1er janv. 2013)* Les paiements effectués ou reçus par un notaire pour le compte des parties à un acte reçu en la forme authentique et donnant lieu à publicité foncière doivent être assurés par virement. Un décret en Conseil d'État précise les modalités d'exécution de ce virement ainsi que le seuil au-dessous duquel d'autres modalités de paiement demeurent autorisées.

Art. L. 112-6-2 *(L. nº 2016-1547 du 18 nov. 2016, art. 98, en vigueur le 1er nov. 2017)* Les paiements effectués par les administrateurs judiciaires et les mandataires judiciaires au profit des institutions mentionnées à l'article L. 3253-14 du code du travail en application des articles L. 3253-15, L. 3253-16 et L. 3253-18-1 du même code sont assurés par virement.

Le paiement des traitements et salaires est effectué par virement par le mandataire judiciaire lorsqu'il était, avant l'ouverture de la procédure collective, effectué par virement sur un compte bancaire ou postal, sous réserve de l'article L. 112-10 du présent code.

Les deux premiers alinéas du présent article s'appliquent également aux administrateurs judiciaires et aux mandataires judiciaires désignés en application du deuxième alinéa de l'article L. 811-2 du code de commerce et du premier alinéa du II de l'article L. 812-2 du même code.

Art. L. 112-7 *(L. nº 2016-1547 du 18 nov. 2016, art. 98, en vigueur le 1er nov. 2017)* Les infractions aux articles L. 112-6 à L. 112-6-2 sont constatées par des agents désignés par arrêté du ministre chargé du budget. Le débiteur ou le mandataire de justice ayant procédé à un paiement en violation des mêmes articles L. 112-6 à L. 112-6-2 sont passibles d'une amende dont le montant est fixé compte tenu de la gravité des manquements et qui ne peut excéder 5 % des sommes payées en violation des dispositions susmentionnées. Le débiteur et le créancier sont solidairement responsables du paiement de cette amende en cas d'infraction aux articles L. 112-6 et L. 112-6-1.

....

CONVERSION À L'UNITÉ EURO

Art. L. 113-1 La modification, du fait de l'introduction de l'euro, de la composition ou de la définition d'un taux variable ou d'un indice auquel il est fait référence dans une convention est sans effet sur l'application de cette convention.

Lorsque ce taux variable ou cet indice disparaît du fait de l'introduction de l'euro, le ministre chargé de l'économie peut désigner, par arrêté, le taux variable ou l'indice qui s'y substitue.

Toutefois, les parties à la convention peuvent déroger, d'un commun accord, à l'application du taux ou de l'indice ainsi désigné. — *[L. n° 98-546 du 2 juill. 1986, art. 24.] — L'art. L. 113-1 reprend sans changement le texte de l'ancien art. L. 113-7 (Ord. n° 2005-429 du 6 mai 2005, art. 16, JO 7 mai).*

Sur l'introduction de l'euro, V. Règl. CE n° 1103/97 du 17 juin 1997 (JOCE, n° L. 162 du 19 juin ; D. 1997. 307), mod. par Règl. CE n° 2595/2000 du 27 nov. 2000 (JOCE, n° L. 300 du 29 nov.) ; Règl. CE n° 974/98 du 3 mai 1998 (JOCE, n° L. 139 du 11 mai ; D. 1998. 191), mod. par Règl. CE n° 2596/2000 du 27 nov. 2000 (JOCE, n° L. 300 du 29 nov.), Règl. (CE) n° 2169/2005 du 21 déc. 2005 (JOUE L 346 du 29 déc.), Règl. (CE) n° 1647/2006 du 7 nov. 2006 (JOUE L 309 du 9 nov.).

Sur l'introduction de l'euro à Mayotte et à Saint-Pierre-et-Miquelon, V. C. mon. fin., art. L. 711-13 s., issus de l'Ord. n° 2001-766 du 29 août 2001, art. 13 (JO 31 août). — V. aussi Décr. n° 2001-1217 du 20 déc. 2001 (JO 22 déc.).

Ordonnance n° 58-1341 du 27 décembre 1958, *instituant une nouvelle unité monétaire (D. 1959. 130 ; BLD 1959. 212). — V. aussi Décr. n° 59-1450 du 22 déc. 1959 (D. 1960. 7 ; BLD 1960. 13) et Décr. n° 62-1320 du 9 nov. 1962 (D. 1962. 371 ; Rect. 392 ; BLD 1962. 747 ; Rect. 786).*

Art. 1343-4 *(Ord. n° 2016-131 du 10 févr. 2016, art. 3, en vigueur le 1er oct. 2016)* **A défaut d'une autre désignation par la loi, le contrat ou le juge, le lieu du paiement de l'obligation de somme d'argent est le domicile du créancier.** — *Dispositions transitoires, V. Ord. n° 2016-131 du 10 févr. 2016, art. 9, ss. art. 1386-1.*

Comp. C. civ., art. 1247 anc.

Comp., antérieurement, notes ss. art. 1247 anc.

Art. 1343-5 *(Ord. n° 2016-131 du 10 févr. 2016, art. 3, en vigueur le 1er oct. 2016)* **Le juge peut, compte tenu de la situation du débiteur et en considération des besoins du créancier, reporter ou échelonner, dans la limite de deux années, le paiement des sommes dues.**

Par décision spéciale et motivée, il peut ordonner que les sommes correspondant aux échéances reportées porteront intérêt à un taux réduit au moins égal au taux légal, ou que les paiements s'imputeront d'abord sur le capital.

Il peut subordonner ces mesures à l'accomplissement par le débiteur d'actes propres à faciliter ou à garantir le paiement de la dette.

La décision du juge suspend les procédures d'exécution qui auraient été engagées par le créancier. Les majorations d'intérêts ou les pénalités prévues en cas de retard ne sont pas encourues pendant le délai fixé par le juge.

Toute stipulation contraire est réputée non écrite.

Les dispositions du présent article ne sont pas applicables aux dettes d'aliment. — *Dispositions transitoires, V. Ord. n° 2016-131 du 10 févr. 2016, art. 9, ss. art. 1386-1.*

Comp. C. civ., art. 1244-1 anc. s.

A. DOMAINE

1. Créance née d'un effet de commerce. Si aucun délai de grâce ne peut être accordé en matière d'effets de commerce, lorsque le créancier exerce l'action née du rapport fondamental et non l'action cambiaire, le débiteur peut demander des délais de grâce. • Paris, 26 juin 1972 : *JCP 1973. II. 17367.*

2. Dettes d'aliments. L'art. 1244-1 (anc.) exclut son application aux dettes d'aliments, ce qui interdit de l'appliquer au paiement d'une contribution à l'entretien et à l'éducation d'un enfant. • Civ. 2e, 10 avr. 2014, n° 13-13.469 P : *D. 2014. 928 ; AJ fam. 2014. 370, obs. Avena-Robardet.*

3. Prestation compensatoire. Le caractère mixte de la prestation compensatoire, à la fois alimentaire et indemnitaire, fait obstacle à l'octroi de délais de paiement sur le fondement de l'anc. art. 1244-1. • Civ. 1re, 29 juin 2011, n° 10-16.096 P : *D. 2011. Actu. 1970 ; AJ fam. 2011. 427, obs. S. David ; JCP 2011. 1725, obs. Loiseau ; Dr. fam. 2011, n° 124, obs. Larribau-*

Terneyre ; RTD civ. 2011. 524, obs. Hauser.

4. Créance de salaire. S'agissant de créances salariales, le juge ne peut accorder aucun délai de grâce. • Soc. 18 nov. 1992, n° 91-40.596 P : *RTD civ. 1993. 611, obs. Gautier.* ♦ En revanche, une indemnité de licenciement, en raison de son caractère indemnitaire, peut faire l'objet de délais de paiement. • Même arrêt.

5. Créancier personne publique : créances fiscales. L'octroi de délais de grâce sur le fondement de l'anc. art. 1244-1 est en principe exclu pour les créances fiscales ; mais, lorsque le débiteur fait l'objet d'une procédure de règlement amiable et qu'un accord est conclu avec ses principaux créanciers, l'art. 36 (C. com., art. L. 611-14) de la L. du 1er mars 1984, qui déroge à cette règle générale, autorise le président du tribunal à accorder des délais de paiement pour les créances non incluses dans l'accord, notamment les créances fiscales. • Com. 16 juin 1998, n° 96-15.525 P : *D. 1998. 429, note F. D. ; JCP 1998. II. 10218, note Meledo-Briand.* ♦ Comp. : en rejetant une demande de délai de grâce, une cour d'appel ne fait qu'exercer le pouvoir discrétionnaire qu'elle tient de l'anc. art. 1244-1, sans avoir à motiver spécialement sa décision. • Civ. 2e, 1er févr. 2001, n° 99-15.712 P. ♦ Dans le même sens : • Civ. 1re, 29 oct. 2002, n° 00-12.703 P : *D. 2003. AJ 1092, obs. Avena-Robardet (2e esp.)* • 24 oct. 2006, n° 05-16.517 P : *RDC 2007. 263, obs. D. Mazeaud* • Civ. 3e, 15 oct. 2014, n° 13-16.990 P : *D. 2015. 1178, obs. Damas ; AJDI 2015. 205, obs. Damas ; RTD civ. 2015. 157, obs. Gautier ; JCP 2015, n° 306, obs. Grosser.*

6. ... Créances de loyer. La L. du 6 juill. 1989 (art. 24) étant d'application générale, le juge judiciaire peut accorder des délais de paiement au locataire, même lorsque le bailleur est soumis aux règles de la comptabilité publique. • Cass., avis, 29 juin 2001, n° 01-00.003 P : *R., p. 586.* ♦ Sur l'extension du délai à trois ans dans les baux d'habitation, V., depuis la L. n° 2014-366 du 24 mars 2014, L. 6 juill. 1989, art. 24-V.

7. Cotisations sociales. Le juge de l'exécution, statuant en matière de sécurité sociale, après signification d'un acte de saisie, a compétence, en application de l'art. 8 du Décr. du 31 juill. 1992 sur les procédures civiles d'exécution, pour accorder un délai de grâce sur le fondement de l'anc. art. 1244-1. • Soc. 19 juill. 2001, n° 00-12.917 P : *R., p. 377 ; JCP 2002. II. 10098, note Bugada.* ♦ En l'absence de commandement, une cour d'appel est incompétente pour accorder un tel délai. • Civ. 2e, 16 sept. 2003, n° 02-10.909 P : *JCP E 2004. 829, n° 2, obs. Bugada.* ♦ L'art. 1244-1 (anc.) n'est pas applicable devant la juridiction du contentieux général de la sécurité sociale saisie aux fins de paiement des cotisations et contributions sociales instituées par la loi. • Civ. 2e, 16 juin 2016, n° 15-18.390 P : *D. 2016. 1374 ; RDSS 2016. 784, obs. Dagorne-Labbe ; RTD civ. 2016. 935, obs. Cayrol.*

8. Avocat : cotisations. Les dispositions de l'art. 105-2° du Décr. du 27 nov. 1991 (omission du tableau pour non-paiement des cotisations dans les délais prescrits), en ce qu'elles prennent en considération l'éventualité d'un motif valable de non-paiement, sont exclusives de l'application de l'anc. art. 1244-1. • Civ. 1re, 18 oct. 2000, n° 98-15.528 P.

9. ... Honoraires. En application de l'art. 510 C. pr. civ., sauf dérogation légale, le délai de grâce ne peut être accordé que par la décision dont il est destiné à différer l'exécution ; le Décr. du 27 nov. 1991 ne contenant aucune dérogation au droit commun, il entre dans les pouvoirs du premier président, statuant sur le montant et le recouvrement d'honoraires d'avocat, de faire application de l'anc. art. 1244-1 C. civ. • Civ. 1re, 13 févr. 1996, n° 94-10.541 P.

10. Surendettement. Les dispositions de la L. du 31 déc. 1989 sur le surendettement (C. consom., art. L. 711-1 s.) dérogent au droit commun exprimé par l'art. 1244 anc. et ne peuvent donc se cumuler avec lui. • Civ. 1re, 16 déc. 1992, n° 91-04.128 P : *D. 1994. Somm. 18, obs. Fortis.* ♦ Comp. • Paris, 9 oct. 1996 : *D. 1996. IR 252.*

11. Saisie-attribution. La saisie-attribution ayant pour effet de transmettre la propriété des fonds saisis au créancier, le juge de l'exécution ne peut, en la matière, accorder de délais de paiement. • Civ. 2e, 4 oct. 2001, n° 00-11.609 P : *D. 2002. 1658, note Soustelle.*

B. POUVOIR DES JUGES

12. Pouvoir souverain. Les juges du fond disposent d'un pouvoir souverain pour apprécier si des délais de grâce peuvent être accordés au débiteur. • Civ. 2e, 10 juin 1970 : *Bull. civ. II, n° 201.* ♦ ... Ou s'ils doivent lui être refusés. • Civ. 2e, 28 mars 1973 : *Bull. civ. II, n° 101* • Com. 9 janv. 1974 : *ibid. IV, n° 14* • Civ. 1re, 5 juill. 1988 : *ibid. I, n° 216.* ♦ Même solution dans le cadre de l'art. 25 (C. com., art. L. 145-41) du Décr. du 30 sept. 1953. • Civ. 3e, 15 mai 1996, n° 94-16.026 P. ♦ ... De l'art. 36 (C. com., art. L. 611-14) de la L. du 1er mars 1984. • Com. 16 juin 1998 : *préc. note 5.* ♦ ... De l'art. 510 C. pr. civ. • Civ. 2e, 3 juin 1999, n° 97-14.889 P (décision motivée). ♦ Comp. • Civ. 2e, 1er févr. 2001, n° 99-15.712 P, décidant qu'en rejetant une demande de délai de grâce, une cour d'appel ne fait qu'exercer le pouvoir discrétionnaire qu'elle tient de l'art. 1244-1 (anc.), sans avoir à motiver spécialement sa décision • Civ. 1re, 29 oct. 2002, n° 00-12.703 P : *D. 2003. AJ 1092, obs. Avena-Robardet (2e esp.) (idem)* • 24 oct. 2006, n° 05-16.517 P : *RDC 2007. 263, obs. D. Mazeaud (idem).*

Sur la possibilité pour le juge d'accorder d'office de délais de paiement, V., depuis la L. n° 2014-366 du 24 mars 2014, L. 6 juill. 1989, art.

24-V.

Il n'entre pas dans les pouvoirs du juge-commissaire, saisi sur le fondement de l'art. R. 641-21, al. 2, C. com., d'accorder des délais de paiement. • Com. 18 mai 2022, n° 20-22.164 B : *D. 2022. 1375, obs. Dumont ; ibid. Chron. C. cass. 1419, obs. Barbot ; AJDI 2023. 27, obs. Abbas Khayli ; RTD com. 2022. 465, obs. Kendérian*.

13. Limites. Le législateur a fixé une limite précise au pouvoir des juges et cette limitation serait illusoire s'il leur était permis de la tourner en accordant des délais successifs, chacun inférieur au maximum légal. • Civ. 1re, 6 juill. 1959 : *D. 1959. 393.* ♦ Cependant, sur appel d'une ordonnance de référé ayant déjà accordé un délai de grâce, la cour d'appel n'excède pas les limites de ses pouvoirs en fixant à la signification de son arrêt le point de départ du délai de grâce d'un an (maximum alors fixé par le texte) qu'elle accorde. • Cass., ass. plén., 30 avr. 1964 : *D. 1965. 95 ; JCP 1964. II. 13735, note Esmein.*

14. Viole l'anc. art. 1244-1 le juge qui accorde des délais de paiement sans fixer la ou les dates auxquelles le débiteur devra se libérer. • Civ. 2e, 7 janv. 1998, n° 96-12.979 P : *D. Affaires 1998. 146, obs. J. F. ; JCP 1998. I. 129, nos 12 s., obs. Loiseau ; Defrénois 1998. 737, obs. D. Mazeaud ; Gaz. Pal. 1999. 1. Somm. 119, obs. S. Piedelièvre ; RTD civ. 1998. 369, obs. Mestre*.

15. Viole l'anc. art. 1244-1 le juge qui énonce qu'il y a lieu de faire application de l'anc. art. 1244-1 afin que la condamnation porte intérêt au taux légal, sans accorder auparavant des délais de paiement et en fixer la durée. • Civ. 1re, 19 sept. 2007, n° 06-10.629 P.

C. RÉGIME – PROCÉDURE

16. Délai et mise en demeure. L'octroi d'un délai de grâce ne fait pas disparaître l'effet de la mise en demeure résultant d'un commandement précédemment signifié. • Req. 3 janv. 1927 : *DH 1927. 33.*

17. Délai et certitude de la créance. Une demande de délai de paiement n'emporte pas à elle seule reconnaissance du bien-fondé des prétentions de l'adversaire et ne traduit pas la volonté certaine et non équivoque d'acquiescer à une demande de paiement. • Civ. 1re, 28 mars 1995, n° 92-21.016 P : *Defrénois 1995. 1407, obs. Delebecque.*

18. Délai et renégociation. Le seul fait pour le prêteur d'accorder une facilité de paiement à l'emprunteur ne caractérise pas une renégociation du prêt. • Civ. 1re, 17 juin 2015, n° 14-14326 P.

19. Procédure. Les mesures de grâce prévues par l'anc. art. 1244-1 peuvent être sollicitées en tout état de cause. • Civ. 1re, 29 juin 2004, n° 02-12.598 P : *R., p. 335 ; D. 2004. IR 2086*. ♦ Mais irrecevabilité de l'appel qui ne tend qu'à solliciter l'octroi de délais de grâce, et ne tend ni à la réformation ni à l'annulation du jugement. • Civ. 2e, 24 juin 2010, n° 09-16.069 P : *JCP 2010 n° 1040, obs. Loiseau.*

20. Le premier président d'une cour d'appel saisi sur le fondement de l'art. 524 C. pr. civ. (demande d'arrêt de l'exécution provisoire) n'a pas le pouvoir d'accorder un délai de grâce. • Civ. 2e, 14 sept. 2006, n° 05-21.300 P.

21. Application de l'art. L. 313-3 C. mon. fin. La faculté accordée au juge de l'exécution d'exonérer le débiteur, au vu de sa situation, de la majoration de cinq points du taux de l'intérêt légal prévue pour les condamnations pécuniaires à l'expiration d'un délai de deux mois à compter du jour où la décision de justice est devenue exécutoire s'applique aux dettes d'aliments à défaut d'exclusion expresse le juge de l'exécution peut donc exonérer le débiteur de la majoration du taux de l'intérêt légal ou en réduire le montant. • Civ. 2e, 22 mars 2012, n° 11-13.915 P.

22. Articulation avec la forclusion de l'anc. art. L. 311-37. Le délai de suspension accordé en application de l'art. L. 314-20 C. consom. emporte le report du point de départ du délai de forclusion au premier incident de paiement non régularisé survenu après l'expiration de ce délai. • Civ. 1re, 1er juill. 2015, n° 14-13.790 P (visa mentionnant aussi les anc. art. 1244-1 et anc. 1244-2).

SOUS-SECTION 3 La mise en demeure

(Ord. n° 2016-131 du 10 févr. 2016, art. 3, en vigueur le 1er oct. 2016)

§ 1 La mise en demeure du débiteur

(Ord. n° 2016-131 du 10 févr. 2016, art. 3, en vigueur le 1er oct. 2016)

Art. 1344 *(Ord. n° 2016-131 du 10 févr. 2016, art. 3, en vigueur le 1er oct. 2016)* **Le débiteur est mis en demeure de payer soit par une sommation ou un acte portant interpellation suffisante, soit, si le contrat le prévoit, par la seule exigibilité de l'obligation.** – *Dispositions transitoires, V. Ord. n° 2016-131 du 10 févr. 2016, art. 9, ss. art. 1386-1.*

Comp. C. civ., art. 1139 anc.

RÉP. CIV. v° *Mise en demeure*, par B. GRIMONPREZ.

BIBL. ▶ Allix, *JCP 1977. I. 2844.* – X. Lagarde, *JCP 1996. I. 3974* (actualité de la mise en demeure).

1. Auteur de la mise en demeure. La mise en demeure s'entendant de l'acte par lequel une partie à un contrat interpelle son cocontractant pour qu'il exécute ses obligations, la mise en demeure qui, en application de l'art. L. 242-1 C. assur., doit être adressée à l'entrepreneur avant la résiliation de son contrat, doit émaner du maître de l'ouvrage ou de son mandataire. • Civ. 3e, 7 sept. 2022, n° 21-21.382 B : *D. 2022. 1558* ; *RDI 2023. 111, obs. Charbonneau* ; *RCA 2022, n° 259, note Ménard ; RGDA 2022/10. 32, note Karila* (arrêt admettant aussi la nécessité d'un mandat exprès du maître d'œuvre à cet effet).

A. NOTION DE MISE EN DEMEURE

1° SUPPORT DE LA MISE EN DEMEURE

2. Lettre missive. La mise en demeure d'un débiteur peut résulter d'un acte équivalent à une sommation et spécialement d'une lettre missive, dès lors qu'il en ressort une interpellation suffisante. • Civ. 3e, 31 mars 1971, n° 69-12.294 P.

3. Lettre recommandée. La mise en demeure que le créancier doit adresser au débiteur en application de l'art. 1146 anc. n'étant pas de nature contentieuse, les dispositions des art. 665 à 670-3 C. pr. civ. ne sont pas applicables et le défaut de réception effective par le débiteur de la mise en demeure, adressée par lettre recommandée, n'affecte pas sa validité. • Civ. 1re, 20 janv. 2021, n° 19-20.680 P : *RDC 2021/2. 36, note Libchaber ; Defrénois 2021/19. 15, note Richevaux* (validité de la mise en demeure adressée par lettre recommandée que les débiteurs s'étaient abstenus de réclamer aux services postaux). ♦ Le défaut de réception effective par la caution de la mise en demeure, adressée par lettre recommandée, n'affecte pas sa validité de sorte que le point de départ de la prescription de son action en responsabilité à l'encontre de la banque est fixé, au jour où elle a su que les obligations résultant de son engagement allaient être mises à exécution du fait de la défaillance du débiteur principal, soit à compter de la mise en demeure qui lui a été adressée. • Civ. 1re, 11 janv. 2023, n° 21-23.957 B.

4. Demande en justice : principe. Aux termes de l'art. 1153 anc. [1231-6], les intérêts moratoires des sommes réclamées sont dus à partir de la sommation de payer ; le même effet doit être attaché à la demande en justice et ces intérêts sont dus dès ce moment, même s'ils n'ont pas été réclamés par un chef spécial des conclusions. • Com. 25 mai 1982, n° 80-10.108 P. ♦ Sur la mise en demeure en cas d'exercice d'une action en résolution, V. ss. art. 1225 (clause résolutoire), 1226 (résolution unilatérale) et 1227 C. civ. (résolution judiciaire).

5. ... Demande reconventionnelle (oui). Une demande reconventionnelle en paiement produit les mêmes effets qu'une sommation de payer et fait courir les intérêts moratoires. • Civ. 1re, 30 nov. 1977, n° 76-12.946 P : *Gaz. Pal. 1978. 2. 411, note Plancqueel.*

6. ... Assignation périmée (non). Le point de départ des intérêts ne peut être fixé à la date d'une assignation périmée. • Civ. 2e, 17 déc. 1984, n° 82-15.195 P. ♦ En cas de nouvelle instance, les intérêts ne sont dus que postérieurement à la péremption de la première instance, à compter de l'un des actes prévus à l'art. 1153 anc., al. 3 [1231-6]. • Com. 25 févr. 2004, n° 01-13.588 P.

2° CONTENU DE LA MISE EN DEMEURE : INTERPELLATION

7. Appréciation souveraine des juges du fond. L'appréciation du caractère suffisant de l'interpellation valant mise en demeure relève du pouvoir souverain du juge du fond. • Civ. 1re, 20 juin 1995, n° 93-16.959 P. ♦ V. déjà en ce sens : • Req. 28 févr. 1938 : *Gaz. Pal. 1938. 1. 871.* ♦ Pour une illustration d'appréciation du caractère explicite d'une mise en demeure mettant le débiteur en mesure de distinguer les sommes qu'il souhaitait contester : • Soc. 8 juin 1995 : *JCP 1996. II. 22579, note Bascou et Coursier.*

8. Délai raisonnable pour exécuter. Sur l'obligation pour le créancier de laisser au débiteur un délai raisonnable pour s'exécuter, V. ss. art. 1231.

3° PORTÉE DE LA MISE EN DEMEURE

9. Portée quant à l'auteur : action oblique. Si le créancier qui exerce, en vertu de l'art. 1166 anc. C. civ., les droits de son débiteur, agit au nom de celui-ci, il agit en même temps en son nom propre, et il exprime ainsi formellement la volonté d'obtenir le remboursement de sa créance dans des conditions telles que son débiteur ne peut s'y tromper ; ce dernier se trouve donc en demeure. • Civ. 1re, 9 déc. 1970, n° 69-10.403 P : *JCP 1971. II. 16920, note MDPS ; RTD civ. 1971.* 629, obs. Loussouarn.

10. Portée quant au destinataire. L'envoi de la copie de la mise en demeure notifiée à l'entrepreneur principal ne constitue pas, à l'égard du maître de l'ouvrage, une sommation de payer au sens de l'art. 1153 anc. [1231-6] C. civ. • Civ. 3e, 29 mai 1991, n° 89-13.504 P. ♦ Rappr. sur la nécessité de produire cette copie : • Civ. 3e, 4 janv. 1996, n° 94-11.637 P : *JCP 1996. II. 22696, note Ammar* (une lettre ne peut suppléer à l'absence d'envoi d'une copie de la mise en demeure exigée par les art. 12 et 13 de la L. du 31 déc. 1975).

11. Portée quant à l'objet de la demande. Dans le cas d'une première instance ayant pour objet le paiement d'une participation à des ventes intervenues pendant une période considérée, la mise en demeure qu'elle contient ne peut concerner les ventes non visées par la demande. • Civ. 1re, 4 juin 2009, n° 08-12.658 P.

Une sommation de payer n'équivaut pas à une mise en demeure d'exécuter une obligation stipulée en nature. • Civ. 3e, 23 mars 2017, n° 16-13.060 P : *RTD com. 2017. 409, obs. Legeais ; CCC 2017. 117, note Leveneur.*

12. Commandement surévalué. Un commandement fait pour une somme supérieure au montant réel de la dette demeure valable à concurrence de ce montant. • Civ. 3e, 6 mai 1998, n° 96-14.339 P : *D. 1999. 172, note Ruellan et Lauba ; JCP 1998. II. 10180, note du Rusquec* • Civ. 1re, 4 mai 1999, n° 94-14.803 P. ♦ V. aussi note 4 ss. art. 1650 et note 36 ss. art. 1728.

13. Doublement du taux d'intérêt légal. Conformément aux dispositions de l'anc. art. 1153 anc. [1231-6] C. civ., la somme due au titre de la réparation intégrale des dommages doit être augmentée des intérêts au double du taux de l'intérêt légal à compter de l'assignation délivrée à l'assureur. • Civ. 3e, 25 mai 2011, n° 10-18.780 P : *RCA 2011, n° 301 ; RGDA 2011. 1019, obs. Périer* (art. L. 242-1 C. assur.).

B. DISPENSE CONVENTIONNELLE DE MISE EN DEMEURE

14. Existence de la clause : appréciation souveraine. Les juges du fond estiment souverainement que les parties ont convenu que le vendeur serait mis en demeure par la seule échéance du terme. • Com. 3 nov. 1972 : *Gaz. Pal. 1973. 2. 533* (2e arrêt). ♦ Les juges du fond ont un pouvoir souverain pour constater, d'après les circonstances de la cause et l'intention des parties, l'existence d'une clause selon laquelle la chose que le débiteur s'était engagé à donner ne pouvait plus l'être après l'expiration du délai imparti pour la livraison. • Civ. 18 oct. 1927 : *DH 1927. 510.* – Dans le même sens : • Req. 21 juin 1933 : *DH 1933. 412* • Civ. 1re, 24 nov. 1965, n° 63-11.674 P.

15. Dispense implicite. Nécessité, pour les juges du fond, de rechercher si les circonstances de la cause n'impliquaient pas une renonciation tacite des parties à l'exigence d'une mise en demeure. • Com. 8 oct. 2002, n° 01-01.200 P : *RTD civ. 2003. 503, obs. Mestre et Fages* . ♦ Sur les dispenses de mise en demeure dans le cadre des clauses pénales, V. aussi notes 61 s. ss. art. 1231-5.

C. IMPOSITION DE PROCÉDURES PRÉALABLES

16. Clauses de conciliation préalable. La fin de non-recevoir, tirée du défaut de mise en œuvre d'une clause contractuelle qui institue une procédure, obligatoire et préalable à la saisine du juge, favorisant une solution du litige par le recours à un tiers, n'est pas susceptible d'être régularisée par la mise en œuvre de la clause en cours d'instance. • Cass., ch. mixte, 12 déc. 2014, n° 13-19.684 P : *D. 2015. 287, obs. Fricero ; ibid. 298, note Boillot ; RDI 2015. 177, obs. De la Asuncion Planes ; AJCA 2015. 128, obs. de la Asuncion Planes ; D. avocats 2015. 122, obs. Fricero ; RTD civ. 2015. 131, obs. Barbier ; ibid. 187, obs. Théry ; JCP 2014, n° 1328, obs. Deharo ; ibid. 2015, n° 115, note Dissaux ; ibid. n° 424, obs. Libchaber* (action irrecevable). • Civ. 3e, 6 oct. 2016, n° 15-17.989 P : *D. 2017. 375, obs. Mekki ; ibid. 422, obs. Fricero ; AJ contrat 2016. 545, obs. Fricero ; RTD civ. 2017. 146, obs. Barbier* . ♦ Comp. notes ss. art. 1224.

Art. 1344-1 *(Ord. n° 2016-131 du 10 févr. 2016, art. 3, en vigueur le 1er oct. 2016)* **La mise en demeure de payer une obligation de somme d'argent fait courir l'intérêt moratoire, au taux légal, sans que le créancier soit tenu de justifier d'un préjudice.** – *Dispositions transitoires, V. Ord. n° 2016-131 du 10 févr. 2016, art. 9, ss. art. 1386-1.*

Comp. C. civ., art. 1153 anc.

V. notes ss. art. 1231-6.

Art. 1344-2 *(Ord. n° 2016-131 du 10 févr. 2016, art. 3, en vigueur le 1er oct. 2016)* **La mise en demeure de délivrer une chose met les risques à la charge du débiteur, s'ils n'y sont déjà.** – *Dispositions transitoires, V. Ord. n° 2016-131 du 10 févr. 2016, art. 9, ss. art. 1386-1.*

Comp. C. civ., art. 1138 anc.

Sur la mise en demeure en matière de transfert de propriété, V. C. civ., art. 1196.

Comp. sous l'empire du droit antérieur, art. 1138 anc. ♦ Rappr. pour le transfert des risques au créancier à compter de la mise en demeure, art. 1345.

§ 2 La mise en demeure du créancier

(Ord. nº 2016-131 du 10 févr. 2016, art. 3, en vigueur le 1er oct. 2016)

Comp. C. civ., art. 1257 anc. s. (offres de paiement et consignation).

Art. 1345 *(Ord. nº 2016-131 du 10 févr. 2016, art. 3, en vigueur le 1er oct. 2016)* **Lorsque le créancier, à l'échéance et sans motif légitime, refuse de recevoir le paiement qui lui est dû ou l'empêche par son fait, le débiteur peut le mettre en demeure d'en accepter ou d'en permettre l'exécution.**

La mise en demeure du créancier arrête le cours des intérêts dus par le débiteur et met les risques de la chose à la charge du créancier, s'ils n'y sont déjà, sauf faute lourde ou dolosive du débiteur.

Elle n'interrompt pas la prescription. — *Dispositions transitoires, V. Ord. nº 2016-131 du 10 févr. 2016, art. 9, ss. art. 1386-1.*

BIBL. ▶ FRICERO, *JCP 2016, nº 807.*

A. CONDITIONS

1. *Notion de refus de recevoir le paiement.* V. sous l'empire du droit antérieur (offres réelles) : le refus de donner satisfaction à une demande de justificatif de l'existence et du montant de la créance, émanant d'un débiteur dans l'impossibilité d'en avoir autrement connaissance, équivaut à un refus de recevoir le paiement proposé. • Com. 9 oct. 2001, nº 99-10.974 P : *D. 2001. AJ 3272, obs. Avena-Robardet ; RTD civ. 2002. 102, obs. Mestre et Fages.*

2. *Refus du créancier : motif légitime.* Le créancier peut refuser un paiement partiel, V. art. 1342-4 et 1244 anc. ♦ Il peut aussi ne pas accepter d'être payé par un tiers et non par le véritable débiteur, « sauf refus légitime », V. art. 1341-1.

3. *... Absence de motif légitime.* Rappr. sous l'empire du droit antérieur, l'admission d'offres réelles conditionnelles, dès lors qu'elles ne portent pas atteinte au droit du créancier, telles que l'exigence d'une quittance, note 2 ss. art. 1257 anc. ♦ Pour des offres jugées tardives, V. aussi note 4 ss. art. 1258 anc.

4. *Mise en demeure abusive.* Rappr. dans le cadre antérieur des offres réelles : commet une faute caractérisant une procédure abusive le débiteur qui poursuit inutilement une procédure d'offres réelles alors que le créancier a manifesté sa volonté de percevoir les sommes impayées. • Civ. 2e, 25 oct. 1995, nº 93-14.077 P.

B. EFFETS

5. *Arrêt du cours des intérêts.* Comp. antérieurement pour les offres réelles, art. 1257 anc., et notes 8 s. ss. même art.

6. *Transfert des risques.* Rappr. pour le transfert des risques au débiteur à compter de la mise en demeure, art. 1344-2.

Art. 1345-1 *(Ord. nº 2016-131 du 10 févr. 2016, art. 3, en vigueur le 1er oct. 2016)* **Si l'obstruction n'a pas pris fin dans les deux mois de la mise en demeure, le débiteur peut, lorsque l'obligation porte sur une somme d'argent, la consigner à la Caisse des dépôts et consignations ou, lorsque l'obligation porte sur la livraison d'une chose, séquestrer celle-ci auprès d'un gardien professionnel.**

Si le séquestre de la chose est impossible ou trop onéreux, le juge peut en autoriser la vente amiable ou aux enchères publiques. Déduction faite des frais de la vente, le prix en est consigné à la Caisse des dépôts et consignations.

La consignation ou le séquestre libère le débiteur à compter de leur notification au créancier. — *Dispositions transitoires, V. Ord. nº 2016-131 du 10 févr. 2016, art. 9, ss. art. 1386-1.*

Sur la mise en demeure concernant la livraison d'une chose, comp. art. 1264 anc. ♦ Sur la date de libération du débiteur, comp. note 7 ss. art. 1257 anc.

Art. 1345-2 *(Ord. nº 2016-131 du 10 févr. 2016, art. 3, en vigueur le 1er oct. 2016)* **Lorsque l'obligation porte sur un autre objet, le débiteur est libéré si l'obstruction n'a pas cessé dans les deux mois de la mise en demeure.** — *Dispositions transitoires, V. Ord. nº 2016-131 du 10 févr. 2016, art. 9, ss. art. 1386-1.*

Art. 1345-3 *(Ord. nº 2016-131 du 10 févr. 2016, art. 3, en vigueur le 1er oct. 2016)* **Les frais de la mise en demeure et de la consignation ou du séquestre sont à la charge du**

créancier. – *Dispositions transitoires, V. Ord. n° 2016-131 du 10 févr. 2016, art. 9, ss. art. 1386-1.*

Comp. C. civ., art. 1260 anc.

SOUS-SECTION 4 Le paiement avec subrogation

(Ord. n° 2016-131 du 10 févr. 2016, art. 3, en vigueur le 1er oct. 2016)

Art. 1346 *(Ord. n° 2016-131 du 10 févr. 2016, art. 3, en vigueur le 1er oct. 2016)* **La subrogation a lieu par le seul effet de la loi au profit de celui qui, y ayant un intérêt légitime, paie dès lors que son paiement libère envers le créancier celui sur qui doit peser la charge définitive de tout ou partie de la dette.** – *Dispositions transitoires, V. Ord. n° 2016-131 du 10 févr. 2016, art. 9, ss. art. 1386-1.*

Comp. C. civ., art. 1249 anc. et 1251 anc.

BIBL. ▶ GOUËZEL, *AJCA 2016. 135*. – GROUTEL, *RGDA 2018. 134* (assurances). – STOFFEL-MUNCK, *Dr. et patr. 7-8/2015. 55.*

I. GÉNÉRALITÉS

1. Procédure. Le moyen tiré de la subrogation légale étant mélangé de fait et de droit ne peut être soulevé pour la première fois devant la Cour de cassation. • Civ. 3e, 22 janv. 1985 : *Bull. civ. III, n° 15* • Civ. 1re, 30 mars 1994, n° 91-22.345 P. ♦ Compétence des juridictions judiciaires pour l'action de l'assureur d'une collectivité publique subrogé dans ses droits contre l'assureur du responsable du dommage en vertu de l'obligation de droit privé résultant du contrat d'assurance. • T. confl. 15 févr. 2010, n° 10-03.728 P.

2. Généralisation de la subrogation légale. Comp. la liste limitative des cas de subrogation légale retenus antérieurement à l'entrée en vigueur de l'Ord. n° 2016-131 du 10 févr. 2016 et V. notes 2 s. ci-dessous.

II. CAS DE SUBROGATION LÉGALE EN VERTU D'UN TEXTE SPÉCIFIQUE

3. Assurance – Art. L. 122-12 C. assur. La subrogation légale de l'art. L. 121-12 C. assur. n'intervient au profit de l'assureur que lorsque l'indemnité a été versée en application des garanties souscrites, sans distinguer si cet assureur a payé l'indemnité de sa propre initiative ou en vertu d'une transaction ou en exécution d'une décision de justice. • Civ, 2e, 16 déc, 2021, n° 20-13.692 B : *D. 2022. 8 ; ibid. 1117, obs. Noguéro ; D. actu 18 janv. 2022, obs. Loyer-Lemercier ; RGDA 2022/2. 21, note Pélissier.* ♦ L'assureur d'une entreprise de construction qui a indemnisé l'utilisateur des bâtiments peut se prévaloir de la subrogation légale dans les droits de son assurée et exercer, conformément à l'art. *L. 121-12 C. assur.*, l'action en responsabilité contractuelle dont celle-ci dispose contre un sous-traitant, sans être obligé d'exercer l'action délictuelle de l'utilisateur victime contre ce sous-traitant. • Civ. 1re, 10 avr. 1996, n° 93-18.952 P. ♦ L'assureur est subrogé dans les droits et actions de l'assuré contre les auteurs du dommage, quels que soient les fondements juridiques donnés à ces actions, s'agissant d'une subrogation légale. • Civ. 3e, 26 févr. 2003, n° 01-15.717 P • Civ. 3e, 13 juill. 2016, n° 15-22.961 P : *D. 2016. 1647 ; RDI 2016. 609, obs. Roussel* (ord. de référé ayant constaté que l'assureur dommages-ouvrage, ainsi subrogé, n'avait pas régulièrement notifié sa position dans le délai légal).

4. Limites. Il résulte du texte de l'art. 121-12 C. assur. que la subrogation légale qu'il établit a lieu dans la mesure de ce qui a été payé et dans la limite de la créance détenue par l'assuré contre le responsable. • Civ, 2e, 16 déc. 2021, n° 20-13.692 : *D. 2022. 8 ; ibid. 1117, obs. Noguéro ; RGDA 2022/2. 21, note Pélissier.* ♦ Dans les contrats garantissant l'indemnisation des préjudices résultant d'une atteinte à la personne, l'assureur ne peut être subrogé dans les droits du contractant ou des ayants droit contre le tiers responsable que pour le remboursement des prestations prévues au contrat qui présentent un caractère indemnitaire (C. assur., art. L. 131-2, al. 2). • Civ. 2e, 17 avr. 2008, n° 06-20.417 P. ♦ L'assureur ayant acquitté la dette de loyers est nécessairement subrogé dans les droits du bailleur contre le locataire et ses garants solidaires. • Civ. 1re, 29 avr. 2003 : *RCA 2003, n° 216, note Groutel.* ♦ Recevabilité de l'action de l'assureur, avant expiration du délai de forclusion décennale, contre les responsables des dommages qu'il garantit, alors qu'il n'avait pas, au moment de l'assignation, qualité de subrogé de son assuré, dès lors qu'il paie l'indemnité due à celui-ci avant que le juge du fond ait statué. • Civ. 3e, 29 mars 2000, n° 98-19.505 P • Civ. 1re, 9 oct. 2001, n° 98-18.378 P • Civ. 3e, 10 déc. 2003, n° 01-00.614 P : *RDI 2004. 53, obs. Grynbaum* • 8 sept. 2009, n° 08-17.012 P. ♦ Mais un garant de livraison, dans le cadre d'une construction immobilière (CCH, art. L. 231-6), remplit une obligation qui lui est personnelle et est tenu, dans ses rapports avec le constructeur, de la charge définitive de la dette qu'il a acquittée à la suite de la défaillance de celui-ci, ce qui lui interdit d'exercer le recours subrogatoire prévu par l'art. 1251-3° anc. • Civ. 3e, 3 déc. 2008, n° 07-20.931 P : *BICC 15 avr. 2009, n° 537 ; R., p. 275 ; D. 2008. AJ 3087, obs. Vincent ; ibid. 2009. Chron. C. cass. 1231, n° 4, obs. Nési ; JCP 2008. Actu. 741, obs. Houtcieff ; JCP N 2009. 1095, note Simler ; Defrénois 2010. 235, obs. Périnet-Marquet ; RLDC 2009/57, n° 3301, obs. Marraud des Grottes ; RCA 2009, n° 57, obs. Groutel ; RLDC 2009/58, n° 3330, obs. Bugnicourt ; RTD civ. 2009. 120, obs. Fages*. ♦ Sur les conditions d'une subrogation conventionnelle consentie à l'assureur par l'assuré, V. ss. art. 1250 anc., note 1.

III. PAIEMENT ANTÉRIEUR AU 1er OCT. 2016 – SUBROGATION LÉGALE PAR APPLICATION DE L'ART. 1251 ANC

5. *Créance du subrogé.* La subrogation légale prévue par l'art. 1251-2° anc. suppose, pour être réalisée, que le subrogé dispose d'une créance à faire valoir contre le débiteur dont il a payé la dette. • Civ. 1re, 28 juin 1978 : *D. 1979. 333 (2e esp.), note Mestre.*

6. *Créancier acquéreur d'un immeuble.* L'art. 1251-2° anc. confère à l'acquéreur les droits des créanciers qu'il a désintéressés contre les créanciers de rang ultérieur qui voudraient le contraindre comme tiers détenteur à payer au-delà de son prix. Le créancier hypothécaire de second rang, qui s'est porté adjudicataire de l'immeuble et a payé une partie du prix au créancier de premier rang, bénéficie de ces dispositions, mais ne peut se prévaloir de l'art. 1251-1° anc. pour invoquer d'autres sûretés attachées à la créance du créancier de premier rang, ce qui aurait pour effet de permettre à l'adjudicataire de se faire rembourser une partie de son prix. • T. civ. Toulouse, 15 juill. 1936, confirmé par • Toulouse, 16 juin 1938 : *Gaz. Pal. 1938. 2. 598.*

A. SUBROGÉ TENU AVEC D'AUTRES

7. *Domaine.* La subrogation légale de l'art. 1251-3° anc. ne saurait être écartée au prétendu motif de l'absence de lien contractuel entre les diverses personnes à la faute desquelles est imputée la réalisation du dommage. • Civ. 1re, 7 juin 1989 : *Bull. civ. I, n° 231.*

L'art. 1251-3° anc. est également applicable dans le cas d'obligations dont la cause est distincte. • Civ. 1re, 25 nov. 2009, n° 08-20.438 P : *D. 2010. Pan. 802, obs. Hontebeyrie ; RLDC 2010/68, n° 3705, obs. Maugeri.* ♦ L'établissement de crédit ayant fourni la garantie prévue à l'art. L. 231-6 CCH dispose d'un recours contre le donneur d'ordre pour les paiements effectués au titre de cet engagement et de la subrogation dans les droits du créancier. • Civ. 3e, 26 juin 2013, n° 11-12.785 P. ♦ Sur la nature de cette garantie, V. note 3 ss. art. 2288.

8. *Existence d'un accord avec le créancier.* Le fait qu'un codébiteur ait conclu un accord avec un créancier aux termes duquel il s'engage à payer l'intégralité de la somme due par les codébiteurs solidaires ne le prive pas du bénéfice de la subrogation légale résultant des dispositions de l'art. 1251-3° anc., auquel il n'a pas renoncé. • Civ. 2e, 2 déc. 2010, n° 09-17.194 P : *RTD civ. 2011. 127, obs. Fages*.

9. *Illustrations : obligation in solidum.* Selon l'art. 1251-3° anc., la subrogation a lieu de plein droit au profit de celui qui, étant tenu avec d'autres ou pour d'autres au paiement de la dette, avait intérêt à l'acquitter. Il en est ainsi notamment dans le cas d'obligations *in solidum*. • Civ. 1re, 23 oct. 1984, n° 83-11.982 P • 6 juill. 1988 : *Bull. civ. I, n° 231.*

10. *... Accident.* Dans le cas où deux véhicules ont contribué à la production du même dommage, celui des deux gardiens qui a désintéressé intégralement la victime a, par l'effet de la subrogation légale, un recours contre l'autre coauteur. Dès lors que les circonstances de l'accident sont inconnues, ce recours doit s'exercer pour moitié. • Civ. 2e, 11 févr. 1981 : *D. 1982. 255, note Agostini.* ♦ Lorsque deux coauteurs ont par leurs fautes contribué à la production du même dommage, celui qui a désintéressé intégralement la victime n'a, par l'effet de la subrogation légale, un recours contre l'autre coauteur que dans la mesure de la responsabilité de celui-ci. • Civ. 2e, 1er oct. 1975, n° 74-11.280 P. ♦ La contribution à la dette de réparation du dommage subi par la victime d'un accident de la circulation, entre un conducteur impliqué dans l'accident et un autre coobligé fautif, a lieu en proportion de la gravité des fautes respectives. • Civ. 2e, 13 janv. 2011, n° 09-71.196 P : *D. 2011. Actu. 303 ; Gaz. Pal. 2011. 845, note Clerc-Renaud ; RTD civ. 2011. 359, obs. Jourdain*. ♦ En l'absence de faute retenue contre les conducteurs impliqués, par l'effet de la subrogation, l'assureur du conducteur d'un véhicule terrestre à moteur impliqué dans un accident de la circulation dont il a été victime est, pour le recouvrement des prestations indemnitaires ou de l'avance sur indemnité qu'il a versées à son assuré du fait de l'accident, investi de l'ensemble des droits et actions dont celui-ci disposait à l'encontre de la personne tenue à réparation ou son assureur. • Civ. 2e, 8 juin 2017, nos 15-20.550 et 15-24.827 P : RDC 2017. 607, *note Libchaber* (cassation de l'arrêt ayant limité la subrogation à la moitié des sommes versées).

Admission du recours subrogatoire du FGAO, ayant indemnisé intégralement un piéton ayant contracté une infection nosocomiale à l'occasion d'une intervention rendue nécessaire par un accident, contre la clinique et les médecins ayant procédé à l'intervention, le FGAO étant tenu d'indemniser les conséquences de l'accident. • Civ. 2e, 8 déc. 2016, n° 15-27.748 P.

11. *... Fondement du recours récursoire.* Le conducteur d'un véhicule impliqué dans un accident de la circulation et condamné à réparer les dommages causés à un tiers ne peut exercer un recours contre un autre conducteur impliqué que sur le fondement des anc. art. 1382 [1240] et anc. 1251 C. civ. • Civ. 2e, 14 janv. 1998, n° 95-18.617 P : *R., p. 267 ; D. 1998. 174, note Groutel ; JCP 1998. II. 10045, note Jourdain ; RTD civ. 1998. 393, obs. Jourdain* . ♦ L'action récursoire d'un coobligé fautif (l'Établissement français du sang, en l'espèce, qui avait fourni les produits utilisés pour la réalisation des transfusions sanguines qu'avait dû subir la victime d'un accident de la circulation) contre le conducteur impliqué dans un accident de la circulation ne peut s'exercer que dans les conditions prévues par les anc. art. 1382 [1240] et anc. 1251 C. civ. • Civ. 2e, 6 mars 2003, n° 01-12.652 P : *R., p. 453 ; D. 2003. IR 867 ; RCA 2003, n° 200, note Groutel ; RTD civ. 2003. 310, obs. Jourdain* • 9 oct. 2003, n° 02-11.443 P : *D. 2003. IR 2550* • 20 oct. 2005, n° 04-14.787 P : *D. 2006. 492, note Chantepie ; RCA 2006, n° 51, note Groutel (1re esp.) ; RTD civ. 2006. 122, obs. Jourdain (1re esp.)* • 25 janv. 2007, n° 06-13.611 P : *D. 2007. AJ 443, obs. Gallmeister ; ibid. Pan. 2905, obs. Jourdain ; JCP 2007. II. 10035, note Radé ; Gaz. Pal. 2007. Somm. 2082, obs. Bacache-Gibeili ; RCA 2007, n° 116, note Groutel ; RLDC 2007/38, n° 2519, note Corgas-Bernard ; RGDA 2007. 349, note Landel ; LPA 18 avr. 2007, note Prigent ; RDC 2007. 725, obs. Borghetti ; RTD civ. 2007. 362, obs. Jourdain*.

12. Co-emprunteurs. Le recours en contribution à la dette exercé par le co-emprunteur qui acquitte celle-ci est fondé sur la subrogation légale prévue par l'art. 1251-3° anc., et non sur l'existence, entre les coobligés, d'un lien contractuel supposant une cause. • Civ. 1re, 1er juill. 2010, n° 09-12.849 P : *D. actu. 16 juill. 2010, obs. Delpech ; RDC 2011. 109, obs. Libchaber ; RTD civ. 2010. 783, obs. Fages* .

13. Préjudice ou dette d'une société. Un directeur de société ayant, par son imprudence, permis au chef comptable de commettre des détournements, est exposé à une condamnation *in solidum* avec celui-ci, et a donc intérêt à dédommager la société ; ayant acquitté la dette, il se trouve subrogé de plein droit dans les droits et actions de la société. • Civ. 1re, 9 oct. 1985 : *Bull. civ. I, n° 255.* ♦ La subrogation légale de l'art. 1251-3° anc. ne peut être invoquée par l'associé appelé à éventuellement acquitter les dettes de la société civile dont il est membre dès lors que ne sont établies ni l'insuffisance de l'actif social ni par voie de conséquence la somme contributive mise à sa charge, de sorte que son obligation n'est ni certaine ni liquide. • Civ. 1re, 12 juill. 2006, n° 04-16.916 P.

B. SUBROGÉ TENU POUR D'AUTRES

14. Subrogation en matière d'assurance. V. notes 3 et 4.

15. Réparation d'un dommage contractuel. Dès lors qu'il n'a commis aucune faute, l'auteur d'un dommage, condamné en raison de ses obligations contractuelles à le réparer, se trouve subrogé aux droits de la victime dans l'action que celle-ci aurait pu exercer contre un tiers responsable sur le fondement de l'art. 1384 anc. [1242], al. 1er, C. civ. • Civ. 2e, 11 juill. 1983 : *Bull. civ. II, n° 152.* ♦ Mais s'il est fautif, son action récursoire ne peut être fondée que sur la faute de la victime. • Civ. 2e, 5 juin 1991, n° 90-12.117 P.

16. Subrogation du tiers détenteur. Celui qui paie la dette garantie par une hypothèque en tant que tiers détenteur du bien grevé, à ce titre tenu réellement pour d'autres au paiement de la dette sans en être personnellement débiteur, bénéficie de la subrogation de l'art. 1251-3° anc. • Civ. 1re, 12 juill. 2005, n° 02-14.532 P.

17. ... De la banque ayant perdu un chèque. La banque qui a crédité le montant de deux chèques sur le compte de sa cliente, puis les a perdus avant leur présentation, peut néanmoins obtenir la condamnation du tireur à payer, même après prescription des actions fondées sur le droit du chèque, puisqu'elle est subrogée dans la créance originaire de sa cliente à l'encontre du tireur. • Com. 15 avr. 2008, n° 06-13.346 P : *D. 2008. AJ 1404, obs. Avena-Robardet ; ibid. 2009. Pan. 1044, obs. Synvet ; Dr. et patr. 9/2008. 94, obs. Mattout et Prüm.* ♦ V. également : • Com. 12 juill. 1993, n° 91-20.063 P : *D. 1993. IR 230 ; RTD civ. 1994. 358, obs. J. Mestre ; RTD com. 1993. 691, obs. Cabrillac et Teyssié ; Banque 1993. 100, obs. Guillot* • Com. 12 déc. 2006, n° 05-18.347 P : *D. 2007. AJ 300, obs. Avena-Robardet ; ibid. 2008. Pan. 871, obs. Synvet ; JCP E 2007, n° 5, p. 21 ; Banque et Dr. 3-4/2007. 29, obs. Bonneau ; RJDA 2007, n° 390.*

18. Subrogation de celui qui acquitte une dette qui lui est propre. Celui qui s'acquitte d'une dette qui lui est personnelle peut néanmoins prétendre bénéficier de la subrogation s'il a, par son paiement, libéré envers leur créancier commun ceux sur qui doit peser la charge définitive de la dette. • Civ. 1re, 27 mars 2001, n° 98-16.723 P : *RCA 2001, n° 204, note Groutel ; RGDA 2001. 694, note Vincent ; RTD civ. 2001. 592, obs. Mestre et Fages* • 3 juill. 2001, n° 98-12.570 P : *R., p. 450 ; D. 2001. IR 2458* • Com. 18 mars 2014, n° 13-12.444 P : *D. 2014. 772 ; JCP 2014, n° 998, note Billiau ; RDC 2014. 391, note Libchaber ; JCP N 2014, n° 1339, obs. Simler ; Defrénois 2015. 491, obs. Cabrillac.* ♦ Jeu de la subrogation légale de l'art. 1251-3° anc. au profit de celui qui acquitte une dette personnelle : • Civ. 1re, 4 avr. 1984, n° 82-16.683 P : *RTD civ. 1985. 383, obs. Mestre* • 2 oct. 1985 : *JCP 1986. II. 20687, note H. T. ; RTD civ. 1986. 112, obs. Mestre* (un notaire, responsable du défaut de remboursement d'un prêt en raison d'une méconnaissance de son devoir de conseil, qui a pris l'initiative de rembourser le prêteur, bénéficie de la subrogation légale) • Civ. 2e, 20 juill. 1987 : *Bull. civ. II, no 164 ; RTD civ. 1988. 351, obs. Mestre* • Com. 5 oct. 1993, no 91-15.200 P • Civ. 1re, 7 nov. 1995, no 93-16.148 P : *Defrénois 1996. 752, obs. D. Mazeaud* • Com. 24 juin 2003, no 01-15.496 P : *RTD com. 2004. 150, obs. Bouloc*. ♦ L'assureur de responsabilité d'un avocat, qui a indemnisé le créancier victime de l'erreur de l'avocat, est subrogé dans les droits du créancier à l'égard du débiteur. • Civ. 1re, 27 janv. 2004 : *RGDA 2004. 416, note Vincent* • 21 févr. 2006, no 04-15.651 P : *D. 2006. 1873, note Gallmeister* (assureur de responsabilité d'un notaire).

Sur l'application de la subrogation légale alors que celui sur qui la dette devra peser définitivement n'est pas judiciairement condamné, V. • Civ. 1re, 23 févr. 1988 : *Bull. civ. I, no 50* • Civ. 2e, 13 déc. 2001, no 99-18.327 P : *D. 2002. Somm. 1312, obs. Jourdain* • Com. 24 juin 2003 : *préc.* – Mestre, *RTD civ. 1986. 110 ; ibid. 754 ; ibid. 1989. 543.*

19. Limite de la subrogation en matière de transport. Celui qui est subrogé dans les droits du voiturier pour l'avoir payé de son fret n'acquiert pas, du fait de cette subrogation, la garantie de paiement instituée par l'art. L. 132-8 C. com., réservée exclusivement au transporteur. • Com. 22 janv. 2008, no 06-19.423 P : *R., p. 309 ; D. 2008. AJ 471, obs. Delpech ; ibid. 2009. Pan. 972, obs. Kenfack ; JCP 2008. II. 10073, note Delebecque.* ♦ *Contra* : • Com. 2 juin 2004, no 02-20.535 P : *D. 2004. 2492, note Bon-Garcin ; JCP 2004. II. 10185, note F. Planckeel ; CCC 2004, no 120, note Leveneur ; RDC 2004. 997 et 2005. 372, obs. Delebecque ; RTD civ. 2005. 398, obs. Mestre et Fages*.

20. Subrogation refusée. La subrogation dans les droits du Trésor public ne saurait être invoquée par les porteurs de parts de FCP dans leur action en responsabilité contre les gérants de ces fonds dès lors que l'administration fiscale, ayant refusé l'imputation des crédits d'impôt litigieux, n'a subi aucun préjudice. • Com. 24 sept. 2002, no 00-16.245 P : *D. 2003. 235, note Delebecque*. ♦ L'assureur, subrogé dans les droits de son assuré (architecte) par l'effet du paiement, ne l'est pas dans ceux du maître de l'ouvrage et n'est pas fondé à se prévaloir de l'imprécision de l'attestation d'assurance délivrée par l'assureur de l'entreprise avec laquelle le maître d'œuvre a été condamné *in solidum*. • Civ. 3e, 25 févr. 2009, no 08-11.249 P : *RDI 2009. 211, note Dessuet*.

21. … En matière de cautionnement. L'intention libérale de la caution à l'égard du débiteur dont elle a payé volontairement la dette exclut le recours subrogatoire de la caution contre le débiteur qui se trouve ainsi avoir bénéficié d'une donation indirecte. • Civ. 1re, 12 mai 1982 : *D. 1983. 320, note Mestre.* ♦ Sur le recours de celui qui a payé la dette d'autrui sans être subrogé aux droits du créancier.

Art. 1346-1 *(Ord. no 2016-131 du 10 févr. 2016, art. 3, en vigueur le 1er oct. 2016)* **La subrogation conventionnelle s'opère à l'initiative du créancier lorsque celui-ci, recevant son paiement d'une tierce personne, la subroge dans ses droits contre le débiteur.**

Cette subrogation doit être expresse.

Elle doit être consentie en même temps que le paiement, à moins que, dans un acte antérieur, le subrogeant n'ait manifesté la volonté que son cocontractant lui soit subrogé lors du paiement. La concomitance de la subrogation et du paiement peut être prouvée par tous moyens. — *Dispositions transitoires, V. Ord. no 2016-131 du 10 févr. 2016, art. 9, ss. art. 1386-1.*

Comp. C. civ., art. 1249 anc. et 1250 anc.

A. CONDITIONS

1. Subrogation expresse et concomitante. Après le paiement, la subrogation est impossible en raison de l'effet extinctif de celui-ci. • Civ. 1re, 28 mai 2008, no 07-13.437 P : *RTD civ. 2008. 481, obs. Fages*. ♦ Nécessité de caractériser une manifestation expresse de la volonté de subroger : V. • Civ. 1re, 18 oct. 2005, no 04-12.513 P : *Defrénois 2006. 614, obs. Libchaber ; RTD civ. 2006. 317, obs. Mestre et Fages (1re esp.)*. ♦ La subrogation conventionnelle de l'assureur dans les droits de l'assuré résulte de la volonté expresse de ce dernier, manifestée concomitamment ou antérieurement au paiement reçu de l'assureur, qui n'a pas à établir que ce règlement a été fait en exécution de son obligation contractuelle de garantie. • Com. 16 juin 2009, no 07-16.840 P : *R., p. 407 ; BICC 15 déc. 2009, no 1703 ; RCA 2009, no 268, note Groutel* • Civ. 2e, 17 nov. 2016, no 15-25.409 P : *D. 2017. chron. C. cass. 605, note Touati et Becuwe ; RGDA 2017. 19, note Kullmann.* ♦ Aux termes de l'anc. art. 1250, la subrogation doit être expresse et faite en même temps que le paiement. Les juges du fond ne peuvent admettre la subrogation sans préciser la date du paiement. • Com. 14 déc. 1965 : *Gaz. Pal. 1966. 1. 278* • Civ. 1re, 3 mars 1987, no 85-12.344 P • Civ. 2e, 8 févr. 2006, no 04-18.379 P. ♦ V. déjà en ce sens, • Req. 13 août 1855 : *DP 1856. 1. 165* (nullité de la quittance subrogative dont les termes ne permettent pas de reconnaître si la subrogation a eu lieu en même temps que le paiement). ♦ Mais en cas de paiements partiels, la subrogation peut valablement intervenir non à l'occasion de chacun de ces règlements, mais lors du règlement du solde. • Civ. 1re, 27 nov. 1985 : *Bull. civ. I, no 326 ; RTD civ. 1986. 752, obs. Mestre.*

2. Volonté antérieure de subroger. La condition de concomitance posée par l'art. 1250-1° anc. peut être remplie lorsque le subrogeant a manifesté expressément, fût-ce dans un document antérieur, sa volonté de subroger son cocontractant à l'instant même du paiement. • Com. 29 janv. 1991, n° 89-10.085 P : *RTD civ. 1991. 531, obs. Mestre*. – V. aussi • Civ. 1re, 9 déc. 1997, n° 95-19.003 P : *Defrénois 1998. 341, obs. Delebecque* • 28 mai 2002, n° 99-17.733 P. ♦ Pour la validité d'une promesse anticipée de subrogation (cas d'affacturage), V. • Paris, 21 janv. 1970 : *JCP 1971. II. 16837 (2e esp.), note Gavalda*. ♦ Pour un ensemble contractuel indivisible entre un concédant, un concessionnaire et un organisme de financement, prévoyant que ce dernier sera subrogé dans les droits du concédant après paiement, V. • Com. 2 févr. 1993, n° 91-11.569 P.

3. Preuve de la concomitance. La quittance subrogative ne fait pas preuve par elle-même de la concomitance de la subrogation et du paiement ; la preuve en incombe au subrogé. • Civ. 1re, 23 mars 1999, n° 97-11.685 P : *Defrénois 1999. 1333, obs. Aubert ; RDI 1999. 671, obs. Durry ; RTD civ. 2000. 330, obs. Mestre et Fages* • 12 juill. 2006, n° 04-16.916 P. ♦ La concomitance est souverainement appréciée par les juges du fond. • Même arrêt. ♦ Comp. : la subrogation conventionnelle de l'assureur dans les droits de l'assuré résulte de la volonté expresse de ce dernier, manifestée concomitamment ou antérieurement au paiement reçu de l'assureur. • Com. 21 févr. 2012, n° 11-11.145 P : *D. 2012. 678* (condition remplie lorsque le paiement a fait l'objet d'une lettre-chèque du même jour que l'acte de subrogation, la preuve contraire n'étant pas rapportée).

4. Dette personnelle du subrogé. La subrogation conventionnelle est possible même si le subrogé a acquitté une dette personnelle (paiement par l'assureur de responsabilité d'un notaire de l'indemnité due en exécution du contrat d'assurance). • Civ. 1re, 7 juin 1978 : *D. 1979. 333 (1re esp.), note Mestre*. ♦ Il résulte de l'art. 1250, 1° anc., que celui qui s'acquitte d'une dette qui lui est personnelle peut néanmoins prétendre bénéficier d'une subrogation conventionnelle s'il a, par son paiement, et du fait de cette subrogation, libéré envers leur créancier commun celui sur qui doit peser la charge définitive de la dette. • Civ. 1re, 22 juill. 1987, n° 85-18.842 P : *GAJC, 11e éd., n° 240 ; RTD civ. 1988. 350, obs. Mestre* • 17 févr. 1998, n° 95-20.721 P : *D. 1999. Somm. 230, obs. Groutel (1re esp.) ; D. Affaires 1998. 573, obs. J. F. ; Defrénois 1998. 739, obs. Delebecque* • 24 oct. 2000, n° 98-22.888 P : *D. 2000. IR 296* • Civ. 3e, 13 nov. 2003 : *RCA 2004. Chron. 3, par Courtieu.*

5. Emprunteur. La stipulation d'une indemnité de remboursement anticipé d'un prêt ne constitue pas en principe un obstacle au jeu de la subrogation prévue par l'art. 1250-2° anc., dès lors que les conditions d'application de ce texte sont réunies. • Civ. 1re, 27 sept. 2005, n° 02-13.935 P : *D. 2005. AJ 2670, obs. Delpech ; Gaz. Pal. 2005. 4097, concl. Sainte-Rose ; Defrénois 2005. 2003, obs. Savaux ; ibid. 2006. 332, note S. Piedelièvre ; CCC 2005, n° 215, note Raymond.*

B. EFFETS

6. Transmission des droits et actions. V. notes ss. art. 1346-4.

Art. 1346-2 *(Ord. n° 2016-131 du 10 févr. 2016, art. 3, en vigueur le 1er oct. 2016)* **La subrogation a lieu également lorsque le débiteur, empruntant une somme à l'effet de payer sa dette, subroge le prêteur dans les droits du créancier avec le concours de celui-ci. En ce cas, la subrogation doit être expresse et la quittance donnée par le créancier doit indiquer l'origine des fonds.**

La subrogation peut être consentie sans le concours du créancier, mais à la condition que la dette soit échue ou que le terme soit en faveur du débiteur. Il faut alors que l'acte d'emprunt et la quittance soient passés devant notaire, que dans l'acte d'emprunt il soit déclaré que la somme a été empruntée pour faire le paiement, et que dans la quittance il soit déclaré que le paiement a été fait des sommes versées à cet effet par le nouveau créancier.

– Dispositions transitoires, V. Ord. n° 2016-131 du 10 févr. 2016, art. 9, ss. art. 1386-1.

Comp. C. civ., art. 1250 anc.

BIBL. ▸ LATINA et LE CORRE-BROLY, *D. 2017. 877* (le transfert de la réserve de propriété par la subrogation de l'art. 1346-2).

1. Art. 1346, al. 1er. Subrogation avec le concours du créancier. Caractère exprès de la subrogation et volonté de subroger. V. notes ss. art. 1346-1. ♦ Quittance subrogative, V. note 3 ss. art. 1346-1.

2. Art. 1346, al. 2. Subrogation sans le concours du créancier. Acte authentique, V. notes ss. art. 1346-1. ♦ Antérieurement déjà, sur le rôle passif du créancier. • Civ. 1re, 13 févr. 1963 : *D. 1963, 316, note Voirin*. ♦ Sur la possibilité que les actes d'emprunt et de paiement soient espacés dans le temps. • Paris, 30 juin 1853 : *DP 1854, 2, p. 108*. ♦ ... Ou que l'acte notarié constatant l'emprunt et son affectation soit dressé avant la réalisation du prêt. * Req., 28 avr. 1863 : *DP 1863, 1, p. 329 ; S. 1863, 1, p. 289.*

Art. 1346-3 *(Ord. n° 2016-131 du 10 févr. 2016, art. 3, en vigueur le 1er oct. 2016)* **La subrogation ne peut nuire au créancier lorsqu'il n'a été payé qu'en partie ; en ce cas, il peut exercer ses droits, pour ce qui lui reste dû, par préférence à celui dont il n'a reçu qu'un paiement partiel.** – *Dispositions transitoires, V. Ord. n° 2016-131 du 10 févr. 2016, art. 9, ss. art. 1386-1.*

Comp. C. civ., art. 1252 anc. dont l'art. 1346-2 reprend la substance.

A. LIMITE DU MONTANT ACQUITTÉ

1. Principe. – Paiement partiel, transfert partiel. Le paiement avec subrogation ne transfère légalement la créance que jusqu'à concurrence de la somme payée par le subrogé. • Civ. 1re, 13 janv. 1981, n° 79-10.592 P. ♦ La subrogation est à la mesure du paiement ; cassation de l'arrêt qui attribue au subrogé plus qu'il n'a payé. • Civ. 1re, 21 févr. 2006, n° 04-15.651 P : *D. 2006. 1873, note Gallmeister ; LPA 28-29 mai 2007, note Casson.*

2. Limite de la limite : droit du subrogé aux intérêts légaux. La subrogation est à la mesure du paiement ; le subrogé ne peut prétendre, en outre, qu'aux intérêts produits au taux légal par la dette qu'il a acquittée (cassation de l'arrêt qui condamne la caution du débiteur à payer au subrogé les intérêts conventionnels de la dette cautionnée échus après la date des paiements faits par le subrogé) : • Civ. 1re, 29 oct. 2002, n° 00-12.703 P : *R., p. 446 ; D. 2003. AJ 1092, obs. Avena-Robardet (2e esp.) ; JCP 2003. I. 124, n° 9, obs. Simler ; Defrénois 2003. 1613, obs. Théry ; RTD civ. 2003. 298, obs. Mestre et Fages* • 18 mars 2003, n° 00-12.209 P : *D. eod. loc. (1re esp.) ; JCP 2003. II. 10105, note Billiau ; JCP E 2003. 1160, note Marly* • 15 févr. 2005, n° 03-11.141 P : *D. 2005. AJ 771, obs. Avena-Robardet ; Defrénois 2005. 1236, obs. Libchaber.* ♦ Étant encore précisé qu'une banque qui a versé des salaires en qualité de caution ne peut bénéficier du privilège des salaires pour les intérêts des sommes versées. • Com. 23 nov. 1982, n° 81-10.516 P (qui souligne que le subrogé, qui dispose des droits et actions du créancier qu'il a désintéressé, ne bénéficie que du privilège attaché à la créance qu'il a acquittée).

B. CONCOURS AVEC D'AUTRES CRÉANCIERS

3. Paiement partiel et concours avec le subrogeant. Le subrogé ne peut entrer en concours avec le subrogeant tant que la créance de celui-ci n'est pas éteinte. • Civ. 3e, 12 févr. 2003, n° 01-12.234 P. ♦ Dans le concours de l'assureur subrogé et de l'assuré subrogeant, ce dernier prime le premier jusqu'à concurrence de la réparation du préjudice garanti ; son préjudice n'ayant pas été intégralement réparé, la victime est en droit de réclamer ce qui lui reste dû au responsable du dommage et à son assureur, dans la limite de l'indemnisation mise à leur charge. • Civ. 1re, 27 févr. 2007, n° 04-12.414 P : *D. 2008. Pan. 124, obs. Groutel ; RGDA 2007. 336, note Mayaux.* ♦ Mais si le créancier subrogeant peut exercer ses droits, pour ce qui lui reste dû, par préférence au subrogé dont il n'a reçu qu'un paiement partiel, c'est à la condition qu'il se trouve en concours avec celui-ci dans des actions exercées contre le débiteur. • Civ 3e, 11 mars 2009, n° 08-10.733 P : *RCA 2009, n° 193, obs. Groutel.* ♦ La préférence réservée par l'anc. art. 1252 en faveur du créancier subrogeant qui n'a été payé qu'en partie ne concerne que les deniers spécialement affectés au paiement de la dette et non une créance purement chirographaire. • Req. 1er août 1860 : *DP 1860. 1. 502* • 13 févr. 1899 : *DP 1899. 1. 246.*

4. ... Recours des organismes de sécurité sociale. Les recours subrogatoires des caisses de sécurité sociale contre les tiers s'exercent poste par poste sur les seules indemnités qui réparent des préjudices qu'elles ont pris en charge, à l'exclusion des préjudices à caractère personnel ; en cas de prise en charge partielle par les prestations sociales, l'assuré social peut exercer ses droits contre le responsable, par préférence à la caisse subrogée ; dans le cas d'une limitation du droit à indemnisation de la victime, le droit de préférence de celle-ci sur la dette du tiers responsable a pour conséquence que son préjudice corporel, évalué poste par poste, doit être intégralement réparé pour chacun de ces postes dans la mesure de l'indemnité laissée à la charge du tiers responsable, et que le tiers payeur ne peut exercer son recours, le cas échéant, que sur le reliquat. • Civ. 2e, 24 sept. 2009, n° 08-14.515 P : *JCP. 2010, n° 456, § 11, obs. Bloch* (art. L. 376 1 CSS et art. 31, L. du 5 juill. 1985, réd. issue de l'art. 25 de la L. du 21 déc. 2006).

Art. 1346-4 *(Ord. n° 2016-131 du 10 févr. 2016, art. 3, en vigueur le 1er oct. 2016)* **La subrogation transmet à son bénéficiaire, dans la limite de ce qu'il a payé, la créance et ses accessoires, à l'exception des droits exclusivement attachés à la personne du créancier.**

Toutefois, le subrogé n'a droit qu'à l'intérêt légal à compter d'une mise en demeure, s'il n'a convenu avec le débiteur d'un nouvel intérêt. Ces intérêts sont garantis par les sûretés attachées à la créance, dans les limites, lorsqu'elles ont été constituées par des tiers, de leurs engagements initiaux s'ils ne consentent à s'obliger au-delà. – *Dispositions transitoires, V. Ord. n° 2016-131 du 10 févr. 2016, art. 9, ss. art. 1386-1.*

Comp. C. civ., art. 1252 anc.

A. DROITS ET ACTIONS

1. Droits. Le subrogé ne recueille que les droits dont le subrogeant était titulaire au moment de la subrogation. • Com. 6 mai 1997 : *Defrénois 1997. 1012, obs. Delebecque.* ♦ La cour d'appel qui constate que l'acquéreur, qui n'est pas subrogé dans les droits et actions des vendeurs relatifs à la créance de liquidation d'astreinte mais dans les droits du vendeur du bien immobilier à la date de l'acte d'acquisition, en déduit à bon droit que la liquidation peut être obtenue pour la période antérieure à la vente. • Civ. 3e, 8 avr. 2009, n° 07-19.692 P : *D. 2009. AJ 1212*. ♦ Le subrogé ne peut avoir plus de droits que le créancier originaire. • Civ. 3e, 7 juill. 2010, n° 09-13.159 P : *D. 2010. Actu. 1872 ; RDC 2011. 113, obs. D. Mazeaud* (si le garant d'achèvement, qui a, par son paiement, libéré le vendeur d'un ouvrage en l'état futur d'achèvement de son obligation à la charge définitive de la dette, est subrogé dans les droits des acquéreurs, il ne peut avoir plus de droits que ceux-ci) • 11 mai 2022, n° 21-15.217 B : *RDI 2022. 415, obs. Charbonneau ; RCA 2022, n° 208, obs. Bertolaso ; RGDA 2022/6. 34, note Karila* (cassation de l'arrêt ayant considéré que l'assureur, qui a payé l'indemnité d'assurance, fût-ce en exécution d'une décision de justice, subrogé, bénéficiait de la présomption de responsabilité de l'art. 1792 alors que le désordre apparent avait été couvert par la réception sans réserve, de sorte que les maîtres de l'ouvrage ne disposaient d'aucun recours sur aucun fondement à l'encontre maître d'œuvre). ♦ Le recours subrogatoire de l'assureur dommages-ouvrage ne pouvant excéder la somme à laquelle l'assuré pouvait prétendre au titre de la réparation des désordres de nature décennale, même si, en raison du non-respect de ses obligations légales, l'assureur dommages-ouvrage avait été condamné à payer une somme supérieure, fixation contradictoirement par le juge du fond de la créance subrogatoire au montant hors taxes des travaux de réparation nécessaires. • Civ. 3e, 22 oct. 2014, n° 13-24.420 P : *D. 2014. 2240*.

2. Actions. Le paiement avec subrogation, s'il a pour effet d'éteindre la créance à l'égard du créancier, la laisse subsister au profit du subrogé, qui dispose de toutes les actions qui appartenaient au créancier et qui se rattachaient à cette créance immédiatement avant le paiement. • Civ. 1re, 7 déc. 1983, n° 82-16.838 P : *RTD civ. 1984. 717, obs. Mestre* • Com. 15 mars 1988, n° 85-18.623 P : *R., p. 204 ; GAJC, 11e éd., n° 282 ; D. 1988. 330, note Pérochon ; JCP 1989. II. 21348, note Morançais-Demeester ; Gaz. Pal. 1988. 1. 244, note Soinne ; JCP N 1988. Prat. 674, obs. Cabrillac et Vivant ; RTD civ. 1988. 791, obs. Bandrac ; ibid. 1989. 769, obs. Zenati.* ♦ La subrogation au profit du FIVA (L. n° 2000-1257 du 23 déc. 2000, art. 53) est sans effet sur les conditions dans lesquelles la responsabilité de l'auteur du dommage ou l'obligation à réparer des autres personnes ou organismes peut être engagée. • Civ. 2e, 11 oct. 2015, n° 15-40.030 P. ♦ Peut être adjugé à une association diocésaine, créancier poursuivant subrogé, un immeuble dont la destination n'entre pas dans son objet statutaire, sans que s'y oppose la loi du 1er juill. 1901, art. 6. • Civ. 2e, 6 déc. 2018, n° 17-24.173 P.

3. Perte corrélative des droits et actions du créancier originaire. Les victimes d'un dommage ayant été, en exécution d'une transaction, indemnisées de l'intégralité de leurs préjudices par l'assureur auquel elles avaient délivré une quittance définitive et sans réserve, l'assureur se trouve subrogé dans leurs droits, de sorte qu'elles n'ont plus ni intérêt ni qualité pour solliciter une mesure d'instruction à l'encontre d'un tiers afin d'établir, avant tout procès, la preuve de faits dont pourrait dépendre la solution du litige. • Civ. 1re, 28 mars 2018, n° 17-11.628 P : *RGDA 2018. 301, note Schulz.* ♦ Mais le créancier n'est privé de ses droits qu'à la date du paiement entraînant la subrogation. • Civ. 1re, 11 juin 2008, n° 06-20.104 P : *RTD civ. 2008. 480, obs. Fages* (cassation de l'arrêt ayant déclaré irrecevable la demande d'indemnisation de la victime d'un dommage en retenant qu'en donnant quittance subrogatoire à son assureur, elle s'était dépouillée pour l'avenir de toute qualité et intérêt à agir au sujet du sinistre, alors que le paiement par l'assureur est intervenu postérieurement à l'assignation).

4. ... Compétence. La juridiction compétente pour connaître d'un recours subrogatoire est celle qui a compétence pour connaître de l'action principale du subrogeant. • Soc. 20 nov. 1991, n° 89-18.217 P. ♦ Ce principe joue quel que soit le mode de recouvrement de la créance prétendue : le juge de l'exécution est donc compétent pour connaître des contestations de titres exécutoires émis par une autorité publique en paiement d'une dette locative dans laquelle elle avait été subrogée par une personne privée qui avait une créance contre ce particulier. • T. confl. 19 févr. 1996, n° 09-42.972 P. ♦ V. conf., en matière d'assurance : • T. confl. 4 mars 2002, n° 02-03.279 P • 4 mars 2002, n° 02-03.265 P • 6 mai 2002, n° 03-03.339 P : *RTD civ. 2003. 298, obs. Mestre et Fages* • 24 mars 2003, n° 03-03.339 P.

5. Jurisprudence rendue en application de l'art. 1249 anc. – Transmission des droits et actions. La subrogation conventionnelle expressément consentie en même temps que le paiement par le créancier recevant ce paiement d'une tierce personne transmet à celle-ci les droits et actions du créancier contre le débiteur. Il est de principe que ni le consentement du débiteur ni son concours à l'acte de subrogation ne sont nécessaires à la validité de cet acte. • Civ. 1re, 23 oct. 1984, n° 83-11.982 P. ♦ La subrogation transmet la créance au subrogé à la date du paiement qu'elle implique ; cassation de l'arrêt ayant déclaré irrecevable la demande d'indemnisation de la victime d'un dommage en retenant qu'en donnant quittance subrogatoire à son assureur, elle s'était dépouillée pour l'avenir de toute qualité et intérêt à agir au sujet du sinistre, alors que le paiement par l'assureur est intervenu postérieurement à l'assignation. • Civ. 1re, 11 juin 2008, n° 06-20.104 P : *RTD civ. 2008. 480, obs. Fages*. ♦ La cour d'appel qui constate que l'acquéreur, qui n'est pas subrogé dans les droits et actions des vendeurs relatifs à la créance de liquidation d'astreinte mais dans les droits du vendeur du bien immobilier à la date de l'acte d'acquisition, en déduit à bon droit que la liquidation peut être obtenue pour la période antérieure à la vente. • Civ. 3e, 8 avr. 2009, n° 07-19.692 P : *D. 2009. AJ 1212*.

Par l'effet de la subrogation conventionnelle, l'assureur de la victime d'un dommage résultant d'une atteinte à la personne est, pour le recouvrement des prestations indemnitaires ou de l'avance sur indemnité qu'il a versées à son assuré, investi de l'ensemble des droits et actions dont celui-ci disposait contre la personne tenue à réparation ou son assureur, et ainsi de l'action directe contre l'assureur du responsable. • Civ. 2e, 26 nov. 2020, n° 19-23.023 P : *D. actu. 23 déc. 2020, note Bigot et Cayolle ; RDC 2021/2. 43, note Hontebeyrie.*

B. AUTRES ÉLÉMENTS LIÉS À LA CRÉANCE

6. Avantages et accessoires. La subrogation a pour effet d'investir le subrogé de la créance primitive avec tous ses avantages ou accessoires, présents et à venir. Ainsi, une banque qui, contre quittance subrogative, a payé des salaires, bénéficie du superprivilège des salaires. • Com. 3 juin 1982 : *D. 1982. 481, note A. Honorat.* ♦ Même sens, pour l'assurance des salaires : • Soc. 25 avr. 1984 : *Bull. civ. V, n° 141 ; RTD civ. 1985. 383, obs. Mestre.* ♦ ... Pour une clause de réserve de propriété : • Com. 15 mars 1988 : *préc. note 2*, rejetant le pourvoi contre • Paris, 28 nov. 1985 : *Gaz. Pal. 1986. 1. 157, note Soinne.* ♦ V. cependant • Nancy, 19 déc. 1985 : *D. 1986. 246 (2e esp.), note Cabrillac* (refus au tiers porteur d'une lettre de change du bénéfice de la clause stipulée par le tireur). ♦ ... Pour les intérêts conventionnels des créances échus après la date des paiements subrogatoires, de même que les effets des clauses d'anatocisme et d'échelle mobile prévus aux contrats initiaux : • Civ. 1re, 3 mai 1978 : *Bull. civ. I, n° 173 ; D. 1980. 107, note Poulnais.* ♦ ... Pour l'action paulienne pouvant appartenir au créancier : • Civ. 1re, 10 mai 1984 : *Bull. civ. I, n° 155 ; RTD civ. 1985. 174, obs. Mestre.* – V. aussi • Civ. 1re, 13 janv. 1993, n° 88-12.884 P : *RTD civ. 1993. 822, obs. Mestre*. ♦ ... Pour l'invocation d'un acte apparent : • Civ. 1re, 31 janv. 1989 : *Bull. civ. I, n° 52.* ♦ Droit pour le débiteur qui a réglé la dette d'une caution à une banque de recourir au mandat de recouvrement donné à ladite banque. • Com. 18 mars 2014, n° 13-12.444 P.

7. Intransmissibilité exceptionnelle de certaines garanties ou prérogatives personnelles. L'expéditeur, subrogé dans les droits du transporteur substitué pour l'avoir payé de son fret, n'acquiert, du fait de cette subrogation, ni la garantie de paiement exclusivement réservée au transporteur, ni aucun droit à l'égard du cessionnaire. • Com. 13 nov. 2007, n° 06-18.978 P : *D. 2007. AJ 3004, obs. Delpech ; RTD com. 2008. 410, obs. Bouloc*. ♦ Attachée à la personne du subrogeant, la faculté de demander le prononcé du règlement judiciaire [ou du redressement judiciaire] n'est pas transmise au subrogé. • Com. 12 nov. 1985 : *Bull. civ. IV, n° 269 ; RTD civ. 1986. 351, obs. Mestre.* ♦ Dans un crédit-bail, la caution qui a payé la dette d'un locataire est subrogée dans les droits du crédit-bailleur contre le locataire, mais ne peut agir contre le vendeur du matériel qui ne s'était engagé à reprendre celui-ci qu'à l'égard du crédit-bailleur. • Com. 25 avr. 1983 : *D. 1984. 417, note Delebecque.*

C. DISPOSITIONS CONVENTIONNELLES

8. Effets de la subrogation conventionnelle. V. notes ss. anc. art. 1250.

Art. 1346-5 *(Ord. n° 2016-131 du 10 févr. 2016, art. 3, en vigueur le 1er oct. 2016)* **Le débiteur peut invoquer la subrogation dès qu'il en a connaissance mais elle ne peut lui être opposée que si elle lui a été notifiée ou s'il en a pris acte.**

La subrogation est opposable aux tiers dès le paiement.

Le débiteur peut opposer au créancier subrogé les exceptions inhérentes à la dette, telles que la nullité, l'exception d'inexécution, la résolution ou la compensation de dettes connexes. Il peut également lui opposer les exceptions nées de ses rapports avec le subrogeant avant que la subrogation lui soit devenue opposable, telles que l'octroi d'un terme, la remise de dette ou la compensation de dettes non connexes. – *Dispositions transitoires, V. Ord. n° 2016-131 du 10 févr. 2016, art. 9, ss. art. 1386-1.*

Comp. C. civ., art. 1252 anc.

1° LIMITES TENANT AUX DROITS DU SUBROGEANT – OPPOSABILITÉ DES EXCEPTIONS

1. Opposabilité des exceptions. Le débiteur poursuivi peut opposer au créancier subrogé les mêmes exceptions et moyens de défense dont il aurait pu disposer initialement contre son créancier originaire. • Civ. 1re, 4 avr. 1984, n° 82-16.683 P : *RTD civ. 1985. 383, obs. Mestre.*

2. Prescription. Celui qui est subrogé dans les droits de la victime d'un dommage ne dispose que des actions bénéficiant à celle-ci, de sorte que son action contre l'assureur du responsable est soumise à la prescription applicable à l'action directe de la victime. • Civ. 1re, 4 févr. 2003, n° 99-15.717 P : *RDI 2003. 233, obs. L. G.* ; *RGDA 2003. 344, note Mayaux ; RTD civ. 2003. 298, obs. Mestre et Fages* ; *ibid. 512, obs. Jourdain* • Civ. 3e, 27 janv. 2010, n° 08-21.291 P • Civ. 1re, 2 févr. 2022, n° 20-10.855 B : *D. 2022. 643, note Gérard* ; *RTD civ. 2022. 388, obs. Barbier* ; *RCA 2022, n° 115, obs. Krajeski.* ♦ Solution qui permet aussi que l'action subrogatoire en remboursement des prestations versées à la victime par un organisme de sécurité sociale soit soumise à la règle selon laquelle les actions en responsabilité civile extracontractuelle se prescrivent par 10 ans à compter de la manifestation du dommage ou de son aggravation. • Civ. 2e, 17 janv. 2013 : *cité note 6 ss. art. 2226.* ♦ V., cep. • Civ. 3e, 24 oct. 2007, n° 06-17.295 P : *JCP 2008. II. 10040, note Guyader ; Defrénois 2009. 88, obs. Périnet-Marquet* , jugeant qu'est recevable l'action de l'assureur dommage-ouvrage subrogé dans les droits du maître de l'ouvrage, exercée directement contre l'assureur de responsabilité des constructeurs, bien que l'action de l'assureur dommage-ouvrage subrogé soit prescrite à l'encontre de l'assuré, cette action directe n'étant pas soumise à la mise en cause de l'assuré. ♦ Le débiteur d'indemnisation peut opposer au Fonds de garantie des victimes des actes de terrorisme et d'autres infractions la prescription acquise antérieurement au paiement. • Civ. 2e, 14 janv. 2016, n° 15-13.040 P. ♦ L'action d'une caisse d'assurance maladie, au cours d'une instance dirigée contre un transporteur aérien, est recevable, même si celle-ci a déposé des conclusions après l'expiration du délai de deux ans prévu par l'art. 29 de la convention de Varsovie, dès lors que la victime dans les droits de laquelle elle est subrogée, en application de l'art. 30 de la L. du 5 juill. 1985, a agi avant le terme de ce délai. • *Civ. 1re, 18 juin 1996,* *n° 94-14.552 P : R., p. 339.* ♦ La prescription de l'action fondée sur la subrogation ne peut commencer à courir avant le paiement subrogatoire. • Civ. 1re, 4 nov. 2003 : *RGDA 2004. 51, note Bruschi* (subrogation de l'art. 1251-3° anc.). ♦ V. note 48 ss. art. 2241.

3. Opposabilité d'une clause de réserve de propriété. Le subrogé ne pouvant avoir plus de droit que le subrogeant, la société d'affacturage subrogée dans les droits d'un acquéreur ne peut se prévaloir de cette subrogation pour faire échec à une clause de réserve de propriété reconnue opposable à cet acquéreur. • Com. 27 juin 1989 : *Bull. civ. IV, n° 205.* – Dans le même sens : • Com. 26 avr. 2000, n° 97-24.486 P : *JCP E 2001. 367, obs. Mainguy.* ♦ Mais dès lors qu'au jour de la revendication le prix de revente des marchandises a été payé par le sous-acquéreur au tiers subrogé dans les droits de l'acquéreur, le vendeur originaire ne peut plus se prévaloir de son droit de revendication. • Com. 11 déc. 1990, n° 89-17.454 P.

4. ... D'une clause de conciliation préalable. La clause de conciliation préalable figurant au contrat d'architecte est opposable aux subrogés agissant par subrogation sur le fondement contractuel à l'encontre de l'architecte, en dépit du fait qu'ils n'en aient pas eu personnellement connaissance. • Civ. 3e, 28 avr. 2011, n° 10-30.721 P : *D. 2012. 244, obs. Fricero* ; *RDC 2012. 882, obs. Pelletier.*

5. Jugement opposable au subrogé. L'assureur qui exerce l'action subrogatoire, n'ayant pas plus de droits que son assuré, peut se voir opposer le jugement déboutant ce dernier de son action en garantie, dès lors que l'assuré s'est désisté de l'appel de ce jugement et que par ailleurs aucune autre voie de recours n'a été introduite contre cette décision. • Civ. 1re, 4 juin 1996, n° 93-21.135 P. ♦ V. aussi • Civ. 2e, 14 janv. 1999, n° 96-22.260 P (la subrogation de l'assureur dans les droits des victimes implique l'identité des parties dans les deux instances, pénale et civile : autorité de chose jugée des dispositions civiles du jugement pénal).

2° OPPOSABILITÉ DU TRANSFERT

6. Opposabilité du transfert au subrogeant. La renonciation à poursuivre pour le montant de la créance originaire, postérieure au transfert de la créance par subrogation conventionnelle au profit d'une société d'affacturage, ne peut avoir effet contre cette dernière, devenue seule titulaire de la créance (rejet de la prétention du débiteur, qui se prévalait à l'encontre de la société d'affacturage de la renonciation de son créancier). • Com. 22 oct. 1991, n° 90-10.971 P. ♦ La révocation amiable de la vente, postérieure au transfert, par subrogation conventionnelle, de la créance du prix à une société d'affacturage est sans effet à l'égard de cette dernière. • Com. 9 nov. 1993, n° 91-17.032 P.

7. L'assuré qui, après avoir été indemnisé, a subrogé son assureur dans ses droits n'a plus qualité pour agir contre le responsable et ne peut, sauf convention expresse ou tacite l'y habilitant, agir en justice dans l'intérêt de l'assureur. • Civ. 1re, 4 févr. 2003, n° 00-11.023 P : *D. 2003. IR*

809 ; *RTD civ. 2003. 298, obs. Mestre et Fages* • 4 févr. 2003, n° 00-15.716 P. ♦ Inversement, lorsque le paiement par l'assureur a eu lieu après l'assignation. • Civ. 1re, 11 juin 2008 : *cité note 3 ss. art. 1346-4.*

8. Aménagements : subrogeant exerçant les droits du subrogé. Sur la possibilité pour le subrogé de laisser exercer ses droits par le subrogeant, V. • Com. 17 déc. 1985 : *Bull. civ. IV, n° 296 ; RTD civ. 1987. 319, obs. Mestre.* – Dans le même sens : • Com. 23 janv. 2001, n° 97-21.311 P : *D. 2001. AJ 858, obs. A. Lienhard* ; *RTD civ. 2001. 592, obs. Mestre et Fages*. ♦ L'assuré qui, après avoir été indemnisé, a subrogé son assureur dans ses droits n'a plus qualité pour agir contre le responsable et ne peut, sauf convention expresse ou tacite l'y habilitant, agir en justice dans l'intérêt de l'assureur. • Civ. 1re, 4 févr. 2003, n° 00-11.023 P : *D. 2003. IR 809* ; *RTD civ. 2003. 298, obs. Mestre et Fages* • 4 févr. 2003, n° 00-15.716 P • Com. 1er déc. 2009, n° 08-20.656 P : *D. 2009. AJ 2929* ; *RCA 2010, n° 95, note Groutel* • 1er déc. 2009, n° 08-14.203 P.

9. Opposabilité du transfert au débiteur et information. Le transfert est opposable au débiteur à la date du paiement subrogatoire. • Com. 3 avr. 1990 : *D. 1991. 180, note Dagorne-Labbe* . ♦ La demande de paiement d'une société d'affacturage qui a payé la société créancière ne peut être rejetée au motif que la dette est éteinte par des paiements opérés directement par le débiteur au créancier, sans rechercher si les paiements invoqués ont été effectués avant que le débiteur ait été informé de la subrogation dont bénéficie la société d'affacturage. • Com. 4 oct. 1982 : *Bull. civ. IV, n° 287* • 15 oct. 1996, n° 94-16.302 P : *CCC 1997, n° 2, obs. Leveneur.* ♦ V. aussi • Com. 14 oct. 1975 : *JCP 1976. II. 18279, note Gavalda* (avis de subrogation figurant sur la facture insuffisamment apparent pour attirer l'attention du débiteur) • 26 avr. 2000, n° 97-21.486 P : *D. 2000. AJ 290, obs. Faddoul* ; *Defrénois 2001. 47, note Dagorne-Labbe.*

10. Le débiteur cédé n'est pas tenu d'informer le créancier subrogé du paiement qu'il a effectué au créancier subrogeant avant d'avoir eu connaissance de la subrogation. • Com. 18 mars 1997, n° 94-21.075 P : *RTD civ. 1997. 938, obs. Mestre* .

11. Opposabilité et redressement judiciaire du débiteur. Il appartient à la société d'affacturage subrogée, comme à tout créancier, de veiller à la sauvegarde de ses droits en déclarant sa créance avant l'expiration du délai légal qui suit la publication du jugement d'ouverture. • Com. 20 janv. 1998, n° 96-11.501 P : *D. Affaires 1998. 336, obs. X. D. ; JCP 1998. II. 10121, note Dagorne-Labbe.* ♦ La contre-passation de factures dont le montant n'est pas absorbé par le solde créditeur du compte courant ne vaut pas paiement et, par conséquent, ne fait pas perdre la propriété des créances correspondantes à l'affactureur qui conserve seul le pouvoir d'en poursuivre le recouvrement et de les déclarer à la procédure collective du débiteur. • Com. 29 avr. 2014 : *D. 2014. 1038* .

12. Transaction. L'assureur d'un conducteur impliqué dans un accident étant subrogé dans les droits de son assuré, lui-même subrogé dans les droits de la victime, passager d'un second véhicule, la transaction conclue entre cet assureur et la victime est opposable à l'auteur du dommage, conducteur du second véhicule. • Civ. 2e, 1er avr. 1999, n° 96-19.804 P : *R., p. 409 ; RCA 1999. Chron. 15, par Groutel (3e esp.).*

Code des assurances

Art. L. 121-12 L'assureur qui a payé l'indemnité d'assurance est subrogé, jusqu'à concurrence de cette indemnité, dans les droits et actions de l'assuré contre les tiers qui, par leur fait, ont causé le dommage ayant donné lieu à la responsabilité de l'assureur.

L'assureur peut être déchargé, en tout ou en partie, de sa responsabilité envers l'assuré, quand la subrogation ne peut plus, par le fait de l'assuré, s'opérer en faveur de l'assureur.

Par dérogation aux dispositions précédentes, l'assureur n'a aucun recours contre les enfants, descendants, ascendants, alliés en ligne directe, préposés, employés, ouvriers ou domestiques, *et généralement* toute personne vivant habituellement au foyer de l'assuré, sauf le cas de malveillance commise par une de ces personnes.

V. art. 1346, notes 3 et 4.

SECTION 2 La compensation

(Ord. n° 2016-131 du 10 févr. 2016, art. 3, en vigueur le 1er oct. 2016)

RÉP. CIV. v° *Compensation*, par A.-M. Toledo-Wolfsohn.

BIBL GÉN. ▸ Dissaux et Jamin, Projet de réforme, supplément, *C. civ. 2016, p. 189.* – Jourdan, *Journ. sociétés 9/2016. 32.* – Martin, De la libération du débiteur, *in* Pour une réforme du régime général des obligations, F. Terré (dir.), *D. 2013. 93.* – Rieubernet, *Dr. fam. 2019. Étude 3* (compensation des obligations alimentaires). – Robine, *Dr. et patr. 7-8/2015. 59.*

SOUS-SECTION 1 Règles générales

(Ord. nº 2016-131 du 10 févr. 2016, art. 3, en vigueur le 1er oct. 2016)

Art. 1347 *(Ord. nº 2016-131 du 10 févr. 2016, art. 3, en vigueur le 1er oct. 2016)* **La compensation est l'extinction simultanée d'obligations réciproques entre deux personnes.**

Elle s'opère, sous réserve d'être invoquée, à due concurrence, à la date où ses conditions se trouvent réunies. – *Dispositions transitoires, V. Ord. nº 2016-131 du 10 févr. 2016, art. 9, ss. art. 1386-1.*

Comp. C. civ., art. 1289 anc. et 1290 anc.

BIBL. ▶ ANDREU, *RDC 2017. 206* (proposition de modification).

1. Ordre public (non). La compensation, n'étant pas d'ordre public, ne peut pas être invoquée pour la première fois devant la Cour de cassation. • Civ. 1re, 6 mai 1969 : *Bull. civ. I, nº 166 (1er arrêt).* ♦ On peut renoncer aux effets de la compensation légale, soit par avance, soit après que cette compensation s'est accomplie. • Req. 11 mai 1880 : *DP 1880. 1. 470.*

A. CONDITIONS

2. Qualité des parties. Il ne peut y avoir compensation entre deux obligations dans lesquelles les parties ne figurent pas en la même qualité. • Com. 7 févr. 1983 : *Bull. civ. IV, nº 49* • Civ. 1re, 25 févr. 1997 : *Dr. et patr. 1997, nº 1691, obs. Bénabent* (pas de compensation entre la créance de l'un des indivisaires sur l'autre à titre personnel et la dette de cet indivisaire envers l'indivision). ♦ Absence de compensation entre les dettes de la succession et une créance personnelle de l'héritier bénéficiaire. • Civ. 1re, 2 mai 2001, nº 98-22.637 P : *D. 2001. IR 1672* ; *RTD civ. 2002. 131, obs. Patarin* . ♦ Le débiteur d'une collectivité publique ne peut pas compenser sa dette avec les créances qu'il détient sur cette même collectivité. • Civ. 1re, 10 déc. 2014, nº 13-25.114 P. ♦ La compensation ne s'opère qu'entre deux personnes qui se trouvent débitrices l'une envers l'autre ; absence de compensation entre la dette d'une société envers un époux au titre du remboursement de parts sociales, et un titre de condamnation de cette société contre l'épouse, seule obligée à paiement, la circonstance que le patrimoine de l'époux puisse être affecté par cette condamnation, en l'état de son régime matrimonial, ne suffisant pas à la délivrance d'un titre de paiement contre lui. • Civ. 1re, 25 nov. 2015, nº 14-14.003 P : *D. 2016. 531, note Casu* ; *Dr. fam. 2016, nº 6, obs. Binet ; RDC 2016. 231, note Libchaber ; ibid. 290, note Goldie-Génicon.*

3. Réciprocité des parties. Les juges ne peuvent décider que la compensation doit s'opérer entre la créance d'une personne contre une société et la dette de cette personne envers une autre société, au motif que cette dernière était responsable des sociétés de son groupe, alors que les deux sociétés constituaient des personnes morales distinctes. • Com. 12 févr. 1980, nº 78-18.872 P. – Même sens : • Com. 28 mai 1991, nº 89-20.587 P : *RTD civ. 1992. 103, obs. Mestre* • Civ. 1re, 23 nov. 1999, nº 97-15.523 P : *R., p. 408.* ♦ V. également : • Soc. 5 déc. 2012 : *D. 2012. 2970* • 7 déc. 2017, nº 16-18.669 P (absence de compensation entre les rémunérations versées par une société, et celles dues par une autre pour la même période, cette dernière n'étant titulaire d'aucune créance susceptible de se compenser avec leur dette de salaire). ♦ En revanche, une société étant créancière d'une autre et débitrice d'une troisième, la condition de réciprocité existe dès lors que, sous l'apparence de ces deux dernières sociétés, il n'y a en fait qu'une seule personne morale ou que leurs patrimoines sont confondus, ainsi qu'il résulte d'un précédent arrêt ayant étendu le redressement judiciaire de l'une à l'autre. • Com. 9 mai 1995 : *D. 1996. 322, note Loiseau* ; *JCP 1995. II. 22448, rapp. Rémery ; RTD civ. 1996. 163, obs. Mestre* . ♦ L'autorité de chose jugée du jugement d'ouverture de liquidation d'une société, distinct de la procédure de liquidation ouverte à l'encontre d'un de ses associés, fait obstacle à la compensation entre la créance sociale d'un tiers et la dette de cet associé envers ce tiers, en l'absence de confusion de patrimoine entre l'associé et la société. • Com. 5 févr. 2013, nº 12-12.808 P : *D. 2013. 431* ; *Rev. sociétés 2013. 181, obs. Roussel Galle* .

4. Interposition. Si la compensation ne peut s'opérer qu'entre deux personnes respectivement débitrices l'une de l'autre, l'interposition de l'indivision successorale entre deux héritiers purs et simples n'empêche pas la compensation de jouer, l'indivision n'ayant pas de personnalité indépendante de celle des héritiers. • Civ. 1re, 10 déc. 1968 : *D. 1969. 165.* – V. conf. • Civ. 1re, 17 déc. 1991, nº 90-12.191 P.

5. Subrogation. Compensation entre la dette de restitution du prix, après résolution de la vente, et la dette de l'acheteur à l'égard du vendeur, qui a réglé des échéances du prêt et est subrogé dans les droits du prêteur à l'encontre de l'acheteur emprunteur. • Civ. 3e, 4 déc. 2002, nº 00-17.925 P.

6. Procédure collective. Les sommes recouvrées au titre de la restitution par le créancier des sommes qu'il a reçues au titre d'opérations annulées à la demande du commissaire à l'exécution du plan agissant dans l'intérêt collectif des créanciers en vue de reconstituer l'actif du débiteur, entrent dans le patrimoine de ce dernier et sont destinées à être réparties entre tous les créanciers ; toute compensation en vertu de l'existence d'un lien de connexité est donc exclue entre la dette de restitution consécutive à l'annulation d'une opération contractée après la date de cessation des paiements et une créance admise au passif du débiteur. • Com. 13 avr. 2022, n° 20-22.389 B : *D. 2022. 791* ; *RTD com. 2022. 651, obs. Martin-Serf*.

B. APPLICATIONS

7. *Créances salariales.* La compensation entre salaires et dettes des salariés pour fournitures diverses est prohibée (C. trav., art. L. 3251-1 nouv.), mais non la compensation des salaires avec l'indemnité pour inexécution du préavis. • Soc. 10 juin 1976 : *Bull. civ. V, n° 361.* ♦ ... Ou avec des sommes dues par le salarié à raison d'agissements délictueux ou frauduleux. • Soc. 26 oct. 1978 : *Bull. civ. V, n° 719* • 6 mars 1980 : *ibid. V, n° 228.* ♦ ... Dans la limite de la fraction saisissable du salaire. • Soc. 21 mars 2000, n° 99-40.003 P : *Dr. soc. 2000. 594, note Radé.* – V. aussi • Civ. 2e, 9 nov. 2006, n° 05-14.535 P. ♦ La responsabilité pécuniaire du salarié à l'égard de son employeur ne peut résulter que de sa faute lourde, même en ce qui concerne le droit à compensation prévu à l'art. L. 144-1 [L. 3251-2] C. trav. • Soc. 20 avr. 2005, n° 03-40.069 P : *R., p. 326 ; D. 2006. 1346, note J. Mouly* ; *JCP E 2006. 1261, note Vachet ; Dr. et patr. 9/2005. 122, obs. Darmaisin ; LPA 13 janv. 2006, note Touchent ; RDC 2005. 1104, obs. Radé* • 21 oct. 2008, n° 07-40.809 P : *D. 2008. AJ 2800* ; *RDT 2009. 112, note Pignarre* (exclusion de la compensation entre la dette de l'employeur et la perte de recettes encaissées résultant de la négligence du salarié). ♦ La retenue sur salaire pour le remboursement des contraventions afférentes à un véhicule professionnel mis à la disposition du salarié est illégale, fût-elle prévue par un contrat de travail. • Soc. 11 janv. 2006, n° 03-43.587 P : *D. 2006. 2013, note J. Mouly*.

8. *Comptes d'un conseil juridique.* En vertu de l'art. 27 du Décr. du 13 juill. 1972 (abrogé), il ne peut y avoir ni compensation ni fusion entre le compte que le conseil juridique doit faire ouvrir à son nom pour y déposer les fonds reçus à l'occasion des actes et des opérations accomplis dans l'exercice de sa profession et tout autre compte du même titulaire. Cette règle est d'ordre public. • Civ. 1re, 19 févr. 1985, n° 84-12.283 P : *R., p. 137.*

9. *Primes d'assurance.* L'assureur de responsabilité ne peut opérer la compensation entre l'indemnité due à la victime et le montant des primes échues à la date du sinistre et non réglées par l'assuré. • Civ. 1re, 31 mars 1993, n° 91-13.637 P : *R., p. 336 ; D. 1993. 519, note Larroumet* • 28 avr. 1993, n° 90-17.727 P : *R., p. 336 ; D. eod. loc*.

10. *Crédit documentaire – Admission de la compensation.* Il résulte de l'art. 1290 anc. C. civ. que la compensation équivaut à un paiement et des art. 2 et 8 RUU 600 (Règles et usances uniformes de la Chambre de commerce internationale régissant les lettres de crédit) que la banque confirmante prend l'engagement irrévocable d'honorer. Ainsi, la banque confirmante qui oppose l'exception de compensation légale à raison d'une créance détenue à l'égard du bénéficiaire n'oppose pas une condition non documentaire, mais honore son obligation de paiement née du crédit documentaire. • Com. 15 mars 2023, n° 20-23.552 B : *D. Actu. 22 mars 2023, obs. Hélaine.*

11. *Impôts.* Sur la possibilité pour l'administration d'affecter, par voie de compensation, au règlement d'impositions dues par un contribuable les sommes versées par celui-ci en paiement d'un autre impôt dont il n'était pas redevable, V. • CE 5 janv. 1994, *Bucher : D. 1994. 497, note Haïm*.

12. *Sécurité sociale.* Compensation entre sommes dues par un établissement de santé à la sécurité sociale, et inversement. • Civ. 2e, 31 mai 2018, n° 17-19.340 P (obligations réciproques devant être fongibles, certaines et liquides).

C. OBLIGATION D'INVOQUER LA COMPENSATION

13. *Ordre public (non).* La compensation, n'étant pas d'ordre public, ne peut pas être invoquée pour la première fois devant la Cour de cassation. • Civ. 1re, 6 mai 1969 : *Bull. civ. I, n° 166 (1er arrêt).*

14. On peut renoncer aux effets de la compensation légale, soit par avance, soit après que cette compensation s'est accomplie. • Req. 11 mai 1880 : *DP 1880. 1. 470.*

15. *Absence d'effet de plein droit.* La compensation n'opère pas de plein droit mais doit être invoquée, à due concurrence, à la date où ses conditions sont réunies. • Civ. 2e, 30 juin 2022, n° 21-10.272 B (compensation d'une créance indemnitaire résultant d'une décision de justice). ♦ Comp. antérieurement : art. 1290 anc. et notes citées ss. anc. art. 1290 et anc. 1291.

16. *Compensation et prescription.* V. note 2 ss. art. 1291 anc.

Art. 1347-1 *(Ord. nº 2016-131 du 10 févr. 2016, art. 3, en vigueur le 1er oct. 2016)* **Sous réserve des dispositions prévues à la sous-section suivante, la compensation n'a lieu qu'entre deux obligations fongibles, certaines, liquides et exigibles.**

Sont fongibles les obligations de somme d'argent, même en différentes devises, pourvu qu'elles soient convertibles, ou celles qui ont pour objet une quantité de choses de même genre. – *Dispositions transitoires, V. Ord. nº 2016-131 du 10 févr. 2016, art. 9, ss. art. 1386-1.*

Comp. C. civ., art. 1290 anc. et 1291 anc.

1. Conditions – Dettes certaines, liquides et exigibles. Comp. anc. art. 1290 notes 2 s.

2. Non-compensation à raison du défaut d'exigibilité. La compensation ne peut intervenir quand une des dettes n'est pas exigible en raison du terme qui l'affecte. • Com. 13 déc. 1994, nº 92-16.550 P (impossibilité d'opposer la compensation au cessionnaire de la créance, le débiteur n'ayant pas renoncé à se prévaloir du terme avant la notification qui lui a été faite). ♦ Les conditions de la compensation légale ne sont pas réunies quand il est relevé que les créances invoquées figurent sur deux comptes courants distincts, que les opérations les concernant sont demeurées volontairement séparées, faisant ainsi ressortir le défaut d'exigibilité des créances réciproques. • Com. 8 mars 1982 : *Bull. civ. IV, nº 88.* ♦ Sur la compensation en matière de compte courant, V. • Req. 7 févr. 1928 : *DP 1928. 1. 70, note Besson* • Civ. 17 déc. 1930 : *DH 1931. 100* (« Avant la clôture du compte courant, les articles du compte restent en dehors du domaine des art. 1289 anc. s. C. civ. ») • 16 janv. 1940 : *DC 1942. 93 (2e esp.), note Hamel.* ♦ La compensation ne peut s'opérer entre les sommes dues à une société d'avoués par la partie qu'elle représente et les sommes reçues pour le compte de cette partie, faute pour la société d'avoués de disposer d'un état de frais certifié, la créance n'étant alors pas exigible. • Civ. 2e, 23 nov. 2006, nº 05-17.372 P.

Absence de compensation, faute de créances liquides et exigibles réciproques, entre des cotisations réclamées par l'URSSAF concernant des cotisations « employeur au régime général » et un excédent sur un compte « profession indépendante », le trop versé de cotisations invoqué au soutien de la demande de compensation n'étant pas déterminé dans son montant et rien n'indiquant qu'il constituait une créance liquide et exigible, en l'absence de lien de connexité entre les dettes dont la compensation était demandée. • Civ. 2e, 8 oct. 2020, nº 19-17.575 P.

3. Mais doit être cassé l'arrêt de renvoi qui refuse la compensation entre une indemnité allouée à une société et les restitutions dues par celle-ci à la suite de la cassation d'un arrêt antérieur, au motif que ce serait l'arrêt de renvoi qui constituerait le titre de restitution et que les intérêts ne commenceraient à courir qu'à compter de sa signification, alors que la cassation constituait le titre ouvrant droit à restitution et que les intérêts couraient à compter de la signification de cet arrêt. • Com. 12 juill. 2011, nº 10-16.911 P : *D. 2011. 2031.*

4. Non-compensation de créances litigieuses. Tant que l'une des créances est litigieuse, les conditions de la compensation ne sont pas réunies et les intérêts légaux de la créance réciproque courent jusqu'à ce que la première soit devenue certaine, liquide et exigible. • Com. 18 janv. 1977 : *Bull. civ. IV, nº 16.* ♦ En présence d'une contestation du débiteur, la créance de pénalités de retard, qui constitue une clause pénale, n'est pas certaine, liquide et exigible. • Com. 24 mars 2015, nº 13-23.791 P. ♦ V. déjà • Com. 21 janv. 1992, nº 90-13.548 P.

Absence de compensation légale en présence d'une créance, de nature indemnitaire, qui n'est admise ni en son principe ni en son quantum par la société à laquelle elle est opposée. • Com. 6 janv. 2021, nº 18-15.228 P.

5. ... Dettes fongibles (al. 2). – Non-compensation à raison de la nature des dettes en présence. L'héritier bénéficiaire ne peut compenser ses créances avec les sommes par lui touchées pour la succession. • Civ. 23 juin 1856 : *DP 1856. 1. 262.* ♦ Il ne peut y avoir compensation entre le droit réel de copropriété dont l'héritier est investi sur la totalité des biens successoraux et sa dette rapportable. • Civ. 1re, 14 déc. 1983, nº 82-14.725 P : *R., p. 47 ; D. 1984. 310, note Breton ; RTD civ. 1985. 191, obs. Patarin.* ♦ ... Ni entre la créance d'une somme d'argent et celle d'un prêt à usage d'objets. • Civ. 1re, 10 juin 1987 : *Bull. civ. I, nº 187.* ♦ ... Ou, encore, entre une dette de TVA d'une entreprise antérieure au jugement d'ouverture d'une procédure collective et le crédit d'impôt afférent à des opérations postérieures. • Com. 19 janv. 1999, nº 95-22.136 P : *D. Affaires 1999. 296, obs. A. L. ; LPA 18 mai 1999, note Soinne ; ibid. 15 juin 1999, note Brandeau ; JCP 1999. I. 139, obs. M. C.*

6. Compensation et procédures collectives. V. notes 7 s. ss. art. 1348-1.

Art. 1347-2 *(Ord. nº 2016-131 du 10 févr. 2016, art. 3, en vigueur le 1er oct. 2016)* **Les créances insaisissables et les obligations de restitution d'un dépôt, d'un prêt à usage ou d'une chose dont le propriétaire a été injustement privé ne sont compensables que si**

le créancier y consent. – *Dispositions transitoires, V. Ord. n° 2016-131 du 10 févr. 2016, art. 9, ss. art. 1386-1.*

Comp. C. civ., art. 1293 anc. repris en substance par l'art. 1347-2.

1. Compensation judiciaire. Les exceptions aux règles de la compensation légale énumérées par l'art. 1347-2 ne s'étendent pas aux créances et dettes qui font l'objet d'une demande de compensation judiciaire sur le fondement de l'art. 1348 et dont l'appréciation incombe aux juges du fond. • Civ. 1re, 11 mai 2022, n° 21-16.600 B : *D. 2022. 1300, note Bouathong* ; *CCC 2022, n° 111, note Leveneur; JCP N 2022, n° 1217, note leveneur; RDC 2022/3. 21, note Hontebeyrie* (compensation entre indemnité d'occupation et indemnisation de recel successoral). ♦ Dans le même sens sous l'empire de l'art. 1293 anc. • Civ. 1re, 12 juill. 1956 : *Gaz. Pal. 1956. 2. 149; RTD civ. 1956. 737, obs. Mazeaud; ibid. 762, obs. Hébraud.* – V. aussi • Civ. 1re, 10 avr. 1973 : *JCP 1974. II. 17605, note Ghestin.* ♦ Comp. • Civ. 1re, 6 mai 1997 : *cité note 2* (appliquant l'art. 1293-1° anc. dans le cas d'une compensation judiciaire ; hypothèse de recel successoral).

2. Recel. L'héritier receleur doit restituer l'intégralité des sommes diverties sans pouvoir effectuer de compensation. • Civ. 1re, 6 mai 1997, n° 94-18.446 P : *JCP 1997. II. 22932, note Loiseau.*

3. Mandat. Les cas dans lesquels la compensation légale est exclue (art. 1293-2° anc.) ne visent pas les créances et les dettes nées du mandat. • Com. 8 mars 1967 : *Bull. civ. III, n° 107.* ♦ ... Et le fait pour l'exploitant d'une station-service, mandataire, de conserver les recettes jusqu'à leur versement quotidien sur un compte ne constitue pas, sauf stipulation contraire, un contrat de dépôt au sein du contrat de mandat, mais l'exécution même de ce dernier. • Com. 1er juin 1993, n° 90-20.745 P : *JCP 1993. I. 3709, nos 1 s., obs. Virassamy; D. 1993. IR 156* (cassation de l'arrêt ayant rejeté l'exception de compensation).

4. Dette d'aliments. Ce texte ne s'oppose pas à ce que le créancier d'aliments puisse demander que les sommes qui lui sont dues se compensent avec ce qu'il doit à son débiteur. • Civ. 1re, 7 oct. 2015, n° 14-19.906 P. ♦ Déjà : • Civ. 2e, 10 mars 1965 : *D. 1965. 350* (demande du créancier formée par voie d'exception).

5. Délit d'un salarié. Il s'opère compensation entre le salaire d'un employé et la somme qu'il doit à son employeur à raison d'un délit commis au préjudice de ce dernier, dès lors que cette somme ne dépasse pas la partie insaisissable des salaires. • Soc. 26 oct. 1978 : *Bull. civ. V, n° 719* • 6 mars 1980 : *ibid. V, n° 228.* – V. aussi • Soc. 9 mars 1994, n° 91-45.690 P.

6. Créances particulières. Le caractère incessible et insaisissable des rentes d'accident du travail fait obstacle à la compensation légale. • Soc. 27 mars 1985 : *Bull. civ. V, n° 218.*

7. Les juges saisis d'une demande de compensation d'une créance avec une dette d'aliments doivent vérifier si la nature de la créance autorise cette compensation. Est justifiée la décision de refus qui, après avoir énoncé que la notion d'aliments englobe le logement, estime que la créance résultant d'un prêt pour l'acquisition d'un logement n'avait pas pour objet d'assurer la satisfaction d'un besoin essentiel, puisque le créancier de la pension alimentaire était déjà logé. • Civ. 2e, 23 avr. 1969 : *Bull. civ. II, n° 116.* ♦ La prestation compensatoire ayant, pour partie, un caractère alimentaire, une compensation ne peut être opérée, même par voie judiciaire, entre cette prestation et le versement d'une autre somme, à quelque titre que ce soit. • Civ. 2e, 2 déc. 1998 : *Dr. fam. 1999, n° 28, note Lécuyer.* – Déjà dans le même sens : • Civ. 2e, 9 juill. 1997, n° 95-21.038 P : *D. 1998. 544, note Yamba* ; *JCP 1998. II. 10033, note Pataut; Dr. fam. 1997, n° 161, note Lécuyer* • 2 oct. 1997, n° 95-19.358 P : *Dr. fam. 1998, n° 10, note Lécuyer.*

Art. 1347-3 *(Ord. n° 2016-131 du 10 févr. 2016, art. 3, en vigueur le 1er oct. 2016)* **Le délai de grâce ne fait pas obstacle à la compensation.** – *Dispositions transitoires, V. Ord. n° 2016-131 du 10 févr. 2016, art. 9, ss. art. 1386-1.*

Comp. C. civ., art. 1292 anc.

Art. 1347-4 *(Ord. n° 2016-131 du 10 févr. 2016, art. 3, en vigueur le 1er oct. 2016)* **S'il y a plusieurs dettes compensables, les règles d'imputation des paiements sont transposables.** – *Dispositions transitoires, V. Ord. n° 2016-131 du 10 févr. 2016, art. 9, ss. art. 1386-1.*

Comp. C. civ., art. 1297 anc.

Compensation avec la dette que le débiteur avait le plus d'intérêt d'acquitter : V. • Com. 24 juin 2003 : *JCP E 2004. 426, note Keita ; RTD civ. 2004. 512, obs. Mestre et Fages* .

Art. 1347-5 *(Ord. n° 2016-131 du 10 févr. 2016, art. 3, en vigueur le 1er oct. 2016)* **Le débiteur qui a pris acte sans réserve de la cession de la créance ne peut opposer au**

cessionnaire la compensation qu'il eût pu opposer au cédant. – *Dispositions transitoires, V. Ord. n° 2016-131 du 10 févr. 2016, art. 9, ss. art. 1386-1.*

Comp. C. civ., art. 1295 anc.

1. Compensation antérieure à la prise d'acte de la cession. Un débiteur ne peut se prévaloir de la compensation légale à l'égard d'une société d'affacturage subrogée à son créancier que si cette compensation s'est produite antérieurement à la subrogation. • Com. 29 mai 1979, n° 77-15.740 P • 9 juill. 1980 : *Bull. civ. IV, n° 291.* ♦ V. conf., pour une compensation conventionnelle, • Com. 23 juin 1992, n° 90-17.322 P. ♦ ... Peu important que le débiteur n'ait pas été informé régulièrement du transfert de la propriété des créances au facteur. • Com. 3 avr. 1990 : *D. 1991. 180, note Dagorne-Labbe*.

2. Créance postérieure. V. notes ss. art. 1295 anc.

Art. 1347-6 *(L. n° 2018-287 du 20 avr. 2018, art. 15, en vigueur le 1er oct. 2018)* **La caution peut opposer la compensation de ce que le créancier doit au débiteur principal.**

Le codébiteur solidaire peut se prévaloir de la compensation de ce que le créancier doit à l'un de ses coobligés pour faire déduire la part divise de celui-ci du total de la dette.

Les modifications apportées par la L. n° 2018-287 du 20 avr. 2018 à l'art. 1347-6 ont un caractère interprétatif (L. préc., en vigueur le 1er oct. 2018, art. 16-I). – Sur les conséquences du caractère interprétatif d'une modification législative, V. L. préc., ss. art. 1386-1.

BIBL. ▶ Gouëzel, *AJ contrat 2018. 309* (loi de ratification et modalités et extinction des obligations). – Hontebeyrie, *RDC 2017. 208* (proposition de modification).

1. Opposabilité de la compensation par la caution (al. 1er). La caution, même solidaire, a la faculté d'opposer au créancier toutes les exceptions qui appartiennent au débiteur principal et qui, comme la compensation, sont inhérentes à la dette. • Civ. 1re, 1er juin 1983 : *D. 1984. 152, note Aubert ; RTD civ. 1984. 330, obs. Rémy* • Com. 7 janv. 1992, n° 90-11.123 P. ♦ Comp. antérieurement, notes ss. art. 1294 anc., notamment note 1, sur l'opposabilité de la compensation même si le débiteur principal renonce à l'invoquer. ♦ En revanche, la compensation opérée entre une créance de dommages et intérêts, résultant du comportement fautif du créancier à l'égard de la caution lors de la souscription de son engagement et tendant à la réparation du préjudice que causerait à celle-ci l'exécution effective de cet engagement, et celle due par la caution, au titre de sa garantie envers ce même créancier, n'éteint pas la dette principale garantie mais, à due concurrence, l'obligation de cette seule caution. • Com. 25 janv. 2023, n° 21-12.220 B.

2. Situation du débiteur principal ou solidaire. V. notes ss. art. 1294 anc.

Ancien art. 1347-6 *(Ord. n° 2016-131 du 10 févr. 2016, art. 3, en vigueur le 1er oct. 2016)* ***La caution peut opposer au créancier la compensation intervenue entre ce dernier et le débiteur principal.***

Le codébiteur solidaire peut se prévaloir de la compensation intervenue entre le créancier et l'un de ses coobligés pour faire déduire la part divise de celui-ci du total de la dette. – *Dispositions transitoires, V. Ord. n° 2016-131 du 10 févr. 2016, art. 9, ss. art. 1386-1.*

Sur la rédaction de l'art. 1347-6 après la L. n° 2018-287 du 20 avr. 2018, V. art. 1347-6 ci-dessus.

Comp. C. civ., art. 1294 anc.

Art. 1347-7 *(Ord. n° 2016-131 du 10 févr. 2016, art. 3, en vigueur le 1er oct. 2016)* **La compensation ne préjudicie pas aux droits acquis par des tiers.** – *Dispositions transitoires, V. Ord. n° 2016-131 du 10 févr. 2016, art. 9, ss. art. 1386-1.*

Comp. C. civ., art. 1298 anc. et 1299 anc.

Code du travail **Art. L. 3251-1** L'employeur ne peut opérer une retenue de salaire pour compenser des sommes qui lui seraient dues par un salarié pour fournitures diverses, quelle qu'en soit la nature. – *[Anc. art. L. 144-1, al. 1.]*

BIBL. ▶ Alvarez-Pujana, *RPDS 1990. 131* (compensation). – Deprez, *RJS 1989. 155* (compensation). – J. Savatier, *Dr. soc. 1994. 864* (remboursement de prêts). – Vachet, *Dr. soc. 1997. 600* (compensation).

Art. L. 3251-2 Par dérogation aux dispositions de l'article L. 3251-1, une compensation entre le montant des salaires et les sommes qui seraient dues à l'employeur peut être opérée dans les cas de fournitures suivants :

1° Outils et instruments nécessaires au travail ;

2° Matières ou matériaux dont le salarié a la charge et l'usage ;

3° Sommes avancées pour l'acquisition de ces mêmes objets. – *[Anc. art. L. 144-1, al. 2 à 4.]*

SOUS-SECTION 2 Règles particulières

(Ord. n° 2016-131 du 10 févr. 2016, art. 3, en vigueur le 1er oct. 2016)

Art. 1348 *(Ord. n° 2016-131 du 10 févr. 2016, art. 3, en vigueur le 1er oct. 2016)* **La compensation peut être prononcée en justice, même si l'une des obligations, quoique certaine, n'est pas encore liquide ou exigible. A moins qu'il n'en soit décidé autrement, la compensation produit alors ses effets à la date de la décision.** – *Dispositions transitoires, V. Ord. n° 2016-131 du 10 févr. 2016, art. 9, ss. art. 1386-1.*

1. Principe. Une compensation judiciaire peut intervenir même quand la créance alléguée ne remplit pas les conditions de la compensation légale. • Civ. 3e, 25 oct. 1976 : *Bull. civ. III, n° 367* • Civ. 2e, 14 juin 1989 : *ibid. II, n° 127.* – V. aussi • Civ. 1re, 30 juin 1993, n° 91-16.162 P. ♦ Obligation pour le juge d'établir les créances avant de les compenser : • Civ. 1re, 8 mars 2012, n° 10-21.239 P : *D. 2012. 735* . ♦ Compensation judiciaire et obligations non compensables, V. note 1 ss. art. 1347-2.

2. Connexité de dettes non liquides ou non exigibles. V. notes ss. art. 1348-1.

3. Procédure. – Demande reconventionnelle. La compensation judiciaire peut s'opérer au moyen d'une demande reconventionnelle, toujours recevable, même si elle n'est pas connexe à la demande principale, ou ne procède pas de la même cause que celle-ci. • Civ. 1re, 17 déc. 1991, n° 90-12.191 P. ♦ Une telle demande reconventionnelle est recevable en appel. • Soc. 24 juin 1976 : *Bull. civ. V, n° 396* • Civ. 2e, 4 déc. 2014, n° 13-25.931 P (y compris en l'absence de lien suffisant avec la demande originaire). ♦ Sur le droit d'invoquer le bénéfice de la prescription à tout moment : • Com. 30 mars 2005 : *cité. note 2 ss. anc. art. 1291.* ♦ En l'absence d'une décision ayant déjà statué sur la compensation judiciaire, le juge de l'exécution est compétent pour se prononcer sur l'exception de compensation présentée à l'appui d'une demande de mainlevée de saisie. • Com. 21 févr. 2012, n° 11-18.027 P : *D. 2012. 678, obs. Lienhard* .

Art. 1348-1 *(Ord. n° 2016-131 du 10 févr. 2016, art. 3, en vigueur le 1er oct. 2016)* **Le juge ne peut refuser la compensation de dettes connexes au seul motif que l'une des obligations ne serait pas liquide ou exigible.**

Dans ce cas, la compensation est réputée s'être produite au jour de l'exigibilité de la première d'entre elles.

Dans le même cas, l'acquisition de droits par un tiers sur l'une des obligations n'empêche pas son débiteur d'opposer la compensation. – *Dispositions transitoires, V. Ord. n° 2016-131 du 10 févr. 2016, art. 9, ss. art. 1386-1.*

I. COMPENSATION DE DETTES CONNEXES NON LIQUIDES OU NON EXIGIBLES

1. Compensation judiciaire des dettes connexes non liquides ou non exigibles. Lorsque deux dettes sont connexes, le juge ne peut écarter la demande en compensation au motif que l'une d'entre elles ne réunit pas les conditions de liquidité et d'exigibilité. Il est tenu de constater le principe de cette compensation qui constitue, pour les parties, une garantie, sauf à ordonner toutes mesures pour parvenir à l'apurement des comptes. • Civ. 1re, 18 janv. 1967 : *GAJC, 11e éd., n° 238* ; *D. 1967. 358, note J. Mazeaud ; RTD civ. 1967. 812, obs. Chevallier* • Soc. 17 juin 1982 : *Bull. civ. V, n° 404* • Civ. 3e, 30 mars 1989 : *ibid. III, n° 77 ; Defrénois 1989. 1391, obs. Aubert* • 20 nov. 2002, n° 00-14.423 P : *JCP E 2004. 31, note Guiderdoni.* ♦ Le juge ne peut rejeter une demande de compensation entre deux dettes connexes, au motif que l'une d'entre elles est en cours de vérification, alors que, retenant le caractère vraisemblable de la créance et le principe de la compensation, il doit l'ordonner à concurrence du montant de cette créance à fixer par le juge-commissaire. • Com. 30 juin 2009, n° 08-15.631 P : *RTD com. 2009. 807, obs. Martin-Serf* ; *RTD civ. 2009. 721, obs. Fages* .

2. ... Caractère facultatif de la compensation. Les juges du fond qui relèvent que les conditions de la compensation légale ne sont pas réunies ne sont pas tenus, dès lors qu'aucun lien de connexité n'est établi, de constater le principe de la compensation et d'ordonner les mesures propres à parvenir à l'apurement des comptes. • Civ. 1re, 25 oct. 1978 : *Bull. civ. I, n° 322.* ♦ Sur la notion de connexité, en cas de procédure collective de règlement du passif, V. notes 7 s.

3. ... *Défaut de connexité – Illustrations.* A défaut de lien de connexité entre les dettes réciproques existant entre un employeur et une caisse de sécurité sociale, l'une des dettes concernant des cotisations sur salaires et l'autre des honoraires d'avocat, il n'y a pas lieu à compensation judiciaire entre elles. • Soc. 3 mars 1994, n° 91-11.104 P.

Violent l'anc. art. 1291 les juges du fond qui admettent la compensation entre la dette d'une somme d'argent et la dette dont l'objet porte sur des bons anonymes. • Civ. 1re, 24 févr. 1993, n° 89-20.865 P : *D. 1994. Somm. 19, obs. Lasserre-Jeannin*.

4. *Non-compensation à raison de l'incertitude de la créance.* Les juges du fond retiennent à juste titre que l'incertitude concernant, non pas la liquidité et l'exigibilité, mais bien l'existence de la créance prétendue d'une partie ne permet pas d'opérer une compensation avec la créance certaine, liquide, exigible et reconnue par elle, de son adversaire. • Com. 15 juill. 1975 : *Bull. civ. IV, n° 203.* ♦ Une créance qui n'est pas certaine ne peut entrer en compensation avec une créance certaine, liquide et exigible. • Soc. 10 juin 1982 : *Bull. civ. V, n° 391.* – Dans le même sens : • Soc. 7 avr. 1998, n° 96-40.145 P. ♦ Absence de compensation entre la somme due au titre d'arriéré sur la part contributive à l'entretien et l'éducation des enfants, avec la soulte éventuellement due à l'issue des opérations de liquidation de la communauté des époux, cette dette n'étant pas certaine. • Civ. 1re, 24 sept. 2014, n° 13-18.197 P.

5. Une cour d'appel qui ordonne une expertise pour rechercher si la prétention d'une partie d'être créancière d'une autre est justifiée, n'est pas tenue, même si la dette imputée à cette dernière est connexe de la dette retenue contre celle-là, de suspendre le paiement de la dette certaine, liquide et exigible, en vue de permettre sa compensation avec l'autre dette, qui n'est qu'éventuelle. • Civ. 1re, 5 déc. 1979, n° 78-13.689 P. ♦ Mais les juges ne peuvent se borner à retenir que la créance alléguée par le demandeur n'a pas la certitude nécessaire pour que la compensation judiciaire puisse être ordonnée à son profit, dès lors que le demandeur réclamait d'abord la condamnation de son adversaire à des dommages-intérêts et, en conséquence seulement de cette condamnation, la compensation de sa propre dette avec celle de son adversaire. • Com. 25 juin 1980 : *Bull. civ. IV, n° 274.*

6. *Date de l'effet extinctif.* Il résulte du fait que les deux créances réciproques sont connexes que l'effet extinctif de la compensation ordonnée par le juge est réputé s'être produit au jour de l'exigibilité de la première d'entre elles. • Com. 20 févr. 2007, n° 05-19.858 P : *D. 2007. AJ 737 ; RTD civ. 2007. 570, obs. Fages* • Civ. 1re, 25 nov. 2009, n° 08-19.791 P. ♦ ... Que la compensation judiciaire soit ordonnée par le juge quand il arrête le montant de ces créances ou, ultérieurement, lorsqu'il répare une omission de statuer sur ce point. • Com. 23 sept. 2014, n° 13-20.399 P : *D. 2014. 1938*.

II. NOTION DE CONNEXITÉ

A. DETTES CONNEXES. PROCÉDURES COLLECTIVES

7. *Procédure collective – Principe.* Par l'effet du jugement déclaratif de faillite, aucune partie de l'actif ne peut être distraite au profit d'un créancier particulier, d'où il résulte qu'aucune compensation ne peut s'opérer au profit de celui qui est à la fois débiteur et créancier du failli, entre sa dette et sa créance échue depuis la déclaration de faillite. • Civ. 27 juin 1876 : *DP 1877. 1. 121.* – Jurisprudence constante.

8. *Compensation des dettes connexes.* La compensation entre les dettes respectives de deux sociétés ne peut, après le jugement prononçant le règlement judiciaire de l'une d'elles, intervenir que dans le cas où existe un lien de connexité entre ces dettes. • Com. 21 févr. 1984 : *Bull. civ. IV, n° 70.* – Jurisprudence constante. ♦ V. conf., sous l'empire de la L. du 25 janv. 1985 : • Com. 19 mars 1991 : *D. 1991. 542, note Duboc* • 2 mars 1993 : *D. 1993. 426, note Pédamon (1re esp.) ; JCP 1993. II. 22169, note Montredon* (compensation pendant la période d'observation) • 22 févr. 1994, n° 92-14.438 P : *R., p. 311 ; D. 1995. 27, note A. Honorat et Romani*, et L. 25 janv. 1985, art. 33, al. 1er complété par L. n° 94-475 du 10 juin 1994, art. 24 (C. com., art. L. 621-24, al. 1er). ♦ Même solution en cas de saisie-arrêt : • Civ. 1re, 25 oct. 1972 : *JCP 1973. II. 17498, note Ghestin.*

9. ... *Absence de connexité – Illustrations.* Absence de compensation entre les dommages-intérêts recouvrés sur un créancier à la suite de l'action du représentant des créanciers du débiteur et la dette de celui-ci envers le créancier. • Com. 28 mars 1995 : *D. 1995. 410, note Derrida ; RTD civ. 1996. 163, obs. Mestre*. ♦ Absence de connexité entre la dette de restitution consécutive au prononcé de la nullité de remises en compte courant effectuées après la date de cessation des paiements et une créance admise au passif de la procédure collective. • Com. 24 oct. 1995 : *D. 1996. 86, note Derrida ; RTD civ. 1996. 163, obs. Mestre ; JCP 1996. I. 3935, n° 4, obs. M. Cabrillac.*

10. ... *Déclaration obligatoire.* La compensation pour dettes connexes ne peut être prononcée que si la créance a été déclarée. • Com. 3 mai 2011, n° 10-16.758 P : *R., p. 464 ; D. 2011. 1215, obs. A. Lienhard ; ibid. 2012. 1573, obs.*

Crocq ; *RTD civ. 2011. 535, obs. Fages* ; *RTD com. 2011. 635, obs. A. Martin-Serf* ; *JCP 2011. 1704, note Lebel* ; *ibid. 1726, obs. Billiau* • 19 juin 2012, nº 10-21.641 P : *D. 2012. 1669, obs. A. Lienhard* ; *Rev. sociétés 2012. 534, obs. Henry* . ♦ Lorsque la créance invoquée est antérieure au jugement ouvrant la procédure collective et n'a pas été déclarée au passif, la demande tendant à sa compensation est irrecevable, les créances et dettes réciproques fussent-elles connexes comme étant nées d'un même contrat. • Com. 15 oct. 1991, nº 89-20.605 P • 20 oct. 2021, nº 20-13.829 B : *D. 2021. 1917* ; *Rev. sociétés 2021. 733, obs. L. C. Henry* (visa de l'art. L. 622-7, I, C. com.). ♦ Lorsqu'un créancier invoque la compensation d'une créance antérieure connexe déclarée pour s'opposer à la demande en paiement formée contre lui par un débiteur en procédure collective, le juge du fond saisi de cette demande doit d'abord se prononcer sur le caractère vraisemblable ou non de la créance ainsi invoquée, et, dans l'affirmative, ne peut qu'admettre le principe de la compensation et ordonner celle-ci à concurrence du montant de la créance à fixer par le juge-commissaire, sans que le créancier n'ait à prouver que sa créance a été admise à ce stade. • Com. 3 avr. 2019, nº 17-28.463 P : *D. 2019. 757* ; *RTD com. 2019. 488, obs. Martin-Serf* .

11. *Créance fiscale : compétence.* Compétence judiciaire pour apprécier la connexité entre une créance antérieure au jugement d'ouverture et une créance postérieure, même s'agissant de créances fiscales dont le contentieux ressortit à la juridiction administrative. • T. confl. 22 janv. 2001, nº 01-03.231 P : *RTD com. 2001. 511, obs. Martin-Serf* .

B. CONNEXITÉ. AUTRES APPLICATIONS

12. *Connexité des obligations résultant du même contrat.* Il y a connexité entre des obligations réciproques dérivant de l'exécution d'un même contrat. • Com. 11 mai 1960 : *D. 1960. 573* • Civ. 3e, 13 févr. 2002, nº 00-19.943 P : *D. 2002. AJ 887* ; *AJDI 2002. 521, obs. Le Corre* (bail : créance de loyers et dette de travaux de réparations) • Com. 18 janv. 2005, nº 02-12.324 P : *D. 2005. 782, note Le Corre* ; *ibid. AJ 430, obs. A. Lienhard* ; *ibid. Pan. 2016, obs. F.-X. Lucas, et 2082, obs. Crocq* ; *JCP 2005. I. 147, nº 15, obs. Cabrillac* ; *JCP E 2005. 1733, nº 5, obs. Kenderian* ; *RTD com. 2005. 413, obs. Martin-Serf* (bail : créance de loyers et dette de restitution du dépôt de garantie, dont l'existence n'a pas à être mentionnée dans la déclaration de créance du bailleur à la procédure collective du locataire). ♦ ... Entre une ouverture de crédit consentie par une banque à son client et un dépôt de fonds à terme effectué le même jour par ce dernier. • Com. 18 févr. 1986 : *Bull. civ. IV, nº 21*. ♦ ... Entre une créance résultant d'une surfacturation procédant d'une exécution défectueuse du contrat et une créance née du même contrat. • Com. 27 janv. 2015, nº 13-18.656 P : *D. 2015. 318* ; *RTD civ. 2015. 392, obs. Barbier* ; *RTD com. 2015. 372, obs. Martin-Serf* . ♦ ... Entre la dette d'un artisan pour malfaçon et sa créance pour prix de son travail et de ses fournitures. • Com. 4 juill. 1973 : *D. 1974. 425, note Ghestin*. ♦ ... Entre les dommages-intérêts dus par le concédant pour faute contractuelle et sa créance pour fourniture de produits au concessionnaire. • Com. 19 déc. 1989 : *D. 1991. 60, note Sortais* . ♦ ... Entre la créance de dommages-intérêts née à l'occasion de l'exécution d'un contrat qui en a été la condition nécessaire et celle qui résulte du contrat au profit de l'auteur des agissements délictueux. • Com. 2 juill. 1973 : *D. 1974. 427, note Ghestin*. ♦ ... Entre créances nées de la résolution d'un même contrat. • Com. 4 juill. 1973 : *D. 1974. 426, note Ghestin*. ♦ ... Entre créances nées de la résiliation d'un même contrat. • Civ. 1re, 9 mai 2001, nº 98-22.664 P (bail commercial : indemnité d'éviction et indemnité d'occupation). ♦ ... Ou résultant de la défaillance de la condition suspensive prévue au contrat. • Civ. 1re, 25 oct. 1972 : *JCP 1973. II. 17498, note Ghestin*.

13. *... Astreinte et obligation contractuelle.* L'astreinte, qui est l'accessoire de la condamnation qu'elle assortit, n'est pas indépendante de l'obligation, objet de cette condamnation, dont elle vise à assurer l'exécution et avec laquelle elle présente ainsi un lien de connexité. • Com. 27 sept. 2016, nº 15-10.393 P : *D. 2016. 1997* ; *RTD civ. 2016. 861, obs. Barbier* .

14. *Connexité des obligations résultant d'un ensemble contractuel.* Il y a connexité entre des obligations naissant de ventes et d'achats réciproques prévus par un contrat définissant pour ses signataires un cadre pour le développement de leurs relations d'affaires. • Com. 9 nov. 1982 : *D. 1983. 466, note A. Honorat* ; *RTD civ. 1983. 357, obs. Rémy* • 5 avr. 1994, nº 92-13.989 P : *D. 1995. Somm. 215, obs. A. Honorat* • 9 mai 1995 : *D. 1996. 322, note Loiseau* ; *JCP 1995. II. 22448, rapp. Rémery* ; *RTD civ. 1996. 163, obs. Mestre* (connexité fondée sur un ensemble contractuel unique). ♦ Dans le même sens : • Com. 12 déc. 1995, nº 93-20.620 P : *R., p. 278* ; *JCP 1996. I. 3958, nº 13, obs. Virassamy* ; *RTD civ. 1997. 134, obs. Mestre* . ♦ V. aussi, pour des relations entre une coopérative et un adhérent : • Com. 1er avr. 1997 : *D. Affaires 1997. 632* • 15 mars 2005, nº 02-19.129 P : *D. 2005. AJ 1025, obs. A. Lienhard* ; *RTD com. 2005. 843, obs. Martin-Serf* (contrat de collecte de lait). ♦ Également : • Civ. 3e, 4 juin 2003 : *LPA 18 févr. 2004, note É. M.-B.* (rejetant la connexité en constatant que les obligations réciproques résultent de contrats qui ne sont pas économiquement liés). ♦ V. Montredon, *JCP 1991. I. 3480.* – Sortais, note *D. 1991. 60.* ♦ Sur l'efficacité des clauses de compensation conventionnelle insérées dans les contrats de prêt, V. • Com. 9 déc. 1997, n° 95-14.504 P : *D. Affaires 1998. 111, obs. A. L. ; JCP 1998. I. 141, n° 14, obs. Cabrillac* • Com. 9 déc. 1997, n° 95-12.651 P : *JCP eod. loc. ; D. 1998. Somm. 325, obs. A. Honorat ; LPA 29 juill. 1998, note Teilliais.* ♦ N'admet pas un lien de connexité entre obligations résultant de différents contrats de vente la cour d'appel qui relève l'existence de commandes non payées et rejette toute compensation. • Com. 7 juill. 1998, n° 96-15.296 P.

15. Autres cas de connexité. Admission d'une compensation entre la dette de répétition de l'indu de la victime envers le responsable et le recours subrogatoire de la caisse, tiers payeur, contre ledit responsable, les demandes étant connexes comme procédant de l'indemnisation des séquelles du même accident. • Civ. 2e, 12 oct. 2000, n° 98-21.085 P.

16. Absence de connexité. – Créances de natures distinctes. Ne sont pas connexes : la créance née de la fourniture de marchandises par une société après son redressement et la créance de l'acheteur, antérieure à cette mise en redressement, dépourvue de fondement contractuel, qui tire son origine d'une escroquerie. • Com. 14 mai 1996 : *D. 1996. 502, rapp. Le Dauphin ; D. 1996. Somm. 340, obs. Honorat ; ibid. 332, obs. Delebecque ; RTD civ. 1997. 134, obs. Mestre.* ♦ V. aussi • Com. 22 avr. 1997, n° 95-17.600 P : *JCP 1997. I. 4053, n° 18, obs. Pétel* (créances ayant l'une un fondement contractuel, l'autre un fondement délictuel) • Civ. 1re, 16 mai 2000, n° 97-16.628 P (*idem*) • Com. 18 sept. 2007, n° 06-16.070 P : *D. 2007. AJ 2476 ; JCP 2008. I. 117, n° 16, obs. Pétel ; RTD civ. 2007. 775, obs. Fages* (*idem*). ♦ ... La créance née de factures impayées au titre d'un contrat d'approvisionnement exclusif et la créance résultant de la faute quasi délictuelle commise lors de la rupture brutale de la relation contractuelle. • Com. 18 déc. 2012, n° 11-17.872 P : *D. 2013. 78.* ♦ ... La créance d'un associé découlant du solde créditeur de son compte d'associé et sa dette envers la société résultant de la fraction non libérée du capital social. • Com. 20 mai 1997, n° 95-15.298 P : *JCP 1997. I. 4039, nos 17 s., obs. Loiseau.* ♦ Rappr. • Com. 17 juill. 2001, n° 98-19.603 P : *D. 2001. AJ 2515, obs. A. Lienhard ; JCP 2002. I. 109, n° 15, obs. Cabrillac ; Gaz. Pal. 2001. 1538, concl. Lafortune ; LPA 8 mars 2002, note Cerati-Gauthier ; RTD com. 2002. 157, obs. Martin-Serf.* ♦ Mais, pour le jeu éventuel de la compensation de plein droit avant le jugement d'ouverture, V. • Com. 8 janv. 2002, n° 98-22.976 P : *D. 2002. AJ 485, obs. A. Lienhard ; JCP 2002. I. 188, n° 3, obs. Caussain, Deboissy et Wicker ; RTD civ. 2002. 302, obs. Mestre et Fages ; RTD com. 2002. 371, obs. Martin-Serf.* ♦ ... La créance résultant, pour l'employeur, d'un prêt au salarié et l'indemnité de licenciement due au salarié. • Soc. 7 avr. 1998, n° 96-40.145 P. ♦ Le caractère autonome des garanties à première demande exclut la connexité. • Com. 6 mars 2001, n° 98-15.239 P : *D. 2001. AJ 1173, obs. A. Lienhard ; RTD civ. 2001. 925, obs. Crocq* • 19 déc. 2006, n° 05-13.461 P : *D. 2007. AJ 158, obs. A. Lienhard ; JCP 2007. I. 153, n° 12, obs. Cabrillac ; LPA 28 déc. 2007, note Delrieu.*

17. ... Défaut de connexité de dettes fiscales. Il n'y a pas, entre dettes réciproques au titre d'impositions fiscales distinctes, un lien de connexité de nature à entraîner leur compensation, sauf disposition légale particulière. • Com. 26 oct. 1993, n° 92-11.396 P. ♦ La déductibilité de la TVA n'établit aucun lien de connexité entre une dette de TVA antérieure au redressement judiciaire et un crédit de TVA afférent à des opérations postérieures. • Com. 19 janv. 1999 : *V. note 5 ss. art. 1347-1.*

Art. 1348-2 *(Ord. n° 2016-131 du 10 févr. 2016, art. 3, en vigueur le 1er oct. 2016)* **Les parties peuvent librement convenir d'éteindre toutes obligations réciproques, présentes ou futures, par une compensation ; celle-ci prend effet à la date de leur accord ou, s'il s'agit d'obligations futures, à celle de leur coexistence.** – *Dispositions transitoires, V. Ord. n° 2016-131 du 10 févr. 2016, art. 9, ss. art. 1386-1.*

1. Contenu du contrat. Respect nécessaire du droit commun des obligations et notamment de l'ordre public. V. notes ss. art. 1162.

2. Illustrations. Pour un exemple de compensation conventionnelle entre parties étant ou devenant créancières et débitrices l'une envers l'autre : • Soc. 18 déc. 1967 : *Bull. civ. 1967, IV, n° 808.* ♦ ... Ou de compensation facultative lorsque l'une des conditions de la compensation légale est absente : • Civ. 2e, 10 mars 1965 : *D. 1965. 350.*

SECTION 3 *La confusion*

(Ord. n° 2016-131 du 10 févr. 2016, art. 3, en vigueur le 1er oct. 2016)

RÉP. CIV. v° *Confusion*, par Y. Dagorne-Labbe.

BIBL. GÉN. ▶ Dissaux et Jamin, Projet de réforme, supplément, *C. civ. 2016, p. 197.* – Billiau, *LPA 2015, nos 176-177, p. 106.* – Martin, De la libération du débiteur, *in* Pour une réforme du régime général des obligations, ss. la dir. de F. Terré, *D. 2013. 93.*

Art. 1349 *(Ord. n° 2016-131 du 10 févr. 2016, art. 3, en vigueur le 1er oct. 2016)* **La confusion résulte de la réunion des qualités de créancier et de débiteur d'une même obligation dans la même personne. Elle éteint la créance et ses accessoires, sous réserve des droits acquis par ou contre des tiers.** – *Dispositions transitoires, V. Ord. n° 2016-131 du 10 févr. 2016, art. 9, ss. art. 1386-1.*

Comp. C. civ., art. 1300 anc.

1. Effet extinctif : principe et illustrations. Extinction par confusion de la créance d'un fournisseur contre un locataire-gérant en cas de fusion par absorption du loueur par le fournisseur, le premier étant solidairement responsable avec le locataire-gérant à l'égard du second en application de l'art. 8 de la L. du 20 mars 1956. • Com. 24 mars 1992, n° 90-12.779 P. ♦ Comp., pour le contrat de travail d'un salarié ayant accepté sous bénéfice d'inventaire la succession de son père, employeur, dont l'entreprise était en règlement judiciaire : • Soc. 14 oct. 1982 : *Bull. civ. V, n° 555.* ♦ Retrait litigieux emportant la réunion des qualités de créancier et de débiteur dans la même personne : V. • Com. 19 déc. 2006, n° 04-15.818 P : *cité note 2 ss. art. 2311.* ♦ En cas d'ouverture d'une procédure collective à l'égard de la caution, par extension de la procédure ouverte contre le débiteur principal, l'obligation issue du cautionnement s'éteint par voie de confusion. • Com. 17 févr. 2009, n° 07-16.558 P : *D. 2009. 2207, note Dagorne-Labbe ; JCP 2009, n° 37, p. 58, obs. Loiseau ; Banque et Dr. 3-4/2009. 51, obs. Rontchevsky ; RTD com. 2009. 615, obs. Martin-Serf ; RTD civ. 2009. 722, obs. Fages.*

L'APHP, qui est responsable d'un accident survenu à un de ses agents, et également tiers payeur des prestations perçues par celui-ci, est subrogée dans les droits d'action de la victime contre l'assureur de la personne tenue à réparation ; l'APHP ayant agi contre ce dernier et non contre elle-même, la réunion de ses qualités de créancière pour être subrogée dans les droits de la victime et de débitrice, tenue à réparation envers celle-ci, n'exclut pas qu'elle puisse recourir contre son assureur pour le remboursement de sa créance, non éteinte. • Civ. 2e, 22 nov. 2018, n° 17-26.346 P : *D. 2019. 1196, obs. Bacache ; RDC 2/2019. 27, note Libchaber ; RGDA févr. 2019. 20, note Landel.*

2. ... Confusion de droits locatifs et de propriété. La confusion des droits locatifs et de propriété sur la tête de la même personne éteint le droit au bail. • Civ. 3e, 15 juill. 1971 : *Bull. civ. III, n° 459.* ♦ Ainsi en est-il lorsque le preneur devient propriétaire du bien loué. Les travaux et améliorations réalisés par le preneur, qui devaient appartenir au bailleur en fin de bail commercial, ne peuvent entrer dans l'assiette des droits d'enregistrement faute d'avoir transité par le patrimoine de celui-ci avant la vente et d'avoir ainsi constitué l'objet de la mutation. • Com. 4 déc. 2012, n° 11-25.958 P : *D. 2012. 2960 ; RDC 2013. 629, obs. Seube.* ♦ Extinction par confusion de la créance pour améliorations apportées au domaine d'un preneur rural devenu propriétaire du bien loué par suite de l'exercice de son droit de préemption. • Soc. 30 juin 1966 : *Bull. civ. IV, n° 663.* ♦ La confusion des droits locatifs et de propriété éteignant le droit au bail sur les parcelles dont le preneur devient propriétaire, les héritiers du bailleur sont recevables à demander la résiliation du bail sur les parcelles dont ils sont devenus propriétaires, contre le preneur dont les parcelles, suite à la confusion, ne font plus partie du bail. • Civ. 3e, 24 juin 2009, n° 08-16.728 P : *RTD civ. 2009. 722, obs. Fages.* ♦ La dette de loyers échus avant la cession du bail n'est pas, sauf stipulation contraire, transmise au cessionnaire, de sorte que celui-ci ne réunit pas sur sa personne les qualités de débiteur et de créancier de cette obligation. • Civ. 3e, 30 nov. 2017, n° 16-23.498 P : *D. 2017. 2479 ; AJ contrat 2018. 95, obs. Forti ; JCP 2018, n° 137, note Dagorne-Labbe ; Defrénois 29 mars 2018, p. 19, note Julienne ; RDC 2018. 56, note Seube.* ♦ ... Et l'obligation de remise en état des lieux loués, à laquelle était tenu le dernier titulaire du bail, n'a pas été transmise, du fait de l'extinction du bail par confusion, au cessionnaire bailleur qui en demeure créancier. • Même arrêt.

Limites. Lorsque le locataire devient propriétaire indivis, la confusion ne s'opère qu'à concurrence de ses droits dans l'indivision. • Civ. 3e, 27 oct. 1971, n° 70-12.448 P. ♦ La réunion dans la même personne des qualités de propriétaire et de locataire principal n'opère pas réunion des qualités de créancier et de débiteur des obligations nées du contrat de sous-location ; en conséquence, la disparition du bail principal n'entraîne pas résiliation de la sous-location. • Civ. 3e, 2 oct. 2002, n° 00-16-867 P : *D. 2003. 937, note Dagorne-Labbe ; AJDI 2003. 27, note Blatter ; Rev. loyers 2002. 623, obs. Vaissié ; RTD civ. 2003. 300, obs. Mestre et Fages.* – V. aussi Vial-Pedroletti, Loyers et copr. 2003. Chron. 3.

3. Relativité de l'effet extinctif. Jurisprudence rendue en application de l'anc. art. 1300. La confusion n'éteint pas d'une manière absolue le droit qu'elle concerne et laisse au titulaire de celui-ci la faculté de l'opposer encore aux tiers qui voudraient porter atteinte à des droits par lui définitivement acquis. • Civ. 1re, 8 déc. 1965 : *D. 1967. 407, note R. Savatier.* ♦ Mais nul ne peut se prétendre en droit de méconnaître, à l'égard des autres indivisaires, l'égalité du partage et ne peut donc invoquer à cette fin la relativité de l'effet extinctif de la confusion. Lorsqu'une exploitation agricole fait l'objet d'une attribution préférentielle au profit de l'héritier qui la tient à ferme, elle doit donc être estimée comme libre de bail. • Même arrêt. ♦ V., dans le même sens, pour l'estimation de l'exploitation comme libre de bail lorsque l'héritier auquel elle est attribuée avait la qualité de preneur : • Civ. 1re, 17 mars 1987, n° 85-15.700 P.

4. Le locataire d'un immeuble ayant été désigné comme légataire par le propriétaire de l'immeuble, la valeur de cet immeuble doit être fixée en le considérant comme libre de location ; en effet, l'immeuble légué est devenu, dès le jour du décès, la propriété du légataire et le bail s'est éteint par confusion à la suite de la réunion en la même personne de la double qualité de propriétaire et de locataire. • Civ. 1re, 10 juill. 1984 : *Bull. civ. I, n° 226.*

5. La confusion des patrimoines de trois sociétés et le prononcé de leur redressement puis liquidation judiciaire commun est sans incidence sur l'action en paiement de la fraction non libérée du capital social dirigée par le liquidateur contre les anciens actionnaires tenus solidairement au paiement. • Com. 26 mai 1999 : *D. Affaires 1999. 994, obs. A. L.*

6. Effet provisoire de la confusion. Rien n'empêche que, même lorsqu'une confusion a été produite par le fait volontaire d'une personne, les droits, paralysés par cette confusion, puissent renaître lorsque cette confusion vient à cesser. • Req. 12 déc. 1934 : *Gaz. Pal. 1935. 1. 203* • T. civ. Marseille, 15 févr. 1957 : *D. 1957. Somm. 74.*

7. Disparition de la confusion par annulation de l'acte l'ayant fait naître. La résolution d'une vente emportant anéantissement du contrat et remise des choses en leur état antérieur, la confusion entre les qualités de locataire et de propriétaire, née de la vente, est anéantie avec elle. • Civ. 3e, 22 juin 2005, n° 03-18.624 P : *D. 2005. 3003, note Rakotovahiny ; JCP 2005. II. 10149, note Dagorne-Labbe ; AJDI 2006. 399, note Cohet-Cordey ; RTD civ. 2006. 313, obs. Mestre et Fages.*

Art. 1349-1 *(Ord. n° 2016-131 du 10 févr. 2016, art. 3, en vigueur le 1er oct. 2016)* **Lorsqu'il y a solidarité entre plusieurs débiteurs ou entre plusieurs créanciers, et que la confusion ne concerne que l'un d'eux, l'extinction n'a lieu, à l'égard des autres, que pour sa part.**

Lorsque la confusion concerne une obligation cautionnée, la caution, même solidaire, est libérée. Lorsque la confusion concerne l'obligation d'une des cautions, le débiteur principal n'est pas libéré. Les autres cautions solidaires sont libérées à concurrence de la part de cette caution. — *Dispositions transitoires, V. Ord. n° 2016-131 du 10 févr. 2016, art. 9, ss. art. 1386-1.*

Comp. C. civ., art. 1209 anc. et 1301 anc.

V. note 1 ss. art. 1349.

SECTION 4 La remise de dette

(Ord. n° 2016-131 du 10 févr. 2016, art. 3, en vigueur le 1er oct. 2016)

RÉP. CIV. v° *Remise de dette*, par N. Picod.

Art. 1350 *(Ord. n° 2016-131 du 10 févr. 2016, art. 3, en vigueur le 1er oct. 2016)* **La remise de dette est le contrat par lequel le créancier libère le débiteur de son obligation.** — *Dispositions transitoires, V. Ord. n° 2016-131 du 10 févr. 2016, art. 9, ss. art. 1386-1.*

BIBL. ▶ N. Picod, La remise de dette en droit privé, *Thèse, Dalloz, 2013* ; La remise de dette dans le projet de réforme, *in* La réforme du droit des obligations en France, *SLC 2015, p. 235 à 257.*

Art. 1350-1 *(Ord. n° 2016-131 du 10 févr. 2016, art. 3, en vigueur le 1er oct. 2016)* **La remise de dette consentie à l'un des codébiteurs solidaires libère les autres à concurrence de sa part.**

La remise de dette faite par l'un seulement des créanciers solidaires ne libère le débiteur que pour la part de ce créancier. — *Dispositions transitoires, V. Ord. n° 2016-131 du 10 févr. 2016, art. 9, ss. art. 1386-1.*

Comp. C. civ., art. 1285 anc.

1. Réduction judiciaire de dette. L'art. 1285 anc., qui ne concerne que les cas de remise conventionnelle de dette, ne saurait s'appliquer à la réduction d'une dette décidée judiciairement (procédure de surendettement). • Civ. 1re, 6 nov. 2001, n° 00-04.206 P : *D. 2002. Somm. 2444, obs. Revel ; CCC 2002, n° 20, note Raymond.*

2. Sort des autres cautions. V. note 2 ss. art. 1285 anc.

Art. 1350-2 *(Ord. n° 2016-131 du 10 févr. 2016, art. 3, en vigueur le 1er oct. 2016)* **La remise de dette accordée au débiteur principal libère les cautions, même solidaires.**

La remise consentie à l'une des cautions solidaires ne libère pas le débiteur principal, mais libère les autres à concurrence de sa part.

Ce que le créancier a reçu d'une caution pour la décharge de son cautionnement doit être imputé sur la dette et décharger le débiteur principal à proportion. Les autres cautions ne restent tenues que déduction faite de la part de la caution libérée ou de la valeur fournie si elle excède cette part. — *Dispositions transitoires, V. Ord. n° 2016-131 du 10 févr. 2016, art. 9, ss. art. 1386-1.*

Comp. C. civ., art. 1287 anc. et 1288 anc.

1. Applications. Remise de dette à une caution solidaire : V. note ss. art. 1285 anc.

2. Libération de la caution, condamnée à payer, par suite de la renonciation postérieure du créancier à produire à la liquidation des biens du débiteur principal. • Civ. 1re, 28 oct. 1991, n° 89-21.871 P. ♦ Comp. • Nancy, 1er mars 1932 : *DP 1933. 2. 1, note crit. Voirin.*

3. Procédures collectives. – Cas exclus. Les remises visées à l'art. 74 (C. com., art. L. 621-76, devenu L. 626-18) de la L. du 25 janv. 1985, participant de la nature judiciaire du plan de continuation, ne peuvent être assimilées aux remises conventionnelles visées à l'art. 1287 anc. • Com. 17 nov. 1992 : *D. 1993. 41, note Vidal ; Defrénois 1993. 527, obs. Sénéchal* • 17 mai 1994, n° 92-22.064 P. ♦ Comp., pour les remises ou délais accordés par un créancier dans le cadre d'un règlement amiable (C. com., art. L. 611-1 s.), qui bénéficient à la caution : • Com. 5 mai 2004, n° 01-03.873 P : *D. 2004. AJ 1594, obs. A. Lienhard ; Defrénois 2004. 1663, obs. Gibirila ; RDC 2005. 408, obs. Houtcieff ; RTD civ. 2004. 534, obs. Crocq ; RTD com. 2004. 584, obs. D. Legeais, et 590, obs. Macorig-Venier.*

4. Remise de dette et caution. Malgré leur caractère volontaire, les mesures consenties par les créanciers dans le plan conventionnel de règlement, prévu par l'ancien art. L. 331-6 C. consom., ne constituent pas, eu égard à la finalité d'un tel plan, une remise de dette au sens de l'art. 1287 anc., dont la caution pourrait se prévaloir. • Civ. 1re, 13 nov. 1996, n° 94-12.856 P : *R., p. 311 ; D. 1997. 141, concl. contraires Sainte-Rose et note Moussa ; D. 1997. Somm. 178, obs. D. Mazeaud ; ibid. 200, obs. Chatain et Ferrière ; JCP 1997. II. 22780, note Mury ; RTD civ. 1997. 191, obs. Crocq ; Defrénois 1997. 292, note Aynès ; CCC 1997. Chron. 7, par Marie.* – Dans le même sens : • Civ. 1re, 3 mars 1998, n° 96-10.753 P : *D. 1998. 421, concl. Sainte-Rose ; JCP 1998. II. 10117, note S. Piedelièvre ; RTD civ. 1998. 422, obs. Crocq.*

5. Renonciation à poursuivre le débiteur principal. La renonciation du créancier à son droit à agir en paiement contre le débiteur principal n'emporte pas extinction de l'obligation principale ni du recours de la caution contre ce débiteur, de sorte que la clause de renonciation à tout recours stipulée entre les parties ne fait pas obstacle aux poursuites du créancier contre la caution solidaire. • Com. 22 mai 2007, n° 06-12.196 P : *D. 2007. 1999, note Deshayes ; ibid. AJ 1656, obs. Avena-Robardet ; ibid. 2008. Pan. 2111, obs. Crocq ; JCP 2007. I. 212, n° 8, obs. Simler ; Banque et Dr. 9-10/2007. 67, obs. Rontchevsky ; RTD civ. 2007. 805, obs. Théry ; ibid. 2008. 333, obs. Crocq.*

6. Remise et responsabilité civile. Sur l'absence de responsabilité du créancier qui accepte la proposition de remise de dette : • Com. 22 oct. 1996, n° 94-20.431 P : *R., p. 302 ; JCP 1997. I. 4004, n° 3, obs. Cabrillac.*

SECTION 5 L'impossibilité d'exécuter

(Ord. n° 2016-131 du 10 févr. 2016, art. 3, en vigueur le 1er oct. 2016)

Art. 1351 *(Ord. n° 2016-131 du 10 févr. 2016, art. 3, en vigueur le 1er oct. 2016)* **L'impossibilité d'exécuter la prestation libère le débiteur à due concurrence lorsqu'elle procède d'un cas de force majeure et qu'elle est définitive, à moins qu'il n'ait convenu de s'en charger ou qu'il ait été préalablement mis en demeure.** — *Dispositions transitoires, V. Ord. n° 2016-131 du 10 févr. 2016, art. 9, ss. art. 1386-1.*

Comp. C. civ., art. 1148 anc. et 1302 anc.

Sur la force majeure, V. art. 1218 et 1148 anc.

Art. 1351-1 *(Ord. n° 2016-131 du 10 févr. 2016, art. 3, en vigueur le 1er oct. 2016)* **Lorsque l'impossibilité d'exécuter résulte de la perte de la chose due, le débiteur mis en demeure est néanmoins libéré s'il prouve que la perte se serait pareillement produite si l'obligation avait été exécutée.**

Il est cependant tenu de céder à son créancier les droits et actions attachés à la chose. – *Dispositions transitoires, V. Ord. n° 2016-131 du 10 févr. 2016, art. 9, ss. art. 1386-1.*

Comp. C. civ., art. 1302 et 1303 anc.

BIBL. GÉN. ▶ Morançais-Demeester, *RTD civ. 1993. 757* (responsabilité des personnes obligées à restitution).

1. Le sous-locataire qui s'est maintenu dans les lieux après la résiliation judiciaire du bail principal voit sa responsabilité engagée, en cas d'incendie de l'immeuble, non sur le fondement des anc. art. 1382 [1240] s., mais sur celui de l'ancien art. 1302, dès lors que, bien que devenu occupant sans droit ni titre, il a été initialement introduit dans les lieux en vertu des conventions passées entre le propriétaire et le locataire principal puis entre ce dernier et lui-même, et qu'il est donc tenu de restituer les biens dont il n'est que détenteur précaire, à défaut pour lui d'établir que l'incendie n'est pas dû à sa faute ou de justifier d'un cas fortuit. • Civ. 3e, 14 déc. 2005, n° 04-15.756 P : *RCA 2006, n° 92, note Groutel ; AJDI 2006. 562, obs. Zalewski ; RDC 2006. 753, obs. Lardeux ; RTD civ. 2006. 561, obs. Jourdain.*

2. L'emprunteur doit restituer la chose et, en cas de perte, son obligation n'est éteinte qu'à la charge de prouver que la chose a péri sans sa faute, sans qu'il ait à être mis en demeure. • Civ. 1re, 4 janv. 1977, n° 75-11.348 P.

3. Si l'obligation de restituer est éteinte lorsque la chose a péri sans faute de l'emprunteur, celui-ci reste tenu, en application de l'ancien art. 1303 anc. C. civ., de céder au prêteur la créance d'indemnité d'assurance relative à la chose périe. • Civ. 1re, 27 juin 1995, n° 92-19.952 P.

4. Si, en application de l'art. L. 415-3 C. rur., ni le bailleur ni les compagnies d'assurances ne peuvent, en cas de sinistre, invoquer un recours contre le preneur, s'il n'y a pas faute grave de sa part, cette solution n'est pas applicable à l'action dirigée non contre le preneur à bail rural, mais contre la société à la disposition de laquelle le bien a été mis. • Civ. 3e, 7 déc. 2011, n° 10-26.820 P : *D. 2012. 14 ; RGDA 2012. 437, obs. Mayaux.*

CHAPITRE V LES RESTITUTIONS

(Ord. n° 2016-131 du 10 févr. 2016, art. 3, en vigueur le 1er oct. 2016)

DALLOZ RÉFÉRENCE *Le nouveau droit des obligations et des contrats 2019/2020, nos 215.00 s.*

Art. 1352 *(Ord. n° 2016-131 du 10 févr. 2016, art. 3, en vigueur le 1er oct. 2016)* **La restitution d'une chose autre que d'une somme d'argent a lieu en nature ou, lorsque cela est impossible, en valeur, estimée au jour de la restitution.** – *Dispositions transitoires, V. Ord. n° 2016-131 du 10 févr. 2016, art. 9, ss. art. 1386-1.*

Comp. C. civ., art. 1379 anc.

BIBL. ▶ Klei, *Dr. et patr. 5/2016. 90.* – Ch. Simler, *D. 2018. 1923* (l'action en revendication et le régime des restitutions issu de l'Ord. du 10 févr. 2016). – Pellet, *JCP 2016, n° 676 ; RDC 2017. 211* (proposition de modification). – Penin, *CCC 2016. Étude 9* (restitutions, nullité, vices cachés et défaut de conformité).

I. PRINCIPES GÉNÉRAUX

1. Fondement des restitutions. – Effet légal. Déjà avant l'Ord. du 10 févr. 2016 : les restitutions résultant d'une résolution contractuelle sont un effet direct et nécessaire de l'anéantissement du contrat, la remise des choses dans le même état qu'avant la vente étant une conséquence légale de la résolution. • Civ. 3e, 22 juill. 1992, n° 90-18.667 P. ♦ Par suite, si une demande en résolution est formulée, elle emporte automatiquement demande de restitutions (C. pr. civ., art. 4). • Civ. 3e, 29 janv. 2013, n° 01-03.185.

2. ... Répétition de l'indu. Les restitutions consécutives à une annulation ne relèvent pas de la répétition de l'indu mais seulement des règles de nullité (prescription quinquennale et non décennale : application à une action en restitution d'intérêts conventionnels non régulièrement stipulés au contrat). • Civ. 1re, 24 sept. 2002, n° 00-21.278 P : *D. 2003. 369, note Aubert ; RTD civ. 2003. 284, obs. Mestre et Fages.* – Rappr. • Com. 18 févr. 2004, n° 01-12.123 P : *LPA 27 juill. 2004, note E. C.* ♦ ... Par suite, la prescription de l'action en restitution de la contrepartie en valeur de la jouissance des lieux ne peut courir avant le prononcé de la nullité du bail. • Civ. 3e, 14 juin 2018, n° 17-13.422 P : *D. 2019. 1129, obs. Damas ; AJDI 2019. 201, obs. Damas.*

3. Caractère non indemnitaire. La restitution du prix après annulation de la vente ne constituant pas un dommage, elle doit être poursuivie par l'acquéreur contre le seul vendeur ; cassation de l'arrêt qui condamne *in solidum* le notaire avec le vendeur sans avoir constaté l'insolvabilité de ce dernier. • Civ. 1re, 10 juill. 2002 : *RCA 2002, n° 338.* ♦ La plus-value due à l'acquéreur en vertu de l'art. 1633, laquelle n'est pas entrée dans le patrimoine des vendeurs, n'a pas la nature d'une restitution, mais d'une indemnisation de la perte subie par l'effet de l'éviction. • Civ. 3e, 27 oct. 2016, n° 15-21.495 P : *D. 2017. 375, obs. Mekki ; ibid. 1789, obs. Reboul-Maupin ; RTD civ. 2017. 187, obs. Dross*. ♦ Les demandes de remboursement des améliorations apportées à un fonds par le bénéficiaire d'un droit d'usage et d'habitation, à la suite de l'annulation de la convention établissant ce droit, n'ont pas un caractère indemnitaire (rejet de l'action en garantie intentée contre le notaire rédacteur de la convention). • Civ. 1re, 10 mai 2005, n° 03-12.496 P : *JCP 2006. I. 111, n° 1, obs. Stoffel-Munck ; AJDI 2005. 934, note Prigent*. ♦ Les travaux réalisés par l'acquéreur d'un bien immobilier sont des dépenses nécessaires et utiles donnant lieu à restitution du vendeur et, devant s'analyser en des dépenses de conservation du bien, cette restitution ne peut donner lieu à garantie du notaire, cette condamnation ne correspondant pas à un préjudice indemnisable. • Civ. 3e, 12 oct. 2022, n° 20-22.911 B : *AJDI 2023. 144, obs. Cohet ; JCP N 2022, n° 1276, note Richter ; RCA 2023, n° 15, note Pierre.* ♦ Inversement, les condamnations prononcées au titre du remboursement des charges de copropriété, du coût de l'assurance et des taxes foncières acquittés par l'acquéreur, ne constituent pas des restitutions consécutives à l'annulation du contrat de vente, mais présentent un caractère indemnitaire. • Même arrêt.

4. Restitution d'un paiement indu. – Indifférence de la gravité de la faute ou du préjudice. La caisse de sécurité sociale qui, par sa faute, cause un préjudice (répétition de prestations indûment versées) est tenue de le réparer, peu important que cette faute soit ou non grossière et que le préjudice soit ou non anormal. • Soc. 17 oct. 1996, n° 94-18.537 P : *LPA 7 juill. 1997, note Gauriau.* ♦ V. déjà, pour l'abandon progressif de l'exigence d'une faute grossière ou d'un préjudice anormal pour engager la responsabilité d'un organisme de sécurité sociale : • Soc. 12 juill. 1995, n° 93-12.196 P : *D. 1996. 35, note Saint-Jours* • 12 oct. 1995, n° 93-18.365 P (décisions rendues en dehors du domaine de la répétition de prestations indues).

5. Bonne foi (non). La bonne foi d'un assuré ne saurait priver une caisse de son droit à répéter les prestations qu'elle lui a indûment versées. • Soc. 8 juin 1983 : *Bull. civ. V, n° 310 ; RTD civ. 1985. 168, obs. Mestre.* ♦ Comp. : la bonne foi de l'enrichi ne prive pas l'appauvri du droit d'exercer contre celui-là l'action *de in rem verso*. • Civ. 1re, 11 mars 2014, n° 12-29.304 P : *cité. note 6 ss. art. 1303.* ♦ En revanche, prise en compte de la mauvaise foi en cas de revente de l'objet (art. 1352-2) ou pour prendre en compte la charge des dégradations (art. 1352-1) ou encore pour la restitution des fruits et intérêts d'une somme d'argent (art. 1352-7).

II. RESTITUTION EN NATURE OU À DÉFAUT EN VALEUR

6. Obligation de restitution en nature ou en valeur : principe. Primauté reconnue par l'art. 1352, issu de l'Ord. du 10 févr. 2016, à la restitution en nature. Déjà antérieurement : les restitutions réciproques, conséquences nécessaires de la nullité d'un contrat de vente, peuvent être exécutées en nature ou en valeur. • Civ. 1re, 11 juin 2002, n° 00-15.297 P : *D. 2002. 3108, note Rakotovahiny ; CCC 2002, n° 156, note Leveneur ; RTD civ. 2003. 284, obs. Mestre et Fages*. – Déjà en ce sens : • Com. 11 mai 1976, n° 75-00.011 P : *Defrénois 1977. 393, obs. Aubert.* ♦ Sur les restitutions en valeur, V. également : • Com. 29 févr. 1972 : *D. 1972. 623 ; Gaz. Pal. 1972. 2. 708* • Paris, 31 oct. 1973 : *D. 1974. 583, note Malaurie* • Com. 21 juill. 1975 : *D. 1976. 582, note Agostini et Diener.* ♦ Sur la démolition d'ouvrages réalisés en exécution d'un contrat annulé, V. note 12 ss. art. 1178.

7. Restitutions consécutives à une annulation. Pour remettre les parties à un contrat d'intégration annulé dans leur état antérieur, seules doivent être prises en considération les prestations fournies par chacune d'elles en exécution de ce contrat. • Civ. 1re, 25 nov. 2020, n° 18-24.769 P (exclusion de sommes liées à un tiers). ♦ L'annulation d'une cession d'actions confère au vendeur, dans la mesure où la remise des actions en nature n'est plus possible, le droit d'en obtenir la remise en valeur au jour de la cession annulée. • Com. 14 juin 2005, n° 03-12.339 P : *R., p. 311 ; D. 2005. AJ 1775, obs. A. Lienhard ; JCP E 2005. 1834, n° 3, obs. Caussain, Deboissy et Wicker ; RTD civ. 2005. 778, obs. Mestre et Fages ; Rev. sociétés 2006. 66, note Mathey*. ♦ Dans le cas où un contrat de sous-traitance déclaré nul a été exécuté, les parties devant être remises dans l'état où elles se trouvaient avant cette exécution, le sous-traitant est en droit d'obtenir de l'entrepreneur principal la restitution des sommes réellement déboursées par lui, sans que soit prise en compte la valeur de l'ouvrage après reprise des désordres par un tiers. • Civ. 3e, 13 sept. 2006, n° 05-11.533 P. ♦ Un contrat d'assurance étant annulé, la prestation de garantie ne peut être restituée en nature, mais l'emprunteur doit être replacé dans la situation qui eût été la sienne s'il n'avait pas contracté et ne peut être tenu débiteur envers l'assureur d'une dette de restitution au titre des garanties que ce dernier lui a accordées. • Civ. 3e, 12 avr. 2018, n° 17-13.118 P : *D. 2018. 850 ; RDI 2018. 342, obs. Tournafond et Tricoire ; RTD civ. 2018. 642, obs. Barbier ; RGDA 2018. 312, note Mayaux.* ♦ Sur les conséquences de l'annulation d'un acte ayant fondé la mise en place d'une astreinte, V. • Civ. 2e, 24 sept. 2015, n° 14-14.977 P : *cité note ss. art. 1383-1.* ♦ Dans le cas d'un contrat illicite comme ayant été conclu au mépris des règles impératives d'exercice de la profession d'avocat, la restitution en valeur de la prestation effectuée peut être sollicitée par l'avocat. • Civ. 1re, 17 févr. 2021, n° 19-22.234 P (application anc. art. 1131). ♦ V. également le principe de restitution posé par l'art. 1178, al. 3, et la note 11 ss. art. 1178.

8. ... Absence de prise en compte des bénéfices. Pour remettre les parties d'un contrat d'intégration annulé dans leur état antérieur, seules doivent être prises en considération les prestations fournies par chacune d'elles en exécution de ce contrat, sans avoir égard aux bénéfices tirés de celui-ci par l'intégrateur. • Civ. 1re, 10 déc. 2014, n° 13-23.903 P : *D. 2015. 529, obs. Amrani-Mekki et Mekki ; RDC 2015. 230, note Laithier.* ♦ La remise des parties dans l'état antérieur à un contrat de location-gérance annulé exclut que le bailleur obtienne une indemnité correspondant au profit tiré par le locataire de l'exploitation du fonds de commerce dont il n'a pas la propriété. • Civ. 3e, 3 déc. 2015, n° 14-22.692 P.

9. Restitutions consécutives à une résolution. BIBL. Goubeaux, *Mél. B. Gross, PU Nancy, 2009, p. 63* (à propos de la restitution de l'*usus*). ♦ V. le principe de restitution posé par l'art. 1229, al. 3. ♦ Antérieurement à l'Ord. du 10 févr. 2016 : sur le cas d'une restitution en nature extrêmement compliquée, entraînant une restitution en valeur. • Civ. 3e, 24 avr. 2013, n° 12-11.640 : *Gaz. Pal. 2013, n° 251, p. 39, obs. Tricoire ; RTD civ. 2013. 638, obs. Droos.* ♦ V. notes ss. art. 1184 anc.

10. ... Limites de l'obligation de restituer. Pour les contrats « à exécution échelonnée », V. note ss. art. 1229. ♦ Limites reconnues en jurisprudence avant l'Ord. du 10 févr. 2016, V. note 21 ss. art. 1184 anc.

11. Restitution de créance professionnelle cédée. La cession de créances professionnelles faite à titre de garantie implique la restitution du droit cédé au cas où la créance garantie viendrait à être payée et n'opère qu'un transfert provisoire de la titularité de ce droit, la restitution de la créance au cédant restant subordonnée à l'épuisement de l'objet de la garantie consentie. • Com. 22 mars 2017, n° 15-15.361 P : *D. 2017. 1996, obs. Crocq ; ibid. 2176, obs. Martin et Synvet ; AJ contrat 2017. 236, obs. Reygrobellet ; RTD civ. 2017. 455, obs. Crocq ; RTD com. 2017. 434, obs. Martin-Serf.*

12. Autres causes. – Renvois (caducité – paiement indu). Restitutions faisant suite à la caducité d'un acte : V. le principe de restitution posé par l'art. 1187, al. 2, et notes ss. art. 1186. ♦ ... Ou résultant d'un paiement indu : V. le principe de restitution posé par l'art. 1302-3, al. 1er. ♦ Dès lors que les sommes versées n'étaient pas dues, le *solvens* est en droit, sans être tenu à aucune autre preuve, d'en obtenir la restitution. • Cass., ass. plén., 2 avr. 1993, n° 89-15.490 P : *R., p. 326 ; GAJC, 11e éd., n° 226 ; D. 1993. 373, concl. Jéol ; ibid. Somm. 273, obs. Prétot ; D. 1994. Somm. 14, obs. Aubert ; JCP 1993. II. 22051, concl. Jéol ; Gaz. Pal. 1993. 2. 560, concl. Jéol ; RTD civ. 1993. 820, obs. Mestre.* – V. aussi Sériaux, *D. 1993. Chron. 229*, V. notes ss. art. 1302-1 et art. 1303.

13. Résolution judiciaire. V. les dispositions de l'art. 1229, al. 3. ♦ Antérieurement à l'Ord. du 10 févr. 2016 : V. note 14 ss. art. 1184 anc.

14. Nominalisme monétaire. Le prix que le vendeur est tenu de restituer après résolution de la vente ne peut s'entendre que de la somme qu'il a reçue, éventuellement augmentée des intérêts, et sauf au juge du fond à accorder en outre des dommages et intérêts. • Civ. 1re, 7 avr. 1998, n° 96-18.790 P : *Gaz. Pal. 1999. 2. Somm. 456, obs. Guével ; RTD civ. 1998. 905, obs. Mestre.* ♦ Comp. • Civ. 1re, 8 mars 2005 : *préc. note 2 ss. art. 1352-1* (la créance de restitution en valeur d'un bien est égale, non pas au prix convenu, mais à la valeur effective, au jour de la vente, de la chose remise). ♦ V. note 2 ss. art. 1352-6.

Art. 1352-1 *(Ord. n° 2016-131 du 10 févr. 2016, art. 3, en vigueur le 1er oct. 2016)* **Celui qui restitue la chose répond des dégradations et détériorations qui en ont diminué la valeur, à moins qu'il ne soit de bonne foi et que celles-ci ne soient pas dues à sa faute.** – *Dispositions transitoires, V. Ord. n° 2016-131 du 10 févr. 2016, art. 9, ss. art. 1386-1.*

Comp. C. civ., art. 1379 anc.

1° CHARGE DES DÉGRADATIONS ET DÉTÉRIORATIONS

1. Principe. Antérieurement à l'Ord. du 10 févr. 2016, déjà, les dégradations obligent le restituant à indemnité. • Civ. 1re, 6 déc. 1967 : *Bull. civ. I, n° 358* (restitution d'animaux après une vente). ♦ ... Quand bien même le débiteur de l'obligation de restituer n'est pas fautif. • Civ. 1re, 2 juin 1987, n° 84-16.624 P (solution antérieure contraire à l'art. 1352-1, ci-dessous, dans le cas où le restituant est non fautif et de bonne foi).

2. Dépréciation. Après résolution d'une vente, le vendeur est tenu de restituer le prix qu'il a reçu, sans diminution liée à l'utilisation de la chose vendue ou à l'usure en résultant. • Civ. 1re, 19 févr. 2014, n° 12-15.520 P : *D. 2014. 544, obs. Coustet ; ibid. 642, note Pellet ; ibid. 2015. 529, obs. Amrani-Mekki et Mekki ; RTD* *civ. 2014. 363, obs. Barbier* ; *RDC 2014. 358, note Savaux ; ibid. 374, note Deshayes ; ibid. 641, note Le Bourg* (véhicule automobile tombé en panne plus de quatre ans après une vente résolue ici sur le fondement des art. 1641 s.).

L'effet rétroactif de la résolution d'une vente oblige l'acquéreur à indemniser le vendeur de la dépréciation subie par la chose à raison de l'utilisation qu'il en a faite, à l'exclusion de celle due à la vétusté. • Civ. 1re, 8 mars 2005, n° 02-11.594 P : *RCA 2005, n° 160, note Hocquet-Berg* (véhicule d'occasion atteint d'un vice caché). – Comp., désormais, note 50 ss. art. 1641. – Même sens : • Civ. 1re, 21 mars 2006, n° 02-19.236 P : *R., p. 331 ; D. 2006. IR 950, obs. Gallmeister* ; *JCP E 2006. 2406, note Houin-Bressand (1re esp.) ; CCC 2006, n° 130, note Leveneur (2e esp.) ; RDC 2006. 1140, obs. Brun ; ibid. 1230, obs. Viney* (véhicule neuf non conforme à la commande). ♦ Il incombe au vendeur de rapporter la preuve de l'existence et de l'étendue de cette dépréciation. • Civ. 1re, 21 mars 2006 : *préc.* (preuve non rapportée, en l'espèce, d'une éventuelle dépréciation d'un véhicule automobile due à l'usure).

2° EXCEPTION : CELUI QUI RESTITUE EST DE BONNE FOI ET NON FAUTIF

3. *Bonne foi.* La bonne foi n'est pas une condition de la répétition, V. note 5 ss. art. 1352.

4. *Faute de l'accipiens.* V. art. 1379 anc. et note 1 ss. art. 1302-2. ♦ Incidence de la faute de l'*accipiens* conduisant à la destruction ou à la détérioration de l'immeuble ou du meuble corporel, objet du paiement indu, V. art. 1302-3.

Art. 1352-2 *(Ord. n° 2016-131 du 10 févr. 2016, art. 3, en vigueur le 1er oct. 2016)* **Celui qui l'ayant reçue de bonne foi a vendu la chose ne doit restituer que le prix de la vente.**

S'il l'a reçue de mauvaise foi, il en doit la valeur au jour de la restitution lorsqu'elle est supérieure au prix. – *Dispositions transitoires, V. Ord. n° 2016-131 du 10 févr. 2016, art. 9, ss. art. 1386-1.*

Comp. C. civ., art. 1380 anc.

BIBL. ▶ FORTI, *RDC 2018. 118* (mauvaise foi du débiteur des restitutions).

1. Revente d'un bien reçu de bonne foi (al. 1er). – Paiement indu. V. art. 1302-3. ♦ Antérieurement à l'Ord. du 10 févr. 2016, en application de l'anc. art. 1380 : l'*accipiens* de bonne foi qui a vendu la chose ne restitue que le prix de vente. • Civ. 3e, 8 juin 1979 : *Gaz. Pal. 1979. 2. Somm. 421.* ♦ ... Sans que la bonne foi soit une condition de l'action en répétition : V. note 5 ss. art. 1352. ♦ Le juge du fond apprécie souverainement la bonne ou la mauvaise foi de l'*accipiens*. • Req. 17 nov. 1908 : *DP 1909. 1. 379.* ♦ L'*accipiens* est de bonne foi lorsqu'il n'a pas conscience du caractère indu du paiement qu'il a reçu. • Civ., 11 déc. 1900 : *DP 1901. 1. 257.*

2. Revente d'un bien reçu de mauvaise foi (al. 2). – Renvoi. Comp. art. 1378 anc. et 1979 anc. ♦ Antérieurement à l'Ord. du 10 févr. 2016, dans le sens de l'art. 1352-2, al. 2 : • Com. 23 juin 1992 : *JCP 1992. II. 21974, note Béhar-Touchais.*

Art. 1352-3 *(Ord. n° 2016-131 du 10 févr. 2016, art. 3, en vigueur le 1er oct. 2016)* **La restitution inclut les fruits et la valeur de la jouissance que la chose a procurée.**

La valeur de la jouissance est évaluée par le juge au jour où il se prononce.

Sauf stipulation contraire, la restitution des fruits, s'ils ne se retrouvent pas en nature, a lieu selon une valeur estimée à la date du remboursement, suivant l'état de la chose au jour du paiement de l'obligation. – *Dispositions transitoires, V. Ord. n° 2016-131 du 10 févr. 2016, art. 9, ss. art. 1386-1.*

I. RESTITUTION DES FRUITS

1. *Principe.* Rappr. C. civ., art. 549. ♦ L'art. 1352-3, issu de l'Ord. du 10 févr. 2016, ne conditionne pas la restitution des fruits de la chose à la mauvaise foi du débiteur de l'obligation de restituer. ♦ *Contra* antérieurement, l'art. 1378 anc. subordonne la restitution des fruits de la chose à la mauvaise foi de l'accipiens. V. notes ss. art. 1378 anc. ♦ V. ainsi : en cas d'annulation de la vente pour erreur, le vendeur ne peut obtenir la restitution des loyers perçus par l'acquéreur dès lors que l'erreur de celui-ci était excusable et qu'il n'était pas de mauvaise foi. • Civ. 3e, 3 mai 2018, n° 17-11.132 P : *D. 2018. 1008* ; *RTD civ. 2018. 658, obs. Barbier*.

2. *Restitution des fruits et résolution du contrat.* En cas de résolution d'une vente, le propriétaire peut obtenir la restitution des fruits effectivement perçus par le possesseur, laquelle ne constitue que la conséquence légale de l'anéantissement du contrat. • Civ. 3e, 29 juin 2005, n° 04-12.987 P.

II. RESTITUTION DE LA VALEUR DE JOUISSANCE

3. *Principe.* L'art. 1352-3 résultant de l'Ord. du 10 févr. 2016 pose le principe de la compensation de la jouissance que la chose a procurée, qui apparaît comme un équivalent économique des fruits que la chose aurait pu produire. ♦ *Contra*, antérieurement, sur l'indemnité d'occupation : **BIBL.** Kessler, *JCP 2004. I. 154* (restitutions en nature et indemnité de jouissance). – Wintgen, *Defrénois 2004. 692* (indemnité de jouissance en cas d'anéantissement rétroactif d'un contrat translatif). ♦ En raison de l'effet rétroactif de l'annulation de la vente, le vendeur n'est pas fondé à obtenir une indemnité correspondant à la seule utilisation de la chose par l'acquéreur. • Cass., ch. mixte, 9 juill. 2004, n° 02-16.302 P : *R., p. 204 et 275 ; BICC 1er nov. 2004, rapp. Pinot, concl. Guérin ; D. 2004. 2175, note Tuaillon ; JCP 2004. II. 10190, note G. François ; ibid. I. 173, nos 14 s., obs. Serinet ; ibid. 2005. I. 132, n° 1, obs. Viney ; Defrénois 2004. 1402, obs. Libchaber ; CCC 2004, n° 168, note Leveneur ; AJDI 2005. 331, note Cohet-Cordey ; RLDC 2004/10, n° 396, note Malaurie-Vignal ; LPA 16 mai 2005, obs. Pimont ; RDC 2005. 280, obs. Stoffel-Munck ; RTD civ. 2005. 125, obs. Mestre et Fages* (immeuble) • Civ. 3e, 2 mars 2005, n° 03-10.553 P : *AJDI 2005. 765, note Cohet-Cordey* (immeuble) • 26 oct. 2005 : *CCC 2006, n° 45, note Leveneur.* ♦ La partie de bonne foi au contrat de vente annulé peut seule demander la condamnation de la partie fautive à réparer le préjudice qu'elle a subi en raison de la conclusion du contrat annulé. • Cass., ch. mixte, 9 juill. 2004 : *préc.* ♦ Comp., en cas d'annulation d'un contrat de bail (fixation d'une indemnité d'occupation) • Cass., ch. mixte, 9 nov. 2007, n° 06-19.508 P : *BICC 15 févr. 2008, rapp. Lacabarats et avis Domingo.*

En cas d'annulation d'un bail pour un motif étranger au comportement du preneur, l'indemnité d'occupation représente la contrepartie de la jouissance des lieux ; dès lors, si le locataire n'a pas bénéficié de la jouissance de locaux conformes à leur destination contractuelle, il n'est pas redevable d'une indemnité d'occupation. • Civ. 3e, 3 nov. 2021, n° 20-16.334 B : *D. 2021. 2045 ; ibid. 2022. 310, obs. Boffa et Mekki.*

4. … Résolution du contrat. *Contra*, antérieurement à l'Ord. du 10 févr. 2016 également : en raison de l'effet rétroactif de la résolution de la vente, le vendeur n'est pas fondé à obtenir une indemnité correspondant à la seule utilisation de la chose par l'acquéreur. • Civ. 1re, 11 mars 2003, n° 01-01.673 P : *D. 2003. 2522, note Serinet (1re esp.) ; JCP 2004. II. 10159, note Lièvremont ; RTD civ. 2003. 501, obs. Mestre et Fages ; RDC 2004. 265, obs. Stoffel-Munck* (véhicule d'occasion) • Com. 30 oct. 2007, n° 05-17.882 P : *D. 2007. AJ 2872 ; RTD com. 2008. 409, obs. Bouloc* • Civ. 1re, 30 sept. 2008 : *cité note 50 ss. art. 1641* • Com. 10 févr. 2015, n° 13-24.501 P : *D. 2015. 432* (cassation de l'arrêt condamnant le crédit-bailleur à restituer le bien et le vendeur à lui restituer le prix, déduction faite des loyers perçus par le crédit-bailleur.). ♦ … Ou à sa seule occupation. • Civ. 1re, 15 mai 2007, n° 05-16.926 P : *D. 2007. AJ 1594 ; JCP 2007. I. 185, nos 5 s., obs. Stoffel-Munck* (immeuble).

5. Date d'évaluation de la prestation. La prestation est évaluée à la date à laquelle elle a été fournie. • Civ. 3e, 24 juin 2009, n° 08-12.251 P.

Art. 1352-4 *(Ord. n° 2016-131 du 10 févr. 2016, art. 3, en vigueur le 1er oct. 2016)* **Les restitutions dues** *(L. n° 2018-287 du 20 avr. 2018, art. 13)* **« par** *[ancienne rédaction : à]* **» un mineur non émancipé ou** *(L. n° 2018-287 du 20 avr. 2018, art. 13)* **« par** *[ancienne rédaction : à]* **» un majeur protégé sont réduites à** *(L. n° 2018-287 du 20 avr. 2018, art. 13)* **« hauteur** *[ancienne rédaction : proportion]* **» du profit qu'il a retiré de l'acte annulé.** — *Dispositions transitoires, V. Ord. n° 2016-131 du 10 févr. 2016, art. 9, ss. art. 1386-1.*

Les modifications apportées par la L. n° 2018-287 du 20 avr. 2018 à l'art. 1352-4 ont un caractère interprétatif (L. préc., en vigueur le 1er oct. 2018, art. 16-I). — Sur les conséquences du caractère interprétatif d'une modification législative, V. L. préc., ss. art. 1386-1.

Comp. C. civ., art. 1312 anc.

BIBL. ▶ TETARD, *D. 2017. 777.*

1. Constat judiciaire du profit. Nécessité pour les juges du fond de rechercher, avant d'ordonner le remboursement d'un prêt consenti à un mineur et annulé comme étant fait à un incapable, si ce prêt avait « tourné au profit » du mineur. • Civ. 1re, 5 avr. 1978, n° 76-14.924 P.

2. Paiement au représentant du mineur. L'anc. art. 1312 concerne les seuls paiements faits entre les mains d'un mineur, et non ceux effectués entre les mains de son représentant légal. • Civ. 1re, 18 janv. 1989, n° 87-12.019 P : *Gaz. Pal. 1989. 2. 628, note Massip.*

3. Application. Ouverture de compte bancaire. Le mineur qui contracte avec une banque, sans l'autorisation ni l'assistance de son représentant légal, pour l'ouverture d'un compte de dépôt, est fondé à invoquer la nullité de la convention pour défaut de capacité, et les restitutions qu'il doit sont limitées à l'enrichissement conservé, lequel est inexistant en cas de dilapidation des fonds par l'usage des chèques mis à sa disposition. • Versailles, 26 oct. 1990 : *D. 1993. Somm. 125, obs. Lucet.* ♦ Une cour d'appel qui condamne à remboursement envers la banque un mineur qui s'était fait ouvrir un compte en dissimulant son âge véritable, sans caractériser à son encontre des manœuvres dolosives, ni rechercher si l'ouverture d'un compte bancaire avec remise de carnets de chèques ou d'une « carte bleue » sans autorisation de son représentant était un acte de la vie courante, ni constater que ce qui avait été payé avait tourné à son profit, n'a pas donné de base légale à sa décision au regard des art. 389-3, 1307 et 1312 anc. C. civ. • Civ. 1re, 12 nov. 1998 : *D. 2000. 39, note Farge ; JCP 1999. II. 10053, note Garé ; Defrénois 1999. 685, obs. Massip ; Dr. fam. 1999, n° 35, note Fossier ; RTD civ. 1999. 360, obs. Hauser*.

Art. 1352-5 *(Ord. n° 2016-131 du 10 févr. 2016, art. 3, en vigueur le 1er oct. 2016)* **Pour fixer le montant des restitutions, il est tenu compte à celui qui doit restituer des dépenses nécessaires à la conservation de la chose et de celles qui en ont augmenté la valeur, dans la limite de la plus-value estimée au jour de la restitution.** — *Dispositions transitoires, V. Ord. n° 2016-131 du 10 févr. 2016, art. 9, ss. art. 1386-1.*

Comp. C. civ., art. 1381 anc.

I. DÉPENSES NÉCESSAIRES

1. Restitution de l'indu. – Dépenses de conservation. Le paiement d'arriérés de loyers par l'acquéreur du fonds de commerce au bailleur a eu pour objet de conserver le bail indispensable à l'exploitation du fonds et entre à ce titre dans les prévisions de l'anc. art. 1381. • Com. 25 févr. 2003, n° 00-17.601 P.

2. Frais. Le contractant, responsable de la résolution des conventions, ne peut réclamer le montant des frais qu'il a effectués que s'il justifie que ces dépenses ont été utiles à son cocontractant. • Civ. 1re, 21 juill. 1964 : *D. 1964. 759.* – Dans le même sens : • Civ. 3e, 15 avr. 1992, n° 90-20.049 P : *Defrénois 1993. 377, obs. Vermelle* • 4 déc. 2002 : *préc. note 9 ss. art. 1352.*

II. DÉPENSES D'AMÉLIORATION. – IMPENSES

3. Impenses utiles. – Décisions rendues dans le cadre de l'enrichissement sans cause (anc. art. 1371). Le remboursement des impenses utiles est dû même au possesseur de mauvaise foi. • Civ. 3e, 12 mars 1985, n° 83-16.548 P. ♦ Comp., pour des restitutions consécutives à l'annulation d'une cession de titres d'une société de construction, Malaurie, note *D. 1974. 93.* ♦ Remboursement des impenses utiles et nécessaires, en cas de convention d'occupation anticipée, au bénéficiaire d'une promesse de vente devenue caduque. • Civ. 3e, 15 janv. 2003, n° 01-12.522 P : *JCP 2003. I. 172, n° 5, obs. Périnet-Marquet ; Defrénois 2003. 986, obs. Atias ; Dr. et patr. 5/2003. 114, obs. Chauvel.* ♦ Remboursement par le vendeur, après l'annulation de la vente pour erreur, de la taxe foncière, des cotisations d'assurances et des charges de copropriété. • Civ. 3e, 3 mai 2018, n° 17-11.132 P : *D. 2018. 1008 ; RTD civ. 2018. 658, obs. Barbier* (erreur sur la possibilité de louer un logement vendu à une SCI).

4. ... Les juges ne peuvent refuser le remboursement de travaux au motif qu'il ne s'agissait pas d'impenses utiles, sans préciser en quoi ces travaux ne méritaient pas cette qualification. • Civ. 1re, 19 janv. 1977, n° 75-13.578 P. – Sur la notion d'impenses utiles, V. note 3 ss. art. 1634 et note 3, ss. art. 1352.

5. ... Montant de l'indemnité. – Limite de la plus-value. Principes : V. notes ss. art. 1303. ♦ Les impenses utiles dues au possesseur de mauvaise foi ne peuvent être répétées par lui qu'à concurrence de la plus-value existant lors du délaissement du bien. • Civ. 3e, 23 mars 1968, n° 66-12.007 P. – V. également note 8 ss. art. 1303 (enrichissement sans cause). ♦ Mais le montant de la restitution ne peut être diminué en raison de la plus-value apportée par la gestion du débiteur de l'obligation de restitution. • Com. 29 mars 1994, n° 92-14.245 P : *D. 1995. 520, note Moury*. – V. art. 1371 anc., note 5. ♦ ... Sauf si l'annulation du contrat résulte de la faute de l'autre partie (vendeur). • Com. 7 mars 1995, n° 92-17.188 P.

Art. 1352-6 *(Ord. n° 2016-131 du 10 févr. 2016, art. 3, en vigueur le 1er oct. 2016)* **La restitution d'une somme d'argent inclut les intérêts au taux légal et les taxes acquittées entre les mains de celui qui l'a reçue.** — *Dispositions transitoires, V. Ord. n° 2016-131 du 10 févr. 2016, art. 9, ss. art. 1386-1.*

Comp. C. civ., art. 1153 anc. et 1378 anc.

1. Ord. du 10 févr. 2016. L'Ord. n° 2016-131 du 10 févr. 2016 ne conditionne pas la restitution des intérêts et taxes à la mauvaise foi du débiteur de l'obligation de restituer. Pour la restitution des fruits et de la valeur de la jouissance d'une chose autre qu'une somme d'argent, V. art. 1352-3.

2. Restitution d'une somme d'argent. – Illustrations. • Com. 5 déc. 1995, n° 93-17.702 P : *Defrénois 1996. 749, obs. Delebecque ; LPA 4 nov. 1996, note Courtier ; RTD civ. 1996. 906, obs. Mestre* (résolution d'une vente d'immeuble financée par un prêt : restitution des fonds aux acquéreurs et non au prêteur) • Civ.

3e, 4 déc. 2002, n° 00-17.925 P (résolution d'une vente d'immeuble : remboursement à l'acquéreur des impôts fonciers) • 29 janv. 2003 : *JCP 2003. II. 10116, note Serinet* (résolution d'une vente d'immeuble : la restitution de la partie du prix payée doit être ordonnée même si elle n'a pas été demandée) • Civ. 1re, 5 mai 2004, n° 00-22.902 P : *D. 2004. AJ 1597, obs. Rouquet ; Defrénois 2005. 248, obs. Ruet* (résolution d'une vente d'immeuble : il incombe au vendeur, en sa qualité de propriétaire, de rembourser à l'acquéreur l'indemnité d'éviction que celui-ci a versée au locataire) • Soc. 21 juin 2004, n° 02-43.793 P : *D. 2005. Pan. 1494, obs. Sirinelli* (restitution à un artiste des supports d'enregistrement en conséquence de la perte des droits par le producteur).

Seul le vendeur de la chose rendue est tenu à la restitution du prix qu'il a reçu ; cassation de l'arrêt ayant dit que le fournisseur de la chose devrait garantir le vendeur de sa condamnation à restitution. • Com. 3 févr. 1998, n° 95-19.443 P : *D. 1999. Somm. 15, obs. Tournafond*. ♦ Dans le même sens : cassation de l'arrêt ayant condamné les constructeurs, dans le cadre d'une vente en l'état futur d'achèvement, à garantir le vendeur des sommes dues lors de la résolution de la vente. • Civ. 3e, 7 juill. 2010, n° 09-15.081 P : *D. 2010. Actu. 1872 ; RDI 2010. 556, obs. Tournafond ; Dr. et patr. 7-8/2011. 36, note Tournafond et Tricoire ; RLDC 2010/75, n° 3957, obs. Paulin.* ♦ Application du nominalisme monétaire, y compris si la valeur du bien a diminué. ♦ La répétition consécutive à la résolution d'une cession d'actions ne peut porter que sur le prix nominal payé lors de la vente, non sur la valeur des actions estimée par expertise. • Civ. 1re, 19 mars 1996, n° 94-12.760 P : *RTD civ. 1996. 907, obs. Mestre*. – Rappr. • Com. 14 juin 2005 : *cité note 7 ss. art. 1352.*

3. ... Prêt d'argent – Faute du prêteur. Le prêteur qui a versé les fonds sans s'être assuré, comme il y était tenu, de la régularité formelle du contrat principal ou de sa complète exécution, peut être privé en tout ou partie de sa créance de restitution, dès lors que l'emprunteur justifie avoir subi un préjudice en lien avec cette faute. • Civ. 1re, 25 nov. 2020, n° 19-14.908 P : *D. 2021. Chron. C. cass. 483, obs. Dazzan ; ibid. 887, note Barbaud ; RTD com. 2021. 172, obs. Legeais ; D. actu. 24 déc. 2020, note Hélainele.*

4. ... Caducité. Répétition des sommes versées au titre d'une prestation compensatoire devenue caduque par le remariage de sa créancière. • Civ. 2e, 22 sept. 2016, n° 15-17.041 P : *D. 2016. 1938 ; AJ fam. 2016. 538, obs. Casey ; RTD civ. 2017. 109, obs. Hauser.*

5. Intérêts de la somme restituée. Sur le point de départ des intérêts, V. note 1 ss. art. 1352-7. ♦ Sur les intérêts moratoires dans le paiement d'une obligation de somme d'argent, V. notes 5 s. ss. art. 1231-6.

6. Étendue de la restitution. Lorsqu'une personne a reçu des paiements de mauvaise foi, elle est tenue de restituer, outre le capital, les intérêts du jour de chaque paiement indûment perçu, sans que le créancier soit tenu de justifier d'un préjudice spécial. • Civ. 1re, 8 juin 1983 : *Bull. civ. I, n° 172 ; RTD civ. 1985. 168, obs. Mestre.* ♦ Dans le même sens, en cas de restitution du prix d'une vente annulée pour dol : • Com. 4 janv. 2000 : *CCC 2000, n° 79, note Leveneur.*

7. Condamnation judiciaire. Le point de départ des intérêts moratoires en cas de restitution à un employeur d'un trop-perçu de cotisations d'accident du travail, à la suite d'un arrêt confirmatif ayant déclaré un tiers entièrement responsable de l'accident, ne peut être fixé à la date à laquelle la caisse a eu connaissance du jugement établissant le caractère indu, ou du moins contestable, du calcul de cotisations, alors que ce calcul ne pouvait être remis en cause avant qu'une décision irrévocable ait attribué à un tiers l'entière responsabilité de l'accident. • Soc. 5 nov. 1999, n° 97-11.722 P. – Sur la date de restitution, V. art. 1352-7.

8. Restitution de taxes. Sur le remboursement de la TVA, V. • Com. 26 juin 1990, n° 88-17.892 P (cassation de l'arrêt qui rejette la demande de l'acheteur en remboursement de la TVA versée au vendeur au motif que ce dernier n'y sera tenu qu'après restitution de cet impôt par le Trésor public) • 8 févr. 2023, n° 21-16.874 B (la restitution en valeur d'une prestation accomplie sur le fondement d'un contrat résolu doit inclure la taxe sur la valeur ajoutée à laquelle cette prestation est assujettie). ♦ La résolution d'un contrat synallagmatique emporte la remise des parties dans l'état où elles se trouvaient antérieurement : la restitution du prix doit aussi porter sur le montant antérieurement récupéré de la TVA, mais dont l'administration fiscale a réclamé justement le remboursement du fait de la résolution de la vente. • Com. 8 janv. 2020, n° 18-17.895 P.

Art. 1352-7 *(Ord. n° 2016-131 du 10 févr. 2016, art. 3, en vigueur le 1er oct. 2016)* **Celui qui a reçu de mauvaise foi doit les intérêts, les fruits qu'il a perçus ou la valeur de la jouissance à compter du paiement. Celui qui a reçu de bonne foi ne les doit qu'à compter du jour de la demande.** – *Dispositions transitoires, V. Ord. n° 2016-131 du 10 févr. 2016, art. 9, ss. art. 1386-1.*

Comp. C. civ., art. 1378 anc.

BIBL. ▸ FORTI, *RDC 2018. 118* (mauvaise foi du débiteur des restitutions).

1. Point de départ des intérêts. – Solutions antérieures (paiement indu). Antérieurement à l'Ord. nº 2016-131 du 10 févr. 2016, la restitution des intérêts sur la somme due dépendait également de la bonne ou de la mauvaise foi du restituant dans les conditions de l'art. 1378 anc. Ainsi il résulte de la combinaison des art. 1153 anc. et 1378 anc. que celui qui est condamné à restituer une somme indûment perçue doit les intérêts du jour de la demande s'il était de bonne foi et du jour du paiement s'il ne l'était pas. • Civ. 3e, 12 févr. 1985 : *Bull. civ. III, nº 30* • Soc. 7 avr. 1994, nº 91-21.147 P (intérêts dus du jour du paiement, l'organisme créancier sachant sa créance contestée et en ayant néanmoins poursuivi le recouvrement à ses risques et périls) • Soc. 27 juin 1996, nº 94-10.982 P : *JCP 1996. I. 3983, nº 17, obs. Billiau* (contestation par l'employeur des sommes dues rendant les caisses de mauvaise foi ainsi que, par contrecoup, l'URSSAF, qui n'est que leur mandataire légal) • Soc. 30 mai 2002, nº 00-18.616 P : *R., p. 400* (même solution). ♦ Celui qui de bonne foi a reçu une somme qui ne lui était pas due est obligé de la restituer avec les intérêts à compter de la demande ou du jour où il a cessé de posséder de bonne foi. • Civ. 1re, 22 mars 2005, nº 01-11.762 P. ♦ Celui qui de bonne foi a reçu une somme qui ne lui était pas due est obligé de la restituer avec les intérêts moratoires du jour de la demande dès lors que le montant de cette somme peut être déterminé par l'application de dispositions légales ou réglementaires ou par convention. • Cass., ass. plén., 2 avr. 1993, nº 89-15.490 P : *R., p. 326 ; GAJC, 11e éd., nº 226 ; D. 1993. 373, concl. Jéol ; D. 1994. Somm. 14, obs. Aubert ; JCP 1993. II. 22051, concl. Jéol ; Gaz. Pal. 1993. 2. 560, concl. Jéol ; RTD civ. 1993. 820, obs. Mestre*. ♦ Les juges du fond ne peuvent faire courir les intérêts du jour du paiement sans rechercher si le débiteur était de bonne ou de mauvaise foi. • Civ. 1re, 4 oct. 1988 : *Bull. civ. I, nº 273 ; D. 1989. Somm. 231, obs. Aubert*. – V. aussi note 1 ss. art. 1378 anc. ♦ Avec l'Ord. du 10 févr. 2016, absence d'incidence de la bonne foi sur l'obligation de restituer, V. note 5 ss. art. 1352.

2. Garantie des vices cachés. – Action rédhibitoire. Sur le refus d'indemnité de jouissance, V. notes 10 s. ss. art. 1641.

Art. 1352-8 *(Ord. nº 2016-131 du 10 févr. 2016, art. 3, en vigueur le 1er oct. 2016)* **La restitution d'une prestation de service a lieu en valeur. Celle-ci est appréciée à la date à laquelle elle a été fournie.** – *Dispositions transitoires, V. Ord. nº 2016-131 du 10 févr. 2016, art. 9, ss. art. 1386-1.*

1. Annulation de prestations. – Apport de l'Ord. du 10 févr. 2016. L'art. 1352-8 issu de l'Ord. nº 2016-131 du 10 févr. 2016 exclut la restitution en nature d'une prestation de services, au profit d'une restitution en valeur. Comp. antérieurement : dans le cas où un contrat nul a cependant été exécuté, les parties doivent être remises dans l'état dans lequel elles se trouvaient avant cette exécution ; il en résulte que l'obligation de restitution inhérente au contrat de prêt demeure valable. • Com. 3 déc. 2002, nº 00.16.957 P. ♦ Mais le maître de l'ouvrage qui invoque la nullité du contrat de construction n'est pas tenu de demander la démolition de la construction et peut limiter sa demande à l'indemnisation de son préjudice. • Civ. 3e, 21 janv. 2016, nº 14-26.085 P : *D. 2016. 566, obs. Mekki*. ♦ Lorsque cette remise en état se révèle impossible, la partie qui a bénéficié d'une prestation qu'elle ne peut restituer doit s'acquitter du prix correspondant à cette prestation. • Civ. 1re, 16 mars 1999, nº 97-12.930 P : *Defrénois 1999. 1325, obs. Delebecque*. ♦ A la suite de l'annulation du contrat, le sous-traitant est en droit de solliciter le paiement de la contre-valeur des travaux qu'il a réalisés. • Civ. 3e, 18 nov. 2009, nº 08-19.355 P. ♦ La nullité déclarée de la clause d'adhésion, obligeant une société titulaire d'un bail commercial dans un centre commercial à adhérer à l'association des commerçants de ce centre commercial, a pour effet de remettre à cet égard les parties dans leur situation initiale, de sorte que la société doit restituer en valeur les services dont elle a bénéficié à ce titre. • Civ. 1re, 12 juill. 2012, nº 11-17.587 P : *D. 2012. 2490, note Kenfack ; ibid. 2050, chron. Creton et Vassallo ; RTD com. 2012. 510, obs. Monéger ; Rev. sociétés 2013. 301, note Rodriguez ; JCP 2012, nº 1103, note Serinet ; RDC 2013. 36, obs. Pérès* (valeur souverainement appréciée en l'espèce par les juges du fond au montant des cotisations versées).

2. ... Relations de travail. Les art. L. 1232-1 et L. 1235-1, al. 1er, C. trav., tels qu'ils sont interprétés par la Cour de cassation, en ce qu'ils impliquent qu'un licenciement est dépourvu de cause réelle et sérieuse et donne dès lors lieu à indemnisation du salarié lorsqu'une décision administrative informant celui-ci de la perte de validité de son permis de conduire est annulée et est rétroactivement réputée n'avoir jamais existé, quand bien même la perte de validité du permis de conduire était constitutive d'une cause réelle et sérieuse de licenciement au jour où il a été prononcé, ne sont pas contraires à la liberté d'entreprendre et à la liberté contractuelle. • Soc. 13 juill. 2012, nº 12-13.522 P : *cité note 1 ss. art. 1102*. ♦ En cas de nullité du contrat de travail, le travailleur doit être indemnisé pour les prestations qu'il a fournies, mais il ne peut prétendre au paiement de salaires. • Soc. 20 mars 2019, nº 18-12.582 P, et V. jurisprudence antérieure à l'Ord. du 10 févr. 2016 : • Soc. 21 nov. 2018, nº 17-26.810 P. ♦ Sur les restitutions consécutives à la nullité d'un contrat de mise à disposition de travailleurs temporaires, V. • Soc. 7 nov. 1995, n° 93-18.620 P : *JCP 1996. II. 22626, note Petit et Picq.* ♦ La nullité d'un plan social oblige les salariés à restituer les sommes perçues en exécution de ce plan (compensation avec les dommages et intérêts alloués pour licenciement nul). • Soc. 28 mars 2012, n° 11-30.034 P : *D. 2012. 1013*. ♦ V aussi la jurisprudence citée ss. art. 1178.

Art. 1352-9 *(Ord. n° 2016-131 du 10 févr. 2016, art. 3, en vigueur le 1er oct. 2016)* **Les sûretés constituées pour le paiement de l'obligation sont reportées de plein droit sur l'obligation de restituer sans toutefois que la caution soit privée du bénéfice du terme.**
— *Dispositions transitoires, V. Ord. n° 2016-131 du 10 févr. 2016, art. 9, ss. art. 1386-1.*

En ce sens antérieurement déjà : l'obligation de restituer inhérente au contrat de prêt demeure valable tant que les parties n'ont pas été remises en l'état antérieur à la conclusion de leur convention annulée. Dès lors, les co-emprunteurs solidaires restent tenus de restituer chacun l'intégralité des fonds qu'ils ont reçus. • Civ. 1re, 5 juill. 2006, n° 03-21.142 P : *D. 2006. IR 2126* ; *JCP 2006. I. 176, nos 21 s., obs. Barthez ; LPA 14 déc. 2006, note Ruet ; RTD com. 2006. 888, obs. D. Legeais*. – Même sens : • Com. 3 oct. 2006, n° 04-14.611 P. ♦ Dès lors, également, le cautionnement en considération duquel le prêt a été conclu subsiste tant que cette obligation valable n'est pas éteinte. • Com. 17 nov. 1982 : *D. 1983. 527, note Contamine-Raynaud ; JCP 1984. II. 20216, note Delebecque et Mouly* • 18 avr. 1985 : *Bull. civ. IV, n° 114* • Civ. 1re, 25 mai 1992, n° 90-21.031 P : *JCP 1992. I. 3608, obs. Fabre-Magnan ; RTD civ. 1992. 799, obs. Bandrac* • 4 juin 1996, n° 93-18.612 P • 18 mars 1997 : *D. Affaires 1997. 605.* ♦ De même, doit continuer de produire effet la cession de la créance résultant du prêt. • Com. 3 déc. 2002 : *préc. note 1 ss. art. 1352-8.* ♦ Également, pour l'hypothèque garantissant le prêt annulé : • Civ. 3e, 5 nov. 2008 n° 07-17.357 P. – V. note ss. art. 1902.

TITRE IV *BIS* DE LA PREUVE DES OBLIGATIONS

(Ord. n° 2016-131 du 10 févr. 2016, art. 4, en vigueur le 1er oct. 2016)

La présente Ord. a été ratifiée par la L. n° 2018-287 du 20 avr. 2018, en vigueur le 1er oct. 2018. — V. ce texte ss. C. civ., art. 1386-1.

L'Ord. n° 2016-131 du 10 févr. 2016 portant réforme du droit des contrats, du régime général et de la preuve des obligations substitue aux titres III (des contrats ou des obligations conventionnelles en général ; art. 1101 à 1369-11 anc.), IV (des engagements qui se forment sans convention ; art. 1370 à 1386 anc.) et IV bis (de la responsabilité du fait des produits défectueux ; art. 1386-1 à 1386-18 anc.) du livre III du code civil trois nouveaux titres : un titre III intitulé « Des sources d'obligations », comprenant les art. 1100 à 1303-4 ; un titre IV intitulé : « Du régime général des obligations », comprenant les art. 1304 à 1352-9 ; un titre IV bis intitulé : « De la preuve des obligations », comprenant les art. 1353 à 1386-1 (Ord. préc., art. 1er).

Les dispositions de l'Ord. n° 2016-131 du 10 févr. 2016 entrent en vigueur le 1er oct. 2016. Les contrats conclus avant cette date demeurent soumis à la loi ancienne. Lorsqu'une instance a été introduite avant l'entrée en vigueur de la présente ordonnance, l'action est poursuivie et jugée conformément à la loi ancienne. Cette loi s'applique également en appel et en cassation (Ord. préc., art. 9).

Sur les modifications apportées aux conditions d'entrée en vigueur lors de la ratification par la L. n° 2018-287 du 20 avr. 2018, V. ce texte ss. C. civ., art. 1386-1.

Pour la présente édition du Code civil Dalloz, les art. 1101 à 1386-18 des titres III à IV bis dans leur version antérieure à l'Ord. n° 2016-131 du 10 févr. 2016 figurent dans le code avec la mention « Ancien art. », à la suite des titres III à IV bis correspondant aux art. 1100 à 1386-1 issus de cette ordonnance.

DALLOZ RÉFÉRENCE *Le nouveau droit des obligations et des contrats 2019/2020, nos 221.00 s.*

RÉP. CIV. *v° Preuve : règles de preuve*, par G. Lardeux.

BIBL. GÉN. ▸ Barbier, *RDT 2022. 95* (articulation de la charge de la preuve et du droit à la preuve à la lumière du droit du travail). – Dissaux et Jamin, Projet de réforme, suppl., *C. civ. 2016, p. 231*. – Ilcheva, *D. 2023. 188* (le droit commun de la preuve mis au service des enjeux environnementaux). – Lardeux, *D. 2016. Chron. 850* ; *RTD civ. 2017. 1* (droit à la preuve). – Masse-Dessen et Brugués-Reix, *RDT 2021. 352* (quelles limites au pouvoir de l'employeur de faire mener des enquêtes à l'insu du salarié). – Mathieu et Leclerc, *RDT 2020. 652* (quelle vigueur du droit à la preuve en droit du travail ?). – Mekki, *D. 2016. Chron. 608* (la réforme, volet preuve). – Mekki, Cadiet et Grimaldi (dir.), La preuve : regards croisés, *Dalloz, coll. Thèmes et commentaires, 2015*. – Pailler, *JCP 2016, n° 1030* (présomptions). – Simler,

De la preuve des obligations, *in* Pour une réforme du régime général des obligations, ss. la dir. de F. Terré, *D. 2013. 141 s.* – Thouret, *AJ fam. 216. 479* (preuve et droit de la famille).

▶ **Panoramas Dalloz – Droit de la preuve :** *D. 2023. Pan. 430* (déc. 2021 – déc. 2022) ; *D. 2022. Pan. 431* (nov. 2020 – déc. 2021) ; *D. 2021. Pan. 207* (sept. 2019 – oct. 2020) ; *D. 2020. Pan. 170* (juill. 2018 – sept. 2019) ; *D. 2019. Pan. 157* (juill. 2017 – oct. 2018) ; *D. 2018. Pan. 259* (sept. 2016 – janv. 2017) ; *D. 2016. Pan. 2535* (juin 2015 – juin 2016) ; *D. 2016. Pan. 167* (sept. 2014 – juin 2015) ; *D. 2014. Pan. 2478* (sept. 2013 – juin 2014) ; *D. 2013. Pan. 2802* (sept. 2012 – juin 2013) ; *D. 2012. Pan. 2826* (oct. 2011 – sept. 2012) ; *D. 2011. Pan. 2891* (juill. 2010 – oct. 2011) ; *D. 2010. Pan. 2671* (juill. 2009 – juin 2010) ; *D. 2009. Pan. 2714* (juill. 2008 – juin 2009) ; *D. 2008. Pan. 2820* (janv. 2007 – juin 2008) ; *D. 2007. Pan. 1901* (janv. 2006 – déc. 2006).

CHAPITRE I **DISPOSITIONS GÉNÉRALES**

(Ord. n° 2016-131 du 10 févr. 2016, art. 4, en vigueur le 1er oct. 2016)

Art. 1353 *(Ord. n° 2016-131 du 10 févr. 2016, art. 4, en vigueur le 1er oct. 2016)* **Celui qui réclame l'exécution d'une obligation doit la prouver.**

Réciproquement, celui qui se prétend libéré doit justifier le paiement ou le fait qui a produit l'extinction de son obligation. — *Dispositions transitoires, V. Ord. n° 2016-131 du 10 févr. 2016, art. 9, ss. art. 1386-1.*

L'art. 1353 reprend l'art. 1315 anc. dans le titre IV bis.

BIBL. ▶ **Études d'ensemble :** F. Boulanger, *RTD civ. 1966. 736.* – Larguier, *RTD civ. 1953. 1* (fait négatif). ▶ **Droit administratif :** Debbasch, *D. 1983. Chron. 43.* – Plantey, *JCP 1986. I. 3245.* ▶ **Droit de la concurrence et droit économique :** Léonnet, *JCP 1993. I. 3722.* ▶ **Droit fiscal :** Bergerès, *Gaz. Pal. 1983. 1. Doctr. 149.* ▶ **Droit de la sécurité sociale :** Thavaud et Petit, *R. 1997, p. 133.* ▶ **Droit du travail :** Chauvet, *Gaz. Pal. 1994. 1. Doctr. 792.* – Cohen, *Gaz. Pal. 1996. 1. Doctr. 111.* – Pautrat, *D. 1994. Chron. 337* (cause réelle et sérieuse de licenciement).

▶ **Études spéciales :** Barbier, *RDT 2022. 95* (articulation de la charge de la preuve et du droit à la preuve à la lumière du droit du travail). – Benoît-Renaudin, *RLDC 2010/75, n° 3986* (loyauté de la preuve). – Buchberger, *D. 2011. Chron. 465* (inexécution du contrat). – Claret, *RRJ 2002/4. 1777* (illettré et acte juridique). – Douville, *D. 2018. 2193* (blockchains et preuve). – Ferrier, *Mél. Cabrillac, Litec, 1999, p. 105* (organisation de la preuve par le contrat). – Mekki, *RDC 2009. 453* (gestion contractuelle du risque de la preuve) ; *D. 2014. 1391* (le droit privé de la preuve à l'épreuve du principe de précaution). – Mouly-Guillemaud, *RTD civ. 2007. 253* (« nul ne peut se constituer de preuve à soi-même ») ; *R. 2012. 85* (la preuve). – Vergès, *JCP 2016, n° 486* (droit de la preuve et réforme). – Dossier, *Dr. et patr. 9/2015. 36.*

Plan des annotations

1. Loi étrangère. La détermination de la loi étrangère applicable et de son contenu n'est pas une question de preuve à la charge des parties, c'est un devoir qui incombe au juge, au besoin avec l'aide des parties. • Civ. 1re, 16 sept. 2015, n° 14-10.373 P.

2. Conventions en matière de preuve. Les conventions sur la preuve sont valables lorsqu'elles portent sur des droits dont les parties ont la libre disposition, mais ne peuvent cependant créer au profit d'une des parties une présomption irréfragable. • Com. 6 déc. 2017, n° 16-

19.615 P : *D. 2018. 327, note Lardeux* ; *ibid. 371, obs. Mekki* ; *AJ contrat 2018. 37, obs. Douville* ; *RTD civ. 2018. 123, obs. Barbier* ; *RDC 2018. 205, note Klein.* ♦ Dans les contrats entre professionnel et non-professionnel ou consommateur est abusive la clause qui a pour objet d'imposer à ce dernier la charge de la preuve incombant normalement à l'autre partie. • Civ. 1re, 12 mai 2016, n° 14-24.698 P : *D. 2017. 375, obs. Mekki* ; *RGDA 2016. 363, note Landel.*

3. *Office du juge.* Le juge doit former sa conviction au vu de l'ensemble des éléments soumis par les parties. Si la preuve de l'exécution de l'obligation de reclassement incombe à l'employeur, il appartient au juge, en cas de contestation sur l'existence ou le périmètre du groupe de reclassement, de former sa conviction au vu de l'ensemble des éléments qui lui sont soumis par les parties. • Soc. 31 mars 2021, n° 19-17.300 P.

I. NOTION DE CHARGE DE LA PREUVE

A. RISQUE DE LA PREUVE

4. *Doute persistant.* L'incertitude et le doute subsistant à la suite de la production d'une preuve doivent être nécessairement retenus au détriment de celui qui a la charge de cette preuve. • Soc. 31 janv. 1962, n° 61-20.094 P • 15 oct. 1964 : *Bull. civ. IV, n° 678.*

5. *Prétentions non prouvées des deux parties.* Un tribunal ne commet pas de déni de justice si, statuant sur chacune des requêtes dont il est saisi, et ayant retenu qu'aucune des parties n'avait apporté à l'appui de ses prétentions la preuve dont elle avait la charge, il les déboute de leurs prétentions respectives. • Com. 10 mai 1977, n° 75-40.820 P. ♦ Même sens : • Civ. 1re, 20 mai 1981 : *D. 1983. 289, note Devèze* (demandeur réclamant le remboursement d'une somme prétendument prêtée et défendeur soutenant qu'il s'agissait d'un acompte et demandant des dommages-intérêts pour arrêt prématuré de l'opération, déboutés l'un et l'autre, les juges n'ayant pas à préciser à quel titre le défendeur pouvait conserver les fonds reçus) • Civ. 3e, 3 déc. 1980, n° 79-11.984 P (rejet des prétentions de deux personnes revendiquant la propriété d'une parcelle, l'immeuble pouvant appartenir à un tiers) • Civ. 1re, 12 juill. 1989 : *Bull. civ. I, n° 284* (le demandeur en paiement d'une indemnité d'assurance n'établissant pas que sont satisfaites les conditions de la garantie et l'assureur demandeur en restitution de la part d'indemnité qu'il a versée avant de décliner sa garantie n'apportant pas la preuve contraire, chacun doit être débouté de sa prétention).

B. DROIT À LA PREUVE

6. *Production de pièces.* Les juges du fond qui ordonnent la production d'attestations écrites par chacune des parties afin de leur permettre de prouver leurs prétentions réciproques quant à un fait, ne renversent pas la charge de la preuve qui incombe au demandeur, mais se bornent à donner au défendeur la possibilité d'établir la fausseté du fait invoqué par son adversaire. • Soc. 20 mars 1985, n° 84-60.855 P. ♦ V. aussi notes ss. art. 10.

7. *Droit à la preuve et atteinte à la vie personnelle proportionnée au but poursuivi.* Il résulte des art. 6 et 8 de la Conv. EDH, 9 C. civ. et 9 C. pr. civ. que le droit à la preuve peut justifier la production d'éléments portant atteinte à la vie personnelle à la condition que cette production soit indispensable à l'exercice de ce droit et que l'atteinte soit proportionnée au but poursuivi. Doit en conséquence être approuvé l'arrêt qui ordonne à l'employeur de communiquer à une salariée les bulletins de salaires d'autres salariés occupant des postes de niveau comparable au sien avec occultation des données personnelles, à l'exception des noms et prénoms, de la classification conventionnelle et de la rémunération, après avoir relevé que cette communication d'éléments portant atteinte à la vie personnelle d'autres salariés était indispensable à l'exercice du droit à la preuve et proportionnée au but poursuivi, soit la défense de l'intérêt légitime de la salariée à l'égalité de traitement entre hommes et femmes en matière d'emploi et de travail. • Soc. 8 mars 2023, n° 21-12.492 B.

8. *Irrecevabilité d'une preuve illicite et atteinte au caractère équitable de la procédure.* Il appartient à la partie qui produit une preuve illicite de soutenir, en substance, que son irrecevabilité porterait atteinte au caractère équitable de la procédure dans son ensemble. Le juge doit alors apprécier si l'utilisation de cette preuve a porté atteinte au caractère équitable de la procédure dans son ensemble, en mettant en balance le droit au respect de la vie personnelle du salarié et le droit à la preuve, lequel peut justifier la production d'éléments portant atteinte à la vie personnelle d'un salarié, à la condition que cette production soit indispensable à l'exercice de ce droit et que l'atteinte soit strictement proportionnée au but poursuivi. Doit en conséquence être approuvé l'arrêt qui déclare irrecevable une preuve jugé illicite, sans qu'il puisse être reproché à la cour d'appel de n'avoir pas vérifié si le rejet de cette preuve ne portait pas atteinte au caractère équitable de la procédure, dès lors que l'employeur n'avait pas invoqué, devant elle, son droit à la preuve. • Soc, 8 mars 2023, n° 20-21.848 B. ♦ En présence d'une preuve illicite, le juge doit d'abord s'interroger sur la légitimité du contrôle opéré par l'employeur et vérifier s'il existait des raisons concrètes qui justifiaient le recours à la surveillance et l'ampleur de celle-ci. Il doit ensuite rechercher si l'employeur ne pouvait pas atteindre un résultat identique en utilisant d'autres moyens, plus respectueux de la vie personnelle du salarié. Enfin, le juge doit apprécier le caractère proportionné de l'atteinte ainsi portée à la vie personnelle au regard du but poursuivi. • Soc. 8 mars 2023, n° 21-17.802 B (irrecevabilité des enregistrements extraits d'un système de vidéosurveillance irrégulièrement mis en place, l'employeur faisant valoir que ceux-ci avaient permis de confirmer des soupçons de vol et d'abus de confiance à l'encontre de la salariée, révélés par un audit, alors que l'employeur ne produisait pas cet élément). ♦ V. égal. note 123 ss art. 9.

9. Documents de l'entreprise produits par le salarié. Lorsque cela est strictement nécessaire à l'exercice des droits de sa défense dans le litige l'opposant à son employeur, le salarié peut produire en justice les documents de l'entreprise dont il a connaissance à l'occasion de l'exercice de ses fonctions. • Soc. 30 juin 2004, n° 02-41.720 P : *R., p. 260 ; D. 2004. 2326, note Gaba (3e esp.) ; JCP 2005. I. 122, n° 15, obs. Morvan.* ♦ V. dans le même sens : • Crim. 11 mai 2004, n° 03-85.521 P : *R., p. 396 ; D. eod. loc. (1re esp.) ; RTD com. 2004. 823, obs. Bouloc ; Just. et cass., 2005, p. 369, rapp. Nocquet, concl. Fréchède* (relaxe du salarié poursuivi pour vol de documents) • 4 janv. 2005, n° 04-82.337 P • 16 juin 2011, n° 10-85.079 P : *D. 2011. 2254, note Beaussonie ; JCP 2011. 1701, note Detraz ; RDT 2011. 507, obs. Gallois.* ♦ Possibilité d'ordonner à l'employeur de remettre au salarié qui se prétend victime d'une discrimination les éléments d'information concernant d'autres salariés, contrats de travail et bulletins de paie, susceptibles d'établir cette discrimination. • Crim. 19 déc. 2012 : *cité note 62 ss. art. 9.* ♦ Le salarié qui invoque une atteinte au principe « à travail égal, salaire égal » doit soumettre au juge des éléments de fait susceptibles de caractériser une inégalité de rémunération ou lui demander d'ordonner la production des éléments de preuve qu'il soutient être détenus par une autre partie, sauf au juge à tirer toute conséquence de droit de l'abstention ou du refus de cette dernière de s'y soumettre. • Soc. 12 juin 2013, n° 11-14.458 P : *D. 2013. 1555.* ♦ Mais pour une qualification de vol pour des documents de l'entreprise produits par le salarié non pour assurer sa défense dans un litige prud'homal, mais lors de son audition par des gendarmes sur la plainte déposée contre lui pour diffamation par son employeur : • Crim. 9 juin 2009, n° 08-86.843 P : *D. 2009. 1721, note Degorce ; ibid. 2009. Pan. 2827, obs. Roujou de Boubée ; ibid. 2010. 306, note Gaba ; Gaz. Pal. 25 août 2009, p. 10, note Detraz.*

Il appartient au salarié d'établir que les documents qu'il prétend avoir copiés pour un usage en justice sont strictement nécessaires à l'exercice des droits de sa défense dans le litige qui l'oppose à son employeur. • Soc. 31 mars 2015, n° 13-24.410 P : *D. 2015. 871.*

Sur le droit à la preuve justifiant une atteinte à la vie privée, V. note 122 ss. art. 9.

10. Secret professionnel. BIBL. Pons, *Gaz. Pal. 2015. 196* (contrat de transaction, droit à la preuve et secret professionnel). Le droit à la preuve découlant de l'art. 6 Conv. EDH ne peut faire échec à l'intangibilité du secret professionnel du notaire, lequel n'en est délié que par la loi, soit qu'elle impose, soit qu'elle autorise la révélation du secret. • Civ. 1re, 4 juin 2014, n° 12-21.244 P : *D. 2014. 1284 ; AJDI 2014. 721 ; RTD civ. 2014. 658, obs. Barbier ; JCP 2014, n° 986, note Raschel JCP N 2014, n° 1269, note Rouzet ; RDC 2014. 756, note Pérès* (irrecevabilité de la preuve rapportée par la production de lettres émanant d'un notaire à l'occasion de la préparation d'actes de ventes). ♦ Rappr. : refus de prendre en compte, dans le litige opposant une caution au banquier du débiteur principal, l'attestation remise à la caution par le mandataire *ad hoc* dans laquelle, au mépris de l'obligation de confidentialité qui le lie par application de l'art. L. 611-15 C. com., il stigmatisait l'attitude de la banque lors des négociations. • Com. 22 sept. 2015, n° 14-17.377 P.

Quel que soit l'objet de la mission dont il est chargé par contrat, l'expert-comptable est tenu à un secret professionnel relativement aux faits qu'il n'a pu connaître qu'en raison de la profession qu'il exerce. • Civ. 1re, 10 sept. 2015, n° 14-22.699 P.

11. Secret bancaire. V. note 56.

12. Documents issus d'une instance pénale. Lorsqu'une instance pénale est achevée, aucun texte n'interdit à la partie civile de produire dans un procès civil les procès-verbaux qui lui ont été délivrés et qui sont présumés avoir été obtenus régulièrement. • Civ. 2e, 22 oct. 2009, n° 08-15.245 P.

13. Procès-verbal de police. La communication du procès-verbal étant intervenue dans le cadre informel des relations que l'employeur entretenait pour les besoins de son activité avec les autorités de police, cette délivrance de pièce issue d'une procédure pénale à laquelle l'employeur était tiers, intervenue sans justification d'une autorisation du procureur de la République, est illicite. • Soc. 8 mars 2023, n° 20-21.848 B. ♦ V. égal. note 123 ss art. 9.

C. ADMINISTRATION DE LA PREUVE

14. Carence d'une partie. Les juges du fond qui estiment qu'une partie n'apporte aucun élément à l'appui de ses prétentions font à bon droit application de l'art. 146, al. 2, C. pr. civ. aux termes duquel aucune mesure d'instruction ne peut être ordonnée en vue de suppléer la carence d'une partie dans l'administration de la preuve. • Soc. 7 oct. 1982 : *Bull. civ. V, n° 540* • Civ. 1re, 9 juill. 1985 : *ibid. I, n° 216.*

15. Silence de la partie adverse. Lorsqu'une partie a la charge de la preuve, celle-ci ne peut se déduire du silence opposé à sa demande par la partie adverse. • Civ. 1re, 4 juill. 1995, n° 93-20.174 P. ♦ Le silence opposé à l'affirmation d'un fait ne vaut pas à lui seul reconnaissance de ce fait. • Civ. 1re, 18 avr. 2000, n° 97-22.421 P : *D. 2000. IR 142* ; *RTD civ. 2001. 132, obs. Mestre et Fages* • 24 mai 2007, n° 06-18.218 P : *D. 2007. AJ 1667* ; *ibid. Pan. 2692, obs. Douchy-Oudot* • Com. 20 mai 2014, n° 11-17.042 P.

16. Documents émanant de celui qui doit prouver. Nul ne peut se constituer une preuve à lui-même (cassation, pour violation de l'art. 1315 anc., de l'arrêt qui retient la faute du voyageur victime d'un accident en se fondant exclusivement sur des éléments de preuve émanant de la SNCF). • Civ. 1re, 2 avr. 1996, n° 93-17.181 P : *D. 1996. Somm. 329, obs. Delebecque* ; *CCC 1996. 119, note Leveneur* ; *RTD civ. 1997. 136, obs. Mestre*. ♦ Dans le même sens : • Civ. 1re, 23 juin 1998, n° 96-11.486 P : *CCC 1998, n° 141, note Leveneur* ; *RTD civ. 1999. 401, obs. Mestre* (la preuve du versement de commissions ne résulte pas du fait que ce versement est mentionné dans une déclaration fiscale) • Soc. 11 mai 1999, n° 97-41.245 P : *JCP 2000. II. 10269, note Puigelier* (la preuve de la notification de la rupture avant la fin de la période d'essai ne peut résulter de l'attestation du directeur général, représentant légal de l'employeur) • Civ. 1re, 24 sept. 2002, n° 00-19.144 P : *D. 2002. IR 2777* ; *Dr. et patr. 1/2003. 106, obs. Bonfils* (la preuve d'une prestation ne peut résulter exclusivement de la facture du prestataire) • 14 janv. 2003, n° 00-22.894 P (*idem*) • Civ. 2e, 23 sept. 2004, n° 02-20.497 P : *CCC 2005, n° 4, note Leveneur* (*idem*) • Soc. 28 sept. 2011, n° 09-67.510 P (une lettre de l'employeur ne peut valoir preuve qu'il a bien payé une commission). ♦ Cependant, le listing informatique des opérations d'enregistrement d'une compagnie aérienne ne constitue pas un document unilatéral insusceptible de prouver, mais vaut comme présomption simple. • Civ. 1re, 13 juill. 2004, n° 01-11.729 P : *R., p. 320* ; *D. 2004. 2524, note Léger* ; *Gaz. Pal. 2004. 3176, concl. Sainte-Rose* ; *RLDC 2004/11, n° 441, note Garron* ; *ibid. 2005/15, n° 637, note Bourassin*. – V. aussi • Civ. 3e, 30 janv. 2001 : *CCC 2001, n° 68, note Leveneur* ; *RCA 2001, n° 171, note Vaillier* (preuve du contrat d'assurance). ♦ Un débiteur ne peut justifier du paiement d'une facture qu'il prétend avoir effectué par une inscription figurant sur son livre de dépenses. • Civ. 3e, 18 nov. 1997 : *CCC 1998, n° 21, note Leveneur.*

Le principe selon lequel nul ne peut se constituer de preuve à soi-même est inapplicable à la preuve des faits juridiques. • Civ. 3e, 3 mars 2010, n° 08-21.056 P : *RLDC 2010/70, n° 3762, obs. Le Gallou* (dissimulation d'inondations antérieures) • Civ. 2e, 6 mars 2014, n° 13-14.295 P : *D. 2014. 1726, obs. Lazergues-Cousquer et Touati* ; *ibid. 2480 obs. Darret-Courgeon* ; *RTD civ. 2014. 438, obs. Perrot* ; *JCP 2014, n° 332, note Barbiéri* ; *ibid., n° 679, note Lemay* • Civ. 3e, 27 avr. 2017, n° 16-15.958 P : *D. 2017. 982* ; *RTD civ. 2017. 636, obs. Barbier* (preuve par décompte de frais en matière de mission d'obtenir un permis de construire, celui-ci ayant été accordé).

17. ... En matière prud'homale. Cependant, la preuve en matière prud'homale est libre, et rien ne s'oppose à ce que le juge prud'homal retienne une attestation établie par le conseiller du salarié qui a assisté celui-ci pendant l'entretien préalable et en apprécie la valeur et la portée. • Soc. 27 mars 2001, n° 98-44.666 P : *JCP E 2001. 1634, note Puigelier.* ♦ Preuve par le bulletin de salaire de la prise en compte d'une majoration du salaire minimum conventionnel pour diplôme : • Soc. 22 juin 2011, n° 09-67.264 P.

II. PREUVE RELATIVE À L'OBLIGATION

A. PREUVE EXIGÉE DE CELUI QUI SE PRÉVAUT DE L'OBLIGATION

18. Preuve de l'existence de l'obligation : principe. Si c'est au débiteur qui se prétend libéré de justifier de son paiement, il appartient d'abord à celui qui réclame l'exécution d'une obligation de la prouver. • Soc. 12 juin 1981 : *Bull. civ. V, n° 548* • Civ. 1re, 15 nov. 1989, n° 87-17.266 P • 14 févr. 2018, n° 16-23.205 P. ♦ Lorsque la demande en paiement d'une somme figurant sur un chèque n'est pas fondée sur le droit cambiaire, il appartient à celui qui poursuit le paiement de prouver l'existence de l'obligation dont il réclame l'exécution. • Civ. 3e, 19 juin 2002, n° 01-01.499 P. ♦ Il appartient au créancier poursuivant d'établir que son débiteur est créancier du tiers saisi qui le conteste. • Civ. 2e, 10 févr. 2011, n° 10-30.008 P : *D. 2011. 1509, obs. Leborgne*. ♦ Il appartient aux cohéritiers, qui demandent le rapport de sommes dues par l'un d'entre eux au défunt, de prouver l'existence, au jour de l'ouverture de la succession, des dettes envers leur auteur. • Civ. 1re, 15 mai 2013 : *cité note 26 ss. art. 843.*

19. Preuve de l'existence du contrat. La charge de la preuve de l'existence d'un contrat incombe à celui qui s'en prévaut. • Civ. 3e, 18 févr. 1981 : *Bull. civ. III, n° 36* (cassation d'un arrêt énonçant qu'il ne saurait être reproché aux demandeurs de ne pas apporter la preuve d'un contrat d'entreprise, s'agissant d'un contrat consensuel qui n'est soumis à aucune forme déterminée). – Bénabent, *CCC avr. 1992* (preuve du contrat d'entreprise). ♦ Dans le même sens : • Civ. 3e, 16 juill. 1996 : *CCC 1996, n° 199, note Leveneur* (il incombe à l'entrepreneur qui réclame paiement du mur qu'il a construit de prouver que la construction lui a été commandée). ♦ V. aussi • Civ. 1re, 6 nov. 1990, n° 89-16.435 P : *RTD civ. 1991. 746, obs. Mestre* (preuve de l'engagement d'un « abonné » à EDF, qui conteste cet abonnement pour refuser le paiement d'une facture d'électricité) • 1er déc. 1999, n° 98-11.829 P : *JCP 2000. I. 237, nos 10 s., obs. Labarthe* (même question, pour l'abonnement au téléphone). ♦ En l'absence d'écrit constatant l'abonnement téléphonique, le relevé informatique émanant de la société de téléphonie ne saurait constituer un commencement de preuve par écrit de la créance litigieuse. • Civ. 1re, 12 juill. 2005, n° 04-15.314 P : *D. 2005. IR 2177* ; *CCC 2006, n° 3, note Leveneur.* ♦ Il incombe à la compagnie de distribution d'eau, réclamant le paiement d'une somme correspondant à la différence entre la consommation enregistrée au compteur général d'une copropriété et l'ensemble des consommations enregistrées aux compteurs individuels, de prouver l'existence de l'obligation du syndicat des copropriétaires à son égard, en l'absence de contrat d'abonnement entre la copropriété et la compagnie. • Civ. 1re, 26 juin 2001, n° 99-17.856 P.

20. Preuve de la nature du contrat. La preuve de la remise de fonds à une personne ne suffit pas à justifier l'obligation pour celle-ci de restituer la somme qu'elle a reçue ; encore faut-il établir l'existence du contrat de prêt. • Civ. 1re, 20 mai 1981 : *D. 1983. 289, note Devèze* • 4 déc. 1984 : *Bull. civ. I, n° 324 ; RTD civ. 1985. 733, obs. Mestre* • 28 févr. 1995, n° 92-19.097 P : *Defrénois 1995. 735, obs. Delebecque* • 23 janv. 1996, n° 94-11.815 P : *JCP 1996. II. 22638, note S. Piedelièvre* • 6 mai 1997, n° 95-11.151 P • 7 juin 2006, n° 03-18.807 P. ♦ Rappr. : • Civ. 1re, 8 avr. 2010, n° 09-10.977 P : *D. 2010. Chron. C. cass. 2092, obs. Creton* ; *ibid. 2011. Pan. 1643, obs. R. Martin*. ♦ Mais lorsque la remise de fonds a fait l'objet d'un acte qui passe sous silence la cause de cette remise, et dont l'interprétation est ainsi nécessaire, les juges peuvent estimer que les présomptions tirées du comportement d'une des parties rendent vraisemblable l'existence d'un contrat de dépôt. • Civ. 1re, 23 janv. 1996, n° 94-12.931 P.

21. Preuve du montant de la créance. Il incombe au prestataire, en sa qualité de demandeur, d'établir le montant de sa créance et, à cet effet, de fournir les éléments permettant de fixer ce montant, et il appartient au juge d'apprécier celui-ci, en fonction notamment de la qualité du travail fourni. • Civ. 1re, 18 nov. 1997, n° 95-21.161 P : *RTD civ. 1998. 372, obs. Mestre* ; *ibid. 402, obs. Gautier* (prestation d'expertise comptable). ♦ Une simple proposition de contrat non signée ne peut servir de preuve à un architecte que des sommes lui restent dues à titre d'honoraires, alors qu'il a déjà bénéficié d'un paiement conforme aux usages professionnels. • Civ. 3e, 6 sept. 2018, n° 17-21.329 P : *D. 2018. chron. C. cass. 2435, obs. Georget* ; *RDI 2018. 550, obs. Boubli* ; *RTD civ. 2018. 906, obs. Barbier*. ♦ Il appartient au maître de l'ouvrage qui demande l'indemnisation des dégâts matériels causés par un entrepreneur de rapporter les éléments suffisants pour l'appréciation du préjudice subi. • Civ. 3e, 2 juin 2016, n° 15-18.836 P : *RDI 2016. 480, obs. Garcia*. ♦ Il incombe à France Télécom de démontrer l'existence et le montant de sa créance. • Civ. 1re, 28 mars 1995, n° 94-14.155 : *D. 1995. 517, note J. Huet* ; *JCP 1995. II. 22539, note Bénabent ; RTD civ. 1997. 142, obs. Mestre.* – V. aussi • Civ. 1re, 1er déc. 1999, n° 98-11.829. ♦ Le bailleur qui réclame au preneur, conformément au bail commercial, le remboursement d'un ensemble de dépenses et de taxes, doit démontrer leur existence et leur montant. • Civ. 3e, 17 sept. 2020, n° 19-14.168 P. ♦ Cep., France Télécom bénéficie d'une présomption résultant du relevé de communications, qui ne peut être écartée en l'absence de tout élément objectif permettant de la mettre en doute. • Civ. 1re, 28 janv. 2003, n° 00-17.553 P : *D. 2003. IR 533* ; *CCC 2003, n° 88, note Leveneur ; CCE 2003, n° 111, note Stoffel-Munck.* – Déjà en ce sens : • Civ. 1re, 28 mars 1995 : *préc.* • 7 mars 2000, n° 98-12.397 P : *D. 2000. IR 100* ; *RTD civ. 2000. 333, obs. Mestre et Fages*. ♦ Sur cette question : Lê-My Duong, *D. 2005. Chron. 496.*

22. Exigibilité de l'obligation. Il incombe à la partie qui introduit la procédure par un commandement aux fins de paiement d'établir que les conditions stipulées dans l'acte dont elle se prévaut se trouvent réunies quant aux opérations dont elle demande le règlement. • Civ. 1re, 28 oct. 1980 : *Bull. civ. I, n° 276* • Civ. 3e, 23 juin 1981 : *ibid. III, n° 131* (réclamation de loyers). ♦ Il incombe au bénéficiaire d'une obligation de faire qui se prévaut d'un droit né de l'exécution tardive de cette obligation de prouver le retard mis par le débiteur à s'exécuter. • Civ. 2e, 11 janv. 1995, n° 93-14.926 P. ♦ Mais c'est au vendeur qu'il incombe de prouver qu'il a mis la chose vendue à la disposition de l'acheteur dans le délai convenu. • Civ. 1re, 19 mars 1996, n° 94-14.155 P : *D. 1997. Somm. 27 (2e esp.), obs. Jourdain* ; *Defrénois 1996. 1437, obs. Bénabent.*

B. PREUVE EXIGÉE DE CELUI QUI CONTESTE DEVOIR L'OBLIGATION

23. Principe. Il appartient au défendeur de rapporter la preuve des faits qu'il invoque à titre d'exception. • Com. 27 oct. 1981, n° 80-11.083 P. ♦ Ainsi, l'émetteur d'une carte bancaire perdue ou volée, qui, pour ne pas rembourser les prélèvements et paiements faits frauduleusement, se prévaut de la faute lourde du titulaire de la carte, doit en rapporter la preuve. • Com. 2 oct. 2007, n° 05-19.899 P : *R., p. 411 ; BICC 1er févr. 2008, n° 110, et la note ;*

D. 2007. AJ 2604, obs. Avena-Robardet ; *D. 2008. 454, note Boujeka* ; *JCP 2008. II. 10014, note Bazin* ; *Gaz. Pal. 2008. 1. 320, note Bossan* ; *LPA 14 mars 2008, note Boulaire* ; *CCC 2008, n° 26, note Raymond (Err., n° 61)* • Civ. 1re, 28 mars 2008, n° 07-10.186 P : *R., p. 294* ; *D. 2008. AJ 1136, obs. Avena-Robardet* ; *JCP 2008. Actu. 245, obs. Roussille* ; *ibid. II. 10109, note Bazin* ; *JCP E 2008. 1735, note Bouteiller* ; *Banque et Dr. 5-6/2008. 18, obs. Bonneau* ; *Dr. et patr. 3/2008. 75, obs. Mattout et Prüm* ; *ibid. 9/2008. 95, obs. Mattout et Prüm* ; *RLDC 2008/5, n° 2982, obs. Pichon* ; *RTD com. 2007. 813, obs. Legeais* ; *ibid. 2008. 607, obs. Legeais*. – *Adde*, Hontebeyrie, *D. 2009. Chron. 1492* (régime probatoire de la perte ou du vol de carte bancaire). ♦ Il incombe au transporteur aérien qui soutient ne pas devoir l'indemnisation de retard prévue par la loi de démontrer que le passager a atteint l'aéroport de la destination prévue avec un retard inférieur à trois heures ou que le retard supérieur était dû à des circonstances extraordinaires qui ne pouvaient être évitées. • Civ. 1re, 17 févr. 2021, n° 19-21.362 P : *D. 2021. 1115, note Dupont et Poissonnier* ; *JCP 2021, n° 434, note Lardeux* ; *CCC 2021, n° 73, note Leveneur* ; *ibid., n° 91, note Bernheim-Desvaux* (avion ayant atterri avec moins de deux heures de retard, mais à Roissy au lieu d'Orly).

24. Extinction de l'obligation. Les juges du fond ne peuvent débouter un créancier de sa demande en paiement que le débiteur prétend avoir réglé en espèces, en retenant que de l'ensemble des éléments de la cause il ressort que le défaut de règlement n'est pas établi, alors qu'il appartient à celui qui prétend s'être libéré d'une dette d'en justifier. • Com. 16 juin 1981 : *Bull. civ. IV, n° 278*. ♦ Rappr. : • Com. 23 sept. 2014, n° 12-29.404 P. ♦ Il incombe à l'auteur d'un paiement irrégulier de démontrer que le véritable créancier en a profité (paiement fait à un époux commun en biens en violation de l'art. 1424). • Civ. 1re, 30 oct. 2006 : *cité note 19 ss. art. 1424*. ♦ La remise d'un chèque ne valant paiement que sous condition de son encaissement, il appartient au tireur qui se prétend libéré de justifier de cet encaissement. • Civ. 2e, 12 nov. 2020, n° 19-11.149 P. ♦ Il incombe au maître de l'ouvrage à l'encontre duquel le sous-traitant exerce l'action directe de rapporter la preuve de la date et du montant du paiement fait à l'entrepreneur principal. • Civ. 3e, 8 nov. 2006, n° 05-18.482 P. ♦ Il incombe au mandataire de justifier de l'utilisation des fonds reçus ou prélevés. • Civ. 1re, 12 nov. 2015, n° 14-28.016 P. ♦ Il incombe au fermier de justifier du paiement des fermages. • Civ. 1re, 26 sept. 2012, n° 11-10.960 P : *D. 2012. 2308* ; *AJDI 2012. 777* ; *AJ fam. 2012. 559, obs. Vernières*. ♦ Il incombe à la société ayant recours à un agent commercial de rapporter la preuve de l'extinction de son obligation de payer les commissions correspondant aux contrats souscrits. • Com. 31 mars 2015, n° 14-10.346 P : *D. 2015. 802*. ♦ Il incombe à l'entrepreneur qui invoque une réception tacite d'en rapporter la preuve. • Civ. 3e, 13 juill. 2017, n° 16-19.438 P : *D. 2017. 1529* ; *RDI 2017. 406, obs. Zalewski-Sicard*. ♦ Mais il incombe au bailleur de justifier des sommes lui restant dues qui viendraient en déduction du montant du dépôt de garantie. • Civ. 3e, 15 févr. 2012, n° 11-13.014 P : *D. 2012. 553*.

25. Obligation d'information et de conseil. Celui qui est légalement ou contractuellement tenu d'une obligation particulière d'information doit rapporter la preuve de l'exécution de cette obligation (application en matière médicale). • Civ. 1re, 25 févr. 1997, n° 94-19.685 P : *R., p. 271* ; *GAJC, 12e éd., n° 16* ; *D. 1997. Somm. 319, obs. Penneau* ; *Defrénois 1997. 751, obs. Aubert* ; *Gaz. Pal. 1997. 1. 274, rapp. Sargos, note Guigue* ; *JCP 1997. I. 4025, n° 7, obs. Viney* ; *RCA 1997. Chron. 8, par Lapoyade-Deschamps* ; *CCC 1997, n° 76, et Chron. 5, par Leveneur* ; *RTD civ. 1997. 434, obs. Jourdain* ; *LPA 16 juill. 1997, note Dorsner-Dolivet* ; *RDSS 1997. 288, note Dubouis*. ♦ Il incombe au vendeur professionnel de prouver qu'il s'est acquitté de l'obligation de conseil lui imposant de se renseigner sur les besoins de l'acheteur afin d'être en mesure de l'informer quant à l'adéquation de la chose proposée à l'utilisation qui en est prévue. • Civ. 1re, 28 oct. 2010, n° 09-16.913 P : *D. 2010. Actu. 2580, obs. Delpech* ; *RDI 2010. 616, obs. Malinvaud* ; *Defrénois 2010. 2309, note Rabu* ; *CCC 2011, n° 1, obs. Leveneur* ; *RLDC 2011/78, n° 4076, obs. Paulin*. ♦ ... A tout professionnel de justifier qu'il a respecté l'art. L. 111-1 C. consom., en faisant connaître au consommateur, avant la conclusion du contrat, les caractéristiques essentielles du bien ou du service fourni, en l'espèce les caractéristiques essentielles de l'enseignement dispensé. • Civ. 1re, 13 déc. 2012, n° 11-27.766 P : *D. 2013. 818, note Lemay* ; *JCP 2013, n° 140, note Paisant*. ♦ ... Au crédit-bailleur, lorsqu'il est tenu d'une obligation de mise en garde, de démontrer qu'il l'a exécutée. • Com. 22 mars 2016, n° 14-20.216 P : *D. 2016. 1955, obs. Crocq*. ♦ ... Au prêteur tenu d'une obligation d'information. • Civ. 1re, 5 juin 2019, n° 17-27.066 P : *D. 2019. 1746, note Poissonnier* ; *RDC 2019/4. 23, note Libchaber*. ♦ V. note 139 ss. art. 1231-1. ♦ ... Au professionnel tenu d'obligations légales d'information • Civ. 1re 1er févr. 2023, n° 20-22.176 B (contrat conclu avec un consommateur à la suite d'un démarchage à domicile et preuve de la régularité du bon de commande). ♦ Mais la banque, tenue de rapporter la preuve qu'elle a adressé au tireur d'un chèque l'information requise par l'art. L. 131-73 C. mon. fin., avant son rejet pour insuffisance de provision, n'a pas à rapporter la preuve de la réception de cette information par ce dernier. • Com. 19 nov. 2013, n° 12-26.253 P : *D. 2013. 2764, obs. Delpech*.

26. ... Obligation de vigilance. S'il incombe à l'émetteur d'un chèque d'établir que celui-ci a été falsifié, il revient à la banque tirée, dont la responsabilité est recherchée pour avoir manqué à son obligation de vigilance et qui ne peut représenter l'original de ce chèque, de prouver que celui-ci n'était pas affecté d'une anomalie apparente, à moins que le chèque n'ait été restitué au tireur. • Com. 9 nov. 2022, n° 20-20.031 B : *D. 2023. 220, note Siguoirt* (nom substitué par grattage à celui du bénéficiaire initial sur le chèque litigieux, l'original de ce chèque ayant été détruit par la banque tirée et la photocopie du chèque, de mauvaise qualité, ne permettant pas de constater l'absence d'anomalie matérielle).

27. Obligation de remise d'une attestation. Il appartient à l'installateur d'un système électrique de prouver qu'il a, de manière certaine, remis les attestations de conformité au distributeur d'électricité, sinon au propriétaire du local aménagé. • Civ. 3e, 25 mars 2015, n° 14-11.872 P.

28. Obligation de surveillance. La banque qui met un coffre-fort à la disposition d'un client est tenue d'une obligation de surveillance qui lui impose d'établir qu'elle a accompli toutes les diligences utiles pour en contrôler l'accès par un tiers, fût-il muni d'une clé. • Com. 9 févr. 2016, n° 14-23.006 P.

29. Obligation de délivrance. Assigné en résolution de la vente pour manquement à son obligation de délivrance, le vendeur, tenu d'établir qu'il a rempli son obligation, doit rapporter la preuve de la délivrance des accessoires de la chose vendue. • Com. 11 déc. 2001 : *CCC 2002, n° 58, note Leveneur.* ♦ V. note 2 ss. art. 1719.

30. Procédure collective. C'est au débiteur, dans le cadre d'un redressement judiciaire civil, de justifier du paiement des dettes figurant aux décomptes produits par ses créanciers. • Civ. 1re, 20 déc. 1994, n° 93-04.111 P. ♦ Il appartient au liquidateur, tenu de restituer au débiteur ses courriers à caractère personnel, d'établir qu'il a effectivement remis ce courrier. • Com. 25 oct. 2011, n° 10-21.146 P : *D. 2011. 2724, obs. Lienhard ; ibid. 2012. 479, note Albiges*.

31. Preuve de l'imputabilité des paiements. Il appartient au débiteur de prouver qu'il s'est libéré de l'emprunt contracté par lui. N'inverse donc pas la charge de la preuve l'arrêt qui retient que le débiteur n'établit pas que les paiements par lui effectués étaient imputables sur la dette de remboursement du prêt. • Civ. 1re, 6 juin 1990, n° 88-13.341 P.

32. Mode de preuve. Quittance. Il appartient à celui qui a donné quittance dans un acte notarié d'établir que cette quittance n'a pas la valeur libératoire qu'implique son libellé. • Civ. 1re, 3 juin 1998, n° 96-14.232 P : *D. 1999. 453, note Ravigneaux ; D. Affaires 1998. 1534, obs. J. F. ; JCP 1999. II. 10062, note Prieur ; Defrénois 1999. 99, note S. Piedelièvre.* ♦ Et cette preuve ne peut être rapportée que dans les conditions prévues par les art. 1341 s. anc. C. civ. • Civ. 1re, 4 nov. 2011 : *D. 2012. 63, note J. François ; RTD civ. 2012. 118, obs. Fages ; RTD com. 2012. 169, obs. Legeais*.

33. Force probante de l'acte notarié. L'énonciation dans un acte notarié que le prix a été payé dès avant la signature de l'acte et hors la comptabilité du notaire, par la remise d'un chèque, laisse à l'acquéreur la charge de prouver qu'il s'est effectivement libéré. • Civ. 3e, 7 nov. 1990, n° 88-20.364 P : *RTD civ. 1991. 748, obs. Mestre.* ♦ *Contra* : la mention, dans un acte de vente notarié, d'un paiement du prix intervenu hors la vue ou hors la comptabilité du notaire faisant foi jusqu'à preuve contraire, il incombe au tiers à l'acte qui la conteste de démontrer par tous moyens l'absence de paiement effectif. • Civ. 1re, 11 mars 2009, n° 07-20.132 P : *D. 2009. AJ 872 ; AJ fam. 2009. 222, obs. Tisserand-Martin ; Defrénois 2009. 1279, obs. Savaux ; ibid. 1386, obs. Vareille ; RTD civ. 2009. 339, obs. Gautier ; ibid. 563, obs. Grimaldi*.

34. Procès-verbal de l'URSSAF. Il appartient à l'organisme du recouvrement, pour procéder à la réintégration des sommes versées par un donneur d'ordre à une personne physique bénéficiant de la présomption de non-salariat, de rapporter la preuve de l'existence d'un lien de subordination juridique entre le donneur d'ordre et cette personne. Cassation de l'arrêt qui n'a pas recherché s'il ne résultait pas du procès-verbal établi au terme du contrôle opéré par l'URSSAF, dont les mentions font foi jusqu'à preuve contraire, que les formateurs avaient fourni leurs prestations au cotisant dans des conditions qui les plaçaient dans un lien de subordination juridique permanente à son égard. • Civ. 2e, 24 juin 2021, n° 20-13.944 B.

35. Nullité de l'obligation. Celui qui invoque une exception d'illicéité au regard du droit communautaire concernant un monopole institué par la réglementation interne (commercialisation de lentilles de contact) doit apporter la preuve de cette illicéité. • Com. 4 janv. 1994, n° 91-16.797 P.

36. Contrat synallagmatique et inexécution de l'autre partie. Il appartient à celui qui invoque l'exception d'inexécution en alléguant que son contractant n'a rempli que partiellement son obligation, d'établir cette inexécution. • Civ. 1re, 18 déc. 1990, n° 89-14.975 P. – Même sens : • Civ. 3e, 7 déc. 1988 : *Bull. civ. III, n° 181* • Civ. 1re, 19 juin 2008, n° 07-15.643 P.

37. Utilisation non autorisée d'un instrument de paiement. En application des art. L. 133-19-IV et L. 133-23 C. mon. fin., il incombe à l'établissement bancaire de rapporter la preuve que l'utilisateur qui nie avoir autorisé une opération de paiement, a agi intentionnellement ou n'a pas satisfait intentionnellement ou par négligence grave à ses obligations. • Com. 18 janv. 2017, n° 15-18.102 P : *D. 2017. 156* ; *RTD com. 2017. 154, obs. Legeais* ; *RDC 2017. 270, note Danis-Fatôme.*

III. GÉNÉRALISATION DES PRINCIPES POSÉS PAR L'ART. 1315 ANC.

A. RESPONSABILITÉ ET ASSURANCE

38. Responsabilité du commettant et abus de fonctions du préposé. Lorsqu'un préposé a causé un dommage avec un véhicule à lui confié pour l'exercice de ses fonctions, c'est à l'employeur qui veut échapper à la responsabilité incombant au commettant d'établir que son préposé a utilisé le véhicule à des fins personnelles et sans autorisation. • Civ. 2e, 30 juin 1982 : *Bull. civ. II, n° 100.* ♦ V. aussi, sur la charge de la preuve en cas de vol de matériel par un préposé au préjudice d'un client de son commettant : • Civ. 2e, 24 oct. 2002, n° 00-22.639 P.

39. Propriété du véhicule impliqué dans un accident. En l'absence d'indication dans le constat amiable du numéro d'immatriculation du véhicule impliqué dans un accident, c'est à la victime d'établir que le défendeur, qui le conteste, est le propriétaire du véhicule, peu important que son nom soit, comme assuré, pré-imprimé sur le constat. • Civ. 2e, 24 juin 1998, n° 96-21.066 P. ♦ V. aussi, pour le cas d'une immatriculation difficilement déchiffrable sur le constat amiable : • Civ. 1re, 17 juill. 2001, n° 98-13.909 P : *RGDA 2001. 967, note Landel.*

40. Matière médicale. Lorsque la preuve d'une infection nosocomiale est apportée mais que celle-ci est susceptible d'avoir été contractée dans plusieurs établissements de santé, il appartient à chacun de ceux dont la responsabilité est recherchée d'établir qu'il n'est pas à l'origine de cette infection. • Civ. 1re, 17 juin 2010, n° 09-67.011 P : *D. 2010. Actu. 1625, obs. Gallmeister* ; *ibid. 2011. 283, note Bonnin* ; *ibid. 2092, chron. C. cass. Auroy et Creton* ; *RTD civ. 2010. 567, obs. P. Jourdain* ; *JCP 2010, n° 870, note Gout* ; *RLDC 2010/74, n° 3930, obs. Le Nestour-Drelon* ; *RDC 2010. 1247, note Viney.* ♦ Déjà : • Civ. 1re, 24 sept. 2009, n° 08-16.305 P (Distilbène). ♦ Faute d'enregistrement du rythme fœtal pendant plusieurs minutes, il incombe à la clinique d'apporter la preuve que, au cours de cette période, n'était survenu aucun événement nécessitant l'intervention du médecin obstétricien. • Civ. 1re, 13 déc. 2012, n° 11-27.347 P : *D. 2013. 12* ; *JCP 2013, n° 202, note Sargos* ; *RCA 2013, n° 68, obs. Bloch.* ♦ V. égal. note 17 ss. art. L. 1142-1 CSP, ss. art. 1242.

La preuve de l'exposition *in utero* au diéthylstilbestrol (DES) et celle de l'imputabilité du dommage à cette exposition peuvent être rapportées par tout moyen, notamment par présomptions, sans qu'il puisse être exigé que cette exposition soit la cause exclusive des pathologies. • Civ. 1re, 19 juin 2019, n° 18-10.380 P : *D. 2019. 2028, note Bouquet et Fouassier* . – *Adde* : Hocquet-Berg, *RCA 2019. Étude 10* (l'affaire dite du « distilbène », figure de proue de l'indemnisation des victimes de produits de santé ?).

41. Accident du travail et faute inexcusable de l'employeur. Il incombe au salarié victime d'un accident du travail de prouver que l'employeur, qui devait avoir conscience du danger auquel le salarié était exposé, n'avait pas pris les mesures nécessaires pour l'en préserver. • Civ. 2e, 8 juill. 2004, n° 02-30.984 P : *R., p. 265* ; *RCA 2004, n° 329, note Groutel.*

42. Accident du travail et imputabilité des lésions. La présomption d'imputabilité au travail des lésions apparues à la suite d'un accident du travail ou d'une maladie professionnelle, dès lors qu'un arrêt de travail a été initialement prescrit ou que le certificat médical initial d'accident du travail est assorti d'un arrêt de travail, s'étend à toute la durée d'incapacité de travail précédant soit la guérison complète, soit la consolidation de l'état de la victime, et il appartient à l'employeur qui conteste cette présomption d'apporter la preuve contraire. • Civ. 2e, 12 mai 2022, n° 20-20.655 B : *RDSS 2022. 769, obs. Tauran* ; *RCA 2022, n° 167, obs. Bloch.* ♦ V. déjà : • Civ. 2e, 17 févr. 2011, n° 10-14.981 P • 9 juill. 2020, n° 19-17.626 P • 24 juin 2021, n° 19-24.945 B.

43. Jeu-concours. Il incombe à l'organisateur d'un jeu-concours qui prétend que le bulletin-réponse qui aurait donné droit à l'attribution du premier prix comportait une inexactitude due à une falsification d'apporter la preuve que cette falsification était antérieure à l'arrivée du bulletin dans ses locaux. • Civ. 1re, 2 mars 1994, n° 92-13.242 P : *RTD civ. 1995. 116, obs. Mestre* .

44. Action directe de la victime contre l'assureur du responsable. Si le bénéfice d'un contrat d'assurance est invoqué, non par l'assuré, mais par la victime du dommage, tiers à ce contrat, c'est à l'assureur qu'il incombe de démontrer, en versant la police aux débats, qu'il ne doit pas sa garantie pour le sinistre, objet du litige. • Civ. 1re, 2 juill. 1991, n° 88-18.486 P • Civ. 3e, 10 juill. 1991, n° 89-17.590 P.

45. Bénéfice de l'assurance. Il appartient à celui qui réclame le bénéfice de l'assurance d'établir que sont réunies les conditions requises par la police pour mettre en jeu la garantie. • Civ. 1re, 3 nov. 1981 : *Bull. civ. I, n° 322.* ♦ S'il incombe, en effet, à l'assureur, invoquant une exclusion de garantie, de démontrer la réunion des conditions de fait de cette exclusion, il appartient à celui qui réclame le bénéfice de l'assurance d'établir que sont réunies les conditions requises par la police pour mettre en jeu cette garantie. • Civ. 1re, 13 nov. 1996, n° 94-10.031 P (cassation de l'arrêt ayant condamné l'assureur garantissant les dommages résultant de l'effondrement d'une construction avant la réception des travaux à indemniser l'assuré pour la perte des loyers consécutive au sinistre, au motif que l'assureur n'invoquait aucune clause excluant les dommages immatériels). – Dans le même sens : • Civ. 1re, 13 mai 2003, n° 00-15.195 P. ♦ V. aussi note 60. ♦ Une cour d'appel a inversé la charge de la preuve en décidant que le bénéfice de deux assurances (assurance décès et assurance accident corporel) était acquis, les circonstances du décès étant demeurées inconnues, alors que la police d'assurance complémentaire garantissait exclusivement le risque d'accident corporel, ce qui impliquait la preuve que le décès était bien accidentel. • Civ. 1re, 8 juin 1994, n° 91-13.226 P. ♦ Est abusive la clause qui transfère la charge de la preuve incombant légalement à l'assureur sur le bénéficiaire de l'assurance non professionnel ou consommateur. • Civ. 1re, 12 mai 2016, n° 14-24.698 P : *D. 2017. 375, obs. Mekki ; RGDA 2016. 363, note Landel.* ♦ La preuve du sinistre étant libre, viole l'art. 1315 anc. l'arrêt qui donne effet aux clauses du contrat limitant à certains indices prédéterminés la preuve du vol du véhicule assuré. • Civ. 2e, 10 mars 2004, n° 03-10.154 P : *RCA 2004. Étude 20, par Noguero ; RGDA 2004. 644 ; ibid. 561, étude Kullmann ; RDC 2004. 938, obs. Stoffel-Munck ; ibid. 1080, obs. Debet ; RTD civ. 2005. 133, obs. Mestre et Fages.* ♦ Il incombe à l'assuré indemnisé par l'assureur dommages-ouvrage de démontrer qu'il a réalisé les travaux nécessaires à la réparation des dommages et d'établir quel en a été le coût, l'assureur étant en droit d'obtenir la restitution de ce qu'il a versé au-delà de ce que l'assuré a payé. • Civ. 3e, 4 mai 2016, n° 14-19.804 P.

46. Exclusion de la garantie. S'il incombe à la victime qui réclame à l'assureur l'exécution de son obligation de garantie à raison d'un sinistre d'établir que celui-ci est survenu dans des circonstances de fait conformes aux prévisions de la police, il appartient à l'assureur qui invoque une exclusion de garantie de démontrer la réunion des conditions de fait de cette exclusion. • Civ. 1re, 15 oct. 1980 : *JCP 1981. II. 19611 (1re esp.), note Bigot* • 27 oct. 1981 : *JCP 1982. II. 19711, note Baudoin.* – V. aussi • Civ. 1re, 15 oct. 1991, n° 90-13.868 P • Civ. 3e, 14 nov. 1991, n° 90-10.050 P • Civ. 2e, 4 déc. 2008, n° 08-11.158 P (en l'absence de précision contractuelle, l'assureur doit prouver l'état alcoolique et son lien avec l'accident). ♦ Il appartient à l'assureur de prouver la faute qu'il impute à l'assuré qu'il estime responsable à son égard de ne pas avoir réduit comme il le pouvait le dommage causé par le sinistre. • Com. 10 mars 2009, n° 07-19.447 P. ♦ Pour prétendre à l'application d'une clause de déchéance de garantie en cas de fausse déclaration relative au sinistre, il appartient à l'assureur d'établir la mauvaise foi de l'assuré. • Civ. 2e, 5 juill. 2018, n° 17-20.491 P : *D. 2018. 1845, note Noguéro ; RGDA 2018. 402, note Kullmann* • 5 juill. 2018, n° 17-20.488 P : *D. 2018. 1845, note Noguéro ; AJ contrat 2018. 425, obs. Néraudau ; RGDA 2018. 402, note Kullmann.*

De même, il appartient à l'assureur, dans le cas où il ne conteste pas le fait même de la remise matérielle, à un agent de sa compagnie, d'une déclaration écrite de sinistre émanant de son assuré, d'établir que, contrairement à l'affirmation de celui-ci, la déclaration a été faite tardivement. • Civ. 1re, 27 avr. 1994, n° 92-10.484 P.

Il incombe à l'assuré de prouver que le paiement de la prime était antérieur à la veille du jour de remise en vigueur du contrat (C. assur., art. L. 113-3, al. 4). • Civ. 2e, 5 oct. 2006, n° 05-10.786 P : *D. 2006. IR 2623 ; RDI 2006. 421, obs. Grynbaum .* ♦ Dans le cas du paiement d'une prime d'assurance par chèque daté avant le jour du sinistre mais encaissé après, c'est à l'assureur qui conteste devoir sa garantie de démontrer que le chèque qu'il a encaissé lui a été remis ou adressé à une date postérieure à celle du sinistre. • Civ. 1re, 22 janv. 2002, n° 99-10.078 P : *D. 2002. Somm. 3184, obs. Groutel* • Civ. 2e, 22 janv. 2004 : *RCA 2004, n° 119 ; RGDA 2004. 406, note Mayaux.*

Il incombe à l'assureur dommages-ouvrage, tenu d'une obligation de préfinancer les travaux de nature à remédier efficacement aux désordres, de rapporter la preuve de l'absence de lien de causalité entre son intervention et le dommage. • Civ. 3e, 29 juin 2017, n° 16-19.634 P : *D. 2017. 1422 ; RDI 2017. 416, obs. Bonardi .*

47. Recours en garantie. C'est au notaire qui conteste le recours de la caisse de garantie d'apporter la preuve que les versements faits par cette caisse étaient injustifiés. • Civ. 1re, 13 oct. 1999, n° 97-13.247 P.

B. ACTES JURIDIQUES

48. Vice du consentement. Il incombe à celui qui allègue une erreur de sa part de prouver l'existence de ce vice du consentement. • Soc. 7 oct. 1987, n° 85-15.403 P. ♦ Il appartient à l'acheteur arguant de son erreur d'établir le caractère pour lui substantiel des qualités qu'il n'a pas trouvées dans l'objet acheté. • Civ. 1re, 26 janv. 1972 : *D. 1972. 517.*

49. Cause illicite ou immorale. Il appartient à celui qui se prévaut du caractère immoral ou illicite de la cause d'un acte (en l'espèce, donation déguisée) d'en rapporter la preuve. • Civ. 1re, 19 avr. 1977 : *Bull. civ. I, n° 171.*

50. Régularité du contrat. Charge de la preuve de la régularité d'un contrat (opérations de démarchage et vente à domicile) : V. • Civ.

1re, 17 févr. 1993, n° 91-12.479 P : *RTD civ. 1995. 118, obs. Mestre* . ♦ Il incombe au prêteur de rapporter la preuve qu'il a satisfait à ses obligations précontractuelles. • Civ. 1re, 21 oct. 2020, n° 19-18.971 P : *D. 2021. 63, note Lardeux* ; *RTD com. 2020. 932, obs. Legeais* ; *JCP 2020, n° 1248, note Kilgus ; CCC 2021, n° 16, note Bernheim-Desvaux ; RDC 2021/1. 108, note Julien* (la signature par l'emprunteur de l'offre préalable comportant une clause dans laquelle il reconnaît que le prêteur lui a remis le bordereau de rétractation est seulement un indice qui ne fait preuve que s'il est corroboré par des éléments complémentaires).

51. Licéité d'un réseau de distribution sélective. Il appartient au fabricant agissant en référé contre un vendeur non agréé d'établir la licéité de son réseau de distribution sélective. • Com. 31 janv. 1989 : *D. 1989. 335, note Malaurie* • 7 mars 1989 : *JCP 1990. II. 21391, note Dorsner-Dolivet* • 21 mars 1989 et • 10 mai 1989 : *D. 1989. 427 (4e et 5e esp.), note Bénabent* • Lyon, 25 juin 1990 : *Gaz. Pal. 1990. 2. 586, note Marchi* • 5 nov. 1990 : *ibid. 1991. 2. 636, note Marchi.* ♦ V. aussi : Jourdain, *D. 1990. Chron. 43.* – Bonet, *D. 1991. Chron. 9.* – Canivet et Vogel, *D. 1991. Chron. 283.*

52. Obligation de résultat. Le garagiste étant tenu en ce qui concerne la réparation des véhicules d'une obligation de résultat, il lui appartient de démontrer qu'il n'a pas commis de faute. • Civ. 1re, 2 févr. 1994, n° 91-18.764 P : *JCP 1994. II. 22294, note Delebecque.* ♦ V. déjà : • Civ. 1re, 12 janv. 1994, n° 91-17.386 P. ♦ Après la cession d'un garage, en présence d'une incertitude sur l'auteur de réparations inefficaces, la charge de la preuve des réparations n'incombe pas au client, et chacune des sociétés en cause doit rapporter la preuve que la persistance de cette panne ne découle pas de prestations insuffisantes ou défectueuses en regard de l'obligation de résultat pesant sur le réparateur professionnel. • Civ. 1re, 5 févr. 2014, n° 12-23.467 P : *D. 2014. 422* ; *RTD civ. 2014. 367, obs. Barbier* ; *ibid. 377, obs. Jourdain* ; *JCP 2014, n° 189, obs. Hocquert-Berg.* ♦ Charge de la preuve de la faute du mandataire : V. note 1 ss. art. 1992.

53. Contrat d'entreprise. Les juges ne peuvent condamner le client d'un garagiste à payer des réparations qu'il prétend avoir été effectuées sans son accord, en énonçant qu'il n'apparaît pas qu'il ait formulé une réclamation écrite à leur sujet, alors qu'il appartient à celui qui réclame l'exécution d'une obligation de la prouver. • Com. 6 mai 1980 : *Bull. civ. IV, n° 176.* – Même sens : • Com. 9 nov. 1987 : *Bull. civ. IV, n° 235 ; RTD civ. 1988. 755, obs. Mestre.* ♦ Il appartient au garagiste d'établir que les travaux dont il demande le paiement ont bien été commandés par le client. • Civ. 1re, 14 déc. 1999, n° 97-19.044 P • 6 janv. 2004, n° 00-16.545 P : *CCC 2004, n° 35, note Leveneur ; RCA 2004. Chron. 10, par Hocquet-Berg* • 2 nov. 2005, n° 02-18.723 P : *D. 2005. IR 2823* • 21 mars 2006, n° 04-20.639 P : *D. 2006. IR 948* ; *CCC 2006, n° 129, note Leveneur* (entrepreneur). ♦ La conclusion d'un contrat verbal de services réciproques en nature (pratique guadeloupéenne dite "du coup de main") est établie, le défendeur ayant de manière contradictoire invoqué l'absence de délai convenu pour sa propre prestation, l'absence de tout refus démontré d'agir de sa part, ainsi que la gratuité de la prestation dont il avait bénéficié de la part de son cocontractant. • Civ. 1re, 22 mars 2012, n° 10-20.749 P. ♦ Inverse la charge de la preuve l'arrêt qui énonce que le client ne rapporte pas la preuve de l'accord verbal qu'il allègue, portant sur la réalisation de certains travaux seulement. • Civ. 1re, 20 mars 2001, n° 99-12.150 : *CCC 2001, n° 104, note Leveneur.* ♦ La preuve de la commande de travaux supplémentaires, dont l'exécution est prétendue par un maçon dans la maison de son client, n'est pas rapportée, malgré devis et factures portant sur d'autres travaux, faute de document contractuel ou d'ordre de service du maître de l'ouvrage concernant ces travaux. • Civ. 1re, 30 sept. 2008, n° 07-12.705 P.

54. Fournisseur. Il appartient à un fournisseur réclamant le paiement de factures de prouver la réalité des livraisons ayant donné lieu à cette facturation, en produisant les bordereaux de livraison. • Com. 9 juill. 1991, n° 89-21.999 P. – Même sens : • Com. 23 oct. 1990, n° 89-11.642 P : *RTD civ. 1991. 746, obs. Mestre* .

55. Prêt. Le prêteur doit prouver qu'il a satisfait à ses obligations précontractuelles. • Civ. 1re, 8 avr. 2021, n° 19-20.890 P : *D. 2021. 1363, note Loir et Poissonnier* ; *RTD com. 2021. 401, obs. Legeais* ; *CCC 2021, n° 107, note Bernheim-Desvaux* (la signature par l'emprunteur d'une fiche explicative et de l'offre préalable de crédit constitue seulement un indice que le prêteur doit corroborer par un ou plusieurs éléments complémentaires).

56. Caution. En cas de liquidation judiciaire du débiteur principal, il appartient au créancier qui agit contre la caution d'établir l'existence et le montant de sa créance, dès lors qu'il n'est pas justifié que cette créance, déclarée au passif de la liquidation judiciaire, ait été admise. • Com. 11 oct. 1994, n° 92-18.344 P. – Dans le même sens : • Civ. 1re, 7 oct. 1998, n° 96-18.093 P. ♦ Dès lors qu'il appartient au banquier d'établir l'existence et le montant de la créance dont il réclame le paiement à la caution ou à ses ayants droit, ceux-ci sont en droit d'obtenir la communication par lui des documents concernant le débiteur principal nécessaires à l'administration d'une telle preuve, sans que puisse leur être opposé le secret bancaire. • Com. 16 déc. 2008, n° 07-19.777 P : *D. 2009. AJ 163, obs.*

Avena-Robardet ; *ibid. 2009. 784, note Lasserre-Capdeville* ; *LPA 29 mai 2009, note Chabot ; Banque et Dr. 1-2/2009. 44, obs. Rontchevsky ; RLDC 2009/57, n° 3299, obs. Marraud des Grottes ; Dr. et pr. 2009. 171, note Picod ; RTD civ. 2009. 147, obs. Crocq.* ♦ L'art. 8, § 3, ss. e), de la Dir. n° 2004/48/CE du 29 avr. 2004 doit être interprété en ce sens qu'il s'oppose à une disposition nationale qui autorise, de manière illimitée et inconditionnelle, un établissement bancaire à exciper du bancaire pour refuser de fournir, dans le cadre de l'art. 8, § 1, ss. c), de cette Dir., des informations portant sur le nom et l'adresse du titulaire d'un compte. • CJUE 16 juill. 2015, n° C-580/13 : *D. 2015. 2168, note Kleiner* ; *ibid. 2016. 96, note Lardeux* . ♦ Il appartient à la caution qui invoque l'extinction de son engagement de rapporter la preuve que la subrogation a été rendue impossible par le fait du créancier. • Civ. 1re, 13 nov. 1996, n° 94-16.475 P : *D. 1997. Somm. 166, obs. Aynès* . ♦ Si tel est le cas, il revient au créancier, pour ne pas encourir la déchéance de ses droits contre la caution, d'établir que la subrogation qui est devenue impossible par son inaction n'aurait pas été efficace. • Com. 27 févr. 1996, n° 94-14.313 P : *Defrénois 1996. 809, obs. Aynès.*

57. *Non-conformité.* La non-conformité à la commande du matériel livré doit être prouvée par l'acheteur, demandeur à l'exception. • Com. 3 déc. 1980 : *Bull. civ. IV, n° 409.* ♦ Celui qui prétend opérer une retenue pour malfaçons, alors que l'exécution des travaux n'était pas contestée, doit prouver la réalité de ses prétentions (cassation de l'arrêt qui déboute l'entrepreneur de sa demande en paiement du solde du prix au motif qu'il lui appartient d'apporter la preuve que les prétentions de son adversaire étaient erronées). • Civ. 3e, 14 févr. 1996, n° 94-12.268 P : *D. 1997. Somm. 27 (1re esp.), obs. Jourdain* ; *Defrénois 1997. 1077, obs. Bénabent.*

En rejetant la demande en paiement d'honoraires d'un architecte au prétexte que les débiteurs contestent le caractère exploitable du travail fourni et que l'architecte n'a pas sollicité une mesure d'expertise qui aurait permis d'établir la réalité et la conformité des travaux exécutés, les juges du fond ont inversé la charge de la preuve. • *Civ. 3e, 12 nov. 2020, n° 19-21.764 P.*

58. *Travaux.* La charge de la preuve du contenu des réserves et du caractère caché des désordres incombe au maître de l'ouvrage. • Civ. 3e, 7 juill. 2004, n° 03-14.166 P : *RDI 2004. 450, obs. Malinvaud* • 2 mars 2022, n° 21-10.753 B.

59. *Preuve de l'inexécution.* Les juges du fond qui retiennent qu'un réparateur s'était chargé de remettre en état un moteur de bateau et que celui-ci s'était bloqué après trente-sept heures de fonctionnement sans que la preuve d'une utilisation anormale ait été faite peuvent, sans renverser la charge de la preuve, en déduire que le réparateur n'a pas satisfait à ses obligations. • Com. 20 mars 1985 : *Bull. civ. IV, n° 105 ; RTD civ. 1986. 362, obs. J. Huet.* – Même sens : • Civ. 1re, 22 juin 1983 : *Bull. civ. I, n° 181.* – V. aussi • Com. 13 mars 1990, n° 88-15.372 P • 1er avr. 1997, n° 94-16.083 : *D. Affaires 1997. 632* (preuve d'un vice caché résultant de l'attitude du vendeur).

60. *Dépôt.* Il ne peut être exigé du dépositaire qu'il établisse que les choses qu'il se propose de restituer sont identiques à celles qu'il a reçues, alors qu'il incombe au déposant de prouver qu'elles ne le sont pas. • Civ. 1re, 26 sept. 2012, n° 11-12.890 P : *D. 2012. 2306* .

61. *Cas particuliers : contestation de facture d'eau.* Inverse la charge de la preuve le tribunal qui énonce que la compagnie des eaux doit apporter la preuve, pour justifier du montant élevé de sa facture, que des modifications substantielles sont intervenues dans la consommation de l'abonné ou qu'une fuite existe dans son installation. • Civ. 1re, 30 mars 1999, n° 97-13.047 P : *D. 2000. 596, note Ammar* ; *JCP 2000. II. 10334, note Ghica-Lemarchand ; CCC 1999, n° 108, note Leveneur ; Gaz. Pal. 2000. Somm. 324, obs. Dahan ; RTD civ. 1999. 642, obs. Gautier.* ♦ Rappr. note 19.

62. *Droit de préemption.* C'est à l'acquéreur évincé par l'exercice du droit de préemption d'une SAFER qu'il incombe d'établir l'existence d'un manquement de celle-ci à ses obligations légales. • Civ. 3e, 2 déc. 1981 : *Bull. civ. III, n° 200.*

C. DROIT SOCIAL

63. *Contrat de travail : temps de travail.* Il résulte des dispositions de l'art. L. 212-4 anc. C. trav. et de l'art. 1315 anc. C. civ. qu'en l'absence d'écrit le contrat de travail est présumé à temps complet et que l'employeur qui se prévaut d'un contrat à temps partiel doit rapporter la preuve de la durée exacte du travail convenu et de sa répartition sur la semaine ou sur le mois. • Soc. 28 janv. 1998, n° 95-43.448 P. ♦ Dans le même sens pour un contrat de travail intermittent qui ne mentionne pas la durée annuelle minimale de travail du salarié : • Soc. 21 sept. 2022, n° 20-17.627 B. ♦ Rappr. • Soc. 21 sept. 2022, n° 21-16.821 B. ♦ La preuve du respect des seuils et plafonds prévus par le droit de l'Union européenne et des durées maximales de travail fixées par le droit interne incombe à l'employeur. • Soc. 25 sept. 2013, n° 12-13.267 P : *D. 2013. 2277* • 23 mai 2017, n° 15-24.507 P : *D. 2017. 1129* ; *RDT 2017. 804, obs. Véricel* .

64. *Exécution du contrat de travail.* La preuve des heures de travail effectuées n'incombe spécialement à aucune des parties ; en cas de litige relatif à l'existence ou au nombre d'heures de travail accomplies, il appartient au salarié d'étayer sa demande par la production d'éléments suffisamment précis quant aux horaires effectivement réalisés pour permettre à l'employeur de répondre en fournissant ses propres éléments. • Soc. 21 nov. 2012, n° 10-27.429 P • 15 janv. 2014, n° 12-19.472 P. ♦ Mais l'employeur doit fournir au juge les éléments de nature à justifier les heures effectivement réalisées par le salarié ; au vu de ces éléments et de ceux fournis par le salarié, le juge forme sa conviction. • Soc. 27 janv. 2021, n° 17-31.046 P : *D. 2021. 241* ; *Dr. soc. 2021. 475, obs. Tournaux*. ♦ V. aussi, constatant que l'employeur ne fournissait aucun élément de contrôle de la durée du travail alors que les ayants droits du salarié présentaient des éléments suffisamment précis pour permettre à l'employeur de répondre : • Soc. 14 déc. 2022, n° 21-18.139 B.

La preuve du respect des seuils et plafonds prévus par le droit de l'UE et des durées maximales de travail fixées par le droit interne incombe à l'employeur. • Soc. 14 déc. 2022, n° 21-18.139 B : *préc.*

Le paiement d'une indemnité de repas étant déterminé par un déplacement professionnel aux heures des repas, dès lors que le déplacement n'est pas contesté, il appartient aux employeurs qui se prétendent libérés de leur obligation au paiement de l'indemnité de repas de démontrer que les salariés avaient la possibilité de revenir, aux horaires prévus, à leur centre de rattachement. • Soc. 6 juill. 2022, n° 20-21.777 B.

Il appartient au salarié d'établir qu'il s'est tenu à la disposition de l'employeur pendant les périodes interstitielles entre deux CDD, pour lesquelles il demande le paiement d'un salaire. • Soc. 16 sept. 2015, n° 14-16.277 P. ♦ Les textes du C. trav. qui imposent à l'employeur l'obligation de payer le temps alloué pour l'exercice de leurs fonctions aux représentants du personnel ne dispensent pas les bénéficiaires de ce versement de justifier de l'utilisation du temps pour lequel ils ont été payés. • Soc. 13 nov. 1985 : *Bull. civ. V, n° 536.* ♦ ... A charge pour l'employeur d'établir, à l'appui de sa contestation, la non-conformité de l'utilisation de ce temps avec l'objet du mandat représentatif. • Soc. 28 mars 1989 : *Bull. civ. V, n° 257.* ♦ V. égal. note 75.

Il appartient au salarié de prouver l'existence des frais professionnels dont il demande le remboursement à son employeur. • Soc. 20 juin 2013, n° 11-19.663.

65. Obligations de l'employeur. L'employeur étant tenu de payer sa rémunération et de fournir un travail au salarié qui se tient à sa *disposition, la charge* de la preuve que le salarié a refusé d'exécuter son travail ou ne s'est pas tenu à sa disposition lui incombe en cas de demande de paiement du salaire. • Soc. 23 oct. 2013, n° 12-14.237. ♦ Il résulte de la combinaison des art. 1315 anc. C. civ. et L. 143-4 [L. 3243-3] C. trav. que, nonobstant la délivrance de la fiche de paie, l'employeur doit prouver le paiement du salaire. • Soc. 2 févr. 1999, n° 96-44.798 P : *D. 1999. IR 78* ; *Dr. soc. 1999. 255, concl. P. Lyon-Caen* ; *LPA 20 juill. 1999, note Le Maigat* (cassation du jugement qui énonce que le bulletin de paie fait présumer le paiement) • 16 févr. 1999, n° 96-41.838 P : *D. 1999. IR 84* ; *Dr. soc. 1999. 411, obs. Radé* • 11 janv. 2006, n° 04-41.231 P : *D. 2007. Pan. 1906, obs. Delebecque* • 24 juin 2015, n° 14-13.829 P. ♦ Il appartient à l'employeur de justifier qu'il a fourni au salarié les moyens d'accomplir sa prestation de travail. • Soc. 10 févr. 2004, n° 01-45.216 P. ♦ Il appartient à l'employeur de démontrer qu'il a satisfait à son obligation de souscription d'un contrat d'assurance invalidité à la date de l'accident du travail. • Soc. 6 avr. 2011, n° 09-69.148 : *RGDA 2011. 1051, obs. A. Pélissier.* ♦ Charge de la preuve d'une atteinte au principe « à travail égal, salaire égal » : • Soc. 28 sept. 2004, n° 03-41.825 P • 25 mai 2005, n° 04-40.169 P : *D. 2006. Pan. 33, obs. Jeammaud* • 12 juin 2013, n° 11-14.458 : *préc. note 9.* ♦ La mention, sur ses bulletins de paie, des droits à repos compensateurs d'un salarié n'a qu'une valeur informative, la charge de la preuve de leur octroi effectif incombant, en cas de contestation, à l'employeur. • Soc. 7 mai 2008, n° 06-43.058 P. ♦ Inverse la charge de la preuve la cour d'appel qui rejette la demande du salarié à titre de dommages-intérêts pour congés payés non pris en retenant qu'il lui appartenait, dans l'organisation de son travail, de prendre ses congés payés ou de rapporter la preuve qu'il avait été empêché de les prendre ; en effet, il appartient à l'employeur de prendre les mesures propres à assurer au salarié la possibilité d'exercer effectivement son droit à congé et, en cas de contestation, de justifier qu'il a accompli à cette fin les diligences qui lui incombent légalement. • Soc. 9 mai 2019, n° 17-27.448 P : *D. 2019. 1053* ; *Dr. soc. 2019. 641, note Radé*. ♦ En application des art. L. 3141-12, L. 3141-14 et L. 3141-30 C. trav., interprétés à la lumière de l'art. 7 de la Dir. 2003/88, seule l'exécution de cette obligation entraîne la substitution de l'employeur par la caisse de congés payés pour le paiement de l'indemnité de congés payés. • Soc. 22 sept. 2021 n° 19-17.046 B : *D. 2022. 414, obs. Ala et Lanoue* ; *RDT 2021. 656, obs. Véricel*. ♦ Le juge ne peut, pour rejeter une demande de paiement de jours travaillés, se fonder sur l'insuffisance des preuves apportées par le salarié. Il doit examiner les éléments de nature à justifier les jours effectivement travaillés que l'employeur est tenu de lui fournir. • Soc. 23 sept. 2009, n° 08-41.377 P : D. 2009. 2350, obs. *Perrin* ; *RDT 2010. 112, obs. Canut*. ♦ Mais il appartient au salarié, qui réclame le paiement de salaires pour des périodes non travaillées dans le cadre de la requalification de CDD en CDI, d'établir la preuve qu'il s'est tenu à la disposition des employeurs en vue d'effectuer un travail pendant ces périodes. • Soc. 28 sept. 2011, n° 09-43.385 P : *JCP 2011, n° 1123, obs. Lefranc.* ♦ V. égal. note 75.

Un employeur ne peut refuser de verser au salarié la prime de performance prévue, alors qu'il ne démontre pas une baisse de performance et de résultats pour la période considérée. • Soc. 14 janv. 2014, n° 12-12.744.

Il appartient à l'employeur de communiquer les éléments nécessaires au calcul de la part de rémunération variable d'un salarié et, lorsqu'il se prétend libéré du paiement de cette part variable, de rapporter la preuve du fait qui a éteint son obligation. • Soc. 29 juin 2022, n° 20-19.711 B. ♦ Une cour d'appel qui constate que l'employeur ne produit aucun élément de nature à établir que les objectifs qu'il a fixés au salarié à titre de condition de versement d'une rémunération variable étaient réalisables décide à bon droit, sans inverser la charge de la preuve, que cette rémunération est due. • Soc. 15 déc. 2021, n° 19-20.978 B : *RDT 2022. 173, obs. Pignarre*.

Il incombe à l'employeur qui s'oppose à la demande en dommages-intérêts du salarié au titre d'une clause de non-concurrence illicite de prouver que le salarié n'a pas respecté cette clause. • Soc. 22 mars 2006, n° 04-45.546 P : *JCP 2006. I. 166, n° 3, obs. Stoffel-Munck* • 25 mars 2009, n° 07-41.894 P (inapplication de la clause contractuelle contraire). ♦ Il incombe à l'employeur de rapporter la preuve qu'il a respecté les stipulations de l'accord collectif destinées à assurer la protection de la santé et de la sécurité des salariés soumis au régime du forfait en jours. • Soc. 19 déc. 2018, n° 17-18.725 P.

66. Clauses du contrat de travail. La preuve de l'existence d'une convention de forfait est à la charge de celui qui l'invoque. • Soc. 12 janv. 2016, n° 13-26.318 P : *D. 2016. 198, obs. A. Lienhard ; Rev. sociétés 2016. 198, obs. Henry ; RTD com. 2016. 331, obs. Martin-Serf*. ♦ Dans le même sens, pour une clause de non-concurrence, • Com. 18 déc. 2001, n° 00-10.978 P : *D. 2002. AJ 645, obs. Chevrier*.

67. Qualification du contrat. Celui qui soutient avoir la qualité de salarié, alors qu'il est lié par un contrat de collaboration libérale, doit rapporter la preuve d'éléments caractérisant sa subordination effective. • Crim. 15 mars 2016, n° 14-85.328 P.

68. Qualification du contrat de travail à durée déterminée ou indéterminée. En cas de litige sur le motif du recours à un contrat à durée déterminée, il incombe à l'employeur de rapporter la preuve de la réalité du motif énoncé dans le contrat à durée déterminée. • Soc. 15 sept. 2010, n° 09-40.473 P : *D. 2010. 2165 ; RDT 2010. 710, obs. Bonnin*. ♦ En cas de litige sur la rupture de contrats à durée déterminée qui ne repose sur aucun des motifs prévus par le code du travail, et qui fait suite à l'action en justice de chacun des salariés pour obtenir la requalification de la relation de travail en contrat à durée indéterminée, il appartient à l'employeur d'établir que sa décision était justifiée par des éléments étrangers à toute volonté de sanctionner l'exercice, par les salariés, de leur droit d'agir en justice. • Soc. 6 févr. 2013, n° 11-11.740 P : *D. 2013. 440*.

69. Cotisations. Il appartient à l'employeur, seul redevable des cotisations et contributions sociales assises sur la rémunération du salarié, de rapporter, notamment par la production de pièces comptables, la preuve du paiement de celles-ci. • Civ. 2e, 8 oct. 2020, n° 19-16.898 P.

70. Mesures dérogatoires prises en période de crise sanitaire. En cas de litige, il appartient au juge de vérifier que l'employeur, auquel incombe la charge de la preuve, justifie que les mesures dérogatoires qu'il a adoptées en application des art. 2 à 5 de l'Ord. n° 2020-323 du 25 mars 2020 ont été prises en raison de répercussions de la situation de crise sanitaire sur l'entreprise. • Soc. 6 juill. 2022, n° 21-15.189 B.

71. Rupture. La charge de la preuve de la cause réelle et sérieuse de licenciement n'incombe pas particulièrement à l'une ou à l'autre partie. • Soc. 11 déc. 1997, n° 96-42.045 P. – V. déjà • Soc. 2 juill. 1987 : *Bull. civ. V, n° 449.* ♦ Le doute sur l'existence de la cause réelle et sérieuse du licenciement profite au salarié (C. trav., art. L. 122-14-3, al. 2 [L. 1235-1]) : • Soc. 16 juin 1993, n° 91-45.462 P. – V. Dell'Asino, *Gaz. Pal. 1989. 2. Doctr. 564.*

La charge de la preuve de la faute grave incombant à l'employeur, le salarié n'a rien à démontrer. • Soc. 9 oct. 2001, n° 99-42.204 P. ♦ Il incombe au salarié qui prend acte de la rupture de son contrat de travail d'établir les faits allégués à l'encontre de son employeur. • Soc. 19 déc. 2007, n° 06-44.754 P (persistance d'un doute). ♦ Lorsque les faits invoqués dans la lettre de licenciement caractérisent une cause réelle et sérieuse de licenciement, il appartient au salarié de démontrer que la rupture de son contrat de travail constitue une mesure de rétorsion à une action en justice introduite pour faire valoir ses droits. • Soc. 9 oct. 2019, n° 17-24.773 P. ♦ Sur la preuve rapportée grâce aux documents de l'entreprise, V. note 9.

72. Remise d'un exemplaire d'une convention de rupture conventionnelle. En cas de contestation, il appartient à celui qui invoque la remise de la convention de rupture conventionnelle d'en rapporter la preuve. • Soc. 23 sept. 2020, n° 18-25.770 P.

73. Fictivité du contrat de travail. En présence d'un contrat de travail apparent, il appartient à celui qui invoque son caractère fictif d'en rapporter la preuve. • Soc. 7 janv. 1997 : *JCP*

1997. II. 22931, note Puigelier (contrat de travail conclu le jour même où l'intéressé démissionnait de ses fonctions de P-DG) • 18 déc. 2000, nº 98-41.178 P • 30 avr. 2014, nº 12-35.219.

74. Travail temporaire. En cas de litige sur le motif du recours au travail temporaire, il incombe à l'entreprise utilisatrice de rapporter la preuve de la réalité du motif énoncé dans le contrat. • Soc. 28 nov. 2007, nº 06-44.843 P.

75. Sécurité sociale. Il appartient à celui qui prétend au bénéfice d'un avantage de sécurité sociale de prouver qu'il remplit les conditions réglementaires pour y avoir droit. • Soc. 3 mars 1978, nº 76-14.477 P. ♦ La charge de la preuve de l'envoi de l'avis d'arrêt de travail, destiné à obtenir le paiement des prestations de l'assurance maladie, incombe à l'assuré. • Soc. 21 nov. 2002, nº 00-22.007 : *D. 2003. 1261, note Boulmier*. ♦ Il appartenait à l'entreprise de transport d'assurés sociaux d'établir que les sommes dont elle réclame le paiement à la sécurité sociale correspondent au tarif le moins onéreux, compatible avec l'état de l'assuré. • Civ. 2e, 19 déc. 2013, nº 13-10.763 P.

D. QUASI-CONTRATS

76. Enrichissement sans cause. Il incombe à la partie qui invoque l'enrichissement sans cause d'établir que l'appauvrissement par elle subi et l'enrichissement corrélatif du défendeur ont eu lieu sans cause. • Civ. 1re, 18 juin 1980 : *Bull. civ. I, nº 191* • 19 janv. 1988 : *ibid. I, nº 16 ; RTD civ. 1988. 755, obs. Mestre* • 24 oct. 2006, nº 05-18.023 P : *D. 2006. IR 2947 ; Defrénois 2007. 454, obs. Libchaber.*

77. Paiement indu. C'est au demandeur en restitution des sommes qu'il prétend avoir indûment payées qu'il incombe de prouver le caractère indu du paiement. • Civ. 1re, 13 mai 1986 : *Bull. civ. I, nº 120* • Soc. 20 oct. 1998, nº 96-41.698 P : *RTD civ. 1999. 104, obs. Mestre* • Civ. 1re, 16 nov. 2004, nº 01-17.182 P.

Ainsi, il appartient à l'organisme social qui engage une action en répétition de l'indu d'établir l'existence du paiement, d'une part, et son caractère indu, d'autre part. • Civ. 2e, 27 janv. 2022, nº 20-11.702 B : *RDSS 2022. 379, obs. Tauran* • 27 janv. 2022, nº 20-18.132 B. ♦ Dans le même sens : • Civ. 2e, 7 avr. 2022, nº 20-20.930 B : *RDSS 2022. 567, obs. Tauran*.

78. Solvens ayant payé la dette d'autrui. C'est à celui qui a sciemment acquitté la dette d'autrui, sans être subrogé dans les droits du créancier, de démontrer que la cause dont procédait ce paiement impliquait pour le débiteur l'obligation de lui rembourser les sommes ainsi versées. • Civ. 1re, 17 nov. 1993, nº 91-19.443 P : *RTD civ. 1994. 609, obs. Mestre ; Defrénois 1994. 810, obs. Mazeaud.*

79. Répétition de l'indu. Il appartient au titulaire d'un compte crédité indûment d'établir qu'il a pu se méprendre sur ses droits et dépenser de bonne foi les sommes portées sur son compte. • Com. 13 mars 2001, nº 98-12.438 P : *D. 2001. 3113, note Saint-Gérand*.

E. DROIT DES BIENS

80. Possession. Présomptions résultant de la possession : V. notes ss. art. 2279.

81. Action en revendication. Réserve de propriété. Pour être déchargé de son obligation vis-à-vis du vendeur dont la propriété est réservée, le sous-acquéreur recherché en revendication doit prouver qu'il a payé, ou réglé en valeur, ou opéré une compensation en compte courant. • Com. 17 mars 1998, nº 95-11.209 P : *D. Affaires 1998. 803, obs. V. A.-R. ; JCP 1998. I. 167, nº 13, obs. Pétel.* ♦ Mais, s'agissant de biens incorporés dans un autre bien, il appartient au revendiquant de prouver que la séparation peut s'effectuer sans dommage. • Com. 10 mars 2015, nº 13-23.424 P : *cité note 2 ss. art. 524*.

82. ... Bien objet d'un crédit-bail. Il appartient au liquidateur, représentant du débiteur, de prouver que les biens revendiqués, restés en la possession du débiteur lors du redressement judiciaire, n'existaient plus au jour du prononcé de la liquidation. • Com. 1er déc. 2009, nº 08-13.187 P.

83. Servitude : étendue. Lorsque le propriétaire d'un fonds servant exerce une action négatoire de servitude, il appartient au propriétaire du fonds dominant de prouver que la servitude litigieuse a réellement l'étendue qu'il prétend lui assigner. • Civ. 3e, 19 juin 1973 : *Bull. civ. III, nº 427*.

84. ... Existence. Il incombe au propriétaire qui revendique une servitude de passage pour cause d'enclave du fait d'un panneau d'interdiction de circuler en raison d'un obstacle juridique à l'accès à la voie publique, d'établir, en cas de contestation, l'existence d'une décision administrative prescrivant cette interdiction. • Civ. 3e, 17 déc. 2020, nº 19-11.376 P : *D. 2021. 6 ; RDI 2021. 150, obs. Bergel*. ♦ Il incombe à celui qui réclame, en vertu d'un titre ancien, le maintien d'une servitude dont il n'a pas la possession actuelle, de prouver qu'il a exercé depuis moins de trente ans cette servitude de manière à en empêcher l'extinction par non-usage. • Civ. 3e, 6 mai 1985 : *Gaz. Pal. 1985. 2. Pan. 319.* ♦ Il appartient à celui qui invoque l'existence d'une servitude discontinue constituée par destination du père de famille de produire l'acte par lequel s'est opérée la séparation des deux héritages et d'établir qu'il ne contient aucune disposition contraire à l'existence de cette servitude. • Civ. 3e, 16 sept. 2009, nº 08-16.238 P : *D. 2010. Pan. 2183, obs. Reboul-Maupin ; ibid. 2010. Pan. 2671, obs. Delebecque ; Dr. et patr. 1/2010. 71, obs. Seube et Revet.*

85. Intérêt sérieux et légitime d'une clause d'inaliénabilité. Il appartient à celui qui se prévaut d'une clause d'inaliénabilité de justifier de l'intérêt sérieux et légitime qu'il allègue. • Civ. 1re, 15 juin 1994, n° 92-12.139 P : *Defrénois 1995. 51, note X. Savatier.*

86. Comptes joints. En cas de saisie-arrêt faite sur des comptes joints, il appartient au demandeur en mainlevée de rapporter la preuve que les fonds saisis sont sa propriété ou celle de tiers. • Civ. 2e, 24 avr. 1985 : *Bull. civ. II, n° 87.*

87. Convocation à une assemblée générale de copropriétaires. En cas de contestation relative aux conditions de convocation à une assemblée générale de copropriétaires, la preuve de la régularité de la convocation incombe au syndic. • Civ. 3e, 9 nov. 1994, n° 93-10.732 P. ♦ Rappr. : • Civ. 3e, 18 févr. 2015, n° 12-21.927.

88. Conventions d'indivision. Il incombe à celui qui soutient avoir acquis un bien en commun (automobile de collection) de rapporter la preuve de la convention d'indivision (réclamation de la moitié du prix de vente du véhicule). • Civ. 1re, 3 déc. 1996, n° 95-10.067 P.

F. DROIT DE LA FAMILLE

89. Reddition de compte par le tuteur. La reddition de compte incombant au tuteur, viole les art. 1315 anc. et 469 l'arrêt qui, pour rejeter une demande en reddition de comptes, se fonde sur le fait que le demandeur ne fait pas la preuve du montant des sommes qui lui étaient dues. • Civ. 1re, 19 févr. 1991, n° 89-14.418 P. ♦ V. aussi Fossier, *JCP N 1991. I. 435.*

90. Pensions alimentaires. Il appartient au parent qui demande la suppression d'une contribution à l'entretien d'un enfant de rapporter la preuve des circonstances permettant de l'en décharger. • Civ. 2e, 29 mai 1996, n° 94-10.520 P • Civ. 1re, 22 févr. 2005, n° 03-17.135 P : *D. 2005. IR 664 ; RJPF 2005-5/44, obs. Valory ; RTD civ. 2005. 379, obs. Hauser* • 14 févr. 2006, n° 05-11.001 P : *D. 2007. Pan. 1902, obs. T. Vasseur* • 9 janv. 2008, n° 06-19.581 : *D. 2008. AJ 353 .* ♦ Il incombe au débiteur d'une pension alimentaire d'établir la preuve du paiement pour faire échec à la procédure de paiement direct. • Civ. 2e, 24 févr. 2005, n° 02-18.173 P : *D. 2005. IR 793 ; Dr. fam. 2005, n° 74, note Larribau-Terneyre ; RJPF 2005-6/42, note Valory.* ♦ Il appartient au débiteur de la contribution à l'entretien des enfants de rapporter la preuve de sa libération. • Civ. 1re, 20 juin 2006, n° 05-17.475 : *D. 2006. IR 1841 .*

91. Époux : devoir de secours. C'est au conjoint tenu par principe du devoir de secours en application des art. 212 et 214 C. civ., qu'il appartient de rapporter la preuve des circonstances particulières qui peuvent permettre de le dispenser des obligations qui en découlent. • Civ. 1re, 17 juill. 1985 : *Gaz. Pal. 1986. 1. 127, note J. M.*

92. Charges du mariage. Il appartient à celui des époux qui sollicite une contribution aux charges du mariage de rapporter la preuve de l'existence du mariage lorsqu'elle est contestée par le défendeur. • Civ. 1re, 30 nov. 1976 : *Bull. civ. I, n° 373.* ♦ Comp. notes 95 s.

L'époux est présumé avoir participé aux charges du mariage en proportion de ses facultés, et il incombe à l'autre époux de rapporter la preuve contraire. • Civ. 1re, 3 mars 2010, n° 09-11.005 P : *D. 2010. Chron. C. cass. 2092, obs. Auroy ; ibid. 2011. Pan. 1040, obs. Lemouland et Vigneau ; AJ fam. 2010. 188, obs. Chénedé ; Defrénois 2010. 1336, note Autem ; RTD civ. 2010. 305, obs. Hauser ; ibid. 303, obs. Vareille .*

93. ... Dettes ménagères. Il appartient au créancier invoquant la solidarité de l'art. 220 d'établir que les prêts consentis à des époux avaient pour objet l'entretien du ménage ou l'éducation des enfants. • Civ. 1re, 17 janv. 1990, n° 87-19.462 P.

94. ... Récompense due par la communauté. Il incombe à celui qui demande récompense à la communauté d'établir, par tous moyens laissés à l'appréciation souveraine des juges du fond, que les deniers provenant du patrimoine propre de l'un des époux ont profité à la communauté. • Civ. 1re, 6 avr. 1994, n° 91-22.341 P : *JCP 1995. I. 3821, n° 20, obs. Simler ; Defrénois 1995. 823, obs. Champenois* • Civ. 2e, 5 juill. 2001 : *Dr. fam. 2001, n° 110, obs. Beignier.* ♦ Il ne suffit pas d'établir que la communauté a encaissé des deniers propres ou provenant de la vente d'un bien propre. • Civ. 1re, 5 déc. 1995, n° 94-11.011 P.

95. ... Liquidation du régime matrimonial. Inversent la charge de la preuve les juges du fond qui rejettent la demande de partage des meubles meublants, tout en relevant qu'il résulte du contrat de mariage que ces meubles seront présumés appartenir par moitié à chacun des époux, au prétexte que le demandeur ne justifie pas de l'existence de mobiliers indivis, l'habitation ayant été meublée avant le mariage. • Civ. 1re, 30 janv. 2019, n° 18-14.150 P : *AJ fam. 2019. 216, obs. Casey ; Dr. fam. 2019, n° 80, obs. Torricelli-Chrifi.*

96. Donation et preuve de l'intention libérale. La charge de prouver l'intention libérale incombe à celui qui l'allègue. • Civ. 1re, 28 févr. 1984 : *Defrénois 1985. 521 (1re esp.), note Breton* • Civ. 3e, 31 mai 1989, n° 88-11.524 P. ♦ Pour le don manuel, V. note 22 ss. art. 931. ♦ Il incombe aux cohéritiers qui allèguent l'existence d'une donation déguisée de prouver que leurs parents avaient financé avec une intention libérale l'acquisition par l'un d'entre eux d'un bien immobilier. • Civ. 1re, 26 sept. 2012, n° 11-10.960 P : *D. 2012. 2308 .*

97. Testament. La preuve de la sincérité d'un testament incombe à la partie qui fonde ses prétentions sur cet acte, spécialement à un légataire universel, bien qu'il ait eu aussi la qualité d'héritier réservataire saisi. • Civ. 1re, 13 déc. 1988 : *Bull. civ. I, n° 358.* ♦ V. aussi note 9 ss. art. 1008. ♦ Si le légataire universel qui n'a pas été envoyé en possession doit rapporter la preuve que l'écriture et la signature émanent bien du testateur, il n'a, pas plus que le légataire envoyé en possession, la charge d'établir que le testateur était sain d'esprit. • Civ. 1re, 6 oct. 1981 : *Bull. civ. I, n° 274.* ♦ C'est à celui qui invoque la nullité d'un testament de rapporter la preuve de l'existence, au moment de l'acte, d'un trouble mental de nature à exclure une volonté consciente et éclairée. • Paris, 6 juin 1988 : *JCP N 1989. II. 198, note Salvage* • Civ. 1re, 2 déc. 1992, n° 91-11.428 : *D. 1993. 409, note Boulanger ; JCP N 1993. II. 182, note Mallet ; Defrénois 1993. 725, obs. Massip.*

98. Succession. En matière successorale, à la différence du rapport des libéralités, lequel, régi par les art. 843 à 863 C. civ., intéresse la composition de la masse partageable et constitue une opération préparatoire au partage, le rapport des dettes, prévu aux art. 864 à 867, concerne la composition des lots et constitue une opération de partage proprement dite et les règles du droit commun de la preuve s'y appliquent. • Civ. 1re, 12 févr. 2020, n° 18-23.573 P : *D. 2020. 337 ; AJ fam. 2020. 258, obs. Ferré-André ; Dr. fam. 2020, n° 73, note Nicod.*

G. PROPRIÉTÉ INTELLECTUELLE

99. Droit de divulgation post mortem. La personne investie du droit de divulgation *post mortem* ne dispose pas d'un droit absolu et il lui incombe de prouver que l'auteur était opposé à la divulgation et que celle-ci est inutile. • Civ. 1re, 9 juin 2011, n° 10-13.570 P : *D. 2011. 2099, note Fabiani et Perrier ; RTD com. 2011. 546, obs. Pollaud-Dulian.*

100. Contrefaçon. Il incombe au contrefacteur prétendu de prouver qu'il n'a pu accéder à l'œuvre contrefaite ; la contrefaçon résulte de sa seule reproduction et ne peut être écartée que lorsque celui qui la conteste démontre que les similitudes existant entre les deux œuvres procèdent d'une rencontre fortuite ou de réminiscences issues d'une source d'inspiration commune. • Civ. 1re, 2 oct. 2013, n° 12-25.941 P : *D. 2013. 2499, note Latil ; RTD com. 2013. 723, obs. Pollaud-Dulian.*

H. PROCÉDURES

101. Acte de procédure : signification. La preuve d'une signification ne peut être faite que par la production de l'acte dressé par l'huissier de justice, sauf le cas de force majeure. • Civ. 1re, 7 déc. 2016, n° 16-12.297 P : *D. 2016. 2567.*

102. ... Irrégularité et fictivité. La preuve de l'inexactitude des mentions d'un acte (en l'espèce, acte de procédure) incombe à la partie qui argue cet acte de nullité. • Civ. 2e, 7 oct. 1971 : *D. 1972. 24.* – Même sens : • Civ. 2e, 10 mars 2005, n° 03-14.577 P.

103. Acte authentique : inscription de faux. V. note 11 ss. art. 1371.

104. Formalité. La partie à laquelle est opposée l'inobservation d'une formalité doit rapporter la preuve que celle-ci a été régulièrement accomplie. • Civ. 2e, 22 mars 2001, n° 99-18.303 P : *AJDI 2001. 645, obs. Talon* (en l'espèce, respect du délai de l'art. 674, al. 2, anc. C. pr. civ. en matière de commandement de saisie immobilière).

Il ne peut être demandé au débiteur la preuve de son défaut de convocation par le liquidateur pour la vérification des créances, preuve négative, impossible à rapporter. • Com. 28 mars 2018, n° 17-10.600 P : *D. 2018. 717 ; Rev. sociétés 2018. 413, obs. Roussel Galle ; RTD civ. 2018. 414, obs. Barbier.*

105. Principe de la contradiction. Il incombe à la partie qui invoque la violation par l'arbitre du principe de la contradiction d'en apporter la preuve. • Civ. 1re, 5 nov. 2014, n° 13-11.745 P : *D. 2014. 2308.*

106. Opposition de la partie défaillante. Le défendeur qui forme opposition à un jugement par défaut n'a pas à rapporter la preuve du bien-fondé de sa demande, cette charge incombant au demandeur originaire. • Soc. 3 avr. 1979 : *Bull. civ. V, n° 306.*

107. Recours en révision et date de connaissance du fait. C'est au demandeur au recours en révision et non à son adversaire qu'il incombe de rapporter la preuve de la date à laquelle il a eu connaissance du fait qu'il invoque à l'appui de son recours. • Civ. 2e, 2 avr. 1979 : *Bull. civ. II, n° 108.*

108. Procédure de surendettement. Il appartient au débiteur qui sollicite le bénéfice d'une procédure de surendettement judiciaire civil d'établir qu'il se trouve en situation de surendettement. • Civ. 1re, 2 juill. 1996 : *CCC 1996. 192, note Raymond.* ♦ ... Et que, notamment, l'aliénation de son actif immobilier ne suffirait pas à lui permettre de faire face à ses dettes. • Civ. 2e, 10 mars 2005, n° 03-04.196 P.

109. Condamnation sous astreinte. Il appartient au débiteur condamné sous astreinte à une obligation de faire de rapporter la preuve de l'exécution conforme, dans le délai imparti, de cette obligation. • Soc. 14 déc. 2005, n° 04-40.561 P • Civ. 1re, 28 nov. 2007, n° 06-12.897 P : *D. 2008. AJ 96* • Civ. 2e, 17 mars 2016, n° 15-13.122 P : *D. 2016. 1279, obs. Leborgne.*

I. PRESCRIPTION

110. Prescription de l'action. Il appartient à l'entrepreneur qui conteste la recevabilité de l'action en responsabilité décennale intentée contre lui de rapporter la preuve que celle-ci a été engagée hors délai. • Civ. 3e, 26 janv. 2005, n° 03-17.173 P : *D. 2005. IR 593 ; Defrénois 2006. 69, obs. Périnet-Marquet ; CCC 2005, n° 82, note Leveneur ; RDI 2005. 133, obs. Malinvaud.*

111. Interruption de la prescription. Il appartient à celui qui se prévaut d'un acte interruptif de prescription de l'établir. • Com. 9 nov. 1993, n° 91-20.113 P : *RTD civ. 1995. 116, obs. Mestre*. ♦ Même solution pour une impossibilité d'agir suspendant la prescription. • Com. 21 mars 1995, n° 93-12.383 P. ♦ Celui qui entend se prévaloir de l'interruption de la prescription biennale, conformément à l'art. L. 114-2 C. assur., et qui ne peut produire ni le récépissé postal de l'envoi de la lettre recommandée, ni l'accusé de réception, ne peut être admis à faire la preuve d'un tel envoi par témoins ou présomptions que s'il démontre au préalable l'existence de circonstances le mettant dans l'impossibilité matérielle de présenter ces pièces. • Civ. 1re, 26 nov. 1996, n° 94-16.844 P.

J. AUTORITÉ PUBLIQUE

112. La charge de prouver qu'elle a, en réponse à un recours, exécuté son obligation d'y répondre par ses observations dans le délai de quatre mois incombe à l'autorité administrative. • Civ. 2e, 19 janv. 2017, n° 16-11.312 P.

Art. 1354 *(Ord. n° 2016-131 du 10 févr. 2016, art. 4, en vigueur le 1er oct. 2016)* **La présomption que la loi attache à certains actes ou à certains faits en les tenant pour certains dispense celui au profit duquel elle existe d'en rapporter la preuve.**

Elle est dite simple, lorsque la loi réserve la preuve contraire, et peut alors être renversée par tout moyen de preuve ; elle est dite mixte, lorsque la loi limite les moyens par lesquels elle peut être renversée ou l'objet sur lequel elle peut être renversée ; elle est dite irréfragable lorsqu'elle ne peut être renversée. — *Dispositions transitoires, V. Ord. n° 2016-131 du 10 févr. 2016, art. 9, ss. art. 1386-1.*

Comp. C. civ., art. 1350 anc. et 1352 anc.

L'interprétation restrictive d'une présomption légale ne fait pas obstacle à son application à un cas non formellement prévu, dès lors que se trouve réalisée la situation juridique envisagée par elle (en l'espèce, application de la présomption légale d'interposition de personne prévue à l'époque par l'art. 1100 C. civ. – abrogé par la L. n° 2002-305 du 4 mars 2002 – en cas de libéralité faite par un époux à l'enfant adoptif de l'autre) • Civ. 1re, 5 janv.1965 : *D. 1965. 533, note J.-Y. Chevallier ; JCP 1965. II. 14132, note R. L.* • 26 févr. 1968 : *D. 1968. 587, note Voirin* (décision rendue en application de l'anc. art. 1352).

Les contrats prévoyant le port de vêtements par des athlètes pour assurer leur promotion sont présumés être des contrats de travail de mannequin, et il appartient à la société qui le conteste de renverser cette présomption en apportant la preuve de l'absence de lien de subordination. • Civ. 2e, 12 mai 2021, n° 19-24.610 P : *D. 2021. 1455, note Loiseau*.

Art. 1355 *(Ord. n° 2016-131 du 10 févr. 2016, art. 4, en vigueur le 1er oct. 2016)* **L'autorité de la chose jugée n'a lieu qu'à l'égard de ce qui a fait l'objet du jugement. Il faut que la chose demandée soit la même ; que la demande soit fondée sur la même cause ; que la demande soit entre les mêmes parties, et formée par elles et contre elles en la même qualité.** — *Dispositions transitoires, V. Ord. n° 2016-131 du 10 févr. 2016, art. 9, ss. art. 1386-1.*

Comp. C. civ., art. 1351 anc.

Pour des dérogations légales à la règle suivant laquelle la chose jugée n'a autorité qu'à l'égard des parties à l'instance, V. C. civ., art. 324 (filiation) ; ... C. civ., art. 29-5 (nationalité).

Sur l'autorité de la chose jugée en matière d'action de groupe, V. C. consom., art. L. 623-28 s. — ***C. consom.***

RÉP. CIV. v° *Chose jugée*, par J. Karila De Van et N. Gerbay.

BIBL. ▸ Andriot-Lebœuf, *RRJ 2000/3. 1205* (principe d'autorité de chose jugée au pénal sur le civil). – Benayoun, *D. 1999. Chron. 476* (autorité de la chose jugée au pénal en matière de cause étrangère). – Bolard, *JCP 1997. I. 4003* (jugements « en l'état »). – Boyer, *RTD civ. 1951. 163.* – Dintilhac, *R. 2004, p. 57* (la vérité de la chose jugée). – Delaporte, *BICC 2005, hors série n° 3* (objet et cause de la demande). – Fricero, *Mél. J.-F. Burgelin, Dalloz, 2008* (fabuleux destin de la chose jugée). – Ghestin, *Études J. Waline, Dalloz, 2002* (autorité de chose jugée des motifs) ; *Études Normand, Litec, 2003* (motifs de fond influant sur la compétence). – Groutel, *RCA 2001. Chron. 25* (faute pénale, faute civile et assurance). – Guillien, *Mél. Vincent, Dalloz,*

1981, p. 117 (étude de certains contrats ; notion d'acte juridictionnel). – Guinchard, *Mél. Wiederkehr, Dalloz, 2009, p. 379*. – Héron, *Mél. Perrot, Dalloz, 1996* (autorité de la chose jugée et motifs). – Huet, *Mél. Wiederkehr, Dalloz, 2009, p. 133* (autorité négative de la chose jugée des jugements étrangers). – Jourdain, *RCA 2009. Étude 3* (recours en contribution). – Lagarde, *D. 2019. 1462* (abandonner la jurisprudence Cesareo ?). – R. Martin, *JCP 1979. I. 2938*. – Mayer, *Mél. Héron, LGDJ, 2009, p. 331* (autorité négative de la chose jugée). – Motulsky, *D. 1968. Chron. 1*. – Normand, obs. *RTD civ. 1988. 386* (part des motifs dans la chose jugée) ; *BICC 2005, hors série n° 3* (motifs et dispositif). – Perdriau, *JCP 1988. I. 3352* (dispositifs implicites). – De Puybusque, *Gaz. Pal. 1986. 1. Doctr. 133* (jugements préparatoires). – Viatte, *Gaz. Pal. 1978. 1. Doctr. 84* (autorité des motifs des jugements).

Plan des annotations

1. *Ordre public.* V. notes 108 s., 134.

I. ACTES REVÊTUS DE L'AUTORITÉ DE CHOSE JUGÉE

A. NATURE DES ACTES

2. *Décisions gracieuses.* Les décisions judiciaires émanées de la juridiction gracieuse ne sont pas revêtues de l'autorité de la chose jugée, et restent susceptibles d'être rapportées ou modifiées, si les circonstances dans lesquelles elles ont été rendues ont elles-mêmes changé (requête en rectification d'un acte de l'état civil). • Civ. 25 oct. 1905 : *DP 1906. 1. 337, note Planiol* • Civ. 1re, 6 avr. 1994, n° 92-15.170 P. ♦ Mais l'opposition du ministère public à la rectification d'un acte de naissance, sollicitée par l'intéressé, confère un caractère contentieux à la procédure, la décision acquérant autorité de la chose jugée ce qui fait obstacle à la recevabilité d'une nouvelle requête aux mêmes fins. • Civ. 1re, 16 déc. *2015, n° 14-26.479 P.*

3. *... Jugement d'homologation.* Lorsque des contestations ont été soumises au juge et tranchées par lui, le jugement d'homologation du partage présente un caractère contentieux et est revêtu de l'autorité de la chose jugée. • Civ. 1re, 28 févr. 2006, n° 04-12.647 P. ♦ L'inscription de faux n'est pas recevable contre la partie d'un acte sous seing privé reconnue ou vérifiée par un jugement passé en force de chose jugée. • Civ. 1re, 15 nov. 2017, n° 16-23.136 P. ♦ *Contra* : l'autorité de la chose jugée ne s'attache pas au jugement d'homologation du partage lorsqu'il ne tranche aucune contestation débattue entre les parties. • Civ. 1re, 14 juin 1988, n° 86-18.112 P.

4. *Contrat judiciaire.* Le contrat judiciaire résultant de l'accord de deux époux sur le paiement d'une pension alimentaire sous forme d'un capital constitué par l'abandon de droits dans divers immeubles, à l'occasion d'une séparation de corps, entériné par le juge aux affaires familiales, est dépourvu de l'autorité de la chose jugée. • Civ. 1re, 12 déc. 2006, n° 04-11.579 P : *D. 2007. AJ 154* ; *RJPF 2007-4/37, note Valory* ; *RDC 2007. 434, obs. Sérinet, et 759, obs. Bénabent.*

5. *Conciliation, non-conciliation.* Le procès-verbal de non-conciliation, qui n'est pas un jugement, ne tranche aucune contestation et n'a pas autorité de la chose jugée. • Civ. 2e, 26 janv. 2017, n° 15-29.095 P : *D. 2017. 304*.

La caducité de l'ordonnance de non-conciliation, qui résulte de l'art. 1113 C. pr. civ., dans sa rédaction issue du Décr. n° 2004-1158 du

29 oct. 2004, affecte les mesures provisoires fixées par cette ordonnance, ainsi que l'autorisation d'introduire l'instance, mais ne s'étend pas aux dispositions sur la compétence internationale du juge français, lesquelles, édictées préalablement à la tentative de conciliation, présentent un caractère autonome et sont revêtues de l'autorité de la chose jugée. • Civ. 1re, 17 nov. 2021, n° 20-20.746 B : *D. 2021. 2087* ; *AJ fam. 2022. 49* ; *Dr. fam. 2022, n° 29, obs. Caro.*

6. Donné acte. Un donné acte, qui se borne à réserver à une partie la faculté de faire valoir, ultérieurement, certaines prétentions, sans nullement préjuger de la solution à intervenir, ne constitue pas une décision consacrant la reconnaissance d'un droit au profit de l'une et à l'encontre de l'autre partie. • Civ. 2e, 2 janv. 1959 : *D. 1959. 35.* ♦ La disposition d'un arrêt qui donne acte d'une renonciation n'est pas revêtue de l'autorité de la chose jugée. • Civ. 2e, 15 oct. 2009, n° 07-20.129 P : *D. 2010. Pan. 604, obs. Gaumont-Prat* ; *JCP 2009. 574, n° 10, obs. Sérinet* ; *RLDC 2009/66, n° 3644, obs. Bugnicourt.*

7. Jugement d'adjudication. La décision qui n'a statué sur aucun incident contentieux et s'est bornée à relater le déroulement des enchères et à déclarer adjudicataire le dernier enchérisseur n'est pas susceptible d'acquérir l'autorité de la chose jugée. • Civ. 2e, 13 févr. 1985 : *Bull. civ. II, n° 35* • 11 juill. 2013, n° 12-13.737 P : *D. 2013. 1908* .

8. Astreinte. La disposition par laquelle est prononcée une astreinte ne tranche aucune contestation et n'a pas dès lors l'autorité de la chose jugée. • Civ. 2e, 30 avr. 2002, n° 00-13.815 P • 17 nov. 2005, n° 03-20.157 P : *D. 2005. IR 2968* • 4 juin 2009, n° 08-11.129 P • 2 juill. 2009, n° 08-17.335 P • 15 nov. 2012 : *D. 2012. 2747* ; *Gaz. Pal. 2012. 3358, obs. Azibert.* ♦ La décision prononçant une astreinte étant dépourvue de l'autorité de chose jugée, sa suppression pour l'avenir est possible même en l'absence de cause étrangère, l'art. L. 131-4, al. 3, C. pr. exéc. ne concernant que la liquidation de l'astreinte qui a déjà couru. • Civ. 2e, 21 févr. 2019, n° 17-27.900 P.

9. La décision qui désigne, pour son exécution, *un huissier de justice n'a pas,* sur ce point, autorité de la chose jugée. • Civ. 2e, 8 sept. 2011, n° 10-23.115 P.

10. Mesure d'administration judiciaire. La mesure par laquelle le juge-commissaire dispense de la vérification des créances ou remet en cause cette décision en ordonnant la vérification est une mesure d'administration judiciaire qui n'a pas autorité de chose jugée, de sorte qu'elle peut être modifiée à tout moment. • Com. 17 sept. 2013, n° 12-30.158 P : *D. 2013. 2220* ; *Rev. sociétés 2013. 730, obs. Roussel Galle* ; *RTD com. 2014. 199, obs. Vallens* .

B. CATÉGORIE DE JUGEMENTS CONTENTIEUX

11. Décision disciplinaire. Lorsqu'une décision disciplinaire constitue un véritable jugement, c'est-à-dire au cas où elle est rendue par un tribunal sur les poursuites du ministère public, la règle selon laquelle les décisions disciplinaires ont l'autorité de la chose jugée s'applique d'une façon absolue. • Civ. 27 nov. 1928 : *DH 1929. 82.* ♦ La décision d'une juridiction ordinale quant à un manquement à la déontologie et à sa sanction disciplinaire n'a pas autorité de chose jugée devant le juge judiciaire. • Soc. 7 nov. 2006, n° 04-47.683 P : *R., p. 305.* ♦ Mais la décision de la juridiction du contentieux du contrôle technique de la sécurité sociale, statuant sur un litige de nature disciplinaire, ne peut avoir autorité de la chose jugée. • Civ. 2e, 11 juill. 2019, n° 18-14.688 P.

12. Arbitrage. BIBL. Dossier, *Rev. arb. 2016.1* (autorité de la chose jugée et arbitrage). ♦ Une sentence arbitrale a autorité de la chose jugée indépendamment de l'*exequatur*. • Civ. 2e, 7 juin 1972 : *D. 1973. 73, note Robert* • Com. 3 févr. 1981 : *D. 1981. 377, note Derrida.* ♦ V. art. 1476 C. pr. civ.

13. Jugement étranger. La décision par laquelle une juridiction étrangère s'est déclarée compétente dans un litige relatif au paiement du prix dans une vente internationale, dès lors qu'elle a été reconnue et déclarée exécutoire en France, a autorité de chose jugée sur la question de la compétence internationale et fait obstacle à l'introduction devant une juridiction française d'une instance entre les mêmes parties en nullité de la vente pour erreur. • Civ. 1re, 11 mars 1997, n° 94-19.699 P. ♦ Les circonstances d'une procédure précipitée en Algérie constituant une fraude au jugement dans le but de faire échec à l'exécution d'une décision française devant intervenir, la fin de non-recevoir tirée de l'autorité de chose jugée de la décision algérienne est à bon droit rejetée. • Civ. 1re, 20 juin 2012, n° 11-30.120 P : *D. 2012. 1676* ; *AJ fam. 2012. 460* ; *Rev. crit. DIP 2012. 900, note Gaudemet-Tallon* ; *Dr. fam. 2012, n° 137, obs. Abadie* (jugement algérien de divorce destiné à faire échec à une condamnation au versement de la contribution aux charges du mariage par le tribunal français). ♦ Sur l'autorité de la chose jugée attachée à un jugement étranger rejetant une demande de mesure conservatoire. • Com. 8 mars 2011 : *D. 2012. 1228, obs. Gaudemet-Tallon et F. Jault-Seseke* ; *Rev. crit. DIP 2012. 277, note Nioche* . ♦ ... Déclarant la créance d'un salarié non admise à une procédure de liquidation judiciaire. • Soc. 14 oct. 2015, n° 14-17.622 P.

Sur le renvoi à la CJUE de la question de savoir si la définition autonome de l'autorité de la chose jugée de l'art. 33 du Règl. n° 44/2001 du 22 déc. 2000 concerne l'ensemble des conditions et des effets de celle-ci ou si une part doit être réservée à la loi de la juridiction saisie et/ou à la loi de la juridiction qui a rendu la décision V. • Civ. 1re, 17 nov. 2021, n° 19-23.298 B : *RTD eur. 2022. 207, obs. Jeauneau*.

14. Décision avant dire droit. Le jugement qui se borne dans son dispositif à ordonner une mesure d'instruction n'ayant pas au principal autorité de la chose jugée (C. pr. civ., art. 482), les juges du fond ne peuvent décider qu'un tel jugement a implicitement écarté la fin de non-recevoir tirée par l'une des parties de l'expiration d'un délai de prescription. • Com. 8 oct. 1985 : *Bull. civ. IV, n° 232.* ♦ Une décision qui ordonne une expertise en fixant le cadre juridique de la mission de l'expert n'a pas pour effet de limiter les débats après expertise à ce cadre. • Civ. 3e, 1er oct. 2008, n° 07-17.051 P. ♦ Les ordonnances du juge de la mise en état n'ont pas l'autorité de la chose jugée sauf pour les exceptions prévues par l'art. 775 C. pr. civ. • Civ. 3e, 8 juill. 2009, n° 08-14.611 P. ♦ Les ordonnances du juge de la mise en état visées par l'art. 775 C. pr. civ. ont autorité de chose jugée. • Civ. 2e, 23 juin 2016, n° 15-13.483 P (décision d'incompétence en raison de l'objet du litige). ♦ Les ordonnances du juge de la mise en état n'ont pas, au principal, l'autorité de la chose jugée (C. pr. civ., art. 775), et en conséquence le pouvoir de statuer sur la liquidation d'une astreinte définitive prononcée et déjà liquidée par le juge de la mise en état ne peut être dénié aux juges saisis du litige au principal. • Civ. 2e, 27 mai 1983, n° 81-15.659 P. ♦ Comp., sur la portée de l'absence d'autorité de la chose jugée des ordonnances du conseiller de la mise en état : • Civ. 2e, 20 juill. 1987 : *D. 1988. 128, note M. Rémy.*

15. Jugement mixte. Si en règle générale l'interlocutoire ne lie pas le juge, il en va différemment lorsqu'un tel jugement renferme des dispositions définitives. • Cass., Ch. réun., 19 mai 1965 : *D. 1965. 461, note Laroque.* – V. aussi • Civ. 1re, 1er avr. 1981 : *JCP 1982. II. 19897, note Tomasin ; RTD civ. 1982. 662, obs. Perrot.* ♦ Autorité de chose jugée d'une décision avant-dire droit reconnaissant l'existence d'une créance et décidant la réouverture des débats pour procéder au décompte précis du solde restant dû. • Com. 11 févr. 2004, n° 01-13.738 P. ♦ Mais c'est seulement si le juge, statuant sur sa compétence, a tranché dans le dispositif la question de fond dont elle dépend, que sa décision a autorité sur cette question de fond. • Soc. 23 sept. 2008, n° 07-41.954 P.

16. Décisions statuant sur une fin de non-recevoir. Le jugement qui rejette une fin de non-recevoir a, de ce chef, l'autorité de la chose jugée. • Soc. 13 nov. 1985 : *Bull. civ. V, n° 524.* – V. aussi • Civ. 2e, 30 mars 2000, n° 96-20.639 P.

Si la décision rejetant une fin de non-recevoir a autorité de chose jugée, cette autorité se limite au rejet de la fin de non-recevoir et ne s'étend pas au fond du litige. • Civ. 3e, 18 oct. 2018, n° 17-14.799 P (après la décision de rejet de la fin de non-recevoir ayant porté sur l'existence d'un intérêt légitime du demandeur, qui, selon l'assureur défendeur, n'était pas le créancier de l'indemnité due, le demandeur peut, sans se heurter à l'autorité de la chose jugée, agir pour la reconnaissance et l'évaluation de sa créance contre l'assureur).

17. L'ordonnance du conseiller de la mise en état statuant sur une fin de non-recevoir a autorité de chose jugée, de sorte que si le recours prévu par l'art. 916 C. pr. civ. n'a pas été exercé dans le délai, elle est irrévocable. • Civ. 2e, 3 sept. 2015, n° 13-27.060 P. ♦ La décision du conseiller de la mise en état statuant sur la fin de non-recevoir tirée de l'irrecevabilité du recours a autorité de chose jugée et devient irrévocable si elle n'a pas été déférée dans le délai de 15 jours à la cour d'appel. • Civ. 1re, 4 nov. 2015, n° 14-22.630 P.

Cassation, pour non-respect de l'autorité de la chose jugée, de l'arrêt ayant statué au vu de conclusions déclarées irrecevables par une ordonnance du conseiller de la mise en état. • Civ. 2e, 17 sept. 2020, n° 19-17.673 P.

18. Irrecevabilité. L'autorité de la chose jugée attachée à l'arrêt ayant déclaré irrecevable une demande, comme formée pour la première fois en cause d'appel, n'interdit pas à son auteur d'introduire celle-ci dans une nouvelle instance devant les juges du premier degré. • Civ. 3e, 27 mai 2009, n° 08-11.388 P : *RDC 2009. 1391, obs. Deshayes* • Civ. 2e, 9 juill. 2009, n° 08-17.600 P. ♦ ... Restés saisis d'une partie du litige. • Civ. 2e, 2 déc. 2010, n° 09-68.295 P : *JCP S 2011, n° 1054, note Brissy.*

19. Une décision d'irrecevabilité ayant été rendue, une nouvelle demande ne se heurte pas à l'autorité de chose jugée, du moment que la cause d'irrecevabilité a entretemps disparu. • Civ. 1re, 8 oct. 2009, n° 07-21.990 P : *JCP 2009, n° 462, & 8, obs. J. Ortscheidt ; ibid. 2010, n° 644, note Béguin.*

20. Rejet d'une exception. Après le rejet de l'exception qu'elle a soulevée, en l'espèce fondée sur la caducité d'un jugement, une partie ne saurait la reprendre sous forme d'action dans une nouvelle instance. • Civ. 2e, 30 avr. 2009, n° 08-12.422 P.

21. Demande de récusation. La décision du juge d'appui statuant sur une demande de récusation d'un des arbitres pour défaut d'indépendance et d'impartialité a autorité de la chose jugé et rend irrecevable une demande d'annulation de la sentence arbitrale sur les mêmes circonstances, faute d'élément nouveau survenu après l'ordonnance du juge d'appui. • Civ. 1re, 13 mars 2013, 12-20.573 P : *D. 2013. 780*. – *Adde*, Haftel, *D. 2016. 139.*

Cassation de l'ordonnance qui déclare une requête en récusation irrecevable, au motif qu'elle est en tout point identique à des requêtes antérieurement rejetées, alors que ces requêtes avaient été présentées à l'occasion de procédures en contestation d'honoraires distinctes les opposant à d'autres avocats. • Civ. 2e, 27 juin 2019, n° 18-18.112 P.

22. Décision d'admission d'une créance au passif d'une liquidation judiciaire. L'autorité de la chose jugée attachée à la décision d'admission d'une créance prononcée à titre privilégié, à raison de l'inscription d'une hypothèque judiciaire, fait obstacle à l'action en nullité de cette inscription sur le fondement de l'art. L. 632-1, I, 6°, C. com., même en cas de report de la date de la cessation des paiements. • Com. 19 déc. 2018, n° 17-19.309 P.

L'autorité de chose jugée qui s'attache à la décision irrévocable d'admission d'une créance au passif de la liquidation d'une société civile s'impose à ses associés, de sorte que, s'il n'a pas présenté contre une telle décision la réclamation prévue par l'art. R. 624-8 C. com., dans le délai fixé par ce texte, l'associé d'une société civile en liquidation judiciaire est sans intérêt à former tierce opposition à la décision antérieure, condamnant la société au paiement de ladite créance et sur le fondement de laquelle celle-ci a été admise. • Com. 20 janv. 2021, n° 19-13.539 P : *D. 2021. 132* ; *Rev. sociétés 2021. 201, obs. L. C. Henry* .

23. Jugement en l'état. Fût-il rendu en l'état des justifications produites, le jugement qui tranche dans son dispositif tout ou partie du principal a, dès son prononcé, l'autorité de la chose jugée relativement à la contestation qu'il tranche ; il s'ensuit que le juge est dessaisi de cette contestation. • Com. 8 mars 1994, n° 92-10.139 P. ♦ Il n'entre pas dans les pouvoirs du juge qui, en dehors des cas où la loi le prévoit, n'est jamais tenu de surseoir à statuer, de limiter l'autorité de la chose jugée attachée au jugement qui tranche une contestation. • Civ. 1re, 30 avr. 2009, n° 07-21.881 P.

La mention « en l'état » est sans portée dans une décision statuant au fond ; dès lors, une décision définitive ayant été rendue, le demandeur ne peut introduire une nouvelle instance ayant le même objet. • Civ. 2e, 10 déc. 1998, n° 96-21.288 P : *D. 1999. Somm. 215, obs. Julien* ; *JCP 1999. II. 10073, note du Rusquec.* – V. aussi • Civ. 1re, 20 févr. 2007, n° 05-12.913 P • Civ. 3e, 2 mai 2007 : *AJDI 2007. 742, note Zalewski* • Civ. 2e, 4 juin 2009, n° 08-15.837 P : *D. 2009. Chron. C. cass. 2069, obs. Sommer* . ♦ V. cependant • Civ. 1re, 7 janv. 1969 : *D. 1969. 454* (l'autorité de la chose jugée ne s'attache qu'à ce qui a été décidé sans condition ni réserve et la décision qui n'a débouté le demandeur « qu'en l'état » et faute par lui de produire certaines pièces ne s'oppose pas à une nouvelle instance dans laquelle les documents ignorés des juges lors de la première décision sont versés aux débats). – V. aussi • Com. 18 mai 1981 : *Bull. civ. IV, n° 235.* ♦ Un jugement qui déclare irrecevable en l'état, une demande parce qu'elle a été formée prématurément n'a pas l'autorité de la chose jugée. • Civ. 2e, 3 juill. 2008, n° 07-16.398 P : *D. 2009. 848, note Perret-Richard* ; *RDC 2008. 1289, obs. Sérinet.* ♦ **Bibl.** Bolard, *JCP 1997. I. 4003.*

24. Jugement sous réserve ou condition. L'autorité de chose jugée ne s'attache qu'à ce qui a été décidé sans condition, ni réserve. • Civ. 1re, 25 févr. 2016, n° 14-23.363 P : *D. 2016. 2535, obs. Bretzner et Aynès* ; *RDC 2016. 460, note Latina.*

25. Rejet de toutes autres demandes. Sur la portée de la formule de style : « rejette toutes autres demandes », V. • Civ. 1re, 1er mars 1983 : *Bull. civ. I, n° 83* • Com. 16 juill. 1991, n° 90-11.809 P • Reims, 25 nov. 1991 : *JCP 1992. II. 21924, note Lévy.* ♦ Sur une formule voisine : • Civ. 2e, 21 mars 2013, n° 11-28.840 P : *RTD civ. 2013. 434, obs. Perrot* (bien que le jugement ait déclaré débouter les parties « de leurs demandes plus amples ou contraires », l'autorité de la chose jugée ne s'étend pas aux points sur lesquels il n'a pas statué).

26. Jugement confirmé en toutes ses dispositions par motifs adoptés. Un arrêt ayant confirmé en toutes ses dispositions, par motifs adoptés, un jugement ayant, dans son dispositif, expressément débouté le demandeur de certaines demandes ne peut être rectifié et complété dans ces domaines. • Civ. 2e, 28 juin 2012, n° 11-18.147 P.

27. Désignation d'un huissier. La décision qui désigne, pour son exécution, un huissier de justice n'a pas sur ce point autorité de chose jugée. • Civ. 2e, 8 sept. 2011, n° 10-26.115.

28. Décision rectificative. L'arrêt rectificatif n'a d'autre autorité de chose jugée que celle de l'arrêt rectifié, de sorte qu'il ne peut modifier les termes du litige, ni ouvrir aucun droit nouveau. • Civ. 3e, 15 déc. 2016, n° 15-28.786 P.

29. Ordonnance portant injonction de payer. L'autorité de chose jugée ; attachée à l'ordonnance portant injonction de payer, fait obstacle aux demandes relatives à la résolution de conventions conclues entre les parties pour inexécution des obligations et à la restitution des sommes versées en exécution de l'ordonnance. • Civ. 2e, 1er févr. 2018, n° 17-10.849 P.

30. Juge de l'exécution. Une décision du juge de l'exécution ordonnant la suspension d'une procédure de saisie immobilière a, dès son prononcé, l'autorité de la chose jugée et s'impose au juge de la saisie immobilière, lequel ne peut, dès lors, rejeter une demande de remise de l'adjudication. • Civ. 2e, 22 mars 2006, n° 04-10.776 P. ♦ La procédure de vérification et d'admission des créances ne tend qu'à vérifier l'existence, le montant et la nature des créances détenues sur le débiteur, de sorte que lorsqu'une créance a été constatée par une décision ayant autorité de la chose jugée, cette décision est opposable au liquidateur judiciaire qui ne peut que vérifier que la créance déclarée est conforme au titre qui l'a constatée mais ne peut en contester ni le principe ni le montant. • Com. 13 sept. 2017, n° 15-28.833 P.

Si le jugement statuant sur une demande de mainlevée d'une mesure conservatoire n'a pas autorité de la chose jugée au principal, le chef de dispositif de cette décision qui statue sur une demande incidente portant sur le fond du droit, fût-elle irrecevable devant le juge de l'exécution faute de constituer une contestation de la mesure conservatoire, est revêtu de cette autorité. • Civ. 2e, 12 avr. 2018, n° 16-28.530 P : *D. 2018. 856 ; AJDI 2018. 799, obs. de La Vaissière ; Gaz. Pal. 2018. 1488, obs. Sadi.*

Le juge de l'exécution avait constaté, lors de la procédure de saisie immobilière, dans le dispositif du jugement d'orientation que la créance de la banque en principal, frais, intérêts et accessoires, s'élevait à une somme précise ; cette décision a autorité de la chose jugée et s'impose au juge de la saisie des rémunérations, même en l'absence de contestation formée devant le juge de l'exécution sur l'existence ou le montant de la créance. • Civ. 2e, 6 sept. 2018, n° 17-21.337 P.

31. Le juge, qui statue sur la contestation des mesures recommandées par une commission de surendettement, peut, vérifier que le débiteur se trouve en situation de surendettement, sans méconnaître ainsi l'autorité de chose jugée de la décision du juge de l'exécution qui avait déclaré les parties recevables à bénéficier de la procédure et renvoyé le dossier à la commission de surendettement. • Civ. 2e, 17 oct. 2013 : *D. 2013. 2460* .

32. L'autorité de la chose jugée attachée à l'ordonnance d'homologation du juge de l'exécution a un caractère provisoire pour le créancier titulaire d'une hypothèque judiciaire provisoire, en application des art. R. 532-8 et R. 533-5 C. pr. exéc. ; dans un contexte de contestation sur des honoraires d'avocat, l'autorité de la chose jugée attachée à l'ordonnance d'homologation du juge de l'exécution qui attribue une somme au créancier n'a donc pas pour effet d'attribuer définitivement cette somme, mais de bloquer celle-ci, qui ne pourra être versée à ce dernier que sous réserve qu'il ait obtenu un titre constatant l'existence et le montant de la créance revendiquée. • Civ. 2e, 4 juin 2020, n° 18-18.534 P.

33. *La demande formée par le débiteur* à l'encontre du créancier poursuivant devant un juge du fond, après l'audience d'orientation, ne peut être déclarée irrecevable par application de l'autorité de la chose jugée du jugement d'orientation que si le juge de l'exécution, précédemment saisi de la procédure de saisie immobilière, était compétent pour en connaître. Or, si ce dernier est compétent pour connaître de la contestation d'une mesure d'exécution forcée, il n'entre pas dans ses attributions de se prononcer sur une demande de condamnation à des dommages-intérêts contre le créancier saisissant, qui n'est pas fondée sur l'exécution ou l'inexécution dommageable de la mesure. • Civ. 2e, 20 oct. 2022, n° 21-11.783 B.

34. Référé. Une décision de référé étant dépourvue d'autorité de la chose jugée au principal, l'une des parties à l'instance en référé a la faculté de saisir le juge du fond afin d'obtenir un jugement. • Civ. 3e, 25 févr. 2016, n° 14-29.760 P. ♦ La décision de référé ayant ordonné provisoirement la réintégration d'un salarié est dépourvue de l'autorité de chose jugée ; après la validation par la cour d'appel du licenciement de ce salarié, l'employeur est fondé à mettre fin aux fonctions du salarié sans nouvelle procédure de licenciement. • Soc. 9 avr. 2008, n° 07-41.377 P.

C. JUGEMENTS IRRÉGULIERS OU CONTESTÉS

35. Décision irrégulière : principe de l'autorité. Le principe de l'autorité de la chose jugée est général et absolu et s'attache même aux décisions erronées. • Civ. 1re, 22 juill. 1986 : *Bull. civ. I, n° 225* • Com. 14 nov. 1989 : *ibid. IV, n° 289* • Soc. 19 mars 1998, n° 95-45.205 P • Civ. 2e, 27 mai 2004, n° 03-04.070 P. ♦ Seules les erreurs ou omissions matérielles qui affectent un jugement, même passé en force de chose jugée, peuvent toujours être réparées par la juridiction qui l'a rendu ; une erreur dans l'appréciation des responsabilités ne saurait revêtir le caractère d'une erreur matérielle. • Civ. 2e, 8 juin 1974 : *Bull. civ. II, n° 193.* ♦ Il résulte des anc. art. 1351 C. civ. et 461 C. pr. civ. que les juges saisis d'une contestation relative à une précédente décision ne peuvent, sous prétexte d'en déterminer le sens, apporter une modification quelconque aux dispositions précises de celle-ci. • Soc. 17 mai 1984 : *Bull. civ. V, n° 208.*

36. ... Portée du principe. L'irrégularité dont peut être entachée une décision judiciaire, celle-ci eût-elle même statué *extra* ou *ultra petita,* ne saurait faire obstacle à ce que cette décision acquière l'autorité de la chose jugée, si elle n'a point été attaquée par les voies de droit. • Civ. 1re, 3 nov. 1966 : *JCP 1966. II. 14880, note J. A.* ♦ Et l'irrévocabilité qui en résulte ne peut être remise en cause par la prétendue violation d'une règle d'ordre public. • Com. 30 mai 1985 : *Bull. civ. IV, n° 174* • Civ. 2e, 25 oct. 2007, n° 06-19.151 P : *D. 2008. Chron. C. cass. 653, obs. Sommer* . ♦ Il en est ainsi lorsqu'un arrêt irrévocable a qualifié de définitive l'astreinte assortissant une décision d'expulsion. • Civ. 3e, 5 oct. 1982 : *Bull. civ. III, n° 189.* ♦ De même, lorsqu'un jugement devenu irrévocable a prononcé le divorce aux torts du mari et l'a condamné à verser à son ex-épouse une pension alimentaire, il ne peut être ultérieurement décidé que la pension alimentaire constitue en réalité une prestation compensatoire. • Civ. 2e, 7 janv. 1981 : *Bull. civ. II, n° 1 ; RTD civ. 1981. 436, obs. Normand.* ♦ Comp. • Civ. 2e, 22 mai 1979 : *D. 1980. 507, note Massip ; Gaz. Pal. 1979. 2. 608, note Viatte ; RTD civ. 1980. 570, obs. Nerson* (cas où les époux ont prévu, dans la convention définitive de divorce, une « pension alimentaire »).

37. ... Limites. V. cependant • Civ. 1re, 17 oct. 1995, n° 94-04.025 P : *RTD civ. 1996. 709, obs. Perrot* (l'autorité de chose jugée ne s'attachant qu'aux décisions judiciaires rendues en matière contentieuse sur les contestations débattues entre les parties ou sur lesquelles elles ont été appelées à débattre, est dépourvue d'autorité de chose jugée la décision d'ouverture d'un redressement judiciaire civil rendue sans convocation préalable des parties et au seul vu des pièces produites par le débiteur). – Dans le même sens : • Civ. 2e, 17 juin 1999, n° 97-14.140 P : *D. Affaires 1999. 1395, obs. C. R.*

38. Décision frappée d'appel. Si une décision frappée d'appel ne peut servir de base à une demande en justice tendant à la réalisation des effets qu'elle comporte, elle n'en subsiste pas moins et ne peut être remise en cause tant qu'elle n'a pas été réformée, de telle sorte qu'une juridiction ne peut statuer sur un chef de demande déjà tranché par un jugement dont la connaissance appartient à la juridiction saisie de l'appel contre ce jugement. • Civ. 1re, 11 juin 1991, n° 88-18.130 P. ♦ Une décision sur le fond, même frappée d'appel et non assortie de l'exécution provisoire, a l'autorité de la chose jugée et s'impose au juge des référés. • Civ. 2e, 10 mars 2005, n° 02-20.513 P. ♦ Si un codébiteur solidaire néglige de former appel du jugement l'ayant condamné en première instance ou de se joindre au recours recevable formé par l'autre codébiteur, ce jugement a force de chose jugée à son égard s'il est réformé sur l'appel du second. • Com. 1er mars 2023, n° 21.14.787 B.

II. ÉLÉMENTS DE LA DÉCISION AYANT AUTORITÉ DE CHOSE JUGÉE

39. Dispositif. L'autorité de la chose jugée n'a lieu qu'à l'égard de ce qui fait l'objet d'un jugement et a été tranché dans son dispositif. • Cass., ass. plén., 13 mars 2009, n° 08-16.033 P : *R., p. 420 ; BICC 1er juin 2009, rapp. Gabet, avis Maynial ; D. 2010. Pan. 169, obs. Fricero ; JCP 2009. II. 10077, note Sérinet ; Gaz. Pal. 2009. 1314, note Janville ; LPA 16 juill. 2009, note Bargue ; Dr. et pr. 2009. 266, obs. Putman ; RTD civ. 2009. 366, obs. Perrot* • Civ. 2e, 5 avr. 1991, n° 89-20.546 P • Com. 14 mai 1991, n° 89-16.696 P • Civ. 2e, 10 juill. 2003, n° 01-15.195 P • 22 janv. 2004, n° 02-16.377 P : *D. 2004. Somm. 1204, obs. Julien* • Com. 31 mars 2004, n° 02-16.437 P • Civ. 1re, 13 déc. 2005, n° 04-16.502 P • 17 janv. 2006, n° 04-19.053 P • 6 mai 2009 : *RTD civ. 2009. 518, obs. Hauser* • Com. 26 sept. 2018, n° 16-25.937 P.

40. Dispositif éclairé par les motifs. Si, en vertu de l'art. 480 C. pr. civ., seul ce qui est tranché par le dispositif de l'arrêt peut avoir l'autorité de la chose jugée, il n'est pas interdit d'éclairer la portée de ce dispositif par les motifs de la décision. • Civ. 1re, 12 juill. 1982, n° 81-13.368 P.

41. Motifs décisifs. Les motifs, seraient-ils le soutien nécessaire du dispositif, n'ont pas autorité de chose jugée. • Civ. 1re, 8 juill. 1994, n° 91-17.250 P • 7 oct. 1998, n° 97-10.548 P • Civ. 2e, 12 févr. 2004, n° 02-11.331 P • Civ. 1re, 22 nov. 2005, n° 02-20.122 P • Civ. 3e, 22 mars 2006, n° 05-12.178 P • Civ. 1re, 20 févr. 2007 : *préc. note 23.* – V. déjà : • Civ. 2e, 3 oct. 1984 : *Bull. civ. II, n° 140* • 12 mars 1981 : *Bull. civ. II, n° 57 ; RTD civ. 1983. 778, obs. Normand* • Com. 15 juill. 1987 : *JCP 1989. II. 21189, note Le Mintier-Feuillet* • 24 févr. 1988 : *ibid.* • Soc. 16 oct. 1991 : *D. 1992. 220, note Mirabail* • Civ. 2e, 17 mai 1993 : *JCP 1993. II. 22162, note du Rusquec* • Com. 8 juin 1999, n° 96-22.071 P • Soc. 30 janv. 2008, n° 06-14.218 P. ♦ Lorsque la détermination de la compétence dépend d'une question de fond, mais que celle-ci n'a été abordée que dans les motifs, l'autorité de chose jugée est limitée à la décision sur la compétence tranchée dans le dispositif. • Civ. 3e, 10 juin 2009, n° 08-15.405 P. ♦ V. également la seule prise en considération du dispositif, et le refus de tenir compte des motifs du jugement, quelle qu'en fût la portée, en matière d'exercice des voies de recours : • Soc. 29 avr. 1981 : *D. 1982. 66, note Blaisse* • Civ. 1re, 12 avr. 1983 : *JCP 1984. II. 20288, note Blaisse.* ♦ Sur la solution contraire, V. : • Cass., ch. mixte, 6 juill. 1984, n° 80-12.965 P • Civ. 3e, 27 avr. 1982 : *Bull. civ. III, n° 106 ; RTD civ. 1983. 778, obs. Normand* • 15 oct. 1985 : *Gaz. Pal. 1986. 1. Somm. 178.* ♦ Comp. • Civ. 1re, 1er avr. 1981 : *JCP 1982. II. 19897, note Tomasin ; RTD civ. 1982. 662, obs. Perrot.* ♦ Sur l'ensemble de la question, V. Bibl. ♦ Les motifs d'une décision ne peuvent être pris en considération pour justifier un nouveau droit d'agir. • Civ. 2e, 20 mai 2010, n° 09-15.435 P : *D. 2010. Actu. 1424* .

42. Jugements implicites. Si l'autorité de chose jugée s'attache seulement au dispositif des arrêts et non à leurs motifs, elle s'étend à ce qui est implicitement compris dans le dispositif. • Com. 28 juin 1988 : *JCP 1988. II. 21072, note A. P.* ♦ Dans le même sens : • Civ. 2e, 22 mai 1995, n° 93-19.016 P : *RTD civ. 1995. 961, obs. Perrot* . ♦ Sur les dispositifs implicites, V. Bibl.

La condamnation sous astreinte d'une personne morale à modifier sa dénomination sociale emporte nécessairement l'interdiction d'utiliser la dénomination prohibée. • Civ. 2e, 30 mai 2002, n° 00-15.312 P.

43. Qualification du jugement. La qualification de jugement contradictoire donnée par le juge à son jugement n'a pas autorité de chose jugée. • Civ. 2e, 17 oct. 2013, n° 12-23.074 (jugement qualifié de contradictoire).

III. ÉTENDUE DE L'AUTORITÉ DE CHOSE JUGÉE

A. IDENTITÉ DES PARTIES

44. Principe. Pour invoquer l'autorité que la loi attribue à la chose jugée, il faut, entre autres conditions, que la demande soit entre les mêmes parties et formée pour elles ou contre elles en la même qualité. • Req. 28 févr. 1911 : *DP 1913. 1. 405.* ♦ En l'absence d'identité de parties, l'admission ou le rejet de la créance dans la première procédure collective n'a pas autorité de la chose jugée dans la seconde ouverte à l'encontre du même débiteur. • Cass., ass. plén., 10 avr. 2009, n° 08-10.154 P : *BICC 15 juin 2009, rapp. Crédeville, avis Bonnet ; D. 2010. Pan. 169, obs. Fricero*. ♦ En l'absence d'identité de parties, l'extinction de la créance dans la procédure de rétablissement personnel n'a pas autorité de la chose jugée dans la procédure de liquidation judiciaire reprise à l'égard du même débiteur. • Com. 22 mars 2016, n° 14-18.873 P : *D. 2016. 702 ; RTD com. 2016. 545, obs. Martin-Serf*. ♦ N'a pas la qualité de partie une personne qui n'a pas été appelée en la cause. • Soc. 16 juill. 1998, n° 96-43.681 P (personne qui a été seulement déclarée employeur d'une partie). ♦ Le passage d'une partie de la qualité de propriétaire indivis à celle de propriétaire divis, par suite du partage intervenu entre temps, ne permet pas d'écarter l'autorité de chose jugée du premier jugement. • Civ. 3e, 19 sept. 2007, n° 06-11.962 P.

45. Ayant cause universel. L'autorité de la chose jugée à l'égard d'une partie est opposable à l'ayant cause universel de celle-ci (société ayant par fusion recueilli l'intégralité du patrimoine d'une autre). • Com. 18 févr. 2004, n° 02-11.453 P • 21 oct. 2008, n° 07-19.102 P : *D. 2008. AJ 2792, obs. Lienhard ; Rev. sociétés 2009. 351, obs. Thomas ; RTD civ. 2009. 323, obs. Fages ; ibid. 362, obs. Théry*.

46. Codébiteur solidaire. Chaque codébiteur solidaire devant être considéré comme le représentant nécessaire de ses co-obligés, la chose qui a été jugée à l'égard de l'un est opposable aux *autres qui sont restés en dehors* de l'instance. • Soc. 7 oct. 1981 : *Bull. civ. V, n° 764.*

La caution solidaire peut se prévaloir de l'autorité de chose jugée attachée à l'ordonnance de rejet d'une créance rendue en faveur de son cofidéjusseur dans le cadre d'une procédure collective. • Com. 18 nov. 2014, n° 13-23.976 P : *D. 2014. 2405 ; RTD com. 2015. 152, obs. Martin-Serf ; ibid. 371, obs. Martin-Serf*. ♦ Sur la portée de l'appel à l'égard du codébiteur solidaire : V. note 38.

47. Obligation in solidum. En l'absence de représentation mutuelle entre eux, l'un des coresponsables ne peut se prévaloir du partage de responsabilité obtenu par un autre coresponsable. • Civ. 1re, 3 févr. 2011, n° 09-71.179 P : *D. 2011. 525*.

48. Mandataire judiciaire et société redevenue maîtresse de ses biens. L'autorité de chose jugée de la décision d'un conseil de prud'hommes, tranchant le litige opposant un salarié au mandataire judiciaire d'une société en redressement judiciaire, et qui a jugé que le licenciement du salarié était fondé sur une cause réelle et sérieuse, bénéficie à la société, celle-ci étant redevenue maîtresse de ses biens. • Soc. 7 févr. 2018, n° 16-13.732 P.

49. Assureur et victime. L'assureur qui a indemnisé la victime étant subrogé dans les droits de celle-ci, il y a, en ce qui les concerne, identité de parties. • Civ. 2e, 14 janv. 1999, n° 96-22.260 P : *RCA 1999. Chron. 8, par Groutel.*

50. Syndicat. Le jugement rendu en la seule présence des syndicats de réalisateurs de télévision agissant dans l'intérêt collectif de la profession, mais sans avoir reçu mandat de représenter les réalisateurs eux-mêmes, n'a pas autorité de chose jugée à l'égard de ces derniers. • Soc. 7 oct. 1981, n° 80-12.495 P. ♦ Ni le principe de l'autorité de la chose jugée, ni celui de l'unicité de l'instance ne font obstacle à ce que, suite à un jugement rendu par la juridiction prud'homale sur le fondement de l'art. L. 2313-2 C. trav. anc., dont l'objet est de faire ordonner, à la demande des représentants du personnel, les mesures propres à faire cesser une atteinte aux droits des personnes, à leur santé physique et mentale ou aux libertés individuelles, le salarié intéressé engage ultérieurement une action au titre de l'exécution et de la rupture de son contrat de travail. • Soc. 8 sept. 2021, n° 20-14.011 B : *D. 2021. 1632 ; RDT 2021. 597, obs. F. Guiomard* (cassation d'un arrêt ayant déclaré irrecevable la demande d'un salarié au motif que l'action en substitution avait permis à une organisation syndicale d'intervenir en lieu et place et que celui-ci ne pouvait intenter une action à son tour, mais seulement intervenir à l'instance).

51. Époux et communauté. La décision relative au sort d'un bien de la communauté, rendue à l'égard d'un des époux, a autorité de chose jugée à l'égard de l'autre. • Civ. 2e, 21 janv. 2010 : *cité note 3 ss. art. 1421.*

52. Opposabilité du jugement aux tiers. Si le jugement n'a pas autorité de chose jugée à l'égard des tiers, il leur est cependant opposable. • Com. 11 sept. 2019, n° 18-11.401 P : *D. 2019. Chron. C. cass. 2208, obs. Barbot ; AJ* *contrat 2019. 539, obs. Tirel* ; *RTD civ. 2019. 863, obs. Barbier* . (ordonnance du juge-commissaire constatant la résiliation d'un contrat en cours en application de l'art. L. 641-11-1 C. com.).

B. PRINCIPE DE CONCENTRATION DES MOYENS (CAUSE)

BIBL. Grandjean, *Gaz. Pal. 2013. 828.* – Posez, *RTD civ. 2015. 283* .

53. *Affirmation du principe.* La nouvelle demande qui invoque un fondement juridique que le demandeur s'était abstenu de soulever en temps utile se heurte à la chose précédemment jugée relativement à la même contestation, le demandeur devant présenter dès l'instance relative à la première demande l'ensemble des moyens qu'il estime de nature à fonder celle-ci. • Cass., ass. plén., 7 juill. 2006, n° 04-10.672 P : *BICC 15 oct. 2006, rapp. Charruault, note Koering-Joulin, avis Benmakhlouf ; D. 2006. 2135, note Weiller* ; *JCP 2006. I. 183, obs. Amrani-Mekki ; ibid. 2007. II. 20070, note Wiederkehr ; Gaz. Pal. 2007. 398, note Gain ; Dr. et pr. 2006. 348, note Fricero ; RDI 2006. 500, obs. Malinvaud* ; *RTD civ. 2006. 825, obs. Perrot* (première demande en paiement de sommes fondée sur le salaire différé, seconde demande fondée sur l'enrichissement sans cause).

54. *Applications du principe.* • Civ. 3e, 13 févr. 2008, n° 06-22.093 P : *D. 2008. AJ 621, obs. Forest* ; *JCP 2008. II. 10052, note Weiller ; Gaz. Pal. 2008. 1888, obs. Dagorne-Labbe ; RDI 2008. 280, obs. Malinvaud* (première demande en indemnisation d'un préjudice, suivie d'une demande en rescision pour lésion) • Civ. 1re, 28 mai 2008, n° 07-13.266 P : *D. 2008. AJ 1629, note Delpech* ; *JCP 2008. Actu. 411, note Béguin ; RDC 2008. 1143, obs. Deshayes ; RTD civ. 2008. 551, obs. Perrot* (application à deux sentences arbitrales) • Civ. 3e, 20 janv. 2010, n° 08-70.206 P (nouvelle demande en validation d'un congé pour reprise dans le cadre d'un bail rural, en se prévalant d'une autorisation administrative d'exploiter qui fondait le refus initial de validation et obtenue depuis la première décision) • Civ. 1re, 1er juill. 2010, n° 09-10.364 P : *D. 2010. Actu. 1780, obs. Avena-Robardet* (application aux demandes de la caution tendant à voir rejeter la demande de paiement du créancier) • Com. 6 juill. 2010, n° 09-15.671 P : *D. 2010. Chron. C. cass. 2092, obs. Auroy ; ibid. 2011. Pan. 406, obs. Crocq* ; *D. actu. 22 juill. 2010, obs. Avena-Robardet ; RLDC 2010/75, n° 3968, obs. Ansault* • 25 oct. 2011, n° 10-21.383 P : *D. 2011. 2735, obs. Avena-Robardet* (caution agissant contre la banque pour une faute dans la déclaration des intérêts postérieurs à l'ouverture de la procédure collective, moyen qu'elle aurait pu invoquer dès la première instance) • Civ. 1re, 1er oct. 2014, n° 13-22.388 P : *D. 2014. 2004* ; *RTD civ. 2014. 940, obs. Théry* • 12 mai 2016, n° 15-13.435 P : *D. 2016. 1087* ; *RTD civ. 2016. 923, obs. Théry* • 1er juill. 2021, n° 20-11.706 P (caution agissant contre la banque pour un manquement au devoir de mise en garde et de conseil engageant sa responsabilité, moyen qu'elle aurait pu soulever en première instance et qui avait été déclaré irrecevable comme nouvelle en appel). – V. aussi • Civ. 1re, 16 janv. 2007, n° 05-21.571 P • Com. 20 févr. 2007, n° 05-18.322 P • Civ. 2e, 25 oct. 2007, n° 06-19.524 P : *D. 2008. Chron. C. cass. 653, obs. Sommer* ; *LPA 1er-2 janv. 2008, note Barbiéri ; RDI 2008. 48, obs. Malinvaud* ; *RDC 2008. 1143, obs. Deshayes* (relaxe d'un médecin au pénal du chef de blessures par imprudence, nouvelle demande au civil en responsabilité contractuelle) • Civ. 3e, 16 juin 2011, n° 10-18.925 P (demandes tendant à la reconnaissance d'un droit de passage grevant et profitant aux mêmes parcelles sur le fondement d'une enclave puis sur celui d'une servitude par destination du père de famille découlant d'un acte découvert après le début de l'instance) • Civ. 2e, 20 mars 2014, n° 13-14.738 P : *RTD civ. 2014. 439, obs. Perrot* (demande de restitution de la TVA se heurtant à l'autorité de la chose jugée de la condamnation à payer le montant des travaux TTC) • 13 nov. 2014, n° 13-15.642 P : *D. 2015. 287, obs. Fricero* ; *ibid. Chron. C. cass. 517, obs. Vasseur, de Leiris et Adida-Canac* (recevabilité de l'appel) • Com. 12 mai 2015, n° 14-16.208 P (paiement au titre de l'occupation de locaux postérieurement à la résiliation du contrat de location-gérance, demande fondée en premier lieu sur le paiement des redevances puis sur le paiement de dommages-intérêts) • Civ. 2e, 19 mai 2022, n° 21-13.062 B : *AJDI 2022. 772, obs. Brault* ; *JCP 2022, n° 875, note Mignot* (seconde demande portant sur le caractère solidaire de la condamnation irrévocablement prononcée). ♦ L'autorité de chose jugée du jugement ayant rejeté une demande en nullité du congé fondée dur l'insanité d'esprit de son auteur s'oppose à une nouvelle demande fondée sur une autre cause d'irrecevabilité qui ne constitue qu'un moyen nouveau. • Civ. 2e, 11 avr. 2019, n° 17-31.785 P : *D. 2019. 1412, obs. Lemouland et Noguéro* ; *JCP 2019, n° 594, note Bléry.* ♦ *Contra* antérieurement : • Cass., ass. plén., 3 juin 1994 : *Bull. ass. plén., n° 8.* ♦ Rappr. • Civ. 3e, 4 juill. 2012 : cité *note 71.*

55. *Extension du principe aux moyens de défense.* Dans une instance en déchéance du terme pour un prêt, il appartient au défendeur de présenter dès l'instance devant le tribunal de grande instance l'ensemble des moyens qu'il estime de nature à justifier le rejet total ou partiel de la demande, ce qui entraîne l'irrecevabilité de la demande de nullité formée devant le tribunal d'instance concernant le même prêt. • Civ. 2e, 27 févr. 2020, n° 18-23.972 P : *D. 2020. Chron. C. cass. 2198, obs. de Leiris* .

56. Conformité du principe à la Conv. EDH. Affirmant que la solution ne contrevient pas à la Conv. EDH. • Civ. 1re, 24 sept. 2009, n° 08-10.517 P : *D. 2010. Chron. C. cass. 522, n° 5, obs. Creton ; RLDC 2009/65, n° 3598, obs. Le Gallou ; RTD civ. 2010. 129, obs. Gautier ; ibid. 147, obs. Théry* (demande d'expulsion sur le fondement de la résiliation judiciaire pour reprise puis demande d'expulsion sur le fondement de la résiliation du prêt à usage) • Civ. 3e, 16 juin 2011, n° 10-18.925 P (demandes tendant à la reconnaissance d'un droit de passage grevant et profitant aux mêmes parcelles sur le fondement d'une enclave puis sur celui d'une servitude par destination du père de famille découlant d'un acte dont l'existence a été découverte après le début de l'instance).

57. Événements postérieurs. L'autorité de chose jugée ne peut être opposée, lorsque des événements postérieurs sont venus modifier la situation antérieurement reconnue en justice. • Civ. 2e, 10 juill. 2008 : *RDC 2008.1289, obs. Sérinet* • Civ. 1re, 16 avr. 2015, n° 14-13.280 P. ♦ V. note 135.

58. Circonstances nouvelles. La question soumise au juge saisi d'une demande en changement de nom est celle de savoir si, au jour où il statue, le changement est conforme aux intérêts en présence ; cet intérêt peut changer avec les circonstances, notamment avec l'âge de l'enfant, de sorte que la décision qui a rejeté une première demande n'a pas, à l'égard d'une seconde demande, l'autorité de la chose jugée. • Civ. 1re, 18 déc. 1979 : *Gaz. Pal. 1980. 1. 249, note J.M.*

59. ... Illustrations. Pour d'autres cas où, en raison des circonstances nouvelles, l'autorité d'un jugement ne peut être opposée à une nouvelle demande, V. • Civ. 2e, 27 juin 1985 : *JCP 1986 II 20644, note Lindon et Bénabent* (réduction d'une pension alimentaire) • Civ. 1re, 13 juin 1984 : *Bull. civ. I, n° 195* (demande de remplacement du notaire désigné comme liquidateur d'une succession) • Soc. 26 juin 1985 : *ibid. I, n° 361* (représentativité d'un syndicat) • Civ. 1re, 22 oct. 2002, n° 00-14.035 P : *Rev. crit. DIP 2003. 299, note Pataut* (exequatur refusé, puis accordé après signification régulière de la décision étrangère) • Soc. 18 févr. 2003, n° 01-40.978 P (annulation de l'autorisation administrative de licenciement d'un salarié protégé) • Civ. 2e, 6 mai 2004, n° 02-13.689 P : *Defrénois 2004. 1690, obs. Massip* (nouvelle demande de droit de visite et d'hébergement des enfants) • Civ. 3e, 25 avr. 2007, n° 06-10.662 P : *D. 2007. AJ 1344 ; ibid. Pan. 2430, obs. Fricero* (annulation par le *juge administratif de l'arrêté* approuvant un POS : fait juridique nouveau) • Civ. 2e, 6 mai 2010, n° 09-14.737 P : *D. 2010. Actu. 1291 ; RTD civ. 2010. 615, obs. Perrot* (habilitation du syndic dont la demande avait été jugée irrecevable faute d'habilitation). ♦ La décision qui a rejeté la demande en résolution d'un plan de redressement fondé sur l'inexécution de ses engagements par le débiteur, au motif que ces engagements avaient en réalité été respectés, ne s'oppose pas à la recevabilité d'une nouvelle demande en résolution fondée sur un état de cessation de paiements intervenu ultérieurement. • Com. 26 janv. 2016, n° 14-17.672 P.

60. Limites à la prise en compte de circonstances nouvelles. Si l'indemnité d'éviction doit être évaluée à la date la plus proche de l'éviction, une nouvelle évaluation, qu'aucune disposition légale n'autorise, se heurte à l'autorité de chose jugée. • Civ. 3e, 28 sept. 1982 : *Bull. civ. III, n° 183.* ♦ Comp., en matière d'évaluation d'un bien faisant l'objet d'une attribution préférentielle ou d'un bien transmis à titre gratuit donnant lieu à indemnité de réduction, note 1 ss. art. 832-4. ♦ Mais l'attribution préférentielle n'étant qu'une modalité du partage, la décision qui l'accorde oblige seulement à placer le bien dans le lot du bénéficiaire. L'estimation du bien devant être faite à la date la plus proche du partage, cette décision n'a d'autorité, en ce qui concerne la valeur du bien, que si elle a fixé la date de la jouissance divise. • Civ. 1re, 24 janv. 1990, n° 87-18.575 P • 3 févr. 1987 : *Bull. civ. I, n° 39 ; JCP N 1987. II. 295 (2e esp.), note Salvage* • 25 févr. 2003, n° 00-22.672 P : *D. 2003. IR 810 ; JCP 2004. I. 155, n° 7, obs. Le Guidec ; Defrénois 2003. 1365, obs. Champenois ; AJ fam. 2003. 150, obs. S. D.-B*. • 8 avr. 2009, n° 07-21.561 P : *JCP 2009. 391, n° 17, obs. Tisserand-Martin.* ♦ ... Ou si elle a assorti le prix d'une indexation de telle sorte qu'il soit réajusté en fonction de la valeur de l'indice au jour du partage. • Civ. 1re, 18 nov. 1986 : *RTD civ. 1988. 163, obs. Patarin.* ♦ De même, en matière de partage, la décision qui, sans se prononcer sur la date de la jouissance divise, a statué sur la valeur du bien n'a pas d'autorité quant à l'estimation définitive. • Civ. 1re, 3 mars 2010, n° 09-11.005 P : *D. 2010. Chron. C. cass. 2092, obs. Auroy ; ibid. 2011. Pan. 1040, obs. Lemouland et Vigneau ; AJ fam. 2010. 188, obs. Chénedé ; Defrénois 2010. 1336, note Autem ; RTD civ. 2010. 305, obs. Hauser ; ibid. 303, obs. Vareille*.

61. ... Moyens de preuve nouveaux. Une seconde instance en divorce qui ne s'appuie que sur des faits intervenus antérieurement à la première décision se heurte à l'autorité de chose jugée de cette dernière. • Civ. 2e, 10 mars 1982 : *Gaz. Pal. 1982. 2. 512, note Viatte.* ♦ La production d'une pièce nouvelle ou la présentation d'un nouveau moyen de preuve n'empêche pas une nouvelle demande de se heurter à l'autorité de chose jugée d'une première décision. • Com. 29 janv. 1985 : *Bull. civ. IV, n° 37* • 20 févr. 1980 : *ibid. IV, n° 87* • Civ. 3e, 19 sept. 2007, n° 06-11.962 P • Civ. 1re, 23 juin 2011, n° 10-20.110 P (rapport d'expertise amiable sollicité postérieurement au premier jugement).

62. Circonstances non considérées comme nouvelles. Le refus d'exécuter un jugement devenu irrévocable ne peut constituer un fait nouveau privant cette décision de l'autorité de la chose jugée. • Civ. 1re, 4 déc. 2013, n° 12-25.088 P : *D. 2014. 219, obs. Delpech*. ♦ Faute d'avoir évoqué le moyen devant les juges du fond et faute de fait nouveau, ne permet pas d'écarter l'autorité de la chose jugée d'un jugement ayant rejeté une demande en paiement, au motif que la condition préalable de vente de la maison édifiée n'était pas réalisée, le constat, par la cour d'appel, que la maison n'est pas vendue et que cette condition préalable de vente est purement potestative, sans aucune démonstration de la volonté d'exécuter de bonne foi les stipulations contractuelles. • Civ. 2e, 10 déc. 2020, n° 19-12.140 P. ♦ Le caractère nouveau de l'événement permettant d'écarter la fin de non-recevoir tirée de l'autorité de chose jugée ne peut résulter de ce que la partie qui l'invoque a négligé d'accomplir une diligence en temps utile. • Civ. 2e, 25 juin 2015, n° 14-17.504 P • Civ. 1re, 19 sept. 2018, n° 17-22.678 P : *D. 2018. 2347, note Jourdan-Marques* ; *AJ fam. 2019. 51, obs. Casey*.

La délivrance d'un certificat de nationalité, qui ne constitue pas un titre de nationalité, mais un document établi par une autorité administrative afin de faciliter la preuve de la nationalité française, ne saurait constituer, en raison de sa nature, un fait nouveau modifiant la situation antérieurement reconnue en justice, par un jugement ayant l'autorité de chose jugée. • Civ. 1re, 2 sept. 2020, n° 19-13.483 P : *D. 2020. 1720* ; *JCP 2020, n° 1169, note Pierre-Maurice.*

63. Relaxe au pénal. V. • Civ. 2e, 20 mars 2014, n° 13-16.391 P : *cité note 125* • 15 nov. 2018, n° 17-18.656 P : *cité note 129.*

C. IDENTITÉ DES DEMANDES (OBJET)

64. Refus d'un principe de concentration des demandes. S'il incombe au demandeur de présenter dès l'instance relative à la première demande l'ensemble des moyens qu'il estime de nature à fonder celle-ci, il n'est pas tenu de présenter dans la même instance toutes les demandes fondées sur les mêmes faits. • Civ. 2e, 26 mai 2011, n° 10-16.735 P : *D. 2011. 1566, obs. Avena-Robardet* ; *JCP 2011. 1424, note Sérinet* (la demande en paiement des loyers n'a pas le même objet que la demande tendant à faire juger que la vente de l'immeuble était parfaite) • Civ. 1re, 12 mai 2016, n° 15-16.743 P : *D. 2016. 1083* ; *RTD civ. 2016. 923, obs. Théry* • 7 déc. 2016, n° 16-12.216 P : *D. 2016. 2570* ; *AJ fam. 2017. 78, obs. Casey* ; *RDC 2017. 74, note Barthez.* ♦ Et on ne peut opposer aux demandeurs l'autorité de la chose jugée attachée à un jugement qui a non seulement annulé la résolution prise au cours d'une assemblée générale de copropriété mais les a également débouté de leurs autres demandes, alors que dans l'assignation à jour fixe initiale les demandeurs sollicitaient seulement l'annulation d'une délibération de l'assemblée non inscrite à l'ordre du jour. • Civ. 3e, 21 sept. 2011, n° 10-18.788 P. ♦ Rappr. : • Com. 20 sept. 2011, n° 10-22.888 P : *D. 2011. 2345, obs. Delpech* ; *RTD civ. 2011. 760, obs. Fages*. ♦ Cassation de l'arrêt ayant déclaré irrecevable la demande de prise en compte de frais de prothèses définitives, sollicitées pour la première fois par la victime à l'âge adulte, en raison de l'autorité de la chose jugée s'attachant à la décision qui avait indemnisé ses frais de prothèse pour la période antérieure à sa puberté, alors que la victime, sans être contrainte de faire réserver ses droits, n'était pas tenue de présenter, au cours de cette première instance, toutes les demandes fondées sur le dommage qu'elle avait subi. • Civ. 2e, 15 déc. 2022, n° 21-16.007 B : *AJ fam. 2023. 8, obs. Eudier et d'Ambra* ; *RCA 2023, n° 30, note Hocquet-Berg.*

65. Fondement juridique et objet de la demande. La seule différence de fondement juridique entre deux demandes ayant le même objet est insuffisante à écarter la fin de non-recevoir tirée de l'autorité de la chose jugée. • Civ. 1re, 12 avr. 2012, n° 11-14.123 P : *D. 2012. 1132* • 26 sept. 2018, n° 17-20.143 P : *D. 2018. 2153, obs. Bacache* ; *RTD civ. 2019. 119, obs. Jourdain* ; *RCA 2018, n° 306, note Bloch* (action sur le fondement de l'art. L. 615-2 CPI puis sur celui de l'art. 1382, devenu 1240 C. civ., tendant toutes deux à obtenir réparation du préjudice causé par la contrefaçon d'un brevet).

66. Requêtes identiques portant sur des procédures distinctes. N'est pas irrecevable la requête en récusation lorsqu'elle concerne une procédure distincte de celles des requêtes en récusation qui ont précédemment donné lieu à des jugements. • Civ. 2e, 27 juin 2019, n° 18-18.112 P.

67. Nullité de l'association syndicale et révision des charges. Une action qui tend à la nullité de l'association syndicale, dont la révision des charges n'aurait été qu'une conséquence, n'a pas le même objet que la demande en révision des charges formée en application des statuts de l'association syndicale. • Civ. 3e, 22 janv. 2014, n° 12-22.275 P.

68. Révision du loyer et résiliation du bail. Il ne suffit pas, pour que l'exception de chose jugée puisse être accueillie, que la même chose matérielle soit en litige, mais il faut encore que l'on réclame le même droit sur la même chose ; faute d'identité d'objet, l'autorité de la chose jugée sur la seule question de la révision du loyer ne peut être opposée à une demande ultérieure en résiliation du bail. • Req. 8 nov. 1937 : *DH 1937. 581.*

69. Exécution du contrat de bail et résiliation. L'action en résiliation qui a pour effet de mettre à néant le contrat de bail ne tend pas aux mêmes fins que la demande tendant à l'application de clauses de ce contrat, qui le laisse subsister. • Civ. 3e, 20 janv. 2010, n° 09-65.272 P : *D. 2011. Pan. 472, obs. Fauvarque-Cosson ; JCP 2010, n° 516, obs. Ghestin ; AJDI 2010. 404, obs. Porcheron ; RDC 2010. 825, obs. Génicon ; ibid. 909, obs. Seube ; ibid. 935, obs. Sérinet.*

L'action tendant à obtenir la nullité du congé et l'indemnisation des troubles de jouissance subis durant l'occupation du logement n'a pas le même objet que l'action en réparation des préjudices subis du fait de la délivrance frauduleuse du congé pour vendre. • Civ. 2e, 19 mai 2022, n° 20-23.529 B : *D. 2022. 1045 ; AJDI 2023. 40, obs. Damas .*

70. Diminution du loyer et remboursement de travaux. Une demande en diminution du loyer fondée sur l'art. 1722 C. civ. n'a pas le même objet qu'une demande en remboursement du coût des travaux de réfection des lieux partiellement détruits. • Civ. 3e, 11 juill. 1990, n° 89-13.769 P.

71. Bail. Irrecevabilité d'une demande d'expulsion sur le fondement de la résiliation d'un prêt d'usage faisant suite à une demande d'expulsion sur le fondement de la résiliation judiciaire pour reprise. • Civ. 1re, 24 sept. 2009 : *cité note 56.* ♦ Mais la décision qui a statué sur une demande d'exercice du droit de reprise des bailleurs, n'ayant pas eu à trancher la demande de déchéance du droit au maintien dans les lieux de la locataire, n'a pas autorité de la chose jugée sur ce point, même si les dispositions invoquées tendent aux mêmes fins, la dénégation du bénéfice du droit au maintien dans les lieux. • Civ. 3e, 4 juill. 2012, n° 11-19.725 P : *D. 2012. 1887 .*

72. Copropriété. Une action en annulation d'une assemblée générale de copropriété n'a pas le même objet qu'une action en annulation d'une assemblée ultérieure, même si cette dernière a pris la même décision et si la demande d'annulation est fondée sur des motifs identiques. • Civ. 3e, 2 févr. 1994, n° 91-17.370 P : *D. 1996. Somm. 162, obs. Bouyeure .*

73. Exécution forcée et résolution. La demande de résolution qui vise à mettre à néant le contrat ne tend pas aux mêmes fins que la demande d'exécution sous astreinte qui le laisse subsister. • Civ. 2e, 8 sept. 2011, n° 09-13.086 P : *D. 2011. 2211 ; RTD civ. 2011. 762, obs. Fages .*

74. Consignation et arrêt de l'exécution provisoire. La demande tendant à la consignation du montant de la condamnation comporte un objet différent de celui de la demande tendant exclusivement à arrêter l'exécution provisoire. • Civ. 2e, 7 janv. 1982 : *Gaz. Pal. 1983. 1. 74, note du Rusquec.*

75. Éléments de préjudice différents. L'action tendant à la réparation d'un élément de préjudice qui n'a pas été inclus dans la demande initiale et sur lequel il n'avait donc pu être statué a un objet différent de celle ayant donné lieu au premier jugement. • Cass., ass. plén., 9 juin 1978 : *Gaz. Pal. 1978. 2. 557, rapport Viatte* • Civ. 2e, 1er déc. 1982 : *Bull. civ. II, n° 153* • 30 oct. 1989 : *ibid. II, n° 198* • 6 janv. 1993, n° 91-15.391 P. – Rappr. • Civ. 2e, 12 févr. 2004, n° 02-13.400 P (distinction d'une demande globale et de demandes individuelles en réparation d'un préjudice moral). ♦ Même solution en cas d'instance en révision pour aggravation, distincte par son objet de l'instance en fixation du taux d'incapacité pouvant exister à la date de consolidation des blessures. • Soc. 23 févr. 1983 : *Bull. civ. V, n° 107.* ♦ Inversement, quand le préjudice a été liquidé en prenant en compte une créance pour frais futurs, porte atteinte à l'autorité de la chose jugée l'arrêt ultérieur qui modifie les modalités de la liquidation. • Civ. 2e, 10 juill. 2003, n° 01-14.600 P. ♦ V. aussi • Civ. 2e, 29 mars 2012, n° 11-10.235 P : *D. 2012. 1014* (recevabilité de la nouvelle demande d'indemnisation contre le FIVA fondée sur l'aggravation de l'état de santé et tendant à la réparation des préjudices complémentaires ou nouveaux nés de cette aggravation).

L'action en réparation d'une atteinte à la dignité fondée sur une discrimination n'a pas le même objet que celle visant à obtenir réparation pour le caractère abusif du licenciement. • Crim. 19 nov. 2013, n° 12-83.294.

L'action en réparation du dommage résultant du délit d'escroquerie à la TVA est distincte de l'action en recouvrement de la taxe fraudée dans le cadre d'une procédure fiscale. • Crim. 16 mai 2018, n° 17-81.151 P : *AJ pénal 2018. 365, obs. Beaussonie .* ♦ La demande d'indemnisation des dommages subis par une œuvre d'art, formée sur le fondement de l'inexécution de son obligation de restitution par le dépositaire, par les propriétaires auxquels elle a été restituée, n'a pas le même objet que la demande d'indemnisation, formée par les mêmes propriétaires, au titre de l'absence de restitution, dans le cadre du même contrat de dépôt de trois œuvres vendues. • Civ. 2e, 19 mai 2022, n° 20-21.585 B : *JCP 2022, n° 875, note Mignot.*

76. Réduction non prévue des dommages. Mais lorsque les juges ont procédé à l'évaluation du préjudice, considéré alors comme définitif, et n'ont pas réservé d'une manière expresse la faculté de procéder à sa révision, l'autorité de la chose jugée s'oppose à ce que la rente allouée soit réduite en raison de l'amélioration ultérieure de l'état de santé de la victime. • Civ. 2e, 12 oct. 1972 : *JCP 1974. II. 17609, note Brousseau ; Gaz. Pal. 1973. 1. 69, note H. M.* ♦ Une nouvelle indemnisation n'est possible qu'en cas d'aggravation de l'état de la victime. • Civ. 2e, 9 déc. 1999, n° 98-10.416 P.

77. Désordres évolutifs. Identité d'objet entre l'instance en réparation des dommages immobiliers d'origine et l'instance en réparation des aggravations : V. • Civ. 3e, 8 oct. 2003, n° 01-17.868 P : *D. 2003. IR 2727, et les obs.* ; *Gaz. Pal. 2004. Somm. 1290, obs. Peisse ; RDI 2004. 121, obs. Malinvaud* .

78. Avances différentes sur la même somme due. L'autorité de la chose jugée ne s'attache pas aux décisions ordonnant le versement d'une avance, mesure qui par sa nature est susceptible de renouvellement dans les limites des droits du requérant et qui de ce fait présente chaque fois un objet différent. • Civ. 1re, 8 juill. 1981 : *Bull. civ. I, n° 253.*

79. La nouvelle procédure portant sur des actes publicitaires postérieurs et distincts de ceux qui avaient fait l'objet d'un précédent jugement ne se heurte pas à l'autorité de chose jugée de ce dernier • Civ. 1re, 9 juin 2017, n° 16-17.298 P (actes publicitaires distincts et postérieurs à ceux ayant donné lieu à un premier jugement ayant statué sur la responsabilité d'une association en matière de déontologie des chirurgiens dentistes).

80. Condamnation in solidum et appel en garantie. En prononçant une condamnation *in solidum*, le juge ne statue pas sur l'appel en garantie exercé par l'un des codébiteurs condamnés à l'encontre d'un autre, ni ne préjuge de la manière dont la contribution à la dette entre tous les codébiteurs condamnés devra s'effectuer. • Civ. 2e, 11 avr. 2013, n° 11-24.428 P.

81. Astreinte et dommages-intérêts. L'autorité de chose jugée attachée à un arrêt ayant liquidé définitivement une astreinte ne peut être opposée à une demande de dommages-intérêts, les deux actions n'ayant pas le même objet. • Civ. 1re, 28 févr. 1989 : *Bull. civ. I, n° 97 ; RTD civ. 1989. 621, obs. Perrot.*

82. Interdiction et demande de dommages-intérêts. Une demande tendant à faire interdire la diffusion d'une lettre n'a pas le même objet que la demande en réparation du préjudice résultant de cette diffusion. • Com. 11 juin 2013, n° 12-18.526 P.

83. Possessoire et pétitoire. La chose jugée au possessoire n'a pas autorité au pétitoire. • Civ. 3e, 3 mai 1990, n° 88-13.500 P.

84. Bornage et propriété. Le jugement rendu sur une demande en bornage et qui n'a donc pas eu à trancher la question de propriété de la parcelle ne fait pas obstacle à une action en revendication. • Civ. 3e, 18 oct. 2006, n° 05-13.852 P : *D. 2006. IR 2689* ; *JCP 2007. I. 117, n° 2, obs. Périnet-Marquet* • 8 juill. 2009 : *cité note 11 ss. art. 646* • 10 nov. 2009, n° 08-19.756 P : *D. 2010. Pan. 2183, obs. Reboul-Maupin* ; *JCP 2010, n° 83, note Bléry ; AJDI 2010. 410, obs. Gavin-Millan-Oosterlynck* . ♦ Déjà dans le même sens : • Civ. 3e, 28 oct. 1992, n° 90-18.573 P.

85. Servitude conventionnelle et servitude légale. La demande de reconnaissance d'une servitude de passage du fait de l'homme et celle d'une servitude légale n'ont pas le même objet, de sorte que, le principe de concentration des moyens n'étant pas applicable, la seconde demande ne se heurte pas à l'autorité de la chose jugée sur la première. • Civ. 3e, 25 mars 2021, n° 19-20.603 P : *D. 2021. Chron. C. cass. 980, obs. Jariel* ; *ibid. 1509, obs. Strickler et Reboul-Maupin* ; *RDI 2021. 419, obs. Bergel* .

86. Nullité de l'acte et inopposabilité. Une action en nullité et une action en inopposabilité d'un même acte tendent toutes deux à le voir déclarer sans effet ; il y a dès lors identité d'objet. • Civ. 1re, 8 mars 2005, n° 02-16.697 P.

87. Nullité du contrat et responsabilité. Il n'y a aucune identité d'objet entre l'instance en nullité de contrats de prêt et de cautionnement et celle tendant à rechercher la responsabilité de la banque. • Civ. 2e, 1er févr. 2006, n° 04-12.697 P. ♦ ... Entre l'instance ayant donné lieu à la résolution du contrat et celle tendant à la recherche de la responsabilité précontractuelle. • Civ. 2e, 14 sept. 2006, n° 05-14.346 P : *D. 2006. IR 2344* ; *Dr. et pr. 2007. 23, obs. Putman* (crédit-bail).

88. Exécution du contrat et responsabilité contractuelle. L'action en exécution du contrat d'assurance n'a pas le même objet que l'action en paiement de dommages-intérêts pour manquement de la société d'assurances à son devoir de conseil. • Civ. 2e, 10 nov. 2010, n° 09-14.948 P : *D. 2011. Chron. C. cass. 622, obs. Sommer et Leroy-Gissinger* ; *JCP 2010, n° 1270, note Barbièri ; RGDA 2011. 276, note Schulz.* ♦ L'action en responsabilité intentée contre la banque n'a pas le même objet que l'action en paiement exercée par celle-ci. • Civ. 2e, 23 sept. 2010, n° 09-69.730 P : *D. 2011. 265, obs. Fricero* .

89. Nullité de conventions et demande reconventionnelle en restitution des intérêts fondée sur l'annulation. La demande en restitution des intérêts formée par la banque n'ayant pas été tranchée par l'arrêt de la cour d'appel seulement saisie d'une demande principale en annulation de conventions et restitution de capital, la banque n'était pas tenue de présenter dès l'instance initiale une demande reconventionnelle en paiement des sommes qui lui seraient dues si l'annulation des conventions était prononcée. • Civ. 2e, 17 oct. 2013, n° 12-26.178.

90. Nullité d'une convention et restitution. Le constructeur ne se heurte pas à l'autorité de chose jugée de la décision qui a annulé le contrat de construction d'une maison individuelle pour violation de l'ordre public, s'il introduit une nouvelle demande pour obtenir la restitution des sommes qu'il a déboursées, en l'absence de démolition de la maison. • Civ. 3e, 17 juin 2015, n° 14-14.372 P.

91. Révision ou exécution d'un contrat et réparation du préjudice. Une demande en réparation d'un préjudice de jouissance n'a pas le même objet qu'une demande en réduction du montant du loyer pour modification de la surface louée. • Civ. 3e, 16 sept. 2009, n° 08-10.487 P : *AJDI 2009. 812, obs. de La Vaissière ; JCP 2009, n° 574, obs. Grosser ; RDC 2009. 1391, obs. Deshayes.*

92. Révision du prix et dommages-intérêts pour dol. L'action en dommages-intérêts pour dol n'a pas le même objet que la décision qui s'est prononcée sur la demande en réduction du prix de cession de parts sociales. • Com. 2 févr. 2010, n° 09-11.064 P.

93. Révision du prix et dommages-intérêts ou annulation de la vente pour dol. L'action en dommages-intérêts pour dol, n'ayant pas le même objet, ne se heurte pas à l'autorité de la décision qui s'est prononcée sur la demande en réduction du prix de cession de parts sociales. • Com. 2 févr. 2010, n° 09-11.064 P. ♦ La demande en nullité de la vente pour dol et la demande en réduction du prix de la vente par les victimes de ce dol n'ont pas le même objet. • Civ. 3e, 11 janv. 2012, n° 10-23.141 P : *D. 2012. 280 ; JCP 2012, n° 442, note Ghestin et Sérinet.*

94. Déclaration d'une créance au passif du débiteur soumis à une procédure collective et demande en paiement d'une somme d'argent formée contre le déclarant. La déclaration d'une créance au passif d'un débiteur soumis à une procédure collective et la contestation de cette créance au cours de la procédure de vérification n'a pas le même objet que la demande en paiement d'une somme d'argent formée contre le déclarant. • Com. 9 oct. 2019, n° 18-17.730 P : *D. 2019. 1989 ; Rev. sociétés 2019. 783, obs. Reille .*

95. Suspension d'une saisie et paiement. L'action en suspension de poursuites de saisie n'a pas le même objet que l'action en remboursement de sommes et paiement de dommages-intérêts. • Civ. 2e, 18 sept. 2008, n° 07-17.158 P.

96. Astreintes, liquidation : demande portant sur une période différente. L'autorité de la chose jugée attachée à une décision de liquidation d'astreinte ne fait pas obstacle à la présentation d'une nouvelle demande de liquidation pour la période postérieure, dès lors que l'astreinte n'était pas limitée dans le temps et que l'obligation qui en était assortie n'a pas été exécutée. • Civ. 2e, 8 déc. 2011, n° 10-25.719 P : *D. 2012. 27 .*

97. Divorce. La demande de suppression de la prestation compensatoire et celle de sa réduction. • Civ. 2e, 20 mai 2010, n° 09-67.662 P : *cité note 6 ss. art. 276-3.* ♦ Le rejet de la demande en divorce pour rupture de la vie commune fondé sur la clause d'exceptionnelle dureté n'a pas autorité de la chose jugée à l'égard d'une demande postérieure pour altération du lien conjugal, les demandes n'ayant pas le même fondement. • Poitiers, 10 nov. 2010, n° 09/03731 : *Dr. fam. 2011, n° 93, obs. Larribau-Terneyre.*

98. Régime matrimonial et droits successoraux. L'action ouverte, à l'art. 1527, al. 2, C. civ., aux enfants non issus des deux époux, et tendant à limiter les effets d'une clause d'une convention portant adoption d'une communauté conventionnelle, n'a pas le même objet que celle tendant à obtenir la nullité d'une telle convention. • Civ. 1re, 7 déc. 2016, n° 16-12.216 P : *D. 2016. 2570 ; AJ fam. 2017. 78, obs. Casey ; RDC 2017. 74, note Barthez.*

99. Contentieux pré- et post-électoral. La décision prise en matière de contentieux préélectoral n'a pas autorité de chose jugée dans le litige tendant à l'annulation des élections professionnelles. • Soc. 27 oct. 2004, n° 03-60.429 P : *JCP 2005. I. 166, n° 13, obs. Martinon ; JCP E 2004. 1821, concl. Duplat.* ♦ L'instance tendant à l'annulation des opérations électorales, une fois celles-ci intervenues, n'a pas le même objet que celle visant à vider préventivement le litige relatif au calcul de l'effectif à prendre en compte. • Soc. 1er avr. 2008, n° 07-60.317 P.

100. Retraite. N'ont pas le même objet une demande de reconnaissance du droit au départ anticipé et d'admission au bénéfice de l'inactivité par anticipation dirigée contre l'employeur, et une demande de liquidation de pension dirigée contre un organisme d'assurance vieillesse. • Civ. 2e, 27 nov. 2014, n° 13-22.457 P.

101. Lorsqu'un point, déterminant pour la solution d'une nouvelle demande, a été définitivement tranché par un précédent jugement rendu entre les mêmes parties, l'autorité de chose jugée de ce dernier s'impose au second juge qui ne saurait contredire le premier, même si l'objet de la nouvelle demande n'est pas identique à celui du jugement déjà rendu. • Civ. 2e, 15 févr. 2018, n° 17-12.567 P (une première décision, rendue entre la caisse primaire d'assurance maladie et l'employeur ayant décidé que l'accident n'avait pas un caractère professionnel, la demande de la caisse de récupérer contre l'employeur le montant des majorations de rentes et d'indemnités allouées à la victime et à ses ayants droit, en raison de la faute inexcusable de l'employeur, est déclarée irrecevable comme se heurtant à l'autorité de la chose jugée de la première décision).

102. Contentieux technique de la sécurité sociale. L'appréciation faite par la juridiction du contentieux technique de l'incapacité d'un taux d'invalidité ne peut lier la juridiction du contentieux général de la sécurité sociale, saisie de la régularité de la procédure ayant abouti à la suppression d'une rente, laquelle a un objet différent. • Civ. 2e, 31 mai 2012, n° 11-16.348 P.

103. Assurance. La demande de liquidation des différents chefs de préjudice corporel et la demande de paiement des intérêts majorés en raison de la tardiveté de l'offre d'indemnisation n'ont pas le même objet. • Civ. 2e, 22 mars 2012, n° 10-25.184 • 5 mars 2015, n° 14-10.842. ♦ La fin de non-recevoir présentée par un assureur, qui tend à éviter la condamnation de l'assureur au profit d'une personne n'ayant pas la qualité de créancier, ne porte pas sur le principe de la créance indemnitaire mais sur son titulaire. • Civ. 3e, 18 oct. 2018, n° 17-14.799 P.

IV. EFFETS

104. Dessaisissement du juge. V. note 23.

105. Autorité à l'égard d'un autre juge. Le juge qui supprime une astreinte provisoire ne peut porter atteinte aux décisions de liquidation d'astreinte antérieures passées en force de chose jugée. • Civ. 2e, 1er mars 1995, n° 93-12.701 P.

106. Autorité à l'égard des arbitres. • Civ. 1re, 30 juin 2016, n° 15-13.755 P.

107. Autorité d'une décision en annulant une autre pour erreur manifeste d'appréciation. L'autorité de chose jugée qui s'attache à l'arrêt par lequel la Cour de cassation, statuant sur le recours formé contre une décision prise en matière d'inscription ou de réinscription d'un expert judiciaire par l'autorité chargée de l'établissement des listes, annule cette décision pour erreur manifeste d'appréciation, fait obstacle à ce que, en l'absence de modification de la situation de droit ou de fait, cette autorité reprenne la même décision pour un motif identique à celui qui a ainsi été censuré. • Civ. 2e, 17 juin 2021, n° 20-60.054 P.

108. Moyen soulevé d'office par le juge du fond. Le juge est tenu de relever d'office la fin de non-recevoir attachée à une décision précédemment rendue dans la même instance. • Civ. 2e, 14 janv. 2021, n° 19-17.758 P (exception de procédure déjà tranchée par le juge de la mise en état).

109. Renonciation à l'autorité de chose jugée. L'autorité qui s'attache à la chose jugée par la juridiction civile n'étant pas d'ordre public, il est loisible aux parties d'y renoncer et cette renonciation peut être tacite. • Civ. 2e, 25 juin 1959 : *Bull. civ. II, n° 511* • Civ. 1re, 10 févr. 1953 : *JCP 1953. II. 7636, note Perrot* (renonciation présumée des parties, par suite de leur silence et de leur inaction, à se prévaloir de la première décision rendue, celle-ci étant inconciliable avec la seconde). ♦ Cette solution n'est plus en accord avec l'art. 125, al. 2, C. pr. civ. ♦ V. note 108.

110. Caractère d'ordre privé ou d'ordre public de l'autorité de chose jugée. Le moyen tiré de l'autorité de la chose jugée n'est pas d'ordre public ; il n'en est en conséquence recevable devant la Cour de cassation que si l'exception a été soulevée devant le juge du fond. • Com. 16 févr. 1953 : *D. 1953. 302* • Civ. 2e, 4 oct. 1972 : *Bull. civ. II, n° 230* • Com. 19 juill. 1983 : *ibid. IV, n° 225.* ♦ Malgré la modification de l'al. 2 de l'art. 125 C. pr. civ. (V. note 108), la solution devrait continuer à s'imposer. – Comp., en ce qui concerne le défaut d'intérêt : • Civ. 2e, 20 déc. 1961 : *Bull. civ. II, n° 901* • Soc. 19 nov. 1987, n° 84-44.421 P.

Mais en cas de cassation limitée, laissant subsister certains chefs de la décision critiquée, ces derniers acquièrent force de chose jugée, et la sanction de ce principe est une cassation, pour violation de la chose jugée, de la décision de la cour de renvoi qui aurait statué sur une disposition du premier arrêt non atteinte par la cassation ; lorsqu'elle s'attache ainsi à une décision de justice irrévocable rendue au cours de la même instance, l'autorité de la chose jugée peut être invoquée pour la première fois devant la Cour de cassation. • Civ. 3e, 6 déc. 1977 : *Bull. civ. III, n° 425.* – Même sens : • Com. 18 déc. 1984 : *ibid. IV, n° 350.* ♦ De même, le moyen tiré de la chose jugée est d'ordre public quand, au cours de la même instance, il est statué sur les suites d'une précédente décision passée en force de chose jugée (en l'espèce, demande de reprise d'une poursuite de saisie immobilière, après qu'un précédent jugement, passé en force de chose jugée, ait prononcé la conversion en vente volontaire de la saisie, cette décision n'ayant pas été exécutée par suite de la carence d'une partie). • Civ. 2e, 28 avr. 1986 : *Bull. civ. II, n° 67.* – V. conf. • Civ. 1re, 29 oct. 1990, n° 87-16.605 P.

Le moyen invoqué pour la première fois devant la Cour de cassation, lorsqu'il est d'ordre public et qu'il résulte d'un fait dont la cour d'appel avait été mise à même d'avoir connaissance, est recevable ; le moyen tiré de la violation de l'autorité de chose jugée est d'ordre public quand, au cours de la même instance, il est statué dans la suite d'une précédente décision. • Civ. 2e, 17 sept. 2020, n° 19-17.673 P (recevabilité du moyen tiré de la violation de l'autorité de chose jugée par la cour d'appel de l'ordonnance du conseiller de la mise en état, rendue au cours de la même instance et qui était versée au dossier).

111. Décision non notifiée. La force de chose jugée attachée à un arrêt de cour d'appel dès son prononcé ne peut avoir pour effet de priver une partie d'un droit tant que cette décision ne lui a pas été notifiée. • Cass., ch. mixte, 16 déc. 2005, n° 03-12.206 P : *R., p. 376 ; BICC 15 févr. 2006, rapp. Marais, concl. de Gouttes ; JCP 2006. II. 10093, note Salhi ; Dr. et pr. 2006. 154, note Putman ; RTD civ. 2006. 376, obs. Perrot* • Civ. 2e, 14 sept. 2006, n° 04-20.602 P : *D. 2007. Chron. C. cass. 901, obs. Vigneau ; ibid. Pan. 2692, obs. Douchy-Oudot ; RTD civ. 2006. 824, obs. Perrot* .

112. Sécurité juridique et protection des justiciables (Conv. EDH). Si le caractère absolu d'un délai de recours, en l'espèce contre une mesure de saisie d'un logement, sert l'intérêt général consistant à préserver la sécurité juridique et protège les acquéreurs de bonne foi, il n'y a pas violation de ce principe lorsqu'il existe des motifs sérieux et impérieux. Violation de l'art. 8 Conv. EDH lorsque la propriétaire d'un logement en a été expulsée, pour non-paiement d'une dette modeste et dans le cadre de procédures simplifiées, sans que les décisions de justice lui aient été personnellement signifiées et alors qu'elle n'était pas en état de veiller à ses besoins, notamment à la suite d'une hospitalisation psychiatrique, et dès lors que la protection juridique dont elle a finalement bénéficié est intervenue trop tard pour remettre en cause la vente judiciaire. • CEDH, sect. I, 16 juill. 2009, *Zehentner c/ Autriche*, n° 20082/02. ♦ Rappr. aussi en matière de filiation, note 1 ss. art. 320 et 327.

113. Perte de fondement juridique. Dans la mesure où l'astreinte est une mesure accessoire destinée à assurer l'exécution d'une condamnation, l'annulation du contrat sur lequel s'est fondé la décision ordonnant l'astreinte fait perdre à cette décision son fondement juridique, de sorte que les sommes versées au titre de la décision ayant liquidé l'astreinte doivent être restituées. • Civ. 2e, 24 sept. 2015, n° 14-14.977 P. – V. notes 119 et 137.

114. Absence d'effet direct des arrêts de la CEDH. En matière civile, le constat par un arrêt de la CEDH d'une violation de la Conv. EDH n'ouvre aucun droit à réexamen de la cause et ne prive pas de l'autorité de chose jugée la décision qui a donné lieu à condamnation de la CEDH. • Soc. 30 sept. 2005, n° 04-47.130 P : *D. 2005. 2800* ; *ibid. 2773, étude Gautier* ; *JCP 2005. II. 10180, note Bonfils.*

V. CIVIL ET ADMINISTRATIF

A. CHOSE JUGÉE ET ACTE ADMINISTRATIF

115. L'annulation d'une autorisation administrative (autorisation de cumul) ne saurait porter atteinte au droit régulièrement exercé en vertu d'une décision passée en force de chose jugée (droit de reprise d'une exploitation agricole). • Civ. 3e, 27 mars 1985 : *Bull. civ. III, n° 61.*

116. Une décision judiciaire définitive, intervenue dans une procédure en réduction de loyer et ayant reconnu à la convention passée entre une commune et des particuliers le caractère d'un bail commercial, ne saurait empêcher le préfet d'élever le conflit dans une procédure ultérieure, encore que la question de savoir si la convention litigieuse a ou non un caractère commercial se posât dans l'une et l'autre instance. • T. confl. 16 janv. 1967, *Sté du Vélodrome du Parc des Princes c/ Ville de Paris : D. 1967. 416, concl. Lindon ; JCP 1967. II. 15246, note Charles.*

B. CHOSE JUGÉE ET JURIDICTION ADMINISTRATIVE

117. Autorité réciproque. Principe selon lequel la chose jugée au civil (même par un juge incompétent) s'impose au juge administratif : • CE 19 déc. 1924, *Cie des Phosphates de Constantine : DP 1925. 3. 53, concl. Cahen-Salvador* • 16 mars 1945, *Dauriac : D. 1946. 141, concl. Lefas.* ♦ Pour le principe réciproque de l'autorité de la chose jugée par la juridiction administrative s'imposant au juge civil, V. • Pau, 20 mai 1986 : *D. 1987. 167, note de Béchillon.* ♦ La décision du juge administratif qui, pour annuler une autorisation administrative de licenciement d'un salarié protégé, a retenu que les faits fautifs invoqués par l'employeur, soit ne sont pas établis, soit ne justifient pas le licenciement, s'oppose à ce que le juge judiciaire, appréciant les mêmes faits, décide qu'ils constituent une cause réelle et sérieuse de licenciement. • Soc. 26 sept. 2007, n° 05-42.599 P : *D. 2007. AJ 2529, obs. Perrin* . ♦ V. aussi : • Soc. 26 sept. 2007, n° 05-45.665 P • 17 juin 2009, n° 08-42.614 P.

118. Éléments de la décision ayant autorité de chose jugée. L'autorité de chose jugée de la décision de la juridiction administrative s'attache tant au dispositif qu'aux motifs qui en sont le soutien nécessaire. • Civ. 1re, 15 juin 2016, n° 15-21.628 P : *AJDA 2016. 1267* ; *RTD civ. 2016. 889, obs. Dross* .

119. Perte de fondement juridique. L'annulation par le Conseil d'État d'un jugement de tribunal administratif ayant retenu la responsabilité d'un architecte prive de tout fondement l'arrêt civil rendu antérieurement à la décision du Conseil d'État et qui a accueilli l'action du maître de l'ouvrage contre l'assureur de l'architecte. • Civ. 1re, 24 juin 1997, n° 95-13.885 P : *RCA 1997. Comm. 315, et Chron. 23, par Groutel.* ♦ Toute déclaration d'illégalité d'un texte réglementaire par le juge administratif, même décidée à l'occasion d'une autre instance, s'impose au juge civil qui ne peut faire application de ce texte illégal. • Soc. 7 déc. 1993 : *JCP 1994. II. 22245, note Waquet* • Com. 26 avr. 2000, n° 97-16.953 P : *D. 2000. AJ 247, obs. Lienhard* • 20 févr. 2001, n° 98-13.049 P : *D. 2001. AJ 921, obs. Lienhard* • Civ. 1re, 18 sept. 2002, n° 01-01.424 P • Civ. 2e, 21 avr. 2005, n° 03-20.683 P • Civ. 1re, 8 nov. 2005, n° 03-30.458 P • Soc. 21 déc. 2006, n° 04-46.365 P • 23 oct. 2007, n° 06-43.329 P • 8 avr. 2009, n° 07-43.891 P. – V. déjà : • Civ. 1re, 19 juin 1985 : *D. 1985. 426, rapp. et note Sargos.* ♦ L'annulation par la juridiction administrative d'un acte administratif implique que cet acte est réputé n'avoir jamais existé et prive de base légale la poursuite engagée pour violation de cet acte. • Crim. 12 déc. 2012, n° 12-82.919.

VI. CIVIL ET CONSTITUTIONNEL

120. Autorité des décisions du Conseil constitutionnel. Autorité de la décision du Cons. const. qui déclare une disposition légale contraire à la Constitution. • Civ. 1re, 6 juill. 2016, n° 15-17.346 P.

121. Si l'autorité des décisions du Cons. const. s'attache non seulement au dispositif, mais aussi aux motifs qui en sont le soutien nécessaire, ces décisions ne s'imposent aux pouvoirs publics et aux autorités administratives et juridictionnelles qu'en ce qui concerne le texte soumis à l'examen du conseil. • Cass., ass. plén., 10 oct. 2001, n° 01-84.922 P : *R., p. 486 ; BICC 15 nov. 2001, concl. de Gouttes, rapp. Roman ; D. 2002. 237, note Debbasch ; RFDA 2001. 1169, étude Jouanjan ; Gaz. Pal. 2001. 1841, note Monnet ; RTD civ. 2002. 169, obs. Molfessis ; RD publ. 2001. 1613, chron. Chagnollaud.* ♦ Dans le même sens, à propos des réserves d'interprétation : • CE, sect., 22 juin 2007, n° 288206 : *AJDA 2007. 2130, chron. Boucher et Bourgeois-Machureau* .

122. Si le Cons. const. a jugé que l'art. 23-5, al. 4, de l'Ord. du 7 nov. 1958 peut conduire à ce qu'une décision définitive soit rendue dans une instance à l'occasion de laquelle le Cons. const. a été saisi d'une QPC et sans attendre qu'il ait statué, dans une telle hypothèse, ni cette disposition, ni l'autorité de la chose jugée ne sauraient priver le justiciable de la faculté d'introduire une nouvelle instance pour qu'il puisse être tenu compte de la décision du Cons. const. • Crim. 8 juill. 2020, n° 20-81.739 P : *D. 2020. 1774, note Falxa ; ibid. 1643, obs. Pradel ; AJ fam. 2020. 498, obs. Mary ; AJ pénal 2020. 404, note Frinchaboy ; RFDA 2021. 87, note Perrier ; RTD civ. 2021. 83, obs. Deumier* .

123. Perte d'autorité du jugement rendu après la QPC mais avant la décision du Cons. const. favorable à cette dernière. Selon la décision du Cons. const. n° 2009-595 DC du 3 déc. 2009, si une décision définitive a été prononcée dans une instance à l'occasion de laquelle le Cons. const. a été saisi d'une QPC, mais avant qu'il ne se soit prononcé en faveur de celle-ci, l'autorité de chose jugée du jugement ne saurait priver le justiciable de la faculté d'ouvrir une nouvelle instance pour qu'il puisse être tenu compte de la décision du Cons. const. • Crim. 14 oct. 2020, n° 20-84.077 P.

VII. CHOSE JUGÉE ET CEDH

124. Décision française irrévocable et condamnation de la CEDH. La décision de la CEDH condamnant la France n'a pas pour effet de remettre en cause l'autorité de chose jugée d'une décision devenue irrévocable. • Civ. 1re, 5 juill. 2017, n° 16-20.052 P : *D. 2017. 1737, note Fulchiron ; AJ fam. 2017. 547, obs. Berdeaux* .

VIII. AUTORITÉ AU CIVIL DE LA CHOSE JUGÉE AU PÉNAL

A. PRINCIPE

1° DÉCISIONS STATUANT SUR L'ACTION CIVILE

125. Autorité des décisions statuant sur l'action civile. L'étendue de l'autorité de la chose jugée et ses limites sont les mêmes que le jugement sur l'action civile émanant d'une juridiction civile ou d'une juridiction pénale. • Crim. 19 nov. 2013 : *préc. note 75.* ♦ L'autorité de la chose jugée au pénal sur le civil s'attache à ce qui a été définitivement, nécessairement et certainement décidé par le juge pénal sur l'existence du fait qui forme la base commune de l'action civile et de l'action pénale, sur sa qualification ainsi que sur la culpabilité de celui à qui le fait est imputé. • Civ. 1re, 24 oct. 2012, n° 11-20.442 P : *D. 2013. 68, note Rias ; RTD civ. 2013. 87, obs. Hauser ; Defrénois 2013. 191, obs. Massip* (insanité d'esprit dans le cadre d'un abus de faiblesse). ♦ Les décisions définitives des juridictions pénales statuant au fond sur l'action publique ont au civil autorité absolue, à l'égard de tous, en ce qui concerne ce qui a été nécessairement jugé quant à l'existence du fait incriminé, sa qualification et la culpabilité ou l'innocence de ceux auxquels le fait est imputé. • Civ. 2e, 23 janv. 2020, n° 18-19.080 P (prévenu déclaré coupable du délit de travail dissimulé, ce qui lui interdit de remettre en cause sa qualité d'employeur retenue par la juridiction pénale, de sorte que l'action en reconnaissance de la faute inexcusable de l'employeur dirigée à l'encontre de celui-ci est recevable). ♦ Si les décisions de la justice pénale ont au civil l'autorité de la chose jugée à l'égard de tous en ce qui concerne l'existence du fait incriminé, sa qualification, la culpabilité ou l'innocence de ceux auxquels le fait est imputé, il n'en est pas de même lorsque ces décisions statuent accessoirement à l'action publique sur des dommages-intérêts ; elles n'interviennent alors que dans un intérêt purement privé, et sont soumises à la règle de la relativité de la chose jugée par l'anc. art. 1351. • Com. 22 juill. 1952 : *D. 1952. 746.* – Dans le même sens : • Civ. 2e, 11 juill. 1956 : *JCP 1956. II. 9584 (1re esp.), note Esmein* • 3 mai 2006, n° 05-11.339 P. ♦ Les mesures de restitution prévues par l'art. L. 480-5 du code de l'urbanisme ne constituant pas des sanctions pénales, le principe de l'autorité de chose jugée ne s'oppose pas à l'action par laquelle un syndicat de propriétaires, non partie à l'instance pénale, demande à la juridiction civile la remise en état des lieux. • Civ. 2e, 9 oct. 2008, n° 07-17.482 P : *D. 2008. AJ 2670* . ♦ Une juridiction pénale ayant, par décision irrévocable, rejeté la demande d'une partie civile, la nouvelle demande devant le juge civil visant à l'indemnisation du même préjudice se heurte à l'autorité de chose jugée • Civ. 2e, 25 mars 2010, n° 08-21.687 P. ♦ L'art. 470-1 C. pr. pén. ne donnant compétence à la juridiction pénale pour statuer sur la demande de la partie civile en réparation de tous les dommages résultant des faits ayant fondé la poursuite que lorsqu'elle est saisie de poursuites exercées pour une infraction non intentionnelle dont elle prononce la relaxe, lorsque le juge pénal, qui a prononcé la relaxe pour violences volontaires, a rejeté la demande en dommages-intérêts fondée sur les art. 1382 et 1383 anc. [1240 et 1241] C. civ., l'autorité de chose jugée de sa décision ne s'oppose pas à une nouvelle demande devant le juge civil fondée sur l'art. 1384 anc. [1242] C. civ. • Civ. 2e, 20 mars 2014, n° 13-16.391 P. ♦ Refus d'indemniser au civil un préjudice déjà indemnisé par le tribunal correctionnel, ayant alloué, par une décision définitive, une indemnisation à la victime au titre de la réparation de l'ensemble de ses préjudices. • Civ. 2e, 10 nov. 2010, n° 09-14.728 P : *D. 2011. 265, obs. Fricero* .

Les décisions définitives des juridictions pénales statuant au fond sur l'action publique ont au civil autorité absolue à l'égard de tous en ce qui concerne ce qui a été nécessairement jugé quant à l'existence du fait incriminé, sa qualification et la culpabilité ou l'innocence de ceux auxquels le fait est imputé. • Soc. 25 mars 2020, n° 18-23.682 P (si la relaxe a été prononcée en raison de l'absence de l'élément intentionnel de l'infraction, le juge civil ne se heurte pas à l'autorité de chose jugée de la décision pénale en fondant la responsabilité de l'auteur des faits sur une faute non intentionnelle).

126. Action civile déclarée irrecevable devant la juridiction pénale. Lorsque la juridiction pénale déclare l'action civile irrecevable comme exercée après la décision sur l'action publique, l'autorité de la chose jugée ne s'oppose pas à ce que l'action civile soit portée devant la juridiction civile, s'il n'y a pas prescription. • Civ. 2e, 13 juin 2002, n° 00-21.737 P : *D. 2002. IR 2169* . ♦ Comp. : la décision du juge pénal déclarant irrecevable la constitution de partie civile d'une personne morale pour défaut de pouvoir de son représentant fait obstacle à la recevabilité de l'action de cette personne morale en réparation de son préjudice devant le juge civil. • Civ. 2e, 29 janv. 2004, n° 01-14.487 P : *D. 2004. Somm. 1204, obs. Julien* . ♦ Impossibilité pour le juge civil d'apprécier la recevabilité de l'action pénale. • Civ. 2e, 1er févr. 2006, n° 04-12.431 P.

127. Renvoi de la recevabilité de l'action civile à une audience ultérieure et absence d'appel. *Toute partie civile, constituée* devant le tribunal correctionnel, peut faire appel d'un jugement qui, après avoir statué sur l'action publique, a, à tort, renvoyé à une audience ultérieure l'examen de la recevabilité de sa constitution ; en l'absence d'un tel appel, la partie civile ne saurait reprocher à la cour d'appel statuant sur l'action civile de lui opposer l'autorité de la chose jugée sur l'action publique. • Crim. 15 févr. 2022, n° 20-86.486 B : *D. 2022. 355* ; *AJ pénal 2022. 213, obs. Fucini* .

128. Arrêt d'appel s'étant prononcé uniquement sur l'action civile. Même prononcé sur le seul appel de la partie civile, après relaxe en première instance, un arrêt déclarant établis des faits de vol est revêtu de l'autorité de la chose jugée au civil. • Soc. 6 juill. 1999, n° 96-40.882 P : *JCP 1999. II. 10211, note Puigelier* • Crim. 24 juin 2014, n° 13-84.478 P : *D. 2014. 1673, note Detraz* . ♦ La relaxe en première instance sur le fondement de la légitime défense du prévenu poursuivi pour des faits de violence volontaire n'empêche pas la Cour saisie en appel de la seule action civile de retenir les mêmes faits comme constituant des violences volontaires et, en conséquence, la responsabilité civile de l'intéressé. • Crim. 16 juin 2015, n° 13-88.263 P. ♦ V. cependant, • Crim. 13 oct. 2015, n° 14-82.272 P. (la cour statuant sur le seul appel des parties civiles ne peut retenir la culpabilité des intimés définitivement relaxés par le premier juge et, pour les condamner civilement ne peut se fonder que sur une faute civile distincte de l'infraction pénale). ♦ Mais l'autorité de chose jugée du jugement, qui a définitivement condamné le prévenu pour défaut d'assurance et fait droit à l'exception de non-garantie de l'assureur mis en cause, ne s'oppose pas à ce que le juge du second degré, statuant sur le seul appel de la partie civile, recherche, en application des règles de droit civil, si la garantie est due. • Crim. 11 juill. 2017, n° 16-82.904 P.

2° DÉCISIONS STATUANT SUR L'ACTION PUBLIQUE

129. Autorité des décisions statuant sur l'action publique. L'autorité de chose jugée d'une décision de relaxe n'empêche pas la partie civile de saisir le juge civil, alors qu'elle n'avait pas demandé au juge pénal qu'il soit statué en cas de relaxe sur l'action civile en application des règles de droit civil. • Civ. 2e, 15 nov. 2018, n° 17-18.656 P : *D. 2019. 555, obs. Fricero* . ♦ Les décisions pénales ont, au civil, autorité absolue, relativement à ce qui a été jugé quant à l'existence de l'infraction et à la culpabilité de la personne poursuivie. • Civ. 2e, 21 mai 2015, n° 14-18.339 P. ♦ Il n'est pas permis aux juges civils de méconnaître ce qui a été jugé par une juridiction répressive soit quant à l'existence du fait qui forme la base commune de l'action publique et de l'action civile, soit quant à la participation du contrevenant à ce même fait ; mais l'autorité de la chose jugée ne s'attache qu'à ce qui a été jugé à cet égard et les tribunaux civils conservent leur entière liberté d'appréciation toutes les fois qu'ils ne décident rien d'inconciliable avec ce qui a été nécessairement jugé au criminel.

• Req. 15 janv. 1945 : *D. 1945. 220.* ♦ Si la chose définitivement jugée au pénal s'impose au juge civil, celui-ci peut cependant, sans contredire cette autorité, décider qu'est inexcusable la faute commise par l'employeur qui a été condamné pour homicide par imprudence dans le cadre du travail sur la personne de son salarié, le condamné devant être considéré comme ayant eu conscience du danger et n'avoir pas pris les mesures nécessaires pour l'en préserver. • Civ. 2e, 11 oct. 2018, n° 17-18.712 P. ♦ Le juge prud'homal ne saurait retenir une discrimination syndicale écartée par le juge pénal, peu important les règles de preuve différente applicables à chacune de ces instances. • Soc. 28 févr. 2012 : *Gaz. Pal. 2012. 836, note Detraz.* ♦ Le prévenu ayant été reconnu coupable des faits reprochés, il appartient au juge saisi de l'action civile d'évaluer lui-même le préjudice, dans les limites des faits constatés par le juge pénal et qui sont le soutien nécessaire de la condamnation pénale. • Crim. 1er juin 2016, n° 15-80.721 P : *D. 2016. 1257 ; RTD com. 2016. 877, obs. Bouloc .* ♦ Sur la détermination du préjudice subi, V. • Civ. 2e, 17 avr. 2008, n° 06-20.992 : *cité note 153.*

L'autorité de chose jugée, attachée au jugement déclarant l'auteur de faits de violence coupable de violences avec arme ayant entraîné une ITT inférieure à huit jours, ne fait pas obstacle à ce qu'il soit jugé que ces faits délictueux ont entraîné, pour la victime, une incapacité totale de travail personnel, au sens de l'art. 706-3 C. pr. pén., supérieure à l'ITT retenue par le juge répressif pour l'application du texte pénal d'incrimination. • Civ. 2e, 5 mars 2020, n° 19-12.720 P : *D. 2021. 46, obs. Quézel-Ambrunaz .*

La partie civile, seule appelante d'un jugement de relaxe, peut obtenir de la partie relaxée réparation de son dommage si une faute civile est établie à partir et dans les limites des faits, objet de la poursuite. • Crim. 19 févr. 2019, n° 18-80.195 P. ♦ La faute pénale du préposé, dont résulte la faute civile au sens de l'art. 1242, al. 5, ne peut plus être contestée par le commettant, fût-ce à l'occasion d'un procès ayant pour objet la seule action civile, lorsqu'elle constitue le fondement d'une condamnation pénale devenue définitive ; dès lors une clinique, dont la responsabilité civile est engagée du fait du harcèlement moral commis par un préposé, s'il lui est loisible d'invoquer une cause d'exonération de sa responsabilité en établissant que ce préposé s'est placé hors des fonctions auxquelles il était employé, n'est plus recevable à contester l'existence de la faute commise par ce dernier. • Crim. 13 nov. 2018, n° 17-81.398 P : *D. 2018. 2234 ; RDT 2019. 112, obs. Gallois .* ♦ La décision de relaxe rendue par le tribunal correctionnel sur l'action publique n'ayant pas fait l'objet d'un appel, la cour d'appel saisie du seul recours de la partie civile ne peut retenir que les faits présentent « la matérialité du délit d'abus de confiance », chef dont l'intimé a été définitivement relaxé, mais peut retenir que ce dernier a commis une faute ayant causé un préjudice ouvrant droit à réparation au profit de la victime. • Crim. 5 févr. 2014, n° 12-80.154 P : *D. 2014. 807, note Saenko .*

130. *Autorité à l'égard des autorités et juridictions administratives.* L'autorité de la chose jugée au pénal ne s'impose aux autorités et juridictions administratives qu'en ce qui concerne les constatations de fait que les juges répressifs ont retenues et qui sont le support nécessaire de leur décision ; toutefois, il en va autrement lorsque la légalité d'une décision administrative est subordonnée à la condition que les faits qui servent de fondement à cette décision constituent une infraction pénale (arrêté municipal ordonnant l'interruption de travaux de construction pris en application des dispositions du code de l'urbanisme) ; dans cette hypothèse, l'autorité de la chose jugée s'étend exceptionnellement à la qualification juridique donnée aux faits par le juge pénal. • CE 3 janv. 1975, *SCI foncière Cannes-Bénéfiat : D. 1976. 7, note Petite* • 27 juill. 2005 : *Lebon 348 ; RFDA 2005. 1063 .*

131. Condamnation pénale amnistiée. L'autorité de la chose jugée au pénal subsiste, même après l'amnistie, dès lors que celle-ci réserve les droits des tiers. • Civ. 2e, 6 juill. 1966 : *JCP 1967. II. 14948, note Michaud* • Civ. 1re, 24 mars 1971 : *Gaz. Pal. 1971. 2. 688 (1er arrêt), note M. de V.*

132. Opposabilité aux tiers. La décision de la juridiction pénale qui acquitte un prévenu établit à l'égard de tous l'inexistence de l'infraction poursuivie. • Civ. 1re, 3 févr. 1976 : *D. 1976. 441, note Contamine-Raynaud.* ♦ La décision d'un tribunal correctionnel, en ce qu'elle a définitivement jugé quel était le conducteur du véhicule en le condamnant pour ses fautes de conduite, a autorité de chose jugée à l'égard de tous, donc à l'égard de l'assureur, non partie à l'instance pénale. • Civ. 1re, 29 avr. 1985 : *Bull. civ. I, n° 131.* ♦ La décision pénale définitive ayant condamné un dirigeant de société pour travail clandestin a autorité de chose jugée à l'égard de tous et implique l'existence d'un contrat de travail entre la société et la partie civile. • Soc. 27 mars 2001, n° 98-45.429 P : *D. 2002. 1170, note Puigelier .*

133. Autorité des motifs. L'autorité de chose jugée s'étend aux motifs qui sont le soutien nécessaire du dispositif prononçant la décision. • Civ. 2e, 18 févr. 1971 : *Bull. civ. II, n° 59* • Soc. 27 mai 1983 : *ibid. V, n° 287* • Civ. 1re, 2 mai 1984 : *ibid. I, n° 144* • 8 juill. 1994, n° 91-21.617 P • 25 mars 1997, n° 94-20.299 • Civ. 2e, 30 juin 2016, n° 14-25.070 P • 24 nov. 2022, n° 21-17.167 B : *D. 2022. 2168 ; AJ fam. 2023. 55, obs. Mary* (autorité de chose jugée du jugement de relaxe pour dénonciation calomnieuse, au sens de l'art. 226-10 C. pén., et absence de faute de la mère ayant accusé le père de viol, alors qu'il n'était pas établi qu'elle avait connaissance de l'inexactitude des faits dénoncés). ♦ Comp., en matière civile, note 41.

L'autorité de la chose jugée ne s'étend pas aux motifs d'un arrêt pénal qui sont étrangers à la qualification légale du fait incriminé, et sont dès lors surabondants. • Civ. 2e, 19 nov. 1997, n° 95-15.432 P : *D. Affaires 1998. 67, obs. V. A.-R.* ♦ Prise en compte, pour évaluer le préjudice résultant d'un abus de confiance, de la somme visée par la déclaration de culpabilité telle qu'indiquée dans l'ordonnance de renvoi. • Civ. 1re, 30 sept. 2015, n° 14-21.111 P.

134. Intérêt privé ou ordre public. Lorsque seuls sont en cause les intérêts des parties, la fin de non-recevoir tirée de la chose jugée, fût-ce au criminel, n'est pas d'ordre public et ne peut donc être proposée pour la première fois devant la Cour de cassation. • Civ. 2e, 15 déc. 1980 : *Bull. civ. II, n° 264.* ♦ Sans remettre en cause la solution, l'al. 2 de l'art. 125 C. pr. civ. empêche aujourd'hui de considérer que la fin de non-recevoir est de pur intérêt privé. ♦ V. note 108.

135. Absence d'effet rétroactif. L'autorité de la chose jugée au pénal n'a aucun effet rétroactif et l'arrêt d'acquittement rendu après cassation limitée à la décision pénale de condamnation, faute de pourvoi formé contre l'arrêt statuant sur l'action civile, n'a pas pu anéantir ou priver d'effet cet arrêt de la cour d'assises relatif aux intérêts civils qui était passé en force de chose jugée. • Cass., ch. mixte, 19 mars 1982, *Goldman*, n° 79-15.560 P : *R., p. 39 ; D. 1982. 473, concl. Cabannes.*

136. Absence de recours contre l'arrêt statuant sur les intérêts civils. Lorsqu'un arrêt pénal d'une cour d'assises a seul été frappé d'appel, la cassation de cet arrêt n'entraîne pas celle de l'arrêt statuant sur les intérêts civils, lequel a acquis l'autorité de la chose jugée. • Cass., ch. mixte, 19 mars 1982 n° 79-15.560 P : *préc.* ♦ En conséquence, les parties civiles sont irrecevables à présenter toute demande nouvelle d'indemnisation autre que celle d'une augmentation des dommages-intérêts en raison du préjudice souffert depuis la première décision et d'une indemnité relative aux frais de procédure, depuis la même date. • Crim. 14 sept. 2022, n° 22-80.118 B (cassation de l'arrêt ayant accordé aux parties civiles des dommages-intérêts et des indemnités pour frais de procédure alors *que l'arrêt civil était définitif).*

137. Perte de fondement juridique. La décision de relaxe prise par la juridiction pénale postérieurement à la décision civile de condamnation prive celle-ci de son autorité de chose jugée. • Civ. 2e, 17 janv. 2019, n° 18-10.350 P. ♦ V. égal. : • Civ. 3e, 28 mars 2019, n° 17-17.501 P : *D. 2019. 1511, obs. Dumont ; ibid. Chron. C. cass. 2199, obs. Collomp.*

B. DÉCISIONS PÉNALES REVÊTUES DE L'AUTORITÉ DE CHOSE JUGÉE

138. Seules les décisions définitives des juridictions pénales statuant au fond sur l'action publique ont au civil autorité de chose jugée à l'égard de tous. • Cass., ch. mixte, 10 oct. 2008, n° 04-16.174 P : *BICC, 1er févr. 2009, rapp. Radenne, avis de Gouttes ; D. 2008. AJ 2604 ; JCP 2008. II. 10199, note. Walther ; RTD civ. 2009. 169, obs. Perrot* (est dépourvue de l'autorité de chose jugée au civil la décision du juge d'instruction tranchant un incident de procédure).

139. Absence d'autorité de la décision de refus d'informer. Une décision de refus d'informer d'une juridiction d'instruction, devenue définitive à la suite du rejet du pourvoi, n'a pas l'autorité de la chose jugée au pénal sur le civil. • Civ. 2e, 19 nov. 1998, n° 96-21.599 P.

140. Ordonnances de non-lieu, absence d'autorité. L'autorité de la chose jugée en matière criminelle ne s'attache qu'aux décisions des juridictions de jugement qui sont définitives et statuent sur le fond de l'action publique ; elle ne saurait donc appartenir aux ordonnances de non-lieu, qui sont provisoires et révocables en cas de survenance de charges nouvelles ; de telles décisions, quels qu'en soient les motifs en fait, ne peuvent exercer aucune influence sur l'action portée devant les tribunaux civils. • Civ. 2e, 9 mai 1956 : *D. 1956. 663 ; JCP 1956. II. 9379, note C. L.* • 12 nov. 1997, n° 95-22.109 P • Civ. 1re, 18 juill. 2000 : *D. 2000. IR 217.* ♦ En s'estimant liés par une ordonnance de non-lieu, peu important à cet égard que celle-ci n'ait pas été frappée d'appel ou que l'information n'ait pas été rouverte sur charges nouvelles, les juges du second degré ont violé le principe ci-dessus rappelé. • Soc. 16 oct. 1984 : *Bull. civ. V, n° 374.* ♦ V. cependant : • Grenoble, 15 juin 1993 : *D. 1994. 239, note Lebreton.*

141. Rappel à la loi, absence d'autorité. Le rappel à la loi auquel procède le procureur de la République (C. pr. pén., art. 41-1) est dépourvu de l'autorité de la chose jugée et n'emporte pas par lui-même preuve du fait imputé à un auteur et de sa culpabilité. • Soc. 21 mai 2008, n° 06-44.948 P : *JCP 2008. II. 10135, note Detraz* • Civ. 2e, 7 mai 2009, n° 08-10.362 P : *RCA 2009, n° 205, note Hocquet-Berg ; RLDC 2009/62, n° 393, obs. Bugnicourt.*

142. Composition pénale, absence d'autorité. L'ordonnance aux fins de validation de la composition pénale rendue par le président du tribunal (C. pr. pén., art. 41-2), sans débat contradictoire à seule fin de réparer le dommage, l'action publique étant seulement suspendue, n'a pas autorité de chose jugée au pénal sur le civil. • Soc. 13 janv. 2009, n° 07-44.718 P : *R.,* *p. 373 ; D. 2009. 709, note Beyneix et Rovinski*.

143. Autorité de la décision de relaxe. La décision de la juridiction pénale qui acquitte un prévenu établit à l'égard de tous l'inexistence de l'infraction poursuivie. • Civ. 1re, 3 févr. 1976 : *D. 1976. 441, note Contamine-Raynaud.* ♦ La relaxe au pénal, fût-ce au bénéfice du doute, du préposé d'un garagiste, poursuivi pour blessures involontaires à la suite de l'accident d'une voiture qu'il avait réparée, établit l'absence de faute permettant au garagiste de s'exonérer de sa responsabilité. • Civ. 1re, 9 juin 1993, n° 91-17.387 P : *RTD civ. 1993. 828, obs. Jourdain*. ♦ Lorsqu'une personne a été relaxée, fût-ce au bénéfice du doute, du chef de conduite sans permis, le juge civil ne peut juger cette personne non titulaire d'un permis de conduire valable et la condamner en conséquence à rembourser à son assureur l'indemnité versée. • Civ. 1re, 30 oct. 1985 : *Bull. civ. I, n° 280.* ♦ La relaxe d'un employeur du chef de harcèlement sexuel fait obstacle à ce qu'il soit condamné à dommages-intérêts par le juge prud'homal, au prétendu motif que l'appréciation de ce dernier serait nécessairement différente de celle du juge pénal. • Soc. 3 nov. 2005, n° 03-46.839 P : *D. 2005. IR 2826*. ♦ La relaxe d'une société du chef de travail dissimulé par une décision définitive d'une juridiction de jugement, statuant sur le fond de l'action publique, interdit de poursuivre le recouvrement des cotisations sociales correspondantes ; cassation de l'arrêt ayant considéré que, à défaut d'exposé des motifs du jugement, il ne peut être déduit de cette seule relaxe qu'il n'existait aucun contrat de travail et que la matérialité de l'infraction supposant une dimension intentionnelle n'est pas requise s'agissant du paiement des cotisations sociales. • Civ. 2e, 31 mai 2018, n° 17-18.142 P • 12 mars 2020, n° 18-21.648 P. ♦ Comp. : la relaxe prononcée pour un délit de délaissement, supposant un acte positif exprimant de la part de son auteur la volonté d'abandonner définitivement la victime, n'empêche pas que pussent être constatés, au plan civil, les manquements commis par l'intéressé à ses obligations contractuelles. • Civ. 3e, 14 avr. 2010, n° 08-21.346 P : *D. 2010, Actu. 1144 ; CCC 2010, n° 173, obs. Leveneur ; RTD civ. 2010. 554, obs. Fages*. ♦ V. également • *Lyon, 21 mai 1974 : D. 1975. 9, note Guiho* (annulation d'un mariage en application de l'art. 147 C. civ. malgré la relaxe au bénéfice du doute du prévenu poursuivi pour bigamie) • Civ. 2e, 7 avr. 2022, n° 20-22.360 B (la relaxe prononcée du chef du délit prévu par l'art. 441-6, al. 2, C. pén. à l'égard de l'allocataire par un jugement définitif est revêtue, au civil, de l'autorité absolue quant à l'absence de fraude ou de fausse déclaration de cet allocataire, au sens de l'art. L. 5422-5 C. trav.).

144. Absence d'autorité de la décision non encore définitive au décès du prévenu. Est dépourvue de l'autorité de chose jugée une décision sur l'action publique anéantie par le décès du prévenu, pendant le délai d'appel, avant qu'elle soit devenue irrévocable. • Civ. 2e, 6 janv. 2000, n° 97-21.360 P.

C. ÉTENDUE DE L'AUTORITÉ DE CHOSE JUGÉE

145. L'autorité de la chose jugée au pénal sur le civil reste attachée à ce qui a été définitivement décidé par le juge pénal sur l'existence du fait qui forme la base commune de l'action civile et de l'action pénale, sur sa qualification ainsi que sur la culpabilité ou l'innocence de celui à qui le fait est imputé. • Civ. 2e, 1er déc. 2022, n° 21-10.773 B : *Dr. soc. 2023. 265, note Salomon ; RCA 2023, n° 26, note Keim-Bagot.*

146. Faits déclarés non établis par le juge pénal : garde d'un animal. La décision de relaxe d'un prévenu poursuivi du chef de divagation d'animal dangereux faute d'éléments permettant de déterminer qui était propriétaire du chien fait obstacle à une action ultérieure dirigée contre la même personne prise en tant que gardien de l'animal. • Civ. 2e, 3 déc. 1997, n° 95-22.318 P.

147. ... Qualité de conducteur. Doit être cassé l'arrêt qui retient que les fautes du conducteur ont pour effet d'exclure la réparation de son dommage, alors que l'intéressé a été relaxé au pénal faute de preuve de sa qualité de conducteur de la motocyclette impliquée dans l'accident. • Civ. 2e, 19 juin 2003, n° 00-18.991 P : *D. 2003. IR 2414 ; RGDA 2003. 729, note Landel ; RTD civ. 2003. 722, obs. Jourdain*.

148. ... Cause réelle et sérieuse de licenciement. Viole le principe de l'autorité de la chose jugée la cour d'appel qui retient comme cause réelle et sérieuse de licenciement des faits que le juge pénal avait écartés comme n'étant pas établis. • Soc. 12 mars 1991, n° 88-43.153 P • 20 mars 1997, n° 94-41.918 P : *JCP 1997. II. 22887, note Puigelier (2e esp.).* – Dans le même sens : • Soc. 6 oct. 1998, n° 96-42.603 P.

149. ... Assurance. Relaxe du chef de conduite sans assurance : V. • Civ. 1re, 25 nov. 1980 : *Bull. civ. I, n° 303* • 1er juill. 1980 : *ibid. I, n° 204* • Crim. 25 janv. 1995 : *D. 1996. Somm. 191, obs. Groutel*.

150. ... Faute de la victime. Doit être cassé l'arrêt qui, statuant sur les intérêts civils, déboute la victime, propriétaire d'un véhicule volé, au motif qu'elle avait laissé son véhicule ouvert avec les clés sur le tableau de bord, de sorte que la garde et la conduite de l'automobile n'avaient pas été obtenues contre le gré de son propriétaire, alors que la déclaration de culpabilité du prévenu, du chef de vol, passée en force de chose jugée, excluait que la victime ait consenti à la soustraction de son véhicule. • Crim. 19 juin 2007, n° 06-88.454 P : *Gaz. Pal. 2008. 930, note Monnet.*

151. Faute d'imprudence écartée par le juge pénal. La relaxe au pénal d'un conducteur du chef de blessures involontaires implique nécessairement l'inexistence d'une faute à sa charge. • Civ. 2e, 3 mars 1993, n° 91-19.193 P • 28 avr. 1993, n° 91-20.931 P. ♦ V. conf., pour un piéton : • Civ. 2e, 27 mai 1998, n° 95-22.066 P. ♦ La relaxe au pénal d'un conducteur sur le fondement de l'art. R. 11-1 (R. 413-17 : défaut de maîtrise de sa vitesse) C. route fait obstacle à ce que le juge civil retienne à la charge de ce conducteur une faute constituée par le défaut de maîtrise. • Civ. 2e, 17 mai 1995, n° 90-20.236 P. ♦ En l'état d'une décision pénale qui considère comme insuffisants pour retenir une faute d'imprudence caractérisée les éléments invoqués par le client d'un hôtelier victime d'une chute, l'autorité de la chose jugée au pénal empêche de qualifier au civil les mêmes faits de fautifs. • Civ. 1re, 22 mai 1991, n° 89-21.791 P : *Gaz. Pal. 1994. 2. 520, note Pohe ; RTD civ. 1991. 757, obs. Jourdain* . ♦ V. cependant, note 160.

152. Constatations liant le juge civil : fait. L'autorité de la chose jugée au pénal s'impose au juge civil relativement aux faits constatés qui constituent le soutien nécessaire de la condamnation pénale. • Soc. 27 sept. 2006 : *D. 2006. IR 2416* ; *JCP E 2007. 1197, n° 2, obs. Cesaro ; RDT 2006. 382, obs. Amauger-Lattes* . ♦ Ainsi, le juge pénal ayant constaté l'existence du lien de subordination et, partant, le contrat de travail sur lequel repose l'abus de confiance dont le salarié a été déclaré coupable au préjudice de son employeur, cette constatation s'impose au juge civil. • Même arrêt. ♦ Pour le cas de condamnation pénale déniant l'existence quelconque d'un contrat d'assurance dont le conducteur de l'automobile aurait pu se prévaloir, V. • Civ. 1re, 25 févr. 1975 : *D. 1976. 61 (3e esp.), note Durry.* ♦ La juridiction pénale qui retient, pour déclarer les prévenus coupables du délit d'abus de faiblesse, par un motif qui en est le soutien nécessaire, que la victime ne pouvait manifester sa volonté, caractérise ainsi son insanité d'esprit lors de la rédaction de son testament. • Civ. 1re, 24 oct. 2012 : *préc. note 125.* ♦ V. note 154.

153. ... Dommage. Une juridiction statuant sur la seule évaluation du dommage éprouvé par la victime d'un délit qui s'est constituée partie civile, dommage dont le principe a été admis par une décision antérieure, devenue définitive sur ce point, ne peut sans méconnaître l'autorité de la chose jugée procéder à un partage de responsabilité entre la victime et l'auteur du délit, non retenu par la première décision. • Crim. 26 oct. 1967 : *D. 1968. 108.* ♦ *Comp.* • *Crim. 28 mars 1966 : Gaz. Pal. 1966. 2. 158.* ♦ Une juridiction, statuant sur la seule évaluation du dommage éprouvé par la victime d'une infraction ne peut, sans méconnaître l'autorité de la chose jugée, écarter, même partiellement, le principe de sa réparation lorsque l'existence de ce dommage a été constatée par une décision antérieure devenue définitive. • Crim. 18 nov. 1998, n° 97-85.776 P. ♦ Inversement, l'étendue du préjudice ne constitue pas le soutien nécessaire de la condamnation pénale prononcée : viole le principe de l'autorité, au civil, de la chose jugée au pénal la cour d'appel qui condamne une personne condamnée pour faux en écriture à payer les sommes réclamées par la victime, en retenant qu'au regard de la condamnation pénale, il n'appartient pas à la juridiction civile de déterminer l'étendue du droit à réparation. • Civ. 2e, 17 avr. 2008, n° 06-20.992 P.

154. ... Lien de causalité. La décision pénale retenant que la construction d'une véranda en contravention au règlement du POS a causé un préjudice direct au propriétaire voisin a autorité de chose jugée en ce qui concerne la preuve du lien de causalité. • Civ. 3e, 11 mai 2000, n° 98-18.791 P. ♦ Si la responsabilité civile du prévenu reconnu définitivement coupable de contravention de violences est acquise, le lien de causalité entre ces violences et les préjudices dont la partie civile demande réparation reste en discussion, dans la limite des faits constatés qui constituent le soutien nécessaire de la condamnation pénale. • Crim. 5 déc. 2017, n° 17-80.688 P. ♦ Une décision de relaxe fondée sur le fait que les blessures de la victime d'un accident de la circulation avaient été constatées tardivement et que le lien de causalité entre les blessures et l'accident n'était pas établi s'impose au juge civil. • Civ. 2e, 31 mars 1993, n° 91-18.691 P : *D. 1994. Somm. 16, obs. Fortis* .

155. ... Légitime défense. La légitime défense reconnue par le juge pénal ne peut donner lieu devant la juridiction civile à une action en dommages-intérêts de la part de celui qui l'a rendue nécessaire. • Civ. 2e, 22 avr. 1992 : *D. 1992. 353, note Burgelin* ; *RTD civ. 1992. 768, obs. Jourdain* .

156. Limites de l'autorité : constatations étrangères aux éléments constitutifs de l'infraction poursuivie. L'autorité de la chose jugée ne s'attache qu'aux éléments constitutifs de l'infraction poursuivie et ne fait pas obstacle à ce que d'autres éléments étrangers à cette dernière soient soumis à l'appréciation de la juridiction civile. • Civ. 2e, 15 nov. 2001 : *JCP 2002. II. 10130, note Guihal.* ♦ Une demande en réparation du préjudice résultant de morsures de chien ne porte pas atteinte à l'autorité de chose jugée d'une décision pénale sur les conséquences de l'infraction de divagation de chien. • Civ. 2e, 22 mars 1995, n° 93-12.517 P. ♦ V. aussi note 133. ♦ V. note 4 ss. art. 1241.

157. Référé. Le juge des référés saisi d'une demande de provision ne saurait invoquer l'existence d'une instance pénale pour refuser de statuer, sans rechercher si l'existence de l'obligation invoquée était sérieusement contestable. • Civ. 2e, 10 janv. 2008, n° 07-12.564 P.

158. Faits différents de ceux poursuivis devant le juge pénal. Le juge civil peut retenir contre le conducteur relaxé au pénal une faute différente de celle qui avait donné lieu aux poursuites pénales (circulation dans la voie de circulation inverse, au lieu de défaut de maîtrise). • Civ. 2e, 20 juin 2002, n° 00-21.414 P : *JCP 2003. I. 152, nos 1 s., obs. Viney.* ♦ Le juge civil qui prononce le divorce aux torts du mari ne méconnaît pas l'autorité de chose jugée de la décision pénale relaxant ce dernier du chef de soumission de son épouse à des conditions d'hébergement indignes, dès lors qu'il s'appuie sur des éléments (violences) sur l'existence desquels le juge pénal ne s'est pas prononcé. • Civ. 1re, 17 oct. 2007 : *RJPF 2008-1/21, obs. Garé.*

159. Faute pénale intentionnelle et faute civile d'imprudence. La décision de relaxe du juge pénal, fondée sur le fait que le prévenu poursuivi pour recel avait pu ne pas avoir connaissance de l'origine délictueuse du meuble acquis par lui, ne fait obstacle ni à ce que le juge civil retienne la responsabilité de cette personne pour une faute non intentionnelle, ni à ce qu'il relève les vices de la possession. • Civ. 1re, 2 févr. 1965 : *D. 1965. 371.*

160. Faute pénale involontaire et faute civile d'imprudence. La déclaration par le juge répressif de l'absence de faute pénale non intentionnelle ne fait pas obstacle à ce que le juge civil retienne une faute civile d'imprudence ou de négligence. • Civ. 1re, 30 janv. 2001, n° 98-14.368 P : *R., p. 460 ; D. 2001. Somm. 2232, obs. Jourdain ; JCP 2001. I. 338, nos 4 s., obs. Viney ; RCA 2001. Chron. 16, par Agard ; RTD civ. 2001. 376, obs. Jourdain .* ♦ V. aussi C. pr. pén., art. 4-1, issu de L. n° 2000-647 du 10 juill. 2000. ♦ La relaxe au pénal au titre de l'art. 322-5 C. pén. (incendie provoqué par un manquement à une obligation de sécurité ou de prudence) ne fait pas obstacle à une condamnation à réparation sur le fondement de l'art. 1384 anc. [1242], al. 2, C. civ. • Civ. 2e, 7 mai 2003, n° 01-13.790 P : *D. 2004. Somm. 1343, obs. Jourdain ; JCP 2004. I. 101, n° 3, obs. Viney.*

161. Faute pénale et inexécution d'une obligation contractuelle. L'action indemnitaire se fondant sur la non-conformité de la chose délivrée ne se heurte pas à l'autorité de chose jugée de la décision relaxant le vendeur du chef de tromperie sur les qualités substantielles. • Civ. 1re, 6 avr. 2016, n° 15-12.881 P : *D. 2016. 840 ; AJ pénal 2016. 436 ; RTD civ. 2016. 640, obs. Jourdain ; RTD com. 2016. 319, obs. Bouloc ; RDC 2017. 99, note Malabat.*

162. Action civile fondée sur la loi de 1985. L'action civile exercée sur le fondement de la L. du 5 juill. 1985 procède d'un fondement juridique autonome, distinct de la réparation d'une faute pénale, et ne se heurte pas à l'autorité de la chose jugée au pénal. • Civ. 2e, 21 juill. 1992, n° 91-12.609 P : *JCP 1992. I. 3625, n° 8, obs. Viney* (condamnation du propriétaire du véhicule à indemniser les victimes, malgré la condamnation pour homicide involontaire d'un garagiste ayant occasionné l'accident pour avoir mal revissé une roue, ce garagiste étant insolvable). – Dans le même sens : • Civ. 2e, 25 mars 1998, n° 96-15.444 P • 7 oct. 2004, n° 03-15.621 P (recevabilité de l'action civile de l'ayant droit de la victime décédée, en l'absence de faute inexcusable de celle-ci, malgré la relaxe du conducteur poursuivi pour homicide involontaire).

163. Faute pénale et faute civile inexcusables. Incidences de la chose jugée au pénal sur la reconnaissance d'une faute inexcusable reprochée à l'employeur en matière d'accident du travail : V. • Soc. 21 déc. 1965 : *D. 1966. 675, note Ghestin* • 13 févr. 1969 : *Bull. civ. IV, n° 101* • 3 oct. 1973 : *D. 1974. 109, note Saint-Jours* • 20 juin 1984 : *Bull. civ. V, n° 259* (condamnation pénale et pas de faute inexcusable) • 4 juill. 1984 : *ibid. V, n° 292* (pas de condamnation pénale et faute inexcusable retenue). ♦ Comp. • Soc. 30 juin 1982 : *Bull. civ. V, n° 432* • 6 janv. 1982 : *ibid. V, n° 1* • 13 juill. 1994, n° 92-11.234 P (cassation de l'arrêt qui, après condamnation pénale de l'employeur, ne retient pas la faute inexcusable de celui-ci). ♦ V. aussi Saint-Jours, *D. 1969. Chron. 229.* ♦ Rappr., en matière d'assurances : • Civ. 1re, 27 mai 2003, n° 01-10.478 P : *JCP 2004. I. 101, n° 4, obs. Viney* (différence entre la faute pénale volontaire et la faute intentionnelle visée à l'art. L. 113-1 C. assur., exonératoire pour l'assureur).

164. La relaxe au pénal de l'employeur n'interdit pas au juge civil de rechercher sa responsabilité sur le fondement de la faute inexcusable dans le cas où il s'est substitué un salarié qui n'a fait l'objet d'aucune poursuite pénale. • Soc. 15 juin 2000, n° 98-21.929 P : *D. 2000. 795, note Saint-Jours .* ♦ La déclaration par le juge répressif de l'absence de faute pénale non intentionnelle ne fait pas obstacle à la reconnaissance d'une faute inexcusable en application de l'art. L. 452-1 CSS. • Soc. 12 juill. 2001, n° 99-18.375 P : *R., p. 380 ; D. 2001. 3390, note Saint-Jours ; D. 2002. Somm. 1311, obs. Jourdain* • 28 mars 2002, n° 00-11.627 P : *JCP 2002. I. 186, nos 28 s., obs. Viney* • Civ. 2e, 16 sept. 2003, n° 01-16.715 P : *D. 2003. Somm. 2862, obs. Prétot* ; D. 2004. 721, note Bonfils . ♦ V. aussi note 160.

Mais cassation de l'arrêt ayant établi la faute inexcusable de l'employeur, alors que pour prononcer la relaxe de l'employeur des poursuites du chef de blessures involontaires, par un motif qui était le soutien nécessaire de sa décision, la juridiction pénale a écarté un manquement aux règles de sécurité. • Civ. 2e, 1er déc. 2022, n° 21-10.773 B : *Dr. soc. 2023. 265, note Salomon ; RCA 2023, n° 26, note Keim-Bagot.*

165. Gravité respective des fautes. Les facteurs de la responsabilité civile et de la responsabilité pénale étant différents, l'appréciation par le juge répressif de la gravité respective des fautes imputées à divers prévenus en vue de la fixation de la peine, ne s'impose pas au juge civil, sollicité de statuer sur le partage des responsabilités et sur la répartition des dommages-intérêts qui en découle. • Civ. 2e, 25 oct. 1955 : *JCP 1956. II. 9584 (2e esp.), note Esmein* • 13 sept. 2018, n° 17-14.654 P.

166. Faute de la victime. Lorsque la victime ne s'est pas constituée partie civile devant la juridiction répressive, l'affirmation par cette juridiction que la victime a commis une faute ne s'impose pas au juge civil qui conserve toute liberté pour apprécier le comportement de celle-ci. • Civ. 2e, 16 juin 1965 : *Bull. civ. II, n° 513.* ♦ L'appréciation par le juge pénal, sur le fondement de la L. du 5 juill. 1985, du comportement d'un piéton, partie civile, n'a pas autorité de chose jugée dans l'instance civile en réparation du dommage causé par le piéton au conducteur du véhicule, fondée sur les anc. art. 1382 s. C. civ. • Civ. 2e, 4 mars 1999, n° 97-10.888 P : *D. 1999. IR 90*.

167. Force majeure. Les appréciations du juge pénal sur l'existence d'un cas de force majeure ne peuvent lier le juge civil. • Civ. 1re, 28 févr. 1995, n° 93-13.291 P.

Art. 1356 *(Ord. n° 2016-131 du 10 févr. 2016, art. 4, en vigueur le 1er oct. 2016)* **Les contrats sur la preuve sont valables lorsqu'ils portent sur des droits dont les parties ont la libre disposition.**

Néanmoins, ils ne peuvent contredire les présomptions irréfragables établies par la loi, ni modifier la foi attachée à l'aveu ou au serment. Ils ne peuvent davantage établir au profit de l'une des parties une présomption irréfragable. — *Dispositions transitoires, V. Ord. n° 2016-131 du 10 févr. 2016, art. 9, ss. art. 1386-1.*

BIBL. ▶ PAILLER, *AJ contrat 2019. 378* (conventions sur les présomptions).

1. Licéité des conventions relatives aux moyens de preuve. Pour les droits dont les parties ont la libre disposition, les conventions relatives à la preuve sont licites (preuve d'un ordre de paiement donné par utilisation d'une carte magnétique et composition concomittante d'un code confidentiel). • Civ. 1re, 8 nov. 1989 : *D. 1990. 369, note Gavalda ; JCP 1990. II. 21576, note Virassamy ; D. 1990. Somm. 327, obs.J.Huet ; D. 1991. Somm. 38, obs. Vasseur* • 23 mars 1994, n° 91-21.242 P (preuve de l'utilisation de l'ouverture de crédit par les enregistrements de débit comportant les références du compte bancaire et la signature de l'utilisateur de la carte de crédit).

2. Application particulière : utilisation d'une carte de crédit. En signant le formulaire « Carte de crédit » et en utilisant cette carte, le titulaire renonce implicitement, mais nécessairement au système de preuve légale de l'anc. art. 1341 (1359). • Paris, 8 juin 1999 : *D. 2000. Somm. 327, obs. Thullier* (validité de l'ordre de paiement par communication du numéro de carte). ♦ En communiquant son numéro de carte bancaire à un hôtelier, le titulaire de la carte autorise le débit dans la limite du prix convenu y compris en l'absence d'annulation de la réservation nonobstant l'absence de convention écrite. • Civ. 1re, 19 oct. 1999, n° 97-10.556 P : *JCP E 1999. 1845, obs. Bouteiller ; Defrénois 2000. 717, obs. Delebecque ; CCC 2000, n° 1, note Leveneur ; RTD civ. 2000. 116, obs. Mestre et Fages ; ibid. 354, obs. Gautier*. ♦ *Contra*, dans l'hypothèse où les données figurant sur la carte bancaire n'ont été communiquées que pour garantir la réservation d'une chambre d'hôtel, sur un document précisant que cette communication ne donnerait lieu à aucun débit, ce qui exclut l'existence d'un mandat de payer. • Com. 24 mars 2009 : *D. 2009. 1735, note Lasserre-Capdeville ; ibid. 2010. Pan. 1043, obs. R. Martin ; Banque et Dr. 5-6/2009. 21, obs. Bonneau ; Dr. et patr. 9/2009. 90, obs. Mattout et Prüm ; CCE 2009, n° 56, obs. Debet.* ♦ Sur les règles légales de responsabilité des titulaires de cartes de paiement, V. C. mon. fin., art. L. 132-3 à L. 132-6 (L. n° 2001-1062 du 15 nov. 2001, art. 35 à 38). — **C. mon. fin.**

Art. 1357 *(Ord. n° 2016-131 du 10 févr. 2016, art. 4, en vigueur le 1er oct. 2016)* **L'administration judiciaire de la preuve et les contestations qui s'y rapportent sont régies par le code de procédure civile.** — *Dispositions transitoires, V. Ord. n° 2016-131 du 10 févr. 2016, art. 9, ss. art. 1386-1.*

RÉP. PR. CIV., v° *Preuve, par* F. FERRAND.

CHAPITRE II L'ADMISSIBILITÉ DES MODES DE PREUVE

(Ord. n° 2016-131 du 10 févr. 2016, art. 4, en vigueur le 1er oct. 2016)

Art. 1358 *(Ord. n° 2016-131 du 10 févr. 2016, art. 4, en vigueur le 1er oct. 2016)* **Hors les cas où la loi en dispose autrement, la preuve peut être apportée par tout moyen.** – *Dispositions transitoires, V. Ord. n° 2016-131 du 10 févr. 2016, art. 9, ss. art. 1386-1.*

Comp. C. civ., art. 1341 et 1348 anc.

BIBL. ▸ BIDAUD-GARON, *Dr. fam. 2016. Étude 7* (preuve biologique hors filiation).

A. FAITS

1° PRINCIPE

1. Faits purs et simples. Les faits purs et simples peuvent être établis par les divers modes de preuve admis par la loi, notamment par témoins. • Civ. 3e, 21 nov. 1973 : *Bull. civ. III, n° 597* • Civ. 1re, 9 déc. 1986, n° 84-17.288 P.

2° APPLICATIONS

2. Faits servant de fondement aux quasi-contrats. Le paiement de l'indu, simple fait juridique, peut, s'agissant d'un quasi-contrat, être prouvé par tous moyens. • Civ. 1re, 29 janv. 1991, n° 87-18.126 P • Civ. 2e, 27 janv. 2022, n° 20-11.702 B : *RDSS 2022. 379, obs. Tauran* • 27 janv.2022, n° 20-18.132 B.

3. Faits concrétisant une certaine volonté : intention libérale. La prohibition contenue dans l'anc. art. 1341 ne s'applique pas à la preuve de simples faits qui n'impliquent eux-mêmes ni obligation ni libération. Il en est ainsi notamment de la preuve d'une intention libérale expliquant la modicité d'un prix de vente. • Civ. 3e, 21 nov. 1973 : *Bull. civ. III, n° 597.*

4. ... Renonciation tacite. La renonciation tacite à un droit n'est assujettie à aucun mode particulier de preuve. Si elle ne se présume pas, elle peut résulter de faits impliquant sans équivoque la volonté de renoncer et, dès lors, les juges du fond peuvent avoir recours à la preuve testimoniale. • Civ. 1re, 7 mai 1980, n° 79-10.573 P.

5. Relevés de compte. L'envoi et la réception des relevés de compte constituent de simples faits pouvant être prouvés par tout moyen. • Com. 13 nov. 2012, n° 11-25.596 P : *D. 2012. 2733* .

3° LIMITES

6. Faits complexes : violation ou inexécution d'un contrat. Si le manquement du débiteur à son obligation est un simple fait qui peut être prouvé par tous moyens, l'existence du contrat ayant donné naissance à cette obligation doit être établie conformément à l'anc. art. 1341. • Civ. 14 févr. 1938 : *GAJC, 12e éd., n° 17 ; DP 1938. 1. 85, note Mimin ; S. 1938. 1. 350 ; Gaz. Pal. 1938. 1. 605.* – V. aussi • Civ. 1re, 15 juill. 1975 : *Bull. civ. I, n° 241.*

7. ... Vice du consentement. Si un vice du consentement, tel que l'erreur ou le dol, constitue un simple fait extérieur à l'acte notarié, de telle sorte qu'en principe sa preuve est libre, encore faut-il que cette preuve n'aille pas à l'encontre du contenu de l'acte. • Civ. 1re, 23 févr. 1994 : *Defrénois 1995. 876, note Bernard de Saint-Affrique.*

B. PREUVE PAR UN TIERS DE L'ACTE JURIDIQUE

8. Principe : distinction des parties et des tiers. La défense de prouver par témoins ou par présomptions énoncée par l'anc. art. 1341 ne concerne que les parties contractantes. • Soc. 11 oct. 1967 : *Bull. civ. IV, n° 624* • Civ. 3e, 17 avr. 1991, n° 89-15.898 P. ♦ Il est permis aux tiers de contester par tous modes de preuve la sincérité des énonciations contenues dans les écrits qu'on leur oppose, mais il appartient aux parties à un acte d'en rapporter la preuve contre les tiers dans les termes du droit commun. • Civ. 3e, 15 mai 1974 : *Bull. civ. III, n° 201.* ♦ Le banquier dépositaire, qui se borne à exécuter les ordres de paiement que lui transmet le mandataire du déposant, peut rapporter la preuve par tous moyens du contrat de mandat auquel il n'est pas partie. • Civ. 1re, 3 juin 2015, n° 14-19.825 P : *D. 2015. 1588, note Tehrani* ; *AJ fam. 2015. 414, obs. Hilt* ; *RDC 2016. 242, note Huet.*

9. Situation particulière : héritiers réservataires. Les héritiers réservataires sont admis à faire la preuve d'une donation déguisée de nature à porter atteinte à leur réserve par tous moyens et même à l'aide de présomptions. • Civ. 1re, 5 janv. 1983, n° 81-16.655 P : *R., p. 44 ; RTD civ. 1984. 340, obs. Patarin.* ♦ Une donation entre époux prévoyant que le donataire choisirait celle des quotités disponibles qui serait retenue, l'héritier réservataire peut faire la preuve par tous moyens de l'acte unilatéral d'option du donataire, auquel il est étranger. • Civ. 1re, 29 oct. 1979 : *Defrénois 1980. 230, note Ponsard.*

10. ... Recours entre assureurs. La preuve par écrit des stipulations d'un contrat d'assurance n'est exigée que dans les rapports entre les parties au contrat et à l'égard de la victime (recours entre assureurs et preuve par présomption d'une clause de tacite reconduction du contrat). • Civ. 1re, 9 mai 1996, n° 93-19.807 P.

C. PREUVE D'UNE OPÉRATION COMMERCIALE ENTRE COMMERÇANTS

BIBL. Parléani, *D. 1983. Chron. 65.* – Chamoux, *JCP 1981. I. 3008.* – Ruet, *RTD com. 1991. 151* (office du juge).

11. Le moyen qui soutient que la preuve d'un acte de commerce est libre entre commerçants n'exige l'appréciation d'aucun fait non déduit devant les juges du fond ; de pur droit, il est nécessairement dans la cause et peut être présenté pour la première fois devant la Cour de cassation. • Com. 26 oct. 1983 : *Bull. civ. IV, n° 280.*

1° ACTES PASSÉS ENTRE COMMERÇANTS

12. Principe. Tous les modes de preuve sont admissibles en matière commerciale, la preuve par présomptions comme la preuve par témoins. • Civ. 3 févr. 1904 : *DP 1904. 1. 215.* ♦ ... Même pour prouver contre et outre le contenu des actes. • Req. 25 nov. 1903 : *DP 1904. 1. 183.* ♦ V. aussi notes ss. art. L. 110-3 C. com. (anc. art. 109 C. com.), **C. com.** ♦ Sur la force probante des documents comptables, V. notes ss. art. L. 123-23 C. com. (anc. art. 17 C. com.), **C. com.**

13. Applications : conventions entre commerçants. Deux personnes peuvent être en compte courant pour leurs fournitures réciproques et la preuve de l'existence d'une telle convention entre commerçants peut être faite par tous moyens. • Com. 5 déc. 1995, n° 94-10.990 P.

14. ... Acte modificatif d'une convention initiale entre commerçants. Les règles de preuve admises en matière commerciale s'appliquent à l'acte modificatif d'une convention initiale intervenue entre commerçants pour l'exercice de leur commerce, même si l'une des parties a perdu la qualité de commerçant lors de l'acte modificatif. • Com. 16 déc. 1980 : *Bull. civ. IV, n° 425.*

15. ... Paiement. La mention « fret prépayé » d'un connaissement signé par le transporteur maritime fait foi du paiement effectif, sauf au transporteur à établir que cette quittance de fret n'a pas la valeur libératoire qu'implique son libellé. • Com. 2 mars 1999, n° 97-12.505 P.

16. Limites : actes civils. Les règles de preuve de droit civil s'appliquent à un commerçant dès lors que le prêt que celui-ci a consenti à un autre commerçant est étranger à l'exercice de son commerce. • Civ. 1re, 23 mai 1977, n° 76-10.156 P. ♦ Hormis l'exception prévue à l'art. 632 (art. L. 110-1) C. com., la vente immobilière, même conclue entre commerçants, demeure un acte civil soumis aux règles de preuve fixées notamment aux art. 1341 et 1347 anc. C. civ. • Civ. 3e, 14 juin 1989 : *Bull. civ. III, n° 141 ; Defrénois 1990. 740, obs. Aubert.*

2° ACTES PASSÉS ENTRE UN COMMERÇANT ET UN NON-COMMERÇANT

17. Liberté de preuve à l'encontre du commerçant. Les règles de preuve du droit civil ne s'appliquent pas dès lors que le défendeur est commerçant et a procédé aux opérations litigieuses dans l'intérêt de son commerce. • Com. 12 oct. 1982 : *Bull. civ. IV, n° 313.* – V. aussi • Com. 25 juin 2002, n° 00-14.326 P. ♦ La règle vaut dans les actes mixtes à l'égard du seul commerçant, contre qui un acte de commerce peut se prouver par tous moyens. • Civ. 1re, 21 févr. 1984 : *Bull. civ. I, n° 66.* – Dans le même sens : • Com. 19 janv. 1993, n° 90-16.380 P : *Defrénois 1993. 1374, obs. Aubert* • 21 juin 1994, n° 92-18.630 P (à l'égard d'une banque, en sa qualité de commerçante, les actes de commerce peuvent se prouver par tous moyens) • Civ. 1re, 8 févr. 2000, n° 98-10.107 P : *D. 2000. AJ 135, obs. Daleau* (même solution, pour un vendeur professionnel de véhicules automobiles).

18. ... Illustration. Bien qu'un assuré ait signé les quittances de règlement de sinistre, il peut prouver par tout moyen, eu égard à la qualité de commerçant de l'assureur, qu'en réalité il n'avait pas reçu de ce dernier le règlement correspondant à ces quittances. • Civ. 1re, 21 févr. 1984 : *Bull. civ. I, n° 66.*

19. Respect des règles de preuve de droit civil à l'égard du non-commerçant. Dans un acte mixte, les règles de preuve du droit civil s'appliquent envers la partie pour laquelle il est de caractère civil. • Civ. 1re, 2 mai 2001, n° 98-23.080 P : *D. 2001. AJ 1951, obs. A. Lienhard ; Defrénois 2001. 1057, obs. Libchaber ; RTD com. 2001. 867, obs. Saintourens.* ♦ Ce n'est qu'à l'égard des commerçants que l'obligation peut se prouver par tous moyens. • Com. 21 juin 1988 : *JCP 1989. II. 21170, note Delebecque* (cautionnement commercial conclu par un non-commerçant, soumis aux règles de preuve civiles) • 21 juin 1988 : *Bull. civ. IV, n° 212* • 11 déc. 1990 : *D. 1991. 584, note Bandrac* • 11 janv. 1994, n° 91-19.449 P • Paris, 24 oct. 1986 : *D. 1987. Somm. 443, obs. Aynès.* ♦ Dans le même sens, jugeant que l'application de l'art. 109 (art. L. 110-3) C. com., s'agissant du cautionnement d'une SARL donné par un associé détenant 50 % du capital, suppose la preuve que cet associé accomplissait à titre habituel et professionnel des actes de commerce, V. • Com. 2 avr. 1996 : *BJS 1996. 665, note Delebecque.*

20. L'interdiction de prouver contre le contenu d'un acte s'impose à la partie à l'égard de laquelle l'acte est commercial, dès lors que cet acte ne revêt pas le caractère commercial à l'égard de l'autre partie. • Civ. 1re, 21 avr. 1982 : *Bull. civ. I, n° 143.*

D. PREUVE DU CARACTÈRE FRAUDULEUX D'UNE OPÉRATION

21. Preuve libre de la fraude ou du dol. Sur la preuve du dol, V. aussi note 29 ss. art. 1137.

22. Preuve libre de l'illicéité de la cause. La preuve de la cause illicite peut être apportée par tous moyens. • Civ. 1re, 4 juill. 1995 : *JCP N 1996. II. 152.* ♦ Comp. avec preuve de la fausseté de la cause, note 12. ♦ V. aussi note 6 ss. art. 1133 anc. et note 3 ss. anc. art. 1132.

Art. 1359 *(Ord. n° 2016-131 du 10 févr. 2016, art. 4, en vigueur le 1er oct. 2016)* **L'acte juridique portant sur une somme ou une valeur excédant un montant fixé par décret doit être prouvé par écrit sous signature privée ou authentique.**

Il ne peut être prouvé outre ou contre un écrit établissant un acte juridique, même si la somme ou la valeur n'excède pas ce montant, que par un autre écrit sous signature privée ou authentique.

Celui dont la créance excède le seuil mentionné au premier alinéa ne peut pas être dispensé de la preuve par écrit en restreignant sa demande.

Il en est de même de celui dont la demande, même inférieure à ce montant, porte sur le solde ou sur une partie d'une créance supérieure à ce montant. — *Dispositions transitoires, V. Ord. n° 2016-131 du 10 févr. 2016, art. 9, ss. art. 1386-1.*

La somme ou la valeur visée à l'art. 1359 C. civ. est fixée à 1 500 € (Décr. n° 80-533 du 15 juill. 1980).

BIBL. ▶ CATTALANO-CLOAREC, *RDC 2017. 354* (proposition de modification). – FORTI, *D. 2019. 1501* (preuve du non-paiement contre une quittance).

A. EXIGENCE D'UNE PREUVE LITTÉRALE

1° PREUVE DE L'EXISTENCE ET DU CONTENU D'UN ACTE JURIDIQUE

a. Existence de l'acte

1. Applications particulières : paiement d'une somme d'argent. La preuve du paiement, qui est un fait, peut être rapportée par tous moyens. • Civ. 1re, 6 juill. 2004, n° 01-14.618 P : *CCE 2005, n° 31, note Stoffel-Munck* • 16 sept. 2010, n° 09-13.947 P : *D. actu. 22 sept. 2010, obs. Delpech ; D. 2010. Pan. 2671, obs. Delebecque ; ibid. 2011. Chron. C. cass. 622, obs. Creton ; JCP 2010, n° 940, note Deharo ; ibid., n° 1040, obs. Loiseau ; CCC 2010, n° 266, note Leveneur ; RLDC 2010/76, n° 3992, obs. Paulin-Hocquet-Berg ; RCA 2010. Étude 12 ; RDC 2011. 103, obs. Libchaber* • Civ. 3e, 23 nov. 2017, n° 16-17.764 P : *JCP N 2018, n° 1231, note Penin.* ♦ Les textes du code de la sécurité sociale imposant à l'assuré, pour l'ouverture et le calcul des droits à pension de vieillesse, de justifier des cotisations acquittées ou ayant fait l'objet d'un précompte sur ses salaires n'excluent pas la preuve par présomptions. • *Soc. 18 mars 1993,* n° 90-21.786 P. ♦ *Contra* : celui qui excipe du paiement d'une somme d'argent est tenu d'en rapporter la preuve conformément aux règles édictées par l'anc. art. 1341. • Civ. 1re, 15 déc. 1982 : *Bull. civ. I, n° 365* • 19 mars 2002, n° 98-23.083 P : *D. 2002. IR 1324.*

2. ... Contrat de prêt. La preuve d'un contrat de prêt incombe à celui qui demande la restitution des sommes versées et ne peut être apportée que par écrit ; l'absence d'intention libérale n'est pas susceptible d'établir à elle seule l'obligation de restitution des fonds versés. • Civ. 1re, 19 juin 2008, n° 07-13.912 P. ♦ Cassation de l'arrêt qui accueille une demande de remboursement d'un prêt en déclarant irrecevable une demande d'enquête du débiteur, celui-ci ne versant aux débats que des attestations, mais ne produisant aucune quittance ni aucun commencement de preuve par écrit émanant du créancier. • Civ. 1re, 16 sept. 2010 : *préc. note 1.*

3. ... Mandat. La preuve du mandat, même tacite, reste soumise aux règles générales de la preuve des conventions et doit répondre aux exigences des anc. art. 1341 s. C. civ. • Civ. 3e, 29 oct. 1970, n° 69-12.293 P. ♦ L'existence d'une convention de prête-nom entre une personne et l'acquéreur d'un bien immobilier étant invoquée, il appartient à celui qui se prétend bénéficiaire de ce mandat d'en prouver l'existence suivant les formes prévues par l'anc. art. 1341. • Civ. 1re, 18 janv. 1989 : *Bull. civ. I, n° 28.* ♦ La preuve de l'existence d'un mandat donné à un agent immobilier ne peut être rapportée que par un écrit et est soumise aux exigences de l'anc. art. 1341 ; il en résulte qu'il ne peut être prouvé par témoins contre le contenu de ce mandat. • Civ. 3e, 12 avr. 2012, n° 10-28.637 P : *D. 2012. 1126, obs. Rouquet.*

4. ... Dépôt. Si la preuve de la propriété d'un meuble peut se faire par tous moyens quelle que soit sa valeur, la preuve du dépôt d'un meuble dont la valeur excède la somme fixée par décret doit être rapportée conformément aux dispositions des anc. art. 1341 s. (rejet de la demande en revendication des meubles dont il était soutenu qu'ils avaient été mis en dépôt, la preuve du contrat de dépôt n'étant pas rapportée). • Civ. 1re, 20 févr. 1996, n° 94-12.351 P : *Defrénois 1996. 1433, obs. Bénabent.* ♦ V. aussi note 2 ss. art. 1924.

5. ... Louage d'ouvrage. Le paiement de travaux ne peut être ordonné au vu d'une facture établie par l'entrepreneur sans que soit constatée l'existence d'un commencement de preuve par écrit émanant du débiteur prétendu. • Civ. 3e, 21 juill. 1999 : *CCC 2000, n° 3, note Leveneur.* ♦ V. aussi note 33 ss. art. 1787. ♦ Même solution pour des travaux supplémentaires : en présence d'un devis, la somme réclamée au titre des travaux supplémentaires dépassant le montant de 1 500 €, la preuve de la commande doit être rapportée par écrit. • Civ. 3e, 17 nov. 2021, n° 20-20.409 B : *D. 2022. 199, note Siguoirt ; ibid. 431, obs. Bretzner et A. Aynès ; CCC 2022, n° 24, note Leveneur.*

6. ... Contrat de fourniture. Des livraisons d'aliments pour des animaux ayant été effectuées pendant une certaine période, l'éleveur, non commerçant, ne peut être condamné à payer l'ensemble des sommes réclamées par le fournisseur sans que soit relevée l'existence d'un écrit ou d'un commencement de preuve par écrit émanant de l'éleveur pour toutes les livraisons faites. • Civ. 1re, 25 janv. 1989 : *Bull. civ. I, n° 41 ; RTD civ. 1990. 79, obs. Mestre.*

b. Contenu de l'acte

7. Étendue de l'obligation. La preuve de l'étendue contestée d'une obligation née d'un contrat doit être établie conformément à l'anc. art. 1341 même si les parties reconnaissent l'existence de la convention, dès lors que leur désaccord porte, non sur une simple modalité d'exécution de celle-ci, mais sur un élément essentiel à sa validité (en l'espèce, le prix de vente). • Reims, 27 mai 1980 : *Gaz. Pal. 1980. 2. 554 (1re esp.), note L. M.,* sur renvoi après cassation par • Civ. 1re, 27 avr. 1977 : *D. 1977. 413, note Gaury* (même sens). ♦ V. aussi • Civ. 1re, 25 janv. 1989, n° 87-12.938 P : *RTD civ. 1989. 79, obs. Mestre* (étant constaté que du matériel a été livré et utilisé, la preuve de l'existence d'une obligation à l'égard du fournisseur pouvait en être déduite, mais ces constatations ne suffisent pas à établir l'étendue de cette obligation). ♦ *Contra* (preuve libre du contenu d'un acte dont l'existence n'est pas contestée) : • Civ. 10 juill. 1945 : *D. 1946. 181, note Mimin* • Civ. 1re, 20 janv. 1969 : *Bull. civ. I, n° 30.*

8. Clause pénale. Une clause pénale a un objet différent de la convention à laquelle elle s'applique et doit s'analyser non en une modalité nécessaire d'exécution de cette convention, mais en un contrat distinct, soumis dès lors en ce qui concerne la preuve de son existence et de l'étendue des obligations qu'il crée, à l'application de l'anc. art. 1341. • Reims, 23 juin 1980 : *Gaz. Pal. 1980. 2. 554 (2e esp.), note L. M.*

2° PREUVE CONTRE ET OUTRE L'ÉCRIT QUI CONSTATE L'ACTE JURIDIQUE

9. Modification ultérieure du contrat. La preuve de la modification ultérieure d'un contrat d'assurance n'est pas rapportée en l'absence d'un avenant signé par l'assuré ou d'un contrat émanant de lui ou de tout élément constitutif d'un commencement de preuve par écrit. • Civ. 2e, 21 janv. 2021, n° 19-20.699 P : *D. 2021. 134 ; RDI 2021. 361, obs. Noguéro ; RGDA 2021/3. 27, note Landel.*

10. Simulation. Hors le cas de fraude à la loi, la règle de l'anc. art. 1341 s'applique à la preuve, entre les parties à l'acte, de la simulation alléguée par l'une d'elles. • Civ. 3e, 3 mai 1978 : *Bull. civ. III, n° 186* • Civ. 1re, 18 janv. 1988 : *Bull. civ. I., n° 28.* ♦ La quittance d'une somme payée en dehors de la comptabilité d'un notaire ne fait foi que jusqu'à preuve contraire, mais celle-ci ne peut être administrée qu'en conformité avec les règles prévues par les art. 1341 et 1347 anc. C. civ. • Civ. 3e, 10 mars 1993, n° 91-14.781 P : *JCP N 1994. II. 25, note Leveneur ; RTD civ. 1993. 827, obs. Mestre* • 27 févr. 2008, n° 07-10.222 P : *D. 2008. AJ 783 ; Defrénois 2008. 1342, obs. Savaux.* ♦ Rappr. : • Civ. 1re, 4 nov. 2011 : *D. 2012. 63, note J. François ; RTD civ. 2012. 118, obs. Fages ; RTD com. 2012. 169, obs. Legeais.* ♦ Dans le même sens, pour la contestation, par une compagnie d'assurance, des bordereaux attestant de la remise de fonds à un intermédiaire d'assurance les ayant détournés : • Civ. 1re, 19 mars 2009, n° 08-15.251 P.

11. Fausseté de la cause exprimée à l'acte. Dans les rapports entre les parties, la preuve de la fausseté de la cause exprimée à l'acte doit être administrée par écrit, dans les conditions prévues par l'anc. art. 1341. • Civ. 1re, 4 juill. 1995 : *JCP N 1996. 152* (reconnaissance de dette au titre d'un prêt entre époux en instance de divorce : caractère fictif du prêt mentionné dans la reconnaissance de dette non prouvé) • 23 févr. 2012, n° 11-11.230 P : *D. 2012. 635, chron. C. cass., obs. Creton ; ibid. 2012. 993, note Donnette ; RTD civ. 2012. 315, obs. Fages ; JCP 2012, n° 561, § 8, obs. Ghestin ; RDC 2012. 824, obs. Klein* (reconnaissance de dette mentionnant l'exécution de divers travaux). ♦ Comp. avec preuve par tous moyens de l'absence de cause non exprimée à l'acte : • Civ. 1re, 9 nov. 1964 : *Bull. civ. I, n° 490* • Com. 4 juill. 1966 : *JCP 1967. II. 15037, note Lescot* • Civ. 3e, 21 juin 1972 : *Bull. civ. III, n° 416.* ♦ V. aussi (preuve par tous moyens de l'illicéité ou de l'immoralité de la cause) note 3 ss. anc. art. 1132 et note 6 ss. art. 1133 anc.

12. Pouvoir d'interprétation du juge. L'obligation de prouver par écrit un contrat n'interdit pas au juge de l'interpréter et, dans l'exercice de son pouvoir souverain d'interprétation, de retenir qu'une mention de l'acte résultait d'une inadvertance de la dactylographe. • Civ. 1re, 26 avr. 1978 : *Bull. civ. I, n° 152.* ♦ S'il n'est reçu aucune preuve par témoins ou présomptions contre et outre le contenu des actes, cette preuve peut cependant être invoquée pour interpréter un acte obscur ou ambigu. • Civ. 1re, 26 janv. 2012, n° 10-28.356 P : *D. 2012. 352* ; *RTD civ. 2012. 119, obs. Fages* ; *Defrénois 2012. 313, note Dagorne-Labbe* ; *RDC 2012. 819, obs. Libchaber* (erreur matérielle dans la désignation d'un compte par son numéro, alors que l'emprunteur n'avait aucun autre compte du même type dans l'établissement bancaire). ♦ Saisis d'une contestation sur la consistance des biens loués, les juges, qui ont relevé l'imprécision du bail, apprécient souverainement cette consistance. • Civ. 3e, 30 mai 1996, n° 94-16.585 P.

13. ... Prise en compte des présomptions et des témoignages. S'il n'est reçu aucune preuve par témoins ou présomptions contre et outre le contenu des actes, cette preuve peut cependant être invoquée pour interpréter un acte obscur ou ambigu. • Civ. 1re, 26 janv. 2012, n° 10-28.356 P : *D. 2012. 352* ; *RTD civ. 2012. 119, obs. Fages* ; *Defrénois 2012. 313, note Dagorne-Labbe* ; *RDC 2012. 819, obs. Libchaber* (erreur matérielle dans la désignation d'un compte par son numéro, alors que l'emprunteur n'avait aucun autre compte du même type dans l'établissement bancaire).

B. LIMITES DE L'EXIGENCE DE LA PREUVE LITTÉRALE

14. V. art. 1358, 1360, 1361, 1362.

Art. 1360 *(Ord. n° 2016-131 du 10 févr. 2016, art. 4, en vigueur le 1er oct. 2016)* **Les règles prévues à l'article précédent reçoivent exception en cas d'impossibilité matérielle ou morale de se procurer un écrit, s'il est d'usage de ne pas établir un écrit, ou lorsque l'écrit a été perdu par force majeure.** – *Dispositions transitoires, V. Ord. n° 2016-131 du 10 févr. 2016, art. 9, ss. art. 1386-1.*

Comp. C. civ., art. 1348 anc.

1. Impossibilité d'établir un écrit. Une partie incapable d'écrire est dans l'impossibilité de produire une preuve littérale. • Civ. 1re, 13 mai 1964 : *Bull. civ. I, n° 251.*

2. L'impossibilité morale dispense non seulement de la présentation d'un écrit, mais aussi de celle d'un commencement de preuve par écrit. • Civ. 1re, 29 janv. 2014 : *D. 2014. 709, note Garaud* (cassation de l'arrêt qui exige un commencement de preuve par écrit). ♦ Mais elle ne dispense pas le demandeur de prouver par tous moyens l'obligation dont il réclame l'exécution. • Civ. 1re, 19 oct. 2016, n° 15-27.387 P : *D. 2016. 2169* ; *AJ fam. 2016. 608, obs. Hilt* ; *RTD civ. 2017. 472, obs. Vareille* ; *Gaz. Pal. 2016. 3342, note Lasserre-Capdeville* (en l'espèce, remise de chèques antérieure au mariage, l'époux se prévalant d'un prêt).

3. Impossibilité morale. Les juges du fond apprécient souverainement le point de savoir si une partie s'est trouvée dans l'impossibilité morale d'exiger un écrit. • Civ. 3e, 24 oct. 1972 : *Bull. civ. III, n° 540.* – Jurisprudence constante. ♦ Mais cassation de l'arrêt qui n'explicite pas en quoi les relations familiales entre le fils et le père n'auraient pas constitué une impossibilité morale d'exiger un écrit. • *Civ. 3e, 14 janv. 2014* : *D. 2014. 709, note Garaud* .

4. ... Liens de parenté ou d'affection. Ainsi, il appartient aux juges du fond de rechercher s'il existait en la cause des circonstances particulières d'où résultait l'impossibilité morale pour une concubine de se procurer un écrit constatant un prêt à son concubin. • Civ. 1re, 10 oct. 1984 : *Gaz. Pal. 1985. 1. 186, note J. M.* ; *RTD civ. 1985. 733, obs. Mestre.* ♦ Les liens particuliers et quasi familiaux d'estime et d'affection qui s'étaient établis entre les parties ont pu placer le débiteur dans l'impossibilité morale de se procurer une preuve littérale du paiement de la rente viagère qu'il devait. • Civ. 3e, 7 janv. 1981 : *Bull. civ. III, n° 7.* ♦ V. aussi, pour la prise en considération de relations de parenté, • Civ. 1re, 6 déc. 1972 : *Bull. civ. I, n° 279* • Grenoble, 12 avr. 1967 : *D. 1967. 496* ; *RTD civ. 1967. 814, obs. Chevallier* • Civ. 1re, 16 déc. 1997, n° 95-19.926 P. ♦ ... Ou d'alliance, • Civ. 1re, 27 juin 1973 : *Bull. civ. I, n° 220.*

5. ... Rapports de confiance. Les juges apprécient souverainement l'impossibilité morale dans laquelle un avocat se trouve de fournir une preuve littérale du mandat donné par son client, en raison des rapports de confiance qui le liaient à ce dernier. • Civ. 1re, 9 mai 1996, n° 94-14.022 P.

6. Usage. L'existence d'un usage ne dispense une partie de fournir une preuve littérale de l'obligation dont elle réclame l'exécution que s'il est constaté que cet usage place cette partie dans l'impossibilité de se procurer une preuve écrite. • Civ. 1re, 17 mars 1982 : *Bull. civ. I, n° 114.* ♦ V. conf. • TGI Saintes, 2 juill. 1991 : *D. 1992. 466, note Beignier* , confirmé par • Poitiers, 25 nov. 1992 : *D. 1993. IR 117* (usage professionnel en agriculture) • Civ. 1re, 28 févr. 1995 : *Defrénois 1995. 1043, obs. D. Mazeaud* ; *CCC 1995. 83, note Leveneur* ; *RTD civ. 1996. 174, obs. Mestre* (usage professionnel en agriculture ; vente de fumier). • Com. 22 mars 2011, n° 09-72.426 P : *D. 2011. 1076, obs. Delpech* ; *ibid. Chron. C. cass. 2687, obs. Arbellot* ; *RTD civ. 2011. 491, obs. Deumier* ; *RLDC 2011/82, n° 4227, obs. Paulin* ; *RDC 2011. 869, note Libchaber* (usage en matière agricole qui autorise les parties à conclure verbalement les ventes d'aliments pour le bétail). ♦ En retenant qu'en raison d'un usage, dont ils ont souverainement apprécié l'existence, il y avait impossibilité morale de se procurer une preuve écrite, les juges du fond n'entendent pas faire prévaloir un usage sur les dispositions de l'anc. art. 1341 C. civ. • Civ. 1re, 15 avr. 1980 : *Bull. civ. I, n° 113.*

7. Tradition orale. La tradition orale ayant pu conduire les parties à un échange de terres à ne pas conserver l'acte sous signature privée original, prise en compte de la transcription hypothécaire de celui-ci, qui avait été conservée dans des conditions adéquates, en reproduisait littéralement la traduction, effectuée par un interprète assermenté ; la cour d'appel a pu en déduire que cette transcription du titre original en constituait une copie, dont elle a souverainement apprécié le caractère fidèle et durable. • Civ. 3e, 19 nov. 2020, n° 19-18.845 P : *D. 2020. 2343 ; RTD civ. 2021. 143, obs. Barbier .*

8. Impossibilité de produire un écrit antérieurement établi. Application de l'art. 1348 anc. à un acte de reconnaissance d'enfant naturel. • Civ. 1re, 10 oct. 1984 : *D. 1985. 85, note J. M.*

9. Perte fortuite : testament. Les juges ne peuvent déclarer admissible la preuve par témoins de l'existence et du contenu d'un testament au motif que la disparition de ce testament est le fait d'un tiers, sans caractériser le fait constitutif d'un cas fortuit ou d'une force majeure. • Civ. 1re, 9 janv. 1979 : *Bull. civ. I, n° 13.* ♦ La perte du testament par un avocat ne constitue ni un cas fortuit ni un cas de force majeure. • Civ. 1re, 12 nov. 2009, n° 08-17.791 P : *D. 2010. Chron. C. cass. 522, n° 4, obs. Auroy ; ibid. 688, note Dagorne-Labbe ; JCP 2010, n° 203, § 12, obs. Le Guidec ; AJ fam. 2010. 41, obs. Bicheron ; JCP 2009. 584, note Binet ; Dr. fam. 2009, n° 153, note Beignier ; RJPF 2010-2/41, note Casey ; RLDC 2010/67, n° 3694, obs. Pouliquen.* ♦ Mais l'original, remis à l'expert judiciaire commis n'ayant, malgré les recherches, pu être retrouvé après le décès de ce dernier, la perte du testament ainsi due à un fait extérieur, irrésistible et imprévisible, caractérise un cas de force majeure. • Civ. 1re, 31 mars 2016, n° 15-12.773 P : *AJ fam. 2016. 266, obs. Levillain ; JCP N 2016, n° 1212, note Binet.*

Est à bon droit rejetée la demande en pétition d'hérédité de l'association qui, ne détenant qu'une photocopie du testament, ne rapporte pas la preuve que la destruction de l'acte original était fortuite et indépendante de toute volonté de son rédacteur. • Civ. 1re, 13 déc. 2005, n° 04-19.064 P : *D. 2006. IR 102 ; AJ fam. 2006. 73, obs. Bicheron ; JCP N 2006. 1169 et Dr. fam. 2006, n° 64, note Binet.* ♦ Il appartient à celui qui se prévaut de la copie d'un testament de rapporter la preuve que cette copie est une reproduction fidèle et durable de l'original qui a existé jusqu'au décès du testateur et n'a pas été détruit par lui, de sorte qu'il est la manifestation de ses dernières volontés. • Civ. 1re, 22 oct. 2008 : *LPA 16 avr. 2009, note Delavaquerie.* ♦ Le cas fortuit établi, il incombe en outre à la personne qui se prévaut du testament, l'authenticité de celui-ci étant contestée, de rapporter la preuve par tous moyens que le *de cujus* en était bien l'auteur. • Civ. 1re, 2 mars 2004 : *AJ fam. 2004. 143, obs. Deis-Beauquesne ; Dr. fam. 2004, n° 55, note B. B.*

10. ... Titres de créance. Il appartient au juge d'apprécier les cas où le créancier a perdu le titre qui lui servait de preuve littérale par suite d'un cas fortuit imprévu et résultant d'une force majeure. • Civ. 1re, 21 janv. 1963 : *Bull. civ. I, n° 43.* ♦ La perte du titre alléguée, en l'absence de toute justification des circonstances qui l'auraient entraînée, ne peut être assimilée à un cas de force majeure. • Civ. 3e, 15 mai 1973, n° 72-11.819 P.

11. ... Reçus. La perte par un notaire des reçus à lui délivrés par les créanciers d'une soulte pour constater la remise des fonds constitue pour le débiteur de la soulte un cas fortuit. • Civ. 1re, 17 déc. 1991, n° 90-15.642 P.

12. Commencement de preuve par écrit. V. notes ss. art. 1362.

Art. 1361 *(Ord. n° 2016-131 du 10 févr. 2016, art. 4, en vigueur le 1er oct. 2016)* **Il peut être suppléé à l'écrit par l'aveu judiciaire, le serment décisoire ou un commencement de preuve par écrit corroboré par un autre moyen de preuve.** — *Dispositions transitoires, V. Ord. n° 2016-131 du 10 févr. 2016, art. 9, ss. art. 1386-1.*

Comp. C. civ., art. 1347 anc., 1356 anc.

1. Aveu judiciaire. V. notes ss. art. 1383 et 1383-2.

2. Serment décisoire. V. notes ss. art. 1384 à 1385-4.

3. Commencement de preuve par écrit. V. notes ss. art. 1362. ♦ A défaut d'écrit signé par les parties, la preuve d'une convention d'honoraires d'un avocat peut être rapportée, conformément aux règles fixées aux art. 1361 et 1362. Mais, en l'absence d'une convention d'honoraires signée, le seul règlement partiel des honoraires est insuffisant à suppléer à cet écrit. • Civ. 2e, 9 févr. 2023, n° 21-10.622 B.

Art. 1362 *(Ord. n° 2016-131 du 10 févr. 2016, art. 4, en vigueur le 1er oct. 2016)* **Constitue un commencement de preuve par écrit tout écrit qui, émanant de celui qui conteste un acte ou de celui qu'il représente, rend vraisemblable ce qui est allégué.**

Peuvent être considérés par le juge comme équivalant à un commencement de preuve par écrit les déclarations faites par une partie lors de sa comparution personnelle, son refus de répondre ou son absence à la comparution.

La mention d'un écrit authentique ou sous signature privée sur un registre public vaut commencement de preuve par écrit. — *Dispositions transitoires, V. Ord. n° 2016-131 du 10 févr. 2016, art. 9, ss. art. 1386-1.*

Comp. C. civ., art. 1347 anc.

I. COMMENCEMENT DE PREUVE PAR ÉCRIT

A. ACTE PAR ÉCRIT

1. Acte exprimant une fausse cause. Un acte qui exprime une cause fausse est susceptible de constituer un commencement de preuve par écrit, dès lors qu'il répond aux conditions posées. • Civ. 1re, 9 déc. 1981 : *Bull. civ. I, n° 376.*

2. Écrit ne répondant pas aux conditions de l'art. 1326 anc. Faisant application de l'art. 1347 anc., les juges du fond peuvent se fonder sur des écrits ne comportant pas toutes les mentions requises par l'art. 1326 anc., écrits confortés par des témoignages et des présomptions dont ils apprécient souverainement la valeur probante. • Civ. 1re, 27 mai 1986 : *Bull. civ. I, n° 141* • 16 déc. 1981 : *ibid. I, n° 388* (engagement de caution ne contenant pas la mention manuscrite de la somme cautionnée). ♦ Un acte de cautionnement non valable comme ne contenant pas l'indication du nom du débiteur peut constituer un commencement de preuve par écrit. • Civ. 1re, 20 oct. 1993 : *JCP 1994. II. 22351, note Simler.* ♦ Même solution pour une reconnaissance de dette ne comportant pas la mention manuscrite en lettres de la somme prêtée. • Civ. 1re, 1er févr. 2005, n° 02-13.329 P.

3. Signature raturée. Le créancier qui a raturé la signature portée par son débiteur sur la reconnaissance de dette a fait perdre à cet écrit sa force probante et sa valeur de titre, faisant de ce document un simple commencement de preuve par écrit. • Civ. 1re, 16 juin 1993, n° 91-20.105 P.

4. Chèques. Des chèques dont les signatures ne sont pas contestées et portant indication des sommes dues en chiffres et en lettres n'ont pas valeur de reconnaissances de dettes, mais, représentant des mandats de payer donnés par le tireur au tiré, ne constituent que des écrits rendant vraisemblable l'existence de la créance invoquée par le bénéficiaire à l'encontre du tireur. • Com. 5 févr. 1991, n° 89-16.333 P • Civ. 1re, 10 mars 1992, n° 90-21.074 P (pour un chèque non daté). ♦ Comp. : en l'absence des mentions exigées par l'art. L. 131-2 C. mon. fin., le chèque ne vaut plus que comme commencement de preuve de la créance. • Com. 16 déc. 2014, n° 13-20.895 P. ♦ V. aussi note 12.

5. Virement bancaire. Peut constituer un commencement de preuve par écrit un ensemble de virements bancaires dont le libellé mentionne précisément une prestation, l'auteur de ces prestations demandant le paiement des sommes restant dues. • Civ. 1re, 25 juin 2008 : *CCC 2008, comm. n° 256, obs. Leveneur.*

6. Dépôt d'espèces avec bordereau renseigné. La pratique bancaire a développé, pour le dépôt d'espèces dans une boîte aux lettres ou une machine automatique, l'usage d'une enveloppe spécifique avec bordereau renseigné par le client et destinée à recevoir chèques ou espèces ; la lettre dans laquelle la banque reconnait avoir retrouvé le double du bordereau de remise vaut commencement de preuve par écrit, complété par des éléments extrinsèques de nature à prouver le dépôt d'espèces litigieux. • Com. 24 janv. 2018, n° 16-19.866 P : *D. 2018. 236 ; AJ contrat 2018. 195, obs. Douville ; RTD civ. 2018. 415, obs. Barbier ; JCP 2018, n° 352, note Lasserre Capdeville.* ♦ La clause, mentionnée par la banque sur le bordereau, selon laquelle la remise de fonds par le truchement d'un guichet automatique ne donne lieu qu'à la délivrance d'un ticket mentionnant pour mémoire la somme prétendument remise et que le client ne peut prétendre établir la preuve du montant du dépôt par la simple production dudit ticket, sauf à être abusive, ne saurait priver le client de la possibilité de faire la preuve du dépôt par tout autre moyen. • Même arrêt.

7. Testament. Peut valoir commencement de preuve par écrit un testament révoqué postérieurement à l'acte litigieux. • Aix-en-Provence, 23 juin 1987 : *Gaz. Pal. 1987. 2. 622, note Simon et Putman.*

8. Lettre. Constitue un commencement de preuve par écrit rendant vraisemblable l'existence d'un mandat verbal donné à une agence immobilière, une lettre en réponse à un compte rendu de l'agence, qui « intégrait intellectuellement » le premier document. • Civ. 1re, 20 avr. 1983 : *Bull. civ. I, n° 126.*

9. Acte non signé. Un texte dactylographié peut constituer un commencement de preuve par écrit, bien que non signé, dès lors que la partie à laquelle on l'oppose reconnaît qu'elle l'a elle-même dactylographié et qu'il est son œuvre matérielle et intellectuelle. • Civ. 1re, 17 janv. 1961 : *Bull. civ. I, n° 41.* ♦ Solution inverse, en présence d'actes ultérieurs de refus de la partie. • Civ. 1re, 16 janv. 2007, n° 05-19.832 P : *Dr. fam. 2007, n° 195, note Naudin.*

L'annexe d'une promesse de vente d'un navire, signée par le seul vendeur, qui mentionne les accessoires vendus avec le navire peut constituer un commencement de preuve par écrit en ce qu'elle émane de l'acquéreur, auquel elle est opposée, permettant de rechercher si cet écrit rend vraisemblables les faits allégués par les acquéreurs. • Com. 17 juin 2020, nº 18-23.620 P : *D. 2020. 1358 ; RTD com. 2020. 700, obs. Bouloc*.

10. Copies. Les copies peuvent valoir comme commencement de preuve par écrit. Les juges du fond peuvent fonder leur conviction sur des doubles d'une facture obtenus à l'aide de papiers carbone, joints à d'autres indices qui les confortent. • Civ. 1re, 27 mai 1986 : *Bull. civ. I, nº 141 ; Gaz. Pal. 1987. 1. Somm. 54, obs. Croze et Morel ; RTD civ. 1987. 765, obs. Mestre.* ♦ Dans le même sens, pour une photocopie : • Civ. 1re, 14 févr. 1995 : *D. 1995. 340, note S. Piedelièvre ; JCP 1995. II. 22402, note Chartier ; RTD civ. 1996. 174, obs. Mestre*. ♦ Comp. • Com. 2 déc. 1997, nº 95-14.251 P : *D. 1998. 192, note D. R. Martin ; JCP 1998. II. 10097, note Grynbaum ; JCP E 1998. 178, note Bonneau :* (l'écrit constituant l'acte d'acceptation d'une cession de créance professionnelle peut être établi et conservé sur tout support, y compris par télécopies, dès lors que son intégrité et l'imputabilité de son contenu à l'auteur désigné ont été vérifiées ou ne sont pas contestées). – Sur cet arrêt, V. P. Catala et Gautier, *JCP 1998, nº 21-22, Actualité.* ♦ V. art. 1316-1 à 1316-4.

11. Déclarations verbales consignées dans un acte public. Des déclarations verbales relatées dans un écrit peuvent valoir commencement de preuve par écrit. • Req. 17 juill. 1934 : *DH 1934. 475* (déclarations des parties reproduites dans les motifs d'un jugement) • Civ. 1re, 15 juill. 1957 : *Bull. civ. I, nº 329* (déclarations consignées dans un procès-verbal de gendarmerie). ♦ Les juges du fond apprécient souverainement si l'absence d'une partie à la comparution personnelle qu'ils ont ordonnée équivaut à un commencement de preuve par écrit. • Soc. 16 oct. 1991, nº 88-43.456 P. ♦ Mais, en déduisant l'existence d'un commencement de preuve par écrit des seules réponses mentionnées par un huissier de justice dans des sommations interpellatives, les juges du fond violent l'art. 1347 anc. • Civ. 3e, 10 avr. 1986 : *Bull. civ. III, nº 40* • Civ. 1re, 8 juin 1999, nº 97-11.927 P • Civ. 3e, 29 sept. 2016, nº 15-20.177 P. ♦ Conf., pour un versement fait entre les mains d'un notaire, • Civ. 3e, 23 avr. 1997, nº 95-15.520 P : *RTD civ. 1998. 106, obs. Mestre*.

B. ACTE ÉMANANT DE LA PERSONNE À LAQUELLE IL EST OPPOSÉ

12. Pour valoir commencement de preuve, l'écrit doit émaner de la personne à laquelle il est opposé et non de celle qui s'en prévaut. • Civ. 1re, 11 avr. 1995 : *JCP 1995. II. 22554, note S. Piedelièvre* (ne peut faire preuve du prêt le chèque établi par le prétendu prêteur à l'ordre du prétendu emprunteur). ♦ Comp., pour un chèque endossé par le bénéficiaire : • Civ. 1re, 18 juill. 1995 : *eod. loc.* • 10 mai 1995, nº 93-12.133 P : *Gaz. Pal. 1996. 1. Somm. 244, obs. Croze et Morel ; RTD civ. 1996. 171, obs. Mestre*. ♦ V. cependant • Civ. 1re, 3 juin 1998 : *cité note 14.* ♦ L'envoi de bulletins d'adhésion et d'un chèque d'acompte ne vaut pas commencement de preuve par écrit du contrat d'assurance à l'égard de l'assureur. • Civ. 1re, 10 juill. 2002, nº 99-15.430 P. ♦ Le relevé informatique émanant de la société de téléphonie ne saurait constituer un commencement de preuve par écrit de la créance litigieuse à l'égard de celui qui conteste avoir souscrit un abonnement. • Civ. 1re, 12 juill. 2005, nº 04-15.314 P : *D. 2005. IR 2177 ; CCC 2006, nº 3, note Leveneur.* ♦ L'écrit invoqué doit être l'œuvre personnelle de la partie à laquelle on l'oppose, soit qu'il émane d'elle-même, soit qu'il émane de ceux qu'elle représente ou qui l'ont représentée ; du moins, cette partie doit se l'être rendu propre par une acceptation expresse ou tacite. • Civ. 3e, 29 févr. 1972 : *Bull. civ. III, nº 142.* ♦ Le commencement de preuve par écrit peut émaner du mandataire de celui à qui on l'oppose. • Civ. 1re, 28 juin 1989 : *Bull. civ. I, nº 263 ; RTD civ. 1990. 286, obs. Mestre*.

C. ACTE RENDANT VRAISEMBLABLE LE FAIT ALLÉGUÉ

13. Probabilité. La vraisemblance n'est pas l'apparence de la vérité, mais ce qui est probable et il ne suffit pas que le fait allégué soit simplement possible. • Colmar, 12 nov. 1948 : *D. 1949. 72.*

14. Absence d'équivoque. Le caractère équivoque des documents produits est exclusif de la condition de vraisemblance du fait allégué. • Com. 4 déc. 1956 : *Bull. civ. III, nº 322.* ♦ Cassation de l'arrêt qui retient que l'endossement d'un chèque par le bénéficiaire constitue un commencement de preuve par écrit rendant vraisemblable le prêt invoqué, alors qu'il démontre seulement la réalité de la remise de fonds. • Civ. 1re, 3 juin 1998, nº 96-14.232 P : *D. 1999. 453, note Ravigneaux ; JCP 1999. II. 10062, note Prieur ; Defrénois 1999. 99, note S. Piedelièvre.*

15. Appréciation souveraine des juges du fond. Les juges du fond apprécient souverainement si un écrit rend vraisemblable le fait allégué. Leur appréciation, dès lors qu'aucune dénaturation n'est invoquée, échappe au contrôle de la Cour de cassation. • Civ. 1re, 1er déc. 1965 : *Bull. civ. I, nº 670* • 21 oct. 1997, nº 95-18.787 P.

D. FORMALITÉ DÉFAILLANTE NON EXIGÉE POUR LA VALIDITÉ

16. Une promesse unilatérale de vente afférente à un immeuble constatée par un acte sous seing privé est nulle à défaut d'enregistrement dans le délai de dix jours à compter de la date de son acceptation par le bénéficiaire (CGI, art. 1840 A ; V. art. 1589-2 C. civ.) et l'acte ne peut être retenu comme commencement de preuve par écrit, la promesse frappée de nullité étant insusceptible d'être établie par quelque mode de preuve que ce soit. • Civ. 3e, 2 juin 1993, n° 91-12.347 P.

II. PREUVE COMPLÉMENTAIRE

17. Exigence. Il appartient au demandeur qui a rapporté un commencement de preuve par écrit de le parfaire par d'autres éléments tels que témoignages ou indices et les juges du fond apprécient souverainement si ce complément de preuve a été fourni. • Civ. 1re, 12 juill. 1972 : *Bull. civ. I, n° 185.* ♦ Un chèque, mandat de payer donné par le tireur au tiré, ne constitue qu'un écrit rendant vraisemblable la créance invoquée par le bénéficiaire contre le tireur. Des chèques non remis à l'encaissement ne suffisent pas à faire preuve de l'obligation si ce commencement de preuve par écrit n'est complété par aucun autre élément de preuve. • Civ. 1re, 8 juill. 1986 : *Bull. civ. I, n° 203.* ♦ Sur le complément de preuve à fournir en cas de mandat sous seing privé de se porter caution, irrégulier au regard de l'art. 1326 anc. C. civ., mais valant commencement de preuve par écrit, V. • Civ. 1re, 2 juill. 1996, n° 94-15.586 P : *D. 1997. Somm. 164 (5e esp.), obs. Aynès ; RTD civ. 1996. 665, obs. Bandrac.* ♦ Le double d'un acte (reconnaissance de dette) irrégulier au regard de l'art. 1326 anc. ne peut servir de complément de preuve. • Civ. 1re, 4 mars 1997, n° 94-17.754 P : *JCP 1997. II. 22954, note Gonon ; ibid. I. 4056, nos 12 s., obs. Virassamy ; Defrénois 1997. 743, obs. Aubert, et 1011, obs. Delebecque ; Gaz. Pal. 1998. 1. Somm. 352, obs. S. Piedelièvre ; RTD civ. 1998. 108, obs. Mestre.*

18. Nature : éléments extérieurs à l'acte. Pour compléter un commencement de preuve par écrit, les juges du fond doivent se fonder sur des éléments extérieurs à l'acte lui-même, tels que témoignages, indices ou présomptions. • Civ. 1re, 16 janv. 1985 : *Bull. civ. I, n° 24* • Com. 31 mai 1994, n° 92-10.795 P (impossibilité de compléter un acte de cautionnement pris comme commencement de preuve par écrit en tirant du corps de l'acte les précisions relatives aux intérêts ne figurant pas dans la mention manuscrite) • 31 mai 1994, n° 92-19.316 P : *R., p. 331 ; RTD civ. 1994. 902, obs. Bandrac.* ♦ Les éléments extrinsèques susceptibles de compléter le commencement de preuve constitué par un acte de cautionnement dont la mention manuscrite est irrégulière ne peuvent être puisés dans les autres énonciations de l'acte. • Civ. 1re, 5 mai 2004, n° 02-17.155 P : *D. 2004. Somm. 2708, obs. Aynès ; CCC 2004, n° 105, note Leveneur ; Dr. et patr. 10/2004. 109, obs. B. Saint-Alary.*

19. ... Éléments portés sur l'acte. Mais le fait que la mention incomplète ait été portée par la caution au pied de l'acte définissant avec toutes les précisions nécessaires l'engagement du débiteur constitue l'élément extérieur propre à compléter la preuve. • Civ. 1re, 9 déc. 1997, n° 95-19.485 P : *D. 1999. 322, note Brémond ; RTD civ. 1998. 109, obs. Mestre.* – Dans le même sens : • Civ. 1re, 12 janv. 1999, n° 96-14.047 P • 12 mars 2002, n° 99-15.059 P : *D. 2002. AJ 1344* • Com. 1er oct. 2002, n° 98-23.342 P : *R., p. 441 ; D. 2002. Somm. 3333, obs. Aynès ; RTD civ. 2003. 122, obs. Crocq* • Civ. 1re, 26 nov. 2002, n° 99-21.562 P. ♦ V. aussi : • Civ. 1re, 15 janv. 2002, n° 98-22.113 P : *D. 2002. AJ 720 ; JCP 2002. I. 162, n° 5, obs. Simler ; JCP E 2002. 592, note D. Legeais ; RTD civ. 2003. 122, obs. Crocq* (paraphes portés par la caution à l'acte principal) • 15 janv. 2002 : *eod. loc.* (signature par la caution de l'acte principal) • 29 oct. 2002 : *préc. note 13 ss. art. 1326 anc.* (*idem*). ♦ La mention de la présence de deux témoins, avec leur signature précédée de leur nom manuscrit, sont des éléments extrinsèques à la reconnaissance de dette, même s'ils figurent sur l'acte lui-même. • Civ. 1re, 1er févr. 2005 : *préc. note 2.* ♦ Mais, à l'égard d'un mandat de se porter caution, irrégulier au regard de l'art. 1326 anc., ne constituent des éléments extrinsèques propres à prouver qu'à la date de la signature du mandat la caution avait connaissance de la nature et de l'étendue de l'engagement à contracter en son nom, ni l'annexion du mandat à l'acte authentique de prêt, ni l'intervention personnelle du mandataire à cet acte. • Civ. 1re, 4 juin 2002, n° 99-21.470 P : *D. 2002. AJ 2119 ; LPA 9 oct. 2002, note Houtcieff.*

20. ... Refus de s'expliquer. Des présomptions tirées du refus d'une partie de s'expliquer sur le sens qu'elle entend donner à sa signature, et de ses réticences et arguties, sont des éléments qui ne sont pas intrinsèques à l'acte. • Civ. 1re, 23 janv. 1996, n° 94-12.931 P.

21. ... Autres illustrations. Tout élément, fût-il extérieur à celui à qui on l'oppose, peut compléter un commencement de preuve par écrit. • Com. 31 mai 1994, n° 90-13.219 P. ♦ Ainsi, un gérant de société s'étant porté caution pour cette société, et l'acte de cautionnement, insuffisamment précis au regard de l'art. 1326 anc., valant comme commencement de preuve par écrit, la fonction exercée dans la société par la caution constitue un élément extrinsèque pouvant être de nature à compléter ce commencement de preuve par écrit. • Même arrêt • Com. 31 mai 1994, n° 92-19.316 P : *R., p. 331 ; RTD civ. 1994. 902, obs. Bandrac* • Com. 3 avr. 2002, n° 98-21.373 P : *D. 2002. AJ 1547, obs. Avena-Robardet* (dirigeant social en même temps directeur technique salarié). ♦ Également en ce sens : • Com. 1er juin 1993, n° 91-

10.198 P : *RTD civ. 1993. 861, obs. Bandrac* • Civ. 1re, 12 janv. 1999 : *préc. note 18* • Com. 18 mai 1999, n° 96-13.796 P • 23 mai 2000, n° 97-12.493 P : *R., p. 370 ; D. 2001. Somm. 690, obs. Aynès ; CCC 2000, n° 138, note Leveneur.* ♦ Même solution pour un dirigeant de fait : • Com. 14 déc. 1993, n° 91-21.896 P. ♦ ... Pour un directeur technique de la société cautionnée, de surcroît concubin de la gérante : • Civ. 1re, 13 nov. 1997, n° 95-21.401 P : *D. Affaires 1998. 108, obs. V. A.-R.* ♦ Mais la qualité d'associé, fût-il majoritaire, est impropre, à elle seule, à compléter valablement le commencement de preuve par écrit. • Com. 31 mai 1994, n° 91-19.316 P : *R., p. 331 ; RTD civ. 1994. 902, obs. Bandrac*. ♦ Dans le même sens, pour l'existence de liens familiaux entre le débiteur principal et la caution. • Civ. 1re, 10 mai 2000 : *cité note 25.* ♦ Comp., pour la qualité de porteur de parts majoritaire, jointe à la fourniture par la caution des documents nécessaires à l'inscription d'une hypothèque légale du Trésor : • Com. 11 juin 2003 : *cité note 25.*

22. Déclarations de la partie adverse. Le complément de preuve à un commencement de preuve par écrit, qui est à la charge du demandeur, peut résulter des déclarations faites par une autre partie lors d'une comparution personnelle. • Civ. 1re, 9 déc. 1981 : *Bull. civ. I, n° 376.*

23. Aveu extrajudiciaire. Un aveu extrajudiciaire, même postérieur à l'acte irrégulier, peut valablement le compléter. • Civ. 1re, 29 oct. 2002, n° 00-15.834 P : *D. 2002. AJ 3203 ; Defrénois 2003. 258, obs. Aubert* (pour un mandat de se porter caution).

24. Actes d'exécution. Des actes d'exécution sont de nature à compléter un commencement de preuve par écrit. • Civ. 1re, 22 juill. 1975, n° 74-12.425 P.

25. Pouvoir souverain des juges du fond. Les juges du fond apprécient souverainement les éléments de preuve complémentaires fournis par une partie ; cette appréciation ne relève pas du contrôle de la Cour de cassation. • Civ. 1re, 10 mai 2000, n° 98-11.345 P : *D. 2001. Somm. 691, obs. Aynès ; RJPF 2000-9/44 note Valory* • Civ. 2e, 27 juin 2002, n° 98-17.028 P : *D. 2002. Somm. 3333, obs. Aynès* • Com. 11 juin 2003, n° 00-18.390 P : *R., p. 395 ; D. 2003. AJ 2311 ; JCP 2003. I. 176, n° 3, obs. Simler ; CCC 2003, n° 151, note Leveneur ; LPA 24 nov. 2003, note Houtcieff* • Civ. 1re, 4 oct. 2005, n° 02-13.395 P. – V. aussi • Civ. 1re, 1er févr. 2005 : *préc. note 2.*

CHAPITRE III LES DIFFÉRENTS MODES DE PREUVE

(Ord. n° 2016-131 du 10 févr. 2016, art. 4, en vigueur le 1er oct. 2016)

SECTION 1 La preuve par écrit

(Ord. n° 2016-131 du 10 févr. 2016, art. 4, en vigueur le 1er oct. 2016)

SOUS-SECTION 1 Dispositions générales

(Ord. n° 2016-131 du 10 févr. 2016, art. 4, en vigueur le 1er oct. 2016)

Art. 1363 *(Ord. n° 2016-131 du 10 févr. 2016, art. 4, en vigueur le 1er oct. 2016)* **Nul ne peut se constituer de titre à soi-même.** — *Dispositions transitoires, V. Ord. n° 2016-131 du 10 févr. 2016, art. 9, ss. art. 1386-1.*

BIBL. ▸ MOULY-GUILLEMAUD, *RTD civ. 2018. 45*.

1. V. note 16 ss. art. 1353.

2. Pour une application du principe, V. art. 1378-1.

Art. 1364 *(Ord. n° 2016-131 du 10 févr. 2016, art. 4, en vigueur le 1er oct. 2016)* **La preuve d'un acte juridique peut être préconstituée par un écrit en la forme authentique ou sous signature privée.** — *Dispositions transitoires, V. Ord. n° 2016-131 du 10 févr. 2016, art. 9, ss. art. 1386-1.*

Comp. projet de réforme du 25 févr. 2015, art. 1364 (Projet).

Art. 1365 *(Ord. n° 2016-131 du 10 févr. 2016, art. 4, en vigueur le 1er oct. 2016)* **L'écrit consiste en une suite de lettres, de caractères, de chiffres ou de tous autres signes ou symboles dotés d'une signification intelligible, quel que soit leur support.** — *Dispositions transitoires, V. Ord. n° 2016-131 du 10 févr. 2016, art. 9, ss. art. 1386-1.*

Comp. C. civ., art. 1316 anc.

BIBL. ▸ **Notion d'écrit :** GONTHIER, *JCP N 1999. 1781.* ▸ **Informatique :** BENSOUSSAN, *Gaz. Pal. 1991. 2. Doctr. 361.* – BLANCHETTE, *CCE 2005. Étude 13* (modernité et intelligibilité du droit de la preuve français). – BRAHMI, *LPA 19 févr. 2002* (preuve électronique et dématérialisation). – BRÉBAN et POTTIER, *Gaz. Pal. 1996. 1. Doctr. 276 ; ibid. 2. Doctr. 863.* – CAPRIOLI, *Dr. et patr.*

12/1997. 56. – CAPRIOLI et CANTERO, *Dr. et patr. 5/2001. 68* (traçabilité et preuve électronique). – P. CATALA, *Mél. Cabrillac, Litec, 1999, p. 91* (écriture électronique et actes juridiques). – CROZE, *D. 1987. Chron. 165.* – GAMET, *RRJ 2001/2. 535* (écrit électronique et droit de la preuve). – J. HUET, *JCP 1983. I. 3095 ; ibid. 1989. I. 3406 ; D. 1991. Chron. 181* ; *Archives Phil. dr., t. 43, 1999, p. 163* (preuve et sécurité juridique dans l'immatériel). – DE LAMBERTERIE, *Mél. Tallon, Soc. légis. comp., 1999, p. 119* (l'écrit dans la société de l'information). – P. LECLERQ, *Trav. Assoc. Capitant, XXXVII-1986, p. 181* (nouveaux moyens de reproduction et droit de la preuve). – PIETTE-COUDOL, *CCE 2002. Chron. 12 et 14* (conservation et archivage de l'écrit électronique). – PISANI, *Archives Phil. dr., t. 43, 1999, p. 153* (l'acte dématérialisé). – PRÜM, *Mél. Cabrillac, préc., p. 255* (acte sous seing privé électronique).

▸ **Loi du 13 mars 2000 sur la preuve électronique :** CAPRIOLI, *JCP 2000. I. 224 ; JCP E 2000, n° 30, suppl., p. 2.* – CASTETS-RENARD, *Defrénois 2006. 1529* (formalisme du contrat électronique). – GAUTIER et LINANT DE BELLEFONDS, *JCP 2000. I. 236.* – J. HUET, *1804-2004 Le code civil, Dalloz, 2004, p. 539* (contrats électroniques). – MERCOLI, *JCP N 2001. 44* (date des actes sous seing privé). – MORENO, *LPA 27 sept. 2000.* – NATAF et LIGHTBURN, *JCP E 2000. 836.* – RAYNOUARD, *Defrénois 2000. 593.* – ROCHFELD, *chron. lég. RTD civ. 2000. 423.* – RUET, *BJB mai-juin 2000* (preuve électronique et transactions financières). – SCHWERER, *CCC 2000. Chron. 16* (commerce électronique). – TRÉBULLE, *LPA 20 avr. 2000.* ▸ **Projet de loi sur la preuve électronique :** CATALA et alii, *JCP 1999. I. 182.* – DEVÈZE, *Mél. Cabrillac, préc., p. 449.* – GAUTIER, *LPA 7 févr. 2000.* – GRYNBAUM, *CCE 1999. Chron. 2.* – HASSLER, *LPA 21 sept. 1999.* – J. HUET, *D. 2000. Chron. 95.* – PENNARUN, *LPA 27 janv. 2000.*

Art. 1366 *(Ord. n° 2016-131 du 10 févr. 2016, art. 4, en vigueur le 1er oct. 2016)* **L'écrit électronique a la même force probante que l'écrit sur support papier, sous réserve que puisse être dûment identifiée la personne dont il émane et qu'il soit établi et conservé dans des conditions de nature à en garantir l'intégrité.** – *Dispositions transitoires, V. Ord. n° 2016-131 du 10 févr. 2016, art. 9, ss. art. 1386-1.*

Comp. C. civ., art. 1316-1 anc. et 1316-3 anc.

Art. 1367 *(Ord. n° 2016-131 du 10 févr. 2016, art. 4, en vigueur le 1er oct. 2016)* **La signature nécessaire à la perfection d'un acte juridique identifie son auteur. Elle manifeste son consentement aux obligations qui découlent de cet acte. Quand elle est apposée par un officier public, elle confère l'authenticité à l'acte.**

Lorsqu'elle est électronique, elle consiste en l'usage d'un procédé fiable d'identification garantissant son lien avec l'acte auquel elle s'attache. La fiabilité de ce procédé est présumée, jusqu'à preuve contraire, lorsque la signature électronique est créée, l'identité du signataire assurée et l'intégrité de l'acte garantie, dans des conditions fixées par décret en Conseil d'État. – *Dispositions transitoires, V. Ord. n° 2016-131 du 10 févr. 2016, art. 9, ss. art. 1386-1.*

Comp. C. civ., art. 1316-4 anc.

Sur la signature électronique, V. Décr. n° 2017-1416 du 28 sept. 2017, ci-dessous.

BIBL. ▸ **Signature électronique :** ABALLÉA, *D. 2001. 2835.* – BRULARD et FERNANDEZ, *LPA 25 et 26 oct. 2001.* – DEVÈZE, *Études P. Catala, Litec, 2001, p. 529.* – DOUVILLE, *D. 2022. 121* (désordre dans le contentieux de la signature électronique). – MARTIN et TESSALONIKOS, *Gaz. Pal. 2000. 2. Doctr. 1273.* – REYNIS, *JCP N 2000. 1747.* – ASSAYA et BAUDOUIN, *JCP E 2003. 146* (signature électronique par cryptographie à clé publique). – CAPRIOLI, *Mél. le Tourneau, Dalloz, 2008, p. 155* (signature et confiance dans les communications électroniques). – CAPRIOLI et AGOSTI, *AJCA 2016. 418*. – GUINIER, *Gaz. Pal. 2001. Doctr. 559* (valeur d'une signature numérique insatisfaisante). – MALECKI, *JCP E 2000. 2036* (formalisme cambiaire et signature électronique). – PIETTE-COUDOL, *CCE 2003. Chron. 12* (signature de la facture électronique) ; *ibid. 2005. Étude 2* (identité des personnes, certificats et signature électronique). – REYNIS, *JCP N 2001. 1494* (signature électronique et acte authentique). – ROCHER, *Dalloz IP/IT 2022. 315* (la clause de signature électronique).

1. Double qualité. La double qualité en laquelle intervient le signataire d'un acte juridique, d'une part à titre personnel et, d'autre part, en qualité de représentant d'un tiers n'impose pas la nécessité d'une double signature comme condition de validité de cet acte. • Com. 9 mai 2018, n° 16-28.157 P : *D. 2018. 2056, obs. Lamazerolles et Rabreau* ; *RTD com. 2018. 938, obs. Lecourt* (cassation de l'arrêt qui exclut la qualité de cocontractant d'un signataire en considérant que, nonobstant la mention figurant en tête du contrat suivant laquelle il agit tant en son nom personnel qu'au nom de cette société, il n'a pas signé l'acte à titre personnel).

2. Confirmation. Si le contrat en vertu duquel l'agent sportif exerce son activité peut être établi sous la forme électronique, il doit alors être revêtu d'une signature électronique ; cependant, si celle-ci constitue l'une des conditions de validité du contrat, son absence, alors que ne sont contestées ni l'identité de l'auteur du courriel ni l'intégrité de son contenu, peut être couverte par une exécution volontaire du contrat en connaissance de la cause de nullité, valant confirmation. • Civ. 1re, 7 oct. 2020, n° 19-18.135 P: *D. 2021. 272, note Tisseyre ; AJ contrat 2020. 577, obs. Douville ; Dalloz IP/IT 2021. 100, obs. El Hage ; RTD civ. 2020. 881, obs. Barbier ; RDC 2021/1. 65, note Danis-Fatôme.*

3. Signature numérisée et contrat de travail. La cour d'appel, après avoir énoncé que l'apposition d'une signature sous forme d'une image numérisée ne pouvait être assimilée à une signature électronique au sens de l'art. 1367 et constaté qu'il n'était pas contesté que la signature en cause était celle du gérant de la société et permettait parfaitement d'identifier son auteur, en a exactement déduit que l'apposition de la signature manuscrite numérisée du gérant de la société ne valait pas absence de signature, en sorte que la demande de requalification du contrat en durée indéterminée faute d'être établie par écrit devait être rejetée. • Soc. 14 déc. 2022, n° 21-19.841 B.

Décret n° 2017-1416 du 28 septembre 2017,

Relatif à la signature électronique.

Art. 1er La fiabilité d'un procédé de signature électronique est présumée, jusqu'à preuve du contraire, lorsque ce procédé met en œuvre une signature électronique qualifiée.

Est une signature électronique qualifiée une signature électronique avancée, conforme à l'article 26 du règlement susvisé *[Règl. (UE) n° 910/2014 du 23 juill. 2014 sur l'identification électronique et les services de confiance pour les transactions électroniques au sein du marché]* et créée à l'aide d'un dispositif de création de signature électronique qualifié répondant aux exigences de l'article 29 dudit règlement, qui repose sur un certificat qualifié de signature électronique répondant aux exigences de l'article 28 de ce règlement.

Le présent décret est applicable dans les îles Wallis-et-Futuna (Décr. préc., art. 3).

Art. 1368 *(Ord. n° 2016-131 du 10 févr. 2016, art. 4, en vigueur le 1er oct. 2016)* **A défaut de dispositions ou de conventions contraires, le juge règle les conflits de preuve par écrit en déterminant par tout moyen le titre le plus vraisemblable.** — *Dispositions transitoires, V. Ord. n° 2016-131 du 10 févr. 2016, art. 9, ss. art. 1386-1.*

Comp. C. civ., art. 1316-2 anc.

SOUS-SECTION 2 L'acte authentique

(Ord. n° 2016-131 du 10 févr. 2016, art. 4, en vigueur le 1er oct. 2016)

Art. 1369 *(Ord. n° 2016-131 du 10 févr. 2016, art. 4, en vigueur le 1er oct. 2016)* **L'acte authentique est celui qui a été reçu, avec les solennités requises, par un officier public ayant compétence et qualité pour instrumenter.**

Il peut être dressé sur support électronique s'il est établi et conservé dans des conditions fixées par décret en Conseil d'État.

Lorsqu'il est reçu par un notaire, il est dispensé de toute mention manuscrite exigée par la loi. — *Dispositions transitoires, V. Ord. n° 2016-131 du 10 févr. 2016, art. 9, ss. art. 1386-1.*

Comp. C. civ., art. 1317 et 1317-1 anc.

BIBL. ▶ COIFFARD, *JCP N 2018, n° 1096* (authenticité et force exécutoire). – DOUVILLE, *Defrénois 2017/20. 25* (enjeux de la signature électronique pour le notariat). – GAUDEMET, *JCP N, n° 1194* (l'acte authentique et la légalité). – GIJSBERS, *JCP N 2017, n° 1163*. – HUET et BINOIS, *D. 2021. 2055* (acte notarié électronique). – V. Bibl. citée ss. art. 1317 anc.

1. Dépôt au rang des minutes d'un notaire. **BIBL.** Callé, *JCP N 2003. 1150.* ♦ L'authenticité résulte du dépôt d'un acte sous seing privé au rang des minutes d'un notaire effectué par tous les signataires de l'acte. • Req. 25 janv. 1927 : *S. 1927. 1. 237* • Riom, 25 juin 1930 : *Gaz. Pal. 1930. 2. 254.* ♦ Mais le dépôt d'un acte sous seing privé effectué par le créancier seul entre les mains d'un officier public ne peut donner à cet acte un caractère authentique. • Civ. 2e, 11 janv. 1968 : *Bull. civ. II, n° 15.*

2. Art. 13 et 14 du Décr. 19 déc. 1945. Les prohibitions prévues par les art. 13 et 14 du Décr.

du 19 déc. 1945 en matière de prêts par les notaires ne sont passibles que de sanctions disciplinaires et sont sans influence sur la validité des obligations et sur la valeur probante des actes. • Civ. 1re, 14 oct. 1980 : *Bull. civ. I, n° 254.*

3. Officier public ayant le droit d'instrumenter. L'acte instrumenté en méconnaissance de l'interdiction faite par l'art. 2 du Décr. 26 nov. 1971 aux notaires de recevoir des actes dans lesquels leurs parents ou alliés sont parties ou contenant des dispositions en leur faveur ne vaut pas titre exécutoire. • Civ. 1re, 31 oct. 2012, n° 11-25.789 P : *D. 2012. 2671*. ♦ L'inscription de faux incidente contre l'acte notarié est fondée, de même que l'annulation de la vente, lorsque la fausse mention du lieu de passation de l'acte dans l'office a pour effet de dissimuler les conditions de préparation de l'acte en réalité rédigé dans sa propre étude par le représentant légal de la société acheteuse ; l'acte nul en tant qu'acte authentique ne peut pas davantage subsister en tant qu'acte sous seing privé. • Civ. 1re, 17 juin 2015, n° 14-13.206 P.

4. Clerc habilité. Lorsqu'un clerc de notaire a donné lecture d'un acte aux parties et recueilli leurs signatures, il importe peu que l'habilitation donnée à cet effet, en application de l'art. 10 de la L. du 25 ventôse an XI, l'ait été le jour même de la passation de l'acte, l'antériorité de l'habilitation devant être présumée, et l'omission de la signature du clerc et des mentions relatives à son identité et à son habilitation n'est pas sanctionnée par la nullité de l'acte. • Paris, 11 juill. 1980 : *JCP 1982. II. 19779, note Dagot.* ♦ La procuration à tout clerc de notaire de l'étude ne vaut pas pour le simple salarié, employé de l'office en qualité de secrétaire, l'ancienne appellation de clerc de notaire qui est employée dans la procuration litigieuse étant réservée aux seuls collaborateurs de l'étude accomplissant des tâches juridiques avec une qualification adaptée. • Civ. 1re, 12 juill. 2012, n° 11-22.637 P : *D. 2012. 1970 ; Defrénois 2013. 30, obs. Dagorne-Labbe.*

5. Acte d'huissier. Un huissier, agissant en vertu d'une délégation de la loi pour l'exécution d'un acte entrant dans ses attributions, imprime à son acte le caractère authentique. • Civ. 25 juill. 1932 : *S. 1933. 1. 8.* ♦ Un procès-verbal de constat d'huissier dans lequel est recueillie une promesse de vente ne constitue pas un acte authentique. • Civ. 1re, 19 févr. 1991, n° 89-16.486 P : *Defrénois 1991. 815, obs. Vermelle,* rejetant le pourvoi contre • Paris, 28 avr. 1989 : *JCP 1990. II. 21569, note Dagot.* ♦ Un constat dressé à la demande d'un particulier n'a que la valeur d'une constatation faite par un mandataire salarié et le juge peut en apprécier la force probante. • Civ. 2e, 23 févr. 1956 : *Bull. civ. II, n° 138* • Nancy, 8 nov. 1972 : *D. 1973. 94, note B. R.* ♦ Un rapport d'expertise judiciaire n'est pas un acte authentique. • Civ. 1re, 19 janv. 1999, n° 97-14.194 P.

6. Procès-verbal de commissaire-priseur. Les procès-verbaux de vente des commissaires-priseurs sont des actes authentiques. • Paris, 16 mars 1981 : *Gaz. Pal. 1981. 2. 499.* ♦ Mais ne constitue pas un acte authentique le procès-verbal dressé par un commissaire-priseur judiciaire qui dirige une vente organisée et réalisée par une société de ventes volontaires de meubles aux enchères publiques. • Com. 19 déc. 2006, n° 05-15.872 P : *Gaz. Pal. 2007. 443, rapp. Potocki.*

7. Acte dressé à l'étranger. Ne peut être considéré comme un acte authentique un acte dressé à l'étranger qui ne revêt pas les solennités requises en France, la forme suivie n'étant pas équivalente à celle du droit français. • Civ. 1re, 14 avr. 2016, n° 15-18.157 P : *D. 2016. 901 ; Rev. crit. DIP 2017. 55, note Godechot-Patris ; JCP 2016, n° 782, obs. Callé ; JCP N 2016, n° 1209, note Farge et Hébert* (*notary public* australien ayant simplement apostillé la procuration à l'effet de constituer hypothèque).

I. CONDITION DE L'AUTHENTICITÉ : SIGNATURES

8. Signature. Le défaut de signature par l'une des parties, fût-elle simplement l'un des codonataires, constitue un vice de forme infectant l'acte notarié de nullité absolue. • Civ. 1re, 28 nov. 1972 : *JCP 1973. II. 17461, note Dagot.* – Même sens : • Civ. 1re, 12 juill. 2007, n° 06-10.362 P : *D. 2007. AJ 2161*. ♦ ... Ce qui est de nature à fonder la responsabilité du notaire rédacteur de l'acte vicié. • Civ. 1re, 6 juill. 2004, n° 02-13.237 P. ♦ Mais un acte notarié n'étant pas nécessairement un acte simultané, il ne saurait perdre son caractère authentique pour avoir été signé d'abord par les parties et, ensuite, par le notaire, même après le décès de l'une d'elles. • Civ. 22 avr. 1950 : *JCP 1950. II. 5620, note Le Clec'h.* ♦ L'intervention d'une personne à un acte notarié en une double qualité, précisée à l'acte, de représentante de la société débitrice, d'une part, et de caution, d'autre part, ne suffit pas à imposer la nécessité d'une double signature pour la validité de l'acte. • Com. 8 oct. 2003, n° 01-11.597 P : *R., p. 399 ; D. 2003. AJ 2764, obs. Avena-Robardet ; JCP N 2004. 1031, note J.-P. Garçon* ; Defrénois 2004. 372, obs. Aubert ; *LPA 17 mai 2004, obs. D. H. ; Banque et Dr. 11-12/2003. 51, obs. Jacob.*

9. Nullité de l'acte pour défaut de signature : prescription de l'action. La nullité d'un acte authentique pour défaut de signature du notaire est une nullité absolue soumise. • Civ. 1re, 29 nov. 1989 : *Bull. civ. I, n° 368 ; Defrénois 1990. 738, obs. Aubert.* ♦ La nullité de l'acte authentique résultant du défaut de signature affecte l'ensemble des conventions qu'il renferme ; sont nuls les cautionnements et garanties hypothécaires constatés dans un acte notarié de prêt nul. • Civ. 1re, 10 mai 2005, n° 03-20.769 P : *D. 2005. IR 1590 ; AJDI 2005. 845, note Cohet-Cordey ; Banque et Dr. 7-8/2005. 65, obs. Rontchevsky.*

10. ... Portée. La nullité absolue pour défaut de signature, par une partie, de l'acte instrumentaire considéré comme moyen de preuve ne s'étend pas à l'acte juridique dont il est le support ; constituant un commencement de preuve par écrit, il est susceptible d'être complété par des éléments extrinsèques. • Civ. 1re, 28 oct. 2003, n° 01-02.654 P : *D. 2003. AJ 2829, et les obs. ; Defrénois 2004. 373, obs. Libchaber ; LPA 11 oct. 2004, obs. Forray.*

11. Paraphe. Les paraphes portés sous un renvoi en marge valident à la fois le renvoi et la page. • Civ. 3e, 15 déc. 1981 : *Bull. civ. III, n° 213* (rejet du pourvoi contre • Lyon, 1er avr. 1980 : *Defrénois 1981. 46, note Vion*). ♦ Mais le paraphe d'une page ne vaut pas paraphe des renvois figurant en marge de cette page. • Civ. 1re, 10 oct. 1995, n° 93-19.726 P : *Defrénois 1996. 1419, note Ruel.* ♦ Sur la notion de renvoi approuvé, V. • Civ. 3e, 2 juin 1981 : *Defrénois 1981. 1450, note Vion.* ♦ Sur la notion d'addition prohibée, V. • Civ. 1re, 16 mars 1982 : *Defrénois 1982. 671, note G. Morin* • Civ. 3e, 3 oct. 1984 : *ibid. 1985. 931, note Vion* • Civ. 1re, 19 nov. 1985 : *ibid. 1986. 253, note Jégu* • 28 oct. 1986 : *ibid. 1987. 252, note Vion.* ♦ Portée de la nullité d'une addition prohibée : • Orléans, 11 juin 1987 : *JCP N 1988. II. 123, note Dagot.*

Une cour d'appel relève souverainement que le paraphe apposé à l'endroit des signatures vaut signature. • Civ. 3e, 7 mars 2001, n° 99-16.396 P.

12. Partie ne sachant ou ne pouvant signer. Portée de l'exigence de l'intervention d'un notaire en second ou de deux témoins lorsqu'une partie ne sait ou ne peut signer (loi 5 ventôse an XI, art. 9-3°) : V. • Civ. 1re, 12 mai 1987, • 22 juill. 1987, • Civ. 3e, 22 juill. 1987 : *JCP N 1987. II. 309, note Pillebout ; Defrénois 1988. 113, note Vion ; RTD civ. 1988. 756, obs. Mestre* • Civ. 1re, 2 juin 1993, n° 91-14.591 P.

II. LES ANNEXES

13. Une pièce ne constitue une annexe à un acte notarié que si elle est revêtue de la mention constatant cette annexe et signée du notaire. • Civ. 1re, 7 oct. 1997, n° 95-11.314 P : *D. 1997. IR 225 ; Defrénois 1998. 533, note Gelot.* ♦ L'annexion d'un acte sous seing privé à un acte authentique ne lui confère pas la force probante de celui-ci. • Civ. 1re, 19 juin 2001, n° 99-14.714 P : *D. 2001. IR 2180 ; Defrénois 2001. 1437, obs. Aubert ; RTD civ. 2001. 885, obs. Mestre et Fages .* ♦ Une procuration sous seing privé, simplement annexée à un acte notarié, ne constitue pas un acte authentique. • Civ. 1re, 7 nov. 2000, n° 98-13.432 P : *D. 2000. AJ 435, obs. Avena-Robardet ; D. 2001. Somm. 690, obs. Aynès ; JCP 2001. I. 315, n° 6, obs. Simler ; JCP E 2001. 372, note D. Legeais (2e esp.) ; Defrénois 2001. 256, obs. Aubert.*

Régularité de l'acte authentique de vente comportant une mention « bornage », les documents d'arpentage et de piquetage ayant été annexés à l'acte qui comportait la description des limites du terrain. • Civ. 3e, 30 juin 2016, n° 15-20.623 P : *RDI 2016. 539, obs. Bergel .*

14. L'exigence du paraphe du notaire et des signataires sur chaque feuille de l'acte authentique ne vise pas les annexes. • Cass., ch. mixte, 16 nov. 2007, n° 03-14.409 P : *R., p. 448 ; BICC 1er mars 2008, rapp. Foulon, avis Mellottée ; D. 2007. AJ 3009, obs. A. Lienhard ; ibid. 2008. Pan. 2112, obs. Crocq ; JCP 2008. II. 10019, note Salati ; JCP N 2008. 1055, note Pillebout ; Dr. et pr. 2008. 79, note Putman ; Defrénois 2008. 2071, note Gelot ; RLDC 2008/46, n° 2857, note Baugard ; RTD com. 2008. 168, obs. Legeais .* ♦ L'acquéreur d'un immeuble s'étant engagé dans l'acte authentique de vente à proroger le contrat de tous les titulaires de baux à usage d'habitation, il est tenu par son engagement, sans qu'il importe que la liste des locataires annexée à l'acte n'ait pas elle-même la forme d'un acte authentique, n'étant signée ni par le notaire, ni par les parties. • Civ. 3e, 12 nov. 2015, n° 14-25.129 P.

15. Irrégularités. L'imperfection d'une annexe contenant procuration n'affecte pas le pouvoir donné par le mandant au mandataire. • Cass., ch. mixte, 16 nov. 2007 : *préc. note 13.* ♦ Sur les conséquences quant au caractère authentique de l'acte, V. notes ss. art. 1370.

Art. 1370 *(Ord. n° 2016-131 du 10 févr. 2016, art. 4, en vigueur le 1er oct. 2016)* **L'acte qui n'est pas authentique du fait de l'incompétence ou de l'incapacité de l'officier, ou par un défaut de forme, vaut comme écrit sous signature privée, s'il a été signé des parties.** – *Dispositions transitoires, V. Ord. n° 2016-131 du 10 févr. 2016, art. 9, ss. art. 1386-1.*

Comp. C. civ., art. 1318 anc.

1. Domaine. Les défauts de forme que l'art. 1318 anc. sanctionne par la perte du caractère authentique, et partant, exécutoire de l'acte s'entendent de l'inobservation des formalités requises pour l'authentification par l'art. 41 du Décr. n° 71-941 du 26 nov. 1971. • Civ. 1re, 2 juill. 2014, n° 13-19.626 P : *D. 2015. 529, obs. Amrani-Mekki et Mekki ; AJDI 2015. 215, obs. Le Rudulier* (inapplication aux irrégularités affectant la représentation conventionnelle d'une partie à un acte notarié) • Civ. 2e, 1er févr. 2018, n° 16-25.097 P : *D. 2018. 1223, obs. Leborgne ; LPA 24 mai 2018, note Dagorne-Labbe ; JCP N 2018, n° 1178, note Laher* (inapplication à l'irrégularité affectant l'acte dépourvu du sceau du notaire).

2. Principe. Un acte authentique entaché de nullité peut néanmoins valoir comme acte sous seing privé établissant les conventions intervenues entre les signataires sans avoir pour autant à satisfaire à toutes les règles de forme des actes sous signature privée. • Civ. 1re, 11 juill. 1955, n° 4.074 P • 8 août 1967 : *Bull. civ. I, n° 106 ; RTD civ. 1968. 147, obs. Chevallier.* ♦ Application à une cession de parts sociales : • Civ. 1re, 28 sept. 2011, n° 10-13.733 P : *D. actu. 11 oct. 2011, obs. Rabu ; RDC 2012. 43, note Laithier.*

3. Portée. Si un acte dressé par un notaire, mais non signé par lui, peut valoir comme acte sous seing privé, il n'est pas assimilable à un acte sous seing privé déposé au rang des minutes d'un notaire. • Pau, 14 juin 1977 : *JCP 1978. II. 18920, note Dagot.*

4. Limites. Un acte notarié ne vaut comme écriture privée, sous réserve des dispositions prévues par l'art. 23 du Décr. n° 71-941 du 26 nov. 1971, que si le vice de forme invoqué lui a fait perdre son caractère authentique. En revanche, les mentions d'un acte notarié frappées de nullité ne peuvent faire preuve comme écriture privée. • Civ. 1re, 28 oct. 1986 : *Defrénois 1987. 252, note Vion ; JCP N 1987. II. 155, note J.F.P. ; RTD civ. 1987. 765, obs. Mestre* • 21 févr. 2006, n° 04-17.318 P : *D. 2007. Pan. 1904, obs. T. Vasseur ; RTD civ. 2006. 767, obs. Mestre et Fages .*

5. Étendue de l'obligation d'annexer les procurations à l'acte notarié. L'obligation d'annexer les procurations à un acte notarié ne s'étend pas à la copie exécutoire qu'en délivre le notaire. • Civ. 1re, 10 sept. 2015, n° 14-13.237 P : *D. 2015. 1847 .*

6. Sanctions de l'obligation d'annexer les procurations à un acte de prêt notarié. BIBL. Delebecque, *JCP 2012, n° 263* (l'acte authentique imparfait). – Dubois, *RLDC 2013/110, n° 5244.* – Théry, *JCP 2012, n° 471 ; JCP N 2012, n° 1311.* – Vernières, *JCP N 2012, n° 1061.* ♦ L'inobservation de l'obligation, pour le notaire, de faire figurer les procurations en annexe de l'acte authentique ou de les déposer au rang de ses minutes ne fait pas perdre à l'acte son caractère authentique, partant son caractère exécutoire. • Cass., ch. mixte, 21 déc. 2012, nos 12-15.063 P et 11-28.688 P : *R. 379 ; D. 2013. 23 ; JCP 2013, n° 141, note Deharo ; JCP N 2013, n° 1025, note Théry ; ibid., n° 1026, note Le Margueresse* • Civ. 1re, 19 févr. 2013, n° 12-13.076 P : *D. 2013. 576* • 19 févr. 2013, n° 11-24.287 P • Civ. 2e, 25 sept. 2014, n° 13-15.597 P • Civ. 1re, 15 janv. 2015, n° 13-12.479 P : *D. 2015. 212* • 10 sept. 2015, n° 14-13.237 P : *préc. note 5.* ♦ Déjà l'obligation, pour le notaire, de faire figurer les procurations en annexe de l'acte authentique ou de les déposer au rang de ses minutes n'est pas sanctionnée par la nullité de l'acte en tant que titre exécutoire. • Civ. 1re, 22 mars 2012, n° 11-11.925 P : *D. 2012. 885 ; ibid. 890, chron. Aynès ; AJDI 2012. 532, obs. Le Rudulier ; RDC 2012. 1209, obs. Libchaber* • Civ. 2e, 5 déc. 2013, n° 12-26.980 P. ♦ L'acte notarié doit porter mention de la procuration, aucune disposition légale ou réglementaire n'exige qu'il précise que celle-ci lui est annexée. • Civ. 1re, 22 mai 2019, n° 18-12.101 P. ♦ *Contra* : l'acte de prêt notarié qui ne comporte pas en annexe les procurations données par les emprunteurs est affecté d'une irrégularité qui lui fait perdre son caractère authentique, et partant son caractère de titre exécutoire, ce qui interdit au créancier d'engager des poursuites sans disposer d'une décision judiciaire condamnant le débiteur à rembourser les sommes en cause. • Civ. 2e, 7 juin 2012 : *D. 2012. 1789, note Mekki ; RDC 2012. 1209, obs. Libchaber* • 7 juin 2012, n° 11-15.112 P • 7 juin 2012, n° 11-15.440 P • 7 juin 2012, n° 11-17.759 P. ♦ ... Ce qui autorise la mainlevée de l'inscription d'hypothèque judiciaire provisoire pratiquée sans titre exécutoire. • Civ. 2e, 7 juin 2012, n° 11-16.107 P.

7. Conséquence des irrégularités affectant la représentation des parties. Les irrégularités affectant la représentation conventionnelle d'une partie à un acte notarié, qu'elles tiennent en une nullité du mandat, un dépassement ou une absence de pouvoir, sont sanctionnées par la nullité relative de l'acte accompli pour le compte de la partie représentée, qui seule peut la demander, à moins qu'elle ratifie ce qui a été fait pour elle hors ou sans mandat, dans les conditions de l'art. 1998, al. 2. • Civ. 1re, 2 juill. 2014, n° 13-19.626 P : *préc. note 1.* ♦ Rappr. : • Civ. 1re, 15 janv. 2015, n° 13-12.479 P : *préc. note 6.*

Art. 1371 *(Ord. n° 2016-131 du 10 févr. 2016, art. 4, en vigueur le 1er oct. 2016)* **L'acte authentique fait foi jusqu'à inscription de faux de ce que l'officier public dit avoir personnellement accompli ou constaté.**

En cas d'inscription de faux, le juge peut suspendre l'exécution de l'acte. – *Dispositions transitoires, V. Ord. n° 2016-131 du 10 févr. 2016, art. 9, ss. art. 1386-1.*

Comp. C. civ., art. 1319 anc.

1. Domaine. Un acte qui n'a pas été reçu en la forme notariée ne revêt pas le caractère d'un acte authentique, de sorte que la contestation d'énonciations qu'il contient n'entre pas dans le champ de l'inscription de faux contre les actes authentiques. • Civ. 1re, 12 juill. 2006, n° 04-20.071 P. ♦ L'art. 1371 est applicable, sauf disposition légale spécifique y dérogeant, aux pièces tenant lieu d'actes d'état civil établis par l'OFPRA. • Civ. 1re, 15 mars 2023, n° 22-18.147 B. ♦ L'acte de partage amiable qui n'a pas donné lieu à contestation ayant été homologué par un jugement passé en force de chose jugée, de sorte qu'il n'est plus susceptible d'inscription de faux. • Civ. 1re, 15 nov. 2017, n° 16-23.136 P (contrairement à l'art. 1371, le C. pr. civ. polynésien autorise l'inscription de faux, non seulement contre un acte authentique, mais aussi contre un acte sous seing privé).

2. Objet de la pleine foi : faits accomplis par l'officier public ou s'étant passés en sa présence. L'acte authentique fait foi jusqu'à inscription de faux des faits que l'officier public y a énoncés comme les ayant accomplis lui-même ou comme s'étant passés en sa présence dans l'exercice de ses fonctions. • Civ. 1re, 26 mai 1964 : *D. 1964. 627 ; JCP 1964. II. 13758, note R. L.* (en l'espèce, paiement à la vue du notaire) • 4 mars 1981, n° 80-14.123 P • 23 janv. 2007, n° 05-20.287 P (mention dans un acte de signification d'huissier de justice, de l'envoi de la lettre simple prévue par l'art. 658 C. pr. civ. dans le délai requis). ♦ Une expertise *in futurum* (C. pr. civ., art. 145) sur l'authenticité de la signature d'une procuration notariée, qui a pour effet de mettre en cause la force probante d'un acte authentique, ne peut être ordonnée, même préalablement à une procédure d'inscription de faux. • Civ. 1re, 11 juin 2003, n° 00-11.931 P : *D. 2004. 830, note Auberson ; Defrénois 2003. 1174, obs. Aubert ; RTD civ. 2003. 501, obs. Mestre et Fages ; ibid. 539, obs. Normand*.

3. … Déclarations faites devant le juge. Les constatations faites par les juges dans leur décision concernant les déclarations faites devant eux par les parties font foi jusqu'à inscription de faux. • Com. 31 mars 1981 : *Bull. civ. IV, n° 167.* ♦ … De même, la constatation par un arrêt qu'une partie n'a produit au débat aucune justification de ses griefs. • Civ. 2e, 9 juill. 1986 : *Bull. civ. II, n° 110* • Civ. 1re, 7 févr. 1990, n° 87-15.554 P.

4. … Date. Un acte authentique fait foi de sa date vis-à-vis des tiers avant même d'être soumis à l'enregistrement. • Civ. 2e, 9 mai 1974 : *Bull. civ. II, n° 160.* ♦ *… Sans avoir à être soumis à l'enre*gistrement. • Civ. 3e, 14 avr. 2010, n° 06-17.347 P : *D. 2010. Pan. 2671, obs. Delebecque ; Rev. sociétés 2010. 573, note Dubertret*. ♦ La mention de la date de signification d'un acte par un huissier de justice fait foi jusqu'à inscription de faux. • Civ. 3e, 22 févr. 2006, n° 05-12.521 P : *D. 2006. IR 675*.

5. Limites de la pleine foi : énonciations des parties. Les énonciations ne portant pas sur des faits personnellement constatés par l'officier public font foi jusqu'à la preuve contraire et non jusqu'à inscription de faux. • Civ. 1re, 15 mars 2023, n° 22-18.147 B : *préc. note 1* (date de naissance indiquée par l'intéressé et mentionnée sur les pièces tenant lieu d'actes d'état civil établis par l'OFPRA). ♦ S'agissant d'énonciations des parties et non pas de faits personnellement constatés par l'officier public, la preuve contraire est admise contre celles-ci sans qu'il soit nécessaire de recourir à la procédure d'inscription de faux. • Civ. 1re, 13 mai 1986 : *Bull. civ. I, n° 122 ; RTD civ. 1988. 145, obs. Mestre* • 25 mai 1987 : *D. 1988. 79, note Breton.* ♦ V. aussi, dans le même sens, • Req. 28 déc. 1904 : *DP 1906. 1. 65* • Civ. 1re, 17 janv. 1961 : *Bull. civ. I, n° 41* • Bordeaux, 3 févr. 1982 : *JCP 1983. II. 20013, note Dagot* (déclaration par laquelle une partie reconnaît avoir reçu paiement d'une soulte) • Civ. 1re, 10 févr. 1998, n° 96-11.868 P (mention du nom de l'adjudicataire dans le procès-verbal dressé par un commissaire-priseur, celui-ci n'ayant pas l'obligation de vérifier l'identité de l'acheteur). ♦ La consistance des biens vendus figurant dans un acte notarié est une énonciation des parties qui fait foi simplement jusqu'à preuve contraire. • Civ. 3e, 3 mars 1993 : *JCP N 1993. II. 149, note Destame* • Civ. 1re, 2 nov. 2005, n° 03-19.622 P : *Defrénois 2006. 580, obs. Libchaber ; AJ fam. 2006. 78, obs. F. B. ; Dr. fam. 2005, n° 276, note Beignier* (désignation des parcelles faisant l'objet d'une donation-partage).

6. … État mental d'une partie. La déclaration du notaire, rédacteur d'un testament, sur l'état mental du disposant, laquelle ne relève pas de la mission de l'officier ministériel, peut être contestée sans qu'il y ait lieu de recourir à la procédure d'inscription de faux. • Civ. 1re, 25 mai 1959 : *Bull. civ. I, n° 265* • Paris, 28 nov. 1985 : *Defrénois 1986. 384, obs. Aubert* • Paris, 17 sept. 1996 : *Dr. fam. 1997, n° 170, note Beignier (2e esp.).*

7. … Mention d'un paiement hors la vue du notaire. Les déclarations d'un acte authentique de partage selon lesquelles les soultes ont été payées hors la vue du notaire ne font foi que jusqu'à preuve contraire. • Civ. 1re, 5 déc. 1995, n° 93-19.603 P. ♦ Les mentions d'un acte authentique concernant les paiements effectués à la vue du notaire mais hors sa comptabilité ne donnent aucune certitude, ni sur l'origine des fonds, ni sur la destination qu'ils peuvent recevoir après les opérations notariales officielles. • Civ. 1re, 12 nov. 1986 : *JCP N 1988. II. 1, note H. T.* ♦ Dès lors qu'un acte notarié de promesse de vente indique que l'acheteur a versé au vendeur, qui le reconnaît et lui en donne quittance, une somme d'argent en dehors de la comptabilité de l'office, à titre d'indemnité d'immobilisation, il appartient au vendeur d'établir que la quittance ainsi donnée n'a pas la valeur libératoire qu'implique son libellé. • Civ. 1re, 3 juin 1998, n° 96-14.232 P : *D. 1999. 453, note Ravigneaux* ; *JCP 1999. II. 10062, note Prieur ; Defrénois 1999. 99, note S. Piedelièvre.* ♦ La quittance d'une somme payée en dehors de la comptabilité du notaire ne fait foi que jusqu'à preuve contraire. • Civ. 3e, 10 mars 1993 : *JCP N 1994. II. 25, note Leveneur ; RTD civ. 1993. 827, obs. Mestre* .

8. ... Mention de l'absence de contrat de mariage dans l'acte de mariage. L'énonciation d'un acte de mariage, dressé par un officier de l'état civil en application de l'art. 76 C. civ., suivant laquelle il n'a pas été fait de contrat de mariage, fait foi jusqu'à preuve contraire. • Civ. 1re, 6 mai 1985 : *Bull. civ. I, n° 138.*

9. ... Constatations matérielles de l'huissier. Les constatations matérielles relatées par les huissiers n'ont que la valeur de simples renseignements, que l'huissier ait été commis par justice ou qu'il ait procédé à la requête de particuliers. • Soc. 5 févr. 1992, n° 88-44.644 P.

10. Simulation. L'art. 1319 anc. ne fait pas obstacle à ce que les conventions ou déclarations contenues dans les actes authentiques puissent être arguées de simulation soit par des tiers, soit même par l'une des parties. • Com. 20 oct. 1958 : *D. 1958. 748* • Civ. 1re, 4 mars 1981, n° 80-14.123 P.

11. La qualification de faux en matière civile ne suppose pas que l'officier public instrumentaire ait eu conscience du caractère inexact des constatations arguées de faux et ne suppose pas davantage l'existence d'un préjudice résultant de ce caractère inexact. • Civ. 1re, 25 févr. 2016, n° 14-23.363 P : *D. 2016. 2535, obs. Bretzner et Aynès* ; *RDC 2016. 460, note Latina.*

12. Inscription de faux : charge de la preuve. Il appartient à celui qui s'est inscrit en faux contre un acte authentique d'établir l'inexactitude des énonciations litigieuses qu'il comporte. • Civ. 1re, 19 déc. 2006, n° 05-20.735 P : *D. 2007. AJ 513* ; *Dr. et pr. 2007. 149, note Vinckel.*

Loi du 25 ventôse an XI,

Contenant organisation du notariat (Jur. gén., v° Notaire, p. 576 s.).

On n'a reproduit ici que les dispositions restant en vigueur de la loi du 25 vent. an XI qui se rattachent au droit civil et particulièrement aux actes notariés, considérés comme actes authentiques, à l'exclusion de celles qui concernent uniquement l'organisation et le régime du notariat. — V. Décr. n° 71-941 du 26 nov. 1971.

RÉP. CIV. v° *Notaire*, par J. DE POULPIQUET.

TITRE I. DES NOTAIRES ET DES ACTES NOTARIÉS

SECTION 1. *Des fonctions, ressort et devoirs des notaires*

Art. 1er *Abrogé par Ord. n° 45-2590 du 2 nov. 1945.*

....

Art. 3 Ils sont tenus de prêter leur ministère lorsqu'ils en sont requis.

....

Art. 5 *(L. n° 2011-331 du 28 mars 2011, art. 14)* A la demande de l'intéressé, les agents diplomatiques et consulaires peuvent faire appel à un notaire pour l'exercice de leurs pouvoirs notariaux. Un décret en Conseil d'État précise les modalités de rémunération du notaire par l'intéressé. — *Sur les attributions notariales des agents diplomatiques et consulaires, V. Décr. n° 91-152 du 7 févr. 1991.*

Art. 6 *(L. n° 2011-331 du 28 mars 2011, art. 15)* Les notaires contribuent à la diffusion des informations relatives aux mutations d'immeubles à titre onéreux. Ils transmettent au conseil supérieur du notariat les données nécessaires à l'exercice de cette mission de service public dans des conditions précisées par décret en Conseil d'État.

....

SECTION 2. *Des actes, de leur forme, des minutes, grosses, expéditions et répertoires*

Art. 8 *Abrogé par Décr. n° 71-941 du 26 nov. 1971.*

Art. 9 *(L. n° 66-1012 du 28 déc. 1966)* « Les actes notariés pourront être reçus par un seul notaire, sauf les exceptions ci-après :

« 1° Les testaments resteront soumis aux règles spéciales du code civil ;

« 2° Les actes contenant révocation de testament et les procurations données pour révocation de testament seront, à peine de nullité, reçus par deux notaires ou par un notaire assisté de deux témoins. »

(L. 12 août 1902) La présence du second notaire ou des deux témoins n'est requise qu'au moment de la lecture de l'acte par le notaire et de la signature des parties ou de leur déclaration de ne savoir ou de ne pouvoir signer, et la mention en sera faite dans l'acte, à peine de nullité ;

3° Les actes dans lesquels les parties ou l'une d'elles ne sauront ou ne pourront signer seront soumis à la signature d'un second notaire ou de deux témoins.

Al. dernier abrogé par Décr. n° 71-941 du 26 nov. 1971.

Art. 10 *Abrogé par L. n° 2015-990 du 6 août 2015, art. 53.*

Art. 11 *(L. n° 2006-728 du 23 juin 2006, art. 34)* Le second notaire requis par l'article 930 du code civil est désigné par le président de la chambre des notaires. – *Entrée en vigueur le 1er janv. 2007.*

Art. 12 à 18 *Abrogés par Décr. n° 71-941 du 26 nov. 1971.*

Art. 19 Tous actes notariés feront foi en justice et seront exécutoires dans toute l'étendue de la République.

Néanmoins, en cas de plainte en faux principal, l'exécution de l'acte argué de faux sera suspendue par la déclaration du jury d'accusation, prononçant *qu'il y a lieu à accusation :* en cas d'inscription de faux faite incidemment, les tribunaux pourront, suivant la gravité des circonstances, suspendre provisoirement l'exécution de l'acte.

Art. 20 à 22 *Abrogés par Décr. n° 71-941 du 26 nov. 1971.*

Art. 23 *(L. n° 73-546 du 25 juin 1973)* Les notaires ne pourront également, sans l'ordonnance du président du tribunal judiciaire, délivrer expédition ni donner connaissance des actes à d'autres qu'aux personnes intéressées en nom direct, héritiers ou ayants droit, à peine de dommages-intérêts, d'une amende de 15 €, et d'être, en cas de récidive, suspendus de leurs fonctions pendant trois mois, sauf néanmoins l'exécution des lois et règlements sur le droit d'enregistrement et de ceux relatifs aux actes soumis à une publication.

Les minutes et répertoires des officiers publics ou ministériels et les registres de conventions notariées de pacte civil de solidarité sont des archives publiques (C. patr., art. L. 211-4).

Sur la reconstitution des actes authentiques détruits par suite de faits de guerre ou de sinistres, V. C. pr. civ., art. 1430 s. remplaçant la loi du 15 déc. 1923, art. 9, al. 1er, à compter du 1er janv. 1982.

Art. 24 à 30 *Abrogés par Décr. n° 71-941 du 26 nov. 1971.*

TITRE II. RÉGIME DU NOTARIAT

SECTION 4. *Garde, transmission, tables des minutes et recouvrements*

Art. 54 à 66 *Abrogés par Décr. n° 55-604 du 20 mai 1955, Décr. n° 64-26 du 9 janv. 1964 et Décr. n° 71-942 du 26 nov. 1971. – V. Décr. n° 71-942 du 26 nov. 1971, art. 13 s. (D. et BLD 1971. 455). –* ***C. pr. civ.***

....

Art. 68 *(L. n° 96-609 du 5 juill. 1996, art. 45) (Modalités d'application à Mayotte et à Saint-Pierre-et-Miquelon).*

Décret n° 71-941 du 26 novembre 1971,

Relatif aux actes établis par les notaires.

Art. 1er Sont abrogés l'article 8, l'alinéa 2 du 3° de l'article 9, les articles 10 à 18, 20 à 22, 24 à 30 et 68 de la loi du 25 ventôse an XI modifiée.

TITRE I. INCAPACITÉS D'INSTRUMENTER *(Décr. n° 2005-973 du 10 août 2005).*

Art. 2 Les notaires ne peuvent recevoir des actes dans lesquels leurs parents ou alliés, en ligne directe, à tous les degrés, et en ligne collatérale jusqu'au degré d'oncle ou de neveu inclusivement, sont parties, ou qui contiennent quelque disposition en leur faveur.

(Décr. n° 2016-661 du 20 mai 2016, art. 1er) « Les notaires associés des sociétés suivantes ne peuvent recevoir des actes dans lesquels l'un d'entre eux ou les parents ou alliés de ce dernier au degré prohibé par l'alinéa précédent sont parties ou intéressés :

« 1° Société titulaire d'un office notarial ;

« 2° Société de notaires ;

« 3° Société en participation de notaires ;

« 4° Société de participations financières de profession libérale de notaires ;

« 5° Société de participations financières pluri-professionnelle ayant notamment pour objet la détention de parts ou d'actions de sociétés ayant elles-mêmes pour objet l'exercice de la profession de notaire. »

Art. 3 Deux notaires parents ou alliés au degré prohibé par l'article 2 ou membres de la même société civile professionnelle ne peuvent recevoir ensemble un acte nécessitant le concours de deux notaires.

Les parents et alliés soit du notaire, soit de l'associé du notaire, soit des parties contractantes, au degré prohibé par l'article 2, leurs clercs et leurs employés ne peuvent être témoins.

Les notaires en exercice au sein d'une même société d'exercice libéral ne peuvent recevoir ensemble un acte nécessitant le concours de deux notaires (Décr. n° 93-78 du 13 janv. 1993, art. 40, JO 21 janv.). — Le notaire salarié ne peut recevoir, avec un autre notaire exerçant au sein de l'office, un acte nécessitant le concours de deux notaires (Décr. n° 93-82 du 15 janv. 1993, art. 2, 4e al.). — ***C. pr. civ.***

TITRE II. PERSONNES CONCOURANT À L'ACTE *(Décr. n° 2005-973 du 10 août 2005).*

Art. 4 Tout témoin instrumentaire dans un acte doit être majeur ou émancipé et avoir la jouissance de ses droits civils.

Le mari et la femme ne peuvent être témoins dans le même acte.

Art. 5 L'identité, l'état et le domicile des parties, s'ils ne sont pas connus du notaire, sont établis par la production de tous documents justificatifs.

Ils peuvent exceptionnellement lui être attestés par deux témoins ayant les qualités requises par l'article 4.

Les dispositions des art. 6 à 43 ci-dessous, issues du Décr. n° 2005-973 du 10 août 2005 (JO 11 août), entrent en vigueur le 1er févr. 2006 (Décr. préc., art. 9).

TITRE III. ÉTABLISSEMENT DE L'ACTE NOTARIÉ
(Décr. n° 2005-973 du 10 août 2005)

CHAPITRE I. *PRINCIPES COMMUNS*

Art. 6 Tout acte doit énoncer le nom et le lieu d'établissement du notaire qui le reçoit, les nom et domicile des témoins, le lieu où l'acte est passé, la date à laquelle est apposée chaque signature.

Il contient les noms, prénoms et domicile des parties et de tous les signataires de l'acte.

Il porte mention qu'il a été lu par les parties ou que lecture leur en a été donnée.

Art. 7 Chaque notaire est tenu d'avoir un sceau particulier, portant ses nom, qualité et établissement et, d'après un modèle uniforme, l'effigie de la République française.

Art. 8 Les sommes sont énoncées en lettres à moins qu'elles ne constituent le terme ou le résultat d'une opération ou qu'elles ne soient répétées.

La date à laquelle l'acte est signé par le notaire doit être énoncée en lettres.

Les abréviations sont autorisées dans la mesure où leur signification est précisée au moins une fois dans l'acte.

Art. 9 L'acte du notaire doit être établi de façon lisible.

Il est écrit en un seul et même contexte, sans blanc, sauf toutefois ceux qui constituent les intervalles normaux séparant paragraphes et alinéas et ceux nécessités par l'utilisation des procédés de reproduction.

Art. 10 Les actes sont signés par les parties, les témoins et le notaire.

(Abrogé par Décr. n° 2016-661 du 20 mai 2016, art. 1er) « Lorsque, dans les conditions prévues à l'article 10 de la loi susvisée du 25 ventôse an XI, les signatures des parties sont recueillies par un clerc habilité, l'acte doit, en outre, être signé par ce clerc et porter mention de son identité, de son assermentation et de l'habilitation reçue. »

Il est fait mention, à la fin de l'acte, de la signature des parties, *(Décr. n° 2016-661 du 20 mai 2016, art. 1er)* « des témoins et du notaire ».

Quand les parties ne savent ou ne peuvent signer, leur déclaration à cet égard doit être mentionnée à la fin de l'acte.

CHAPITRE II. *ACTES ÉTABLIS SUR SUPPORT PAPIER*

Art. 11 Lorsqu'il est établi sur support papier, le texte doit être indélébile et la qualité du papier doit offrir toute garantie de conservation.

Les signatures et paraphes qui y sont apposés doivent être indélébiles.

Art. 12 Chaque page de texte est numérotée, le nombre de pages est indiqué à la fin de l'acte.

Art. 13 Il n'y a ni surcharge ni interligne ni addition dans le corps de l'acte et les mots et les chiffres surchargés, interlignés ou ajoutés sont nuls. Les blancs nécessités par l'utilisation des procédés de reproduction sont barrés. Le nombre de blancs barrés, celui des mots et des nombres rayés sont mentionnés à la fin de l'acte. Cette mention est paraphée par le notaire et les autres signataires de l'acte.

Art. 14 Les renvois sont portés soit en marge, soit au bas de la page, soit à la fin de l'acte.

Les renvois portés en marge ou au bas de la page sont, à peine de nullité, paraphés par le notaire et les autres signataires de l'acte.

Les renvois portés à la fin de l'acte sont numérotés. S'ils précèdent les signatures il n'y a pas lieu de les parapher.

Chaque feuille est paraphée par le notaire et les signataires de l'acte sous peine de nullité des feuilles non paraphées.

Toutefois, si les feuilles de l'acte et, le cas échéant, de ses annexes sont, lors de la signature par les parties, réunies par un procédé empêchant toute substitution ou addition, il n'y a pas lieu de les parapher ; il n'y a pas lieu non plus d'apposer sur les annexes la mention prévue au premier alinéa de l'article 22.

Art. 15 Le sceau est apposé sur les actes délivrés en brevet ainsi que sur les copies exécutoires et les copies authentiques.

CHAPITRE III. *ACTES ÉTABLIS SUR SUPPORT ÉLECTRONIQUE*

Art. 16 Le notaire qui établit un acte sur support électronique utilise un système de traitement et de transmission de l'information agréé par le Conseil supérieur du notariat et garantissant l'intégrité et la confidentialité du contenu de l'acte.

Les systèmes de communication d'informations mis en œuvre par les notaires doivent être interopérables avec ceux des autres notaires et des organismes auxquels ils doivent transmettre des données.

Art. 17 L'acte doit être signé par le notaire au moyen d'un procédé de signature électronique *(Décr. n° 2020-1422 du 20 nov. 2020)* « qualifiée » conforme aux exigences du décret n° 2017-1416 du 28 septembre 2017 relatif à la signature électronique.

Cette signature est apposée par le notaire dès l'acte établi, si besoin après réunion des annexes à l'acte.

Pour leur signature, les parties et les témoins doivent utiliser un procédé permettant l'apposition sur l'acte notarié, visible à l'écran, de l'image de leur signature manuscrite.

Lorsque l'acte doit contenir une mention manuscrite émanant d'une personne qui y concourt, le notaire énonce que la mention a été apposée dans le respect des conditions prévues au second alinéa de l'article 1174 du code civil.

Art. 18 L'image du sceau figure sur les actes délivrés en brevet ainsi que sur les copies exécutoires et les copies authentiques.

Art. 19 Toute surcharge, interligne, ou addition contenus dans le corps de l'acte sont nuls.

Les renvois sont portés en fin d'acte et précèdent la signature.

Art. 20 Lorsqu'une partie ou toute autre personne concourant à un acte n'est ni présente ni représentée devant le notaire instrumentaire, son consentement ou sa déclaration est recueilli par un autre notaire devant lequel elle comparaît *(Décr. n° 2022-245 du 25 févr. 2022, art. 3)* « , en personne ou en étant représentée, » et qui participe à l'établissement de l'acte. Cet acte porte la mention de ce qu'il a été ainsi établi.

L'échange des informations nécessaires à l'établissement de l'acte s'effectue au moyen du système de transmission de l'information mentionné à l'article 16.

Chacun des notaires recueille le consentement et la signature de la partie ou de la personne concourant à l'acte puis y appose sa propre signature.

L'acte est parfait lorsque le notaire instrumentaire y appose sa signature électronique *(Décr. n° 2020-1422 du 20 nov. 2020)* « qualifiée ».

La modification apportée par le Décr. n° 2022-245 du 25 févr. 2022 a un caractère interprétatif (Décr. préc., art. 3).

Art. 20-1 *(Décr. n° 2020-1422 du 20 nov. 2020)* Le notaire instrumentaire peut établir une procuration sur support électronique, lorsqu'une ou les parties à cet acte ne sont pas présentes devant lui.

L'échange des informations nécessaires à l'établissement de l'acte et le recueil, par le notaire instrumentaire, du consentement de la ou des parties à l'acte qui ne sont pas présentes s'effectuent au moyen d'un système de traitement, de communication et de transmission de l'information garantissant l'identification des parties, l'intégrité et la confidentialité du contenu et agréé par le Conseil supérieur du notariat.

Le notaire instrumentaire recueille, simultanément avec leur consentement, la signature électronique de cette ou ces parties au moyen d'un procédé de signature électronique qualifiée répondant aux exigences du décret du 28 septembre 2017 déjà mentionné.

L'acte est parfait lorsque le notaire instrumentaire y appose sa signature électronique qualifiée.

TITRE IV. ANNEXES
(Décr. n° 2005-973 du 10 août 2005)

Art. 21 L'acte notarié porte mention des documents qui lui sont annexés.

Les procurations sont annexées à l'acte à moins qu'elles ne soient déposées aux minutes du notaire rédacteur de l'acte. Dans ce cas, il est fait mention dans l'acte du dépôt de la procuration au rang des minutes.

Art. 22 Lorsque l'acte est établi sur support papier, les pièces annexées à l'acte sont revêtues d'une mention constatant cette annexe et signée du notaire.

Lorsque l'acte est établi sur support électronique, les pièces annexées sont indissociablement liées à l'acte auquel elles se rapportent. La signature électronique du notaire en fin d'acte vaut également pour ses annexes.

TITRE V. RÉPERTOIRE
(Décr. n° 2005-973 du 10 août 2005)

Art. 23 Les notaires tiennent un répertoire sur support papier ou sur support électronique de tous les actes qu'ils reçoivent.

Le répertoire est tenu jour par jour. Il contient la date, la nature, l'espèce de l'acte, les noms des parties, le support sur lequel il a été établi et toutes autres mentions prescrites par les lois et règlements.

Art. 24 Lorsqu'il est tenu sur support papier, le répertoire peut être établi sur feuilles mobiles. Ses pages sont numérotées. Elles sont visées et paraphées par le président de la chambre des notaires ou son délégué. La formalité du paraphe peut toutefois être remplacée par l'utilisation d'un procédé empêchant toute substitution ou addition de feuilles.

Art. 25 Lorsqu'il est tenu sur support électronique, le répertoire est signé par le président de la chambre des notaires ou son délégué au moyen d'un procédé de signature électronique *(Décr. n° 2020-1422 du 20 nov. 2020)* « qualifiée » tel que défini par le décret du *(Décr. n° 2020-1422 du 20 nov. 2020)* « 28 septembre 2017 » déjà mentionné.

TITRE VI. CONSERVATION
(Décr. n° 2005-973 du 10 août 2005)

Art. 26 Les notaires sont tenus de garder minute de tous les actes qu'ils reçoivent, à l'exception de ceux qui d'après la loi peuvent être délivrés en brevet, notamment les certificats de vie, procurations, actes de notoriété, quittances de fermages, de loyers, de salaires, arrérages de pensions et rentes.

Art. 27 Les notaires ne peuvent se dessaisir d'aucune minute, sauf dans les cas prévus par la loi et en vertu d'un jugement.

Avant de s'en dessaisir, ils en dressent et signent une copie sur support papier sur laquelle il est fait mention de sa conformité à l'original par le président du tribunal judiciaire du lieu de leur établissement ou par une personne déléguée par lui à cet effet.

Cette copie est substituée à la minute. Elle en tient lieu jusqu'à sa réintégration.

Art. 28 L'acte établi sur support électronique doit être conservé dans des conditions de nature à en préserver l'intégrité et la lisibilité.

L'ensemble des informations concernant l'acte dès son établissement, telles que les données permettant de l'identifier, de déterminer ses propriétés et d'en assurer la traçabilité, doit être également conservé.

L'acte notarié dressé sur support électronique est enregistré pour sa conservation dans un minutier central dès son établissement par le notaire instrumentaire. Ce dernier, ou le notaire qui le détient, en conserve l'accès exclusif.

Le minutier central est établi et contrôlé par le Conseil supérieur du notariat sans préjudice de l'application de l'article 2 du décret n° 79-1037 du 3 décembre 1979 relatif à la compétence des services d'archives publics et à la coopération entre les administrations pour la collecte, la conservation et la communication des archives publiques.

Les opérations successives justifiées par sa conservation, notamment les migrations dont il peut faire l'objet, ne retirent pas à l'acte sa nature d'original.

Le procédé de conservation doit permettre l'apposition par le notaire de mentions postérieures à l'établissement de l'acte sans qu'il en résulte une altération des données précédentes.

TITRE VII. MENTIONS MARGINALES
(Décr. nº 2005-973 du 10 août 2005)

Art. 29 Lorsque l'acte notarié est établi sur support papier, les mentions marginales relatives à cet acte sont apposées sur la minute et sont datées et signées par le notaire.

Art. 30 Les mentions marginales apposées sur l'original établi sur support électronique figurent dans un fichier lié à l'acte d'origine signé par le notaire au moyen de sa signature électronique *(Décr. nº 2020-1422 du 20 nov. 2020)* « qualifiée ».

Art. 31 Il doit être fait mention sur la minute de la délivrance d'une première copie exécutoire faite à chacune des parties intéressées. Cette mention est apposée dans les conditions précisées aux articles 29 ou 30 selon le support de la minute.

Aucune autre copie exécutoire ne peut être délivrée aux parties sans une ordonnance du président du tribunal judiciaire laquelle demeure jointe à la minute.

Lorsque la minute est sur support électronique et que l'ordonnance du président du tribunal judiciaire n'a pas été dressée sur un tel support, l'ordonnance fait l'objet d'une numérisation par le notaire dans des conditions garantissant sa reproduction à l'identique et le document en résultant figure dans un fichier lié à cette minute sur lequel le notaire appose sa signature électronique *(Décr. nº 2020-1422 du 20 nov. 2020)* « qualifiée ».

TITRE VIII. COPIES
(Décr. nº 2005-973 du 10 août 2005)

CHAPITRE I. *DISPOSITIONS COMMUNES*

Art. 32 Le droit de délivrer des copies exécutoires et des copies authentiques appartient au notaire détenteur de la minute ou des documents qui lui ont été déposés pour minute.

Il en est de même dans les sociétés titulaires d'un office notarial, où chaque associé délivre les copies exécutoires et copies authentiques des actes même si ceux-ci ont été reçus par l'un des coassociés. Les notaires salariés peuvent de même délivrer les copies exécutoires et copies authentiques pour les actes de l'office dont ils sont salariés.

(Abrogé par Décr. nº 2016-661 du 20 mai 2016, art. 1er) « Le notaire peut habiliter un ou plusieurs de ses clercs déjà habilités en application de l'article 10 de la loi susvisée du 25 ventôse an XI à délivrer des copies authentiques dans les conditions visées aux articles 34 à 37. »

Art. 33 Les copies authentiques sont établies soit sur support papier, soit sur support électronique, quel que soit le support initial de l'acte.

Les copies exécutoires sont les copies authentiques qui se terminent par la même formule que les jugements des tribunaux. Les autres copies authentiques ne peuvent être délivrées en forme exécutoire.

CHAPITRE II. *COPIES SUR SUPPORT PAPIER*

Art. 34 Les copies exécutoires et les copies authentiques sont établies de façon lisible et indélébile sur un papier d'une qualité offrant toute garantie de conservation.

Elles respectent les paragraphes et les alinéas de la minute. Chaque page de texte est numérotée, le nombre de ces pages est indiqué à la dernière d'entre elles.

Chaque feuille est revêtue du paraphe du notaire à moins que toutes les feuilles ne soient réunies par un procédé empêchant toute substitution ou addition ou qu'elles ne reproduisent les paraphes et signatures de la minute.

La signature du notaire et l'empreinte du sceau sont apposées à la dernière page et il est fait mention de la conformité de la copie exécutoire ou de la copie authentique avec l'original.

Les erreurs et omissions sont corrigées par des renvois portés soit en marge, soit au bas de la page, soit à la fin de la copie exécutoire ou de la copie authentique et, dans ce dernier cas, sans interligne entre eux.

Les renvois sont paraphés, sauf ceux qui figurent à la fin de la copie exécutoire ou de la copie authentique pour l'ensemble desquels le notaire appose un seul paraphe.

Le nombre des mots, des chiffres annulés, celui des nombres et des renvois est mentionné à la dernière page. Cette mention est paraphée.

Les paraphes et signatures apposés sur la copie exécutoire et la copie authentique sont toujours manuscrits.

Lorsque la copie authentique est délivrée par un clerc habilité conformément à l'article 32, celui-ci fait figurer sur cette copie, outre le sceau du notaire, sa signature et un cachet portant son nom et la date de son habilitation.

Art. 35 Les copies exécutoires et les copies authentiques qui ne sont pas établies conformément aux dispositions de l'article 34 ne peuvent donner lieu à la perception d'aucun émolument. Leur coût est, le cas échéant, écarté d'office de la taxe, les frais de timbre restant à la charge de celui qui a établi la copie exécutoire ou la copie authentique irrégulière.

Art. 36 Le notaire peut délivrer une copie sur support papier d'un acte établi sur support électronique. Cette délivrance s'effectue dans le respect des conditions posées par l'article 34 à l'exception des alinéas 5 à 7.

Le notaire qui reçoit d'un autre notaire par voie dématérialisée la copie authentique d'une procuration destinée à satisfaire aux dispositions de l'alinéa 2 de l'article 933 du code civil peut en délivrer une copie authentique sur support papier revêtue de son sceau et de sa signature.

CHAPITRE III. *COPIES SUR SUPPORT ÉLECTRONIQUE*

Art. 37 Le notaire peut procéder à la copie sur support électronique d'un acte établi sur support papier après avoir utilisé un système de numérisation dans des conditions garantissant sa reproduction à l'identique.

Le notaire qui délivre une copie sur support électronique y mentionne la date et y appose sa signature électronique *(Décr. n° 2020-1422 du 20 nov. 2020)* « qualifiée ». La copie authentique comporte en outre l'image de son sceau. Mention est portée sur la copie délivrée de sa conformité à l'original.

(Abrogé par Décr. n° 2016-661 du 20 mai 2016, art. 1er) *« Lorsque la copie authentique est délivrée par un clerc habilité, celui-ci appose, outre l'image du sceau du notaire, sa signature électronique sécurisée ainsi que l'image de son cachet portant son nom et la date de son habilitation. »*

Les copies exécutoires et copies authentiques peuvent être transmises par voie électronique dans des conditions garantissant l'intégrité de l'acte, la confidentialité de la transmission, l'identité de l'expéditeur et celle du destinataire.

TITRE IX *[ABROGÉ]*. DE L'HABILITATION DES CLERCS
(Abrogé par Décr. n° 2016-661 du 20 mai 2016, art. 1er)

Art. 38 à 40 *Abrogés par Décr. n° 2016-661 du 20 mai 2016, art. 1er.*

TITRE X. DISPOSITIONS FINALES
(Décr. n° 2005-973 du 10 août 2005)

Art. 41 Tout acte fait en contravention aux dispositions contenues aux 1°, 2° et 3° (1er alinéa) de l'article 9 de la loi du 25 ventôse an XI, et aux articles 2, 3, 4, aux premier et dernier alinéas de l'article 10 et à l'article 26 du présent décret est nul, s'il n'est pas revêtu de la signature de toutes les parties ; et lorsque l'acte sera revêtu de la signature de toutes les parties contractantes, il ne vaudra que comme écrit sous signature privée, sauf dans les deux cas, s'il y a lieu, les dommages-intérêts contre le notaire contrevenant. — *L'art. 41 reprend, sans changement autre que le numéro des articles du présent décret auxquels il est renvoyé, le texte de l'ancien art. 23.*

Art. 42 et 43 *Application outre-mer.*

Décret n° 71-942 du 26 novembre 1971,

Relatif aux créations, transferts et suppressions d'offices de notaire, à la compétence d'instrumentation et à la résidence des notaires, à la garde et à la transmission des minutes et registres professionnels des notaires. — ***C. pr. civ.***

TITRE II. DE LA COMPÉTENCE D'INSTRUMENTATION, DES BUREAUX ANNEXES ET DE LA RÉSIDENCE DES NOTAIRES

Art. 8 *(Décr. n° 86-728 du 29 avr. 1986)* Les notaires exercent leurs fonctions sur l'ensemble du territoire national, à l'exclusion *(Décr. n° 2012-580 du 26 avr. 2012)* « de la Nouvelle-Calédonie, de la Polynésie française *(Décr. n° 2017-711 du 2 mai 2017, art. 9)* « et des îles Wallis-et-Futuna ».

(Abrogé par Décr. n° 2017-711 du 2 mai 2017, art. 9) (Décr. n° 97-1002 du 29 oct. 1997) « Toutefois, si l'intérêt du service public le justifie, le garde des sceaux, ministre de la justice, peut, dans les conditions prévues aux (Décr. n° 2016-661 du 20 mai 2016, art. 2) « articles 2-5 » à (Décr. n° 2005-311 du 25 mars 2005, art. 1er-III) « 2-7 », autoriser par arrêté un ou plusieurs notaires à exercer leurs fonctions (Décr. n° 2012-580 du 26 avr. 2012) « à Saint-Pierre-et-Miquelon ». Cette autorisation peut être donnée à titre occasionnel, pour un acte ou une série d'actes déterminés, ou à titre permanent. Le notaire se conforme pour l'accomplissement des actes sur le territoire de la collectivité territoriale aux textes particuliers régissant l'activité notariale sur ledit territoire, sauf en matière de tarif où il se conforme au texte applicable en métropole. »

Art. 9 *(Décr. n° 86-728 du 29 avr. 1986)* Tout acte reçu en dehors du territoire où les notaires sont autorisés à instrumenter est nul s'il n'est pas revêtu de la signature de toutes les parties. Lorsque l'acte est revêtu de la signature de toutes les parties contractantes, il ne vaut que comme écrit sous signature privée.

....

Décret n° 52-1292 du 2 décembre 1952,

Portant règlement d'administration publique [décret en Conseil d'État] pour l'emploi par les officiers publics et ministériels des procédés de reproduction des actes.

Art. 1er *(Décr. n° 71-941 du 26 nov. 1971, art. 24)* Les expéditions et copies délivrées par les greffiers et commissaires-priseurs judiciaires, ainsi que les copies d'exploits et les copies de pièces annexées aux exploits d'huissier *[de commissaire de justice]*, sont établies conformément aux règles suivantes.

Art. 2 Les documents visés à l'article 1er peuvent être manuscrits : ils sont alors écrits avec une encre noire indélébile répondant aux normes fixées par arrêté du garde des sceaux, ministre de la justice. — *V. Arr. du 22 mai 1954 (D. 1954. 215 ; BLD 1954. 498).*

Les mentions manuscrites, signatures et paraphes apposés sur les actes, ainsi que sur les expéditions et copies sont écrits avec de l'encre de même qualité.

Art. 3 Les documents visés à l'article 1er peuvent également être établis à la machine à écrire, sans interposition de papier carbone.

Toutefois, pour l'établissement des copies d'exploits et des copies de pièces annexées aux exploits, il peut être fait usage de papier carbone, dont le type aura été, sur la demande des fabricants, agréé par arrêté du garde des sceaux, ministre de la justice. Le nombre d'exemplaires établis simultanément ne peut être supérieur à celui fixé par l'arrêté d'agrément. — *V. Arr. du 22 mai 1954, préc.*

Art. 4 Les documents visés à l'article 1er peuvent également être établis par d'autres procédés tels que les copies obtenues répondent à des conditions techniques fixées par arrêté du garde des sceaux, ministre de la justice. — *V. Arr. du 22 mai 1954, préc.*

Les appareils utilisés doivent être d'un type qui aura été, sur la demande des fabricants, agréé par arrêté du garde des sceaux, ministre de la justice.

Art. 5 Tout greffier qui désire être admis à utiliser l'un des appareils de reproduction agréés, visés à l'article précédent, doit en demander l'autorisation au garde des sceaux, ministre de la justice.

L'arrêté qui accorde cette autorisation prescrit à tous les auxiliaires de justice, qui remettent au greffier des documents destinés à être reproduits, d'établir lesdits documents sur des sortes de papier et suivant un mode de présentation tels qu'ils puissent être copiés en utilisant l'appareil autorisé. Si ces documents ne sont pas conformes, le greffier en refuse le dépôt ; les frais qui y sont relatifs demeurent alors à la charge de l'auxiliaire de justice qui les a établis.

Le greffier peut, sur la demande des officiers ministériels chargés de signifier les documents dont il conserve les minutes, établir les copies destinées à être remises aux parties.

Dans ce cas, le coût de l'exploit ne peut comprendre, pour les copies de pièces, que l'émolument prévu à l'article 5 du décret du 4 septembre 1945, modifié, portant tarif des huissiers ; cet émolument peut être partagé, suivant les conventions intervenues entre eux, entre le greffier et l'officier ministériel qui a préparé l'exploit.

Art. 6 Dans tous les cas visés aux articles 2, 3 et 4 ci-dessus, les expéditions et copies sont établies en respectant les alinéas du texte copié dont les blancs sont bâtonnés.

Chaque rôle est numéroté et revêtu du paraphe de l'officier public ou ministériel qui a établi la copie, et, s'il s'agit d'un officier public, de son sceau. Le nombre de feuilles employées pour la copie est indiqué à la dernière page, où est apposée, aussitôt au-dessous du texte, une mention de la conformité avec l'original et, s'il y a lieu, de collationnement, la signature complète de l'officier public et ministériel, ainsi que, s'il s'agit d'un officier public, l'empreinte de son sceau.

Les erreurs de copie sont corrigées par un renvoi en marge, de manière à laisser lisible le texte modifié ; les omissions donnent également lieu à un renvoi en marge.

Tous les renvois en marge sont paraphés.

Sur la dernière page de l'expédition ou de la copie, l'officier public ou ministériel mentionne le nombre de renvois en marge, de mots et de chiffres annulés que comprend l'expédition ou la copie ; cette mention est paraphée.

(Décr. nº 71-941 du 26 nov. 1971, art. 24) « Les paraphes et signatures visés au présent article sont toujours manuscrits. »

Art. 7 Les expéditions et copies qui ne seraient pas établies conformément aux dispositions des articles 2, 3, 4 et 6 du présent décret ne peuvent donner lieu à la perception d'aucun émolument ; leur coût est, le cas échéant, écarté d'office de la taxe, les frais de timbre restant à la charge de celui qui a établi l'expédition ou la copie irrégulière.

Art. 8 *(Dispositions transitoires).*

Art. 9 Les frais des essais techniques préalables aux arrêtés d'agrément prévus aux articles 3 et 4 du présent décret sont à la charge de ceux qui demandent l'agrément des papiers carbone et des appareils de reproduction.

Art. 10 Les dispositions du présent décret sont applicables... dans les départements de la Guadeloupe, de la Guyane, de la Martinique et de la Réunion.

Loi nº 76-519 du 15 juin 1976, *relative à certaines formes de transmission des créances. — V. texte (notamment les articles concernant l'établissement de la copie exécutoire), ss. art. 1701 C. civ.*

Décret nº 2020-395 du 3 avril 2020,

Autorisant l'acte notarié à distance pendant la période d'urgence sanitaire

SOUS-SECTION 3 L'acte sous signature privée

(Ord. nº 2016-131 du 10 févr. 2016, art. 4, en vigueur le 1er oct. 2016)

Art. 1372 *(Ord. nº 2016-131 du 10 févr. 2016, art. 4, en vigueur le 1er oct. 2016)* **L'acte sous signature privée, reconnu par la partie à laquelle on l'oppose ou légalement tenu pour reconnu à son égard, fait foi entre ceux qui l'ont souscrit et à l'égard de leurs héritiers et ayants cause.** – *Dispositions transitoires, V. Ord. nº 2016-131 du 10 févr. 2016, art. 9, ss. art. 1386-1.*

Comp. C. civ., art. 1322 anc.

A. ÉTABLISSEMENT DE L'ACTE

1. Procédé d'écriture. Aucun principe ni aucun texte ne prohibe l'usage du crayon dans la rédaction d'un acte sous seing privé (acte de cautionnement dans lequel le nom de la société cautionnée a été porté au crayon). • Com. 8 oct. 1996, nº 94-17.967 P : *D. 1997. 504, note Fauchon ; RTD civ. 1997. 137, obs. Mestre .*

2. Signature. En dehors des exceptions prévues par la loi, l'acte sous seing privé n'est soumis à aucune autre condition de forme que la signature de ceux qui s'obligent. • Civ. 1re, 27 janv. 1993, nº 91-12.115 P : *JCP 1994. II. 22195, note Pétel-Teyssié ; JCP N 1993. II. 256, note Leveneur ; Defrénois 1993. 730, obs. Aubert* (absence de portée de la mention « lu et approuvé ») • 21 févr. 2006, nº 04-13.512 P : *D. 2007. Pan. 1906, obs. T. Vasseur ; RTD civ. 2006. 768, obs. Mestre et Fages* (*idem*). ♦ En matière civile, la signature doit être manuscrite. Ne peuvent y suppléer : une croix. • Civ. 1re, 15 juill. 1957 : *Bull. civ. I, nº 331.* ♦ ... Des empreintes digitales. • Civ. 15 mai 1934 : *DP 1934. 1. 113, note E. P. ; S. 1935. 1. 9, note Rousseau.* ♦ ... Un texte dactylographié, sauf à établir qu'il est l'œuvre matérielle et intellectuelle de la partie à laquelle on l'oppose. • Com. 4 mars 2003, nº 01-03.117 P. ♦ ... La « signature informatique » qui émane non de celui à qui on l'oppose, mais d'une machine dont le créancier a la libre et entière disposition. • TI Sète, 9 mai 1984 : *D. 1985. 359, note Bénabent.* – V. aussi, sur la preuve électronique, note 13 et art. 1316-1 à 1316-4. ♦ ... Une signature apposée par l'intermédiaire d'un papier carbone. • Toulouse, 4 déc. 1968 : *D. 1969. 673.* ♦ *Contra :* • T. civ. Rennes, 22 nov. 1957 : *D. 1958. 631, note Chevallier.*

3. Clé informatique. Au regard de l'art. 130 (art. L. 511-21) C. com. la signature d'un avaliste ne peut résulter de la mention d'un numéro dans le texte d'un télex, s'agirait-il d'une « clé informatique ». • Com. 26 nov. 1996, nº 94-19.914 P.

4. Prénom. *Validité de la signature par le prénom.* • Civ. 24 juin 1952 : *JCP 1952. II. 7179, note Voirin* (testament). ♦ ... Ou par des initiales. • Paris, 22 mai 1975 : *D. 1976. Somm. 8.*

5. Analphabète. N'emporte pas preuve l'écrit revêtu de la signature malhabile d'une personne ne sachant ni lire ni écrire, sauf tracer son nom. • Soc. 26 nov. 1987 : *Bull. civ. V, nº 685 ; RTD civ. 1988. 756, obs. Mestre.*

6. Signature de la partie à qui l'acte est opposé. Un acte vaut comme acte sous seing privé dès lors qu'il a été signé par la partie à qui on l'oppose et qu'il est invoqué par la partie à qui il a été remis. • Civ. 3e, 17 juin 1975 : *Bull. civ. III, nº 205* • Com. 27 févr. 1978, nº 77-10.023 P.

7. Ratures et additions. Les juges du fond sont souverains pour apprécier la portée des ratures ou des additions dans un acte sous seing privé. • Civ. 3e, 3 mai 1968 • Civ. 1re, 3 nov. 1969 : *D. 1970. 641, note R. Savatier* • Civ. 3e, 24 mai 1976 : *Bull. civ. III, nº 221* • Civ. 2e, 17 mai 1977 : *Bull. civ. II, nº 133.*

B. FORCE PROBANTE

8. Force probante de l'acte entre les parties. Il résulte de l'anc. art. 1322 qu'on ne peut être obligé par un acte sous seing privé que l'on n'a pas signé, soit personnellement, soit par mandataire. • Civ. 1re, 13 nov. 2002, nº 99-15.299 P : *D. 2003. AJ 271* (un époux ne peut être condamné en tant que caution alors que l'acte de cautionnement porte la seule signature de son épouse, sans aucune mention du mandat à elle donné par son mari). ♦ Un acte sous seing privé n'a de force probante qu'autant que la signature en est expressément ou tacitement reconnue ou a été au préalable vérifiée en justice. Lorsque la signature est déniée ou méconnue, il appartient à celui qui se prévaut de l'acte de prouver sa sincérité. • Soc. 14 nov. 1973 : *Bull. civ. V, nº 567.* ♦ S'il s'élève une contestation relative à un acte sous seing privé, il appartient au juge de procéder à la vérification d'écriture conformément aux dispositions des art. 287 s. C. pr. civ. • Civ. 2e, 15 juin 1994, nº 92-18.241 P. ♦ En raturant la signature portée par son débiteur sur une reconnaissance de dette, le créancier a délibérément fait perdre à cet écrit sa force probante et sa valeur, de sorte que le débiteur est en droit d'opposer une preuve par témoins à ce simple commencement de preuve. • Civ. 1re, 16 juin 1993 : D. 1995. 406, note Raffi ; *Defrénois 1994. 339, obs. Delebecque ; RTD civ. 1994. 361, obs. Mestre .*

9. Mentions non contestées. Dès lors que l'origine, les énonciations et les signatures de l'acte sous seing privé ne sont pas contestées, ses mentions s'imposent au juge dans les mêmes conditions que pour un acte authentique ; en cas de contradiction entre un acte authentique et un acte sous seing privé, il y a donc lieu de rechercher, par interprétation de la volonté des parties, lequel doit prévaloir. • Poitiers, 20 févr. 1991 : *Defrénois 1991. 1262, obs. Aubert.*

10. Faits juridiques. Les actes sous seing privé ne font foi que jusqu'à preuve contraire de la sincérité des faits juridiques qu'ils constatent et des énonciations qu'ils contiennent. • Civ. 1re, 8 janv. 1955 : *Bull. civ. I, n° 13.* ♦ Un état des lieux dressé contradictoirement constate une situation de fait jusqu'à preuve contraire. • Civ. 3e, 23 mai 2002, n° 00-13.144 P : *AJDI 2002. 681, note Laporte-Leconte.*

11. Blanc-seing. Un écrit, même s'il a comporté à l'origine un blanc-seing, fait foi des conventions qu'il contient comme si elles y avaient été inscrites avant la signature, sauf preuve contraire administrée conformément à l'anc. art. 1341 C. civ., par la partie qui allègue un abus. • Com. 1er déc. 1981, n° 79-16.627 P • 28 févr. 2006, n° 04-17.204 P : *D. 2006. AJ 854, obs. Avena-Robardet ; RTD civ. 2006. 769, obs. Mestre et Fages.*

12. Date. Dans les rapports des parties ou de leurs ayants droit, la date fait foi jusqu'à preuve contraire au même titre que les autres mentions de l'acte. • Reims, 15 nov. 1973 : *Gaz. Pal. 1974. 2. 572.* ♦ Si tous les actes sous seing privé faits par le débiteur mis en redressement ou en liquidation judiciaires font foi de leur date par eux-mêmes et s'il appartient par conséquent à l'organe de la procédure collective de prouver, par tous moyens, la fausseté de la date apparente, il résulte des dispositions de l'art. 2075 C. civ. que le gage qui porte sur des meubles incorporels ne confère de droit réel au créancier gagiste qu'autant que l'acte conclu entre les parties a été enregistré puis signifié au débiteur de la créance gagée, ou accepté par lui dans un acte authentique. • Com. 28 janv. 1997 : *JCP 1997. II. 22791, rapp. Rémery.* ♦ Lorsqu'un acte dont la validité dépend de sa date ne mentionne pas celle-ci, il appartient à celui qui se prévaut de cet acte d'apporter la preuve de la date à laquelle il a été passé. • Civ. 1re, 11 avr. 1964 : *JCP 1965. II. 14101, note J. Mazeaud.* ♦ Sur l'opposabilité aux tiers de la date de l'acte, V. art. 1377 et les notes.

13. Télécopie. BIBL. Mouligner, *JCP N 2003. 1096* (force probante des télécopies). ♦ Une cour d'appel estime souverainement qu'une télécopie produite par le créancier et contestée par la caution, défendeur, qui soutient qu'il s'agit d'un montage, ne fait pas preuve du cautionnement. • Civ. 1re, 28 mars 2000, n° 97-18.028 P : *D. 2000. AJ 276, obs. Faddoul ; JCP 2000. II. 10368, note Leveneur ; RTD civ. 2000. 575, obs. Mestre et Fages ; ibid. 874, obs. Crocq.* ♦ V. conf., pour une télécopie (procuration) annexée à un acte authentique : • Civ. 1re, 19 juin 2001, n° 99-14.714 P : *D. 2001. IR 2180 ; Defrénois 2001. 1437, obs. Aubert ; RTD civ. 2001. 885, obs. Mestre et Fages.*

14. Écrit électronique. Un document adressé par courrier électronique, même s'il comporte une signature, ne peut, en l'absence de commencement de preuve par écrit émanant du débiteur prétendu, revêtir la moindre force probante. • Limoges, 18 mars 1999 : *BICC 15 sept. 1999, n° 1032 ; Gaz. Pal. 2000. Somm. 323, obs. Cousin.* ♦ V. cependant, sur la force probante de l'écrit électronique, • Com. 2 déc. 1997, n° 95-14.251 P : *D. 1998. 192, note D. R. Martin ; JCP 1998. II. 10097, note Grynbaum ; JCP E 1998. 178, note Bonneau.* – V. aussi anc. art. 1316-1 à 1316-4.

Art. 1373 *(Ord. n° 2016-131 du 10 févr. 2016, art. 4, en vigueur le 1er oct. 2016)* **La partie à laquelle on l'oppose peut désavouer son écriture ou sa signature. Les héritiers ou ayants cause d'une partie peuvent pareillement désavouer l'écriture ou la signature de leur auteur, ou déclarer qu'ils ne les connaissent. Dans ces cas, il y a lieu à vérification d'écriture.** – *Dispositions transitoires, V. Ord. n° 2016-131 du 10 févr. 2016, art. 9, ss. art. 1386-1.*

Comp. C. civ., art. 1323 anc. et 1324 anc.

Sur la vérification d'écriture, V. C. pr. civ., art. 287 à 298. – **C. pr. civ.**

1. Domaine : fausseté alléguée de la signature d'un tiers. La règle de l'art. 1324 anc. s'applique au cas où le défendeur est celui dont la signature figure à l'acte sous seing privé comme étant la sienne. Tel n'est pas le cas lorsque est alléguée la fausseté de la signature d'un tiers. • Civ. 1re, 5 janv. 1983 : *Bull. civ. I, n° 9* • 5 oct. 1994, n° 91-20.234 P. ♦ Tel n'est pas le cas non plus lorsque le débiteur conteste l'identité du signataire d'une déclaration de créance. • Com. 1er oct. 2013, n° 12-22.122 P : *D. 2013. 2335.*

2. … Mention manuscrite de la caution. Cassation de l'arrêt qui n'a pas procédé à la vérification de l'écriture de la mention manuscrite désavouée de l'acte de cautionnement dont la signature n'est pas contestée. • Civ. 3e, 9 mars 2022, n° 21-10.619 B : *D. 2022. 1724, obs. Ansault et Gijsbers ; ibid. 2023. 430, obs. A. Aynès ; RTD civ. 2022. 393, obs. Barbier.*

3. Notion de dénégation d'écriture. Lorsqu'une partie se borne dans ses conclusions à déclarer qu'elle se réserve le droit de discuter la validité de l'acte (testament), en particulier la vérification de son écriture, ces réserves n'équivalent pas à la dénégation nécessaire pour engager la procédure de vérification d'écriture. • Civ.

1re, 8 mars 1965 : *Bull. civ. I, no 173.* ♦ De même, le fait par une partie de soutenir qu'elle ne se souvient pas d'avoir signé l'écrit ne constitue pas une dénégation formelle de la signature. • Civ. 3e, 27 nov. 1973 : *Bull. civ. III, no 604.*

4. Preuve de l'authenticité. Par application de l'art. 1323 anc., al. 2, la charge de la preuve de l'authenticité des écrits testamentaires incombe à celui qui s'en prévaut. • Civ. 1re, 23 févr. 1983 : *Bull. civ. I, no 76.* – Dans le même sens : • Civ. 1re, 2 mars 2004 : *AJ fam. 2004. 143, obs. Deis-Beauquesne*.

5. Charge de la preuve. Dans le cas où la signature est déniée ou méconnue, c'est à la partie qui se prévaut de l'acte qu'il appartient d'en démontrer la sincérité. • Civ. 1re, 17 mai 1972 : *Bull. civ. I, no 132* • Soc. 14 nov. 1973 : *Bull. civ. V, no 567* • Com. 1er déc. 1975, no 74-11.711 P.

6. Effet du désaveu. Sauf à inverser la charge de la preuve, le juge ne peut statuer au fond qu'après avoir retenu que l'acte émane bien de la partie qui l'a désavoué. • Civ. 1re, 24 mars 1998, no 95-16.833 P. ♦ V. aussi • Civ. 1re, 7 avr. 1999, no 97-13.476 P : *D. 1999. IR 124* ; *CCC 1999, no 123, note Leveneur.* ♦ Le juge ne peut déclarer la partie qui conteste sa signature signataire de l'acte sans qu'il ait été procédé à la vérification de la signature. • Civ. 1re, 10 janv. 1995, no 92-20.929 P • 28 nov. 2012, no 10-28.372 P : *D. 2012. 2900* (cautionnement ; obligation pour le juge de vérifier préalablement l'acte contesté dont il tient compte).

7. Fonction du juge. Dans le cas où la partie à qui l'on oppose un acte sous seing privé en dénie l'écriture ou la signature, il appartient au juge de procéder lui-même à l'examen de l'écrit litigieux, à moins qu'il ne puisse statuer sans en tenir compte. • Civ. 1re, 15 févr. 1984 : *Bull. civ. I, no 65* • Com. 20 nov. 1990, no 89-18.661 P • 2 févr. 1993, no 90-20.185 P • Civ. 1re, 15 juin 1999, no 97-18.446 P : *D. 2000. Somm. 359, obs. Libchaber* • 3 nov. 1999, no 98-22.308 P : *D. 2000. Somm. 429, obs. Nicod* ; *Defrénois 2000. 670, obs. Massip* ; *Dr. fam. 2000, no 32, note Beignier (1re esp.)* ; *RTD civ. 2000. 610, obs. Patarin* • 6 mars 2001, no 98-22.384 P : *D. 2001. AJ 1316, obs. Avena-Robardet* ; *ibid. Somm. 3244, obs. Delebecque* • 26 févr. 2002, no 99-14.696 P • Civ. 3e, 9 mars 2005, no 03-16.806 P • Civ. 1re, 6 juill. 2005, no 02-13.936 P • 16 janv. 2007, no 06-12.207 P • 20 févr. 2007, no 06-14.278 P • 12 juin 2012, no 11-18.438 P : *D. 2012. 1623* ; *RDC 2013. 127, obs. Latina* (cassation de l'arrêt se contentant d'affirmer que le signataire ne démontre pas que le contrat serait « un faux ou un montage grossier »). ♦ Il peut, afin de vérifier l'écrit contesté, enjoindre à telle ou telle des parties de fournir des éléments de comparaison. • Civ. 1re, 22 janv. 1985 : *Bull. civ. I, no 33* • 15 févr. 2000, no 98-12.032 P • 26 févr. 2002, no 99-14.696 P • 16 janv. 2007, no 06-12.207 P • 20 févr. 2007, no 06-14.278 P. ♦ Il n'est pas tenu d'ordonner une expertise et peut procéder à la vérification de la signature contestée. • Com. 30 janv. 1979 : *Bull. civ. IV, no 42.* ♦ ... Ou trouver dans la cause des éléments de conviction suffisants. • Civ. 2e, 24 févr. 1993, no 91-10.028 P. ♦ Il lui appartient, avant de trancher la contestation, d'enjoindre à la partie demanderesse à l'incident de produire d'autres documents et, au besoin, d'ordonner une expertise. • Civ. 1re, 28 mars 2008, no 06-18.226 P : *JCP 2008. IV. 1818.* ♦ ... Ou d'enjoindre aux parties de produire tous documents utiles à comparer à l'écrit contesté et, au besoin, d'ordonner une expertise. • Civ. 1re, 29 févr. 2012, no 10-27.332 P : *D. 2012. 681*.

8. Effet de la vérification : sincérité non établie. Si la vérification opérée par le juge ne lui permet pas de conclure à la sincérité de l'acte, la partie qui fonde sa prétention sur cet acte doit être déboutée. • Civ. 1re, 13 oct. 1992, no 91-12.289 P : *D. 1993. Somm. 230, obs. Grimaldi* • 7 juin 1995 : *Defrénois 1997. 853, note Bernard de Saint Affrique* • 2 mars 1999, no 97-13.765 P : *Defrénois 1999. 1368, obs. Champenois* ; *LPA 19 juin 2000, note Belmonte* • 6 juill. 2005 : *préc. note 7.*

Art. 1374 *(Ord. no 2016-131 du 10 févr. 2016, art. 4, en vigueur le 1er oct. 2016)* **L'acte sous signature privée contresigné par les avocats de chacune des parties ou par l'avocat de toutes les parties fait foi de l'écriture et de la signature des parties, tant à leur égard qu'à celui de leurs héritiers ou ayants cause.**

La procédure de faux prévue par le code de procédure civile lui est applicable.

Cet acte est dispensé de toute mention manuscrite exigée par la loi. – *Dispositions transitoires, V. Ord. no 2016-131 du 10 févr. 2016, art. 9, ss. art. 1386-1.*

Comp., antérieurement, L. no 71-1130 du 31 déc. 1971, art. 66-3-2 et 66-3-3.

BIBL. ▸ BACACHE et LEROYER, *RTD civ. 2011. 403*. – BÉNICHOU, *JCP 2011. Prat. 437.* – CROZE et SANTAMARIA, *D. avocats 2013. 46* (exemple de mise en œuvre pratique). – DELZANNO, *Dr. et patr. 12/2011. 14* (l'acte d'avocat et son archivage) ; *ibid., mai 2013, p. 15* (l'acte d'avocat bientôt conservé ?). – Y. GAUDEMET, *Mél. C. Larroumet, Economica 2010, p. 181* (l'acte d'avocat : une analyse publiciste). – GUY, *Gaz. Pal. 18-22 mai 2012, p. 7* (la lente percée de l'acte d'avocat). – HAUSER, *AJ fam. 2011. 292* (droit de la famille : les limites d'ordre public). – JAMIN, *JCP 2011. 468, no 13* ; *D. 2011. 960*. – LIZOP et VILLACÈQUE, *AJ fam. 2011. 297* (contreseing et conflits d'intérêts). – Letellier, *D. 2011. 1208* ; *AJ fam. 2011. 287 (en bref)* ; *ibid. 289* (proposition de formule-cadre pour un acte d'avocat en droit de la famille). – Leveneur, *CCC 2011. Repère 5*. – C. Lienhard, *AJ fam. 2011. 171* ; *ibid. 291* (matières de droit de la famille concernées par l'acte d'avocat) ; *D. avocats 2013. 50* (droit de la famille). – Mulon, *Dr. fam. 2017, Dossier 11*. – Piau, *AJ fam. 2016. 484* . – Pillet, *AJ fam. 2011. 300* (responsabilité civile professionnelle du rédacteur d'acte). – Rouillard, *AJ fam. 2011. 308* (regards croisés sur l'acte d'avocat en Europe). – B. Renaud, *Dr. et patr. 5/2011. 22* (et après ?). – Sacaze, *AJ fam. 2011. 314* . – Théry, *Dr. et patr. 5/2011. 62*.

Art. 1375 *(Ord. n° 2016-131 du 10 févr. 2016, art. 4, en vigueur le 1er oct. 2016)* **L'acte sous signature privée qui constate un contrat synallagmatique ne fait preuve que s'il a été fait en autant d'originaux qu'il y a de parties ayant un intérêt distinct, à moins que les parties ne soient convenues de remettre à un tiers l'unique exemplaire dressé.**

Chaque original doit mentionner le nombre des originaux qui en ont été faits.

Celui qui a exécuté le contrat, même partiellement, ne peut opposer le défaut de la pluralité d'originaux ou de la mention de leur nombre.

L'exigence d'une pluralité d'originaux est réputée satisfaite pour les contrats sous forme électronique lorsque l'acte est établi et conservé conformément aux articles 1366 et 1367, et que le procédé permet à chaque partie de disposer d'un exemplaire sur support durable ou d'y avoir accès. – *Dispositions transitoires, V. Ord. n° 2016-131 du 10 févr. 2016, art. 9, ss. art. 1386-1.*

Comp. C. civ., art. 1325 anc.

1. Champ d'application. L'art. 1325 anc. est applicable, pour déterminer la force probante de l'acte considéré comme moyen de preuve, dès lors qu'un contrat fait naître des obligations à la charge de chaque partie. • Civ. 1re, 24 févr. 1987, n° 85-12.859 P : *R., p. 186* (contrat entre l'émetteur d'une carte de crédit et son titulaire). ♦ Le contrat de prêt, qui n'impose d'obligation qu'à l'emprunteur, n'a pas de caractère synallagmatique et n'implique donc pas qu'il soit établi en autant d'exemplaires que de parties. Les juges du fond peuvent estimer, par une interprétation souveraine de la commune intention des parties, que trois reconnaissances de dettes établies chacune pour un montant de la même somme constituaient trois actes de prêts distincts dont les montants devaient se cumuler. • Civ. 1re, 28 mars 1984, n° 82-15.538 P. ♦ De même, l'art. 1325 anc. est inapplicable à une promesse unilatérale de vente. • T. civ. Bordeaux, 18 janv. 1944 : *JCP 1944. II. 2687, note Carbonnier.* ♦ ... Sauf si une obligation (dédit) est prévue à la charge du bénéficiaire. • Com. 4 févr. 1965 : *Bull. civ. III, n° 90.*

2. Inapplicabilité : à un état des lieux. L'art. 1325 anc. n'est pas applicable à un état des lieux, établi contradictoirement par un bailleur et un preneur, qui se borne à constater une situation de fait. • Civ. 3e, 23 mai 2002, n° 01-00.938 P : *D. 2003. Somm. 732, obs. Damas* ; *CCC 2002, n° 137, note Leveneur.*

3. ... À une prorogation de bail sans modification. La formalité des doubles a pour but d'assurer à chaque contractant une situation égale à celle des autres, en lui permettant d'obtenir les prestations auxquelles l'écrit lui donne droit (validité d'un écrit signé du bailleur et remis au preneur, portant prorogation d'un bail antérieur aux mêmes conditions, l'acceptation du preneur n'étant pas contestée). • Soc. 2 nov. 1951 : *Bull. civ. III, n° 718.*

4. ... À la lettre missive. Une lettre missive est un mode de preuve de nature spéciale échappant aux dispositions de l'art. 1325 anc. qui vise les actes instrumentaires. • Civ. 1re, 7 juill. 1958 : *Bull. civ. I, n° 361.*

5. ... À un contrat dont une des parties a déjà exécuté toutes ses obligations. L'art. 1325 anc. est sans application dès lors qu'au jour de la rédaction de l'acte l'une des parties a pleinement exécuté son obligation, de sorte que l'autre, n'ayant plus aucun droit à faire valoir, est sans intérêt à avoir un original en sa possession. • Civ. 1re, 14 déc. 1983 : *Bull. civ. I, n° 298* • 13 janv. 1993, n° 91-14.052 P. ♦ V. aussi Mestre, obs. *RTD civ. 1994. 610.*

6. ... En cas de dépôt de l'acte entre les mains d'un tiers. Le dépôt de l'original unique d'un acte sous seing privé signé des parties, entre les mains d'un tiers chargé de le conserver dans l'intérêt de celles-ci, dispense de la confection des originaux multiples. • Civ. 3e, 5 mars 1980 : *Bull. civ. III, n° 52.* ♦ La remise à un tiers constituant une exception au principe posé par l'art. 1325 anc., la preuve du consentement à cette remise incombe à celui qui s'en prévaut. • Civ. 3e, 15 avr. 1992, n° 91-14.297 P : *D. 1992. Somm. 398, obs. Kullmann* .

7. Exécution de la formalité : groupe de personnes ayant le même intérêt. Une convention rédigée en autant d'originaux qu'il y a de groupes de personnes ayant le même intérêt satisfait aux exigences de l'art. 1325 anc. • Com. 4 janv. 1967, n° 62-12.548 P. ♦ Prise en compte dans le nombre des originaux de celui qu'une partie a utilisé pour le dépôt à l'enregistrement : • Soc. 5 juin 1942 : *JCP 1942. II. 2034.*

8. En présence de deux groupes d'intéressés, la mention d'un acte portant qu'il a été fait en autant d'originaux que de parties intéressées est suffisamment explicite pour indiquer la rédaction des deux exemplaires exigés en la circonstance. • T. civ. Langres, 15 mars 1900 : *DP 1900. 2. 422.*

9. ... Exemplaire non signé par son détenteur. Il suffit que l'exemplaire d'un acte sous seing privé contenant des conventions synallagmatiques détenu par une partie porte la signature de l'autre, sans qu'il soit nécessaire que chaque original soit signé par toutes les parties. • Civ. 1re, 30 avr. 1970 : *Bull. civ. I, n° 141.*

10. Sanction. L'inobservation de l'art. 1325 anc. n'entraîne pas la nullité de la convention elle-même, mais prive seulement l'écrit de sa force probante. • Civ. 3e, 26 juin 1973 : *Bull. civ. III, n° 444* • 23 janv. 1991, n° 89-15.519 P • 13 févr. 1991, n° 89-14.861 P : *Defrénois 1991. 1264, obs. Aubert.* ♦ Cependant la remise au salarié d'un exemplaire de la convention de rupture conventionnelle du contrat de travail est nécessaire pour que chacune des parties puisse demander l'homologation de la convention dans les conditions prévues par l'art. L. 1237-14 C. trav., ainsi que pour garantir le libre consentement du salarié, en lui permettant d'exercer en connaissance de cause son droit de rétractation. • Soc. 6 févr. 2013, n° 11-27.000 P : *D. 2013. 440* (nullité de la convention de rupture) • 3 juill. 2019, n° 18-14.414 P : *Dr. soc. 2019. 984, obs. Mouly* (nullité en l'absence de la constatation de la remise d'un exemplaire de la convention de rupture au salarié) • 3 juill. 2019, n° 17-14.232 P : *D. 2019. 1454* ; *Dr. soc. 2019. 984, obs. Mouly* ; *JT 2019, n° 223, p. 13, obs. Castel* (la non-remise d'un exemplaire de la convention de rupture signé par les deux parties empêche la salariée d'en demander l'homologation et d'exercer son droit de rétractation en connaissance de cause).

11. ... Non opposable par les tiers. La nullité de l'écrit en tant que moyen de preuve résultant de l'inobservation de l'art. 1325 anc. ne peut être opposée que par les parties contractantes et non par les tiers. • Civ. 22 oct. 1900 : *DP 1901. 1. 69.*

12. Existence et contenu non contestés par les parties. L'inobservation des dispositions de l'art. 1325 anc. est sans portée dès lors que les parties ne contestent ni l'existence de l'écrit ni aucune de ses mentions. • Civ. 3e, 16 juin 1971 : *Bull. civ. III, n° 387.*

13. Exécution de l'acte. Pour écarter la nullité d'un acte sous seing privé, les juges du fond apprécient souverainement que le contrat a été exécuté. • Civ. 1re, 7 juill. 1981 : *Bull. civ. I, n° 249.*

14. ... Exécution partielle. Une exécution même partielle de la convention permet d'écarter le vice résultant de ce qu'elle ne mentionne pas le nombre des originaux qui ont été faits. • Civ. 1re, 20 oct. 1981 : *Bull. civ. I, n° 300.*

15. Irrecevabilité du moyen de nullité invoqué pour la première fois devant la Cour de cassation. Le moyen tiré de la nullité d'un acte sous seing privé renfermant une convention synallagmatique pour violation des règles de l'art. 1325 anc. est mélangé de fait et de droit et donc irrecevable, présenté pour la première fois devant la Cour de cassation. • Civ. 3e, 29 janv. 1971 : *Bull. civ. III, n° 73.*

Code général des impôts Art. 849 Les parties qui rédigent un acte sous seing privé soumis à l'enregistrement dans un délai déterminé doivent en établir un double revêtu des mêmes signatures que l'acte lui-même et qui reste déposé au service des impôts lorsque la formalité est requise.

(L. n° 2020-1721 du 29 déc. 2020, art. 157) « Pour les actes mentionnés au 2° du I de l'article 658, la copie est déposée en deux exemplaires. »

*Sur la délivrance des copies ou extraits du double déposé, V. LPF, art. L. 106. — **LPF**.*

Art. 1376 *(Ord. n° 2016-131 du 10 févr. 2016, art. 4, en vigueur le 1er oct. 2016)* **L'acte sous signature privée par lequel une seule partie s'engage envers une autre à lui payer une somme d'argent ou à lui livrer un bien fongible ne fait preuve que s'il comporte la signature de celui qui souscrit cet engagement ainsi que la mention, écrite par lui-même, de la somme ou de la quantité en toutes lettres et en chiffres. En cas de différence, l'acte sous signature privée vaut preuve pour la somme écrite en toutes lettres.** *— Dispositions transitoires, V. Ord. n° 2016-131 du 10 févr. 2016, art. 9, ss. art. 1386-1.*

Comp. C. civ., art. 1326 anc.

Sur la mention manuscrite requise en cas de cautionnement de la part d'une personne physique au profit d'un créancier professionnel, V. C. consom., art. L. 331-1, ss. art. 2298.

A. DOMAINE DE LA FORMALITÉ

1. Acte authentique. **BIBL.** Raby, *JCP N 2004. 1608* (mention manuscrite et cautionnement notarié). ♦ Les actes authentiques ne sont pas visés par l'art. 1326 anc., dont l'art. 1376 reprend la substance (cautionnement constaté par acte authentique). • Com. 20 mars 1990, n° 88-14.913 P : *D. 1990. Somm. 383, obs. Aynès* • Civ. 1re, 2 juill. 1991, n° 90-12.747 P • 13 févr. 1996, n° 93-21.165 P : *JCP 1996. I. 3983, obs. Virassamy* (mandat de se rendre caution donné par acte authentique) • 4 févr. 1997, n° 94-20.983 P • 12 mars 2002, n° 99-10.278 P : *D. 2002. AJ 1342* (mandat de se rendre caution) • Com. 11 févr. 2004, n° 01-16.192 P : *R., p. 293 ; D. 2004. IR 805 ; Defrénois 2004. 724, obs. Théry* (cautionnement résultant d'un engagement consigné dans un jugement). • 14 juin 2017, n° 12-11.644 P : *D. 2017. 1748, note Bouathong ; ibid. 1996, obs. Crocq ; AJ contrat 2017. 344, obs. Houtcieff ; RTD civ. 2017. 871, obs. Barbier ; JCP 2017 n° 866, note Simler* (cautionnement). ♦ V. aussi note 10. ♦ Rappr., pour l'exclusion des cautionnements donnés par acte authentique de la protection prévue aux art. L. 313-7 et L. 313-8 anc. C. consom. : • Civ. 1re, 24 févr. 2004, n° 01-13.930 P : *R., p. 334 ; D. 2004. AJ 805, obs. Avena-Robardet ; Defrénois 2004. 1073, note Dagorne-Labbe.*

2. Consentement du conjoint au cautionnement donné par un époux. Le consentement donné par un époux au cautionnement donné par son conjoint n'est pas soumis aux exigences de l'art. 1326 anc. C. civ. • Civ. 1re, 13 nov. 1996, n° 94-12.304 P : *D. 1997. Somm. 163 (1re esp.), obs. Aynès ; D. 1998. Somm. 135, obs. Brémond ; Defrénois 1997. 812, obs. Champenois ; JCP N 1997. II. 1081, note Leveneur.* – V. aussi : C. Mouly, *JCP 1995. I. 3836.*

3. Actes de commerce. L'art. 1326 anc. ne s'applique pas lorsqu'il s'agit, à l'égard de commerçants, de prouver des actes de commerce, lesquels, conformément à l'art. 109 (art. L. 110-3) C. com., peuvent se prouver par tous moyens à moins qu'il n'en soit autrement disposé par la loi. • Com. 15 nov. 1988 : *D. 1990. 3, note P. Ancel* (cautionnement) • 11 déc. 1990 : *D. 1991. 584, note Bandrac* • Civ. 1re, 2 mai 2001, n° 98-23.080 P : *D. 2001. AJ 1951, obs. A. Lienhard ; Defrénois 2001. 1057, obs. Libchaber ; RTD com. 2001. 865, obs. Saintourens*. ♦ Sur la nécessité de constater la qualité de commerçant de la caution, V. • Com. 11 janv. 1994, n° 91-19.449 P • Civ. 1re, 18 mai 2004, n° 01-17.007 P : *Defrénois 2005. 161, obs. J. Honorat ; LPA 21 mars 2005, note Favario ; RTD com. 2004. 693, obs. Saintourens*. ♦ V. aussi • Com. 12 mai 1998, n° 95-15.355 P : *D. Affaires 1998. 1174, obs. J. F. ; CCC 1998, n° 128, note Leveneur* (nécessité, pour l'application de l'art. 109 [L. 110-3] C. com. à un cautionnement, que la caution ait agi dans l'exercice ou pour l'intérêt de son commerce).

4. Consommation. L'art. L. 341-2 C. consom., dans sa rédaction antérieure à l'Ord. du 14 mars 2016, n'impose pas la mention du montant de l'engagement de la caution à la fois en chiffres et en lettres. • Com. 18 janv. 2017, n° 14-26.604 P : *D. 2017. 1996, obs. Crocq ; AJ contrat 2017. 122, obs. Houtcieff ; RTD civ. 2017. 377, obs. Barbier ; CCC 2017, n° 89, obs. Bernheim-Desvaux ; RLDC 2017/149. 22, note Rivollier.*

5. Actes n'engendrant pas d'obligation. L'art. 1326 anc. n'est applicable qu'aux seuls actes contenant obligation et ne concerne pas les quittances dont le but est de constater la libération du débiteur. • Soc. 18 juill. 1952 : *D. 1952. 617.* ♦ ... Ni l'acte par lequel le crédirentier déclare renoncer au paiement d'une rente viagère. • Civ. 1re, 15 juin 1973 : *Bull. civ. I, n° 205.* ♦ ... Ni le contrat entre l'émetteur d'une carte de crédit et son titulaire. • Civ. 1re, 24 févr. 1987 : *ibid. I, n° 69 ; R., p. 186.*

6. Contrat synallagmatique. L'art. 1326 anc. n'est pas applicable à un contrat synallagmatique créant des obligations réciproques. • Civ. 1re, 19 avr. 1988 : *Bull. civ. I, n° 110* • 17 nov. 1999, n° 97-16.335 P : *D. 2000. 407, note P. Ancel ; ibid. AJ 47, obs. J. F. ; JCP 2000. II. 10403, note Picod ; ibid. I. 209, n° 9, obs. Simler ; ibid. 237, nos 1 s., obs. Virassamy ; Defrénois 2000. 718, obs. Delebecque* (engagement étant la contrepartie d'une créance du créancier).

7. Les juges ne peuvent déclarer l'art. 1326 anc. inapplicable au motif qu'un engagement n'est pas unilatéral en ce qu'il impliquait l'accomplissement préalable d'une contrepartie, sans rechercher si l'acte litigieux contenait des engagements réciproques de la part des parties. • Civ. 1re, 7 juin 1979 : *Bull. civ. I, n° 168.* ♦ Tel est le cas, excluant l'application de l'art. 1326 anc., du mandat donné à un agent immobilier dans les conditions prévues par la L. du 2 janv. 1970. • Civ. 1re, 27 oct. 1982 : *Bull. civ. I, n° 305.* ♦ ... D'une commande de livres par correspondance. • Civ. 1re, 8 févr. 1984, n° 82-16.406 P : *RTD civ. 1985. 386, obs. Mestre.* ♦ ... De relations complexes entre prêteurs et emprunteurs. • Civ. 1re, 19 avr. 1988 : *Bull. civ. I, n° 110.* ♦ ... D'une convention de garantie de passif social formant un tout avec l'acte synallagmatique portant cession des actions auquel elle s'intègre. • Com. 26 juin 1990, n° 88-14.444 P.

8. Obligations autres que de sommes d'argent ou de choses fongibles. La formalité de l'art. 1326 anc. ne s'applique qu'aux engagements de payer des sommes d'argent ou de fournir des choses fongibles. • Versailles, 15 janv. 1988 : *D. 1988. Somm. 272, obs. Aynès.* ♦ Elle ne s'applique pas à l'obligation de résultat découlant d'une lettre d'intention et consistant en un apport en trésorerie. • Com. 17 déc. 2002 :

JCP 2003. I. 176, n° 13, obs. Simler. ♦ Elle ne concerne pas une promesse de bail. • Civ. 1re, 27 févr. 1963 : *D. 1963. 551.* ♦ ... Ni une promesse de vente. • Civ. 3e, 11 févr. 1975 : *D. 1975. IR 107.* ♦ ... Ni un engagement de porte-fort qui constitue un engagement de faire. • Com. 18 juin 2013, n° 12-18.890 P : *D. 2013. 1621, obs. Delpech ; ibid. 2561, note Pellier ; ibid. Chron. C. cass. 2551, note Guillou ; RTD civ. 2013. 653, obs. Crocq ; ibid. 842, obs. Barbier ; Gaz. Pal. 2013. 151, obs. Kouhaiz ; CCC 2013, n° 203, obs. Leveneur ; RLDC 2013/108, n° 5230, obs. Riassetto ; RDC 2014. 66, note Barthez* • 8 juill. 2014 : *Rev. sociétés 2015. 89, note Massart*. ♦ ... Ni une obligation portant sur la bonne exécution d'un contrat de construction. • Civ. 3e, 12 févr. 2003, n° 01-11.295 P. ♦ ... Mais jugé qu'elle s'applique à la clause de dédit assortissant une promesse de vente d'immeuble. • Civ. 1re, 13 févr. 1968 : *JCP 1968. II. 15477, note R. L.*

9. Cautionnement réel. La formalité de l'art. 1326 anc. ne s'applique pas au cautionnement réel (nantissement de valeurs mobilières non assorti d'un engagement personnel). • Civ. 1re, 13 mai 1998, n° 96-16.087 P : *D. 1998. IR 208 ; JCP N 1998. 1667, note S. Piedelièvre ; RTD civ. 1999. 152, obs. Crocq*.

10. Mandat. BIBL. Albiges, *D. 2002. Chron. 706* (mandat de se porter caution). ♦ Le mandat sous seing privé de se porter caution est soumis aux exigences de l'art. 1326 anc. • Civ. 1re, 31 mai 1988, n° 86-17.495 P : *R., p. 208 ; D. 1989. Somm. 289, obs. Aynès ; JCP 1989. II. 21181, note Simler ; RTD civ. 1989. 111, obs. Bandrac* • 22 nov. 1988 : *Bull. civ. I, n° 329 ; D. 1989. Somm. 289, obs. Aynès* • 19 juin 1990, n° 88-16.396 P : *R., p. 351 ; Defrénois 1990. 1346, obs. Aynès* • Com. 27 nov. 1991, n° 89-16.184 P : *Defrénois 1993. 168, note Beaubrun* • Civ. 1re, 26 mai 1993 : *D. 1993. Somm. 312, obs. Aynès* • 27 juin 1995, n° 93-11.958 P : *D. 1996. 133, note Micha-Goudet ; Defrénois 1996. 807, obs. Aynès* • 2 juill. 1996, n° 94-15.586 P : *D. 1997. Somm. 164 (5e esp.), obs. Aynès ; RTD civ. 1996. 665, obs. Bandrac*. ♦ La formalité de l'annexion à l'acte authentique de cautionnement de la procuration sous seing privé de se porter caution ne suffit pas à purger celle-ci de ses vices de forme au regard de l'art. 1326 anc. • Civ. 1re, 7 nov. 2000, n° 98-13.432 P : *D. 2000. AJ 435, obs. Avena-Robardet ; D. 2001. Somm. 690, obs. Aynès ; JCP 2001. I. 315, n° 6, obs. Simler ; JCP E 2001. 372, note D. Legeais (2e esp.) ; Defrénois 2001. 256, obs. Aubert* (responsabilité du notaire rédacteur de l'acte) • 4 juin 2002, n° 99-21.470 P : *D. 2002. AJ 2119 ; LPA 8 oct. 2002, note Houtcieff.* ♦ L'irrégularité qui entache le mandat, en l'absence de mention manuscrite, s'étend au cautionnement subséquent donné sous la forme authentique. • Civ. 1re, 6 mars 2001, n° 98-15.920 P : *JCP E 2001. 758, note D. Legeais ; Defrénois 2001. 718, obs. Aubert ; RJPF 2001-7-8/46, obs. Casey.* – V. déjà • Civ. 1re, 27 juin 1995 : *préc.* ♦ Même solution dans le cas d'une opération de crédit à la consommation soumise aux art. L. 313-7 et L. 313-8 [L. 314-15] C. consom. • Civ. 1re, 8 déc. 2009 : *JCP N 2010, n° 1119, note Garçon.* ♦ Mandat donné par acte authentique : V. note 1.

11. Garantie autonome. L'art. 1326 anc. est applicable aux garanties autonomes. • Com. 22 nov. 1996 : *RTD civ. 1997. 183, obs. Bandrac*. – V. déjà : • Com. 10 janv. 1995 : *D. 1995. 201, note Aynès ; JCP 1995. II. 22397, note Billiau ; Gaz. Pal. 1996. 1. 144, note S. Piedelièvre.*

B. EXÉCUTION ET PORTÉE DE LA FORMALITÉ

12. Mentions et formes requises : signature et mention de la somme. Il résulte de la rédaction issue de la L. n° 2000-230 du 13 mars 2000 que si la mention de la somme ou de la quantité en toutes lettres et en chiffres, écrite par la partie même qui s'engage, n'est plus nécessairement manuscrite, elle doit alors résulter, selon la nature du support, d'un des procédés d'identification conforme aux règles qui gouvernent la signature électronique ou de tout autre procédé permettant de s'assurer que le signataire est le scripteur de ladite mention. • Civ. 1re, 13 mars 2008, n° 06-17.534 P : *R., p. 310 ; D. 2008. AJ 911, obs. Gallmeister ; ibid. 1956, note Maria ; 2008. Chron. C. cass. 2363, n° 8, obs. Creton ; JCP 2008. II. 10081, note Putman ; ibid. I. 152, n° 4, obs. Simler ; Gaz. Pal. 2008. 2568, obs. Ballet et Collin ; Dr. et patr. 5/2008. 96, obs. Aynès et Stoffel-Munck ; Defrénois 2008. 1345, obs. Libchaber ; RLDC 2008/5, n° 2972, obs. Le Gallou ; CCC 2008, n° 174, obs. Leveneur ; CCE 2008, n° 80, obs. Stoffel-Munck ; ibid. n° 97, obs. Caprioli ; RTD civ. 2008. 302, obs. Fages* (cassation de l'arrêt ayant qualifié de commencement de preuve par écrit un acte entièrement dactylographié, signé de la main du débiteur). ♦ Il résulte de l'art. 1326 anc., tel que modifié par la L. n° 2000-230, que la mention dans l'acte de la somme en toutes lettres et en chiffres ne doit plus nécessairement être manuscrite, mais, si elle ne l'est pas, elle doit être conforme à l'un des procédés d'identification prévus par les règles qui gouvernent la signature électronique ou tout autre procédé permettant de s'assurer que le signataire est le scripteur de ladite mention • 28 oct. 2015, n° 14-23.110 P : *D. 2015. 2249, obs. de Ravel d'Esclapon ; JCP 2015, n° 114, obs. Dissaux.* ♦ Précédemment : l'engagement souscrit par la caution doit comporter sa signature ainsi que la mention, écrite de sa main, de la somme en toutes lettres et en chiffres de toute obligation déterminable au jour de l'engagement ; ces règles de preuve ont pour finalité la protection de la caution. • Civ. 1re, 15 nov. 1989, n° 87-18.003 P : *R., p. 321 ; GAJC,*

11e éd., n° 275-277 (II) ; D. 1990. 177, note Ch. Mouly ; JCP 1990. II. 21422, note D. Legeais ; Defrénois 1990. 441, obs. Aynès et 741, obs. Aubert. ♦ Est irrégulier l'acte d'engagement d'une caution dès lors que le montant des sommes cautionnées, s'il y figure en chiffres, n'y est pas mentionné en toutes lettres, cette mention étant impérativement prescrite par les art. 1326 anc. et 2015 [2292]. • Même arrêt. ♦ V. conf., • Civ. 1re, 25 mai 2005, n° 04-14.695 P : *R., p. 354 ; D. 2005. AJ 1548, obs. Avena-Robardet ; JCP 2005. II. 10169, note S. Piedelièvre ; Defrénois 2005. 1489, note Dagorne-Labbe, et 1634, obs. Bénabent ; CCC 2005, n° 188, note Leveneur* (mention en lettres mais non en chiffres). ♦ V. aussi • Civ. 1re, 14 juin 2005 : *Gaz. Pal. 2005. 3443, note Daussy-Roman* (contradiction entre les mentions en chiffres et en lettres). ♦ La circonstance qu'une reconnaissance de dette, dépourvue de la mention exigée par l'art. 1326 anc., ait été établie en double exemplaire, dont l'un resté en possession du débiteur, n'établit pas que celui-ci avait connaissance, au moment de la signature, du montant de son engagement. • Civ. 1re, 4 mars 1997, n° 94-17.754 P : *JCP 1997. II. 22954, note Gonon ; ibid. I. 4056, nos 12 s., obs. Virassamy ; Defrénois 1997. 743, obs. Aubert, et 1011, obs. Delebecque ; Gaz. Pal. 1998. 1. Somm. 352, obs. S. Piedelièvre ; RTD civ. 1998. 108, obs. Mestre .*

13. Nature des dettes garanties. Il n'est pas exigé que la nature des dettes garanties soit précisée dans la mention manuscrite. • Com. 29 oct. 1991, n° 90-13.274 P : *JCP 1992. II. 21874, note D. Legeais* • Civ. 1re, 20 déc. 1994, n° 92-22.103 P : *Defrénois 1995. 416, obs. Aynès* • 9 mai 1996, n° 94-14.230 P : *D. 1996. IR 145* ♦ L'art. 1326 anc. limite l'exigence de la mention manuscrite à la somme ou à la quantité due, sans l'étendre à la nature de la dette, à ses accessoires ou à ses composantes. • Com. 16 mars 1999, n° 96-12.653 P : *D. Affaires 1999. 667, obs. J.F ; JCP 1999. II. 10184, note Casey ; ibid. I. 156, n° 1, obs. Simler ; Banque et Dr. 7-8/1999. 35, obs. Jacob* • 17 juill. 2001, n° 97-17.579 P : *D. 2001. AJ 2514 ; JCP 2001. I. 356, n° 1, obs. Simler* • 3 avr. 2002, n° 98-21.373 P : *D. 2002. AJ 1547, obs. Avena-Robardet ; LPA 8 oct. 2002, note Houtcieff (1re esp.)* • Civ. 1re, 29 oct. 2002, n° 99-18.017 P : *R., p. 443 ; D. 2002. 3071, note Djoudi ; ibid. Somm. 3334, obs. Aynès ; JCP 2002. II. 10187, note D. Legeais ; ibid. 2003. I. 124, n° 1, obs. Simler ; Defrénois 2003. 229, note S. Piedelièvre ; RTD civ. 2003. 122, obs. Crocq* • 29 oct. 2002, n° 00-15.223 P : *R., p. 443 ; D. et JCP, eod. loc. ; CCC 2003, n° 67, note Leveneur* • 29 oct. 2002, n° 00-21.881 P : *Defrénois, eod. loc.* • Com. 4 févr. 2003, n° 00-19.959 P : *D. 2003. 1357, note Roman .*

14. Taux des intérêts. Dès lors qu'elle a écrit de sa main qu'elle garantissait les intérêts du montant principal cautionné et que le taux de ceux-ci a été fixé par écrit, la caution est tenue au paiement desdits intérêts, peu important que leur taux ne figure pas dans la mention manuscrite. • Com. 31 mai 1994, n° 91-18.621 P : *RTD civ. 1994. 903, obs. Bandrac .* – V. aussi Aynès, obs. *Defrénois 1994. 1170.* ♦ L'art. 1326 anc. limitant l'exigence de la mention manuscrite à la somme ou à la quantité due, sans l'étendre à la nature de la dette, à ses accessoires ou à ses composantes, dès lors que la caution s'engage dans l'acte de cautionnement à garantir les sommes que le débiteur doit ou devra en principal, intérêts et accessoires à quelque titre que ce soit, il importe peu que la mention manuscrite ne fasse pas état des intérêts. • Com. 16 mars 1999 : *préc. note 13* • 17 juill. 2001 : *préc. note 13* • 3 avr. 2002 : *préc. note 13.* – Dans le même sens : • Civ. 1re, 29 oct. 2002 : *préc. note 13 (3 arrêts)* • Com. 4 févr. 2003 : *préc. note 13.*

La 1re chambre civile jugeait auparavant que, lorsque la mention manuscrite ne précise pas le taux des intérêts mais que les circonstances de l'acte établissent que la caution avait connaissance du taux convenu, celle-ci est tenue au paiement des intérêts. • Civ. 1re, 22 mai 2002, n° 99-17.245 P : *D. 2002. AJ 2403, obs. Avena-Robardet (2e esp.) ; JCP E 2002. 1381, note D. Legeais (2e esp.) ; LPA 8 oct. 2002, note Houtcieff (3e esp.).* ♦ ... Et que, si, au contraire, il ne résulte pas des données de l'espèce que la caution ait eu connaissance des conditions convenues d'intérêts et de pénalités de retard, elle n'est pas engagée quant à ces accessoires. • Civ. 1re, 22 mai 2002, n° 00-18.822 P : *R., p. 442 ; D. eod. loc. (1re esp.) ; JCP E eod. loc. (1re esp.) ; LPA, eod. loc. (2e esp.).*

Comp. la position encore antérieure de la 1re chambre civile, exigeant l'indication, dans la mention manuscrite, du taux des intérêts conventionnels : lorsque le cautionnement n'a pas un caractère commercial, la caution ne peut être tenue des intérêts au taux conventionnel, en cas d'insuffisance des mentions manuscrites quant à ce taux, que sur le fondement d'éléments extrinsèques propres à compléter ces mentions. • Civ. 1re, 29 févr. 2000, n° 97-21.873 P : *R., p. 370 ; D. 2000. Somm. 342, obs. Brémond ; D. 2001. Somm. 691, obs. Aynès ; JCP 2000. II. 10382, note Casey ; ibid. I. 257, n° 7, obs. Simler ; JCP E 2000. 801, note D. Legeais.* ♦ Déjà en ce sens : • Civ. 1re, 30 mars 1994, n° 91-22.345 P : *RTD civ. 1994. 903, obs. Bandrac* • 27 juin 1995 : *JCP 1995. II. 22256, note Béhar-Touchais ; JCP 1995. I. 3880, n° 5, obs. Billiau* • 5 déc. 1995, n° 93-12.096 P • 2 avr. 1997, n° 95-14.235 P : *JCP 1997. II. 22927, note Casey* (arrêt précisant qu'il s'agissait d'un cautionnement civil et que n'étaient pas précisés les éléments extrinsèques de nature à compléter la mention manuscrite).

Sur cette divergence de jurisprudence : Graff, *R. 2001, p. 281.*

15. Engagement indéterminé : mention établissant la connaissance de l'obligation. L'acte juridique contenant un engagement indéterminé doit porter, écrite de la main du souscripteur (en l'espèce, caution), une mention exprimant sous une forme quelconque, mais de façon explicite et non équivoque, la connaissance qu'il a de la nature et de l'étendue de l'obligation contractée. • Civ. 1re, 22 févr. 1984, n° 82-17.077 P : *R., p. 100 ; JCP 1985. II. 20442, note Storck.* – V. aussi • Civ. 1re, 3 mars 1970 : *D. 1970. 403, note Etesse* • 19 avr. 1983 : *JCP 1983. II. 20122, note Mouly et Delebecque* • 4 févr. 1986 : *D. 1987. 342, note Aynès* • 4 mars 1986 : *eod. loc.*

16. ... Notion de mention claire et non équivoque. Une mention manuscrite précise, claire et dénuée d'équivoque, apposée au bas d'un acte dont chaque page a été paraphée, suffit à traduire que la caution avait connaissance de la portée illimitée de son engagement. • Com. 29 oct. 2002, n° 98-21.056 P : *R., p. 441.*

Comp., antérieurement : pour apprécier si, en cas d'engagement indéterminé (cautionnement), la mention manuscrite répond aux exigences de l'art. 1326 anc., il doit être tenu compte non seulement des termes employés, mais aussi de la qualité, des fonctions et des connaissances de la caution, de ses relations avec le créancier et avec le débiteur ainsi que des caractéristiques de la dette. • Com. 15 nov. 1988 : *D. 1990. 3, note Ancel*. – Dans le même sens : • Civ. 1re, 4 mars 1986 : *D. 1987. 342 (2e esp.), note Aynès* • 18 avr. 1989 : *Bull. civ. I, n° 152 ; Defrénois 1989. 916, obs. Aynès ; RTD civ. 1989. 788, obs. Bandrac* • 28 oct. 1991 : *JCP 1992. II. 21874, note D. Legeais* • Com. 18 févr. 1992, n° 89-20.939 P. ♦ Le seul fait que la caution est l'épouse du débiteur n'établit pas qu'elle a accès à tous les documents contractuels de celui-ci et qu'elle a, de ce fait, parfaitement connaissance de l'étendue de son engagement. • Civ. 1re, 10 mars 1992, n° 90-16.466 P • 22 avr. 1992, n° 90-17.735 P. ♦ V. aussi note 22.

17. ... Caractère suffisant de la mention. La mention manuscrite exprimant seule la connaissance que le souscripteur avait de la nature et de l'étendue de son obligation, les juges n'ont pas à rechercher si des clauses dactylographiées ou imprimées de l'acte n'avaient pas pour effet d'étendre cette obligation. • Civ. 1re, 22 juin 1983 : *Bull. civ. I, n° 182* • 3 mai 1984, n° 82-13.858 P : *R., p. 100* • 25 mars 1991 : *JCP N 1992. II. 99, note Leveneur.* ♦ Comp. • Civ. 1re, 28 mars 1979 : *Bull. civ. I, n° 104* (application des clauses de renonciation aux bénéfices de discussion et de division figurant dans le corps d'un acte de cautionnement).

C. SANCTION

18. Force probante. A défaut de la signature de celui qui s'engage, l'acte ne fait pas preuve de l'engagement (acte de cautionnement portant la mention prévue par l'art. 1326 anc. écrite de la main de la caution, mais signé par le comptable de la société cautionnée). • Civ. 1re, 2 juill. 1996, n° 94-14.943 P : *D. 1997. Somm. 164 (1re esp.), obs. Aynès ; RTD civ. 1996. 663, obs. Bandrac*. ♦ En l'absence de mention de la somme écrite en chiffres, l'acte sous seing privé contenant l'engagement de caution est irrégulier et ne peut constituer qu'un commencement de preuve par écrit (cassation de l'arrêt ayant admis que l'acte valait pour la somme écrite en toutes lettres). • Civ. 1re, 13 nov. 1996, n° 94-16.091 P : *D. 1997. 368, note Pasqualini ; ibid. Somm. 164 (2e esp.), obs. Aynès ; JCP 1997. II. 22810, note Dagorne-Labbe ; Gaz. Pal. 1997. 2. Somm. 446, obs. S. Piedelièvre* • 25 mai 2005 : *préc. note 12.* – V. aussi : • Civ. 2e, 27 juin 2002, n° 98-17.028 P : *D. 2002. Somm. 3333, obs. Aynès*. – V. déjà : • Civ. 1re, 15 nov. 1989 : *préc. note 12* (mention en chiffres mais non en lettres). ♦ Même solution, pour une reconnaissance de dette (absence de la mention manuscrite en chiffres) : • Civ. 1re, 21 mars 2006, n° 04-18.673 P. ♦ *Contra* : • Civ. 1re, 19 déc. 1995, n° 94-10.501 P : *CCC 1996, n° 37, note Leveneur ; RTD civ. 1996. 620, obs. Mestre* (l'omission de la mention manuscrite en chiffres ne prive pas l'écrit de sa force probante) • 18 sept. 2002, n° 99-13.192 P : *JCP 2003. I. 124, n° 2, obs. Simler* (*idem*) • 19 nov. 2002, n° 00-21.196 P : *CCC 2003, n° 54, note Leveneur* (*idem*). ♦ L'insuffisance de la mention manuscrite affecte non la validité de l'engagement, mais la preuve de la portée et de l'étendue de celui-ci. • Civ. 1re, 6 juill. 2004, n° 01-15.041 P : *D. 2004. AJ 2373*.

19. Commencement de preuve par écrit. Un acte irrégulier au regard de l'art. 1326 anc. peut constituer un commencement de preuve par écrit. • Civ. 1re, 16 janv. 1985 : *Bull. civ. I, n° 24 ; RTD civ. 1986. 758, obs. Mestre* • Com. 26 juin 1990 (2 arrêts), n° 89-11.555 P : *R., p. 348 ; Defrénois 1990. 1345, obs. Aynès* • Civ. 1re, 15 oct. 1991 : *GAJC, 11e éd., n° 275-277 (III) ; JCP 1992. II. 21923, note Simler* • 20 oct. 1992, n° 90-21.183 P • 10 janv. 1995 : *JCP N 1995. II. 1006, note Billiau* (pour une garantie autonome) • 27 juin 1995 : *D. 1996. 133, note Micha-Goudet* (pour un mandat de se porter caution) • 23 févr. 1999 : *D. 1999. 411, note Ancel (2e esp.)* (appréciation souveraine des juges du fond).

20. Validité de l'obligation. Mais l'omission des formalités de l'art. 1326 anc. est sans influence sur la validité de l'obligation elle-même. • Civ. 2e, 18 déc. 1978 : *Bull. civ. II, n° 280* • Com. 26 nov. 1990 : *JCP 1991. II. 21701, note D. Legeais* (cautionnement) • Civ. 1re, 5 oct. 1994, n° 92-17.208 P : *D. 1995. Somm. 227, obs. Libchaber* (prêt dont la matérialité n'est pas contestée) • Civ. 1re, 6 juill. 2004 : *préc. note 18.*

21. Cautionnement : limites de l'engagement. Dans le cas de cautionnement, il résulte de la combinaison des art. 1326 anc. et 2015 [2292] que le cautionnement ne peut excéder la somme que la caution s'est engagée à payer telle qu'elle résulte de la mention écrite de sa main. • Com. 28 mai 1991, n° 89-14.931 P : *Defrénois 1991. 1114 (5ᵉ esp.), obs. Aynès.*

22. … Qualité de la caution. Les exigences de l'art. 1326 anc. sont des règles de preuve qui ont pour finalité la protection de la caution. Doit donc être condamnée au paiement, bien que l'acte de cautionnement ne comporte pas les mentions requises, une caution non commerçante qui a signé en sa qualité de président de la société cautionnée l'acte par lequel elle a reconnu que la société était débitrice et s'est obligée au remboursement, l'omission de la formalité prévue à l'art. 1326 anc. n'ayant pas porté atteinte à la protection de ses droits. • Com. 29 janv. 1991, n° 89-14.162 P. ♦ Même sens : • Com. 19 juin 1990, n° 88-14.950 P : *R., p. 348* • 26 juin 1990, n° 88-14.659 P : *R., p. 348* • 26 nov. 1990 : *JCP 1991. II. 21701, note D. Legeais* • 15 janv. 1991, n° 88-12.798 P • 9 juill. 1991, n° 89-19.373 P (renouvellement d'engagements antérieurs) • 22 juin 1993, n° 91-13.108 P (mention erronée de la somme en toutes lettres). ♦ Il y a lieu de rechercher si, en fait, la qualité des cautions, leurs fonctions, leurs connaissances ainsi que leurs relations avec la banque créancière et le débiteur principal avaient pu donner aux termes généraux de leur engagement un caractère explicite et non équivoque, eu égard à la nature et aux caractéristiques de l'obligation cautionnée. • Civ. 1ʳᵉ, 9 avr. 1991, n° 89-18.807 P. ♦ Sur cette jurisprudence, Aynès, obs. *Defrénois 1991. 1116.* ♦ V. aussi • Com. 12 mai 1992, n° 90-13.077 P (cautionnement signé par le gérant d'une société avant la convention de crédit-bail garantie par son engagement) • 7 juill. 1992, n° 90-21.003 P (cautionnement conforme à la décision prise par les signataires lors de l'assemblée générale de la société débitrice dont ils étaient tous associés).

23. Reconnaissance du principe et du montant de l'engagement. Ayant constaté qu'un acte, qui ne comportait pas les mentions prescrites à l'art. 1326 anc., était signé par une partie (en l'espèce, caution) et que celle-ci invoquait la nullité de son engagement sans en discuter la matérialité, les juges du fond ayant retenu que sa contestation ne portait pas sur le principe ni sur le montant de l'obligation ont pu en déduire que la preuve de celle-ci était rapportée. • Com. 6 juin 1985 : *Bull. civ. IV, n° 182 ; RTD civ. 1986. 758, obs. Mestre.*

24. Responsabilité du rédacteur. Responsabilité du rédacteur de l'acte irrégulier au regard de l'art. 1326 anc. : V. • Civ. 1ʳᵉ, 24 juin 1997, n° 95-11.380 P : *JCP 1997. II. 22914, note R. Martin.*

D. PROCÉDURE

25. Insuffisance de la mention manuscrite : moyen mélangé de fait et de droit. Le moyen tiré d'une insuffisance de la mention manuscrite n'est pas un moyen de pur droit ; il ne peut être soulevé pour la première fois devant la Cour de cassation, la mention fût-elle reproduite dans la décision des juges du fond. • Civ. 1ʳᵉ, 15 déc. 1999, n° 97-17.729 P. – V. aussi • Civ. 1ʳᵉ, 1ᵉʳ févr. 2000, n° 97-17.827 P.

Art. 1377 *(Ord. n° 2016-131 du 10 févr. 2016, art. 4, en vigueur le 1ᵉʳ oct. 2016)* **L'acte sous signature privée n'acquiert date certaine à l'égard des tiers que du jour où il a été enregistré, du jour de la mort d'un signataire, ou du jour où sa substance est constatée dans un acte authentique.** – *Dispositions transitoires, V. Ord. n° 2016-131 du 10 févr. 2016, art. 9, ss. art. 1386-1.*

Comp. C. civ., art. 1328 anc.

BIBL. ▸ FERRIÉ, *D. 2019. 652* (la date des actes sous signature privée après l'Ord. du 10 févr. 2016).

A. ACTES CONCERNÉS

1. Bail verbal. L'art. 1328 anc., dont l'art. 1377 reprend la substance, s'applique à un bail verbal (relation du bail dans un acte authentique de vente). • Civ. 3ᵉ, 30 janv. 1969 : *Bull. civ. III, n° 90.*

2. Lettres missives. Des lettres missives contenant l'accord des parties sur les conditions d'un contrat sont des écrits revêtus d'un caractère juridique et constituent, dès lors, des actes. • Req. 27 mars 1900 : *S. 1902. 1. 121, note Naquet.*

3. Contrats d'assurance et avenants. Inapplication aux polices et avenants d'assurance, lesquels sont dispensés de la formalité de l'enregistrement. • Civ. 1ʳᵉ, 28 oct. 1970 : *D. 1971. 84, note Besson.* ♦ Dans le même sens : l'art. 1328 anc., selon lequel les actes sous seing privé n'ont date certaine contre les tiers que du jour où ils ont été enregistrés, n'est pas applicable aux contrats d'assurance et à leurs actes modificatifs. • Civ. 2ᵉ, 26 mars 2015, n° 14-11.206 P.

4. Quittances. Sur la question de l'application aux quittances, V. • Req. 12 avr. 1907 : *S. 1908. 1. 161, note Chavegrin* • Civ. 11 févr. 1946 : *D. 1946. 389, note Chéron.*

5. Actes de commerce. La vente d'un fonds de commerce, en tant qu'acte de commerce, n'est pas soumise aux exigences de l'art. 1328 anc. • Com. 17 mars 1992, n° 90-10.694 P : *D. 1992. Somm. 399, obs. Delebecque*. ♦ ... Non plus qu'un bail commercial. • Civ. 3e, 29 nov. 2005 : *Defrénois 2006. 441, obs. Ruet.* ♦ Le bail (affichage) consenti à une société en vue de l'exploitation de son commerce a, à l'égard de cette société, le caractère d'un acte de commerce dont la preuve n'est pas soumise aux dispositions de l'art. 1328 anc. • Com. 25 avr. 1983 : *D. 1984. 1, note Jourdain.* ♦ ... Mais application à une société civile dans le cadre d'un bail commercial : • Civ. 3e, 31 mai 2012 : *cité note 9 ss. art. 595.*

6. Procès-verbal de réception de travaux. Un procès-verbal de réception de travaux n'est pas soumis à l'art. 1328 anc., cette réception n'étant pas soumise à un formalisme quelconque. • Civ. 3e, 12 juin 1991, n° 90-10.692 P : *Defrénois 1991. 1019, obs. Souleau.*

7. Levée d'option. Viole l'art. 1328 anc. la cour d'appel qui exige du bénéficiaire d'une promesse de vente, vis-à-vis du promettant, la preuve de la date certaine, non prévue dans la convention, de l'acte de levée d'option. • Civ. 3e, 24 mars 1993 : *Defrénois 1994. 340, obs. D. Mazeaud.* ♦ N'a pas date certaine contre un tiers une levée d'option effectuée par acte sous seing privé. • Civ. 3e, 20 déc. 2000, n° 99-12.391 P : *RTD civ. 2001. 365, obs. Mestre et Fages*.

8. Mission de service public. Concourant à la mise en œuvre des prérogatives de puissance publique dont sont investis les organismes de recouvrement de sécurité sociale pour l'accomplissement de la mission de service public qui leur est confiée par la loi, la convention de réciprocité spécifique par laquelle une union de recouvrement délègue ses compétences en matière de contrôle des entreprises situées dans son ressort territorial (CSS, art. D. 213-1-2) échappe au champ d'application des dispositions de l'art. 1328, devenu 1377 C. civ. • Civ. 2e, 19 janv. 2017, n° 15-28.023 P.

B. TIERS BÉNÉFICIAIRES

9. Créanciers chirographaires. Les créanciers chirographaires agissant en cette qualité, invoquant leur droit de gage général sur le patrimoine de leur débiteur, doivent être considérés comme ses ayants cause universels et non comme des tiers. • Civ. 11 févr. 1946 : *D. 1946. 389, note Chéron ; JCP 1946. II. 3099, note R. C. ; RTD civ. 1946. 308, obs. Mazeaud.*

10. Saisie-exécution. Le créancier qui a fait procéder à la saisie-exécution du mobilier de son débiteur est un tiers à l'égard d'une convention concernant le mobilier, à laquelle le débiteur a été partie. • Civ. 1re, 14 nov. 1979, n° 78-12.788 P.

11. Option successorale. L'acceptation tacite d'une succession contenue dans un acte sous seing privé se trouve soumise à l'application de l'art. 1328 anc. • Civ. 1re, 14 nov. 1972 : *D. 1973. 109, note A. B.*

12. Héritier ou légataire universel du souscripteur de l'acte. Lorsqu'il n'est même pas établi qu'un acte sous seing privé renferme une donation, l'héritier d'un des souscripteurs de cet acte ne saurait se prévaloir de sa réserve pour refuser de se laisser opposer la date qui y est portée. • Civ. 1re, 13 mai 1968 : *D. 1968. 586, note Breton.* ♦ Le légataire universel du souscripteur de l'acte n'est pas un tiers qui puisse se prévaloir du défaut de date certaine de l'acte à son égard. • Civ. 3e, 18 déc. 2002, n° 00-19.371 P : *D. 2003. IR 179 ; AJ fam. 2003. 70, obs. S. D.-B. ; Defrénois 2003. 849, obs. Libchaber.*

13. Conjoint de l'époux qui a contracté une dette commune. La femme, commune en biens, n'étant pas un tiers à l'égard de la communauté, les dettes contractées par le mari durant le mariage, qui sont à la charge de la communauté, demeurent opposables à son épouse après la dissolution du régime, même si les écrits qui les constatent n'ont pas acquis date certaine avant cet événement. • Civ. 1re, 6 juill. 1988 : *Gaz. Pal. 1989. 1. 186, note Talon ; Defrénois 1988. 1476, obs. Champenois.*

14. Sous-locataire à l'encontre du locataire. Le sous-locataire ne peut pas se prévaloir à l'encontre du locataire principal des dispositions de l'art. 1328 anc. et invoquer le défaut de date certaine du bail. • Civ. 3e, 16 avr. 1970 : *Bull. civ. III, n° 251.*

15. Locataire. Le locataire d'un bien qui a subi des dommages peut prouver par tous moyens sa qualité de locataire à l'époque des faits à l'égard de l'auteur des agissements dommageables, qui n'est ni partie au contrat de bail ni un tiers au sens de l'art. 1328 anc. • Civ. 3e, 28 juin 1978 : *Bull. civ. III, n° 271.*

16. Revendication immobilière. Un acte sous seing privé n'est opposable au demandeur en revendication immobilière comme juste titre fondant la prescription abrégée que du jour où il a acquis date certaine. • Civ. 1re, 14 juin 1961 : *JCP 1962. II. 12472, note Bulté* • Civ. 3e, 9 janv. 1973 : *Bull. civ. III, n° 35.*

17. Connaissance par le tiers de l'acte sans date certaine. Un acte sous seing privé qui n'a pas acquis date certaine est opposable à des tiers s'il est démontré que ces tiers en ont eu effectivement connaissance. • Civ. 3e, 6 janv. 1972, n° 70-13.472 P. ♦ Deux baux successifs ayant été consentis sur le même bien, celui qui a acquis le premier date certaine n'est pas opposable au locataire antérieurement en possession, dès lors que le preneur qui se prévaut de l'antériorité de son titre avait connaissance de cette situation, ce qui exclut sa bonne foi. • Civ. 3e, 25 juin 1975 : *Bull. civ. III, n° 217.*

18. Renonciation à se prévaloir du défaut

de date certaine. La renonciation à se prévaloir du défaut de date certaine peut être expresse ou tacite de la part des tiers en faveur desquels cette règle est établie. • Civ. 11 juill. 1949 : *D. 1949. 566 ; JCP 1949. II. 5120, note E. Becqué.*

C. ACQUISITION DE LA DATE CERTAINE

19. Portée. L'art. 1328 anc. a pour effet, non de retarder l'existence et la validité d'un acte juridique jusqu'à son enregistrement, mais seulement de ne rendre sa date opposable aux tiers qu'à compter de l'accomplissement de cette formalité. • Soc. 21 déc. 1965, n° 64-12.262 P.

20. Conditions. Il ne peut y avoir date certaine que si est remplie une des trois conditions limitativement énumérées à l'art. 1328 anc. • Civ. 1re, 4 févr. 1986 : *Bull. civ. I, n° 13.*

21. Enregistrement. La preuve de l'heure de l'enregistrement peut être faite au moyen du certificat délivré par l'agent de l'administration fiscale qui a accompli la formalité, mais à la condition que ce document mentionne que l'enregistrement a été effectué à une heure déterminée. • Civ. 1re, 29 juin 1982 : *JCP N 1983. II. 294, note D. F.*

22. Décès. La date certaine ne résulte pas du décès de l'officier public ayant légalisé les signatures. • Civ. 27 janv. 1930 : *DH 1930. 179.*

23. Constatation dans un acte authentique. Un acte acquiert date certaine du fait de la relation de sa substance dans une assignation en référé et dans l'ordonnance conséquente. • Civ. 3e, 1er févr. 1978, n° 76-14.299 P. ♦ … Ou dans un exploit d'huissier. • Req. 19 juin 1933 : *DP 1934. 1. 28, rapport Bricout.*

24. Mention dans un acte sous seing privé. La mention d'un acte sous seing privé dans un autre acte sous seing privé enregistré ne confère pas date certaine au premier. • Com. 21 janv. 1958 : *Gaz. Pal. 1958. 1. 360.*

SOUS-SECTION 4 Autres écrits

(Ord. n° 2016-131 du 10 févr. 2016, art. 4, en vigueur le 1er oct. 2016)

Art. 1378 *(Ord. n° 2016-131 du 10 févr. 2016, art. 4, en vigueur le 1er oct. 2016)* **Les registres et documents que les professionnels doivent tenir ou établir ont, contre leur auteur, la même force probante que les écrits sous signature privée ; mais celui qui s'en prévaut ne peut en diviser les mentions pour n'en retenir que celles qui lui sont favorables.** — *Dispositions transitoires, V. Ord. n° 2016-131 du 10 févr. 2016, art. 9, ss. art. 1386-1.*

Comp. C. civ., art. 1329 anc. et 1330 anc.

A. PREUVE PAR UN PARTICULIER CONTRE UN COMMERÇANT

1. Preuve contre les livres de commerce. Une vente étant mentionnée dans la comptabilité de l'acheteur, commerçant, celui-ci n'est pas admis à faire la preuve par témoins à l'encontre des énonciations de ses livres de commerce constatant une convention qui ne revêt pas un caractère commercial à l'égard du vendeur. • Com. 14 juin 1957 : *Bull. civ. III, n° 187.*

2. Preuve par les livres de commerce. Si celui qui invoque les livres de commerce de son adversaire ne peut les diviser, c'est à la condition que ces livres soient régulièrement tenus. • Req. 7 nov. 1860 : *DP 1861. 1. 195.*

3. Rédacteur du livre. Absence de valeur probante. Dès lors que les livres d'un commerçant ont été établis par un expert-comptable, ils sont dépourvus de valeur probante au profit de ce dernier qui ne peut les invoquer à l'appui d'une demande de paiement du solde de ses honoraires. • Civ. 1re, 6 mai 1997, n° 95-15.420 P.

B. PREUVE ENTRE COMMERÇANTS

4. Communication des livres. Le président du tribunal de grande instance tient de l'art. 15 (ancien) C. com. le pouvoir de se faire communiquer tous les livres, registres et documents existant dans un établissement commercial. • Com. 18 mai 1981 : *Bull. civ. IV, n° 239.* ♦ Comp., désormais, art. L. 123-23 C. com.

5. Force probante. Si un commerçant peut invoquer en sa faveur les mentions de ses propres livres, les juges conservent toute liberté pour refuser d'y trouver la preuve de sa prétention. • Com. 18 mars 1969 : *D. 1969. 514.*

6. Livres irréguliers. Si, entre commerçants, les livres de commerce, irréguliers comme non cotés ni paraphés, ne peuvent à eux seuls faire foi de leurs énonciations, ils peuvent être corroborés et fortifiés par d'autres pièces justificatives. • Req. 7 nov. 1923 : *DP 1924. 1. 22.*

Art. 1378-1 *(Ord. n° 2016-131 du 10 févr. 2016, art. 4, en vigueur le 1er oct. 2016)* **Les registres et papiers domestiques ne font pas preuve au profit de celui qui les a écrits.**

Ils font preuve contre lui :

1° Dans tous les cas où ils énoncent formellement un paiement reçu ;

2° Lorsqu'ils contiennent la mention expresse que l'écrit a été fait pour suppléer le défaut du titre en faveur de qui ils énoncent une obligation. – *Dispositions transitoires, V. Ord. n° 2016-131 du 10 févr. 2016, art. 9, ss. art. 1386-1.*

Comp. C. civ., art. 1331 anc.

1. Les registres domestiques, s'ils ne peuvent faire une preuve littérale de la prétention de celui qui les a rédigés, sont susceptibles d'être retenus comme un élément de présomption. • Civ. 1re, 6 oct. 1958 : *D. 1958. 747.*

2. Les registres du défunt, constituant des titres communs à toute l'hérédité, peuvent être invoqués par un héritier contre un autre cohéritier. • Req. 2 févr. 1927 : *DH 1927. 113.*

Art. 1378-2 *(Ord. n° 2016-131 du 10 févr. 2016, art. 4, en vigueur le 1er oct. 2016)* **La mention d'un paiement ou d'une autre cause de libération portée par le créancier sur un titre original qui est toujours resté en sa possession vaut présomption simple de libération du débiteur.**

Il en est de même de la mention portée sur le double d'un titre ou d'une quittance, pourvu que ce double soit entre les mains du débiteur. – *Dispositions transitoires, V. Ord. n° 2016-131 du 10 févr. 2016, art. 9, ss. art. 1386-1.*

Comp. C. civ., art. 1332 anc.

Si, en principe, la rature ou la cancellation d'une mention libératoire portée sur le titre toujours demeuré en la possession du créancier ne permet pas à cette mention de conserver la force probante prévue par l'anc. art. 1332, al. 1er, il en est différemment en cas de dol ou de fraude du créancier, cette exception n'étant pas limitée à l'hypothèse prévue par l'al. 2 du même art., où la mention libératoire a été apposée sur le double se trouvant entre les mains du débiteur. • Civ. 1re, 20 mars 1989, n° 86-19.653 P : *RTD civ. 1990. 78, obs. Mestre.*

SOUS-SECTION 5 **Les copies**

(Ord. n° 2016-131 du 10 févr. 2016, art. 4, en vigueur le 1er oct. 2016)

Art. 1379 *(Ord. n° 2016-131 du 10 févr. 2016, art. 4, en vigueur le 1er oct. 2016)* **La copie fiable a la même force probante que l'original. La fiabilité est laissée à l'appréciation du juge. Néanmoins est réputée fiable la copie exécutoire ou authentique d'un écrit authentique.**

Est présumée fiable jusqu'à preuve du contraire toute copie résultant d'une reproduction à l'identique de la forme et du contenu de l'acte, et dont l'intégrité est garantie dans le temps par un procédé conforme à des conditions fixées par décret en Conseil d'État.

Si l'original subsiste, sa présentation peut toujours être exigée. – *Dispositions transitoires, V. Ord. n° 2016-131 du 10 févr. 2016, art. 9, ss. art. 1386-1.*

Comp. C. civ., art. 1334 anc., 1335 anc., 1348 anc.

BIBL. ▸ DOUVILLE, *D. 2017. 825* (statut des prestataires de services de confiance).

V. notes ss. art. 1334 anc. et 1335 anc.

Décret n° 2016-1673 du 5 décembre 2016,

Relatif à la fiabilité des copies et pris pour l'application de l'article 1379 du code civil.

Art. 1er Est présumée fiable, au sens du deuxième alinéa de l'article 1379 du code civil, la copie résultant :

— soit d'un procédé de reproduction qui entraîne une modification irréversible du support de la copie ;

— soit, en cas de reproduction par voie électronique, d'un procédé qui répond aux conditions prévues aux articles 2 à 6 du présent décret.

Art. 2 Le procédé de reproduction par voie électronique doit produire des informations liées à la copie et destinées à l'identification de celle-ci. Elles précisent le contexte de la numérisation, en particulier la date de création de la copie.

La qualité du procédé doit être établie par des tests sur des documents similaires à ceux reproduits et vérifiée par des contrôles.

Art. 3 L'intégrité de la copie résultant d'un procédé de reproduction par voie électronique est attestée par une empreinte électronique qui garantit que toute modification ultérieure de la copie à laquelle elle est attachée est détectable.

Cette condition est présumée remplie par l'usage d'un horodatage qualifié, d'un cachet électronique qualifié ou d'une signature électronique qualifiée, au sens du règlement (UE) n° 910/2014 du Parlement européen et du Conseil du 23 juillet 2014 sur l'identification électronique et les services de confiance pour les transactions électroniques au sein du marché intérieur.

Art. 4 La copie électronique est conservée dans des conditions propres à éviter toute altération de sa forme ou de son contenu.

Les opérations requises pour assurer la lisibilité de la copie électronique dans le temps ne constituent pas une altération de son contenu ou de sa forme dès lors qu'elles sont tracées et donnent lieu à la génération d'une nouvelle empreinte électronique de la copie.

Art. 5 Les empreintes et les traces générées en application des articles 3 et 4 sont conservées aussi longtemps que la copie électronique produite et dans des conditions ne permettant pas leur modification.

Art. 6 L'accès aux dispositifs de reproduction et de conservation décrit aux articles 2 à 5 fait l'objet de mesures de sécurité appropriées.

Art. 7 Les dispositifs et mesures prévues aux articles 2 à 6 sont décrits dans une documentation conservée aussi longtemps que la copie électronique produite.

Art. 8 Les dispositions du présent décret sont applicables à Wallis-et-Futuna.

SOUS-SECTION 6 Les actes récognitifs

(Ord. n° 2016-131 du 10 févr. 2016, art. 4, en vigueur le 1er oct. 2016)

Art. 1380 *(Ord. n° 2016-131 du 10 févr. 2016, art. 4, en vigueur le 1er oct. 2016)* **L'acte récognitif ne dispense pas de la présentation du titre original sauf si sa teneur y est spécialement relatée.**

Ce qu'il contient de plus ou de différent par rapport au titre original n'a pas d'effet. — *Dispositions transitoires, V. Ord. n° 2016-131 du 10 févr. 2016, art. 9, ss. art. 1386-1.*

Comp. C. civ., art. 1337 anc.

Sur le rôle du titre récognitif en matière de servitude, V. notes ss. art. 695.

SECTION 2 La preuve par témoins

(Ord. n° 2016-131 du 10 févr. 2016, art. 4, en vigueur le 1er oct. 2016)

Art. 1381 *(Ord. n° 2016-131 du 10 févr. 2016, art. 4, en vigueur le 1er oct. 2016)* **La valeur probante des déclarations faites par un tiers dans les conditions du code de procédure civile est laissée à l'appréciation du juge.** — *Dispositions transitoires, V. Ord. n° 2016-131 du 10 févr. 2016, art. 9, ss. art. 1386-1.*

A. NOTION DE PREUVE TESTIMONIALE

BIBL. Béraud, *Gaz. Pal. 1975. 2. Doctr. 567* (attestations). – Chevallier, *D. 1956. Chron. 37 (contrôle de la pertinence)*. – *Le Roy, D. 1969. Chron. 175* (contrôle de l'aptitude au témoignage).

1. Témoignages indirects. Il n'y a pas lieu d'écarter le témoignage de personnes pour la seule raison que celles-ci n'ont connu qu'indirectement les faits qu'elles relatent. La loi s'en remet à la prudence des juges de ce qui est de nature à former leur conviction. • Civ. 2e, 8 mars 1972, n° 71-10.308 P. – V. aussi • Civ. 2e, 12 mai 1971 : *JCP 1972. II. 17069, note Vidal* • Civ. 1re, 27 févr. 1979 : *JCP 1979. IV. 161.*

2. Faux témoignage. Après avoir à juste titre écarté la déclaration d'un témoin condamné pour faux témoignage, les juges peuvent retenir les dépositions concordantes d'autres témoins qui, eux, n'avaient pas été poursuivis pour faux témoignage. • Soc. 15 nov. 1978 : *Bull. civ. V, n° 773.*

3. Assimilation des attestations écrites aux dépositions orales. V. • Civ. 3e, 11 janv. 1978, n° 76-12.772 P : *RTD civ. 1978. 925, obs. Perrot.* – V. aussi Béraud, *Gaz. Pal. 1975. 2. Doctr. 567.* ♦ V. aussi art. 199 s., **C. pr. civ.**

B. FORCE PROBANTE

4. Appréciation souveraine des juridictions du fond. Les juges du fond ont un pouvoir souverain pour apprécier la pertinence des témoignages proposés. • Civ. 2e, 18 janv. 1984 : *Bull. civ. II, no 8.* – Jurisprudence constante. ♦ Les juges du fond ont le pouvoir souverain d'apprécier la valeur probante des témoignages qui leur sont soumis. • Civ. 2e, 18 févr. 1970, no 69-10.560 P. – Jurisprudence constante.

5. Attestations. L'art. 202 C. pr. civ. n'a pas assorti de nullité l'inobservation des règles de forme des attestations. • Soc. 24 avr. 1980 : *D. 1981. 92, note Légier* • Com. 7 nov. 1989 : *Bull. civ. IV, no 282* • Soc. 8 nov. 1989 : *ibid. V, no 656.* ♦ Mais les juges du fond n'en conservent pas moins le pouvoir souverain d'apprécier la valeur et la portée de celles-ci. • Civ. 2e, 23 janv. 1985, no 83-13.796 P.

SECTION 3 La preuve par présomption judiciaire

(Ord. no 2016-131 du 10 févr. 2016, art. 4, en vigueur le 1er oct. 2016)

Art. 1382 *(Ord. no 2016-131 du 10 févr. 2016, art. 4, en vigueur le 1er oct. 2016)* **Les présomptions qui ne sont pas établies par la loi, sont laissées à l'appréciation du juge, qui ne doit les admettre que si elles sont graves, précises et concordantes, et dans les cas seulement où la loi admet la preuve par tout moyen.** – *Dispositions transitoires, V. Ord. no 2016-131 du 10 févr. 2016, art. 9, ss. art. 1386-1.*

Comp. C. civ., art. 1353 anc.

I. ADMISSIBILITÉ

A. CAS OÙ LA PREUVE PEUT SE FAIRE PAR PRÉSOMPTIONS

1. Assimilation quant à la recevabilité de la preuve par présomptions à la preuve testimoniale. Dans les matières où la loi admet les preuves testimoniales, le juge peut, par voie de présomption, établir la réalité d'un fait inconnu à partir de faits connus. • TGI Paris, 1er juill. 1991 : *Gaz. Pal. 1991. 2. 568.*

2. Preuve de la nature d'actes soumis à imposition. L'administration des impôts est admise à rétablir la nature exacte des actes soumis à imposition par tous modes de preuve et même à l'aide de présomptions (preuve d'un don manuel et du déguisement d'une donation). • Civ. 1re, 11 juill. 1984 : *Bull. civ. I, no 231.*

3. Preuve d'une donation déguisée portant atteinte à la réserve successorale. Les héritiers réservataires sont admis à faire la preuve d'une donation déguisée de nature à porter atteinte à leur réserve par tous moyens et même à l'aide de présomptions. • Civ. 1re, 5 janv. 1983, no 81-16.655 P : *R., p. 44 ; RTD civ. 1984. 340, obs. Patarin.*

4. Preuve de la propriété entre époux séparés de biens. La preuve de la propriété entre époux séparés de biens est régie par l'art. 1538 C. civ., lequel autorise la preuve par tous moyens ; dès lors les juges du fond apprécient souverainement les présomptions qui leur sont soumises. • Civ. 1re, 26 oct. 1982 : *D. 1983. 521, note E. S. de La Marnierre.*

5. Preuve de relations justifiant l'action à fins de subsides. La preuve de l'existence des relations prévues à l'art. 342 C. civ. (action à fins de subsides) peut être faite par tous moyens, y compris par présomptions. • Civ. 1re, 25 nov. 1981 : *Bull. civ. I, no 351.* ♦ De même, la preuve de la non-paternité du premier mari de la mère et la preuve de la paternité du second, en cas d'action fondée sur les art. 318 s. C. civ. • Civ. 1re, 5 févr. 1985 : *Bull. civ. I, no 52.*

6. Preuve et action en responsabilité du fait d'un produit défectueux. V. notes ss. art. 1245-8.

B. CONDITIONS RELATIVES À LA PRÉSOMPTION

7. Caractère concluant de l'offre de preuve : déclaration de la partie allégante. Lorsqu'il n'existe aucun élément susceptible de conforter les déclarations de l'intéressé, celles-ci sont, à elles seules, insuffisantes pour établir la matérialité du fait allégué et ses circonstances. • Soc. 5 mars 1980 : *Bull. civ. V, no 225.* – Même sens : • Soc. 8 juin 1978 : *ibid. V, no 457* • 18 juill. 1978 : *ibid. V, no 601.*

8. ... Fait unique. L'art. 1353 anc. ne s'oppose pas à ce que les juges forment leur conviction sur un fait unique si celui-ci leur paraît de nature à établir la preuve nécessaire. • Civ. 3e, 28 nov. 1972 : *Bull. civ. III, no 636* • Civ. 1re, 5 févr. 1991 : *D. 1991. 456, note Massip.* ♦ Comp. • Com. 9 mai 1951 : *D. 1951. 472* • Civ. 3e, 10 févr. 1976 : *Bull. civ. III, no 57.*

9. ... Expertise non contradictoire. S'il est loisible au juge, pour asseoir sa conviction, de se référer à une expertise à laquelle une partie n'a été ni appelée, ni représentée, c'est à la condition que les données de cette expertise soient corroborées par d'autres éléments dont la nature et la valeur ont été précisées. • Civ. 3e, 10 févr. 1976 : *Bull. civ. III, no 56.* ♦ En ce qui concerne la production dans un procès civil des pièces d'un dossier pénal (C. pr. pén., art. R. 155), V. • Com. 7 janv. 1976 : *Bull. civ. IV, no 6.*

10. Admissibilité de l'offre de preuve : obligation de loyauté. L'enregistrement d'une communication téléphonique réalisé à l'insu de l'auteur des propos tenus constitue un procédé déloyal rendant irrecevable sa production à titre de preuve. • Cass., ass. plén., 7 janv. 2011, n° 09-14.316 P : *R., p. 379 ; BICC 1er févr. 2011, rapp. Bargue, avis Petit ; D. 2011. Actu. 157, obs. Chevrier ; ibid. 562, note Fourment ; ibid. 618, chron. Vigneau ; JCP 2011, n° 43, obs. Malaurie-Vignal ; ibid., n° 208, note Ruy ; CCE 2011, n° 24, note Chagny ; CCC 2011, n° 71, note Bosco ; RTD civ. 2011. 127, obs. Fages* (contentieux des pratiques anticoncurrentielles relevant de l'Autorité de la concurrence), cassant • Paris, 29 avr. 2009 : *CCE 2009, n° 88, obs. Chagny,* rendu sur renvoi après cassation de • Com. 3 juin 2008, n° 07-17.147 P : *D. 2008. 2476, note Boursier-Mauderly ; ibid. Chron. C. cass. 2749, n° 6, obs. Salomon ; Gaz. Pal. 2008. 3318, note Roda ; CCE 2008, comm. n° 114, obs. Chagny* (application au Conseil de la concurrence). ♦ Déjà, à propos de conversations téléphoniques privées : • Civ. 2e, 7 oct. 2004, n° 03-12.653 P : *D. 2005. 122, note Bonfils ; ibid. Pan. 2652, obs. Marino ; JCP 2005. II. 10025, note Léger ; Gaz. Pal. 2005. 340, note de Belval ; CCE 2005, n° 11, note Stoffel-Munck ; RDC 2005. 472, obs. Debet ; RTD civ. 2005. 135, obs. Mestre et Fages*. ♦ V. aussi notes 73 et 124 ss. art. 9. ♦ *Adde*, Mekki, *D. 2016. 2355* (principe de loyauté probatoire et contentieux de la concurrence). ♦ Est déloyal le fait de permettre à un tiers d'écouter une conversation téléphonique à l'insu de l'un des interlocuteurs afin de conduire ce tiers à retranscrire les termes de cette conversation dans une attestation produite à titre de preuve. • Com. 13 oct. 2009 : *D. 2010. Pan. 2671, obs. Bretzner*. ♦ Constitue un mode de preuve illicite tout enregistrement, quels qu'en soient les motifs, d'images ou de paroles à l'insu des salariés, pendant le temps de travail. • Soc. 20 nov. 1991, n° 88-43.120 P : *D. 1992. 73, concl. Chauvy*. ♦ Dans le même sens : • Soc. 22 mai 1995, n° 93-44.078 P : *RTD civ. 1995. 862, obs. Hauser ; ibid. 1996. 197, obs. Gautier* (détective privé opérant à l'insu du salarié) • 4 févr. 1998, n° 95-43.421 P. ♦ Comp., en matière pénale : • Crim. 6 avr. 1993 : *JCP 1993. II. 22144, note Rassat* (enregistrement de conversations) • Crim. 6 avr. 1994 : *Gaz. Pal. 1994. 2. 489, note Doucet* (enregistrement de l'image par une caméra). ♦ Admission de la preuve par caméra de vidéosurveillance à l'encontre du preneur à bail d'un immeuble à usage de meublé, dès lors que l'avertissement de l'existence des caméras litigieuses figurait sur trois panneaux placés dans les lieux concernés, tant à l'intérieur qu'à l'extérieur de l'immeuble. • Civ. 1re, 24 sept. 2009, n° 08-19.482 P : *D. 2009. AJ 2344 ; Dr. et pr. 2010. 21, obs. Fricero.*

11. Régularité de la procédure. A défaut d'énonciation contraire dans la décision, les documents et renseignements sur lesquels les juges se sont appuyés et dont la production n'a donné lieu à aucune contestation devant eux, sont censés, sauf preuve contraire, avoir été régulièrement versés aux débats et soumis à la libre discussion des parties. • Civ. 3e, 12 avr. 1972, n° 70-13.154 P.

II. INDICES POUVANT CONSTITUER UNE PRÉSOMPTION

12. Absence de réserve. Il résulte de l'absence de toute protestation ou réserve de la part du titulaire du compte bancaire après la réception du relevé de compte mentionnant un virement que ce virement est présumé avoir été opéré avec son accord. • Com. 13 mai 1997, n° 94-20.237 P. – Déjà en ce sens : • Com. 26 nov. 1990 : *D. 1992. Somm. 25, obs. Vasseur*. ♦ Cette présomption ne vaut que jusqu'à preuve contraire rapportée dans les délais légaux ou convenus. • Com. 22 nov. 2005, n° 04-14.142 P : *R., p. 331.*

13. Documents médicaux. Lorsque les déclarations faites par un assuré social à son employeur, selon lesquelles il aurait été victime d'un accident survenu en cours de trajet, sont corroborées par la teneur des documents médicaux produits ainsi que par le témoignage du conducteur du véhicule qui confirme que le jour de l'accident il a bien été contraint d'imprimer à son véhicule un brusque mouvement vers l'avant, ce qui a pu provoquer la fermeture brutale de la portière, les juges du fond ont pu retenir ces éléments à titre de présomptions pour affirmer le caractère professionnel de l'accident. • Soc. 9 déc. 1985 : *Bull. civ. V, n° 587.* – Même sens : • Soc. 2 juin 1981 : *ibid. V, n° 488.*

14. Acte notarié. Un acte notarié, s'il ne peut établir par lui-même une usucapion en la constatant, ne peut être déclaré nul et non avenu, alors qu'il appartient au juge d'en apprécier la valeur probante quant à l'existence d'actes matériels de nature à caractériser la possession invoquée. • Civ. 3e, 4 oct. 2000, n° 98-11.780 P : *D. 2000. IR 274 ; JCP 2001. I. 305, n° 4, obs. Périnet-Marquet ; RDI 2001. 148, obs. Bruschi*.

15. Certificats, constats, comptes rendus. Les présomptions sur lesquelles les juges fondent leur conviction peuvent résulter de certificats régulièrement versés aux débats sans qu'il soit nécessaire que les déclarations qui leur servent de fondement aient été reçues dans les formes judiciaires. • Civ. 1re, 1er juin 1954 : *D. 1954. 589.* ♦ Un constat d'huissier, même non contradictoirement dressé, vaut à titre de preuve dès lors qu'il est soumis à la libre discussion des parties. • Civ. 1re, 12 avr. 2005, n° 02-15.507 P : *D. 2005. IR 1180*. ♦ Un constat, même s'il n'est pas conforme aux prescriptions de l'art. 3 de la L. du 6 juill. 1989 (état des lieux), peut être admis comme élément de preuve. • Civ. 3e, 2 oct. 1996, n° 94-21.486 P. ♦ V. conf., pour un compte rendu de visite établi à la requête d'un syndicat de copropriétaires : • Civ. 3e, 20 mai 1998, n° 96-14.080 P.

16. Télécopies. La preuve d'un fait juridique pouvant être rapportée par tout moyen, y compris par présomption, la cour d'appel a pu décider, dans l'exercice de son pouvoir souverain d'appréciation de la valeur et de la portée de télécopies dont la réception était avérée, puisque le destinataire y avait répondu, que la caisse avait satisfait à son obligation d'informer l'employeur. • Civ. 2e, 30 mai 2013, n° 12-19.075 P.

III. PORTÉE DE LA PRÉSOMPTION

17. Force probante des présomptions. L'absence de protestation dans le délai imparti conventionnellement d'un mois de la réception des relevés de compte n'emporte qu'une présomption d'accord du client sur les opérations y figurant, laquelle ne prive pas celui-ci de la faculté de rapporter, pendant la durée de la prescription légale, la preuve d'éléments propres à l'écarter. • Com. 13 nov. 2012, n° 11-25.596 P : *D. 2012. 2733* . ♦ L'art. 1353 anc. autorise les juges, lorsque la preuve testimoniale est recevable, à admettre des présomptions dont la force probante est abandonnée à leur pouvoir d'appréciation. • Civ. 1re, 1er juin 1954 : *D. 1954. 589*. – Jurisprudence constante. ♦ Pour une application à des documents informatiques (listing) et à une attestation d'huissier invoqués par une banque comme preuve de l'accomplissement de l'obligation d'information de la caution (C. mon. fin., art. L. 313-22) : • Com. 11 avr. 1995 : *D. 1995. 588, note Picod* ; *RTD civ. 1996. 173, obs. Mestre* (refus, en l'espèce). ♦ Les juges apprécient souverainement la valeur de la présomption résultant du refus de se soumettre à un examen des sangs. • Civ. 1re, 6 mars 1996 : *D. 1996. 529, note Lemouland* .

18. Contrôle de motivation. Les juges qui font état d'un ensemble de présomptions qu'ils énumèrent et apprécient souverainement ne sont pas tenus de rappeler dans leur décision l'exigence légale de présomptions « graves, précises et concordantes ». • Civ. 3e, 18 avr. 1972 : *Bull. civ. III, n° 242.* ♦ Et on ne saurait leur faire grief de n'avoir pas expressément affirmé que c'était de l'ensemble des faits invoqués comme présomptions, appréciés globalement, qu'ils tiraient leur conviction. • Civ. 1re, 16 mai 1979 : *Bull. civ. I, n° 144.*

19. Contrôle de l'interprétation des indices. Une discussion de fait relative à l'interprétation d'indices matériels ne saurait être admise devant la Cour de cassation. • Civ. 2e, 1er févr. 1978 : *Bull. civ. II, n° 31.*

SECTION 4 L'aveu

(Ord. n° 2016-131 du 10 févr. 2016, art. 4, en vigueur le 1er oct. 2016)

Art. 1383 *(Ord. n° 2016-131 du 10 févr. 2016, art. 4, en vigueur le 1er oct. 2016)* **L'aveu est la déclaration par laquelle une personne reconnaît pour vrai un fait de nature à produire contre elle des conséquences juridiques.**

Il peut être judiciaire ou extrajudiciaire. — *Dispositions transitoires, V. Ord. n° 2016-131 du 10 févr. 2016, art. 9, ss. art. 1386-1.*

Comp. C. civ., art. 1354 anc.

BIBL. ▶ ESCOURROU, *Gaz. Pal. 2021. 761* (aveu civil).

1. Règles communes à l'aveu judiciaire et à l'aveu extrajudiciaire : volonté de reconnaître. L'aveu exige de la part de son auteur une manifestation non équivoque de sa volonté de reconnaître pour vrai un fait de nature à produire contre lui des conséquences juridiques. • Civ. 3e, 4 mai 1976 : *Bull. civ. III, n° 182* • Civ. 2e, 11 févr. 1998 : *V. note 5 ss. art. 259.* ♦ ... Qu'il soit judiciaire ou extrajudiciaire. • Civ. 2e, 8 déc. 2022, n° 21-17.446 B : *D. 2023. 430, obs. A. Aynès* . ; *RCA 2023, n° 29, note Hocquet-Berg.* ♦ Ne peuvent constituer un aveu des conclusions par lesquelles, après avoir invoqué la prescription, une partie conteste, à titre subsidiaire, l'existence ou le montant d'une créance. • *Cass., ass. plén., 29 mai 2009,* n° 07-20.913 P : *R., p. 432 ; BICC 15 sept. 2009, rapp. Gérard, avis Mellottée ; D. 2009. AJ 1618* ; *JCP 2009, n° 29-30, p. 15, note Salati ; Dr. et pr. 2009. 277, obs. Putman.* ♦ ... Un courrier laconique et approximatif d'une banque adressé à un notaire. • Civ. 2e, 8 janv. 2015, n° 13-21.044 P.

2. ... Objet de l'aveu. La déclaration d'une partie ne peut être retenue contre elle comme constituant un aveu que si elle porte sur des points de fait et non sur des points de droit. • Civ. 2e, 28 mars 1966 : *D. 1966. 541* • Civ. 1re, 23 nov. 1982 : *Bull. civ. I, n° 335* • Com. 28 févr. 1984 : *Bull. civ. IV, n° 75* • 17 oct. 1995, n° 92-21.552 P : *JCP 1996. I. 3938, n° 18, obs. Cadiet ; RTD civ. 1996. 171, obs. Mestre* • Civ. 2e, 8 déc. 2022, n° 21-17.446 B : *préc. note 1* (déclaration portant sur l'appréciation en droit du contenu du préjudice indemnisable, ce qui ne constitue pas l'aveu d'un fait). ♦ Portent sur des points de droit : un engagement constituant une reconnaissance de responsabilité. • Civ. 2e, 28 mars 1966 : *préc.* ♦ ... Une déclaration relative à l'existence et à la qualification d'un contrat. • Com. 13 déc. 1983 : *Bull. civ. IV, n° 346* • 6 juin 1990, n° 88-15.784 P : *RTD civ. 1991. 342, obs. Mestre* (qualification : cession de fonds de commerce ou cession d'actions). ♦ ... L'aveu d'une solidarité. • Civ. 1re, 7 juin 1995, nº 92-21.961 P : *JCP 1996. I. 3938, nº 18, obs. Cadiet ; Gaz. Pal. 1996. 2. Somm. ann. 473, obs. Croze et Morel ; RTD civ. 1996. 170, obs. Mestre*. ♦ ... Ou l'aveu de l'existence d'une servitude. • Civ. 3e, 27 avr. 1988 : *D. 1989. 275, note Beignier* • 22 mars 1989 : *Bull. civ. III, nº 72 ; RTD civ. 1989. 589, obs. Zenati.* ♦ Sur la distinction entre un titre recognitif, qui fait preuve d'une servitude, et un aveu extrajudiciaire tiré de présomptions de fait, qui portant sur un droit, n'est pas admissible, V. • Civ. 3e, 15 déc. 1993, nº 91-20.085 P : *Defrénois 1994. 417, obs. Defrénois-Souleau ; RTD civ. 1994. 647, obs. Zenati* • 7 avr. 1994, nº 92-17.029 P. ♦ En revanche, l'aveu par lequel une personne reconnaît qu'elle doit encore une certaine somme à son créancier ne porte pas sur un point de droit, mais sur un point de fait, à savoir le montant de la somme restant dûe. • Civ. 1re, 30 oct. 1984 : *Bull. civ. I, nº 289.* ♦ L'existence d'une vente n'étant pas contestée, les déclarations de l'acheteur quant au paiement du prix constituent non pas un aveu mais de simples allégations. • Civ. 1re, 26 mai 1999, nº 97-16.147 P.

3. ... Auteur de l'aveu. L'aveu doit émaner de la partie à laquelle on l'oppose, de sorte que la déclaration d'un seul des coïndivisaires, portant au surplus sur l'analyse des rapports juridiques existant entre les parties, donc sur un point de droit, ne peut être retenue. • Civ. 1re, 23 nov. 1982 : *Bull. civ. I, nº 335.* ♦ L'aveu de responsabilité de la société qui a fait usage d'un produit n'émane pas de la personne (fabricant du produit) à qui il est opposé. • Civ. 3e, 6 janv. 1999, nº 97-12.300 P. ♦ Une déclaration émanant du représentant légal d'un mineur ne peut valoir aveu opposable à ce dernier et pourrait seulement être retenue à titre de présomption dans le cas où la preuve par ce moyen est admissible. • Civ. 1re, 15 déc. 1982 : *Bull. civ. I, nº 365.* ♦ De même, une déclaration émanant du représentant légal d'une personne placée sous tutelle ne peut valoir aveu opposable à cette dernière. • Civ. 1re, 2 avr. 2008, nº 07-15.820 P : *RLDC 2008/50, nº 3037, obs. Jeanne ; RTD civ. 2008. 452, obs. Hauser*.

4. ... Portée de l'aveu. L'absence de contestation par le représentant légal de la société débitrice principale du montant de la créance ne caractérise pas, de sa part, un aveu judiciaire qu'il en garantit personnellement le paiement en qualité de caution. • Com. 24 juin 2014, nº 13-21.074 P : *D. 2014. 1446*.

Art. 1383-1 *(Ord. nº 2016-131 du 10 févr. 2016, art. 4, en vigueur le 1er oct. 2016)* **L'aveu extrajudiciaire purement verbal n'est reçu que dans les cas où la loi permet la preuve par tout moyen.**

Sa valeur probante est laissée à l'appréciation du juge. – *Dispositions transitoires, V. Ord. nº 2016-131 du 10 févr. 2016, art. 9, ss. art. 1386-1.*

Comp. C. civ., art. 1355 anc.

1. Notion d'aveu extrajudiciaire. Ne saurait constituer qu'un aveu extrajudiciaire : l'aveu recueilli au cours d'une enquête de police. • Civ. 1re, 2 févr. 1970 : *D. 1970. 265.* ♦ ... La réponse faite à une sommation délivrée par huissier. • Civ. 1re, 28 oct. 1970, nº 68-14.135 P. ♦ ... La reconnaissance de dette impliquée par une lettre demandant remise des majorations de retard. • Soc. 2 janv. 1968 : *Bull. civ. IV, nº 7.* ♦ ... La déclaration faite dans un acte notarié par laquelle une partie reconnaît qu'une certaine somme lui a été versée. • Civ. 1re, 4 mars 1986 : *Bull. civ. I, nº 48.*

2. Inapplicabilité du principe d'indivisibilité. La règle de l'indivisibilité ne s'applique pas à un aveu extrajudiciaire. • Civ. 1re, 2 févr. 1970 : *D. 1970. 265.* ♦ Mais si le principe de l'indivisibilité de l'aveu n'a été posé que pour l'aveu judiciaire, il est loisible aux juges du fond, qui disposent d'un pouvoir souverain pour affirmer la valeur des éléments de preuve qui leur sont soumis, d'en transposer l'application lorsqu'ils ont à déterminer leur conviction par un aveu extrajudiciaire. • Civ. 1re, 20 avr. 1964 : *Gaz. Pal. 1964. 2. 56* • Com. 19 avr. 1985 : *Bull. civ. IV, nº 117.*

3. Force probante. Les juges du fond apprécient souverainement le degré de confiance qu'il convient d'accorder à une déclaration faite en dehors de leur présence, et peuvent s'estimer pleinement convaincus par un aveu extrajudiciaire. • Civ. 1re, 28 oct. 1970, nº 68-14.135 P. – Dans le même sens : • Civ. 1re, 11 juill. 2001, nº 99-19.566 P : *RGDA 2001. 999, note Mayaux.* ♦ Peut valoir complément à un commencement de preuve par écrit, constitué par un mandat de se porter caution irrégulier au regard de l'art. 1326 anc., l'aveu extrajudiciaire de la caution, si son contenu établit que celle-ci avait connaissance de la nature et de l'étendue de son engagement. • Civ. 1re, 29 oct. 2002 : *D. 2002. AJ 3203*. ♦ L'allégation d'un aveu extrajudiciaire verbal est sans effet, lorsqu'il s'agit d'une demande pour laquelle la preuve testimoniale n'est pas admissible. • Civ. 1re, 9 mai 2019, nº 18-10.885 P : *D. 2019. 1046 ; AJ fam. 2019. 344, obs. Levillain ; RTD civ. 2019. 593, obs. Barbier ; CCC 2019, nº 134, note Leveneur.*

4. Transcription hypothécaire. V. • Civ. 3e, 19 nov. 2020, nº 19-18.845 P : *cité note 7 ss. art. 1360.*

Art. 1383-2 *(Ord. n° 2016-131 du 10 févr. 2016, art. 4, en vigueur le 1er oct. 2016)* **L'aveu judiciaire est la déclaration que fait en justice la partie ou son représentant spécialement mandaté.**

Il fait foi contre celui qui l'a fait.

Il ne peut être divisé contre son auteur.

Il est irrévocable, sauf en cas d'erreur de fait. — *Dispositions transitoires, V. Ord. n° 2016-131 du 10 févr. 2016, art. 9, ss. art. 1386-1.*

Comp. C. civ., art. 1356 anc.

A. QUALIFICATION DE L'AVEU JUDICIAIRE

1. *Aveu en cours d'instance.* L'aveu judiciaire ne peut résulter que de la reconnaissance d'un fait par une partie, dans ses conclusions écrites, et la déclaration faite par l'avocat pendant sa plaidoirie ne peut constituer un aveu judiciaire. • Civ. 1re, 14 janv. 1981 : *Bull. civ. I, n° 13* • 14 mai 1991, n° 90-12.688 P. ♦ Mais, s'agissant d'une procédure orale, l'avocat peut engager la partie qu'il représente par un aveu fait oralement. • Civ. 1re, 3 févr. 1993, n° 91-12.714 P : *RTD civ. 1993. 642, obs. Perrot et 1994. 106, obs. Mestre.* ♦ Aveu passé par une partie lors de sa comparution personnelle devant le juge : • Civ. 1re, 11 mai 1971 : *Bull. civ. I, n° 156.* ♦ Sur le cas de la comparution personnelle ordonnée en référé, V. obs. Perrot, *RTD civ. 1994. 162.* ♦ L'aveu fait au cours d'une instance précédente, même opposant les mêmes parties, n'a pas le caractère d'un aveu judiciaire et n'en produit pas les effets. • Civ. 3e, 18 mars 1981 : *Bull. civ. III, n° 58.* ♦ V. aussi • Civ. 1re, 9 mai 2001, n° 99-14.073 P : *D. 2001. IR 1851 ; RTD civ. 2001. 886, obs. Mestre et Fages* • 6 janv. 2004 : *Dr. fam. 2004, n° 31, note Larribau-Terneyre.*

La seule mention figurant dans les motifs d'un jugement, selon laquelle une personne reconnaît et ne conteste plus les faits, alors qu'aucune note d'audience contenant les déclarations précises qui avaient été faites devant le bureau de jugement n'est produite, ne peut valoir aveu judiciaire. • Soc. 22 mars 2011, n° 09-72.323 P : *JCP 2011, n° 411, obs. Lefranc-Hamoniaux.*

2. *Absence de contestation de sa signature.* La seule absence de contestation de sa signature, devant le tribunal, par le débiteur n'équivaut pas, devant la cour d'appel, à un aveu judiciaire de l'authenticité de celle-ci. • Civ. 1re, 6 mars 2001, n° 98-22.384 P : *D. 2001. AJ 1316, obs. Avena-Robardet ; ibid. Somm. 3244, obs. Delebecque.*

3. *Erreur.* L'aveu judiciaire est un acte unilatéral et il ne peut être révoqué que s'il a été la suite d'une erreur de fait prouvée. • Civ. 3e, 26 janv. *1972, n° 70-13.603 P.* ♦ *Sur la preuve*, qui ne saurait résulter de la seule affirmation d'une erreur : • Com. 2 nov. 2011 : *D. 2011. 2795 ; RDC 2012. 449, obs. Mazeaud.* ♦ L'aveu judiciaire pouvant être révoqué lorsqu'il a été la suite d'une erreur de fait, une partie est en droit de démontrer en cause d'appel l'erreur dont étaient entachées ses déclarations faites devant le tribunal et cette révocation de l'aveu ne doit pas nécessairement être expresse. • Civ. 1re, 17 mai 1988 : *Bull. civ. I, n° 144.* ♦ Faute d'erreur d'appréciation établie, la révocation de l'aveu ne saurait résulter du fait que, contenu dans des conclusions antérieures, il ne se trouve plus dans les conclusions récapitulatives. • Civ. 1re, 20 mai 2003, n° 00-18.295 P : *RTD civ. 2003. 543, obs. Perrot ; ibid. 2004. 293, obs. Mestre et Fages* • 13 févr. 2007, n° 05-21.227 P.

B. INDIVISIBILITÉ DE L'AVEU

4. *Principe : faits seulement établis par l'aveu.* La règle de l'indivisibilité de l'aveu ne s'applique qu'aux faits déniés par l'une des parties et qui, à défaut de toute autre preuve, ne sont établis que par l'aveu même ; s'il s'agit au contraire d'un fait présenté comme constant et indiscuté par les parties, celle qui le reconnaît ne peut se prévaloir de son aveu pour soutenir que sa déclaration sur un autre point en est inséparable. • Civ. 1re, 28 nov. 1973 : *Bull. civ. I, n° 327.*

5. *Illustrations.* Quand il est la seule preuve produite, est indivisible l'aveu : qu'il n'y a eu versement d'aucun prix, mais que la « vente » avait pour but, d'accord entre les parties, de régulariser une situation familiale sans versement d'argent. • Civ. 1re, 4 févr. 1981 : *Bull. civ. I, n° 45.* ♦ ... Qu'un prêt a été consenti, mais entre des parties précisément identifiées. • Com. 4 janv. 1967 : *Bull. civ. III, n° 8* • Civ. 1re, 11 mars 1980 : *ibid. I, n° 81.* ♦ ... Qu'une somme a bien été reçue, mais en compensation de fonds antérieurement remis. • Civ. 1re, 20 mai 1968 : *Bull. civ. I, n° 144.* ♦ ... Qu'une créance existe, mais que le montant en a été réglé. • Civ. 1re, 11 mai 1971 : *Bull. civ. I, n° 156* • 12 mars 1991, n° 89-13.639 P : *RTD civ. 1992. 105, obs. Mestre.*

6. *Exception.* La règle de l'indivisibilité de l'aveu ne s'applique pas lorsque le fait distinct du fait principal est démontré inexact. • Civ. 1re, 30 oct. 2006, n° 04-17.098 P : *Defrénois 2007. 436, obs. Libchaber* (aveu retenu de l'existence d'un prêt, mais affirmation écartée du remboursement du prêt). — Déjà en ce sens : • Civ. 1re, 17 juin 1968, n° 66-11.611 P.

C. FORCE PROBANTE DE L'AVEU JUDICIAIRE

7. *Portée de la pleine foi.* L'aveu fait pleine foi contre celui qui l'a fait et il en est ainsi même dans le cas où la preuve doit être administrée par écrit. • Civ. 1re, 28 janv. 1981, nº 79-14.501 P. ♦ L'aveu judiciaire ne peut être pris en compte lorsque les dispositions de l'art. L. 341-2 [L. 343-1] C. consom. sur la mention manuscrite requise n'ont pas été respectées. • Com. 28 avr. 2009, nº 08-11.616 P : *D. 2009. AJ 1351, obs. Avena-Robardet ; JCP 2009. 14, note Piedelièvre ; ibid. 492, nº 6, obs. Simler ; Dr. et patr. 9/2009. 90, obs. Mattout et Prüm ; RLDC 2009/61, nº 3462, obs. Marraud des Grottes ; RDC 2009. 1444, obs. Fenouillet.* ♦ *Contra*, avant l'entrée en vigueur de l'anc. art. L. 341-2 : l'aveu judiciaire d'un cautionnement dispense le juge de procéder lui-même à l'examen de l'acte de cautionnement dont l'écriture et la signature sont déniées. • Civ. 1re, 15 juin 2004, nº 02-10.700 P. ♦ Mais la prescription biennale édictée par l'art. 25 de la L. du 13 juill. 1930, devenu l'art. L. 114-1 C. assur., pour toutes les actions qui dérivent du contrat d'assurance, fondée sur des raisons d'ordre public et non sur une présomption de paiement, ne peut être écartée par l'aveu du débiteur. • Civ. 1re, 6 juin 1979, nº 78-10.052 P.

8. Les règles de l'aveu judiciaire, lequel porte seulement sur des points de fait, ne peuvent être utilisées pour mettre en échec une cause d'extinction des obligations (caution reconnaissant l'existence de son engagement, mais extinction du cautionnement par extinction de l'obligation principale). • Com. 23 oct. 1990 : *RTD civ. 1991. 342, obs. Mestre*

SECTION 5 Le serment

(Ord. nº 2016-131 du 10 févr. 2016, art. 4, en vigueur le 1er oct. 2016)

Art. 1384 *(Ord. nº 2016-131 du 10 févr. 2016, art. 4, en vigueur le 1er oct. 2016)* **Le serment peut être déféré, à titre décisoire, par une partie à l'autre pour en faire dépendre le jugement de la cause. Il peut aussi être déféré d'office par le juge à l'une des parties.** — *Dispositions transitoires, V. Ord. nº 2016-131 du 10 févr. 2016, art. 9, ss. art. 1386-1.*

Comp. C. civ., art. 1357 anc.

SOUS-SECTION 1 Le serment décisoire

(Ord. nº 2016-131 du 10 févr. 2016, art. 4, en vigueur le 1er oct. 2016)

Art. 1385 *(Ord. nº 2016-131 du 10 févr. 2016, art. 4, en vigueur le 1er oct. 2016)* **Le serment décisoire peut être déféré sur quelque espèce de contestation que ce soit et en tout état de cause.** — *Dispositions transitoires, V. Ord. nº 2016-131 du 10 févr. 2016, art. 9, ss. art. 1386-1.*

Comp. C. civ., art. 1358 anc.

1. Rôle. Le serment décisoire ne peut être déféré que pour en faire dépendre le jugement de la cause. • Civ. 3e, 22 févr. 1978, nº 76-13.705 P.

2. Pouvoir d'appréciation du juge. Il appartient aux juges du fond d'apprécier, à la seule condition de motiver leur décision, si le serment demandé est ou non nécessaire (délation de serment rejetée comme non pertinente). • Soc. 17 nov. 1983 : *Bull. civ. V, nº 563* • 5 juin 1996, *nº 93-42.588 P* • *Civ. 3e, 10 mars 1999,* nº 97-15.474 P : *D. 2001. 817, note Mallet-Bricout*

3. Limites : cause non légitime de refus. Les juges ne peuvent refuser de déférer le serment décisoire au seul motif que la partie à qui il doit être déféré conteste le fait qui en est l'objet, alors que précisément déférer le serment aurait eu pour effet de trancher le litige. • Civ. 1re, 11 juin 1991, nº 89-20.422 P.

4. Absence de pouvoir d'office du juge. Même avec l'approbation des conseils de toutes les parties, le juge ne peut déférer d'office le serment décisoire, dont la délation relève de la seule initiative des parties. • Com. 26 janv. 1981, nº 79-11.091 P.

5. Nature du jugement ordonnant le serment. La seule acceptation de prêter le serment décisoire ne constituant pas, en soi, un contrat judiciaire, l'appel du jugement l'ordonnant est recevable. • Civ. 2e, 3 avr. 1979 : Bull. civ. II, *nº 118.*

6. Forme du serment. Si la loi ne précise pas les formes dans lesquelles le serment décisoire doit être prêté, les formes substantielles de sa prestation se réduisent, suivant un usage constant passé en force de coutume, au prononcé de la formule « Je le jure », sans adjonction d'un autre mot ou accompagnement d'un geste quelconque. • Paris, 3 déc. 1968 : *D. 1969. Somm. 18.*

Art. 1385-1 *(Ord. nº 2016-131 du 10 févr. 2016, art. 4, en vigueur le 1er oct. 2016)* **Il ne peut être déféré que sur un fait personnel à la partie à laquelle on le défère.**

Il peut être référé par celle-ci, à moins que le fait qui en est l'objet ne lui soit purement personnel. – *Dispositions transitoires, V. Ord. n° 2016-131 du 10 févr. 2016, art. 9, ss. art. 1386-1.*

Comp. C. civ., art. 1359 et 1362 anc.

S'agissant du serment déféré à une personne morale, celui-ci ne peut l'être qu'au représentant légal de celle-ci. • Com. 22 nov. 1972 : *D. 1973. 256.* – Même sens : • Civ. 2e, 6 mai 1999, n° 97-16.761 P. ♦ Comp., à propos du caractère personnel du fait sur lequel le serment est déféré : • Paris, 12 mars 1966 : *JCP 1966. II. 14747* • 29 oct. 1968 : *JCP 1968. II. 15677, note P. L.* • Colmar, 10 oct. 1969 : *JCP 1970. II. 16169, note J. A.*

Art. 1385-2 *(Ord. n° 2016-131 du 10 févr. 2016, art. 4, en vigueur le 1er oct. 2016)* **Celui à qui le serment est déféré et qui le refuse ou ne veut pas le référer, ou celui à qui il a été référé et qui le refuse, succombe dans sa prétention.** – *Dispositions transitoires, V. Ord. n° 2016-131 du 10 févr. 2016, art. 9, ss. art. 1386-1.*

Comp. C. civ., art. 1361 anc.

1. Prestation dans le respect des termes. Lorsque le serment n'est pas prêté dans les termes où il a été déféré, il ne peut avoir de caractère décisoire. • Soc. 29 nov. 1973 : *Bull. civ. V, n° 622.*

2. Refus : appréciation des juges du fond. L'appréciation de fait par laquelle les juges du fond ont estimé que les abstentions répétées de la partie à qui le serment décisoire avait été déféré témoignaient de sa volonté de ne pas prêter serment ne peut être remise en question devant la Cour de cassation. • Soc. 7 mai 1981 : *Bull. civ. V, n° 407 ; RTD civ. 1982. 205, obs. Perrot.*

3. Refus opposé au serment ordonné. Tant que le serment n'a pas été ordonné, les conclusions qui dénient les faits sur lesquels l'adversaire demande que porte le serment ne peuvent être assimilées à un refus de prestation de serment. • Civ. 2e, 19 mars 1969 : *Bull. civ. II, n° 88.*

Art. 1385-3 *(Ord. n° 2016-131 du 10 févr. 2016, art. 4, en vigueur le 1er oct. 2016)* **La partie qui a déféré ou référé le serment ne peut plus se rétracter lorsque l'autre partie a déclaré qu'elle est prête à faire ce serment.**

Lorsque le serment déféré ou référé a été fait, l'autre partie n'est pas admise à en prouver la fausseté. – *Dispositions transitoires, V. Ord. n° 2016-131 du 10 févr. 2016, art. 9, ss. art. 1386-1.*

Comp. C. civ., art. 1363 et 1364 anc.

En cas de poursuite exercée par le ministère public du chef de faux serment (C. pén., art. 434-13 ; ancien C. pén., art. 366), la preuve de la vérité ou de la fausseté du serment découle nécessairement de la preuve de l'existence ou de la non-existence du fait civil sur lequel le serment décisoire argué de faux a été déféré ; cette preuve ne peut être rapportée que conformément aux règles du droit civil. • TGI Seine, 15 mars 1967 : *Gaz. Pal. 1967. 1. 321.* – V. aussi • Crim. 15 juill. 1964 : *JCP 1964. II. 13817.*

Art. 1385-4 *(Ord. n° 2016-131 du 10 févr. 2016, art. 4, en vigueur le 1er oct. 2016)* **Le serment ne fait preuve qu'au profit de celui qui l'a déféré et de ses héritiers et ayants cause, ou contre eux.**

Le serment déféré par l'un des créanciers solidaires au débiteur ne libère celui-ci que pour la part de ce créancier.

Le serment déféré au débiteur principal libère également les cautions.

Celui déféré à l'un des débiteurs solidaires profite aux codébiteurs.

Celui déféré à la caution profite au débiteur principal.

Dans ces deux derniers cas, le serment du codébiteur solidaire ou de la caution ne profite aux autres codébiteurs ou au débiteur principal que lorsqu'il a été déféré sur la dette, et non sur le fait de la solidarité ou du cautionnement. – *Dispositions transitoires, V. Ord. n° 2016-131 du 10 févr. 2016, art. 9, ss. art. 1386-1.*

Comp. C. civ., art. 1365 anc.

1. Effet : fin du litige. Le serment décisoire a pour effet de terminer le litige de façon définitive et absolue ; le serment ayant été accepté et prêté, le juge perd tout pouvoir d'appréciation. • Civ. 3e, 22 févr. 1978, n° 76-13.705 P.

2. Irrecevabilité de l'appel. L'appel formé contre la décision des premiers juges qui se fonde sur le serment est irrecevable. • Civ. 1re, 14 mars 1966 : *D. 1966. 541 ; JCP 1966. II. 14614, note J. A. ; RTD civ. 1966. 595, obs. Raynaud* • Com. 26 janv. 1981, n° 79-11.091 P.

3. Cas des codébiteurs solidaires. L'al. 4 de l'art. 1365 anc. est sans application au cas où le serment, ayant été déféré à chacun des codébiteurs solidaires, a été prêté par l'un et refusé par l'autre. • Civ. 28 févr. 1938 : *DC 1942. 99 (1re esp.), note Holleaux.*

SOUS-SECTION 2 **Le serment déféré d'office**

(Ord. no 2016-131 du 10 févr. 2016, art. 4, en vigueur le 1er oct. 2016)

Art. 1386 *(Ord. no 2016-131 du 10 févr. 2016, art. 4, en vigueur le 1er oct. 2016)* **Le juge peut d'office déférer le serment à l'une des parties.**

Ce serment ne peut être référé à l'autre partie.

Sa valeur probante est laissée à l'appréciation du juge. — *Dispositions transitoires, V. Ord. no 2016-131 du 10 févr. 2016, art. 9, ss. art. 1386-1.*

Comp. C. civ., art. 1366 et 1368 anc.

1. Pouvoir discrétionnaire des juges du fond d'ordonner le serment. Les juges du fond, en vertu de leur pouvoir discrétionnaire, peuvent refuser d'ordonner le serment supplétoire sollicité par une partie. • Civ. 3e, 4 juill. 1968 : *Bull. civ. III, no 317.* ♦ Également en ce sens que les juges ne sont pas tenus de recourir au serment supplétoire : • Civ. 1re, 19 juill. 1978, no 77-10.872 P.

2. Appréciation souveraine de la force probante. Les juges apprécient souverainement la force probante du serment déféré d'office. • Civ. 1re, 14 janv. 1969 : *Bull. civ. I, no 23.* ♦ Le serment supplétoire ne constitue pas en lui-même une preuve suffisante de la prétention de la partie qui l'a prêté, et c'est dans l'exercice de leur pouvoir souverain que les juges estiment que le débiteur n'a pas fait de la sorte la preuve de sa libération. • Com. 26 janv. 1981, no 79-11.091 P.

Art. 1386-1 *(Ord. no 2016-131 du 10 févr. 2016, art. 4, en vigueur le 1er oct. 2016)* **Le juge ne peut déférer d'office le serment, soit sur la demande, soit sur l'exception qui y est opposée, que si elle n'est pas pleinement justifiée ou totalement dénuée de preuves.** — *Dispositions transitoires, V. Ord. no 2016-131 du 10 févr. 2016, art. 9, ci-dessous.*

Ordonnance no 2016-131 du 10 février 2016,

Portant réforme du droit des contrats, du régime général et de la preuve des obligations.

La présente Ord. a été ratifiée par la L. no 2018-287 du 20 avr. 2018, en vigueur le 1er oct. 2018, ci-dessous.

TITRE I. DISPOSITIONS RELATIVES AU LIVRE III DU CODE CIVIL

Art. 1er Le livre III du code civil est modifié conformément aux articles 2 à 4 de la présente ordonnance et comporte :

1o Des dispositions générales, comprenant les articles 711 à 717 ;

2o Un titre I intitulé : "Des successions", comprenant les articles 720 à 892 ;

3o Un titre II intitulé : "Des libéralités", comprenant les articles 893 à 1099-1 ;

4o Un titre III intitulé : "Des sources d'obligations", comprenant les articles 1100 à 1303-4 ;

5o Un titre IV intitulé : "Du régime général des obligations", comprenant les articles 1304 à 1352-9 ;

6o Un titre IV *bis* intitulé : "De la preuve des obligations", comprenant les articles 1353 à 1386-1.

CHAPITRE I. *DISPOSITIONS RELATIVES AUX SOURCES DES OBLIGATIONS*

Art. 2 *Titre III du Livre III du Code civil, V. art. 1100 à 1303-4, C. civ.*

CHAPITRE II. *DISPOSITIONS RELATIVES AU RÉGIME GÉNÉRAL DES OBLIGATIONS*

Art. 3 *Titre IV du Livre III du Code civil, V. art. 1304 à à 1352-9, C. civ.*

CHAPITRE III. *DISPOSITIONS RELATIVES À LA PREUVE DES OBLIGATIONS*

Art. 4 *Titre IV bis du Livre III du Code civil, V. art. 1353 à 1386-1 C. civ.*

TITRE II. DISPOSITIONS DE COORDINATION

Art. 5 *V. C. civ., art. 402, 414-2, 435, 465,488, 492-1, 494-9, 794, 931-1, 1397, 1578, 1689, 1692, 1693, 1694, 1695, 1701-1, 1924, 1950,1964, 2238, 2513.*

Art. 6 *I. — V. CASF, art. L. 116-4. —* ***CASF.***

II. — V. C. assur., art. L. 121-2, L. 121-13, L. 132-14, L. 443-1, L. 511-1. — ***C. assur.***

III. — V. C. com., art. L. 145-41, L. 321-3, L. 511-5, L. 525-5, L. 525-6, L. 527-6, L. 611-7, L. 611-10-1, L. 622-28. — ***C. com.***

*IV. — V. C. consom., art. L. 121-14, L. 132-1, L. 311-16, L. 311-24, L. 314-14-1, L. 311-25, L. 312-21, L. 312-22, L. 312-29, L. 313-12, L. 314-10, L. 314-8. – **C. consom.***

*V. — V. CCH, art. L. 112-12, L. 222-4, L. 261-13, L. 422-2-1. – **CCH.***

*VI. — V. C. envir., art. L. 426-4. – **C. envir.***

*VII. — V. C. for., art. L. 131-16. – **C. for.***

*VIII. — V. CGI, art. 864, 1961. – **CGI***

*IX. — V. C. mon. fin., art. L. 213-1-A, L. 313-22-1, L. 513-26. – **C. mon. fin.***

*X. — V. C. mut., art. L. 223-15. – **C. mut.***

*XI. — V. CPCE, art. L. 7, L. 8 et L. 75. – **CPCE.***

*XII. — V. C. pr. exéc., art. L. 111-3, L. 125-1. – **C. pr. exéc.***

*XIII. — V. C. pr. pén., art. 4-1. – **C. pr. pén.***

*XIV. — V. CPI, art. L. 131-2. – **CPI.***

*XV. — V. C. rur., art. L. 211-1, L. 325-3, L. 415-6, L. 411-76, L. 418-3, L. 666-3. – **C. rur.***

*XVI. — V. CSP, art. L. 3211-5-1. – **CSP.***

*XVII. — V. CSS, art. L. 376-1. – **CSS.***

*XVIII. — V. C. sport, art. L. 321-3-1. – **C. sport.***

*XIX. — V. C. trav., art. L. 3251-4, L. 5125-2. – **C. trav.***

XX. — V. Code du travail applicable à Mayotte, art. L. 144-3.

XXI à XXXXII. — Modifications législatives.

TITRE III. DISPOSITIONS RELATIVES À L'OUTRE-MER

Art. 7 I. — Les dispositions du titre I de la présente ordonnance sont applicables à Wallis-et-Futuna.

II. — Les dispositions de l'article 6 de la présente ordonnance relatives aux *[au]* III, à l'exception du 2°, au IV à l'exception du 4°, en tant qu'il porte sur les articles L. 312-22 et L. 314-14-1 du code de la consommation, du 5°, en tant qu'il porte sur les articles L. 312-21, L. 312-29 et L. 314-10 du même code, du 6° et du 7°, ainsi qu'aux IX, XII, XIII, XXII, XXIII, XXXIII, XXXV, XXXVI, XXXVIII, XXXIX et XXXXII sont applicables à Wallis-et-Futuna.

Art. 8 I. — Les dispositions de l'article 6 de la présente ordonnance relatives au 2°, en tant qu'il porte sur l'article L. 415-6 du code rural et de la pêche maritime, et aux 3°, 4° et 5° du XV ne sont pas applicables en Guadeloupe, en Guyane, à la Martinique, à La Réunion, à Mayotte, à Saint-Barthélemy, à Saint-Martin et à Saint-Pierre-et-Miquelon.

II. — Les dispositions du XXXIV de l'article 6 de la présente ordonnance ne sont pas applicables à Saint-Barthélemy, Saint-Martin et Saint-Pierre-et-Miquelon.

III. — Les dispositions du XXXXI de l'article 6 de la présente ordonnance ne sont pas applicables à Mayotte.

TITRE IV. DISPOSITIONS TRANSITOIRES ET FINALES

Art. 9 Les dispositions de la présente ordonnance entreront en vigueur le 1er octobre 2016.

Les contrats conclus avant cette date demeurent soumis à la loi ancienne *(L. n° 2018-287 du 20 avr. 2018, art. 16-III, en vigueur le 1er oct. 2016)* « , y compris pour leurs effets légaux et pour les dispositions d'ordre public ».

Toutefois, les dispositions des troisième et quatrième alinéas de l'article 1123 et celles des articles 1158 et 1183 sont applicables dès l'entrée en vigueur de la présente ordonnance.

Lorsqu'une instance a été introduite avant l'entrée en vigueur de la présente ordonnance, l'action est poursuivie et jugée conformément à la loi ancienne. Cette loi s'applique également en appel et en cassation.

Les modifications apportées par la L. n° 2018-287 du 20 avr. 2018, art. 16-III, à l'art. 9 de l'Ord. n° 2016-131 du 10 févr. 2016 sont applicables à compter du 1er oct. 2016 (L. préc., art. 16-III).

DALLOZ RÉFÉRENCE *Le nouveau droit des obligations et des contrats 2019/2020, nos 311.00 s.*

BIBL. ▸ BUY, *RLDC 2017/147, p. 10* (contrats modifiés, prolongés ou cédés). – FRANÇOIS, *D. 2016. 506* ✎. – GAUDEMET, *JCP 2016, n° 559.*

▸ **Modification par L. 20 avr. 2018 :** BAREÏT, *RDC 2018. 470.*

1. Portée de l'Ord. du 10 févr. 2016. Pour une prise en compte de l'évolution du droit des obligations résultant de l'Ord. n° 2016-131 du 10 févr. 2016, pour apprécier la distinction entre nullité relative et nullité absolue, au regard des objectifs poursuivis par la disposition et d'intérêt général ou privé. • Cass., ch. mixte, 24 févr. 2017, n° 15-20.411 P : *D. 2017. 793, note*

Fauvarque-Cosson ; ibid. 1149, obs. Damas ; AJDI 2017. 612, obs. Thioye ; AJ contrat 2017. 175, obs. Houtcieff ; RTD civ. 2017. 377, obs. Barbier ; JCP 2017, n° 305, note Sturlèse : CCC 2017.93, note Leveneur ; RDC 2017. 415, note Génicon (revirement estimant que les dispositions relatives aux prescriptions formelles que doit respecter le mandat, en vertu de la L. du 2 janv. 1970, ne visent que la seule protection du mandant dans ses rapports avec le mandataire) • Civ. 1re, 20 sept. 2017, n° 16-12.906 P (*idem*). ♦ ... Pour apprécier différemment, dans les relations de travail, la portée des offres et promesses de contrat de travail. • Soc. 21 sept. 2017, nos 16-20.104 P et 16-20.103 P (2 arrêts) (distinction entre l'offre de contrat de travail, qui peut être librement rétractée tant qu'elle n'est pas parvenue à son destinataire, et la promesse de contrat de travail dont la révocation pendant le temps laissé au bénéficiaire pour opter n'empêche pas la formation du contrat de travail promis).

2. La non-rétroactivité. La loi ratifiant l'Ord. n° 2016-131 du 10 févr. 2016 confirme l'application de la loi ancienne aux contrats conclus avant l'entrée en vigueur de ladite ordonnance, y compris pour leurs effets légaux et pour les dispositions d'ordre public. (L. n° 2018-287 du 20 avr. 2018, art. 16, V. notes 48 s. ss. art. 2).

3. Application dans le temps : illustration. Les dispositions de l'Ord. n° 2016-131 du 10 févr. 2016 sont entrées en vigueur le 1er oct. 2016 et les contrats conclus avant cette date demeurent soumis à la loi ancienne ; cassation de l'arrêt qui fait application de l'art. 1186 à un contrat conclu avant le 1er oct. 2016. • Civ. 1re, 19 sept. 2018, n° 17-24.347 P : *D. 2019. 279, obs. Mekki ; AJ contrat 2018. 477, obs. Chantepie* .

4. Modifications de nature interprétative. V. notes ss. L. 20 avr. 2018 ci-dessous.

Loi n° 2018-287 du 20 avril 2018,

Ratifiant l'ordonnance n° 2016-131 du 10 février 2016 portant réforme du droit des contrats, du régime général et de la preuve des obligations.

Art. 1er L'ordonnance n° 2016-131 du 10 février 2016 portant réforme du droit des contrats, du régime général et de la preuve des obligations est ratifiée.

Art. 2 à 15 *Modification des art. 1110, 1112, 1117, 1137, 1143, 1145, 1161, 1165, 1171, 1216-3, 1217, 1221, 1223, 1304-4, 1305-5, 1327, 1327-1, 1328-1, 1343-3, 1347-6 et 1352-4 C. civ., L. 112-5-1 et L. 211-40-1 C. mon. fin., art. (V. notes ss. art. 1343-3 et 1195 C. civ.).*

Art. 16 I. — La présente loi entre en vigueur le 1er octobre 2018.

Les articles 1110, 1117, 1137, 1145, 1161, 1171, 1223, 1327 et 1343-3 du code civil et les articles L. 112-5-1 et L. 211-40-1 du code monétaire et financier, dans leur rédaction résultant de la présente loi, sont applicables aux actes juridiques conclus ou établis à compter de son entrée en vigueur.

Les modifications apportées par la présente loi aux articles 1112, 1143, 1165, 1216-3, 1217, 1221, 1304-4, 1305-5, 1327-1, 1328-1, 1347-6 et 1352-4 du code civil ont un caractère interprétatif.

II. — A. — La présente loi est applicable dans les îles Wallis-et-Futuna.

B. — Pour l'application de l'article 1343-3 du code civil dans les îles Wallis-et-Futuna, le mot : "euros" est remplacé par les mots : "francs CFP".

C. — *Modification des art. L. 761-1 et L. 762-1 C. mon. fin.*

III. — *Modification de l'Ord. du 10 févr. 2016, art. 9, ci-dessus.*

BIBL. ▸ LEVENEUR, *CCC 2018. Étude 11.* – MAINGUY, *JCP 2018, n° 964* (survie de la loi ancienne). – RODA, *AJ contrat 2018. 313* (aspects de droit transitoire).

1. Loi de ratification – Caractère interprétatif de certaines modifications. La loi ratifiant l'Ord. n° 2016-131 du 10 févr. 2016 confère expressément un caractère interprétatif aux modifidations qu'elle apporte aux art. 1112, 1143, 1165, 1216-3, 1217, 1221, 1304-4, 1305-5, 1327-1, 1328-1, 1347-6, 1352-4 C. civ. (L. n° 2018-287 du 20 avr. 2018, art. 16-I).

2. Rétroactivité de la loi interprétative. En déclarant qu'un texte a un caractère interprétatif, le législateur a nécessairement donné un caractère rétroactif à cette disposition. • Civ. 3e, 1er févr. 1984 : *Bull. civ. III, n° 25.* ♦ Sur les conséquences d'une loi interprétative, V. notes 63 s. ss. art. 2.

3. Effets légaux du contrat. V. note 4 ss. Ord. 10 févr. 2016 ci-dessus.

TITRE III *[ABROGÉ]* DES CONTRATS OU DES OBLIGATIONS CONVENTIONNELLES EN GÉNÉRAL

(Abrogé par Ord. n° 2016-131 du 10 févr. 2016, à compter du 1er oct. 2016)

L'Ord. n° 2016-131 du 10 févr. 2016 portant réforme du droit des contrats, du régime général et de la preuve des obligations substitue aux titres III (Des contrats ou des obligations conventionnelles en général ; art. 1101 à 1369-11 anc.), IV (Des engagements qui se forment sans convention ; art. 1370 à 1386 anc.) et IV bis (De la responsabilité du fait des produits défectueux ; art. 1386-1 à 1386-18 anc.) du livre III du code civil trois nouveaux titres : un titre III intitulé « Des sources d'obligations », comprenant les art. 1100 à 1303-4 ; un titre IV intitulé « Du régime général des obligations », comprenant les art. 1304 à 1352-9, et un titre IV bis intitulé « De la preuve des obligations », comprenant les art. 1353 à 1386-1 (Ord. préc., art. 1er).

Les dispositions de l'Ord. n° 2016-131 du 10 févr. 2016 entrent en vigueur le 1er oct. 2016. Les contrats conclus avant cette date demeurent soumis à la loi ancienne. Toutefois, les dispositions des troisième et quatrième al. de l'art. 1123 et celles des art. 1158 et 1183 sont applicables dès l'entrée en vigueur de l'Ord. préc. Lorsqu'une instance a été introduite avant l'entrée en vigueur de l'Ord., l'action est poursuivie et jugée conformément à la loi ancienne. Cette loi s'applique également en appel et en cassation (Ord. préc., art. 9).

Sur les modifications apportées aux conditions d'entrée en vigueur lors de la ratification par la L. n° 2018-287 du 20 avr. 2018, V. ce texte ss. C. civ., art. 1386-1.

Pour la présente édition du Code civil Dalloz, les art. 1101 à 1386-18 des titres III à IV bis dans leur version antérieure à l'Ord. n° 2016-131 du 10 févr. 2016 figurent dans le code avec la mention « Ancien art. », à la suite des titres III à IV bis correspondant aux art. 1100 à 1386-1 issus de cette ordonnance.

CHAPITRE I *[ABROGÉ]* DISPOSITIONS PRÉLIMINAIRES

(Abrogé par Ord. n° 2016-131 du 10 févr. 2016, à compter du 1er oct. 2016)

Comp. C. civ., art. 1100 s. et précédemment le projet de réforme du 25 févr. 2015, art. 1101 s. (Projet).

BIBL. GÉN. ▸ **Notions générales et transversales :** *Archives Phil. dr., t. 3, 1957* (rôle de la volonté dans le droit) ; *ibid., t. 13, 1968* (sur les notions du contrat) ; *ibid., t. 44, 2000* (l'obligation). – *Droits, 1998/7* (l'acte juridique). – *Droits, 1990/12* (le contrat). – Colloque, *RDC, n° spécial, 2004/1* (durée et contrats). – Casson, *RRJ 2001/1. 143* (le subsidiaire et le droit privé). – Chevallier, *Archives Phil. dr., t. 44, 2000, p. 179* (l'obligation en droit public). – Drago, *ibid., p. 43* (la notion d'obligation : droit public et droit privé). – Forest, *Thèse, Dalloz, 2012* (notion d'obligation en droit privé). – Lardeux, *(Dir.), Dalloz, 2011* (l'efficacité du contrat). – Loiseau, *Mél. Goubeaux, Dalloz-LGDJ, 2009, p. 353* (l'immatériel et le contrat). – Nadal, *RRJ 2001/4. 1245* (l'habileté en droit privé). – F. Petit, *RRJ 2001/1. 255* (la notion d'excès en droit privé). – Pimont, *RTD civ. 2009. 417* (théories générales et contrat). – Prigent, *RTD civ. 2008. 401* (dualisme dans l'obligation). – Rouvière, *RTD civ. 2011. 1* (l'obligation comme garantie). – Colloque, *RDC 2013. 311* (les principes directeurs du droit des contrats) ; *ibid. 2013. 739* (secret et contrats).

▸ Alibert, *D. 1996. Chron. 73* (notion de pacte). – Amar-Layani, *D. 1996. Chron. 143* (tacite reconduction). – Atias, *D. 1998. Chron. 137* (restaurer le droit du contrat) ; *ibid. 2008. Chron. 1013* (exception d'illégalité d'une clause contractuelle). – Atias, *D. 2010. Chron. 2536* (de l'obligation au droit) ; *ibid. 2013. 2288* (exécution et efficacité des actes juridiques). – Aynès, *LPA 5 mai 2000* (circulation des contrats) ; *BICC 15 sept. 2006* (vers une déontologie du contrat ?). – Baillod, *Mél. L. Boyer, PU Toulouse, 1996, p. 15* (clauses réputées non écrites). – Bayer, *LPA 1er mars 2006* (la propriété du contrat). – Bergmans, *RRJ 1990/3. 411* (essai de systématisation nouvelle des contrats). – Bienvenu, *Droits, 1998/28. 3* (de la volonté interne à la volonté déclarée). – Boillot, *RTD com. 2013. 1* (régime des clauses relatives au litige). – Boutonnet, *D. 2012. Chron. 377* (obligation environnementale en droit des contrats) ; *ibid. 2013. Chron. 2528* (contrat et ordre public environnemental). – Buy, RLDC *2004/11, n° 476* (imputabilité de la rupture). – M. Cabrillac, *Mél. Marty, Univ. Toulouse, 1978, p. 235.* (théorie générale du contrat et créations récentes de la pratique). – Cadiet, *LPA 5 mai 2000* (liberté des conventions et clauses relatives au règlement des litiges). – Caillé, *Mél. Aubert, Dalloz, 2005, p. 55* (acte juridique et fait juridique). – Calais-Auloy, *Mél. Guyon, Dalloz, 2003* (attente légitime : nouvelle source de droit subjectif ?). – Capron, *Just. et cass., 2005, p. 22* (théorie générale des contrats et sanctions). – Cédras, *R. 2003, p. 215* (solidarisme contractuel en doctrine et devant la Cour de cassation). – Chantepie, RDC 2010. 347 (efficacité attendue du contrat) ; ibid. 2012. 989 (exigence de clarté). – Chassagnard-Pinet, Mél. le Tourneau, Dalloz, 2008, p. 225 (contrat et Conv. EDH). – Cottereau, JCP 1993. I. 3691 (clause réputée non écrite). – Danis-Fatôme, RDC 2009. 31 (quasi-engagement et apparence). – R. David, Mél. Marty, préc., p. 383 (arbitrage, technique de régulation des contrats). – Delebecque, Mél. Jeantin, Dalloz, 1999, p. 33 (relation entre la pratique et la jurisprudence) ; LPA 5 mai 2000 (aménagements contractuels de l'exécution du contrat). – Fabre, RTD civ. 1983. 1 (clauses d'adaptation dans les contrats). – Étienney, LPA 1er mars 2007 (la durée de la prestation). – Étienney de Sainte Marie, D. 2011. Chron. 2672 (durée du contrat et réforme du droit des obligations). – Fabre-Magnan, Études Ghestin, LGDJ, 2001, p. 301 (obligation de motivation). – Féménia, RRJ 2002/3. 1199 (décision du Conseil constitutionnel sur le PACS et contrat). – Frison-Roche, RTD civ. 1998. 43 (contrat et responsabilité : consentements, pouvoirs et régulation économique). – Gahdoun, D. 2005. Chron. 1517 (apport de la théorie réaliste de l'interprétation à la notion de contrat). – Garello, Mél. Mouly, Litec, 1998, t. 1, p. 37 (analyse économique des contrats). – Ghestin, D. 1982. Chron. 1 (l'utile et le juste dans les contrats) ; D. 1990. Chron. 147 (notion de contrat) ; Mél. Guyon, Dalloz, 2003 (la justice contractuelle selon la tradition catholique). – Gridel, Mél. Larroumet, Economica, 2010, p. 195 (droits fondamentaux du contractant). – Grimaldi, RDC 2008. 1095 (clauses portant sur une obligation essentielle). – Grynbaum, Mél. le Tourneau, Dalloz, 2008, p. 409 (responsabilité contractuelle, préjudice corporel et groupes de contrats). – Jamin, Études Ghestin, préc., p. 441 (plaidoyer pour le solidarisme contractuel) ; D. 2005. Chron. 2342 (théorie générale du contrat et droit des secteurs régulés). – Jeuland, RTD civ. 2003. 455 (le lien de droit). – J. Julien, Mél. le Tourneau, Dalloz, 2008, p. 465 (la langue française et le contrat). – Kullmann, D. 1993. Chron. 59 (clauses réputées non écrites). – X. Lagarde, JCP 2013, no 1255 (économie, indivisibilité et interdépendance des contrats). – Lalaut, Gaz. Pal. 1999. 1. Doctr. 554 (contrat et Conv. EDH). – Lamèthe, Gaz. Pal. 1984. 2. Doctr. 467 (audit contractuel). – Latreille, LPA 7 et 8 août 2006 (confidentialité dans le contrat). – Laude (ss. dir.), LPA 11 juin 2004 (l'avenant). – Lécuyer, Mél. Terré, Dalloz/PUF/Juris-Classeur, 1999, p. 643 (le contrat, acte de prévision). – Le Gac-Pech, RTD civ. 2005. 223 (rompre son contrat) ; ibid. 2014. 583 (bâtir un droit des contractants vulnérables). – Lequette, Mél. Payet, Dalloz, 2011, p. 363 (responsabilité civile versus vicesduconsentement). – S. Lequette, RDC 2016. 135 (rentabilité économique et champ contractuel). – Libchaber, Mél. Aubert, Dalloz, 2005, p. 211 (effets du contrat). – Lipinski, RRJ 2002/3. 1167 (conversion des actes juridiques). – Loiseau, AJCA 2016. 496 (la puissance du contractant en droit des contrats). – Lokiec, D. 2007. 321 (protection des attentes) ; ibid. 2008. Chron. 2293 (décision). – Malaurie-Vignal, D. 1995. Chron. 51 (droit de la concurrence et droit des contrats). – Maurin, Thèse, déc. 2011 (contrat et droits fondamentaux). – D. Mazeaud, Mél. Terré, Dalloz/PUF/Litec, 1999, p. 603 (loyauté, solidarité, fraternité : la nouvelle devise contractuelle ?) ; LPA 5 mai 2000 (groupes de contrats) ; Mél. Aubert, Dalloz, 2005, p. 235 (le juge et le contrat) ; LPA 30 juin 2005 (révision du contrat) ; Mél. Jestaz, Dalloz, 2006, p. 371 (politique contractuelle de la Cour de cassation). – Mekki, RDC 2006. 1051 ; ibid. 2007. 239 (nouvel essor du concept de clause contractuelle). – Molfessis, ibid. (exigences relatives au prix). – Moret-Bailly, RRJ 2001/2. 489 (clause constatant une situation de fait). – J.-M. et P. Mousseron, Mél. Cabrillac, Litec, 1999, p. 219 (langue du contrat). – Muir Watt, Mél. Jeantin, préc., p. 57 (reliance et définition du contrat). – Noblot, LPA 9 nov. 2001 (le contractant professionnel). – Oppetit, Mél. Colomer, Litec, 1993, p. 319 (éthique et vie des affaires). – Paisant, Mél. Decottignies, PU Grenoble, 2003, p. 233 (l'obligation de transparence dans les contrats de consommation). – Pancrazi, RTD civ. 2011. 469 (clause de rétroactivité). – Penin, RTD civ. 2015. 46 (tacite reconduction). – Picod, JCP 1988. I. 3318 (obligation de coopération). – Pignarre, RDC 2013. 251 (ordre public contractuel). – Pomart-Nomdedeo, RTD civ. 2010. 209 (droits potestatifs en matière contractuelle). – Raclet, LPA 6 août 2001 (inaptitude contractuelle). – Rochfeld, Études Ghestin, préc., p. 747 (les droits potestatifs accordés par le contrat). – Savaux et Schütz, Mél. Aubert, Dalloz, 2005, p. 271 (exécution par équivalent, responsabilité contractuelle et droits subjectifs). – Skrzypniak, D. 2016. 218 (clause de tolérance). – Tallon, RTD civ. 1994. 223 (inexécution du contrat). – Terré, Études Ghestin, préc., p. 865 (l'inutile et l'injuste). – Thomassin, RTD com. 2007. 655 (date de naissance des créances contractuelles). – le Tourneau, Mél. L. Boyer, préc., p. 365 (les obligations professionnelles). – Trigeaud, Études Lapoyade-Deschamps, Univ. Montesquieu-Bordeaux IV, 2003 (égalité contractuelle et philosophie de la justice). – Viprey, D. Affaires 1997. 918 (l'imprévision en droit privé). – Wester-Ouisse, JCP 2001. I. 290 (caducité en matière contractuelle). – J. Waline, Études Ghestin, préc., p. 965 (la théorie générale du contrat en droit civil et en droit administratif). – M. Waline, Études Julliot de la Morandière, Dalloz, 1964, p. 631 (la théorie civile des obligations et la jurisprudence du Conseil d'État). – Zelcevic-Duhamel, JCP 2001. I. 300 (économie du contrat). – 94e Congrès des notaires de France, LPA 6 mai 1998, no spécial (liberté contractuelle et sécurité juridique). – Colloque de Paris-V du 20 mars 1998, *LPA 30 sept. 1998* (principe de proportionnalité et droit des contrats). – Colloque de Paris-V du 25 mars 2004, *LPA 9 nov. 2004* (la date de naissance des créances). – Colloque, RDC 14 oct. 2004, *RDC 2005/1, n° spécial* (exécution du contrat en nature ou par équivalent). – Colloque RDC 9 mai 2011, *RDC 2012. 281* (ordre public contractuel) ; *ibid. 2015. 146* (l'interprétation).

▸ **Contrats internationaux** : Béraudo, *JCP 1995. I. 3842.* – Fauvarque-Cosson et Deumier, *D. 2013. 2185* (loi applicable, projet de principes de La Haye). – Kessedjian, *Rev. crit. DIP 1995. 641*. – Larroumet, *JCP 1997. I. 4011.* – R. Marty, *D. Affaires 1997. 100.* – Mayer, *LPA 5 mai 2000* (actualité du contrat international). – D. Mazeaud, *Mél. Cabrillac, préc., p. 205.* – Rouhette, *Droits, 1996/24. 113.*

▸ **Droit européen :** Projet de code européen du droit des contrats : Bernardeau, *CCC 2001. Chron. 19.* – Blanc, *D. 2008. Chron. 564*. – Blanc et Déroulez, *D. 2007. Chron. 1615*. – Blondel, *Études Malinvaud, Litec, 2007, p. 43* (apport du droit européen au droit des obligations). – Chamboredon, *JDI 2001. 5.* – Descamps, *RDC 2012. 739* (apports de l'histoire). – Fauvarque-Cosson, *RTD civ. 2002. 463* ; *D. 2007. Chron. 96*. – Hatzigayos, *Mél. B. Gross, PU Nancy, 2009, 77* (mythe ou réalité ?). – Heuzé, *JCP 2002. I. 152.* – Hiez, *RTD civ. 2014. 817* (*life time contracts*). – Lequette, *D. 2002. Chron. 2202.* – Malaurie, *JCP 2002. I. 110.* – Malinvaud, *D. 2002. Chron. 2452.* – D. Mazeaud, *Études Malinvaud, Litec, 2007, p. 397 ; D. 2007. Chron. 2959* (principes du droit européen des contrats). – Sonnenberger, *Rev. crit. DIP 2002. 405*. – Tallon, *Mél. Colomer, préc., p. 485 ; Defrénois 2000. 683.* – Witz, *D. 2000. Chron. 79.* – *Dr. et patr. 4/2003. 39* (dossier). ▸ Beauchard, *Études Calais-Auloy, Dalloz, 2004, p. 55* (principes européens du droit des contrats et droit de la consommation). – Bénillouche, *LPA 29 juill. 2004* (devoir de bonne foi). – Borghetti, *D. 2015. 1377* (retrait du projet de règlement sur un droit européen de la vente). – Charbit, *LPA 26 et 27 nov. 2001 ; JCP 2002. I. 100* (communication de la Commission européenne). – Terré et Outin-Adam, *D. 2004. Chron. 12* (l'année d'un bicentenaire). ▸ **Propositions de l'Académie des privatistes européens (Pavie) :** Gridel, *Gaz. Pal. 2003. Doctr. 240* (présentation). – Debet, *RDC 2003. 217 ; ibid. 2011. 229* (avenir européen du titre III du livre III). – Dossier, *RDC 2011. 1027 et 1361* (Europe contractuelle) ; *ibid. 2014. 537* (droit européen et international des contrats).

▸ **Évolution :** Armand-Prévost et Richard, *JCP 1979. I. 2952.* – Berlioz-Houin, *Études Houin, Dalloz, 1985* (influence de l'évolution économique). – Boutonnet, *RTD civ. 2008. 1* (contrat et droit de l'environnement). – Brunaux, *D. 2013. 1158* ; *ibid. 1297* (protection des données stockées et contrats spéciaux). – P. Catala, *JCP 1993. I. 3687* (incidence de l'informatique). – P. Durand, *RTD civ. 1944. 73 ; ibid. 1948. 155.* – Fages, *D. 2003. Chron. 2386* (évolution à la lumière des principes de la Commission Lando). – de Fontbressin, *ibid. 1986. 655* (influence de l'acception du concept de prix sur l'évolution du droit des contrats). – Hauser, *Mél. Derruppé, Litec/GLN-Joly, 1991, p. 1* (apport du droit économique à la théorie générale de l'acte juridique). – Huet, *LPA 21 mars 1997* (sources communautaires). – X. Lagarde, *D. 2005. Chron. 2745* (l'attractivité économique du droit français des contrats). – Laithier, *D. 2006. Chron. 1003* (contrat relationnel). – Lamethe, *Mél. Tallon, Soc. législ. comp., 1999, p. 303* (uniformisation des pratiques contractuelles et mondialisation). – Léauté, *RTD civ. 1953. 429* (contrats types). – Le Gac-Pech, *LPA 4 déc. 2007* (sanctions de l'inexécution : vers un droit des remèdes). – Malaurie, *Mél. Cabrillac, préc., p. 187* (situation à la fin du XXe siècle). – D. Mazeaud, *Defrénois 1998. 1137* (liberté contractuelle et sécurité juridique) ; *RDC 2003. 295* (le nouvel ordre contractuel). – Mousseron, *RTD civ. 1988. 181* (gestion des risques). – Parance, *D. 2013. 647* (droit des contrats et obligations environnementales). – Pérès, *RDC 2008. 1083* (pratiques commerciales trompeuses et sources du droit des contrats). – Pierre, *RDC 2010. 1117* (dommages-intérêts punitifs). – Rémy-Corlay, *LPA 7 sept. 2005* (le contrat hors du code civil). – Thibierge-Guelfucci, *RTD civ. 1997. 357* (transformation du droit des contrats). – Tournafond, *Études Malinvaud, Litec, 2007, p. 619* (double mutation du droit des obligations et des sources du droit). – le Tourneau, *Mél. Raynaud, Dalloz, 1985, p. 349* (évolution, formation et contenu) ; *D. 1990. Chron. 21* (contrats professionnels). – Vasseur, *RTD civ. 1964. 5* (nouvel essor du concept contractuel). ▸ **Actes :** *RDC 2010. 1035* (mutations du droit des contrats).

▸ **Formation :** Albertini, *D. 2004. Chron. 230* (les mots qui engagent). – Atias, *D. 2008. Chron. 743* (constitution des actes juridiques). – Barret, *Mél. Aubert, Dalloz, 2005, p. 3* (refus de contracter). – Billiau, *Études Ghestin, préc., p. 119* (bonne foi). – Brignon, *RLDC 2009/64, n° 3558* (tiers et formation du contrat). – Claret, *RRJ 2002/4. 1777* (illettré et acte juridique). – Fages, *Dr. et patr. 6/1999. 60* (pourparlers) ; *ibid., p. 82* (rédaction) ; *RLDC 2013/110, n° 5242.* – Finon, *LPA 29 janv. 1997* (conditions générales des contrats commerciaux). – Fraimout, *Gaz. Pal. 2000. 1. Doctr. 943* (droit de rompre des pourparlers avancés). – Frison-Roche, *RTD civ. 1995. 573* (distinction de la volonté et du consentement). – Grimaux, *CCE 2004. Chron. 10* (date de conclusion du contrat par voie électronique). – Grynbaum, *JCP 2001.*

I. 307 (directive « commerce électronique ») ; *D. 2003. Chron. 1706* (contrats entre absents) ; *Mél. Gobert, Economica, 2004, p. 427* (liberté de la preuve des contrats et renforcement du formalisme). – J. Huet, *1804-2004 Le code civil, Dalloz, 2004, p. 539* (contrats électroniques). – Jacopin, *JCP 2001. I. 288* (mentions contractuelles « coutumières »). – Jourdain, *Trav. Assoc. Capitant, XLIII-1992, p. 121* (bonne foi). – X. Lagarde, *JCP 1999. I. 170* (renaissance du formalisme) ; *RLDC 2008/55, n° 3205* (période précontractuelle). – Lassalle, *RRJ 1994/3. 825* (pourparlers). – B. Lefebvre, *Études Malinvaud, Litec, 2007, p. 375* (contrat d'adhésion). – Loncle et Trochon, *LPA 2 sept. 1996* (risques inhérents aux pourparlers). – D. R. Martin, *Études Béguin, Litec, 2005, p. 487* (promesses précontractuelles). – D. Mazeaud, *Études Ghestin, préc., p. 637* (période précontractuelle). – Mestre, *Mél. Breton/Derrida, Dalloz, 1991, p. 249* (protection du consentement du professionnel) ; obs. *RTD civ. 1984. 706* (offre de contrat et offre d'entrer en pourparlers en matière de bail) ; *ibid. 1987. 537* (inexistence) ; *ibid. 1993. 115* (information) ; *LPA 5 mai 2000* (période précontractuelle). – Mousseron, *Études Jauffret, Fac. droit Aix-Marseille, 1974, p. 509* (durée dans la formation des contrats). – Najjar, *D. 1991. Chron. 57* (accord de principe). – Nuytten et Lesage, *Defrénois 1998. 497* (consensualisme et formalisme). – A. Penneau, *LPA 13 mai 2004* (contrat électronique et protection du cybercontractant). – Rawach, *D. 2001. Chron. 223* (documents précontractuels et interprétation des contrats). – Rieg, *Études Jauffret, préc., p. 593* (« *punctation* », formation successive du contrat). – L. Rozès, *Mél. L. Boyer, préc., p. 639* (projet de contrat). – Schmidt-Szalewski, *Mél. Colomer, préc., p. 415* (conditions générales) ; *RTD civ. 2000. 25* (force obligatoire et avant-contrats). – Seube, *Études Jauffret, préc., p. 621* (conditions générales des contrats). – Vialard, *RTD civ. 1971. 750* (offre publique de contrat). – Vilmart, *CCC 1996. Chron. 10* (suppression du refus de vente). – Zoia, *Gaz. Pal. 2001. Doctr. 1129 et 1552* (consentement et électronique). ▸ **Formalisme** : *Defrénois 2000. 867 (n° spécial 15-16)*. – Actes, Bordeaux, 24 nov. 2011, *RDC 2012. 617* (efficacité des avant-contrats).

▸ **À propos de certains contrats** : André, *Mél. Cabrillac, préc., p. 23* (*intuitus personae* dans les contrats entre professionnels). – Balat, *D. 2017. 51* (contrat de déménagement). – Bazin-Beust, *RCA 2000. Chron. 23* (contrat d'assistance). – Béroujon, *D. 1998. Chron. 10* (liste de mariage). – Brunaux, *CCC 2010. Étude 5* (contrat de déménagement). – Buy, *D. 2015. 1902* (clauses restrictives d'après contrat dans les réseaux de distribution commerciale). – Cros, *D. 1989. Chron. 49* (contrats à exécution échelonnée). – Damas, *Mél. B. Gross, PU Nancy, 2009, 167* (droit du bail et droit des obligations). – Delbarre et Lavabre, *D. 1985. Chron. 165* (référencement). – Ferrier, *Mél. B. Gross, PU Nancy, 2009, 179* (l'achat pour revendre). – Gilardeau, *JCP N 1994. Prat. 2972* (contrats naturels). – Gross, *JCP 1987. I. 3282* (contrats d'abonnement). – Hautereau-Boutonnet, *D. 2015. 217* (contrat environnemental). – Hiez, *Mél. Goubeaux, Dalloz-LGDJ, 2009, p. 269* (contrat d'association et contrat de coopération). – Lardeux, *LPA 14 sept. 2005* (le droit des contrats spéciaux hors le code civil). – Th. Lambert, *Mél. B. Gross, PU Nancy, 2009, 191* (contrat de bière, ensemble contractuel). – Loiseau, *D. 2014. 2252* (contrat de don d'éléments et produits du corps humain). – Mainguy, *Mél. Cabrillac, préc., p. 165* (contrats de situation). – Mainguy et Respaud, *Mél. le Tourneau, Dalloz, 2008, p. 705* (contrat de commission-affiliation). – Mayer, *RTD civ. 2014. 523* (transaction, contrat spécial). – Merchiers, *Études Malinvaud, Litec, 2007, p. 431* (contrats de services). – Neuville, *Mél. le Tourneau, Dalloz, 2008, p. 783* (promesse de contrat et contrat d'option). – Paillusseau, *JCP 1987. I. 3275* (contrats d'affaires). – Y. Picod, *Mél. le Tourneau, Dalloz, 2008, p. 805* (contrat de coopération commerciale). – Pollaud-Dulian, *Dr. et patr. 1/2004. 20 ; ibid. 2/2004. 24* (contrats entre peintres et marchands ou galeries d'art). – Pollaud-Dulian et Ronzano, *RTD com. 1996. 179* (contrat-cadre). – Ponton-Grillet, *D. 1991. Chron. 26* (contrat de réservation). – Raja, *RTD com. 2014. 1* (contrat d'affiliation). – Revet, *Mél. le Tourneau, Dalloz, 2008, p. 919* (contrat-règles). – Rizzo, *D. 2005. Chron. 2594* (contrats d'agent sportif). – Serna, *CCC 1998. Chron. 12* (contrat d'image). – Sinkondo, *RTD civ. 1993. 239* (notion de contrat administratif). – Sirinelli, *D. 2015. 499* (contrat d'édition). – le Tourneau, *Gaz. Pal. 1988. 2. Doctr. 446* (contrats de maintenance). – Vivant, *D. 1994. Chron. 117* (contrats d'informatique). – Dossier, *RDSS 2012. 3* (contrat dans le secteur social et médico-social).

▸ **Contrat et procédure collective** : Bussy-Dunaud, *D. 1992. Chron. 23* (renonciation de l'administrateur à la continuation d'un contrat en cours). – Guyon, *Études Ghestin, préc., p. 405*. – Montéran, *Gaz. Pal. 28-30 sept. 2003, Doctr.* (poursuite et fin des contrats). – Montredon, *JCP N 1989. I. 25* (théorie générale).

▸ **Protection des consommateurs** : Bihl, *Gaz. Pal. 1974. 2. Doctr. 754 ; JCP 1978. I. 2909 ; Gaz. Pal. 1984. 1. Doctr. 241*. – Berlioz, *JCP 1979. I. 2954*. – Boucharain et Girard, *R. 2000, p. 67* (jurisprudence de la 1re Chambre civile). – Calais-Auloy, *D. 1974. Chron. 91 ; RTD civ. 1994. 239* (droit de la consommation et droit civil). – Ferrier, *D. 1980. Chron. 177*. –

Gavalda, *D. 1978. Chron. 189.* – J. Huet, *LPA 8 nov. 2001* (réflexions sur le droit de la consommation). – Malinvaud, *D. 1981. Chron. 49.* – D. Mazeaud, *Études Calais-Auloy, Dalloz, 2004, p. 697* (droit commun des contrats et droit de la consommation). – Nguyen Thanh-Bourgeais, *D. 1979. Chron. 15 ; ibid. 1984. Chron. 91.* – Pizzio, *D. 1982. Chron. 91.* – Raffray, *JCP N 1988. I. 207.* – Raymond, *Gaz. Pal. 1978. 2. Doctr. 556 ; CCC mai 1997* (partie réglementaire du code de la consommation). – Rouhette, *Mél. Rodière, Dalloz, 1981, p. 247* (droit de la consommation et théorie générale du contrat). – Rouezt, *Defrénois 1995. 577* (consumérisme notarial). – Sauphanor-Brouillaud, *Mél. B. Gross, PU Nancy, 2009, 305* (le contrat de consommation et les contrats spéciaux). – Sinay-Cytermann, *JCP 1994. I. 3804.* – Stoffel-Munck, *RTD com. 2012. 705* (droit de la consommation et droit civil). ▸ **Actions en justice des associations de consommateurs :** Bihl, *Gaz. Pal. 1988. 1. Doctr. 268.* – L. Boré, *D. 1995. Chron. 267* (action en représentation conjointe). – Calais-Auloy, *D. 1988. Chron. 193.* – Chabot, *LPA 10 oct. 2000.* – de Laforcade, *RTD com. 2011. 711* (détachement du droit pénal). – Pellissier, *Gaz. Pal. 1988. 1. Doctr. 201.* – R. Martin, *JCP 1994. I. 3756.* – Viney, *JCP 1988. I. 3355.* ▸ **Clauses abusives :** V. Bibl. ss. art. L. 132-1 C. consom., ss. art. 1135 anc. C. civ. ▸ **Contrats d'adhésion :** Prelle et Alessi, *Gaz. Pal. 1973. 2. Doctr. 715.* – Testu, *JCP 1993. I. 3673.* ▸ **Courtage matrimonial :** Heidsieck, *JCP 1990. I. 3432.* ▸ **Démarchage :** Calais-Auloy, *D. 1973. Chron. 266.* – Pizzio, *RTD civ. 1976. 66.* – D. et J.-C. Roehrig, *JCP N 1995. I. 1205* (généalogie). ▸ **Droit de repentir :** Baillod, *RTD civ. 1984. 227.* – Christianos, *D. 1993. Chron. 28.* ▸ **Injonction de faire :** Christianos, *D. 1990. Chron. 91.* – Estoup, *Gaz. Pal. 1988. 1. Doctr. 280.* ▸ **Notion de consommateur :** Amar, *CCC 2003. Chron. 5* (consommateur personne morale). – Cathelineau, *CCC 1999. Chron. 13* (consommateur de soins). – Chazal, *D. 1997. Chron. 260.* – Cramier, *LPA 12, 13 et 14 juin 2000* (protection du contractant professionnel). – Laude, *D. 2000. Chron. 415* (consommateur de soins). – Luby, *CCC 2000. Chron. 1* (droit communautaire). – Paisant, *JCP 1993. I. 3655 ; Err. 3663 bis ; ibid. 2003. I. 121* (le critère du rapport direct). – Wester-Ouisse, *JCP 1999. I. 176* (jurisprudence pénale). ▸ **Sécurité** (L. 21 juill. 1983) : Bihl, *Gaz. Pal. 1983. 2. Doctr. 525.* – Calais-Auloy, *D. 1993. Chron. 130.* – Fourgoux, *Gaz. Pal. 1983. 2. Doctr. 395.* – Nguyen Thanh-Bourgeais, *D. 1981. Chron. 87.* – Peisse, *Gaz. Pal. 1986. 2. Doctr. 785.* – Revel, *D. 1984. Chron. 69.* ▸ **Soldes :** Roubach, *Gaz. Pal. 1990. 1. Doctr. 181.* ▸ **Vente à distance et télé-achat :** Paisant, *JCP 1988. I. 3350.* – Raynard, *RTD civ. 1997. 1015* (droit communautaire). – Retterer, *CCC 1998. Chron. 4 et 5.* ▸ **Passage à l'euro :** Claret, *CCC 2000. Chron. 3.*

▸ **Projet de réforme du droit des contrats :** Colloque *RDC 25 oct. 2005, RDC 2006/1, n° spécial.* – Terré (dir), *Dalloz. 2008.* – Ancel, Brun, Forray, Gout, Pignarre et Pimont, *JCP 2008. I. 213.* – Bouteille, *D. 2008. Chron. 1848* (modalité conditionnelle) ; *RLDC 2009/61, n° 3483* (*idem*). – Bros, *D. 2009. Chron. 960* (contrats interdépendants). – Cabrillac, *JCP 2008. I. 190.* – Catala, *D. 2006. Chron. 535* ; *Études Malinvaud, Litec, 2007, p. 145 ; Defrénois 2008. 2365.* – Catala, *Mél. le Tourneau, Dalloz, 2008, p. 213* (cession de créance et subrogation personnelle). – Chénedé, *CCC 2008. Étude 11* (cause de l'obligation, apport du droit administratif). – Fabre-Magnan, *JCP 2008. I. 199.* – Faure-Abbad, *D. 2007. Chron. 165* (l'inexécution contractuelle dans l'avant-projet Catala). – Fauvarque-Cosson, *D. 2008. Pan. 2965*. – Forray, *RTD civ. 2012. 231* (offre et acceptation dans les projets de réforme du droit français des contrats). – Ghozi et Kenfack, *D. 2014. 384* (clause de médiation ou de conciliation obligatoire hors de toute instance). – Lequette, *D. 2008. Chron. 2609*. – Larroumet, *D. 2008. Chron. 2441* (cause de l'obligation et intérêt au contrat). – le Tourneau, *D. 2007. Chron. 2180* (propos critiques sur la « responsabilité contractuelle » dans l'avant-projet Catala). – Mainguy, *D. 2009. Chron. 308*. – Malaurie, *JCP 2008. I. 204.* – D. Mazeaud, *Mél. le Tourneau, Dalloz, 2008, p. 745* (responsabilité contractuelle et tiers au contrat : art. 1342 de l'avant-projet Catala) ; *Mél. Héron, LGDJ, 2009, p. 347* ; *D. 2009. Chron. 1364* ; *Mél. Larroumet, Economica, 2010, p. 329* ; *RDC 2010. 23* ; *D. 2014. Chron. 291*. – Mekki, *JCP N 2015, n°s 1111 et 1116* (pratique notariale). – Mercadal, *Mél. Tricot, Dalloz-Litec, 2011, p. 107.* – Mestre, *RLDC 2009/58, n° 3322* (principe directeur de bonne foi). – Mignot, *RLDC 2007/35, n° 2397* (la délégation de personne dans l'avant-projet Catala). – Niemiec, *LPA 23 janv. 2008* (la rencontre des volontés). – Pérès, *D. 2009. Chron. 381* (liberté contractuelle et ordre public). – Pignarre, *D. 2007. Chron. 384* (l'obligation de donner à usage dans l'avant-projet Catala). – Prigent, *AJDI 2009. 13* (trouble anormal de voisinage). – Rouhette, *RDC 2007. 1371.* – Sénéchal, *RLDC 2009/63, n° 3556* (contrat d'entreprise). – Terré (dir.), Pour une réforme du régime général des obligations, *Dalloz, 2013.* – Tournafond, *D. 2008. Chron. 2607* (cause). – Dossier : Projet de cadre commun de référence, *RDC 2008. 107.* – Dossier, *RDC 2009. 265.* – Dossier, *RLDC 2014/113, n° 5359 s.* (régime général des obligations, ciment du droit privé). – V. Bibl. ss. titre III.

▸ **Panoramas Dalloz – Droit des contrats :** *D. 2016. 566* (janv. 2015 - janv. 2016) ; *D. 2015. 529* (janv. 2014 - janv. 2015) ; *D. 2014. Pan. 631* (déc. 2012 - janv. 2014) ; *D. 2013. Pan. 391* (janv. 2012 - janv. 2013) ; *D. 2012. Pan. 459* (déc. 2010 - janv. 2012) ; *D. 2011. Pan. 472* (oct. 2009 - nov. 2010) ; *D. 2010. Pan. 224* (oct. 2008 - déc. 2009) ; *D. 2008. Pan. 2965* (sept. 2007 - sept. 2008) ; *D. 2007. Pan. 2966* (oct. 2006 - sept. 2007) ; *D. 2006. Pan. 2638* (oct. 2005 - sept. 2006) ; *D. 2005. Pan. 2836* (2004-2005).

Ancien art. 1101 *(Abrogé par Ord. n° 2016-131 du 10 févr. 2016, à compter du 1er oct. 2016)* ***Le contrat est une convention par laquelle une ou plusieurs personnes s'obligent, envers une ou plusieurs autres, à donner, à faire ou à ne pas faire quelque chose.***

Comp. C. civ., art. 1101 et précédemment le projet de réforme du 25 févr. 2015, art. 1101 (Projet).

1. Liberté contractuelle. V. art. 1102 et les notes.

2. Pourparlers. Sur les négociations, V. art. 1112 s. et les notes.

3. Lettre d'intention. V. art. 2322.

4. Accord de principe. V. note 3 ss. art. 1101.

5. Pré-contrat. V. note 3 ss. art. 1101.

6. Promesse d'embauche. V. note 4 ss. art. 1101.

7. Offre. V. art. 1113 s. ♦ Sur le contenu de l'offre, V. art. 1114 et les notes.

8. ... Délai de l'offre. V. notes ss. art. 1115, 1116, 1117.

9. ... Rétractation. V. art. 1115 s.

10. ... Mort de l'offrant. V. note 2 ss. art. 1117.

11. Acceptation. V. art. 1118 s. et les notes.

12. Conditions générales et conditions particulières. V. art. 1119.

13. Documents publicitaires. V. note 55 ss. art. 1194.

Loi n° 2015-177 du 16 février 2015,

Relative à la modernisation et à la simplification du droit et des procédures dans les domaines de la justice et des affaires intérieures.

Art. 8 Dans les conditions prévues à l'article 38 de la Constitution, le Gouvernement est autorisé à prendre par voie d'ordonnance les mesures relevant du domaine de la loi nécessaires pour modifier la structure et le contenu du livre III du code civil, afin de moderniser, de simplifier, d'améliorer la lisibilité, de renforcer l'accessibilité du droit commun des contrats, du régime des obligations et du droit de la preuve, de garantir la sécurité juridique et l'efficacité de la norme et, à cette fin :

1° Affirmer les principes généraux du droit des contrats tels que la bonne foi et la liberté contractuelle ; énumérer et définir les principales catégories de contrats ; préciser les règles relatives au processus de conclusion du contrat, y compris conclu par voie électronique, afin de clarifier les dispositions applicables en matière de négociation, d'offre et d'acceptation de contrat, notamment s'agissant de sa date et du lieu de sa formation, de promesse de contrat et de pacte de préférence ;

2° Simplifier les règles applicables aux conditions de validité du contrat, qui comprennent celles relatives au consentement, à la capacité, à la représentation et au contenu du contrat, en consacrant en particulier le devoir d'information et la notion de clause abusive et en introduisant des dispositions permettant de sanctionner le comportement d'une partie qui abuse de la situation de faiblesse de l'autre ;

3° Affirmer le principe du consensualisme et présenter ses exceptions, en indiquant les principales règles applicables à la forme du contrat ;

4° Clarifier les règles relatives à la nullité et à la caducité, qui sanctionnent les conditions de validité et de forme du contrat ;

5° Clarifier les dispositions relatives à l'interprétation du contrat et spécifier celles qui sont propres aux contrats d'adhésion ;

6° Préciser les règles relatives aux effets du contrat entre les parties et à l'égard des tiers, en consacrant la possibilité pour celles-ci d'adapter leur contrat en cas de changement imprévisible de circonstances ;

7° Clarifier les règles relatives à la durée du contrat ;

8° Regrouper les règles applicables à l'inexécution du contrat et introduire la possibilité d'une résolution unilatérale par notification ;

9° Moderniser les règles applicables à la gestion d'affaires et au paiement de l'indu et consacrer la notion d'enrichissement sans cause ;

10° Introduire un régime général des obligations et clarifier et moderniser ses règles ; préciser en particulier celles relatives aux différentes modalités de l'obligation, en distinguant les obligations conditionnelles, à terme, cumulatives, alternatives, facultatives, solidaires et à prestation indivisible ; adapter les règles du paiement et expliciter les règles applicables aux autres formes d'extinction de l'obligation résultant de la remise de dette, de la compensation et de la confusion ;

11° Regrouper l'ensemble des opérations destinées à modifier le rapport d'obligation ; consacrer, dans les principales actions ouvertes au créancier, les actions directes en paiement prévues par la loi ; moderniser les règles relatives à la cession de créance, à la novation et à la délégation ; consacrer la cession de dette et la cession de contrat ; préciser les règles applicables aux restitutions, notamment en cas d'anéantissement du contrat ;

12° Clarifier et simplifier l'ensemble des règles applicables à la preuve des obligations ; en conséquence, énoncer d'abord celles relatives à la charge de la preuve, aux présomptions légales, à l'autorité de chose jugée, aux conventions sur la preuve et à l'admission de la preuve ; préciser, ensuite, les conditions d'admissibilité des modes de preuve des faits et des actes juridiques ; détailler, enfin, les régimes applicables aux différents modes de preuve ;

13° Aménager et modifier toutes dispositions de nature législative permettant d'assurer la mise en œuvre et de tirer les conséquences des modifications apportées en application des 1° à 12°.

Les ordonnances prévues par l'art. 8 de la L. n° 2015-177 du 16 févr. 2015 doivent être prises dans un délai de douze mois à compter de la publication de cette loi (L. préc., art. 27).

Un projet d'ordonnance portant réforme du droit des contrats, du régime général et de la preuve des obligations a été rendu public par le ministère de la Justice le 25 févr. 2015, dans le cadre d'une consultation publique. L'Ord. n° 2016-131 du 10 févr. 2016 portant réforme du droit des contrats, du régime général et de la preuve des obligations a été publiée le 11 févr. 2016 (V. C. civ., art. 1100 s.). Elle entre en vigueur le 1er oct. 2016.

Ancien art. 1102 *(Abrogé par Ord. n° 2016-131 du 10 févr. 2016, à compter du 1er oct. 2016)* ***Le contrat est synallagmatique ou bilatéral lorsque les contractants s'obligent réciproquement les uns envers les autres.***

Comp. C. civ., art. 1106, et précédemment, le projet de réforme du 25 févr. 2015, art. 1104 (Projet).

V. notes ss. art. 1106.

Ancien art. 1103 *(Abrogé par Ord. n° 2016-131 du 10 févr. 2016, à compter du 1er oct. 2016)* ***Il est unilatéral lorsqu'une ou plusieurs personnes sont obligées envers une ou plusieurs autres, sans que de la part de ces dernières il y ait d'engagement.***

Comp. C. civ., art. 1106, et précédemment le projet de réforme du 25 févr. 2015, art. 1104 (Projet).

V. notes ss. art. 1106.

Ancien art. 1104 *(Abrogé par Ord. n° 2016-131 du 10 févr. 2016, à compter du 1er oct. 2016)* ***Il est commutatif lorsque chacune des parties s'engage à donner ou à faire une chose qui est regardée comme l'équivalent de ce qu'on lui donne, ou de ce qu'on fait pour elle.***

Lorsque l'équivalent consiste dans la chance de gain ou de perte pour chacune des parties, d'après un événement incertain, le contrat est aléatoire.

Comp. C. civ., art. 1108 et précédemment le projet de réforme du 25 févr. 2015, art. 1106 (Projet).

V. notes ss. art. 1108.

Ancien art. 1105 *(Abrogé par Ord. n° 2016-131 du 10 févr. 2016, à compter du 1er oct. 2016)* ***Le contrat de bienfaisance est celui dans lequel l'une des parties procure à l'autre un avantage purement gratuit.***

Comp. C. civ., art. 1107 et précédemment le projet de réforme du 25 févr. 2015, art. 1105 (Projet).

N'est pas critiquable, au regard du principe d'égalité devant la loi, l'art. L. 6421-4 C. transp., qui soumet les opérations de transport aérien effectuées à titre gratuit à un régime spécial de responsabilité pour faute prouvée plus favorable au transporteur que celui applicable au transporteur à titre onéreux, dès lors que ce régime répond, non seulement, à une différence objective de situation, mais aussi, à l'objectif de la loi consistant à promouvoir le développement de l'aviation sportive et de tourisme auquel participent les aéroclubs. • Civ. 1re, 5 juill. 2012, n° 12-12.159 P : *D. 2012. 1881*.

Ancien art. 1106 *(Abrogé par Ord. n° 2016-131 du 10 févr. 2016, à compter du 1er oct. 2016)* ***Le contrat à titre onéreux est celui qui assujettit chacune des parties à donner ou à faire quelque chose.***

Comp. C. civ., art. 1107 et précédemment le projet de réforme du 25 févr. 2015, art. 1105 (Projet).

V. note ss. art. 1107.

Ancien art. 1107 *(Abrogé par Ord. n° 2016-131 du 10 févr. 2016, à compter du 1er oct. 2016)* ***Les contrats, soit qu'ils aient une dénomination propre, soit qu'ils n'en aient pas, sont soumis à des règles générales, qui sont l'objet du présent titre.***

Les règles particulières à certains contrats sont établies sous les titres relatifs à chacun d'eux ; et les règles particulières aux transactions commerciales sont établies par les lois relatives au commerce.

Comp. C. civ., art. 1105.

V. notes ss. art. 1105.

CHAPITRE II *[ABROGÉ]* DES CONDITIONS ESSENTIELLES POUR LA VALIDITÉ DES CONVENTIONS

(Abrogé par Ord. n° 2016-131 du 10 févr. 2016, à compter du 1er oct. 2016)

BIBL. GÉN. ▶ V. Bibl. gén. précédant art. 1101 anc. – *Adde :* PELTIER, *RRJ 2000/3. 937* (l'inexistence en droit privé).

Ancien art. 1108 *(Abrogé par Ord. n° 2016-131 du 10 févr. 2016, à compter du 1er oct. 2016)* ***Quatre conditions sont essentielles pour la validité d'une convention :***

Le consentement de la partie qui s'oblige ;

Sa capacité de contracter ;

Un objet certain qui forme la matière de l'engagement ;

Une cause licite dans l'obligation.

Comp. C. civ., art. 1128 et précédemment le projet de réforme du 25 févr. 2015, art. 1127 (Projet) (validité du contrat).

1. V. notes ss. art. 1128.

2. Objet. V. notes ss. art. 1126 à 1130 anc.

3. Cause. V. notes ss. art. 1131 à 1133 anc.

4. Consensualisme. V. notes ss. art. 1172.

5. Formalisme conventionnel. Pour des promesses de vente faisant de la réitération par acte notarié un élément constitutif du consentement des parties : V. notes 8 s. ss. art. 1589.

6. Sanctions. V. note ss. art. 1178.

Ancien art. 1108-1 *(Abrogé par Ord. n° 2016-131 du 10 févr. 2016, à compter du 1er oct. 2016) (L. n° 2004-575 du 21 juin 2004, art. 25-I)* ***Lorsqu'un écrit est exigé pour la validité d'un acte juridique, il peut être établi et conservé sous forme électronique dans les conditions prévues aux articles 1316-1 et 1316-4 et, lorsqu'un acte authentique est requis, au second alinéa de l'article 1317.***

Lorsqu'est exigée une mention écrite de la main même de celui qui s'oblige, ce dernier peut l'apposer sous forme électronique si les conditions de cette apposition sont de nature à garantir qu'elle ne peut être effectuée que par lui-même.

L'art. 1108-1 anc. est repris à l'identique à l'art. 1174.

Comp. Projet de réforme du 25 févr. 2015, art. 1174 (Projet).

Ancien art. 1108-2 *(Abrogé par Ord. n° 2016-131 du 10 févr. 2016, à compter du 1er oct. 2016) (L. n° 2004-575 du 21 juin 2004, art. 25-I)* ***Il est fait exception aux dispositions de l'article 1108-1 pour :***

1° Les actes sous seing privé relatifs au droit de la famille et des successions ;

2° Les actes sous seing privé relatifs à des sûretés personnelles ou réelles, de nature civile ou commerciale, sauf s'ils sont passés par une personne pour les besoins de sa profession.

L'art. 1108-2 anc. est repris à l'identique à l'art. 1175.

Comp. Projet de réforme du 25 févr. 2015, art. 1175 (Projet).

SECTION 1 *[ABROGÉE]* Du consentement

(Abrogée par Ord. n° 2016-131 du 10 févr. 2016, à compter du 1er oct. 2016)

V. C. civ., art. 1128 s. et précédemment le projet de réforme du 25 févr. 2015, art. 1128 s. (Projet).

Ancien art. 1109 *(Abrogé par Ord. n° 2016-131 du 10 févr. 2016, à compter du 1er oct. 2016)* ***Il n'y a point de consentement valable, si le consentement n'a été donné que par erreur, ou s'il a été extorqué par violence ou surpris par dol.***

Comp. C. civ., art. 1130 et précédemment le projet de réforme du 25 févr. 2015, art. 1130 s. (Projet).

1. Absence ou affaiblissement du consentement. V. notes ss. art. 1129.

2. ... Prescription. Sur le délai de droit commun, V. art. 2224.

3. Vices du consentement. Unicité des vices du consentement en matière procédurale : V. • Civ. 3e, 9 nov. 1971, n° 70-11.397 P : *RTD civ. 1972. 390, obs. Loussouarn* (annulation pour violence alors qu'une erreur était seule expressément invoquée) • Civ. 5 nov. 1900 : *D. 1901. 1. 71* (annulation pour erreur alors que le jugement dont confirmation était demandée par l'intimé avait prononcé l'annulation pour dol). ♦ V. cependant : • Com. 13 oct. 1980 : *Bull. civ. IV, n° 329 ; D. 1981. IR 310, obs. Ghestin.*

4. ... Moment de l'appréciation. La validité du consentement doit être appréciée au moment de la formation du contrat. • Civ. 1re, 12 juill. 2007, n° 06-15.090 P : *D. 2007. AJ 2235 ; LPA 6 févr. 2008, obs. Houtcieff ; Dr. patr., mai 2008, p. 90, obs. Aynès et Stoffel-Munck.* ♦ Pour se prononcer sur l'existence d'un vice du consentement au moment de la formation du contrat, les juges du fond peuvent faire état d'éléments d'appréciation postérieurs à cette date. • Com. 13 déc. 1994, n° 92-12.626 P.

5. ... Délais des actions. Délai d'exercice de l'action en nullité pour vice du consentement et délai de l'action en garantie : V. notes ss. art. 1117 anc. ♦ V. art. 1304 anc. et 2224.

6. Rétractation du consentement. L'exercice par l'acquéreur d'un bien immobilier de la faculté de rétractation prévue par l'art. L. 271-1 CCH entraîne l'anéantissement du contrat, ce qui lui interdit de se repentir de cette révocation, même avant l'expiration du délai de rétractation. • Civ. 3e, 13 févr. 2008, n° 06-20.334 P : *D. 2008. AJ 615 ; ibid. 1530, note Dagorne-Labbe ; JCP N 2008. 1197, n° 4, obs. Piedelièvre ; CCE 2008, n° 91, obs. Stoffel-Munck ; Defrénois 2008. 1359, obs. Libchaber ; RTD civ. 2008. 293, obs. Fages.*

7. Consentement du salarié et démission ou prise d'acte de la rupture du contrat de travail. V. • Soc. 9 mai 2007, n° 05-40.518 P : *R., p. 364 ; D. 2007. AJ 1495, obs. Cortot ; ibid. Pan. 3038, obs. Dockès ; RDT 2007. 452, obs. Auzero ; RDC 2007. 1216, obs. Radé* • 19 déc. 2007, n° 06-42.550 P : *D. 2008. AJ 357, obs. Maillard* • 29 mai 2013, n° 12-15.974 P : *D. 2013. 1416 ; Dr. soc. 2013. 647, obs. Mouly.*

Ancien art. 1110 *(Abrogé par Ord. n° 2016-131 du 10 févr. 2016, à compter du 1er oct. 2016)* ***L'erreur n'est une cause de nullité de la convention que lorsqu'elle tombe sur la substance même de la chose qui en est l'objet.***

Elle n'est point une cause de nullité, lorsqu'elle ne tombe que sur la personne avec laquelle on a intention de contracter, à moins que la considération de cette personne ne soit la cause principale de la convention.

Comp. C. civ., art. 1132 s. et précédmment le projet de réforme du 25 févr. 2015, art. 1131 s. (Projet).

BIBL. ▶ CHAUVEL, *Droits, 1990/12. 93* (erreur substantielle, cause et équilibre contractuel). – DECOTTIGNIES, *RTD civ. 1951. 309* (erreur de droit). – GHESTIN, *D. 1971. Chron. 247* (réticence ; dol et erreur sur les qualités substantielles) ; *Études P. Catala, Litec, 2001, p. 457* (authenticité, erreur et doute). – GOUBEAUX, *Études Ghestin, LGDJ, 2001, p. 389* (erreur sur la valeur). – GRELON, *RTD civ. 1981. 261* (erreur dans les libéralités). – C. GRIMALDI, *D. 2012. Chron. 2822* (erreur sur les motifs). – JOURDAIN, *D. 1983. Chron. 139* (obligation de renseignement). – MALINVAUD, *D. 1972. Chron. 215* (erreur sur la substance). – MONACHON-DUCHÊNE, *JCP 2007. I. 199* (le vice extrinsèque). – J. MOULY, *D. 2003. Chron. 2023* (réticence dolosive et erreur inexcusable) ; *ibid. 2012. Chron. 1348* (idem) ; *JCP 2012, n° 981* (idem). – ROUVIÈRE, *D. 2014. 1782* (moment d'appréciation de l'erreur). – SÉRINET, *Études Ghestin, préc., p. 789* (erreur et vice caché). – TOURNAFOND, *Mél. Decottignies, PU Grenoble, 2003, p. 377* (erreur du contractant sur sa propre prestation). – TRIGEAUD, *RTD civ. 1982. 55* (authenticité du bien d'art ; erreur de l'acheteur). – VIVIEN, *RTD civ. 1992. 305* (erreur déterminante et substantielle). – *LPA 28 juill. 2005, n° spécial* (authenticité d'une œuvre d'art : les enjeux).

1. Actes unilatéraux. Les causes de nullité qui atteignent le consentement sont applicables aux actes unilatéraux. • Civ. 24 mai 1948 : *D. 1948. 517, note Lenoan* (renonciation par erreur à succession) • Civ. 1re, 9 févr. 1970 : *JCP 1971. II. 16806, note Dagot et Spitéri ; RTD civ. 1970. 752, obs. Loussouarn* (renonciation par erreur à communauté). ♦ Comp., en matière d'erreur de droit, • Civ. 1re, 4 nov. 1975 : *cité note 15 ss. art. 1132.*

2. Pour les erreurs obstacles, V. note 3 ss. art. 1129.

I. OBJET DE L'ERREUR

3. *Erreur sur la substance.* L'erreur sur la substance s'entend non seulement de celle qui porte sur la matière même dont la chose est composée, mais aussi et plus généralement de celle qui a trait aux qualités substantielles (authenticité, origine, utilisation) en considération desquelles les parties ont contracté. – Jurisprudence constante.

4. *Erreur de fait.* V. notes 1 s. ss. art. 1132.

5. *Erreur de droit.* V. notes 10 s. ss. art. 1132.

6. *Erreur sur le prix.* V. note 4 ss. art. 1136.

7. *Erreur sur la valeur.* V. notes ss. art. 1136.

8. *Erreur sur les motifs.* V. note 1 ss. art. 1135.

9. *Erreur de la caution sur les risques encourus par elle.* V. note 3 ss. art. 1135.

10. *Erreur sur la personne.* V. notes ss. art. 1133.

II. RÉGIME DE L'ERREUR

11. *Appréciation de l'erreur.* V. notes ss. art. 1133.

12. *Erreur inexcusable.* V. note 19 ss. art. 1132.

13. *Caractère excusable de l'erreur provoquée par réticence dolosive.* V. note 1 ss. art. 1139.

14. *Recevabilité de l'action en nullité.* V. notes ss. art. 1144.

Ancien art. 1111 *(Abrogé par Ord. n° 2016-131 du 10 févr. 2016, à compter du 1er oct. 2016)* ***La violence exercée contre celui qui a contracté l'obligation, est une cause de nullité, encore qu'elle ait été exercée par un tiers autre que celui au profit duquel la convention a été faite.***

Comp. C. civ., art. 1142 et précédemment le projet de réforme du 25 févr. 2015, art. 1141 (Projet).

Violence morale résultant de pressions exercées par des élus locaux et le président du tribunal de commerce afin d'amener l'épouse du dirigeant d'une entreprise en règlement judiciaire à se porter caution pour favoriser la reprise de l'entreprise. • Com. 28 mai 1991 : *D. 1992. 166, note Morvan ; D. 1991. Somm. 385, obs. Aynès ; RTD civ. 1991. 773, obs. Bandrac ; ibid. 1992. 85, obs. Mestre*.

Ancien art. 1112 *(Abrogé par Ord. n° 2016-131 du 10 févr. 2016, à compter du 1er oct. 2016)* ***Il y a violence, lorsqu'elle est de nature à faire impression sur une personne raisonnable, et qu'elle peut lui inspirer la crainte d'exposer sa personne ou sa fortune à un mal considérable et présent.***

On a égard, en cette matière, à l'âge, au sexe et à la condition des personnes.

Comp. C. civ., art. 1140 et précédemment le projet de réforme du 25 févr. 2015, art. 1139 s. (Projet).

A. EXISTENCE D'UNE CONTRAINTE

1. *Menace légitime.* V. note 2 ss. art. 1141.

2. *Menace de voie de droit.* V. note 2 ss. art. 1141.

3. *Menaces d'atteintes à la réputation.* V. note 1 ss. art. 1140.

4. *Exploitation de l'ignorance.* V. note 5 ss. art. 1143.

5. *Exploitation des circonstances.* V. note 1 ss. art. 1143.

6. *Contrainte économique.* V. notes ss. art. 1143.

B. MODE D'APPRÉCIATION ET SANCTION

7. *Menaces exercées sur les représentants.* V. note 2 ss. art. 1140.

8. *Appréciation in concreto : victimes vulnérables.* V. note 6 ss. art. 1143.

9. *Éléments d'appréciation postérieurs au contrat.* V. note 3 ss. art. 1140.

10. *Possibilité de condamnation à des dommages-intérêts.* V. note 4 ss. art. 1140.

Ancien art. 1113 *(Abrogé par Ord. n° 2016-131 du 10 févr. 2016, à compter du 1er oct. 2016)* ***La violence est une cause de nullité du contrat, non seulement lorsqu'elle a été exercée sur la partie contractante, mais encore lorsqu'elle l'a été sur son époux ou sur son épouse, sur ses descendants ou ses ascendants.***

Comp. C. civ., art. 1140 s. et précédemment le projet de réforme du 25 févr. 2015, art. 1139 s. (Projet).

Ancien art. 1114 *(Abrogé par Ord. n° 2016-131 du 10 févr. 2016, à compter du 1er oct. 2016)* ***La seule crainte révérencielle envers le père, la mère, ou autre ascendant, sans qu'il y ait eu de violence exercée, ne suffit point pour annuler le contrat.***

BIBL. ▸ GUENZOUI, *D. 2010. Chron. 984*.

Ancien art. 1115 *(Abrogé par Ord. nº 2016-131 du 10 févr. 2016, à compter du 1er oct. 2016)* ***Un contrat ne peut plus être attaqué pour cause de violence, si, depuis que la violence a cessé, ce contrat a été approuvé soit expressément, soit tacitement, soit en laissant passer le temps de la restitution fixé par la loi.***

Comp. C. civ., art. 1144, 1182 et précédemment le projet de réforme du 25 févr. 2015, art. 1182 (Projet) (confirmation).

Ancien art. 1116 *(Abrogé par Ord. nº 2016-131 du 10 févr. 2016, à compter du 1er oct. 2016)* ***Le dol est une cause de nullité de la convention lorsque les manœuvres pratiquées par l'une des parties sont telles, qu'il est évident que, sans ces manœuvres, l'autre partie n'aurait pas contracté.***

Il ne se présume pas, et doit être prouvé.

Comp. C. civ., art. 1137 s. et précédemment le projet de réforme du 25 févr. 2015, art. 1136 s. (Projet).

BIBL. ▸ Bakouche, *JCP 2012, nº 851* (dol principal et dol incident). – Bétouille, *R. 2001, p. 259* (aspect « délictuel » du dol). – Denizot, *RTD civ. 2015. 765* (la réticence dolosive avant 1958). – Guerlin, *AJCA 2015. 363* (définition légale du dol dans la réforme). – Ghestin, *D. 1971. Chron. 247* (réticence ; dol et erreur sur les qualités substantielles). – Guyénot, *RTD civ. 1964. 199* (suggestion et captation dans les libéralités). – Jourdain, *D. 1983. Chron. 139* (obligation de renseignement). – Kenmogne-Simo, *RLDC 2008/52, nº 3131* (sanction). – Magnin, *JCP 1976. I. 2780* (abus de situation). – Mestre, *RTD civ. 1988. 336 ; ibid. 1992. 81* (réticence dolosive) ; *ibid. 1994. 852.* – Mestre et Fages, *RTD civ. 2003. 700* (dol et comptabilité). – J. Mouly, *D. 2003. Chron. 2023* (réticence dolosive et erreur inexcusable) ; *ibid. 2012. Chron. 1348* (*idem*). – Puygauthier, *JCP N 1997. I. 1003* (dol au préjudice de la caution). – Salomon, *D. 2010. Chron. 2792* (cession de droits sociaux). – Vuillemin-Gonzales, *D. 2001. Chron. 3338* (réticence dolosive des banques à l'égard des cautions). – Dossier, *RDC 2013. 1155* (dol et responsabilité civile).

I. ÉLÉMENTS CONSTITUTIFS

1. Auteur du dol. V. note 1 ss. art. 1138.

2. Intention dolosive. V. notes ss. art. 1137.

3. Caractère déterminant du dol. V. note ss. art. 1137.

II. MISE EN ŒUVRE

4. Sanctions. V. note 26 ss. art. 1137.

5. Preuve. V. note 29 ss. art. 1137.

6. Allocation de dommages-intérêts. V. note 31 ss. art. 1137.

Ancien art. 1117 *(Abrogé par Ord. nº 2016-131 du 10 févr. 2016, à compter du 1er oct. 2016)* ***La convention contractée par erreur, violence ou dol, n'est point nulle de plein droit ; elle donne seulement lieu à une action en nullité ou en rescision, dans les cas et de la manière expliqués à la section 7 du chapitre V du présent titre.***

V. Projet de réforme du 25 févr. 2015, art. 1143 (Projet) (point de départ du délai de l'action en nullité en cas de dol ou violence), 1178 s. (Projet) (nullité du contrat).

BIBL. ▸ **Erreur, vice caché et non-conformité :** Boulanger, *JCP N 1996. I. 1585.* – Family, *CCC 2002. Chron. 7* (directive du 25 mai 1999). – Radé, *JCP 1997. I. 4009.* – Tournafond, *D. 1989. Chron. 237.*

1. Délai. V. notes ss. art. 1144.

2. Garantie des vices cachés et vices du consentement. V. notes 1 à 4 ss. art. 1130.

3. Transmissibilité de l'action. V. notes 5 et 6 ss. art. 1131.

4. Opposabilité du dol aux tiers. V. note 27 ss. art. 1137.

Ancien art. 1118 *(Abrogé par Ord. nº 2016-131 du 10 févr. 2016, à compter du 1er oct. 2016)* ***La lésion ne vicie les conventions que dans certains contrats ou à l'égard de certaines personnes, ainsi qu'il sera expliqué en la même section.***

Comp. C. civ., art. 1168 et précédemment le projet de réforme du 25 févr. 2015, art. 1147 (Projet) (conditions de la nullité pour lésion), 1170 (Projet) (équivalence des obligations).

Ancien art. 1119 *(Abrogé par Ord. nº 2016-131 du 10 févr. 2016, à compter du 1er oct. 2016)* ***On ne peut, en général, s'engager, ni stipuler en son propre nom, que pour soi-même.***

Comp. Projet de réforme du 25 févr. 2015, art. 1204 (Projet).

V. notes ss. art. 1203.

Ancien art. 1120 *(Abrogé par Ord. nº 2016-131 du 10 févr. 2016, à compter du 1er oct. 2016)* ***Néanmoins on peut se porter fort pour un tiers, en promettant le fait de celui-ci ; sauf l'indem-***

nité contre celui qui s'est porté fort ou qui a promis de faire ratifier, si le tiers refuse de tenir l'engagement.

V. C. civ., art. 1204 et précédemment le projet de réforme du 25 févr. 2015, art. 1205 s. (Projet) (porte-fort).

BIBL. ▸ JONVILLE, *Dr. et patr. 2/1998. 28.* – SIMLER, *JCP 1990. I. 3427* (solutions de substitution au cautionnement). – TILLEMENT, *Rev. sociétés 1993. 51* (promesse de porte-fort et droit des sociétés). – VÉRICEL, *D. 1988. Chron. 123.*

V. notes ss. art. 1204.

Ancien art. 1121 *(Abrogé par Ord. n° 2016-131 du 10 févr. 2016, à compter du 1er oct. 2016)* ***On peut pareillement stipuler au profit d'un tiers, lorsque telle est la condition d'une stipulation que l'on fait pour soi-même ou d'une donation que l'on fait à un autre. Celui qui a fait cette stipulation ne peut plus la révoquer, si le tiers a déclaré vouloir en profiter.***

Comp. C. civ., art. 1205 s. et précédemment le projet de réforme du 25 févr. 2015, art. 1206 s. (Projet) (stipulation pour autrui).

Sur l'assurance vie, V. C. assur., art. L. 131-1 s. – ***C. assur.***

BIBL. ▸ **Études générales :** D. MARTIN, *D. 1994. Chron. 145* (stipulation de contrat pour autrui) ; *D. 2001. Chron. 3144* (changement de contractant). – MISTRETTA, *D. Affaires 1999. 541* (stipulation pour autrui accessoire d'une stipulation pour soi-même). – VACRATE, *Dr. et patr. 7-8/2003. 44* (nouvelle acception). ▸ **Assurance vie :** AULAGNIER, *JCP N 1996. Prat. p. 1744* (nécessité d'une réforme) ; *ibid. 1999. 1405* (droit de rachat). – BERTOUT, *JCP N 1996. Prat. 3787* (clause bénéficiaire). – BICHON LEFEUVRE, *JCP N 1999. 1010* (insaisissabilité). – CATALA, *Mél. Le Gall, Dalloz, 2010, p. 153.* – COURTIEU, *RCA 2009. Étude 2* (désignation du bénéficiaire). – DELMAS SAINT-HILAIRE, *RJPF 2008-3/12* (le contrat d'assurance vie après la L. n° 2007-1775 du 17 déc. 2007). – DURIEZ, *JCP N 1996. Prat. 3814* (formules de clauses bénéficiaires). – GHESTIN, *JCP 1995. I. 3881.* – GOURIO, *JCP E 2001. 1464* (garanties sur contrat d'assurance vie). – HOVASSE-BANGET, *Defrénois 1998. 81* (fonction de garantie de l'assurance vie). – KULLMANN, *Mél. Gavalda, Dalloz, 2001, p. 199* (pour le maintien du droit au rachat en dépit de l'acceptation du bénéficiaire). – LECLÈRE, *Dr. et patr. 1/2009. 48* (notion d'héritier dans les clauses bénéficiaires). – LEROY, *Dr. fam. 2001. Chron. 10* (acceptation d'une clause bénéficiaire type) ; *Dr. et patr. 3/2005. 39* (rachat, acceptation du bénéfice et libéralité). – LUCET, *Defrénois 1996. 971* (influence de l'aléa sur le droit des tiers) ; *ibid. 1999. 705* (garanties sur contrat d'assurance vie). – PIERRE, *RCA 2009. Étude 4* (décès du bénéficiaire d'une assurance vie avant acceptation) ; *ibid. 7* (stipulation pour autrui en assurance de personnes). ▸ **Réforme de l'acceptation du bénéficiaire (L. n° 2007-1775 du 17 déc. 2007) :** COURTIEU, *RCA 2008. Étude 1.* – S. HOVASSE, *JCP N 2008. 1130.* – MARTIAL-BRAZ, *LPA 6 mars 2008.* – MAYAUX, *JCP 2008. I. 106.* – NICOLAS, *Dr. fam. 2008. Étude 8.* – A. PÉLISSIER, *Dr. et patr. 10/2008. 38.* – SAUVAGE, *RLDC 2008/47, n° 2922.*

V. notes ss. art. 1205 s.

Ancien art. 1122 *(Abrogé par Ord. n° 2016-131 du 10 févr. 2016, à compter du 1er oct. 2016)* ***On est censé avoir stipulé pour soi et pour ses héritiers et ayants cause, à moins que le contraire ne soit exprimé ou ne résulte de la nature de la convention.***

BIBL. ▸ **Transmission des obligations aux ayants droit :** BOCCARA, *JCP N 1996. Prat. 3668* (charge de l'indemnité d'éviction du locataire commerçant en cas de vente d'immeuble). – CLÉMENT, *Gaz. Pal. 28 mai 1997* (cession d'un terrain pollué). – DESHAYES, *Mél. Goubeaux, Dalloz-LGDJ, 2009, p. 85* (recherches sur les origines de la notion d'ayant cause). – DU GARREAU DE LA MÉCHENIE, *RTD civ. 1944. 219* (vocation de l'ayant cause particulier aux droits et obligations de son auteur). – LÉPARGNEUR, *RTD civ. 1924. 481* (contrats générateurs d'obligations relatifs aux biens transmis).

▸ **Cession de contrat :** AYNÈS, *D. 1998. Chron. 25* (rôle du cédé). – BILLIAU, *JCP 1994. I. 3758 ; Études Béguin, Litec, 2005, p. 17* (cession légale de contrat et cession de dette). – BOURUET-AUBERTOT, *D. Affaires 1999. 578.* – J. FLOUR, AUBERT, Y. FLOUR et SAVAUX, *Defrénois 2000. 811.* – IZORCHE, *D. 1996. Chron. 347* (information et cession de contrat). – JAMIN, *D. 1995. Chron. 131.* – JAMIN et BILLIAU, *D. 1998. Chron. 145* (portée du consentement du cédé). – JEULAND, *D. 1998. Chron. 356* (cession de contrat et substitution de personne). – LACHIÈZE, *D. 2000. Chron. 184.* – LARROUMET, *Mél. Cabrillac, Litec, 1999, p. 151 ; D. 2002. Point de vue. 1555.* – MALAURIE, *Defrénois 1976. 1009.* – D. R. MARTIN, *D. 2001. Chron. 3144* (changement de contractant). – MESTRE, *RTD civ. 1987. 538* (cession judiciaire de contrat) ; *ibid. 1992. 762* ; *ibid. 1998. 375* (transmission des obligations à l'occasion de celle d'un bien).

– NOURISSAT, *JCP N 1999. 874* (clause de substitution). – PICHARD, *JCP N 1996. Prat. 3777* (transfert des contrats d'assurance et cession de fonds de commerce).

V. notes ss. art. 1203.

SECTION 2 *[ABROGÉE]* De la capacité des parties contractantes

(Abrogée par Ord. n° 2016-131 du 10 févr. 2016, à compter du 1er oct. 2016)

Ancien art. 1123 *(Abrogé par Ord. n° 2016-131 du 10 févr. 2016, à compter du 1er oct. 2016)* ***Toute personne peut contracter, si elle n'en est pas déclarée incapable par la loi.***

Comp. C. civ., art. 1145 et précédemment le projet de réforme du 25 févr. 2015, art. 1144 (Projet).

Ancien art. 1124 *(Abrogé par Ord. n° 2016-131 du 10 févr. 2016, à compter du 1er oct. 2016) (L. n° 68-5 du 3 janv. 1968)* ***Sont incapables de contracter, dans la mesure définie par la loi :***

Les mineurs non émancipés ;

Les majeurs protégés au sens de l'article 488 *[anc.]* ***du présent code.***

Comp. C. civ., art. 1146 et précédemment le projet de réforme du 25 févr. 2015, art. 1145 (Projet).

Ancien art. 1125 *(Abrogé par Ord. n° 2016-131 du 10 févr. 2016, à compter du 1er oct. 2016) (L. n° 68-5 du 3 janv. 1968)* ***Les personnes capables de s'engager ne peuvent opposer l'incapacité de ceux avec qui elles ont contracté.***

Comp. C. civ., art. 1147 s. et précédemment le projet de réforme du 25 févr. 2015, art. 1149 (Projet).

V. notes ss. art. 1147.

Ancien art. 1125-1 *(Abrogé par Ord. n° 2016-131 du 10 févr. 2016, à compter du 1er oct. 2016) (L. n° 68-5 du 3 janv. 1968)* ***Sauf autorisation de justice, il est interdit, à peine de nullité, à quiconque exerce une fonction ou occupe un emploi dans un établissement hébergeant des personnes âgées ou dispensant des soins psychiatriques de se rendre acquéreur d'un bien ou cessionnaire d'un droit appartenant à une personne admise dans l'établissement, non plus que de prendre à bail le logement occupé par cette personne avant son admission dans l'établissement.***

Pour l'application du présent article, sont réputées personnes interposées, le conjoint, les ascendants et les descendants des personnes auxquelles s'appliquent les interdictions ci-dessus édictées.

Comp. CASF, art. L. 116-4, CSP, art. L. 3211-1, tels qu'issus de l'Ord. n° 2016-131 du 10 févr. 2016, et précédemment le projet de réforme du 25 févr. 2015, art. 1151-1 (Projet).

1. Ord. du 10 févr. 2016. A compter de l'entrée en vigueur de l'Ord. du 10 févr. 2016, le contrôle des actes conclus avec des pensionnaires de certains établissements est transféré à l'art. L. 116-4-II CASF pour ceux accueillant des personnes âgées, et à l'art. L. 3211-5-1 CSP pour ceux dispensant des soins psychiatriques.

2. Absence de lien entre les parties (non). Doit être annulée la vente à la directrice d'une maison de retraite d'un droit d'usage et d'habitation sur une maison appartenant à son beau-frère, pensionnaire de l'établissement, l'art. 1125-1, rédigé en termes généraux, ayant vocation à s'appliquer quels que soient les liens affectifs et familiaux unissant les parties. • Civ. 1re, 12 juin 1990, n° 88-14.297 P : *D. 1991. Somm. 160, obs. Paisant ; RTD civ. 1991. 109, obs. Mestre ; Defrénois 1990. 1095, obs. Vermelle, et 1303, obs. Massip.*

3. Hospitalisation préalable à l'admission en maison de retraite. L'art. 1125-1 s'applique dans le cas d'une personne admise à l'hôpital en vue d'une observation préparatoire à son admission définitive à la section « maison de retraite » de cet établissement, où elle a été ensuite transférée et où elle a résidé jusqu'à son décès. • Civ. 1re, 26 janv. 1994, n° 91-22.361 P : *R., p. 275 ; Defrénois 1994. 1106, obs. Massip.*

SECTION 3 *[ABROGÉE]* De l'objet et de la matière des contrats

(Abrogée par Ord. n° 2016-131 du 10 févr. 2016, à compter du 1er oct. 2016)

V. Projet de réforme du 25 févr. 2015, art. 1161 s. (Projet) (contenu du contrat).

Ancien art. 1126 *(Abrogé par Ord. n° 2016-131 du 10 févr. 2016, à compter du 1er oct. 2016)* ***Tout contrat a pour objet une chose qu'une partie s'oblige à donner, ou qu'une partie s'oblige à faire ou à ne pas faire.***

BIBL. ▶ BOILLOT, *RTD com. 2010. 243* (obligation de ne pas faire en droit des affaires). – FAUCHON, *D. Affaires 1997. 397* (objet impossible). – PIGNARRE, *RTD civ. 2001. 41* (obligation de praestare) ; *D. 2001. Chron. 3547* (obligation de *praestare* dans le contrat de travail).

1. Objet existant. V. notes ss. art. 1163.

2. Pluralité d'objets. Si en cas de concours de stipulations contractuelles et de dispositions conventionnelles, les avantages qu'elles instituent ne peuvent se cumuler, c'est à la condition qu'ils aient le même objet et la même cause. • Soc. 13 juin 2012 : *D. 2012. 1622* ; *Dr. soc. 2012. 850, obs. Radé* .

Ancien art. 1127 *(Abrogé par Ord. n° 2016-131 du 10 févr. 2016, à compter du 1er oct. 2016)* ***Le simple usage ou la simple possession d'une chose peut être, comme la chose même, l'objet du contrat.***

Ancien art. 1128 *(Abrogé par Ord. n° 2016-131 du 10 févr. 2016, à compter du 1er oct. 2016)* ***Il n'y a que les choses qui sont dans le commerce qui puissent être l'objet des conventions.***

BIBL. ▸ CAIRE, *RDSS 2015. 865* (le corps gratuit : réflexions sur le principe de gratuité en matière d'utilisation de produits et d'éléments du corps humain). – LOISEAU, *RTD civ. 2000. 47* (choses hors du commerce, typologie) ; *D. 2014. 2252* (contrat de don d'éléments et produits du corps humain).

V. notes ss. art. 1162 et note 7 ss. art. 1163.

Ancien art. 1129 *(Abrogé par Ord. n° 2016-131 du 10 févr. 2016, à compter du 1er oct. 2016)* ***Il faut que l'obligation ait pour objet une chose au moins déterminée quant à son espèce.***

La quotité de la chose peut être incertaine, pourvu qu'elle puisse être déterminée.

Comp. Projet de réforme du 25 févr. 2015, art. 1162 s. (Projet) (contenu du contrat).

BIBL. ▸ **Indétermination du prix :** VOGEL, *D. 1995. Chron. 155.* ▸ **Conséquences des arrêts d'Assemblée plénière du 1er déc. 1995 :** ARSAC-RIBEYROLLES, *LPA 27 janv. 2006* (l'abus à la baisse dans la fixation du prix). – AUBERT DE VINCELLES, *D. 2006. Chron. 2629* (pour une généralisation, encadrée, de l'abus dans la fixation du prix). – BAFFOY, *JCP N 1997. Prat. 3919* (clauses de révision et de complément de prix dans les cessions de valeurs mobilières). – BARBIER, *RTD civ. 2016. 98* . – BERGOIN, *Gaz. Pal. 5 avr. 1997* (détermination du prix par référence au marché). – BORÉ, *Mél. Champaud, Dalloz, 1997, p. 102.* – D. BOULANGER, *JCP N 1996. I. 493.* – BRUNET et GHOZI, *D. 1998. Chron. 1* (les arrêts du 1er déc. 1995 et la théorie du contrat). – FINEL, *JCP 1996. I. 3957* (prêt bancaire). – FRISON-ROCHE, *RJDA 1996/2. Chron. 3.* – GHESTIN, *Mél. Goubeaux, Dalloz-LGDJ, 2009, p. 183* (portée des arrêts du 1er déc. 1995 quant à leurs justifications). – JAMIN, *JCP 1996. I. 3959.* – LAUDE, *D. Affaires 1996. 3.* – LEVENEUR, *CCC 1996. Chron. 1.* ▸ **Notion de contrat-cadre :** POLLAUD-DULIAN et RONZANO, *RTD com. 1996. 179.* ▸ **Contrat-cadre de distribution :** *Cah. dr. entreprise 1997, n° 3/4.* ▸ **Transparence tarifaire :** MALAURIE-VIGNAL, *D. 1996. Chron. 361.* ▸ **Autres thèmes :** X. LAGARDE, *Études Ghestin, LGDJ, 2001. 527* (prix et salaire). – LUCAS DE LEYSSAC et PARLÉANI, *ibid., p. 601* (l'atteinte à la concurrence, cause de nullité du contrat ?). – FRISON-ROCHE, *Mél. Jeantet, Litec 2010* (notion de prix en droit).

A. PRIX

1. Inapplicabilité de l'art. 1129 anc. au prix. L'art. 1129 anc. n'est pas applicable à la détermination du prix. • Cass., ass. plén., 1er déc. 1995, n° 93-13.688 P : *R., p. 290 ; GAJC, 11e éd., n° 151-154* ; *BICC 15 janv. 1996, p. 10, concl. Jéol, note Fossereau ; D. 1996. 13, concl. Jéol* , *note Aynès* ; *JCP 1996. II. 22565, concl. Jéol, note Ghestin ; Gaz. Pal. 1995. 1. 626, concl. Jéol, note de Fontbressin ; Defrénois 1996. 747, obs. Delebecque ; RTD civ. 1996. 153, obs. Mestre* . ♦ Une cour d'appel qui n'est pas saisie d'une demande de résiliation ou d'indemnisation pour abus dans la fixation du prix écarte à bon droit l'exception de nullité d'un contrat de location d'une installation téléphonique tirée de l'indétermination du prix d'une partie des prestations stipulées. • Même arrêt. ♦ Dans le sens de l'absence d'application de l'art. 1129 anc. à la détermination du prix, V. aussi : • Civ. 1re, 20 févr. 1996, n° 94-14.074 P : *Defrénois 1996. 1432, obs. Bénabent* (louage d'ouvrage) • Com. 9 juill. 1996, n° 94-17.612 P : *R., p. 307 ; JCP 1996. II. 22721, note Stoufflet ; Defrénois 1996. 1363, obs. Delebecque ; CCC 1996. 182, obs. Leveneur* (taux d'intérêt d'un compte courant ; l'absence d'application de l'art. 1129 anc. ne dispense pas du respect des textes spéciaux relatifs au taux d'intérêt) • Civ. 1re, 10 déc. 1996, n° 94-19.593 P : *R., p. 330 ; D. 1997. 303, note Fadlallah* (invalidation d'un taux variable sur le fondement des textes protégeant le consommateur et non sur celui de l'art. 1129 anc. jugé inapplicable) • 17 nov. 1998, n° 96-16.132 P : *D. Affaires 1999. 163, obs. C. R. ; CCC 1999, n° 31, note Raymond* (inapplicabilité de l'art. 1129 anc. à la question de la validité d'une clause de taux variable) • 14 juin 2000, n° 98-14.438 P : *D. 2001. Somm. 1136, obs. D. Mazeaud* ; *Dr. et patr. 1/2001. 86, obs. Chauvel ; RTD civ. 2000. 830, obs. Mestre et Fages* (inapplicabilité de l'art. 1129 anc. à la question de la validité d'une clause de paiement d'une indemnité financière pour remboursement anticipé d'un prêt) • 6 mars 2001, n° 98-17.057 P : *D. 2001. AJ 1172, obs.*

Avena-Robardet ; *ibid. Somm. 3239, obs. Aynès* ; *Defrénois 2001. 696, obs. Savaux* ; *CCC 2001, n° 103, note Leveneur* (l'art. 1129 anc. est inapplicable à la détermination du prix en toute matière) • Com. 17 juill. 2001, n° 98-18.435 P (l'indétermination du montant d'une indemnité pour remboursement anticipé d'un prêt n'entraîne pas en elle-même nullité) • 17 juill. 2001 : *Defrénois 2001. 1425, obs. Savaux* (même solution, pour un contrat de location de matériel) • Civ. 1re, 12 mai 2004 : *RDC 2004. 925, obs. D. Mazeaud* (même solution). ♦ Validité, en l'absence d'abus, du prix d'un bail fixé par référence à un règlement intérieur établi postérieurement au contrat de bail, mais visé dans celui-ci, et rendant déterminable la quote-part de charges incombant au locataire. • Civ. 3e, 24 nov. 2004, n° 03-14.430 P.

2. Détermination du prix dans la vente. V. notes ss. art. 1591.

3. Détermination du prix dans le mandat d'agent immobilier. V. note 10 s. ss. art. 1985.

4. Détermination du prix dans le contrat d'entreprise. V. note 34 ss. art. 1787.

5. Prix et contrat-cadre. V. note ss. art. 1164.

B. PRESTATIONS NON MONÉTAIRES

6. Quotité de choses. V. notes 12 s. ss. art. 1163.

7. Sanction. V. note 14 ss. art. 1179.

Ancien art. 1130 *(Abrogé par Ord. n° 2016-131 du 10 févr. 2016, à compter du 1er oct. 2016)* ***Les choses futures peuvent être l'objet d'une obligation.***

On ne peut cependant renoncer à une succession non ouverte, ni faire aucune stipulation sur une pareille succession, même avec le consentement de celui de la succession duquel il s'agit *(L. n° 2006-728 du 23 juin 2006, art. 29-28°)* ***« , que dans les conditions prévues par la loi ».*** *– La loi du 23 juin 2006 est entrée en vigueur le 1er janv. 2007.*

Comp. C. civ., art. 1163 et précédemment le projet de réforme du 25 févr. 2015, art. 1162 s. (Projet : contenu du contrat).

V. notes ss. art. 722.

SECTION 4 *[ABROGÉE]* De la cause

(Abrogée par Ord. n° 2016-131 du 10 févr. 2016, à compter du 1er oct. 2016)

Comp. C. civ., art. 1162 (contenu du contrat).

Ancien art. 1131 *(Abrogé par Ord. n° 2016-131 du 10 févr. 2016, à compter du 1er oct. 2016)* ***L'obligation sans cause, ou sur une fausse cause, ou sur une cause illicite, ne peut avoir aucun effet.***

BIBL. ► Billiau, *Études Ghestin, LGDJ, 2001, p. 119* (cause). – Binet, *RTD civ. 2004. 655* (fausse cause). – Boffa, *D. 2015. 335* (la cause dans le projet de réforme de droit des contrats). – Chauvel, *Droits, 1990/12. 93* (erreur substantielle, cause et équilibre contractuel). – Chazal, *JCP 1998. I. 152* (théorie de la cause et justice contractuelle). – Chevreau, *RDC 2013. 11* (cause et interprétation des sources de droit romain). – Frémeaux, *RRJ 2000/3. 977* (le contrôle des motifs des actes juridiques). – Frison-Roche, *D. 2014. 2184* (la convention de maternité de substitution). – Ghestin, *Mél. Aubert, Dalloz, 2005, p. 115* (en relisant Henri Capitant) ; *Études Béguin, Litec, 2005, p. 311* (l'absence de cause et la contrepartie propre à une obligation résultant d'une clause d'un contrat) ; *JCP 2006. I. 177* (absence de cause de l'engagement : absence de la contrepartie convenue) ; *JCP 2006. I. 194* (renouveau doctrinal de l'absence de cause). – Goubeaux, *RTD civ. 2007. 47* (leçons de cause : à propos de l'ouvrage de J. Ghestin). – Guéguen, *D. 1999. Chron. 352* (cause et justice contractuelle). – Kullmann, *D. 1996. Chron. 205* (assurance vie et aléa). – X. Lagarde, *D. 2007. Chron. 740* (utilité de la théorie de la cause) ; *LPA 6 avr. 2007* (l'objet et la cause du contrat). – Latina, *RDC 2013. 1613* (prise en compte des motifs dans les projets de droit européen des contrats). – R. Martin, *JCP 1983. I. 3100* (refoulement de la cause dans les contrats à titre onéreux). – D. Mazeaud, *1804-2004 Le code civil, Dalloz, 2004, p. 451* (la cause). – Mestre, obs. *RTD civ. 1987. 750* ; *1988. 345* (cause dans l'exécution du contrat) ; *ibid. 1991. 325.* – Moury, *D. 2000. Chron. 382* (l'économie du contrat). – Rochfeld, *RDC 2013. 1601* (prise en compte des motifs). – Roman, *Cah. dr. entr. 2003, n° 3 du 3 juill., p. 9* (cause et cautionnement). – Sautel, D. 1999. *Chron. 487* (permanence de la cause). – Simler, *Mél. Serra, Dalloz, 2006, p. 409* (sanction de l'absence de cause). – Tournafond, *D. 1999. Chron. 237* (motif illicite ou immoral). – Varet, *RRJ 2000/1. 67* (nullité pour cause illicite). – Zelcevic-Duhamel, *JCP 2001. I. 300* (économie du contrat).

A. DÉTERMINATION DE LA CAUSE

1. Cause de l'obligation dans le contrat synallagmatique : notion. Dans les contrats synallagmatiques, l'obligation de chaque contractant trouve sa cause dans l'obligation, envisagée par lui comme devant être effectivement exécutée, de l'autre contractant ; cette cause fait défaut quand la promesse de l'une des parties n'est pas exécutée ou s'avère soit nulle, soit de réalisation impossible. • Civ. 30 déc. 1941 : *DA 1942. 98.* ♦ L'interdépendance des obligations réciproques résultant d'un contrat synallagmatique qui donne le droit à l'une des parties de ne pas exécuter son obligation quand l'autre n'exécute pas la sienne, suppose essentiellement des obligations dérivant d'un même contrat. • Req. 17 mai 1938 : *DH 1938. 419.* ♦ V. aussi • Com. 15 janv. 1973 : *D. 1973. 473, note Ghestin ; Gaz. Pal. 1973. 2. 495, note Guyénot* (faculté pour le concédant, en cas d'inexécution de ses obligations par le concessionnaire, de vendre lui-même dans le secteur concédé). ♦ Absence de cause de l'obligation du vendeur de parts sociales, en contrepartie du paiement des dettes du cessionnaire, alors que du fait des sommes dues au moment de la signature de l'acte, le cessionnaire n'était pas en mesure de régler ses dettes, à la date à laquelle il s'était obligé, de telle sorte que l'obligation du vendeur était dépourvue de contrepartie. • Com. 18 janv. 2011, ☎ n° 09-72.510. ♦ Nullité pour défaut de cause d'une convention de courtage ne correspondant à aucun service effectif. • Com. 24 juin 2014 : ☎ *D. 2014. 2488 ; AJCA 2014. 280, obs. Dubarry* ✎ ; *RTD civ. 2014. 884, obs. Barbier* ✎ ; *JCP 2014, n° 1337, note Ghestin.* ♦ Pour l'application de l'exception *non adimpleti contractus* en matière de bail, V. note 27 ss. art. 1728.

2. … Applications : logiciel. La contribution apportée par une personne à l'élaboration d'un logiciel, bien que cet apport ne présente pas les caractéristiques d'une œuvre relevant de la protection de la L. du 11 mars 1957 sur la propriété littéraire et artistique, justifie la rémunération stipulée à son profit. • Com. 23 oct. 1990, ☎ n° 89-10.586 P.

3. … Médecins, rétrocessions d'honoraires. Le contrat par lequel une clinique autorise un médecin à exercer trouve pour celle-ci sa cause dans l'engagement qui en résulte nécessairement pour ce médecin d'exercer, dans les conditions qui y sont définies, fût-ce verbalement, son activité au sein de la clinique, et non dans une rétrocession d'honoraires correspondant par leur nature et par leur coût à un service rendu à ce médecin, rétrocession qui, pour légitime qu'elle puisse être dans son principe, n'est que la conséquence de l'exercice de cette activité. • Civ. 1re, 17 juin 1997, ☎ n° 95-14.162 P : *D. 1997. 604, note Mémeteau* ✎ ; *D. 1999. Somm. 387, obs. Penneau* ✎.

4. … Chirurgien-dentiste, indemnité de non-concurrence. L'activité de chirurgien-dentiste étant exempte de limite d'âge ou de durée, la renonciation du chirurgien-dentiste, vendeur de son cabinet, à une activité qu'il lui eût été loisible de continuer ou de reprendre plus tard constitue la cause, distincte des mobiles, de l'indemnité de non-concurrence perçue par lui lors de la vente. • Civ. 1re, 3 avr. 2007, ☎ n° 05-11.405 P : *JCP E 2007. 2153, note Arcelin (2e esp.) ; LPA 19 sept. 2007, note Baganina ; ibid. 1er févr. 2008, note D. Bonnet ; RDC 2007. 712, obs. D. Mazeaud ; RTD civ. 2007. 566, obs. Fages* ✎.

5. Cause de la garantie à première demande. L'engagement d'un garant à première demande est causé, dès lors que le donneur d'ordre a un intérêt économique à la conclusion du contrat de base, peu important qu'il n'y soit pas partie. • Com. 19 avr. 2005, ☎ n° 02-17.600 P : *D. 2005. Pan. 2086, obs. Crocq* ✎ ; *JCP 2005. II. 10075, note S. Piedelièvre ; ibid. I. 185, n° 9, obs. Simler ; JCP E 2005. 916, note Stoufflet ; Dr. et patr. 2/2006. 131, obs. Dupichot ; LPA 18 mai 2005, rapp. Cohen-Branche ; ibid. 21 mars 2006, obs. Pimont ; RTD com. 2005. 582, obs. D. Legeais* ✎.

6. Cause de l'obligation d'une libéralité. La cause d'une libéralité réside dans le motif déterminant qui l'a inspirée (en l'espèce, question de validité d'une donation entre concubins). • Civ. 1re, 6 oct. 1959 : *D. 1960. 515, note Malaurie.* ♦ Le versement d'une somme importante à une concubine pour qu'elle achève sa féminisation (opération d'un transsexuel) n'est pas dépourvu de cause. • Aix-en-Provence, 20 oct. 2011 : *Dr. fam. 2012, n° 39, obs. Gauchon.* ♦ Sur la validité des libéralités entre concubins, V. notes 10 et 11 ss. art. 1133 anc.

7. A défaut de présentation du billet à ordre prouvant que la somme effectivement remise par l'auteur du pourvoi à son adversaire l'a été à titre de prêt, les juges du fond apprécient souverainement la force probante des pièces produites et sont fondés à estimer qu'elles ne suffisent pas à prouver que la somme en question faisait l'objet d'une obligation de remboursement. • Com. 13 oct. 2015, ☎ n° 14-14.327 P.

8. Cause de l'obligation dans le contrat réel. La cause de l'obligation de l'emprunteur réside dans la mise à sa disposition des fonds nécessaires à l'acquisition pour laquelle il a contracté l'emprunt. • Civ. 1re, 20 nov. 1974, ☎ n° 72-13.117 P : *R. 1975, p. 54 ; JCP 1975. II. 18109, note Calais-Auloy* • 20 déc. 1994 : ☎ *Defrénois 1995. 1040, obs. D. Mazeaud* • Com. 5 mars 1996, ☎ n° 93-20.778 P : *D. 1996. Somm. 327, obs. Libchaber* ✎ ; *ibid. 343, obs. Tournafond* ✎ ; *CCC 1996. 135, obs. Leveneur* • Civ. 1re, 16 févr. 1999, ☎ n° 96-16.093 P : *D. Affaires 1999. 514, obs. J. F. ; CCC 1999, n° 70, note Leveneur.* ♦ V. cependant L. n° 78-22 du 10 janv. 1978, sur le crédit à la consommation (art. 9) et L. n° 79-596 du

13 juill. 1979, sur le crédit immobilier (art. 11 et 20), ss. art. 1914. ♦ Comp., lorsqu'il s'agit d'un prêt consenti par un professionnel du crédit et donc dépourvu de caractère réel : • Civ. 1re, 5 juill. 2006, n° 04-12.588 P : *D. 2007. 50, note Ghestin ; RTD com. 2006. 887, obs. D. Legeais ; RTD civ. 2007. 105, obs. Mestre et Fages* (la contrepartie réside dans le profit attendu de l'opération) • 19 juin 2008 : *cité note 7 ss. art. 1892* (cause dans l'obligation souscrite par le préteur) • Com. 7 avr. 2009, n° 08-12.192 P : *D. 2009. AJ 1203, obs. Avena-Robardet ; ibid. 2080, note Ghestin ; ibid. 2010. Pan. 1043, obs. R. Martin ; JCP 2009, n° 27, p. 27, note Lasserre-Capdeville ; RLDC 2009, n° 3449, obs. Maugeri ; Banque et Dr. 7-8/2009. 18, obs. Bonneau ; Dr. et patr. 7/2009. 87, obs. Aynès et Stoffel-Munck ; Defrénois 2009. 1942, note J. François ; RTD com. 2009. 598, obs. Legeais*. ♦ Le prêt consenti par un professionnel du crédit n'étant pas un contrat réel, c'est dans l'obligation souscrite par le prêteur que l'obligation de l'emprunteur trouve sa cause, dont l'existence, comme l'exactitude, doit être appréciée au moment de la conclusion du contrat. • Civ. 1re, 29 juin 2022, n° 21-15.082 B : *D. 2022. 1584, note François ; RDI 2022. 649, obs. Bruttin* (nullité pour absence de cause d'un prêt à usage professionnel consenti par une banque à une femme dès lors que celle-ci était tiers à l'entreprise de son époux à qui les fonds étaient destinés). ♦ Comp. aussi, pour la cause illicite, note 13. ♦ L'obligation de restitution de l'emprunteur est causée dès lors que la chose a été remise à la personne désignée par lui. • Civ. 1re, 6 déc. 2007, n° 06-15.258 P : *D. 2008. AJ 80, obs. Avena-Robardet ; RTD com. 2008. 400, obs. Legeais*.

Le contrat prévoyant, en échange de l'approvisionnement en boissons, la mise à disposition du mobilier de terrasse, évalué de manière quantitative et qualitative, n'est pas dépourvu de cause. • Com. 11 mars 2014 : *D. 2014. 1915, note D. Mazeaud ; RTD civ. 2014. 884, obs. Barbier ; RDC 2014. 342, note Savaux*. ♦ La cause du contrat de dépôt est la remise de la chose qui en est l'objet. • Com. 30 janv. 2001 : *D. 2001. AJ 1238, obs. Delpech*. ♦ V. aussi note 1 ss. art. 1919.

9. *Cause d'une reconnaissance de dette.* Une reconnaissance de dette a pour cause l'obligation préexistante en contrepartie de laquelle le souscripteur de l'acte a consenti à s'engager. • Com. 14 mars 2006, n° 04-17.433 P. ♦ Dans l'hypothèse où une reconnaissance de dettes entre particuliers prévoit une remise des fonds à une date ultérieure, il en résulte que le contrat de prêt n'est pas définitivement formé à la date de la reconnaissance de dette, celle-ci ne pouvant faire présumer la cause de l'obligation de l'emprunteur. • Civ. 1re, 9 févr. 2012 : *cité note 10 ss. art. 1892*. ♦ Sur la disparition de la cause d'une reconnaissance de dette, V. • Civ. 1re, 30 oct. 2008 : *cité note 33*.

10. *Cause de l'engagement de ducroire.* Validité d'un engagement de ducroire, indépendamment de l'absence de rémunération du garant, compte tenu de son intérêt personnel à soutenir le courant d'affaires. • Com. 27 oct. 2009 : *JCP 2010, n° 90, note Dissaux*.

11. *Cause de la contrepartie d'une clause de non-concurrence.* Le paiement pendant la période d'exécution du contrat de travail de la contrepartie financière prévue par une clause de non-concurrence nulle, qui s'analyse en un complément de salaire, n'est pas dénué de cause (impossibilité pour l'employeur dont le salarié a respecté la clause d'obtenir la restitution des sommes versées au titre d'une clause nulle). • Soc. 17 nov. 2010 : *cité note 30 ss. art. 1133 anc.* • 15 janv. 2014, n° 12-19.472 P. ♦ En revanche, le juge ne peut, après avoir décidé de l'annulation de la clause, accorder au salarié la contrepartie qu'il estime justifiée. • Soc. 16 mai 2012, n° 11-10.760 P : *D. 2013. 1026, obs. Lokiec et Porta ; Dr. soc. 2012. 784, note Radé ; RDT 2012. 488, obs. Géniaut ; RDC 2013. 74, obs. Génicon.*

12. *Cause d'un « parachute doré ».* La clause contractuelle qui permet au salarié de rompre le contrat de travail, ladite rupture étant imputable à l'employeur, en cas de changement de direction de contrôle, de fusion-absorption ou de changement significatif d'actionnariat entraînant une modification importante de l'équipe de direction, est licite dès lors qu'elle est justifiée par les fonctions du salarié au sein de l'entreprise et qu'elle ne fait pas échec à la faculté de résiliation unilatérale du contrat par l'une ou l'autre des parties ; la cause de l'obligation de l'employeur résulte du fait que la clause avait été convenue en raison des avantages que la société tirait du recrutement de ce salarié et de l'importance des fonctions qui lui avaient été attribuées. • Soc. 10 avr. 2013, n° 11-25.841 P : *D. 2014. 630, obs. Amrani-Mekki et Mekki ; Rev. sociétés 2013. 684, note Vatinet ; Dr. soc. 2013. 551, obs. Mouly ; ibid. 576, note Tournaux ; RDT 2013. 401, obs. Tournaux ; RTD civ. 2013. 601, obs. Barbier ; JCP 2014, n° 1045, note Ghestin ; RDC 2013. 1321, obs. Génicon.*

13. *Cause du contrat.* Si la cause de l'obligation de l'acheteur réside bien dans le transfert de propriété et la livraison de la chose vendue, la cause du contrat de vente consiste dans le mobile déterminant, c'est-à-dire celui en l'absence duquel l'acheteur ne se serait pas engagé (nullité de la vente d'un matériel d'occultisme). • Civ. 1re, 12 juill. 1989, n° 88-11.443 P : *GAJC, 11e éd., n° 155 ; D. 1991. Somm. 320, obs. Aubert ; JCP 1990. II. 21546, note Dagorne-Labbe ; Gaz. Pal. 1991. 1. 374, note Chabas ; RTD civ. 1990. 468, obs. Mestre*. ♦ La résolution de la vente du fonds de commerce entraîne nécessairement la résiliation du bail commercial, ce dernier n'ayant plus de cause. • Civ. 3e, 30 oct. 2002, n° 01-01.219 P : *JCP E 2003. 991, note Keita ; Defrénois 2003. 249, obs. Libchaber ; RDC 2003. 115, obs. Lardeux* (viole l'anc. art. 1131 l'arrêt qui condamne le preneur demeuré dans les lieux au versement d'une indemnité d'occupation). ♦ N'est pas dépourvue de cause l'acquisition par le bailleur du droit au bail mis en vente par son locataire, laquelle permet au premier de recouvrer la jouissance matérielle des lieux loués. • Civ. 3e, 13 oct. 2004, n° 03-12.035 P : *D. 2005. 1617, note Monteiro ; ibid. Pan. 2842, obs. Amrani-Mekki ; Defrénois 2005. 1245, obs. Aubert ; RDC 2005. 1009, obs. D. Mazeaud.*

14. *Devoir de conscience.* L'accomplissement d'un devoir de conscience est une cause suffisante et très licite d'une promesse de payer une pension alimentaire. • Civ. 27 mai 1862 : *DP 1862. 1. 208.* ♦ Dans le même sens : • Civ. 1re, 6 oct. 1959 : *préc. note 6* (libéralité apparaissant comme l'exécution d'un devoir de conscience) • 8 déc. 1959 : *D. 1960. 241, note J. Savatier ; JCP 1960. II. 11566, note L. M. Martin* (engagement d'entretien souscrit au profit d'un enfant dans la croyance d'une paternité non juridiquement établie). ♦ Reconnaissance de dette souscrite à la suite de la rupture de pourparlers : V. • Civ. 1re, 19 janv. 1977 : *D. 1977. 593, note Schmidt-Szalewski.*

15. *Moment où la cause doit exister.* L'existence de la cause d'une obligation doit s'apprécier à la date où elle est souscrite. • Civ. 3e, 17 juill. 1996, n° 93-19.432 P : *Defrénois 1996. 1357, obs. Delebecque* • Com. 8 févr. 2005 : *cité note 19.* ♦ Il faut se placer au moment de la formation du contrat pour apprécier l'existence de la cause des obligations que comporte un contrat synallagmatique à caractère instantané. • Civ. 3e, 8 mai 1974 : *D. 1975. 305, note Larroumet* • Com. 24 sept. 2002, n° 00-16.245 P : *D. 2003. 235, note Delebecque.* ♦ Également en ce sens que la cause est fixée au moment de la formation du contrat : • Com. 8 nov. 1972 : *Gaz. Pal. 1973. 1. 144, note D. Martin* (cautionnement). ♦ Comp. note 32. ♦ Mais, pour écarter la preuve de l'absence de cause, il n'est pas interdit aux juges du fond de relever le comportement ultérieur des contractants. • Civ. 1re, 13 déc. 1988 : *Bull. civ. I, n° 352 ; D. 1989. Somm. 230, obs. Aubert.* ♦ La cause d'une obligation constituant une condition de la formation du contrat, une cour d'appel, appréciant souverainement la volonté des parties, a considéré que celle-ci résidait dans la mise à disposition d'une marque et non dans la rentabilité du contrat. • Com. 18 mars 2014 : *D. 2014. 1915, note D. Mazeaud ; ibid. 2015. 529, obs. Amrani-Mekki et Mekki ; AJCA 2014. 78, obs. Dubarry ; RTD civ. 2014. 884, obs. Barbier ; RDC 2014. 345, note Laithier* (rejet du pourvoi fondé sur le changement de circonstances économiques).

B. ABSENCE DE CAUSE

16. *Défaut d'objet de l'obligation du cocontractant.* Lorsque l'obligation d'une partie est dépourvue d'objet, l'engagement du cocontractant est nul faute de cause. • Civ. 3e, 4 mai 1983, n° 79-16.575 P : *RTD civ. 1984. 113, obs. Chabas* (pseudo-cession d'un agrément administratif d'exploitation d'une auto-école). ♦ Dans le même sens : • Civ. 1re, 20 févr. 1973 : *D. 1974. 37, note Malaurie* (« présentation » d'un successeur par un gardien d'immeuble démissionnaire).

17. La conception de la cause des obligations contractuelles retenue par le droit français n'est pas, dans tous ses aspects, d'ordre public international. • Com. 13 sept. 2011, nos 10-25.533 P, 10-25.731 P et 10-25.908 P : *D. 2011. 2518, note d'Avout et Borga ; ibid. 2012. 1228, obs. Gaudemet-Tallon et Jault-Seseke ; Rev. crit. DIP 2011. 870, note Rémery ; RTD civ. 2012. 113, obs. Fages ; RTD com. 2011. 801, obs. Vallens ; ibid. 2012. 190, obs. Martin-Serf.*

18. *Applications : cautionnement.* Faute d'avantage consenti par le créancier, l'engagement de caution souscrit après le prononcé de la liquidation judiciaire du débiteur principal, en garantie d'une dette antérieure à l'ouverture de la procédure collective, est dépourvu de cause. • Com. 17 mai 2017, n° 15-15.746 P : *D. 2017. 1694, note Mazeaud ; RTD civ. 2017. 640, obs. Barbier ; RDC 2017. 421, note Laithier ; ibid. 457, note Houtcieff.*

19. *... Contrat d'exclusivité.* Au regard de l'engagement souscrit par le distributeur, qui consistait à s'approvisionner exclusivement, pendant cinq ans et pour une quantité minimale déterminée, auprès d'un fournisseur, l'engagement pris par ce dernier d'obtenir un prêt au profit de son cocontractant et de le cautionner est dérisoire et le contrat est donc nul pour absence de cause. • Com. 14 oct. 1997 : *D. 1998. Somm. 333, obs. Ferrier (2e esp.) ; Defrénois 1998. 1040, obs. D. Mazeaud.* – Dans le même sens : • Com. 8 févr. 2005, n° 03-10.749 P : *D. 2005. AJ 639 ;* ibid. Pan. 2841, obs. Amrani-Mekki ; *D. 2006. Pan. 515, obs. Ferrier ; JCP 2006. II. 10011, note Luciani ; JCP E 2005. 1177, n° 4, obs. Mainguy et Respaud ; CCC 2005, n° 104, note Leveneur ; RDC 2005. 684, obs. D. Mazeaud, et 771, obs. Béhar-Touchais.*

20. *... Convention d'usage et habitation.* Nullité pour absence de cause d'une convention d'usage et d'habitation, dès lors qu'il ressort de l'économie du contrat que le prix à la charge des bénéficiaires est dérisoire. • Civ. 1re, 10 mai 2005, n° 03-12.496 P : *JCP 2005. I. 181, n° 6, obs. Périnet-Marquet ; AJDI 2005. 934, note Prigent.*

21. … Contrat de bail à construction. Le contrat de bail à construction conclu pour un prix dérisoire ou vil n'est pas inexistant mais nul pour défaut de cause. • Civ. 3e, 21 sept. 2011, n° 10-21.900 P : *D. 2011. 2711, note Mazeaud* ; *ibid. 2012. Pan. 459, obs. Amrani-Mekki et Mekki* ; *RDI 2011. 623, obs. Poumarède* ; *JCP 2011, n° 1276, note Ghestin ; JCP N 2012, n° 1011, obs. Waltz ; CCC 2011, n° 252, obs. Leveneur ; RLDC 2012/91, n° 4572, note Cavalier ; RDC 2012. 47, note Savaux ; ibid. 130, note Seube* (nullité relative, soumise à la prescription quinquennale de l'art. 1304).

22. … Contrat de cession de droits incorporels. Est nul pour absence de cause un contrat de cession de droits incorporels (convention annexe à une cession de parts sociales d'une SARL exploitant une clinique) lorsque l'obligation au paiement d'une indemnité d'intégration n'a aucune contrepartie réelle, les droits cédés étant dépourvus de toute valeur sérieuse. • Civ. 1re, 15 juin 1994, n° 92-15.174 P : *Defrénois 1994. 1113, obs. Delebecque.* ♦ Mais les juges du fond ne peuvent annuler pour défaut de cause une cession de bandes sonores consentie pour un prix dérisoire sans rechercher si cette cession ne s'inscrivait pas dans le cadre d'une opération économique constituant un ensemble contractuel indivisible propre à lui conférer une contrepartie. • Civ. 1re, 13 juin 2006, n° 04-15.456 P : *D. 2007. 277, note Ghestin* ; *D. 2006. Pan. 2642, obs. Amrani-Mekki* ; *Dr. et patr. 9/2007. 87, obs. Stoffel-Munck ; RDC 2007. 256, obs. D. Mazeaud.* ♦ Aucune disposition légale ou réglementaire ne prévoit au profit d'un mannequin professionnel une rémunération proportionnelle à l'exploitation de son image. • Civ. 1re, 11 déc. 2008 : *V. note 81 ss. art. 9.*

23. … Contrat de location de cassettes vidéo. Est nul pour absence de cause le contrat de location de cassettes vidéo pour l'exploitation d'un commerce, dès lors que l'exécution du contrat selon l'économie voulue par les parties était impossible, situation démontrant l'absence de contrepartie réelle. • Civ. 1re, 3 juill. 1996, n° 94-14.800 P : *D. 1997. 500, note Reigné* ; *JCP 1997. I. 4015, n° 4, obs. Labarthe ; Defrénois 1996. 1015, obs. Delebecque ; RTD civ. 1996. 903, obs. Mestre* (cour d'appel ayant retenu l'impossibilité de diffuser les cassettes en raison de la taille trop petite de l'agglomération). ♦ Rappr., pour une appréciation différente dans une situation voisine : • Com. 27 mars 2007 : *D. 2007. Pan. 2970, obs. Amrani-Mekki* ; *JCP 2007. II. 10119, note Sérinet ; CCC 2007, n° 196, obs. Leveneur* • 9 juin 2009 : *RDC 2009. 1345, obs. Laithier ; RTD civ. 2009. 719, obs. Fages*. ♦ V. aussi sous l'angle de l'appréciation de l'indivisibilité de deux contrats : forment un ensemble contractuel indivisible le contrat d'approvisionnement en gaz auprès de Gaz de France et le contrat d'exploitation de la chaufferie d'un hôpital, alors que le second contrat constitue la seule cause du premier. • Civ. 1re, 4 avr. 2006, n° 02-18.277 P : *D. 2006. 2656, note Boffa* ; *ibid. Pan. 2641, obs. Amrani-Mekki* ; *Defrénois 2006. 1194, note Aubert ; RDC 2006. 700, obs. D. Mazeaud* (la résiliation du contrat d'exploitation par l'hôpital entraîne la caducité du contrat d'approvisionnement).

24. … Compte bancaire et jeu des dates de valeur. Est sans cause la perception d'intérêts par le jeu des dates de valeur sur les remises et retraits sur un compte bancaire, à l'exception des remises de chèques pour encaissement, ces opérations n'impliquant pas que, même pour le calcul des intérêts, les dates de crédit ou de débit soient différées ou avancées. • Com. 6 avr. 1993, n° 90-21.198 P : *R., p. 302 ; D. 1993. 310, note Gavalda* ; *JCP 1993. II. 22062, note Stoufflet* • 29 mars 1994 : *D. 1994. 611, note Gavalda* • 10 janv. 1995, n° 91-21.141 P : *R., p. 276 ; D. 1995. 229, note Gavalda* ; *D. 1996. Somm. 114, obs. Libchaber*. ♦ V. aussi note 14 ss. art. 1907. ♦ Comp., s'agissant de la valeur de rachat de titres représentatifs d'un contrat d'assurance vie : • Civ. 1re, 26 janv. 1999, n° 97-12.079 P. ♦ L'action en restitution des intérêts perçus indûment par application de dates de valeurs dépourvues de cause peut être engagée dans un délai de cinq ans à partir de leur perception, peu important l'absence de demande en nullité de la stipulation d'intérêts conventionnels. • Com. 16 mars 2010 : *cité note 41 ss. art. 1907.*

25. … Reconnaissance de dette fondée sur la croyance erronée d'une responsabilité. Une reconnaissance de dette consentie pour satisfaire l'obligation de réparer un dommage est nulle lorsqu'il n'est pas établi, en fait, que le dommage soit imputable au souscripteur. • TI Montmorillon, 19 mai 1982 : *JCP N 1983. II. 331, note Montanier.*

26. … Convention de gestion. La convention de gestion qui définit son objet en des termes dont il résulte qu'elle fait double emploi avec l'exercice par un dirigeant de ses fonctions de directeur général, et revient ainsi à rémunérer la société de gestion pour des prestations accomplies par le directeur au titre de ses fonctions sociales est dépourvue de cause. • Com. 14 sept. 2010 : *D. 2011. 57, note Marmoz* ; *Rev. sociétés 2010. 462, obs. A. Lienhard*.

La convention aux termes de laquelle une société confie à une autre une partie des missions de son directeur qui est également le gérant de cette dernière fait double emploi, à titre onéreux pour cette société, avec les fonctions sociales de son directeur et est ainsi dépourvue de contrepartie réelle, et donc de cause. • Com. 23 oct. 2012, n° 11-23.376 P : *D. 2013. 686, note Mazeaud* ; *ibid. 391, obs. Amrani-Mekki et Mekki* ; *RTD civ. 2013. 112, obs. Fages* ;

Rev. sociétés 2013. 160, note Reygrobellet ; *RDC 2013. 1321, obs. Génicon.*

27. Absence d'aléa. Le contrat est nul pour absence de cause quand l'aléa en vue duquel le contrat a été conclu n'existe pas pour la raison qu'il se trouve soumis, non à des circonstances étrangères, mais à la volonté arbitraire du débiteur. • Paris, 15 févr. 1957 : *JCP 1958. II. 10418, note D. B.* ♦ Pour d'autres exemples de défaut d'aléa, V. • Civ. 3e, 26 juin 1970 : *JCP 1971. II. 16695, note A. M. B.* • 9 févr. 1977, nº 75-14.987 P. ♦ Sur l'appréciation de l'aléa, V. • Civ. 3e, 16 juill. 1998 : *cité note 4 ss. art. 1976.*

28. Applications : contrat de rente viagère. L'art. 1975 C. civ. n'interdit pas de constater, pour des motifs de droit commun, qu'un contrat de rente viagère dépourvu de tout aléa est nul pour défaut de cause, dès lors que le débirentier a eu connaissance de la gravité de l'état de santé du vendeur, peu important que celui-ci ne décède pas de la maladie dont il était atteint au moment du contrat. • Civ. 1re, 16 avr. 1996, nº 93-19.661 P : *D. 1996. 584, note Dagorne-Labbe* ; *CCC 1996. 121, obs. Leveneur* ; *JCP N 1997. I. 527, étude Boulanger.* – Dans le même sens : • Civ. 3e, 2 févr. 2000, nº 98-10.714 P : *JCP 2000. II. 10289, note Weber.* ♦ V. aussi, • Civ. 1re, 5 mai 1982, nº 81-11.821 P (revenus du bien aliéné moyennant versement d'une rente viagère supérieurs aux arrérages) • Civ. 3e, 12 juin 1996, nº 94-16.988 P : *JCP 1997. II. 22781, note Dagorne-Labbe* (certitude du débirentier d'obtenir un bénéfice très au delà de l'espérance de vie des crédirentiers). ♦ V. égal. note 9 ss. art. 1975.

29. ... Contrat de généalogie. **BIBL.** Fenouillet, *RDC 2005. 331* (révélation de succession et droit de la consommation). – Leveneur, *Études P. Catala, Litec, 2001, p. 771* (nature du contrat de révélation de succession). ♦ Est nul le contrat de révélation de succession, alors que l'existence de la succession pouvait être établie sans l'intervention du généalogiste avec lequel le contrat avait été conclu. • Civ. 1re, 13 avr. 1953 : *JCP 1953. II. 7761.* – V. aussi • Pau, 5 déc. 2005 : *D. 2006. 2020, note Lecourt* . ♦ Comp. : Validité du contrat dès lors que l'héritier n'avait pas connaissance du décès de son frère avant l'intervention du généalogiste. • Bourges, 28 août 2008 : *Defrénois 2009. 828, note C. Grimaldi,* cassé par • Civ. 1re, 20 janv. 2010 : *Defrénois 2010. 609, note Grimaldi* ; *ibid. 1698, obs. Lécuyer.*

30. ... Contrat d'assurance. **BIBL.** Clauses « de réclamation » : Beignier, *RLDC 2005/18, nº 763.* – Lécuyer, *Dr. et patr. 6/2005. 34* (clause réputée non écrite). ♦ Le versement des primes pour la période qui se situe entre la prise d'effet du contrat d'assurance et son expiration a pour contrepartie nécessaire la garantie des dommages qui trouvent leur origine dans un fait qui s'est produit pendant cette période. • Civ. 1re, 19 déc. 1990, nº 88-12.836 P : *R., p. 372* • 9 mai 1994, nº 92-12.990 P • 16 déc. 1997, nº 94-17.061 P : *R., p. 281* ; *D. 1998. 287, note Lambert-Faivre* ; *JCP 1998. II. 10018, rapp. Sargos* ; *ibid. I. 144, nº 26, obs. Viney* ; *ibid. 1999. I. 137, nº 32, obs. Mayaux* ; *RCA 1998. Chron. 15, par Agard* (toute clause qui tend à réduire la durée de la garantie à un temps inférieur à la durée de la responsabilité est génératrice d'une obligation sans cause, comme telle illicite et réputée non écrite) • Civ. 3e, 26 nov. 2015, nº 14-25.761 P : *D. 2016. 458, note Boffa* ; *ibid. 566, obs. Mekki* ; *RDI 2016. 42, obs. Roussel* *(idem)* • 3 juill. 2001 : *RCA 2001, Chron. 21, par Groutel (1re esp.)* ; *RGDA 2001. 1014, note Mayaux* • 2 juin 2004, nº 01-17.354 P : *R., p. 357* ; *RDI 2004. 416, obs. Grynbaum* ; *RCA 2004. Étude 21, par Groutel* ; *RGDA 2004. 1025, note Bigot* ; *RDC 2004. 927, obs. D. Mazeaud* • 28 sept. 2004, nº 01-11.474 P : *D. 2004. IR 2688* • Civ. 2e, 21 oct. 2004, nº 02-20.694 P : *D. 2004. IR 2890* ; *Dr. et patr. 6/2005. 34, étude Lécuyer* (absence d'atteinte à des droits acquis ou à l'objectif de sécurité juridique) • 17 févr. 2005, nº 03-20.679 P : *D. 2005. IR 665* *(idem)* • Civ. 1re, 12 avr. 2005, nº 03-20.980 P : *D. 2005. IR 1302* *(idem)* • Civ. 2e, 21 avr. 2005, nº 03-20.683 P : *LPA 30 déc. 2005, note Georges* • Civ. 3e, 16 mars 2022, nº 20-16.829 B : *D. 2022. 1117, obs. Bigot* ; *RDI 2022. 289, obs. Boubli* (caractère illicite d'une clause prévoyant qu'en cas de résiliation du contrat, sauf pour non-paiement des cotisations, les garanties en cours sont maintenues pour les faits générateurs ou dommages déclarés par l'assuré à l'assureur avant la date de résiliation, et donnant lieu à réclamation présentée à l'assureur dans un délai maximum de deux ans suivant la date d'effet de la résiliation). ♦ Et à l'inverse lorsque les pertes pécuniaires liées aux défaillances postérieures à la résiliation du contrat d'assurance ne trouvent pas leur origine dans les impayés survenus pendant la période de validité du contrat d'assurance de pertes locatives, l'assureur n'est pas tenu de les prendre en charge. • Civ. 2e, 2 févr. 2017, nº 16-10.165 P : *AJ contrat 2017. 178, obs. F. Chénedé* ; *RTD civ. 2017. 640, obs. H. Barbier* ; *RDC 2017. 473, note Leduc* • 2 févr. 2017, nº 15-28.011 P : *D. 2017. 1149, obs. Damas* ; *AJDI 2017. 267, obs. Sabatié et Mallet* ; *RTD civ. 2017. 640, obs. Barbier* ; *RDC 2017. 473, note Leduc.* ♦ Rappr., sur cette même question : • CE 29 déc. 2000 : *D. 2001. 1265, note Lambert-Faivre* ; *LPA 18 mai 2001, concl. Boissard* ; *RCA 2001, nº 166, note Groutel* ; *RGDA 2001. 97, note Vincent* ; *ibid. 33, étude Delpoux.* ♦ La faculté pour un assureur qui s'est engagé à garantir un assuré contre le risque d'insolvabilité de ses clients de supprimer pour l'avenir une garantie déjà accordée n'a pas pour effet de priver le contrat de son caractère aléatoire. • Civ. 1re, 3 mai 1995, nº 93-11.575 P : *RTD civ. 1996. 394, obs. Mestre* . ♦ L'appréciation de l'aléa, dans le contrat d'assurance, relève du pouvoir souverain des juges du fond. • Civ. 1re, 20 juin 2000, n° 97-22.681 P : *R., p. 402 ; D. 2000. IR 195 ; JCP 2001. I. 303, n° 6 s., obs. Kullmann ; RCA 2000. Chron. 24, par Groutel.* ♦ V. aussi note 45.

31. ... Contrat d'affacturage. La clause permettant à l'affactureur de supprimer son approbation d'un débiteur et donc de limiter l'aléa qu'il encourt est jugée valable pour l'avenir et nulle lorsqu'elle joue rétroactivement : • Paris, 20 févr. 1996 : *D. 1996. 505, note Dagorne-Labbe.*

32. Disparition de la cause après formation du contrat. En déclarant nulle pour absence de cause une donation-partage, acte purement privé intervenu entre personnes privées, parce que l'application rétroactive d'une loi de finances promulguée postérieurement à l'acte avait eu pour conséquence que celui-ci ne se trouvait plus justifié par le mobile qui avait incité les parties à y recourir, les juges du fond ne portent aucune atteinte à l'ordre public. • Civ. 1re, 11 févr. 1986, n° 84-15.513 P. ♦ Ne caractérise pas la disparition de la cause de l'obligation de verser une redevance pour l'exploitation de médicaments la constatation que le bénéficiaire n'est pour rien dans les modifications substantielles d'excipients et de dosages apportées ultérieurement par la société justifiant de nouvelles autorisations de mise sur le marché. • Civ. 1re, 12 juill. 2006, n° 04-13.204 P : *JCP 2007. I. 161, n° 3 s., obs. Sérinet ; RDC 2007. 253, obs. Laithier ; RTD civ. 2007. 105, obs. Mestre et Fages.* ♦ Rappr. • Civ. 1re, 21 nov. 2006, n° 04-18.781 P : *JCP 2007. I. 161, nos 3 s., obs. Sérinet ; RTD civ. 2007. 105, obs. Mestre et Fages* (preuve non rapportée de l'abandon d'un procédé technique mis au point par un inventeur, malgré les évolutions technologiques, dans le silence de la convention sur l'incidence de ces évolutions sur le droit à redevances de l'inventeur). ♦ L'engagement à durée indéterminée pris par un époux séparé de bien d'accorder à son mari la jouissance gratuite de l'ancien domicile conjugal et de ne pas vendre le bien sans son autorisation n'ayant été souscrit qu'en considération des liens matrimoniaux qui unissaient les époux à la date de conclusion de la convention prend fin avec la dissolution du mariage. • Civ. 1re, 22 oct. 2008 : *JCP 2009. I. 140, n° 19, obs. Storck.* ♦ En l'absence de motif économique de licenciement, la convention de reclassement personnalisé devient sans cause de sorte que l'employeur est alors tenu à l'obligation du préavis et des congés payés afférents. • Soc. 5 mai 2010, n° 08-43.652 P : *RDT 2010. 437, obs. Fabre.*

33. Caducité. La disparition de la cause d'un engagement à exécution successive entraîne sa caducité. La cour d'appel qui, par une recherche de la commune intention des parties, caractérise l'engagement à exécution successive d'un ex-époux dont elle constate la disparition de la cause, en constate la caducité ; ainsi la cause d'une reconnaissance de dette prévoyant le paiement par l'ex-époux à son ex-épouse de la pension alimentaire destinée à assurer l'éducation et l'entretien de leur fils disparaît à partir du moment où l'enfant est à la charge exclusive de son père. • Civ. 1re, 30 oct. 2008, n° 07-17.646 P : *D. 2009. Chron. C. cass. 753 obs. Creton ; D. 2008. AJ 2937 ; JCP 2009. II. 10000, note Houtclieff ; Gaz. Pal. 2009. 531, note Maréchal ; LPA 10 mars 2009, note Dissaux ; RLDC 2008/55, n° 3208, obs. Maugeri ; ibid. 2009/57, n° 3283, note Cermolacce ; Defrénois 2009. 671, obs. Libchaber ; RDC 2009. 49, obs. D. Mazeaud ; RTD civ. 2009. 111, obs. Hauser ; ibid. 118, obs. Fages.* ♦ Pour un arrêt admettant que le juge des référés doit rechercher, pour un contrat de maintenance, si l'évolution des circonstances économiques et notamment l'augmentation du coût des matières premières et des métaux et leur incidence sur celui des pièces de rechange n'avait pas eu pour effet, compte tenu du montant de la redevance, de déséquilibrer l'économie générale du contrat tel que voulu par les parties lors de sa signature et de priver de toute contrepartie réelle l'engagement souscrit. • Com. 29 juin 2010 : *BICC 15 nov. 2010, n° 1713, et les obs. ; D. 2010. 2481, note D. Mazeaud ; ibid. 2485, note Génicon ; JCP 2010, n° 1056, note Favario ; ibid. 2011, n° 63, obs. Ghestin ; Defrénois 2011. 811, obs. Seube ; RDC 2011. 34, obs. Savaux ; RTD civ. 2010. 782, obs. Fages.* ♦ Sur l'impossibilité de prononcer la caducité d'un testament pour disparition de sa cause, seul le testateur, capable, étant en droit de tirer les conséquences de la disparition prétendue de la cause qui l'a déterminé à disposer. • Civ. 1re, 15 déc. 2010, n° 09-70.834 P : *D. actu. 17 janv. 2011, obs. Le Douaron ; D. 2011. Actu. 77 ; AJ fam. 2011. 109, obs. Vernières ; JCP N 2011, n° 1087 note Rivière ; Defrénois 2011. 684, note Rabreau ; ibid. 719, obs. Chamoulaud-Trapiers ; RLDC 2011/85, note Chauchat-Rozier* • 15 févr. 2012, n° 10-23.026 P : *D. 2012. 553 ; AJ fam. 2012. 236, obs. Bonnet ; JCP 2012, n° 734, note Le Normand ; RDC 2012. 1287, obs. Goldie-Génicon.*

34. Contrats incluant une location financière. Sur l'appréciation de l'interdépendance dans les groupes de contrats incluant une location financière et des clauses de divisibilité conventionnelle, V. notes ss. art. 1186.

35. Clause limitative de responsabilité et manquement à une obligation essentielle. Viole l'anc. art. 1131 C. civ. la cour d'appel qui fait application d'une clause limitative de responsabilité, alors qu'en raison du manquement du débiteur à une obligation essentielle, cette stipulation qui contredit la portée de l'engagement pris doit être réputée non écrite. • Com. 22 oct. 1996 *(affaire Chronopost),* n° 93-18.632 P : *GAJC, 11e éd., n° 156 ; D. 1997. 121, note Sériaux ;*

ibid. 1997. Somm. 175, obs. Delebecque ; *JCP 1997. II. 22881, note D. Cohen ; ibid. I. 4025, n° 17, obs. Viney ; ibid. I. 4002, n° 1, obs. Fabre-Magnan ; Gaz. Pal. 1997. 2. 519, note R. Martin ; Defrénois 1997. 333, obs. D. Mazeaud ; CCC 1997, n° 24, obs. Leveneur ; RTD civ. 1997. 418, obs. Mestre* . ♦ V. aussi, sur l'arrêt *Chronopost*, notes ss. art. 1231-3. ♦ Cassation de l'arrêt qui n'a pas recherché si la clause conventionnelle limitative de responsabilité ne devait pas être réputée non écrite par l'effet d'un manquement du contractant à une obligation essentielle du contrat. • Com. 30 mai 2006, n° 04-14.974 P : *BICC 1er oct. 2006, n° 1887, et la note ; D. 2006. 2288, note D. Mazeaud* ; *ibid. AJ 1599, obs. Delpech* ; *ibid. Pan. 2646, obs. Fauvarque-Cosson* ; *ibid. 2007. Pan. 115, obs. Kenfack* ; *Gaz. Pal. 2006. 2589, note Dagorne-Labbe ; CCC 2006, n° 183, note Leveneur ; RLDC 2006/31, n° 2220, note Train ; RDC 2006. 1075, obs. Laithier, et 1224, obs. Carval ; RTD civ. 2006. 773, obs. Jourdain* . – Dans le même sens : • Com. 5 juin 2007, n° 06-14.832 P : *R., p. 434 ; BICC 15 oct. 2007, n° 2107, et la note ; D. 2007. AJ 1720, obs. Delpech* ; *ibid. Pan. 2975, obs. Fauvarque-Cosson* ; *JCP 2007. II. 10145, note Houtcieff ; JCP E 2007. 2234, note Paulin ; ibid. 2204, n° 16 s., obs. Letacq ; RCA 2007, n° 283, note Groutrel ; Dr. et patr. 9/2007. 95, obs. Stoffel-Munck ; RDC 2007. 1121, obs. D. Mazeaud, et 1144, obs. Carval ; RTD civ. 2007. 567, obs. Fages* (manquement du transporteur à l'obligation de traçabilité).

Seule est réputée non écrite la clause limitative de réparation qui contredit la portée de l'obligation essentielle souscrite par le débiteur. • Com. 29 juin 2010, n° 09-11.841 P : *R., p. 395 ; D. 2010. Actu. 1707, note Delpech* ; *ibid. 1832, note D. Mazeaud* ; *JCP 2010, n° 787, note Houtcieff ; ibid., n° 1015, obs. Stoffel-Munck ; ibid. 2011, n° 63, obs. Ghestin ; CCC 2010, n° 220, obs. Leveneur ; CCE 2010, n° 99, obs. Stoffel-Munck ; RLDC 2010/76, n° 3994, obs. Pimont ; ibid. 2010/78, n° 1030, note Lamoureux ; RDC 2010. 1220, obs. Laithier ; ibid. 1253, obs. Deshayes ; RTD civ. 2010. 555, chron. Fages* , approuvant • Paris, 26 nov. 2008 : *JCP 2009. I. 123, n° 11, obs. Stoffel-Munck ; RDC 2009. 1010, obs. Génicon*, rendu après • Com. 13 févr. 2007, n° 05-17.407 P : *BICC 1er juin 2007, n° 1194, et la note ; D. 2007. AJ 654, obs. Delpech* ; *ibid. Pan. 2975, obs. Fauvarque-Cosson* ; *JCP 2007. II. 10063, note Sérinet ; ibid. I. 185, n° 10, obs. Stoffel-Munck ; JCP E 2007. 1316, obs. Roussille ; Gaz. Pal. 2007. 3295, note Forgeron et Lukic ; Defrénois 2007. 1042, obs. Libchaber ; RLDC 2007/38, n° 2511, note Loiseau ; CCE 2007. Étude 22, par J. Huet ; RDC 2007. 707, obs. D. Mazeaud, et 746, obs. Carval ; RTD civ. 2007. 567, obs. Fages* .

En présence d'une inexécution totale et définitive d'un contrat d'intermédiaire immobilier, qui avait proposé à la signature un acte totalement dépourvu d'effets, une cour d'appel décide à bon droit la restitution des honoraires indûment perçus, en dépit de l'erreur de qualification que constitue la référence à une disparition de la cause après la formation du contrat. • Civ. 1re, 17 janv. 1995, n° 92-21.193 P : *JCP 1995. I. 3843, n° 4, obs. Fabre-Magnan ; Gaz. Pal. 1997. 1. 193, note G. Decocq*. ♦ L'indemnité compensatrice de non-concurrence ayant pour cause l'obligation de non-concurrence imposée au salarié, son paiement, lié à la cessation d'activité du salarié, au respect de cette obligation et à l'absence de renonciation de l'employeur à cette clause, ne peut, sauf clause contraire, être affecté par les circonstances de la rupture du contrat de travail et la possibilité ou non pour le salarié de reprendre une activité concurrentielle. • Soc. 8 oct. 1996, n° 95-40.405 P.

36. Résolution de la vente et crédit-bail. Incidence de la résolution de la vente d'un bien faisant l'objet d'un contrat de crédit-bail sur le sort de ce contrat : V. notes ss. art. 1186.

C. ERREUR SUR LA CAUSE

37. Erreur sur l'existence de la cause. L'erreur sur l'existence de la cause, fût-elle inexcusable, justifie l'annulation de l'engagement pour défaut de cause. • Civ. 1re, 10 mai 1995, n° 92-10.736 P : *JCP 1996. I. 3914, n° 1, obs. Fabre-Magnan ; Defrénois 1995. 1038, obs. Delebecque ; RTD civ. 1995. 880, obs. Mestre* .

38. Erreur sur la cause de l'engagement. Commet une erreur, déterminante, sur la cause de son engagement, qui justifie l'annulation de l'acte pour vice du consentement, la personne qui s'engage à payer une somme d'argent, dont elle n'est pas personnellement débitrice, sous la condition substantielle d'acquitter la dette d'un tiers, alors que ce dernier n'est pas susceptible d'être inquiété par l'effet de la règle de la suspension des poursuites individuelles. • Civ. 1re, 2 avr. 1996, n° 94-15.029 P : *RTD civ. 1996. 909, obs. Mestre* .

D. CAUSE ILLICITE OU IMMORALE

39. Distinction de la cause de l'obligation et de la cause du contrat. V. note 13. ♦ Pour la détermination des cas de cause illicite ou immorale, V. notes ss. art. 1133 anc.

40. Cause non connue du contractant. Un contrat peut être annulé pour cause illicite ou immorale, même lorsque l'une des parties n'a pas eu connaissance du caractère illicite ou immoral du motif déterminant de la conclusion du contrat. • Civ. 1re, 7 oct. 1998, n° 96-14.359 P : *R., p. 254 ; GAJC, 11e éd., n° 157* ; *D. 1998. 563, concl. Sainte-Rose* ; *D. 1999. Somm. 110, obs. Delebecque* ; *Defrénois 1998. 1408, obs. D. Mazeaud ; ibid. 1999. 602, note Chariot ; JCP*

*1998. II. 10202, note Maleville ; JCP 1999. I. 114, n*os *1 s., obs. Jamin ; Gaz. Pal. 2000. 1. 643, note Chabas ; CCC 1999, n° 1, note Leveneur ; LPA 5 mars 1999, note S. Prieur.* – Tournafond, *D. 1999. Chron. 237.* – V. conf. • Civ. 1re, 1er mars 2005 : *CCC 2005, n° 124, note Leveneur.*

Contra, antérieurement : un contrat de bail ne comporte pas une cause illicite dès lors qu'il n'est pas prouvé que l'exploitation dans les lieux loués d'une maison de tolérance ait été convenue entre les parties. • Civ. 1re, 4 déc. 1956 : *JCP 1957. II. 10008, note J. Mazeaud.* ♦ Mais la connaissance du mobile illicite poursuivi par un contractant peut découler des faits de la cause. • Civ. 1re, 12 juill. 1989 : *préc. note 13.*

41. Réparation et restitutions. Si l'anc. art. 1131 C. civ. déclare sans effet l'obligation sur cause illicite, il ne vise pas les obligations ayant leur source dans un délit caractérisé par la loi pénale et dont la somme allouée par les juges à la partie civile constitue la réparation. • Crim. 7 juin 1945 : *D. 1946. 149, note critique R. Savatier ; JCP 1946. II. 2955, note Hémard ; RTD civ. 1946, obs. critiques Mazeaud* (action d'une prostituée contre celui qui a partagé avec elle les produits de la prostitution). ♦ Le caractère illicite de la convention ne saurait faire obstacle à la restitution d'une somme obtenue à l'aide d'un délit. • Crim. 3 juill. 1947 : *JCP 1948. II. 4474, note Carbonnier* (escroquerie aux fausses pièces d'or). ♦ Rappr. la possibilité de se porter caution pour garantir le paiement à la victime de créances nées d'un délit ou d'un quasi-délit : • Civ. 1re, 8 oct. 1996, n° 94-19.239 P : *RTD civ. 1997. 180, obs. Bandrac* . ♦ V. aussi : Denis, *D. 1976. Chron. 243* (action civile de la victime en situation illicite). ♦ V. cependant, en matière de chèque sans provision : • Crim. 28 juin 1982 : *Bull. crim. n° 175* (irrecevabilité de l'action civile).

42. ... Nemo auditur. La convention qui donne naissance à une obligation dont la cause est illicite est atteinte d'une nullité que tout intéressé peut invoquer, sans que puisse lui être opposée utilement la maxime « *Nemo auditur...* ». • Rouen, 2 oct. 1973 : *D. 1974. 378, note le Tourneau.* – Déjà en ce sens : • Civ. 1re, 25 janv. 1972 : *D. 1972. 413, note le Tourneau.* ♦ Chacun des coauteurs d'un dommage doit supporter, dans ses rapports avec les autres coauteurs et dans la mesure à déterminer par les juges, les conséquences de sa propre faute, et ses héritiers sont obligés à la réparation du dommage causé par cette faute sans pouvoir invoquer utilement la maxime « *Nemo auditur...* » qui est sans application en la cause. • Civ. 1re, 14 déc. 1982, n° 81-16.102 P : *RTD civ. 1983. 342 et 536, obs. Durry.* ♦ Comp. • Com. 7 déc. 1982 : *Bull. civ. IV, n° 403 ; RTD civ. 1983. 536, obs. Durry.*

43. L'adage *Nemo auditur* ne s'oppose pas à l'action en nullité mais seulement, le cas échéant, à l'exercice des restitutions consécutives à la nullité du contrat. • Civ. 1re, 17 juill. 1996 : *JCP 1996. II. 22747, note Paisant ; Defrénois 1997. 346, obs. Aubert.* – V. aussi • Civ. 1re, 22 juin 2004 : *D. 2004. IR 2624 ; CCC 2004, n° 136, note Leveneur ; RTD civ. 2004. 503, obs. Mestre et Fages* . ♦ La règle « *Nemo auditur...* » n'interdit pas au bailleur ayant autorisé une modification de la destination des lieux prohibée par la loi, ou à ses ayants droit, de poursuivre la résiliation du bail. • Civ. 3e, 24 juin 1992, n° 90-21.276 P : *D. 1992. Somm. 400, obs. Delebecque ; Defrénois 1992. 1448, obs. Aubert ; RTD civ. 1993. 121, obs. Mestre* . ♦ Le caractère frauduleux de licenciements notifiés pour motifs personnels alors que la cause réelle en est économique affecte la validité des transactions ensuite conclues ; toutefois, faute de procéder d'une cause immorale, il ne fait pas obstacle à la restitution par les salariés des sommes perçues en exécution des transactions annulées. • Soc. 10 nov. 2009, n° 08-43.805 P. ♦ La pratique frauduleuse du « dessous-de-table » procédant de l'accord concerté des parties, le promettant qui a reçu l'acompte non déclaré ne peut se prévaloir de la cause illicite (fraude fiscale) de la remise pour se soustraire à sa restitution, consécutive à la caducité de la promesse. • Civ. 3e, 25 févr. 2004, n° 02-15.269 P : *D. 2005. 2205, note Tchendjou ; JCP 2004. I. 149, n° 9 s., obs. Labarthe ; AJDI 2004. 917, note Cohet-Cordey ; RTD civ. 2004. 279, obs. Mestre et Fages ; RDC 2004. 635, obs. D. Mazeaud, et 689, obs. Brun.* ♦ Il résulte de l'art. 1131, dans sa rédaction antérieure à celle issue de l'Ord. n° 2016-131 du 10 févr. 2016, que, dans le cas d'un contrat illicite comme ayant été conclu au mépris des règles impératives d'exercice de la profession d'avocat, la restitution en valeur de la prestation effectuée peut être sollicitée par l'avocat. • Civ. 1re, 17 févr. 2021, n° 19-22.234 P (rejetant un pourvoi qui invoquait « *Nemo auditur* » pour contester l'obligation de restitution).

44. ... In pari causa. La cause illicite d'une obligation ne fait pas obstacle à l'action en répétition et la maxime « *In pari causa turpitudinis cessat repetitio* » est sans application en l'espèce. • Civ. 1re, 27 nov. 1984 : *Gaz. Pal. 1985. 2. 638, note Chabas.* ♦ Rappr. • Com. 11 juill. 2006, n° 04-16.759 P : *JCP 2007. I. 107, n° 3, obs. Caussain, Deboissy et Wicker ; JCP E 2006. 2595, note Sérinet* (l'objet illicite d'une société ne fait pas obstacle à l'apurement des comptes entre associés, consécutif à la dissolution). ♦ Mais l'action en garantie dirigée contre le vendeur d'un fonds de commerce, à la suite d'une condamnation pénale ordonnant la fermeture temporaire de l'établissement, doit être déclarée d'office irrecevable, en raison des turpitudes réciproques des deux parties, dès lors que l'acheteur connaissait les agissements immoraux du vendeur. • Com. 27 avr. 1981, n° 80-11.200 P : *R., p. 60 ; D. 1982. 51, note le Tourneau ; RTD civ. 1982. 418, obs. Chabas.*

E. RÉGIME DE LA NULLITÉ

45. Nullité relative. La nullité du contrat d'assurance pour absence d'aléa (clause d'effet rétroactif) est une nullité relative qui ne peut être invoquée que par celui dont la loi qui a été méconnue tendait à assurer la protection. • Civ. 1re, 9 nov. 1999, n° 97-16.306 P : *D. 2000. 507, note Cristau ; JCP 2000. I. 219, nos 3 s., obs. Mayaux ; JCP E 2000. 1186, note Roueil ; Defrénois 2000. 250, obs. Aubert ; RCA 2000. Chron. 2, par Groutel.* ♦ Une cour d'appel qui retient que la demande en nullité du contrat pour défaut de cause ne visait que la protection des intérêts de la partie demanderesse justifie ainsi légalement sa décision de soumettre cette nullité relative à la prescription de cinq ans (art. 1304 anc. C. civ.). • Civ. 1re, 20 févr. 2001, n° 99-12.574 P. – Dans le même sens : • Civ. 3e, 29 mars 2006, n° 05-16.032 P : *D. 2006. Pan. 2642, obs. Amrani-Mekki ; ibid. 2007. 477, note Ghestin ; JCP 2006. II. 153, n° 7 s., obs. Constantin ; RDC 2006. 1072, obs. Mazeaud* • Civ. 3e, 21 sept. 2011 : *préc. note 3* (nullité d'un bail à construction pour prix dérisoire). ♦ V. aujourd'hui art. 2224. ♦ Si l'inclusion d'un bien propre à l'un des héritiers dans la masse à partager est de nature à entraîner la nullité de l'acte de partage pour absence de cause, une telle nullité, protectrice du seul intérêt particulier de l'un des cocontractants, n'est que relative et, comme telle, soumise à la prescription de cinq ans (art. 1304 anc. C. civ.). • Civ. 1re, 29 sept. 2004, n° 03-10.766 P : *D. 2004. IR 2690 ; AJ fam. 2004. 458, obs. Bicheron ; Dr. fam. 2004, n° 206, note Beignier.* ♦ V. conf., pour un pacte tontinier : • Dijon, 24 mai 2007 : *Dr. fam. 2008, n° 1, note Ardoy.*

L'annulation d'une décision de préemption d'une SAFER pour insuffisance de motivation ne rend pas pour autant illicite la cause de l'intervention de la SAFER (nullité relative, et non absolue). • Civ. 3e, 27 juin 2007, n° 06-14.834 P : *D. 2007. AJ 2031* .

46. Étendue de la nullité : fausseté partielle de la cause. Dans un contrat synallagmatique, la fausseté partielle de la cause ne peut entraîner la réduction de l'obligation. • Civ. 1re, 31 mai 2007, n° 05-21.316 P : *BICC 1er oct. 2007, n° 1929, et la note ; D. 2007. 2574, note Ghestin ; ibid. Chron. C. cass. 2333, n° 5, obs. Creton ; ibid. AJ 1724, obs. Gallmeister ; ibid. Pan. 2970, obs. Amrani-Mekki ; JCP 2007. I. 195, n° 11 s., obs. Constantin ; Gaz. Pal. 2007. 3259, note Dagorne-Labbe ; Dr. et patr. 9/2007. 86, obs. Stoffel-Munck ; RDC 2007. 1103, obs. Laithier ; RTD civ. 2007. 566, obs. Fages* . ♦ Comp., s'agissant d'un engagement unilatéral (reconnaissance de dette) : la fausseté partielle de la cause n'entraîne pas l'annulation de l'obligation, mais sa réduction à la mesure de la fraction subsistante. • Civ. 1re, 11 mars 2003, n° 99-12.628 P : *JCP 2003. I. 142, n° 5 s., obs. Rochfeld ; RTD civ. 2003. 287, obs. Mestre et Fages ; RDC 2003. 39, obs. D. Mazeaud* (dette d'un montant inférieur à la somme portée sur la reconnaissance).

Ancien art. 1132 *(Abrogé par Ord. n° 2016-131 du 10 févr. 2016, à compter du 1er oct. 2016)* ***La convention n'est pas moins valable, quoique la cause n'en soit pas exprimée.***

BIBL. ▶ MESTRE, *RTD civ. 1991. 325.* – VIVANT, *D. 1978. Chron. 39* (fondement juridique des obligations abstraites).

1. Domaine de la présomption. L'anc. art. 1132, qui constitue une présomption que la cause de l'obligation invoquée existe et n'est pas illicite, n'exige pas, pour son application, l'existence d'un acte répondant aux conditions de forme de l'art. 1326 anc. • Civ. 1re, 14 juin 1988 : *D. 1989. Somm. 230, obs. Aubert ; Gaz. Pal. 1989. 2. 625, note Taisne* • 12 janv. 2012, n° 10-24.614 P : *D. 2012. 217, obs. Gallmeister ; ibid. 635, chron. C. cass. obs. Creton ; RTD civ. 2012. 315, obs. Fages ; Gaz. Pal. 2012. 811, note Seraïche ; RDC 2012. 453, note Klein.*

2. Charge de la preuve. La preuve du défaut ou de l'illicéité de la cause est à la charge de celui qui l'invoque. • Civ. 1re, 19 juin 2008 : *D. 2008. AJ 1827, obs. Delpech ; ibid. 2008. Chron. C. cass. 2363, n° 5, obs. Creton* (preuve du non-versement des fonds, dans le cadre d'un prêt consenti par un particulier, à la charge de l'emprunteur) • 8 oct. 2009, n° 08-14.625 P : *D. 2010. 128, note Rebeyrol ; Defrénois 2010. 109, obs. Savaux ; RLDC 2009/66, n° 3635, obs. Le Gallou (idem).* ♦ Le billet non causé fait présumer l'existence de la cause. • Civ. 1re, 25 oct. 1967 : *Bull. civ. I, n° 312* • Civ. 2e, 16 mai 1990, n° 88-10.987 P. ♦ Et c'est au souscripteur qu'il appartient d'établir l'absence de cause ou l'illicéité de la cause. • Com. 13 oct. 1975 : *Bull. civ. IV, n° 231* • Civ. 1re, 21 juin 2005, n° 04-10.673 P : *D. 2005. IR 1960 ; Defrénois 2005. 1998, obs. Libchaber ; RDC 2005. 1013, obs. D. Mazeaud.* ♦ Il appartient aux signataires d'une reconnaissance de dette qui prétendent, pour contester l'existence de la cause de celle-ci, que les sommes qu'elle mentionne ne leur ont pas été remises, d'apporter la preuve de leurs allégations. • Civ. 1re, 14 janv. 2010, n° 08-18.581 P : *D. 2010. 620, et la note ; D. 2010. 259, obs. Avena-Robardet ; ibid. 620, note François ; ibid. Chron. C. cass. 2092, obs. Creton ; RTD com. 2010. 763, obs. Legeais ; JCP 2010, n° 380, note Dissaux.* ♦ V. • Civ. 1re, 1er oct. 1986 : *Bull. civ. I, n° 230 ; RTD civ. 1987. 755, obs. Mestre*, et • Civ. 1re, 2 mai 2001, n° 98-23.080 P : *D. 2001. AJ 1951, obs. A. Lienhard ;*

Defrénois 2001. 1057, obs. Libchaber, relatifs à la charge de la preuve. ♦ Comp. • Civ. 1re, 13 mars 2007, n° 06-12.774 P (en l'absence de toute pièce de nature à établir la réalité de la dette, c'est sans inverser la charge de la preuve que la cour d'appel a pu en déduire que, cette obligation étant dépourvue de cause, il convenait d'annuler la reconnaissance de dette). ♦ Il incombe à celui qui a sciemment acquitté la dette d'autrui, sans être subrogé dans les droits du créancier, de démontrer que la cause dont procédait ce paiement impliquait, pour le débiteur, l'obligation de lui rembourser les sommes ainsi versées. • Civ. 1re, 12 janv. 2012, n° 10-24.512 P : *D. 2012. Chron. C. cass. 635, obs. Creton ; ibid. 1592, note Gouëzel ; RTD civ. 2012. 115, obs. Fages ; ibid. 513, obs. Hauser ; JCP 2012, n° 362.*

3. Moyens de preuve. La preuve de la cause illicite peut être apportée par tous moyens. • Civ. 1re, 4 juill. 1995 : *JCP N 1996. II. 152.* ♦ Mais, dans les rapports entre les parties, la preuve de la fausseté de la cause exprimée à l'acte doit être administrée par écrit, dans les conditions prévues par l'anc. art. 1341 C. civ. • Civ. 1re, 4 juill. 1995 : *préc.* • Com. 14 mars 2006, n° 04-17.433 P : *D. 2006. IR 948 .* ♦ V. au contraire, admettant que la preuve de l'inexistence de la cause d'un bon de caisse peut être faite par tout moyen : • Com. 12 oct. 1982 : *Bull. civ. IV, n° 306.* ♦ Annulation d'une reconnaissance de dette non causée souscrite par une concubine, dès lors que le concubin prétend qu'elle représentait sa contribution à l'achat d'un terrain et à des travaux de construction, alors que la concubine établit avoir seule réglé ces dépenses. • Civ. 1re, 3 juill. 2013, n° 12-16.853 P : *D. 2013. 1746 .*

4. Objet de la preuve. La cause de l'obligation est présumée exacte ; dès lors, il incombe aux signataires d'une reconnaissance de dette de prouver la réalité de l'absence de remise des fonds. • Civ. 1re, 7 avr. 1992, n° 90-19.858 P : *Defrénois 1993. 371, obs. Vermelle.* – Même sens : • Civ. 1re, 24 janv. 2006 : *LPA 26 juin 2006, note Boismain* • 4 mai 2012, n° 10-13.545 P : *D. 2012. 1266 .*

5. Fausse cause. Il résulte des art. 1315 anc., al. 1er, et anc. 1132 que lorsque la cause de l'obligation est démontrée fausse, il incombe au bénéficiaire de prouver que sa créance repose sur une autre cause licite et que, faute par lui de faire cette preuve, il doit succomber dans ses prétentions. • Civ. 1re, 20 déc. 1988 : *D. 1990. 241, note Marguénaud ; D. 1989. Somm. 230, obs. Aubert ; RTD civ. 1989. 300, obs. Mestre.* – Dans le même sens : • Civ. 1re, 7 avr. 1992, n° 90-19.620 P.

6. Cause simulée. L'acte qui exprime une cause reconnue simulée n'est pas nécessairement nul, mais celui qui entend s'en prévaloir est obligé d'en démontrer la cause véritable. • Civ. 5 déc. 1900 : *DP 1901. 1. 192.* – V. aussi : • Angers, 19 janv. 1962 : *D. 1962. Somm. 66.*

Ancien art. 1133 *(Abrogé par Ord. n° 2016-131 du 10 févr. 2016, à compter du 1er oct. 2016)* ***La cause est illicite, quand elle est prohibée par la loi, quand elle est contraire aux bonnes mœurs ou à l'ordre public.***

BIBL. ▸ V. Bibl. ss. art. 6. – *Adde* : SOURIOUX, MALAURIE, BÉNABENT, FENOUILLET, PIGNARRE et FAGES, *RDC 2005. 1273* (les bonnes mœurs en droit des contrats – débats).

PLAN DES ANNOTATIONS

I. ORDRE PUBLIC DE PROTECTION DE LA PERSONNE

A. PRINCIPE DE NON-DISCRIMINATION

1. Syndicat professionnel. Par application combinée de l'anc. art. 1131 C. civ., L. 411-1 et L. 411-2 [L. 2131-1 et L. 2131-2] C. trav., un syndicat professionnel ne peut pas être fondé sur une cause ou en vue d'un objet illicite ; il ne peut donc agir contrairement aux principes de non-discrimination. • Cass., ch. mixte, 10 avr. 1998, n° 97-17.870 P : *BICC 1er juill. 1998, rapp. Merlin ; D. 1998. 389, note Jeammaud .* – V. aussi • Cass., ch. mixte, 10 avr. 1998, n° 97-13.137 P : *BICC 1er juill. 1998, concl. de Caigny, rapp. Ancel* (nullité pour objet illicite d'un syndicat d'organisation de la profession d'ostéopathes diplômés d'État en kinésithérapie). ♦ V., sur ces arrêts, de Caigny, *R. 1998, p. 59.*

2. Une association réseau de santé pour l'amélioration de la prise en charge des diabétiques ne porte pas atteinte au principe d'égalité de traitement en réservant certaines prestations dérogatoires aux patients sous la condition que le médecin traitant ait adhéré au réseau, du moment que les patients aussi bien que les professionnels de santé sont libres d'adhérer à l'association et de la quitter. • Civ. 1re, 22 sept. 2016, n° 15-23.664 P : *D. 2016. 1933.*

B. MARIAGE

3. *Fiançailles.* V. notes 21 s. ss. art. 143.

4. *Clauses de célibat.* BIBL. Coiret, *RTD civ. 1985. 63.* – Huet, *ibid. 1967. 45* (atteintes à la liberté nuptiale dans les actes juridiques). – Voirin, *D. 1963. Chron. 247* (à propos de Paris, 30 avr. 1963, D. 1963. 428, note Rouast). ♦ La clause de célibat insérée dans un contrat de travail, restrictive du droit au mariage et de la liberté du travail, est d'une portée exceptionnelle et doit être justifiée par d'impérieuses nécessités tirées de la nature des fonctions ou de leurs conditions d'exercice. • Soc. 7 févr. 1968 : *D. 1968. 429.* ♦ Dans la même affaire, V. déjà • Soc. 27 avr. 1964 : *D. 1965. 213, note Rouast ; JCP 1964. II. 13807, note Morellet ; RTD civ. 1966. 69, obs. Nerson* (assistante sociale rurale). ♦ Dans le même sens, à propos de la clause du règlement intérieur d'une entreprise interdisant l'emploi simultané de conjoints : • Soc. 10 juin 1982 : *JCP 1984. II. 20230, note Hennion-Moreau.* ♦ V. pour des personnes employées par des établissements religieux : • CEDH 23 sept. 2010, *O. et S. c/ Allemagne*, nos 425/03 et 1620/03 (absence de violation pour le licenciement d'un employé de l'Église mormone ayant avoué un adultère, mais violation pour un organiste séparé de sa femme et vivant avec une nouvelle compagne, les possibilités d'exercer un nouvel emploi constituant un des arguments pris en compte). ♦ Clause de célibat dans les libéralités : V. notes 4 s. ss. art. 900.

5. *Courtage matrimonial.* Licéité du contrat de courtage matrimonial : • Req. 27 déc. 1944 : *D. 1945. 121.* ♦ Le contrat proposé par un professionnel, relatif à l'offre de rencontres en vue de la réalisation d'un mariage ou d'une union stable, qui ne se confond pas avec une telle réalisation, n'est pas nul, comme ayant une cause contraire à l'ordre public et aux bonnes mœurs, du fait qu'il est conclu par une personne mariée. • Civ. 1re, 4 nov. 2011 : *D. 2012. 59, note Libchaber ; ibid. 971, obs. Lemouland et Vigneau ; AJ fam. 2011. 613, obs. Chénedé ; RTD civ. 2012. 93, obs. Hauser ; ibid. 113, obs. Fages ; JCP 2011, n° 9, note Bakouche ; Dr. fam. 2012, n° 21, obs. Vigneau ; RDC 2012. 383, note Laithier ; ibid. 473, note Fenouillet ; RLDC 2012/94, n° 4703, note Bernard-Xémard.* ♦ *Contra* précédemment : • Paris, 1er déc. 1999 : *D. 2000. Somm. 415, obs. Lemouland.* ♦ Pour la cession d'un fonds de commerce d'agence matrimoniale, V. • Limoges, 10 juin 1980 : *D. 1981. 573, note Jauffret* • Com. 3 avr. 1984 : *Gaz. Pal. 1984. 2. 708, note Dupichot.*

6. *Donation en vue d'une séparation amiable.* Les dispositions à titre gratuit sont nulles, comme les dispositions à titre onéreux, quand elles reposent sur une cause illicite et pour rechercher si un contrat a une cause illicite, les tribunaux peuvent, en principe, recourir, en dehors des énonciations du contrat lui-même, à tous les modes de preuve autorisés par la loi ; à cet égard, il n'y a pas lieu de distinguer entre les actes à titre gratuit et les actes à titre onéreux. • Civ. 2 janv. 1907 : *GAJC, 12e éd., n° 122 ; DP 1907. 1. 137, note Colin ; S. 1911. 1. 585, note Wahl* (nullité d'une donation entre époux faite en vue d'assurer l'exécution d'une convention de séparation amiable). ♦ Sur la cause illicite : V. aussi notes 39 s. ss. anc. art. 1131.

C. FILIATION

7. *Courtage d'adoption.* Toute convention ayant pour objet de déterminer la somme à verser en rémunération des services d'un intermédiaire en vue d'une adoption a une cause illicite et ne peut avoir aucun effet. • Civ. 1re, 22 juill. 1987 : *D. 1988. 172, note Massip.*

II. BONNES MŒURS

8. *Cause immorale : illustrations.* Nullité pour cause contraire à l'ordre public ou aux bonnes mœurs : d'une libéralité destinée à punir patrimonialement les victimes de pratiques incestueuses qui n'ont pas pardonné au testateur son comportement. • TGI La Roche-sur-Yon, 2 mai 1995 : *D. 1997. 13, note Vray.* ♦ ... D'un contrat de prêt destiné à l'acquisition d'une maison de tolérance. • Req. 1er avr. 1895 : *DP 1895. 1. 263.* ♦ ... D'un contrat de travail passé entre une femme de chambre et l'exploitante d'une maison de tolérance. • Soc. 8 janv. 1964 : *D. 1964. 267.* ♦ ... D'une convention de « strip-tease ». • TGI Paris, 8 nov. 1973 : *D. 1975. 401, note Puech.* ♦ ... D'une convention par laquelle une personne révèle à un hebdomadaire des faits d'ordre intime relatifs à trois changements de sexe successifs. • Paris, 21 janv. 1972 : *Gaz. Pal. 1972. 1. 375.*

9. Nullité de la convention relative à l'exécution d'un tatouage et à son enlèvement par exérèse, en raison du caractère à la fois illicite, immoral et contraire à l'ordre public du contrat. • TGI Paris, 3 juin 1969 : *D. 1970. 136, note J. P.* ♦ Même affaire, la nullité de la convention n'étant plus discutée : • Civ. 1re, 23 févr. 1972 : *JCP 1972. II. 17135.*

10. *Cas des libéralités entre concubins.*

BIBL. Ascensio, *RTD civ. 1975. 248* (annulation des donations immorales entre concubins). – Édon-Lamballe, *RRJ 2002/1. 77.* ♦ N'est pas nulle comme ayant une cause contraire aux bonnes mœurs la libéralité consentie à l'occasion d'une relation adultère. • Cass., ass. plén., 29 oct. 2004, n° 03-11.238 P : *R., p. 203 et 208 ; BICC 1er févr. 2005, rapp. Bizot, concl. Allix ; GAJC, 12e éd., n° 28-29 (II) ; D. 2004. 3175, note Vigneau ; JCP 2005. II. 10011, note Chabas ; ibid. I. 187, n° 7, obs. Le Guidec ; Gaz. Pal. 2004. 3786, concl. Allix ; Defrénois 2004. 1732, obs. Libchaber ; ibid. 2005. 234, note S. Piedelièvre ; ibid. 2005. 1045, note Mikalef-Toudic ; AJ fam. 2005. 23, obs. Bicheron ; Dr. fam. 2004, n° 230, note Beignier ; CCC 2005, n° 40, note Leveneur ; RLDC 2004/11, n° 466, note Lamarche ; LPA 7 juin 2005, note Pimont ; RTD civ. 2005. 104, obs. Hauser* • Civ. 1re, 25 janv. 2005, n° 96-19.878 P : *JCP 2005. I. 187, n° 7, obs. Le Guidec ; AJ fam. 2005. 234, obs. Chénedé ; Gaz. Pal. 2005. 3464, note Deharo ; RTD civ. 2005. 368, obs. Hauser , et 439, obs. Grimaldi.* ♦ V. déjà, décidant que n'est pas contraire aux bonnes mœurs la cause de la libéralité dont l'auteur entend maintenir la relation adultère qu'il entretient avec le bénéficiaire. • Civ. 1re, 3 févr. 1999, n° 96-11.946 P : *R., p. 307 ; GAJC, 12e éd., n° 28-29 (I) ; D. 1999. 267, rapp. X. Savatier, note Langlade-O'Sughrue ; D. 1999. Chron. 351, par Larroumet ; D. 1999. Somm. 307, obs. Grimaldi ; ibid. 377, obs. Lemouland ; JCP 1999. II. 10083, note Billiau et Loiseau ; ibid. I. 143, n° 4 s., obs. Labarthe ; ibid. I. 152, étude Leveneur ; ibid. I. 160, n° 1, obs. Bosse-Platière ; ibid. I. 189, n° 8, obs. Le Guidec ; JCP N 1999. 1430, note Sauvage ; Gaz. Pal. 2000. 1. 70, note S. Piedelièvre ; ibid. 646, note Chabas ; Dr. fam. 1999, n° 54, note Beignier ; Defrénois 1999. 680, obs. Massip ; ibid. 738, obs. D. Mazeaud ; ibid. 814, obs. Champenois ; LPA 17 nov. 1999, note Mestrot ; RTD civ. 1999. 364 et 817, obs. Hauser ; ibid. 892, obs. Patarin* (cassation, pour violation des art. 1131 et 1133 anc. C. civ., de l'arrêt qui, constatant que le *de cujus* a, par testament authentique, d'une part, révoqué toutes donations entre époux et exhérédé son épouse et, d'autre part, gratifié une autre femme, prononce la nullité de la libéralité consentie à celle-ci au prétendu motif que la disposition testamentaire n'a été prise que pour poursuivre et maintenir une liaison encore très récente). – V., pour l'épilogue de l'affaire, note 3 ss. art. 1043. – Dans le même sens : • Civ. 1re, 16 mai 2000 : *Defrénois 2000. 1049, obs. Massip ; Dr. fam. 2000, n° 102, note Beignier* • 29 janv. 2002 : *Defrénois 2002. 681, obs. Massip ; Dr. fam. 2002, n° 64, note Lécuyer.*

11. ... Jurisprudence ancienne. Selon la jurisprudence ancienne, les libéralités entre concubins étaient nulles lorsqu'elles avaient pour cause la formation, la continuation, la reprise des rapports ou leur rémunération. En revanche, lorsque la cause était l'exécution d'un devoir de reconnaissance, elles étaient valables, même entre concubins adultères : • Req. 8 juin 1926 : *DP 1927. 1. 113, note R. Savatier* • Civ. 1re, 2 déc. 1981 : *D. 1982. IR 474, obs. D. Martin* • 28 janv. 1997 : *Dr. fam. 1997, n° 184, note Beignier.*

III. ORDRE PUBLIC PROFESSIONNEL

A. DÉONTOLOGIE

BIBL. Encinas de Munagorri, *RTD civ. 2007. 67* (sources positives de la déontologie). – Gutmann, *Archives Phil. dr., t. 44, 2000, p. 115* (obligation déontologique). – Moret-Bailly, *D. 2002. Chron. 2820* (déontologie et fautes civiles) ; *RDSS 2003. 581* (L. du 4 mars 2002 et déontologies des professions de santé). – Sargos, *D. 2007. Chron. 811* (révolution éthique des déontologies médicales).

12. Cession d'action en responsabilité professionnelle. N'est pas contraire à l'ordre public la cession d'une action tendant à la mise en jeu d'une responsabilité civile professionnelle ne faisant l'objet d'aucune restriction légale. • Civ. 1re, 10 janv. 2006, n° 03-17.839 P : *D. 2006. Chron. 2129, par Bert ; ibid. AJ 365, obs. Delpech ; Defrénois 2006. 597, obs. Savaux ; Dr. et pr. 2006. 147, note Putman ; LPA 31 oct. 2006, note Mecarelli ; RTD civ. 2006. 552, obs. Mestre et Fages .*

13. Violation des règles. La violation des règles déontologiques d'une profession (expert-comptable) ne peut être sanctionnée par la nullité de la convention sans qu'il soit recherché si le contrat litigieux était illicite comme contraire à l'ordre public. • Civ. 1re, 5 nov. 1991, n° 89-15.179 P : *Defrénois 1992. 1075, obs. Aubert.* ♦ Dans le même sens, à propos d'un manquement au statut du notariat : • Civ. 1re, 30 mars 1994, n° 92-16.797 P : *Defrénois 1994. 1466, obs. Delebecque ; RTD civ. 1995. 100, obs. Mestre .* ♦ ... A propos d'un manquement aux règles du CSP relatives à la délivrance des médicaments vétérinaires : • Com. 11 juill. 2006, n° 04-16.759 P : *JCP E 2006. 2595, note Sérinet.* ♦ ... A propos de la déontologie de l'avocat : • Civ. 1re, 9 déc. 2015, n° 14-28.237 P. ♦ La méconnaissance des dispositions du code de déontologie (médical) peut en revanche être invoquée par une partie à l'appui de dommages et intérêts. • Civ. 1re, 18 mars 1997, n° 95-12.576 P : *D. 1997. Somm. 315, obs. Penneau ; JCP 1997. II. 22829, rapp. Sargos ; ibid. I. 4068, n° 1 s., obs. Viney ; RTD civ. 1996. 605, obs. Mestre* • 27 mai 1998, n° 96-19.161 P : *D. 1998. 530, note Laroche-Gisserot* • 27 nov. 2008 : *cité note 10 ss. art. L. 1142-1 CSP.* ♦ Des faits ne constituant pas, selon une décision de l'autorité ordinale, un manquement au code de déontologie médicale peuvent caractériser une violation des obligations contractuelles du médecin envers la clinique qui l'emploie. • Civ. 1re, 16 mai 2006, n° 03-16.253 P : *D. 2007. Pan. 1456, obs.*

Penneau ; *Gaz. Pal. 2006. Somm. 4116, obs. Bandon ; RLDC 2006/31, n° 2211, note Jacques ; RTD civ. 2006. 554, obs. Mestre et Fages* . ♦ Les règles de déontologie qui s'appliquent aux dentistes ne sont pas opposables aux personnes morales qui les emploient. • Civ. 1re, 26 avr. 2017, n° 16-14.036 P. ♦ Recevabilité de l'appel en garantie d'un gynécologue contre un radiologue pour manquement à l'obligation d'information entre confrères. • Civ. 1re, 29 nov. 2005, n° 04-13.805 P. ♦ V. aussi note 5 ss. CSP, art. L. 1111-2, ss. art. 16-9, et, en matière de responsabilité civile, note 67 ss. art. 1241.

B. PRATIQUES ILLICITES

14. « Pots-de-vin ». Nullité des conventions apparentées à la pratique des « pots-de-vin » : V. • Req. 5 févr. 1902 : *DP 1902. 1. 158* • 15 mars 1911 : *DP 1911. 1. 382.*

15. Détournement de la réglementation. Caractère illicite de la cause du prêt dont l'octroi s'analyse en un comportement frauduleux tendant au détournement de la réglementation sur les quotas laitiers par la mise en place, sous forme de prêts sans intérêts, d'un système de financement destiné à couvrir les pénalités encourues en cas de dépassement des quotas de production. • Civ. 1re, 26 sept. 2012, n° 11-12.941 P : *D. 2013. 391, obs. Amrani-Mekki et Mekki* ; *RDC 2013. 25, obs. Rochfeld.*

C. EXERCICE ILLÉGAL DE LA PROFESSION

16. Cause ou objet illicite. Pour une sanction sur le fondement de l'objet illicite, V. notes ss. art. 1162.

17. Médecine. Est nul pour cause illicite le contrat qui, sans comporter tous les éléments de l'exercice illégal de la médecine, a pour objectif de mettre en œuvre une méthode d'amaigrissement et de rajeunissement associant diététique, acupuncture, et auriculothérapie, ces pratiques de « médecine douce » étant prohibées par la loi dans le cadre d'une telle activité. • Civ. 1re, 11 juin 1996 : *CCC 1996. 166, obs. Leveneur ; RTD civ. 1997. 116, obs. Mestre* . ♦ Tout partage des honoraires perçus par un médecin en rémunération de sa propre activité médicale, entre ce médecin et une personne ne remplissant pas les conditions requises pour l'exercice de cette profession, en l'espèce une clinique privée, est interdit. • Civ. 1re, 5 nov. 1996, n° 94-18.335 P (cassation de l'arrêt n'ayant pas recherché si les prestations rémunérées correspondaient par leur nature et par leur coût à un service rendu au médecin). – Même sens : • Civ. 1re, 19 mai 1998, n° 96-13.394 P.

18. Établissement de crédit. En cas d'exercice illégal de la profession, la nullité du contrat est encourue. • Com. 19 nov. 1991, n° 90-10.270 P : *RTD civ. 1992. 381, obs. Mestre* (l'interdiction pesant sur toute personne autre qu'un établissement de crédit d'effectuer à titre habituel des opérations de crédit-bail protège non seulement l'intérêt général et celui des établissements de crédit, mais aussi celui des crédits-preneurs). ♦ Comp. • Com. 3 juin 2003, n° 00-19.705 P : *JCP E 2004. 289, note Forgues ; RTD civ. 2004. 287, obs. Mestre et Fages* (une interdiction édictée par un règlement du Comité de la réglementation bancaire qui a valeur d'arrêté n'est pas susceptible, en l'absence de prohibition législative, d'être sanctionnée par une nullité de droit privé).

19. Agent sportif. Nullité, pour cause illicite, de la convention de placement d'un joueur de football conclue par une personne dépourvue de la licence d'agent sportif exigée par la loi. • Aix-en-Provence, 21 sept. 2006 : *JCP 2006. II. 10202, note Rizzo.*

20. Information d'un tiers. L'obligation d'adresser dans les huit jours à la ligue nationale de rugby le contrat ou l'avenant conclu entre un joueur et un club n'est pas prescrite à peine de nullité. • Soc. 17 mars 2010, n° 07-44.468 P.

D. PROFESSION PROHIBÉE

21. Occultisme, astrologie. BIBL. Bruschi, *RRJ 1991/1. 189.* – Najjar, *Mél. Terré, Dalloz/PUF/Juris-Classeur, 1999, p. 701.* ♦ Nullité pour cause illicite d'un contrat de vente de matériel d'occultisme (sous l'empire de l'ancien art. R. 34-7° C. pén.). • Civ. 1re, 12 juill. 1989, n° 88-11.443 P : *GAJC, 11e éd., n° 155* ; *JCP 1990. II. 21546, note Dagorne-Labbe ; Defrénois 1990. 358, obs. Aubert.* ♦ ... Du contrat de présentation de clientèle d'astrologue (sous l'empire de l'ancien art. R. 34-7° C. pén.). • Civ. 1re, 10 févr. 1998, n° 96-15.275 P : *D. 2000. 442, note Gannagé* ; *JCP 1998. II. 10142, note Fages ; JCP N 1998. 1626, note Bolze ; CCC 1998, n° 57, note Leveneur ; Defrénois 1998. 732, obs. Delebecque ; RTD civ. 1998. 669, obs. Mestre* .

IV. RELATIONS DE TRAVAIL ET ORDRE PUBLIC

A. CLAUSES DE NON-CONCURRENCE

1° CONTRAT DE TRAVAIL

22. Principe. Lorsqu'elle a pour effet d'entraver la liberté de se rétablir d'un salarié, actionnaire ou associé de la société qui l'emploie, la clause de non-concurrence signée par lui n'est licite que si elle est indispensable à la protection des intérêts légitimes de l'entreprise, limitée dans le temps et dans l'espace, qu'elle tient compte des spécificités de l'emploi du salarié et comporte l'obligation pour la société de verser à ce dernier une contrepartie financière, ces conditions étant cumulatives. • Com. 15 mars 2011, n° 10-13.824 P : *D. 2011. 943, obs. Ines* ; *ibid.*

1261, note Picod ; Rev. sociétés 2011. 620, note Godon ; RDT 2011. 306, obs. Auzero ; RTD civ. 2011. 348, obs. Fages ; RTD com. 2011. 361, obs. Constantin ; JCP 2011. 953, obs. Ghestin ; ibid. 692, note Khodri ; CCC 2011, n° 138, obs. Leveneur ; RLDC 2011/82, obs. (application à une clause insérée dans un pacte d'actionnaires). ♦ Rappr. : • Com. 8 oct. 2013 : *D. 2013. 2741, note Favario ; Rev. sociétés 2014. 102, note Barbièri ; Dr. soc. 2014. 174, obs. Mouly.*

Du fait de l'existence de la contrepartie financière, la clause de non-concurrence est stipulée dans l'intérêt de chacune des parties au contrat, de sorte que l'employeur, sauf clause contraire, ne peut y renoncer unilatéralement. • Soc. 11 mars 2015, n° 13-22.257 P : *D. 2015. 689 ; Dr. soc. 2015. 465, obs. Mouly.*

23. Conditions de validité, durée, espace, intérêt. BIBL. Baugard, *RLDC 2012/ 97, n° 4798.* – Damy, *JCP E 2008. 1025.* – Damy et Pelli, *JCP 2008. I. 133.* – Stulz, *LPA 24 oct. 2003.* ♦ Une convention ne peut porter atteinte à la liberté du travail que si l'interdiction par elle formulée n'est pas illimitée dans le temps, dans l'espace et quant à la nature de l'activité exercée, la restriction devant être appréciée en fonction de ces trois critères. • Com. 20 mars 1973, n° 72-10.760 P : *R. 1973-1974, p. 41 ; JCP 1975. II. 18076.* ♦ Apportant une restriction à la liberté du commerce et à la liberté du travail, une clause de non-concurrence n'est licite que dans la mesure où la restriction de liberté qu'elle entraîne est indispensable à la protection des intérêts légitimes de l'entreprise. • Soc. 19 nov. 1996, n° 94-19.404 P : *Dr. soc. 1997. 95, obs. Couturier* • 7 avr. 1998, n° 95-42.495 P : *D. 1999. Somm. 107, obs. Serra ; JCP 1999. II. 10164, note Raison-Rebufat.* ♦ V. déjà : • Soc. 14 mai 1992, n° 89-45.300 P : *R., p. 247 ; D. 1992. 350, note Serra ; JCP 1992. II. 21889, note Amiel-Donat* (entreprise de nettoyage et laveur de vitres : illicéité de la clause).

24. Persistance de la clause de non-concurrence. La clause de non-concurrence prenant effet à compter de la rupture du contrat de travail, la cessation d'activité ultérieure de l'employeur n'a pas pour effet de décharger le salarié de son obligation de non-concurrence. • Soc. 21 janv. 2015, n° 13-26.374 P : *D. 2015. 271 ; Dr. soc. 2015. 206, note Tournaux.* ♦ Si, malgré la clause, un salarié quittant l'entreprise peut valablement exercer son travail par entente entre lui et ses deux employeurs successifs, les deux entreprises appartenant au même groupe économique et n'étant pas en situation réelle de concurrence, la clause reprend pleinement ses effets le jour où le contrat avec le second employeur est rompu. • Soc. 12 sept. 2018, n° 17-10.853 P : *D. 2018. 1812 ; Dr. soc. 2018. 1061, obs. Mouly ; RDT 2018. 758, obs. Bento de Carvalho ; RTD civ. 2018. 894, obs. Barbier.*

25. ... Contrepartie financière. Une clause de non-concurrence n'est licite que si elle est indispensable à la protection des intérêts légitimes de l'entreprise, limitée dans le temps et dans l'espace, qu'elle tient compte des spécificités de l'emploi du salarié et comporte l'obligation pour l'employeur de verser au salarié une contrepartie financière, ces conditions étant cumulatives. • Soc. 10 juill. 2002, n° 99-43.334 P : *R., p. 349 ; BICC 15 sept. 2002, concl. Kehrig ; D. 2002. 2491, note Serra (deux arrêts) ; ibid. Somm. 3111, obs. Pélissier ; D. 2003. Somm. 1222, obs. Thullier ; JCP 2002. II. 10162, note F. Petit ; ibid. 2003. I. 130, n° 1, obs. Morvan ; JCP E 2002. 1511, note Corrignan-Carsin ; ibid. 2003. 585, n° 11, obs. Masquefa ; Gaz. Pal. 2002. 1769, concl. Kehrig ; Defrénois 2002. 1619, obs. Libchaber ; LPA 31 janv. 2003, note Damas ; RTD civ. 2003. 58, obs. Hauser ; RDC 2003. 17, obs. Rochfeld ; ibid. 142 et 148, obs. Radé* • 18 sept. 2002, n° 99-46.136 P • 23 janv. 2003, n° 00-44.882 P : *D. 2003. IR 531* • 24 juin 2003 : *D. 2004. Somm. 1161, obs. Gomy.* ♦ La clause prévoyant une contrepartie financière versée en cours d'exécution du contrat de travail est nulle. • Soc. 22 juin 2011, n° 09-71.567 P : *D. 2011. 1829.* ♦ Est nulle la clause de non-concurrence qui ne prévoit une contrepartie financière qu'en cas de rupture du contrat de travail à l'initiative de l'employeur. • Soc. 31 mai 2006, n° 04-44.598 P : *D. 2007. Pan. 180, obs. Condemine ; JCP E 2006. 2380, note Béal ; LPA 11 oct. 2006, note Beyneix.* ♦ ... Ou qu'en cas de rupture à l'initiative du salarié. • Soc. 27 févr. 2007, n° 05-44.984 P : *D. 2007. Pan. 2262, obs. Desbarats ; LPA 13 avr. 2007, note Pierroux.* ♦ ... Ou qui ne prévoit qu'une contrepartie financière dérisoire, ce qui équivaut à une absence de contrepartie. • Soc. 15 nov. 2006, n° 04-46.721 P : *D. 2006. IR 2946 ; JCP 2007. II. 10039, note Corrignan-Carsin ; CCC 2007, n° 21, note Malaurie-Vignal.*

En sens inverse, nullité pour absence de cause licite de la clause accordant aux salariés une compensation d'un montant disproportionné, alors que la pénalité prévue à leur encontre en cas de violation de leur obligation de non-concurrence était dérisoire et que la société rencontrait alors d'importantes difficultés qui allaient entraîner sa cession. • Soc. 4 nov. 2020, n° 19-12.279 P : *Dr. soc. 2021. 75, obs. Mouly.*

Sur l'application immédiate de l'exigence de la contrepartie financière, V. note 16 ss. art. 5. ♦ La contrepartie financière n'est pas due si le contrat de travail a pris fin par le décès du salarié. • Soc. 29 oct. 2008, n° 07-43.093 P : *D. 2009. Pan. 1441, obs. Robinne.* ♦ Selon l'art. 6-1 du Pacte du 16 déc. 1966, applicable en droit interne, y compris en Alsace-Moselle, le droit au travail comprend la possibilité qu'a toute personne de gagner sa vie par un travail librement choisi ou accepté, ce qui s'oppose à ce qu'un salarié, tenu au respect d'une obligation de non-concurrence, soit privé de toute contrepartie financière au motif qu'il a été licencié pour faute grave. • Soc. 16 déc. 2008, n° 05-40.876 P : *D. 2009. AJ 233* • Soc. 16 mai 2012, n° 11-10.760 P. ♦ Le salarié dont le licenciement a été annulé et qui demande sa réintégration ne peut prétendre à l'indemnisation du préjudice lié au respect, après la rupture de son contrat de travail, d'une clause de non-concurrence dépourvue de contrepartie financière. • Soc. 26 mars 2013 : *D. 2013. 927*.

26. Contrôle de la Cour de cassation. Sur le contrôle par la Cour de cassation des conditions de validité des clauses, V. • Com. 17 déc. 2002 : *D. 2004. Somm. 1156, obs. Auguet* • 1er juill. 2003 : *D. 2004. Somm. 1153, obs. Picod* • Civ. 1re, 16 nov. 2004, n° 01-17.356 P : *CCC 2005, n° 41, note Leveneur.*

27. Date d'appréciation. La validité de la clause de non-concurrence doit être appréciée à la date de sa conclusion et la convention collective intervenue postérieurement ne peut avoir pour effet de couvrir la nullité qui l'affecte. • Soc. 28 sept. 2011, n° 09-68.537 P.

28. Clause du contrat de travail relative à l'obligation de non-concurrence. La clause d'un contrat de travail aux termes de laquelle l'employeur se réserve la faculté, après la rupture du contrat de travail, qui fixe les droits des parties, d'imposer une obligation de non-concurrence, est nulle. • Soc. 12 févr. 2002, n° 00-41.765 P : *D. 2002. 2011, note Puigelier ; ibid. Somm. 2089, obs. C. Mathieu*. ♦ La disposition selon laquelle l'employeur a la faculté de renoncer à tout moment aux obligations prévues par la clause de non-concurrence, laissant le salarié dans l'incertitude de sa liberté de travailler, est nulle et sa nullité s'étend à la clause dans son ensemble. • Soc. 2 déc. 2015, n° 14-19.029 P.

29. Sanction : nullité partielle de la clause. La clause de non-concurrence qui minore la contrepartie financière en cas de licenciement disciplinaire n'est pas nulle mais doit être réputée non écrite en ses seules dispositions minorant la contrepartie. • Soc. 8 avr. 2010, n° 08-43.056 P : *D. 2010. 1085, obs. Perrin ; RDC 2010. 1199, obs. Génicon.* ♦ Doit être réputée non écrite la minoration par les parties, dans le cas d'un mode déterminé de rupture du contrat de travail, de la contrepartie pécuniaire d'une clause de non-concurrence. • Soc. 9 avr. 2015, n° 13-25.847 P : *D. 2015. 872* (minoration pour une démission appliquée à une rupture conventionnelle). ♦ La stipulation du contrat de travail minorant en cas de démission la contrepartie financière de la clause de non-concurrence est réputée non écrite, les parties ne pouvant dissocier les conditions d'ouverture de l'obligation de non-concurrence de celles de son indemnisation. • Soc. 25 janv. 2012, n° 10-11.590 P : *D. 2012. 443*.

30. ... Dommages-intérêts. La stipulation dans le contrat de travail d'une clause de non-concurrence nulle cause nécessairement un préjudice au salarié. • Soc. 30 mars 2011, n° 09-70.306 P : *D. 2011. 1087, obs. Ines*. ♦ *Contra* : • Soc. 25 mai 2016, n° 14-20.578 P : *D. 2016. 2484 , Dr. soc. 2016. 650, note Tournaux ; ibid. 773, obs. Mouly ; RDT 2016. 557, obs. Bento de Carvalho* (absence de préjudice en présence d'une clause illicite). ♦ Le salarié qui a respecté une clause de non-concurrence illicite en l'absence de contrepartie financière peut prétendre à des dommages-intérêts. • Soc. 18 mars 2003, n° 00-46.358 P. ♦ ... Que les juges du fond évaluent souverainement. • Soc. 29 avr. 2003, n° 01-42.026 P : *D. 2004. Somm. 1161, obs. Gomy*. ♦ Le respect par le salarié d'une clause de non-concurrence illicite lui cause nécessairement un préjudice. • Soc. 11 janv. 2006, n° 03-46.933 P : *R., p. 262* • 22 mars 2006, n° 04-45.546 P : *JCP 2006. I. 166, n° 3, obs. Stoffel-Munck* • 15 nov. 2006 : *préc. note 25* • 9 mai 2007 : *D. 2008. Pan. 250, obs. Robinne*. ♦ Le salarié qui respecte une clause de non-concurrence nulle a droit à une indemnisation ; l'employeur ne peut obtenir la restitution des sommes versées au titre d'une clause nulle, le salarié ayant respecté la clause pendant plusieurs mois après la rupture du contrat de travail. • Soc. 17 nov. 2010, n° 09-42.389 P : *D. actu. 8 déc. 2010, obs. Perrin.*

31. ... Inopposabilité, nullité. Une clause de non-concurrence dépourvue de contrepartie financière peut être, en référé, déclarée inopposable au salarié. • Soc. 25 mai 2005, n° 04-45.794 P : *R., p. 278 ; D. 2005. IR 1586, obs. Chevrier ; ibid. Pan. 2456, obs. Robinne ; LPA 8 juill. 2005, note Touchent ; RDC 2005. 1108, obs. Radé.* ♦ Seul le salarié peut se prévaloir de la nullité de la clause de non-concurrence ne comportant pas de contrepartie financière. • Soc. 25 janv. 2006, n° 04-43.646 P : *D. 2008. Pan. 250, obs. Robinne ; JCP S 2006. 1211, note Verkindt.*

32. ... Limitation de la portée de la clause. Le juge, en présence d'une clause de non-concurrence même indispensable à la protection des intérêts légitimes de l'employeur, peut, lorsqu'elle ne permet pas au salarié d'exercer une activité conforme à sa formation et à son expérience, en restreindre l'application en en limitant l'effet dans le temps, l'espace ou ses autres modalités. • Soc. 18 sept. 2002, n° 00-42.904 P : *R., p. 350 ; D. 2002. 3229, note Serra ; JCP 2003. I. 130, n° 2, obs. Morvan ; Defrénois 2002. 1619, obs. Libchaber ; RDC 2003. 150, obs. Radé.*

33. ... Majoration de la contrepartie (non). Le juge ne peut, après avoir décidé de l'annulation de la clause compte tenu du caractère dérisoire de la contrepartie financière, accorder au salarié la contrepartie qu'il estime justifiée. • Soc. 16 mai 2012 : *préc. note 25.*

2° AUTRES CONTRATS

34. Conseils juridiques. L'interdiction s'imposant au conseil juridique de faire obstacle à l'établissement de son collaborateur lors de la cessation de sa collaboration (Décr. 13 juill. 1972, art. 66) en application du principe général de la liberté d'entreprendre n'est pas incompatible avec des mesures qui, tendant seulement à la protection d'un droit légitime, ne sont illimitées ni dans le temps, ni dans l'espace et laissent au collaborateur une possibilité de travail dans sa spécialité. • Civ. 1re, 26 mars 1996, n° 93-19.059 P (validité de la clause interdisant pendant trois ans d'intervenir pour un client de l'ancien employeur). ♦ Comp. • Civ. 1re, 26 mars 1996, n° 93-18.657 P. ♦ Pour un abus de droit dans l'imposition d'une clause de non-rétablissement étendue sans utilité au delà de ce qui était nécessaire, dans l'intention d'empêcher l'acquisition : • Com. 13 juin 1995 : *RTD civ. 1997. 129, obs. Mestre*.

35. Mandataire d'assurance. Au regard du caractère exclusivement libéral de l'activité d'un mandataire d'assurance, la validité de la clause de non-réinstallation n'est pas subordonnée à l'octroi d'une contrepartie financière. • Civ. 1re, 2 oct. 2013, n° 12-22.846 P : *D. 2013. 2622, note Bahurel ; RLDC 2014/113, n° 5326, obs. Pezzella.*

36. Agents commerciaux. Selon l'art. L. 134-14 C. com., le contrat d'agent commercial peut contenir une clause de non-concurrence ; cette clause doit concerner le secteur géographique ainsi que le type de biens ou de services pour lesquels l'agent exerce la représentation ; les juges du fond ne peuvent déclarer nulle une clause de non-concurrence sans vérifier de façon concrète que cette clause avait pour effet d'empêcher les anciens agents d'exercer toute activité professionnelle. • Com. 4 juin 2002, n° 00-14.688 P : *D. 2003. Somm. 904, obs. Picod ; JCP 2003. II. 10164, note Licari ; Gaz. Pal. 2003. Somm. 1112, obs. Guével ; CCC 2002, n° 153, note Leveneur.* ♦ Ils ne peuvent rejeter la demande en nullité de la clause sans rechercher si elle était disproportionnée à l'objet du contrat de mandat. • Com. 9 juill. 2002 : *D. 2003. Somm. 902, obs. Auguet ; CCC 2003, n° 5, note Malaurie-Vignal.*

37. Gérant non salarié. Une clause de non-concurrence introduite dans le contrat d'un gérant non salarié de succursale de maison d'alimentation de détail n'est licite que si elle comporte l'obligation pour la société de distribution de verser au gérant une contrepartie financière. • Soc. 8 déc. 2009, n° 08-42.089 P : *D. 2010. 97* • 28 sept. 2011, n° 10-21.294 P : *D. 2011. 2407* • 9 janv. 2013, n° 11-26.418 P : *D. 2013. 180* • 27 mars 2013, n° 12-12.892 P.

B. AUTRES CLAUSES

38. Clause de « clientèle ». La clause dite « de clientèle » qui interdit au salarié, en cas de cessation du contrat de travail, de contracter directement ou indirectement avec des clients de l'ancien employeur, même sur sollicitation de leur part, c'est-à-dire sans manquement à son obligation de loyauté, est une clause de non-concurrence, illicite en ce qu'elle est dépourvue de contrepartie financière et non limitée dans le temps et l'espace. • Soc. 27 oct. 2009, n° 08-41.501 P.

39. Clause de non-sollicitation. Sur la question de la validité de cette clause, V. Stoffel-Munck, note ss. • Lyon, 12 juill. 2005 : *JCP E 2006. 1609.* ♦ *Adde :* • Com. 10 mai 2006, n° 04-10.149 P : *D. 2007. Pan. 180, obs. Condemine ; JCP 2006. I. 176, nos 14 s., obs. Grosser ; JCP E 2006. 2298, note Vatinet ; RTD civ. 2007. 111, obs. Mestre et Fages* • 11 juill. 2006 : *CCC 2006, n° 232, note Malaurie-Vignal* (la clause de non-sollicitation n'est ni une variante, ni une précision de la clause de non-concurrence). ♦ V. aussi, sur la distinction entre clause de non-sollicitation et clause de non-concurrence : • Soc. 13 juin 2007 : *CCC 2007, n° 248, note Malaurie-Vignal.*

40. Clause d'exclusivité. La clause par laquelle un salarié s'engage à consacrer l'exclusivité de son activité à un employeur porte atteinte à la liberté du travail et n'est valable que si elle est indispensable à la protection des intérêts légitimes de l'entreprise et si elle est justifiée par la nature de la tâche et proportionnée au but recherché. • Soc. 11 juill. 2000, n° 98-43.240 P (inopposabilité au salarié d'une clause d'emploi exclusif et à temps partiel) • 11 mai 2005, n° 03-40.837 P : *D. 2006. Pan. 30, obs. Escande-Varniol* (*idem*). ♦ Dans le même sens, mais retenant la nullité de la clause : • Soc. 25 févr. 2004, n° 01-43.392 P : *JCP E 2004. 1859, n° 8, obs. J. Raynaud* (indemnisation du salarié pour le préjudice résultant de la clause illicite).

41. Clause de mobilité. La clause de mobilité par laquelle le salarié lié par contrat de travail à une société s'est engagé à accepter toute mutation dans une autre société, alors même que cette société appartiendrait au même groupe, est nulle. • Soc. 19 mai 2016, n° 14-26.556 P : *D. 2016. 1144 ; Dr. soc. 2016. 650, note Tournaux ; RDT 2016. 482, obs. Reynès ; JCP 2016, n° 649, note Casey.*

42. Clause d'autorisation d'une activité complémentaire. La clause par laquelle l'employeur soumet l'exercice, par le salarié engagé à temps partiel, d'une autre activité professionnelle à une autorisation préalable porte atteinte au principe fondamental du libre exercice d'une activité professionnelle et n'est valable qui si elle est indispensable à la protection des intérêts légitimes de l'entreprise et si elle est justifiée par la nature de la tâche à accomplir et proportionnée au but recherché. • Soc. 16 sept. 2009, n° 07-45.346 P : *D. 2009. 2284, obs. Maillard*.

43. Clause de non-réinstallation. Absence de validité d'une clause de non-réinstallation contenue dans le règlement intérieur d'une société civile de moyen qui n'est pas conforme à l'objet de la société tel que prévu par les statuts, son application aboutissant à restreindre considérablement les droits des associés manifestant la volonté de se retirer, voire à vider de leur substance les dispositions statutaires qui régissent cette faculté de retrait. • Com. 1er mars 2011 : *cité note 4 ss. art. 1854.* ♦ Les clauses de non-réinstallation conclues entre professionnels de santé, susceptibles de porter atteinte tant à la liberté d'exercice de la profession qu'à la liberté de choix des patients, sont d'interprétation stricte et ne peuvent être étendues au-delà de leurs prévisions. • Civ. 1re, 4 févr. 2015, n° 13-26.452 P : *D. 2015. 379*.

44. Clause de non-réaffiliation. Contrôle de proportionnalité de la clause de non-réaffiliation par rapport aux intérêts légitimes du franchiseur : • Com. 3 avr. 2012, n° 11-16.301 P : *D. 2012. 1119, obs. Chevrier*. ♦ Inapplication à une clause de non-réaffiliation de l'exigence de contrepartie financière : • Com. 31 janv. 2012, n° 11-11.071 P : *D. 2012. 501, obs. Chevrier ; ibid. 2013. 732, obs. Ferrier ; CCC 2012, n° 83, obs. Leveneur ; RDC 2013. 878, obs. Grimaldi.*

45. Clause de discrétion. Une clause de « discrétion », imposant au salarié la confidentialité des informations détenues par lui et concernant la société, ne porte pas atteinte au libre exercice d'une activité professionnelle, et n'ouvre dès lors pas droit à contrepartie financière. • Soc. 15 oct. 2014, n° 13-11.524 P : *D. 2014. 2118*.

46. Clause d'objectif. Est réputée non écrite la clause qui, dans le contrat d'un agent commercial, qualifie le défaut d'obtention d'un chiffre d'affaires minimum de faute grave. • Com. 28 mai 2002, n° 00-16.857 P : *D. 2002. Somm. 3004, obs. Ferrier ; D. 2003. Somm. 459, obs. Delebecque ; JCP E 2002. 1842, note Perruchot-Triboulet ; RTD civ. 2003. 85, obs. Mestres et Fages*.

47. Clauses de dédit-formation. Conditions de validité des clauses de dédit-formation : V. • Soc. 4 févr. 2004, n° 01-43.651 P : *JCP 2004. I. 177, n° 3, obs. Bousez ; RDC 2004. 720, obs. Radé* • 16 mai 2007 : *RDT 2007. 450, obs. Auzero* • 23 oct. 2013 : *D. 2014. Chron. C. cass. 302, obs. Ducloz ; Dr. soc. 2014. 11, note Tournaux ; ibid. 77, obs. Canut* (nullité de la clause stipulant qu'en cas de départ prématuré, le salarié devra rembourser les rémunérations qu'il a perçues durant sa formation).

48. Convention ou accord collectif. V. note 22 ss. art. 6.

49. Accident du travail. Nullité d'un protocole d'accord prévoyant la renonciation du salarié à poursuivre l'employeur pour faute inexcusable (CSS, art. L. 482-4). • Civ. 2e, 1er juin 2011, n° 10-20.178 P : *RLDC 2011/84, n° 4302, obs. Bugnicourt.*

50. Clause de cession des actions détenues par le salarié. N'est pas illicite la clause prévoyant la décote de la valeur des actions détenues par un salarié en cas de licenciement, cette clause participant de l'équilibre général du contrat et s'inscrivant dans un processus d'amélioration de la rémunération de l'intéressé mais également d'association à la gestion et d'intéressement au développement de la valeur de l'entreprise, en contrepartie de son activité au profit de cette entreprise. • Com. 7 juin 2016, n° 14-17.978 P : *D. 2016. 2042, note Baugard et Borga ; ibid. 2017. 375, obs. Mekki ; AJCA 2016. 391, obs. Coupet ; Rev. sociétés 2017. 85, note Marjault ; RTD civ. 2016. 614, obs. Barbier ; JCP 2016, n° 957, note Chaccornac ; RDC 2017. 21, note Savaux.*

V. AUTRES HYPOTHÈSES

51. Associations à objet illicite. Action en dissolution d'une association à objet illicite : V. • Civ. 1re, 7 févr. 2006, n° 03-12.804 P : *JCP 2006. II. 10073, note de Monredon ; Gaz. Pal. 2006. 3270, note Blanc ; RTD civ. 2007. 57, obs. Deumier* (association taurine : rejet, en l'espèce, en raison de l'inapplicabilité du délit de l'art. 521-1 C. pén. – actes de cruauté envers animaux – lorsque est constatée une tradition taurine locale ininterrompue).

52. Cadavres. Le contrat d'assurance qui garantit la tenue d'une exposition de cadavres humains jugée illicite est nul pour illicéité de la cause. • Paris, 5 févr. 2013 : *JCP 2013, n° 195, obs. Byk ; ibid., n° 411, note Loiseau.*

53. Libéralités. Cassation de l'arrêt ayant déclaré valable un acte de révocation d'une donation, au motif que les mobiles ayant présidé à la révocation de la donation sont indifférents, la révocation conventionnelle d'une donation ne se heurtant à aucune interdiction légale et étant toujours possible sans que les parties n'aient à en justifier les raisons, alors que la cour d'appel aurait dû rechercher, comme cela lui était demandé, si la cause de l'acte révocatoire ne résidait pas dans la volonté des parties de contourner les dispositions d'ordre public de l'art. 922. • Civ. 1re, 30 nov. 2022, n° 21-11.507 B : *D. 2023. 215, note François ; ibid. 254, obs. Boffa et Mekki ; AJ fam. 2023. 58, obs. Levillain*.

CHAPITRE III *[ABROGÉ]* DE L'EFFET DES OBLIGATIONS

(Abrogé par Ord. n° 2016-131 du 10 févr. 2016, à compter du 1er oct. 2016)

BIBL. GÉN. ▶ V. Bibl. gén. précédant art. 1101.

SECTION 1 *[ABROGÉE]* Dispositions générales

(Abrogée par Ord. n° 2016-131 du 10 févr. 2016, à compter du 1er oct. 2016)

Ancien art. 1134 *(Abrogé par Ord. n° 2016-131 du 10 févr. 2016, à compter du 1er oct. 2016)* ***Les conventions légalement formées tiennent lieu de loi à ceux qui les ont faites.***

Elles ne peuvent être révoquées que de leur consentement mutuel, ou pour les causes que la loi autorise.

Elles doivent être exécutées de bonne foi.

Comp. C. civ., art. 1103 (force obligatoire), 1104 (bonne foi), 1193 (interprétation), et précédemment le projet de réforme du 25 févr. 2015, art. 1103 (Projet) (bonne foi), 1188 s. (Projet) (interprétation, dénaturation), 1194 (Projet) (effet obligatoire des conventions).

Le contrat de travail est exécuté de bonne foi (C. trav., art. L. 1222-1).

BIBL. ▶ P. Ancel, *RTD civ. 1999. 771* (force obligatoire et contenu obligationnel du contrat). – Anselme-Martin, *LPA janv. 1997, n° 10, p. 17* (devoir d'exécuter les conventions de bonne foi) ; *Mél. B. Gross, PU Nancy, 2009, 21* (sentiment de confiance). – Antippas, *RTD civ. 2013. 27* (bonne foi précontractuelle comme fondement de l'obligation de maintien de l'offre durant le délai indiqué). – Aynès, *Archives Phil. dr., t. 44, 2000, p. 195* (obligation de loyauté). – Billiau, *Études Ghestin, LGDJ, 2001, p. 119* (force obligatoire). – Bimes-Arbus, *RRJ 2001/4. 1371* (évolution de la commutativité). – Chazal, *RTD civ. 2001. 265* (signification du mot « loi » dans l'art. 1134, al. 1er). – Cohen, *1804-2004 Le code civil, Dalloz, 2004, p. 517* (bonne foi contractuelle). – Denis, *Études Flour, Defrénois, 1979, p. 117* (clause de style). – Ganzer, *RRJ 1995/2. 475* (mentions en blanc dans les contrats). – Granotier, *D. 2014. 1960* (droit unilatéral de rompre le contrat : de la clause de dédit à la clause de *break up fees*). – de Girard et Pascaud, *D. 2009. Chron. 2233* (garanties de passif). – Gridel, *RLDC 2013/100, n° 4928* (déloyauté, fait générateur de résiliation et responsabilité). – Gridel et Laithier, *JCP 2008. I. 143* (sanctions civiles de l'inexécution du contrat). – Jabbour, La bonne foi dans l'exécution du contrat, *LGDJ, 2016*. – Jamin, *D. 2002. Chron. 901* (interprétations de l'art. 1134). – X. Lagarde, *RTD civ. 2002. 435* (aspects civilistes des relations individuelles de travail). – Laithier, *D. 2014. 33* (clause contraire pour l'obligation d'exécuter le contrat de bonne foi ?) ; *ibid. 2015. 746* (consécration de l'exécution de bonne foi par la Cour suprême canadienne). – Mainguy, Droit et loyauté, *Dalloz, 2015, p. 5*. – D. Mazeaud, *Mél. Terré, Dalloz/PUF/Juris-Classeur, 1999, p. 603* (loyauté, solidarité, fraternité dans le contrat) ; *Mél. Serra, Dalloz, 2006, p. 271* (sur des arrêts récents en matière de liberté contractuelle) ; *Mél. Payet, Dalloz, 2011, p. 439* (sécurité juridique versus moralité contractuelle). – Moret-Bailly, *RRJ 2001/2. 489* (clause constatant une situation de fait). – Moury, *D. 2000. Chron. 382* (l'économie du contrat). – Muir Watt, *Mél. Jeantin, Dalloz, 1999, p. 57* (*reliance* et définition du contrat). – Najjar, *D. 2012. Chron. 758* (l'éventuel). – Paisant, Jamin, D. Mazeaud, Leveneur et Mestre, *Dr. et patr. 3/1998. 41* (dossier sur l'intangibilité du contrat). – Pons, *LPA 8 avr. 2008* (modification d'un élément essentiel). – Paillusseau, *Dr. et patr. 2/2009. 34* (liberté contractuelle et cessions de contrôle). – Ancel et Brun, *ibid., mai 1998, p. 68 et 78* (même thème). – Revet, *Mél. Cabrillac, Litec, 1999, p. 277* (clause légale). – Savova et Kennedy, *AJCA 2015. 8* (gestion contractuelle de la rupture). – Simon, *LPA 22 juill. 2009* (franchisé et bonne foi). – Tauran, *RDSS 2015. 903* (la mise en œuvre du droit des obligations dans le contentieux de la sécurité sociale). – Willmann, *JCP E 1999. 900* (bonne foi contractuelle et convictions religieuses). – *R. 2011, p. 128* (résolution unilatérale du contrat aux risques et périls de son auteur).

▶ **Dossier :** *Gaz. Pal. 2009. 893* (bonne foi en droit des affaires) ; *AJCA 2015. 8* (la rupture des contrats d'affaires).

1° FORCE OBLIGATOIRE DES CONVENTIONS

1. *Interprétation des conventions.* Recherche de la commune intention des parties : V. art. 1188 s. et la jurisprudence citée ♦ Contrôle de la dénaturation : V. art. 1192 et la jur. citée. ♦ Réfection des contrats défectueux : V. notes ss. art. 1103.

2. *Principe d'intangibilité des conventions.* Nécessité d'un nouvel accord pour modifier le contrat : V. art. 1193 et la jurisprudence citée. ♦ Existence, portée et effets de l'accord révocatoire : V. art. 1193 et la jurisprudence citée. ♦ Tempérament au principe d'intangibilité résultant d'une clause du contrat : V. notes ss. art. 1193. ♦ Tempéraments légaux au principe d'intangibilité : V. notes ss. art. 1193. – *Adde* art.

1195 (admission de la révision pour imprévision). ♦ Tempéraments jurisprudentiels au principe d'intangibilité : V. notes citée ss. art. 1193 (réduction des honoraires des mandataires ou de certains prestataires de service ; réfection des contrats défectueux).

2° REFUS DE LA RÉVISION POUR IMPRÉVISION

BIBL. R. David, *Études Jauffret, Fac. droit Aix-Marseille, 1974, p. 211* (l'imprévision dans les droits européens). – Hébraud, *Mél. Kayser, PU Aix-Marseille, 1979, t. 2, p. 1* (notion et rôle du temps en droit civil). – Deffains et Ferey, *RTD civ. 2010. 719* (théorie économique de l'imprévision). – Lécuyer, *Mél. Terré, Dalloz/PUF/Juris-Classeur, 1999, p. 643* (le contrat, acte de prévision). – Mekki, *JCP 2010, n° 1219 1257* (hardship et révision des contrats). – Ménard, *Études Ghestin, LGDJ, 2001, p. 661* (imprévision et contrats de longue durée). – Savaux, *RDC 2010. 1057.* – Stoffel-Munck, *AJCA 2015. 262* (la résiliation pour imprévision – la réforme en pratique). – Dossier, *RLDC 2009/62, n°s 3515 s.* (contrats à l'épreuve de la crise). – Actes, *RDC 2010. 379* (prévisions contractuelles à l'épreuve de la crise).

3. Impossibilité pour le juge judiciaire de modifier la convention des parties en raison d'un changement de circonstances. La règle que consacre l'art. 1134 anc. est générale et absolue et régit les contrats dont l'exécution s'étend à des époques successives de même que ceux de toute autre nature. Dans aucun cas il n'appartient aux tribunaux, quelque équitable que puisse leur paraître leur décision, de prendre en considération le temps et les circonstances pour modifier les conventions des parties et substituer des clauses nouvelles à celles qui ont été librement acceptées par les contractants. • Civ. 6 mars 1876, *De Gallifet c/ Cne de Pelissanne (affaire du Canal de Craponne) : GAJC, 11e éd., n° 163 ; DP 1876. 1. 193, note Giboulot ; S. 1876. 1. 161.* ♦ Solution maintenue : V. • Civ. 6 juin 1921 : *préc. note 7* (bail à cheptel, refus de prendre en compte l'augmentation du prix du bétail à la suite de la première guerre mondiale. – V. depuis, L. 4 juin 1941 modifiant l'art. 1826) • Civ. 14 nov. 1933 : *Gaz. Pal. 1934. 1. 58* (livraison périodique de charbon à prix fixe) • Com. 18 janv. 1950 : *D. 1950. 227* (prix de série rendu insuffisant du fait de l'augmentation des salaires) • Com. 18 déc. 1979 : *Bull. civ. IV, n° 339 ; RTD civ. 1980. 780, obs. Cornu* (cassation d'un arrêt ayant augmenté le tarif d'un contrat de magasinage en raison de circonstances économiques nouvelles) • Civ. 3e, 30 mai 1996 : *CCC 1996, n° 185, obs. Leveneur* (impossibilité de remettre en cause une clause prévoyant que le locataire ne pourrait être indemnisé du préjudice que lui causerait la durée des travaux dans les parties communes) • Civ. 3e, 18 mars 2009 : *cité note 5 ss. art. 1742* (impossibilité de convertir, au décès du bailleur, le loyer modéré, tenant compte de la surveillance par le locataire du bailleur âgé, en complément de loyer, faute d'une telle prévision dans le bail). ♦ Sur le refus de prendre en considération une clause d'usage non exprimée aboutissant à la révision du contrat, V. • Rouen, 29 nov. 1968 : *RTD civ. 1969. 561, obs. Loussouarn.*

4. Consécration de la révision pour imprévision par l'Ord. du 10 févr. 2016. Possibilité pour une des parties de demander une renégociation du contrat, en cas de changement de circonstances imprévisibles lors de sa conclusion, et en rendant l'exécution excessivement onéreuse : V. art. 1195.

5. Admission de la révision pour imprévision par la juridiction administrative. V. • CE 30 mars 1916, *Cie générale d'éclairage de Bordeaux : GAJA, 15e éd., n° 31 ; D. 1916. 3. 25, concl. Chardenet ; S. 1916. 3. 17, concl. Chardenet, note Hauriou* (constatant qu'une hausse imprévisible du charbon avait bouleversé l'économie d'un contrat de concession, le Conseil d'État reconnaît au concessionnaire un droit à une indemnité contre l'autorité concédante). ♦ *Adde* • CE 9 déc. 1932, *Cie des tramways de Cherbourg : D. 1933. 3. 17, concl. Josse, note Pelloux ; S. 1933. 3. 9, concl. Josse, note P. Laroque* (le bouleversement du contrat doit être dû a un événement imprévisible, extérieur aux parties et ne présenter qu'un caractère temporaire car si le déséquilibre est définitif, il y a lieu de résilier le contrat).

3° RÉVOCATION OU RÉSILIATION DES CONVENTIONS

6. Révocation ou résiliation par accord des parties. Existence, portée et effets de l'accord révocatoire : V. art. 1193 et la jurisprudence citée. ♦ Clauses de rétractation ou de résiliation unilatérale : V. notes ss. art. 1193.

7. Causes légales de révocation ou de résiliation unilatérale. Contrats à durée indéterminée : V. art. 1211 et la jurisprudence citée. ♦ Contrats à durée déterminée : V. art. 1212 s. et la jurisprudence citée.

4° EXÉCUTION DE BONNE FOI DES CONVENTIONS

8. Principe de bonne foi. Caractère d'ordre public du principe de bonne foi pris en compte dans la négociation et la formation du contrat, comme dans son exécution : V. art. 1104 et la jurisprudence citee

9. Conséquences de l'exigence de bonne foi. Devoirs associés à l'exigence de bonne foi (devoir de loyauté de loyauté et devoir de coopération) : V. jurisprudence citée. ss. art. 1104. ♦ Refus d'appliquer une clause invoquée de mauvaise foi : V. jurisprudence citée ss. art. 1104.

Ancien art. 1135 *(Abrogé par Ord. n° 2016-131 du 10 févr. 2016, à compter du 1er oct. 2016)* ***Les conventions obligent non seulement à ce qui y est exprimé, mais encore à toutes les suites que l'équité, l'usage ou la loi donnent à l'obligation d'après sa nature.***

Comp. C. civ., art. 1188 s. et précédemment le projet de réforme du 25 févr. 2015, art. 1195 s. (Projet).

En ce qui concerne la protection des consommateurs, V. aussi les textes reproduits ss. art. 1593 et 1914 C. civ.

BIBL. ▶ G. HEIDSIECK, *JCP 1990. I. 3432*. – J. HUGOT, *JCP N 1999. 720*.

1. Obligations associées par le juge à certains contrats. Obligation de sécurité et de prudence dans les contrats de transports, les contrats liés à une pratique sportive ou les contrats d'accueil et d'hébergement du public : V. notes ss. art. 1194. ♦ Obligation de renseignement et de conseil à la charge de l'assureur, du banquier, des prestataires de service juridique ou d'autres professionnels : V. notes ss. art. 1194. ♦ Obligation de garantie associée à certains contrats : V. notes ss. art. 1194.

2. Prise en compte des usages. Sur l'existence des usages et leur portée par rapport à la convention des parties : V. art. 1194 et la jurisprudence citée.

3. Autres suites du contrat. Contenu du contrat et équité : V. notes ss. art. 1194. ♦ Condition suspensive constituant une suite évidente et naturelle de l'accord des parties : V. jurisprudence citée ss. art. 1194. ♦ Devoirs associés à l'exigence de bonne foi (devoir de loyauté et devoir de coopération) : V. notes ss. art. 1104.

SECTION 2 *[ABROGÉE]* De l'obligation de donner

(Abrogée par Ord. n° 2016-131 du 10 févr. 2016, à compter du 1er oct. 2016)

BIBL. GÉN. ▶ COURDIER-CUISINIER, *RTD civ. 2005. 521*. – FABRE-MAGNAN, *RTD civ. 1996. 85*. – J. HUET, *Études Ghestin, LGDJ, 2001, p. 425*.

Ancien art. 1136 *(Abrogé par Ord. n° 2016-131 du 10 févr. 2016, à compter du 1er oct. 2016)* ***L'obligation de donner emporte celle de livrer la chose et de la conserver jusqu'à la livraison, à peine de dommages et intérêts envers le créancier.***

Comp. C. civ., art. 1197 et précédemment le projet de réforme du 25 févr. 2015, art. 1198 (Projet).

Ancien art. 1137 *(Abrogé par Ord. n° 2016-131 du 10 févr. 2016, à compter du 1er oct. 2016)* ***L'obligation de veiller à la conservation de la chose, soit que la convention n'ait pour objet que l'utilité de l'une des parties, soit qu'elle ait pour objet leur utilité commune, soumet celui qui en est chargé à y apporter tous les soins*** *(L. n° 2014-873 du 4 août 2014, art. 26)* ***« raisonnables ».***

Cette obligation est plus ou moins étendue relativement à certains contrats, dont les effets, à cet égard, sont expliqués sous les titres qui les concernent.

Comp. C. civ., art. 1197 et précédemment le projet de réforme du 25 févr. 2015, art. 1198 (Projet).

V. notes ss. art. 1197.

Ancien art. 1138 *(Abrogé par Ord. n° 2016-131 du 10 févr. 2016, à compter du 1er oct. 2016)* ***L'obligation de livrer la chose est parfaite par le seul consentement des parties contractantes.***

Elle rend le créancier propriétaire et met la chose à ses risques dès l'instant où elle a dû être livrée, encore que la tradition n'en ait point été faite, à moins que le débiteur ne soit en demeure de la livrer ; auquel cas la chose reste aux risques de ce dernier.

Comp. C. civ., art. 1196 et précédemment le projet de réforme du 25 févr. 2015, art. 1197 s. (Projet), 1322-1 (Projet).

V. notes ss. art. 1196.

Ancien art. 1139 *(Abrogé par Ord. n° 2016-131 du 10 févr. 2016, à compter du 1er oct. 2016)* ***Le débiteur est constitué en demeure, soit par une sommation ou par autre acte équivalent,*** *(L. n° 91-650 du 9 juill. 1991, art. 84)* ***« telle une lettre missive lorsqu'il ressort de ses termes une interpellation suffisante, » soit par l'effet de la convention, lorsqu'elle porte que, sans qu'il soit besoin d'acte et par la seule échéance du terme, le débiteur sera en demeure.***

Comp. C. civ., art. 1231 (domaine de la mise en demeure) et 1344 s. (notion de mise en demeure), et précédemment le projet de réforme du 25 févr. 2015, art. 1322 s. (Projet) (mise en demeure).

V. notes ss. art. 1344.

Ancien art. 1140 *(Abrogé par Ord. n° 2016-131 du 10 févr. 2016, à compter du 1er oct. 2016)* ***Les effets de l'obligation de donner ou de livrer un immeuble sont réglés au titre De la vente et au titre Des privilèges et hypothèques.*** – *V., livre IV, titre II, sous-titre III "Des sûretés sur les immeubles".*

Comp. C. civ., art. 1198 et précédemment le projet de réforme du 25 févr. 2015, art. 1201 (Projet).

V. notes ss. art. 1198.

Ancien art. 1141 *(Abrogé par Ord. n° 2016-131 du 10 févr. 2016, à compter du 1er oct. 2016)* ***Si la chose qu'on s'est obligé de donner ou de livrer à deux personnes successivement, est purement mobilière, celle des deux qui en a été mise en possession réelle est préférée et en demeure propriétaire, encore que son titre soit postérieur en date, pourvu toutefois que la possession soit de bonne foi.***

Comp. C. civ., art. 1198 et précédemment le projet de réforme du 25 févr. 2015, art. 1199 (Projet).

V. notes ss. art. 1198.

SECTION 3 *[ABROGÉE]* De l'obligation de faire ou de ne pas faire

(Abrogée par Ord. n° 2016-131 du 10 févr. 2016, à compter du 1er oct. 2016)

Ancien art. 1142 *(Abrogé par Ord. n° 2016-131 du 10 févr. 2016, à compter du 1er oct. 2016)* ***Toute obligation de faire ou de ne pas faire se résout en dommages et intérêts, en cas d'inexécution de la part du débiteur.***

Comp. C. civ., art. 1217 et 1221 s. et précédemment le projet de réforme du 25 févr. 2015, art. 1217 s. (Projet) (inexécution du contrat).

Sur la procédure d'injonction de faire, V. C. pr. civ., art. 1425-1 à 1425-9 . – ***C. pr. civ.***

BIBL. ▶ Bellivier et Sefton-Green, *Études Ghestin, LGDJ, 2001, p. 91* (exécution en nature : droits français et anglais). – L. Boré, *Gaz. Pal. 1996. 1. Doctr. 654* (juge pénal, astreinte et obligation de faire). – Desgorces, *Mél. Tallon, Soc. législ. comp., 1999, p. 243* (remèdes à l'inexécution du débiteur). – Égéa, *D. 2012. 2111* (circulation de créance non monétaire, exemple de la délivrance). – Garaud, *RLDC 2010/70, n° 3761* (exécution contractuelle en nature). – Gridel et Laithier, *JCP 2008. I. 143* (sanctions civiles de l'inexécution du contrat). – Hauksson-Tresch, *LPA 29 mai 1998* (détermination par le juge du mode de réparation). – Jeandidier, *RTD civ. 1976. 700* (exécution forcée des obligations contractuelles de faire). – Lebois, *JCP 2008. I. 210* (obligations contractuelles de faire à caractère personnel). – Mairot, *RLDC 2012/90, n° 4570* (obligation de ne pas faire). – Mestre, *Mél. Raynaud, Dalloz, 1985, p. 439* (abus du droit de recouvrer sa créance). – Saedi, *Dr. et patr. 2/2010. 39* (retard et inexécution).

1° PRIMAUTÉ DE L'EXÉCUTION EN NATURE

1. Exécution imposée au débiteur : obligation de faire. La partie envers laquelle l'engagement n'a point été exécuté peut forcer l'autre à l'exécution lorsque celle-ci est possible ; doit être cassé l'arrêt de la cour qui a refusé à un maître de l'ouvrage de condamner le constructeur à la démolition et à la reconstruction, alors qu'elle a constaté la non-conformité de la construction aux stipulations contractuelles. • Civ. 3e, 11 mai *2005, n° 03-21.136 P : D. 2005. IR 1504 ; JCP 2005. II. 10152, note Bernheim-Desvaux ; CCC 2005, n° 187, note Leveneur ; RDI 2005. 299, obs. Malinvaud ; ibid. 2006. 307, obs. Tournafond ; RTD civ. 2005. 596, obs. Mestre et Fages*

2. … Obligation de ne pas faire. L'éditeur victime de la publication d'un ouvrage en livre de poche par un concurrent qui s'était interdit une telle exploitation de l'ouvrage peut obtenir le prononcé de mesures d'interdiction et de retrait sous astreinte afin d'assurer l'exécution de l'obligation contractuelle. • Civ. 1re, 16 janv. 2007, n° 06-13.983 P : *D. 2007. 1119, note Gout ; ibid. Pan. 2973, obs. Fauvarque-Cosson ; JCP 2007. I. 161, nos 6 s., obs. Mekki ; CCC 2007, n° 144, note Leveneur ; RDC 2007. 719, obs. D. Mazeaud ; ibid. 741, obs. Viney ; RTD civ. 2007. 342, obs. Mestre et Fages .*

3. … Obligation de somme d'argent. Le créancier d'une obligation contractuelle de sommes d'argent demeurée inexécutée est toujours en droit de préférer le paiement du prix au versement de dommages-intérêts ou à la résolution de la convention. • Civ. 1re, 9 juill. 2003 : *JCP 2004. I. 163, nos 4 s., obs. Viney ; RTD civ. 2003. 709, obs. Mestre et Fages .* ♦ Dans ce cas, le juge qui se borne à ordonner l'exécution du contrat qui n'a pas été résilié ni annulé n'a pas à procéder à une évaluation de préjudice. • Civ. 1re, 19 juin 2007 : *LPA 25 juill. 2007, note Garaud (2e esp.).*

4. Moyens de contrainte : astreinte. Sur les modalités de l'astreinte, V. C. pr. civ. exéc., art. L. 131-1 s., notamment l'art. L. 131-2 qui dispose que « l'astreinte est indépendante des dommages-intérêts ».

2° LIMITES À L'EXÉCUTION EN NATURE

5. *Exécution impossible.* Lorsque l'exécution en nature est devenue impossible, un vendeur est à bon droit condamné à exécuter son obligation de délivrance en deniers en payant à son acheteur une indemnité équivalente à la valeur actuelle de la chose vendue. • Com. 5 oct. 1993, n° 90-21.146 P (impossibilité de livrer le véhicule dont la fabrication avait été arrêtée). ♦ V. aussi : • Civ. 1re, 27 nov. 2008, n° 07-11.282 P : *RDC 2009. 613, obs. Seube* (impossibilité d'ordonner la délivrance d'un local objet d'un contrat de bail, local entretemps loué à un tiers). ♦ V. aussi note 10.

6. *Exécution refusée par le créancier.* L'entrepreneur responsable de désordres de construction ne peut imposer à la victime la réparation en nature du préjudice subi par celle-ci. • Civ. 3e, 28 sept. 2005, n° 04-14.586 P : *JCP 2006. II. 10010, note Noblot ; Defrénois 2006. 1507, obs. Périnet-Marquet ; CCC 2006, n° 4, note Leveneur ; RDI 2005. 458, obs. Malinvaud ; RDC 2006. 818, obs. Viney ; RTD civ. 2006. 129, obs. Jourdain ; ibid. 311, obs. Mestre et Fages*. ♦ Comp. le preneur à bail de locaux à usage d'habitation, qui recherche la responsabilité du bailleur pour défaut d'exécution de son obligation d'entretien, ne peut refuser l'offre de ce dernier d'exécuter son obligation en nature. • Civ. 3e, 27 mars 2013, n° 12-13.734 P : *D. 2013. 910 ; AJDI 2014. 203, obs. Maire ; RTD civ. 2013. 603, obs. Barbier ; RDC 2013. 890, obs. Génicon ; ibid. 903, obs. Viney ; ibid. 974, obs. Seube.*

7. *Exécution non préjudiciable.* En présence d'une action intentée par l'acheteur d'une pharmacie, bénéficiaire d'une clause de non-rétablissement, tendant à l'obtention de dommages et intérêts et à la fermeture du fonds ouvert par le vendeur, les juges du fond peuvent estimer qu'en l'absence de préjudice (les demandeurs n'ayant pas provisionné les frais d'expertise visant à préciser ce préjudice), l'acheteur n'a pas d'intérêt à agir en exécution de la clause contractuelle, caractérisant ainsi l'abus de droit dont procède cette demande. • Civ. 1re, 19 nov. 1996, n° 94-20.207 P : *RTD civ. 1997. 156, obs. Gautier ; ibid. 437, obs. Jourdain*. ♦ En sens contraire : viole l'art. 1145 anc. l'arrêt qui refuse à une clinique et au cardiologue exerçant en son sein l'application de la clause de non-rétablissement stipulée à leur profit et les déboute de leurs demandes en interdiction d'exercice et en dommages-intérêts, aux motifs que cette inexécution ne leur est pas préjudiciable. • Civ. 1re, 10 mai 2005, n° 02-15.910 P : *D. 2005. IR 1505 ; JCP 2006. I. 111, nos 3 s., obs. Stoffel-Munck ; Defrénois 2005. 1247, obs. Aubert ; CCC 2005, n° 184, note Leveneur ; RTD civ. 2005. 594, obs. Mestre et Fages ; ibid. 600, obs. Jourdain*. ♦ V. aussi pour une créance de somme d'argent : le juge qui se borne à ordonner l'exécution du contrat qui n'a pas été résilié ni annulé n'a pas à procéder à une évaluation de préjudice. • Civ. 1re, 19 juin 2007 : *LPA 25 juill. 2007, note Garaud (2e esp.).*

8. *Exécution illicite : demande en paiement déguisée (procédure collective).* V., pour une demande en démolition à l'encontre d'un débiteur en redressement judiciaire considérée, par application de l'anc. art. 1142, comme dissimulant une demande en paiement de somme d'argent pour une cause antérieure au jugement d'ouverture : • Com. 9 juill. 1996, n° 94-18.676 P.

9. *Respect des clauses de conciliation.* La clause d'un contrat instituant une procédure de conciliation obligatoire et préalable à toute instance judiciaire s'impose au juge, quelle que soit la nature de celle-ci. • Civ. 1re, 1er oct. 2014, n° 13-17.920 P : *D. 2014. 2541, obs. Clay ; ibid. 2015. 287, obs. Fricero ; RTD civ. 2015. 131, obs. Barbier ; ibid. 187, obs. Théry ; Defrénois 2015. 28, obs. Albarian et Poli ; RDC 2015. 88, note Pelletier* (nécessité de respecter la procédure avant une procédure d'exécution forcée).

3° OCTROI DE DOMMAGES ET INTÉRÊTS

10. *Office du juge.* Le débiteur d'une obligation de faire peut échapper à l'exécution forcée dans les termes des anc. art. 1142 s. qui régissent ces obligations et les juges du fond énoncent à bon droit que les tribunaux peuvent d'office substituer une réparation en argent à l'exécution en nature seule demandée. • Civ. 1re, 30 juin 1965, n° 63-10.566 P : *Gaz. Pal. 1965. 2. 329, note E. K.* (vente d'un immeuble à construire, le respect des plans initiaux sollicité par les acquéreurs étant qualifié d'obligation de faire, apparemment impossible à respecter en l'espèce).

11. *Illustrations : peintre.* La convention par laquelle un peintre s'engage à exécuter un portrait, moyennant un prix déterminé, constitue un contrat de nature spéciale, en vertu duquel la propriété du tableau n'est définitivement acquise à la partie qui l'a commandé que lorsque l'artiste a mis ce tableau à sa disposition, et qu'il a été agréé par elle ; jusqu'à ce moment, le peintre reste maître de son œuvre, sans toutefois qu'il lui soit possible de la retenir pour lui-même ou d'en disposer au profit d'un tiers, à l'état de portrait, le droit de reproduire les traits du modèle ne lui ayant été concédé que conditionnellement en vue de l'exécution complète du contrat ; faute par l'artiste de satisfaire à ses engagements, il se rend passible de dommages-intérêts. • Civ. 14 mars 1900, William Eden c/ Whistler : *D. 1900. 1. 497, rapport Rau, concl. Desjardins.*

12. *... Obligations de l'employeur.* Le non-respect par l'employeur de son engagement unilatéral de maintien de l'emploi ouvre droit à réparation pour les salariés victimes d'un préjudice, sur le fondement de l'anc. art. 1142. • Soc.

25 nov. 2003, n° 01-17.501 P : *D. 2004. 2395, note Omarjee* ; *JCP 2004. I. 163, n°s 6 s., obs. Viney* ; *JCP E 2004. 1056, n° 9, obs. Morvan.* ♦ Sur l'obligation de réintégration de l'employeur en cas de licenciement irrégulier, V. pour les représentants du personnel, C. trav., art. L. 2422-1 et 2, et pour les autres salariés, C. trav., art. L. 1144-3, L. 1226-15, L. 1235-2 et L. 2422-3. – **C. trav.**

13. ... Promesse unilatérale de vente. En application de l'anc. art. 1142, la jurisprudence retient la faculté pour toute partie contractante, quelle que soit la nature de son obligation, de poursuivre l'exécution forcée de la convention lorsque celle-ci est possible ; il convient dès lors d'apprécier différemment la portée juridique de l'engagement du promettant signataire d'une promesse unilatérale de vente et de retenir qu'il s'oblige définitivement à vendre dès la conclusion de l'avant-contrat, sans possibilité de rétractation, sauf stipulation contraire. • Civ. 3e, 23 juin 2021, n° 20-17.554 B : *D. 2021. 1574, note Molina* ; *ibid. Chron. C. cass. 2251, obs. Djikpa* ; *ibid. 2022. 310, obs. Boffa et Mekki* ; *AJDI 2022. 226, obs. Cohet* ; *Rev. sociétés 2022. 141, obs. Pillet* ; *RTD civ. 2021. 630, obs. Barbier* ; *ibid. 934, obs. Théry* ; *Rev. sociétés 2022. 141, obs. Pillet* ; *JCP 2021, n° 1226, note Molfessis* ; *JCP N 2021, n° 1252, note Pierre* ; *Defrénois 2021/41. 21, note Randoux* ; *RDC 2021/4. 12, note Dournaux* ; *ibid. 2022/1. 49, note Thibierge* ; *CCC 2021, n° 147, note Leveneur.* ♦ Dans le même sens : • Civ. 3e, 20 oct. 2021, n° 20-18.514 B : *D. 2022. 310, obs. Boffa et Mekki* ; *AJDI 2022. 384, obs. Cohet* ; *RTD civ. 2022. 112, obs. Barbier* ; *CCC 2021, n° 176, note Leveneur* ; *RDC 2022/1. 49, note Thibierge* • Com. 15 mars 2023, n° 21-20.399 B (au visa de l'anc. art. 1134).

V. antérieurement à la réforme issue de l'Ord. du 10 févr. 2016, qui a condamné cette solution (art. 1124), dans une promesse unilatérale de vente : tant que le bénéficiaire n'a pas levé l'option, l'obligation du promettant ne constitue qu'une obligation de faire. • Civ. 3e, 15 déc. 1993, n° 91-14.999 P : *D. 1994. 507, note Bénac-Schmidt* ; *D. 1995. Somm. 87, obs. Aynès* ; *JCP 1995. II. 22366, note D. Mazeaud* ; *Defrénois 1994. 795, obs. Delebecque* (refus de la réalisation forcée de la vente en cas de rétractation du promettant avant la levée d'option). ♦ ... Dont la violation ne peut se résoudre qu'en dommages-intérêts. • Civ. 3e, 28 oct. 2003 : *RDC 2004. 270, obs. D. Mazeaud.* ♦ Mais les parties à une promesse unilatérale de vente étaient libres de convenir que le défaut d'exécution par le promettant de son engagement de vendre pouvait se résoudre en nature par la constatation judiciaire de la vente. • Civ. 3e, 27 mars 2008 : *D. 2008. Pan. 2965, obs. Amrani-Mekki* ; *JCP 2008. II. 10147, note Pillet* ; *ibid. I. 218, n° 1, obs. Constantin* ; *JCP N 2009. 1001, n° 1, obs. Piedelièvre* ; *Dr. et patr. 2/2009. 120, obs. Aynès et Stoffel-Munck* ; *RDC 2009. 143, obs. Brun* ; *RTD civ. 2008. 474, obs. Fages* ; *RDC 2008. 1239, obs. Collart-Dutilleul* ; *ibid. 2009. 143, obs. Brun.*

14. ... Pacte de préférence. V. avant la réforme, préfigurant la solution retenue par le nouvel art. 1123 : le bénéficiaire d'un pacte de préférence est en droit d'exiger l'annulation du contrat passé avec un tiers en méconnaissance de ses droits et d'obtenir sa substitution à l'acquéreur, à la condition que ce tiers ait eu connaissance, lorsqu'il a contracté, de l'existence du pacte de préférence et de l'intention du bénéficiaire de s'en prévaloir. • Cass., ch. mixte, 26 mai 2006 : *cité ss. art. 1123.* ♦ Rappr. : la violation d'une clause de préemption figurant dans les statuts d'une société à responsabilité limitée n'emporte pas par elle-même nullité de la cession de parts conclue entre deux associés ; cassation de l'arrêt qui annule la cession tout en retenant qu'il n'y avait pas eu collusion frauduleuse. • Com. 11 mars 2014, n° 13-10.366 P : *D. 2014. 719, obs. Lienhard* ; *ibid. 2156, note Moury* ; *Rev. sociétés 2014. 384, note Saintourens* ; *RTD civ. 2014. 650, obs. Barbier* ; *JCP 2014, n° 1224, note Dondero* ; *RDC 2014. 688, note Sautonie-Laguione* (jurisprudence de 2006 ne pouvant être invoquée pour des raisons liées au pourvoi).

Comp., précédemment : • Com. 7 mars 1989, n° 87-17.212 P : *R., p. 315* ; *D. 1989. 231, concl. Jéol* ; *JCP 1989. II. 21316, concl. Jéol, note Reinhard* ; *Defrénois 1989. 1271, obs. J. Honorat* ; *RTD civ. 1990. 70, obs. Mestre* (inobservation d'un pacte de préférence entre actionnaires, s'analysant comme générateur d'une obligation de faire) • Civ. 3e, 30 avr. 1997, n° 95-17.598 P : *D. 1997. 475, note D. Mazeaud* ; *JCP 1997. II. 22963, note Thullier* ; *Defrénois 1997. 1007, obs. Delebecque* ; *CCC 1997, n° 129, note Leveneur* ; *RTD civ. 1997. 673, obs. Jourdain* ; *ibid. 685, obs. Gautier* ; *ibid. 1998. 98, obs. Mestre* (cassation de l'arrêt ayant admis la substitution du bénéficiaire). – V. aussi Atias, *D. 1998. Chron. 203.* ♦ Ne donne pas de base légale à sa décision au regard de l'anc. art. 1142 la cour d'appel qui, pour accueillir une demande en annulation d'une vente consentie en violation d'un droit de préférence et paiement de dommages-intérêts, retient que la collusion frauduleuse doit entraîner la nullité de la vente sans rechercher au besoin d'office si le tiers acquéreur avait eu connaissance de l'intention du cotitulaire du droit de préférence de faire usage de son droit. • Civ. 3e, 10 févr. 1999, n° 95-19.217 P : *D. 2000. Somm. 278, obs. Brun* ; *JCP 1999. II. 10191, note Dagorne-Labbe* ; *JCP N 2000. 522, étude Bourrier* ; *RTD civ. 1999. 616, obs. Mestre* ; *ibid. 856, obs. Gautier*. ♦ Sur l'absence de moyen de contrainte au profit du bénéficiaire, V. • Civ. 1re, 6 juin 2001, n° 98-20.673 P : *JCP 2002. I. 134, n°s 1 s., obs. Labarthe* ; *Gaz. Pal. 2002. 682, note Périer* ; *RTD civ. 2002. 88, obs.*

Mestre et Fages ; *ibid. 115, obs. Gautier* .

15. ... Exclusivité. Non-application de l'anc. art. 1142 à la convention d'exclusivité par laquelle un fabricant s'engage à livrer sa production à un commerçant pendant un temps déterminé : V. • Colmar, 18 oct. 1972 : *JCP 1973. II. 17479, note Burst.*

Ancien art. 1143 *(Abrogé par Ord. n° 2016-131 du 10 févr. 2016, à compter du 1er oct. 2016)* ***Néanmoins le créancier a le droit de demander que ce qui aurait été fait par contravention à l'engagement, soit détruit ; et il peut se faire autoriser à le détruire aux dépens du débiteur, sans préjudice des dommages et intérêts s'il y a lieu.***

Comp. C. civ., art. 1221 et 1222 et précédemment le projet de réforme du 25 févr. 2015, art. 1222 (Projet).

Pacte de préférence (non). L'ancien art. 1143 n'est pas applicable à la violation d'un pacte de préférence, qui met une obligation de faire à la charge du débiteur. • Civ. 1re, 10 juill. 2002, n° 00-13.669 P : *D. 2002. IR 2515* ; *LPA 1er avr. 2003, note Bernheim-Desvaux* ; *RTD civ. 2003. 107, obs. Gautier.*

V. notes ss. art. 1222.

Ancien art. 1144 *(Abrogé par Ord. n° 2016-131 du 10 févr. 2016, à compter du 1er oct. 2016)* ***Le créancier peut aussi, en cas d'inexécution, être autorisé à faire exécuter lui-même l'obligation aux dépens du débiteur.*** *(L. n° 91-650 du 9 juill. 1991, art. 82)* ***« Celui-ci peut être condamné à faire l'avance des sommes nécessaires à cette exécution. »***

Comp. C. civ., art. 1222 et précédemment le projet de réforme du 25 févr. 2015, art. 1222 (Projet).

1. L'exécution de l'obligation aux dépens du débiteur suppose l'autorisation de justice. • Soc. 5 juin 1953 : *D. 1953. 601.* – Dans le même sens : • Civ. 3e, 29 nov. 1972 : *Bull. civ. III, n° 642* • 20 mars 1991, n° 89-19.866 P : *RTD civ. 1991. 735, obs. Mestre* • 5 mars 1997, n° 95-16.017 P : *Defrénois 1997. 1005, obs. Delebecque* • 11 janv. 2006, n° 04-20.142 P : *D. 2006. IR 248, obs. Rouquet* ; *D. 2007. Pan. 1830, obs. Rozès* ; *JCP 2006. I. 123, nos 13 s., obs. Grosser* ; *JCP N 2006. 1219, note Zalewski* ; *LPA 11 déc. 2006, obs. Pimont.*

2. L'allocation au preneur d'une provision en vue de la réalisation de travaux incombant au bailleur vaut nécessairement autorisation de les effectuer. • Civ. 3e, 7 juill. 2016, n° 15-18.306 P : *D. 2016. 1563* ; *RTD civ. 2016. 854, obs. Barbier* . ♦ Pour la solution inverse, V. désormais art. 1222.

3. Le bailleur qui, en application de l'art. 1144 anc., a effectué l'avance des frais de remise en état du logement, peut demander la condamnation du preneur à exécuter les travaux ainsi financés. • Civ. 3e, 21 déc. 2017, n° 15-24.430 P : *D. 2018. 1117, obs. Damas* ; *AJDI 2018. 363, obs. Maire* ; *RTD civ. 2018. 394, obs. Barbier* (condamnation sous astreinte à exécuter les travaux financés, faute pour le preneur de justifier d'un empêchement légitime).

Ancien art. 1145 *(Abrogé par Ord. n° 2016-131 du 10 févr. 2016, à compter du 1er oct. 2016)* ***Si l'obligation est de ne pas faire, celui qui y contrevient doit des dommages et intérêts par le seul fait de la contravention.***

BIBL. ▶ MAIROT, *RLDC 2012/90, n° 4570* (obligation de ne pas faire).

1. Réforme issue de l'Ord. du 10 févr. 2016. Depuis la réforme supprimant la distinction entre les obligations de faire, de ne pas faire et de donner, V. art. 1231.

2. Preuve non exigée d'un préjudice. Viole l'art. 1145 anc. l'arrêt qui, pour refuser à une clinique et au cardiologue exerçant en son sein l'application de la clause de non-rétablissement stipulée à leur profit et les débouter de leurs demandes en interdiction d'exercice et en dommages-intérêts, retient que l'exécution de bonne foi des conventions fait obstacle à ce qu'ils s'opposent à la pratique par un tiers d'une activité que la réglementation ne leur permet pas d'exercer eux-mêmes et qui, de ce fait, ne leur est pas préjudiciable. • Civ. 1re, 10 mai 2005, n° 02-15.910 P : *D. 2005. IR 1505* ; *JCP 2006. I. 111, nos 3 s., obs. Stoffel-Munck* ; *Defrénois 2005. 1247, obs. Aubert* ; *CCC 2005, n° 184, note Leveneur* ; *RTD civ. 2005. 594, obs. Mestre et Fages* ; *ibid. 600, obs. Jourdain* . ♦ Dans le même sens, cassant un arrêt ayant débouté le demandeur en dommages-intérêts au motif que la violation de la clause de non-concurrence n'avait entraîné aucun préjudice : • Civ. 1re, 31 mai 2007, n° 05-19.978 P : *D. 2007. 2784, note Lisanti* ; *ibid. AJ 1725, obs. Gallmeister* ; *ibid. Pan. 2974, obs. Fauvarque-Cosson* ; *ibid. 2008. Pan. 248, obs. Gomy* ; *JCP 2007. I. 185, n° 3, obs. Stoffel-Munck* ; *CCC 2007, n° 230, note Leveneur* ; *RLDC 2007/42, n° 2681, note Le Gallou* ; *RDC 2007. 1118, obs. Laithier* ; *ibid. 1140, obs. Carval* ; *RTD civ. 2007. 568, obs. Fages* ; *ibid. 776, obs. Jourdain* • 14 oct. 2010, n° 09-69.928 P : *D. actu. 29 oct. 2010, obs. Marrocchella* ; *D. 2011. Pan. 472, obs.*

Fauvarque-Cosson ; RLDC 2011/81, n° 4190, note Pignatari ; RTD civ. 2010. 781, obs. Fages. ♦ Comp. note 3.

3. Preuve exigée du préjudice. L'art. 1145 anc., qui dispense de la formalité de la mise en demeure, ne dispense pas celui qui demande réparation d'établir le principe et le montant de son préjudice. • Civ. 1re, 26 févr. 2002, n° 99-19.053 P : *Defrénois 2002. 759, obs. Savaux ; LPA 18 nov. 2002, note Stoffel-Munck (2e esp.) ; RTD civ. 2002. 809, obs. Mestre et Fages*. ♦ Comp. note 2.

4. Absence d'exigence d'une mise en demeure. Cassation des arrêts qui subordonnent à une mise en demeure la résiliation du bail, en cas d'infraction aux clauses imposant au preneur une obligation de ne pas faire. • Civ. 3e, 25 oct. 1968, n° 67-10.482 P : *JCP 1969. II. 16062, note Prieur* • 22 mai 1969, n° 67-13.818 P : *JCP 1969. II. 16141.*

SECTION 4 *[ABROGÉE]* Des dommages et intérêts résultant de l'inexécution de l'obligation

(Abrogée par Ord. n° 2016-131 du 10 févr. 2016, à compter du 1er oct. 2016)

V. C. civ., art. 1217 s. et le Projet de réforme du 25 févr. 2015, art. 1217 s. (Projet) (inexécution du contrat).

Ancien art. 1146 *(Abrogé par Ord. n° 2016-131 du 10 févr. 2016, à compter du 1er oct. 2016)* ***Les dommages et intérêts ne sont dus que lorsque le débiteur est en demeure de remplir son obligation, excepté néanmoins lorsque la chose que le débiteur s'était obligé de donner ou de faire ne pouvait être donnée ou faite que dans un certain temps qu'il a laissé passer.*** *(L. n° 91-650 du 9 juill. 1991, art. 85)* ***« La mise en demeure peut résulter d'une lettre missive, s'il en ressort une interpellation suffisante. »*** — *La L. n° 91-650 du 9 juill. 1991 est entrée en vigueur le 1er janv. 1993 (L. préc., art. 97).*

Comp. C. civ., art. 1231 et 1344 s. et précédemment le projet de réforme du 25 févr. 2015, art. 1231 (Projet), 1323 s. (Projet) (mise en demeure du créancier).

BIBL. ▶ ALLIX, *JCP 1977. I. 2844.*

V. notes ss. art. 1231 et 1344 s.

Ancien art. 1147 *(Abrogé par Ord. n° 2016-131 du 10 févr. 2016, à compter du 1er oct. 2016)* ***Le débiteur est condamné, s'il y a lieu, au payement de dommages et intérêts, soit à raison de l'inexécution de l'obligation, soit à raison du retard dans l'exécution, toutes les fois qu'il ne justifie pas que l'inexécution provient d'une cause étrangère qui ne peut lui être imputée, encore qu'il n'y ait aucune mauvaise foi de sa part.***

Comp. C. civ., art. 1231-1 et précédemment le projet de réforme du 25 févr. 2015, art. 1129 (Projet) (devoir d'information), 1231 s. (Projet) (réparation du préjudice causé par l'inexécution contractuelle).

V. notes ss. art. 1231-1.

Ancien art. 1148 *(Abrogé par Ord. n° 2016-131 du 10 févr. 2016, à compter du 1er oct. 2016)* ***Il n'y a lieu à aucuns dommages et intérêts lorsque, par suite d'une force majeure ou d'un cas fortuit, le débiteur a été empêché de donner ou de faire ce à quoi il était obligé, ou a fait ce qui lui était interdit.***

Comp. C. civ., art. 1218 et précédemment le projet de réforme du 25 févr. 2015, art. 1218 (Projet).

BIBL. ▶ ANTONMATTÉI, *JCP 1996. I. 3907* (force majeure). – BLAEVOET, *Gaz. Pal. 1966. 1. Doctr. 135* (cas fortuit et vice caché). – BOUSIGES, *Études J. Savatier, PUF, 1992* (force majeure en droit du travail). – COUTANT-LAPALUS, *LPA 26 févr. 2002* (imprévisibilité de la cause étrangère). – *GRIMALDI, D. 2009. Chron. 1298* (créancier dans l'impossibilité d'exercer son droit). – GUÉRICOLAS, *Études Brun, Libr. soc. et écon., 1974, p. 257* (même thème). – GUYOT, *RRJ 2002/1. 213* (caractère extérieur). – MOURY, *RTD civ. 2004. 471* (force majeure). – R. SAVATIER, *Mél. Marty, Univ. Toulouse, 1978, p. 1019* (l'explosion en droit civil). – TUNC, *RTD civ. 1945. 235* (force majeure et absence de faute en matière contractuelle). – WIEDERKEHR, *Hommages à H. Sinay, Peter Lang, 1994, p. 169* (grève et force majeure).

PLAN DES ANNOTATIONS

1. Domaine : obligations de somme d'argent. Le débiteur d'une obligation contractuelle de somme d'argent inexécutée ne peut s'exonérer de cette obligation en invoquant un cas de force majeure. • Com. 16 sept. 2014, n° 13-20.306 P : *D. 2014. 2217, note François ; Rev. sociétés 2015. 23, note Juillet ; RTD civ. 2014. 890, obs. Barbier ; JCP 2014, n° 1117, obs. V. Mazeaud ; RDC 2015. 21, obs. Laithier.* ♦ V. aussi notes 49 et 50. ♦ Comp. : la non-exécution d'un virement due à un incident technique de la banque du débiteur constitue un cas de force majeure ; cet événement est imprévisible dès lors que l'ordre de virement avait été donné avec une marge suffisante et qu'aucun incident n'avait eu lieu pendant dix-sept mois ; il est irrésistible pour la débitrice en raison de la période estivale et de fin de semaine au cours de laquelle l'incident technique s'était produit, empêchant tout paiement par un autre moyen avant le terme fixé ; il est totalement extérieur à la débitrice elle-même. • Civ. 3e, 17 févr. 2010, n° 08-20.943 P : *D. 2010. Pan. 472, obs. Fauvarque-Cosson ; JCP 2010, n° 516, obs. Ghestin ; AJDI 2010. 546, obs. Rouquet ; Defrénois 2010. 1067, note Ruet ; RDC 2010. 818, obs. Génicon ; ibid. 847, obs. Carval ; RLDC 2010/71, n° 3801, obs. Le Gallou* (annulation d'un commandement de quitter les lieux et du procès-verbal de tentative d'expulsion). ♦ V. aussi Mégacode civil 2014, note 151, ss. art. 1148 anc., pour un blocage des dépôts bancaires par un pays étranger lors d'une crise financière.

2. … Textes dérogatoires. L'application de la Convention de Montréal sur le transport aérien est exclusive de l'art. 1148 anc. C. civ. • Civ. 1re, 13 mars 2013, n° 09-72.962 P : *D. 2013. 766* . ♦ Il résulte de la combinaison des art. L. 6131-2 et L. 6131-3, al. 2, C. transp., que l'exploitant d'un aéronef est responsable de plein droit des dommages causés aux biens situés à la surface par les évolutions de l'aéronef ou les objets qui s'en détachent, y compris par suite de force majeure, responsabilité dont il ne peut s'exonérer partiellement ou totalement que par la preuve de la faute de la victime. • Com. 2 oct. 2012, n° 11-21.362 P : *D. 2012. 2866, note Tosi* (pilote d'hélicoptère déséquilibré par un coup de vent ayant largué le matériel qu'il était chargé de déposer, après que celui-ci s'était accroché à une installation au sol ; action des propriétaires des biens endommagés au sol ; sur l'action des propriétaires du matériel largué, V. note 16).

A. *PRINCIPES GÉNÉRAUX*

1° *NOTION DE FORCE MAJEURE*

3. Impossibilité d'exécution. Le cas de force majeure s'entend des événements qui rendent l'exécution de l'obligation impossible, mais non de ceux qui la rendent seulement plus onéreuse. • Civ. 4 août 1915 : *DP 1916. 1. 22* (louage de services d'une employée de maison ; guerre). ♦ Dans le même sens : • Civ. 5 déc. 1927 : *DH 1928. 84* (obligation pour le vendeur d'assumer les conséquences de l'augmentation des droits de douane qu'il s'était engagé à acquitter) • Com. 12 nov. 1969 : *JCP 1971. II. 16791* (possibilité de substituer un transport aérien, plus onéreux, à un transport maritime paralysé par une grève) • Civ. 1re, 16 nov. 2004, n° 02-17.381 P : *D. 2004. IR 3197* (indemnisation du préjudice moral en raison d'une faute dans la continuation de l'exécution du contrat) • 30 mai 2006 : *cité note 18* (obligation pour un syndicat d'adduction d'eau de fournir une eau propre à la consommation). ♦ Sur le refus de prendre en considération l'imprévision, V. aussi ss. art. 1195 C. civ.

4. Influence de la volonté des parties. Des obstacles rencontrés par le débiteur dans l'exécution de son obligation peuvent être conventionnellement assimilés à la force majeure prévue à la convention. • Com. 8 juill. 1981, n° 79-15.626 P : *RTD civ. 1982. 426, obs. Durry.* ♦ V. aussi • Bordeaux, 6 juin 1977 : *JCP 1979. II. 19047, note R. Rodière* (action violente exercée, lors de manifestations viticoles, contre le chauffeur d'un camion : admission d'un cas de force majeure empêchant l'exécution du contrat et refus d'accorder aux deux parties le droit d'agir l'une contre l'autre dès lors que le contrat a été conclu en connaissance du risque survenu). ♦ Pour un arrêt refusant de reconnaître à un incendie le caractère de la force majeure de nature à exonérer une banque de sa responsabilité, en l'état d'une clause de responsabilité ne mentionnant pas cet événement au nombre des cas de force majeure : • Com. 11 oct. 2005, n° 03-10.975 P : *D. 2005. AJ 2869, obs. Delpech ; JCP 2006. I. 111, n° 13, obs. Stoffel-Munck ; CCC 2006, n° 19, note Leveneur ; LPA 23 déc. 2005, note Rouvière ; RTD com. 2006. 177, obs. D. Legeais* . ♦ Comp. sous l'angle du caractère abusif des clauses définissant de façon extensive la force majeure, note 108 ss. art. L. 212-1 C. consom. (ss. art. 1171) et note 93 (clause sur les délais de livraison dans les ventes d'immeuble à construire).

2° PREUVE DE LA FORCE MAJEURE

5. Appréciation des circonstances de fait. Appréciation souveraine par les juges du fond des circonstances de fait permettant d'écarter la force majeure. • Civ. 1re, 9 juill. 2015, n° 14-13.423 P (incendie à l'arrière d'un car d'origine inconnue).

6. Circonstances inconnues. Exonération du transporteur qui a établi le fait d'un tiers inconnu auteur d'un attentat, le passager victime n'apportant pas la preuve d'une faute du transporteur (tunnel mal éclairé) en relation causale avec l'agression. • Req. 1er août 1929 : *DP 1930. 1. 25, note Josserand.* ♦ Comp., refusant l'exonération de la SNCF dès lors que celle-ci n'établit pas que l'attentat était imputable à un tiers étranger à l'entreprise, l'auteur ayant d'après l'enquête une bonne connaissance des installations ferroviaires : • Civ. 1re, 3 oct. 1967, no 65-12.911 P : *JCP 1968. II. 15365, note crit. Durand ; RTD civ. 1968. 383, obs. Durry* • 18 déc. 1967 : *JCP 1968. II. 15430, note crit. Durand.*

7. Portée d'une constatation administrative : catastrophe naturelle. La simple constatation administrative de catastrophe naturelle donnée à un événement ne lui confère pas nécessairement, dans les rapports contractuels des parties, le caractère de force majeure. • Civ. 3e, 24 mars 1993, no 91-13.541 P : *RTD civ. 1993. 594, obs. Jourdain* • 4 juin 1997 : *Gaz. Pal. 1998. 2. Somm. 514, obs. Peisse* • 10 déc. 2002, no 01-12.851 P : *D. 2003. IR 106 ; Defrénois 2003. 262, obs. Savaux ; RDI 2003. 160, obs. F. G. T.* • 27 févr. 2008 : *RDI 2008. 283, obs. Malinvaud*. ♦ V. égal., refusant la force majeure pour une gelée tardive classée « calamité agricole », dès lors que celle-ci n'a pas entraîné la fermeture de l'entreprise : • Soc. 25 oct. 1995, no 95-40.866 P. – Rapp., pour la prise en compte de l'absence de normes parasismiques, note 38.

3o EFFETS DE LA FORCE MAJEURE

8. Impossibilité définitive : action en constatation. Il résulte de l'anc. art. 1184 C. civ. que la résolution d'un contrat synallagmatique peut être prononcée en cas d'inexécution par l'une des parties de ses obligations, même si cette inexécution n'est pas fautive et quel qu'en soit le motif, alors même que cet empêchement résulterait du fait d'un tiers ou de la force majeure. • Civ. 1re, 2 juin 1982, no 81-10.158 P • 12 mars 1985, no 84-10.169 P : *RTD civ. 1986. 345, obs. Mestre.* ♦ V. déjà : • Civ. 14 avr. 1891 : *DP 1891. 1. 329, note Planiol.* ♦ Comp. : une demande en résolution judiciaire anticipée n'est pas nécessaire en cas d'impossibilité d'exécution. • Com. 28 avr. 1982, no 80-16.678 P : *RTD civ. 1983. 340, obs. Chabas* (contrat publicitaire d'un an conclu avec un pilote n'ayant en définitive pas été retenu par l'écurie).

9. Impossibilité temporaire : suspension. La force majeure ne fait obstacle à l'exécution des obligations qu'autant qu'elle empêche le débiteur de donner ou de faire ce à quoi il était obligé ; il suit de là que si l'empêchement est momentané, le débiteur n'est pas libéré et l'exécution de l'obligation est seulement suspendue jusqu'au moment où la force majeure vient à cesser. • Req. 12 déc. 1922 : *DP 1924. 1. 186.* – Dans le même sens : • Civ. 1re, 24 févr. 1981, no 79-12.710 P : *D. 1982. 479, note D. Martin* • Civ. 3e, 22 févr. 2006, no 05-12.032 P : *D. 2006. 2972, note Beaugendre ; RDC 2006. 763, obs. Seube, 829, obs. Carval, et 1087, obs. Laithier ; RTD civ. 2006. 764, obs. Mestre et Fages*. ♦ Mais, la date de départ constituant un des éléments essentiels d'un contrat de circuit touristique, les voyageurs sont en droit, à la suite de l'impossibilité de partir à la date prévue en raison du passage d'un ouragan, événement extérieur qui avait contraint le tour-opérateur à prendre l'initiative d'annuler leur séjour, d'opter pour la résiliation du contrat et d'obtenir le remboursement du prix du voyage, en refusant l'offre de l'effectuer à une date ultérieure. • Civ. 1re, 20 mars 2014, no 12-26.518 P : *D. 2014. 772 ; CCC 2014, no 125, obs. Leveneur ; RCA 2014, no 196, obs. Bloch.*

10. Exonération totale. La preuve d'un événement de force majeure entraîne l'exonération totale du débiteur. Jurisprudence constante depuis l'abandon de la jurisprudence *Lamoricière* (• Com. 19 juin 1951 : *D. 1951. 717, note Ripert ; S. 1952. 1. 89, note Nerson).* ♦ Sur l'exonération partielle en cas de faute de la victime, V. note 45.

B. CARACTÈRES DE LA FORCE MAJEURE

11. Principe. Est constitutive d'un cas de force majeure la maladie du débiteur, dès lors qu'elle a présenté un caractère imprévisible lors de la conclusion du contrat et irrésistible dans son exécution. • Cass., ass. plén., 14 avr. 2006, no 02-11.168 P : *BICC 1er juill. 2006, rapp. Petit, concl. de Gouttes ; D. 2006. 1577, note Jourdain (2e esp.) ; ibid. IR 1131, obs. Gallmeister ; ibid. Chron. 1566, par Noguero ; ibid. Pan. 1933, obs. Brun, et 2645, obs. Fauvarque-Cosson ; JCP 2006. II. 10087, note Grosser (2e esp.) ; JCP E 2006. 2224, no 11, obs. Legros ; Gaz. Pal. 2006. 2496, concl. de Gouttes ; Defrénois 2006. 1212, obs. Savaux ; CCC 2006, no 152, note Leveneur ; RLDC 2006/29, no 2129, note Mekki ; LPA 6 juill. 2006, note Le Magueresse ; RDC 2006. 1083, obs. Laithier, et 1207, obs. Viney.* ♦ Seul un événement présentant un caractère imprévisible, lors de la conclusion du contrat, et irrésistible dans son exécution, est constitutif d'un cas de force majeure. • Civ. 1re, 30 oct. 2008, no 07-17.134 P : *D. 2008. AJ 2936, obs. Gallmeister ; ibid. 2010, Pan. 49, obs. Gout ; JCP 2009. I. 123, no 10, obs. Stoffel-Munck ; ibid. II. 10198, note Grosser ; LPA 29 juin 2009, note Dagorne-Labbe ; RLDC 2009/56, no 3250, obs. Maugeri ; CCC 2009, no 3, obs. Leveneur ; Defrénois 2008. 2509, obs. Savaux ; ibid. 2009. 824, note Dagorne-Labbe ; RCA 2008, no 351, obs. Bloch ; RDC 2009. 62, obs. Génicon ; RTD civ. 2009. 126, obs. Jourdain*. ♦ V. aussi dans un contrat de travail, avec la même formule, mais ajoutant la condition d'extériorité : • Soc. 16 mai 2012 : *cité, infra, note 22.*

Sur la nouvelle définition depuis la réforme, V. désormais art. 1218.

12. Rappel de la jurisprudence antérieure. Pour les solutions antérieures abandonnées par cet arrêt : la seule irrésistibilité de l'événement caractérise la force majeure. • Civ. 1re, 6 nov. 2002, n° 99-21.203 P : *JCP 2003. I. 152, nos 32 s., obs. Viney ; Gaz. Pal. 2003. Somm. 1188, obs. Chabas ; CCC 2003, n° 53, note Leveneur (1re esp.) ; Dr. et patr. 2/2003. 110, obs. Chauvel ; LPA 1er sept. 2003, note Bastien-Rabner ; RTD civ. 2003. 301, obs. Jourdain ; RDC 2003. 59, obs. Stoffel-Munck.* ♦ ... L'irrésistibilité de l'événement est à elle seule constitutive de la force majeure, lorsque sa prévision ne saurait permettre d'en empêcher les effets, sous réserve que le débiteur ait pris toutes les mesures requises pour éviter la réalisation de l'événement. • Com. 1er oct. 1997, n° 95-12.435 P : *R., p. 260 ; D. 1998. Somm. 199, obs. Delebecque ; ibid. 318, obs. Mercadal ; JCP 1998. I. 144, n° 13, obs. Viney ; RTD civ. 1998. 121, obs. Jourdain ; CCC 1998, n° 4, note Leveneur* • Com. 29 mai 2001, n° 98-17.247 P. ♦ V. aussi : • Com. 28 avr. 1998 : *D. 1999. 469, note B. M.-F. L.* • Com. 16 mars 1999 : *CCC 1999, n° 86, obs. Leveneur* • Civ. 1re, 17 nov. 1999, n° 97-21.823 P : *D. 1999. IR 280*.

13. Insuffisance de motifs généraux et nécessité d'une appréciation circonstanciée. Cassation, pour violation de l'art. 455 C. pr. civ., de l'arrêt se contentant d'une affirmation d'ordre général sur le caractère imprévisible de l'événement sans expliquer, comme la partie y était invitée, les circonstances particulières dans lesquelles il était survenu. • Civ. 2e, 8 févr. 2018, n° 16-26.198 P : *D. 2018. 598, note Rebeyrol ; LPA 6 avr. 2018, note Vincendeau ; Gaz. Pal. 2018. 832, note Mazout ; RCA 2018. Étude 6, note Hocquet-Berg* (arrêt estimant que le heurt et la chute d'un usager ne constituent pas un événement imprévisible, alors que la victime avait été poussée volontairement par son agresseur). ♦ Même solution pour la condition d'imprévisibilité. • Civ. 2e, 8 févr. 2018 : *préc.* (arrêt cassé estimant que la RATP dispose de moyens modernes adaptés permettant de prévenir la chute de voyageurs sur les voies). ♦ Cassation pour manque de base légale de l'arrêt déclarant un croisiériste fluvial responsable de l'accident d'une passagère qui, en se retournant dans son lit, est tombée de celui-ci et s'est blessée à l'œil contre le chevet aux arêtes anguleuses, sans caractériser en quoi une chute survenue dans de telles circonstances était prévisible et aurait pu être évitée. • Civ. 1re, 17 févr. 2021, n° 19-18.819 P : *RDC 2021/2. 23, note Knetsch ; CCC 2021, n° 75, note Leveneur.*

1° IMPRÉVISIBILITÉ

14. Date d'appréciation. Seul un événement présentant un caractère imprévisible, lors de la conclusion du contrat, et irrésistible dans son exécution, est constitutif d'un cas de force majeure. • Civ. 1re, 30 oct. 2008 : *préc. note 11* (grève du personnel d'EDF). ♦ Décisions appréciant la prévisibilité de l'événement au moment de la conclusion du contrat : • Com. 21 nov. 1967, n° 65-11.407 P : *JCP 1968. II. 15462* (grève EDF liée à des mesures gouvernementales) • Cass., ch. mixte, 4 févr. 1983, n° 80-12.977 P : *R. ; p. 39 ; RTD civ. 1983. 549, obs. Durry (idem)* • Com. 3 oct. 1989, n° 87-18.479 P : *D. 1990. 81, concl. Jéol* (absence de caractère imprévisible de l'attaque à main armée d'un important transport de pièces de monnaie dont le commissionnaire s'était engagé à assurer la sécurité) • Civ. 1re, 4 févr. 1997 : *Dr. et patr. 1997, n° 1817, obs. Chauvel* (vol à main armée).

Comp. : lorsque c'est en raison de sa durée exceptionnelle qu'une grève a revêtu un caractère imprévisible, c'est à bon droit que les juges du fond ont fait ressortir qu'il n'était pas nécessaire, pour apprécier le caractère insurmontable de l'événement, de se placer à l'époque du contrat unissant les parties. • Com. 6 mars 1985, n° 83-17.040 P. ♦ V. également note 42.

15. Imprévisibilité : illustrations. Exonération d'architectes et d'entrepreneurs en cas de désordres affectant une installation de distribution d'eau, les troubles constatés provenant de la composition chimique anormale de l'eau distribuée qui n'était pas décelable en raison de la variation suivant les heures de cette composition. • Civ. 3e, 19 mars 1985, n° 83-16.539 P (inefficacité des prélèvements d'usage). ♦ Rappr. • Civ. 1re, 17 févr. 2021 : *préc. note 13.*

16. Prévisibilité excluant la force majeure. Absence d'exonération : d'une commune, prise en sa double qualité de vendeur et de lotisseur, qui a livré une parcelle exposée par sa nature à des glissements de terrain. • Civ. 3e, 24 mars 1993 : *préc. note 7.* ♦ ... Du transporteur bénévole qui devait adapter sa conduite au mauvais état de la route qu'il connaissait. • Req. 2 mars 1927 : *DP 1927. 1. 121, note L. Mazeaud.* ♦ ... D'un constructeur tenu, pour des raisons fiscales, de réaliser son projet en quatre ans, alors qu'il devait savoir qu'un tel délai était trop court. • Com. 10 mars 1975, n° 74-10.963 : *cité note 33.* ♦ ... D'un fournisseur d'accès à l'internet, tenu d'une obligation de résultat quant aux services offerts, en raison de la mauvaise qualité du réseau géré par un tiers qui n'est pas imprévisible. • Civ. 1re, 19 nov. 2009 : *D. 2009. AJ 2927, obs. P. Guiomard*. ♦ ... D'un employeur qui a mis fin au contrat de travail à la suite d'une décision du président de la Polynésie française de mettre fin aux fonctions de l'intéressé, cette éventualité étant prévue à son contrat de travail. • Soc. 16 mai 2012 : *cité, infra, note 22.* ♦ ... D'un pilote d'hélicoptère déséquilibré par un coup de vent qui a largué le matériel qu'il était chargé de déposer, après qu'il s'est accroché à une installation au sol. • Com. 2 oct. 2012, n° 11-21.362 P : *préc. note 2* (action des propriétaires du matériel largué ; pour les dommages au sol, V. note 2). ♦ ... De ERDF à la suite de la mise en place d'un décret modifiant les règles d'achat de l'électricité, ayant entraîné un afflux de demande et un engorgement des services, le décret moratoire n'ayant pas été imprévisible eu égard aux dispositions de la L. du 10 févr. 2010 prévoyant la possibilité de suspendre partiellement ou totalement par décret l'obligation de conclure un contrat d'achat. • Com. 9 juin 2015, n° 14-15.074 P (imprévisibilité distincte de celle permettant d'apprécier l'existence d'un aléa dans le contrat conclu avec l'assureur).

17. Illustrations : trains. Absence d'exonération de la SNCF, à la suite d'un attentat rendu prévisible par un billet anonyme. • Civ. 1re, 26 janv. 1971, n° 68-12.567 P. ♦ ... A la suite du heurt par un train d'un véhicule immobilisé, malgré les barrières de protection, sur la voie ferrée. • Civ. 2e, 10 nov. 2009, n° 08-20.971 : *RCA 2010, n° 5, obs. Groutel.* ♦ ... Pour le heurt d'une personne assise au bord du quai dans une ancienne gare dépourvue de toute signalétique. • Civ. 2e, 4 juill. 2013 : *RCA 2013, n° 335.*

Comp. pour des chutes sur la voie provoquées par des tiers et considérées comme imprévisibles compte tenu des circonstances : • Civ. 2e, 8 févr. 2018, n° 16-26.198 P : *préc. note 13* (voleur poussant sur les voies la victime qui l'avait poursuivi ; cassation de l'arrêt se contentant de considérations générales) • 8 févr. 2018, n° 17-10.516 P : *cité note 21* (homicide volontaire et suicide provoqués par un schizophrène).

2° IRRÉSISTIBILITÉ

18. Événements surmontables. La pollution des eaux résultant d'une agriculture intensive ne constitue pas, pour un syndicat d'adduction d'eau, un événement imprévisible et irrésistible de nature à l'exonérer de son obligation de résultat de fournir une eau propre à la consommation. • Civ. 1re, 30 mai 2006, n° 03-16.335 P : *D. 2006. IR 1705 ; RDI 364, obs. Trébulle ; RTD civ. 2007. 574, obs. Jourdain .* ♦ La défaillance d'un fournisseur ne peut être retenue comme cas de force majeure, faute pour la société cocontractante d'expliquer en quoi elle avait présenté un caractère irrésistible. • Civ. 1re, 12 juill. 2001, n° 99-18.231 P.

19. Événements insurmontables. Caractère insurmontable de la maladie du débiteur, établi par la chronologie des faits et des attestations sur la dégradation brutale de son état. • Cass., ass. plén., 14 avr. 2006 : *préc. note 11.* ♦ V. aussi *infra* note 45. ♦ L'entrepreneur est dégagé de toute responsabilité lorsque les détériorations subies par des tuyaux d'écoulement des eaux usées sont dues à l'action de bactéries, apparues dans des conditions non élucidées, mais postérieurement à l'installation, contre lesquelles aucun procédé de lutte n'a encore été trouvé, de telles circonstances étant insurmontables. • Civ. 3e, 10 oct. 1972, n° 71-11.052 P : *D. 1973. 378, note J. M.* – V. aussi : • Civ. 3e, 19 mars 1985, n° 83-16.539 P. ♦ Rappr. • Civ. 1re, 17 févr. 2021 : *préc. note 13.*

20. Illustrations : trains et métros. Ne constitue pas un cas de force majeure pour la SNCF, l'agression commise par un tiers sur un passager d'une voiture couchette, agression qui aurait pu être évitée si elle avait pris des dispositions suffisantes pour faire réellement obstacle à tout accès aux voitures couchettes par les autres passagers du train. • Civ. 1re, 21 nov. 2006 : *cité note 45 ss. art. 1231-1.* ♦ Inversement, caractère imprévisible et irrésistible pour la SNCF d'une agression commise dans un train par une personne s'étant soudainement approchée de la victime et l'ayant poignardée sans avoir fait précéder son geste de la moindre parole ou de la manifestation d'une agitation anormale, un tel geste, en raison de son caractère irrationnel, ne pouvant être empêché ni par un contrôle à bord du train des titres de transport, faute pour les contrôleurs d'être investis du pouvoir d'exclure du train un voyageur dépourvu de titre de transport, ni par la présence permanente d'un contrôleur dans la voiture, non plus que par une quelconque autre mesure à bord du train. • Civ. 1re, 23 juin 2011, n° 10-15.811 P : *D. 2011. 1817, obs. Gallmeister ; ibid. 2012. Pan. 47, obs. Gout ; RCA 2011, n° 314, obs. Groutel ; RTD civ. 2011. 772, obs. Jourdain ; JCP 2011, n° 1277, note Paulin ; RDC 2011. 1183, note Deshayes.*

21. Le caractère irrésistible d'un fait imprévisible n'est pas établi dans l'hypothèse d'un accident survenu à un voyageur à la suite de l'ouverture d'une portière de train par un tiers, accident qui aurait pu être évité par la mise en place d'un système approprié interdisant l'ouverture des portières pendant la marche du train. • Civ. 1re, 21 oct. 1997, n° 95-19.136 P. ♦ Dans le même sens, pour un voyageur blessé en voulant remonter dans le train, puisque des moyens peuvent permettre d'empêcher les passagers de remonter dans le train dans ces conditions, comme la présence d'agents sur le quai, ou la mise en place de systèmes différents de fermeture des portes. • Civ. 2e, 3 mars 2016, n° 15-12.217 P : *D. 2016. 766, note Rias ; ibid. 1396, obs. Kenfack ; ibid. 2017. 24, obs. Brun, Gout et Quézel-Ambrunaz* (application de l'art. 1384 anc.). ♦ Comp. estimant imprévisible et irrésistible, pour la SNCF, le comportement d'un schizophrène ayant agressé un voyageur avant de se suicider en l'entraînant avec lui sur la voie, dès lors qu'un laps de temps très court s'était écoulé entre l'incident et la collision avec le train et qu'aucune mesure de surveillance ni aucune installation n'aurait permis de prévenir ou d'empêcher une telle agression, sauf à installer des façades de quai dans toutes les stations ce qui, compte tenu de l'ampleur des travaux et du fait que la SNCF n'était pas propriétaire des quais, ne pouvait être exigé de celle-ci à ce jour : • Civ. 2e, 8 févr. 2018, nº 17-10.516 P : *D. 2018. 598, note Rebeyrol ; ibid. 1412, obs. Kenfack ; RTD civ. 2018. 418, obs. Jourdain ; Gaz. Pal. 2018. 832, note Mazout ; JCP 2018, nº 477, note Dubois ; RCA 2018. Étude 6, note Hocquet-Berg.*

22. ... Contrat de travail. La force majeure permettant à l'employeur de s'exonérer de tout ou partie des obligations nées de la rupture d'un contrat de travail s'entend de la survenance d'un événement extérieur, imprévisible lors de la conclusion du contrat et irrésistible dans son exécution. • Soc. 16 mai 2012, nº 10-17.726 P : *D. 2012. 1864, note Fardoux ; Dr. soc. 2012. 744, obs. Mouly ; RDT 2012. 420, obs. Tournaux*. ♦ Comp. antérieurement : la force majeure permettant à l'employeur de s'exonérer de tout ou partie des obligations nées de la rupture du contrat de travail s'entend de la survenance d'un événement extérieur irrésistible ayant pour effet de rendre impossible la poursuite dudit contrat. • Soc. 12 févr. 2003, nº 99-42.985 P : *R., p. 322 ; D. 2003. Somm. 1656, obs. Daimez ; JCP 2003. I. 156, nº 4, obs. Morvan ; RDC 2003. 59, obs. Stoffel-Munck* • 12 févr. 2003, nº 01-40.916 P : *R., p. 322 ; D. eod. loc.* • 12 févr. 2003, nº 00-46.660 P : *R., p. 322.* ♦ Sur les cas de force majeure pouvant être invoqués par un employeur, V. plus généralement notes ss. C. trav., art. L. 1231-1 et L. 1243-1. – **C. trav.**

23. Illustrations dans le cadre des contrats de travail : V. • Soc. 8 mars 1972, nº 71-40.429 P : *D. 1972. 340* (annulation injustifiée de représentations théâtrales en raison des événements de mai 1968, les risques pour la sécurité n'étant pas assez établis) • 28 avr. 1986, nº 84-40.538 P : *D. 1987. 474, note Karaquillo* (contrat à durée déterminée ; difficultés économiques conjoncturelles) • 20 févr. 1996, nº 93-42.663 P : *D. 1996. 633, note Puigelier* (les difficultés financières et de fonctionnement d'une entreprise ne peuvent à elles seules caractériser la force majeure) • 12 févr. 2003 : *préc. (1er arrêt)* (le décès de l'acteur principal d'une série télévisée ne fait pas obstacle à la poursuite du tournage avec un autre acteur et, partant, au maintien du contrat de sa partenaire) • 12 févr. 2003 : *préc. (2e arrêt)* (la destruction partielle de l'entreprise – village-hôtel – par un cyclone ne rend pas impossible la reprise de l'exploitation après remise en état, et, partant, la poursuite des contrats de travail) • 12 févr. 2003 : *préc. (3e arrêt)* (l'inaptitude physique à son emploi d'un salarié engagé par un contrat à durée déterminée ne présente pas les caractères de la force majeure) • Civ. 1re, 30 mars 2004, nº 01-03.971 P (la carence du salarié qui n'a pas rempli le questionnaire de santé n'exonère pas l'employeur de son obligation de souscrire l'assurance-décès).

24. Périodes de congés. La fermeture des entreprises pendant la période des congés peut mettre le débiteur dans l'impossibilité matérielle de faire terminer des travaux dans le délai imparti par une mise en demeure. • Civ. 3e, 24 juin 1971, nº 70-12.017 P (locataire mis en demeure d'effectuer des travaux dans un délai d'un mois coïncidant avec la période de congés payés). ♦ Comp. : le seul refus d'une entreprise d'effectuer les travaux dans le délai exigé par le bailleur ne constitue pas un événement imprévisible et insurmontable pour le locataire qui s'était engagé à effectuer ces travaux de peinture tous les quatre ans. • Civ. 3e, 23 avr. 1975 : *Gaz. Pal. 1975. 2. 588, note Plancqueel.* ♦ Irrésistibilité admise dans l'hypothèse d'un défaut de paiement dû à un incident technique au sein d'une banque ayant entraîné la non-exécution d'un virement bancaire, et s'étant produit au cours de la période estivale et de fin de semaine, empêchant le débiteur d'effectuer tout paiement par un autre moyen avant le terme fixé. • Civ. 3e, 17 févr. 2010, nº 08-20.943 P : *préc. note 1.*

3º EXTÉRIORITÉ

25. Absence de rôle du débiteur. Ne constitue pas un cas de force majeure pour celle qui le subit, faute d'extériorité, le gel des avoirs d'une personne ou d'une entité qui est frappée par cette mesure en raison de ses activités. • Cass., ass. plén., 10 juill. 2020, nº 18-18.542 P : *D. 2020. 1473 ; RTD civ. 2020. 623, obs. Barbier ; ibid. 895, obs. Jourdain ; JCP 2020, nº 1032, note Oudot* (impossibilité pour une banque de justifier l'absence d'exécution d'un jugement par le gel de ses avoirs, prononcé par les instances internationales en raison de la participation au programme nucléaire iranien). ♦ Comp., dans la même affaire : • Cass., ass. plén., 29 avr. 2022, nº 18-18.542 B : *D. 2022. 1331, obs. Leborgne ; RTD civ. 2022. 620, obs. Barbier ; JCP 2022, nº 593* qui juge en revanche que ce gel des avoirs constitue un élément de la situation du débiteur permettant au juge de l'exécution d'exonérer le débiteur de la majoration du taux d'intérêt légal prévue à l'art. L. 313-1 C. mon. fin. ou d'en réduire le montant.

Le refus d'une municipalité de modifier l'implantation d'un panneau publicitaire, à laquelle elle avait donné son accord, n'est pas un cas de force majeure lorsque cette implantation est fautive. • Civ. 1re, 21 mars 2000, nº 98-14.246 P (panneau masquant celui d'un autre annonceur). ♦ L'intervention de l'administration ne constitue pas un cas de force majeure lorsqu'elle est provoquée par l'attitude de celui qui en est l'objet. • Civ. 3e, 20 nov. 1985, nº 84-16.225 P (fermeture administrative d'établissement) • 13 juin 2007, nº 06-13.661 P : *AJDI 2008. 198, obs. Laporte-Leconte* (*idem*). ♦ Ne peut constituer un cas de force majeure justifiant la rupture du contrat de travail l'expropriation du fonds de commerce exploité par l'employeur, cette rupture résultant du choix de ce dernier de ne pas continuer son exploitation. • Soc. 22 juin 1994 : *JCP 1995. II. 22361, note Antonmattéi.*

26. Absence de rôle de personnes liées au débiteur. Par principe, le fait du débiteur ou de son préposé ou substitué ne peut constituer la force majeure. • Civ. 1re, 14 oct. 2010 : *cité note 3 ss. art. 1933.*

Pour d'autres applications du principe concernant des préposés : responsabilité de plein droit de la SNCF du fait de ses préposés. • Civ. 1re, 18 déc. 1967 : *JCP 1968. II. 15340, note Durand.* ♦ Une grève de son personnel ne constitue pas, pour la SNCF prise en tant que vendeur d'un voyage de groupe, un événement présentant le caractère d'extériorité nécessaire à la caractérisation de la force majeure. • Paris, 5 oct. 2001 : *D. 2001. IR 3174.*

Pour des substitués et sous-traitants : responsabilité d'EDF du fait d'un montage défectueux effectué sur son réseau par une entreprise extérieure dont il n'est pas démontré qu'elle n'était pas son sous-traitant. • Paris, 11 juill. 1991 : *CJEG 1995. 69, note Nénert,* confirmant sur ce point • T. com. Paris, 23 oct. 1989 : *JCP 1990. II. 21573, note Paisant (2e esp.).* ♦ Le prestataire de service auquel le professionnel a recours pour l'exécution des obligations résultant d'un contrat conclu à distance n'est pas un tiers au contrat au sens de l'ancien art. L. 120-20-3 anc. C. consom. • Civ. 1re, 13 nov. 2008, n° 07-14.856 P : *D. 2008. AJ 3006, obs. Avena-Robardet ; ibid. 2009. Pan. 399 obs. Poillot ; JCP 2009. I. 138, n° 8, obs. Sauphanor-Brouillaud ; CCE 2008, comm. n° 288, obs. Raymond ; RDC 2009. 568, obs. Fenouillet ; ibid. 515, obs. Deshayes.* ♦ V. sous l'angle de l'absence d'imprévisibilité : • Civ. 1re, 19 nov. 2009 : *D. 2009. AJ 2927, obs. P. Guiomard* (responsabilité d'un fournisseur d'accès à l'internet, tenu d'une obligation de résultat quant aux services offerts, en raison de la mauvaise qualité du réseau géré par un tiers). ♦ ...Sous l'angle de l'absence d'irrésistibilité : • Civ. 1re, 12 juill. 2001, n° 99-18.231 P (défaillance d'un fournisseur).

27. L'intervention irrégulière de l'autorité de tutelle, visant à faire obstacle à l'exécution d'obligations régulièrement souscrites, ne peut être opposée par le débiteur soumis à la tutelle de l'État (Air France) comme le fait imprévisible et insurmontable d'un tiers qui lui serait étranger. • Soc. 15 avr. 1970 (deux arrêts), n° 69-40.161 P : *D. 1971. 107, concl. Mellottée.* ♦ Défaut d'extériorité de la force majeure invoquée par une clinique, pour justifier la rupture du contrat d'exclusivité la liant à un médecin anesthésiste, les chirurgiens refusant de continuer à travailler avec ce dernier assumant par ailleurs un rôle prépondérant dans la direction de la clinique. • Civ. 1re, 3 févr. 1993, n° 90-19.262 P : *D. 1994. 265, note Dorsner-Dolivet ; RTD civ. 1994. 873, obs. Jourdain.* ♦ Rappr., sur les relations d'une commune et d'un comité des fêtes : • Soc. 2 avr. 1997 : *D. 1997. IR 103.*

28. Prestations défectueuses. Impossibilité pour un fournisseur d'eau de prétendre à l'existence d'un cas fortuit lorsque la composition chimique de l'eau endommage les tuyauteries des clients. • Civ. 1re, 26 mai 1994, n° 92-21.602 P.

29. Vice de la chose objet de la prestation. L'existence d'un vice caché ne saurait être assimilée à un cas de force majeure, lequel a nécessairement une origine extérieure à la chose louée. • Civ. 3e, 2 avr. 2003, n° 01-17.724 P : *D. 2003. IR 1135 ; AJDI 2003. 409, obs. Rouquet ; Rev. loyers 2003. 348, obs. Catheland-Gignoux.* ♦ L'existence d'un vice interne de la chose objet du contrat (présence de toxine botulique dans un poisson servi par le restaurateur) interdit d'y voir un cas de force majeure. • Poitiers, 16 déc. 1970 : *JCP 1972. II. 17127, note Mémeteau* (réformation de • TGI Poitiers, 7 janv. 1969 : *D. 1969. 174, note Pradel).* ♦ Même solution, explicite, en matière de responsabilité quasi-délictuelle : • Civ. 2e, 5 mai 1975, n° 74-10.466 : *Gaz. Pal. 1975. 2. 528, note Plancqueel* (absence de force majeure pour la chute sur un cycliste d'un arbre fragilisé par un champignon) • 4 déc. 1969, n° 68-11.158 P (éclatement d'un pneu de voiture provoquant un accident). ♦ Pour le refus de la force majeure en cas de délivrance de poches de sang contaminées (SIDA ou hépatite), V. note 104 ss. CSP, art. L. 1142-1 (ss. art. 1242 C. civ.). ♦ Sur la compatibilité de la force majeure et de la garantie des vices cachés, comp. note 38 ss. art. 1641.

30. Défectuosité des matériels servant à exécuter l'obligation. La SNCF ne peut invoquer des pannes, qui révèlent un défaut d'entretien de ses services, pour s'exonérer de son obligation de ponctualité. • Paris, 4 oct. 1996 : *JCP 1997. II. 22811, note Paisant et Brun ; Gaz. Pal. 1996. 2. 635, concl. Gizardin, note J.-G. M.* ♦ Sur le refus de la force majeure en cas de panne du véhicule permettant d'assurer un transport, V. par exemple : • Civ. 2e, 4 déc. 1969 : *BTL 1970. 51.* ♦ V. aussi la responsabilité de l'exploitant de remonte-pente en cas de défectuosité du matériel : • Com. 7 févr. 1949 : *D. 1949. 377, note Derrida ; JCP 1949. II. 4959, note Rodière ; RTD com. 524, obs. Hémard.*

Rappr. dans le cadre de l'art. 5, § 3, Règl. (CE) n° 261/2004 sur le transport aérien : selon la jurisprudence de la CJUE, peuvent être qualifiés de circonstances extraordinaires les événements qui, par leur nature ou leur origine, ne sont pas inhérents à l'exercice normal de l'activité du transporteur aérien concerné et échappent à la maîtrise effective de celui-ci ; ne constituent pas de telles circonstances les événements qui sont intrinsèquement liés au système de fonctionnement de l'appareil. • Civ. 1re, 12 sept. 2018, n° 17-11.361 P : *D. 2018. 2117, avis Sudre ; ibid. 2120, note Dupont et Poissonnier ; JCP 2018, n° 1206, note Heymann ; RCA 2018, n° 285, note Bloch* (exonération pour un foudroiement). ♦ Cassation de l'arrêt admettant qu'une panne de moteur survenue de façon inopinée constitue une circonstance extraordinaire au sens de ce texte, sans vérifier que ce problème technique découlait d'événements qui, par leur nature ou leur origine, n'étaient pas inhérents à l'exercice normal de l'activité de transporteur aérien, cette constatation étant nécessaire pour caractériser l'existence de circonstances extraordinaires, ni rechercher si cet opérateur avait pris toutes les mesures raisonnables pour éviter l'annulation du vol, en s'efforçant de procéder à un réacheminement rapide des passagers sur un vol de substitution, qu'il soit réalisé par la même compagnie ou par une autre. • Civ. 1re, 19 mars 2014, n° 12-20.917 P : *JCP 2014, n° 647, obs. Barbièri ; RCA 2014, n° 205, obs. Bloch.* ♦ V. aussi : un problème technique entraînant un retard de vol ne relève pas de circonstances extraordinaires, sauf si ce problème découle d'événements qui, par leur nature ou leur origine, ne sont pas inhérents à l'exercice normal de l'activité du transporteur aérien concerné. • Civ. 1re, 30 nov. 2016, n° 15-21.590 P : *D. 2017. 484, note Poissonnier et Dupont* (texte appliqué à un transport impliquant une correspondance à l'étranger).

Comp., pour les décisions admettant une responsabilité contractuelle du fait des choses, notes 23 s. ss. art. 1231-1.

31. Le prestataire habilité, qui fournit les services de réception et transmission d'ordres via internet doit, lorsqu'il tient lui-même le compte d'espèces et d'instruments financiers de son client, disposer d'un système automatisé de vérification du compte qui, en cas d'insuffisance des provisions et des couvertures, assure le blocage de l'entrée de l'ordre : le préjudice résultant du dysfonctionnement du système n'est pas limité à une perte de chance. • Com. 17 nov. 2015, n° 14-18.673 P.

32. Force majeure sans extériorité. Admission de la force majeure en dépit de l'absence d'extériorité de la maladie du débiteur : V. note 45.

C. ÉVÉNEMENTS CONSTITUTIFS DE FORCE MAJEURE

1° ORIGINE DE L'ÉVÉNEMENT

33. Fait du prince. BIBL. Aune, *RLDC 2008/47, n° 2930.* – Luxembourg, *JCP 2008. I. 119* (convergence du droit privé et du droit public). ♦ Illustration du caractère exonératoire du fait du prince : • Civ. 1re, 29 nov. 1965, n° 63-13.621 P : *D. 1966. 101* (application de l'art. 1722 C. civ. en cas d'interdiction d'utilisation d'un emplacement publicitaire du fait d'une décision de la commune) • Civ. 3e, 1er juin 2011 : *cité note 3 ss. art. 1231* (annulation ou retrait du permis de construire au motif de précautions sanitaires, constituant un revirement de l'autorité administrative imprévisible lors de la formation du contrat et dans le cours de son exécution, tel le fait du prince). ♦ L'occupation d'une usine, avec interdiction d'y pénétrer, et le refus du préfet d'employer la force publique pour faire évacuer les locaux, constituent pour l'employeur, dans ses rapports avec les salariés non grévistes, une impossibilité absolue d'exécuter le contrat de travail, constitutive d'un cas de force majeure. • Soc. 6 oct. 1971, n° 71-40.105 P : *D. 1972. 23 ; JCP 1973. II. 17323, note Lazerges-Rothe.* ♦ Mais le retard de l'Administration pour délivrer une autorisation est un événement prévisible. • Com. 26 oct. 1954 : *D. 1955. 213, note Radouant* (autorisation de travaux ne pouvant exonérer le bailleur d'un retard dans la délivrance du bien). ♦ Rappr., en matière fiscale : • Com. 10 mars 1975, n° 74-10.963 P : *R., p. 60 ; D. 1977. 113, note Jung.* ♦ Sur les suites de la rupture due à l'impossibilité d'exécuter le contrat : le retrait du titre d'accès à une zone sécurisée rendant impossible l'exécution du contrat de travail par le salarié, aucune obligation légale ou conventionnelle de reclassement ne pèse sur l'employeur. • Soc. 28 nov. 2018, n° 17-13.199 P : *D. 2019. 326, note Salomon et David.* ♦ Sur le fait du prince et la faute du débiteur, V. note 12 bis.

34. Fait d'un tiers. Le fait d'un tiers ne revêt le caractère d'un cas fortuit ou d'une force majeure que s'il n'a pu être ni prévu, ni empêché dans ses conséquences. • Req. 2 mars 1927 : *DP 1927. 1. 121, note L. Mazeaud.* ♦ Transporteur ferroviaire et attentat : V. note 6. ♦ Transporteur ferroviaire et agression, V. notes 28 et 13. ♦ Contrat de travail : • Soc. 4 avr. 2012 : *D. 2012. 1064* (agression par l'épouse de l'employeur ne présentant pas les caractéristiques de la force majeure). ♦ Pour les tiers substitués, V. notes 19 s.

35. Fait de la victime. Le fait non imprévisible ni inévitable de la victime ne constitue une cause d'exonération partielle pour celui qui a contracté une obligation déterminée de sécurité que s'il présente un caractère fautif. • Civ. 1re, 31 janv. 1973, n° 71-12.953 P : *R. 1972-1973, p. 55 ; D. 1973. 149, note Schmelck ; JCP 1973. II. 17450 (1re esp.), note Starck ; RTD civ. 1973. 576, obs. Durry.* ♦ La faute de la victime, si elle ne constitue pas la cause unique du dommage, ne peut totalement exonérer de sa responsabilité le fabricant d'un appareil dont le défaut de conception et de fabrication rendait l'utilisation dangereuse. • Civ. 1re, 9 oct. 1991, n° 89-15.090 P : *D. 1992. Somm. 403, obs. A. Penneau.*

36. Événements climatiques. Un ouragan d'une violence exceptionnelle peut constituer un événement de force majeure. • Civ. 3e, 11 mai 1994, n° 92-16.201 P (exonération du constructeur du hangar qui s'est effondré). ♦ Rappr. en matière de transport aérien : • Civ. 1re, 12 sept. 2018, n° 17-11.361 P : *D. 2018. 2117, avis Sudre ; ibid. 2120, note Dupont et Poissonnier ; JCP 2018, n° 1206, note Heymann* (exonération de la responsabilité pour retard dans le cas où l'avion a été endommagé par la foudre et a dû être remplacé).

37. Une sécheresse n'est pas un état imprévisible et irrésistible constituant une cause étrangère exonératoire. • Civ. 3e, 9 déc. 1998 : *RCA 1999, n° 42* • 27 juin 2001 : *RDI 2001. 524, obs. Malinvaud*. – V. aussi • Civ. 3e, 28 nov. 2001, n° 00-14.320 P : *RDI 2002. 88, obs. Malinvaud*. ♦ *Contra :* • Civ. 1re, 7 juill. 1998 : *Defrénois 1999. 544, obs. H. Périnet-Marquet*, considérant que le caractère irrésistible d'une sécheresse exceptionnelle constitue un cas de force majeure exonératoire de la responsabilité décennale. ♦ Sur la position des cours d'appel, confortant celle de la troisième chambre, V. : Mégacode civil 2014. ♦ Sur l'influence des arrêtés de catastrophe naturelle, V. note 7.

38. Tremblement de terre. L'absence de normes parasismiques applicables à l'époque de la construction n'exclut pas à elle seule un vice de construction et ne suffit pas à caractériser la force majeure. • Civ. 3e, 18 sept. 2013, n° 12-17.440 P : *D. 2013. 2225, obs. Y. Rouquet*.

2° ILLUSTRATIONS PAR TYPE D'ÉVÉNEMENT

39. Guerre. Si l'état de guerre ne constitue pas, en principe, un cas de force majeure, ce caractère peut lui être reconnu à raison des circonstances. • Req. 25 janv. 1922 : *DP 1922. 1. 71* (prétendue impossibilité d'effectuer un transport, des États-Unis à Tunis, en octobre 1914). ♦ Pour des illustrations de l'application de ce principe à l'occasion de la guerre du Golfe : refus de la force majeure pour une société annulant un séjour hôtelier au Maroc la veille de la guerre. • Civ. 1re, 8 déc. 1998, n° 96-17.811 P : *D. Affaires 1999. 167, obs. J. F. ; JCP 1999. II. 10106, note Dagorne-Labbe (2e esp.) ; Defrénois 1999. 369, obs. Delebecque ; CCC 1999, n° 36, note Leveneur* (absence de caractère insurmontable). ♦ Comp., pour la même hypothèse (guerre du Golfe), mais dans le cadre d'une obligation de moyens : • Civ. 1re, 15 juill. 1999, n° 97-10.268 P. ♦ ... Ou pour l'annulation d'un carnaval, après le début des conflits mais quatre mois à l'avance, aucun élément n'établissant que la sécurité de la manifestation ne pourrait être assurée. • Civ. 1re, 14 janv. 1997 : *RCA 1997, n° 120.* ♦ Rappr., note 41. ♦ Mais admission de la force majeure pour l'impossibilité d'exécuter un transport aérien, en dépit de toutes les démarches effectuées par le commissionnaire. • Com. 16 mars 1999 : *CCC 1999, n° 86, note Leveneur.*

40. Émeutes. Constitue un cas de force majeure une manifestation d'agriculteurs ayant dégénéré en émeute. • Civ. 1re, 17 nov. 1999, n° 97-21.823 P : *D. 1999. IR 280*. ♦ Rappr. : • Bordeaux, 6 juin 1977 : *préc. note 4* (émeute prévisible mais envisagée par les parties). ♦ V. aussi note suivante.

41. Risques d'insécurité. Refus de la force majeure lorsque les risques pour la sécurité de manifestations publiques ne sont pas assez établis : • Soc. 8 mars 1972 : *préc. note 23* (mai 1968) • Civ. 1re, 14 janv. 1997 : *préc. note 39* (guerre du Golfe) • Civ. 1re, 20 janv. 1998, n° 96-12.446 P (annulation d'un voyage en raison d'émeutes dans un pays étranger alors que la situation s'était apaisée).

42. Grève générale. Constitue un cas de force majeure un mouvement de grève de grande ampleur, affectant l'ensemble du secteur public et nationalisé et par là même extérieur à l'entreprise, que celle-ci n'avait pu prévoir et qu'elle ne pouvait ni empêcher en satisfaisant les revendications de ses salariés, compte tenu de la maîtrise du gouvernement sur ces décisions relatives aux rémunérations, ni surmonter d'un point de vue technique. • Civ. 1re, 24 janv. 1995, n° 92-18.227 P : *D. 1995. 327, note Paisant ; JCP 1995. I. 3893, n° 1, obs. Viney* (EDF). ♦ Dans le même sens : • Cass., ch. mixte, 4 févr. 1983 (deux arrêts), n° 80-12.977 P : *R., p. 39 ; RTD civ. 1983. 549, obs. Durry* (EDF ; grève importante imprévisible à la conclusion du contrat, le mouvement revendicatif s'opposant à des mesures gouvernementales récentes et, selon le second arrêt, insurmontable, faute de pouvoir réquisitionner le personnel ou de faire appel à de la main-d'œuvre de remplacement) • Com. 8 mars 1983, n° 81-11.075 P (EDF ; mouvement de grande ampleur, insurmontable, l'entreprise ne disposant d'aucun pouvoir de réquisition, même si l'éventualité de mouvements revendicatifs était prévisible à la conclusion du contrat) • Civ. 1re, 24 nov. 1993 : *CJEG 1995. 64, note Nénert*, rejet du pourvoi contre • Paris, 11 juill. 1991 : *ibid. 69* (grève à EDF, contre des mesures gouvernementales, entraînant du fait du nombre important de grévistes la nécessité de procéder à des délestages, et plaçant l'entreprise dans un état de contrainte) • Soc. 11 janv. 2000, n° 97-18.215 P : *R., p. 346 ; D. 2000. IR 53* (caractère de force majeure, pour la SNCF, d'une grève massive de son personnel dirigée contre des projets gouvernementaux échappant à sa maîtrise).

43. Absence de faute de EDF dans le fait de ne pas avoir informé le cocontractant du risque prévisible de délestage en cas de mouvement revendicatif de grande ampleur. • Com. 8 mars 1983, n° 81-11.075 P. ♦ Comp., admettant une faute de EDF, compte tenu des termes du contrat, dans le fait de ne pas avoir avisé un client des coupures qui allaient survenir de façon imminente, en conséquence d'un mouvement social qui était prévisible. • Com. 24 nov. 1953 : *JCP 1954. II. 8302, note Radouant.*

44. Grève inopinée. Exonération de la SNCF à la suite d'une grève surprise, sur l'ensemble du réseau, déclenchée en cours de transport et empêchant la poursuite de son exécution. • Com. 28 févr. 1966 : *Bull. civ. IV, n° 123 ; JCP 1966. II. 14878 (2e esp.), note J. Mazeaud* (perte de poussins consécutive au retard). ♦ V. aussi, pour une grève sans préavis : • Civ. 1re, 6 oct. 1993 : *JCP 1993. II. 22154, note Waquet ; JCP 1994. I. 3773, n° 7, obs. Viney ; RTD civ. 1994. 873, obs. Jourdain.* ♦ Constitue une cause étrangère exonérant un port des obligations contractées à l'égard d'entreprises de manutention (mise à disposition de grues) la cessation du travail subite de grutiers, effectuée dans des conditions illicites, qui n'a pas été qualifiée de grève par les juges du fond. • Civ. 1re, 11 juin 1996, n° 94-14.124 P : *Dr. soc. 1997. 377, note Antonmattéi.* ♦ Refus de la force majeure pour une grève annoncée, liée au projet de privatisation de l'entreprise. • Civ. 1re, 30 oct. 2008 : *préc. note 11.*

45. Maladie. Est constitutive d'un cas de force majeure la maladie du débiteur, l'empêchant de fournir sa prestation, dès lors qu'elle a présenté un caractère imprévisible lors de la conclusion du contrat et irrésistible dans son exécution. • Cass., ass. plén., 14 avr. 2006 : *préc. note 11.* ♦ La maladie, irrésistible, d'un élève, qui l'a empêché de suivre l'enseignement dispensé par l'école cocontractante, constitue un cas de force majeure, même si elle n'est pas extérieure à celui-ci. • Civ. 1re, 10 févr. 1998, n° 96-13.316 P : *D. 1998. 539, note D. Mazeaud ; JCP 1998. I. 155, n° 12 s., obs. Jamin ; ibid. I. 185, n° 16, obs. Viney ; ibid. II. 10124, note Paisant ; Defrénois 1998. 1051, obs. D. Mazeaud ; CCC 1998, n° 70, note Leveneur ; RTD civ. 1998. 689, obs. Jourdain.*

46. Mais la maladie grave du souscripteur d'une promesse d'achat ne constitue ni un événement imprévisible, ni un événement insurmontable, lui permettant de se dégager de l'obligation de paiement du dédit stipulé en cas de non-réalisation de la vente. • Civ. 1re, 23 janv. 1968 : *JCP 1968. II. 15422.* ♦ La maladie d'une personne, sexagénaire, survenue le jour de son départ pour un voyage organisé ne présente pas le caractère de la force majeure lui permettant d'obtenir le remboursement des sommes versées, alors surtout que la souscription d'une assurance-annulation était possible. • Civ. 1re, 2 oct. 2001 : *CCC 2002, n° 24, note Leveneur.* ♦ Ne caractérise pas la force majeure, pouvant justifier le rejet de la demande de résiliation d'un bail rural pour une cession de bail prohibée, le fait que le preneur ait admis avoir mis les terres à la disposition d'un tiers exploitant en raison de la survenance d'une grave maladie nécessitant le recours à un tiers pour faire face aux contraintes physiques de l'exploitation des terres. • Civ. 3e, 22 janv. 2014, n° 12-28.246 P : *D. 2014. 277 ; RDC 2014 p. 398 note Seube.* ♦ Rappr. dans le cadre des transports aériens : la maladie ou une indisponibilité soudaine du pilote pour des raisons médicales n'est pas un événement inhabituel et ne saurait être qualifiée de circonstance extraordinaire au sens de l'art. 5, § 3, Règl. n° 261/2004 du 11 févr. 2004. • Civ. 1re, 5 févr. 2020, n° 19-12.294 P : *D. 2020. 1027, note Dupont et Poissonnier ; ibid. 1425, obs. Kenfack ; AJ contrat 2020. 286, obs. Siguoirt ; RTD civ. 2020. 363, obs. Barbier ; Gaz. Pal. 2020. 1606, note Paulin.*

47. Les absences pour maladie d'un salarié ne présentent pas le caractère d'imprévisibilité de la force majeure autorisant l'employeur à rompre un contrat à durée déterminée. • Soc. 15 févr. 1995 : *RJS 1995. 247, n° 357.* ♦ Comp. • Soc. 14 oct. 1960 : *JCP 1961. II. 11985, et chron. Camerlynck ; ibid. I. 1609.*

48. Chômage du débiteur. Le chômage du débiteur peut constituer un cas de force majeure si sa survenance et sa prolongation ne sont pas imputables au débiteur et si cet événement, imprévisible à la conclusion du contrat, rend l'exécution absolument impossible. • Orléans, 25 oct. 1973 : *D. 1974. 66, note Souleau* (preuve en l'espèce non rapportée par le débiteur pour échapper à l'appel de fonds d'une société).

49. Incarcération du débiteur. Absence de force majeure dans l'incarcération d'un salarié. • Soc. 15 oct. 1996, n° 93-43.668 P.

50. Impécuniosité. L'inapplicabilité manifeste de la clause d'arbitrage ne peut être déduite de l'impossibilité alléguée par le liquidateur judiciaire d'une des parties concernées de faire face au coût de la procédure d'arbitrage. • Civ. 1re, 13 juill. 2016, n° 15-19.389 P : *D. 2016. 2589, obs. Clay.*

Ancien art. 1149 *(Abrogé par Ord. n° 2016-131 du 10 févr. 2016, à compter du 1er oct. 2016)* ***Les dommages et intérêts dus au créancier sont, en général, de la perte qu'il a faite et du gain dont il a été privé, sauf les exceptions et modifications ci-après.***

V. C. civ., art. 1231-2 et précédemment le projet de réforme du 25 févr. 2015, art. 1231-2 s. (Projet). V. notes ss. art. 1231-2.

Ancien art. 1150 *(Abrogé par Ord. n° 2016-131 du 10 févr. 2016, à compter du 1er oct. 2016)* ***Le débiteur n'est tenu que des dommages et intérêts qui ont été prévus ou qu'on a pu prévoir lors du contrat, lorsque ce n'est point par son dol que l'obligation n'est point exécutée.***

Comp. C. civ., art. 1231-3 et précédemment le projet de réforme du 25 févr. 2015, art. 1231-3 (Projet).

V. notes ss. art. 1231-3.

Ancien art. 1151 *(Abrogé par Ord. n° 2016-131 du 10 févr. 2016, à compter du 1er oct. 2016)* ***Dans le cas même où l'inexécution de la convention résulte du dol du débiteur, les dommages et intérêts ne doivent comprendre à l'égard de la perte éprouvée par le créancier et du gain dont il a été privé, que ce qui est une suite immédiate et directe de l'inexécution de la convention.***

Comp. C. civ., art. 1231-4 et précédemment le projet de réforme du 25 févr. 2015, art. 1231-4 (Projet).

V. notes ss. art. 1231-4.

Ancien art. 1152 *(Abrogé par Ord. n° 2016-131 du 10 févr. 2016, à compter du 1er oct. 2016)* ***Lorsque la convention porte que celui qui manquera de l'exécuter payera une certaine somme à titre de dommages-intérêts, il ne peut être alloué à l'autre partie une somme plus forte, ni moindre.***

(L. n° 85-1097 du 11 oct. 1985) ***« Néanmoins, le juge peut, même d'office, modérer ou augmenter la peine »*** *(L. n° 75-597 du 9 juill. 1975)* ***« qui avait été convenue, si elle est manifestement excessive ou dérisoire. Toute stipulation contraire sera réputée non écrite. »***

Comp. C. civ., art. 1231-5 et précédemment le projet de réforme du 25 févr. 2015, art. 1231-5 (Projet).

La L. n° 75-597 du 9 juill. 1975 est applicable aux contrats et aux instances en cours (L. préc., art. 3). – La L. n° 85-1097 du 11 oct. 1985 est applicable aux contrats et aux instances en cours au moment de sa publication (L. préc., art. 3).

BIBL. ▶ **A propos de la réforme des art. 1152 et 1231 C. civ. :** BOCCARA, *JCP 1975. I. 2742.* – CHABAS, *D. 1976. Chron. 229.* – ÉVADÉ, *Gaz. Pal. 1976. 2. Doctr. 449.* – HUBRECHT, *Gaz. Pal. 1976. 1. Doctr. 64.* – KRAFFT, *Gaz. Pal. 1986. 1. Doctr. 12.* – MALAURIE, *Defrénois 1976. 533.* – NECTOUX, *JCP 1978. I. 2913.* – PAISANT, *RTD civ. 1985. 647.* – SALUDEN, *Gaz. Pal. 1984. 1. Doctr. 262.* – SANZ, *RTD civ. 1977. 268.* ▶ **Avant la réforme :** ALFANDARI, *JCP 1971. I. 2395.* ▶ **Études particulières depuis la réforme :** BÉNET, *JCP 1987. I. 3274* (indemnité d'immobilisation, dédit et clause pénale). – DE BISSY, *RDI 2000. 287* ✎ (indemnité d'immobilisation). – GALLET, *Rev. loyers 2000. 458* (bail commercial et clauses pénales). – LE GALLOU, *D. 2016. 322* ✎ (clause pénale et droit anglais). – GERBAY, *D. 1978. Chron. 93* (clauses de remboursement forfaitaire des frais de recouvrement judiciaire). – HUGON, *JCP 1994. I. 3790* (sort de la clause pénale en cas d'extinction du contrat). – KRAFFT, *Gaz. Pal. 1985. 2. Doctr. 600* (pénalités prévues par les textes sur la protection des consommateurs). – MALINVAUD, *Mél. Terré, Dalloz/PUF/Juris-Classeur, 1999, p. 689* (application de l'art. 1152 aux clauses limitatives de responsabilité). – MESTRE, obs. *RTD civ. 1988. 110* (le juge face aux stipulations contractuelles excessives). – PAISANT, *JCP 1986. I. 3238* (clauses pénales dans les contrats de bail et de travail) ; *D. 1995. Chron. 223* ✎ (clauses pénales et clauses abusives). – PASQUALINI, *Defrénois 1995. 769* (révision des clauses pénales). – PINTO-MONTEIRO, *Études Ghestin, LGDJ, 2001, p. 719* (la clause pénale en Europe). – RONTCHEVSKY, *Mél. Wiederkehr, Dalloz, 2009, p. 695.* – THABAUT, *Gaz. Pal. 2002. Doctr. 1605* (indemnité d'immobilisation). – X. VINCENT, *Gaz. Pal. 1977. 2. Doctr. 458* (crédit-bail).

V. notes ss. art. 1217 et 1231-5.

Ancien art. 1153 *(Abrogé par Ord. n° 2016-131 du 10 févr. 2016, à compter du 1er oct. 2016)* *(L. n° 75-619 du 11 juill. 1975)* ***« Dans les obligations qui se bornent au paiement d'une certaine somme, les dommages-intérêts résultant du retard dans l'exécution ne consistent jamais que dans la condamnation aux intérêts au taux légal, sauf les règles particulières au commerce et au cautionnement. »***

(Ord. n° 59-148 du 7 janv. 1959) ***« Ces dommages et intérêts sont dus sans que le créancier soit tenu de justifier d'aucune perte.***

« Ils ne sont dus que du jour de la sommation de payer, *(L. n° 92-644 du 13 juill. 1992)* ***« ou d'un autre acte équivalent telle une lettre missive s'il en ressort une interpellation suffisante, » excepté dans le cas où la loi les fait courir de plein droit. »***

(L. 7 avr. 1900) ***Le créancier auquel son débiteur en retard a causé, par sa mauvaise foi, un préjudice indépendant de ce retard, peut obtenir des dommages et intérêts distincts des intérêts moratoires de la créance.***

Comp. C. civ., art. 1231-6 et précédemment le projet de réforme du 25 févr. 2015, art. 1231-6 (Projet).

V. C. mon. fin., art. L. 313-2 et L. 313-3 relatifs au taux de l'intérêt légal ss. art. 1907.

BIBL. ▶ BÉNABENT, *Études Ghestin, LGDJ, 2001, p. 113.* – DERAINS, *Études Bellet, Litec, 1991, p. 101* (intérêts moratoires, dommages-intérêts compensatoires et dommages punitifs devant l'arbitre international). – HOONAKKER, *D. 1999. Chron. 328* (intérêts dus sur les créances de restitution). – JOURDAIN, *Mél. Lambert, Dalloz, 2002, p. 231* (intérêts légaux de l'indemnité d'assurance).

V. notes ss. art. 1231-6.

Ancien art. 1153-1 *(Abrogé par Ord. n° 2016-131 du 10 févr. 2016, à compter du 1er oct. 2016) (L. n° 85-677 du 5 juill. 1985)* ***En toute matière, la condamnation à une indemnité emporte intérêts au taux légal même en l'absence de demande ou de disposition spéciale du jugement. Sauf disposition contraire de la loi, ces intérêts courent à compter du prononcé du jugement à moins que le juge n'en décide autrement.***

En cas de confirmation pure et simple par le juge d'appel d'une décision allouant une indemnité en réparation d'un dommage, celle-ci porte de plein droit intérêt au taux légal à compter du jugement de première instance. Dans les autres cas, l'indemnité allouée en appel porte intérêt à compter de la décision d'appel. Le juge d'appel peut toujours déroger aux dispositions du présent alinéa.

Comp. C. civ., art. 1231-7 et précédemment le projet de réforme du 25 févr. 2015, art. 1231-7 (Projet).

La L. n° 85-677 du 5 juill. 1985 entre en vigueur le premier jour du sixième mois qui suit la date de sa publication (1er janv. 1986) (L. préc., art. 47).

BIBL. ▶ JOURDAIN, *RTD civ. 1991. 350.* – LOMBARD, *Gaz. Pal. 1995. 1. Doctr. 562.*

V. notes ss. art. 1231-7.

Ancien art. 1154 *(Abrogé par Ord. n° 2016-131 du 10 févr. 2016, à compter du 1er oct. 2016)* ***Les intérêts échus des capitaux peuvent produire des intérêts, ou par une demande judiciaire, ou par une convention spéciale, pourvu que, soit dans la demande, soit dans la convention, il s'agisse d'intérêts dus au moins pour une année entière.***

Comp. C. civ., art. 1343-2 et précédemment le projet de réforme du 25 févr. 2015, art. 1321-2 (Projet).

BIBL. ▶ BRAGANTINI-BONNET, *JCP N 2008. 1240.* – GOUT, *Dr. et patr. 12/2000. 26.* – EMY, *RTD com. 2006. 549* (les deux visages de la capitalisation des intérêts). ▶ **Application de l'art. 1154 par le juge administratif :** LÉNICA et BOUCHER, *AJDA 2007. Chron. 1231.*

1. Ord. du 10 févr. 2016. V. désormais art. 1343-2.

2. Nécessité d'une demande. Les seules conditions posées par ce texte sont que la demande en ait été judiciairement formée et qu'il s'agisse d'intérêts dus pour au moins une année entière. • Civ. 1re, 16 avr. 1996, n° 94-13.803 P: *Defrénois 1996. 1443, obs. Champenois* • 6 oct. 2011, n° 10-23.742 P.

3. Dès lors qu'elle a été sollicitée conformément à l'art. 1154 anc. C. civ., la capitalisation des intérêts s'accomplit sans qu'il soit nécessaire de faire une nouvelle demande ou de procéder à l'établissement d'un arrêté de compte à l'expiration de chaque période annuelle. • Civ. 2e, 28 févr. 1996, n° 94-10.860 P. ♦ V. aussi • Com. 29 avr. 1997, n° 94-20.486 P : *D. 1998. Somm. 114, obs. Libchaber* • Civ. 1re, 14 oct. 2010, n° 09-68.026 P : *BICC, 1er févr. 2011, n° 109.*

4. Date de la demande. L'art. 1154 anc. n'exige pas que, pour produire des intérêts, les intérêts échus des capitaux soient dus au moins pour une année entière au moment de la demande en justice tendant à la capitalisation, mais exige seulement que, dans cette demande, il s'agisse d'intérêts dus pour une telle durée. • Civ. 3e, 26 févr. 1974 : *Bull. civ. III, n° 91* • Civ. 1re, 12 mars 1991, n° 89-19.133 P • Civ. 3e, 18 févr. 1998, n° 96-12.221 P. ♦ Dans le même sens : • Civ. 3e, 8 mars 1995, n° 93-13.970 P : *D. 1996. Somm. 121, obs. Libchaber* • Civ. 2e, 1er juin 2011 : *RGDA 2011. 964, obs. Schulz.* ♦ Une cour d'appel peut donc décider que les intérêts alloués seraient capitalisés année par année. • Com. 20 oct. 1982 : *Bull. civ. IV, n° 323.* ♦ Comp. • Aix-en-Provence, 8 déc. 1982 : *Gaz. Pal. 1983. 1. 75, note Dubreuil.*

5. La circonstance que les sommes dues ne sont pas encore liquidées et que le décompte des intérêts qui y seront relatifs n'a pas encore été fait, ne saurait faire obstacle à leur capitalisation. • Civ. 1re, 21 janv. 1976 : *D. 1976. 369, note Gaury.* ♦ V. aussi, pour le cas où le paiement des intérêts d'une somme empruntée et sujette à rapport n'est pas exigible avant le partage, note 3 ss. art. 856 anc.

6. La capitalisation des intérêts peut être demandée même après le paiement du principal de la dette, dès lors que ces intérêts n'ont pas eux-mêmes été versés. • Com. 23 janv. 1990, n° 88-15.506 P. ♦ Elle peut être demandée même si le paiement n'était pas exigible à la date de la demande ou si le paiement a eu lieu à la date ultime convenue. • Civ. 1re, 21 mai 1997, n° 95-13.175 P : *D. 1998. Somm. 114, obs. Libchaber*.

7. Influence de la demande sur le calcul de l'annuité. Le point de départ des intérêts capitalisés ne peut être antérieur à la demande de capitalisation du créancier : V. • Civ. 17 mai 1865 : *DP 1865. 1. 273* • Civ. 2e, 3 juill. 1991, n° 90-14.500 P : *D. 1992. Somm. 277, obs. Aynès* • Civ. 1re, 19 déc. 2000, n° 98-14.487 P. ♦ Mais l'art. 1154 anc. n'exige pas que les juges précisent dans leur décision le point de départ de la capitalisation des intérêts. • Civ. 2e, 16 juill. 1992, n° 91-11.199 P. ♦ Ils doivent toutefois, en cause d'appel, tenir compte de la demande formulée en première instance (cassation de l'arrêt qui fixe le point de départ de la capitalisation au jour de la demande expressément présentée devant la cour, alors qu'il résulte du jugement qu'une telle demande avait été formulée en première instance). • Soc. 6 avr. 1994, n° 92-42.459 P : *Gaz. Pal. 1995. 2. Somm. 314, obs. Ferrand et Moussa.*

Ancien art. 1155 *(Abrogé par Ord. n° 2016-131 du 10 févr. 2016, à compter du 1er oct. 2016)* ***Néanmoins les revenus échus, tels que fermages, loyers, arrérages de rentes perpétuelles ou viagères, produisent intérêt du jour de la demande ou de la convention.***

La même règle s'applique aux restitutions de fruits, et aux intérêts payés par un tiers aux créanciers en acquit du débiteur.

1. V. désormais art. 1231-6 (sommation de payer) et 1343-2 C. civ. (anatocisme).

2. Les intérêts moratoires attachés aux loyers courent du jour de la demande en fixation du nouveau loyer, par le seul effet de la loi. • Civ. 3e, 20 mars 1969 : *D. 1969. 478 ; JCP 1970. II. 16200, note Boccara* • Civ. 3e, 3 oct. 2012, n° 11-17.177 P : *R. 443 ; D. 2012. 2388, obs. Rouquet ; ibid. Chron. C. cass. 2540, obs. Pic ; AJDI 2013. 113, obs. Blatter* (en l'absence de convention contraire). ♦ Les intérêts dus sur la différence entre le nouveau loyer du bail renouvelé et le loyer provisionnel courent à compter de la délivrance de l'assignation introductive d'instance en fixation du prix, lorsque le bailleur est à l'origine de la procédure, et à compter de la notification du premier mémoire en défense lorsque c'est le preneur qui a saisi le juge. • Civ. 3e, 18 juin 2014, n° 13-14.715 P : *D. 2014. 1374, obs. Rouquet* • 12 avr. 2018, n° 16-26.514 P (cassation de l'arrêt ayant pris en compte la clause d'échelle mobile prévue dans le bail initial) • 9 sept. 2021, n° 19-19.285 B (cassation de l'arrêt ayant pris en compte la date à laquelle le bail commercial a été renouvelé). ♦ Comp. • Civ. 3e, 23 mars 1988, n° 86-18.067 P : *R., p. 191* (le point de départ des intérêts dus sur la différence entre le nouveau loyer d'un bail commercial et le loyer prévisionnel est celui de la date d'effet du renouvellement au fur et à mesure des échéances mensuelles).

3. Les intérêts moratoires stipulés continuent à courir jusqu'au règlement effectif des loyers impayés, et les juges ne peuvent limiter à la date d'expiration du contrat de crédit-bail l'application du taux conventionnellement fixé pour y substituer, après cette date, le taux légal. • Com. 15 janv. 1985 : *Bull. civ. IV, n° 25.*

4. La condamnation à rembourser la valeur des fruits perçus pour le compte de la succession et des intérêts composés ne viole pas la règle édictée par l'art. 1154 anc., cette règle ne s'appliquant pas aux restitutions de fruits. • Civ. 14 janv. 1920 : *DP 1924. 1. 34.*

5. Sur la capitalisation des intérêts des loyers, V. • Paris, 1er mars 1990 : *JCP 1990. II. 21559, note Petit ; RTD civ. 1991. 338, obs. Mestre* • Paris, 8 avr. 1993 : *D. 1993. IR 156.* ♦ V. aussi : Vial-Pedroletti, *JCP N 1992. Prat. 2304.*

SECTION 5 *[ABROGÉE]* De l'interprétation des conventions

(Abrogée par Ord. n° 2016-131 du 10 févr. 2016, à compter du 1er oct. 2016)

Sur l'interprétation des clauses des contrats de consommation, V. C. consom., art. L. 212-1, ss. art. 1171.

Comp. C. civ., art. 1188 et précédemment le projet de réforme du 25 févr. 2015, art. 1188 s. (Projet).

BIBL. GÉN. ▸ *Archives Phil. dr., t. 17, 1972* (interprétation en droit). – Denis, *Études Flour, Defrénois, 1979, p. 117* (clause de style). – Dupichot, *ibid., p. 179* (défense des art. 1156 à 1164). – Ivainer, *D. 1976. Chron. 153* (ambiguïté dans les contrats) ; *JCP 1981. I. 3023* (lettre et esprit de la loi des parties). – Lindon, *JCP 1967. I. 2081* (à propos de l'interprétation d'une clause d'un cahier des charges d'un lotissement). – Maleville-Costedoat, *RLDC 2007/42, n° 2715* (interprétation et rédaction des contrats : dix ans de jurisprudence). – Rawach, *D. 2001. Chron. 223* (clauses d'exclusion des documents précontractuels). – Trofimoff, *Rev. hist. dr. 1994. 203.* – Witz, *Mél. B. Gross, PU Nancy, 2009, 321* (l'exception au principe d'interprétation en faveur du consommateur).

Ancien art. 1156 *(Abrogé par Ord. n° 2016-131 du 10 févr. 2016, à compter du 1er oct. 2016)* ***On doit dans les conventions rechercher quelle a été la commune intention des parties contractantes, plutôt que de s'arrêter au sens littéral des termes.***

Comp. C. civ., art. 1188 et précédemment le projet de réforme du 25 févr. 2015, art. 1188 s. (Projet).

Interprétation du contrat. Sur les principes d'interprétation des contrats, V. art. 1188 s. et la jurisprudence citée.

Ancien art. 1157 *(Abrogé par Ord. n° 2016-131 du 10 févr. 2016, à compter du 1er oct. 2016)* ***Lorsqu'une clause est susceptible de deux sens, on doit plutôt l'entendre dans celui avec lequel elle peut avoir quelque effet, que dans le sens avec lequel elle n'en pourrait produire aucun.***

Comp. C. civ., art. 1191 et précédemment le projet de réforme du 25 févr. 2015, art. 1192 (Projet).

Interprétation des clauses susceptibles de deux sens. V. art. 1191 et la jurisprudence citée.

Ancien art. 1158 *(Abrogé par Ord. n° 2016-131 du 10 févr. 2016, à compter du 1er oct. 2016)* ***Les termes susceptibles de deux sens doivent être pris dans le sens qui convient le plus à la matière du contrat.***

Comp. C. civ., art. 1191 et précédemmment le projet de réforme du 25 févr. 2015, art. 1192 (Projet).

Interprétation du contrat. Sur les principes d'interprétation des contrats, V. art. 1188 s. et la jurisprudence citée.

Ancien art. 1159 *(Abrogé par Ord. n° 2016-131 du 10 févr. 2016, à compter du 1er oct. 2016)* ***Ce qui est ambigu s'interprète par ce qui est d'usage dans le pays où le contrat est passé.***

Comp. Projet de réforme du 25 févr. 2015, art. 1188 s. (Projet).

BIBL. ▶ CERMOLACCE, *RLDC 2004/7, n° 302.*

Défaut de base légale de la décision qui interprète une clause litigieuse selon un usage, sans constater que les parties avaient entendu expressément l'adopter. • Com. 17 mai 1988 : *Bull. civ. IV, n° 167.*

Ancien art. 1160 *(Abrogé par Ord. n° 2016-131 du 10 févr. 2016, à compter du 1er oct. 2016)* ***On doit suppléer dans le contrat les clauses qui y sont d'usage, quoiqu'elles n'y soient pas exprimées.***

Comp. Projet de réforme du 25 févr. 2015, art. 1188 s. (Projet).

1. Notion de clause d'usage. Si l'art. 1160 autorise à suppléer dans les contrats les clauses qui y sont d'usage, ce texte ne peut avoir pour but et pour effet de modifier l'économie du contrat en y introduisant, en raison du silence des parties, une clause qui modifie l'essentiel de leurs droits et de leurs obligations ; une clause ne peut être dite d'usage au sens du texte susvisé que si, d'une part, il est à présumer que son omission a été involontaire et que les parties entendaient de toute façon en faire application et si, d'autre part, cette application est possible sans que le juge ait à fixer des éléments de fait dont le choix et la détermination n'appartenaient qu'aux parties aux volontés desquelles il ne peut substituer la sienne ; en l'espèce, l'omission de la clause de révision de prix ne paraît pas être le résultat d'une simple inadvertance. • Rouen, 29 nov. 1968 : *D. 1969. 146.*

2. Usages internationaux. Interprétation et rôle des usages en matière de contrat international : V. • Com. 6 juill. 1966 : *JCP 1967. II. 15088, note Kahn.*

Ancien art. 1161 *(Abrogé par Ord. n° 2016-131 du 10 févr. 2016, à compter du 1er oct. 2016)* ***Toutes les clauses des conventions s'interprètent les unes par les autres, en donnant à chacune le sens qui résulte de l'acte entier.***

Comp. C. civ., art. 1189 et précédemment le projet de réforme du 25 févr. 2015, art. 1191 (Projet).

Interprétation du contrat. Sur les principes d'interprétation des contrats, V. art. 1188 s. et la jurisprudence citée. ♦ Interprétation des clauses d'une convention, V. art. 1189 et la jurisprudence citée. ♦ Interprétation d'une pluralité d'actes, V. art. 1189 et la jurisprudence citée.

Ancien art. 1162 *(Abrogé par Ord. n° 2016-131 du 10 févr. 2016, à compter du 1er oct. 2016)* ***Dans le doute, la convention s'interprète contre celui qui a stipulé et en faveur de celui qui a contracté l'obligation.***

Comp. C. civ., art. 1190 et précédemment le projet de réforme du 25 févr. 2015, art. 1190 (Projet).

BIBL. ▸ MOREAU, *Dr. soc. 1995. 171* (convention collective).

Interprétation du contrat en faveur du débiteur. Interprétation en faveur du débiteur dans les contrats de gré à gré, V. art. 1190 et la jurisprudence citée. ♦ Interprétation des contrats d'adhésion, V. art. 1190. ♦ Interprétation des contrats de consommation en faveur du consommateur, V. jurisprudence citée ss. art. 1190.

Ancien art. 1163 *(Abrogé par Ord. n° 2016-131 du 10 févr. 2016, à compter du 1er oct. 2016)* ***Quelque généraux que soient les termes dans lesquels une convention est conçue, elle ne comprend que les choses sur lesquelles il paraît que les parties se sont proposé de contracter.***

Interprétation du contrat. Sur les principes d'interprétation des contrats, V. art. 1188 s. et la jurisprudence citée.

Ancien art. 1164 *(Abrogé par Ord. n° 2016-131 du 10 févr. 2016, à compter du 1er oct. 2016)* ***Lorsque dans un contrat on a exprimé un cas pour l'explication de l'obligation, on n'est pas censé avoir voulu par là restreindre l'étendue que l'engagement reçoit de droit aux cas non exprimés.***

Interprétation du contrat. Sur les principes d'interprétation des contrats, V. art. 1188 s. et la jurisprudence citée.

SECTION 6 *[ABROGÉE]* De l'effet des conventions à l'égard des tiers

(Abrogée par Ord. n° 2016-131 du 10 févr. 2016, à compter du 1er oct. 2016)

Comp. C. civ., art. 1199 s. et précédemment le projet de réforme du 25 févr. 2015, art. 1200 s. (Projet).

Ancien art. 1165 *(Abrogé par Ord. n° 2016-131 du 10 févr. 2016, à compter du 1er oct. 2016)* ***Les conventions n'ont d'effet qu'entre les parties contractantes ; elles ne nuisent point au tiers, et elles ne lui profitent que dans le cas prévu par l'article 1121.***

Comp. C. civ., art. 1199 s. et précédemment le projet de réforme du 25 févr. 2015, art. 1200 s. (Projet).

BIBL. ▸ DESHAYES, *Mél. Goubeaux, Dalloz-LGDJ, 2009, p. 85* (recherches sur les origines de la notion d'ayant cause). – GRIMALDI, *Mél. Jestaz, Dalloz, 2006, p. 163* (le contrat et les tiers). ▸ **Distinction des parties et des tiers :** AUBERT, *RTD civ. 1993. 263.* – GHESTIN, *JCP 1992. I. 3628 ; RTD civ. 1994. 777.* – GUELFUCCI-THIBIERGE, *RTD civ. 1994. 275.* ▸ **Étude de jurisprudence :** BILLIAU, *Études Ghestin, LGDJ, 2001, p. 119* (application du principe relatif par la Cour de cassation). – BRIGNON, *RLDC 2009/64, n° 3558* (le tiers dans la formation du contrat. – MESTRE, *RTD civ. 1992. 90.* ▸ **Prétendu principe de l'effet relatif des contrats :** SAVATIER, *RTD civ. 1934. 525.* ▸ **Relativité des actes juridiques :** LESCOT, *JCP 1962. I. 1682.* ▸ **Contrat, source de responsabilité envers les tiers :** DEBAT, *LPA 23 sept. 2003.* ▸ **Groupes de contrats :** P. ANCEL, *Études Ponsard, Litec, 2003, p. 3* (les arrêts de 1988 sur l'action en responsabilité contractuelle, quinze ans après). – BOUBLI, *RDI 1992. 27*. – DELPÉRIER et ROCHÉ, *Defrénois 2003. 351* (transmission des actions en matière immobilière). – JAMIN, *D. 1991. Chron. 257.* – JOURDAIN, *D. 1992. Chron. 149* ; obs. *RTD civ. 1993. 131.* – LACOUR, *LPA 9 juin 2005* (action directe dans les chaînes de contrats). – LAGARDE, *JCP 2008. I. 200* (le manquement contractuel comme faute délictuelle). – LARONDE-CLÉRAC, *CCC 2003. Chron. 6* (nature de la responsabilité dans les chaînes contractuelles). – LARROUMET, *JCP 1991. I. 3531.* – LISANTI-KALCZYNSKI, *JCP 2003. I. 102* (dix ans après l'arrêt *Besse*). – MAINGUY, *Études Béguin, Litec, 2005, p. 449* (actualité des actions directes dans les chaînes de contrats). – D. MAZEAUD, *LPA 5 mai 2000.* – PUIG, *Études Calais-Auloy, Dalloz, 2004, p. 913* (faut-il supprimer l'action directe dans les chaînes de contrats ?). – VINEY, *Mél. Holleaux, Litec, 1990, p. 399* (action en responsabilité). – Adde : BAUERREIS, *Rev. crit. DIP 2000. 331* (action directe contractuelle dans les chaînes internationales de contrats). ▸ **Violation des droits contractuels d'autrui :** STARCK, *JCP 1954. I. 1180.*

V. notes ss. art. 1199 (effet relatif), 1200 (opposabilité du contrat aux tiers) et 1341-3 (action directe en paiement).

Ancien art. 1166 *(Abrogé par Ord. n° 2016-131 du 10 févr. 2016, à compter du 1er oct. 2016)* ***Néanmoins les créanciers peuvent exercer tous les droits et actions de leur débiteur, à l'exception de ceux qui sont exclusivement attachés à la personne.***

Comp. C. civ., art. 1341-1 et précédemment le projet de réforme du 25 févr. 2015, art. 1331-1 (Projet).

V. notes ss. art. 1341-1.

Ancien art. 1167 *(Abrogé par Ord. nº 2016-131 du 10 févr. 2016, à compter du 1er oct. 2016)* ***Ils peuvent aussi, en leur nom personnel, attaquer les actes faits par leur débiteur en fraude de leurs droits.***

(L. nº 65-570 du 13 juill. 1965) ***« Ils doivent néanmoins, quant à leurs droits énoncés au titre Des successions et au titre Du contrat de mariage et des régimes matrimoniaux, se conformer aux règles qui y sont prescrites. »***

Comp. C. civ., art. 1341-2 et précédemment le projet de réforme du 25 févr. 2015, art. 1331-2 (Projet).

V. notes ss. art. 1341-2.

CHAPITRE IV *[ABROGÉ]* DES DIVERSES ESPÈCES D'OBLIGATIONS

(Abrogé par Ord. nº 2016-131 du 10 févr. 2016, à compter du 1er oct. 2016)

SECTION 1 *[ABROGÉE]* Des obligations conditionnelles

(Abrogée par Ord. nº 2016-131 du 10 févr. 2016, à compter du 1er oct. 2016)

Comp. C. civ., art. 1304 s. et précédemment le projet de réforme du 25 févr. 2015, art. 1304 s. (Projet).

BIBL. GÉN. ▶ P.-A. Bon, *LPA 26 juin 2007* (la condition portant sur l'exécution d'une obligation). – Derouin, *RTD civ. 1978. 1* (analyse « fonctionnelle » de la condition).

§ 1 *[ABROGÉ]* De la condition en général, et de ses diverses espèces

(Abrogé par Ord. nº 2016-131 du 10 févr. 2016, à compter du 1er oct. 2016)

Comp. C. civ., art. 1304 s.

Ancien art. 1168 *(Abrogé par Ord. nº 2016-131 du 10 févr. 2016, à compter du 1er oct. 2016)* ***L'obligation est conditionnelle lorsqu'on la fait dépendre d'un événement futur et incertain, soit en la suspendant jusqu'à ce que l'événement arrive, soit en la résiliant, selon que l'événement arrivera ou n'arrivera pas.***

Comp. C. civ., art. 1304 et précédemment le projet de réforme du 25 févr. 2015, art. 1304 (Projet).

V. notes ss. art. 1304.

Ancien art. 1169 *(Abrogé par Ord. nº 2016-131 du 10 févr. 2016, à compter du 1er oct. 2016)* ***La condition casuelle est celle qui dépend du hasard, et qui n'est nullement au pouvoir du créancier ni du débiteur.***

Ancien art. 1170 *(Abrogé par Ord. nº 2016-131 du 10 févr. 2016, à compter du 1er oct. 2016)* ***La condition potestative est celle qui fait dépendre l'exécution de la convention d'un événement qu'il est au pouvoir de l'une ou de l'autre des parties contractantes de faire arriver ou d'empêcher.***

Comp. C. civ., art. 1304-2 et précédemment le projet de réforme du 25 févr. 2015, art. 1304-2 (Projet).

V. notes ss. art. 1304-2.

Ancien art. 1171 *(Abrogé par Ord. nº 2016-131 du 10 févr. 2016, à compter du 1er oct. 2016)* ***La condition mixte est celle qui dépend tout à la fois de la volonté d'une des parties contractantes, et de la volonté d'un tiers.***

V. notes 5 et 11 ss. art. 1304-2.

Ancien art. 1172 *(Abrogé par Ord. nº 2016-131 du 10 févr. 2016, à compter du 1er oct. 2016)* ***Toute condition d'une chose impossible, ou contraire aux bonnes mœurs, ou prohibée par la loi, est nulle, et rend nulle la convention qui en dépend.***

Comp. C. civ., art. 1304-1 et précédemment le projet de réforme du 25 févr. 2015, art. 1304-1 (Projet).

1. Nullité pour condition impossible. La nullité du contrat fondée sur une condition impossible est une nullité relative qui ne peut être invoquée que par celui dont la loi qui a été méconnue tendait à assurer la protection. • Civ. 3e, 8 oct. 2008, nº 07-14.396 P : *D. 2008. AJ 2667, obs. Forest ; Defrénois 2008. 2520, obs. Savaux ; RLDC/55, nº 3209, obs. Maugeri ; LPA 19 mars 2009, note Brignon ; Defrénois 2008. 2520, obs. Savaux ; RDC 2009. 51, obs. Laithier.*

2. Sur la nullité pour illicéité de la condition. V. notes ss. art. 1304-1.

3. Sur la question plus générale de l'incidence de la nullité d'une clause sur le contrat. V. notes ss. art. 1184.

Ancien art. 1173 *(Abrogé par Ord. n° 2016-131 du 10 févr. 2016, à compter du 1er oct. 2016)* ***La condition de ne pas faire une chose impossible ne rend pas nulle l'obligation contractée sous cette condition.***

Ancien art. 1174 *(Abrogé par Ord. n° 2016-131 du 10 févr. 2016, à compter du 1er oct. 2016)* ***Toute obligation est nulle lorsqu'elle a été contractée sous une condition potestative de la part de celui qui s'oblige.***

Comp. C. civ., art. 1304-2 et précédemment le projet de réforme du 25 févr. 2015, art. 1304-2 (Projet).

V. notes ss. art. 1304-2.

Ancien art. 1175 *(Abrogé par Ord. n° 2016-131 du 10 févr. 2016, à compter du 1er oct. 2016)* ***Toute condition doit être accomplie de la manière que les parties ont vraisemblablement voulu et entendu qu'elle le fût.***

V. notes 1 et 7 ss. art. 1304-6.

Ancien art. 1176 *(Abrogé par Ord. n° 2016-131 du 10 févr. 2016, à compter du 1er oct. 2016)* ***Lorsqu'une obligation est contractée sous la condition qu'un événement arrivera dans un temps fixe, cette condition est censée défaillie lorsque le temps est expiré sans que l'événement soit arrivé. S'il n'y a point de temps fixe, la condition peut toujours être accomplie ; et elle n'est censée défaillie que lorsqu'il est devenu certain que l'événement n'arrivera pas.***

1. Sur la défaillance de la condition. V. notes 8 s. ss. art. 1304-6.

2. Sur la renonciation à se prévaloir de la condition. V. notes ss. art. 1304-4.

Ancien art. 1177 *(Abrogé par Ord. n° 2016-131 du 10 févr. 2016, à compter du 1er oct. 2016)* ***Lorsqu'une obligation est contractée sous la condition qu'un événement n'arrivera pas dans un temps fixe, cette condition est accomplie lorsque ce temps est expiré sans que l'événement soit arrivé : elle l'est également, si avant le terme il est certain que l'événement n'arrivera pas ; et s'il n'y a pas de temps déterminé, elle n'est accomplie que lorsqu'il est certain que l'événement n'arrivera pas.***

Ancien art. 1178 *(Abrogé par Ord. n° 2016-131 du 10 févr. 2016, à compter du 1er oct. 2016)* ***La condition est réputée accomplie lorsque c'est le débiteur, obligé sous cette condition, qui en a empêché l'accomplissement.***

Comp. C. civ., art. 1304-3 et précédemment le projet de réforme du 25 févr. 2015, art. 1304-3 (Projet).

V. notes ss. art. 1304-3.

Ancien art. 1179 *(Abrogé par Ord. n° 2016-131 du 10 févr. 2016, à compter du 1er oct. 2016)* ***La condition accomplie a un effet rétroactif au jour auquel l'engagement a été contracté. Si le créancier est mort avant l'accomplissement de la condition, ses droits passent à son héritier.***

Comp. C. civ., art. 1304-6.

1. Effet essentiel de la rétroactivité. Si l'obligation contractée sous une condition suspensive dépendant d'un événement futur et incertain ne peut être exécutée qu'après la survenance de l'événement, il n'en demeure pas moins qu'une fois la condition réalisée, le caractère rétroactif de la condition entraîne, sauf convention contraire des parties, la validité des actes accomplis avant ladite réalisation. • Civ. 3e, 19 févr. 1976, ☏ n° 74-12.154 P (obligation pour l'acquéreur emprunteur de payer des travaux accomplis sur le bien acheté avant l'octroi du prêt s'il n'est pas relevé que le contrat interdisait à l'entrepreneur de commencer les travaux avant la réalisation de la condition).

2. Portée. Dès lors que la condition s'est réalisée, son accomplissement a eu un effet rétroactif au jour où l'engagement a été contracté, indépendamment de la situation créée par la liquidation des biens intervenue entre-temps. • Com. 10 juill. 1984 : *Bull. civ. IV, n° 226.*

3. Application à la vente contre rente viagère. La réalisation de la condition oblige à se reporter, pour déterminer la situation respective des parties, au jour où l'engagement conditionnel est intervenu. • Civ. 3e, 3 oct. 1968 : *D. 1969. 81* (décès du crédirentier moins de 20 jours après l'accomplissement de la condition, mais plus de 20 jours après la vente conditionnelle). ♦ Comp. • Civ. 8 nov. 1950 : *JCP 1950. II. 5870, note*

Cavarroc (la rétroactivité, simple fiction de la loi, bien qu'ordinairement attachée à la condition suspensive, n'est cependant pas de son essence et ne peut avoir pour résultat de faire rétroagir une vente si, au moment où la condition se réalise, la formation de la vente elle-même est devenue impossible faute de l'un de ses éléments essentiels ; tel est le cas lorsque le décès antérieur du vendeur, crédirentier conditionnel, a fait disparaître à l'instant précis où il se produisait, non un simple aléa, mais l'objet même de l'obligation éventuelle de l'acheteur, c'est-à-dire le prix, qui servait de cause à l'obligation corrélative, également éventuelle, de son cocontractant).

4. Application à la vente d'un immeuble loué. L'acquéreur d'un domaine rural, une fois réalisée la condition de non-exercice du droit de préemption, est réputé propriétaire rétroactivement à compter de l'acte de vente et a donc pu délivrer valablement congé aux preneurs. • Civ. 3e, 3 févr. 1982, n° 80-14.652 P : *RTD civ. 1983. 149, obs. Rémy.* – Même sens : • Civ. 3e, 3 nov. 1981 : *Bull. civ. III, n° 171.* ♦ Mais, lorsque l'acquéreur, aux termes de conditions contractuelles, n'a la jouissance du bien qu'à compter de la réalisation de la condition suspensive, il ne saurait prétendre à la perception des loyers dès la conclusion de l'accord, nonobstant le caractère rétroactif du transfert de propriété résultant de la survenance de la condition. V. • Civ. 3e, 19 juill. 1995, n° 93-14.868 P : *Defrénois 1996. 346, obs. Delebecque.*

5. Fiscalité. Régime fiscal applicable aux mutations affectées d'une condition suspensive : V. • Com. 21 oct. 1969 : *JCP 1970. II. 16518, note Cozian* • 22 mai 1978 : *JCP N 1979. II. 198, note C. David.*

6. Rétroactivité et restitution. La créance de restitution des acomptes en conséquence de la caducité d'une vente prend naissance à la date de la caducité. • Com. 15 nov. 2005, n° 04-16.416 P.

7. Sur les effets de l'accomplissement de la condition dans le nouveau régime, V. art. 1304-6.

Ancien art. 1180 *(Abrogé par Ord. n° 2016-131 du 10 févr. 2016, à compter du 1er oct. 2016)* ***Le créancier peut, avant que la condition soit accomplie, exercer tous les actes conservatoires de son droit.***

Comp. C. civ., art. 1304-5 et précédemment le projet de réforme du 25 févr. 2015, art. 1304-5 (Projet).

§ 2 *[ABROGÉ]* De la condition suspensive

(Abrogé par Ord. n° 2016-131 du 10 févr. 2016, à compter du 1er oct. 2016)

Ancien art. 1181 *(Abrogé par Ord. n° 2016-131 du 10 févr. 2016, à compter du 1er oct. 2016)* ***L'obligation contractée sous une condition suspensive est celle qui dépend ou d'un événement futur et incertain, ou d'un événement actuellement arrivé, mais encore inconnu des parties.***

Dans le premier cas, l'obligation ne peut être exécutée qu'après l'événement.

Dans le second cas, l'obligation a son effet du jour où elle a été contractée.

V. notes 7 s. ss. art. 1304.

Ancien art. 1182 *(Abrogé par Ord. n° 2016-131 du 10 févr. 2016, à compter du 1er oct. 2016)* ***Lorsque l'obligation a été contractée sous une condition suspensive, la chose qui fait la matière de la convention demeure aux risques du débiteur qui ne s'est obligé de la livrer que dans le cas de l'événement de la condition.***

Si la chose est entièrement périe sans la faute du débiteur, l'obligation est éteinte.

Si la chose s'est détériorée sans la faute du débiteur, le créancier a le choix ou de résoudre l'obligation, ou d'exiger la chose dans l'état où elle se trouve, sans diminution du prix.

Si la chose s'est détériorée par la faute du débiteur, le créancier a le droit ou de résoudre l'obligation, ou d'exiger la chose dans l'état où elle se trouve, avec des dommages et intérêts.

1. En cas de perte partielle de la chose sans la faute du débiteur (incendie), la réclamation d'une diminution de prix s'analyse en un refus de conclure au prix initialement stipulé (assimilation à une demande en résolution). • Civ. 1re, 20 nov. 1990 : *JCP 1992. II. 21841, note Dagot.*

2. Pour l'application de l'anc. art. 1182 au cas où un bien acquis par un surenchérisseur a subi des dégradations avant l'adjudication : • Civ. 2e, 17 nov. 2011 : *cité note 7 ss. art. 1605.*

§ 3 *[ABROGÉ]* De la condition résolutoire

(Abrogé par Ord. n° 2016-131 du 10 févr. 2016, à compter du 1er oct. 2016)

Comp. C. civ., art. 1304-7 et précédemment le projet de réforme du 25 févr. 2015, art. 1304 (Projet).

Ancien art. 1183 *(Abrogé par Ord. n° 2016-131 du 10 févr. 2016, à compter du 1er oct. 2016)* ***La condition résolutoire est celle qui, lorsqu'elle s'accomplit, opère la révocation de l'obligation, et qui remet les choses au même état que si l'obligation n'avait pas existé.***

Elle ne suspend point l'exécution de l'obligation ; elle oblige seulement le créancier à restituer ce qu'il a reçu, dans le cas où l'événement prévu par la condition arrive.

Comp. C. civ., art. 1304-7 et précédemment le projet de réforme du 25 févr. 2015, art. 1304 (Projet).

V. notes ss. art. 1304-7.

Ancien art. 1184 *(Abrogé par Ord. n° 2016-131 du 10 févr. 2016, à compter du 1er oct. 2016)* ***La condition résolutoire est toujours sous-entendue dans les contrats synallagmatiques, pour le cas où l'une des deux parties ne satisfera point à son engagement.***

Dans ce cas, le contrat n'est point résolu de plein droit. La partie envers laquelle l'engagement n'a point été exécuté, a le choix ou de forcer l'autre à l'exécution de la convention lorsqu'elle est possible, ou d'en demander la résolution avec dommages et intérêts.

La résolution doit être demandée en justice, et il peut être accordé au défendeur un délai selon les circonstances.

Comp. C. civ., art. 1224 et précédemment le projet de réforme du 25 févr. 2015, art. 1224 s. (Projet).

Sur l'exception d'inexécution V. notes ss. art. 1219.

BIBL. ▶ AMRANI-MEKKI, *Defrénois 2003. 369* (résiliation unilatérale des contrats à durée déterminée). – ARHAB, *RRJ 1999/1. 167* (conséquences de la résolution d'un contrat au sein des groupes de contrats). – AYNÈS, *Dr. et patr. 5/2004. 64* (droit de rupture unilatérale : fondement et perspectives). – BAKOUCHE, *JCP 2014, n° 414* (articulation des résolutions unilatérales et conventionnelles). – BAZIN, *RRJ 2000/4-1. 1381* (résolution unilatérale). – BORRICAND, *RTD civ. 1957. 433* (clause résolutoire dans les contrats). – BROS, *AJCA 2015. 12* (rupture d'un contrat appartenant à un ensemble contractuel). – DELEBECQUE, *Dr. et patr. 5/2004. 56* (droit de rupture unilatérale : genèse et nature). – DUPICHOT, *Gaz. Pal. 1983. 1. Doctr. 215* (distinction entre résolution et résiliation). – GABET, *R. 2004, p. 67* (vérité, apparence et rétroactivité en matière immobilière). – GHESTIN, *Mél. Raynaud, Dalloz, 1985, p. 203* (effet rétroactif de la résolution des contrats à exécution successive). – GRIDEL et LAITHIER, *JCP 2008. I. 143* (sanctions civiles de l'inexécution du contrat). – GUENZOUI, *JCP 2010, n° 232* (résolution du contrat de travail). – HEYMANS *AJCA 2015. 67* (la clause résolutoire dans les contrats administratifs). – JEAMMAUD, *D. 1980. Chron. 47* (résiliation judiciaire du contrat de travail). – LE BARS, *D. 2002. Chron. 381* (résiliation unilatérale du contrat pour cause d'intérêt légitime). – MAZIÈRE, *LPA 2 et 5 avr. 1999* (résolution judiciaire du contrat de travail). – MESTRE, obs. *RTD civ. 1987. 540* (ampleur de la résolution) ; *ibid. 1992. 92* (contrôle par le juge de l'application des clauses résolutoires) ; *ibid. 1996. 906* (effets de la résolution ou de la résiliation). – OSMAN, *Defrénois 1993. 65* (pouvoir modérateur du juge dans la mise en œuvre de la clause résolutoire de plein droit). – PICOD, *JCP 1990. I. 3447* (clause résolutoire et règle morale). – ROBERT et CHARLUTEAU, *RLDC 2010/68, n° 3701* (clauses résolutoires). – ROCHE-DAHAN, *D. 1994. Chron. 255* (exception d'inexécution et résolution). – SAVOVA et KENNEDY, *AJCA 2015. 8* (gestion contractuelle de la rupture). – STOFFEL-MUNCK, *Dr. et patr. 5/2004. 82* (droit de rupture unilatérale : contrôle *a posteriori*). – D. TALLON, *Clés pour le siècle, Dalloz, 2000, p. 253* (un texte à rénover ?). – VAN DAI DO et CHANG, *LPA 9 avr. 2004* (résolution unilatérale). – VIAL-PEDROLETTI, *Loyers et copr. 1999, Chron. 4* (la clause résolutoire en matière de bail d'habitation). – WINTGEN, *Defrénois 2004. 692* (indemnité de jouissance en cas d'anéantissement rétroactif d'un contrat translatif).

1. Distinction des causes de résolution et des causes de nullité d'un contrat : V. • Civ. 1re, *12 févr. 1975 : JCP 1976. II. 18463, note Larroumet*, et • Com. 3 mars 1975 : *eod. loc.*

I. DIFFÉRENTS MODES DE RÉSOLUTION

A. RÉSOLUTION JUDICIAIRE

2. Absence de caractère d'ordre public. L'art. 1184 (anc.) n'est pas d'ordre public et un contractant peut renoncer par avance au droit de demander la résolution judiciaire du contrat. • Civ. 3e, 3 nov. 2011 : *D. 2012. Pan. 459, obs. Amrani-Mekki et Mekki ; AJDI 2012. 780, obs. Cohet-Cordey ; RTD civ. 2012. 114, obs. Fages ; JCP N 2012, n° 1117, note Leveneur ; RDC 2012. 402, note Laithier ; Gaz. Pal. 2012. 1417, obs. Mayer.*

1° DOMAINE DE LA RÉSOLUTION JUDICIAIRE

3. Règles spécifiques au contrat de travail. L'employeur, qui dispose du droit de résilier unilatéralement un contrat de travail à durée indéterminée par la voie du licenciement, en respectant les garanties légales, n'est pas recevable, hors les cas où la loi en dispose autrement, à demander la résiliation judiciaire dudit contrat. • Soc. 13 mars 2001, n° 98-46.411 P : *R., p. 360 ; JCP 2001. II. 10562, note J. Mouly ; JCP*

E 2001. 1286, note Puigelier • 5 juill. 2005 : *D. 2005. IR 2176* • 3 nov. 2005, n° 03-43.345 P : *D. 2005. IR 2898* (fût-ce reconventionnellement). ♦ Le salarié, en revanche, peut demander la résiliation judiciaire, étant entendu d'ailleurs que lorsqu'un salarié demande la résiliation judiciaire de son contrat de travail en raison de faits qu'il reproche à son employeur, tout en continuant à travailler à son service, et que ce dernier le licencie ultérieurement pour motif économique ou que le contrat de travail prend fin par suite de l'adhésion du salarié à une convention de reclassement personnalisé, le juge doit d'abord rechercher si la demande de résiliation judiciaire du contrat de travail est justifiée. • Soc. 12 juin 2012, n° 11-19.641 P : *D. 2012. 1621* ; *RDT 2012. 556, obs. Fabre*. ♦ S'agissant d'un contrat de travail à durée déterminée, en l'absence de faute grave ou de force majeure, l'action en résiliation judiciaire introduite par l'employeur est irrecevable et son exercice s'analyse en une rupture anticipée du contrat. • Soc. 15 juin 1999, n° 98-44.295 P : *D. 1999. 623, note Radé* • 4 déc. 2001, n° 99-46.364 P : *D. 2002. 2361, note J. Mouly*.

4. *Qualité de délégué syndical du cocontractant.* La protection exceptionnelle et exorbitante du droit commun dont bénéficie le délégué syndical exclut que soit poursuivie par la voie judiciaire la résiliation de son contrat de travail. • Cass., ass. plén., 28 janv. 1983, n° 80-93.511 P : *R., p. 35 ; D. 1983. 269, concl. Cabannes.* ♦ Cependant, le salarié protégé ne peut être privé de la possibilité de poursuivre la résiliation judiciaire de son contrat de travail aux torts de l'employeur en cas de manquement, par ce dernier, à ses obligations. • Soc. 16 mars 2005, n° 03-40.251 P : *R., p. 259 ; BICC 1er juill. 2005, n° 1278, et la note ; D. 2005. 1613, note J. Mouly* ; *ibid. Pan. 2506, obs. Lardy-Pélissier* ; *JCP 2005. II. 10125, note Miné ; JCP E 2005. 942, note Boulmier ; Gaz. Pal. 2005. 1967, note Vray ; RDC 2005. 763, obs. Radé.*

2° CONDITIONS DE LA RÉSOLUTION JUDICIAIRE

5. *Nécessité d'un manquement grave constaté par le juge.* Lorsque le contrat ne contient aucune clause expresse de résolution, il appartient aux tribunaux d'apprécier souverainement, en cas d'inexécution partielle, si cette inexécution a assez d'importance pour que la résolution doive être immédiatement prononcée, ou si elle ne sera pas suffisamment réparée par une condamnation à des dommages-intérêts. • Civ. 14 avr. 1891 : *GAJC, 11e éd., n° 176* ; *DP 1891. 1. 329, note Planiol.* – Même sens : • Com. 27 mai 1981 : *Bull. civ. IV, n° 252* • Civ. 3e, 22 mars 1983 : *ibid. III, n° 84* • Civ. 1re, 15 juill. 1999, n° 97-16.001 P.

6. Il appartient au juge du fond d'apprécier si le retard dans l'exécution est d'une gravité suffisante pour que la résolution doive être prononcée. • Civ. 1re, 4 janv. 1995, n° 92-17.858 P : *Defrénois 1995. 1408, obs. D. Mazeaud.* ♦ Le juge peut prononcer une résolution judiciaire en cas d'inexécution partielle d'un contrat dès lors qu'elle porte sur une obligation déterminante de la conclusion du contrat. • Com. 2 juill. 1996, n° 93-14.130 P : *JCP 1996. I. 3983, n° 14, obs. Jamin ; Defrénois 1996. 1364, obs. Mazeaud ; CCC 1997. 197, obs. Leveneur ; RTD civ. 1997. 130, obs. Mestre*.

7. *Absence d'incidence de la force majeure.* L'art. 1184 anc. ne distingue pas entre les causes d'inexécution des conventions et n'admet pas la force majeure comme faisant obstacle à la résolution, pour le cas où l'une des deux parties ne satisfait pas à son engagement ; en effet, dans un contrat synallagmatique, l'obligation de l'une des parties a pour cause l'obligation de l'autre et réciproquement, en sorte que, si l'obligation de l'une n'est pas remplie, quel qu'en soit le motif, l'obligation de l'autre devient sans cause. • Civ. 14 avr. 1891 : *GAJC, 11e éd., n° 176* ; *DP 1891. 1. 329, note Planiol.* – Même sens : • Civ. 1re, 2 juin 1982, n° 81-10.158 P • 12 mars 1985 : *Bull. civ. I, n° 94 ; RTD civ. 1986. 345, obs. Mestre.* ♦ Comp. • Com. 28 avr. 1982 : *Bull. civ. IV, n° 145 ; RTD civ. 1983. 340, obs. Chabas.* ♦ V. aussi note 6 ss. art. 1228 et jurisprudence citée ss. art. 1218.

3° MISE EN ŒUVRE DE LA RÉSOLUTION JUDICIAIRE

8. *Assignation.* Pour l'exercice de l'action en résolution, l'assignation suffit à mettre en demeure la partie qui n'a pas rempli son engagement. • Civ. 19 oct. 1931 : *DH 1931. 537* • Com. 28 févr. 1972 : *Bull. civ. IV, n° 75* • 26 avr. 1977 : *ibid. IV, n° 118* • Civ. 1re, 23 mai 2000, n° 97-22.547 P : *D. 2000. IR 203* • 23 janv. 2001, n° 98-22.760 P : *D. 2001. IR 594* ; *CCC 2001, n° 69, note Leveneur.*

9. *Condition de délai.* L'action en résolution fondée sur la non-conformité de la marchandise livrée à celle commandée n'est soumise à aucune condition de délai, et les juges du fond qui déclarent cette action irrecevable en raison de sa tardiveté méconnaissent l'art. 1184 (anc.). • Com. 3 mai 1983 : *Gaz. Pal. 1983. 2. Pan. 240, obs. Dupichot.* ♦ V. aussi : • Civ. 1re, 5 nov. 1985, n° 83-12.621 P : *RTD civ. 1986. 370, obs. Rémy* • 14 févr. 1989 : *Bull. civ. I, n° 83* (mauvais fonctionnement d'un système d'alarme contre le vol). ♦ La résolution judiciaire du contrat peut être demandée même s'il est arrivé à son terme au jour où il est statué sur la demande. • Com. 19 sept. 2006 : *CCC 2007, n° 2, note Leveneur ; RTD civ. 2007. 117, obs. Mestre et Fages*. ♦ *Comp.* : • Civ. 3e, 10 mai 2010, n° 09-13.296 P : *D. 2010. 1343* ; *AJDI 2010. 883, obs.*

Rouquet ; *RTD civ. 2010. 554, obs. Fages* (un bail expiré ne peut être résolu).

10. Médiation préalable obligatoire. L'existence d'une clause contractuelle instituant un préalable obligatoire de conciliation constitue une fin de non-recevoir. • Civ. 1re, 30 oct. 2007, n° 06-13.366 P.

Pour le détail de la jurisprudence en la matière V. note ss. art. 1227.

B. RÉSOLUTION PAR LE JEU D'UNE CLAUSE RÉSOLUTOIRE

11. Conditions. La clause résolutoire de plein droit, qui permet aux parties de soustraire la résolution d'une convention à l'appréciation des juges, doit être exprimée de manière non équivoque, faute de quoi les juges recouvrent leur pouvoir d'appréciation. • Civ. 1re, 25 nov. 1986 : *RTD civ. 1987. 313, obs. Mestre* • Civ. 3e, 7 déc. 1988, n° 87-11.892 P : *R., p. 193* • 12 oct. 1994, n° 92-13.211 P.

La clause résolutoire lorsque celle-ci n'est pas invoquée de bonne foi : V. • Civ. 3e, 6 juin 1984, n° 83-11.540 P • 17 juill. 1992, n° 90-18.810 P : *D. 1992. Somm. 399, obs. Aubert* • Civ. 1re, 31 janv. 1995 : *D. 1995. 389, note Jamin* ; *ibid. Somm. 230, obs. D. Mazeaud* ; *Defrénois 1995. 749, obs. Delebecque* ; *RTD civ. 1995. 623, obs. Mestre* • 16 févr. 1999, n° 96-21.997 P : *D. 2000. Somm. 360, obs. D. Mazeaud* (vente en viager). ♦ V. aussi Mestre, obs. *RTD civ. 1985. 163* ; *ibid. 1988. 120.*

Pour le détail de la jurisprudence sur la clause résolutoire, V. notes ss. art. 1225.

C. RÉSOLUTION PAR DÉCLARATION UNILATÉRALE

12. Principes. BIBL. Atias, *D. 2003. Chron. 1103* (les « risques et périls » de l'exception d'inexécution). – Mazeaud, *RDC 2010. 1076*. – Pellé, *D. 2011. Chron. 1230*. – Simler, *JCP 1971. I. 2413* (résiliation unilatérale anticipée des contrats à durée déterminée). – de La Vaissière, *RLDC 2006/29, n° 2163* (résiliation unilatérale des contrats à durée déterminée). ♦ La gravité du comportement d'une partie à un contrat peut justifier que l'autre partie y mette fin de façon unilatérale à ses risques et périls, et cette gravité n'est pas nécessairement exclusive d'un délai de préavis. • Civ. 1re, 13 oct. 1998, n° 96-21.485 P : *D. 1999. 197, note Jamin* ; *ibid. Somm. 115, obs. Delebecque* ; *JCP 1999. II. 10133, note Rzepecki* ; *Defrénois 1999. 374, obs. D. Mazeaud* ; *RTD civ. 1999. 394, obs. Mestre* ; *ibid. 506, obs. Raynard*. ♦ Il en est ainsi, que le contrat soit à durée déterminée ou non. • Civ. 1re, 20 févr. 2001, n° 99-15.170 P : *D. 2001. 1568, note Jamin* ; *ibid. Somm. 3239, obs. D. Mazeaud* ; *Defrénois 2001. 705, obs. Savaux* ; *RTD civ. 2001. 363, obs. Mestre et Fages*. ♦ Il incombe au juge du fond de rechercher si le comportement revêtait une gravité suffisante pour justifier la rupture unilatérale. • Civ. 1re, 28 oct. 2003, n° 01-03.662 P : *JCP 2004. II. 10108, note Lachièze* ; *Defrénois 2004. 378, obs. Libchaber* ; *ibid. 381, obs. Aubert* ; *CCC 2004, n° 4, note Leveneur* ; *Dr. et patr. 1/2004. 89, obs. Chauvel* ; *RTD civ. 2004. 89, obs. Mestre et Fages* ; *RDC 2004. 273, obs. Aynès* ; *ibid. 277, obs. D. Mazeaud*. ♦ Sur la compatibilité de la résiliation unilatérale avec un délai de préavis, V. • Civ. 1re, 14 nov. 2018, n° 17-23.135 P : *D. 2018. 2229* ; *RDC 1/2019. 10, note Génicon*, estimant pour un contrat d'exploitation ou d'exercice conclu entre un professionnel de santé ou une société professionnelle et un établissement de santé qu'une faute grave est celle qui rend impossible le maintien d'un tel contrat pendant la durée même limitée du préavis, de sorte qu'elle ne peut être retenue que si la résiliation a été prononcée avec un effet immédiat.

Résiliation unilatérale justifiée du contrat d'abonnement EDF-GDF en raison du refus persistant de l'abonné, sous un prétexte spécieux, de régler ses factures. • Civ. 1re, 9 juill. 2002, n° 99-21.350 P : *JCP E 2003. 629, note Lachièze.* ♦ V. conf. • Civ. 1re, 13 mars 2007 : *JCP 2007. I. 161, nos 12 s., obs. Grosser* (rupture unilatérale licite en raison de la volonté persistante du cocontractant de modifier unilatéralement une clause substantielle du contrat). ♦ Résiliation unilatérale justifiée par l'importance du respect de l'obligation d'information prévue contractuellement à la charge du prestataire de destructions de déchets, au regard de la propre responsabilité de l'entreprise productrice de déchets, tenue du suivi de ceux-ci jusqu'à l'étape finale de leur élimination ou de leur traitement. • Civ. 3e, 1er déc. 2010 : *Defrénois 2011. 814, obs. Seube.* ♦ La gravité des manquements et l'urgence d'y mettre fin caractérisent l'impossibilité de poursuivre le contrat, exclusive d'un manquement à la bonne foi. • Com. 4 févr. 2004 : *JCP 2004. I. 149, nos 15 s., obs. Rochfeld* ; *RTD civ. 2004. 731, obs. Mestre et Fages*. ♦ Absence de déloyauté de la part du concédant dans la mise en jeu, sans préavis ni indemnité, de la clause résolutoire prévue au contrat en cas de manquement du concessionnaire à son obligation d'exclusivité. • Com. 21 janv. 2003 : *CCC 2003, n° 68.* ♦ Gravité des manquements d'un contractant justifiant une résiliation sans respecter l'exigence de mise en demeure prévue par une clause contractuelle. • Civ. 3e, 8 févr. 2018, n° 16-24.641 P : *RTD civ. 2018. 404, obs. Barbier* ; *JCP 2018. 453, note Etienney-de Sainte Marie.* ♦ V. précédemment, sur la question de savoir si l'une des parties est en droit de rompre le contrat, sans l'intervention d'une décision judiciaire, lorsque l'autre partie a rendu cette rupture nécessaire par un manquement grave aux obligations qui lui incombaient : • Colmar, 7 févr. 1975 : *D. 1978. 169, note Ortscheidt* • Com. 15 janv. 1973 :

D. 1973. 473, note Ghestin ; Gaz. Pal. 1973. 2. 495, note Guyénot (faculté pour le concédant, en cas d'inexécution de ses obligations par le concessionnaire, de vendre lui-même dans le secteur concédé, mais non de choisir un autre agent exclusif sans avoir, au préalable, fait prononcer la résolution judiciaire des conventions) • Paris, 7 nov. 1996 : *JCP 1997. II. 22857, note P. Mousseron* (résiliation anticipée par le concédant d'un contrat de concession conclu *intuitu personae*, en raison d'une perte de confiance à l'égard du concessionnaire après sa prise de contrôle par le concurrent d'un concédant). ♦ V. aussi • Nancy, 20 nov. 2000 : *JCP 2002. II. 10113, note Jamin* (exigeant en outre une condition d'urgence). ♦ Sur l'impossibilité pour la partie fautive, à qui l'on oppose ses manquements graves justifiant une résiliation anticipée à ses torts exclusifs, de se prévaloir des stipulations contractuelles supposées régir les conséquences d'une résiliation unilatérale (stipulations prévoyant en l'espèce une indemnité de rupture équivalant à cent jours de facturation), V. • Com. 3 mai 2012 : *cité note 28.* ♦ Comp : • Civ. 3e, 9 oct. 2013, n° 12-23.379 P : *RDC 2014. 181, obs. Laithier* (qui admet l'application des stipulations contractuelles, quoiqu'il ait pu y avoir manquements graves, alors qu'il était prévu que s'il devait être mis fin à la mission du maître d'œuvre pour incapacité de ce dernier à remplir ses obligations contractuelles le contrat serait résilié sans indemnité, mais aussi que la fraction de la mission déjà accomplie serait toutefois rémunérée avec un abattement de 10 %). ♦ Comp. pour la résolution par déclaration unilatérale après la réforme l'art. 1226.

II. EFFETS DE LA RÉSOLUTION

13. Sur les effets de la résolution dans le droit issu de la réforme, comp. art. 1229.

A. DATE DE LA RÉSOLUTION

14. Règles générales. Le contrat est résilié à la date où le débiteur a cessé d'exécuter ses obligations contractuelles. • Civ. 1re, 1er juill. 1963 : *cité note 21.* ♦ ... Ou à celle à laquelle les deux parties ont cessé de respecter le contrat. • Civ. 1re, 6 mars 1996, n° 93-21.728 P : *Defrénois 1996. 1025, obs. Delebecque.* ♦ La résiliation judiciaire des contrats à exécution successive ne prend pas nécessairement effet à la date de la décision qui la prononce. • Civ. 3e, 1er oct. 2008, n° 07-15.338 P : *D. 2008. AJ 2601 ; Defrénois 2008. 2499, obs. Libchaber ; RLDC 2008/55, n° 3211, obs. Maugeri ; RDC 2009. 70, obs. Génicon ; ibid. 168, obs. Seube* (bail rural). ♦ *Contra* : la résiliation d'un bail ne prend effet que du jour de la décision judiciaire qui la prononce. • Civ. 3e, 13 mai 1998, n° 96-18.358 P : *CCC 1998, n° 113, note Leveneur.* ♦ Déjà en ce sens, pour les baux ruraux : • Civ. 3e, 26 mai 1983 : *Bull. civ. III, n° 124 ; RTD civ. 1984. 118, obs. Rémy.* ♦ Comp. • Civ. 3e, 30 avr. 2003, n° 01-14.890 P : *R., p. 363 ; BICC 15 sept. 2003, n° 1040, et la note ; D. 2003. IR 1408 ; JCP 2003. I. 170, nos 15 s., obs. Constantin ; JCP 2004. II. 10031, note Jamin ; JCP E 2004. 30, note Kéita ; Defrénois 2003. 1175, obs. Savaux ; Loyers et copr. 2003. Chron. 9, par Vial-Pedroletti ; Rev. loyers 2003. 407, obs. Humblot-Gignoux ; LPA 8 déc. 2003, obs. Pignarre ; RTD civ. 2003. 501, obs. Mestre et Fages ; RDC 2004. 365, obs. Seube* • 31 mai 2006, n° 05-18.214 P (ni le jugement, ni l'arrêt confirmatif n'ayant fixé la date de la résiliation, celle-ci est acquise à la date du jugement).

15. Résiliation judiciaire du contrat de travail. En cas de résiliation judiciaire demandée par le salarié lorsqu'il est resté au service de son employeur : en cas de résiliation judiciaire du contrat de travail, la date d'effet de la résiliation ne peut être fixée qu'au jour de la décision qui la prononce, dès lors que le contrat n'a pas été rompu avant cette date et que le salarié est resté au service de son employeur. • Soc. 24 avr. 2013, n° 11-28.629 P : *D. 2013. 1142* (cassation de l'arrêt fixant cette date à celle de la demande en justice, alors que la relation contractuelle s'était poursuivie après cette date) • 21 janv. 2014, n° 12-28.237 P : *D. 2014. 285 ; RTD civ. 2014. 365, obs. Barbier* (si, en cas de confirmation en appel du jugement prononçant la résiliation, la date de la rupture est celle fixée par le jugement, il en va autrement lorsque l'exécution du contrat de travail s'est poursuivie après cette décision) • 29 janv. 2014, n° 12-24.951 P : *D. 2014. 376 ; RDT 2014. 544, obs. Lucas Bento de Carvalho ; JCP 2014, n° 209, note Lefranc-Hamoniaux* (appréciation des manquements imputés à l'employeur au jour de la décision et admission en l'espèce de leur gravité insuffisante compte tenu de leur régularisation) • Soc. 3 févr. 2016, n° 14-17.000 P • 6 mai 2009, n° 07-44.692 P (rupture du contrat à la date du jugement). ♦ Mais il en va autrement lorsque le salarié n'est plus au service de son employeur même si le contrat de travail n'a pas été rompu. • Soc. 21 sept. 2017, n° 16-10.346 P. ♦ Comp. : lorsqu'un salarié demande la résiliation de son contrat de travail en raison de faits qu'il reproche à son employeur, tout en continuant à travailler à son service et que ce dernier le licencie, le juge doit rechercher si la demande était justifiée et, si tel est le cas, fixer la date de la rupture à la date d'envoi de la lettre de licenciement. • Soc. 15 mai 2007, n° 04-43.663 P : *R., p. 366.* ♦ Comp., pour un contrat d'apprentissage : le juge qui prononce la résiliation du contrat d'apprentissage peut en fixer la date au jour où l'une des parties a manqué à ses obligations ou au jour où la demande de résiliation a été formée. • Soc. 1er oct. 2003, n° 01-40.125 P.

16. Le délai que peut accorder le juge, en application de l'art. 1184 anc., al. 3, doit emprunter sa mesure aux circonstances ; si ce délai peut être suspendu en cas de force majeure, il ne peut être renouvelé. • Civ. 1re, 19 déc. 1984, n° 83-14.083 P : *RTD civ. 1986. 107, obs. Mestre.* ♦ Impossibilité d'accorder des délais en présence d'une clause résolutoire expresse stipulée en cas de défaut de paiement du prix : • Civ. 3e, 4 juin 1986 : *Gaz. Pal. 1987. 1. Somm. 175, obs. Piedelièvre.* ♦ *Contra,* dans le cadre de l'application de l'art. L. 313-12 C. consom. : • Civ. 1re, 7 janv. 1997 : *CCC 1997. 53, obs. Raymond.*

17. La demande en justice tendant à obtenir la résiliation ou l'application d'une clause résolutoire n'emporte pas à elle seule la rupture du contrat. • Com. 24 nov. 1998, n° 96-18.357 P.

B. INCIDENCES DE LA RÉSOLUTION SUR LE CONTRAT

1° PRINCIPES

18. Principe de l'anéantissement du contrat ab initio. Lorsqu'un contrat synallagmatique est résolu pour inexécution par l'une des parties de ses obligations, les choses doivent être remises au même état que si les obligations nées du contrat n'avaient jamais existé. • Com. 12 oct. 1982 : *JCP 1984. II. 20166, note Signoret.* ♦ La résolution d'une vente emportant anéantissement du contrat et remise des choses en leur état antérieur, la confusion entre les qualités de locataire et de propriétaire, née de la vente, est anéantie avec elle. • Civ. 3e, 22 juin 2005, n° 03-18.624 P : *D. 2005. 3003, note Rakotovahiny ; JCP 2005. II. 10149, note Dagorne-Labbe.*

19. Extinction des obligations nées du contrat. Les juges qui prononcent la résolution de la vente pour non-paiement des arrérages de la rente viagère ne peuvent condamner le débirentier au paiement des arrérages échus, alors que le vendeur ne peut prétendre qu'à des dommages-intérêts. • Civ. 3e, 7 juin 1989 : *JCP 1990. II. 21456, note Dagorne-Labbe ; Defrénois 1990. 360, obs. Aubert ; RTD civ. 1990. 100, obs. Rémy* • 10 nov. 1992, n° 90-20.193 P.

20. Obligation de restituer les prestations versées en exécution du contrat. BIBL. *Goubeaux, Mél. B. Gross, PU Nancy, 2009, p. 63* (à propos de la restitution de l'*usus*). • Civ. 3e, 22 juill. 1992, n° 90-18.667 P : *JCP 1992. I. 3632, obs. Virassamy ; Defrénois 1993. 732, obs. Aubert* (résolution de la vente d'un bien rural : restitution des fermages perçus par l'acquéreur) • Com. 5 déc. 1995, n° 93-17.702 P : *Defrénois 1996. 749, obs. Delebecque ; LPA 4 nov. 1996, note Courtier ; RTD civ. 1996. 906, obs. Mestre* (résolution d'une vente d'immeuble financée par un prêt : restitution des fonds aux acquéreurs et non au prêteur) • Civ. 3e, 4 déc. 2002, n° 00-17.925 P (résolution d'une vente d'immeuble : remboursement à l'acquéreur des impôts fonciers) • 29 janv. 2003 : *JCP 2003. II. 10116, note Sérinet* (résolution d'une vente d'immeuble : la restitution de la partie du prix payée doit être ordonnée même si elle n'a pas été demandée) • Civ. 1re, 5 mai 2004, n° 00-22.902 P : *D. 2004. AJ 1597, obs. Rouquet ; Defrénois 2005. 248, obs. Ruet* (résolution d'une vente d'immeuble : il incombe au vendeur, en sa qualité de propriétaire, de rembourser à l'acquéreur l'indemnité d'éviction que celui-ci a versée au locataire) • Soc. 21 juin 2004, n° 02-43.793 P : *D. 2005. Pan. 1494, obs. Sirinelli* (restitution à un artiste des supports d'enregistrement en conséquence de la perte des droits par le producteur) • Com. 8 févr. 2023, n° 21-16.874 B (la restitution en valeur d'une prestation accomplie sur le fondement d'un contrat résolu doit inclure la TVA à laquelle cette prestation est assujettie). ♦ La répétition consécutive à la résolution d'une cession d'actions ne peut porter que sur le prix nominal payé lors de la vente, non sur la valeur des actions estimée par expertise. • Civ. 1re, 19 mars 1996, n° 94-12.760 P : *RTD civ. 1996. 907, obs. Mestre.* – Rappr. • Com. 14 juin 2005, n° 03-12.339 P : *R., p. 311 ; D. 2005. AJ 1775, obs. A. Lienhard ; JCP E 2005. 1834, n° 3, obs. Caussain, Deboissy et Wicker ; RTD civ. 2005. 778, obs. Mestre et Fages ; Rev. sociétés 2006. 66, note Mathey.* ♦ Le prix que le vendeur est tenu de restituer après résolution de la vente ne peut s'entendre que de la somme qu'il a reçue, éventuellement augmentée des intérêts, et sauf au juge du fond à accorder en outre des dommages et intérêts. • Civ. 1re, 7 avr. 1998, n° 96-18.790 P : *Gaz. Pal. 1999. 2. Somm. 456, obs. Guével ; RTD civ. 1998. 905, obs. Mestre.* ♦ Comp. • Civ. 1re, 8 mars 2005, n° 02-11.594 P : la créance de restitution en valeur d'un bien est égale, non pas au prix convenu, mais à la valeur effective, au jour de la vente, de la chose remise.

Seul le vendeur de la chose rendue est tenu à la restitution du prix qu'il a reçu ; cassation de l'arrêt ayant dit que le fournisseur de la chose devrait garantir le vendeur de sa condamnation à restitution. • Com. 3 févr. 1998, n° 95-19.443 P : *D. 1999. Somm. 15, obs. Tournafond.* ♦ Dans le même sens : cassation de l'arrêt ayant condamné les constructeurs, dans le cadre d'une vente en l'état futur d'achèvement, à garantir le vendeur des sommes dues lors de la résolution de la vente. • Civ. 3e, 7 juill. 2010, n° 09-15.081 P : *D. 2010. Actu. 1872 ; RDI 2010. 556, obs. Tournafond ; Dr. et patr. 7-8/2011. 36, note Tournafond et Tricoire ; RLDC 2010/75, n° 3957, obs. Paulin.*

La résolution d'une vente entraînant de plein droit la remise des parties en l'état où elles se trouvaient antérieurement à sa conclusion, n'encourt pas la cassation la décision qui, à défaut de demande expresse en ce sens, ordonne la restitution du prix, sans ordonner en même temps celle de la chose vendue. • Civ. 1re, 25 mai 2016, n° 15-17.317 P : *D. 2017. 375, obs. Mekki* ; *RTD civ. 2016. 854, obs. Barbier* ; *RTD com. 2016. 836, obs. Bouloc*. ♦ Dans le même sens, à propos de l'annulation d'un contrat : • Civ. 1re, 6 févr. 2019, n° 17-25.859 P.

21. Limites de l'obligation de restituer. Mais si la résolution d'un contrat entraîne, en principe, la restitution des fournitures réciproques, celle-ci n'est obligatoire que dans la mesure où l'exécution partielle du contrat ne l'a pas rendue impossible en fait. • Civ. 1re, 1er juill. 1963 : *Gaz. Pal. 1963. 2. 388.* ♦ La résiliation du contrat a pour effet, comme la résolution, d'anéantir le contrat et de remettre les parties dans l'état où elles se trouvaient antérieurement sous la seule réserve de l'impossibilité pratique. • Civ. 1re, 7 juin 1995, n° 93-15.485 P : *JCP 1996. I. 3914, n° 5, obs. Jamin* ; *RTD civ. 1996. 906, obs. Mestre*. ♦ V. aussi pour les contrats à exécution successive nos 28 s.

22. Indemnité d'occupation. BIBL. Kessler, *JCP 2004. I. 154* (restitutions en nature et indemnité de jouissance). – Wintgen, *Defrénois 2004. 692* (indemnité de jouissance en cas d'anéantissement rétroactif d'un contrat translatif). ♦ En raison de l'effet rétroactif de la résolution de la vente, le vendeur n'est pas fondé à obtenir une indemnité correspondant à la seule utilisation de la chose par l'acquéreur. • Civ. 1re, 11 mars 2003, n° 01-01.673 P : *D. 2003. 2522, note Sérinet (1re esp.)* ; *JCP 2004. II. 10159, note Lièvremont* ; *RTD civ. 2003. 501, obs. Mestre et Fages* ; *RDC 2004. 265, obs. Stoffel-Munck* (véhicule d'occasion) • Com. 30 oct. 2007, n° 05-17.882 P : *D. 2007. AJ 2872* ; *RTD com. 2008. 409, obs. Bouloc* • Civ. 1re, 30 sept. 2008 : *cité note 50 ss. art. 1641* ♦ ... Ou à sa seule occupation. • Civ. 1re, 15 mai 2007, n° 05-16.926 P : *D. 2007. AJ 1594* ; *JCP 2007. I. 185, nos 5 s., obs. Stoffel-Munck* (immeuble). • Com. 10 févr. 2015, n° 13-24.501 P : *D. 2015. 432* (cassation de l'arrêt condamnant le crédit-bailleur à restituer le bien et le vendeur à lui restituer le prix, déduction faite des loyers perçus par le crédit-bailleur) • Civ. 3e, 13 juill. 2016, n° 14-26.958 P : *D. 2017. 375, obs. Mekki* ; *RTD civ. 2016. 856, obs. Barbier* ; *RDC 2016. 672, note Le Bourg.* ♦ Mais sur la prise en compte de la dépréciation, V. note 18.

23. Incidence de la dépréciation. Après résolution d'une vente, le vendeur est tenu de restituer le prix qu'il a reçu, sans diminution liée à l'utilisation de la chose vendue ou à l'usure en résultant. • Civ. 1re, 19 févr. 2014, n° 12-15.520 P : *D. 2014. 544, obs. Coustet* ; *ibid. 642, note Pellet* ; *ibid. 2015. 529, obs. Amrani-Mekki et Mekki* ; *RTD civ. 2014. 363, obs. Barbier* ; *RDC 2014. 358, note Savaux* ; *ibid. 374, note Deshayes* ; *ibid. 641, note Le Bourg* (véhicule automobile tombé en panne plus de quatre ans après une vente résolue ici sur le fondement des art. 1641 s.). ♦ *Contra précédemment* : ♦ Faisant droit à une demande de résolution d'une vente, les juges du fond doivent rechercher si le bien restitué n'a pas subi une dépréciation due à son usage et dont la charge doit incomber à l'acheteur. • Civ. 1re, 4 oct. 1988 : *Bull. civ. I, n° 274* ; *D. 1989. Somm. 235, obs. Aubert.* – Dans le même sens : • Civ. 1re, 6 juill. 2000 : *CCC 2000, n° 176, note Leveneur.*

L'effet rétroactif de la résolution d'une vente oblige l'acquéreur à indemniser le vendeur de la dépréciation subie par la chose à raison de l'utilisation qu'il en a faite, à l'exclusion de celle due à la vétusté. • Civ. 1re, 8 mars 2005, n° 02-11.594 P : *RCA 2005, n° 160, note Hocquet-Berg* (véhicule d'occasion atteint d'un vice caché ; Comp., désormais, note 50 ss. art. 1641). – Même sens : • Civ. 1re, 21 mars 2006, n° 02-19.236 P : *R., p. 331* ; *D. 2006. IR 950, obs. Gallmeister* ; *JCP E 2006. 2406, note Houin-Bressand (1re esp.)* ; *CCC 2006, n° 130, note Leveneur (2e esp.)* ; *RDC 2006. 1140, obs. Brun, et 1230, obs. Viney* (véhicule neuf non conforme à la commande). ♦ Il incombe au vendeur de rapporter la preuve de l'existence et de l'étendue de cette dépréciation. • Civ. 1re, 21 mars 2006 : *préc.* (preuve non rapportée, en l'espèce, d'une éventuelle dépréciation d'un véhicule automobile due à l'usure).

24. TVA. Sur le remboursement de la TVA, V. • Com. 26 juin 1990, n° 88-17.892 P (cassation de l'arrêt qui rejette la demande de l'acheteur en remboursement de la TVA versée au vendeur au motif que ce dernier n'y sera tenu qu'après restitution de cet impôt par le Trésor public). ♦ La résolution d'un contrat synallagmatique emporte la remise des parties dans l'état où elles se trouvaient antérieurement : la restitution du prix doit aussi porter sur le montant antérieurement récupéré de la TVA, mais dont l'administration fiscale a réclamé justement le remboursement du fait de la résolution de la vente. • Com. 8 janv. 2020, n° 18-17.895 P.

25. Frais. Le contractant, responsable de la résolution des conventions, ne peut réclamer le montant des frais qu'il a effectués que s'il justifie que ces dépenses ont été utiles à son cocontractant. • Civ. 1re, 21 juill. 1964 : *D. 1964. 759.* – Dans le même sens : • Civ. 3e, 15 avr. 1992, n° 90-20.049 P : *Defrénois 1993. 377, obs. Vermelle* • 4 déc. 2002 : *préc. note 20.*

26. Fruits. En cas de résolution d'une vente, le propriétaire peut obtenir la restitution des fruits effectivement perçus par le possesseur, laquelle ne constitue que la conséquence légale de l'anéantissement du contrat. • Civ. 3e, 29 juin 2005, n° 04-12.987 P.

27. Sort des actes passés entre la conclusion et la résolution du contrat. Maintien des actes d'administration, mais non des actes de disposition, passés par l'acquéreur, en cas de résolution de la vente : V. • Com. 29 mars 1966 :

Bull. civ. III, n° 177 • Civ. 3e, 15 janv. 1971, n° 69-12.474 P • 14 mai 1974 : *Gaz. Pal. 1974. 2. 879, note Plancqueel ; RTD civ. 1975. 132, obs. Cornu.* ♦ Bien qu'un bail commercial consenti pour une durée de neuf ans ne constitue pas, en soi, un acte de disposition, le bail passé par l'acquéreur d'un immeuble dont la vente a été résolue ne peut être maintenu que si le locataire a contracté de bonne foi. • Civ. 3e, 25 oct. 1983, n° 81-14.375 P : *R., p. 72.* ♦ Le jugement qui prononce la résolution d'un plan de cession d'une entreprise en difficulté peut limiter les effets de la résolution en prévoyant le maintien des actes passés par les administrateurs judiciaires et l'absence d'effet rétroactif de la résolution sur les licenciements prononcés en exécution du plan. • Soc. 9 juill. 2008, n° 06-40.945 P : *RDT 2008. 664, obs. Frouin* (qui juge que les licenciements ne peuvent en conséquence être contestés).

28. Anéantissement des clauses contractuelles. Dès lors qu'est résolu le contrat qui contenait une clause de non-concurrence à son profit, le demandeur ne peut prétendre qu'à des dommages-intérêts mais non à l'exécution de l'obligation de non-concurrence. • Civ. 1re, 29 nov. 1989 : *Bull. civ. I, n° 365 ; D. 1990. Somm. 335, obs. Serra*. ♦ Dans le même sens : • Civ. 1re, 6 mars 1996, n° 93-21.728 P : *Defrénois 1996. 1025, obs. Delebecque ; RTD civ. 1996. 906, obs. Mestre*.

L'assignation introduite par l'acquéreur en résolution d'une vente pour non-conformité ne peut être déclarée sans objet au motif que le contrat aurait déjà été rompu par le jeu d'une clause résolutoire de plein droit, alors que la résolution pour non-conformité tend à l'anéantissement du contrat au jour de sa conclusion et que la clause résolutoire disparaît avec lui. • Civ. 3e, 24 nov. 1999, n° 97-17.026 P : *D. 2000. 599, note Vinckel ; D. 2000. Somm. 291, obs. Caron ; AJDI 2001. 62, obs. Cohet-Cordey*. ♦ Dans le même sens, pour le paiement d'une indemnité contractuelle de résiliation et de préavis : • Com. 3 mai 2012, n° 11-17.779 P : *D. 2012. 1719, note Étienney de Sainte-Marie ; ibid. 2013. 391, obs. Amrani-Mekki et Mekki ; RTD civ. 2012. 527, obs. Fages ; JCP 2012, n° 901, note Hontebeyrie.* ♦ Mais jugeant à l'inverse, qu'en cas de résolution d'un contrat pour inexécution, les clauses limitatives de réparation des conséquences de cette inexécution demeurent applicables, • Com. 7 févr. 2018, n° 16-20.352 P : *D. 2018. 537, note Mazeaud ; AJ contrat 2018. 130, obs. Augagneur ; RTD civ. 2018. 401, obs. Barbier ; RTD com. 2018. 184, obs. Bouloc ; JCP 2018, n° 454, note Moisdon-Chataigner ; RDC 2018. 196, note Knetsch.*

29. Incidence de la résolution sur les contrats liés au contrat résolu : crédit-bail. La résolution du contrat de vente entraîne, par voie de conséquence, la caducité, à la date d'effet de la résolution, du contrat de crédit-bail et sont inapplicables les clauses prévues en cas de résiliation du contrat. • Cass. ch. mixte, 13 avr. 2018, n° 16-21.345 P : *D. 2018. 1185, note Barbier ; AJ contrat 2018. 277, obs. Bucher ; RTD civ. 2018. 388, obs. Barbier ; RTD com. 2018. 434, obs. Legeais ; JCP 2018, n° 543, note Buy ; Gaz. Pal. 2018.1453, note Farhi* • Civ. 2e, 2 juill. 2020, n° 17-12.611 P : *D. 2021. 310, obs. Boffa et Mekki ; RTD civ. 2020. 884, obs. Barbier ; CCC 2020, n° 134, note Leveneur.*

30. Pour la position antérieure de la Cour de cassation : la résolution du contrat de vente entraîne nécessairement la résiliation du contrat de crédit-bail sous réserve de l'application des clauses ayant pour objet de régler les conséquences de cette résiliation. • Cass., ch. mixte, 23 nov. 1990 (2 arrêts), n° 86-19.396 P : *R., p. 363 ; GAJC, 11e éd., n° 272-273 (II) ; D. 1991. 121, note Larroumet ; JCP 1991. II. 21642, note D. Legeais ; Gaz. Pal. 1991. 1. 380, concl. Dontenwille ; RTD civ. 1991. 360, obs. Rémy*. – D. Carbonnier, *Defrénois 1991. 1025.* – E.-M. Bey, *Gaz. Pal. 1992. 2. Doctr. 568.* – V. aussi • Cass., ch. mixte, 3 mars 1989 : *D. 1990. 301, note Dupuis-Toubol ; JCP 1989. II. 21365, note Bey.* ♦ V. conf. • Com. 22 mai 1991, n° 89-21.578 P (cassation de l'arrêt qui condamne le crédit-bailleur à restituer une somme représentant le montant des loyers réglés avant la résolution de la vente sans rechercher si, jusqu'à la décision prononçant la résolution, le paiement des loyers par le crédit-preneur n'avait pas eu sa contrepartie dans l'exécution de ses propres obligations par le bailleur). ♦ Comp., en dehors du crédit-bail : • Civ. 1re, 1er oct. 1996, n° 94-18.657 P. ♦ Mais si la résolution de la vente a été demandée par le crédit-preneur sans mandat du crédit-bailleur, dès lors qu'aucun vice ou trouble de jouissance n'était invoqué, elle est inopposable au crédit-bailleur et n'entraîne pas la résolution du bail. • Com. 19 mai 1992, n° 90-16.757 P.

Sur la détermination des clauses du contrat de crédit-bail ayant pour objet de régler les conséquences de la résolution de la vente, V. • Com. 26 oct. 1993, n° 92-11.088 P : *JCP 1993. I. 3744, nos 13 s., obs. Jamin.* ♦ V. aussi • Com. 21 mars 1995, n° 93-19.085 P : *R., p. 294.*

31. Sort du mandat d'agir en résolution de la vente donné au crédit-preneur par le contrat de crédit-bail en cas de résiliation de ce contrat pour non-paiement des loyers : sauf stipulation contraire, la résiliation du contrat de crédit-bail met fin au mandat. • Com. 11 juill. 2006, n° 05-11.592 P : *R., p. 388 ; BICC 1er déc. 2006, et la note ; D. 2006. AJ 2095, obs. Delpech ; ibid. 2007. 413, note Mislawski ; CCC 2006, n° 247, note Leveneur ; RTD com. 2006. 896, obs. D. Legeais*. – Déjà en ce sens : • Civ. 1re, 23 juin 1992, n° 91-11.919 P : *Gaz. Pal. 1993. 1. 37, note Cousin.* ♦ *Contra* : • Com. 8 déc. 1992, n° 91-10.042 P : *JCP 1993. II. 22045, note Béhar-*

Touchais (survie du mandat). ♦ Comp. pour la location avec option d'achat. • Civ. 1re, 11 févr. 1986 : *D. 1986. 541, note Gross ; RTD civ. 1987. 100, obs. Mestre.*

32. Location avec option d'achat. En vertu de l'art. 9 de la L. du 10 janv. 1978 (C. consom., anc. art. L. 311-32), qui consacre l'interdépendance du contrat de vente du bien et du contrat de crédit relatif à celui-ci en vue d'assurer la protection du consommateur, l'emprunteur (locataire du bien avec promesse de vente) dispose d'une action directe en résolution de la vente, sous réserve de l'intervention ou de la mise en cause du prêteur.

33. Incidence de la résolution sur les contrats liés au contrat résolu : crédit immobilier. En application des art. 9 de la L. du 13 juill. 1979 (C. consom., anc. art. L. 312-12) et 1184 anc. C. civ., la résolution judiciaire de la vente d'immeuble entraîne, en raison de son effet rétroactif, la résolution de plein droit du contrat de prêt. • Civ. 1re, 1er déc. 1993, n° 91-20.539 P : *R., p. 325 ; JCP 1994. II. 22325, note Jamin ; Defrénois 1994. 823, obs. D. Mazeaud ; RTD civ. 1994. 858, obs. Mestre* • 13 févr. 1996, n° 93-20.894 P : *Defrénois 1996. 1367, obs. D. Mazeaud* • 18 juin 1996, n° 94-16.456 P : *Gaz. Pal. 1997. 1. Somm. 205, obs. S. Piedelièvre* • 7 juill. 1998, n° 96-15.098 P • 1er mars 2005, n° 03-10.456 P • 10 mai 2005, n° 02-11.759 P. ♦ Déjà en ce sens : • Civ. 1re, 16 déc. 1992, n° 90-18.151 P : *Defrénois 1993. 1133, note J. Honorat.*

34. Assurance de groupe. La résiliation régulière du contrat entre l'assureur et le souscripteur produit effet de plein droit à l'égard des adhérents au contrat, nonobstant un éventuel défaut d'information de ceux-ci par le souscripteur. • Civ. 2e, 23 sept. 2004, n° 03-10.501 P : *RGDA 2005. 98, note Kullmann.*

35. Droit de préemption. Le preneur d'un bien rural ne peut prétendre bénéficier d'un droit de préemption à l'occasion de la résolution de la vente du fonds qui ne constitue pas l'aliénation à titre onéreux prévue par l'art. L. 412-1 C. rur. • Civ. 3e, 4 janv. 1995, n° 93-13.227 P : *RTD civ. 1995. 917, obs. Gautier ; LPA 13 sept. 1996, note D. R. Martin.*

2° RÈGLES APPLICABLES AUX CONTRATS À EXÉCUTION SUCCESSIVE

36. Principe : anéantissement à partir du moment de l'inexécution, V. • Civ. 2 mars 1938 : *DP 1938. 1. 89, note Besson.* ♦ En pareil cas, le *contrat ne se trouve résolu que* pour la période à partir de laquelle l'un des cocontractants n'a plus rempli ses obligations. • Civ. 3e, 28 janv. 1975 : *Bull. civ. III, n° 33* • Civ. 1re, 27 janv. 1998, n° 95-12.600 P. ♦ La résiliation d'un contrat successif n'opère que pour l'avenir. • Civ. 1re, 1er oct. 1996, n° 94-18.657 P. ♦ Ainsi, un contrat de construction de maison individuelle n'étant pas un contrat instantané, cassation de l'arrêt ayant estimé que la résolution pour exécution imparfaite devait entraîner son anéantissement rétroactif, impliquant la remise en état des parties dans leur situation antérieure, alors que la situation devait être apurée entre les parties par équivalent. • Civ. 3e, 13 nov. 2014, n° 13-18.937 P : *D. 2014. 2343*. ♦ Sur la possibilité qu'une indemnité de retard reste due pour la période antérieure à la résiliation du contrat de construction, V. • Civ. 3e, 4 avr. 2013, n° 12-15.663 P.

Mais, si, dans un contrat synallagmatique à exécution successive, la résiliation judiciaire n'opère pas pour le temps où le contrat a été régulièrement exécuté, la résolution judiciaire pour absence d'exécution ou exécution imparfaite dès l'origine entraîne l'anéantissement rétroactif du contrat. Un bail ayant été judiciairement résolu pour inexécution partielle par le bailleur de son obligation de délivrance, le preneur n'est tenu depuis l'origine qu'à une indemnité d'occupation souverainement fixée par le juge. • Civ. 3e, 30 avr. 2003, n° 01-14.890 P : *R., p. 363 ; BICC 15 sept. 2003, n° 1040, et la note ; D. 2003. IR 1408 ; JCP 2003. I. 170, n° 15 s., obs. Constantin ; JCP 2004. II. 10031, note Jamin ; JCP E 2004. 30, note Kéita ; Defrénois 2003. 1175, obs. Savaux ; Loyers et copr. 2003. Chron. 9, par Vial-Pedroletti ; Rev. loyers 2003. 407, obs. Humblot-Gignoux ; LPA 8 déc. 2003, obs. Pignarre ; RTD civ. 2003. 501, obs. Mestre et Fages ; RDC 2004. 365, obs. Seube.*

37. Contrats à exécution échelonnée. BIBL. Quintard-Morénas, *LPA 15 mai 2000* (contrat d'entreprise). ♦ Dans les contrats à exécution échelonnée, la résolution pour inexécution partielle atteint l'ensemble du contrat, ou certaines de ses tranches seulement, suivant que les parties ont voulu faire un marché indivisible, ou fractionné en une série de contrats. • Civ. 1re, 3 nov. 1983, n° 82-14.003 P : *RTD civ. 1985. 166, obs. Mestre* (application à un contrat d'édition) • 13 janv. 1987 : *JCP 1987. II. 20860, note Goubeaux.* ♦ Est indivisible, d'après l'intention des parties, le contrat par lequel des métreurs-vérificateurs reçoivent mission d'étudier la construction d'un ensemble industriel pour un prix fixé ; s'il résulte de l'étude que le prix ne peut être respecté, il y a lieu à résolution du contrat et à restitution intégrale de l'acompte reçu, les prestations de métreurs-vérificateurs, bien qu'étalées dans le temps, formant un ensemble indissociable. • Civ. 3e, 20 nov. 1991, n° 89-16.552 P. ♦ Eu égard à la gravité du manquement imputable à une société de surveillance, dont l'un des agents a commis des vols dans les locaux qu'il était chargé de surveiller, les juges du fond justifient leur refus de faire droit à la demande en paiement de la redevance pour la surveillance effectuée en faisant ressortir que la résiliation pour inexécution partielle atteignait en l'espèce l'ensemble du contrat. • Com. 11 déc. 1990, n° 89-17.524 P : *RTD civ. 1991. 527, obs. Mestre* .

38. Contrat de travail. La résiliation judiciaire du contrat de travail à durée indéterminée prononcée à l'initiative du salarié et aux torts de l'employeur produit les effets d'un licenciement dépourvu de cause réelle et sérieuse. • Soc. 20 janv. 1998, n° 95-43.350 P : *D. 1998. 350, note Radé* ; *JCP 1998. II. 10081, note J. Mouly* • 17 mars 1998, n° 96-41.884 P : *JCP 1999. I. 107, obs. Cesaro.* ♦ V. Mazière, *LPA 2 et 5 avr. 1999.*

III. ARTICULATION DE LA RÉSOLUTION ET DES AUTRES SANCTIONS

A. OPTION ENTRE RÉSOLUTION ET EXÉCUTION

39. Exécution forcée. La partie envers laquelle l'engagement n'a point été exécuté peut forcer l'autre à l'exécution lorsque celle-ci est possible. • Civ. 3e, 11 mai 2005, n° 03-13.891 P : *D. 2005. IR 1504* ; *JCP 2005. II. 10152, note Bernheim-Desvaux* ; *CCC 2005, n° 187, note Leveneur* ; *RDI 2005. 299, obs. Malinvaud* ; *ibid. 2006. 307, obs. Tournafond* ; *RTD civ. 2005. 596, obs. Mestre et Fages* • Civ. 1re, 16 janv. 2007, n° 06-13.983 P : *D. 2007. 1119, note Gout* ; *ibid. Pan. 2973, obs. Fauvarque-Cosson* ; *JCP 2007. I. 161, n° 6 s., obs. Mekki* ; *CCC 2007, n° 144, note Leveneur* ; *RDC 2007. 719, obs. D. Mazeaud, et 741, obs. Viney* ; *RTD civ. 2007. 342, obs. Mestre et Fages* . ♦ Une obligation contractuelle peut faire l'objet d'une exécution forcée indépendamment de la gravité du manquement contractuel. • Civ. 3e, 22 mai 2013 : *RDC 2014. 22, note Laithier.* ♦ Doit être cassé l'arrêt de la cour qui a refusé à un maître de l'ouvrage de condamner le constructeur à la démolition et à la reconstruction, alors qu'elle a constaté la non-conformité de la construction aux stipulations contractuelles. • Civ. 3e, 11 mai 2005 : *préc.* ♦ Pour le choix de la résolution du contrat dans la même hypothèse : • Civ. 3e, 13 sept. 2006 : *CCC 2007, n° 1, note Leveneur* ; *RDI 2007. 165, obs. Malinvaud* . ♦ L'éditeur victime de la publication d'un ouvrage en livre de poche par un concurrent qui s'était interdit une telle exploitation de l'ouvrage peut obtenir le prononcé de mesures d'interdiction et de retrait sous astreinte afin d'assurer l'exécution de l'obligation contractuelle. • Civ. 1re, 16 janv. 2007 : *préc.*

40. Renonciation à l'exécution. En cas d'inexécution par l'une des parties, l'autre partie conserve la faculté d'option entre la résolution du contrat et son exécution supposée encore possible, tant qu'elle n'a pas renoncé à l'une ou à l'autre ; des conclusions prises à fin de résolution n'impliquent pas nécessairement à elles seules, et en l'absence de toute autre circonstance révélatrice de sa volonté, une renonciation définitive de sa part au droit d'exiger la chose ou le fait promis. • Civ. 6 janv. 1932 : *DH 1932. 114.* ♦ V., pour l'impossibilité de condamner au paiement du prix convenu la société s'étant engagée à effectuer un nombre déterminé de transports et ayant résilié le contrat en cours d'exécution : • Com. 22 oct. 1996, n° 94-15.410 P : *D. 1997. Somm. 173, obs. Libchaber* ; *RTD civ. 1997. 123, obs. Mestre* , *et 439, obs. Jourdain* . – Dans le même sens : • Civ. 1re, 5 juill. 2005, n° 04-15.808 P : *D. 2005. IR 2176* ; *RLDC 2007/35, n° 2417, note do Carmo Silva.* ♦ Comp. • Civ. 1re, 17 févr. 1982 : *Bull. civ. I, n° 77* ; *RTD civ. 1983. 132, obs. Chabas.* ♦ La clause insérée dans un acte de vente et en vertu de laquelle la résolution devait opérer de plein droit à défaut par l'acquéreur d'exécuter ses obligations ne saurait priver le vendeur du droit, appartenant à tout créancier, d'exiger l'exécution, même lorsqu'il a, d'abord, demandé la résolution du contrat. • Civ. 1re, 11 janv. 1967 : *Bull. civ. I, n° 15.* ♦ *Contra,* en matière de licence de brevets : • Com. 1er févr. 1994 : *D. 1996. Somm. 290, obs. Mousseron, Schmidt et Galloux* . ♦ Sur l'option entre résolution et exécution, V. • Civ. 3e, 25 mars 2009 : *cité note 42.*

41. Renonciation à la résolution. Un contractant peut renoncer par avance au droit de demander la résolution judiciaire du contrat ; application d'une clause de renonciation, rédigée de manière claire, précise, non ambiguë, compréhensible pour un profane et non équivoque. • Civ. 3e, 3 nov. 2011 : *préc. note 2.* ♦ V. déjà : V. • Com. 7 mars 1984 : *JCP 1985. II. 20407, note Delebecque.* – V. aussi : Dagot, *JCP N 1986. I. 361.* ♦ Comp. estimant justifiée la résolution d'un contrat pour une cause non prévue par la clause fixant les causes de résiliation, au motif que la condition résolutoire prévue par l'art. 1184 anc. est toujours sous-entendue dans les contrats synallagmatiques pour le cas où l'une des parties ne satisferait pas à son engagement. • Civ. 3e, 10 déc. 2014, n° 13-27.332 P. ♦ La stipulation d'une clause pénale à défaut d'exécution d'une convention n'emporte pas de plein droit renonciation du créancier à poursuivre la résolution de cette convention. • Civ. 3e, 22 févr. 1978, n° 76-13.828 P. ♦ De même, le créancier qui exerce l'action en exécution n'est pas présumé par là même avoir renoncé à l'action résolutoire. • Com. 27 oct. 1953 : *D. 1954. 201, note H. L.* ♦ Lorsque les acquéreurs d'un fonds de commerce ont formé une demande en réduction du prix de vente, en raison des irrégularités affectant, selon eux, l'acte de cession, les juges ne peuvent accueillir la demande des vendeurs en résolution de la vente pour défaut de paiement sans avoir préalablement apprécié le mérite de la demande en réduction de prix. • Com. 12 nov. 1991, n° 89-21.402 P.

42. Modification de son choix. Le contractant victime d'une inexécution a la faculté de modifier son option entre poursuivre soit l'exécution de la vente, soit sa résolution tant qu'il n'a pas été statué sur sa demande initiale par une décision passée en force de chose jugée. • Civ. 3e, 25 mars 2009, n° 08-11.326 P : *D. 2010. Pan. 224, obs. Fauvarque-Cosson ; D. 2009. AJ 1020 ; RLDC 2009/60, n° 3411, obs. Maugeri ; Defrénois 2009. 2318, obs. Savaux ; RDC 2009. 1004, obs. Génicon.* ♦ Comp. : l'action en résiliation, qui a pour effet de mettre à néant le contrat de bail, ne tend pas aux mêmes fins que la demande tendant à l'application de clauses de ce contrat, qui le laisse subsister. • Civ. 3e, 20 janv. 2010, n° 09-65.272 P : *D. 2011. Pan. 472, obs. Fauvarque-Cosson ; JCP 2010, n° 516, obs. Ghestin ; AJDI 2010. 404, obs. Porcheron ; RDC 2010. 825, obs. Génicon ; ibid. 909 obs. Seube ; ibid. 935, obs. Sérinet.*

B. CUMUL DE LA RÉSOLUTION ET DES DOMMAGES-INTÉRÊTS

43. Principe. Sur la possibilité pour le contractant à qui l'inexécution n'est pas imputable d'obtenir des dommages-intérêts en plus de la restitution des prestations versées V. • Civ. 1re, 7 avr. 1998, n° 96-18.790 P : *Gaz. Pal. 1999. 2. Somm. 456, obs. Guével ; RTD civ. 1998. 905, obs. Mestre*. ♦ Sur l'octroi d'indemnités liées à l'utilisation de la chose par l'acquéreur ou à la dépréciation de la valeur de la chose, V. notes 17 s.

44. Solutions en cas de manquements réciproques. Lorsque les juges du fond ont constaté que ni l'une ni l'autre des parties n'avaient voulu sérieusement poursuivre l'exécution de leurs accords, ils peuvent, en conséquence, en prononcer la résolution à leurs torts réciproques. • Civ. 3e, 6 sept. 2018, n° 17-22.026 P : *D. 2018. 2213, note Tisseyre ; AJ contrat 2019. 35, obs. Douville ; RDC 2018. 539, note Laithier.* ♦ V. déjà • Civ. 3e, 8 févr. 1977 : *Bull. civ. III, n° 64.* ♦ Mais ils ne peuvent prononcer la résiliation aux torts de l'une et l'autre parties, au motif que laisser subsister des obligations résultant de la convention ne répondrait plus à la volonté des parties telle qu'exprimée dans leurs conclusions, sans relever aucun manquement de l'une des parties à ses obligations. • Civ. 1re, 20 juin 1995, n° 93-16.959 P. ♦ En présence de fautes distinctes incombant tant à l'une des parties qu'à l'autre, les juges du fond fixent, dans l'exercice de leur pouvoir souverain, la proportion dans laquelle chacune est tenue à assurer réparation à l'autre de ses fautes ou peut être déchargée partiellement de ses obligations quand son contractant n'a pas rempli totalement les siennes. • Com. 6 mars 1984 : *Bull. civ. IV, n° 92.* ♦ En prononçant la résolution d'un contrat de vente de panneaux photovoltaïques et du crédit affecté, et en constatant que les parties au contrat avaient chacune commis une faute, la cour d'appel a pu décider que les emprunteurs étaient tenus de rembourser le capital prêté, sous déduction d'une somme dont elle a souverainement estimé qu'elle réparerait le préjudice subi par eux du fait de la faute de la banque. • Civ. 1re, 20 mai 2020, n° 18-23.529 P : *D. 2020. 1101 ; RTD com. 2020. 701, obs. Bouloc*. ♦ Sur la nécessité de rechercher la gravité des fautes respectives des parties et l'importance du préjudice respectivement subi, V. • Civ. 3e, 21 févr. 1984 : *Bull. civ. III, n° 43* • Com. 11 mars 1986, n° 84-11.690 P • Civ. 1re, 18 juill. 1995, n° 93-16.338 P • Civ. 3e, 2 juill. 2008, n° 07-16.123 P (recherche d'un égal préjudice de nature à entraîner la compensation totale entre les dommages-intérêts réciproques).

SECTION 2 *[ABROGÉE]* Des obligations à terme

(Abrogée par Ord. n° 2016-131 du 10 févr. 2016, à compter du 1er oct. 2016)

V. C. civ., art. 1305 s. et précédemment le projet de réforme du 25 févr. 2015, art. 1305 s. (Projet).

BIBL. GÉN. ▸ Lawson-Body, *LPA 23 août 2002* (terme extinctif et terme suspensif). – Nossereau, *Dr. et patr. 1/2000. 50.* – Roland, *Mél. Voirin, LGDJ, 1967, p. 737* (absence de terme extinctif dans les contrats successifs).

Ancien art. 1185 *(Abrogé par Ord. n° 2016-131 du 10 févr. 2016, à compter du 1er oct. 2016)* ***Le terme diffère de la condition, en ce qu'il ne suspend point l'engagement, dont il retarde seulement l'exécution.***

Comp. C. civ., art. 1305 et précédemment le projet de réforme du 25 févr. 2015, art. 1305 (Projet).

V. notes ss. art. 1305.

Ancien art. 1186 *(Abrogé par Ord. n° 2016-131 du 10 févr. 2016, à compter du 1er oct. 2016)* ***Ce qui n'est dû qu'à terme, ne peut être exigé avant l'échéance du terme ; mais ce qui a été payé d'avance ne peut être répété.***

Comp. C. civ., art. 1305-2 et précédemment le projet de réforme du 25 févr. 2015, art. 1305-2 (Projet).

Ancien art. 1187 *(Abrogé par Ord. n° 2016-131 du 10 févr. 2016, à compter du 1er oct. 2016)* ***Le terme est toujours présumé stipulé en faveur du débiteur, à moins qu'il ne résulte de la stipulation, ou des circonstances, qu'il a été aussi convenu en faveur du créancier.***

Comp. C. civ., art. 1305-3 et précédemment le projet de réforme du 25 févr. 2015, art. 1305-3 s. (Projet).

V. notes ss. art. 1305-3.

Ancien art. 1188 *(Abrogé par Ord. n° 2016-131 du 10 févr. 2016, à compter du 1er oct. 2016) (L. n° 85-98 du 25 janv. 1985, art. 217)* ***Le débiteur ne peut plus réclamer le bénéfice du terme lorsque par son fait il a diminué les sûretés qu'il avait données par le contrat à son créancier.***

Comp. C. civ., art. 1305-4 et précédemment le projet de réforme du 25 févr. 2015, art. 1305-4 s. (Projet).

Sûreté donnée par contrat. Pour un arrêt rappelant, sous l'empire de l'art. 1188 anc., que les sûretés dont la perte entraîne pour le débiteur la déchéance du terme sont seulement celles qu'il a données dans le contrat (condition non reprise par l'art. 1305-4), V. • Civ. 1re, 9 mai 1994, n° 92-15.063 P : *RTD civ. 1995. 110, obs. Mestre* ; *Defrénois 1995. 340, obs. Delebecque* (aucun écrit n'ayant stipulé la déchéance du terme d'un prêt consenti par un employeur à son salarié en cas de cessation de fonction de celui-ci, les juges ne peuvent considérer que cette modalité de paiement, devenue inapplicable, constituait une sûreté donnée par contrat). ♦ Sur les autres points, V. jurisprudence citée ss. art. 1305-4.

SECTION 3 *[ABROGÉE]* Des obligations alternatives

(Abrogée par Ord. n° 2016-131 du 10 févr. 2016, à compter du 1er oct. 2016)

V. C. civ., art. 1307 et précédemment le projet de réforme du 25 févr. 2015, art. 1305 (Projet).

Ancien art. 1189 *(Abrogé par Ord. n° 2016-131 du 10 févr. 2016, à compter du 1er oct. 2016)* ***Le débiteur d'une obligation alternative est libéré par la délivrance de l'une des deux choses qui étaient comprises dans l'obligation.***

Comp. C. civ., art. 1307 et précédemment le projet de réforme du 25 févr. 2015, art. 1305 (Projet).

V. notes ss. art. 1307.

Ancien art. 1190 *(Abrogé par Ord. n° 2016-131 du 10 févr. 2016, à compter du 1er oct. 2016)* ***Le choix appartient au débiteur, s'il n'a pas été expressément accordé au créancier.***

Comp. C. civ., art. 1307-1 et précédemment le projet de réforme du 25 févr. 2015, art. 1307-1 (Projet).

V. notes ss. art. 1307-1.

Ancien art. 1191 *(Abrogé par Ord. n° 2016-131 du 10 févr. 2016, à compter du 1er oct. 2016)* ***Le débiteur peut se libérer en délivrant l'une des deux choses promises ; mais il ne peut pas forcer le créancier à recevoir une partie de l'une et une partie de l'autre.***

Ancien art. 1192 *(Abrogé par Ord. n° 2016-131 du 10 févr. 2016, à compter du 1er oct. 2016)* ***L'obligation est pure et simple, quoique contractée d'une manière alternative, si l'une des deux choses promises ne pouvait être le sujet de l'obligation.***

Ancien art. 1193 *(Abrogé par Ord. n° 2016-131 du 10 févr. 2016, à compter du 1er oct. 2016)* ***L'obligation alternative devient pure et simple, si l'une des choses promises périt et ne peut plus être livrée, même par la faute du débiteur. Le prix de cette chose ne peut pas être offert à sa place.***

Si toutes deux sont péries, et que le débiteur soit en faute à l'égard de l'une d'elles, il doit payer le prix de celle qui a péri la dernière.

Comp. C. civ., art. 1307-2 et précédemment le projet de réforme du 25 févr. 2015, art. 1307-2 (Projet) et 1307-5 (Projet).

Ancien art. 1194 *(Abrogé par Ord. n° 2016-131 du 10 févr. 2016, à compter du 1er oct. 2016)* ***Lorsque, dans les cas prévus par l'article précédent, le choix avait été déféré par la convention au créancier,***

Ou l'une des choses seulement est périe ; et alors, si c'est sans la faute du débiteur, le créancier doit avoir celle qui reste ; si le débiteur est en faute, le créancier peut demander la chose qui reste, ou le prix de celle qui est périe ;

Ou les deux choses sont péries ; et alors, si le débiteur est en faute à l'égard des deux, ou même à l'égard de l'une d'elles seulement, le créancier peut demander le prix de l'une ou de l'autre à son choix.

Comp. C. civ., art. 1307-2 s. et précédemment le projet de réforme du 25 févr. 2015, art. 1307-2 (Projet) et 1307-5 (Projet).

Ancien art. 1195 *(Abrogé par Ord. nº 2016-131 du 10 févr. 2016, à compter du 1er oct. 2016)* ***Si les deux choses sont péries sans la faute du débiteur, et avant qu'il soit en demeure, l'obligation est éteinte, conformément à l'article 1302.***

Comp. C. civ., art. 1307-2 et 1307-5 et précédemment le projet de réforme du 25 févr. 2015, art. 1307-2 (Projet) et 1307-5 (Projet).

Ancien art. 1196 *(Abrogé par Ord. nº 2016-131 du 10 févr. 2016, à compter du 1er oct. 2016)* ***Les mêmes principes s'appliquent au cas où il y a plus de deux choses comprises dans l'obligation alternative.***

SECTION 4 *[ABROGÉE]* Des obligations solidaires

(Abrogée par Ord. nº 2016-131 du 10 févr. 2016, à compter du 1er oct. 2016)

Comp. C. civ., art. 1310 s. et précédemment le projet de réforme du 25 févr. 2015, art. 1311 s. (Projet).

§ 1 *[ABROGÉ]* De la solidarité entre les créanciers

(Abrogé par Ord. nº 2016-131 du 10 févr. 2016, à compter du 1er oct. 2016)

Ancien art. 1197 *(Abrogé par Ord. nº 2016-131 du 10 févr. 2016, à compter du 1er oct. 2016)* ***L'obligation est solidaire entre plusieurs créanciers lorsque le titre donne expressément à chacun d'eux le droit de demander le payement du total de la créance, et que le payement fait à l'un d'eux libère le débiteur, encore que le bénéfice de l'obligation soit partageable et divisible entre les divers créanciers.***

Comp. C. civ., art. 1310 et 1311 et précédemment le projet de réforme du 25 févr. 2015, art. 1311 s. (Projet).

V. notes 1 à 4 ss. art. 1310 (conditions de la solidarité entre créanciers) et notes ss. art. 1311 (effets).

Ancien art. 1198 *(Abrogé par Ord. nº 2016-131 du 10 févr. 2016, à compter du 1er oct. 2016)* ***Il est au choix du débiteur de payer à l'un ou l'autre des créanciers solidaires, tant qu'il n'a pas été prévenu par les poursuites de l'un d'eux.***

Néanmoins la remise qui n'est faite que par l'un des créanciers solidaires, ne libère le débiteur que pour la part de ce créancier.

Comp. C. civ., art. 1311 et précédemment le projet de réforme du 25 févr. 2015, art. 1311 (Projet).

Ancien art. 1199 *(Abrogé par Ord. nº 2016-131 du 10 févr. 2016, à compter du 1er oct. 2016)* ***Tout acte qui interrompt la prescription à l'égard de l'un des créanciers solidaires, profite aux autres créanciers.***

Comp. C. civ., art. 1312 et précédemment le projet de réforme du 25 févr. 2015, art. 1312 (Projet).

§ 2 *[ABROGÉ]* De la solidarité de la part des débiteurs

(Abrogé par Ord. nº 2016-131 du 10 févr. 2016, à compter du 1er oct. 2016)

Ancien art. 1200 *(Abrogé par Ord. nº 2016-131 du 10 févr. 2016, à compter du 1er oct. 2016)* ***Il y a solidarité de la part des débiteurs, lorsqu'ils sont obligés à une même chose, de manière que chacun puisse être contraint pour la totalité, et que le payement fait par un seul libère les autres envers le créancier.***

Comp. C. civ., art. 1313 et précédemment le projet de réforme du 25 févr. 2015, art. 1313 (Projet).

V. notes ss. art. 1313.

Ancien art. 1201 *(Abrogé par Ord. nº 2016-131 du 10 févr. 2016, à compter du 1er oct. 2016)* ***L'obligation peut être solidaire, quoique l'un des débiteurs soit obligé différemment de l'autre au***

payement de la même chose ; par exemple, si l'un n'est obligé que conditionnellement, tandis que l'engagement de l'autre est pur et simple, ou si l'un a pris un terme qui n'est point accordé à l'autre.

Ancien art. 1202 (*Abrogé par Ord. n° 2016-131 du 10 févr. 2016, à compter du 1er oct. 2016*) ***La solidarité ne se présume point ; il faut qu'elle soit expressément stipulée.***

Cette règle ne cesse que dans les cas où la solidarité a lieu de plein droit, en vertu d'une disposition de la loi.

Comp. C. civ., art. 1310 et précédemment le projet de réforme du 25 févr. 2015, art. 1310 (Projet).

V. notes ss. art. 1310.

Ancien art. 1203 (*Abrogé par Ord. n° 2016-131 du 10 févr. 2016, à compter du 1er oct. 2016*) ***Le créancier d'une obligation contractée solidairement peut s'adresser à celui des débiteurs qu'il veut choisir, sans que celui-ci puisse lui opposer le bénéfice de division.***

Comp. C. civ., art. 1313 et précédemment le projet de réforme du 25 févr. 2015, art. 1313 (Projet).

V. notes 1 à 5 ss. art. 1313.

Ancien art. 1204 (*Abrogé par Ord. n° 2016-131 du 10 févr. 2016, à compter du 1er oct. 2016*) ***Les poursuites faites contre l'un des débiteurs n'empêchent pas le créancier d'en exercer de pareilles contre les autres.***

Comp. C. civ., art. 1313 et précédemment le projet de réforme du 25 févr. 2015, art. 1313 (Projet).

V. notes 1 à 5 ss. art. 1313.

Ancien art. 1205 (*Abrogé par Ord. n° 2016-131 du 10 févr. 2016, à compter du 1er oct. 2016*) ***Si la chose due a péri par la faute ou pendant la demeure de l'un ou de plusieurs des débiteurs solidaires, les autres codébiteurs ne sont point déchargés de l'obligation de payer le prix de la chose ; mais ceux-ci ne sont point tenus des dommages et intérêts.***

Le créancier peut seulement répéter les dommages et intérêts tant contre les débiteurs par la faute desquels la chose a péri, que contre ceux qui étaient en demeure.

V. note 4 ss. art. 1315.

Ancien art. 1206 (*Abrogé par Ord. n° 2016-131 du 10 févr. 2016, à compter du 1er oct. 2016*) ***Les poursuites faites contre l'un des débiteurs solidaires interrompent la prescription à l'égard de tous.***

V. note 7 ss. art. 1313.

Ancien art. 1207 (*Abrogé par Ord. n° 2016-131 du 10 févr. 2016, à compter du 1er oct. 2016*) ***La demande d'intérêts formée contre l'un des débiteurs solidaires fait courir les intérêts à l'égard de tous.***

Comp. C. civ., art. 1314.

Ancien art. 1208 (*Abrogé par Ord. n° 2016-131 du 10 févr. 2016, à compter du 1er oct. 2016*) ***Le codébiteur solidaire poursuivi par le créancier peut opposer toutes les exceptions qui résultent de la nature de l'obligation, et toutes celles qui lui sont personnelles, ainsi que celles qui sont communes à tous les codébiteurs.***

Il ne peut opposer les exceptions qui sont purement personnelles à quelques-uns des autres codébiteurs.

Comp. C. civ., art. 1315 et précédemment le projet de réforme du 25 févr. 2015, art. 1314 s. (Projet).

V. notes ss. art. 1313 (opposabilité des exceptions) et note 6 ss. art. 1313 (représentation mutuelle des codébiteurs solidaires).

Ancien art. 1209 (*Abrogé par Ord. n° 2016-131 du 10 févr. 2016, à compter du 1er oct. 2016*) ***Lorsque l'un des débiteurs devient héritier unique du créancier, ou lorsque le créancier devient l'unique héritier de l'un des débiteurs, la confusion n'éteint la créance solidaire que pour la part et portion du débiteur ou du créancier.***

Comp. C. civ., art. 1349-1 et précédemment le projet de réforme du 25 févr. 2015, art. 1330-1 (Projet) (confusion).

Ancien art. 1210 (*Abrogé par Ord. n° 2016-131 du 10 févr. 2016, à compter du 1er oct. 2016*) ***Le créancier qui consent à la division de la dette à l'égard de l'un des codébiteurs, conserve son***

action solidaire contre les autres, mais sous la déduction de la part du débiteur qu'il a déchargé de la solidarité.

Comp. C. civ., art. 1316 et précédemment le projet de réforme du 25 févr. 2015, art. 1315 (Projet).

V. note 3 ss. art. 1315.

Ancien art. 1211 *(Abrogé par Ord. nº 2016-131 du 10 févr. 2016, à compter du 1er oct. 2016)* ***Le créancier qui reçoit divisément la part de l'un des débiteurs, sans réserver dans la quittance la solidarité ou ses droits en général, ne renonce à la solidarité qu'à l'égard de ce débiteur.***

Le créancier n'est pas censé remettre la solidarité au débiteur lorsqu'il reçoit de lui une somme égale à la portion dont il est tenu, si la quittance ne porte pas que c'est pour sa part.

Il en est de même de la simple demande formée contre l'un des codébiteurs pour sa part, si celui-ci n'a pas acquiescé à la demande, ou s'il n'est pas intervenu un jugement de condamnation.

Comp. C. civ., art. 1350-1 et précédemment le projet de réforme du 25 févr. 2015, art. 1329-1 (Projet) (remise de dette).

Interprétation a contrario de l'art. 1211, al. 3. Le créancier qui forme une demande contre l'un de ses codébiteurs pour sa part est censé lui remettre la solidarité s'il est intervenu un jugement de condamnation. • Civ. 2e, 23 mai 1973 : *Bull. civ. II, nº 176.*

Ancien art. 1212 *(Abrogé par Ord. nº 2016-131 du 10 févr. 2016, à compter du 1er oct. 2016)* ***Le créancier qui reçoit divisément et sans réserve la portion de l'un des codébiteurs dans les arrérages ou intérêts de la dette, ne perd la solidarité que pour les arrérages ou intérêts échus, et non pour ceux à échoir, ni pour le capital, à moins que le payement divisé n'ait été continué pendant dix ans consécutifs.***

Ancien art. 1213 *(Abrogé par Ord. nº 2016-131 du 10 févr. 2016, à compter du 1er oct. 2016)* ***L'obligation contractée solidairement envers le créancier se divise de plein droit entre les débiteurs, qui n'en sont tenus entre eux que chacun pour sa part et portion.***

Comp. C. civ., art. 1317 et précédemment le projet de réforme du 25 févr. 2015, art. 1316 (Projet).

V. notes ss. art. 1317.

Ancien art. 1214 *(Abrogé par Ord. nº 2016-131 du 10 févr. 2016, à compter du 1er oct. 2016)* ***Le codébiteur d'une dette solidaire, qui l'a payée en entier, ne peut répéter contre les autres que les part et portion de chacun d'eux.***

Si l'un d'eux se trouve insolvable, la perte qu'occasionne son insolvabilité se répartit, par contribution, entre tous les autres codébiteurs solvables et celui qui a fait le payement.

Comp. C. civ., art. 1317 et précédemment le projet de réforme du 25 févr. 2015, art. 1316 (Projet).

V. notes ss. art. 1317.

Ancien art. 1215 *(Abrogé par Ord. nº 2016-131 du 10 févr. 2016, à compter du 1er oct. 2016)* ***Dans le cas où le créancier a renoncé à l'action solidaire envers l'un des débiteurs, si l'un ou plusieurs des autres codébiteurs deviennent insolvables, la portion des insolvables sera contributoirement répartie entre tous les débiteurs, même entre ceux précédemment déchargés de la solidarité par le créancier.***

Comp. C. civ., art. 1317 et précédemment le projet de réforme du 25 févr. 2015, art. 1316 (Projet).

Ancien art. 1216 *(Abrogé par Ord. nº 2016-131 du 10 févr. 2016, à compter du 1er oct. 2016)* ***Si l'affaire pour laquelle la dette a été contractée solidairement ne concernait que l'un des coobligés solidaires, celui-ci serait tenu de toute la dette vis-à-vis des autres codébiteurs, qui ne seraient considérés par rapport à lui que comme ses cautions.***

Comp. C. civ., art. 1318 et précédemment le projet de réforme du 25 févr. 2015, art. 1317 (Projet).

V. notes ss. art. 1318.

SECTION 5 *[ABROGÉE]* Des obligations divisibles et indivisibles

(Abrogée par Ord. nº 2016-131 du 10 févr. 2016, à compter du 1er oct. 2016)

Ancien art. 1217 *(Abrogé par Ord. nº 2016-131 du 10 févr. 2016, à compter du 1er oct. 2016)* ***L'obligation est divisible ou indivisible selon qu'elle a pour objet ou une chose qui dans sa livraison, ou un fait qui dans l'exécution, est ou n'est pas susceptible de division, soit matérielle, soit intellectuelle.***

Comp. C. civ., art. 1320.

Ancien art. 1218 *(Abrogé par Ord. n° 2016-131 du 10 févr. 2016, à compter du 1er oct. 2016)* ***L'obligation est indivisible, quoique la chose ou le fait qui en est l'objet soit divisible par sa nature, si le rapport sous lequel elle est considérée dans l'obligation ne la rend pas susceptible d'exécution partielle.***

Comp. C. civ., art. 1320.

Sur l'indivisibilité de l'obligation, V. notes ss. art. 1320. Sur l'indivisibilité entre contrats, V. notes ss. art. 1186 (caducité) et note 18 ss. art. 1178.

Ancien art. 1219 *(Abrogé par Ord. n° 2016-131 du 10 févr. 2016, à compter du 1er oct. 2016)* ***La solidarité stipulée ne donne point à l'obligation le caractère d'indivisibilité.***

§ 1 *[ABROGÉ]* Des effets de l'obligation divisible

(Abrogé par Ord. n° 2016-131 du 10 févr. 2016, à compter du 1er oct. 2016)

Ancien art. 1220 *(Abrogé par Ord. n° 2016-131 du 10 févr. 2016, à compter du 1er oct. 2016)* ***L'obligation qui est susceptible de division, doit être exécutée entre le créancier et le débiteur comme si elle était indivisible. La divisibilité n'a d'application qu'à l'égard de leurs héritiers, qui ne peuvent demander la dette ou qui ne sont tenus de la payer que pour les parts dont ils sont saisis ou dont ils sont tenus comme représentant le créancier ou le débiteur.***

Comp. C. civ., art. 1309 et précédemment le projet de réforme du 25 févr. 2015, art. 1309 (Projet).

V. notes ss. art. 1309.

Ancien art. 1221 *(Abrogé par Ord. n° 2016-131 du 10 févr. 2016, à compter du 1er oct. 2016)* ***Le principe établi dans l'article précédent reçoit exception à l'égard des héritiers du débiteur :***

1° Dans le cas où la dette est hypothécaire ;

2° Lorsqu'elle est d'un corps certain ;

3° Lorsqu'il s'agit de la dette alternative de choses au choix du créancier, dont l'une est indivisible ;

4° Lorsque l'un des héritiers est chargé seul, par le titre, de l'exécution de l'obligation ;

5° Lorsqu'il résulte, soit de la nature de l'engagement, soit de la chose qui en fait l'objet, soit de la fin qu'on s'est proposée dans le contrat, que l'intention des contractants a été que la dette ne pût s'acquitter partiellement.

Dans les trois premiers cas, l'héritier qui possède la chose due ou le fonds hypothéqué à la dette, peut être poursuivi pour le tout sur la chose due ou sur le fonds hypothéqué, sauf le recours contre ses cohéritiers. Dans le quatrième cas, l'héritier seul chargé de la dette, et dans le cinquième cas, chaque héritier, peut aussi être poursuivi pour le tout ; sauf son recours contre ses cohéritiers.

Le caractère indivisible de la dette successorale dont le conjoint survivant, usufruitier légal du quart des biens de la succession en présence d'un enfant (art. 767 anc.), est tenu à proportion de sa vocation ne porte pas atteinte à la divisibilité de l'obligation entre usufruitier et nu-propriétaire, fondée sur la nature de ses droits (art. 1221-5° [anc.]). • Civ. 1re, 9 déc. 2003, n° 99-17.576 P : *D. 2004. Somm. 2336, obs. Brémond ; JCP 2004. I. 155, n° 3, obs. Le Guidec ; Defrénois 2004. 1218, note Fiorina ; Dr. fam. 2004, n° 53, note Nicod ; RJPF 2004-5/37, note Casey.*

§ 2 *[ABROGÉ]* Des effets de l'obligation indivisible

(Abrogé par Ord. n° 2016-131 du 10 févr. 2016, à compter du 1er oct. 2016)

Ancien art. 1222 *(Abrogé par Ord. n° 2016-131 du 10 févr. 2016, à compter du 1er oct. 2016)* ***Chacun de ceux qui ont contracté conjointement une dette indivisible, en est tenu pour le total, encore que l'obligation n'ait pas été contractée solidairement.***

Comp. C. civ., art. 1320 et précédemment le projet de réforme du 25 févr. 2015, art. 1319 (Projet).

V. notes ss. art. 1320.

Ancien art. 1223 *(Abrogé par Ord. n° 2016-131 du 10 févr. 2016, à compter du 1er oct. 2016)* ***Il en est de même à l'égard des héritiers de celui qui a contracté une pareille obligation.***

Ancien art. 1224 *(Abrogé par Ord. n° 2016-131 du 10 févr. 2016, à compter du 1er oct. 2016)* ***Chaque héritier du créancier peut exiger en totalité l'exécution de l'obligation indivisible.***

Il ne peut seul faire la remise de la totalité de la dette ; il ne peut recevoir seul le prix au lieu de la chose. Si l'un des héritiers a seul remis la dette ou reçu le prix de la chose, son cohéritier ne peut demander la chose indivisible qu'en tenant compte de la portion du cohéritier qui a fait la remise ou qui a reçu le prix.

Ancien art. 1225 *(Abrogé par Ord. n° 2016-131 du 10 févr. 2016, à compter du 1er oct. 2016)* ***L'héritier du débiteur, assigné pour la totalité de l'obligation, peut demander un délai pour mettre en cause ses cohéritiers, à moins que la dette ne soit de nature à ne pouvoir être acquittée que par l'héritier assigné, qui peut alors être condamné seul, sauf son recours en indemnité contre ses cohéritiers.***

SECTION 6 *[ABROGÉE]* Des obligations avec clauses pénales

(Abrogée par Ord. n° 2016-131 du 10 févr. 2016, à compter du 1er oct. 2016)

V. C. civ., art. 1231-5 et précédemment le projet de réforme du 25 févr. 2015, art. 1231-5 (Projet).

Ancien art. 1226 *(Abrogé par Ord. n° 2016-131 du 10 févr. 2016, à compter du 1er oct. 2016)* ***La clause pénale est celle par laquelle une personne, pour assurer l'exécution d'une convention, s'engage à quelque chose en cas d'inexécution.***

Comp. C. civ., art. 1231-5 et précédemment le projet de réforme du 25 févr. 2015, art. 1231-5 (Projet).

V. notes ss. art. 1231-5.

Ancien art. 1227 *(Abrogé par Ord. n° 2016-131 du 10 févr. 2016, à compter du 1er oct. 2016)* ***La nullité de l'obligation principale entraîne celle de la clause pénale.***

La nullité de celle-ci n'entraîne point celle de l'obligation principale.

V. notes ss. art. 1231-5.

Ancien art. 1228 *(Abrogé par Ord. n° 2016-131 du 10 févr. 2016, à compter du 1er oct. 2016)* ***Le créancier, au lieu de demander la peine stipulée contre le débiteur qui est en demeure, peut poursuivre l'exécution de l'obligation principale.***

V. art. 1217 et 1231-5.

Ancien art. 1229 *(Abrogé par Ord. n° 2016-131 du 10 févr. 2016, à compter du 1er oct. 2016)* ***La clause pénale est la compensation des dommages et intérêts que le créancier souffre de l'inexécution de l'obligation principale.***

Il ne peut demander en même temps le principal et la peine, à moins qu'elle n'ait été stipulée pour le simple retard.

V. art. 1217 et 1231-5 C. civ.

Ancien art. 1230 *(Abrogé par Ord. n° 2016-131 du 10 févr. 2016, à compter du 1er oct. 2016)* ***Soit que l'obligation primitive contienne, soit qu'elle ne contienne pas un terme dans lequel elle doive être accomplie, la peine n'est encourue que lorsque celui qui s'est obligé soit à livrer, soit à prendre, soit à faire, est en demeure.***

Comp. C. civ., art. 1231-5 et précédemment le projet de réforme du 25 févr. 2015, art. 1231-5 (Projet).

V. notes ss. art. 1344.

Ancien art. 1231 *(Abrogé par Ord. n° 2016-131 du 10 févr. 2016, à compter du 1er oct. 2016) (L. n° 75-597 du 9 juill. 1975)* ***Lorsque l'engagement a été exécuté en partie, la peine convenue peut*** *(L. n° 85-1097 du 11 oct. 1985)* ***« , même d'office, » être diminuée par le juge à proportion de l'intérêt que l'exécution partielle a procuré au créancier, sans préjudice de l'application de l'article 1152 anc. Toute stipulation contraire sera réputée non écrite.***

Comp. C. civ., art. 1231-5 et précédemment le projet de réforme du 25 févr. 2015, art. 1231-5 (Projet).

La L. n° 75-597 du 9 juill. 1975 est applicable aux contrats et aux instances en cours (L. préc., art. 3). – La L. n° 85-1097 du 11 oct. 1985 est applicable aux contrats et aux instances en cours au moment de sa publication (L. préc., art. 3).

V. notes ss. art. 1231-5.

Ancien art. 1232 *(Abrogé par Ord. n° 2016-131 du 10 févr. 2016, à compter du 1er oct. 2016)* ***Lorsque l'obligation primitive contractée avec une clause pénale est d'une chose indivisible, la peine est encourue par la contravention d'un seul des héritiers du débiteur, et elle peut être demandée, soit en totalité contre celui qui a fait la contravention, soit contre chacun des cohéritiers pour leur part et portion, et hypothécairement pour le tout, sauf leur recours contre celui qui a fait encourir la peine.***

Ancien art. 1233 *(Abrogé par Ord. n° 2016-131 du 10 févr. 2016, à compter du 1er oct. 2016)* ***Lorsque l'obligation primitive contractée sous une peine est divisible, la peine n'est encourue que par celui des héritiers du débiteur qui contrevient à cette obligation, et pour la part seulement dont il était tenu dans l'obligation principale, sans qu'il y ait d'action contre ceux qui l'ont exécutée.***

Cette règle reçoit exception lorsque la clause pénale ayant été ajoutée dans l'intention que le payement ne pût se faire partiellement, un cohéritier a empêché l'exécution de l'obligation pour la totalité. En ce cas, la peine entière peut être exigée contre lui, et contre les autres cohéritiers pour leur portion seulement, sauf leur recours.

CHAPITRE V *[ABROGÉ]* DE L'EXTINCTION DES OBLIGATIONS

(Abrogé par Ord. n° 2016-131 du 10 févr. 2016, à compter du 1er oct. 2016)

Comp. C. civ., art. 1342 s. et précédemment le projet de réforme du 25 févr. 2015, art. 1320 s. (Projet).

Ancien art. 1234 *(Abrogé par Ord. n° 2016-131 du 10 févr. 2016, à compter du 1er oct. 2016)* ***Les obligations s'éteignent :***

Par le payement,
Par la novation,
Par la remise volontaire,
Par la compensation,
Par la confusion,
Par la perte de la chose,
Par la nullité ou la rescision,
Par l'effet de la condition résolutoire, qui a été expliquée au chapitre précédent,
Et par la prescription, qui fera l'objet d'un titre particulier.

Comp. C. civ., art. 1342 s. et précédemment le projet de réforme du 25 févr. 2015, art. 1320 s. (Projet).

1. Paiement et action directe. Cassation de l'arrêt ayant accueilli l'action directe d'un auteur contre l'exploitant cessionnaire de ses droits, au motif que ce cessionnaire ne pouvait lui opposer l'exécution de ses propres obligations au profit du producteur, dès lors qu'il savait que le producteur manquait à ses obligations contractuelles à l'égard des auteurs, alors que l'auteur dispose d'une action directe en paiement de la rémunération proportionnelle à l'encontre de l'exploitant cessionnaire des droits, qu'autant que l'action du producteur contre l'exploitant n'est pas elle-même éteinte, en sorte que la connaissance que pouvait avoir le cessionnaire des difficultés de paiement des droits d'auteur par le producteur est indifférente. • *Civ. 1re, 29 mai 2013*, n° 12-14.041 P : *D. 2013. 1810, note Étienney-de Sainte Marie*.

2. Renonciation. La renonciation à un droit est un acte unilatéral qui n'exige pas l'existence de concessions réciproques. • Civ. 2e, 2 févr. 2017, n° 16-13.521 P : *D. 2017. 350 ; AJDI 2017. 423, obs. de La Vaissière ; RGDA 2017. 172, note A. Pélissier.* ♦ La renonciation à un droit ne peut résulter que d'actes manifestant sans équivoque la volonté de renoncer. • Civ. 2e, 10 mars 2005, n° 03-11.302 P • Crim. 16 mai 2006, n° 05-80.974 P : *D. 2006. 2771, note Noguero*. – V. déjà • Civ. 1re, 3 oct. 2000, n° 98-22.132 P. ♦ Rappr : la renonciation à un droit ne se déduit pas de la seule inaction ou du silence de son titulaire. • Civ. 3e, 5 juin 2013, n° 12-19.634 P : *D. 2013. 1472, obs. Rouquet ; AJDI 2014. 197, obs. Blatter ; RTD com. 2013. 463, obs. kenderian ; RDC 2013. 1420, obs. Seube* (bail commercial). ♦ La renonciation à un droit ou une action ne peut se présumer et, pour être utilement opposée par celui qui s'en prévaut, elle doit être certaine, expresse et non équivoque ; le seul fait pour les locataires d'avoir sollicité que le bail fût prorogé, à compter de la date prévue pour son terme en application de l'art. 11-1 de la L. du 6 juill. 1989, ne pouvait faire obstacle à la recevabilité de leur demande tendant à faire constater que l'offre de vente et le congé délivrés étaient nuls. • Civ. 3e, 18 janv. 2012, n° 11-10.389 P : *D. 2012. 353, obs. Rouquet*.

Le seul fait que le locataire ait payé sans protester le loyer augmenté ne peut caractériser une renonciation tacite au bénéfice des dispositions légales de l'art. 17 *d)* de la L. du 6 juill. 1989. • Civ. 3e, 5 févr. 2014, n° 13-10.804 P : *D. 2014. 424, obs. Rouquet*.

3. Contre-passation d'effets de commerce impayés. La contre-passation d'un effet de commerce après l'ouverture de la procédure collective du tireur ne vaut pas paiement et n'en fait pas perdre la propriété au banquier escompteur. • Com. 11 juin 2014, n° 13-18.064 P.

SECTION 1 *[ABROGÉE]* Du payement

(Abrogée par Ord. n° 2016-131 du 10 févr. 2016, à compter du 1er oct. 2016)

BIBL. GÉN. ▸ BOUGEROL-PRUD'HOMME, *RTD civ. 2012. 439* (paiement et monnaie scripturale). – GRUA, *Mél. Guyon, Dalloz, 2003* (l'obligation et son paiement). – LEBEL, *Mél. B. Gross, PU Nancy, 2009, 449* (le paiement à l'épreuve des procédures collectives). – LOISEAU, *JCP 2006. I. 171* (nature juridique du paiement). – QUÉTAND-FINET, *D. 2013. 942* (*idem*). – ROUVIÈRE, *D. 2006. Chron. 481* (l'envers du paiement). ▸ **Cartes de paiement :** J. HUET, *D. 1986. Chron. 297*. – JUDE, *D. 2003. Chron. 2675* (règlement par carte bancaire ou par chèque : unité ou dualité ?). – D. MARTIN, *D. 1987. Chron. 51 ; D. 1992. Chron. 277.* – SÉRIAUX, *RTD civ. 2004. 225* (conception juridique d'une opération économique). – VASSEUR, *JCP 1985. I. 3206*. ▸ **Ordres de paiement :** GRUA, *D. 1996. Chron. 172.* ▸ **Prélèvements bancaires :** RAYMOND, *CCC 1997. Chron. 4* (protection du consommateur). ▸ **Paiement électronique :** ESPAGNON, *JCP 1999. I. 131* (paiement sur internet). – HUET, *JCP 1991. I. 3524* (télépaiement). – P. LECLERCQ et KHALIL, *CCE 2004. Étude 40* (confiance dans les moyens de paiement en ligne ?). – LUCAS DE LEYSSAC et LACAZE, *JCP 2001. I. 302* (paiement en ligne). – MUNOZ, *LPA 28 août 2000*. ▸ ***Mora creditoris* :** ROBIN, *RTD civ. 1998. 607.* ▸ **Passage à l'euro :** ARNAUD-FARAUT, *JCP E 1999. 523* (moyens de paiement en euros). – CLARET, *CCC 2000. Chron. 3* (l'euro et les consommateurs).

§ 1 *[ABROGÉ]* Du payement en général

(Abrogé par Ord. n° 2016-131 du 10 févr. 2016, à compter du 1er oct. 2016)

V. C. civ., art. 1342 s. et précédemment le projet de réforme du 25 févr. 2015, art. 1320 s. (Projet).

Ancien art. 1235 *(Abrogé par Ord. n° 2016-131 du 10 févr. 2016, à compter du 1er oct. 2016)* ***Tout payement suppose une dette : ce qui a été payé sans être dû, est sujet à répétition.***

La répétition n'est pas admise à l'égard des obligations naturelles qui ont été volontairement acquittées.

Sur le paiement, comp. C. civ., art. 1342 et précédemment le projet de réforme du 25 févr. 2015, art. 1320 s. (Projet).

BIBL. ▸ **Obligation naturelle :** BOUT et STOFFEL-MUNCK, *n° 54*. – CHÉNEDÉ, *RDC 2014. 133* (Edmond Colmet de Santerre, la notion d'obligation naturelle). – COUDRAIS, *RTD civ. 2011. 453*. – J.-J. DUPEYROUX, *Mél. Maury, Dalloz, 1960, t. 2, p. 321*. – FERKH, *Gaz. Pal. 7 janv. 1997*. – JULIENNE, *D. 2009. Chron. 1709*. – MOLFESSIS, *D. 1997. Chron. 85.* – ROTONDI, *RTD civ. 1979. 1*. ▸ **Engagement d'honneur :** OPPETIT, *D. 1979. Chron. 107*.

Sur l'existence et le régime juridique de l'obligation naturelle, V. notes ss. art. 1100.

Ancien art. 1236 *(Abrogé par Ord. n° 2016-131 du 10 févr. 2016, à compter du 1er oct. 2016)* ***Une obligation peut être acquittée par toute personne qui y est intéressée, telle qu'un coobligé ou une caution.***

L'obligation peut même être acquittée par un tiers qui n'y est point intéressé, pourvu que ce tiers agisse au nom et en l'acquit du débiteur, ou que, s'il agit en son nom propre, il ne soit pas subrogé aux droits du créancier.

Comp. C. civ., art. 1342-1 et précédemment le projet de réforme du 25 févr. 2015, art. 1320-1 (Projet).

BIBL. ▸ PERRUCHOT-TRIBOULET, *LPA 21 août 2001* (droit de payer pour autrui). – SALVAT, *Defrénois 2004. 105* (recours du tiers contre la personne dont il a payé la dette).

V. notes ss. art. 1342-1.

Ancien art. 1237 *(Abrogé par Ord. n° 2016-131 du 10 févr. 2016, à compter du 1er oct. 2016)* ***L'obligation de faire ne peut être acquittée par un tiers contre le gré du créancier, lorsque ce dernier a intérêt qu'elle soit remplie par le débiteur lui-même.***

V. notes ss. art. 1342-1.

Ancien art. 1238 *(Abrogé par Ord. n° 2016-131 du 10 févr. 2016, à compter du 1er oct. 2016)* ***Pour payer valablement, il faut être propriétaire de la chose donnée en payement, et capable de l'aliéner.***

Néanmoins le payement d'une somme en argent ou autre chose qui se consomme par l'usage, ne peut être répété contre le créancier qui l'a consommée de bonne foi, quoique le payement en ait été fait par celui qui n'en était pas propriétaire ou qui n'était pas capable de l'aliéner.

BIBL. ▸ BONFILS, *RRJ 2003/1. 181* (consomptibilité).

V. notes ss. art. 1342.

Ancien art. 1239 *(Abrogé par Ord. n° 2016-131 du 10 févr. 2016, à compter du 1er oct. 2016)* ***Le payement doit être fait au créancier, ou à quelqu'un ayant pouvoir de lui, ou qui soit autorisé par justice ou par la loi à recevoir pour lui.***

Le payement fait à celui qui n'aurait pas pouvoir de recevoir pour le créancier, est valable, si celui-ci le ratifie, ou s'il en a profité.

Comp. C. civ., art. 1342-2 et précédemment le projet de réforme du 25 févr. 2015, art. 1320-2 (Projet).

V. notes ss. art. 1342-2.

Ancien art. 1240 *(Abrogé par Ord. n° 2016-131 du 10 févr. 2016, à compter du 1er oct. 2016)* ***Le payement fait de bonne foi à celui qui est en possession de la créance, est valable, encore que le possesseur en soit par la suite évincé.***

Comp. C. civ., art. 1342-3 et précédemment le projet de réforme du 25 févr. 2015, art. 1320-3 (Projet).

V. note ss. art. 1342-3.

Ancien art. 1241 *(Abrogé par Ord. n° 2016-131 du 10 févr. 2016, à compter du 1er oct. 2016)* ***Le payement fait au créancier n'est point valable s'il était incapable de le recevoir, à moins que le débiteur ne prouve que la chose payée a tourné au profit du créancier.***

Comp. C. civ., art. 1342-2 et précédemment le projet de réforme du 25 févr. 2015, art. 1320-2 (Projet).

Ancien art. 1242 *(Abrogé par Ord. n° 2016-131 du 10 févr. 2016, à compter du 1er oct. 2016)* ***Le payement fait par le débiteur à son créancier, au préjudice d'une saisie ou d'une opposition, n'est pas valable à l'égard des créanciers saisissants ou opposants : ceux-ci peuvent, selon leur droit, le contraindre à payer de nouveau, sauf, en ce cas seulement son recours contre le créancier.***

1. Domaine. La saisie-arrêt pratiquée sur les fonds provenant de la vente d'un immeuble faisant l'objet d'inscriptions hypothécaires et consignés entre les mains du notaire n'interdit pas à celui-ci de procéder au règlement des créances régulièrement inscrites. • Civ. 2e, 15 janv. 1992, n° 90-18.206 P. ♦ Comp. • Civ. 2e, 1er févr. 1989 : *Bull. civ. II, n° 28.*

2. Sanction : responsabilité. En cas de saisie-arrêt, le tiers auquel il a été fait défense de s'acquitter de sa dette ne saurait, sans engager sa responsabilité envers le saisissant, passer outre à cette défense tant qu'il ne lui aura pas été justifié que mainlevée régulière de la saisie a été accordée. Ne peut donc être imputé à faute à une banque tiers saisie le blocage de la totalité d'un compte excédant notablement le montant de la créance du saisissant. • Civ. 2e, 24 janv. 1973 : *D. 1973. 421, note Prévault.*

Ancien art. 1243 *(Abrogé par Ord. n° 2016-131 du 10 févr. 2016, à compter du 1er oct. 2016)* ***Le créancier ne peut être contraint de recevoir une autre chose que celle qui lui est due, quoique la valeur de la chose offerte soit égale ou même plus grande.***

Comp. C. civ., art. 1342-4 et précédemment le projet de réforme du 25 févr. 2015, art. 1320-4 (Projet).

BIBL. ▸ **Monnaie :** *Archives Phil. dr., t. 42, 1998* (l'argent et le droit). – BRUGUIÈRE, *JCP E 2001. 1905.* – D. R. MARTIN, *Mél. H. Blaise, Economica, 1995, p. 333.* – RIVES-LANGE, *Études H. Cabrillac, Litec, 1968, p. 403* (monnaie scripturale).

1. Dation en paiement. V. notes ss. art. 1342-4.

2. Nominalisme monétaire et clauses d'indexation. V. notes ss. art. 1343.

3. Substitution d'indice. V. notes ss. art. 1167.

4. Monnaie de paiement. V. notes ss. art. 1343-3.

Ancien art. 1244 *(Abrogé par Ord. n° 2016-131 du 10 févr. 2016, à compter du 1er oct. 2016) (L. n° 91-650 du 9 juill. 1991, art. 83)* ***Le débiteur ne peut forcer le créancier à recevoir en partie le paiement d'une dette, même divisible.***

Comp. C. civ., art. 1342-4 et précédemment le projet de réforme du 25 févr. 2015, art. 1320-4 (Projet).

La L. n° 91-650 du 9 juill. 1991 est entrée en vigueur le 1er janv. 1993 (L. préc., art. 97).

V. notes ss. art. 1342-4.

Ancien art. 1244-1 *(Abrogé par Ord. n° 2016-131 du 10 févr. 2016, à compter du 1er oct. 2016) (L. n° 91-650 du 9 juill. 1991, art. 83)* ***Toutefois, compte tenu de la situation du débiteur et en considération des besoins du créancier, le juge peut, dans la limite de deux années, reporter ou échelonner le paiement des sommes dues.***

Par décision spéciale et motivée, le juge peut prescrire que les sommes correspondant aux échéances reportées porteront intérêt à un taux réduit qui ne peut être inférieur au taux légal ou que les paiements s'imputeront d'abord sur le capital.

En outre, il peut subordonner ces mesures à l'accomplissement, par le débiteur, d'actes propres à faciliter ou à garantir le paiement de la dette.

Les dispositions du présent article ne s'appliquent pas aux dettes d'aliments. *— V. note ss. art. 1244 anc.*

Comp. C. civ., art. 1343-5 et précédemment le projet de réforme du 25 févr. 2015, art. 1321-5 (Projet).

BIBL. ▶ RIPERT, *DH 1936. Chron. 57* (le droit de ne pas payer ses dettes). ▶ **Commentaire de la loi du 11 oct. 1985 :** ZENATI, *RTD civ. 1986. 209.* ▶ **Commentaire de la loi du 9 juill. 1991 :** CROZE, *JCP 1992. I. 3555.* – V. aussi MESTRE, *RTD civ. 1991. 735.* ✎ ▶ **Délais de grâce :** BRUNEL, *Gaz. Pal. 26 avr. 1997* (créances des collectivités publiques). – LOKO-BALOSSA, *RRJ 1994/3. 807.* – SÉRIAUX, *RTD civ. 1993. 789.* ✎ – VIPREY, *D. Affaires 1997. 918.* – WILLMANN, *RDSS 1998. 691* ✎ (le chômage du débiteur).

V. notes ss. art. 1343-5.

Ancien art. 1244-2 *(Abrogé par Ord. n° 2016-131 du 10 févr. 2016, à compter du 1er oct. 2016) (L. n° 91-650 du 9 juill. 1991, art. 83)* ***La décision du juge, prise en application de l'article 1244-1, suspend les procédures d'exécution qui auraient été engagées par le créancier. Les majorations d'intérêts ou les pénalités encourues à raison du retard cessent d'être dues pendant le délai fixé par le juge.*** *— V. note ss. art. 1244 anc.*

Comp. C. civ., art. 1343-5 et précédemment le projet de réforme du 25 févr. 2015, art. 1321-5 (Projet).

V. notes ss. art. 1343-5.

Ancien art. 1244-3 *(Abrogé par Ord. n° 2016-131 du 10 févr. 2016, à compter du 1er oct. 2016) (L. n° 91-650 du 9 juill. 1991, art. 83)* ***Toute stipulation contraire aux dispositions des articles 1244-1 et 1244-2 est réputée non écrite.*** *— V. note ss. art. 1244 anc.*

Comp. C. civ., art. 1343-5 et précédemment le projet de réforme du 25 févr. 2015, art. 1321-5 (Projet).

V. notes ss. art. 1343-5.

Ancien art. 1244-4 *(Abrogé par Ord. n° 2016-131 du 10 févr. 2016, à compter du 1er oct. 2016) (L. n° 2015-990 du 6 août 2015, art. 208)* ***Une procédure simplifiée de recouvrement des petites créances peut être mise en œuvre par un huissier de justice à la demande du créancier pour le paiement d'une créance ayant une cause contractuelle ou résultant d'une obligation de caractère statutaire et inférieure à un montant défini par décret en Conseil d'État.***

Cette procédure se déroule dans un délai d'un mois à compter de l'envoi par l'huissier d'une lettre recommandée avec demande d'avis de réception invitant le débiteur à participer à cette procédure. L'accord du débiteur, constaté par l'huissier, suspend la prescription.

L'huissier qui a reçu l'accord du créancier et du débiteur sur le montant et les modalités du paiement délivre, sans autre formalité, un titre exécutoire.

Les frais de toute nature qu'occasionne la procédure sont à la charge exclusive du créancier.

Un décret en Conseil d'État fixe les modalités d'application du présent article, notamment les règles de prévention des conflits d'intérêts lors de la délivrance par l'huissier de justice d'un titre exécutoire.

L'Ord. n° 2016-1231 du 10 févr. 2016 a transféré les dispositions de l'art. 1244-4 dans sa rédaction antérieure à l'Ord. à l'art. L. 125-1 C. pr. exéc.

BIBL. ▶ LAUVERGNAT, *D. 2015. 1860* ✎.

Ancien art. 1245 *(Abrogé par Ord. nº 2016-131 du 10 févr. 2016, à compter du 1er oct. 2016)* ***Le débiteur d'un corps certain et déterminé est libéré par la remise de la chose en l'état où elle se trouve lors de la livraison, pourvu que les détériorations qui y sont survenues ne viennent point de son fait ou de sa faute, ni de celle des personnes dont il est responsable, ou qu'avant ces détériorations il ne fût pas en demeure.***

Comp. C. civ., art. 1342-5 et précédemment le projet de réforme du 25 févr. 2015, art. 1320-5 (Projet).

BIBL. ▶ Morançais-Demeester, *RTD civ. 1993. 757* (responsabilité des personnes obligées à restitution).

Ancien art. 1246 *(Abrogé par Ord. nº 2016-131 du 10 févr. 2016, à compter du 1er oct. 2016)* ***Si la dette est d'une chose qui ne soit déterminée que par son espèce, le débiteur ne sera pas tenu, pour être libéré, de la donner de la meilleure espèce ; mais il ne pourra l'offrir de la plus mauvaise.***

Comp. C. civ., art. 1166 et précédemment le projet de réforme du 25 févr. 2015, art. 1166 (Projet).

Ancien art. 1247 *(Abrogé par Ord. nº 2016-131 du 10 févr. 2016, à compter du 1er oct. 2016) (Ord. nº 58-1298 du 23 déc. 1958, art. 35)* ***Le payement doit être exécuté dans le lieu désigné par la convention. Si le lieu n'y est pas désigné, le payement, lorsqu'il s'agit d'un corps certain et déterminé, doit être fait dans le lieu où était, au temps de l'obligation, la chose qui en fait l'objet.***

Les aliments alloués en justice doivent être versés, sauf décision contraire du juge, au domicile ou à la résidence de celui qui doit les recevoir.

Hors ces cas, le payement doit être fait au domicile du débiteur.

Comp. C. civ., art. 1342-4 et 1343-4 et précédemment le projet de réforme du 25 févr. 2015, art. 1321-4 (Projet) et 1320-6 (Projet).

1. DIP. Désignation de la loi française du vendeur, prévoyant un paiement au domicile du débiteur, par application de l'art. 3, al. 1er, de la Convention de La Haye du 15 juin 1955. • Civ. 1re, 6 févr. 1996, nº 94-12.115 P.

1º LIEU DE PAIEMENT INDÉTERMINÉ : DETTE QUÉRABLE

2. Domaine : dettes visées. Dans un contrat d'agence commerciale régi par la loi française, l'obligation de régler une indemnité de clientèle, due indépendamment du caractère licite ou non de la rupture, constitue une obligation autonome devant s'exécuter, en vertu de l'art. 1247 anc., au domicile du débiteur. • Civ. 1re, 17 juin 2003, nº 00-17.316 P. ♦ Il en est de même de l'obligation de payer des rappels de commissionnements et des commissions sur préavis, qui ne constitue pas la sanction du contrat d'agence. • Même arrêt.

3. ... Dettes exclues. Les cotisations de sécurité sociale sont portables et non quérables. En cas de paiement par chèque, le débiteur n'est réputé avoir acquitté sa dette qu'à la date de réception dudit chèque par le créancier, et sous réserve que le titre soit ultérieurement honoré. • Soc. 4 juill. 1983, nº 82-10.655 P.

4. Cas de l'obligation de payer essentielle. Le règlement des cotisations correspondant, d'après les statuts de l'association, à une obligation essentielle des adhérents, ceux-ci ne peuvent, du seul fait de l'absence de clause statutaire rendant le paiement portable, s'abriter derrière l'absence de réclamation du créancier pour justifier le non-paiement de leur dette. • Civ. 1re, 17 juin 2003, nº 00-18.839 P (perte de la qualité d'adhérent). ♦ V. aussi • Civ. 3e, 24 nov. 2004 : *cité note 7.*

5. Possibilité d'une renonciation à la règle. Les juges du fond peuvent déduire des circonstances que le débiteur a renoncé à se prévaloir du caractère quérable du paiement. • Civ. 1re, 25 janv. 1961 : *Bull. civ. I, nº 62* • Com. 5 oct. 2004, nº 03-17.757 P (renonciation non caractérisée, en l'espèce). ♦ ... Ou que la volonté des parties a été d'écarter la règle. • Civ. 1re, 22 févr. 2005, nº 02-14.758 P.

6. Régime : date d'appréciation du domicile. En prévoyant qu'à défaut de convention entre les parties le paiement doit en principe être fait au domicile du débiteur la loi a entendu non pas le domicile qu'avait le débiteur au moment où le contrat est intervenu, mais le lieu où le débiteur serait domicilié au moment où le paiement doit être effectué. • Civ. 9 juill. 1895 : *DP 1896. 1. 349.*

7. Conséquence pratique du caractère quérable. S'il n'est pas contestable que les loyers sont quérables et non portables, le locataire auquel un commandement a été délivré ne peut cependant arguer d'une éventuelle absence de réclamation antérieure du bailleur pour échapper à son obligation essentielle de s'acquitter définitivement du paiement des loyers. • Civ. 3e, 24 nov. 2004, nº 03-15.807 P : *D. 2005. IR 12, obs. Rouquet ; JCP 2005. II. 10048, note G. Kessler ; Defrénois 2005. 1828, obs. Ruet ; CCC 2005, nº 42, note Leveneur ; LPA 15 mars 2005, note Raby ; RTD civ. 2005. 779, obs. Mestre et*

Fages ✎. ♦ *Contra*, antérieurement : • Civ. 3e, 23 oct. 1979 : *Bull. civ. III, n° 183.*

2° LIEU DE PAIEMENT DÉTERMINÉ

8. Choix par les parties : situation du cessionnaire de créance. Le cessionnaire d'une créance ne peut avoir de droits plus étendus que ceux du cédant. Le lieu du paiement fixé entre le cédant et le débiteur doit être maintenu à l'égard du cessionnaire. • Civ. 1re, 6 mai 1968 : *JCP 1969. II. 15737, note Prieur.*

9. Paiement par chèque. Lorsqu'un règlement est fait par la remise d'un chèque, le lieu du paiement est celui où le chèque est payable. • Civ. 2e, 23 mars 1962 : *Bull. civ. II, n° 339.* ♦ Sur le paiement par chèque, V. aussi note 3.

10. Paiement par virement « swift ». Le paiement par virement « swift » se réalise au lieu où le compte du bénéficiaire est crédité. • Civ. 1re, 22 févr. 2005 : *préc. note 5.*

11. Charge de la preuve du paiement d'une dette portable. S'agissant d'une dette portable, il appartient à une caisse de retraite se prétendant libérée d'établir que le mandat postal par elle émis, qui avait été perçu au guichet d'un bureau de poste, avait bien été encaissé par l'allocataire. • Civ. 1re, 7 oct. 1980, n° 79-11.114 P.

3° RÉGIMES PARTICULIERS

12. Dette ayant pour objet un corps certain. Cassation de l'arrêt ayant décidé que l'acheteur d'un camion dont la livraison a été défectueuse devrait se rendre dans les établissements du vendeur pour installation des équipements manquants. • Com. 4 juin 1991, n° 88-17.247 P.

13. Dette ayant pour objet une prestation de services. Refus d'assimiler le paiement d'une somme d'argent par une caution, dans le cadre de l'art. 46 C. pr. civ., à une prestation de services et d'en déduire la compétence du tribunal du domicile du créancier chez qui le paiement devait avoir lieu. • Com. 21 mars 1989 : *Bull. civ. IV, n° 95* • 22 oct. 1996, n° 94-18.877 : *JCP 1997. II. 22821, note Chazal et Vicente.* ♦ Extension du refus d'assimilation à la livraison d'une chose. • Com. 22 oct. 1996 : *préc.*

14. Ord. du 10 févr. 2016. Paiement ne portant pas sur de l'argent, V. notes ss. art. 1342-6. ♦ Lieu de paiement d'une somme d'argent. V. notes ss. art. 1343-4.

Ancien art. 1248 *(Abrogé par Ord. n° 2016-131 du 10 févr. 2016, à compter du 1er oct. 2016) Les frais du payement sont à la charge du débiteur.*

Comp. C. civ., art. 1342-7 et précédemment le projet de réforme du 25 févr. 2015, art. 1320-7 (Projet).

§ 2 [ABROGÉ] Du payement avec subrogation

(Abrogé par Ord. n° 2016-131 du 10 févr. 2016, à compter du 1er oct. 2016)

BIBL. GÉN. ▸ Casson, *D. 2015. 91* ✎ (concours de l'assuré et de l'assureur subrogé). – Chaumette, *RTD civ. 1986. 33* (subrogation sans paiement). – Fernandez, *LPA 16 juill. 1997.* – Groutel, *D. 1987. Chron. 283* (subrogation anticipée). – Le Gallou, *RLDC 2012/94, n° 4688* (recours en cas de paiement de la dette d'autrui). – Mouloungui, *CCC 1996. Chron. 9* (recul de la règle du paiement préalable). ▸ **Subrogation et remboursement anticipé d'un prêt :** Malaurie, *D. 1998. Chron. 317.* ✎ – J. Huet, *D. 1999. Chron. 303.* ✎

V. Projet de réforme du 25 févr. 2015, art. 1324 s. (Projet).

Ancien art. 1249 *(Abrogé par Ord. n° 2016-131 du 10 févr. 2016, à compter du 1er oct. 2016) La subrogation dans les droits du créancier au profit d'une tierce personne qui le paye, est ou conventionnelle ou légale.*

Comp. C. civ., art. 1346 et précédemment le projet de réforme du 25 févr. 2015, art. 1324 (Projet).

V. notes ss. art. 1346.

Ancien art. 1250 *(Abrogé par Ord. n° 2016-131 du 10 févr. 2016, à compter du 1er oct. 2016) Cette subrogation est conventionnelle :*

1° Lorsque le créancier recevant son payement d'une tierce personne la subroge dans ses droits, actions, privilèges ou hypothèques contre le débiteur : cette subrogation doit être expresse et faite en même temps que le payement ;

2° Lorsque le débiteur emprunte une somme à l'effet de payer sa dette, et de subroger le prêteur dans les droits du créancier. Il faut, pour que cette subrogation soit valable, que l'acte d'emprunt et la quittance soient passés devant notaires ; que dans l'acte d'emprunt il soit déclaré que la somme a été empruntée pour faire le payement, et que dans la quittance il soit déclaré que le payement a été fait des deniers fournis à cet effet par le nouveau créancier. Cette subrogation s'opère sans le concours de la volonté du créancier.

Comp. C. civ., art. 1346 et 1346-1 et précédemment le projet de réforme du 25 févr. 2015, art. 1324 s. (Projet).

A. CONDITIONS

1. V. notes ss. art. 1346-1.

B. EFFETS

2. V. notes ss. art. 1346-4.

Ancien art. 1251 *(Abrogé par Ord. nº 2016-131 du 10 févr. 2016, à compter du 1er oct. 2016)* ***La subrogation a lieu de plein droit :***

1º Au profit de celui qui étant lui-même créancier, paye un autre créancier qui lui est préférable à raison de ses privilèges ou hypothèques ;

2º Au profit de l'acquéreur d'un immeuble, qui emploie le prix de son acquisition au payement des créanciers auxquels cet héritage était hypothéqué ;

3º Au profit de celui qui, étant tenu avec d'autres ou pour d'autres au payement de la dette, avait intérêt de l'acquitter ;

4º Au profit de l'héritier *(L. nº 2006-728 du 23 juin 2006, art. 29-29º)* ***« acceptant à concurrence de l'actif net » qui a payé de ses deniers les dettes de la succession ;***

(L. nº 2006-728 du 23 juin 2006, art. 29-29º) ***« 5º Au profit de celui qui a payé de ses deniers les frais funéraires pour le compte de la succession. »*** *— La loi du 23 juin 2006 entre en vigueur le 1er janv. 2007.*

Comp. C. civ., art. 1346.

Ancien art. 1252 *(Abrogé par Ord. nº 2016-131 du 10 févr. 2016, à compter du 1er oct. 2016)* ***La subrogation établie par les articles précédents a lieu tant contre les cautions que contre les débiteurs : elle ne peut nuire au créancier lorsqu'il n'a été payé qu'en partie ; en ce cas, il peut exercer ses droits, pour ce qui lui reste dû, par préférence à celui dont il n'a reçu qu'un payement partiel.***

Comp. C. civ., art. 1346-3 à 1346-5 et précédemment le projet de réforme du 25 févr. 2015, art. 1324-2 (Projet).

BIBL. ► N. LAURENT, *RGDA 2003. 23* (la règle *Nemo contra se* ... en droit des assurances). – SIMLER, *JCP 2009. I. 113* (droit aux intérêts du créancier subrogé).

1. Objet du transfert opéré par la subrogation. V. notes ss. art. 1346-4.

2. Étendue du transfert. – Paiement partiel. V. notes ss. art. 1346-3.

3. Limites tenant aux droits du subrogeant et opposabilité des exceptions. V. notes ss. art. 1346-5.

§ 3 *[ABROGÉ]* De l'imputation des payements

(Abrogé par Ord. nº 2016-131 du 10 févr. 2016, à compter du 1er oct. 2016)

V. C. civ., art. 1346 s. et précédemment le projet de réforme du 25 févr. 2015, art. 1320-10 (Projet), 1321 s. (Projet).

BIBL. GÉN. ► D. BOCCARA, *Gaz. Pal. 1996. 2. Doctr. 852.* – VALLENSAN, *Defrénois 1989. 321.*

Ancien art. 1253 *(Abrogé par Ord. nº 2016-131 du 10 févr. 2016, à compter du 1er oct. 2016)* ***Le débiteur de plusieurs dettes a le droit de déclarer, lorsqu'il paye, quelle dette il entend acquitter.***

Comp. C. civ., art. 1342-10 et précédemment le projet de réforme du 25 févr. 2015, art. 1320-10 (Projet).

V. notes 1 à 4 ss. art. 1342-10.

Ancien art. 1254 *(Abrogé par Ord. nº 2016-131 du 10 févr. 2016, à compter du 1er oct. 2016)* ***Le débiteur d'une dette qui porte intérêt ou produit des arrérages, ne peut point, sans le consentement du créancier, imputer le payement qu'il fait sur le capital par préférence aux arrérages ou intérêts : le payement fait sur le capital et intérêts, mais qui n'est point intégral, s'impute d'abord sur les intérêts.***

Comp. C. civ., art. 1343-1 et précédemment le projet de réforme du 25 févr. 2015, art. 1321-1 (Projet).

V. notes ss. art. 1343-1.

Ancien art. 1255 *(Abrogé par Ord. nº 2016-131 du 10 févr. 2016, à compter du 1er oct. 2016)* ***Lorsque le débiteur de diverses dettes a accepté une quittance par laquelle le créancier a imputé ce***

qu'il a reçu sur l'une de ces dettes spécialement, le débiteur ne peut plus demander l'imputation sur une dette différente, à moins qu'il n'y ait eu dol ou surprise de la part du créancier.

Ancien art. 1256 *(Abrogé par Ord. n° 2016-131 du 10 févr. 2016, à compter du 1er oct. 2016)* ***Lorsque la quittance ne porte aucune imputation, le payement doit être imputé sur la dette que le débiteur avait pour lors le plus d'intérêt d'acquitter entre celles qui sont pareillement échues ; sinon, sur la dette échue, quoique moins onéreuse que celles qui ne le sont point.***

Si les dettes sont d'égale nature, l'imputation se fait sur la plus ancienne ; toutes choses égales, elle se fait proportionnellement.

Comp. C. civ., art. 1342-10 et précédemment le projet de réforme du 25 févr. 2015, art. 1320-10 (Projet).

1. Caractère supplétif – Renonciation. V. notes 6 et 7 ss. art. 1342-10.

1° LES NOTIONS AUXQUELLES LE TEXTE RENVOIE

2. Dettes pareillement échues (al. 1er). La disposition de l'art. 1256, al. 1er, anc. ne requiert pas que les échéances des dettes soient intervenues à la même date. • Civ. 2e, 20 avr. 1967 : *D. 1967. 549.*

3. Dettes d'égale nature (al. 2). Sur la notion d'identité de nature des dettes et la possible incidence de la dimension pénale d'une des dettes : • Civ. 1re, 20 juin 1995, n° 93-12.582 P : *RTD civ. 1996. 400, obs. Mestre.*

2° L'APPRÉCIATION JUDICIAIRE DE L'INTÉRÊT DU DÉBITEUR (Al. 1er)

4. Appréciation souveraine. Les juges du fond apprécient souverainement l'intérêt qu'avait un débiteur de plusieurs dettes pareillement échues à acquitter l'une de préférence à l'autre. • Civ. 1re, 29 oct. 1963 : *D. 1964. 39* • 15 nov. 2005, n° 02-21.236 P.

5. Éléments d'appréciation. Le débiteur qui veut obtenir l'application de l'art. 1256 anc. doit fournir au juge les éléments permettant à celui-ci de déterminer quelle était, pour ce débiteur, la dette la plus onéreuse. • Civ. 3e, 23 nov. 1976 : *Bull. civ. III, n° 418.* ♦ La dette que le débiteur avait le plus d'intérêt d'acquitter peut être en particulier celle garantie par une sûreté. • Com. 4 nov. 1986 : *Bull. civ. IV, n° 201.* ♦ Intérêt pour le débiteur d'imputer le paiement sur un prêt éteignant à la fois la dette à l'égard du créancier et de la caution, sans que le créancier puisse faire jouer les dispositions de l'art. 2425. • Civ. 3e, 12 juin 2014, n° 13-18.595 P : *préc. note 1.* ♦ Un assuré, titulaire de plusieurs contrats, a intérêt à imputer son paiement sur la fraction de la prime relative à l'assurance automobile obligatoire dès lors qu'un défaut d'assurance en ce domaine l'exposerait à des poursuites pénales. • Amiens, 26 avr. 1979 : *Gaz. Pal. 1980. 2. 689, note Margeat et Lamure.*

6. Intérêt du débiteur et forclusion du créancier. Méconnaît l'art. 1154 anc. la cour d'appel qui, pour constater la forclusion de l'action du prêteur, impute sur les échéances les plus récentes les paiements effectués par l'emprunteur, en se fondant sur l'art. 1256 anc., et fait ainsi courir le délai de forclusion à compter d'échéances plus anciennes, considérées à tort comme non régularisées. • Civ. 1re, 10 déc. 1996 (arrêt n° 4), n° 95-12.890 P : *R., p. 330 ; Defrénois 1997. 332, obs. D. Mazeaud ; D. 1997. Somm. 178, obs. Aynès.*

3° APPLICATIONS ET PRÉCISIONS DIVERSES

7. Cautionnement partiel. Lorsqu'un cautionnement ne garantit qu'une partie de la dette, les paiements partiels faits par le débiteur principal s'imputent d'abord, sauf convention contraire, sur la portion de la dette non cautionnée. • Com. 5 nov. 1968 : *D. 1969. 314* • 28 janv. 1997 : *Defrénois 1997. 395, obs. Aynès.* ♦ Cassation de l'arrêt qui impute les versements du locataire sur la dette d'indemnité d'occupation de préférence à celle d'arriéré locatif, seule cautionnée, sans avoir établi qu'il s'agissait d'une seule et même dette. • Civ. 3e, 19 nov. 2003 : *AJDI 2004. 278, note Ascensi.* ♦ En présence de deux prêts dont un seul est cautionné, les juges du fond peuvent apprécier qu'il est de l'intérêt du débiteur d'imputer le versement qu'il a fait sur le montant du prêt cautionné, le débiteur se libérant ainsi à la fois vis-à-vis du prêteur et des cautions et non du seul créancier. • Civ. 1re, 29 oct. 1963 : *D. 1964. 39.* – V. aussi • Civ. 1re, 19 janv. 1994, n° 92-12.585 P.

En cas de pluralité de dettes cautionnées par une même personne envers un créancier unique, à défaut de stipulation convenue, le créancier n'est pas tenu d'imputer le paiement partiel de la caution autrement qu'en fonction de son propre intérêt. • Com. 13 déc. 1988 : *Gaz. Pal. 1989. 2. 960, note Talon.*

8. Gage partiel. Lorsqu'un gage garantit partiellement une dette, le versement résultant de sa réalisation s'impute sur le montant pour lequel la sûreté a été consentie. • Cass., ass. plén., 6 nov. 2009 : *cité ss. art. 2339.*

9. Bail. Les juges du fond imputent justement aux loyers les plus anciens les paiements faits sous forme de prélèvements automatiques après le commandement pour constater que les causes de cet acte ont été réglées dans les deux mois suivant sa délivrance et rejeter l'action en acquisition de la clause résolutoire. • Civ. 3e, 10 mars

2004, n° 03-10.807 P. ♦ Les juges du fond ne peuvent imputer les versements sur les échéances les plus anciennes sans rechercher si, compte tenu du montant de ces versements, le locataire n'avait pas entendu les imputer sur les échéances expressément visées dans les lettres de réclamation du bailleur. • Civ. 1re, 16 mai 2006, n° 04-19.738 P : *AJDI 2007. 831, obs. de La Vaissière*. ♦ Cassation de l'arrêt qui retient que la somme consignée à titre de loyers ne peut s'imputer sur les loyers les plus anciens parce que ceux-ci sont atteints par la prescription, alors que la prescription libératoire extinctive de l'art. 2277 [ancien] interdit seulement au créancier d'exiger l'exécution de l'obligation. • Civ. 3e, 25 avr. 2007, n° 06-10.283 P : *CCC 2007, n° 197, note Leveneur.*

10. Sécurité sociale. Les règles de l'imputation des paiements sont, en principe, applicables en matière de sécurité sociale. Un versement fait par un employeur doit donc, en l'absence de stipulation contraire, s'imputer d'abord sur les sommes dues au titre des cotisations dont le non-versement l'expose à des sanctions plus graves et non sur les majorations de retard, alors même que celles-ci seraient dues depuis plus longtemps. • Soc. 10 mai 1972, n° 70-13.545 P.

11. Imputation postérieure au paiement : effet sur les sûretés. Une imputation postérieure au paiement, à laquelle entend procéder le créancier, ne peut faire revivre des sûretés éteintes par suite de l'imputation légale. • Civ. 1re, 29 oct. 1968 : *D. 1969. 96* • 11 mai 1977, n° 76-10.074 P.

§ 4 *[ABROGÉ]* Des offres de payement, et de la consignation

(Abrogé par Ord. n° 2016-131 du 10 févr. 2016, à compter du 1er oct. 2016)

Comp. C. civ., art. 1345 s. et précédemment le projet de réforme du 25 févr. 2015, art. 1323 (Projet) (mise en demeure du créancier).

BIBL. GÉN. ▶ COURROUY, *RTD civ. 1990. 23.* – ROBIN, *RTD civ. 1998. 607* (mora creditoris).

Ancien art. 1257 *(Abrogé par Ord. n° 2016-131 du 10 févr. 2016, à compter du 1er oct. 2016)* ***Lorsque le créancier refuse de recevoir son payement, le débiteur peut lui faire des offres réelles, et au refus du créancier de les accepter, consigner la somme ou la chose offerte.***

Les offres réelles suivies d'une consignation libèrent le débiteur ; elles tiennent lieu à son égard de payement, lorsqu'elles sont valablement faites, et la chose ainsi consignée demeure aux risques du créancier.

Comp. C. civ., art. 1345 et précédemment le projet de réforme du 25 févr. 2015, art. 1323 (Projet) (mise en demeure du créancier).

A. CONDITIONS REQUISES

1. Notion de refus de recevoir le paiement. Le refus de donner satisfaction à une demande de justificatif de l'existence et du montant de la créance, émanant d'un débiteur dans l'impossibilité d'en avoir autrement connaissance, équivaut à un refus de recevoir le paiement proposé. • Com. 9 oct. 2001, n° 99-10.974 P : *D. 2001. AJ 3272, obs. Avena-Robardet ; RTD civ. 2002. 102, obs. Mestre et Fages*.

2. Conditions et réserves dans l'offre. Les offres sont valablement faites, bien que contenant des conditions et réserves, si ces conditions et réserves, sans détruire les droits des créanciers, impliquent seulement l'intention du débiteur de maintenir ses droits intacts et auraient pu être faites en payant. • Civ. 3e, 26 mai 1983 : *Gaz. Pal. 1983. 2. Pan. 291, obs. J. D.* ♦ Sont valables des offres réelles de paiement faites sous la condition que le créancier en donnera bonne et valable quittance, l'exigence d'une quittance n'étant pas une condition au sens des art. 1168 anc. s. C. civ. • Civ. 1re, 10 févr. 1998, n° 96-17.060 P : *D. Affaires 1998. 532, obs. S. P. ; JCP 1998. I. 155, nos 15 s., obs. Loiseau ; RTD civ. 1998. 907, obs. Mestre*.

3. Acceptation conditionnelle du créancier. En principe, l'acceptation par le créancier des offres réelles faites par le débiteur doit être pure et simple. Elle est inopérante si elle est faite sous certaines conditions ou réserves de nature à compromettre les droits du débiteur. • Req. 17 juin 1942 : *DA 1943. 21.* ♦ ... Ce qui n'est pas le cas de réserves qui ne constituent ni une condition ni une restriction à l'acceptation. • Civ. 23 janv. 1899 : *DP 1900. 1. 519.*

4. Somme indivise consignée. La consignation d'une somme indivise n'a pas à être précédée d'offres réelles dès lors que le créancier du prix d'un immeuble vendu n'a pas la capacité de recevoir seul la totalité de ce prix. • Civ. 2e, 16 févr. 1972 : *Bull. civ. II,* n° 43 ; D. 1972. 638.

5. Consignation par chèque. La consignation consistant en un dépôt réalisant dessaisissement effectif du débiteur, elle est valablement faite par chèque, dès lors que l'émission de celui-ci emporte transmission irrévocable de la propriété de la provision au porteur. • Civ. 1re, 10 févr. 1998, n° 96-17.060 P : *D. Affaires 1998. 532, obs. S. P. ; Defrénois 1998. 735, obs. Delebecque ; RTD civ. 1998. 907, obs. Mestre*. ♦ Comp. art. 1345-1.

6. Procédure abusive. Commet une faute caractérisant une procédure abusive le débiteur qui poursuit inutilement une procédure d'offres réelles alors que le créancier a manifesté sa volonté de percevoir les sommes impayées. • Civ. 2e, 25 oct. 1995, n° 93-14.077 P.

B. EFFETS DE LA PROCÉDURE

7. Effet de la consignation. La consignation vaut paiement lorsqu'elle a été validée par un jugement passé en force de chose jugée. • Civ. 1re, 6 mars 1973, n° 71-14.780 P. ♦ Solution contraire dans l'hypothèse inverse : • Civ. 3e, 2 févr. 2000, n° 97-22.665 P : *RTD civ. 2000. 333, obs. Mestre et Fages*. ♦ Comp. désormais art. 1345-1.

8. Cours des intérêts. La cessation du cours des intérêts n'a lieu, après le refus par le créancier de l'offre réelle de paiement faite par le débiteur, que du jour de la consignation de la somme offerte. • Civ. 1re, 28 avr. 1982, n° 81-12.110 P. ♦ Le débiteur qui n'a pas procédé à la consignation ne peut être déchargé des intérêts moratoires au motif qu'il a tenu la somme à la disposition du créancier. • Civ. 1re, 31 mars 1993, n° 90-19.607 P • 11 juin 2002, n° 99-10.044 P : *D. 2002. IR 2172* ; *RTD civ. 2002. 813, obs. Mestre et Fages*. ♦ Comp. désormais art. 1345.

9. En cas de conflit entre deux personnes se prétendant chacune seule créancière d'un même débiteur pour la même somme, le cours des intérêts cesse du jour de la consignation de cette somme par le débiteur. • Civ. 1re, 25 nov. 1997, n° 95-18.991 P.

10. Sursis à statuer. Nécessité pour la cour d'appel, saisie de la validité de l'acte de prêt et de la saisie-attribution, de surseoir à statuer jusqu'à ce que la juridiction chargée du règlement des ordres et saisie de la validité des offres réelles présentées comme libératoires par la débitrice ait statué. • Civ. 2e, 21 mars 2002, n° 00-18.580 P : *JCP 2002. II. 10178, note du Rusquec.*

Ancien art. 1258 *(Abrogé par Ord. n° 2016-131 du 10 févr. 2016, à compter du 1er oct. 2016)* ***Pour que les offres réelles soient valables, il faut :***

1° Qu'elles soient faites au créancier ayant la capacité de recevoir, ou à celui qui a pouvoir de recevoir pour lui ;

2° Qu'elles soient faites par une personne capable de payer ;

3° Qu'elles soient de la totalité de la somme exigible, des arrérages ou intérêts dus, des frais liquidés, et d'une somme pour les frais non liquidés, sauf à la parfaire ;

4° Que le terme soit échu, s'il a été stipulé en faveur du créancier ;

5° Que la condition sous laquelle la dette a été contractée soit arrivée ;

6° Que les offres soient faites au lieu dont on est convenu pour le payement, et que, s'il n'y a pas de convention spéciale sur le lieu du payement, elles soient faites ou à la personne du créancier, ou à son domicile, ou au domicile élu pour l'exécution de la convention ;

7° Que les offres soient faites par un officier ministériel ayant caractère pour ces sortes d'actes.

V. C. pr. civ., art. 1426 s.

1. Offre de la somme totale. L'offre de paiement devant être de la totalité de la somme exigible, celui qui est en droit de se substituer au débiteur pour exécuter ses obligations peut exiger du créancier la justification du montant exact de ce qui lui est dû. • Civ. 1re, 5 oct. 1976, n° 75-10.306 P.

2. Somme inconnue. Les juges du fond peuvent estimer qu'il est permis au débiteur qui se trouvait dans l'impossibilité de connaître le montant exact de la dette, de ne consigner que la somme déterminée par lui, en se soumettant dans ses offres à réparer toute erreur qu'il aurait pu commettre dans son évaluation. • Civ. 3e, 26 mai 1983 : *Gaz. Pal. 1983. 2. Pan. 291, obs. J. D.*

3. Pouvoir du juge. Il appartient aux juges du fond d'apprécier souverainement le caractère satisfactoire des offres réelles. • Com. 25 oct. 1972, n° 70-14.166 P.

4. Offre tardive. Les juges ne peuvent refuser de prendre en considération des offres faites à la veille des débats, sans constater le caractère non satisfactoire de ces offres. • Civ. 1re, 18 juill. 1973, n° 71-12.852 P. ♦ Mais des offres réelles faites en cours d'instance d'appel sont tardives lorsque l'acte de vente moyennant paiement d'une rente viagère prévoit la résolution de plein droit en cas d'inexécution de leurs obligations par les acquéreurs. • Civ. 1re, 19 oct. 1976, n° 75-14.869 P.

Ancien art. 1259 *Abrogé par Décr. n° 81-500 du 12 mai 1981. — V. C. pr. civ., art. 1426 s.*

Ancien art. 1260 *(Abrogé par Ord. n° 2016-131 du 10 févr. 2016, à compter du 1er oct. 2016)* ***Les frais des offres réelles et de la consignation sont à la charge du créancier, si elles sont valables.***

Comp. C. civ., art. 1345-3 (mise en demeure du créancier).

Ancien art. 1261 *(Abrogé par Ord. n° 2016-131 du 10 févr. 2016, à compter du 1er oct. 2016)* ***Tant que la consignation n'a point été acceptée par le créancier le débiteur peut la retirer ; et s'il la retire, ses codébiteurs ou ses cautions ne sont point libérés.***

Ancien art. 1262 *(Abrogé par Ord. n° 2016-131 du 10 févr. 2016, à compter du 1er oct. 2016)* ***Lorsque le débiteur a lui-même obtenu un jugement passé en force de chose jugée, qui a déclaré ses offres et sa consignation bonnes et valables, il ne peut plus, même du consentement du créancier, retirer sa consignation au préjudice de ses codébiteurs ou de ses cautions.***

Ancien art. 1263 *(Abrogé par Ord. n° 2016-131 du 10 févr. 2016, à compter du 1er oct. 2016)* ***Le créancier qui a consenti que le débiteur retirât sa consignation après qu'elle a été déclarée valable par un jugement qui a acquis force de chose jugée, ne peut plus, pour le payement de sa créance, exercer les privilèges ou hypothèques qui y étaient attachés ; il n'a plus d'hypothèque que du jour où l'acte par lequel il a consenti que la consignation fût retirée aura été revêtu des formes requises pour emporter l'hypothèque.***

Ancien art. 1264 *(Abrogé par Ord. n° 2016-131 du 10 févr. 2016, à compter du 1er oct. 2016)* ***Si la chose due est un corps certain qui doit être livré au lieu où il se trouve, le débiteur doit faire sommation au créancier de l'enlever, par acte notifié à sa personne ou à son domicile, ou au domicile élu pour l'exécution de la convention. Cette sommation faite, si le créancier n'enlève pas la chose, et que le débiteur ait besoin du lieu dans lequel elle est placée, celui-ci pourra obtenir de la justice la permission de la mettre en dépôt dans quelque autre lieu.***

Comp. C. civ., art. 1345-1.

§ 5 *[ABROGÉ]* De la cession de biens

(Abrogé par Ord. n° 2016-131 du 10 févr. 2016, à compter du 1er oct. 2016)

Ancien art. 1265 à 1270 *Abrogés par L. n° 91-650 du 9 juill. 1991, à compter du 1er janv. 1993.*

SECTION 2 *[ABROGÉE]* **De la novation**

(Abrogée par Ord. n° 2016-131 du 10 févr. 2016, à compter du 1er oct. 2016)

BIBL. GÉN. ▶ GAUDIN, *RDT 2008. 163* (novation en droit du travail). – MESTRE, obs. *RTD civ. 1985. 732.* ▶ BOUCHE, *LPA 25 nov. 2004* (novation et condition). – CHOLET, *RTD civ. 2006. 467* (novation de contrat). – GAUDIN, *RDT 2008. 162* (novation en droit du travail). – PACTET, *RTD civ. 1975. 435* (réalisation de la novation).

V. C. civ., art. 1329 s. et précédemment le projet de réforme du 25 févr. 2015, art. 1341 s. (Projet).

Ancien art. 1271 *(Abrogé par Ord. n° 2016-131 du 10 févr. 2016, à compter du 1er oct. 2016)* ***La novation s'opère de trois manières :***

1° Lorsque le débiteur contracte envers son créancier une nouvelle dette qui est substituée à l'ancienne, laquelle est éteinte ;

2° Lorsqu'un nouveau débiteur est substitué à l'ancien qui est déchargé par le créancier ;

3° Lorsque, par l'effet d'un nouvel engagement, un nouveau créancier est substitué à l'ancien, envers lequel le débiteur se trouve déchargé.

Comp. C. civ., art. 1329 et précédemment le projet de réforme du 25 févr. 2015, art. 1341 (Projet).

Conditions et effets de la délégation. V. notes ss. art. 1336.

Sur la validité nécessaire des obligations, V. notes ss. art. 1331.

Ancien art. 1272 *(Abrogé par Ord. n° 2016-131 du 10 févr. 2016, à compter du 1er oct. 2016)* ***La novation ne peut s'opérer qu'entre personnes capables de contracter.***

Ancien art. 1273 *(Abrogé par Ord. n° 2016-131 du 10 févr. 2016, à compter du 1er oct. 2016)* ***La novation ne se présume point ; il faut que la volonté de l'opérer résulte clairement de l'acte.***

Comp. C. civ., art. 1330 et précédemment le projet de réforme du 25 févr. 2015, art. 1342 (Projet).

V. notes ss. art. 1330.

Ancien art. 1274 *(Abrogé par Ord. n° 2016-131 du 10 févr. 2016, à compter du 1er oct. 2016)* ***La novation par la substitution d'un nouveau débiteur peut s'opérer sans le concours du premier débiteur.***

Comp. C. civ., art. 1332 et précédemment le projet de réforme du 25 févr. 2015, art. 1344 (Projet).

V. note ss. art. 1332.

Ancien art. 1275 *(Abrogé par Ord. n° 2016-131 du 10 févr. 2016, à compter du 1er oct. 2016)* ***La délégation par laquelle un débiteur donne au créancier un autre débiteur qui s'oblige envers le créancier, n'opère point de novation, si le créancier n'a expressément déclaré qu'il entendait décharger son débiteur qui a fait la délégation.***

Comp. C. civ., art. 1336 s. et précédemment le projet de réforme du 25 févr. 2015, art. 1350 (Projet).

BIBL. ▶ DANIS-FATÔME, *D. 2012. Chron. 2469*. – GIRARD-GRILLO, *Dr. et patr. 5/1999. 62* (délégation de créance et montages juridiques). – GODON, *Defrénois 2000. 193* (délégation de paiement et indication de paiement). – LACHIÈZE, *D. 2006. Chron. 234* (délégation-sûreté). – MARTY, *LPA 30 nov. 2006* (délégation de débiteur à titre de garantie et reprise de dette). – NEMEDEU, *RLDC 2005/18, n° 764* (la délégation imparfaite dans son mécanisme de sûreté). – NIBOYET, *Mél. Jeantin, Dalloz, 1999, p. 71* (délégation de loyers au prêteur). – PELLIER, *D. 2014. 92* (nature de la délégation imparfaite). – REZEK, *JCP N 2003. 1357* (délégation de paiement et voies d'exécution). – SIMLER, *Mél. Aubert, Dalloz, 2005, p. 295* (sort de l'obligation du délégué envers le délégant tant que l'opération de délégation n'est pas dénouée).

Conditions et effets généraux de la déléga- tion, V. notes ss. art. 1336.

Ancien art. 1276 *(Abrogé par Ord. n° 2016-131 du 10 févr. 2016, à compter du 1er oct. 2016)* ***Le créancier qui a déchargé le débiteur par qui a été faite la délégation, n'a point de recours contre ce débiteur, si le délégué devient insolvable, à moins que l'acte n'en contienne une réserve expresse, ou que le délégué ne fût déjà en faillite ouverte, ou tombé en déconfiture au moment de la délégation.***

Comp. C. civ., art. 1337 et précédemment le projet de réforme du 25 févr. 2015, art. 1349 (Projet).

Ancien art. 1277 *(Abrogé par Ord. n° 2016-131 du 10 févr. 2016, à compter du 1er oct. 2016)* ***La simple indication faite, par le débiteur, d'une personne qui doit payer à sa place, n'opère point novation.***

Il en est de même de la simple indication faite, par le créancier, d'une personne qui doit recevoir pour lui.

Comp. C. civ., art. 1340 et précédemment le projet de réforme du 25 févr. 2015, art. 1352 (Projet).

BIBL. ▶ GODON, *Defrénois 2000. 193* (délégation de paiement et indication de paiement).

Ancien art. 1278 *(Abrogé par Ord. n° 2016-131 du 10 févr. 2016, à compter du 1er oct. 2016)* ***Les privilèges et hypothèques de l'ancienne créance ne passent point à celle qui lui est substituée, à moins que le créancier ne les ait expressément réservés.***

Comp. C. civ., art. 1334 et précédemment le projet de réforme du 25 févr. 2015, art. 1346 (Projet).

Ancien art. 1279 *(Abrogé par Ord. n° 2016-131 du 10 févr. 2016, à compter du 1er oct. 2016)* ***Lorsque la novation s'opère par la substitution d'un nouveau débiteur, les privilèges et hypothèques primitifs de la créance ne peuvent point passer sur les biens du nouveau débiteur.***

(L. n° 71-579 du 16 juill. 1971, art. 46) ***« Les privilèges et hypothèques primitifs de la créance peuvent être réservés, avec le consentement des propriétaires des biens grevés, pour la garantie de l'exécution de l'engagement du nouveau débiteur. »***

Comp. C. civ., art. 1334 et précédemment le projet de réforme du 25 févr. 2015, art. 1346 (Projet).

BIBL. ▶ DAGOT, *JCP 1975. I. 2693*. – H. MAZEAUD, *Études Julliot de la Morandière, Dalloz, 1964, p. 367* (vente du logement hypothéqué en garantie d'un prêt à la construction).

Ancien art. 1280 *(Abrogé par Ord. n° 2016-131 du 10 févr. 2016, à compter du 1er oct. 2016)* ***Lorsque la novation s'opère entre le créancier et l'un des débiteurs solidaires, les privilèges et hypothèques de l'ancienne créance ne peuvent être réservés que sur les biens de celui qui contracte la nouvelle dette.***

Comp. C. civ., art. 1334 et précédemment le projet de réforme du 25 févr. 2015, art. 1346 (Projet).

Ancien art. 1281 *(Abrogé par Ord. n° 2016-131 du 10 févr. 2016, à compter du 1er oct. 2016)* ***Par la novation faite entre le créancier et l'un des débiteurs solidaires, les codébiteurs sont libérés.***

La novation opérée à l'égard du débiteur principal libère les cautions.

Néanmoins, si le créancier a exigé, dans le premier cas, l'accession des codébiteurs, ou, dans le second, celle des cautions, l'ancienne créance subsiste, si les codébiteurs ou les cautions refusent d'accéder au nouvel arrangement.

Comp. C. civ., art. 1335 et précédemment le projet de réforme du 25 févr. 2015, art. 1347 (Projet).

En l'absence de convention contraire, la novation par changement de débiteur opérée à l'égard de deux cautions solidaires libère la troisième. • Civ. 1re, 11 janv. 1984 : *JCP 1986. II. 20647, note Dumortier.* ♦ *Contra* : la novation opérée à l'égard de l'une des cautions n'a pas pour effet de libérer le débiteur principal et, par suite, pas davantage les autres cautions solidaires, sauf convention contraire. • Com. 7 déc. 1999, n° 96-15.915 P : *D. 2001. Somm. 697, obs. Aynès ; JCP 2000. II. 10377, note S. Piedelièvre ; ibid. I. 257, n° 12, obs. Simler ; JCP N 2001.105, note Dumortier ; LPA 6 mars 2000, note Keita ; ibid. 27 mars 2000, note D. Boccara.*

SECTION 3 *[ABROGÉE]* De la remise de la dette

(Abrogée par Ord. n° 2016-131 du 10 févr. 2016, à compter du 1er oct. 2016)

BIBL. GÉN. ▶ TEXIER, *RTD com. 2008. 25* (effets sur le cautionnement de la remise de dette dans le cadre de procédures organisées).

V. C. civ., art. 1350 et précédemment le projet de réforme du 25 févr. 2015, art. 1329 s. (Projet).

Ancien art. 1282 *(Abrogé par Ord. n° 2016-131 du 10 févr. 2016, à compter du 1er oct. 2016)* ***La remise volontaire du titre original sous signature privée, par le créancier au débiteur, fait preuve de la libération.***

Comp. C. civ., art. 1342-9 et précédemment le projet de réforme du 25 févr. 2015, art. 1320-9 (Projet), 1329 s. (Projet).

1. Présomption péremptoire de libération. La présomption établie par l'anc. art. 1282 est péremptoire aussi bien en matière commerciale qu'en matière civile. • Com. 30 juin 1980 : *D. 1982. 53, note Parléani ; Gaz. Pal. 1981. 2. 431, note Dupichot ; RTD com. 1981. 107, obs. Cabrillac et Rives-Lange* • 6 mai 1991, n° 89-19.136 P (remise volontaire d'une lettre de change par le créancier au débiteur) • 17 déc. 1991, n° 90-10.715 P (remise volontaire d'un bon d'épargne par son porteur à la banque émettrice) • Civ. 1re, 6 janv. 2004, n° 01-11.384 P : *D. 2004. IR 325 ; CCC 2004, n° 37, note Leveneur ; RTD civ. 2004. 93, obs. Mestre et Fages* (remise volontaire d'une reconnaissance de dette).

2. Remise d'une feuille de soins. Application de l'anc. art. 1282 à une feuille de soins obtenue par le patient sans fraude ni dissimulation de sa véritable identité et transmise par lui à la sécurité sociale à fin de remboursement. • Civ. 1re, 20 déc. 2000, n° 99-13.391 P : *CCC 2001, n° 56, note Leveneur* (la signature du praticien constate le paiement).

3. Erreur et remise équivoque. Une reconnaissance de dette ayant été signée par l'épouse d'un emprunteur postérieurement au décès de celui-ci, il appartient à cette personne de démontrer l'erreur qu'elle aurait commise, la production du titre de l'emprunt, qu'elle prétend avoir trouvé ultérieurement dans les papiers de son mari, pouvant seulement constituer un élément de preuve de l'erreur, dont il appartient aux juges du fond d'apprécier souverainement la valeur. • Civ. 1re, 8 févr. 1984 : *Bull. civ. I, n° 56 ; RTD civ. 1985. 387, obs. Mestre.*

4. Non-application de l'anc. art. 1282 au cas d'une reconnaissance de dette déchirée dans des circonstances inconnues, puis reconstituée par le créancier qui avait conservé les morceaux. • Civ. 1re, 23 févr. 1983 : *Gaz. Pal. 1983. 2. Pan. 199, obs. J. D.*

5. En l'absence d'indication sur l'origine restée anonyme de la remise de lettres de change dont il n'est pas établi qu'elles aient été remises volontairement par le créancier, les juges du fond ont pu écarter la présomption de libération édictée par l'anc. art. 1282. • Com. 3 déc. 1985, n° 84-16.419 P.

6. Une reconnaissance de dette ayant été établie en double exemplaire, le débiteur ne justifie pas de sa libération en produisant un seul de ces exemplaires. • Civ. 1re, 21 oct. 1975 : *Bull. civ. I, n° 284.*

7. Renonciation tacite. V. note ss. art. 1234 anc.

Ancien art. 1283 *(Abrogé par Ord. n° 2016-131 du 10 févr. 2016, à compter du 1er oct. 2016)* ***La remise volontaire de la grosse du titre fait présumer la remise de la dette ou le payement, sans préjudice de la preuve contraire.***

Comp. C. civ., art. 1342-9 et précédemment le projet de réforme du 25 févr. 2015, art. 1320-9 (Projet).

1. Il appartient aux juges de vérifier, par les circonstances de la cause, si la remise alléguée émane réellement de la volonté du créancier et si elle a, par suite, la force probante que la loi lui attribue. • Civ. 5 juill. 1950 : *Gaz. Pal. 1950. 2. 295.*

2. La présomption de l'art. 1283 anc. est applicable au notaire, créancier pour débours et honoraires, qui remet au débiteur la grosse ou même une expédition de l'acte qu'il a reçu pour lui, la distinction de la grosse et des simples expéditions étant sans intérêt dans les rapports de notaire à client. • Civ. 7 janv. 1907 : *DP 1907. 1. 40.*

Ancien art. 1284 *(Abrogé par Ord. n° 2016-131 du 10 févr. 2016, à compter du 1er oct. 2016)* ***La remise du titre original sous signature privée, ou de la grosse du titre, à l'un des débiteurs solidaires, a le même effet au profit de ses codébiteurs.***

Comp. C. civ., art. 1342-9 et précédemment le projet de réforme du 25 févr. 2015, art. 1320-9 (Projet).

Ancien art. 1285 *(Abrogé par Ord. n° 2016-131 du 10 févr. 2016, à compter du 1er oct. 2016)* ***La remise ou décharge conventionnelle au profit de l'un des codébiteurs solidaires, libère tous les autres, à moins que le créancier n'ait expressément réservé ses droits contre ces derniers.***

Dans ce dernier cas, il ne peut plus répéter la dette que déduction faite de la part de celui auquel il a fait la remise.

Comp. C. civ., art. 1350-1 et précédemment le projet de réforme du 25 févr. 2015, art. 1329-1 (Projet).

1. Réduction judiciaire de dette. V. art. 1350-1, note 1.

2. Sort des autres cautions. Lorsque le créancier, moyennant le paiement d'une certaine somme, a déchargé l'une des cautions solidaires de son engagement, les autres cautions solidaires ne restent tenues que déduction faite, soit de la part et portion dans la dette du cofidéjusseur bénéficiaire de la remise conventionnelle, soit du montant de la somme versée par ce dernier lorsque cette somme excède sa part et portion. • Civ. 1re, 11 juill. 1984 : *JCP 1986. II. 20576, note Dumortier ; RTD civ. 1985. 409, obs. Rémy* • 26 mai 1994, n° 92-13.435 P • 4 janv. 2005 : *LPA 28-29 mars 2005, note Séjean* • 25 juin 2009 : *RDBF 2009, n° 152, obs. Legeais.*

Ancien art. 1286 *(Abrogé par Ord. n° 2016-131 du 10 févr. 2016, à compter du 1er oct. 2016)* ***La remise de la chose donnée*** *(Ord. n° 2006-346 du 23 mars 2006, art. 50-I)* ***« en gage ou » en nantissement ne suffit point pour faire présumer la remise de la dette.***

Ancien art. 1287 *(Abrogé par Ord. n° 2016-131 du 10 févr. 2016, à compter du 1er oct. 2016)* ***La remise ou décharge conventionnelle accordée au débiteur principal libère les cautions ;***

Celle accordée à la caution ne libère pas le débiteur principal ;

Celle accordée à l'une des cautions ne libère pas les autres.

Comp. C. civ., art. 1350-2 et précédemment le projet de réforme du 25 févr. 2015, art. 1329-2 (Projet).

V. notes ss. art. 1350-2.

Ancien art. 1288 *(Abrogé par Ord. n° 2016-131 du 10 févr. 2016, à compter du 1er oct. 2016)* ***Ce que le créancier a reçu d'une caution pour la décharge de son cautionnement, doit être imputé sur la dette, et tourner à la décharge du débiteur principal et des autres cautions.***

Comp. C. civ., art. 1350-2 et précédemment le projet de réforme du 25 févr. 2015, art. 1329-2 (Projet).

Cas de cautionnement solidaire : V. notes ss. art. 1285 anc. et ss. art. 1350-2.

SECTION 4 *[ABROGÉE]* De la compensation

(Abrogée par Ord. n° 2016-131 du 10 févr. 2016, à compter du 1er oct. 2016)

BIBL. GÉN. ▸ BOLZE, *RRJ 1988/2. 303* (lien de connexité). – BONHOMME, *Mél. Cabrillac, Litec, 1999, p. 425* (compensation en compte). – CHABAS, *JCP 1966. I. 2026* (compensation judiciaire). – COLLIN, *RTD civ. 2010. 229* (caractère volontaire du déclenchement de la compensation). – CROZIO, *LPA 9 déc. 1996.* – DAIGRE, *Mél. Guyon, Dalloz, 2003* (compensation dans les transferts temporaires de propriété d'instruments financiers : C. mon. fin., art. L. 431-7, al. 1). – DRAKIDIS, *RTD civ. 1955. 238* (renonciation). – LE DAUPHIN, *R. 1995, p. 161* (dettes connexes). – N'DOKO, *RTD civ. 1991. 661.* – REIFEGERSTE, *LPA 4 avr. 2000* (créances contractuelles connexes). – TOLEDO, *RTD civ. 2000. 265* (compensation conventionnelle). ▸ **Compensation dans les procédures collectives :** HENNON, *LPA 2 déc. 1996* (dettes connexes). – LUTUN, *JCP E 2003. 230.* – MONTREDON, *JCP 1991. I. 3480* (compensation de dettes connexes et redressement judiciaire).

V. C. civ., art. 1347 s. et précédemment le projet de réforme du 25 févr. 2015, art. 1325 s. (Projet).

Ancien art. 1289 *(Abrogé par Ord. n° 2016-131 du 10 févr. 2016, à compter du 1er oct. 2016)* ***Lorsque deux personnes se trouvent débitrices l'une envers l'autre, il s'opère entre elles une compensation qui éteint les deux dettes, de la manière et dans les cas ci-après exprimés.***

Comp. C. civ., art. 1347 s. et précédemment le projet de réforme du 25 févr. 2015, art. 1325 s. (Projet).

Qualité et réciprocité des parties. V. notes ss. art. 1347.

Ancien art. 1290 *(Abrogé par Ord. n° 2016-131 du 10 févr. 2016, à compter du 1er oct. 2016)* ***La compensation s'opère de plein droit par la seule force de la loi, même à l'insu des débiteurs ; les deux dettes s'éteignent réciproquement, à l'instant où elles se trouvent exister à la fois, jusqu'à concurrence de leurs quotités respectives.***

Comp. C. civ., art. 1347 et 1347-1 et précédemment le projet de réforme du 25 févr. 2015, art. 1325-5 (Projet).

1. Ordre public (non). V. art. 1347, note 1.

2. Conditions. – Dettes certaines, liquides et exigibles. Les dettes réciproques des parties, certaines, liquides et exigibles se compensent de plein droit sans qu'il y ait à rechercher si elles présentent un lien de connexité. • Com. 18 févr. 1975, n° 73-14.041 P. ♦ En l'absence de contestation par le débiteur, l'indemnité de résiliation prévue dans un contrat de crédit-bail, qui constitue une clause pénale, est certaine, liquide et exigible dès que la résiliation est acquise. • Civ. 3e, 4 janv. 2006, n° 04-18.642 P: *D. 2006. AJ 228, obs. A. Lienhard ; JCP N 2006. 1278, n° 6, obs. S. Piedelièvre.*

3. « Priorité » de la compensation légale des créances de loyers impayés du bailleur, d'une part, et de dépôt de garantie du locataire en liquidation judiciaire, d'autre part, dans la mesure où elles sont devenues exigibles, sur la compensation judiciaire des mêmes créances au titre de leur connexité : V. • Com. 20 mars 2001, n° 98-14.124 P: *D. 2001. AJ 1391, obs. A. Lienhard ; JCP 2001. I. 360, n° 3, obs. Cabrillac et Pétel ; JCP E 2002. 224, note Keita ; RTD com. 2001. 765, obs. Martin-Serf .*

4. Liquidation de la créance préalable à la compensation. Le juge ne saurait rejeter une demande de dommages et intérêts, au motif que les créances se seraient compensées, sans avoir préalablement liquidé les préjudices invoqués. • Civ. 3e, 23 mai 2013, n° 11-26.095.

5. Illustrations. Compensation de la créance indemnitaire de l'assuré contre son assureur et de la prime échue et demeurée impayée : V. • Civ. 1re, 22 nov. 1989 : *Bull. civ. I, n° 356 ; D. 1991. Somm. 327, obs. Aubert .* ♦ Compensation, nonobstant l'exception d'inexécution soulevée par le bailleur, entre la dette d'indemnité d'occupation du preneur d'un bail commercial et sa créance d'indemnité d'éviction, les deux indemnités ayant été fixées par une précédente décision judiciaire. • Civ. 3e, 1er juill. 1998, n° 96-13.692 P: *D. 1999. Somm. 117, obs. Aynès ; Gaz. Pal. 1999. 1. 173, note Barbier ; Loyers et copr. 1999, n° 70, note H. B.*

6. Référé. – Compétence. Le juge des référés a le pouvoir d'apprécier si l'éventualité d'une compensation entre créances réciproques est de nature à rendre sérieuse ou non la contestation de l'obligation invoquée par la partie qui demande une provision. • Civ. 3e, 22 nov. 1978, n° 77-14.040 P.

Ancien art. 1291 *(Abrogé par Ord. n° 2016-131 du 10 févr. 2016, à compter du 1er oct. 2016)* ***La compensation n'a lieu qu'entre deux dettes qui ont également pour objet une somme d'argent, ou une certaine quantité de choses fongibles de la même espèce et qui sont également liquides et exigibles.***

Les prestations en grains ou denrées, non contestées, et dont le prix est réglé par les mercuriales, peuvent se compenser avec des sommes liquides et exigibles.

Comp. C. civ., art. 1347-1 (compensation légale) et 1348-1 (compensation judiciaire) et précédemment le projet de réforme du 25 févr. 2015, art. 1325-1 (Projet).

A. COMPENSATION LÉGALE

1. Principe. La compensation de créances réciproques non sujettes à discussion quant à leur exigibilité et à leur montant, s'opère de plein droit, à concurrence de la plus faible, à l'instant où la seconde vient à échéance. • Com. 17 mai 1994, n° 91-20.083 P.

2. Compensation de plein droit et prescription. La compensation s'opérant de plein droit, son bénéfice peut être invoqué à tout moment. La prescription de l'excédent de la dette la plus élevée étant interrompue à la date de la compensation légale, le solde de la créance n'est pas atteint, à cette date, par la prescription de ladite créance (prescription annale, C. com., art. L. 133-6). • Com. 30 mars 2005, n° 04-10.407 P : *R., p. 361 ; BICC 1er juill. 2005, n° 1267, et la note ; D. 2005. AJ 1024, obs. Chevrier ; ibid. Pan. 2752, obs. Kenfack ; JCP 2005. I. 172, nos 20 s., obs. Barthez ; Defrénois 2005. 1249, obs. Libchaber ; LPA 18 mai 2005,* note Tosi ; RTD civ. *2005. 599, obs. Mestre et Fages ; RDC 2005. 755, obs. Delebecque, et 1021, obs. Stoffel-Munck,* revenant sur la solution posée par • Com. 6 févr. 1996, n° 93-21.627 P : *D. 1998. 87, note Brémond ; D. 1996. Somm. 336, obs. Delebecque* (nécessité de formuler la demande de compensation avant l'expiration du délai). ♦ Une compensation irrégulière (imputation de dommages sur le prix du transport) ne peut interrompre le délai d'un an permettant d'invoquer la faute inexcusable du transporteur. • Com. 13 déc. 2016, n° 15-19.509 P : *D. 2017. 4* ; *RTD com. 2017. 165, obs. Bouloc*.

3. *Compensation de plein droit et exécution judiciaire.* La compensation entre la créance résultant d'un jugement assorti de l'exécution provisoire et celle détenue par une banque qui en poursuivait le recouvrement par un commandement de payer, s'agissant de dettes réciproques, liquides et exigibles, s'opère de plein droit à l'instant même où les deux créances avaient coexisté. L'arrêt judiciaire de l'exécution provisoire du jugement sous réserve de la consignation par la banque de la somme due ne peut remettre en cause la compensation légale ainsi opérée avant l'engagement d'une procédure de saisie immobilière. • Civ. 2e, 13 oct. 2016, n° 15-23.437 P : *RTD civ. 2017. 151, obs. Barbier*.

4. *Non-compensation à raison du défaut d'exigibilité.* V. art. 1347-1, notes 2 à 5.

B. COMPENSATION JUDICIAIRE

5. *Principe.* Une compensation judiciaire peut intervenir même quand la créance alléguée ne remplit pas les conditions de la compensation légale. • Civ. 3e, 25 oct. 1976 : *Bull. civ. III, n° 367* • Civ. 2e, 14 juin 1989 : *ibid. II, n° 127*. – V. aussi • Civ. 1re, 30 juin 1993, n° 91-16.162 P. ♦ Obligation pour le juge d'établir les créances avant de les compenser : • Civ. 1re, 8 mars 2012 : *cité note 119 ss. art. 1231-1*.

6. *Connexité des dettes non liquides ou non exigibles.* V. notes ss. art. 1348-1.

7. *Non-compensation à raison de l'incertitude de la créance.* V. notes ss. art. 1348-1.

8. *Procédure. – Demande reconventionnelle. – Date de l'effet extinctif.* V. notes ss. art. 1348.

Ancien art. 1292 *(Abrogé par Ord. n° 2016-131 du 10 févr. 2016, à compter du 1er oct. 2016)* ***Le terme de grâce n'est point un obstacle à la compensation.***

Comp. C. civ., art. 1347-3 qui en est la reprise littérale, et précédemment le projet de réforme du 25 févr. 2015, art. 1325-3 (Projet).

Ancien art. 1293 *(Abrogé par Ord. n° 2016-131 du 10 févr. 2016, à compter du 1er oct. 2016)* ***La compensation a lieu, quelles que soient les causes de l'une ou l'autre des dettes, excepté dans le cas :***

1° De la demande en restitution d'une chose dont le propriétaire a été injustement dépouillé ;

2° De la demande en restitution d'un dépôt et du prêt à usage ;

3° D'une dette qui a pour cause des aliments déclarés insaisissables.

Comp. C. civ., art. 1347-2 et précédemment le projet de réforme du 25 févr. 2015, art. 1325-2 (Projet).

1. *Compensation judiciaire.* Les exceptions aux règles de la compensation légale énumérées à l'art. 1293 anc. ne s'étendent pas aux créances et dettes faisant l'objet d'une demande en compensation judiciaire, dont l'appréciation appartient au juge du fond. • Civ. 1re, 12 juill. 1956 : *Gaz. Pal. 1956. 2. 149* ; *RTD civ. 1956. 737, obs. Mazeaud, et 762, obs. Hébraud*. – V. aussi • Civ. 1re, 10 avr. 1973 : *JCP 1974. II. 17605, note Ghestin*. ♦ Comp. • Civ. 1re, 6 mai 1997 : *cité note 2 ss. art. 1347-2* (appliquant l'art. 1293-1° anc. dans le cas d'une compensation judiciaire).

2. *Art. 1293-1°, 2° et 3°.* V. notes ss. art. 1347-2 qui reprend en substance l'art. 1293 anc.

Ancien art. 1294 *(Abrogé par Ord. n° 2016-131 du 10 févr. 2016, à compter du 1er oct. 2016)* ***La caution peut opposer la compensation de ce que le créancier doit au débiteur principal ;***

Mais le débiteur principal ne peut opposer la compensation de ce que le créancier doit à la caution.

Le débiteur solidaire ne peut pareillement opposer la compensation de ce que le créancier doit à son codébiteur.

Comp. C. civ., art. 1347-6 et précédemment le projet de réforme du 25 févr. 2015, art. 1325-7 (Projet).

1. *Art. 1294, al. 1er, anc.* La caution, même solidaire, a la faculté d'opposer au créancier toutes les exceptions qui appartiennent au débiteur principal et qui, comme la compensation, sont inhérentes à la dette. • Civ. 1re, 1er juin 1983 : *D. 1984. 152, note Aubert* ; *RTD civ. 1984. 330, obs. Rémy* • Com. 7 janv. 1992, n° 90-11.123 P • 26 oct. 1999, n° 96-12.571 P : *D. 2001. Somm. 696, obs. Aynès* ; *JCP 2000. I. 209, obs. Simler* ; *Banque et Dr. 3-4/2000. 43, obs. Jacob* (opposabilité de la compensation même si le débiteur principal renonce à l'invoquer) • 17 juill. 2001, n° 98-15.736 P. ♦ Les cautions garantissant le remboursement du prêt consenti aux débiteurs peuvent se prévaloir de l'extinction totale ou partielle, par compensation, de la dette garantie, compensation réalisée entre la dette du débiteur envers la banque et le montant des dommages-intérêts alloués au codébiteur pour le non-respect par la banque de son obligation d'information. • Com. 17 nov. 2009, n° 08-70.197 P : *D. 2009. AJ 2926* ; *RLDC 2010/68, n° 3714, obs. Ansault*.

2. Si la caution solidaire ne peut opposer la

compensation de ce que le créancier doit à son cofidéjusseur, elle peut se prévaloir de l'extinction totale ou partielle, par compensation, de la dette garantie, extinction qui bénéficie à tous les cofidéjusseurs. • Com. 13 déc. 2005, n° 04-19.234 P : *R., p. 358 ; BICC 1er avr. 2006, n° 619, et la note ; D. 2006. 988, note François ; ibid. AJ 300, obs. Delpech ; LPA 14 sept. 2006, note Harel.*

3. Art. 1294, al. 2, anc. Il résulte de la combinaison des art. 1234 anc., 1294, al. 2, anc., et 2288 anc. que la compensation opérée entre une créance de dommages-intérêts, résultant du comportement fautif du créancier à l'égard de la caution lors de la souscription de son engagement, et celle due par cette dernière, au titre de sa garantie envers ce même créancier, n'éteint pas la dette principale garantie mais, à due concurrence, l'obligation de la caution ; le recours de la banque contre la caution ayant été anéanti par compensation avec une créance contre la banque, le recours de la banque contre le débiteur principal est intact. • Com. 13 mars 2012, n° 10-28.635 P : *D. 2012. 1043, note Dadoun ; ibid. Chron. C. cass. 1218, note Lecaroz* • 6 juill. 2022, n° 20-17.279 B : *D. 2022. 1724, obs. Gijsbers ; RTD civ. 2022. 674, obs. Gijsbers ; JCP 2022, n° 995, note Mignot* (même principe ; conséquence : impossibilité pour les deux débiteurs principaux d'exciper de la compensation intervenue entre les indemnités dues à l'un d'eux et les obligations cautionnées pour faire échec à l'action en contribution au passif exercée contre les associés d'une société par une banque fondée à leur réclamer, en leur qualité d'associés, leur part dans le passif déclaré, en ce compris les soldes impayés des prêts cautionnés).

4. Art. 1294, al. 3, anc. Si l'obligation solidaire et l'obligation *in solidum* ont l'une et l'autre pour effet de contraindre le débiteur au paiement du tout, la règle exceptionnelle de l'art. 1294, al. 3, anc., ne peut être étendue à l'obligation *in solidum*, qui reste soumise au droit commun. • Civ. 1re, 29 nov. 1966 : *D. 1967. 2* • Com. 19 juill. 1982 : *Bull. civ. IV, n° 278.*

Ancien art. 1295 *(Abrogé par Ord. n° 2016-131 du 10 févr. 2016, à compter du 1er oct. 2016)* ***Le débiteur qui a accepté purement et simplement la cession qu'un créancier a faite de ses droits à un tiers, ne peut plus opposer au cessionnaire la compensation qu'il eût pu, avant l'acceptation, opposer au cédant.***

A l'égard de la cession qui n'a point été acceptée par le débiteur, mais qui lui a été signifiée, elle n'empêche que la compensation des créances postérieures à cette notification.

Comp. C. civ., art. 1347-5 qui reprend en substance les dispositions de l'art. 1295, al. 1er, anc., et précédemment le projet de réforme du 25 févr. 2015, art. 1325-6 (Projet).

1. Compensation antérieure. Un débiteur ne peut se prévaloir de la compensation légale à l'égard d'une société d'affacturage subrogée à son créancier que si cette compensation s'est produite antérieurement à la subrogation. • Com. 29 mai 1979, n° 77-15.740 P • 9 juill. 1980 : *Bull. civ. IV, n° 291.* ♦ V. conf., pour une compensation conventionnelle, • Com. 23 juin 1992, n° 90-17.322 P. ♦ ... Peu important que le débiteur n'ait pas été informé régulièrement du transfert de la propriété des créances au facteur. • Com. 3 avr. 1990 : *D. 1991. 180, note Dagorne-Labbe .*

2. Créance postérieure. Mais le débiteur peut opposer au créancier subrogé une créance postérieure dès lors qu'elle est connexe à celle que le créancier subrogeant avait contre lui. • Soc. 7 mai 1987 : *Bull. civ. V, n° 294 ; RTD civ. 1988. 141, obs. Mestre.* – V. aussi • Com. 1er déc. 1992 : *D. 1993. 513, note Sortais* • 15 juin 1993 : *D. 1993. 495, note Larroumet ; D. 1994. Somm. 18, obs. Aynès* • Civ. 3e, 12 juill. 1995 : *D. 1997. 95, note Clavier .* ♦ Sur les conditions de la compensation légale lorsque la créance a été transmise par bordereau « Dailly », V. • Com. 14 déc. 1993, n° 91-22.033 P : *D. 1994. 269, note Larroumet* • 8 févr. 1994, n° 92-13.464 P : *JCP 1995. II. 22455, note Ammar.* ♦ Le bénéfice de l'exception de compensation légale invoquée par le débiteur cédé suppose de rechercher si des lettres de change, tirées par deux sociétés l'une sur l'autre, avaient été acceptées et si les sociétés étaient convenues de renoncer à leurs échéances pour en compenser les montants. • Com. 6 oct. 1998, n° 95-21.350 P : *D. Affaires 1998. 1903, obs. X. D.*

3. Sur le jeu de la compensation invoquée par le titulaire d'une créance de dommages-intérêts à l'encontre du cessionnaire du prix de vente du matériel défectueux, V. • Com. 10 mars 1987 : *JCP 1987. II. 20908, note Petit.*

Ancien art. 1296 *(Abrogé par Ord. n° 2016-131 du 10 févr. 2016, à compter du 1er oct. 2016)* ***Lorsque les deux dettes ne sont pas payables au même lieu, on n'en peut opposer la compensation qu'en faisant raison des frais de la remise.***

Ancien art. 1297 *(Abrogé par Ord. n° 2016-131 du 10 févr. 2016, à compter du 1er oct. 2016)* ***Lorsqu'il y a plusieurs dettes compensables dues par la même personne, on suit, pour la compensation, les règles établies pour l'imputation par l'article 1256.***

Comp. C. civ., art. 1347-4 qui reprend le texte en substance, et précédemment le projet de réforme du 25 févr. 2015, art. 1325-4 (Projet).

V. note ss. art. 1347-4.

Ancien art. 1298 *(Abrogé par Ord. n° 2016-131 du 10 févr. 2016, à compter du 1er oct. 2016)* ***La compensation n'a pas lieu au préjudice des droits acquis à un tiers. Ainsi celui qui, étant débiteur, est devenu créancier depuis la*** *(Ord. n° 2011-1895 du 19 déc. 2011, art. 3-13°, en vigueur le 1er juin 2012)* ***« saisie » faite par un tiers entre ses mains, ne peut, au préjudice du saisissant, opposer la compensation.***

Comp. C. civ., art. 1347-7 et précédemment le projet de réforme du 25 févr. 2015, art. 1325-8 (Projet).

1. Rôle du juge. En matière de compensation des dettes connexes, une cour d'appel a pu ne pas vérifier la liquidité et l'exigibilité des créances. • Com. 12 nov. 1996, n° 94-17.032 P.

2. Notion de dette connexe et applications de compensation judiciaire. V. notes ss. art. 1348-1.

3. Compensation et procédures collectives. V. art. 1348-1, notes 7 s.

Ancien art. 1299 *(Abrogé par Ord. n° 2016-131 du 10 févr. 2016, à compter du 1er oct. 2016)* ***Celui qui a payé une dette qui était, de droit, éteinte par la compensation, ne peut plus, en exerçant la créance dont il n'a point opposé la compensation, se prévaloir, au préjudice des tiers, des privilèges ou hypothèques qui y étaient attachés, à moins qu'il n'ait eu une juste cause d'ignorer la créance qui devait compenser sa dette.***

Comp. C. civ., art. 1347-7 qui reprend le texte en substance, et précédemment le projet de réforme du 25 févr. 2015, art. 1325-8 (Projet).

BIBL. ▶ Perruchot-Triboulet, *RLDC 2004/7, n° 303.*

SECTION 5 *[ABROGÉE]* De la confusion

(Abrogée par Ord. n° 2016-131 du 10 févr. 2016, à compter du 1er oct. 2016)

BIBL. GÉN. ▶ Guével, *Gaz. Pal. 1999. Doctr. 1641.* – Vialatte, *RTD civ. 1978. 567.*

V. C. civ., art. 1349 s. et précédemment le projet de réforme du 25 févr. 2015, art. 1330 (Projet).

Ancien art. 1300 *(Abrogé par Ord. n° 2016-131 du 10 févr. 2016, à compter du 1er oct. 2016)* ***Lorsque les qualités de créancier et de débiteur se réunissent dans la même personne, il se fait une confusion de droit qui éteint les deux créances.***

Comp. C. civ., art. 1349 s. et précédemment le projet de réforme du 25 févr. 2015, art. 1330 (Projet).

V. notes ss. art. 1349 qui reprend en substance l'anc. art. 1300.

Ancien art. 1301 *(Abrogé par Ord. n° 2016-131 du 10 févr. 2016, à compter du 1er oct. 2016)* ***La confusion qui s'opère dans la personne du débiteur principal, profite à ses cautions ;***

Celle qui s'opère dans la personne de la caution, n'entraîne point l'extinction de l'obligation principale ;

Celle qui s'opère dans la personne du créancier, ne profite à ses codébiteurs solidaires que pour la portion dont il était débiteur.

Comp. C. civ., art. 1349 et précédemment le projet de réforme du 25 févr. 2015, art. 1330-1 (Projet).

SECTION 6 *[ABROGÉE]* De la perte de la chose due

(Abrogée par Ord. n° 2016-131 du 10 févr. 2016, à compter du 1er oct. 2016)

Ancien art. 1302 *(Abrogé par Ord. n° 2016-131 du 10 févr. 2016, à compter du 1er oct. 2016)* ***Lorsque le corps certain et déterminé qui était l'objet de l'obligation, vient à périr, est mis hors du commerce, ou se perd de manière qu'on en ignore absolument l'existence, l'obligation est éteinte si la chose a péri ou a été perdue sans la faute du débiteur et avant qu'il fût en demeure.***

Lors même que le débiteur est en demeure, et s'il ne s'est pas chargé des cas fortuits, l'obligation est éteinte dans le cas où la chose fût également périe chez le créancier si elle lui eût été livrée.

Le débiteur est tenu de prouver le cas fortuit qu'il allègue.

De quelque manière que la chose volée ait péri ou ait été perdue, sa perte ne dispense pas celui qui l'a soustraite, de la restitution du prix.

Comp. C. civ., art. 1351 et précédemment le projet de réforme du 25 févr. 2015, art. 1328-1 (Projet).

V. notes ss. art. 1351-1.

Ancien art. 1303 *(Abrogé par Ord. n° 2016-131 du 10 févr. 2016, à compter du 1er oct. 2016)* ***Lorsque la chose est périe, mise hors du commerce ou perdue, sans la faute du débiteur, il est tenu, s'il y a quelques droits ou actions en indemnité par rapport à cette chose, de les céder à son créancier.***

Comp. C. civ., art. 1351-1 et précédemment le projet de réforme du 25 févr. 2015, art. 1328-1 (Projet).

V. notes ss. art. 1351-1.

SECTION 7 *[ABROGÉE]* De l'action en nullité ou en rescision des conventions

(Abrogée par Ord. n° 2016-131 du 10 févr. 2016, à compter du 1er oct. 2016)

Comp. C. civ., art. 1178 s. et précédemment le projet de réforme du 25 févr. 2015, art. 1178 s. (Projet) (nullité du contrat irrégulièrement formé).

BIBL. GÉN. ▶ Amiel-Cosme, *Dr. et patr. 6/2000. 89* (efficience des nullités). – Atias, *D. 2008. Chron. 3109* (rétroactivité, cause de nullité). – Gabet, *R. 2004, p. 67* (vérité, apparence et rétroactivité en matière immobilière). – X. Lagarde, *JCP 2001. I. 312* (office du juge et ordre public de protection). – Luby, *CCC 2001. Chron. 3* (sanctions de la violation de l'ordre public). – Pancrazi, *RTD civ. 2011. 469* (clause de rétroactivité). – N. Picod, *RTD com. 2014. 509* (déclin de l'exception de nullité à l'époque contemporaine). – Poisson-Drocourt, *D. 1983. Chron. 85* (restitutions consécutives à l'annulation d'un contrat). – Posez, *RTD civ. 2011. 647* (théorie des nullités). – Rezgui, *LPA 1er juill. 2009* (annulation unilatérale du contrat). – Rouvière, *RTD civ. 2009. 617* (évaluation des restitutions après annulation de la vente). – Schmidt-Szalewski, *JCP 1989. I. 3397* (conséquences de l'annulation d'un contrat). – Teyssié, *D. 1976. Chron. 281* (conséquences de la nullité d'une clause d'un contrat). – Colloque, *RDC 2008/1* (anéantissement rétroactif du contrat).

▶ **Exception de nullité :** Aubert, *Études Ghestin, LGDJ, 2001, p. 19*. – Bruschi, *Dr. et patr. 1/2000. 69*. – Gautier, *RDC 2004. 849*. – Jubault, *LPA 15 janv. 2003*. – Storck, *D. 1987. Chron. 67*. – Vich-y-Llado, *Defrénois 2000. 1265*.

▶ **Inexistence :** Adida-Canac, *R. 2004, p. 119*.

Ancien art. 1304 *(Abrogé par Ord. n° 2016-131 du 10 févr. 2016, à compter du 1er oct. 2016) (L. n° 68-5 du 3 janv. 1968)* ***Dans tous les cas où l'action en nullité ou en rescision d'une convention n'est pas limitée à un moindre temps par une loi particulière, cette action dure cinq ans.***

Ce temps ne court dans le cas de violence que du jour où elle a cessé ; dans le cas d'erreur ou de dol, du jour où ils ont été découverts.

Le temps ne court, à l'égard des actes faits par un mineur, que du jour de la majorité ou de l'émancipation ; et à l'égard des actes faits par un majeur protégé, que du jour où il en a eu connaissance, alors qu'il était en situation de les refaire valablement. Il ne court contre les héritiers de *(L. n° 2007-308 du 5 mars 2007, art. 10, en vigueur le 1er janv. 2009)* ***« la personne en tutelle ou en curatelle »*** *(Ord. n° 2015-1288 du 15 oct. 2015, art. 14, en vigueur le 1er janv. 2016)* ***« ou de la personne faisant l'objet d'une habilitation familiale » que du jour du décès, s'il n'a commencé à courir auparavant.***

Comp. C. civ., art. 1178 (nullité du contrat irrégulièrement formé), art. 1143 et 1144 (pt de départ du délai de l'action en nullité en cas de dol ou violence), plus généralement, art. 1178 à 1185 (nullité absolue et nullité relative, et précédemment le projet de réforme du 25 févr. 2015, art. 1143 (Projet) (point du départ du délai de l'action en nullité en cas de dol ou violence), 1178 (Projet) (nullité du contrat irrégulièrement formé).

I. DOMAINE DE LA PRESCRIPTION QUINQUENNALE

1. Contractant demandeur. – Nécessité d'une convention. La prescription quinquennale de l'art. 1304 anc. ne concerne que les actions en nullité d'une convention introduites par les parties contractantes. • Civ. 2e, 18 nov. 1987 : *Bull. civ. II, n° 232* • 8 oct. 1997, n° 95-15.269 P • 3 oct. 2002, n° 01-01.481 P : *D. 2003. 1596*, note Lehot ; *ibid. Somm. 1468*, obs. Taormina . ♦ Autres applications, V. notes ss. art. 1179.

2. ... Acte inexistant. La prescription édictée par l'art. 1304 anc. ne pouvant être opposée qu'aux demandes en nullité ou en rescision d'un acte entaché d'un vice ou d'une nullité que seul un consentement exprès ou tacite peut couvrir, la seule prescription à opposer en cas d'absence d'acte par le défaut d'existence légale est la prescription de trente ans. • Civ. 6 nov. 1895 : *DP 1897. 1. 25.* ♦ V. notes ss. art. 1178. ♦ V. cep. traitant des cas d'absence de consentement comme des causes de nullité relative : • Civ. 3e, 3 déc. 2015, n° 14-12.998 P. (défaut de consentement unanime de copropriétaires à la création d'une association syndicale secondaire) • Civ. 3e, 25 mai 2022, n° 21-12.238 B : *D. 2022. 1875, obs. Lamazerolles et Rabreau* (cession de parts sociales réalisée grâce à une fausse signature).

3. *... Actions exclues et action en inopposabilité.* Illustrations diverses : V. notes ss. art. 1178.

4. *Vice du consentement. Délai de principe.* La prescription décennale (quinquennale, depuis la L. du 3 janv. 1968) édictée par l'art. 1304 anc. constitue, dans tous les cas où l'action n'est pas limitée à un moindre temps par une disposition particulière, la règle de droit commun en matière d'action en nullité relative pour vice du consentement • Civ. 1re, 17 nov. 1958 : *GAJC, 12e éd., n° 34 ; D. 1959. 18, note Holleaux ; JCP 1959. II. 10949, note Esmein ; RTD civ. 1970. 154, obs. Nerson* (application au mariage) • 11 janv. 2005, n° 01-13.133 P : *R., p. 217 ; D. 2005. 1207, note Thomat-Raynaud ; Defrénois 2005. 1065, obs. Massip ; AJ fam. 2005. 146, obs. Bicheron ; Dr. fam. 2005, n° 63, note Beignier ; RJPF 2005-4/46, note Casey ; RLDC 2005/16, n° 667, note Bernard-Xémard* (application aux donations entre vifs et aux testaments). ♦ V. notes ss. art. 1179.

5. *Absence de consentement.* L'action en nullité fondée sur l'absence de consentement d'une partie, qui ne tend qu'à la protection des intérêts privés de celle-ci, relève du régime des nullités relatives prévues par l'art. 1304 anc. ; l'absence de consentement constituant, comme le vice du consentement, une cause de nullité inhérente à l'une des parties, le délai de prescription de cinq ans ne court qu'à compter du jour de sa découverte. • Civ. 3e, 25 mai 2022, n° 21-12.238 B : *préc. note 2.*

6. *... Et action en responsabilité.* Le droit de demander la nullité d'un contrat n'exclut pas l'exercice, par la victime des manœuvres dolosives, d'une action en responsabilité délictuelle pour obtenir de leur auteur réparation du préjudice qu'elle a subi ; cette action, fondée sur l'anc. art. 1382 [1240], ne peut être déclarée prescrite si elle est introduite moins de trente ans (dix ans depuis la L. du 5 juill. 1985 : art. 2270-1 C. civ.) après les manœuvres dolosives. • Civ. 1re, 4 févr. 1975, n° 72-13.217 P : *R., p. 69 ; D. 1975. 405, note Gaury ; JCP 1975. II. 18100, note Larroumet ; RTD civ. 1975. 537, obs. Durry.* ♦ Comp. • Com. 13 oct. 1980 : *D. 1981. IR 309, obs. Ghestin.* ♦ Pour la distinction de l'action en nullité et de l'action en résolution d'un contrat, V. • Civ. 1re, 12 févr. 1975 et • Com. 3 mars 1975 : *JCP 1976. II. 18463, note Larroumet.* ♦ V. notes ss. art. 1178.

7. *Applications diverses de la prescription quinquennale – Renvoi.* V. notes ss. art. 1179.

8. *Nullités absolues.* V. notes ss. art. 1179. ♦ Sur la prescription trentenaire, applicable notamment aux actions en nullité absolue et aux actions en déclaration de simulation, V. notes ss. anc. art. 2262.

Sur la prétendue imprescriptibilité des actions en nullité absolue, V. obs. Mestre, *RTD civ. 1987. 746.*

II. RÉGIME DE LA PRESCRIPTION QUINQUENNALE

A. POINT DE DÉPART DU DÉLAI

9. *Incapacité.* La prescription de l'action en nullité ouverte à l'égard des actes faits par ou au nom d'un mineur court du jour de sa majorité ou émancipation. • Civ. 1re, 5 mars 2002, n° 99-19.443 P : *D. 2002. 1513, note Gridel ; JCP N 2003. 1199, obs. Fossier ; Defrénois 2002. 1167, obs. Massip ; RJPF 2002-6/14, note Pansier ; RTD civ. 2002. 271, obs. Hauser.*

La prescription de l'action en nullité d'un acte à titre gratuit pour insanité d'esprit engagée par les héritiers ne peut commencer à courir avant le décès du disposant. • Civ. 1re, 29 janv. 2014, n° 12-35.341 P • 8 mars 2017, n° 16-12.607 P : *D. 2017. 1490, obs. Lemouland.*

10. *Vice du consentement.* Le délai de l'action en nullité pour erreur ne court que du jour où cette erreur a été découverte et non simplement soupçonnée (expertise ayant confirmé les doutes de l'acheteur sur l'authenticité d'une œuvre présentée comme étant de Cézanne). • Civ. 1re, 31 mai 1972 : *Bull. civ. I, n° 142.* ♦ La prescription quinquennale de l'action en nullité pour dol a pour point de départ le jour où le contractant a découvert l'erreur qu'il allègue. • Civ. 1re, 11 sept. 2013, n° 12-20.816 P : *D. 2014. 630, obs. Amrani-Mekki et Mekki ; AJ fam. 2013. 652, obs. Levillain ; RTD civ. 2013. 856, obs. Gautier ; JCP 2013, n° 1236, note Guerrero* (dol invoqué pour une transaction sur une succession, signée 28 ans plus tôt). ♦ En cas de mention d'un TEG erroné dans un contrat de prêt, la prescription quinquennale de l'action en annulation des stipulations d'intérêts litigieuses commence de courir à compter de la révélation à l'emprunteur d'une telle erreur. • Civ. 1re, 7 mars 2006, n° 04-10.876 P : *D. 2006. AJ 913, obs. Avena-Robardet.*

11. *Défaut d'objet.* Sous l'empire de l'art. 1304, dans sa rédaction antérieure à celle issue de l'Ord. du 10 févr. 2016, le point de départ du délai de prescription d'une action en nullité d'un contrat pour défaut d'objet se situait au jour de l'acte ; la L. du 17 juin 2008 portant réforme de la prescription en matière civile n'a pas eu pour effet de modifier le point de départ du délai de la prescription extinctive ayant commencé à courir antérieurement à son entrée en vigueur. • Civ. 3e, 24 janv. 2019, n° 17-25.793 P : *D. 2019. 198 ; JCP 2019, n° 270, note Klein.*

12. Délai d'exercice de l'action en nullité pour vice du consentement et délai de l'action en garantie : V. notes ss. art. 1178. ♦ Délai de l'action en nullité pour trouble mental : V. note 3 ss. art. 414-1.

13. Intérêt conventionnel d'un prêt – Stipulation du TEG. La prescription de l'action en nullité de la stipulation de l'intérêt conventionnel engagée par un emprunteur qui a obtenu un concours financier pour les besoins de son activité professionnelle court à compter du jour où il a connu ou aurait dû connaître le vice affectant le taux effectif global. • Com. 10 juin 2008, n° 06-19.905 P : *R., p. 290 ; D. 2008. 2200, note Gérard et Pinot ; JCP 2008. Actu. 448, obs. Roussille ; RTD com. 2008. 604, obs. Legeais.* ♦ Le point de départ de la prescription est, s'agissant d'un prêt, la date de la convention et, dans les autres cas, la réception de chacun des écrits indiquant ou devant indiquer le TEG appliqué. • Com. 10 juin 2008, n° 06-19.452 P : *R., p. 290 ; D. 2008. 2200, note Gérard et Pinot ; JCP 2008. Actu. 448, obs. Roussille ; RTD com. 2008. 604, obs. Legeais.* ♦ Comp. : en cas d'octroi d'un crédit à un consommateur ou à un non-professionnel, le point de départ de la prescription de l'action en nullité de la stipulation de l'intérêt conventionnel en raison d'une erreur affectant le taux effectif global, de même que celui de l'exception de nullité d'une telle stipulation contenue dans un acte de prêt ayant reçu un commencement d'exécution, est la date de la convention lorsque l'examen de sa teneur permet de constater l'erreur, ou lorsque tel n'est pas le cas, la date de la révélation de celle-ci à l'emprunteur. • Civ. 1re, 11 juin 2009, n° 08-11.755 P : *R., p. 399 ; BICC 1er déc. 2009, n° 1563 ; D. 2009. AJ 1689, obs. Avena-Robardet ; ibid. 2728, note Grimonprez ; ibid. 2010. Pan. 1043, obs. R. Martin ; Defrénois 2009. 1929, note Piedelièvre ; RDC 2009. 1440, obs. Fenouillet ; ibid. 1516, obs. Sérinet ; RDBF 2009, n° 150, obs. Crédot et Samin ; RTD com. 2009. 600* et *792, obs. Legeais.* – V. égal. note 12.

B. EXCEPTION DE NULLITÉ

14. Caractère perpétuel. L'exception de nullité est perpétuelle. • Civ. 1re, 19 déc. 1995, n° 94-10.812 P : *CCC 1996. 38, note Leveneur ; D. 1996. Somm. 327, obs. Libchaber.* ♦ La partie qui a perdu, par l'expiration du délai de prescription, le droit d'intenter l'action en nullité d'un acte juridique, même en matière extrapatrimoniale, peut, cependant, à quelque moment que ce soit, se prévaloir de cette nullité contre celui qui prétend tirer un droit de l'acte nul (application en l'espèce de la règle *quae temporalia* ... à des reconnaissances d'enfants naturels irrégulières au regard de la législation alors applicable). • Civ. 1re, 21 déc. 1982, n° 81-13.919 P : *D. 1983. IR 331, obs. Huet-Weiller.*

15. Renvoi. Sur le régime général de l'exception de nullité, V. notes ss. art. 1185.

III. EFFETS DE L'ANNULATION

A. RÉTROACTIVITÉ

16. Principe et effets. Qu'elle soit invoquée par voie d'action ou par voie d'exception, la nullité emporte, en principe, l'effacement rétroactif du contrat. • Civ. 1re, 16 juill. 1998, n° 96-18.404 P : *R., p. 252 ; D. 1999. 631, note Fronton ; Defrénois 1998. 1413, obs. Aubert ; RTD civ. 1999. 620, obs. Mestre.* ♦ Pour plus d'applications, V. notes ss. art. 1178.

17. Limites et restitutions impossibles. Dans le cas où un contrat nul a cependant été exécuté, les parties doivent être remises dans l'état dans lequel elles se trouvaient avant cette exécution ; lorsque cette remise en état se révèle impossible, la partie qui a bénéficié d'une prestation qu'elle ne peut restituer doit s'acquitter du prix correspondant à cette prestation. • Civ. 1re, 16 mars 1999, n° 97-12.930 P : *Defrénois 1999. 1325, obs. Delebecque.* ♦ V. notes ss. art. 1178.

18. Confirmation. Confirmation d'un acte nul ou lésionnaire : V. notes ss. art. 1182.

B. RESTITUTION

BIBL. Lagarde, *JCP 2012, n° 504.*

19. Obligation de restitution en nature ou en valeur : principe. Les restitutions réciproques, conséquences nécessaires de la nullité d'un contrat de vente, peuvent être exécutées en nature ou en valeur. • Civ. 1re, 11 juin 2002, n° 00-15.297 P : *D. 2002. 3108, note Rakotovahiny ; CCC 2002, n° 156, note Leveneur ; RTD civ. 2003. 284, obs. Mestre et Fages.* ♦ Sur le régime général des restitutions, V. art. 1352 à 1352-9 issus de l'Ord. n° 2016-131 du 10 févr. 2016, et plus particulièrement art. 1352 sur les restitutions en nature ou en valeur.

20. ... Annulation de prestations. A la suite de l'annulation du contrat, le sous-traitant est en droit de solliciter le paiement de la contre-valeur des travaux qu'il a réalisés. • Civ. 3e, 18 nov. 2009, n° 08-19.355 P. ♦ V. notes ss. art. 1352-8.

21. Régime des restitutions : caractère non indemnitaire. V. notes ss. art. 1352.

22. ... Répétition de l'indu (non). Les restitutions consécutives à une annulation ne relèvent pas de la répétition de l'indu mais seulement des règles de nullité (prescription quinquennale et non décennale : application à une action en restitution d'intérêts conventionnels non régulièrement stipulés au contrat). • Civ. 1re, 24 sept. 2002, n° 00-21.278 P :

D. 2003. 369, note Aubert ; *RTD civ. 2003. 284, obs. Mestre et Fages*. – Rappr. • Com. 18 févr. 2004, n° 01-12.123 P : *LPA 27 juill. 2004, note E. C.* ♦ V. notes ss. art. 1352. ♦ V. égal. • Civ. 3e, 14 juin 2018, n° 17-13.422 P : *D. 2019. 1129, obs. Damas* ; *AJDI 2019. 201, obs. Damas* (restitutions correspondant à une indemnité d'occupation dues à la suite de l'annulation d'un bail).

23. ... Dommages et intérêts. Le sous-traitant étant fondé à refuser de poursuivre l'exécution d'un contrat nul, la nullité rétroactive interdit à l'entrepreneur principal de revendiquer un préjudice du fait de la rupture unilatérale du contrat. • Civ. 3e, 18 nov. 2009, n° 08-19.355 P. ♦ En cas de nullité d'un contrat de fourniture de carburants et d'un contrat de prêt, la société pétrolière ne peut être tenue de verser au cocontractant une rémunération ou une indemnisation de pertes d'exploitation sans lien avec la fourniture des produits livrés. • Com. 24 sept. 2003, n° 01-15.875 P : *JCP 2004. II. 10026, note Kéita* ; *Dr. et patr. 1/2004. 88, obs. Chauvel.*

Ancien art. 1305 *(Abrogé par Ord. n° 2016-131 du 10 févr. 2016, à compter du 1er oct. 2016) (L. n° 64-1230 du 14 déc. 1964)* ***La simple lésion donne lieu à la rescision en faveur du mineur non émancipé, contre toutes sortes de conventions.***

BIBL. ▶ STOUFFLET, *Mél. Voirin, LGDJ, 1967, p. 782* (activité juridique du mineur).

Comp. C. civ., art. 1149 et précédemment le projet de réforme du 25 févr. 2015, art. 1147 (Projet).

1. V. notes ss. art. 1149.

2. Le « contrat d'exclusivité » conclu par un artiste mineur avec une société d'enregistrement et de vente de disques n'est pas nul, mais seulement rescindable pour cause de lésion (en l'espèce, la rémunération prévue apparaissant comme inférieure à la valeur de la prestation fournie par le mineur, eu égard à la longue durée du contrat, la rescision est prononcée). • Paris, 10 juin 1964 : *JCP 1965. II. 13980, note Bizière.*

3. Aucune forme spéciale n'étant prescrite à l'égard du contrat de location de voiture passé par un mineur, seule la lésion (non établie en l'espèce) peut être invoquée. • Civ. 1re, 4 nov. 1970 : *D. 1971. 186* ; *JCP 1971. II. 16631.*

4. Le mineur agissant en rescision ne saurait être admis à fractionner les clauses d'un contrat formant un ensemble indivisible et à réclamer la rescision pour cause de lésion de certaines de ces clauses, et le maintien des autres. • Civ. 26 mars 1919 : *DP 1920. 1. 16.*

Ancien art. 1306 *(Abrogé par Ord. n° 2016-131 du 10 févr. 2016, à compter du 1er oct. 2016)* ***Le mineur n'est pas restituable pour cause de lésion, lorsqu'elle ne résulte que d'un événement casuel et imprévu.***

Comp. C. civ., art. 1149, al. 1er, et précédemment le projet de réforme du 25 févr. 2015, art. 1147 (Projet).

Ancien art. 1307 *(Abrogé par Ord. n° 2016-131 du 10 févr. 2016, à compter du 1er oct. 2016)* ***La simple déclaration de majorité, faite par le mineur, ne fait point obstacle à sa restitution.***

Comp. C. civ., art. 1149 et précédemment le projet de réforme du 25 févr. 2015, art. 1148 (Projet).

V. notes ss. art. 1149.

Ancien art. 1308 *(Abrogé par Ord. n° 2016-131 du 10 févr. 2016, à compter du 1er oct. 2016) (L. n° 74-631 du 5 juill. 1974)* ***Le mineur qui exerce une profession n'est point restituable contre les engagements qu'il a pris dans l'exercice de celle-ci.***

Comp. C. civ., art. 1149.

Ancien art. 1309 *(Abrogé par Ord. n° 2016-131 du 10 févr. 2016, à compter du 1er oct. 2016)* ***Le mineur n'est point restituable contre les conventions portées en son contrat de mariage, lorsqu'elles ont été faites avec le consentement et l'assistance de ceux dont le consentement est requis pour la validité de son mariage.***

Ancien art. 1310 *(Abrogé par Ord. n° 2016-131 du 10 févr. 2016, à compter du 1er oct. 2016)* ***Il n'est point restituable contre les obligations résultant de son délit ou quasi-délit.***

1. Rappr. depuis l'Ord. du 10 févr. 2016, l'art. *1149.*

2. La loi, en ouvrant en faveur du mineur l'action en rescision des conventions dans lesquelles il a été lésé, a eu pour but de le protéger contre ses erreurs et imprudences, et, par exemple, contre la légèreté avec laquelle il apposerait sa signature sur une obligation sans juste cause, ou à laquelle une fausse cause servirait de prétexte ; ériger en quasi-délit la faute par lui commise en souscrivant une telle obligation serait anéantir les effets de la protection que la loi a voulu étendre sur sa faiblesse, et il y aurait contradiction à tirer d'un même fait ces deux conséquences : d'entraîner la rescision de la convention, et de faire revivre les effets de cette convention sous forme de réparation du dommage causé en la contractant. • Civ. 19 févr. 1856 : *DP 1856. 1. 86.*

3. Pour le cas où une traite a été frauduleusement postdatée en vue de tromper les tiers sur la capacité de l'acceptant (affaires *Lebaudy),* V. • Req. 21 mars 1899 : *DP 1899. 1. 192* (quasi-délit retenu). ♦ Pour une appréciation différente : • Paris, 17 juill. 1894 : *DP 1895. 2. 25, note Thaller.*

Ancien art. 1311 *(Abrogé par Ord. n° 2016-131 du 10 févr. 2016, à compter du 1er oct. 2016)* ***Il n'est plus recevable à revenir contre l'engagement qu'il avait souscrit en minorité, lorsqu'il l'a ratifié en majorité, soit que cet engagement fût nul en sa forme, soit qu'il fût seulement sujet à restitution.***

V. C. civ., art. 1151, al. 2.

Ancien art. 1312 *(Abrogé par Ord. n° 2016-131 du 10 févr. 2016, à compter du 1er oct. 2016) (L. 18 févr. 1938)* ***Lorsque les mineurs ou les majeurs en tutelle sont admis, en ces qualités, à se faire restituer contre leurs engagements, le remboursement de ce qui aurait été, en conséquence de ces engagements, payé pendant la minorité ou la tutelle, ne peut en être exigé, à moins qu'il ne soit prouvé que ce qui a été payé a tourné à leur profit.***

Comp. C. civ., art. 1151 et 1352-4 et précédemment le projet de réforme du 25 févr. 2015, art. 1150 (Projet).

V. C. civ., art. 1352-4.

Ancien art. 1313 *(Abrogé par Ord. n° 2016-131 du 10 févr. 2016, à compter du 1er oct. 2016)* ***Les majeurs ne sont restitués pour cause de lésion que dans les cas et sous les conditions spécialement exprimés dans le présent code.***

Comp. C. civ., art. 1150.

Ancien art. 1314 *(Abrogé par Ord. n° 2016-131 du 10 févr. 2016, à compter du 1er oct. 2016)* ***Lorsque les formalités requises à l'égard des mineurs ou des majeurs en tutelle, soit pour aliénation d'immeubles, soit dans un partage de succession, ont été remplies, ils sont, relativement à ces actes, considérés comme s'ils les avaient faits en majorité ou avant la tutelle des majeurs.***

CHAPITRE VI *[ABROGÉ]* DE LA PREUVE DES OBLIGATIONS ET DE CELLE DU PAYEMENT

(Abrogé par Ord. n° 2016-131 du 10 févr. 2016, à compter du 1er oct. 2016)

V. art. 1353 et précédemment le projet de réforme du 25 févr. 2015, art. 1354 (Projet).

V. Bibl. gén. ss. le titre IV bis du livre III.

BIBL. GÉN. ▸ **Évolution :** ATIAS, *D. 2009. Chron. 2056* (admissibilité et pertinence ou force des preuves). – DENIS, *RTD civ. 1977. 671.* – LE BARS, *Mél. Goubeaux, Dalloz-LGDJ, 2009, p. 319* (de la charge de la preuve et de l'allégation à la théorie globale des risques processuels). – JAMIN, *Mél. Goubeaux, Dalloz-LGDJ, 2009, p. 285* (réflexions sur la création d'un acte sous signature juridique). – LECLERCQ, *R. 1991, p. 133* (droit civil et commercial) ; *R. 1996, p. 143* (actes dématérialisés). ▸ **Commentaires de la loi du 12 juill. 1980 :** CHAMOUX, *JCP 1981. I. 3008.* – HUMBERT, *JCP N 2008. 1154* (l'acte de professionnel). – JESTAZ, *RTD civ. 1980. 820.* – VIAL, *thèse, Dalloz, 2008* (preuve en droit extrapatrimonial de la famille). – VIATTE, *Gaz. Pal. 1980. 2. Doctr. 581.* – VION, *Defrénois 1980. 1329.* ▸ Dossier, *Dr. et patr. 3/2005. 61* (le juriste d'entreprise face au droit de la preuve).

▸ GHINAMANT, *JCP 2014, n° 1058* (principe de loyauté : droits civil, pénal et administratif comparés). – MEKKI, *D. 2014. 1391* (le droit privé de la preuve à l'épreuve du principe de précaution). – MEKKI, CADIET et GRIMALDI, La preuve, regards croisés, *éd. Dalloz, 2015.* – PAPAEFTHYMIOU, *Études J.-A. Mazières, Lexis-Nexis 2009* (vérité en matière de preuve). – THÉRY, *Droits, 1996/23. 41* (finalités de la preuve en droit privé). – MOURY, *RTD civ. 2009. 665* (quête en matière de preuve). – X. LAGARDE, *JCP 2005. I. 133* (finalités et principes du droit de la preuve). ▸ **Preuve et vraisemblance :** AMMAR, *RTD civ. 1993. 499*. – KINSCH, *Mél. Wiederkehr, Dalloz, 2009, p. 455.* – LASSERRE-KIESOW, *D. 2010. Chron. 907* (vérité et droit civil). ▸ **Notoriété :** RAYNAUD DE LAGE, *D. 2000. Chron. 513*. ▸ **Mémoire :** PETIT, *RRJ 1997/1. 17.*

▸ **Dossiers :** *AJ fam. 2008. 10* (preuves en droit de la famille) ; *JCP N 2013, nos 1012 s.* (la hiérarchie des preuves) ; *R. 2012. 85* (la preuve), *Just. et cass. 2014* (la loyauté).

▸ **Panoramas Dalloz – Droit de la preuve :** *D. 2016. 167* (sept. 2014 – juin 2015) ; *D. 2014. 2478* (sept. 2013 – juin 2014) ; *D. 2013. Pan. 2802* (sept. 2012 – juin 2013) ; *D. 2012. Pan. 2826* (oct. 2011 – sept. 2012) ; *D. 2011. Pan. 2891* (juill. 2010 – oct.

2011) ; *D. 2010. Pan. 2671* (juill. 2009 - juin 2010) ; *D. 2009. Pan. 2714* (juill. 2008 - juin 2009) ; *D. 2008. Pan. 2820* (janv. 2007 - juin 2008) ; *D. 2007. Pan. 1901* (janv. 2006 - déc. 2006).

Ancien art. 1315 *(Abrogé par Ord. n° 2016-131 du 10 févr. 2016, à compter du 1er oct. 2016)* ***Celui qui réclame l'exécution d'une obligation doit la prouver.***

Réciproquement, celui qui se prétend libéré, doit justifier le payement ou le fait qui a produit l'extinction de son obligation.

Comp. art. 1353 et précédemment le projet de réforme du 25 févr. 2015, art. 1354 (Projet).

V. notes ss. art. 1353.

Ancien art. 1315-1 *(Abrogé par Ord. n° 2016-131 du 10 févr. 2016, à compter du 1er oct. 2016) (L. n° 2000-230 du 13 mars 2000)* ***Les règles qui concernent la preuve littérale, la preuve testimoniale, les présomptions, l'aveu de la partie et le serment, sont expliquées dans les sections suivantes.*** *— L'art. 1315-1 reprend sans changement le texte de l'ancien art. 1316.*

Comp. Projet de réforme du 25 févr. 2015, art. 1354 s. (Projet).

BIBL. ▸ **Empreinte génétique :** Bottiau, *D. 1989. Chron. 271.* - Galloux, *JCP 1991. I. 3497.* ▸ **Informatique :** V. Bibl. ss. art. 1316. ▸ **Magnétophone :** Ivainer, *Gaz. Pal. 1966. 2. Doctr. 91.* ▸ **Microfilms :** Chamoux, *JCP 1975. I. 2725.* ▸ **Rumeur :** Bruguière, *D. 1996. Chron. 149.* ▸ **Télécopie :** J. Huet, *D. 1992. Chron. 33.*

Le juge ne doit former sa conviction que d'après les moyens de preuve admis par la loi. La preuve n'est réputée légalement faite que si elle est administrée suivant les formes prescrites et elle ne peut résulter ni des investigations personnelles poursuivies par le juge, en dehors de l'audience et, si elles n'ont pas été appelées, en l'absence des parties, ni de documents qui ne leur ont pas été communiqués. • Civ. 2e, 25 févr. 1976 : *Bull. civ. II, n° 67* • Com. 29 mai 1990, n° 88-19.260 P. ♦ Mais, s'ils ne font pas état de leurs connaissances pour introduire un élément d'appréciation nouveau dans le débat, ce qui est interdit, les juges du fond peuvent faire état de leurs connaissances d'ordre général pour apprécier les éléments qui leur sont fournis. • Civ. 1re, 10 mars 1969 : *Bull. civ. I, n° 105.* ♦ Chevallier, *RTD civ. 1962. 5.*

SECTION 1 *[ABROGÉE]* De la preuve littérale

(Abrogée par Ord. n° 2016-131 du 10 févr. 2016, à compter du 1er oct. 2016)

§ 1 *[ABROGÉ]* Dispositions générales

(Abrogé par Ord. n° 2016-131 du 10 févr. 2016, à compter du 1er oct. 2016)
(L. n° 2000-230 du 13 mars 2000)

BIBL. GÉN. ▸ Boudreau, *Gaz. Pal. 2002. Doctr. 4.* - Navarro, *JCP 2002. I. 187* (la preuve et l'écrit). - V. aussi Bibl. gén. avant art. 1353.

Ancien art. 1316 *(Abrogé par Ord. n° 2016-131 du 10 févr. 2016, à compter du 1er oct. 2016) (L. n° 2000-230 du 13 mars 2000)* ***La preuve littérale, ou preuve par écrit, résulte d'une suite de lettres, de caractères, de chiffres ou de tous autres signes ou symboles dotés d'une signification intelligible, quels que soient leur support et leurs modalités de transmission.***

Comp. C. civ., art. 1365 et précédemment le projet de réforme du 25 févr. 2015, art. 1354 (Projet).

BIBL. ▸ V. art. 1365.

Ancien art. 1316-1 *(Abrogé par Ord. n° 2016-131 du 10 févr. 2016, à compter du 1er oct. 2016)* ***L'écrit sous forme électronique est admis en preuve au même titre que l'écrit sur support papier, sous réserve que puisse être dûment identifiée la personne dont il émane et qu'il soit établi et conservé dans des conditions de nature à en garantir l'intégrité.*** *— V. C. pr. civ., art. 287.*

Comp. C. civ., art. 1366 et précédemment le projet de réforme du 25 févr. 2015, art. 1367 (Projet).

1. Inapplicabilité à la preuve des faits. Les *art. 1316-1 et 1316-4 anc.* ne sont pas applicables au courrier électronique produit pour faire la preuve d'un fait, dont l'existence peut être établie par tous moyens de preuve, lesquels sont appréciés souverainement par les juges du fond. • Soc. 25 sept. 2013, n° 11-25.884 P : *RTD civ. 2014. 121, obs. Barbier* • Civ. 2e, 13 févr. 2014, n° 12-16.839 P : *D. 2014. 2486, obs. A. Aynès* ; CCE 2014, n° 58, note Caprioli ; *JCP S 2014, n° 1294, note Fournier-Gatier et Nicolas ; RDC 2015. 39, note Huet.*

2. Sur les conditions de prise en compte de la copie informatique d'un courrier, V. note 10 ss. art. 1348 anc.

3. Office du juge. Dès lors que leur auteur

supposé dénie être l'auteur d'écrits électroniques, le juge est tenu de vérifier si ces écrits répondent aux conditions prévues par les anc. art. 1316-1 s. • Civ. 1re, 30 sept. 2010, n° 09-68.555 P : *D. 2010. 2362* ; *AJDI 2011. 73, obs. de La Vaissière* ; *CCE 2010, n° 129, note Caprioli* ; *RLDC 2011/80, n° 4152, note Cachard* ; *RTD civ. 2010. 785, obs. Fages* .

Ancien art. 1316-2 *(Abrogé par Ord. n° 2016-131 du 10 févr. 2016, à compter du 1er oct. 2016)* ***Lorsque la loi n'a pas fixé d'autres principes, et à défaut de convention valable entre les parties, le juge règle les conflits de preuve littérale en déterminant par tous moyens le titre le plus vraisemblable, quel qu'en soit le support.***

Comp. C. civ., art. 1368 et précédemment le projet de réforme du 25 févr. 2015, art. 1368 (Projet).

Ancien art. 1316-3 *(Abrogé par Ord. n° 2016-131 du 10 févr. 2016, à compter du 1er oct. 2016)* ***L'écrit sur support électronique a la même force probante que l'écrit sur support papier.***

Comp. C. civ., art. 1366 et précédemment le projet de réforme du 25 févr. 2015, art. 1366 (Projet).

Ancien art. 1316-4 *(Abrogé par Ord. n° 2016-131 du 10 févr. 2016, à compter du 1er oct. 2016)* ***La signature nécessaire à la perfection d'un acte juridique identifie celui qui l'appose. Elle manifeste le consentement des parties aux obligations qui découlent de cet acte. Quand elle est apposée par un officier public, elle confère l'authenticité à l'acte.***

Lorsqu'elle est électronique, elle consiste en l'usage d'un procédé fiable d'identification garantissant son lien avec l'acte auquel elle s'attache. La fiabilité de ce procédé est présumée, jusqu'à preuve contraire, lorsque la signature électronique est créée, l'identité du signataire assurée et l'intégrité de l'acte garantie, dans des conditions fixées par décret en Conseil d'État. *– V. C. pr. civ., art. 287 et 288-1.*

Comp. C. civ., art. 1367 et projet de réforme du 25 févr. 2015, art. 1367 (Projet).

Aucun texte, à la date du 1er avr. 1999, ne reconnaissant la validité du recours à la signature électronique dans les actes juridiques, doit être considérée comme irrecevable une déclaration d'appel revêtue d'une telle signature. • Besançon, 20 oct. 2000 : *Defrénois 2002. 1394, obs. Raynouard* ; *CCE 2001, n° 6, note Galloux.* – Pourvoi rejeté par • Civ. 2e, 30 avr. 2003, n° 00-46.467 P.

§ 2 *[ABROGÉ]* Du titre authentique

(Abrogé par Ord. n° 2016-131 du 10 févr. 2016, à compter du 1er oct. 2016)

V. Projet de réforme du 25 févr. 2015, art. 1369 s. (Projet).

Ancien art. 1317 *(Abrogé par Ord. n° 2016-131 du 10 févr. 2016, à compter du 1er oct. 2016)* ***L'acte authentique est celui qui a été reçu par officiers publics ayant le droit d'instrumenter dans le lieu où l'acte a été rédigé, et avec les solennités requises.***

(L. n° 2000-230 du 13 mars 2000) ***« Il peut être dressé sur support électronique s'il est établi et conservé dans des conditions fixées par décret en Conseil d'État. »*** *– V. notes ss. art. 1316-4 anc.*

Comp. C. civ., art. 1369 et précédemment le projet de réforme du 25 févr. 2015, art. 1369 (Projet).

BIBL. ▶ Aynès, *Dr. et patr. 9/2013. 20* (l'authenticité). – Bosvieux, *JCP N 1981. I. 391.* – Cabrillac et Jaquet, *JCP N 2013, n° 1015* (preuve de la date de l'acte). – Callé, *Rev. crit. DIP 2005. 377* (validité et exécution en France de l'acte authentique établi à l'étranger). – Froger, *Defrénois 2004. 173* (notion d'authenticité). – Grillet-Ponton, *JCP N 2001. 1258* (évolution récente de l'acte notarié : consumérisme et technologie). – Gruel et Farenc, *JCP N 2015, n° 1087 (acte authentique français).* – Jamin, *Mél. Goubeaux, Dalloz-LGDJ, 2009, p. 285* (réflexions sur la création d'un acte sous signature juridique). – Julienne, *JCP N 2015, n° 1200* (transaction et authenticité). – Nicod, *JCP N 2013, n° 1014* (la force probante de l'acte notarié). – P. E. Normand, *JCP N 1990. I. 359.* – Schmidt-Szalewski, *RDI 1989. 147* (rôle dans les ventes immobilières). – Dossier, *JCP N 2012, n° 1054* (acte notarié, rédaction et réception) ; *ibid. 2013, nos 1012 s.* (la hiérarchie des preuves) ; *ibid. 2014, n° 1249* (exécution de l'acte authentique).

▶ **Authenticité électronique :** *LPA 2 avr. 2001 (n° spécial).* – Charlin, *Dr. et patr. 5/2006. 40* (acte notarié électronique). – Grimaldi et Reynis, *Defrénois 2003. 1023* (acte authentique électronique). – Jacques, *CCE 2003. Chron. 1 (idem).* – Linant de Bellefonds, *JCP N 2003. 1196* (*idem*). – Raynouard, *Defrénois 2003. 1117* (*idem*). – Reynis, *Defrénois 2013. 1022.* ▶ **Décr. 10 août 2005 :** J. Huet, *D. 2005. Chron. 2903.* – Dossier, *Dr. et patr. 1/2010. 59* (authenticité et sécurité juridique).

V. notes ss. art. 1369.

Ancien art. 1317-1 *(Abrogé par Ord. nº 2016-131 du 10 févr. 2016, à compter du 1er oct. 2016)* *(L. nº 2011-331 du 28 mars 2011, art. 11)* ***L'acte reçu en la forme authentique par un notaire est, sauf disposition dérogeant expressément au présent article, dispensé de toute mention manuscrite exigée par la loi.***

Comp. C. civ., art. 1369 et précédemment le projet de réforme du 25 févr. 2015, art. 1369 (Projet).

V. notes ss. art. 1369.

Ancien art. 1318 *(Abrogé par Ord. nº 2016-131 du 10 févr. 2016, à compter du 1er oct. 2016)* ***L'acte qui n'est point authentique par l'incompétence ou l'incapacité de l'officier, ou par un défaut de forme, vaut comme écriture privée, s'il a été signé des parties.***

Comp. C. civ., art. 1370 et précédemment le projet de réforme du 25 févr. 2015, art. 1370 s. (Projet).

V. notes ss. art. 1370.

Ancien art. 1319 *(Abrogé par Ord. nº 2016-131 du 10 févr. 2016, à compter du 1er oct. 2016)* ***L'acte authentique fait pleine foi de la convention qu'il renferme entre les parties contractantes et leurs héritiers ou ayants cause.***

Néanmoins, en cas de plaintes en faux principal, l'exécution de l'acte argué de faux sera suspendue par la mise en accusation ; et, en cas d'inscription de faux faite incidemment, les tribunaux pourront, suivant les circonstances, suspendre provisoirement l'exécution de l'acte.

Comp. C. civ., art. 1371 et précédemment le projet de réforme du 25 févr. 2015, art. 1371 (Projet).

V. notes ss. art. 1371.

Ancien art. 1320 *(Abrogé par Ord. nº 2016-131 du 10 févr. 2016, à compter du 1er oct. 2016)* ***L'acte, soit authentique, soit sous seing privé, fait foi entre les parties, même de ce qui n'y est exprimé qu'en termes énonciatifs, pourvu que l'énonciation ait un rapport direct à la disposition. Les énonciations étrangères à la disposition ne peuvent servir que d'un commencement de preuve.***

BIBL. ▶ Atias et Strock, *Mél. le Tourneau, Dalloz, 2008, p. 25.*

Ancien art. 1321 *(Abrogé par Ord. nº 2016-131 du 10 févr. 2016, à compter du 1er oct. 2016)* ***Les contre-lettres ne peuvent avoir leur effet qu'entre les parties contractantes ; elles n'ont point d'effet contre les tiers.***

Comp. C. civ., art. 1201 et précédemment le projet de réforme du 25 févr. 2015, art. 1202 (Projet).

BIBL. ▶ Arcelin, *LPA 16 juill. 2002* (interposition de personne et prête-nom). – Bredin, *RTD civ. 1956. 261.* – Leduc, *RTD civ. 1999. 283* (convention de prête-nom).

V. notes ss. art. 1201.

Ancien art. 1321-1 *(Abrogé par Ord. nº 2016-131 du 10 févr. 2016, à compter du 1er oct. 2016)* *(Ord. nº 2005-1512 du 7 déc. 2005, art. 24-I-1º)* ***Est nulle et de nul effet toute contre-lettre ayant pour objet une augmentation du prix stipulé dans le traité de cession d'un office ministériel et toute convention ayant pour but de dissimuler partie du prix d'une vente d'immeubles ou d'une cession de fonds de commerce ou de clientèle ou d'une cession d'un droit à un bail ou du bénéfice d'une promesse de bail portant sur tout ou partie d'un immeuble et tout ou partie de la soulte d'un échange ou d'un partage comprenant des biens immeubles, un fonds de commerce ou une clientèle.*** – *L'art. 1321-1 reprend sans changement le texte de l'art. 1840 CGI, qui est abrogé.*

Comp. C. civ., art. 1202 et précédemment le projet de réforme du 25 févr. 2015, art. 1203 (Projet).

V. notes ss. art. 1202.

§ 3 *[ABROGÉ]* De l'acte sous seing privé

(Abrogé par Ord. nº 2016-131 du 10 févr. 2016, à compter du 1er oct. 2016)

V. Projet de réforme du 25 févr. 2015, art. 1372 s. (Projet).

Ancien art. 1322 *(Abrogé par Ord. nº 2016-131 du 10 févr. 2016, à compter du 1er oct. 2016)* ***L'acte sous seing privé, reconnu par celui auquel on l'oppose, ou légalement tenu pour reconnu, a, entre ceux qui l'ont souscrit et entre leurs héritiers et ayants cause, la même foi que l'acte authentique.***

Comp. C. civ., art. 1372 et précédemment le projet de réforme du 25 févr. 2015, art. 1372 (Projet).

Sur la reconstitution des actes sous seing privé détruits par suite de faits de guerre ou d'un sinistre, V. C. pr. civ., art. 1430 s.

BIBL. ▶ COUDERT, *LPA 18 juill. 2001* (paraphe). – LAMÈTHE, *Gaz. Pal. 1976. 1. Doctr. 74* (signature). – FERNANDEZ, *LPA 6 août 1997* (force probante).

V. notes ss. art. 1372.

Ancien art. 1323 *(Abrogé par Ord. n° 2016-131 du 10 févr. 2016, à compter du 1er oct. 2016)* ***Celui auquel on oppose un acte sous seing privé, est obligé d'avouer ou de désavouer formellement son écriture ou sa signature.***

Ses héritiers ou ayants cause peuvent se contenter de déclarer qu'ils ne connaissent point l'écriture ou la signature de leur auteur.

Comp. C. civ., art. 1373 et précédemment le projet de réforme du 25 févr. 2015, art. 1373 (Projet).

V. notes ss. art. 1373.

Ancien art. 1324 *(Abrogé par Ord. n° 2016-131 du 10 févr. 2016, à compter du 1er oct. 2016)* ***Dans le cas où la partie désavoue son écriture ou sa signature, et dans le cas où ses héritiers ou ayants cause déclarent ne les point connaître, la vérification en est ordonnée en justice.***

Comp. C. civ., art. 1373 et précédemment le projet de réforme du 25 févr. 2015, art. 1373 (Projet).

Sur la vérification d'écriture, V. C. pr. civ., art. 287 à 298.

V. notes ss. art. 1373.

Ancien art. 1325 *(Abrogé par Ord. n° 2016-131 du 10 févr. 2016, à compter du 1er oct. 2016)* ***Les actes sous seing privé qui contiennent des conventions synallagmatiques, ne sont valables qu'autant qu'ils ont été faits en autant d'originaux qu'il y a de parties ayant un intérêt distinct.***

Il suffit d'un original pour toutes les personnes ayant le même intérêt.

Chaque original doit contenir la mention du nombre des originaux qui en ont été faits.

Néanmoins le défaut de mention que les originaux ont été faits doubles, triples, etc., ne peut être opposé par celui qui a exécuté de sa part la convention portée dans l'acte.

(Ord. n° 2005-674 du 16 juin 2005) ***« L'exigence d'une pluralité d'originaux est réputée satisfaite pour les contrats sous forme électronique lorsque l'acte est établi et conservé conformément aux articles 1316-1 et 1316-4 et que le procédé permet à chaque partie de disposer d'un exemplaire ou d'y avoir accès. »***

Comp. C. civ., art. 1375, et précédemment le projet de réforme du 25 févr. 2015, art. 1375 (Projet).

V. notes ss. art. 1375.

Ancien art. 1326 *(Abrogé par Ord. n° 2016-131 du 10 févr. 2016, à compter du 1er oct. 2016) (L. n° 80-525 du 12 juill. 1980)* ***L'acte juridique par lequel une seule partie s'engage envers une autre à lui payer une somme d'argent ou à lui livrer un bien fongible doit être constaté dans un titre qui comporte la signature de celui qui souscrit cet engagement ainsi que la mention, écrite*** *(L. n° 2000-230 du 13 mars 2000)* ***« par lui-même », de la somme ou de la quantité en toutes lettres et en chiffres. En cas de différence, l'acte sous seing privé vaut pour la somme écrite en toutes lettres.*** *– V. notes ss. art. 1316-4 anc.*

Comp. C. civ., art. 1376 et précédemment le projet de réforme du 25 févr. 2015, art. 1376 (Projet).

Sur la mention manuscrite requise en cas de cautionnement de la part d'une personne physique au profit d'un créancier professionnel, V. C. consom., art. L. 343-1, ss. art. 2298.

BIBL. ▶ LE TOURNEAU, *D. 1975. Chron. 187.* ▶ **Commentaires de la loi du 12 juill. 1980 :** CHAMOUX, *JCP 1981. I. 3008.* – JESTAZ, *RTD civ. 1980. 820.* – RISSEL, *RTD civ. 2014. 253* ✎ (nature juridique de la reconnaissance de dette). – TRICOT-CHAMARD, *JCP 2004. I. 112* (mention manuscrite dans le cautionnement). – VIATTE, *Gaz. Pal. 1980. 2. Doctr. 581.* – VION, *Defrénois 1980. 1329.*

V. notes ss. art. 1376.

Ancien art. 1327 *Abrogé par L. n° 80-525 du 12 juill. 1980.*

Ancien art. 1328 *(Abrogé par Ord. n° 2016-131 du 10 févr. 2016, à compter du 1er oct. 2016)* ***Les actes sous seing privé n'ont de date contre les tiers que du jour où ils ont été enregistrés, du jour de la mort de celui ou de l'un de ceux qui les ont souscrits, ou du jour où leur substance est***

constatée dans les actes dressés par des officiers publics, tels que procès-verbaux de scellé ou d'inventaire.

Comp. C. civ., art. 1377, et précédemment, le projet de réforme du 25 févr. 2015, art. 1377 (Projet).

BIBL. ▶ FAVENNEC-HÉRY, *RTD civ. 1992. 1.* – MERCOLI, *JCP N 2001. 44* (écrit électronique).

V. notes ss. art. 1377.

Ancien art. 1329 *(Abrogé par Ord. n° 2016-131 du 10 févr. 2016, à compter du 1er oct. 2016)* ***Les registres des marchands ne font point, contre les personnes non marchandes, preuve des fournitures qui y sont portées, sauf ce qui sera dit à l'égard du serment.***

Comp. C. civ., art. 1378 et précédemment, le projet de réforme du 25 févr. 2015, art. 1378 (Projet).

V. notes ss. art. 1378.

Ancien art. 1330 *(Abrogé par Ord. n° 2016-131 du 10 févr. 2016, à compter du 1er oct. 2016)* ***Les livres des marchands font preuve contre eux ; mais celui qui en veut tirer avantage, ne peut les diviser en ce qu'ils contiennent de contraire à sa prétention.***

Comp. C. civ., art. 1378 et précédemment, le projet de réforme du 25 févr. 2015, art. 1378 (Projet).

V. notes ss. art. 1378.

Ancien art. 1331 *(Abrogé par Ord. n° 2016-131 du 10 févr. 2016, à compter du 1er oct. 2016)* ***Les registres et papiers domestiques ne font point un titre pour celui qui les a écrits. Ils font foi contre lui : 1° dans tous les cas où ils énoncent formellement un payement reçu ; 2° lorsqu'ils contiennent la mention expresse que la note a été faite pour suppléer le défaut du titre en faveur de celui au profit duquel ils énoncent une obligation.***

Comp. C. civ., art. 1378-1 et précédemment le projet de réforme du 25 févr. 2015, art. 1378-1 (Projet).

BIBL. ▶ ZAKI, *RTD civ. 1980. 2* (journal intime).

V. notes ss. art. 1378-1.

Ancien art. 1332 *(Abrogé par Ord. n° 2016-131 du 10 févr. 2016, à compter du 1er oct. 2016)* ***L'écriture mise par le créancier à la suite, en marge ou au dos d'un titre qui est toujours resté en sa possession, fait foi, quoique non signée ni datée par lui, lorsqu'elle tend à établir la libération du débiteur.***

Il en est de même de l'écriture mise par le créancier au dos ou en marge, ou à la suite du double d'un titre ou d'une quittance, pourvu que ce double soit entre les mains du débiteur.

Comp. C. civ., art. 1378-2, et précédemment, le projet de réforme du 25 févr. 2015, art. 1378-2 (Projet).

V. note ss. art. 1378-2.

§ 4 *[ABROGÉ]* Des tailles

(Abrogé par Ord. n° 2016-131 du 10 févr. 2016, à compter du 1er oct. 2016)

Ancien art. 1333 *(Abrogé par Ord. n° 2016-131 du 10 févr. 2016, à compter du 1er oct. 2016)* ***Les tailles corrélatives à leurs échantillons font foi entre les personnes qui sont dans l'usage de constater ainsi les fournitures qu'elles font ou reçoivent en détail.***

BIBL. ▶ PERRUCHOT-TRIBOULET, *RLDC 2004/7, n° 304.*

§ 5 *[ABROGÉ]* Des copies des titres

(Abrogé par Ord. n° 2016-131 du 10 févr. 2016, à compter du 1er oct. 2016)

Ancien art. 1334 *(Abrogé par Ord. n° 2016-131 du 10 févr. 2016, à compter du 1er oct. 2016)* ***Les copies, lorsque le titre original subsiste, ne font foi que de ce qui est contenu au titre, dont la représentation peut toujours être exigée.*** — *V. C. pr. civ., art. 1435 s.*

Comp. C. civ., art. 1379 et précédemment le projet de réforme du 25 févr. 2015, art. 1379 (Projet).

A. DOMAINE DE L'ART. 1334

1. Papier carbone. Un document obtenu à l'aide d'un papier carbone constitue une copie. • Civ. 1re, 17 juill. 1980 : *Bull. civ. I, n° 225.*

2. Photocopie. Une photocopie ne peut faire foi du contenu de l'original dénié par celui auquel on l'oppose. • Civ. 1re, 5 oct. 1976, n° 75-12.099 P. – V. aussi • Montpellier, 30 janv. 1963 : *D. 1963. 665, note Lobin ;* pourvoi rejeté par • Civ. 1re, 29 mars 1965 : *D. 1965. 474.*

3. Copies certifiées conformes. Les copies d'actes sous seing privé, même certifiées conformes, n'ont par elles-mêmes aucune valeur juridique et ne peuvent suppléer au défaut de production de l'original dont l'existence est déniée. • Civ. 1re, 27 avr. 1978 : *Bull. civ. I, n° 160.* – V. aussi • Civ. 1re, 29 mars 1965 : *D. 1965. 474* • Com. 15 déc. 1992, n° 90-17.198 P • Civ. 1re, 24 oct. 2006, n° 05-18.698 P : *D. 2006. AJ 2908, obs. Avena-Robardet.*

4. Créance du saisissant. Sur l'application des règles du droit commun quant à la preuve de la créance du saisissant (trésorier-payeur général agissant en recouvrement d'amendes pénales), V. • Civ. 2e, 26 oct. 1994, n° 92-18.760 P : *RTD civ. 1996. 170, obs. Mestre.*

B. RÉGIME

5. Représentation de l'original : exigence. Méconnaissent l'art. 1334 les juges qui s'abstiennent d'ordonner la représentation de l'original d'un acte notarié alors que les demandeurs invoquaient le doute né de la contradiction existant entre la photocopie par eux produite et celle versée aux débats par leur adversaire. • Civ. 1re, 7 oct. 1980 : *D. 1981. 32.* – Même sens : • Civ. 1re, 3 mai 2006, n° 04-12.009 P : *D. 2006. AJ 1525, obs. Avena-Robardet ; D. 2007. Pan. 1905, obs. Delebecque ; RTD civ. 2006. 769, obs. Mestre et Fages.* ♦ Mais celui qui s'est porté caution par acte notarié et qui n'a pas usé de la faculté de se faire présenter personnellement cet acte en application de l'art. 23 de la L. du 25 ventôse an XI, ne peut pour contester son engagement se borner à invoquer le refus de production dans l'instance de l'original de l'acte par le notaire, les mentions de la copie exécutoire produite établissant que la contestation n'est pas sérieuse. • Civ. 1re, 30 janv. 1996, n° 93-21.553 P : *Defrénois 1996. 351, obs. Aubert.*

6. ... Limites : reconnaissance de la conformité à l'original. Si, en principe, la copie d'un acte sous seing privé n'a aucune valeur légale et ne peut suppléer à la représentation de l'original, il n'en est pas de même lorsque l'existence de l'original et la conformité de la copie ne sont pas déniées. • Civ. 1re, 30 avr. 1969 : *D. 1969. 412 ; JCP 1969. II. 16057, note M. A.* ♦ V. aussi • Civ. 1re, 21 avr. 1959 : *D. 1959. 521, note Malaurie ; S. 1960. 34, note Prévault* (reconnaissance tacite de la conformité à l'original). – Dans le même sens : • Civ. 1re, 24 mars 1998, n° 95-21.972 P : *D. 1999. Somm. 310, obs. Nicod* (interprétation d'un testament à partir de sa photocopie).

7. ... Moyen mélangé de fait et de droit. Le moyen tiré du défaut de production de l'original étant mélangé de fait et de droit ne peut être présenté pour la première fois devant la Cour de cassation. • Civ. 2e, 5 janv. 1972 : *Bull. civ. II, n° 4.*

8. ... Commencement de preuve par écrit. Si une copie peut valoir commencement de preuve par écrit (V. note 10 ss. art. 1362), il n'en est ainsi que s'il s'agit bien de la copie de l'acte qu'on veut prouver. Violent l'art. 1334 les juges qui induisent la présence d'une clause dans la totalité des baux allégués alors que seulement la moitié de ceux-ci a été produite en photocopies. • Civ. 3e, 6 mars 2002, n° 01-12.751 P.

9. ... Destruction de l'original. Cas de destruction de l'original et de conservation d'une reproduction fidèle et durable : V. art. 1348.

Ancien art. 1335 *(Abrogé par Ord. n° 2016-131 du 10 févr. 2016, à compter du 1er oct. 2016)* ***Lorsque le titre original n'existe plus, les copies font foi d'après les distinctions suivantes :***

1° Les grosses ou premières expéditions font la même foi que l'original ; il en est de même des copies qui ont été tirées par l'autorité du magistrat, parties présentes ou dûment appelées, ou de celles qui ont été tirées en présence des parties et de leur consentement réciproque.

2° Les copies qui, sans l'autorité du magistrat, ou sans le consentement des parties, et depuis la délivrance des grosses ou premières expéditions, auront été tirées sur la minute de l'acte par le notaire qui l'a reçu, ou par l'un de ses successeurs, ou par officiers publics qui, en cette qualité, sont dépositaires des minutes, peuvent, au cas de perte de l'original, faire foi quand elles sont anciennes.

Elles sont considérées comme anciennes quand elles ont plus de trente ans ;

Si elles ont moins de trente ans, elles ne peuvent servir que de commencement de preuve par écrit.

3° Lorsque les copies tirées sur la minute d'un acte ne l'auront pas été par le notaire qui l'a reçu, ou par l'un de ses successeurs, ou par officiers publics qui, en cette qualité, sont dépositaires des minutes, elles ne pourront servir, quelle que soit leur ancienneté, que de commencement de preuve par écrit.

4° Les copies de copies pourront, suivant les circonstances, être considérées comme simples renseignements. – *V. C. pr. civ., art. 1439.*

Comp. C. civ., art. 1379 et précédemment le projet de réforme du 25 févr. 2015, art. 1379 (Projet).

1. *Copies des copies.* Les copies des copies, même dans le cadre de l'art. 1335, ne peuvent être utilement invoquées que lorsqu'il s'agit d'un fait susceptible d'être prouvé par témoins ou présomptions. • Civ. 1re, 29 mars 1965 : *D. 1965. 474.*

2. *Expédition d'un acte notarié.* L'expédition d'un acte notarié valant à elle seule commencement de preuve par écrit en application de l'art. 1335, 2°, l'enregistrement et la publication de cette expédition à la conservation des hypothèques ont le caractère d'un élément de preuve complémentaire, extérieur à l'acte lui-même. • Civ. 1re, 18 déc. 1990, n° 89-10.519 P : *RTD civ. 1991. 749, obs. Mestre.*

Ancien art. 1336 *(Abrogé par Ord. n° 2016-131 du 10 févr. 2016, à compter du 1er oct. 2016)* ***La transcription d'un acte sur les registres publics ne pourra servir que de commencement de preuve par écrit ; et il faudra même pour cela :***

1° Qu'il soit constant que toutes les minutes du notaire, de l'année dans laquelle l'acte paraît avoir été fait, soient perdues, ou que l'on prouve que la perte de la minute de cet acte a été faite par un accident particulier ;

2° Qu'il existe un répertoire en règle du notaire, qui constate que l'acte a été fait à la même date.

Lorsqu'au moyen du concours de ces deux circonstances la preuve par témoins sera admise, il sera nécessaire que ceux qui ont été témoins de l'acte, s'ils existent encore, soient entendus.

Comp. C. civ., art. 1362 et précédemment le projet de réforme du 25 févr. 2015, art. 1362 (Projet).

§ 6 *[ABROGÉ]* Des actes récognitifs et confirmatifs

(Abrogé par Ord. n° 2016-131 du 10 févr. 2016, à compter du 1er oct. 2016)

V. Projet de réforme du 25 févr. 2015, art. 1380 (Projet).

Ancien art. 1337 *(Abrogé par Ord. n° 2016-131 du 10 févr. 2016, à compter du 1er oct. 2016)* ***Les actes récognitifs ne dispensent point de la représentation du titre primordial, à moins que sa teneur n'y soit spécialement relatée.***

Ce qu'ils contiennent de plus que le titre primordial, ou ce qui s'y trouve de différent, n'a aucun effet.

Néanmoins, s'il y avait plusieurs reconnaissances conformes, soutenues de la possession, et dont l'une eût trente ans de date, le créancier pourrait être dispensé de représenter le titre primordial.

Comp. C. civ., art. 1380, et précédemment le projet de réforme du 25 févr. 2015, art. 1380 (Projet).

Sur le rôle du titre récognitif en matière de servitude, V. notes ss. art. 695.

Ancien art. 1338 *(Abrogé par Ord. n° 2016-131 du 10 févr. 2016, à compter du 1er oct. 2016)* ***L'acte de confirmation ou ratification d'une obligation contre laquelle la loi admet l'action en nullité ou en rescision, n'est valable que lorsqu'on y trouve la substance de cette obligation, la mention du motif de l'action en rescision, et l'intention de réparer le vice sur lequel cette action est fondée.***

A défaut d'acte de confirmation ou ratification, il suffit que l'obligation soit exécutée volontairement après l'époque à laquelle l'obligation pouvait être valablement confirmée ou ratifiée.

La confirmation, ratification, ou exécution volontaire dans les formes et à l'époque déterminées par la loi, emporte la renonciation aux moyens et exceptions que l'on pouvait opposer contre cet acte, sans préjudice néanmoins du droit des tiers.

Comp. C. civ., art. 1181 et précédemment le projet de réforme du 25 févr. 2015, art. 1180 s. (Projet) (confirmation).

V. notes ss. art. 1181 et 1182.

Ancien art. 1339 *(Abrogé par Ord. n° 2016-131 du 10 févr. 2016, à compter du 1er oct. 2016)* ***Le donateur ne peut réparer par aucun acte confirmatif les vices d'une donation entre vifs, nulle en la forme ; il faut qu'elle soit refaite en la forme légale.***

Comp. C. civ., art. 931-1 et précédemment le projet de réforme du 25 févr. 2015, art. 1184 (Projet).

La nullité de forme d'une donation ne peut faire l'objet d'une transaction sans se heurter aux dispositions de l'art. 1339 anc. • Civ. 1re, 12 juin 1967 : *D. 1967. 584, note Breton.*

Ancien art. 1340 *(Abrogé par Ord. n° 2016-131 du 10 févr. 2016, à compter du 1er oct. 2016)* ***La confirmation ou ratification, ou exécution volontaire d'une donation par les héritiers ou ayants cause du donateur, après son décès, emporte leur renonciation à opposer soit les vices de forme, soit toute autre exception.***

Comp. C. civ., art. 931-1 et précédemment le projet de réforme du 25 févr. 2015, art. 1184 (Projet).

Les dispositions de l'anc. art. 1340 relatives à la confirmation d'actes juridiques atteints de vices entraînant leur nullité mais qui ont néanmoins été formés ne s'appliquent pas à un simple projet de donation dépourvu de tous les éléments essentiels indispensables à l'existence juridique d'une convention. • Com. 4 janv. 1971 : *Bull. civ. IV, n° 2.*

SECTION 2 *[ABROGÉE]* De la preuve testimoniale

(Abrogée par Ord. n° 2016-131 du 10 févr. 2016, à compter du 1er oct. 2016)

Comp. C. civ., art. 1358 s.

Ancien art. 1341 *(Abrogé par Ord. n° 2016-131 du 10 févr. 2016, à compter du 1er oct. 2016) (L. n° 80-525 du 12 juill. 1980)* ***Il doit être passé acte devant notaires ou sous signatures privées de toutes choses excédant une somme ou une valeur fixée par décret, même pour dépôts volontaires, et il n'est reçu aucune preuve par témoins contre et outre le contenu aux actes, ni sur ce qui serait allégué avoir été dit avant, lors ou depuis les actes, encore qu'il s'agisse d'une somme ou valeur moindre.***

Le tout sans préjudice de ce qui est prescrit dans les lois relatives au commerce.

Comp. C. civ., art. 1359 et précédemment le projet de réforme du 25 févr. 2015, art. 1360 (Projet).

La somme ou la valeur visée à l'art. 1341 anc. est fixée à 1500 €, à compter du 1er janv. 2005, par Décr. n° 80-533 du 15 juill. 1980 , mod. par Décr. n° 2001-476 du 30 mai 2001 (JO 3 juin) et par Décr. n° 2004-836 du 20 août 2004, art. 56 et 59 (JO 22 août). — Disposition applicable en Nouvelle-Calédonie, en Polynésie française, dans les îles Wallis-et-Futuna, dans les Terres australes et antarctiques françaises et à Mayotte.

BIBL. ▸ **Commentaires de la loi du 12 juill. 1980 :** V. Bibl. ss. art. 1326 anc.

▸ Rebourg, *RRJ 2001/4. 1405* (preuve de l'engagement par volonté unilatérale).

1. Exigence d'une preuve littérale. V. notes ss. art. 1359.

2. Limites à l'exigence d'une preuve littérale. V. art. 1358, 1360, 1361, 1362.

Ancien art. 1342 *(Abrogé par Ord. n° 2016-131 du 10 févr. 2016, à compter du 1er oct. 2016) (L. n° 48-300 du 21 févr. 1948)* ***La règle ci-dessus s'applique au cas où l'action contient, outre la demande du capital, une demande d'intérêts qui, réunis au capital, excèdent*** *(L. n° 80-525 du 12 juill. 1980)* ***« le chiffre prévu à l'article précédent ».***

Ancien art. 1343 *(Abrogé par Ord. n° 2016-131 du 10 févr. 2016, à compter du 1er oct. 2016) (L. n° 48-300 du 21 févr. 1948)* ***Celui qui a formé une*** *(L. n° 80-525 du 12 juill. 1980)* ***« demande excédant le chiffre prévu à l'article 1341 » ne peut plus être admis à la preuve testimoniale, même en restreignant sa demande primitive.***

Comp. Projet de réforme du 25 févr. 2015, art. 1361 (Projet).

Ancien art. 1344 *(Abrogé par Ord. n° 2016-131 du 10 févr. 2016, à compter du 1er oct. 2016) (L. n° 48-300 du 21 févr. 1948)* ***La preuve testimoniale, sur la demande d'une somme même*** *(L. n° 80-525 du 12 juill. 1980)* ***« inférieure à celle qui est prévue à l'article 1341 », ne peut être admise lorsque cette somme est déclarée être le restant ou faire partie d'une créance plus forte qui n'est point prouvée par écrit.***

Comp. Projet de réforme du 25 févr. 2015, art. 1361 (Projet).

Ancien art. 1345 *(Abrogé par Ord. n° 2016-131 du 10 févr. 2016, à compter du 1er oct. 2016) (L. n° 48-300 du 21 févr. 1948)* ***Si, dans la même instance, une partie fait plusieurs demandes, dont il n'y ait point de titre par écrit, et que, jointes ensemble, elles excèdent*** *(L. n° 80-525 du 12 juill. 1980)* ***« la somme prévue à l'article 1341 », la preuve par témoins n'en peut être admise, encore que la partie allègue que ces créances proviennent de différentes causes, et qu'elles se soient formées en différents temps, si ce n'était que ces droits procédassent par succession, donation ou autrement, de personnes différentes.***

Ancien art. 1346 *(Abrogé par Ord. n° 2016-131 du 10 févr. 2016, à compter du 1er oct. 2016)* ***Toutes les demandes, à quelque titre que ce soit, qui ne seront pas entièrement justifiées par écrit, seront formées par un même exploit, après lequel les autres demandes dont il n'y aura point de preuves par écrit ne seront pas reçues.***

Ancien art. 1347 *(Abrogé par Ord. nº 2016-131 du 10 févr. 2016, à compter du 1er oct. 2016)* ***Les règles ci-dessus reçoivent exception lorsqu'il existe un commencement de preuve par écrit.***

On appelle ainsi tout acte par écrit qui est émané de celui contre lequel la demande est formée, ou de celui qu'il représente, et qui rend vraisemblable le fait allégué.

(L. nº 75-596 du 9 juill. 1975) ***« Peuvent être considérées par le juge comme équivalant à un commencement de preuve par écrit les déclarations faites par une partie lors de sa comparution personnelle, son refus de répondre ou son absence à la comparution. »***

Comp. C. civ., art. 1362 et précédemment le projet de réforme du 25 févr. 2015, art. 1362 s. (Projet).

V. notes ss. art. 1362 relative au commencement de preuve par écrit.

Ancien art. 1348 *(Abrogé par Ord. nº 2016-131 du 10 févr. 2016, à compter du 1er oct. 2016) (L. nº 80-525 du 12 juill. 1980)* ***Les règles ci-dessus reçoivent encore exception lorsque l'obligation est née d'un quasi-contrat, d'un délit ou d'un quasi-délit, ou lorsque l'une des parties, soit n'a pas eu la possibilité matérielle ou morale de se procurer une preuve littérale de l'acte juridique, soit a perdu le titre qui lui servait de preuve littérale, par suite d'un cas fortuit ou d'une force majeure.***

Elles reçoivent aussi exception lorsqu'une partie ou le dépositaire n'a pas conservé le titre original et présente une copie qui en est la reproduction non seulement fidèle mais aussi durable. Est réputée durable toute reproduction indélébile de l'original qui entraîne une modification irréversible du support.

Comp. art. 1360 et 1379 et précédemment le projet de réforme du 25 févr. 2015, art. 1363 (Projet).

BIBL. ▶ MALINVAUD, *JCP 1972. I. 2468.*

1. Faits juridiques. Sur la preuve par tous moyens des faits juridiques, V. notes ss. art. 1353.

2. Dépôt. Les dispositions de l'art. 1924 sont exclusives de celles de l'art. 1348 anc. : lorsque le dépôt excède le chiffre prévu à l'anc. art. 1341, le dépositaire, à défaut d'écrit, doit être cru sur le contenu et sur la restitution de la chose qui en faisait l'objet, ce qui exclut la prise en compte d'attestations contraires. • Civ. 1re, 14 nov. 2012 : *cité note 1 ss. art. 1924.*

3. Impossibilité d'établir un écrit. V. notes 1 à 5 ss. art. 1360.

4. Usage. V. note 6 ss. art. 1360.

5. Impossibilité de produire un écrit antérieurement établi. Application de l'art. 1348 anc. à un acte de reconnaissance d'enfant naturel. • Civ. 1re, 10 oct. 1984 : *D. 1985. 85, note J. M.*

6. Perte fortuite. V. notes 9 à 11 ss. art. 1360.

7. Production d'une copie : personne admise à le faire. **BIBL.** Chamoux, *JCP 1981. I. 3008.* – Jestaz, *RTD civ. 1980. 820.* – Viatte, *Gaz. Pal. 1980. 2. 581.* – Vion, *Defrénois 1980. 1329.* ♦ Seule la partie à l'acte ayant perdu l'original, ou le dépositaire, est en droit de pallier l'absence du titre original par une copie ; tel n'est pas le cas d'un légataire qui n'a jamais été dépositaire du testament dont il entend suppléer à la disparition. • Civ. 1re, 19 avr. 2005, nº 02-16.447 P : *D. 2005. IR 1251 ; AJ fam. 2005. 279, obs. Chénedé ; Dr. fam. 2005, nº 195, note Binet ; RJPF 2005-7-8/52, note Delmas Saint-Hilaire.*

8. ... Contestation de la conformité. Une partie contestant la conformité d'une copie à l'original, il appartient aux juges du fond d'ordonner la production de cet original et, à défaut de celui-ci, de rechercher si la copie était une reproduction fidèle et durable de l'original ou si celui-ci avait disparu par suite d'un cas fortuit ou d'une force majeure. • Civ. 1re, 6 oct. 1998, nº 96-21.962 P : *D. Affaires 1998. 1949, obs. J. F. ; CCC 1999, nº 5, note Leveneur.*

9. ... Photocopie. Une photocopie peut constituer une copie sincère et fidèle au sens de l'art. 1348 anc., al. 2. • Civ. 1re, 30 mai 2000, nº 98-16.519 P : *JCP 2001. II. 10505, note Nizard.* – V. aussi • Paris, 15 févr. 1990 : *D. 1990. IR 72.* ♦ Un document photocopié doit être soumis à un examen attentif avant de pouvoir être accepté comme une copie authentique d'un original, d'autant qu'il existe des moyens technologiques modernes pouvant être employés pour contrefaire des documents ou les altérer. • CEDH, sect. I, 13 juin 2000, *Timurtas c/ Turquie*, nº 23531/94.

10. ... Copie informatique. Les juges doivent rechercher, en présence de la copie électronique d'un courrier adressé par une caisse de sécurité sociale à un employeur, si cette copie en est la reproduction fidèle et durable, si l'auteur peut être dûment identifié et si cet écrit électronique a été établi et conservé dans des conditions de nature à en garantir l'intégrité (art. 1334, 1348 et 1316-1 anc.). • Civ. 2e, 4 déc. 2008, nº 07-17.622 P.

11. ... Force probante. Un arrêt avant dire droit ayant constaté que la photocopie produite aux débats était une reproduction fidèle et durable du mandat donné à un commissaire-priseur, il en résulte que ce document ne constitue pas un commencement de preuve par écrit, mais fait pleinement preuve de l'existence du contrat de mandat. • Civ. 1re, 25 juin 1996, nº 94-11.745 P : *CCC 1996. 183, note Leveneur.* ♦ V. aussi, pour la preuve du transfert du bénéfice d'une assurance-décès : • Civ. 1re, 9 mai 1996, nº 94-13.310 P : *RTD civ. 1997. 163, obs. Gautier*

SECTION 3 *[ABROGÉE]* Des présomptions

(Abrogée par Ord. n° 2016-131 du 10 févr. 2016, à compter du 1er oct. 2016)

V. Projet de réforme du 25 févr. 2015, art. 1355 (Projet).

Ancien art. 1349 *(Abrogé par Ord. n° 2016-131 du 10 févr. 2016, à compter du 1er oct. 2016)* ***Les présomptions sont des conséquences que la loi ou le magistrat tire d'un fait connu à un fait inconnu.***

Comp. art. 1354.

BIBL. ▸ CAIRE, *RTD civ. 2015. 311* .

§ 1 *[ABROGÉ]* Des présomptions établies par la loi

(Abrogé par Ord. n° 2016-131 du 10 févr. 2016, à compter du 1er oct. 2016)

Ancien art. 1350 *(Abrogé par Ord. n° 2016-131 du 10 févr. 2016, à compter du 1er oct. 2016)* ***La présomption légale est celle qui est attachée par une loi spéciale à certains actes ou à certains faits ; tels sont :***

1° Les actes que la loi déclare nuls, comme présumés faits en fraude de ses dispositions, d'après leur seule qualité ;

2° Les cas dans lesquels la loi déclare la propriété ou la libération résulter de certaines circonstances déterminées ;

3° L'autorité que la loi attribue à la chose jugée ;

4° La force que la loi attache à l'aveu de la partie ou à son serment.

Comp. art. 1354 et, précédemment le projet de réforme du 25 févr. 2015, art. 1355 (Projet).

Ancien art. 1351 *(Abrogé par Ord. n° 2016-131 du 10 févr. 2016, à compter du 1er oct. 2016)* ***L'autorité de la chose jugée n'a lieu qu'à l'égard de ce qui a fait l'objet du jugement. Il faut que la chose demandée soit la même ; que la demande soit fondée sur la même cause ; que la demande soit entre les mêmes parties, et formée par elles et contre elles en la même qualité.***

Comp. art. 1355 et précédemment le projet de réforme du 25 févr. 2015, art. 1356 (Projet).

V. notes ss. art. 1355 qui est la reprise fidèle de l'anc. art. 1351.

Ancien art. 1352 *(Abrogé par Ord. n° 2016-131 du 10 févr. 2016, à compter du 1er oct. 2016)* ***La présomption légale dispense de toute preuve celui au profit duquel elle existe.***

Nulle preuve n'est admise contre la présomption de la loi, lorsque, sur le fondement de cette présomption, elle annule certains actes ou dénie l'action en justice, à moins qu'elle n'ait réservé la preuve contraire et sauf ce qui sera dit sur le serment et l'aveu judiciaires.

Comp. art. 1354 et précédemment le projet de réforme du 25 févr. 2015, art. 1355 (Projet).

V. note ss. art. 1354.

§ 2 *[ABROGÉ]* Des présomptions qui ne sont point établies par la loi

(Abrogé par Ord. n° 2016-131 du 10 févr. 2016, à compter du 1er oct. 2016)

Comp. Projet de réforme du 25 févr. 2015, art. 1382 (Projet).

Ancien art. 1353 *(Abrogé par Ord. n° 2016-131 du 10 févr. 2016, à compter du 1er oct. 2016)* ***Les présomptions qui ne sont point établies par la loi, sont abandonnées aux lumières et à la prudence du magistrat, qui ne doit admettre que des présomptions graves, précises et concordantes, et dans les cas seulement où la loi admet les preuves testimoniales, à moins que l'acte ne soit attaqué pour cause de fraude ou de dol.***

Comp. C. civ., art. 1382, et précédemment le projet de réforme du 25 févr. 2015, art. 1382 (Projet).

V. notes ss. art. 1382.

SECTION 4 *[ABROGÉE]* De l'aveu de la partie

(Abrogée par Ord. n° 2016-131 du 10 févr. 2016, à compter du 1er oct. 2016)

V. C. civ., art. 1383 s.

Ancien art. 1354 *(Abrogé par Ord. n° 2016-131 du 10 févr. 2016, à compter du 1er oct. 2016)* ***L'aveu qui est opposé à une partie, est ou extrajudiciaire ou judiciaire.***

Comp. C. civ., art. 1383, et précédemment le projet de réforme du 25 févr. 2015, art. 1383 (Projet).

V. notes ss. art. 1383.

Ancien art. 1355 *(Abrogé par Ord. nº 2016-131 du 10 févr. 2016, à compter du 1er oct. 2016)* ***L'allégation d'un aveu extrajudiciaire purement verbal est inutile toutes les fois qu'il s'agit d'une demande dont la preuve testimoniale ne serait point admissible.***

Comp. C. civ., art. 1383-1, et précédemment, le projet de réforme du 25 févr. 2015, art. 1383-1 (Projet).

V. notes ss. art. 1383-1.

Ancien art. 1356 *(Abrogé par Ord. nº 2016-131 du 10 févr. 2016, à compter du 1er oct. 2016)* ***L'aveu judiciaire est la déclaration que fait en justice la partie ou son fondé de pouvoir spécial.***

Il fait pleine foi contre celui qui l'a fait.

Il ne peut être divisé contre lui.

Il ne peut être révoqué, à moins qu'on ne prouve qu'il a été la suite d'une erreur de fait. Il ne pourrait être révoqué sous prétexte d'une erreur de droit.

Comp. C. civ., art. 1383-2, et précédemment, le projet de réforme du 25 févr. 2015, art. 1383-2 (Projet).

V. notes ss. art. 1383-2.

SECTION 5 *[ABROGÉE]* Du serment

(Abrogée par Ord. nº 2016-131 du 10 févr. 2016, à compter du 1er oct. 2016)

V. C. civ., art. 1384 s.

Ancien art. 1357 *(Abrogé par Ord. nº 2016-131 du 10 févr. 2016, à compter du 1er oct. 2016)* ***Le serment judiciaire est de deux espèces :***

1º Celui qu'une partie défère à l'autre pour en faire dépendre le jugement de la cause : il est appelé décisoire.

2º Celui qui est déféré d'office par le juge à l'une ou à l'autre des parties.

Comp. C. civ., art. 1384, et précédemment, le projet de réforme du 25 févr. 2015, art. 1384 (Projet).

§ 1 *[ABROGÉ]* Du serment décisoire

(Abrogé par Ord. nº 2016-131 du 10 févr. 2016, à compter du 1er oct. 2016)

V. Projet de réforme du 25 févr. 2015, art. 1384 s. (Projet).

Ancien art. 1358 *(Abrogé par Ord. nº 2016-131 du 10 févr. 2016, à compter du 1er oct. 2016)* ***Le serment décisoire peut être déféré sur quelque espèce de contestation que ce soit.***

Comp. C. civ., art. 1385, et précédemment, le projet de réforme du 25 févr. 2015, art. 1385 (Projet).

BIBL. ▶ MOURRE, *Gaz. Pal. 1994. 1. Doctr. 798.*

V. notes ss. art. 1385.

Ancien art. 1359 *(Abrogé par Ord. nº 2016-131 du 10 févr. 2016, à compter du 1er oct. 2016)* ***Il ne peut être déféré que sur un fait personnel à la partie à laquelle on le défère.***

Comp. C. civ., art. 1385-1, et précédemment, le projet de réforme du 25 févr. 2015, art. 1385-1 s. (Projet).

V. note ss. art. 1385-1.

Ancien art. 1360 *(Abrogé par Ord. nº 2016-131 du 10 févr. 2016, à compter du 1er oct. 2016)* ***Il peut être déféré en tout état de cause, et encore qu'il n'existe aucun commencement de preuve de la demande ou de l'exception sur laquelle il est provoqué.***

Comp. Projet de réforme du 25 févr. 2015, art. 1385 (Projet).

1. Moment où le serment peut être déféré. Le serment décisoire peut être déféré à tout moment par des conclusions principales ou subsidiaires et, dans l'un et l'autre cas, est irrecevable l'appel formé contre le jugement qui se fonde sur le serment. • Civ. 1re, 14 mars 1966 : *D. 1966. 541 ; JCP 1966. II. 14614, note J.A. ; RTD civ. 1966. 595, obs. Raynaud.*

2. Nature du jugement qui prescrit le serment. Nature du jugement qui prescrit le serment : V. • Civ. 2e, 19 mai 1980 : *Bull. civ. II, nº 115.* ♦ V. aussi C. pr. civ., art. 317 s.

Ancien art. 1361 *(Abrogé par Ord. n° 2016-131 du 10 févr. 2016, à compter du 1er oct. 2016)* ***Celui auquel le serment est déféré, qui le refuse ou ne consent pas à le référer à son adversaire, ou l'adversaire à qui il a été référé et qui le refuse, doit succomber dans sa demande ou dans son exception.***

Comp. C. civ., art. 1385-2, et précédemment, le projet de réforme du 25 févr. 2015, art. 1385-2 (Projet).

V. notes ss. art. 1385-2.

Ancien art. 1362 *(Abrogé par Ord. n° 2016-131 du 10 févr. 2016, à compter du 1er oct. 2016)* ***Le serment ne peut être référé quand le fait qui en est l'objet n'est point celui des deux parties, mais est purement personnel à celui auquel le serment avait été déféré.***

Comp. C. civ., art. 1385-1, et précédemment, le projet de réforme du 25 févr. 2015, art. 1385-1 (Projet).

Ancien art. 1363 *(Abrogé par Ord. n° 2016-131 du 10 févr. 2016, à compter du 1er oct. 2016)* ***Lorsque le serment déféré ou référé a été fait, l'adversaire n'est point recevable à en prouver la fausseté.***

Comp. C. civ., art. 1385-3, et précédemment, le projet de réforme du 25 févr. 2015, art. 1385-3 (Projet).

V. note ss. art. 1385-3.

Ancien art. 1364 *(Abrogé par Ord. n° 2016-131 du 10 févr. 2016, à compter du 1er oct. 2016)* ***La partie qui a déféré ou référé le serment ne peut plus se rétracter lorsque l'adversaire a déclaré qu'il est prêt à faire ce serment.***

Comp. C. civ., art. 1385-3, et précédemment, le projet de réforme du 25 févr. 2015, art. 1385-3 (Projet).

Ancien art. 1365 *(Abrogé par Ord. n° 2016-131 du 10 févr. 2016, à compter du 1er oct. 2016)* ***Le serment ne forme preuve qu'au profit de celui qui l'a déféré ou contre lui, et au profit de ses héritiers et ayants cause ou contre eux.***

Néanmoins le serment déféré par l'un des créanciers solidaires au débiteur ne libère celui-ci que pour la part de ce créancier.

Le serment déféré au débiteur principal libère également les cautions.

Celui déféré à l'un des débiteurs solidaires profite aux codébiteurs.

Et celui déféré à la caution profite au débiteur principal.

Dans ces deux derniers cas, le serment du codébiteur solidaire ou de la caution ne profite aux autres codébiteurs ou au débiteur principal que lorsqu'il a été déféré sur la dette, et non sur le fait de la solidarité ou du cautionnement.

Comp. C. civ., art. 1385-4, et précédemment, le projet de réforme du 25 févr. 2015, art. 1385-4 (Projet).

V. notes ss. art. 1385-4.

§ 2 *[ABROGÉ]* Du serment déféré d'office

(Abrogé par Ord. n° 2016-131 du 10 févr. 2016, à compter du 1er oct. 2016)

Ancien art. 1366 *(Abrogé par Ord. n° 2016-131 du 10 févr. 2016, à compter du 1er oct. 2016)* ***Le juge peut déférer à l'une des parties le serment, ou pour en faire dépendre la décision de la cause, ou seulement pour déterminer le montant de la condamnation.***

Comp. C. civ., art. 1386, et précédemment, le projet de réforme du 25 févr. 2015, art. 1386 (Projet).

V. notes ss. art. 1386.

Ancien art. 1367 *(Abrogé par Ord. n° 2016-131 du 10 févr. 2016, à compter du 1er oct. 2016)* ***Le juge ne peut déférer d'office le serment, soit sur la demande, soit sur l'exception qui y est opposée, que sous les deux conditions suivantes ; il faut :***

1° Que la demande ou l'exception ne soit pas pleinement justifiée ;

2° Qu'elle ne soit pas totalement dénuée de preuves.

Hors ces deux cas, le juge doit ou adjuger ou rejeter purement et simplement la demande.

Comp. C. civ., art. 1386-1, et précédemment, le projet de réforme du 25 févr. 2015, art. 1386-1 (Projet).

Ancien art. 1368 *(Abrogé par Ord. nº 2016-131 du 10 févr. 2016, à compter du 1er oct. 2016)* ***Le serment déféré d'office par le juge à l'une des parties ne peut être par elle référé à l'autre.***

Comp. C. civ., art. 1386, et précédemment, le projet de réforme du 25 févr. 2015, art. 1386 (Projet).

Ancien art. 1369 *(Abrogé par Ord. nº 2016-131 du 10 févr. 2016, à compter du 1er oct. 2016)* ***Le serment sur la valeur de la chose demandée, ne peut être déféré par le juge au demandeur que lorsqu'il est d'ailleurs impossible de constater autrement cette valeur.***

Le juge doit même, en ce cas, déterminer la somme jusqu'à concurrence de laquelle le demandeur en sera cru sur son serment.

CHAPITRE VII *[ABROGÉ]* DES CONTRATS SOUS FORME ÉLECTRONIQUE

(Abrogé par Ord. nº 2016-131 du 10 févr. 2016, à compter du 1er oct. 2016)
(L. nº 2004-575 du 21 juin 2004, art. 25-II)

Les art. 1369-1 à 1369-11 sont repris à l'identique aux art. 1125 à 1127-6 ultérieurement modifiés, 1176 et 1177 issus de l'Ord. nº 2016-131 du 10 févr. 2016.

BIBL. GÉN. ▸ **Sur l'Ord. 16 juin 2005 :** ROCHFELD, *RTD civ. 2005. 843.*

SECTION 1 *[ABROGÉE]* De l'échange d'informations en cas de contrat sous forme électronique

(Abrogée par Ord. nº 2016-131 du 10 févr. 2016, à compter du 1er oct. 2016)

Ancien art. 1369-1 *(Abrogé par Ord. nº 2016-131 du 10 févr. 2016, à compter du 1er oct. 2016)* ***La voie électronique peut être utilisée pour mettre à disposition des conditions contractuelles ou des informations sur des biens ou services.***

L'art. 1369-1 anc. est repris à l'identique à l'art. 1125.

Comp. Projet de réforme du 25 févr. 2015, art. 1126 (Projet).

Ancien art. 1369-2 *(Abrogé par Ord. nº 2016-131 du 10 févr. 2016, à compter du 1er oct. 2016)* ***Les informations qui sont demandées en vue de la conclusion d'un contrat ou celles qui sont adressées au cours de son exécution peuvent être transmises par courrier électronique si leur destinataire a accepté l'usage de ce moyen.***

L'art. 1369-2 anc. est repris à l'identique à l'art. 1126.

Comp. Projet de réforme du 25 févr. 2015, art. 1126-1 (Projet).

Ancien art. 1369-3 *(Abrogé par Ord. nº 2016-131 du 10 févr. 2016, à compter du 1er oct. 2016)* ***Les informations destinées à un professionnel peuvent lui être adressées par courrier électronique, dès lors qu'il a communiqué son adresse électronique.***

Si ces informations doivent être portées sur un formulaire, celui-ci est mis, par voie électronique, à la disposition de la personne qui doit le remplir.

L'art. 1369-3 anc. est repris à l'identique à l'art. 1127.

Comp. Projet de réforme du 25 févr. 2015, art. 1126-2 (Projet).

SECTION 2 *[ABROGÉE]* De la conclusion d'un contrat sous forme électronique *(Ord. nº 2005-674 du 16 juin 2005).*

(Abrogée par Ord. nº 2016-131 du 10 févr. 2016, à compter du 1er oct. 2016)

BIBL. GÉN. ▸ CAPRIOLI et AGOSTI, *LPA 3 juin 2005.* – J. HUET, *JCP 2004. I. 178 ;* 1804-2004 Le code civil, *Dalloz, 2004, p. 539* (contrats électroniques). – MATHEY, *CCC 2004. Étude 13.* – MEKKI, *RDC 2007. 681* (formalisme électronique). – ROCHFELD, *RTD civ. 2004. 574.* – STOFFEL-MUNCK, *JCP E 2004. 1341.* – CASTETS-RENARD, *Defrénois 2006. 1529* (formalisme du contrat électronique).

Ancien art. 1369-4 *(Abrogé par Ord. nº 2016-131 du 10 févr. 2016, à compter du 1er oct. 2016) (L. nº 2004-575 du 21 juin 2004, art. 25-II)* ***Quiconque propose, à titre professionnel, par voie électronique, la fourniture de biens ou la prestation de services, met à disposition les conditions contractuelles applicables d'une manière qui permette leur conservation et leur reproduction. Sans préjudice des conditions de validité mentionnées dans l'offre, son auteur reste engagé par elle tant qu'elle est accessible par voie électronique de son fait.***

L'offre énonce en outre :

1º Les différentes étapes à suivre pour conclure le contrat par voie électronique ;

2° Les moyens techniques permettant à l'utilisateur, avant la conclusion du contrat, d'identifier les erreurs commises dans la saisie des données et de les corriger ;

3° Les langues proposées pour la conclusion du contrat ;

4° En cas d'archivage du contrat, les modalités de cet archivage par l'auteur de l'offre et les conditions d'accès au contrat archivé ;

5° Les moyens de consulter par voie électronique les règles professionnelles et commerciales auxquelles l'auteur de l'offre entend, le cas échéant, se soumettre.

L'art. 1369-4 anc. est repris à l'identique à l'art. 1127-1.

Comp. Projet de réforme du 25 févr. 2015, art. 1126-3 (Projet).

Ancien art. 1369-5 *(Abrogé par Ord. n° 2016-131 du 10 févr. 2016, à compter du 1er oct. 2016) (L. n° 2004-575 du 21 juin 2004, art. 25-II)* ***Pour que le contrat soit valablement conclu, le destinataire de l'offre doit avoir eu la possibilité de vérifier le détail de sa commande et son prix total, et de corriger d'éventuelles erreurs, avant de confirmer celle-ci pour exprimer son acceptation.***

L'auteur de l'offre doit accuser réception sans délai injustifié et par voie électronique de la commande qui lui a été ainsi adressée.

La commande, la confirmation de l'acceptation de l'offre et l'accusé de réception sont considérés comme reçus lorsque les parties auxquelles ils sont adressés peuvent y avoir accès.

L'art. 1369-5 anc. est repris à l'identique à l'art. 1127-2.

Comp. Projet de réforme du 25 févr. 2015, art. 1126-4 (Projet).

Ancien art. 1369-6 *(Abrogé par Ord. n° 2016-131 du 10 févr. 2016, à compter du 1er oct. 2016) (L. n° 2004-575 du 21 juin 2004, art. 25-II ; Ord. n° 2005-674 du 16 juin 2005, art. 1er-III)* ***Il est fait exception aux obligations visées aux 1° à 5° de l'article 1369-4 et aux deux premiers alinéas de l'article 1369-5 pour les contrats de fourniture de biens ou de prestation de services qui sont conclus exclusivement par échange de courriers électroniques.***

Il peut, en outre, être dérogé aux dispositions de l'article 1369-5 et des 1° à 5° de l'article 1369-4 dans les conventions conclues entre professionnels.

L'art. 1369-6 anc. est repris à l'identique à l'art. 1127-3.

Comp. Projet de réforme du 25 févr. 2015, art. 1126-5 (Projet).

SECTION 3 *[ABROGÉE]* De l'envoi ou de la remise d'un écrit par voie électronique

(Abrogée par Ord. n° 2016-131 du 10 févr. 2016, à compter du 1er oct. 2016)

Ancien art. 1369-7 *(Abrogé par Ord. n° 2016-131 du 10 févr. 2016, à compter du 1er oct. 2016)* ***Une lettre simple relative à la conclusion ou à l'exécution d'un contrat peut être envoyée par courrier électronique.***

L'apposition de la date d'expédition résulte d'un procédé électronique dont la fiabilité est présumée, jusqu'à preuve contraire, lorsqu'il satisfait à des exigences fixées par décret en Conseil d'État. *— V. Décr. n° 2011-434 du 20 avr. 2011 relatif à l'horodatage des courriers expédiés ou reçus par voie électronique pour la conclusion ou l'exécution d'un contrat (JO 21 avr.).*

L'art. 1369-7 anc. est repris à l'identique à l'art. 1127-4 [abrogé].

La L. n° 2016-1321 du 7 oct. 2016 procède à l'abrogation des art. 1127-4 et 1369-7 [déjà abrogé à compter du 1er oct. 2016] (L. préc., art. 93). — Sur l'envoi recommandé électronique, V. CPCE, art. L. 100.

Comp. Projet de réforme du 25 févr. 2015, art. 1126-6 (Projet).

Ancien art. 1369-8 *(Abrogé par Ord. n° 2016-131 du 10 févr. 2016, à compter du 1er oct. 2016)* ***Une lettre recommandée relative à la conclusion ou à l'exécution d'un contrat peut être envoyée par courrier électronique à condition que ce courrier soit acheminé par un tiers selon un procédé permettant d'identifier le tiers, de désigner l'expéditeur, de garantir l'identité du destinataire et d'établir si la lettre a été remise ou non au destinataire.***

Le contenu de cette lettre, au choix de l'expéditeur, peut être imprimé par le tiers sur papier pour être distribué au destinataire ou peut être adressé à celui-ci par voie électronique. Dans ce dernier cas, si le destinataire n'est pas un professionnel, il doit avoir demandé l'envoi par ce moyen ou en avoir accepté l'usage au cours d'échanges antérieurs.

Lorsque l'apposition de la date d'expédition ou de réception résulte d'un procédé électronique, la fiabilité de celui-ci est présumée, jusqu'à preuve contraire, s'il satisfait à des exigences fixées par un décret en Conseil d'État.

Un avis de réception peut être adressé à l'expéditeur par voie électronique ou par tout autre dispositif lui permettant de le conserver.

Les modalités d'application du présent article sont fixées par décret en Conseil d'État.

Les art. 1369-1 à 1369-11 sont repris à l'identique aux art. 1125 à 1127-6, ultérieurement modifiés, 1176 et 1177 issus de l'Ord. nº 2016-131 du 10 févr. 2016.

La L. nº 2016-1321 du 7 oct. 2016, procède à l'abrogation des art. 1127-5 et 1369-8 [déjà abrogé à compter du 1er oct. 2016] (L. préc., art. 93). — Sur l'envoi recommandé électronique, V. CPCE, art. L. 100,

Comp. Projet de réforme du 25 févr. 2015, art. 1126-7 (Projet).

Injonction pour le Premier ministre de prendre le décret prévu à l'art. 1369-8 : • CE 22 oct. 2010, nº 330216 : *AJDA 2010. 2444 ; D. 2010. 2579 ; RGDA 2011. 69, obs. Moreau.*

Ancien art. 1369-9 *(Abrogé par Ord. nº 2016-131 du 10 févr. 2016, à compter du 1er oct. 2016)* ***Hors les cas prévus aux articles 1369-1 et 1369-2, la remise d'un écrit sous forme électronique est effective lorsque le destinataire, après avoir pu en prendre connaissance, en a accusé réception.***

Si une disposition prévoit que l'écrit doit être lu au destinataire, la remise d'un écrit électronique à l'intéressé dans les conditions prévues au premier alinéa vaut lecture.

L'art. 1369-9 anc. est repris à l'identique à l'art. 1127-6 ultérieurement modifié.

Comp. Projet de réforme du 25 févr. 2015, art. 1126-8 (Projet).

SECTION 4 *[ABROGÉE]* De certaines exigences de forme

(Abrogée par Ord. nº 2016-131 du 10 févr. 2016, à compter du 1er oct. 2016)
(Ord. nº 2005-674 du 16 juin 2005)

Ancien art. 1369-10 *(Abrogé par Ord. nº 2016-131 du 10 févr. 2016, à compter du 1er oct. 2016)* ***Lorsque l'écrit sur papier est soumis à des conditions particulières de lisibilité ou de présentation, l'écrit sous forme électronique doit répondre à des exigences équivalentes.***

L'exigence d'un formulaire détachable est satisfaite par un procédé électronique qui permet d'accéder au formulaire et de le renvoyer par la même voie.

L'art. 1369-10 anc. est repris à l'identique à l'art. 1176.

Comp. Projet de réforme du 25 févr. 2015, art. 1176 (Projet).

Ancien art. 1369-11 *(Abrogé par Ord. nº 2016-131 du 10 févr. 2016, à compter du 1er oct. 2016)* ***L'exigence d'un envoi en plusieurs exemplaires est réputée satisfaite sous forme électronique si l'écrit peut être imprimé par le destinataire.***

L'art. 1369-11 anc. est repris à l'identique à l'art. 1177.

Comp. Projet de réforme du 25 févr. 2015, art. 1177 (Projet).

TITRE IV *[ABROGÉ]* DES ENGAGEMENTS QUI SE FORMENT SANS CONVENTION

(Abrogé par Ord. nº 2016-131 du 10 févr. 2016, à compter du 1er oct. 2016)

L'Ord. nº 2016-131 du 10 févr. 2016 portant réforme du droit des contrats, du régime général et de la preuve des obligations substitue aux titres III (des contrats ou des obligations conventionnelles en général ; art. 1101 à 1369-11 anc.), IV (des engagements qui se forment sans convention ; art. 1370 à 1386 anc.) et IV bis (de la responsabilité du fait des produits défectueux ; art. 1386-1 à 1386-18 anc.) du livre III du code civil trois nouveaux titres : un titre III intitulé « Des sources d'obligations », comprenant les art. 1100 à 1303-4 ; un titre IV intitulé « Du régime général des obligations », comprenant les art. 1304 à 1352-9 et un titre IV bis intitulé « De la preuve des obligations », comprenant les art. 1353 à 1386-1 (Ord. préc., art. 1er).

Les dispositions de l'Ord. nº 2016-131 du 10 févr. 2016 entrent en vigueur le 1er oct. 2016. Les contrats conclus avant cette date demeurent soumis à la loi ancienne. Toutefois, les dispositions des troisième et quatrième al. de l'art. 1123 et celles des art. 1158 et 1183 sont applicables dès l'entrée en vigueur de l'Ord. préc. Lorsqu'une instance a été introduite avant l'entrée en vigueur de l'Ord., l'action est poursuivie et jugée conformément à la loi ancienne. Cette loi s'applique également en appel et en cassation (Ord. préc., art. 9).

Sur les modifications apportées aux conditions d'entrée en vigueur lors de la ratification par la L. nº 2018-287 du 20 avr. 2018, V. ce texte ss. C. civ., art. 1386-1.

Pour la présente édition du Code civil Dalloz, les art. 1101 à 1386-18 des titres III à IV bis dans leur version antérieure à l'Ord. n° 2016-131 du 10 févr. 2016 figurent dans le code avec la mention « Ancien art. », à la suite des titres III à IV bis correspondant aux art. 1100 à 1386-1 issus de cette ordonnance.

Ancien art. 1370 *(Abrogé par Ord. n° 2016-131 du 10 févr. 2016, à compter du 1er oct. 2016)* ***Certains engagements se forment sans qu'il intervienne aucune convention, ni de la part de celui qui s'oblige, ni de la part de celui envers lequel il est obligé.***

Les uns résultent de l'autorité seule de la loi ; les autres naissent d'un fait personnel à celui qui se trouve obligé.

Les premiers sont les engagements formés involontairement, tels que ceux entre propriétaires voisins, ou ceux des tuteurs et des autres administrateurs qui ne peuvent refuser la fonction qui leur est déférée.

Les engagements qui naissent d'un fait personnel à celui qui se trouve obligé, résultent ou des quasi-contrats, ou des délits ou quasi-délits ; ils font la matière du présent titre.

Comp. C. civ., art. 1300 s. et précédemment le projet de réforme du 25 févr. 2015, art. 1300 s. (Projet).

L'Ord. du 10 févr. 2016 définit les quasi-contrats dans l'art. 1300 C. civ. Ce texte en donne une liste non exhaustive : la gestion d'affaires (art. 1301 à 1301-5), le paiement de l'indu (art. 1302 à 1302-3) et l'enrichissement injustifié (art. 1303 à 1303-4) qui correspond à l'enrichissement sans cause.

BIBL. ▸ GARRON, *RLDC 2004/7, n° 305.*

CHAPITRE I *[ABROGÉ]* DES QUASI-CONTRATS

(Abrogé par Ord. n° 2016-131 du 10 févr. 2016, à compter du 1er oct. 2016)

BIBL. GÉN. ▸ CAILLÉ, *Mél. Aubert, Dalloz, 2005, p. 55* (acte juridique et fait juridique). – CHÉNEDÉ, *D. 2010. Chron. 718* (quasi-contrats et liquidation patrimoniale du concubinage). – DESCHEEMAEKER, *RTD civ. 2013. 1* (quasi-contrats et enrichissement injustifié en droit français). – DROSS, *Mél. Goubeaux, Dalloz-LGDJ, 2009, p. 109* (l'avenir de l'art. 1377 à la Cour de cassation). – J. HONORAT, *RTD civ. 1969. 653* (rôle des quasi-contrats). – JESTAZ, *RTD civ. 2014. 67* (acte juridique). – LECÈNE-MARÉNAUD, *RTD civ. 1994. 515* (rôle de la faute dans les quasi-contrats). – PEIS-HITIER, *LPA 25 janv. 2006* (la croyance légitime, critère des quasi-contrats). – SMITH, *RRJ 1985/2. 650* (quasi-contrats en droit comparé). – TERRIER, *D. 2004. Chron. 1179* (la fiction au secours des quasi-contrats).

V. Projet de réforme du 25 févr. 2015, art. 1300 s. (Projet).

Ancien art. 1371 *(Abrogé par Ord. n° 2016-131 du 10 févr. 2016, à compter du 1er oct. 2016)* ***Les quasi-contrats sont les faits purement volontaires de l'homme, dont il résulte un engagement quelconque envers un tiers, et quelquefois un engagement réciproque des deux parties.***

Comp. C. civ., art. 1300 s. et précédemment le projet de réforme du 25 févr. 2015, art. 1300 s. (Projet).

BIBL. ▸ **Enrichissement sans cause :** BONET, *Mél. Hébraud, Univ. Toulouse, 1981, p. 59* (condition d'absence d'intérêt personnel et de faute de l'appauvri). – DEROUIN, *D. 1980. Chron. 199* (paiement de la dette d'autrui). – DESCHEEMAEKER, *RTD civ. 2013. 1* (quasi-contrats et enrichissement injustifié en droit français). – FURET, *D. 1967. Chron. 265* (jurisprudence administrative). ▸ **Faute de l'appauvri :** CONTE, *RTD civ. 1987. 223.* – DJOUDI, *D. 2000. Chron. 609.* – HENNION-MOREAU, *Mél. R. Martin, Univ. Nice/Bruylant/LGDJ, 2004, p. 307* (des dettes contractuelles à l'enrichissement sans cause). – KENNEFICK, *RDC 2015. 961* (faute de l'appauvri, comparaison anglo-française). – LICARI, *LPA 2 mars 2000.* – PÉRINET-MARQUET, *JCP 1982. I. 3075.* – ROMANI, *D. 1983. Chron. 127.* ▸ **Subsidiarité :** CHAKIRIAN, *RRJ 2000/4-1. 1407.* – DRAKIDIS, *RTD civ. 1961. 577.* – NGUEBOU-TOUKAM, *RRJ 1997/3. 923.* ▸ **Droit de la famille :** BORYSEWICZ, *Mél. Béguet, Univ. Toulon, 1985, p. 39.* – CONNEAU, *ibid., p. 111* (épouse séparée de biens). – DELPLANQUE, *Gaz. Pal. 1997. 1. Doctr. 309.* – EVERAERT-DUMONT, *LPA 19 nov. 2003* (assistance aux parents âgés). – GOUTTENOIRE-CORNUT, *Dr. fam. 1999. Chron. 19* (collaboration familiale). – GRILLET-PONTON, *Dr. fam. 1999. Chron. 16* (solidarité entre générations). – HÉNOT, *RRJ 1997/3. 905.* – LAFOND, *JCP N 1996. 1315* (activité bénévole du conjoint séparé de biens). – SIGALAS et DE POULPIQUET, *JCP 1985. I. 3197* (prestation compensatoire). – SINAY-CYTERMANN, *D. 1983. Chron. 159* (communauté de vie). – TCHENDJOU, *Gaz. Pal. 2002. Doctr. 52* (patrimonialisation de l'entraide familiale). ▸ **Droit du travail :** BUY, *Mél. Béguet, préc., p. 69.* ▸ **DIP :** LEGIER, *ibid., p. 167.*

1. Qualification de quasi-contrat – Renvoi. V. notes 1 s. ss. art. 1300.

2. Conditions de l'enrichissement sans cause – Principe. – Absence de cause. V. notes 1 à 2 ss. art. 1303-1.

3. Gérant ayant agi dans son intérêt et à ses risques et périls. V. note 1 ss. art. 1303-2.

4. Devoir moral de l'appauvri. V. note 8 ss. art. 1303-1.

5. Enrichissement et appauvrissement corrélatif. V. notes ss. art. 1303.

6. Régime et conséquences de l'action de

in rem verso. V. notes ss. art. 1303 et, pour le caractère subsidiaire de l'action, notes ss. art. 1303-3.

7. Incidence de la faute de l'appauvri (oui). L'action *de in rem verso* ne peut aboutir lorsque l'appauvrissement est dû à la faute de l'appauvri. • Civ. 1re, 19 mars 2015, n° 14-10.075 P : *D. 2015. 1084, note Lasserre Capdeville* (cassation de l'arrêt ayant qualifié d'erreur, et non de faute, le fait pour une banque d'avoir honoré deux chèques frappés d'opposition). ♦ Violent l'art. 1371 et les principes de l'enrichissement sans cause les juges du second degré qui tout en caractérisant la faute du demandeur à l'origine de son appauvrissement déclarent cependant celui-ci bien fondé à exercer l'action *de in rem verso.* • Com. 16 juill. 1985 : *D. 1986. 393, note J.-L. A. ; RTD civ. 1986. 110, obs. Mestre* • 24 févr. 1987 : *Bull. civ. IV, n° 50.* – V. conf. • Soc. 3 juill. 1990, n° 88-18.723 P • Com. 4 juin 1991 : *D. 1993. Somm. 58, obs. Vasseur (1re esp.)* • Civ. 1re, 15 déc. 1998, n° 96-20.625 P : *D. 1999. 425, note Saint-Pau ; Defrénois 1999. 377, obs. Aubert ; RTD civ. 1999. 400, obs. Mestre* • Com. 18 mai 1999, n° 95-19.455 P : *R., p. 373 ; JCP E 1999. 1127, obs. Morvan.* ♦ V. aussi, pour un cas de dol : • Com. 19 mai 1998, n° 96-16.393 P : *D. 1999. 406, note Ribeyrol-Subrenat ; JCP 1999. II. 10194, note Karm ; ibid. I. 114, n° 7, obs. Virassamy ; RTD civ. 1999. 105, obs. Mestre ; RRJ 2000/1. 395, note Darmon* (impossibilité pour le vendeur d'un fonds de commerce ayant dissimulé la résiliation du bail de prétendre à une indemnité en raison de l'exploitation de fait par l'acquéreur). ♦ Le garagiste qui a exécuté sur le véhicule des travaux non commandés par le propriétaire ne peut réclamer à celui-ci, sur le fondement de l'enrichissement sans cause, le paiement des sommes excédant le montant du devis. • Civ. 1re, 24 mai 2005, n° 03-13.534 P : *D. 2005. IR 1656 ; CCC 2005, n° 164, note Leveneur.* ♦ La faute commise par l'appauvri et qui est à l'origine de son appauvrissement, même si elle n'a pas eu un retentissement direct sur l'enrichissement de celui contre qui l'action est dirigée (caisse de garantie des notaires), le prive du bénéfice de l'action *de in rem verso.* • Civ. 1re, 3 avr. 1979, n° 77-15.951 P. – V. déjà, dans la même affaire : • Civ. 1re, 22 oct. 1974 : *JCP 1976. II. 18331, note Thuillier.* ♦ V. conf., pour une faute pénale, • Civ. 1re, 18 janv. 1989 : *Bull. civ. I, n° 21.*

Pour la jurisprudence antérieure de la première chambre civile, qui avait admis que le fait d'avoir commis une imprudence ou une négligence ne prive pas celui qui, en s'appauvrissant, a enrichi autrui, de son recours fondé sur l'enrichissement sans cause, V. • Civ. 1re, 11 mars 1997, n° 94-17.621 P : *D. 1997. 407, note Billiau ; CCC 1997, n° 113, note Leveneur ; Gaz. Pal. 1997. 2. Somm. 453, obs. S. Piedelièvre* • 3 juin 1997, n° 95-13.568 P : *JCP 1998. II. 10102, note Viney ; RTD civ. 1997. 657, obs. Mestre ; CCC 1997, n° 164, note Leveneur* • Civ. 2e, 2 déc. 1998, n° 96-22.524 P : *RTD civ. 1999. 105, obs. Mestre* • Civ. 1re, 25 mars 2003 : *Defrénois 2003. 858, obs. Aubert* • 13 juill. 2004, n° 01-03.608 P : *D. 2004. IR 2083 ; Defrénois 2004. 1407, obs. Aubert ; RTD civ. 2005. 120, obs. Mestre et Fages* • 19 déc. 2006, n° 04-17.664 P : *D. 2007. AJ 300, obs. Avena-Robardet ; ibid. 2008. Pan. 874, obs. Synvet ; RTD com. 2007. 421, obs. D. Legeais* • 27 nov. 2008 : *cité note 172 ss. art. 1231-1.* (absence de faute lourde). – V. déjà : • Com. 23 janv. 1978, n° 76-13.950 P : *R., p. 55 ; JCP 1980. II. 19365, note Thuillier.*

Également, le fait pour un preneur, entre les mains duquel est pratiquée une saisie, d'avoir continué à verser le loyer au bailleur au lieu du créancier saisissant n'est pas constitutif d'une faute à l'égard du bailleur, et le preneur est fondé, en application de l'art. 24, al. 3, L. du 9 juill. 1991, à exercer un recours en garantie contre le bailleur. • Civ. 2e, 8 déc. 2011, n° 10-23.399 P : *D. 2012. 28.*

8. ... Incidence de la bonne foi de l'enrichi (non). La bonne foi de l'enrichi ne prive pas l'appauvri du droit d'exercer contre celui-là l'action *de in rem verso.* • Civ. 1re, 11 mars 2014, n° 12-29.304 P : *JCP 2014, n° 998, note Billiau ; RDC 2014. 622, note Libchaber.* – V. note 6 ss. art. 1303.

9. Indemnité due à l'appauvri. L'action *de in rem verso* ne tend à procurer à la personne appauvrie qu'une indemnité égale à la moins élevée des deux sommes représentatives, l'une de l'enrichissement, l'autre de l'appauvrissement. • Civ. 1re, 19 janv. 1953 : *D. 1953. 234.* – Dans le même sens : • Civ. 3e, 18 mai 1982, n° 80-10.299 P : *D. 1983. IR 14, obs. A. Robert.* ♦ Pour apprécier l'enrichissement, le juge doit se placer au jour où l'action est intentée, à moins que des circonstances exceptionnelles ne l'autorisent à fixer l'indemnité à la date des faits d'où procède l'enrichissement. • Civ. 1re, 18 janv. 1960 : *D. 1960. 753, note Esmein.* ♦ Mais l'appauvrissement a pour mesure le montant nominal de la dépense exposée. • Civ. 3e, 18 mai 1982 : *préc.*

10. Pour évaluer l'appauvrissement de l'exépouse, à raison des services d'infirmière fournis sans rémunération à son mari pendant dix ans, et l'enrichissement du mari qui, chirurgien, n'a pas eu à rétribuer les services d'une infirmière, les juges du fond doivent se placer à la même date : celle de la demande en divorce, en raison de l'impossibilité morale pour la femme d'agir antérieurement contre son mari. • Civ. 1re, 26 oct. 1982, n° 81-14.824 P : *R., p. 44 ; JCP 1983. II. 19992, note Terré.*

11. Point de départ des intérêts légaux : V. note 11 ss. art. 1231-7.

12. Sort des impenses – Impenses utiles.

Le remboursement des impenses utiles est dû même au possesseur de mauvaise foi. • Civ. 3e, 12 mars 1985, n° 83-16.548 P. ♦ Comp., pour des restitutions consécutives à l'annulation d'une cession de titres d'une société de construction, Malaurie, note *D. 1974. 93.* ♦ Remboursement des impenses utiles et nécessaires, en cas de convention d'occupation anticipée, au bénéficiaire d'une promesse de vente devenue caduque. • Civ. 3e, 15 janv. 2003, n° 01-12.522 P : *JCP 2003. I. 172, n° 5, obs. Périnet-Marquet ; Defrénois 2003. 986, obs. Atias ; Dr. et patr. 5/2003. 114, obs. Chauvel.*

13. Les juges ne peuvent refuser le remboursement de travaux au motif qu'il ne s'agissait pas d'impenses utiles, sans préciser en quoi ces travaux ne méritaient pas cette qualification. • Civ. 1re, 19 janv. 1977 : *Bull. civ. I, n° 38.* ♦ Sur la notion d'impenses utiles, V. note 3 ss. art. 1634.

14. Montant de l'indemnité. Principes : V. note 9. ♦ Les impenses utiles dues au possesseur de mauvaise foi ne peuvent être répétées par lui qu'à concurrence de la plus-value existant lors du délaissement du bien. • Civ. 3e, 23 mars 1968, n° 66-12.007 P.

15. Applications législatives particulières : V. art. 555, 599, 815-13, 862, 1381 anc., 1469, 1634.

Ancien art. 1372 *(Abrogé par Ord. n° 2016-131 du 10 févr. 2016, à compter du 1er oct. 2016)* ***Lorsque volontairement on gère l'affaire d'autrui, soit que le propriétaire connaisse la gestion, soit qu'il l'ignore, celui qui gère contracte l'engagement tacite de continuer la gestion qu'il a commencée, et de l'achever jusqu'à ce que le propriétaire soit en état d'y pourvoir lui-même ; il doit se charger également de toutes les dépendances de cette même affaire.***

Il se soumet à toutes les obligations qui résulteraient d'un mandat exprès que lui aurait donné le propriétaire.

Comp. art. 1301 à 1301-5 et précédemment le projet de réforme du 25 févr. 2015, art. 1301 s. (Projet).

BIBL. ▶ ALIBERT, *LPA 26 févr. 1997* (définition juridique de la notion de gestion). – GORÉ, *D. 1953. Chron. 39.* – DELACOUR, *D. 1999. Chron. 295* (droit administratif).

Sur le régime général de la gestion d'affaires, V. notes ss. art. 1301 (conditions relatives au gérant d'affaire, actes de gestion et preuve de la gestion d'affaires).

Sur la gestion d'une affaire commune, V. note ss. art. 1301-4.

Ancien art. 1373 *(Abrogé par Ord. n° 2016-131 du 10 févr. 2016, à compter du 1er oct. 2016)* ***Il est obligé de continuer sa gestion, encore que le maître vienne à mourir avant que l'affaire soit consommée, jusqu'à ce que l'héritier ait pu en prendre la direction.***

Comp. C. civ., art. 1301 à 1301-5 et précédemment le projet de réforme du 25 févr. 2015, art. 1301-1 s. (Projet).

Ancien art. 1374 *(Abrogé par Ord. n° 2016-131 du 10 févr. 2016, à compter du 1er oct. 2016)* ***Il est tenu d'apporter à la gestion de l'affaire tous les soins*** *(L. n° 2014-873 du 4 août 2014, art. 26)* ***« raisonnables ».***

Néanmoins les circonstances qui l'ont conduit à se charger de l'affaire, peuvent autoriser le juge à modérer les dommages et intérêts qui résulteraient des fautes ou de la négligence du gérant.

Comp. C. civ., art. 1301 à 1301-5 et précédemment le projet de réforme du 25 févr. 2015, art. 1301-1 (Projet).

BIBL. ▶ ACQUARONE, *D. 1986. Chron. 21.*

V. notes ss. art. 1301-1.

Ancien art. 1375 *(Abrogé par Ord. n° 2016-131 du 10 févr. 2016, à compter du 1er oct. 2016)* ***Le maître dont l'affaire a été bien administrée, doit remplir les engagements que le gérant a contractés en son nom, l'indemniser de tous les engagements personnels qu'il a pris, et lui rembourser toutes les dépenses utiles ou nécessaires qu'il a faites.***

Comp. C. civ., art. 1301-2 et précédemment le projet de réforme du 25 févr. 2015, art. 1301-2 (Projet).

V. notes ss. art. 1301-2.

Ancien art. 1376 *(Abrogé par Ord. n° 2016-131 du 10 févr. 2016, à compter du 1er oct. 2016)* ***Celui qui reçoit par erreur ou sciemment ce qui ne lui est pas dû s'oblige à le restituer à celui de qui il l'a indûment reçu.***

Comp. C. civ., art. 1302-1 et précédemment le projet de réforme du 25 févr. 2015, art. 1302-1 s. (Projet).

BIBL. ▶ DEFRÉNOIS-SOULEAU, *RTD civ. 1989. 243*. – DEROUIN, *D. 1980. Chron. 199* (répétition de l'indu et enrichissement sans cause). – HUGLO, *R. 1994, p. 227* (répétition de l'indu communautaire) ; *R. 2000, p. 245 (idem)*. – KAMDEM, *JCP 1997. I. 4018* (évolution de la répétition de l'« indu objectif »). – D. MARTIN, *D. 1993. Chron. 167*. – PERRUCHOT-TRIBOULET, *RTD civ. 2003. 427* (l'indu à trois). – ROMANI, *D. 1983. Chron. 127* (faute de l'appauvri dans la répétition de l'indu et l'enrichissement sans cause).

V. notes ss. art. 1302-1.

Ancien art. 1377 *(Abrogé par Ord. nº 2016-131 du 10 févr. 2016, à compter du 1er oct. 2016)* ***Lorsqu'une personne qui, par erreur, se croyait débitrice, a acquitté une dette, elle a le droit de répétition contre le créancier.***

Néanmoins ce droit cesse dans le cas où le créancier a supprimé son titre par suite du payement, sauf le recours de celui qui a payé contre le véritable débiteur.

Comp. C. civ., art. 1302-2 et précédemment le projet de réforme du 25 févr. 2015, art. 1302-2 (Projet).

1. Conditions de la répétition de l'indu et exercice de l'action en répétition. Sur les conditions de la répétition (existence d'un paiement indu, *solvens, accipiens*) et l'exercice de l'action en répétition, V. notes ss. art. 1302-1.

2. Responsabilité du solvens. V. notes ss. art. 1302-2.

3. Responsabilité du tiers non accipiens à l'origine du paiement indu. V. notes ss. art. 1302-2.

Ancien art. 1378 *(Abrogé par Ord. nº 2016-131 du 10 févr. 2016, à compter du 1er oct. 2016)* ***S'il y a eu mauvaise foi de la part de celui qui a reçu, il est tenu de restituer, tant le capital que les intérêts ou les fruits, du jour du payement.***

Comp. C. civ., art. 1302-3, 1352 à 1352-9 et précédemment le projet de réforme du 25 févr. 2015, art. 1353 s. (Projet) (restitutions).

1. Point de départ des intérêts. Il résulte de la combinaison des art. 1153 et 1378 anc. C. civ. que celui qui est condamné à restituer une somme indûment perçue doit les intérêts du jour de la demande s'il était de bonne foi et du jour du paiement s'il n'était pas de bonne foi. • Civ. 3e, 12 févr. 1985 : *Bull. civ. III, nº 30* • Soc. 7 avr. 1994, nº 91-21.147 P (intérêts dus du jour du paiement, l'organisme créancier sachant sa créance contestée et en ayant néanmoins poursuivi le recouvrement à ses risques et périls) • Soc. 27 juin 1996, nº 94-10.982 P : *JCP 1996. I. 3983, nº 17, obs. Billiau* (contestation par l'employeur des sommes dues rendant les caisses de mauvaise foi ainsi que, par contrecoup, l'URSSAF, qui n'est que leur mandataire légal) • Soc. 30 mai 2002, nº 00-18.616 P : *R., p. 400* (même solution). – Même sens : • Civ. 2e, 14 oct. 2003, nº 01-21.346 P. ♦ Celui qui de bonne foi a reçu une somme qui ne lui était pas due est obligé de la restituer avec les intérêts à compter de la demande ou du jour où il a cessé de posséder de bonne foi. • Civ. 1re, 22 mars 2005, nº 01-11.762 P. ♦ Celui qui de bonne foi a reçu une somme qui ne lui était pas due est obligé de la restituer avec les intérêts moratoires du jour de la demande dès lors que le montant de cette somme peut être déterminé par l'application de dispositions légales ou réglementaires ou par convention. • Cass., ass. plén., 2 avr. 1993, nº 89-15.490 P : *R., p. 326 ; GAJC, 11e éd., nº 226 ; D. 1993. 373, concl. Jéol ; D. 1994. Somm. 14, obs. Aubert ; JCP 1993. II. 22051, concl. Jéol ; Gaz. Pal. 1993. 2. 560, concl. Jéol ; RTD civ. 1993. 820, obs. Mestre*. ♦ Les juges du fond ne peuvent faire courir les intérêts du jour du paiement sans rechercher si le débiteur était de bonne ou de mauvaise foi. • Civ. 1re, 4 oct. 1988 : *Bull. civ. I, nº 273 ; D. 1989. Somm. 231, obs. Aubert*. ♦ Mais lorsqu'ils retiennent la mauvaise foi, ils ne peuvent fixer le point de départ des intérêts au taux légal sur la somme indûment perçue à la date des conclusions formulant la demande. • Com. 2 juill. 1991, nº 89-14.649 P. ♦ Sur le point de départ du droit aux fruits et revenus pour l'époux victime d'un recel : V. note 6 ss. art. 1477.

2. Étendue de la restitution. Lorsqu'une personne a reçu des paiements de mauvaise foi, elle est tenue de restituer, outre le capital, les intérêts du jour de chaque paiement indûment perçu, sans que le créancier soit tenu de justifier d'un préjudice spécial. • Civ. 1re, 8 juin 1983 : *Bull. civ. I, nº 172 ; RTD civ. 1985. 168, obs. Mestre*. ♦ Dans le même sens, en cas de restitution du prix d'une vente annulée pour dol : • Com. 4 janv. 2000 : *CCC 2000, nº 79, note Leveneur.*

3. Condamnation judiciaire. Le point de départ des intérêts moratoires en cas de restitution à un employeur d'un trop-perçu de cotisations d'accident du travail, à la suite d'un arrêt confirmatif ayant déclaré un tiers entièrement responsable de l'accident, ne peut être fixé à la date à laquelle la caisse a eu connaissance du jugement établissant le caractère indu, ou du moins contestable, du calcul de cotisations, alors que ce calcul ne pouvait être remis en cause avant qu'une décision irrévocable ait attribué à un tiers l'entière responsabilité de l'accident. • Soc. 5 nov. 1999, n° 97-11.722 P.

4. Le paiement d'une indemnité allouée par une décision ultérieurement cassée n'est pas indu jusqu'à l'arrêt de cassation. A partir de l'arrêt de cassation, la somme est détenue indûment et la restitution peut en être demandée, à condition que l'arrêt de cassation soit signifié et que le débiteur soit mis en demeure de rembourser, faute de quoi le créancier ne peut arguer de la mauvaise foi du débiteur et demander l'application de l'art. 1378 anc. • Civ. 2e, 22 oct. 1981, n° 80-11.890 P.

5. Application à l'Administration. La répétition de l'indu étant une institution commune au droit privé et au droit public interne, une cour d'appel considère à juste titre que l'administration des douanes est tenue au paiement des intérêts de droit à compter du jour de la demande en remboursement de taxes qu'elle a perçues par erreur. • Com. 16 déc. 1980 (2 arrêts) : *D. 1981. 380, note Berr.* ♦ Lorsque les juges constatent que l'État français (douanes) n'ignorait pas que la perception d'une taxe était contraire au droit communautaire, l'administration doit les intérêts à compter de chaque perception indue. • Civ. 1re, 11 déc. 1985 : *Bull. civ. I, n° 347.* – V. aussi • Douai, 6 juin 1984 : *D. 1984. 543, note Y. L.* ♦ Restitution de taxes indûment perçues lorsqu'elles ont été en partie répercutées sur un tiers : V. • Com. 10 mai 2006, n° 05-15.338 P : *R., p. 380.*

Ancien art. 1379 *(Abrogé par Ord. n° 2016-131 du 10 févr. 2016, à compter du 1er oct. 2016)* ***Si la chose indûment reçue est un immeuble ou un meuble corporel, celui qui l'a reçue s'oblige à la restituer en nature, si elle existe, ou sa valeur, si elle est périe ou détériorée par sa faute ; il est même garant de sa perte par cas fortuit, s'il l'a reçue de mauvaise foi.***

Comp. C. civ., art. 1302-3 et précédemment le projet de réforme du 25 févr. 2015, art. 1353-5 (Projet) (restitutions).

Ancien art. 1380 *(Abrogé par Ord. n° 2016-131 du 10 févr. 2016, à compter du 1er oct. 2016)* ***Si celui qui a reçu de bonne foi a vendu la chose, il ne doit restituer que le prix de la vente.***

Comp. C. civ., art. 1302-3 et précédemment le projet de réforme du 25 févr. 2015, art. 1353-6 s. (Projet) (restitutions).

Ancien art. 1381 *(Abrogé par Ord. n° 2016-131 du 10 févr. 2016, à compter du 1er oct. 2016)* ***Celui auquel la chose est restituée, doit tenir compte, même au possesseur de mauvaise foi, de toutes les dépenses nécessaires et utiles qui ont été faites pour la conservation de la chose.***

Comp. C. civ., art. 1302-3, 1352-5, 1352 à 1352-9 (restitutions) et précédemment le projet de réforme du 25 févr. 2015, art. 1353-5 s. (Projet) (restitutions).

Le paiement d'arriérés de loyers par l'acquéreur du fonds de commerce au bailleur a eu pour objet de conserver le bail indispensable à l'exploitation du fonds et entre à ce titre dans les prévisions de l'anc. art. 1381. • Com. 25 févr. 2003, n° 00-17.601 P.

CHAPITRE II *[ABROGÉ]* DES DÉLITS ET DES QUASI-DÉLITS

(Abrogé par Ord. n° 2016-131 du 10 févr. 2016, à compter du 1er oct. 2016)

L'Ord. n° 2016-131 du 10 févr. 2016 portant réforme du droit des contrats, du régime général et de la preuve des obligations substitue aux titres III (des contrats ou des obligations conventionnelles en général ; art. 1101 à 1369-11), IV (des engagements qui se forment sans convention ; art. 1370 à 1386) et IV bis (de la responsabilité du fait des produits défectueux ; art. 1386-1 à 1386-18) du livre III du code civil trois nouveaux titres : un titre III intitulé « Des sources d'obligations », comprenant les art. 1100 à 1303-4 ; un titre IV intitulé : « Du régime général des obligations », comprenant les art. 1304 à 1352-9 et un titre IV bis intitulé : « De la preuve des obligations », comprenant les art. 1353 à 1386-1 (Ord. préc., art. 1er). Les art. 1382 à 1386 anciens sont repris à l'identique par les art. 1240 à 1244, dans un chapitre consacré à la responsabilité extracontractuelle en général (Ord. n° 2016-131 du 10 févr. 2016, en vigueur le 1er oct. 2016).

Le 29 avr. 2016, le ministère de la Justice a lancé une consultation publique sur l'avant-projet de loi portant réforme du droit de la responsabilité civile.

BIBL. GÉN. ▶ V. Bibl. ss. le chap. I du sous-titre II du livre III (C. civ., art. 1240).

Ancien art. 1382 *(Abrogé par Ord. n° 2016-131 du 10 févr. 2016, à compter du 1er oct. 2016)* ***Tout fait quelconque de l'homme, qui cause à autrui un dommage, oblige celui par la faute duquel il est arrivé, à le réparer.***

L'art. 1382 anc. a été repris à l'identique à l'art. 1240 issu de l'Ord. n° 2016-131 du 10 févr. 2016. V. notes ss. art. 1240.

Ancien art. 1383 *(Abrogé par Ord. n° 2016-131 du 10 févr. 2016, à compter du 1er oct. 2016)* ***Chacun est responsable du dommage qu'il a causé non seulement par son fait, mais encore par sa négligence ou par son imprudence.***

L'art. 1383 anc. a été repris à l'identique à l'art. 1241 issu de l'Ord. n° 2016-131 du 10 févr. 2016.

L'absence de faute pénale non intentionnelle au sens de l'art. 121-3 C. pén. ne fait pas obstacle à l'exercice d'une action devant les juridictions civiles afin d'obtenir la réparation d'un dommage sur le fondement de l'art. 1383 C. civ. si l'existence de la faute civile prévue par cet art. est établie ou en application de l'art. L. 452-1 CSS si l'existence de la faute inexcusable prévue par cet art. est établie (C. pr. pén., art. 4-1, issu de L. n° 2000-647 du 10 juill. 2000). — ***C. pr. pén.***

V. notes ss. art. 1241.

Ancien art. 1384 *(Abrogé par Ord. n° 2016-131 du 10 févr. 2016, à compter du 1er oct. 2016)* ***On est responsable non seulement du dommage que l'on cause par son propre fait, mais encore de celui qui est causé par le fait des personnes dont on doit répondre, ou des choses que l'on a sous sa garde.***

(L. 7 nov. 1922) ***« Toutefois, celui qui détient, à un titre quelconque, tout ou partie de l'immeuble ou des biens mobiliers dans lesquels un incendie a pris naissance ne sera responsable, vis-à-vis des tiers, des dommages causés par cet incendie que s'il est prouvé qu'il doit être attribué à sa faute ou à la faute des personnes dont il est responsable.***

« Cette disposition ne s'applique pas aux rapports entre propriétaires et locataires, qui demeurent régis par les articles 1733 et 1734 du code civil. »

(L. n° 70-459 du 4 juin 1970) ***« Le père et la mère, en tant qu'ils exercent*** *(L. n° 2002-305 du 4 mars 2002, art. 8-V)* ***« l'autorité parentale, » sont solidairement responsables du dommage causé par leurs enfants mineurs habitant avec eux. »*** *— V. note. — L'art. 8-V de la loi n° 2002-305 du 4 mars 2002, modifiant le présent alinéa, est applicable dans les îles Wallis-et-Futuna, en Polynésie française et en Nouvelle-Calédonie (art. 19 de la loi).*

Les maîtres et les commettants, du dommage causé par leurs domestiques et préposés dans les fonctions auxquelles ils les ont employés ;

Les instituteurs et les artisans, du dommage causé par leurs élèves et apprentis pendant le temps qu'ils sont sous leur surveillance.

(L. 5 avr. 1937) ***« La responsabilité ci-dessus a lieu, à moins que les père et mère et les artisans ne prouvent qu'ils n'ont pu empêcher le fait qui donne lieu à cette responsabilité.***

« En ce qui concerne les instituteurs, les fautes, imprudences ou négligences invoquées contre eux comme ayant causé le fait dommageable, devront être prouvées, conformément au droit commun, par le demandeur, à l'instance. » *— V. C. éduc., art. L. 911-4 [codifiant l'art. 2 de la loi du 5 avr. 1937], (II. — Autres textes en matière de responsabilité civile).*

L'art. 1384 anc. a été repris à l'identique à l'art. 1242 de l'Ord. n° 2016-131 du 10 févr. 2016.

BIBL. ▶ BORGHETTI, *RTD civ. 2010. 1* (responsabilité du fait des choses). – BRUN, *RTD civ. 2010. 487* (intemporalité du principe de responsabilité du fait des choses). – DESNOYER, *RTD civ. 2012. 461* (articulation des art. 1386 et 1384, al. 1er). – DURRY, *Mél. Terré, Dalloz/PUF/Juris-Classeur, 1999, p. 707* (responsabilité du fait des choses). – LAMBERT-FAIVRE, *RTD civ. 1998. 1* (éthique de la responsabilité). – MARIA, *RLDC 2011/78, n° 4113* (responsabilité du fait des choses). – MEYER-ROYÈRE, *LPA 8 et 9 mai 2000* (artisans et apprentis). – MISTRETTA, *JCP 1998. I. 116* (responsabilité civile sportive). – J. MOULY, *JCP 2005. I. 134* (responsabilité civile et sport) ; *RLDC 2006/29, n° 2162 (idem)*. – ROLLAND, *LPA 19 sept. 2000* (responsabilité du fait d'autrui : garde ou surveillance ?). – Dossier, *RLDC 2008/51, suppl.* (autorité et responsabilité).

▶ **Proposition de modification de l'art. 1384, al. 2 :** *R. 1996, p. 30 ; R. 1999, p. 35 ; R. 2005, p. 12.*

V. notes ss. art. 1242.

V. C. envir., art. L. 597-1 s. sur la responsabilité civile dans le domaine de l'énergie nucléaire relatif à l'application de la convention sur la responsabilité civile dans le domaine de l'énergie nucléaire du 29 juill. 1960 et des protocoles additionnels.

V. Décr. n° 75-553 du 26 juin 1975 (JO 3 juill.) portant publication de la convention internationale sur la responsabilité civile pour les dommages dus à la pollution par les hydrocarbures, ouverte à la signature à Bruxelles le 29 nov. 1969 ; Décr. n° 81-473 du 7 mai 1981 (JO 13 mai) portant publication du protocole de cette convention fait à Londres le 19 nov. 1976 ; L. n° 87-272 du 16 avr. 1987 (JO 18 avr.) autorisant l'approbation du protocole de cette convention fait à Londres le 25 mai 1984 ; Décr. n° 96-718 du 7 août 1996 (JO 14 août) portant publication du protocole de cette convention fait à Londres le 27 nov. 1992. — V. aussi C. envir., art. L. 218-1 à L. 218-9. — ***C. envir.***

Sur l'indemnisation des conséquences dommageables d'une recherche biomédicale par son promoteur, V. CSP, art. L. 1121-10. – Sur la responsabilité à l'égard des donneurs de sang, V. CSP, art. L. 1222-9. – **CSP.**

En ce qui concerne la réparation des dommages causés par le fonctionnement défectueux du service de la justice et par les fautes personnelles des juges et autres magistrats, V. COJ, art. L. 141-1 et L. 141-2. – **C. pr. civ.**

Sur l'indemnisation par l'État de certaines victimes de dommages résultant d'une infraction, V. C. pr. pén., art. 706-3 à 706-15, R. 50-1 à R. 50-28. – **C. pr. pén.** *– ... et C. assur., art. L. 422-4. – V. aussi Décr. n° 90-447 du 29 mai 1990 (D. et ALD 1990. 249) portant publication de la convention européenne relative au dédommagement des victimes d'infractions violentes, faite à Strasbourg le 24 nov. 1983. –* **C. pr. pén.** *– Sur l'aide au recouvrement des dommages et intérêts pour les victimes d'infractions, V. C. assur., art. L. 422-7 s. créés par L. n° 2008-643 du 1er juill. 2008. –* **C. assur.**

Sur la responsabilité de l'État, substituée à celle de la commune, dans tous les cas où celle-ci se trouve engagée en raison d'un fait dommageable commis ou subi par un élève du fait de l'organisation ou du fonctionnement du service d'accueil pour les élèves des écoles maternelles et élémentaires pendant le temps scolaire, V. C. éduc., art. L. 133-9 issu de la L. n° 2008-790 du 20 août 2008. – **C. éduc.**

V. Convention de La Haye du 2 oct. 1973 sur la loi applicable à la responsabilité du fait des produits, publiée par Décr. n° 77-1210 du 10 oct. 1977 (D. et BLD 1977. 461). – **C. consom.**

V. Convention de La Haye du 19 oct. 1996 concernant la compétence, la loi applicable, la reconnaissance, l'exécution et la coopération en matière de responsabilité parentale et de mesures de protection des enfants. – V. texte en App.

Ancien art. 1385 *(Abrogé par Ord. n° 2016-131 du 10 févr. 2016, à compter du 1er oct. 2016)* ***Le propriétaire d'un animal, ou celui qui s'en sert, pendant qu'il est à son usage, est responsable du dommage que l'animal a causé, soit que l'animal fût sous sa garde, soit qu'il fût égaré ou échappé.***

L'art. 1385 anc. a été repris à l'identique à l'art. 1243 de l'Ord. n° 2016-131 du 10 févr. 2016.

V. notes ss. art. 1243.

Ancien art. 1386 *(Abrogé par Ord. n° 2016-131 du 10 févr. 2016, à compter du 1er oct. 2016)* ***Le propriétaire d'un bâtiment est responsable du dommage causé par sa ruine, lorsqu'elle est arrivée par une suite du défaut d'entretien ou par le vice de sa construction.***

L'art. 1386 anc. a été repris à l'identique à l'art. 1244 de l'Ord. n° 2016-131 du 10 févr. 2016.

V. notes ss. art. 1244.

TITRE IV *BIS [ABROGÉ]* DE LA RESPONSABILITÉ DU FAIT DES PRODUITS DÉFECTUEUX

(Abrogé par Ord. n° 2016-131 du 10 févr. 2016, à compter du 1er oct. 2016) (L. n° 98-389 du 19 mai 1998)

L'Ord. n° 2016-131 du 10 févr. 2016 portant réforme du droit des contrats, du régime général et de la preuve des obligations substitue aux titres III (des contrats ou des obligations conventionnelles en général ; art. 1101 à 1369-11 anc.), IV (des engagements qui se forment sans convention ; art. 1370 à 1386 anc.) et IV bis (de la responsabilité du fait des produits défectueux ; art. 1386-1 à 1386-18 anc.) du livre III du code civil trois nouveaux titres : un titre III intitulé « Des sources d'obligations », comprenant les art. 1100 à 1303-4 ; un titre IV intitulé « Du régime général des obligations », comprenant les art. 1304 à 1352-9 et un titre IV bis intitulé « De la preuve des obligations », comprenant les art. 1353 à 1386-1 (Ord. préc., art. 1er).

Les dispositions de l'Ord. n° 2016-131 du 10 févr. 2016 entrent en vigueur le 1er oct. 2016. Les contrats conclus avant cette date demeurent soumis à la loi ancienne. Toutefois, les dispositions des troisième et quatrième al. de l'art. 1123 et celles des art. 1158 et 1183 sont applicables dès l'entrée en vigueur de l'Ord. préc. Lorsqu'une instance a été introduite avant l'entrée en vigueur de l'Ord., l'action est poursuivie et jugée conformément à la loi ancienne. Cette loi s'applique également en appel et en cassation (Ord. préc., art. 9). Sur les modifications apportées aux conditions d'entrée en vigueur lors de la ratification par la L. n° 2018-287 du 20 avr. 2018, V. ce texte ss. C. civ., art. 1386-1.

Les art. 1386-1 à 1386-18 anc. sont repris à l'identique aux art. 1245 à 1245-17 issus de l'Ord. n° 2016-131 du 10 févr. 2016.

Pour la présente édition du Code civil Dalloz, les art. 1101 à 1386-18 des titres III à IV bis dans leur version antérieure à l'Ord. n° 2016-131 du 10 févr. 2016 figurent dans le code avec la mention « Ancien art. », à la suite des titres III à IV bis correspondant aux art. 1100 à 1386-1 issus de cette ordonnance.

Ancien art. 1386-1 *(Abrogé par Ord. n° 2016-131 du 10 févr. 2016, à compter du 1er oct. 2016)* ***Le producteur est responsable du dommage causé par un défaut de son produit, qu'il soit ou non lié par un contrat avec la victime.***

L'art. 1386-1 anc. a été repris à l'identique à l'art. 1245 de l'Ord. n° 2016-131 du 10 févr. 2016.

V. notes ss. art. 1245-17.

Ancien art. 1386-2 *(Abrogé par Ord. n° 2016-131 du 10 févr. 2016, à compter du 1er oct. 2016) (L. n° 2004-1343 du 9 déc. 2004, art. 29)* ***Les dispositions du présent titre s'appliquent à la réparation du dommage qui résulte d'une atteinte à la personne.***

Elles s'appliquent également à la réparation du dommage supérieur à un montant déterminé par décret, qui résulte d'une atteinte à un bien autre que le produit défectueux lui-même. — *Le montant visé à l'art. 1386-2 est fixé à 500 € (Décr. n° 2005-113 du 11 févr. 2005, art. 1er).*

L'art. 1386-2 anc. a été repris à l'identique à l'art. 1245-1 de l'Ord. n° 2016-131 du 10 févr. 2016.

V. notes ss. art. 1245-1.

Ancien art. 1386-3 *(Abrogé par Ord. n° 2016-131 du 10 févr. 2016, à compter du 1er oct. 2016)* ***Est un produit tout bien meuble, même s'il est incorporé dans un immeuble, y compris les produits du sol, de l'élevage, de la chasse et de la pêche. L'électricité est considérée comme un produit.***

L'art. 1386-3 anc. a été repris à l'identique à l'art. 1245-2 de l'Ord. n° 2016-131 du 10 févr. 2016.

Ancien art. 1386-4 *(Abrogé par Ord. n° 2016-131 du 10 févr. 2016, à compter du 1er oct. 2016)* ***Un produit est défectueux au sens du présent titre lorsqu'il n'offre pas la sécurité à laquelle on peut légitimement s'attendre.***

Dans l'appréciation de la sécurité à laquelle on peut légitimement s'attendre, il doit être tenu compte de toutes les circonstances et notamment de la présentation du produit, de l'usage qui peut en être raisonnablement attendu et du moment de sa mise en circulation.

Un produit ne peut être considéré comme défectueux par le seul fait qu'un autre, plus perfectionné, a été mis postérieurement en circulation.

L'art. 1386-4 anc. a été repris à l'identique à l'art. 1245-3 de l'Ord. n° 2016-131 du 10 févr. 2016.

V. notes ss. art. 1245-3.

Ancien art. 1386-5 *(Abrogé par Ord. n° 2016-131 du 10 févr. 2016, à compter du 1er oct. 2016)* ***Un produit est mis en circulation lorsque le producteur s'en est dessaisi volontairement.***

Un produit ne fait l'objet que d'une seule mise en circulation.

L'art. 1386-5 anc. a été repris à l'identique à l'art. 1245-4 de l'Ord. n° 2016-131 du 10 févr. 2016.

V. note ss. art. 1245-4.

Ancien art. 1386-6 *(Abrogé par Ord. n° 2016-131 du 10 févr. 2016, à compter du 1er oct. 2016)* ***Est producteur, lorsqu'il agit à titre professionnel, le fabricant d'un produit fini, le producteur d'une matière première, le fabricant d'une partie composante.***

Est assimilée à un producteur pour l'application du présent titre toute personne agissant à titre professionnel :

1° Qui se présente comme producteur en apposant sur le produit son nom, sa marque ou un autre signe distinctif ;

2° Qui importe un produit dans la Communauté européenne en vue d'une vente, d'une location, avec ou sans promesse de vente, ou de toute autre forme de distribution ;

(L. n° 2016-138 du 11 févr. 2016, art. 2) « ***3° Qui fait don d'un produit vendu sous marque de distributeur en tant que fabricant lié à une entreprise ou à un groupe d'entreprises, au sens de l'article L. 112-6 du code de la consommation.*** »

Ne sont pas considérées comme producteurs, au sens du présent titre, les personnes dont la responsabilité peut être recherchée sur le fondement des articles 1792 à 1792-6 et 1646-1.

L'art. 1386-6 anc. a été repris à l'identique à l'art. 1245-5 de l'Ord. n° 2016-131 du 10 févr. 2016, excepté les dispositions issues de la L. n° 2016-138 du 11 févr. 2016, art. 2.

V. notes ss. art. 1245-5.

Ancien art. 1386-7 *(Abrogé par Ord. n° 2016-131 du 10 févr. 2016, à compter du 1er oct. 2016) (L. n° 2006-406 du 5 avr. 2006)* ***« Si le producteur ne peut être identifié, le vendeur, le loueur, à l'exception du crédit-bailleur ou du loueur assimilable au crédit-bailleur, ou tout autre fournisseur professionnel, est responsable du défaut de sécurité du produit, dans les mêmes conditions que le producteur, à moins qu'il ne désigne son propre fournisseur ou le producteur, dans un délai de trois mois à compter de la date à laquelle la demande de la victime lui a été notifiée. »*** *— V. notes ss. art. 1386-18.*

Le recours du fournisseur contre le producteur obéit aux mêmes règles que la demande émanant de la victime directe du défaut. Toutefois, il doit agir dans l'année suivant la date de sa citation en justice.

L'art. 1386-7 anc. a été repris à l'identique à l'art. 1245-6 de l'Ord. n° 2016-131 du 10 févr. 2016.

V. notes ss. art. 1245-6.

Ancien art. 1386-8 *(Abrogé par Ord. n° 2016-131 du 10 févr. 2016, à compter du 1er oct. 2016)* ***En cas de dommage causé par le défaut d'un produit incorporé dans un autre, le producteur de la partie composante et celui qui a réalisé l'incorporation sont solidairement responsables.***

L'art. 1386-8 anc. a été repris à l'identique à l'art. 1245-7 de l'Ord. n° 2016-131 du 10 févr. 2016.

V. note ss. art. 1245-7.

Ancien art. 1386-9 *(Abrogé par Ord. n° 2016-131 du 10 févr. 2016, à compter du 1er oct. 2016)* ***Le demandeur doit prouver le dommage, le défaut et le lien de causalité entre le défaut et le dommage.***

L'art. 1386-9 anc. a été repris à l'identique à l'art. 1245-8 de l'Ord. n° 2016-131 du 10 févr. 2016.

V. notes ss. art. 1245-8.

Ancien art. 1386-10 *(Abrogé par Ord. n° 2016-131 du 10 févr. 2016, à compter du 1er oct. 2016)* ***Le producteur peut être responsable du défaut alors même que le produit a été fabriqué dans le respect des règles de l'art ou de normes existantes ou qu'il a fait l'objet d'une autorisation administrative.***

L'art. 1386-10 anc. a été repris à l'identique à l'art. 1245-9 de l'Ord. n° 2016-131 du 10 févr. 2016.

Ancien art. 1386-11 *(Abrogé par Ord. n° 2016-131 du 10 févr. 2016, à compter du 1er oct. 2016)* ***Le producteur est responsable de plein droit à moins qu'il ne prouve :***

1° Qu'il n'avait pas mis le produit en circulation ;

2° Que, compte tenu des circonstances, il y a lieu d'estimer que le défaut ayant causé le dommage n'existait pas au moment où le produit a été mis en circulation par lui ou que ce défaut est né postérieurement ;

3° Que le produit n'a pas été destiné à la vente ou à toute autre forme de distribution ;

4° Que l'état des connaissances scientifiques et techniques, au moment où il a mis le produit en circulation, n'a pas permis de déceler l'existence du défaut ;

5° Ou que le défaut est dû à la conformité du produit avec des règles impératives d'ordre législatif ou réglementaire.

Le producteur de la partie composante n'est pas non plus responsable s'il établit que le défaut est imputable à la conception du produit dans lequel cette partie a été incorporée ou aux instructions données par le producteur de ce produit.

L'art. 1386-11 anc. a été repris à l'identique à l'art. 1245-10 de l'Ord. n° 2016-131 du 10 févr. 2016.

V. notes ss. art. 1245-10.

Ancien art. 1386-12 *(Abrogé par Ord. n° 2016-131 du 10 févr. 2016, à compter du 1er oct. 2016)* ***Le producteur ne peut invoquer la cause d'exonération prévue au 4° de l'article 1386-11 lorsque le dommage a été causé par un élément du corps humain ou par les produits issus de celui-ci.***

L'art. 1386-12 anc. a été repris à l'identique à l'art. 1245-11 de l'Ord. n° 2016-131 du 10 févr. 2016.

V. notes ss. art. 1245-11 et 1245-17.

Ancien art. 1386-13 *(Abrogé par Ord. nº 2016-131 du 10 févr. 2016, à compter du 1er oct. 2016)* ***La responsabilité du producteur peut être réduite ou supprimée, compte tenu de toutes les circonstances, lorsque le dommage est causé conjointement par un défaut du produit et par la faute de la victime ou d'une personne dont la victime est responsable.***

L'art. 1386-13 anc. a été repris à l'identique à l'art. 1245-12 de l'Ord. nº 2016-131 du 10 févr. 2016.

V. notes ss. art. 1245-12.

Ancien art. 1386-14 *(Abrogé par Ord. nº 2016-131 du 10 févr. 2016, à compter du 1er oct. 2016)* ***La responsabilité du producteur envers la victime n'est pas réduite par le fait d'un tiers ayant concouru à la réalisation du dommage.***

L'art. 1386-14 anc. a été repris à l'identique à l'art. 1245-13 de l'Ord. nº 2016-131 du 10 févr. 2016.

Ancien art. 1386-15 *(Abrogé par Ord. nº 2016-131 du 10 févr. 2016, à compter du 1er oct. 2016)* ***Les clauses qui visent à écarter ou à limiter la responsabilité du fait des produits défectueux sont interdites et réputées non écrites.***

Toutefois, pour les dommages causés aux biens qui ne sont pas utilisés par la victime principalement pour son usage ou sa consommation privée, les clauses stipulées entre professionnels sont valables.

L'art. 1386-15 anc. a été repris à l'identique à l'art. 1245-14 de l'Ord. nº 2016-131 du 10 févr. 2016.

Ancien art. 1386-16 *(Abrogé par Ord. nº 2016-131 du 10 févr. 2016, à compter du 1er oct. 2016)* ***Sauf faute du producteur, la responsabilité de celui-ci, fondée sur les dispositions du présent titre, est éteinte dix ans après la mise en circulation du produit même qui a causé le dommage à moins que, durant cette période, la victime n'ait engagé une action en justice.***

L'art. 1386-16 anc. a été repris à l'identique à l'art. 1245-15 de l'Ord. nº 2016-131 du 10 févr. 2016.

V. notes ss. art. 1245-15.

Ancien art. 1386-17 *(Abrogé par Ord. nº 2016-131 du 10 févr. 2016, à compter du 1er oct. 2016)* ***L'action en réparation fondée sur les dispositions du présent titre se prescrit dans un délai de trois ans à compter de la date à laquelle le demandeur a eu ou aurait dû avoir connaissance du dommage, du défaut et de l'identité du producteur.***

L'art. 1386-17 anc. a été repris à l'identique à l'art. 1245-16 de l'Ord. nº 2016-131 du 10 févr. 2016.

V. note ss. art. 1245-16.

Ancien art. 1386-18 *(Abrogé par Ord. nº 2016-131 du 10 févr. 2016, à compter du 1er oct. 2016)* ***Les dispositions du présent titre ne portent pas atteinte aux droits dont la victime d'un dommage peut se prévaloir au titre du droit de la responsabilité contractuelle ou extracontractuelle ou au titre d'un régime spécial de responsabilité.***

Le producteur reste responsable des conséquences de sa faute et de celle des personnes dont il répond.

L'art. 1386-18 anc. a été repris à l'identique à l'art. 1245-17 de l'Ord. nº 2016-131 du 10 févr. 2016.

V. notes ss. art. 1245-17.

TITRE IV *TER [ABROGÉ]* DE LA RÉPARATION DU PRÉJUDICE ÉCOLOGIQUE

(Abrogé par L. nº 2016-1087 du 8 août 2016, art. 4-IV, à compter du 1er oct. 2016)
(L. nº 2016-1087 du 8 août 2016, art. 4-I)

Les art. 1386-19 à 1386-25 anc. sont applicables à la réparation des préjudices dont le fait générateur est antérieur au 9 août 2016. Ils ne sont pas applicables aux préjudices ayant donné lieu à une action en justice introduite avant cette date (L. nº 2016-1087 du 8 août 2016, art. 4-III).

A compter de l'entrée en vigueur de l'Ord. nº 2016-131 du 10 févr. 2016 portant réforme du droit des contrats, du régime général et de la preuve des obligations, soit le 1er oct. 2016, le titre IV ter du livre III C. civ. est abrogé (L. nº 2016-1087 du 8 août 2016, art. 4-IV ; V. art. 1246 s.).

Les art. 1386-19 à 1386-25 anc. issus de la L. nº 2016-1087 du 8 août 2016, art. 4-I, sont applicables dans les îles Wallis-et-Futuna et dans les Terres australes et antarctiques françaises (L. préc., art. 4-V).

Ancien art. 1386-19 *(Abrogé par L. nº 2016-1087 du 8 août 2016, art. 4-IV, à compter du 1er oct. 2016)* ***Toute personne responsable d'un préjudice écologique est tenue de le réparer.***

V., postérieurement au 1er oct. 2016, l'art. 1246.

Ancien art. 1386-20 *(Abrogé par L. nº 2016-1087 du 8 août 2016, art. 4-IV, à compter du 1er oct. 2016)* ***Est réparable, dans les conditions prévues au présent titre, le préjudice écologique consistant en une atteinte non négligeable aux éléments ou aux fonctions des écosystèmes ou aux bénéfices collectifs tirés par l'homme de l'environnement.***

V., postérieurement au 1er oct. 2016, l'art. 1247.

Ancien art. 1386-21 *(Abrogé par L. nº 2016-1087 du 8 août 2016, art. 4-IV, à compter du 1er oct. 2016)* ***L'action en réparation du préjudice écologique est ouverte à toute personne ayant qualité et intérêt à agir, telle que l'État, l'Agence française pour la biodiversité, les collectivités territoriales et leurs groupements dont le territoire est concerné, ainsi que les établissements publics et les associations, agréées ou créées depuis au moins cinq ans à la date d'introduction de l'instance, qui ont pour objet la protection de la nature et la défense de l'environnement.***

V., postérieurement au 1er oct. 2016, l'art. 1248.

Ancien art. 1386-22 *(Abrogé par L. nº 2016-1087 du 8 août 2016, art. 4-IV, à compter du 1er oct. 2016)* ***La réparation du préjudice écologique s'effectue par priorité en nature.***

En cas d'impossibilité de droit ou de fait ou d'insuffisance des mesures de réparation, le juge condamne le responsable à verser des dommages et intérêts, affectés à la réparation de l'environnement, au demandeur ou, si celui-ci ne peut prendre les mesures utiles à cette fin, à l'État.

L'évaluation du préjudice tient compte, le cas échéant, des mesures de réparation déjà intervenues, en particulier dans le cadre de la mise en œuvre du titre VI du livre I du code de l'environnement.

V., postérieurement au 1er oct. 2016, l'art. 1249.

Ancien art. 1386-23 *(Abrogé par L. nº 2016-1087 du 8 août 2016, art. 4-IV, à compter du 1er oct. 2016)* ***En cas d'astreinte, celle-ci est liquidée par le juge au profit du demandeur, qui l'affecte à la réparation de l'environnement ou, si le demandeur ne peut prendre les mesures utiles à cette fin, au profit de l'État, qui l'affecte à cette même fin.***

Le juge se réserve le pouvoir de la liquider.

V., postérieurement au 1er oct. 2016, l'art. 1250.

Ancien art. 1386-24 *(Abrogé par L. nº 2016-1087 du 8 août 2016, art. 4-IV, à compter du 1er oct. 2016)* ***Les dépenses exposées pour prévenir la réalisation imminente d'un dommage, pour éviter son aggravation ou pour en réduire les conséquences constituent un préjudice réparable.***

V., postérieurement au 1er oct. 2016, l'art. 1251.

Ancien art. 1386-25 *(Abrogé par L. nº 2016-1087 du 8 août 2016, art. 4-IV, à compter du 1er oct. 2016)* ***Indépendamment de la réparation du préjudice écologique, le juge, saisi d'une demande en ce sens par une personne mentionnée à l'article 1386-21, peut prescrire les mesures raisonnables propres à prévenir ou faire cesser le dommage.***

V., postérieurement au 1er oct. 2016, l'art. 1251.

TITRE V DU CONTRAT DE MARIAGE ET DES RÉGIMES MATRIMONIAUX

(L. nº 65-570 du 13 juill. 1965)

Les dispositions du titre V (art. 1387 à 1581) sont entrées en vigueur le 1er févr. 1966. — En ce qui concerne la situation des époux dont le mariage a été célébré ou les conventions matrimoniales passées avant le 1er févr. 1966, V. L. nº 65-570 du 13 juill. 1965, art. 9 s., et L. nº 85-1372 du 23 déc. 1985, art. 56 s., ss. art. 1581.

RÉP. CIV. vº *Contrat de mariage*, par A. COLOMER et CH. VERNIÈRES ; *Régimes matrimoniaux*, par J. REVEL.

BIBL. GÉN. ▸ **Commentaires de la loi du 13 juill. 1965 :** CORNU, *JCP 1966. I. 1968, 1997 ; 1967. I. 2128 ; 1970. I. 2333, 2368.* – PONSARD, *D. 1966. L. 111 ; Études FLOUR, Defrénois, 1979, p. 383* (interprétation par la Cour de cassation). – PRÉCIGOUT, *JCP N 1966. I. 1978.*

▶ **Commentaires de la loi du 23 déc. 1985 :** Colomer, *D. 1986. Chron. 49.* – Colomer et Champenois, *Defrénois 1986. 481, 545, 961, 1041.* – Fournier, *RTD civ. 1989. 447.* – Gardner, *RRJ 1987/1. 311.* – Grimaldi, *Gaz. Pal. 1986. 2. Doctr. 529.* – Kraemer-Bach, *Gaz. Pal. 1986. 1. Doctr. 290.* – Rubellin-Devichi, *obs. RTD civ. 1986. 86.* – Virfolet, *JCP 1986. I. 3232 et 3259.* – Zenati, *RTD civ. 1986. 199.*

▶ **Loi du 23 juin 2006 sur les successions et les libéralités :** Peterka, *AJ fam. 2006. 358* (incidences sur le droit des régimes matrimoniaux). – Vareille, *JCP N 2007. 1200* (*idem*).

▶ **Notion de régime matrimonial :** Wiederkehr, *Mél. Huet-Weiller, PU Strasbourg/LGDJ, 1994, p. 533.*

▶ **Études synthétiques de thèmes intéressant divers aspects des régimes matrimoniaux :** Antonini-Cochin, *JCP 2010, n° 584* (conjoint soumis à une procédure collective). – Beignier, *Mél. Oppetit, Litec, 2009, p. 33* (avantages matrimoniaux). – Bigot, *JCP 1993. I. 3718* (assurance vie). – Blanc, *RTD civ. 1988. 31* (l'association comme fondement du pouvoir des époux communs en biens). – Boidin, *AJ fam. 2019. 150* (loi applicable au régime matrimonial). – Bolze, *Dr. fam. 2001. Chron. 4* (rapports patrimoniaux en dehors de la communauté légale). – Bonnet, *Dr. fam. 2018. Étude 19* (régime matrimonial contractuel et acte authentique). – Bourcy, *JCP N 1998. 1830* (régime matrimonial et voies d'exécution). – Boussier, *JCP N 1990. I. 371* (entreprise et mariage). – Casey, *AJ fam. 2007. 455* (preuve et régimes matrimoniaux). – Chalvignac, *JCP N 1999. 322* (gestion du fonds de commerce). – Chevallier-Dumas, *JCP N 1979. 40* (la fraude dans les régimes matrimoniaux). – Colomer, *Defrénois 1983. 865, 945* (problèmes de gestion soulevés par le fonctionnement parallèle d'une société et d'un régime matrimonial) ; *Études Weill, Dalloz/Litec, 1983, p. 153* (vérité juridique et vérité économique). – Dagot, *JCP 1987. I. 3272* (vente entre époux). – Dauriac, *LPA 28 sept. 2005* (les régimes matrimoniaux hors du code civil). – Dekeuwer-Défossez, *Trav. Assoc. Capitant, XLV-1994, p. 211* (les groupements et le droit de la famille). – Delavaquerie, *RTD civ. 2021. 315* (recherche sur la notion d'interpatrimonialité dans le couple). – Depondt, *Gaz. Pal. 2012. 666.* – Devisme, *JCP N 2022, n° 1128* (de l'intérêt d'établir un contrat de mariage dans un contexte international). – Douville, *JCP N 2009. 1134* (autorisations administratives). – Emane, *JCP N 1994. Doctr. 309* (créances entre époux). – Escudey, *Dr. fam. 2019. Étude 17* (faut-il permettre l'insertion de clauses relatives à la désunion dans les contrats de mariage ?). – Flament, *Defrénois 1993. 737* (sur un régime matrimonial à liquidation alternative). – Frénisy, *RTD civ. 1970. 64* (preuve de la propriété et des pouvoirs). – Gilson-Maes, *JCP N 2022, n° 1108* (le choix du régime matrimonial en 2020 : état des lieux et perspectives). – Goldsmith et Guillermain, *AJ fam. 2020. 172* (incertitude sur le sort des droits à la retraite face à l'extranéité du divorce). – G. Hénaff, *Defrénois 1996. 561* (surendettement des personnes mariées). – Henry, *JCP 1987. I. 3281* (clause d'accroissement en fraude du régime matrimonial). – Hovasse, *Dr. et patr. 4/2002. 42* (époux et valeurs mobilières). – Karm, *Defrénois 2011. 576* (EIRL et régimes matrimoniaux). – Labrusse-Riou, *Mél. Rodière, Dalloz, 1981, p. 151* (rôle du juge et de la loi). – Lamboley, *Mél. Colomer, Litec, 1993, p. 197* (entreprise libérale et régimes matrimoniaux). – Langé, *RTD civ. 1984. 33* (le conjoint de l'aliéné). – Larribau-Terneyre, *JCP N 1999. 843* (régime matrimonial de l'incapable). – Lecourt, *RTD com. 2004. 1* (procédures collectives et droit de la famille). – Lécuyer, *Dr. et patr. 10/2004. 52* (choix du régime matrimonial) ; *JCP N 2014, hors-série août 2014, p. 19* (changer de régime légal ?). – Le Livec-Tourneux, *JCP N 1993. I. 1* (surendettement et régimes matrimoniaux). – Lemistre, *Mél. Gobert, Economica, 2004, p. 235* (cogestion dans les régimes matrimoniaux et droits de propriété industrielle). – Leuck, *JCP N 1992. I. 275* (Convention de La Haye de 1978). – F.-X. Lucas, *LPA 12 juill. 2002* (protection du conjoint du débiteur en difficulté). – de la Marnierre, *D. 1993. Chron. 169* (Convention de La Haye). – Monéger, *JCP N 2014, n° 1294* (premières jurisprudences sur la convention de La Haye en matière de régimes matrimoniaux). – Morin, *Defrénois 1991. 1089* (vente entre époux). – Naudin et Iwanesko, *Dr. et patr. 10/2012. 46* (assurance vie et régimes matrimoniaux). – Olivier, *Defrénois 2001. 1098* (propriété littéraire et régimes matrimoniaux). – Porcara, *RLDC 2011/80, n° 4182* (action en justice relative aux biens immobiliers communs). – Perrodet, *RTD com. 1999. 1* (conjoint du débiteur en redressement judiciaire). – Philippe, *RLDC 2008/51, n° 3070* (récompense). – S. Piedelièvre, *RRJ 1994/1. 75* (fruit et revenus). – Plaisant, *Mél. Voirin, LGDJ, 1967, p. 654* (droits intellectuels et régimes matrimoniaux). – Rémy, *Trav. Assoc. Capitant, XXXIX-1988, p. 251* (évolution récente du droit de la famille). – Revel, *D. 1993. Chron. 33* (droit des sociétés et régimes matrimoniaux). – Raoul-Cormeil, *Defrénois 2008. 1303* (conjoint de la personne vulnérable). – Sebag, *Dr. fam. 2017. Étude 21* (création d'un statut primaire pour toutes les formes de conjugalité). – Simler, *LPA 17 juin 1998* (régimes matrimoniaux et procédures collectives) ; *Dr. fam. 2000, n° 12 bis hors série, p. 30* (pour une révision du droit des régimes matrimoniaux ; colloque Grenoble, nov. 1999). – Tardy, *RRJ 1998/3. 915* (régimes matrimoniaux et procédures collectives). – VAUVILLÉ, *JCP N 1993. I. 79* (droit des procédures collectives et droit patrimonial de la famille).

▶ Dossier, *AJ fam. 2006. 269* (banque et famille). – Dossier, *AJ fam. 2008. 52* (stratégie patrimoniale du couple). – Dossier, *AJ fam. 2008. 100* (règlement du régime matrimonial après divorce). – Dossier, *AJ fam. 2010. 153* (liquidation du régime matrimonial) ; *ibid. 2013. 77* (*idem*). – Dossier, *JCP N 2015, nos 1225 s.* – Dossier *AJ fam. 2017. 619*, *ibid. 2018. 11* (régimes matrimoniaux dans le monde). – Dossier, *AJ fam. 2021. 207* et *ibid. 263* (liquidation du régime matrimonial).

▶ **Panoramas Dalloz-Droit patrimonial de la famille :** *D. 2020. Pan. 2206* (sept. 2019 – sept. 2020) ; *D. 2019. Pan. 2216* (sept. 2018 – sept. 2019) ; *D. 2018. Pan. 2384* (sept. 2017 – sept. 2018) ; *D. 2017. Pan. 2119* (juin 2016 – juin 2017) ; *D. 2016. Pan. 2086* (juin 2015 – août 2016) ; *D. 2015. Pan. 2094* (juin 2014 – juin 2015) ; *D. 2014. Pan. 1905* (juin 2013 – juin 2014) ; *D. 2013. Pan. 2242* (juin 2012 – juin 2013) ; *D. 2012. Pan. 2476* (juin 2011 – juill. 2012) ; *D. 2011. Pan. 2624* (juill. 2010 – juin 2011) ; *D. 2010. Pan. 2392* (juill. 2009 – juin 2010) ; *D. 2009. Pan. 2508* (juin 2008 – juin 2009) ; *D. 2008. Pan. 2245* (juin 2007 – mai 2008) ; *D. 2007. Pan. 2126* (mai 2006 – mai 2007).

CHAPITRE I **DISPOSITIONS GÉNÉRALES**

(L. n° 65-570 du 13 juill. 1965)

DALLOZ ACTION *Droit patrimonial de la famille 2021/2022, nos 111.00 s.*

Art. 1387 **La loi ne régit l'association conjugale, quant aux biens, qu'à défaut de conventions spéciales, que les époux peuvent faire comme ils le jugent à propos, pourvu qu'elles ne soient pas contraires aux bonnes mœurs ni aux dispositions qui suivent.**

Lorsque le mariage a été célébré dans les conditions de l'art. 171 C. civ. (futur époux décédé), aucun régime matrimonial n'est réputé avoir existé entre les époux.

BIBL. ▶ BEZ, *JCP N 1988. I. 1.* – CHALVIGNAC, *JCP N 1999. 322* (incidences du choix du régime matrimonial sur la gestion du fonds de commerce). – MATHIEU, *JCP N 1989. I. 321.*

1. Si l'art. 1387 détermine le régime matrimonial applicable en l'absence de contrat de mariage, il ne permet pas de présumer l'absence d'un tel contrat. • Civ. 1re, 24 mars 1987, n° 85-15.816 P : *R., p. 143 ; Defrénois 1987. 947, obs. Champenois* (obligation pour le juge de rechercher le régime matrimonial).

2. Le JAM est incompétent au profit du TGI pour connaître de la détermination du régime matrimonial des époux. • Civ. 1re, 11 juill. 2006, n° 03-19.087 P : *D. 2007. Pan. 2693, obs. Douchy-Oudot ; Dr. fam. 2006, n° 207, note Larribau-Terneyre.*

Art. 1387-1 *(L. n° 2005-882 du 2 août 2005, art. 13)* **Lorsque le divorce est prononcé, si des dettes ou sûretés ont été consenties par les époux, solidairement ou séparément, dans le cadre de la gestion d'une entreprise, le tribunal judiciaire peut décider d'en faire supporter la charge exclusive au conjoint qui conserve le patrimoine professionnel ou, à défaut, la qualification professionnelle ayant servi de fondement à l'entreprise.**

BIBL. ▶ BRÉMOND, *JCP N 2005. 1497.* – CASEY, *Gaz. Pal. 2008. 3705 ; ibid. 2012. 29.* – CHAZAL et FERRÉ-ANDRÉ, *D. 2006. Point de vue 316.* – CROCQ, *D. 2005. Tribune 2025*. – JACOB, *obs. Banque et Dr. 9-10/2005. 62.* – LARRIBAU-TERNEYRE, *Dr. fam. 2005. Étude 21.* – S. PIEDELIÈVRE, *D. 2005. Point de vue 2138.* – REVET, *Dr. et patr. 11/2005. 91.*

1. Application limitée aux rapports entre époux. Pour une décision interprétant les nouvelles dispositions comme permettant seulement au TGI de décider, dans le cadre de la liquidation de la communauté ayant existé entre les époux et uniquement dans leurs rapports entre eux, que la contribution finale à la dette sera supportée exclusivement par le conjoint qui conserve le patrimoine professionnel, l'obligation à la dette n'étant nullement affectée par le nouvel article et le créancier gardant donc le droit de poursuivre les deux époux : • TGI Évreux, 17 nov. 2006 : *Defrénois 2008. 316, obs. Champenois ; LPA 15-16 août 2007, note Edel.* ♦ L'art. 1387-1 ne constitue qu'une modalité de partage de la communauté entre les époux, laissée à l'appréciation du tribunal chargé de la liquidation de celle-ci ; il laisse subsister l'obligation contractée par l'épouse, codébiteur solidaire, envers le créancier. • Bourges, 24 janv. 2008 : *RJPF 2009-6/25, note Casey.*

2. Pouvoir d'appréciation des juridictions du fond. Après avoir constaté que le patrimoine professionnel de l'entreprise avait été attribué à l'époux, conformément à l'accord des parties, et après avoir relevé que la valeur patrimoniale de l'entreprise traduisait un état de dettes largement supérieur à ses actifs et que les prélèvements annuels effectués par l'époux présentaient un caractère disproportionné au regard de la situation financière de l'entreprise, une cour d'appel a pu déduire souverainement de ces constatations que cet époux devait supporter seul l'entier passif de l'entreprise, en application de l'art. 1387-1. • Civ. 1re, 5 sept. 2018, n° 17-23.120 P : *D. 2018. 2292, note Lotti* ; *AJ fam. 2018. 610, obs. Thouret* ; *RTD civ. 2018. 959, obs. Nicod* ; *RTD com. 2019. 164, obs. Lecourt* ; *Dr. fam. 2018, n° 262, obs. Torricelli-Chrifi.*

3. Application dans le temps. L'art. 1387-1 n'est pas applicable aux dettes contractées avant son entrée en vigueur. • Douai, 20 oct. 2008 : *Dr. fam. 2009, n° 52, obs. Larribau-Terneyre ; RJPF 2009-6/25, note Casey.*

Art. 1388 **Les époux ne peuvent déroger ni aux devoirs ni aux droits qui résultent pour eux du mariage, ni aux règles de l'autorité parentale, de l'administration légale et de la tutelle.**

Impossibilité de déroger aux devoirs résultant du mariage. Il résulte de la combinaison des art. 214, 226 et 1388 que les conventions conclues par les époux ne peuvent les dispenser de leur obligation d'ordre public de contribuer aux charges du mariage. • Civ. 1re, 13 mai 2020, n° 19-11.444 P : *cité note 1 ss. art. 214.*

Art. 1389 **Sans préjudice des libéralités qui pourront avoir lieu selon les formes et dans les cas déterminés par le présent code, les époux ne peuvent faire aucune convention ou renonciation dont l'objet serait de changer l'ordre légal des successions.**

Art. 1390 **Ils peuvent, toutefois, stipuler qu'à la dissolution du mariage par la mort de l'un d'eux, le survivant** *(L. n° 2006-728 du 23 juin 2006, art. 29-30°)* **« a » la faculté d'acquérir ou, le cas échéant, de se faire attribuer dans le partage certains biens personnels du** *(L. n° 2006-728 du 23 juin 2006, art. 29-30°)* **« prédécédé », à charge d'en tenir compte à la succession, d'après la valeur qu'ils** *(L. n° 2006-728 du 23 juin 2006, art. 29-30°)* **« ont » au jour où cette faculté sera exercée.** — *V. L. n° 65-570 du 13 juill. 1965, art. 20, ss. art. 1581.*

(L. n° 2006-728 du 23 juin 2006, art. 29-30°) **« La stipulation peut prévoir que l'époux survivant qui exerce cette faculté peut exiger des héritiers que lui soit consenti un bail portant sur l'immeuble dans lequel l'entreprise attribuée ou acquise est exploitée. »** — *La loi du 23 juin 2006 est entrée en vigueur le 1er janv. 2007.*

BIBL. ▶ JOUVENET, *JCP N 1981. I. 341.*

1. Les règles d'évaluation de l'art. 1390 sont impératives. • Civ. 1re, 24 juin 1969 : *D. 1969. 705, note Breton.*

2. La licéité de la faculté d'attribution en propriété implique celle de la clause du contrat de mariage prévoyant l'octroi d'un bail sur les biens propres de l'époux prédécédé. • Civ. 1re, 29 avr. 1985, n° 83-16.803 P : *R., p. 80 ; D. 1986. 364, note Beaubrun ; JCP N 1986. II. 74, note Simler.*

3. Le principe de la liberté des conventions matrimoniales ne peut faire obstacle aux dispositions d'ordre public du statut du fermage. • Civ. 3e, 28 juin 2006, n° 05-20.860 P : *D. 2006. IR 1987* ; *JCP 2006. I. 193, n° 5, obs. Wiederkehr ; AJ fam. 2006. 331, obs. Hilt* ; *LPA 25 juin 2007, note Chamoulaud-Trapiers ; RTD civ. 2006. 819, obs. Vareille* .

Art. 1391 **Le contrat de mariage doit déterminer les biens sur lesquels portera la faculté stipulée au profit du survivant. Il peut fixer des bases d'évaluation et des modalités de paiement, sauf la réduction au profit des héritiers réservataires s'il y a avantage indirect.**

Compte tenu de ces clauses et à défaut d'accord entre les parties, la valeur des biens sera arrêtée par le tribunal judiciaire.

La détermination des biens par leur espèce est suffisante pour répondre aux exigences de l'art. 1391. • Civ. 1re, 29 avr. 1985 : *préc. note 2 ss. art. 1390.*

Art. 1392 **La faculté ouverte au survivant est caduque s'il ne l'a pas exercée, par une notification faite aux héritiers du prédécédé, dans le délai d'un mois à compter du jour où ceux-ci l'auront mis en demeure de prendre parti. Cette mise en demeure ne peut avoir lieu avant l'expiration du délai prévu** *(L. n° 2006-728 du 23 juin 2006, art. 29-31°)* **« à l'article 792 ».** — *La loi du 23 juin 2006 est entrée en vigueur le 1er janv. 2007.*

Lorsqu'elle est faite dans ce délai, la notification forme vente au jour où la faculté est exercée ou, le cas échéant, constitue une opération de partage.

Il dépend de l'appréciation souveraine des juges du fond d'estimer qu'une assignation tendant seulement au prononcé de la nullité de la clause d'attribution d'un bien au conjoint survivant ne saurait être assimilée à une mise en demeure de prendre parti au sens de l'art. 1392. • Civ. 1re, 20 mars 1990 : *JCP N 1991. II. 165, note Simler.*

Art. 1393 Les époux peuvent déclarer, de manière générale, qu'ils entendent se marier sous l'un des régimes prévus au présent code.

A défaut de stipulations spéciales qui dérogent au régime de communauté ou le modifient, les règles établies dans la première partie du chapitre II formeront le droit commun de la France.

La L. n° 2013-98 du 28 janv. 2013 a ratifié l'accord entre la République française et la République fédérale d'Allemagne instituant un régime matrimonial optionnel de la participation aux acquêts, signé à Paris le 4 févr. 2010 (JO 29 janv. 2013).

BIBL. ▶ BUY, *RLDC 2004/7, n° 306.*

Art. 1394 Toutes les conventions matrimoniales seront rédigées par acte devant notaire, en la présence et avec le consentement simultanés de toutes les personnes qui y sont parties ou de leurs mandataires. – *V. L. n° 65-570 du 13 juill. 1965, art. 21, ss. art. 1581.*

Au moment de la signature du contrat, le notaire délivre aux parties un certificat sur papier libre et sans frais, énonçant ses nom et lieu de résidence, les noms, prénoms, qualités et demeures des futurs époux, ainsi que la date du contrat. Ce certificat indique qu'il doit être remis à l'officier de l'état civil avant la célébration du mariage. – *V. aussi Décr. n° 55-1350 du 14 oct. 1955, art. 86, al. 2, ss. art. 2474.*

Si l'acte de mariage mentionne qu'il n'a pas été fait de contrat, les époux seront, à l'égard des tiers, réputés mariés sous le régime de droit commun, à moins que, dans les actes passés avec ces tiers, ils n'aient déclaré avoir fait un contrat de mariage.

Al. 4 abrogé par Ord. n° 2005-428 du 6 mai 2005, art. 7.

1. Nullité. Comme toute convention, le contrat de mariage est susceptible d'annulation lorsqu'il a été conclu en violation des règles du droit commun concernant le consentement. • Paris, 14 déc. 1999 : *Dr. fam. 2001, n° 19, note Beignier.*

2. L'action en nullité relative d'un contrat de mariage, réservée à celui des contractants dont le consentement a été vicié, est, en raison de son caractère patrimonial, transmise, après son décès, à ses ayants cause universels. • Civ. 1re, 4 juill. 1995 : *D. 1996. 233, note F. Boulanger ; Defrénois 1996. 321, obs. Massip ; ibid. 407, obs. Champenois.* ♦ Dans le même sens, pour l'action en nullité d'une convention de changement de régime matrimonial : • Agen, 6 avr. 1998 : *Dr. fam. 1998, n° 155, note Beignier.* ♦ V. également, sur l'action en nullité de la convention de changement de régime matrimonial, note 16 ss. art. 1397.

3. Obligations du notaire. Le notaire chargé de rédiger le contrat choisi par des futurs époux est tenu, non pas de les informer de façon abstraite des conséquences des différents régimes matrimoniaux, mais de les conseiller concrètement au regard de leur situation, en les éclairant et en appelant leur attention, de manière complète et circonstanciée, sur la portée, les effets et les risques des régimes matrimoniaux pouvant répondre à leurs préoccupations. • Civ. 1re, 3 oct. 2018, n° 16-19.619 P : *D. 2018. 2474, note Rousseau ; AJ fam. 2018. 621, obs. Hilt ; RTD civ. 2018. 957, obs. Vareille ; Dr. fam. 2018, n° 278, note Torricelli-Chrifi* (en l'espèce, manquement du notaire rédacteur à son obligation d'information et de conseil, celui-ci ne démontrant pas avoir donné un conseil adapté à la situation spécifique des époux ayant opté pour un régime proche de la communauté universelle alors que l'activité de l'épouse comportait un risque financier et que celle-ci était déjà endettée).

4. Publicité foncière. V. note 16 ss. Décr. 4 janv. 1955, art. 28, ss. art. 2474.

Art. 1395 Les conventions matrimoniales doivent être rédigées avant la célébration du mariage et ne peuvent prendre effet qu'au jour de cette célébration.

Art. 1396 Les changements qui seraient apportés aux conventions matrimoniales avant la célébration du mariage doivent être constatés par un acte passé dans les mêmes formes. Nul changement ou contre-lettre n'est, au surplus, valable sans la présence et le consentement simultanés de toutes les personnes qui ont été parties dans le contrat de mariage, ou de leurs mandataires.

Tous changements et contre-lettres, même revêtus des formes prescrites par l'article précédent, seront sans effet à l'égard des tiers, s'ils n'ont été rédigés à la suite de la minute du contrat de mariage ; et le notaire ne pourra délivrer ni grosses ni expéditions du contrat de mariage sans transcrire à la suite le changement ou la contre-lettre.

(L. nº 2006-728 du 23 juin 2006, art. 44) **« Le mariage célébré, il ne peut être apporté de changement au régime matrimonial que par l'effet d'un jugement à la demande de l'un des époux dans le cas de la séparation de biens ou des autres mesures judiciaires de protection ou par l'effet d'un acte notarié, le cas échéant homologué, dans le cas de l'article suivant. »** – *Entrée en vigueur le 1er janv. 2007.*

BIBL. ▸ BARABÉ-BOUCHARD, *JCP N 1994. I. 111.* – MORIN, *Defrénois 1991. 1089* (immutabilité des régimes matrimoniaux et vente entre époux). – NAUDIN et IWANESKO, *JCP N 2015, nº 1227* (donation de récompenses).

A. IMMUTABILITÉ TEMPÉRÉE DU RÉGIME MATRIMONIAL

1. Définition des changements prohibés. Il n'y a changement prohibé au régime matrimonial que si, sans intervention judiciaire, une règle légale ou une clause du contrat de mariage a été directement modifiée ou écartée et, plus généralement, toutes les fois que le maintien de conventions passées ou d'arrangements conclus pendant le mariage aurait pour résultat d'altérer ou de neutraliser les effets réguliers ou légaux que devaient produire les clauses du contrat de mariage ou les dispositions de la loi. • Civ. 1re, 5 nov. 1985 : *JCP N 1986. II. 247, note Simler.*

2. Illustrations : convention modifiant le calcul des récompenses. Doit être annulée pour violation de l'art. 1396, al. 3, la convention par laquelle, au cours du mariage, les époux ont décidé de modifier les règles de calcul des récompenses. • Civ. 1re, 28 juin 1983, nº 82-12.926 P : *R., p. 43 ; D. 1984. 254, note G. Morin ; JCP 1985. II. 20330, note Pillebout.*

3. ... Refus d'homologuer une convention révoquant une donation réciproque consentie par contrat de mariage. Jugé que la prohibition d'apporter des changements aux conventions matrimoniales demeure la règle, que seuls sont autorisés les changements ou les modifications du régime matrimonial dans les conditions prévues par l'art. 1397 et qu'en conséquence ne peut être homologuée une convention par laquelle les époux révoquent la donation réciproque qu'ils s'étaient consentie dans leur contrat de mariage. • Amiens, 5 nov. 1974 : *JCP 1975. II. 18132, note Patarin; Defrénois 1976. 1113, note Guimbellot.* ♦ Comp. jurisprudence relative aux sort des donations à la suite d'un changement conventionnel de régime matrimonial citée ss. art. 1397.

4. ... Prohibition des conventions modifiant la répartition entre biens propres et biens communs. Est prohibée la convention qui modifie, sans intervention judiciaire, la répartition entre les biens propres et les biens communs telle qu'elle résulte des dispositions légales régissant le régime de communauté réduite aux acquêts. • Civ. 1re, 24 nov. 1987 : *JCP 1989. II. 21255, note Dagot ; Gaz. Pal. 1988. 1. 323, note de La Marnierre ; Defrénois 1988. 928, obs. Champenois* • 31 janv. 2006, nº 02-21.121 P : *D. 2006. IR 466 ; Defrénois 2006. 1607, obs. Champenois ; AJ fam. 2006. 209, obs. Hilt ; Dr. fam. 2006, nº 60, note Beignier.*

5. ... Illicéité d'une convention de cession de titres ayant une incidence sur la créance de participation éventuelle de l'épouse. Une convention de cession d'actions et de parts sociales, conclue entre époux mariés sous le régime de la participation aux acquêts, qui a pour objet et pour effet de priver l'épouse de sa créance éventuelle de participation sur des acquêts réalisés par l'époux, constitue une convention relative à la liquidation du régime matrimonial, illicite en ce qu'elle altère l'économie du régime de la participation aux acquêts. • Civ. 1re, 8 avr. 2009 : *cité note 2 ss. art. 265-2.*

6. Tempéraments légaux à l'immutabilité. Admission du changement conventionnel de régime matrimonial, V. art. 1397 s. ♦ Séparation de biens judiciaire, V. art. 1443 s. ♦ Liquidation anticipée de la créance de participation, V. art. 1580. ♦ Licéité des conventions ayant pour objet la liquidation et le partage du régime matrimonial pendant l'instance en divorce, V. art. 265-2. ♦ Obligation de procéder conventionnellement à la liquidation du régime matrimonial préalablement au prononcé d'un divorce par consentement mutuel, V. art. 230 s.

B. ACTES OU CONVENTIONS COMPATIBLES AVEC L'IMMUTABILITÉ

7. Acte reconnaissant la propriété personnelle d'un époux séparé de biens. Un acte établi au cours du mariage entre époux séparés de biens pour reconnaître à l'un d'eux la propriété personnelle de certains biens ne constitue pas une convention modificatrice du régime matrimonial mais un simple moyen de preuve destiné à écarter les présomptions énoncées au contrat de mariage : V. note 6 ss. art. 1538.

8. Clause portant donation d'une récompense due à la communauté. Une clause, insérée dans l'acte de donation d'un bien propre de l'épouse à son fils, par laquelle l'époux déclare intervenir à l'acte pour faire donation à son fils des récompenses qui seraient dues à la communauté au titre du financement de la construction d'un bâtiment sur le terrain propre de la donatrice, ne peut s'analyser comme un abandon de droit portant atteinte au principe de l'immutabilité des régimes matrimoniaux, mais comme la donation d'une créance. • Civ. 1re, 6 févr. 2007, n° 04-13.282 P: *D. 2007. 1476, note Mikalef-Toudic ; ibid. AJ 663, obs. Delaporte-Carré ; JCP 2007. II. 10113, note Sauvage ; JCP N 2007. 1147, note Rivière ; AJ fam. 2007. 274, obs. Hilt ; RJPF 2007-10/15, note Vauvillé ; Defrénois 2008. 2190, obs. Champenois ; RTD civ. 2007. 608, obs. Grimaldi , et 623, obs. Vareille* .

9. Clause instituant une liquidation alternative selon la cause de dissolution. La clause de reprise des apports, associée au régime de communauté universelle, constitue une modalité du partage compatible avec le principe d'immutabilité du régime matrimonial, mais une telle clause ne peut prévaloir sur les dispositions impératives des anciens art. 267 et 269. • Civ. 1re, 17 janv. 2006 : *JCP 2006. I. 141, n° 20, obs. Tisserand-Martin.* ♦ Sur les effets de la clause en cas de divorce, V. également, à la suite de la L. du 23 juin 2006, art. 265, al. 3. ♦ La clause d'un régime de communauté universelle prévoyant l'attribution de l'universalité des biens au survivant, mais la reprise des apports et le partage de la communauté par moitié en cas de divorce ne substitue pas une communauté d'acquêts à une communauté universelle en contravention aux dispositions de l'art. 1396, les époux ayant réglé distinctement les modalités de liquidation et de partage de la communauté selon que la dissolution de celle-ci est consécutive au décès ou provient d'une autre cause. • Colmar, 16 mai 1990 : *JCP N 1991. II. 17 (1re esp.), note Simler ; Defrénois 1990. 1361, obs. Champenois ; RTD civ. 1992. 171, obs. Lucet et Vareille* • Colmar, 20 juin 1990 : *JCP N 1991. II. 17 (2e esp.), note Simler ; RTD civ. 1992. 171, obs. Lucet et Vareille* • Civ. 1re, 16 juin 1992, n° 91-10.321 P : *JCP 1993. II. 22108 (1re esp.), note Simler ; Defrénois 1993. 34, note Forgeard ; D. 1993. Somm. 220, obs. Grimaldi ; RTD civ. 1993. 187, obs. Lucet et Vareille* (rejet du pourvoi contre • Colmar, 20 juin 1990 : *préc.*, avec autres motifs). ♦ Comp. • TGI Strasbourg, 24 mars 1992 : *JCP 1993. II. 22108 (2e esp.), note Simler* (clause analysée comme prévoyant une substitution rétroactive de régime, annulée comme contraire à l'immutabilité des régimes matrimoniaux). ♦ V. aussi Salle, *D. 1994. Chron. 34.*

10. Acquisition avec clause d'accroissement ou tontine. L'acquisition par un mari commun en biens, conjointement avec un tiers (en l'espèce, sa concubine) d'un immeuble, avec stipulation d'une clause d'accroissement aux termes de laquelle le prémourant sera considéré comme n'ayant jamais eu la propriété de l'immeuble, lequel appartiendra en totalité au survivant ne transgresse pas la règle de l'immutabilité des conventions matrimoniales. • Civ. 1re, 11 janv. 1983, n° 81-16.307 P : *R., p. 43 ; D. 1983. 501, note Larroumet ; JCP N 1983. II. 329, note Brochard ; JCP 1984. II. 20127, note Boulanger ; JCP N 1984. II. 247, note Lemoine ; Defrénois 1983. 985, note G. Morin.*

11. Conventions transactionnelles passées après divorce. Après divorce, les ex-époux sont libres de liquider leur régime matrimonial comme ils l'entendent et de passer, à cet effet, toutes conventions transactionnelles, sous réserve des droits des créanciers tels que fixés par l'art. 882. Ils peuvent y procéder sans tenir compte d'un changement de régime matrimonial antérieurement homologué et n'ayant pas été suivi d'une liquidation. • Civ. 1re, 9 mars 1994, n° 92-13.455 P : *JCP 1994. I. 3785, n° 7, obs. Tisserand ; Defrénois 1994. 1536, obs. Champenois.*

Art. 1397 *(L. n° 2006-728 du 23 juin 2006, art. 44) (Abrogé par L. n° 2019-222 du 23 mars 2019, art. 8) « Après deux années d'application du régime matrimonial, »* Les époux peuvent convenir, dans l'intérêt de la famille, de *(L. n° 2019-222 du 23 mars 2019, art. 8)* « modifier leur régime matrimonial », ou même d'en changer entièrement, par un acte notarié. A peine de nullité, l'acte notarié contient la liquidation du régime matrimonial modifié *(L. n° 2007-308 du 5 mars 2007, art. 11)* « si elle est nécessaire ».

Les personnes qui avaient été parties dans le contrat modifié et les enfants majeurs de chaque époux sont informés personnellement de la modification envisagée. Chacun d'eux peut s'opposer à la modification dans le délai de trois mois. *(L. n° 2019-222 du 23 mars 2019, art. 8)* « En cas d'enfant mineur sous tutelle ou d'enfant majeur faisant l'objet d'une mesure de protection juridique, l'information est délivrée à son représentant, qui agit sans autorisation préalable du conseil de famille ou du juge des tutelles. »

Les créanciers sont informés de la modification envisagée par la publication d'un avis *(L. n° 2019-486 du 22 mai 2019, art. 3)* « sur un support habilité à recevoir des annonces légales dans » le département du domicile des époux. Chacun d'eux peut s'opposer à la modification dans les trois mois suivant la publication.

En cas d'opposition, l'acte notarié est soumis à l'homologation du tribunal du domicile des époux. La demande et la décision d'homologation sont publiées dans les conditions et sous les sanctions prévues au code de procédure civile.

Lorsque l'un ou l'autre des époux a des enfants mineurs *(L. n° 2019-222 du 23 mars 2019, art. 8)* **« sous le régime de l'administration légale, le notaire peut saisir le juge des tutelles dans les conditions prévues au deuxième alinéa de l'article 387-3 ».**

Le changement a effet entre les parties à la date de l'acte ou du jugement qui le prévoit et, à l'égard des tiers, trois mois après que mention en a été portée en marge de l'acte de mariage. Toutefois, en l'absence même de cette mention, le changement n'en est pas moins opposable aux tiers si, dans les actes passés avec eux, les époux ont déclaré avoir modifié leur régime matrimonial.

(L. n° 2007-308 du 5 mars 2007, art. 11) **« Lorsque l'un ou l'autre des époux fait l'objet d'une mesure de protection juridique dans les conditions prévues au titre XI du livre I, le changement ou la modification du régime matrimonial est soumis à l'autorisation préalable du juge des tutelles ou du conseil de famille s'il a été constitué. »**

Il est fait mention de la modification sur la minute du contrat de mariage modifié *(Abrogé par L. n° 2007-308 du 5 mars 2007, art. 11)* ***« et, si l'un des époux est commerçant, au registre du commerce et des sociétés ».***

Les créanciers non opposants, s'il a été fait fraude à leurs droits, peuvent attaquer le changement de régime matrimonial dans les conditions de *(Ord. n° 2016-131 du 10 févr. 2016, art. 5-4°, en vigueur le 1er oct. 2016)* **« l'article 1341-2** *[ancienne rédaction : l'article 1167]* **».**

Les modalités d'application du présent article sont déterminées par décret en Conseil d'État. — *Entrée en vigueur le 1er janv. 2007. — V. C. pr. civ., art. 1300 à 1303 (Décr. n° 2006-1805 du 23 déc. 2006, art. 3, JO 31 déc.). — Pour le contenu de l'information prévue aux alinéas 2 et 3 de l'art. 1397, V. Arr. du 23 déc. 2006 (JO 31 déc.).* — **C. pr. civ.**

Sur les actes de gestion du patrimoine des personnes placées en curatelle ou en tutelle, V. Décr. n° 2008-1484 du 22 déc. 2008, ss. art. 496.

BIBL. ▶ COLLET, GIRARD-CABOUAT et GRAND, *Dr. fam. 2022. Étude 15* (de l'immutabilité à la mutabilité du régime matrimonial ?). – HAUSER et PLAZY, *Defrénois 2007. 733* (changement de régime matrimonial en présence d'un enfant majeur hors d'état de manifester sa volonté). – TANI, *Dr. fam. 2017. Étude 15 ; JCP N 2019, n° 1159* (nouvelle procédure de mutation du régime matrimonial). – Dossier, *Dr. et patr. 12/2012. 59 s.*

▶ **Réforme du 23 juin 2006 :** BEAUBRUN, *Defrénois 2007. 95.* – CASEY, *JCP N 2007. 1013.* – DAGOT, *JCP N 2008. 1217.* – GELOT et CRÔNE, *Defrénois 2006. 1736.* – JEAMMIN-PETIT, *JCP 2007. I. 108.* – OMARJEE, *LPA 16 juin 2006.* – REVEL, *D. 2006. 2591.* ▶ **Loi du 23 juin 2006 et loi du 5 mars 2007 :** BEIGNIER, COMBRET et FRÉMONT, *JCP N 2007. 1163 ; Dr. fam. 2007. Étude 11.* – VAUVILLÉ, *RJPF 2007-10/11.*

▶ **Réforme du 23 mars 2019 :** HILT, *AJ fam. 2019. 256* (un pas de plus vers la libre mutabilité des conventions matrimoniales). – ROUSSEAU, *D. 2019. 2259* (la conformité du changement de régime matrimonial à l'intérêt de la famille). – TORRICELLI-CHRIFI, *Dr. fam. 2019, dossier 13.*

▶ **DIP :** FONGARO et REGA, *JCP N 2022, n° 1296* (changement de loi applicable au régime matrimonial).

I. CONDITIONS DU CHANGEMENT DE RÉGIME

A. RÉGIME GÉNÉRAL

1. Objet : adoption d'un régime de séparation de biens. Il ne résulte pas du rapprochement des art. 1397 et 1443 que les époux qui seraient dans une situation permettant à l'un de poursuivre contre l'autre la séparation de biens, ne puissent pas, s'ils en sont d'accord, utiliser la *voie gracieuse ouverte par l'art. 1397* pour adopter le régime de séparation de biens. • Colmar, 8 mars 1972 : *D. 1973. 157 (3e esp.), note Poisson.* ♦ V. aussi notes Fenaux, *D. 1971. 491 ; Gobert, JCP 1970. II. 16501 ; Nerson, RTD civ. 1970. 738 ; D. Martin, D. 1978. IR 469.* – R. Savatier, *D. 1973. Chron. 141.*

2. ... Modification du statut d'un bien déterminé. Les époux, qui peuvent convenir de modifier leur régime matrimonial ou même d'en changer entièrement, peuvent à plus forte raison modifier seulement le statut d'un bien déterminé. • Civ. 1re, 21 janv. 1992, n° 90-14.459 P : *R., p. 244 ; D. 1993. Somm. 218, obs. Lucet ; JCP 1992. I. 3614, n° 4, obs. Wiederkehr ; Defrénois 1992. 844, obs. Champenois ; RTD civ. 1992. 812, obs. Lucet et Vareille.*

B. EXIGENCE EXCEPTIONNELLE D'UNE HOMOLOGATION

3. Persistance du consentement au jour de l'homologation. Le consentement des époux doit exister au jour de l'homologation. • Civ. 1re,

14 avr. 2010, n° 09-11.218 P : *D. 2010. Actu. 1087* ; *JCP 2010, n° 1220, note Wiederkehr* ; *Defrénois 2010. 1367, note Massip* ; *ibid. 2011. 375, obs. Champenois.* ♦ Une convention portant modification du régime matrimonial ne peut être homologuée que si le consentement des époux persiste au jour où le juge statue. • Civ. 1re, 27 avr. 1982, n° 81-12.459 P : *R., p. 45.* – Même sens : • Paris, 12 juill. 1977 : *JCP 1978. II. 18962, note H. T.* ; *Defrénois 1978. 232 (1re esp.), note G. Morin.*

4. *Obstacle tenant au décès d'un époux.* En cas de décès de l'un des époux avant le jugement d'homologation, la dissolution du régime matrimonial rend sans objet la demande d'homologation. • Civ. 1re, 12 juill. 2001, n° 99-14.082 P : *JCP 2002. I. 103, n° 8, obs. Wiederkehr* ; *Defrénois 2001. 1133, obs. Champenois (1re esp.)* ; *Dr. fam. 2001, n° 101, obs. B. B.* ; *RJPF 2002-1/31, obs. Vauvillé* ; *RTD civ. 2002. 133, obs. Vareille* . ♦ Il en est de même en cas de décès de l'un des époux avant qu'il ait été statué sur l'appel du jugement d'homologation. • Civ. 1re, 12 juill. 2001 : *JCP 2002. I. 103, n° 8, obs. Wiederkehr* ; *Defrénois 2001. 1133, obs. Champenois (2e esp.)* ; *RTD civ. 2002. 133, obs. Vareille* . ♦ Sur ces arrêts, V. Jude, *JCP N 2002. 1235.*

5. *Jurisprudence antérieure à la L. n° 2019-222 du 23 mars 2019 supprimant l'exigence d'une homologation en présence d'enfants mineurs : pas d'homologation obligatoire en présence de petits-enfants mineurs.* BIBL. Azincourt, *JCP N 2012, n° 1122.* ♦ La présence d'un petit-enfant mineur ne rend pas obligatoire l'homologation judiciaire d'un changement de régime matrimonial. • TGI Chaumont, 23 nov. 2009 : *Defrénois 2010. 320, obs. Massip*, conf. par • Dijon, 2 déc. 2010, n° 10/00071 : *Defrénois 2011. 821, obs. Massip.*

1° APPRÉCIATION DE L'INTÉRÊT DE LA FAMILLE PAR LE JUGE

6. *Obligation pour les époux d'établir l'existence de l'intérêt familial.* Sans qu'il y ait lieu d'exiger que le patrimoine familial soit en péril pour justifier le changement de régime matrimonial, les intéressés doivent établir l'existence de l'intérêt familial. • Civ. 1re, 25 mai 1982, n° 81-12.972 P : *R., p. 47.*

7. *Obligation pour le juge de procéder à une appréciation d'ensemble.* L'existence et la légitimité de l'intérêt de la famille doivent faire l'objet d'une appréciation d'ensemble, le seul fait que l'un des membres de la famille risquerait de se trouver lésé n'interdisant pas nécessairement la modification ou le changement envisagé. • Civ. 1re, 6 janv. 1976 : *GAJC, 12e éd., n° 90* ; *D. 1976. 253, note Ponsard* ; *JCP 1976. II. 18461, note Patarin* ; *RTD civ. 1978. 123, obs. Nerson* • 17 juin 1986 : *JCP N 1986. II. 250, note Simler* ; *JCP 1987. II. 20809, note Henry* • Paris, 30 janv. 1991 : *Defrénois 1991. 492, obs. Champenois.* ♦ Refus du changement de régime matrimonial en faveur de la communauté universelle, l'intérêt de la famille visé à l'art. 1397 ne consistant pas dans le seul intérêt du mari et la mesure étant trop défavorable à l'épouse. • Paris, 18 nov. 1997 : *Defrénois 1998. 1222, note Plazy.* ♦ Pour un autre cas de refus, V. • Paris, 16 févr. 1999 : *Dr. fam. 1999, n° 85, note Beignier* (risque de dispersion du patrimoine).

8. *Prise en compte de l'intérêt des descendants réservataires : jurisprudence antérieure à la L. du 3 déc. 2001 ouvrant l'action en retranchement à tous les descendants non communs. Cas de l'enfant naturel.* Procédant à l'appréciation d'ensemble de l'intérêt familial, les juges peuvent refuser l'homologation s'ils estiment souverainement que le changement de régime matrimonial est de nature à léser les droits d'ordre public d'un héritier réservataire, spécialement d'un enfant naturel auquel ne peut être étendue la protection de l'action en retranchement que l'art. 1527, al. 2, ne prévoit qu'au profit des enfants d'un premier lit. • Civ. 1re, 8 juin 1982, n° 81-13.746 P : *R., p. 47* ; *D. 1983. 19, note Beaubrun* ; *JCP 1983. II. 20018, note Henry* • 9 mars 1983 : *D. 1984. 273 (2e esp.), note Prieur.* – V. aussi • Civ. 1re, 5 juill. 1989 : *JCP N 1991. II. 59, note Simler* ; *Defrénois 1989. 1143, obs. Champenois.* ♦ V. désormais art. 1527, al. 2, mod. par L. n° 2001-1135 du 3 déc. 2001, et note 5 ss. ledit art. ♦ Cas de l'enfant d'un premier lit : cassation de l'arrêt ayant, sur appel de l'enfant d'un premier lit de l'épouse, refusé d'homologuer le changement de régime matrimonial (passage de la séparation de biens à la communauté universelle), dès lors que l'action en retranchement permet la réduction des avantages matrimoniaux si ceux-ci dépassent la quotité disponible entre époux. • Civ. 1re, 22 juin 2004 : *JCP 2004. I. 176, n° 11, obs. Wiederkehr* ; *Dr. fam. 2004, n° 182, obs. Beignier* ; *RTD civ. 2005. 172, obs. Vareille* .

9. *Prise en considération d'un intérêt fiscal.* La considération d'un intérêt fiscal ne constitue pas une fraude et rien ne s'oppose à ce que les époux utilisent un moyen fiscalement plus avantageux pour satisfaire aux devoirs d'assistance et de prévoyance résultant du mariage. • Amiens, 9 mai 1977 : *Gaz. Pal. 1978. 2. 390, note M. M.* ♦ Mais il peut être jugé, dans une appréciation d'ensemble, que l'intérêt fiscal attaché à la clause présentée ne justifie pas le sacrifice que le changement de régime imposerait aux enfants. • Rouen, 3 févr. 1981 : *Defrénois 1981. 969, obs. Champenois.*

2° PRISE EN COMPTE DES DROITS DES CRÉANCIERS PAR LE JUGE

10. *Pouvoirs du juge et recherche d'une fraude.* Le législateur a entendu assurer la protection des créanciers des époux en donnant au juge saisi de la requête en homologation le pouvoir de rechercher l'éventualité d'une fraude. • Colmar, 9 févr. 1972 : *D. 1973. 157 (2e esp.), note Poisson.* ♦ Jurisprudence antérieure à la L. du 23 juin 2006. ♦ Mais, même lorsqu'un époux est en état de liquidation de biens, la substitution d'un régime de séparation de biens au régime préexistant de la communauté légale n'est pas, en elle-même, de nature à nuire aux droits des créanciers. • Paris, 11 juill. 1978 : *Defrénois 1979. 481 (1re esp.), obs. Champenois.*

II. EFFETS DU CHANGEMENT DE RÉGIME

A. DATE DU CHANGEMENT

11. Constitutionnalité. Les mots « entre les parties à la date de l'acte ou du jugement qui le prévoit et, » figurant dans la première phrase du sixième al. de l'art. 1397 du code civil dans sa rédaction résultant de la L. n° 2007-308 du 5 mars 2007 portant réforme de la protection juridique des majeurs sont conformes à la Constitution. • Cons. const., 8 sept. 2016, n° 2016-560 QPC : *D. 2016. 1756 ; AJ fam. 2016. 548, obs. Hilt ; Constitutions 2016. 535.*

12. Date à laquelle le changement est opposable aux tiers. Le changement homologué a effet à l'égard des tiers trois mois après que la mention en a été publiée en marge de l'acte de mariage. Il en résulte qu'une inscription provisoire d'hypothèque prise contre le mari en garantie d'une dette commune sur un immeuble attribué à l'épouse lors du partage de la communauté consécutif au changement de régime n'est pas opposable à la femme dès lors que ladite inscription a été prise plus de trois mois après publication du changement de régime matrimonial. • Civ. 1re, 24 févr. 1981, n° 79-14.739 P : *JCP 1982. II. 19781, obs. Rémy ; Defrénois 1981. 976, obs. Champenois.* ♦ V. également, à propos de la clôture d'un compte courant : • Paris, 12 juill. 1978 : *D. 1979. 145, note Martin ; Gaz. Pal. 1979.1. 69, note Viatte.*

B. CONSÉQUENCES DU CHANGEMENT

13. Renonciation implicite à la communauté ayant antérieurement existé (non). Bien qu'ayant pris ses effets dans les rapports entre les époux dès la date du jugement, un changement de régime matrimonial, homologué en 1983, soit avant l'entrée en vigueur de la L. du 23 déc. 1985 qui a définitivement supprimé le droit d'option prévu par les anciens art. 1452 à 1466 C. civ. et maintenu jusqu'à cette date au profit des femmes mariées avant l'entrée en vigueur de la L. du 11 juill. 1965, ne peut s'analyser en une renonciation implicite à la communauté ayant existé entre les époux. • Civ. 1re, 25 oct. 2005, n° 03-13.226 P. ♦ Le changement de régime matrimonial n'emportait pas renonciation implicite de l'un ou l'autre des époux à se prévaloir du régime de communauté antérieur. • Civ. 1re, 14 janv. 2009 : *RLDC 2009/58, n° 3347, obs. Pouliquen.*

14. Sort des donations contenues dans le contrat modifié. L'adoption d'un nouveau régime n'entraîne pas *ipso facto* la caducité des donations que s'étaient consenties les époux. Les juges du fond qui ont relevé que le nouveau contrat ne contenait aucun accord des époux mettant à néant les libéralités figurant dans le précédent ont décidé à bon droit que celles-ci étaient maintenues. • Civ. 1re, 29 oct. 1974, n° 72-12.823 P : *R. 1975, p. 18 ; D. 1976. 189, note Casanova ; JCP 1975. II. 18015, note Patarin ; Gaz. Pal. 1975. 1. 143, note D. Martin ; Defrénois 1975. 363, note G. Morin ; RTD civ. 1975. 304, obs. Nerson.* – Même sens : • Civ. 1re, 14 mai 1975, n° 74-10.879 P : *R., p. 18.*

15. Publicité foncière. La convention homologuée portant adoption de la communauté universelle doit être publiée au bureau des hypothèques, dans la mesure où le changement de régime matrimonial a pour effet de conférer aux immeubles propres de l'un des époux le statut d'immeubles communs et d'attribuer ainsi sur ces biens à l'autre époux des droits réels dont il se trouvait initialement dépourvu, entrant ainsi dans les prévisions de l'art. 28, 1er al. a), du Décr. n° 55-22 du 4 janv. 1955. • Com. 10 févr. 1998, n° 95-16.924 P : *D. 1998. IR 67 ; JCP N 1998. 1532, étude Lafond ; Defrénois 1998. 822, obs. Champenois ; ibid. 1450, obs. Chappert ; RTD civ. 2000. 155, obs. Vareille.* ♦ Dans le même sens, pour une convention contenant une clause instituant entre les époux une indivision immobilière : • Paris, 13 sept. 2001 : *Defrénois 2002. 829, obs. S. Piedelièvre ; AJ fam. 2001. 62, et les obs.*

III. RECOURS

A. CONTRE LA CONVENTION MODIFICATIVE

16. Recevabilité des actions en nullité même en cas d'homologation. L'homologation judiciaire laissant subsister le caractère contractuel du changement de régime matrimonial des époux, la convention des parties peut être annulée pour des causes qui lui sont propres. • Civ. 1re, 14 janv. 1997, n° 94-20.276 P : *R., p. 191 ; D. 1997. 273, rapp. X. Savatier ; JCP 1997. II. 22912, note Paillet, et 1997. I. 4047, n° 12, obs. Wiederkehr ; Defrénois 1997. 420, obs. Champenois ; RTD civ. 1997. 985, obs. Vareille.*

17. Action en nullité fondée sur la fraude : dissimulation d'un enfant constitutive d'une fraude. Un enfant naturel a qualité et est bien fondé à agir en nullité de la convention de changement de régime matrimonial de son père, dès lors que la demande est fondée sur une fraude ayant consisté à dissimuler son existence, élément de la situation sur laquelle porte le contrôle du tribunal. • Civ. 1re, 14 janv. 1997, n° 94-

20.276 P : *R., p. 191 ; D. 1997. 273, rapp. X. Savatier* ; *JCP 1997. II. 22912, note Paillet, et 1997. I. 4047, n° 12, obs. Wiederkehr ; Defrénois 1997. 420, obs. Champenois ; RTD civ. 1997. 985, obs. Vareille* . ♦ Dans le même sens : • Paris, 31 oct. 2000 : *Dr. fam. 2001, n° 32, note Beignier* (épouse maintenue dans l'ignorance de l'enfant naturel de son époux). ♦ V. aussi • Civ. 1re, 12 déc. 2000, n° 98-19.147 P : *D. 2001. 1496, note Garé* ; *D. 2002. Somm. 1879, obs. Autem* ; *JCP 2001. II. 10478, note Casey ; ibid. 2002. I. 103, n° 9, obs. Wiederkehr ; Defrénois 2001. 604, obs. Massip ; Dr. fam. 2001, n° 32, note Beignier ; LPA 13 avr. 2001, note Cornut ; RTD civ. 2001. 120, obs. Hauser* ; *ibid. 425, obs. Vareille* (cassant un arrêt ayant écarté la fraude en raison du fait que la filiation avait été établie par une reconnaissance postérieure au changement de régime matrimonial, alors que les effets d'une reconnaissance d'enfant naturel remontent au jour de la naissance).

18. ... Dissimulation d'un enfant non constitutive d'une fraude. N'est pas fondée l'action en nullité formée par un enfant commun alléguant une fraude commise à son encontre par l'adoption d'un régime de communauté universelle avec clause d'attribution intégrale de cette communauté au conjoint survivant, laquelle n'est pas réputée donation, de sorte que la convention critiquée ne porte pas atteinte à la réserve. • Civ. 1re, 14 mai 1996, n° 93-20.703 P : *D. 1996. 537, rapp. Thierry* ; *Gaz. Pal. 1997. 1. 97, note S. Piedelièvre ; JCP 1996. I. 3962, n° 6, obs. Wiederkehr ; Defrénois 1996. 1080, obs. Champenois ; RTD civ. 1997. 207, obs. Vareille* . ♦ ... Ni l'action en nullité formée par l'enfant d'un premier mariage de l'époux au motif qu'il n'a pas été fait état de son existence dans la convention de changement de régime matrimonial, dès lors qu'il n'est pas établi que cette omission fût due à une volonté de fraude et que l'enfant, qui ne justifie d'aucun préjudice, bénéficie, au surplus, de l'action en retranchement. • Civ. 1re, 14 juin 2005, n° 02-20.840 P : *Defrénois 2005. 1511, obs. Champenois ; Dr. fam. 2005, n° 218, note Beignier ; LPA 1er-2 mai 2006, note Petroni-Maudière ; RTD civ. 2005. 818, obs. Vareille* . ♦ La dissimulation de l'existence de l'enfant d'un des époux lors de l'adoption d'un régime de séparation de biens, qui n'induit aucun avantage pour l'un ou l'autre des époux, n'ayant pas eu pour but de faire échec aux droits successoraux de l'enfant et ne constituant pas une fraude, ne justifie pas l'annulation de la convention de changement de régime matrimonial. • Civ. 1re, 17 févr. 2010, n° 08-14.441 P : *D. 2010. AJ 582, obs. Égéa* ; *JCP 2010, n° 243, obs. Hilt ; ibid. n° 487, § 8, obs. Wiederkehr ; AJ fam. 2010. 191, note Hilt* ; *Defrénois. 2010. 1159, note Massip ; RLDC 2010/70, n° 3787, obs. Pouliquen ; RDC 2010. 941, obs. Goldie-Génicon.*

19. Action en nullité fondée sur le dol. La demande tendant à faire prononcer la nullité pour dol de la convention modificative du régime matrimonial doit être rejetée dès lors que le demandeur n'a pas établi l'existence de la part de son conjoint de manœuvres telles que sans elles il n'aurait pas consenti à l'acte litigieux. • Civ. 1re, 2 nov. 1977 : *Bull. civ. I, n° 397.* ♦ Pour une annulation prononcée en raison des manœuvres dolosives de l'épouse, V. • Pau, 15 mai 2000 : *JCP N 2003. 1027, note crit. Casey.*

20. Impossibilité pour un époux de fonder une action en nullité sur l'absence d'intérêt pour la famille du changement postérieurement à sa prise d'effet. Le changement de régime matrimonial ayant produit effet s'impose à chacun des époux, de sorte que, à défaut d'invoquer un vice du consentement ou une fraude, aucun d'eux ne peut être admis à le contester sur le fondement de l'art. 1397 ; cassation de l'arrêt qui annule l'acte notarié par lequel les époux avaient convenus d'adjoindre à leur régime une société d'acquêts, seul le mari devant contribuer à cette société, la cour d'appel ayant considéré que la modification du régime matrimonial n'avait pas été convenue dans l'intérêt de la famille, mais dans le seul intérêt de l'épouse. • Civ. 1re, 29 mai 2013, n° 12-10.027 P : *D. 2013. 2088, note Souhami* ; *ibid. 2242, obs. Brémond* ; *AJ fam. 2013. 453, obs. Hilt* ; *RTD civ. 2013. 590, obs. Hauser* ; *Defrénois 2014. 14, obs. Rousseau ;JCP N 2013, n° 1221, note Le Guidec.*

B. CONTRE L'ÉTAT LIQUIDATIF OU LE PARTAGE

21. Action paulienne. Un partage consommé peut être attaqué par l'action paulienne, s'il y a été procédé hâtivement en vue d'empêcher l'opposition et l'intervention du créancier demandeur. • Civ. 1re, 16 juin 1981 : *Bull. civ. I, n° 212.* – V. note Leroy, *D. 1984. 184.* ♦ Il en est de même en cas de partage fictif servant à dissimuler une donation. • Civ. 1re, 29 mai 1979 : *Bull. civ. I, n° 157* • 6 mars 1996, n° 93-17.910 P : *JCP 1996. I. 3962, obs. Wiederkehr ; Defrénois 1996. 1438, obs. Champenois. Décision rendue sous l'empire du droit antérieur à la L. du 23 juin 2006.*

22. Liquidation des biens d'un époux et inopposabilité de la période suspecte. En cas de liquidation des biens d'un époux, l'inopposabilité de la période suspecte ne peut atteindre que l'état liquidatif dressé en exécution du jugement homologuant la convention portant changement de régime matrimonial, non cette convention ou le jugement. • Com. 28 mars 1995, n° 91-18.721 P : *Defrénois 1995. 970, obs. Sénéchal.*

C. CONTRE LE JUGEMENT D'HOMOLOGATION

1° APPEL

23. Respect des règles applicables en matière gracieuse. L'opposition des enfants au changement de régime matrimonial ne modifie pas la nature gracieuse de la procédure d'homologation du changement de régime matrimonial. En conséquence, irrecevabilité de l'appel des époux contre le jugement refusant l'homologation de leur changement de régime matrimonial, faute d'avoir respecté les règles applicables en matière gracieuse. • Civ. 1re, 19 mars 2008, n° 05-21.924 P : *D. 2008. 2042, note Le Ninivin ; RLDC 2008/5, n° 2999, obs. Jeanne ; RJPF 2008-6/32, obs. Vauvillé ; Defrénois 2008. 2187, obs. Champenois ; RTD civ. 2008. 725, obs. Perrot . Jurisprudence rendue en application du droit antérieur à la L. du 23 juin 2006.*

24. Ouverture de l'appel aux tiers auxquels le jugement a été notifié. En matière gracieuse, la voie de l'appel est ouverte aux tiers auxquels le jugement a été notifié. Est donc recevable l'appel du jugement homologuant le changement de régime matrimonial interjeté dans ces conditions par l'enfant naturel d'un des époux. • Civ. 1re, 9 mars 1983 : *D. 1984. 273 (2e esp.), note Prieur.* ♦ Inversement, la voie de l'appel n'est pas ouverte à un enfant d'un premier lit à qui le jugement d'homologation de changement de régime matrimonial n'a pas été notifié. • Civ. 1re, 23 janv. 1996, n° 93-20.553 P : *Defrénois 1996. 815, obs. Champenois. Jurisprudence antérieure à la L. du 23 juin 2006.*

2° RECOURS EN RÉVISION

25. Recevabilité du recours introduit par les ayants cause universels d'un époux. Les enfants légitimes qui ont appris après le décès de leur mère que leur père avait eu un enfant naturel pendant le mariage sont recevables à exercer un recours en révision du jugement d'homologation de la convention par laquelle leurs parents ont adopté le régime de la communauté universelle avec clause d'attribution intégrale de la communauté au conjoint survivant. Les demandeurs agissant non pour la défense d'un intérêt personnel mais comme ayants cause universels de leur mère ne sont pas des tiers au jugement d'homologation. La fraude consiste en la dissimulation de l'existence de l'enfant naturel et le seul risque qu'une décision différente eût pu être rendue par le juge dûment informé est suffisant pour faire droit au recours en révision. • Paris, 31 oct. 1996 : *D. 1997. 251, note Paire ; Defrénois 1997. 424, obs. Champenois ; RTD civ. 1997. 988, obs. Vareille .* ♦ L'épouse prédécédée ayant acquis de son vivant un droit à contester le jugement d'homologation du changement de régime matrimonial (adoption de la communauté universelle), en raison de l'ignorance dans laquelle son mari l'avait tenue de l'existence d'un enfant naturel, ce droit a été transmis à ses héritiers qui sont donc recevables à agir en révision de ce jugement. • Civ. 1re, 5 janv. 1999, n° 96-22.914 P : *D. 1999. 242, note Thierry ; Dr. fam. 1999, n° 17, note Beignier ; JCP 1999. II. 10094, note Casey ; ibid. I. 154, n° 3, obs. Wiederkehr ; Defrénois 1999. 805, obs. Champenois ; LPA 12 juill. 1999, note Hocquet-Berg ; RTD civ. 2000. 151, obs. Vareille .*

Ancien art. 1397 *Après deux années d'application du régime matrimonial, conventionnel ou légal, les époux pourront convenir dans l'intérêt de la famille de le modifier, ou même d'en changer entièrement, par un acte notarié qui sera soumis à l'homologation du tribunal de leur domicile.*

Toutes les personnes qui avaient été parties dans le contrat modifié doivent être appelées à l'instance d'homologation ; mais non leurs héritiers, si elles sont décédées.

Le changement homologué a effet entre les parties à dater du jugement et, à l'égard des tiers, trois mois après que mention en aura été portée en marge de l'un et de l'autre exemplaire de l'acte de mariage. Toutefois, en l'absence même de cette mention, le changement n'en est pas moins opposable aux tiers si, dans les actes passés avec eux, les époux ont déclaré avoir modifié leur régime matrimonial.

Il sera fait mention du jugement d'homologation sur la minute du contrat de mariage modifié.

La demande et la décision d'homologation doivent être publiées dans les conditions et sous les sanctions prévues au code de procédure civile. (Suite de l'alinéa abrogée par Ord. n° 2005-428 du 6 mai 2005, art. 8).

Les créanciers, s'il a été fait fraude à leurs droits, pourront former tierce opposition contre le jugement d'homologation dans les conditions du code de procédure civile. — V. C. pr. civ., art. 1300 à 1303 et 1303-6. — Pour les époux mariés avant le 1er févr. 1966, V. L. n° 65-570 du 13 juill. 1965, art. 15 s., ss. art. 1581.

BIBL. ▸ **Études d'ensemble :** FENAUX, *RTD civ. 1967. 545.* - GOBERT, *JCP 1969. I. 2281.* - HENRY, *D. 1979. Chron. 179.* - MONREDON, *JCP 1991. I. 3527.* - NERSON et RUBELLIN-DEVICHI, *RTD civ. 1978. 123 ; 1982. 388.* - POISSON, *ibid. 1969. 469.* - REYMOND DE GENTILE, *JCP 1973. I. 2558.* ▸ ***Études spéciales :*** BALENSI, *RTD civ. 1978.* 42 et 233 (homologation judiciaire). - S. BIGOT, *Gaz. Pal. 2000. 2. Doctr. 1960* (le changement de régime et les enfants). - CAMOZ, *JCP N 1989. I. 283* (fraude). - DIGARD, *JCP N 1990. I. 213* (appréciation de l'intérêt de la famille par les juges du fond). - FRÉMEAUX, *Defrénois 2000. 529* (avenir de l'homologation judiciaire). - HENRY, *JCP N 1977. I. 406* (sort des donations). - KERCKHOVE, *D. 1985. Chron. 268* (protection des créanciers dans la faillite). - LAFOND, *JCP N 1982. I. 187* (publicité foncière). - LANGLADE O'SUGHRUE, *JCP N 1992. I. 251* (pour la liberté totale de changement). - LEMAIRE-PÉCRIAUX, *Gaz.*

Pal. 2000. 2. Doctr. 1963 (le changement de régime et les tiers). – LUCET, obs. *RTD civ. 1991. 390* (intérêt de la famille dans les familles complexes). – MALAURIE, *Defrénois 1998. 913* (suppression de l'homologation judiciaire ?). – D. MARTIN, *JCP N 1977. I. 39* (sort des donations). – C. MOULY, *JCP 1989. I. 3379* (avis des enfants sur le changement de régime). – RIEUBERNET, *LPA 9 juill. 2002* (intérêt de la famille et changement de régime matrimonial). – P. THÉRY, *Études Normand, Litec, 2003* (influence du décès). – THIERRY, *D. 2000. Chron. 68* (suppression du contrôle judiciaire ?). – VAUVILLÉ, *JCP N 1999. 715* (protection des créanciers) ; *RJPF 1999-1/12* (procédure collective). – YAMBA, *JCP N 1997. 1455* (droits de l'enfant naturel).

Art. 1397-1 *(L. nº 75-617 du 11 juill. 1975)* **Les dispositions de l'article précédent ne sont pas applicables aux conventions qui sont passées par les époux en instance de divorce en vue de liquider leur régime matrimonial.**

Les articles *(L. nº 2004-439 du 26 mai 2004, art. 22-XV, en vigueur le 1er janv. 2005)* **« 265-2 » et 1451 sont applicables à ces conventions.**

La loi nº 75-617 du 11 juill. 1975 est entrée en vigueur le 1er janv. 1976.

Art. 1397-2 *(L. nº 97-987 du 28 oct. 1997)* **Lorsque les époux désignent la loi applicable à leur régime matrimonial en vertu de la convention sur la loi applicable aux régimes matrimoniaux, faite à La Haye le 14 mars 1978, il est fait application des dispositions des articles 1397-3 et 1397-4.**

V. Convention de La Haye du 14 mars 1978 sur la loi applicable aux régimes matrimoniaux, publiée par Décr. nº 92-1024 du 21 sept. 1992 (D. et ALD 1992. 528).

BIBL. ▸ **Commentaire de la loi du 28 oct. 1997 :** KHAIRALLAH, *Rev. crit. DIP 1998. 249*. – VIGNAL, *JCP 1998. I. 146.* ▸ **Publicité relative aux régimes matrimoniaux en matière internationale :** REVILLARD, *Defrénois 1998. 1201.* – D. BOULANGER, *JCP N 1998. 1825* (commentaire du décret nº 98-508 du 23 juin 1998). ▸ **Convention de La Haye :** REVILLARD, *JCP N 2002. 1104.* (art. 6 : mutabilité volontaire du rattachement) ; *Defrénois 2002. 893* (dix ans d'application).

▸ **Régimes matrimoniaux :** DIP et droit interne : LÉCUYER, *LPA 28 mars 2001.*

Art. 1397-3 *(L. nº 97-987 du 28 oct. 1997)* **Lorsque la désignation de la loi applicable est faite avant le mariage, les futurs époux présentent à l'officier de l'état civil soit l'acte par lequel ils ont opéré cette désignation, soit un certificat délivré par la personne compétente pour établir cet acte. Le certificat énonce les noms et prénoms des futurs époux, le lieu où ils demeurent, la date de l'acte de désignation, ainsi que les nom, qualité et résidence de la personne qui l'a établi.**

Lorsque la désignation de la loi applicable est faite au cours du mariage, les époux font procéder aux mesures de publicité relatives à la désignation de la loi applicable dans les conditions et formes prévues au code de procédure civile. S'ils ont passé un contrat de mariage, mention de la loi applicable ainsi désignée est portée sur la minute de celui-ci. – *V. C. pr. civ., art. 1303-1 et 1303-2 (Décr. nº 98-508 du 23 juin 1998, JO 25 juin).*

A l'occasion de la désignation de la loi applicable, avant le mariage ou au cours de celui-ci, les époux peuvent désigner la nature du régime matrimonial choisi par eux.

Dernier al. *abrogé par Ord. nº 2005-428 du 6 mai 2005, art. 9.*

Les époux qui, en application de la convention applicable aux régimes matrimoniaux faite à La Haye le 14 mars 1978, et avant la date d'entrée en vigueur de la loi nº 97-987 du 28 oct. 1997 [JO 29 oct.], ont, selon le cas, désigné la loi applicable dans les conditions prévues au premier alinéa de l'art. 1397-3 C. civ. ou accompli les formalités de publicité prévues au deuxième alinéa du même art. peuvent opposer aux tiers la désignation à laquelle ils ont ainsi procédé (L. nº 97-987 du 28 oct. 1997, art. 3).

Si les art. 6, al. 1er, et 11 de la Conv. de La Haye du 14 mars 1978 sur la loi applicable aux régimes matrimoniaux autorise les époux, au cours du mariage, à soumettre leur régime matrimonial à une loi interne autre que celle jusqu'alors applicable, cette désignation doit, selon l'art. 21, faire l'objet d'une stipulation expresse ; tel n'est pas le cas d'une déclaration mentionnée dans des actes notariés poursuivant un autre objet (achat immobilier et donation entre époux), qui ne traduit pas la volonté non équivoque des époux de soumettre leur régime matrimonial à une loi autre que celle le régissant jusqu'alors. • Civ. 1re, 13 déc. 2017, nº 16-27.216 P : *D. 2018. 339, note Farge ; AJ fam. 2018. 129, obs. Boiché ; JCP 2018, nº 73, note Wiederkehr ; JCP N 2017, nº 1094, note Boulanger ; LPA 2018/22. 11, note Legrand.*

Art. 1397-4 *(L. nº 97-987 du 28 oct. 1997)* Lorsque la désignation de la loi applicable est faite au cours du mariage, cette désignation prend effet entre les parties à compter de l'établissement de l'acte de désignation et, à l'égard des tiers, trois mois après que les formalités de publicité prévues à l'article 1397-3 auront été accomplies.

Toutefois, en l'absence d'accomplissement de ces formalités, la désignation de la loi applicable est opposable aux tiers si, dans les actes passés avec eux, les époux ont déclaré la loi applicable à leur régime matrimonial.

Art. 1397-5 *(L. nº 97-987 du 28 oct. 1997)* Lorsqu'un changement au régime matrimonial intervient par application d'une loi étrangère régissant les effets de l'union, les époux font procéder aux formalités de publicité prévues au code de procédure civile.

V. C. pr. civ., art. 1303-3 à 1303-5 (Décr. nº 98-508 du 23 juin 1998, JO 25 juin).

Art. 1397-6 *(L. nº 97-987 du 28 oct. 1997)* Le changement de régime matrimonial prend effet entre les parties à dater de la décision ou de l'acte qui le prévoit et, à l'égard des tiers, trois mois après que les formalités de publicité prévues à l'article 1397-5 auront été accomplies.

Toutefois, en l'absence d'accomplissement de ces formalités, le changement de régime matrimonial est opposable aux tiers si, dans les actes passés avec eux, les époux ont déclaré avoir modifié leur régime matrimonial.

Art. 1398 Le mineur *(L. nº 2009-526 du 12 mai 2009, art. 10)* « capable de » contracter mariage est *(L. nº 2009-526 du 12 mai 2009, art. 10)* « capable de » consentir toutes les conventions dont ce contrat est susceptible et les conventions et donations qu'il y a faites sont valables, pourvu qu'il ait été assisté, dans le contrat, des personnes dont le consentement est nécessaire pour la validité du mariage.

Si des conventions matrimoniales ont été passées sans cette assistance, l'annulation en pourra être demandée par le mineur ou par les personnes dont le consentement était requis, mais seulement jusqu'à l'expiration de l'année qui suivra la majorité accomplie.

Art. 1399 *(L. nº 68-5 du 3 janv. 1968)* Le majeur en tutelle ou en curatelle ne peut passer de conventions matrimoniales sans être assisté, dans le contrat, *(L. nº 2007-308 du 5 mars 2007, art. 10, en vigueur le 1er janv. 2009)* « par son tuteur ou son curateur ».

A défaut de cette assistance, l'annulation des conventions peut être poursuivie dans l'année du mariage, soit par *(L. nº 2007-308 du 5 mars 2007, art. 10, en vigueur le 1er janv. 2009)* « la personne protégée elle-même », soit par ceux dont le consentement était requis, soit par le tuteur ou le curateur.

(L. nº 2019-222 du 23 mars 2019, art. 10) « Toutefois, la personne en charge de la mesure de protection peut saisir le juge pour être autorisée à conclure seule une convention matrimoniale, en vue de préserver les intérêts de la personne protégée. »

En ce qui concerne les clauses relatives aux droits de l'auteur en matière de propriété littéraire et artistique, V. CPI, art. L. 121-9, ss. art. 1404.

BIBL. ▶ Batteur, Mauger-Vielpeau et Raoul-Cormeil, *D. 2019. 825* (la conclusion forcée du contrat de mariage du majeur protégé).

Le changement de régime matrimonial d'un époux sous curatelle ne peut être homologué si le curateur refuse son assistance, sauf à l'intéressé à demander une autorisation supplétive au juge des tutelles. • Civ. 1re, 6 janv. 2004, nº 01-11.214 P : *D. 2004. Somm. 1856, obs. Delmas Saint-Hilaire ; JCP N 2004. 1273, obs. Plazy, et 1418, obs. Casey ; Defrénois 2004. 601, obs. Massip ; ibid. 823, obs. Champenois ; AJ fam. 2004. 104, obs. Bicheron ; Dr. fam. 2004, nº 57, note Fossier ; RJPF 2004-3/24, note Vauvillé ; RTD civ. 2004. 265, obs. Hauser.*

Règlement (UE) nº 2016/1103 du Conseil du 24 juin 2016,

Mettant en œuvre une coopération renforcée dans le domaine de la compétence, de la loi applicable, de la reconnaissance et de l'exécution des décisions en matière de régimes matrimoniaux.

Sur l'entrée en vigueur, V. art. 69 s.

Sur les formulaires mentionnés dans le Règl. (UE) nº 2016/1103, V. le Règl. d'exécution (UE) nº 2018/1935 de la commission du 7 déc. 2018.

BIBL. ▶ Blondelle, *JCP N 2018, n° 1170.* – Collectif, *Commentaire Dalloz, 2018* (commentaire des règlements européens sur la liquidation des régimes matrimoniaux et les partenariats enregistrés). – Crone et Perreau-Saussine, *JCP 2016, n° 1327* (protection du conjoint survivant dans un contexte international). – Fongaro et Fremont, *JCP N 2017, n° 1320.* – Gasté et Nourissat, *JCP N 2018, n° 1346* (règlement régimes matrimoniaux et Conv. de La Haye du 14 mars 1978). – Godechot-Patris, *D. 2016. 2292* ⊘. – Joubert, *Rev. crit. DIP 2017. 1.* – Laborde, *Dr. fam. 2017. Dossier, 29.* – Nourissat, *Defrénois 2016. 878.* – Perreau-Saussine, *JCP 2016, n° 1116.* – Péroz, *JCP N 2016, n° 1241.* – Tremosa, *Dr. fam. 2018. Étude 20* (articulation du règlement « Régimes matrimoniaux » et des règlements « Successions », « Divorce », « Obligations alimentaires » et « Bruxelles II *bis* »). – Usunier, *RTD civ. 2016. 806* ⊘. – Twardoch, *Rev. crit. DIP 2016. 465* (droit polonais). – Wautelet, *Dr. fam. 2017. Dossier 28.* – Dossier, Loi applicable au régime matrimonial, *Dr. fam. 2017. Dossiers 28 s.* – Dossier, *JCP N 2018, n°s 1162 s.* – Dossier, *AJ fam. 2018. 643* ⊘.

CHAPITRE I. *CHAMP D'APPLICATION ET DÉFINITIONS*

Art. 1er *Champ d'application.* 1. Le présent règlement s'applique aux régimes matrimoniaux.

Il ne s'applique pas aux matières fiscales, douanières ou administratives.

2. Sont exclus du champ d'application du présent règlement :

a) la capacité juridique des époux ;

b) l'existence, la validité ou la reconnaissance d'un mariage ;

c) les obligations alimentaires ;

d) la succession du conjoint décédé ;

e) la sécurité sociale ;

f) le droit au transfert ou à l'adaptation entre époux, en cas de divorce, de séparation de corps ou d'annulation du mariage, des droits à la pension de retraite ou d'invalidité acquis au cours du mariage et qui n'ont pas produit des revenus de retraite au cours du mariage ;

g) la nature des droits réels portant sur un bien ; et

h) toute inscription dans un registre de droits immobiliers ou mobiliers, y compris les exigences légales applicables à une telle inscription, ainsi que les effets de l'inscription ou de l'absence d'inscription de ces droits dans un registre.

Art. 2 *Compétences en matière de régimes matrimoniaux dans les États membres.* Le présent règlement ne porte pas atteinte aux compétences des autorités des États membres en matière de régimes matrimoniaux.

Art. 3 *Définitions.* 1. Aux fins du présent règlement, on entend par :

a) "régime matrimonial", l'ensemble des règles relatives aux rapports patrimoniaux entre époux et dans leurs relations avec des tiers, qui résultent du mariage ou de sa dissolution ;

b) "convention matrimoniale", tout accord entre époux ou futurs époux par lequel ils organisent leur régime matrimonial ;

c) "acte authentique", un acte en matière de régime matrimonial, dressé ou enregistré formellement en tant qu'acte authentique dans un État membre et dont l'authenticité :

i) porte sur la signature et le contenu de l'acte authentique ; et

ii) a été établie par une autorité publique ou toute autre autorité habilitée à cet effet par l'État membre d'origine ;

d) "décision", toute décision en matière de régime matrimonial rendue par une juridiction d'un État membre, quelle que soit la dénomination qui lui est donnée, y compris une décision concernant la fixation par le greffier du montant des frais du procès ;

e) "transaction judiciaire", une transaction en matière de régimes matrimoniaux approuvée par une juridiction ou conclue devant une juridiction au cours d'une procédure ;

f) "État membre d'origine", l'État membre dans lequel la décision a été rendue, l'acte authentique a été établi ou la transaction judiciaire a été approuvée ou conclue ;

g) "État membre d'exécution", l'État membre dans lequel est demandée la reconnaissance et/ou l'exécution de la décision, de l'acte authentique ou de la transaction judiciaire.

2. Aux fins du présent règlement, on entend par "juridiction" toute autorité judiciaire, ainsi que toute autre autorité et tout professionnel du droit compétents en matière de régimes matrimoniaux qui exercent des fonctions juridictionnelles ou agissent en vertu d'une délégation de pouvoirs d'une autorité judiciaire ou sous le contrôle de celle-ci, pour autant que ces autres autorités et professionnels du droit offrent des garanties en ce qui concerne leur impartialité et le droit de toutes les parties à être entendues, et que les décisions qu'ils rendent conformément au droit de l'État membre dans lequel ils exercent leurs fonctions :

a) puissent faire l'objet d'un recours devant une autorité judiciaire ou d'un contrôle par une telle autorité ; et

b) aient une force et un effet équivalents à une décision rendue par une autorité judiciaire dans la même matière.

Les États membres notifient à la Commission les autres autorités et professionnels du droit visés au premier alinéa, conformément à l'article 64.

....

CHAPITRE III. *LOI APPLICABLE*

Art. 20 *Application universelle.* La loi désignée comme la loi applicable par le présent règlement s'applique même si cette loi n'est pas celle d'un État membre.

Art. 21 *Unité de la loi applicable.* La loi applicable au régime matrimonial en vertu de l'article 22 ou 26 s'applique à l'ensemble des biens relevant de ce régime, quel que soit le lieu où les biens se trouvent.

Art. 22 *Choix de la loi applicable.* 1. Les époux ou futurs époux peuvent convenir de désigner ou de modifier la loi applicable à leur régime matrimonial, pour autant que ladite loi soit l'une des lois suivantes :

a) la loi de l'État dans lequel au moins l'un des époux ou futurs époux a sa résidence habituelle au moment de la conclusion de la convention ; ou

b) la loi d'un État dont l'un des époux ou futurs époux a la nationalité au moment de la conclusion de la convention.

2. Sauf convention contraire des époux, le changement de loi applicable au régime matrimonial au cours du mariage n'a d'effet que pour l'avenir.

3. Aucun changement rétroactif de la loi applicable en vertu du paragraphe 2 ne porte atteinte aux droits des tiers résultant de cette loi.

Art. 23 *Validité quant à la forme de la convention sur le choix de la loi applicable.* 1. La convention visée à l'article 22 est formulée par écrit, datée et signée par les deux époux. Toute transmission par voie électronique qui permet de consigner durablement la convention est considérée comme revêtant une forme écrite.

2. Si la loi de l'État membre dans lequel les deux époux ont leur résidence habituelle au moment de la conclusion de la convention prévoit des règles formelles supplémentaires pour les conventions matrimoniales, ces règles s'appliquent.

3. Si, au moment de la conclusion de la convention, les époux ont leur résidence habituelle dans des États membres différents et si les lois de ces États prévoient des règles formelles différentes pour les conventions matrimoniales, la convention est valable quant à la forme si elle satisfait aux conditions fixées par l'une de ces lois.

4. Si, au moment de la conclusion de la convention, seul l'un des époux a sa résidence habituelle dans un État membre et si cet État prévoit des règles formelles supplémentaires pour les conventions matrimoniales, ces règles s'appliquent.

Art. 24 *Consentement et validité au fond.* 1. L'existence et la validité d'une convention sur le choix de la loi ou de toute clause de celle-ci sont soumises à la loi qui serait applicable en vertu de l'article 22 si la convention ou la clause était valable.

2. Toutefois, pour établir son absence de consentement, un époux peut se fonder sur la loi du pays dans lequel il a sa résidence habituelle au moment où la juridiction est saisie s'il ressort des circonstances qu'il ne serait pas raisonnable de déterminer l'effet du comportement de cet époux conformément à la loi visée au paragraphe 1.

Art. 25 *Validité quant à la forme d'une convention matrimoniale.* 1. La convention matrimoniale est formulée par écrit, datée et signée par les deux époux. Toute transmission par voie électronique qui permet de consigner durablement la convention est considérée comme revêtant une forme écrite.

2. Si la loi de l'État membre dans lequel les deux époux ont leur résidence habituelle au moment de la conclusion de la convention prévoit des règles formelles supplémentaires pour les conventions matrimoniales, ces règles s'appliquent.

Si, au moment de la conclusion de la convention, les époux ont leur résidence habituelle dans des États membres différents et si les lois de ces États prévoient des règles formelles différentes pour les conventions matrimoniales, la convention est valable quant à la forme si elle satisfait aux conditions fixées par l'une de ces lois.

Si, au moment de la conclusion de la convention, seul l'un des époux a sa résidence habituelle dans un État membre et si cet État prévoit des règles formelles supplémentaires pour les conventions matrimoniales, ces règles s'appliquent.

3. Si la loi applicable au régime matrimonial prévoit des règles formelles supplémentaires, ces règles s'appliquent.

Art. 26 *Loi applicable à défaut de choix par les parties.* 1. A défaut de convention sur le choix de la loi applicable conformément à l'article 22, la loi applicable au régime matrimonial est la loi de l'État :

a) de la première résidence habituelle commune des époux après la célébration du mariage ; ou, à défaut,

b) de la nationalité commune des époux au moment de la célébration du mariage ; ou, à défaut,

c) avec lequel les époux ont ensemble les liens les plus étroits au moment de la célébration du mariage, compte tenu de toutes les circonstances.

2. Lorsque les époux ont plus d'une nationalité commune au moment de la célébration du mariage, seuls les points a) et c) du paragraphe 1 s'appliquent.

3. A titre exceptionnel et à la demande de l'un des époux, l'autorité judiciaire compétente pour statuer sur des questions relatives au régime matrimonial peut décider que la loi d'un État autre que l'État dont la loi est applicable en vertu du paragraphe 1, point a), régit le régime matrimonial si l'époux qui a fait la demande démontre que :

a) les époux avaient leur dernière résidence habituelle commune dans cet autre État pendant une période significativement plus longue que dans l'État désigné en vertu du paragraphe 1, point a) ; et

b) les deux époux s'étaient fondés sur la loi de cet autre État pour organiser ou planifier leurs rapports patrimoniaux.

La loi de cet autre État s'applique à partir de la date de la célébration du mariage, à moins que l'un des époux ne s'y oppose. Dans ce dernier cas, la loi de cet autre État produit ses effets à partir de la date de l'établissement de la dernière résidence habituelle commune dans cet autre État.

L'application de la loi de l'autre État ne porte pas atteinte aux droits des tiers résultant de la loi applicable en vertu du paragraphe 1, point a).

Le présent paragraphe ne s'applique pas lorsque les époux ont conclu une convention matrimoniale avant la date d'établissement de leur dernière résidence habituelle commune dans cet autre État.

Art. 27 *Portée de la loi applicable.* La loi applicable au régime matrimonial en vertu du présent règlement régit, entre autres :

a) la classification des biens des deux époux ou de chacun d'entre eux en différentes catégories pendant et après le mariage ;

b) le transfert de biens d'une catégorie à une autre ;

c) les obligations d'un époux qui découlent des engagements pris par l'autre époux et des dettes de ce dernier ;

d) les pouvoirs, les droits et les obligations de l'un des époux ou des deux époux à l'égard des biens ;

e) la dissolution du régime matrimonial, sa liquidation ou le partage des biens ;

f) les effets du régime matrimonial sur un rapport juridique entre un époux et des tiers ; et

g) la validité au fond d'une convention matrimoniale.

Art. 28 *Opposabilité aux tiers.* 1. Nonobstant l'article 27, point f), la loi applicable au régime matrimonial entre les époux ne peut pas être opposée par un époux à un tiers lors d'un différend entre le tiers et les deux époux ou l'un d'entre eux, sauf si le tiers a eu connaissance de cette loi ou aurait dû en avoir connaissance en faisant preuve de la diligence voulue.

2. Le tiers est réputé avoir cette connaissance de la loi applicable au régime matrimonial si :

a) ladite loi est la loi :

i) de l'État dont la loi est applicable à la convention conclue entre l'un des époux et le tiers ;

ii) de l'État où l'époux contractant et le tiers ont leur résidence habituelle ; ou

iii) dans des dossiers portant sur des biens immeubles, de l'État dans lequel le bien est situé ;

ou

b) l'un des époux s'est conformé aux obligations en matière de publicité ou d'enregistrement du régime matrimonial prévues par la loi :

i) de l'État dont la loi est applicable à la convention conclue entre l'un des époux et le tiers ;

ii) de l'État où l'époux contractant et le tiers ont leur résidence habituelle ; ou

iii) dans des dossiers portant sur des biens immeubles, de l'État dans lequel le bien est situé.

3. Lorsque la loi applicable au régime matrimonial entre les époux ne peut être opposée par un époux à un tiers en vertu du paragraphe 1, les effets du régime matrimonial à l'égard du tiers sont régis :

a) par la loi de l'État dont la loi est applicable à la convention conclue entre l'un des époux et le tiers ; ou

b) dans des dossiers portant sur des biens immeubles ou des biens ou des droits enregistrés, par la loi de l'État dans lequel le bien immeuble est situé ou dans lequel les biens ou les droits sont enregistrés.

Art. 29 *Adaptation des droits réels.* Lorsqu'une personne fait valoir un droit réel auquel elle peut prétendre en vertu de la loi applicable au régime matrimonial et que la loi de l'État membre dans lequel le droit est invoqué ne connaît pas le droit réel en question, ce droit est, si nécessaire et dans la mesure du possible, adapté à son équivalent le plus proche en vertu du droit de cet État, en tenant compte des objectifs et des intérêts visés par le droit réel en question et des effets qui y sont liés.

Art. 30 *Lois de police.* 1. Les dispositions du présent règlement ne portent pas atteinte à l'application des lois de police du juge saisi.

2. Une loi de police est une disposition impérative dont le respect est jugé crucial par un État membre pour la sauvegarde de ses intérêts publics, tels que son organisation politique, sociale ou économique, au point d'en exiger l'application à toute situation entrant dans son champ d'application, quelle que soit par ailleurs la loi applicable au régime matrimonial en vertu du présent règlement.

Art. 31 *Ordre public.* L'application d'une disposition de la loi d'un État désignée par le présent règlement ne peut être écartée que si cette application est manifestement incompatible avec l'ordre public du for.

Art. 32 *Exclusion du renvoi.* Lorsque le présent règlement prescrit l'application de la loi d'un État, il entend les règles de droit en vigueur dans cet État, à l'exclusion de ses règles de droit international privé.

Art. 33 *Systèmes non unifiés – conflits de lois territoriaux.* 1. Lorsque la loi désignée par le présent règlement est celle d'un État qui comprend plusieurs unités territoriales dont chacune a ses propres règles de droit en matière de régimes matrimoniaux, ce sont les règles internes de conflits de lois de cet État qui déterminent l'unité territoriale concernée dont les règles de droit doivent s'appliquer.

2. En l'absence de telles règles internes de conflits de lois :

a) toute référence à la loi de l'État mentionné au paragraphe 1 s'entend, aux fins de la détermination de la loi applicable en vertu des dispositions relatives à la résidence habituelle des époux, comme faite à la loi de l'unité territoriale dans laquelle les époux ont leur résidence habituelle ;

b) toute référence à la loi de l'État mentionné au paragraphe 1 s'entend, aux fins de la détermination de la loi applicable en vertu des dispositions relatives à la nationalité des époux, comme faite à la loi de l'unité territoriale avec laquelle les époux présentent les liens les plus étroits ;

c) toute référence à la loi de l'État mentionné au paragraphe 1 s'entend, aux fins de la détermination de la loi applicable en vertu de toute autre disposition se référant à d'autres éléments comme à des facteurs de rattachement, comme faite à la loi de l'unité territoriale dans laquelle l'élément concerné est situé.

Art. 34 *Systèmes non unifiés – conflits de lois interpersonnels.* Lorsqu'un État a plusieurs systèmes de droit ou ensembles de règles applicables à différentes catégories de personnes en matière de régimes matrimoniaux, toute référence à la loi d'un tel État s'entend comme faite au système de droit ou à l'ensemble de règles déterminé par les règles en vigueur dans cet État. En l'absence de telles règles, le système de droit ou l'ensemble de règles avec lequel les époux présentent les liens les plus étroits s'applique.

Art. 35 *Non-application du présent règlement aux conflits de lois internes.* Un État membre qui comprend plusieurs unités territoriales dont chacune a ses propres règles de droit en matière de régimes matrimoniaux n'est pas tenu d'appliquer le présent règlement aux conflits de lois qui concernent uniquement ces unités.

....

CHAPITRE V. *ACTES AUTHENTIQUES ET TRANSACTIONS JUDICIAIRES*

Art. 58 *Acceptation des actes authentiques.* 1. Un acte authentique établi dans un État membre a la même force probante dans un autre État membre que dans l'État membre d'origine ou y produit les effets les plus comparables, pour autant que cela ne soit pas manifestement contraire à l'ordre public de l'État membre concerné.

Une personne souhaitant utiliser un acte authentique dans un autre État membre peut demander à l'autorité établissant l'acte authentique dans l'État membre d'origine de remplir le formulaire établi en conformité avec la procédure consultative visée à l'article 67, paragraphe 2, en décrivant la force probante de l'acte authentique dans l'État membre d'origine.

2. Les juridictions de l'État membre d'origine sont saisies de toute contestation portant sur l'authenticité d'un acte authentique et statuent sur celle-ci en vertu de la loi de cet État. L'acte authentique contesté ne produit aucune force probante dans un autre État membre tant que le recours est pendant devant la juridiction compétente.

3. Les juridictions compétentes en vertu du présent règlement sont saisies de toute contestation relative aux actes juridiques ou relations juridiques consignés dans un acte authentique et statuent sur celle-ci en vertu de la loi applicable conformément au chapitre III. L'acte authentique attaqué ne produit aucune force probante dans un autre État membre que l'État membre d'origine en ce qui concerne la question contestée tant que le recours est pendant devant la juridiction compétente.

4. Si l'issue d'une procédure devant une juridiction d'un État membre dépend d'une question incidente relative aux actes juridiques ou aux relations juridiques consignés dans un acte authentique en matière de régimes matrimoniaux qui doit être tranchée, ladite juridiction est compétente pour en connaître.

Art. 59 *Force exécutoire des actes authentiques.* 1. Un acte authentique qui est exécutoire dans l'État membre d'origine est déclaré exécutoire dans un autre État membre, à la demande de toute partie intéressée, conformément à la procédure prévue aux articles 44 à 57.

2. Aux fins de l'article 45, paragraphe 3, point b), l'autorité ayant établi l'acte authentique délivre, à la demande de toute partie intéressée, une attestation au moyen du formulaire établi en conformité avec la procédure consultative visée à l'article 67, paragraphe 2.

3. La juridiction auprès de laquelle un recours est formé en vertu de l'article 49 ou 50 ne refuse ou ne révoque une déclaration constatant la force exécutoire que si l'exécution de l'acte authentique est manifestement contraire à l'ordre public de l'État membre d'exécution.

Art. 60 *Force exécutoire des transactions judiciaires.* 1. Les transactions judiciaires qui sont exécutoires dans l'État membre d'origine sont déclarées exécutoires dans un autre État membre à la demande de toute partie intéressée, conformément à la procédure prévue aux articles 44 à 57.

2. Aux fins de l'article 45, paragraphe 3, point b), la juridiction qui a approuvé la transaction ou devant laquelle la transaction a été conclue délivre, à la demande de toute partie intéressée, une attestation au moyen du formulaire établi en conformité avec la procédure consultative visée à l'article 67, paragraphe 2.

3. La juridiction auprès de laquelle un recours est formé en vertu de l'article 49 ou 50 ne refuse ou ne révoque une déclaration constatant la force exécutoire que si l'exécution de la transaction judiciaire est manifestement contraire à l'ordre public de l'État membre d'exécution.

CHAPITRE VI. *DISPOSITIONS GÉNÉRALES ET FINALES*

Art. 61 *Légalisation et formalités analogues.* Aucune légalisation ni autre formalité analogue n'est exigée pour les documents délivrés dans un État membre dans le cadre du présent règlement.

Art. 62 *Relations avec les conventions internationales existantes.* 1. Le présent règlement est sans incidence sur l'application des conventions bilatérales ou multilatérales auxquelles un ou plusieurs États membres sont parties lors de l'adoption du présent règlement ou d'une décision en vertu de l'article 331, paragraphe 1, deuxième ou troisième alinéa, du TFUE et qui concernent des matières régies par le présent règlement, sans préjudice des obligations incombant aux États membres au titre de l'article 351 du TFUE.

2. Nonobstant le paragraphe 1, le présent règlement prévaut, entre les États membres, sur les conventions conclues entre eux dans la mesure où ces conventions concernent des matières régies par le présent règlement.

3. Le présent règlement ne fait pas obstacle à l'application de la convention du 6 février 1931 entre le Danemark, la Finlande, l'Islande, la Norvège et la Suède comprenant des dispositions de droit international privé sur le mariage, l'adoption et la garde des enfants, telle qu'elle a été révisée en 2006 ; de la convention du 19 novembre 1934 entre le Danemark, la Finlande, l'Islande, la Norvège et la Suède, comprenant des dispositions de droit international privé relatives aux successions, aux testaments et à l'administration des successions, telle qu'elle a été révisée en juin 2012 ; et de la convention du 11 octobre 1977 entre le Danemark, la Finlande, l'Islande, la Norvège et la Suède sur la reconnaissance et l'exécution des décisions en matière civile par les États membres qui y sont parties, dans la mesure où lesdites conventions prévoient des procédures simplifiées et plus rapides de reconnaissance et d'exécution des décisions en matière de régimes matrimoniaux.

Art. 63 *Informations mises à la disposition du public.* Les États membres fournissent à la Commission, en vue de mettre les informations à la disposition du public dans le cadre du réseau judiciaire européen en matière civile et commerciale, un résumé succinct de leur législation et de leurs procédures nationales relatives aux régimes matrimoniaux, y compris des informations concernant le type d'autorité compétente en matière de régimes matrimoniaux et l'opposabilité aux tiers visée à l'article 28.

Les États membres tiennent ces informations à jour en permanence.

....

Art. 69 *Dispositions transitoires.* 1. Le présent règlement ne s'applique qu'aux procédures engagées, aux actes authentiques formellement dressés ou enregistrés et aux transactions judiciaires approuvées ou conclues à sa date de mise en application ou après le 29 janvier 2019, sous réserve des paragraphes 2 et 3.

(*Rect. JOUE du 29 avr. 2017*) « 2. Si l'action engagée dans l'État membre d'origine a été intentée avant le 29 janvier 2019, les décisions rendues à partir de cette date sont reconnues et exécutées conformément aux dispositions du chapitre IV, dès lors que les règles de compétence appliquées sont conformes à celles prévues par le chapitre II.

« 3. Le chapitre III n'est applicable qu'aux époux qui se sont mariés ou qui ont désigné la loi applicable à leur régime matrimonial à partir du 29 janvier 2019. »

Art. 70 *Entrée en vigueur.* 1. Le présent règlement entre en vigueur le vingtième jour suivant celui de sa publication au *Journal officiel de l'Union européenne*.

2. Le présent règlement est applicable dans les États membres qui participent à une coopération renforcée dans le domaine de la compétence, de la loi applicable, de la reconnaissance et de l'exécution des décisions en matière de régimes patrimoniaux des couples internationaux, concernant les questions relatives tant aux régimes matrimoniaux qu'aux effets patrimoniaux des partenariats enregistrés, tels qu'ils sont autorisés par la décision (UE) 2016/954.

Il est applicable à partir du 29 janvier 2019, sauf en ce qui concerne les articles 63 et 64, qui s'appliquent à partir du 29 avril 2018, et les articles 65, 66 et 67, qui s'appliquent à partir du 29 juillet 2016. Pour les États membres qui participent à une coopération renforcée en vertu d'une décision adoptée conformément à l'article 331, paragraphe 1, deuxième ou troisième alinéa, du TFUE, le présent règlement est applicable à partir de la date indiquée dans la décision concernée.

Le présent règlement est obligatoire dans tous ses éléments et directement applicable dans les États membres participants, conformément aux traités.

Circulaire du 24 avril 2019,

De présentation des dispositions des règlements (UE) n° 2016/1103 et n° 2016/1104 du Conseil du 24 juin 2016 mettant en œuvre une coopération renforcée dans le domaine de la compétence, de la loi applicable, la reconnaissance et l'exécution des décisions, en matière de régimes matrimoniaux et d'effets patrimoniaux des partenariats enregistrés 🏛.

CHAPITRE II DU RÉGIME EN COMMUNAUTÉ

(L. n° 65-570 du 13 juill. 1965)

Sur les modalités d'entrée en vigueur (fixée au 1er juill. 1986) de la loi n° 85-1372 du 23 déc. 1985 modifiant le présent chapitre II, V. les art. 56 à 62 de cette loi, ss. art. 1581.

BIBL. GÉN. ▶ **Assurance vie et communauté :** AULAGNIER, *JCP N 1999. 1405* (droit de rachat). – BARROIS, *JCP N 1999. 1414.* – BIGOT, *JCP 1993. I. 3718.* – FRULEUX, *Dr. et patr. 3/2003. 38.* – GHESTIN, *JCP 1995. I. 3881.* – HOVASSE-BANGET, *JCP N 2001. 1434 et 1465.* – LUCET, *Defrénois 1995. 1212 ; ibid. 1996. 971.* – TRESCASES, *AJ fam. 2007. 383* . – ZATTARA, *Dr. fam. 2000. Chron. 22.* – Dossier *AJ fam. 2007. 376 et 414* . ▶ **Fonds de commerce :** MENJUCQ, *JCP N 1996. 1081 et 1141.* – RAFFRAY, *RCA 1997. Chron. 26.* ▶ **Sociétés :** COLOMER, *Defrénois 1978. 3, 529 ; 1979. 817, 897* (nature juridique des parts de société au regard du régime matrimonial) ; *1980. 1009* (réserves des sociétés) ; *1981. 401, 481* (augmentation de capital et répartition des biens). – DERRUPPÉ, *JCP 1971. I. 2403* (communauté et droit des sociétés). – VIALLA, *RTD civ. 1996. 841* (autonomie professionnelle et droit des sociétés). ▶ **Autres thèmes :** DASSY et MIGEON-CROS, *Defrénois 2010. 269* (déclaration d'origine des deniers). – DIGARD, *JCP N 1993. I. 459* (avances sur communauté). – FOURNIER, *Mél. B. Gross, PU Nancy, 2009, p. 537* (indivision entre époux communs en biens). – A. MAZEAUD, *D. 1986. Chron. 235* (sort des indemnités de rupture du contrat de travail). – PONTON-GRILLET, *JCP N 1993. I. 423* (dettes d'impôt conjugales). – R. SAVATIER, *D. 1978. Chron. 117* (droit comptable). – SIMLER, *RTD civ. 1970. 478* (conflit de présomptions) ; *Mél. Terré, Dalloz/PUF/Juris-Classeur, 1999, p. 455* (pour un autre régime matrimonial légal) ; *Études* BÉGUIN, *Litec, 2005, p. 689* (lacunes du régime de saisissabilité des revenus des époux communs en biens). – M. et P. STORCK, *Mél. Huet-Weiller, PU Strasbourg/LGDJ, 1994, p. 449* (biens communs et redressement judiciaire). – TENDLER, *ibid, p. 477* (le patrimoine des époux communs en biens face à leurs créanciers). – Dossier, *JCP N 2009. 1185 s.*

PREMIÈRE PARTIE De la communauté légale

RÉP. CIV. v^is *Communauté légale : actif des patrimoines*, par A. CHAMOULAUD-TRAPIERS et G. YILDIRIM ; *Communauté légale : gestion des biens*, par G. YILDIRIM ; *Communauté légale : répartition des dettes*, par G. YILDIRIM ; *Communauté légale : dissolution*, par A. CHAMOULAUD-TRAPIERS ; *Communauté légale : liquidation – partage*, par B. VAREILLE.

BIBL. GÉN. ▶ ATIAS, *Mél. Colomer, Litec, 1993, p. 21* (le quotidien et l'involontaire en régime légal). – CORNU, *JCP 1967. I. 2128* (commentaire de la loi du 13 juill. 1965). – GISSEROT, *LPA 13 déc. 2006* (le régime légal résistera-t-il à l'art. 1415 ?). – GODON, *Defrénois 1998. 977 et 1148* (protection d'un époux contre les agissements de l'autre). – GRUNVALD, *JCP N 1994. I. 145* (développement des patrimoines en régime légal). – KUHN, *JCP N 2017, n° 1325* (influence des volontés individuelles). – LAMBERT-WIBER, *Defrénois 1999. 1153* (responsabilité financière de l'époux commun en biens et unité du patrimoine). – LEYRAT, *JCP N 2021, n° 1253* (plan d'épargne retraite et communauté légale). – MARIE, *Defrénois 2001. 1307* (appauvrissement des époux). – VALORY, *RJPF 2008-12/12* (biens professionnels). – Dossier, *Defrénois 2015. 1033* (communauté légale et droit des sociétés).

Art. 1400 **La communauté, qui s'établit à défaut de contrat ou par la simple déclaration qu'on se marie sous le régime de la communauté, est soumise aux règles expliquées dans les trois sections qui suivent.**

Pour les époux mariés sans contrat de mariage avant le 1er févr. 1966, V. L. n° 65-570 du 13 juill. 1965, art. 10, 15 à 19 et L. n° 85-1372 du 23 déc. 1985, art. 58, ss. art. 1581.

Éviction des règles de l'indivision. Les règles de la communauté matrimoniale excluent celles de l'indivision. Un créancier personnel d'un époux ne peut donc provoquer le partage d'un immeuble commun en invoquant l'art. 815-17. • Civ. 1re, 9 nov. 1993, n° 91-20.290 P : *Defrénois 1994. 435, obs. Aynès.*

SECTION 1 De ce qui compose la communauté activement et passivement

RÉP. CIV. v° *Communauté légale : actif des patrimoines*, par A. CHAMOULAUD-TRAPIERS et G. YILDIRIM.

DALLOZ ACTION *Droit patrimonial de la famille 2021/2022*, n^os *131.00 s.*

§ 1 De l'actif de la communauté

Art. 1401 **La communauté se compose activement des acquêts faits par les époux ensemble ou séparément durant le mariage, et provenant tant de leur industrie personnelle que des économies faites sur les fruits et revenus de leurs biens propres.**

(Abrogé par L. n° 85-1372 du 23 déc. 1985) « Les biens réservés de la femme, quoique soumis à une gestion distincte en vertu de l'article 224, font partie des acquêts. »

BIBL. ▶ AUBRY, *D. 2019. 833* (attributions gratuites d'actions et régime de communauté). – BRAZIER, *JCP 1966. I. 1984.* – CHABOT, *LPA 26 mars 2002* (le fonds libéral en droit patrimonial de la famille). – COLOMER, *D. 1966. Chron. 23.* – GRARE-DIDIER, *Mél. Payet, Dalloz, 2011, p. 217* (acquêts en valeur). – H. MAZEAUD, *D. 1965. Chron. 91.* – MONTANIER, *JCP N 1985. I. 170.* – MONTERO, *RTD civ. 1998. 23.* – ROUGHOL, *JCP N 1982. I. 159.* – SAUVAGE, *Dr. et patr. 11/1998. 38* (stock options). – R. SAVATIER, *D. 1969. Chron. 199.* – SERRA, *Mél. Colomer, Litec, 1993, p. 449* (la non-industrie personnelle des époux). – VOIRIN, *D. 1966. Chron. 129.*

I. BIENS ACQUIS À TITRE ONÉREUX AU COURS DU MARIAGE

A. ACQUISITIONS POSTÉRIEURES AU MARIAGE

1. Actions acquises par suite de la levée d'une option d'achat d'actions. Si les droits résultant de l'attribution, pendant le mariage à un époux commun en biens, d'une option de souscription ou d'achat d'actions forment des propres par nature, les actions acquises par l'exercice de ces droits entrent dans la communauté lorsque l'option est levée durant le mariage. • Civ. 1re, 9 juill. 2014, n° 13-15.948 P : *D. 2014. 2434, obs. Rabreau ; Rev. sociétés 2015. 43, note Dauriac ; RTD civ. 2014. 933, obs. Vareille ; AJ fam. 2014. 508, obs. Hilt ; JCP 2014, n° 1013, note Sauvage ; JCP 2015, n° 138, obs. Deboissy et Wicker ; JCP N 2014, n° 1318, note Naudin ; Defrénois 2014. 1311, note Bicheron ; ibid. n° 1386, note Cermolacce.* ♦ ... Par suite, les actions ainsi acquises se trouvant en nature dans l'actif commun au jour de la dissolution de la communauté, puis ayant été cédées au cours de l'indivision post-communautaire, il y a lieu de faire figurer dans la masse partageable la valeur d'aliénation de ces actions, la plus-value réalisée étant indifférente. • Même arrêt ♦ Sur le caractère propre par nature des droits résultant de l'attribution d'une option d'achat ou de souscription d'actions, V. jurisprudence citée ss. art. 1404.

2. Acquisition avec clause d'accroissement (tontine). Le mari ayant, au cours du mariage et avec des deniers communs, acquis un immeuble conjointement et indivisément avec un tiers, par un acte comportant une clause d'accroissement au profit du survivant, l'immeuble est destiné à devenir un acquêt de communauté en cas de prédécès du tiers coacquéreur. • Civ. 1re, 11 janv. 1983, n° 81-16.307 P : *R., p. 43 ; D. 1983. 501, note Larroumet ; JCP 1984. II. 20127, note Boulanger ; JCP N 1983. II. 329, note Brochard ; ibid. 1984. II. 247, note Lemoine ; Defrénois 1983. 985, note G. Morin.*

3. Créance née d'un contrat de location-vente. Lorsque des époux ont souscrit un contrat de location-attribution, dans lequel le transfert de propriété de l'immeuble se fait sans rétroactivité au terme du paiement des mensualités, la communauté dispose au jour de sa dissolution, antérieure au transfert de propriété, d'une créance sur le vendeur de l'immeuble, laquelle constitue un élément de l'actif et doit être évaluée. • Civ. 1re, 17 mars 1992, n° 90-14.279 P : *JCP 1992. I. 3614, n° 7, obs. Simler ; RTD civ. 1992. 635 et 810, obs. Lucet et Vareille* • 1er juill. 1997, n° 95-17.058 P : *JCP 1998. I. 135, n° 9, obs. Simler ; JCP N 1998. 1163, note Chabot ; Gaz. Pal. 1998. 1. Somm. 389, obs. S. Piedelièvre ; Defrénois 1997. 1445, obs. Champenois ; RTD civ. 1998. 728, obs. Vareille* (crédit-bail relatif à un bateau). ♦ La créance de location-attribution doit être évaluée selon la méthode définie par l'art. R. 422-30 CCH, applicable entre conjoints. • Civ. 3e, 30 janv. 2002, n° 00-12.113 P.

4. Parts d'une SCI dont les statuts ont été signés antérieurement au mariage en cas d'immatriculation et de libération des apports postérieurement au mariage. Caractère commun de la valeur des parts d'une SCI dont les statuts avaient été signés antérieurement au mariage, l'immatriculation de la société étant postérieure de quelques jours au mariage, de même que la libération des apports en numéraires effectuée par l'époux, sans déclaration d'emploi ou de remploi, à l'aide de fonds présumés communs. • Civ. 1re, 8 oct. 2014, n° 13-21.879 P : *D. 2014. 2047 ; AJ fam. 2014. 640, obs. Hilt ; Rev. sociétés 2015. 316, note Pla-Busiris ; RTD civ. 2015. 679, obs. Vareille ; ibid. 685, obs. Vareille ; JCP 2015, n° 320, note Champenois ; Defrénois 2015. 71, note Rabreau ; Dr. fam. 2015, n° 15, obs. Beignier.*

5. Distinction entre la création d'une officine et l'ouverture au public générant une clientèle. A la date de l'obtention de l'autorisation préfectorale de création d'une officine de pharmacie, date antérieure au mariage, la clientèle, élément essentiel du fonds de commerce, n'existe que de manière potentielle, seule l'ouverture au public entraîne la création d'une clientèle réelle et certaine ; celle-ci étant postérieure au mariage, la valeur de l'officine doit être réintégrée dans l'actif de la communauté. • Civ. 1re, 4 déc. 2013, n° 12-28.076 P : *AJ fam. 2014. 62, obs. Hilt ; RTD civ. 2014. 937, obs. Vareille ; RTD com. 2014. 306, obs. Saintourens ; JCP 2014, n° 668, note Simler ; JCP N 2014, n° 1099, note Barabé-Bouchard ;* Defrénois 2014, p. 1193, note Champenois.

B. DISTINCTION DU TITRE ET DE LA FINANCE

BIBL. Derruppé, *JCP N 1984. I. 251* (en matière de sociétés). – Lambert-Piéri, *D. 1982. Chron. 65.* – Paisant, *JCP N 1984. I. 19.*

6. Application de la distinction du titre et de la finance : parcs à huîtres. Des concessions de parcs à huîtres, accordées par l'Administration, impliquant une exploitation personnelle par le concessionnaire et n'étant cessibles qu'avec l'autorisation de l'Administration et au profit seulement de personnes remplissant les conditions requises pour exploiter, ont un caractère personnel et seule la valeur patrimoniale des parcs à huîtres est tombée en communauté. • Civ. 1re, 8 déc. 1987, n° 86-12.426 P: *R., p. 143 ; D. 1989. 61, note Malaurie ; JCP 1989. II. 21336, note Simler ; Defrénois 1988. 533, obs. Champenois.* ♦ Dans le même sens : • Civ. 1re, 14 mars 2006, n° 03-19.728 P : *D. 2006. IR 1329 ; JCP 2006. I. 193, n° 8, obs. Simler ; AJ fam. 2006. 382, obs. Hilt* (absence de caractère propre des accessoires de l'exploitation ostréicole commune).

7. ... Licence de taxi. La valeur patrimoniale d'une licence de taxi doit être comprise dans la communauté. • Civ. 1re, 16 avr. 2008, n° 07-16.105 P : *D. 2008. 2264, obs. Douville ; RLDC 2008/50, n° 3036, obs. Jeanne ; RTD civ. 2009. 352, obs. Vareille.*

8. ... Parts sociales non négociables. Dès lors que le mari, fondateur et membre d'un groupement agricole d'exploitation en commun, a seul la qualité d'associé, l'indivision consécutive au décès de son épouse ne porte pas sur les parts sociales, mais uniquement sur la valeur de celles-ci, seule la finance de ces parts étant entrée en communauté. • Civ. 1re, 9 juill. 1991 *(Gelada)*, n° 90-12.503 P : *Defrénois 1991. 1333, obs. Le Cannu.* ♦ Les parts sociales détenues par un époux au sein d'un groupe de sociétés ayant été acquises au cours du mariage, ces parts doivent être portées à l'actif de la communauté pour leur valeur au jour du partage, la qualité d'associé s'y attachant ne relevant pas de l'indivision post-communautaire. • Civ. 1re, 28 mars 2018, n° 17-16.198 P : *D. 2018. 2056, obs. Lamazerolles et Rabreau ; AJ fam. 2018. 304, obs. Hilt ; RTD civ. 2018. 472, obs. Nicod ; ibid. 701, obs. Dross.* ♦ Ayant constaté que l'époux, souscripteur des parts sociales acquises pendant la durée du mariage, avait seul la qualité d'associé de la SARL, une cour d'appel en a exactement déduit que ces parts n'étaient entrées en communauté que pour leur valeur patrimoniale et qu'elles ne pouvaient qu'être attribuées au titulaire des droits sociaux lors du partage. • Civ. 1re, 4 juill. 2012, n° 11-13.384 P : *D. 2012. 2493, note Barabé-Bouchard ; AJ fam. 2012. 508, obs. Hilt ; Rev. sociétés 2012. 717, note Dauriac ; Dr. fam. 2012, n° 158, obs. Paisant ; RLDC 2012/98, note Dondero.* ♦ A la dissolution du régime matrimonial, la qualité d'associé attachée à des parts sociales non négociables dépendant de la communauté ne tombe pas dans l'indivision post-communautaire, qui n'en recueille que leur valeur, de sorte que le conjoint associé peut transmettre son titre sans recueillir l'accord de ses coïndivisaires. • Civ. 1re, 12 juin 2014, n° 13-16.309 P : *D. 2014. 2434, obs. Rabreau ; Rev. sociétés 2014. 734, note Naudin ; JCP N 2015, n° 1072, note Garçon ; Defrénois 2014. 1093, note Barabé-Bouchard ; RDC 2014. 715, note Goldie-Génicon.* ♦ ... Le conjoint associé peut en disposer seul et ces parts doivent être portées à l'actif de la communauté pour leur valeur au jour du partage. • Civ. 1re, 22 oct. 2014, n° 12-29.265 P : *D. 2015. 649, obs. Douchy-Oudot ; AJ fam. 2014. 707, obs. Desbuquois ; Defrénois 2015. 21, note Randoux ; JCP N 2015, n° 1072, note Garçon.* ♦ Le conjoint associé a seul qualité pour percevoir les dividendes afférents aux parts sociales communes dont il est titulaire, V. • Civ. 1re, 5 nov. 2014, n° 13-25.820 P : *cité note 13 ss. art. 1421.*

9. ... Droits et allocations exceptionnels au bénéfice d'un rapatrié d'Algérie. Application de la distinction du titre et de la finance aux droits et allocations exceptionnels au bénéfice d'un rapatrié d'Algérie : • Civ. 1re, 9 juin 2010, n° 08-16.528 P : *D. 2010. 2392, note Brémond ; Dr. fam. 2010, n° 128, obs. Larribau-Terneyre ; RLDC 2010/74, n° 3944, obs. Pouliquen ; RTD civ. 2010. 805, obs. Vareille.*

10. ... Droits acquis et prestations versées au titre d'un régime de retraite. Application de la distinction du titre et de la finance en matière de pension de retraite militaire, V. ci-dessous note 33. ♦ Application de la distinction du titre et de la finance à propos d'un régime de prévoyance professionnelle obligatoire, V. ci-dessous note 32.

11. ... Office ministériel. Lorsqu'un notaire est marié sous un régime de communauté, la valeur patrimoniale de l'office qu'il a acquis pendant le mariage est un bien commun mais le droit de présentation reste personnnel à son titulaire. • TGI Paris, 19 nov. 1987 : *cité note 3 ss. art. 1424.*

12. ... Officine de pharmacie. Si, aux termes des dispositions du code de la santé publique, la propriété des officines de pharmacie est réservée aux personnes titulaires du diplôme de pharmacien, la valeur du fonds de commerce acquis par des époux communs en biens tombe en communauté. • Civ. 1re, 18 oct. 2005, n° 02-20.329 P : *JCP 2006. I. 141, n° 17, obs. Simler ; Defrénois 2006. 177, note Souhami ; AJ fam. 2006. 115, obs. Hilt ; RJPF 2006-2/30, note Vauvillé.* ♦ Les emprunts faits par les deux époux pour cette acquisition ont été valablement souscrits dès lors que l'acte d'acquisition ne mentionne aucune atteinte à l'exploitation exclusive par le mari titulaire du diplôme. • Même arrêt.

13. Clientèles civiles. Pour des applications de la distinction du titre et de la finance en matière de clientèle civile, V. ci-dessous notes 22 s.

14. Cas particulier : administrateur judiciaire. Les tâches à accomplir par un administrateur judiciaire ne constituent que l'exécution de mandats de justice conformément à l'art. L. 811-1, al. 1er, C. com., de sorte qu'il n'existe pas de droit de présentation et de clientèle attaché à cette fonction, peu important qu'elle soit exercée à titre individuel ou sous forme de société et peu important l'accomplissement par l'administrateur de missions limitativement énumérées et qualifiées d'accessoires par l'art. L. 811-10, al. 3, du même code. En conséquence, l'étude de l'époux administrateur judiciaire ne représente pas une valeur patrimoniale susceptible d'être inscrite à l'actif de la communauté et, partant, ayant généré des fruits et revenus pour l'indivision post-communautaire. • Civ. 1re, 28 mai 2014, n° 13-14.884 P : *D. 2014. 1203* ; *AJ fam. 2014. 439, obs. Hilt* ; *RTD civ. 2014. 634, obs. Hauser*.

C. PRODUITS D'ASSURANCE VIE

BIBL. Leroy, *JCP N 2017, n° 1323* (assurance vie rachetable non dénouée et indivision post-communautaire).

15. Assurance vie souscrite par un époux au bénéfice de l'autre. Régime dérogatoire : V. C. assur., art. L. 132-16 et L. 132-13, al. 2. – **C. assur.** (capital assuré propre – absence de récompense pour la communauté qui a financé les primes sauf primes excessives). ♦ Pour une application : • Civ. 1re, 8 mars 2005 : *cité note 1 ss. art. 1437.* ♦ Il résulte de l'art. L. 132-16 C. assur. que le bénéfice de l'assurance sur la vie contractée par un époux commun en biens en faveur de son conjoint constitue un propre pour celui-ci, peu important que les primes aient été payées par la communauté. • Civ. 1re, 25 mai 2016, n° 15-14.737 P : *D. 2016. 1199* ; *AJ fam. 2016. 393, obs. Hilt* ; *JCP 2016, n° 882, note Casey.*

16. Assurance vie souscrite par un époux au profit d'un bénéficiaire autre que son conjoint. Assurance décès souscrite par un époux sur sa tête sans désignation d'un bénéficiaire : V. C. assur., art. L. 132-11. – **C. assur.** (capital commun si prime financée par communauté). ♦ Assurance décès souscrite par un époux au profit d'un tiers bénéficiaire : V. art. L. 132-12. – **C. assur.** (capital directement acquis au bénéficiaire). ♦ Sur le droit à récompense dû à la communauté qui a financé les primes même non excessives : • Civ. 1re, 10 juill. 1996, n° 94-18.733 P : *D. 1998. 26, note Sauvage* ; *Defrénois 1997. 1080, obs. Champenois* ; *JCP 1997. I. 4008, n° 16, obs. Tisserand* ; *JCP N 1996. Prat. 3893, p. 1752, n° 6, obs. Delmas Saint-Hilaire et Lucet.* ♦ Sur la révocation et la désignation d'un nouveau bénéficiaire : • Cass., ass. plén., 12 déc. 1986, *Vve Pelletier c/ Cts Ménager*, n° 84-17.867 P : *R., p. 200* ; *D. 1987. 269, note Ghestin* ; *JCP 1987. II. 20760, concl. Cabannes, note Boyer* ; *Defrénois 1987. 541, note Aubert* ; *RGAT 1987. 234, note Aubert.* – V. également note 4 ss. art. 1422. ♦ Assurance en cas de vie du souscripteur (assurance retraite) : caractère commun du capital versé au terme du contrat lorsque les primes ont été acquittées par la communauté : • Civ. 1re, 26 mai 1982, *Veuve Pelletier c/ GAN*, n° 81-11.853 P : *Defrénois 1982, art. 32944, note Champenois*, et, dans la même affaire : • Amiens, 10 déc. 1984 : *D. 1985. 520, note Le Roy.*

17. Assurance mixte en cours au jour de la dissolution. Assurance mixte (en cas de vie du souscripteur à l'échéance ou en cas de décès) en cours au jour de la dissolution : fait partie de l'actif de la communauté la valeur de la police dont les primes ont été payées avec des fonds communs : • Civ. 1re, 31 mars 1992 *Praslicka*, n° 90-16.343 P : *JCP 1993. II. 22059, note Abry* ; *JCP 1992. I. 3614, n° 6, obs. Simler* ; *Defrénois 1992. 1159, obs. Champenois* ; *RTD civ. 1992. 632, obs. Lucet et Vareille* , et, sur renvoi : • Versailles, 21 juin 1993 : *D. 1995. Somm. 40, obs. Lucet* . – Lucet, *Defrénois 1993. 271*. – Ghestin, *JCP 1995. I. 3881.* ♦ Rappr. • Civ. 1re, 19 avr. 2005, n° 02-10.985 P : *D. 2005. IR 1304* ; *JCP 2005. I. 163, n° 8, obs. Simler* ; *RJPF 2005-9/20, obs. Vauvillé* (l'éventuel caractère aléatoire du contrat est indifférent à la solution).

18. Assurance vie souscrite par deux époux et non dénouée au décès du prémourant. Dès lors qu'un contrat d'assurance vie a été souscrit par les deux époux et alimenté par la communauté, puis s'est poursuivi avec le conjoint survivant en qualité de seul souscripteur au décès de l'épouse, ce dont il résultait qu'il ne s'était pas dénoué à la suite du décès de l'épouse, la valeur de ce contrat constitue un actif de la communauté et la moitié de cette valeur doit être réintégrée à l'actif de la succession de la défunte. • Civ. 1re, 26 juin 2019, n° 18-21.383 P : *AJ fam. 2019. 475, obs. Hilt* ; *RTD civ. 2019. 636, obs. Grimaldi* ; *RCA 2019. Étude 9, note Gayet.*

D. HYPOTHÈSES PARTICULIÈRES

19. Franc symbolique. La somme purement symbolique d'un franc, payée par un époux pour l'achat de parts sociales non négociables, ne constitue pas une valeur patrimoniale dont il y aurait lieu de déterminer le caractère propre ou commun. • Civ. 1re, 17 janv. 1995 : *D. 1995. 401, note D. R. Martin* ; *JCP 1995. I. 3869, n° 12, obs. Simler* ; *Defrénois 1995. 1313, obs. J. Honorat* ; *ibid. 1480, obs. Champenois* ; *RTD civ. 1995. 914, obs. Gautier* ; *ibid. 1996. 459, obs. Vareille* . – Dekeuwer-Défossez, *Dr. et patr. 6/1995. 36.*

20. Qualification des fonds déposés sur des livrets d'épargne au nom d'enfants mineurs. Pour la qualification des fonds déposés par les parents sur des livrets de caisse d'épargne ouverts au nom des enfants mineurs (étant soutenu que les fonds placés sur les livrets étaient des acquêts, il ne peut être refusé d'inclure les sommes figurant sur ces livrets dans l'actif de la communauté sans rechercher si les parents n'avaient pas entendu transférer la propriété des fonds à leurs enfants), V. • Civ. 1re, 18 juill. 1995 : *JCP 1996. I. 3908, n° 11, obs. Simler.* ♦ L'intention libérale des parents ayant déposé des fonds sur les comptes de leurs enfants, dont ces derniers avaient eu la libre disposition à leur majorité, exclut leur prise en compte lors des opérations de partage. • Civ. 1re, 6 janv. 2010 : *AJ fam. 2010. 193, note Hilt.*

II. PRODUITS DE L'INDUSTRIE PERSONNELLE

A. CRÉATIONS LITTÉRAIRES ET ARTISTIQUES

21. Droits d'auteur et sort de l'œuvre. V. • Civ. 1re, 4 juin 1971 : *R. 1970-1971, p. 16 ; D. 1971. 585, concl. Lindon ; ibid. Chron. 251, par Contamine-Raynaud ; JCP 1972. II. 17164, note Patarin ; RTD civ. 1972. 121, obs. Nerson ; RTD com. 1972. 90, obs. Desbois.* ♦ Sur renvoi : • Orléans, 13 nov. 1975 : *JCP 1976. II. 18349, note Boursigot* (œuvres picturales, affaire Picabia ; régime de communauté antérieur à la L. du 13 juill. 1965). ♦ V. aussi • Paris, 22 avr. 1982 : *D. 1984. 397, note Ghestin ; JCP 1983. II. 19948, note Gobin* (compositions musicales). ♦ V. également : • Civ. 1re, 12 mai 2011, n° 10-15.667 P : *D. 2011. 1413, obs. Marrocchella ; RTD civ. 2012. 144, obs. Vareille ; JCP 2011. 1471, note Luca ; Dr. fam. 2011, n° 112, obs. Beignier* (régime légal applicable avant la L. du 13 juill. 1965).

B. CLIENTÈLE CIVILE ET FONDS D'EXERCICE LIBÉRAL

22. Caractère commun de la valeur patrimoniale de la clientèle. Le droit de présentation d'un successeur à une clientèle de chirurgien-dentiste constitue une valeur patrimoniale devant être portée à l'actif de la communauté comme constituant un acquêt provenant de l'industrie personnelle de l'époux, et non un propre par nature à charge de récompense. • Civ. 1re, 12 janv. 1994, n° 91-18.104 P : *R., p. 281 ; D. 1994. 311 (2e esp.), note R. Cabrillac ; ibid. 1995. Somm. 41, obs. Grimaldi ; JCP 1994. I. 3785, III, n° 1, obs. Simler ; JCP N 1994. II. 329, note Pillebout ; Defrénois 1994. 430, obs. Aynès ; RTD civ. 1996. 229, obs. Vareille* • 17 déc. 1996, n° 93-17.602 P : *JCP 1997. I. 4047, n° 16, obs. Simler* (cabinet médical) • 2 mai 2001, n° 99-11.336 P : *D. 2002. 759, note Dross ; JCP 2002. I. 103, n° 11, obs. Simler ; ibid. II. 10062, note Barret ; Defrénois 2001. 1519, obs. Champenois* (« fonds d'exercice libéral »). ♦ La clientèle civile d'un époux exerçant une profession libérale doit figurer dans l'actif de la communauté pour sa valeur patrimoniale, comme constituant un acquêt provenant de l'industrie personnelle de cet époux, et non un propre par nature avec charge de récompense. • Civ. 1re, 12 janv. 1994, n° 91-15.562 P : *R., p. 281 ; D. 1994. 311 (1re esp.), note R. Cabrillac ; ibid. 1995. Somm. 41, obs. Grimaldi ; JCP 1994. I. 3785, III, n° 1, obs. Simler ; JCP N 1994. II. 329, note Pillebout ; RTD civ. 1996. 229, obs. Vareille.*

C. AUTRES CAS

23. Travail accompli bénévolement au sein d'une exploitation commune. En application de l'art. 1401, le travail accompli par l'épouse durant le mariage au sein de l'exploitation artisanale dépendant de la communauté conjugale profite à la communauté et l'enrichissement de la communauté qui trouve ainsi son origine dans l'application des dispositions légales relatives à la composition de l'actif communautaire n'est donc pas sans cause. • Civ. 1re, 18 nov. 1997 : *Dr. fam. 1998, n° 11, note Beignier ; JCP 1998. I. 135, n° 14, obs. Tisserand.*

Dans le même sens : les gains et salaires, produits de l'industrie personnelle des époux, font partie de la communauté ; il en résulte que l'époux commun en biens qui a participé sans rémunération à l'activité professionnelle de son conjoint ne subit aucun appauvrissement personnel lui permettant d'agir au titre de l'enrichissement sans cause. • Civ. 1re, 17 avr. 2019, n° 18-15.486 P : *D. 2019. 1695, note Chaffois ; AJ fam. 2019. 347, obs. Hilt ; RTD civ. 2019. 643, obs. Nicod.*

24. Stock d'eau de vie provenant d'une exploitation viticole propre. Constituent des produits de l'industrie personnelle de l'époux exploitant les stocks d'eau-de-vie et de pineau provenant d'une exploitation viticole propre au mari. Cassation, au visa des art. 1401 et 1403, de l'arrêt ayant décidé que ces stoks constituaient un élément de l'actif de l'exploitation viticole propre tout en précisant que celle-ci ne générait de revenus ou de fruits qu'au fur et à mesure de la commercialisation des stocks, laquelle nécessitait une période préalable d'élevage ou de vieillissement en fûts. • Civ. 1re, 19 déc. 2012, n° 11-25.264 P : *D. 2013. 84 ; AJ fam. 2013. 139, obs. Hilt ; RTD civ. 2013. 404, obs. Dross ; ibid. 428, obs. Vareille ; ibid. 432, obs. Vareille ; Defrénois 2013. 305, obs. Barabé-Bouchard ; Gaz. Pal. 2013. 1634, obs. Casey.*

III. REVENUS DES ÉPOUX

A. REVENUS DU TRAVAIL

1° GAINS ET SALAIRES

25. Caractère commun des gains et salaires : principe. Les gains et salaires, produits de l'industrie personnelle des époux, font partie de la communauté. • Civ. 1re, 8 févr. 1978, n° 75-15.731 P : *R., p. 32 ; D. 1978. IR 238, obs. D. Martin ; Gaz. Pal. 1978. 2. 361, note Viatte ; JCP N 1981. II. 114, note Thuillier ; RTD civ. 1979. 592, obs. Nerson et Rubellin-Devichi.* ♦ Les honoraires perçus par un époux sont communs dès lors qu'ils trouvent leur origine dans son activité antérieure à la dissolution de la communauté, même s'ils sont perçus postérieurement. • Civ. 1re, 13 oct. 1993 : *JCP 1994. I. 3785, III, n° 2, obs. Simler.*

26. ... Conséquences. La remise des salaires d'un époux entre les mains de son conjoint ne peut s'analyser en une libéralité faite à ce dernier ou en un avantage matrimonial. • Civ. 1re, 31 mars 1992, n° 90-16.343 P : *JCP 1993. II. 22059, note Abry ; JCP 1992. I. 3614, n° 6, obs. Simler ; Defrénois 1992. 1159, obs. Champenois ; RTD civ. 1992. 632, obs. Lucet et Vareille.*

2° SUBSTITUTS OU ACCESSOIRES DE SALAIRES

27. Substituts de salaires : indemnités de licenciement. **BIBL.** A. Mazeaud, *D. 1986. Chron. 235* (indemnités de rupture du contrat de travail). – Rousseau, *Defrénois 2012. 468.* ♦ Caractère commun de l'indemnité de licenciement. • Civ. 1re, 5 nov. 1991, n° 90-13.479 P : *Defrénois 1992. 393, obs. Champenois ; JCP N 1992. II. 206, n° 7, obs. Ph. S.* (arrêt rendu au visa du texte ancien). ♦ V. aussi • Civ. 1re, 3 janv. 2006, n° 04-13.734 P • 28 nov. 2006, n° 04-17.147 P : *D. 2006. IR 3010.* ♦ En application des art. 1401 et 1404, al. 1er, les indemnités allouées à un époux entrent en communauté, à l'exception de celles qui sont exclusivement attachées à la personne du créancier ; cassation de l'arrêt qui, pour dire que la communauté doit récompense à l'un des époux de la somme que son employeur a été condamné à lui verser en raison d'un licenciement sans cause réelle et sérieuse, retient que cette somme était destinée à indemniser un préjudice personnel, sans rechercher, comme il le lui incombait, si cette indemnité avait exclusivement pour objet de réparer un dommage affectant uniquement sa personne et non pas le préjudice résultant de la perte de son emploi. • Civ. 1re, 23 juin 2021, n° 19-23.614 B : *D. 2021. 1238 ; AJ fam. 2021. 499, obs. Ferré-André ; ibid. 501, obs. Casey ; RTD civ. 2021. 693, obs. Nicod ; Dr. fam. 2021, n° 131, obs. Beignier.* ♦ La créance d'indemnité de licenciement ayant pour objet de réparer le préjudice résultant pour un époux de la perte de son emploi, née le jour de la notification de la rupture du contrat de travail, entre en totalité en communauté. Par suite, viole les art. 1401 et 1404, al. 1er, une cour d'appel qui, pour décider que la communauté était redevable envers le mari d'une récompense au titre d'une partie de l'indemnité de licenciement perçue par ce dernier à la suite de son licenciement prononcé pendant le mariage, retient que l'indemnité a été calculée, pour partie, en fonction de l'ancienneté acquise par le salarié avant son mariage et que, dès lors, même versée pendant la vie commune, cette indemnité est propre à proportion de l'ancienneté acquise avant le mariage et qu'elle a été versée sur un compte joint ouvert au nom des deux époux. • Civ. 1re, 3 févr. 2010, n° 09-65.345 P : *D. 2010. AJ 442 ; AJ fam. 2010. 192, obs. Hilt ; RTD civ. 2010. 609, obs. Vareille ; ibid. 2012. 141, obs. Vareille.*

28. ... Indemnités transactionnelles liées au licenciement. Caractère commun d'une indemnité transactionnelle de rupture. • Civ. 1re, 26 sept. 2007 : *LPA 23 nov. 2007, note S. Petit* • 3 févr. 2010, n° 09-65.345 P : *D. 2010. AJ 442 ; AJ fam. 2010. 192, obs. Hilt ; Dr. fam. 2010, n° 151, obs. Brémond ; RTD civ. 2010. 609, obs. Vareille.* ♦ ... D'une indemnité tendant à l'indemnisation d'un préjudice non seulement moral, mais aussi de carrière, qui n'a donc pas pour seul objet la réparation d'un dommage affectant uniquement la personne de l'épouse. • Civ. 1re, 29 juin 2011, n° 10-23.373 P : *D. 2011. Actu. 1897 ; AJ fam. 2011. 438, obs. Hilt ; Dr. fam. 2011, n° 128, obs. Beignier ; RTD civ. 2011. 577, obs. Vareille.*

29. ... Cas du licenciement postérieur à la dissolution de la communauté. Les indemnités destinées à compenser des pertes de revenus ne tombent en communauté que si elles constituent le substitut de revenus qui aurait dû être perçu pendant la durée du régime. • Civ. 1re, 26 sept. 2007, n° 06-13.827 P : *AJ fam. 2007. 437, obs. Hilt ; RJPF 2008-1/28, obs. Vauvillé.* ♦ Refus d'inclure l'indemnité de licenciement dans la communauté à partager alors que la lettre de licenciement a été notifiée après la date de prise d'effet entre les époux du jugement de divorce. • Aix-en-Provence, 11 janv. 2005 : *JCP 2005. I. 163, n° 9, obs. Simler.*

30. ... Indemnité pour rupture anticipée d'un contrat de travail à durée déterminée. Caractère commun d'une indemnité pour rupture anticipée d'un contrat de travail à durée déterminée. • Paris, 17 sept. 1998 : *JCP 1999. II. 10031, note Psaume.*

31. ... Indemnités versées au titre d'une assurance perte d'emploi. Caractère commun des indemnités versées par l'assurance perte d'emploi. • Civ. 1re, 3 févr. 2010 : *cité note 6 ss. art. 1437.*

32. ... Prestation versée au titre d'un système de prévoyance retraite obligatoire. Constitue un substitut de rémunération, et entre en communauté, le capital représentatif de la prestation de libre passage (droit suisse) dont le versement est demandé avant la dissolution du régime matrimonial. • Civ. 1re, 3 mars 2010, n° 08-15.832 P : *D. 2010. Pan. 2396, obs. Revel ; JCP 2010, n° 487, § 18, obs. Tisserand-Martin ; AJ* *fam. 2010. 241, obs. Hilt* ; *RLDC 71/2010, n° 3819, obs. Pouliquen* ; *RTD civ. 2010. 806, obs. Vareille* . ♦ Sur le caractère propre par nature des droits acquis au titre du contrat ou du régime de retraite lui-même, V. jurisprudence citée ss. art. 1404.

33. … Arrérages d'une pension militaire de retraite. Si le titre d'une pension militaire de retraite, exclusivement personnel, constitue un bien propre par nature, les arrérages de cette pension, qui sont des substituts de salaires, entrent en communauté. • Civ. 1re, 8 juill. 2009, n° 08-16.364 P : *D. 2009. AJ 1974* ; *JCP 2009. 391, n° 13, obs. Simler* ; *JCP N 2009. 1322, note Vassaux-Barège* ; *AJ fam. 2009. 405, obs. Hilt* ; *RLDC 2009/64, n° 3586, obs. Pouliquen* ; *ibid. 2010/67, n° 3690, note Mahinga* ; *RDC 2009. 1397, obs. Dauriac* ; *RTD civ. 2010. 803, obs. Vareille* .

34. Le pécule d'incitation au départ anticipé institué en faveur du personnel militaire, dont l'octroi est notamment subordonné à certaines conditions de durée de services et dont le versement trouve dès lors sa cause dans l'activité professionnelle exercée au cours du mariage, entre en communauté à compter de la décision d'attribution. • Civ. 1re, 29 juin 2011, n° 10-20.322 P : *D. 2011. Actu. 1896* ; *AJ fam. 2011. 505, obs. Hilt* ; *RTD civ. 2011. 577, obs. Vareille* .

35. … Indemnités réparant une incapacité temporaire ou permanente de travail. Une somme perçue par un époux au titre d'une incapacité temporaire totale de travail consécutive à un accident du travail tombe en communauté comme les salaires dont elle constitue un substitut. • Civ. 1re, 23 oct. 1990, n° 89-14.448 P : *JCP N 1991. II. 61 (3e esp.), obs. Simler.*

36. … APL. Une cour d'appel retient à bon droit que l'APL, accordée à l'acquéreur d'un bien affecté à sa résidence principale selon la composition et les ressources de son foyer, constitue pour son bénéficiaire un substitut de revenus de sorte que celle-ci entre en communauté, peu important qu'elle soit directement versée à l'organisme prêteur. • Civ. 1re, 1er déc. 2021, n° 20-10.956 : *D. 2021. 2232* ; *AJ fam. 2022. 98, obs. Casey* ; *RTD civ. 2022. 186, obs. Nicod* ; *Dr. fam. 2022, n° 16, obs. Torricelli-Chrifi* (en conséquence cette aide ne peut être soustraite de la récompense due à la communauté ayant financé le remboursement de certaines échéances de l'emprunt contracté pour l'acquisition du bien immobilier propre). ♦ En sens contraire, ayant jugé que l'APL, incessible et insaisissable, était propre à son bénéficiaire, V. • Amiens, 30 sept. 2004 : *JCP 2005. I. 128, n° 10, obs. Simler* ; *Dr. fam. 2004, n° 183, obs. Beignier.*

37. Prise en charge d'un emprunt immobilier en exécution d'un contrat d'assurance invalidité. Ne constitue pas un propre du mari, en ce qu'elle a pour cause non la réparation d'un dommage corporel, mais une perte de revenus, la prise en charge d'échéances d'un emprunt immobilier par l'assureur en exécution du contrat d'assurance invalidité souscrit par le mari en garantie de l'emprunt contracté par les époux. • Civ. 1re, 14 déc. 2004, n° 02-16.110 P : *D. 2005. 545, note R. Cabrillac* ; *ibid. Pan. 2118, obs. Revel* ; *AJ fam. 2005. 68, obs. Hilt* ; *Dr. fam. 2005, n° 36, note Beignier* ; *RTD civ. 2005. 819, obs. Vareille* .

38. … Indemnité allouée en réparation d'un préjudice professionnel. A l'inverse de l'indemnité allouée en réparation d'une incapacité permanente partielle qui répare l'atteinte portée à l'intégrité physique de l'intéressé, celle allouée en réparation de son préjudice professionnel, caractérisée par une incapacité à reprendre toute activité économique, est destinée à compenser une perte de revenus et entre dans la communauté comme les salaires dont elle constitue un substitut. • Civ. 1re, 5 avr. 2005, n° 02-13.402 P : *D. 2005. IR 1247* ; *ibid. Pan. 2115, obs. Revel* ; *JCP 2005. I. 163, n° 7, obs. Simler* ; *Defrénois 2005. 1517, obs. Champenois* ; *AJ fam. 2005. 279, obs. Hilt* ; *RTD civ. 2005. 819, obs. Vareille* . ♦ Les indemnités versées à un agent d'assurance en réparation du préjudice résultant de la baisse du commissionnement fixé au titre des risques automobile, habitation et santé compensaient une perte de revenus de l'époux et entrent en communauté par application de l'art. 1401. • Civ. 1re, 17 avr. 2019, n° 18-15.486 P : *D. 2019. 1695, note Chaffois* ; *AJ fam. 2019. 347, obs. Hilt* ; *RTD civ. 2019. 643, obs. Nicod* .

B. REVENUS DES BIENS PROPRES

39. Affectation à la communauté des fruits et revenus des biens propres. Les fruits et revenus des biens propres sont affectés à la communauté. Par suite, la communauté doit supporter les dettes qui sont la charge de la jouissance de ces biens (ce qui est le cas des intérêts d'un emprunt souscrit pour l'acquisition d'un bien propre). • Civ. 1re, 31 mars 1992, n° 90-17.212 P : *GAJC, 11e éd., n° 91* ; *JCP 1993. II. 22003, note Pillebout* ; *ibid. 22041, note Tisserand* ; *Defrénois 1992. 1121, note Champenois* ; *ibid. 1993. 545, étude Morin* ; *RTD civ. 1993. 401, obs. Lucet et Vareille* . ♦ Les fruits et revenus des biens propres ont le caractère de biens communs. • Civ. 1re, 20 févr. 2007, n° 05-18.066 P : *D. 2007. 1578, note Nicod* ; *ibid. Pan. 2126, obs. Revel* ; *JCP 2007. I. 208, n° 11, obs. Simler* ; *Defrénois 2008. 307, obs. Champenois* ; *AJ fam. 2007. 230, obs. Hilt* ; *Dr. fam. 2007, n° 88, note Beignier* ; *RTD civ. 2007. 618, obs. Vareille* . ♦ Dès lors, donne droit à récompense au profit de la communauté l'emploi des revenus d'un bien propre à son amélioration. • Même arrêt.

40. Applications : croît du cheptel. Le produit de la vente du croît du cheptel dépendant d'une exploitation propre est acquis à la communauté et il ne peut en être demandé récompense. • Agen, 7 juill. 1986 : *JCP N 1988. II. 85, note Simler.*

41. ... Bénéfices sociaux distribués sous forme de dividendes. Les bénéfices réalisés par une société ne deviennent des fruits ou revenus de biens propres, susceptibles de constituer des acquêts de communauté, que lorsqu'ils sont distribués sous forme de dividendes. • Civ. 1re, 12 déc. 2006, n° 04-20.663 P : *D. 2007. Pan. 2126, obs. Revel ; D. 2008. Pan. 381, obs. Hallouin et Lamazerolles ; JCP 2007. I. 142, n° 17, obs. Simler ; ibid. 179, n° 2, obs. Caussain, Deboissy et Wicker ; Defrénois 2008. 310, obs. Champenois ; Dr. et patr. 7-8/2007. 85, obs. Seube ; RTD civ. 2007. 149, obs. Revet ; Rev. sociétés 2007. 326, note Randoux .*

42. Affectation à la communauté de la plus-value réalisée lors de la vente d'un bien propre (non). Par l'effet de la subrogation réelle, le prix de vente qui remplace le bien propre cédé est lui-même un propre, ce qui exclut que la plus-value due à l'évolution du marché ou l'érosion monétaire, résultant de cette opération, puisse être assimilée à des fruits et revenus entrant dans la communauté ; cassation de l'arrêt qui, pour dire que l'actif de la communauté sera augmenté de la plus-value réalisée à l'occasion de la vente de l'immeuble propre de l'époux, énonce qu'en l'absence de preuve du financement de travaux par la communauté, aucune récompense ne lui est due à ce titre et retient que la demande de l'épouse visant à inclure cette plus-value dans la communauté est fondée en son principe. • Civ. 1re, 5 déc. 2018, n° 18-11.794 P : *D. 2018. 2415 ; RTD civ. 2019. 171, obs. Vareille .*

Art. 1402 **Tout bien, meuble ou immeuble, est réputé acquêt de communauté si l'on ne prouve qu'il est propre à l'un des époux par application d'une disposition de la loi.**

Si le bien est de ceux qui ne portent pas en eux-mêmes preuve ou marque de leur origine, la propriété personnelle de l'époux, si elle est contestée, devra être établie par écrit. A défaut d'inventaire ou autre preuve préconstituée, le juge pourra prendre en considération tous écrits, notamment titres de famille, registres et papiers domestiques, ainsi que documents de banque et factures. Il pourra même admettre la preuve par témoignage ou présomption, s'il constate qu'un époux a été dans l'impossibilité matérielle ou morale de se procurer un écrit. — *V. L. n° 65-570 du 13 juill. 1965, art. 13, ss. art. 1581.*

BIBL. ▶ DUCHANGE, *AJ fam. 2019. 642* (incidence des présomptions d'acquêts sur la mesure des avantages matrimoniaux).

A. DOMAINE DE LA PRÉSOMPTION D'ACQUÊTS

1. Biens dont l'existence a été constatée à la dissolution de la communauté. Il incombe à l'époux qui soutient que la masse commune comporte d'autres biens que ceux dont l'existence a été constatée après la dissolution de la communauté, d'établir le bien-fondé de sa prétention. • Civ. 1re, 24 nov. 1976 : *Bull. civ. I, n° 367.* ♦ Le fait que les époux aient cessé toute communauté de vie et que l'acte d'achat d'un immeuble mentionne que l'époux est en instance de divorce, alors que l'acquisition est antérieure à l'assignation en divorce, ne peut faire échec à la présomption d'acquêt de la communauté. • Civ. 1re, 28 sept. 2011 : *AJ fam. 2011. 548, obs. S. David .*

2. Fonds déposés sur le compte bancaire d'un époux. Sous le régime de la communauté, sauf preuve contraire, les deniers déposés sur le compte bancaire d'un époux sont présumés, dans les rapports entre conjoints, être des acquêts ; la nature de propre des fonds provenant du compte de l'épouse versés sur le compte de l'époux ne peut être déduite du seul fait qu'ils provenaient d'un compte personnel. • Civ. 1re, 9 juill. 2008 : *JCP 2008. I. 202, n° 7, obs. Simler ; AJ fam. 2008. 438, obs. Hilt ; RTD civ. 2009. 158, obs. Vareille .*

3. Fonds de commerce. Est justifiée la décision déclarant commun un fonds de commerce à défaut de preuve de l'antériorité de sa création par rapport au mariage, bien que l'immatriculation d'un des époux au registre du commerce ait été faite avant la célébration du mariage. • Civ. 1re, 18 avr. 1989, n° 87-19.348 P. ♦ Comp. • Rennes, 29 juill. 1987 : *JCP N 1989. II. 70, note D. Martin* (considérant que l'exploitant d'un fonds de commerce doit en être réputé propriétaire jusqu'à preuve contraire et que l'immatriculation au registre du commerce sous le nom d'un époux constitue une présomption simple de propriété).

B. CONSÉQUENCES DE LA PRÉSOMPTION D'ACQUÊTS

4. Incidence quant à la preuve du caractère propre d'un bien. Il incombe à l'époux, qui revendique le caractère propre d'un bien, d'en rapporter la preuve. • Civ. 1re, 17 oct. 2018, n° 17-26.713 P : *D. 2018. 2137 ; AJ fam. 2018. 700, obs. Hilt ; Dr. fam. 2019, n° 9, note Beignier* (cassation de l'arrêt ayant considéré qu'il appartenait à l'époux de prouver que les biens emportés par l'épouse lors de son départ du domicile conjugal ne provenaient pas de dons de ses grands-parents).

5. Opposabilité aux tiers. La présomption de communauté résultant de l'art. 1402 est opposable aux tiers, à qui il appartient de rapporter la preuve que les deniers objet de la donation étaient des biens propres du donateur ou relevaient de la libre disposition par le donateur de ses gains et salaires. • Civ. 1re, 6 nov. 2019, no 18-23.913 P : *D. 2020. 506, obs. Douchy-Oudot ; AJ fam. 2020. 75, obs. Hilt ; JCP 2019, no 1366, note Raoul-Cormeil ; Dr. fam. 2020, no 12, note Beignier.*

6. Application à la preuve du caractère propre d'une partie d'un portefeuille de valeurs mobilières. En régime de communauté, tout bien étant réputé acquêt, une cour d'appel, après avoir relevé qu'un portefeuille acquis par succession avait figuré pendant de nombreuses années sur des comptes dans lesquels avaient été confondues des valeurs mobilières provenant également de deux comptes titres communs, estime souverainement, sans inverser la charge de la preuve, qu'il n'est pas démontré que les valeurs mobilières actuellement détenues sur ces comptes proviennent de la succession ou même de valeurs subrogées aux valeurs mobilières se rattachant à cette succession, la distinction entre les titres acquis par succession et ceux acquis pendant la communauté étant impossible à établir. • Civ. 1re, 30 avr. 2014, no 13-23.579 : *cité note 24 ss. art. 1469.*

7. Incidence quant à la preuve d'un droit à récompense en faveur de la communauté. Il résulte de l'art. 1402, al. 1er, que la communauté qui prétend avoir droit à récompense n'a pas à établir le caractère commun des deniers qui ont servi à acquitter une dette personnelle à l'un des époux, ces deniers étant, en application de ce texte, réputés communs, sauf preuve contraire. • Civ. 1re, 7 juin 1988 : *JCP 1989. II. 21341, note Simler.* ♦ Cassation, au visa de l'art. 1402, al. 1er, de l'arrêt qui, pour rejeter une demande de récompense au profit de la communauté, retient que le véhicule, propre à l'époux, n'a pas été payé au moyen de fonds communs mais grâce à un prêt qu'il a remboursé, sans rechercher la nature propre ou commune des fonds employés au paiement des échéances de l'emprunt durant le mariage. • Civ. 1re, 1er déc. 2021, no 20-10.956 B : *D. 2021. 2232 ; AJ fam. 2022. 98, obs. Casey ; RTD civ. 2022. 186, obs. Nicod ; Dr. fam. 2022, no 16, obs. Torricelli-Chrifi.*

8. Incidence quant à l'application de l'art. 1832-2 C. civ. Pour l'application de l'art. 1832-2 C. civ., la présomption de communauté qui résulte de l'art. 1402 dispense de rechercher si les parts sociales ont effectivement été acquises avec des biens communs, les tiers ayant la charge de la preuve du caractère propre des deniers ayant servi à l'acquisition. • Civ. 1re, 11 juin 1996, no 94-17.771 P : *JCP 1996. I. 3962, no 10, obs. Simler ; Defrénois 1996. 1440, obs. Champenois.*

C. PREUVE CONTRAIRE À LA PRÉSOMPTION D'ACQUÊTS

9. Absence de caractère d'ordre public des règles de preuve énoncées à l'al. 2 de l'art. 1402. Les règles de preuve prévues à l'al. 2 de l'art. 1402 ne sont pas d'ordre public et ne peuvent être invoquées pour la première fois devant la Cour de cassation. • Civ. 1re, 20 oct. 2010 : *AJ fam. 2010. 548, obs. Hilt.*

10. Attribution nominative de parts sociales (non). L'attribution nominative à chaque époux de parts sociales d'une SCI ne peut avoir pour effet de leur conférer la qualification de biens propres. • Civ. 1re, 4 juin 2009 : *D. 2009. Pan. 2508, obs. Brémond.*

11. Signature des statuts de la société antérieurement au mariage (non). Dans les rapports entre époux, la valeur des parts d'une SCI présente un caractère commun en cas d'acquisition à l'aide de fonds communs ou un caractère propre en cas d'acquisition à l'aide de fonds propres en présence d'un accord des époux ou d'une déclaration de remploi ; ne donne pas de base légale à sa décision la cour d'appel qui, après avoir constaté que la libération des apports en numéraires effectués par un époux communs en biens afin d'acquérir des parts de SCI, est intervenue postérieurement au mariage, de même que l'immatriculation de la société, retient que les parts sociales ont été acquises au moyen de fonds présumés communs mais en réalité propres dès lors que l'époux s'était engagé par le contrat de société avant son mariage. • Civ. 1re, 8 oct. 2014, no 13-21.879 P : *cité note 4 ss. art. 1401.*

Art. 1403 **Chaque époux conserve la pleine propriété de ses propres.**

La communauté n'a droit qu'aux fruits perçus et non consommés. Mais récompense pourra lui être due, à la dissolution de la communauté, pour les fruits que l'époux a négligé de percevoir ou a consommés frauduleusement, sans qu'aucune recherche, toutefois, soit recevable au-delà des cinq dernières années.

1. Notion de revenus de bien propre : plus-value (non). Le prix de vente d'un bien propre étant lui-même propre par l'effet de la subrogation réelle, la plus-value, due à l'évolution du marché ou l'érosion monétaire, réalisée par suite de la cession d'un bien propre, ne peut être assimilée à des fruits et revenus de bien entrant dans la communauté. • Civ. 1re, 5 déc. 2018, no 18-

11.794 P : *D. 2018. 2415* ; *RTD civ. 2019. 171, obs. Vareille* .

2. Qualification des revenus des propres. Sur la nature commune des revenus des biens propres, V. notes 39 s. ss. art. 1401.

3. Notion de fruits consommés. Si, en vertu de l'art. 1403, la communauté n'a pas droit aux fruits consommés sans fraude, on ne doit pas considérer comme consommés les revenus employés à l'amélioration d'un bien propre ; leur utilisation à cette fin donne lieu à récompense au profit de la communauté. • Civ. 1re, 6 juill. 1982, n° 81-12.680 P.

Art. 1404 Forment des propres par leur nature, quand même ils auraient été acquis pendant le mariage, les vêtements et linges à l'usage personnel de l'un des époux, les actions en réparation d'un dommage corporel ou moral, les créances et pensions incessibles, et, plus généralement, tous les biens qui ont un caractère personnel et tous les droits exclusivement attachés à la personne.

Forment aussi des propres par leur nature, mais sauf récompense s'il y a lieu, les instruments de travail nécessaires à la profession de l'un des époux, à moins qu'ils ne soient l'accessoire d'un fonds de commerce ou d'une exploitation faisant partie de la communauté.

BIBL. ▶ Derruppé, *Mél. Colomer, Litec, 1993, p. 161* (extension des propres par nature).

I. BIENS À CARACTÈRE PERSONNEL

A. INSTRUMENTS DE TRAVAIL

1. Instruments nécessaires à une exploitation viticole. C'est dans l'exercice de leur pouvoir souverain d'appréciation que les juges du fond ont estimé que des tonneaux et des fûts constituaient des instruments de travail nécessaires à l'exploitation viticole propre du mari et devaient être eux-mêmes qualifiés de biens propres par nature au sens de l'art. 1404. • Civ. 1re, 19 déc. 2012 : *cité note 24 ss. art. 1401.*

2. Droit à récompense en faveur de la communauté. Un époux est redevable d'une récompense à la communauté à raison du capital des emprunts, souscrits et payés par la communauté, ayant servi à financer l'acquisition d'instruments de travail nécessaires à l'exploitation artisanale lui appartenant en propre, dès lors qu'il n'a pas été remboursé à l'aide de ses deniers propres. • Civ. 1re, 14 nov. 2007, n° 05-18.570 P : *D. 2007. AJ 3013* ; *JCP 2008. I. 144, n° 20, obs. Tisserand-Martin* ; *AJ fam. 2008. 39, obs. Hilt* ; *RLDC 2008/46, n° 2869, note Campels* ; *RTD civ. 2008. 143, obs. Vareille* .

B. AUTRES BIENS

3. Collection d'entomologie. Nature de bien propre ne donnant pas lieu à récompense d'une collection d'entomologie constituée d'insectes chassés par l'époux lui-même. • Grenoble, 12 janv. 2004 : *JCP 2005. I. 128, n° 11, obs. Simler* ; *Dr. fam. 2004, n° 229, obs. Beignier.* ♦ Mais pour des animaux naturalisés dont le mari n'apporte *pas la preuve de leur caractère personnel* : • Civ. 1re, 3 déc. 2008 : *JCP 2009. I. 140, n° 10, obs. Simler* ; *AJ fam. 2009. 88, obs. Hilt* .

4. Application de la distinction du titre et de la finance. Sur le régime juridique applicable à certains biens qui dépendent d'un titre à caractère personnel au sens de l'art. 1404, mais dont la valeur patrimoniale est susceptible d'intégrer la communauté, V. jurisprudence citée ss. art. 1401.

II. CRÉANCE, PENSIONS ET DROITS ATTACHÉS À LA PERSONNE

A. RÉPARATIONS DES ATTEINTES À L'INTÉGRITÉ PHYSIQUE

5. Dommages et intérêts alloués en réparation d'un préjudice corporel ou moral. Il résulte de l'art. 1404, al. 1er, que les dommages-intérêts alloués à un époux tombent en communauté, sauf lorsqu'ils sont accordés en réparation d'un dommage corporel ou moral. • Civ. 1re, 12 mai 1981 : *Bull. civ. I, n° 156.* ♦ En application des art. 1401 et 1404, al. 1er, les indemnités allouées à un époux entrent en communauté, à l'exception de celles qui sont exclusivement attachées à la personne du créancier ; cassation de l'arrêt qui décide que les dommages et intérêts, alloués à un époux à la suite d'un licenciement sans cause réelle et sérieuse, sont destinés à réparer un préjudice personnel, sans rechercher, comme il incombait à la cour, si cette indemnité avait exclusivement pour objet de réparer un dommage affectant uniquement sa personne et non pas le préjudice résultant de la perte de son emploi. • Civ. 1re, 23 juin 2021, n° 19-23.614 B : *D. 2021. 1238* ; *AJ fam. 2021. 499, obs. Ferré-André* ; *ibid. 501, obs. Casey* ; *RTD civ. 2021. 693, obs. Nicod* ; *Dr. fam. 2021, n° 131, obs. Beignier.*

6. Pensions ou indemnités destinées à réparer une atteinte à l'intégrité physique. Une pension de guerre, destinée à réparer un préjudice résultant d'une atteinte à l'intégrité physique d'une personne, présente un caractère exclusivement personnel et constitue un bien propre par nature. • Civ. 1re, 8 juill. 2009 : *cité note 33 ss. art. 1401.* ♦ Dans le même sens, pour une pension d'invalidité : • Civ. 1re, 7 nov.

1995 : *JCP 1996. I. 3908, obs. Simler* • 6 févr. 2001 : *JCP 2002. I. 103, n° 10, obs. Simler.* ♦ Dans le même sens pour une indemnité d'incapacité permanente partielle, qui répare un préjudice corporel : • Civ. 1re, 28 févr. 2006, n° 03-11.767 P : *D. 2006. Pan. 2071, obs. Brémond* ; *AJ fam. 2006. 293, obs. Hilt* ; *LPA 9 oct. 2006, note Yildirim* ; *RTD civ. 2006. 364, obs. Vareille* (régime de participation aux acquêts) • 26 sept. 2007, n° 06-13.827 P : *AJ fam. 2007. 437, obs. Hilt* ; *RJPF 2008-1/28, obs. Vauvillé.* ♦ Lorsque la pension ou l'indemnité est destinée à réparer le préjudice résultant de la perte de revenus, comp. jurisprudence citée ss. art. 1401.

7. Indemnité d'assurance réparant une atteinte à l'intégrité physique. Le capital versé au bénéficiaire au titre d'un contrat d'assurance garantissant le risque invalidité a, réparant une atteinte à l'intégrité physique, un caractère personnel, de sorte qu'il constitue un bien propre par nature. • Civ. 1re, 17 nov. 2010, n° 09-72.316 P : *D. 2011. Pan. 2624, obs. Revel* ; *AJ fam. 2011. 112, obs. Hilt* ; *Defrénois 2011. 380 obs. Champenois* ; *JCP 2011, n° 340, note. Ph. Pierre* ; *ibid. n° 503, obs. Ph. Simler* ; *Dr. fam. 2011, n° 8, obs. Beignier* ; *RLDC 2010/78, n° 4108, obs. Le Gallou* (même si ce capital a été calculé en fonction de son salaire et de sa situation familiale). ♦ Constitue un propre par nature de l'époux qui a subi le dommage l'indemnité versée en exécution d'un contrat d'assurance mixte comprenant une garantie en cas d'invalidité de l'un des époux souscripteurs. • Civ. 1re, 6 juin 1990, n° 88-20.137 : *JCP N 1991. II. 61 (1re esp.), note Simler* ; *Defrénois 1991. 36, note X. Savatier.* ♦ Lorsque l'indemnité d'assurance est destinée à réparer le préjudice résultant de la perte de revenus, comp. jurisprudence citée ss. art. 1401.

8. Droit à l'allocation compensatrice pour tierce personne. Il résulte de la combinaison des art. 1404, al. 1er, et 39, al. 1er, de la L. n° 75-534 du 30 juin 1975 dans sa rédaction issue de la L. n° 97-60 du 24 janv. 1997 et de l'art. 1409 que, si le droit à l'allocation compensatrice pour tierce personne dont bénéficie un époux commun en biens afin de lui permettre d'assurer le financement de l'aide effective d'une tierce personne pour les actes essentiels de l'existence nécessitée par son état d'incapacité, lequel est accordé en considération de sa situation personnelle, constitue un bien propre par nature, en revanche, les sommes versées pendant le mariage en exécution de ce droit tendent à compenser l'une des conséquences matérielles et financières de l'invalidité, ne présentent pas un caractère exclusivement personnel et sont destinées à contribuer au financement d'une dépense commune à titre définitif, de sorte qu'elles entrent en communauté. • Civ. 1re, 26 janv. 2022, n° 20-10.115 : *Dr. fam. 2022, n° 52, obs. Beignier.*

B. DROITS À CARACTÈRE PERSONNEL

1° DROIT AU BAIL RURAL OU COMMERCIAL

9. Bail rural. Les baux ruraux, strictement personnels et incessibles, ne sauraient entrer en communauté. • Civ. 1re, 21 juill. 1980 : *Gaz. Pal. 1981. 2. 450, note D. de La Marnière* • 8 avr. 2009, n° 07-14.227 P : *D. 2009. Pan. 2508, obs. Brémond* ; *AJ fam. 2009. 355, obs. Hilt* ; *JCP N 2010. 1008, obs. Brelet* ; *Dr. fam. 2009, n° 78, note Beignier* ; *RLDC 2009/61, n° 3476, obs. Pouliquen* ; *Defrénois 2010. 612, obs. Champenois* ; *RTD civ. 2009. 568* et *571, obs. Vareille.* ♦ Ainsi, l'indemnité de preneur sortant ne constitue pas un actif de la communauté. • Même arrêt. ♦ V. déjà • Aix-en-Provence, 18 févr. 1993 : *Gaz. Pal. 1994. 1. 306, note Lachaud* ; *JCP 1994. I. 3785, n° 3, obs. Simler.*

10. Bail commercial. La copropriété du fonds de commerce entre époux mariés sous le régime de la communauté n'entraîne pas la cotitularité du bail commercial, dont seul l'époux est titulaire. • Civ. 3e, 28 mai 2008, n° 07-12.277 P : *RLDC 2008/51, n° 3071, obs. Jeanne.* ♦ Le fait qu'un fonds de commerce constitue un acquêt de communauté est sans incidence sur la titularité du bail commercial qui n'a été consenti qu'à un seul des époux, peu important le statut de conjoint collaborateur du conjoint de l'époux locataire. • Civ. 3e, 17 sept. 2020, n° 19-18.435 P : *D. 2020. Chron. C. cass. 2469, obs. Collomp* ; *RTD com. 2020. 779, obs. Saintourens* ; *Dr. fam. 2021, n° 69, obs. Rieubernet.*

2° AUTRES DROITS

11. Droits issus d'un contrat de retraite complémentaire ne pouvant être versée qu'à la cessation de l'activité professionnelle. Même lorsque les cotisations afférentes au contrat ont été payées par des fonds communs, la cour d'appel, qui relève qu'un contrat ouvre droit à une retraite complémentaire de cadre à laquelle le bénéficiaire ne pourrait prétendre qu'à la cessation de son activité professionnelle, caractérise un propre par nature et rejette, à bon droit, l'intégration dans la communauté des sommes versées au titre de ce contrat postérieurement à la dissolution de la communauté. • Civ. 1re, 30 avr. 2014 : *D. 2015. 287, obs. Fricero* ; *ibid. 649, obs. Douchy-Oudot* ; *AJ fam. 2014. 382, obs. Hilt* ; *RTD civ. 2014. 936, obs. Vareille* ; *RGDA 2014. 352, obs. Mayaux.* ♦ Les droits acquis au titre d'un régime de prévoyance professionnelle obligatoire attribués en considération de la situation personnelle de leur titulaire constituent des biens propres par nature, seule la prestation de libre passage (droit suisse) dont le versement est demandé avant la dissolution du régime s'analysant en un substitut de rémunération. • Civ. 1re, 3 mars 2010 : *citée note 32 ss. art. 1401.*

12. Droits résultant de l'attribution d'une option de souscription ou d'achat d'actions (stock option). **BIBL.** Casey, *JCP N 2006. 1213.* – Couret, *JCP N 1999. 525.* – Laye-Baffert et Dadoit, *Defrénois 2002. 998.* – Naudin, *AJ fam. 2002. 290.* – Voisin, *Dr. et patr. 3/2005. 53.* ♦ Les droits résultant de l'attribution, pendant le mariage, à un époux commun en biens, d'une option de souscription ou d'achat d'actions forment des propres par nature, seules les actions acquises par l'exercice de ces droits entrent dans la communauté lorsque l'option est levée durant le mariage. • Civ. 1re, 9 juill. 2014, n° 13-15.948 P : *D. 2014. 2434, obs. Rabreau ; Rev. sociétés 2015. 43, note Dauriac ; RTD civ. 2014. 933, obs. Vareille ; AJ fam. 2014. 508, obs. Hilt ; JCP 2014, n° 1013, note Sauvage ; JCP N 2014, n° 1318, note Naudin ; Defrénois 2014. 1311, obs. Bicheron.* ♦ *Contra* antérieurement • Paris, 7 mai 2004 : *JCP 2005. I. 128, n° 12, obs. Simler ; Gaz. Pal. 2004. 3281, note S. Piedelièvre ; Defrénois 2005. 421, note Léobon ; AJ fam. 2004. 331, obs. Attuel-Mendès ; Dr. fam. 2005, n° 217, note Grosclaude ; RTD civ. 2004. 539, obs. Vareille.*

13. Dotation d'installation jeune agriculteur. Les dotations d'installation en capital allouées en vertu de l'art. D. 343-3 C. rur. constituent des biens propres en raison de leur caractère personnel et non des acquêts en tant qu'accessoires de l'exploitation agricole créée dans l'intérêt de la communauté. • Civ. 1re, 15 avr. 2015, n° 13-26.467 P : *D. 2015. 2094, obs. Brémond ; AJ fam. 2015. 348, obs. Casey.*

3° DROITS DÉCLARÉS PROPRES PAR UN TEXTE SPÉCIAL

14. Bénéfice d'une assurance vie. V. C. assur., art. L. 132-16. – **C. assur.** ♦ V. également note 15 ss. art. 1401.

15. Propriété littéraire et artistique. **BIBL.** Plaisant, *Mél. Voirin, LGDJ, 1967, p. 654.* ♦ V. art. L. 121-9 CPI, ci-dessous (caractère propre du droit de divulguer l'œuvre, de fixer les conditions de son exploitation et d'en défendre l'intégrité). ♦ V. également l'art. L. 122-1 CPI, ci-dessous (caractère propre du monopole d'exploitation). ♦ Sur les produits pécuniaires issus de l'exploitation de l'œuvre et la qualification de l'œuvre elle-même, V. notes 21 s. ss. art. 1401.

16. Salaire différé. V. C. rur., art. L. 321-14 (V. ss. art. 842).

Code de la propriété intellectuelle *(L. n° 92-597 du 1er juill. 1992).* **Art. L. 121-9** Sous tous les régimes matrimoniaux et à peine de nullité de toutes clauses contraires portées au contrat de mariage, le droit de divulguer l'œuvre, de fixer les conditions de son exploitation et d'en défendre l'intégrité reste propre à l'époux auteur ou à celui des époux à qui de tels droits ont été transmis. Ce droit ne peut être apporté en dot, ni acquis par la communauté ou par une société d'acquêts.

Les produits pécuniaires provenant de l'exploitation d'une œuvre de l'esprit ou de la cession totale ou partielle du droit d'exploitation sont soumis au droit commun des régimes matrimoniaux, uniquement lorsqu'ils ont été acquis pendant le mariage ; il en est de même des économies réalisées de ces chefs.

Les dispositions prévues à l'alinéa précédent ne s'appliquent pas lorsque le mariage a été célébré antérieurement au 12 mars 1958.

Les dispositions législatives relatives à la contribution des époux aux charges du ménage sont applicables aux produits pécuniaires visés au deuxième alinéa du présent article.

Art. L. 122-1 Le droit d'exploitation appartenant à l'auteur comprend le droit de représentation et le droit de reproduction.

Art. 1405 Restent propres les biens dont les époux avaient la propriété ou la possession au jour de la célébration du mariage, ou qu'ils acquièrent, pendant le mariage, par succession, donation ou legs.

La libéralité peut stipuler que les biens qui en font l'objet appartiendront à la communauté. Les biens tombent en communauté, sauf stipulation contraire, quand la libéralité est faite aux deux époux conjointement.

Les biens abandonnés ou cédés par père, mère ou autre ascendant à l'un des époux, soit pour le remplir de ce qu'il lui doit, soit à la charge de payer les dettes du donateur à des étrangers, restent propres, sauf récompense.

A. ACQUISITION ANTÉRIEURE AU MARIAGE

1. Acte d'acquisition ayant date certaine. L'acte d'acquisition d'un immeuble sous seing privé n'ayant pas acquis date certaine avant la célébration du mariage, l'immeuble constitue un acquêt de la communauté. • Civ. 1re, 16 avr. 1996 : *JCP 1996. I. 3962, n° 9, obs. Simler.*

B. ACQUISITION À TITRE GRATUIT

1° PRINCIPE : CARACTÈRE PROPRE DU BIEN DONNÉ

2. Donation d'un portefeuille d'assurance. Dès lors que l'indemnité compensatrice de la valeur du portefeuille d'assurances a été versée directement par le père donateur à la compagnie d'assurances, le bien transmis au fils donataire consiste, non en cette somme, mais en l'objet du paiement, le portefeuille, qui, dès lors, constitue un bien propre du fils. • Civ. 1re, 22 nov. 2005, n° 02-14.927 P : *JCP 2006. I. 141, n° 10, obs. Simler ; AJ fam. 2006. 115, obs. Hilt ; RTD civ. 2006. 355, obs. Vareille*.

2° TEMPÉRAMENT : DONATION AU PROFIT DE LA COMMUNAUTÉ

3. Licéité de la clause d'entrée en communauté. Est licite au regard de l'al. 2 de l'art. 1405 la stipulation d'une donation-partage faisant tomber les biens donnés dans la communauté existant entre la fille donataire et son époux, et l'al. 3 du même art. n'a pas vocation à s'appliquer dès lors que les biens n'ont été ni abandonnés ni cédés à la fille mais donnés à la communauté. • Civ. 1re, 21 sept. 2005, n° 02-21.503 P : *JCP N 2005. 1459, note Martel ; Dr. fam. 2006, n° 11, note Beignier.*

4. Compatibilité de la clause d'entrée en communauté avec la nature rapportable de la donation. L'art. 1405, al. 2, autorisant la clause d'entrée en communauté, ne fait pas de distinction selon la nature de la donation, sauf à ce que ses effets soient limités par le jeu de la réserve. • Civ. 1re, 2 nov. 1994, n° 92-19.036 P : *D. 1995. Somm. 337, obs. Grimaldi ; JCP N 1995. II. 691, obs. Simler ; Defrénois 1995. 436, obs. Champenois ; RTD civ. 1995. 426, obs. Vareille* (absence de contradiction entre la clause d'entrée en communauté et la stipulation que la donation est faite en avancement d'hoirie).

Art. 1406 **Forment des propres, sauf récompense s'il y a lieu, les biens acquis à titre d'accessoires d'un bien propre ainsi que les valeurs nouvelles et autres accroissements se rattachant à des valeurs mobilières propres.**

Forment aussi des propres, par l'effet de la subrogation réelle, les créances et indemnités qui remplacent des propres, ainsi que les biens acquis en emploi ou remploi, conformément aux articles 1434 et 1435.

BIBL. ▶ GOUBEAUX, *Defrénois 1993. 1233* (construction édifiée pour partie sur un terrain propre et pour partie sur un terrain commun). – LEROY, *D. 1994. Chron. 93* (acquêt de communauté ou accessoire). – PATARIN, *Mél. Jean Foyer, PUF, 1997, p. 417* (accessoire d'un bien propre).

A. BIENS PROPRES PAR ACCESSOIRE

1. Construction sur un terrain propre. L'immeuble bâti sur le terrain propre de l'époux, pendant la durée du mariage et à l'aide de fonds provenant de la communauté, constitue lui-même un propre, sauf récompense. • Com. 24 juin 2003, n° 00-14.645 P : *R., p. 383 ; D. 2003. 2167, note Delmotte ; D. 2004. Somm. 51, obs. Le Corre ; JCP 2004. I. 115, n° 8, obs. Pétel ; ibid. 129, n° 13, obs. Simler ; Defrénois 2004. 71, obs. Champenois ; Dr. et patr. 6/2004. 36, étude Brémond ; Dr. fam. 2003, n° 104, note Beignier* • Civ. 1re, 26 sept. 2012, n° 11-20.196 P : *D. 2012. 2307 ; AJ fam. 2012. 563, obs. Hilt ; RTD civ. 2012. 765, obs. Vareille ; AJ fam. 2012, n° 171, note Mangiavillano.* – V. déjà : • Civ. 1re, 6 juill. 1982, n° 81-12.680 P (sol. impl.) • 6 juin 1990 : *JCP 1991. II. 21652 (1re esp.), note Pillebout ; Defrénois 1991. 862 (1re esp.), obs. Champenois.* – V. obs. Lucet et Vareille, *RTD civ. 1991. 589.* ♦ Pour le caractère propre de l'intégralité d'une construction édifiée partie sur un terrain propre et partie sur une parcelle acquise pendant la communauté, V. • Paris, 4 mars 2003 : *JCP 2004. I. 129, n° 19, obs. Tisserand.*

2. Bien affecté à une exploitation propre. Est propre un corps de ferme acquis au cours du mariage, lorsqu'il constitue l'accessoire d'une exploitation agricole propre. • Civ. 1re, 21 juill. 1980 : *Gaz. Pal. 1981. 2. 450, note D. de La Marnierre.* ♦ Dans le même sens, pour du matériel agricole affecté à une exploitation propre, même acquis au moyen de deniers de communauté : • Civ. 1re, 4 janv. 1995, n° 92-20.013 P : *D. 1995. Somm. 328, obs. Grimaldi ; JCP 1995. I. 3869, n° 7, obs. Simler ; RTD civ. 1996. 969, obs. Vareille .* ♦ Est propre le véhicule automobile acquis à titre d'accessoire d'un cabinet d'assurances lui-même propre. • Civ. 1re, 8 nov. 1989 : *JCP N 1991. II. 61 (1re esp.), note Simler* • 22 nov. 2005 : *préc. note 2 ss. art. 1405.* ♦ Constituent des propres par accessoire au sens de l'art. 1406 des droits de plantation attribués à l'époux exploitant, ces droits ayant vocation à accroître la valeur de l'exploitation viticole qui lui est propre. • Civ. 1re, 19 déc. 2012 : *cité note 24 ss. art. 1401.*

3. Bien incorporé à un bien propre. Est propre un fonds de commerce acquis au cours du mariage, incorporé à un fonds propre. • Civ. 1re, 2 mai 1990 : *JCP N 1991. II. 61, note Simler (2e esp.).* ♦ Mais sont communs les biens constituant une exploitation viticole comportant des terres, du matériel, des locaux, une marque et une clientèle, créée pendant la communauté et distincte de celle qu'avait le mari avant le mariage, qui ne s'adressait pas à la même clientèle. • Civ. 1re, 17 déc. 1996, n° 94-21.989 P : *D. 1997. 547, note Le Guidec ; Dr. fam. 1997, n° 75, obs. Beignier ; JCP 1997. I. 4047, n° 15, obs. Simler ; JCP N 1998. 811, obs. Le Guidec ; RTD civ. 1998. 451, obs. Vareille ; ibid. 943, obs. Zenati*.

4. *Accroissements se rattachant à des valeurs mobilières propres.* BIBL. Colomer, *Defrénois 1981. 401 et 481.* ♦ Des parts sociales nouvelles créées à la suite d'incorporation de réserves et attribuées gratuitement à un époux détenteur en propre de parts initiales constituent des accroissements se rattachant à des valeurs mobilières propres ayant eux-mêmes la nature de biens propres de l'époux. • Civ. 1re, 12 déc. 2006, n° 04-20.663 P : *D. 2007. Pan. 2126, obs. Revel ; D. 2008. Pan. 381, obs. Hallouin et Lamazerolles ; JCP 2007. I. 142, n° 17, obs. Simler ; ibid. 179, n° 2, obs. Caussain, Deboissy et Wicker ; Defrénois 2008. 310, obs. Champenois ; Dr. et patr. 7-8/2007. 85, obs. Seube ; RTD civ. 2007. 149, obs. Revet ; Rev. sociétés 2007. 326, note Randoux*.

5. *Non-application de l'art. 1406 en cas de remploi effectué par l'autre conjoint.* L'art. 1406 ne permet pas d'attribuer le caractère de bien propre du mari à un terrain acheté par la femme avec déclaration de remploi de deniers propres à celle-ci (cas d'une parcelle agricole acquise par l'épouse en remploi de deniers propres, pour être affectée à l'exploitation agricole du mari ; cette parcelle demeure un propre de la femme). • Civ. 1re, 4 janv. 1995 : *préc. note 2.*

B. BIENS PROPRES PAR SUBROGATION

6. *Subrogation réelle de plein droit : parts sociales rémunérant l'apport en nature d'un bien propre.* L'opération par laquelle l'apporteur et une société se donnent respectivement un bien déterminé et des valeurs contre ce bien a pour effet de faire entrer les valeurs dans le patrimoine de l'apporteur ; il est donc indifférent qu'au moment de l'opération l'apporteur n'ait pas fait la déclaration prévue par l'art. 1434. • Civ. 1re, 21 nov. 1978 : *Bull. civ. I, n° 353 ; JCP 1980. II. 19451, note Le Guidec ; Defrénois 1979. 954, obs. Champenois.* ♦ La subrogation réelle permet, lorsqu'un bien propre se trouve remplacé par un autre bien, d'attribuer à ce dernier le caractère de propre, il est donc indifférent qu'au moment de l'opération la déclaration prévue à l'art. 1434 n'ait pas été faite ; les actions acquises par le mari en contrepartie de l'apport à la société du fonds de commerce lui appartenant en propre constituent des biens propres. • Civ. 1re, 27 mai 2010 : *AJ fam. 2010. 400, obs. Hilt ; RLDC 2010/75, n° 3974, obs. Serra.* ♦ Comp. pour un apport en numéraire. • Civ. 1re, 18 oct. 2014, n° 13-24.546 P : *cité ss. art. 1434.*

7. *Subrogation réelle subordonnée au formalisme de l'emploi ou du remploi.* Pour les hypothèses dans lesquelles la subrogation réelle, au sein du patrimoine propre, est subordonnée à l'accomplissement des formalités de l'emploi ou du remploi, V. jurisprudence citée ss. art. 1434.

8. *Conséquences de la subrogation réelle : sort de la plus-value résultant de la cession d'un bien propre.* Par l'effet de la subrogation réelle, le prix de vente qui remplace le bien propre cédé est lui-même un propre, ce qui exclut que la plus-value due à l'évolution du marché ou l'érosion monétaire, résultant de cette opération, puisse être assimilée à des fruits et revenus entrant dans la communauté. • Civ. 1re, 5 déc. 2018, n° 18-11.794 P : *D. 2018. 2415 ; RTD civ. 2019. 171, obs. Vareille*.

Art. 1407 Le bien acquis en échange d'un bien qui appartenait en propre à l'un des époux est lui-même propre, sauf la récompense due à la communauté ou par elle, s'il y a soulte.

Toutefois, si la soulte mise à la charge de la communauté est supérieure à la valeur du bien cédé, le bien acquis en échange tombe dans la masse commune, sauf récompense au profit du cédant.

Art. 1408 L'acquisition faite, à titre de licitation ou autrement, de portion d'un bien dont l'un des époux était propriétaire par indivis, ne forme point un acquêt, sauf la récompense due à la communauté pour la somme qu'elle a pu fournir.

BIBL. ▶ D. Martin, *D. 1974. Chron. 165.* – Khayat, *D. 2015. 644* (indivision complexe préexistante). – Rémy, *JCP N 1981. I. 37* (acquisition de parts indivises en nue-propriété ou en usufruit).

A. DOMAINE

1. *Acquisition de droits indivis sur un bien déterminé.* L'art. 1408 qui ne concerne que l'acquisition de droits indivis sur un bien déterminé n'est pas applicable dans le cas du paiement par un mari, au moyen de deniers communs, de la soulte mise à sa charge dans le partage des successions de ses parents. • Civ. 1re, 6 juin 1990, n° 87-19.492 P : *Defrénois 1991. 862 (4e esp.), obs. Champenois ; RTD civ. 1991. 788, obs. Lucet et Vareille*.

B. PORTÉE

2. *Caractère impératif de la règle.* Les dispositions de l'art. 1408 sont impératives et il n'est pas permis aux époux d'y déroger. • Civ. 1re, 13 oct. 1993, n° 91-21.132 P : *Defrénois 1994. 438, obs. Champenois ; JCP 1994. I. 3733, n° 10, obs. Simler ; RTD civ. 1994. 408, obs. Vareille*.

3. Incompatibilité de la qualification de propre avec le versement d'une indemnité d'occupation. Un époux, copropriétaire indivis d'un immeuble pour un quart, ayant acquis avec des fonds de la communauté les parts des autres indivisaires, c'est en violation de l'art. 1408 que les juges du fond le condamnent à payer une indemnité d'occupation dans la proportion des trois quarts de la valeur de jouissance de l'immeuble. • Civ. 1re, 14 mai 1991 : *JCP 1992. II. 21820, note Pillebout.* ♦ Comp. • Civ. 1re, 28 févr. 1989 : *Defrénois 1989. 622, note Morin* (solution contraire dans le cas où l'époux n'a pas invoqué l'art. 1408).

4. Droit à récompense en faveur de la communauté. L'art. 1408 ne déroge pas à la disposition de l'art. 1469, al. 3 (ancien). • Civ. 1re, 6 juin 1990 : *préc. note 1.*

5. Possibilité de déroger à la règle pendant l'instance en divorce. Les dispositions de l'art. 1408 peuvent être écartées par une convention passée pendant l'instance en divorce ou après la dissolution de la communauté. • Civ. 1re, 11 juin 2003, n° 99-14.612 P : *D. 2004. Somm. 2259, obs. Revel ; JCP 2004. I. 129, n° 11, obs. Simler ; Defrénois 2004. 1464, obs. Champenois ; Dr. fam. 2003, n° 101, note Lécuyer ; ibid. n° 133, note Beignier ; RTD civ. 2003. 691, obs. Hauser ; ibid. 2004. 128 et 130, obs. Vareille*.

§ 2 Du passif de la communauté

Art. 1409 *(L. n° 85-1372 du 23 déc. 1985)* **La communauté se compose passivement :**

— à titre définitif, des aliments dus par les époux et des dettes contractées par eux pour l'entretien du ménage et l'éducation des enfants, conformément à l'article 220 ;

— à titre définitif ou sauf récompense, selon les cas, des autres dettes nées pendant la communauté.

BIBL. ▸ CHAMPENOIS, *Études Flour, Defrénois, 1979, p. 33* (obligation à la dette et rénovation de la communauté). – PIGNARRE, *Defrénois 2021/47. 19* (le passif communautaire et post-communautaire). – SAUJOT, *Defrénois 1983. 265* (créances alimentaires entre époux).

A. DETTES ALIMENTAIRES OU MÉNAGÈRES

1. Pension alimentaire due à un ex-conjoint. Les sommes dues en vertu d'une pension alimentaire en cas de divorce pour rupture de la vie commune ou de convention expresse en cas de divorce sur requête conjointe ont un caractère alimentaire et incombent à titre définitif à la communauté. • Civ. 2e, 25 janv. 1984 : *Bull. civ. II, n° 13 ; D. 1984. 442, note Philippe* • 11 juin 1998, n° 94-14.654 P : *JCP 1998. II. 10152, note Casey ; RTD civ. 1999. 368, obs. Hauser*. ♦ Comp., pour les arrérages d'une prestation compensatoire échus après le remariage du débiteur, jurisprudence citée ss. art. 1410.

2. Pensions alimentaires versées à des descendants d'un premier lit. Des pensions alimentaires versées à des descendants d'un premier lit, après le remariage du débiteur, incombent à la communauté à titre définitif : • Civ. 1re, 8 nov. 2005, n° 03-14.831 P : *D. 2006. Pan. 2069, obs. Revel ; AJ fam. 2006. 33, obs. Hilt ; Dr. fam. 2005, n° 274, note Beignier ; RJPF 2006-3/53, note Valory.*

B. DETTES NÉES AU COURS DE LA COMMUNAUTÉ

1° DETTES RELATIVES AU FONCTIONNEMENT D'UN COMPTE BANCAIRE

3. Découvert bancaire. La dette résultant d'un découvert bancaire accordé au mari, sans le consentement de l'épouse, est une dette de la communauté. • Civ. 1re, 8 juill. 2010, n° 09-14.230 P : *AJ fam. 2010. 436, obs. S. David ; ibid. 443, obs. Hilt ; Defrénois 2010. 2024, obs. Massip.*

2° DETTES PROFESSIONNELLES

4. Dettes relatives au fonctionnement d'un fonds de commerce propre. Les dettes relatives au fonctionnement d'un commerce propre sont communes. • TGI Besançon, 17 juin 1981 : *D. 1983. 149, note Philippe.*

5. Taxe professionnelle. La taxe professionnelle à laquelle est assujetti un époux commun en biens en raison de son activité professionnelle non salariée pendant la durée de la communauté constitue une dette définitive de celle-ci. • Civ. 1re, 3 déc. 2002, n° 00-16.877 P : *D. 2003. Somm. 1864, obs. Revel ; JCP 2003. I. 158, n° 10, obs. Simler, et n° 14, obs. Tisserand ; Defrénois 2003. 1000, obs. Champenois ; AJ fam. 72, obs. S. D.-B. ; RJPF 2003-4/31, obs. Vauvillé ; RTD civ. 2004. 134, obs. Vareille*.

3° DETTES FISCALES

6. Impôt sur le revenu. L'impôt sur le revenu des personnes physiques auquel sont assujettis les époux communs en biens pour les revenus qu'ils perçoivent pendant la durée de la communauté constitue une dette définitive de celle-ci et son paiement n'ouvre pas droit à récompense. Un redressement fiscal, dans la mesure où il ne comporte pas de pénalité, a la même nature que l'impôt lui-même. • Civ. 1re, 19 févr. 1991, n° 88-19.303 P : *R., p. 254 ; Defrénois 1991. 1130, obs. Champenois* • 17 sept. 2003, n° 02-11.532 P : *D. 2003. IR 2409 ; AJ fam. 2003. 429, obs. S. D.-B . ; RTD civ. 2004. 134, obs. Vareille* . ♦ Seuls les revenus déclarés jusqu'à la date à laquelle la dissolution a pris effet dans les rapports entre époux doivent être pris en compte pour déterminer la part d'impôt à la charge de la communauté. • Civ. 1re, 30 avr. 2014 : *D. 2014. 1040 ; AJ fam. 2014. 382, obs. Hilt* . ♦ Pour l'exclusion de l'impôt sur le revenu des charges du mariage, V. jurisprudence citée ss. art. 214.

7. Impôt foncier pour un immeuble commun. L'impôt foncier et les assurances pour un immeuble commun constituent une charge de la propriété et font partie du passif commun. • Civ. 1re, 8 févr. 1978 : *D. 1978. 602 (2e esp.), note D. Martin.*

8. Redressement fiscal. Un redressement fiscal, dans la mesure où il ne comporte pas de pénalités, a la même nature que l'impôt lui-même qui frappe les revenus des époux communs en biens. Par conséquent, il incombe à titre définitif à la communauté et ne peut être assimilé aux dettes visées par l'art. 1417. • Civ. 1re, 19 févr. 1991, n° 88-19.303 P : *R., p. 254 ; Defrénois 1991. 1130, obs. Champenois.* ♦ Comp. en cas de fraude fiscale jurisprudence citée ss. art. 1417.

4° DETTES DÉLICTUELLES

9. Condamnation prononcée après la dissolution en raison d'actes délictueux commis durant le mariage. Est commune la dette résultant de la condamnation prononcée contre un époux après la dissolution de la communauté lorsque cette condamnation sanctionne des actes commis durant le mariage. En conséquence, cette dette peut être poursuivie sur un immeuble dépendant de l'indivision post-communautaire conformément aux dispositions de l'art. 815-17, al. 1er. • Civ. 1re, 27 janv. 1993, n° 91-12.829 P : *JCP 1994. I. 3733, n° 13, obs. Simler ; RTD civ. 1993. 870, obs. Lucet et Vareille ; ibid. 1994. 665, obs. Vareille* (application combinée des art. 1409 et 815-17) • 25 févr. 2003, n° 00-22.672 P : *D. 2004. Somm. 2262, obs. Revel ; Defrénois 2003. 992, obs. Champenois ; AJ fam. 2003. 150, obs. S. D.-B* . (cassation au visa des art. 1409 et 815-17). ♦ Pour les hypothèses dans lesquelles la communauté a droit à récompense pour avoir assumé, au cours du régime, les conséquences des délits ou quasi-délits civils commis par un époux, V. jurisprudence citée ss. art. 1417.

5° DETTES CONTRACTUELLES DIVERSES

10. Violation d'une clause de non-concurrence. Est commune à titre définitif la dette du mari née de la violation d'une clause de non-concurrence, et qui n'a été contractée ni dans son intérêt personnel, ni au mépris des devoirs imposés par le mariage. • Civ. 1re, 16 mars 2004 : *AJ fam. 2005. 27, obs. Hilt ; Dr. fam. 2004, n° 128, note Grimaux.*

11. Emprunt contracté par un époux sans le consentement de l'autre. La dette résultant d'un emprunt contracté par un époux sans le consentement exprès de l'autre doit figurer au passif définitif de la communauté dès lors qu'il n'est pas établi qu'il a souscrit cet engagement dans son intérêt personnel. • Civ. 1re, 19 sept. 2007, n° 05-15.940 P : *D. 2007. 3112, note Barabé-Bouchard ; ibid. 2008. Pan. 2247, obs. Brémond ; JCP 2007. I. 208, n° 13, obs. Simler ; AJ fam. 2007. 438, obs. Hilt ; RJPF 2007-11/18, note Vauvillé ; Defrénois 2008. 2207, note Champenois* • Civ. 1re, 5 déc. 2018, n° 16-13.323 P : *D. 2019. 627, note Bouchard ; ibid. Chron. C. cass. 840, obs. Mouty-Tardieu ; AJ fam. 2019. 45, obs. Houssier ; RTD civ. 2019. 173, obs. Vareille ; JCP N 2019, n° 1217, note Prim ; Dr. fam. 2019, n° 51, note Torricelli-Chrifi* • 17 oct. 2018, n° 17-26.713 P : *D. 2018. 2137 ; AJ fam. 2018. 700, obs. Hilt ; Dr. fam. 2019, n° 9, note Beignier* (en l'espèce, prêts à la consommation, souscrits sans le consentement de l'épouse, dont le montant cumulé, manifestement excessif par rapports aux revenus des époux, excluait le caractère ménager au sens de l'art. 220, al. 3, néanmoins mis à la charge définitive de la communauté en application de l'art. 1409, de tels motifs étant impropres à établir que le mari avait agi dans son intérêt personnel). ♦ Dans le même sens pour un découvert bancaire, V. • Civ. 1re, 8 juill. 2010 : *cité note 3.*

12. Loyers dus au titre d'un contrat de crédit-bail. Doit être incluse dans le passif de la communauté une somme correspondant à des loyers restant dus au titre de contrats de crédit-bail, même si les véhicules objets de ces contrats sont restés en possession d'un des époux. • Civ. 1re, 29 nov. 1994, n° 93-13.536 P.

13. Dette provenant de l'activité de loisir d'un époux. Caractère commun à titre définitif d'une dette provenant de l'activité de loisir du mari (sport automobile), dès lors qu'il n'est pas démontré qu'elle ait été contractée au mépris de ses devoirs vis-à-vis de son épouse. • Riom, 10 nov. 1988 : *Defrénois 1990. 555, obs.* Champenois ; JCP N 1991. II. 62, obs. Simler.

C. EXCLUSION DES DETTES NÉES APRÈS LA DISSOLUTION DU MARIAGE

14. Créance de salaire différé. Le bénéficiaire d'un contrat de salaire différé exerce son droit de créance après le décès de l'exploitant et au cours du règlement de la succession de celui-ci. La communauté ne supportant que les dettes nées du chef de l'un des époux pendant son cours ne peut donc être tenue de cette dette qui ne naîtra qu'au décès. • Civ. 1re, 19 févr. 1985 : *Bull. civ. I, n° 70.* ♦ Même sens (la créance de salaire différé étant une dette non pas du propriétaire du fonds rural, mais de l'exploitant, cassation de l'arrêt ayant décidé que la dette de salaire différé devait être imputée sur la communauté, l'exploitation agricole qui a bénéficié du travail appartenant à celle-ci). • Civ. 1re, 10 juill. 1996, n° 94-17.016 P : *JCP 1997. I. 4008, n° 11, obs. Simler ; ibid. I. 4021, n° 4, obs. Le Guidec ; Defrénois 1997. 539, obs. Roussel.* ♦ Patarin, *obs. RTD civ. 1998. 961.*

15. Imposition sur les plus-values latentes d'actions communes attribuées à un époux. L'imposition sur les plus-values latentes d'actions ayant dépendu de la communauté et attribuées au mari constitue une dette future et hypothétique qui ne naîtra, le cas échéant, qu'après la dissolution de la communauté et ne peut donc être inscrite au passif de celle-ci. • Civ. 1re, 14 mai 2014, n° 13-16.302 : *D. 2014. 1905, obs. Brémond, Nicod et Revel ; JCP 2014, n° 1265, obs. Tisserand-Martin ; JCP N 2014, n° 1388, note Claux.*

Art. 1410 **Les dettes dont les époux étaient tenus au jour de la célébration de leur mariage, ou dont se trouvent grevées les successions et libéralités qui leur échoient durant le mariage, leur demeurent personnelles, tant en capitaux qu'en arrérages ou intérêts.**

1. Dettes antérieures au mariage : prestation compensatoire. Les arrérages d'une prestation compensatoire échus après le remariage du débiteur restent une dette purement personnelle car antérieure au mariage. • Civ. 1re, 3 nov. 1988 : *Bull. civ. I, n° 299 ; D. 1988. IR 271.* ♦ Comp., lorsque le débiteur se remarie sous le régime de la communauté universelle avec attribution de la communauté au survivant : • Civ. 1re, 15 oct. 1996 : *cité note 1 ss. art. 1524.*

2. Dette résultant d'une condamnation pour recel successoral (non). La condamnation d'un époux au paiement d'une somme au titre d'un recel successoral, de nature délictuelle, ne grève pas la succession au sens des art. 1410 et 1411 ; il en résulte que le paiement d'une telle dette peut être poursuivi sur les biens communs conformément aux dispositions de l'art. 1413. • Civ. 2e, 8 déc. 2022, n° 20-14.302 B : *D. 2022. 2298 ; AJ fam. 2023. 123, obs. Levillain.*

Art. 1411 **Les créanciers de l'un ou de l'autre époux, dans le cas de l'article précédent, ne peuvent poursuivre leur paiement que sur les biens propres** *(L. n° 85-1372 du 23 déc. 1985)* **« et les revenus » de leur débiteur.**

Ils peuvent, néanmoins, saisir aussi les biens de la communauté quand le mobilier qui appartient à leur débiteur au jour du mariage ou qui lui est échu par succession ou libéralité a été confondu dans le patrimoine commun et ne peut plus être identifié selon les règles de l'article 1402.

BIBL. ▸ REVEL, *D. 1987. Chron. 131.*

Confusion de mobilier. L'époux débiteur n'établissant pas la preuve de l'existence d'un mobilier qui lui fût propre, est valable la saisie d'un bien dont les juges du fond ont constaté qu'il était commun. • Civ. 1re, 16 mai 2000, n° 98-17.409 P : *R., p. 327 ; D. 2000. IR 174 ; Defrénois 2000. 1181, obs. Champenois ; RTD civ. 2001. 423, obs. Vareille.* ♦ Comp. : c'est au créancier qui entend se prévaloir de l'exception prévue par le 2e al. de l'art. 1411 d'apporter la preuve que le mobilier qui appartient en propre à son débiteur a été confondu dans le patrimoine commun. • Lyon, 16 oct. 1975 : *Defrénois 1977. 1579, note critique Champenois.*

Art. 1412 ***Récompense est due*** **à la communauté qui a acquitté la dette personnelle d'un époux.**

Art. 1413 *(L. n° 85-1372 du 23 déc. 1985)* **Le paiement des dettes dont chaque époux est tenu, pour quelque cause que ce soit, pendant la communauté, peut toujours être poursuivi sur les biens communs, à moins qu'il n'y ait eu fraude de l'époux débiteur et mauvaise foi du créancier, et sauf la récompense due à la communauté s'il y a lieu.**

Lors de sa demande d'immatriculation au registre du commerce et des sociétés, au registre spécial des agents commerciaux, au registre spécial des entreprises individuelles à responsabilité limitée ou au registre national des entreprises, la personne physique mariée sous un régime de communauté légale ou conventionnelle doit justifier que son conjoint a été informé des conséquences sur les biens communs des dettes contractées dans l'exercice de sa profession (C. com., art. L. 526-4). Sous sa responsabilité, la personne physique dépose dans les formes prévues à l'article R. 123-102, lors de sa demande d'immatriculation [au registre du commerce et des sociétés], une attestation de délivrance de l'information donnée à son conjoint commun en biens sur les conséquences des dettes contractées dans l'exercice de sa profession sur les biens communs, établie conformément à un modèle défini par arrêté du garde des sceaux, ministre de la justice (C. com., art. R. 123-121-1). — **C. com.**

BIBL. ▸ CHAMPENOIS, *Études Ponsard, Litec, 2003, p. 129* (l'art. 1413 condamne-t-il le régime légal de communauté ?).

▸ **Redressement et liquidation judiciaires d'un époux :** DERRIDA, *Mél. Colomer, Litec, 1993, p. 153 ; D. 1994. Chron. 108* ; *Defrénois 1997. 353.* – GRIFFON, *Defrénois 2003. 493* (extension de la procédure collective au conjoint du débiteur). – GROSJEAN, *Defrénois 1998. 1345* (hypothèque de l'immeuble commun). – LAMBERT, *RTD com. 2007. 485* (sort du conjoint *in bonis*). – LECOURT, *RTD com. 2004. 1* (procédures collectives et droit de la famille). – F.-X. LUCAS, *LPA 12 juill. 2002* (protection du conjoint du débiteur en difficulté). – NICOLLE, *D. 2017. 593* (art. 1413 et voies d'exécution). – PERRODET, *RTD com. 1999. 1.* – ROBINNE, *Dr. et patr. 4/2000. 38* (créanciers hypothécaires de l'époux *in bonis*). – RUBELLIN, *Defrénois 2001. 492* (cas des deux époux mis successivement en liquidation judiciaire). – M. STORCK, *LPA 12 janv. 2000.* – VAUVILLÉ, *RJPF 2003-2/12.*

▸ Coll. CRAJEFE 23 mars 2003, *LPA 24 avr. 2003* (droit patrimonial de la famille et entreprises en difficulté).

▸ **Information du conjoint du commerçant :** DAGOT, *JCP N 2004. 1165.* – VAUVILLÉ, *RJPF 2007-9/23* (Arr. du 4 juill. 2007).

Lors de sa demande d'immatriculation au registre du commerce et des sociétés, au registre spécial des agents commerciaux, au registre spécial des entreprises individuelles à responsabilité limitée ou au registre national des entreprises, la personne physique mariée sous un régime de communauté légale ou conventionnelle doit justifier que son conjoint a été informé des conséquences sur les biens communs des dettes contractées dans l'exercice de sa profession (C. com., art. L. 526-4).

Sous sa responsabilité, la personne physique dépose dans les formes prévues à l'article R. 123-102, lors de sa demande d'immatriculation [au registre du commerce et des sociétés], une attestation de délivrance de l'information donnée à son conjoint commun en biens sur les conséquences des dettes contractées dans l'exercice de sa profession sur les biens communs, établie conformément à un modèle défini par arrêté du garde des sceaux, ministre de la justice (C. com., art. R. 123-121-1). — **C. com.**

A. DROIT DE POURSUITE DES CRÉANCIERS SUR LES BIENS COMMUNS

1° PRINCIPE : DETTES NÉES DU CHEF D'UN ÉPOUX DURANT LA COMMUNAUTÉ

1. Indifférence à l'égard de la date d'exigibilité de la dette. Si une dette ne tombe en communauté que si l'un des époux s'en est trouvé tenu avant la dissolution de la communauté, aucun texte n'impose que la dette résultant de l'engagement souscrit soit exigible au jour de la dissolution. • Civ. 1re, 17 juin 1986, n° 85-10.204 P : *R., p. 172 ; JCP N 1986. II. 242, note Simler.* ♦ V. conf., pour un emprunt hypothécaire, • Civ. 1re, 5 juill. 1989 : *Bull. civ. I, n° 272 ; JCP N 1991. II. 62, obs. Simler.*

2. Application aux dettes délictuelles nées du chef d'un époux : condamnation au titre d'un recel successoral. S'il résulte de la combinaison des art. 1410 et 1411 que le paiement des dettes dont se trouvent grevées les successions qui échoient aux époux durant le mariage, lesquelles leur demeurent personnelles, tant en capitaux qu'en arrérages ou intérêts, ne peut être poursuivi que sur les biens propres et les revenus de l'époux débiteur, la condamnation d'un époux au paiement d'une somme au titre d'un recel successoral, de nature délictuelle, ne grève pas la succession au sens de ces dispositions ; il en résulte que le paiement pouvait être poursuivi sur les biens communs en application de l'art. 1413. • Civ. 2e, 8 déc. 2022, n° 20-14.302 B : *D. 2022. 2298* ; *AJ fam. 2023. 123, obs. Levillain* .

3. Biens communs saisissables : créance de récompense due par un époux sous condition de son exigibilité. Les créanciers du mari n'ont pas de droit sur un terrain propre à la femme ni sur la construction qui y a été édifiée et s'y trouve incorporée ; il leur est seulement loisible de réclamer à la femme le paiement de la créance dont celle-ci peut se trouver débitrice à l'égard de son époux si des fonds propres ont été fournis par lui et, lorsqu'elle sera exigible, de la récompense qu'elle pourrait être tenue de verser à la communauté. • Civ. 1re, 16 avr. 1991, n° 88-10.353 P • Com. 24 juin 2003 : *préc. note 1 ss. art. 1406* (exclusion de l'art. L. 621-112 [devenu L. 624-6] C. com.). ♦ Sur l'impossibilité pour les créanciers de réclamer le paiement d'une récompense due à la communauté avant qu'elle ne soit exigible, V. note 15 ss. art. 1437.

4. ... Salaires d'un époux. Protection des salaires du conjoint de l'époux débiteur, V. art. 1414. ♦ Incidence de la suspension des poursuites en cas de procédure collective du droit commercial, V. note 8.

2° EXCEPTION : FRAUDE DE L'ÉPOUX DÉBITEUR ET MAUVAISE FOI DU CRÉANCIER

5. *Caractère cumulatif des conditions de fraude et de mauvaise foi.* La disposition de l'art. 1413 prévoyant que la dette d'un époux ne sera pas poursuivie sur les biens communs ne se réfère à la mauvaise foi du créancier qu'autant qu'elle se trouve jointe à la fraude de l'époux ; dès lors que la preuve de la fraude n'est pas rapportée, il n'y a pas à examiner une prétendue mauvaise foi du créancier. • Com. 20 févr. 1980, n° 78-14.278 P. ♦ Les juges du fond, ayant admis l'absence de mauvaise foi des créanciers et en ayant justement déduit que l'art. 1413 ne pouvait être appliqué, n'ont pas à se prononcer sur la règle *fraus omnia corrumpit* dont ce texte n'est qu'une application spécialisée. • Civ. 1re, 28 mars 1984, n° 82-15.538 P.

6. *Fraude aux droits des tiers.* Pour des hypothèses dans lesquelles l'acte frauduleux est commis, non au préjudice des droits du conjoint, mais au détriment du droit de gage d'un créancier, V. notes ss. art. 1341-2.

B. COMBINAISON DE L'ART. 1413 AVEC UNE LÉGISLATION PARTICULIÈRE

1° PROCÉDURES COLLECTIVES DU DROIT COMMERCIAL

7. *Situation des créanciers du conjoint in bonis : soumission à la suspension des poursuites individuelles.* Si la liquidation judiciaire d'une personne mariée sous le régime de la communauté de biens ne modifie pas les droits que les créanciers de son conjoint tiennent du régime matrimonial, le dessaisissement de la personne leur interdit d'exercer des poursuites sur les biens communs en dehors des cas où les créanciers du débiteur soumis à la liquidation judiciaire peuvent eux-mêmes agir. • Cass., ass. plén., 23 déc. 1994, n° 90-15.305 P : *R., p. 325 ; D. 1995. 145, rapp. Chartier, note Derrida ; Defrénois 1995. 445, obs. Champenois ; ibid. 485, note Derrida ; JCP 1995. II. 22401, note Randoux ; ibid. I. 3869, n° 8, obs. Simler ; Gaz. Pal. 1995. 2. 407, note E. S. de La Marnierre.* ♦ Les créanciers hypothécaires d'un époux *in bonis* ne peuvent exercer des poursuites sur l'immeuble commun qu'après justification de ce que le liquidateur de l'autre époux n'a pas entrepris la liquidation du bien grevé dans les trois mois du jugement de liquidation judiciaire. • Même arrêt. ♦ En raison de l'interdiction des voies d'exécution visées à l'art. 47 de la L. du 25 janv. 1985 (C. com., art. L. 621-40) consécutive à l'ouverture du redressement judiciaire du mari et au prononcé de la liquidation judiciaire, le prêteur de deniers ne peut exercer des poursuites sur les biens communs en sa qualité de créancier privilégié de l'épouse, en dehors des cas où les créanciers du mari peuvent eux-mêmes agir. • Com. 17 juin 1997 : *D. 1998. Somm. 107, obs. S. Piedelièvre ; RTD civ. 1997. 709, obs. Crocq.*

8. *... Impossibilité de saisir les salaires de leur débiteur.* Les salaires d'un époux marié sous un régime de communauté sont des biens communs frappés par la saisie collective au profit des créanciers de l'époux mis en procédure collective qui ne peuvent être saisis, pendant la durée de celle-ci, au profit d'un créancier de l'époux, maître de ses biens. • Com. 16 nov. 2010, n° 09-68.459 P : *D. 2010. Actu. 2904, obs. A. Lienhard ; JCP 2011, n° 503, § 9, obs. Simler ; AJ fam. 2011. 113, obs. Hilt.*

9. *... Interdiction des inscriptions de sûretés.* La communauté répond des dettes de chacun des époux et, pendant sa durée, les droits de l'un ou l'autre époux ne peuvent être individualisés sur tout ou partie des biens communs ou sur l'un d'eux, de sorte que l'hypothèque constituée sur un immeuble commun (hypothèque judiciaire) ne peut plus faire l'objet d'une inscription postérieurement au jugement d'ouverture du redressement judiciaire de l'un des époux. • Com. 20 mai 1997 : *D. 1998. Somm. 107, obs. S. Piedelièvre et 134 (2e esp.), obs. Revel ; JCP 1997. I. 4047, n° 18, obs. Simler et 1998. I. 103, n° 20, obs. Delebecque.* ♦ V. aussi • Com. 2 avr. 1996, n° 93-20.562 P : *JCP 1996. I. 3960, n° 7, obs. P. P.* (nullité de l'hypothèque constituée sur un immeuble commun depuis la date de cessation des paiements de l'un des époux pour sûreté d'une dette antérieurement contractée).

10. *... Obligation de déclarer leur créance.* Le créancier personnel de l'époux *in bonis*, qui a inscrit une hypothèque sur un bien commun, peut demander son admission au passif de l'époux en liquidation judiciaire. • Com. 10 mars 2004 : *D. 2004. Somm. 2147, obs. Le Corre.* ♦ Les juges doivent rechercher, au besoin d'office, si le créancier ayant inscrit une hypothèque sur un bien commun a déclaré sa créance au passif de la procédure collective visant un des époux, dès lors qu'en l'absence d'une telle déclaration, le créancier ne peut faire valoir son hypothèque, sauf, le cas échéant, sur le solde du prix de l'immeuble grevé subsistant après règlement des créanciers admis. • Com. 14 oct. 1997, n° 96-12.853 P : *D. 1998. Somm. 99, obs. A. H. ; ibid. 134 (1re esp.), obs. Revel ; ibid. 377, obs. S. Piedelièvre ;* JCP 1998. II. 10003, note Beignier ; *ibid. I. 149, n° 15, obs. Delebecque.* ♦ V. aussi • Com. 16 mars 1999 : *Defrénois 1999. 865, obs. Sénéchal* • 2 mai 2001, n° 98-13.039 P : *D. 2001. AJ 2030, obs. A. Lienhard ; JCP 2001. I. 356, n° 12, obs. Delebecque.*

11. *... Conséquences du défaut de déclaration.* L'extinction de la créance à l'égard du débiteur en liquidation judiciaire laissant subsister l'obligation distincte contractée par son épouse, codébiteur solidaire, et n'affectant pas l'existence des droits hypothécaires du créancier sur les biens communs, le créancier qui, après l'extension de la procédure collective à l'épouse, a régulièrement déclaré sa créance au passif de celle-ci, conserve ses droits dans cette procédure. • Com. 11 déc. 2001, n° 98-22.643 P : *R., p. 391 ; D. 2002. AJ 402, obs. A. Lienhard ; JCP 2002. I. 144, n° 9, obs. Pétel.* ♦ Lorsque deux époux, coemprunteurs solidaires, ont consenti aux prêteurs une hypothèque sur un immeuble commun, que le mari a été mis en liquidation judiciaire et que les prêteurs n'ont pas déclaré leurs créances, à défaut d'extinction de l'obligation contractée par l'épouse, l'hypothèque qui en garantit indivisiblement le paiement subsiste et les prêteurs, s'ils sont privés, en l'absence de déclaration de leur créance, de tout droit à participer aux répartitions faites dans le cadre de la liquidation judiciaire, conservent cependant, après paiement de tous les créanciers admis, le droit de faire valoir leur hypothèque sur le solde pouvant subsister sur le prix de l'immeuble grevé. • Com. 14 mai 1996, n° 94-11.360 P : *R., p. 296 ; D. 1996. 460, note Derrida ; JCP 1996. I. 3960, n° 3, obs. P. P. ; ibid. 1996. I. 3962, n° 13, obs. Simler ; Defrénois 1996. 1134, note Derrida ; ibid. 1997. 246, obs. Sénéchal, et 400, obs. Aynès ; RTD civ. 1996. 666, obs. Crocq.*

12. Inopposabilité de la vente d'un bien commun. Le liquidateur est chargé de répartir le prix de vente des immeubles inclus dans l'actif de la liquidation judiciaire, fussent-ils des biens communs, et les droits de chaque époux sur l'actif de la communauté ne peuvent être individualisés durant celle-ci. • Com. 22 mai 2012, n° 11-17.391 P : *D. 2012. 1399, obs. Lienhard ; Gaz. Pal. 2012. 3389, obs. Bénilsi.*

13. Incidence du dessaisissement du débiteur quant à l'administration des biens communs. Il résulte de la combinaison des art. 1413 C. civ. et L. 622-9 C. com. qu'en cas de liquidation judiciaire d'un débiteur marié sous le régime de la communauté, les biens communs inclus dans l'actif de la procédure collective sont administrés par le seul liquidateur qui exerce pendant toute la durée de la liquidation judiciaire les droits et actions du débiteur dessaisi ; il s'ensuit que les pouvoirs de gestion des biens communs normalement dévolus au conjoint *in bonis* en vertu des art. 1421 s. ne peuvent plus s'exercer. • Com. 4 oct. 2005, n° 04-12.610 P : *R., p. 302 ; D. 2005. AJ 2592, obs. A. Lienhard ; D. 2006. Pan. 86, obs. Le Corre , 1382, obs. Danis-Fatôme , et 2068, obs. Revel ; JCP 2006. I. 130, n° 7, obs. Pétel ; ibid. 141, n° 19, obs. Simler ; Defrénois 2006. 658, note Vauvillé ; AJ fam. 2005. 407, obs. Hilt ; JCP N 2006. 1014 et Dr. fam. 2005, n° 250, note Beignier ; Dr. et pr. 2006. 149, note Gibirila.*

14. Situation du conjoint in bonis codébiteur solidaire après la clôture de la liquidation judiciaire. L'époux commun en biens, codébiteur solidaire d'un emprunteur objet d'une liquidation judiciaire clôturée pour insuffisance d'actif, ne peut invoquer l'interdiction de reprendre les poursuites contre son conjoint prévue par l'art. L. 643-11 C. com. qui ne lui profite pas en raison de sa qualité de débiteur tenu d'une obligation distincte. • Com. 2 févr. 2022, n° 20-18.791 B : *D. 2022. 1675, obs. Lucas et Cagnoli.*

15. Compétence juridictionnelle en cas de liquidations judiciaires successives. Lorsque des époux mariés sous le régime de la communauté légale ont été, par des décisions successives, mis, chacun, en liquidation judiciaire, la vente de gré à gré des biens communs, soumise dès son prononcé à l'effet réel de la procédure collective première ouverte, ne peut être autorisée que par le juge-commissaire de cette procédure. • Com. 16 mars 2010, n° 08-13.147 P : *D. 2010. AJ 525, obs. Lienhard ; ibid. 1829, obs. Le Corre ; JCP 2010, n° 958, note Cabrillac ; ibid. n° 1220, obs. Simler ; AJ fam. 2010. 285, obs. Hilt ; JCP N 2010, n° 1313, note Garçon ; Defrénois 2011. 386, obs. Champenois ; RTD com. 2010. 794, obs. Vallens.*

2° SURENDETTEMENT DES PARTICULIERS

16. Compatibilité avec la législation sur le surendettement des particuliers. Le fait qu'une dette soit commune entre des époux ou qu'ils en soient tenus solidairement n'est pas de nature à priver l'un des conjoints du bénéfice des procédures sur le surendettement. • Civ. 1re, 17 mai 1993, n° 92-04.075 P. ♦ Sur les difficultés d'application de la procédure de surendettement aux personnes mariées, V. Hénaff, *Defrénois 1996. 561.* – Le Livec-Tourneux, *JCP N 1993. I. p. 1 s.*

3° PROTECTION DES RAPATRIÉS : ART. 67 DE LA L. 13 JANV. 1989 ET L. 31 DÉC. 1993

17. Incidence de la suspension des poursuites sur la situation des créanciers du conjoint. La suspension des poursuites dont peut bénéficier un rapatrié interdit aux créanciers de son conjoint d'exercer des poursuites sur les biens communs pendant la durée de celle-ci. • Civ. 1re, 19 janv. 1999, n° 96-15.353 P : *R., p. 308 ; JCP 1999. I. 154, n° 9, obs. Simler ; Dr. fam. 1999, n° 68, note Beignier.*

Art. 1414 *(L. n° 85-1372 du 23 déc. 1985)* **Les gains et salaires d'un époux ne peuvent être saisis par les créanciers de son conjoint que si l'obligation a été contractée pour l'entretien du ménage ou l'éducation des enfants, conformément à l'article 220.**

Lorsque les gains et salaires sont versés à un compte courant ou de dépôt, ceux-ci ne peuvent être saisis que dans les conditions définies par décret.

BIBL. ▸ Antippas, *Dr. fam. 2008. Étude 28.* – Raby, *JCP N 2004. 1586.* – Simler, *JCP 1989. I. 3398.* – Weyland, *JCP 1993. I. 3712.*

1. Saisissabilité des salaires du conjoint et dettes ménagères. Le titre délivré à l'encontre d'un époux en recouvrement d'une dette ménagère n'emporte pas le droit de saisir les biens de son conjoint, à défaut de titre exécutoire pris contre celui-ci, les deux époux fussent-ils solidairement tenus des dettes de ménage. • Civ. 2e, 28 oct. 1999, n° 97-20.071 P : *R., p. 418 ; JCP 2002. I. 103, n° 12, obs. Simler ; RTD civ. 2000. 386, obs. Vareille.*

2. Cantonnement prévu à l'al. 2 de l'art. 1414 : domaine d'application. Le cantonnement prévu à l'art. 1414, al. 2, qui protège les gains et salaires d'un époux contre les créanciers de l'autre, n'est pas applicable en cas de saisie, sur le fondement de l'art. 1415 qui protège la communauté, d'un compte bancaire alimenté par les revenus des époux. • Civ. 1re, 17 févr. 2004 : *cité note 30 ss. art. 1415.*

3. ... Responsabilité de la banque. Cassation de l'arrêt qui n'a pas recherché si le retard mis par la banque à mettre à la disposition de l'époux commun en bien les sommes indûment bloquées (Décr. 31 juill. 1992, art. 48) n'était pas en soi de nature à causer à ce dernier un préjudice. • Civ. 2e, 27 mai 2004, n° 02-13.896 P : *RJPF 2004-12/19, obs. Vauvillé.*

Code des procédures civiles d'exécution

(Décr. n° 2012-783 du 30 mai 2012, en vigueur le 1er juin 2012)

Art. R. 162-9 Lorsqu'un compte, même joint, alimenté par les gains et salaires d'un époux commun en biens fait l'objet d'une mesure d'exécution forcée ou d'une saisie conservatoire pour le paiement ou la garantie d'une créance née du chef du conjoint, il est laissé immédiatement à la disposition de l'époux commun en biens une somme équivalant, à son choix, au montant des gains et salaires versés au cours du mois précédant la saisie ou au montant moyen mensuel des gains et salaires versés dans les douze mois précédant la saisie.

Les dispositions du deuxième alinéa de l'article R. 162-4 sont applicables.

Le juge de l'exécution peut être saisi, à tout moment, par le conjoint de celui qui a formé la demande.

Art. 1415 *(L. n° 85-1372 du 23 déc. 1985)* **Chacun des époux ne peut engager que ses biens propres et ses revenus, par un cautionnement ou un emprunt, à moins que ceux-ci n'aient été contractés avec le consentement exprès de l'autre conjoint qui, dans ce cas, n'engage pas ses biens propres.**

BIBL. ▸ Bonnet, *RRJ 2003/1. 269* (rôle de l'art. 1415). – Bouffelière, de Laval et N. Philippe, *Gaz. Pal. 2003. Doctr. 1546.* – Dubois, *RTD civ. 2019. 35* (SOS d'un conjoint en détresse). – R. Cabrillac, *Dr. et patr. 5/2003. 72* (domaine et portée de l'art. 1415). – Gaonac'h, *LPA 1er mars 2000* (art. 1415 et gestion des biens communs). – Ch. Mouly, *Defrénois 1988. 227 ; JCP 1995. I. 3836.* – Pasqualini, *Defrénois 1991. 449* (emprunt). – Picod, *Dr. et patr. 4/2000. 34* (art. 1415 et cautionnement réel). – J. Piedelièvre, *JCP N 1996. 1319* (garantie à première demande). – Puygauthier, *Defrénois 2005. 1393.* – Revel, *D. 1987. Chron. 131.* – Robinne, *Études Calais-Auloy, Dalloz, 2004, p. 963* (art. 1415 : comment sortir du contentieux ?). – Sadi, *D. 2014. 231* (autorisation du conjoint donnée à l'époux caution). – Vauvillé, *Dr. et patr. 7-8/2003. 68.*

I. DOMAINE D'APPLICATION

A. ENGAGEMENTS CONCERNÉS

1° GARANTIES

1. Garantie à première demande. L'art. 1415 est applicable à la garantie à première demande qui, comme le cautionnement, est une sûreté personnelle, laquelle consiste en un engagement par lequel le garant s'oblige, en considération d'une obligation souscrite par un tiers, à verser une somme déterminée, et est donc de nature à appauvrir le patrimoine de la communauté. • Civ. 1re, 20 juin 2006, n° 04-11.037 P : *D. 2006. 2539, note Courdier-Cuisinier ; ibid. AJ 1815, obs. Avena-Robardet ; JCP 2006. II. 10141, note S. Piedelièvre ; ibid. I. 193, n° 12, obs. Simler ; JCP N 2006. 1310, note Brémond ; JCP E 2006. 2425, note Gout ; Defrénois 2006. 1617, obs. Champenois ; AJ fam. 2006. 330, obs. Hilt ;* Dr. fam. 2006, n° 168, *note Beignier ; LPA 29 août 2006, note Prigent ; ibid. 25 juin 2007, note Baud-Mouligner ; Dr. et pr. 2007. 102, note Picod ; RDC 2006. 1193, obs. Houtcieff ; RTD civ. 2006. 593, obs. Crocq*, et *816, obs. Vareille ; RTD com. 2006. 902, obs. D. Legeais.* ♦ Déjà en ce sens : • Paris, 3 nov. 1994 : *D. 1995. 532, note Lecène-Marénaud ; D. 1995. Somm. 326, obs. Grimaldi ; RTD civ. 1997. 728, obs. Vareille* • Versailles, 19 mai 1994 : *BJS 1994. 964, note Le Cannu.* ♦ *Contra :* • Douai, 30 juin 1994 : *JCP 1996. I. 3908, n° 14, obs. Simler.*

2. Sûreté réelle consentie pour garantir la dette d'autrui. BIBL. Brémond, *JCP N 2002. 1640* (à propos des arrêts du 15 mai 2002). – J. François, *Defrénois 2002. 1208* (l'obligation de la caution réelle ; à propos des arrêts Civ. 1re, 15 mai 2002). – Jacob et Rontchevsky, *Mél. AEDBF III, Banque éditeur, p. 197 s.* (l'application de l'art. 1415 aux garanties et particulièrement au cautionnement réel). – Libchaber, *obs. RTD civ. 2002. 604* (analyse d'un revirement : les arrêts du 15 mai 2002). – Mignot, *RLDC 2006/23, n° 954* (nature du cautionnement réel) ; *RLDC 2006/24, n° 992* (arrêt du 2 déc. 2005). – Pillet, *RLDC 2006/26, n° 2012* (garantie réelle de la dette d'autrui et communauté). – Poulet, *Defrénois 2006. 1441* (sûreté réelle pour autrui en régime de communauté). – Simler, *JCP 2006. I. 172* (sûreté réelle, cautionnement réel : après l'arrêt Cass., ch. mixte, 2 déc. 2005). ♦ Une cour d'appel retient exactement que l'art. 1415 n'est pas applicable au nantissement de titres entrés dans la communauté, une sûreté réelle consentie pour garantir la dette d'un tiers n'impliquant aucun engagement personnel à satisfaire à l'obligation d'autrui et n'étant pas dès lors un cautionnement, lequel ne se présume pas. • Cass., ch. mixte, 2 déc. 2005, n° 03-18.210 P : *R., p. 214 ; BICC 15 janv. 2006, rapp. Foulquié, concl. Sainte-Rose ; D. 2006. 729, concl. Sainte-Rose, note Aynès ; ibid. AJ 61, obs. Avena-Robardet ; ibid. Pan. 1420, obs. Lemouland et Vigneau , et 2856, obs. Crocq ; JCP 2005. II. 10183, note Simler ; JCP E 2006. 1056, note S. Piedelièvre ; Defrénois 2006. 586, obs. Libchaber, et 1601, obs. Champenois ; AJ fam. 2006. 113, obs. Hilt ; Dr. fam. 2006. Étude 13, par Beignier ; CCC 2006, n° 62, obs. Leveneur ; Dr. et patr. 2/2006. 128, obs. Dupichot ; RJPF 2006-5/22, note Vauvillé ; LPA 23 janv. 2006, note Houtcieff ; ibid. 1er-2 mai 2006, note Mouligner ; Dr. et pr. 2006. 113, obs. Y. Picod ; Banque et Dr. 1-2/2006. 55, obs. Jacob ; RTD civ. 2006. 357, obs. Vareille , et 594, obs. Crocq ; RTD com. 2006. 465, obs. D. Legeais* • Civ. 1re, 28 févr. 2006, n° 02-10.602 P : *D. 2006. Pan. 2068, obs. Revel ; JCP E 2006. 2699, note S. Hovasse* (nantissement d'un contrat d'assurance vie) • 20 févr. 2007, n° 06-10.217 P : *D. 2007. AJ 937, obs. Avena-Robardet ; ibid. Pan. 2128, obs. Revel ; JCP 2007. I. 142, n° 20, obs. Simler ; JCP E 2008. 1072, note S. Hovasse ; AJ fam. 2007. 229, obs. Hilt ; Dr. fam. 2007, n° 89, note Beignier ; RJPF 2007-5/28, obs. Vauvillé ; RLDC 2007/42, n° 2698, note Corgas-Bernard ; LPA 31 mai 2007, note Berlioz ; ibid. 6 août 2007, note Houtcieff (idem).*

Contra, antérieurement : le nantissement *constitué par un tiers pour le débiteur* est un cautionnement réel, auquel l'art. 1415 est applicable. • Civ. 1re, 15 mai 2002, *BNP c/ Épx Deliry*, n° 00-15.298 P : *R., p. 340 ; D. 2002. 1780, note Barberot (1re esp.) ; ibid. Somm. 3337, obs. Aynès ; JCP 2002. II. 10109, concl. Petit, note S. Piedelièvre (2e esp.) ; ibid. I. 162, n° 3, et 167, n° 5, obs. Simler ; Defrénois 2002. 1322, obs. Champenois ; Dr. fam. 2002, n° 90, note Beignier (1re esp.) ; AJ fam. 2002. 264, obs. S. D.-B . ; RTD civ. 2002. 546, obs. Crocq ; RTD civ. 2003. 338, obs. Vareille* • 15 mai 2002, *BNP c/ Abihssira*, n° 00-15.298 P : *R., p. 340 ; D. eod. loc. (3e esp.) ; JCP eod. loc. (1re esp.) ; Defrénois eod. loc. ; ibid. 2003. 413, obs. Théry ; Dr. fam. eod. loc. (3e esp.) ; RJPF 2002-9/21, note Vauvillé ; LPA 27 mars 2003, note Arlie ; RTD civ. eod. loc.* ♦ V. également art. 1422, al. 2 (acte désormais soumis à cogestion).

3. Aval. En l'absence du consentement exprès de son conjoint à l'aval d'un billet à ordre, un époux ne peut engager les biens communs par une telle garantie. • Com. 4 févr. 1997, n° 94-19.908 P : *D. 1997. 478, note S. Piedelièvre ; D. 1997. Somm. 261, obs. M. Cabrillac ; JCP 1997. II. 22922, note Beignier ; ibid. I. 4047, n° 19, obs. Simler ; Defrénois 1997. 1440, obs. Champenois ; RTD civ. 1997. 728, obs. Vareille* • Civ. 1re, 3 mai 2000, n° 97-21.592 P : *D. 2000. 546, note Thierry ; D. 2001. Somm. 693, obs. Aynès ; JCP 2000. I. 257, n° 5, obs. Simler ; JCP N 2000. 1615, note S. Piedelièvre ; ibid. 2001. 26, note Casey ; Defrénois 2000.1185, obs. Champenois ; Banque et Dr. 9-10/2000. 43, obs. Jacob ; Dr. fam. 2000, n° 88, note Tougne ; RTD civ. 2000. 889, obs. Vareille .*

4. Cautionnements simultanés d'une même dette par deux époux dans un même acte : éviction de l'art. 1415. L'art. 1415 n'a pas vocation à s'appliquer à des engagements de caution souscrits par deux époux, en des termes identiques, sur le même acte de prêt, pour la garantie de la même dette, un engagement simultané étant ainsi caractérisé. • Com. 5 févr. 2013, n° 11-18.644 P : *D. 2013. 429, obs. Avena-Robardet ; ibid. 2013. 1253, note Molière ; ibid. Pan. 1706, obs. Crocq ; AJ fam. 2013. 187, obs. Hilt ; Rev. sociétés 2013. 507, note Dauriac ; JCP 2013, n° 417, obs. Gout ; JCP N 2013, n° 1135, note Piedelièvre ; Banque et Dr. 3-4/2013. 48, obs. Jacob ; CCC 2013, n° 125, obs. Raymond ; Gaz. Pal. 6-7 mars 2013, p. 13, note Mignot ; RLDC 2013/105, n° 5134, obs. Simler.* ♦ Dans une espèce où les époux s'étaient portés cautions en termes identiques sur l'acte même de prêt, la première chambre civile avait précédemment jugé que, lorsque chacun des époux se constitue caution pour la garantie d'une même dette, l'art. 1415 n'a pas lieu de s'appliquer : • Civ. 1re, 13 oct. 1999, n° 96-19.126 P : *D. 1999. IR 259 ; JCP 2000. II. 10307, note Casey ; Defrénois 2000. 784, obs. Champenois ; CCC 2000, n° 20, note Leveneur ; Dr. fam. 2000, n° 25, note Beignier ; RTD civ. 2000. 393, obs. Vareille .* ♦ Application de l'ar. 1415 et exigence d'un consentement exprès du conjoint en cas de cautionnements séparés d'une même dette par deux époux, V. note 19.

5. ... Conséquences de l'annulation de l'un

des deux cautionnements simultanés. Lorsque les cautionnements d'époux communs en biens ont été recueillis au sein du même acte pour garantir la même dette et que l'un des cautionnements est annulé, la seule signature au pied de cet engagement ne vaut pas consentement exprès au cautionnement de l'autre conjoint, emportant engagement des biens communs en application de l'art. 1415. • Com. 29 sept. 2021, n° 20-14.213 B : *D. 2021. 2166, note Molière ; AJ fam. 2021. 688, obs. Casey ; RTD civ. 2022. 189, obs. Nicod ; Dr. fam. 2021, n° 176, note Beignier ; JCP N 2022, n° 1160, obs. Richter.*

6. Contrat de société impliquant une obligation indéfinie au passif social (non). Le contrat de société civile, qui fait naître à la charge de l'associé une obligation subsidiaire de répondre indéfiniment du passif social, ne saurait être assimilé à un cautionnement. • Civ. 1re, 17 janv. 2006, n° 02-16.595 P : *D. 2006. 2660, note Bicheron ; ibid. AJ 716, obs. Avena-Robardet ; D. 2007. Pan. 273, obs. Hallouin et Lamazerolles ; JCP 2006. I. 141, n° 13, obs. Simler ; ibid. I. 168, n° 8, obs. Caussain, Deboissy et Wicker ; JCP N 2006. 1310, note Brémond ; JCP E 2006. 1864, note F.-X. Lucas ; Banque et Dr. 3-4/2006. 63, obs. Jacob ; RTD com. 2006. 419, obs. Champaud et Danet ; Rev. sociétés 2006. 540, note D. Legeais*, cassant • Versailles, 2 mai 2002 : *Defrénois 2003. 1144, note Brémond ; LPA 18 juin 2003, note Dondero ; BJS 2002. 1036, note Scholer.* – Même sens, pour une société en nom collectif : • Civ. 1re, 17 janv. 2006, n° 03-11.461 P : *eod. loc. ; AJ fam. 2006. 164, obs. Hilt .*

2° EMPRUNTS

7. Découvert en compte. La règle de l'art. 1415 est applicable au crédit consenti par découvert en compte courant. • Civ. 1re, 6 juill. 1999, n° 97-15.005 P : *D. 2000. 421, note Le Guidec ; JCP 2000. II. 10237, note Casey ; Defrénois 1999. 1361, obs. Champenois ; Gaz. Pal. 2000. Somm. 362, obs. Dahan ; Dr. fam. 2000, n° 88, note Tougne ; LPA 6 avr. 2000, note Bernard.* ♦ ... Ou par découvert en compte bancaire, sauf clause de solidarité insérée dans la convention d'ouverture de compte, assortie de la faculté pour chaque cotitulaire d'obtenir un découvert. • Civ. 1re, 19 nov. 2002, n° 00-21.083 P : *D. 2002. IR 3307 ; AJ fam. 2003. 34, obs. S. D.-B . ; Dr. fam. 2003, n° 14, note Beignier (1re esp.).* ♦ Sur le cas particulier du crédit renouvelable destiné à financer des dépenses du ménage, V. note 27 ss. art. 220.

8. Prêt contracté pour le compte d'une société en formation, non repris ensuite. En l'absence de reprise par la société, après son immatriculation, du prêt souscrit par son fondateur, époux commun en biens, celui-ci est personnellement tenu, en qualité d'emprunteur, des obligations qui en découlent ; cassation de l'arrêt qui, pour évincer l'application de l'art. 1415, avait considéré que l'époux n'avait souscrit aucun emprunt personnel et n'avait reçu aucune somme. • Civ. 1re, 9 juill. 2014, n° 13-20.356 P : *D. 2014. 1544 ; AJ fam. 2014. 709, obs. Pauls ; Rev. sociétés 2015. 126, note Naudin ; JCP 2014, n° 1012, note Zelcevic-Duhamel ; Defrénois 2014. 1019, note Lécuyer.*

9. Non-application au compte courant d'associé coopérateur. La position débitrice d'un compte courant d'associé coopérateur, dont la vocation est de faciliter les échanges commerciaux de biens agricoles, ne peut être assimilée à un emprunt. • Civ. 1re, 22 juin 2004, n° 02-13.551 P : *D. 2004. IR 2269 ; AJ fam. 2004. 329, obs. Deis-Beauquesne ; RJPF 2004-10/39, obs. Vauvillé.*

10. Non-application à l'emprunt ménager. Sur le cas particulier de l'emprunt portant sur des sommes modestes nécessaires aux besoins de la vie courante, qui engage solidairement les deux époux, V. art. 220, al. 2.

11. Reconnaissance de dette. Refus d'appliquer l'art. 1415 dans le cas d'une dette contractée par un époux auprès de particuliers et consignée dans une reconnaissance de dette. • Paris, 22 juill. 2005 : *AJ fam. 2006. 452, obs. Hilt .*

B. DROIT TRANSITOIRE

12. Non-application aux engagements souscrits antérieurement au 1er juill. 1986 (L. du 23 déc. 1985, art. 57). Pour des cautionnements souscrits par le mari avant le 1er juill. 1986, de nature à engager la communauté, V. • Civ. 1re, 14 mai 1991 : *JCP 1992. II. 21830 (1re esp.), note Le Guidec ; D. 1992. Somm. 222, obs. Lucet ; RTD civ. 1991. 772, obs. Bandrac ; ibid. 1992. 442, obs. Lucet et Vareille ; Defrénois 1992. 1553, obs. Champenois* • 27 janv. 1998 : *JCP 1998. I. 183, n° 3, obs. Simler* • 23 nov. 1999 : *JCP 2000. I. 245, n° 4, obs. Simler.* ♦ Au sens de l'art. 57 de la L. du 23 déc. 1985, qui prévoit que le droit de poursuite des créanciers dont la créance était née à une date antérieure à l'entrée en vigueur de cette loi restera déterminé par les dispositions en vigueur à cette date, la date à laquelle naît la créance à l'égard de la caution est la date à laquelle elle s'engage. • Civ. 1re, 14 mai 1991 : *préc.*

C. RÉGIME MATRIMONIAL DES ÉPOUX

13. Communauté universelle. Les dispositions de l'art. 1415 sont impératives et applicables aux époux mariés sous un régime de communauté universelle. • Civ. 1re, 3 mai 2000, n° 97-21.592 P : *D. 2000. 546, note Thierry ; D. 2001. Somm. 693, obs. Aynès ; JCP 2000. I. 257, n° 5, obs. Simler ; JCP N 2000. 1615, note S.*

Piedelièvre ; *ibid. 2001. 26, note Casey ; Defrénois 2000.1185, obs. Champenois ; Banque et Dr. 9-10/2000. 43, obs. Jacob ; Dr. fam. 2000, n° 88, note Tougne ; RTD civ. 2000. 889, obs. Vareille* • 28 janv. 2003 : *JCP N 2003. 1603, obs. Casey ; Dr. fam. 2003, n° 62, note Beignier* • 5 oct. 2016, n° 15-24.616 P : *D. 2016. 2507, note Simler et Lasserre Capdeville ; AJ fam. 2016. 547, obs. Hilt ; Dr. fam. 2017, n° 14, note Torricelli-Chrifi ; Dr. et part. mars. 2017, p. 25, note Waterlot.*

14. Société d'acquêts. L'art. 1415 est applicable à un immeuble compris dans la société d'acquêts stipulée entre époux séparés de biens. • Civ. 1re, 25 nov. 2003, n° 02-12.942 P : *D. 2004. Somm. 2335, obs. Revel ; JCP 2004. I. 129, n° 20, obs. Storck ; Defrénois 2004. 1467, obs. Champenois ; AJ fam. 2004. 28, obs. S. D.-B. ; Dr. fam. 2004, n° 8, note Beignier ; RJPF 2004-3/29, obs. Vauvillé ; RTD civ. 2004. 335, obs. Vareille.*

II. PORTÉE DE LA RÈGLE

A. CONSENTEMENT DU CONJOINT : CONTENU ET PORTÉE

1° EXPRESSION DU CONSENTEMENT

15. Réalité du consentement. Est seul obligé l'époux qui a transmis à la banque des actes de prêt non signés par son conjoint, les sachant revêtus d'une fausse signature. • Civ. 1re, 3 juin 1997, n° 94-20.788 P : *JCP 1998. I. 135, n° 11, obs. Simler ; RTD civ. 1998. 967, obs. Vareille* (bonne foi du créancier jugée indifférente).

16. Forme du consentement : non-application de l'art. 1326 [anc.]. L'art. 1415 n'exige pas que le consentement exprès de l'autre conjoint au cautionnement soit donné dans les conditions prescrites par l'art. 1326 anc. C. civ. • Civ. 1re, 13 nov. 1996, n° 94-12.304 P : *CCC 1997, n° 41, note Leveneur ; D. 1997. Somm. 163, 1re esp., obs. Aynès ; D. 1998. Somm. 135, obs. Brémond ; JCP N 1998. 813, obs. Le Guidec ; Defrénois 1997. 812, obs. Champenois ; RTD civ. 1997. 729, obs. Vareille.* ♦ Même sens : • TGI Lyon, JEX, 7 nov. 1995 : *D. 1996. 270, note Prévault ; JCP N 1996. II. 1769, note S. Piedelièvre.*

17. Caractère exprès du consentement : illustrations répondant à cette exigence. Pour des exemples d'expression du consentement caractérisant un consentement exprès, V. : • Civ. 1re, 4 juin 1996, n° 93-13.870 P (« bon pour consentement aux engagements ci-*dessus* ») • *29 avr. 1997 : Dr. fam. 1997, n° 181, obs. B. B.* (engagement de caution non valable valant consentement exprès à celui souscrit par l'autre époux).

18. ... Cas ne répondant pas à cette exigence. Pour des exemples dans lesquels il n'a pas été satisfait à l'exigence d'un consentement exprès du conjoint, V. : • Civ. 1re, 25 nov. 1997 : *Dr. fam. 1998, n° 118, note Beignier* (le fait de s'associer à une demande de conversion en vente volontaire d'un immeuble saisi ne vaut pas consentement exprès au sens de l'art. 1415) • 17 févr. 1998, n° 96-12.763 P : *Gaz. Pal. 1999. 1. Somm. 122, obs. S. Piedelièvre ; RTD civ. 1998. 659, obs. Hauser ; ibid. 967, obs. Vareille* (la connaissance de la situation par le conjoint ne vaut pas consentement exprès à l'opération) • 19 nov. 2002, n° 00-16.683 P : *D. 2002. 3290, note Barberot ; D. 2003. Somm. 1401, obs. Taormina ; JCP 2003. I. 111, n° 10, obs. Simler ; Defrénois 2003. 547, obs. Champenois ; AJ fam. 2003. 71, obs. S. D.-B. ; RJPF 2003-2/29, note Vauvillé ; RTD civ. 2003. 339, obs. Vareille* (ne vaut pas consentement exprès de l'épouse à l'emprunt contracté par le mari seul l'acte postérieur par lequel les époux hypothèquent un bien commun en garantie de cette dette ; dès lors, cet acte n'engage ni les biens propres de l'épouse, ni les biens communs, à l'exception du bien hypothéqué) • 28 nov. 2006, n° 04-19.725 P : *D. 2007. AJ 88, obs. Avena-Robardet ; ibid. Pan. 2127, obs. Revel ; JCP 2007. I. 142, n° 19, obs. Simler ; AJ fam. 2007. 41, obs. Hilt ; Dr. fam. 2007, n° 16, obs. Beignier (3e esp.) ; RJPF 2007-2/22, obs. Vauvillé ; RTD com. 2007. 209, obs. D. Legeais* (la signature d'une fiche de renseignements en tant que conjoint de l'emprunteur ne vaut pas consentement exprès à l'emprunt). ♦ Postérieurement à la conclusion d'un contrat de prêt, ni le fait que les deux époux aient consenti à un plan conventionnel de redressement incluant la dette litigieuse, ni les paiements auxquels l'époux a procédé ne suffisent à caractériser le consentement exprès de celui-ci lors de la souscription de l'emprunt. • Civ. 1re, 29 juin 2011, n° 10-11.012 P : *D. 2011. Actu. 1897 ; AJ fam. 2011. 437, obs. Hilt.*

19. ... Cautionnements séparés d'une même dette par deux époux. Jugé, à propos de nantissements consentis en garantie de la dette d'un tiers, par deux époux en même temps, mais unilatéralement et séparément, que ces actes n'établissaient pas à eux seuls le consentement exprès de chacun des époux à l'engagement de l'autre • Civ. 1re, 15 mai 2002, *BNP c/ Épx Deliry : préc. note 2* (décision rendue antérieurement à l'arrêt • Cass., ch. mixte, 2 déc. 2005 : *cité note 2* qui écarte l'application de l'art. 1415 dans l'hypothèse d'une sûreté réelle consentie pour garantir la dette d'autrui). ♦ Dans le même sens : • Civ. 1re, 9 mars 1999 : *JCP 1999. I. 156, n° 4, obs. Simler* (à propos de deux engagements de caution, souscrits le même jour par actes séparés, sans référence dans chacun de ces actes à l'autre) • Paris, 23 mars 1999 : *D. 1999. IR 134 ; JCP 1999. II. 10202, note Chabot* (engagements pris séparément à des dates différentes) • Civ. 1re, 8 mars 2005, n° 01-12.734 P : *D. 2005. IR 1048 ; JCP 2005. I. 163,* *n° 10, obs. Simler ; Gaz. Pal. 2005. 3440, note Gaonac'h ; AJ fam. 2005. 238, obs. Hilt ; Dr. fam. 2005, n° 81, note Beignier ; LPA 1er-2 mai 2006, note Petroni-Maudière* (engagements pris par actes distincts à des dates proches). – V. aussi • Civ. 1re, 12 oct. 2004 : *JCP 2005. II. 10069, note Lachièze.* ♦ Éviction de l'art. 1415 en cas de cautionnements simultanés d'une même dette par deux époux, V. note 4.

2° CONSÉQUENCES DU CONSENTEMENT

20. Extension du gage du créancier aux biens communs. Le consentement exprès donné en application de l'art. 1415 par un époux au cautionnement consenti par son conjoint ayant pour effet d'étendre l'assiette du gage du créancier aux biens communs, c'est à bon droit que la cour d'appel apprécie la proportionnalité de l'engagement de caution du seul mari, tant au regard de ses biens et revenus propres que de ceux de la communauté, incluant les salaires de son épouse. • Com. 22 févr. 2017, n° 15-14.915 P : *D. 2017. 2119, obs. Brémond ; ibid. 2176, obs. Martin et Synvet ; Rev. sociétés 2017. 586, note Pla-Busiris ; JCP N 2017, n° 1201, note Bouchard.* ♦ C'est à bon droit qu'une cour d'appel, après avoir constaté que l'acte de cautionnement souscrit par un époux comportait la mention du consentement de l'épouse suivie de la signature de celle-ci, en a déduit que le créancier qui agissait en vertu d'un titre exécutoire constatant une créance liquide et exigible régulièrement signifié à l'époux caution, son seul débiteur, était fondé à en poursuivre l'exécution forcée sur le bien immobilier commun. • Civ. 2e, 15 oct. 2015, n° 14-22.684 P (en l'espèce, absence de signification à l'épouse du jugement ordonnant la vente forcée de l'immeuble).

21. Obligation d'information en faveur du conjoint (non). Le consentement du conjoint au cautionnement donné par un époux en faveur d'une société n'a pas pour effet de conférer la qualité de partie à l'acte à ce conjoint, qui n'est créancier d'aucune obligation d'information ou de mise en garde à l'égard de la banque bénéficiaire du cautionnement. • Com. 9 févr. 2016, n° 14-20.304 P : *D. 2016. 1415, note Molière ; ibid. 1955, obs. Crocq ; ibid. 2086, obs. Brémond ; AJ fam. 2016. 218, obs. A.-R. ; Rev. sociétés 2016. 359, note Juillet ; RDC 2017. 75, note Barthez.*

B. ABSENCE DE CONSENTEMENT DU CONJOINT : CONSÉQUENCES

1° PERSONNES SUSCEPTIBLES DE SE PRÉVALOIR DU DÉFAUT DE CONSENTEMENT

22. Époux débiteur. L'époux qui a contracté seul un cautionnement peut se prévaloir des dispositions de l'art. 1415 et invoquer l'inopposabilité de l'acte quant aux biens dépendant de la communauté. • Civ. 1re, 15 mai 2002, *CIC c/ Piot : cité note 27* • 15 mai 2002, *BNP c/ Abihssira : préc. note 2.* ♦ *Contra*, précédemment : • Civ. 1re, 26 mai 1999 : *D. 2000. 703, note Brémond ; JCP 1999. I. 156, n° 5, obs. Simler ; Defrénois 2000. 439, obs. Champenois ; Dr. fam. 1999, n° 84, note Beignier ; RTD civ. 2000. 391, obs. Vareille .*

23. Ayant cause à titre particulier des époux (non). Rejet de la tierce opposition formée par l'acquéreur de l'immeuble hypothéqué au jugement ayant refusé aux époux le bénéfice de l'art. 1415, au motif que seuls les époux peuvent se prévaloir des dispositions de l'art. 1415. • Civ. 1re, 14 janv. 2003, n° 00-16.078 P : *D. 2003. IR 398 ; JCP 2003. I. 214, n° 5, obs. Simler ; JCP N 2003. 1604, obs. Casey ; AJ fam. 2003. 108, obs. S. D.-B. ; Dr. fam. 2003, n° 48, note Beignier (1re esp.) ; RTD civ. 2003. 339, obs. Vareille .*

2° IMPOSSIBILITÉ DE POURSUIVRE LE PAIEMENT SUR LES BIENS COMMUNS

24. Interdiction, pour le créancier dont la dette est née au cours de la communauté, de saisir les biens communs. Viole l'art. 1415 l'arrêt qui retient que les dispositions de ce texte concernent les rapports entre les époux et n'interdisent pas aux créanciers de chacun d'eux, dont la dette est née pendant la communauté, d'en poursuivre le paiement sur les biens communs. • Civ. 1re, 2 juill. 1991 : *JCP 1992. II. 21830 (2e esp.), note Le Guidec ; Defrénois 1991. 1326, obs. Champenois ; RTD civ. 1991. 771, obs. Bandrac .* ♦ Droit de l'époux d'agir en restitution des biens communs irrégulièrement saisis : V. • Civ. 1re, 20 mai 2003, n° 01-12.436 P : *D. 2003. IR 1665 ; JCP 2004. I. 129, n° 15, obs. Simler ; JCP N 2003. 1607, obs. Casey ; Defrénois 2003. 1360, obs. Champenois ; AJ fam. 2003. 273, obs. S. D.-B. ; RJPF 2003-9/27, obs. Vauvillé.*

25. … Même après le partage de la communauté. Un créancier ne peut poursuivre le recouvrement de sa créance sur un immeuble qui était commun aux deux époux lors de la souscription des engagements de cautionnement contractés par le mari sans le consentement exprès de son épouse. • Civ. 1re, 28 mars 2008 : *JCP 2008. I. 152, n° 2, obs. Simler* (exclusion de l'action paulienne).

26. Qualité de tiers à la procédure de saisie du conjoint n'ayant pas consenti. La présomption d'exactitude de la déclaration du tiers saisi, à défaut de contestation avant l'acte de conversion, instaurée par l'art. R. 523-6 C. pr. exéc. (art. 239, Décr. du 31 juill. 1992), n'est pas opposable aux tiers à la procédure de saisie conservatoire des créances. Un époux, commun en biens, ayant contracté un engagement de caution auprès d'une banque sans le consentement de son épouse, viole ce texte la cour d'appel qui refuse de reconnaitre la qualité de tiers à la procédure de saisie à cette épouse alors que celle-ci contestait le droit pour la banque de poursuivre le recouvrement de sa créance sur le produit de la vente d'un bien commun détenu par un notaire ayant déclaré détenir cette somme pour le compte de l'époux débiteur. • Civ. 2e, 27 sept. 2012, n° 11-22.570 P.

27. Interdiction de prendre une hypothèque judiciaire sur un immeuble commun. A défaut de consentement exprès du conjoint à l'engagement de caution pris par un époux, le créancier ne peut être judiciairement autorisé à prendre inscription d'hypothèque sur un immeuble commun. • Civ. 1re, 18 nov. 1992 : *Bull. civ. I, n° 280 ; JCP 1993. I. 3656, n° 9, obs. Tisserand* • 29 mai 1996, n° 94-16.615 P : *JCP 1996. I. 3962, n° 12, obs. Simler ; Defrénois 1996. 1083, obs. Champenois* (pour le cas d'inscription d'hypothèque judiciaire définitive) • 15 mai 2002, *CIC c/ Piot*, nos 00-13.527 P, 99-21.464 P et 00-15.298 P : *R., p. 340 ; D. 2002. 1780, note Barberot ; JCP 2002. II. 10109, concl. Petit, note S. Piedelièvre (3e esp.) ; ibid. I. 162, n° 3, obs. Simler ; Defrénois 2002. 1322, obs. Champenois ; Dr. fam. 2002, n° 90, note Beignier (2e esp.) ; AJ fam. 2002. 264, obs. S. D.-B. ; RTD civ. 546, obs. Crocq* (inscription d'hypothèque judiciaire provisoire). – V. aussi • Civ. 1re, 11 mars 2003, n° 00-22.208 P : *D. 2003. AJ 1361 ; JCP 2003. I. 158, n° 9, obs. Simler ; Defrénois 2003. 994, obs. Champenois ; ibid. 1615, obs. Théry ; Dr. fam. 2003, n° 92, note B. B.* • 22 nov. 2005 : *Bull. civ. I, n° 427 ; D. 2006. IR 249 ; JCP 2006. I. 141, n° 14, obs. Simler ; Defrénois 2006. 514, obs. S. Piedelièvre ; Dr. fam. 2006, n° 12, note Beignier.*

28. Mise en œuvre du privilège du prêteur de deniers subordonnée au consentement du conjoint. Alors qu'une épouse commune en biens a acquis un bien immobilier pour le compte de la communauté, le financement de ce bien ayant été assuré par l'intermédiaire d'un emprunt souscrit par l'épouse seule et garanti par un privilège de prêteur de deniers inscrit, il est énoncé à bon droit que, si l'acte de prêt souscrit par un seul époux sous le régime de la communauté n'est pas inefficace, la mise en œuvre du privilège de prêteur de deniers est subordonnée au consentement de son conjoint à l'emprunt. • Civ. 1re, 5 mai 2021, n° 19-15.072 P : *D. 2021. 1879, obs. Ansault et Gijsbers ; AJ fam. 2021. 377, obs. Ferré-André ; RDI 2021. 476, obs. Bruttin ; Dr. fam. 2021, n° 111, note Beignier ; Defrénois 2021/40. 34, note Bouathong.*

3° POSSIBILITÉ D'AGIR SUR LES REVENUS DE L'ÉPOUX DÉBITEUR

29. Saisissabilité des revenus de l'époux débiteur avant leur transformation en acquêts ordinaires. La cour d'appel qui, après avoir exactement énoncé que, selon l'art. 1415, chacun des époux ne peut engager que ses biens propres et ses revenus par un cautionnement ou un emprunt contracté sans le consentement exprès de son conjoint et après avoir relevé que le compte de dépôt, objet de la saisie, n'était alimenté que par les revenus de l'époux débiteur, a décidé à bon droit que ce compte était saisissable. • Civ. 1re, 14 janv. 2003, n° 00-16.078 P : *D. 2003. 2792, note Barabé-Bouchard ; JCP 2003. II. 10019, concl. Sainte-Rose ; ibid. I. 124, n° 4, et 158, n° 9, obs. Simler ; JCP N 2003. 1605, obs. Casey ; Gaz. Pal. 2003. Somm. 2591, obs. S. Piedelièvre ; Defrénois 2003. 544, obs. Champenois ; AJ fam. 2003. 109, obs. S. D.-B. ; Dr. fam. 2003, n° 48, note Beignier (2e esp.) ; RTD civ. 2003. 534, obs. Vareille.* ♦ Mais viole l'art. 1415 la cour d'appel qui, pour rejeter une demande de mainlevée de saisies pratiquées sur le plan d'épargne logement et le compte-titres ouverts au nom de l'époux, retient qu'il n'est pas contesté que ces comptes sont alimentés par les seuls revenus du mari caution, alors que le plan d'épargne logement et le compte-titres étaient des acquêts que l'époux ne pouvait engager qu'avec le consentement exprès de son épouse. • Même arrêt.

30. Nécessité d'identifier les revenus de l'époux débiteur pour pratiquer une saisie. Doit être cassé l'arrêt qui refuse la mainlevée d'une saisie-attribution pratiquée, pour le recouvrement d'une condamnation contre le mari, sur les revenus de l'exploitation agricole (paies de lait) alors que l'épouse y participe. • Civ. 1re, 16 mai 2000, n° 97-18.612 P : *Defrénois 2000. 1183, obs. Champenois ; RTD civ. 2001. 186, obs. Vareille.* ♦ N'est pas saisissable le compte joint alimenté par les revenus de chacun des époux, faute pour le créancier d'identifier les revenus de l'époux débiteur. • Civ. 1re, 3 avr. 2001, n° 99-13.733 P : *D. 2001. Somm. 2933, obs. Nicod ; JCP 2002. II. 10080, note Bourdaire ; ibid. I. 103, n° 13, obs. Simler ; Defrénois 2001. 939, obs. Théry ; ibid. 1129, obs. Champenois ; Dr. fam. 2001, n° 75 (3e esp.), note Beignier ; RJPF 2001-7-8/30, obs. Vauvillé ; Banque et Dr. 5-6/2001. 48, obs. Jacob ; RTD civ. 2001. 943, obs. Vareille.* – Dans le même sens : • Civ. 1re, 17 févr. 2004, n° 02-11.039 P : *D. 2004. Somm. 2260, obs. Brémond ; JCP 2004. I. 188, n° 2, obs. Simler ; Defrénois 2004. 1476, obs. Champenois ; AJ fam. 2004. 145, obs. Deis-Beauquesne ; Dr. fam. 2004, n° 84, note Beignier* • 17 janv. 2006, n° 02-20.636 P : *D. 2006. 1277, note Bonnet ; JCP 2006. I. 193, n° 13, obs. Simler ; AJ fam. 2006. 163, obs. Hilt ; Dr. et pr. 2006. 276, obs. Hoonakker ; LPA 9 oct. 2006, note Chamoulaud-Trapiers ; RTD civ. 2006. 359, obs. Vareille.* ♦ Rappr. s'agissant de prélèvements automatiques consentis par le mari caution sur son compte personnel, • Civ. 1re, 18 févr. 2003, n° 00-21.362 P : *D. 2003. Somm. 1864, obs. Brémond ; JCP 2003. I. 158, n° 9, obs. Simler ; JCP N 2003. 1606, obs. Casey ; Defrénois*

2003. 1356, obs. Champenois ; Dr. fam. 2003, n° 49, note Beignier ; RJPF 2003-6/22, note Vauvillé ; RTD civ. 2003. 536, obs. Patarin (nécessité pour les juges du fond de rechercher si le compte était alimenté par les seuls revenus du mari).

Art. 1416 **La communauté qui a acquitté une dette pour laquelle elle pouvait être poursuivie en vertu des articles précédents a droit néanmoins à récompense, toutes les fois que cet engagement avait été contracté dans l'intérêt personnel de l'un des époux, ainsi pour l'acquisition, la conservation ou l'amélioration d'un bien propre.**

Droit à récompense pour la communauté. Sur les hypothèses dans lesquelles la communauté peut prétendre à récompense pour avoir financé une dette contractée dans l'intérêt personnel d'un époux, V. la jurisprudence citée ss. art. 1437.

Art. 1417 **La communauté a droit à récompense, déduction faite, le cas échéant, du profit retiré par elle, quand elle a payé les amendes encourues par un époux, en raison d'infractions pénales, ou les réparations et dépens auxquels il avait été condamné pour des délits ou quasi-délits civils.**

Elle a pareillement droit à récompense si la dette qu'elle a acquittée avait été contractée par l'un des époux au mépris des devoirs que lui imposait le mariage.

1. Dettes résultant d'un délit ou d'un quasi-délit civil : dommage causé au conjoint. Compte tenu de l'art. 1417, un époux est tenu de réparer seul et sur ses biens propres le dommage causé à son conjoint, pendant le mariage, par son quasi-délit. • Civ. 1re, 19 févr. 1980, n° 79-10.304 P.

2. ... Violation d'une clause de non-concurrence (non). Non-application de l'art. 1417 à la dette née de la violation par le mari, lors de son embauche par une nouvelle société, de la clause de non-concurrence insérée dans une transaction intervenue avec son premier employeur, V. • Civ. 1re, 16 mars 2004 : *cité note 10 ss. art. 1409.*

3. Dettes résultant d'une fraude fiscale. Droit à récompense pour la communauté qui a assumé les conséquences pécuniaires de la fraude fiscale imputable à l'un des époux. • Civ. 1re, 20 janv. 2004, n° 01-17.124 P : *JCP 2005. I. 128, n° 14, obs. Tisserand-Martin ; Dr. fam. 2004, n° 85, note Beignier ; RTD civ. 2004. 765, obs. Vareille*. ♦ Droit à récompense pour la communauté à la suite de la liquidation par le fisc d'une astreinte accessoire d'une condamnation pénale pour des faits commis personnellement par l'époux : • Civ. 1re, 12 nov. 2009, n° 08-19.443 P : *D. 2009. AJ 2863 ; JCP 2010, n° 487, § 13, obs. Simler ; AJ fam. 2009. 496, obs. Hilt ; RLDC 2010/67, n° 3691, obs. Pouliquen ; RJPF 2010-3/15, note Vauvillé.* ♦ Sur le caractère commun à titre définitif d'un simple redressement fiscal qui, dans la mesure où il ne comporte pas de pénalités, ne peut être assimilé aux dettes visées par l'art. 1417. • Civ. 1re, 19 févr. 1991 : *cité note 6 ss. art. 1409.*

4. Dettes contractées au mépris des devoirs du mariage : pratique d'une activité de loisir (non). Non-application de l'art. 1417 à la dette résultant de la pratique, par le mari, du sport automobile dès lors qu'il n'est pas démontré que cette dette ait été contractée au mépris de ses devoirs vis-à-vis de son épouse. • Riom, 10 nov. 1988 : *cité note 13 ss. art. 1409.*

Art. 1418 **Lorsqu'une dette est entrée en communauté du chef d'un seul des époux, elle ne peut être poursuivie sur les biens propres de l'autre.**

S'il y a solidarité, la dette est réputée entrer en communauté du chef des deux époux. *(Abrogé par L. n° 85-1372 du 23 déc. 1985) « Mais quand un époux ne fait que donner son consentement à l'obligation de l'autre, c'est seulement du chef de celui-ci que la dette entre en communauté. »*

1. Dettes entrées en communauté du chef d'un seul époux : dettes relatives à l'exploitation d'un fonds de commerce commun. Une femme ne peut être condamnée solidairement avec son mari à payer les dettes relatives à l'exploitation par le mari d'un commerce appartenant à la communauté, au motif qu'il s'agit de dettes commerciales à l'égard de toutes les parties, alors que la femme n'est en cause qu'en sa qualité d'épouse commune en biens et non en raison d'un engagement personnel qui aurait pu être de nature commerciale. • Civ. 1re, 28 avr. 1986, n° 84-13.166 P.

2. ... Dette contractée par un époux agissant en qualité de mandataire de son conjoint. La femme, fondée de pouvoir ayant procuration générale de son mari commerçant, ne peut être condamnée personnellement à payer une dette commerciale de son mari, le mandataire ne s'obligeant pas personnellement par l'exercice de son mandat. • Com. 27 mai 1972 : *D. 1973. 155, note Prévault ; JCP 1973. II. 17306, note J. P.*

Art. 1419 et 1420 *Abrogés par L. n° 85-1372 du 23 déc. 1985.*

SECTION 2 De l'administration de la communauté et des biens propres

RÉP. CIV. v° *Communauté légale : gestion des biens,* par G. Yildirim.

DALLOZ ACTION *Droit patrimonial de la famille 2021/2022,* n°s 135.00 s.

BIBL. GÉN. ▶ Botton, *Dr. fam. Chron. 16* (effet de la qualité particulière d'un époux). – Flour et Champenois, *Defrénois 1996. 289* (gestion conjointe). – Delbano, *D. 1999. Chron. 408* (art. 1426 et 1429 : subsidiarité des régimes de protection des majeurs). – Sagaut, *AJ fam. 2003. 124* (empêchement ou impéritie des époux).

Art. 1421 *(L. n° 85-1372 du 23 déc. 1985)* **Chacun des époux a le pouvoir d'administrer seul les biens communs et d'en disposer, sauf à répondre des fautes qu'il aurait commises dans sa gestion. Les actes accomplis sans fraude par un conjoint sont opposables à l'autre.**

L'époux qui exerce une profession séparée a seul le pouvoir d'accomplir les actes d'administration et de disposition nécessaires à celle-ci.

Le tout sous réserve des articles 1422 à 1425.

BIBL. ▶ Albcheraoui, *JCP N 1993. I. 318* (nullité ou inopposabilité des actes frauduleux). – de Gaudemaris, *D. 1987. Chron. 223.*

I. POUVOIRS CONCURRENTS DES ÉPOUX

1. *Durée d'exercice des pouvoirs concurrents limitée à l'existence de la communauté.* En application de l'art. 815-3, inopposabilité à l'épouse du cédant de la cession d'actions, dépendant de la communauté, intervenue au cours de l'indivision post-communautaire et obligation de faire figurer dans la masse partageable la valeur, au jour du partage, des titres aliénés. • Civ. 1re, 7 oct. 2015, n° 14-22.224 P.

A. ACTIONS EN JUSTICE RELATIVES AUX BIENS COMMUNS

2. *Qualité pour agir en demande ou en défense : principe.* Chacun des époux a qualité pour exercer seul, en demande ou en défense, les actions en justice relatives aux biens communs. • Civ. 1re, 19 mars 1991, n° 88-18.488 P : *Defrénois 1992. 850, obs. Champenois ; RTD civ. 1992. 443, obs. Lucet et Vareille* • Civ. 2e, 22 févr. 2007, n° 06-12.295 P : *JCP 2007. I. 208, n° 15, obs. Simler ; AJ fam. 2007. 228, obs. Hilt ; Dr. et patr. 11/2007. 93, obs. Lefort ; Dr. et pr. 2007. 229, note Leborgne ; RTD civ. 2008. 534, obs. Vareille* • Civ. 1re, 4 juill. 2007 : *JCP 2007. I. 208, n° 13, obs. Simler ; AJ fam. 2007. 401, obs. P. Hilt ; RTD civ. 2008. 535, obs. Vareille* (action en nullité d'une assemblée générale des copropriétaires, pour un lot dépendant de la communauté).

3. *Portée de la décision de justice rendue à l'égard d'un époux.* La décision relative au *sort d'un bien de communauté*, rendue à l'égard d'un des époux, a autorité de chose jugée à l'égard de l'autre. • Civ. 2e, 21 janv. 2010, n° 08-17.707 P : *RJPF 2010-4/22, obs. Vauvillé ; RLDC 2010/69, n° 3753, obs. Pouliquen.* ♦ Les décisions rendues à l'encontre d'un conjoint concernant les biens communs sont opposables à l'autre. • Civ. 2e, 2 déc. 2010, n° 09-68.094 P : *D. 2011. Actu. 23 ; RTD civ. 2011. 175, obs. Perrot* • Com. 28 avr. 2009, n° 08-10.368 P : *D. 2009. 2143, note Souhami ; JCP 2009. 391, n° 16, obs. Simler ; AJ fam. 2009. 265, obs. Hilt* (décision rendue à l'encontre du seul époux en liquidation judiciaire, représenté par son liquidateur).

4. *Actions particulières devant être poursuivies à l'encontre des deux époux : action visant à l'expulsion d'un bien commun.* Est recevable la tierce opposition formée par un époux à l'encontre de décisions d'expulsion de son conjoint d'un bien commun, l'expulsion d'un bien commun à deux époux devant être dirigée contre chacun d'eux. • Civ. 2e, 21 sept. 2000, n° 97-21.905 P : *D. 2001. Somm. 2934, obs. Nicod*

5. *Actions particulières réservées à l'un des époux.* Sur le pouvoir exclusif reconnu à l'époux qui exerce une profession séparée, V. jurisprudence citée ci-dessous note 25 s. ♦ Sur le pouvoir de demander le partage de biens successoraux indivis, reconnu exclusivement à l'époux héritier appelé à la succession, même lorsque ces biens sont communs sous le régime de la communauté universelle, V. • Civ. 1re, 2 avr. 2008 : *cité note 29* ♦ Sur le pouvoir d'agir en remboursement d'un compte courant d'associé, réservé au conjoint titulaire de ce compte, V. • Civ. 1re, 9 févr. 2011 : *cité note 30.* ♦ Sur l'incidence de la liquidation judiciaire ouverte contre l'un des époux V. • Com. 4 oct. 2005 : *cité note 28.*

B. ACTES D'ADMINISTRATION OU DE DISPOSITION RELATIFS AUX BIENS COMMUNS

6. *Contrat de location-gérance.* Chaque époux peut valablement donner en location-gérance un fonds de commerce dépendant de la communauté. • Civ. 1re, 16 mai 2000 : *Dr. fam. 2000, n° 114, note Beignier.*

7. Administration des fonds déposés sur un compte épargne-logement. Les fonds déposés sur un compte épargne-logement ouvert au nom d'un époux constituant des fonds communs, le titulaire ne subit pas de préjudice si son conjoint, qui a le pouvoir de les administrer (le mari seul, antérieurement à la L. du 23 déc. 1985), se les fait remettre, l'emploi par lui fait de ces fonds devant être réputé avoir été fait conformément aux intérêts de la communauté. • Civ. 1re, 11 juin 1991 : *JCP 1992. II. 21899, note Paisant ; Defrénois 1992. 1550, obs. Champenois.* ♦ Sur l'obligation, lors de la liquidation, d'informer le conjoint de l'affectation des sommes importantes prélevées sur la communauté, V. jurisprudence citée ci-dessous note 19.

8. Exercice de la faculté de renonciation offerte au preneur d'assurance vie. L'exercice de la faculté de renonciation prévue à l'art. L. 132-5-1 C. assur. constitue un acte d'administration que chacun des époux a le pouvoir d'accomplir seul sur les biens communs. Cassation de l'arrêt ayant retenu, en présence d'un contrat d'assurance vie souscrit par deux époux, que cette faculté était un droit personnel au souscripteur de sorte qu'un époux ne pouvait valablement renoncer au nom de l'autre. • Civ. 1re, 11 mai 2016, n° 15-10.447 P : *D. 2016. 998 ; AJ fam. 2016. 344, obs. Casey ; JCP N 2017, n° 1100, note Kilgus ; RGDA 2016. 377, note Lambert.*

9. Acceptation d'un paiement. Il résulte de la combinaison des art. 1402 et 1421 qu'un époux seul a le pouvoir de recevoir le remboursement du prêt d'une somme présumée dépendre de la communauté en l'absence de preuve qu'elle soit propre. • Civ. 1re, 31 janv. 2006, n° 03-19.630 P : *D. 2006. IR 465 ; JCP 2006. I. 141, n° 16, obs. Simler ; JCP N 2006. 1200, étude Brémond ; Defrénois 2006. 1612, obs. Champenois ; AJ fam. 2006. 210, obs. Hilt ; Dr. fam. 2006, n° 61, note Beignier.*

10. Acceptation d'une donation. Effet d'une donation à la communauté acceptée par le mari seul : V. • Civ. 1re, 17 mai 1993 : *JCP 1994. II. 22269, note Pillebout.*

11. Vote émis par un époux lors d'une assemblée de copropriétaires. Un époux engage la communauté lorsqu'il émet, au cours de l'assemblée générale des copropriétaires d'un immeuble, un vote favorable à l'installation d'un ascenseur, cette opération ne pouvant être assimilée à un acte d'aliénation ou constitutif de droits réels rendant nécessaire l'accord du conjoint absent. • Paris, 7 mars 1996 : *JCP 1997. II. 22755, note Djigo ; ibid. I. 4008, n° 14, obs. Simler.*

12. Caractère personnel de la qualité de cocontractant. Le fait que les droits ou obligations nés d'un contrat passé par un époux tombent en communauté n'a pas pour conséquence de conférer la qualité de contractant à l'autre époux. • Civ. 2e, 13 déc. 1989 : *Bull. civ. II, n° 222 ; Defrénois 1990. 874, obs. Champenois ; RTD civ. 1992. 444, obs. Lucet et Vareille .*

13. Caractère personnel de la qualité d'associé. Une société, au sein de laquelle chacun des époux détenait des parts dépendant de la communauté, ayant versé la totalité des dividendes afférents à ces parts au mari, cassation de l'arrêt qui rejette la demande en paiement de dividendes présentée par l'épouse contre cette société au motif que le mari était légalement réputé avoir perçu les dividendes en cause pour le compte de la communauté, alors que l'épouse associée avait seule qualité pour percevoir les dividendes se rattachant aux parts sociales dont elle était titulaire. • Civ. 1re, 5 nov. 2014, n° 13-25.820 P : *D. 2015. 2094, obs. Brémond ; ibid. 2401, obs. Rabreau ; AJ fam. 2014. 706, obs. Hilt ; Rev. sociétés 2015. 190, note Naudin ; RDC 2015. 254, note Libchaber.*

14. Actes particuliers : convocation à une assemblée de copropriétaires. La convocation à une assemblée générale d'époux propriétaires d'un lot de copropriété dépendant de leur communauté de biens doit être libellée au nom des deux. • Civ. 3e, 23 mai 2007, n° 06-14.974 P : *R., p. 392 ; BICC 1er oct. 2007, n° 1936, et la note ; D. 2007. AJ 1595, obs. Forest ; ibid. Pan. 2187, obs. Capoulade ; JCP 2007. I. 197, n° 9, obs. Périnet-Marquet ; ibid. 208, n° 14, obs. Simler ; JCP N 2007. 1213, note Brémond ; Defrénois 2008. 313, obs. Champenois ; AJ fam. 2007. 319, obs. Hilt ; RJPF 2007-7-8/31, note Vauvillé ; Dr. et patr. 3/2008. 95, obs. Mallet-Bricout ; RTD civ. 2008. 535, obs. Vareille .*

15. ... Apport en société ou acquisition de parts sociales non négociables. Sur l'obligation d'information qui pèse sur le conjoint qui utilise des biens communs pour faire un apport en société ou pour acquérir des parts sociales non négociables, V. ss. art. 1832-2.

16. ... Legs de biens communs. Sur le régime particulier du legs de bien commun ou de part de communauté, V. art. 1423.

17. ... Actes soumis à cogestion. Pour les actes à titre gratuit entre vifs et l'affectation de biens communs à la garantie de la dette d'un tiers, V. art. 1422. ♦ Pour les actes de disposition ou les constitutions de droits réels sur certains biens de communauté, V. art. 1424. ♦ Pour le logement de la famille, V. art. 215, al. 3. ♦ Pour les baux, V. art. 1425.

II. CORRECTIFS APPORTÉS À L'EXERCICE DE POUVOIRS CONCURRENTS

A. MESURES DE CONTRÔLE

18. Mesures permettant de vérifier la consistance de l'actif commun. Un époux, administrateur de la communauté (le mari seul, dans la législation antérieure à la L. du 23 déc. 1985), peut prendre toutes mesures utiles pour vérifier la consistance de l'actif commun et notamment être autorisé judiciairement à faire procéder à l'inventaire des biens en dépôt dans un coffre en banque loué par son conjoint. • Versailles, 27 janv. 1982 : *Defrénois 1982. 1093, obs. Champenois.*

19. *Reddition de comptes.* L'époux qui a disposé seul de deniers communs doit, lors de la liquidation, s'il en est requis, informer son conjoint de l'affectation des sommes importantes prélevées sur la communauté qu'il soutient avoir employées dans l'intérêt commun. • Civ. 1re, 16 mars 1999, n° 97-11.030 P : *Defrénois 1999. 811, obs. Champenois ; Gaz. Pal. 2000. Somm. 361, obs. Barrière ; Dr. fam. 1999, n° 82, note Beignier ; RTD civ. 2001. 189, obs. Vareille* • 23 avr. 2003 : *D. 2003. 2597, note Brémond ; JCP N 2004. 1415, obs. Casey* • 14 févr. 2006, n° 03-20.082 P : *D. 2006. IR 601 ; JCP 2006. I. 141, n° 18, obs. Simler.*

B. RESPONSABILITÉ POUR FAUTE DE GESTION

20. *Domaine d'application : gestion des biens communs.* Un fonds de commerce dépendant de la communauté ayant été apporté à une EURL dont l'époux détenait l'intégralité des parts sociales, la responsabilité de celui-ci envers la communauté ne saurait être engagée en raison de prétendues fautes de gestion commises dans la gestion de la société dès lors que celle-ci ne constituait pas un bien commun. • Civ. 1re, 19 avr. 2005, n° 02-18.288 P : *JCP 2005. I. 163, n° 15, obs. Tisserand-Martin ; JCP E 2005. 1834, n° 2, obs. Caussain, Deboissy et Wicker ; RJPF 2005-11/30, obs. Vauvillé ; Rev. sociétés 2006. 90, note Randoux .*

21. *Illustration : souscription de prêts à la consommation.* Faute de gestion de l'épouse qui, ayant souscrit vingt-cinq prêts à la consommation, a, en sus de l'apposition de sa signature, imité celle de son conjoint et pris des dispositions pour laisser ce dernier dans l'ignorance de cet endettement croissant. • Civ. 1re, 14 mars 2012, n° 11-15.369 P : *D. 2012. 813 .*

C. FRAUDE AUX DROITS DU CONJOINT

22. *Sanction : nullité de l'acte frauduleux.* La fraude commune à un époux et à un tiers entraîne la nullité des actes conclus entre eux et non pas seulement leur inopposabilité au conjoint. • Civ. 1re, 31 janv. 1984, n° 82-15.944 P (en l'espèce, application de l'art. 243 ancien). – Même sens : • Civ. 1re, 24 oct. 1977 : *D. 1978. 290, note Poisson-Drocourt* • Besançon, 16 mai 1990 : *JCP 1991. II. 21756, note Tisserand.*

23. *... Complicité des cocontractants.* La nullité d'une société instituée pour permettre la réalisation d'une fraude aux droits du conjoint ne peut être prononcée sans constater que tous les associés ont concouru à la fraude. • Com. 28 janv. 1992 : *D. 1993. 23, note Pagès ; JCP 1993. II. 21994, note Tisserand.* – Sur renvoi : • Dijon aud. sol., 23 mars 1993 : *Defrénois 1993. 1204, obs. Le Cannu.*

24. *Subsidiarité de l'action fondée sur la fraude.* Sur le caractère subsidiaire de l'action fondée sur la fraude, V. note 8 ss. art. 1427.

III. POUVOIRS EXCLUSIFS D'UN ÉPOUX

A. ACTES NÉCESSAIRES À L'EXERCICE D'UNE PROFESSION SÉPARÉE

25. *Actes concernés : congé délivré au bailleur.* Le mari, exerçant sa profession de garagiste indépendamment de son épouse, a pu valablement donner seul congé au bailleur, bien que le fonds de commerce dépendît de la communauté, dès lors que la résiliation d'un bail commercial ne peut être assimilée à une aliénation du fonds, pour laquelle le concours de l'épouse est requis. • Civ. 3e, 18 déc. 2002, n° 01-03.539 P : *D. 2003. AJ 423, obs. Rouquet ; JCP 2003. I. 158, n° 13, obs. Simler ; RJPF 2003-3/32, obs. Vauvillé ; Rev. loyers 2003. 143, obs. Quément.*

26. *Exclusion des actes soumis à cogestion.* L'art. 1421, al. 2, reçoit exception dans les cas visés à l'art. 1424. Par suite, est nulle la cession de parts sociales d'une entreprise artisanale opérée par le mari sans le consentement de sa femme, sans qu'il y ait lieu de rechercher si la cession incriminée était nécessaire à la poursuite de l'activité professionnelle du mari. • Civ. 1re, 28 févr. 1995, n° 92-16.794 P : *D. 1995. Somm. 326, obs. Grimaldi ; JCP 1995. I. 3869, n° 11, obs. Simler ; Defrénois 1995. 1489, obs. Champenois ; RTD civ. 1996. 462, obs. Vareille .*

27. *Portée de la protection offerte par l'al. 2.* Les art. 223 et 1421, al. 2, ayant pour seul objet de protéger les intérêts de l'époux exerçant une profession séparée, la société, gérée par une épouse dont le conjoint revendique la qualité d'associé sur le fondement des dispositions de l'art. 1832-2, n'est pas recevable à se prévaloir de l'atteinte que cette revendication serait susceptible de porter au droit de l'épouse d'exercer une telle profession. • Com. 21 sept. 2022, n° 19-26.203 B : *D. 2022. 1838, note Dondero ; AJ fam. 2023. 165, obs. Casey ; Rev. sociétés 2023. 35, note Reygrobellet ; JCP 2022, n° 1293, obs. Kilgus ; Defrénois 2023/4-5. 11, obs. Rabreau ; Dr. fam. 2023, n° 7, obs. Torricelli-Chrifi.*

B. AUTRES CAS

28. *Procédure collective impliquant dessaisissement du conjoint débiteur.* Il résulte de la combinaison des art. 1413 C. civ. et L. 622-9 C. com. qu'en cas de liquidation judiciaire d'un débiteur marié sous le régime de la communauté, les biens communs inclus dans l'actif de la procédure collective sont administrés par le seul liquidateur qui exerce pendant toute la durée de la liquidation judiciaire les droits et actions du débiteur dessaisi ; il s'ensuit que les pouvoirs de gestion des biens communs normalement dévolus au conjoint *in bonis* en vertu des art. 1421 s. ne peuvent plus s'exercer. • Com. 4 oct. 2005, n° 04-12.610 P : *R., p. 302 ; D. 2005. AJ 2592, obs. A. Lienhard ; D. 2006. Pan. 86, obs. Le Corre, 1382, obs. Danis-Fatôme, et 2068, obs. Revel ; JCP 2006. I. 130, n° 7, obs. Pétel ; ibid. 141, n° 19, obs. Simler ; Defrénois 2006. 658, note Vauvillé ; AJ fam. 2005. 407, obs. Hilt ; JCP N 2006. 1014 et Dr. fam. 2005, n° 250, note Beignier ; Dr. et pr. 2006. 149, note Gibirila.*

29. *Demande en partage relative à des biens successoraux indivis communs sous le régime de la communauté universelle.* Si les biens successoraux indivis recueillis par un époux marié sous le régime de la communauté universelle entrent en communauté, l'époux héritier appelé à la succession peut seul exercer, en demande et en défense, une action qui ne tend qu'au partage de ces biens. Dès lors son conjoint qui n'avait pas qualité pour demander le partage de ces biens, n'a pas intérêt à former tierce opposition au jugement ayant statué sur le partage. • Civ. 1re, 2 avr. 2008, n° 07-11.254 P : *R., p. 204 ; D. 2008. Chron. C. cass. 2363, obs. Chauvin ; JCP 2008. I. 144, n° 17, obs. Simler ; ibid. II. 10126, note Sauvage ; AJ fam. 2008. 258, obs. Hilt ; JCP N 2008. 1317, note Brémond ; Gaz. Pal. 2008. 1845, avis Legoux ; RLDC 2008/50, n° 3039, obs. Jeanne ; RJPF 2008-7-8/16, note Vauvillé ; RTD civ. 2008. 531, obs. Vareille.*

30. *Action visant au remboursement d'un compte courant d'associé.* L'épouse n'a pas qualité à agir en remboursement du compte courant d'associé dont son mari est seul titulaire, peu important que la somme provenant d'un tel remboursement dût figurer à l'actif de la communauté. • Civ. 1re, 9 févr. 2011, n° 09-68.659 P : *D. actu. 2 mars 2011, obs. Fleuriot ; D. 2011. Pan. 2624, obs. Bourdaire-Mignot ; AJ fam. 2011. 217, obs. Hilt ; Rev. sociétés 2011. 343, note Naudin ; JCP 2011, n° 1371, § 7, obs. Simler ; Gaz. Pal. 2011. 861, note Denizot ; Defrénois 2011. 965, obs. Champenois ; Dr. et patr. 10/2012. 40, note Souhami ; RLDC 2011/81, n° 4216, obs. Gallois.*

31. *Dispositions du régime primaire reconnaissant un pouvoir exclusif à l'un des époux.* Sur le pouvoir exclusif reconnu à chaque époux pour percevoir et disposer de ses gains et salaires, V. art. 223. ♦ Sur le pouvoir exclusif de disposition de chaque époux quant aux revenus de ses biens propres, V. art. 225 et 1428.

Art. 1422 *(L. n° 85-1372 du 23 déc. 1985)* **Les époux ne peuvent, l'un sans l'autre, disposer entre vifs, à titre gratuit, des biens de la communauté.**

(Ord. n° 2006-346 du 23 mars 2006, art. 50-II) **« Ils ne peuvent non plus, l'un sans l'autre, affecter l'un de ces biens à la garantie de la dette d'un tiers. »**

BIBL. ▶ **Réforme du 23 mars 2006 :** Brémond, *JCP N 2006. 1255.* – Farge, *Dr. fam. 2006. Alerte 31.* – Poulet, *Defrénois 2006. 1441.* – Revel, *D. 2006. 1309.*

A. ACTES DE DISPOSITION À TITRE GRATUIT

1° ACTES CONCERNÉS

1. *Non-application aux donations de gains et salaires.* Chaque époux ayant, en vertu de l'art. 224 (ancien ; V. art. 223), le pouvoir de disposer de ses gains et salaires, à titre gratuit ou onéreux, après s'être acquitté de la part lui incombant dans les charges du mariage, sont valables les libéralités consenties par un époux au moyen de sommes provenant de ses gains et salaires, alors qu'il n'est pas allégué qu'elles avaient été économisées. • Civ. 1re, 29 févr. 1984, n° 82-15.712 P : *GAJC, 12e éd., n° 89 ; D. 1984. 601, note D. Martin ; JCP 1985. II. 20443, note Le Guidec ; Defrénois 1984. 1074, obs. Champenois* (libéralités à une concubine) • Toulouse, 29 mars 2000 : *Dr. fam. 2000, n° 100, note Beignier* (*idem*). ♦ Mais ne sont pas valables les libéralités consenties par un époux commun en biens au moyen de sommes provenant de ses gains et salaires lorsque ces sommes ont été économisées. • Civ. 1re, 20 nov. 2019, n° 16-15.867 P : *D. 2019. 2246 ; AJ fam. 2020. 193, obs. Hilt ; RTD civ. 2020. 173, obs. Nicod ; JCP 2020, n° 11, note Peterka ; JCP N 2020, n° 1054, note Hélaine ; Dr. fam. 2020, n° 27, note Tani ; ibid., n° 28, note Nicod ; RGDA 2020/1. 56, note Mayaux.* ♦ V. aussi note 3 ss. art. 223. ♦ Sur la nécessité de rapporter la preuve que la donation a porté sur les gains et salaires du disposant, V. • Civ. 1re, 6 nov. 2019, n° 18-23.913 P : *D. 2020. 506, obs. Douchy-Oudot ; AJ fam. 2020. 75, obs. Hilt ; JCP 2019, n° 1366, note Raoul-Cormeil ; Dr. fam. 2020, n° 12, note Beignier.*

2. *Application à la remise de bons de caisse acquis avec des gains et salaires.* L'art. 1422 est applicable à la remise à titre gratuit de bons de caisse acquis au moyen de sommes provenant des salaires d'un époux et des économies réalisées sur les revenus de ses propres. • Civ. 1re, 22 oct. 1980 : *JCP 1982. II. 19757, note Le Guidec ; RTD civ. 1982. 132, obs. Nerson et Rubellin-Devichi.* ♦ Rappr., pour l'application de l'art. 1422 à la remise à titre gratuit, au moyen de chèques, de sommes d'argent provenant de capitaux épargnés sur les gains et salaires : • Paris, 21 avr. 2005 : *JCP 2005. I. 163, n° 11, obs.*

Simler ; AJ fam. 2005. 239, obs. Hilt (libéralités à une maîtresse).

3. Application à la conclusion d'un bail sans stipulation de loyer. V. • Civ. 1re, 5 juill. 1988 : *JCP 1989. II. 21337, note Simler.*

4. Non-application à la désignation du nouveau bénéficiaire d'un contrat d'assurance vie. Un époux qui a souscrit une assurance sur la vie mixte, prévoyant le versement d'un capital à lui-même en cas de survie, ou à sa femme s'il venait à décéder avant la date fixée au contrat, a pu révoquer la désignation de son épouse comme bénéficiaire et lui substituer un tiers, sans par là disposer à titre gratuit d'une créance dont la communauté aurait été titulaire. En effet, en application de l'art. L. 132-12 C. assur., la créance sur la compagnie née en raison du décès du souscripteur a été acquise au seul profit des bénéficiaires désignés en dernier lieu. • Cass., ass. plén., 12 déc. 1986, *Veuve Pelletier c/ Cts Ménager*, n° 84-17.867 P : *R., p. 200 ; D. 1987. 269, note Ghestin ; JCP 1987. II. 20760, concl. Cabannes, note Louis Boyer ; Defrénois 1987. 541, note Aubert.* – Ghestin, *JCP 1995. I. 3881.* ♦ Comp. • Civ. 1re, 13 mai 1998, n° 96-16.222 P : *D. 1999. 291, note Raynaud de Lage ; JCP 1999. I. 189, n° 9, obs. Le Guidec ; Defrénois 1998. 937, rapp. Sargos ; RCA 1999. Chron. 4, par Delmas Saint-Hilaire ; LPA 2 oct. 1998, note Lucet* (irrévocabilité de la désignation de l'épouse comme bénéficiaire d'un capital décès alors que les époux avaient contracté des assurances décès dans l'intérêt de la famille avec désignation de l'autre comme bénéficiaire réciproque, l'absence d'intention libérale et la volonté commune des époux quant à la désignation du bénéficiaire suffisant à caractériser l'acceptation par l'épouse de sa désignation comme bénéficiaire de l'assurance de son époux).

2° CONSENTEMENT DU CONJOINT

5. Exigence d'une volonté efficace. En application de l'art. 1422, annulation d'un ordre écrit de transfert de titres, ayant pour objet des valeurs dépendant de la communauté, signé par deux époux alors que le mari souffrait d'un trouble mental viciant son consentement, de sorte qu'il n'était pas en état d'émettre un consentement valable. • Civ. 1re, 13 mai 2015, n° 14-14.635 : *AJ fam. 415, obs. Casey.*

6. Exigence d'un mandat spécial. Il résulte des art. 894 et 1422 que le mandat doit être spécial lorsqu'il est conféré pour faire une donation ou pour consentir à ce qu'une donation porte sur des biens communs. • Civ. 1re, 29 juin 1983 : *Bull. civ. I, n° 192.*

7. Consentement tacite. Un époux ayant consenti une donation de fonds provenant de son activité professionnelle en faveur de deux enfants communs, une cour d'appel a pu souverainement déduire de la présence de l'épouse à l'acte notarié, et de son absence d'opposition, que celle-ci avait consenti à la donation et a exactement décidé qu'aucune récompense n'était due à la communauté. • Civ. 1re, 1er févr. 2017, n° 16-11.599 P : *D. 2017. 351 ; ibid. 1213, obs. Bacache, Grynbaum, Noguéro et Pierre ; AJ fam. 2017. 305, obs. Hilt ; RTD civ. 2017. 371, obs. Hauser ; Gaz. Pal. 2017. 594, note Berlaud ; JCP N 2017, n° 1181, comm. Godron et Randoux ; RGDA 2017. 209, note Mayaux.*

B. AFFECTATION D'UN BIEN COMMUN À LA GARANTIE DE LA DETTE D'UN TIERS

8. Droit transitoire : non-application aux contrats en cours. L'art. 1422, al. 2, issu de l'Ord. n° 2006-346 du 23 mars 2006, n'a pas un caractère interprétatif et n'est pas immédiatement applicable aux contrats en cours. • Civ. 1re, 20 févr. 2007 : *V. note 2 ss. art. 1415.* ♦ Sur le régime juridique applicable sous l'empire du droit antérieur à l'Ord. n° 2006-346 du 23 mars 2006, V. jurisprudence citée note 2 ss. art. 1415.

Art. 1423 *(L. n° 85-1372 du 23 déc. 1985)* **Le legs fait par un époux ne peut excéder sa part dans la communauté.**

Si un époux a légué un effet de la communauté, le légataire ne peut le réclamer en nature qu'autant que l'effet, par l'événement du partage, tombe dans le lot des héritiers du testateur ; si l'effet ne tombe point dans le lot de ces héritiers, le légataire a la récompense de la valeur totale de l'effet légué, sur la part, dans la communauté, des héritiers de l'époux testateur et sur les biens personnels de ce dernier.

BIBL. ▸ SAUVAGE, *JCP 1998. II. 10208 ; JCP N 1998. 1084* (legs de bien commun en l'absence de partage de communauté).

1. Non-application aux legs de biens dépendant de l'indivision post-communautaire. L'art. 1423, al. 2, n'est pas applicable au legs d'un bien dépendant d'une indivision, fût-elle post-communautaire. • Civ. 1re, 16 mai 2000, n° 98-11.977 P : *R., p. 329 ; D. 2000. IR 162 ; JCP 2001. II. 10519, note Sauvage ; ibid. I. 366, n° 6, obs. Le Guidec ; RJPF 2000-11/30, obs. Vauvillé ; RTD civ. 2000. 879, obs. Patarin.*

2. Non-application aux héritiers. Les dispositions de l'art. 1423 ne peuvent s'appliquer qu'aux légataires et non aux héritiers, dont les parts, devant être déterminées au moment même du décès de l'ascendant, ne sauraient être subordonnées au résultat futur et incertain du partage de la communauté. • Civ. 1re, 16 mai 2000, n° 97-20.839 P : *JCP 2001. I. 309, n° 8, obs. Simler ; ibid. I. 366, n° 7, obs. Le Guidec ; RJPF 2000-10/41, note Casey ; RTD civ. 2000. 883, obs. Patarin* • 6 mars 2001, n° 99-11.308 P : *D. 2001. IR 1076 ; JCP 2001. I. 366, n° 7, obs. Le Guidec ; JCP N 2001. 1232, note Maury ; Dr. fam. 2001, n° 62, note Beignier ; RTD civ. 2001. 648, obs. Vareille* • 5 déc. 2018, n° 17-17.493 P : *AJ fam. 2019. 37, obs. Levillain ; JCP N 2019, n° 1132, note Dubarry.*

Art. 1424 *(L. n° 85-1372 du 23 déc. 1985)* **Les époux ne peuvent, l'un sans l'autre, aliéner ou grever de droits réels les immeubles, fonds de commerce et exploitations dépendant de la communauté, non plus que les droits sociaux non négociables et les meubles corporels dont l'aliénation est soumise à publicité. Ils ne peuvent, sans leur conjoint, percevoir les capitaux provenant de telles opérations.**

(L. n° 2008-776 du 4 août 2008, art. 18-I, en vigueur le 1er févr. 2009) **« De même, ils ne peuvent, l'un sans l'autre, transférer un bien de la communauté dans un patrimoine fiduciaire. »**

BIBL. ► AMIEL-DONAT, *Mél. Colomer, Litec, 1993, p. 7.* – PORCARA, *RLDC 2011/80, n° 4182* (action en justice relative aux biens immobiliers communs).

A. DOMAINE DE LA COGESTION

1° BIENS COMMUNS CONCERNÉS

1. Droits sociaux non négociables. L'épouse ne peut céder sans l'accord de son mari les parts sociales d'une société civile immobilière, qui ne sont pas des droits sociaux négociables. • Civ. 1re, 9 nov. 2011 : *D. 2012. 483, note Barabé-Bouchard ; AJ fam. 2012. 55, obs. Hilt ; Rev. sociétés 2012. 223, note Naudin ; JCP 2012, n° 131, note Paisant ; JCP N 2012, n° 1107, note Boulanger.*

V. note 26 ss. art. 1421.

2. Titres négociables (non). Les actions d'une société anonyme constituent, en principe, des titres négociables que chaque époux a le pouvoir d'aliéner seul, sauf à répondre, le cas échéant, d'une fraude dans l'exercice de ce pouvoir. • Civ. 1re, 27 mai 2010 : *cité note 6 ss. art. 1406.*

3. Office notarial (non). Lorsqu'un notaire est marié sous un régime de communauté, la valeur patrimoniale de l'office qu'il a acquis pendant le mariage est un bien commun, mais le droit de présentation reste personnel à son titulaire. En conséquence, la validité d'une promesse de cession de l'étude n'est pas subordonnée au consentement de l'épouse du notaire cédant. • TGI Paris, 19 nov. 1987 : *Defrénois 1988. 931, obs. Champenois.*

2° ACTES SOUMIS À COGESTION

4. Notification de l'intention d'aliéner à une SAFER. La notification par un époux à une SAFER de son intention de vendre un domaine agricole commun doit comporter le consentement du conjoint. • Civ. 3e, 5 nov. 1974 : *Bull. civ. III, n° 401* • 22 avr. 1976 : *ibid. III, n° 157.*

5. Engagement de rétrocession pris dans un acte d'acquisition. L'engagement de rétrocession d'un terrain acquis d'une commune, pour le cas d'inexécution d'une obligation de construire prise dans l'acte d'achat, constitue un acte de disposition, nul à défaut de consentement du conjoint. • Paris, 19 mars 1981 : *Defrénois 1981. 1317, obs. Champenois.* ♦ Dans le même sens, pour l'insertion d'une condition résolutoire dans un acte d'acquisition : • Colmar, 19 janv. 1993 : *JCP 1994. I. 3733, n° 15, obs. Simler.*

6. Compromis d'arbitrage tendant au partage de biens soumis à cogestion. Un compromis d'arbitrage tendant au partage de biens communs dont l'époux signataire n'a pas la libre disposition est annulable sur la demande de l'époux qui n'y a pas consenti. • Civ. 1re, 8 févr. 2000, n° 97-19.920 P : *D. 2000. IR 72 ; JCP 2000. I. 245, n° 18, obs. Simler ; Defrénois 2000. 1179, obs. Champenois ; Dr. fam. 2000, n° 40, note Beignier ; RTD civ. 2001. 420, obs. Vareille.*

7. Clause d'un contrat de société attribuant la propriété de l'entreprise au survivant des associés. Une convention constituant une société en participation comportant une clause attribuant, en cas de décès de l'un des associés, la propriété de l'entreprise au survivant, ne peut être déclarée valable sans qu'il soit recherché si cette clause ne comportait pas aliénation, sans le consentement du conjoint, d'un bien de communauté. • Civ. 1re, 2 déc. 1975 : *JCP 1976. II. 18390, note Chartier.*

3° ACTES ÉCHAPPANT À L'EXIGENCE DE COGESTION

8. Aliénations forcées. L'art. 1424 ne peut s'appliquer qu'aux aliénations et constitutions de droits réels volontaires. Il ne s'applique donc pas aux aliénations consenties par le syndic de la liquidation des biens. • Civ. 1re, 21 nov. 1978 : *D. 1979. 365, note Jeantin ; JCP 1979. II.19204, note Patarin.* ♦ ... Ni à une inscription d'hypothèque judiciaire par un créancier. • Civ. 1re, 5 févr. 1985, n° 83-14.697 P.

9. Conversion d'une vente forcée en vente volontaire. La demande de conversion en vente volontaire d'une vente forcée d'un immeuble commun n'est pas un acte de disposition impliquant une volonté libre d'aliéner et, par suite, ne requiert pas le consentement du conjoint. • Civ. 1re, 31 mai 1989 : *Bull. civ. I, n° 220* • Civ. 2e, 11 janv. 2007, n° 04-18.792 P : *D. 2007. Pan. 2129, obs. Revel ; AJ fam. 2007. 147, obs. Hilt ; JCP 2007. I. 142, n° 21, obs. Simler ; Dr. et pr. 2007. 170, note Leborgne.*

10. Mandat de rechercher un acquéreur. Le mandat exclusif donné à un agent immobilier de rechercher des acquéreurs, et non d'aliéner le bien ou de conclure la vente par représentation, est un contrat d'entremise qui peut valablement être signé par un seul des époux. • Civ. 1re, 20 nov. 2013, n° 12-26.128 P : *D. 2013. 2771 ; AJ fam. 2014. 61, obs. Thouret ; AJDI 2014. 537, obs. Thioye .*

11. Acquisition réalisée par un époux et un tiers avec une clause de tontine. L'art. 1424 n'est pas applicable à l'acquisition d'un immeuble conjointement et indivisément par un époux et un tiers, avec une clause (clause d'accroissement) selon laquelle la propriété de l'immeuble serait censée appartenir au survivant, les droits acquis sous condition par le prédécédé n'étant jamais entrés dans la communauté. • Civ. 1re, 11 janv. 1983 : *préc. note 2 ss. art. 1401.*

12. Défense à une action en revendication de biens possédés par la communauté. Si le mari ne peut aliéner volontairement sans le consentement de la femme les immeubles dépendant de la communauté, il n'en possède pas moins le pouvoir, en vertu de l'art. 1421, de défendre seul à l'action en revendication par un tiers de biens possédés par la communauté. • Civ. 1re, 23 juill. 1979 : *Bull. civ. I, n° 223.* ♦ Même sens : • Civ. 1re, 27 mars 1974, n° 71-14.012 P (défense à une procédure de saisie) • Civ. 3e, 18 mai 1976 : *Bull. civ. III, n° 209* • Civ. 1re, 24 juin 1986 : *ibid. I, n° 180 ; JCP 1988. II. 20926, note Henry* (défense à une action en démolition pour empiétement).

13. Cession d'un « pas-de-porte » indépendamment d'autres éléments du fonds de commerce. La vente d'un simple « pas-de-porte », indépendamment d'autres éléments d'un fonds de commerce (dont il n'est d'ailleurs pas démontré en l'espèce qu'il existât à la date de la cession litigieuse), constitue un acte de disposition pouvant être passé par le mari sans le consentement de son épouse. • Civ. 1re, 4 mars 1986 : *JCP 1987. II. 20717, note Henry ; JCP N 1986. II. 245, note Simler.* ♦ Résiliation du bail commercial : V. note 25 ss. art. 1421.

14. Actes d'exploitation relatifs à un fonds commun. Une convention par laquelle des boulangers se sont engagés à ne plus livrer de pain dans certaines communes, ayant pour objet de délimiter certaines zones d'activité commerciale des contractants, n'aboutit ni à aliéner les fonds de commerce ni à les grever de droits réels et entre dans la catégorie des actes d'exploitation qu'il est loisible à un époux, administrateur de la communauté, d'accomplir seul. • Amiens, 12 mai 1975 : *Gaz. Pal. 1975. 2. 574, note Raymond.*

B. MISE EN ŒUVRE DE LA COGESTION

15. Nécessité d'un accord des époux sur le principe et les modalités de la cession. Le refus de l'épouse du vendeur que l'opération se fasse sous la forme d'un contrat de rente viagère fait obstacle à la formation de la vente, faute d'accord sur le prix. • Civ. 3e, 8 janv. 1992, n° 90-11.921 P : *D. 1993. Somm. 220, obs. Lucet .* ♦ Désaccord des époux quant à la perception des capitaux : V. • TGI Grenoble, 25 juill. 1989 : *Defrénois 1989. 1112, note Champenois.*

16. Prise en compte du mandat apparent en faveur du cocontractant. Un acquéreur ayant traité avec le mari seul, présenté comme agissant tant en son nom personnel qu'en qualité de mandataire de son épouse a pu légitimement croire aux pouvoirs du mandataire résultant, en apparence, d'une procuration notariée, mentionnée dans l'acte litigieux, dressé par un notaire, officier public tenu par son devoir de conseil de s'assurer de l'existence de la procuration à laquelle il se référait et de l'étendue des pouvoirs du mandataire. • Civ. 1re, 11 mars 1986, n° 84-12.940 P : *Defrénois 1987. 404, obs. Aubert.*

17. Preuve de l'existence d'un mandat apparent. La preuve de l'apparence d'un mandat de la femme à son mari pour la vente d'un immeuble commun ne résulte pas de l'attitude purement passive de la femme lors des pourparlers ni du concours de deux avocats à la rédaction de l'acte, qui ne dispensaient pas l'acheteur de s'assurer de l'étendue des pouvoirs de son vendeur dont il ne pouvait ignorer qu'il était marié, l'erreur légitime étant ainsi exclue. • Civ. 1re, 24 mars 1981 : *JCP 1982. II. 19746, note Le Guidec ; RTD civ. 1982. 407 et 413, obs. Nerson et Rubellin-Devichi ; 1983. 346, obs. Durry.* – V. conf. • Civ. 1re, 28 nov. 2006 : *Dr. fam. 2007, n° 16, note Beignier (4e esp.) ; RTD civ. 2007. 379, obs. Vareille .* ♦ Un professionnel de l'immobilier ayant conclu un acte d'aliénation avec le mari seul tout en sachant que les terrains aliénés constituaient des biens communs doit s'assurer de l'accord de l'épouse, la preuve d'un mandat apparent de l'épouse à son mari ne pouvant résulter de l'attitude passive de celle-ci lors des négociations ayant précédé et suivi la signature de l'acte. • Civ. 1re, 31 mars 2010, n° 08-19.649 P : *D. 2010. Actu. 1019 ; JCP 2010, n° 983, obs. Sérinet ; AJ fam. 2010. 335, obs. Hilt ; Dr. fam. 2010, n° 83, obs. Beignier ; RDC 2010. 1354, obs. Sérinet.*

18. Promesse de porte-fort relative au consentement du conjoint. Un époux ayant signé seul un compromis de vente d'un fonds de commerce et de parts sociales, le compromis de vente, y compris la clause de porte-fort qu'il comporte, est nul en tant que portant sur des biens communs. • Civ. 1re, 15 juill. 1993, n° 91-18.368 P : *JCP 1994. I. 3733, n° 16, obs. Simler ; JCP N 1994. II. 287, note Robinel ; ibid. II. 353, note Hugon ; RTD civ. 1994. 929, obs. Vareille*. ♦ V., dans le même sens, pour la promesse de porte-fort assortissant un acte de disposition du logement familial, note 34 ss. art. 215. ♦ Comp. • Com. 1er oct. 1996 : *JCP N 1997. 1347, étude Goascoz ; JCP 1998. I. 135, n° 12, obs. Simler* (une épouse, agissant pour elle-même et se portant fort pour son époux, s'étant engagée à vendre un fonds de commerce commun et le mari ayant refusé de signer l'acte définitif, la cour d'appel qui a condamné la venderesse à indemniser les acheteurs n'encourt pas les critiques du pourvoi invoquant le défaut de pouvoir de la femme, l'arrêt ne s'étant pas fondé sur ce que la femme pouvait disposer du fonds sans le consentement du mari, mais sur ce que la vente n'ayant pu être réalisée faute du consentement de ce dernier, la responsabilité de la venderesse était engagée à l'égard des acheteurs pour avoir failli à sa promesse de porte-fort). ♦ Sur la portée incertaine de cet arrêt : Vareille, *obs. RTD civ. 1997. 989*.

19. Conséquences de l'absence de consentement du conjoint : caractère irrégulier du paiement effectué. Dès lors que le mari, commun en biens, a cédé sans l'accord de l'épouse des parts de SCP dépendant de la communauté et en a perçu seul le prix, l'épouse est en droit de demander à la SCP le paiement du prix des parts versé sans son accord, en violation de l'art. 1424, sauf à ce que la SCP démontre que la communauté a profité de ce paiement irrégulier. • Civ. 1re, 30 oct. 2006, n° 03-20.589 P : *D. 2007. Pan. 2129, obs. Brémond ; JCP 2007. I. 142, n° 23, obs. Simler ; JCP N 2007. 1158, étude Mahinga ; AJ fam. 2006. 466, obs. Hilt ; RJPF 2007-1/17, note Vauvillé ; RTD com. 2007. 182, obs. Monsèrié-Bon*.

Code de commerce

(Ord. n° 2000-912 du 18 sept. 2000)

Art. L. 121-5 Une personne *(Ord. n° 2021-1189 du 15 sept. 2021, art. 1er, en vigueur le 1er janv. 2023)* « dont l'entreprise est mentionnée comme relevant du secteur des métiers et de l'artisanat au registre national des entreprises » ou un commerçant ne peut, sans le consentement exprès de son conjoint, lorsque celui-ci participe à son activité professionnelle en qualité de conjoint travaillant dans l'entreprise, aliéner ou grever de droits réels les éléments du fonds de commerce ou de l'entreprise artisanale dépendant de la communauté, qui, par leur importance ou par leur nature, sont nécessaires à l'exploitation de l'entreprise, ni donner à bail ce fonds de commerce ou cette entreprise artisanale. Il ne peut, sans ce consentement exprès, percevoir les capitaux provenant de telles opérations.

Le conjoint qui n'a pas donné son consentement exprès à l'acte peut en demander l'annulation. L'action en nullité lui est ouverte pendant deux années à compter du jour où il a eu connaissance de l'acte, sans pouvoir jamais être intentée plus de deux ans après la dissolution de la communauté. – *[L. n° 82-596 du 10 juill. 1982, art. 2.]*

En ce qui concerne la résiliation, la cession ou la renonciation au renouvellement du bail rural des époux exploitants agricoles, V. C. rur., art. L. 411-68, ss. art. 1751.

Sur l'emploi de biens communs par un époux pour faire un apport à une société dont les parts sociales ne sont pas négociables ou acquérir de telles parts, V. art. 1832-2.

Art. 1425 *(L. n° 85-1372 du 23 déc. 1985)* **Les époux ne peuvent, l'un sans l'autre, donner à bail un fonds rural ou un immeuble à usage commercial, industriel ou artisanal dépendant de la communauté. Les autres baux sur les biens communs peuvent être passés par un seul conjoint et sont soumis aux règles prévues pour les baux passés par l'usufruitier.**

1. Fonds rural. Cassation de l'arrêt annulant un bail portant sur un fonds rural consenti par le mari seul, sans rechercher, comme il était demandé, s'il n'avait pas agi en gérant d'affaires. • Civ. 3e, 21 févr. 2001 : *JCP 2002. I. 103, n° 18, obs. Simler ; JCP N 2001. 1122, note Casey ; RJPF 2001-6/26, note Vauvillé.*

2. Immeuble à usage commercial. Doit être annulé le bail consenti par un époux seul, comportant une clause autorisant le preneur à céder son bail pour toutes activités, même commerciales, dès lors que ce bail donnait au preneur la faculté d'affecter les lieux loués à un usage commercial. • Civ. 3e, 19 mai 1981 : *Bull. civ. III, n° 100.*

Art. 1426 **Si l'un des époux se trouve, d'une manière durable, hors d'état de manifester sa volonté, ou si sa gestion** *(L. n° 85-1372 du 23 déc. 1985)* **« de la commu-**

nauté » atteste l'inaptitude ou la fraude, l'autre conjoint peut demander en justice à lui être substitué dans l'exercice de ses pouvoirs. Les dispositions des articles 1445 à 1447 sont applicables à cette demande.

Le conjoint, ainsi habilité par justice, a les mêmes pouvoirs qu'aurait eus l'époux qu'il remplace ; *(L. n° 85-1372 du 23 déc. 1985)* **« il passe avec l'autorisation de justice les actes pour lesquels son consentement aurait été requis s'il n'y avait pas eu substitution ».**

L'époux privé de ses pouvoirs pourra, par la suite, en demander au tribunal la restitution, en établissant que leur transfert à l'autre conjoint n'est plus justifié. – *V. C. pr. civ., art. 1286 s., 1291.*

BIBL. ▶ Couzigou-Suhas et Le Levier, *AJ fam. 2006. 198* (habilitations judiciaires entre époux).

1. Gestion de la communauté attestant l'inaptitude. En ouvrant dans l'art. 1426 à un époux la possibilité de demander le transfert des pouvoirs de son conjoint sur les biens communs, le législateur a entendu sanctionner la faute de gestion, même si elle n'a pas été commise dans l'intention de dépouiller le conjoint de ses droits dans la communauté (en l'espèce, dépassement volontaire de pouvoirs par un époux ayant vendu un immeuble en passant outre le refus du conjoint). • Civ. 1re, 3 janv. 1984 : *Bull. civ. I, n° 2.*

2. Gestion de la communauté attestant la fraude. Il appartient à l'époux qui demande l'application de l'art. 1426 de rapporter la preuve que l'autre époux s'est rendu coupable d'actes frauduleux commis à son préjudice. • Paris, 19 oct. 1988 : *JCP 1989. II. 21362, note Paisant.*

Art. 1427 **Si l'un des époux a outrepassé ses pouvoirs sur les biens communs** *(Abrogé par L. n° 85-1372 du 23 déc. 1985)* ***« ou sur les biens réservés »*, l'autre, à moins qu'il n'ait ratifié l'acte, peut en demander l'annulation.**

L'action en nullité est ouverte au conjoint pendant deux années à partir du jour où il a eu connaissance de l'acte, sans pouvoir jamais être intentée plus de deux ans après la dissolution de la communauté.

BIBL. ▶ Albcheraoui, *JCP N 1993. I. 318* (nullité ou inopposabilité des actes frauduleux).

A. DOMAINE DE L'ACTION EN NULLITÉ

1. Comportement sanctionné : dépassement de pouvoirs. L'action accordée par l'art. 1427 à l'épouse, dans le cas où le mari a outrepassé ses pouvoirs sur les biens communs, tend non pas à l'inopposabilité de l'acte à la femme, mais à une nullité, sanction du dépassement de pouvoirs, qui prive cet acte de ses effets, non seulement à l'égard de la femme, mais aussi dans les rapports du mari et de l'autre contractant. • Civ. 1re, 17 juin 1981 : *JCP 1982. II. 19809, note Patarin* • 28 mars 1984 : *JCP 1985. II. 20430, note Henry.*

B. RÉGIME DE L'ACTION EN NULLITÉ

2. Titulaire de l'action : conjoint victime du dépassement de pouvoir. La nullité édictée par l'art. 1427 est une nullité relative qui ne peut être invoquée que par le conjoint victime du dépassement des pouvoirs. • Civ. 1re, 20 janv. 1998 : *JCP 1999. I. 154, n° 10, obs. Simler ; Dr. fam. 1998, n° 137, note Beignier.* ♦ L'acquéreur ne peut se prévaloir de la nullité édictée par l'art. 1427. • *Civ. 3e, 8 janv. 1992,* n° 90-11.921 P. ♦ ... Pas plus que le titulaire d'un bail pour lequel un congé n'a été délivré que par un seul des époux. • Civ. 3e, 14 nov. 2007 : *D. 2008. Pan. 2247, obs. Revel ; JCP N 2007. 1233, note Brémond.* ♦ L'art. 1427 est inapplicable à l'action en nullité de la cession consentie par l'acquéreur au profit des sous-acquéreurs. • Civ. 1re, 17 févr. 2010 : *RLDC 2010/70, n° 2788, obs. Pouliquen.*

3. ... Ayants cause universels du conjoint victime du dépassement de pouvoir. L'action en nullité relative de l'acte que l'art. 1427 ouvre au conjoint de l'époux qui a outrepassé ses pouvoirs sur les biens communs est, en raison de son caractère patrimonial, transmise, après son décès, à ses ayants cause universels. • Civ. 1re, 6 nov. 2019, n° 18-23.913 P : *D. 2020. 506, obs. Douchy-Oudot ; AJ fam. 2020. 75, obs. Hilt ; JCP 2019, n° 1366, note Raoul-Cormeil ; Dr. fam. 2020, n° 12, note Beignier.*

4. Ratification de l'acte par le conjoint victime du dépassement de pouvoir. La ratification par la femme de la vente d'un bien de communauté peut résulter de tout acte qui implique, sans équivoque, sa volonté de le confirmer. • Civ. 1re, 17 mars 1987 : *JCP N 1988. II. 26 (1re esp.), note Simler.* – V. aussi • Civ. 3e, 29 avr. 1987 : *ibid. 1988. II. 28, obs. Simler* • Civ. 1re, 12 juill. 1994, n° 92-17.197 P : *D. 1995. Somm. 326, obs. Lucet ; JCP 1995. I. 3821, n° 18, obs. Simler* (ratification d'une transaction).

5. Point de départ de la prescription biennale. S'agissant d'une vente sous condition suspensive, le délai de prescription de deux ans fixé par l'art. 1427 ne court que du jour où la vente est devenue parfaite, soit du jour où la condition suspensive a été réalisée. • Civ. 1re, 15 juill. 1993, n° 91-18.368 P : *JCP 1994. I. 3733, n° 16, obs. Simler ; JCP N 1994. II. 287, note Robinel ;*

ibid. II. 353, note Hugon ; RTD civ. 1994. 929, obs. Vareille ♦ Si générale que soit la formule de l'art. 1427, al. 2, selon laquelle l'action en nullité ne peut jamais être intentée plus de deux ans après la dissolution de la communauté, elle ne peut avoir pour effet de priver le conjoint du droit d'agir en nullité pendant les deux années qui suivent la réalisation de l'acte (en l'espèce, promesse unilatérale de vente avec levée de l'option intervenant plus de deux ans après la dissolution de la communauté). • Civ. 1re, 2 juin 1981, n° 79-14.396 P : *R., p. 41 ; RTD civ. 1982. 414, obs. Nerson et Rubellin-Devichi.*

6. Impossibilité pour le juge de soulever d'office le moyen tiré de la prescription. Le délai de deux ans imparti par l'art. 1427, al. 2, pour agir en nullité de l'acte passé par le conjoint sur un bien commun est un délai de prescription. Le moyen tiré de cette prescription, non invoqué devant les juges d'appel, ne peut être suppléé d'office par ceux-ci. • Civ. 1re, 11 janv. 1983, n° 81-15.945 P.

7. Possibilité d'invoquer la nullité par voie d'exception. L'art. 1427, al. 2, ne peut avoir pour effet de priver le conjoint du droit d'invoquer la nullité comme moyen de défense contre la demande d'exécution d'un acte irrégulièrement passé par l'autre époux. L'exception de nullité peut donc être opposée après expiration du délai de deux ans. • Civ. 1re, 8 déc. 1981, n° 80-15.090 P : *R., p. 41* • 12 juill. 1982 : *D. 1982. 540* • 23 janv. 1996, n° 93-21.442 P : *JCP 1996. I. 3962, n° 14, obs. Simler.* ♦ Dans le même sens, pour la nullité d'un procès-verbal de bornage, acte irrégulièrement passé par l'époux. • Civ. 3e, 4 mars 2009, n° 07-17.991 P : *D. 2009. AJ 873 ; JCP 2009. I. 140, n° 12, obs. Simler ; AJ fam. 2009. 226, obs. Hilt ; AJDI 2010. 68, obs. Prigent ; RDC 2009. 1174, obs. Gaudemet* (perpétuité de l'exception de nullité). ♦ La nullité d'un acte pour dépassement de pouvoir peut être opposée par voie d'exception sans condition de délai, alors même que le délai de deux ans dans lequel est enfermée l'action en nullité est expiré. • Civ. 1re, 23 janv. 1996, n° 93-21.442 P.

8. Prescription biennale et subsidiarité de l'action fondée sur la fraude. L'acte accompli par un époux hors des limites de ses pouvoirs (vente de droits sociaux non négociables sans le consentement du conjoint) relève des art. 1424 et 1427 et non des textes frappant les actes frauduleux d'un époux, lesquels ne trouvent à s'appliquer que subsidiairement à défaut d'autre sanction. • Civ. 1re, 30 mars 1999, n° 97-16.252 P : *Defrénois 1999. 807, obs. Champenois ; Gaz. Pal. 2000. Somm. 361, obs. Dahan* (rejet de l'action intentée plus de deux ans après la dissolution de la communauté) • 4 déc. 2001, n° 99-15.629 P : *D. 2002. 2217, note Bonnet ; ibid. Somm. 2442, obs. Nicod ; JCP 2002. II. 10059, note Casey ; ibid. I. 167, n° 10, obs. Simler ; Defrénois 2002. 1319, obs. Champenois ; Dr. fam. 2002, n° 23, note Beignier ; LPA 21 juin 2002, note Courtier.* ♦ L'action prévue par l'art. 1427 est exclusive de l'action en inopposabilité ouverte par l'art. 1421 pour sanctionner les actes frauduleux, lequel ne trouve à s'appliquer qu'à défaut d'autre sanction. • Civ. 1re, 23 mars 2011, n° 09-66.512 P : *D. 2011. Pan. 2624, obs. Revel ; AJ fam. 2011. 382, obs. Hilt ; Rev. sociétés 2011. 488, note Naudin ; JCP 2011, n° 1371, § 9, obs. Simler ; JCP N 2011, n° 1292, note Hovasse ; Defrénois 2011. 967, obs. Champenois ; RLDC 2011/86, n° 4392, note Dupont-Legrand* (impossibilité de prendre en compte la prescription de droit commun au regard de l'art. 1421).

C. CONSÉQUENCES DE L'ANNULATION

9. Portée de l'annulation : disparition de l'acte à l'égard de tous. L'action accordée par l'art. 1427 à l'épouse, dans le cas où le mari a outrepassé ses pouvoirs sur les biens communs, tend non pas à l'inopposabilité de l'acte à la femme, mais à une nullité, sanction du dépassement de pouvoirs, qui prive cet acte de ses effets, non seulement à l'égard de la femme, mais aussi dans les rapports du mari et de l'autre contractant. • Civ. 1re, 17 juin 1981 : *JCP 1982. II. 19809, note Patarin* • 28 mars 1984 : *JCP 1985. II. 20430, note Henry.*

10. Absence d'incidence de la bonne foi du cocontractant du conjoint. Un époux peut opposer la nullité de la vente d'un immeuble commun passée par son conjoint sans son consentement même à un acquéreur de bonne foi. • Civ. 1re, 6 févr. 1979 : *JCP N 1979. II. 229 (2e esp.), note Thuillier.*

11. Impossibilité de mettre une obligation de garantie à la charge de l'auteur du dépassement de pouvoir. L'annulation accordée par l'art. 1427 à l'un des conjoints ne peut, sauf stipulation particulière, faire naître à la charge de l'autre conjoint, auteur du dépassement de pouvoir ainsi sanctionné, une obligation de garantie. • Civ. 1re, 27 juin 1978, n° 76-15.546 P : *GAJC, 12e éd., n° 93 ; JCP 1980. II. 19424, note Henry ; Defrénois 1979. 1020 (2e esp.), note Colomer* • 20 oct. 1987 : *Bull. civ. I, n° 271 ; Defrénois 1988. 540, obs. Champenois.*

12. Impossibilité de contraindre l'auteur du dépassement de pouvoir au payement d'une clause pénale ou d'une clause de dédit. L'annulation de l'acte accompli par un conjoint au mépris de la cogestion imposée par l'art. 215 ne saurait entraîner l'obligation pour ce conjoint de payer la clause pénale prévue en cas d'inexécution de la convention. • Civ. 1re, 3 mars 2010 : *cité note 34 ss. art. 215.* ♦ La nullité ne laisse pas subsister les clauses destinées à sanctionner l'inexécution dudit contrat. Une clause de dédit, stipulée dans un acte annulé, ne saurait donc produire effet. • Civ. 1re, 27 juin 1978 : *JCP*

1980. II. 19283, note Dagot ; Defrénois 1979. 1020 (1re esp.), note Colomer.

13. Impossibilité pour le tiers acquéreur de mettre en œuvre la responsabilité de l'auteur du dépassement de pouvoir. Le seul fait d'avoir vendu un immeuble commun sans le consentement de sa femme ne constitue pas une faute dont le mari devrait répondre envers l'acquéreur. • Civ. 1re, 24 mars 1981 : *JCP 1982. II. 19746, note Le Guidec ; RTD civ. 1982. 407 et 413, obs. Nerson et Rubellin-Devichi* • 11 janv. 1983, n° 81-15.945 P : *RTD civ. 1983. 346, obs. Durry* • 28 mars 1984 : *JCP 1985. II. 20430, note Henry.*

14. Rétroactivité de l'annulation et restitution par équivalent. La nullité prononcée en vertu de l'art. 1427 a pour effet de remettre les choses dans l'état où elles se trouvaient avant la formation du contrat ; si la restitution matérielle des prestations reçues par l'époux est impossible, cette restitution doit se faire sous la forme d'une indemnité. • Civ. 1re, 16 juill. 1998, n° 96-18.404 P : *D. 1999. 361, note Fronton ; Defrénois 1998. 1413, obs. Aubert* (cas d'un apport en société irrégulier : art. 1832-2 C. civ.).

Art. 1428 Chaque époux a l'administration et la jouissance de ses propres et peut en disposer librement.

Art. 1429 Si l'un des époux se trouve, d'une manière durable, hors d'état de manifester sa volonté, ou s'il met en péril les intérêts de la famille, soit en laissant dépérir ses propres, soit en dissipant ou détournant les revenus qu'il en retire, il peut, à la demande de son conjoint, être dessaisi des droits d'administration et de jouissance qui lui sont reconnus par l'article précédent. Les dispositions des articles 1445 à 1447 sont applicables à cette demande.

A moins que la nomination d'un administrateur judiciaire n'apparaisse nécessaire, le jugement confère au conjoint demandeur le pouvoir d'administrer les propres de l'époux dessaisi, ainsi que d'en percevoir les fruits, qui devront être appliqués par lui aux charges du mariage et l'excédent employé au profit de la communauté.

A compter de la demande, l'époux dessaisi ne peut disposer seul que de la nue-propriété de ses biens.

Il pourra, par la suite, demander en justice à rentrer dans ses droits, s'il établit que les causes qui avaient justifié le dessaisissement n'existent plus. — *V. C. pr. civ., art. 1291.*

Art. 1430 *Abrogé par L. n° 85-1372 du 23 déc. 1985.*

Art. 1431 Si, pendant le mariage, l'un des époux confie à l'autre l'administration de ses propres, les règles du mandat sont applicables. L'époux mandataire est, toutefois, dispensé de rendre compte des fruits, lorsque la procuration ne l'y oblige pas expressément.

Art. 1432 Quand l'un des époux prend en mains la gestion des biens propres de l'autre, au su de celui-ci, et néanmoins sans opposition de sa part, il est censé avoir reçu un mandat tacite, couvrant les actes d'administration et de jouissance, mais non les actes de disposition.

Cet époux répond de sa gestion envers l'autre comme un mandataire. Il n'est, cependant, comptable que des fruits existants ; pour ceux qu'il aurait négligé de percevoir ou consommés frauduleusement, il ne peut être recherché que dans la limite des cinq dernières années.

Si c'est au mépris d'une opposition constatée que l'un des époux s'est immiscé dans la gestion des propres de l'autre, il est responsable de toutes les suites de son immixtion et comptable sans limitation de tous les fruits qu'il a perçus, négligé de percevoir ou consommés frauduleusement.

1. Actes pouvant être accomplis indépendamment de l'existence d'un mandat d'administration. Un époux souscripteur d'un contrat d'assurance multirisque habitation peut, en cette qualité, agir contre la compagnie d'assurances pour obtenir l'indemnisation des conséquences d'un vol de bijoux, bien que les bijoux soient des propres de son conjoint et que celui-ci ne lui ait pas donné de mandat d'administration. • Civ. 1re, 6 oct. 1993, n° 91-13.291 P : *D. 1994. Somm. 142, obs. Groutel ; RTD civ. 1994. 592, obs. Mestre.*

2. Actes de disposition ne relevant pas du mandat tacite d'administration : bail rural. Consentir un bail rural de neuf ans constitue un acte de disposition qui ne relève pas du mandat tacite prévu par l'art. 1432. • Civ. 3e, 16 sept. 2009, n° 08-16.769 P : *D. 2009. AJ 2344, obs. Forest ; JCP 2010, n° 487, § 16, obs. Simler ; AJDI 2010. 234, obs. Prigent ; Defrénois 2010. 625, obs. Champenois ; RLDC 2009/65, n° 3618, obs. Pouliquen.* ♦ Comp. : pour des cas de mandat tacite de donner à bail rural un immeuble propre, V. • Bourges, 25 mars 1977 : *Gaz.*

Pal. 1978. 2. 616 • Nîmes, 15 juin 1978 : *ibid. 1978. 2. 617.*

3. ... Rôle du mandat apparent. Cassation d'un arrêt n'ayant pas recherché, comme il lui était demandé, si l'épouse du bailleur, à laquelle appartenaient en propre les parcelles données à bail par le mari, n'était pas engagée sur le fondement du mandat apparent. • Civ. 3e, 18 mars 1998, nos 96-14.840 P et 96-15.251 P : *JCP 1998. I. 183, no 4, obs. Simler ; JCP N 1999. 1870, étude Campels ; Defrénois 1999. 661, note Mathieu.* ♦ Pour un refus de retenir le mandat apparent, V. cependant • Civ. 1re, 6 juill. 1976 : *JCP 1978. II. 18845, note Le Guidec.*

4. ... Ratification de l'acte par le conjoint propriétaire. Bien que le mandat présumé par l'art. 1432 couvre les actes d'administration et de jouissance, mais non les actes de disposition, la location à titre commercial par le mari d'un bien propre de la femme n'en est pas moins valide si la femme a, par son silence, ratifié en pleine connaissance de cause cette location. • Civ. 1re, 21 mars 1984 : *Defrénois 1984. 1498, obs. Champenois.* – Dans le même sens : • Civ. 1re, 17 mai 1993 : *D. 1994. 25, note Paisant ; JCP 1994. I. 3733, no 18, obs. Simler ; Defrénois 1993. 1077, obs. Champenois* • 6 mai 2003, no 00-18.891 P : *D. 2003. Somm. 1865, obs. Brémond ; AJ fam. 2003. 274, obs. S. D.-B. ; Dr. fam. 2003, no 91, note Beignier* (ratification de la clôture d'un plan d'épargne-logement).

Art. 1433 **La communauté doit récompense à l'époux propriétaire toutes les fois qu'elle a tiré profit de biens propres.**

Il en est ainsi, notamment, quand elle a encaissé des deniers propres ou provenant de la vente d'un propre, sans qu'il en ait été fait emploi ou remploi.

Si une contestation est élevée, la preuve que la communauté a tiré profit de biens propres peut être administrée par tous les moyens, même par témoignages et présomptions.

BIBL. ▶ BIGNON, *R. 1998, p. 37* (preuve des récompenses). – BOSGIRAUD, NOËL et POIRAUD, *Gaz. Pal. 5 et 6 mars 1999.* – NAUDIN, *Dr. fam. 2006. Étude 16* (encaissement de deniers propres et droit à récompense).

A. FAITS GÉNÉRATEURS DE RÉCOMPENSE

1. Acquisition de biens communs à l'aide de deniers propres. Dès lors qu'elle constate que les deniers propres d'un époux ont servi à acquérir des biens communs qui ont été ensuite partagés entre les conjoints, une cour d'appel ne peut décider que cet époux n'a pas droit à récompense. • Civ. 1re, 13 janv. 1993, no 89-21.900 P : *Defrénois 1993. 1445, obs. Champenois.*

2. Remboursement d'une dette d'emprunt par le biais d'une assurance-invalidité (non). Le remboursement par le biais d'une assurance-invalidité d'une dette d'emprunt incombant à la communauté ne donne pas lieu à récompense au profit de l'époux sur la tête duquel l'assurance a été contractée, l'indemnité versée par l'assureur n'ayant jamais figuré dans le patrimoine personnel de l'époux accidenté. • Civ. 1re, 1er déc. 1987, no 85-15.260 P : *JCP 1989. II. 21338, note Simler ; Defrénois 1988. 538, obs. Champenois.* ♦ N'ouvrent pas droit à récompense les échéances de remboursements des prêts contractés par la communauté pour financer la construction d'une maison sur un terrain propre de l'épouse, qui ont été prises en charge par les assureurs au titre de l'invalidité du mari, ces sommes n'étant pas entrées dans le patrimoine propre de celui-ci, de sorte que ni la communauté, ni aucun des deux époux n'ont déboursé ces fonds. • Civ. 1re, 12 avr. 2012, no 11-14.653 P : *D. 2012. 1125 ; AJ fam. 2012. 352, obs. Hilt ; RTD civ. 2012. 363, obs. Vareille ; JCP N 2012, no 1308, note Barabé-Bouchard ; RGDA 2012. 1072, obs. Mayaux.*

3. Encaissement de deniers propres par la communauté. Sur la simplification de la preuve du droit à récompense et l'existence d'une présomption de profit retiré par la communauté lorsque des fonds propres ont été déposés, au cours du mariage, sur un compte bancaire ouvert au nom des deux époux, V. jurisprudence citée note 9.

4. Apport d'un bien propre à la communauté (non). L'apport d'un immeuble propre étant stipulé au contrat de mariage, il en résulte qu'aucun mouvement de valeur entre la masse propre de l'époux et la masse commune ne s'est réalisé au cours de l'application du régime matrimonial, de sorte qu'aucune récompense n'est due par la communauté au patrimoine propre. • Civ. 1re, 3 oct. 2019, no 18-20.430 P : *D. 2020. 64, note Hartman ; AJ fam. 2019. 606, obs. Ferré-André ; RTD civ. 2019. 919 et les obs. ; JCP 2019, no 1254, note Sauvage ; JCP N 2020, no 1049, note Randoux ; Dr. fam. 2019, no 243, note Torricelli-Chrifi.*

B. PREUVE DU DROIT À RÉCOMPENSE

1o PREUVE DU CARACTÈRE PROPRE DES DENIERS UTILISÉS

5. Possibilité d'établir le caractère propre des deniers indépendamment du formalisme du remploi. La preuve du caractère propre des fonds utilisés au profit de la communauté peut être rapportée par tous moyens, indépendamment d'une clause de remploi dans le titre d'acquisition. • Civ. 1re, 25 mai 2016, n° 15-18.573 P : *cité note 1 ss. art. 262-1.* ♦ L'absence de stipulation de remploi n'est pas un obstacle à la reconnaissance d'un droit à récompense au profit de l'époux ayant investi une somme provenant de la vente d'un propre dans la construction d'un immeuble commun, dès lors que cet époux n'invoque pas un droit de reprise en nature sur l'immeuble. • Civ. 1re, 18 févr. 1986 : *Bull. civ. I, n° 30.* ♦ Rappr. : • Civ. 1re, 20 mars 2013, n° 11-20.212 P : *D. 2013. 837 ; AJ fam. 2013. 312, obs. Hilt ; RTD civ. 2013. 659, obs. Vareille* (en l'espèce, récompense due par la communauté en raison des deniers propres investis, sans remploi, dans l'achat d'un appartement commun ultérieurement revendu afin de financer une nouvelle acquisition commune).

6. *Illustration : somme remise antérieurement au mariage pour financer une acquisition commune.* Constitue un bien propre dont la communauté doit récompense la somme remise lors d'une promesse de vente par un époux antérieurement à son mariage et qui a ensuite été imputée sur le prix de l'immeuble acquis par la communauté. • Civ. 1re, 7 juin 2006, n° 03-18.807 P.

2° PREUVE DU PROFIT RETIRÉ PAR LA COMMUNAUTÉ

7. *Principe : nécessité d'établir le profit retiré par la communauté.* En application de l'art. 1433, al. 3, il incombe à celui qui demande récompense à la communauté d'établir, par tous moyens laissés à l'appréciation souveraine des juges du fond, que les deniers provenant du patrimoine propre de l'un des époux autres que ceux encaissés par la communauté ont profité à celle-ci. • Civ. 1re, 8 févr. 2005 : *préc. note 1 (2e arrêt).* – Même sens : • Com. 8 nov. 2005, n° 03-19.570 P : *AJ fam. 2006. 76, obs. Hilt ; RTD civ. 2006. 813, obs. Vareille* (fisc). ♦ Après avoir relevé qu'un époux avait déposé ses deniers propres sur un compte bancaire ouvert à son seul nom et constaté qu'il ne justifiait, ni du solde de ce compte, ni que les deniers y étaient encore déposés au moment de sa transformation en compte joint, une cour d'appel estime souverainement que cet époux n'établit pas le profit résultant de l'encaissement, au sens de l'art. 1433, al. 2, de ses deniers propres par la communauté. • Com. 3 févr. 2010 : *cité note 27 ss. art. 1401.*

8. *Application : fonds propres déposés sur un compte ouvert au nom d'un seul époux.* *Dès lors que les deniers propres ont* été versés sur un compte ouvert au nom d'un seul époux, leur encaissement par la communauté n'est pas établi. • Civ. 1re, 8 nov. 2005, n° 03-14.831 P : *D. 2006. Pan. 2069, obs. Revel ; AJ fam. 2006. 33, obs. Hilt ; Dr. fam. 2005, n° 274, note Beignier ; RJPF 2006-3/53, note Valory ; RTD civ. 2006. 814, obs. Vareille.* ♦ Le profit tiré par la communauté résultant de l'encaissement, au sens de l'art. 1433, al. 2, des deniers propres d'un époux, ne peut être déduit de la seule circonstance que ces deniers ont été versés, au cours du mariage, sur un compte bancaire ouvert au nom de cet époux ; après avoir constaté que le compte personnel, sur lequel le mari avait déposé des fonds propres, mais également des revenus, s'il alimentait les deux comptes joints ouverts au nom des deux époux, avait également servi de support à de nombreuses autres opérations dont il n'était pas démontré qu'elles concernaient toute la communauté, n'a pu qu'en déduire qu'il n'était pas établi que les deniers propres déposés sur ce compte personnel avaient alimenté l'un ou l'autre des comptes joints des époux et par conséquent, profité à la communauté. • Civ. 1re, 15 févr. 2012, n° 11-10.182 P : *D. 2012. 552 ; AJ fam. 2012. 232, obs. Hilt ; RTD civ. 2012. 364, obs. Vareille ; Dr. fam. 2012, n° 70, obs. Beignier ; Defrénois 2012. 1078, note Desfossé ; JCP N 2012, n° 1295, note Naudin.*

9. *Tempérament : présomption de profit lorsque des fonds propres ont été encaissés sur un compte ouvert au nom des deux époux.* Il incombe à celui qui demande récompense à la communauté d'établir que les deniers provenant de son patrimoine propre ont profité à celle-ci ; sauf preuve contraire, le profit résulte notamment de l'encaissement de deniers propres par la communauté, à défaut d'emploi ou de remploi. • Civ. 1re, 8 févr. 2005, n° 03-13.456 P : *R., p. 215 ; BICC 15 mai 2005, n° 899, et la note ; D. 2005. Pan. 2116, obs. Brémond ; JCP 2005. I. 163, n° 12, obs. Tisserand-Martin ; JCP N 2005. 1351, note Pillebout ; Defrénois 2005. 1506, obs. Champenois ; Dr. fam. 2005, n° 80, note Beignier (1re esp.) ; AJ fam. 2005. 149, obs. Hilt (2e esp.) ; RJPF 2005-5/22, note Vauvillé ; RTD civ. 2005. 445, obs. Vareille* (en l'espèce, fonds propres ayant servi à l'apurement du découvert d'un compte joint) • 8 févr. 2005, n° 03-15.384 P : *R., p. 215 ; BICC 15 mai 2005, n° 900, et la note ; D. eod. loc. ; JCP eod. loc. ; Defrénois eod. loc. ; Dr. fam. eod. loc. (2e esp.) ; AJ fam. eod. loc. (1re esp.) ; RTD civ. eod. loc.* (en l'espèce, fonds propres portés au crédit d'un compte joint ouvert au nom des deux époux) • 22 nov. 2005, n° 2-19.283 P • 28 nov. 2006, n° 04-17.147 P : *D. 2007. Pan. 2130, obs. Revel ; AJ fam. 2007. 42, obs. Hilt.* ♦ Rappr., déjà : • Civ. 1re, 14 janv. 2003, n° 00-21.108 P : *D. 2003. 575, note Beignier ; ibid. Somm. 1866, obs. Brémond (1re esp.) ; JCP 2003. I. 158, n° 15, obs. Tisserand ;* JCP N 2003. 1392, étude Charlin ; ibid. 2004. 1414, *obs. Casey ; AJ fam. 2003. 107, obs. S. D.-B. ; Defrénois 2003. 997, obs. Champenois ; RJPF 2003-4/22, note Vauvillé ; RTD civ. 2003. 340, obs. Vareille* (une cour d'appel qui constate que les deniers propres, encaissés sur un compte commun, ont été utilisés par les époux relève ainsi souverainement l'emploi des fonds dans l'intérêt de la communauté et en déduit à bon droit que le mari, qui rapporte la preuve que ces deniers ont profité à la communauté, a droit à récompense).

Art. 1434 L'emploi ou le remploi est censé fait à l'égard d'un époux, toutes les fois que, lors d'une acquisition, il a déclaré qu'elle était faite de deniers propres ou provenus de l'aliénation d'un propre, et pour lui tenir lieu d'emploi ou de remploi. A défaut de cette déclaration dans l'acte, l'emploi ou le remploi n'a lieu que par l'accord des époux, et il ne produit ses effets que dans leurs rapports réciproques.

Al. 2 et 3 abrogés par L. n° 85-1372 du 23 déc. 1985.

BIBL. ▸ Coste-Floret, *RTD civ. 1975. 47* (remploi tacite à retardement). – G. Morin, *Defrénois 1979. 1281* (incidence du droit à récompense sur le mécanisme du remploi). – Roughol, *JCP N 1983. I. 261.*

A. DOMAINE DU REMPLOI

1. Non-application en l'absence d'une nouvelle acquisition. Une somme d'argent reste une somme d'argent même lorsqu'elle a été placée en compte-épargne. Un tel placement ne constitue donc pas l'acquisition d'un bien nouveau et ne relève pas de l'art. 1434. • Civ. 1re, 3 nov. 1983, n° 82-13.221 P. ♦ Même sens, pour des bons de caisse : • Caen, 3 mai 1977 : *D. 1978. IR 325, obs. D. Martin.*

2. Non-application en cas de subrogation réelle de plein droit au sein du patrimoine propre. Sur les cas dans lesquels la subrogation réelle joue de plein droit au sein du patrimoine propre, indépendamment du respect du formalisme de l'emploi ou du remploi, V. jurisprudence citée note 6 ss. art. 1406.

B. RÉGIME DU REMPLOI

3. Application en cas d'acquisition de parts sociales rémunérant un apport en numéraire. A défaut de déclaration de remploi, les parts sociales acquises en rémunération d'un apport en numéraire effectué par un époux commun en biens ne peuvent prendre la qualification de biens propres, sauf accord entre les époux. • Civ. 1re, 8 oct. 2014, n° 13-24.546 P : *D. 2015. 2094, obs. Revel ; AJ fam. 2014. 638, obs. Desbuquois ; Rev. sociétés 2015. 249, note Naudin ; JCP N 2015, n° 1107, obs. Roman.*

4. Caractère de règle de fond du remploi. Il ne suffit pas d'acquérir un immeuble avec des deniers propres pour lui conférer la qualité de bien propre. A défaut de la double déclaration dans l'acte, le remploi n'a lieu que par l'accord des deux époux et ne produit ses effets que dans leurs rapports réciproques. • Civ. 1re, 2 juill. 1985 : *Defrénois 1985. 1474, obs. Champenois* • 20 sept. 2006, n° 04-18.384 P : *JCP 2007. II. 10005, note Mahinga ; ibid. I. 142, n° 18, obs. Simler ; AJ fam. 2006. 423, obs. Hilt ; RJPF 2006-12/30, obs. Vauvillé ; LPA 25 juin 2007, note Yildirim ; RTD civ. 2007. 621, obs. Vareille* (qui énonce que la règle du remploi a le caractère d'une règle de fond) • Civ. 1re, 25 févr. 2009 : *AJ fam. 2009. 178, obs. Hilt ; Dr. fam. 2009, n° 45, obs. Beignier.* ♦ Solution identique en cas d'acquisition de parts sociales à l'aide d'espèces provenant du prix de vente d'un fonds de commerce propre : V. • Civ. 1re, 5 mars 1991 : *D. 1991. 565, note Le Guidec ; D. 1992. Somm. 221, obs. Grimaldi ; RTD civ. 1992. 439, obs. Lucet et Vareille* (en l'espèce, application de l'art. 1434 dans sa rédaction antérieure à la L. du 13 juill. 1965). ♦ Sur le caractère indifférent de l'origine des deniers, V. aussi • Civ. 1re, 27 mars 2007 : *AJ fam. 2007. 322, obs. Hilt.*

5. Caractère unilatéral du remploi. L'emploi ou le remploi est un acte unilatéral et n'est pas subordonné au consentement du conjoint. • Civ. 1re, 19 mai 1998, n° 95-22.083 P : *JCP 1999. II. 10127, note Mahinga ; JCP 1998. I. 183, n° 2, obs. Simler ; Defrénois 1998. 1466, obs. Champenois ; RTD civ. 1999. 458, obs. Vareille.* ♦ V. aussi note 1 ss. art. 1435.

6. Conditions du remploi quant aux deniers remployés. Pour valoir à titre de remploi, il suffit que les deniers représentent le prix ou la valeur de l'aliénation d'un bien propre sans qu'il soit nécessaire que ces deniers soient exactement ceux provenant de cette aliénation. • Civ. 1re, 5 janv. 1999, n° 96-11.512 P : *JCP 1999. I. 154, n° 7, obs. Simler ; JCP N 1999. 1165, note Casey ; Gaz. Pal. 2000. Somm. 363, et les obs. ; Defrénois 1999. 432, obs. Champenois ; Dr. fam. 1999, n° 29, note Beignier ; RTD civ. 1999. 456, obs. Vareille* (sommes ayant transité par un compte commun).

7. Possibilité de renoncer au remploi régulièrement effectué. La renonciation à un droit peut être tacite dès lors que les circonstances établissent, de façon non équivoque, la volonté de renoncer ; l'époux ayant acheté des parts sociales avec ses propres, et procédé à une déclaration de remploi régulière, puis ayant soutenu avec succès, lors de l'instance en divorce, pour l'appréciation de la prestation compensatoire, que le bien constituait un bien commun a ainsi renoncé de façon non équivoque à se prévaloir du caractère propre de ce bien lors de la liquidation des intérêts patrimoniaux des époux. • Civ. 1re, 23 sept. 2015, n° 14-20.168 P : *D. 2015. 2486, note Nicolle ; AJ fam. 2016. 52, obs. Bicheron ; RTD civ. 2015. 858, obs. Hauser ;*

ibid. 2016. 167, obs. Vareille ; JCP 2015, n° 1318, note Attias ; Dr. fam. 2015, n° 220, obs. Beignier ; Defrénois 2016. 286, note Champenois.

8. Cas particulier du remploi a posteriori : efficacité dans les rapports entre époux. S'il est nécessaire, pour qu'il y ait remploi, que le bien remplacé soit un propre, ce que le juge du fond est tenu de constater, il résulte de l'art. 1434 que dans les rapports entre époux il y a remploi malgré l'absence de la double déclaration, du moment que les époux ont eu la volonté de le réaliser, cette volonté pouvant résulter d'un acte postérieur, tant que fonctionne le régime. • Civ. 1re, 3 nov. 1983 : *préc. note 1.*

9. ... Situation des héritiers des époux. Les héritiers de l'un des époux n'ont pas la qualité de tiers en ce qui concerne l'application de l'art. 1434 ; même en l'absence d'une déclaration relative à l'origine des deniers dans l'acte d'acquisition, dès lors qu'il est établi que les époux ont eu la volonté d'effectuer le remploi, le remploi est fait à l'égard de leurs héritiers de sorte qu'il appartient à ces derniers, s'ils entendent se prévaloir de l'existence d'une donation déguisée, d'établir que la somme employée était en réalité commune. • Civ. 1re, 25 sept. 2013, n° 12-21.280 P : *AJ fam. 2013. 722, obs. Hilt ; RTD civ. 2013. 882, obs. Vareille ; ibid. 884, obs. Vareille .*

10. Cas particulier du remploi par anticipation. Sur la possibilité de procéder à l'emploi ou au remploi par anticipation, V. art. 1435 et la jurisprudence citée.

Art. 1435 *(L. n° 85-1372 du 23 déc. 1985)* **Si l'emploi ou le remploi est fait par anticipation, le bien acquis est propre, sous la condition que les sommes attendues du patrimoine propre soient payées à la communauté dans les cinq ans de la date de l'acte.** — *Comp. ancien art. 1434, al. 2.*

BIBL. ▶ Mathieu, *JCP N 1990. I. 231.*

1. Caractère unilatéral du remploi par anticipation. La validité de la déclaration de remploi par anticipation faite par un époux n'est pas subordonnée au consentement de son conjoint. • Civ. 1re, 27 mars 2007 : *AJ fam. 2007. 359, obs. Hilt ; RTD civ. 2007. 798, obs. Vareille .*

2. Illustration particulière. Application du remploi par anticipation alors que les époux sont en instance de divorce : • Colmar, 18 oct. 1989 : *JCP N 1991. II. 162 (1re esp.), obs. Simler.*

3. Efficacité du remploi par anticipation en cas de financement mixte du bien acquis. Lorsque les sommes employées excèdent la moitié du prix et des frais de l'acquisition, le bien acquis est un bien propre en son entier, moyennant récompense à la communauté pour le surplus. Il en est ainsi même lorsque l'époux acquéreur procède à un remploi par anticipation. • Paris, 24 avr. 1990 : *JCP N 1991. II. 162 (2e esp.), obs. Simler.*

Art. 1436 *(L. n° 85-1372 du 23 déc. 1985)* **Quand le prix et les frais de l'acquisition excèdent la somme dont il a été fait emploi ou remploi, la communauté a droit à récompense pour l'excédent. Si, toutefois, la contribution de la communauté est supérieure à celle de l'époux acquéreur, le bien acquis tombe en communauté, sauf la récompense due à l'époux.** — *Comp. ancien art. 1434, al. 3.*

BIBL. ▶ G. Morin, *Defrénois 1980. 1249* (caractère impératif ou non du dispositif légal).

1. Pouvoir d'appréciation des juridictions du fond. En présence d'une déclaration de remploi, les juges du fond apprécient souverainement si les sommes provenant de l'aliénation des propres constituent la plus grande part du prix d'acquisition. • Civ. 1re, 9 oct. 1984 : *Bull. civ. I, n° 249* • Civ. 1re, 5 mars 2008, n° 07-12.392 P : *D. 2008. Pan. 2246, obs. Revel ; AJ fam. 2008. 216, obs. Hilt .*

2. Évaluation des contributions respectives du patrimoine propre et de la communauté. Est propre un bien payé avec des fonds provenant de la vente d'un propre, dont le montant est supérieur à la somme dépensée par la communauté pour parfaire le prix d'acquisition, sans que puisse être tenu compte à cet égard des fonds communs utilisés antérieurement pour l'achat et la conservation du bien ancien. • Civ. 1re, 15 juin 1994, n° 92-20.907 P : *D. 1995. Somm. 40, obs. Grimaldi ; JCP 1995. I. 3821, n° 14, obs. Simler ; Defrénois 1995. 439, obs. Champenois ; RTD civ. 1995. 422, obs. Vareille .* – Mathieu, *JCP N 1995. I. 1357.* ♦ La contribution de la communauté ne comprend que les sommes ayant servi à régler partie du prix et des frais de l'acquisition ; l'indemnité de remboursement anticipé du prêt, constitutive d'une charge de jouissance supportée par la communauté, ne peut être assimilée à de tels frais. • Civ. 1re, 7 nov. 2018, n° 17-25.965 P : *D. 2018. 2186 ; AJ fam. 2019. 46, obs. Hilt ; RTD civ. 2019. 168, obs. Vareille ; Dr. fam. 2019, n° 32, note Torricelli-Chrifi.*

Art. 1437 **Toutes les fois qu'il est pris sur la communauté une somme, soit pour acquitter les dettes ou charges personnelles à l'un des époux, telles que le prix ou par-**

tie du prix d'un bien à lui propre ou le rachat des services fonciers, soit pour le recouvrement, la conservation ou l'amélioration de ses biens personnels, et généralement toutes les fois que l'un des deux époux a tiré un profit personnel des biens de la communauté, il en doit la récompense.

BIBL. ▶ BOSGIRAUD, NOEL et POIRAUD, *Gaz. Pal. 1999. 1. Doctr. 301.* – R. CABRILLAC, *Mél. Mouly, Litec, 1998, t. 1, p. 257* (travail d'un époux sur un bien). – YILDIRIM, *RJ Centre ouest, févr. 1998, p. 15* (industrie personnelle des époux non productrice de revenus).

A. FAITS GÉNÉRATEURS DE RÉCOMPENSES POUR LA COMMUNAUTÉ

1° PAIEMENT D'UNE DETTE OU CHARGE PERSONNELLE

1. *Paiement des primes d'une assurance vie dont le bénéficiaire est le conjoint du souscripteur : exclusion du droit à récompense (art. L. 132-16 C. assur.).* L'art. L. 132-16 C. assur. dérogeant à l'art. 1437 C. civ., au décès de l'époux commun en biens ayant souscrit une assurance vie au bénéfice de son conjoint, aucune récompense n'est due à la communauté en raison des primes payées par elle. • Civ. 1re, 8 mars 2005, n° 03-10.854 P : *D. 2006. Pan. 1791, obs. Groutel ; JCP 2005. II. 10146, note M. Robineau ; ibid. I. 163, n° 14, obs. Tisserand-Martin ; AJ fam. 2005. 198, obs. Hilt ; RJPF 2005-9/20, obs. Vauvillé.*

2. *Paiement par la communauté des primes d'une assurance vie dont le bénéficiaire est un tiers.* L'époux souscripteur qui a révoqué la désignation de son conjoint comme bénéficiaire pour lui substituer un tiers est redevable envers la communauté des deniers communs ayant servi à acquitter une charge contractée dans son intérêt personnel. • Civ. 1re, 10 juill. 1996, n° 94-18.733 P : *D. 1998. 26, note Sauvage ; JCP 1997. I. 4008, n° 16, obs. Tisserand ; JCP N 1996. Prat. 3893, p. 1752, n° 6, obs. Ph. Delmas Saint-Hilaire et Lucet ; Defrénois 1997. 1080, obs. Champenois.* ♦ De même, lorsque la veuve du souscripteur est décédée sans avoir accepté le bénéfice des contrats, qui est alors transféré à l'enfant d'un premier lit, la succession du souscripteur est débitrice envers la communauté des deniers communs ayant servi à acquitter une charge contractée dans l'intérêt personnel de celui-ci. • Civ. 1re, 22 mai 2007, n° 05-18.516 P : *JCP 2007. I. 208, n° 18, obs. Tisserand-Martin ; AJ fam. 2007. 320, obs. Hilt ; LPA 18 mars 2008, obs. Pétroni-Maudière.* ♦ Succession du souscripteur débitrice d'une récompense envers la communauté dans une espèce où, en raison du prédécès de son épouse, les contrats d'assurance vie, souscrits au moyen de deniers communs au profit du conjoint survivant, et à défaut de ses enfants nés ou à naître, n'avaient profité qu'à la fille du souscripteur. • Civ. 1re, 19 déc. 2012, n° 11-21.703 P : *D. 2013. 87 ; Dr. fam. 2013, n° 44, obs. Mangiavillano ; Gaz. Pal. 2013. 230, obs. Leroy.*

3. *Financement par la communauté d'une retraite au bénéfice exclusif d'un conjoint.* Cassation de l'arrêt ayant décidé que l'alimentation de deux comptes d'épargne de retraite complémentaire de l'époux par des revenus communs n'ouvre pas droit à récompense, au motif que ces contrats désignant comme bénéficiaire en cas de décès le conjoint de l'adhérent et profitent ainsi au conjoint du souscripteur alors que, par l'effet du divorce, l'épouse ne pouvait plus être considérée comme l'épouse bénéficiaire et que la désignation du bénéficiaire en cas de décès du souscripteur est révocable par ce dernier. • Civ. 1re, 1er févr. 2017, n° 16-11.599 P : *D. 2017. 351 ; ibid. 1213, obs. Bacache, Grynbaum, Noguéro et Pierre ; AJ fam. 2017. 305, obs. Hilt ; RTD civ. 2017. 371, obs. Hauser ; Gaz. Pal. 2017. 594, note Berlaud ; JCP N 2017, n° 1181, comm. Godron et Randoux ; RGDA 2017. 209, note Mayaux.* ♦ Les droits nés d'un tel contrat devant nécessairement être attribués, après la dissolution de la communauté, au souscripteur ou au bénéficiaire désigné, il doit être tenu compte dans les opérations de partage de la valeur du contrat au jour de la dissolution de la communauté (en l'espèce, récompense pour la communauté). • Civ. 1re, 23 mai 2006, n° 05-11.512 P : *D. 2006. IR 1634 ; JCP 2006. I. 193, n° 11, obs. Simler ; Dr. fam. 2007, n° 66, note Trescases ; RTD civ. 2008. 141, obs. Vareille.* ♦ L'achat de points de retraite sans réversion au profit de l'épouse constitue une dette personnelle de l'époux dont sa succession doit récompense à la communauté. • Civ. 1re, 31 oct. 2007, n° 06-18.572 P : *D. 2007. AJ 2879 ; AJ fam. 2007. 483, obs. Hilt ; RJPF 2008-2/29, obs. Vauvillé ; RTD civ. 2008. 141, obs. Vareille.*

4. *Paiement par la communauté de la prestation compensatoire due par un époux à son ex-conjoint.* La prestation compensatoire due par le mari à sa première épouse constitue pour lui une dette personnelle dont le seul paiement par la communauté ouvre droit à récompense au profit de celle-ci. • Civ. 1re, 28 mars 2006, n° 03-11.671 P : *D. 2006. Pan. 2069, obs. Revel ; JCP 2006. I. 193, n° 20, obs. Tisserand-Martin ; JCP N 2006. 1234, note Vassaux ; AJ fam. 2006. 207, obs. Hilt ; RTD civ. 2006. 815, obs. Vareille.*

5. *Paiement d'une dette personnelle solidaire entre l'un des époux et un tiers.* Récompense est due à la communauté qui a acquitté en partie une dette contractée solidairement par l'épouse et son frère, dès lors que cette dette était personnelle à l'épouse. • Civ. 1re,

8 févr. 2005, n° 03-12.103 P : *D. 2005. Pan. 2117, obs. Revel* ; *JCP 2005. I. 163, n° 13, obs. Tisserand-Martin* ; *Defrénois 2005. 1519, obs. Champenois* ; *LPA 9 janv. 2006, note Couturier.*

6. Exclusion d'un droit à récompense pour la communauté en raison du paiement des charges afférentes à la jouissance des biens propres : principe. **BIBL.** Morin, *Mél. Colomer, Litec, 1993, p. 259.* ♦ La communauté à laquelle sont affectés les fruits et revenus des biens propres doit supporter les dettes qui sont la charge de la jouissance de ces biens. • Civ. 1re, 31 mars 1992, n° 90-17.212 P : *GAJC, 12e éd., n° 96* ; *JCP 1993. II. 22003, note Pillebout* ; *ibid. 22041, note Tisserand* ; *Defrénois 1992. 1121, note Champenois* ; *ibid. 1993. 545, étude Morin* ; *RTD civ. 1993. 401, obs. Lucet et Vareille*. ♦ Il s'ensuit qu'en cas de règlement par la communauté ou par un des époux des annuités d'un emprunt souscrit pour l'acquisition d'un bien propre à l'autre époux, il y a lieu pour la détermination des sommes dont ce dernier leur est redevable d'avoir égard à la fraction ainsi remboursée du capital, à l'exclusion des intérêts, qui sont une charge de la jouissance. • Même arrêt. – V. aussi • Civ. 1re, 16 juin 1998 : *JCP 1998. I. 183, n° 9, obs. Tisserand* • 24 oct. 2000 : *D. 2001. Somm. 2936, obs. Nicod* ; *Dr. fam. 2000, n° 145, note Beignier* ; *RJPF 2001-2/40, obs. Vauvillé* ; *RTD civ. 2001. 650, obs. Vareille* • 3 févr. 2010, n° 08-21.054 P : *D. 2010. AJ 504* ; *AJ fam. 2010. 139, obs. Hilt* ; *JCP 2010, n° 487, § 10, obs. Simler* ; *JCP N 2010, n° 1172, note Barabé-Bouchard* ; *Dr. fam. 2010, n° 43, obs. Beignier* ; *RTD civ. 2010. 611, obs. Vareille*.

7. ... Application au paiement d'une rente viagère grevant une donation. Le paiement, au moyen de deniers communs, d'une rente viagère grevant une donation-partage, qui constitue une simple charge des fruits, n'ouvre pas droit à récompense au profit de la communauté. • Civ. 1re, 15 mai 2008 : *JCP N 2008. 1339, n° 12, obs. Tisserand-Martin* ; *RTD civ. 2009. 160, obs. Vareille*.

8. ... Application aux dépenses résultant de la gestion courante d'une exploitation agricole propre. La communauté, à laquelle sont affectés les fruits et revenus des biens propres, doit supporter les dettes qui sont la charge de la jouissance de ces biens de sorte que leur paiement ne donne pas droit à récompense au profit de la communauté lorsqu'il a été fait avec des fonds communs ; il s'ensuit que n'ouvre pas droit à récompense au profit de la communauté le paiement, au moyen des revenus bruts d'une *exploitation agricole propre* à un époux, des dépenses résultant de la gestion courante de celle-ci, tels le remplacement d'un matériel amorti ou l'entretien des biens mobiliers ou immobiliers affectés à l'exploitation. • Civ. 1re, 13 oct. 2021, n° 19-24.008 B : *D. 2022. 56, note Hartman* ; *ibid. 625, obs. Fricero* ; *AJ fam. 2021. 635, obs. Casey* ; *RTD civ. 2022. 187, obs. Nicod* ; *JCP N 2022, n° 1121, obs. Bouchard.*

2° CONSERVATION OU AMÉLIORATION D'UN BIEN PROPRE

9. Conservation d'un bien propre à l'aide de fonds communs. Les soldes débiteurs des comptes bancaires professionnels du mari ayant été apurés à l'aide de deniers communs afin d'éviter la disparition de son fonds artisanal, il est redevable envers la communauté d'une récompense à raison de la dépense faite pour la conservation d'un bien lui appartenant en propre. • Civ. 1re, 14 nov. 2007 : *V. note 2 ss. art. 1404.*

10. Amélioration d'un bien propre à l'aide de fonds communs. Si la communauté n'a pas droit aux fruits des propres consommés sans fraude, on ne doit pas considérer comme consommés les revenus employés à l'amélioration d'un bien propre. Les loyers des immeubles propres à un époux ayant été utilisés pour la construction d'une maison sur un terrain propre, cette utilisation donne lieu à récompense au profit de la communauté. • Civ. 1re, 6 juill. 1982, n° 81-12.680 P. ♦ Les fruits et revenus des biens propres ayant le caractère de biens communs, donne droit à récompense au profit de la communauté l'emploi des revenus d'un bien propre à son amélioration. • Civ. 1re, 20 févr. 2007 : *V. note 39 ss. art. 1401.*

11. Non-application de la théorie des récompenses lorsque le bien amélioré appartient aux parents de l'un des conjoints. Ne donne pas lieu à récompense le financement par des deniers communs de travaux d'amélioration faits sur un immeuble appartenant aux parents de l'épouse et dont ceux-ci lui ont fait ensuite donation, dès lors qu'à l'époque des travaux l'immeuble ne constituait pas un bien propre de l'épouse. • Civ. 1re, 26 mai 1999 : *Dr. fam. 1999, n° 83, note Beignier* ; *RTD civ. 2000. 614, obs. Vareille*. – Dans le même sens : • Civ. 1re, 5 mars 2002, n° 99-20.018 P : *AJ fam. 2002. 149, et les obs.* ; *Dr. fam. 2002, n° 91, obs. Beignier* • 13 déc. 2017, n° 16-27.522 : *JCP N 2018, n° 1174, note Bouchard.*

3° AUTRES CAS

12. Absence de droit à récompense pour la communauté en raison de l'industrie personnelle déployée par un époux au service d'un propre. N'ouvre pas droit à récompense l'industrie personnelle déployée par l'un des époux au service d'un bien propre de son conjoint. • Civ. 1re, 30 juin 1992 : *JCP 1993. I. 3656, n° 11, obs. Tisserand* ; *RTD civ. 1993. 410, obs. Lucet et Vareille*. ♦ ... Ou de lui-même. • Civ. 1re, 5 avr. 1993, n° 91-15.139 P : *R., p. 243* ; *JCP 1994. I. 3733, n° 20, obs. Tisserand* ; *Defrénois 1993. 800, obs. Champenois* ; *RTD civ.*

1993. 638, obs. Lucet et Vareille. – Brémond, *JCP N 1994. I. 11.* – Sur renvoi (même sens) : • Bourges, 15 nov. 1995 : *Dr. fam, 1996, n° 14, obs. Beignier.* – V. aussi • Civ. 1re, 18 mai 1994, n° 92-14.747 P : *D. 1995, Somm. 43, obs. Grimaldi* ; *JCP 1995. I. 3821, n° 19, obs. Simler* ; *Defrénois 1995. 442, obs. Champenois* ; *RTD civ. 1994. 930, obs. Vareille* • 28 févr. 2006, n° 03-16.887 P : *D. 2006. IR 882* ; *JCP 2006. I. 193, n° 19, obs. Tisserand-Martin* ; *AJ fam. 2006. 208, obs. Hilt* ; *RTD civ. 2006. 360, obs. Vareille*. ♦ Comp., pour le cas d'industrie quasi professionnelle du mari (« castor ») : • Paris, 20 mars 2003 : *JCP 2004. I. 129, n° 18, obs. Tisserand* ; *Dr. fam. 2003, n° 120, note Beignier* ; *RTD civ. 2004. 132, obs. Vareille*.

13. Obligation de neutraliser l'industrie personnelle déployée par un époux dans la récompense due pour le financement d'une construction sur un terrain propre. Un époux ne doit récompense à la communauté que lorsqu'il est pris une somme sur celle-ci ou, plus généralement, lorsque l'époux a tiré un profit personnel des biens de la communauté. • Civ. 1re, 26 oct. 2011, n° 10-23.994 P : *D. 2012. 971, obs. Lemouland et Vigneau* ; *AJ fam. 2011. 617, obs. Hilt* ; *RTD civ. 2012. 140, obs. Vareille* ; *Defrénois 2012. 291, note Champenois.* ♦ Cassation de l'arrêt qui évalue la récompense due à la communauté à raison de l'édification d'un pavillon sur un terrain propre à la totalité de la plus-value procurée par la construction au fonds alors qu'il n'est pas contesté que l'immeuble avait été édifié de la main des parties et que la communauté n'avait financé que l'achat des matériaux. • Même arrêt. ♦ Dans le même sens. • Civ. 1re, 29 mai 2013, n° 11-25.444 P : *D. 2013. 1410* ; *AJ fam. 2013. 451, obs. Hilt* ; *Dr. fam. 2013, n° 119, note Beignier.* ♦ Au visa de l'art. 4 C. civ., cassation de l'arrêt qui fixe le montant de la récompense due à la communauté, au titre de l'édification d'un hangar sur un terrain propre du mari, à la valeur de ce hangar sans tenir compte de la part de l'industrie personnelle de cet époux dans la réalisation des travaux, alors qu'il incombait à la cour d'évaluer la part de l'industrie personnelle de l'époux, au besoin en recourant à une mesure d'expertise. • Civ. 1re, 13 oct. 2021, n° 19-24.008 B : *D. 2022. 56, note Hartman* ; *ibid. 625, obs. Fricero* ; *AJ fam. 2021. 635, obs. Casey* ; *RTD civ. 2022. 187, obs. Nicod* ; *JCP N 2022, n° 1121, obs. Bouchard.* ♦ Au visa de l'art. 455 C. pr. civ, cassation de l'arrêt qui fixe le montant de la récompense due à la communauté pour la construction d'une maison sur un terrain propre de l'époux sans répondre aux conclusion de cet époux qui soutenait qu'il avait effectué personnellement, avec l'aide de proches dont il produisait les attestations, les travaux de main d'œuvre de la construction de cette maison et que la récompense devait donc être diminuée de l'industrie ainsi déployée, de sorte qu'il convenait de déterminer, pour fixer le montant de la récompense, la fraction de la plus-value procurée au bien par cette construction qui était rattachable à l'utilisation des seuls matériaux financés par la communauté. • Même arrêt.

B. RÉGIME DES RÉCOMPENSES DUES À LA COMMUNAUTÉ

14. Objet et charge de la preuve. Il incombe à l'époux qui réclame une récompense au nom de la communauté de prouver que les deniers communs ont profité personnellement à son conjoint. • Civ. 1re, 13 janv. 1993, n° 89-21.900 P : *Defrénois 1993. 1445, obs. Champenois.* ♦ Un époux ne peut réclamer une récompense au nom de la communauté s'il n'apporte aucune justification des travaux allégués. • Civ. 1re, 25 oct. 1972 : *Bull. civ. I, n° 218.* ♦ Mais il n'a pas à faire la preuve de l'origine des deniers utilisés, grâce à la présomption de communauté. • Civ. 1re, 10 janv. 1979 : *Bull. civ. I, n° 19.*

15. Situation des créanciers. Les créanciers ne peuvent réclamer le paiement de la récompense qu'un époux peut être tenu de verser à la communauté avant qu'elle soit exigible (cas d'une procédure collective). • Civ. 1re, 16 avr. 1991, n° 88-10.353 P. ♦ V. aussi note 3 ss. art. 1468.

16. Renonciation aux récompenses dues par son conjoint. La renonciation d'un époux aux récompenses dues par son conjoint à la communauté ne peut résulter que d'un acte manifestant sa volonté sans équivoque. • Civ. 1re, 8 déc. 1982 : *D. 1983. 209, note G. Morin.*

17. Clause portant donation d'une récompense due à la communauté. Analysant une telle clause comme une donation de créance et non pas comme un abandon de droit portant atteinte au principe d'immutabilité du régime matrimonial, V. • Civ. 1re, 6 févr. 2007 : *préc. note 8 ss. art. 1396.*

Art. 1438 **Si le père et la mère ont doté conjointement l'enfant commun sans exprimer la portion pour laquelle ils entendaient y contribuer, ils sont censés avoir doté chacun pour moitié, soit que la dot ait été fournie ou promise en biens de la communauté, soit qu'elle l'ait été en biens personnels à l'un des deux époux.**

Au second cas, l'époux dont le bien personnel a été constitué en dot, a, sur les biens de l'autre, une action en indemnité pour la moitié de ladite dot, eu égard à la valeur du bien donné au temps de la dotation.

RÉP. CIV. v° *Dot*, par A. COLOMER et E. BERRY.

1. Qualification de dot : donation destinée à pourvoir à l'établissement du donataire. Une donation ne peut être qualifiée de dot qu'à condition de pourvoir à l'établissement autonome du donataire. Dès lors, une donation en nue-propriété à un enfant de 17 mois ne peut s'analyser en une constitution de dot mais a le caractère d'une simple donation. • Com. 24 avr. 1990, n° 88-14.365 P : *JCP N 1991. II. 100, note Lafond ; Defrénois 1990. 1081, note Chappert.*

2. Régime de la dot : charge définitive de la communauté. Il résulte des art. 1438 et 1439 que, lorsque deux époux, conjointement ou l'un d'eux avec le consentement de l'autre, ont fait une donation à un enfant issu du mariage, à l'aide de biens communs, la charge définitive de la libéralité incombe, sauf clause contraire, à la communauté ; il s'ensuit que, à défaut d'une telle stipulation, l'enfant doit rapporter cette libéralité pour moitié à la succession de son père et pour moitié à celle de sa mère. • Civ. 1re, 22 juin 2004, n° 01-18.030 P : *JCP 2005. I. 187, n° 12, obs. Le Guidec ; Dr. fam. 2004, n° 205, note Beignier ; RTD civ. 2005. 171, obs. Vareille.*

Art. 1439 **La dot constituée à l'enfant commun, en biens de la communauté, est à la charge de celle-ci.**

(L. n° 85-1372 du 23 déc. 1985) **« Elle doit être supportée pour moitié par chaque époux à la dissolution de la communauté, à moins que l'un d'eux, en la constituant, n'ait déclaré expressément qu'il s'en chargerait pour le tout ou pour une part supérieure à la moitié. »**

1. Rapport à la succession des donateurs. Sauf clause particulière, la donation d'un bien commun est rapportable par moitié à la succession de chacun des époux codonateurs, V. notes ss. art. 850.

2. Réduction à l'ouverture de la succession de chacun des codonateurs. Il résulte des art. 1438 et 1439 que, sauf clause contraire, la donation de biens communs est réputée consentie à concurrence de moitié par chacun des époux, de sorte que sa réduction ne peut être demandée par leurs enfants communs qu'à due proportion, à l'ouverture de chacune des successions des co-donateurs. • Civ. 1re, 5 janv. 2023, n° 21-13.151 B : *AJ fam. 2023. 121, obs. Levillain.*

Art. 1440 **La garantie de la dot est due par toute personne qui l'a constituée ; et ses intérêts courent du jour du mariage, encore qu'il y ait terme pour le paiement, s'il n'y a stipulation contraire.**

SECTION 3 De la dissolution de la communauté

RÉP. CIV. v^is^ *Communauté légale : répartition des dettes,* par G. Yildirim ; *Communauté légale : dissolution,* par A. Chamoulaud-Trapiers ; *Communauté légale : liquidation et partage,* par B. Vareille.

DALLOZ ACTION *Droit patrimonial de la famille 2021/2022, n°s 143.00 s.*

DALLOZ RÉFÉRENCE *Liquidation des régimes matrimoniaux, 2022/2023.*

§ 1 Des causes de dissolution et de la séparation de biens

Art. 1441 **La communauté se dissout :**

1° par la mort de l'un des époux ;

2° *(L. n° 77-1447 du 28 déc. 1977)* **« par l'absence déclarée » ;**

3° par le divorce ;

4° par la séparation de corps ;

5° par la séparation de biens ;

6° par le changement du régime matrimonial.

Art. 1442 *(L. n° 85-1372 du 23 déc. 1985)* **Il ne peut y avoir lieu à la continuation de la communauté, malgré toutes conventions contraires.**

Les époux peuvent, l'un ou l'autre, demander, s'il y a lieu, que, dans leurs rapports mutuels, l'effet de la dissolution soit reporté à la date où ils ont cessé de cohabiter ~~et de collaborer~~. *(Abrogé par L. n° 2004-439 du 26 mai 2004, art. 21-II, à compter du 1er janv. 2005)* ***« Celui auquel incombent à titre principal les torts de la séparation ne peut pas obtenir ce report. »***

BIBL. ▸ Brémond, *D. 2013. 2408* (collaboration conjugale). – J. Mouly, *Gaz. Pal. 1987. 2. Doctr. 540.* – Lucet, *RTD civ. 1991. 392.* – Métay, *JCP N 1997. I. 733 et 765* (acquisition par un époux en instance de divorce). – Puygauthier, *JCP N 2004. 1172 et 2005. 1384* (séparation de fait et super-rétroactivité de la dissolution).

1° CONDITIONS DU REPORT

1. *Conditions de fond : cessation de la cohabitation et de la collaboration.* Il incombe à celui qui s'oppose au report de la date de la dissolution de prouver que des actes de collaboration ont eu lieu postérieurement à la cessation de la cohabitation entre les époux. • Civ. 1re, 31 mars 2010 : *cité note 14 ss. art. 262-1.* ♦ Il peut être décidé que, compte tenu des circonstances, la participation du mari à l'entretien de sa femme et de ses enfants n'étant que l'exécution des obligations prévues par les art. 203 et 212 ne constitue pas un fait de collaboration entre époux au sens de l'art. 1442, al. 2. • Civ. 1re, 28 févr. 1978 : *D. 1979. 597 (1re esp.), note Foulon-Piganiol ; JCP 1979. II. 19105, note Le Guidec.* ♦ ... Non plus que le paiement de dettes communes par l'un des conjoints après la cessation de la cohabitation. • Civ. 2e, 7 oct. 1999, nº 98-12.824 P : *JCP 2000. I. 245, nº 21, obs. Tisserand ; Dr. fam. 2000, nº 37, note Lécuyer.*

2. *Personnes susceptibles de solliciter le report : héritiers d'un époux.* Les héritiers d'un époux peuvent invoquer l'art. 1442, al. 2. • Civ. 2e, 25 juin 1998, nº 96-19.375 P : *Defrénois 1999. 430, obs. Champenois ; Dr. fam. 1998, nº 156, note Beignier ; RTD civ. 1999. 175, obs. Vareille* (action rejetée au fond, en l'espèce.). – V. déjà : • TGI Marseille, 9 juill. 1973 : *D. 1974. 71, note Massip ; Gaz. Pal. 1973. 2. 803, note Candas ; RTD civ. 1974. 135, obs. Nerson.* ♦ *Contra :* • TGI Paris, 18 juin 1970 : *D. 1971. 216, note Massip ; RTD civ. 1971. 837, obs. Nerson.*

2° CONSÉQUENCES DU REPORT

3. *Effet rétroactif limité aux rapports entre époux.* Le report par le jugement de divorce de la date de dissolution de la communauté n'a d'effet qu'entre les époux et ne concerne que la contribution aux dettes. S'agissant de l'obligation aux dettes, le jugement de divorce n'est opposable aux tiers qu'à compter de l'accomplissement des formalités de mention en marge prescrites par les règles de l'état civil. Les mesures conservatoires prises entre ces deux dates par un créancier sur les biens communs sont donc valables. • Civ. 1re, 1er juin 1994 : *D. 1995. 225, note Le Guidec ; Defrénois 1995. 822, obs. Champenois.*

4. *Fixation de la consistance active et passive de la communauté.* Le droit de propriété sur un brevet, qui constitue nécessairement un titre indépendant par rapport à un précédent brevet, prend naissance au jour de son dépôt à l'Institut national de la propriété industrielle. En conséquence, les redevances afférentes à un brevet déposé postérieurement à la date à laquelle la dissolution de la communauté a été reportée, dans les rapports entre époux, n'entrent pas dans l'actif indivis post-communautaire. • Com. 4 oct. 2011, nº 10-21.225 P : *D. 2012. 195, note Binctin ; AJ fam. 2011. 555, obs. Hilt ; JCP N 2011, nº 1322, obs. Azincourt* (en l'espèce, refus de prendre en considération un éventuel lien entre ce brevet et un précédent brevet déposé au cours du mariage).

5. *Absence d'incidence du report sur la date à laquelle évaluer les biens à partager.* Les dispositions des art. 262-1 et 1442, al. 2, C. civ. ne concernent que la date à laquelle la consistance de la communauté doit être déterminée, non celle de l'évaluation des biens communs, laquelle doit être faite au jour le plus proche du partage. • Civ. 1re, 11 oct. 1989, nº 87-11.954 P : *Defrénois 1990. 877, obs. Champenois.* ♦ V. aussi note 10 ss. art. 1476.

6. Sur le report des effets de la dissolution à la date de la cessation de la cohabitation et de la collaboration, V. aussi jurisprudence citée ss. art. 262-1.

Art. 1443 **Si, par le désordre des affaires d'un époux, sa mauvaise administration ou son inconduite, il apparaît que le maintien de la communauté met en péril les intérêts de l'autre conjoint, celui-ci peut poursuivre la séparation de biens en justice.**

Toute séparation volontaire est nulle.

BIBL. ▸ R. SAVATIER, *D. 1973. Chron. 141* (séparation de biens volontaire par voie de changement de régime matrimonial homologué).

1. *Compatibilité avec le changement conventionnel prévu par l'art. 1397 C. civ.* Il ne résulte pas du rapprochement de l'art. 1397 et de l'art. 1443 que les époux qui seraient dans une situation permettant à l'un d'eux de poursuivre contre l'autre la séparation de biens ne puissent pas, s'ils en sont d'accord, utiliser la voie gracieuse de l'art. 1397 pour adopter un régime de séparation de biens. • Colmar, 8 mars 1972 : *D. 1973. 157 (3e esp.), note Poisson.* – V. aussi notes Fenaux, *D. 1971. 491 ;* Gobert, *JCP 1970. II. 16501 ;* Patarin, *JCP 1972. II. 17175 ; obs. Nerson, RTD civ. 1970. 738 ;* D. Martin, *D. 1978. IR 469.*

2. *Liquidation judiciaire d'un époux.* La liquidation judiciaire d'un époux ne peut faire obstacle à la demande de séparation de biens présentée par l'autre. • Civ. 1re, 3 mai 2000, nº 98-10.727 P : *D. 2000. IR 156 ; JCP 2000. II. 10389, note Casey ; JCP 2001. I. 309, nº 9, obs. Tisserand ; Defrénois 2000. 855, obs. Sénéchal ; Dr. fam. 2000, nº 98, note Beignier.* ♦ Elle n'établit cependant pas à elle seule la mise en péril des intérêts de ce dernier. • Civ. 1re, 19 oct. 2004, nº 02-13.659 P : *D. 2005. Pan. 298, obs. Le Corre, et 2115, obs. Revel ; JCP E 2005. 238, note Leprovaux ; Defrénois 2005. 990, obs. Gibirila ; AJ* fam. 2005. 28, obs. Hilt.

3. Tierce opposition. La tierce opposition d'un créancier au jugement prononçant la séparation de biens judiciaire entre deux époux peut être accueillie si la fraude ne s'est matérialisée que dans l'acte de partage que celle-ci avait pour but de préparer. • Civ. 1re, 17 mai 1993, n° 91-19.262 P.

Art. 1444 **La séparation de biens, quoique prononcée en justice, est nulle si les poursuites tendant à liquider les droits des parties n'ont pas été commencées dans les trois mois du jugement passé en force de chose jugée et si le règlement définitif n'est pas intervenu dans l'année de l'ouverture des opérations de liquidation. Le délai d'un an peut être prorogé par le président du tribunal statuant** *(Ord. n° 2019-738 du 17 juill. 2019, art. 2)* **« sur requête ».**

Les dispositions de l'Ord. n° 2019-738 du 17 juill. 2019 s'appliquent aux demandes introduites à compter du 1er janv. 2020 (Ord. préc., art. 30).

A. DOMAINE ET CONTENU DE L'OBLIGATION DE LIQUIDER

1. Non-application en cas de changement conventionnel de régime matrimonial. L'art. 1444 n'est pas applicable lorsque l'adoption du régime de séparation de biens au cours du mariage résulte d'un contrat homologué par justice conformément à l'art. 1397. • Civ. 1re, 9 oct. 1979 : *Bull. civ. I, n° 237.*

2. Caractère cumulatif des exigences de délai. La nullité de la séparation de biens peut être prononcée dès lors qu'une seule des deux conditions prévues à l'art. 1444 n'est pas remplie. • Civ. 1re, 5 avr. 1978, n° 76-13.512 P.

3. Point de départ du délai d'ouverture de la liquidation. Le délai pour procéder à la liquidation n'a pu commencer à courir si le jugement de séparation de biens n'a pas été signifié à l'époux défendeur, mais seulement au syndic de sa liquidation de biens. • Com. 23 mai 2000 : *JCP 2001. I. 309, n° 10, obs. Tisserand* (rejet de l'action en nullité introduite par l'épouse).

4. Indifférence à l'égard de la bonne foi des époux. Dès lors que les délais n'ont pas été respectés, les juges prononcent la nullité sans être tenus de vérifier la bonne foi des époux. • Civ. 1re, 11 oct. 1989 : *Bull. civ. I, n° 318 ; Defrénois 1989. 1423, obs. Champenois ; JCP N 1991. II. 64, note Simler.*

B. SANCTION DE L'OBLIGATION DE LIQUIDER

5. Titulaires de l'action en nullité : époux demandeur. L'action en nullité de la séparation de biens judiciaire est ouverte à chacun des époux ; elle est ouverte à l'époux qui a sollicité une telle mesure si le dépassement des délais ne lui est pas exclusivement imputable. • Civ. 1re, 4 juin 2009, n° 07-21.702 P : *D. 2009. AJ 1666, obs. Égéa ; JCP 2009. 391, n° 18, obs. Tisserand-Martin ; JCP N 2009. 1304, note Brémond ; AJ fam. 2009. 304, obs. Hilt ; Defrénois 2010. 618, obs. Champenois ; RLDC 2009/63, n° 3548, obs. Pouliquen.* ♦ Déjà en ce sens : • Grenoble, 30 avr. 2002 : *JCP 2004. I. 129, n° 17, obs. Tisserand.*

6. ... Créanciers. La nullité peut être invoquée par tous les créanciers, quelle que soit la date à laquelle la créance a pris naissance, et alors même qu'elle serait née après le jugement de séparation de biens et son exécution partielle. • Civ. 1re, 12 janv. 1988, n° 86-13.203P : *R., p. 158 ; Defrénois 1988. 926, obs. Champenois.*

7. Renonciation à l'action. La vente du mobilier de la communauté à l'épouse par le syndic de la liquidation des biens du mari vaut renonciation de la part de ce syndic à se prévaloir de la nullité de la séparation de biens non exécutée dans le délai de l'art. 1444. • Civ. 1re, 9 mars 1982 : *Bull. civ. I, n° 104.*

8. Protection des créanciers. Sur les différentes mesures tendant à assurer la protection des créanciers des époux, V. art. 1447.

Art. 1445 **La demande et le jugement de séparation de biens doivent être publiés dans les conditions et sous les sanctions prévues par le code de procédure civile** *(Suite de l'alinéa abrogée par Ord. n° 2005-428 du 6 mai 2005, art. 10).*

Le jugement qui prononce la séparation de biens remonte, quant à ses effets, au jour *de la demande.*

Il sera fait mention du jugement en marge de l'acte de mariage ainsi que sur la minute du contrat de mariage. — *V. C. pr. civ., art. 1292 s.* — ***C. pr. civ.***

Art. 1446 **Les créanciers d'un époux ne peuvent demander de son chef la séparation de biens.**

Art. 1447 Quand l'action en séparation de biens a été introduite, les créanciers peuvent sommer les époux par acte *(L. nº 85-1372 du 23 déc. 1985)* « d'avocat à avocat » de leur communiquer la demande et les pièces justificatives. Ils peuvent même intervenir à l'instance pour la conservation de leurs droits.

Si la séparation a été prononcée en fraude de leurs droits, ils peuvent se pourvoir contre elle par voie de tierce opposition, dans les conditions prévues au code de procédure civile. — *V. C. pr. civ., art. 1298.*

1. Tierce opposition : exercice individuel possible même en cas de redressement judiciaire. Si le représentant des créanciers a qualité pour agir au nom et dans l'intérêt des créanciers lors d'un redressement judiciaire, cela ne fait pas obstacle à ce qu'un créancier exerce la tierce opposition ouverte par l'art. 1447 contre le jugement qui prononce la séparation des biens des époux s'il a été porté atteinte à ses droits. • Civ. 1re, 19 mars 2014 : *D. 2014. 777 ; AJ fam. 2014. 321, obs. Hilt.*

2. Tierce opposition : possibilité d'invoquer une fraude qui s'est matérialisée dans l'acte de partage. Même si la fraude ne s'est matérialisée que dans l'acte de partage des biens communs, les créanciers sont recevables à former tierce opposition contre le jugement de séparation de biens lorsque le changement de régime avait pour but de préparer un tel partage. • Civ. 1re, 17 mai 1993, nº 91-19.262 P : *Defrénois 1993. 1447, obs. Champenois.*

3. ... Charge de la preuve de la fraude. Il incombe aux créanciers qui invoquent une fraude qui s'est matérialisée dans l'acte de partage de la communauté consécutif au prononcé de la séparation des biens des époux de démontrer le caractère frauduleux des modalités de cet acte, notamment du principe et du montant des récompenses retenues dans cet acte. • Civ. 1re, 19 mars 2014 : *préc. note 1.*

4. ... Absence de fraude dans la volonté de protéger un conjoint pour l'avenir sans modification du gage des créanciers antérieurs. Il n'y a aucune fraude dans le fait de vouloir éviter que les deux époux supportent la charge de la faute personnelle de l'un d'entre eux ; le créancier commun, dont les droits ne peuvent être modifiés par les époux lors de la liquidation de la communauté, doit subir quant au recouvrement de sa créance les effets légaux de cette dissolution de la communauté lorsqu'elle ne résulte pas d'une fraude dirigée contre lui. • Civ. 1re, 8 nov. 1976 : *Bull. civ. I, nº 331.*

Art. 1448 L'époux qui a obtenu la séparation de biens doit contribuer, proportionnellement à ses facultés et à celles de son conjoint, tant aux frais du ménage qu'à ceux d'éducation des enfants.

Il doit supporter entièrement ces frais, s'il ne reste rien à l'autre.

Pour une application : • Civ. 1re, 16 juill. 1998 : *Dr. fam. 1998, nº 129, note Lécuyer.*

Art. 1449 La séparation de biens prononcée en justice a pour effet de placer les époux sous le régime des articles 1536 et suivants.

(L. nº 85-1372 du 23 déc. 1985) « Le tribunal, en prononçant la séparation, peut ordonner qu'un époux versera sa contribution entre les mains de son conjoint, lequel assumera désormais seul à l'égard des tiers les règlements de toutes les charges du mariage. »

Art. 1450 *Transféré, avec modifications, à l'art. 265-2 par L. nº 2004-439 du 26 mai 2004, art. 6 et 21-III et IV, à compter du 1er janv. 2005.*

Art. 1451 *(L. nº 75-617 du 11 juill. 1975)* Les conventions *(L. nº 2004-439 du 26 mai 2004, art. 21-V, en vigueur le 1er janv. 2005)* « passées en application de l'article 265-2 » sont suspendues, quant à leurs effets, jusqu'au prononcé du divorce ; elles ne peuvent être exécutées, même dans les rapports entre époux, que lorsque le jugement a pris force de chose jugée.

L'un des époux peut demander que le jugement de divorce modifie la convention si les conséquences du divorce fixées par ce jugement remettent en cause les bases de la liquidation et du partage.

La loi nº 75-617 du 11 juill. 1975 est entrée en vigueur le 1er janv. 1976.

1. Suspension des effets de la convention jusqu'au prononcé du divorce : conséquences. Les effets de la convention étant suspendus jusqu'au jour du prononcé du divorce, le paiement de travaux effectués entre la date de la convention et la date du prononcé du divorce constitue une créance entre époux relevant de la liquidation du régime matrimonial (incompétence du tribunal d'instance pour en connaître, en vertu de l'art. 247 anc., al. 1er). • Civ. 1re, 4 oct. 2005, n° 03-18.304 P : *JCP 2006. I. 141, n° 22, obs. Tisserand-Martin ; Defrénois 2006. 347, obs. Massip ; AJ fam. 2006. 72, obs. S. David*.

2. Prise en compte de la date de jouissance divise prévue dans la convention. L'exécution du partage étant subordonnée au prononcé du divorce, mais prévoyant une date de jouissance divise antérieure, le partage produit effet à cette date lors du prononcé du divorce ; l'époux étant devenu, à la date fixée pour la jouissance divise, seul propriétaire des parts sociales à lui attribuées et ainsi seul bénéficiaire des dividendes qu'elles produisaient, les versements effectués entre cette date et le prononcé ultérieur du divorce pouvaient être imputés sur la soulte due à l'épouse en application de convention passée pour la liquidation et le partage de leur communauté. • Civ. 1re, 26 juin 2013, n° 12-13.361 P : *AJ fam. 2013. 501, obs. Blanc-Pélissier, obs. Hilt ; Rev. sociétés 2013. 704, note Naudin*.

Art. 1452 à 1466 *Abrogés.*

§ 2 De la liquidation et du partage de la communauté

DALLOZ RÉFÉRENCE *Liquidation des régimes matrimoniaux, 2022/2023.*

BIBL. GÉN. ▸ BOSGIRAUD, NOËL et POIRAUD, *Gaz. Pal. 1999. 1. Doctr. 301* (dix ans de récompenses en jurisprudence). – CASADO, *Dr. fam. 2022. Étude 5* (fondamentaux pratiques de la liquidation d'une communauté légale). – CONTIN, *RTD civ. 1977. 435* (règlements en nature). – HILT, *JCP 2016, n° 669* (créances entre époux). – KARM, *JCP N 2015, n° 1226* (créances conjugales). – Dossier, *AJ fam. 2015. 436* (liquidation des régimes patrimoniaux).

Art. 1467 **La communauté dissoute, chacun des époux reprend ceux des biens qui n'étaient point entrés en communauté, s'ils existent en nature, ou les biens qui y ont été subrogés.**

Il y a lieu ensuite à la liquidation de la masse commune, active et passive.

Loi de finances rectificative pour 1966
n° 66-948 du 22 décembre 1966

Art. 25 ... En cas de dissolution du régime matrimonial, ils *[les inspecteurs des impôts]* sont également tenus de fournir à l'officier ministériel chargé de procéder au partage et à la liquidation des biens des époux, tous renseignements sur la situation fiscale de ceux-ci pour la période où ils étaient tenus solidairement au paiement de l'impôt. — *Comp. Livre des procédures fiscales, art. L. 149.*

Art. 1468 **Il est établi, au nom de chaque époux, un compte des récompenses que la communauté lui doit et des récompenses qu'il doit à la communauté, d'après les règles prescrites aux sections précédentes.**

A. CHAMP D'APPLICATION DE LA THÉORIE DES RÉCOMPENSES

1. Remboursement au cours du mariage d'un prêt contracté pour financer une acquisition antérieurement au mariage. Pour faire application de la théorie des récompenses, il n'y a pas lieu de distinguer selon que le bien propre a été acquis avant ou pendant le mariage, dès lors que le prix ou le remboursement du prêt contracté en vue de le payer a été réglé au cours du régime et de deniers communs. • Civ. 1re, 5 nov. 1985, n° 84-12.572 P : *GAJC, 12e éd., n° 95 ; D. 1987. 26, note Le Guidec ; JCP N 1986. II. 97, note Simler.*

2. Non-application aux paiements effectués postérieurement à la dissolution. La communauté étant dissoute à la date à laquelle a été remboursé le solde des arrérages d'un emprunt, cette créance est soumise aux règles de l'indivision et non à celles des récompenses et l'époux qui a payé, réputé avoir effectué ce paiement de ses deniers personnels, a droit à une indemnité. • Civ. 1re, 17 déc. 1996, n° 95-11.929 P : *D. 1998. 189, note Brémond ; Defrénois 1997. 413, obs. Grimaldi.* ♦ La théorie des récompenses n'est pas applicable aux remboursements d'un emprunt, contracté pendant le mariage pour l'acquisition d'un immeuble commun, effectués alors que la communauté était dissoute et que lui avait succédé l'indivision post-communautaire ; c'est l'art. 815-13 qui est alors applicable. • Civ. 1re, 22 oct. 1985 : *D. 1986. 205, note Breton* • 4 mars 1986 : *JCP 1986. II. 20701, note Simler* • 9 juill. 1991, n° 89-11.341 P : *JCP N 1992. II. 211, n° 17, obs. A. T.* • Civ. 1re, 11 mai 2012 : cité note 13 ss. art. 815-13.

B. ÉTABLISSEMENT DU COMPTE DE RÉCOMPENSES

3. Caractère obligatoire de l'établissement du compte de récompenses. Il résulte de l'art. 1468 que les récompenses constituent les éléments d'un compte unique et indivisible, dont le reliquat après la dissolution du régime est seul à considérer. • Civ. 1re, 14 mars 1984, n° 82-16.638 P.

4. *Indisponibilité et insaisissabilité des récompenses antérieurement à l'établissement du compte.* La récompense éventuellement due par un époux, ne pouvant être déterminée qu'après dissolution de la communauté et entrant dans un compte unique et indivisible, est indisponible et insaisissable. • Civ. 1re, 18 déc. 1990 : *Defrénois 1991. 1171, note X. Savatier ; RTD civ. 1991. 786, obs. Lucet et Vareille*.

5. *Imprescriptibilité du droit à récompense antérieurement au partage.* Le droit à récompense, qui s'exerce à l'occasion du partage, ne peut se prescrire tant que le partage peut être demandé. • Civ. 1re, 28 avr. 1986, n° 84-16.820 P : *R., p. 132 ; D. 1987. 324, note Morin ; JCP N 1986. II. 244, note Simler* • 16 avr. 1991 : *JCP N 1992. II. 207, n° 9.*

6. *Articles du compte de récompenses.* Sur la détermination des articles du compte de récompenses, V. notamment art. 1433 (récompenses dues par la communauté) et 1437 (récompenses dues à la communauté).

7. *Principes d'évaluation des récompenses.* Sur les règles relatives à l'évaluation des récompenses, V. art. 1469 et la jurisprudence citée.

Art. 1469 **La récompense est, en général, égale à la plus faible des deux sommes que représentent la dépense faite et le profit subsistant.**

Elle ne peut, toutefois, être moindre que la dépense faite quand celle-ci était nécessaire.

(L. n° 85-1372 du 23 déc. 1985) **« Elle ne peut être moindre que le profit subsistant, quand la valeur empruntée a servi à acquérir, à conserver ou à améliorer un bien qui se retrouve, au jour de la liquidation de la communauté, dans le patrimoine emprunteur. Si le bien acquis, conservé ou amélioré a été aliéné avant la liquidation, le profit est évalué au jour de l'aliénation ; si un nouveau bien a été subrogé au bien aliéné, le profit est évalué sur ce nouveau bien. »** — *V. L. n° 65-570 du 13 juill. 1965, art. 12, et L. n° 85-1372 du 23 déc. 1985, art. 59, ss. art. 1581.*

BIBL. ▶ Barabé-Bouchard, *JCP N 2014, hors-série août 2014, p. 6* (dépenses nécessaires). – Guillaud-Bataille et Kuhn, *JCP N 2015, n° 1228* (calcul). – Karm, *JCP N 2017, n° 1324* (donation et régime de communautés : récompenses). – Lucet et Vareille, *RTD civ. 1991. 591* (financement commun d'une construction sur un terrain propre). – Rouvière, *Defrénois 2017/30, p. 16* (profit subsistant nul en matière de récompense). – Vareille, *JCP N 2014, hors-série août 2014, p. 13.*

A. PRINCIPES D'ÉVALUATION DES RÉCOMPENSES

1. *Caractère impératif du mode de calcul des récompenses.* En raison de l'immutabilité du régime matrimonial, les dispositions de l'art. 1469 s'imposent, lorsqu'elles n'ont pas été écartées par le contrat de mariage ou par une convention passée pendant l'instance en divorce ou postérieurement à la dissolution de la communauté. • Civ. 1re, 28 juin 1983, n° 82-12.926 P : *R., p. 43 ; D. 1984. 254, note G. Morin ; JCP 1985. II. 20330, note Pillebout.* ♦ L'art. 1469 ne prévoit pas que la somme calculée selon les modalités qu'il édicte puisse faire l'objet d'une diminution. • Civ. 3e, 21 janv. 1987 : *D. 1987. 324, note Morin.*

2. *Dérogations au mode de calcul des récompenses compatibles avec le principe d'immutabilité.* Pour des dérogations au régime légal par le contrat de mariage, V. • Paris, 27 janv. 1976 : *JCP 1979. II. 19194 (2e esp.), note Patarin* • 10 mars 1976 : *ibid. (3e esp.)* • Lyon, 4 oct. 1978 : *JCP 1980. II. 19443, note Le Guidec.*

3. *Domaine d'application des principes d'évaluation.* Sur le champ d'application de la théorie des récompenses et par conséquent des principes d'évaluation posés par l'art. 1469, V. jurisprudence citée ss. 1468. ♦ Éviction des règles de l'accession (art. 555) et caractère impératif de l'art. 1469, al. 3, lorsque la somme prêtée a servi à acquérir un bien qui se retrouve dans le patrimoine de l'époux emprunteur au jour de la liquidation. • Civ. 1re, 15 mai 2008 : *AJ fam. 2008. 301, obs. Hilt*. ♦ Les dispositions de l'art. 1469, al. 3, sont exclusives de la mise en œuvre des règles qui gouvernent l'enrichissement sans cause. • Civ. 1re, 23 févr. 2011, n° 09-70.745 P : *D. 2011. Pan. 2624, obs. Revel ; ibid. 2012. 971, obs. Lemouland et Vigneau ; JCP 2011. 919, note Le Guidec et Bosse-Platière ; AJ fam. 2011. 272, obs. Hilt ; Dr. fam. 2011, n° 57, obs. Beignier ; RLDC 2011/81, n° 4220, obs. Gallois ;* Defrénois 2011. 968, obs. Champenois.

4. *Office du juge.* Le juge du fond doit vérifier lui-même les éléments de preuve des parties et évaluer lui-même le montant de la récompense • Civ. 1re, 16 avr. 2008 : *cité note 6 ss. art. 1477* (impossibilité de renvoyer au notaire liquidateur).

B. RÉCOMPENSES ÉGALES À LA DÉPENSE FAITE

5. *Dépenses nécessaires à l'habitabilité d'un immeuble.* L'aménagement d'une salle de bains, la réfection et l'aménagement de la cuisine et des sanitaires doivent être classés dans les dépenses nécessaires. En effet, même si ces travaux n'étaient pas indispensables pour éviter le dépérissement de l'immeuble, ils n'en étaient pas moins nécessaires pour assurer son habitabilité. • Paris, 16 mars 1978 : *Defrénois 1979. 1518 (2e esp.), note G. Morin ; JCP N 1981. II. 49 (2e esp.), note Pillebout.* ♦ Une cour d'appel, ayant retenu souverainement que les travaux avaient été rendus nécessaires pour assurer l'habitabilité de l'immeuble, en déduit exactement que la récompense ne pouvait être inférieure au montant de la dépense faite. • Civ. 1re, 25 janv. 2000, n° 98-10.747 P : *JCP 2000. I. 245, n° 22, obs. Tisserand ; Defrénois 2000. 443, obs. Champenois ; RTD civ. 2000. 616, obs. Vareille.*

6. Dépenses nécessaires au logement de la famille. Ayant relevé que la construction litigieuse (sur un terrain propre) était destinée au logement de la famille, une cour d'appel a pu considérer qu'il s'agissait d'une dépense nécessaire au regard de l'art. 1469, al. 2. • Civ. 1re, 6 mars 2001 : *JCP 2002. I. 167, n° 11, obs. Tisserand.*

C. RÉCOMPENSES ÉGALES AU PROFIT SUBSISTANT

1° DÉPENSES CONCERNÉES

7. Dépenses d'acquisition : assimilation du remboursement de l'emprunt au paiement du prix. Doit être évalué au montant du profit subsistant la récompense due à la communauté pour le paiement des mensualités d'un emprunt contracté par l'époux pour financer le prix d'un immeuble acquis par elle quelques jours avant le mariage, dès lors que le remboursement du prêt a été réglé au cours du régime et de deniers communs. • Civ. 1re, 5 nov. 1985 : *Bull. civ. I, n° 284 ; GAJC, 12e éd., n° 95 ; D. 1987. 26, note Le Guidec ; JCP N 1986. II. 97, note Simler* • 25 mai 1992, n° 90-18.931 P : *JCP 1992. I. 3614, n° 11, obs. Tisserand.*

8. ... Prise en compte des frais d'acquisition. La valeur empruntée ayant servi à acquérir un bien comprend, pour le calcul des récompenses, les frais liés à cette acquisition. • Civ. 1re, 26 juin 2013, n° 12-13.757 P : *D. 2013. 1682 ; AJ fam. 2013. 518, obs. Blanc-Pelissier* (en l'espèce, détermination du profit subsistant nécessaire à la revalorisation d'une créance entre époux séparés de biens compte tenu des renvois opérés par les art. 1479 et 1543). ♦ La « valeur empruntée » ayant servi à acquérir un bien au sens de *l'al. 3 de l'art. 1469* comprend les frais liés à cette acquisition sans qu'il y ait lieu de faire une distinction selon que la valeur empruntée a financé entièrement ou partiellement l'acquisition ; lorsqu'un immeuble commun a été intégralement financé par les fonds propres d'un époux, la récompense due par la communauté pour la totalité de l'apport effectué, y compris les frais annexes, ne peut excéder le profit subsistant correspondant à la valeur actuelle de l'immeuble. • Civ. 1re, 19 oct. 2016, n° 15-27.387 P : *D. 2016. 2169 ; AJ fam. 2016. 608, obs. Hilt ; RTD civ. 2017. 472, obs. Vareille ; Gaz. Pal. 2016. 3342, note Lasserre-Capdeville.*

9. ... Prise en compte des acquisitions à titre gratuit. L'emprunt permettant de payer la soulte due par un époux qui a reçu un immeuble en donation-partage contribue à l'acquisition du bien donné, de sorte que la récompense due à la communauté doit être calculée selon le profit subsistant. • Civ. 1re, 14 mai 1996 : *JCP 1996. I. 3962, n° 15, obs. Tisserand ; Defrénois 1996. 1442, obs. Champenois ; RTD civ. 1998. 969, obs. Vareille.*

10. ... Paiement des frais d'enregistrement d'un acte de donation. L'art. 1469 ne distingue pas selon que l'acquisition est effectuée à titre onéreux ou à titre gratuit. Les frais d'enregistrement d'un acte de donation, dont le paiement a permis la réalisation de cette donation et l'acquisition d'un bien à titre gratuit, donnent lieu à une récompense calculée selon le profit subsistant. • Civ. 1re, 4 juill. 1995, n° 93-12.347 P : *R., p. 222 ; Defrénois 1995. 1448, note Grimaldi ; JCP N 1996. II. 153, note Pillebout ; RTD civ. 1996. 975, obs. Vareille.*

11. ... Paiement des frais de licitation et de partage. Les frais de licitation et de partage, dont le paiement a permis l'attribution d'un bien, donnent lieu, lorsque le bien se retrouve à la dissolution de la communauté dans le patrimoine d'un époux, à une récompense calculée selon les modalités de l'art. 1469, al. 3. • Civ. 1re, 8 févr. 2005, n° 03-12.103 P : *D. 2005. Pan. 2117, obs. Revel ; JCP 2005. I. 163, n° 13, obs. Tisserand-Martin ; Defrénois 2005. 1519, obs. Champenois ; AJ fam. 2005. 240, obs. Hilt ; LPA 9 janv. 2006, note Couturier ; RTD civ. 2005. 446, obs. Vareille.*

12. Dépenses d'amélioration : remboursement par anticipation du prêt contracté pour financer la construction d'une maison. Cassation de l'arrêt ayant fixé au montant de la dépense faite la récompense due par la communauté à l'époux ayant, à l'aide de ses deniers propres, remboursé par anticipation le prêt contracté pour financer la construction d'une maison d'habitation sur un terrain commun alors que, s'agissant d'une dépense d'amélioration, cette récompense ne pouvait être inférieure au profit subsistant • Civ. 1re, 10 oct. 2012, n° 11-20.585 P : *AJ fam. 2012. 623, obs. Hilt.*

13. ... Impossibilité de subordonner l'octroi de la récompense à l'intérêt du ménage. Il n'y a pas lieu de rechercher si les améliorations de l'immeuble propre à un époux ont été faites dans l'intérêt du ménage, mais seulement si elles ont laissé subsister un profit pour le patrimoine propre de cet époux. • Civ. 1re, 19 déc. 1989 : *Bull. civ. I, n° 398 ; Defrénois 1990. 878, obs. Champenois ; RTD civ. 1991. 790, obs. Lucet et Vareille*.

2° CALCUL DU PROFIT SUBSISTANT

14. Hypothèse de profit inexistant. Pour une hypothèse d'absence de profit subsistant. V. • Civ. 1re, 24 sept. 2008, n° 07-19.710 P : *JCP N 2009. 1053, note Douville ; Dr. fam. 2008, n° 174, obs. Douville ; RJPF 2008-12/25, obs. Vauvillé ; RLDC 2008/55, n° 3233, obs. Le Gallou ; RTD civ. 2009. 162, obs. Vareille* (au visa des art. 1543, 1479, 1469, al. 3, et 1147 anc.).

15. Condamnation des méthodes consistant à réactualiser la dépense faite. Le profit subsistant doit être calculé compte tenu de la valeur du bien fixée au jour de la liquidation de la communauté. Viole l'art. 1469 la cour d'appel qui prescrit la réactualisation au jour de la liquidation de la communauté de la valeur du bien telle que fixée antérieurement à dire d'expert en proportion de la variation de l'indice du coût de la construction. • Civ. 1re, 25 juin 1991, n° 90-10.321 P : *D. 1992. Somm. 223, obs. Grimaldi*. ♦ V. aussi : • Civ. 1re, 16 avr. 1991, n° 89-11.324 P : *Defrénois 1991. 862 (3e esp.), obs. Champenois* (calcul erroné retenant le montant de l'investissement revalorisé au jour du partage) ; *JCP N 1992. II. 212, n° 18, obs. A. T.* • 13 févr. 2013 : *cité note 25.*

16. Impossibilité pour le juge de refuser de se prononcer sur la valeur d'un bien nécessaire à la détermination du profit subsistant. Cassation, pour déni de justice au sens de l'art. 4, de l'arrêt qui évalue à la dépense faite, et non au profit subsistant, la récompense due par un époux à la communauté pour avoir participé à l'acquisition d'un bien propre, au motif que le profit subsistant ne pouvait être calculé car le rapport d'expertise ne pouvait fournir la valeur du bien à la dissolution qui aurait dû être déterminée par le jeu normal de l'offre et de la demande. • Civ. 1re, 14 oct. 2020, n° 19-13.702 P : *D. 2020. 2065 ; AJ fam. 2021. 63, obs. Levillain ; JCP 2020, n° 1448, note Casey ; JCP N 2021, n° 1132, note Casey ; Dr. fam. 2020, n° 162, note Torricelli-Chrifi ; JCP 2020, n° 1326, pt. 9, obs. Tisserand-Martin.* ♦ En application de l'art. 4, le juge ne peut refuser de statuer en se fondant sur l'insuffisance des preuves fournies par les parties ; cassation de l'arrêt qui fixe le montant de la récompense due à la communauté au titre de l'édification d'un hangar sur un terrain propre à la valeur de ce hangar au motif que la communauté a financé la construction du hangar et qu'il n'est pas possible de déterminer la part de l'industrie personnelle de l'époux propriétaire dans les travaux de construction et d'agrandissement de ce bâtiment, alors qu'il incombait à la cour d'évaluer la part de l'industrie personnelle de l'époux dans la réalisation des travaux, au besoin en recourant à une mesure d'expertise. • Civ. 1re, 13 oct. 2021, n° 19-24.008 B : *D. 2022. 56, note Hartman ; ibid. 625, obs. Fricero ; AJ fam. 2021. 635, obs. Casey ; RTD civ. 2022. 187, obs. Nicod ; JCP N 2022, n° 1121, obs. Bouchard.*

17. Financement partiel de la dépense par le patrimoine prêteur. Le profit subsistant doit se déterminer d'après la proportion dans laquelle les fonds empruntés à la communauté ont contribué au financement de l'acquisition ou de l'amélioration ; si le financement n'a été que partiel, le profit subsistant ne peut être égal à la valeur totale du bien acquis ou à l'intégralité de la plus-value. • Civ. 1re, 13 nov. 1980 : *JCP 1981. II. 19668, note Pierre-François* • 11 oct. 1989, n° 87-11.954 P : *Defrénois 1990. 877, obs. Champenois* • 6 mai 1997, n° 95-17.441 P : *RTD civ. 1998. 970, obs. Vareille* • 16 déc. 1997, n° 96-10.249 P : *JCP 1998. I. 135, n° 16, obs. Tisserand ; Defrénois 1998. 410, obs. Champenois ; RTD civ. 1998. 968, obs. Vareille*. ♦ Le profit subsistant doit être déterminé d'après la proportion dans laquelle les fonds empruntés à la communauté ont contribué au financement de la construction édifiée sur le terrain appartenant en propre au mari. • Civ. 1re, 11 mars 2009, n° 07-21.356 P : *D. 2009. AJ 950 ; RLDC 2009/60, n° 3434, obs. Pouliquen ; ibid. 2009/63, n° 3547, note Campels ; RTD civ. 2009. 353, obs. Vareille* (recherche nécessaire de la fraction remboursée par la communauté du capital des emprunts souscrits pour financer l'amélioration de ce bien) • 28 oct. 2009 : *JCP 2010, n° 487, § 21, obs. Tisserand-Martin ; RLDC 2009/66, n° 3658, obs. Pouliquen* • 26 sept. 2012 : *cité note 1 ss. art. 1406* • 10 oct. 2012, n° 11-20.585 (récompense due à un époux par la communauté en raison du remboursement anticipé du prêt contracté pour financer une construction sur un terrain commun, ce remboursement correspondant à une hypothèse de financement partiel).

18. Financement de la dépense par l'intermédiaire d'un emprunt : sort des intérêts. Pour évaluer la récompense due à la communauté ayant remboursé une partie des mensualités d'un emprunt contracté pour l'acquisition d'un bien propre, obligation de distinguer la part affectée au remboursement du capital qui, seule, ouvre droit à récompense et celle affectée au remboursement des intérêts qui restent à la charge définitive de la communauté V. • Civ. 1re, 31 mars 1992 : *cité note 6 ss. art. 1437.* ♦ Sur l'éviction de l'art. 1469, al. 3, au profit de l'art. 815-13 lorsque le remboursement de l'emprunt intervient au cours de l'indivision post-communautaire, V. jurisprudence citée note 2 ss. art. 1468.

19. … Soustraction de l'APL (non). L'APL, accordée à l'acquéreur d'un bien propre affecté à sa résidence principale, constitue pour son bénéficiaire un substitut de revenus de sorte qu'elle entre en communauté, peu important qu'elle soit directement versée à l'organisme prêteur ; en conséquence, cette aide ne peut être soustraite de la récompense due par cet époux à la communauté au titre de la fraction des échéances de prêt dont celle-ci s'est acquittée. • Civ. 1re, 1er déc. 2021, n° 20-10.956 B : *D. 2021. 2232* ; *AJ fam. 2022. 98, obs. Casey* ; *RTD civ. 2022. 186, obs. Nicod* ; *Dr. fam. 2022, n° 16, obs. Torricelli-Chrifi.*

20. Aliénation du bien acquis, amélioré ou conservé, avant la liquidation : prise en compte du prix. Le profit subsistant représente l'avantage réellement procuré au fonds emprunteur. Si le bien a été aliéné avant la liquidation, cet avantage est évalué au jour de l'aliénation en considération du prix effectivement reçu et non en fonction de la valeur à dire d'expert du bien au jour de l'aliénation. • Civ. 1re, 11 juin 1991, n° 90-12.142 P.

21. ... Application en cas d'aliénation partielle. Lorsque le bien propre, partiellement financé par la communauté, a fait l'objet d'une aliénation partielle, la récompense due à la communauté est égale au profit subsistant qui doit être calculé au prorata de la valeur totale du bien ; une fois déterminée la proportion dans laquelle la communauté a participé au financement du bien propre, il convient d'appliquer cette proportion respectivement au prix de vente de la portion du bien aliéné et à la valeur, au jour de la liquidation, de la portion du bien conservé au sein du patrimoine propre. • Civ. 1re, 14 oct. 2020, n° 19-13.702 P : *D. 2020. 2065* ; *AJ fam. 2021. 63, obs. Levillain* ; *JCP 2020, n° 1448, note Casey ; JCP N 2021, n° 1132, note Casey ; Dr. fam. 2020, n° 162, note Torricelli-Chrifi ; JCP 2020, n° 1326, pt. 8, obs. Tisserand-Martin.*

22. ... Prise en compte de la subrogation réelle. Un second immeuble commun ayant été acquis à l'aide du prix d'aliénation d'un premier immeuble commun, une récompense unique est due à l'époux dont les fonds propres ont contribué au financement du premier immeuble, cette récompense étant égale au profit subsistant évalué sur le nouveau bien subrogé au bien aliéné. Cassation de l'arrêt ayant décidé que la communauté était redevable de deux récompenses, l'une au titre de l'acquisition du premier immeuble et l'autre au titre de l'acquisition du second immeuble. • Civ. 1re, 20 juin 2012, n° 11-18.504 P : *D 2012. 1676* ; *RTD civ. 2012. 559, obs. Vareille* ; *AJ fam. 2012. 468, note Hilt.*

23. Dépense d'acquisition : évaluation de la récompense due pour le paiement de droits de mutation à titre gratuit. Sur le mode de calcul du montant de la récompense due à la communauté par l'époux qui a payé des droits de mutation à titre gratuit lui incombant, avec des deniers communs, V. • Civ. 1re, 9 déc. 1986 : *D. 1987. 433, note Morin.* ♦ V. aussi • Civ. 1re, 4 juill. 1995 : *préc. note 10.* – Vareille, *obs. RTD civ. 1996. 977.*

24. Dépenses d'amélioration ou de conservation : nécessité de rechercher le profit réellement procuré au patrimoine emprunteur. Le profit subsistant représente l'avantage réellement procuré au fonds emprunteur au jour du règlement de la récompense. Ainsi, lorsque des deniers de la communauté ont servi au paiement de la totalité des dépenses de plantations de vignes sur un terrain propre, la récompense est exactement déterminée par la différence entre la valeur actuelle du terrain planté de vigne et la valeur du terrain nu. • Civ. 1re, 6 nov. 1984, n° 83-15.231 P. ♦ En cas d'amélioration d'un bien propre, le profit subsistant représente la différence entre la valeur actuelle du bien et sa valeur actuelle sans les travaux réalisés. • Civ. 1re, 8 févr. 2005 : *préc. note 11* • 30 avr. 2014 : *D. 2015. 287, obs. Fricero* ; *AJ fam. 2014. 383, obs. Hilt* ; *RTD civ. 2015. 681, obs. Vareille* ; *ibid. 683, obs. Vareille*. ♦ La méthode consistant à déterminer le pourcentage que représentait la valeur d'emprunt à la communauté dans l'estimation de l'immeuble au jour des travaux et à appliquer ce pourcentage à la valeur actuelle de l'immeuble n'est pas conforme à la règle établie par l'art. 1469, al. 3. • Civ. 1re, 6 nov. 1984 : *Bull. civ. I, n° 292.* – En ce sens, V. aussi • Paris, 17 mai 1977 : *Defrénois 1979. 1518 (1re esp.), note G. Morin ; JCP N 1981. II. 49 (1re esp.), note Pillebout.*

25. ... Application au cas de financement par la communauté d'une construction sur un terrain propre. Dans le cas d'une construction édifiée à l'aide de fonds communs sur un terrain propre, la récompense est égale, non à la valeur du bien construit, mais à la plus-value procurée par la construction au fonds où elle est implantée, c'est-à-dire à la valeur actuelle de l'immeuble diminuée de la valeur actuelle du terrain. • Civ. 1re, 6 juin 1990 : *JCP 1991. II. 21652, note Pillebout ; Defrénois 1991. 801, note X. Savatier ; ibid. 862, obs. Champenois* • 9 oct. 1990 : *ibid.* • 10 mai 2006 : *JCP 2006. I. 193, n° 21, obs. Tisserand-Martin.* ♦ V. aussi Lucet et Vareille, *RTD civ. 1991. 591* et • Civ. 10 oct. 2012, n° 11-20.585 P : *D. 2012. 2448* ; *AJ fam. 2012. 623, obs. Hilt* (en l'espèce, financement partiel de la construction par le patrimoine créancier de la récompense et profit subsistant ramené à une proportion identique de la plus-value conférée au bien) • 13 févr. 2013, n° 11-24.825 P : D. 2013. 497 ; AJ fam. 2013. 247, obs. Hilt (la plus-value procurée au patrimoine enrichi doit être déterminée en déduisant de la valeur actuelle de l'immeuble la valeur actuelle de ce bien dans sa consistance antérieure aux travaux ouvrant droit à récompense). ♦ Lorsque le terrain portait déjà un immeuble qui a dû être démoli, l'évaluation du profit subsistant doit tenir compte de la consistance du bien antérieurement aux travaux ouvrant droit à récompense. • Civ. 1re, 13 janv. 1993, n° 91-13.984 P : *D. 1993. Somm. 220, obs. Grimaldi ; Defrénois 1993. 382, obs. Champenois ; JCP 1994. I. 3733, n° 21, obs. Tisserand ; RTD civ. 1994. 665, obs. Vareille*. ♦ ... A moins que l'ancien bâtiment n'ait aucune valeur. • Civ. 1re, 25 févr. 1997 : *JCP N 1998. I. 135, obs. Tisserand.*

26. ... Neutralisation de l'industrie personnelle déployée par un époux en cas de financement des seuls matériaux de construction par la communauté. Sur le calcul de la récompense due à la communauté qui n'a financé que les matériaux de construction nécessaires à l'édification d'un pavillon sur un terrain propre, l'immeuble ayant été construit de la main des époux, V. • Civ. 1re, 26 oct. 2011 : *cité note 13 ss. art. 1437.*

27. Dépenses d'acquisition et d'amélioration : nécessité d'évaluer distinctement le profit subsistant du fait de l'acquisition de celui résultant du fait des améliorations. En présence d'une créance détenue par un époux au titre de sa participation à l'acquisition d'une maison, et des améliorations apportées à cette maison il y a lieu d'évaluer distinctement la créance réclamée au titre du financement de l'acquisition du bien de celle revendiquée au titre des améliorations apportées à ce même bien ; le calcul du profit subsistant s'effectue en établissant la proportion de la contribution du créancier au paiement du coût global de l'acquisition puis en l'appliquant à la valeur du bien au jour de la liquidation de la créance selon son état lors de l'acquisition dans le premier cas, tandis que le profit subsistant s'obtient en établissant la proportion de la contribution du créancier au paiement des travaux puis en l'appliquant à la différence existant entre la valeur au jour de la liquidation du bien amélioré et celle qui aurait été la sienne sans les travaux dans le second cas. • Civ. 1re, 22 juin 2022, n° 20-20.202 B : *D. 2022. 2063, obs. Godechot-Patris et Grare-Didier ; AJ fam. 2022. 497, obs. Casey ; RTD civ. 2022. 958, obs. Dauriac ; Dr. fam. 2022, n° 144, obs. Torricelli-Chrifi* (en l'espèce, évaluation d'une créance entre époux séparés de biens).

D. RÉCOMPENSES ÉGALES À LA PLUS FORTE DES DEUX SOMMES

28. Dépenses d'acquisition, de conservation ou d'amélioration nécessaires. La récompense ne peut être moindre que le profit subsistant quand la valeur empruntée a servi à acquérir, à conserver ou à améliorer un bien qui se retrouve, au jour de la liquidation de la communauté, dans le patrimoine emprunteur, ni moindre que la dépense faite quand celle-ci était nécessaire ; cassation de l'arrêt n'ayant pas constaté que le profit subsistant était d'un montant inférieur à la dépense faite, et ayant retenu la dépense faite, au motif que les remboursements destinés au remboursement de l'emprunt consacré au logement familial étaient une impense nécessaire. • Civ. 1re, 15 déc. 2010, n° 09-17.217 P : *D. actu. 13 janv. 2011, obs. Fleuriot ; D. 2011. Actu. 77 ; JCP 2011, n° 503, § 15, obs. Tisserand-Martin ; RLDC 2011/79, n° 4145, obs. Gallois.*

Art. 1470 **Si, balance faite, le compte présente un solde en faveur de la communauté, l'époux en rapporte le montant à la masse commune.**

S'il présente un solde en faveur de l'époux, celui-ci a le choix ou d'en exiger le paiement ou de prélever des biens communs jusqu'à due concurrence.

Art. 1471 *(L. n° 85-1372 du 23 déc. 1985)* **Les prélèvements s'exercent d'abord sur l'argent comptant, ensuite sur les meubles, et subsidiairement sur les immeubles de la communauté. L'époux qui opère le prélèvement a le droit de choisir les meubles et les immeubles qu'il prélèvera. Il ne saurait cependant préjudicier par son choix aux droits que peut avoir son conjoint de demander le maintien de l'indivision ou l'attribution préférentielle de certains biens.**

Si les époux veulent **prélever le même bien, il est procédé par voie de tirage au sort.** – *V. L. n° 85-1372 du 23 déc. 1985, art. 59, ss. art. 1581.*

Les juges ne peuvent condamner le mari à payer à sa femme la valeur d'actions pour l'acquisition desquelles une récompense lui était due, en précisant qu'à défaut de paiement, la femme pourrait exiger la remise des actions elles-mêmes, alors que la femme ne pouvait être tenue d'exercer un prélèvement en espèces que s'il existait dans la communauté une somme suffisante en argent comptant. • Civ. 1re, 29 nov. 1977 : *Bull. civ. I, n° 446.*

Art. 1472 *(L. n° 85-1372 du 23 déc. 1985)* **En cas d'insuffisance de la communauté, les prélèvements de chaque époux sont proportionnels au montant des récompenses qui lui sont dues.**

Toutefois, si l'insuffisance de la communauté est imputable à la faute de l'un des époux, l'autre conjoint peut exercer ses prélèvements avant lui sur l'ensemble des

biens communs ; il peut les exercer subsidiairement sur les biens propres de l'époux responsable. — *V. L. n° 85-1372 du 23 déc. 1985, art. 59 et 60, ss. art. 1581.*

Application des dispositions transitoires (L. du 23 déc. 1985, art. 59 et 60) : V. • Civ. 1re, 16 juill. 1992, n° 89-20.859 P : *Defrénois 1992. 1554, obs. Champenois.*

Art. 1473 *(L. n° 85-1372 du 23 déc. 1985)* **Les récompenses dues par la communauté ou à la communauté portent intérêts de plein droit du jour de la dissolution.**

Toutefois, lorsque la récompense est égale au profit subsistant, les intérêts courent du jour de la liquidation. — *V. L. n° 85-1372 du 23 déc. 1985, art. 59, ss. art. 1581.*

1. Domaine d'application : reprise en deniers. L'art. 1473 s'applique à la récompense correspondant à la reprise d'une somme d'argent apportée par un époux lors de son mariage. • Civ. 1re, 31 mai 1989 : *D. 1989. 525 (1re esp.), note Morin.*

2. ... Indemnité due sur le fondement de l'art. 815-13 (non). Les dispositions de l'art. 1473, qui concernent exclusivement les intérêts produits de plein droit par les récompenses dues par la communauté ou à la communauté, ne sont pas applicables à l'indemnité due sur le fondement de l'art. 815-13 (cas du remboursement postérieur à la dissolution du mariage d'emprunts contractés pendant le mariage pour l'acquisition de biens communs). • Civ. 1re, 9 juill. 1991, n° 89-11.341 P.

3. Point de départ des intérêts : récompense évaluée au montant du profit subsistant. Dans le cas d'une récompense due à la communauté pour la construction d'une maison sur un terrain propre au mari, cassation de l'arrêt qui, retenant que les récompenses ont été évaluées à la date de la vente de la maison construite, fait courir les intérêts à compter de cette date. • Civ. 1re, 26 sept. 2007 : *JCP 2007. IV. 2928.*

Art. 1474 **Les prélèvements en biens communs constituent une opération de partage. Ils ne confèrent à l'époux qui les exerce aucun droit d'être préféré aux créanciers de la communauté, sauf la préférence résultant, s'il y a lieu, de l'hypothèque légale.**

Art. 1475 **Après que tous les prélèvements ont été exécutés sur la masse, le surplus se partage par moitié entre les époux.**

Si un immeuble de la communauté est l'annexe d'un autre immeuble appartenant en propre à l'un des conjoints, ou s'il est contigu à cet immeuble, le conjoint propriétaire a la faculté de se le faire attribuer par imputation sur sa part ou moyennant soulte, d'après la valeur du bien au jour où l'attribution est demandée. — *V. L. n° 65-570 du 13 juill. 1965, art. 12, ss. art. 1581.*

Immeuble contigu à un immeuble propre. Pour l'application de l'art. 1475, al. 2, l'immeuble propre à l'un des conjoints, contigu à l'immeuble commun dont il demande l'attribution, doit avoir été acquis par lui antérieurement à la dissolution de la communauté, ce dont il doit justifier. • Civ. 1re, 3 déc. 1996, n° 95-11.269 P : *JCP N 1998. 813, obs. Le Guidec.*

Art. 1476 **Le partage de la communauté, pour tout ce qui concerne ses formes, le maintien de l'indivision et l'attribution préférentielle, la licitation des biens, les effets du partage, la garantie et les soultes, est soumis à toutes les règles qui sont établies au titre "Des successions" pour les partages entre cohéritiers.**

Toutefois, pour les communautés dissoutes par divorce, séparation de corps ou séparation de biens, l'attribution préférentielle n'est jamais de droit, et il peut toujours être décidé que la totalité de la soulte éventuellement due sera payable comptant.

BIBL. ▸ Breton, *Mél. Hébraud, Univ. Toulouse, 1981, p. 125* (divorce et partage).

A. APPLICATION DU DROIT COMMUN DU PARTAGE À LA COMMUNAUTÉ

1° RÉGIME GÉNÉRAL

1. Obstacle au partage de communauté : attribution dite éliminatoire (non). Impossibilité d'appliquer le mécanisme de l'attribution dite éliminatoire en cas d'indivision entre époux, faute de présence d'au moins trois indivisaires : V. note 2 ss. art. 824.

2. Domaine d'application. Les dispositions de l'art. 1479 ne sont pas applicables à la créance résultant du remboursement par l'ex-époux, postérieurement à la dissolution de la communauté, des échéances de l'emprunt souscrit pour la construction de la maison appartenant en propre à l'ex-épouse. En conséquence, l'ex-époux ne peut prétendre qu'au montant nominal des sommes qu'il a versées. • Civ. 1re, 4 nov. 2015, n° 14-11.845 P : *AJ fam. 2015. 691, obs. Hilt ; RTD civ. 2016. 171, obs. Vareille ; Dr. fam. 2016, n° 7, note Beignier ; Dr. et patr. 5/2016. 34, note*

Thibierge ; Gaz. Pal. 2016. 306, obs.Dross.

3. Droit pour chaque époux de demander règlement de sa quote-part dans les créances communes. Chacun des époux communs en biens est investi d'un droit sur les valeurs dépendant de la communauté et puise dans son titre, à partir de la dissolution, le droit de demander personnellement le règlement de sa quote-part dans les créances communes, conformément à l'anc. art. 1220. • Civ. 1re, 10 févr. 1981 : *JCP 1982. II. 19786, note Rémy.*

4. Appréciation de la lésion dans le partage de communauté. Pour apprécier le caractère lésionnaire d'un partage, il convient d'avoir égard à la liquidation et au règlement d'ensemble des droits des copartageants ; la lésion est calculée sur la part dont l'épouse a été allotie majorée du montant du solde créditeur de son compte de récompenses. • Civ. 1re, 16 juin 2011, n° 10-18.562 P : *D. 2011. Actu. 1756*. ♦ Pour des cas de lésion affectant des partages de communauté, V. également notes ss. art. 889.

2° CONSISTANCE DE LA MASSE PARTAGEABLE

5. Appréciation de la consistance de la masse partageable au jour de la dissolution. La composition de la communauté se détermine à la date à laquelle le jugement de divorce prend effet dans les rapports patrimoniaux entre époux ; pour évaluer les parts détenues par le mari au sein d'un cabinet d'expert-comptable, en nue-propriété seulement à cette date, il n'y a pas lieu de prendre en compte l'augmentation de la part de l'époux consécutive au décès de l'associé usufruitier au cours de l'indivision post-communautaire. • Civ. 1re, 28 janv. 2003, n° 00-20.757 P : *D. 2003. 643, note Barberot ; JCP 2003. I. 158, n° 17, obs. Tisserand ; Defrénois 2003. 1361, obs. Champenois.*

6. ... Application : contrat de location-attribution en cours au jour de la dissolution. Lorsque les époux ont souscrit un contrat de location-attribution, la communauté ne dispose, au jour de sa dissolution, que d'une créance à l'encontre de la société de location-attribution, l'immeuble lui-même, qui n'est pas devenu propriété de la communauté, ne participant pas de l'indivision post-communautaire. • Civ. 1re, 28 févr. 2006, n° 03-19.958 P.

7. Prise en compte des modifications advenues aux éléments d'actif avec l'accord de tous les indivisaires. Les modifications qui se produisent dans les éléments constitutifs de l'indivision, de l'accord de tous les coïndivisaires, profitent et nuisent à ceux-ci. • Civ. 1re, 11 mars 2009 : *cité note 17 ss. art. 1469* (prise en compte du prix de vente d'un véhicule, et non de sa valeur au moment de l'assignation en divorce).

8. Prise en compte de la subrogation réelle. Si la composition du patrimoine de la communauté se détermine à la date à laquelle le jugement de divorce prend effet dans les rapports patrimoniaux entre les époux, le partage ne peut porter que sur les biens qui figurent dans l'indivision ; cassation de l'arrêt ayant porté à l'actif de la communauté une somme correspondant à la valeur d'un véhicule accidenté au cours de l'indivision post-communautaire alors que seul le montant de l'indemnité d'assurance, subrogée au bien détruit, devait figurer dans la masse à partager. • Civ. 1re, 19 mars 2014, n° 13-12.578 P : *RGDA 2014. 259, obs. Mayaux.*

9. Exemples de modification de la consistance de la masse partageable : transformation du mode d'exploitation d'un fonds de commerce (non). La transformation en société du mode d'exploitation individuelle du fonds de commerce n'a pas entraîné une modification de la consistance de la masse partageable • Civ. 1re, 1er juill. 2003, n° 01-10.708 P.

3° ÉVALUATION DE LA MASSE PARTAGEABLE

10. Évaluation de l'actif au jour du partage compte tenu de l'état des biens indivis à ce même jour. En cas de divorce, si la consistance des éléments de la communauté à liquider se détermine au jour où le jugement de divorce prend effet dans les rapports patrimoniaux entre les époux, leur valeur doit être fixée au jour le plus proche du partage, compte tenu des modifications apportées à l'état de ces biens pendant la durée de l'indivision post-communautaire. • Civ. 1re, 7 avr. 1998, n° 96-15.358 P : *JCP 1998. I. 183, n° 6, obs. Tisserand ; JCP N 1999. 320, note Schaeffer ; Defrénois 1998. 1469, obs. Champenois ; Dr. fam. 1998, n° 120, note Beignier ; RTD civ. 1998. 712, obs. Patarin ; ibid. 1999. 174, obs. Vareille* • 16 juill. 1998, n° 96-21.011 P : *JCP 1999. I. 154, n° 13, obs. Tisserand ; Defrénois 1998. 1469, obs. Champenois ; LPA 10 juin 1999, note Teilliais* • 19 janv. 1999, n° 96-21.150 P : *RTD civ. 2000. 613, obs. Vareille* • 30 oct. 2006, n° 04-19.356 P : *JCP 2007. I. 142, n° 26, obs. Tisserand-Martin.* – V. déjà en ce sens : • Civ. 1re, 16 mars 1982 : *JCP 1983. II. 20076, note E. S. de La Marnierre* • 11 oct. 1989, n° 87-11.954 P : *Defrénois 1990. 877, obs. Champenois* • 29 nov. 1994, n° 92-21.151 P.

11. Possibilité de reporter conventionnellement la date d'évaluation d'un bien indivis. Les époux peuvent cependant convenir valablement d'évaluer un bien à une date différente, antérieure à la date du partage. • Cass., ass. plén., 22 avr. 2005, n° 02-15.180 P : *R., p. 213 ; BICC 1er juill. 2005, rapp. Gridel, concl. Cavarroc ; D. 2005. IR 1250 ; JCP 2005. II. 10089, note Simler ; RLDC 2005/18, n° 753, note Léandri ; Dr. fam. 2005, n° 140, note Beignier ; RDC 2005. 1155, obs. Lécuyer ; RTD civ. 2005. 810, obs. Grimaldi.* – V. déjà : • Civ. 1re, 23 nov. 1977, n° 76-10.476 P • 30 juin 1998, n° 96-14.157 P : *JCP N 1999. 393, note Casey ; JCP 1998. I. 183, n° 7, obs. Tisserand* (clientèle civile).

B. ATTRIBUTION PRÉFÉRENTIELLE ET PARTAGE DE COMMUNAUTÉ

12. Biens susceptibles de faire l'objet d'une attribution préférentielle. Si, en vertu des art. 832 et 1476, une exploitation agricole dépendant de la communauté peut faire l'objet d'une attribution préférentielle au profit d'un époux copropriétaire, fût-il divorcé, il n'en est pas de même du bail rural dont la transmission est réglée par l'art. 831 (devenu art. L. 461-6) du code rural, inapplicable en cas de divorce. • Civ. 1re, 23 nov. 1977 : *Bull. civ. I, n° 439.* – Même sens : • Civ. 3e, 6 mai 1970 : *JCP 1970. II. 16505 (2e esp.), note Ourliac et de Juglart.* ♦ Application de l'attribution préférentielle au bail emphytéotique. • Civ. 1re, 12 juin 2013 : *cité note 4 ss. art. 831-2.* ♦ D'une façon générale, s'agissant de l'attribution préférentielle du local à usage d'habitation, fréquemment sollicitée dans les partages de communauté consécutifs au divorce, V. jurisprudence citée ss. art. 831-2.

13. Impossibilité de subordonner la demande à l'établissement de comptes liquidatifs définitifs. Le fait que les comptes définitifs n'aient pas encore été établis par le notaire en charge des opérations de liquidation de la communauté constitue un motif impropre à justifier le rejet de la demande d'attribution préférentielle présentée par un ex-époux. • Civ. 1re, 30 avr. 2014, n° 12-21.484.

14. Soulte mise à la charge de l'attributaire : absence de délai de paiement. Il résulte des dispositions combinées des art. 1476, al. 2, et 832 que, dans le partage d'une communauté dissoute par divorce, séparation de corps ou de biens, la soulte mise à la charge de l'attributaire à titre préférentiel est, sauf accord amiable entre les copartageants, payable comptant, et que le juge ne peut octroyer des délais de paiement que lorsqu'il est saisi d'une demande d'attribution préférentielle d'une exploitation agricole telle qu'elle est prévue aux art. 832-1 et 832-2. • Civ. 1re, 25 mars 1997, n° 95-15.770 P : *Defrénois 1997. 1083, obs. Champenois.* ♦ Les juges saisis d'une demande d'attribution préférentielle d'une maison d'habitation n'ont donc pas à se prononcer sur l'opportunité d'octroyer des délais de paiement. • Même arrêt.

15. Impossibilité de subordonner l'attribution préférentielle au paiement de la soulte. Les juges ne peuvent subordonner le bénéfice de l'attribution préférentielle au paiement d'une soulte, assortissant ainsi le droit à attribution préférentielle d'une cause de déchéance non prévue par la loi. • Civ. 1re, 5 avr. 2005, n° 02-17.718 P : *D. 2005. IR 1052 ; JCP 2005. I. 163, n° 16, obs. Tisserand-Martin ; Dr. fam. 2005, n° 141, note Beignier* (soulte payable au comptant à la signature de l'acte de partage) • 20 janv. 2010, n° 09-65.317 P : *D. 2010. AJ 383* (indemnité d'occupation et soulte payable dans les deux mois). ♦ L'art. 1476 ne prévoit aucune cause de déchéance du droit à l'attribution préférentielle qu'il institue au profit d'un époux ; cassation de l'arrêt ayant décidé qu'à défaut de paiement de la soulte mise à la charge de l'attributaire dans un délai de 6 mois à compter de la signification de la décision, l'immeuble indivis attribué préférentiellement serait mis en vente à l'amiable ou, à défaut, licité à la barre du tribunal. • Civ. 1re, 7 févr. 2018, n° 16-26.892 P : *D. 2018. Chron. C. cass. 2039, obs. Mouty-Tardieu ; AJ fam. 2018. 240, obs. Hilt ; Dr. fam. 2018, n° 99, obs. Beignier.*

Art. 1477 **Celui des époux qui aurait** *(L. n° 2009-526 du 12 mai 2009, art. 10)* **« détourné » ou recelé quelques effets de la communauté, est privé de sa portion dans lesdits effets.**

(L. n° 2004-439 du 26 mai 2004, art. 21-VII) **« De même, celui qui aurait dissimulé sciemment l'existence d'une dette commune doit l'assumer définitivement. »** — *Entrée en vigueur le 1er janv. 2005.*

A. DOMAINE D'APPLICATION DU RECEL

1. Non-application du recel à la soustraction de revenus de biens indivis. La consistance de la masse commune devant s'apprécier à la date de report des effets du divorce entre les époux, les peines du recel ne peuvent trouver à *s'appliquer à des revenus d'un bien* devenu indivis après cette date, lesquels ne constituent pas des effets de communauté. • Civ. 1re, 17 juin 2003, n° 01-13.228 P : *D. 2004. Somm. 2343, obs. Brémond ; Gaz. Pal. 2004. Somm. 2094, obs. S. Piedelièvre ; AJ fam. 2003. 351, obs. S. D.-B. ; RJPF 2004-1/22, note Vauvillé ; RTD civ. 2003. 537, obs. Vareille* • 9 janv. 2008 : *préc. note 1.* – Fiorina, *Defrénois 2004. 543.*

2. Non-application du recel aux biens acquis indivisément par des époux séparés de biens. Le recel de communauté ne peut s'appliquer aux biens acquis indivisément par des époux mariés sous le régime de la séparation de biens, faute de communauté. • Civ. 1re, 19 mars 2008, n° 06-16.346 P : *RLDC 2008/5, n° 3000, obs. Jeanne.*

3. Non-application au régime de la participation aux acquêts. Sous le régime de la participation aux acquêts, les biens acquis par les époux, au cours du mariage, constituent des biens qui leur sont personnels et non des biens communs, chacun d'eux ne pouvant prétendre, à la dissolution du régime, qu'à une créance de participation, ce qui exclut le recel de biens communs. • Civ. 1re, 4 mai 2011, n° 10-15.787 P : *D. 2011. Actu. 1348, obs. Marrocchela ; ibid. 2005, note Mauger-Vielpeau ; AJ fam. 2011. 332, obs. Hilt ; Defrénois 2011. 1226, note Autem ; Dr. fam. 2011, n° 100, obs. Beignier ; RLDC 2011/84, n° 4317, note Mésa ; RTD civ. 2011. 579, obs. Vareille .*

4. Non-application du recel à un tiers n'ayant pas la qualité de copartageant. La sanction édictée par l'art. 1477 et fondée sur la qualité de copartageant chez l'auteur du recel ne peut être appliquée à un tiers étranger à l'indivision, fût-il complice du recel, ce tiers ne pouvant être condamné qu'à réparer le préjudice que le copartageant lésé a subi par l'effet du recel (soit la moitié des valeurs diverties). • Civ. 1re, 26 mars 1985, n° 83-10.164 P : *R., p. 80.*

B. ÉLÉMENTS CONSTITUTIFS DU RECEL

1° ÉLÉMENT MATÉRIEL

5. Procédés constitutifs du recel : définition. Le recel n'implique pas nécessairement un acte d'appropriation et peut résulter de tout procédé tendant à frustrer un époux de sa part de communauté. • Civ. 1re, 26 janv. 1994 : *Defrénois 1994. 899, obs. Champenois ; RTD civ. 1996. 228, obs. Vareille .* – Déjà dans le même sens : • Civ. 1re, 14 févr. 1966 : *D. 1966. 474.*

6. Prise en compte des actes commis postérieurement à la dissolution. Le recel de communauté peut être commis avant ou après la dissolution de la communauté jusqu'au jour du partage. • Civ. 1re, 16 avr. 2008, n° 07-12.224 P : *AJ fam. 2008. 260, obs. Hilt ; JCP N 2008. 1339, n° 15, obs. Tisserand-Martin ; Defrénois, 2008. 2199, obs. Champenois ; RTD civ. 2009. 768, obs. Vareille .*

7. Illustrations : imputation d'une dette personnelle au passif de la communauté. L'imputation frauduleuse par un époux d'une dette personnelle au passif de la communauté est constitutive d'un recel. • Civ. 1re, 9 janv. 2008, n° 05-15.491 P : *D. 2008. AJ 352, obs. Gallmeister ; AJ fam. 2008. 127, obs. Hilt ; Dr. fam. 2008, n° 29, note Beignier ; RTD civ. 2008. 538, obs. Vareille .*

2° ÉLÉMENT INTENTIONNEL

8. Caractère obligatoire. Aucun recel de communauté ne peut être relevé pour une date antérieure au jugement déclarant que les époux étaient mariés sous le régime légal français de communauté réduite aux acquêts, faute d'élément intentionnel. • Civ. 1re, 20 mai 2009, n° 08-20.317 P.

9. Définition : intention de porter atteinte à l'égalité du partage. Le recel et le divertissement existent dès que sont établis des faits matériels manifestant l'intention de porter atteinte à l'égalité du partage, et ce, quels que soient les moyens mis en œuvre. • Civ. 1re, 7 juill. 1982 : *Bull. civ. I, n° 255.*

10. ... Prise en compte du comportement ultérieur de la personne assignée en recel. Il n'est pas interdit aux juges du fond de rechercher le comportement ultérieur de la personne assignée en recel pour caractériser son intention frauduleuse. • Civ. 1re, 26 janv. 1994 : *cité note 5.*

C. SANCTION DU RECEL

11. Date à laquelle le recel peut être constaté. La constatation du recel n'est pas subordonnée à la liquidation effective de la communauté. • Civ. 1re, 29 nov. 1988 : *JCP 1989. II. 21339, note Simler ; Defrénois 1989. 927, obs. Champenois.*

12. Date à laquelle le recel peut être sanctionné. Le juge prononçant le divorce ne peut décider qu'un époux ayant diverti ou recelé certains biens doit être privé de sa part sur ceux-ci, lesquels doivent être attribués en totalité et hors part à l'autre époux, alors que cette mesure ne peut être appliquée qu'après dissolution de la communauté, le divorce étant devenu définitif. • Civ. 2e, 5 janv. 1978, n° 76-14.958 P.

13. Propriété exclusive du conjoint de l'époux receleur sur les biens recelés. L'époux receleur est privé de tout droit dans l'objet diverti qui, avant même qu'il ne soit procédé aux opérations de partage, devient par l'effet même de la sanction légale la propriété privative de son conjoint. • Civ. 1re, 7 oct. 1975 : *Bull. civ. I, n° 255* • 29 nov. 1988 : *préc. note 5.* ♦ Il en est ainsi même si la liquidation de la communauté et celle de la succession du conjoint décédé se sont trouvées en fait confondues. • Civ. 1re, 12 mars 1985 : *Bull. civ. I, n° 93.* ♦ Il résulte des art. 1477, 549 et 1378 anc. que l'époux victime du recel devient propriétaire exclusif des biens divertis ou recelés et a droit aux fruits et revenus produits par ces biens depuis la date de la dissolution de la communauté ou, si le recel a été commis postérieurement, depuis la date de l'appropriation injustifiée. • Civ. 1re, 31 oct. 2007, n° 06-10.348 P : *D. 2008. Pan. 2249, obs. Brémond ; JCP 2008. I. 147, n° 1, obs. Caussain, Deboissy, Wickler ; AJ fam. 2007. 482, obs. Hilt ; Defrénois 2008. 2199, obs. Champenois ; RTD civ. 2008. 539, obs. Vareille .*

14. Cas du recel de somme d'argent ayant servi à libérer le capital d'une SCI. Le recel commis par l'époux ayant eu pour objet une somme d'argent commune employée à libérer le capital social d'une SCI, et non le bien immobilier acquis postérieurement par cette société, les ayants droit de l'épouse, victime du recel, ne pouvaient prétendre qu'à la valeur des parts de cette société au jour de l'aliénation de l'immeuble dont elle était propriétaire. • Civ. 1re, 7 oct. 2015, n° 14-18.124 P : *AJ fam. 2015. 692, obs. Ferré-André*.

15. Modalités de partage de la communauté en l'absence des biens recelés. Lorsque les biens recelés ne se retrouvent pas entre les mains de l'époux receleur, le conjoint lésé a droit non seulement à la valeur des biens recelés, mais encore à la moitié de la communauté déterminée en incluant dans l'actif la valeur de ces biens. • Civ. 1re, 20 févr. 1996, n° 93-13.467 P : *JCP N 1997. II. 313, note Maury ; Defrénois 1996. 1084, obs. Champenois.*

16. Maintien au profit du receleur du droit de prélèvement pour cause de récompense sur les biens recelés. L'époux receleur peut exercer sur le bien diverti son droit de prélèvement pour cause de reprise ou de récompense dès lors qu'il établit l'existence et le montant de sa créance. • Civ. 1re, 23 janv. 2007, n° 04-10.526 P : *D. 2007. AJ 509, obs. P. Guiomard ; ibid. Chron. C. cass. 894, obs. Chauvin ; ibid. Pan. 2132, obs. Revel ; JCP 2007. I. 142, n° 28, obs. Tisserand-Martin ; AJ fam. 2007. 187, obs. Hilt ; Dr. fam. 2007, n° 67, note Beignier ; RTD civ. 2008. 539, obs. Vareille*.

17. Charge de la preuve. Un contrôle fiscal ayant prouvé qu'une vente d'actions s'est faite à un prix supérieur à celui indiqué dans l'acte de cession, il incombe au mari, pour échapper à la sanction du recel, de prouver qu'il a informé son épouse de la valeur réelle des actions communes dont il a disposé. • Civ. 1re, 1er juin 2011, n° 10-30.205 P : *D. actu. 17 juin 2011, obs. Marrocchella, AJ fam. 2011. 383, obs. Hilt ; RTD civ. 2011. 578, obs. Vareille ; ibid. 2012. 98, obs. Hauser ; JCP 2011, n° 1371, § 11, obs. Tisserand-Martin ; Defrénois 2011. 1694, note Courtaigne-Deslandes.*

Art. 1478 **Après le partage consommé, si l'un des deux époux est créancier personnel de l'autre, comme lorsque le prix de son bien a été employé à payer une dette personnelle de son conjoint, ou pour toute autre cause, il exerce sa créance sur la part qui est échue à celui-ci dans la communauté ou sur ses biens personnels.**

Art. 1479 **Les créances personnelles que les époux ont à exercer l'un contre l'autre ne donnent pas lieu à prélèvement et ne portent intérêt que du jour de la sommation.**

(L. n° 85-1372 du 23 déc. 1985) **« Sauf convention contraire des parties, elles sont évaluées selon les règles de l'article 1469, troisième alinéa, dans les cas prévus par celui-ci ; les intérêts courent alors du jour de la liquidation. »** – *V. L. n° 85-1372 du 23 déc. 1985, art. 59, ss. art. 1581.*

1. Caractère supplétif de la règle. Selon l'art. 1479, al. 2, les dispositions légales relatives à l'évaluation des créances entre époux ne sont applicables qu'à défaut de convention contraire. Dès lors que le contrat de prêt conclu entre époux en prévoit les modalités d'exécution, le montant de la dette ne peut être déterminé qu'en application des dispositions contractuelles. • Civ. 1re, 20 févr. 1996, n° 93-20.044 P : *D. 1996. Somm. 392, obs. Grimaldi*. ♦ Prise en compte d'un accord intervenu dans le cadre d'une déclaration au fisc entre les héritiers du mari et son épouse dérogeant au mode de calcul prévu à l'art. 1469, (al. 3). • Civ. 1re, 4 mars 2015, n° 14-10.660 P : *D. 2015. 627 ; AJ fam. 2015. 233, obs. Hilt ; RTD civ. 2015. 690, obs. Vareille* (en l'espèce, créance entre époux séparés de biens). ♦ La constitution d'une garantie (nantissement) ne constitue pas une convention sur les modalités du prêt permettant d'écarter les dispositions de l'art. 1469, al. 3. • Civ. 1re, 10 mai 2006, n° 04-11.899 P.

2. Revalorisation en fonction de la plus-value apportée au patrimoine emprunteur. En application de l'art. 1479, al. 2, la somme avancée par la femme au mari pour l'acquisition d'un bien doit, lors de la liquidation, être revalorisée à la mesure de la plus-value procurée par cette avance au patrimoine de l'époux. • Civ. 1re, 12 juin 1990, n° 88-18.166 P : *Defrénois 1990. 872, obs. Champenois.* ♦ D'une façon générale sur le calcul du profit subsistant ou de la plus-value procurée au patrimoine emprunteur, V. jurisprudence citée ss. art. 1469.

3. Impossibilité de retenir une évaluation inférieure à la dépense faite. Lorsque les fonds personnels d'un époux ont servi à améliorer un bien personnel de l'autre, qui l'a aliéné avant la liquidation, sa créance ne peut être moindre que le profit subsistant au jour de l'aliénation ; en l'absence de profit subsistant, la créance est égale au montant nominal de la dépense faite. • Civ. 1re, 24 sept. 2008, n° 07-19.710 P : *D. 2008. 3050, note Barabé-Bouchard ; AJ fam. 2008. 437, obs. Hilt ; JCP N 2009. 1053, note Douville ; Dr. fam. 2008. 174, obs. Douville ; RJPF 2008-12/25, obs. Vauvillé ; RLDC 2008/55, n° 3233, obs. Le Gallou ; RTD civ. 2009. 162, obs. Vareille* (au visa des art. 1543 – en l'espèce, époux séparés de biens –, 1479,1469, al. 3, et 1147 anc.).

4. Point de départ des intérêts. Les intérêts d'une créance entre époux, évaluée au montant du profit subsistant, courent, lorsque le bien a été aliéné avant la liquidation, à compter du jour de l'aliénation. • Civ. 1re, 23 sept. 2015, nº 14-15.428 P : *cité note 7 ss. art. 1543.* ♦ Cassation de l'arrêt ayant fait application de l'art. 1479 à la détermination des intérêts dus pour une perstation compensatoire. • Civ. 1re, 7 févr. 2018, nº 17-14.184 P : *D. 2018. 778, note Sadi ; AJ fam. 2018. 295, obs. Thouret .*

5. Prescription. Les créances entre époux se prescrivent, en matière personnelle ou mobilière et en l'absence de disposition particulière, selon le délai de droit commun édicté par l'art. 2224. De plus, il résulte de la combinaison des art. 2224 et 2236 que le délai de droit commun par lequel se prescrivent, en l'absence de dispositions particulières, ces créances en matière personnelle ou mobilière commence à courir lorsque le divorce a acquis force de chose jugée. • Civ. 1re, 18 mai 2022, nº 20-20.725 B : *D. 2022. 1388, note Bouathong ; AJ fam. 2022. 443, obs. Casey ; ibid. 307, obs. d'Ambra ; RTD civ. 2022. 959, obs. Dauriac ; Dr. fam. 2022, nº 125, obs. Torricelli-Chrifi.*

6. Règlement : opération de partage (non). Il résulte de l'art. 1479, al. 1, que le règlement des créances entre époux ne constitue pas une opération de partage. • Civ. 1re, 26 sept. 2012, nº 11-22.929 P : *D. 2012. 2307 ; AJ fam. 2012. 564, obs. Hilt ; RTD civ. 2012. 766 et 767, obs. Vareille* (créance entre époux séparés de biens). ♦ Même sens pour en déduire l'application de la prescription de droit commun édictée à l'art. 2224 et casser un arrêt ayant retenu l'absence de prescription en raison du caractère imprescriptible de l'action en partage, V. : • Civ. 1re, 18 mai 2022, nº 20-20.725 B : *préc. note 5.*

Art. 1480 **Les donations que l'un des époux a pu faire à l'autre ne s'exécutent que sur la part du donateur dans la communauté et sur ses biens personnels.**

Art. 1481 *Abrogé par L. nº 2001-1135 du 3 déc. 2001, art. 15.*

§ 3 De l'obligation et de la contribution au passif après la dissolution *(L. nº 85-1372 du 23 déc. 1985).*

BIBL. GÉN. ▸ Brazier, *JCP 1969. I. 2225* (bénéfice d'émolument). – Spitéri, *JCP 1967. I. 2087* (situation des créanciers après le décès du débiteur commun en biens).

Art. 1482 *(L. nº 85-1372 du 23 déc. 1985)* **Chacun des époux peut être poursuivi pour la totalité des dettes existantes, au jour de la dissolution, qui étaient entrées en communauté de son chef.**

1. Dette entrée en communauté du chef des deux époux. Deux époux s'étant engagés solidairement à rembourser un prêt, viole les art. 1418 et 1482 l'arrêt qui décide que, la femme ayant payé sa part dans les dettes de la communauté, le mari devait être seul condamné à payer le prêteur, alors que la dette était aussi tombée en communauté du chef de la femme. • Civ. 1re, 4 mars 1980 : *Bull. civ. I, nº 73.*

2. Possibilité de poursuivre l'époux ayant contracté la dette au-delà de son émolument. Il résulte des art. 1482 et 1483, al. 1er, que le conjoint poursuivi, après la dissolution mais avant le partage, à raison d'une dette entrée en communauté de son chef en est tenu au-delà de son émolument. • Civ. 1re, 16 mars 2004, nº 02-22.556 P : *JCP 2005. I. 128, nº 16, obs. Tisserand-Martin ; Defrénois 2004. 1475, obs. Champenois.*

Art. 1483 **Chacun des époux ne peut être poursuivi que pour la moitié des dettes qui étaient entrées en communauté du chef de son conjoint.**

(L. nº 85-1372 du 23 déc. 1985) **« Après le partage et sauf le cas de recel, il n'en est tenu que jusqu'à concurrence de son émolument pourvu qu'il y ait eu inventaire, et à charge de rendre compte tant du contenu de cet inventaire que de ce qui lui est échu par le partage ainsi que du passif commun déjà acquitté. »**

1. Principe de l'obligation personnelle du conjoint à la moitié de la dette. La dette du mari envers une caisse de retraite étant une dette commune, la femme se trouve tenue à son paiement pour moitié, conjointement avec le mari, sous réserve du bénéfice d'émolument. • Civ. 1re, 3 avr. 1979, nº 77-15.505 P. ♦ V. aussi, pour le solde débiteur d'un compte courant ouvert par le mari, qui n'était dû par la femme que pour moitié, la procuration dont elle disposait n'empêchant pas de considérer la dette comme née du chef du seul mari : • Civ. 1re, 27 juin 1984 : *Bull. civ. I, nº 214.*

2. Opposabilité au conjoint de la date à laquelle la dette a été contractée. Les dettes contractées par un époux durant le mariage, qui sont à la charge de la communauté, demeurent opposables à son conjoint après la dissolution du régime, même si les écrits qui les constatent n'ont pas acquis date certaine avant cet événement. • Civ. 1re, 6 juill. 1988 : *Gaz. Pal. 1989. 1. 186, note Talon ; Defrénois 1988. 1476, obs. Champenois* • 17 mars 1992, nº 90-12.768 P : *JCP 1992. I. 3614, nº 9, obs. Simler.* ♦ V. pour une dette contractée par l'épouse en cours de communauté, et garantie par une hypothèque exercée sur un immeuble échu à l'époux : • Civ. 1re, 1er juill. 2009 : *cité ss. art. 1489.* ♦ Sur l'absence d'incidence du report de la date de la dissolution sur le gage des créanciers, V. jurisprudence citée ss. art. 1442.

3. Ouverture du droit de poursuite au cours de l'indivision post-communautaire. Il résulte de l'art. 1483, al. 1er, que dès la dissolution de la communauté chacun des époux peut être poursuivi pour la moitié des dettes entrées en communauté du chef de son conjoint, les droits reconnus aux créanciers de l'indivision par l'art. 815-17 ne les privant pas pour autant de ceux qu'ils tiennent du droit des régimes matrimoniaux. • Civ. 1re, 1er mars 1988 : *JCP 1988. II. 21158, note Simler ; JCP N 1988. II. 318, note Arrault et Cornille ; Defrénois 1988. 923, obs. Champenois* • 7 mars 1989 : *JCP 1989. II. 21309, note Simler ; Defrénois 1989. 931, obs. Champenois.*

4. Conséquences de l'obligation personnelle à la moitié de la dette. L'épouse pouvant, après dissolution de la communauté, être poursuivie pour moitié des dettes entrées dans cette communauté du chef de son conjoint, elle ne peut s'opposer à l'inscription sur un immeuble qui lui est attribué par le partage d'une hypothèque du chef du mari pour une dette tombée en communauté (redressement fiscal). • Civ. 1re, 31 janv. 1989 : *D. 1989. 288, note Morin ; JCP 1989. II. 21310, note Simler.* – V. aussi • Civ. 1re, 16 juill. 1987 : *JCP 1988. II. 21021 (2e esp.), note Simler* • 10 mai 2006, nº 03-17.675 P : *D. 2006. IR 1483 ; JCP 2006. I. 193, nº 14, obs. Simler.*

5. Bénéfice d'émolument. Le conjoint qui invoque le bénéfice d'émolument doit justifier de l'épuisement de son émolument. • Civ. 1re, 28 avr. 1982 : *Bull. civ. I, nº 149.*

Art. 1484 **L'inventaire prévu à l'article précédent doit avoir lieu dans les formes réglées par le code de procédure civile, contradictoirement avec l'autre époux ou lui dûment appelé. Il doit être clos dans les neuf mois du jour où la communauté a été dissoute, sauf prorogation accordée par le juge des référés. Il doit être affirmé sincère et véritable devant l'officier public qui l'a reçu.**

Art. 1485 **Chacun des époux contribue pour moitié aux dettes de communauté pour lesquelles il n'était pas dû de récompense, ainsi qu'aux frais de scellé, inventaire, vente de mobilier, liquidation, licitation et partage.**

Il supporte seul les dettes qui n'étaient devenues communes que sauf récompense à sa charge.

1. Sort du passif subsistant : dettes communes à titre provisoire. A partir de la dissolution de la communauté, dans les rapports entre époux, chacun de ceux-ci supporte seul les dettes qui n'étaient devenues communes que sauf récompense à sa charge. Viole les art. 1485, 1404, al. 2, et 1406, la cour d'appel qui, pour inscrire au passif de la communauté le capital restant dû au titre des prêts contractés par les époux afin de financer l'acquisition de matériel pour les besoins de l'exploitation agricole propre de l'époux, retient que ce matériel, dont une partie a accru le patrimoine de l'exploitation et l'autre a remplacé le matériel déjà présent lors du mariage, faisait partie du patrimoine propre de ce dernier alors que seul le solde des emprunts afférents au remplacement d'un matériel amorti devait être supporté à titre définitif par la communauté à compter de sa dissolution, le solde relatif à l'acquisition du nouveau matériel devant être supporté par cet époux. • Civ. 1re, 13 oct. 2021, nº 19-24.008 B : *D. 2022. 56, note Hartman ; ibid. 625, obs. Fricero ; AJ fam. 2021. 635, obs. Casey ; RTD civ. 2022. 187, obs. Nicod ; JCP N 2022, nº 1121, obs. Bouchard.*

2. ... Intérêts des dettes relevant du passif commun provisoire. A partir de la dissolution de la communauté, dans les rapports entre époux, chacun de ceux-ci supporte seul les dettes qui n'étaient devenues communes que sauf récompense à sa charge. Les intérêts de telles dettes, dus depuis cette époque, ne peuvent donc pas être portés au passif de la communauté. • Civ. 1re, 15 déc. 1981 : *Bull. civ. I, nº 378.*

Art. 1486 **L'époux qui peut se prévaloir du bénéfice de l'article 1483, alinéa second, ne contribue pas pour plus que son émolument aux dettes qui étaient entrées en communauté du chef de l'autre époux, à moins qu'il ne s'agisse de dettes pour lesquelles il aurait dû récompense.**

Art. 1487 **L'époux qui a payé au-delà de la portion dont il était tenu par application des articles précédents a, contre l'autre, un recours pour l'excédent.**

Art. 1488 **Il n'a point, pour cet excédent, de répétition contre le créancier, à moins que la quittance n'exprime qu'il n'entend payer que dans la limite de son obligation.**

Art. 1489 **Celui des deux époux qui, par l'effet de l'hypothèque exercée sur l'immeuble à lui échu en partage, se trouve poursuivi pour la totalité d'une dette de communauté, a de droit son recours contre l'autre pour la moitié de cette dette.**

Il résulte de l'art. 1489, dont les dispositions dérogent à celles de l'art. 1483, que, après la dissolution de la communauté, l'époux qui n'est pas personnellement débiteur, s'il n'est tenu, en principe, que de la moitié de la dette, peut être poursuivi pour la totalité lorsque la dette est garantie par une hypothèque exercée sur un immeuble à lui échu en partage ; l'époux ainsi poursuivi ne peut prétendre à être poursuivi seulement pour la moitié de la dette de communauté, la dette résultant des faits commis par son épouse, née le jour de la réalisation de chacun des faits dommageables, soit pendant la communauté, étant une dette commune. • Civ. 1re, 1er juill. 2009, n° 08-15.331 P : *JCP 2009. 391, n° 22, obs. Tisserand-Martin ; AJ fam. 2009. 354, obs. Hilt ; Defrénois 2010. 622, obs. Champenois.*

Art. 1490 **Les dispositions des articles précédents ne font point obstacle à ce que, sans préjudicier aux droits des tiers, une clause du partage oblige l'un ou l'autre des époux à payer une quotité de dettes autre que celle qui est fixée ci-dessus, ou même à acquitter le passif entièrement.**

Art. 1491 **Les héritiers des époux exercent, en cas de dissolution de la communauté, les mêmes droits que celui des époux qu'ils représentent et sont soumis aux mêmes obligations.** *(Abrogé par L. n° 2001-1135 du 3 déc. 2001, art. 15)* ***« Ils ne peuvent, toutefois, se prévaloir des droits résultant de l'article 1481. »***

Art. 1492 à 1496 *Abrogés.*

DEUXIÈME PARTIE De la communauté conventionnelle

RÉP. CIV. v° *Communauté conventionnelle*, par A. CHAMOULAYUD-TRAPIERS.

DALLOZ ACTION *Droit patrimonial de la famille 2021/2022, nos 151.00 s.*

BIBL. GÉN. ▶ CORNU, *JCP 1970. I. 2333.* – MALAURIE et AYNÈS, *Defrénois 2000. 673* (clauses relatives au partage de la communauté). – MICHA-GOUDET, *JCP N 1997. 799* (clauses protectrices du patrimoine professionnel en cas de divorce). – G. MORIN, *Defrénois 1986. 1074* (formules de contrats de mariage après la loi du 23 déc. 1985).

Art. 1497 **Les époux peuvent, dans leur contrat de mariage, modifier la communauté légale par toute espèce de conventions non contraires aux articles 1387, 1388 et 1389.**

Ils peuvent, notamment, convenir :

1° Que la communauté comprendra les meubles et les acquêts ;

2° Qu'il sera dérogé aux règles concernant l'administration ;

3° Que l'un des époux aura la faculté de prélever certains biens moyennant indemnité ;

4° Que l'un des époux aura un préciput ;

5° Que les époux auront des parts inégales ;

6° Qu'il y aura entre eux communauté universelle.

Les règles de la communauté légale restent applicables en tous les points qui n'ont pas fait l'objet de la convention des parties.

Pour les époux ayant fait un contrat de mariage avant le 1er févr. 1966, V. L. n° 65-570 du 13 juill. 1965, art. 11, 15 à 20, ss. art. 1581.

1. Le contrat de mariage peut écarter les dispositions de l'art. 1469 sur le calcul des récompenses. • Civ. 1re, 28 juin 1983, n° 82-12.926 P : *R., p. 43 ; D. 1984. 254, note G. Morin ; JCP 1985. II. 20330, note Pillebout.*

2. Validité et portée d'une stipulation de propre : V. • Civ. 1re, 7 juill. 1971 : *Bull. civ. I, n° 230* • 23 juill. 1979 : *Defrénois 1980. 654, note Vion ; JCP N 1980. II. 179, note D.F.*

3. Liberté d'adopter le régime de la communauté universelle : V. note 5 ss. art. 1526.

4. Clauses relatives à la société d'acquêts : V. note 7 ss. art. 1536.

SECTION 1 De la communauté de meubles et acquêts

Art. 1498 Lorsque les époux conviennent qu'il y aura entre eux communauté de meubles et acquêts, l'actif commun comprend, outre les biens qui en feraient partie sous le régime de la communauté légale, les biens meubles dont les époux avaient la propriété ou la possession au jour du mariage ou qui leur sont échus depuis par succession ou libéralité, à moins que le donateur ou testateur n'ait stipulé le contraire.

Restent propres, néanmoins, ceux de ces biens meubles qui auraient formé des propres par leur nature en vertu de l'article 1404, sous le régime légal, s'ils avaient été acquis pendant la communauté.

Si l'un des époux avait acquis un immeuble depuis le contrat de mariage, contenant stipulation de communauté de meubles et acquêts, et avant la célébration du mariage, l'immeuble acquis dans cet intervalle entrera dans la communauté, à moins que l'acquisition n'ait été faite en exécution de quelque clause du contrat de mariage, auquel cas elle serait réglée suivant la convention.

1. La volonté du donateur d'exclure de la communauté le bien donné peut être tacite et résulter de circonstances dont l'appréciation appartient aux juges du fond. • Civ. 1re, 24 nov. 1993 : *JCP 1994. I. 3785, III, n° 4, obs. Simler ; JCP N 1995. II. 1663, obs. Hovasse.* ♦ En l'espèce, une cour d'appel a estimé souverainement que la volonté du père donateur de gratifier le mari personnellement se déduisait de ce qu'il n'avait donné des actions nominatives qu'à son fils seulement. • Même arrêt.

2. Le bénéfice d'une assurance vie n'ayant pas été accepté avant la dissolution du régime de communauté universelle, les capitaux garantis ne pouvaient entrer dans l'actif de la communauté. • Civ. 1re, 5 nov. 2008 : *cité note 1 ss. art. 1208.*

Art. 1499 Entrent dans le passif commun, sous ce régime, outre les dettes qui en feraient partie sous le régime légal, une fraction de celles dont les époux étaient déjà grevés quand ils se sont mariés, ou dont se trouvent chargées des successions et libéralités qui leur échoient durant le mariage.

La fraction de passif que doit supporter la communauté est proportionnelle à la fraction d'actif qu'elle recueille, d'après les règles de l'article précédent, soit dans le patrimoine de l'époux au jour du mariage, soit dans l'ensemble des biens qui font l'objet de la succession ou libéralité.

Pour l'établissement de cette proportion, la consistance et la valeur de l'actif se prouvent conformément à l'article 1402.

Art. 1500 Les dettes dont la communauté est tenue en contrepartie des biens qu'elle recueille sont à sa charge définitive.

Art. 1501 La répartition du passif antérieur au mariage ou grevant les successions et libéralités ne peut préjudicier aux créanciers. Ils conservent, dans tous les cas, le droit de saisir les biens qui formaient auparavant leur gage. Ils peuvent même poursuivre leur paiement sur l'ensemble de la communauté lorsque le mobilier de leur débiteur a été confondu dans le patrimoine commun et ne peut plus être identifié selon les règles de l'article 1402.

Art. 1502 *Abrogé par L. n° 85-1372 du 23 déc. 1985.*

SECTION 2 De la clause d'administration conjointe *(L. n° 85-1372 du 23 déc. 1985).*

Art. 1503 *(L. n° 85-1372 du 23 déc. 1985)* Les époux peuvent convenir qu'ils administreront conjointement la communauté.

En ce cas, les actes d'administration et de disposition des biens communs sont faits sous la signature conjointe des deux époux et ils emportent de plein droit solidarité des obligations.

Les actes conservatoires peuvent être faits séparément par chaque époux.

Art. 1504 à 1510 *Abrogés.*

SECTION 3 De la clause de prélèvement moyennant indemnité

BIBL. GÉN. ▸ Jouvenet, *JCP N 1981. I. 341.*

Art. 1511 **Les époux peuvent stipuler que le survivant d'eux ou l'un d'eux s'il survit, ou même l'un d'eux dans tous les cas de dissolution de la communauté, aura la faculté de prélever certains biens communs, à charge d'en tenir compte à la communauté d'après la valeur qu'ils auront au jour du partage, s'il n'en a été autrement convenu.**

1. L'époux bénéficiaire devient, par l'effet du prélèvement qu'il exerce, seul propriétaire du bien prélevé, sans qu'un partage ait été nécessaire, et il a qualité pour en disposer. • Civ. 1re, 17 juin 1981 : *JCP 1983. II. 19979, note Dagot ; éd. N 1982. II. 195, note Rémy.* – Même sens : • Civ. 1re, 5 févr. 1975 : *Defrénois 1976. 318, note G. Morin.*

2. Une clause de prélèvement prévoyant l'imputation du montant de l'indemnité sur les droits du conjoint survivant dans la communauté et la succession du prémourant et fixant un délai pour le règlement de la soulte éventuelle, le point de départ de ce délai n'est pas la date d'effet du prélèvement mais celle du partage réalisant l'imputation. • Civ. 1re, 10 mars 1993 : *JCP N 1994. II. 140, note Pillebout.*

Art. 1512 **Le contrat de mariage peut fixer des bases d'évaluation et des modalités de paiement de la soulte éventuelle. Compte tenu de ces clauses et à défaut d'accord entre les parties, la valeur des biens sera fixée par le tribunal judiciaire.**

Art. 1513 **La faculté de prélèvement est caduque si l'époux bénéficiaire ne l'a pas exercée par une notification faite à l'autre époux ou à ses héritiers dans le délai d'un mois à compter du jour où ceux-ci l'auront mis en demeure de prendre parti. Cette mise en demeure ne peut elle-même avoir lieu avant l'expiration du délai prévu au titre : "Des successions" pour faire inventaire et délibérer.**

Art. 1514 **Le prélèvement est une opération de partage : les biens prélevés sont imputés sur la part de l'époux bénéficiaire ; si leur valeur excède cette part, il y a lieu au versement d'une soulte.**

Les époux peuvent convenir que l'indemnité due par l'auteur du prélèvement s'imputera subsidiairement sur ses droits dans la succession de l'époux prédécédé.

SECTION 4 Du préciput

Art. 1515 **Il peut être convenu, dans le contrat de mariage, que le survivant des époux, ou l'un d'eux s'il survit, sera autorisé à prélever sur la communauté, avant tout partage, soit une certaine somme, soit certains biens en nature, soit une certaine quantité d'une espèce déterminée de biens.**

Art. 1516 **Le préciput n'est point regardé comme une donation, soit quant au fond, soit quant à la forme, mais comme une convention de mariage et entre associés.**

Art. 1517 *Abrogé.*

Art. 1518 *(L. nº 85-1372 du 23 déc. 1985)* **Lorsque la communauté se dissout du vivant des époux, il n'y a pas lieu à la délivrance du préciput ; mais l'époux au profit duquel il a été stipulé conserve ses droits pour le cas de survie,** *(L. nº 2004-439 du 26 mai 2004, art. 21-VI, entrant en vigueur le 1er janv. 2005)* **« sous réserve de l'article 265 ». Il peut exiger une caution de son conjoint en garantie de ses droits.**

Art. 1519 **Les créanciers de la communauté ont toujours le droit de faire vendre les *effets compris dans le préciput*, sauf le recours de l'époux sur le reste de la communauté.**

SECTION 5 De la stipulation de parts inégales

BIBL. GÉN. ▸ **Attribution intégrale de la communauté :** DAGOT, *JCP 1997. I. 3996.* – JUAN, *JCP N 1980. I. 95.* – RABREAU, *Defrénois 2003. 1293* (obligation à la dette du conjoint attributaire). ▸ **Clause de reprise en nature des biens tombés dans la communauté universelle :** SALLE, *D. 1994. Chron. 34.* ▸ **Libéralités sous le régime de la communauté universelle :** ROUGHOL, *JCP N 1998. 274.*

Art. 1520 **Les époux peuvent déroger au partage égal établi par la loi.**

Art. 1521 **Lorsqu'il a été stipulé que l'époux ou ses héritiers n'auront qu'une certaine part dans la communauté, comme le tiers ou le quart, l'époux ainsi réduit ou ses héri-**

tiers ne supportent les dettes de la communauté que proportionnellement à la part qu'ils prennent dans l'actif.

La convention est nulle si elle oblige l'époux ainsi réduit ou ses héritiers à supporter une plus forte part, ou si elle les dispense de supporter une part dans les dettes égale à celle qu'ils prennent dans l'actif.

Art. 1522 et 1523 *Abrogés.*

Art. 1524 L'attribution de la communauté entière ne peut être convenue que pour le cas de survie, soit au profit d'un époux désigné, soit au profit de celui qui survivra quel qu'il soit. L'époux qui retient ainsi la totalité de la communauté est obligé d'en acquitter toutes les dettes.

Il peut aussi être convenu, pour le cas de survie, que l'un des époux aura, outre sa moitié, l'usufruit de la part du prédécédé. En ce cas, il contribuera aux dettes, quant à l'usufruit, suivant les règles de l'article 612.

Les dispositions de l'article 1518 sont applicables à ces clauses quand la communauté se dissout du vivant des deux époux.

1. Clause d'attribution intégrale de la communauté : portée conditionnée par la présence d'une clause excluant la reprise des apports. Les juges du fond ne peuvent, pour ordonner à la demande des héritiers d'un époux l'ouverture des opérations de compte, liquidation et partage de la communauté, se contenter d'énoncer que l'attribution au conjoint survivant de l'entière communauté ne constitue qu'une stipulation de parts inégales et qu'elle ne s'analyse pas en une manifestation de volonté à cause de mort ayant pour but d'exhéréder les héritiers, sans se prononcer sur la portée de la clause du contrat de mariage des époux stipulant l'attribution intégrale de la communauté au conjoint survivant (qui pourrait exclure la reprise des apports). • Civ. 1re, 20 févr. 1996, n° 94-10.863 P : *JCP 1996. I. 3962, n° 16, obs. Tisserand ; RTD civ. 1997. 210, obs. Vareille*. ♦ Sur la clause excluant la reprise des apports et capitaux par les héritiers du conjoint prédécédé, V. notes ss. art. 1525.

2. ... Non-application des causes légales d'indignité ou de révocation propres aux successions et aux libéralités. Application de la clause d'attribution intégrale au profit de l'époux condamné pour avoir mortellement frappé son épouse : • Civ. 1re, 7 avr. 1998, n° 96-14.508 P : *D. 1998. 529, note Thierry ; JCP 1998. II. 10197, note Puigelier ; JCP N 1998. 689 ; Defrénois 1998. 825, obs. Champenois ; Dr. fam. 1998, n° 102, note Beignier ; RTD civ. 1998. 457, obs. Vareille ; ibid. 882, obs. Hauser* (inapplicabilité de l'art. 267 [rédaction antérieure à la L. du 26 mai 2004], la dissolution n'ayant pas pour cause le divorce mais le décès de l'épouse, inapplicabilité aux avantages matrimoniaux des art. 953, 1046 et 727 C. civ. [rédaction antérieure à la L. du 3 déc. 2001]).

3. ... Incidence quant au sort du passif commun. L'attribution de la communauté entière en cas de survie oblige l'époux qui en retient la totalité d'en acquitter toutes les dettes ; alors qu'il n'est pas démontré que la dette, résultant d'un emprunt contracté par le mari sans le consentement de son épouse, avait été contractée dans l'intérêt exclusif de celui-ci, la cour d'appel, qui a relevé que la clause d'attribution intégrale de la communauté au survivant avait été mise en œuvre du fait du décès de l'époux, en a exactement déduit que la veuve, attributaire de la totalité de la communauté en pleine propriété, était tenue de cette dette entrée en communauté du chef de son conjoint. • Civ. 1re, 5 déc. 2018, n° 16-13.323 P : *D. 2019. 627, note Bouchard ; ibid. Chron. C. cass. 840, obs. Mouty-Tardieu ; AJ fam. 2019. 45, obs. Houssier ; RTD civ. 2019. 173, obs. Vareille ; JCP N 2019, n° 1217, note Prim ; Dr. fam. 2019, n° 51, note Torricelli-Chrifi.* ♦ Quant à l'incidence sur le sort du passif de la clause d'attribution intégrale, combinée avec l'adoption d'une communauté universelle, V. également notes 6 et 7 ss. art. 1526.

Art. 1525 La stipulation de parts inégales et la clause d'attribution intégrale ne sont point réputées des donations, ni quant au fond, ni quant à la forme, mais simplement des conventions de mariage et entre associés.

Sauf stipulation contraire, elles n'empêchent pas les héritiers du conjoint prédécédé de faire la reprise des apports et capitaux tombés dans la communauté du chef de leur auteur.

1. Portée de la reprise légale des apports et capitaux. En reprenant les apports et capitaux de l'époux prédécédé, les héritiers ne font que retirer de la communauté ce qui leur appartient du chef de leur auteur. Ces biens font partie de la succession de celui-ci, qui peut donc en disposer dans la limite de la quotité disponible. • Civ. 1re, 15 janv. 1974 : *D. 1974. 393, et Rect. 438, concl. Blondeau, note Cornu ; JCP 1974. II. 17808, note Thuillier.* ♦ Aucune distinction n'étant faite par l'art. 1525, al. 2, son application ne saurait être restreinte aux seuls héritiers par le sang. Le conjoint survivant, héritier comme les autres, ne saurait être exclu du droit à la reprise. • Même arrêt.

2. Portée des clauses dérogatoires excluant la reprise des apports et capitaux. Lorsque les époux sont convenus, en adoptant le régime de la communauté universelle avec attribution intégrale au conjoint survivant, d'exclure la reprise par les héritiers du conjoint prédécédé des apports et capitaux tombés dans la communauté du chef de celui-ci, ces derniers n'ont aucune créance à faire valoir sur la succession du survivant au titre de leur valeur. • Civ. 1re, 25 sept. 2013, n° 12-23.111 P : *AJ fam. 2013. 648, obs. Ferré-André ; RTD civ. 2013. 885, obs. Vareille ; Dr. fam. 2013, n° 165, obs. Beignier.*

3. Stipulations conventionnelles relatives à la reprise des apports en cas de divorce. Sur la possibilité de limiter la portée de la communauté universelle en organisant conventionnellement une reprise des apports en cas dissolution consécutive au divorce (clause de liquidation alternative ou clause alsacienne), V. note 8 ss. art. 1526.

En ce qui concerne les renseignements que les inspecteurs des impôts sont tenus de fournir sur la situation fiscale des époux, V. Loi de finances rectificatives pour 1966, art. L. 149, ss. art. 1467.

SECTION 6 De la communauté universelle

BIBL. GÉN. ▶ BEIGNIER, *Dr. fam. 2010. Étude 30* (récompenses et communauté universelle). – CATALA, *Defrénois 1996. 209.* – FERRÉ-ANDRÉ, *Defrénois 1993. 193* (la communauté universelle et les enfants des époux). – GRIMALDI, *JCP N 1999. 1083.* – JUAN, *JCP N 1980. I. 95.* – LACOSTE, *JCP N 1994. Prat. 3020* (changement de régime). – THIERRY, *D. 1998. Chron. 233* (jurisprudence récente). ▶ V. aussi Bibl. gén. précédant art. 1520.

Art. 1526 Les époux peuvent établir par leur contrat de mariage une communauté universelle de leurs biens tant meubles qu'immeubles, présents et à venir. Toutefois, sauf stipulation contraire, les biens que l'article 1404 déclare propres par leur nature ne tombent point dans cette communauté.

La communauté universelle supporte définitivement toutes les dettes des époux, présentes et futures.

A. COMMUNAUTÉ UNIVERSELLE : COMPOSITION

1° COMPOSITION ACTIVE

1. Bien acquis en tontine antérieurement au mariage. En présence d'un pacte tontinier antérieur au mariage sous le régime de la communauté, une cour d'appel a pu estimer souverainement que les époux avaient manifesté leur volonté commune d'apporter à la communauté universelle l'ensemble des droits dont ils étaient titulaires sur le bien en faisant une déclaration expresse en ce sens, résiliant ainsi le pacte tontinier, qui avait sa raison d'être pendant leur concubinage mais devenait sans objet pendant leur mariage au regard du régime matrimonial adopté. • Civ. 1re, 15 mai 2008 : *RJPF 2008-11/22, obs. Vauvillé.*

2. Bien donné à un époux avec réserve d'un droit de retour. Les clauses de droit de retour et d'inaliénabilité affectant les droits du donataire ne font pas obstacle à l'entrée en communauté universelle du bien que l'un des époux avait reçu par donation-partage préalablement à l'adoption de ce régime matrimonial par voie de changement conventionnel. • Civ. 1re, 18 mars 2015, n° 13-16.567 P : *D. 2015. 2094, obs. Revel ; AJ fam. 2015. 296, obs. Hilt ; RTD civ. 2016. 172, obs. Vareille ; JCP 2015, n° 690, note Sauvage.* ♦ Cependant, lorsque la donation a été consentie sous la condition résolutoire du prédécès du donataire, la réalisation de cette condition entraîne la réintégration du bien dans le patrimoine de la donatrice au décès du donataire, de sorte que l'épouse de celui-ci, attributaire de l'entière communauté universelle, ne peut prétendre à aucun droit sur le bien donné si ce n'est le remboursement des impenses exposées sur l'immeuble. • Civ. 1re, 23 sept. 2015, n° 14-18.131 P.

2° COMPOSITION PASSIVE

3. Dette correspondant à une créance de salaire différé. Lorsque le bénéficiaire du contrat de travail à salaire différé exerce son droit de créance après le décès de l'exploitant, cette créance naît du vivant de celui-ci, de sorte qu'à l'égard d'époux mariés sous le régime de la communauté universelle, elle constitue, au sens de l'art. 1526, al. 2, une dette future que la communauté supporte définitivement ; dès lors, la créance de salaire différé litigieuse constitue une dette personnelle de l'époux qui doit être prise en compte à l'occasion de la liquidation de la succession de l'épouse décédée postérieurement. • Civ. 1re, 18 janv. 2012, n° 10-24.892 P : *D. 2012. 851, avis Falletti ; ibid. 854, note Roussel ; AJ fam. 2012. 153, obs. Hilt ; RTD civ. 2012. 350, obs. Grimaldi ; JCP N 2012, n° 1118, obs. Le Guidec et Bosse-Platière ; RDC 2012. 843, obs. Libchaber.*

B. ... POUVOIRS

4. Partage de biens successoraux échus à l'un des conjoints. L'époux marié sous le régime de la communauté universelle n'a pas qualité pour demander le partage des biens successoraux indivis échus à son épouse. • Civ. 1re, 2 avr. 2008 : *cité note 29 ss. art. 1421* (absence d'intérêt à former tierce opposition au jugement ayant statué sur le partage). ♦ Un époux marié sous le régime de la communauté universelle a, en sa double qualité d'administrateur de la communauté et d'héritier, le droit de procéder, sans l'autre, au partage des biens qu'il recueille par succession et qui entrent en communauté. • Civ. 1re, 15 mai 2008, n° 07-16.226 P : *D. 2008. Chron. C. cass. 2363, obs. Chauvin ; RJPF 2008-9/28, obs. Vauvillé ; RLDC 2008/51, n° 3072, obs. Jeanne.* ♦ *Contra* précédemment : lorsqu'un héritier est marié sous le régime de la communauté universelle, son conjoint doit intervenir au partage des biens héréditaires indivis tombés dans la communauté universelle. • Civ. 1re, 18 juin 1985 : *JCP 1986. II. 20707, note Simler.*

C. ... PRINCIPAUX AMÉNAGEMENTS CONVENTIONNELS

5. Association de la communauté universelle à une clause d'attribution intégrale : principe de validité. Le principe de la liberté des conventions matrimoniales énoncé par l'art. 1497 autorise les futurs époux à adopter le régime de la communauté universelle de biens avec stipulation d'une clause d'attribution intégrale, la présence d'enfants issus d'une précédente union ne pouvant constituer un obstacle au libre choix des époux, et le droit au respect de la réserve héréditaire étant, alors, assuré par l'action en retranchement prévue par l'art. 1527 et non par l'annulation du contrat de mariage litigieux. • Civ. 1re, 28 févr. 2006, n° 03-19.206 P : *JCP 2006. I. 193, n° 5, obs. Wiederkehr.* ♦ Sur la clause d'attribution intégrale de la communauté au profit du survivant, V. art. 1524 et les notes.

6. ... Conséquences quant au sort du passif. Par l'effet de l'adoption d'un régime de communauté universelle avec attribution de la communauté entière au survivant, la dette de prestation compensatoire sous forme de rente d'un époux au profit de son précédent conjoint est entrée définitivement en communauté et le conjoint survivant en est donc tenu. • Civ. 1re, 15 oct. 1996, n° 94-19.418 P : *R., p. 240 ; D. 1997. 205, note Yamba ; JCP 1997. I. 4008, n° 13, obs. Simler ; Defrénois 1997. 417, obs. Champenois ; RTD civ. 1997. 106, obs. Hauser ; ibid. 1998. 455, obs. Vareille.* ♦ Dans le même sens, pour une dette de pension alimentaire (art. 301 ancien C. civ.) : • Civ. 2e, 11 juin 1998, n° 94-14.654 P : *JCP 1998. II. 10152, note Casey ; Dr. fam. 1998, n° 119 ; RTD civ. 1999. 368, obs. Hauser.*

7. ... Impossibilité d'invoquer le bénéfice d'émolument pour le conjoint attributaire de l'intégralité de la communauté universelle. Le conjoint survivant, tenu d'acquitter définitivement toutes les dettes de la communauté, ne peut invoquer les dispositions de l'art. 1483. • Civ. 1re, 16 mars 2004, n° 01-17.292 P : *D. 2004. IR 923 ; JCP 2004. II. 10090, concl. Sainte-Rose, note Casey ; ibid. I. 176, n° 20, obs. Tisserand-Martin ; Defrénois 2004. 1470, obs. Champenois ; AJ fam. 2004. 190, obs. Deis-Beauquesne ; Dr. fam. 2004, n° 108, note Beignier ; RJPF 2004-9/23, note Vauvillé ; LPA 24 janv. 2005, note Mahinga ; RTD civ. 2004. 333, obs. Vareille.*

8. Stipulation d'une clause de reprise des apports en cas de divorce (clause de liquidation alternative ou clause alsacienne). La clause de reprise des apports, associée au régime de communauté universelle, constitue une modalité du partage qui est compatible avec le principe d'immutabilité du régime matrimonial, mais une telle clause ne peut prévaloir sur les dispositions impératives des anciens art. 267 et 269 relatifs aux conséquences du divorce. • Civ. 1re, 17 janv. 2006 : *JCP 2006. I. 141, n° 20, obs. Tisserand-Martin.* ♦ Sur les effets de la clause en cas de divorce, V. également, à la suite de la L. du 23 juin 2006, art. 265, al. 3. ♦ V. aussi, en faveur de la validité de la clause attribuant au survivant la pleine propriété de l'universalité des biens et privant les héritiers de la faculté de reprise des apports, mais prévoyant les reprises des apports et partage de la communauté par moitié en cas de divorce et sur l'éventuelle indemnisation de la communauté pour les améliorations apportées à ces biens : • Colmar, 16 mai 1990 : *JCP N 1991. II. 17 (1re esp.), note Simler ; Defrénois 1990. 1361, obs. Champenois ; RTD civ. 1992. 171, obs. Lucet et Vareille* • Colmar, 20 juin 1990 : *JCP N 1991. II. 17 (2e esp.), note Simler ; RTD civ. 1992. 171, obs. Lucet et Vareille* • TGI Strasbourg, 24 mars 1992 : *JCP 1993. II. 22108 (2e esp.), note Simler* • Civ. 1re, 16 juin 1992 : *JCP 1993. II. 22108 (1re esp.), note Simler ; Defrénois 1993. 34, note Forgeard ; D. 1993. Somm. 220, obs. Grimaldi ; RTD civ. 1993. 187, obs. Lucet et Vareille* (rejet du pourvoi contre • Colmar, 20 juin 1990 : *préc.*, avec autres motifs). ♦ Nouvel art. 265 C. civ. et clause de liquidation alternative de la communauté universelle : V. Simler, JCP 2005. I. 160.

Dispositions communes aux deux parties du chapitre II

Art. 1527 **Les avantages que l'un ou l'autre des époux peut retirer des clauses d'une communauté conventionnelle, ainsi que ceux qui peuvent résulter de la confusion du mobilier ou des dettes, ne sont point regardés comme des donations.**

(L. n° 2001-1135 du 3 déc. 2001, art. 17) **« Néanmoins, au cas où il y aurait des enfants qui ne seraient pas issus des deux époux, toute convention qui aurait pour conséquence de donner à l'un des époux au-delà de la portion réglée par l'article 1094-1, au titre "Des donations entre vifs et des testaments", sera sans effet pour tout l'excédent ; mais les simples bénéfices résultant des travaux communs et des économies faites sur les revenus respectifs quoique inégaux, des deux époux, ne sont pas considérés comme un avantage fait au préjudice des enfants d'un autre lit. »** — *Sur l'entrée en vigueur immédiate de ces nouvelles dispositions, V. L. n° 2001-1135 du 3 déc. 2001, art. 25-II, 2°, ss. art. 767.*

(L. n° 2006-728 du 23 juin 2006, art. 45) **« Toutefois, ces derniers peuvent, dans les formes prévues aux articles 929 à 930-1, renoncer à demander la réduction de l'avantage matrimonial excessif avant le décès de l'époux survivant. Dans ce cas, ils bénéficient de plein droit** *(Ord. n° 2021-1192 du 15 sept. 2021, art. 34-I, en vigueur le 1er janv. 2022)* **« de l'hypothèque légale prévue au 4° de l'article 2402 » et peuvent demander, nonobstant toute stipulation contraire, qu'il soit dressé inventaire des meubles ainsi qu'état des immeubles. »** — *La loi du 23 juin 2006, ajoutant cet alinéa 3, est entrée en vigueur le 1er janv. 2007.*

BIBL. ▸ DUCHANGE, *Defrénois 1993. 1089 ; ibid. 2010. 1113 ; JCP N 2016, n° 1118* (avantages matrimoniaux) ; *Dr. fam. 2016. Étude 2* (simples bénéfices). – SAUJOT, *RTD civ. 1979. 699.* – CRÉMONT, *Defrénois 1999. 513* (sort des donations et avantages matrimoniaux en cas de divorce). – DUCHANGE, *Defrénois 2019/47. 25* (avantages matrimoniaux). – GUIGUET-SCHIELÉ, *Thèse, Dalloz 2015* (distinction des avantages matrimoniaux et des donations entre époux). – TISSERAND-MARTIN, *Études Béguin, Litec, 2005, p. 753* (notion d'avantage matrimonial).

▸ DELMAS SAINT-HILAIRE, *Defrénois 2002. 153* (nouvel alinéa 2 : problème de droit transitoire). – DUCHANGE, *AJ fam. 2019. 642* (incidence des présomptions d'acquêts sur la mesure des avantages matrimoniaux).

A. AVANTAGES MATRIMONIAUX

1° NOTION

1. Exclusion des bénéfices résultant des travaux communs et des économies sur les revenus. Les bénéfices résultant des travaux communs et les économies faites sur les revenus respectifs des époux, quoique inégaux, ne sont pas considérés comme un avantage fait au préjudice des enfants d'un autre lit. Dans le cadre du partage de leur communauté, consécutif à un changement conventionnel de régime en faveur de la séparation de biens, des époux ayant décidé de l'attribution d'un immeuble commun en nue-propriété à l'épouse, et en usufruit à l'époux : cassation de l'arrêt ayant accueilli la demande en retranchement, présentée par l'enfant d'un premier mariage de l'époux, au motif que le mode d'attribution retenu avait nécessairement pour but d'avantager l'épouse et ses propres héritiers au préjudice de ceux de son époux en permettant à celle-ci de recueillir, à terme et sans contrepartie, la totalité de l'immeuble, alors que les acquêts résultaient des économies faites par les époux de sorte que l'attribution dont l'épouse avait bénéficié ne pouvait être considérée comme un avantage matrimonial préjudiciable à un enfant d'un premier lit. • Civ. 1re, 25 sept. 2013, n° 12-26.091 P : *AJ fam. 2013. 648 ; RTD civ. 2013. 886, obs. Vareille.*

2. Avantage matrimonial en régime de participation aux acquêts : clause d'exclusion des biens professionnels. Les profits que l'un ou l'autre des époux mariés sous le régime de la participation aux acquêts peut retirer des clauses aménageant le dispositif légal de liquidation de la créance de participation constituent des avantages matrimoniaux prenant effet à la dissolution du régime matrimonial. Il en résulte qu'une clause excluant du calcul de la créance de participation les biens professionnels des époux en cas de dissolution du régime matrimonial pour une autre cause que le décès, qui conduit à avantager celui d'entre eux ayant vu ses actifs nets professionnels croître de manière plus importante en diminuant la valeur de ses acquêts dans une proportion supérieure à celle de son conjoint, constitue un avantage matrimonial, révoqué de plein droit en cas de divorce en application de l'art. 265. • Civ. 1re, 18 déc. 2019, n° 18-26.337 P : *D. 2020. 635, note Le Bars et Mauger-Vielpeau ; ibid. Chron. C. cass. 1058, obs. Buat-Ménard ; AJ fam. 2020. 126, obs. Duchange ; RTD civ. 2020. 175, obs. Vareille ; JCP 2020, n° 225,* note Binet ; *JCP N 2020, n° 1059, note Karm ; Dr. fam. 2020, n° 44, note Torricelli-Chrifi ; Defrénois 2020/9. 23, note Letellier.*

2° RÉGIME DES AVANTAGES MATRIMONIAUX : PRINCIPE

3. L'avantage matrimonial n'est pas réputé donation. L'adoption d'un régime de communauté universelle avec clause d'attribution intégrale de cette communauté au conjoint survivant, choix expressément prévu et autorisé par les art. 1524 et 1526, n'étant pas réputée donation, une convention de changement de régime matrimonial à cette fin ne porte pas atteinte à la réserve d'un enfant commun. • Civ. 1re, 14 mai 1996, n° 93-20.703 P : *D. 1996. 537, rapp. Thierry ; Defrénois 1996. 1080, obs. Champenois ; RTD civ. 1997. 207, obs. Vareille*. ♦ Mais l'attribution de l'intégralité des acquêts au conjoint survivant constitue un avantage matrimonial réductible. • Civ. 1re, 27 mars 2007, n° 05-14.910 P : *D. 2007. AJ 1145*.

4. *L'avantage matrimonial ne donne pas lieu à perception de droits de mutation par décès.* Les dispositions de l'art. 1527, al. 2, ont pour seul effet de soumettre les avantages matrimoniaux aux règles édictées pour les libéralités pour la part qui excède la quotité disponible entre époux ; l'administration fiscale ne peut prétendre percevoir des droits de mutation par décès sur la part attribuée au conjoint survivant au titre des conventions matrimoniales. • Civ. 1re, 6 mai 1997, n° 95-13.804 P : *R., p. 192 ; D. 1998. 303, note Deboissy ; JCP N 1997. 939, étude J. Piedelièvre, et 1533, note Pelletier et Appremont ; JCP 1997. I. 4047, n° 20, obs. Tisserand ; JCP 1998. I. 133, n° 10, obs. Le Guidec ; Defrénois 1997. 1086, obs. Champenois, et 1194, note Chappert ; RTD civ. 1998. 179, obs. Vareille*.

3° SORT EN CAS DE DIVORCE

5. *Régime postérieur à la L. du 26 mai 2004.* Sur le sort des avantages matrimoniaux à la suite du prononcé du divorce, V. art. 265. ♦ Sort des avantages matrimoniaux à la suite du prononcé de la séparation de corps, V. art. 304.

6. *Régime antérieur à la L. du 26 mai 2004 : divorce aux torts exclusifs.* Sur les conséquences, pour la liquidation d'une communauté universelle, de la perte des avantages matrimoniaux au détriment de l'époux aux torts exclusifs duquel le divorce est prononcé, et du maintien unilatéral de ces avantages au profit de son conjoint, V. • Civ. 1re, 12 juin 2001, n° 99-11.442 P : *D. 2002. 1713, note Sénéchal ; JCP 2002. I. 167, n° 13, obs. Tisserand ; Defrénois 2001. 1516, obs. Champenois ; AJ fam. 2001. 28, et les obs. ; RJPF 2001-10/20, note Vauvillé ; RTD civ. 2001. 863, obs. Hauser ; ibid. 2002. 134, obs. Vareille*.

B. ACTION EN RETRANCHEMENT

1° TITULAIRES DE L'ACTION

7. *Action réservée aux descendants non communs.* La réduction spéciale de l'avantage résultant de l'adoption d'un régime matrimonial ne peut être opérée que lors de la liquidation de la succession de l'époux ayant eu un enfant d'un premier mariage et ne peut être demandée que par cet enfant en sa qualité de réservataire. • Civ. 1re, 13 avr. 1976 : *Defrénois 1976. 1547 (2e esp.), note Morin.*

8. *... Enfant naturel de l'un des époux.* Les enfants légitimes nés d'un précédent mariage et les enfants naturels nés d'une précédente liaison se trouvant dans une situation comparable quant à l'atteinte susceptible d'être portée à leurs droits successoraux en cas de remariage de leur auteur sous le régime de la communauté universelle, la finalité de la protection commande qu'elle soit étendue aux seconds au regard du principe de non-discrimination selon la naissance édicté par la Conv. EDH. • Civ. 1re, 29 janv. 2002, n° 99-21.134 P : *D. 2002. 1938, note Devers ; JCP 2002. I. 167, n° 12, obs. Tisserand ; ibid. 178, n° 8, obs. Le Guidec ; Defrénois 2002. 692, obs. Massip ; ibid. 1330, obs. Champenois ; AJ fam. 2002. 110, et les obs. ; Dr. fam. 2002, n° 45, obs. Beignier ; RJPF 2002-5/24, note Casey ; LPA 11 juill. 2002, note Cicile-Delfosse ; ibid. 26 juill. 2002, note Chassagnard ; RTD civ. 2002. 278, obs. Hauser ; ibid. 347, obs. Vareille ; ibid. 865, obs. Marguénaud*. ♦ *Contra*, antérieurement : la loi n'a pas étendu au bénéfice des enfants naturels la protection assurée par l'art. 1527, al. 2, aux enfants nés d'un précédent mariage. • Civ. 1re, 8 juin 1982 : *D. 1983. 19, note Beaubrun ; JCP 1983. II. 20018, note Henry*. ♦ V. désormais art. 1527, al. 2, issu de L. n° 2001-1135 du 3 déc. 2001.

9. *Enfant d'une précédente union adopté par le conjoint (non).* L'enfant adopté par le conjoint survivant, investi dans la succession de l'adoptant des mêmes droits qu'un enfant légitime ou naturel, n'est pas fondé à se prévaloir de la protection spécifique de l'action en retranchement de l'art. 1527, al. 2, ouverte au seul bénéfice des enfants qui ne seraient pas issus des deux époux et qui seraient privés de toute vocation successorale dans la succession du conjoint survivant. • Civ. 1re, 7 juin 2006, n° 03-14.884 P : *D. 2006. IR 1770 ; JCP 2007. I. 142, n° 25, obs. Tisserand-Martin ; Defrénois 2006. 1578, note Vareille, et 1614, obs. Champenois ; Dr. fam. 2007, n° 44, note Murat ; RTD civ. 2006. 749, obs. Hauser, et 810, obs. Grimaldi* (enfants issus du premier mariage de leur père, adoptés par la seconde épouse de celui-ci) • 11 févr. 2009, n° 07-21.421 P : *JCP 2009. I. 140, n° 14, obs. Tisserand-Martin ; AJ fam. 2009. 179, obs. Bicheron ; Dr. fam. 2009, n° 44, obs. Bascugnana ; RJPF 2009-5/17, note Vauvillé ; RLDC 2009/59, n° 3398, obs. Pouliquen ; ibid. 2009/60, n° 3433, note Omarjee ; Defrénois 2009. 1611, obs. Vareille ; RTD civ. 2009. 519, obs. Hauser*. ♦ Déjà en ce sens : • Orléans, 29 avr. 2002 : *JCP 2003. I. 111, n° 16, obs. Tisserand ; Dr. fam. 2002, n° 147, note B. B.* ♦ *Contra* : • Paris, 10 juill. 1985 : *JCP 1988. II. 21134, note Simler ; Defrénois 1986. 1165, note Olivier* • Paris, 5 nov. 1992 : *RTD civ. 1993. 869, obs. Lucet et Vareille*. ♦ La nature et l'étendue des droits successoraux des héritiers s'apprécient au regard de leur situation à l'ouverture de la succession ; dans l'hypothèse d'une adoption simple par l'épouse du père avant le décès de celui-ci, révoquée postérieurement à l'ouverture de la succession, l'adopté simple avait à la date de l'ouverture de la succession les mêmes droits que l'enfant né du mariage des deux époux et l'action en retranchement ne lui est pas ouverte. • Civ. 1re, 9 juill. 2014, n° 13-19.013 P : *D. 2014. 1590* ; *AJ fam. 2014. 510, obs. Levillain* .

2° MISE EN ŒUVRE DU RETRANCHEMENT

10. Spécificité de l'objet de l'action en retranchement. L'action ouverte aux enfants non issus des deux époux, et tendant à limiter les effets des clauses d'une convention portant adoption d'une communauté conventionnelle, n'a pas le même objet que celle tendant à obtenir la nullité d'une telle convention, de sorte que l'autorité de chose jugée attachée à un précédent jugement ayant rejeté une action aux fins d'obtenir l'annulation du changement de régime matrimonial ne constitue pas un obstacle à l'introduction ultérieure d'une action visant à obtenir le retranchement de l'avantage matrimonial consenti au conjoint survivant. • Civ. 1re, 7 déc. 2016, n° 16-12.216 P : *D. 2016. 2570* ; *AJ fam. 2017. 78, obs. Casey* ; *RDC 2017. 74, note Barthez.*

11. Calcul de l'avantage retranchable. Pour une illustration du calcul de l'avantage matrimonial résultant de l'adoption de la communauté universelle avec attribution intégrale de tous les biens au profit du survivant, V. • Civ 1re, 19 déc. 2012, n° 11-21.703 P : *D. 2013. 87* ; *JCP N 2013, n° 1200, note Delpérier* (évaluation de l'avantage matrimonial par comparaison entre l'attribution des biens telle qu'elle ressort de l'application de la convention matrimoniale et la part qui aurait dû être attribuée au conjoint survivant par application du régime matrimonial légal de la communauté réduite aux acquêts). ♦ Si l'action en retranchement est une action en réduction et si en application de l'art. 922 l'importance de l'avantage doit, en vue du retranchement, être calculée d'après l'état des biens à l'époque de la donation et leur valeur à l'ouverture de la succession, la donation ne se réalise, dans le cas prévu à l'art. 1527, qu'au moment où le second conjoint peut tirer profit de l'avantage qui lui a été accordé (en l'espèce, au jour du partage, époque où la plus-value des biens prélevés atteint sa plénitude). • Paris, 21 avr. 1982 : *D. 1983. 227, note Rémy.*

12. Conséquences du retranchement. Impossibilité pour les descendants issus d'une première union du défunt de revendiquer des droits indivis à l'encontre du conjoint survivant bénéficiaire de l'entière communauté universelle, V. • Civ. 1re, 7 déc. 2016, n° 16-12.216 P : *cité ss. art. 840* • 19 déc. 2018, n° 18-10.244 P : *D. 2019. Chron. C. cass. 840, obs. Mouty-Tardieu* ; *AJ fam. 2019. 104, obs. Levillain* ; *Dr. fam. 2019, n° 57, note Nicod.*

Art. 1528 à 1535 *Abrogés.*

CHAPITRE III DU RÉGIME DE SÉPARATION DE BIENS

(L. n° 65-570 du 13 juill. 1965)

RÉP. CIV. v° *Séparation de biens*, par G. Yildirim.

DALLOZ ACTION *Droit patrimonial de la famille 2021/2022, nos 161.00 s.*

BIBL. GÉN. ▸ Becqué-Ickowicz, *RTD civ. 2008. 589* (construction sur le terrain d'un époux séparé de biens financée par des sommes indivises). – Collard, *JCP N 2017, n° 1262* (séparation de biens avec société d'acquêts). – Conneau, *Mél. Béguet, Univ. Toulon, 1985, p. 111* (épouse séparée de biens et enrichissement sans cause). – Couzigou-Suhas, Simo et Casado, *Dr. fam. 2021. Étude 14* (le financement des biens à destination familiale dans les régimes séparatistes). – David, *AJ fam. 2010. 206* (contentieux liquidatif). – Depondt, *JCP N 2009, nos 1328 et 1334* (liquidation, aspects pratiques). – Feddal, *JCP 1982. I. 3080* (preuve des acquisitions). – Fillette, *Defrénois 1996. 897* (société d'acquêts). – Leroy, *RTD civ. 1983. 31.* – Maury, *Mél. Colomer, Litec, 1993, p. 243* (principe participatif). – Pillebout, *Defrénois 1981. 641.* – Revel, *D. 1983. Chron. 21* (art. 214 et séparation de biens). – Saujot, *D. 1986. Chron. 11* (séparation de biens accessoire à la séparation de corps). – R. Savatier, *D. 1979. Chron. 193* (propriété des acquêts, à défaut de société d'acquêts) ; *RTD civ. 1981. 497* (liquidation). – Simler, *Mél. Colomer, préc., p. 461* (indivision entre époux séparés de biens). – M. Storck, *D. 1994. Chron. 61* (le droit de propriété dans les régimes de séparation de biens). – Vassaux, *JCP 2013, n° 518* (financement du logement de la famille).

Art. 1536 **Lorsque les époux ont stipulé dans leur contrat de mariage qu'ils seraient séparés de biens, chacun d'eux conserve l'administration, la jouissance et la libre disposition de ses biens personnels.**

Chacun d'eux reste seul tenu des dettes nées en sa personne, avant ou pendant le mariage, hors le cas de l'article 220.

Pour les époux ayant adopté la séparation de biens avant le 1er févr. 1966, V. L. no 65-570 du 13 juill. 1965, art. 11, 15 à 20, ss. art. 1581.

1. Frais du contrat de mariage. Les époux doivent supporter chacun pour moitié les frais de leur contrat de mariage ayant pour cause unique l'adoption du régime de la séparation de biens. • Civ. 1re, 3 mai 1977 : *Bull. civ. I, no 200.*

1o SÉPARATION DE BIENS PURE ET SIMPLE

2. Sort des biens : biens indivis. L'hypothèque constituée par des époux sur un immeuble indivis appartenant pour moitié à chacun d'eux, alors que le mari est en liquidation judiciaire, est valable jusqu'à concurrence de la part de l'épouse, maîtresse de ses biens, et doit être reportée, en cas de vente de l'immeuble, sur la fraction du prix qui est attribuée à celle-ci. • Com. 20 juin 1995, no 93-10.331 P : *R., p. 272 ; D. 1997. 1, rapp. Rémery ; JCP 1995. I. 3908, no 15, obs. Storck.*

3. Sort des dettes : dette contractée dans le cadre d'une coexploitation commerciale. Une femme séparée de biens doit être condamnée à payer solidairement avec son mari une dette contractée pour les besoins d'une exploitation commerciale à laquelle elle avait concouru avec son mari en y prenant une part habituelle et non subordonnée. • Com. 19 mai 1982 : *JCP 1985. II. 20335, note Le Guidec.*

4. ... Contribution des époux à la dette fiscale. Pour la répartition de la dette d'impôt entre les époux séparés de biens, V. note 1 ss. art. 1537.

5. ... Remboursement des dettes entre époux. Le règlement des créances personnelles entre époux séparés de biens peut être poursuivi à tout moment, tant pendant le mariage qu'après sa dissolution, sans qu'il soit nécessaire de procéder à la liquidation globale de leurs intérêts pécuniaires. • Civ. 1re, 15 mai 2008 : *cité note 3 ss. art. 1538.*

6. ... Cautionnement. La disproportion éventuelle de l'engagement d'une caution, mariée sous le régime de la séparation des biens, s'apprécie au regard de ses seuls biens et revenus personnels ; la cour d'appel ne peut déduire que l'engagement de la caution est proportionné à ses biens et revenus du fait que son conjoint séparé de biens était en mesure de contribuer de manière substantielle aux charges de la vie courante. • Com. 24 mai 2018, no 16-23.036 P : *D. 2018. 1884, obs. Crocq ; AJ fam. 2018. 482, obs. Casey ; AJ contrat 2018. 323, obs. Houtcieff ; JCP 2018, no 900, note Simler.*

2o SÉPARATION DE BIENS AVEC SOCIÉTÉ D'ACQUÊTS

7. Composition de la société d'acquêts. Les époux ayant adopté le régime de la séparation de biens avec société d'acquêts peuvent convenir de clauses relatives à la consistance de la masse commune et notamment étendre la société d'acquêts par rapport à la communauté légale. • Civ. 1re, 25 nov. 2003, no 02-12.942 P : *D. 2004. Somm. 2335, obs. Revel ; JCP 2004. I. 129, no 20, obs. Storck ; Defrénois 2004. 1467, obs. Champenois ; AJ fam. 2004. 28, obs. S. D.-B. ; Dr. fam. 2004, no 8, note Beignier ; RJPF 2004-3/29, obs. Vauvillé ; RTD civ. 2004. 335, obs. Vareille .*

8. Fonctionnement de la société d'acquêts. La société d'acquêts adjointe à un régime principal de séparation de biens est soumise en principe aux règles de la communauté. Les règles d'administration des biens communs établies par la L. du 13 juill. 1965 s'appliquent donc à la société d'acquêts de personnes mariées avant le 1er févr. 1966. • Civ. 1re, 15 mai 1974 : *JCP 1975. II. 17910, note Ponsard.*

9. Rapport entre la société d'acquêts et l'enrichissement sans cause. Sur l'incompatibilité résultant de l'appréhension par la société d'acquêts des revenus des époux et l'octroi d'une indemnité fondé sur l'enrichissement sans cause, V. note 7 ss. art. 1537.

Art. 1537 Les époux contribuent aux charges du mariage suivant les conventions contenues en leur contrat ; et, s'il n'en existe point à cet égard, dans la proportion déterminée à l'article 214.

BIBL. ▸ VASSAUX, *JCP 2013, no 518* (financement du logement de la famille).

I. NOTION DE CHARGES DU MARIAGE

A. DÉPENSES RELATIVES AU LOGEMENT FAMILIAL

1. Dépenses relatives à l'acquisition du logement familial : principe. Le remboursement des dépenses afférentes à l'acquisition du logement de la famille peut participer de l'exécution de l'obligation de contribuer aux charges du mariage à proportion de ses facultés ; cassation de l'arrêt qui, alors qu'il était admis que les dépenses quotidiennes se répartissaient par moitié entre les époux et que les revenus de l'épouse étaient deux fois supérieurs à ceux de l'époux, accueille la demande de créance présentée par cette épouse au titre du remboursement d'un emprunt contracté pour financer un terrain indivis ainsi que la construction, sur ce terrain, d'une maison constituant le logement de la famille sans rechercher, comme il le lui était demandé, si le paiement des échéances d'emprunt nécessaires à l'acquisition du logement de la famille ne participait pas de l'exécution, par l'épouse, de son obligation de contribuer aux charges du mariage à proportion de ses facultés. • Civ. 1re, 12 juin 2013, n° 11-26.748 P : *D. 2013. 2242, obs. Brémond ; AJ fam. 2013. 448, obs. de Boysson*. ♦ **Bibl.** Casey, *Gaz. Pal. 2013. 2260.*

2. ... *Refus de reconnaître l'existence d'une créance en faveur de l'époux ayant remboursé l'emprunt contracté pour l'acquisition du logement indivis.* Rejet du pourvoi formé contre l'arrêt écartant la reconnaissance d'une créance en faveur de l'époux au titre du remboursement de l'emprunt ayant servi à l'acquisition et à l'aménagement du logement familial indivis, la cour d'appel ayant pu décider que le paiement de ces dépenses participait de l'exécution, par le mari, de son obligation de contribuer aux charges du mariage, après avoir souverainement estimé que les paiements effectués par le mari l'avaient été en proportion de ses facultés contributives. • Civ. 1re, 15 mai 2013 : *D. 2013. 2242, obs. Brémond ; ibid. 2013. 1208 ; AJ fam. 2013. 383, obs. Blanc-Pélissier ; RTD civ. 2013. 582, obs. Hauser ; Dr. fam. 2013, n° 110, obs. Beignier; RLDC 2013/107, n° 5207, obs. Revel.* ♦ Rappr. : • Civ. 1re, 25 sept. 2013, n° 12-21.892 P : *D. 2013. 2682, note Molière ; AJ fam. 2013. 647, obs. Hilt ; RTD civ. 2013. 821, obs. Hauser ; Dr. fam. 2014, n° 38, obs. Beignier* • 16 sept. 2014 : *AJ fam. 2014. 568, obs. Hilt ; RTD civ. 2014. 867, obs. Hauser*.

3. ... *Limites.* Sauf convention matrimoniale contraire, l'apport en capital provenant de la vente de biens personnels, effectué par un époux séparé de biens pour financer la part de son conjoint lors de l'acquisition d'un bien indivis affecté à l'usage familial, ne participe pas de l'exécution de son obligation de contribuer aux charges du mariage. • Civ. 1re, 3 oct. 2019, n° 18-20.828 P : *D. 2020. 60, note Chaffois ; AJ fam. 2019. 604, obs. Casey ; JCP 2019, n° 1151, note Bouchard ; JCP N 2019, n° 1343, note Vassaux ; Dr. fam. 2019, nos 241 et 242, note Torricelli-Chrifi ; Defrénois 2020/3. 26, note Leyrat* • 17 mars 2021, n° 19-21.463 P : *D. 2021. 819, obs. Lemouland et Vigneau ; ibid. Chron. C. cass. 1784, obs. Buat-Ménard ; AJ fam. 2021. 314, obs. Casey ; Dr. fam. 2021, n° 72, obs. Torricelli-Chrifi.* ♦ Dans le même sens, pour l'apport en capital de fonds personnels, effectué par un époux séparé de biens destiné à financer l'acquisition ou l'amélioration, par voie de construction, d'un bien indivis affecté à l'usage familial, ne participant pas de l'exécution de son obligation de contribuer aux charges du mariage : • Civ. 1re, 9 juin 2022, n° 20-21.277 B : *D. 2022. 1151 ; AJ fam. 2022. 445, obs. Casey ; RTD civ. 2022. 954, obs. Dauriac ; JCP 2022, n° 1018, note Michelin-Brachet ; JCP N 2022, n° 1226, note Beignier ; Dr. fam. 2022, n° 126, obs. Sadi.* ♦ Il résulte de l'art. 214 que, sauf convention contraire des époux, l'apport en capital de fonds personnels par un époux séparé de biens afin de financer la part de son conjoint lors de l'acquisition d'un bien indivis affecté à l'usage familial ne participe pas de l'exécution de son obligation de contribuer aux charges du mariage. • Civ. 1re, 9 févr. 2022, n° 20-14.272 : *Dr. fam. 2022, n° 87, obs. Torricelli-Chrifi.*

4. ... *Incidence de la clause instaurant la fiction d'une contribution au jour le jour.* Cassation de l'arrêt ayant reconnu l'existence d'une créance en faveur de l'époux au titre du remboursement de l'emprunt contracté pour l'acquisition du logement indivis au motif que, en raison de la clause instaurant la fiction d'une contribution au jour le jour figurant au contrat de mariage, le non-règlement par l'épouse de sa part indivise justifiait la réclamation d'une telle créance alors que la cour d'appel aurait dû rechercher, comme elle y était invitée, si le règlement des échéances de l'emprunt participait de l'exécution par l'époux de son obligation de contribuer aux charges du mariage et, dans cette hypothèse, si celui-ci prouvait que sa participation avait excédé ses facultés contributives. • Civ. 1re, 24 sept. 2014, n° 13-21.005 P.

5. ... *Présomption irréfragable interdisant de revendiquer une créance.* Il résulte des art. 214 et 1537 que lorsque les juges du fond ont souverainement estimé irréfragable la présomption résultant de ce que les époux étaient convenus, en adoptant la séparation de biens, qu'ils contribueraient aux charges du mariage à proportion de leurs facultés respectives et que chacun d'eux serait réputé avoir fourni au jour le jour sa part contributive, en sorte qu'ils ne seraient assujettis à aucun compte entre eux ni à retirer à ce sujet aucune quittance l'un de l'autre, un époux ne peut, au soutien d'une demande de créance, être admis à prouver l'insuffisance de la participation de son conjoint aux charges du mariage pas plus que l'excès de sa propre contribution. Cassation de l'arrêt qui, après avoir retenu le caractère irréfragable de la présomption résultant de la clause figurant au contrat de mariage, accueille néanmoins, au motif d'un excès de contribution, la demande d'une épouse tendant à la reconnaissance d'une créance au titre du financement de la construction d'un immeuble ayant constitué le domicile conjugal sur un terrain propre du mari. • Civ. 1re, 18 nov. 2020, n° 19-15.353 P : *D. 2021. Chron. C. cass. 483, obs. Buat-Ménard ; ibid. 499, obs. Douchy-Oudot ; AJ fam. 2021. 193, obs. Casey.* ♦ Après avoir relevé que les époux étaient convenus que chacun d'entre eux serait réputé s'être acquitté jour par jour de sa part contributive aux charges du mariage, une cour d'appel a souverainement estimé qu'il ressortait de la volonté des époux que cette présomption interdisait de prouver que l'un ou l'autre des conjoints ne s'était pas acquitté de son obligation ; et après avoir constaté que l'immeuble indivis constituait le domicile conjugal et retenu que les règlements relatifs à cette acquisition, opérés par le mari, participaient de l'exécution de son obligation de contribuer aux charges du mariage, elle en a justement déduit, sans inverser la charge de la preuve, que l'ex-époux ne pouvait bénéficier d'une créance au titre du financement de l'acquisition de ce bien. • Civ. 1re, 1er avr. 2015, n° 14-14.349 P : *D. 2015. 1408, obs. Lemouland et Vigneau ; ibid. 2094, obs. Revel ; AJ fam. 2015. 297, obs. Casey ; RTD civ. 2015. 362, obs. Hauser ; ibid. 687, obs. Vareille*.

B. AUTRES CHARGES

6. *Impôt sur le revenu (non).* L'impôt sur le revenu, constituant une charge découlant directement des revenus personnels à chaque époux, ne figure pas au nombre des charges du mariage auxquelles chacun d'entre eux est, selon leur convention matrimoniale, réputé avoir fourni sa part contributive. • Civ. 1re, 19 mars 2002 : *D. 2002. Somm. 2440, obs. Brémond ; Gaz. Pal. 2003. 408, concl. Sainte-Rose ; AJ fam. 2002. 185, obs. S. D.-B*. ♦ Rappr. : • Civ. 1re, 5 nov. 2014 : *AJ fam. 2015. 60, obs. Hilt*. ♦ La contribution des époux séparés de biens à la dette fiscale, qui ne constitue pas une charge du mariage, est déterminée au prorata de l'impôt dont ils auraient été redevables s'ils avaient fait l'objet d'une imposition séparée. • Civ. 1re, 30 oct. 2006, n° 03-19.317 P : *D. 2006. IR 2877 ; JCP 2007. I. 142, n° 31, obs. Storck ; AJ fam. 2006. 467, obs. Hilt ; RJPF 2007-1/23, obs. Vauvillé*. ♦ Comp., pour une décision qui admet la compensation entre les impôts du couple payés par le mari et les charges du logement qu'il n'avait pas eu à supporter : • Civ. 1re, 25 juin 2008 : *RJPF 2008-11/21, obs. Vauvillé ; RTD civ. 2008. 529, obs. Vareille*.

II. EXÉCUTION DE LA CONTRIBUTION

A. PRINCIPES DE RÉPARTITION ET MODES D'EXÉCUTION

7. *Principe de répartition.* Validité de l'engagement pris par un époux, en dehors du contrat de mariage, pour fixer le montant de sa contribution, sous réserve de la possibilité pour chacun des époux d'en demander la modification au juge en considération de la situation des parties, V. • Civ. 1re, 3 févr. 1987 : *cité note 14 ss. art. 214*.

8. *Exécution sous forme d'un avantage en nature : occupation d'un immeuble.* L'avantage résultant pour la femme de l'occupation de la résidence de la famille, appartenant au mari, décidée par le juge du divorce en application de l'art. 258, peut être compris dans la contribution aux charges du mariage. • Civ. 1re, 31 mars 1992, n° 90-18.760 P : *JCP N 1992. II. 383, n° 18, obs. M. S. ; RTD civ. 1993. 635, obs. Lucet et Vareille*. ♦ V. aussi • Civ. 1re, 7 nov. 1995, n° 92-21.276 P.

B. AMÉNAGEMENTS CONVENTIONNELS

9. *Clause instaurant la fiction d'une contribution au jour le jour : appréciation souveraine de la portée de la présomption par les juges du fond.* Il résulte des art. 214 et 1537 que lorsque les juges du fond ont souverainement estimé irréfragable la présomption résultant de ce que les époux étaient convenus, en adoptant la séparation de biens, qu'ils contribueraient aux charges du mariage à proportion de leurs facultés respectives et que chacun d'eux serait réputé avoir fourni au jour le jour sa part contributive, en sorte qu'ils ne seraient assujettis à aucun compte entre eux ni à retirer à ce sujet aucune quittance l'un de l'autre, un époux ne peut, au soutien d'une demande de créance, être admis à prouver l'insuffisance de la participation de son conjoint aux charges du mariage pas plus que l'excès de sa propre contribution. • Civ. 1re, 18 nov. 2020, n° 19-15.353 P : *D. 2021. Chron. C. cass. 483, obs. Buat-Ménard ; ibid. 499, obs. Douchy-Oudot ; AJ fam. 2021. 193, obs. Casey*. ♦ Après avoir relevé la présence au contrat de séparation de biens des époux d'une clause, selon laquelle chacun d'eux serait réputé avoir fourni sa contribution aux charges du mariage au jour le jour de sorte qu'aucun compte ne serait fait entre eux à ce sujet et qu'ils n'auraient pas de recours l'un contre l'autre pour les dépenses de cette nature, les juges du fond ont souverainement estimé qu'il ressortait de la volonté des époux que cette présomption interdisait de prouver que l'un ou l'autre des conjoints ne s'était pas acquitté de son obligation. • Civ. 1re, 25 sept. 2013 : *préc. note 2*. ♦ Par une appréciation souveraine, les juges du fond peuvent estimer que la présomption instituée par le contrat de mariage, relative à la contribution des époux aux charges du mariage, interdisait de prouver que l'un ou l'autre des conjoints ne s'était pas acquitté de son obligation. • Civ. 1re, 1er oct. 1996, n° 94-19.625 P : *JCP 1997. I. 4008, n° 18, obs. Storck*. ♦ La clause figurant dans le contrat de mariage des époux stipulant non seulement « que chacun d'eux sera réputé avoir fourni au jour le jour sa part contributive, en sorte qu'aucun compte ne sera fait entre eux à ce sujet », mais également « qu'ils n'auront pas de recours l'un contre l'autre pour les dépenses de cette nature », institue expressément une clause de non-recours entre les parties, ayant la portée d'une fin de non-recevoir. • Civ. 1re, 13 mai 2020, n° 19-11.444 P. ♦ Sur la compatibilité de cette clause avec la possibilité d'exclure la reconnaissance d'une créance au profit de l'époux ayant seul financé le remboursement de l'emprunt contracté pour l'acquisition du logement familial indivis, V. la jurisprudence citée ci-dessus note 4

10. *... Limite tenant au caractère d'ordre*

public de la contribution. Compte tenu de l'obligation d'ordre public de contribuer aux charges du mariage, la clause aux termes de laquelle « chacun [des époux] sera réputé avoir fourni au jour le jour sa part contributive, en sorte qu'aucun compte ne sera fait entre eux à ce sujet et qu'ils n'auront pas de recours l'un contre l'autre pour les dépenses de cette nature », ne fait pas obstacle, pendant la durée du mariage, au droit de l'un d'eux d'agir en justice pour contraindre l'autre à remplir, pour l'avenir, son obligation de contribuer aux charges du mariage. • Civ. 1re, 13 mai 2020, n° 19-11.444 P.

III. RAPPORT AVEC D'AUTRES NOTIONS JURIDIQUES

A. CHARGES DU MARIAGE ET ENRICHISSEMENT SANS CAUSE

11. Indemnisation de l'excès de contribution sur le fondement de l'enrichissement sans cause. La femme peut obtenir une indemnité dans la mesure où son activité, allant au-delà de son obligation de contribuer aux charges du mariage, a réalisé à la fois un appauvrissement résultant pour elle du travail fourni sans rémunération et un enrichissement corrélatif de son mari, pouvant résulter tant de l'absence même de versement d'une rémunération que de la plus-value procurée à un de ses biens. • Civ. 1re, 9 janv. 1979 : *D. 1981. 241, note Breton ; Defrénois 1980. 44 (1re esp.), note Ponsard* • 30 mai 1979 : *ibid. (2e esp.).*

12. Principes d'évaluation de l'indemnité. Dès lors que c'est le travail fourni sans rémunération qui a été générateur à la fois de l'appauvrissement de la femme, par manque à gagner, et de l'enrichissement du mari, qui n'a pas eu à payer un salaire, les juges du fond doivent se placer, pour évaluer l'appauvrissement et l'enrichissement, à la même date, c'est-à-dire celle de la demande en divorce en raison de l'impossibilité morale pour la femme d'agir antérieurement contre le mari. • Civ. 1re, 26 oct. 1982, n° 81-14.824 P : *R., p. 44 ; JCP 1983. II. 19992, note Terré.*

13. Incidence de l'existence d'une société d'acquêts. En cas d'adjonction d'une société d'acquêts au régime de séparation de biens, l'époux pharmacien qui a assumé seul, sans rémunération, la gestion de l'officine de son épouse ne peut prétendre à une indemnité sur le fondement de l'enrichissement sans cause, dès lors que les revenus procurés par cette activité sont tombés dans la société d'acquêts. • Civ. 1re, 10 mai 1984, n° 83-12.370 P.

B. CHARGES DU MARIAGE ET DONATION RÉMUNÉRATOIRE

14. Rémunération de l'excès de contribution exclusive de l'intention libérale. L'activité de l'épouse dans la direction du foyer peut, dans la mesure où cette activité va au-delà de l'obligation de contribuer aux charges du mariage, constituer la cause des versements faits par le mari au nom de son conjoint à l'occasion d'achats de biens faits indivisément par les époux, ce qui exclut l'intention libérale. • Civ. 1re, 20 mai 1981 : *Bull. civ. I, n° 175 ; RTD civ. 1982. 784, obs. Patarin* • 3 juin 1998 : *JCP 1998. I. 183, n° 11, obs. Storck.* ♦ Même solution en cas de collaboration à l'activité professionnelle : nombreux arrêts, par ex. : • Civ. 1re, 24 oct. 1978 : *JCP 1979. II. 19220, note Patarin.* (jurisprudence antérieure à la L. du 26 mai 2004 ayant mis fin à la libre révocabilité des donations de biens présents entre époux ayant pris effet au cours du mariage).

Art. 1538 Tant à l'égard de son conjoint que des tiers, un époux peut prouver par tous les moyens qu'il a la propriété exclusive d'un bien.

Les présomptions de propriété énoncées au contrat de mariage ont effet à l'égard des tiers, aussi bien que dans les rapports entre époux, s'il n'en a été autrement convenu. La preuve contraire sera de droit, et elle se fera par tous les moyens propres à établir que les biens n'appartiennent pas à l'époux que la présomption désigne, ou même, s'ils lui appartiennent, qu'il les a acquis par une libéralité de l'autre époux.

Les biens sur lesquels aucun des époux ne peut justifier d'une propriété exclusive sont réputés leur appartenir indivisément, à chacun pour moitié. — *V. L. n° 65-570 du 13 juill. 1965, art. 13, ss. art. 1581.*

A. MODES DE PREUVE DE LA PROPRIÉTÉ

1. Primauté du titre sur le financement : principe. Sous le régime de la séparation de biens, le bien appartient à celui des époux dont le titre établit la propriété sans égard à son financement. • Civ. 1re, 31 mai 2005, n° 02-20.553 P : *AJ fam. 2005. 325, obs. Hilt ; Dr. fam. 2005, n° 168, note Beignier* • 28 mars 2006, n° 04-11.033 P. ♦ L'époux qui acquiert un bien ou une fraction de bien, pour son compte, même à l'aide de deniers provenant de son conjoint, en devient seul propriétaire. • Civ. 1re, 17 déc. 1991, n° 89-20.219 P : *D. 1993. 580, note Courtine ; JCP N 1992. II. 213, n° 19, obs. M. S. ; Defrénois 1992. 1558 (2e esp.), obs. Champenois.* ♦ Même sens : • Civ. 1re, 9 oct. 1991, n° 90-15.073 P • 14 janv. 2003 : *D. 2003. Somm. 1868, obs. Revel.*

2. Application : acquisition financée par

des deniers donnés par le conjoint. Lorsqu'un époux acquiert un bien avec des deniers qui lui ont été donnés par son conjoint à cette fin, la donation n'est jamais que des deniers (art. 1099-1) ; dès lors, la demande en nullité de cette donation demeure sans incidence sur le droit de propriété du bien. • Civ. 1re, 9 févr. 1994 : *D. 1994. 417, rapp. Thierry ; D. 1995. Somm. 51, obs. Grimaldi ; JCP 1995. I. 3876, no 10, obs. Le Guidec.* ♦ Le conjoint a seulement la possibilité d'obtenir le règlement d'une créance lors de la liquidation du régime matrimonial, s'il prouve avoir financé en tout ou en partie cette acquisition. • Civ. 1re, 23 janv. 2007, no 05-14.311 P : *AJ fam. 2007. 186, obs. Hilt ; Dr. fam. 2007, no 68, note Beignier (2e esp.) ; RTD civ. 2007. 317, obs. Hauser*.

3. ... Financement par un époux d'une construction sur un terrain appartenant à son conjoint. La construction élevée sur le terrain appartenant à l'un des époux est sa propriété, sauf à indemniser l'autre qui l'a financée. • Civ. 1re, 15 mai 2008 : *AJ fam. 2008. 301, obs. Hilt*.

4. ... Acquisition indivise. Les époux qui ont acheté un bien en indivision en ont acquis la propriété, sans qu'il y ait lieu d'avoir égard à la façon dont cette acquisition a été financée. • Civ. 1re, 5 oct. 1994, no 92-19.169 P • 18 nov. 1997, no 95-19.103 P : *JCP 1998. I. 135, no 17, obs. Storck.* ♦ En conséquence, la disproportion éventuelle de l'engagement d'une caution mariée sous le régime de la séparation de biens s'apprécie au regard de ses revenus et biens personnels, comprenant sa quote-part dans les biens indivis acquis avec son conjoint alors même que ce dernier n'a pas donné son accord au cautionnement. • Civ. 1re, 19 janv. 2022, no 20-20.467 B : *D. 2022. 164 ; RTD civ. 2022. 181, obs. Gijsbers ; JCP 2022, no 361, note Molière ; Dr. fam. 2022, no 34, obs. Torricelli-Chrifi.*

5. Propriété mobilière : rôle de la possession. Les règles de preuve de la propriété entre époux séparés de biens, édictées par l'art. 1538, excluent l'application de l'art. 2276. • Civ. 1re, 8 oct. 2014, no 13-22.938 P : *D. 2015. 2094, obs. Revel ; AJ fam. 2014. 642, obs. de Guillenchmidt-Guignot*. ♦ En conséquence, un ex-époux soutenant avoir bénéficié d'un don manuel de la part de son ex-épouse, c'est à celle-ci, qui revendique le bien prétendument donné, de rapporter la preuve de l'absence d'un tel don). ♦ V. déjà antérieurement sous l'empire de l'art. 2279 anc. : • Civ. 1re, 7 nov. 1995, no 92-10.051 P : *D. 1996. 451, note S. Piedelièvre ; D. 1997. Somm. 21, obs. Robert ; JCP 1995. I. 3908, no 16, obs. Storck ; Defrénois 1996. 409, obs. Champenois ; RTD civ. 1997. 211, obs. Vareille , et 1998. 139, obs. Zenati* • 27 nov. 2001, no 99-10.633 P : *R., p. 345 ; D. 2002. 119, note Chartier ; JCP 2002. II. 10050, note S. Piedelièvre ; ibid. I. 167, no 16, obs. Storck ; Defrénois 2002. 259, obs. Libchaber ; ibid. 1019, obs. Champenois ; Dr. fam. 2002, no 9, note B. B. ; RTD civ. 2002. 121, obs. Revet* .

B. CHARGE DE LA PREUVE

1o PRÉSOMPTIONS DE PROPRIÉTÉ ÉNONCÉES AU CONTRAT DE MARIAGE

6. Effets des présomptions dans les rapports entre époux. Cassation, pour inversion de la charge de la preuve, de l'arrêt qui impose à l'époux de justifier du caractère indivis du mobilier, au motif qu'il a été acquis avant le mariage, alors que le contrat de mariage prévoyait que les meubles meublants étaient présumés appartenir à chacun des époux pour moitié. • Civ. 1re, 30 janv. 2019, no 18-14.150 P : *AJ fam. 2019. 216, obs. Casey ; Dr. fam. 2019, no 80, obs. Torricelli-Chrifi.* ♦ Viole l'art. 1538, al. 2, la cour d'appel qui exige de l'épouse, que la présomption désigne, qu'elle fasse la preuve de sa propriété de bijoux déposés par elle dans le coffre de son mari après le décès de celui-ci. • Civ. 1re, 20 févr. 2007 : *Dr. fam. 2007, no 91, note Beignier.* ♦ Les présomptions de propriété ont effet dans les rapports entre les époux. Cassation de l'arrêt qui impose à l'époux de justifier du caractère indivis du mobilier, au motif qu'il a été acquis avant le mariage, alors que le contrat de mariage prévoyait que les meubles meublants étaient présumés appartenir à chacun des époux pour moitié. • Civ. 1re, 30 janv. 2019, no 18-14.150 P : *AJ fam. 2019. 216, obs. Casey ; Dr. fam. 2019, no 80, obs. Torricelli-Chrifi.*

7. Caractère nécessairement simple des présomptions. Il résulte de l'art. 1538, al. 2, que la preuve contraire des présomptions de propriété énoncées au contrat de mariage est de droit et se fait par tous les moyens, aucune distinction n'étant établie entre la propriété privative et la propriété indivise ayant pu exister entre les époux. • Civ. 1re, 19 juill. 1988, no 86-10.348 P : *Defrénois 1989. 478, obs. Champenois.*

8. Preuve contraire résultant d'un acte établi au cours du mariage entre les époux. Un acte établi au cours du mariage entre époux séparés de biens pour reconnaître à l'un d'eux la propriété personnelle de certains biens ne constitue pas une convention modificative du régime matrimonial mais un simple moyen de preuve destiné à écarter les présomptions énoncées au contrat de mariage. • Civ. 1re, 30 juin 1993 : *D. 1994. 42, note Le Guidec ; Defrénois 1993. 1449, obs. Champenois ; JCP 1994. I. 3733, no 25, obs. Storck ;* JCP N 1994. II. 248, note Desbarats.

9. Incidence de la confusion des patrimoines. Dans l'exercice de leur pouvoir souverain d'apprécier les preuves produites, les juges du fond peuvent estimer que la confusion des patrimoines des époux fait tomber des présomptions de propriété inscrites au contrat de mariage. • Civ. 1re, 30 nov. 1976 : *Bull. civ. I, n° 377* • 21 juin 1983 : *ibid. I, n° 180* • 5 oct. 1994 : *JCP 1995. I. 3821, n° 23, obs. Storck.*

10. Portée limitée à la preuve de la propriété. L'existence d'une convention d'indivision limitant le droit des créanciers personnels des indivisaires de provoquer le partage (art. 1873-15) ne saurait découler de la simple présomption de propriété indivise résultant d'une clause du contrat de mariage de séparation de biens. • Civ. 1re, 28 févr. 1984, n° 83-10.403 P.

2° PRÉSOMPTION DE PROPRIÉTÉ ÉDICTÉE PAR L'ART. 1538, AL. 3

11. Caractère simple. C'est seulement en l'absence de preuve, faite par tous moyens, de la propriété exclusive que joue la présomption légale de propriété indivise édictée par l'art. 1538, al. 3. • Civ. 1re, 10 mars 1993, n° 91-13.923 P : *Defrénois 1993. 1083, obs. Champenois ; JCP 1994. I. 3733, n° 22, obs. Storck.* ♦ Viole l'art. 1538, al. 3, l'arrêt qui admet la propriété indivise d'un bien dont le mari a produit la facture d'achat, dès lors qu'une facture est de nature à établir, sauf preuve contraire, l'acquisition d'un bien par celui au nom duquel elle est établie. • Civ. 1re, 10 mars 1993 : *préc.* – Même sens : • Civ. 1re, 14 janv. 2003 : *préc. note 1.* ♦ ... Ou qui admet la propriété indivise de sommes figurant sur le compte joint des époux, alors que le mari soutenait que le compte était alimenté exclusivement par des fonds propres à lui. • Civ. 1re, 22 juin 2004, n° 02-20.398 P : *JCP 2005. I. 128, n° 19, obs. M. Storck ; RTD civ. 2006. 361, obs. Vareille.* ♦ ... Cassation de l'arrêt qui considère que le dépôt de sommes sur des comptes joints ouverts au nom des époux manifeste l'intention des parties d'affecter ces comptes aux dépenses engagées tant par le mari que par la femme et constitue un mode d'exécution de la contribution aux charges du mariage, peu important l'origine des fonds, déniant ainsi aux héritiers d'un époux la faculté de rapporter par tous moyens la preuve que les sommes figurant sur les comptes joints appartenaient exclusivement au défunt. • Civ. 1re, 2 avr. 2008, n° 07-13.509 P : *D. 2008. Pan. 1792, obs. Lemouland et Vigneau ; AJ fam. 2008. 259, obs. Hilt ; Dr. fam. 2009, n° 93, note Beignier ; RJPF-7-8/24, obs. Vauvillé ; RLDC 2008/50, n° 3038, obs. Jeanne.*

12. Application aux sommes déposées sur un compte joint. Si, en cas de séparation de biens, chacun des époux est propriétaire indivis des biens figurant au compte joint ouvert à leurs deux noms, ce droit de propriété ne porte que sur les biens existants à l'actif du compte au jour où celui-ci est clôturé. • Civ. 1re, 19 févr. 1991, n° 89-19.068 P. ♦ Les effets de la saisie d'un compte joint par le créancier d'un des époux séparés de biens doivent être limités à la moitié indivise des valeurs déposées à ce compte, faute de preuve qu'elles fussent la propriété de l'époux débiteur. • Civ. 2e, 10 juill. 1996 : *JCP 1997. I. 4008, n° 19, obs. Storck ; RTD civ. 1996. 990, obs. Perrot.* ♦ Il incombe au créancier de démontrer que les fonds déposés sur le compte ouvert au nom des époux, séparés de biens, sont personnels au débiteur. • Civ. 1re, 20 mai 2009, n° 08-12.922 P : *D. 2009. AJ 1481 ; JCP 2009. 391, n° 25, obs. Storck ; AJ fam. 2009. 356, obs. Hilt ; JCP N 2009. 1286, note Brémond ; Banque et Dr. 7-8/2009. 17, obs. Bonneau ; Dr. et pr. 2009. 278, obs. Vinckel ; Dr. fam. 2009, n° 93, note Beignier ; RLDC 2009/62, n° 3509, obs. Pouliquen ; RTD civ. 2009. 578, obs. Perrot.* ♦ V. aussi note 11.

13. Rapport entre la présomption légale de l'art. 1538, al. 3, et l'accession prévue par l'art. 552. Il résulte de l'art. 552, auquel ne déroge pas l'art. 1538, al. 3, que la construction élevée sur le terrain appartenant privativement à l'un des époux est également la propriété de cet époux. • Civ. 1re, 25 févr. 1986 : *JCP 1986. II. 20702, note Simler.* ♦ Même sens : • Civ. 1re, 6 juill. 2005, n° 02-20.546 P : *AJ fam. 2005. 363, obs. Hilt* (l'art. 1538, al. 2, ne déroge pas à l'art. 552). ♦ Jugé qu'en cas de construction édifiée partiellement sur une parcelle appartenant au mari et partiellement sur une parcelle indivise entre les époux, l'accession devait jouer en faveur du propriétaire du terrain sur lequel avait été élevée la plus grande partie de la construction, sauf à lui à indemniser son conjoint. • Même arrêt. – Dans le même sens : • Civ. 1re, 17 déc. 2002, n° 00-16.790 P : *D. 2003. Somm. 1869, obs. Brémond ; Defrénois 2003. 1003, obs. Champenois ; AJ fam. 2003. 149, obs. S. D.-B. ; RTD civ. 2003. 342, obs. Vareille ; ibid. 525, obs. Revet.* – Brémond, *JCP N 2004. 1133.* ♦ Pour l'indemnisation du constructeur, V. cependant note 7 ss. art. 555 (éviction des dispositions de l'art. 555 au profit du mode d'évaluation retenu par les art. 1479, al. 2, et 1469, al. 3).

Art. 1539 Si, pendant le mariage, l'un des époux confie à l'autre l'administration de ses biens personnels, les règles du mandat sont applicables. L'époux mandataire est, toutefois, dispensé de rendre compte des fruits, lorsque la procuration ne l'y oblige pas expressément.

Art. 1540 Quand l'un des époux prend en main la gestion des biens de l'autre, au su de celui-ci, et néanmoins sans opposition de sa part, il est censé avoir reçu un mandat tacite, couvrant les actes d'administration et de gérance, mais non les actes de disposition.

Cet époux répond de sa gestion envers l'autre comme un mandataire. Il n'est, cependant, comptable que des fruits existants ; pour ceux qu'il aurait négligé de percevoir ou consommés frauduleusement, il ne peut être recherché que dans la limite des cinq dernières années.

Si c'est au mépris d'une opposition constatée que l'un des époux s'est immiscé dans la gestion des biens de l'autre, il est responsable de toutes les suites de son immixtion, et comptable sans limitation de tous les fruits qu'il a perçus, négligé de percevoir ou consommés frauduleusement.

1. Existence d'un mandat tacite. L'existence d'un mandat tacite de gestion des biens d'un époux par l'autre en son absence ne peut être présumée sans avoir préalablement recherché si l'époux avait pris en main la gestion des biens de son conjoint au su de ce dernier et sans opposition de sa part. • Com. 7 nov. 1979 : *Bull. civ. IV, n° 281.* ♦ Mandat tacite avec ratification des opérations de l'époux : • Com. 15 sept. 2009 : *JCP 2009. 391, n° 23, obs. Storck.*

2. Gestion d'affaires. Pour l'application de la gestion d'affaires, V. • Civ. 1re, 5 mars 1985 : *Bull. civ. I, n° 86.*

3. Immixtion d'un époux dans la gestion des biens de l'autre : rôle du mandat apparent. Question du mandat apparent entre époux séparés de biens : V. • Civ. 1re, 15 juin 1977 : *JCP 1978. II. 18865, note Monéger.*

Art. 1541 L'un des époux n'est point garant du défaut d'emploi ou de remploi des biens de l'autre, à moins qu'il ne se soit ingéré dans les opérations d'aliénation ou d'encaissement, ou qu'il ne soit prouvé que les deniers ont été reçus par lui, ou ont tourné à son profit.

Art. 1542 *(L. n° 75-617 du 11 juill. 1975)* Après la dissolution du mariage par le décès de l'un des conjoints, le partage des biens indivis entre époux séparés de biens, pour tout ce qui concerne ses formes, le maintien de l'indivision et l'attribution préférentielle, la licitation des biens, les effets du partage, la garantie et les soultes, est soumis à toutes les règles qui sont établies au titre "Des successions" pour les partages entre cohéritiers.

Les mêmes règles s'appliquent après divorce ou séparation de corps. Toutefois, l'attribution préférentielle n'est jamais de droit. Il peut toujours être décidé que la totalité de la soulte éventuellement due sera payable comptant.

1° ACTION EN PARTAGE DES BIENS INDIVIS

1. Date de la demande en partage. En application de l'art. 815, al. 1er, des époux mariés sous le régime de la séparation de biens justifient d'un droit au partage des biens indivis qu'ils peuvent exercer à tout moment et sans même attendre la dissolution du mariage. • Civ. 1re, 14 nov. 2000, n° 98-22.936 P : *D. 2001. 1755, note Lipinski ; Dr. fam. 2001, n° 8, note Beignier.*

2. Partage en cours d'instance en divorce. Sur le nouveau régime juridique des conventions de liquidation anticipée entre époux séparés de biens, passées en cours d'instance en divorce, V. art. 265-2.

3. Rôle du juge : détermination de la composition active et passive de la masse partageable. En application des art. 870 et 1542, il appartient à la juridiction saisie d'une demande de liquidation et partage de l'indivision existant entre époux séparés de biens de déterminer les éléments actifs et passifs de la masse à partager ; *cassation de l'arrêt qui rejette la demande d'un époux tendant à inscrire au passif indivis la dette résultant du prêt consenti par son père aux époux au motif que cette dette correspond à une créance éventuelle de la succession de son père, alors qu'il appartenait à la cour de trancher le désaccord des époux quant à l'existence de cette créance à inscrire au passif, peu important le titulaire de ladite créance.* • Civ. 1re, 2 déc. 2020, n° 19-15.813 P : *D. 2020. 2452 ; AJ fam. 2021. 131, obs. Thouret.*

4. Compte d'indivision et règlement des créances entre époux. Sur le régime juridique des créances entre époux séparés de biens, V. ss. art. 1543.

2° ATTRIBUTION PRÉFÉRENTIELLE

BIBL. Patarin, *Mél. Breton/Derrida, Dalloz, 1991, p. 311* (partage des indivisions de nature familiale).

5. Domaine. L'attribution préférentielle peut être prononcée en ce qui concerne les biens indivis entre époux séparés de biens, même si l'indivision est antérieure à la dissolution du mariage. • Civ. 1re, 26 juin 1979 : *Bull. civ. I, n° 194.* ♦ ... Et partagée pendant le mariage. • Civ. 1re, 9 oct. 1990 : *JCP 1991. II. 21641, note Simler ; JCP N 1991. II. 43, note Salvage.*

6. Caractère facultatif de l'attribution. Même en l'absence d'une demande concurrente formée par l'époux, l'attribution préférentielle du logement familial, en indivision entre époux séparés de biens, n'est pas de droit pour l'épouse qui n'a pas la qualité de conjoint survivant alors que le partage de l'indivision intervient, au cours du mariage, à la demande du liquidateur judiciaire à la procédure collective ouverte contre le mari. • Civ. 1re, 26 sept. 2012, n° 11-16.246 P : *D. 2012. 2307* ; *AJ fam. 2012. 557, obs. Levillain*.

7. Impossibilité de subordonner le bénéfice de l'attribution au paiement d'une soulte. L'art. 1542 ne prévoit aucune cause de déchéance du droit à l'attribution préférentielle qu'il institue au profit d'un époux séparé de biens, au moment du partage de biens indivis après divorce ; cassation de l'arrêt ayant subordonné l'attribution préférentielle de biens au paiement d'une soulte. • Civ. 1re, 11 juin 2008 : *RLDC 2008/52, n° 3124, obs. Jeanne.*

3° CONSÉQUENCES DU PARTAGE DES BIENS INDIVIS

8. Effet déclaratif du partage. S'agissant d'un bien acquis en indivision pendant le mariage, l'époux à qui le bien est attribué dans l'acte de partage est, en vertu de l'effet déclaratif du partage, censé en être seul propriétaire depuis la date de son acquisition. • Civ. 1re, 5 avr. 2005, n° 02-11.011 P : *D. 2005. IR 1250* ; *Dr. fam. 2005, n° 142, note Beignier* (cassation de l'arrêt qui refuse d'ordonner la mainlevée d'une hypothèque inscrite sur ce bien après cette date du chef de l'autre époux).

9. Fiscalité du partage. Régime fiscal du partage des biens indivis consécutif à la dissolution du mariage entre époux séparés de biens : V. • Com. 21 avr. 1992, n° 90-14.371 P : *R., p. 321 ; JCP N 1993. II. 1, note Lafond ; Defrénois 1992. 1269, note Chappert ; JCP 1993. I. 3656, n° 12, obs. Storck* (application de l'art. 748 CGI régissant les partages successoraux). ♦ Depondt, *Gaz. Pal. 1993. 1. Doctr. 840.*

Art. 1543 *(L. n° 85-1372 du 23 déc. 1985)* **Les règles de l'article 1479 sont applicables aux créances que l'un des époux peut avoir à exercer contre l'autre.** — *La loi n° 85-1372 du 23 déc. 1985 est entrée en vigueur le 1er juill. 1986. — V. les art. 56 à 62 de cette loi, ss. art. 1581.*

A. CRÉANCES ENTRE ÉPOUX : FAITS GÉNÉRATEURS

1. Collaboration bénévole d'un conjoint à l'activité professionnelle de l'autre. Lorsque la collaboration d'un époux séparé de biens, sans rémunération, à l'activité professionnelle de l'autre a servi à acquérir, conserver ou améliorer un bien figurant dans le patrimoine de ce dernier au jour de la liquidation du régime matrimonial, l'indemnité due doit être évaluée selon les règles prescrites par les art. 1469, al. 3, 1479, al. 2, et 1543. • Civ. 1re, 12 déc. 2007, n° 06-15.547 P : *D. 2008. AJ 223* ; *JCP 2008. I. 144, n° 24, obs. Storck ; JCP N 2008. 1252, note Le Guidec ; Gaz. Pal. 2008. 3365, note Zelceviç-Duhamel ; AJ fam. 2008. 85, obs. Hilt* ; *Defrénois 2008. 2204, obs. Champenois ; RTD civ. 2008. 695, obs. Revet* (exclusion des règles régissant l'enrichissement sans cause).

2. Simple transfert de valeur résultant de la souscription d'une assurance vie au bénéfice de son conjoint (non). La prétendue existence d'un transfert de valeurs entre les patrimoines d'époux séparés de biens, résultant de la souscription d'un contrat d'assurance vie par un conjoint au bénéfice de son époux est insuffisante à fonder le principe d'une créance entre eux. • Civ. 1re, 17 nov. 2010, n° 09-16.964 P : *D. 2011. 732, note Barabé-Bouchard* ; *JCP 2011, n° 503, obs. Storck ; AJ fam. 2011. 163, obs. Hilt* ; *RTD civ. 2011. 581, obs. Vareille* ; *Defrénois 2011. 393, obs. Champenois ; Banque et Dr. 2011. 49, obs. Gossou ; RLDC 2010/78, n° 4109, obs. Le Gallou ; RGDA 2011. 160, note Mayaux ; ibid. 181, note Mayaux.*

3. Simple possession d'une somme au moment du mariage (non). Le fait qu'une épouse contractuellement séparée de biens ait possédé au moment de son mariage une somme d'un montant déterminé ne la rend pas nécessairement créancière de son mari pour ce montant. • Civ. 1re, 14 juin 1989 : *Bull. civ. I, n° 241.*

4. Financement de dépenses relatives à des biens indivis entre les époux (non). Éviction de l'art. 1543 au profit des règles de l'indivision en cas de financement à l'aide des deniers personnels d'un époux de dépenses relatives à l'acquisition d'un terrain en indivision entre les époux et à la construction réalisée sur ce terrain, elle-même indivise par voie d'accession. • Civ. 1re, 14 oct. 2009 : *AJ fam. 2010. 90, obs. Hilt*.

B. RÉGIME JURIDIQUE

5. Revalorisation des créances entre époux. V., sur le renvoi à l'art. 1479, renvoyant lui-même à l'art. 1469, al. 3, pour l'évaluation des créances personnelles entre époux séparés de biens : • Civ. 1re, 8 juin 1999 : *Dr. fam. 2000, n° 12, note Beignier.* – V. aussi : • Civ. 1re, 25 avr. 2006, n° 04-11.359 P : *D. 2006. IR 1335* ; *JCP 2006. I. 193, n° 26, obs. Storck ; AJ fam. 2006. 253, obs. Hilt* • 24 sept. 2008 : *cité note 3 ss. art. 1479.* ♦ D'une façon générale sur le calcul du profit subsistant ou de la plus-value procurée au patrimoine emprunteur, V. jurisprudence citée ss. art. 1469.

6. Bénéfice de la revalorisation réservé au seul conjoint. La soulte due par le mari, attributaire d'un terrain à l'occasion d'une donation-partage, ayant été payée au moyen de fonds provenant de la vente d'un bien indivis entre l'épouse et sa mère, cassation de l'arrêt ayant retenu l'existence d'une créance entre époux évaluée à la totalité du profit qu'en avait retiré le mari, alors que le profit subsistant devait être déterminé selon la proportion dans laquelle les fonds apportés par l'épouse, à l'exclusion de ceux apportés par la mère de celle-ci, avaient contribués au paiement de la soulte. • Civ. 1re, 18 janv. 2017, n° 16-12.391 P : *D. 2017. 214 ; AJ fam. 2017. 255, obs. Hilt ; RTD civ. 2017. 471, obs. Vareille ; Gaz. Pal. 2017. 1135, note Lerond ; RLDC 2017/149. 26, note Zalewski-Sicard.*

7. Point de départ des intérêts. Les intérêts d'une créance entre époux séparés de biens, évaluée selon les règles du calcul du profit subsistant, courent, lorsque le bien a été aliéné avant la liquidation, à compter du jour de l'aliénation, qui détermine le profit subsistant. • Civ. 1re, 23 sept. 2015, n° 14-15.428 P : *D. 2016. 583, note Douville ; ibid. 674, obs. Douchy-Oudot ; AJ fam. 2015. 621, obs. Hilt ; RTD civ. 2015. 923, obs. Grimaldi ; ibid. 928, obs. Vareille ; Defrénois 20116. 88, note Souhami ; Dr. fam. 2015, n° 219, obs.Beignier et Torricelli-Chrifi.*

8. Prescription. Les créances qu'un époux séparé de biens peut faire valoir contre l'autre et dont le règlement ne constitue pas une opération de partage se prescrivent, en matière personnelle ou mobilière et en l'absence de disposition particulière, selon le délai de droit commun édicté par l'art. 2224 ; cassation de l'arrêt ayant retenu que, dès l'ordonnance de non-conciliation, le régime matrimonial devient une indivision post-matrimoniale et que l'action aux fins de partage est imprescriptible. • Civ. 1re, 18 mai 2022, n° 20-20.725 B : *D. 2022. 1388, note Bouathong ; AJ fam. 2022. 443, obs. Casey ; ibid. 307, obs. d'Ambra ; RTD civ. 2022. 959, obs. Dauriac ; Dr. fam. 2022, n° 125, obs. Torricelli-Chrifi.* ♦ Il résulte de la combinaison des art. 2224 et 2236 que le délai de droit commun par lequel se prescrivent, en l'absence de dispositions particulières, ces créances en matière personnelle ou mobilière commence à courir lorsque le divorce a acquis force de chose jugée. • Même arrêt.

9. Règlement des créances entre époux : nature juridique. Il résulte de l'art. 1479, al. 1er, auquel renvoie l'art. 1543, que le règlement des créances entre époux ne constitue pas une opération de partage. • Civ. 1re, 26 sept. 2012, n° 11-22.929 P : *D. 2012. 2307 ; AJ fam. 2012. 564, obs. Hilt ; RTD civ. 2012. 766, obs. Vareille .* ♦ Même sens pour en déduire l'application de la prescription de droit commun édictée à l'art. 2224 et casser un arrêt ayant retenu l'absence de prescription en raison du caractère imprescriptible de l'action en partage, V. : • Civ. 1re, 18 mai 2022, n° 20-20.725 B : *préc. note 8.*

10. ... Régime spécifique en cas de divorce. Lorsqu'un jugement de divorce a ordonné la liquidation des intérêts pécuniaires des époux, un époux ne peut réclamer le paiement d'une créance contre son conjoint en dehors de cette liquidation ; il lui appartient de la faire valoir lors de l'établissement des comptes se rapportant à la liquidation du régime matrimonial. • Civ. 1re, 5 avr. 1993, n° 91-10.648 P : *JCP 1994. I. 3733, n° 24, obs. Storck ; JCP N 1994. II. 113, note Hérail.* ♦ Mais est recevable une instance distincte en recouvrement d'une créance entre époux dès lors qu'au jour où le juge statue, le divorce n'a pas été prononcé par une décision irrévocable. • Civ. 1re, 22 mai 2007, n° 05-12.017 P : *D. 2007. AJ 1732, obs. Delaporte-Carré ; JCP 2007. I. 208, n° 23, obs. Storck ; Defrénois 2007. 1311, obs. Massip ; AJ fam. 2007. 360, obs. Hilt ; Dr. fam. 2007, n° 149, note Larribau-Terneyre.*

11. Neutralisation des créances entre époux et contribution aux charges du mariage. Absence de créances entre époux lorsque le remboursement de l'emprunt contracté pour l'acquisition ou l'aménagement du logement familial est constitutif d'une contribution aux charges du mariage pour le conjoint séparé de biens qui ne démontre pas, par ailleurs, un excès de contribution : V. jurisprudence citée notes 1, 2 et 4 s. art. 1537.

12. Déclaration au passif de la procédure collective ouverte à l'encontre de l'époux débiteur. Il incombe à l'ex-épouse de déclarer ses créances à la procédure collective de l'ex-époux dès lors que ces créances sont nées antérieurement à l'ouverture de la liquidation judiciaire ; tel est le cas de la créance résultant du financement exclusif par l'épouse, pendant le mariage, de l'achat d'un terrain stipulé indivis entre les époux, et de celle résultant du remboursement par elle seule de l'emprunt contracté de façon indivise par les deux époux, créances qui sont nées, la première à la date du paiement, la seconde à la date des remboursements. • Com. 4 avr. 2006, n° 04-16.672 P : *JCP 2006. I. 193, n° 24, obs. Storck.*

Art. 1544 à 1568 *Abrogés.*

CHAPITRE IV DU RÉGIME DE PARTICIPATION AUX ACQUÊTS

(L. n° 65-570 du 13 juill. 1965)

Sur les modalités d'entrée en vigueur (fixée au 1er juill. 1986) de la loi n° 85-1372 du 23 déc. 1985 modifiant le présent chapitre IV, V. les art. 56 à 62 de cette loi, ss. art. 1581.

RÉP. CIV. v° *Participation aux acquêts,* par S. David et A. Jault.

DALLOZ ACTION *Droit patrimonial de la famille 2021/2022, n°s 171.00 s.*

BIBL. GÉN. ▸ Beignier, *Dr. fam. 2021. Étude 5* (avantages matrimoniaux et participation aux acquêts : critiquons le Code civil, pas la Cour de cassation). – Casado, Couzigou-Suhas, Munck-Barraud, *Dr. fam. 2022. Étude 16* (rappel des fondamentaux pour liquider une créance de participation). – Cohen et Massé, *Gaz. Pal. 1999. 1. Doctr. 295* (participation aux acquêts avec clause d'exclusion des biens professionnels). – Champenois et Combret, *Defrénois 2013. 1247* (société d'acquêts). – Cornu, *JCP 1970. I. 2368*. – Coron et Lucet, *JCP N 2000. 733* (assurance vie). – Dauriac, *Defrénois 2013. 1271* (société d'acquêts). – Deprez, *JCP N 1979. I. 341* (formule) ; *ibid. 1988. I. 300* (avantages matrimoniaux). – Duchange, *Defrénois 1993. 1393* (minoration du taux de participation aux acquêts). – Fénardon, *JCP N 2009. 1117* (participation inégale aux acquêts) ; *ibid. 1137* (participation intégrale aux acquêts) ; *ibid. 1195* (participation en nature) ; *ibid. 1245* (protection des biens professionnels). – Flament, *Defrénois 1993. 737* (régime à liquidation alternative). – Gentilhomme, *Defrénois 2013. 1277* (société d'acquêts et exclusion de l'outil de travail). – Le Bars, *Mél. Wiederkehr, Dalloz, 2009, p. 487*. – Lemaire, *JCP N 1995. I. 965* (assurance vie). – Marie, *Defrénois 2001. 1307* (appauvrissement des époux). – Maury, *Mél. Colomer, Litec, 1993, p. 243* (principe participatif). – Pillebout, *JCP N 1979. I. 193* (formules) ; *ibid. 1983. Prat. 8709 ; ibid. 1993. Prat. 2757* (liquidation) ; *ibid. 1994. Prat. 3091* (partage). – Rieg, *Mél. Marty, Univ. Toulouse, 1978, p. 921* (participation aux acquêts en France et en Allemagne). – Simler, *Defrénois 2013. 1259* (société d'acquêts). – J.-P. Storck, *JCP N 1981. I. 355* (avantages matrimoniaux). – Tillaye-Duverdier, Lolev et Foucart, *AJ fam. 2022. 594* (liquidation du régime de la participation aux acquêts). – Waemel, *JCP N 1988. I. 118*.

▸ **Modifications résultant de la loi du 23 déc. 1985 :** De Gaudemaris, *D. 1987. Chron. 223*. – G. Morin, *Defrénois 1986. 1074* (formules). – Pillebout, *JCP N 1986. I. 273 ; 1987. I. 93* (formules). – Virfolet, *JCP 1986. I. 3259*. – V. aussi Bibl. précédant art. 1387.

▸ **Régime matrimonial optionnel franco-allemand de participation aux acquêts :** V. ss. art. 1581.

Art. 1569 **Quand les époux ont déclaré se marier sous le régime de la participation aux acquêts, chacun d'eux conserve l'administration, la jouissance et la libre disposition de ses biens personnels, sans distinguer entre ceux qui lui appartenaient au jour du mariage ou lui sont advenus depuis par succession ou libéralité et ceux qu'il a acquis pendant le mariage à titre onéreux. Pendant la durée du mariage, ce régime fonctionne comme si les époux étaient mariés sous le régime de la séparation de biens. A la dissolution du régime, chacun des époux a le droit de participer pour moitié en valeur aux acquêts nets constatés dans le patrimoine de l'autre, et mesurés par la double estimation du patrimoine originaire et du patrimoine final.**

Le droit de participer aux acquêts est incessible tant que le régime matrimonial n'est pas dissous. Si la dissolution survient par la mort d'un époux, ses héritiers ont, sur les acquêts nets faits par l'autre, les mêmes droits que leur auteur.

Sur le régime matrimonial optionnel de la participation aux acquêts franco-allemande, V. l'Accord du 4 févr. 2010, publié par le Décr. n° 2013-488 du 10 juin 2013, ss. art. 1581.

Calcul de la créance de participation : aménagements conventionnels. Les profits que l'un ou l'autre des époux mariés sous le régime de la participation aux acquêts peut retirer des clauses aménageant le dispositif légal de liquidation de la créance de participation constituent des avantages matrimoniaux prenant effet à la dissolution du régime matrimonial. En application de l'art. 265, ils sont révoqués de plein droit par le divorce des époux, sauf volonté contraire de celui qui les a consentis, exprimée au moment du divorce. Il en résulte qu'une clause excluant du calcul de la créance de participation les biens professionnels des époux en cas de dissolution du régime matrimonial pour une autre cause que le décès, qui conduit à avantager celui d'entre eux ayant vu ses actifs nets professionnels croître de manière plus importante en diminuant la valeur de ses acquêts dans une proportion supérieure à celle de son conjoint, constitue un avantage matrimonial, révoqué de plein droit en cas de divorce. • Civ. 1re, 18 déc. 2019, n° 18-26.337 P : *D. 2020. 635, note Le Bars et Mauger-Vielpeau ; ibid. Chron. C. cass. 1058, obs. Buat-Ménard ; AJ fam. 2020. 126, obs. Duchange ; RTD civ. 2020. 175, obs. Vareille ; JCP 2020, n° 225, note Binet ; JCP N 2020, n° 1059, note Karm ; Dr. fam. 2020, n° 44, note Torricelli-Chrifi ; Defrénois 2020/9. 23, note Letellier.*

Art. 1570 *(L. n° 85-1372 du 23 déc. 1985)* **Le patrimoine originaire comprend les biens qui appartenaient à l'époux au jour du mariage et ceux qu'il a acquis depuis par succession ou libéralité, ainsi que tous les biens qui, dans le régime de la communauté légale, forment des propres par nature sans donner lieu à récompense. Il n'est pas tenu compte des fruits de ces biens ni de ceux de ces biens qui auraient eu le caractère de fruit ou dont l'époux a disposé par donation entre vifs pendant le mariage.**

La consistance du patrimoine originaire est prouvée par un état descriptif, même sous seing privé, établi en présence de l'autre conjoint et signé par lui.

A défaut d'état descriptif ou s'il est incomplet, la preuve de la consistance du patrimoine originaire ne peut être rapportée que par les moyens de l'article 1402. – *V. L. n° 85-1372 du 23 déc. 1985, art. 62, ss. art. 1581.*

BIBL. ▸ DUCHANGE, *AJ fam. 2019. 642* (incidence des présomptions d'acquêts sur la mesure des avantages matrimoniaux).

1. Composition de l'actif originaire : biens présents au jour du mariage. La créance d'indemnité de licenciement naît le jour de la notification de la rupture du contrat de travail ; si celle-ci préexiste au mariage, elle doit être incluse dans le patrimoine originaire de l'époux bénéficiaire. • Civ. 1re, 15 nov. 2017, n° 16-25.023 P : *D. 2018. 284, note Mauger-Vielpeau ; AJ fam. 2018. 50, obs. Hilt ; RTD civ. 2018. 206, obs. Nicod ; Dr. fam. 2018, n° 12, note Beignier ; RLDC 2018/155. 4, note Labasse* (cassation de l'arrêt qui a pris en compte la date de versement de cette indemnité, postérieure au mariage).

2. ... Biens reçus par succession ou libéralités. Cassation de l'arrêt qui, pour fixer à l'actif du patrimoine originaire d'un époux une somme représentant la valeur d'aliénation de la totalité d'un bien alors que cet époux avait seulement reçu le quart de ce bien par succession avant d'en acquérir les trois quarts restant à titre onéreux, fait une application erronée de l'art. 1408, texte qui n'est pas transposable aux époux unis sous le régime de la participation aux acquêts. • Civ. 1re, 31 mars 2016, n° 14-24.556 P : *D. 2016. 1803, note Mauger-Vielpeau ; ibid. 2086, obs. Brémond ; RTD civ. 2016. 919, obs. Vareille ; JCP N 2016, n° 1236, note Naudin ; Gaz. Pal. 2016. 916, obs. Piedelièvre.*

Art. 1571 *(L. n° 85-1372 du 23 déc. 1985)* **Les biens originaires sont estimés d'après leur état au jour du mariage ou de l'acquisition et d'après leur valeur au jour où le régime matrimonial est liquidé. S'ils ont été aliénés, on retient leur valeur au jour de l'aliénation. Si de nouveaux biens ont été subrogés aux biens aliénés, on prend en considération la valeur de ces nouveaux biens.**

De l'actif originaire sont déduites les dettes dont il se trouvait grevé, réévaluées, s'il y a lieu, selon les règles de l'article 1469, troisième alinéa. Si le passif excède l'actif, cet excédent est fictivement réuni au patrimoine final. – *V. L. n° 85-1372 du 23 déc. 1985, art. 62, ss. art. 1581.*

Art. 1572 **Font partie du patrimoine final tous les biens qui appartiennent à l'époux au jour où le régime matrimonial est dissous, y compris, le cas échéant, ceux dont il aurait disposé à cause de mort et sans en exclure les sommes dont il peut être créancier envers son conjoint. S'il y a divorce, séparation de corps ou liquidation anticipée des acquêts, le régime matrimonial est réputé dissous au jour de la demande.**

La consistance du patrimoine final est prouvée par un état descriptif, même sous seing privé, que l'époux ou ses héritiers doivent établir en présence de l'autre conjoint ou de ses héritiers ou eux dûment appelés. Cet état doit être dressé dans les neuf mois de la dissolution du régime matrimonial, sauf prorogation par le président du tribunal statuant *(Ord. n° 2019-738 du 17 juill. 2019, art. 2)* **« sur requête ».**

La preuve que le patrimoine final aurait compris d'autres biens peut être rapportée par tous les moyens, même par témoignages et présomptions.

Chacun des époux peut, quant aux biens de l'autre, requérir l'apposition des scellés et l'inventaire suivant les règles prévues au code de procédure civile.

Les dispositions de l'Ord. n° 2019-738 du 17 juill. 2019 s'appliquent aux demandes introduites à compter du 1er janv. 2020 (Ord. préc., art. 30).

Composition de l'actif final : biens existants. Cassation de l'arrêt qui, faisant une application erronée de l'art. 1408, refuse d'inscrire au patrimoine final d'un époux une somme représentant la valeur d'un bien dont cet époux avait acquis le quart indivis par succession avant d'acquérir les trois autres quarts à titre onéreux, alors que font partie du patrimoine final d'un époux tous les biens qui lui appartiennent au jour où le régime matrimonial est dissous. • Civ. 1re, 31 mars 2016 n° 14-24.556 : *cité ss. art. 1570.* ♦ La somme inscrite au solde créditeur du compte d'exploitant, figurant au bilan du fonds de commerce de pharmacie exploité par le mari à titre individuel, doit être retenue pour la détermination de la consistance de son patrimoine final et son évaluation. • Civ. 1re, 7 nov. 2018, n° 17-26.222 P : *D. 2018. 2186 ; AJ fam. 2019. 98, obs. Casey ; RTD civ. 2019. 176, obs. Vareille ; Dr. fam. 2019, n° 31, note Torricelli-Chrifi.*

Art. 1573 *(L. n° 85-1372 du 23 déc. 1985)* **Aux biens existants, on réunit fictivement les biens qui ne figurent pas dans le patrimoine originaire et dont l'époux a disposé par donation entre vifs sans le consentement de son conjoint, ainsi que ceux qu'il aurait aliénés frauduleusement. L'aliénation à charge de rente viagère ou à fonds perdu est présumée faite en fraude des droits du conjoint, si celui-ci n'y a consenti.** — *V. L. n° 85-1372 du 23 déc. 1985, art. 62, ss. art. 1581.*

Art. 1574 *(L. n° 85-1372 du 23 déc. 1985)* **Les biens existants sont estimés d'après leur état à l'époque de la dissolution du régime matrimonial et d'après leur valeur au jour de la liquidation de celui-ci. Les biens qui ont été aliénés par donations entre vifs, ou en fraude des droits du conjoint, sont estimés d'après leur état au jour de l'aliénation et la valeur qu'ils auraient eue, s'ils avaient été conservés, au jour de la liquidation.**

De l'actif ainsi reconstitué, on déduit toutes les dettes qui n'ont pas encore été acquittées, y compris les sommes qui pourraient être dues au conjoint.

La valeur, au jour de l'aliénation, des améliorations qui avaient été apportées pendant le mariage à des biens originaires donnés par un époux sans le consentement de son conjoint avant la dissolution du régime matrimonial doit être ajoutée au patrimoine final. — *V. L. n° 85-1372 du 23 déc. 1985, art. 62, ss. art. 1581.*

Solde créditeur d'un compte de l'exploitant d'une officine. La somme figurant au solde créditeur du compte de l'exploitant qui exploite à titre individuel son fonds de commerce doit être retenue pour la détermination de la consistance de son patrimoine final et son évaluation. • Civ. 1re, 7 nov. 2018, n° 17-26.222 P : *D. 2018. 2186 ; AJ fam. 2019. 98, obs. Casey ; RTD civ. 2019. 176, obs. Vareille ; Dr. fam. 2019, n° 31, note Torricelli-Chrifi.*

Art. 1575 **Si le patrimoine final d'un époux est inférieur à son patrimoine originaire, le déficit est supporté entièrement par cet époux. S'il lui est supérieur, l'accroissement représente les acquêts nets et donne lieu à participation.**

S'il y a des acquêts nets de part et d'autre, ils doivent d'abord être compensés. Seul l'excédent se partage : l'époux dont le gain a été le moindre est créancier de son conjoint pour la moitié de cet excédent.

A la créance de participation on ajoute, pour les soumettre au même règlement, les sommes dont l'époux peut être d'ailleurs créancier envers son conjoint, pour valeurs fournies pendant le mariage et autres indemnités, déduction faite, s'il y a lieu, de ce dont il peut être débiteur envers lui.

Art. 1576 **La créance de participation donne lieu à paiement en argent. Si l'époux débiteur rencontre des difficultés graves à s'en acquitter entièrement dès la clôture de la liquidation, les juges peuvent lui accorder des délais qui ne dépasseront pas cinq ans, à charge de fournir des sûretés et de verser des intérêts.**

La créance de participation peut toutefois donner lieu à un règlement en nature, soit du consentement des deux époux, soit en vertu d'une décision du juge, si l'époux débiteur justifie de difficultés graves qui l'empêchent de s'acquitter en argent.

Le règlement en nature prévu à l'alinéa précédent est considéré comme une opération de partage lorsque les biens attribués n'étaient pas compris dans le patrimoine originaire ou lorsque l'époux attributaire vient à la succession de l'autre.

La liquidation n'est pas opposable aux créanciers des époux : ils conservent le droit de saisir les biens attribués au conjoint de leur débiteur.

BIBL. ▶ CONTIN, *RTD civ. 1977. 435.* – RÉMY, *JCP N 1980. I. 333.*

Règlement de la créance de participation : paiement en argent. Une cour d'appel, statuant en référé à titre provisoire et sans être tenue de procéder à l'évaluation de la créance de participation conformément à l'art. 1574, a fait une exacte application de l'art. 1576, dès lors qu'elle a constaté que le mari ne justifait pas de difficultés l'empêchant de payer la somme à laquelle elle fixait le montant incontestable de sa dette de participation. • Civ. 1re, 18 juill. 1995, nº 93-16.981 P : *Defrénois 1996. 411, obs. Champenois ; RTD civ. 1997. 212, obs. Vareille*.

Art. 1577 *(L. nº 85-1372 du 23 déc. 1985)* **L'époux créancier poursuit le recouvrement de sa créance de participation d'abord sur les biens existants et subsidiairement, en commençant par les aliénations les plus récentes, sur les biens mentionnés à l'article 1573 qui avaient été aliénés par donation entre vifs ou en fraude des droits du conjoint.** — *V. L. nº 85-1372 du 23 déc. 1985, art. 62, ss. art. 1581.*

Art. 1578 **A la dissolution du régime matrimonial, si les parties ne s'accordent pas pour procéder à la liquidation par convention, l'une d'elles peut demander au tribunal qu'il y soit procédé en justice.**

Sont applicables à cette demande, en tant que de raison, les règles prescrites pour arriver au partage judiciaire des successions et communautés.

Les parties sont tenues de se communiquer réciproquement, et de communiquer aux experts désignés par le juge, tous renseignements et documents utiles à la liquidation.

L'action en liquidation se prescrit par trois ans à compter de la dissolution du régime matrimonial. Les actions ouvertes contre les tiers *(L. nº 85-1372 du 23 déc. 1985)* **« en vertu de** *(Ord. nº 2016-131 du 10 févr. 2016, art. 5-4º, en vigueur le 1er oct. 2016)* **« l'article 1341-2** *[ancienne rédaction : l'article 1167]* **» se prescrivent par deux ans à compter de la clôture de la liquidation.** — *V. L. nº 85-1372 du 23 déc. 1985, art. 62, ss. art. 1581.*

Sur l'entrée en vigueur des dispositions issues de l'Ord. nº 2016-131 du 10 févr. 2016, V. cette Ord., art. 9, ss. art. 1386-1.

En ce qui concerne les renseignements que les inspecteurs des impôts sont tenus de fournir sur la situation fiscale des époux, V. L. nº 66-948 du 22 déc. 1966, art. 25 (LPF, art. L. 149), ss. art. 1467.

1. Prescription de l'action en liquidation : domaine. L'action en paiement des créances entre époux, dont le règlement participe de la liquidation du régime matrimonial de participation aux acquêts, est soumise au même délai de prescription de l'art. 1578, al. 3, que l'action en liquidation. • Civ. 1re, 2 déc. 2015, nº 14-25.756 P : *D. 2016. 771, note Mauger-Vielpeau ; ibid. 674, obs. Douchy-Oudot ; AJ fam. 2016. 60, obs. Hilt*.

2. … Point de départ. Bien que le jugement de divorce prenne effet dans les rapports entre époux mariés sous le régime de la participation aux acquêts, en ce qui concerne leurs biens, à la date de la demande, le délai de prescription de trois ans de l'action en liquidation ne peut courir que du jour de la décision prononçant la dissolution du régime matrimonial. • Civ. 1re, 14 mai 1996, nº 94-10.162 P : *JCP 1996. I. 3962, nº 20, obs. Storck ; JCP N 1997. 391, obs. Pillebout ; Defrénois 1996. 126, obs. Champenois ; RTD civ. 1997. 214, obs. Vareille*.

3. … Interruption. Un procès-verbal de difficultés faisant état de la créance de participation d'un époux interrompt la prescription. • Civ. 1re, 11 juill. 2006, nº 03-19.464 P.

Art. 1579 **Si l'application des règles d'évaluation prévues par les articles 1571 et 1574 ci-dessus devait conduire à un résultat manifestement contraire à l'équité, le tribunal pourrait y déroger à la demande de l'un des époux.**

Droit transitoire : conventions matrimoniales antérieures à l'entrée en vigueur de la L. du 23 déc. 1985. L'art. 1579 n'est pas applicable à une convention matrimoniale à laquelle l'art. 1574 n'est pas lui-même applicable faute, pour cette convention, de renvoyer à l'ancienne rédaction de cet art. ou d'en être la reproduction, ainsi que l'exige l'art. 62 de la L. du 23 déc. 1985. • Civ. 1re, 26 sept. 2007, nº 06-10.930 P : *RJPF 2008-1/15, obs. Vauvillé* (application de la convention matrimoniale).

Art. 1580 **Si le désordre des affaires d'un époux, sa mauvaise administration ou son inconduite, donnent lieu de craindre que la continuation du régime matrimonial ne compromette les intérêts de l'autre conjoint, celui-ci peut demander la liquidation anticipée de sa créance de participation.**

Les règles de la séparation de biens sont applicables à cette demande.

Lorsque la demande est admise, les époux sont placés sous le régime des articles 1536 à 1541. — *V. C. pr. civ., art. 1291.* — **C. pr. civ.**

Art. 1581 En stipulant la participation aux acquêts, les époux peuvent adopter toutes clauses non contraires aux articles 1387, 1388 et 1389.

Ils peuvent notamment convenir d'une clause de partage inégal, ou stipuler que le survivant d'eux ou l'un d'eux s'il survit, aura droit à la totalité des acquêts nets faits par l'autre.

Il peut également être convenu entre les époux que celui d'entre eux qui, lors de la liquidation du régime, aura envers l'autre une créance de participation, pourra exiger la dation en paiement de certains biens de son conjoint, s'il établit qu'il a un intérêt essentiel à se les faire attribuer.

Loi n° 65-570 du 13 juillet 1965,

Portant réforme des régimes matrimoniaux.

Art. 1er *V. C. civ., art. 214 à 226.*

Art. 2 *V. C. civ., art. 1387 à 1581.*

Art. 3 *V. C. civ., art. 2121, 2122, 2135 à 2142, 2163 et 2165 [2400 à 2408, 2446, 2448].*

Art. 4 *V. C. civ., art. 243, 311, 386, 595, 818, 940, 1167, 1718, 1990.*

Art. 5 *V. C. com. [ancien], art. 4 (modifié), 5 (abrogé) et 7.*

Art. 6 Sera puni des peines *(L. n° 92-1336 du 16 déc. 1992, art. 285)* « de l'abus de confiance prévues par les articles 314-1 et 314-10 du code pénal », l'époux qui, après que lui aura été signifiée l'ordonnance prévue aux articles 220-1 et 220-2 du code civil, aura détruit, détourné ou tenté de détruire ou de détourner les objets confiés à sa garde.

Art. 7 Les dispositions de la présente loi sont applicables dans les départements du Haut-Rhin, du Bas-Rhin et de la Moselle, lorsqu'elles ne se rapportent pas à des matières actuellement soumises à des dispositions particulières. — *Sur l'harmonisation du droit local d'Alsace-Moselle, V. L. n° 90-1248 du 29 déc. 1990 (D. et ALD 1991. 76), spécialement art. 5.*

Art. 8 *(Al. 1er : modification des articles 29, 30, 31, 32 et 34 (2e alinéa) de la loi du 1er juin 1924, mettant en vigueur la législation civile française dans les départements du Haut-Rhin, du Bas-Rhin et de la Moselle). — Articles abrogés depuis lors par L. n° 90-1248 du 29 déc. 1990.*

(Al. 2 : abrogation des art. 53 à 56 de la loi du 1er juin 1924, préc.).

Art. 9 La présente loi entrera en vigueur le premier jour du septième mois qui suivra celui de sa promulgation *[1er févr. 1966].*

A compter de cette date, les dispositions de son article 1er régiront tous les époux, sans qu'il y ait lieu de considérer l'époque à laquelle le mariage a été célébré, ou les conventions matrimoniales passées.

Pour le surplus, la situation des époux dont le mariage aura été célébré ou les conventions matrimoniales passées avant ladite date, sera réglée ainsi qu'il est dit aux articles 10 à 20 ci-dessous.

Art. 10 Si les époux s'étaient mariés sans faire de contrat de mariage avant l'entrée en vigueur de la présente loi, ils continueront d'avoir pour régime matrimonial la communauté de meubles et d'acquêts, telle que la définissaient les dispositions antérieures de la première partie du chapitre II, au titre cinquième du livre III du code civil. — *V. L. n° 85-1372 du 23 déc. 1985, art. 58.*

Néanmoins, à compter de l'entrée en vigueur de la présente loi, sans préjudicier aux droits qui auraient pu être acquis par des tiers, les époux reprendront la jouissance de leurs propres et supporteront les charges usufructuaires correspondantes, ainsi que les intérêts et arrérages de leurs dettes personnelles. Pareillement, ils seront désormais soumis au droit nouveau en tout ce qui concerne l'administration des biens communs, des biens réservés et des biens propres.

Art. 11 Si les époux avaient fait un contrat de mariage avant l'entrée en vigueur de la présente loi, ils continueront d'être régis par les stipulations de leur contrat.

(L. n° 65-995 du 26 nov. 1965) « Si, néanmoins, les époux étaient convenus d'un régime de communauté, le droit nouveau leur sera applicable en tout ce qui concerne l'administration des biens communs et des biens réservés. Sauf déclaration conjointe dans les formes prévues par l'article 17, le droit nouveau leur sera également applicable en ce qui concerne l'admi-

nistration des biens propres et, sans préjudicier aux droits qui auraient pu être acquis par des tiers, chacun des époux, à compter de l'entrée en vigueur de la présente loi, reprendra la jouissance de ses propres et supportera le passif correspondant. Le mari qui, par l'effet de la déclaration conjointe précitée, conservera l'administration des propres de la femme, exercera ses pouvoirs conformément aux nouveaux articles 1505 à 1510 du code civil. » — *V. note ss. art. 17, al. 1er. — V. aussi L. no 85-1372 du 23 déc. 1985, art. 60.*

Si, dans leur contrat de mariage, les époux avaient adopté le régime sans communauté ou le régime dotal, ils continueront aussi à être régis par les stipulations de leur contrat ainsi que, suivant le cas, par les dispositions des anciens articles 1530 à 1535 du code civil, ou par celles des anciens articles 1540 à 1581 du même code et de l'ancien article 5 du code de commerce. Toutefois, pendant un délai de deux ans à compter de l'entrée en vigueur de la présente loi, ils pourront, en observant les autres conditions prévues à l'article 17, se placer sous le régime de la communauté légale ou sous le régime de la séparation de biens.

Art. 12 Les nouveaux articles 1442 (2e alinéa) et 1475 (2e alinéa) seront applicables dans toutes les communautés dissoutes après l'entrée en vigueur de la présente loi.

Sous réserve des accords amiables déjà intervenus et des décisions judiciaires passées en force de chose jugée, le nouvel article 1469 sera applicable dans toutes les communautés non encore liquidées à la date de la publication de la présente loi. — *V. L. no 85-1372 du 23 déc. 1985, art. 59.*

Art. 13 Le nouvel article 1402 du code civil sera applicable toutes les fois que les faits ou actes à prouver seront postérieurs à l'entrée en vigueur de la présente loi.

Le nouvel article 1538 sera applicable toutes les fois que la preuve devra être administrée après cette entrée en vigueur.

Art. 14 Sans préjudice de l'application *(Ord. no 2021-1192 du 15 sept. 2021, art. 35, en vigueur le 1er janv. 2022)* « de l'article 2394 » du code civil, les femmes, dont le mariage a été célébré ou les conventions matrimoniales passées avant l'entrée en vigueur de la présente loi, continueront de jouir de l'hypothèque légale prévue à l'ancien article 2135 du même code, lors même qu'elle n'aurait pas encore été inscrite. Les inscriptions de cette hypothèque seront soumises aux dispositions des nouveaux articles 2139 [2405] et 2163 [2446] (alinéas 1 à 3) du code civil.

Art. 15 Le nouvel article 1397 sera applicable aux époux dont le mariage aura été célébré, ou les conventions matrimoniales passées avant l'entrée en vigueur de la présente loi.

Quand les époux useront de la faculté qui leur est ainsi ouverte, le changement par eux apporté à leur régime matrimonial aura pour effet de les soumettre entièrement aux dispositions de la présente loi, en tant qu'elles se rapportent au nouveau régime qu'ils auront adopté.

Si, toutefois, la modification ne porte que sur des clauses ou règles particulières du régime matrimonial antérieur, sans altération des dispositions essentielles de celui-ci, ils pourront convenir, sous réserve de l'homologation du tribunal, de rester soumis à la loi ancienne, dans les limites prévues aux articles 10 et 11 ci-dessus. En ce cas, ils ne pourront adopter de clauses qui seraient interdites, soit par la loi ancienne, soit par la loi nouvelle, réserve faite de l'article 20 ci-après.

Les époux mariés sous le régime dotal pourront se prévaloir du présent article.

Art. 16 Les époux qui s'étaient mariés avant l'entrée en vigueur de la présente loi sans avoir fait de contrat de mariage, pourront, par déclaration conjointe, se placer sous le régime matrimonial prévu par la première partie du chapitre II, au nouveau titre cinquième du livre III du code civil.

Pareillement, les époux qui avaient passé des conventions matrimoniales avant l'entrée en vigueur de la présente loi, pourront, par déclaration conjointe, soumettre leur régime matrimonial aux dispositions nouvelles qui doivent désormais régler ce type de régime, sans préjudice, néanmoins, des clauses particulières qu'ils auraient convenues, lesquelles ne pourront être modifiées que dans les formes du nouvel article 1397.

Art. 17 La déclaration conjointe prévue à l'un et l'autre alinéa de l'article précédent sera, à peine de nullité, faite devant notaire et dans un délai de six mois à compter de l'entrée en vigueur de la présente loi. — *Les déclarations conjointes prévues aux articles 11 (al. 2) et 16 ont pu être reçues jusqu'au 31 déc. 1967. Celles qui avaient été reçues après le 1er août 1966 n'ont pas eu à être renouvelées (L. no 66-861 du 22 nov. 1966, art. 1er).*

A la diligence du notaire qui l'aura reçue, la déclaration *(L. n° 66-861 du 22 nov. 1966)* « devra être mentionnée », dans les trente jours de sa date, en marge de l'acte de mariage des époux et, s'il existe un contrat de mariage, sur la minute de ce contrat. — *La modification apportée par la loi du 22 nov. 1966 (suppression des mots : « à peine de nullité ») a un caractère interprétatif (art. 2).*

Elle aura effet entre les parties au jour où elle aura été reçue, et, à l'égard des tiers, trois mois après que mention en aura été portée en marge de l'un et de l'autre exemplaire de l'acte de mariage. Toutefois, en l'absence même de cette mention, la déclaration n'en sera pas moins opposable aux tiers si, dans les actes passés avec eux, les époux ont fait connaître qu'ils se sont soumis au droit nouveau.

En ce qui concerne les mentions qui doivent être faites au registre du commerce lorsque l'un des deux époux au moins est commerçant, relativement aux déclarations conjointes prévues par les art. 11 et 16 ci-dessus, V. Décr. n° 66-257 du 19 avr. 1966, art. 3 (D. 1966. 229 ; BLD 1966. 191).

Art. 18 Quand les époux auront fait la déclaration conjointe prévue aux deux articles précédents, leur régime matrimonial sera entièrement réglé par le droit nouveau, pour le passé comme pour l'avenir, sans que les droits antérieurement acquis par des tiers puissent néanmoins en être affectés.

Art. 19 Dans la période comprise entre la publication de la présente loi au *Journal officiel* et la date prévue par l'article 9 ci-dessus pour son entrée en vigueur, les futurs époux pourront, par une clause expresse de leur contrat de mariage, convenir de soumettre leur régime matrimonial au droit nouveau.

Cette option sera indivisible.

Art. 20 Les clauses visées aux nouveaux articles 1390, 1391 et 1392 du code civil et contenues dans des contrats de mariage antérieurs à l'entrée en vigueur de la présente loi sont valables et soumises aux dispositions desdits articles, sous réserve des décisions de justice déjà passées en force de chose jugée.

Les époux qui avaient fait un contrat de mariage avant l'entrée en vigueur de la présente loi pourront, par simple déclaration conjointe, qui sera, à peine de nullité, faite devant notaire et dans un délai de six mois à compter de cette entrée en vigueur, adopter la clause précitée. Les deuxième et troisième alinéas de l'article 17 ci-dessus seront applicables à cette déclaration. — *Les déclarations conjointes prévues à l'article 20 ont pu être reçues jusqu'au 31 déc. 1967. Celles qui avaient été reçues après le 1er août 1966 n'ont pas eu à être renouvelées (L. n° 66-861 du 22 nov. 1966, art. 1er).*

Art. 21 Sous réserve des décisions de justice passées en force de chose jugée, les conventions matrimoniales conclues antérieurement à l'entrée en vigueur de la présente loi ne pourront être annulées au motif que la présence simultanée de toutes les parties ou de leurs mandataires aurait fait défaut.

Art. 22 Les dispositions du dernier alinéa de l'article 595 nouveau du code civil ne sont pas applicables aux baux en cours à la date d'entrée en vigueur de la présente loi ni à leur renouvellement.

Les dispositions du troisième alinéa de l'article 456 du code civil ne sont pas non plus applicables aux baux en cours à la date d'entrée en vigueur de la loi n° 64-1230 du 14 décembre 1964 ni à leur renouvellement.

Art. 23 Toutes les dispositions contraires à celles de la présente loi sont abrogées et *notamment les articles 124, alinéa 2, 2255 et 2256* du code civil, ainsi que l'article 12 de la loi du 1er février 1943 relative aux règlements par chèques et virements.

Loi n° 85-1372 du 23 décembre 1985,

Relative à l'égalité des époux dans les régimes matrimoniaux et des parents dans la gestion des biens des enfants mineurs.

SECTION 1. *Des devoirs et droits des époux*

Art. 1er à 6 *V. C. civ., art. 218, 220, 221, 223 à 225.*

Art. 7 *V. C. com. [ancien], art. 5.*

SECTION 2. *Des régimes matrimoniaux*

Art. 8 à 39 *V. C. civ., art. 262-1, 1401, 1409, 1411, 1413 à 1415, 1418 à 1427, 1430, 1435, 1436, 1439, 1442, 1447, 1449, 1469, 1471 à 1473, 1479, 1482, 1483, 1502, 1503 à 1510, 1518, 1543, 1570, 1571, 1573, 1574, 1577, 1578, 1595 [abrogé], 2135 [abrogé], 2137 [2403], 2139 [2405], 2142 [2408], 2163 [2446].*

SECTION 3. *De l'administration légale des biens des enfants*

Art. 40 à 42 *V. C. civ., art. 383, 389, 389-1, 389-2, 389-4, 389-5 [abrogés].*

SECTION 4. *Dispositions diverses*

....

Art. 44 à 53 *V. C. civ., art. 264-1, 305, 818 à 821, 942, 1832-1, 1873-6, 1940, 1941.*

Art. 54 *(Modifie l'art. 30-3° de la loi du 1er juin 1924 mettant en vigueur la législation civile française dans les départements du Haut-Rhin, du Bas-Rhin et de la Moselle). — Art. abrogé depuis lors par L. n° 90-1248 du 29 déc. 1990 (D. et ALD 1991. 76).*

Art. 55 Les dispositions de la présente loi ne dérogent pas aux dispositions particulières de droit local applicables dans les départements du Haut-Rhin, du Bas-Rhin et de la Moselle. — *Sur l'harmonisation du droit local d'Alsace-Moselle, V. L. n° 90-1248 du 29 déc. 1990, préc., spécialement art. 5.*

SECTION 5. *Dispositions transitoires*

Art. 56 La présente loi entrera en vigueur le premier jour du septième mois qui suivra celui de sa promulgation. — *Date d'entrée en vigueur : 1er juill. 1986.*

A compter de cette date, elle sera applicable, sans qu'il y ait lieu de considérer l'époque à laquelle le mariage a été célébré, sous réserve des dispositions qui suivent.

Art. 57 Le droit de poursuite des créanciers dont la créance était née à une date antérieure à l'entrée en vigueur de la présente loi restera déterminé par les dispositions en vigueur à cette date.

Art. 58 Les époux mariés avant le 1er février 1966 sans avoir fait de contrat de mariage continueront d'avoir pour régime matrimonial la communauté de meubles et acquêts. Celle-ci sera entièrement soumise aux règles applicables au régime conventionnel de la communauté de meubles et acquêts prévu par les articles 1498 à 1501 du code civil.

Art. 59 Sous réserve des accords amiables déjà intervenus et des décisions judiciaires passées en force de chose jugée, les règles nouvelles relatives aux récompenses, aux prélèvements et aux dettes entre époux seront applicables dans tous les régimes matrimoniaux non encore liquidés à la date de l'entrée en vigueur de la présente loi.

Art. 60 Si les époux avaient fait un contrat de mariage avant l'entrée en vigueur de la présente loi, les stipulations de leur contrat non contraires aux dispositions des articles 1er à 6 de la présente loi demeureront applicables.

Toutefois, si les intéressés étaient convenus d'un régime de communauté autre que celui de main commune, les dispositions de la présente loi leur seront applicables en tout ce qui concerne l'administration des biens communs et des biens propres.

Art. 61 La faculté d'accepter la communauté ou d'y renoncer, prévue aux articles 1453 à 1466 du code civil dans leur rédaction antérieure à la loi n° 65-570 du 13 juillet 1965 portant réforme des régimes matrimoniaux, ne pourra plus être exercée.

Art. 62 Les dispositions des articles 1570, 1571, 1573, 1574, 1577 et 1578, quatrième alinéa, du code civil s'appliqueront dès l'entrée en vigueur de la présente loi aux époux ayant adopté le régime de la participation aux acquêts avant cette entrée en vigueur lorsque leur contrat de mariage renvoyait sur ces différents points aux anciennes dispositions légales ou en était la reproduction.

Accord du 4 février 2010,

Entre la République française et la République fédérale d'Allemagne instituant un régime matrimonial optionnel de la participation aux acquêts.

La ratification de l'accord entre la République française et la République fédérale d'Allemagne instituant un régime matrimonial optionnel de la participation aux acquêts, signé à Paris le 4 févr. 2010, a été autorisée par la L. n° 2013-98 du 28 janv. 2013.

Cet accord a été publié par le Décr. n° 2013-488 du 10 juin 2013.

BIBL. ▸ COLLARD, *JCP N 2014, n° 1053* (formule). – DUCHANGE, *Defrénois 2014. 1273* (contrôle des avantages matrimoniaux). – MEIER-BOURDEAU, *JCP 2013, n° 163*. – NAUDIN, *RLDC 2013/100, n° 4953*. – SIMLER, *Dr. fam. 2010. Étude 8 ; JCP N 2010. 1203 ; ibid. 2014, n° 1052*. – Dossier, *JCP N 2015, n*os *1076 s.*

CHAPITRE I. *CHAMP D'APPLICATION ET DÉFINITION*

Art. 1er *Champ d'application.* Le régime matrimonial optionnel de la participation aux acquêts peut être choisi par des époux dont la loi applicable au régime matrimonial est celle d'un État contractant. Le contenu de ce régime matrimonial commun est régi par les articles 2 à 18.

Art. 2 *Définition.* Dans le régime optionnel de la participation aux acquêts, le patrimoine des époux reste séparé. Les acquêts sont constitués du montant de la différence entre le patrimoine final d'un époux et son patrimoine originaire. A la dissolution du régime matrimonial, la créance de participation résulte de la comparaison des acquêts de chacun des époux.

CHAPITRE II. *ADOPTION DU RÉGIME MATRIMONIAL*

Art. 3 *Adoption du régime matrimonial.* (1) Les époux peuvent convenir par contrat de mariage que le régime optionnel de la participation aux acquêts constitue leur régime matrimonial.

(2) Le contrat peut être conclu avant ou pendant le mariage. Le régime matrimonial prend effet au moment de la conclusion du contrat, sans préjudice des dispositions applicables au changement de régime matrimonial. Il prend effet au plus tôt à la date de la célébration du mariage.

(3) Le contrat peut déroger aux règles du chapitre V.

CHAPITRE III. *ADMINISTRATION, JOUISSANCE ET DISPOSITION DU PATRIMOINE*

Art. 4 Dispositions générales en matière d'administration, de jouissance et de disposition du patrimoine

Chaque époux a la gestion et la jouissance exclusive de son patrimoine ; il en dispose seul. Néanmoins, le droit de disposer librement de son patrimoine est limité par les dispositions de l'article 5.

Art. 5 *Restrictions aux règles de disposition.* (1) Les actes de disposition d'objets du ménage ou de droits par lesquels est assuré le logement de la famille passés par un époux sans le consentement de l'autre sont nuls. Toutefois, ils peuvent être ratifiés par l'autre époux.

(2) Un époux peut être autorisé par justice à passer seul un acte pour lequel le consentement de son conjoint serait nécessaire, si celui-ci est hors d'état de manifester sa volonté ou si son refus n'est pas justifié par l'intérêt de la famille.

Art. 6 *Actes relevant de l'entretien du ménage.* (1) Chacun des époux a pouvoir pour passer seul les contrats qui ont pour objet l'entretien du ménage et l'éducation des enfants. Ces contrats obligent solidairement l'autre époux.

(2) Lorsque l'un des époux contracte des dettes dont le caractère manifestement excessif, notamment eu égard au train de vie des époux, est connu de l'autre partie au contrat ou aurait dû l'être, ces dettes n'engagent pas l'autre époux, par dérogation au paragraphe 1.

CHAPITRE IV. *DISSOLUTION DU RÉGIME MATRIMONIAL*

Art. 7 *Causes de dissolution du régime.* Le régime matrimonial est dissous :

1. Par le décès ou la déclaration d'absence de l'un des époux,

2. Par le changement de régime matrimonial, ou

3. Par le jugement de divorce ou toute autre décision judiciaire emportant dissolution du régime matrimonial.

CHAPITRE V. *DÉTERMINATION DE LA CRÉANCE DE PARTICIPATION À LA DISSOLUTION DU RÉGIME*

SECTION 1. *Patrimoine originaire*

Art. 8 *Composition du patrimoine originaire.* (1) Le patrimoine originaire est le patrimoine de chacun des époux à la date à laquelle le régime matrimonial prend effet. Les dettes sont prises en compte dans le patrimoine originaire, même lorsqu'elles excèdent le montant de l'actif.

(2) Les biens reçus ultérieurement par l'un des époux par succession ou donation ou les indemnités perçues en réparation d'un dommage corporel ou moral sont ajoutés au patrimoine originaire. Les dettes afférentes à ces biens sont prises en compte dans le patrimoine originaire, même lorsqu'elles excèdent le montant de l'actif.

(3) Le patrimoine originaire ne comprend pas :

1. Les fruits des biens qui le composent ; et

2. Les biens du patrimoine originaire donnés par un époux à des parents en ligne directe au cours du régime matrimonial.

(4) Lors de la conclusion du contrat da mariage, les époux établissent un inventaire de leur patrimoine originaire respectif. Cet inventaire est présumé exact lorsque les deux époux l'ont signé.

(5) Si aucun inventaire n'a été établi, le patrimoine originaire est présumé nul.

Art. 9 *Évaluation du patrimoine originaire.* (1) Le patrimoine originaire est évalué comme suit :

1. Les biens existants à la date de prise d'effet du régime matrimonial sont évalués à cette date.

2. Les biens acquis après la date de prise d'effet du régime matrimonial et qui, en vertu du paragraphe 2 de l'article 8, font partie du patrimoine originaire, sont évalués à la date de leur acquisition.

(2) Toutefois, les immeubles et droits réels immobiliers du patrimoine originaire, autres que l'usufruit et le droit d'usage et d'habitation, sont évalués à la date de la dissolution du régime. Si ces biens ont été cédés ou remplacés au cours du mariage, est retenue leur valeur à la date de la cession ou du remplacement. Les modifications de leur état entreprises au cours du mariage ne sont pas prises en compte dans l'évaluation du patrimoine originaire.

(3) Lorsque les biens sont évalués à une date antérieure à la dissolution du régime matrimonial, leur valeur déterminée en application des paragraphes 1 et 2 est indexée sur la variation moyenne de l'indice général des prix à la consommation des États contractants.

(4) Les paragraphes 1 et 3 s'appliquent aussi à l'évaluation des dettes.

SECTION 2. *Patrimoine final*

Art. 10 *Composition du patrimoine final.* (1) Le patrimoine final est constitué des biens appartenant à l'époux à la date de la dissolution du régime. Les dettes sont prises en compte, même lorsqu'elles excèdent le montant de l'actif.

(2) Est ajoutée au patrimoine final la valeur des biens qu'un époux :

1. a donnés, sauf :

a) si la donation n'est pas excessive eu égard au train de vie des époux ou

b) la donation porte sur un bien du patrimoine originaire donné à des parents en ligne directe. Toutefois, la plus-value apportée par les améliorations réalisées sur ce bien, pendant la durée du régime matrimonial, avec des deniers ne dépendant pas du patrimoine originaire, est ajoutée au patrimoine final.

2. a cédés dans le but de léser l'autre époux ou

3. a dissipés.

Ces dispositions ne s'appliquent pas si la donation, l'aliénation frauduleuse ou la dissipation est intervenue plus de dix ans avant la dissolution du régime matrimonial ou si l'autre époux y a consenti.

Art. 11 *Évaluation du patrimoine final.* (1) Le patrimoine final est évalué, tant en ce qui concerne l'actif que le passif, à la date de la dissolution du régime matrimonial.

(2) La valeur des biens visés au paragraphe 2 de l'article 10 est fixée à la date de la donation, de l'aliénation frauduleuse ou de la dissipation. La plus-value visée au paragraphe 2. 1b de l'article 10, est évaluée à la date de la donation du bien.

(3) Les valeurs indiquées au paragraphe 2 sont indexées sur la variation moyenne de l'indice général des prix à la consommation des États contractants.

SECTION 3. *Créance de participation*

Art. 12 *Droit à créance de participation.* (1) Si à la dissolution du régime matrimonial, les acquêts d'un époux excèdent les acquêts de l'autre époux, ce dernier peut faire valoir à l'encontre de son conjoint une créance de participation égale à la moitié de la différence.

(2) La créance de participation donne lieu à un paiement en argent. Toutefois, le tribunal peut, à la demande de l'un ou l'autre des époux, ordonner, à l'effet de ce paiement, le transfert de biens du débiteur au créancier, si cela répond au principe de l'équité.

(3) Après la dissolution du régime matrimonial, la créance de participation est transmissible à cause de mort et cessible entre vifs.

Art. 13 *Date d'effet dans des cas particuliers.* Si le mariage est dissous par divorce ou si le régime matrimonial est dissous par une autre décision judiciaire, la créance de participation est déterminée en fonction de la composition et de la valeur du patrimoine des époux à la date d'introduction de la demande en justice.

Art. 14 *Limitation de la créance de participation.* La créance de participation est limitée à la moitié de la valeur du patrimoine de l'époux débiteur tel qu'il existe, après déduction des dettes, à la date retenue pour la détermination du montant de cette créance, La limite de la créance de participation est relevée de la moitié du montant ajouté au patrimoine final en application des dispositions du paragraphe 2 de l'article 10, à l'exception du cas visé à l'alinéa 1.b dudit article.

CHAPITRE VI. *DISPOSITIONS DIVERSES*

Art. 15 *Prescription.* Le droit à la créance de participation se prescrit par trois ans à compter de la date à laquelle l'époux a connaissance de la dissolution du régime matrimonial, et au plus tard dix ans après la dissolution du régime.

Art. 16 *Obligation d'information, Inventaire.* (1) Après la dissolution du régime matrimonial, chacun des époux a l'obligation de fournir à l'autre époux toutes informations sur la composition de ses patrimoines originaire et final. Sur demande, il doit présenter des justificatifs. Chacun des époux peut exiger la présentation d'un inventaire sincère et véritable. A sa demande, il doit être appelé à cet inventaire. Il peut en outre exiger que l'inventaire soit établi par un notaire à ses frais.

(2) Le paragraphe 1 ci-dessus s'applique également dès lors que l'un des époux a demandé la dissolution du mariage ou la liquidation anticipée de la créance de participation.

Art. 17 *Délais de paiement.* (1) Si le règlement immédiat de la créance de participation pénalise de manière inéquitable le débiteur, notamment en l'obligeant à céder un bien constituant son moyen de subsistance, le tribunal peut, à sa demande, lui accorder des délais pour le règlement de la créance.

(2) La créance dont le paiement est différé porte intérêts.

(3) Le tribunal peut, à la demande du créancier, imposer au débiteur la fourniture de sûretés dont il détermine la nature et le montant en équité.

Art. 18 *Liquidation anticipée de la créance de participation.* (1) Si la gestion de son patrimoine par l'un des époux est de nature à compromettre les droits de l'autre au titre du calcul de la créance de participation, ce dernier peut demander la liquidation anticipée de la créance de participation. Il en est notamment ainsi dans les cas qui conduisent à la réunion fictive visée au paragraphe 2 de l'article 10.

(2) A compter de la décision définitive faisant droit à la demande, les époux sont placés sous le régime de la séparation de biens.

CHAPITRE VII. *DISPOSITIONS FINALES*

Art. 19 *Application dans le temps.* Le présent accord s'appliquera pour les contrats conclus par les époux après son entrée en vigueur.

Art. 20 *Ratification et entrée en vigueur.* (1) Le présent accord est soumis à ratification.

(2) Le présent accord entrera en vigueur le premier jour du mois suivant l'échange des instruments de ratification.

(3) Le présent accord est conclu pour une période initiale de dix ans. A l'issue de cette période initiale de dix ans, il est renouvelable par tacite reconduction pour une durée indéterminée.

(4) Le présent accord peut être dénoncé par un des États contractants au plus tôt à l'expiration de la dixième année après son entrée en vigueur. Le présent accord cessera de produire ses effets le premier jour du treizième mois suivant la date de la réception de la notification par l'autre État contractant.

Art. 21 *Adhésion.* [...]

TITRE VI DE LA VENTE

RÉP. CIV. v° *Vente...*, par O. Barret et P. Brun.

DALLOZ ACTION *Droit de la responsabilité et des contrats 2023/2024, n°s 3361.00 s.*

BIBL. GÉN. ▶ P. Bloch, *RTD civ. 1988. 673* (obligation de transférer la propriété). – Hauser et Costa, *JCP E 2001. 512* (intervention d'un tiers dans la vente). – J. Huet, *Études P. Catala, Litec, 2001, p. 799* (vente de logiciels). – Moury, *D. 2014. 1950* (prix symbolique et prix négatif) ; *ibid. 2023. 22* (l'apport rémunéré par l'attribution de titres donnant seulement accès au capital, sur fond de requalification de vente en apport). – Mozas, *Études Lapoyade-Deschamps, Univ. Montesquieu-Bordeaux IV, 2003* (cessions de droits de propriété industrielle). – Rouvière, *RTD civ. 2009. 617* (évaluation des restitutions après annulation de la vente). – Savatier, *D. 1971. Chron. 223* (vente de services) ; *RJ com., nov. 1997, n° spécial* (diversité des régimes juridiques dans les ventes de marchandises) ; *BICC 1er nov. 2010* (la protection de l'acquéreur d'un bien dans le droit interne de la vente).

▶ **Vente immobilière** (contraintes et formalités légales particulières) : Béthune, *Defrénois 2001. 553.* – Bosgiraud-Stephenson, *RDI 2000. 279.* – Collart-Dutilleul, *Mél. Aubert, Dalloz, 2005, p. 67* (contrats préparatoires à la vente d'immeuble : vingt ans après). – Destame, *JCP N 2000. 1680.* – C. Jean, *Defrénois 2006. 1274* (jurisprudence récente sur les diagnostics termites, amiante et plomb). – Herrnberger, *JCP N 2018, n° 1212* (la phase préparatoire du contrat de vente d'immeuble). – Nerson, *Études Julliot de la Morandière, Dalloz, 1964, p. 401* (« solennisation » de la vente d'immeuble). – Pérignon, *Defrénois 1990. 1121* (immeuble frappé de sujétions particulières). – Poumarède, *RLDC 2006/31, n° 2248* (contrat de vente d'immeuble et droit de la consommation) ; *RDI 2017. 560* (vente immobilière et avant-projet de réforme du droit des contrats spéciaux). – Rzepecki, *RLDC 2011/84, n° 4292* (notification des contrats de vente immobilière). – Sagaut, *RDC 2003. 265.* – Wester-Ouisse, *RTD civ. 2013. 299* (transfert de propriété *solo consensu*). – 99e Congrès des notaires de France, *JCP N 2003, n° 20 du 16 mai 2003* (vente d'immeuble : sécurité et transparence).

▶ **Ventes internationales :** Carbo, *LPA 11 févr. 1999.* – Clever, *Gaz. Pal. 1991. 2. Doctr. 410* (entrée en vigueur de la convention de Rome sur la loi applicable aux obligations contractuelles). – Cohen et Ughetto, *D. 1986. Chron. 149* (convention de La Haye relative à la loi applicable). – Diess, *CCC 2001. Chron. 14* (Convention de Vienne : application par les juridictions françaises). – Gaillard, *Gaz. Pal. 31 déc. 1987* (entrée en vigueur de la convention de Vienne). – C. Mouly, *D. 1991. Chron. 77* (convention de Vienne). – Plantard, *JDI 1988. 311* (droit de la vente internationale : convention de Vienne). – Ryssen, *Defrénois 1992. 481* (convention de Rome et vente). – Witz, *D. 1990. Chron. 107* ; *D. 1995. Chron. 143* (convention de Vienne). – Witz (ss. la dir. de), *D. 1997. Somm. 217* ; *ibid. 1998. 308* ; *ibid. 1999. 356* (convention de Vienne). – *Cah. dr. entr. 1997/6, Colloque du 14 févr. 1997* (vente de marchandises à l'étranger).

▶ **Droit européen de la vente :** Aubert de Vincelles, *JCP 2011, n° 1376.* – Choné-Grimaldi, *CCC 2012. Étude 6.* – Fauvarque-Cosson, *D. 2012. 34* (projet de règlement). – Paisant, *JCP 2012, n° 560.* – Puig, *RTD civ. 2012. 493* . – Dossier, *RDC 2012. 1393* (colloque 10 mai *2012).*

CHAPITRE I DE LA NATURE ET DE LA FORME DE LA VENTE

Art. 1582 La vente est une convention par laquelle l'un s'oblige à livrer une chose, et l'autre à la payer.

Elle peut être faite par acte authentique ou sous seing privé.

1. Formation du contrat. V. notes ss. art. 1101, 1583 et 1590 (dédit). ♦ Détermination de la chose vendue : V. notes ss. art. 1129 anc. et 1163. ♦ Choses dans le commerce : V. ss. art. 1598.

2. Vente de choses futures. V. notes ss. art. 1130 anc. et 1163.

3. Vente de droit privé : expropriation. Sur la qualification de contrat de vente de droit privé des cessions amiables après déclaration d'utilité publique, V. note 4 ss. art. 1641 pour les obligations légales du vendeur et notamment la garantie des vices cachés, et note 9 ss. art. 1674 pour la rescision pour lésion.

1° DISTINCTION DE LA VENTE ET DU CONTRAT D'ENTREPRISE

BIBL. De Juglart, *Mél. Derruppé, Litec/GLN-Joly, 1991, p. 63*. – Marino, *Defrénois 2001. 907* (le transfert de propriété dans le contrat d'entreprise). – Planque, *CCC 2003. Chron. 2* (vente de prestation de services).

4. Critère classique : accessoire. Le contrat par lequel une personne fournit à la fois son travail et des objets mobiliers doit être analysé juridiquement comme une vente dès lors que le travail en constitue l'accessoire et c'est par une appréciation qui échappe au contrôle de la Cour de cassation que les juges du fond estiment que l'élément matière l'emporte sur l'élément « façon ». • Civ. 1re, 27 avr. 1976, no 74-14.436 P : *JCP 1977. II. 18635, note J. H.* ♦ Ayant retenu que le travail de fabrication était plus important et coûteux que la seule fourniture de matériaux (revêtement en terre cuite d'un bâtiment), une cour en déduit à bon droit que les parties étaient liées par un contrat de sous-traitance distinct du contrat de fourniture. • Civ. 3e, 19 juin 1991, no 89-21.906 P. ♦ Mais manque de base légale la décision qui ne précise pas l'importance respective des fournitures et de la main-d'œuvre. • Civ. 1re, 15 juin 1983 : *Gaz. Pal. 1983. 2. Pan. 303, obs. Piedelièvre.*

5. Contrat mixte (arrêt « Tunzini »). Cas de contrat complexe comportant à la fois un louage d'ouvrage et une vente de fournitures pour la construction d'une centrale électrique : V. • Civ. 3e, 16 mars 1977 : *JCP 1978. II. 18913, note Hassler ; RTD civ. 1977. 785, obs. Cornu* (régime distributif et responsabilité retenue en l'espèce au titre de malfaçons relevant du contrat d'entreprise).

6. Critère moderne : spécificité du travail. Il y a contrat d'entreprise et non vente lorsque le contrat porte, non sur des choses déterminées à l'avance, mais sur un travail spécifique destiné à répondre aux besoins particuliers du donneur d'ordre. • Civ. 1re, 14 déc. 1999, no 97-19.620 P : *Gaz. Pal. 2000. 2. Somm. 1655, obs. Peisse.* ♦ Cassation d'un arrêt justifiant de façon insuffisante la prétendue spécificité du travail. • Civ. 3e, 11 mai 2005, no 03-13.891 P : *JCP 2005. I. 172, nos 13 s., obs. Labarthe ; RDC 2005. 1111, obs. Puig* (fabrication d'éléments de structure métallique d'une charpente).

Pour d'autres applications de ce critère, aboutissant à une qualification de contrat d'entreprise, V. : • Civ. 3e, 5 févr. 1985, no 83-16.675 P : *RTD civ. 1985. 737, obs. Rémy* (armatures métalliques impossible à détenir en stock, en raison de leurs dimensions spécifiques prévues pour un chantier déterminé, en vertu d'indications particulières rendant impossible la substitution au produit commandé d'un autre équivalent) • Com. 3 janv. 1995, no 92-20.375 P : *R., p. 291 ; JCP 1995. I. 3880, no 1, obs. Labarthe ; Gaz. Pal. 1997. 1. Somm. 102, obs. Peisse* (confection de barres de céréales, pour répondre aux besoins particuliers exprimés par le donneur d'ordre, même si celui-ci fournissait les céréales) • 17 mars 1998, no 95-17.997 P : *D. Affaires 1998. 841, obs. J. F. ; CCC 1998, no 88, note Leveneur ; LPA 18 nov. 1998, note Lehmann* (cassation de l'arrêt excluant l'existence d'une relation de sous-traitance dans la fourniture de circuits imprimés dont les schémas étaient définis par l'utilisateur, ce dont il résultait que le contrat ne portait pas sur une fabrication répondant à des caractéristiques définies à l'avance, mais sur un produit destiné à répondre aux besoins particuliers du client) • 7 nov. 2006, no 05-11.694 P : *JCP E 2007. 2345, note Ludwiczak ; CCC 2007, no 62, note Leveneur* (produit de distillation spécifique : contrat d'entreprise) • Civ. 3e, 12 oct. 2022, no 20-17.335 B : *D. 2023. 279, note Frering ; CCC 2022, no 183, note Leveneur ; ibid., no 200, note Bernheim-Desvaux* (pose d'un parquet, avec des coupes et une adaptation aux dimensions de chaque pièce, selon les exigences du client).

Pour des applications conduisant à une qualification de vente, V. : • Com. 6 mars 2001 : *JCP 2001. II. 10564, note Labarthe* (fourniture d'une chose – câbles – définie d'avance) • 27 nov. 2001 : *CCC 2002, no 42, note Leveneur* (fourniture de choses de genre, en l'espèce de l'eau) • Civ. 3e, 11 juill. 2012, no 11-16.414 P (fourniture d'un kit de ferraillage à partir de plans du fournisseur).

2° AUTRES DISTINCTIONS

7. Consignation. Sauf intention contraire des parties, dans les ventes « récipient consigné », l'acheteur qui détient le récipient à titre de prêt à usage ne saurait intervertir son droit précaire en une possession susceptible de conduire à la propriété. • Civ. 1re, 2 mars 1954 : *JCP 1954. II. 8117, note Hémard.* ♦ Pour la qualification de vente avec faculté de rachat, en présence de stipulations précises, V. • Com. 14 oct. 1974 : *Gaz. Pal. 1975. 1. 129 ; RTD civ. 1975. 323, obs. Cornu.* ♦ V. aussi • Paris, 20 mars 1959 : *D. 1959. 268, note L. Mazeaud.*

8. Cas du dépôt-vente. Dès lors que le contrat de dépôt-vente s'analyse en un contrat de dépôt avec mandat de vendre, l'absence de mention du prix dans le contrat ne peut constituer un motif d'annulation. • Com. 25 avr. 2001 : *CCC 2001, n° 120, note Leveneur.* ♦ V. aussi • Civ. 1re, 15 oct. 1996, n° 94-19.472 P (la remise de biens – bijoux – en vue de leur vente n'est pas exclusive de l'existence d'un contrat de dépôt). ♦ Comp. précédemment estimant que la convention de dépôt-vente doit s'analyser comme une vente sous condition suspensive, • Versailles, 8 nov. 1990 : *D. 1992. Somm. 193, obs. Tournafond.*

9. Extraction de matériaux. Le contrat donnant à l'une des parties le droit d'extraire et de disposer des matériaux extraits d'une carrière de pierres s'analyse en une vente de matériaux et de meubles par anticipation, les juges du fond énonçant à bon droit qu'il ne peut y avoir contrat de louage lorsque le preneur consomme la substance même de la chose, objet du contrat. • Civ. 3e, 25 oct. 1983, n° 82-11.610 P. ♦ Mais cette mobilisation, anticipée et fictive, ne saurait prévaloir, au regard des tiers, contre la nature réelle, immobilière, de la cession, laquelle comporte une aliénation partielle du sol, désormais diminué dans sa masse et dépouillé irrévocablement de ce qui lui donnait tout ou partie de sa valeur. • Civ. 28 nov. 1949 : *D. 1950. 38.* – Déjà en ce sens : • Req. 24 mai 1909 : *DP 1910. 1. 489, note de Loynes.* ♦ V. aussi dans le sens d'une qualification de vente : • CE 28 oct. 1988 : *Gaz. Pal. 1989. 1. 66.*

10. Location-vente. Analyse du contrat dit de « location-vente » : V. • Com. 7 févr. 1977 : *D. 1978. 702, note Nguyen Phu Duc.*

11. Location-accession. Ne peut constituer une location-accession le contrat qui ne prévoit pas d'option d'achat au profit de l'accédant mais qui comporte des obligations réciproques de vendre et d'acheter. • Civ. 3e, 21 oct. 2009, n° 08-19.199 P. ♦ Sur la location-accession à la propriété immobilière, V. L. 12 juill. 1984, ss. art. 1593 C. civ.

12. Vente avec reprise. Dans le cas de vente d'un véhicule neuf, avec reprise d'un véhicule appartenant à l'acheteur, l'opération peut être qualifiée de vente d'un véhicule neuf et de dation en paiement partiel d'un véhicule usagé, dès lors que les clauses du contrat rendaient leur interprétation nécessaire. • Com. 20 juin 1972 : *D. 1973. 325, note Hémard.*

Art. 1583 **Elle est parfaite entre les parties, et la propriété est acquise de droit à l'acheteur à l'égard du vendeur, dès qu'on est convenu de la chose et du prix, quoique la chose n'ait pas encore été livrée ni le prix payé.**

Sur le délai de rétractation ouvert à l'acquéreur dans les ventes à distance et dans les ventes par démarchage, V. C. consom., art. L. 221-18. – ***C. consom.*** *; ... en matière immobilière, V. CCH, art. L. 271-1 s. –* ***CCH.***

Sur les effets des clauses de réserve de propriété dans les contrats de vente, V. C. com., art. L. 624-16 s. – ***C. com.***

Sur la location-accession à la propriété immobilière, V. L. n° 84-595 du 12 juill. 1984. – ***CCH.***

BIBL. ▸ **Acte authentique** : Schmidt-Szalewski, *RDI 1989. 147* (rôle dans la vente immobilière). ▸ **Droit de préemption :** Boituzat, *D. 1979. Chron. 219.* ▸ **Formation de la vente :** Garçon, *JCP N 1997. I. 1283* (vente de gré à gré dans une procédure de liquidation). – Lesage et Nuytten, *JCP N 1998. 9* (mandat de l'intermédiaire). – Coutant, *AJDI 1999. 127* (réitération des promesses synallagmatiques de vente). ▸ **Transfert de propriété :** Chazal et Vicente, *RTD civ. 2000. 477.* – Blanluet, *1804-2004 Le code civil, Dalloz, 2004, p. 409* (moment du transfert de la propriété). – Saint-Alary Houin, *Mél. Raynaud, Dalloz, 1985, p. 733* (transfert différé de la propriété immobilière). – Sériaux, *Mél. Serra, Dalloz, 2006, p. 387* (*res perit domino*). – Witz, *Mél. Tallon, Soc. légis. comp., 1999, p. 339* (paiement du prix, condition légale du transfert de propriété ? – étude comparée et prospective).

▸ **Clause de réserve de propriété :** Commentaires de la loi du 12 mai 1980 : Chaput, *JCP 1981. I. 3017.* – Derrida, *D. 1980. Chron. 293.* – Ghestin, *D. 1981. Chron. 1.* – Houin, *JCP 1980. I. 2978.* – Pédamon, *Mél. Rodière, Dalloz, 1981, p. 209.* ▸ **Nature juridique :** Crocq, *obs. RTD civ. 1996. 441.* – Ghozi, *D. 1986. Chron. 317.* – Jestaz, *Mél. Holleaux, Litec, 1990, p. 227.* – Storck, *D. 1988. Chron. 131* (sort du contrat de vente après revendication des marchandises). ▸ **Revendication du prix :** Cabrillac, *D. 1988. Chron. 225* (bordereau Dailly et créance du prix de revente). – D. Martin, *D. 1986. Chron. 323* (conflit relatif à la créance du prix de revente d'une marchandise acquise sous réserve de propriété). ▸ **Transmission :** Ghozi, *D. 1986. Chron. 317.* – Soinne, *Gaz. Pal. 1985. 1. Doctr. 287* (transmission de la réserve de propriété). ▸ Jurisprudence de la Cour de cassation : Le Dauphin, *R. 1988, p. 125.* ▸ **Conflits de lois :** Loussouarn, *Études Houin, Dalloz, 1985, p. 275.*

▸ **Ventes particulières :** Derrida, *Defrénois 1989. 1089* (ventes immobilières à crédit et redressement judiciaire de l'acheteur). – Vérignon, *JCP N 1995. I. 1037* (ventes de fonds de commerce).

▸ **Autres thèmes :** Charlery, *JCP 1997. I. 4013* (redressement judiciaire de l'acquéreur). – Larroumet, *D. Affaires 1996. 603* (revendication et déclaration de la créance à la procédure collective). – Reygrobellet, *JCP N 2011, n° 1190* (droit de préemption sur fonds et baux). – Roman, *Gaz. Pal. 2004. Doctr. 3663* (ventes latentes : gestion contractuelle des risques). – Veaux, *Mél. Bouzat, Pédone, 1980, p. 351* (vol et transfert de propriété). – *Dossier JCP N 2011, n*^os^ *1260 s.* (droits de préemption).

1. Caractère supplétif. Pour l'absence de formes, V. notes 8 s. ss. art. 1589. ♦ Pour le moment du transfert de propriété, V. notes 11 s.

A. FORMATION

2. Principe : consensualisme. Le consentement des parties n'est soumis à aucune condition de forme ; dès lors, la vente d'un immeuble ne saurait être déclarée nulle au motif que l'acquéreur n'a signé l'acte qu'après le décès du vendeur sans que soit recherché s'il n'a pas consenti avant cet événement. • Civ. 3e, 27 nov. 1990, n° 89-14.033 P : *D. 1992. Somm. 195, obs. Paisant* ; *JCP 1992. II. 21808, note Dagorne-Labbe ; RTD civ. 1991. 315, obs. Mestre*. ♦ Est parfaite la vente d'un bien indivis dès lors que l'offre d'achat a été envoyée au conseil de l'épouse divorcée et que l'acceptation de l'ancien mari a été transmise par le conseil de ce dernier à son confrère, dans une lettre portant la mention « officielle », à laquelle était jointe une copie de l'offre d'achat signée. • Civ. 3e, 9 mai 2012, n° 11-15.161 P (acheteur pouvant se prévaloir du courrier du mari, non couvert par le secret professionnel). ♦ V. aussi pour la levée de l'option d'une promesse unilatérale, note 26 ss. art. 1589, et pour l'acceptation d'une offre dans le cadre d'un pacte de préférence, note ss. art. 1123.

3. Éléments indifférents : modalités de paiement du prix. La vente est un contrat consensuel qui, sauf stipulation contraire, opère transfert de propriété dès l'échange des consentements ; cassation de l'arrêt qui retient que, le paiement du prix étant exigible jusqu'à une certaine date, la vente était soumise à une condition résolutoire dont l'accomplissement a opéré révocation des obligations réciproques sans mise en demeure préalable. • Civ. 3e, 6 mars 1996, n° 91-17.529 P. ♦ Les conditions de paiement du prix d'un immeuble acquis en indivision ne sont pas de nature à modifier les effets du contrat de vente. • Civ. 1re, 18 nov. 1997, n° 95-19.103 P (inefficacité de l'argument tiré par l'un des époux, mariés sous le régime de la séparation de biens, du remboursement complet du prêt ayant assuré le financement du bien).

4. … Modalités de livraison. Cassation de l'arrêt qui condamne à remboursement du prix le vendeur d'une photographie commandée, au motif que l'accord des volontés ne pouvait s'être valablement formé qu'à réception de la photographie par l'acheteur qui n'avait vu jusque là qu'une épreuve d'un format différent. • Civ. 1re, 1er juin 1999, n° 97-14.165 P : *D. 2000. 622, note Thioye* ; *CCC 1999, n° 156, note Leveneur.* ♦ Cassation de l'arrêt qui subordonne la perfection de la vente à la preuve de la livraison de la chose. • Civ. 1re, 21 mars 2000 : *CCC 2000, n° 108, note Leveneur.* ♦ L'existence d'une clause incluse dans une promesse de vente, subordonnant le transfert de propriété à l'exécution d'une obligation consécutive à la vente (paiement du prix), n'affecte pas l'existence de cette vente. • Civ. 3e, 30 nov. 1988, n° 87-14.641 P : *Defrénois 1989. 924, obs. Vermelle.*

5. Droit de préemption. L'offre de vente résultant de la déclaration d'intention d'aliéner constitue jusqu'à son acceptation par le titulaire du droit de préemption une simple pollicitation qui peut être rétractée unilatéralement. • Civ. 3e, 17 sept. 2014, n° 13-21.824 P : *AJDA 2014. 1800* ; *D. 2015 pan. 529 obs. Amrani-Mekki ; RTD civ. 2014. 879, obs. Barbier* ; *Defrénois 2015. 146 note Meng ; RDC 2015. 53, obs. Quézel-Ambrunaz et Le Bourg.* ♦ Est en droit de voir dire la vente parfaite la commune qui, en réponse à une déclaration d'intention d'aliéner ne comportant pas de restriction, a signifié au vendeur son intention d'acquérir. • Civ. 3e, 30 mai 1996, n° 94-14.678 P : *Gaz. Pal. 1998. 1. Somm. 322, obs. Peisse.* ♦ Dans le même sens : • Civ. 3e, 30 mai 1996, n° 94-15.964 P : *Gaz. Pal. 1998. 1. Somm. 323, obs. Peisse* • 27 mai 1998, n° 95-19.179 P (inopposabilité à la commune d'une condition suspensive non mentionnée) • 1er juill. 1998, n° 96-20.605 P : *D. 1999. 170, note Boy* ; *Defrénois 1998. 1406, obs. Delebecque* (inopposabilité à l'acquéreur d'une restriction mise à une offre publique de vente si cette restriction n'est pas mentionnée dans l'offre et alors même que l'acquéreur en aurait eu connaissance).

Est soumise au droit de préemption de la Safer la vente, non pas de l'usufruit ou de la nue-propriété des biens concernés, mais celle de ces deux droits simultanément, de sorte que le contrat avait pour objet le transfert, en une seule opération, de la pleine propriété, même si l'usufruit et la nue-propriété étaient cédés à deux personnes distinctes. • Civ. 3e, 31 mai 2018, n° 16-25.829 P : *D. 2018. 1206* ; *RTD civ. 2018. 642, obs. Barbier* ; *RDC 2018. 441, obs. Danos.*

6. Est en droit d'exiger la réalisation forcée de la vente le propriétaire d'une parcelle soumise au droit de préemption urbain dès lors que la commune lui a offert d'acquérir le bien, sans condition, à un prix qu'il a accepté. • Civ. 3e, 2 juin 1999, n° 97-17.576 P : *D. 1999. IR 196 ; Defrénois 1999. 1125, obs. Pérignon ; Ann. loyers 2000.*

97, obs. S. Bouyssou. ♦ Lorsqu'il exerce son droit, le titulaire du droit de préemption, au profit duquel la vente a été effectivement conclue, est tenu de prendre en charge la rémunération de l'intermédiaire incombant à l'acquéreur pressenti, auquel il est substitué, dès lors que le montant de la commission et la partie qui en est tenue sont mentionnés dans l'engagement des parties et dans la déclaration d'intention d'aliéner. • Civ. 3e, 12 mai 2021, n° 19-25.226 : *D. 2021. 1860, note Roussel ; RDI 2021. 411, obs. Struillou* (promesse unilatérale de vente précisant le montant de la commission de l'intermédiaire à la charge de l'acheteur). ♦ Est nulle la vente conclue au bénéfice de celui qui a exercé un droit de préemption dont il n'était pas titulaire ; l'action en nullité peut être exercée par l'acquéreur évincé. • Civ. 3e, 17 févr. 2010, n° 09-10.474 P. ♦ En matière de baux ruraux, le véritable titulaire du bail rural sur la parcelle ayant donné lieu à une promesse de vente peut exercer son droit de préemption même si le notaire a accompli les formalités d'information sur ce droit de préemption à l'égard d'une autre personne. • Civ. 3e, 1er févr. 2012, n° 11-11.315 P : *D. 2012. 1467, note Roussel* .

7. Lorsque, après s'être acquitté de son obligation de proposer l'acquisition du bien à l'ancien propriétaire, qui y a renoncé, le titulaire du droit de préemption propose cette acquisition à l'acquéreur évincé, qui l'accepte, celui-ci n'est plus recevable à demander l'annulation de la vente conclue avec l'ancien propriétaire à compter de la date de la conclusion de la promesse de vente. • Civ. 3e, 7 sept. 2022, n° 21-12.114 B : *D. 2023. 254, obs. Boffa et Mekki ; AJDI 2023. 63, obs. Cohet ; CCC 2022, n° 164, note Leveneur.*

8. *Usages commerciaux.* Pour une vente jugée parfaite, selon l'usage du Bordelais, dès l'envoi aux parties, par le courtier en vins, de la « lettre de confirmation », sauf protestation à très bref délai, V. • Com. 13 mai 2003, n° 00-21.555 P : *R., p. 430 ; D. 2004. 414, note Bahans et Menjucq ; JCP E 2004. 384, n° 4, obs. Masquéfa ; CCC 2003, n° 124, note Leveneur ; RTD civ. 2003. 727, obs. Gautier* . ♦ Rappr. note 1 ss. art. 1587.

9. *Procédures collectives.* Les dispositions de l'art. 156 (C. com., art. L. 622-18 [devenu L. 642-19]) de la L. du 25 janv. 1985 font échapper, par leur caractère d'ordre public, l'offre d'achat de gré à gré d'un élément de l'actif mobilier d'un débiteur en liquidation judiciaire aux dispositions d'ordre privé du code civil régissant la nature et *la forme de la vente*. • Com. 14 juin 1994, n° 92-14.721 P. ♦ Si la vente de gré à gré d'un élément de l'actif mobilier du débiteur en liquidation judiciaire n'est réalisée que par l'accomplissement d'actes postérieurs à la décision du juge-commissaire qui ordonne la cession, elle n'en est pas moins parfaite dès l'ordonnance, sous la condition suspensive que la décision acquière force de chose jugée. • Com. 11 mars 1997, n° 94-19.207 P : *D. 1997. IR 87 ; JCP N 1997. 1283, note Garçon ; Defrénois 1997. 941, obs. Sénéchal* (impossibilité pour le cessionnaire de retirer l'offre d'achat retenue, sauf à justifier, le cas échéant, d'un motif légitime tiré de la non-réalisation des conditions prévues) • 3 oct. 2000, n° 98-10.672 P : *D. 2000. AJ 397, obs. A. Lienhard ; JCP 2001. I. 298, n° 6, obs. M. Cabrillac* (obligation, pour le cessionnaire désireux d'obtenir la restitution d'un acompte, d'agir en résolution de la cession). ♦ Si la vente de gré à gré d'un immeuble compris dans l'actif du débiteur en liquidation judiciaire n'est réalisée que par l'accomplissement d'actes postérieurs à la décision du juge-commissaire qui autorise, sur le fondement de l'art. L. 622-16 (devenu art. L. 642-18), al. 3, C. com., la cession de ce bien, celle-ci n'en est pas moins parfaite dès l'ordonnance, sous la condition suspensive que la décision acquière force de chose jugée. • Com. 4 oct. 2005, n° 04-15.062 P : *D. 2005. AJ 2593, obs. A. Lienhard ; JCP 2006. I. 130, n° 8, obs. Cabrillac et Pétel* • 13 mars 2012, n° 10-24.192 P : *D. 2012. 806, obs. A. Lienhard* . ♦ Sur la date du transfert, V. note 14. ♦ Modification de la vente autorisée par le juge-commissaire, nonobstant son caractère parfait, pour tenir compte du fait que, en raison de la longueur de la procédure, certains produits compris dans la vente sont devenus périmés. • Com. 16 mai 2006, n° 04-19.785 P : *D. 2006. AJ 1683, obs. A. Lienhard ; JCP E 2006. 2332, note Vallansan ; RTD civ. 2006. 552, obs. Mestre et Fages* .

10. *Sauvegarde de justice.* La promesse de vente signée par un majeur sous sauvegarde de justice et mentionnant que l'acquéreur reconnaissait avoir été pleinement informé de cet état et des conséquences que cette situation pouvait entraîner quant à la réitération de la promesse, soumise de ce fait à l'autorisation préalable du juge des tutelles, est ainsi affectée d'une condition suspensive relative à la possibilité juridique de réitérer l'acte de vente devant notaire. • Civ. 3e, 18 nov. 2009, n° 08-20.194 P : *AJ fam. 2010. 43, obs. Pécaut-Rivolier ; RTD civ. 2010. 82, obs. Hauser* .

B. TRANSFERT DE PROPRIÉTÉ

1° RÉGIME GÉNÉRAL

11. *Rôle de la volonté des parties.* Il appartient aux parties de convenir que la propriété de la chose vendue ne sera transférée à l'acheteur qu'après un certain délai, l'exécution de certaines conditions ou l'accomplissement de formalités prévues. • Req. 26 juin 1935 : *DH 1935. 414.* ♦ Les dispositions de l'art. 1583 C. civ. relatives au moment du transfert de propriété de la chose vendue n'étant pas d'ordre public, les parties peuvent y déroger librement • Civ. 1re, 24 janv. 1984, n° 82-14.841 P.

12. Existence d'une clause de report. Justifie légalement sa décision la cour qui retient que, même si les parties ont mis à la charge du vendeur l'accomplissement des formalités de transfert de propriété du bateau vendu, elles n'ont pas subordonné ce transfert à la remise des documents administratifs et que le non-accomplissement de ces formalités par le vendeur ne pouvait entraîner que des dommages-intérêts et non la résolution de la vente. • Civ. 1re, 10 oct. 1995, n° 93-18.457 P. ♦ V. dans des ventes de navires, pour des clauses reportant le transfert de propriété à la livraison. • Civ. 1re, 7 juill. 1993, n° 91-18.592 P (navire ayant fait naufrage au cours du trajet précédant sa livraison à l'acheteur) • 4 juill. 1995, n° 93-18.662 P (*idem*).

13. Clause « franco ». La clause « franco » pour l'acheteur ne diffère pas le transfert de propriété. • Com. 20 mai 1986, n° 85-10.304 P.

14. Date du transfert et art. L. 622-16 C. com. Lorsque le juge-commissaire autorise, en application de l'art. L. 622-16 (devenu L. 642-18) C. com., la cession amiable de biens immobiliers compris dans l'actif de la procédure collective, le transfert de la propriété des biens s'opère à la date à laquelle le liquidateur passe les actes nécessaires à la réalisation de la vente. • Com. 16 oct. 2001, n° 98-12.216 P : *D. 2002. Somm. 1479, obs. A. Honorat ; JCP N 2002. 1294, note Arnaud.*

15. Effets secondaires du transfert. Sur le lien entre la charge des risques et la propriété, sauf clause contraire, V. note 24 s. ♦ Dans une vente à terme, le paiement de la taxe foncière, liée à la qualité de propriétaire du bien grevé, reste à la charge du vendeur jusqu'au transfert de propriété, nonobstant toute clause contraire. • Civ. 3e, 21 mai 2003, n° 02-10.540 P (impossibilité de déroger à la solution imposée par la législation fiscale).

2° *CLAUSE DE RÉSERVE DE PROPRIÉTÉ*

16. Conséquences de la clause sur la date de la vente. Une clause de réserve de propriété est une sûreté suspendant l'effet translatif de propriété du contrat de vente jusqu'à complet paiement du prix : une telle suspension ne remet pas en cause le caractère ferme et définitif de la vente intervenue dès l'accord des parties sur la chose et sur le prix. • Com. 17 oct. 2018, n° 17-14.986 P : *D. 2018. 2086 ; AJ contrat 2018. 524, obs. Delebecque ; Rev. sociétés 2019. 220, obs. Reille ; RDC 1/2019. 131, note Danos.*

17. Conséquences de la clause sur la nature des biens. Absence d'incidence de la convention des parties (clause de réserve de propriété) sur la nature immobilière ou mobilière d'un bien, V. • Civ. 3e, 26 juin 1991 : *D. 1993. 93, note Freij-Dalloz ; D. 1993. Somm. 291, obs. Pérochon ; JCP 1992. II. 21825, note Barbiéri.*

18. Acceptation de la clause. Sur la possibilité pour le vendeur d'imposer la clause en dépit d'une volonté contraire de l'acheteur, V. L. n° 96-588 du 1er juill. 1996, art. 19, modifiant l'art. 121 de la L. du 25 janv. 1985 (C. com., art. L. 621-122 [devenu L. 624-16]). – Crocq, obs. *RTD civ. 1996. 675.* ♦ Sur l'absence de caractère interprétatif de cette disposition, V. • Com. 2 oct. 2001, n° 98-19.681 P : *R., p. 389 ; D. 2001. AJ 3044, obs. A. Lienhard ; RTD com. 2002. 162, obs. Martin-Serf .* ♦ V. antérieurement : • Com. 12 juill. 1994, n° 92-11.338 P : *D. 1996. Somm. 212, obs. Pérochon* (vente faite purement et simplement, avec transfert immédiat et inconditionnel de la propriété, en cas de contradiction des conditions générales du vendeur et de l'acheteur) • 25 oct. 1994, n° 92-21.807 P : *D. 1996. Somm. 212, obs. Pérochon .*

Sur les conditions d'opposabilité de la clause de réserve de propriété, V. de façon générale **C. com.**

19. Date du transfert et art. 53 de la L. 25 janv. 1985 (C. com., art. L. 621-46). Même si elle libère l'acquéreur de l'obligation de payer la partie du prix restant due, l'extinction de la créance du vendeur par application de l'art. 53 (C. com., art. L. 621-46 [ancien, abrogé]) de la L. du 25 janv. 1985 ne constitue pas le terme contractuellement fixé pour le transfert de propriété. • Com. 9 janv. 1996 : *D. 1996. 184, note Derrida ; JCP 1996. I. 3935, n° 19, obs. M. Cabrillac ; RTD civ. 1996. 436, obs. Croq* (vente immobilière avec clause de réserve de propriété).

20. Perte de la chose : assurance. Le vendeur avec clause de réserve de propriété qui n'a pas été intégralement payé à la date du sinistre touchant la chose vendue (bateau) peut encore se prévaloir à l'égard de son assureur de son droit de propriété et, dès lors, ne sont pas applicables les règles du code des assurances relatives à l'aliénation de la chose assurée. • Civ. 1re, 24 mars 1992, n° 89-11.802 P.

21. En cas de perte des biens livrés sous le bénéfice d'une clause de réserve de propriété, l'indemnité d'assurance, subrogée aux biens dont le vendeur était propriétaire, n'entre pas dans le patrimoine de l'acheteur, rendant sans objet une revendication fondée sur l'art. 115 (C. com., art. L. 621-115 [devenu L. 624-9]) de la L. du 25 janv. 1985. • Com. 22 avr. 1997, n° 93-10.114 P : *Defrénois 1997. 1439, obs. Bénabent ; RTD civ. 1997. 696, obs. Zenati .*

22. Report sur le prix. Les marchandises vendues sous réserve de propriété étant affectées à la garantie de la créance du vendeur, celui-ci exerce sa revendication sur les marchandises elles-mêmes aussi longtemps qu'elles existent en nature entre les mains du débiteur et, après leur revente en l'état initial par ce dernier, le prix se trouvant par là même subrogé aux marchandises, le vendeur exerce sa revendication sur le prix. • Com. 20 juin 1989, n° 88-11.720 P : *R., p. 185, concl. Montanier ; ibid., p. 308 ; D. 1989. 431, note Pérochon ; D. 1990. Somm. 235, obs. Vasseur ; RTD civ. 1990. 121, obs. Bandrac.* – V. déjà • Com. 8 mars 1988, n° 86-15.751 P : *R., p. 204 ; RTD civ. 1989. 348, obs. Zenati.* ♦ Inopposabilité des exceptions par le sous-acquéreur au vendeur initial en cas de procédure collective de l'acquéreur initial : V. • Com. 5 juin 2007, n° 05-21.349 P : *D. 2007. AJ 1729, obs. A. Lienhard ; JCP 2008. I. 117, n° 11, obs. Cabrillac et Pétel ; Gaz. Pal. 2007. Somm. 2785, obs. F. P.*

23. Action en revendication. L'action en revendication d'un bien vendu avec clause de réserve de propriété n'est pas une action en résolution de la vente et le prêteur, subrogé dans la sûreté que constitue la propriété réservée, n'est tenu de restituer les sommes qu'il a reçues en exécution du contrat de prêt que dans la mesure où la valeur du bien restitué excède le montant des sommes qui lui restent dues. • Com. 23 janv. 2001, n° 97-21.660 P. ♦ V. note 12 ss. art. 2276. ♦ La décision de l'administrateur judiciaire de poursuivre un contrat en cours portant sur des biens faisant l'objet d'une requête en revendication ne vaut pas acquiescement à celle-ci. • Com. 12 janv. 2016, n° 14-11.943 P : *D. 2016. 198, obs. Lienhard ; Rev. sociétés 2016. 198, obs. Henry ; RTD com. 2016. 331, obs. Martin-Serf.*

C. TRANSFERT DES RISQUES

24. Perte en cours de transport. Dès lors que le vendeur justifie de l'envoi de la marchandise commandée par la production d'un bordereau d'expédition, de telle sorte que la preuve de l'exécution du contrat est rapportée, les risques doivent être supportés par l'acheteur, destinataire de la marchandise et c'est à bon droit que celui-ci est condamné à en régler le prix. • Civ. 1re, 19 nov. 1991, n° 90-15.731 P (envoi d'un livre perdu par le transporteur). ♦ Comp. note 12, pour des ventes de navires.

25. Clause de réserve de propriété. Demeuré propriétaire de l'immeuble jusqu'à l'acte notarié qui, selon la convention des parties, avait seul opéré le transfert de propriété, le vendeur doit supporter le risque de perte de la chose jusqu'à cette date. • Civ. 3e, 13 nov. 1997 : *RCA 1998, n° 103* (indemnisation des acheteurs découvrant avant la signature de l'acte authentique que des insectes capricornes étaient présents dans la maison).

26. Vente en l'état futur d'achèvement. V. note 2 ss. art. 1601-3.

27. Droit de la consommation. Selon l'art. L. 138-4 C. consom., introduit par la L. n° 2014-34 du 17 mars 2014, les risques ne sont transférés au consommateur qu'au moment où celui-ci ou un tiers désigné par lui, autre que le transporteur proposé par le professionnel, prend physiquement possession de ces biens. Inversement, les risques sont transférés au consommateur dès la remise du bien à un transporteur choisi par le consommateur. Ces règles sont d'ordre public (C. consom., art. L. 138-6). ♦ Pour une illustration : cassation du jugement écartant la responsabilité du vendeur à l'égard de l'acheteur qui n'avait pas reçu le bien, au motif que le transporteur, en lui offrant une indemnisation forfaitaire de 16 €, avait implicitement admis une défaillance de ses services dont le vendeur n'était pas responsable, alors qu'il résultait de ses constatations que l'acheteur n'avait pas pris physiquement possession des biens achetés sur Internet. • Civ. 1re, 3 févr. 2021, n° 19-21.046 P : *RDC 2021/2. 101, note Julien ; ibid. 2021/4. 40, note Huet ; ibid. 2022. 255, obs. Boskovic.*

Code du patrimoine *(Ord. n° 2004-178 du 20 févr. 2004).* **Art. L. 123-1** *(Ord. n° 2017-1134 du 5 juill. 2017, art. 2)* I. — L'État peut exercer, sur toute vente publique ou vente de gré à gré de biens culturels réalisée dans les conditions prévues par l'article L. 321-9 du code de commerce, un droit de préemption par l'effet duquel il se trouve subrogé à l'adjudicataire ou à l'acheteur.

La déclaration par l'autorité administrative qu'elle entend éventuellement user de son droit de préemption est faite, à l'issue de la vente, entre les mains de l'officier public ou ministériel dirigeant les adjudications ou de l'opérateur mentionné aux articles L. 321-4 et L. 321-24 du code de commerce habilité à organiser la vente publique ou la vente de gré à gré.

II. — L'officier public ou ministériel chargé de procéder à la vente publique des biens culturels définis par décret en Conseil d'État ou l'opérateur mentionné aux articles L. 321-4 et L. 321-24 du code du commerce habilité à organiser une telle vente en donne avis à l'autorité administrative au moins quinze jours à l'avance, avec toutes indications utiles sur lesdits biens. Il informe en même temps l'autorité administrative du jour, de l'heure et du lieu de la vente. L'envoi d'un catalogue avec mention du but de cet envoi tient lieu d'avis.

En cas de vente judiciaire, si le délai de quinze jours ne peut être observé, l'officier public ou ministériel, aussitôt qu'il est désigné pour procéder à la vente, fait parvenir à l'autorité administrative les indications utiles sur les biens culturels proposés à la vente.

L'opérateur mentionné aux articles L. 321-4 et L. 321-24 habilité à procéder à la vente de gré à gré des biens culturels notifie sans délai la transaction à l'autorité administrative, avec toutes indications utiles sur lesdits biens.

III. — La décision de l'autorité administrative intervient dans les quinze jours qui suivent la vente publique ou la notification de la transaction de gré à gré.

L'Ord. n° 2017-1134 du 5 juill. 2017 entre en vigueur le 1er janv. 2018. Les demandes déposées et les procédures engagées avant cette date demeurent régies par les dispositions antérieures (Ord. préc., art. 9).

Art. L. 123-2 *(Ord. n° 2017-1134 du 5 juill. 2017, art. 2)* Le droit de préemption des archives en cas de liquidation judiciaire d'une entreprise est fixé à l'article L. 642-23 du code de commerce. — *V. note ss. art. L. 123-1.*

Art. L. 123-3 *(Ord. n° 2017-1134 du 5 juill. 2017, art. 2)* L'État peut également exercer le droit de préemption prévu aux articles L. 123-1 et L. 123-2 à la demande et pour le compte d'une collectivité territoriale, d'un groupement de collectivités territoriales, d'un établissement public local, d'une personne morale de droit privé sans but lucratif propriétaire d'une collection affectée à un musée de France ou d'une fondation reconnue d'utilité publique propriétaire d'un fonds d'archives.

La Bibliothèque nationale de France peut exercer ce droit à l'égard des biens culturels susceptibles d'entrer dans les collections et fonds dont elle a la garde. — *V. note ss. art. L. 123-1.*

Art. L. 123-4 *(Ord. n° 2017-1134 du 5 juill. 2017, art. 2)* Les conditions d'application des articles L. 123-1 à L. 123-3 sont fixées par décret en Conseil d'État. — *V. note ss. art. L. 123-1.*

Loi n° 75-1351 du 31 décembre 1975, *relative à la protection des occupants de locaux à usage d'habitation.* **Art. 10** I. — *(L. n° 82-526 du 22 juin 1982, art. 81)* « Préalablement à la conclusion de toute vente d'un ou plusieurs locaux à usage d'habitation ou à usage mixte d'habitation et professionnel, consécutive à la division initiale ou à la subdivision de tout ou partie d'un immeuble par lots, le bailleur doit, à peine de nullité de la vente, faire connaître par lettre recommandée avec demande d'avis de réception, à chacun des locataires ou occupants de bonne foi, l'indication du prix et des conditions de la vente projetée pour le local qu'il occupe. *(L. n° 2000-1208 du 13 déc. 2000, art. 196)* « Cette notification vaut offre de vente au profit de son destinataire. »

« L'offre est valable *(L. n° 94-624 du 21 juill. 1994)* « pendant une durée de deux mois » à compter de sa réception. Le locataire qui accepte l'offre ainsi notifiée dispose, à compter de la date d'envoi de sa réponse au bailleur, d'un délai de deux mois pour la réalisation de l'acte de vente. Si, dans sa réponse, il notifie au bailleur son intention de recourir à un prêt, son acceptation de l'offre de vente est subordonnée à l'obtention du prêt et, en ce cas, le délai de réalisation est porté à quatre mois.

« Passé le délai de réalisation de l'acte de vente, l'acceptation par le locataire de l'offre de vente est nulle de plein droit. »

(L. n° 94-624 du 21 juill. 1994) « Dans le cas où le propriétaire décide de vendre à des conditions ou à un prix plus avantageux pour l'acquéreur, le notaire doit, lorsque le propriétaire n'y a pas préalablement procédé, notifier au locataire ou occupant de bonne foi ces conditions et prix à peine de nullité de la vente. Cette notification vaut offre de vente au profit du locataire ou occupant de bonne foi. Cette offre est valable pendant une durée d'un mois à compter de sa réception. L'offre qui n'a pas été acceptée dans le délai d'un mois est caduque.

« Le locataire ou occupant de bonne foi qui accepte l'offre ainsi notifiée dispose, à compter de la date d'envoi de sa réponse au propriétaire ou au notaire, d'un délai de deux mois pour la réalisation de l'acte de vente. Si, dans sa réponse, il notifie son intention de recourir à un prêt, l'acceptation par le locataire ou occupant de bonne foi de l'offre de vente est subordonnée à l'obtention du prêt et le délai de réalisation de la vente est porté à quatre mois. Si, à l'expiration de ce délai, la vente n'a pas été réalisée, l'acceptation de l'offre de vente est nulle de plein droit.

« Les termes des cinq alinéas qui précèdent doivent être reproduits, à peine de nullité, dans chaque notification.

« Nonobstant les dispositions de l'article 1751 du code civil, les notifications faites en application du présent article par le bailleur sont de plein droit opposables au conjoint du locataire ou occupant de bonne foi si son existence n'a pas été préalablement portée à la connaissance du bailleur. »

(Abrogé par Cons. const. nº 2017-683 QPC du 9 janv. 2018) (L. nº 2014-366 du 24 mars 2014, art. 5-II-1º) « En cas d'absence d'acceptation par un des locataires ou occupants de bonne foi des offres de vente mentionnées aux premier et troisième alinéas, le bailleur communique sans délai au maire de la commune sur le territoire de laquelle est situé l'immeuble le prix et les conditions de la vente de l'ensemble des locaux pour lesquels il n'y a pas eu acceptation de ces offres de vente. A défaut, toute vente à un autre acquéreur est réputée nulle.

« La commune dispose alors, pour assurer le maintien dans les lieux des locataires, d'un délai de deux mois à compter de cette notification pour décider d'acquérir le ou les logements au prix déclaré ou proposer de les acquérir à un prix inférieur. A défaut d'accord amiable, le prix d'acquisition est fixé par la juridiction compétente en matière d'expropriation ; ce prix est exclusif de toute indemnité accessoire, notamment de l'indemnité de réemploi. Le prix est fixé, payé ou, le cas échéant, consigné selon les règles applicables en matière d'expropriation. En cas d'acquisition, la commune règle le prix au plus tard six mois après sa décision d'acquérir le bien au prix demandé, la décision définitive de la juridiction ou la date de l'acte ou du jugement d'adjudication. En l'absence de paiement ou, s'il y a obstacle au paiement, de consignation de la somme due à l'expiration du délai de six mois prévu au présent alinéa, le propriétaire reprend la libre disposition de son bien. »

II. — Lorsque la vente *(L. nº 82-526 du 22 juin 1982, art. 81)* « du local à usage d'habitation ou à usage mixte d'habitation et professionnel » a lieu par adjudication volontaire ou forcée, le locataire ou l'occupant de bonne foi doit y être convoqué par lettre recommandée avec demande d'avis de réception un mois au moins avant la date de l'adjudication.

A défaut de convocation, le locataire ou l'occupant de bonne foi peut, pendant un délai d'un mois à compter de la date à laquelle il a eu connaissance de l'adjudication, déclarer se substituer à l'adjudicataire. Toutefois, en cas de vente sur licitation, il ne peut exercer ce droit si l'adjudication a été prononcée en faveur d'un indivisaire.

III. — *(L. nº 82-526 du 22 juin 1982, art. 81)* « Le présent article s'applique aux ventes de parts ou actions de sociétés dont l'objet est la division d'un immeuble par fractions destinées à être attribuées aux associés en propriété ou en jouissance à temps complet.

« Il ne s'applique pas aux actes intervenus entre parents et alliés jusqu'au quatrième degré inclus.

« Il ne s'applique pas aux ventes portant sur un bâtiment entier ou sur l'ensemble des locaux à usage d'habitation ou à usage mixte d'habitation et professionnel dudit bâtiment. » *(L. nº 2014-366 du 24 mars 2014, art. 5)* « Il ne s'applique ni aux ventes d'un ou de plusieurs locaux à usage d'habitation ou à usage mixte d'habitation et professionnel d'un même immeuble à un organisme mentionné à l'article L. 411-2 du code de la construction et de l'habitation, ni, pour les logements faisant l'objet de conventions conclues en application de l'article *(Ord. nº 2019-770 du 17 juill. 2019, art. 12, en vigueur le 1er sept. 2019)* « L. 831-1 » du même code, aux ventes d'un ou de plusieurs locaux à usage d'habitation ou à usage mixte d'habitation et professionnel d'un même immeuble à une société d'économie mixte mentionnée à l'article L. 481-1 dudit code ou à un organisme bénéficiant de l'agrément prévu à l'article L. 365-1 du même code. »

IV. — Un décret détermine les conditions d'application du présent article. — *V. Décr. nº 77-742 du 30 juin 1977 (D. et BLD 1977. 284), mod. par Décr. nº 2006-936 du 27 juill. 2006, art. 150 (JO 29 juill.). — **C. baux.***

*Sur les dispositions applicables à la vente de la totalité d'un immeuble de plus de dix logements, V. C. baux, L. 31 déc. 1975, art. 10-I. — **C. baux.***

Pour le droit de préemption de l'État, de ses établissements publics, des collectivités territoriales, de leurs groupements et de leurs établissements publics (CGPPP, art. L. 1112-3 s.) sur les espaces naturels sensibles des départements et pour la protection et la mise en valeur des espaces agricoles et naturels périurbains, V. C. urb., art. L. 142-1 à L. 142-13. — Pour le droit de préemption urbain, les zones d'aménagement différé et les périmètres provisoires, V. C. urb., art. L. 210-1 à L. 213-18. — Pour le droit de préemption des collectivités territoriales, de leurs groupements et de leurs établissements publics en ce qui concerne les fonds artisanaux, les fonds de commerce, les baux commerciaux et les terrains faisant l'objet de projets d'aménagement commercial, V. C. urb. art. L. 214-1 à L. 214-3. — Pour le droit de préemption des établissements publics fonciers locaux, V. C. urb., art. L. 324-1 à L. 324-10. — **C. urb.**

V. aussi, en ce qui concerne les mutations de propriétés rurales comprises dans le périmètre d'une opération d'aménagement foncier rural, C. rur., art. L. 121-20 ; ... ou de celles comprises dans le périmètre d'une association syndicale, Ord. n° 2004-632 du 1er juill. 2004, art. 3 et 4 (JO 2 juill.). — **C. rur.** *— V. encore, à propos des installations de stockage de déchets, C. envir., art. L. 541-28 et L. 541-29. —* **C. envir.**

Peut être soumise, dans certains cas, à déclaration préalable, à peine de nullité, toute division volontaire, en propriété ou en jouissance, d'une propriété foncière, par ventes ou locations simultanées ou successives : V. C. urb., art. L. 111-5-2. — **C. urb.**

Sur l'aliénation des immeubles classés ou inscrits et des objets mobiliers classés ou inscrits, V. C. patr. (Ord. n° 2004-178 du 20 févr. 2004, JO 24 févr.), art. L. 621-29-5 et L. 621-29-6 (immeubles), L. 622-16, L. 622-23 et L. 622-29 (objets mobiliers), issus de Ord. n° 2005-1128 du 8 sept. 2005 (JO 9 sept.) ; ... des monuments naturels ou sites classés, V. C. envir. (Ord. n° 2000-914 du 18 sept. 2000, JO 21 sept.), art. L. 341-9, [codifiant L. 2 mai 1930, art. 11]. — **C. envir.** *; ... des archives classées, V. C. patr., art. L. 212-23 et L. 212-24 [codifiant L. n° 79-18 du 3 janv. 1979, art. 14 et 17] ; ... des biens constituant les collections des musées de France, V. C. patr., art. L. 451-4 à L. 451-10 [codifiant L. n° 2002-5 du 4 janv. 2002, art. 11]. —* **C. patr.** *— Sur les restrictions à l'exportation des biens culturels considérés comme trésors nationaux, V. C. patr., art. L. 111-1 à L. 111-7 et L. 121-1 à L. 121-4 [codifiant L. n° 92-1477 du 31 déc. 1992, art. 4 à 10]. —* **C. patr.**

Art. 1584 La vente peut être faite purement et simplement, ou sous une condition soit suspensive, soit résolutoire.

Elle peut aussi avoir pour objet deux ou plusieurs choses alternatives.

Dans tous ces cas, son effet est réglé par les principes généraux des conventions.

1. Pour l'analyse de certaines clauses de réitération par acte authentique en condition, V. notes ss. art. 1589. ♦ V. aussi notes 4 ss. art. 1583 et 1 ss. art. 1588.

2. Existence d'une condition. Refus de considérer qu'un contrat de vente est conclu sous la condition de réalisation d'une promesse de vente d'un bien appartenant à l'acheteur, les mentions de l'acte montrant nettement l'absence de lien juridique entre les deux opérations. • Civ. 1re, 28 oct. 1997, n° 95-21.629 P (rejet du moyen invoquant la connaissance par le vendeur de cette prétendue interdépendance).

3. Conséquences de la condition : rémunération d'un agent immobilier. L'agent immobilier peut prétendre à commission dès l'instant que l'opération a été effectivement conclue, solution applicable dans l'hypothèse où a joué une clause résolutoire liée à l'exécution du contrat (paiement du prix). • Civ. 1re, 17 févr. 1998 : *D. Affaires 1998. 530, obs. S. P.*

4. Renonciation à la condition. Possibilité pour l'acquéreur de renoncer unilatéralement à une condition insérée au contrat dans son seul intérêt : • Civ. 3e, 5 févr. 1971, n° 69-12.443 P : *D. 1971. 281, rapport Cornuey.* ♦ V. aussi Goubeaux, *Defrénois 1979. 753.* ♦ Sur la renonciation à la condition, V. plus généralement ss. art. 1304-4.

Loi de finances n° 63-1241 du 19 décembre 1963

(D. 1964. 13 ; BLD 1963. 658).

Art. 56 — *I. — Lorsqu'une société* visée par la loi du 28 juin 1938 *[remplacée par L. n° 71-579 du 16 juill. 1971, art. 5 s. ; V. CCH, art. L. 212-1 s.]* ou par la loi du 7 février 1953 (article 80) *[remplacé par L. n° 71-579 du 16 juill. 1971, art. 18 s. ; V. CCH, art. L. 213-1 s.]* a déposé une demande de prime à la construction non convertible en bonifications d'intérêt, en application des articles 257 et suivants du code de l'urbanisme et de l'habitation *[CCH, art. L. 311-1 s.]*, les contrats de cession de parts sociales doivent être conclus au choix des parties, sous condition suspensive de l'octroi de la prime ou sous condition résolutoire du refus de la prime.

A défaut d'option des parties et nonobstant toute stipulation contraire, le contrat est réputé conclu sous condition résolutoire du refus de la prime.

II. — 1° Lorsqu'une société visée au paragraphe I ci-dessus a déposé une demande de prime convertible en bonifications d'intérêt, en application des articles 257 et suivants du code de l'urbanisme et de l'habitation *[CCH, art. L. 311-1 s.]*, ou une demande de prêt spécial à la construction, en application des articles 265 et suivants dudit code *[CCH, art. L. 311-8 s.]*, les contrats de cession de parts sociales doivent être conclus, au choix des parties, sous condition suspensive de l'octroi de la prime et du prêt spécial ou sous condition résolutoire du refus de la prime ou du prêt spécial.

A défaut d'option des parties et nonobstant toute stipulation contraire, le contrat est réputé conclu sous condition résolutoire du refus de la prime ou du prêt.

2° D'autre part, et nonobstant toute stipulation contraire, la condition résolutoire est toujours sous-entendue pour le cas où la cession entraînerait, pour un fait non imputable au cessionnaire, le retrait de la prime ou du prêt accordé à la société.

III. — 1° Les conditions prévues aux paragraphes I et II (1°) pour les cessions de parts sociales sont applicables aux ventes immobilières, lorsqu'une demande de prime ou de prêt spécial à la construction a été déposée en vue de l'édification d'un bâtiment sur le terrain compris dans la vente, sauf si le défaut d'obtention de la prime ou du prêt est imputable à l'acquéreur.

2° D'autre part, et nonobstant toute stipulation contraire, la condition résolutoire est toujours sous-entendue pour le cas où la prime ou le prêt spécial ne pourrait, pour un fait non imputable à l'acquéreur, être transféré à celui-ci.

IV. — Le cessionnaire ou l'acquéreur peut, même à défaut de réalisation de la condition suspensive prévue aux paragraphes I, II (1°) ou III (1°), exiger l'exécution du contrat de cession ou de la vente.

Le cessionnaire ou l'acquéreur est seul fondé à se prévaloir des conditions résolutoires prévues aux paragraphes I, II et III. La demande de résolution doit être formée dans le délai de quatre mois à compter du jour où le cessionnaire a eu connaissance de la réalisation de la condition.

Art. 1585 **Lorsque des marchandises ne sont pas vendues en bloc, mais au poids, au compte ou à la mesure, la vente n'est point parfaite, en ce sens que les choses vendues sont aux risques du vendeur jusqu'à ce qu'elles soient pesées, comptées ou mesurées ; mais l'acheteur peut en demander ou la délivrance ou des dommages-intérêts, s'il y a lieu, en cas d'inexécution de l'engagement.**

BIBL. ▸ Goré, *D. 1954. Chron. 175* (transfert de propriété dans les ventes de choses de genre).

1. Caractère supplétif. V. • Com. 18 avr. 1967 : *JCP 1968. II. 15481, note J. H.* (motifs).

2. Détermination de la chose vendue. Caractère déterminable ou non de l'objet de la vente au jour de la convention : V. ss. art. 1163.

Art. 1586 **Si, au contraire, les marchandises ont été vendues en bloc, la vente est parfaite, quoique les marchandises n'aient pas encore été pesées, comptées ou mesurées.**

1. Notion. La vente en bloc conserve son caractère lorsque le prix est fixé à tant la mesure et que le mesurage n'a pour but que de déterminer le prix à payer. • Civ. 1re, 1er févr. 1983, n° 81-15.557 P : *JCP 1984. II. 20241, note J. H.* ♦ Sur les variétés de la vente en bloc : Gautier, *RTD civ. 1994. 629.*

2. Illustrations : récolte sur pied. Pour la vente d'une récolte sur pied, V. • Civ. 1re, 8 oct. 1980 : *D. 1981. IR 445, obs. Audit ; RTD civ. 1981. 647, obs. Cornu.*

3. ... Collection. La vente d'une collection de figurines en étain est une vente en bloc soumise *aux dispositions de l'art. 1586 C. civ.* et non une vente au compte ou à la mesure visée par l'art. 1585 C. civ., dès lors que, malgré la référence faite par le contrat au nombre « d'environ 650 000 pièces », dans la commune volonté des parties, la vente a porté sur un ensemble correspondant indistinctement à la totalité de la collection de figurines, sans division ni inventaire. • Paris, 22 sept. 1995 : *D. 1995. IR 230.* ♦ La vente est donc parfaite quoique les marchandises n'aient pas été comptées lors de la délivrance et les risques, tenant à une différence, même importante, entre le nombre approximatif de pièces mentionnées à l'acte de vente et celui constaté lors de l'inventaire fait par la suite, doivent être supportés par l'acquéreur. • Même arrêt.

Art. 1587 **A l'égard du vin, de l'huile, et des autres choses que l'on est dans l'usage de goûter avant d'en faire l'achat, il n'y a point de vente tant que l'acheteur ne les a pas goûtées *[goûtés]* et agréées *[agréés]*.**

BIBL. ▸ Bahans, *RD rur. 2005. Étude 21* (vente du vin à l'agréage).

1. Caractère supplétif. La règle de l'art. 1587 n'est qu'une présomption de volonté et les parties peuvent y renoncer expressément ou tacitement ; il appartient aux tribunaux d'apprécier, d'après les conventions et les circonstances de la cause, s'il y a eu ou non dérogation à la condition de dégustation. • Req. 29 mai 1905 : *DP 1905. 1. 426.* ♦ Mais la renonciation au bénéfice de l'art. 1587 C. civ. ne peut résulter du seul silence des parties. • Civ. 1re, 24 mars 1998, n° 96-12.645 P : *Defrénois 1998. 1407, obs. Delebecque ; LPA 11 janv. 1999, note Dagorne-Labbe ; Dr. et patr. 9/1998. 87, obs. Chauvel ; JCP E 1999. 170, n° 3, obs. Sordino ; RTD civ. 1999. 377, obs. Mestre* (vente d'une récolte de vin), et sur renvoi : • Besançon, 14 sept. 1999 : *D. 2001. 729, note Olszak* . – Même sens : • CE 28 juill. 2000 : *D. 2001. 1419, note Agostini, Lencou et Pharé* . ♦ Les usages locaux imposant que l'agréage soit fait dans les chais du vendeur, il se déduit de l'enlèvement de la moitié de la commande par l'acheteur que celui-ci avait renoncé de manière non équivoque à exercer le droit d'agréage. • Civ. 1re, 12 juill. 2007, n° 05-11.791 P : *D. 2007. AJ 2235* .

2. Vente à l'agréage et vente sur échantillon. Distinction de la vente à l'agréage et de la vente après examen d'un échantillon, V. • Com. 7 janv. 1981, n° 79-12.061 P.

3. Portée de l'agréage. L'accord sur la chose et le prix intervenu, en matière de vente de vin, après que celui-ci a été goûté et agréé vaut vente, peu important que le vin ait été commandé en vrac ou en bouteille. • Civ. 1re, 21 nov. 2006, n° 04-16.271 P : *D. 2007. AJ 83* ; *ibid. Pan. 2966, obs. Amrani-Mekki* ; *CCC 2007, n° 66, note Leveneur ; LPA 23 mars 2007, note Liperini.*

4. Exonération du vendeur. Seule peut exonérer le vendeur à l'agréage du paiement des dommages et intérêts pour inexécution de ses obligations contractuelles l'existence d'une cause étrangère qui ne lui serait pas imputable. • Civ. 1re, 10 juill. 1996, n° 94-18.618 P : *Defrénois 1997. 337, obs. Delebecque* (N.B. la limitation de la solution à la vente à l'agréage ne figure que dans le sommaire de l'arrêt).

Art. 1588 **La vente faite à l'essai est toujours présumée faite sous une condition suspensive.**

1. Silence de l'acheteur. La vente conclue sous la condition suspensive d'un essai satisfaisant devient parfaite si, à l'expiration du délai d'essai, l'acheteur n'a pas manifesté sa volonté de ne pas conserver le bien (jument). • Civ. 1re, 13 oct. 1998, n° 96-19.611 P : *D. Affaires 1998. 1900, obs. J. F. ; CCC 1998, n° 161, note Leveneur ; RTD civ. 1999. 376, obs. Mestre* . ♦ Déjà en ce sens : • Civ. 10 janv. 1928 : *DP 1929. 1. 126.*

2. Distinction avec la clause de reprise d'invendus. Distinction de la vente à l'essai et de la vente avec clause de reprise des invendus : V. • Paris, 12 déc. 1980 : *D. 1981. IR 447, obs. Larroumet.*

Art. 1589 **La promesse de vente vaut vente, lorsqu'il y a consentement réciproque des deux parties sur la chose et sur le prix.**

(L. 30 juill. 1930) **Si cette promesse s'applique à des terrains déjà lotis ou à lotir, son acceptation et la convention qui en résultera s'établiront par le payement d'un acompte sur le prix, quel que soit le nom donné à cet acompte, et par la prise de possession du terrain.**

La date de la convention, même régularisée ultérieurement, sera celle du versement du premier acompte.

Sur le pacte de préférence et la promesse unilatérale, V. C. civ., art. 1123 et 1124.

En ce qui concerne les promesses de location-accession et contrats préliminaires à un contrat de location-accession, V. L. n° 84-595 du 12 juill. 1984, art. 3. — **CCH.**

Sur les actes de gestion du patrimoine des personnes placées en curatelle ou en tutelle, V. Décr. n° 2008-1484 du 22 déc. 2008, ss. art. 496.

RÉP. CIV. v° *Promesse de vente*, par A. Denizot.

BIBL. ► **Promesse synallagmatique :** D. Boulanger, *JCP N 1995. I. 1457.* – Boyer, *RTD civ. 1949. 1.* – Bus, *AJDI 2014. 495* (nature juridique de l'indemnité d'immobilisation). – Chalvignac, *JCP N 2000. 438* (clause pénale et dépôt de garantie). – Coutant, *AJDI 1999. 127* (réitération). – Grimaldi, *RDC 2017. 213* (proposition de modification après la réforme du droit des obligations). – Hocquet-Berg, *RTD civ. 2000. 781* (Alsace-Moselle). – Malaurie et Aynès, *Defrénois 1987. 18.* – Meyssan et Radot, *Defrénois 2003. 966.* – Schütz, *Defrénois 1999. 833* (exécution).

► **Promesse unilatérale :** Condition d'obtention d'un prêt : Aynès, *D. 1988. Chron. 283.* – Baron, *Defrénois 1981. 1265 ; 1983. 657 et 972* (formules : loi du 13 juill. 1979). – Bénac-Schmidt, *D. 1990. Chron. 7* ; note *D. 1996. 539* (C. consom., art. L. 312-16). ► **Publi-**

cité : Dagot, *JCP 1980. I. 2986.* – Maury, *JCP N 1994. Doctr. 341* (publicité foncière). – Savatier, *RTD civ. 1971. 61* (enregistrement). ▸ **Substitution :** Azencot, *JCP N 1992. I. 61* (transmission et substitution). – Béhar-Touchais, *Mél. L. Boyer, PU Toulouse, 1996, p. 85.* – Bénac-Schmidt, *D. 1990. Chron. 7.* – L. Boyer, *JCP 1987. I. 3310.* – Brun, *RTD civ. 1996. 29.* – Collart. Dutilleul, obs. *RDC 2004. 683* (faculté de substitution et levée de l'option). – Fabre-Magnan, *RDC 2012. 633* (engagement du promettant). – Jeuland, *D. 1998. Chron. 356* (cession de contrat et substitution). – Najjar, *D. 1988. Chron. 135 et note D. 1989. 65* (option et substitution) ; *D. 2000. Chron. 635* (clause de substitution et « position contractuelle »). – Nourissat, *JCP N 1999. 874* (cession conventionnelle de contrat). – Raby, *LPA 10 mars 2004* (cession de contrat ?). – Soubise, *D. 1994. Chron. 237.* – Wicker, *RDC 2012. 649* (engagement du promettant). ▸ **Violation :** Atias, *JCP N 1978. I. 291* (vente ultérieure à un tiers de mauvaise foi). ▸ Rétractation : Mainguy, *RTD civ. 2004. 1.* – Molfessis, *D. 2012. 231* . – Najjar, *D. 1997. Chron. 119* . ▸ **Autres thèmes :** Boccara, *JCP 1970. I. 2357 bis* (fonds de commerce). – Dagorne-Labbe, *Defrénois 2013. 351* (levée de l'option). – Lusseau, *RTD civ. 1977. 483* (matière immobilière). – Monsèrié, *LPA 15 déc. 1997* (procédures collectives). – Pierre, *JCP 1996. I. 3981* (prix de l'exclusivité). – Schütz, *Defrénois 1999. 833* (exécution). – Suquet-Cozic, *RLDC 2011/78, n° 4073.* – Viatte, *Gaz. Pal. 1973. 1. Doctr. 67.*

▸ **Pacte de préférence :** Blanc, *Mél. Payet, Dalloz, 2011, p. 55* (le pacte de préférence et le temps). – Bruschi, *Dr. et patr. 6/1999. 64.* Dagot, *JCP N 1990. I. 275* (levée d'option conditionnelle). – Garçon, *JCP N 1999. 1327* (procédures collectives). – Gaudemet, *Rev. sociétés 2011. 139* (titres de sociétés). – Kenfack, *Defrénois 2007. 1003* (renforcement de la vigueur du pacte de préférence) ; *ibid. 2012. 622.* – Lalou, *D. 1929. Chron. 41.* – S. Lequette, *RTD civ. 2013. 491* (durée). – Maury, *JCP N 1994. I. 341* (publicité). – D. Mazeaud, *Gaz. Pal. 1994. 1. Doctr. 210* (violation du pacte de préférence). – Piazzon, *RTD civ. 2009. 433* (violation du pacte de préférence). – Raffray, *JCP N 1991. I. 471* (interprétation et rédaction des pactes de préférence). – Rouvière, *Defrénois 2012. 629* (pacte de préférence et droits de préemption). – Valory, *Dr. et patr. 12/2001. 38* (autonomie et potestativité). – Voirin, *JCP 1954. I. 1192.* ▸ Dossier, *Dr. et patr. 1/2006. 35.* . – Dossier, Le pacte de préférence, *Defrénois 2013. 579.*

Plan des annotations

1. *Caractère supplétif (al. 1).* V. notes 9 s.

A. PROMESSE SYNALLAGMATIQUE DE VENTE

1° PROMESSE VALANT VENTE

2. *Principe : assimilation à une vente.* Une cour d'appel, retenant souverainement que le bénéficiaire d'une promesse avait accepté l'offre le jour même de l'émission et qu'il y avait accord sur la chose et le prix, en déduit à bon droit que la promesse a un caractère synallagmatique et vaut vente. • Civ. 3e, 11 juin 1992, n° 90-12.415 P. ♦ V. aussi, pour une promesse de bail valant bail, note 22 ss. art. 1709. ♦ L'appréciation du caractère parfait d'une vente d'un bien appartenant au domaine privé de la commune relève de la compétence du juge judiciaire. • Civ. 1re, 10 juill. 2013, n° 12-22.198 P.

3. *Illustrations : déclaration d'intention d'aliéner.* Une déclaration d'intention d'aliéner comportant les mentions relatives à la chose vendue, au prix et à l'identité de l'acquéreur vaut promesse synallagmatique de vente et d'achat, sous condition de non-exercice du droit de préemption. • Civ. 3e, 8 nov. 1995, n° 92-18.987 P. ♦ Même sens : • Civ. 3e, 15 déc. 2004, n° 03-15.530 P : *JCP 2005. II. 10012, concl. Guérin ; Gaz. Pal. 2005. 2732, note Barbiéri ; Defrénois 2005. 1441, obs. Gelot ; AJDI 2005. 399, obs. Prigent* (droit de préemption d'une SAFER). ♦ Comp., pour l'impossibilité de constater une vente dès lors que l'irrégularité de la déclaration initiale d'intention d'aliéner a été admise par toutes les parties, sans que celles-ci ne parviennent à en établir une seconde : • Civ. 3e, 4 nov. 1998, n° 96-20.031 P. ♦ Mais toute déclaration d'intention d'aliéner ne vaut pas forcément offre de vente. V. par exemple pour l'art. R. 143-9 C. rur. : • Civ. 3e, 5 nov. 2015, n° 14-21.854 P.

4. ... Promesse unilatérale après levée de l'option. Le bénéficiaire d'une promesse de vente mis en possession de l'immeuble et ayant levé l'option, les juges du fond ont pu retenir, par une interprétation souveraine des clauses de l'acte, qu'il était titulaire d'un droit de caractère immobilier l'autorisant à donner à bail le bien antérieurement à la signature de l'acte authentique à laquelle était subordonné le transfert de la propriété. • Civ. 3e, 12 janv. 1994 : *D. 1995. 52, note Macorig-Venier* . ♦ Les parties étant en désaccord sur la fixation du prix des actions faisant l'objet d'une promesse de vente, dont l'option avait été levée, et la vente n'étant appelée à devenir effective qu'après la fixation du prix au terme de la procédure contractuelle prévue pour l'évaluation, justifie sa décision la cour qui constate que le promettant est demeuré actionnaire et a conservé la qualité pour solliciter la désignation d'un mandataire *ad hoc.* • Com. 21 oct. 1997, n° 95-17.904 P.

5. Distinction avec les promesses unilatérales : indifférence des clauses de substitution. La faculté de substitution stipulée dans une promesse de vente est sans effet sur le caractère unilatéral ou synallagmatique du contrat ; cassation de l'arrêt qui, estimant que la possibilité pour l'acquéreur de se substituer un autre acquéreur est incompatible avec la conclusion d'un contrat de vente immobilière, analyse la convention comme une promesse unilatérale, tout en constatant l'existence d'engagements réciproques. • Civ. 3e, 28 juin 2006, n° 05-16.084 P : *R., p. 331 ; BICC 1er nov. 2006, et la note ; D. 2006. 2439, note Béhar-Touchais ; JCP 2007. II. 10015, note Pillet ; JCP N 2006. 1265, note Le Magueresse ; ibid. 2007. 1157, n° 1, obs. S. Piedelièvre ; Defrénois 2006. 1851, obs. Savaux ; AJDI 2007. 594, note Cohet-Cordey ; RLDC 2006/32, n° 2249, note Kenfack ; LPA 21 nov. 2006, note Eeckhoudt ; RDC 2006. 1096, obs. Dauriac ; RTD civ. 2006. 755, obs. Mestre et Fages* . – V. aussi • Civ. 3e, 4 juill. 2007, n° 06-13.376 P : *D. 2007. 3045, note Chiariny-Daudet ; JCP N 2007. 1302, n° 1, obs. S. Piedelièvre.*

Requalification d'une promesse unilatérale de vente en promesse synallagmatique : V. notes 20 s. ♦ Sur la qualification des « promesses croisées » : V. note 20.

6. Conséquences : date d'appréciation d'un trouble mental. Les juges du fond ne peuvent déclarer nulle la vente d'un immeuble, pour cause de démence du vendeur à l'époque où cette vente a été constatée par acte authentique, dès lors qu'il est soutenu qu'une promesse de vente valant vente avait été consentie antérieurement et que rien ne démontrait qu'au moment de cet engagement le vendeur n'était pas en état de lucidité. • Civ. 3e, 30 nov. 1971 : *JCP 1972. II. 17018.*

7. Nature du compromis et compétence territoriale. L'option de compétence territoriale, prévue en matière contractuelle par l'art. 46 C. pr. civ. qui ne concerne que les contrats impliquant la livraison d'une chose ou l'exécution d'une prestation de services, n'est pas applicable à un compromis de vente. • Civ. 2e, 27 juin 2019, n° 18-19.466 P : *D. 2019. 1398 ; AJ contrat 2019. 446, obs. Bléry* .

2° *RÉITÉRATION D'UN COMPROMIS*

8. Promesse valant vente. Étant constaté l'accord des parties sur la chose et sur le prix et sans qu'aient été relevées d'autres circonstances de nature à démontrer que les parties avaient fait de la réitération du « compromis » par acte notarié un élément constitutif de leur consentement, le rejet de la demande en réalisation forcée de la vente n'a pas de base légale. • Civ. 3e, 20 déc. 1994, n° 92-20.878 P : *JCP 1995. II. 22491, note Larroumet ; JCP N 1996. II. 501, note Mainguy ; D. 1996. Somm. 9, obs. Tournafond* . ♦ Violation de l'art. 1589 C. civ. par une décision qui, ayant constaté l'accord des parties sur la chose et sur le prix, s'est contentée du report de transfert de propriété à la signature de l'acte authentique pour refuser d'analyser l'acte comme une vente, sans autres circonstances de nature à démontrer que les parties avaient fait de la réitération par acte notarié un élément constitutif de leur consentement. • Civ. 3e, 28 mai 1997, n° 95-20.098 P : *D. 1999. Somm. 11, obs. Brun* . – Rappr. • Civ. 3e, 25 oct. 2006, n° 05-15.393 P : *D. 2006. AJ 2782, note Lienhard* . ♦ Violation de l'art. 1583 par une décision qui prononce la nullité d'une vente, faute de réalisation de la vente par acte authentique avant une date limite, alors que le terme fixé pour la signature de l'acte authentique n'était pas assorti de la sanction de la caducité de la promesse de vente. • Civ. 3e, 18 févr. 2009, n° 08-10.677 P : *JCP N 2009. 1194, note Barbiéri ; RDC 2009. 1100, obs. Lardeux* • 17 juill. 1991, n° 90-11.940 P • Aix-en-Provence, 4 juill. 1991 : *JCP 1993. II. 22032, note Puigelier* (en l'absence de sanction prévue pour le cas de dépassement du délai, aucune caducité automatique n'intervient).

9. Promesse ne valant pas vente. Les juges du fond peuvent estimer qu'aucune vente ne s'est réalisée dès lors que toutes les pièces signées par les parties ne font mention que d'une vente au jour de la signature de l'acte authentique et de simples intentions de vendre et d'acquérir. • Civ. 3e, 17 juill. 1997 : *D. 1999. Somm. 11, obs. Brun ; JCP N 1998. 1699, note Coutant ; Defrénois 1998. 339, obs. D. Mazeaud.* ♦ Portée de la clause selon laquelle la vente sera réitérée ou régularisée par acte authentique : V. • Civ. 3e, 5 janv. 1983, no 81-14.890 P : *D. 1983. 617, note Jourdain ; JCP N 1984. II. 131, note Thuillier ; RTD civ. 1983. 550, obs. Rémy* (accord ne devant prendre « son effet définitif qu'après avoir été entériné par un notaire ») • 14 janv. 1987 : *D. 1988. 80, note J. Schmidt.* ♦ Comp. • Civ. 3e, 2 févr. 1983, no 81-12.036 P. ♦ Si les juges du fond ont estimé que les parties ont entendu faire de la signature de l'acte authentique la condition même de leur engagement, ils déclarent à bon droit la vente caduque, faute de rédaction d'un acte authentique. • Civ. 3e, 12 oct. 1994 : *Defrénois 1995. 738, obs. Mazeaud.*

10. Tiers victime de l'absence de réitération. Responsabilité envers les tiers du vendeur qui a refusé de signer l'acte authentique, V. • Civ. 3e, 4 juill. 2007, no 06-15.776 P : *D. 2007. AJ 2102 ; ibid. Pan. 2901, obs. Jourdain ; Defrénois 2007. 1449, obs. Savaux ; RTD civ. 2007. 562, obs. Fages.*

3o RÉGIME

11. Conditions de validité : promesses supérieures à 18 mois. Nullité de promesse synallagmatique de vente portant sur un immeuble pour une durée supérieure à dix-huit mois, faute d'avoir respecté les formalités prévues à l'art. L. 290-1 CCH. • Civ. 3e, 18 févr. 2015, no 14-14.416 P : *D. 2015. 489* • 26 nov. 2020, no 19-14.601 P.

12. Obligation d'information du notaire. Pour l'obligation d'information du notaire dans le cadre des promesses synallagmatiques, V. note 205 ss. art. 1231-1.

13. Absence de caducité du compromis. Demeurent engagées par la promesse au jour de la donation les parties liées par une promesse synallagmatique de vente dès lors qu'elle n'était pas assortie de condition lui faisant encourir la caducité, qu'elle n'avait pas été dénoncée par les parties, qu'aucun délai n'avait été convenu pour la régularisation de l'acte authentique et qu'au jour où la donation avait été consentie, l'obstacle juridique à sa régularisation par acte authentique avait disparu. • Civ. 3e, 30 janv. 2020, no 18-25.381 P : *D. 2020. 282 ; AJ fam. 2020. 256, obs. Levillain ; AJ contrat 2020. 248, obs. Houtcieff ; RTD civ. 2020. 369, obs. Barbier ; ibid. 410, obs. Gautier ; RDC 2020/2. 10, note Latina ; ibid 2020/2. 120, note Tadros* (conséquences : nullité de la donation).

14. Caducité d'un compromis. Lorsque, dans une promesse synallagmatique de vente, un délai est prévu pour la réalisation de la condition suspensive et qu'à la date prévue pour la réitération par acte authentique, cette condition n'est pas accomplie, la promesse est caduque. • Civ. 3e, 9 mars 2017, no 15-26.182 P : *D. 2017. 646 ; RDI 2017. 286, obs. Heugas-Darraspen ; AJ contrat 2017. 226, obs. Dagorne-Labbe ; RTD civ. 2017. 393, obs. Barbier* (cassation de l'arrêt ayant déclaré la vente parfaite au motif que les vendeurs n'ont pas rempli les formalités nécessaires à la mise en œuvre de la caducité pour absence de dépôt de la demande du permis de construire et de l'obtention du prêt dans les délais prévus, et n'ont pas cherché à obliger les acquéreurs à signer l'acte authentique après le délai fixé).

15. Cession d'une promesse synallagmatique. Une promesse synallagmatique de vente ayant été conclue avec faculté pour l'acquéreur de se substituer toute personne qu'il lui plaira, la cession de contrat ainsi prévue est soumise aux exigences de l'art. 1690, mais il n'y a pas lieu d'exiger l'acceptation du transport de créance par le vendeur. • Civ. 3e, 7 juill. 1993 : *D. 1994. 597, note Clavier ; Gaz. Pal. 1995. 1. 309, note Roure.*

16. Restitution du dépôt de garantie. Le bénéficiaire d'une promesse synallagmatique de vente a seul qualité pour agir en restitution du dépôt de garantie versé en exécution du contrat. • Civ. 3e, 29 mai 2013, no 12-10.070 P : *D. 2013. 1407* (dépôt versé par un tiers, en l'espèce une société, dont le bénéficiaire était le gérant).

17. Restitution après défaillance de la condition. L'action en restitution d'une indemnité d'immobilisation versée par le bénéficiaire d'une promesse de vente subordonnée à une condition suspensive non réalisée est une action purement personnelle et mobilière dont la solution ne suppose nullement l'application des règles relatives à la transmission de la propriété immobilière ou à la constitution de droits réels immobiliers. • Civ. 2e, 13 oct. 2016, no 15-24.482 P.

18. Clause pénale. La caducité d'un acte n'affecte pas la clause pénale qui y est stipulée et qui doit précisément produire effet en cas de défaillance fautive de l'une des parties. • Com. 22 mars 2011, no 09-16.660 P : D. 2011. *Actu. 1012, obs. Delpech ; ibid. 2179, note Hontebeyrie ; Rev. sociétés 2011. 626, note J. Moury ; JCP 2011. 955, obs. Grosser ; JCP 2011, no 1212, obs. Mortier ; RLDC 2011/82, no 4225, obs. Paulin ; RDC 2011. 826, note Savaux ; RTD civ. 2011. 345, obs. Fages.*

19. *Opposabilité aux tiers.* La publication facultative de la demande en justice tendant à obtenir la réitération ou la réalisation en la forme authentique d'une vente sous seing privé, prévue par l'art. 37-2 du Décr. du 4 janv. 1955, n'emporte pas mutation de propriété et ne peut pas être assimilée à la publication d'un acte authentique de vente, de sorte qu'elle n'entraîne pas en elle-même les effets de l'opposabilité aux tiers prévus par l'art. 30 du même Décr. • Civ. 3e, 1er oct. 2020, n° 19-17.549 P : *D. 2021. 310, obs. Boffa et Mekki ; JCP 2020, n° 1379, note Laporte.*

B. PROMESSE UNILATÉRALE DE VENTE

1° NATURE JURIDIQUE

a. Nature du contrat

20. *Incompatibilité de la qualification avec un accord des deux parties.* Sur la définition de la promesse unilatérale, V. art. 1124. ♦ La convention par laquelle une personne s'engage définitivement à acquérir, dès qu'auraient été remplies avant une certaine date les obligations mises à la charge du promettant, ce qui ôte toute faculté d'option au bénéficiaire de la promesse et donne à celle-ci un caractère synallagmatique, ne peut constituer une promesse unilatérale de vente et n'est pas soumise par conséquent aux dispositions de l'art. 1840 A CGI. • Civ. 3e, 23 janv. 1991 : *D. 1992. 457, note Najjar.*

21. *... Même avec faculté de dédit.* Distinction de la promesse unilatérale assortie d'une indemnité d'immobilisation et de la clause de dédit permettant à l'une des parties de se dégager du contrat : V. • Paris, 9 nov. 1981 : *D. 1982. 171, note Aubert.* ♦ V. aussi • Com. 14 juin 1982 : *Gaz. Pal. 1983. 1. Pan. 19, obs. Dupichot* (faculté de dédit ouverte au promettant). ♦ Distinction de la clause de dédit et de la clause pénale : V. notes ss. art. 1231-5 et 1590.

22. *Promesses unilatérales croisées.* BIBL. Moury, *D. 2006. Chron. 2793*. ♦ En présence de promesses de vente et d'achat stipulées en des termes identiques, une cour d'appel a pu considérer que les conventions litigieuses, comportant accord des parties sur la chose et sur le prix, *valaient vente.* • *Com. 16 janv. 1990 : D. 1992. Somm. 177, obs. Bousquet et Bugeja ; JCP 1991. II. 21748, note Hannoun.* ♦ Mais il n'en va ainsi que lorsque les promesses de vente et d'achat conclues concomitamment ont le même objet et sont stipulées dans les mêmes conditions. • Civ. 3e, 26 juin 2002 : *Defrénois 2002. 1261, obs. Savaux ; JCP E 2003. 543, n° 3, obs. Mainguy ; RTD civ. 2003. 77, obs. Mestre et Fages* • Com. 22 nov. 2005, n° 04-12.183 P : *D. 2006. AJ 149, obs. A. Lienhard ; ibid. Pan. 2639, obs. Amrani-Mekki ; D. 2007. Pan. 271, obs. Hallouin et Lamazerolles ; JCP E 2006. 1463, note Constantin ; Defrénois 2006. 605, obs. Libchaber ; Dr. et patr. 10/2006. 30, étude C. Grimaldi ; RDC 2006. 1095, obs. Bénabent ; RTD civ. 2006. 302, obs. Mestre et Fages ; Rev. sociétés 2006. 521, obs. Barbiéri.*

23. *Régimes spéciaux : L. 15 juin 1976.* Il résulte de l'art. 6 de la L. du 15 juin 1976 que l'endossement de la copie exécutoire à ordre d'un acte authentique constatant une créance doit être notifié par le notaire signataire par lettre recommandée avec demande d'avis de réception, notamment au débiteur, et que l'absence de cette notification entraîne son inopposabilité aux tiers ; cette formalité n'est pas respectée par l'information donnée au débiteur avant l'endossement des actes notariés ou la mention de cet endossement dans un autre acte. • Civ. 2e, 22 oct. 2020, n° 19-19.999 P.

24. *Existence d'une option.* La convention par laquelle une personne, qualifiée « venderesse », déclare vendre un immeuble à un « acquéreur » sous la condition suspensive que ce dernier confirme dans un délai d'un mois son intention définitive d'acquérir ne peut s'analyser qu'en une promesse unilatérale de vente. • Civ. 3e, 21 nov. 1984, n° 83-13.919 P : *RTD civ. 1985. 591, obs. Rémy.*

25. *Influence de l'indemnité d'immobilisation sur la liberté d'opter.* En retenant que l'indemnité prévue au profit du promettant pour le cas où la vente ne serait pas conclue n'atteignait pas le cinquième du prix total, les juges du fond ont souverainement décidé que ce taux n'avait pas pour effet de contraindre le bénéficiaire de la promesse à acheter et de transformer la promesse unilatérale en contrat synallagmatique. • Com. 9 nov. 1971, n° 70-13.996 P : *D. 1972. 62 ; JCP 1972. II. 16962, note P. L.* – Même sens : • Com. 8 nov. 1972, n° 71-12.459 P : *JCP 1973. II. 17565, note Boccara ; Gaz. Pal. 1973. 2. 670, note Blancher* • 25 avr. 1989, n° 87-17.281 P : *Defrénois 1991. 108, note Dagorne-Labbe ; ibid. 1990. 1218, obs. J. Honorat.* ♦ V. aussi : • Civ. 3e, 16 nov. 1994, n° 92-16.099 P : *D. 1995. Somm. 279, obs. Magnin* (indemnité de 5 p. 100 du prix de vente prévue en cas de non-exercice de la faculté d'acquérir). ♦ Pour une clause pénale improprement qualifiée d'indemnité d'immobilisation, V. • Civ. 3e, 24 sept. 2008, n° 07-13.989 P : *D. 2008. AJ 2497, obs. Forest ; JCP 2009. II. 10016, note Dagorne-Labbe ; Dr. et patr. 7/2009. 88, obs. Aynès et Stoffel-Munck ; RLDC. 2008/54, n° 3175, obs. Maugeri ; ibid. 2009/62, n° 3484, note Kenfack ; RDC 2009. 60, obs. D. Mazeaud ; ibid. 88, obs. Borghetti ; RTD civ. 2008. 675, obs. Fages.* ♦ Comp. : • Civ. 1re, 1er déc. 2010 : *D. 2012. Pan. 459, obs. Amrani-Mekki et Mekki ; AJ fam. 2011. 160, obs. Hilt ; RTD civ. 2011. 111, obs. Hauser ; ibid. 346, obs. Fages ; ibid. 379, obs. Vareille ; RDC 2011. 929, note Gaudemet ; Defrénois 2011. 83, obs. Zalewski ; ibid. 378, obs. Champenois ; JCP 2011, n° 481, note Dagorne-*

Labbe ; ibid. n° 503, obs. Simler ; Dr. et patr. 5/2011. 72, obs. Aynès ; RLDC 2011/79, n° 4115, obs. Paulin ; ibid., n° 4144, obs. Le Gallou (liberté d'acquérir maintenue, pour apprécier la nature d'un bien, propre ou commun, en dépit d'un dépôt de garantie équivalent au prix de vente).

26. Différence avec les contrats accordant une préférence : contrat préliminaire à une vente d'immeuble à construire. V. ss. art. 1123. ♦ Recherche de la commune intention des parties pour qualifier la convention préliminaire à une vente d'immeuble à construire (contrat de réservation ou promesse unilatérale de vente), V. • Civ. 3e, 29 janv. 1980, n° 78-13.709 P. ♦ La vente en l'état futur d'achèvement peut être précédée d'un contrat préliminaire par lequel, en contrepartie d'un dépôt de garantie effectué à un compte spécial ouvert au nom du réservataire, le vendeur s'engage à réserver à un acheteur un immeuble ou une partie d'immeuble ; l'absence de remise du dépôt de garantie sur un compte spécial ouvert au nom du réservataire entraîne la nullité du contrat de réservation. • Civ. 3e, 22 sept. 2010, n° 09-16.512 P : *D. 2010. 2613, obs. Nési*. ♦ Sur la nature du contrat préliminaire, V. aussi ss. art. 1589-2. ♦ Sur la qualification et l'exclusion d'un engagement de vendre, V. aussi : • Civ. 3e, 30 nov. 2011 : *D. 2011. 2996* ; *RDI 2012. 95, obs. Tournafond* (simple engagement de préférence).

b. Nature des droits des parties

27. Créance du bénéficiaire : créance mobilière. V. avant la réforme : la promesse unilatérale de vente n'a pour effet de transmettre à celui qui en est bénéficiaire, ni la propriété, ni aucun droit immobilier sur le bien qui en est l'objet ; l'obligation du promettant, quoique relative à un immeuble, constitue, tant que le bénéficiaire n'a pas déclaré acquérir, non pas une obligation de donner, mais une obligation de faire ; par suite, elle ne peut engendrer, pour celui au profit duquel elle existe, qu'une créance mobilière. • Req. 26 nov. 1935 : *DP 1936. 1. 37, rapp. Pilon.*

28. ... Droit d'opter, actif de communauté. Une communauté dispose, au jour de sa dissolution, intervenue antérieurement à la levée de l'option d'achat d'une promesse unilatérale contenue dans un contrat de crédit-bail, d'une créance sur le bailleur lui donnant vocation à la propriété du bien mis à disposition ; cette créance *constitue un actif de communauté* qui doit être évalué. • Civ. 1re, 1er juill. 1997, n° 95-17.058 P : *JCP N 1998. 891, note R. Cabrillac.*

29. ... Restitution de l'indemnité d'immobilisation. La demande qui porte exclusivement sur la restitution d'une indemnité d'immobilisation versée par le bénéficiaire d'une promesse de vente d'un logement dont la réalisation n'a pas été demandée (faute d'obtention d'un prêt) est une action purement personnelle et mobilière et le tribunal compétent est celui du lieu où demeure le débiteur et non celui de la situation de l'immeuble. • Civ. 2e, 23 oct. 1991, n° 90-15.019 P.

30. Obligation du promettant : acte de disposition. V. sous l'empire du droit antérieure à la réforme : seule une promesse synallagmatique a la nature d'un acte de disposition au sens de l'art. 215. • Civ. 1re, 6 avr. 1994 : *JCP 1994. IV. 1540 ; JCP 1995. I. 3821, n° 1, obs. Wiederkehr.* ♦ Rappr. aussi : la promesse d'hypothèque ne constituant pas un acte de disposition, est valable la promesse de cautionnement hypothécaire consentie par un époux seul sur le logement de la famille. • Civ. 3e, 29 mai 2002, n° 99-21.018 P : *D. 2003. 1024, note Azavant* ; *Defrénois 2002. 1317, obs. Champenois ; AJ fam. 2002. 266, obs. F. B.* ; *RJPF 2002-11/21, obs. Vauvillé.*

Comp. désormais l'art. 1124 C. civ. qui dispose que « la révocation de la promesse pendant le temps laissé au bénéficiaire pour opter n'empêche pas la formation du contrat promis ». ♦ V. aussi, annexe 1, col. 2, Décr. n° 2008-1484 du 22 déc. 2008 (ss. art. 496), qualifiant d'actes de disposition l'acceptation par le vendeur d'une promesse d'acquisition et l'acceptation par l'acquéreur d'une promesse de vente.

c. Nature des clauses de substitution

31. Cession de créance (non). Le fait, pour les bénéficiaires d'une promesse de vente, de se substituer un tiers ne constitue pas une cession de créance et n'emporte pas obligation d'accomplir les formalités prévues à l'art. 1690 C. civ. • Civ. 3e, 1er avr. 1987, n° 86-15.838 P : *D. 1987. 454, note Aynès ; RTD civ. 1987. 777, obs. Rémy* • 27 avr. 1988, n° 86-17.337 P : *D. 1989. 65, note Najjar* • 27 nov. 1990, n° 89-11.385 P. ♦ V. dans le même sens, pour l'éviction de l'art. 1689 C. civ. : • Civ. 3e, 13 juill. 1999, n° 97-18.926 P : *D. 2000. 195, note Jeuland* ; *ibid. Somm. 277, obs. Tournafond* ; *JCP 1999. II. 10207, note Psaume ; Defrénois 2000. 775, note Dagorne-Labbe ; RDI 1999. 666, obs. Groslière*. ♦ Comp. : lorsqu'une promesse unilatérale de vente comporte pour le bénéficiaire la faculté de se substituer tout acquéreur de son choix, une telle opération se réalise par une simple déclaration de sa part, sans qu'aucune cession de créance n'intervienne entre lui et les acquéreurs désignés par lui, le contrat s'analysant en une stipulation pour autrui. • Civ. 3e, 2 juill. 1969, n° 67-11.757 P : *D. 1970. 150, note Aubert.* ♦ V. aussi notes ss. art. 1589-2.

32. Garantie d'éviction. Sur l'extension de la garantie d'éviction à une SAFER ayant fait jouer une clause de substitution, V. note 5 ss. art. 1626.

2° RÉGIME GÉNÉRAL

33. Interprétation des promesses unilatérales de vente. Application de l'art. 1602 à une promesse unilatérale de vente. • Civ. 3e, 1er juill. 1998, n° 96-20.358 P : *D. 1999. Somm. 13, obs. Paisant* ; *JCP E 1999. 171, obs. Vialla* (cassation de l'arrêt refusant de restituer l'indemnité d'immobilisation au bénéficiaire, tout en constatant que le promettant avait omis de mentionner une servitude). ♦ Si une promesse de vente, considérée isolément, peut sembler claire et précise, le rapprochement de cette promesse et des conventions qui l'ont suivies peut faire naître une ambiguïté ; il appartient alors aux juges du fond de dégager des termes employés dans ces actes la véritable intention des parties. • Civ. 1re, 13 oct. 1965 : *JCP 1965. II. 14426, note J.A.* (application de l'anc. art. 1161 [1189]).

a. Conditions de formation et de validité

34. Information du bénéficiaire. Sur les modalités de l'information du bénéficiaire, V. imposant des mentions obligatoires dès la promesse unilatérale : CCH, art. L. 271-4 (diagnostic technique), C. urb., art. L. 115-4 et L. 115-5 (anc. art. L. 111-5-3 et L. 111-5-4 ; descriptif du terrain et existence d'un bornage) et L. n° 65-557 du 10 juill. 1965, art. 46 al. 1er (superficie). ♦ Comp. pour les mentions obligatoires en cas de vente d'un fonds de commerce, note ss. art. L. 141-1 C. com. – **C. com.** ♦ V. aussi sous l'angle de l'obligation d'information du notaire, note 205 ss. art. 1231-1.

35. Détermination du prix. V. aussi ss. art. 1124. ♦ Lorsqu'une promesse de vente conclue pour un prix fixé « valeur 1979 » ne prévoit pas expressément les modalités d'actualisation du prix, ce prix n'est ni déterminé ni déterminable, les juges ne pouvant se substituer aux parties pour choisir ces modalités d'actualisation. • Civ. 3e, 4 oct. 1989, n° 88-10.753 P : *Defrénois 1990. 820, obs. Vermelle.* ♦ Dans le cadre d'une promesse de vente comportant des stipulations précisant les modalités de calcul du prix de cession, celui-ci est déterminable et la cession devient parfaite dès la levée de l'option ; le prix n'ayant fait l'objet d'aucune contestation antérieure à la conclusion de la cession, la demande de fixation du prix à dire d'expert doit être rejetée. • Com. 24 nov. 2009, n° 08-21.369 P : *D. 2009. AJ 2925, obs. Lienhard* ; *ibid. Pan. 2797, obs. Hallouin* ; *JCP 2010, n° 120, note Mouy* ; *ibid. n° 516, obs. Mekki* ; *Rev. sociétés 2010. 21, note Moury* ; *ibid. 2011. 149, note Le Nabasque* . ♦ Comp. *infra* pour le pacte de préférence.

36. Promesses immobilières supérieures à 18 mois. Sur la nécessité d'un acte authentique et d'une indemnité d'immobilisation, pour les promesses de plus de 18 mois consenties par des personnes physiques, V. note 11 et CCH, art. L. 290-1 et L. 290-2, ss. art. 1589-2.

37. Promesse post-mortem. Distinction de la promesse *post-mortem* et du pacte sur succession future : V. Bibl. et note ss. art. 722.

b. Durée

38. Durée indéterminée. L'auteur d'une promesse de vente qui a eu lieu sans limitation de temps ne peut en être dégagé qu'après avoir mis celui à qui elle a été faite en demeure de l'accepter dans un délai déterminé, à moins qu'il ne soit établi que le bénéficiaire a renoncé à s'en prévaloir. • Civ. 4 avr. 1949 : *D. 1949. 316.* – Même sens : • Bordeaux, 29 juin 1964 : *Gaz. Pal. 1964. 2. 362.*

39. Durée déterminée : renonciation au délai. Une cour d'appel qui constate souverainement que le promettant a renoncé à se prévaloir du délai pour lever l'option et que le bénéficiaire a réglé l'intégralité du prix en plusieurs versements acceptés par le vendeur retient à bon droit que la vente est devenue parfaite. • Civ. 1re, 24 janv. 1995, n° 92-17.008 P : *D. 1996. Somm. 8, obs. Paisant* .

40. ... Prorogation de délai. Viole l'art. 1134 anc. C. civ. la cour d'appel qui prononce la caducité d'une promesse de vente au motif que la clause de prolongation de plein droit, applicable en cas de retard dans la remise de certains documents, ne pouvait avoir pour effet de prolonger la promesse au-delà d'un délai raisonnable. • Civ. 3e, 17 juill. 1997, n° 95-19.222 P. ♦ V. aussi • Civ. 3e, 8 oct. 2003, n° 02-11.953 P : *D. 2004. 2002, note Dupichot* ; *JCP N 2005. 1280, étude Dagot* ; *CCC 2004, n° 3, note Leveneur* ; *RTD civ. 2003. 697, obs. Mestre et Fages* (exclusion de la prorogation tacite lorsque la convention ne prévoit qu'une prorogation conventionnelle).

41. Décès du promettant. Dès lors que le promettant avait définitivement consenti à vendre avant son décès, l'option pouvait être valablement levée, après son décès, contre ses héritiers tenus de la dette contractée par leur auteur, sans qu'il y ait lieu d'obtenir l'autorisation du juge des tutelles pour l'un des héritiers mineurs. • Civ. 3e, 8 sept. 2010, n° 09-13.345 P : *D. 2011. Pan. 472, obs. Amrani-Mekki* ; *ibid. Chron. C. cass. 2679, obs. Goanvic* ; *JCP 2010, n° 1051, obs. Pillet* ; *Defrénois 2010. 2123, note Aynès* ; *ibid. 2011. 807, obs. Seube* ; *ibid. 835, obs. Massip* ; *Dr. fam. 2011, n° 12, obs. Maria* ; *JCP N 2011, n° 1153, note Le Gallou* ; *RLDC 2010/76, n° 3988, obs. Paulin* ; *RDC 2011. 57, obs. Génicon* ; *ibid. 153, obs. Brun* ; *RTD civ. 2010. 778, obs. Fages* ; *ibid. 2011. 99, obs. Hauser* .

c. Levée de l'option

42. Date. A l'égard du cocontractant, n'est pas justifiée l'exigence, non prévue par la convention, de la date certaine pour l'acte de levée de l'option. • Civ. 3e, 24 mars 1993 : *Defrénois 1994. 340, obs. D. Mazeaud.* ♦ La date d'une promesse de vente conclue par acte sous seing privé est opposable au légataire universel de l'un des cocontractants, qui n'est pas un tiers. • Civ. 3e, 18 déc. 2002, n° 00-19.371 P : *D. 2003. IR 179 ; Defrénois 2003. 849, obs. Libchaber ; AJ fam. 2003. 70, obs. S. D.-B.* (solution posée dans le cadre de l'art. 1975 C. civ. pour le calcul du délai de 20 jours prévu par ce texte). ♦ Mais n'a pas date certaine contre un tiers une levée d'option effectuée par acte sous seing privé. • Civ. 3e, 20 déc. 2000, n° 99-12.391 P : *RTD civ. 2001. 365, obs. Mestre et Fages.* ♦ Sur les conséquences pour l'appréciation de la lésion et du délai pour agir, V. art. 1675 et 1676 C. civ.

43. Lieu. Cassation pour manque de base légale de l'arrêt déclarant qu'une levée de l'option est inopposable au promettant pour avoir été envoyée à son ancienne adresse, sans rechercher si ce dernier avait fait connaître au bénéficiaire sa volonté de voir notifier l'acceptation à un autre domicile que celui mentionné dans la promesse. • Civ. 3e, 4 juill. 1990, n° 89-10.249 P.

44. Forme de la levée de l'option. La levée de l'option n'ayant été soumise à aucune forme ou modalité particulière, l'option d'acquisition est régulièrement levée dans les délais, après que le bénéficiaire a renoncé à une condition non réalisée, et que les promettants ont été informés oralement par leur notaire de cette levée de l'option avant l'échéance prévue. • Civ. 3e, 19 déc. 2012, n° 08-14.225 P.

45. Liquidation judiciaire du promettant. La liquidation judiciaire du promettant est sans effet sur la promesse de vente qu'il a consentie alors qu'il était maître de ses biens et ne prive pas le bénéficiaire de son droit de lever l'option d'achat. • Com. 7 mars 2006, n° 05-10.371 P : *D. 2006. AJ 859, obs. A. Lienhard ; ibid. Pan. 2255, obs. F.-X. Lucas ; JCP 2006. I. 185, n° 11, obs. Cabrillac et Pétel ; JCP N 2007. 1044, étude Coutant-Lapalus ; ibid. 1266, obs. Vauvillé ; RTD com. 2006. 669, obs. Vallens.*

46. Levée de l'option et jeu des conditions. BIBL. Pronier, *R. 1998, p. 129.* ♦ V. plus généralement notes ss. art. 1304 s. ♦ Dès lors que l'option a été levée dans le délai, une cour d'appel peut déclarer la promesse valable sans avoir à rechercher si la défaillance de la condition suspensive d'obtention d'un prêt n'avait pas eu pour effet de rendre la promesse caduque dès avant la date prévue pour la levée de l'option. • Civ. 3e, 12 avr. 1995 : *D. 1996. 286, note Staes.* ♦ Dès lors qu'une promesse unilatérale de vente stipule que la levée de l'option doit être effectuée dans le mois de la réalisation des conditions suspensives, une levée de l'option ne peut intervenir avant cette date, sauf à établir la renonciation du bénéficiaire au bénéfice des conditions. • Civ. 3e, 24 févr. 1999, n° 97-15.683 P : *D. 2000. 38, note Najjar.* ♦ V. aussi • Civ. 3e, 24 juin 1998, n° 96-18.677 P : *D. 1999. 403, note Kenfack ; Defrénois 1998. 1411, obs. D. Mazeaud ; JCP E 1999. 218, obs. Raynard.* ♦ Ne suffit pas à caractériser la faute des bénéficiaires le fait qu'ils aient laissé passer le délai ultime de réitération sans informer les promettants de l'abandon de leur projet d'acquisition. • Civ. 3e, 11 mai 2006, n° 05-12.629 P : *RTD civ. 2006. 759, obs. Mestre et Fages.*

d. Indemnité d'immobilisation

BIBL. De Bissy, *RDI 2000. 287.* – Thabaut, *Gaz. Pal. 2002. Doctr. 1605.*

47. Nature juridique. L'indemnité d'immobilisation stipulée comme acquise au promettant en cas de non-réalisation de la vente constitue le prix de l'exclusivité consentie au bénéficiaire ; dès lors, les juges ne peuvent l'écarter au motif que le promettant ne justifie d'aucun préjudice résultant pour lui de la nécessité de rechercher un nouvel acquéreur, étant établi qu'il a renoncé à vendre. • Civ. 1re, 5 déc. 1995, n° 93-19.874 P : *Defrénois 1996. 757, obs. D. Mazeaud ; ibid. 814, obs. Bénabent.* – Pierre, *JCP 1996. I. 3981.* ♦ V. aussi : • Com. 23 juin 1958 : *GAJC, 11e éd., n° 245 ; D. 1958. 581, note Malaurie* (cause de l'indemnité résidant dans l'avantage procuré par le promettant qui s'interdit de vendre à autrui pendant un délai déterminé). ♦ L'indemnité d'immobilisation stipulée dans une promesse unilatérale de vente ne constitue pas une clause pénale. • Civ. 3e, 5 déc. 1984, n° 83-11.788 P : *R., p. 77 ; D. 1985. 544, note Bénac-Schmidt ; RTD civ. 1985. 372, obs. Mestre ; ibid. 592 et 594, obs. Rémy* • 5 déc. 1984, n° 83-12.895 P : *R., p. 77 ; eod. loc.* ♦ V. aussi note 25 sur l'influence éventuelle du montant de l'indemnité sur la liberté d'opter, et note 21, sur la requalification de l'indemnité d'immobilisation en clause de dédit ou clause pénale dans un tel cas.

48. Réduction prorata temporis. Les juges du fond ne peuvent rejeter la demande en restitution dont ils sont saisis sans rechercher si cette indemnité n'avait pas été fixée par les parties en fonction de la durée d'immobilisation de l'immeuble et si son montant ne devait pas être réduit du fait de la renonciation anticipée des demandeurs en restitution au bénéfice de la promesse. • Civ. 3e, 5 déc. 1984 (deux arrêts) : *préc. note 47.* ♦ Mais cette recherche est inutile dès lors qu'ils relèvent que l'indemnité d'immobilisation serait acquise de plein droit au promettant à titre de dommages-intérêts. • Civ. 3e, 10 déc. 1986 : JCP 1987. II. 20857, note Paisant.

49. Restitution : défaut du bien promis. La cour d'appel qui, après avoir écarté la clause de non-garantie en raison de la mauvaise foi des promettants, relève que l'appartement dont la vente a été promise est affecté d'un vice qui limite substantiellement ses conditions d'habitation et de confort et que les bénéficiaires ignoraient, a pu en déduire que ces derniers avaient légitimement renoncé à demander la réalisation de la vente (restitution de l'indemnité d'immobilisation). • Civ. 3e, 28 janv. 1987, n° 85-12.634 P.

50. ... Condition non accomplie. Lorsque la condition suspensive à laquelle était soumise la levée de l'option était une autorisation administrative qui a été accordée mais a ensuite été annulée par le juge administratif, cette condition est réputée n'être jamais intervenue et l'indemnité d'immobilisation doit être restituée. • Civ. 3e, 24 mai 2000, n° 98-15.499 P.

e. Publicité

51. Promesses immobilières. Publicité foncière des promesses unilatérales de vente, V. • Civ. 3e, 22 févr. 1977, n° 75-12.717 P : *D. 1978. 165, note Malaurie ; JCP 1979. II. 19223, note Dagot* • 20 févr. 1979 : *JCP 1980. II. 19376, note Dagot* • 3 nov. 1983 : *D. 1984. 371, note Najjar.* ♦ V. aussi notes ss. art. 37 Décr. du 4 janv. 1955. ♦ L'acquéreur est en droit de refuser la signature d'un acte qui, n'étant pas susceptible d'être publié, ne pouvait, pendant une période indéterminée, être rendu opposable aux tiers. • Civ. 3e, 29 avr. 1980, n° 79-10.957 P.

52. Formalités fiscales. V. notes ss. art. 1589-2.

f. Sanction

53. « Rétractation » du promettant : dommages-intérêts. Sur la condamnation de cette solution par l'Ord. du 10 févr. 2016, V. art. 1124. ♦ Sur la remise en cause de la solution antérieure : à la différence de la simple offre de vente, la promesse unilatérale de vente est un avant-contrat qui contient, outre le consentement du vendeur, les éléments essentiels du contrat définitif qui serviront à l'exercice de la faculté d'option du bénéficiaire et à la date duquel s'apprécient les conditions de validité de la vente, notamment s'agissant de la capacité du promettant à contracter et du pouvoir de disposer de son bien ; par ailleurs, en application de l'anc. art. 1142, la jurisprudence retient la faculté pour toute partie contractante, quelle que soit la nature de son obligation, de poursuivre l'exécution forcée de la convention lorsque celle-ci est possible ; il convient dès lors d'apprécier différemment la portée juridique de l'engagement du promettant signataire d'une promesse unilatérale de vente et de retenir qu'il s'oblige définitivement à vendre dès la conclusion de l'avant-contrat, sans possibilité de rétractation, sauf stipulation contraire. • Civ. 3e, 23 juin 2021, n° 20-17.554 B : *D. 2021. 1574, note Molina ; ibid. Chron. C. cass. 2251, obs. Djikpa ; ibid. 2022. 310, obs. Boffa et Mekki ; AJDI 2022. 226, obs. Cohet ; RTD civ. 2021. 630, obs. Barbier ; ibid. 934, obs. Théry ; Rev. sociétés 2022. 141, obs. Pillet ; JCP 2021, n° 1226, note Molfessis ; ibid. N 2021, n° 1252, note Pierre ; Defrénois 2021/41. 21, note Randoux ; RDC 2021/4. 12, note Dournaux ; ibid. 2022/1. 49, note Thibierge ; CCC 2021, n° 147, note Leveneur.* ♦ Dans le même sens : • Civ. 3e, 20 oct. 2021, n° 20-18.514 B : *D. 2022. 310, obs. Boffa et Mekki ; AJDI 2022. 384, obs. Cohet ; RTD civ. 2022. 112, obs. Barbier ; CCC 2021, n° 176, note Leveneur ; RDC 2022/1. 49, note Thibierge.* ♦ Pour l'adoption de cette position par la chambre commerciale : • Com. 15 mars 2023, n° 21-20.399 B (au visa de l'ancien art. 1134, et en énonçant que les exigences de la sécurité juridique et de protection de la confiance légitime des justiciables ne consacrent pas de droit acquis à une jurisprudence constante).

Pour la position antérieure : la levée de l'option par le bénéficiaire postérieurement à la rétractation du promettant exclut toute rencontre des volontés. • Civ. 3e, 15 déc. 1993, n° 91-10.199 P : *D. 1994. 507, note Bénac-Schmidt ; D. 1994. Somm. 230, obs. Tournafond ; D. 1995. Somm. 87, obs. Aynès ; JCP 1995. II. 22366, note D. Mazeaud ; Defrénois 1994. 795, obs. Delebecque* (rejet de la demande en réalisation forcée de la vente). ♦ Sur cet arrêt : Terrasson de Fougères, *JCP N 1995. I. 194.* ♦ Dans le même sens : • Civ. 3e, 5 avr. 1995, n° 93-15.572 P : *D. 1996. Somm. 8, obs. Tournafond ; Defrénois 1995. 1041, obs. Delebecque* (application implicite de la même solution à la rétractation d'une autorisation de vendre donnée par le juge des tutelles) • 25 mars 2009, n° 08-12.237 P : *D. 2010. Pan. 224, obs. Amrani-Mekki ; JCP 2009, n° 37, p. 23, obs. Labarthe ; AJDI 2010. 72, obs. Prigent ; Dr. et patr. 7/2009. 84, obs. Aynès et Stoffel-Munck ; RLDC 2009/60, n° 3409, obs. Maugeri ; Defrénois 2009. 1270, obs. Libchaber ; RDC 2009. 995, obs. Laithier ; ibid. 1089, obs. Pimont* (nécessité de rechercher si le retrait de la promesse unilatérale de vente n'avait pas été notifié avant l'acceptation) • 11 mai 2011 : *D. 2011. 1457, note D. Mazeaud ; ibid. 1460, note Mainguy ; ibid. Chron. C. cass. 2679, obs. Goanvic ; ibid. 2012. Pan. 459, obs. Amrani-Mekki et Mekki ; AJDI 2012. 55, obs. Cohet-Cordey ; JCP 2012, n° 505, § 3, obs. Deboissy et Wickler ; CCC 2011, n° 185 note Leveneur ; Defrénois 2011. 1023, obs. Aynès ; JCP N 2011, n° 1163, rapp. Rouzet ; RLDC 2011/87, note Kenfack ; RTD civ. 2011. 532, obs. Fages ; CCC 2011, n° 186, obs. Leveneur ; RDC 2011. 1133, obs. Laithier ; ibid. 1259, note Brun* (impossibilité d'ordonner la réalisation forcée de la vente) • Com. 13 sept. 2011 : *D. 2012. 130, note Gaudemet ; ibid. 231, chron. Molfessis ; D. 2012. Pan. 459, obs. Amrani-Mekki et Mekki ; Rev. sociétés 2012. 22, note Fages ; RTD civ. 2011. 758, obs. Fages ; RTD com. 2011. 788, obs. Bouloc ; JCP 2011, n° 1353, note Heymann ; CCC 2011, n° 253, obs. Leveneur (idem)* . ♦ Sans avoir à procéder à une recherche qui ne lui était pas demandée sur la signification par le promettant de sa volonté de ne plus vendre avant la levée de l'option, une cour d'appel qui relève que le bénéficiaire avait levé l'option dans le délai contractuellement prévu en déduit exactement que la vente était parfaite. • Civ. 3e, 26 juin 1996, n° 94-16.326 P : *D. 1997. Somm. 169, obs. D. Mazeaud* ; *JCP N 1997. II. 909, note Stapylton-Smith* ; *LPA 30 mai 1997, note Bévière*. – Najjar, *D. 1997. Chron. 119.*

V. cependant : • Civ. 3e, 6 sept. 2011 : *D. 2011. 2838, note Grimaldi* ; *ibid. 2012. Pan. 459, obs. Amrani-Mekki et Mekki* ; *JCP 2011, n° 1316, note Perdrix* ; *RLDC 2012/ 90, n° 4538, note Pillet* (arrêt donnant effet à une levée de l'option postérieure à la rétractation).

54. Responsabilité du tiers complice. Le bénéficiaire d'une promesse unilatérale de vente est fondé à invoquer contre une personne, même étrangère à cette promesse, soit la fraude à laquelle celle-ci se serait associée, soit seulement la faute dont elle se serait rendue coupable en acceptant d'acquérir un immeuble qu'elle savait faire l'objet de la promesse. • Civ. 3e, 8 juill. 1975, n° 73-14.486 P : *Gaz. Pal. 1975. 2. 781, note Plancqueel* (dommages et intérêts). ♦ Sur la possibilité d'obtenir l'annulation de la vente conclue avec un tiers de mauvaise foi, V. art. 1124.

C. PROMESSE UNILATÉRALE D'ACHAT

55. Défaillance de la condition. L'ancien art. 1178 anc. [1304-3] est sans application lorsque, dans le cas d'une promesse unilatérale d'achat, la levée d'option par le bénéficiaire-vendeur n'a jamais eu lieu. • Civ. 3e, 13 mai 1998, n° 96-17.508 P : *D. 1999. Somm. 10, obs. Tournafond* .

56. Force majeure : maladie de l'acheteur (non). La maladie grave du souscripteur d'une promesse d'achat ne constitue ni un événement imprévisible, ni un événement insurmontable, lui permettant de se dégager de l'obligation de paiement du dédit stipulé en cas de non-réalisation de la vente. • Civ. 1re, 23 janv. 1968 : *JCP 1968. II. 15422.*

57. Liquidation de l'acheteur. La créance du prix de vente convenu dans une promesse unilatérale d'achat souscrite par le débiteur mis ultérieurement en redressement judiciaire naît postérieurement au jugement d'ouverture si son bénéficiaire lève l'option après celui-ci. • Com. 3 mai 2011, n° 10-18.031 P : *D. 2011. 1279, obs. A. Lienhard* ; *ibid. 2012. 1573, obs. Crocq* ; *RTD com. 2011. 798, obs. Martin-Serf* .

D. PACTE DE PRÉFÉRENCE

58. Nature. Sur la définition du pacte de préférence, V. art. 1123. ♦ L'obligation de proposer de vendre un immeuble à des bénéficiaires déterminés sans qu'aucun prix ne soit prévu est purement potestative et ne constitue pas un pacte de préférence. • Civ. 3e, 1er févr. 1984, n° 82-16.266 P. ♦ Comp. • Civ. 3e, 15 janv. 2003, n° 01-03.700 P : *D. 2003. 1190, note Kenfack* ; *JCP 2003. II. 10129, note Fischer-Achoura* ; *JCP E 2004. 384, n° 1, obs. P. Mousseron* ; *Defrénois 2003. 852, obs. Libchaber* ; *CCC 2003, n° 71, note Leveneur* ; *AJDI 2003. 702, note Cohet-Cordey* ; *Dr. et patr. 5/2003. 111, obs. Chauvel* ; *LPA 4 juin 2004, note D. Martin* ; *RDC 2003. 45, obs. D. Mazeaud* (la prédétermination du prix et la stipulation d'un délai ne sont pas des conditions de validité d'un pacte de préférence ; cassation de l'arrêt estimant que l'obligation de proposer de vendre un immeuble à des bénéficiaires déterminés sans qu'aucun prix ne soit prévu est purement potestative et ne constitue pas un pacte de préférence). ♦ Sur la nature personnelle de la créance du bénéficiaire, V. notes 64 et 77.

1° CONDITIONS DE VALIDITÉ

59. Détermination du prix (non). Il n'est pas dans la nature du pacte de préférence de prédéterminer le prix du contrat envisagé et qui ne sera conclu, ultérieurement, que s'il advient que le promettant en décide ainsi. • Civ. 1re, 6 juin 2001, n° 98-20.673 P : *JCP 2002. I. 134, nos 1 s., obs. Labarthe* ; *Gaz. Pal. 2002. 682, note Périer* ; *RTD civ. 2002. 88, obs. Mestre et Fages* ; *ibid. 115, obs. Gautier* . – V. aussi • Civ. 3e, 15 janv. 2003, n° 01-03.700 P : *D. 2003. 1190, note Kenfack* ; *JCP 2003. II. 10129, note Fischer-Achoura* ; *JCP E 2004. 384, n° 1, obs. P. Mousseron* ; *Defrénois 2003. 852, obs. Libchaber* ; *CCC 2003, n° 71, note Leveneur* ; *AJDI 2003. 702, note Cohet-Cordey* ; *Dr. et patr. 5/2003. 111, obs. Chauvel.*

60. Stipulation d'un délai (non). La stipulation d'un délai n'est pas une condition de validité du pacte de préférence. • Civ. 1re, 6 juin 2001 : *préc. note 59* • Civ. 3e, 15 janv. 2003 : *préc. note 59.*

61. Office notarial. Si l'office notarial et le titre de notaire ne sont pas dans le commerce, le droit, pour le notaire, de présenter un successeur à l'autorité publique constitue un droit patrimonial qui peut faire l'objet d'une convention régie par le droit privé. • Civ. 1re, 16 juill. 1985, n° 84-13.745 P : *JCP 1986. II. 20595, note Dagot* (responsabilité du notaire qui « cède » son office en violation d'une promesse de préférence).

2° SITUATION ANTÉRIEURE À LA DÉCISION DE CONTRACTER

62. Restrictions des droits du souscripteur. Le pacte de préférence n'interdit pas à lui seul l'usage normal du bien par son propriétaire ;

mais en louant le bien considéré à des tiers appelés à bénéficier d'un droit de préemption lors de la vente, le droit de préférence se trouve vidé de son contenu, et le promettant, qui s'est mis ainsi volontairement dans l'impossibilité d'exécuter le pacte de préférence, doit réparer le préjudice subi de ce fait par le bénéficiaire du pacte. • Civ. 3e, 10 mai 1984, n° 82-17.079 P : *JCP 1985. II. 20328, note Dagot ; Defrénois 1985. 1234, note Olivier.* ♦ Cassation de l'arrêt qui déboute le bénéficiaire du pacte de préférence de sa demande en nullité, à son égard, de la vente du bien au fermier titulaire d'un droit de préemption. • Civ. 3e, 1er avr. 1992 : *D. 1993. 165, note Fournier ; Defrénois 1993. 98, note Olivier ; ibid. 1992. 1543, obs. Vermelle ; RTD civ. 1993. 346, obs. Mestre .*

63. Transmission aux héritiers du souscripteur. Si la clause par laquelle une personne s'engage, en cas de vente d'un immeuble lui appartenant, à donner une priorité d'achat à une autre personne, oblige en principe également ses ayants cause à titre universel, il est néanmoins loisible aux parties d'en disposer autrement en ne conférant à l'obligation souscrite qu'un caractère personnel. • Civ. 1re, 6 nov. 1963, n° 62-10.300 P : *D. 1964. 119* • 24 févr. 1987, n° 85-16.279 P : *RTD civ. 1987. 739, obs. Mestre.*

64. Cession judiciaire d'un pacte accessoire à un bail. Le pacte de préférence constituant une créance de nature personnelle, la cession du contrat de bail ordonnée par un jugement arrêtant le plan de cession du preneur mis en redressement judiciaire n'emporte pas transmission au profit du cessionnaire du pacte de préférence inclus dans ce bail. • Com. 13 févr. 2007, n° 05-17.296 P : *R., p. 401 ; D. 2007. AJ 648, obs. Lienhard (1re esp.) ; JCP 2007. II. 10114, note Thullier ; ibid. I. 153, n° 2, obs. Pétel ; JCP E 2007. 1523, nos 21 s., obs. J. Monéger ; Gaz. Pal. 2007. 1896, note Brault ; Defrénois 2007. 775, note Ruet ; AJDI 2007. 654, obs. Dumont-Lefrand ; RTD civ. 2007. 332, obs. Mestre et Fages ; ibid. 367, obs. Gautier .*

65. Durée : imprescriptibilité du droit du bénéficiaire. Tant que le promettant n'a pas fait connaître sa décision de vendre, le bénéficiaire du pacte de préférence est dans l'impossibilité absolue d'exercer ses droits et, en conséquence, la prescription ne court pas contre lui. • Civ. 1re, 22 déc. 1959 : *Gaz. Pal. 1960. 1. 251.* ♦ V. aussi note 68.

66. ... Caducité des pactes accessoires en cas de reconduction du contrat. Les juges peuvent décider qu'une stipulation du contrat constituant une clause occasionnelle devient caduque si elle ne présente aucun lien indivisible avec les autres stipulations. • Com. 15 juin 1960, n° 57-10.355 P (droit de préférence en cas de relocation). ♦ Sort du pacte de préférence, portant sur l'immeuble, inséré dans un bail commercial, lors du renouvellement du bail : V. • Civ. 3e, 21 déc. 1988 : *JCP 1989. II. 21324, note Dagot* • 14 févr. 2007 : *cité note 80.* ♦ Le preneur peut exercer son droit de préférence tant qu'il est maintenu dans les lieux. • Civ. 3e, 16 juin 1999, n° 97-16.764 P : *R., p. 336 ; D. Affaires 1999. 1147, obs. Y. R. ; JCP 2000. II. 10239, note B. Boccara ; Defrénois 1999. 1329, obs. D. Mazeaud.*

67. Publicité foncière obligatoire (non). BIBL. A. Fournier, *Dr. et patr. 4/2000. 45.* ♦ Un pacte de préférence, qui s'analyse en une promesse unilatérale conditionnelle, ne constitue pas une restriction au droit de disposer soumise à publicité obligatoire en application du Décr. du 4 janv. 1955 sur la publicité foncière. • Civ. 3e, 16 mars 1994 : *D. 1994. 486, note Fournier ; Defrénois 1994. 1164, obs. Aynès.*

3° FORMULATION D'UNE OFFRE

68. Absence d'offre au bénéficiaire. Jugé que le pacte de préférence ne confère au bénéficiaire aucun moyen de contrainte, hormis le droit de répondre en priorité à l'offre de contracter formulée par le promettant aux conditions fixées par celui-ci. • Civ. 1re, 6 juin 2001 : *préc. note 59.*

69. Respect du pacte par un liquidateur. Le liquidateur, autorisé par le juge-commissaire à céder des biens du débiteur, doit respecter le pacte de préférence stipulé au profit d'un tiers. • Com. 13 févr. 2007, n° 06-11.289 P : *R., p. 401 ; D. 2007. AJ 648, obs. A. Lienhard (2e esp.) ; JCP N 2007. 1265, obs. Vauvillé ; ibid. 1282, étude Garçon ; RTD com. 2008. 856, obs. Saint-Alary Houin .*

70. Acceptation de l'offre : formation de la vente. L'acceptation de l'offre de vente formulée en exécution d'un pacte de préférence vaut vente. • Civ. 3e, 22 sept. 2004, n° 02-21.441 P : *JCP E 2005. 446, n° 1, obs. Raynard ; Defrénois 2004. 1725, obs. Libchaber ; Gaz. Pal. 2005. 507, note Roman ; CCC 2005, n° 3, note Leveneur ; RTD civ. 2005. 122, obs. Mestre et Fages .*

71. ... Respect des conditions de l'offre. L'exercice par une société de son droit de préemption contractuellement prévu sur les seuls locaux objets du bail commercial ne peut conduire à imposer aux propriétaires de diviser leur bien en vue de le céder à des personnes distinctes. • Civ. 3e, 9 avr. 2014, n° 13-13.949 P : *D. 2015. 529, obs. Amrani-Mekki et Mekki ; ibid. 2015. 539, obs. Amrani-Mekki ; RTD civ. 2014. 647, obs. Barbier ; JCP 2014, n° 699, note Virassamy ; RDC 2014. 336, note Génicon ; ibid. 496, note Berlioz ; ibid. 645, note Seube ; Defrénois 2014. 1145, note Becqué-Ickwociz.*

72. Refus de l'offre : responsabilité du bénéficiaire (non). Absence de responsabilité du bénéficiaire qui, après avoir rappelé son droit de priorité, ne s'est pas porté acquéreur. • Civ. 1re, 6 juin 2001 : *préc. note 59.*

73. ... Libération du souscripteur. La vente du bien réservé à un tiers ne viole pas le pacte de préférence lorsqu'elle a déjà été proposée sept ans auparavant, au même prix, au bénéficiaire qui a refusé d'acheter, quand bien même l'évolution du marché immobilier rendrait l'opération plus attractive. • Civ. 3e, 29 janv. 2003, n° 01-03.707 P : *JCP E 2004. 384, n° 1, obs. P. Mousseron ; Defrénois 2003. 1267, obs. Aubert ; AJDI 2003. 705, note Cohet-Cordey ; LPA 1er oct. 2003, note Dagorne-Labbe ; ibid. 20 sept. 2004, note Rakotovahiny ; RTD civ. 2003. 497, obs. Mestre et Fages ; ibid. 517, obs. Gautier ; RDC 2004. 340, obs. Brun.* ♦ Absence de manquement à l'obligation de bonne foi du réservant, dans un contrat préliminaire qui, n'ayant pris que l'engagement de proposer la vente par préférence, n'a pu mener à bien le programme immobilier. • Civ. 3e, 30 nov. 2011 : *préc. note 26 in fine.*

74. Renonciation tacite du bénéficiaire. Renonciation tacite, certaine et non équivoque d'un locataire à se prévaloir du pacte de préférence prévu dans le cadre d'un bail commercial alors qu'il a eu connaissance des ventes et de leurs conditions financières, qu'il a effectué les paiements des loyers au nouveau propriétaire et qu'il n'a pas exprimé la volonté d'invoquer le pacte de préférence lors du congé avec offre de renouvellement du bail délivré par le nouveau propriétaire. • Civ. 3e, 3 nov. 2011 : *D. 2011. 2796* .

4° NON-RESPECT DE L'OBLIGATION DE PRIORITÉ

75. Le pacte de préférence implique l'obligation, pour le promettant, de donner préférence au bénéficiaire lorsqu'il décide de vendre le bien. • Civ. 3e, 6 déc. 2018, n° 17-23.321 P : *D. 2019. 294, note Tisseyre ; ibid. 298, avis Brun ; ibid. 279, obs. Mekki ; AJ contrat 2019. 79, obs. Pillet ; AJDI 2019. 560, obs. Cohet ; RTD civ. 2019. 96, obs. Barbier ; ibid. 126, obs. Gautier ; RDC 1/2019. 20, note Laithier ; ibid. 2/2019. 29, obs. Libchaber* (violation du pacte dès lors qu'une promesse unilatérale de vente a été souscrite avant l'expiration du pacte, peu important que la levée de l'option ait eu lieu après).

76. Dommages et intérêts : souscripteur et tiers acquéreur. Action en dommages et intérêts à l'encontre du souscripteur du pacte. • Civ. 1re, 16 juill. 1985 : *JCP 1986. II. 20595, note Dagot ; RTD civ. 1987. 88, obs. Mestre.* ♦ Condamnation du souscripteur et du tiers acheteur au versement de dommages et intérêts à l'encontre du bénéficiaire du pacte, victime de leur concert frauduleux. • Civ. 3e, 22 avr. 1976, n° 74-15.098 P (sanction prise en plus de l'annulation de la vente). ♦ V. aussi note 82.

77. ... Sous-acquéreur (non). Le pacte de préférence constitue une créance de nature personnelle ; par ce motif de pur droit, se trouve légalement justifié l'arrêt qui retient que le bénéficiaire du pacte ne dispose d'aucun droit à dommages et intérêts à l'encontre du tiers acquéreur pour inexécution du pacte auquel il n'était pas partie. • Civ. 3e, 24 mars 1999, n° 96-16.040 P : *R., p. 335 ; D. Affaires 1999. 665, obs. J. F. ; Defrénois 1999. 751, obs. Delebecque ; RTD civ. 1999. 617, obs. Mestre ; ibid. 627, obs. Jourdain ; ibid. 644, obs. Gautier* (bénéficiaire contestant la seconde vente du bien à l'encontre du sous-acquéreur).

78. ... Responsabilité du notaire. Engage sa responsabilité le notaire qui, informé de l'existence du pacte de préférence, n'a pas veillé au respect du droit du bénéficiaire, au besoin en refusant d'authentifier la vente conclue en violation du pacte. • Civ. 1re, 11 juill. 2006, n° 03-18.528 P : *D. 2006. 2510, note Gautier ; JCP 2006. II. 10191, note Mekki ; Defrénois 2006. 1890, note Hébert ; AJDI 2007. 226, note Cohet-Cordey ; Dr. et patr. 9/2007. 97, obs. Stoffel-Munck ; RTD civ. 2006. 759, obs. Mestre et Fages* .

79. Préjudice indemnisable. Pour une illustration de préjudice indemnisable : • Civ. 1re, 24 mai 1965, n° 63-10.975 P (perte de la plus-value provenant de l'adjonction du terrain promis au terrain dont est déjà propriétaire le bénéficiaire). ♦ Rappr., pour l'appréciation de l'existence du préjudice dans un pacte de préemption d'actions : • Com. 9 avr. 2002 : *JCP 2003. II. 10067, note Tengang.*

80. Annulation de la vente à un tiers et substitution. Sur la consécration de la solution par l'Ord. du févr. 2016, V. art. 1123. ♦ Le bénéficiaire d'un pacte de préférence est en droit d'exiger l'annulation du contrat passé avec un tiers en méconnaissance de ses droits et d'obtenir sa substitution à l'acquéreur, à la condition que ce tiers ait eu connaissance, lorsqu'il a contracté, de l'existence du pacte de préférence et de l'intention du bénéficiaire de s'en prévaloir. • Cass., ch. mixte, 26 mai 2006, n° 03-19.376 P : *R., p. 330 ; BICC 1er août 2006, rapp. Bailly, concl. Sarcelet ; D. 2006. 1861, note Gautier et note Mainguy ; ibid. Pan. 2644, obs. Fauvarque-Cosson ; JCP 2006. II. 10142, note Leveneur ; ibid. I. 176, nos 1 s., obs. Labarthe ; JCP N 2006. 1256, note Thullier ; ibid. 1278, n° 2, obs. S. Piedelièvre ; JCP E 2006. 2378, note Delebecque ; Gaz. Pal. 2006. 2525, note Dagorne-Labbe ; ibid. 3203, note Bérenger ; Defrénois 2006. 1206, obs. Savaux ; CCC 2006, n° 153, note Leveneur ; RLDC 2006/30, n° 2173, note Kenfack ;* LPA 18 sept. 2006, note Houbron ; ibid. 11 janv. 2007, note A. Paulin ; *RDC 2006. 1080, obs. D. Mazeaud ; ibid. 1131, obs. Collart-Dutilleul ; RTD civ. 2006. 550, obs. Mestre et Fages ; Rev. sociétés 2006. 808, note Barbiéri .* ♦ Pour des applications de cette jurisprudence : • Civ. 3e, 31 janv. 2007, n° 05-21.071 P : *D. 2007. 1698, note*

Mainguy ; *ibid. Chron. C. cass. 1301, obs. Monge et Nési* ; *JCP N 2007. 1302, n° 2, obs. S. Piedelièvre ; Defrénois 2007. 1048, obs. Libchaber ; CCC 2007, n° 116, note Leveneur ; AJDI 2007. 772, obs. Cohet-Cordey* ; *Dr. et patr. 3/2008. 91 obs. Mallet-Bricout* • 14 févr. 2007, n° 05-21.814 P : *D. 2007. 2444, note Théron* ; *ibid. Pan. 2973, obs. Fauvarque-Cosson* ; *JCP 2007. II. 10143, note Bert ; JCP E 2007. 1615, note Lécuyer ; Defrénois 2007. 1048, obs. Libchaber ; Dr. et patr. 9/2007. 97, obs. Stoffel-Munck ; ibid. 3/2008. 91, obs. Mallet-Bricout ; RDC 2007. 701, obs. D. Mazeaud ; ibid. 741, obs. Viney ; RTD civ. 2007. 366, obs. Gautier* ; *ibid. 768, obs. Fages* • 3 nov. 2011 : *D. 2011. 2794, obs. Forest* ; *ibid. 2012. Pan. 459, obs. Amrani-Mekki et Mekki* ; *RTD civ. 2012. 127, obs. Gautier* (nullité de la vente). ♦ Mais en l'absence de connaissance de l'intention du bénéficiaire de s'en prévaloir, il ne peut être reproché à l'acquéreur du fonds de commerce, étranger au pacte de préférence, de ne pas avoir pris l'initiative de vérifier les intentions des bénéficiaires : • Civ. 3e, 29 juin 2010 : *AJDI 2010. 721 obs. Porcheron* ; *RDC 2011. 30, obs. Savaux.*

81. *Date d'appréciation.* La connaissance du pacte de préférence et de l'intention de son bénéficiaire de s'en prévaloir s'apprécie à la date de la promesse de vente, qui vaut vente, et non à celle de sa réitération par acte authentique, à moins que les parties aient entendu faire de celle-ci un élément constitutif de leur engagement. • Civ. 3e, 25 mars 2009, n° 07-22.027 P : *D. 2009. AJ 1019, obs. Forest* ; *ibid. 2010. Pan. 224, obs. Amrani-Mekki* ; *Dr. et patr. 7/2009. 84, obs. Aynès et Stoffel-Munck ; RLDC 2009/60, n° 3412, obs. Maugeri ; Defrénois 2009. 1276, obs. Savaux ; ibid. 2010. 454, note Dagorne-Labbe ; RTD civ. 2009. 337, obs. Gautier* ; *ibid. 524, obs. Fages* ; *RDC 2009. 991, obs. Laithier.*

82. *Connaissance du pacte, mais pas de l'intention de s'en prévaloir.* Le nouvel art. 1123 offre au tiers le droit, et non l'obligation (« peut »), de sommer le bénéficiaire de confirmer l'existence du pacte et d'indiquer s'il entend s'en prévaloir, ce qui ne tranche pas explicitement la question du tiers ayant une connaissance certaine du pacte et qui n'a pas fait usage de cette possibilité. ♦ V. avant la réforme : en l'absence de connaissance de l'intention du bénéficiaire de s'en prévaloir, il ne peut être reproché à l'acquéreur du fonds de commerce, étranger au pacte de préférence, de ne pas avoir pris l'initiative de vérifier les intentions des bénéficiaires : • Civ. 3e, 29 juin 2010 : *AJDI 2010. 721 obs. Porcheron* ; *RDC 2011. 30, obs. Savaux.* ♦ Comp. : faute de négligence du tiers acquéreur, censé connaître l'existence du pacte de préférence, contenu dans une donation-partage, en raison de l'opposabilité aux tiers des actes de donation-partages publiés au bureau des hypothèques. • Civ. 1re, 11 juill. 2006 : *préc. note 78.*

E. DROIT DE RÉTRACTATION (IMMEUBLES À USAGE D'HABITATION, CCH, ART. L. 271-1)

1° DOMAINE D'APPLICATION

83. *Nature du bien.* La faculté de rétractation et le délai de réflexion prévus à l'art. L. 271-1 CCH ne s'appliquent pas aux biens immobiliers à usage mixte. • Civ. 3e, 30 janv. 2008, n° 06-21.145 P : *BICC 1er mai 2008, n° 732 ; AJDI 2008. 963, obs. Cohet-Cordey ; D. 2008. AJ 485, note Vincent* ; *ibid. 2008. 1230, note Nési* ; *JCP N 2008, n° 1231, note Périnet-Marquet ; Administrer 8-9/2008. 56, note Zalewski ; Constr.-Urb. 2008, n° 36, obs. Cornille.* ♦ ... Ni à un terrain à bâtir • Civ. 3e, 4 févr. 2016, n° 15-11.140 P : *D. 2016. 378* ; *RTD civ. 2016. 363, obs. Barbier* ; *JCP N 2016, n° 1205, note Boulanger* (cassation de l'arrêt ayant considéré que la volonté des acquéreurs de construire une maison à usage d'habitation était certaine lors de la conclusion de la promesse et était entrée dans le champ contractuel).

84. *Nature du contrat.* L'art. L. 271-1 CCH est applicable au contrat préliminaire à l'achat d'une parcelle dans un lotissement, et la faculté de rétractation dont profite ainsi l'acquéreur doit être mentionnée au contrat. • Versailles, 8 janv. 1999 : *RDI 1999. 267* ; *Constr.-Urb. 1999, n° 214, obs. Cornille.* ♦ Pour l'annulation d'un contrat de réservation portant sur un terrain, V. • Montpellier, 7 oct. 2003 : *Constr.-Urb. 2004, n° 33, obs. crit. Cornille.*

85. *Bénéficiaires.* La société dont l'objet social est l'acquisition, l'administration et la gestion par location ou autrement de tous immeubles et biens immobiliers meublés et aménagés n'est pas un acquéreur non professionnel et ne peut bénéficier des dispositions de l'art. L. 271-1 CCH. • Civ. 3e, 24 oct. 2012, n° 11-18.774 P : *R. 447 ; D. 2012. 2597, obs Colmart* ; *ibid. 2013. 280, note Blanchard* ; *AJDI 2013. 374, obs. Cohet-Cordey* ; *RTD com. 2013. 106, obs. Monsèrié-Bon* ; *JCP 2012, n° 1401, note Leveneur ; JCP N 2012, n° 1380, note Garçon ; ibid. 2013, n° 1022, note Leveneur ; Defrénois 2012. 1288, note Grimaldi ; ibid. 2013. 175, note Becqué-Ickowicz et Savouré ; RLDC 2013/105, n° 5109, obs. Bert* • 16 sept. 2014 : *D. 2014. 2390, note Skrzypniak* . ♦ Pour l'exclusion des personnes morales, V. • TGI Nice, 1er mars 2010 : *BPIM n° 3/10, n° 226* • Aix-en-Provence, 15 avr. 2011 : *JCP N 2011. 1215, obs. Garçon.*

Les parties peuvent conférer contractuellement à un acquéreur professionnel la faculté de rétractation prévue par l'art. L. 271-1 CCH. • Civ. 3e, 5 déc. 2019, n° 18-24.152 P : *D. 2020. 353, obs. Mekki* ; *AJ contrat 2020. 102, obs. Lagelée-Heymann* ; *RTD civ. 2020. 94, obs. Barbier* ; *JCP N 2020, n° 1052, note Boulanger ; ibid., n° 1087, obs. Fagot.*

86. *Destinataires : coacquéreurs.* Lorsque

l'avis de réception de la lettre recommandée adressée au nom de chacun des époux coacquéreurs porte la signature d'un seul époux et non des deux, il n'est pas démontré que l'autre époux a reçu notification du délai de rétractation, le délai ne court donc pas à son égard. • Civ. 3e, 9 juin 2010, n° 09-14.503 P. ♦ Une notification effectuée non par lettres distinctes, adressées à chacun des époux acquéreurs, mais par une lettre unique libellée au nom des deux, ne peut produire d'effet à l'égard des deux époux que si l'avis de réception est signé par chacun d'entre eux ou si l'époux signataire était muni d'un pouvoir à l'effet de représenter son conjoint. • Civ. 3e, 9 juin 2010, n° 09-15.361 P : *JCP N 2010. 1248, obs. Boulanger ; Constr.-Urb. 2010. 123, obs. Sizaire ; JCP N 2010. 1320, obs. Piedelièvre.* ♦ V. aussi : la signature du mari, sans précision des nom et prénom du signataire, ne peut être assimilée à une signature en qualité de mandataire de son épouse. • Civ. 3e, 21 mars 2019, n° 18-10.772 P : *D. 2019. Chron. C. cass. 1358, obs. Georget ; AJ contrat 2019. 301, obs. Bucher ; JCP N 2019, n° 1277, note Zalewski-Sicard* (la recherche d'un éventuel mandat apparent est inopérante).

87. En l'absence de preuve d'un mandat au profit de la mère de l'acquéreur pour recevoir l'acte de notification de la promesse de vente, la notification n'est pas régulière et empêche le délai de rétraction de courir. • Civ. 3e, 12 oct. 2017, n° 16-22.416 P : *D. 2018. 371, obs. Mekki ; AJDI 2018. 62, obs. Cohet*.

88. Évolution de l'acte. Une modification substantielle du contrat intervenue entre l'avant-contrat et l'acte de vente engendre l'octroi d'un nouveau délai de réflexion-rétractation. • TGI Strasbourg, 3 juin 2008 : *D. 2008. 1694 ; AJDI 2009. 564, note Cohet-Cordey*. ♦ Si une promesse de vente porte sur un immeuble dont les caractéristiques diffèrent de celles mentionnées à l'acte notarié, il est nécessaire de faire courir un nouveau délai de sept jours courant à compter du lendemain de la notification du projet d'acte authentique. • Paris, 8 oct. 2009 : *Constr.-Urb. 2010, n° 11, obs. Sizaire.* ♦ La signature par les acquéreurs de l'acte authentique de vente sans réserve vaut renonciation à se prévaloir de l'irrégularité de la notification du droit de rétractation. • Civ. 3e, 7 avr. 2016, n° 15-13.064 P : *D. 2016. 840 ; RTD civ. 2016. 605, obs. Barbier ; JCP N 2016, n° 1250, note Leveneur.*

2° RÉGIME DE LA NOTIFICATION

89. Contenu de la notification. L'art. L. 271-1 CCH n'exige pas que ses mentions soient reproduites dans la lettre notifiant l'acte. • Civ. 3e, 17 nov. 2010, n° 09-17.297 P : *D. 2010. IR 2836, obs. Dreveau*. ♦ Mais le seul envoi de l'acte formalisant l'engagement, sans préciser l'ouverture du délai de rétractation, ne vaut pas notification régulière au sens de l'art. L. 271-1 CCH et ne fait pas courir le délai. • Montpellier, 10 nov. 1999 : *Gaz. Pal. 13 mai 2010, p. 29* (acquéreurs fondés à se prévaloir de leur droit de rétractation plus de deux ans après la signature de l'acte).

90. Remise en main propre. La remise de l'acte en main propre, non constatée par un acte ayant date certaine, ne répond pas aux exigences de l'art. L. 271-1 CCH, dans sa rédaction issue de la L. n° 2000-1208 du 13 déc. 2000. • Civ. 3e, 27 févr. 2008, n° 07-11.303 P : *BICC 1er juin 2008, n° 958 ; D. 2008. 785, obs. Forest ; ibid. 1230, note Nési ; JCP N 2008. 1215, note Leveneur ; AJDI 2009. 58, obs. Cohet-Cordey ; Dr. et patr. 6/2008. 32, obs. Cuif ; Administrer 5/2009. 57, obs. Valdès* • 18 juin 2008 : *AJDI 2009. 471, obs. Cohet-Cordey* • 18 nov. 2009, n° 08-20.912 P : *D. 2009. AJ 2935 ; Constr.-Urb. 2010, n° 11, obs. Sizaire ; JCP E 2010, n° 1047* (même formule outre la mention « quelles qu'en soient les circonstances ») • 26 janv. 2011, n° 09-69.899 P.

91. Lettre recommandée non réclamée. Cassation, au visa de l'art. L. 271-1 CCH, de l'arrêt ayant considéré que le délai prévu par ce texte n'avait pas commencé à courir, faute pour le destinataire d'avoir reçu la lettre, alors que le destinataire, régulièrement avisé, s'était abstenu d'aller retirer sa lettre recommandée à la poste. • Civ. 1re, 14 févr. 2018, n° 17-10.514 P : *AJDI 2018. 622, obs. Borel ; Defrénois 5 juill. 2018. 40, note Dagorne-Labbe.*

92. Formes de la notification : télécopie. Le fait, pour l'acquéreur, d'accuser réception d'une télécopie de promesse de vente non signée par le vendeur ne fait pas courir le délai de rétractation. • Civ. 3e, 13 sept. 2006, n° 05-12.087 P : *Constr.-Urb. 2006, n° 243, obs. Rousseau ; JCP 2006. IV. 1860 ; Administrer 2/2007. 66, obs. Zalewski ; AJDI 2007. 502, obs. Porcheron*.

93. ... Conclusions en cours d'instance. Lorsque le délai de rétractation n'a pas couru, la notification par l'acquéreur dans l'instance l'opposant à son vendeur de conclusions, par lesquelles il déclare exercer son droit de rétractation, satisfait aux exigences de l'art. L. 271-1 CCH. • Civ. 3e, 25 mai 2011, n° 10-14641 P.

94. Calcul du délai. Les dispositions de l'art. 642 C. pr. civ. sont applicables au délai de réflexion prévu par l'art. L. 271-1 CCH. • Civ. 3e, 5 déc. 2007, n° 06-19.567 P : *D. 2008. 1224, chron. Monge et Nési*.

3° RÉGIME DE LA RÉTRACTATION

95. Forme de la rétractation. La faculté de rétractation est exercée dans les mêmes formes que la notification de l'acte. • Civ. 3e, 2 févr. 2022, n° 20-23.468 B : *D. 2022. 682, note*

Leduque ; *ibid. Chron. C. cass. 1409, obs. Djikpa* ; *AJDI 2022. 632, obs. Cohet* ; *RDC 2022/2. 47, note Danis-Fatôme* (cassation de l'arrêt qui n'a pas recherché, comme il le lui était demandé, si l'envoi d'un courriel au notaire mandaté par le vendeur pour recevoir l'éventuelle notification de la rétractation, lequel a attesté en justice avoir reçu ce courriel, n'avait pas présenté des garanties équivalentes à celles d'une notification par lettre recommandée avec demande d'avis de réception).

96. Effets de la rétractation. L'exercice du droit de rétractation entraîne l'anéantissement du contrat, ce qui interdit à l'acquéreur d'accepter à nouveau le contrat, même avant que le délai de rétractation ne vienne à expiration. • Civ. 3e, 13 févr. 2008, n° 06-20.334 P : *BICC 15 mai 2008, n° 866 ; D. 2008. 1230, note Nési* ; *ibid. 1530, note Dagorne-Labbe* ; *Defrénois 2008. 486 ; JCP E 2008. 2094, note Stoffel-Munck.* ♦ … Et même en revenant presque immédiatement sur sa rétractation. • Civ. 3e, 13 mars 2012, n° 11-12.232 P : *D. 2012. 876* ; *JCP 2012, n° 561, § 3, obs. Loiseau.* ♦ L'exercice du droit de rétractation, ayant pour conséquence l'annulation du contrat, interdit de réclamer à l'époux qui n'en est pas l'auteur le paiement de la clause pénale prévue en cas d'absence de réitération de la vente. • Civ. 3e, 4 déc. 2013, n° 12-27.293 P : *D. 2014. 630, obs. Amrani-Mekki et Mekki* ; *ibid. Chron. C. cass. 1000, obs. Guillaudier* ; *RTD civ. 2014. 111, obs. Barbier* ; *JCP 2014, n° 115, note Loiseau ; JCP N 2014, n° 1057, note Piedelièvre ; ibid. n° 1255, note Boffa ; Defrénois 2014. 176, note H. Lécuyer ; RDC 2014. 214, note Latina.*

97. Le contrat de réservation, contrat distinct et autonome du contrat de vente, étant nul, l'acquéreur se trouve dans la situation visée à l'art. L. 271-1, 5e al., et faute d'avoir bénéficié d'un délai de réflexion, la vente doit être annulée. • Civ. 3e, 12 avr. 2018, n° 17-13.118 P : *D. 2018. 850* ; *RDI 2018. 342, obs. Tournafond et Tricoire* ; *RTD civ. 2018. 642, obs. Barbier* ; *RGDA 2018. 312, note Mayaux.*

Code de la construction et de l'habitation

TITRE VII (DU LIVRE II). PROTECTION DE L'ACQUÉREUR IMMOBILIER
(L. n° 2000-1208 du 13 déc. 2000, art. 72-I)

CHAPITRE UNIQUE

BIBL. GÉN. ▸ BELLIVIER, *chron. lég. RTD civ. 2001. 216.* – BELLON, *JCP N 2001. 1772* (engagements unilatéraux). – BERGEL, *Dr. et patr. 11/2002. 54.* – BOSGIRAUD et NITOT, *Dr. et patr. 6/2005. 26* (difficultés d'application). – D. BOULANGER, *JCP N 2001. 1696* (application dans l'espace). – DAGOT, *JCP N 2001. 912.* – MAUGER-VIELPEAU et VIELPEAU, *JCP N 2002. 1711* (rôle du notaire). – LE MAGUERESSE, *JCP N 2009. 1000* (droit de rétractation et délai de réflexion). – MONTRAVERS, *Dr. et patr. 6/2001. 36.* – PELLETIER, *Defrénois 2001. 205.* – PÉRINET-MARQUET, *JCP N 2001. 533 ; JCP 2002. I. 129* (champ d'application). – PUYGAUTHIER, *JCP N 2003. 1258* (régimes matrimoniaux et droit de rétractation de l'art. L. 271-1 CCH). – RAULT, *JCP 2001. I. 294.* – SAINT-ALARY HOUIN et TOMASIN, *RDI 2001. 13.* – SOMMER, *JCP N 2001. 924.* ▸ **Application dans le temps :** LE BARS, *JCP N 2001. 952.* ▸ Condition suspensive du paiement après expiration du délai de rétractation : NUYTTEN, *RDC 2003. 259.* ▸ **Détermination de la date de réception ou de remise :** D. BOULANGER, *JCP N 2004. 1503.*

SECTION 1. *Dispositions générales (L. n° 2006-872 du 13 juill. 2006, art. 79-IV).*

Art. L. 271-1 Pour tout acte ayant pour objet la construction ou l'acquisition d'un immeuble à usage d'habitation, la souscription de parts donnant vocation à l'attribution en jouissance ou en propriété d'immeubles d'habitation ou la vente d'immeubles à construire ou de location-accession à la propriété immobilière, l'acquéreur non professionnel peut se rétracter dans un délai de *(L. n° 2015-990 du 6 août 2015, art. 210-II)* « dix » jours à compter du lendemain de la première présentation de la lettre lui notifiant l'acte.

Cet acte est notifié à l'acquéreur par lettre recommandée avec demande d'avis de réception ou par tout autre moyen présentant des garanties équivalentes pour la détermination de la date de réception ou de remise. La faculté de rétractation est exercée dans ces mêmes formes.

(L. n° 2006-872 du 13 juill. 2006, art. 96) « Lorsque l'acte est conclu par l'intermédiaire d'un professionnel ayant reçu mandat pour prêter son concours à la vente, cet acte peut être remis directement au bénéficiaire du droit de rétractation. Dans ce cas, le délai de rétractation court à compter du lendemain de la remise de l'acte, qui doit être attestée selon des modalités fixées par décret.

« Lorsque le contrat constatant ou réalisant la convention est précédé d'un contrat préliminaire ou d'une promesse synallagmatique ou unilatérale, les dispositions figurant aux trois alinéas précédents ne s'appliquent qu'à ce contrat ou à cette promesse.

« Lorsque le contrat constatant ou réalisant la convention est dressé en la forme authentique et n'est pas précédé d'un contrat préliminaire ou d'une promesse synallagmatique ou unilatérale, l'acquéreur non professionnel dispose d'un délai de réflexion de *(L. n° 2015-990 du 6 août 2015, art. 210-II)* « dix » jours à compter de la notification ou de la remise du projet d'acte selon les mêmes modalités que celles prévues pour le délai de rétractation mentionné aux premier et troisième alinéas. En aucun cas l'acte authentique ne peut être signé pendant ce délai de *(L. n° 2015-990 du 6 août 2015, art. 210)* « dix » jours. » — *V. CCH, art. D. 271-6 s. — **CCH**.*

(L. n° 2018-1021 du 23 nov. 2018, art. 78) « Les actes mentionnés au présent article indiquent, de manière lisible et compréhensible, les informations relatives aux conditions et aux modalités d'exercice du droit de rétractation ou de réflexion.

« Tout manquement à l'obligation d'information mentionnée à l'avant-dernier alinéa est passible d'une amende administrative dont le montant ne peut excéder 3 000 euros pour une personne physique et 15 000 euros pour une personne morale. Cette amende est prononcée dans les conditions prévues au chapitre II du titre II du livre V du code de la consommation. »

*Pour le contrat de jouissance d'immeuble à temps partagé, V. C. consom., art. L. 224-74. — **C. consom.***

V. notes 83 s. ss. art. 1589.

Art. L. 271-2 Lors de la conclusion d'un acte mentionné à l'article L. 271-1, nul ne peut recevoir de l'acquéreur non professionnel, directement ou indirectement, aucun versement à quelque titre ou sous quelque forme que ce soit avant l'expiration du délai de rétractation, sauf dispositions législatives expresses contraires prévues notamment pour les contrats ayant pour objet l'acquisition ou la construction d'un immeuble neuf d'habitation, la souscription de parts donnant vocation à l'attribution en jouissance ou en propriété d'immeubles d'habitation et les contrats préliminaires de vente d'immeubles à construire ou de location-accession à la propriété immobilière. Si les parties conviennent d'un versement à une date postérieure à l'expiration de ce délai et dont elles fixent le montant, l'acte est conclu sous la condition suspensive de la remise desdites sommes à la date convenue.

Toutefois, lorsque l'un des actes mentionnés à l'alinéa précédent est conclu par l'intermédiaire d'un professionnel ayant reçu mandat pour prêter son concours à la vente, un versement peut être reçu de l'acquéreur s'il est effectué entre les mains d'un professionnel disposant d'une garantie financière affectée au remboursement des fonds déposés. Si l'acquéreur exerce sa faculté de rétractation, le professionnel dépositaire des fonds les lui restitue dans un délai de vingt et un jours à compter du lendemain de la date de cette rétractation.

Lorsque l'acte est dressé en la forme authentique, aucune somme ne peut être versée pendant le délai de réflexion de *(L. n° 2015-990 du 6 août 2015, art. 210-II)* « dix » jours.

Est puni de 30 000 € d'amende le fait d'exiger ou de recevoir un versement ou un engagement de versement en méconnaissance des alinéas ci-dessus.

Art. L. 271-3 *(L. n° 2002-73 du 17 janv. 2002, art. 167)* Les dispositions *(L. n° 2006-872 du 13 juill. 2006, art. 79-IV)* « de la présente section » ne sont pas applicables aux ventes par adjudication réalisées en la forme authentique.

SECTION 2. *Dossier de diagnostic technique (L. n° 2006-872 du 13 juill. 2006, art. 79-IV).*

Art. L. 271-4 *à* L. 271-6 *V. ces art. au CCH. — **CCH**.*

TITRE IX. MESURES DE PROTECTION CONCERNANT CERTAINS VENDEURS DE BIENS IMMOBILIERS

(L. n° 2009-323 du 25 mars 2009, art. 116)

Art. L. 290-1 Toute promesse de vente ayant pour objet la cession d'un immeuble ou d'un droit réel immobilier, dont la validité est supérieure à dix-huit mois, ou toute prorogation d'une telle promesse portant sa durée totale à plus de dix-huit mois est nulle et de nul effet si elle n'est pas constatée par un acte authentique, lorsqu'elle est consentie par une personne physique. — *Les art. L. 290-1 et L. 290-2 CCH sont applicables aux promesses de vente* *consenties à compter du premier jour du quatrième mois suivant la publication de la loi n° 2009-323 du 25 mars 2009.*

Art. L. 290-2 La promesse *(L. n° 2012-387 du 22 mars 2012, art. 110)* « unilatérale » de vente mentionnée à l'article L. 290-1 prévoit, à peine de nullité, une indemnité d'immobilisation d'un montant minimal de 5 % du prix de vente, faisant l'objet d'un versement ou d'une caution déposés entre les mains du notaire. — *Sur l'entrée en vigueur, V. note ss. art. L. 290-1.*

Loi n° 93-122 du 29 janvier 1993, *relative à la prévention de la corruption et à la transparence de la vie économique et des procédures publiques.* **Art. 52** Est frappée d'une nullité d'ordre public toute cession à titre onéreux des droits conférés par une promesse de vente portant sur un immeuble lorsque cette cession est consentie par un professionnel de l'immobilier.

BIBL. ▶ Hugot, *JCP N 1993. Prat. 2519.*

Art. 1589-1 *(L. n° 2000-1208 du 13 déc. 2000, art. 72-III)* **Est frappé de nullité tout engagement unilatéral souscrit en vue de l'acquisition d'un bien ou d'un droit immobilier pour lequel il est exigé ou reçu de celui qui s'engage un versement, quelle qu'en soit la cause et la forme.** — *Entrée en vigueur le 1er juin 2001.*

BIBL. ▶ Albrieux, *CCC 2006. Étude 4.* - Bellon, *JCP N 2001. 1772.* - Dagot, *JCP N 2001. 912.* - Devergranne, *CCC 2009. Étude 7.* - Leveneur, *CCC 2001, n° 22.* - Pelletier, *Defrénois 2001. 205.* - Périnet-Marquet, *JCP N 2001. 533.* - Prigent, *AJDI 2003. 166.* - Rault, *JCP 2001. I. 294.*

Art. 1589-2 *(Ord. n° 2005-1512 du 7 déc. 2005, art. 24-I-2°)* **Est nulle et de nul effet toute promesse unilatérale de vente afférente à un immeuble, à un droit immobilier, à un fonds de commerce, à un droit à un bail portant sur tout ou partie d'un immeuble ou aux titres des sociétés visées aux articles 728 et 1655 *ter* du code général des impôts** *[sociétés ayant pour objet la construction, l'acquisition ou la gestion d'immeubles à diviser ou divisés par fractions attribuées aux associés, et sociétés dont l'actif est constitué principalement par des terrains non bâtis]*, **si elle n'est pas constatée par un acte authentique ou par un acte sous seing privé enregistré dans le délai de dix jours à compter de la date de son acceptation par le bénéficiaire. Il en est de même de toute cession portant sur lesdites promesses qui n'a pas fait l'objet d'un acte authentique ou d'un acte sous seing privé enregistré dans les dix jours de sa date.** — *L'art. 1589-2 reprend le texte de l'art. 1840-A CGI, qui est abrogé.*

BIBL. ▶ Suquet, *JCP N 2006. Actu. 307.* - Ngoumtsa, *RLDC 2011/80, n° 4189.*

A. DOMAINE DU TEXTE

1. Promesses synallagmatiques. L'art. 7 de la L. du 19 déc. 1963, inséré en l'art. 1840 A CGI (devenu art. 1589-2 C. civ.), ne frappe de nullité la promesse unilatérale de vente immobilière qu'autant que, simplement acceptée par le bénéficiaire, qui a ainsi transformé la pollicitation non soumise à enregistrement, en un contrat unilatéral liant le seul promettant, elle n'a pas été constatée dans un acte authentique, ou par un acte sous seing privé enregistré dans le délai de dix jours à compter de l'acceptation ; ces textes sont inapplicables à une convention devenue synallagmatique, du fait de la décision du bénéficiaire, acceptant à la fois la promesse unilatérale comme telle et levant l'option, ce qui rendait la vente parfaite. • Civ. 3e, 12 juill. 1976, n° 74-15.124 P : *D. 1976. 657, note Poulnais.* ♦ Mais la nullité est encourue dans le cas d'une promesse de vente non enregistrée suivie, plus de dix jours après, d'une promesse d'acheter contresignée par les vendeurs. • Civ. 3e, 14 déc. 1994, n° 92-20.633 P.

2. Contrat préliminaire minimal. Le contrat préliminaire de réservation, contrat *sui generis* essentiellement synallagmatique, le vendeur s'engageant en contrepartie d'un dépôt de garantie à réserver à l'acheteur éventuel un immeuble ou une partie d'immeuble, ne peut être identifié à la promesse unilatérale de vente acceptée au sens de l'art. 1840 A CGI, dont les dispositions sont d'interprétation stricte. • Civ. 3e, 27 oct. 1975, n° 74-11.080 P : *D. 1976. 97, note Frank ; JCP 1976. II. 18340, note Meysson et Tirard ; Gaz. Pal. 1976. 1. 67, note Peisse.* ♦ Sur la nature du contrat préliminaire, V. aussi note 20 s. ss. art. 1589.

3. Promesse incluse dans une transaction. Ne constitue pas une promesse unilatérale soumise à l'art. 1840 A CGI une promesse de vente contenue dans un accord constituant une transaction entre les parties. • Cass., ass. plén., 24 févr. 2006, n° 04-20.525 P : *R., p. 373 ; BICC 15 mai 2006, rapp. Moussa, concl. Cédras ; D. 2006. 2076, note Jamin ; ibid. IR 677, obs. Gallmeister ; ibid. 1396, Point de vue, par Najjar ; ibid. Pan. 2640, obs. Amrani-Mekki ; JCP 2006. II. 10065, concl. Cédras ; JCP N 2006. 1278, n° 1, obs. S. Piedelièvre ; Gaz. Pal. 2006. 1886, note Deharo ; ibid. 3217, note Gaonac'h ; RLDC 2006/27, n° 2031, note Mallet-Bricout ; RDC 2006. 689, obs. Laithier ; ibid. 715, obs. Dauriac ; RTD civ. 2006. 301, obs. Mestre et Fages* (la promesse de vente n'étant qu'un élément de la transaction, l'art. 1840 A CGI est sans application). – Chassagnard-Pinet, *D. 2006. Chron. 2057.* – Becqué-Ickowicz, *Defrénois 2006. 973.* ♦ Déjà dans le même sens et dans la même affaire : • Civ. 3e, 26 mars 2003, n° 01-02.410 P : *D. 2003. 2197, note Lipinski ; JCP E 2004. 651, note Schmidt-Szalewski ; Defrénois 2003. 841, obs. Savaux ; Gaz. Pal. 2004. 408, note Bletterie ; LPA 3 déc. 2003, note Dagorne-Labbe ; ibid. 27 janv. 2004, note Chassagnard ; RTD civ. 2003. 496, obs. Mestre et Fages*.

4. Crédit-bail immobilier. La promesse de vente incluse dans un contrat de crédit-bail immobilier est indissolublement liée à un ensemble d'obligations contractuelles réciproques et n'est pas soumise à la formalité de l'enregistrement prévue par l'art. 1840 A CGI. • Civ. 3e, 3 juin 1982 : *Gaz. Pal. 1983. 1. 83, note Bey.* – Déjà en ce sens : • Civ. 3e, 3 nov. 1981 : *GAJC, 11e éd., n° 272-273 (I) ; D. 1982. IR 409, obs. Vasseur ; JCP 1982. II. 19867, note Bey ; RTD civ. 1982. 434, obs. Rémy.* ♦ Dans le même sens : • Civ. 3e, 5 juill. 1995, n° 93-10.190 P : *JCP 1996. II. 22659, note Dagorne-Labbe.* ♦ Comp. • Com. 15 janv. 2002, n° 99-10.362 P : *Defrénois 2002. 765, obs. Savaux ; JCP E 2003. 543, n° 3, obs. Mainguy ; RTD civ. 2002. 504, obs. Mestre et Fages* (exigeant des juges du fond qu'ils recherchent s'il existait un lien de dépendance nécessaire entre les diverses obligations susceptible de modifier les caractéristiques de la promesse de vente). ♦ Est nulle la promesse unilatérale de vente qui n'a pas été enregistrée dans les dix jours, dès lors qu'elle était soumise à des conditions différentes de celles de la promesse unilatérale d'achat conclue concomitamment. • Civ. 3e, 26 juin 2002 : *cité note 20 ss. art. 1589* (promesses de vente des parts sociales, entre membres d'une SCI crédit-bailleur, dans une opération complexe de crédit-bail immobilier et de franchise de *supermarché*).

5. Cession de parts. La cession des parts d'une SARL, même si elle porte sur la totalité de ces parts, ne peut être assimilée à la cession du fonds de commerce constituant l'actif de la société et n'est donc pas soumise à l'art. 1840 A CGI. • Com. 6 juin 1990, n° 88-15.784 P.

6. Prorogation. L'art. 1840 A CGI, qui ne vise que les promesses unilatérales de vente ou leurs cessions, doit s'interpréter littéralement et ne peut être étendu aux simples prorogations, dont lesdites promesses ont pu faire l'objet, que ces prorogations soient consenties ou non avant l'expiration du délai initialement prévu. • Com. 29 janv. 1979, n° 77-11.302 P : *JCP N 1979. II. 264, note Dagot.*

7. Faculté de substitution. La faculté de substitution, n'ayant pas le caractère d'une cession, n'entre pas dans le domaine d'application de l'art. 1840 A CGI. • Civ. 3e, 19 mars 1997, n° 95-12.473 P : *D. 1997. Somm. 341, note Brun ; JCP 1997. I. 4039, n° 14, obs. Billiau ; JCP N 1998. 769, n° 24, obs. Mousseron.* ♦ Comp., note 19, *in fine*, ss. art. 1124, pour une « vente » assortie d'une clause de substitution.

La possibilité pour le bénéficiaire d'une promesse de vente de se substituer un tiers n'a pas pour effet de retirer à la promesse elle-même son caractère unilatéral et de le dispenser de l'obligation d'enregistrement. • Civ. 3e, 27 mai 1987, n° 85-18.319 P.

8. Champ d'application territorial. L'art. 1840 A CGI, devenu l'art. 1589-2 C. civ., n'est pas applicable en Polynésie française. • Civ. 3e, 6 déc. 2006, n° 05-17.418 P : *D. 2007. AJ 153*.

B. RÉGIME

9. Point de départ du délai : date de l'acceptation. Détermination de la date respective de la promesse et de son acceptation : V. • Civ. 3e, 6 mars 1973 : *JCP 1973. II. 17588, note M. A.* ♦ Pouvoirs des juges du fond quant à la détermination de la date à laquelle la promesse a été acceptée en tant que telle (point de départ du délai de 10 jours imposé par l'art. 1840 A CGI pour l'enregistrement de la promesse) : V. • Civ. 3e, 10 oct. 1968, n° 66-10.445 P : *D. 1969. 271, note Morin ; JCP 1969. II. 15910, note P. L.* ♦ Comp. pour une cassation pour manque de base légale : • Com. 7 juin 1979, n° 77-13.016 P : *JCP N 1980. II. 21, note D. F.*

Lorsque le bénéficiaire a donné son consentement à la promesse en premier, avant celui du promettant, le délai part de l'acceptation du contrat par le promettant. • Civ. 3e, 18 oct. 1989, n° 97-19.538 P. ♦ Dans une promesse sous condition suspensive, la réalisation de la condition ayant pour effet de faire rétroagir le contrat à la date de l'acceptation, la formalité doit être accomplie dans les dix jours de l'acceptation de la promesse et non de la réalisation de la condition. • Com. 15 déc. 1987, n° 86-17.244 P.

10. Acte authentique. Caractère de l'acte authentique répondant aux exigences de l'art. 1840 A CGI, V. • Civ. 3e, 8 janv. 1970, n° 68-14.406 P : *JCP 1970. II. 16430, note P. L.* • 30 nov. 1971, n° 70-13.836 P : *JCP 1972. II. 17017* • Paris, 28 avr. 1989 : *JCP 1990. II. 21569,* *note Dagot,* et, rejetant le pourvoi, • Civ. 1re, 19 févr. 1991 : *JCP N 1991. II. 177.*

11. Nullité d'ordre public. La nullité résultant de l'inobservation de la règle d'ordre public édictée par l'art. 1840 A CGI ne peut être couverte par la renonciation même expresse des parties. • Civ. 3e, 7 juill. 1982, n° 81-13.361 P : *JCP N 1983. II. 39, note D. F.* ♦ La nullité peut être invoquée par l'État, bénéficiaire de la promesse. • Civ. 3e, 1er juill. 1998, n° 96-19.802 P : *CCC 1998, n° 142, note Leveneur ; Defrénois 1999. 39, obs. Chappert ; JCP E 1999. 172, obs. Neau-Leduc.*

L'omission de la formalité rend la promesse de vente, frappée de nullité, insusceptible d'être établie par quelque mode de preuve que ce soit. • Civ. 3e, 2 juin 1993, n° 91-12.347 P : *Defrénois 1994. 342, obs. Delebecque.*

Art. 1590 Si la promesse de vendre a été faite avec des arrhes chacun des contractants est maître de s'en départir,

Celui qui les a données, en les perdant,

Et celui qui les a reçues, en restituant le double.

RÉP. CIV. v° *Arrhes*, par J. DJOUDI.

BIBL. ▶ BOYER, *Mél. Raynaud, Dalloz, 1985, p. 41* (dédit). – CZAPSKI, *Études Mercadal, éd. F. Lefebvre, 2002* (arrhes dans l'hôtellerie et l'organisation des voyages). – TRICLIN, *JCP 1994. I. 3732* (arrhes).

1. Caractère supplétif. Les dispositions de l'art. 1590 ne sont que supplétives de la volonté des parties. • Civ. 1re, 16 juill. 1956 : *D. 1956. 609* • Orléans, 26 oct. 1967 : *D. 1968. 210.*

2. Notion de dédit. Constitue une clause de dédit la clause qui offre aux acquéreurs la faculté de ne pas exécuter leur engagement d'acquérir pour une cause quelconque, indépendante des conditions suspensives, en abandonnant aux vendeurs une somme convenue. • Civ. 1re, 17 nov. 1993, n° 91-18.773 P : *D. 1994. Somm. 233, obs. Paisant.* ♦ V. aussi • Civ. 1re, 18 mars 1997 : *D. 1997. IR 120.* ♦ La faculté de dédit, qui permet aux parties de se repentir, est compatible avec la perfection du contrat de vente. • Civ. 1re, 6 oct. 1965, n° 62-13.460 P. ♦ V. aussi note 4 ss. art. 1124.

3. Dédit gratuit. Rien n'interdit qu'une partie s'engage envers une autre avec une faculté de dédit gratuite. • Com. 20 oct. 2000 : *D. 2001, Somm. 3241, obs. D. Mazeaud ; CCC 2001, n° 21, note Leveneur.*

4. Distinction de la clause pénale. Une clause de dédit n'est pas une clause pénale susceptible de minoration par le juge. • Civ. 3e, 15 févr. 2006, n° 04-17.595 P : *JCP N 2006. 1278, n° 3, obs. S. Piedelièvre.* ♦ V. aussi ss. art. 1231-5.

5. Dédit exercé de mauvaise foi. Lorsque les juges du fond ont constaté que la faculté de dédit réservée au promettant a été exercée de mauvaise foi, ce dédit ne peut produire aucun effet juridique. • Civ. 3e, 11 mai 1976, n° 75-10.854 P : *D. 1978. 269, note Taisne ; Defrénois 1977. 456, note Aubert* (menace d'utiliser le dédit pour obtenir des conditions plus favorables).

6. Dédit et rémunération de l'agent immobilier. Conséquences de l'exercice d'un dédit conventionnel, avant la signature de l'acte authentique, sur le droit à rémunération de l'agent immobilier : V. • Civ. 1re, 18 mars 1997, n° 95-16.135 P : *JCP N 1998. 705, n° 8, obs. Mousseron.*

7. TVA. Les arrhes conservées par l'hôtelier à titre d'indemnité forfaitaire en cas de dédit du client, sans lien direct avec une quelconque prestation de service, ne sont pas soumises à la TVA. • CJCE 18 juill. 2007, n° C-277/05 : *JCP 2007. II. 10185, note Ortscheidt.*

Code de la consommation

(Ord. n° 2016-301 du 14 mars 2016, en vigueur le 1er juill. 2016)

ARRHES ET ACOMPTES

Art. L. 214-1 Sauf stipulation contraire, pour tout contrat de vente ou de prestation de services conclu entre un professionnel et un consommateur, les sommes versées d'avance sont des arrhes, au sens de l'article 1590 du code civil.

Dans ce cas, chacun des contractants peut revenir sur son engagement, le consommateur en perdant les arrhes, le professionnel en les restituant au double.

Art. L. 214-2 Lorsque le contrat de vente porte sur un bien mobilier, toute somme versée d'avance sur le prix, quels que soient la nature de ce versement et le nom qui est donné dans l'acte, est productive, au taux légal en matière civile, d'intérêts qui commencent à courir à l'expiration d'un délai de trois mois à compter du versement jusqu'à la livraison, sans préjudice de l'obligation de livrer, qui reste entière.

Lorsque le contrat porte sur une prestation de services, les sommes versées d'avance portent intérêt au taux légal à l'expiration d'un délai de trois mois à compter du versement jusqu'à l'exécution de la prestation, sans préjudice de l'obligation d'exécuter la prestation.

Les intérêts sont déduits du solde à verser au moment de la livraison du bien mobilier ou de l'exécution de la prestation de services.

Art. L. 214-3 Les dispositions du présent chapitre ne sont pas applicables aux commandes spéciales sur devis ni aux ventes de produits dont la fabrication est entreprise sur commande spéciale de l'acheteur.

Art. L. 214-4 *(Abrogé par Ord. nº 2021-1247 du 29 sept. 2021, art. 7) Les dispositions du présent chapitre sont d'ordre public. — V. C. consom., art. L. 219-1. —* ***C. consom.***

Art. 1591 **Le prix de la vente doit être déterminé et désigné par les parties.**

Sur l'interdiction, pour les commerçants, de revendre un produit en l'état à un prix inférieur à son prix d'achat effectif, V. C. com., art. L. 442-5. — Sur les offres ou pratiques de prix « abusivement bas », V. C. com., art. L. 442-7. — ***C. com.***

Sur les modalités particulières de détermination du prix lorsque le prix ne peut être raisonnablement calculé à l'avance du fait de la nature du bien ou du service, V. C. consom., art. L. 112-3 s. — ***C. consom.***

BIBL. ▶ **Détermination du prix :** *Cah. dr. entr. 1997/5,* Colloque de Pau (exigences en matière de prix). – DE BERMOND DE VAULX, *JCP 1973. I. 2567.* – GHESTIN, *D. 1973. Chron. 293 ; D. 1993. Chron. 251.* – MOURY, *D. 2014. 1950* (prix symbolique et prix négatif). – RAKOTOVAHINY, *LPA 3 déc. 2007* (condition potestative). ▶ **Cession de droits sociaux :** BAFFOY, *JCP N 1997. Prat. 3319.* – BUCHBERGER, *D. 2012. Chron. 1632*. – SAFI, *Dr. et patr. 3/2013. 30* (clause d'*earn out*). – WERTENSCHLAG, *JCP N 1991. I. 221.* ▶ **Droit fiscal :** BEZ, *JCP CI 1976. II. 12048* (ventes d'immeubles soumises à la TVA). – COZIAN, *JCP 1982. I. 3088.* ▶ **Prix symbolique :** FREYRIA, *D. 1997. Chron. 51.* – GARRIGUES, *RTD civ. 1991. 459.* – PRADAYROL et THIRIOT, *Defrénois 2001. 273* (vente par une collectivité locale). – TAURAN, *RRJ 1998/3. 899* (vente à bas prix).

1. Prix en nature. Possibilité pour les juges de restituer sa véritable qualification (contrat innommé valable) au contrat par lequel la propriété d'un bien est transférée moyennant l'exécution de prestations déterminées. • Civ. 1re, 12 oct. 1967, nº 64-13.229 P. ♦ Cependant, la vente peut être réalisée moyennant une contrepartie autre qu'un versement de somme d'argent. • Civ. 3e, 9 déc. 1986, nº 85-13.373 P (vente d'un terrain contre des bâtiments à construire). ♦ Rappr. note 14.

A. EXISTENCE D'UN PRIX

1º PRIX SÉRIEUX

BIBL. Lebois, *CCC 2002. Chron 19* (erreur d'étiquetage et erreur sur le prix).

2. Principe : refus des prix dérisoires. Les juges du fond qui constatent, souverainement, qu'un prétendu prix n'est pas sérieux, décident avec raison que, faute d'un prix, l'acte de cession ne constitue pas une vente. • Req. 3 mai 1922 : *S. 1922. 1. 310* (nullité de la cession d'un fonds de commerce dont le prix correspondait à *un dixième des revenus du fonds* pendant dix ans). ♦ V. aussi : • Com. 25 avr. 1967, nº 63-13.021 P (nullité d'une cession de parts dont le prix est inférieur au revenu annuel des parts cédées).

3. Différence avec la lésion. Une action en nullité pour vileté du prix peut être exercée indépendamment de toute action en rescision pour lésion. • Civ. 3e, 18 juill. 2001, nº 99-17.496 P : *D. 2002. 680, note Castets ; ibid. Somm. 930, obs. Paisant ; Defrénois 2001. 1421, obs. Savaux ; CCC 2001, nº 171, note Leveneur ; Dr. et patr. 12/2001. 98, obs. Chauvel.* ♦ Absence d'application de l'art. 1677 : • Civ. 3e, 16 déc. 1998, nº 97-11.541 P : *D. 2000. 504, note Cauchy-Psaume (2e esp.)*. ♦ Et de l'art. 1676, V. note 12. ♦ Une demande en annulation pour défaut de prix réel et sérieux ne se heurte pas à l'autorité de la chose jugée dans une précédente instance sur la question de la réalité et de la validité du consentement. • Cass., ass. plén., 3 juin 1994 : *Gaz. Pal. 1994. 2. 735, concl. Jéol.*

4. Appréciation souveraine. Les juges du fond apprécient souverainement si le prix stipulé est dérisoire. • Civ. 3e, 26 mars 1969, nº 67-12.733 P • Civ. 1re, 28 juin 1988, nº 86-12.812 P. ♦ Ayant relevé que le prix d'une bague n'était nullement dérisoire, une cour d'appel peut en déduire que, même si la valeur du bijou était bien supérieure (le vendeur arguant d'une erreur d'étiquetage), la vente n'était pas nulle pour absence de cause. • Civ. 1re, 4 juill. 1995, nº 93-16.198 P : D. 1997. 206, note Luciani ; *D. 1996. Somm. 11, obs. Paisant ; CCC 1995, nº 181, note Leveneur ; RTD civ. 1995. 881, obs. Mestre*. ♦ Comp. • Angers, 8 janv. 2001 : *JCP 2001. IV. 2857,* déclarant nulle pour vice du consentement du vendeur la vente effectuée sur la base d'un prix erroné par suite d'une erreur matérielle d'étiquetage. ♦ Même sens, dans une vente par internet : • TI Strasbourg, 24 juill. 2002 : *D. 2003. 2434, note Manara ; CCE 2004, n° 7, note Grynbaum ; ibid., n° 30, note Thioye.*

5. Cas des ventes contre rente viagère. Caractère sérieux du prix lorsque la vente est consentie moyennant paiement d'une rente viagère : V. notes ss. art. 1976. ♦ Mais, la cession d'actif à forfait se caractérisant par l'incertitude qui existe sur les droits du débiteur, la consistance et la valeur des biens et l'exclusion de toute garantie au profit de l'acheteur, l'aléa qui en résulte interdit l'action en nullité de la vente pour défaut de prix réel et sérieux. • Com. 3 mars 1998, n° 95-18.409 P : *Defrénois 1998. 1413, obs. Delebecque ; ibid. 1458, obs. Bénabent ; RTD civ. 1998. 925, obs. Gautier* . – V. aussi • Com. 16 juin 1998, n° 95-15.689 P : *D. Affaires 1998. 1215, obs. A. L. ; Defrénois 1998. 1458, obs. Bénabent ; RTD civ. 1998. 925, obs. Gautier* .

6. Vente avec compensation. Dès lors que le prix de vente a été déterminé dans l'acte et que l'existence de ce prix n'est pas affectée par une éventuelle impossibilité de le compenser avec une dette du vendeur à l'égard de l'acquéreur, doit être cassé l'arrêt qui prononce l'annulation de la vente en raison de l'impossibilité pour l'acquéreur de se prévaloir d'une garantie de passif à l'encontre des vendeurs dans le cadre d'une cession d'actions. • Civ. 3e, 7 juin 2018, n° 17-17.779 P : *D. 2019. 279, obs. Mekki ; AJDI 2019. 152, obs. Cohet* .

2° PRIX SYMBOLIQUE

7. Existence d'autres contreparties. Lorsque la vente est consentie moyennant un prix symbolique (1 F) assortie d'une obligation de faire à la charge de l'acquéreur, l'obligation de faire ainsi contractée ne peut, malgré une évaluation requise à des fins fiscales, être considérée comme un prix. • Civ. 3e, 17 mars 1981, n° 79-15.388 P. ♦ Validité de la vente d'un terrain pour le prix symbolique de 1 F lorsqu'elle est englobée dans un ensemble contractuel plus vaste formant un tout indivisible et procurant au vendeur un avantage réel. • Civ. 3e, 3 mars 1993, n° 91-15.613 P : *Defrénois 1993. 927, note Dagorne-Labbe ; JCP 1994. I. 3744, nos 1 s., obs. Fabre-Magnan ; RTD civ. 1994. 124, obs. Gautier* .

La cession par une commune d'un terrain à une entreprise pour un prix inférieur à sa valeur ne méconnaît pas le principe selon lequel une collectivité publique ne peut pas céder un élément de son patrimoine à un prix inférieur à sa valeur à une personne poursuivant des fins d'intérêt privé, dès lors que la cession est justifiée par des motifs d'intérêt général et comporte des contreparties suffisantes. • CE 3 nov. 1997 : *D. 1998. 131, note Davignon ; JCP E 1998. 270, note Chouvel ; JCP 1998. II. 10007, note Piastra ; LPA 6 févr. 1998, note Calvo* (licéité d'une vente à 1 franc symbolique, analysée comme une aide indirecte).

8. Nullité de la vente d'un bien immobilier d'une superficie importante pour le prix de 1 F, en l'absence de toute contrepartie sérieuse. • Civ. 3e, 23 mai 2007, n° 06-13.629 P : *JCP N 2008. 1192, note Lebel ; CCC 2007, n° 232, note Leveneur ; RDI 2008. 87, note Trébulle* .

9. Parts sociales sans valeur. N'est pas nulle la vente, pour un prix d'un franc, d'actions dont il est constaté qu'elles sont sans valeur. • Com. 3 janv. 1985, n° 83-15.520 P. ♦ En revanche, cassation de l'arrêt ayant considéré que des parts de navire en copropriété sont sans valeur compte tenu des pertes, sans tenir compte de la valeur vénale du navire. • Com. 25 oct. 2017, n° 15-24.219 P : *D. 2017. 2206 ; Rev. sociétés 2018. 168, note Ansault* .

10. Libéralités. Lorsque la modicité du prix trouve sa cause dans l'intention libérale qu'a eue le vendeur, les juges du fond peuvent en déduire, sans dénaturer l'acte incriminé, que celui-ci constitue une donation indirecte valable. • Civ. 1re, 6 janv. 1969, n° 67-10.401 P. ♦ Qualification de donation déguisée en cas de cession d'un terrain, pour un prix d'un franc, procédant d'une intention libérale, V. • Civ. 1re, 29 mai 1980, n° 79-11.378 P : *D. 1981. 273, note Najjar ; RTD civ. 1981. 422, obs. Patarin.*

3° SANCTION

11. Nature de la sanction : inexistence ou nullité absolue. L'action en nullité des cessions de parts conclues pour un prix indéterminé ou vil ne tendant qu'à la protection des intérêts privés des cédants, elle relève du régime des actions en nullité relative. • Com. 22 mars 2016, n° 14-14.218 P : *D. 2016. 1037, chron. Tréard, Arbellot, Le Bras et Gauthier ; RTD civ. 2016. 343, obs. Barbier ; RTD com. 2016. 317, obs. Bouloc ; RDC 2016. 435, note Laithier ; ibid. 481, note Sautonie-Laguionie et Wicker.* ♦ Dans le même sens : dès lors qu'il a été souverainement estimé par les juges du fond que le prix stipulé n'était pas sérieux, l'acte est inexistant, ce qui peut être invoqué par tous ceux qui y ont intérêt. • Civ. 1re, 20 oct. 1981, n° 80-14.741 P. ♦ La vente nulle pour défaut de prix, acte dépourvu d'existence légale, n'est susceptible ni de confirmation, ni de ratification. • Com. 30 nov. 1983 : *Gaz. Pal. 1984. 2. 675, note Calvo.*

V. cep., dans le sens d'une nullité absolue d'une vente pour vileté du prix : • Civ. 1re, 24 mars 1993 : *Defrénois 1993. 1375, obs. Aubert ; CCC 1993. 128, note Leveneur* (arrêt daté par erreur du 10 févr. 1993 dans ces deux revues) • Com. 23 oct. 2007, n° 06-13.979 P : *D. 2007. AJ 2812, obs. Delpech ; ibid. 2008. 954, note Chantepie ; AJDI 2008. 795, obs. Cohet-Cordey ; JCP 2008. II. 10024, note Roget ; ibid.*

I. 104, n°s 7 s., obs. Wintgen ; Defrénois 2007. 1729, obs. Libchaber ; CCC 2008, n° 65, obs. Leveneur ; LPA 6 févr. 2008, obs. Houtcieff ; Dr. et patr. 5/2008. 91, obs. Aynès et Stoffel-Munck ; ibid. 6/2008. 37, obs. Chauvel ; ibid., p. 102, obs. Poracchia ; RTD com. 2008. 408, obs. Bouloc (cession de parts sociales ; nullité absolue pour vileté du prix, soumise à la prescription trentenaire de droit commun. – V. depuis, art. 2224, prescription quinquennale).

Comp. pour un bail à construction : • Civ. 3e, 21 sept. 2011, n° 10-21.900 P : *D. 2011. 2711, note Mazeaud ; ibid. 2012. Pan. 459, obs. Amrani-Mekki et Mekki ; RDI 2011. 623, obs. Poumarède ; JCP 2011, n° 1276, note Ghestin ; JCP N 2012, n° 1011, obs. Waltz ; CCC 2011, n° 252, obs. Leveneur ; RLDC 2012/91, n° 4572, note Cavalier ; RDC 2012. 47, note Savaux ; ibid. 130, note Seube* (une cour d'appel retient à bon droit qu'un contrat de bail à construction conclu pour un prix dérisoire ou vil n'est pas inexistant mais nul pour défaut de cause).

12. ... Prescription. L'action en nullité pour vileté du prix est distincte de l'action en rescision pour lésion et n'est pas soumise à la prescription de deux ans applicable à celle-ci. • Civ. 3e, 15 déc. 2010 : *cité note 3 ss. art. 1676.*

13. Restitutions. Impossibilité de restituer en nature : restitution de la valeur réelle du bien vendu. • Civ. 1re, 16 mars 1999, n° 97-12.930 P : *Defrénois 1999. 1325, obs. Delebecque.*

B. DÉTERMINATION DU PRIX

1° PRINCIPES

14. Domaine. Application de l'art. 1591 à une vente convertie en dation en paiement : • Civ. 3e, 7 oct. 1998, n° 97-11.448 P : *D. Affaires 1998. 1950, obs. J. F.* (prix déterminé en l'espèce). ♦ Refus d'application de l'art. 1591 à un dépôt-vente : V. note 2 ss. art. 1582. ♦ Application à une lettre d'intention pour l'achat de parts sociales : • Com. 6 nov. 2012 : *D. 2012. 3014, note Dondero ; Rev. sociétés 2013. 157, obs. Prévost.*

15. Déterminabilité du prix. L'art. 1591 n'impose pas que l'acte porte en lui-même indication du prix, mais seulement que ce prix soit déterminable. • Civ. 3e, 26 sept. 2007, n° 06-14.357 P : *Defrénois 2007. 1725, obs. Libchaber.* ♦ Le prix doit être déterminable et ne pas dépendre de la seule volonté d'une des parties ni d'un accord ultérieur entre elles. • Com. 21 sept. 2022, n° 20-16.994 B : *D. 2022. 1700 ; Rev. sociétés 2023. 23, note Pillet ; RTD civ. 2022. 879, obs. Barbier.* ♦ Tel est le cas lorsque le prix est lié à la survenance d'un événement futur ne dépendant pas de la seule volonté de l'une des parties ni d'accords ultérieurs entre elles. • Com. 7 avr. 2009 : *D. 2009. AJ 1138 ; RLDC 2009/61, n° 3450, obs. Maugeri ; Dr. et patr. 7/2009. 89, obs. Aynès et Stoffel-Munck ; RTD civ. 2009. 321, obs. Fages* (prix de cession des créances cédées subordonné au montant des créances recouvrées). ♦ Dès lors que le prix, quoique déterminable selon une procédure choisie d'un commun accord, demeure inconnu et que la procédure de détermination n'a pas été engagée, la vente ne peut être déclarée parfaite. • Civ. 3e, 12 sept. 2006 : *LPA 8 nov. 2006, note Boismain.*

16. Absence d'intervention ultérieure des parties. Le contrat de vente n'est parfait que s'il permet, au vu de ses clauses, de déterminer le prix par des éléments ne dépendant plus de la volonté de l'une des parties ou de la réalisation d'accords ultérieurs. • Com. 24 mars 1965, n° 64-10.044 P : *D. 1965. 474 ; RTD civ. 1965. 821, obs. Cornu.* – Même sens : • Req. 7 janv. 1925 : *GAJC, 11e éd., n° 246 ; DH 1925. 57* • Paris, 22 nov. 1972 : *D. 1974. 93, note Malaurie.* ♦ Est déterminable en fonction d'éléments ne dépendant pas de la seule volonté de l'une des parties le prix d'un contrat de fourniture d'une denrée (pommes de terre) fixé par référence au prix du marché, dès lors qu'il existe des cotations officielles significatives du marché de cette denrée. • Civ. 1re, 14 déc. 2004, n° 01-17.063 P : *CCC 2005, n° 64, note Leveneur ; Dr. et patr. 5/2005. 98, obs. Chauvel.*

17. Pluralité de vendeurs. L'exigence de la détermination du prix n'implique pas, en cas de pluralité de vendeurs, que la part revenant à chacun d'eux soit déterminée dans le contrat. • Civ. 3e, 6 juill. 1983, n° 82-12.022 P • 19 mars 1986, n° 84-13.582 P. ♦ Si la chose vendue simultanément et pour un même prix appartient pour l'usufruit à l'un des vendeurs, pour la nue-propriété à l'autre, chacun d'eux a droit à une portion du prix total correspondant à la valeur comparative de l'usufruit avec la nue-propriété. • Civ. 1re, 20 oct. 1987, n° 86-13.197 P : *GAJC, 12e éd., n° 76 ; D. 1988. 85, note Morin ; JCP N 1988. II. 165, note Rémy ; RTD civ. 1989. 580, obs. Zenati* • 7 juin 1988, n° 86-14.809 P • Civ. 3e, 3 juill. 1991, n° 89-21.541 P (partage des intérêts du prix de vente selon les mêmes proportions) • Civ. 1re, 25 févr. 1997, n° 94-20.785 P : *Defrénois 1998. 659, obs. Chappert.*

18. Prix global. Le prix de cession de titres composant le capital de plusieurs sociétés est suffisamment déterminé par un prix global : la ventilation de ce prix entre chacune de ces sociétés ne constitue pas une condition de la vente, mais en conditionne seulement les conséquences fiscales pour l'acquéreur. • Com. 8 avr. 2008, n° 06-18.042 P : *D. 2008. AJ 1203, obs. Delpech ; ibid. 2009. Pan. 323, obs. Lamazerolles ; RLDC 2008/50, n° 3010, obs. Le Gallou ; RTD civ. 2008. 475, obs. Fages.*

2° OFFICE DU JUGE

19. Prohibition des fixations judiciaires de prix. Jurisprudence constante. V. les décisions citées notes 20, 22 et 25. ♦ Comp. notes 27 et 30.

♦ S'appliquent aux cessions d'offices publics ou ministériels les règles de droit commun de la vente mobilière qui n'admettent pas la révision du prix. • Civ. 1re, 7 déc. 2004, n° 01-10.271 P : *JCP N 2005. 1321, note Leveneur ; Gaz. Pal. 2005. 499, concl. Sainte-Rose ; RDC 2005. 681, obs. D. Mazeaud.* ♦ L'inexécution partielle par le vendeur de son obligation de délivrance ne peut être sanctionnée que par l'allocation de dommages-intérêts, non par une réduction judiciaire du prix. • Civ. 3e, 29 janv. 2003, n° 01-02.759 P : *D. 2003. IR 534 ; JCP 2003. I. 186, nos 1 s., obs. Labarthe ; Defrénois 2003. 844, obs. Savaux ; AJDI 2003. 793, note Cohet-Cordey ; LPA 14 août 2003, note Chavent-Leclère ; RDC 2004. 340, obs. Brun.*

20. Interdiction des références à des éléments extérieurs. Cassation, pour violation de l'art. 1591, de l'arrêt qui, en affirmant qu'en l'absence de désaccord entre les parties à l'époque de la cession, il faut se référer au principe selon lequel le prix d'une action est au moins celui de sa valeur au jour de la négociation, se déterminant ainsi par des éléments extérieurs à l'acte et procédant à une fixation judiciaire du prix. • Civ. 1re, 24 févr. 1998, n° 96-13.414 P : *D. Affaires 1998. 531, obs. J. F. ; BJS 1998. 465, note Couret ; RTD civ. 1998. 900, obs. Mestre .* ♦ V. aussi • Civ. 1re, 19 janv. 1999, n° 97-10.696 P : *CCC 1999, n° 52, note Leveneur* (fixation judiciaire du prix par des éléments extérieurs à la convention des parties) • 28 nov. 2000 : *CCC 2001, n° 40, note Leveneur* (*idem*). ♦ Le caractère déterminé ou déterminable du prix de vente ne peut résulter d'une opération précédemment conclue entre le vendeur et un tiers. • Com. 12 nov. 1997 : *CCC 1998, n° 22, note Leveneur* (vente verbale d'albums invendus, la cour d'appel se référant comme prix plancher au prix stipulé par le vendeur avec un tiers dans une vente précédemment résolue à l'amiable).

21. Le juge doit exclusivement se placer à la date de la cession pour apprécier la vileté du prix, • Com. 25 oct. 2017, n° 15-24.219 P : *D. 2017. 2206 ; Rev. sociétés 2018. 168, note Ansault* (cassation de l'arrêt ayant tenu compte des données comptables arrêtées ultérieurement).

22. Respect des méthodes prévues par les parties. Le juge ne peut se substituer aux parties pour leur imposer une méthode de détermination du prix différente de celle prévue au contrat. • Civ. 1re, 25 avr. 1972, n° 69-14.180 P : *D. 1973. 661.* ♦ V. aussi • Civ. 1re, 18 juill. 1979, n° 78-12.380 P. ♦ Comp., en matière de clauses monétaires, les cas de substitution d'indice : notes ss. art. 1243. ♦ V. aussi, sur la recherche de la commune intention des parties, lorsque la cote publiée par une revue à laquelle il était fait référence vient à faire l'objet d'une publication séparée : • Civ. 3e, 12 juin 1991, n° 89-20.272 P.

23. Interprétation des clauses ambiguës. Désaccord des parties quant aux modalités de détermination du prix (au poids ou au nombre d'objets vendus) ; office du juge : V. • Com. 16 nov. 1993, n° 91-19.740 P : *JCP 1994. II. 22287, note Gross ; RTD civ. 1994. 347, obs. Mestre ; ibid. 630, obs. Gautier ; RTD com. 1994. 340, obs. Bouloc .*

3° CLAUSES RELATIVES À LA DÉTERMINATION DU PRIX

24. Vente de véhicules. Dans une vente de véhicule conclue entre un concessionnaire et son client, la référence au prix établi par le constructeur et répercuté par l'importateur au concessionnaire rend le prix déterminable, indépendamment de la volonté du vendeur, seule à prendre en considération pour l'application de l'art. 1591 C. civ. • Civ. 1re, 2 déc. 1997, n° 95-16.720 P : *JCP 1998. I. 129, n° 1, obs. Jamin ; RTD civ. 1998. 898, obs. Mestre .* ♦ V. déjà : • Civ. 1re, 8 nov. 1983, n° 82-14.902 P : *JCP 1985. II. 20373, obs. Raymond* (décision soulignant l'absence d'intervention du concessionnaire dans la fixation du prix et la prise en compte pour celle-ci des fluctuations du marché automobile). ♦ V. également • Paris, 3 mai 1996 : *D. 1996. Somm. 326, obs. Delebecque .*

25. Clauses de révision. Lorsque la clause de révision de prix n'est pas une clause d'échelle mobile et ne permet pas de déterminer le prix de la vente de façon indépendante de la volonté de l'une ou l'autre des parties, les juges du fond peuvent admettre que la vente était nulle à défaut d'un prix déterminé ou déterminable. • Civ. 1re, 6 oct. 1965, n° 63-11.757 P. ♦ Comp. note 16. ♦ Lorsqu'une promesse de vente conclue pour un prix fixé « valeur 1979 » ne prévoit pas expressément les modalités d'actualisation du prix, ce prix n'est ni déterminé ni déterminable, les juges ne pouvant se substituer aux parties pour choisir ces modalités d'actualisation. • Civ. 3e, 4 oct. 1989, n° 88-10.753 P : *Defrénois 1990. 820, obs. Vermelle.* ♦ Pour d'autres cas dans lesquels la détermination du prix dépend de la volonté d'une des parties, V. Bibl. et notes ss. art. 1304-2.

26. Clause « d'offre concurrente ». Question de la validité de la clause dite « d'offre concurrente » : • Paris, 2 mai 1986 : *JCP 1986. II. 20622, note Ghestin ; Gaz. Pal. 1986. 2. 591, note Calvo ; RTD civ. 1987. 96, obs. Mestre ; ibid. 106, obs. Rémy* • Com. 14 juin 1988, n° 86-15.049 P : *D. 1989. 89, note Malaurie.* ♦ Comp. C. com., art. L. 442-1.

27. Référence à un élément connu mais restant à évaluer. Lorsque le prix est converti en diverses obligations mises à la charge de l'acheteur, la clause selon laquelle ce dernier devra verser au vendeur « une pension lui permettant de vivre décemment » laisse au juge la possibilité de déterminer le prix de la vente, par voie de relation avec des éléments ne dépendant pas de la volonté des parties. • Civ. 3e, 5 janv. 1972, n° 70-13.759 P : *D. 1972. 339.* ♦ De même, pour la clause faisant varier le prix en cas de rentabilité manifestement insuffisante des fabrications. • Com. 18 déc. 1972, n° 71-12.106 P : *D. 1973. 662.* ♦ De même, lorsque le prix d'un cabinet d'expertise dépend de la rentabilité. • Civ. 1re, 28 juin 1988 : *D. 1989. 121, note Malaurie ; RTD civ. 1989. 343, obs. Rémy.*

28. Cession de parts sociales. Une cession de parts n'est pas nulle pour indétermination du prix lorsque les parties ont précisément défini les éléments constitutifs du prix dont la valeur exacte serait fixée par le bilan, non encore établi au jour de la signature de l'acte. • Com. 18 juin 1996 : *Defrénois 1996. 1303, obs. Hovasse.* – V. aussi • Com. 16 janv. 2001 : *D. 2002. Somm. 474, obs. Hallouin.*

29. Le prix de cession n'est pas déterminable lorsque sa détermination définitive exige l'établissement contradictoire d'un bilan avant la cession sans que les parties aient prévu la désignation, en cas de désaccord, d'un expert, ce dont il résulte la nécessité d'un nouvel accord de volonté des parties. • Com. 14 déc. 1999, n° 97-15.654 P : *D. 2000. Somm. 335, obs. Reygrobellet ; ibid. 474, obs. Hallouin ; CCC 2000, n° 60, note Leveneur ; RTD civ. 2000. 318, obs. Mestre et Fages.*

30. L'acte par lequel des cessionnaires s'engagent à acheter le solde des actions huit ans après la première cession, le prix étant alors fixé par référence à la valeur résiduelle et à l'évolution des résultats, se fonde sur des éléments indépendants de la volonté des parties. Les juges du fond peuvent, sans se substituer aux parties, charger un expert de chiffrer le prix d'acquisition en application du critère retenu. • Com. 10 mars 1998, n° 96-10.168 P : *D. Affaires 1998. 631, 1re esp., obs. M. B. ; JCP 1998. I. 163, n° 2, obs. Viandier et Caussain ; RTD civ. 1998. 899, obs. Mestre.* ♦ Solution inverse lorsque les parties n'ont fixé à l'avance aucun élément objectif permettant la détermination du prix. • Civ. 1re, 16 juill. 1998, n° 96-17.414 P : *D. Affaires 1998. 1442, obs. V. A.-R.* (vente d'une voiture d'occasion).

Art. 1592 **Il peut cependant être laissé à l'**(*L. n° 2016-1547 du 18 nov. 2016, art. 11*) **« estimation » d'un tiers ; si le tiers ne veut ou ne peut faire l'estimation, il n'y a point de vente** (*L. n° 2019-744 du 19 juill. 2019, art. 37*) **« , sauf estimation par un autre tiers ».**

BIBL. ▶ MOURY, *Rev. sociétés 2005. 513 ; D. 2017. 169 ; D. 2019. 1302.* – NUSSENBAUM, *RDC 2014. 307.*

A. ARBITRE

Jurisprudence antérieure à L. n° 2016-1547 du 18 nov. 2016 qui a substitué « estimation » à « arbitrage ».

1. Notion. Faute d'accord préalable entre les parties, la désignation par le tribunal d'un expert chargé d'évaluer un bien ne peut être assimilée à celle d'un arbitre prévu par l'art. 1592. • Civ. 1re, 16 mai 1984, n° 82-17.008 P. ♦ Solution inverse si les parties ont prévu une telle désignation à défaut d'accord entre elles sur le choix de l'expert. • Com. 26 juin 1990, n° 88-14.444 P : *RTD civ. 1991. 356, obs. Rémy.*

2. Indépendance de l'arbitre. Si le prix de vente peut être laissé à l'arbitrage d'un tiers, il importe que le mandataire commun des contractants ait véritablement la qualité de tiers, ce qui suppose qu'il ne soit pas sous la dépendance de l'une des parties. • Civ. 1re, 2 déc. 1997, n° 95-19.971 P : *D. Affaires 1998. 144, obs. Boizard ; RTD civ. 1998. 396, obs. Gautier ; ibid. 900, obs. Mestre* (mandataire chargé d'évaluer des actions ayant travaillé comme consultant auprès du président du groupe auquel appartenait la société cessionnaire, sans que la preuve soit rapportée que ce lien était notoire, ni qu'il avait été révélé, comme il aurait dû l'être, à l'autre partie). ♦ Rappr. aussi note 24 ss. art. 1591, pour l'indépendance reconnue entre le fabricant et le concessionnaire.

3. Désignation : service des domaines. Acceptation par le service des domaines de la mission que lui ont confiée les parties de fixer le prix de la vente. • Civ. 3e, 23 oct. 1979, n° 78-13.367 P : *RTD civ. 1980. 366, obs. Cornu.*

4. Manquement à l'obligation de désigner un arbitre. Lorsqu'il est convenu que le prix sera évalué par des experts désignés par les parties, la vente n'existe pas, tant que la détermination du prix n'est pas faite ; mais la convention parfaitement licite, par laquelle les parties se sont obligées à désigner leurs experts, n'en doit pas moins produire ses effets et l'inexécution d'une telle obligation se résout en dommages et intérêts. • Civ. 1re, 24 nov. 1965, n° 63-12.675 P : *JCP 1966. II. 14602, note Gaury.*

B. EXPERTISE

5. Expertise impossible du fait d'une partie. Lorsque, en raison des pratiques arbitraires de la société cédante qui ont eu pour effet de fausser les données de référence devant servir de base à l'établissement du prix des actions cédées, les experts sont définitivement dans l'impossibilité d'accomplir leur mission d'évaluation de la chose vendue, la cession est nulle. • Civ. 2e, 8 avr. 1999, n° 96-18.516 P : *JCP 1999. II.*

10136, note Viandier ; CCC 1999, n° 126, note Leveneur ; RTD civ. 1999. 852, obs. Gautier.

6. *Résultats de l'expertise : fourchette de prix.* Les experts chargés de déterminer le prix s'étant bornés à proposer aux parties un prix minimal et un prix maximal, et seul le vendeur ayant accepté le prix le plus bas, les juges du fond ne peuvent décider que la vente est parfaite et que ce prix s'impose à toutes les parties. • Com. 29 mai 1972, n° 70-13.104 P : *D. 1973. 255, note Guyénot.*

7. *Contestation du résultat.* En cas de contestation par l'une des parties du prix fixé par expert, les juges ne peuvent rejeter les critiques ainsi formulées sans rechercher si les griefs allégués à l'encontre des opérations d'expertise constituaient ou non des erreurs grossières. • Com. 9 avr. 1991, n° 89-21.611 P : *RTD civ. 1992. 133, obs. Gautier.* ♦ V. aussi, sur l'exigence d'une erreur grossière pour la remise en cause du résultat de l'expertise : • Com. 6 juin 2001 : *JCP E 2002. 1292, note Cohen.* ♦ L'erreur grossière est une condition de la remise en cause de la détermination du prix et non de la responsabilité du mandataire qui en est chargé, laquelle ressortit au droit commun du mandat. • Com. 4 févr. 2004, n° 01-13.516 P : *D. 2004. 2330, note Bloud-Rey ; JCP 2004. II. 10087, note Castets-Renard ; JCP E 2004. 601, n° 1, obs. Caussain, Deboissy et Wicker ; CCC 2004, n° 56, note Leveneur ; Dr. et patr. 3/2004. 106, obs. Poracchia ; LPA 21 déc. 2004, note Fischer-Achoura ; RTD civ. 2004. 310, obs. Gautier ; ibid. 502, obs. Mestre et Fages ; RDC 2004. 750, obs. Cadiet ; Rev. sociétés 2004. 863, note Moury.* ♦ V. aussi note 25 ss. art. 1992.

8. *Réparation du préjudice.* Le vendeur est en droit d'obtenir réparation du préjudice que lui cause la sous-évaluation fautive, du fait du mandataire, de la chose vendue. • Com. 4 févr. 2004 : *préc. note 7.*

9. *Mesures conservatoires.* La contestation relative à la détermination du montant définitif de la trésorerie nette, que les parties ont dévolue à la compétence exclusive d'un tiers-expert, en application de l'art. 1592 C. civ., est indépendante de la compétence que le juge de l'exécution tient de l'art. L. 511-1 C. pr. exéc. d'autoriser une mesure conservatoire fondée sur le caractère vraisemblable d'un principe de créance. • Civ. 2e, 13 oct. 2016, n° 15-13.302 P.

Art. 1593 Les frais d'actes et autres accessoires à la vente sont à la charge de l'acheteur.

BIBL. ▸ **Vente d'immeuble :** Gelot, *Defrénois 1999. 961.*

1. *Caractère supplétif.* V. • Civ. 23 déc. 1931 : *Gaz. Pal. 1932. 1. 433.*

2. *Sommes échappant au texte : TVA.* La TVA est un élément qui grève le prix convenu avec le client et non un accessoire du prix. • Civ. 1re, 21 mai 1990, n° 87-11.806 P (absence d'application de l'art. 1593).

3. *... Frais de purge.* La purge des hypothèques étant une conséquence de l'obligation qui incombe au vendeur de livrer un immeuble franc et quitte de toute charge, les frais de cette procédure, qui a lieu dans son intérêt, sont à sa charge. • Req. 10 juin 1907 : *DP 1907. 1. 319.*

4. *... Pénalité fiscale.* Pénalité fiscale ne pouvant être considérée comme accessoire à la vente, V. • Civ. 1re, 22 sept. 1982 : *Gaz. Pal. 1983. 1. Pan. 60, obs. Dupichot.*

5. *... Impôts.* Rappr. pour l'imputation de la taxe foncière dans une vente en l'état futur d'achèvement, note 15 ss. art. 1583.

6. *Vente amiable après saisie.* L'acte de vente amiable sur autorisation judiciaire d'un immeuble saisi n'est établi par le notaire que sur justification du paiement par l'acquéreur, en sus du prix de vente, des frais de poursuite qui ont été taxés à la demande du créancier poursuivant par le juge de l'exécution ayant autorisé la vente amiable. • Civ. 2e, 22 juin 2017, n° 16-12.882 P.

Code général des impôts *(Décr. 6 avr. 1950).* **Art. 863** Le notaire qui reçoit un *acte de vente, d'échange ou de partage* est tenu d'informer les parties de l'existence des sanctions édictées par les articles 850 et 1837.

Mention expresse de cette information est faite dans l'acte. — *Sur la nullité des contre-lettres, V. art. 1201 C. civ.*

Loi n° 70-9 du 2 janvier 1970, *réglementant les conditions d'exercice des activités relatives à certaines opérations portant sur les immeubles et les fonds de commerce, modifiée.* — **C. baux.** — *V., en application, Décr. n° 72-678 du 20 juill. 1972, modifié.* — **C. baux.**

Convention des Nations unies du 11 avril 1980, *sur les contrats de vente internationale de marchandises, faite à Vienne. — Publiée par Décr. n° 87-1034 du 22 déc. 1987 (JO 27 déc. ; D. et ALD 1988. 30). — Entrée en vigueur le 1er janv. 1988. —* **C. com.**

V. aussi Convention de La Haye du 15 juin 1955 sur la loi applicable aux ventes à caractère international d'objets mobiliers corporels. — Publiée par Décr. n° 64-839 du 6 août 1964 (JO 13 août ; D. 1964. 279 ; Err. 324 ; BLD 1964. 490 ; Err. 557). — Entrée en vigueur le 1er sept. 1964.

CHAPITRE II QUI PEUT ACHETER OU VENDRE

Art. 1594 **Tous ceux auxquels la loi ne l'interdit pas, peuvent acheter ou vendre.**

Art. 1595 *Abrogé par L. n° 85-1372 du 23 déc. 1985, art. 35, à compter du 1er juill. 1986.*

Art. 1596 **Ne peuvent se rendre adjudicataires, sous peine de nullité, ni par eux-mêmes, ni par personnes interposées :**

Les tuteurs, des biens de ceux dont ils ont la tutelle ;

Les mandataires, des biens qu'ils sont chargés de vendre ;

Les administrateurs, de ceux des communes ou des établissements publics confiés à leurs soins ;

Les officiers publics, des biens nationaux dont les ventes se font par leur ministère.

(L. n° 2007-211 du 19 févr. 2007, art. 17) **« Les fiduciaires, des biens ou droits composant le patrimoine fiduciaire. »**

1° DOMAINE

1. Ventes. L'interdiction formulée par l'art. 1596 s'applique à toutes les ventes et n'est pas restreinte aux seules ventes aux enchères. • Paris, 12 nov. 1964 : *D. 1965. 415.*

2. Mandats. L'art. 1596 n'exige pas, pour son application, que le mandataire ait reçu pouvoir d'engager son mandant vis-à-vis d'un acquéreur ; l'interdiction d'acheter prévue par cette disposition s'applique dès lors que le mandat, fût-il seulement d'entremise, a pour objet la vente d'un bien. • Civ. 1re, 13 avr. 1983 : *Bull. civ. I, n° 119.* ♦ V. conf., dans le cas d'une procuration générale donnée par le vendeur pour notamment vendre ses immeubles : • Civ. 1re, 12 déc. 2000, n° 98-20.086 P : *JCP E 2001. 2008, note Youego.* ♦ V. aussi, pour l'application du texte à un agent immobilier auquel le mandant avait consenti la vente du bien avant l'expiration du mandat, • Civ. 1re, 2 oct. 1980 : *Bull. civ. I, n° 241 ; Defrénois 1981. 1310, obs. Aubert.*

3. Bien n'appartenant pas au mandant. L'interdiction faite au mandataire par l'art. 1596 s'applique même dans le cas où le bien n'appartient pas au mandant. Un mandataire chargé du recouvrement d'une créance et poursuivant, pour ce faire, la vente judiciaire d'un bien pour le compte du créancier saisissant ne peut se rendre adjudicataire de l'immeuble saisi. • Civ. 1re, 19 déc. 1995, n° 93-10.582 P : *CCC 1996, n° 57, note Leveneur.*

2° CONDITIONS

4. Vente au prix fixé par le mandant. L'interdiction s'applique même si la vente se fait au prix fixé par le mandant. • Civ. 1re, 27 janv. 1987 : *Bull. civ. I, n° 32.*

5. Interposition. Nécessité de rechercher l'interposition entre le mandataire chargé de vendre un bien immobilier et l'acquéreur, personne morale, ayant le même dirigeant et le même siège social. • Civ. 3e, 2 juill. 2008, n° 07-15.509 P : *D. 2008. AJ 2076 ; AJDI 2008. 49, obs. Thioye ; RLDC 2008/53, n° 3135, obs. Maugeri ; RTD civ. 2008. 675, obs. Fages .* ♦ Application de l'art. 1596 au cas où la société mandataire, en la personne de ses associés, a acquis, par personne morale interposée, le bien qu'elle était chargée de vendre : V. • Civ. 1re, 17 juin 1986 : *Bull. civ. I, n° 170.* ♦ Rappr. • Paris, 30 sept. 2005 : *D. 2005. AJ 2740, obs. Delpech*, cassé par • Cass., ass. plén., 9 oct. 2006, n° 06-11.056 P : *R., p. 356 ; BICC 15 déc. 2006, rapp. Petit, concl. Lafortune ; D. 2006. 2933, note Houtcieff ; ibid. AJ 2525, obs. Delpech ; JCP 2006. II. 10175, note Bonneau ; JCP E 2006. 2618, note Viandier ; RTD civ. 2007. 115, obs. Mestre et Fages ; ibid. 145, obs. Gautier* (existence d'un mandat entre les parties non caractérisée ; affaire *Tapie*).

3° RÉGIME

6. Nullité relative. La nullité fondée sur l'art. 1596 est une nullité relative qui se prescrit par cinq ans. • Civ. 1re, 29 nov. 1988 : *Bull. civ. I, n° 341 ; D. 1989. Somm. 231, obs. Aubert.* ♦ Sur la confirmation tacite, V. note 2 ss. art. 1182.

7. Responsabilité du notaire. Responsabilité du notaire pour avoir donné l'authenticité à une convention qu'il savait illicite pour être conclue en violation de l'art. 1596. • Civ. 1re, 10 janv. 1995, n° 92-21.730 P : *R., p. 313 ; RDI 1996.*

245, obs. Tomasin.

Art. 1597 **Les juges, leurs suppléants, les magistrats remplissant le ministère public, les greffiers, huissiers** *[commissaires de justice], (L. n° 2011-94 du 25 janv. 2011, art. 31, en vigueur le 1er janv. 2012)* **« avocats », défenseurs officieux et notaires, ne peuvent devenir cessionnaires des procès, droits et actions litigieux qui sont de la compétence du tribunal dans le ressort duquel ils exercent leurs fonctions, à peine de nullité, et des dépens, dommages et intérêts.**

RÉP. CIV. v° *Cession de droits litigieux*, par E. SAVAUX.

1. Nature et domaine de la prohibition. La disposition de l'art. 1597, fondée sur des considérations de morale publique, a un sens plus général que celles des art. 1699 et 1700 ; elle s'applique non seulement au cas où le procès est déjà ouvert et la contestation déjà soulevée, mais même au cas où le droit cédé n'est encore que litigieux, c'est-à-dire de nature à donner lieu à un procès ; l'appréciation de la nature du droit cédé, en tant qu'il serait ou non litigieux, n'est qu'une question de fait du domaine souverain des juges du fond. • Req. 11 févr. 1851 : *DP 1851. 1. 242.*

2. L'art. 1597 n'est pas applicable à un juge consulaire ayant acquis les parts d'une société civile immobilière, le litige purement civil relatif à la cession de ces parts sociales relevant de la seule compétence du tribunal de grande instance. • Civ. 1re, 5 juin 2008, n° 06-18.967 P.

3. Domaine : experts (non). Les experts ne figurant pas dans la liste, limitative, des personnes visées par l'art. 1597, c'est à tort que les juges du fond ont fait application de ce texte à l'expert qui s'est rendu acquéreur d'une vache et d'un veau qu'il avait mission d'évaluer. • Civ. 1re, 2 mai 1961 : *D. 1961. 454 ; JCP 1961. II. 12332, note J. A.*

4. Régime : qualité pour agir. L'art. 1597 peut être invoqué autant par le cédant de droits litigieux que par la partie qui a émis, dans le litige, une prétention sur tout ou partie de ces droits (bénéficiaire d'une promesse de vente admis à agir, sur le fondement de l'art. 1597, en annulation de la vente conclue entre la société civile immobilière, propriétaire venderesse, et son avocat, acheteur). • Civ. 3e, 15 mai 1991, n° 89-19.455 P : *D. 1992. Somm. 195, obs. Paisant ; RTD civ. 1992. 406, obs. Gautier.*

CHAPITRE III DES CHOSES QUI PEUVENT ÊTRE VENDUES

Art. 1598 **Tout ce qui est dans le commerce, peut être vendu lorsque des lois particulières n'en ont pas prohibé l'aliénation.**

En ce qui concerne la vente des fonds de commerce, V. C. com., art. L. 141-1 s. — ***C. com.***

BIBL. ▶ PLANQUE, *CCC 2003. Chron. 2* (vente de prestation de services).

1. Renvois. Sur les choses hors du commerce, V. aussi notes ss. art. 1162. ♦ Sur la détermination de la chose vendue, V. notes ss. art. 1163.

2. Chose faisant l'objet d'un monopole (distinction entre distribution et vente). Est valable le contrat de fourniture d'électricité visant exclusivement la vente sur place, par un producteur privé à un consommateur privé et sans que soit utilisé le réseau national de distribution, dès lors que le monopole d'EDF est un monopole de distribution et non de vente. • Com. 12 mai 1998, n° 95-15.650 P.

3. Choses illicites : biens contrefaits. La marchandise contrefaite ne peut faire l'objet d'une vente. • Com. 24 sept. 2003, n° 01-11.504 P : *D. 2003. 2683, note Caron ; ibid. Somm. 2762, obs. Sirinelli ; JCP 2004. I. 123, nos 15 s., obs. Loiseau ; JCP E 2004. 114, note Castets-Renard ; CCE 2004, n° 32, note Stoffel-Munck ; LPA 28 mai 2004, notes Tricoire et Parance ; RTD civ. 2003. 703, obs. Mestre et Fages ; ibid. 2004. 117, obs. Revet ; RTD com. 2004. 284, obs. Pollaud-Dulian ; RDC 2004. 337, obs. Brun.* ♦ Comp. ss. art. 1626, et notamment les décisions refusant de faire jouer la garantie d'éviction du revendeur de mauvaise foi contre le vendeur initial, auteur de la contrefaçon.

4. ... Procédés permettant des pratiques illicites. Sur l'illicéité de la vente de procédés permettant d'établir des copies – non protégées – du logiciel original, dès lors qu'une copie de sauvegarde a été fournie, V. • Com. 22 mai 1991 : *JCP 1992. II. 21792, note J. Huet.*

5. ...Certification CE. Le certificat de conformité en cours de validité, préalable à l'importation, la mise en service ou l'utilisation d'un produit, en l'espèce loué, est exigé au jour de la conclusion du contrat. • Civ. 1re, 22 sept. 2016, n° 15-21.176 P.

6. Choses dangereuses. Une cour d'appel ne peut annuler, sur le fondement de l'art. 1598, la vente d'équipements de travail réputés dangereux et dépourvus d'attestation de conformité sans rechercher si les faits et actes litigieux ne relevaient pas exclusivement de l'action en résolution prévue par l'art. L. 233-6 [L. 4311-5] C. trav. et si les manquements allégués justifiaient la résolution de la vente. • Com. 9 janv. 2001, n° 97-17.599 P : *D. 2001. 3071, note Crevel.*

7. Choses périmées. Nature de choses hors du commerce de produits périmés : • Com. 16 mai 2006, n° 04-19.785 P : *D. 2006. AJ 1683, obs. A. Lienhard ; JCP E 2006. 2332, note Vallansan ; LPA 8-9 mai 2007, note Youego ; RTD civ. 2006. 552, obs. Mestre et Fages* (produits cosmétiques ; vente dépourvue d'objet).

8. Immeuble : bien hypothéqué. L'existence d'un privilège ou d'une hypothèque sur un immeuble ne fait obstacle ni à sa vente, ni à l'inscription d'une nouvelle sûreté réelle sur ce bien. • Civ. 3e, 18 juin 2008, n° 07-15.129 P : *JCP 2008. I. 211, n° 17, obs. Delebecque.*

9. ... Méconnaissance des règles d'urbanisme. D'éventuelles infractions à la législation sur l'urbanisme ne peuvent, par elles-mêmes, ni frapper l'immeuble d'une inaliénabilité légale, ni entraîner la nullité des conventions dont cet immeuble est l'objet (cassation de l'arrêt ayant énoncé que la vente était nulle pour porter sur des biens hors du commerce). • Civ. 3e, 15 juin 1982 : *Bull. civ. III, n° 155.*

Loi du 28 avril 1816, *sur les finances.* **Art. 91** Les avocats à la Cour de cassation, notaires, greffiers, huissiers *[commissaires de justice]*, agents de change, courtiers, commissaires-priseurs, pourront présenter à l'agrément de Sa Majesté *[du Gouvernement]* des successeurs pourvu qu'ils réunissent les qualités exigées par les lois. Cette faculté n'aura pas lieu pour les titulaires destitués. *(L. n° 66-879 du 29 nov. 1966)* « Les successeurs présentés à l'agrément, en application du présent alinéa, peuvent être des personnes physiques ou des sociétés civiles professionnelles. »

Il sera statué, par une loi particulière, sur l'exécution de cette disposition et sur les moyens d'en faire jouir les héritiers ou ayants cause desdits officiers.

En ce qui concerne la vente des fonds de commerce, V. C. com., art. L. 141-1 s. **C. com.** *; — la vente des immeubles classés et des objets mobiliers classés (monuments historiques), V. C. patr., art. L. 621-22 s. et L. 622-13 s.* **C. patr.** *; — la vente des bateaux de rivière, V. C. transp., art. L. 4121-1 s.* **C. transp.** *; — la vente des aéronefs, V. C. transp., art. L. 6121-2* **C. transp.** *; — l'interdiction de la vente à tempérament des valeurs à lots, V. C. mon. fin., art. L. 432-4* **C. mon. fin.** *; — la vente du matériel et de l'outillage donnés en nantissement, V. C. com., art. L. 525-7* **C. com.** *— Sur la cession des biens appartenant aux personnes publiques, V. CGPPP (Ord. n° 2006-460 du 21 avr. 2006, JO 22 avr.), art. L. 3111-1 s.* **CGPPP.**

Sur la vente des chiens, chats et autres animaux de compagnie, V. C. rur., art. L. 214-7 et L. 214-8. — Sur l'interdiction de vente des chiens d'attaque, V. C. rur., art. L. 211-15. **— C. rur.**

Art. 1599 La vente de la chose d'autrui est nulle : elle peut donner lieu à des dommages-intérêts lorsque l'acheteur a ignoré que la chose fût à autrui.

BIBL. ▶ GUIHO, *RTD civ. 1954. 1* (actes de disposition sur la chose d'autrui).

A. ACTION DE L'ACHETEUR EN NULLITÉ

1. Vente d'un droit conditionnel. La vente de la chose sur laquelle le vendeur ne possède qu'un droit conditionnel n'est pas la vente de la chose d'autrui et elle est seulement soumise à la même condition que le droit du vendeur. • Civ. 3e, 20 juin 1973 : *Bull. civ. III, n° 433.* ♦ Sur une vente, conclue sous la condition d'acquisition du bien par le vendeur, nulle comme affectée d'une condition purement potestative : • Civ. 3e, 13 oct. 1993 : *JCP 1994. II. 22280, note Dagorne-Labbe.*

2. Vente d'un bien indivis. Vente d'un bien indivis par certains seulement des coïndivisaires : V. notes 13 s. ss. art. 815-3. ♦ Vente d'un bien *acquis par un tiers par usucapion : V. note 8 ss.* art. 2258.

3. Nullité relative. L'art. 1599 édicte une nullité relative en faveur de l'acheteur, qui a seul qualité pour l'invoquer. • Civ. 3e, 16 avr. 1973 : *Bull. civ. III, n° 303* • Civ. 1re, 4 déc. 1967 : *D. 1968. 283* • Civ. 3e, 8 déc. 1999, n° 98-12.922 P : *D. 2001. 269, note Albiges ; Err. 340* • 9 mars 2005, n° 03-14.916 P : *D. 2005. IR 919 ; Defrénois 2005. 1240, obs. Libchaber ; CCC 2005, n° 128, note Leveneur ; AJDI 2005. 859, note Cohet-Cordey ; LPA 13 juin 2006, note Mahinga* (à l'exclusion du vendeur, ainsi que du véritable propriétaire qui ne dispose que d'une action en revendication). – Comp. • Civ. 3e, 26 sept. 2007 : *D. 2007. 3116, note S. Petit .* ♦ Même solution pour l'échange : V. note ss. art. 1704. ♦ L'inexistence d'une cession de droits sociaux ne peut résulter du défaut de droit du cédant, qui est sanctionné par une nullité relative. • Civ. 3e, 6 oct. 2004, n° 01-00.896 P : *Rev. sociétés 2005. 152, note Saintourens .*

4. Couverture de la nullité. La nullité résultant de la vente de la chose d'autrui est couverte lorsque, avant toute action en nullité, l'acheteur a vu disparaître le risque d'éviction (acquisition par le vendeur de la propriété de la chose vendue). • Civ. 1re, 12 juill. 1962, n° 60-13.506 P : *D. 1963. 246.* – V. déjà : • Civ. 23 janv. 1832 : *GAJC, 11e éd., n° 249 ; S. 1832. 1. 666.*

5. Effets de la nullité. La restitution du prix en cas d'annulation partielle de la vente sur le fondement de l'art. 1599 ne relève pas de l'éviction partielle de l'art. 1637 : • Civ. 3e, 27 oct. 2016, n° 15-23.846 P : *D. 2016. 2213* ; *RTD civ. 2017. 176, obs. Dross* .

B. ACTION DU PROPRIÉTAIRE EN REVENDICATION

6. Conditions. L'annulation de la vente de la chose d'autrui n'est pas une condition de l'action en revendication du véritable propriétaire. • Civ. 3e, 22 mai 1997, n° 95-17.480 P : *D. 1997. Somm. 343, obs. Paisant* ; *JCP 1997. I. 4060, n° 1, obs. Périnet-Marquet ; RTD civ. 1997. 960, obs. Gautier* ; *ibid. 1999. 652, obs. Zenati* .

7. Il appartient au véritable propriétaire, dans l'exercice de sa revendication, de justifier qu'il n'a pas consenti à la vente que lui oppose l'acquéreur. • Civ. 1re, 4 déc. 1967, n° 66-11.836 P : *D. 1968. 283.*

8. Vente de la chose d'autrui et art. 2279 [ancien]. Jeu de l'art. 2276 C. civ. en cas d'acquisition *a non domino* d'un meuble corporel : V. notes ss. ce texte.

9. … Et apparence. Cas où l'acquéreur a traité, sous l'empire d'une erreur commune et invincible, avec un propriétaire apparent : V. note 119 ss. art. 544.

10. Inopposabilité de la vente d'un bien indivis : prescription. L'action par laquelle le propriétaire indivis d'un bien prétend faire déclarer inopposable à son égard l'aliénation consentie par une personne qui n'avait pas qualité pour le représenter n'est pas de celles qui se prescrivent par le délai de l'art. 1304 anc. C. civ. • Cass., ass. plén., 28 mai 1982, n° 79-13.660 P : *R., p. 38 ; D. 1983. 117, concl. Cabannes ; ibid. 349, note Gaillard.* ♦ Comp. • Civ. 3e, 3 nov. 1982 : *Gaz. Pal. 1983. 1. Pan. 130, obs. Dupichot.*

Art. 1600 *Abrogé par L. n° 2001-1135 du 3 déc. 2001, art. 21, à compter du 1er juill. 2002.*

Art. 1601 Si au moment de la vente la chose vendue était périe en totalité, la vente serait nulle.

Si une partie seulement de la chose est périe, il est au choix de l'acquéreur d'abandonner la vente, ou de demander la partie conservée, en faisant déterminer le prix par la ventilation.

1. Les acquéreurs qui, avant la signature de l'acte authentique devant emporter transfert de propriété, ont renoncé à la vente en raison de la perte d'une partie de la chose sont en droit d'obtenir la restitution de la somme consignée, nonobstant la clause de l'acte sous seing privé stipulant que cette somme resterait acquise aux vendeurs à défaut de signature de l'acte authentique dans les délais impartis « pour quelque cause que ce soit ». • Civ. 3e, 7 févr. 1996 : *RTD civ. 1996. 606, obs. Mestre* .

2. Vente sous condition suspensive : V. note ss. art. 1304.

CHAPITRE III-1 DE LA VENTE D'IMMEUBLES À CONSTRUIRE

(L. n° 67-3 du 3 janv. 1967 ; L. n° 67-547 du 7 juill. 1967)

Les art. 1601-1 à 1601-4 C. civ. sont applicables en Polynésie française (Ord. n° 98-774 du 2 sept. 1998, art. 1er, ratifiée par L. n° 99-1121 du 28 déc. 1999, JO 29 déc.).

RÉP. CIV. v° *Vente d'immeuble à construire*, par O. Tournafond.

BIBL. GÉN. ▸ Bauduin, *Defrénois 2002. 1347* (conformité en construction). – Bellache, *JCP N 1985. I. 141* (défauts de conformité). – Dagot, *JCP N 1997. I. 1035* (amélioration des garanties d'achèvement). – Dubois, *Mél. Cornu, PUF, 1994, p. 135* (contrats emportant obligation de construire). – Dussoubs, *JCP N 1997. I. 1073* (vente de locaux inachevés). – Galland, RDI 2020. 640 (non-respect du délai de livraison dans la vente en l'état futur d'achèvement : sanctions et échappatoires). – Giverdon, *Gaz. Pal. 1969. 1. Doctr. 22.* – Jestaz, *RDI 1982. 336* (notion d'achèvement). – Lancereau, *Gaz. Pal. 1967. 1. Doctr. 26.* – Larralde et Sizaire, *JCP N 1998. 148* (formules : loi Carrez). – Meysson, *JCP N 1980. I. 431* (clauses abusives) ; *ibid. 1981. I. 17* (incidence de la loi du 13 juill. 1979 relative à la protection et à l'information des acquéreurs dans le domaine immobilier). – Raffray, *JCP N 1997. I. 563* (remise en cause du contrat préliminaire en droit de la consommation et en droit communautaire). – Rémy, *Gaz. Pal. 1974. 1. Doctr. 328.* – Saint-Alary, *JCP 1968. I. 2146.* – Viatte, *Gaz. Pal. 1977. 1. Doctr. 203.* – Dossier, *JCP N 2015, nos 1092 s.* (vente d'immeuble) ; *ibid. 2017, nos 1241 s.* (50e anniversaire de la vente d'immeuble à construire).

Art. 1601-1 La vente d'immeubles à construire est celle par laquelle le vendeur s'oblige à édifier un immeuble dans un délai déterminé par le contrat.

Elle peut être conclue à terme ou en l'état futur d'achèvement. — *Texte repris par CCH, art. L. 261-1.*

1. Qualification : auteur des travaux. Un contrat ne peut être qualifié de vente en l'état futur d'achèvement, alors que la cour d'appel a relevé que les travaux de transformation étaient à la charge de l'acheteur. • Civ. 3e, 28 janv. 2009, n° 07-20.492 P : *Defrénois 2010. 230, obs. Périnet-Marquet* • 7 janv. 2016, n° 14-29.655 P : *D. 2016. 130* ; *RDI 2016. 150, obs. Tricoire et Tournafond*.

2. ... Ampleur des travaux (rénovation). Question de l'application des règles relatives à la vente d'immeubles à construire en cas de rénovation d'immeubles anciens : V. • Paris, 9 févr. 1977 : *JCP N 1979. II. 13, note Meysson* • Civ. 3e, 2 mai 1978 : *eod. loc.* • Crim. 23 oct. 1978 : *JCP N 1979. II. 45, note Stemmer* • Civ. 3e, 18 mars 1981 : *JCP N 1981. II. 235, note Stemmer* (obligation de résultat du vendeur, qui s'est comporté en promoteur d'une opération de rénovation) • 18 févr. 2016, n° 15-12.719 P : *D. 2016. 480* ; *RTD civ. 2016. 351, obs. Barbier* ; *RDC 2016. 451, note Knetsch.* (programme de réhabilitation complète établi par le vendeur). – V. aussi Jaquet, *JCP N 1980. I. 119.* ♦ Ne relève pas de l'art. 1601-1 la vente d'un immeuble objet d'une rénovation intérieure légère n'ayant pas nécessité de permis de construire et presque achevée au moment de la vente. • Civ. 3e, 6 nov. 1996, n° 94-16.786 P.

3. ... Destination des lieux. Ayant constaté que le contrat préliminaire de réservation mentionnait la vente d'un deux pièces en duplex avec mise en place d'une copropriété, tandis que l'acte authentique stipulait que les locaux achetés étaient à usage d'habitation et retenu exactement que peu importaient les modalités de gestion en résidence hôtelière de ce bien ou de l'immeuble dont il dépendait, la cour d'appel en a déduit à bon droit que le régime protecteur de la vente en état futur d'achèvement, prévu par l'art. L. 261-10 CCH, était applicable. • Civ. 3e, 23 mai 2019, n° 17-17.908 P : *D. 2019. 1173* ; *RDI 2019. 462, obs. Tournafond et Tricoire*.

4. Contrat préliminaire. Sur la qualification du contrat minimal, V. art. 1589, note 26. ♦ Le contrat préliminaire de réservation, dont elle a prononcé la nullité, étant facultatif, une cour d'appel en a exactement déduit que cette nullité était sans incidence sur la validité de l'acte de vente. • Civ. 3e, 27 avr. 2017, n° 16-15.519 P : *D. 2017. 983* ; *RDI 2017. 294, obs. Tournafond et Tricoire* ; *RTD civ. 2017. 630, obs. Barbier*.

5. Renvois. Pour la réglementation de la vente d'immeubles à construire dans le secteur protégé (immeubles à usage d'habitation ou à usage d'habitation et professionnel), V. **CCH**, notes ss. art. L. 261-10 s.

Art. 1601-2 *(L. n° 67-547 du 7 juill. 1967)* **La vente à terme est le contrat par lequel le vendeur s'engage à livrer l'immeuble à son achèvement, l'acheteur s'engage à en prendre livraison et à en payer le prix à la date de livraison. Le transfert de propriété s'opère de plein droit par la constatation par acte authentique de l'achèvement de l'immeuble ; il produit ses effets rétroactivement au jour de la vente.** — *Texte repris par CCH, art. L. 261-2.*

Al. 2 abrogé par L. n° 67-547 du 7 juill. 1967.

Art. 1601-3 **La vente en l'état futur d'achèvement est le contrat par lequel le vendeur transfère immédiatement à l'acquéreur ses droits sur le sol ainsi que la propriété des constructions existantes. Les ouvrages à venir deviennent la propriété de l'acquéreur au fur et à mesure de leur exécution ; l'acquéreur est tenu d'en payer le prix à mesure de l'avancement des travaux.**

Le vendeur conserve les pouvoirs de maître de l'ouvrage jusqu'à la réception des travaux. — *Texte repris par CCH, art. L. 261-3.*

1. Notion. La convention, intitulée « marché », contenant l'engagement de construire suivant devis, pour le compte du propriétaire du terrain, lequel a signé en qualité de maître de l'ouvrage et non d'acquéreur, et ne comportant aucun transfert de propriété, constitue un louage d'ouvrage et non une vente d'immeuble à construire, telle que prévue par l'art. 1601-3. • Civ. 3e, 9 mars 1977 : *JCP N 1978. II. 229, note Steinmetz.*

2. Conséquences du transfert de la propriété : transfert des risques. Si, dans le cas d'une vente en l'état futur d'achèvement, le transfert de propriété sur le terrain et les constructions existantes s'opère le jour de la vente, ce transfert ne s'effectue pas sur les ouvrages non encore réalisés ; il s'agit non pas de la simple vente d'un terrain sur lequel l'acquéreur ferait construire un immeuble, mais de la vente d'un immeuble à édifier sur un terrain déterminé, l'élément prédominant étant l'obligation de construire ; dès lors, même si le risque a affecté le terrain (carrière souterraine ayant été classée monument historique), le transfert des risques ne s'opère sur le bien acquis que lors de la livraison des immeubles construits, et avant celle-ci les risques pèsent sur le vendeur, qui en est débiteur. • Civ. 3e, 11 oct. 2000, n° 98-21.826

P : *JCP 2001. II. 10465, note Malinvaud ; Gaz. Pal. 2001. 836, note Peisse ; Defrénois 2001. 878, obs. Périnet-Marquet.*

3. ... Charges de copropriété. L'acquéreur d'un lot dans le cas d'une vente en l'état futur d'achèvement n'est tenu des charges de copropriété qu'à partir de l'achèvement des lots acquis ; cassation de l'arrêt ayant considéré qu'un immeuble vendu par lots en l'état futur d'achèvement se trouve soumis au statut de la copropriété dès lors qu'il est pour partie habitable et qu'il appartient à deux copropriétaires au moins et que la défaillance du vendeur dans son obligation d'achever les parties privatives d'un lot n'exonère pas l'acquéreur de celui-ci du payement des charges de copropriété. • Civ. 3e, 22 janv. 2014, n° 12-29.368 P : *D. 2014. 278, obs. Rouquet ; Defrénois 2014. 284, note Périnet-Marquet ; JCP 2014, n° 467, note Périnet-Marquet.*

4. Paiement. La retenue de garantie (L. n° 71-584 du 16 juill. 1971) ne s'applique pas aux contrats de vente en l'état futur d'achèvement qui sont soumis quant au paiement du prix aux dispositions des art. 1601-3 C. civ. et R. 261-14 CCH. • Civ. 3e, 31 janv. 1996, n° 94-14.006 P : *Defrénois 1996. 804, obs. Dubois.* ♦ La clause d'un contrat de vente en l'état futur d'achèvement instaurant une procédure relative à la constatation de l'achèvement des ouvrages vendus n'étant pas potestative, est irrecevable la demande en paiement du prix par le vendeur qui n'a pas mis en œuvre cette procédure. • Civ. 3e, 21 nov. 2012, n° 11-19.309 P : *D. 2012. 2803 ; RDI 2013. 93, obs. Tournafond .*

5. Responsabilité du vendeur : retard de livraison. Jugé que n'a ni pour objet, ni pour effet de créer un déséquilibre significatif la clause d'un contrat de vente d'immeuble à construire prévoyant une majoration des délais de livraison pour intempéries, constatées par une attestation de l'architecte, grève, dépôt de bilan d'une entreprise et force majeure. • Civ. 3e, 24 oct. 2012 : *D. 2012. 2590 .*

6. Résolution. En cas de résolution de la vente, pour impossibilité d'achever les travaux, le débiteur de la garantie d'achèvement n'est pas tenu de plein droit de garantir *in solidum* avec le vendeur le remboursement des versements effectués par l'acheteur. • Civ. 3e, 7 mai 2008, n° 07-11.390 P (absence de mise en œuvre de la faculté de substitution prévue).

Art. 1601-4 **La cession par l'acquéreur des droits qu'il tient d'une vente d'immeuble à construire substitue de plein droit le cessionnaire dans les obligations de l'acquéreur envers le vendeur.**

Si la vente a été assortie d'un mandat, celui-ci se poursuit entre le vendeur et le cessionnaire.

Ces dispositions s'appliquent à toute mutation entre vifs, volontaire ou forcée, ou à cause de mort. — *Texte repris par CCH, art. L. 261-4.*

Sur les ventes d'immeubles à construire, V. CCH, art. L. 261-1 à L. 261-22 et R. 261-1 à R. 261-33. — ***CCH.***

Sur les ventes d'immeubles à rénover, V. CCH, art. L. 262-1 à L. 262-11 et R. 262-1 à R. 262-15 — ***CCH.***

En ce qui concerne les sociétés qui ont pour objet l'acquisition d'immeubles à construire en vue de leur attribution en jouissance à temps partagé, V. L. n° 86-18 du 6 janv. 1986, notamment art. 12. — ***C. sociétés.***

L'art. 1601-4 est inapplicable lorsque l'immeuble est achevé, l'exécution des travaux de construction entraînant transfert de propriété indépendamment du paiement de la fraction de prix correspondant. • Civ. 3e, 23 oct. 2002, n° 98-18-109 P : *JCP 2003. II. 10182, note Dreuille ; Defrénois 2003. 334, obs. Périnet-Marquet.*

CHAPITRE IV DES OBLIGATIONS DU VENDEUR

V. Dir. n° 1999/44/CE du 25 mai 1999 sur certains aspects de la vente et des garanties des biens de consommation (JOCE n° L. 171 du 7 juill.). — ***C. consom.***

BIBL. ► Sur la directive n° 1999/44/CE, V. Bibl. gén. relative aux art. L. 211-1 s. C. consom., ss. art. 1649.

► Vingiano-Viricel, *CCC 2019. Étude 6* (obligations précontractuelles d'information lors de la vente d'un objet connecté).

SECTION 1 Dispositions générales

Art. 1602 **Le vendeur est tenu d'expliquer clairement ce à quoi il s'oblige.**

Tout pacte obscur ou ambigu s'interprète contre le vendeur.

Sur le dossier de diagnostic technique qui doit être fourni par le vendeur de tout ou partie d'un immeuble bâti, V. CCH, art. L. 271-4 s. – **CCH.**

1. *Articulation avec les art. 1156 anc. s.* Si l'art. 1602 déroge à l'anc. art. 1162, d'après lequel la convention doit, dans le doute, s'interpréter contre celui qui a stipulé et en faveur de celui qui a contracté l'obligation, il ne déroge pas plus que ce dernier aux règles prescrites pour l'interprétation des conventions par les art. 1156 à 1161 anc. • Civ. 11 avr. 1918 : *DP 1921. 1. 224* (recours aux usages de l'ébénisterie pour interpréter, en faveur du vendeur, une clause susceptible de deux sens).

2. *Domaine.* Application de l'art. 1602 à une promesse unilatérale de vente. • Civ. 3e, 1er juill. 1998, n° 96-20.358 P : *D. 1999. Somm. 13, obs. Paisant* ; *JCP E 1999. 171, obs. Vialla* (cassation de l'arrêt refusant de restituer l'indemnité d'immobilisation au bénéficiaire, tout en constatant que le promettant avait omis de mentionner une servitude).

3. *Fonction d'interprétation : illustration (non-conformité).* La convention devant aux termes de l'art. 1602 être interprétée en faveur de l'acheteur, manque à son obligation de conformité le vendeur d'un véhicule qui livre une voiture n'ayant pas le degré d'équipement attendu par l'acheteur, sans avoir établi de bon de commande, ni lui avoir remis de documentation conforme à l'arrêté du 30 juin 1978 et sans l'avoir averti qu'il ne participait pas aux campagnes promotionnelles de l'importateur. • Civ. 1re, 13 avr. 1999, n° 97-16.782 P : *D. 1999. IR 146 ; CCC 1999, n° 127, note Leveneur.*

4. *Fonction d'obligation de renseignement.* Il appartient au vendeur d'une propriété d'informer l'acquéreur de la situation juridique de celle-ci au regard de l'exercice du droit de chasse, quelle que soit l'utilisation envisagée pour la propriété. • Civ. 3e, 20 mars 1996, n° 94-12.704 P : *RDI 1997. 90, obs. Saint-Alary Houin et Groslière* • 21 févr. 2001, n° 99-17.666 P : *D. 2002. Somm. 932, obs. Pignarre* ; *AJDI 2002. 412, obs. Cohet-Cordey*. ♦ Ne donne pas de base légale à sa décision la cour qui déboute l'acheteur d'un ordinateur de sa demande en dommages-intérêts pour insuffisance de la capacité du matériel fourni, en énonçant seulement que le bon de commande ne précisait pas s'il s'agissait de capacité réelle ou de capacité potentielle, sans rechercher si le vendeur s'était conformé aux exigences de l'art. 1602. • Civ. 1re, 13 oct. 1993 : *D. 1994. 211* ; *ibid. Chron. 115, par Bénabent* ; *ibid. Somm. 237, obs. Tournafond* ; *JCP 1994. I. 3757, n° 6, obs. Billiau.*

Rappr. au visa de l'art. L. 125-5 C. envir. et des art. L. 271-4 et L. 271-5 CCH : à défaut d'information sur l'existence des risques visés par un PPRNP, modifié entre la promesse de vente et la vente, donnée par le vendeur dans l'acte authentique, il y a lieu de prononcer la résolution de la vente. • Civ. 3e, 19 sept. 2019, n° 18-16.700 P : *D. 2020. 353, obs. Mekki*.

5. Inefficacité de la clause par laquelle l'acheteur prend le bien en l'état lorsque le vendeur a manqué à son devoir d'information : V. note 3 ss. art. 1627.

6. Obligation de renseignement en général : V. notes 89 s. et 119 ss. art. 1231-1. ♦ Obligation de renseignement pesant sur le vendeur professionnel : V. notes 14 s. ss. art. 1615. ♦ Sur l'obligation d'information de l'acheteur en cas d'exploitation d'une installation classée sur le terrain vendu (C. envir., art. L. 514-20) : • Civ. 3e, 22 nov. 2018, n° 17-26.209 P (obligation conditionnée à une exploitation effective).

Code de la consommation

(Ord. n° 2016-301 du 14 mars 2016, en vigueur le 1er juill. 2016)

Art. liminaire *(Ord. n° 2021-1247 du 29 sept. 2021, art. 1er)* Pour l'application du présent code, on entend par :

1° Consommateur : toute personne physique qui agit à des fins qui n'entrent pas dans le cadre de son activité commerciale, industrielle, artisanale, libérale ou agricole ;

2° Non-professionnel : toute personne morale qui n'agit pas à des fins professionnelles ;

3° Professionnel : toute personne physique ou morale, publique ou privée, qui agit à des fins entrant dans le cadre de son activité commerciale, industrielle, artisanale, libérale ou agricole, y compris lorsqu'elle agit au nom ou pour le compte d'un autre professionnel ;

4° Producteur : le fabricant d'un bien, l'importateur d'un bien dans l'Union européenne ou toute autre personne qui se présente comme producteur en apposant sur le bien son nom, sa marque ou un autre signe distinctif ;

[...]

BIBL. ▸ PIZZIO, *D. 1982. Chron. 91.* – PAISANT, *JCP 1993. I. 3655.* – LEVENEUR, *CCC 1994. Chron. 3.* – CHAZAL, *D. 1997. Chron. 260*. – CATHELINEAU, *CCC 1999. Chron. 13* (notion de consommateur en droit interne). – WESTER-OUISSE, *JCP 1999. I. 176* (notion de consommateur et jurisprudence pénale). – CRAMIER, *LPA 12, 13 et 14 juin 2000* (essai sur la protection du contractant professionnel). – Luby, *CCC 2000. Chron. 1* (notion de consommateur en droit communautaire). – Paisant, *JCP 2003. I. 121* (à la recherche du consommateur : pour en finir avec la confusion née du critère du « rapport direct »). – Amar, *CCC 2003. Chron. 5*. – Boujeka, *LPA 23 août 2004* (influence du droit communautaire). – le Tourneau, *LPA 12 sept. 2005* (critères de la qualité de professionnel). – Vigneau, *Gaz. Pal. 30 août-3 sept. 2002, p. 3* (trente ans de jurisprudence sur la notion de consommateur). – de la Asuncion Planes, *LPA 3 mars 2010* (la personne morale peut-elle être protégée par le droit de la consommation ?). – Iosca, *LPA 10 déc. 2015* (de l'inutilité de la distinction entre le professionnel et le consommateur : enjeux de la nouvelle économie collaborative sur internet). – Maume, *CCC 2016. Étude 5* (notion de non-professionnel).

▸ **L. nº 2014-344 du 17 mars 2014 :** Paisant, *JCP 2013, nº 589* (vers une définition générale du consommateur dans le code de la consommation). – Raymond, *CCC 2014. Dossier 3* (définition légale du consommateur).

▸ **Ord. nº 2016-301 du 14 mars 2016 :** Paisant, *LPA 14 avr. 2016* (le « non-professionnel » en quête d'identité : de la Cour de cassation au nouveau code de la consommation).

▸ **L. nº 2017-203 du 21 févr. 2017 :** Delpech, *AJ contrat 2017. 100* ✐ (nouvelle définition du professionnel).

LIVRE I. INFORMATION DES CONSOMMATEURS ET PRATIQUES COMMERCIALES

TITRE I. INFORMATION DES CONSOMMATEURS

CHAPITRE I. *OBLIGATION GÉNÉRALE D'INFORMATION PRÉCONTRACTUELLE*

Art. L. 111-1 *(Ord. nº 2021-1247 du 29 sept. 2021, art. 2)* Avant que le consommateur ne soit lié par un contrat à titre onéreux, le professionnel communique au consommateur, de manière lisible et compréhensible, les informations suivantes :

1º Les caractéristiques essentielles du bien ou du service, ainsi que celles du service numérique ou du contenu numérique, compte tenu de leur nature et du support de communication utilisé, et notamment les fonctionnalités, la compatibilité et l'interopérabilité du bien comportant des éléments numériques, du contenu numérique ou du service numérique, ainsi que l'existence de toute restriction d'installation de logiciel ;

2º Le prix ou tout autre avantage procuré au lieu ou en complément du paiement d'un prix en application des articles L. 112-1 à L. 112-4-1 ;

3º En l'absence d'exécution immédiate du contrat, la date ou le délai auquel le professionnel s'engage à délivrer le bien ou à exécuter le service ;

4º Les informations relatives à l'identité du professionnel, à ses coordonnées postales, téléphoniques et électroniques et à ses activités, pour autant qu'elles ne ressortent pas du contexte ;

5º L'existence et les modalités de mise en œuvre des garanties légales, notamment la garantie légale de conformité et la garantie légale des vices cachés, et des éventuelles garanties commerciales, ainsi que, le cas échéant, du service après-vente et les informations afférentes aux autres conditions contractuelles ;

6º La possibilité de recourir à un médiateur de la consommation dans les conditions prévues au titre I du livre VI.

La liste et le contenu précis de ces informations sont fixés par décret en Conseil d'État.

Les dispositions du présent article s'appliquent également aux contrats portant sur la fourniture d'eau, de gaz ou d'électricité, y compris lorsqu'ils ne sont pas conditionnés dans un volume délimité ou en quantité déterminée, ainsi que de chauffage urbain. Ces contrats font également référence à la nécessité d'une consommation sobre et respectueuse de la préservation de l'environnement.

Les dispositions des art. 2 à 10 de l'Ord. nº 2021-1247 du 29 sept. 2021 s'appliquent aux contrats conclus à compter du 1er janv. 2022 (Ord. préc., art. 21).

Art. L. 111-2 Outre les mentions prévues à l'article L. 111-1, tout professionnel, avant la conclusion d'un contrat de fourniture de services et, lorsqu'il n'y a pas de contrat écrit, avant l'exécution de la prestation de services, met à la disposition du consommateur ou lui communique, de manière lisible et compréhensible, les informations complémentaires relatives à ses coordonnées, à son activité de prestation de services et aux autres conditions contractuelles, dont la liste et le contenu sont fixés par décret en Conseil d'État.

Les informations complémentaires qui ne sont communiquées qu'à la demande du consommateur sont également précisées par décret en Conseil d'État.

Art. L. 111-3 Les dispositions des articles L. 111-1 et L. 111-2 s'appliquent sans préjudice des dispositions particulières en matière d'information des consommateurs propres à certaines activités.

(Ord. n° 2017-484 du 6 avr. 2017, art. 17) « Les dispositions de l'article L. 111-2 ne s'appliquent ni aux services mentionnés aux livres I à III et au titre V du livre V du code monétaire et financier, ni aux opérations pratiquées par les entreprises régies par le code des assurances, par les fonds de retraite professionnelle supplémentaires mentionnés à l'article L. 381-1 du même code, par les mutuelles et unions régies par le livre II du code de la mutualité, par les mutuelles et unions de retraite professionnelle supplémentaire mentionnées à l'article L. 214-1 du même code, par les institutions de prévoyance et unions régies par le titre III du livre IX du code de la sécurité sociale et par les institutions de retraite professionnelle supplémentaire mentionnées à l'article L. 942-1 du même code. »

Art. L. 111-4 *(L. n° 2020-105 du 10 févr. 2020, art. 19, en vigueur le 1er janv. 2022)* « Le fabricant ou l'importateur de biens meubles informe le vendeur professionnel de la disponibilité ou de la non-disponibilité des pièces détachées indispensables à l'utilisation des biens concernés et, le cas échéant, de la période pendant laquelle ou de la date jusqu'à laquelle ces pièces sont disponibles sur le marché. Pour les équipements électriques et électroniques et les éléments d'ameublement, lorsque cette information n'est pas fournie au vendeur professionnel, les pièces détachées indispensables à l'utilisation des biens sont réputées non disponibles. Les fabricants ou importateurs d'équipements électriques et électroniques informent les vendeurs de leurs produits ainsi que les réparateurs *(L. n° 2021-1485 du 15 nov. 2021, art. 18)* « et les reconditionneurs » professionnels, à la demande de ces derniers, du détail des éléments constituant l'engagement de durée de disponibilité des pièces détachées. Cette information est rendue disponible notamment à partir d'un support dématérialisé. *(L. n° 2021-1104 du 22 août 2021, art. 30)* « Les fabricants et les importateurs d'équipements électroménagers, de petits équipements informatiques et de télécommunications, d'écrans et de moniteurs assurent, pour une liste de produits fixée par voie réglementaire, la disponibilité des pièces détachées de ces produits pendant la période de commercialisation du modèle concerné ainsi que pendant une période minimale complémentaire après la date de mise sur le marché de la dernière unité de ce modèle. La durée de cette période minimale complémentaire ne peut être inférieure à cinq ans. Les modalités d'application de cette obligation de disponibilité des pièces détachées, notamment la liste des produits et pièces concernés, les échéances à partir desquelles les pièces détachées sont disponibles pendant la commercialisation des produits ainsi que les périodes minimales complémentaires prévues sont précisées par décret en Conseil d'État. » Ces informations sont délivrées *[ancienne rédaction : Le fabricant ou l'importateur de biens meubles informe le vendeur professionnel de la période pendant laquelle ou de la date jusqu'à laquelle les pièces détachées indispensables à l'utilisation des biens sont disponibles sur le marché. Cette information est délivrée]* » obligatoirement au consommateur par le vendeur de manière lisible avant la conclusion du contrat et *(L. n° 2020-105 du 10 févr. 2020, art. 19, en vigueur le 1er janv. 2022)* « confirmées *[ancienne rédaction : confirmée]* » par écrit lors de l'achat du bien.

Dès lors qu'il a indiqué la période ou la date mentionnées au premier alinéa, le fabricant ou l'importateur fournit obligatoirement, dans un délai de *(L. n° 2020-105 du 10 févr. 2020, art. 19, en vigueur le 1er janv. 2022)* « quinze jours ouvrables *[ancienne rédaction : deux mois]* » *(L. n° 2021-1485 du 15 nov. 2021, art. 18)* « , dans des conditions non discriminatoires », aux vendeurs professionnels *(L. n° 2021-1485 du 15 nov. 2021, art. 18)* « , aux reconditionneurs » ou aux réparateurs, agréés ou non, qui le demandent les pièces détachées indispensables à l'utilisation des biens vendus.

(L. n° 2020-105 du 10 févr. 2020, art. 19, en vigueur le 1er janv. 2022) « Pour certaines catégories de biens définies par décret, lorsqu'une pièce détachée indispensable à l'utilisation d'un bien disponible sur le marché peut être fabriquée par un moyen d'impression en trois dimensions et qu'elle n'est plus disponible sur le marché, le fabricant ou l'importateur de biens meubles doit, sous réserve du respect des droits de propriété intellectuelle et en particulier sous réserve du consentement du détenteur de la propriété intellectuelle, fournir aux vendeurs professionnels *(L. n° 2021-1485 du 15 nov. 2021, art. 18)* « , aux reconditionneurs » ou aux réparateurs, agréés ou non, qui le demandent le plan de fabrication par un moyen

d'impression en trois dimensions de la pièce détachée ou, à défaut, les informations techniques utiles à l'élaboration de ce plan dont le fabricant dispose. »

Les modalités d'application du présent article sont précisées par décret.

Art. L. 111-4-1 *(L. n° 2021-1104 du 22 août 2021, art. 30, en vigueur le 1er janv. 2023)* I. — Les fabricants et les importateurs d'outils de bricolage et de jardinage motorisés, d'articles de sport et de loisirs, y compris les bicyclettes, de bicyclettes à assistance électrique et d'engins de déplacement personnel motorisés assurent, pour une liste de produits fixée par voie réglementaire, la disponibilité des pièces détachées de ces produits pendant la période de commercialisation du modèle concerné ainsi que pendant une période minimale complémentaire après la date de mise sur le marché de la dernière unité de ce modèle. La durée de cette période minimale complémentaire ne peut être inférieure à cinq ans.

II. — Les modalités d'application du présent article, notamment la liste des produits et pièces concernés, les échéances à partir desquelles les pièces détachées sont disponibles pendant la commercialisation des produits ainsi que les périodes minimales complémentaires prévues au I sont précisées par décret en Conseil d'État.

Art. L. 111-5 En cas de litige relatif à l'application des dispositions des articles L. 111-1, L. 111-2 *(L. n° 2021-1104 du 22 août 2021, art. 30, en vigueur le 1er janv. 2023)* « , L. 111-4 et L. 111-4-1 », il appartient au professionnel de prouver qu'il a exécuté ses obligations.

Art. L. 111-6 *(L. n° 2021-1755 du 23 déc. 2021, art. 2, en vigueur le 1er janv. 2022)* Le producteur de biens comportant des éléments numériques informe le vendeur professionnel de la durée au cours de laquelle les mises à jour logicielles, que le producteur fournit, restent compatibles avec les fonctionnalités du bien. Le vendeur met ces informations à la disposition du consommateur.

Le producteur informe le consommateur, de façon lisible et compréhensible, des caractéristiques essentielles de chaque mise à jour des éléments numériques du bien, notamment de l'espace de stockage qu'elle requiert, de son impact sur les performances du bien et de l'évolution des fonctionnalités qu'elle comporte.

Les modalités d'application du présent article sont précisées par décret.

Art. L. 111-7 *(L. n° 2016-1321 du 7 oct. 2016, art. 49-I)* I. — Est qualifiée d'opérateur de plateforme en ligne toute personne physique ou morale proposant, à titre professionnel, de manière rémunérée ou non, un service de communication au public en ligne reposant sur :

1° Le classement ou le référencement, au moyen d'algorithmes informatiques, de contenus, de biens ou de services proposés ou mis en ligne par des tiers ;

2° Ou la mise en relation de plusieurs parties en vue de la vente d'un bien, de la fourniture d'un service ou de l'échange ou du partage d'un contenu, d'un bien ou d'un service.

II. — Tout opérateur de plateforme en ligne est tenu de délivrer au consommateur une information loyale, claire et transparente sur :

1° Les conditions générales d'utilisation du service d'intermédiation qu'il propose et sur les modalités de référencement, de classement et de déréférencement des contenus, des biens ou des services auxquels ce service permet d'accéder ;

2° L'existence d'une relation contractuelle, d'un lien capitalistique ou d'une rémunération à son profit, dès lors qu'ils influencent le classement ou le référencement des contenus, des biens ou des services proposés ou mis en ligne ;

3° La qualité de l'annonceur et les droits et obligations des parties en matière civile et fiscale, lorsque des consommateurs sont mis en relation avec des professionnels ou des non-professionnels.

Un décret précise les conditions d'application du présent article en tenant compte de la nature de l'activité des opérateurs de plateforme en ligne.

Ce décret précise, par ailleurs, pour tout opérateur de plateforme en ligne dont l'activité consiste en la fourniture d'informations permettant la comparaison des prix et des caractéristiques de biens et de services proposés par des professionnels, les informations communiquées aux consommateurs portant sur les éléments de cette comparaison et ce qui relève de la publicité au sens de l'article 20 de la loi n° 2004-575 du 21 juin 2004 pour la confiance dans l'économie numérique.

Ce décret fixe également les modalités selon lesquelles, lorsque des professionnels, vendeurs ou prestataires de services sont mis en relation avec des consommateurs, l'opérateur de plateforme en ligne met à leur disposition un espace leur permettant de communiquer aux consommateurs les informations prévues aux articles L. 221-5 et L. 221-6.

Art. L. 111-7-1 *(L. n° 2016-1321 du 7 oct. 2016, art. 50)* Les opérateurs de plateformes en ligne dont l'activité dépasse un seuil de nombre de connexions défini par décret élaborent et diffusent aux consommateurs des bonnes pratiques visant à renforcer les obligations de clarté, de transparence et de loyauté mentionnées à l'article L. 111-7.

L'autorité administrative compétente peut procéder à des enquêtes dans les conditions prévues à l'article L. 511-6 afin d'évaluer et de comparer les pratiques des opérateurs de plateformes en ligne mentionnées au premier alinéa du présent article. Elle peut, à cette fin, recueillir auprès de ces opérateurs les informations utiles à l'exercice de cette mission. Elle diffuse périodiquement les résultats de ces évaluations et de ces comparaisons et rend publique la liste des plateformes en ligne qui ne respectent pas leurs obligations au titre de l'article L. 111-7.

Art. L. 111-7-2 *(L. n° 2016-1321 du 7 oct. 2016, art. 52)* Sans préjudice des obligations d'information prévues à l'article 19 de la loi n° 2004-575 du 21 juin 2004 pour la confiance dans l'économie numérique et aux articles L. 111-7 et L. 111-7-1 du présent code, toute personne physique ou morale dont l'activité consiste, à titre principal ou accessoire, à collecter, à modérer ou à diffuser des avis en ligne provenant de consommateurs est tenue de délivrer aux utilisateurs une information loyale, claire et transparente sur les modalités de publication et de traitement des avis mis en ligne.

Elle précise si ces avis font ou non l'objet d'un contrôle et, si tel est le cas, elle indique les caractéristiques principales du contrôle mis en œuvre.

Elle affiche la date de l'avis et ses éventuelles mises à jour.

Elle indique aux consommateurs dont l'avis en ligne n'a pas été publié les raisons qui justifient son rejet.

Elle met en place une fonctionnalité gratuite qui permet aux responsables des produits ou des services faisant l'objet d'un avis en ligne de lui signaler un doute sur l'authenticité de cet avis, à condition que ce signalement soit motivé.

Un décret, pris après avis de la Commission nationale de l'informatique et des libertés, fixe les modalités et le contenu de ces informations.

Art. L. 111-7-3 *(L. n° 2022-309 du 3 mars 2022, en vigueur le 1er oct. 2023)* Les opérateurs de plateformes en ligne mentionnés à l'article L. 111-7 du présent code et les personnes qui fournissent des services de communications interpersonnelles non fondés sur la numérotation, au sens du 6° *quater* de l'article L. 32 du code des postes et des communications électroniques, dont l'activité dépasse un ou plusieurs seuils définis par décret réalisent un audit de cybersécurité, dont les résultats sont présentés au consommateur dans les conditions prévues au dernier alinéa du présent article, portant sur la sécurisation et la localisation des données qu'ils hébergent, directement ou par l'intermédiaire d'un tiers, et sur leur propre sécurisation, dans les conditions prévues au présent article.

L'audit mentionné au premier alinéa est effectué par des prestataires d'audit qualifiés par l'Agence nationale de la sécurité des systèmes d'information.

Un arrêté conjoint des ministres chargés du numérique et de la consommation, pris après avis de la Commission nationale de l'informatique et des libertés, fixe les critères qui sont pris en compte par l'audit prévu au même premier alinéa et ses conditions en matière de durée de validité ainsi que les modalités de sa présentation.

Le résultat de l'audit est présenté au consommateur de façon lisible, claire et compréhensible et est accompagné d'une présentation ou d'une expression complémentaire, au moyen d'un système d'information coloriel.

Art. L. 111-8 Les dispositions du présent chapitre sont d'ordre public.

CHAPITRE II. *INFORMATION SUR LES PRIX ET CONDITIONS DE VENTE*

Art. L. 112-1 Tout vendeur de produit ou tout prestataire de services informe le consommateur, par voie de marquage, d'étiquetage, d'affichage ou par tout autre procédé approprié, sur les prix et les conditions particulières de la vente et de l'exécution des services, selon des modalités fixées par arrêtés du ministre chargé de l'économie, après consultation du Conseil national de la consommation.

Art. L. 112-1-1 *(Ord. n° 2021-1734 du 22 déc. 2021, art. 2)* I. — Toute annonce d'une réduction de prix indique le prix antérieur pratiqué par le professionnel avant l'application de la réduction de prix.

Ce prix antérieur correspond au prix le plus bas pratiqué par le professionnel à l'égard de tous les consommateurs au cours des trente derniers jours précédant l'application de la réduction de prix.

Par exception au deuxième alinéa, en cas de réductions de prix successives pendant une période déterminée, le prix antérieur est celui pratiqué avant l'application de la première réduction de prix.

Le présent I ne s'applique pas aux annonces de réduction de prix portant sur des produits périssables menacés d'une altération rapide.

II. — Les présentes dispositions ne s'appliquent pas aux opérations par lesquelles un professionnel compare les prix qu'il affiche avec ceux d'autres professionnels.

Art. L. 112-2 Les dispositions de l'article L. 112-1 s'appliquent à toutes les activités de production, de distribution et de services, y compris celles qui sont le fait de personnes publiques, notamment dans le cadre de conventions de délégation de service public ainsi qu'aux prestations mentionnées au titre IV *bis* du livre IV du code de commerce.

(Abrogé par L. n° 2017-203 du 21 févr. 2017, art. 4) « Elles sont également applicables en cas de manquements au règlement (CE) n° 1008/2008 du Parlement européen et du Conseil du 24 septembre 2008 établissant des règles communes pour l'exploitation de services aériens dans la Communauté. »

Les règles relatives à l'obligation de renseignements du public par les établissements de crédit, les sociétés de financement, les établissements de monnaie électronique, les établissements de paiement et les organismes mentionnés à l'article L. 518-1 du code monétaire et financier sont fixées par l'article L. 312-1-1 du même code.

Art. L. 112-3 Lorsque le prix ne peut être raisonnablement calculé à l'avance du fait de la nature du bien ou du service, le professionnel fournit le mode de calcul du prix et, s'il y a lieu, tous les frais supplémentaires de transport, de livraison ou d'affranchissement et tous les autres frais éventuels.

Lorsque les frais supplémentaires ne peuvent raisonnablement être calculés à l'avance, le professionnel mentionne qu'ils peuvent être exigibles.

Art. L. 112-4 Dans le cas d'un contrat à durée indéterminée ou d'un contrat assorti d'un abonnement, le prix total inclut le total des frais exposés pour chaque période de facturation. Lorsque de tels contrats sont facturés à un tarif fixe, le prix total inclut également le total des coûts mensuels.

Lorsque le coût total ne peut être raisonnablement calculé à l'avance, le mode de calcul du prix est communiqué.

Art. 1603 Il a deux obligations principales, celle de délivrer et celle de garantir la chose qu'il vend.

BIBL. ▸ **Sécurité et défaut des produits :** ARLIE, *RJDA 1993. 409* (obligation de sécurité du vendeur professionnel). – CALAIS-AULOY, *D. 1993. Chron. 130* (conformité et sécurité) ; *D. 2002. Chron. 2458* (l'obligation de sécurité du vendeur professionnel après l'arrêt CJCE 25 avr. 2002). – CASSAUX-LABRUNÉE, *D. 1999. Chron. 1* (vice caché et défaut de conformité). – FARHAT, *RRJ 2002/1. 789* (responsabilité du fabricant d'implants mammaires en France et aux USA). – GROSS, *D. Affaires 1996. 667* (obligation de sécurité). – JOURDAIN, *Gaz. Pal. 1994. 2. Doctr. 826* (conformité, vices cachés et sécurité). – MAINGUY, *Dr. et patr. 12/1998. 68* (obligation de sécurité). – MEMMI, *Gaz. Pal. 1996. 1. Doctr. 24* (risques de développement et fabricant de médicaments). – NGUYEN THANH-BOURGEAIS, *D. 1981. Chron. 87* (à propos de l'affaire du talc Morhange). – OUDOT, *CCC 2003. Chron. 8* (obligation de sécurité et responsabilité du distributeur). – VINEY, *JCP 1994. I. 3773, n° 12 s.* (vente d'une chose défectueuse) ; *D. 2007. 1542* (principe de précaution et responsabilité civile des personnes privées).

A. OBLIGATIONS PARTICULIÈRES DU VENDEUR

1. Obligations de contrôle. L'importateur de produits étrangers a l'obligation de procéder aux contrôles de conformité nécessaires, en application de l'art. L. 212-1 [L. 411-1] C. consom. • Crim. 10 avr. 1997 : *CCC 1997, n° 161, note Raymond* (indication par la décision d'appel que le contrôle sur échantillons ne satisfait pas aux exigences du texte). ♦ En ce sens que l'absence de marquage CE sur les produits achetés (jouets) autorise l'acheteur professionnel à annuler sa commande : • Civ. 1re, 21 nov. 2006, n° 05-18.135 P : *D. 2007. AJ 14, obs. Rondey* ; *RTD civ. 2007. 331, obs. Mestre et Fages*. ♦ Le fait qu'une machine ait reçu un visa technique n'exonère pas le fabricant de toute responsabilité. • Civ. 1re, 27 janv. 1998, n° 96-11.603 P : *D. Affaires 1998. 330, obs. J. F.* ; *RCA 1998, n° 127.*

2. Obligation de mise au point. V. note 5 ss.art. 1606.

3. Obligation d'adaptation. V. note 6 ss.

art. 1606 et, pour le « bogue de l'an 2000 », note 18 ss. art. 1644.

4. *Désamiantage.* Cassation de l'arrêt qui retient que, si le coût de ces travaux peut être mis contractuellement à la charge de l'acquéreur, il n'apparaît pas que le vendeur puisse lui transférer l'obligation d'y procéder. • Civ. 3e, 4 avr. 2001, n° 99-11.522 P : *D. 2001. IR 1518* ; *Defrénois 2001. 1034, note Gelot ; CCC 2001, n° 122, note Leveneur ; AJDI 2002. 329, obs. Cohet-Cordey*.

5. *Remise en état des lieux.* Tout manquement, invoqué contre le vendeur, à l'obligation administrative de remise en état des lieux pesant sur le dernier exploitant d'une installation classée revêt le caractère d'une faute au sens de l'anc. art. 1382 [1240] C. civ. • Civ. 3e, 16 mars 2005, n° 03-17.875 P : *D. 2006. 50, note Boutonnet* ; *RTD civ. 2005. 784, obs. Jourdain*. ♦ Sur la nature délictuelle de la responsabilité, V. aussi : • Civ. 3e, 22 nov. 2018, n° 17-26.209 P. ♦ Cette obligation n'impose pas une mise en demeure. • Civ. 3e, 16 janv. 2013, n° 11-27.101 P : *D. 2013. 676, note Sutterlin* ; *ibid. 647, chron. Parance*. ♦ Mais l'acquéreur d'un terrain comportant un risque de pollution ne peut se prévaloir d'un manquement à l'obligation de délivrance alors que la délivrance était conforme à la convention des parties, l'acquéreur ayant été parfaitement informé du risque de pollution et ayant renoncé expressément à engager la responsabilité du vendeur de ce chef. • Même arrêt. ♦ Il appartient au vendeur, en sa qualité de professionnel, lorsqu'il s'est engagé à effectuer des travaux de remise en état de la toiture et des travaux d'intérieur, de faire des travaux conformes aux règles de l'art, d'accomplir son travail avec sérieux et de refuser d'exécuter les travaux qu'il sait inefficaces. • Civ. 3e, 21 mai 2014, n° 13-16.855 P : *RDI 2014. 464, obs. Boubli* ; *ibid. 466, obs. Malinvaud* ; *RGDA 2014. 465, obs. Dessuet.*

B. OBLIGATION DE SÉCURITÉ DU VENDEUR

6. *Articulation avec la responsabilité du fait des produits défectueux.* L'art. 13 de la directive 85/374/CEE doit être interprété en ce sens que les droits conférés par la législation d'un État membre aux victimes d'un dommage causé par un produit défectueux, au titre d'un régime général de responsabilité ayant le même fondement que celui mis en place par ladite directive, peuvent se trouver limités ou restreints à la suite de la transposition de celle-ci dans l'ordre juridique interne dudit État. • CJCE 25 avr. 2002, n° C-183/00 : *cité note 1 ss. art. 1245-17.* ♦ Sur les conséquences de cet arrêt en droit français, V. les auteurs cités ss. art. 1245-17, et notamment Calais-Auloy, *D. 2002. Chron. 2458*. ♦ Si le régime de la responsabilité du fait des produits défectueux qui ne sont pas destinés à l'usage professionnel ni utilisés pour cet usage n'exclut pas l'application d'autres régimes de responsabilité contractuelle ou extracontractuelle, c'est à la condition que ceux-ci reposent sur des fondements différents de celui d'un défaut de sécurité du produit litigieux, telles la garantie des vices cachés ou la faute ; dès lors que la faute n'est pas distincte d'un défaut de sécurité, l'action ne peut être fondée que sur les art. 1386-1 s. [1245] C. civ., et non sur les art. 1147 ou 1603. • Civ. 1re, 17 mars 2016, n° 13-18.876 P : *D. 2017. 24, obs. Brun, Gout et Quézel-Ambrunaz* ; *RTD civ. 2016. 646, obs. Jourdain* ; *RDC 2016. 442, note Borghetti.* ♦ V. déjà : • Com. 26 mai 2010, n° 07-11.744 P : *cité ss. art. 1245-2* (arrêt ne cassant pas un arrêt d'appel maintenant l'obligation de sécurité du vendeur pour un bien à usage professionnel).

Sur l'interprétation du droit interne à la lumière de la directive à compter de la date butoir prévue pour son introduction, V. • Civ. 1re, 28 avr. 1998 : *cité note 13* (action offerte aux tiers) • Com. 24 janv. 2006 : *cité note 22* (prescription). ♦ ... A condition que la disposition concernée soit contraignante : • Civ. 1re, 9 juill. 1996 : *cité note 20* • 15 mai 2007 : *cité note 7* (condition non remplie pour l'exonération pour risque de développement). ♦ ... Et que le produit n'ait pas été mis en circulation avant la directive : une cour d'appel ayant à statuer sur la responsabilité au regard des art. 1147 anc. et anc. 1382 [1240] C. civ. n'a pas à se référer à la Dir. CEE n° 85-374 du 24 juill. 1985 dont les dispositions sont sans incidence sur son appréciation, s'agissant d'un produit mis en circulation en février 1985. • Civ. 1re, 24 janv. 2006, n° 03-20.178 P : *D. 2006. Pan. 1931, obs. Jourdain* ; *JCP 2006. II. 10082, note Grynbaum (3e esp.) ; ibid. I. 166, nos 4 s., obs. Stoffel-Munck ; RCA 2006, n° 89, note Radé ; LPA 13 juill. 2006, concl. Sarcelet ; RDSS 2006. 495, note Peigné (3e esp.)* ; *RDC 2006. 841, obs. Borghetti ; RTD civ. 2006. 323, obs. Jourdain*.

1° PRINCIPES (ART. 1147 C. CIV.)

7. *Absence de défaut de nature à causer un danger pour les personnes et les biens.* Le fabricant est tenu de livrer un produit exempt de tout défaut de nature à causer un danger pour les personnes ou les biens, c'est-à-dire un produit qui offre la sécurité à laquelle on peut légitimement s'attendre. • Civ. 1re, 3 mars 1998, n° 96-12.078 P : *R., p. 277 ; D. 1999. 36, note Pignarre et Brun* ; *JCP 1998. II. 10049, rapp. Sargos ; ibid. I. 144, n° 18, obs. Viney ; Gaz. Pal. 1998. 2. 720, note Fouassier ; RTD civ. 1998. 683, obs. Jourdain* (responsabilité du fabricant pour le dommage causé par l'enveloppe non digestible d'un comprimé médicamenteux).

Dans le même sens, pour un vendeur professionnel, avec une formule légèrement différente : le vendeur professionnel est tenu de livrer des produits exempts de tout vice ou de tout défaut de fabrication de nature à créer un danger pour les personnes ou les biens ; il en est responsable tant à l'égard des tiers que de son acquéreur. • Civ. 1re, 17 janv. 1995, n° 92-20.907 P : *R., p. 307 ; D. 1995. 350, note Jourdain ; D. 1996. Somm. 15, obs. Paisant ; RTD civ. 1995. 631, obs. Jourdain*. – Même sens : • Civ. 1re, 15 mai 2007, n° 05-10.234 P : *D. 2007. AJ 1592, obs. Gallmeister ; ibid. Pan. 2906, obs. Brun ; JCP 2007. I. 185, n° 7, obs. Stoffel-Munck ; Gaz. Pal. 2007. Somm. 4242, obs. Onat ; RDC 2007. 1147, obs. Borghetti* (médicament).

V. précédemment, sans référence aux tiers : • Civ. 1re, 20 mars 1989, n° 87-16.011 P : *D. 1989. 381, note Malaurie ; RTD civ. 1989. 756, obs. Jourdain* (implosion d'un poste de télévision) • 11 juin 1991, n° 89-12.748 P : *GAJC, 11e éd., n° 250-251 (II) ; D. 1993. Somm. 241, obs. Tournafond ; RTD civ. 1992. 114, obs. Jourdain* (dégagement d'oxyde de carbone par le système de chauffage équipant un mobile home) • 27 janv. 1993, n° 90-19.777 P : *RTD civ. 1993. 592, obs. Jourdain* (explosion d'un fusil) • 15 oct. 1996, n° 94-21.113 P : *D. 1997. Somm. 287, obs. Jourdain ; ibid. 348, obs. Brun ; JCP 1997. I. 4025, n° 14, obs. Viney* (lunettes de motocycliste prétendument incassables et ayant éclaté après un choc avec un oiseau ; décision visant les fabricants et les vendeurs professionnels).

8. *Nature de l'obligation : absence de garantie de plein droit.* Si le fabricant et le vendeur de certains produits d'usage courant spécialement destinés aux soins ou au confort du corps humain sont tenus d'une obligation de sécurité, celle-ci se limite à la délivrance de produits qui, employés dans des conditions conformes aux recommandations des fournisseurs, ne présentent normalement pour leurs utilisateurs aucun caractère dangereux ; cette obligation ne comporte pas une garantie de plein droit de tous les dommages pouvant résulter de l'usage de ces produits. • Civ. 1re, 22 janv. 1991, n° 89-11.699 P : *RTD civ. 1991. 539, obs. Jourdain* (rejet de la responsabilité du fabricant, le dommage étant lié, non à un vice du produit, mais à des caractères propres de l'utilisateur : réaction allergique à un composant ordinairement anodin d'une crème). ♦ V. pour une décision ancienne : • Civ. 1re, 4 oct. 1967, n° 66-12.824 P : *D. 1967. 652 ; JCP 1968. II. 15698, note Dejean de la Bâtie* (aucune obligation de résultat ne pèse sur le coiffeur à raison des produits utilisés). ♦ Comp. • Douai, 3 juin 1993 : *BICC 15 mai 1994, n° 570* (l'institut de beauté qui fournit l'usage d'un appareil de bronzage artificiel ne comportant aucun réglage à l'exception d'une minuterie est tenu d'une obligation de résultat quant à l'innocuité de cet appareil).

9. *... Responsabilité pour faute.* Un laboratoire pharmaceutique manque à son obligation de vigilance et commet une faute en ne surveillant pas l'efficacité du médicament litigieux et en maintenant sa distribution malgré les avertissements contenus dans la littérature médico-scientifique. • Versailles, 30 avr. 2004 : *D. 2004. 2071, note Gossement ; RCA 2004. Étude 22, par Radé ; LPA 22 juin 2005, note Niel* (Distilbène) ; pourvoi rejeté par • Civ. 1re, 7 mars 2006, n° 04-16.179 P : *D. 2006. IR 812, obs. Gallmeister ; JCP 2006. I. 166, n° 8, obs. Stoffel-Munck ; RCA 2006, n° 164, note Radé ; RDC 2006. 844, obs. Borghetti ; RTD civ. 2006. 565, obs. Jourdain*. – V. aussi • Civ. 1re, 7 mars 2006, n° 04-16.180 P.

10. *... Manquements à l'obligation d'information.* Pour un manquement déduit de l'insuffisance des mentions figurant sur l'emballage d'un médicament vétérinaire : • Civ. 1re, 21 juin 2005, n° 02-18.815 P : *D. 2006. 565, note Lambert*. ♦ Rappr. pour un raisonnement identique dans le cadre de la responsabilité du fait des produits défectueux, note ss. art. 1386-4 anc. [1245-3].

11. *Exigence de motivation des juges du fond.* Sur l'obligation, pour les juges du fond, de préciser le fondement juridique de la « garantie sécurité » qu'ils retiennent à la charge d'un fabricant : • Civ. 1re, 16 oct. 2001, n° 99-16.255 P : *D. 2001. IR 3254*.

2° DOMAINE ET CONDITIONS

12. *Débiteurs de l'obligation.* Pour les fabricants et les vendeurs professionnels, V. note 7. ♦ Il incombe au distributeur, spécialiste des problèmes d'élevage, de s'assurer que les produits qu'il conseille ne présentent pas de risque pour son client et le fait que le fabricant n'ait pas, sur ses étiquettes, mentionné l'extrême inflammabilité du gaz dégagé par le produit n'est pas de nature à dégager le distributeur de sa responsabilité contractuelle. • Civ. 1re, 4 avr. 1991, n° 88-12.015 P. ♦ L'intervention du pharmacien ayant délivré le médicament vétérinaire sans ordonnance n'exonère pas le fabricant. • Civ. 1re, 21 juin 2005 : *préc. note 10.*

13. *Créanciers de l'obligation.* Selon les art. 1147 anc. et 1384 anc. [1242], al. 1er, C. civ. interprétés à la lumière de la directive CEE n° 85-374 du 24 juill. 1985 (relative à la responsabilité du fait des produits défectueux), tout producteur est responsable des dommages causés par un défaut de son produit, tant à l'égard des victimes immédiates que des victimes par ricochet, sans qu'il y ait lieu de distinguer selon qu'elles ont la qualité de partie contractante ou de tiers. • Civ. 1re, 28 avr. 1998, n° 96-20.421 P : *R., p. 277 ; D. Affaires 1998. 1122, obs. J. F. ; JCP 1998. II. 10088, rapp. Sargos ; ibid. I. 185, n° 19 s., obs. Viney ; Gaz. Pal. 1999. 1. 14, note Boré ; LPA 13 janv. 1999, note Fouassier ; RTD civ. 1998. 684, obs. Jourdain* (fourniture de sang contaminé par un centre régional de transfusion sanguine, indemnisation du préjudice subi par le mari et les enfants d'une personne contaminée par le virus du sida). ♦ V. dans le même sens : • Civ. 1re, 13 févr. 2001 : *cité note 101 ss. art. L. 1142-1 CSP (ss. art. 1242 C. civ.)* • 3 mars 1998 : *préc. note 7* • 17 janv. 1995 : *préc. note 7* • TGI Nanterre, 24 mai 2002 : *RTD civ. 2002. 527, obs. Jourdain ; RDSS 2002. 502, note Neyret*, confirmé par • Versailles, 30 avr. 2004 : *préc. note 9.* ♦ En sens contraire, antérieurement : cassation de l'arrêt qui énonce que le vendeur-fabricant a manqué à son obligation contractuelle de résultat et le déclare responsable du préjudice causé à un syndicat de copropriétaires par l'implosion d'un téléviseur dans un immeuble, alors qu'aucun lien contractuel n'unissait le vendeur-fabricant et le syndicat. • Civ. 1re, 20 mars 1989, n° 87-16.011 P : *D. 1989. 381, note Malaurie ; RTD civ. 1989. 756, obs. Jourdain.*

14. Dommage accidentel à un bien autre que celui défectueux. Viole l'art. 1147 anc. C. civ. interprété à la lumière de la directive CEE n° 85-374 du 24 juill. 1985 (relative à la responsabilité du fait des produits défectueux) le tribunal qui retient la responsabilité du fabricant d'un produit alors que n'est pas constaté un défaut de sécurité ayant causé un dommage à une personne ou à un bien autre que le produit défectueux lui-même. • Civ. 1re, 9 juill. 2003, n° 00-21.163 P : *RCA 2003, n° 268* (coulures du mastic de fenêtres à double vitrage). ♦ L'action en responsabilité pour manquement du vendeur professionnel à son obligation de sécurité nécessite, pour sa mise en œuvre, que le vice de la chose ait été la cause d'un accident ; à défaut, le seul fondement possible de l'action est la garantie des vices cachés. • Civ. 1re, 16 oct. 2001 : *CCC 2002, n° 4, note Leveneur.*

15. Produits visés. V. par exemple : pour des objets fabriqués (appareils, machines) notes 7 et 8 à 10. ♦ ... Pour un médicament : notes 7, 9 et 10. ♦ ... Pour du sang : note 13. ♦ ... Pour un vaccin contre l'hépatite B : note 17. ♦ ... Pour l'hormone de croissance extractive d'origine humaine, V. note 17 et • TGI Montpellier, 9 juill. 2002 : *JCP 2002. II. 10158, et la note ; RTD civ. 2002. 818, obs. Jourdain.* ♦ ... Pour des produits courants d'hygiène du corps : note 8.

16. La seule constatation que certains principes actifs d'un médicament sont dangereux ne dispense pas les juges du fond de rechercher si, au regard des circonstances, le produit était défectueux. • Civ. 1re, 5 avr. 2005, n° 02-11.947 P : *D. 2005. 2256, note Gorny ; D. 2006. Pan. 1931, obs. Jourdain ; ibid. 1938, obs. Brun ; JCP 2005. II. 10085, note Grynbaum et Job ; ibid. I. 149, n° 7, obs. Viney ; Dr. et patr. 9/2005. 104, obs. Chabas ; RCA 2005, n° 189, note Radé ; LPA 21 juin 2005, note Hénin et Maillols ; ibid. 12 juill. 2005, note Rebeyrol ; RTD civ. 2005. 607, obs. Jourdain.* ♦ Comp. : jugé que l'obligation de sécurité d'un vendeur d'aliments pour chèvres doit être exclue au motif que le produit vendu n'est pas toxique. • Civ. 1re, 6 mars 1996, n° 94-13.927 P : *JCP 1997. I. 4025, n° 15, obs. Viney.*

3° *RÉGIME*

17. Preuve de la causalité entre le défaut et le dommage. Si l'action en responsabilité du fait d'un produit défectueux exige la preuve du dommage, du défaut et du lien de causalité entre le défaut et le dommage, une telle preuve peut résulter de présomptions, pourvu qu'elles soient graves, précises et concordantes. • Civ. 1re, 22 mai 2008, n° 06-10.967 • 25 juin 2009, n° 08-12.781 P. ♦ V. aussi les autres décisions citées ss. art. 1245-8 ♦ Présomptions graves, précises et concordantes permettant, en l'espèce, d'imputer l'apparition des troubles à la prise du médicament (isoméride), V. • Civ. 1re, 24 janv. 2006, n° 02-16.648 P : *D. 2006. Pan. 1931, obs. Jourdain ; JCP 2006. II. 10082, note Grynbaum (2e esp.) ; ibid. I. 166, nos 4 s., obs. Stoffel-Munck ; RCA 2006, n° 90, note Radé ; RDSS 2006. 495, note Peigné (1re esp.) ; RDC 2006. 841, obs. Borghetti ; RTD civ. 2006. 323 et 325, obs. Jourdain.* ♦ ... D'imputer la maladie de Creutzfeld-Jakob contractée par la victime à l'hormone de croissance fournie par l'association France hypophyse. • Civ. 1re, 24 janv. 2006 : *préc. note 6 in fine.*

18. La responsabilité de plein droit qui pèse sur le vendeur-installateur ne s'étend qu'aux dommages causés par le manquement à son obligation de résultat ; il incombe, en conséquence, à la victime d'une explosion de gaz survenue plus d'un an après l'installation par le professionnel d'une gazinière de démontrer que l'explosion a trouvé son origine dans la prestation effectuée. • Civ. 1re, 16 oct. 2001 : *CCC 2002, n° 25, note Leveneur ; RTD civ. 2002. 514, obs. Jourdain.* ♦ Rappr., pour un garagiste, • Com. 22 janv. 2002 : *cité note 14 ss. art. 1787.*

19. Exonération. Si le juge national, saisi d'un litige dans une matière entrant dans le domaine d'application d'une directive, est tenu d'interpréter son droit interne à la lumière du texte et de la finalité de la directive, c'est à la condition que celle-ci soit contraignante pour l'État membre et ne lui laisse pas une faculté d'option pour l'adaptation de son droit national au droit communautaire ; tel est le cas pour l'exonération pour risque de développement que les États membres ont la faculté ou non d'introduire (sang contaminé). • Civ. 1re, 9 juill. 1996, n° 93-19.160 P : *D. 1996. 610, note Lambert-Faivre ; JCP 1996. I. 3985, n° 16, obs. Viney ; CCC 1996, n° 200, obs. Leveneur ; RTD civ. 1997. 146, obs. Jourdain* • 15 mai 2007 : *préc. note 7* (médicament). ♦ V. désormais, art. 1245-10 s.

Absence de caractère exonératoire d'un visa technique : V. note 1 *in fine.* ♦ Rappr. art. 1245-9 et 1245-10-5°.

20. Prescription : rejet du bref délai. L'action en responsabilité contractuelle exercée contre le vendeur en cas de manquement à son obligation de sécurité n'est pas soumise au délai imparti par l'art. 1648 (à l'époque, bref délai). • Civ. 1re, 11 juin 1991, n° 89-12.748 P : *GAJC, 11e éd., n° 250-251 (II)* ; *D. 1993. Somm. 241, obs. Tournafond* ; *RTD civ. 1992. 114, obs. Jourdain*. ♦ Dans le même sens, pour l'action en responsabilité exercée par la victime d'un produit défectueux contre le vendeur professionnel : • Civ. 1re, 14 juin 2000 : *CCC 2000, n° 158, note Leveneur.*

21. ... Point de départ. Il résulte des art. 1147 anc. et 1384 anc. [1242], al. 1er, C. civ., interprétés à la lumière de la directive CEE n° 85-374 du 24 juill. 1985, et de l'art. L. 110-4 C. com. que l'action de la victime d'un produit vendu défectueux, dont la mise en circulation est antérieure à l'entrée en vigueur de la L. du 19 mai 1998, codifiée aux art. 1386-1 à 1386-18 anc. [1245 s.) C. civ., se prescrit à l'encontre du vendeur à compter de la vente. • Com. 24 janv. 2006, n° 02-11.323 P : *RTD civ. 2006. 571, obs. Jourdain*.

22. Recours. En cas de dommage dû à un vice du produit, le fabricant doit garantie au vendeur professionnel (distributeur) pour la totalité des condamnations prononcées contre ce dernier. • Civ. 1re, 17 janv. 1995 : *préc. note 7.* ♦ Mais, dans le cas d'un accident du travail causé par une machine non conforme aux normes de sécurité, la faute pénale de l'employeur, condamné pour homicide involontaire, interdit de mettre à la charge du fabricant du matériel l'entière responsabilité de l'accident, les fautes des intéressés ayant, toutes deux, contribué à la réalisation de l'accident. • Civ. 1re, 11 janv. 2000, n° 97-16.605 P.

SECTION 2 De la délivrance

Art. 1604 La délivrance est le transport de la chose vendue en la puissance et possession de l'acheteur.

*Sur la garantie de la conformité du bien au contrat due par le vendeur au consommateur, V. C. consom., art. L. 411-1 s. – **C. consom.***

V. art. 1197 sur la délivrance.

BIBL. ▶ **Délivrance conforme :** Atias, *D. 1991. Chron. 1* ; *D. 1993. Chron. 1* ; *ibid. 265* (vice caché). – Bénabent, *D. 1994. Chron. 115* (vice caché). – Boullez, *Gaz. Pal. 1994. 2. Doctr. 1241.* – Family, *CCC 2002. Chron. 7* (erreur, non-conformité, vice caché). – Jourdain, *Gaz. Pal. 1994. 2. Doctr. 826* (vices cachés et sécurité). – Mercié, *LPA 7 mars 2000* (vente d'automobile). – le Tourneau, *RTD com. 1980. 231* (vente d'objets mobiliers corporels). – Tournafond, *D. 1989. Chron. 237* (erreur sur la substance et vice caché).

▶ **Bogue de l'an 2000 :** V. Bibl. ss. art. 1615.

▶ Rouvière, *RDI 2010. 253* (inconstructibilité). – Salvat, *CCC 2006. Étude 18* (garantie spéciale de conformité et obligation générale de délivrance conforme : quel choix d'action ?).

1. Preuve de la délivrance. Il appartient au vendeur de prouver qu'il a mis la chose vendue à la disposition de l'acheteur dans le délai convenu. • Civ. 1re, 19 mars 1996, n° 94-14.155 P : *D. 1997. Somm. 27, obs. Jourdain* ; *Defrénois 1996. 1437, obs. Bénabent.* ♦ Même solution pour la délivrance des accessoires de la chose : V. note 1 ss. art. 1615.

2. Régime de la délivrance. Sur le régime de la délivrance (modalités, lieu, délai...), V. notes ss. art. 1605 s.

3. Domaine : contenance (loi Carrez). Lorsque l'acquéreur d'un lot de copropriété agit contre le vendeur en invoquant un déficit de superficie, son action est régie exclusivement par les dispositions de l'art. 46 de la L. du 10 juill. 1965 ; l'action fondée sur l'art. 1604 est irrecevable. • Civ. 3e, 26 nov. 2015, n° 14-14.778 P.

A. NON-CONFORMITÉ : PRINCIPES

1° NOTION

4. Définition de la non-conformité : différence avec les caractéristiques convenues. La notion de conformité ou non-conformité est inhérente à l'obligation de délivrance. • Civ. 3e, 10 oct. 2012 : *cité note 17 ss. art. 1792* (absence de distinction entre non-conformité et absence de délivrance conforme aux stipulations contractuelles).

L'acquéreur ne peut être tenu d'accepter une chose différente de celle qu'il a commandée. • Civ. 1re, 1er déc. 1987, n° 85-12.046 P : *R., p. 220.* ♦ Viole, par refus d'application, l'art. 1604 la cour d'appel qui ne recherche pas, comme elle y était invitée, si la chose livrée (ordinateur) présentait ou non les caractéristiques spécifiées par la convention des parties. • Civ. 1re, 13 oct. 1993, n° 91-16.344 P : *D. 1994. 211*, *et chron. Bénabent* ; *ibid. Chron. 115* ; *JCP 1994. I. 3757, n° 6, obs. Billiau* • Civ. 3e, 13 juill. 1999, n° 97-17.700 P (vente d'un immeuble à usage de bureaux commerciaux et en règle avec la législation en vigueur ; interprétation stricte de la mention pour refuser d'y intégrer un problème de surdensité) • 25 avr. 2007, n° 06-11.482 P : *D. 2007. AJ 1420* ; *CCC 2007, n° 198, note Leveneur* ; *RDI 2007. 350, obs.*

Tournafond (ardoises). ♦ ... Ou par sa fiche technique. • Civ. 1re, 18 juill. 2000 : *D. 2002. Somm. 1000, obs. Tournafond* (non-conformité de la composition d'un produit de revêtement de sol au regard de sa fiche technique). ♦ ... Ou par les conditions générales de vente. • Com. 14 oct. 2008, n° 07-17.977 P : *D. 2009. 412, note Ogier ; RLDC 2009/56, n° 3248, obs. Maugeri ; RTD com. 2009. 199, obs. Bouloc*. ♦ Le vendeur est tenu de délivrer un bien conforme à la stipulation de l'acte de vente ; dès lors que cet acte mentionne que les trois fenêtres murées du bien vendu peuvent être réouvertes, il y a manquement à l'obligation de délivrance s'il se révèle qu'elles ne peuvent pas l'être en vertu d'un acte antérieur. • Civ. 3e, 25 mai 2005, n° 03-20.476 P (responsabilité, au surplus, du notaire rédacteur de l'acte de vente).

5. *Date d'appréciation.* Sauf stipulation contraire, le défaut de conformité d'un matériel doit s'apprécier au regard des données techniques connues ou prévisibles au jour de la vente et ne peut résulter d'une inadéquation de la chose vendue à des normes ultérieurement mises au point et découlant de l'évolution de la technique. • Civ. 1re, 7 mai 2008, n° 06-20.408 P : *D. 2008. AJ 1409, obs. Gallmeister ; RDC 2008. 1172, obs. Viney ; RTD com. 2009. 199, obs. Bouloc*.

La conformité du bien vendu et livré aux spécifications contractuelles s'apprécie au moment de la délivrance du bien, soit, pour un terrain, lors de la remise des titres de propriété ; dès lors que l'acte de vente mentionnait l'absence de recours contre le permis de construire et ses transferts successifs, ainsi que son absence de caducité au jour de la signature de l'acte authentique de vente, peu importe l'effet rétroactif de la caducité prononcée ultérieurement et résultant d'un jugement rendu sur une demande postérieure à la vente. • Civ. 3e, 16 mars 2023, n° 21-19.460 B.

6. *Preuve de la non-conformité.* La preuve de la non-conformité à la commande du matériel livré incombe à l'acquéreur qui soulève cette exception. • Com. 3 déc. 1980 : *Bull. civ. IV, n° 409.* ♦ Cette preuve n'est pas rapportée lorsque, l'échantillon témoin fourni par l'acheteur étant détérioré, la critique de la marchandise livrée au regard de cet échantillon n'est pas déterminante. • Com. 17 oct. 2000 : *D. 2002. Somm. 999, obs. Pignarre*. ♦ Lorsque l'acheteur soutient n'avoir reçu qu'une partie de sa commande et en avoir payé le prix par chèque, c'est au vendeur qui réclame le paiement de l'intégralité du prix de prouver l'exécution de son obligation, et non à son adversaire de démontrer que les marchandises n'avaient jamais été livrées. • Com. 23 oct. 1990, n° 89-11.642 P.

7. *Détermination des caractéristiques convenues : documents publicitaires.* En faisant figurer sur le plan de masse et le plan de commercialisation la mention d'espaces verts situés en bordure de la parcelle acquise par les demandeurs, sur un terrain dont il avait la maîtrise, le vendeur a souscrit un engagement, dont le non-respect peut justifier l'octroi de dommages et intérêts. • Civ. 3e, 17 juill. 1997, n° 95-19.166 P. ♦ Sur la valeur des documents publicitaires, rappr. également : • Civ. 3e, 17 juill. 1996, n° 94-17.810 P : *D. 1997. Somm. 342, obs. Tournafond*. ♦ Rappr. • Civ. 1re, 13 avr. 1999 : *cité note 3 ss. art. 1602* (vente d'une voiture sans bon de commande conforme à l'Arr. du 30 juin 1978 et sans avertir l'acheteur que le vendeur ne participait pas aux campagnes promotionnelles de l'importateur).

8. *... Référence à un bien d'un type connu.* N'est pas conforme aux caractéristiques convenues une horloge qualifiée, dans une vente publique, de « comtoise » et qui se trouve être dépourvue du mécanisme spécifique aux horloges de ce type. • Civ. 1re, 19 déc. 2006 : *CCC 2007, n° 90, note Leveneur*, et dans la même affaire : • 28 janv. 2010 : *CCC 2010, n° 89, note Leveneur.*

9. *... Bien dépollué.* L'acte de vente mentionnant qu'un immeuble a fait l'objet d'une dépollution, le bien vendu est présenté comme dépollué et les vendeurs sont tenus de livrer un bien conforme à cette caractéristique, peu important qu'ils aient fourni des documents détaillant les travaux réalisés et leurs limites. • Civ. 3e, 29 févr. 2012, n° 11-10.318 P : *D. 2012. Chron. C. cass. 1208, note Guillaudier ; CCC 2012, n° 117, obs. Leveneur ; RDC 2012. 1306, obs. Mekki* (vendeur devant prendre en charge le coût des travaux de dépollution supplémentaires). ♦ Appréciation de la délivrance d'un terrain pollué, conforme à la convention des parties, l'acquéreur ayant été parfaitement informé du risque de pollution et ayant renoncé expressément à engager la responsabilité du vendeur de ce chef. • Civ. 3e, 16 janv. 2013 : *cité note 5 ss. art. 1603.*

En présence d'un rapport technique joint à l'acte accréditant l'idée d'une dépollution complète du site, et faute d'acceptation, par l'acquéreur, d'un risque connu de pollution résiduelle, la cour d'appel a pu en déduire que le vendeur avait manqué à son obligation de délivrance, dès lors que le bien n'était pas conforme à cette caractéristique. • Civ. 3e, 30 sept. 2021, n° 20-15.354 B : *D. 2021. 1814 ; RDC 2022/1. 45, note Thibierge.*

10. *... Bien désamianté.* Commet une faute le vendeur qui affirme l'absence de présence d'amiante en se référant au Décr. du 7 févr. 1996 sur la foi d'un diagnostic négatif établi selon la réglementation antérieure. • Civ. 3e, 5 nov. 2008, n° 07-17.054 P. ♦ Mais la législation relative à la protection de la population contre les risques sanitaires liés à une exposition à l'amiante dans les immeubles bâtis n'oblige le propriétaire de l'immeuble qu'à transmettre à l'acquéreur l'état établi par le professionnel ; les vendeurs de bonne foi ne sauraient être condamnés si la présence d'amiante est ultérieurement constatée, sauf engagement spécifique des vendeurs de livrer un immeuble exempt d'amiante. • Civ. 3e, 23 sept. 2009, nº 08-13.373 P : *R., p. 385 ; BICC 1er mars 2010, nº 310 ; D. 2009. AJ 2343, obs. Forest ; JCP N 2009, nº 1332, note Leveneur ; CCC 2009, nº 285, obs. Leveneur ; RCA 2009, nº 330, note Bloch ; RLDC 2009/66, nº 3637, obs. Le Gallou ; RDC 2010. 657, note Brun.*

11. ... Parties en relations d'affaires. Manque à son obligation de délivrance conforme le vendeur qui livre un tissu dont la composition a été modifiée, alors que la commande était inchangée par rapport aux commandes antérieures. • Com. 8 juill. 2003, nº 01-02.949 P : *R., p. 429 ; CCC 2004, nº 5, note Leveneur.* ♦ Un usage s'étant instauré entre les parties, en relations d'affaires depuis plusieurs années, de commandes de semences toujours traitées, le vendeur qui a livré des semences non traitées a manqué à son obligation de livraison conforme aux spécifications contractuelles habituelles • Civ. 1re, 30 mars 1999, nº 97-11.994 P : *CCC 1999, nº 110, note Leveneur.*

2º DISTINCTION AVEC LE VICE CACHÉ

12. Définition du vice caché : défaut de conformité à la destination normale. Le défaut de conformité de la chose vendue à sa destination normale constitue le vice prévu par les art. 1641 s. • Civ. 1re, 8 déc. 1993, nº 91-19.627 P : *D. 1994. 212 ; ibid. Chron. 115, par Bénabent*. – Dans le même sens : • Civ. 1re, 27 oct. 1993, nº 91-21.416 P : *eod. loc.* • Com. 26 avr. 1994, nº 92-13.862 P : *R., p. 343 ; JCP 1994. II. 22356, note Leveneur* • Civ. 1re, 18 nov. 1997, nº 95-16.367 : *RCA 1998, nº 63* (semences ne possédant pas les qualités germinatives prévues du fait d'une pollution transmise par le matériel du fournisseur). ♦ L'infestation parasitaire d'une charpente ayant détruit les pièces principales de charpente et du solivage, entraînant un risque d'effondrement, ne peut en conséquence constituer qu'un vice caché de la chose vendue ; les demandes formées tant sur le fondement du manquement à l'obligation de délivrance de la chose vendue que sur celui du manquement au devoir d'information ne peuvent être accueillies. • Civ. 3e, 18 janv. 2023, nº 21-22.543 B : *D. 2023. 175 ; CCC 2023, nº 39, note Leveneur.* ♦ En conséquence, l'action de l'acquéreur fondée sur un tel vice est soumise au régime de l'action en garantie. Ainsi en est-il de la condition d'exercice de l'action dans le délai édicté par l'art. 1648. • Civ. 1re, 8 déc. 1993 : *préc.* • Com. 31 mai 1994, nº 91-18.546 P. ♦ V. aussi notes ss. art. 1641.

13. Conséquences : procédure. L'art. 12 C. pr. civ. ne faisant pas obligation au juge, sauf règles particulières, de changer la dénomination ou le fondement juridique des demandes des parties, une cour d'appel, saisie d'une demande fondée sur l'existence d'un vice caché dont la preuve n'est pas rapportée, n'est pas tenue de rechercher si cette action pouvait être fondée sur un manquement du vendeur à son obligation de délivrance. • Cass., ass. plén., 21 déc. 2007, nº 06-11.343 P : *R., p. 445 ; BICC 15 avr. 2008, rapp. Loriferne, avis de Gouttes ; D. 2008. AJ 228, obs. Dargent ; JCP 2008. II. 10006, note Weiller ; ibid. I. 138, nº 9, obs. Amrani-Mekki ; Gaz. Pal. 2008. 290, avis de Gouttes ; Defrénois 2008. 1457, note Savaux ; RDI 2008. 102, obs. Malinvaud ; Dr. et pr. 2008. 96, rapp. Loriferne, note Lefort ; RLDC 2008/51, nº 3078, obs. Miniato ; CCC 2008, nº 92, obs. Leveneur ; RCA 2008, nº 112, obs. Hocquet-Berg ; RTD civ. 2008. 317, obs. Gautier*. ♦ Une cour d'appel n'avait pas à rechercher un manquement à l'obligation de conformité, en présence d'un acte de vente mentionnant l'absence d'amiante, caractéristique qui s'est révélée inexacte. • Civ. 3e, 6 juill. 2011 : *cité note 5 ss. art. 1643* (rejet de l'action fondée sur la garantie des vices cachés en raison d'une clause exonératoire valable, les vendeurs profanes de bonne foi ayant annexé un diagnostic négatif d'un professionnel sans connaître son caractère erroné). ♦ Déjà en ce sens : • Civ. 3e, 8 nov. 2006, nº 05-17.379 P (le juge, saisi d'une demande de résolution d'une vente sur le fondement des vices cachés, n'est pas tenu d'examiner d'office le litige au regard des art. 1603 et 1604 relatifs à l'obligation de délivrance conforme). ♦ Cassation de l'arrêt estimant irrecevable l'action des acheteurs fondée sur la non-conformité, pour non-respect de l'art. 1648, sans constater que la garantie des vices cachés était l'unique fondement possible de leur action. • Civ. 3e, 25 janv. 2012, nº 10-27.357 P.

14. ... Assurance. Une société qui a livré un produit ne présentant pas les caractéristiques convenues, de sorte qu'il y avait défaut de conformité à la commande et non vice caché, ne peut être garantie pas son assureur à ce dernier titre. • Civ. 1re, 16 janv. 2001, nº 98-16.732 P : *RCA 2001, nº 123 (2e esp.), note Groutel.*

15. Influence de la volonté des parties. Manque à son obligation de livrer un produit conforme aux spécifications de la commande qu'il a acceptée le vendeur d'un enduit de façade qui s'est révélé inapte à l'utilisation contractuellement définie en tant qu'enduit extérieur. • Civ. 1re, 17 juin 1997, nº 95-18.981 P : *CCC 1997, nº 163, note Leveneur ; JCP E 1998. 611, nº 16, obs. D. Mainguy.* ♦ Même solution pour la vente d'un véhicule, conventionnellement prévu pour être utilisé comme taxi spécialement aménagé en vue du transport de personnes handicapées et qui, de par sa conception, s'est avéré inadapté à supporter les modifications réalisées à cet effet. • Civ. 1re, 17 juin 1997, n° 95-13.389 P : *JCP E 1998. 611, n° 16, obs. D. Mainguy.* ♦ Même solution pour la vente de lots immobiliers contractuellement destinés à l'habitation individuelle et dépourvus de compteurs électriques individuels. • Civ. 3e, 6 oct. 2004, n° 02-20.755 P : *D. 2004. IR 2894 ; CCC 2205, n° 24, note Leveneur ; RDC 2005. 350, obs. Brun.* ♦ Manque à son obligation de délivrance le vendeur qui s'est engagé à fournir le matériel nécessaire à l'élevage de cailles mais a mis en œuvre des équipements inadaptés à la destination convenue avec le client, les équipements fournis n'étant pas conformes aux caractéristiques convenues lors de la vente. • Civ. 1re, 30 sept. 2010, n° 09-11.552 P : *D. 2010. 2372*. ♦ En présence d'un immeuble vendu comme étant raccordé au réseau public d'assainissement alors que le raccordement n'était pas conforme aux stipulations contractuelles, l'action ne relève pas des vices cachés mais du non-respect de l'obligation de délivrance. • Civ. 3e, 28 janv. 2015, n° 13-19.945 P : *D. 2015. 319 ; JCP 2015, n° 469, note Boffa.* ♦ En présence d'un rapport technique joint à l'acte accréditant l'idée d'une dépollution complète du site, et faute d'acceptation, par l'acquéreur, d'un risque connu de pollution résiduelle, la cour d'appel a pu en déduire que le vendeur avait manqué à son obligation de délivrance, dès lors que le bien n'était pas conforme à cette caractéristique. • Civ. 3e, 30 sept. 2021, n° 20-15.354 B : *D. 2021. 1814 ; RDC 2022/1. 45, note Thibierge.*

V. cependant : non-conformité de la qualité de l'isolation phonique, qui était moyenne ou de qualité inférieure, sans que l'appartement soit inhabitable, alors qu'elle aurait dû être de grande qualité selon les documents contractuels. • Civ. 3e, 10 oct. 2012 : *cité note 17 ss. art. 1792.*

16. Non-conformité à la destination normale, conséquence d'un manquement à l'obligation de se renseigner. L'installateur fournisseur, chargé de l'informatisation de la gestion d'une entreprise, qui a manqué à son devoir d'information et de conseil en ne s'assurant pas de la compatibilité du matériel avec les logiciels fournis et a failli à ses obligations en ne livrant pas une installation conforme aux spécifications convenues, ne peut se prévaloir du délai prévu par l'art. 1648 C. civ. • Civ. 1re, 25 mai 2004 : *Gaz. Pal. 2005. Somm. 603, obs. Bourgeois* (compatibilité de matériels et de logiciels informatiques). ♦ Sur cette solution, V. aussi les décisions citées dans le Mégacode civil 2014.

B. NON-CONFORMITÉ : ILLUSTRATIONS

1° ABSENCE DE RESPONSABILITÉ DU VENDEUR

17. Difficulté non imputable au vendeur. Remplit son obligation de délivrance le vendeur qui fournit des marchandises conformes aux spécifications de son bon de commande, même si, en raison de l'erreur de conception commise par l'acheteur, professionnel de la construction, les tôles livrées destinées à la couverture d'un garage se sont avérées différentes de celles déjà posées. • Com. 17 mars 1998, n° 95-21.153 P : *D. Affaires 1998. 995, obs. S. P.* ♦ Deux sociétés n'ont commis aucune faute contractuelle en livrant chacune un logiciel ou un matériel standard dès lors qu'elles n'étaient pas informées de l'usage particulier auquel l'acheteur entendait affecter leur matériel, ce dernier ayant assumé seul et sans précautions la responsabilité de maître d'œuvre. • Com. 7 janv. 1997 : *Gaz. Pal. 1998. 1. 54, note Godet.* ♦ V. également note 33 dans le cadre de groupes de contrats. ♦ Comp. note 21 ss. art. 1641, pour l'absence de vice dans l'incompatibilité inconnue de deux médicaments.

18. Non-conformité apparente. La réception sans réserve de la chose vendue couvre ses défauts apparents de conformité. • Civ. 1re, 26 juin 2001 : *CCC 2001, n° 156, note Leveneur* (automobile) • Com. 8 janv. 2002 : *CCC 2002, n° 75, note Leveneur* (vitrines réfrigérées) • Civ. 1re, 12 juill. 2005, n° 03-13.851 P : *D. 2005. IR 2179 ; CCC 2005, n° 203, note Leveneur ; LPA 20 mars 2006, obs. Paisant* (ensemble informatique) • Com. 17 févr. 2021, n° 18-15.012 P : *D. 2021. 423 ; RTD com. 2021. 407, obs. Bouloc ; CCC 2021, n° 74, note Leveneur* (professionnel de la réparation navale ne pouvant ignorer que le type de moteur installé, doté de deux turbines et destiné à un bateau de plaisance, ne pouvait être installé en l'état sur un bateau de pêche). ♦ L'acquéreur d'une propriété ne peut obtenir le remboursement du coût de déplacement du bloc de comptage EDF, sur le fondement de la délivrance non conforme, s'il est constaté que l'emplacement de ce bloc était apparent et que l'acquéreur a accepté l'immeuble en l'état. • Civ. 3e, 22 janv. 1997, n° 94-20.127 P : *JCP N 1997. II. 778.*

19. Non-conformité couverte par l'acceptation de la livraison. L'acceptation sans réserve de la marchandise par l'acheteur lui interdit de se prévaloir du défaut de conformité. • Com. 1er mars 2005, n° 03-19.296 P : *D. 2005. IR 799 ; CCC 2005, n° 127, note Leveneur.* ♦ Lorsque la marchandise a été vérifiée et réceptionnée sans réserve par un mandataire de l'acheteur, ce dernier ne peut refuser d'en effectuer le paiement en invoquant la non-conformité de la marchandise livrée. • Com. 12 févr. 1980, n° 78-11.538 P : D. 1981. 278, note Aubertin. ♦ Même si les vêtements vendus n'ont été réceptionnés que tardivement chez l'acheteur, le mandataire de ce dernier avait inspecté la marchandise chez le vendeur et l'avait remise au transporteur pour qu'elle soit expédiée par avion, de telle sorte qu'à la date de l'inspection, le vendeur avait rempli son obligation de délivrance conforme. • Com. 17 févr. 1998, n° 95-15.952 P. ♦ Mais cassation du jugement qui condamne l'acheteuse de piquets défectueux à payer la facture de leur prix, au motif que celle-ci ne demandait ni la résolution de la vente, ni la diminution du prix, alors que si l'acheteuse avait accepté de conserver les piquets, elle contestait en devoir le prix. • Civ. 1re, 25 mars 1997, n° 95-11.995 P : *D. 1997. Somm. 345, obs. Paisant*.

2° EXEMPLES DE NON-CONFORMITÉ

20. Défauts esthétiques. Les défauts esthétiques, notamment de coloration, affectant la chose vendue constituent un défaut de conformité engageant la responsabilité du vendeur pour manquement à son obligation de délivrer une chose conforme. • Civ. 3e, 30 juin 2016, n° 15-12.447 P : *D. 2016. 1497 ; RDI 2016. 478, obs. Malinvaud*. ♦ V. déjà : • Civ. 1re, 1er déc. 1987, n° 85-12.565 P : *Defrénois 1988. 199, rapp. Sargos ; RTD civ. 1988. 368, obs. Rémy* (cassation de l'arrêt estimant que la conformité se limite au type du véhicule et ne peut concerner des défauts de peinture). ♦ Livraison d'une table carrée au lieu d'une table ovale. • Colmar, 7 févr. 1997 : *D. Affaires 1997. 1388* (une non-conformité peut résulter d'une différence purement esthétique ou d'une différence minime).

21. Chose neuve : absence de défaut. La commande d'une chose neuve s'entend normalement d'une chose sans défaut ; dans le cas contraire, l'acheteur est en droit de refuser la livraison. • Civ. 1re, 4 avr. 1991, n° 89-17.550 P : *D. 1992. Somm. 201, obs. Tournafond* • 3 juill. 2008 : *RLDC 2008/54, n° 3173, obs. Maugeri*. ♦ Cassation de l'arrêt qui refuse la résolution de la vente d'un véhicule automobile neuf, au motif que l'effraction subie par celui-ci n'a laissé que des défauts trop légers pour ouvrir droit à une action en non-conformité. • Civ. 1re, 3 mai 2006, n° 04-20.432 P : *D. 2006. IR 1405 ; CCC 2006, n° 185, note Leveneur*.

22. Véhicules automobiles. L'année de fabrication d'un véhicule automobile constitue une qualité substantielle de la chose vendue, et il y a défaut de conformité avec la commande en cas de livraison d'une voiture neuve construite antérieurement au changement de millésime. • Paris, 27 nov. 1967 : *JCP 1968. II. 15531, note J. H.* ♦ V., dans le même sens, pour une voiture d'occasion dont le kilométrage réel était double de celui figurant au compteur : • Civ. 1re, 16 juin 1993, n° 91-18.924 P : *D. 1994. 210 ; ibid. Chron. 115, par Bénabent* • 15 mars 2005, n° 02-12.497 P : *D. 2005. IR 919 ; CCC 2005, n° 129, note Leveneur* (kilométrage erroné et numéro de série falsifié). ♦ V. aussi : • Civ. 1re, 20 févr. 1996 : *cité note 26* • 15 mai 2007, n° 06-14.781 P : *D. 2007. AJ 1501 ; RDC 2007. 1125, obs. Viney* (moteur vendu pour un kilométrage indiqué de 32 000 km et en réalité atteint de vétusté). ♦ La vente d'un véhicule volé, accompagnée de la remise d'une carte grise falsifiée, constitue un défaut de délivrance de la chose vendue et non un vice caché affectant la chose vendue. • Civ. 1re, 29 mai 1996, n° 94-15.263 P : *D. 1997. Somm. 346, obs. Tournafond ; CCC 1996, n° 165, note Leveneur.* ♦ Constitue un manquement à l'obligation de délivrance la vente, au lieu d'une voiture d'occasion d'une certaine marque, d'une voiture constituée de l'épave d'un véhicule accidenté assemblée à une coque dont le numéro de série d'origine a été maquillé, le véhicule ainsi vendu ne correspondant en rien aux spécifications convenues entre les parties. • Civ. 1re, 5 nov. 1996, n° 94-15.898 P : *JCP 1997. II. 22872, note Radé.* ♦ Manque à son obligation de délivrance, et non à la garantie des vices cachés, le vendeur qui fournit un véhicule non conforme aux indications du contrôle technique. • Civ. 1re, 29 janv. 2002, n° 99-21.728 P. ♦ ... Ou dont les caractéristiques figurant sur la facture et la carte grise diffèrent de celles figurant sur la plaque constructeur. • Civ. 1re, 20 janv. 2004 : *RDC 2004. 691, obs. Brun.* ♦ ... Ou dont le moteur ne correspond pas à celui mentionné sur la carte grise, et qui n'est pas conforme à la réglementation technique, de sorte qu'il ne peut être assuré. • Civ. 1re, 25 janv. 2005, n° 02-12.072 P : *D. 2005. IR 254 ; JCP 2005. II. 10184, note Lièvremont ; RDC 2005. 1147, obs. Sérinet.* – V. conf., • Civ. 1re, 24 janv. 2006, n° 04-11.903 P : *D. 2006. IR 397 ; CCC 2006, n° 78, note Leveneur* • 13 juin 2006, n° 04-19.665 P : *D. 2006. IR 1916* (tracteur d'occasion).

23. Numérotation. En délivrant une série de volumes numérotés dont le numéro ne correspond pas à celui de la commande, le vendeur n'a pas satisfait à l'obligation dont il était tenu. • Civ. 1re, 26 nov. 1980, n° 79-14.547 P : *RTD civ. 1981. 647, obs. Cornu.*

24. Immeubles. Il y a non-conformité d'un élément du contrat de vente d'un appartement lorsque la disposition de l'appartement situé au-dessus de celui de l'acquéreur a été modifiée par rapport aux plans de l'immeuble déposés chez le notaire en annexe à l'acte de vente (salle d'eau au-dessus de la chambre de l'acquéreur). En conséquence, les vendeurs doivent effectuer les travaux d'isolation acoustique nécessaires. • Civ. 3e, 26 mai 1994, n° 92-15.911 P : *D. 1995. Somm. 277, obs. Magnin*. ♦ V. aussi note 2 ss. art. 1605. ♦ Manque à son obligation de délivrance conforme, le vendeur qui livre un garage ne pouvant contenir qu'un véhicule, alors que la capacité du garage prévue au contrat était de deux. • Civ. 3e, 14 mai 1997, n° 95-13.840 P (éviction du délai prévu par l'art. 1642-1). ♦ Comp., pour une place de stationnement de dimension trop étroite : • Civ. 3e, 20 mars 1996, n° 94-14.761 P : *D. 1997. Somm. 347, obs.*

Tournafond (vice caché). – *Adde*, Rouvière, *RDI 2010. 253* (inconstructibilité : entre non-conformité, erreur et vice caché).

25. Performances ou prestations d'un matériel. Le vendeur, qui garantit dans ses documents publicitaires que les chèques libellés au moyen de sa machine sont infalsifiables, manque à son engagement dès lors que l'acheteur établit avoir été victime de chèques falsifiés. • Com. 17 juin 1997, nº 95-11.164 P : *D. 1998. 248, note Pignarre et Paisant* ; *JCP 1997. I. 4056, nº 1 s., obs. Labarthe ; ibid. 1998. I. 144, nº 8, obs. Viney ; CCC 1997, nº 177, note Leveneur ; RTD civ. 1998. 363, obs. Mestre* ; *RCA 1997. Comm. 368 ; JCP E 1997. II. 1022, note Labarthe.* ♦ Manque à son obligation de délivrance conforme le vendeur qui livre une machine dont il était contractuellement prévu qu'elle produirait des sachets de 250 grammes, alors que ce poids a toujours été dépassé, ce qui a entraîné une perte de productivité préjudiciable à l'acheteur. • Com. 7 juill. 1998 : *D. Affaires 1998. 1529, obs. J. F.* ♦ Dans le même sens, pour un portique de manutention de gravats : • Com. 19 déc. 2000 : *D. 2002. Somm. 1007, obs. Pignarre (1re esp.)*. ♦ Rappr. note 15. ♦ V. aussi, pour un logiciel présenté comme ayant une « durée illimitée » et ne passant pas l'an 2000, note 18 ss. art. 1644.

C. NON-CONFORMITÉ : RÉGIME

26. Choix de la sanction. Les juges du fond disposent d'un pouvoir souverain d'appréciation pour fixer les modalités de réparation du préjudice résultant d'un défaut de conformité. • Civ. 3e, 8 mars 2000, nº 98-15.345 P (décision rendue à propos d'une vente d'immeuble à construire). ♦ Office du juge dans l'évaluation du coût des travaux de mise en conformité : V. • Com. 28 juin 2005, nº 04-11.543 P. ♦ Une mention erronée quant à la version du modèle acquis et sa puissance administrative sur les documents afférents au véhicule automobile vendu ne concerne pas un élément en considération duquel la vente a été conclue et est sans incidence sur l'utilisation du véhicule, de sorte que la résolution n'est pas encourue. • Civ. 1re, 20 févr. 1996, nº 94-11.276 P.

L'acquéreur qui demande, non la résolution de la vente, mais l'allocation de dommages-intérêts, doit justifier de l'existence d'un préjudice. • Com. 19 déc. 2000 : *D. 2002. Somm. 1007, obs. Pignarre (2e esp.)*. ♦ Possibilité d'une indemnité pour dépréciation de la chose : V. note *23 ss. art. 1184 anc. et ss. art. 1217.*

27. Non-conformité et erreur. Sont également recevables les actions fondées, d'une part, sur le défaut de conformité de la chose vendue et, d'autre part, sur l'erreur commise sur une qualité substantielle de cette chose. • Civ. 3e, 25 mars 2003 : *JCP 2003. I. 170, nos 6 s., obs. Sérinet.*

28. Non-conformité et produits défectueux. L'action en résolution en cas de manquement du vendeur à son obligation contractuelle de délivrance d'un bien conforme, prévue par l'art. 704, ne tendant pas à la réparation d'un dommage qui résulte d'une atteinte à la personne causée par un produit défectueux ou à un bien autre que ce produit, elle se trouve hors du champ de la Dir. 85/374/CEE du 25 juill. 1985 et de la L. du 19 mai 1998 qui l'a transposée, et n'est donc soumise à aucune de leurs dispositions ; cassation de l'arrêt ayant déclaré irrecevable une action en résolution de la vente du matériel agricole pour non-conformité, les juges ayant retenu que, si le régime de responsabilité du fait des produits défectueux n'exclut pas l'application d'autres régimes de responsabilité contractuelle ou extracontractuelle, c'est à la condition que ceux-ci reposent sur des fondements différents de celui tiré d'un défaut de sécurité du produit litigieux. • Civ. 1re, 9 déc. 2020, nº 19-21.390 P : *D. 2021. 7* ; *RTD civ. 2021. 427, obs. Jourdain* ; *RDC 2021/1. 42, note Borghetti.*

29. Naissance de la créance. La créance de l'acquéreur née du défaut de conformité de la chose vendue a son origine au jour de la conclusion de la vente et non à la date d'apparition du dommage, de sorte que si celle-ci est intervenue avant le jugement d'ouverture de la procédure collective du vendeur, l'acquéreur doit la déclarer au passif de la procédure collective. • Com. 2 oct. 2012, nº 10-25.633 P : *D. 2012. 2387, obs. Lienhard* ; *RTD com. 2013. 347, obs. Martin-Serf*.

30. Délai pour agir. L'action fondée sur une non-conformité n'est soumise ni au délai de l'art. 1648, ni à celui de l'art. 1642-1. ♦ Comp. dans le cadre de la Convention de Vienne : l'acheteur est déchu du droit de se prévaloir d'un défaut de conformité s'il ne le dénonce pas au vendeur, en précisant la nature de ce défaut, dans un délai raisonnable à partir du moment où il l'a constaté ou aurait dû le constater (art. 39), et pour une illustration : rejet du pourvoi contre l'arrêt refusant de faire application de l'art. 40 de la Convention, privant le vendeur du bénéfice de l'art. 39 lorsqu'il connaissait ou ne pouvait ignorer une telle non-conformité, faute de rapporter une telle preuve en l'espèce, en dépit d'une visite du vendeur chez l'acheteur et de l'octroi d'une remise commerciale. • Com. 4 nov. 2014, nº 13-10.776 P : *D. 2015. 902, note Witz* ; *RTD com. 2015. 143, obs. Bouloc* ; *JCP 2015, nº 236, obs. Nourissat* (perte corrélative du droit aux dommages et intérêts de l'art. 74 ; délai de deux mois jugé excessif par l'arrêt attaqué pour des sapins de Noël).

1º CLAUSES RELATIVES À LA NON-CONFORMITÉ

31. Interprétation. Une clause relative à la qualité de la chose vendue est sans application lorsque l'acheteur conteste la conformité de celle-ci à la commande (pièces de menuiserie de dimensions inférieures à celles mentionnées sur le bon de commande). • Civ. 1re, 5 mai 1993, n° 91-18.047 P : *Defrénois 1994. 343, obs. Delebecque.*

32. Validité entre professionnels de spécialité différente (oui). S'agissant pour un vendeur professionnel de limiter sa responsabilité, non à raison des vices cachés de la chose vendue, mais des défauts de conformité de la chose livrée, une cour d'appel n'a pas à rechercher, pour déclarer la clause opposable à l'acheteur, si ce dernier est un professionnel de même spécialité que le vendeur. • Civ. 1re, 20 déc. 1988 : *JCP 1989. II. 21354, note Virassamy ; Defrénois 1989. 1418, obs. Vermelle* • 24 nov. 1993 : *JCP 1994. II. 22334, note Leveneur ; Defrénois 1994. 818, obs. D. Mazeaud.*

2° CONFORMITÉ ET VENTES SUCCESSIVES

33. Transmission de l'action. Le sous-acquéreur jouit de tous les droits et actions attachés à la chose qui appartenait à son auteur ; il dispose donc à cet effet contre le vendeur initial d'une action contractuelle directe fondée sur la non-conformité de la chose livrée. • Civ. 1re, 22 févr. 2000 : *CCC 2000, n° 91, note Leveneur* • Civ. 3e, 30 sept. 2021, n° 20-15.354 B : *D. 2021. 1814 ; RDC 2022/1. 45, note Thibierge* (action directe contre un coéchangiste). – V. déjà : • Com. 19 mars 1991 : *JCP N 1992. II. 107, note Leveneur.* ♦ L'action résolutoire résultant d'un même défaut de conformité se transmet avec la chose livrée, de sorte que lorsqu'elle est exercée, d'une part, par le sous-acquéreur à la fois contre le vendeur intermédiaire et contre le vendeur originaire, à l'égard duquel le sous-acquéreur dispose d'une action directe contractuelle, d'autre part, par le vendeur intermédiaire contre le vendeur originaire, seule peut être accueillie l'action formée par le sous-acquéreur contre le vendeur intermédiaire et contre le vendeur originaire, le vendeur intermédiaire pouvant seulement agir en ce cas contre le vendeur originaire aux fins de garantie des condamnations prononcées contre lui en faveur du sous-acquéreur. • Civ. 1re, 20 mai 2010 : *D. 2010. Actu. 1416, obs. Delpech ; ibid. 1757, note Deshayes ; JCP 2010, n° 842, note Boucard ; RLDC 2010/73, n° 3870, obs. Le Gallou ; RDC 2010. 1317, obs. Brun ; RTD civ. 2010. 554, obs. Fages ; RTD com. 2011. 165, obs. Bouloc .*

Mais, cassation de l'arrêt qui rejette l'action intentée par un adjudicataire à l'encontre du propriétaire de l'immeuble, en raison du fait que l'immeuble acquis n'était plus relié au réseau de distribution d'eau, au motif que l'adjudicataire avait revendu le bien, sans rechercher si celui-ci avait cédé à l'acquéreur, avec la propriété de l'immeuble, sa créance née du défaut de délivrance de la chose vendue. • Civ. 3e, 8 janv. 1997 : *JCP 1997. II. 22877, note Monsallier.*

34. Caractéristiques « convenues » : détermination du contrat de référence. Le vendeur d'un ordinateur d'occasion qui s'est révélé impropre à l'usage auquel l'acheteur le destinait ne peut se faire garantir par le fabricant qui, n'ayant aucune relation avec le client, s'est borné à livrer le matériel. • Civ. 1re, 3 déc. 1996, n° 94-21.584 P. ♦ Absence de faute du vendeur, fabriquant un élément de ventilation et de chauffage, qui livre à un autre professionnel, l'entrepreneur chargé de la construction, un matériel conforme à son propre catalogue et dont il ignorait la destination finale. • Civ. 1re, 3 juin 1997, n° 95-17.112 P. ♦ V. note 15.

35. Compatibilité des fondements des actions directe et récursoire. Pour la même défectuosité du produit vendu, une cour d'appel ne peut accueillir à la fois l'action contractuelle directe du maître de l'ouvrage contre le fabricant pour non-conformité et l'action du vendeur intermédiaire contre ce même fabricant pour vice caché. • Civ. 3e, 3 oct. 1991, n° 90-12.088 P : *D. 1992. Somm. 272, obs. Kullmann ; RTD civ. 1992. 579, obs. Gautier .* ♦ Même sens : • Civ. 3e, 5 nov. 1997, n° 96-10.841 P : *RCA 1998, n° 97.*

36. Régime des restitutions. En cas de résolution d'une vente, la restitution du prix reçu par le vendeur est la contrepartie de la remise de la chose par l'acquéreur et seul celui auquel la chose est rendue doit restituer à celui-ci le prix qu'il en a reçu. • Com. 3 févr. 1998, n° 95-19.443 P : *D. 1999. Somm. 15, obs. Tournafond* (cassation de l'arrêt ayant mis à la charge du vendeur initial la restitution du prix au sous-acquéreur qui avait restitué la chose à son cocontractant). ♦ Rappr. également : • Civ. 1re, 7 avr. 1998, n° 96-18.790 P : *Gaz. Pal. 1999. 2. Somm. 456, obs. Guével ; RTD civ. 1998. 905, obs. Mestre* (en cas de résolution d'une vente, le vendeur doit restituer le prix, c'est-à-dire la somme qu'il a reçue, éventuellement augmentée des intérêts, sauf au juge du fond à accorder en outre des dommages et intérêts).

Le vendeur originaire ne peut être tenu de restituer plus qu'il n'a reçu, sauf à devoir des dommages-intérêts en réparation du préjudice causé tant au sous-acquéreur qu'au vendeur intermédiaire. • Civ. 1re, 20 mai 2010 : *cité note 33.*

Art. 1605 **L'obligation de délivrer les immeubles est remplie de la part du vendeur lorsqu'il a remis les clefs, s'il s'agit d'un bâtiment, ou lorsqu'il a remis les titres de propriété.**

1. Remise des clefs : limite. L'art. 1605 n'oblige le vendeur à remettre les clefs à l'acheteur que s'il en dispose lui-même (cas où l'acquéreur, adjudicataire, refuse de recevoir les clefs des mains d'un voisin chez qui elles avaient été déposées par le dernier occupant de l'immeuble). • Civ. 1re, 16 juin 1982, n° 81-11.752 P.

2. Remise des titres. Ayant constaté que l'objet de la vente était un appartement alors que le vendeur n'était propriétaire que de parts donnant droit à la jouissance de cet appartement pendant le cours de la société civile immobilière et à sa pleine propriété seulement à la dissolution ou à la liquidation de cette société, les juges du fond en ont exactement déduit que le vendeur ne pouvait pas effectuer la remise des titres de propriété de l'appartement vendu et par suite n'avait pas satisfait à l'obligation de délivrance prescrite par l'art. 1605. • Civ. 3e, 17 mars 1981, n° 79-15.428 P : *R., p. 64.*

3. Obligations complémentaires : expulsion d'un occupant sans titre. L'obligation de délivrance exige que le vendeur livre l'immeuble libre d'occupant et, si besoin est, le fasse évacuer s'il est occupé par une personne ne disposant d'aucun droit opposable à l'acquéreur. • Paris, 23 févr. 1978 : *JCP N 1978. II. 234.* – V. également • Civ. 1re, 24 avr. 1967, n° 65-11.548 P.

4. ... Radiation des inscriptions. Le vendeur a, sauf convention contraire, l'obligation, lors de la délivrance, d'effectuer la radiation des inscriptions des privilèges ou hypothèques ayant grevé l'immeuble antérieurement à la vente. • Civ. 1re, 23 oct. 1963, n° 62-10.638 P : *D. 1964. 33, note Voirin ; JCP 1964. II. 13485, note J. Mazeaud.*

5. ... Bornage. L'obligation de délivrance à la charge du lotisseur ne se limite pas à la simple remise du titre de propriété et du plan de lotissement, mais implique l'obligation de fixer nettement sur le terrain les limites des lots vendus (bornage). • Civ. 3e, 8 févr. 1983, n° 81-15.509 P. ♦ Sur l'obligation du vendeur de délivrer une superficie de terrain, d'un minimum déterminé, à détacher d'une parcelle précise, V. aussi, admettant que le plan de division élaboré, qui entrait dans les prévisions contractuelles, permettait une exécution en nature de cette obligation : • Civ. 3e, 2 juill. 1997, n° 95-18.303 P : *JCP 1997. IV. 1900* (résumé du second moyen) • 17 juill. 1968, n° 65-14.570 P.

6. Date de la délivrance. L'adjudicataire bénéficie du droit à délivrance des biens compris dans la saisie dès le prononcé du jugement d'adjudication ; dès lors, l'arrêt qui constate que le bien saisi aurait été en bon état s'il avait été régulièrement libéré à cette date peut en déduire que le propriétaire saisi a manqué à son obligation de délivrance. • Civ. 3e, 25 mai 2005, n° 03-17.917 P : *D. 2005. 3073, note Mauger-Vielpeau ; AJDI 2006. 398, note Cohet-Cordey.*

7. Surenchère. Le surenchérisseur ne devient propriétaire du bien que par l'effet de l'adjudication sur surenchère ; jusqu'à cette date, l'immeuble demeure aux risques du débiteur saisi. • Civ. 2e, 17 nov. 2011 : *D. 2011. 2867 ; RTD civ. 2012. 151, obs. Perrot ; RDC 2012, n° 508, obs. Pimont.*

8. Destinataire. La chose vendue doit être délivrée à l'acquéreur et non à un tiers détenteur de la facture que l'acquéreur prétend s'être fait voler. • Civ. 1re, 12 mai 2011 : *RLDC 2011/84, n° 4298, obs. Paulin.*

Art. 1606 **La délivrance des effets mobiliers s'opère :**

Ou par la *(L. n° 2009-526 du 12 mai 2009, art. 10)* **« remise de la chose »,**

Ou par la remise des clefs des bâtiments qui les contiennent,

Ou même par le seul consentement des parties, si le transport ne peut pas s'en faire au moment de la vente, ou si l'acheteur les avait déjà en son pouvoir à un autre titre.

1. Mise en douane. La mise en entrepôt de douane de la chose vendue (automobile) ne constitue pas un acte de délivrance au sens de l'art. 1604. • Civ. 1re, 25 oct. 1978, n° 76-14.060 P : *R., p. 40 ; D. 1979. 20 ; JCP 1980. II. 19305, note J. H. ; RTD civ. 1979. 808, obs. Cornu.*

2. Remise au transporteur. A rempli son obligation de délivrance le vendeur qui a remis les marchandises vendues au transporteur qui les a acceptées sans réserve. • Com. 8 oct. 1996, n° 94-11.036 P. ♦ Dès lors que le mandataire de l'acheteur a inspecté la marchandise chez le vendeur et l'a remise au transporteur, le vendeur a rempli son obligation de délivrance conforme. • Com. 17 févr. 1998, n° 95-15.952 P.

3. Bien déjà en possession de l'acquéreur. Il résulte de l'art. L. 624-16 C. com., ensemble l'art. 1606 C. civ., que la délivrance d'un meuble s'opère par le seul consentement des parties, si l'acheteur l'avait déjà en son pouvoir à un autre titre ; en ce cas, la clause de réserve de propriété affectant ce bien doit, pour être opposable aux tiers, avoir été convenue dans le contrat de vente. • Com. 3 juill. 2012, n° 11-20.425 P : *D. 2012. Actu. 1815, obs. Lienhard ; ibid. Chron. C. cass. 2548, obs. Guillou ; RTD civ. 2012. 557, obs. Crocq ; RTD com. 2013. 142, obs. Martin-Serf ; RDC 2013. 1244, obs. Pimont.*

4. Date de la délivrance. Moment de la délivrance en cas de vente de matériaux non encore extraits, envisagés dans leur état futur comme meubles par anticipation (époque à laquelle plus rien ne s'oppose, du fait du vendeur, à ce que l'acquéreur commence l'exploitation). • Civ. 1re, 13 juill. 1982, n° 79-13.276 P.

5. Obligation complémentaire de mise au

point. L'obligation de délivrance du vendeur de produits complexes n'est pleinement exécutée qu'une fois réalisée la mise au point effective de la chose vendue. • Com. 11 juill. 2006 : *D. 2006. AJ 2788, obs. Delpech ; CCC 2006, n° 248, note Leveneur ; ibid. 2007, n° 82, note Stoffel-Munck* (matériels informatiques, en l'espèce) • 10 févr. 2015, n° 13-24.501 P : *D. 2015. 432* (machines complexes : résolution de la vente, en l'absence de mise en route et malgré le procès-verbal de réception qui n'avait été rédigé qu'en vue du financement par crédit-bail). ♦ Déjà en ce sens : • Civ. 1re, 25 juin 1996, n° 94-16.702 P : *D. 1996. IR 188*. ♦ A défaut de délai convenu il appartient aux juges du fond de déterminer le délai raisonnable dans lequel le vendeur doit délivrer la chose vendue ; faute de prévision d'une date pour la mise en service d'une machine complexe et ancienne, la cour d'appel a pu retenir, dans l'exercice de son pouvoir souverain d'appréciation, qu'un délai de six mois était raisonnable. • Com. 12 nov. 2008, n° 07-19.676 P : *CCC 2009, comm. n° 39, obs. Leveneur ; RDC 2009. 599, obs. Pimont.*

6. Adaptation ultérieure de la chose. Pour un arrêt estimant que, l'obligation de délivrance se prolongeant à tout ce qui est destiné à l'usage perpétuel de la chose et se délimitant selon la volonté raisonnable des parties, le vendeur d'une installation téléphonique est tenu d'en assurer l'adaptation aux évolutions technologiques pour en garantir un usage normal (bogue de l'an 2000). • Aix-en-Provence, 9 oct. 2003 : *CCE 2004, n° 44, note Stoffel-Munck.* ♦ V. aussi ss. art. 1644 (bogue de l'an 2000).

Art. 1607 La tradition des droits incorporels se fait, ou par la remise des titres, ou par l'usage que l'acquéreur en fait du consentement du vendeur.

1. L'obligation de délivrer les actions cédées s'exécute par la signature des ordres de mouvement et cette formalité incombe au seul cédant. • Com. 24 mai 2011, n° 10-12.163 P : *D. 2011. 1557 ; Rev. sociétés 2012. 157, note Dubertret ; RTD civ. 2012. 137, obs. Revet*.

2. En l'absence de tout écrit signé par les parties et constatant la cession de parts sociales, le cessionnaire ne peut procéder à aucune des formalités nécessaires pour rendre la cession effective, ce qui caractérise un manquement par le cédant à son obligation de délivrance. • Com. 7 avr. 2009, n° 08-15.593 P : *D. 2009. AJ 1204, obs. Lienhard ; ibid. 2010. Pan. 287, obs. Lamazerolles ; Banque et Dr. 7-8/2009. 49, obs. Riassetto ; Rev. sociétés 2009. 786, obs. Randoux*.

Art. 1608 Les frais de la délivrance sont à la charge du vendeur, et ceux de l'enlèvement à la charge de l'acheteur, s'il n'y a eu stipulation contraire.

Art. 1609 La délivrance doit se faire au lieu où était, au temps de la vente, la chose qui en a fait l'objet, s'il n'en a été autrement convenu.

1. Lorsque la chose livrée ne l'a pas été dans l'état convenu (camion d'occasion dont il manquait la benne et la roue de secours), les juges du fond qui constatent que le vendeur n'a pas rempli ses engagements à la date de prise de possession du camion par son client ne peuvent décider que, faute d'accord entre les parties, la livraison et l'installation des équipements manquants se feraient au domicile du vendeur, débiteur de l'obligation. • Com. 4 juin 1991, n° 88-17.247 P : *D. 1992. Somm. 200, obs. Paisant*.

2. Sur l'obligation de fixer un point de livraison pour les producteurs d'électricité sur injonction de la Commission de régulation : • Com. 19 juin 2019, n° 17-20.269 P (injonction à RTE de conclure une convention de raccordement afin que soit précisée la localisation du point de livraison et en lui enjoignant de modifier, le cas échéant, le contrat existant relatif aux prestations annexes).

Art. 1610 Si le vendeur manque à faire la délivrance dans le temps convenu entre les parties, l'acquéreur pourra, à son choix, demander la résolution de la vente, ou sa mise en possession, si le retard ne vient que du fait du vendeur.

1. Charge de la preuve. C'est au vendeur de prouver qu'il a mis la chose vendue à la disposition de l'acheteur dans le délai convenu. • Civ. 1re, 19 mars 1996, n° 94-14.155 P : *D. 1997. Somm. 27, obs. Jourdain ; Defrénois 1996. 1437, obs. Bénabent.*

2. Appréciation judiciaire à défaut de délai. A défaut de délai convenu, il appartient aux juges du fond de déterminer le délai raisonnable dans lequel le vendeur doit délivrer la chose vendue. • Civ. 3e, 10 avr. 1973, n° 72-11.436 P • Com. 12 nov. 2008, n° 07-19.676 P : *CCC 2009, comm. n° 39, obs. Leveneur ; RDC 2009. 599, obs. Pimon.*

3. Juge des référés. Le juge des référés peut ordonner, au titre des mesures qu'il estime s'imposer pour prévenir le dommage imminent qu'il constate, la livraison des appareils commandés. • Com. 26 févr. 1991, n° 89-16.348 P.

4. Protection des consommateurs. Annulation de la clause selon laquelle les délais de livraison sont donnés à titre indicatif de sorte que leur dépassement ne pourra donner lieu à dommages et intérêts, V. • TI Metz, 4 janv. 1983 : *D. 1984. 591, note Pizzio.* ♦ Comp. • Com. 15 juin 1981 : *Bull. civ. IV, n° 270.* ♦ Plus généralement, sur les clauses abusives, V. bibl. et notes ss. art. 1171. ♦ ... Sur les clauses limitatives de responsabilité, V. notes ss. art. 1135.

5. Livraison de la chose avant l'expiration du délai de réflexion prévu par la L. n° 72-1137 du 22 déc. 1972 sur le démarchage à domicile (C. consom., art. L. 221-18) : V. • Civ. 1re, 25 nov. 1992, n° 89-11.463 P (nullité de la vente).

6. Procédure collective. Viole les art. 47 et 50 de la L. du 25 janv. 1985 (C. com., art. L. 621-40 et L. 621-43) la cour qui déclare irrecevable la demande des acheteurs en résolution de la vente, intentée à l'encontre du liquidateur judiciaire du vendeur, au motif qu'ils auraient dû déclarer leur créance pour le montant total du prix de vente alors que la demande des acheteurs était fondée sur l'art. 1610, à l'exclusion du remboursement du prix versé. • Civ. 1re, 26 nov. 1996, n° 94-13.989 P.

Code de la consommation

LIVRE II. FORMATION ET EXÉCUTION DES CONTRATS
(Ord. n° 2016-301 du 14 mars 2016, en vigueur le 1er juill. 2016)

TITRE I. CONDITIONS GÉNÉRALES DES CONTRATS

CHAPITRE IV. *DÉLIVRANCE, FOURNITURE ET TRANSFERT DE RISQUE*
(Ord. n° 2021-1247 du 29 sept. 2021, art. 8)

Les dispositions des art. 2 à 10 de l'Ord. n° 2021-1247 du 29 sept. 2021 s'appliquent aux contrats conclus à compter du 1er janv. 2022 (Ord. préc., art. 21).

Art. L. 216-1 Le professionnel délivre le bien ou fournit le service à la date ou dans le délai indiqué au consommateur, conformément au 3° de l'article L. 111-1, sauf si les parties en conviennent autrement.

Pour l'application du présent titre, on entend par délivrance d'un bien, le transfert au consommateur de la possession physique ou du contrôle du bien. Dans le cas d'un bien comportant des éléments numériques, la délivrance inclut également la fourniture de ces éléments au sens de l'article L. 224-25-4.

A défaut d'indication ou d'accord quant à la date de délivrance ou de fourniture, le professionnel délivre le bien ou fournit le service sans retard injustifié et au plus tard trente jours après la conclusion du contrat.

Le présent chapitre s'applique également à la fourniture d'un contenu numérique sur un support matériel servant exclusivement à son transport.

Art. L. 216-2 Tout risque de perte ou d'endommagement du bien est transféré au consommateur au moment où ce dernier ou un tiers désigné par lui prend physiquement possession de ces biens.

Art. L. 216-3 Lorsque le consommateur confie le bien à un transporteur autre que celui proposé par le professionnel, le risque de perte ou d'endommagement du bien est transféré au consommateur lors de la remise du bien au transporteur.

Art. L. 216-4 La délivrance ou la mise en service du bien s'accompagne de la remise de la notice d'emploi et des instructions d'installation ainsi que, s'il y a lieu, du contrat de garantie commerciale.

Art. L. 216-5 Le professionnel indique par écrit au consommateur lors de son achat, s'il y a lieu, le coût de la livraison et de mise en service du bien. Un écrit est laissé au consommateur lors de l'entrée en possession du bien, mentionnant la possibilité pour le consommateur de formuler des réserves, notamment en cas de défaut du bien ou de défaut de remise de la notice d'emploi ou des instructions d'installation.

L'absence de réserves formulées par le consommateur lors de la réception du bien n'exonère pas le professionnel de la garantie de conformité du bien qu'il doit au consommateur.

Art. L. 216-6 I. — En cas de manquement du professionnel à son obligation de délivrance du bien ou de fourniture du service dans les conditions prévues à l'article L. 216-1, le consommateur peut :

1° Notifier au professionnel la suspension du paiement de tout ou partie du prix jusqu'à ce que le professionnel s'exécute, dans les conditions des articles 1219 et 1220 du code civil ;

2° Résoudre le contrat si, après avoir mis en demeure le professionnel d'effectuer la délivrance ou de fournir le service dans un délai supplémentaire raisonnable, ce dernier ne s'est pas exécuté dans ce délai.

Le contrat est considéré comme résolu à la réception par le professionnel de la lettre ou de l'écrit l'informant de cette résolution, à moins que le professionnel ne se soit exécuté entre-temps.

II. — Le consommateur peut toutefois immédiatement résoudre le contrat :

1° Lorsque le professionnel refuse de délivrer le bien ou de fournir le service ou lorsqu'il est manifeste qu'il ne livrera pas le bien ou ne fournira pas le service ;

2° Lorsque le professionnel n'exécute pas son obligation de délivrance du bien ou de fourniture du service à la date ou à l'expiration du délai prévu à l'article L. 216-1 et que cette date ou ce délai constitue pour le consommateur une condition essentielle du contrat. Cette condition essentielle résulte des circonstances qui entourent la conclusion du contrat ou d'une demande expresse du consommateur avant la conclusion du contrat.

Les dispositions du présent article sont sans préjudice de l'allocation de dommages et intérêts.

Art. L. 216-7 Lorsque le contrat est résolu dans les conditions prévues à l'article L. 216-6, le professionnel rembourse le consommateur de la totalité des sommes versées, au plus tard dans les quatorze jours suivant la date à laquelle le contrat a été dénoncé.

Lorsque le professionnel n'a pas remboursé la totalité des sommes versées par le consommateur dans les conditions prévues à l'art. L. 216-7, cette somme est de plein droit majorée de 10 % si le remboursement intervient au plus tard quatorze jours au-delà de ce terme, de 20 % jusqu'à trente jours et de 50 % ultérieurement (C. consom., art. L. 241-4).

Art. L. 216-8 Les dispositions du présent chapitre sont également applicables aux contrats conclus entre des professionnels et des non-professionnels.

Art. 1611 Dans tous les cas, le vendeur doit être condamné aux dommages et intérêts, s'il résulte un préjudice pour l'acquéreur, du défaut de délivrance au terme convenu.

Art. 1612 Le vendeur n'est pas tenu de délivrer la chose, si l'acheteur n'en paye pas le prix, et que le vendeur ne lui ait pas accordé un délai pour le payement.

1. Ordre d'exigibilité des prestations : V. notes ss. art. 1650 et note ss. art. 1614 (prise en compte des fruits auxquels l'acheteur a droit dès la vente).

2. Le droit de rétention est un droit réel, opposable à tous, y compris aux tiers non tenus de la dette. • Civ. 1re, 24 sept. 2009, n° 08-10.152 P : *D. 2009. AJ 2275, obs. Delpech ; ibid. 2010. 302, note Borga ; ibid. 2010. 302, note Borga ; JCP 2009. 380, note A. Aynès ; ibid. 492, n° 17, obs. Delebecque ; CCC 2009, n° 284, obs. Leveneur ; CCE 2009, n° 284, obs. Leveneur ; Dr. et patr. 1/2010. 71, obs. Seube et Revet ; RLDC 2009/65, n° 3597, obs. Le Gallou ; ibid. n° 3609, obs. Marraud des Grottes.* ♦ Viole l'art. 1612 et les règles gouvernant le droit de rétention la cour d'appel qui qualifie d'abus de droit le droit de rétention exercé par le fournisseur de véhicules non payés par le concessionnaire sur les documents administratifs des véhicules revendus à des acquéreurs de bonne foi ; la bonne foi des sous-acquéreurs et l'insolvabilité du concessionnaire ne peuvent faire dégénérer en abus l'exercice du droit de rétention. • Même arrêt. ♦ Déjà : le constructeur qui a livré un véhicule automobile à un de ses concessionnaires sans être payé a un droit de rétention licite sur les documents administratifs permettant la mise en circulation des véhicules. • Com. 31 mai 1994, n° 92-16.505 P. ♦ V. notes ss. art. 1948.

3. Moment du paiement en cas de règlement par chèque : V. notes ss. art. 1238 anc.

4. Sur l'exception *non adimpleti contractus* en général : V. note 1 ss. anc. art. 1131.

Art. 1613 Il ne sera pas non plus obligé à la délivrance, quand même il aurait accordé un délai pour le payement, si, depuis la vente, l'acheteur est tombé en faillite ou en état de déconfiture, en sorte que le vendeur se trouve en danger imminent de perdre le prix ; à moins que l'acheteur ne lui donne caution de payer au terme.

BIBL. ▶ PINNA, *RTD civ. 2003. 31* (l'exception pour risque d'inexécution).

Art. 1614 La chose doit être délivrée en l'état où elle se trouve au moment de la vente.

Depuis ce jour, tous les fruits appartiennent à l'acquéreur.

1. Sauf convention contraire, tous les fruits de l'immeuble appartiennent à l'acquéreur depuis le jour de la vente ; cassation, au visa des art. 1612 et 1614, de l'arrêt ayant décidé que l'entrée en jouissance devait se faire à la date de paiement du prix, en retenant que le vendeur n'est pas tenu de délivrer la chose si l'acheteur n'en a pas payé le prix, alors que l'obligation de payer le prix résulte de l'exécution complète par le vendeur de son obligation de délivrance. • Civ. 3e, 26 mars 2014, n° 13-10.984 P : *D. 2014. 825* ; *AJDI 2014. 884, note Cohet* ; *CCC 2014, n° 124, obs. Leveneur* ; *RDC 2015. 51, note Quézel-Ambrunaz et Le Bourg.*

2. Rejet de la demande d'indemnisation de l'acheteur, en raison de la détérioration de l'immeuble avant sa délivrance, du fait d'actes de vandalisme, dès lors que la remise du bien en l'état où il se trouvait au jour de la promesse de vente était impossible puisque l'immeuble devait donner lieu à une réhabilitation lourde pour pouvoir connaître une utilisation quelconque. • Civ. 3e, 7 mars 2019, n° 18-10.973 P : *D. 2019. 534* ; *AJ contrat 2019. 250, obs. Borius* ; *RDC 3/2019. 57, note Leduc* (acquéreur prétendant que le préjudice subi équivalait au surcoût de la reconstruction, alors que ni la réalité, ni l'ampleur de celui-ci n'étaient démontrés).

Art. 1615 **L'obligation de délivrer la chose comprend ses accessoires et tout ce qui a été destiné à son usage perpétuel.**

BIBL. ▸ **Obligation de renseignement :** BITAN, *CCE 2005. Étude 35* (pour une obligation de moyens renforcée dans les contrats informatiques). – FOUASSIER, *RDSS 1999. 735* (médicaments). – MAILLOLS, *JCP E 2003, Cah. dr. entr. n° 2, p. 5* (médicaments). – PHILIPPOT, *R. 1998, p. 115* (vendeur non professionnel d'un immeuble). – PRONIER, *R. 1993, p. 187* (vendeur non professionnel d'un immeuble). – SARGOS, *JCP 1999. I. 144* (médicaments).

▸ **Transmission des actions en justice :** Dossier, *RDC 2014. 766* (vente de l'immeuble et transmission des actions en justice).

▸ **Bogue de l'an 2000 :** BITAN, *Gaz. Pal. 1999. 1. Doctr. 477.* – DUPUIS-TOUBOL et RAMBAUD, *JCP E 1999. 1332.* – GRYNBAUM, *RCA, oct. 1999, p. 23 ; ibid., nov. 1999, p. 23 ; ibid., déc. 1999, p. 22.* – LE STANC, *JCP E 1999. 1328.* – RENARD-BOZZO, *JCP 1999. I. 100.*

A. DÉLIVRANCE DES ACCESSOIRES

1. Charge de la preuve. Le vendeur, tenu d'établir qu'il a rempli son obligation de délivrance, doit apporter la preuve de la délivrance des accessoires de la chose vendue. • Com. 11 déc. 2001 : *CCC 2002, n° 58, note Leveneur.*

L'annexe d'une promesse de vente d'un navire, signée par le seul vendeur, qui mentionne les accessoires vendus avec le navire peut constituer un commencement de preuve par écrit en ce qu'elle émane de l'acquéreur, auquel elle est opposée, permettant de rechercher si cet écrit rend vraisemblables les faits allégués par les acquéreurs. • Com. 17 juin 2020, n° 18-23.620 P : *D. 2020. 1358* ; *RTD com. 2020. 700, obs. Bouloc*.

2. Accessoires nécessaires à l'utilisation de la chose. Cassation de l'arrêt ayant retenu la responsabilité du vendeur pour ne pas avoir transmis un rapport de banc d'essai, établi par le professionnel ayant réalisé les travaux modifiant les caractéristiques du moteur, sans justifier que ce document n'était pas seulement de nature à informer l'acquéreur de celui-ci sur ces caractéristiques, mais qu'il était indispensable à l'utilisation normale du moteur. • Com. 17 févr. 2021, n° 18-15.012 P : *D. 2021. 423* ; *RTD com. 2021. 407, obs. Bouloc* ; *CCC 2021, n° 74, note Leveneur.*

1° ACCESSOIRES MATÉRIELS

3. Habitation individuelle. La modification d'immeubles en vue de leur vente par lots destinés à l'habitation individuelle implique la mise en place de compteurs électriques individuels, accessoires destinés à l'usage de la chose vendue. • Civ. 3e, 6 oct. 2004 : *cité note 14 ss. art. 1604.*

4. Chose d'occasion. L'achat d'une chose d'occasion s'entend normalement d'une chose dans l'état où elle se trouve ; rejet de l'action en délivrance d'accessoires de l'acheteur d'un tracteur agricole d'occasion démuni de portières. • Civ. 1re, 7 mars 2000 : *CCC 2000, n° 109, note Leveneur.*

2° DOCUMENTS ADMINISTRATIFS

5. Véhicule. La remise à l'acheteur des documents administratifs relatifs au véhicule vendu (carte grise) constitue une obligation contractuelle essentielle du vendeur. • Com. 8 nov. 1972, n° 71-14.334 P : *R., p. 50.* – V. aussi • Civ. 1re, 31 janv. 1974, n° 72-13.779 P : *D. 1974. 348* • 22 janv. 1991, n° 89-12.593 P. ♦ La vente d'un véhicule volé, accompagnée de la remise d'une carte grise falsifiée, constitue un défaut de délivrance de la chose vendue et non un vice caché affectant la chose vendue. • Civ. 1re, 29 mai 1996, n° 94-15.263 P : *CCC 1996, n° 165, note Leveneur.* ♦ Droit de rétention licite, en application de l'art. 1612, du vendeur non payé sur les documents administratifs du véhicule vendu : • Com. 31 mai 1994, n° 92-16.505 P. ♦ Opposabilité de ce droit de rétention au sous-acquéreur : V. note 1 ss. art. 1948. ♦ Possession et remise des documents administratifs : V. note 14 ss. art. 2276.

6. Navire. L'original de l'acte de francisation d'un navire, qui doit se trouver à bord de tout navire francisé prenant la mer, est un document indispensable à l'utilisation normale du navire, et en constitue l'accessoire, de sorte que manque à son obligation de délivrer la chose vendue le liquidateur judiciaire du vendeur qui ne le remet pas à l'acquéreur ; la mention de l'ordonnance du juge-commissaire autorisant la vente ne peut le soustraire à l'exécution de cette obligation. • Com. 9 juill. 2013, n° 12-21.062 P. ♦ Le permis de mise en exploitation d'un navire de pêche professionnelle maritime, dont l'obtention a permis l'entrée en flotte de celui-ci et dont la présentation est requise pour la délivrance du rôle d'équipage, remplacé désormais par le permis d'armement, est un document indispensable à l'utilisation normale d'un tel navire et en constitue l'accessoire, de sorte que manque à son obligation de délivrer la chose vendue le vendeur qui ne le remet pas à l'acquéreur. • Com. 17 juin 2020, n° 18-23.620 P : *D. 2020. 1358* ; *RTD com. 2020. 700, obs. Bouloc* .

7. Certificats sanitaires. Sur la délivrance de certificats de salubrité nécessaires aux exportations de viande, V. • Civ. 1re, 29 nov. 1994, n° 93-10.303 P : *D. 1996. Somm. 13, obs. Paisant (2e esp.)* .

8. Certificat d'origine d'un cheval. Nature du certificat d'origine d'un cheval de course : V. • Civ. 1re, 26 nov. 1981, n° 79-16.298 P. ♦ V. aussi note Goubeaux ss. • Civ. 1re, 14 déc. 1971 : *JCP 1972. II. 17102.*

9. Certificat de conformité. Le vendeur d'immeuble à construire est tenu de délivrer la chose et ses accessoires, au nombre desquels figure le certificat de conformité. • Civ. 3e, 26 avr. 2006 : *Defrénois 2006. 1690, obs. Benoît-Cattin.* ♦ Rappr., sur la date d'un certificat CE, note 5 ss. art. 1598.

3° ACTIONS EN JUSTICE

10. Transmission des actions en dommages-intérêts. Sauf clause contraire, les acquéreurs successifs d'un immeuble ont qualité à agir, même pour les dommages nés antérieurement à la vente et ce, nonobstant l'action en réparation intentée par le vendeur avant cette vente contre les constructeurs sur le fondement de la responsabilité contractuelle de droit commun qui accompagne l'immeuble en tant qu'accessoire. • Civ. 3e, 10 juill. 2013, n° 12-21.910 P : *R., p. 579 ; D. 2013. 2448, note Cottet* : *ibid. Chron. C. cass. 2547, note Georget* ; *ibid. 2014. 630, obs. Amrani-Mekki et Mekki* ; *RDI 2013. 517, étude Caston* ; *RTD civ. 2013. 839, obs. Barbier* ; *JCP N 2013, n° 1216, note Zalewski-Sicard ; Gaz. Pal. 2013. 3009, obs. Rias ; RDC 2013. 1349, note Deshayes.* ♦ V. aussi : sauf clause contraire, l'acquéreur d'un immeuble a qualité à agir contre les constructeurs, même pour les dommages nés antérieurement à la vente, sur le fondement de la responsabilité contractuelle de droit commun qui accompagne l'immeuble en tant qu'accessoire. • Civ. 3e, 9 juill. 2014, n° 13-15.923 P : *D. 2014. Chron. C. cass. 2191, obs. Georget* ; *RDI 2014. 574, obs. Malinvaud* . ♦ Comp. pour la garantie décennale : les acquéreurs successifs d'un immeuble sont recevables à agir contre les constructeurs sur le fondement de la garantie décennale qui accompagne, en tant qu'accessoire, l'immeuble, nonobstant la connaissance, par les acquéreurs, des vices de celui-ci lors de la signature de l'acte de vente et l'absence, dans ce dernier, de clause leur réservant un tel recours, à moins que le vendeur ne puisse invoquer un préjudice personnel lui conférant un intérêt direct et certain à agir. • Civ. 3e, 23 sept. 2009 : *cité note 46 ss. art. 1792.*

11. Comp. antérieurement : en l'absence de clause expresse, la vente d'un immeuble n'emporte pas de plein droit cession au profit de l'acquéreur des droits et actions à fin de dommages-intérêts qui ont pu naître au profit du vendeur en raison de dégradations causées à l'immeuble antérieurement à la vente. • Civ. 3e, 4 déc. 2002, n° 01-02.383 P : *D. 2003. IR 182* ; *JCP 2003. II. 10058, note Jourdain ; Defrénois 2003. 245, obs. Libchaber ; ibid. 463, obs. Atias ; ibid. 1281, obs. Périnet-Marquet* (location-attribution ; comp. note 83 ss. art. 1792) • 17 nov. 2004, n° 03-16.988 P : *D. 2004. IR 3195* ; *JCP N 2006. 1002, note Gravillou ; RDC 2005. 347, obs. Brun* • 7 déc. 2005, n° 04-12.931 P. ♦ Déjà en ce sens : • Civ. 3e, 25 janv. 1983, n° 81-13.636 P • 18 juin 1997, n° 95-18.254 P : *JCP N 1998. 707, n° 12, obs. Vialla ; RCA 1997, n° 296 ; RTD civ. 1997. 965, obs. Gautier* (action du vendeur contre l'entrepreneur et son assureur dont les travaux dans une propriété voisine ont provoqué l'effondrement d'un mur). ♦ Comp. pour des contrats contenant des stipulations particulières : • Civ. 3e, 31 janv. 2007, n° 05-15.790 P : *RDI 2007. 337, obs. Trébulle* ; *RDC 2007. 738, obs. Carval* (vente stipulant que l'acheteur prenait l'immeuble en l'état, sans pouvoir agir contre le vendeur) • 14 févr. 2007 : *RDI 2007. 282, obs. Malinvaud* (vente transférant explicitement les actions à l'acheteur). ♦ Mais les juges, saisis par l'acquéreur d'une demande tendant à ce que lui soit attribuée l'indemnité que le vendeur pourrait recevoir au titre des désordres affectant l'immeuble, doivent rechercher si l'indemnité ainsi réclamée a le caractère d'un accessoire de la chose transmise. • Civ. 3e, 23 oct. 1991, n° 89-18.458 P. ♦ Vente d'un immeuble loué et situation de l'acheteur et du preneur, V. notes 14 s. ss. art. 1743.

12. Assurance dommages-ouvrage. L'assurance dommages-ouvrage obligatoire, dont l'absence n'a pas pour effet de rendre le bien indisponible à la vente, n'est pas un accessoire indispensable de l'immeuble vendu, en sorte que son absence ne constitue pas un défaut de livraison. • Civ. 3e, 13 nov. 2003, n° 02-13.974 P : *Defrénois 2004. 451, obs. Périnet-Marquet.*

4° TRANSMISSION DES CHARGES

13. Urbanisme. Les mesures de démolition et de mise en conformité ordonnées en application de l'art. L. 480-5 C. urb., qui sont destinées à faire cesser une situation illicite, ne constituant pas des sanctions pénales, peuvent faire l'objet de garanties contractuelles de la part de l'acquéreur. • Civ. 3e, 17 sept. 2020, n° 17-14.407 P : *D. 2020. 1838 ; RTD com. 2020. 781, obs. Saintourens ; CCC 2020, n° 170, note Leveneur* (validité de la clause d'une cession de fonds de commerce mettant à la charge de l'acheteur les frais de démolition d'une structure illicite).

B. OBLIGATION D'INFORMATION ET DE CONSEIL DU VENDEUR PROFESSIONNEL

14. Principes. Si l'obligation de renseignement, qui incombe aussi bien au fabricant d'un produit (pâte destinée à procurer en matière picturale des effets d'épaisseur et de relief) qu'au revendeur spécialisé, est une obligation de moyens, le défaut d'information sur les conditions d'emploi du produit et les précautions à prendre prive l'utilisateur du moyen d'en faire un usage correct, conforme à sa destination, de sorte que le dommage qui a pu en résulter doit être réparé. • Civ. 1re, 23 avr. 1985 : *D. 1985. 558, note Dion ; RTD civ. 1986. 367, obs. J. Huet.* ♦ V. aussi ss. art. 1602, note 3 ss. art. 1627 et, plus généralement, notes 89 s. ss. art. 1231-1. ♦ Pour les consommateurs, V. C. consom., art. L. 111-1 s. – ***C. consom.*** ♦ Comp., pour un manquement à l'obligation d'information sanctionné sur la base d'une obligation de sécurité : • Civ. 1re, 21 juin 2005, n° 02-18.815 P : *D. 2006. 565, note Lambert .* ♦ Pour la reprise de la solution dans le cadre de la responsabilité du fait des produits défectueux, V. ss. art. 1245-3.

15. Charge de la preuve. Il incombe au vendeur professionnel, tenu d'une obligation de renseignement à l'égard de son client, de prouver qu'il a exécuté cette obligation. • Civ. 1re, 15 mai 2002, n° 99-21.521 P : *D. 2002. IR 1811 ; JCP 2002. I. 184, nos 1 s., obs. Labarthe ; CCC 2002, n° 135, note Leveneur ; RTD civ. 2003. 84, obs. Mestre et Fages* (vente d'un véhicule d'occasion qui s'est par la suite, après expertise, révélé accidenté) • 3 avr. 2002 : *cité note 16.* ♦ Dans le même sens pour l'obligation de conseil : • Civ. 1re, 28 oct. 2010, n° 09-16.913 P : *D. 2010. Actu. 2580, obs. Delpech ; RDI 2010. 616, obs. Malinvaud ; Defrénois 2010. 2309, note Rabu ; CCC 2011, n° 1, obs. Leveneur ; RLDC 2011/78, n° 4076, obs. Paulin.* ♦ V. plus généralement, note 93 ss. art. 1231-1, et C. consom., art. L. 111-1, dernier al. – ***C. consom.***

1° OBLIGATIONS CONNEXES

16. Recherche des besoins du créancier. Il résulte de l'art. 1615 que le vendeur professionnel est tenu, avant la vente, d'une obligation de conseil qui lui impose de se renseigner sur les besoins de l'acheteur afin d'être en mesure de l'informer sur l'adéquation entre le bien qui est proposé et l'usage qui en est prévu. • Civ. 1re, 11 mai 2022, n° 20-22.210 B : *RTD civ. 2022. 650, obs. Gautier ; RDC 2022/3. 32, note Hamelin ; ibid. 37, note Thibierge ; RCA 2022, n° 176, obs. Hocquet-Berg* (obligation pour le vendeur d'un camping-car de s'informer des besoins du client, en particulier, de la charge utile nécessaire pour mener à bien son projet de voyage, compte tenu des équipements optionnels installés). ♦ V. aussi : • Civ. 1re, 30 mai 2006, n° 03-14.275 P : *D. 2006. IR 1639 ; RDC 2006. 1231, obs. Viney* (maintien de l'obligation même si l'acheteur est accompagné de l'installateur). ♦ V. déjà, jugeant que tout vendeur de matériel doit s'informer des besoins de son acheteur et informer ensuite celui-ci des contraintes techniques de la chose vendue et de son aptitude à atteindre le but recherché : • Com. 1er déc. 1992, n° 90-18.238 P : *D. 1993. Somm. 237, obs. Tournafond .* – Même sens : • Civ. 1re, 3 avr. 2002 : *CCE 2002, n° 131, note Grynbaum* (vente de matériel informatique) • Com. 4 janv. 2005 : *CCC 2005, n° 108, note Leveneur* (vente de matériel de boulangerie) • Civ. 1re, 12 juill. 2007 : *Gaz. Pal. 16-17 nov. 2007, obs. Desmoulin* (obligation du fournisseur d'aliments de s'assurer que le programme d'alimentation proposé est adapté aux spécificités de l'élevage). ♦ Et il incombe au vendeur professionnel de prouver qu'il s'est acquitté de l'obligation de conseil lui imposant de se renseigner sur les besoins de l'acheteur. • Civ. 1re, 28 oct. 2010 : *préc. note 15.* ♦ Responsabilité partielle du client qui n'a défini ses besoins que d'une manière évolutive. • Civ. 1re, 8 juill. 2003 : *Gaz. Pal. 2004. Somm. 1339, obs. Ganilsy* (mise en place d'un réseau télématique).

17. Recherche des informations manquantes auprès du fabricant. Pour l'exécution de ses obligations d'information et de conseil, accessoires de l'obligation de délivrance pesant sur lui, le vendeur professionnel ne peut invoquer, vis-à-vis de son acheteur profane, une information insuffisante du fabricant du matériau incriminé. • Civ. 1re, 27 févr. 1985, n° 84-10.022 P : *R., p. 126.* ♦ V. aussi • Civ. 1re, 3 juin 1998, n° 96-16.439 P : *JCP 1999. I. 147, n° 16, obs. Viney.*

2° DÉBITEURS

18. Revendeur. L'obligation de renseignement incombe aussi bien au fabricant d'un produit qu'au revendeur spécialisé. • Civ. 1re, 23 avr. 1985 : *préc. note 14.*

19. Installateur. L'obligation de conseil du vendeur n'exclut pas celle de l'installateur. • Civ. 1re, 25 janv. 2000, n° 98-12.702 P : *D. 2000. Somm. 284, obs. Caron* ; *Gaz. Pal. 2001. 97, concl. Sainte-Rose ; CCC 2000, n° 78, note Leveneur.* ♦ Pour l'hypothèse inverse, V. note 16 (la présence de l'installateur ne dispense pas le vendeur). ♦ L'installateur d'un matériel est tenu d'un devoir de conseil à l'égard de son client. Ne satisfait pas à son devoir d'information le fournisseur d'un système de chauffage qui, également chargé de l'installation du matériel, devait s'informer des besoins de son client et l'avertir de l'inadaptation, par nature, du système proposé. • Civ. 1re, 7 avr. 1998, n° 96-16.148 P : *CCC 1998. n° 97, obs. Leveneur.* ♦ V. aussi, pour un vendeur-maître d'œuvre d'un insert de cheminée qui, ayant, comme installateur, l'obligation de s'assurer de l'aptitude du conduit à recevoir la fumée provenant du foyer, ne peut s'exonérer de sa responsabilité pour un éventuel vice de construction du foyer : • Civ. 1re, 17 févr. 1998, n° 95-12.707 P : *Gaz. Pal. 1999. 1. Somm. 109, obs. Peisse ; JCP E 1998. 584.* ♦ Rappr. • Civ. 1re, 25 janv. 2000 : *préc.* (son obligation de conseil impose à l'installateur d'adapter l'installation existante aux caractéristiques du matériel livré).

20. Réparateur. L'obligation de renseigner le client sur les précautions à respecter dans la manipulation d'un appareil incombe au vendeur et non, sauf circonstances particulières, au réparateur. • Civ. 1re, 19 janv. 1983, n° 81-16.183 P : *JCP 1984. II. 20175, note Jourdain.* ♦ V. aussi note 21 ss. art. 1787.

21. Entrepreneur. V., imposant, sur le fondement de l'art. L. 111-1 C. consom., à une entreprise de bâtiment qui vend à un particulier du béton qu'elle a commandé à son fournisseur au titre de son activité d'entrepreneur du bâtiment l'obligation d'information édictée par ce texte : • Civ. 1re, 1er mars 2005, n° 04-10.063 P : *JCP 2005. II. 10164, note Bazin ; CCC 2005, n° 142, note Raymond ; RDC 2005. 1051, obs. Fenouillet.*

3° CRÉANCIERS

22. Acheteur profane. Il appartient au vendeur professionnel de matériau acquis par un acheteur profane de le conseiller et de le renseigner, et, notamment, d'attirer son attention sur les inconvénients inhérents à la qualité du matériau choisi par le client, ainsi que sur les précautions à prendre pour sa mise en œuvre, compte tenu de l'usage auquel ce matériau est destiné. • Civ. 1re, 3 juill. 1985, n° 84-10.875 P : *R., p. 126* • 20 juin 1995, n° 93-15.801 P : *D. 1996. Somm. 12, obs. Paisant* ; *RTD civ. 1996. 177, obs. Jourdain* . ♦ Le vendeur professionnel d'un matériel informatique est tenu d'une obligation de renseignement et de conseil envers un client dépourvu de toute compétence en la matière. • Com. 11 juill. 2006 : *cité note 4 ss. art. 1606.* – V. aussi • Civ. 1re, 3 avr. 2002 : *préc. note 16.* – Sur la définition du consommateur dans le cadre du code de la consommation : V. C. consom., art. préliminaire. – **C. consom.**

23. Assistance de l'acheteur. Le fournisseur d'aliments destinés à l'élevage des animaux est personnellement tenu d'une obligation d'information et de conseil envers son client et doit s'assurer que le programme d'alimentation proposé est adapté aux spécificités de l'élevage, même si, s'agissant d'aliments médicamenteux, il est assisté d'un vétérinaire conseil. • Civ. 1re, 12 juill. 2007 : *préc. note 16.* ♦ Dans le même sens pour la présence de l'installateur : • Civ. 1re, 30 mai 2006 : *préc. note 16.*

24. Acheteur professionnel. A l'égard de l'acheteur professionnel, l'obligation d'information du fabricant n'existe que dans la mesure où la compétence de cet acheteur ne lui donne pas les moyens d'apprécier la portée exacte des caractéristiques techniques des biens qui lui sont livrés. • Civ. 1re, 3 juin 1998, n° 96-16.439 P • 23 avr. 1985 : *préc. note 12* (obligation pouvant être invoquée par un artiste peintre à l'encontre d'un fabricant de peinture) • Com. 28 mai 2002 : *CCC 2002, n° 138, note Leveneur.* ♦ S'agissant de la vente d'un camion à un entrepreneur de maçonnerie, le vendeur n'a pas l'obligation de s'informer auprès de son client des conditions d'utilisation prévues ni à l'informer des caractéristiques dont il était en mesure d'apprécier la portée (charge utile). • Civ. 1re, 7 juin 1995, n° 93-13.187 P : *D. 1996. Somm. 12, obs. Paisant* . ♦ Manquement du fabricant à son obligation de donner à l'acquéreur d'un produit nouveau, fût-il utilisateur professionnel de ce produit, les renseignements nécessaires à son usage et de l'informer, le cas échéant, des risques pouvant en résulter. • Com. 27 nov. 2019, n° 18-16.821 P (revendeur de produits phytosanitaires s'étant renseigné auprès du fabricant pour informer son propre client et n'ayant pas reçu d'information complète). ♦ V. aussi • Civ. 1re, 20 juin 1995, n° 93-15.948 P • Paris, 1er juill. 1999 : *D. Affaires 1999. 1281, obs. J. F.* (obligation de conseil atténuée du fournisseur d'un progiciel à un client professionnel de l'informatique) • Com. 14 mars 2000 : *JCP 2000. II. 10367, note Talon* (même solution, s'agissant d'un acheteur utilisateur averti) • Civ. 1re, 28 nov. 2000 : *D. 2002. Somm. 1003, obs. Pignarre (1re esp.)* ; *LPA 26 mars 2003, obs. Maleville* (même solution, pour la vente d'un produit phytosanitaire à un arboriculteur) • 30 nov. 2004, n° 01-14.314 P : *D. 2005. IR 114* ; *RTD civ. 2005. 381, obs. Mestre et Fages* (idem).

4° ILLUSTRATIONS

25. Produits récents. Le vendeur d'un produit très récemment commercialisé a l'obligation de donner à l'utilisateur, dont les juges du fond apprécient souverainement le degré de connaissance, tous renseignements utiles pour sa mise en œuvre. • Civ. 1re, 4 mai 1994, n° 92-13.377 P • 5 déc. 1995, n° 94-12.376 P : *Defrénois 1996. 746, obs. Delebecque* (vente d'équipement téléphonique pour une clinique vétérinaire). ♦ V. conf., pour une machine (raboteuse) peu couramment utilisée : • Orléans, 15 févr. 1995 : *JCP 1996. IV. 1667.* ♦ ... Pour un enduit de façade d'un type nouveau : • Civ. 3e, 18 févr. 2004, n° 02-17.523 P : *RDI 2004. 202, obs. Malinvaud*. ♦ ... Pour une peinture d'un type nouveau, dont un artiste peintre expérimenté ne pouvait connaître les conditions d'emploi. • Civ. 1re, 23 avr. 1985 : *préc. note 12.*

26. Produits dangereux (obligation de mise en garde). V. par exemple : • Civ. 1re, 13 mai 1986, n° 84-14.026 P (revêtement à base de mousse polyuréthane présenté comme « auto-extinguible » et ayant favorisé la propagation de l'incendie) • 11 déc. 1990, n° 89-12.885 P (devoir du vendeur d'une bouteille de gaz d'attirer l'attention de l'acheteur sur les précautions particulières que requérait la manipulation d'une bouteille privée de sa poignée) • 17 févr. 1998 : *préc. note 19* (fabricant d'inserts ; notice de montage muette sur les risques liés à l'installation d'un foyer clos dans une cheminée ancienne) • 14 mai 2009, n° 08-16.395 P : *D. 2009. AJ 1480 ; JCP 2009, n° 40, p. 21, note Brusorio-Aillaud ; Gaz. Pal. 2009. 2511, avis Sarcelet ; RLDC 2009/62, n° 3485, obs. Maugeri ; RDC 2009. 1415, obs. Fenouillet* (vente d'un rat domestique susceptible de transmettre des maladies).

Le vendeur d'un appareil dangereux (insert de cheminée) ne satisfait pas à son obligation de mise en garde sur le respect des règles techniques d'installation de l'insert et la nécessité de faire procéder à celle-ci par un professionnel ou une personne qualifiée, par la seule remise de sa notice d'utilisation. • Civ. 1re, 18 juin 2014, n° 13-16.585 P : *D. 2014. 1376*. ♦ V. déjà • Civ. 1re, 17 févr. 1998 : *préc. note 19* (fabricant d'inserts ; notice de montage muette sur les risques liés à l'installation d'un foyer clos dans une cheminée ancienne).

27. Absence de manquement de la SEITA à son obligation d'information sur les dangers du tabac. • Civ. 2e, 20 nov. 2003, n° 01-17.977 P : *R., p. 445 ; D. 2003. 2902, concl. Kessous, note Grynbaum ; D. 2004. Somm. 1344, obs. D. Mazeaud ; ibid. Chron. 653, par Bugada ; JCP 2004. II. 10004, note Daille-Duclos ; ibid. I. 163, nos 36 s., obs. Viney ; RCA 2004. Chron. 5, par Radé ; RTD civ. 2004. 103, obs. Jourdain* (action fondée sur l'anc. art. 1382 [1240] C. civ., l'arrêt niant également l'existence d'un lien de causalité). ♦ Dans le même sens : • Civ. 1re, 8 nov. 2007, n° 06-15.873 P : *D. 2008. 50, note Revel ; ibid. Chron. 804, par Neyret ; ibid. Pan. 2894, obs. Brun ; JCP 2008. II. 10033, note Sauvat ; ibid. I. 125, nos 6 et 10, obs. Stoffel-Munck ; RCA 2007, n° 361, note Radé ; RTD civ. 2008. 290, obs. Hauser*.

28. Diagnostics techniques. Si l'art. L. 271-4 CCH dispose qu'en cas de vente de tout ou partie d'un immeuble bâti un dossier de diagnostic technique fourni par le vendeur est annexé à la promesse de vente, ou à défaut à l'acte authentique de vente, les parties peuvent convenir de mettre à la charge de l'acquéreur le coût du dossier de diagnostic technique. • Civ. 3e, 16 janv. 2013, n° 11-22.591 P : *D. 2013. 245*. ♦ V. note 47 ss. art. 1231-2.

29. Renseignements juridiques : illustrations. Obligation pour une commune d'informer l'acheteur de l'inconstructibilité d'un terrain. • Paris, 16 mars 2000 : *D. 2000. IR 146*. ♦ V. aussi, pour l'obligation du vendeur d'appeler l'attention de l'acquéreur sur la nécessité d'obtenir une autorisation administrative. • Civ. 1re, 6 oct. 1982, n° 81-13.476 P (vente de mobile home) • Civ. 3e, 2 déc. 1992 : *JCP N 1993. II. 195, note Leveneur.* ♦ Comp. : le devoir de conseil de l'installateur s'inscrit nécessairement dans son domaine de compétence technique ; l'installateur d'un système de vidéosurveillance dans les locaux d'une entreprise n'est pas tenu d'avertir son client que la présence de caméras dans la cafétéria de l'entreprise n'est pas compatible avec la réglementation du code du travail. • Civ. 1re, 25 juin 2002, n° 99-15.915 P : *JCP 2003. I. 152, n° 18, obs. Viney ; Dr. et patr. 1/2003. 112, obs. Chauvel ; LPA 26 mars 2003, obs. Bourdon ; RTD civ. 2003. 81, obs. Mestre et Fages ; ibid. 105, obs. Gautier*.

30. ... Environnement. Le vendeur d'un bien immobilier n'est tenu d'informer l'acquéreur de l'existence des risques visés par un PPRT prescrit qu'après que le préfet a arrêté la liste des communes concernées, ainsi que, pour chacune d'entre elles, la liste des risques technologiques auxquels elle est exposée et des documents auxquels le vendeur peut se référer ; ni les vendeurs ni, par suite, l'agence immobilière et les notaires ne sont tenus d'informer les acquéreurs de l'existence des risques visés par un plan lorsqu'à la date de conclusion de la promesse et de sa réitération cette désignation n'a pas été effectuée. • Civ. 1re, 9 sept. 2020, n° 19-12.573 P.

31. ... Informations à visée fiscale. Le vendeur qui n'a pas fait la déclaration prévue par l'art. 1406 CGI (exonération fiscale bénéficiant aux constructions nouvelles) doit avertir l'acquéreur de cette absence de déclaration. • Civ. 3e, 18 avr. 1984, n° 83-11.552 P. ♦ Commet une faute le vendeur d'un appartement en état futur d'achèvement acheté dans un unique but de défiscalisation qui n'a pas précisé à son client que le bénéfice de la défiscalisation était soumis à la condition d'occupation effective de l'appartement. • Civ. 1re, 19 févr. 2002, n° 99-14.787 P.

Responsabilité d'un installateur quant au calcul du crédit d'impôt applicable à l'opération envisagée, ce crédit ayant déterminé le consentement de la cliente. • Civ. 1re, 8 mars 2012, n° 10-21.239.

5° SANCTIONS

32. En cas de contravention aux art. 2 et 5 du Décr. du 14 mars 1986 sur la répression des fraudes dans le commerce de l'ameublement, qui fixent les obligations du vendeur en matière d'information de l'acheteur, la méconnaissance de ces dispositions d'ordre public est sanctionnée non seulement pénalement, comme le prévoit le code de la consommation mais aussi, en vertu de l'art. 6 C. civ., par la nullité du contrat de vente. • Civ. 1re, 7 déc. 2004, n° 01-11.823 P : *R., p. 337 ; D. 2005. AJ 75, obs. Rondey ; JCP 2005. II. 10160, note Rzepecki ; ibid. I. 141, nos 19 s., obs. Constantin ; Dr. et patr. 3/2005. 85, obs. Chauvel ; RDC 2005. 323, obs. Fenouillet ; LPA 7 sept. 2005, note Bazin ; RTD civ. 2005. 389, obs. Mestre et Fages* (cassation de l'arrêt qui rejette la demande en nullité de la vente au motif que le Décr. du 14 mars 1986 ainsi que les dispositions du C. consom. auxquelles il renvoie ne sont assortis que de sanctions pénales). ♦ V. cependant : le manquement aux exigences de forme et d'information prévues pour les prix des prestations funéraires ne peut à lui seul, en l'absence de texte, entraîner la nullité du contrat. • Civ. 1re, 27 juin 2018, n° 17-23.264 P : *D. 2018. 1436 ; RTD civ. 2018. 647, obs. Barbier ; RDC 3/2019. 80, note Fenouillet.*

Art. 1616 **Le vendeur est tenu de délivrer la contenance telle qu'elle est portée au contrat, sous les modifications ci-après exprimées.**

Sur l'obligation de mentionner la superficie dans les ventes de lots de copropriété, V. L. n° 65-557 du 10 juill. 1965, art. 43 et 46, ss. art. 664.

BIBL. ► ALBIGES, *Dr. et patr. 6/1998. 65* (la superficie de la chose dans les contrats). – BARRET, *RTD civ. 2012. 207* (recours offerts à l'acquéreur contre le vendeur au cas de superficie insuffisante de l'immeuble vendu).

Art. 1617 **Si la vente d'un immeuble a été faite avec indication de la contenance, à raison de tant la mesure, le vendeur est obligé de délivrer à l'acquéreur, s'il l'exige, la quantité indiquée au contrat ;**

Et si la chose ne lui est pas possible, ou si l'acquéreur ne l'exige pas, le vendeur est obligé de souffrir une diminution proportionnelle du prix.

Art. 1618 **Si, au contraire, dans le cas de l'article précédent, il se trouve une contenance plus grande que celle exprimée au contrat, l'acquéreur a le choix de fournir le supplément du prix, ou de se désister du contrat, si l'excédent est d'un vingtième au-dessus de la contenance déclarée.**

Art. 1619 **Dans tous les autres cas,**

Soit que la vente soit faite d'un corps certain et limité,

Soit qu'elle ait pour objet des fonds distincts et séparés,

Soit qu'elle commence par la mesure, ou par la désignation de l'objet vendu suivie de la mesure,

L'expression de cette mesure ne donne lieu à aucun supplément de prix, en faveur du vendeur, pour l'excédent de mesure, ni en faveur de l'acquéreur, à aucune diminution du prix pour moindre mesure, qu'autant que la différence de la mesure réelle à celle exprimée au contrat est d'un vingtième en plus ou en moins, eu égard à la valeur de la totalité des objets vendus, s'il n'y a stipulation contraire.

En ce qui concerne les ventes de lots de copropriété, V. L. n° 65-557 du 10 juill. 1965, art. 43 et 46, ss. art. 664.

A. DOMAINE

1. Ventes concernées : vente immobilière. Il résulte de l'ensemble des dispositions contenues aux art. 1617 à 1623 que l'art. 1619 régit exclusivement les ventes d'immeubles ; dès lors il ne s'applique pas à une vente de coupes de bois, qui a le caractère d'une vente mobilière. • Civ. 17 déc. 1923 : *DP 1924. 1. 14.* ♦ ... Ni aux ventes de récoltes sur pied. • Civ. 1re, 18 févr. 1957 : *Bull. civ. I, n° 85.* ♦ V. aussi note 1 ss. 1622.

2. ... Vente « à tant la mesure ». Si la vente d'un immeuble n'a pas été faite à raison de tant la mesure, le défaut de contenance ne peut donner lieu, en faveur de l'acquéreur, qu'à une diminution du prix lorsque la différence en moins atteint un vingtième. • Civ. 3e, 24 janv. 1990, n° 88-15.551 P : *D. 1991. Somm. 165, obs. Paisant.*

3. Distinction avec d'autres actions : erreur sur la substance. Pour le cas où la contenance du terrain est une qualité substantielle de l'objet du contrat, et où l'erreur sur cette qualité rend applicable l'anc. art. 1110 C. civ., V. • Civ. 23 nov. 1931 : *DP 1932. 1. 129, note Josserand.*

4. ... *Exécution d'une convention particulière.* Les dispositions de l'art. 1619 ne sauraient recevoir application dès lors qu'il s'agit, non de l'obligation de délivrance, incombant au vendeur d'immeuble, mais de l'exécution de conventions intervenues entre les parties et notamment de l'obligation d'une société civile immobilière, acquéreur, de construire un immeuble et d'en remettre une partie, à titre de dation en paiement, au vendeur. • Civ. 3e, 19 juill. 1983, n° 82-13.300 P. ♦ V. aussi note 4 ss. art. 1622.

B. EFFETS

5. *Restitution d'une partie du prix.* La restitution de partie du prix à laquelle un contractant est condamné pour déficit de superficie de l'immeuble vendu ne constitue pas, par elle-même, un préjudice indemnisable permettant une action en garantie, en l'espèce, contre l'architecte. • Civ. 3e, 8 nov. 2006, n° 05-16.948 P : *D. 2006. IR 2952 ; JCP 2007. II. 10061, note Pinna ; ibid. I. 115, n° 1, obs. Stoffel-Munck ; RDI 2007. 87, obs. Tournafond ; RDC 2007. 310, obs. Carval* • 28 janv. 2015, n° 13-27.397 P : *D. 2015. 657, note Rouvière ; ibid. 2016. 35, obs. Brun et Gout ; RTD civ. 2015. 396, obs. Jourdain ; Defrénois 2015. 667, obs. Becqué-Ickowicz* (mesureur). ♦ Rappr., • Civ. 3e, 25 oct. 2006, n° 05-17.427 P : *D. 2007. Chron. C. cass. 1302, obs. Monge et Nési ; ibid. Pan. 2189, obs. Capoulade ; JCP 2007. II. 10061, note Pinna ; CCC 2007, n° 65, note Leveneur ; RTD civ. 2007. 333, obs. Mestre et Fages*, à propos de la « loi Carrez » (indication de la superficie du lot de copropriété vendu). ♦ Rappr. dans le cadre de la loi Carrez : la connaissance par l'acquéreur avant la vente de la superficie réelle du bien ne le prive pas de son droit à la diminution du prix. • Civ. 3e, 10 déc. 2015, n° 14-13.832 P.

6. *Responsabilité du mesureur.* Le vendeur peut agir en responsabilité contre le mesureur au titre de la perte de chance de vendre son bien au même prix pour une surface moindre. • Civ. 3e, 28 janv. 2015 : *préc. note 5.*

C. LIMITES AUX CLAUSES DE NON-GARANTIE

7. *Clause potestative.* Inefficacité d'une clause de non-garantie dès lors que le vendeur, qui a vendu les biens « tels qu'ils existeront lors de leur achèvement », ne prétend pas que les biens ont fait l'objet d'une délimitation le jour de la vente et que les acheteurs ne pouvaient accepter par avance une réduction de contenance au seul pouvoir du vendeur. • Civ. 3e, 24 mars 1999, n° 97-18.547 P : *Defrénois 1999. 1140, obs. Périnet-Marquet ; ibid. 1328, obs. Delebecque.*

8. *Dol.* La clause de non-garantie ne peut recevoir application lorsque le vendeur s'est livré à des manœuvres dolosives pour tromper l'acquéreur sur la contenance du bien vendu. • Versailles, 4 oct. 1996 : *BICC 1er avr. 1997, n° 408 ; Gaz. Pal. 1997. 1. Somm. 289.* ♦ Jugé qu'une clause de non-garantie est valable dès lors qu'une telle stipulation ne peut être tenue en échec qui si le vendeur est professionnel et l'acheteur non-professionnel. • Paris, 7 avr. 1998 : *D. 1998. IR 136.*

9. *Éviction.* La clause de non-garantie de désignation et de contenance ne dispense pas les vendeurs de garantir les acheteurs contre l'éviction d'une partie de la chose vendue. • Civ. 3e, 12 janv. 1982, n° 80-13.794 P : *RTD civ. 1983. 147, obs. Rémy.* – Déjà en ce sens : • Civ. 1re, 5 janv. 1967, n° 64-14.116 P : *D. 1967. 430 ; RTD civ. 1967. 654, obs. Cornu.* – V. aussi Picard, *JCP N 1976. I. 2797.* – Salvat, *ibid. 1987. I. 143.*

Art. 1620 Dans le cas où, suivant l'article précédent, il y a lieu à augmentation de prix pour excédent de mesure, l'acquéreur a le choix ou de se désister du contrat ou de fournir le supplément du prix, et ce, avec les intérêts s'il a gardé l'immeuble.

Art. 1621 Dans tous les cas où l'acquéreur a le droit de se désister du contrat, le vendeur est tenu de lui restituer, outre le prix, s'il l'a reçu, les frais de ce contrat.

Art. 1622 L'action en supplément de prix de la part du vendeur, et celle en diminution de prix ou en résiliation du contrat de la part de l'acquéreur, doivent être intentées dans l'année, à compter du jour du contrat, à peine de déchéance.

1. *Ventes concernées.* Il résulte de l'ensemble des dispositions contenues aux art. 1617 à 1623 que l'art. 1622 régit exclusivement les actions fondées *sur une erreur de contenance* en matière de ventes d'immeubles et ne s'applique pas aux ventes de meubles. • Civ. 1re, 11 janv. 2005, n° 01-17.736 P : *D. 2005. Pan. 2352, obs. Reboul-Maupin ; CCC 2005, n° 107, note Leveneur ; Dr. et patr. 6/2005. 97, obs. Chauvel ; ibid. 11/2005. 93, obs. Seube.* ♦ V. aussi note 1 ss. art. 1619.

2. Les art. 1617 et 1622 sont inapplicables au litige opposant le vendeur d'un parking à l'acheteur qui se plaint d'un déficit de surface par rapport à celle prévue dans le contrat, dès lors que le prix de vente était fixé sans aucune référence au prix du mètre carré de parking. • Paris, 9 mai 1990 : *D. 1990. IR 150.*

3. Cas où le terrain n'est ni borné, ni délimité dans l'acte ou sur le sol : V. • Civ. 3e, 19 déc. 1978 : *D. 1979. IR 222.*

4. S'agissant non de l'obligation de délivrance du vendeur, mais de l'exécution d'une convention particulière intervenue entre les parties sur la superficie du bien vendu et le paiement du prix, la prescription de l'art. 1622 n'est pas applicable. • Civ. 3e, 12 juill. 1995, n° 92-19.749 P • 11 oct. 2006 : *AJDI 2007. 682, obs. Cohet-Cordey*. ♦ V. aussi note 4 ss. art. 1619.

5. Vente d'immeuble à construire. L'art. 1622 est applicable à la vente en l'état futur d'achèvement sous réserve de faire courir le délai préfix d'un an à compter du transfert de propriété, constaté par la livraison. • Civ. 3e, 24 nov. 1999, n° 98-12.317 P : *R., p. 336 ; D. 2000. Somm. 286, obs. Tournafond ; JCP 2000. I. 237, n° 19 s., obs. Sérinet ; Defrénois 2000. 492, obs. Périnet-Marquet ; RDI 2000. 192, obs. Saint-Alary Houin* • 20 juin 2006 : *RDI 2007. 349, obs. Tournafond*. ♦ Rappr. : le point de départ du délai préfix d'un an est la date de la livraison du bien, la vérification de la superficie de l'immeuble vendu ne pouvant être opérée qu'à cette date. • Civ. 3e, 11 janv. 2012, n° 10-22.924 P : *D. 2012. 355 ; JCP N 2012, n° 1113, note Barbiéri.*

6. Rappr. dans le cadre de l'art. 46 de la L. du 10 juill. 1965 (loi Carrez), admettant que le délai d'un an prévu par ce texte pour engager l'action en diminution du prix de vente a été interrompu par l'assignation en référé-expertise. • Civ. 3e, 12 nov. 2015, n° 14-18.390 P.

Art. 1623 **S'il a été vendu deux fonds par le même contrat, et pour un seul et même prix, avec désignation de la mesure de chacun, et qu'il se trouve moins de contenance en l'un et plus en l'autre, on fait compensation jusqu'à due concurrence ; et l'action, soit en supplément, soit en diminution du prix, n'a lieu que suivant les règles ci-dessus établies.**

Art. 1624 **La question de savoir sur lequel, du vendeur ou de l'acquéreur, doit tomber la perte ou la détérioration de la chose vendue avant la livraison, est jugée d'après les règles prescrites au titre *Des contrats ou des obligations conventionnelles en général.***

SECTION 3 De la garantie

Art. 1625 **La garantie que le vendeur doit à l'acquéreur, a deux objets : le premier est la possession paisible de la chose vendue ; le second, les défauts cachés de cette chose ou les vices rédhibitoires.**

§ 1 De la garantie en cas d'éviction

Art. 1626 **Quoique lors de la vente il n'ait été fait aucune stipulation sur la garantie, le vendeur est obligé de droit à garantir l'acquéreur de l'éviction qu'il souffre dans la totalité ou partie de l'objet vendu, ou des charges prétendues sur cet objet, et non déclarées lors de la vente.**

BIBL. ▶ CHALVIGNAC, *LPA 16 déc. 2002* (garantie légale d'éviction et clause de non-concurrence). – COUDERT, *D. 1973. Chron. 113* (garantie d'éviction dans les ventes commerciales). – MOUSSERON, *Hommage à H. Desbois, Dalloz, 1974, p. 157* (contrats d'exploitation de brevets). – VÉRON, *Mél. Burst, Litec, 1997, p. 617* (recours de l'acheteur contre le vendeur de produits contrefaisants). – VIOLET, *Defrénois 2006. 467* (vente de fonds de commerce : obligation de garantie et obligation de non-concurrence). – Dossier, *RDC 2016. 527.*

A. DOMAINE

1. Droits incorporels. La garantie d'éviction est due par tout cédant d'un droit de propriété, corporel ou incorporel. • Civ. 1re, 7 avr. 1998, *n° 96-13.292 P : D. 1999. Somm. 123, obs. Hassler et Lapp*. ♦ V. aussi : • Civ. 1re, 27 mai 1986, n° 84-14.154 P • 13 mars 2008, n° 06-20.152 P : *D. 2008. 1317, note Lancrenon ; CCE 2008, n° 64, obs. Caron ; RTD com. 2008. 841, obs. Bouloc*. ♦ En condamnant l'auteur de dessins (logos) que le cessionnaire a dû modifier par suite de leur ressemblance avec ceux d'autres marques, les juges se fondent à bon droit sur le principe général de la garantie d'éviction due par le cédant d'un droit de propriété corporel ou incorporel, principe dont l'art. 54 de la L. du 11 mars 1957 [CPI, art. L. 132-8] vise un cas particulier d'application. • Civ. 1re, 19 juin 1990, n° 89-10.162 P : *R., p. 359.*

2. Cession de fonds de commerce. Application de la garantie d'aviction à une cession de bail commercial, V. • Civ. 3e, 24 juin 1998, n° 96-19.042 P : *D. Affaires* 1998. 1481, obs. J. F. ♦ V. aussi note 9, et art. 1628, note 5.

3. Cession de parts sociales. Cas où la cession de parts d'une société de construction peut être assimilée à une vente d'immeuble : V. • Civ. 3e, 5 mai 1981, n° 79-17.115 P : *RTD civ. 1982. 156, obs. Rémy.* ♦ V. aussi C. sociétés, notes 50 s. ss. art. L. 223-14 C. com., et note 9. – **C. sociétés.**

4. Cession globale d'une unité de production. En cas de liquidation judiciaire, la cession globale d'unité de production effectuée en vertu de l'art. 155 (C. com., art. L. 622-17) de la L. du

25 janv. 1985 est une opération dont le caractère forfaitaire implique l'existence d'un aléa exclusif des garanties prévues dans le droit commun de la vente. • Com. 12 oct. 1993, n° 91-18.505 P : *Defrénois 1994. 565, obs. Sénéchal.*

5. Promesse unilatérale et substitution. Une SAFER qui, en tant que prestataire de services, intervient dans une vente d'un domaine viticole en qualité de « vendeur professionnel », est tenue à la garantie d'éviction concurremment avec le vendeur. • Civ. 3e, 6 mai 2009, n° 07-21.242 P : *JCP N 2009, n° 1243 note Barbiéri* (SAFER ayant substitué un tiers dans le bénéfice d'une promesse unilatérale).

6. Vente sur saisie. Le créancier poursuivant, sur saisie immobilière, la vente des biens de son débiteur ne peut être assimilé à un vendeur et ne peut être tenu envers l'adjudicataire à la garantie de l'art. 1626. • Civ. 2e, 22 nov. 2001, n° 99-16.356 P : *D. 2002. IR 140 ; CCC 2002, n° 44, note Leveneur ; RTD civ. 2002. 318, obs. Gautier.*

B. NOTION D'ÉVICTION

1° FAIT PERSONNEL

7. Revente du bien à un tiers. En vendant une seconde fois le même immeuble à un acquéreur qui en est devenu légitime propriétaire en vertu d'un acte authentique régulièrement publié, le vendeur manque à son obligation de garantie à l'égard du premier acheteur et les juges du fond ne peuvent refuser de prononcer la résolution de la vente initiale. • Civ. 3e, 29 avr. 1981, n° 79-16.649 P.

8. Action en justice. Pour l'irrecevabilité d'une action en justice intentée par le vendeur lorsque cette action pourrait aboutir à évincer l'acheteur, V. note 7 ss. art. 1628.

9. Non-rétablissement. Il se déduit de l'application combinée des principes de la liberté du commerce et de l'industrie et de la liberté d'entreprendre et de l'art. 1626 que la liberté du commerce et la liberté d'entreprendre peuvent être restreintes par l'effet de la garantie d'éviction à laquelle le vendeur de droits sociaux est tenu envers l'acquéreur. • Com. 10 nov. 2021, n° 21-11.975 B : *D. 2022. Chron. C. cass. 2262, obs. Bellino ; Rev. sociétés 2022. 348, note Barbièri ; RTD civ. 2022. 153, obs. Gautier ; RTD com. 2022. 95, obs. Moury ; RDC 2022/1. 53, note Hamelin ; ibid. 58, note Sautonie-Laguionie.* ♦ L'art. 1626 emporte pour le vendeur d'un fonds de commerce le devoir de s'abstenir de tout acte de nature à diminuer l'achalandage et à détourner la clientèle du fonds cédé, mais non, en l'absence d'une clause expresse portant interdiction au vendeur de faire un commerce similaire, l'obligation de ne pas se réinstaller. • Req. 29 juill. 1908 : *DP 1909. 1. 281, note Lacour.* ♦ V. aussi • Com. 16 juin 1969, n° 68-12.139 P : *D. 1970. 37* (même principe, mais les juges du fond peuvent admettre que le seul fait de la réinstallation à proximité du fonds vendu ne suffit pas à constituer une violation de l'obligation de garantie). ♦ Si le vendeur est une personne morale, cette obligation pèse non seulement sur elle, mais aussi sur son dirigeant ou les personnes qu'il pourrait interposer. • Com. 24 mai 2005, n° 02-19.704 P : *D. 2005. AJ 1634, obs. Chevrier ; Dr. et patr. 9/2005. 113, obs. Poracchia ; RTD com. 2006. 295, obs. Saintourens.* ♦ V. aussi • Civ. 1re, 24 janv. 2006, n° 03-12.736 P : *D. 2007. Pan. 272, obs. Hallouin et Lamazerolles ; LPA 18 juill. 2006, note Gibirila ; Rev. sociétés 2006. 561, note Lecourt ; RDC 2006. 1183, obs. F.-X. Lucas* (société civile professionnelle de médecins). ♦ Les juges du fond doivent rechercher si la constitution, par une société ayant cédé les parts de sa filiale française, d'une société portant quasiment la même dénomination et chargée de la distribution en France des produits pour lesquels l'ancienne filiale française n'était plus approvisionnée, n'est pas de nature à empêcher l'acquéreur des parts de la société française de poursuivre l'activité économique de celle-ci et de réaliser l'objet social. • Com. 20 févr. 2007 : *D. 2008. Pan. 247, obs. Picod ; CCC 2007, n° 123, note Malaurie-Vignal.* ♦ Mais l'interdiction pour le vendeur de se rétablir doit être proportionnée aux intérêts légitimes à protéger : cassation de l'arrêt n'ayant pas recherché si, au regard de l'activité de la société dont les parts avaient été cédées et du marché concerné, l'interdiction de se rétablir se justifiait encore au moment des faits reprochés. • Com. 10 nov. 2021, n° 21-11.975 B : *préc.*

Sur le maintien de cette obligation après l'expiration d'une clause de non-concurrence, V. notes 5 s. ss. art. 1628.

2° FAIT D'UN TIERS

10. Nature du trouble : trouble de droit. La garantie d'éviction du fait d'un tiers est due si le trouble subi par l'acheteur est un trouble de droit, existant au moment de la vente, non déclaré et ignoré de l'acheteur. • Civ. 1re, 28 oct. 2015, n° 14-15.114 P : *D. 2015. 2248 ; JCP 2016, n° 190, note Ranouil ; JCP N 2016, n° 1242, obs. Piedelièvre.* ♦ La garantie d'éviction du fait d'un tiers n'est due que si le trouble subi par l'acheteur est un trouble de droit. • Civ. 3e, 11 mai 2011 : *D. 2011. Actu. 1483 ; RLDC 2011/84, n° 4299, obs. Paulin.*

11. Date du trouble. La découverte d'un droit invoqué en justice par un tiers sur la chose vendue, existant au moment de la vente, non déclaré et ignoré de l'acheteur, constitue un trouble actuel, obligeant de ce seul fait le vendeur à en garantir son acquéreur, et ce trouble existe avant même qu'intervienne un jugement le constatant. • Civ. 3e, 4 juill. 1968, n° 66-12.296 P

• 3 déc. 2008, n° 07-14.545 P : *D. 2009. AJ 98 ; RLDC 2009/57, n° 3297, obs. Bugnicourt* (revendication par un tiers d'une partie d'un terrain acquis et impossibilité de publier la vente). – Rappr. • Civ. 3e, 13 nov. 2003, n° 02-16.285 P : *Dr. et patr. 3/2004. 92, obs. Barbiéri ; RDC 2004. 329, obs. Collart-Dutilleul.* ♦ Pour une menace d'action du gagiste justifiant l'allocation d'une provision : • Civ. 1re, 20 mars 1990, n° 87-19.162 P.

L'éviction suppose un trouble actuel, et non simplement éventuel ; la simple connaissance par l'acheteur de l'existence d'un droit au profit d'un tiers susceptible de l'évincer ne suffit pas à lui permettre d'agir en garantie. • Civ. 3e, 30 nov. 2022, n° 21-20.033 B (empiètement d'une piscine ; absence de trouble actuel, le propriétaire n'ayant donné aucune suite à ses rappels des limites de la propriété).

12. Illustrations : hypothèque. L'art. 1626 s'applique aux hypothèques ; le vendeur qui ne les a pas déclarées laisse supposer à l'acheteur qu'il prendra lui-même des arrangements pour les faire disparaître. • Req. 11 mai 1898 : *DP 1899. 1. 223.* ♦ La constitution de l'hypothèque judiciaire prévue par l'art. 2123 anc. sur les biens du débiteur résulte non de son inscription mais du jugement de condamnation qui lui donne naissance, de sorte que le trouble de droit qui en résultait existe au moment de la vente antérieure à l'inscription de l'hypothèque. • Civ. 1re, 28 oct. 2015, n° 14-15.114 P : *préc. note 10.*

13. ... Servitudes. Non-déclaration des servitudes non apparentes : V. notes ss. art. 1638.

14. ... Bail. La condamnation du vendeur d'un immeuble à des dommages et intérêts, en raison de la non-déclaration d'une prorogation de bail consentie par lui au locataire de cet immeuble, se justifie pleinement par l'art. 1626. • Req. 6 juin 1887 : *DP 1888. 1. 216.* ♦ V. conf., pour un bail rural, • Civ. 3e, 13 nov. 2003 : *préc. note 11.* ♦ Comp. : le bail ne portant pas atteinte à la propriété, l'existence d'un bail relève, non de la garantie d'éviction, mais de la garantie des charges, et celle-ci n'est pas due lorsque l'acquéreur a eu connaissance des charges de la vente. • Soc. 10 juill. 1962, n° 60-11.944P.

15. Autorité publique. Si l'éviction ou le dommage causé à l'acquéreur d'un bien par le fait de l'autorité publique ne peut, en général, donner lieu contre le vendeur à une action en garantie, il en est autrement lorsque cet acte est la conséquence de circonstances antérieures à la vente et que, par aucun moyen, l'acquéreur n'en peut empêcher les effets (saisie, entre les mains du dernier acquéreur, d'un véhicule faussement immatriculé antérieurement à son acquisition par le vendeur). • Civ. 1re, 28 avr. 1976, n° 74-11.924 P : *D. 1976. 464, note Gaury ; RTD civ. 1976. 793, obs. Cornu.* – V. aussi • Civ. 3e, 30 oct. 1984, n° 83-12.010 P.

C. LIMITES À LA GARANTIE D'ÉVICTION

16. Nécessité d'un préjudice. Ayant retenu que l'appartenance de parcelles du bien vendu au périmètre d'une association syndicale de propriétaires permettant l'irrigation à tarif avantageux maintenait la valorisation objective du bien, une cour d'appel en déduit exactement qu'en l'absence de préjudice, la responsabilité du vendeur ne pouvait être engagée. • Civ. 3e, 2 févr. 2005, n° 03-15.539 P.

17. Turpitudes réciproques. Irrecevabilité de la demande en garantie en présence des turpitudes réciproques des deux parties (agissements immoraux du vendeur, connus de l'acquéreur, et ayant entraîné condamnation comportant fermeture du débit de boissons vendu). • Com. 27 avr. 1981, n° 80-11.200 P : *D. 1982. 51, note le Tourneau ; RTD civ. 1982. 418, obs. Chabas.*

18. Actions récursoires. L'obligation de garantie qui pèse sur le vendeur peut aussi être invoquée contre l'auteur de celui-ci si l'éviction trouve son origine dans le fait de cet auteur (non-déclaration d'une servitude de canalisation enterrée). • Civ. 3e, 28 mars 1990, n° 88-14.953 P.

19. La garantie d'éviction n'est pas due par le cédant lorsqu'il est établi que le cessionnaire a participé aux actes de contrefaçon en mettant en vente un produit qu'il savait contrefait. • Civ. 1re, 13 mars 2008 : *préc. note 1.* ♦ V. déjà : • Civ. 1re, 15 oct. 1996, n° 94-18.499 P. ♦ V. aussi : • Civ. 1re, 10 mai 1995, n° 93-15.767 P • 7 nov. 2006, n° 04-13.454 P. ♦ Dans le même sens, pour le vendeur intermédiaire d'un véhicule volé : • Civ. 1re, 21 mars 2000 : *Defrénois 2000. 1176, obs. Bénabent.* ♦ Comp. note 3 ss. art. 1598, estimant qu'une chose contrefaite ne peut faire l'objet d'une vente. ♦ Pour la sanction d'une faute dans la revente, rappr., pour la garantie des vices cachés, note 21 ss. art. 1643. ♦ Rappr. également, dans le cadre de la Convention de Vienne : • Civ. 1re, 19 mars 2002, n° 00-14-414 P : *JCP 2003. II. 10016, note Raynard.*

Art. 1627 **Les parties peuvent, par des conventions particulières, ajouter à cette obligation de droit ou en diminuer l'effet ; elles peuvent même convenir que le vendeur ne sera soumis à aucune garantie.**

1. Portée de la clause de non-garantie de désignation et de contenance : V. note 9 ss. art. 1619.

2. Le vendeur ne saurait s'exonérer des conséquences de la faute consistant à ne pas avoir fait mention d'une servitude dont il ne pouvait ignorer l'existence en invoquant la clause selon laquelle « aucun recours ne pourra être exercé du chef des servitudes », s'agissant là d'une simple clause de style. • Civ. 1re, 21 juin 1967, no 65-11.949 P.

3. Manque à son devoir d'information le vendeur qui ne signale pas le non-raccordement de l'immeuble vendu au réseau d'eau potable, nonobstant la clause de l'acte stipulant que l'acquéreur prend l'immeuble vendu dans son état actuel, sans garantie des vices cachés, et fait son affaire personnelle de la continuation ou de la résiliation de tous contrats d'abonnement à l'eau, au gaz et à l'électricité. • Civ. 3e, 28 juin 2000 : *Gaz. Pal. 2001. 101, note Teilliais.*

4. Limite à l'aménagement conventionnel de la garantie du vendeur professionnel : V. note 3 ss. art. 1644.

5. Est valable la clause par laquelle le vendeur s'engage à vendre l'immeuble libre d'occupation, même si la vente intervient avant l'échéance du bail, dès lors qu'une résiliation anticipée amiable est permise même dans le cadre des baux commerciaux. • Civ. 3e, 18 mai 1994, no 92-19.238 P.

Art. 1628 Quoiqu'il soit dit que le vendeur ne sera soumis à aucune garantie, il demeure cependant tenu de celle qui résulte d'un fait qui lui est personnel : toute convention contraire est nulle.

1. Caractère d'ordre public. V. note 5.

2. Cas où l'acquéreur a accepté de supporter le risque d'éviction : V. notes ss. art. 1629.

3. Date du trouble. Cassation de l'arrêt qui retient la garantie du fait du vendeur, qui aurait troublé la possession de l'acheteur en effectuant des travaux, sans rechercher si ceux-ci étaient antérieurs ou postérieurs au transfert entre les parties du lot concerné. • Civ. 3e, 5 oct. 1994, no 92-12.031 P.

4. Applications : usucapion. Le vendeur, qui doit garantie à l'acquéreur, est tenu de répondre de son propre fait et il ne peut, par suite, évincer lui-même l'acquéreur en invoquant la prescription acquisitive pour se faire reconnaître propriétaire de la chose vendue dont il a conservé la possession, l'acquéreur étant toujours recevable, dans ce cas, à lui opposer l'exception de garantie, qui est perpétuelle. • Civ. 3e, 20 oct. 1981, no 80-10.660 P : *R., p. 65* • 14 juin 1983 : *Gaz. Pal. 1983. 2. Pan. 312, obs. Piedelièvre* • 13 juill. 2010, no 09-13.472 P : *JCP N 2010, no 1340, note Le Gallou* • 30 juin 2021, no 20-14.743 B : *D. 2021. 2075, note Dépinoy ; AJDI 2022. 307, obs. Cohet ; RDC 2022/1. 112, note Danos.*

5. ... Non-rétablissement. L'expiration du délai conventionnel de non-rétablissement du vendeur de fonds de commerce n'a pas pour effet de le libérer de l'obligation légale de garantie de son fait personnel, qui est d'ordre public. • Com. 14 avr. 1992, no 89-21.182 P : *R., p. 326 ; D. 1993. Somm. 239, obs. Paisant ; Defrénois 1992. 1358 obs. Sénéchal ; RTD civ. 1993. 150, obs. Gautier.* ♦ Après l'expiration de la clause de non-concurrence, l'aquéreur d'un fonds de commerce demeure fondé à se prévaloir de la garantie légale d'éviction, qui fait interdiction au cédant de se livrer à tous agissements tendant à reprendre la clientèle du fonds cédé. • Com. 16 janv. 2001, no 98-21.145 P : *D. 2002. 712, note Archer ; D. 2001. Somm. 1312, obs. Serra ; CCC 2001, no 71, note Leveneur ; JCP E 2001. 1429, note Keita ; RTD civ. 2001. 611, obs. Gautier.*

6. Dans une cession d'actions de société, la garantie légale d'éviction du fait personnel du vendeur n'entraîne pour celui-ci l'interdiction de se rétablir que si ce rétablissement est de nature à empêcher les acquéreurs des actions de poursuivre l'activité économique de la société et de réaliser l'objet social. • Com. 21 janv. 1997, no 94-15.207 P : *D. 1998. Somm. 393, obs. Hallouin ; JCP E 1997. II. 936, note Guyon ; JCP N 1998. 768, no 18, obs. P. Mousseron.* – Couret, *Dr. et patr. 5/1997. 64.* • Com. 15 déc. 2009, no 08-20.522 P : *CCC 2010, no 66, note Leveneur.*

7. ... Droit des marques. Cassation, pour violation de l'art. 1628, de l'arrêt qui déclare le cédant de marques recevable en son action en déchéance des droits sur les marques, au motif qu'il a un intérêt légitime à voir prononcer la déchéance de marques dont les signes sont composés de son nom, alors que le cédant n'est pas recevable en une action tendant à l'éviction de l'acquéreur. • Com. 31 janv. 2006, no 05-10.116 P : *D. 2006. AJ 861, note Allaeys ; JCP E 2006. 1803, note Mendoza-Caminade ; Gaz. Pal. 2006. 3994, note Taudou-Miquelard ; CCC 2006, no 79, note Leveneur ; RTD civ. 2006. 339, obs. Gautier.*

Art. 1629 Dans le même cas de stipulation de non-garantie, le vendeur, en cas d'éviction, est tenu à la restitution du prix, à moins que l'acquéreur n'ait connu lors de la vente le danger de l'éviction ou qu'il n'ait acheté à ses périls et risques.

1. En cas d'éviction, et à défaut de clause expresse de non-garantie, le vendeur reste tenu à la restitution du prix, même au cas où il serait établi que l'acheteur aurait eu, lors de la vente, connaissance du risque auquel il était exposé, à moins qu'il n'ait été expressément stipulé que celui-ci achetait à ses risques et périls. • Civ. 9 mars 1937 : *DH 1937. 253.* – Dans le même sens : • Civ. 3e, 24 juin 1998, no 96-19.042 P : *D. Affaires 1998. 1481, obs. J. F.*

2. L'art. 1628 ne fait pas obstacle à la validité de la clause par laquelle l'acheteur, qui a été pleinement renseigné sur une circonstance particulière, antérieure à la vente, susceptible de provoquer éventuellement son éviction, a accepté d'en supporter le risque, sans pouvoir former de recours contre le vendeur. • Civ. 1re, 17 juill. 1962, no 60-10.846 P : *D. 1962. 534.* – Même sens : • Com. 2 déc. 1965, no 63-10.944 P.

Art. 1630 **Lorsque la garantie a été promise, ou qu'il n'a rien été stipulé à ce sujet, si l'acquéreur est évincé, il a droit de demander contre le vendeur :**

1° La restitution du prix ;

2° Celle des fruits, lorsqu'il est obligé de les rendre au propriétaire qui l'évince ;

3° Les frais faits sur la demande en garantie de l'acheteur, et ceux faits par le demandeur originaire ;

4° Enfin les dommages et intérêts, ainsi que les frais et loyaux coûts du contrat.

1. Lorsque le vendeur a promis garantie, sa bonne foi ne le met pas à l'abri de cet engagement, lequel, d'après l'art. 1630, comprend, en outre de la restitution du prix, le droit, pour l'acquéreur évincé même partiellement, d'être rendu par le vendeur complètement indemne des suites du contrat. • Req. 2 déc. 1890 : *DP 1891. 1. 478.*

2. Condamnation du vendeur au remboursement de l'indemnité d'occupation que l'acquéreur de bonne foi, évincé, a dû verser au véritable propriétaire. • Civ. 3e, 8 oct. 1974 : *JCP 1975. II. 17930, note Thuillier.*

3. L'acquéreur évincé a droit à la réparation de tout le préjudice causé par l'inexécution du contrat ; cassation de l'arrêt qui limite l'indemnisation en considérant que les vendeurs ne peuvent pas être tenus pour responsables de l'entier préjudice découlant des procédures judiciaires qui ont suivi la découverte des contestations liées à la superficie du bien vendu et qui ont conduit à l'éviction, celles-ci résultant de la position même des acquéreurs qui ont refusé de reconnaître l'erreur cadastrale. • Civ. 3e, 7 juill. 2010, no 09-12.055 P : *D. 2010. Actu. 1939 ; RTD civ. 2010. 794, obs. Gautier* (visa des art. 1630, 1639 et 1151 anc.).

4. La demande d'indemnisation du préjudice résultant d'une éviction partielle, en application des art. 1636 et 1637, n'est pas nouvelle en appel, dès lors que les acquéreurs avaient présenté en première instance une demande en garantie d'éviction sur le fondement des art. 1625, 1626 et 1630. • Civ. 3e, 18 janv. 2023, no 21-16.666 B.

Art. 1631 **Lorsqu'à l'époque de l'éviction, la chose vendue se trouve diminuée de valeur, ou considérablement détériorée, soit par la négligence de l'acheteur, soit par des accidents de force majeure, le vendeur n'en est pas moins tenu de restituer la totalité du prix.**

Art. 1632 **Mais si l'acquéreur a tiré profit des dégradations par lui faites, le vendeur a droit de retenir sur le prix une somme égale à ce profit.**

Art. 1633 **Si la chose vendue se trouve avoir augmenté de prix à l'époque de l'éviction, indépendamment même du fait de l'acquéreur, le vendeur est tenu de lui payer ce qu'elle vaut au-dessus du prix de la vente.**

1. L'art. 1633 fait obligation au vendeur de payer ce que la chose vaut à la date de la décision constatant l'éviction. • Civ. 3e, 16 janv. 1991 : *D. 1992. 109, note Testu ; RTD civ. 1992. 408, obs. Gautier* • Civ. 3e, 7 juill. 2010 : *cité note 3 ss. art. 1630.*

2. *La plus-value due à l'acquéreur en vertu de* l'art. 1633, laquelle n'est pas entrée dans le patrimoine des vendeurs, n'a pas la nature d'une restitution, mais d'une indemnisation de la perte subie par l'effet de l'éviction, il en résulte que le notaire qui a instrumenté la seconde vente doit être condamné à indemniser ce préjudice et à garantir les vendeurs à ce titre. • Civ. 3e, 27 oct. 2016, no 15-21.495 P : *D. 2017. 375, obs. Mekki ; ibid. 1789, obs. Reboul-Maupin ; RTD civ. 2017. 187, obs. Dross.*

Art. 1634 **Le vendeur est tenu de rembourser ou de faire rembourser à l'acquéreur, par celui qui l'évince, toutes les réparations et améliorations utiles qu'il aura faites au fonds.**

1. Combinaison avec l'art. 555. La demande en garantie d'éviction de l'acquéreur de bonne foi contre son vendeur, réputé de bonne foi, est complémentaire de l'action qu'il a exercée en vertu de l'art. 555 C. civ. contre le véritable propriétaire, en raison des constructions édifiées sur le fonds ; l'acquéreur ne peut donc exiger du vendeur que le remboursement des réparations et améliorations utiles, l'indemnisation du chef des constructions et installations nouvelles relevant de l'art. 555 C. civ. • Civ. 3e, 10 juill. 1970, no 68-13.508 P.

2. Impôts fonciers. Le paiement des impôts fonciers n'entre pas dans la catégorie des réparations et améliorations utiles pour la chose vendue ; en conséquence, le montant des impôts payés par l'acquéreur d'un bien dont il est évincé peut être inclus dans les dommages-intérêts alloués au titre de l'art. 1630, sans qu'il y ait confusion entre les indemnités dues au titre des impenses nécessaires et celles allouées à titre de dommages-intérêts compensatoires. • Civ. 3e, 16 janv. 1991 : *D. 1992. 109, note Testu*.

3. Évaluation des impenses. Les impenses nécessaires ou utiles apportent le plus souvent au fonds une plus-value très inférieure au montant de la dépense, sans pour cela devenir somptuaires ou d'agrément, dans la mesure où elles n'accroissent pas la valeur du fonds ; la nécessité d'assurer à la victime dépossédée une juste réparation, implique que, dans les rapports d'un vendeur fautif et de l'acquéreur de bonne foi évincé, le caractère d'utilité des impenses ou améliorations s'apprécie, non en fonction de leur résultat économique, mais en considération de l'affectation donnée au fonds lorsqu'elle n'est pas contraire à sa destination normale (terrain à bâtir sur lequel a été édifiée une modeste construction). • Paris, 22 nov. 1955 : *Gaz. Pal. 1956. 1. 97.*

Art. 1635 **Si le vendeur avait vendu de mauvaise foi le fonds d'autrui, il sera obligé de rembourser à l'acquéreur toutes les dépenses, même voluptuaires ou d'agrément, que celui-ci aura faites au fonds.**

Art. 1636 **Si l'acquéreur n'est évincé que d'une partie de la chose, et qu'elle soit de telle conséquence, relativement au tout, que l'acquéreur n'eût point acheté sans la partie dont il a été évincé, il peut faire résilier la vente.**

Art. 1637 **Si, dans le cas de l'éviction d'une partie du fonds vendu, la vente n'est pas résiliée, la valeur de la partie dont l'acquéreur se trouve évincé lui est remboursée suivant l'estimation à l'époque de l'éviction, et non proportionnellement au prix total de la vente, soit que la chose vendue ait augmenté ou diminué de valeur.**

1. Domaine. L'art. 1637 ne trouve pas application lorsque le paiement du prix de la vente n'a pas été effectué antérieurement à l'éviction. • Civ. 3e, 4 mai 1988, n° 86-11.456 P. ♦ Par suite, il appartient aux juges du fond de fixer souverainement l'indemnité revenant à l'acquéreur en réparation de son préjudice. • Même arrêt.

Non-application de l'art. 1637 en cas d'annulation de la vente pour vente de la chose d'autrui en application de l'art. 1599 C. civ. • Civ. 3e, 27 oct. 2016, n° 15-23.846 P : *D. 2016. 2213* ; *RTD civ. 2017. 176, obs. Dross*.

2. Application. V. • Civ. 3e, 21 mars 2001, n° 99-16.706 P : *D. 2001. IR 1220* ; *Defrénois 2001. 1064, obs. Libchaber ; CCC 2001, n° 121, note Leveneur ; RTD civ. 2001. 614, obs. Gautier*.

3. Régime. L'indemnité doit être appréciée au regard non des caractéristiques du bien qui justifient l'éviction mais de sa désignation lors de la vente. • Civ. 3e, 18 janv. 2023, n° 21-16.666 B (parcelle empiétant sur le domaine public maritime).

Art. 1638 **Si l'héritage vendu se trouve grevé, sans qu'il en ait été fait de déclaration, de servitudes non apparentes, et qu'elles soient de telle importance qu'il y ait lieu de présumer que l'acquéreur n'aurait pas acheté s'il en avait été instruit, il peut demander la résiliation du contrat, si mieux il n'aime se contenter d'une indemnité.**

Sur l'obligation de mentionner explicitement les servitudes instituées autour des ouvrages de stockage souterrain de gaz, d'hydrocarbures et de produits chimiques, V. C. minier, art. L. 154-2. — **C. minier.**

Sur l'obligation, pour le vendeur d'un terrain sur lequel une installation classée soumise à autorisation a été exploitée, d'en informer par écrit l'acheteur, V. C. envir., art. L. 514-20. — **C. envir.** — *Sur la même obligation, à la charge du vendeur d'un terrain sur le tréfonds duquel une mine a été exploitée, V. C. minier, art. L. 154-2.* — **C. minier.** — *Sur l'obligation d'information de l'acquéreur pesant sur le vendeur d'un bien immobilier soumis à des risques technologiques ou à des risques naturels prévisibles, V. C. envir., art. L. 125-5.* — **C. envir.**

Sur l'obligation de mentionner dans l'acte de vente d'un terrain certaines contraintes résultant de la législation forestière, V. C. rur., art. L. 151-38-1 (prévention des incendies de forêt) ; ... C. for., art. L. 131-5 (lutte contre les incendies de forêt), L. 134-16 (débroussaillement). — **C. rur.**

BIBL. ▶ **Vente de terrains pollués :** Frémeaux, *Gaz. Pal. 1994. 2. Doctr. 563.* – Gossement, *LPA 18 août 2004* (chaîne de ventes et action directe). – Herrnberger, *JCP N 2003. 1490.* – Huglo, *Gaz. Pal. 1999. Doctr. 1450.* – Lièvre et Dupie, *JCP N 2005. 1394* (obligation d'information de l'art. L. 514-20 C. envir.) ; *JCP N 2006. 1204* (jurisprudence récente). – London et Thiré, *JCP E 1995. I. 489.* – Pichard, *LPA 27 juin 1997.* ▶ **Vente de terrains situés au-dessus de mines :**

D. Boulanger, *JCP N 1999. 1555 ; ibid. 2000. 1348.* ▸ **Vente de terrains exposés à des risques technologiques ou naturels :** Dupie, *JCP N 2006. Actu. 391* (état des risques). – Herrnberger, *JCP N 2004. 1433.* – Palais, *AJDI 2006. 808* ∅. – Perruchot-Triboulet, *RLDC 2004/6, n° 252.* – Steinlé-Feuerbach, *JCP 2003. I. 171.* ▸ **Sanction du manquement à une obligation d'information environnementale :** Giraudel, *Mél. Prieur, Dalloz, 2007, p. 1603.*

1. Obligation du vendeur : révélation des servitudes occultes. Il appartient au vendeur d'informer l'acheteur de l'existence des servitudes occultes, et non à l'acheteur de se renseigner à cet égard ; peu importe que l'acheteur n'ait acquis le fonds servant qu'après transcription de l'acte constitutif de la servitude, le système de publicité étant fait en principe pour protéger l'acquéreur contre les actes de disposition du vendeur, et non pour protéger le vendeur contre le recours en garantie de l'acquéreur. • Req. 30 déc. 1940 : *DC 1941. 107, note Carbonnier.*

2. Servitudes légales. Les servitudes légales qui dérivent du régime ordinaire de la propriété, étant réputées connues, n'ont pas à être déclarées (servitude de passage pour enclave). • Civ. 1re, 15 oct. 1963, n° 61-12.581 P : *D. 1963. 715.*

Mais les servitudes résultant de lois ou de règlements à la date de la vente ne peuvent être réputées connues de l'acquéreur que si elles sont une conséquence normale de la nature ou de la situation de l'immeuble. • Civ. 1re, 16 mai 1961, n° 58-12.347 P : *D. 1961. 545.* ♦ Ainsi les servitudes dites administratives ne peuvent entrer dans l'acception de servitudes non apparentes, au sens de l'art. 1638, que s'il s'agit de charges exceptionnelles qui ne sont pas la conséquence normale de la nature ou de la situation de l'immeuble. • Civ. 3e, 26 avr. 1978, n° 77-10.890 P. – V. aussi • Rouen, 3 mars 1970 : *D. 1971. 715, note Bihr* • Civ. 3e, 23 févr. 1994, n° 92-12.764 P (servitude de passage en tréfonds de canalisations). ♦ Les prescriptions et sujétions particulières imposées par le service des affaissements miniers constituent une servitude qui ne dérive pas du régime ordinaire de la propriété. • Civ. 3e, 29 janv. 1992, n° 90-10.578 P.

3. Fautes du vendeur. Si le vendeur a faussement affirmé dans l'acte de vente qu'il n'a constitué sur le fonds aucune servitude et qu'il n'en existe pas à sa connaissance, il a commis une faute contractuelle dont il doit réparation. • Civ. 3e, 5 févr. 1974, n° 72-12.100 P : *Defrénois 1974. 959, note Frank* • 21 mars 2001, n° 99-10.913 P : *D. 2001. IR 1220* ∅ ; *JCP 2001. I. 358, n° 16, obs. Périnet-Marquet ; Dr. et patr. 11/2001. 104, obs. Macorig-Venier.* ♦ Sur la possibilité de prendre en compte l'inexpérience et l'âge du vendeur pour décider que la non-révélation à l'acquéreur d'une servitude occulte ne constitue pas une faute lourde. • Civ. 1re, 21 juin 1967, n° 65-12.108 P (2e arrêt). ♦ Le fait que l'acquéreur ait supporté pendant plusieurs années l'exercice d'une servitude de passage, sans formuler aucune réclamation, ne peut être considéré comme un aveu implicite de la connaissance de la servitude. • Civ. 3e, 5 févr. 1974 : *préc.*

4. Une simple clause de style, selon laquelle aucun recours ne pourrait être exercé contre le vendeur du chef des servitudes, ne saurait l'exonérer des conséquences de la faute qu'il a commise en ne faisant pas mention sur l'acte d'une servitude dont il ne pouvait ignorer l'existence. • Civ. 1re, 21 juin 1967, n° 65-11.949 P.

5. Incidence de la non-révélation de servitudes grevant l'immeuble dans lequel est exploité un fonds de commerce en cas de cession du fonds : V. • Com. 21 oct. 1974 et • Civ. 3e, 3 déc. 1976 : *JCP 1975. II. 18176, note Randoux.*

6. Responsabilité du notaire. L'exécution de la garantie du vendeur, conséquence de l'engagement librement souscrit par les parties, ne saurait constituer un préjudice que le notaire instrumentaire pourrait être tenu d'indemniser. • Civ. 1re, 23 sept. 2003, n° 99-21.174 P : *Defrénois 2003. 1579, obs. Aubert ; RTD civ. 2004. 99, obs. Jourdain* ∅. ♦ Sur la responsabilité éventuelle du notaire pour manquement à ses obligations professionnelles. • Même arrêt.

7. Exclusion de l'action en vices cachés pour les servitudes non apparentes. Une servitude non apparente ne constitue pas un vice caché mais relève des dispositions de l'art. 1638. • Civ. 3e, 27 févr. 2013 : *cité note 14 ss. art. 1641* (canalisation interdisant toute construction sur une partie du terrain cédé).

8. Prescription. L'action récursoire du vendeur, qui tend à l'indemnisation du préjudice que lui cause l'obligation de garantir les acquéreurs de l'éviction qu'ils subissent en raison du non-respect d'une servitude, relève de la responsabilité civile de droit commun. • Civ. 3e, 7 janv. 2016, n° 14-24.777 P : *D. 2016. 128* ∅ ; *AJDI 2016. 379, obs. Le Rudulier* ∅ ; *ibid. 627, obs. Le Rudulier* ∅ ; *RDI 2016. 155, obs. Malinvaud* ∅.

Art. 1639 Les autres questions auxquelles peuvent donner lieu les dommages et intérêts résultant pour l'acquéreur de l'inexécution de la vente, doivent être décidées suivant les règles générales établies au titre *Des contrats ou des obligations conventionnelles en général.*

Art. 1640 La garantie pour cause d'éviction cesse lorsque l'acquéreur s'est laissé condamner par un jugement en dernier ressort, ou dont l'appel n'est plus recevable,

sans appeler son vendeur, si celui-ci prouve qu'il existait des moyens suffisants pour faire rejeter la demande.

Ayant constaté que la possession du tiers qui avait obtenu une décision d'éviction contre l'acquéreur était entachée d'équivoque, c'est à bon droit que les juges du fond en déduisent qu'il existait des moyens suffisants pour faire écarter la revendication du tiers et rejettent l'action de l'acquéreur en résolution de la vente, sur le fondement de l'art. 1640. • Civ. 1re, 5 nov. 1991, nº 87-16.291 P : *RTD civ. 1992. 576, obs. Gautier*.

§ 2 De la garantie des défauts de la chose vendue

BIBL. GÉN. ▶ GALLAND, *RDI 2023. 68* (vente de l'immeuble en l'état : garantie des vices cachés et garantie décennale). – JESTAZ, *Gaz. Pal. 1969. 2. Doctr. 225* (malfaçons de l'immeuble). – MALINVAUD, *JCP 1969. I. 2284* (garantie des vices par le vendeur-promoteur de constructions immobilières). – PAISANT, *JCP 2016, nº 173* (vices cachés dans les ventes d'animaux domestiques aux consommateurs). – TOURNAFOND, *D. 2023. 349* (faut-il élargir le domaine de la garantie des vices cachés dans la vente ?).

▶ **Problème général de la responsabilité des fabricants et fournisseurs :** V. Bibl. ss. art. 1603.

▶ **Bogue de l'an 2000 :** V. Bibl. ss. art. 1615.

Art. 1641 **Le vendeur est tenu de la garantie à raison des défauts cachés de la chose vendue qui la rendent impropre à l'usage auquel on la destine, ou qui diminuent tellement cet usage, que l'acheteur ne l'aurait pas acquise, ou n'en aurait donné qu'un moindre prix, s'il les avait connus.**

*Sur la garantie de la conformité du bien au contrat due par le vendeur au consommateur, V. C. consom., art. L. 411-1 s. — **C. consom.***

V. Décr. nº 81-255 du 3 mars 1981 (D. et BLD 1981. 157) sur la répression des fraudes en matière de transactions d'œuvres d'art et d'objets de collection.

BIBL. ▶ ANCEL, *RTD com. 1979. 203* (garantie conventionnelle des vices cachés dans les conditions générales de vente en matière mobilière). – DUPONT, *CCC 2021. Étude 4* (articulation des actions en garantie des vices cachés et de celles fondées sur le dol). – FOURMENT, *RTD com. 1997. 395.* – LE GALLOU, *AJ contrat 2019. 71* (actions de l'acheteur à raison d'un défaut de la chose : entre enchevêtrement et rationalisation). – MALINVAUD, *JCP 1968. I. 2153* (responsabilité du vendeur à raison des vices de la chose) ; *RDI 1998. 321* (matière immobilière). – MOUSSERON, *Hommage à H. Desbois, Dalloz, 1974, p. 157* (garantie dans les contrats d'exploitation de brevets). – VINEY, *JCP 1994. I. 3773, nos 12 s.* (vente d'une chose défectueuse). ▶ **Garantie des vices cachés et obligation de conformité :** ATIAS, *D. 1993. Chron. 265.* – BÉNABENT, *D. 1994. Chron. 115.* – CALAIS-AULOY, *Mél. Mouly, Litec, 1998, t. 2, p. 63.* – CASSAUX-LABRUNÉE, *D. 1999. Chron. 1.* – FAMILY, *CCC 2002. Chron. 7* (erreur, non-conformité, vice caché). – JOURDAIN, *Gaz. Pal. 1994. 2. Doctr. 826.* – NORMAND, *RTD civ. 1996. 689* (aspects procéduraux). – TOURNAFOND, *D. 1989. Chron. 237.* ▶ **Garantie des vices cachés et erreur sur la substance :** BOULANGER, *JCP N 1996. I. 1585.* – MONACHON-DUCHÊNE, *JCP 2007. I. 199* (le vice extrinsèque). – RADÉ, *JCP 1997. I. 4009.* – SÉRINET, *Études Ghestin, LGDJ, 2001, p. 789.* – TOURNAFOND, *D. 1989. Chron. 237.* ▶ **Bogue de l'an 2000 :** V. Bibl. ss. art. 1615. ▶ **Garantie des vices cachés dans les ventes de véhicules :** – CHEVALLIER, *RTD com. 2010. 231*. – X. HENRY, *Chron. citée ss. art. 1642.* – LÉVY, *RTD civ. 1970. 1* (véhicules neufs et d'occasion). – MERCIÉ, *LPA 4 nov. 1996.* – SUDAKA, *Gaz. Pal. 1966. 1. Doctr. 61* (véhicules d'occasion).

PLAN DES ANNOTATIONS

A. DOMAINE

1° NATURE DU CONTRAT

1. Cession de mitoyenneté. Les art. 1641 s. ne sont pas applicables au cas où le propriétaire joignant un mur use de la faculté de le rendre mitoyen, la cession n'étant régie que par les dispositions particulières du statut de la mitoyenneté. • Civ. 3e, 2 oct. 1980, n° 79-10.447 P.

2. Vente d'immeuble à construire. Ils ne sont pas non plus applicables à la construction qui a été effectuée sous le régime propre aux immeubles à construire (art. 1601-1 s. C. civ.). • Civ. 3e, 5 déc. 1979 : *JCP 1981. II. 19605, note Steinmetz* • 11 déc. 1991, n° 90-15.469 P : *D. 1993. Somm. 358, obs. Magnin* ; *Defrénois 1992. 1277, note Steinmetz* • 25 janv. 1995, n° 93-12.017 P : *RDI 1995. 338, obs. Groslière et Saint-Alary Houin* • 29 mars 2000, n° 97-21.681 P : *Gaz. Pal. 2001. Somm. 921, obs. Peisse.* ♦ ... Dans lequel la garantie décennale des art. 1792 s. C. civ. se substitue à la garantie des vices cachés des art. 1641 s. • Civ. 3e, 7 avr. 2004, n° 02-31.015 P : *Defrénois 2005. 75, obs. Périnet-Marquet* • 6 déc. 2005 : *CCC 2006, n° 66, note Leveneur.*

3. Vente d'un immeuble construit par le vendeur après achèvement. Mais lorsqu'une personne vend après achèvement un immeuble qu'elle a construit ou fait construire, l'action en garantie décennale n'est pas exclusive de l'action en garantie des vices cachés de droit commun de l'art. 1641. • Civ. 3e, 17 juin 2009, n° 08-15.503 P : *D. 2009. Chron. C. cass. 2573, obs. Nési* ; *RDC 2009. 1475, obs. Brun* • 11 mai 2010 : *RDI 2010. 450, obs. Tricoire*.

4. Vente amiable après expropriation. La cession consentie après une déclaration d'utilité publique est un contrat de vente de droit privé, susceptible d'ouvrir droit à une action fondée sur la garantie des vices cachés ou sur la violation des obligations légales pesant sur le vendeur. • Civ. 3e, 23 sept. 2020, n° 19-18.031 P : *D. 2020. 1891* ; *AJDI 2020. 847* ; *RDI 2020. 580, obs. Hostiou*.

5. Contrat d'entreprise. Dans leurs rapports directs, l'action en garantie des vices cachés n'est pas ouverte au maître de l'ouvrage contre l'entrepreneur ; cassation de l'arrêt ayant indemnisé un préjudice au motif que l'entrepreneur était redevable de la garantie des vices cachés, peu important que les deux sociétés soient liées par un contrat de louage d'ouvrage. • Com. 29 juin 2022, n° 19-20.647 B : *D 2022. 1310* ; *RTD com. 2022. 638, obs. Bouloc* ; *CCC 2022, n° 149, note Leveneur* ; *RDC 2022/4. 22, note Pellet* ; *RCA 2022, n° 195, obs. Robin-Sabard.* ♦ Sur le jeu de la garantie des vices cachés dans un contrat de réparation avec remplacement de pièces, V. note 25.

6. Crédit-bail. Dans le cas d'un crédit-bail portant sur un véhicule, le crédit-preneur, tiers au contrat de vente du véhicule, ne dispose pas, contre le fabricant et le vendeur, d'une action indemnitaire reposant sur l'existence d'un vice caché. • Civ. 2e, 29 avr. 2004 : *D. 2004. IR 1430*.

7. Sociétés immobilières. L'art. 1641 est inapplicable aux associés d'une société anonyme immobilière ayant reçu en toute propriété des locaux correspondant à leurs actions et une quote-part des parties communes à la suite du partage en nature de l'actif social. • Civ. 3e, 25 mars 1987 : *Bull. civ. III, n° 62.* ♦ Une société coopérative de location-attribution n'a pas la qualité de vendeur, et sa responsabilité ne peut être retenue au titre de la garantie des vices cachés. • Civ. 3e, 27 nov. 1990, n° 88-19.437 P. ♦ Sur la possibilité d'engager sa responsabilité pour faute, après l'acquisition de la propriété, V. note 83 ss. art. 1792. ♦ Sur la distinction du vice caché des parts sociales et du vice d'un élément d'actif de la société, V. note 24.

2° OBJET DU CONTRAT

8. Principe : généralité du texte. L'art. 1641 s'applique en principe à la vente de toutes marchandises et de tous objets, et les juges du fond qui ont constaté qu'un piano avait été présenté, dans une vente aux enchères, comme étant en état de servir à condition de le réaccorder, alors qu'en réalité il était irréparable, peuvent en déduire qu'en l'espèce il y avait vice caché, pour lequel les commissaires-priseurs devaient garantie à l'acheteur. • Civ. 1re, 16 févr. 1983, n° 82-10.348 P.

9. Animaux domestiques. BIBL. Hugon, *AJ contrat 2017. 318* (la garantie dans les ventes d'équidés). ♦ L'action en garantie dans les ventes d'animaux domestiques est régie, à défaut de conventions contraires, par les dispositions des art. 284 s. (art. L. 213-1 s.) C. rur. • Civ. 1re, 6 mars 2001, n° 98-16.332 P (cassation de l'arrêt ne constatant pas l'existence d'une telle convention) • 29 janv. 2002 : *CCC 2002, n° 74, note Leveneur* (même solution) • 13 déc. 2005 : *CCC 2006, n° 65, note Leveneur* (office du juge) • 30 sept. 2010, n° 09-16.890 P : *D. actu. 12 oct. 2010*, obs. Delpech ; D. 2011. 659, note *Mazeaud*. ♦ La convention écartant les dispositions du code rural et de la pêche maritime régissant la garantie des vices rédhibitoires dans les ventes d'animaux domestiques peut être implicite et résulter de la destination des animaux vendus et du but que les parties se sont proposé et qui constitue la condition essentielle du contrat. • Civ. 1re, 1er juill. 2015, n° 13-25.489 P (cheval vendu aux enchères, à un prix très supérieur à un cheval de loisir, et pour une destination sportive). ♦ Les dispositions qui régissent la garantie légale de conformité sont applicables aux ventes d'animaux conclues entre un vendeur agissant au titre de son activité professionnelle ou commerciale et un acheteur agissant en qualité de consommateur. • Civ. 1re, 12 juin 2012, n° 11-19.104 P : *D. 2012. 1669* (application de l'art. L. 211-17 [L. 241-5] C. consom. et refus d'appliquer le délai de trente jours du C. rur.). ♦ Cependant, la possibilité pour le vendeur d'imposer le remplacement plutôt que la remise en l'état du bien non conforme, prévue par l'art. L. 211-9 [L. 217-9], C. consom. ne s'applique pas à un chien, être vivant, unique et irremplaçable, animal de compagnie destiné à recevoir l'affection de son maître, sans aucune vocation économique. • Civ. 1re, 9 déc. 2015, n° 14-25.910 P : *cité note 1 ss. art. 515-14.*

10. Fonds de commerce. Conformément à l'art. 13 de la L. du 29 juin 1935 (C. com., art. L. 141-3), qui renvoie aux art. 1644 et 1645 C. civ., le vendeur d'un fonds de commerce est tenu à garantie à raison de l'inexactitude de ses énonciations, ainsi assimilée à un vice caché. • Civ. 1re, 3 juill. 1996, n° 94-16.196 P : *JCP E 1997. II. 1021, note J. Monéger.*

11. Accessoires du bien vendu. Une disquette informatique, insérée au milieu d'un journal, qui est fixée à ce support sans pouvoir en être physiquement dissociée avant l'achat de la revue et qui est destinée à favoriser la vente de cette dernière, par le biais d'une publicité sur la couverture mentionnant sa présence gratuite, constitue un des éléments du contrat de vente à l'égard duquel les obligations légales du vendeur sont applicables. • Com. 25 nov. 1997, n° 95-14.603 P : *D. 1999. Somm. 16, obs. Tournafond ; JCP E 1998. 853, note Gross ; ibid. 845, n° 20, obs. Vivant et Le Stanc ; CCC 1998, n° 43, obs. Leveneur ; RTD civ. 1998. 386, obs. Jourdain* .

3° PROBLÈMES DES CUMULS D'ACTIONS

12. Vices du consentement et vice caché : erreur. La garantie des vices cachés constituant l'unique fondement de l'action exercée pour défaut de la chose vendue la rendant impropre à sa destination normale, une cour d'appel n'a pas à rechercher si l'acheteur peut prétendre à des dommages et intérêts sur le fondement de l'erreur. • Civ. 1re, 14 mai 1996, n° 94-13.921 P : *D. 1998. 305, note Jault-Seseke ; D. 1997. Somm. 345, obs. Tournafond*. – Radé, *JCP 1997. I. 4009.* – D. Boulanger, *JCP N 1996. I. 1585.* – V. aussi • Civ. 3e, 7 juin 2000 : *GAJC, 11e éd., n° 253-254 (II) ; D. 2002. Somm. 1002, obs. Tournafond ; CCC 2000, n° 159, note Leveneur ; Dr. et patr. 1/2001. 85, obs. Chauvel* • 17 nov. 2004, n° 03-14.958 P. ♦ L'erreur sur une qualité substantielle, lorsqu'elle ne s'analyse pas en une défectuosité intrinsèque compromettant l'usage normal de la chose ou son bon fonctionnement, n'est pas un vice caché et ne donne donc pas naissance à la garantie afférente. • Civ. 1re, 14 déc. 2004, n° 01-03.523 P : *JCP 2005. I. 141, nos 1 s., obs. Sérinet ; RTD civ. 2005. 123, obs. Mestre et Fages* . ♦ Sur la requalification de l'action et l'office du juge en la matière, V. notes 13 ss. art. 1604.

13. ... Dol. L'action en garantie des vices cachés n'est pas exclusive de l'action en nullité pour dol. • Civ. 1re, 6 nov. 2002, n° 00-10.192 P : *CCC 2003, n° 38, note Leveneur ; Dr. et patr. 2/2003. 109, obs. Chauvel ; LPA 28 juill. 2003, note Staeger.* ♦ ... Ou en responsabilité délictuelle pour le dol ou la réticence dolosive commis avant ou lors de la conclusion du contrat. • Civ. 3e, 23 sept. 2020, n° 19-18.104 P : *D. 2020. 1888 ; RTD civ. 2020. 879, obs. Barbier ; JCP 2020, n° 1306, note Lagelée-Heymann ; Defrénois 2021/1-2. 39, note Bellis.* ♦ ... Sous réserve d'établir la connaissance du vice par le vendeur, V. • Civ. 1re, 19 févr. 2002 : *V. note 18 in fine.*

14. Garantie d'éviction. Une servitude non apparente ne constitue pas un vice caché mais relève des dispositions de l'art. 1638. • Civ. 3e, 27 févr. 2013, n° 11-28.783 P : *R., p. 578 ; D. 2013. 973, note Le Gac-Pech ; ibid. Pan. 2123, obs. Reboul-Maupin ; RTD civ. 2013. 410, obs. Dross ; JCP 2013, n° 498, note Barbiéri ; JCP N 2013, n° 1151, note Meiller* (canalisation interdisant toute construction sur une partie du terrain cédé).

15. Produits défectueux. La condamnation d'un producteur en application de la responsabilité du fait des produits défectueux (art. 1245 s.) n'exclut pas la responsabilité du vendeur sur le fondement de la garantie des vices cachés. • Civ. 1re, 11 janv. 2017, n° 16-11.726 P : *D. 2017. 626, note Borghetti ; ibid. 2018. 35, obs. Gout ; RTD civ. 2017. 415, obs. Jourdain* .

16. Garantie de conformité. Sur l'option laissée au consommateur entre la garantie de conformité des art. L. 211-1 s. C. consom. et les actions de droit commun, notamment en garantie des vices cachés, V. C. consom., art. L. 211-13 anc. – *C. consom.*

17. Non-conformité et vices cachés : principes. La non-conformité de la chose aux spécifications convenues par les parties est une inexécution de l'obligation de délivrance : V. notes ss. art. 1604. ♦ En revanche, la non-conformité de la chose à sa destination normale ressortit à la garantie des vices cachés. Ainsi jugé que les défauts qui rendent la chose impropre à sa destination normale constituent des vices définis par l'art. 1641, qui est donc l'unique fondement possible de l'action formée contre le fabricant d'un chauffe-eau qui a présenté à l'intérieur une fuite provenant d'un défaut de montage. • Civ. 1re, 27 oct. 1993, n° 91-21.416 P • Civ. 3e, 14 févr. 1996, n° 93-21.773 P (exclusion de l'action en responsabilité contractuelle) • 24 avr. 2003, n° 98-22.290 P (obligation d'agir dans le délai de l'art. 1648). ♦ Sur la distinction : Bénabent, *D. 1994. Chron. 115.* – Boullez, *Gaz. Pal. 1994. 2. Doctr. 1241.* ♦ Dès lors qu'est retenue l'absence d'un dispositif, rendant le matériel impropre à sa destination, est justifiée la résolution de la vente, abstraction faite des motifs pris du défaut de conformité aux spécifications contractuelles, qui doivent être tenus pour surabondants. • Civ. 1re, 20 févr. 1996, n° 93-21.128 P : *LPA 4 oct. 1996, note Dagorne-Labbe.*

18. Illustrations. Illustrations d'applications du nouveau critère : • Civ. 1re, 8 déc. 1993, n° 91-21.031 P (vente de voiture) • Com. 26 avr. 1994, n° 92-13.862 P : *R., p. 343 ; JCP 1994. II. 22356, note Leveneur* (défectuosité d'un véhicule) • 31 mai 1994, n° 91-18.546 P (défauts de fabrication d'une machine) • Civ. 3e, 28 juin 1995, n° 93-17.379 P (défectuosité d'un matériau de construction) • Civ. 1re, 4 juill. 1995, n° 93-18.430 P : *D. 1997. Somm. 346, obs. Tournafond* (défectuosité d'un véhicule neuf) • Civ. 3e, 4 oct. 1995, n° 93-14.879 P (graves désordres d'une habitation la rendant non conforme au but recherché) • 24 janv. 1996, n° 94-10.551 P : *D. 1997. Somm. 346, obs. Tournafond* (appartement insalubre, inhabitable en l'état) • 14 févr. 1996, n° 93-21.773 P : *D. 1997. Somm. 346, obs. Tournafond* (bordures de trottoirs gélives) • Civ. 1re, 18 nov. 1997 : *RCA 1998, n° 63* (semences ne possédant pas les qualités germinatives prévues du fait d'une pollution transmise par le matériel du fournisseur) • 1er déc. 1998 : *CCC 1999, n° 39, note Leveneur* (tuiles gélives) • Com. 28 mai 2002 : *CCC 2002, n° 139, note Leveneur* (bielles dont le métal incluait un flocon d'hydrogène) • Civ. 3e, 6 oct. 2004, n° 02-21.088 P : *CCC 2205, n° 25, note Leveneur* (défaut d'étanchéité d'une toiture-terrasse) • 15 mars 2006, n° 04-20.736 P : *RDI 2006. 235, obs. Malinvaud* (centrales de traitement d'air n'empêchant pas la pénétration de particules porteuses de germes) • Com. 15 avr. 2008, n° 07-12.487 P (défaut de réalisation des voiles pour un navire, impossible à déceler lors de la recette du navire, seule une mesure des voiles ayant permis de mettre en évidence le défaut).

S'agissant de la vente d'un véhicule d'occasion atteint d'un défaut de structure consécutif à un accident, sont à bon droit déclarées irrecevables l'action de l'acquéreur fondée sur le dol et, subsidiairement, son action fondée sur l'art. 1603 C. civ., dès lors qu'il n'est pas établi que le vendeur ait eu connaissance de l'accident, la seule action ouverte étant l'action en garantie des vices cachés. • Civ. 1re, 19 févr. 2002, n° 99-13.034 P.

L'infestation parasitaire d'une charpente ayant détruit les pièces principales de charpente et du solivage, entraînant un risque d'effondrement, ne peut en conséquence constituer qu'un vice caché de la chose vendue ; les demandes formées tant sur le fondement du manquement à l'obligation de délivrance de la chose vendue que sur celui du manquement au devoir d'information ne peuvent être accueillies. • Civ. 3e, 18 janv. 2023, n° 21-22.543 B : *D. 2023. 175 ; CCC 2023, n° 39, note Leveneur.*

19. Inconstructibilité. L'inconstructibilité constitue un vice caché de la chose vendue. • Civ. 3e, 1er oct. 1997, n° 95-22.263 P : *Defrénois 1998. 944, note Dagorne-Labbe ; LPA 22 janv. 1999, note Blond* (cassation de l'arrêt ayant retenu que le terrain vendu, auquel était attribuée une constructibilité exprimée en superficie de plancher, n'était pas conforme à la chose désignée dans la convention) • 24 févr. 1999, n° 97-15.500 P : *D. 2000. Somm. 288, obs. Tournafond* • 15 mars 2000, n° 97-19.959 P : *D. 2000. Somm. 288, obs. Tournafond*. ♦ A défaut de clause relative à l'absence de pollution dans l'acte de vente, l'inconstructibilité d'un terrain en raison de la présence d'hydrocarbures constitue non un défaut de conformité, mais un vice caché de la chose vendue. • Civ. 3e, 30 sept. 2021, n° 20-15.354 B : *D. 2021. 1814 ; RDC 2022/1. 45, note Thibierge.* ♦ Mais le retrait d'un permis de construire, postérieur à la vente et rétroactif, ne peut donner lieu à la garantie des vices cachés. • Civ. 3e, 24 nov. 2016, n° 15-26.226 P : *D. 2016. 2463 ; RDI 2017. 141, obs. Bergel ; AJ contrat 2017. 92, obs. de Ravel d'Esclapon ; RTD civ. 2017. 126, obs. Barbier*. (terrain constructible au jour de la vente, l'acte notarié de vente contenant un état des risques mentionnant que les parcelles étaient en zone inondable et étaient couvertes par un plan de prévention des risques).

B. NOTION DE VICE CACHÉ

20. Appréciation souveraine. Les juges du fond apprécient souverainement si la chose vendue est impropre à sa destination. • Civ. 3e, 22 janv. 1997, n° 95-10.045 P : *JCP N 1997. II. 778.*

1° DÉFAUT INHÉRENT À LA CHOSE VENDUE

21. Incompatibilité de deux produits. Le vice caché, étant nécessairement inhérent à la chose elle-même, ne peut résulter de l'association de deux médicaments ; les juges du fond n'ont donc pas à rechercher si les troubles subis par le demandeur étaient dus au prétendu vice caché de deux médicaments qui ne pouvaient être associés. • Civ. 1re, 8 avr. 1986 *(affaire Thorens) : JCP 1987. II. 20721, note Viala et Viandier ; RTD civ. 1986. 779, obs. J. Huet.* ♦ Comp., retenant le vice caché dans le cas d'incompatibilité d'un matériau avec un autre, contrairement à l'affirmation du fabricant : • Civ. 3e, 31 janv. 1990, n° 88-17.549 P : *Defrénois 1990. 1357, obs. Vermelle.*

22. Influence d'éléments extérieurs. En retenant que le vice caché d'un appartement ne saurait résulter d'un trouble ayant son origine dans un élément d'équipement de l'immeuble (bruit des chaudières), une cour d'appel ajoute à la loi une restriction qu'elle ne comporte pas. • Civ. 3e, 6 oct. 2004, n° 03-12.497 P : *Gaz. Pal. 2005. 500, note Dagorne-Labbe ; CCC 2005, n° 5, note Leveneur ; AJDI 2005. 423, obs. Cohet-Cordey*. ♦ Cassation de l'arrêt ayant rejeté une demande en résolution de la vente d'une maison, l'arrêt ayant retenu qu'un phénomène extérieur, naturel, dont la survenue est imprévisible, ne constitue pas un vice caché, ajoutant à la loi une restriction qu'elle ne comporte pas. • Civ. 3e, 15 juin 2022, n° 21-13.286 B : *D. 2022. 1891, note Bonnardel ; AJDI 2022. 861, obs. Cohet ; CCC 2022, n° 130, note Leveneur ; Defrénois 2022/34. 23, obs. Richevaux* (émanations liées à l'échouage d'algues sargasses). ♦ Pour des hypothèses où le terrain vendu faisait l'objet d'un permis de construire qui n'est pas maintenu, V. • Civ. 3e, 29 avr. 1975, n° 74-11.924 P : *R., p. 61 ; Gaz. Pal. 1975. 2. 604, note Cornuey ; RTD civ. 1975. 731, obs. Cornu* (rejet de l'action, dès lors qu'aucun fait personnel n'est reproché au vendeur, qui n'a pris aucun engagement à ce sujet et qui n'est pas tenu de garantir un acte unilatéral de l'administration qui entre dans ses pouvoirs de police et obéit a une réglementation spéciale d'ordre public). ♦ Comp. admettant l'action • Civ. 1re, 16 juin 1966 : *Bull. civ. I, n° 374* (vice caché résultant de la dissimulation par le vendeur de la précarité du permis). ♦ Comp. note 19.

L'absence de syndic ne constitue pas un vice de nature à rendre l'immeuble impropre à son usage d'habitation, ni à en diminuer tellement cet usage que l'acheteur ne l'aurait acquis qu'à un prix moindre. • Civ. 3e, 8 déc. 2016, n° 14-27.986 P : *D. 2016. 2571 ; JCP N 2017, n° 1118, note Dagorne-Labbe*.

23. Le vendeur, s'il doit garantir le potentiel technique de rendement du matériel qu'il vend, ne peut en garantir la rentabilité économique, faute d'avoir la maîtrise de son exploitation ultérieure. • Com. 1er déc. 1992, n° 90-21.804 P : *D. 1993. Somm. 238, obs. Tournafond*. ♦ Lorsque des graines de même provenance ont eu des résultats différents dans des régions différentes du fait de l'influence des facteurs climatiques locaux, l'existence d'un vice caché n'est pas caractérisée. • Civ. 1re, 15 juill. 1999, n° 97-17.313 P : *CCC 1999, n° 175, note Leveneur*. ♦ Le défaut de conformité au Décr. du 7 févr. 1996 relatif à la protection de la population contre les risques sanitaires liés à l'exposition à l'amiante, *imposant aux propriétaires* l'obligation d'entreprendre l'enlèvement des éléments porteurs d'amiante, constitue un vice caché engageant la garantie du vendeur. • Civ. 3e, 7 oct. 2009, n° 08-12.920 P : *D. 2009. AJ 2548, note Lienhard*.

24. *Cession de parts sociales.* La dette fiscale d'une société ne constitue pas un vice caché dans la vente des parts de cette société, cette dette n'affectant pas l'usage des parts sociales mais seulement leur valeur. • Com. 23 janv. 1990 : *D. 1991. 333, note Virassamy ; D. 1991. Somm. 167, obs. Tournafond*. ♦ La révélation d'un passif ne constitue pas un vice caché des droits sociaux cédés, dès lors que n'est invoqué aucun défaut de la chose vendue elle-même. • Com. 4 juin 1996, n° 94-13.047 P. ♦ La non-conformité des locaux d'un hôtel aux normes de sécurité ne constitue pas un vice affectant les actions cédées, dès lors que la société ayant pour objet l'exploitation de l'hôtel a pu, en engageant des dépenses supplémentaires, continuer à exercer l'activité économique constituant son objet social. • Com. 12 déc. 1995 : *D. 1996. 277, note Paillusseau ; JCP N 1996. II. 1513, note Guyon*. ♦ Dans le même sens : • Civ. 3e, 12 janv. 2000, n° 97-13.155 P : *Gaz. Pal. 2000. 2. Somm. 1825, obs. Guével ; RDI 2000. 188, obs. Groslière*.

25. *Absence de remplacement d'une chose viciée par un réparateur.* Le réparateur qui n'a pas procédé au remplacement des pièces défectueuses nécessaire à la réparation dont son client l'a chargé n'est pas tenu envers lui, du fait de cette omission, de la garantie des vices cachés, lesquels ne peuvent affecter que les pièces ou aménagements fournis ou en être la conséquence, mais de la responsabilité contractuelle de droit commun pour n'avoir pas satisfait à son obligation de réparer. • Com. 16 févr. 1999, n° 97-13.605 P : *Defrénois 1999. 803, obs. Bénabent*.

2° DÉFAUT GRAVE

26. *Diminution d'agrément.* Ne constituent pas un vice caché justifiant l'action en garantie introduite par l'acquéreur d'une voiture de tourisme des défauts mineurs (vibrations et turbulences d'air), diminuant seulement l'agrément de la chose, mais sans influence sur son utilité économique et objective. • Nîmes, 18 déc. 1980 : *D. 1983. 29, note Larroumet*. ♦ *Contra*, pour un bruit de fonctionnement excessif : • Civ. 1re, 7 mars 2000, n° 97-17.511 P. ♦ V. aussi note 22.

27. *Défaut persistant.* Dès lors que les défectuosités de la chose vendue ont été réparées par le vendeur, que les juges du fond ont souverainement constaté qu'elle fonctionne normalement et qu'ainsi les défauts l'affectant ne la rendent plus impropre à l'usage auquel elle était destinée, ces défauts n'ouvrent pas l'action en garantie des vices cachés. • Civ. 1re, 2 déc. 1997, n° 96-11.210 P : *D. 1999. Somm. 17, obs. Brun ; RTD civ. 1998. 397, obs. Gautier*. ♦ *Contra* : • Civ. 1re, 6 oct. 1998 : *D. 2000. Somm. 290, obs. Pignarre ; RTD civ. 1999. 127, obs. Gautier*. ♦ Comp. note 39.

28. Nécessité d'un vice déterminant (non). Dès lors que le défaut de la chose vendue rend celle-ci impropre à sa destination, il n'y a pas lieu de rechercher si un tel vice a été déterminant dans le consentement de l'acheteur pour que le vendeur soit tenu à garantie. • Com. 7 févr. 1995 : *Defrénois 1995. 1292, note Dagorne-Labbe.*

3° DÉFAUT COMPROMETTANT L'USAGE DE LA CHOSE

29. Usage. Le défaut de raccordement d'un immeuble d'habitation au réseau d'assainissement collectif de la commune ne suffit pas à caractériser une atteinte à l'usage du bien. • Civ. 3e, 28 mars 2007, n° 06-12.461 P : *D. 2007. AJ 1139 ; JCP N 2007. 1302, n° 15, obs. S. Piedelièvre ; Defrénois 2007. 1014, note Dagorne-Labbe ; CCC 2007, n° 168, note Leveneur ; LPA 12 nov. 2007, obs. Pimont ; RDC 2007. 1199, obs. Brun ; Dr. et patr. 5/2008. 32, note Lesueur.*

30. Usage convenu. L'acheteur d'un véhicule destiné, lors de la vente, au seul usage de collection, qui en a modifié unilatéralement la destination lors de l'immatriculation, doit rapporter la preuve que les défauts qui rendent le véhicule inapte à une circulation normale, le rendent aussi impropre à l'usage auquel il était spécialement destiné. • Civ. 1re, 24 nov. 1993, n° 92-11.085 P. ♦ Appréciation souveraine par les juges du fond de l'absence de vice d'un véhicule acheté comme véhicule de collection par un collectionneur averti. • Civ. 1re, 22 avr. 1997, n° 95-12.152 P : *D. 1998. 272, note R. Martin ; D. 1999. Somm. 15, obs. Tournafond ; JCP 1997. II. 22944, note Bolard ; LPA 23 juill. 1997, note Dagorne-Labbe.* ♦ Rappr. : • Civ. 1re, 19 mars 2009, n° 08-12.657 P : *CCC 2009, n° 157, obs. Leveneur* (prise en compte des circonstances pour apprécier l'usage attendu de véhicules militaires d'occasion).

31. Usage normal. N'est pas tenu à la garantie des vices cachés le vendeur d'un produit normalement fabriqué et techniquement correct qui a été utilisé de façon défectueuse par l'acheteur, lequel était au surplus un professionnel dont l'ignorance peut paraître inexcusable. • Com. 4 déc. 1950, n° 35.690 P.

4° DÉFAUT ANTÉRIEUR À LA VENTE

32. Nécessité d'établir que le vice existait antérieurement à la vente ou à la livraison de la chose, ou encore que ledit vice existait déjà à l'état de germe : V. • Com. 9 févr. 1965, n° 59-11.825 P (vice existant en germe avant la vente) • 10 déc. 1973 : *D. 1975. 122, note Ghestin ; JCP 1975. II. 17950, note Malinvaud* • Civ. 1re, 12 janv. 1977, n° 75-13.434 P (nécessité pour les juges du fond de vérifier la condition) • Com. 18 janv. 1984, n° 82-14.977 P (cassation de l'arrêt admettant l'action, alors que la fissure résultait d'un choc dont la date était indéterminée) • Civ. 3e, 13 nov. 2014, n° 13-24.027 P : *D. 2014. 2342* (terrain classé totalement inconstructible postérieurement à la vente). • Civ. 3e, 24 nov. 2016, n° 15-26.226 P : *D. 2016. 2463 ; RDI 2017. 141, obs. Bergel ; AJ contrat 2017. 92, obs. de Ravel d'Esclapon ; RTD civ. 2017. 126, obs. Barbier.* (terrain constructible au jour de la vente).

5° ILLUSTRATIONS

33. Décidé que constituent des vices cachés : la présence de termites ayant provoqué des dégâts tels que leur antériorité à la vente de l'immeuble est établie. • Civ. 1re, 31 mars 1954 : *D. 1954. 417* (sur les clauses de non-garantie en pareil cas, V. notes 5 et 6 ss. art. 1643). ♦ Comp. • Civ. 3e, 16 nov. 1988, n° 87-14.988 P. ♦ ... Le caractère gélif de tuiles. • Civ. 3e, 9 févr. 1965 : *préc. note 32* • 27 mars 1991 : *D. 1992. 95, note Karila ; ibid. Somm. 200, obs. Tournafond ; JCP 1992. II. 21935, note Ginestet* • 23 oct. 1991, n° 87-19.639 P. ♦ V. aussi note 18. ♦ ... L'existence de pourritures au cœur d'une bille de bois. • Com. 18 janv. 1972, n° 71-14.334 P : *R. 1972-1973, p. 51 ; JCP 1972. II. 17072.* ♦ ... La consommation excessive d'un véhicule automobile. • Paris, 3 mai 1967 : *Gaz. Pal. 1967. 2. 34, note J.-P. D.* • 11 juin 1970 : *ibid. 1971. 1. Somm. 47 ; RTD civ. 1971. 389, obs. Cornu.* ♦ ... La survenance de fuites dans le système hydraulique d'une voiture. • Civ. 1re, 5 janv. 1972 : *JCP 1973. II. 17340, note Malinvaud ; Gaz. Pal. 1973. 2. 773, note Plancqueel.* ♦ ... La défectuosité de structure empêchant la végétation de boutures de chrysanthèmes. • Com. 15 nov. 1971, n° 70-11.036 P : *D. 1972. 211.* ♦ ... Le défaut de conception d'un publiphone à pièces, permettant la fraude des utilisateurs. • Com. 14 nov. 1989 : *D. 1990. Somm. 321, obs. J. Huet.* ♦ ... Le défaut de conception d'un moteur. • Civ. 1re, 23 mai 1995, n° 93-13.698 P : *D. 1996. Somm. 15, obs. Tournafond.* ♦ ... L'incapacité d'un logiciel à passer l'an 2000, V. note 18 ss. art. 1644. ♦ ... La présence d'un dispositif anti-copie sur un CD, empêchant son utilisation dans certains lecteurs, en l'absence d'avertissement sur l'emballage. • Versailles, 15 avr. 2005 : *CCC 2005, n° 101, note Raymond ; CCE 2005, n° 173, note Chabert.* ♦ ... Le caractère inutilisable d'un emplacement de stationnement du fait de la présence d'une rampe en béton. • Civ. 3e, 20 mars 1996, n° 94-14.761 P. ♦ ... S'agissant de la vente d'une maison, le risque d'inondation rendant le sous-sol à usage d'habitation impropre à sa destination. • Civ. 3e, 22 janv. 1997 : *préc. note 9* • 7 juill. 2004, n° 01-17.446 P. ♦ ... L'absence d'eau courante pour une maison d'habitation équipée de canalisations et de robinetteries. • Versailles, 13 janv. 2000 : *D. 2000. IR 94.* ♦ ... La pollution d'un terrain. • Versailles, 13 janv. 2000 : *D. 2000.*

IR 94. ♦ ... Le niveau de pollution élevé d'un immeuble, non connu de l'acheteur et rendant risquée pour la santé toute opération de construction. • Civ. 3e, 8 juin 2006, n° 04-19.069 P. ♦ ... La décoloration des moquettes d'un hôtel. • Com. 5 mars 2002, n° 99-14.522 P. ♦ *Contra* : • Civ. 3e, 26 nov. 2014, n° 13-22.067 P (non-conformité d'ardoises dont le coloris ne restait pas stable pendant un délai suffisant, qualité que l'acheteur était en droit d'attendre).

C. RÉGIME

1° PREUVE

34. Principe. Il incombe à l'acheteur de rapporter la preuve du vice caché et de ses différents caractères. Jurisprudence constante. ♦ La charge de la preuve des conditions d'une garantie contractuelle incombe à l'acheteur et à l'assureur subrogé dans ses droits. • Com. 12 oct. 2004, n° 03-12.632 P.

35. Impossibilité de réparation. L'impossibilité dans laquelle s'est trouvé le vendeur de remettre en état de marche la machine vendue montre que le vice rendait la chose impropre à l'usage auquel elle était destinée. • Com. 1er avr. 1997 : *D. Affaires 1997. 632.* ♦ L'attitude du vendeur qui, après deux pannes successives affectant la même pièce, accepte de la remplacer à ses frais, établit, en l'absence d'éléments contraires, l'existence d'un vice caché. • Même arrêt. ♦ Comp. *infra* sur la disparition du vice du fait des réparations.

36. Preuve : assouplissements. Une cour ne méconnaît pas les règles relatives à la charge de la preuve en énonçant que l'incendie d'une machine révélait nécessairement l'existence d'un vice de construction dès lors qu'elle était peu ancienne, bien entretenue et récemment révisée et qu'une imprudence ou un sabotage n'étaient pas allégués. • Civ. 1re, 16 oct. 2001, n° 91-13.463 P : *D. 1993. Somm. 241, obs. Tournafond.* ♦ V. aussi : • Civ. 1re, 18 janv. 1978, n° 75-12.485 P (explosion d'une bouteille de boisson gazeuse : vice retenu après élimination des autres causes possibles dans le cadre de l'action récursoire du supermarché contre le fabricant) • 21 juill. 1987, n° 85-18.273 P (feu ayant pris naissance dans le moteur d'une voiture entretenue, aucune preuve d'une intervention étrangère ou d'une mauvaise utilisation n'étant rapportée) • 5 nov. 1996, n° 93-21.762 P : *D. 1997. Somm. 348, obs. Tournafond* (incendie d'une voiture). ♦ *Contra* : • Civ. 1re, 16 oct. 2001 : *V. note 18 ss. art. 1603.*

37. Effets de la résolution de la vente. Par l'effet rétroactif de la résolution de la vente pour vices cachés, demandée à titre principal, l'acheteur a perdu sa qualité de propriétaire du bien et n'est plus recevable à agir sur le fondement de la garantie décennale. • Civ. 3e, 8 juill. 2021, n° 20-15.669 B : *D. 2021. 2215, note Tisseyre ; ibid. 2022. 310, obs. Boffa et Mekki ; RDI 2021. 488, obs. Poumarède ; RGDA 2021/8-9. 25, note Karila.*

2° MOYENS DE DÉFENSE DU VENDEUR

38. Force majeure. Le caractère imprévisible et irrésistible du fait d'un tiers, à l'origine de la contamination d'une disquette par un virus informatique, n'est pas démontré dès lors, d'une part, que ce risque était connu, avait suscité une abondante littérature ainsi que la mise au point de logiciels de protection et d'une stratégie de défense à l'égard de ces risques d'invasion, et d'autre part, que la société venderesse, qui avait élaboré un logiciel antivirus, confirmant sa maîtrise en ce domaine et sa qualité de professionnelle, avait procédé à un contrôle sur la disquette de démonstration, démontrant ainsi que cette vérification était usuelle et réalisable. • Com. 25 nov. 1997 : *préc. note 11.* ♦ V. également les décisions citées en matière de transfusion sanguine ss. CSP, art. L. 1142-1 (ss. art. 1242).

39. Réparation du vice. L'acheteur d'une chose comportant un vice caché qui accepte que le vendeur procède à la remise en état de ce bien ne peut plus invoquer l'action en garantie dès lors que le vice originaire a disparu. • Com. 1er févr. 2011 : *D. 2011. 516, obs. Delpech ; CCC 2011, n° 111, obs. Leveneur.* ♦ Mais il peut solliciter l'indemnisation du préjudice éventuellement subi du fait de ce vice. • Même arrêt.

Mais cette solution ne peut pas être étendue à la réparation du vice caché par un tiers, laquelle, n'ayant pas d'incidence sur les rapports contractuels entre l'acquéreur et le vendeur, ne peut supprimer l'action estimatoire permettant à l'acquéreur d'obtenir la restitution du prix à hauteur du coût des travaux mis à sa charge pour remédier au vice. • Civ. 3e, 8 févr. 2023, n° 22-10.743 B (travaux réalisés par le syndicat de copropriétaires).

Rapp. admettant l'existence de vices pour un véhicule d'occasion dus tant à l'accident subi qu'aux réparations mal faites. • Civ. 1re, 25 mars 2003, n° 00-21.114 P : *JCP 2004. II. 10112, note Lièvremont* (cassation de l'arrêt qui condamne le garagiste à garantir le vendeur de la restitution du prix, alors que ce dernier a sciemment déclaré le véhicule indemne de tout sinistre). ♦ V. aussi note 27.

40. Clauses relatives à la garantie. V. notes ss. art. 1643.

41. Appel en garantie contre le fabricant. Si le vendeur intermédiaire condamné à garantir les conséquences du produit affecté d'un vice caché peut exercer un appel en garantie à l'encontre du fabricant à hauteur de la totalité des condamnations mises à sa charge, ce dernier peut invoquer des moyens propres à limiter sa garantie dont il incombe aux juges du fond d'examiner le bien-fondé. • Civ. 1re, 6 janv. 2021, n° 19-18.588 P : *D. 2021. 79* ; *RTD com. 2021. 178, obs. Bouloc* ; *CCC 2021, n° 52, note Leveneur.*

42. *Jeu de l'exception d'inexécution (non).* L'action en garantie des vices cachés de la chose vendue ne peut être rejetée au motif que le vendeur n'ayant pas été payé en totalité du montant du prix serait en droit de faire jouer l'exception d'inexécution dont il avait menacé son débiteur. • Com. 28 mai 1991, n° 89-14.716 P : *D. 1992. Somm. 202, obs. Tournafond* .

3° TRANSMISSION DE L'ACTION EN GARANTIE

43. *Action directe : principe.* Le sous-acquéreur est recevable à exercer l'action en garantie des vices cachés contre le vendeur originaire. • Civ. 3e, 7 mars 1990, n° 88-15.668 P. ♦ Cette action étant celle de son auteur, c'est-à-dire celle du vendeur intermédiaire contre le vendeur originaire, ce dernier ne peut être tenu de restituer davantage qu'il n'a reçu, sauf à devoir des dommages-intérêts en réparation du préjudice causé. • Civ. 1re, 27 janv. 1993, n° 91-11.302 P : *JCP 1993. I. 3684, n° 5, obs. Ghestin ; Defrénois 1993. 1437, obs. Vermelle* • 4 mars 1997 : *CCC 1997, n° 93, note Leveneur ; LPA 19 sept. 1997, note Mouloungui* (vendeur originaire non payé).

44. *Exception : garantie de conformité.* Aucune action directe n'est ouverte aux acquéreurs sur le fondement de la garantie légale de conformité des art. L. 211-3 et L. 211-4, devenus L. 217-3 et L. 217-4, C. consom. contre le vendeur professionnel originaire ; en effet, il résulte de la combinaison de ces textes que le vendeur agissant dans le cadre de son activité professionnelle ou commerciale est tenu, à l'égard de l'acheteur agissant en qualité de consommateur, de livrer un bien conforme au contrat et de répondre des défauts de conformité existant lors de la délivrance ; n'agissant pas lui-même en qualité de consommateur à l'égard de son propre auteur, le vendeur ne bénéficie pas d'une telle garantie et ne peut donc en transmettre les droits, ce qui exclut toute action directe de l'acheteur à ce titre. • Civ. 1re, 6 juin 2018, n° 17-10.553 P : *D. 2018. Chron. C. cass. 2039, obs. Vitse* ; *AJ contrat 2018. 377, obs. Mainguy* ; *RDC 2018. 542, obs. Deshayes.* ♦ Sur la convention de Vienne, V. note 54 ss. art. 1199.

45. *Domaine.* Sur l'action en résolution intentée par le crédit-preneur, devenu propriétaire pour avoir levé l'option d'achat : V. • Com. 4 juin 1991, n° 89-15.878 P. ♦ Comp. note 6. ♦ Recevabilité de l'action en garantie dirigée contre la société ayant reçu en apport le fonds de commerce du vendeur, cet apport s'étant accompagné d'une cession de l'obligation de garantie afférente à la vente. • Civ. 1re, 4 juill. 1995 : *JCP 1996. II. 22623, note Leveneur ; RTD civ. 1996. 416, obs. Gautier* . ♦ Sur la transmission par l'acheteur d'une garantie contractuelle souscrite par le vendeur au profit du sous-acquéreur, V. note 1 ss. art. 1689.

46. *Conditions : vice caché lors de la vente initiale.* Dans le cas de ventes successives d'un véhicule d'occasion, la garantie du vendeur initial peut être retenue si les vices cachés, constatés alors que la chose vendue était la propriété du dernier acquéreur, existaient lors de la première vente. • Civ. 1re, 5 janv. 1972 : *JCP 1973. II. 17340, note Malinvaud ; Gaz. Pal. 1973. 2. 773, note Plancqueel.* ♦ En tant qu'acheteur, le revendeur professionnel n'est pas tenu, en droit, de connaître les vices de la chose au jour de son acquisition ; dès lors, cette qualité ne prive pas celui à qui il a revendu la chose de l'action rédhibitoire transmissible au sous-acquéreur. • Civ. 1re, 20 juin 1995, n° 92-13.287 P.

47. *Conservation de l'action par le vendeur intermédiaire.* Si l'action en garantie se transmet en principe avec la chose vendue au sous-acquéreur, le vendeur intermédiaire ne perd pas la faculté de l'exercer quand elle présente pour lui un intérêt direct et certain. • Civ. 1re, 19 janv. 1988, n° 86-13.449 P • Civ. 3e, 27 juin 2001 : *D. 2002. Somm. 1004, obs. Brun* . ♦ V. cependant note 21 ss. art. 1643 lorsque celui-ci a revendu en connaissance du vice.

48. *Clauses limitatives de responsabilité.* Une clause de non-garantie opposable par un vendeur intermédiaire à son propre acquéreur ne peut faire obstacle à l'action directe de l'acquéreur final contre le vendeur originaire, dès lors qu'aucune clause de non-garantie n'a été stipulée lors de la première vente. • Civ. 3e, 16 nov. 2005, n° 04-10.824 P : *D. 2006. 971, note R. Cabrillac* ; *JCP 2006. II. 10069, note Trébulle ; RCA 2006, n° 62, note Groutel.*

49. *Restitutions.* Le vendeur originaire ne restitue que le prix qu'il a reçu. • Civ. 1re, 27 janv. 1993 : *préc. note 43.* ♦ Dans le cas de l'exercice d'une action contractuelle directe à l'encontre du constructeur, fondée sur la non-conformité de la chose et sur la garantie des vices cachés, la restitution du prix perçu par le vendeur est la contrepartie de la chose remise par l'acquéreur, et seul le constructeur, auquel le navire doit être remis, est tenu à la restitution du prix, à l'exclusion du vendeur intermédiaire. • Com. 22 mai 2012 : *D. 2012. 1479* .

50. *Indemnité d'utilisation (non).* En matière de garantie des vices cachés, lorsque l'acquéreur exerce l'action rédhibitoire prévue par l'art. 1644, le vendeur, tenu de restituer le prix reçu, n'est pas fondé à obtenir une indemnité liée à l'utilisation de la chose vendue ou à l'usure résultant de cette utilisation. • Civ. 1re, 21 mars 2006, n° 03-16.075 P : *D. 2006. 1869, note Montfort* ; *ibid. IR 950, obs. Gallmeister* ; *JCP E 2006. 2406, note Houin-Bressard (2e esp.) ; RDC*

2006. 1140, obs. Brun, et *1230, obs. Viney* (restitution intégrale du prix de vente) • 21 mars 2006, n° 03-16.307 P : *D. 2006. IR 950, obs. Gallmeister* ; *JCP E 2006. 2406, note Houin-Bressand (3e esp.)* ; *CCC 2006, n° 130, note Leveneur (1re esp.)* • 30 sept. 2008, n° 07-16.876 P : *D. 2008. AJ 2503* ; *CCC 2009, n° 4, obs. Leveneur* ; *RDC 2009. 111, obs. Bénabent* ; *RTD com. 2009. 201, obs. Bouloc* • Com. 22 mai 2012 : *D. 2012. 1479* .

51. *Compatibilité des fondements des actions directe et récursoire.* Une cour d'appel ne peut accueillir les demandes formées contre le fabricant par le maître de l'ouvrage et par l'entrepreneur relativement à la même défectuosité du produit vendu, en retenant deux fondements juridiques distincts (vices cachés et non-conformité). • Civ. 3e, 3 oct. 1991, n° 90-12.088 P : *D. 1992. Somm. 272, obs. Kullmann* ; *RTD civ. 1992. 579, obs. Gautier* • 5 nov. 1997, n° 96-10.841 P : *RCA 1998, n° 97.*

52. *Prescription.* Sur la prescription de l'action directe, V. note 2 ss. art. 1648 (soumission au bref délai) et note 13 (soumission au délai de droit commun) ss. art. 1648.

Art. 1642 **Le vendeur n'est pas tenu des vices apparents et dont l'acheteur a pu se convaincre lui-même.**

BIBL. ▸ HAUSER-COSTA, *JCP E 2001. 512* (intervention d'un tiers dans la vente). – X. HENRY, *CCC déc. 1992, Chron.* (contrôle technique automobile : distinction des vices caché, apparent et révélé).

1° PRINCIPES

a. Vice connu de l'acheteur

1. *Connaissance du vice.* Le vendeur n'est pas tenu à garantie lorsque l'acheteur a eu connaissance, au moment de la vente, du vice dont la chose vendue était affectée. • Civ. 1re, 13 mai 1981, n° 80-10.876 P (connaissance déduite du fort écart entre le prix d'achat et le prix de revente) • Civ. 3e, 16 nov. 1988, n° 87-14.988 P. ♦ Ainsi jugé à propos de l'existence de termites. • Civ. 1re, 8 janv. 1991 : *JCP N 1991. II. 200, note Leveneur* • Civ. 3e, 30 janv. 2008, n° 07-10.133 P : *D. 2008. AJ 546* ; *JCP N 2008. 1197, n° 18, obs. Piedelièvre* ; *CCC 2008, n° 126, obs. Leveneur* (état parasitaire positif remis aux acquéreurs lors de la vente). ♦ Date d'appréciation de la connaissance : V. note 11. ♦ Comp., pour l'inefficacité d'une clause générale par laquelle l'acheteur prend l'immeuble en l'état : • Civ. 3e, 28 juin 2000 : *Gaz. Pal. 2001. 101, note Teillais.*

2. *Limites : connaissance insuffisante du vice.* Le fait qu'une fuite d'eau soit mentionnée dans un diagnostic immobilier ne suffit pas à caractériser la connaissance par l'acheteuse du vice dans son ampleur et ses conséquences. • Civ. 3e, 14 mars 2012, n° 11-10.861 P : *D. 2012. 876* ; *AJDI 2012. 378, obs. Cohet-Cordey* ; *RDC 2013. 161, obs. Brun.*

3. *... Vice indécelable.* L'acheteur n'a pu se convaincre lui-même des vices de la chose alors qu'il est constaté que seule une expertise a permis d'en constater l'existence. • Civ. 1re, 7 juin 1995, n° 93-13.000 P. ♦ Cassation de l'arrêt qui retient que, *si les dégradations de la charpente* et des tuiles ne pouvaient être constatées qu'à condition de pénétrer dans les combles et de monter sur la toiture, l'accès aux combles, quoique difficile, n'était pas impossible. • Cass., ass. plén., 27 oct. 2006, n° 05-18.977 P : *R., p. 329* ; *BICC 15 janv. 2007, rapp. Rivière, avis Cavarroc* ; *D. 2006. IR 2812, obs. Gallmeister* ; *JCP 2007. II. 10019, note Leveneur* ; *ibid. I. 104, nos 12 s., obs. Constantin* ; *JCP N 2007. 1157, n° 12, obs. S. Piedelièvre* ; *Gaz. Pal. 2006. 3906, avis Cavarroc* ; *Defrénois 2007. 431, note Dagorne-Labbe* ; *RCA 2007, n° 27, note Groutel* ; *RDI 2007. 256, obs. Trébulle* , et précédemment, dans la même affaire. • Civ. 3e, 4 févr. 2004, n° 02-18.029 P : *JCP N 2004. 1296, étude Vignon-Barrault* ; *CCC 2004, n° 57, note Leveneur* ; *RCA 2004, n° 146, note Groutel* (vice décelable au prix d'un examen « acrobatique »). ♦ V. aussi note 8.

4. *Assistance de l'acheteur.* Ajoutent une condition non prévue à l'art. 1642 les juges qui retiennent que le vice n'est pas caché lorsqu'il est visible par un homme de l'art dont l'acquéreur d'un immeuble doit demander l'avis afin de connaître l'état réel de vétusté et d'entretien de l'immeuble. • Civ. 3e, 3 mai 1989 : *D. 1990. 117, note Tournafond* ; *Defrénois 1990. 502, obs. Vermelle* • Cass., ass. plén., 27 oct. 2006 : *préc. note 3.* ♦ V. dans le même sens : • Civ. 3e, 3 nov. 2011 : *D. 2011. 2795* (ajoutent une condition non prévue les juges qui imposent à l'acheteur de visiter sérieusement les lieux ou d'être accompagné d'un homme de l'art, en raison de l'ancienneté et du prix de la maison).

S'agissant d'un navire en construction, le caractère apparent ou caché du vice doit s'apprécier au moment de la recette et au regard de l'armateur lui-même, et non pas de l'expert chargé par lui d'en surveiller la construction. • Com. 6 juill. 1999, n° 97-15.351 P : *D. 1999. IR 210* . ♦ Comp. : cassation de l'arrêt qui considère qu'il appartenait à l'acheteur d'un navire, dont les moteurs se sont avérés défectueux, de faire procéder à des essais en mer, en présence de techniciens, précaution élémentaire compte tenu du prix du navire, ajoutant ainsi la condition d'un essai que la loi ne prévoit pas. • Civ. 1re, 26 sept. 2012, n° 11-22.399 P : *D. 2012. 2306* ; *RDI*

2014. 112, obs. Malinvaud ; RLDC 2013/106, n° 5145, obs. Moille ; RDC 2013. 161, obs. Brun ; ibid. 164, obs. Viaud.

b. Vice révélé à l'acheteur

5. Garantie des vices cachés et obligation d'information. L'infestation parasitaire d'une charpente ayant détruit les pièces principales de charpente et du solivage, entraînant un risque d'effondrement, elle ne peut en conséquence constituer qu'un vice caché de la chose vendue ; les demandes formées tant sur le fondement du manquement à l'obligation de délivrance de la chose vendue que sur celui du manquement au devoir d'information ne peuvent être accueillies. • Civ. 3e, 18 janv. 2023, n° 21-22.543 B : *D. 2023. 175 ; CCC 2023, n° 39, note Leveneur.*

6. Vice non décelé par un contrôleur. Condamnation *in solidum* du vendeur de véhicule d'occasion et de la société chargée du contrôle technique, en raison des graves négligences commises dans l'exécution de sa mission. • Civ. 2e, 28 mars 2002, n° 00-11.293 P : *CCC 2002, n° 105, note Leveneur.* – Même sens : • Douai, 5 avr. 2004 : *JCP 2005. II. 10148, note Lièvremont* • Rennes, 15 juin 2006 : *BICC 15 nov. 2007, n° 2240, et les obs.* (faute du rédacteur de l'état parasitaire qui n'a pas décelé l'infestation de mérule). ♦ Rappr., pour une attestation ne permettant pas à l'acheteur de mesurer l'importance et la gravité des désordres affectant le véhicule : • Civ. 1re, 8 mars 2005, n° 02-11.594 P (caractère caché du vice). ♦ Mais absence de responsabilité du centre technique du bâtiment qui n'a pas relevé la présence de « termites souterrains » dans l'immeuble vendu, dès lors que cette recherche ne faisait pas partie de sa mission, limitée par le vendeur à un simple « examen visuel des charpentes ». • Civ. 3e, 27 sept. 2006, n° 05-15.924 P : *D. 2006. IR 2419 ; JCP 2007. I. 115, n° 12, obs. Stoffel-Munck ; JCP N 2007. 1157, n° 14, obs. S. Piedelièvre ; CCC 2007, n° 4, note Leveneur ; AJDI 2008. 42, obs. Heugas-Darraspen ; RDI 2007. 257, obs. Trébulle ; RDC 2007. 366, obs. Collart-Dutilleul.* ♦ De même, absence de responsabilité du contrôleur technique automobile qui a relevé un état de corrosion avancé, n'exigeant pas de contre-visite, le contrôle technique ayant été réalisé suivant les normes de vérification alors en vigueur. • Com. 13 mars 2012, n° 11-14.459 P. ♦ La présence d'amiante dans les locaux vendus, en violation du Décr. 7 févr. 1996, constitue un vice caché engageant la garantie du vendeur, qui ne saurait appeler en garantie le conseil ayant manqué à son obligation de contrôle, faute de lien de causalité entre la faute du conseil et la présence d'amiante dans l'immeuble ; le conseil en revanche, ayant contribué à la naissance du litige, doit garantir partiellement le vendeur des frais irrépétibles et des dépens auxquels celui-ci a été condamné. • Civ. 3e, 7 oct. 2009 : *cité note 23 ss. art. 1641.* ♦ Sur le préjudice réparable, V. note 113 ss. art. 1241.

2° ACHETEUR NON PROFESSIONNEL

7. Vices apparents : illustrations. La présence de nombreuses pièces rouillées sur un véhicule neuf et l'existence d'infiltrations d'eau constituent des anomalies qui ne peuvent être considérées par les juges du fond comme des vices rédhibitoires sans qu'il soit relevé par aucun motif que ces vices étaient demeurés cachés pour l'acquéreur. • Com. 24 janv. 1984, n° 82-14.624 P. ♦ Même solution, s'agissant de l'achat d'un manteau jauni par le soleil lors de son exposition à l'étalage du magasin. • Com. 5 févr. 1974, n° 72-12.990 P. ♦ Sur le caractère apparent, même pour un non-professionnel, de défauts ayant provoqué le naufrage d'un bateau, V. • Civ. 1re, 7 janv. 1982, n° 80-16.530 P.

8. Ne prouve pas le vice caché l'acheteur d'une maison dont l'acte de vente précisait qu'un traitement antiparasitaire avait été effectué, son attention ne pouvant normalement qu'être attirée sur le risque d'un retour des termites. • Civ. 3e, 22 nov. 1995, n° 93-15.347 P. ♦ Dans le même sens, pour la présence non révélée de termites, dès lors que l'infestation par des capricornes avait été mentionnée et que l'acheteur avait reçu le conseil de prendre l'avis d'un spécialiste : • Civ. 3e, 26 févr. 2003, n° 01-12.750 P : *Defrénois 2003. 914, note Dagorne-Labbe ; AJDI 2003. 609, note Thioye ; RDI 2003. 245, obs. F. G. T. ; RDC 2004. 974, obs. Collart-Dutilleul.* ♦ Comp. note 2. ♦ Mais il ne peut être reproché à un acquéreur, informé de travaux de remise en état antérieurs compte tenu de la présence de termites, de ne pas avoir soulevé la laine de verre qui recouvrait les bois de la charpente pour s'assurer du bon état de celle-ci au moment de la vente. • Civ. 3e, 17 déc. 2008 : *Defrénois 2009. 642, note Dagorne-Labbe.*

9. Il y a vices cachés lorsque la fissure d'un mur extérieur est masquée par une vigne vierge et que la fente d'un sol disparaît sous l'épaisse moquette d'une pièce garnie de meubles. • Civ. 3e, 21 juill. 1998 : *CCC 1998, n° 144, note Leveneur.*

3° ACHETEUR PROFESSIONNEL

10. Présomption simple de connaissance. Décide justement que des défectuosités ne constituent pas des vices cachés pour un acheteur professionnel, la cour qui constate qu'un homme de métier pouvait facilement et surtout devait les découvrir. • Civ. 1re, 18 déc. 1962, n° 58-12.358 P. ♦ V. aussi : • Com. 17 déc. 1964, n° 61-12.373 P (vérification de la charge utile d'un camion constituant une opération élémentaire) • 16 déc. 1981, n° 80-12.216 P (négociant en matériels de travaux publics qui aurait dû découvrir le vice lors de ses essais). ♦ V. aussi note Malinvaud, *JCP 1977. II. 18531* ; note Ghestin, *JCP 1975. II. 17918*. ♦ En cas d'achat par un professionnel de fruits tachés, les juges du fond peuvent décider, dans l'exercice de leur pouvoir souverain, que le vice ayant entraîné la perte de la marchandise et dont seul le rythme d'évolution n'était pas prévisible constituait un vice apparent. • Com. 15 févr. 1982, n° 80-12.826 P.

11. Date d'appréciation. Cassation de l'arrêt qui déboute l'acheteur professionnel de son action en garantie, sans rechercher si, au moment de la livraison, celui-ci pouvait déceler le vice de la chose vendue. • Civ. 1re, 23 févr. 1993, n° 88-18.052 P. ♦ V. aussi, pour un vice indécelable à la livraison : • Com. 21 févr. 1966, n° 63-13.279 P. ♦ Comp., pour une connaissance, au moment de la vente, du vice d'un camion d'occasion qui avait été essayé avant la conclusion du contrat : • Com. 5 oct. 1965, n° 62-13.728 P : *D. 1965. 831.*

12. Vice indécelable. Des vices indécelables constituent des vices cachés, même pour un acheteur professionnel. • Com. 15 nov. 1983, n° 82-11.310 P (vente de matériel qu'il a fallu détruire pour découvrir le vice) • 21 févr. 1966 : *préc. note 11.*

Art. 1642-1 *(L. n° 67-547 du 7 juill. 1967 ; L. n° 2009-323 du 25 mars 2009, art. 109)* **Le vendeur d'un immeuble à construire ne peut être déchargé, ni avant la réception des travaux, ni avant l'expiration d'un délai d'un mois après la prise de possession par l'acquéreur, des vices de construction** *(L. n° 2009-323 du 25 mars 2009, art. 109)* **« ou des défauts de conformité » alors apparents.**

Il n'y aura pas lieu à résolution du contrat ou à diminution du prix si le vendeur s'oblige à réparer. – *Texte repris par CCH, art. L. 261-5.*

En ce qui concerne les obligations résultant de l'art. 1642-1 C. civ., dont sont tenus les associés des sociétés civiles constituées en vue de la vente d'immeubles, V. CCH, art. L. 211-2. – **CCH ; C. sociétés.**

BIBL. ▸ **Défauts de conformité apparents :** Becqué-Ickowicz, *RDI 2009. 448*. – Pimont, *RDC 2009. 1477*. – Tournafond, *RDI 2009. 299*.

1. Cumul d'actions. Il résulte de la combinaison des art. 1646-1, 1642-1 et 1792-6 que l'acquéreur bénéficie du concours de l'action en garantie décennale et de celle en réparation des vices apparents. • Civ. 3e, 14 janv. 2021, n° 19-21.130 P : *D. 2021. 135* ; *RDI 2021. 156, obs. Poumarède* ; *JCP 2021, n° 430, note Karila* ; *Defrénois 2021/14. 16, note Becqué-Ickowicz.*

2. Réception. La réception des travaux, au sens de l'art. 1642-1, résulte de l'acte passé entre le maître de l'ouvrage et les constructeurs et ne concerne pas les rapports entre le vendeur et les acquéreurs. • Civ. 3e, 18 juin 2003, n° 01-12.886 P : *Gaz. Pal. 2004. Somm. 1278, obs. Peisse* • 4 juin 2009, n° 08-13.239 P : *D. 2009. AJ 1611* ; *Defrénois 2010. 229, obs. Périnet-Marquet* • 8 sept. 2010, n° 08-22.062 P : *RDI 2010. 559, obs. Tournafond*.

3. Vice apparent. Ne constitue pas un vice apparent de la construction, mais un défaut de livraison d'un élément de la chose vendue, l'absence de placards dans l'appartement livré, dès lors qu'aux termes de l'acte de vente ainsi que de l'état de division et du règlement de copropriété, l'appartement devait être livré avec des placards. • Civ. 3e, 3 janv. 1979, n° 77-12.908 P : *RTD civ. 1979. 807, obs. Cornu.* ♦ Mais en se bornant à affirmer qu'il y avait en fait identité entre les vices apparents prévus aux art. 1642-1 et 1648, al. 2, C. civ. et les désordres qualifiés de « défaut de conformité », sans préciser quels étaient les vices et les défauts de conformité allégués, et en quoi les seconds s'identifiaient aux premiers, les juges du fond ne donnent pas de base légale à leur décision. • Civ. 3e, 10 mars 1981, n° 79-12.885 P : *RTD civ. 1982. 154, obs. Rémy.* ♦ Comp. • Civ. 3e, 19 mai 1981 : *JCP N 1982. II. 66, note Stemmer* (défaut de conformité de la toiture d'une villa constituant un vice). ♦ Sur la distinction entre vice de construction et défaut de conformité, V. aussi • Civ. 3e, 31 mars 1999 : *RDI 2001. 74, obs. Saint-Alary Houin* • 27 sept. 2000 : *eod. loc*. • 2 mars 2005, n° 03-19.208 P : *Defrénois 2006. 81, obs. Périnet-Marquet* ; *RDI 2006. 304, obs. Tournafond* • 21 sept. 2011, n° 09-69.933 P : *D. 2011. 2336* ; *RDI 2011. 568, obs. Tournafond*.

4. L'art. 1642-1 n'exige pas que le vice apparent puisse affecter l'ouvrage ou le rendre impropre à sa destination. • Civ. 3e, 26 févr. 1992, n° 90-13.320 P.

5. Lorsque l'acquéreur agit en réparation contre le vendeur en l'état futur d'achèvement sur le fondement des art. 1646-1 et 1792 s., le caractère apparent du désordre s'apprécie en la personne du maître de l'ouvrage et au jour de la réception. • Civ. 3e, 14 janv. 2021, n° 19-21.130 P : *préc. note 1.*

6. Réparation. Outre la résolution de la vente et la diminution du prix, l'art. 1642-1 prévoit que le vice apparent peut faire l'objet d'une réparation en nature ou en équivalent et d'un dédommagement du préjudice de jouissance. • Civ. 3e, 2 mars 2005 : *préc. note 3.* ♦ Comp. ss. art. 1641, dans le cadre du régime général, notes 27 et 39.

Ne constitue pas une offre consistant en l'obligation de réparer permettant au vendeur de s'opposer à l'action en diminution du prix, la proposition de reprise du constructeur qui n'est ni pertinente ni opportune compte tenu du caractère particulièrement manifeste du vice affectant les fenêtres résultant du choix architectural de privilégier l'esthétisme des façades plutôt que le confort de vie intérieur. • Civ. 3e, 7 mars 2019, n° 18-16.182 P : *D. 2019. 535* ; *RDI 2019. 278, obs. Tournafond et Tricoire* .

7. Renonciation. La clause de décharge figurant à l'acte de vente constitue une renonciation à se prévaloir de la garantie des vices apparents qui contrevient aux dispositions d'ordre public de l'art. 1642-1 et qui doit être réputée non écrite. • Civ. 3e, 15 févr. 2006, n° 05-15.197 P : *D. 2006. IR 529* ; *Defrénois 2006. 1513, obs. Périnet-Marquet ; RDI 2006. 305, obs. Tournafond* .

Art. 1643 Il est tenu des vices cachés, quand même il ne les aurait pas connus, à moins que, dans ce cas, il n'ait stipulé qu'il ne sera obligé à aucune garantie.

Sur la garantie des vices cachés, dans les ventes d'immeuble, en ce qui concerne le plomb, l'amiante, les termites et le gaz naturel, V. CCH, art. L. 271-4-II. — **CCH.**

BIBL. ▶ BIGOT, *JCP 1976. I. 2755* (clauses limitatives de garantie dans les contrats de vente et de fourniture entre professionnels). – HOUTMANN, *LPA 1er août 2002* (mauvaise foi effective du vendeur professionnel). – KENGNE, *LPA 20 juill. 2000* (professionnel de la même spécialité). – MALINVAUD, *JCP 1975. I. 2690* (clauses limitatives de garantie des vices cachés dans la vente). – PICARD, *JCP N 1976. I. 2797* (clauses d'exonération de garantie dans le contrat de vente d'immeuble). – WITZ, *Mél. Mouly, Litec, 1998, t. 2, p. 205* (influence de la Convention de Vienne).

▶ **Ventes immobilières :** V. Bibl. gén. précédant art. 1582.

1. Garantie conventionnelle. Sur la réglementation des garanties commerciales offertes au consommateur, V. art. L. 211-15 [L. 217-15] C. consom., ss. art. 1649. ♦ V. aussi notes 29 ss. art. 1641 (preuve des conditions), 1 ss. art. 1689 (transmission), et 7 ss. art. 1648. ♦ V. aussi, dans un cadre fiscal, sur l'analyse juridique d'un contrat complémentaire de garantie souscrit auprès d'un tiers, • Com. 24 nov. 2015, n° 12-15.419 P (refus de qualifier l'opération de sous-traitance, l'acheteur n'ayant pas le droit d'exiger du vendeur les obligations du contrat de garantie souscrit contre paiement d'un supplément).

A. FONDEMENTS ALTERNATIFS À LA MAUVAISE FOI

2. Clause relative aux vices cachés et obligation essentielle. Le vice caché, lequel se définit comme un défaut rendant la chose impropre à sa destination, ne donne pas ouverture à une action en responsabilité contractuelle mais à une garantie dont les modalités sont fixées par les art. 1641 s. • Com. 19 mars 2013, n° 11-26.566 P : *D. 2013. 835, obs. Delpech* ; *ibid. 1947, note Hontebeyrie* ; *RTD com. 2013. 323, obs. Bouloc* ; *JCP 2013, n° 705, note Pillet ; RDC 2013. 967, obs. Le Bourg et Quézel-Ambrunaz ; ibid. 1360, obs. Borghetti* (sont inopérants les moyens prétendant que la clause ne peut être écartée que si elle contredit la portée de l'obligation conventionnelle essentielle de délivrance ou qu'elle doit être appliquée lorsqu'elle reflète la répartition du risque librement négociée et acceptée par des contractants avertis). ♦ Comp. : une clause relative aux vices cachés ne prive pas la convention de cause dès lors qu'elle n'exonère pas le vendeur d'un manquement total à l'obligation essentielle de la convention, mais se borne à aménager les conditions de mise en œuvre de sa garantie. • Paris, 26 févr. 1999 : *JCP 2000. I. 215, n° 1, obs. Rochfeld.*

3. … Et obligation de renseignement. Inefficacité de la clause par laquelle l'acheteur prend le bien en l'état lorsque le vendeur a manqué à son devoir d'information : V. note 3 ss. art. 1627. ♦ V. aussi • Civ. 3e, 6 juill. 2005, n° 01-03.590 P (non-révélation de l'existence de prescriptions administratives de sécurité à réaliser sur le fonds de commerce vendu).

4. … Et faute lourde. Comp. sans référence à la garantie des vices cachés : • Civ. 1re, 22 nov. 1978, n° 77-12.241 P : *JCP 1979. II. 19139, note Viney* (obligation d'un fabricant de pesticides de fournir à un pépiniériste un produit efficace et adapté ; clause écartée sur le fondement d'une faute lourde, en l'espèce la fourniture d'un produit nocif).

B. MAUVAISE FOI ET VENDEURS PROFANES

5. Nécessité de prouver la connaissance des vices : principe. Les juges du fond, qui ont constaté que la mauvaise foi des vendeurs n'était pas établie, ne peuvent, sans dénaturation, refuser d'appliquer une clause de non-garantie stipulant que l'acquéreur prendrait l'immeuble dans son état actuel, avec tous ses vices ou défauts, apparents ou cachés (présence de termites dans l'immeuble vendu). • Civ. 3e, 12 nov. 1975, n° 74-13.775 P. – Déjà en ce sens : • Civ. 3e, 19 oct. 1971, n° 70-11.266 P : *D. 1972. 77* (capricornes des maisons). – V. aussi • Civ. 3e, 25 avr. 2007, n° 06-13.290 P : *JCP N 2007. 1302, n° 20, obs. S. Piedelièvre ; JCP E 2007. 2108, note Leveneur ; Defrénois 2007. 1229, note Dagorne-Labbe ; AJDI 2008. 27, note Beaugendre* ; *RDI 2007. 328, obs. Trébulle* (connaissance de la vétusté d'une installation incendie par un assureur non établie) • 6 juill. 2011, n° 10-18.882 P : *RTD civ. 2011.*

776, obs. Gautier ; *JCP 2011, n° 1141, obs. Ghestin ; CCC 2011, n° 232, note Leveneur ; JCP N 2011, n° 1289, note Dagorne-Labbe ; RCA 2011, n° 365* (vendeurs profanes ayant satisfait à leur obligation d'information en annexant un diagnostic sur la présence d'amiante établi par un professionnel). ♦ Comp. • Civ 3e, 16 déc. 2009, n° 09-10.540 P : *D. 2010. AJ 207* (refus d'application de la clause en raison de la connaissance du vice par le vendeur qui a transmis l'attestation de la présence de termites au notaire, dès lors que celui-ci ne l'a pas, fautivement, transmis aux acheteurs).

6. ... *Influence des travaux réalisés par le vendeur.* Application d'une clause exonératoire de garantie, le comportement des vendeurs démontrant qu'ils avaient en toute bonne foi estimé que les réparations qu'ils avaient entreprises avaient mis définitivement fin aux désordres et qu'ils ne pouvaient, en tant que simples particuliers, suspecter la survenance de nouveaux désordres dont la relation avec les désordres initiaux n'était pas formellement établie. • Civ. 3e, 6 oct. 2010 : *Defrénois 2011. 76, obs. Sourzat.* ♦ Inversement, cassation d'un arrêt ayant appliqué une clause d'exclusion de garantie en retenant la bonne foi des vendeurs, profanes en la matière, alors que ceux-ci avaient procédé à des réparations importantes de solives attaquées par des insectes xylophages. • Civ. 3e, 28 mars 2007, n° 06-12.299 P : *D. 2007. AJ 1139* ; *RDI 2007. 330, obs. Trébulle* ; *RDC 2007. 1201, obs. Brun* • 19 nov. 2008, n° 07-17.880 P : *D. 2008. AJ 3085* ; *RTD civ. 2009. 115, obs. Fages* (rejet du pourvoi contre l'arrêt ayant retenu la mauvaise foi du vendeur qui avait induit l'expert en erreur) • 8 avr. 2009, n° 08-12.960 P : *D. 2009. AJ 1206* ; *CCC 2009, n° 186, obs. Leveneur ; RLDC 2009/61, n° 3452, obs. Maugeri* (*idem*). ♦ Cassation d'un arrêt ayant débouté l'acquéreur de sa demande en garantie des vices cachés, après avoir retenu que les travaux de bricolage effectués par le vendeur ne lui confèrent pas le statut de professionnel et que s'il n'avait pas respecté les normes et les règles techniques en vigueur pour ces travaux, aucun dysfonctionnement n'était établi de nature à attirer leur attention et caractériser leur mauvaise foi ; dès lors que ces motifs ne suffisent pas à exclure la connaissance du vice par le vendeur. • Civ. 3e, 6 oct. 2010 : *Defrénois 2011. 76, obs. Sourzat.* ♦ Refus d'appliquer la clause en raison d'une connaissance certaine de la présence de termites, du fait des travaux réalisés, quand bien même le vendeur aurait annexé à l'acte un état *antiparasitaire négatif.* • Civ. 3e, 13 janv. 2010, n° 08-21.677 P : *D. 2010. AJ 324* (faute dolosive). ♦ De même, ne peut se prévaloir d'une clause d'exonération prévue à l'acte de vente d'un bien immobilier le vendeur qui a certes mentionné la surélévation de la maison vendue, mais non l'expertise judiciaire consécutive aux fissurations relevées ayant conclu à des travaux inadéquats et nécessité l'intervention de deux entreprises, moins d'un an avant la vente. • Civ. 3e, 17 juin 2009 : *cité note 3 ss. art. 1641.*

C. VENDEURS PROFESSIONNELS

1° PRINCIPES

7. *Présomption de connaissance des vices.* Le vendeur professionnel ne peut ignorer les vices de la chose vendue, même à un professionnel. • Com. 27 nov. 1991, n° 89-19.546 P • 21 janv. 1992 : *CCC 1992. 94, note Leveneur* • Civ. 2e, 30 mars 2000, n° 98-15.286 P : *D. 2000. IR 132* . ♦ ... Alors même qu'il a fait livrer la chose directement par le fournisseur à son client. • Civ. 1re, 8 juin 1999, n° 95-13.866 P. – Izorche, *D. 2000. Chron. 407.*

8. *Perte du bénéfice des clauses.* Tenu de les connaître, il ne peut donc se prévaloir d'une stipulation excluant à l'avance sa garantie pour vices cachés. • Civ. 3e, 3 janv. 1984, n° 81-14.326 P • Com. 17 déc. 1973, n° 72-11.017 P : *R. 1973-1974, p. 66 ; Gaz. Pal. 1974. 1. 429, note Plancqueel ; JCP 1975. II. 17912, note R. Savatier.* ♦ Même solution en cas de clause limitant ou aménageant la garantie : • Com. 4 juin 1969, n° 66-14.268 P : *D. 1970. 51* (limitation de la durée de la garantie) • Civ. 1re, 5 mai 1982, n° 81-10.315 P (limitation de la garantie au remplacement du matériel).

9. *Conformité du dispositif au droit de l'Union européenne.* Les dispositions du droit de l'UE visant à assurer la concurrence et la libre circulation des marchandises ne s'opposent pas à l'application de la jurisprudence française qui interdit aux vendeurs professionnels de faire la preuve qu'ils n'avaient pas connaissance du vice de leur fourniture. • CJCE 24 janv. 1991 : *D. 1991. 273, note Berr* ; *D. 1992. Somm. 202, obs. Tournafond* . – V. aussi Ricatte, *Gaz. Pal. 1991. 2. Doctr. 619.*

2° NOTION DE VENDEUR PROFESSIONNEL

10. *Principe : professionnel de la vente.* V. les arrêts cités ss. art. 1645. ♦ Le fabricant étant tenu de connaître les vices de la chose, sa bonne foi ne l'exonère pas de l'obligation de verser à l'acquéreur des dommages-intérêts à titre compensatoire. • Civ. 1re, 16 avr. 1996, n° 94-15.955 P. ♦ Les SAFER sont, dès lors qu'elles rétrocèdent un bien rural, tenues, comme un vendeur professionnel, de connaître les vices de la chose vendue et doivent, malgré les stipulations d'une clause de non-garantie des vices cachés, réparer les conséquences dommageables de ces vices. • Civ. 3e, 4 juin 1975, n° 74-10.348 P : *R., p. 61 ; Gaz. Pal. 1975. 2. 857.* ♦ Qualité de professionnel de la vente de biens fonciers d'une SAFER, tenue, à ce titre, de se renseigner sur la disponibilité d'un bien sur lequel elle a accepté une promesse unilatérale d'achat. • Civ. 3e, 29 mars 2006, n° 04-15.253 P : *RTD civ. 2006. 759, obs. Mestre et Fages*.

11. Une société d'assurances, pourvue, pour garantir ses engagements, d'un patrimoine immobilier suffisant pour justifier l'existence d'un service immobilier, ne peut cependant se voir reconnaître la qualité de professionnel de la vente immobilière. • Civ. 3e, 25 avr. 2007 : *préc. note 5.* ♦ Absence de présomption de connaissance des vices, s'agissant d'un intermédiaire, agent immobilier, et non d'un vendeur : V. • Civ. 1re, 20 déc. 2000, n° 98-20.765 P : *RCA 2001. Chron. 11, par Agard.* ♦ Comp. dans le cadre d'une action délictuelle : bien que ne vendant pas le matériau incriminé (produit d'isolation « Roofmate »), la société chargée contre rémunération d'en faire accroître les ventes et d'en diffuser la technique d'emploi est présumée, de par sa qualité de « professionnel », ne pas ignorer les imperfections qu'il présentait. • Civ. 1re, 27 oct. 1982, n° 81-14.386 P.

12. Extension de la présomption de connaissance des vices : vendeur constructeur. Doit être assimilé au vendeur tenu de connaître le vice le technicien du bâtiment qui a vendu un immeuble après l'avoir conçu ou construit. • Civ. 3e, 26 févr. 1980 : *Gaz. Pal. 1981. 2. 646, note Leneveur.* ♦ Même sens pour un artisan-maçon : • Civ. 3e, 27 sept. 2000 : *D. 2001. 2628, note J.-P. Storck* (absence de preuve que la toiture a été réalisée par un tiers). ♦ ... Une personne s'étant comportée en qualité de maître d'œuvre pour la pose d'un poêle à bois dans sa propre maison, ensuite vendue aux acheteurs victimes de l'incendie, ayant acheté les matériaux, conçu l'installation litigieuse et en partie réalisé celle-ci. • Civ. 3e, 9 févr. 2011, n° 09-71.498 P : *D. 2011. 1328, note Storck ; RLDC 2011/81, n° 4195, obs. Paulin ; RGDA 2011. 767, obs. Karila.* ♦ V. aussi pour un vendeur ayant conçu et installé une cheminée : • Civ. 3e, 10 juill. 2013, n° 12-17.149 P : *D. 2013. 1834 ; CCC 2013, n° 234, obs. Leveneur ; Defrénois 2014. 63, obs. Barbiéri ; JCP N 2013, n° 1278, obs. Leveneur.*

13. ... Vendeur compétent. Pour l'extension de cette solution aux vendeurs disposant d'une compétence particulière relativement au bien vendu, même s'ils n'ont pas personnellement réalisé les travaux. • Civ. 3e, 26 avr. 2006, n° 04-18.466 P : *CCC 2006, n° 155, note Leveneur* (ingénieur des travaux publics, ancien dirigeant d'une entreprise de bâtiment).

14. Vendeur nécessairement informé. En sa qualité de dernier exploitant du garage précédemment exploité par son père, le vendeur d'un immeuble ne peut ignorer l'existence des cuves enterrées qui se sont avérées polluantes et ne peut ainsi se prévaloir de la clause de non-garantie des vices cachés. • Civ. 3e, 29 juin 2017, n° 16-18.087 P : *D. 2017. 1889, note Rias ; AJ contrat 2017. 450, obs. Kilgus ; CCC 2017, n° 192, note Leveneur.*

3° LIMITES : VENDEURS ET ACHETEURS PROFESSIONNELS DE MÊME SPÉCIALITÉ

15. Principes : validité des clauses. En cas de vente entre professionnels de la même spécialité, la garantie du vendeur ne peut être invoquée lorsqu'une clause de non-garantie des vices cachés est insérée dans l'acte. • Com. 6 nov. 1978, n° 76-15.037 P : *JCP 1979. II. 19178 (2e esp.), note Ghestin* • Civ. 3e, 30 juin 2016, n° 14-28.839 P : *D. 2016. 1499 ; AJDI 2017. 58, obs. Cohet* (absence de preuve que le vendeur avait connaissance de la présence d'amiante). ♦ Sur la limitation de cette solution lorsque le vice est indécelable, V. pour un arrêt resté (relativement : V. Mégacode civil 2014) isolé : • Civ. 3e, 30 oct. 1978 : *JCP 1979. II. 19178 (1re esp.), note Ghestin.* ♦ Pour des décisions fondant cette solution sur la capacité réelle de l'acheteur de contrôler la chose vendue : • Civ. 1re, 21 juill. 1987, n° 84-15.987 P • Com. 22 juin 1993, n° 91-13.598 P • 19 mars 2013 : *préc. note 2* (appréciation souveraine du fait que l'acheteur ne disposait pas des compétences techniques nécessaires pour déceler les vices affectant la chose vendue). ♦ Rappr. • Com. 29 nov. 1983, n° 82-13.503 P (situation proche d'une vente aux risques et périls de l'acheteur, averti des difficultés posées par le produit). ♦ Comp., pour les clauses relatives à la non-conformité, note 32 ss. art. 1604.

16. Appréciation souveraine de l'identité de spécialité. Les juges du fond apprécient souverainement la condition d'identité de spécialité. • Civ. 1re, 21 juill. 1987 : *préc. note 15* • 20 févr. 1996 : *préc. note 15.* ♦ V. cependant • Com. 22 juin 1993 : *préc. note 15.*

17. Illustrations de professionnels de même spécialité. V. par exemple : • Civ. 3e, 30 oct. 1978 : *préc. note 15* • Com. 3 déc. 1985, n° 84-13.230 P : *RTD civ. 1986. 775, obs. J. Huet* (professionnel de l'acier pour la construction de navire et constructeur de navire) • 3 févr. 1998 : *cité note 20* (garagistes).

18. Illustrations de professionnels de spécialités différentes. V. par exemple : • Com. 6 nov. 1978 : *préc. note 15* (vendeur professionnel de matériels de chantiers et entreprise de terrassement) • 3 déc. 1985 : *préc.* (professionnel de l'acier pour la construction de navire et fréteur) • Civ. 1re, 21 juill. 1987 : *préc. note 15* (garagiste professionnel et transporteur de personnes) • 20 févr. 1996, n° 93-21.128 P : *CCC 1996, n° 96, obs. Leveneur* (fabricant de transformateurs électriques et fabricant d'un de leurs éléments ; appréciation souveraine des juges du fond) • Civ. 3e, 27 sept. 2000 : *préc. note 12* (artisan maçon et SCI) • Com. 19 mars 2013 : *préc. note 2* (journal et vendeur de rotatives). ♦ V. aussi : • Com. 22 juin 1993 : *préc.* (compagnie pétrolière vendant des cuves de stockage à un pompiste : cassation pour manque de base légale de l'arrêt qui n'a pas recherché si les contractants étaient de la même spécialité).

19. Appréciation dans le cadre d'une action directe. Sur le jeu de l'exception dans des ventes successives, en cas d'exercice de l'action directe, V., implicitement en faveur d'une recherche de l'identité de spécialité entre les parties à l'action directe : • Civ. 3e, 30 oct. 1978 : *préc. note 15* • Com. 3 déc. 1985, nº 84-13.230 P. ♦ Comp., plutôt favorable à une appréciation entre le vendeur originaire et son cocontractant : • Civ. 3e, 26 mai 1992, nº 90-17.703 P : *Gaz. Pal. 1993. 2. 427, note D. Mazeaud.* ♦ V. aussi note 48 ss. art. 1641.

20. Vendeurs professionnels ayant une connaissance effective du vice. Vendeur professionnel, présumé de mauvaise foi, mais ayant une connaissance effective des vices dans l'affaire. • Com. 3 févr. 1998, nº 95-18.602 P : *D. 1998. 455, note Revel ; JCP 1998. I. 187, nº 27, obs. Viney* (cassation de l'arrêt refusant de faire application d'une clause exonératoire de garantie insérée par un garagiste professionnel ayant vendu un véhicule après l'avoir réparé à un autre garagiste professionnel, les deux contractants étant des professionnels de la même spécialité). ♦ *Contra* • Com. 7 nov. 2006 : *RDI 2007. 330, obs. Trébulle* (refus du bénéfice de la clause exonératoire de garantie à un vendeur connaissant le vice de la chose). ♦ Application de la clause de non-garantie des vices cachés pour une vente entre deux professionnels de même spécialité, l'acheteur ne rapportant pas la preuve que le vendeur avait connaissance de la présence d'amiante dans les locaux vendus. • Civ. 3e, 30 juin 2016, nº 14-28.839 P : *préc. note 15.*

21. Si le vendeur professionnel est tenu de réparer toutes les conséquences dommageables du vice caché, aussi bien le dommage causé par la vente que celui causé par la chose atteinte du vice, l'acquéreur, également vendeur professionnel, qui a effectivement décelé ce vice après la livraison, ne peut se faire garantir par son propre vendeur des conséquences de la faute qu'il a commise en revendant le produit en connaissance de cause. • Civ. 1re, 3 juill. 1985, nº 83-14.477 P : *R., p. 124.* ♦ V. dans le même sens : • Civ. 3e, 16 nov. 1988, nº 87-14.988 P • 18 juin 2008, nº 06-21.062 P : *RLDC 2008/52, nº 3101, obs. Maugeri.* ♦ Rappr., pour la garantie d'éviction, notes 17 s. ss. art. 1626.

D. LÉGISLATIONS PARTICULIÈRES

22. Insectes xylophages. Jugé que l'art. 8 de la L. du 8 juin 1999 n'est pas applicable en cas de présence, non de termites, mais de capricornes. • Montpellier, 11 mars 2003 : *JCP 2004. IV. 2346.*

Art. 1644 Dans le cas des articles 1641 et 1643, l'acheteur a le choix de rendre la chose et de se faire restituer le prix, ou de garder la chose et de se faire rendre une partie du prix *(Abrogé par L. nº 2015-177 du 16 févr. 2015, art. 10)* ***« , telle qu'elle sera arbitrée par experts ».***

Les modifications issues de l'art. 10 de la L. nº 2015-177 du 16 févr. 2015 sont applicables dans les îles Wallis-et-Futuna (L. préc., art. 25).

A. OPTION DE L'ACHETEUR

1. Principe : liberté de choix de l'acheteur. L'acheteur qui a agi en garantie contre son vendeur, en raison des vices cachés de la chose vendue, dispose à son choix de deux actions, rédhibitoire et estimatoire. • Civ. 2e, 11 juill. 1974, nº 73-10.415 P. ♦ Ce choix offert par l'art. 1644 s'exerce sans que cet acheteur ait à le justifier. • Civ. 1re, 5 mai 1982 : *Bull. civ. I, nº 163.* ♦ L'acheteur est seul libre de choisir entre les options qu'offre l'art. 1644, sans que le juge ait à prendre en considération ses interventions pour remédier aux vices cachés. • Civ. 3e, 17 févr. 1988, nº 86-15.031 P. ♦ Le juge n'a pas à motiver sa décision sur ce point. • Civ. 3e, 20 oct. 2010, *nº 09-16.788 P : D. actu. 16 nov. 2010, obs. Franchi-Élie ; RTD civ. 2011. 141, obs. Gautier.* ♦ Même sens : • Civ. 1re, 6 avr. 2016, nº 15-12.402 P : *RTD civ. 2016. 649, obs. Gautier ; RTD com. 2016. 320, obs. Bouloc* (outre les frais de la vente).

2. … Moment du choix. L'acheteur peut, après avoir intenté l'une des actions, exercer l'autre tant qu'il n'a pas été statué sur sa demande par une décision passée en force de chose jugée ou que le vendeur n'a pas acquiescé. • Civ. 2e, 11 juill. 1974 : *préc. note 1* • Civ. 1re, 18 janv. 2023, nº 19-10.111 B. ♦ Il ne peut être soutenu que l'action estimatoire intentée en appel, substituée à la demande en garantie de la condamnation ayant accueilli l'action rédhibitoire, est une demande nouvelle qui ne tend pas aux même fins et qui est prescrite. • Même arrêt.

3. … Clause restreignant le choix. Une clause privant l'acheteur d'une des branches de l'option prévue par l'art. 1644 ne peut être invoquée par un vendeur professionnel. • Civ. 3e, 11 mai 1994, nº 92-17.454 P.

4. … Renonciation de l'acheteur. Le refus opposé par l'acheteur du remplacement de pièces défectueuses dans le cadre de la garantie contractuelle ne lui interdit pas d'invoquer les manquements du vendeur à ses obligations légales à l'appui d'une demande en résolution de la vente. • Com. 28 juin 1994, nº 92-16.083 P :

Defrénois 1995. 886, note Dagorne-Labbe ; RTD civ. 1995. 138, obs. Gautier . ♦ La pénalité due, en vertu d'un accord interprofessionnel, pour la livraison d'un lait pollué n'est pas une réduction de prix au sens de l'art. 1644 et n'implique pas renonciation à l'action en garantie des vices cachés. • Civ. 1re, 22 mai 2008, n° 06-15.486 P : *RDC 2008. 1158, obs. Borghetti* (possibilité d'obtenir des dommages-intérêts).

5. Limites : perte de la chose. La perte de la chose fait obstacle à la résolution de la vente. • Civ. 1re, 12 janv. 1994, n° 91-15.825 P : *RTD civ. 1994. 878, obs. Gautier* . ♦ ... Sauf si cette perte résulte du vice lui-même : V. art. 1647, et • Civ. 1re, 28 avr. 1976, n° 73-14.757 P : *D. 1976. IR 204* (sol. impl. : résolution de la vente d'animaux qu'il a fallu abattre en raison de la maladie contagieuse dont ils étaient atteints) • Civ. 22 mars 1853 : *DP 1853. 1. 83.*

6. ... Impossibilité de restituer. L'impossibilité de restituer la chose fait obstacle à l'action en résolution. Ainsi en est-il lorsque l'acheteur-bailleur a été définitivement débouté de son action en revendication de la chose dans le cadre de la liquidation judiciaire du locataire. • Com. 6 juill. 1999, n° 96-20.014 P. ♦ Lorsque la restitution en nature de la chose est impossible, la créance de restitution en valeur est égale, non pas au prix convenu, mais à la valeur effective de la chose au jour de la vente. • Civ. 1re, 8 mars 2005, n° 02-11.594 P.

7. ... Influence de la gravité du vice. Saisie d'une action rédhibitoire à titre principal et estimatoire à titre subsidiaire, une cour d'appel peut, appréciant souverainement la gravité du vice invoqué, estimer qu'il n'était pas de nature à justifier la résolution de la vente mais était suffisamment grave pour justifier une réduction du prix. • Com. 6 mars 1990, n° 88-14.929 P • Civ. 3e, 25 juin 2014, n° 13-17.254 P : *AJDI 2015. 219, obs. Borel* ; *RTD civ. 2014. 902, obs. Gautier* ; *JCP 2014, n° 1035, note Dubarry* (*idem* pour une maison d'habitation que les acheteurs avaient occupée pendant deux ans sans engager de travaux). – Comp. note 8.

8. ... Possibilité de remédier au vice. L'offre du vendeur d'effectuer des réparations sur la chose défectueuse ne fait pas obstacle, même si ces réparations sont modiques, à l'action de l'acquéreur en résolution de la vente. • Civ. 1re, 23 mai 1995, n° 93-17.367 P : *D. 1996. Somm. 14, obs. Tournafond* ; *RTD civ. 1996. 190, obs. Gautier* . ♦ Le juge n'est pas tenu de procéder à une recherche sur la possibilité de réparer les défauts à un faible coût. • Civ. 3e, 20 oct. 2010 : *préc. note 1.* ♦ Mais l'acheteur d'une chose comportant un vice caché qui accepte que le vendeur procède à la remise en état de ce bien ne peut plus invoquer l'action en garantie dès lors que le vice originaire a disparu mais peut solliciter l'indemnisation du préjudice éventuellement subi du fait de ce vice. • Com. 1er févr. 2011, n° 10-11.269 P : *cité note 39 ss. art. 1641.* ♦ ... Solution qui ne peut être étendue à la réparation du vice caché par un tiers. • Civ. 3e, 8 févr. 2023, n° 22-10.743 B : *cité note 39 ss. art. 1641.*

9. La résolution d'une vente entraînant de plein droit la remise des parties en l'état où elles se trouvaient antérieurement à sa conclusion, le juge, dès lors qu'il la prononce, n'est pas tenu, à défaut de demande expresse en ce sens, d'ordonner en même temps que la restitution du prix, celle de la chose vendue. • Civ. 1re, 25 mai 2016, n° 15-17.317 P : *D. 2017. 375, obs. Mekki* ; *RTD civ. 2016. 854, obs. Barbier* ; *RTD com. 2016. 836, obs. Bouloc* .

10. Fruits. Si la restitution des fruits générés par le bien depuis la vente constitue une conséquence légale de l'anéantissement du contrat, le juge ne peut la prononcer d'office, dès lors qu'en application des dispositions des art. 549 et 550 une telle restitution est subordonnée à la bonne foi du possesseur. • Civ. 3e, 11 févr. 2021, n° 20-11.037 P (limitation justifiée de l'arrêt à la seule restitution de l'immeuble, en l'absence de demande de l'acheteur, alors que le vendeur lui contestait le droit de solliciter à la fois les restitutions et la conservation des loyers et de l'avantage fiscal afférent).

B. RÉDUCTION DU PRIX

11. Impossibilité de restitution totale. Lorsque l'acquéreur conserve la chose vendue, il n'a droit de se faire rendre qu'une partie du prix. • Civ. 3e, 19 avr. 2000, n° 98-12.326 P : *D. 2000. IR 146* ; *Defrénois 2000. 1175, obs. Bénabent ; CCC 2000, n° 125, note Leveneur ; AJDI 2000. 1054, note Cohet-Cordey* ; *RDI 2000. 582, obs. Groslière* .

12. Arbitrage de la réduction. Sur l'obligation de l'arbitrage de la réduction du prix par experts, V. • Civ. 3e, 10 nov. 1999, n° 98-10.909 P : *D. 1999. IR 274* • Civ. 1re, 3 mai 2006, n° 03-15.555 P : *D. 2006. IR 1405* .

13. Éléments d'évaluation : coût des travaux. Le vendeur qui a ignoré les vices de la chose vendue ne peut être tenu envers l'acheteur qui garde cette chose, outre les frais occasionnés par la vente, qu'à la restitution partielle du prix, telle qu'elle sera arbitrée par experts. • Civ. 3e, 8 avr. 2009, n° 07-19.690 P : *D. 2009. AJ 1356* (cassation de l'arrêt ayant indemnisé le coût des remèdes aux désordres constatés et à venir). ♦ *Contra* : l'action estimatoire permettant de replacer l'acheteur dans la situation où il se serait trouvé si la chose vendue n'avait pas été atteinte de vices, l'acquéreur d'un immeuble est fondé à demander la restitution du prix correspondant au coût des travaux nécessaires pour remédier aux vices, nonobstant l'avis de l'expert estimant que l'immeuble, malgré ses vices, ne pouvait être payé moins cher que ce qu'il l'avait été. • Civ. 3e, 1er févr. 2006, n° 05-10.845 P : *D. 2006. 1213, note Eyrignac ; ibid. IR 471, obs. Gallmeister ; JCP 2006. II. 10070, note Rouvière ; Defrénois 2006. 651, note Savaux.*

14. ... Trouble d'exploitation. Le trouble d'exploitation, résultant d'un vice caché, qui a diminué temporairement l'usage par l'acquéreur de l'immeuble vendu ne justifie pas la condamnation du vendeur à la restitution partielle du prix. • Civ. 3e, 25 janv. 1989 : *D. 1990. 100, note Dagorne-Labbe ; Defrénois 1989. 1135, obs. Vermelle.*

15. ... Dépréciation du bien. C'est sans exercer le choix entre action rédhibitoire et estimatoire, lequel n'appartient qu'à l'acheteur, que les juges du fond, saisis d'une demande en résolution de la vente, décident la réduction du prix dans une proportion qu'ils fixent souverainement, dès lors qu'ils ont relevé qu'indépendamment du vice dont était affectée la machine vendue, celle-ci avait subi une dépréciation par le fait de l'acquéreur alors qu'il en était encore propriétaire. • Civ. 1re, 23 oct. 1974 : *D. 1975. 424.*

16. Action récursoire. Le vendeur de la chose défectueuse ne saurait obtenir du constructeur la garantie d'un prix auquel, du fait de la résolution de la vente et de la remise consécutive de la chose, il n'avait plus droit. • Civ. 1re, 7 mars 2000, n° 97-17.511 P : *D. 2000. IR 102 ; Gaz. Pal. 2001. Somm. 1423, obs. Guével.*

C. RÉPARATION DU VICE

17. Choix de l'acheteur. Sur le choix de l'acheteur de solliciter ou non la réparation ou d'accepter ou pas la proposition du venteur de remédier au vice, V. note 8. ♦ Comp. C. consom., art. L. 211-9, dans le cadre de la garantie de conformité : « l'acheteur choisit entre la réparation et le remplacement du bien ».

18. Obligation du vendeur de réparer : « bogue » de l'an 2000. Le vendeur d'un logiciel qui ne démontre pas que ses clients savaient que la fonction comptabilité du logiciel ne serait plus utilisable à compter du 1er janv. 2000, alors que le produit était présenté comme ayant une « durée illimitée », doit être condamné sous astreinte à réaliser les modifications nécessaires pour éviter ce dysfonctionnement. • Dijon, 4 févr. 1999 : *D. 1999. IR 157 ; JCP 1999. II. 10100, note Amandric du Chaffaut ; JCP E 1999. 767, note Mino-Guers ; ibid. 911, obs. Vivant et Le Stanc ; ibid. 1328, note Le Stanc ; LPA 21 juin 1999, note Renard-Bozzo ; RTD civ. 1999. 396, obs. Mestre*. ♦ Comp. • Paris, 1er juill. 1999 : *D. Affaires 1999. 1281, obs. J. F.* [en l'absence de contrat de maintenance, le fournisseur d'un progiciel n'a pas l'obligation de procéder à l'adaptation de sa configuration informatique au passage à l'an 2000 (confirmation de • T. com. Créteil, 16 juin 1998 : *JCP E 1999. 911, obs. Vivant et Le Stanc*)]. ♦ Rappr. sur l'influence des réparations du défaut sur l'existence d'un vice, notes 27 et 36 ss. art. 1641.

Art. 1645 Si le vendeur connaissait les vices de la chose, il est tenu, outre la restitution du prix qu'il en a reçu, de tous les dommages et intérêts envers l'acheteur.

BIBL. ▶ LEDUC, *RCA 2017. Étude 10.*

1. Autonomie de l'action indemnitaire. La recevabilité de l'action en réparation du préjudice éventuellement subi du fait d'un vice caché n'est pas subordonnée à l'exercice d'une action rédhibitoire ou estimatoire de sorte que cette action peut être engagée de manière autonome. • Com. 19 juin 2012, n° 11-13.176 P : *RDI 2012. 519, obs. Malinvaud ; RTD civ. 2012. 741, obs. Gautier ; RDC 2012. 1248, obs. Quézel-Ambrunaz ; ibid. 2013. 101, obs. Borghetti* • Civ. 3e, 24 juin 2015, n° 14-15.205 P : *D. 2015. 1939, note Waltz-Teracol* • 30 janv. 2020, n° 19-10.176 P : *CCC 2020, n° 59, note Leveneur ; RDC 2020/3. 19, note Borghetti.*

2. Notion de vendeur professionnel. Application de l'art. 1645 au vendeur professionnel, comme au fabricant, tenus de connaître les vices *affectant la chose* vendue. • Civ. 1re, 19 janv. 1965, n° 61-10.952 P : *D. 1965. 389 ; RTD civ. 1965. 665, obs. Cornu* (boulanger ; affaire du « pain maudit » de Pont-Saint-Esprit) • 21 nov. 1972, n° 70-13.898 P : *JCP 1974. II. 17890, note Ghestin* (garagiste) • Com. 27 nov. 1973, n° 71-12.364 P : *JCP 1974. II. 17887, note Malinvaud* (fabricant) • Civ. 1re, 9 oct. 1979 : *Gaz. Pal. 1980. 1. 249, note Plancqueel* (garagiste) • 11 mars 1980, n° 78-15.511 P : *R., p. 41* (solution applicable à des produits naturels : graines de salade) • Com. 3 mai 1983, n° 81-15.337 P (fournisseur de lait) • Civ. 1re, 16 avr. 1996, n° 94-15.955 P (vendeur se présentant dans ses conclusions comme un fabricant) • Com. 11 févr. 1997, n° 95-11.052 P (constructeur de navires) • Civ. 2e, 30 mars 2000, n° 98-15.286 P : *Gaz. Pal 2000. 2. Somm. 2325, obs. Guével* (fournisseur de matériaux de construction). ♦ Application à un marchand de biens ayant acquis par adjudication la maison revendue : • Civ. 3e, 13 nov. 2003, n° 00-22.309 P : *AJDI 2004. 748, note Thioye*. ♦ Qualité de vendeur professionnel reconnue à une SCI, qui, aux termes de ses statuts, a pour objet l'acquisition par voie d'achat ou d'apport, la propriété, la mise en valeur, la transformation, l'aménagement, l'administration et la location de tous biens et droits immobiliers, et qui a acquis une vieille ferme qu'elle a fait transformer en logements d'habitation dont elle a vendu une partie et loué le reste et qui a immédiatement réinvesti les profits retirés dans une autre opération immobilière. • Civ. 3e, 27 oct. 2016, n° 15-24.232 P : *D. 2017. 375, obs. Mekki ; CCC 2017, n° 3, note Leveneur.* ♦ A acquis la qualité de vendeur professionnel la personne qui se livre de façon habituelle à des opérations d'achat et de revente de véhicules d'occasion dont elle tire profit. • Civ. 1re, 30 sept. 2008 : *cité note 50 ss. art. 1641* (quarante et une immatriculations en trois ans). ♦ Comp. • Civ. 1re, 4 févr. 1963, n° 57-10.892 P : *JCP 1963. II. 13159, note R. Savatier* (arrêt elliptique refusant la qualité de vendeur professionnel à une société vendeuse d'un de ses véhicules, au motif implicite, semble-t-il, qu'elle n'était pas un professionnel du commerce automobile).

3. Nature de l'obligation du vendeur. Si le vendeur professionnel doit réparer l'intégralité du préjudice provoqué par le vice affectant la chose vendue (en ce sens : • Civ. 1re, 24 nov. 1954 : *GAJC, 11e éd., n° 250-251 (I) ; JCP 1955. II. 8565, note H.B.),* il n'est pas tenu d'une obligation de résultat quant aux dommages causés par la chose vendue à l'acquéreur. • Civ. 1re, 16 mai 1984, n° 83-11.843 P : *RTD civ. 1985. 403, obs. J. Huet* (impossibilité de condamner le vendeur d'un tracteur pour les dommages causés à son conducteur, du fait d'une défaillance du système de freinage imputable à la présence de poussières dans le circuit, d'origine et de nature indéterminées).

4. Domaine : vente de fonds de commerce. Application des art. 1644 et 1645 à une vente de fonds de commerce. • Civ. 1re, 3 juill. 1996, n° 94-16.196 P : *JCP E 1997. II. 1021, note J. Monéger* (réduction du prix de vente et dommages et intérêts).

5. ... Perte de la chose. La perte de la chose, si elle fait obstacle à la résolution de la vente, ne prive pas l'acquéreur du droit de demander des dommages-intérêts au vendeur qui connaissait les vices de la chose vendue. • Civ. 1re, 12 janv. 1994, n° 91-15.825 P : *RTD civ. 1994. 878, obs. Gautier.* ♦ Comp. notes ss. art. 1645 et 1647.

6. Lien de causalité. Les juges du fond ne peuvent imputer au vendeur professionnel la responsabilité du dommage subi par l'acheteur sans rechercher s'il existe un lien de causalité entre l'anomalie constatée et l'accident survenu. • Com. 15 mars 1976 : *JCP 1977. II. 18632, note Ghestin.* ♦ V. aussi • Civ. 1re, 18 mars 1986, n° 84-15.609 P (existence d'un lien de causalité suffisamment caractérisé par les juges du fond entre le défaut de fonctionnement d'un système d'alarme et le cambriolage dont l'acheteur a été victime).

7. Préjudice réparable. Les interventions du vendeur pour remédier aux vices cachés ne font pas obstacle à une indemnisation des préjudices éventuellement subis du fait de ces vices. • Com. 19 juin 2012 : *préc. note 1.* ♦ Viole l'art. 1645 la cour d'appel qui limite les dommages et intérêts accordés à l'acheteur à la valeur de la chose ou au montant du prix que le vendeur aurait dû restituer dans le cadre d'une action rédhibitoire et qui fait application d'un abattement pour vétusté sur le coût de la démolition et de la reconstruction de la maison viciée. • Civ. 3e, 8 oct. 1997, n° 95-19.808 P : *CCC 1998, n° 5, note Leveneur ; JCP N 1998. 767. 17, obs. J.-B. Seube.* ♦ Le vendeur professionnel d'ardoises défectueuses est à bon droit condamné, outre à la restitution du prix, au coût de la réfection de la toiture, à titre de dommages-intérêts. • Civ. 1re, 6 juill. 1999 : *CCC 2000, n° 23, note Leveneur.* ♦ La connaissance de la présence de mérule dans l'immeuble oblige le vendeur de mauvaise foi à réparer tous les désordres imputables à ce vice, y compris ceux qui n'étaient pas apparents. • Civ. 3e, 19 nov. 2008, n° 07-16.746 P : *D. 2009. AJ 297, obs. Prigent* • 14 avr. 2010, n° 09-14.455 P : *D. actu. 7 mai 2010, obs. Prigent ; D. 2010. 1770, note Dagorne-Labbe* (insectes xylophages). ♦ Inefficacité de la clause de non-garantie des vices cachés lorsqu'il est établi que le vendeur avait connaissance du vice. • Civ. 3e, 27 mars 2007 : *CCC 2007, n° 199, note Leveneur* (présence de radon dans une maison).

8. Le préjudice résultant de la perte patrimoniale subie par l'acheteur (préjudice dû à l'évolution des prix dans le secteur considéré) est indépendant du préjudice causé par le retard dans le remboursement du prix de la vente. • Civ. 3e, 20 déc. 1995 : *Gaz. Pal. 1996. 2. 464, concl. Weber.* ♦ Condamnation du vendeur, à titre de dommages et intérêts compensatoires, au paiement des intérêts de la créance de restitution du prix de vente depuis la date du paiement de celui-ci. • Com. 11 févr. 1997, n° 95-11.052 P : *LPA 5 août 1998, note Courtier.* ♦ V. déjà : • Civ. 1re, 16 avr. 1996, n° 94-15.955 P.

9. La restitution d'une partie du prix de vente et l'indemnité allouée pour la démolition et la reconstruction compensent l'une et l'autre la perte de l'utilité de la chose ; cassation, au visa du principe de la réparation intégrale du préjudice, de l'arrêt qui a condamné le vendeur à indemniser les acquéreurs au titre de la restitution d'une partie du prix d'achat de la maison et du coût de la démolition et de la reconstruction, outre les préjudices divers. • Civ. 3e, 14 déc. 2017, n° 16-24.170 P : *D. 2018. 371, obs. Mekki ; AJDI 2018. 378, obs. Cohet ; AJ contrat 2018. 193, obs. Bucher ; RTD civ. 2018. 421, obs. Jourdain ; ibid. 661, obs. Barbier ; RDC 2018. 29, note Deshayes.*

Lorsque l'immeuble vendu est atteint de vices cachés nécessitant sa démolition, l'acquéreur qui a choisi de le conserver sans restitution de tout ou partie du prix de vente est fondé à obtenir du vendeur de mauvaise foi des dommages et intérêts équivalant au coût de sa démolition et de sa reconstruction. • Civ. 3e, 30 janv. 2020, no 19-10.176 P : *CCC 2020, no 59, note Leveneur ; RDC 2020/3. 19, note Borghetti.*

10. Déclaration de la créance. La créance née de la garantie des vices cachés ayant son origine au jour de la conclusion de la vente et non au jour de la révélation du vice, en cas de vente antérieure au jugement d'ouverture du redressement judiciaire du vendeur, la créance de dommages-intérêts afférente à l'avarie survenue après le jugement d'ouverture doit être déclarée au passif du vendeur. • Com. 8 juin 1999, no 96-18.740 P : *D. 2000. Somm. 95, obs. A. Honorat ; JCP 2000. I. 233, no 17, obs. Cabrillac ; CCC 1999, no 157, note Leveneur ; LPA 1er nov. 1999, note Courtier.*

Art. 1646 **Si le vendeur ignorait les vices de la chose, il ne sera tenu qu'à la restitution du prix, et à rembourser à l'acquéreur les frais occasionnés par la vente.**

1. Principe. Le vendeur qui ignore l'existence d'un vice de la chose n'est tenu qu'à la restitution du prix et des frais de la vente, sans devoir garantir l'acheteur des conséquences du dommage causé par le vice. • Civ. 1re, 4 févr. 1963, no 57-10.892 P : *JCP 1963. II. 13159, note R. Savatier* (accident dû à la rupture d'une pièce de la direction d'une voiture dont le vendeur ignorait le vice et qui a entraîné la mort du conducteur d'un vélomoteur). ♦ Déjà en ce sens : • Civ. 1re, 10 févr. 1959 : *D. 1959. 117* (dommages consécutifs à un incendie imputable à un vice de construction). ♦ Comp. • Req. 21 oct. 1925 : *DP 1926. 1. 9, rapport Celice, note Josserand.*

2. Frais de la vente. Les frais occasionnés par la vente s'entendent des dépenses directement liées à la conclusion du contrat. • Civ. 1re, 16 juill. 1998, no 96-12.871 P : *D. 1998. IR 210 ; Gaz. Pal. 1999. 2. Somm. 457, obs. Guével* (impossibilité de mettre à la charge du vendeur d'un cheval vicié les frais de pension et de maréchalerie postérieurs à la vente) • 21 mars 2006, no 03-16.407 P : *D. 2006. IR 950, obs. Gallmeister ; JCP E 2006. 2406, note Houin-Bressand (4e esp.) ; Defrénois 2006. 1134, note Dagorne-Labbe ; RDC 2006. 1140, obs. Brun* (même affaire et même solution).

3. Dès lors qu'il n'est pas établi que le vendeur (transporteur routier), qui doit être considéré comme non professionnel, ait connu au moment de la vente l'existence des vices cachés affectant le véhicule, les juges du fond ne peuvent le condamner à verser à l'acquéreur une somme comprenant, outre le prix de vente du véhicule et de la carte grise, le coût des réparations imputables aux vices cachés. • Com. 12 déc. 1984, no 83-13.883 P. ♦ ... Ou des dommages-intérêts. • Civ. 1re, 22 nov. 1988 : *Bull. civ. I, no 333.* ♦ En revanche, en sa qualité de dernier exploitant du garage précédemment exploité par son père, le vendeur d'un immeuble ne peut ignorer l'existence des cuves enterrées qui se sont avérées polluantes et ne peut ainsi se prévaloir de la clause de non-garantie des vices cachés. • Civ. 3e, 29 juin 2017, no 16-18.087 P : *D. 2017. 1889, note Rias ; AJ contrat 2017. 450, obs. Kilgus ; CCC 2017, no 192, note Leveneur.*

4. Indemnité d'occupation. V. note 22 ss. art. 1184 anc.

Art. 1646-1 *(L. no 78-12 du 4 janv. 1978)* **Le vendeur d'un immeuble à construire est tenu, à compter de la réception des travaux, des obligations dont les architectes, entrepreneurs et autres personnes liées au maître de l'ouvrage par un contrat de louage d'ouvrage sont eux-mêmes tenus en application des articles 1792, 1792-1, 1792-2 et 1792-3 du présent code.**

Ces garanties bénéficient aux propriétaires successifs de l'immeuble.

Il n'y aura pas lieu à résolution de la vente ou à diminution du prix si le vendeur s'oblige à réparer les dommages définis aux articles 1792, 1792-1 et 1792-2 du présent code et à assumer la garantie prévue à l'article 1792-3. — *Texte repris par CCH, art. L. 261-6.*

Les dispositions de la L. no 78-12 du 4 janv. 1978 s'appliquent aux contrats relatifs aux chantiers dont la déclaration réglementaire d'ouverture a été établie postérieurement au 1er janv. 1979 (L. préc., art. 14).

En ce qui concerne les obligations résultant de l'art. 1646-1 C. civ., dont sont tenus les associés des sociétés civiles constituées en vue de la vente d'immeubles, V. CCH, art. L. 211-2. — **CCH ; C. sociétés.**

1. Application conventionnelle du texte. La substitution conventionnelle de la garantie de l'art. 1646-1 à celle des art. 1641 et 1643 dans la vente clefs en main d'immeubles après leur achèvement ayant pour effet d'exclure la possibilité pour les acquéreurs d'opter pour l'action rédhibitoire et la restitution du prix ne peut être invoquée par un vendeur professionnel. • Civ. 3e, 11 mai 1994, no 92-17.454 P.

2. Exclusion conventionnelle : action directe. Une clause de non-garantie opposable par un vendeur intermédiaire à son propre acquéreur ne peut faire obstacle à l'action directe de l'acquéreur final contre le vendeur originaire.

• Civ. 3e, 22 juin 2011, n° 08-21.804 P : *D. 2011. 1819* ; *RDI 2011. 567, obs. Tournafond* ; *RDC 2011. 1197, note Mazeaud.*

3. Bénéficiaires de la garantie : associés de la société acheteuse (non). Les garanties légales de l'art. 1646-1 ne bénéficiant qu'à l'acquéreur et aux propriétaires successifs de l'immeuble, cassation de l'arrêt qui condamne sur ce fondement le vendeur à verser aux associés de la SCI acquéreur des dommages-intérêts en réparation de leur préjudice personnel. • Civ. 3e, 25 mai 2005, n° 03-19.904 P.

4. Responsabilité du vendeur : « droit commun ». Responsabilité « de droit commun » du vendeur d'immeuble à construire : V. obs. Rémy, *RTD civ. 1987. 118.* – Sizaire, *JCP N 1993. I. 17.* V. aussi • Civ. 3e, 6 oct. 2010, n° 09-66.521 P : *RDI 2010. 609, obs. Tricoire* .

5. ... Désordres intermédiaires. La responsabilité contractuelle du vendeur en état futur d'achèvement ne peut être engagée, au titre des désordres intermédiaires, qu'en cas de preuve d'une faute pouvant lui être imputée. • Civ. 3e, 25 janv. 2011 : *RCA 2011, n° 148.* ♦ Ainsi, ne caractérise pas la faute du vendeur l'arrêt qui retient sa responsabilité pour avoir manqué à son obligation de remettre à l'acquéreur un ouvrage, objet du contrat, exempt de vices. • Civ. 3e, 13 févr. 2013, n° 11-28.376 P.

Art. 1647 **Si la chose qui avait des vices, a péri par suite de sa mauvaise qualité, la perte est pour le vendeur, qui sera tenu envers l'acheteur à la restitution du prix, et aux autres dédommagements expliqués dans les deux articles précédents.**

Mais la perte arrivée par cas fortuit sera pour le compte de l'acheteur.

1. L'art. 1647, al. 2, n'exclut pas pour l'acheteur la possibilité d'obtenir, par la voie de l'action estimatoire, la réduction du prix que justifie la gravité du vice dont la chose vendue était atteinte. • Civ. 1re, 3 déc. 1996, n° 94-19.176 P : *CCC 1997, n° 44, note Leveneur.*

2. L'abattage de bovins atteints d'un vice caché, en raison de leur maladie, peut être assimilé à la perte de la chose vendue prévue par l'art. 1647 C. civ. • Civ. 1re, 28 avr. 1976, n° 73-14.757 P : *D. 1976. IR 204.*

Art. 1648 **L'action résultant des vices rédhibitoires doit être intentée par l'acquéreur,** *(Ord. n° 2005-136 du 17 févr. 2005, art. 3)* **« dans un délai de deux ans à compter de la découverte du vice ».**

(L. n° 67-547 du 7 juill. 1967) **« Dans le cas prévu par l'article 1642-1, l'action doit être introduite, à peine de forclusion, dans l'année qui suit la date à laquelle le vendeur peut être déchargé des vices** *(L. n° 2009-323 du 25 mars 2009, art. 109)* **« ou des défauts de conformité » apparents. »** – *Texte repris par CCH, art. L. 261-7.*

Les dispositions issues de l'Ord. n° 2005-136 du 17 févr. 2005 s'appliquent aux contrats conclus postérieurement à son entrée en vigueur [JO 18 févr.] (Ord. préc., art. 5).

BIBL. ▸ **Bref délai :** FRANÇOIS, *D. 2022. 1758* (délai butoir pour l'action en garantie des vices cachés). – THIOYE, *LPA 21 août 2000.* – HERVIO-LELONG, *D. 2002. Chron. 2069* (réforme envisagée). ▸ **Proposition de modification de l'art. 1648 :** *R. 1998, p. 13.* – *R. 1999, p. 31.*

▸ **Condition de délai :** GROSS, *Mél. Tallon, Soc. légis. comp., 1999, p. 269* (droit comparé). – FORESTIER, *JCP 2018, n° 496.*

A. DOMAINE

1° ACTIONS SOUMISES AU DÉLAI DE L'ART. 1648

1. Vente de navire de série. La demande en garantie formée par l'acheteur d'un navire de plaisance, produit en série et commercialisé sous une marque, est soumise au [bref] délai de l'art. 1648 et non au délai d'un an de l'art. 8 de la L. du 3 janv. 1967 qui ne concerne que les ventes à livrer par lesquelles un fabricant s'engage à construire un navire pour le compte d'un client déterminé. • Com. 13 oct. 1998, n° 96-14.656 P : *R., p. 263* ; *D. 2000. Somm. 17, obs. Brémond* (action exercée en l'espèce par un revendeur à l'encontre du constructeur).

2. Action directe. L'action directe dont dispose le sous-acquéreur contre le fabricant ou un vendeur intermédiaire, pour la garantie du vice caché affectant la chose vendue dès sa fabrication, est nécessairement de nature contractuelle et doit être intentée dans le délai prévu par l'art. 1648. • Civ. 1re, 9 oct. 1979 : *Gaz. Pal. 1980. 1. 249, note Plancqueel* ; *D. 1980. IR 222, obs. Larroumet.* ♦ Le sous-acquéreur d'un immeuble peut exercer l'action en garantie des vices cachés contre le vendeur originaire sans être tenu de mettre en cause le vendeur intermédiaire. • Civ. 3e, 7 juin 1989, n° 87-16.066 P. ♦ Sur l'articulation avec la prescription de droit commun, V. note 13.

2° ACTIONS ÉCHAPPANT AU DÉLAI DE L'ART. 1648

3. En raison de la nature du contrat : contrat d'entreprise. Le contrat de réparation passé avec un garagiste étant un contrat d'entreprise, l'art. 1648 est sans application. • Civ. 1re, 2 juin 1982, n° 81-11.743 P.

4. *En raison de la nature de l'action : vice du consentement.* L'action en nullité pour erreur ou pour dol n'est pas soumise au délai de l'art. 1648. ♦ Sur les rapports entre vices du consentement et vice caché, V. note 10 ss. art. 1641.

5. *En raison de la nature de l'obligation : non-conformité.* L'action en résolution fondée sur la non-conformité de la marchandise livrée à celle commandée n'est soumise à aucune condition de délai, et les juges du fond qui déclarent cette action irrecevable en raison de sa tardiveté méconnaissent l'art. 1184 anc. C. civ. • Com. 3 mai 1983 : *Gaz. Pal. 1983. 2. Pan. 240, obs. Dupichot.* ♦ Cassation de l'arrêt qui déclare irrecevable une action comme n'étant pas introduite à bref délai, alors que les désordres ne relevaient pas de la garantie des vices cachés. • Civ. 3e, 30 juin 2016, n° 15-12.447 P : *D. 2016. 1497 ; RDI 2016. 478, obs. Malinvaud* (violation de l'art. 1648).

6. *... Obligation de sécurité.* L'action en responsabilité contractuelle exercée contre le vendeur pour manquement à son obligation de sécurité, laquelle consiste à ne livrer que des produits exempts de tout vice et de tout défaut de fabrication de nature à créer un danger pour les personnes ou pour les biens, n'est pas soumise au [bref] délai imparti par l'art. 1648. • Civ. 1re, 11 juin 1991, n° 89-12.748 P : *GAJC, 11e éd., n° 250-251 (II) ; D. 1993. Somm. 241, obs. Tournafond ; RTD civ. 1992. 114, obs. Jourdain* • Aix-en-Provence, 12 juill. 1993 : *D. 1994. 13, note Vidal* (fourniture de sang contaminé). ♦ Dans le même sens, pour l'action en responsabilité du fait d'un produit défectueux : • Civ. 1re, 14 juin 2000 : *CCC 2000, n° 158, note Leveneur.* ♦ V. aussi art. 1245-15 et 1245-16.

7. *... Garantie conventionnelle.* Sauf stipulation contraire, l'art. 1648 ne s'applique pas à l'action tendant à faire sanctionner l'inexécution par le vendeur d'une obligation contractuelle de garantie. • Com. 2 mai 1990, n° 88-15.930 P : *R., p. 362 ; RTD civ. 1991. 136, obs. Rémy* (protection de réservoirs contre la rouille avec garantie de dix ans). – Dans le même sens : • Civ. 1re, 6 juill. 1999 : *CCC 1999, n° 174, note Leveneur.*

B. RÉGIME

8. *Conformité à la Conv. EDH.* La notion de bref délai de l'art. 1648, si elle n'indique pas une durée précise, n'en est pas moins claire dans son objectif et d'application simple selon une jurisprudence constante ; cette disposition ne saurait donc constituer une restriction inadmissible au droit d'agir consacré par l'art. 6, § 1, de la Conv. EDH. • Civ. 1re, 21 mars 2000, n° 98-11.982 P : *D. 2000. 593, note Atias ; CCC 2000, n° 126, note Leveneur ; RTD civ. 2000. 592, obs. Gautier .*

9. *Point de départ du délai : principe (découverte du vice).* La connaissance du vice n'est pas conditionnée par la connaissance du coût des travaux nécessaires pour y remédier. • Civ. 3e, 29 juin 2022, n° 21-17.502 B : *D. 2022. 1312 ; AJDI 2022. 765, obs. Wertenschlag ; RDI 2022. 508, obs. Leray* (connaissance des vices liés à la pollution d'un terrain dès les premiers rapports). ♦ Pour les solutions antérieures à l'Ord. du 17 févr. 2005, V. déjà : le délai prévu par l'art. 1648 ne court que du jour de la découverte du vice par l'acheteur. • Com. 22 nov. 1965, n° 62-11.606 P • 18 févr. 1992, n° 89-20.251 P • Civ. 3e, 2 févr. 1999 : *CCC 1999, n° 71, note Leveneur.* ♦ Comp. • Com. 18 févr. 1974 : *JCP 1974. II. 17798, note Thuillier.* ♦ La connaissance certaine du vice par l'acheteur, marquant le point de départ du bref délai, peut se situer au jour de la notification du rapport d'expertise. • Civ. 1re, 11 janv. 1989, n° 87-12.766 P : *Defrénois 1989. 1137, obs. Vermelle* • 3 mai 1984, n° 83-11.199 P • 5 nov. 1996 : *JCP 1997. II. 22872, note Radé.* ♦ ... Ou même d'une contre-expertise officieuse demandée par l'acheteur. • Civ. 1re, 19 mars 1991, n° 88-16.208 P. ♦ ... Ou à la date de l'acquisition d'un terrain dont l'usage à fins de décharge et les risques de pollution étaient de notoriété publique. • Civ. 3e, 10 sept. 2008, n° 07-17.086 P (action estimatoire quatre ans après la vente).

10. *... Action récursoire.* Le délai dont dispose l'entrepreneur pour former un recours en garantie contre le fabricant en application de l'art. 1648 court à compter de la date de l'assignation délivrée contre lui. • Com. 29 juin 2022, n° 19-20.647 B : *préc. note 5 ss. art. 1641.* ♦ Pour les solutions antérieures à l'Ord. du 17 févr. 2005, V. : le vendeur ne peut agir contre le fabricant avant d'avoir été lui-même assigné par son acquéreur. • Com. 20 mars 1984, n° 83-11.876 P. – V. aussi • Com. 19 mars 1974 : *D. 1975. 628, note Malinvaud ; JCP 1975. II. 17941, note Ghestin* • 17 déc. 1973, n° 72-11.017 P : *R. 1973-1974, p. 66 ; JCP 1975. II. 17912, note R. Savatier ; Gaz. Pal. 1974. 1. 429, note Plancqueel* • 17 févr. 1987, n° 85-15.162 P. ♦ ... Le point de départ du bref délai étant constitué par la date de sa propre assignation. • Civ. 1re, 24 oct. 2000 : *CCC 2001, n° 6, note Leveneur* • Civ. 3e, 20 oct. 2004 : *RDC 2005. 345, obs. Collart-Dutilleul.* ♦ Comp. : les juges du fond apprécient souverainement la durée et le point de départ de l'action récursoire en garantie résultant des vices rédhibitoires de la chose vendue. • Civ. 1re, 11 mars 1986, n° 84-14.840 P. ♦ V. aussi note 14.

11. *Date de l'action : vice caché invoqué à titre subsidiaire en appel.* Lorsque le demandeur a invoqué la garantie des vices cachés à titre subsidiaire en cause d'appel, la cour d'appel, qui n'a pas constaté que la demande initiale avait été inexactement fondée sur les art. 1604 s., en a déduit à bon droit qu'il convenait de se placer à la date des conclusions d'appel pour apprécier si l'action en garantie des vices cachés avait été introduite à [bref] délai. • Civ. 3e, 10 oct. 2007, n° 06-18.130 P : *D. 2007. AJ 2669*.

12. *Durée du bref délai : appréciation souveraine.* Pour les solutions antérieures à l'Ord. du 17 févr. 2005, V. : l'appréciation du bref délai prévu par l'art. 1648 relève du pouvoir souverain des juges du fond. • Com. 18 juill. 1966 : *Bull. civ. III, n° 362* • 13 oct. 1998 : *préc. note 1.* ♦ ... Et il leur appartient d'en déterminer, selon la nature des vices et d'après les faits et circonstances de la cause, la durée. • Civ. 1re, 10 janv. 1968, n° 65-14.537 P : *D. 1968. 282* • 16 juill. 1987, n° 86-12.548 P • Com. 15 nov. 1971, n° 70-11.036 P : *D. 1972. 211* • Civ. 3e, 16 mai 1973, n° 72-11.279 P : *JCP 1975. II. 17932, note Ghestin.* ♦ ... En tenant compte, en cas de demande d'aide judiciaire, du moment où celle-ci a été formée. • Civ. 1re, 22 mai 1991, n° 87-17.049 P. ♦ S'agissant d'une vente d'animaux, rien n'interdit aux juges du fond, pour l'appréciation du bref délai, de faire référence au délai de l'action rédhibitoire régie par l'art. 285 [art. L. 213-2] C. rur. • Civ. 1re, 11 avr. 1995, n° 93-14.161 P. ♦ V. aussi, s'agissant de vente de chiens de race : • Orléans, 14 déc. 1994 : *JCP 1996. IV. 1668.*

13. *Articulation du délai et de la prescription de droit commun.* L'art. 2224, qui a réduit le délai de prescription extinctive de droit commun à cinq ans, en a également fixé le point de départ au jour où le titulaire d'un droit a connu ou aurait dû connaître les faits lui permettant de l'exercer, ce qui annihile toute possibilité d'encadrement de l'action en garantie des vices cachés, le point de départ de la prescription extinctive du droit à garantie se confondant avec le point de départ du délai pour agir prévu par l'art. 1648, à savoir la découverte du vice ; en conséquence, l'encadrement dans le temps de l'action en garantie des vices cachés ne peut être assuré, comme en principe pour toute action personnelle ou mobilière, que par l'art. 2232 qui édicte un délai butoir de vingt ans à compter de la naissance du droit. • Civ. 3e, 8 déc. 2021, n° 20-21.439 B : *D. 2022. 257, avis Brun ; ibid. 260, note Borghetti ; RDI 2022. 115, obs. Charbonneau et Tricoire ; AJDI 2022. 469, obs. Cohet ; CCC 2022, n° 23, note Leveneur ; JCP N 2022, n° 1127, obs. Bucher ; RDC 2022/2. 55, note Thibierge* • 25 mai 2022, n° 21-18.218 B : *D. 2022. 1039 ; RTD com. 2022. 637, obs. Bouloc ; CCC 2022, n° 113, note Leveneur ; RDC 2022/3. 40, note Thibierge.* ♦ Dès lors, le droit à la garantie des vices cachés découlant de la vente, l'action en garantie des vices cachés doit donc être exercée dans les deux ans de la découverte du vice, sans pouvoir dépasser un délai de vingt ans à compter du jour de la vente. • Civ. 3e, 8 déc. 2021, n° 20-21.439 B : *préc.* • Civ. 3e, 1er oct. 2020, n° 19-16.986 P : *D. 2020. 2154, avis Brun ; ibid. 2157, note Gautier ; ibid. 2021. 186, obs. Andreu ; JCP 2020, n° 1168, note Pellier ; JCP N 2021, n° 1107, note Leveneur ; CCC 2021, n° 20, note Leveneur ; RDC 2021/1. 45, note Borghetti ; ibid. 2021/3. 8, note Latina.* ♦ Dans le même sens antérieurement, pour la prescription trentenaire de l'art. 2262 C. civ. [anc.] : • Civ. 3e, 16 nov. 2005, n° 04-10.824 P : *D. 2006. 971, note R. Cabrillac ; JCP 2006. II. 10069, note Trébulle.*

14. *... Et de la prescription de l'art. L. 110-4 C. com.* Position de la Civ. 3e : la L. du 17 juin 2008 ayant réduit le délai de prescription prévu par l'art. L. 110-4, I, C. com., sans préciser son point de départ, celui-ci ne peut que résulter du droit commun de l'art. 2224 C. civ. ; il s'ensuit que le délai de cinq ans de l'art. L. 110-4, I, C. com. ne peut plus être regardé comme un délai butoir et que l'action en garantie des vices cachés doit être formée dans le délai de deux ans à compter de la découverte du vice ou, en matière d'action récursoire, à compter de l'assignation, sans pouvoir dépasser le délai butoir de vingt ans à compter de la vente initiale. • Civ. 3e, 25 mai 2022, n° 21-18.218 B : *préc. note 13* • 8 févr. 2023, n° 21-20.271 B (application, pour des ventes conclues antérieurement à l'entrée en vigueur de la L. du 17 juin 2008, non seulement dans le cadre de l'action du constructeur contre son vendeur, mais aussi dans le cadre de l'action de ce vendeur contre son propre vendeur).

V. déjà, à propos de l'action récursoire du constructeur contre son vendeur : sauf à porter une atteinte disproportionnée au droit d'accès au juge, le constructeur dont la responsabilité est retenue, en raison des vices affectant les matériaux qu'il a mis en œuvre pour la réalisation de l'ouvrage, doit pouvoir exercer une action récursoire contre son vendeur sur le fondement de la garantie des vices cachés sans voir son action enfermée dans un délai de prescription courant à compter de la vente initiale. • Civ. 3e, 16 févr. 2022, n° 20-19.047 B : *D. 2022. 585, avis Brun ; ibid. 590, note Borghetti ; RDC 2022/2. 55, note Thibierge ; RCA 2022, n° 105, obs. Menard.* ♦ L'entrepreneur ne pouvant pas agir contre le vendeur et le fabricant avant d'avoir été lui-même assigné par le maître de l'ouvrage, le point de départ du délai qui lui est imparti par l'art. 1648, al. 1er, est constitué par la date de sa propre assignation et le délai de l'art. L. 110-4, I, C. com., courant à compter de la vente, est suspendu jusqu'à ce que sa responsabilité ait été recherchée par le maître de l'ouvrage. • Même arrêt.

Position de la première chambre civile et de la chambre commerciale : pour l'action de l'acheteur contre son co-contractant, l'action de l'acquéreur résultant de vices rédhibitoires doit être intentée contre son vendeur dans un délai de deux ans à compter de la découverte du vice, tout en étant enfermée dans le délai de la prescription quinquennale qui court à compter de la date de la vente conclue entre les parties, peu important que l'action du vendeur contre le fabricant soit prescrite. • Civ. 1re, 8 avr. 2021, n° 20-13.493 P : *D. 2021. 2032, note Bucher ; RDC 2021/3. 8, note Latina.* ♦ Pour les solutions antérieures à l'Ord. du 17 févr. 2005, V. : le délai d'un an de l'action en garantie contre le constructeur d'un navire ne peut être utilement invoqué qu'à l'intérieur de la prescription extinctive de dix ans de l'art. L. 110-4 C. com. [5 ans depuis la L. du 17 juin 2008]. • Com. 27 nov. 2001, n° 99-13.428 P : *JCP 2002. II. 10021, note Jourdain ; CCC 2002, n° 43, note Leveneur* (L. 3 janv. 1967, art. 8).

Pour l'action directe de l'acheteur contre les précédents vendeurs : le point de départ du délai de la prescription extinctive de l'art. L. 110-4 C. com. courant contre le fabricant à compter de la vente initiale, est manifestement irrecevable l'action fondée sur la garantie des vices cachés intentée au-delà, l'action récursoire contre le fabricant ne pouvant offrir à l'acquéreur final plus de droits que ceux détenus par le vendeur intermédiaire. • Civ. 1re, 6 juin 2018, n° 17-17.438 P : *D. 2018. Chron. C. cass. 2166, obs. Kloda, note Grimaldi ; AJ contrat 2018. 377, obs. Mainguy ; RTD civ. 2018. 919, obs. Jourdain ; ibid. 931, obs. Gautier ; RDC 1/2019. 24, note Borghetti.* ♦ V. aussi : • Com. 16 janv. 2019, n° 17-21.477 P : *D. 2019. 124 ; AJ contrat 2019. 139, obs. Nourissat ; RTD civ. 2019. 294, obs. Usunier ; ibid. 358, obs. Gautier ; CCC 2019, n° 61, obs. Leveneur ; RDC 2021/3. 8, note Latina* (action directe irrecevable, même si l'action a été admise contre le vendeur cocontractant par une décision définitive, alors qu'elle avait été aussi intentée au-delà de dix ans).

15. *Nature du délai.* Le délai de deux ans dans lequel doit être intentée l'action résultant de vices rédhibitoires, prévu par l'art. 1648, est un délai de forclusion qui n'est pas susceptible de suspension, mais qui, en application de l'art. 2242, peut être interrompu par une demande en justice jusqu'à l'extinction de l'instance. • Civ. 3e, 5 janv. 2022, n° 20-22.670 B : *D. 2022. 548, note Mille Delattre ; RDI 2022. 115, obs. Charbonneau et Tricoire ; AJDI 2022. 471, obs. Cohet ; CCC 2022, n° 42, note Leveneur ; RDC 2022/2. 55, note Thibierge.* ♦ Il résulte de l'art. 2220 que les dispositions régissant la prescription extinctive ne sont pas applicables aux délais de forclusion, sauf dispositions contraires prévues par la loi. • Même arrêt. ♦ Ainsi la suspension de la prescription prévue par l'art. 2239 n'est donc pas applicable aux délais de forclusion. • Même arrêt.

16. *Interruption du délai.* Le [bref] délai est interrompu par une assignation en référé. • Civ. 1re, 21 nov. 1995, n° 94-10.686 P : *CCC 1996, n° 20, note Leveneur.* ♦ V. désormais, explicitement, C. civ., art. 2241. ♦ Même solution pour une assignation en référé-expertise. • Civ. 3e, 5 nov. 1997, n° 94-21.440 P • Com. 6 mars 2001, n° 98-18.562 P : *D. 2001. IR 983* • 5 mars 2002, n° 99-14.522 P • 28 mai 2002 : *CCC 2002, n° 139, note Leveneur* • Civ. 1re, 25 juin 2002, n° 00-16.840 P : *Defrénois 2003. 406, note Dagorne-Labbe ; LPA 18 nov. 2002, note Stoffel-Munck.* ♦ Pour la durée de l'interruption, V. C. civ., art. 2242 (extinction de l'instance). ♦ Sont inopérants les moyens qui soutiennent que l'action estimatoire intentée en appel contre le vendeur d'origine par l'acheteur intermédiaire, substituée à sa demande en garantie de la condamnation ayant accueilli l'action rédhibitoire de l'acheteur final, est une demande nouvelle qui ne tend pas aux même fins et qui est prescrite en l'absence d'interruption de la prescription par l'assignation, alors qu'il résulte de l'art. 1644 qu'en cas de défaut de la chose vendue, l'acheteur a le choix entre l'action rédhibitoire et l'action estimatoire et peut, après avoir exercé l'une, exercer l'autre tant qu'il n'a pas été statué sur sa demande par une décision passée en force de chose jugée. • Civ. 1re, 18 janv. 2023, n° 19-10.111 B.

17. *Conséquence de l'interruption.* Sur la suppression, dans le cadre de l'art. 1648, al. 1er, de l'interversion de la prescription, V. désormais C. civ., art. 2231. ♦ Pour une application : • Civ. 3e, 5 janv. 2017, n° 15-12.605 P : *D. 2017. 110 ; RDI 2017. 154, obs. Malinvaud* (point de départ fixé à la date de l'ordonnance de désignation de l'expert, sa fixation à la date du rapport n'ayant pas été soutenue devant la cour d'appel). ♦ Pour la solution antérieure inverse : lorsque l'acheteur a satisfait à l'art. 1648, en assignant en référé son vendeur dans un bref délai, ce texte n'a plus lieu de trouver application et c'est la prescription de droit commun qui commence à courir. • Civ. 1re, 21 oct. 1997, n° 95-19.755 P : *D. 1998. 409, note Bruschi ; D. 1999. Somm. 17, obs. Tournafond ; CCC 1998, n° 23, note Leveneur ; JCP 1998. II. 10063, note Moulungui* • 19 oct. 1999, n° 97-14.067 P : *D. 2001. 413, note Bufflier ; D. 2000. Somm. 290, obs. Tournafond ; CCC 2000, n° 22, note Leveneur ; RTD civ. 2000. 133, obs. Gautier* • Com. 6 mars 2001 : *préc. note 16* • 5 mars 2002 : *préc. note 16* • 28 mai 2002 : *préc. note 16* • Civ. 1re, 25 juin 2002 : *préc. note 16* • Com. 3 déc. 2003, n° 02-15.130 P : *D. 2004. IR 190*. ♦ Rappr., dans le cadre de la L. du 3 janv. 1967 sur le statut des navires : • Com. 27 nov. 2001, n° 99-16.498 P. ♦ ... A compter de la conclusion de la vente. • Civ. 1re, 19 oct. 1999 : *préc.* • 5 oct. 2000, n° 98-22.524 P : *D. 2001. IR 750* • 12 déc. 2000, n° 98-21.789 P : *D. 2001. IR 358*.

18. Procédure. La fin de non-recevoir prise de ce que l'action fondée sur un vice caché a été introduite tardivement peut être proposée en tout état de l'instance et même pour la première fois en cause d'appel. • Civ. 2e, 12 juill. 1972, n° 71-11.908 P. ♦ Mais elle n'est pas d'ordre public et ne peut donc être soulevée d'office par le juge. • Civ. 1re, 26 oct. 1983, n° 82-13.560 P • 12 déc. 2000 : *préc. note 17.* ♦ ... Ni être soulevée pour la première fois devant la Cour de cassation. • Civ. 1re, 5 déc. 1995, n° 94-11.135 P. ♦ Celui qui oppose cette fin de non-recevoir doit en justifier. • Civ. 3e, 31 mai 1989, n° 88-11.435 P • 9 févr. 2011, n° 10-11.573 P : *D. 2011. Actu. 593* ; *RLDC 2011/81, n° 4198, obs. Paulin* ; *RDC 2012. 125, note Pimont.*

C. RÉGIME PROPRE À LA VENTE D'IMMEUBLE À CONSTRUIRE

19. Domaine. L'action tendant à l'exécution de l'engagement pris par le vendeur de remédier aux désordres, après établissement d'un procès-verbal relevant les réserves formulées après la prise de possession, n'est pas soumise au délai fixé par l'art. 1648, al. 2. • Civ. 3e, 25 oct. 1989 : *Bull. civ. III, n° 196* ; *Defrénois 1990. 1214, note Dagorne-Labbe* • 26 févr. 1992, n° 90-15.859 P • 29 oct. 2003, n° 00-21.597 P : *D. 2003. IR 2802* ; *Defrénois 2004. 456, obs. Périnet-Marquet.*

20. Exclusivité de l'action : exclusion de la responsabilité civile de droit commun. L'acquéreur ne peut invoquer la responsabilité contractuelle de droit commun du vendeur d'immeuble à construire qui ne peut être tenu à garantie des vices apparents au-delà des limites résultant des dispositions d'ordre public des art. 1642-1 et 1648. • Civ. 3e, 3 juin 2015, n° 14-15.796 P : *cité ss. art. 2239* • 3 juin 2015, n° 14-14.706 P.

21. Point de départ. L'action en garantie prévue par l'art. 1642-1 en cas de vices de construction apparents doit, en application de l'art. 1648, al. 2, être introduite dans l'année qui suit la date du plus tardif des deux événements suivants : la réception des travaux, avec ou sans réserves, ou l'expiration d'un délai d'un mois après la prise de possession par l'acquéreur. • Civ. 3e, 15 mai 1974, n° 73-10.692 P : *JCP 1975. II. 18121, note R. Martin* • 8 mars 1995 : *Gaz. Pal. 1997. 1. Somm. 101, obs. Peisse.* ♦ Cassation de l'arrêt retenant l'achèvement de l'immeuble comme point de départ de l'action. • Civ. 3e, 17 déc. 2008, n° 07-17.285 P : *Defrénois 2010. 231, obs. Périnet-Marquet.*

Elle concerne les vices apparents même dénoncés postérieurement à l'écoulement du délai d'un mois après la prise de possession. • Civ. 3e, 22 mars 2000, n° 98-20.250 P : *D. 2000. IR 113* ; *Defrénois 2000. 1258, obs. Périnet-Marquet* ; *Gaz. Pal. 2001. Somm. 921, obs. Peisse* ; *RDI 2000. 353, obs. Saint-Alary Houin* • 16 déc. 2009, n° 08-19.612 P : *Dr. et patr. 10/2010. 24, obs. Cicile-Delfosse* ; *RDI 2010. 102, obs. Tournafond* . ♦ Le vendeur n'établissant pas qu'il y a eu réception, les juges du fond peuvent estimer que la prise de possession par l'acquéreur ne constituait pas la réception des travaux et en déduire que, faute d'une telle réception, l'exception de tardiveté devait être écartée. • Civ. 3e, 4 nov. 1977, n° 76-10.726 P.

22. Interruption. L'assignation en référé-expertise du vendeur en état futur d'achèvement visant les désordres invoqués, dans le délai d'un an du procès-verbal de réception des parties communes, interrompt la prescription. • Civ. 3e, 20 mai 2015, n° 14-15.107 P : *cité note 15 ss. art. 1792.*

L'assignation en référé interrompt le délai annal de l'art. 1648, al. 2, jusqu'au prononcé de l'ordonnance, et fait courir un nouveau délai de forclusion de même durée. • Civ. 3e, 21 juin 2000, n° 99-10.313 P : *JCP 2000. II. 10362, concl. Weber* ; *Defrénois 2000. 1251, obs. Périnet-Marquet* • 11 juill. 2019, n° 18-17.856 P : *D. 2019. 1495* ; *RDI 2019. 575, obs. Faure-Abbad* ; *CCC 2019, n° 172, note Leveneur* (délai de forclusion interrompu par une ordonnance de référé, un nouveau délai d'un an ayant couru à compter de cette interruption, lui-même interrompu par une nouvelle ordonnance de référé ordonnant une expertise, décision à compter de laquelle un nouveau délai d'un an avait couru).

Art. 1649 *Elle n'a pas lieu dans les ventes faites par autorité de justice.*

Maintien de l'action directe. Le fait que le sous-acquéreur qui a acquis le bien dans une vente aux enchères publiques ne dispose d'aucune action en garantie contre le saisi, son vendeur immédiat, ne lui interdit pas d'exercer directement cette action contre le fabricant ou son représentant en France, sans que celui-ci puisse lui opposer l'art. 1649. • Civ. 1re, 3 mars 1992 : *CCC 1992, n° 112, note Leveneur.*

Code rural et de la pêche maritime *(Ord. n° 2000-550 du 15 juin 2000 ; Ord. n° 2000-914 du 18 sept. 2000, art. 11).* **Art. L. 213-1 à L. 213-9** *(Vices rédhibitoires dans les ventes ou échanges d'animaux domestiques). — V., pour l'application, C. rur., art. R. 213-5 à R. 213-9. — C. rur.*

Code de la consommation

(Ord. n° 2016-301 du 14 mars 2016, en vigueur le 1er juill. 2016)

BIBL. GÉN. ▶ BRUSCHI, *RDC 2005. 710.* – CALAIS-AULOY, *RTD civ. 2005. 701.* – FAGES, *RLDC 2005/16, n° 639.* – HOCQUET-BERG, *RCA 2005. Alertes. 37.* – LEROYER, *chron. lég. RTD civ. 2005. 483.* – LEVENEUR, *Mél. le Tourneau, Dalloz, 2008, p. 635.* – MAINGUY, *JCP E 2005. 630.* – PAISANT, *JCP 2005. I. 146.* – PIMONT, *RTD com. 2006. 261.* – RONDEY, *D. 2005. 562.* – ROUSSILLE, *Dr. et patr. 7-8/2005. 38.* – TOURNAFOND, *D. 2005. Chron. 1557.* ▶ COLLART-DUTILLEUL, GAUTIER, TOURNAFOND, BRUN, MAINGUY, SÉRINET et PUIG, *RDC 2005. 921* (débats). ▶ BUREAU, *RDC 2005. 864* (loi applicable – art. L. 211-18). – GAUDIN, *D. 2008. Chron. 631* (remèdes offerts au consommateur en cas de défaut de conformité). – GOUT et MARIA, *JCP 2008. I. 109* (transmission éventuelle des actions en garantie de conformité). – LABARTHE et NOBLOT, *JCP 2005. I. 168* (contrat d'entreprise et art. L. 211-1 s. C. consom.). – RÉMY-CORLAY, *RTD civ. 2005. 345* (comparaison avec la directive transposée). – SALVAT, *CCC 2006. Étude 18* (garantie spéciale de conformité et obligation générale de délivrance conforme : quel choix d'action ?).

▶ **Directive n° 1999/44/CE :** FAMILY, *CCC 2002. Chron. 7* (erreur, non-conformité, vice caché). – GRYNBAUM, *CCC 2000. Chron. 7.* – TOURNAFOND, *D. 2000. Chron. 159.* – TROCHU, *D. 2000. Chron. 119.*

▶ **Transposition de la directive :** FAGES, *RLDC 2004/9, n° 358.* – JOURDAIN, *D. 2003. Point de vue. 4.* – MAINGUY, *JCP 2002. I. 183.* – D. MAZEAUD, *D. 2003. Point de vue. 6.* – PAISANT et LEVENEUR, *JCP 2002. I. 135.* – RAYNARD, *obs. RTD civ. 2000. 440 ; ibid. 2002. 871.* – TOURNAFOND, *D. 2002. Chron. 2883 ; D. 2003. Point de vue. 427.* – VINEY, *JCP 2002. I. 158 ; D. 2002. Chron. 3162.*

CHAPITRE VII. *OBLIGATION DE CONFORMITÉ DANS LES CONTRATS DE VENTE DE BIENS*

(Ord. n° 2021-1247 du 29 sept. 2021, art. 9)

Les dispositions des art. 2 à 10 de l'Ord. n° 2021-1247 du 29 sept. 2021 s'appliquent aux contrats conclus à compter du 1er janv. 2022 (Ord. préc., art. 21).

SECTION 1. *Champ d'application*

Art. L. 217-1 I. — Les dispositions du présent chapitre sont applicables aux contrats de vente de biens meubles corporels entre un vendeur professionnel, ou toute personne se présentant ou se comportant comme tel, et un acheteur agissant en qualité de consommateur.

Sont assimilés à des contrats de vente aux fins du présent chapitre, les contrats en vertu desquels le professionnel délivre un bien et en transfère la propriété à un consommateur et ce dernier procure tout autre avantage, au lieu ou en complément du paiement d'un prix.

Sont également assimilés à des contrats de vente aux fins du présent chapitre, les contrats de vente de biens à fabriquer ou à produire.

Les dispositions du présent chapitre s'appliquent à l'eau, à l'électricité et au gaz lorsqu'ils sont conditionnés dans un volume délimité ou en quantité déterminée.

Les dispositions du présent chapitre s'appliquent également aux biens comportant des éléments numériques au sens de l'article liminaire lorsque ces éléments sont fournis avec ces biens dans le cadre du contrat de vente, que ces contenus numériques ou services numériques soient fournis par le vendeur ou par un tiers. Lorsqu'il n'apparaît pas clairement que la fourniture d'un contenu numérique ou d'un service numérique fait l'objet d'un contrat distinct, cette fourniture est présumée relever du contrat de vente du bien.

II. — Lorsqu'un contrat rassemble la vente de biens relevant du présent chapitre et d'autres biens non couverts par le présent chapitre, ce dernier ne s'applique qu'aux biens couverts par le présent chapitre. En outre, lorsqu'un contrat a pour objet principal la vente de biens couverts par le présent chapitre et, à titre accessoire, la fourniture de services non couverts par le présent chapitre, ce dernier ne s'applique qu'aux biens. Par ailleurs, dans le cas d'une offre groupée au sens de l'article L. 224-42-2, les dispositions du présent chapitre ne s'appliquent qu'aux biens.

Les conditions de résolution de ces contrats sont toutefois régies par l'article L. 217-16.

Art. L. 217-2 Les dispositions du présent chapitre ne sont pas applicables :

1° Aux biens vendus sur saisie ou par autorité de justice ;

2° Aux biens d'occasion vendus aux enchères publiques au sens des articles L. 320-1 et suivants du code de commerce dès lors que les consommateurs ont la faculté d'y assister en personne ;

3° Aux ventes d'animaux domestiques ;

4° Aux contenus numériques et aux services numériques ne relevant pas d'un contrat de vente de bien comportant des éléments numériques, ni aux contenus numériques fournis sur un support matériel servant exclusivement à leur transport. De tels contenus sont régis par les dispositions des articles L. 224-25-1 et suivants ;

5° Aux contenus numériques et services numériques énumérés au II de l'article L. 224-25-3, y compris lorsque ceux-ci sont intégrés ou interconnectés à un bien couvert par le présent chapitre.

SECTION 2. *Garantie légale de conformité pour les biens*

SOUS-SECTION 1. *Droits du consommateur*

Art. L. 217-3 Le vendeur délivre un bien conforme au contrat ainsi qu'aux critères énoncés à l'article L. 217-5.

Il répond des défauts de conformité existant au moment de la délivrance du bien au sens de l'article L. 216-1, qui apparaissent dans un délai de deux ans à compter de celle-ci.

Dans le cas d'un contrat de vente d'un bien comportant des éléments numériques :

1° Lorsque le contrat prévoit la fourniture continue d'un contenu numérique ou d'un service numérique pendant une durée inférieure ou égale à deux ans, ou lorsque le contrat ne détermine pas la durée de fourniture, le vendeur répond des défauts de conformité de ce contenu numérique ou de ce service numérique qui apparaissent dans un délai de deux ans à compter de la délivrance du bien ;

2° Lorsque le contrat prévoit la fourniture continue d'un contenu numérique ou d'un service numérique pendant une durée supérieure à deux ans, le vendeur répond des défauts de conformité de ce contenu numérique ou de ce service numérique qui apparaissent au cours de la période durant laquelle celui-ci est fourni en vertu du contrat.

Pour de tels biens, le délai applicable ne prive pas le consommateur de son droit aux mises à jour conformément aux dispositions de l'article L. 217-19.

Le vendeur répond également, durant les mêmes délais, des défauts de conformité résultant de l'emballage, des instructions de montage, ou de l'installation lorsque celle-ci a été mise à sa charge par le contrat ou a été réalisée sous sa responsabilité, ou encore lorsque l'installation incorrecte, effectuée par le consommateur comme prévu au contrat, est due à des lacunes ou erreurs dans les instructions d'installation fournies par le vendeur.

Ce délai de garantie s'applique sans préjudice des articles 2224 et suivants du code civil. Le point de départ de la prescription de l'action du consommateur est le jour de la connaissance par ce dernier du défaut de conformité.

Art. L. 217-4 Le bien est conforme au contrat s'il répond notamment, le cas échéant, aux critères suivants :

1° Il correspond à la description, au type, à la quantité et à la qualité, notamment en ce qui concerne la fonctionnalité, la compatibilité, l'interopérabilité, ou toute autre caractéristique prévues au contrat ;

2° Il est propre à tout usage spécial recherché par le consommateur, porté à la connaissance du vendeur au plus tard au moment de la conclusion du contrat et que ce dernier a accepté ;

3° Il est délivré avec tous les accessoires et les instructions d'installation, devant être fournis conformément au contrat ;

4° Il est mis à jour conformément au contrat.

Art. L. 217-5 I. — En plus des critères de conformité au contrat, le bien est conforme s'il répond aux critères suivants :

1° Il est propre à l'usage habituellement attendu d'un bien de même type, compte tenu, s'il y a lieu, de toute disposition du droit de l'Union européenne et du droit national ainsi que de toutes les normes techniques ou, en l'absence de telles normes techniques, des codes de conduite spécifiques applicables au secteur concerné ;

2° Le cas échéant, il possède les qualités que le vendeur a présentées au consommateur sous forme d'échantillon ou de modèle, avant la conclusion du contrat ;

3° Le cas échéant, les éléments numériques qu'il comporte sont fournis selon la version la plus récente qui est disponible au moment de la conclusion du contrat, sauf si les parties en conviennent autrement ;

4° Le cas échéant, il est délivré avec tous les accessoires, y compris l'emballage, et les instructions d'installation que le consommateur peut légitimement attendre ;

5° Le cas échéant, il est fourni avec les mises à jour que le consommateur peut légitimement attendre, conformément aux dispositions de l'article L. 217-19 ;

6° Il correspond à la quantité, à la qualité et aux autres caractéristiques, y compris en termes de durabilité, de fonctionnalité, de compatibilité et de sécurité, que le consommateur peut légitimement attendre pour des biens de même type, eu égard à la nature du bien ainsi qu'aux déclarations publiques faites par le vendeur, par toute personne en amont dans la chaîne de transactions, ou par une personne agissant pour leur compte, y compris dans la publicité ou sur l'étiquetage.

II. — Toutefois, le vendeur n'est pas tenu par toutes déclarations publiques mentionnées à l'alinéa qui précède s'il démontre :

1° Qu'il ne les connaissait pas et n'était légitimement pas en mesure de les connaître ;

2° Qu'au moment de la conclusion du contrat, les déclarations publiques avaient été rectifiées dans des conditions comparables aux déclarations initiales ; ou

3° Que les déclarations publiques n'ont pas pu avoir d'influence sur la décision d'achat.

III. — Le consommateur ne peut contester la conformité en invoquant un défaut concernant une ou plusieurs caractéristiques particulières du bien, dont il a été spécifiquement informé qu'elles s'écartaient des critères de conformité énoncés au présent article, écart auquel il a expressément et séparément consenti lors de la conclusion du contrat.

Art. L. 217-6 Lorsqu'à l'occasion du contrat, un traitement de données à caractère personnel est opéré par le professionnel, un manquement de sa part aux obligations lui incombant au titre du règlement (UE) 2016/679 du 27 avril 2016 et de la loi n° 78-17 du 6 janvier 1978 relative à l'informatique, aux fichiers et aux libertés, dès lors que ce manquement entraîne le non-respect d'un ou de plusieurs critères de conformité énoncés à la présente section, est assimilé à un défaut de conformité, sans préjudice des autres recours prévus par ces textes.

Art. L. 217-7 Les défauts de conformité qui apparaissent dans un délai de vingt-quatre mois à compter de la délivrance du bien, y compris du bien comportant des éléments numériques, sont, sauf preuve contraire, présumés exister au moment de la délivrance, à moins que cette présomption ne soit incompatible avec la nature du bien ou du défaut invoqué.

Pour les biens d'occasion, ce délai est fixé à douze mois.

Lorsque le contrat de vente d'un bien comportant des éléments numériques prévoit la fourniture continue d'un contenu numérique ou d'un service numérique, sont présumés exister au moment de la délivrance du bien les défauts de conformité qui apparaissent :

1° Durant un délai de deux ans à compter de la délivrance du bien, lorsque le contrat prévoit cette fourniture pendant une durée inférieure ou égale à deux ans ou lorsque le contrat ne détermine pas la durée de fourniture ;

2° Durant la période durant laquelle le contenu numérique ou le service numérique est fourni en vertu du contrat, lorsque celui-ci prévoit cette fourniture pendant une durée supérieure à deux ans.

SOUS-SECTION 2. *Mise en œuvre de la garantie légale de conformité*

Art. L. 217-8 En cas de défaut de conformité, le consommateur a droit à la mise en conformité du bien par réparation ou remplacement ou, à défaut, à la réduction du prix ou à la résolution du contrat, dans les conditions énoncées à la présente sous-section.

Le consommateur a, par ailleurs, le droit de suspendre le paiement de tout ou partie du prix ou la remise de l'avantage prévu au contrat jusqu'à ce que le vendeur ait satisfait aux obligations qui lui incombent au titre du présent chapitre, dans les conditions des articles 1219 et 1220 du code civil.

Les dispositions du présent chapitre sont sans préjudice de l'allocation de dommages et intérêts.

Art. L. 217-9 Le consommateur est en droit d'exiger la mise en conformité du bien aux critères énoncés dans la sous-section 1 de la présente section.

Le consommateur sollicite auprès du vendeur la mise en conformité du bien, en choisissant entre la réparation et le remplacement. A cette fin, le consommateur met le bien à la disposition du vendeur.

Art. L. 217-10 La mise en conformité du bien a lieu dans un délai raisonnable qui ne peut être supérieur à trente jours suivant la demande du consommateur et sans inconvénient majeur pour lui, compte tenu de la nature du bien et de l'usage recherché par le consommateur.

La réparation ou le remplacement du bien non conforme inclut, s'il y a lieu, l'enlèvement et la reprise de ce bien et l'installation du bien réparé ou du bien de remplacement par le vendeur.

Un décret précise les modalités de la mise en conformité du bien.

Art. L. 217-11 La mise en conformité du bien a lieu sans aucun frais pour le consommateur.

Le consommateur n'est pas tenu de payer pour l'utilisation normale qu'il a faite du bien remplacé pendant la période antérieure à son remplacement.

Art. L. 217-12 Le vendeur peut ne pas procéder selon le choix opéré par le consommateur si la mise en conformité sollicitée est impossible ou entraîne des coûts disproportionnés au regard notamment :

1° De la valeur qu'aurait le bien en l'absence de défaut de conformité ;

2° De l'importance du défaut de conformité ; et

3° De la possibilité éventuelle d'opter pour l'autre choix sans inconvénient majeur pour le consommateur.

Le vendeur peut refuser la mise en conformité du bien si celle-ci est impossible ou entraîne des coûts disproportionnés notamment au regard des 1° et 2°.

Lorsque ces conditions ne sont pas respectées, le consommateur peut, après mise en demeure, poursuivre l'exécution forcée en nature de la solution initialement sollicitée, conformément aux articles 1221 et suivants du code civil.

Tout refus par le vendeur de procéder selon le choix du consommateur ou de mettre le bien en conformité, est motivé par écrit ou sur support durable.

Art. L. 217-13 Tout bien réparé dans le cadre de la garantie légale de conformité bénéficie d'une extension de cette garantie de six mois.

Dès lors que le consommateur fait le choix de la réparation mais que celle-ci n'est pas mise en œuvre par le vendeur, la mise en conformité par le remplacement du bien fait courir, au bénéfice du consommateur, un nouveau délai de garantie légale de conformité attaché au bien remplacé. Cette disposition s'applique à compter du jour où le bien de remplacement est délivré au consommateur.

Art. L. 217-14 Le consommateur a droit à une réduction du prix du bien ou à la résolution du contrat dans les cas suivants :

1° Lorsque le professionnel refuse toute mise en conformité ;

2° Lorsque la mise en conformité intervient au-delà d'un délai de trente jours suivant la demande du consommateur ou si elle lui occasionne un inconvénient majeur ;

3° Si le consommateur supporte définitivement les frais de reprise ou d'enlèvement du bien non conforme, ou s'il supporte l'installation du bien réparé ou de remplacement ou les frais y afférents ;

4° Lorsque la non-conformité du bien persiste en dépit de la tentative de mise en conformité du vendeur restée infructueuse.

Le consommateur a également droit à une réduction du prix du bien ou à la résolution du contrat lorsque le défaut de conformité est si grave qu'il justifie que la réduction du prix ou la résolution du contrat soit immédiate. Le consommateur n'est alors pas tenu de demander la réparation ou le remplacement du bien au préalable.

Le consommateur n'a pas droit à la résolution de la vente si le défaut de conformité est mineur, ce qu'il incombe au vendeur de démontrer. Le présent alinéa n'est pas applicable aux contrats dans lesquels le consommateur ne procède pas au paiement d'un prix.

Art. L. 217-15 Dans les cas prévus à l'article L. 217-14, le consommateur informe le vendeur de sa décision d'obtenir une réduction du prix du bien.

La réduction du prix est proportionnelle à la différence entre la valeur du bien délivré et la valeur de ce bien en l'absence du défaut de conformité.

Art. L. 217-16 Dans les cas prévus à l'article L. 217-14, le consommateur informe le vendeur de sa décision de résoudre le contrat. Il restitue les biens au vendeur aux frais de ce dernier. Le vendeur rembourse au consommateur le prix payé et restitue tout autre avantage reçu au titre du contrat.

Si le défaut de conformité ne porte que sur certains biens délivrés en vertu du contrat de vente, le consommateur a le droit à la résolution du contrat pour l'ensemble des biens, même ceux non couverts par le présent chapitre, si l'on ne peut raisonnablement attendre de lui qu'il accepte de garder les seuls biens conformes.

Pour les contrats mentionnés au II de l'article L. 217-1, prévoyant la vente de biens et, à titre accessoire, la fourniture de services non couverts par le présent chapitre, le consommateur a droit à la résolution de l'ensemble du contrat. En outre, dans le cas d'une offre groupée au sens de l'article L. 224-42-2, le consommateur a le droit à la résolution de l'ensemble des contrats y afférents.

Les obligations respectives des parties au contrat, mentionnées à l'article L. 224-25-22 et relatives aux conséquences de la résolution pour les contenus numériques et les services numériques, sont applicables à la résolution du contrat de vente d'un bien comportant des éléments numériques.

Art. L. 217-17 Le remboursement au consommateur des sommes dues par le vendeur au titre de la présente sous-section est effectué dès réception du bien ou de la preuve de son renvoi par le consommateur et au plus tard dans les quatorze jours suivants.

Le vendeur rembourse ces sommes en recourant au même moyen de paiement que celui utilisé par le consommateur lors de la conclusion du contrat, sauf accord exprès de ce dernier et en tout état de cause sans frais supplémentaire.

SOUS-SECTION 3. *Mises à jour*

Art. L. 217-18 Les mises à jour d'un bien comportant des éléments numériques sont régies par la présente sous-section.

Pour l'application de la présente sous-section, on entend par mises à jour, les mises à jour ou les modifications visant à maintenir, adapter ou faire évoluer les fonctionnalités du bien, y compris les mises à jour de sécurité, que ces mises à jour soient nécessaires ou non au maintien de la conformité du bien.

Art. L. 217-19 I. — Le vendeur veille à ce que le consommateur soit informé et reçoive les mises à jour nécessaires au maintien de la conformité des biens :

1° Durant une période à laquelle le consommateur peut légitimement s'attendre, eu égard au type et à la finalité des biens et éléments numériques et compte tenu des circonstances et de la nature du contrat, dans le cas d'une opération de fourniture unique du contenu numérique ou du service numérique ;

2° Durant une période de deux ans à compter du moment où les biens comportant des éléments numériques ont été délivrés, lorsque le contrat de vente prévoit la fourniture continue du contenu numérique ou du service numérique pendant une certaine période ;

3° Durant la période pendant laquelle le contenu numérique ou le service numérique est fourni en vertu du contrat lorsque celui-ci en prévoit la fourniture continue pendant une durée supérieure à deux ans.

II. — Lorsque le consommateur n'installe pas, dans un délai raisonnable, les mises à jour mentionnées au I, le vendeur n'est pas responsable des défauts de conformité résultant uniquement de la non-installation des mises à jour concernées, à condition que :

1° Le vendeur ait informé le consommateur de la disponibilité des mises à jour et des conséquences de leur non-installation par le consommateur ; et

2° La non-installation ou l'installation incorrecte par le consommateur des mises à jour ne soit pas due à des lacunes dans les instructions d'installation fournies au consommateur.

Art. L. 217-20 S'agissant des mises à jour qui ne sont pas nécessaires au maintien de la conformité du bien, le vendeur respecte les conditions suivantes :

1° Le contrat autorise le principe de telles mises à jour et en fournit une raison valable ;

2° Le vendeur informe le consommateur, de manière claire et compréhensible, raisonnablement en avance et sur un support durable, de la mise à jour envisagée en lui précisant la date à laquelle elle intervient ;

3° La mise à jour est effectuée sans coût supplémentaire pour le consommateur ;

4° Le vendeur informe le consommateur que celui-ci est en droit de refuser la mise à jour ou, le cas échéant, de la désinstaller, si la mise à jour a une incidence négative sur son accès au contenu numérique ou au service numérique ou à son utilisation de ceux-ci.

Dans ce dernier cas, la résolution du contrat est de droit et sans frais pour le consommateur, dans un délai maximal de trente jours, à moins que la mise à jour n'ait qu'une incidence mineure pour lui. Le consommateur ne peut toutefois résoudre le contrat si le vendeur lui a proposé de conserver le contenu numérique ou le service numérique sans modification, y compris au moyen d'une désinstallation de la mise à jour, et si ce dernier demeure en conformité dans les conditions prévues à la présente section.

Lorsque le consommateur exerce son droit à la résolution du contrat, les dispositions des articles L. 217-16 et L. 217-17 s'appliquent.

Le présent article n'est pas applicable en cas d'offre groupée au sens de l'article L. 224-42-2.

SECTION 3. *Garantie commerciale*

Art. L. 217-21 La garantie commerciale s'entend de tout engagement contractuel d'un professionnel, qu'il s'agisse du vendeur ou du producteur, y compris par l'intermédiaire de toute autre personne agissant en leur nom ou pour leur compte (ci-après dénommé "garant"), à l'égard du consommateur. Cet engagement a pour objet le remboursement du prix d'achat, le remplacement, la réparation du bien ou toute autre prestation de service en relation avec le bien, ou encore toute exigence éventuelle non liée à la conformité et énoncée dans la garantie commerciale, en sus des obligations légales du vendeur visant à garantir la conformité du bien.

Toute garantie commerciale lie le garant conformément aux conditions qu'elle prévoit ou aux conditions indiquées dans la publicité qui en a été faite antérieurement à la conclusion du contrat si les conditions de cette publicité sont plus favorables, sauf si le garant démontre que la publicité a été rectifiée avant la conclusion du contrat selon des modalités identiques ou comparables à la publicité initiale.

Art. L. 217-22 *(L. n° 2021-1755 du 23 déc. 2021, art. 2, en vigueur le 1er janv. 2022)* La garantie commerciale est fournie au consommateur de manière lisible et compréhensible sur tout support durable, et au plus tard au moment de la délivrance du bien. Elle précise le contenu de la garantie commerciale, les modalités de sa mise en œuvre, son prix, sa durée, son étendue territoriale ainsi que le nom et les coordonnées postales et téléphoniques du garant.

En cas de non-respect de ces dispositions, la garantie commerciale demeure contraignante pour le garant.

En outre, la garantie commerciale indique, de façon claire et précise, qu'elle s'applique sans préjudice du droit pour le consommateur de bénéficier de la garantie légale de conformité, dans les conditions prévues au présent chapitre, et de celle relative aux vices cachés, dans les conditions prévues aux articles 1641 à 1649 du code civil. Un décret fixe les modalités de cette information.

Art. L. 217-23 *(L. n° 2021-1755 du 23 déc. 2021, art. 2, en vigueur le 1er janv. 2022)* Le producteur peut consentir au consommateur une garantie commerciale l'engageant pendant une période donnée, supérieure à deux ans, dénommée "garantie commerciale de durabilité". S'il propose une telle garantie commerciale de durabilité, le producteur est directement tenu, à l'égard du consommateur, de réparer ou de remplacer le bien, pendant la période indiquée dans l'offre de garantie commerciale de durabilité ; il est également tenu de mettre celle-ci en œuvre dans des conditions identiques à la garantie légale.

Le producteur peut offrir au consommateur des conditions plus favorables que celles décrites au premier alinéa.

Les exigences prévues à l'article L. 217-22 sont applicables à la garantie commerciale de durabilité.

Art. L. 217-24 I. — Tout professionnel opérant dans un secteur économique mentionné au III du présent article peut demander à l'autorité administrative chargée de la concurrence et de la consommation de prendre formellement position sur la conformité aux articles L. 217-21 à L. 217-23 de la garantie commerciale qu'il envisage de mettre en place.

Cette prise de position formelle a pour objet de prémunir ce professionnel d'un changement d'appréciation de l'autorité administrative qui serait de nature à l'exposer à la sanction administrative prévue à l'article L. 241-14.

L'autorité administrative prend formellement position sur cette demande dans un délai fixé par décret en Conseil d'État.

Le silence gardé par l'autorité administrative à l'issue de ce délai vaut rejet de cette demande.

II. — La validité de la prise de position mentionnée au I prend fin à compter de la date à laquelle :

1° La situation du professionnel n'est plus identique à celle présentée dans sa demande ;

2° Est entrée en vigueur une modification de dispositions législatives ou réglemenaires de nature à affecter cette validité ;

3° L'autorité administrative notifie au professionnel, après l'avoir préalablement informé, la modification de son appréciation.

III. — Un décret en Conseil d'État précise les secteurs économiques mentionnés au I, dans lesquels se posent des difficultés particulières en matière de garantie commerciale appréciées en fonction de l'importance des manquements et des plaintes qui y sont constatés, de l'importance du surcoût supporté par les consommateurs lié à la garantie commerciale ou de la nature et de la récurrence des difficultés d'interprétation qu'y font naître les règles relatives aux garanties commerciales.

SECTION 4. *Prestations de services après-vente*

Art. L. 217-25 La prestation de service après-vente au sens du présent chapitre s'entend de tout service afférent au bien vendu exécuté par le vendeur ne relevant pas de la garantie légale et n'étant pas prévu par une garantie commerciale. Elle fait l'objet d'un contrat dont un exemplaire est remis au consommateur.

Art. L. 217-26 Lorsqu'il propose des réparations forfaitaires, le vendeur informe le consommateur par écrit ou sur un support durable, au plus tard lors de la conclusion du contrat, le cas échéant, de l'origine de la panne, de la nature de l'intervention envisagée et des pièces à remplacer.

Il informe dans les mêmes conditions le consommateur que ce dernier ne bénéficie pas de la garantie légale de conformité pour les pièces ou fournitures fournies à titre accessoire dans le cadre de la prestation effectuée, à moins que celles-ci constituent l'objet principal du contrat conclu ou qu'elles n'aient été acquises par le consommateur dans le cadre d'un contrat de vente distinct.

Art. L. 217-27 Les dispositions de la présente section sont également applicables au producteur et aux professionnels, autres que le vendeur, lorsqu'ils proposent des prestations de services après-vente.

SECTION 5. *Dispositions diverses*

Art. L. 217-28 Lorsque le consommateur demande au garant, pendant le cours de la garantie légale ou de la garantie commerciale qui lui a été consentie lors de l'acquisition ou de la réparation d'un bien, une remise en état couverte par cette garantie, toute période d'immobilisation suspend la garantie qui restait à courir jusqu'à la délivrance du bien remis en état.

Cette période court à compter de la demande d'intervention du consommateur ou de la mise à disposition pour réparation ou remplacement du bien en cause, si ce point de départ s'avère plus favorable au consommateur.

Le délai de garantie est également suspendu lorsque le consommateur et le garant entrent en négociation en vue d'un règlement à l'amiable.

Art. L. 217-29 En cas de transfert de propriété du bien entre consommateurs à titre onéreux ou à titre gratuit, le sous-acquéreur bénéficie des droits acquis par l'acquéreur initial, relatifs à la garantie légale de conformité vis-à-vis du vendeur professionnel et le cas échéant à la garantie commerciale vis-à-vis du garant, conformément aux dispositions du présent chapitre.

Art. L. 217-30 Les dispositions du présent chapitre ne privent pas le consommateur du droit d'exercer l'action résultant de la garantie des vices cachés telle qu'elle résulte des articles 1641 à 1649 du code civil ou toute autre action de nature contractuelle ou extracontractuelle qui lui est reconnue par la loi.

Lorsqu'une restriction découlant de la violation des droits de tout tiers, en particulier des droits de propriété intellectuelle, empêche ou limite l'utilisation du bien conformément aux dispositions des articles L. 217-4 et L. 217-5, la nullité du contrat ou toute autre action de nature contractuelle ou extracontractuelle peuvent être encourues par application des dispositions du code civil.

Art. L. 217-31 Une action récursoire peut être exercée par le vendeur à l'encontre de toute personne en amont dans la chaîne de transactions commerciales, y compris le producteur, conformément aux dispositions du code civil.

Art. L. 217-32 Les dispositions du présent chapitre sont également applicables aux contrats conclus entre un vendeur professionnel et un acheteur non-professionnel.

CHAPITRE V DES OBLIGATIONS DE L'ACHETEUR

Art. 1650 **La principale obligation de l'acheteur est de payer le prix au jour et au lieu réglés par la vente.**

1. Exception d'inexécution de l'acheteur : délivrance. Sauf convention particulière, l'obligation pour l'acheteur de payer le prix de la vente résulte de l'exécution complète par le vendeur de son obligation de délivrance. • Civ. 1re, 19 nov. 1996 : *JCP 1997. II. 22862, note J. Huet ; CCC 1997, n° 45, note Leveneur.* ♦ V. aussi note ss. art. 1614 (délivrance des fruits dus à l'acheteur).

2. … Garantie. La matérialité des livraisons d'aliments pour le bétail étant établie, et l'acheteur ayant utilisé et conservé la marchandise, il lui incombe d'en payer le prix, sauf à lui à prouver qu'elle était atteinte de vices qui la rendaient impropre à l'usage auquel elle était destinée. • Com. 25 oct. 1961 : *Bull. civ. III, n° 380 ; D. 1962. 290, note Bigot* (cassation pour renversement de la charge de la preuve et violation de l'art. 1315 anc., al. 2). ♦ Pour la suspension du prix en cas de risque d'éviction, V. ss. art. 1653.

3. Exception d'inexécution du vendeur. L'action en garantie des vices cachés de la chose vendue ne peut être rejetée au motif que le vendeur n'ayant pas été payé en totalité du montant du prix serait en droit de faire jouer l'exception d'inexécution dont il avait menacé son débiteur. • Com. 28 mai 1991, n° 89-14.716 P : *D. 1992. Somm. 202, obs. Tournafond.* ♦ Sur l'exception *non adimpleti contractus* en général, V. note 1 ss. anc. art. 1131.

4. Commandement surévalué. Le commandement visant la clause résolutoire figurant dans une vente à terme pour une somme supérieure au montant réel de la créance n'en est pas moins valable pour la partie non contestable de la dette. • Civ. 1re, 13 nov. 1997, n° 94-18.080 P : *JCP N 1998. 231.* ♦ Même sens : • Civ. 1re, 2 juill. 1996, n° 94-17.530 P • 4 mai 1999, n° 97-14.803 P • 18 mars 2003, n° 00-17.761 P. ♦ V. aussi notes 36 ss. art. 1728.

Art. 1651 **S'il n'a rien été réglé à cet égard lors de la vente, l'acheteur doit payer au lieu et dans le temps où doit se faire la délivrance.**

1. Lorsque la vente d'un terrain a été consentie moyennant l'obligation pour l'acheteur d'édifier une construction et de la livrer au vendeur, sans qu'une date soit fixée pour l'exécution de cette obligation, la convention n'est pas affectée d'une condition purement potestative, mais d'un terme à échéance incertaine pouvant être fixé judiciairement. • Civ. 3e, 4 déc. 1985, n° 84-14.353 P.

2. Ni le transfert de la propriété de la chose vendue, ni sa délivrance à l'acheteur ne forment, au profit de celui-ci, présomption légale de libération du prix. • Civ. 15 juill. 1942 : *DC 1943. 104, note A. C.*

3. Paiement par chèque : V. notes ss. art. 1238.

Art. 1652 **L'acheteur doit l'intérêt du prix de la vente jusqu'au payement du capital, dans les trois cas suivants :**

S'il a été ainsi convenu lors de la vente ;

Si la chose vendue et livrée produit des fruits ou autres revenus ;

Si l'acheteur a été sommé de payer.

Dans ce dernier cas, l'intérêt ne court que depuis la sommation.

1. Caractère supplétif. L'art. 1652 n'est pas d'ordre public et le vendeur peut renoncer à son application ; mais si cette renonciation peut être tacite, elle doit néanmoins se déduire d'une manière certaine des faits de la cause. • Aix-en-Provence, 26 oct. 1970 : *D. 1971. 370.*

2. Fondement du texte. L'art. 1652 n'a pas pour objet de sanctionner une faute de l'acquéreur ayant provoqué un retard de paiement du prix de vente, mais procède d'une considération d'équité selon laquelle l'acquéreur ne peut à la fois conserver les fruits ou revenus de la chose en possession de laquelle il a été mis et les intérêts du prix de vente ; la seule constatation que la chose est frugifère (propriété horticole) suffit donc à justifier la demande d'intérêts du vendeur. • Aix-en-Provence, 26 oct. 1970 : *préc. note 1.*

3. L'intérêt du prix représentant l'équivalent de la jouissance du bien, les intérêts légaux du prix de vente d'un immeuble sont dus pour la période séparant la prise de possession de la signature de l'acte notarié. • Civ. 3e, 30 juin 1992, n° 90-20.009 P.

4. Notion de chose frugifère. Un immeuble susceptible d'être loué est une chose frugifère de sa nature, et l'acquéreur doit payer les intérêts du prix de vente à compter de sa prise de possession, bien que la convention ait prévu un paiement du prix à terme sans stipulation expresse d'intérêts. • Req. 19 juin 1928 : *DP 1928. 1. 144.* ♦ Un immeuble abritant une maison de retraite est frugifère, le prix de journée versé par les pensionnaires comprenant une composante logement, attachée à l'immeuble, et distincte des services dispensés par l'exploitant. • Civ 3e, 29 avr.

2009, n° 08-14.607 P. ♦ Nature de choses frugifères d'actions de société : V. • Com. 5 oct. 1999 : *préc. note ss. art. 586* • 28 nov. 2006 : *eod. loc.* ♦ ... De parts sociales : V. • Com. 5 déc. 2000 : *JCP 2001. I. 326, n° 3, obs. Viandier et Caussain ; CCC 2001, n° 57, note Leveneur.*

5. *Livraison partielle.* Le paiement des intérêts par l'acheteur étant la contrepartie de la jouissance de la chose qui lui a été livrée, il s'ensuit que, si la livraison n'a été que partielle, l'acheteur ne doit les intérêts qu'au prorata de la portion de la chose dont il a joui (application en matière d'apports de biens immobiliers à une société). • Civ. 26 nov. 1924 : *DP 1926. 1. 103.*

6. *Clauses particulières.* Pour la référence aux taux d'intérêt légal lorsque la vente prévoit des intérêts conventionnels à compter du terme accordé pour le paiement du solde du prix sans préciser un taux, V. note 6 *in fine* ss. art. 1907.

Art. 1653 **Si l'acheteur est troublé ou a juste sujet de craindre d'être troublé par une action, soit hypothécaire, soit en revendication, il peut suspendre le payement du prix jusqu'à ce que le vendeur ait fait cesser le trouble, si mieux n'aime celui-ci donner caution, ou à moins qu'il n'ait été stipulé que, nonobstant le trouble, l'acheteur payera.**

BIBL. ► PINNA, *RTD civ. 2003. 31* (l'exception pour risque d'inexécution).

1. *Domaine : prix échelonné.* La disposition de l'art. 1653, qui a pour fondement l'obligation de garantie incombant au vendeur, est conçue en termes généraux et doit recevoir application, non seulement au cas de vente dont le prix est payable en une seule fois, mais aussi lorsque le prix est payable au moyen de versements successifs ; la menace de trouble et d'éviction est, en effet, la même dans l'un comme dans l'autre cas. • Civ. 5 mai 1919 : *DP 1923. 1. 230.*

2. *Risque d'éviction : caractère énonciatif de l'art. 1653.* L'art. 1653, dont les termes ont un caractère purement énonciatif, est applicable toutes les fois que le paiement du prix est réclamé à un acheteur contre lequel est dirigée une action qui peut avoir pour résultat de l'évincer. • Req. 29 nov. 1939 : *DH 1940. 52* • Civ. 3e, 26 mai 1992, n° 90-15.883 P : *Defrénois 1992. 1546, obs. Vermelle ; RTD civ. 1993. 376, obs. Gautier* (exercice d'une action en rescision pour lésion) • 18 janv. 1983, n° 81-11.197 P (rétention justifiée du prix par l'adjudicataire du bien ayant fait l'objet d'une vente forcée, à la suite d'un recours formé contre le jugement ayant refusé la conversion de la saisie en vente volontaire).

3. *... Radiation des inscriptions (oui).* Rétention du prix jusqu'à radiation des inscriptions d'hypothèques ou privilèges grevant l'immeuble vendu : V. • Civ. 3e, 7 nov. 1978 : *D. 1979. 88 ; RTD civ. 1979. 394, obs. Cornu.* ♦ Comp. : le vendeur a, sauf convention contraire, l'obligation, lors de la délivrance, d'effectuer la radiation des inscriptions des privilèges ou hypothèques ayant grevé l'immeuble antérieurement à la vente. • Civ. 1re, 23 oct. 1963 : *Bull. civ. I, n° 452 ; D. 1964. 33, note Voirin.*

4. *... Sous-locations (non).* Lorsque, après l'adjudication d'un immeuble destiné à la démolition, se sont révélées des sous-locations dont les bénéficiaires ont demandé le renouvellement, ces actions ne constituent pas pour l'acquéreur un danger d'éviction lui permettant de retenir le prix, le droit de rétention prévu par l'art. 1653 ne pouvant être étendu à une hypothèse que la loi n'a pas prévue. • Civ. 3e, 30 janv. 1970, n° 67-13-707 P.

5. *Perte du bénéfice du texte : risque conscient assumé par l'acheteur.* L'acquéreur d'un immeuble qui, n'ignorant pas la situation particulièrement obérée du vendeur, a, en connaissance de cause, pris l'engagement de s'acquitter d'une partie du prix entre les mains des créanciers du vendeur, ne peut invoquer l'art. 1653 pour justifier la suspension de ses paiements, dès lors qu'il était informé de la menace d'éviction au moment de la signature de la vente. • Civ. 1re, 27 janv. 1960, n° 57-10.536 P.

6. *... Acheteur empêchant le vendeur d'exercer l'option.* Ne peut plus invoquer les dispositions de l'art. 1653 l'acquéreur qui n'a pas mis le vendeur en mesure d'exercer la faculté que lui reconnaît le texte de faire cesser le trouble ou de fournir caution, mais a fait au contraire des offres réelles de paiement après commandement. • Civ. 3e, 26 mai 1992 : *préc. note 2.*

7. *Caution donnée par le vendeur.* On ne saurait admettre que la nomination d'un séquestre, pour encaisser les sommes exigibles sur le montant du prix de vente, donne à l'acquéreur une garantie équivalente à la caution prévue par l'art. 1653. • Req. 29 nov. 1939 : *DH 1940. 52.*

Art. 1654 **Si l'acheteur ne paye pas le prix, le vendeur peut demander la résolution** ***de la vente.***

BIBL. ► DAGOT, *JCP N 1986. I. 361* (renonciation anticipée à l'action résolutoire de la vente d'immeuble).

1. *Résolution et vente d'immeubles.* Exercice de l'action résolutoire par le vendeur en matière immobilière : V. notes ss. art. 2379 et ss. art. 28 et 30 du Décr. du 4 janv. 1955. ♦ Absence d'application de l'art. 30 du Décr. du 4 janv. 1955 pour trancher un litige portant, entre les parties à un acte de vente d'immeuble, sur la mise en jeu de la clause résolutoire. • Civ. 3e, 28 mai 1997, n° 95-17.564 P : *RJDA 1997. 1091.*

2. ***... Et vente sur adjudication.*** Les ayants droit du débiteur saisi peuvent agir en résolution de la vente constatée par l'adjudication, notamment en cas de défaut de paiement du prix par l'adjudicataire. • Civ. 2e, 11 juill. 2013, n° 12-13.737 P : *D. 2013. 1908*. ♦ ... Et nonobstant la possibilité de mettre en œuvre une procédure de folle enchère, une demande principale en résolution peut être formée contre l'adjudicataire qui ne justifie pas de l'accomplissement des conditions du cahier des charges. • Même arrêt. ♦ Les dispositions de l'art. L. 322-12 C. pr. exéc., selon lesquelles à défaut de versement du prix ou de sa consignation et de paiement des frais, la vente est résolue de plein droit, étant d'ordre public, impliquent que si elle peut être demandée à titre principal en cas de défaut de paiement du prix, la résolution de la vente ne peut l'être que sur le fondement des dispositions spéciales du C. pr. exéc., qui dérogent à celles du droit commun de la vente. • Civ. 2e, 3 févr. 2022, n° 20-19.522 B : *D. 2022. Chron. C. cass. 864, obs. Bohnert et Jollec ; ibid. 1331, obs. Leborgne ; AJDI 2022. 633, obs. Cohet ; RDC 2022/2. 88, note Cayrol.*

3. ***Régime de l'action.*** Conditions et effets de la résolution : V. plus généralement notes ss. art. 1184 anc. ♦ L'action en résolution d'une vente est indivisible entre les vendeurs ; si ce principe cesse de recevoir application en ce qui concerne l'héritier acquéreur (vente par les parents, dont l'un est décédé, d'un fonds de commerce à l'un de leurs enfants), il demeure applicable aux autres ayants droit. • Civ. 1re, 24 mai 1966 : *JCP 1966. II. 14825, note Patarin* (irrecevabilité de l'action qui n'est pas intentée par tous les vendeurs).

4. Lorsque le prix de vente d'un immeuble a été converti en rente viagère, la rente n'est qu'une modalité de paiement du prix ; en s'abstenant de payer un terme de cette rente à son échéance, l'acheteur est défaillant dans son obligation de payer le prix au moment où il est exigible, ce qui justifie l'application de la clause résolutoire pour défaut de paiement du prix. • Cass., ass. plén., 4 avr. 2008, n° 07-14.523 P : *R., p. 281 ; BICC 1er juin 2008, rapp. Bignon, avis Cuinat ; D. 2008. AJ 1143, obs. Gallmeister ; JCP 2008. I. 179, n° 13, obs. Wintgen ; LPA 28 mai 2008, note Leblond ; Defrénois 2008. 1829, note Dagorne-Labbe ; RLDC 2008/50, n° 3013, obs. Le Gallou ; RDC 2009. 151, obs. Pimont ; RTD com. 2008. 841, obs. Bouloc* (rejet du moyen reprochant l'absence de mise en œuvre de la clause de non-paiement de la rente).

5. ***Pouvoirs du juge.*** Tant que la résolution n'est pas prononcée et même après l'introduction d'une demande en justice et jusqu'en cause d'appel, l'acheteur peut payer le prix pour essayer d'empêcher la résolution de la vente ; mais si la résolution judiciaire, au rebours de la résolution conventionnelle, acquise de plein droit par l'écoulement d'un délai, ne s'impose pas au juge, qui garde un pouvoir souverain d'appréciation, celui-ci doit prononcer la résolution qui lui est demandée et ne pas accueillir des offres tardives de payement quand il résulte des circonstances de la cause que les parties ont voulu, en contractant, que l'exécution ait lieu à une époque qui depuis longtemps est écoulée. • Paris, 6 juill. 1954 : *D. 1954. 596.*

6. Saisi par le vendeur d'une action en résolution pour non-paiement du prix, le juge modifie l'objet du litige en condamnant l'acquéreur à payer le solde du prix. • Civ. 3e, 29 oct. 2003, n° 02-15.668 P.

Art. 1655 **La résolution de la vente d'immeubles est prononcée** *(L. n° 2009-526 du 12 mai 2009, art. 10)* **« aussitôt », si le vendeur est en danger de perdre la chose et le prix.**

Si ce danger n'existe pas, le juge peut accorder à l'acquéreur un délai plus ou moins long suivant les circonstances.

Ce délai passé sans que l'acquéreur ait payé, la résolution de la vente sera prononcée.

BIBL. ▶ PARAISO, *RTD civ. 2011. 67*.

Il appartient aux juges du fond, saisis de l'action en résolution, d'apprécier souverainement, suivant les circonstances de l'espèce, s'ils doivent prononcer la résolution immédiate, ou user de la faculté d'accorder un délai aux acquéreurs. • Civ. 3e, 20 févr. 1973, n° 72-10.629 P.

Art. 1656 **S'il a été stipulé lors de la vente d'immeubles, que, faute du payement du prix dans le terme convenu, la vente serait résolue de plein droit, l'acquéreur peut néanmoins payer après l'expiration du délai, tant qu'il n'a pas été mis en demeure par une sommation ; mais, après cette sommation, le juge ne peut pas lui accorder de délai.**

1. ***Caractère supplétif.*** L'art. 1656 n'est pas d'ordre public et les parties peuvent déroger à l'obligation de la mise en demeure. • Civ. 1re, 27 janv. 1960, n° 57-10.536 P.

2. ***Notion de sommation.*** Si l'assignation introductive d'instance, régulièrement signifiée, peut équivaloir à un commandement de payer, c'est à la condition de tendre aux mêmes fins ; en déclarant qu'une assignation ayant pour objet unique la constatation d'une résolution, prétendument intervenue auparavant, équivaut à une sommation de payer, les juges du fond violent les art. 1184 anc. et 1656 C. civ. • Civ. 15 déc. 1948 : *D. 1949. 105, note Lenoan.*

3. Opposabilité de la clause résolutoire expresse publiée : V. note 9 ss. art. 2379.

Art. 1657 **En matière de vente de denrées et effets mobiliers, la résolution de la vente aura lieu de plein droit et sans sommation, au profit du vendeur, après l'expiration du terme convenu pour le retirement.**

1. Renonciation du vendeur à l'art. 1657. La renonciation par le vendeur au droit d'invoquer le bénéfice de l'art. 1657 doit être formelle ; les juges du fond possèdent à cet égard un pouvoir d'appréciation qui échappe au contrôle de la Cour de cassation. • Com. 21 avr. 1950 : *Bull. civ. II, n° 133.*

2. Domaine. L'art. 1657 est applicable aux ventes de coupes de bois. • Com. 9 mars 1949 : *JCP 1949. II. 5075, note Becqué ; RTD civ. 1949. 536, obs. Carbonnier* • Reims, 8 oct. 1979 : *D. 1981. IR 40.*

3. Mise à disposition préalable. L'obligation pour l'acheteur de retirer les objets vendus implique que le vendeur a préalablement rempli l'obligation qui lui est imposée à lui-même par les art. 1603 s. de délivrer les objets vendus au lieu convenu et dans les conditions prévues au contrat ; à défaut par le vendeur d'avoir satisfait à cette obligation, l'art. 1657 n'est pas applicable. • Civ. 13 avr. 1929 : *DH 1929. 265.* – Dans le même sens : • Civ. 1re, 24 oct. 2000, n° 98-17.663 P : *D. 2002. Somm. 997, obs. Pignarre ; CCC 2001, n° 5, note Leveneur* (vente de vin). ♦ Ne peut être considérée comme délivrée dans les conditions prévues au contrat la chose vendue atteinte d'un défaut couvert par la garantie des vices cachés, dont la révélation autorise l'acheteur à refuser la délivrance. • Civ. 1re, 25 mai 1992, n° 89-21.542 P : *RTD civ. 1993. 376, obs. Gautier*.

4. Terme indéterminé : usages commerciaux. En l'absence de terme convenu, les usages généraux du commerce imposent qu'une marchandise soit retirée dans un laps de temps tel qu'un vieillissement excessif de celle-ci ne puisse empêcher sa commercialisation. • Amiens, 26 févr. 1974 : *Gaz. Pal. 1974. 1. 360.*

V. CPI, art. L. 123-7, concernant le droit de suite des auteurs d'œuvres graphiques et plastiques, ss. art. 767.

CHAPITRE VI DE LA NULLITÉ ET DE LA RÉSOLUTION DE LA VENTE

Art. 1658 **Indépendamment des causes de nullité ou de résolution déjà expliquées dans ce titre, et de celles qui sont communes à toutes les conventions, le contrat de vente peut être résolu par l'exercice de la faculté de rachat et par la vileté du prix.**

BIBL. ▶ PERRUCHOT-TRIBOULET, *RLDC 2004/7, n° 307.* – ROUVIÈRE, *RTD civ. 2009. 617* (évaluation des restitutions après annulation de la vente).

Pour une application du texte : • Civ. 3e, 29 avr. 1998, n° 96-18.449 P : *D. 2000. 504, note Cauchy-Psaume (1re esp.) ; D. 1999. Somm. 14, obs. Paisant*.

SECTION 1 De la faculté de rachat

BIBL. GÉN. ▶ BIARDEAUD, *D. 2022. 360* (vente à réméré et usure : un palliatif inadapté). – LASSERRE CAPDEVILLE, *AJ contrat 2020. 376* (la vente à réméré et le risque lié au monopole bancaire). – MÉDUS, *BJS 1996. 459* (réméré sur droits sociaux et restructurations d'entreprises). – MIGNOT, *Defrénois 2014. 1079* (la vente à réméré utilisée à des fins de sûreté).

Art. 1659 **La faculté de rachat** *(Abrogé par L. n° 2009-526 du 12 mai 2009, art. 10)* *« ou de réméré »* **est un pacte par lequel le vendeur se réserve de reprendre la chose vendue, moyennant la restitution du prix principal et le remboursement dont il est parlé à l'article 1673.**

1. Aménagements contractuels. Aucune disposition légale n'interdit aux parties de déroger au principe de reprise du bien vendu en nature, ni de convenir d'un prix de reprise majoré. • Civ. 3e, 13 nov. 1970, n° 68-13.109 P.

2. Nature juridique. L'exercice de la faculté de rachat (« du droit de réméré ») constitue l'accomplissement d'une condition résolutoire replaçant les parties dans le même état où elles se trouvaient avant la vente, sans opérer une nouvelle mutation ; en conséquence la demande en résolution présentée en cause d'appel sur le fondement de l'art. 1184 anc. C. civ. tend aux mêmes fins que la demande originaire relative à l'exercice de la faculté de rachat, bien qu'elle ait un fondement juridique différent et, dès lors, elle ne constitue pas une demande nouvelle. • Civ. 3e, 31 janv. 1984, n° 82-13.549 P.

3. Distinction avec le droit de préférence. L'acte de vente d'un terrain conclu entre une commune et une société, stipulant que cette dernière s'engage à y édifier des bâtiments d'habitation dans un certain délai, à défaut de quoi elle serait tenue, dans le délai d'une année, de rétrocéder ce terrain à une personne physique ou morale susceptible de terminer les constructions projetées, n'institue pas de faculté de rachat, la commune ayant vendu le terrain ne pouvant exercer son droit de préférence qu'à l'occasion de l'exécution, par la société, de cette obligation de rétrocession, ce dont il résulte la nécessité d'une seconde vente. • Civ. 3e, 1er déc. 2010, n° 09-16.126 P.

4. Distinction avec le pacte commissoire. Refus, compte tenu des autres éléments, de requalifier une vente avec faculté de rachat (« à réméré ») en pacte commissoire prohibé sur la seule constatation de la concomitance entre un acte de prêt et un acte de vente. • Civ. 3e, 21 mai 2014, n° 12-23.607 P : *D. 2014. 1201 ; RTD civ. 2014. 668, obs. Gautier ; JCP 2014, n° 942, obs. Dournaux.*

5. Conditions d'exercice. Absence d'obligation pour le vendeur avec faculté de rachat de restituer le prix principal dès lors que ce prix, stipulé payable à terme, n'a pas encore été versé. • Civ. 3e, 25 oct. 2006 : *JCP N 2007. 1157, n° 15, obs. S. Piedelièvre ; CCC 2007, n° 42, note Leveneur.*

6. Droits d'enregistrement. La nature juridique de la vente avec faculté de rachat et les effets qu'elle emporte n'excluent pas l'utilisation par l'administration fiscale, lors d'un redressement, de la méthode de comparaison avec les ventes pures et simples. • Com. 20 nov. 2007, n° 06-13.055 P : *D. 2008. AJ 17 ; JCP N 2008. 1061, note Maublanc ; RLDC 2008/45, n° 2807, obs. Doireau.*

Art. 1660 La faculté de rachat ne peut être stipulée pour un terme excédant cinq années.

Si elle a été stipulée pour un terme plus long, elle est réduite à ce terme.

Art. 1661 Le terme fixé est de rigueur, et ne peut être prolongé par le juge.

Art. 1662 Faute par le vendeur d'avoir exercé son action *(L. n° 2009-526 du 12 mai 2009, art. 10)* « en rachat » dans le terme prescrit, l'acquéreur demeure propriétaire irrévocable.

1. Conditions d'exercice. Tant que le vendeur, qui a notifié son intention d'exercer son action de rachat, n'a pas satisfait aux obligations que lui imposent les art. 1659 et 1673, la vente n'est point résolue et la propriété continue à résider sur la tête de l'acquéreur. • Req. 19 oct. 1904 : *DP 1907. 1. 426.* – Même sens : • Civ. 3e, 20 déc. 2006, n° 06-13.078 P.

2. Renonciation tacite au rachat. L'inaction persistante du vendeur, d'ailleurs notoirement dépourvu des ressources nécessaires pour opérer le remboursement indispensable, peut constituer une renonciation tacite à la faculté de rachat. • Req. 19 oct. 1904 : *préc. note 1.*

3. Irrévocabilité de l'exercice de l'option. Celui qui a stipulé à son profit la faculté de reprendre la chose qu'il a vendue, et qui, aux conditions et dans le délai convenus, a déclaré vouloir exercer son droit, ne peut revenir sur sa déclaration lorsqu'elle a été acceptée par l'autre partie ; dans ce cas, l'acquéreur, créancier du prix et des accessoires à raison de l'engagement qu'a pris le vendeur originaire de les rembourser, a contre celui-ci l'action en payement avec toutes les suites qu'elle comporte. • Civ. 23 avr. 1909 : *DP 1911. 1. 438.*

Art. 1663 Le délai court contre toutes personnes, même contre le mineur, sauf, s'il y a lieu, le recours contre qui de droit.

Art. 1664 Le vendeur à pacte de rachat peut exercer son action contre un second acquéreur, quand même la faculté de *(L. n° 2009-526 du 12 mai 2009, art. 10)* « rachat » n'aurait pas été déclarée dans le second contrat.

Art. 1665 L'acquéreur à pacte de rachat exerce tous les droits de son vendeur ; il peut prescrire tant contre le véritable maître que contre ceux qui prétendraient des droits ou hypothèques sur la chose vendue.

Art. 1666 Il peut opposer le bénéfice de la discussion aux créanciers de son vendeur.

Art. 1667 Si l'acquéreur à pacte de *(L. n° 2009-526 du 12 mai 2009, art. 10)* « rachat » d'une partie indivise d'un héritage, s'est rendu adjudicataire de la totalité sur une licitation provoquée contre lui, il peut obliger le vendeur à retirer le tout lorsque celui-ci veut user du pacte.

Art. 1668 Si plusieurs ont vendu conjointement, et par un seul contrat, un héritage commun entre eux, chacun ne peut exercer l'action en *(L. n° 2009-526 du 12 mai 2009, art. 10)* « rachat » que pour la part qu'il y avait.

Art. 1669 Il en est de même, si celui qui a vendu seul un héritage a laissé plusieurs héritiers.

Chacun de ces cohéritiers ne peut user de la faculté de rachat que pour la part qu'il prend dans la succession.

Art. 1670 Mais, dans le cas des deux articles précédents, l'acquéreur peut exiger que tous les covendeurs ou tous les cohéritiers soient mis en cause, afin de se concilier entre eux pour la reprise de l'héritage entier ; et, s'ils ne se concilient pas, il sera renvoyé de la demande.

Art. 1671 Si la vente d'un héritage appartenant à plusieurs n'a pas été faite conjointement et de tout l'héritage ensemble, et que chacun n'ait vendu que la part qu'il y avait, ils peuvent exercer séparément l'action en *(L. n° 2009-526 du 12 mai 2009, art. 10)* « rachat » sur la portion qui leur appartenait ;

Et l'acquéreur ne peut forcer celui qui l'exercera de cette manière, à retirer le tout.

Art. 1672 Si l'acquéreur a laissé plusieurs héritiers, l'action en *(L. n° 2009-526 du 12 mai 2009, art. 10)* « rachat » ne peut être exercée contre chacun d'eux que pour sa part, dans le cas où elle est encore indivise, et dans celui où la chose vendue a été partagée entre eux.

Mais s'il y a eu partage de *(L. n° 2009-526 du 12 mai 2009, art. 10)* « la succession » et que la chose vendue soit échue au lot de l'un des héritiers, l'action en *(L. n° 2009-526 du 12 mai 2009, art. 10)* « rachat » peut être intentée contre lui pour le tout.

Art. 1673 Le vendeur qui use du pacte de rachat, doit rembourser non seulement le prix principal, mais encore les frais et loyaux coûts de la vente, les réparations nécessaires, et celles qui ont augmenté la valeur du fonds, jusqu'à concurrence de cette augmentation. Il ne peut entrer en possession qu'après avoir satisfait à toutes ces obligations.

(Ord. n° 59-71 du 7 janv. 1959) « Lorsque le vendeur rentre dans son héritage par l'effet du pacte de rachat, il le reprend, exempt de toutes les charges et hypothèques dont l'acquéreur l'aurait grevé, à la condition que ce pacte ait été régulièrement publié *(Ord. n° 2010-638 du 10 juin 2010, art. 11, en vigueur le 1er janv. 2013)* « au fichier immobilier », antérieurement à la publication desdites charges et hypothèques. Il est tenu d'exécuter les baux faits sans fraude par l'acquéreur. »

A défaut d'accord des parties, le vendeur qui use du pacte de rachat ne peut entrer en possession de l'immeuble qu'après avoir réglé le prix et les frais définitivement fixés judiciairement ; cassation de l'arrêt qui condamne le vendeur ayant usé de la faculté de rachat à verser la totalité des loyers payés par le locataire du bien objet du réméré jusqu'à complet paiement du prix définitif, la cour d'appel ayant retenu que le transfert de propriété n'intervient qu'à la date où le prix, définitivement arrêté par une décision ayant autorité de chose jugée, aura été versé effectivement et dans son intégralité, alors qu'elle avait constaté que le vendeur avait versé une somme, au titre du remboursement du prix et des frais, d'un montant supérieur à celui retenu par l'arrêt. • Civ. 3e, 8 nov. 2018, n° 14-25.005 P.

SECTION 2 De la rescision de la vente pour cause de lésion

Art. 1674 Si le vendeur a été lésé de plus de sept douzièmes dans le prix d'un immeuble, il a le droit de demander la rescision de la vente, quand même il aurait expressément renoncé dans le contrat à la faculté de demander cette rescision, et qu'il aurait déclaré donner la plus-value.

BIBL. ▸ GOBIN, *JCP N 1976. I. 2759* (date d'évaluation de la lésion). – LE GRIEL, *D. 1967. Chron. 57*. – MÉAU-LAUTOUR, *JCP N 1990. I. 301* (vileté du prix). – PHILIPPE, *Defrénois 1984. 833, spéc. nos 12 s.* (action exercée contre l'acquéreur marchand de biens). – TAURAN, *RRJ 1998/3. 899* (vente à bas prix).

▸ **Lésion et contrats aléatoires :** DEPREZ, *RTD civ. 1955. 1* – GRUA, *ibid. 1983. 263, spéc. nos 38 s.* (distinction des contrats aléatoires et des contrats commutatifs). – MÉAU-LAUTOUR, *JCP N 1990. I. 301*. – VIATTE, *Gaz. Pal. 1975. 1. Doctr. 297* (ventes d'immeubles à charge de rente viagère).

A. NATURE DE L'ACTION EN RESCISION POUR LÉSION

1. Vice du consentement (non). L'art. 1674 ne subordonne l'action en rescision à aucune autre condition que celle de la lésion matérielle et pécuniaire dont il fixe l'importance par rapport à la valeur de l'immeuble vendu, sans exiger la preuve d'une contrainte morale qu'aurait subie, ni d'un dol dont aurait souffert le vendeur. • Req. 21 mars 1933 : *DH 1933. 235.* – Déjà en ce sens : • Req. 28 déc. 1932 : *GAJC, 11e éd., no 247 ; DP 1933. 1. 87, rapp. Dumas.*

2. Différence avec la vileté du prix. V. ss. art. 1591, notes 3 ss. art. 1676 et 1 ss. art. 1677.

3. Conséquences sur le transfert de propriété. L'action en rescision pour lésion ne remet pas en cause, par elle-même, le droit de propriété de l'acquéreur. • Civ. 3e, 14 déc. 2011, no 10-25.408 P : *D. 2012. 149 ; JCP N 2012, no 1120, obs. Piedelièvre ; ibid. no 1286, note Guyader ; RDC 2012. 387, obs. Laithier ; RLDC 2012/ 90, no 4540, obs. Pouliquen.*

B. DOMAINE

4. Vente d'immeubles (non). La nature mobilière des parts d'une société civile immobilière rend irrecevable l'action en rescision pour cause de lésion de plus des sept douzièmes engagée par le cédant à l'encontre du cessionnaire. • Civ. 3e, 9 avr. 1970, no 68-13.956 P : *D. 1970. 726 ; JCP 1971. II. 16925, note Petot-Fontaine.* ♦ Le retrait d'associé d'une société civile n'est pas susceptible de rescision pour lésion. • Civ. 3e, 15 janv. 1997, no 94-22.154 P : *D. 1997. 216, note Malaurie ; JCP 1997. II. 22842, note Couret ; BJS 1997. 328, note Daigre ; Defrénois 1998. 70, obs. Chappert.*

5. Ventes aléatoires : principe. Le caractère aléatoire des conditions d'une vente immobilière s'oppose à ce qu'un tel contrat puisse faire l'objet d'une action en rescision pour lésion de plus des sept douzièmes (bail à nourriture). • Req. 6 mai 1946 : *D. 1946. 287 ; RTD civ. 1946. 324, obs. Carbonnier.* ♦ Il en est ainsi notamment de celles qui sont consenties avec réserve d'usufruit au profit du vendeur. • Civ. 1re, 14 déc. 1959 : *D. 1960. 244.* ♦ ... Ou avec réserve d'un droit *d'usage et d'habitation. • Civ. 1re, 19 juill. 1983,* no 82-13.162 P • Civ. 3e, 4 juill. 2007, no 06-13.275 P : *D. 2007. AJ 2102 ; JCP N 2007. 1302, no 17, obs. S. Piedelièvre ; Defrénois 2007. 1535, note Dagorne-Labbe ; ibid. 1737, obs. Savaux ; CCC 2007, no 293, note Leveneur ; Dr. et patr. 3/2008. 92, obs. Mallet-Bricout* (obligations d'entretien et de soins au profit de la personne titulaire du droit d'usage et d'habitation).

6. Limites. Mais, pour se trouver à l'abri de l'action en rescision, il ne suffit pas qu'une vente contienne un élément aléatoire ; dans cette hypothèse, la rescision reste possible lorsque les circonstances donnent au juge le moyen de déterminer la valeur des obligations soumises à l'aléa. • Req. 22 nov. 1937 : *DP 1939. 1. 81 (1re esp.), note R. Savatier* • Civ. 28 févr. 1951 : *D. 1951. 309.*

Les juges du fond apprécient souverainement que la réserve d'un droit d'usage et d'habitation est de trop minime importance pour conférer à la vente un caractère aléatoire. • Civ. 3e, 25 janv. 1978, no 76-15.199 P. ♦ Même solution en cas de réserve d'usufruit : • Civ. 3e, 3 oct. 1991 : *D. 1992. 218, note de La Marnierre ; D. 1992. Somm. 197, obs. Paisant.* ♦ ... Ou en cas de vente avec rente viagère dans laquelle l'acheteur ne court aucun risque. • Civ. 3e, 10 juin 1998, no 94-11.778 P. ♦ ... Ou, au contraire, que la stipulation de prix n'était d'aucune importance pour les parties, l'obligation viagère étant la cause déterminante du contrat. • Civ. 3e, 26 mai 1992, no 90-17.514 P : *Defrénois 1992. 1544, obs. Vermelle.*

7. ... Office du juge. Sur l'appréciation souveraine de l'influence de l'aléa, V. note 6. ♦ Les juges du fond n'ont ni le devoir, ni même la possibilité matérielle de rechercher, dans une espèce déterminée, les particularités non apparentes et non révélées à eux par les conclusions des parties qui seraient susceptibles de tenir exceptionnellement en échec la règle selon laquelle les ventes avec réserve d'usufruit constituent des contrats aléatoires et échappent, comme telles, à la rescision pour cause de lésion. • Civ. 27 déc. 1938 : *DP 1939. 1. 81 (3e esp.), note R. Savatier.*

8. Modicité du prix et intention libérale. Lorsque le vendeur a voulu, dans un esprit de libéralité envers l'acquéreur, transférer la propriété d'un immeuble pour un prix relativement modique, les juges du fond peuvent déclarer irrecevable l'action en rescision pour lésion introduite par les héritiers du vendeur ; en pareil cas, la recherche de l'intention libérale relève du pouvoir souverain des juges du fond et n'a pas à être établie par écrit, ne s'agissant pas de prouver contre la véritable nature de l'opération, mais seulement d'apprécier si la modicité du prix trouvait sa cause dans une intention libérale du vendeur, exclusive de l'action en rescision. • Civ. 1re, 16 juill. 1959 : *D. 1960. 185, note R. Savatier.*

9. Expropriation : cession amiable. La cession amiable consentie après déclaration d'utilité publique demeure un contrat de droit privé et est en conséquence une vente rescindable pour cause de lésion de plus des sept douzièmes, quand bien même l'immeuble aurait été incorporé au domaine public ; le caractère lésionnaire d'une telle cession est déterminé conformément au droit commun, sans que puissent s'appliquer les dispositions spéciales relatives au calcul de l'indemnité d'expropriation. • Civ. 3e, 26 oct. 1971, no 70-10.962 P : *R. 1971-1972, p. 54 ; Gaz. Pal. 1972. 1. 160.*

10. Vente suivie d'une préemption. Le vendeur ne saurait être privé du droit de demander la rescision de la vente dans les conditions fixées par les art. 1674 s. en cas d'exercice du droit de préemption prévu par la loi en matière d'urbanisme. • TGI Bordeaux, 5 déc. 1979 : *JCP 1982. II. 19718, note Saint-Alary Houin ; D. 1980. IR 568, obs. Larroumet.* ♦ Mais si, en principe, la préemption exercée par l'État à l'encontre d'un acquéreur d'immeuble, en cas d'insuffisance de prix déclaré, ne met pas obstacle à l'exercice de l'action donnée au vendeur par l'art. 1674, il en est autrement quand cette action est formée dans le dessein d'échapper aux conséquences d'une fraude fiscale commune. • Com. 18 juill. 1950 : *D. 1951. 294 (2e esp.).*

Art. 1675 **Pour savoir s'il y a lésion de plus de sept douzièmes, il faut estimer l'immeuble suivant son état et sa valeur au moment de la vente.**

(L. nº 49-1509 du 28 nov. 1949) **« En cas de promesse de vente unilatérale, la lésion s'apprécie au jour de la réalisation. »**

1. Prix : exclusion de la TVA. Pour qu'il y ait lésion, il faut que le prix indiqué à l'acte soit inférieur aux cinq douzièmes de la valeur de l'immeuble au moment de la vente et la taxe sur la valeur ajoutée ne doit pas être prise en considération pour l'appréciation de la lésion. • Civ. 3e, 20 nov. 1984, nº 83-14.155 P.

2. Détermination de l'immeuble. Pour un terrain, la lésion s'apprécie par rapport à la surface stipulée à l'acte de vente et non par rapport à celle mentionnée au cadastre. • Civ. 3e, 5 déc. 2012 : *D. 2012. 2963 ; RDC 2013. 617, obs. Quézel-Ambrunaz.*

3. Valeur de l'immeuble. C'est à bon droit que les juges du fond, pour apprécier la valeur du bien vendu, ont pris en considération la moins-value résultant de l'existence d'un bail, même si l'acquéreur était le locataire de l'immeuble. • Civ. 3e, 13 mars 1979, nº 77-10.598 P. – Déjà en ce sens : • Req. 18 oct. 1927 : *DP 1928. 1. 35, note Lalou* • Civ. 29 janv. 1930 : *DP 1932. 1. 57, note Radouant.* ♦ Ils peuvent également tenir compte de la dévalorisation que fait subir à l'immeuble le risque né de l'incertitude sur les possibilités d'obtenir les autorisations administratives nécessaires pour construire, risque couru par le seul acquéreur. • Civ. 3e, 18 juill. 1972 : *D. 1973. 208, note Pierre-François.* ♦ L'avantage conféré à l'acquéreur par la stipulation du paiement du prix de vente à crédit sur quinze ans sans intérêt ni indexation doit être pris en considération pour l'appréciation de l'existence d'une lésion. • Civ. 3e, 4 oct. 1995 : *D. 1996. 362, note Iriart ; JCP N 1996. II. 625, note D. Boulanger ; Defrénois 1996. 1063, note Dagorne-Labbe* • 29 sept. 1999, nº 97-21.738 P : *D. 1999. IR 252 ; Gaz. Pal. 2000. Somm. 443, obs. Guével.* ♦ En cas de pluralité d'hypothèses d'utilisation de l'immeuble, la valeur de celui-ci doit être fixée au plus élevé des prix de vente que le vendeur aurait pu en obtenir. • Civ. 3e, 21 juill. 1999, nº 96-22.185 P : *RDI 1999. 663, obs. Groslière .*

4. Date d'estimation : ventes et promesses conditionnelles. « Le moment de la vente » *visé par l'art. 1675* est celui de la rencontre des volontés sur les éléments essentiels du contrat, à savoir, la chose et le prix, ce qui correspond normalement à la date de la promesse de vente, même en présence d'une condition suspensive. • Civ. 3e, 30 mars 2011, nº 10-13.756 P : *D. 2011. 1076 ; AJDI 2011. 891, obs. Cohet-Cordey ; JCP N 2011, nº 1235, note Vingiano ; JCP 2011, nº 1141, obs. Ghestin ; Defrénois 2011. 1401, obs. Lécuyer ; RDC 2011. 885, note Pimont.* ♦ En cas de promesse synallagmatique de vente, la lésion doit s'apprécier au jour de la signature de la promesse, et non à la date de réalisation de la condition suspensive. • Civ. 3e, 30 juin 1992, nº 90-19.882 P : *D. 1993. Somm. 236, obs. Paisant ; Defrénois 1993. 798, obs. Vermelle.*

5. ... Promesses unilatérales de vente. En cas de promesse unilatérale de vente, la lésion s'apprécie au jour de la levée de l'option. • Civ. 3e, 29 sept. 1999 : *préc. note 3* • 7 juill. 2010, nº 09-14.579 P : *JCP E 2010, nº 2134, § 3, obs. Seube ; RDC 2011. 176, obs. Seube.*

6. ... Annulation d'un POS. La lésion s'apprécie au moment de la conclusion du contrat, la rétroactivité de l'annulation de la révision du plan d'occupation des sols se traduisant par l'application de l'ancien POS, plus favorable à l'acheteur, n'autorise pas une action en rescision pour lésion. • Civ. 3e, 17 juin 2009, nº 08-15.055 P : *D. 2009. 2588, note Chantepie ; AJDI 2010. 415, obs. Cohet-Cordey ; Defrénois 2009. 2078, obs. Dagorne-Labbe.*

7. Opérations complexes. Ayant énoncé que la lésion était acquise, les juges du fond ne peuvent, retenant que la vente fait partie d'une opération globale avec cession de fonds de commerce et maintien du personnel, ordonner une expertise portant sur ces autres éléments, alors qu'ils n'avaient pas à être pris en considération. • Civ. 3e, 8 janv. 1992, nº 90-12.141 P : *D. 1993. Somm. 236, obs. Paisant ; Defrénois 1993. 433, note Dagorne-Labbe ; RTD civ. 1992. 777, obs. Gautier .*

8. En l'état d'une transaction immobilière globale issue d'une seule et unique promesse de vente, ultérieurement scindée en deux actes juridiques distincts mais reçus le même jour par le même notaire, une éventuelle lésion ne peut résulter que de la comparaison entre la valeur réelle de l'ensemble de l'immeuble avant sa division et le prix global payé pour celui-ci. • Civ. 3e, 30 juin 1999, nº 97-16.882 P : *RDI 1999. 664, obs. Groslière .*

9. Dans le cas de vente de plusieurs parcelles, portant dans l'intention des vendeurs et des acheteurs sur un ensemble qui était unique et indivisible pour un prix unique, la preuve de la lésion doit être examinée dans le cadre de la vente de l'ensemble de ces parcelles pour le prix global fixé par l'acte de vente. • Civ. 3e, 3 nov. 2011 : *RDC 2012. 506, obs. Mekki.*

10. Absence d'indivisibilité entre un bail à construction et la vente du terrain correspondant, excluant ainsi l'aléa. • Civ. 3e, 7 juill. 2010 : *préc. note 5.*

Art. 1676 **La demande n'est plus recevable après l'expiration de deux années, à compter du jour de la vente.**

(Abrogé par L. n° 2018-703 du 3 août 2018, art. 18) ***« Ce délai court contre les femmes mariées et contre les absents, les majeurs en tutelle et les mineurs venant du chef d'un majeur qui a vendu. »***

Ce délai court *(Abrogé par L. n° 2018-703 du 3 août 2018, art. 18)* ***« aussi »*** **et n'est pas suspendu pendant la durée du temps stipulé pour le pacte du rachat.**

1. Conv. EDH. Le délai de forclusion de deux ans pour exercer l'action en rescision pour lésion, justifié par la nécessité d'assurer la sécurité des transactions, court contre le majeur sous tutelle alors que, du fait de l'instauration de cette mesure, il est privé du droit d'ester en justice ; il n'en résulte pas pour autant une entrave à l'accès aux tribunaux dès lors que le droit d'action de l'incapable majeur, dont le bien ne peut être vendu qu'avec l'autorisation du juge des tutelles, est exercé par l'intermédiaire de son représentant légal. • Civ. 3e, 20 mai 2009, n° 08-13.813 P : *D. 2009. AJ 1536 ; ibid. Pan. 2183, obs. Plazy ; JCP 2009. 574, n° 1, obs. Mekki ; AJ fam. 2009. 302, obs. Pécaut-Rivolier ; Dr. fam. 2009, n° 131, note Maria ; CCC 2009, n° 215, obs. Leveneur ; RLDC 2009/63, n° 3523, obs. Maugeri* (conformité aux art. 6 et 13 Conv. EDH).

2. Recevabilité et autorité de la chose jugée. V. • Civ. 1re, 3 nov. 1966 : *Bull. civ. I, n° 492. V. aussi note 36 ss. art. 1355.*

3. Différence avec la nullité pour vileté du prix. L'action en nullité pour vileté du prix est distincte de l'action en rescision pour lésion et n'est pas soumise à la prescription de deux ans applicable à celle-ci. • Civ. 3e, 15 déc. 2010, n° 09-16.838 P : *D. actu.14 janv. 2011, note Chenu ; AJDI 2011. 890 obs. Cohet-Cordey.* ♦ V. aussi note 1 ss. art. 1677.

1° POINT DE DÉPART

4. Ventes et promesses conditionnelles. Si, dans une promesse synallagmatique de vente immobilière, sous condition suspensive, la lésion s'apprécie d'après la valeur de l'immeuble à l'époque du contrat, et si l'arrivée de la condition rend la vente rétroactivement parfaite, le délai imparti au vendeur pour l'exercice de l'action en rescision ne court que du jour de cette arrivée. • Civ. 14 nov. 1949 : *JCP 1950. II. 5255 (1re esp.), note Cavarroc* • Civ. 1re, 24 mars 1965 : *Gaz. Pal. 1965. 1. 428.* ♦ La prescription de l'art. 1676 ne commence à courir, en cas de vente sous conditions suspensives, qu'à compter du jour de leur réalisation ou de la renonciation au bénéfice de ces conditions. • Civ. 3e, 1er oct. 1997, n° 95-20.897 P (renonciation de l'acheteur à différentes conditions expressément stipulées dans son intérêt exclusif) • 16 nov. 2005, n° 04-11.152 P : *D. 2005. IR 3038 ; JCP N 2006. 1278, n° 10, obs. S. Piedelièvre.*

5. Réitération d'un compromis. L'arrêt, qui retient souverainement que les parties à une promesse de vente ont entendu subordonner le caractère parfait et définitif de la vente à la condition suspensive de la signature de l'acte authentique, en déduit exactement que le délai n'a commencé à courir qu'à la date de cet acte. • Civ. 3e, 11 déc. 1984, n° 83-14.829 P. ♦ V. aussi note 9 en cas de modification de l'acte initial. ♦ Mais lorsque l'acte authentique est l'exacte traduction de la volonté des parties exprimée dans l'acte sous seing privé, la cession est parfaite au jour de la signature de ce dernier document et le délai court à partir de cette date. • Civ. 3e, 29 janv. 1992, n° 90-15.555 P : *D. 1993. Somm. 236, obs. Paisant ; Defrénois 1992. 840, obs. Vermelle.*

6. Promesse unilatérale de vente. Le délai de deux ans partant du jour de l'accord des volontés, en cas de promesse unilatérale de vente son point de départ est le jour de la levée d'option. • Civ. 3e, 29 mars 2000, n° 98-16.741 P : *D. 2000. IR 146 ; Gaz. Pal. 2000. 2. Somm. 1821, obs. Guével ; RDI 2000. 585, obs. Groslière.*

7. Location-accession. Lorsque le contrat de location-accession indique que l'accédant à la propriété entend recourir à un ou plusieurs prêts régis par les art. du C. consom., la vente conclue en exécution de ce contrat est nécessairement conclue sous la condition suspensive de l'obtention des prêts indiqués, de sorte que le délai de prescription de l'action en rescision ne peut avoir commencé à courir à la date de la levée de l'option. • Civ. 1re, 20 janv. 1998, n° 96-13.073 P : *D. Affaires 1998. 328, obs. V. A.-R. ; Defrénois 1998. 746, obs. Aubert,* cassant • Versailles, 12 oct. 1995 : D. 1995. IR 270.

8. Promesse de porte-fort ratifiée. La ratification de l'acte passé par le porte-fort a un caractère rétroactif et remonte au jour de l'acte ratifié ; c'est donc à cette date qu'a commencé à courir le délai de l'art. 1676. • Civ. 1re, 8 juill. 1964 : *Bull. civ. I, n° 382 ; D. 1964. 560.*

9. Remplacement ou modification d'un premier accord. Lorsqu'à l'accord primitif se substitue une convention nouvelle, le délai ne court que du jour de celle-ci. • Civ. 1re, 18 nov. 1965, n° 63-11.157 P : *JCP 1966. II. 14501* (réitération du compromis analysé comme une condition suspensive et renonciation de l'acheteur à cette promesse, l'acte réitéré stipulant un prix supérieur et des modalités différentes plus onéreuses) • Civ. 3e, 9 juill. 1984, ♔ no 83-12.493 P : *RTD civ. 1985. 406, obs. Rémy* (lorsque l'objet de la vente est modifié entre l'acte sous seing privé et l'acte authentique, le délai court du jour de la signature de l'acte authentique) • 29 mars 2000 : ♔ *préc. note 6* (arrêt réservant aussi le cas d'une modification de l'objet de la vente entre l'acte sous seing privé découlant de l'acceptation de la promesse unilatérale et l'acte authentique).

2o *RÉGIME*

10. Délai préfix. Caractère préfix du délai de l'art. 1676 : • Req. 3 mai 1927 : *DH 1927. 302* • Civ. 29 mars 1950 : *D. 1950. 396.*

11. Relevé d'office de la tardiveté (non). Cassation, pour violation des art. 1676 C. civ. et 125 C. pr. civ., de l'arrêt qui déclare irrecevable une demande en rescision pour lésion en relevant d'office la tardiveté de l'action. • Civ. 3e, 6 mars 1979, ♔ no 77-15.094 P.

12. Influence de la publicité foncière. Le Décr. du 4 janv. 1955 ayant pour objet d'instaurer une publicité ne modifie pas les rapports des parties entre elles et le délai imparti par l'art. 1676 pour l'introduction de la demande en rescision ne s'impose pas pour l'exécution de sa publication ; aucune déchéance n'étant édictée pour celle-ci, les juges du fond estiment à bon droit qu'il peut y être procédé jusqu'à la clôture des débats. • Civ. 1re, 18 déc. 1962, no 60-12.901 P : *D. 1963. 146.*

Art. 1677 **La preuve de la lésion ne pourra être admise que par jugement, et dans le cas seulement où les faits articulés seraient assez vraisemblables et assez graves pour faire présumer la lésion.**

1. Domaine. L'art. 1677 n'est pas applicable à une action en nullité fondée sur la vileté du prix. • Civ. 3e, 16 déc. 1998, ♔ no 97-11.541 P : *D. 2000. 504, note Cauchy-Psaume (2e esp.)* ; *Defrénois 1999. 983, note Dagorne-Labbe (1re esp.) ; Gaz. Pal. 1999. 2. Somm. 454, obs. Guével.* ♦ V. aussi note 3 ss. art. 1676.

2. Office du juge. Il appartient à la juridiction saisie de la question de recevabilité de la demande en rescision de rechercher si les faits articulés sont assez vraisemblables et assez graves pour faire présumer la lésion et elle ne peut rejeter la demande au motif que la venderesse qui produit un rapport d'expertise non contradictoire ne fait pas la preuve d'une lésion de plus des sept douzièmes. • Civ. 3e, 20 déc. 1994, ♔ no 92-21.392 P. ♦ Pour une illustration de preuve insuffisamment rapportée : • Civ. 3e, 3 nov. 2011 : ♔ *cité note 9 ss. art. 1675* (demandeur ne produisant aucun élément chiffré de nature à remettre en cause les attestations de professionnels de l'immobilier).

3. Appel immédiat. Recevabilité de l'appel immédiat contre le jugement déclarant que les faits articulés sont assez vraisemblables et assez graves pour faire présumer la lésion. • Civ. 3e, 29 juin 1977, no 77-11.636 P : *JCP 1978. 18824, concl. Paucot ; D. 1978. IR 58, obs. Julien* • 14 oct. 1981, ♔ no 80-13.429 P. ♦ Le jugement qui, dans la procédure spéciale de rescision d'une vente immobilière pour cause de lésion, déclare recevable l'action en application de l'art. 1677 C. civ. et autorise le demandeur à rapporter la preuve de la lésion, tranche une partie du principal et est susceptible d'appel avant le jugement définitif. • Civ. 3e, 14 nov. 1991, ♔ no 90-12.210 P.

4. Autorité de chose jugée. La décision qui admet le demandeur à faire la preuve de la lésion n'a d'autorité que sur le plan de la recevabilité de l'action et non sur l'existence de la lésion. • Civ. 3e, 18 juill. 1972, ♔ no 71-12.827 P : *D. 1973. 208, note Pierre-François.*

Art. 1678 **Cette preuve ne pourra se faire que par un rapport de trois experts, qui seront tenus de dresser un seul procès-verbal commun, et de ne former qu'un seul avis à la pluralité des voix.**

1. Domaine. La disposition dérogatoire au droit commun de l'art. 1678 ne s'applique qu'en matière de vente immobilière et elle n'est pas applicable à la cession de droits successifs. • Civ. 1re, 13 avr. 1988, ♔ no 86-17.736 P : *R., p. 163.*

2. Portée de l'expertise. Si leur conviction s'y oppose, les juges ne sont pas tenus de suivre l'avis des experts. • Civ. 3e, 11 janv. 1977 : *D. 1977. IR 176.*

Art. 1679 **S'il y a des avis différents, le procès-verbal en contiendra les motifs, sans qu'il soit permis de faire connaître de quel avis chaque expert a été.**

Art. 1680 **Les trois experts seront nommés d'office, à moins que les parties ne se soient accordées pour les nommer tous les trois conjointement.**

Art. 1681 **Dans le cas où l'action en rescision est admise, l'acquéreur a le choix ou de rendre la chose en retirant le prix qu'il en a payé, ou de garder le fonds en payant le supplément du juste prix, sous la déduction du dixième du prix total.**

Le tiers possesseur a le même droit, sauf sa garantie contre son vendeur.

1. Titulaires du droit. Si le vendeur invoque la lésion, il ne peut en tirer comme conséquence que la rescision de la vente ; seul l'acquéreur peut offrir une revalorisation du prix pour éviter que la vente ne soit rescindée. • Civ. 3e, 6 juin 2007, n° 06-14.773 P : *D. 2007. AJ 1784* ; *Defrénois 2008. 61, note Dagorne-Labbe* ; *RDC 2007. 1203, obs. Brun.*

2. L'art. 1681, al. 2, donne à tout titulaire de droit réel sur l'immeuble la faculté de payer le supplément du juste prix pour éviter l'anéantissement de son droit. • Civ. 1re, 6 juill. 1965, n° 62-12.090 P : *D. 1965. 556* ; *JCP 1965. II. 14391, note J. Mazeaud* (créancier hypothécaire). ♦ La vente de l'immeuble par l'acquéreur à un sous-acquéreur ne saurait priver les créanciers hypothécaires du chef de l'acquéreur d'une faculté attachée à la nature de leur droit. • Même arrêt.

3. L'option en faveur de la restitution de l'immeuble prise par le liquidateur de l'acheteur ne requiert pas l'autorisation du juge-commissaire. • Civ. 3e, 8 nov. 2006, n° 05-17.773 P.

4. Date d'exercice du droit. L'exercice de l'option prévue par l'art. 1681 appartient à l'acquéreur qui en a seul l'initiative et qui doit l'exercer dans le délai prévu par la décision qui a admis la lésion, ou, à défaut, dans un délai raisonnable. • Civ. 3e, 5 janv. 2022, n° 20-18.918 B : *D. 2022. 501, note Tisseyre* ; *AJDI 2022. 545, obs. Cohet* ; *JCP 2022, n° 231, note Mignot* (les juges ayant souverainement retenu en l'espèce que la manifestation par l'acquéreur de sa volonté de garder l'immeuble n'était pas tardive, malgré un délai de 4 ans, certes dans un contexte de redressement judiciaire). ♦ L'acquéreur peut exercer jusqu'à l'exécution de la décision qui admet la lésion, et même après l'exécution s'il n'a pas connu celle-ci, le droit d'option qu'il tient de l'art. 1681 et dont il a l'initiative. • Civ. 3e, 15 oct. 1970, n° 69-11.352 P. ♦ Mais les juges peuvent écarter, comme sans effet libératoire, les offres de paiement du supplément du juste prix s'ils en constatent l'insuffisance. • Civ. 3e, 17 mars 1976, n° 74-13.050 P : *Gaz. Pal. 1976. 2. 693, note Plancqueel.* – Même sens : • Civ. 3e, 4 déc. 2002, n° 00-21.205 P : *RTD civ. 2003. 519, obs. Gautier* . ♦ V. aussi obs. Cornu, *RTD civ. 1975. 327.*

5. Calcul du supplément de prix. Le supplément que doit payer l'acheteur pour échapper à la restitution de l'immeuble correspond non à la valeur vénale de l'immeuble au moment où il a été vendu, mais à sa valeur réelle à l'époque où doit intervenir ce règlement complémentaire. • Civ. 1re, 7 juin 1966, n° 64-13.532 P : *R. 1971-1972, p. 40* ; *GAJC, 11e éd., n° 248* ; *D. 1966. 629, rapp. Ancel* ; *JCP 1967. II. 15049, note Plancqueel* ; *RTD civ. 1967. 186, obs. Cornu.* ♦ Sur les modalités du calcul, V. • Civ. 3e, 22 janv. 1970, n° 68-12.429 P : *R. 1971-1972, p. 40* ; *D. 1970. 753, rapport Cornuey* ; *JCP 1971. II. 16743, note Plancqueel* ; *RTD civ. 1970. 788, obs. Cornu.*

6. Le dixième dont l'art. 1681 autorise la déduction est celui du « prix total » résultant des deux versements, initial et complémentaire, de l'acquéreur. • Civ. 3e, 4 déc. 1973, n° 72-12.856 P : *Gaz. Pal. 1974. 1. 239, note Plancqueel* ; *RTD civ. 1974. 431, obs. Cornu.*

7. Influence de la possibilité de l'action sur le droit de propriété. L'action en rescision pour lésion ne remet pas en cause, par elle-même, le droit de propriété de l'acquéreur ; cassation de l'arrêt ayant débouté l'acquéreur de ses demandes en dommages-intérêts pour non-réitération d'une vente en retenant que si les vendeurs avaient bien manqué à leurs obligations, dans l'hypothèse même où ces ventes auraient été réitérées, les vendeurs auraient en tout état de cause engagé une action en rescision pour lésion, ce qui n'aurait pas permis à l'acquéreur d'engager les travaux envisagés jusqu'à l'issue des procédures. • Civ. 3e, 14 déc. 2011 : *cité note 3 ss. art. 1674.*

Art. 1682 **Si l'acquéreur préfère garder la chose en fournissant le supplément réglé par l'article précédent, il doit l'intérêt du supplément, du jour de la demande en rescision.**

S'il préfère la rendre et recevoir le prix, il rend les fruits du jour de la demande.

L'intérêt du prix qu'il a payé lui est aussi compté du jour de la même demande, ou *du jour du payement, s'il n'a touché aucuns fruits.*

1. Des acquéreurs ne peuvent être condamnés au paiement d'une indemnité pour l'occupation de l'immeuble entre la date de levée d'option et la date d'assignation en rescision, alors que leur situation au regard d'une telle indemnité dépend du choix qu'ils font de rendre la chose ou de la garder en payant le supplément du juste prix. • Civ. 3e, 29 sept. 1999, n° 97-21.738 P : *D. 1999. IR 252* ; *Gaz. Pal. 2000. Somm. 443, obs. Guével.*

2. Le supplément du juste prix, qui produit l'intérêt moratoire prévu par l'art. 1682 du jour de la demande, étant une quotité de la valeur de la chose que l'acquéreur a préféré garder, suit jusqu'à son évaluation définitive les variations de valeur de cette chose. • Civ. 3e, 3 mai 1972, n° 71-11.404 P : *R. 1971-1972, p. 40* ; *D. 1972. 598, note Malaurie* ; *JCP 1972. II. 17143, rapport Fabre* ; *Gaz. Pal. 1972. 2. 897, note Plancqueel* ; *RTD civ. 1973. 140, obs. Cornu.* – Sur renvoi : • Orléans, 14 juin 1973 : *D. 1974. 485, note Malaurie* ; *Gaz. Pal. 1974. 1. 421, note Plancqueel* ; *RTD civ. 1974. 630, obs. Cornu.*

3. Pour la capitalisation des intérêts, V. • Civ. 1re, 21 janv. 1976 : *D. 1976. 369, note Gaury.*

Art. 1683 **La rescision pour lésion n'a pas lieu en faveur de l'acheteur.**

Loi du 8 juillet 1907, *concernant la vente des engrais (DP 1907. 4. 173).* **Art. 1er** *(L. 10 mars 1937 ; L. no 79-595 du 13 juill. 1979)* La lésion de plus du quart dans l'achat des engrais ou amendements qui font l'objet de la loi no 79-595 du 13 juillet 1979 *[codifiée au C. rur., art. L. 255-1 s.]*, des semences et plants destinés à l'agriculture, et des substances destinées à l'alimentation des animaux de la ferme, donne à l'acheteur une action en réduction de prix et dommages-intérêts.

Art. 2 Cette action doit être intentée, à peine de déchéance, dans le délai de quarante jours à dater de la livraison. Ce délai est franc. Elle demeure recevable nonobstant l'emploi partiel ou total des matières livrées. — *Les indications tendant à conférer aux délais de procédure la qualité de délai franc sont supprimées, V. Décr. no 72-788 du 28 août 1972, art. 192 (D. et BLD 1972. 475). — V. C. pr. civ., art. 640 s. —* ***C. pr. civ.***

Art. 3 *(L. 10 mars 1937)* Nonobstant toute convention contraire, qui sera nulle de plein droit, cette action sera de la compétence du juge du tribunal judiciaire du domicile de l'acheteur, quel que soit le chiffre de la demande, et sous réserve du droit d'appel si ce chiffre dépasse le taux de la compétence ordinaire en dernier ressort du juge du tribunal judiciaire, tel qu'il sera fixé au moment de son introduction par le texte de l'article 1er de la loi du 12 juillet 1905, modifié par les dispositions alors en vigueur.

Art. 1684 **Elle n'a pas lieu en toutes ventes qui, d'après la loi, ne peuvent être faites que d'autorité de justice.**

1. Domaine : licitation. S'il est exact qu'en principe la disposition de l'art. 1684 n'est pas applicable à une vente entre majeurs maîtres de leurs droits, les juges du fond qui relèvent que la licitation a été imposée par le désaccord persistant des colicitants et que la vente, ouverte aux étrangers, offrait les garanties légales entourant les ventes publiques peuvent en déduire que l'action en rescision pour lésion était exclue. • Civ. 1re, 25 avr. 1984, no 82-16.052 P.

2. ... Vente simplement autorisée par le juge. La vente des immeubles d'un débiteur en liquidation judiciaire, fût-elle de gré à gré, est une vente qui, d'après l'art. L. 622-16 C. com. [L. 642-18], ne peut être faite que d'autorité de justice et n'est, en conséquence, pas susceptible de rescision pour lésion. • Com. 16 juin 2004 : *D. 2004. AJ 2045 ; JCP 2004. II. 10173, note Rakotovahiny ; JCP N 2004. 1475, note Garçon ; JCP 2005. I. 107, no 6, obs. Cabrillac ; Defrénois 2005. 695, note Roussel Galle* • Civ. 3e, 6 oct. 2010, no 09-66.683 P : *D. 2010. Actu. 2429, obs. Lienhard .*

3. ... Vente de gré à gré autorisée par le juge des tutelles. La vente de gré à gré selon autorisation donnée par le juge des tutelles dans le cadre d'une administration de biens de mineur sous contrôle judiciaire ne constitue pas une vente faite d'autorité de justice et n'est pas soumise à l'art. 1684. • Paris, 13 sept. 1994 : *D. 1996. Somm. 10, obs. Paisant .*

4. ... Vente amiable en cours de saisie. La vente amiable d'un immeuble, dans le cadre d'une procédure de saisie, qui n'est pas intervenue sur conversion en vente volontaire, n'est pas une vente effectuée sous le contrôle et l'intervention de la justice. • Civ. 3e, 4 juin 2008, no 07-13.479 P : *D. 2008. AJ 1692, obs. Gallmeister ; ibid. 2480, note Mauger-Vielpeau ; ibid. Chron. C. cass. 2752, no 4, obs. Nési ; Gaz. Pal. 2 sept. 2008, note Malaurie ; RLDC 2008/52, no 3100, obs. Maugeri ; Defrénois 2008. 2176, note Malaurie ; CCC 2008, comm. no 257, obs. Leveneur.*

Art. 1685 **Les règles expliquées dans la section précédente pour les cas où plusieurs ont vendu conjointement ou séparément, et pour celui où le vendeur ou l'acheteur a laissé plusieurs héritiers, sont pareillement observées pour l'exercice de l'action en rescision.**

1. *La faculté d'exiger l'accord de tous* les héritiers du vendeur pour exercer ensemble contre lui l'action en rescision pour lésion, en vue de la reprise de l'héritage entier, tend à éviter, au cas où cette action serait intentée avec succès par certains héritiers seulement, la création d'une indivision entre eux et l'acquéreur ; cette mise en cause collective est dès lors sans intérêt lorsque la rescision de la vente laisserait subsister une indivision entre l'acquéreur et les héritiers. • Civ. 1re, 21 mars 1962, no 58-12.180 P : *Gaz. Pal. 1962. 2. 101.*

2. La circonstance que certains des héritiers du vendeur soient précisément les acquéreurs contre lesquels l'action est exercée exclut nécessairement la possibilité d'une adhésion de leur part à la demande dirigée contre eux, et les art. 1670 et 1685 sont inapplicables. • Civ. 1re, 2 mai 1961, n° 58-12.780 P : *D. 1961. 476.* ♦ Il en va de même lorsqu'un des héritiers du vendeur avait, du vivant de ce dernier, reçu mandat de vendre le bien et en avait seul fixé le prix ; par son adhésion à la demande, il reconnaîtrait qu'il a mal rempli son mandat, et cette circonstance rend impossible une telle adhésion. • Civ. 1re, 9 nov. 1966 : *Bull. civ. I, n° 504 ; Gaz. Pal. 1967. 1. 52 ; RTD civ. 1967. 405, obs. Cornu.*

3. Lorsque, tous les covendeurs s'étant conciliés, les uns se trouvent déchus, faute d'avoir exercé leurs droits en temps utile, alors que les autres ont agi, pour leur part, dans le délai de deux ans prévu par l'art. 1676, la négligence ou la malice de certains des covendeurs n'ont pu priver du bénéfice de leur initiative les demandeurs diligents. • Civ. 1re, 6 avr. 1954 : *Gaz. Pal. 1954. 1. 393 ; RTD civ. 1954. 508, obs. Carbonnier.* ♦ Comp., en cas d'absence de conciliation entre les covendeurs tenus solidairement, • Civ. 1re, 23 déc. 1964 : *Bull. civ. I, n° 600 ; Gaz. Pal. 1965. 1. 106* (cassation de l'arrêt ayant écarté l'exception d'irrecevabilité en se fondant sur une prétendue solidarité active entre les covendeurs). ♦ Pour la recevabilité de l'action au cas où la conciliation entre les covendeurs est postérieure à l'expiration du délai prévu par l'art. 1676, V. • Civ. 3e, 5 nov. 1974, n° 73-12.531 P : *JCP 1976. II. 18442, note H.T. ; RTD civ. 1975. 555, obs. Cornu.*

CHAPITRE VII **DE LA LICITATION**

Art. 1686 **Si une chose commune à plusieurs ne peut être partagée commodément et sans perte ;**

Ou si, dans un partage fait de gré à gré de biens communs, il s'en trouve quelques-uns qu'aucun des copartageants ne puisse ou ne veuille prendre,

La vente s'en fait aux enchères, et le prix en est partagé entre les copropriétaires.

La demande en licitation d'un bien indivis prévue par l'art. 1686 ne peut être formée qu'à l'occasion d'une instance en partage judiciaire. • Civ. 1re, 15 juin 2017, n° 16-16.031 : *D. 2017. Chron. C. cass. 1859, obs. Roth ; AJ fam. 2017. 486, obs. Casey.* ♦ Comp. : la licitation peut intervenir bien qu'il n'y ait aucune indivision juridique entre les parties au procès, quand elle est le moyen de dénouer par la vente simultanée de divers droits réels une situation de fait dont la complication s'oppose à l'exercice immédiat du droit privatif de chaque partie (enchevêtrement de diverses constructions existantes). • Civ. 27 nov. 1918 : *DP 1922. 1. 238.*

Art. 1687 **Chacun des copropriétaires est le maître de demander que les étrangers soient appelés à la licitation : ils sont nécessairement appelés, lorsque l'un des copropriétaires est mineur.**

Art. 1688 **Le mode et les formalités à observer pour la licitation sont expliqués au titre *Des successions* et au code de procédure.**

CHAPITRE VIII **DU TRANSPORT DE CERTAINS DROITS INCORPORELS, DES DROITS SUCCESSIFS ET DES DROITS LITIGIEUX** *(Ord. n° 2016-131 du 10 févr. 2016, art. 5-6° et art. 5, en vigueur le 1er oct. 2016).*

RÉP. CIV. v° *Cession de créance,* par C. Ophèle.

BIBL. GÉN. ▸ M. Cabrillac, *Études Weill, Dalloz/Litec, 1983, p. 107* (accessoires de la créance). – Lasbordes, *LPA 14 nov. 2002* (actualité de la cession de créance). – Licari, *RLDC 2004/5, n° 206* (renonciation du débiteur cédé à ses exceptions). – Pinna, *RTD civ. 2008. 22* (mobilisation *de la créance indemnitaire).* – Stoufflet, *Études Weill, préc., p. 511* (transmission des créances). – Raynaud-Contamine, *Mél. Jeantin, Dalloz, 1999, p. 443* (cession de créance en période suspecte). – Viennois, *RRJ 2001/4. 1421* (revendication des créances).

▸ **« *Defeasance* » en droit français :** Larroumet, *Mél. Breton/Derrida, Dalloz, 1991, p. 193.*

▸ **Cession de créance à titre de garantie :** Aynès, *D. 2007. Chron. 961*. – Marjault, *Banque et Dr. 1-2/2009. 8.* – Mignot, *RLDC 2011/78, n° 4090* (cession de créance, retrait litigieux et cautionnement).

▸ **Projet de réforme :** Emy, *D. 2008. Chron. 2886*.

Art. 1689 **Dans le transport** *(Abrogé par Ord. n° 2016-131 du 10 févr. 2016, art. 5-6°, à compter du 1er oct. 2016)* **« *d'une créance,* » d'un droit ou d'une action sur un tiers, la délivrance s'opère entre le cédant et le cessionnaire par la remise du titre.**

Sur l'entrée en vigueur des dispositions issues de l'Ord. n° 2016-131 du 10 févr. 2016, V. cette Ord., art. 9, ss. art. 1386-1.

Sur la cession de créance après le 1er oct. 2016, V. art. 1321 s.

1. Sur l'articulation avec la cession de créance, V. art. 1321 et 1701-1.

2. Tous les droits incorporels peuvent faire l'objet d'un transport, pourvu qu'ils ne soient pas hors du commerce ou que l'aliénation n'en ait pas été prohibée par quelque loi particulière. • Paris, 12 déc. 1934 : *DH 1935. 89.* ♦ L'absence de stipulation, dans la cession initiale de parts sociales, d'une faculté de transmission de la garantie contractuelle souscrite par le cédant de maintenir la valeur des parts cédées ne fait pas, par elle-même, obstacle à ce que le cessionnaire cède cette créance au sous-acquéreur de ses droits sociaux. • Com. 9 oct. 2012, n° 11-21.528 P : *D. 2012. 3020, note Borga ; RTD civ. 2013. 114, obs. Fages ; RDC 2013. 568, obs. Klein* (cassation pour manque de base légale de l'arrêt réfutant cette transmission au seul motif que la transmissibilité n'était pas prévue dans l'acte initial).

3. L'art. L. 214-43 C. mon. fin. dans sa rédaction issue de la L. du 26 juill. 2005, qui prévoit un bordereau de cession de créances pour les fonds communs, n'exclut pas le recours à d'autres modes de cession des créances que celui qu'il prévoit, dont les formalités de l'art. 1690. • Com. 6 déc. 2011, n° 10-24.353 P : *D. 2012. 4*.

Art. 1690 Le cessionnaire n'est saisi à l'égard des tiers que par la signification du transport faite au débiteur.

Néanmoins le cessionnaire peut être également saisi par l'acceptation du transport faite par le débiteur dans un acte authentique.

BIBL. ► SADOWSKY, *Dr. et patr. 4/2010. 24* (administration fiscale).

A. DOMAINE

1° CESSION DE DROITS INCORPORELS, SUCCESSIFS ET LITIGIEUX

1. *Ord. du 10 févr. 2016.* A compter de l'entrée en vigueur de l'Ord. du 10 févr. 2016, les cessions de créance relèvent des art. 1321 s., qui ne soumettent plus l'opposabilité au débiteur à l'exigence d'une signification, mais à un consentement anticipé, une notification ou une prise d'acte (art. 1324), tout en faisant de la rédaction d'un écrit une condition de validité de la cession (art. 1322).

2. *Mutations de droits réels.* Les dispositions de l'art. 1690 ne sont pas applicables aux mutations de droits réels immobiliers. • Civ. 3e, 7 nov. 1990, n° 89-11.328 P (le locataire d'un local à usage commercial ne peut se prévaloir du défaut de signification d'un changement de propriétaire du local pris à bail).

3. *Droit commercial.* V. sous l'empire du texte antérieur applicable aux cessions de créance : les règles établies par le code civil formant le droit commun sont applicables même en matière de commerce sur tous les points à l'égard desquels la loi commerciale n'a pas introduit des dispositions spéciales. Il en est ainsi des formalités de la cession de créance. • Civ. 27 nov. 1865 : *DP 1866. 1. 56.* ♦ Sur la transmission de créances professionnelles (L. n° 81-1 du 2 janv. 1981, devenue C. mon. fin., art. L. 313-23 s.), V. ss. art. 1321.

4. *Transmission universelle : fusion de sociétés.* Les formalités prescrites par l'art. 1690 en matière de transport de créance ne sont pas requises lorsqu'il y a transmission des éléments d'actif et de passif à titre universel, comme dans le cas de la fusion de deux sociétés. • Com. 18 déc. 1984, n° 83-13.074 P. – V. aussi, dans le même sens, • Civ. 1re, 7 mars 1972, n° 68-13.993 P : *D. 1972. 545 ; JCP 1972. II. 17270, note Guyon* • 25 avr. 1974, n° 73-10.129 P : *Gaz. Pal. 1974. 2. 635, note Plancqueel* • Civ. 2e, 11 mai 1977, n° 75-12.548 P • Com. 1er juin 1993, n° 91-14.740 P • 15 mars 1994, n° 91-20.334 P • Civ. 2e, 12 juill. 2001, n° 98-10.444 P (apport partiel d'actif placé sous le régime des scissions).

5. *Titres à ordre.* Une obligation, même civile, peut être souscrite à l'ordre du créancier. L'effet légal de la clause à ordre est de rendre le titre qui en est revêtu transmissible par voie d'endossement et la cession ainsi opérée est opposable aux tiers sans qu'il soit besoin de recourir aux formalités prescrites par l'art. 1690. • Req. 15 mars 1892 : *DP 1893. 1. 309.* ♦ Dans les bons au porteur, le débiteur accepte d'avance pour ses créanciers directs tous ceux qui en deviendront successivement porteurs. Il suit de là que la propriété de ces bons se transmet de main en main par la simple tradition, sans qu'il soit besoin, au regard du débiteur, de l'accomplissement d'aucune formalité de signification ou autres. • Civ. 31 oct. 1906 : *DP 1908. 1. 497.* – Dans le même sens : • Com. 15 janv. 2002, n° 99-15.370 P. ♦ V. les limitations apportées à ces principes par la L. n° 76-519 du 15 juin 1976, ss. art. 1701-1.

6. *Contraintes et voies d'exécution.* Si le jugement prononçant la validité d'une saisie-arrêt dessaisit le débiteur des sommes arrêtées pour en opérer le transport au saisissant, et si ce transport est opposable au tiers, c'est à la double condition, d'une part, que le jugement soit passé en force de chose jugée, d'autre part, qu'il ait été signifié au tiers saisi. • Civ. 2e, 11 mars 1998, n° 95-20.528 P. ♦ Un commandement d'avoir à libérer les lieux fondé sur un titre exécutoire obtenu par le cédant ne peut être valablement délivré par le cessionnaire au débiteur cédé qu'en vertu d'une cession du titre exécutoire préalablement signifiée à ce dernier. • Civ. 3e, 29 juin 2005, n° 03-14.163 P. ♦ Sur l'astreinte et les recouvrements forcés, V. aussi ss. art. 1321.

2° CESSION DE CONTRAT

7. Ord. du 10 févr. 2016. A compter de l'entrée en vigueur de l'Ord. du 10 févr. 2016, les cessions de contrat relèvent des art. 1216 s., qui exigent le consentement du cédé, lequel peut être donné de façon anticipée, l'opposabilité de la cession ne prenant effet dans ce cas qu'après notification ou prise d'acte.

8. Droit antérieur : cession de bail. Il résulte de l'art. 1690 que la cession d'un bail, fût-elle autorisée préalablement par le bailleur, n'est opposable à celui-ci que si elle lui a été signifiée ou s'il a été partie à l'acte authentique. • Civ. 3e, 6 févr. 1979, n° 77-14.312 P. ♦ La cession d'un bail rural, même autorisée en justice, n'est opposable au bailleur que si, conformément aux dispositions de l'art. 1690, elle lui a été signifiée ou si celui-ci a été partie à l'acte de cession. • Civ. 3e, 9 avr. 2014, n° 13-10.945 P : *D. 2014. 929* ; *JCP 2014, n° 959, note Julienne ; JCP N 2014, n° 1258, note Chabot.*

9. L'apport en société d'un droit au bail doit être signifié au propriétaire conformément à l'art. 1690 pour lui être opposable. • Civ. 3e, 2 févr. 1977, n° 75-13.002 P.

10. L'accomplissement de l'une ou de l'autre des formalités énoncées en l'art. 1690 ne peut devenir inutile pour rendre la cession d'un droit au bail opposable au propriétaire que si celui-ci a, non seulement eu connaissance de cette cession, mais l'a également acceptée sans équivoque. • Cass., ass. plén., 14 févr. 1975 : *D. 1975. 349 ; Gaz. Pal. 1975. 1. 342, note Brault.* ♦ La perception par le propriétaire de loyers versés par le cessionnaire ne peut pas constituer à elle seule une telle acceptation. • Civ. 3e, 5 mai 1975, n° 73-14.130 P. ♦ Mais l'absence de notification *aux bailleurs, en violation de l'art. 1690,* de la cession de bail est couverte par l'acquiescement de ces bailleurs qui ont non seulement perçu des loyers mais également établi des quittances au nom du cessionnaire sans réserves et lui ont directement réclamé une augmentation de loyers. • Civ. 3e, 14 déc. 1994, n° 92-19.351 P. ♦ La signification d'une cession de droit au bail, faite en cours de bail par voie de conclusions à l'occasion d'une instance, ne nécessite pas l'acceptation du bailleur pour lui rendre cette cession opposable. • Civ. 3e, 3 févr. 2010, n° 08-19.420 P : *D. 2010. AJ 502, obs. Forest* .

11. Cession de contrat d'assurance. La cession d'un contrat d'assurance au locataire-gérant d'un fonds de commerce implique la cession des créances futures d'indemnités qui pourraient être dues par l'assureur en cas de sinistre et, dès lors, une telle cession doit, pour être opposable à l'assureur, faire l'objet des formalités prévues par l'art. 1690. • Civ. 1re, 28 oct. 1981, n° 80-11.206 P. ♦ La cession d'un portefeuille d'assurance s'analyse en une cession de contrats, c'est-à-dire une cession de créances, et non en une cession de clientèle et elle est soumise aux formalités de l'art. 1690. • Civ. 1re, 5 févr. 2009, n° 08-10.230 P : *D. 2009. AJ 561, obs. Delpech* ; *ibid. 842, obs. Aynès* ; *LPA 14 mai 2009, note Denizot.*

12. Cession de fonds de commerce. Méconnaissent l'art. 1690 les juges qui admettent l'exception de compensation opposée par l'acquéreur d'un fonds de commerce à un fournisseur, au motif que les créances invoquées contre le fournisseur avaient été trouvées dans le patrimoine du cédant du fonds de commerce par le cessionnaire et que les créances cédées dépendaient d'une universalité qui se trouve transmise en bloc. • Com. 11 juin 1981, n° 79-16.748 P.

13. Substitution de bénéficiaire. V. notes 6 (promesse unilatérale de vente) et 7 (pacte de préférence) ss. art. 1321.

B. ACCOMPLISSEMENT DES FORMALITÉS

14. Destinataire. L'art. 1690 exige uniquement que la signification touche celui qui doit payer, soit le débiteur lorsque c'est à lui qu'en incombe la charge, soit, dans le cas contraire, le dépositaire qui, sans être personnellement tenu de la dette, a en sa possession les deniers affectés à la créance. • Com. 15 juill. 1952 : *D. 1952. 704.*

15. Formes : assignation. Il suffit, pour qu'une assignation vaille signification de la cession de créance, qu'elle donne, comme la signification, un extrait de la cession rendant le transport certain. • Com. 18 févr. 1969, n° 66-13.573 P : *D. 1969. 354.* – V. aussi • Com. 4 juin 1996 : *D. 1996. 630, note Billiau* ; *JCP 1996. II. 22744, note Taillens-Dessalle.*

16. ... Conclusions. La signification de la cession de créance par voie de conclusions prises par le cédant est valable dès lors que les juges du fond relèvent souverainement que ces conclusions contenaient les éléments nécessaires à une exacte information quant au transfert de la créance. • Civ. 1re, 8 oct. 1980, n° 79-13.748 P. ♦ Dans le même sens, pour des conclusions prises par le cessionnaire : • Com. 29 févr. 2000, n° 95-17.400 P. ♦ La remise au débiteur, lors d'une audience devant le JEX, de conclusions comprenant copie de l'acte authentique de cession équivaut à une signification au débiteur auquel la cession est dès lors opposable. • Civ. 1re, 1er juin 2022, n° 21-12.276 B : *D. 2022. 1459, note Pellier* .

17. … Commandement aux fins de saisie. La signification de la cession de créance peut résulter de la signification du commandement aux fins de saisie, s'il contient tous les éléments d'information du débiteur cédé tels qu'envisagés par la loi. • Civ. 2e, 4 janv. 1974, n° 72-13.355 P.

18. … Mise en demeure. Constituent une information suffisante du transfert d'une créance d'une caisse de sécurité sociale à une autre, devenue territorialement compétente, la mise en demeure adressée à l'intéressé et les actes de procédure devant le tribunal des affaires de sécurité sociale. • Civ. 2e, 8 nov. 2007, n° 06-14.448 P.

19. Contenu de l'information : prix de cession (non). Le prix de la cession ne constitue pas un élément nécessaire à l'information du débiteur cédé quant au transport de la créance, • Civ. 1re, 12 nov. 2015, n° 14-23.401 P : *D. 2016. 355, note Casu* .

20. Signification d'un acte irrégulier. La signification d'un acte irrégulier faite au débiteur cédé ne peut avoir pour effet d'en abolir la nullité ; la signification est entachée du même vice que l'acte de cession qu'elle reproduit (mention manuscrite ajoutée dans un interligne d'un acte notarié). • Civ. 1re, 28 oct. 1986, n° 84-14.972 P : *Defrénois 1987. 252, note Vion.*

21. Notification d'une décision de justice autorisant la cession. La notification de la décision autorisant la cession ne constitue pas la signification prévue par l'art. 1690. • Civ. 3e, 9 avr. 2014, n° 13-10.945 P : *D. 2014. 929* .

C. CONSÉQUENCES DE L'ACCOMPLISSEMENT OU DE L'OMISSION DES FORMALITÉS

22. Absence de conséquences entre le cédant et le cessionnaire. Dans les rapports entre le cédant et le cessionnaire, le transfert de la créance s'opère indépendamment de sa signification au débiteur cédé, ce dont il résulte que le cessionnaire n'avait pas à déclarer sa créance au passif du cédant. • Com. 9 juill. 2013, n° 11-27.417 P : *D. 2013. 1834* ; *RTD civ. 2013. 841, obs. Barbier* ; *RLDC 2014/111, n° 5253, obs. Bondil ; RDC 2014. 47, note Latina.* ♦ Comp. art. 1323.

23. Notion de tiers pouvant se prévaloir du texte. Il résulte de l'art. 1690 que ne sont des tiers, au sens de ce texte, que ceux qui, n'ayant pas été parties à l'acte de cession, ont intérêt à ce que le cédant soit encore créancier. • Civ. 1re, 4 déc. 1985, n° 84-12.737 P : *RTD civ. 1986. 750, obs. Mestre* (absence d'intérêt pour un créancier saisissant des parts ayant préalablement fait l'objet d'un nantissement qui lui était opposable, *quel que soit le titulaire de la créance*) • 4 juin 2014, n° 13-17.077 P : *D. 2014. 2508, note Ansaloni* ; *JCP 2014, n° 922, note François ; RDC 2014. 618, obs. Libchaber ; ibid. 750, note Berlioz* (condition non remplie pour le simple dépositaire des fonds). ♦ Comp. art. 1323.

24. Effets sur la caution. Dès lors que l'absence de signification de la cession de créance au débiteur principal n'affecte pas l'existence de la dette, elle ne saurait avoir pour effet de libérer la caution qui a elle-même reçu signification de cette cession de créance. • Civ. 1re, 4 mars 2003, n° 01-01.375 P : *D. 2003. 3041, note Barthez* ; *ibid. AJ 1562, et les obs.* ; *Defrénois 2003. 1151, note Roman* • Com. 27 mars 2007, n° 05-20.696 P : *D. 2007. AJ 1076, obs. Avena-Robardet* ; *RDC 2007. 848, obs. Houtcieff* (application à une caution même non solidaire).

25. Conflits entre cessionnaires successifs. Le cessionnaire qui, hors de toute collusion avec le cédant, a le premier signifié dans les termes de l'art. 1690, est préférable au cessionnaire antérieur, même s'il a connu son existence avant l'exécution de la formalité, cette circonstance étant sans influence sur la validité de la cession. • Com. 19 mars 1980, n° 78-11.672 P.

26. … Entre une cession et un avis à tiers détenteur. Un avis à tiers détenteur adressé par voie postale par l'administration fiscale au débiteur cédé est opposable au cessionnaire d'une créance dès lors que la date portée sur l'accusé de réception de cet avis par le débiteur cédé est antérieure à la signification de la cession de créance par le cessionnaire. • Com. 18 déc. 1979, n° 78-12.147 P.

27. Conséquences de l'absence de signification. Principe. Jusqu'à sa signification au débiteur cédé ou son acceptation par celui-ci, la cession de créance n'a d'effet qu'entre les parties. Les tiers, et notamment le débiteur cédé, ne peuvent se la voir opposer ni s'en prévaloir. • Civ. 3e, 12 juin 1985, n° 83-17.134 P : *RTD civ. 1986. 350, obs. Mestre.* – V. aussi • Civ. 20 juin 1938 : *GAJC, 11e éd., n° 241-242 (II)* ; *DP 1939. 1. 26, note Weill.* ♦ Comp. art. 1323.

28. A défaut de respect des formalités exigées par l'art. 1690, la simple connaissance de la cession de créance par le débiteur cédé ne suffit pas à la lui rendre opposable, les cessions litigieuses n'ayant pas été acceptées de façon certaine et non équivoque. • Civ. 1re, 22 mars 2012, n° 11-15.151 P : *D. 2012. 1524, note Ansaloni* ; *RTD civ. 2012. 315, obs. Fages* ; *Defrénois 2012. 555, note Julienne ; RDC 2012. 835, obs. Mazeaud.*

29. … Limites. Si la signification de la cession de créance ou l'acceptation authentique de la cession par le débiteur cédé est en principe nécessaire pour que le cessionnaire puisse opposer au tiers le droit acquis par celui-ci, le défaut d'accomplissement de ces formalités ne rend pas le cessionnaire irrecevable à réclamer au débiteur cédé l'exécution de son obligation quand cette exécution n'est susceptible de faire grief à aucun droit advenu depuis la naissance de la créance, soit audit débiteur cédé, soit à une autre personne étrangère à la cession. • Civ. 3e, 26 févr. 1985 : *JCP 1986. II. 20607, note Petit ; RTD civ. 1986. 349, obs. Mestre* • Com. 28 sept. 2004, n° 03-12.023 P : *JCP 2005. I. 107, n° 10, obs. Pé-*

tel. – V. déjà : • Civ. 4 mars 1931 : *GAJC, 11e éd., n° 241-242 (I)* ; *DP 1933. 1. 73, note Radouant.* ♦ Pour les conséquences sur la caution, rappr. note 12 ss. art. 1321.

30. … Acceptation par le cédé. Le débiteur cédé qui a su et a accepté la cession de créance de façon certaine et non équivoque ne peut se prévaloir du défaut des formalités prévues par l'art. 1690. • Civ. 1re, 19 sept. 2007, n° 06-11.814 P. – Rappr. note 10. ♦ Mais est dépourvue de portée l'acceptation anticipée du cédé à une date où les cessions n'étaient pas effectives. • Com. 3 nov. 2015, n° 14-14.373 P (débiteur ayant accepté les cessions à une date où il ignorait nécessairement les irrégularités futures qui priveraient ses acceptations d'effet).

31. Renonciation à l'inopposabilité. Renonce à se prévaloir de l'inopposabilité à son égard de la cession de parts sociales irrégulière la société dont le gérant réunit une assemblée générale extraordinaire à laquelle est convoqué l'acquéreur des parts cédées et au cours de laquelle les statuts sont modifiés en conséquence de cette cession. • Com. 3 mai 2000, n° 97-19.182 P : *D. 2000. AJ 282, obs. A. Lienhard* ; *JCP 2000. I. 282, n° 8, obs. Viandier et Caussain.* ♦ Rappr. note 10.

Art. 1691 **Si, avant que le cédant ou le cessionnaire eût signifié le transport au débiteur, celui-ci avait payé le cédant, il sera valablement libéré.**

Art. 1692 *(Abrogé par Ord. n° 2016-131 du 10 févr. 2016, art. 5-6°, à compter du 1er oct. 2016)* ***La vente ou cession d'une créance comprend les accessoires de la créance, tels que caution, privilège et hypothèque.***

Sur l'entrée en vigueur des dispositions issues de l'Ord. n° 2016-131 du 10 févr. 2016, V. cette Ord., art. 9, ss. art. 1386-1.

V. notes ss. art. 1321.

Art. 1693 **Celui qui vend** *(Ord. n° 2016-131 du 10 févr. 2016, art. 5-6°, en vigueur le 1er oct. 2016)* **« un** *[ancienne rédaction : une créance ou autre]* **» droit incorporel doit en garantir l'existence au temps du transport, quoiqu'il soit fait sans garantie.**

Sur l'entrée en vigueur des dispositions issues de l'Ord. n° 2016-131 du 10 févr. 2016, V. cette Ord., art. 9, ss. art. 1386-1.

1. Charge de la preuve. Si l'existence même de la créance cédée et non acceptée est contestée, c'est à celui qui l'invoque de la prouver, mais si son existence est reconnue par le débiteur prétendu ou tenue pour établie par la juridiction saisie, dans la contestation portant seulement sur son montant, c'est au débiteur d'apporter la preuve de l'exécution incomplète ou défectueuse de la contrepartie contractuellement prévue. • Com. 14 juin 2000, n° 97-13.019 P (cession de créance professionnelle). – V. aussi • Com. 18 févr. 1997, n° 95-11.569 P • 26 avr. 2000, n° 97-10.415 P : *R., p. 363* ; *D. 2000. 717, note Larroumet* ; *JCP 2000. I. 269, n° 2, obs. Pétel* ; *JCP E 2000. 1134, note D. Legeais.* ♦ Celui qui vend une créance devant en garantir l'existence au temps du transport, le tribunal qui impose aux cédants réclamant le prix de cession d'établir l'existence de leurs créances lors de la cession n'inverse pas la charge de la preuve. • Com. 29 mars 1994, n° 91-21.441 P.

2. Étendue de la garantie : accessoires. La garantie visée par l'art. 1693 s'étend à l'obligation, pour le vendeur, de garantir qu'au temps du transport de la créance le privilège qui y était attaché existait. • Civ. 10 févr. 1857 : *DP 1857. 1. 87.* ♦ Mais l'acte de cession peut exclure la garantie de l'existence des sûretés. • Req. 28 mai 1873 : *DP 1873. 1. 407.*

3. En cas d'inefficacité des sûretés, le cessionnaire peut, sans invoquer les règles spéciales de garantie de la cession de créance, agir en résolution sur le fondement de l'art. 1184 anc. C. civ. • Civ. 1re, 31 oct. 1962 : *D. 1963. 363, note Champaud.*

4. … Parts sociales. Le cédant de parts sociales n'est tenu que de subroger l'acquéreur dans ses droits. A défaut de convention sur ce point, le cédant ne doit pas à l'acquéreur garantie de la conformité des travaux de construction au devis à lui remis. • Civ. 3e, 11 janv. 1977, n° 75-13.937 P. – V. aussi • Paris, 29 avr. 1967 : *JCP 1967. II. 15122, concl. Fortier* • TGI Grasse, 12 déc. 1969 : *JCP 1972. II. 17253, note Petot-Fontaine* • Civ. 3e, 9 avr. 1970 : *D. 1970. 726* ; *JCP 1971. II. 16925, note Petot-Fontaine* • 15 mars 2006, n° 04-19.337 P : *AJDI 2006. 764, obs. Porcheron* .

5. Obligation de restitution d'un prêt annulé. L'obligation de restituer inhérente au contrat de prêt demeurant valable tant que les parties n'ont pas été remises en l'état antérieur à la conclusion de leur convention annulée, la cession de la créance résultant du prêt annulé doit continuer de produire effet. • Com. 3 déc. 2002, n° 00-16.957 P.

Art. 1694 *(Abrogé par Ord. n° 2016-131 du 10 févr. 2016, art. 5-6°, à compter du 1er oct. 2016)* ***Il ne répond de la solvabilité du débiteur que lorsqu'il s'y est engagé, et jusqu'à concurrence seulement du prix qu'il a retiré de la créance.***

Sur l'entrée en vigueur des dispositions issues de l'Ord. n° 2016-131 du 10 févr. 2016, V. cette Ord., art. 9, ss. art. 1386-1.

V. art. 1326.

Art. 1695 *(Abrogé par Ord. n° 2016-131 du 10 févr. 2016, art. 5-6°, à compter du 1er oct. 2016)* ***Lorsqu'il a promis la garantie de la solvabilité du débiteur, cette promesse ne s'entend que de la solvabilité actuelle, et ne s'étend pas au temps à venir, si le cédant ne l'a expressément stipulé.***

Sur l'entrée en vigueur des dispositions issues de l'Ord. n° 2016-131 du 10 févr. 2016, V. cette Ord., art. 9, ss. art. 1386-1.

V. art. 1326.

Art. 1696 **Celui qui vend une** *(L. n° 2009-526 du 12 mai 2009, art. 10)* **« succession » sans en spécifier en détail les objets, n'est tenu de garantir que sa qualité d'héritier.**

RÉP. CIV. v° *Cession de droits successifs*, par D. Guével et J. Boisson.

Si la cession de droits successifs n'a pas pour effet de transférer au cessionnaire la qualité d'héritier qui appartient au cédant, elle a pour effet de le faire bénéficier de tous les avantages patrimoniaux attachés à cette qualité et, notamment, du droit de prendre part au partage de la succession. • Civ. 1re, 17 mai 1977, n° 75-15.309 P. – V. aussi • Civ. 1re, 9 janv. 1980 : *D. 1980. 293, note Breton ; JCP 1980. II. 19420, note Patarin.*

Art. 1697 **S'il avait déjà profité des fruits de quelque fonds, ou reçu le montant de quelque créance appartenant à cette** *(L. n° 2009-526 du 12 mai 2009, art. 10)* **« succession », ou vendu quelques effets de la succession, il est tenu de les rembourser à l'acquéreur, s'il ne les a expressément réservés lors de la vente.**

Art. 1698 **L'acquéreur doit de son côté rembourser au vendeur ce que celui-ci a payé pour les dettes et charges de la succession, et lui faire raison de tout ce dont il était créancier, s'il n'y a stipulation contraire.**

Art. 1699 **Celui contre lequel on a cédé un droit litigieux peut s'en faire tenir quitte par le cessionnaire, en lui remboursant le prix réel de la cession avec les frais et loyaux coûts, et avec les intérêts à compter du jour où le cessionnaire a payé le prix de la cession à lui faite.**

RÉP. CIV. v° *Cession de droits litigieux*, par E. Savaux.

BIBL. ▶ Pollaud-Dulian, *D. 2012. Chron. 834* (prix du retrait litigieux dans les cessions globales de créances).

1. Interprétation stricte. Le retrait litigieux est une institution dont le caractère exceptionnel impose une interprétation stricte. • Civ. 1re, 20 janv. 2004, n° 00-20.086 P : *JCP 2004. II. 10033, concl. Sainte-Rose.*

A. DOMAINE DU RETRAIT LITIGIEUX

2. Cessions de créance. Sur la possibilité d'appliquer les règles du retrait litigieux à la cession de créance, V. art. 1701-1.

3. Cessions gratuites (non). L'exercice du droit de retrait prévu par l'art. 1699 suppose que le droit litigieux a été cédé moyennant un prix que le retrayant rembourse au cessionnaire de la créance pour mettre un terme au litige ; cassation de l'arrêt ayant retenu qu'une cession de créance à titre gratuit permet l'exercice d'un tel droit. • *Civ. 1re, 17 janv. 2018,* n° 16-21.097 P : *D. 2018. Chron. C. cass. 748, obs. Vitse* . ♦ *Contra* précédemment : la cession de créance peut être faite à titre gratuit. • Com. 31 mars 1998 : *LPA 19 mai 1999, note Humann.*

4. Nécessité d'une cession spéculative (non). L'exercice du droit de retrait litigieux n'est pas subordonné à l'existence d'une intention spéculative des parties à la cession de créance. • Com. 15 janv. 2013, n° 11-27.298 P : *D. 2013. 246, obs. Delpech ; ibid. 542, note Gout ; RTD civ. 2013. 376, obs. Barbier ; JCP 2013, n° 380, obs. Dagorne-Labbe ; RDC 2013. 933, obs. Libchaber ; ibid. 997, obs. Pellet.*

5. Cession d'un ensemble de créances. La cession en bloc d'un grand nombre de droits et créances ne fait pas obstacle à l'exercice du droit de retrait litigieux à l'égard d'une créance qui y est incluse dès lors que la détermination de son prix est possible. • Civ. 1re, 4 juin 2007 : *JCP E 2007. 2580, note Markhoff* • Com. 15 janv. 2013 : *préc. note 4.* ♦ Il appartient au juge, dans le cas d'un prix global, de dire si le prix était déterminable en fonction des éléments d'appréciation précis et concrets produits par les parties, au besoin justifiés par des documents rendus anonymes. • Com. 31 janv. 2012, n° 10-20.972 P : *D. 2012. 498, obs. Delpech ; RDC 2012. 838, obs. Libchaber.* ♦ V. aussi • Civ. 1re, 12 juill. 2005, n° 02-12.451 P : *CCC 2005, n° 199, note Leveneur ; RTD civ. 2005. 793, obs. Gautier* (cassation pour refus d'application de l'art. 1699 de l'arrêt condamnant des emprunteurs au paiement de leur dette, alors que ceux-ci avaient sollicité la communication par le cédant et le cessionnaire du prix de la créance particulière alléguée et des frais et loyaux coûts afférents).

6. Le seul fait que la cession intervenue ait été faite pour un prix global calculé statistiquement et non créance par créance n'est pas, en soi, de nature à écarter l'application de l'art. 1699. • Civ. 1re, 4 juin 2007 : *préc. note 5* (rejet du pourvoi contre l'arrêt ayant admis l'application à la créance litigieuse d'un taux 14,4 % qui était celui appliqué à l'ensemble des créances). ♦ Cassation de l'arrêt qui rejette la demande de retrait litigieux au motif que les créances ont été cédées pour un prix global et forfaitaire, alors que la cour d'appel a constaté que les créances pouvaient être individualisées. • Com. 27 mai 2008, n° 07-11.428 P : *RTD civ. 2008. 481, obs. Fages*. ♦ Comp. • Com. 18 sept. 2007 : *JCP E 2007. 2580, note Markhoff* (exercice du droit au retrait litigieux jugé impossible, selon l'appréciation souveraine des juges du fond, fondée en l'espèce sur les valeurs très inégales des créances incluant des créances litigieuses ou pas, échues ou non, d'un prix unique et du fait que le prix ne serait connu qu'à l'issue du recouvrement).

7. *Cession de droit réel.* Jugé que, si la faculté d'exercer le retrait litigieux n'est pas limitée aux cas où la cession a pour objet une créance ou un droit incorporel, mais s'étend aussi à ceux où c'est une chose ou un droit réel immobilier ou mobilier qui est cédé, le retrait litigieux cesse d'être possible lorsque le cédant est en possession du bien vendu au jour de la cession, car, dans ce cas, ce qui est vendu ce n'est pas un droit litigieux mais un bien ou un droit réel qu'on détient et que l'on peut livrer. • Paris, 10 avr. 1967 : *D. 1967. 761.*

8. *Procédures collectives.* Le jugement de redressement judiciaire, emportant de plein droit interdiction de payer toute créance née antérieurement à ce jugement, proscrit l'exercice du retrait litigieux par les débiteurs soumis à la procédure collective. • Com. 12 oct. 2004, n° 03-11.615 P : *D. 2004. AJ 2790 ; JCP 2005. I. 107, n° 16, obs. Cabrillac et Pétel ; LPA 11 avr. 2005, note Lécuyer ; RTD civ. 2005. 417, obs. Gautier*. ♦ V. conf., pour un jugement de liquidation judiciaire : • Com. 14 févr. 2006 : *D. 2006. AJ 916, obs. A. Lienhard*. ♦ Le retrait litigieux ne peut être exercé par le liquidateur agissant dans l'intérêt collectif des créanciers. • Com. 9 mai 2007, n° 06-11.275 P : *D. 2007. AJ 1509 ; RTD civ. 2007. 583, obs. Gautier*. – V. aussi Lebel, *D. 2008. Chron. 2455* (retrait litigieux et procédures collectives).

B. CONDITIONS DU RETRAIT

9. *Notion de retrait litigieux.* Sur la notion de droit litigieux, V. notes ss. art. 1700. ♦ Sur la persistance du litige au moment de la date de retrait, V. notes 14 s. ♦ Sur la finalité du retrait de mettre fin au litige : le retrait litigieux tend à mettre un terme au litige portant sur les droits cédés, par le remboursement au retrayé du prix que celui-ci est tenu de payer à son cédant. En présence d'un contrat ne devant prendre effet que dans le cas d'une confirmation judiciaire définitive du titre de propriété du cédant, le retrait, qui n'aurait conféré au retrayant que des droits dont l'existence même dépendait de la solution du litige et n'aurait pas mis fin au procès, ne peut donc être admis. • Civ. 1re, 30 juin 1981 : *préc. note 1.* ♦ Mais une cession portant sur des droits litigieux étant faite sous réserve des résultats de procédures en cours, une offre de retrait peut être faite sans que puisse être opposée cette réserve, un droit litigieux étant nécessairement aléatoire. • Civ. 1re, 26 mars 1985, n° 83-13.600 P. ♦ L'existence d'un prix de cession complémentaire, fonction du résultat de la procédure, qui ne présente aucun caractère aléatoire, mais est déterminé et seulement soumis à une condition de perception des fonds, ne fait pas obstacle au retrait litigieux. • Com. 13 nov. 2007, n° 06-16-965 P : *D. 2007. AJ 3068, obs. Delpech.*

10. *Bénéficiaire : position de défendeur du retrayant.* Le retrait litigieux, institution dont le caractère exceptionnel impose une interprétation stricte, ne peut être exercé que par un défendeur à l'instance qui conteste le droit litigieux. • Civ. 1re, 20 janv. 2004, n° 00-20.086 P : *JCP 2004. II. 10033, concl. Sainte-Rose* • Civ. 3e, 19 nov. 2014, n° 13-24.372 P : *D. 2014. 2407 ; JCP 2015, n° 83, note Lebel ; ibid. 2015, n° 424, obs. Mayer.* – Déjà en ce sens : • Com. 26 mars 1973, n° 71-14.712 P • Civ. 1re, 10 janv. 1967, n° 64-10-790 P : *D. 1967. 193, note Frank.*

11. *Cessionnaire : qualité du retrayé.* Cassation de l'arrêt qui exclut l'application de l'art. 1699 au motif que la cession des créances litigieuses avait été réalisée au profit d'un fonds commun de créances, aux conditions prévues par l'art. L. 214-43 C. mon. fin. • Com. 15 avr. 2008, n° 03-15.969 P : *D. 2008. AJ 1341, obs. Avena-Robardet ; ibid. 1732, note Forti ; RLDC 2008/5, n° 2987, obs. Marraud des Grottes ; Dr. et patr. 9/2008. 97, obs. Mattout et Prüm.*

12. *... Consentement du retrayé (non).* Le retrait litigieux ne suppose pas d'être accepté par le retrayé. • Com. 19 déc. 2006, n° 04-15.818 P : *JCP E 2007. 1740, note Markhoff.*

13. *Formes du retrait.* Le retrait litigieux se réalise par la notification de son exercice par le retrayant au retrayé, peu important que le paiement effectif n'intervienne qu'après que la contestation affectant le droit cédé aura été tranchée, et il ne suppose pas d'être accepté par le retrayé. • Com. 19 déc. 2006 : *préc. note 12.* ♦ Si le retrayant doit avoir la qualité de défendeur à l'instance en contestation de la créance, il peut exercer son droit au retrait litigieux sans forme particulière, au besoin par une action engagée à cette fin ; recevabilité de l'action de la caution qui est défenderesse à l'instance qui a pour objet la contestation du droit litigieux. • Com. 26 mars

2013, n° 11-27.423 P : *D. 2013. 907*.

14. Date de la demande : persistance du litige. La faculté de retrait prévue par l'art. 1699 ne peut être exercée qu'autant que les droits cédés sont encore litigieux à la date de l'exercice de cette faculté. • Com. 13 nov. 2007, n° 06-14.503 P : *D. 2007. AJ 3068, obs. Delpech ; LPA 30 oct. 2008, note Traullé* (péremption d'instance intervenue avant l'offre de retrait), et sur renvoi • Com. 31 janv. 2012 : *préc. note 5.* ♦ Les droits cédés ont un caractère litigieux quand, en raison d'un pourvoi en cassation, le litige n'était pas encore réglé lors de la cession. • Civ. 1re, 24 mars 1965, n° 62-13.307 P : *D. 1965. 430, note A. B.* ♦ Sur la condition d'antériorité du litige par rapport à la cession (à propos d'une assignation en résolution d'une vente et de la cession de la créance de restitution effectuées le même jour) : • Civ. 3e, 16 juin 1993, n° 91-17.446 P : *Defrénois 1994. 809, obs. Delebecque ; RTD civ. 1994. 371, obs. Gautier*. – V. aussi • Com. 15 janv. 2002, n° 99-15.370 P.

15. ... Demande en appel. Recevabilité en appel de l'exercice d'une faculté de retrait qui, tendant à limiter une condamnation au paiement, constitue un moyen de défense. • Paris, 27 mars 1998 : *D. 1998. IR 116*.

16. ... Demande au cours d'une procédure d'exécution. Irrecevabilité de la demande de retrait litigieux, la cession de créance avait été notifiée avant l'audience d'orientation et la demande de retrait litigieux n'ayant été formulée qu'en cause d'appel alors qu'elle aurait pu l'être avant que le juge de l'exécution se prononce sur les contestations et vide sa saisine. • Civ. 2e, 4 déc. 2014, n° 13-25.433 P.

17. ... Demande au cours d'une procédure d'arbitrage. L'exercice du retrait litigieux affectant l'exécution de la sentence arbitrale, cassation de l'arrêt qui considère que le retrait litigieux n'entre pas dans ses missions au titre de sa compétence arbitrale. • Civ. 1re, 28 févr. 2018, n° 16-22.112 P : *D. 2018. 1934, obs. d'Avout et Bollée ; ibid. 2448, obs. Clay ; AJ contrat 2018. 187, obs. Jourdan-Marques ; RTD civ. 2018. 411, obs. Barbier ; ibid. 431, obs. Gautier ; Rev. crit. DIP 2018. 862, note Muir Watt ; JCP 2018, n° 640, note Casson ; RDC 2018. 354, obs. Libchaber.*

Art. 1700 La chose est censée litigieuse dès qu'il y a procès et contestation sur le fond du droit.

1. Notion de droit litigieux. Le retrait litigieux, institution dont le caractère exceptionnel impose une interprétation stricte, ne peut être exercé que si, antérieurement à la cession, un procès a été engagé sur le bien-fondé du droit cédé et qu'au cours de l'instance, celui qui entend exercer le retrait a, en qualité de défendeur, contesté ce droit au fond. • Com. 20 avr. 2017, n° 15-24.131 P : *D. 2017. 918 ; AJ contrat 2017. 281, obs. Forti ; RTD civ. 2017. 681, obs. Gautier*. ♦ Nécessité d'une contestation sur le fond antérieurement à la cession. • Civ. 1re, 12 nov. 2015, n° 14-23.401 P : *cité note 19 ss. art. 1690.* ♦ Déjà : le retrait peut seulement être invoqué par le défendeur à qui le droit prétendu a été opposé et qui veut en être tenu quitte, s'il existe présentement entre les parties une contestation qui a fait l'objet d'un exploit introductif d'instance et qui mette en question le droit lui-même et non pas seulement les modalités de son exercice, son exécution ou des difficultés procédurales. • Paris, 28 juin 1966 : *Gaz. Pal. 1966. 2. 309, concl. Ricalens* ; pourvoi rejeté : • Civ. 1re, 30 oct. 1968 : *D. 1969. 80, note A. B.* ♦ Sur l'objectif de mettre fin au litige, V. note 9 ss. art. 1699.

2. L'opposition formée par une partie à une ordonnance d'*exequatur* d'une sentence arbitrale qui a condamné l'opposant à payer une certaine somme, étant susceptible d'aboutir au prononcé de la nullité de la sentence, imprime à la créance un caractère litigieux. • Civ. 1re, 9 janv. 1974, n° 72-14.488 P. – V. aussi • Paris, 11 févr. 1969 : *D. 1970. 522, note Larroumet.*

3. Ne porte pas sur le fond du droit la contestation sur l'opposabilité d'une fusion-absorption affectant la banque qui a ultérieurement cédé sa créance. • Com. 19 juin 2012, n° 11-11.210 P.

4. Droit litigieux accessoire. Le retrait litigieux est impossible lorsque le droit litigieux est inséparable d'un droit principal dont il constitue l'accessoire. Les juges du fond apprécient souverainement le caractère inséparable du droit litigieux. • Civ. 3e, 31 mai 1978, n° 77-20.007 P • Com. 15 janv. 2013 : *cité note 4 ss. art. 1699.* ♦ Dès lors que la contestation soumise au juge avant la cession a porté seulement sur la justification du calcul des intérêts, la discussion était relative à un accessoire du droit cédé sans remettre en cause l'existence même du droit ou son étendue, de sorte qu'en l'absence de contestation sur le fond de la créance le retrait litigieux ne pouvait être exercé. • Com. 26 févr. 2002, n° 99-12.228 P : *D. 2002. AJ 1344 ; Defrénois 2002. 767, obs. Savaux ; RTD civ. 2002. 532, obs. Gautier*.

5. Date du litige et de la demande. Sur la persistance du litige au moment de la demande de retrait, V. notes ss. art. 1699.

Art. 1701 La disposition portée en l'article 1699 cesse :

1° Dans le cas où la cession a été faite à un cohéritier ou copropriétaire du droit cédé ;

2° Lorsqu'elle a été faite à un créancier en payement de ce qui lui est dû ;

3° Lorsqu'elle a été faite au possesseur de l'héritage sujet au droit litigieux.

1. La notion de copropriétaire du droit cédé, énoncée à l'art. 1701, 1°, doit être prise dans son sens large et peut être appliquée en cas d'existence d'une société entre le cédant et le cessionnaire. • Colmar, 2 juill. 1974 : *JCP 1976. II. 18241, note Burst.*

2. Le cessionnaire de droits litigieux est fondé à s'opposer, en application de l'art. 1701, 2°, au retrait que prétend en exercer le débiteur cédé, dès lors qu'il résulte des circonstances que le cessionnaire était, à l'époque de la cession des droits litigieux, créancier du cédant, la date certaine n'étant pas exigée en matière commerciale. • Com. 22 avr. 1976, n° 74-14.290 P. ◆ L'existence d'une créance antérieure à la cession de créance, constituée par un compte courant d'associé, fait obstacle à l'exercice du retrait litigieux, peu importe à cet égard que seuls certains titulaires du compte indivis y aient effectué des apports. • Com. 8 févr. 2023, n° 21-11.415 B. ◆ V. aussi, sur l'application de l'art. 1701, 2°, • Paris, 5 déc. 1997 : *D. 1998. IR 27 ; RTD civ. 1998. 694, obs. Gautier.*

Loi n° 76-519 du 15 juin 1976,

Relative à certaines formes de transmission des créances.

BIBL. ▸ DAGOT, *JCP 1976. I. 2820.* – JESTAZ, *RTD civ. 1976. 647.* – VION, *Defrénois 1976. 1081.*

Art. 1er Pour permettre au créancier de poursuivre le recouvrement de sa créance, le notaire établit une copie exécutoire, qui rapporte littéralement les termes de l'acte authentique qu'il a dressé. Il la certifie conforme à l'original et la revêt de la formule exécutoire.

Art. 2 Aucune créance ne peut faire l'objet d'une copie exécutoire au porteur.

Art. 3 Sous réserve des dispositions de l'article 15, il ne peut être créé de copie exécutoire à ordre qu'en représentation d'une créance garantie par un privilège spécial immobilier ou par une hypothèque immobilière.

Art. 4 La copie exécutoire à ordre, autorisée comme il est dit à l'article 3, ne peut être établie que si sa création a été prévue dans l'acte notarié constatant la créance ou dans un acte rédigé à la suite de celui-ci. En cas de fractionnement de la créance ou de pluralité de créanciers, cet acte doit indiquer le nombre de copies exécutoires et le montant de la somme pour laquelle chacune d'elles sera établie.

Art. 5 La copie exécutoire à ordre est établie au nom du créancier.

Lors de sa remise au créancier, elle doit comporter les mentions suivantes :

1° La dénomination "copie exécutoire à ordre (transmissible par endossement)" ;

2° Le texte des articles 6, alinéa 1, et 7 de la présente loi ;

3° Le montant de la somme due ou restant due à concurrence de laquelle elle vaut titre exécutoire ;

4° La mention "copie exécutoire unique" ou l'indication de son numéro, au cas de pluralité de copies exécutoires ;

5° La référence complète à l'inscription de la sûreté et la date extrême d'effet de cette inscription.

Le titre dans lequel une des mentions indiquées ci-dessus fait défaut, ne vaut pas comme copie exécutoire à ordre.

Art. 6 L'endossement de la copie exécutoire à ordre est obligatoirement constaté par acte notarié et porté sur la copie exécutoire elle-même.

La mention d'endos porte la date de son apposition, la signature de l'endosseur, le montant de la somme due ou restant due au moment de l'endossement, la désignation de l'endossataire, son acceptation et sa signature, ainsi que la désignation et la signature du *notaire.*

L'endossement emporte transfert de la créance et de ses accessoires, s'il n'est stipulé fait à titre de procuration ou de nantissement.

Le transfert ou le nantissement d'une créance ayant donné lieu à l'établissement d'une copie exécutoire à ordre ne peut être effectué selon les formalités de l'article 1690 du code civil.

Un endossement à titre de procuration ne peut être effectué lorsque, par l'acte notarié ayant constaté la créance, un établissement bancaire, financier, de crédit à statut légal spécial ou un notaire a été chargé de recevoir paiement pour le compte du créancier.

Le notaire signataire, en application de l'alinéa 2 ci-dessus, notifie l'endossement, par lettre recommandée avec demande d'avis de réception, au notaire qui a reçu l'acte ayant constaté la créance, au débiteur, le cas échéant au domicile élu dans l'acte constitutif de la créance, ainsi que, le cas échéant, à l'établissement bancaire, financier ou de crédit à statut légal spécial ou au notaire mandaté, aux termes de l'acte ayant constaté la créance, à l'effet de payer pour le compte du débiteur. Au cas d'endossement translatif ou à titre de nantissement, pareille notification doit être effectuée à l'établissement bancaire, financier ou de crédit à statut légal spécial ou au notaire chargé de recevoir paiement pour le compte du créancier, au cas où, par l'acte notarié ayant constaté la créance, un tel établissement ou un notaire aurait été désigné.

Les notifications prévues à l'alinéa précédent sont mentionnées par le notaire sur la copie exécutoire.

Le notaire qui a reçu l'acte ayant constaté la créance mentionne sur la minute de cet acte la notification qu'il a reçue du notaire signataire de l'endossement.

L'inobservation des règles énoncées aux premier et deuxième alinéas du présent article entraîne la nullité de l'endossement ; l'absence de l'une des notifications prévues au sixième alinéa entraîne son inopposabilité aux tiers.

A l'égard des tiers, sans qu'il soit besoin d'autre formalité, l'endossement prend effet à la date de la notification au débiteur, à moins que l'acte notarié ayant constaté la créance ait désigné un établissement bancaire, financier ou de crédit à statut légal spécial ou un notaire, mandaté à l'effet de payer pour le compte du débiteur, auquel cas l'endossement ne prend effet à l'égard des tiers qu'à la date de la notification adressée à cet établissement ou à ce notaire.

Art. 7 Le paiement total ou partiel du capital ne peut être exigé que sur présentation de la copie exécutoire à ordre, à moins qu'en vertu d'une disposition de l'acte ayant constaté la créance, le paiement doive être effectué à un établissement bancaire, financier ou de crédit à statut légal spécial ou à un notaire chargé d'exiger et de recevoir paiement pour le compte du créancier.

Les paiements anticipés ne libèrent le débiteur que s'ils sont portés sur la copie exécutoire à ordre ; toutefois, à l'égard du créancier qui a reçu l'un de ces paiements ou d'un créancier de ce dernier ayant fait *(Ord. n° 2011-1895 du 19 déc. 2011, art. 3-13°, en vigueur le 1er juin 2012)* « saisie », la libération du débiteur peut être établie dans les conditions du droit commun.

Art. 8 Le débiteur actionné en vertu d'une copie exécutoire à ordre ne peut pas opposer au créancier qui en est titulaire les exceptions fondées sur ses rapports personnels avec les créanciers antérieurs, à moins que le créancier titulaire de la créance, en acquérant celle-ci, n'ait agi sciemment au détriment du débiteur.

Art. 9 Le créancier n'a pas de recours, à raison de l'insolvabilité du débiteur, contre les créanciers précédemment titulaires de la copie exécutoire à ordre.

Art. 10 La mainlevée de l'inscription hypothécaire qui garantit une créance représentée par une copie exécutoire à ordre est donnée par le dernier endossataire.

Le droit d'établir l'acte de mainlevée n'appartient qu'au notaire détenteur de l'acte ayant constaté la créance.

Le notaire énonce dans l'acte de mainlevée la dernière mention d'endossement que comporte la copie exécutoire, ou, en cas de perte de celle-ci, la dernière mention de notification que comporte la minute ; en l'absence de mention, il atteste qu'il n'y a pas de mention d'endossement sur la copie exécutoire ou, en cas de perte de celle-ci, que la minute ne comporte pas de mention de notification.

Il revêt la copie exécutoire d'une mention de référence à l'acte de mainlevée et atteste dans ce dernier l'apposition de cette mention.

Il certifie dans le même acte que les règles prévues par l'article 6, alinéas 1, 2 et 6, ont été observées.

Ces énonciations dispensent *(Ord. n° 2010-638 du 10 juin 2010, art. 14, en vigueur le 1er janv. 2013)* « le service chargé de la publicité foncière » d'exiger d'autres justifications.

Art. 11 Les formalités mentionnées aux articles 5, alinéa 2, 2°, 6, 7 et à l'article 10, alinéa 5, ne sont pas obligatoires, lorsque la copie exécutoire à ordre est créée ou endossée au profit d'un établissement bancaire, financier ou de crédit à statut légal spécial *[établissement de crédit]*.

En cas d'endossement par un des établissements mentionnés à l'alinéa précédent au profit d'une personne autre que l'un de ces établissements, la copie exécutoire à ordre doit comporter la mention prévue par l'article 5, alinéa 2, 2°, s'il y a lieu, et la mention des paiements anticipés effectués antérieurement, à peine par l'établissement endosseur d'engager sa responsabilité envers le débiteur.

Art. 12 Toute créance, constatée par un acte reçu en brevet ou par un acte sous seing privé et garantie par un privilège immobilier spécial ou une hypothèque immobilière, ne peut être transmise qu'en conformité des dispositions de l'article 1690 du code civil.

Art. 13 La créance, constatée par un acte reçu en minute et garantie par un privilège immobilier spécial ou une hypothèque immobilière, peut être représentée par des billets ou effets négociables dont la transmission emporte transfert de la créance et de la sûreté, sans qu'il soit besoin d'autre formalité.

Toutefois :

La création de ces billets ou effets doit avoir été prévue par l'acte ayant constaté la créance ;

Ces billets ou effets ne peuvent être souscrits, tirés ou endossés qu'au bénéfice d'un établissement bancaire, financier ou de crédit à statut légal spécial ;

La créance ne peut pas être représentée par une copie exécutoire à ordre.

Art. 14 Les dispositions des articles 6, 7 et 10, 12 et 13 de la présente loi ne dérogent pas aux lois spéciales et notamment aux dispositions du titre III *[codifié au C. mon. fin. (Ord. n° 2000-1223 du 14 déc. 2000), art. L. 313-36 à L. 313-41]* de l'ordonnance n° 67-838 du 28 septembre 1967, portant réforme du crédit aux entreprises, et de l'article 16 *[codifié au C. mon. fin., préc., art. L. 313-42 à L. 313-49]* de la loi n° 69-1263 du 31 décembre 1969, portant diverses dispositions d'ordre économique et financier. — *V. ces textes au* **C. com.**

Art. 15 Les dispositions de l'article 3 et des articles suivants de la présente loi ne sont pas applicables à la création et à la transmission de copies exécutoires à ordre représentant des créances garanties par une hypothèque sur un bateau de navigation intérieure, un navire ou autre bâtiment de mer ou un aéronef.

Art. 16 La présente loi est applicable aux copies exécutoires, billets et effets délivrés, souscrits ou tirés après l'expiration du délai d'un mois, à compter de sa promulgation.

Les copies exécutoires au porteur et les copies exécutoires à ordre, délivrées antérieurement à l'entrée en vigueur de la présente loi, devront être transformées, en cas de prorogation du terme prévu pour le paiement, en copies exécutoires nominatives ou en copies exécutoires à ordre régies par les dispositions de ladite loi.

Les billets ou effets, souscrits ou tirés antérieurement à l'entrée en vigueur de la présente loi, ne pourront donner lieu à prorogation du terme prévu pour le paiement que si les conditions fixées à l'article 13 sont remplies.

Art. 17 Les dispositions de la présente loi sont d'ordre public.

Art. 18 Les dispositions de la présente loi sont applicables dans les territoires d'outre-mer.

Art. 1701-1 *(Ord. n° 2016-131 du 10 févr. 2016, art. 5-6°, en vigueur le 1er oct. 2016)* **Les articles 1689 à 1691 et 1693 ne s'appliquent pas aux cessions régies par les articles 1321 à 1326 du présent code.**

Sur l'entrée en vigueur des dispositions issues de l'Ord. n° 2016-131 du 10 févr. 2016, V. cette Ord., art. 9, ss. art. 1386-1.

TITRE VII DE L'ÉCHANGE

RÉP. CIV. v° *Échange*, par C. CAILLÉ.

BIBL. GÉN. ▶ GUIGUET-SCHIELE, *RTD civ. 2013. 539* . – SOUSI-ROUBI, *RTD civ. 1978. 257.* – DONSIMONI, *JCP N 1998. 665* (aspects fiscaux). – VAN EECKHOUT, *RDC 2006. 917* (renouveau du troc dans la vie des affaires ?). ▶ **Systèmes économiques locaux (SEL) :** LIBCHABER, *obs. RTD civ. 1998. 800.* – RAYMOND, *CCC 1996. Chron. 8.*

Art. 1702 **L'échange est un contrat par lequel les parties se donnent respectivement une chose pour une autre.**

1. Qualification : soulte disproportionnée. La disproportion des biens échangés manifestée par une soulte dépassant de beaucoup la valeur du bien acquis par une des parties exclut la qualification d'échange et l'acte est en réalité une vente. • Civ. 3e, 15 mars 1977, n° 75-14.664 P. ♦ V. aussi, pour l'application de l'art. L. 412-3 C. rur. (droit de préemption du preneur) : • Civ. 3e, 9 janv. 1991, n° 89-13.865 P : *JCP N 1992. II. 16, note J.-M. G.* (échange de deux parcelles conclu frauduleusement, la soulte représentant une valeur huit fois supérieure à la plus petite parcelle). ♦ V. aussi note ss. art. 1707. ♦ Mais la requalification en vente doit être écartée si, nonobstant le montant important de la soulte, il ressort des éléments de la cause que les parties ont réellement entendu, au moment où elles ont contracté, conclure un échange. • Metz, 8 févr. 2000 : *JCP 2001. II. 10520, note Hocquet-Berg* (exclusion de la rescision pour lésion).

2. Vente et achat en bourse concomitants. Des opérations, même simultanées, d'achat et de vente en bourse de titres ne peuvent être considérées comme un échange de titres ; les caractères essentiels d'une opération de bourse sont, en effet, incompatibles avec ceux d'un échange, les deux opérations devant faire l'objet de règlements distincts, de sorte que les titres objets de l'un des ordres ne peuvent être considérés comme le règlement de l'autre. • Com. 3 mai 1973 : *Bull. civ. IV, n° 158.*

3. Erreur sur la nature du contrat. Commet une erreur sur la nature de la convention celui qui a cru que la signature le même jour de deux actes portant, l'un sur le terrain qu'il vendait, l'autre sur celui qu'il achetait, réalisait l'opération sous la forme juridique d'un échange, alors qu'il s'agissait en réalité de deux actes de vente concomitants. • Civ. 3e, 18 mars 1980 : *Bull. civ. III, n° 65.*

4. Échange de parcelles. Caractérise un échange de parcelles le fait, dans le cadre de la création d'un lotissement nécessitant un remembrement, pour les membres d'une association foncière, de récupérer des droits de propriété équivalents à ceux qu'ils avaient délaissés au profit de cette association. • Com. 3 avr. 2012 : *D. 2012. 1064.*

Sur la dissimulation dans la soulte d'un échange, V. art. 1202.

Sur les échanges d'immeubles ruraux ou forestiers, V. C. rur., art. L. 124-1 s., et C. for., art. L. 331-18. — ***C. rur.***

Sur l'échange des biens et des droits à caractère immobilier qui appartiennent aux personnes publiques, V. CGPPP (Ord. n° 2006-460 du 21 avr. 2006, JO 22 avr.), art. L. 1111-2 s. — ***CGPPP.***

Sur l'échange de logements entre locataires, V. L. n° 89-462 du 6 juill. 1989, art. 9, ss. art. 1778.

Art. 1703 **L'échange s'opère par le seul consentement, de la même manière que la vente.**

Échange avec soulte : formation. Lorsque les biens à échanger sont de valeur différente, le consentement réciproque des parties nécessaire à la perfection de la convention doit porter, non seulement sur les biens à échanger, mais aussi sur le montant de la soulte. • Civ. 3e, 27 nov. 1984 : *D. 1985. 76* (principe d'une soulte proposé par l'expert désigné en justice dans le cadre d'un conflit opposant les parties à propos d'empiétements réciproques) • 20 juin 1989, n° 88-10.502 P : *Defrénois 1990. 499, obs. Vermelle* (nécessité d'une soulte déduite du refus d'une des parties d'accepter purement et simplement les offres qui lui étaient faites, de la proposition de modifications et du recours à une expertise). ♦ Sur la portée de cette solution, V. notes Méga-code civil 2014 (un échange de biens de valeurs différentes est possible sans soulte, et l'accord sur la soulte n'est requis que lorsque sa nécessité a été admise par les parties).

Art. 1704 **Si l'un des copermutants a déjà reçu la chose à lui donnée en échange, et qu'il prouve ensuite que l'autre contractant n'est pas propriétaire de cette chose, il ne peut pas être forcé à livrer celle qu'il a promise en contre-échange, mais seulement à rendre celle qu'il a reçue.**

Usufruitier. L'échange d'un bien par l'usufruitier sans l'accord du nu-propriétaire est entaché d'une nullité relative dont seul le coéchangiste peut se prévaloir et qui peut être couverte par la ratification du nu-propriétaire. • Civ. 3e, 23 mai 2002, n° 00-17.604 P : *D. 2003. Somm. 2050, obs. Mallet-Bricout ; Defrénois 2002. 1311, obs. Atias ; CCC 2002, n° 136, note Leveneur.*

Art. 1705 **Le copermutant qui est évincé de la chose qu'il a reçue en échange, a le choix de conclure à des dommages et intérêts, ou de répéter sa chose.**

Art. 1706 **La rescision pour cause de lésion n'a pas lieu dans le contrat d'échange.**

V. • Metz, 8 févr. 2000 : *cité note 1 ss. art. 1702.*

Art. 1707 **Toutes les autres règles prescrites pour le contrat de vente s'appliquent d'ailleurs à l'échange.**

Sur les actes de gestion du patrimoine des personnes placées en curatelle ou en tutelle, V. Décr. n° 2008-1484 du 22 déc. 2008, ss. art. 496.

L'échange de biens ruraux accompli sans fraude échappe au droit de préemption du preneur. • Civ. 3e, 22 mars 1977 : *Bull. civ. III, n° 140.* ♦ L'annulation d'un échange frauduleux (fraude aux droits du preneur) n'est pas subordonnée à la mauvaise foi du coéchangiste. • Civ. 3e, 3 mars 1976 : *Bull. civ. III, n° 102.* ♦ V. aussi note 1 ss. art. 1702.

TITRE VIII DU CONTRAT DE LOUAGE

CHAPITRE I DISPOSITIONS GÉNÉRALES

V. au **Code des baux Dalloz** *les annotations insérées sous les art. 1708 à 1778 C. civ.*

Art. 1708 Il y a deux sortes de contrats de louage :
Celui des choses,
Et celui d'ouvrage.

Art. 1709 **Le louage des choses est un contrat par lequel l'une des parties s'oblige à faire jouir l'autre d'une chose pendant un certain temps, et moyennant un certain prix que celle-ci s'oblige de lui payer.**

RÉP. CIV. v° *Bail*, par C. AUBERT DE VINCELLES et C. NOBLOT.

I. QUALIFICATION

1. *Existence d'une contrepartie.* L'existence d'un bail, quelle qu'en soit la durée, implique la stipulation d'un prix sérieux. • Civ. 3e, 20 déc. 1971, n° 70-13.540 P : *R. 1971/72, p. 56* • 27 avr. 1976, n° 74-13.925 P. ♦ V. aussi ss. art. 1876. ♦ Comp. *infra* note 4 pour les baux emphytéotiques. ♦ Sur la détermination du prix, V. notes ss. art. 1163 et 1716 et, pour la vente, notes ss. art. 1591. ♦ Une cour d'appel ne peut prononcer la résiliation d'un bail pour sous-location prohibée sans caractériser l'existence d'une obligation de paiement à la charge du prétendu sous-locataire. • Civ. 3e, 5 juill. 1995, n° 93-10.924 P : *D. 1996. Somm. 363, obs. CRDP Nancy 2*. ♦ Même sens : • Civ. 3e, 5 mai 1999, n° 97-15.598 P : *D. 1999. IR 139* ; *Gaz. Pal. 2001. 1190, note Rémy.* ♦ La valorisation patrimoniale des terres par l'exploitant qui perçoit les droits à paiement unique qui lui sont concédés par le propriétaire et la préservation desdits droits au bénéfice de celui-ci ne sont pas de nature à constituer la contrepartie onéreuse de la mise à disposition des terres. • Civ. 3e, 24 avr. 2013, n° 12-12.677 P : *D. 2013. 1133*.

A. NATURE DU DROIT DU PRENEUR

2. *Droit personnel.* Le contrat de louage ne confère au preneur sur l'immeuble loué qu'un droit purement mobilier et personnel. • Req. 6 mars 1861 : *GAJC, 11e éd., n° 255* ; *DP 1861. 1. 417.* – Derruppé, *Mél. L. Boyer, PU Toulouse, 1996, p. 169* (retour sur le droit réel du locataire).

3. *Usage et habitation.* Distinction du bail et de la constitution d'un droit d'usage et d'habitation : V. • Civ. 3e, 18 mai 1994, n° 92-16.570 P : *D. 1996. Somm. 363, et les obs.* ; *JCP N 1994. II. 359, note Pillebout* ; *RTD civ. 1995. 921, obs. Zenati*.

4. *Bail emphytéotique.* Les règles qui régissent le louage ordinaire n'ont jamais été applicables au louage emphytéotique qui a ses règles propres et dont la caractéristique est la faible redevance versée au bailleur qui, en compensation, devient propriétaire à l'expiration du bail des constructions édifiées pendant la location sans verser aucune indemnité. • Civ. 3e, 16 avr. 1970 : *Bull. civ. III, n° 251.* ♦ V. aussi : • Civ. 3e, 6 juin 1984, n° 83-11.540 P (refus de résiliation du contrat à la suite du non-paiement de la redevance symbolique de 1 F, sanction qui viderait de sa substance un accord lié à un transfert de coefficient d'occupation des sols). • Civ. 3e, 8 sept. 2016, n° 15-21.381 P : *D. 2016. 1818* ; *RDC 2017. 65, note Seube ; ibid. 135, note Danos*. (distinction avec le bail à construction). ♦ Sur la distinction entre bail ordinaire et bail emphytéotique, V. aussi • Civ. 3e, 13 mai 1998, n° 96-13.586 P : *D. 1998. Somm. 346, obs. A. Robert* • 7 avr. 2004, n° 02-19.870 P • 29 avr. 2009, n° 08-10.944 P : *RLDC 2009/64, n° 3592, obs. Parance.* ♦ Sur la validité des baux conclus par l'emphytéote, V. ss. art. 1713.

5. *Bail à construction.* Le bail à construction conférant au preneur un droit réel immobilier, la clause soumettant la cession à l'agrément du bailleur, qui constitue une restriction au droit de céder du preneur contraire à la liberté de cession, est nulle et de nul effet. • Civ. 3e, 24 sept. 2014, n° 13-22.357 P : *D. 2014. 1939* ; *LPA, 30 mars 2015, p. 7, note Leprince ; RDC 2015. 59, note Seube ; ibid.. 63, note Boffa ; JCP N 2015, n° 1112, obs. Mekki.*

6. *Extraction de matériaux.* Le contrat donnant à l'une des parties le droit d'extraire et de disposer des matériaux extraits d'une carrière de pierres s'analyse en une vente de matériaux et de meubles par anticipation, les juges du fond énonçant à bon droit qu'il ne peut y avoir contrat de louage lorsque le preneur consomme la substance même de la chose, objet du contrat. • Civ. 3e, 23 oct. 1983, n° 82-11.610 P. – Déjà en ce sens : • Civ. 3e, 30 mai 1969 : *D. 1969. 561.*

7. *Logement de fonction.* En présence d'un contrat stipulant que l'attribution du logement ne constitue à aucun titre une location relevant du code civil et de la législation spéciale sur les loyers mais n'est consentie qu'à titre d'accessoire du contrat de travail, le logement n'étant réservé qu'aux salariés et l'employeur pouvant y mettre fin à tout moment et sans indemnité au cas de départ de l'agent, la cour d'appel a pu en déduire que l'agent n'était pas titulaire d'un contrat de bail. • Civ. 3e, 22 juin 2017, n° 16-15.743 P : *D. 2017. 1361* ; *AJDI 2017. 835, obs. Damas* .

8. Location de véhicules soumis à autorisation. La location d'un véhicule sanitaire muni d'une autorisation doit être assimilée à la cession du droit d'usage de celui-ci, au sens de l'art. R. 6312-37 CSP, et elle est donc licite. • Com. 20 févr. 2019, n° 18-10.422 P. ♦ Un tel contrat doit être qualifié de contrat de location de véhicules sanitaires munis d'une autorisation de mise en service, ces autorisations n'en étant pas détachables, et non comme des contrats de location de la seule autorisation de mise en service de ces véhicules. • Même arrêt.

9. Prestation de services (non). Le contrat de location d'un logement, en ce qu'il oblige le bailleur à mettre un immeuble à la disposition du locataire afin qu'il en jouisse pendant un certain temps, sans imposer au premier, à titre principal, l'exécution d'une prestation, ne constitue pas un contrat de fourniture de services. • Civ. 1re, 19 juin 2019, n° 18-10.424 P : *D. 2019. 1332* ; *RTD civ. 2019. 605, obs. Gautier* .

B. NATURE DE LA JOUISSANCE CONCÉDÉE

1° OCCUPATION PRIVATIVE

10. En l'absence d'une libre disposition du local à titre exclusif, la convention ne peut être qualifiée de bail. • Civ. 3e, 11 janv. 2006, n° 04-19.736 P : *D. 2007. Pan. 903, obs. Damas* ; *Defrénois 2006. 721, note Savaux ; LPA 20 oct. 2006, note Rakotovahiny ; RDC 2006. 758, obs. Seube (1re esp.)* (convention de mise à disposition d'un bassin de piscine au profit d'un enseignant de gymnastique aquatique à titre libéral). ♦ Ne constitue pas un bail mais un contrat de prestation de services la convention par laquelle une société exploitant un golf donne à un professeur de golf l'autorisation d'y donner des leçons moyennant le reversement d'un pourcentage de ses honoraires. • Versailles, 10 mai 2000 : *RDI 2000. 609, obs. Collart-Dutilleul* . ♦ Ne constitue pas une sous-location le contrat de collaboration mettant à la charge de son titulaire la rétrocession de partie de ses honoraires au titulaire du bail. • Civ. 3e, 22 oct. 2003, n° 02-12.977 P : *JCP E 2004. 602, note N. Ferrier ; Defrénois 2004. 445, obs. Aubert ; LPA 11 oct. 2004, obs. Pignarre ; RDC 2004. 362, obs. Seube.*

2° DURÉE DE LA JOUISSANCE

11. Locations saisonnières. BIBL. P. Lagarde, *Étude Bellet, Litec, 1991, p. 281* (locations de vacances dans les conventions européennes de DIP). ♦ Nature juridique des locations saisonnières : V. • Civ. 3e, 2 juin 1977 : *D. 1977. 694.* – V. aussi : Bénabent et Lucas de Leyssac, *D. 1977. Chron. 241.* – Le Lièvre, *JCP N 1978. I. 205* (locations meublées saisonnières).

12. Convention d'occupation précaire. La qualification de convention d'occupation précaire nécessite de caractériser l'existence de circonstances particulières indépendantes de la seule volonté des parties au moment de la signature de la convention. • Civ. 3e, 29 avr. 2009, n° 08-10.506 P (bail d'habitation) • 29 avr. 2009, n° 08-13.308 P : *D. 2009. AJ 1354, obs. Rouquet* ; *RTD com. 2009. 529, obs. kenderian* ; *RDC 2010. 678, note Grimaldi* (bail commercial) • 15 oct. 2014, n° 13-20.085 P : *D. 2014. 2110, obs. Rouquet* . ♦ Notion de convention d'occupation précaire : V. Esmein, *JCP 1952. I. 1059.* – Pizzio, *JCP 1980. I. 2975.* – Roy-Loustaunau, *RTD com. 1987. 333 ; D. 1988. Chron. 216.* ♦ Convention d'occupation précaire et droit au logement : • Civ. 3e, 16 avr. 2015, n° 14-25.381 P (absence de discrimination entre les locataires occupant un logement dans le cadre d'un bail de droit privé et les occupants précaires d'un immeuble du domaine public relevant d'une réserve foncière).

3° JOUISSANCES COMPLÉTÉES PAR DES SERVICES

13. Location en meublé. Sur la soumission partielle des locations meublées servant de résidence principale au preneur à la L. du 6 juill. 1989, V. désormais art. 25-3 s. de ce texte.

14. Résidence universitaire. Sur la réglementation des contrats de résidence universitaire, V. art. L. 631-2 CCH, dans sa rédaction résultant de la L. n° 2014-366 du 24 mars 2014. ♦ Sur les règles applicables à des étudiants louant un logement meublé, V. L. 6 juill. 1989, art. 25-7 (durée pouvant être réduite à neuf mois, sans reconduction tacite dans ce cas).

15. Foyer de travailleurs. Les juges du fond ne peuvent qualifier contrat de location d'un local meublé la convention passée entre la société qui gère un foyer-hôtel et les travailleurs qui y résident, tout en retenant l'existence d'éléments qui excluent cette qualification (existence d'équipements et d'un règlement intérieur ayant pour objet d'assurer dans le cadre d'un habitat collectif les meilleures conditions de vie personnelle et collective). • Civ. 3e, 17 févr. 1981, n° 79-14.712 P : *R., p. 66* (contrat échappant à la compétence exclusive du tribunal d'instance).

16. Maison de retraite. Le contrat de séjour par lequel une maison de retraite s'oblige à héberger une personne âgée et à fournir des prestations hôtelières, sociales et médicales n'est pas soumis aux règles du code civil relatives au louage de choses. • Civ. 3e, 1er juill. 1998, n° 96-17.515 P : *D. 1998. IR 207* ; *CCC 1998, n° 140, note Leveneur ; JCP E 1999. 215, obs. Vialla* (absence de manquement de l'établissement dans le fait de ne pas mettre à disposition de la pensionnaire une chambre individuelle qui n'était pas prévue par le contrat). ♦ Dans le même sens : le contrat de séjour au sens de l'art. L. 311-4 CASF (séjour en EHPAD) est exclusif de la qualification de contrat de louage de chose. • Civ. 3e, 3 déc. 2020, n° 20-10.122 P : *D. 2020. 1048, obs. Damas* ; *RDSS 2021. 355, note Amiaud et Rihal* (exclusion de l'art. 1733) • 3 déc. 2020, n° 19-19.670 P : *D. 2021. Chron. C. cass. 980, obs. Collomp* ; *JCP 2021, n° 147, note Borghetti* ; *CCC 2021, n° 36, note Leveneur* (*idem*).

17. Hôtellerie. Sur la distinction du bail et du contrat d'hôtellerie, V. • Civ. 3e, 26 juin 1996, n° 94-16.850 P (location en meublé retenue d'après plusieurs indices, tels que la durée du contrat, l'acquisition de certains éléments de literie et l'installation de lignes téléphoniques personnelles) • Civ. 1re, 19 oct. 1999, n° 97-13.525 P : *D. 1999. IR 257* ; *LPA 16 nov. 2000, note Thioye* ; *RDI 2000. 96, obs. Collart-Dutilleul* (*idem* pour une résidence hôtelière, l'occupant étant notamment tenu de l'entretien de la chambre). ♦ Sur la qualification en contrat d'hôtellerie de la mise à disposition d'un studio à titre de complément de rémunération, V. • Civ. 1re, 26 févr. 1991, n° 89-17.501 P : *RTD civ. 1992. 140, obs. Gautier* (occupant chargé d'un reportage photographique sur les résidences louées par son donneur d'ordres).

4° JOUISSANCES INSÉRÉES DANS UN CONTRAT COMPLEXE

18. Location de coffre-fort. Lasserre Capdeville, *JCP 2015, n° 384*. – Contrat de location de coffre-fort et obligations incombant à la banque en vertu du contrat : V. • Req. 11 févr. 1946 : *D. 1946. 365, note Tunc* • Paris, 19 avr. 1984 : *JCP 1985. II. 20367, note Prévault* • Civ. 1re, 15 nov. 1988 : *D. 1989. 349, note Delebecque* • 29 mars 1989 : *JCP 1990. II. 21415, note Putman et Solletty* ; *RTD civ. 1989. 560, obs. Jourdain* • Com. 11 oct. 2005 : *cité note 3 ss. art. 1722.*

19. Location-vente. Analyse du contrat dit de « location-vente » : V. • Com. 7 févr. 1977 : *D. 1978. 702, note Nguyen Phu Duc.* ♦ Sur la location-accession à la propriété immobilière, V. Malinvaud et Jestaz, *D. 1985. Chron. 273.* – Saint-Alary et Saint-Alary Houin, *RDI 1985. 1.*

20. Crédit-bail. Qualification des opérations de crédit-bail régies par la L. du 2 juill. 1966 (C. mon. fin., art. L. 313-7 s.) : V. • Com. 14 mai 1985 : *Gaz. Pal. 1985. 2. 642, note Bey.*

21. Location de matériel informatique. Analyse d'un contrat de location de matériel informatique comportant une option d'échange, et appréciation du caractère perpétuel de l'engagement : • Com. 11 mai 2022, n° 19-22.015 B : *D. 2022. 1239, note Etienney-de Sainte Marie* ; *ibid. 2023. 254, obs. Boffa et Mekki* ; *RTD civ. 2022. 613, obs. Barbier* ; *JCP 2022, n° 845, note Houtcieff* ; *CCE 2022, n° 50, obs. Loiseau* ; *RDC 2022/4. 34, note Huet* ; *ibid. 44, note Seube.*

II. FORMATION DU BAIL

22. Éléments essentiels : chose et prix. Lorsqu'il y a accord sur la chose et sur le prix, la promesse de bail vaut bail dès lors qu'il n'est pas démontré que les parties avaient fait de la réitération par acte notarié un élément constitutif de leur consentement. • Civ. 3e, 28 mai 1997, n° 95-17.953 P : *CCC 1997, n° 131, obs. Leveneur* ; *LPA 6 avr. 1998, note Gallet.* ♦ V. déjà : • Civ. 3e, 7 avr. 1976 : *Bull. civ. III, n° 138* (promesse synallagmatique) • 20 mai 1992, n° 90-21.109 P (la promesse de bail vaut bail lorsqu'il y a accord sur la chose et le prix).

23. ... Date de prise d'effet (non). Ajoute une condition à la loi la cour d'appel qui considère que l'acceptation d'une offre de bail ne peut valoir que si cette dernière comporte notamment sa date d'effet. • Civ. 28 oct. 2009, n° 08-20.224 P : *D. 2009. AJ 2752* ; *AJDI 2010. 301, obs. de La Vaissière* ; *Dr. et pr. 2010., suppl. janv., p. 2, obs. Savaux* ; *RDC 2010. 676, note Grimaldi* (bail rural).

24. Conflits entre preneurs successifs. Entre deux preneurs successifs de la même chose louée, la préférence doit être donnée au titulaire du bail ayant acquis le premier date certaine, la bonne ou mauvaise foi du second preneur étant sans influence. • Soc. 1er juin 1954, n° 54-02.098 P : *GAJC, 11e éd., n° 256-257 (II)* ; *JCP 1955. II. 8507, note Jack-Mayer.*

III. PROHIBITION DES BAUX PERPÉTUELS

BIBL. Prohibition des contrats perpétuels : Ghestin, *Mél. Tallon, Soc. législ. comp., 1999, p. 251.* – Rizzo, *Dr. et patr. 1/2000. 60.*

25. Preneur engagé indéfiniment. L'annulation du contrat est justifiée lorsque le locataire se trouve tenu pour une durée pouvant se poursuivre indéfiniment (clause d'une convention ayant pour objet le service d'une installation téléphonique prévoyant que la durée du contrat – 15 ans – reprendrait sa durée initiale à partir de la date où la location aura subi un certain pourcentage d'augmentation par suite d'une modification de l'installation). • Com. 3 nov. 1992, n° 90-17.632 P. – V. déjà • Com. 3 janv. 1989 : *Bull. civ. IV, n° 3* ; *RTD civ. 1989. 534, obs. Mestre.* ♦ Mais n'y a pas engagement perpétuel dès lors qu'il y a faculté de résiliation ou de refus de faire courir une nouvelle durée contractuelle. • Com. 3 avr. 2002 : *CCC 2002, n° 119, note Leveneur.*

26. Durée à la discrétion du preneur. Un contrat de bail ne peut être perpétuel, aucun texte n'interdit au bailleur HLM de délivrer congé en application de l'art. 1736. • Civ. 3e, 16 juin 2011, n° 10-18.814 P : *D. 2011. 1760, obs.*

Rouquet ✎. ♦ Le bail dont le terme dépend de la volonté du preneur seul constitue un bail perpétuel, contraire à l'art. 1709. • Civ. 3e, 27 mai 1998, ☎ n° 96-15.774 P : *D. Affaires 1998. 1251, obs. Y. R.* (promesse de bail consentie à une société jusqu'à dissolution de celle-ci, dont la durée était fixée à 99 ans, avec faculté de prorogation ou de dissolution anticipée) • Civ. 3e, 13 mars 2002, ☎ n° 99-14.152 P : *D. 2002. AJ 1758, obs. Rouquet* ✎ ; *Loyers et copr. 2002, n° 149, note Brault et Pereira-Osouf ; Rev. loyers 2002. 334, obs. Quément ; RTD civ. 2002. 511, obs. Mestre et Fages* ✎ (bail commercial conclu pour une durée de trois, six, neuf ans, à la volonté du preneur seul). ♦ La clause permettant au locataire, puis à ses héritiers, d'obtenir, par l'effet de leur seule volonté, le renouvellement du bail de trois ans en trois ans, sans aucune limitation de durée tombe sous le coup des dispositions de l'art. 1709 prescrivant le caractère temporaire du louage de choses ; elle est dès lors entachée d'une nullité d'ordre public. • Paris, 19 juin 1971 : *Gaz. Pal. 1971. 2. 636, note Amzalac.* – Dans le même sens : • Civ. 3e, 26 janv. 1972, ☎ n° 70-12.986 P : *R. 1971/72, p. 56* • 19 févr. 1992, ☎ n° 90-16.148 P. ♦ V. aussi • Civ. 3e, 15 déc. 1999, ☎ n° 98-10.430 P : *D. 2001. Somm. 167, obs. CRDP Nancy 2* ✎ ; *JCP 2000. II. 10236, concl. Weber ; JCP N 2000. 559, étude Billiau ; CCC 2000, n° 77, note Leveneur ; RTD civ. 2000. 568, obs. Mestre et Fages* ✎ (bail de 99 ans d'une commune à une autre commune, renouvelable au gré du preneur).

Mais ne peut être considéré comme perpétuel le bail ayant pour terme le décès des locataires ou de leurs enfants. • Civ. 3e, 30 nov. 1983 : *Bull. civ. III, n° 249.* ♦ Rappr. : le bail conclu « pour la vie durant » est conclu pour une durée dont le terme est fixé par un événement certain, les bailleurs ne peuvent délivrer congé avant ce terme. • Civ. 3e, 10 mars 2010, ☎ n° 09-12.135 P : *D. 2010. AJ 766, obs. Rouquet* ✎ ; *ibid. 1846, note Juillet* ✎ ; *JCP 2010, n° 599, note Lauvergnat ; AJDI 2010. 889, obs. Damas* ✎ ; *RLDC 2010/75, n° 3984, obs. Perruchot-Triboulet ; RDC 2010. 916, obs. Seube.*

27. Appréciation souveraine. Sur l'appréciation souveraine de la commune intention des parties par les juges du fond quant au caractère de perpétuité du bail, V. • Soc. 29 mai 1954 : *D. 1954. 640* • Civ. 3e, 8 mai 1973 : *Bull. civ. III, n° 320.*

28. Nature de la sanction : nullité absolue. Le bail entaché du vice de perpétuité n'est pas inexistant mais nul d'une nullité absolue soumise à la prescription de droit commun, à l'époque trentenaire. • Civ. 3e, 15 déc. 1999 : ☎ *préc. note 26.* ♦ V. désormais C. civ., art. 2224, prévoyant un délai de cinq ans « à compter du jour où le titulaire d'un droit a connu ou aurait dû connaître les faits lui permettant de l'exercer ». ♦ Sur les hésitations quant à l'éviction du caractère perpétuel de l'exception de nullité lorsque le contrat a reçu un commencement d'exécution, y compris pour les nullités absolues, V., ss. art. 1304.

29. Étendue de la nullité. Dès lors que le bail est entaché du vice de perpétuité, les juges du fond prononcent à juste titre la nullité du contrat en son entier. • Civ. 3e, 20 févr. 1991 : ☎ *JCP N 1992. II. 22.* ♦ Déjà en ce sens : • Civ. 20 mars 1929 : *DP 1930. 1. 13, note Voirin* (cassation de l'arrêt ayant réduit à 99 ans la durée maximale de la location).

Art. 1710 Le louage d'ouvrage est un contrat par lequel l'une des parties s'engage à faire quelque chose pour l'autre, moyennant un prix convenu entre elles.

Art. 1711 Ces deux genres de louage se subdivisent encore en plusieurs espèces particulières :

On appelle *bail à loyer*, le louage des maisons et celui des meubles ;

Bail à ferme, celui des héritages ruraux ;

Loyer, le louage du travail ou du service ;

Bail à cheptel, celui des animaux dont le profit se partage entre le propriétaire et celui à qui il les confie.

Les *devis, marché* ou *prix fait*, pour l'entreprise d'un ouvrage moyennant un prix déterminé, sont aussi un louage, lorsque la matière est fournie par celui pour qui l'ouvrage se fait.

Ces trois dernières espèces ont des règles particulières.

Sur le bail à nourriture de personnes ou d'animaux, V. ***Rép. civ.****, vo Bail à nourriture. —* Millet, *JCP 2004. I. 116.*

Baux immobiliers d'habitation. Le principe d'égalité ne fait pas obstacle à ce que des baux soient soumis à des régimes juridiques différents pour des raisons objectives tenant, notamment, à la date de construction de l'immeuble ou aux conditions d'attribution des logements. • Civ. 3e, 9 févr. 2017, ☎ n° 16-22.445 P.

Art. 1712 **Les baux des biens nationaux, des biens des communes et des établissements publics, sont soumis à des règlements particuliers.**

CHAPITRE II DU LOUAGE DES CHOSES

DALLOZ ACTION *Droit de la responsabilité et des contrats 2023/2024, nos 3371.00 s.*

Art. 1713 **On peut louer toutes sortes de biens meubles ou immeubles.**

BIBL. ▸ Argney, *JCP N 1988. I. 343* (bail des immeubles du mineur). – Auque, *D. 2018. 423* (la location dans l'avant-projet de réforme du droit des contrats spéciaux). – Bihr, *Mél. B. Gross, PU Nancy, 2009, 143* (le mini-statut de la location d'emplacement publicitaire). – Cayron, *Dr. et patr. 5/1999. 78* (location mobilière et montages juridiques). – Dagot, *JCP 1985. I. 3178* (bail du bien indivis). – Zajac, *JCP N 1995. I. 641* (bail de la chose d'autrui). – Dossier, *AJ contrat 2018. 205* (le contrat de location dans tous ses états).

1. Bail mobilier : régime. Il résulte du rapprochement des art. 1709, 1711 et 1713 que les règles générales applicables au louage de biens immeubles le sont également au louage de biens meubles, autant qu'elles sont compatibles avec la nature des choses. • Civ. 1re, 22 juill. 1968 : *D. 1968. 622.*

2. Bail de la chose d'autrui : principes. Le bail de la chose d'autrui, qui est inopposable au propriétaire, produit effet entre le bailleur et le preneur tant que celui-ci a la jouissance paisible des lieux. • Civ. 3e, 13 févr. 1985 : *Bull. civ. III, no 33.* – Dans le même sens : • Civ. 3e, 7 oct. 1998, no 96-20.409 P.

3. ... Obligations du bailleur : garantie et indemnisation. Le bailleur, qui donne en location des biens dont il n'est pas propriétaire, a l'obligation, même s'il est de bonne foi à l'époque où la convention a été conclue, d'une part de garantir et relever le preneur de toutes les condamnations qui sont prononcées contre lui au profit du véritable propriétaire pour des actes qu'il a commis dans les limites des droits qu'il tient du bail, d'autre part d'indemniser le preneur du préjudice que celui-ci a subi du fait de son éviction. • Civ. 3e, 26 avr. 1972 : *Bull. civ. III, no 260.*

4. ... Perte de la propriété postérieure au bail. La perte de la propriété de la chose louée par le bailleur, en conséquence de la résolution de la vente, entraîne nécessairement la résiliation du contrat de location. • Com. 12 oct. 1993, no 91-17.621 P.

5. Bail d'un bien indivis. V. art. 815-3.

6. Bail d'un lot de copropriété. Un copropriétaire peut donner à bail les parties privatives de son lot, indépendamment du droit de jouissance privative sur les parties communes attaché à ce lot. • Civ. 3e, 23 sept. 2021, no 20-18.901 B.

7. Licence de brevet. La licence de brevet est un contrat de louage dont l'objet est une invention. • Com. 29 janv. 2020, no 18-26.357 P.

8. Bail consenti par un propriétaire apparent. Le bail (en l'espèce, bail à ferme) consenti par le propriétaire apparent de la chose louée est opposable au véritable propriétaire, lorsque le locataire a traité de bonne foi, sous l'empire de l'erreur commune. • Civ. 3e, 21 janv. 1981 : *D. 1983. 36, note Diener.* ♦ V. aussi • Paris, 14 févr. 1979 : *JCP 1981. II. 19509, note R. D.* (bail consenti par un indivisaire, apparemment propriétaire exclusif). ♦ La preuve de la bonne foi du propriétaire apparent n'est pas exigée. • Civ. 3e, 11 juin 1980 : *Bull. civ. III, no 115.*

9. Bail en cours de saisie. Tout bail, même conclu postérieurement au commandement de saisie immobilière, dont l'adjudicataire a eu connaissance avant l'adjudication, lui est opposable. • Civ. 3e, 23 mars 2011, no 10-10.804 P : *D. 2011. 1073, obs. Rouquet ; ibid. 1596, note Juillet ; RDC 2011. 896, note Seube.*

10. Bail conclu par l'emphytéote. Le bail d'habitation régulièrement consenti par un emphytéote est opposable au bailleur initial, aucun texte n'affranchissant celui-ci de l'obligation de respecter les dispositions d'ordre public de la L. du 6 juill. 1989 qui lui sont applicables. • Civ. 3e, 2 juin 2010, no 08-17.731 P : *BICC 1er nov. 2010, no 1587, et les obs. ; D. 2010. 1485, obs. Rouquet ; RDI 2010. 536, obs. Bergel ; RDC 2010. 1328, obs. Seube ; RLDC 2010/77, no 4055, obs. Chauchat-Rozier ; RTD civ. 2010. 589, obs. Revet .*

11. Protection des preneurs hospitalisés. V. art. 1125-1 anc.

12. Protection des preneurs prioritaires. Les dispositions de l'art. L. 411-15 C. rur. imposant au bailleur, personne morale de droit public, de réserver une priorité aux exploitants agricoles lorsqu'elle donne en location des biens ruraux sont d'ordre public. • Civ. 3e, 10 juin 2009, no 08-15.533 P (nullité du bail).

SECTION 1 Des règles communes aux baux des maisons et des biens ruraux

BIBL. GÉN. ▸ Brigant, *Dr. fam. 2011. Étude 2* (bail conjugal d'habitation). – Damas, *Mél. B. Gross, PU Nancy, 2009, 167* (droit du bail et droit des obligations). – Derruppé, *Études P. Catala, Litec, 2001, p. 653* (rapports locatifs immobiliers à la fin du 20e siècle). – Labord-Lacoste, *Mél.*

R. Savatier, Dalloz, 1965, p. 423 (louage d'immeuble : évolution historique). – Lotti, *AJ fam. 2018. 448* (le bail à nourriture, mode d'organisation d'une cohabitation onéreuse avec un parent vieillissant). – Schütz, *Dr. et pr. 2008. 7* (droits fondamentaux du locataire d'immeuble à usage d'habitation).

Art. 1714 *(Ord. n° 45-2380 du 17 oct. 1945 ; L. n° 46-682 du 13 avr. 1946)* **On peut louer ou par écrit ou verbalement, sauf, en ce qui concerne les biens ruraux, application des règles particulières aux baux à ferme et** *(L. n° 2009-526 du 12 mai 2009, art. 10)* **« à métayage ».**

En ce qui concerne le contrat de louage d'emplacement publicitaire, V. C. envir., art. L. 581-25. – ***C. envir. ; C. baux.***

Bail rural – Refus de renvoyer une QPC. La nécessité d'un écrit dans l'établissement des contrats de baux ruraux est requise pour en faciliter la preuve et non pas comme une condition de leur validité, le recours au bail verbal n'étant pas interdit. • Civ. 3e, 3 juin 2020, n° 20-40.004 P (C. rur., art. L. 411-4).

Art. 1715 **Si le bail fait sans écrit n'a encore reçu aucune exécution, et que l'une des parties le nie, la preuve ne peut être reçue par témoins, quelque modique qu'en soit le prix, et quoiqu'on allègue qu'il y a eu des arrhes données.**

Le serment peut seulement être déféré à celui qui nie le bail.

1. Rapports des parties entre elles. C'est sans inverser la charge de la preuve qu'une cour d'appel, pour condamner une personne au paiement de sommes à titre de loyers, retient souverainement que cette personne, seule en relation avec le propriétaire lors de la conclusion du bail verbal, était, en l'absence de preuve contraire, le locataire. • Civ. 3e, 24 janv. 1996, n° 91-18.227 P.

2. ... Preuve de la consistance de la chose louée. S'agissant non pas de prouver l'existence d'un bail, mais seulement de déterminer la consistance et l'étendue de la chose louée, les juges du fond peuvent fonder leur décision sur des témoignages et des présomptions qu'ils apprécient souverainement. • Civ. 3e, 22 janv. 1970 : *Bull. civ. III, n° 50.*

3. ... Preuve de l'exécution du bail. La preuve de l'exécution d'un bail verbal peut être administrée par tous moyens et n'est pas subordonnée à la production d'un commencement de preuve par écrit ; les juges du fond peuvent donc estimer que l'exécution d'un bail est démontrée malgré l'absence de quittances. • Civ. 3e, 20 déc. 1971 : *Bull. civ. III, n° 642.* ♦ V. aussi • Civ. 3e, 13 mars 2002, n° 00-15.194 P : *Defrénois 2002. 1541, obs. J. Honorat ; LPA 18 nov. 2002, note Stoffel-Munck ; Rev. loyers 2002. 337, obs. Canu* (cassation de l'arrêt qui exige un commencement de preuve par écrit d'un bail verbal sans rechercher si ce bail avait reçu exécution). ♦ Mais si l'exécution d'un bail fait sans écrit peut être prouvée par témoins ou à l'aide de simples présomptions, elle ne saurait résulter de la simple occupation des lieux car elle suppose, de la part de celui qui s'en prévaut, aussi bien l'accomplissement des obligations que l'exercice des droits découlant du prétendu bail. • Civ. 3e, 4 févr. 1975 : *Bull. civ. III, n° 37* • 5 janv. 1978 : *ibid. III, n° 10.* – V. aussi : obs. Rémy, *RTD civ. 1982. 158.*

4. Preuve à l'encontre des tiers. L'art. 1715 régit exclusivement les rapports des parties elles-mêmes (preuve par tous moyens d'une sous-location). • Com. 27 juin 1955 : *Gaz. Pal. 1955. 2. 223.* ♦ Dès lors que l'auteur d'agissements dommageables n'est ni partie au contrat de bail, ni un tiers au sens de l'art. 1328 anc. C. civ., la victime peut prouver à son encontre, par tous moyens, sa qualité de locataire à l'époque des faits constitutifs du dommage dont elle demande réparation. • Civ. 3e, 28 juin 1978 : *Bull. civ. III, n° 271.*

Art. 1716 **Lorsqu'il y aura contestation sur le prix du bail verbal dont l'exécution a commencé, et qu'il n'existera point de quittance, le propriétaire en sera cru sur son serment, si mieux n'aime le locataire demander l'estimation par experts ; auquel cas les frais de l'expertise restent à sa charge, si l'estimation excède le prix qu'il a déclaré.**

1. Caractère supplétif. Impossibilité pour les juges du fond de se substituer aux parties en désaccord sur la désignation d'un tiers devant, en vertu de la convention, fixer le montant du loyer : V. • Civ. 3e, 27 avr. 1976, n° 74-13.925 P.

2. L'art. 1716 n'a pas le caractère d'une disposition d'ordre public, et les juges du fond peuvent fixer le prix selon les circonstances, sans être tenus de suivre l'expert en ses conclusions, à défaut de convention entre les parties. • Civ. 3e, 3 oct. 1968 : *Bull. civ. III, n° 356.* ♦ Comp. depuis : cassation, pour violation de l'art. 1716, de l'arrêt décidant que le juge conserve la faculté de fixer le prix selon les circonstances, en fonction d'autres éléments, et principalement en se référant aux manifestations de volonté des parties. • Civ. 3e, 15 mars 2000, n° 98-11.855 P : *D. 2001. Somm. 167, obs. CRDP Nancy 2 ; CCC*

2000, n° 90, note Leveneur ; RDI 2000. 253, obs. Collart-Dutilleul.

3. Relevé d'office (non). Les juges du fond n'ont pas le pouvoir d'appliquer d'office les dispositions de l'art. 1716. • Civ. 3e, 22 févr. 1989 : *D. 1990. 186, note R. Martin*.

4. Preuve du prix par serment. La preuve du prix du bail verbal est rapportée dès lors que, par un jugement devenu irrévocable, le serment a été déféré au bailleur. • Aix-en-Provence, 14 déc. 2006 : *BICC 1er juin 2007, n° 1216.* ♦ En conséquence, le preneur ne peut ni invoquer d'autres éléments de fixation du prix, ni solliciter que lui soit déféré le serment, réservé par le texte au seul bailleur. • Même arrêt.

5. Preuve d'une clause d'indexation. Les juges du fond ne peuvent accueillir une demande d'application de l'indexation du loyer sans constater, s'agissant d'un bail verbal, l'existence d'un accord d'indexation. • Civ. 3e, 4 oct. 1995, n° 93-20.461 P : *D. 1996. Somm. 376, obs. CRDP Nancy 2*.

6. Paiement des taxes. En présence d'un bail verbal, en présence d'un litige sur le paiement de la taxe foncière, il convient de rechercher l'existence d'un accord des parties sur le transfert au preneur de la charge de la taxe foncière. • Civ. 3e, 28 mai 2020, n° 19-10.056 P : *D. 2020. 1172 ; AJDI 2021. 115, obs. Blatter*.

Art. 1717 Le preneur a le droit de sous-louer, et même de céder son bail à un autre, si cette faculté ne lui a pas été interdite.

Elle peut être interdite pour le tout ou partie.

Cette clause est toujours de rigueur. — *V. C. rur., art. L. 411-35.* — ***C. rur.*** ; *C. com., art. L. 145-16, L. 145-31.* — ***C. com.*** ; *L. 1er sept. 1948, art. 78 ; L. n° 89-462 du 6 juill. 1989, art. 8.*

A. SOUS-LOCATION

1. Principes. La sous-location constitue un contrat distinct du bail principal et obéit à des règles qui lui sont propres, indépendantes des rapports juridiques unissant le propriétaire de l'immeuble au locataire principal. • Civ. 3e, 24 avr. 1974, n° 72-14.788 P. ♦ Si une sous-location irrégulièrement consentie est inopposable au propriétaire, elle produit tous ses effets dans les rapports entre locataire principal et sous-locataire tant que le premier a la jouissance des lieux. • Civ. 3e, 30 mars 1978, n° 76-14.923 P • 7 déc. 2011, n° 10-30.695 P : *D. 2012. 88*. ♦ ... Et le locataire principal, qui a acquis les lieux loués, ne peut se dérober aux obligations nées du contrat qu'il a consenti au sous-locataire en invoquant l'inopposabilité de celui-ci au précédent propriétaire. • Civ. 3e, 30 mars 1978 : *préc.* ♦ Le sous-locataire ne peut pas se prévaloir à l'encontre du locataire principal des dispositions de l'art. 1328 anc. C. civ. et invoquer le défaut de date certaine du bail. • Civ. 3e, 16 avr. 1970 : *Bull. civ. III, n° 251.*

2. Absence de libération du locataire principal à l'égard du bailleur. Le locataire principal, tenu vis-à-vis du propriétaire de l'exécution des obligations du bail comme s'il occupait lui-même, est responsable des manquements de son sous-locataire. • Civ. 3e, 13 juin 1969 : *Bull. civ. III, n° 480.*

3. Action directe du bailleur. Le propriétaire dispose d'une action directe à l'encontre du sous-locataire dans la limite du sous-loyer. • Civ. 3e, 19 févr. 1997, n° 95-12.491 P : *Loyers et copr. 1997, n° 176, obs. Brault et Mutelet.* ♦ V. cep. pour l'exclusion de l'art. 1733 entre le bailleur et le sous-locataire, ss. ce texte.

4. Sort des loyers. Sauf lorsque la sous-location a été autorisée par le bailleur, les sous-loyers perçus par le preneur constituent des fruits civils qui appartiennent par accession au propriétaire ; ayant relevé que les locataires avaient sous-loué l'appartement pendant plusieurs années sans l'accord du bailleur, la cour d'appel en a déduit, à bon droit, nonobstant l'inopposabilité de la sous-location au bailleur, que les sommes perçues à ce titre devaient lui être remboursées. • Civ. 3e, 12 sept. 2019, n° 18-20.727 P : *D. 2019. 2025, note Pellier ; ibid. Chron. C. cass. 2199, obs. Jariel ; ibid. 2020. 353, obs. Mekki ; AJDI 2019. 796, obs. Houtcieff ; Dalloz IP/IT 2020. 122, obs. Serror Fienberg, Gagnaire et Briquet ; RTD civ. 2019. 865, obs. Barbier ; ibid. 888, obs. Gautier ; JCP 2019, n° 1051, note Grimonprez ; Defrénois 2019/51-52. 25, note Soulié ; RDC 2019/4. 105, note Danos ; ibid. 2020/1. 25, note Libchaber.*

5. Fin de la sous-location en cas de cessation du bail principal : principe. La sous-location cesse d'exister du fait de la cessation du bail principal, sans congé préalable. • Civ. 3e, 10 oct. 1979 : *Bull. civ. III, n° 173.* ♦ Un sous-locataire, même agréé par le bailleur, tient son droit d'occupation du locataire principal ; validité de la procédure d'expulsion engagée contre le sous-locataire en vertu d'une ordonnance de référé prononçant l'expulsion du locataire principal et signifiée à celui-ci, mais non au sous-locataire. • Civ. 3e, 30 nov. 2005, n° 04-18.686 P : *Dr. et pr. 2006. 152, note Salati ; AJDI 2006. 371, note de La Vaissière*. ♦ La résiliation, à la requête du bailleur, du bail principal pour sous-location irrégulière entraîne nécessairement la résiliation de celle-ci et la transforme en occupation sans droit ni titre, donnant lieu au versement non d'un loyer, mais d'une indemnité d'occupation dont le montant, à défaut d'accord des parties, est évalué par les juges. • Civ. 3e, 19 juin 1970 : *Bull. civ. III, n° 434.*

6. ... *Exception (locataire principal devenant propriétaire).* La disparition du bail principal par réunion dans la même personne des qualités de propriétaire et de locataire principal n'entraîne pas résiliation de la sous-location. • Civ. 3e, 2 oct. 2002, n° 00-16.867 P : *D. 2003. 937, note Dagorne-Labbe ; AJDI 2003. 27, note Blatter ; ibid. 401, étude Veiga ; Rev. loyers 2002. 623, obs. Vaissié ; RTD civ. 2003. 300, obs. Mestre et Fages.*

7. *Qualification.* Distinction de la sous-location et de la location-gérance, V. • Civ. 3e, 26 nov. 1997, n° 95-20.558 P • 19 mars 2008, n° 07-11.805 P.

B. CESSION

8. *Nature.* BIBL. Denis, *D. 1976. Chron. 269.* – Simler, note *JCP 1975. II. 18182* (nature de l'obligation du preneur ayant cédé le bail envers le bailleur). ♦ V. art. 1216. ♦ La cession de bail est un contrat d'une nature particulière, comportant cession de créance au profit du cessionnaire mais aussi transfert à la charge de celui-ci de l'obligation de payer le loyer et d'exécuter les conditions de la location ; une telle convention n'est pas assimilable à une vente et ne comporte pas nécessairement stipulation d'un prix. • Soc. 12 nov. 1954 : *D. 1955. 22.* ♦ Celui qui cède son droit au bail doit en garantir l'existence au temps du transport conformément à l'art. 1693. Il doit aussi garantir les vices de la créance cédée conformément au droit commun de la vente. • Versailles, 2 mai 1996 : *BICC 15 déc. 1996, n° 1328.* ♦ Sur la distinction entre la cession d'un bail et sa transmission universelle découlant de la dissolution de la société locataire, V. • Civ. 3e, 9 avr. 2014, n° 13-11.640 P : *cité note 4 ss. art. 1844-5.*

9. Les cessionnaires successifs d'un droit au bail deviennent, par l'effet même de la cession du contrat synallagmatique de louage, débiteurs du bailleur originaire et demeurent à ce titre, et malgré la rétrocession de leurs droits, tenus envers lui jusqu'à l'expiration du bail des obligations qui en dérivent. • Soc. 9 nov. 1956 : *Gaz. Pal. 1957. 1. 120.* ♦ Au bailleur doit être assimilé le preneur primitif qui poursuit lui-même l'exécution du bail, dont il est responsable vis-à-vis de celui-ci. • Civ. 7 janv. 1947 : *D. 1947. 163.*

10. *Régularité de la cession.* Si la clause selon laquelle « les preneurs ne pourront céder *leurs droits au présent bail* sans *le* consentement exprès et par écrit du bailleur » ne constitue pas une interdiction absolue de céder le bail et ne permettrait pas au bailleur de refuser son consentement à la cession sans motifs légitimes, elle oblige par contre le preneur à solliciter le consentement du bailleur avant de procéder à la cession ; faute de l'avoir fait, cette infraction à une clause formelle du bail entraîne la résiliation aux torts et griefs de celui qui l'a commise. • Req. 16 nov. 1927 : *DP 1928. 1. 61, rapport Bricout.* ♦ Une telle clause obligeant le preneur à obtenir le consentement exprès et par écrit du bailleur est applicable à la cession par un coïndivisaire de ses droits dans un fonds de commerce, cette cession comportant celle du droit au bail et le cessionnaire s'obligeant à exécuter les obligations du bail cédé. • Civ. 3e, 30 avr. 1997, n° 95-19.580 P.

11. *Opposabilité de la cession au bailleur.* V. notes 8 et 10 ss. art. 1690.

12. *Sort des loyers échus postérieurement à la cession.* En cas de cession régulière d'un bail commercial, et en l'absence de clause de solidarité entre cédant et cessionnaire, le bailleur ne peut exiger du cédant le paiement des loyers échus postérieurement à la cession. • Civ. 3e, 12 juill. 1988 : *Bull. civ. III, n° 125 ; RTD civ. 1990. 677, obs. Rémy* • 15 janv. 1992 : *Gaz. Pal. 1992. 2. 654, note Barbier.* ♦ Le bailleur s'adresse valablement au cessionnaire du bail pour obtenir le paiement de sa créance de loyers ; la nullité de la cession, prononcée postérieurement à la résiliation du bail, qui s'est produite de plein droit à la suite d'un commandement infructueux délivré au cessionnaire, est sans effet sur cette résiliation. • Civ. 3e, 10 mai 1977 : *Gaz. Pal. 1978. 1. 18, note Plancqueel.*

Sauf convention contraire, le cédant d'un bail commercial n'est pas tenu de garantir au bailleur le paiement des indemnités d'occupation dues par le cessionnaire après la résiliation du bail. • Civ. 3e, 28 oct. 2009, n° 08-16.826 P.

La clause d'un bail commercial par laquelle le cédant reste garant solidaire du cessionnaire pour le paiement des loyers et l'exécution des clauses du bail doit s'appliquer jusqu'à l'expiration du bail tacitement reconduit. • Civ. 3e, 5 juin 2002, n° 00-20.806 P : *D. 2002. 2471, obs. Rouquet ; JCP E 2003. 807, note Keita ; ibid. 585, n° 14, obs. André ; Rev. loyers 2002. 496, obs. Quément ; RTD civ. 2002. 830, obs. Gautier* • 7 févr. 2007, n° 06-11.148 P : *D. 2007. AJ 664, obs. Rouquet ; ibid. Pan. 1649, obs. Rozès ; AJDI 2007. 651, obs. Blatter ; RDC 2007. 812, obs. Seube.*

13. *Dégradations.* Les cessions successives d'un bail commercial opérant transmission des obligations en découlant au dernier titulaire du contrat, celui-ci devient débiteur envers son bailleur de la réparation des dégradations commises par ses prédécesseurs. • Civ. 3e, 30 sept. 2015, n° 14-21.237 P. ♦ Sauf stipulation contraire dans l'acte de cession, le cessionnaire est tenu envers le bailleur en sa qualité d'ayant cause du cédant des dégradations causées par celui-ci, sauf celles pour lesquelles ce dernier s'était engagé à effectuer les réparations lors de l'établissement de l'état des lieux de sortie. • Civ.

3e, 13 juin 2001 : *AJDI 2002. 28, obs. Briand*. ♦ Les cessions successives d'un bail (commercial) opèrent transmission des obligations en découlant au dernier titulaire du contrat qui devient débiteur envers le bailleur des dégradations causées par ses prédécesseurs. • Civ. 3e, 9 juill. 2003, nº 02-11.794 P : *D. 2003. AJ 2312, obs. Rouquet ; JCP 2003. I. 186, nº 20 s., obs. Barthez ; Gaz. Pal. 2003. 3142, note Barbier ; AJDI 2003. 756, note Dumont ; Loyers et copr. 2003, nº 197, obs. Brault et Pereira-Osouf ; RTD civ. 2003. 725, obs. Gautier*. ♦ Comp. note 9 ss. art. 1732.

Art. 1718 *(L. nº 65-570 du 13 juill. 1965)* **Les dispositions des deuxième et troisième alinéas de l'article 595 relatif aux baux passés par les usufruitiers sont applicables aux baux passés par le tuteur sans l'autorisation du conseil de famille.**

Sur les actes de gestion du patrimoine des personnes placées en curatelle ou en tutelle, V. Décr. nº 2008-1484 du 22 déc. 2008, ss. art. 496.

Art. 1719 **Le bailleur est obligé, par la nature du contrat, et sans qu'il soit besoin d'aucune stipulation particulière :**

1º De délivrer au preneur la chose louée *(L. nº 2000-1208 du 13 déc. 2000, art. 187-I)* **« et, s'il s'agit de son habitation principale, un logement décent ».** *(L. nº 2009-323 du 25 mars 2009, art. 58)* **« Lorsque des locaux loués à usage d'habitation sont impropres à cet usage, le bailleur ne peut se prévaloir de la nullité du bail ou de sa résiliation pour demander l'expulsion de l'occupant » ;** — *Sur les caractéristiques du logement décent, V. Décr. nº 2002-120 du 30 janv. 2002, ss. art. 1778.*

2º D'entretenir cette chose en état de servir à l'usage pour lequel elle a été louée ;

3º D'en faire jouir paisiblement le preneur pendant la durée du bail ;

(L. nº 46-682 du 13 avr. 1946) **« 4º D'assurer également la permanence et la qualité des plantations. »**

Tout bail portant sur l'utilisation par le public de bois et forêts peut prévoir que le preneur est responsable de l'entretien de ceux-ci (L. nº 2001-602 du 9 juill. 2001 d'orientation sur la forêt, art. 4-IV, JO 11 juill.).

Sur les obligations du bailleur en matière de baux d'habitation, V. L. nº 89-462 du 6 juill. 1989, art. 3-1 (dossier de diagnostic technique) et 6 (état et entretien des lieux loués), ss. art. 1778.

BIBL. ▸ BESSON, L'obligation de délivrance dans les baux commerciaux, 2021, *L'Harmattan, Coll. Logiques juridiques*. – BLATTER, *Loyers et copr., nov. 2000, Chron. 1* (délivrance de la chose et responsabilité du bailleur). – BRIAND, *Defrénois 2004. 831* (mise aux normes de l'immeuble et bail d'habitation). – GIVERDON, *Loyers et copr., févr. 2001, Chron. 2* (loi du 13 déc. 2000). – RAYNAUD DE LAGE, *RRJ 2001/4. 1269* (l'entretien). – VIAL-PEDROLETTI, *Loyers et copr. 2003, chron. nº 12* (sanctions de l'indécence).

1. Aménagements contractuels. V. notes 6, 9 et 19 (délivrance), 24, 25 (entretien) et 36 (jouissance paisible). ♦ Comp., note 9 pour l'exigence d'un logement décent. ♦ Pour la loi du 6 juill. 1989, V. not. art. 2 et 6. ♦ Pour les contrats de consommation, lorsque le bailleur est professionnel, V. désormais art. L. 212-1 C. consom.

A. DÉLIVRANCE DE LA CHOSE LOUÉE

1º PRINCIPES – RÉGIME GÉNÉRAL

2. Preuve de l'exécution. *Il* appartient au bailleur, tenu de délivrer au preneur la chose louée, de prouver qu'il s'est libéré entièrement de cette obligation. • Civ. 3e, 30 oct. 1972 : *Bull. civ. III, nº 563* (allégation par le preneur d'une délivrance partielle) • 25 juin 2008, nº 07-14.341 P : *D. 2008. AJ 2000 ; RDC 2009. 161, obs. Seube* (preuve de la remise des clés non rapportée).

3. Délivrance des accessoires. Le propriétaire d'un chapiteau qui le loue à l'organisateur d'une manifestation, dont il est informé de la date, est tenu, au titre de son obligation de délivrance, de fournir au preneur l'extrait du registre de sécurité concernant le chapiteau dans un délai permettant à l'organisateur d'obtenir l'autorisation d'ouverture pour la date prévue. • Com. 4 avr. 2006, nº 04-15.657 P. ♦ V. aussi : • Civ. 3e, 24 juin 1998 : *Loyers et copr. 1998, nº 231, obs. V. P.* (absence de livraison d'aménagements nécessaires à la sécurité du locataire et à l'accès de son véhicule : trouble de jouissance).

4. Exonération : non-paiement du loyer (non). Le défaut de paiement par le locataire du premier loyer et du dépôt de garantie ne décharge pas le bailleur de son obligation de délivrance. • Civ. 3e, 28 juin 2006, nº 05-10.137 P : *D. 2007. Pan. 904, obs. Damas ; AJDI 2006. 731, obs. Rouquet ; RTD civ. 2006. 785, obs. Gautier*.

5. ... Fait d'un tiers. Pour constituer une cause étrangère ne pouvant être imputée au bailleur, le fait du tiers doit revêtir les caractères de la force majeure. • Civ. 3e, 28 sept. 2005, nº 04-13.720 P : *D. 2006. Pan. 958, obs. Damas* (occupation illicite du bien loué par un précédent exploitant : force majeure non établie).

♦ A défaut, manquement du bailleur à son obligation de délivrance en raison de l'intervention de tiers : V. • Civ. 3e, 16 janv. 1980 : *Bull. civ. III, n° 13* (présence sur les terres louées d'un autre locataire) • 25 mai 1982 : *ibid. III, n° 127* (opposition d'un tiers à l'utilisation par le preneur d'un emplacement publicitaire donné en location) • 19 mai 2004, n° 03-12.541 P : *JCP 2005. I. 132, n° 7, obs. Viney ; AJDI 2004. 803, obs. Rouquet* (tardiveté de la libération des lieux par le précédent locataire, dont le propriétaire doit répondre).

Les obligations pesant sur le promoteur immobilier envers le preneur, au titre des travaux de réhabilitation d'un immeuble loué, n'exonèrent pas le bailleur, tenu d'une obligation de délivrance, de la prise en charge des travaux nécessaires à l'activité stipulée au bail, sauf clause expresse contraire. • Civ. 3e, 18 janv. 2018, n° 16-26.011 P : *D. 2018. 1511, obs. Dumont-Lefrand ; AJDI 2018. 432, obs. Damas* (désamiantage, dans la perspective de l'ouverture d'une crèche).

6. Clauses exonératoires : limites. Le bailleur ne peut, par le biais d'une clause relative à l'exécution de travaux dans les lieux loués, s'affranchir de son obligation de délivrance. • Civ. 3e, 1er juin 2005, n° 04-12.200 P : *Defrénois 2006. 439, obs. Ruet ; AJDI 2005. 650, obs. Rouquet ; RTD civ. 2005. 779, obs. Mestre et Fages* • 9 juill. 2008, n° 07-14.631 P : *R., p. 266 ; BICC 15 déc. 2008, n° 1880, et la note ; D. 2008. AJ 1999, obs. Rouquet ; ibid. 2009. Pan. 896, obs. Damas ; AJDI 2008. 841, obs. Zalewski ; RLDC 2008/53, n° 3140, obs. Maugeri ; RDC 2009. 156, obs. Lardeux* (propriétaire tenu, malgré une clause mettant les travaux à la charge du locataire, de participer aux réparations rendues nécessaires en raison de la vétusté de l'immeuble et tenu des vices structurels de l'immeuble). • Civ. 3e, 19 déc. 2012, n° 11-28.170 P : *D. 2013. 87* (propriétaire ayant conclu un bail pour l'exploitation d'un parc de chasse, alors que le terrain ne comportait pas dès l'origine l'habitation exigée pour une telle exploitation, et ne pouvant prétendre que le fait que le bail prévoit une rénovation des lieux l'autorisait à se prévaloir d'une clause de non-garantie de l'obtention des autorisations nécessaires à cet usage). ♦ Une clause contractuelle selon laquelle la livraison du matériel et son installation sont faites aux frais et risques du locataire, sous sa responsabilité, ne saurait exonérer le bailleur de son obligation de délivrance. • Civ. 1re, 11 oct. 1989 : *D. 1991. 225, note Ancel ; Gaz. Pal. 1990. 2. 663, note E. M. Bey.* ♦ Dans le *même sens, pour un bail d'immeuble* : • Civ. 3e, 5 juin 2002, n° 00-19.037 P : *D. 2002. IR 2303 ; AJDI 2002. 759, note Briand ; RDC 2003. 118, obs. Lardeux* • 10 déc. 2008 : *AJDI 2009. 198 ; Rev. loyers 2009. 68, n° 922 ; Loyers et copr. 2009, n° 54, note Vial-Pedroletti ; RTD com. 2009. 694, obs. kenderian* • 20 janv. 2009 : *Gaz. Pal. 2009. 1926, obs. Brault ; RDC 2009. 1495, note Grimaldi ; RTD com. 2009. 694, obs. kenderian*.

7. Sanctions : exécution forcée. L'obligation de délivrance n'ayant aucun caractère personnel, le juge peut ordonner son exécution par la force publique. • Soc. 20 juin 1963 : *Bull. civ. IV, n° 531.* ♦ Comp. • Civ. 1re, 27 nov. 2008, n° 07-11.282 P : *RDC 2009. 613, obs. Seube* (impossibilité d'ordonner la délivrance d'un local objet d'un contrat de bail, local entre-temps loué à un tiers). ♦ Rappr. : une chose délivrée en vertu d'un premier contrat de bail ne peut matériellement faire l'objet d'une seconde délivrance. • Civ. 3e, 19 mai 2010, n° 09-12.640 P : *D. 2010. Actu. 1418*.

8. ... Résiliation. Lorsque le bailleur ne remplit pas son obligation de livrer, le preneur a le choix soit de se faire autoriser par justice à se mettre en possession, s'il n'y a pas impossibilité matérielle ou légale, soit de demander la résiliation du bail. • Soc. 8 juin 1956, n° 2.387 P.

2° OBLIGATIONS SPÉCIFIQUES LIÉES À L'HABITABILITÉ ET À LA SÉCURITÉ D'UN IMMEUBLE

9. Logement décent : exigence d'ordre public. L'obligation pour le bailleur de délivrer un logement décent est d'ordre public. • Civ. 3e, 4 juin 2014, n° 13-17.289 P : *D. 2014. 1274, obs. Rouquet ; AJDI 2014. 873, obs. Damas ; JCP N 2014, n° 1353, obs. Barbiéri* (absence de prise en compte des stipulations du bail prévoyant la livraison d'un logement sans appareil de chauffage en contrepartie d'un loyer réduit). ♦ V. déjà précédemment : les parties ne peuvent valablement convenir que le locataire exécutera, même avec une contrepartie, les travaux de mise aux normes de confort et d'habitabilité prévues par le Décr. du 6 mars 1987. • Civ. 3e, 3 févr. 2010, n° 08-21.205 P : *D. 2010. 1192, note Niboyet*. ♦ Mais la méconnaissance de l'objectif de valeur constitutionnelle tenant à la possibilité pour toute personne de disposer d'un logement décent ne peut, en elle-même, être invoquée à l'appui d'une question prioritaire de constitutionnalité sur le fondement de l'art. 61-1 Const. • Civ. 3e, 9 janv. 2020, n° 19-40.033 P : *D. 2020. 80 ; Rev. prat. rec. 2020. 31, obs. Gantschnig.* ♦ Sur la conformité à la Constitution de l'al. 2 de l'art. L. 412-1 C. pr. exéc., V. note 64 ss. art. 16.

10. ... Domaine. Le bailleur commercial est tenu de se conformer aux exigences de la loi relative au logement décent délivré au locataire s'il s'avère que les locaux donnés à bail commercial comprennent des pièces d'habitation dans lesquelles le locataire a son habitation principale. • Civ. 3e, 14 oct. 2009, n° 08-10.955 P : *D. 2009. AJ 2549, note Rouquet ; RTD com. 2010. 63, obs. kenderian*.

11. ... Notion. L'exigence de la délivrance au

preneur d'un logement décent impose son alimentation en eau courante. • Civ. 3e, 15 déc. 2004, n° 02-20.614 P : *R., p. 279 ; BICC 1er avr. 2005, n° 564, et la note ; D. 2005. Pan. 751, obs. Damas ; JCP 2005. II. 10000, concl. Gariazzo ; Defrénois 2005. 638, obs. Libchaber ; AJDI 2005. 125, obs. Rouquet ; RDC 2005. 746, obs. Seube.* – J. Monéger, *D. 2005. 305*. ♦ ... Et la présence d'un chauffage. • Civ. 3e, 4 juin 2014, n° 13-17.289 P : *préc. note 9* (insuffisance d'une alimentation électrique). ♦ Sur la possibilité de se référer aux dispositions d'un règlement sanitaire départemental, non incompatibles avec celles du Décr. du 30 janv. 2002 qui ne l'a pas abrogé et plus rigoureuses que celles-ci : • Civ. 3e, 17 déc. 2015, n° 14-22.754 P.

Le fait pour un bailleur de ne pas avoir équipé de garde-corps les fenêtres d'un appartement donné à bail ne caractérise pas un manquement à son obligation de mise à disposition d'un logement décent satisfaisant aux conditions prévues par le décret privé en matière de sécurité et de santé. • Civ. 3e, 22 juin 2022, n° 21-10.512 B : *D. 2022. 1206 ; AJDI 2022. 834, obs. Damas ; RCA 2022, n° 200, obs. Bloch* (absence d'obligation d'installer de tels dispositifs dans les immeubles anciens qui en étaient dépourvus).

12. ... Sanctions. Le locataire qui se prévaut d'un arrêté préfectoral déclarant le logement en état d'insalubrité remédiable qui lui aurait été dissimulé peut obtenir la restitution de loyers indûment versés jusqu'à l'achèvement des travaux. • Civ. 3e, 19 mars 2008, n° 07-12.103 P. ♦ En présence d'un logement loué d'une surface inférieure à 9 mètres carrés et ne répondant pas aux règles d'habitabilité prévues par la loi, le locataire peut suspendre le paiement des loyers au propriétaire qui ne respecte pas son obligation de délivrer un logement décent. • Civ. 3e, 17 déc. 2015, n° 14-22.754 P : *préc. note 11.*

13. En cas de contamination bactériologique du réseau d'eau chaude sanitaire de l'immeuble à l'origine du décès du preneur, le bailleur manque à son obligation de délivrance d'un logement d'habitation décent et doit, par conséquent, être déclaré entièrement responsable de la maladie mortelle – la légionellose – contractée par le preneur dans les lieux loués, moins d'un mois après la prise de possession. • Grenoble, 28 juin 2006 : *BICC 1er juin 2007, n° 1217.*

14. En application des art. L. 521-2 et L. 521-3 CCH, le bailleur d'un local d'habitation faisant l'objet d'une interdiction temporaire d'habiter est tenu d'assurer et de prendre en charge l'hébergement de son locataire ; la seule signature par le preneur d'un nouveau contrat de bail sur un autre logement ne caractérise pas de renonciation explicite par ce dernier à ses droits. • Civ. 3e, 3 févr. 2010, n° 08-20.176 P. ♦ L'indemnisation du preneur pour les troubles de jouissance subis du fait du manquement par le bailleur à son obligation de délivrance d'un logement décent n'est pas subordonnée à une mise en demeure du bailleur. • Civ. 3e, 4 juin 2014, n° 13-12.314 P : *D. 2014. 1274, obs. Rouquet*.

15. ... Conséquence sur une procédure d'expropriation. Cassation de l'arrêt ayant alloué une indemnité pour perte de revenus locatifs alors que les deux logements loués ne répondaient pas, au regard de leur superficie, aux critères du logement décent, l'exproprié ne pouvant se prévaloir d'un droit juridiquement protégé dont la perte ouvrirait droit à indemnisation. • Civ. 3e, 11 janv. 2023, n° 21-23.792 B.

16. Désamiantage. N'a pas rempli entièrement son obligation de délivrance le bailleur qui a fourni un immeuble dans lequel les travaux de désamiantage exigés par la loi à la date d'effet du bail n'ont pas été effectués, nonobstant la clause transférant au preneur les obligations de réparation du bailleur en matière d'hygiène et de sécurité. • Civ. 3e, 2 juill. 2003, n° 01-16.246 P : *JCP 2003. II. 10196, concl. Guérin ; Gaz. Pal. 2003. 3131, note Brault ; CCC 2003, n° 173, note Leveneur (1re esp.) ; AJDI 2003. 751, obs. Rouquet ; LPA 11 oct. 2004, obs. Pimont ; RDI 2003. 557, obs. Trébulle ; Dr. et patr. 10/2003. 80, obs. Chauvel ; Rev. loyers 2003. 501, obs. Quément ; Loyers et copr. 2003, n° 199, obs. Brault et Pereira-Osouf.* ♦ ... A moins que le désamiantage ait été rendu nécessaire par les seuls travaux d'aménagement décidés par le preneur. • Civ. 3e, 1er juill. 2003 : *RDI 2003. 557, obs. Trébulle ; Rev. loyers 2003. 497, obs. Vaissié.* – Béjat, *AJDI 2004. 364*.

3o DÉLIVRANCE CONFORME À LA DESTINATION CONVENUE

17. Illustrations. Manque à son obligation de délivrer au locataire un local conforme à la destination prévue par le bail (activité commerciale de restauration) le bailleur qui n'a pu obtenir l'autorisation d'effectuer les travaux nécessaires à ce genre d'activité. • Civ. 3e, 26 mars 1997, n° 95-14.103 P : *D. 1997. Somm. 325, obs. Atias* (installation d'une gaine d'extraction à l'arrière de l'immeuble – refus de l'assemblée générale des copropriétaires). ♦ Même solution lorsque l'usage prévu au bail se heurte aux dispositions d'un plan d'occupation des sols. • Civ. 3e, 2 juill. 1997, n° 95-14.151 P (zone exclusivement réservée à l'agriculture). ♦ ... Ou lorsque l'usage commercial des lieux loués, garanti par le bailleur, se heurte à un arrêté municipal interdisant l'accès du public pour des raisons de sécurité. • Civ. 3e, 28 nov. 2007, n° 06-17.758 P : *D. 2008. AJ 85, obs. Rouquet ; ibid. Pan. 1647, obs. Rozès ; RDI 2008. 326, obs. Trébulle* • Civ. 1re, 4 juill. 2019, n° 18-20.842 P : *D. 2019. 1451 ; AJDI 2020. 114, obs. Prigent ; RDI 2019. 519, obs. Foulquier* (bail consenti par une commune sur un immeuble dépendant de son domaine privé qui a ensuite pris un arrêté d'interdiction de circulation après l'effondrement du chemin d'accès). ♦ ... Ou lorsque le local commercial est affecté d'un défaut de permis de construire, source de troubles d'exploitation consistant en des difficultés pour assurer les lieux, de fortes restrictions quant aux capacités de développement du commerce, ainsi qu'en une limitation drastique de la capacité du preneur à vendre son fonds du fait du risque de perte du local d'exploitation en cas d'injonction administrative de démolir. • Civ. 3e, 1er juin 2022, n° 21-11.602 B.

18. Covid-19 et fermeture des commerces non essentiels. Les locaux loués ayant été mis à disposition de la locataire, qui admettait que l'impossibilité d'exploiter, qu'elle alléguait, était le seul fait du législateur, la cour d'appel en a exactement déduit que la mesure générale de police administrative portant interdiction de recevoir du public n'était pas constitutive d'une inexécution de l'obligation de délivrance. • Civ. 3e, 30 juin 2022, n° 21-20.190 B : *D. 2022. 1445, note Houtcieff ; ibid. 1398, obs. Tisseyre ; AJDI 2022. 605, obs. Blatter ; RTD civ. 2022. 887, obs. Barbier ; ibid. 912, obs. Gautier ; RTD com. 2022. 435, obs. Kendérian ; JCP 2022, n° 975, note Monéger ; CCC 2022, n° 129, note Leveneur ; Defrénois 2022/42. 35, obs. Huet.* ♦ V. aussi : • Civ. 3e, 30 juin 2022, n° 21-20.127 B : *D. 2022. 1445, note Houtcieff ; ibid. 1398, obs. Tisseyre ; AJDI 2022. 605, obs. Blatter ; JCP 2022, n° 975, note Monéger ; Defrénois 2022/42. 35, obs. Huet.*

19. Clauses d'allégement. Sur l'impossibilité de mettre à la charge du preneur le soin de solliciter et d'obtenir l'autorisation de changement d'affectation des locaux en application de l'art. L. 631-7 CCH, V. • Civ. 3e, 10 juin 2015, n° 14-15.961 P (cassation de l'arrêt selon lequel les parties ont pu, sans méconnaître les dispositions impératives de l'art. L. 631-7 CCH, reporter sur les preneurs l'obligation légale de demander les autorisations administratives préalables nécessaires au changement d'affectation, alors que l'autorisation administrative exigée par la loi aurait dû être obtenue par le propriétaire, préalablement à la signature du bail). ♦ Comp. • Paris, 24 juin 1997 : *Gaz. Pal. 1997. 2. Somm. 478, note Brault* (licéité de la clause du bail par laquelle le preneur « s'oblige expressément et définitivement à justifier, avant l'expiration du présent bail, de la transformation des lieux loués en locaux commerciaux par la production de l'autorisation écrite de la Direction de l'urbanisme, service des transformations de locaux de la préfecture de police de Paris »). ♦ V. aussi, sur l'incidence de la clause laissant au locataire « les problèmes relatifs à l'usage des locaux et aux autorisations éventuellement nécessaires pour l'exercice de ses activités » : • Civ. 3e, 19 févr. 1997, n° 94-21.391 P : *JCP E 1997. II. 950, note Djigo* (refus d'assimiler à la perte de la chose louée l'impossibilité pour le locataire de poursuivre son activité en raison de prescriptions administratives antérieures à la conclusion du bail).

20. Absence d'exonération du locataire. Le locataire ayant eu toute latitude pour mettre en place une location conforme aux textes applicables au changement de destination d'un immeuble, la garantie de délivrance de la bailleresse ne pouvait l'exonérer de sa responsabilité de ce chef. • Civ. 3e, 15 févr. 2023, n° 22-10.187 B (location meublée touristique).

B. ENTRETIEN DE LA CHOSE LOUÉE

21. Distinction de l'entretien et de la reconstruction. L'art. 1719 oblige le bailleur à entretenir la chose en état de servir à l'usage pour lequel elle a été louée et non à reconstruire en cas de perte totale ou partielle ; il y a perte partielle dès que partie de la chose louée ne peut plus être conservée sans dépense excessive et devient ainsi impropre à l'usage auquel elle se destine. • Civ. 3e, 4 juill. 1968 : *Bull. civ. III, n° 319.* – V. aussi • Civ. 3e, 6 mars 1984, n° 82-15.817 P.

22. ... De l'entretien et des réparations. L'obligation continue d'entretien de l'art. 1719 est distincte de l'obligation de réparer de l'art. 1720, lequel ne vise que la réparation des accidents survenus en dehors de l'usure normale et que le bailleur ne peut connaître s'il n'en a pas été prévenu ; il appartient en conséquence au propriétaire de veiller de façon constante, et sans avoir même à être informé par son locataire de la nécessité des travaux à effectuer, à l'entretien de son immeuble, c'est-à-dire à la réparation des outrages naturels du temps et de l'usure normale due à l'action des éléments. • Soc. 21 févr. 1959 : *Bull. civ. IV, n° 286.* ♦ Comp. note 8 ss. art. 1720.

23. Exécution en nature. Le preneur à bail de locaux à usage d'habitation, qui recherche la responsabilité du bailleur pour défaut d'exécution de son obligation d'entretien, ne peut refuser l'offre de ce dernier d'exécuter son obligation en nature. • Civ. 3e, 27 mars 2013 : *cité note 6 ss. anc. art. 1142.*

24. Portée : centre commercial. Le bailleur d'un local situé dans un centre commercial dont il est propriétaire est tenu d'entretenir les parties communes du centre, accessoires nécessaires à l'usage de la chose louée. • Civ. 3e, 19 déc. 2012, n° 11-23.541 P : *D. 2013. 78, obs. Rouquet ; ibid. 1794, obs. Dumont-Lefrand ; RDC 2013. 631, obs. Seube* (dépérissement général de l'immeuble, suppression de l'accès aux toilettes et présence de gravats et de levées de terre empêchant le libre accès au parking). ♦ V. déjà sous l'angle de la jouissance paisible : les juges du fond ne peuvent débouter les locataires sans rechercher si le défaut d'entretien des parties communes d'un centre commercial n'avait pas pour effet de priver les preneurs des avantages qu'ils tenaient du bail. • Civ. 3e, 31 oct. 2006, n° 05-18.377 P : *D. 2006. IR 2809* ; *JCP E 2007. 1175, note Djigo, et 1563, nos 58 s., obs. Kenfack ; Gaz. Pal. 2007. 1891, note Brault ; Defrénois 2006. 1886, note Ruet ; CCC 2007, n° 41, note Leveneur ; AJDI 2007. 198, obs. Alfroy* ; *LPA 11 mai 2007, note Mancel ; RDC 2007. 385, obs. Seube.*

En l'absence de stipulation particulière, le bailleur d'un local commercial dans une galerie marchande n'est tenu que des obligations de l'art. 1719, qui ne comprennent pas celle d'assurer l'activité du site. • Civ. 3e, 12 juill. 2000, n° 98-23.171 P : *D. 2000. AJ 377, obs. Rouquet* ; *JCP N 2001. 66, note Keita ; CCC 2000, n° 172, note Leveneur ; RDI 2000. 613, obs. Derruppé*. – Dans le même sens : • Civ. 3e, 13 juin 2001, n° 99-17.985 : *D. 2001. Somm. 3524, obs. Rozès* • 3 juill. 2013, n° 12-18.099 P : *D. 2013. 1743, obs. Rouquet* ; *ibid. Chron. C. cass. 2544, obs. Pic* ; *RDC 2014. 61, obs. Seube.* ♦ Si le bailleur est obligé, par la nature même du contrat de délivrer au preneur la chose louée et d'entretenir cette chose en état de servir à l'usage pour lequel elle a été louée, il n'est pas tenu, en l'absence de clause particulière, d'en assurer la commercialité. • Civ. 3e, 15 déc. 2021, n° 20-14.423 B (cassation de l'arrêt ayant déduit l'existence à la charge du bailleur de l'obligation de délivrer un local dans un centre commercial haut de gamme présentant une décoration soignée alors que les clauses du bail n'engendraient d'obligations qu'à la charge du preneur, sans aucune obligation particulière à la charge du bailleur).

25. *Travaux requis par l'administration.* Les travaux prescrits par l'autorité administrative sont, sauf stipulation contraire expresse, à la charge du bailleur. • Civ. 3e, 13 juill. 1994, n° 91-22.260 P (ravalement) • 17 avr. 1996, n° 94-15.906 P (mise en conformité avec le type de commerce exploité qui était mentionné dans le bail) • 10 mai 2001, n° 96-22.442 P : *D. 2001. AJ 1951* ; *Gaz. Pal. 2002. 67, note Barbier* (ravalement sur injonction administrative, nonobstant une clause du bail mettant le ravalement à la charge du locataire) • 28 sept. 2005, n° 04-14.577 P : *AJDI 2006. 114, obs. Zalewski* (ravalement). ♦ V. déjà : • Civ. 3e, 24 mars 1993, n° 91-18.322 P (ravalement) • 12 mars 1985, n° 83-16.406 P : *R., p. 99* (travaux de sécurité) • 10 mai 1989, n° 87-20.196 P : *R., p. 295 (idem)* • 17 oct. 1990, n° 89-14.823 P (raccordement au réseau d'eaux usées). ♦ Pour une stipulation contraire expresse, V. • Civ. 3e, 23 juin 1993, n° 91-12.297 P • 6 nov. 2001 : *Loyers et copr. 2002, n° 27, note Vial-Pedroletti.* ♦ Pour une stipulation jugée non expressément contraire : • Civ. 3e, 19 mars 2003 : *AJDI 2003. 578, note Ascensi* . ♦ Mais le bailleur n'a pas à supporter la charge de travaux imposés par l'administration qui n'ont pas pour objet de rendre les lieux conformes à leur destination contractuelle et qui ne sont devenus nécessaires qu'en raison de l'utilisation que le locataire a faite des locaux. • Civ. 3e, 20 juin 1989 : *Bull. civ. III, n° 142 ; RTD civ. 1990. 298, obs. Rémy* . – Dans le même sens : • Civ. 3e, 28 mai 2003 : *Gaz. Pal. 2003. 3137, note Barbier ; AJDI 2003. 577, note Ascensi* . ♦ V. aussi note 16 *in fine*, et notes 8, 9 et 14 ss. art. 1722.

26. *Prise des lieux en l'état.* Interprétation de la clause selon laquelle le preneur « prend les lieux dans l'état où ils se trouvent » : V. • Civ. 3e, 12 nov. 1975 : *Bull. civ. III, n° 327* • 6 juin 1978 : *D. 1979. 461, note H.C.* • 11 déc. 1984, n° 83-13.063 P : *R. 1989, p. 295* (interprétation restrictive et étroitement limitée à l'objet de la clause, selon le rapport de la Cour de cassation). ♦ Cette clause ne décharge pas le bailleur de son obligation d'entretien. • Civ. 3e, 18 mars 1992, n° 90-12.809 P. ♦ Sur cette clause : Lafond, *JCP N 1996. Prat. 3715.* ♦ Sur le caractère d'ordre public de l'obligation de délivrer un logement décent, V. note 9.

27. L'entrée dans les lieux d'un preneur en connaissant le mauvais état n'équivaut pas à une renonciation de sa part à se prévaloir, ensuite, de ses droits, concernant l'obligation du bailleur d'entretenir lesdits lieux en état de servir à l'usage pour lequel ils ont été loués, dès lors que le bailleur n'en a pas été déchargé par la convention. • Civ. 3e, 2 mars 1977 : *Bull. civ. III, n° 105.*

28. *Entretien confié à des tiers : conséquences pour le bailleur.* L'obligation mise à la charge du bailleur par l'art. 1719-2° doit s'entendre non seulement de l'entretien qu'il doit assurer personnellement, mais de celui qu'il a pu mettre contractuellement à la charge d'autres personnes ; il en est ainsi notamment dans un immeuble d'habitation collective si le propriétaire s'est exonéré contractuellement de l'obligation d'entretien de certaines parties communes, en mettant cette obligation à la charge des locataires, chacun pour une part déterminée (maintien en état de propreté des escaliers) ; dans ce cas, en effet, le propriétaire reste tenu à l'égard des divers locataires, de l'observation par les autres de leurs obligations respectives. • Soc. 6 févr. 1958 : *D. 1958. 271 ; JCP 1959. II. 11115, note Starck.* ♦ Le bailleur doit répondre des manquements aux règles élémentaires de sécurité de l'entreprise de désinsectisation à laquelle il a fait appel. • Paris, 8 févr. 2007 : *JCP 2007. IV. 1502.*

C. JOUISSANCE PAISIBLE DU PRENEUR

BIBL. Corlay, *D. 1979. Chron. 27* (obligation du bailleur en cas d'abus de jouissance d'un locataire au préjudice d'un autre locataire).

29. Principes. Le bailleur est obligé d'assurer au preneur une jouissance paisible de la chose louée pendant la durée du bail et cette obligation ne cesse qu'en cas de force majeure. • Civ. 3e, 9 oct. 1974 : *Bull. civ. III, no 345* • 29 avr. 2009, no 08-12.261 P : *D. 2009. AJ 1481, obs. Rouquet ; RLDC 2009/62, no 3489, obs. Maugeri ; RDC 2009. 1497, obs. Grimaldi* (absence de prise en compte du fait que le propriétaire soit immédiatement intervenu et que la persistance des problèmes de plomberie soit liée à l'incapacité pour le dépanneur d'y mettre un terme).

30. L'action en réparation du trouble anormal de voisinage subi par le locataire du fait de la réalisation par son bailleur d'une opération de construction ne peut être engagée que sur le fondement du bail. • Civ. 3e, 10 nov. 1998, no 96-15.483 P : *D. 1999. Somm. 260, obs. Jourdain*. ♦ Sur la mise en œuvre de la responsabilité contractuelle du bailleur (visa de l'art. 1147 anc. C. civ.) en cas de dommages causés aux lieux loués par des infiltrations d'eau provenant de l'appartement du bailleur, V. • Civ. 3e, 14 mai 1997, no 95-14.517 P : *RTD civ. 1998. 111, obs. Jourdain* (impossibilité pour l'assureur subrogé de se prévaloir d'une responsabilité délictuelle).

31. Nonobstant la vente des lieux loués, le précédent bailleur est tenu d'indemniser le locataire du trouble de jouissance subi du fait de la non-exécution des travaux qui lui incombaient alors en sa qualité de propriétaire, ce trouble ne cessant que par l'exécution de ces travaux. • Civ. 3e, 14 nov. 2007, no 06-18.430 P : *D. 2007. AJ 3069, obs. Forest ; ibid. 2008. Pan. 1301, obs. Damas ; Defrénois 2008. 710, obs. Savaux*. – Déjà en ce sens : • Civ. 3e, 9 juill. 1970, no 69-10.888 P : *JCP 1971. II. 16745, note Mourgeon.*

32. Illustrations : destruction des biens loués. La destruction par le propriétaire des locaux donnés à bail, quand bien même le preneur eût-il cessé de payer le loyer et laissé les lieux inoccupés, contrevient à l'obligation du bailleur de faire jouir paisiblement le locataire de la chose louée pendant la durée du bail. • Civ. 3e, 9 mars 1994, no 92-10.211 P. ♦ Tenu d'assurer au preneur la jouissance paisible de la totalité des lieux loués, le bailleur peut être condamné à reconstruire l'un des bâtiments loués qu'il a démolis. • Civ. 3e, 25 janv. 2006, no 04-18.672 P : *D. 2006. Pan. 2645, obs. Fauvarque-Cosson ; AJDI 2006. 634, obs. Rouquet ; RDC 2006. 818, obs. Viney.* ♦ Sur l'impossibilité d'occuper les lieux en raison de la présence d'amiante, *V. note 29 ss. art. 1728.*

Le bailleur est responsable envers les autres locataires des troubles de jouissance dus à un incendie chez un autre locataire. • Civ. 3e, 12 juill. 2018, no 17-20.696 P : *D. 2018. 1552 ; AJDI 2019. 118, obs. Damas ; RGDA 2018. 456, note Karila.*

33. ... Garantie d'éviction. Garantie du risque d'éviction du preneur, l'exploitation d'une partie des locaux loués étant soumise au bon vouloir d'un tiers disposant de droits incontestables de nature à contredire ceux conférés par le bailleur au preneur. • Civ. 3e, 2 mars 2017, no 15-11.419 P : *D. 2017. 569 ; RTD com. 2017. 290, obs. Monéger* (locaux construits sur le terrain d'un tiers, ce tiers s'étant réservé la possibilité de mettre fin à l'exploitation, à tout moment, sans préavis ni indemnité). ♦ Sur la distinction entre risque d'éviction et voie de fait, V. note 1 ss. art. 1725.

34. ... Modification des biens loués. L'existence d'une installation de chauffage et de production d'eau chaude alimentée au gaz, nécessaire aux activités de boucherie du preneur, faisant partie des éléments décisionnels d'un bail commercial, son remplacement après un sinistre par une installation électrique, ne permettant pas de satisfaire cet usage, autorise le locataire, qui a perdu un avantage tiré du bail, à demander une nouvelle installation du même type que la précédente et l'indemnisation du surcoût de sa consommation électrique. • Civ. 3e, 19 nov. 2014, no 12-27.061 P : *D. 2014. 2406*.

35. ... Nuisances sonores. Des locataires sont fondés à obtenir réparation du préjudice causé par les bruits des surpresseurs d'eau de l'immeuble, dès lors que les juges du fond ont souverainement relevé que ces bruits, s'ils n'étaient pas supérieurs aux niveaux limites réglementaires, causaient néanmoins aux locataires un trouble de jouissance du fait de leur fréquence, de leur émergence et de leurs caractéristiques spectrales. • Civ. 3e, 4 déc. 1991, no 90-14.600 P.

36. ... Troubles émanant de colocataires. Le trouble prétendument apporté par l'un des locataires à la jouissance de l'autre donne à celui-ci une action contre le bailleur commun, sauf à ce dernier à mettre en cause l'auteur du trouble, pour faire décider, contradictoirement, s'il a ou non excédé le droit que lui conférait le contrat. • Civ. 1re, 3 nov. 1960 : *D. 1961. 371 ; JCP 1960. II. 11880, note Esmein.* ♦ Ajoute à la loi une condition qu'elle ne comporte pas la cour d'appel qui estime que, en cas de troubles anormaux de voisinage, la garantie du bailleur ne s'applique pas lorsque les actes reprochés aux colocataires ne se rattachent en rien à la jouissance commune normale de l'immeuble mais résultent de rapports de mauvais voisinage. • Civ. 3e, 20 avr. 2005, no 03-18.390 P : *D. 2006. Pan. 959, obs. Damas ; JCP N 2005. 1400, note Djigo ; Defrénois 2006. 432, obs. Ruet.* ♦ Déjà en ce sens qu'il résulte de la combinaison des art. 1719 et 1725 que le bailleur est tenu de garantir le preneur des troubles apportés à sa jouissance, à la seule exception de ceux qui seraient causés par des tiers sans droit sur la chose louée : • Civ. 10 juin 1949 : *JCP 1949. II. 5203, note Esmein.* ♦ Et n'ont point la qualité de tiers les colocataires et les personnes que ceux-ci ont installées dans les lieux. • Civ. 3e, 2 févr. 1977 : *Bull. civ. III, n° 57.* – Même sens : • Civ. 3e, 19 mai 2004, n° 02-19.730 P : *AJDI 2004. 804, obs. Rouquet* (dommages causés par un incendie ayant pris naissance chez l'un des locataires). ♦ Sur la notion de tiers, V. plus généralement ss. l'art. 1725.

37. Le bailleur étant tenu d'une obligation d'assurer la jouissance paisible des autres locataires, illustration du respect de cette obligation par une action en résiliation du bail contre le locataire dont les enfants sont à l'origine des troubles. • Civ. 3e, 9 juill. 2014, n° 13-14.802 P : *D. 2014. 1544*.

38. Les obligations contractuelles dont le preneur est tenu envers le bailleur ne l'exonèrent pas de la responsabilité qu'il peut encourir envers des colocataires d'autres appartements de l'immeuble, alors même que la faute commise serait en rapports étroits avec l'exécution du bail. • Civ. 1re, 18 juill. 1961 : *JCP 1961. II. 12301, note Esmein* (utilisation abusive d'un poste de radio).

39. Exercice d'un commerce : absence de clause d'exclusivité. L'art. 1719-3° impose au bailleur l'obligation de garantir au preneur la jouissance paisible des lieux loués, mais non celle de lui assurer en outre pour l'exercice de son commerce, dans le silence du bail et à défaut de circonstances particulières, le bénéfice d'une exclusivité dans l'immeuble. • Civ. 3e, 25 févr. 1975 : *JCP 1975. II. 18096, note B.B.* – V. conf. • Civ. 3e, 4 déc. 1991, n° 90-11.569 P.

40. Le bailleur qui, après avoir imposé une clause de non-concurrence aux preneurs initiaux, s'est exonéré de l'obligation qui pesait sur lui d'insérer la même clause dans les baux ultérieurs concernés par la zone de non-concurrence commet une faute dans l'exécution du bail rendant de fait impossible le respect de cette clause et impliquant sa résolution. • Civ. 3e, 3 mai 2007, n° 06-11.591 P : *D. 2007. 2068, note Rochfeld ; ibid. AJ 1335, obs. Rouquet ; ibid. 2008. Pan. 249, obs. Gomy ; ibid. Pan. 1648, obs. Rozès ; JCP 2007. II. 10179, note Roussille ; JCP N 2007. 1258, note Auque ; Defrénois 2007. 1379, obs. Ruet ; LPA 2 oct. 2007, note Humann ; Dr. et patr. 9/2007. 91, obs. Stoffel-Munck ; RLDC 2007/44, n° 2762, note Ravenne ; RDC 2007. 1210, obs. Seube.*

41. ... Existence d'une clause d'exclusivité. Le locataire bénéficiaire d'une clause d'exclusivité qui lui a été consentie par son bailleur est en droit d'exiger que ce dernier fasse respecter cette clause par ses autres locataires, même si ceux-ci ne sont pas parties au contrat contenant cette stipulation. • Civ. 3e, 4 mai 2006, n° 04-10.051 P : *D. 2006. AJ 1454, obs. Rouquet ; D. 2007. Pan. 1831, obs. Rozès ; JCP 2006. II. 10119, note Deshayes ; JCP E 2006. 2504, note Raynard ; RDC 2006. 1154, obs. Seube ; ibid. 2007. 267, obs. D. Mazeaud, 295, obs. Viney, et 419, obs. Béhar-Touchais ; RTD civ. 2006. 554, obs. Mestre et Fages*, et sur renvoi : • Paris, 27 sept. 2007, n° 06/10688 : *RDC 2010. 55, obs. Deshayes* (à condition que les locataires ne bénéficient pas eux-mêmes du droit d'exercer cette activité).

42. Clauses restrictives. L'obligation pour le bailleur de faire jouir paisiblement le preneur de la chose louée pendant la durée du bail n'étant pas de l'essence du contrat, les parties sont libres de la restreindre. • Civ. 16 juill. 1951 : *D. 1951. 587 ; JCP 1952. II. 6717, note Esmein* • Soc. 28 oct. 1958 : *Gaz. Pal. 1958. 2. 348.* ♦ Il est donc loisible aux parties d'insérer dans un contrat de bail des clauses dispensant le bailleur de certaines des obligations qui seraient normalement à sa charge en vertu de l'art. 1719. • Civ. 1re, 8 mars 1966 : *Bull. civ. I, n° 170.* ♦ Ainsi doit recevoir application la clause par laquelle les parties sont convenues que le locataire de locaux à usage de bureau dans un immeuble en copropriété dont la rénovation était en cours ne pourrait être indemnisé du préjudice que lui causerait la durée des travaux dans les parties communes. • Civ. 3e, 30 mai 1996 : *CCC 1996, n° 185, obs. Leveneur.* ♦ Le preneur qui a renoncé à agir contre le bailleur en cas d'infiltrations ne peut éviter l'application de cette clause en agissant contre le bailleur sur un fondement délictuel (1384 anc. [1242], al. 1er, C. civ.). • Civ. 3e, 5 juin 2002, n° 00-21.519 P : *D. 2002. AJ 2407, obs. Rouquet*.

Mais pour le caractère essentiel de l'obligation pesant sur l'exploitant d'un parc de stationnement, tenu de mettre à la disposition de l'utilisateur la jouissance paisible d'un emplacement pour lui permettre de laisser sa voiture en stationnement, V. • Civ. 1re, 23 févr. 1994, n° 92-11.378 P : *R., p. 360 ; D. 1995. 214, note Dion*.

43. Dommages-intérêts. Réparation du préjudice subi par le preneur en cas de troubles de jouissance : V. • Civ. 1re, 9 févr. 1965, n° 62-10.478 P (restitution d'une partie des loyers perçus) • Civ. 3e, 25 oct. 1972, n° 71-11.563 P (troubles de jouissance insuffisamment graves pour donner lieu à la résiliation du bail).

D. PERMANENCE ET QUALITÉ DES PLANTATIONS

44. Portée. Dans le cas d'un bail à ferme portant sur des vignes, les frais de replantation ne constituent pas une amélioration au sens du code rural et de la pêche maritime mais l'obligation du bailleur d'assurer la permanence et la qualité des plantations. • Civ. 3e, 28 sept. 2011, n° 10-14.933 P : *D. 2012. 339, note Roussel ; AJDI 2011. 874, obs. Prigent ; RDC 2012. 133, note Seube* (inapplication de la clause qui exclut toute indemnisation pour amélioration).

E. OBLIGATION D'INFORMATION ET DE CONSEIL

45. Informations relatives à l'utilisation du bien. Le manquement à l'obligation de conseil et d'information du loueur professionnel d'engin de chantier ne dispense pas l'utilisateur de toute obligation de prudence et de diligence. • Civ. 1re, 22 oct. 2002 : *CCC 2003, n° 22* (partage de responsabilité, à la suite d'une chute de l'artisan utilisant une nacelle mal stabilisée). ♦ N'a pas commis de faute contractuelle dans la location d'une voiture électrique dans un parc de loisirs le loueur qui n'a pas attiré l'attention du locataire sur les spécificités du véhicule, dès lors que le contrat de location exigeait que le conducteur fût titulaire du permis de conduire. • Civ. 1re, 12 avr. 2005 : *RCA 2005. Étude 10, par Groutel* (exigence impliquant que le conducteur connaissait le postulat de bon sens, rappelé par l'art. L. 426-1 C. route, suivant lequel tout véhicule en mouvement doit avoir un conducteur, ce qui suppose de ne le faire démarrer qu'après s'être installé au volant).

46. Informations juridiques. Un loueur de matériel informatique n'est pas tenu, au titre de son obligation d'information et de conseil, d'attirer l'attention de son cocontractant sur la présence dans le contrat d'une clause de reconduction tacite automatique avec faculté de résiliation annuelle. • Com. 3 mars 2004 : *Gaz. Pal. 2004. 2500, note Forgeron et Bourgeois.* ♦ ... Ni d'indiquer au locataire qu'il a la faculté d'acquérir le matériel loué au terme de la période de location. • Même arrêt.

47. Il incombe au loueur de véhicule d'informer son client des conditions d'assurance du véhicule loué et, notamment, de lui signaler expressément que l'assurance « tous risques » ne couvre pas les dommages corporels du conducteur. • Colmar, 3 mars 2006 : *CCC 2006, n° 239, note Raymond.*

Art. 1720 Le bailleur est tenu de délivrer la chose en bon état de réparations de toute espèce.

Il doit y faire, pendant la durée du bail, toutes les réparations qui peuvent devenir nécessaires, autres que les locatives.

BIBL. ▶ LAFOND, *JCP N 1993. I. 457* (réparations aux « clos et couvert ») ; *JCP N 1996. Prat. 3715* (clause d'acceptation des lieux loués « dans l'état où ils se trouvent »).

1. Domaine. Cas de l'occupant, assimilé au locataire, cumulant cette qualité avec celle de nu-propriétaire de l'immeuble : V. note 2 ss. art. 605.

A. OBLIGATION DE RÉPARATION ET VOLONTÉ DES PARTIES

2. Caractère supplétif : principe. L'art. 1720, qui met à la charge du bailleur toutes les réparations autres que locatives de la chose louée qui peuvent devenir nécessaires, n'est pas d'ordre public et il peut y être dérogé par des conventions particulières. • Civ. 3e, 7 févr. 1978, n° 76-14.214 P. ♦ Pour la L. du 6 juill. 1989, V. art. 2 et 6. ♦ Pour les contrats de consommation, lorsque le bailleur est professionnel, V. art. R. 212-1-6° C. consom.

3. ... Nécessité d'une clause expresse. Faute de stipulation expresse contraire mettant des dépenses de ravalement, qui ne constituent pas des charges locatives, à la charge du preneur, le seul paiement de provisions ne suffit pas à caractériser un accord du preneur pour les prendre à sa charge. • Civ. 3e, 19 déc. 2012, n° 11-25.414 P : *D. 2013. 1794, obs. Dumont-Lefrand ; AJDI 2013. 516, obs. Blatter ; RTD com. 2013. 231, note kenderian ; RDC 2013. 633, obs. Seube.*

4. ... Interprétation restrictive des clauses. Sur la portée et l'interprétation des clauses dérogatoires, V. • Civ. 3e, 14 mars 1972, n° 70-14.092 P : *R. 1989, p. 295 ; JCP 1972. II. 17225, note R. D.* (interprétation restrictive et étroitement limitée à l'objet de la clause, selon le rapport de la Cour de cassation précité) • 29 sept. 2010, n° 09-69.337 P : *D. 2010. Actu. 2360, obs. Rouquet ; ibid. 2011. Pan. 1786, obs. Dumont-Lefrand ; RTD civ. 2010. 797, obs. Gautier ; RTD com. 2011. 63, obs. kenderian.* ♦ V. aussi notes 26 et 27 ss. art. 1719. ♦ La clause mettant à la charge du preneur les grosses réparations et celles de la toiture n'exonère pas le bailleur de la réfection de cette dernière dès lors qu'elle est totale. • Civ. 3e, 10 mai 1991, n° 89-18.165 P. ♦ Dans le même sens, pour des courts de tennis, V. • Civ. 3e, 28 mai 2008, n° 06-20.403 P : *D. 2008. AJ 1622, obs. Rouquet ; RDC 2008. 1259, obs. Seube.* ♦ ... Pour les vices affectant la structure de l'immeuble. • Civ. 3e, 9 juill. 2008 : *cité note 6 ss. art. 1719.* ♦ Une cour d'appel retient souverainement qu'en l'espèce les travaux de ravalement concernent le gros œuvre et en déduit à bon droit qu'ils incombent au bailleur. • Civ. 3e, 12 avr. 1995, n° 93-12.849 P.

B. OBLIGATION DE RÉPARATION ET MOYENS DE DÉFENSE DU BAILLEUR

5. Coût excessif. Pour le cas où les réparations à effectuer entraîneraient des dépenses excessives, V. note 21 ss. art. 1719.

6. ... Considérations hors du champ contractuel. Les pratiques dictées par les convictions religieuses des preneurs n'entrent pas, sauf convention expresse, dans le champ contractuel du bail et ne font naître à la charge du bailleur aucune obligation spécifique ; dès lors, des locataires qui, pour des raisons religieuses, ne peuvent utiliser pendant le sabbat le système de fermeture électrique de l'immeuble ne peuvent exiger du bailleur la pose d'une serrure supplémentaire mécanique. • Civ. 3e, 18 déc. 2002, n° 01-00.519 P : *D. 2004. Somm. 844, obs. Damas ; RJPF 2003-4/13, note Garaud ; AJDI 2003. 182, concl. Guérin, obs. Rouquet ; Dr. et patr. 7-8/2003. 85, obs. Loiseau ; Rev. loyers 2003. 217, obs. Lejwi ; RTD civ. 2003. 290, obs. Mestre et Fages ; ibid. 383, obs. Marguénaud ; ibid. 575, obs. Libchaber ; RDC 2003. 220, obs. Marais ; ibid. 2004. 231, obs. Rochfeld ; ibid. 348, obs. Lardeux.*

7. ... Comportement du locataire. Aménagements rendus nécessaires du fait du preneur : V. notes 16 *in fine* et 25 *in fine*, ss. art. 1719. ♦ Faute du locataire : le locataire qui attend longtemps (huit ans, en l'espèce) pour prévenir le bailleur des désordres commet une faute ayant contribué à la réalisation des dommages et peut être condamné à supporter une partie du coût de leur réparation. • Civ. 3e, 9 févr. 2005, n° 03-19.609 P : *D. 2005. IR 592 ; Defrénois 2005. 1835, obs. Ruet.* ♦ Dans le même sens : sans préjudice de l'obligation continue d'entretien de la chose louée, les vices apparus en cours de bail et que le preneur est, par suite des circonstances, seul à même de constater, ne sauraient engager la responsabilité du bailleur que si, informé de leur survenance, celui-ci n'a pris aucune disposition pour y remédier : ne manque pas à son obligation de délivrance pendant l'exécution du bail le bailleur qui a été prévenu des désordres deux ans après leur constat par le locataire et a alors pris les dispositions nécessaires pour y remédier, le locataire n'ayant tenu aucun compte de l'offre de travaux qui auraient été de nature à mettre un terme aux désordres allégués. • Civ. 3e, 13 oct. 2021, n° 20-19.278 B : *D. 2022. Chron. C. cass. 1409, obs. Schmitt .* ♦ Lorsqu'une clause du bail met à la charge du locataire les réparations autres que celles visées à l'art. 606 C. civ., les juges ne peuvent condamner le bailleur à supporter les travaux de réfection de la toiture sans rechercher, comme il leur était demandé, si la nécessité de cette réfection ne résultait pas, au moins pour partie, de l'inexécution par le locataire de son obligation d'entretien. • Civ. 3e, 11 déc. 1991, n° 90-17.720 P.

C. MISE EN ŒUVRE ET SANCTIONS DE L'OBLIGATION DE RÉPARATION

8. Nécessité d'une mise en demeure du bailleur. En l'absence de mise en demeure, adressée au bailleur, d'avoir à effectuer des travaux et de décision de justice autorisant le preneur à les faire exécuter, le bailleur n'est pas tenu d'en supporter la charge. • Civ. 3e, 20 mars 1991, n° 89-19.866 P. – V. aussi • Civ. 3e, 7 févr. 1990, n° 87-17.609 P • 5 mars 1997, n° 95-16.017 P (remplacement d'un chauffe-bain) • 16 juill. 1997 : *CCC 1997, n° 175, obs. Leveneur* (remplacement d'un chauffe-eau) • 11 janv. 2006, n° 04-20.142 P : *D. 2006. IR 248, obs. Rouquet ; D. 2007. Pan. 1830, obs. Rozès ; JCP 2006. I. 123, n° 13 s., obs. Grosser ; JCP N 2006. 1219, note Zalewski ; LPA 11 déc. 2006, obs. Pimont* (travaux exigés par la commission de sécurité) • Civ. 3e, 23 mai 2013, n° 11-29.011 (reprise des fondations). ♦ V. aussi ss. art. 1222 et comp. note 22 ss. art. 1719.

9. Délai d'exécution. Il relève du pouvoir souverain d'appréciation des juges du fond d'accorder au propriétaire une certaine temporisation pour s'acquitter de son obligation d'exécution des travaux indispensables à l'usage normal des lieux. • Soc. 5 janv. 1956 : *D. 1956. 385, note Désiry.* ♦ Doit réparation le propriétaire qui n'a pas fait les travaux nécessaires alors qu'il s'est écoulé au moins un mois entre l'incendie à l'origine de la détérioration des canalisations d'eaux usées et l'inondation subie par le locataire. • Civ. 3e, 25 févr. 2004, n° 02-10.085 P : *AJDI 2004. 371, obs. Rouquet .*

10. Exception d'inexécution du locataire (non). Inexécution par le bailleur des réparations nécessaires et refus de principe de l'exception d'inexécution : V. note 27 ss. art. 1728.

11. Résiliation. L'inexécution par le bailleur d'une décision de justice le condamnant à effectuer des travaux de remise en état autorise une action en résolution du bail de la part du preneur sur le fondement de l'art. 1184 anc., al. 2. • Civ. 3e, 24 nov. 1993, n° 91-15.295 P.

Art. 1721 **Il est dû garantie au preneur pour tous les vices ou défauts de la chose louée qui en empêchent l'usage, quand même le bailleur ne les aurait pas connus lors du bail.**

S'il résulte de ces vices ou défauts quelque perte pour le preneur, le bailleur est tenu *de l'indemniser.*

1. Notion de clause dérogatoire : subrogation dans les droits du bailleur. La clause subrogeant le preneur dans les droits du bailleur envers l'assureur dommages-ouvrage n'est pas de nature à exonérer le bailleur de la garantie légale instituée par l'art. 1721. • Civ. 3e, 2 mars 2017, n° 15-24.876 P.

A. GARANTIE DES VICES

2. Absence de caractère d'ordre public. L'art. 1721 n'est pas d'ordre public et il peut y être dérogé par des conventions particulières, de façon non équivoque. • Soc. 21 juin 1958 : *Gaz. Pal. 1958. 2. 115* • Civ. 3e, 26 févr. 1971 : *Bull. civ. III, n° 146* (clause expresse et non équivoque). ♦ Pour la L. du 6 juill. 1989, V. art. 2 et 7, et pour les contrats de consommation, lorsque le bailleur est professionnel, V. art. R. 212-1-6° C. consom.

Le bailleur pouvant stipuler qu'il ne devra pas sa garantie pour les vices de la chose, même cachés, il n'est responsable, en ce cas, que de son dol ou de sa faute lourde. • Civ. 3e, 11 juill. 1972 : *Bull. civ. III, n° 454.*

3. Nature de l'obligation de garantie. Dans le cas d'un accident dû au défaut d'entretien d'un ascenseur, la victime n'a pas à prouver que le bailleur n'a pas fait le nécessaire pour l'entretien de l'ascenseur mais doit démontrer que l'appareil présentait un dysfonctionnement à l'origine de son préjudice. • Civ. 3e, 1er avr. 2009, nº 08-10.070 P : *D. 2009. Chron. C. cass. 2573, obs. Monge ; RDC 2009. 1369, obs. Carval ; RTD civ. 2009. 539, obs. Jourdain* .

4. Étendue de la garantie : exclusion des vices apparents. A défaut de dérogation expresse et non équivoque, le bailleur doit garantir le locataire contre les vices non apparents de la chose louée (rupture du garde-corps d'une fenêtre). • Civ. 3e, 26 févr. 1971 : *Bull. civ. III, nº 146.*

L'absence de garde-corps dans un immeuble construit avant 1955 ne constitue ni un vice de construction, ni une défectuosité dont le bailleur doit répondre, mais une caractéristique apparente inhérente à sa date de construction, dont le locataire peut se convaincre lors de la visite des lieux. • Civ. 3e, 22 juin 2022, nº 21-10.512 B : *D. 2022. 1206 ; AJDI 2022. 834, obs. Damas ; RCA 2022, nº 200, obs. Bloch.*

5. Exclusion des défauts non inhérents à la chose. Le bailleur ne répond ni des vices que le preneur a connus ou dû connaître, ni des inconvénients naturels inhérents à la chose par suite de sa situation (immeuble exposé à des inondations). • Civ. 10 juin 1949 : *D. 1949. 496.*

6. Exonération du bailleur : force majeure. L'existence d'un vice caché ne saurait être assimilée à un cas de force majeure, lequel a nécessairement une origine extérieure à la chose louée. • Civ. 3e, 2 avr. 2003, nº 01-17.724 P : *D. 2003. IR 1135 ; AJDI 2003. 409, obs. Rouquet ; Rev. loyers 2003. 348, obs. Catheland-Gignoux* (effondrement d'une voûte en raison de travaux imparfaitement réalisés par le précédent locataire). ♦ Comp. note 38 ss. art. 1641.

Comp : en cas de faute de l'installateur d'un chauffe-eau, dont le mauvais fonctionnement a provoqué le décès du locataire, les juges du fond qui retiennent que cette faute ne pouvait être ni prévue ni empêchée en déduisent justement que le bailleur s'est trouvé dans un cas de force majeure l'exonérant de son obligation de garantir le preneur des vices de la chose louée. • Civ. 3e, 26 oct. 1977 : *Gaz. Pal. 1978. 2. 339, note Plancqueel.*

7. ... Vétusté. La vétusté n'est un cas fortuit exonérant le bailleur que si elle ne résulte pas de négligence ou défaut d'entretien imputable à celui-ci. • Civ. 3e, 27 févr. 1973, nº 71-13.860 P.

8. Préjudice réparable : dommages corporels. La garantie des vices cachés, de par la généralité des termes de l'art. 1721, s'étend aux pertes résultant des dommages corporels. • Soc. 29 mars 1957 : *Gaz. Pal. 1957. 2. 59.*

9. ... Troubles de jouissance (désamiantage). Informé de la présence d'amiante avant même la signature du bail, le bailleur qui s'est abstenu d'en faire part au locataire lui doit sa garantie pour le trouble qu'il subit du fait des travaux de désamiantage. • Civ. 3e, 2 juill. 2003, nº 02-14.642 P : *D. 2004. 1411, note Pignarre ; ibid. Somm. 839, obs. Damas ; Gaz. Pal. 2003. 3128, note Brault ; CCC 2003, nº 173, note Leveneur (2e esp.) ; AJDI 2003. 661, obs. Rouquet ; RDI 2003. 557, obs. Trébulle ; Dr. et patr. 10/2003. 82, obs. Chauvel ; RLDC 2004/5, nº 205, note A. Penneau ; Loyers et copr. 2003, nº 201, obs. Brault et Pereira-Osouf ; Rev. loyers 2003. 505, obs. Quément ; LPA 25 juin 2004, note Meyer ; ibid. 11 oct. 2004, obs. Pimont-Béjat ; AJDI 2004. 364.*

10. Responsable des malfaçons : recours du bailleur. Sur le recours exercé par le bailleur contre l'architecte responsable des malfaçons, V. • Civ. 3e, 22 nov. 1978 : *JCP 1980. II. 19296, note Langlade.*

11. ... Action délictuelle du locataire. Le locataire d'un pavillon qui souffre de désordres affectant la chose louée peut agir contre l'architecte dont la faute est établie, cette faute constituant à l'égard du tiers qu'est le locataire une négligence prévue par l'art. 1383 anc. [1241] C. civ. • Civ. 3e, 10 déc. 1980 : *Gaz. Pal. 1981. 2. 637, note Plancqueel.* – Déjà en ce sens : • Civ. 1re, 9 oct. 1962 : *D. 1963. 1, note Liet-Veaux ; JCP 1962. II. 12910, note Esmein.*

B. OBLIGATION DE SÉCURITÉ

12. Absence d'obligation autonome. Le bailleur ne peut être condamné à réparer le dommage subi par le locataire, blessé par la chute d'une armoire (studio loué meublé), sans qu'ait été constatée l'existence d'un vice de la chose louée ou un manquement du bailleur à son obligation d'entretien. • Civ. 3e, 29 avr. 1987 : *Bull. civ. III, nº 90 ; RTD civ. 1988. 149, obs. Rémy.* – Même sens : • Lyon, 30 mai 2000 : *Loyers et copr. 2001, nº 26, note Vial-Pedroletti.* ♦ Le bailleur ne peut être condamné à réparer le dommage corporel résultant d'un accident domestique sans que soit caractérisé l'existence d'un vice ou d'un défaut empêchant l'usage par le preneur de la chose louée ou de nature à faire obstacle à sa jouissance paisible. • Civ. 3e, 8 avr. 2010, nº 08-21.410 P : *D. 2010. Actu. 1076 ; AJDI 2010. 726, obs. Rouquet* (la hauteur anormale du bac à douche n'établit pas, à elle seule, l'existence d'un vice constituant la cause exclusive de la chute du locataire). ♦ Sur la réparation des dommages corporels au titre de la garantie des vices, V. les décisions cités *supra.* ♦ Rappr. • Civ. 3e, 12 juin 2003 : *D. 2004. 523, note Beaugendre (2e esp.) ; AJDI 2004. 113, note Beaugendre* (noyade de l'enfant des locataires dans la piscine de la villa voisine, appartenant au même bailleur : absence de lien de causalité entre le fait pour le bailleur ne pas avoir bâché cette piscine et le dommage, dès lors que la maison louée comportait également une piscine, ce qui impliquait une surveillance constante de l'enfant par les parents locataires).

13. Absence d'obligation de résultat. Le bailleur n'est pas tenu d'une obligation de résultat quant à la sécurité du locataire. • Civ. 3e, 21 nov. 1990, n° 89-15.922 P (lien de causalité non établi entre la vétusté de l'installation électrique et le décès par électrocution du locataire). ♦ Comp., admettant l'existence d'une obligation de moyens de sécurité à la charge d'une commune ayant loué une salle des fêtes : • Civ. 2e, 2 déc. 1998 : *RTD civ. 1999. 407, obs. Jourdain* (explosion, pour des raisons indéterminées, de la cuisinière à gaz comprise dans la location : absence de responsabilité de la commune, la locataire disposant d'une autonomie totale sur la cuisinière qu'elle pouvait utiliser seule et librement).

14. Absence d'obligation de contrôle régulier des installations. Cassation, dans le cadre de la L. du 6 juill. 1989, de l'arrêt retenant une responsabilité partielle du bailleur dans le dommage subi par le locataire, victime d'une électrocution, alors que ce dernier n'avait pas informé le bailleur du remplacement de l'armoire murale de la salle de bains par un équipement de moindre sécurité, au motif que le risque en découlant aurait pu être décelé par le bailleur institutionnel s'il avait procédé à une vérification de l'installation électrique en cours de bail. • Civ. 3e, 15 sept. 2010, n° 09-67.192 P : *D. 2010. 2158*.

Art. 1722 Si, pendant la durée du bail, la chose louée est détruite en totalité par cas fortuit, le bail est résilié de plein droit ; si elle n'est détruite qu'en partie, le preneur peut, suivant les circonstances, demander ou une diminution du prix, ou la résiliation même du bail. Dans l'un et l'autre cas, il n'y a lieu à aucun dédommagement.

Sur la dérogation apportée à l'art. 1722 en cas de destruction de l'immeuble par suite d'actes de guerre, V. L. 1er sept. 1948, art. 70, ss. art. 1778.

A. PRINCIPES

1. Conformité à la Constitution. En excluant tout dédommagement lorsque le bail est résilié de plein droit par suite de la disparition fortuite de la chose louée, l'art. 1722 ne fait manifestement que tirer la conséquence nécessaire de la disparition de l'objet même de la convention que les parties avaient conclue et poursuit un objectif d'intérêt général en assurant, lors de l'anéantissement de leurs relations contractuelles dû à une cause qui leur est étrangère, un équilibre objectif entre leurs intérêts respectifs. • Civ. 3e, 4 janv. 2011, n° 10-19.975 P : *AJDI 2011. 133 ; RTD com. 2011. 318, obs. kenderian* (non-transmission de QPC).

1° DOMAINE

2. Situations visées. L'art. 1722 s'applique aux baux commerciaux. • Civ. 3e, 1er mars 1995, n° 93-14.275 P. ♦ ... Au preneur d'un bail *commercial maintenu dans les lieux aux clauses* et conditions du bail expiré. • Civ. 3e, 29 sept. 1999, n° 98-10.237 P • 29 sept. 2004, n° 03-13.997 P : *D. 2004. AJ 2718, obs. Rouquet ; Dr. et patr. 1/2005. 97, obs. Chauvel.*

3. Situations exclues. Les art. 1722 et 1733 ne sont applicables qu'aux baux des maisons et des biens ruraux et non aux fonds de commerce donnés en location-gérance. • Com. 16 juill. 1980 : *Bull. civ. IV, n° 294.* ♦ L'art. 1722 ne s'applique pas au contrat par lequel la banque loue à un client un coffre dont elle assume la surveillance et auquel le client ne peut accéder qu'avec le concours du banquier. • Com. 11 oct. 2005, n° 03-10.975 P : *D. 2005. AJ 2869, obs. Delpech ; JCP 2006. I. 111, n° 13, obs. Stoffel-Munck ; CCC 2006, n° 19, note Leveneur ; LPA 23 déc. 2005, note Rouvière ; RTD com. 2006. 177, obs. D. Legeais.* ♦ *Contra* : • Paris, 31 mars 2000 : *D. 2001. Somm. 166, obs. CRDP Nancy 2*.

Cassation de l'arrêt ayant considéré que la cause d'un incendie est indéterminée, de sorte que le bailleur est exonéré de tout dédommagement alors que l'incendie qui se déclare dans les locaux d'un colocataire et dont la cause n'est pas déterminée ne caractérise pas un cas fortuit et que le bailleur est responsable envers les autres locataires des troubles de jouissance du fait de l'incendie. • Civ. 3e, 12 juill. 2018, n° 17-20.696 P : *D. 2018. 1552 ; AJDI 2019. 118, obs. Damas ; RGDA 2018. 456, note Karila* (fausse application de l'art. 1722 et refus d'application de l'art. 1719).

2° EFFETS

4. Cessation de plein droit. Le bail prend fin de plein droit par la perte totale de la chose (matériel de renflouement) survenue par cas fortuit ou même par la faute de l'une des parties, sauf les dommages-intérêts pouvant être mis à la charge de celle des parties déclarée responsable de cette perte. • Com. 8 oct. 1991, n° 89-10.491 P • Civ. 3e, 22 janv. 1997, n° 95-12.410 P : *D. 1998. 43, note Farnocchia ; JCP 1997. II. 22943, note Djigo ; RDI 1997. 296, obs. Collart-Dutilleul ; CCC 1997, n° 58, note Leveneur* (cassation de l'arrêt ayant condamné le locataire au paiement de loyers postérieurs à la destruction des lieux loués par un incendie de cause indéterminée) • Civ. 3e, 4 avr. 2001 : *AJDI 2001. 600, obs. Briand* (même solution en cas d'incendie causé par la mère du locataire) • 29 juin 2011, n° 10-19.975 P : *D. 2011. Actu. 1899, obs. Rouquet ; RTD com. 2011. 728, obs. kenderian ; JCP 2011. 1724, obs. Billiau* (absence de droit à une indemnité d'éviction qui n'est pas définitivement acquise au jour du sinistre).

Les dispositions de l'art. L. 145-41 C. com. relatives à la délivrance d'un commandement préalablement à la mise en œuvre d'une clause résolutoire ne sont applicables que lorsqu'est invoqué un manquement à une obligation contractuelle, et non à la résolution de plein droit pour destruction des locaux loués. • Civ. 3e, 14 oct. 2009, n° 08-14.926 P.

5. Absence d'obligations du bailleur. Lorsque la ruine de l'immeuble par vétusté ne résulte pas de la faute du bailleur ou d'un manquement à ses obligations, celui-ci n'est tenu ni de procéder à des réparations nécessitant des dépenses excessives, ni d'indemniser le preneur, la ruine de l'immeuble constituant en cette hypothèse un cas fortuit au sens de l'art. 1722. • Civ. 3e, 29 janv. 1975, n° 73-14.295 P. ♦ Même sens : • Civ. 3e, 3 mai 1978, n° 76-15.229 P • Civ. 3e, 8 mars 2018, n° 17-11.439 P : *D. 2018. 1117, obs. Damas ; ibid. 1511, obs. Dumont-Lefrand ; AJDI 2018. 593, obs. Damas* (rejet de l'action du preneur en remise en état). ♦ Le bail se trouvant résilié, le propriétaire n'est pas obligé de reconstruire l'immeuble, fût-ce par l'emploi de l'indemnité versée par son assureur. • Civ. 3e, 20 janv. 1981, n° 79-14.576 P.

6. Charge de la preuve de l'origine de la perte. Charge de la preuve lorsque l'origine de la perte de la chose louée est discutée : V. • Civ. 3e, 28 mai 1997, n° 95-14.352 P (preuve incombant au locataire qui allègue une faute du bailleur). ♦ Comp. : • Civ. 1re, 15 nov. 1966 : *D. 1967. 490, note J. Mazeaud ; RTD civ. 1967. 839, obs. Cornu* (la responsabilité du bailleur à l'égard du preneur n'est écartée que s'il établit que la perte est due à un cas fortuit ou de force majeure ou à la faute du preneur).

7. Prohibition des indemnités ; différence avec les remboursements. En cas de résiliation du bail consécutive à la perte de la chose par incendie, le preneur qui a payé les loyers d'avance en application d'une clause du bail est en droit d'en obtenir le remboursement, cette restitution ne constituant pas une indemnité prohibée par l'art. 1722. • Civ. 3e, 1er avr. 1998, n° 96-10.399 P.

B. NOTION DE PERTE

1° PERTE TOTALE

8. Coût excessif des travaux. Le coût des travaux de remise en état de l'immeuble loué excédant sa valeur emporte ainsi destruction totale de la chose louée. • Civ. 3e, 9 déc. 2009, n° 08-17.483 P : *D. 2010. AJ 92*. ♦ Même sens : • Civ. 3e, 6 mars 1984, n° 82-15.817 P (coût des travaux atteignant presque la valeur de l'immeuble) • 3 mai 1978, n° 76-15.229 P (coût des réparations représentant 60 à 65 % de la valeur des bâtiments) • 3 juin 1971, n° 69-14.829 P (coût des travaux atteignant la valeur vénale des bâtiments) • Civ. 3e, 8 mars 2018, n° 17-11.439 P : *D. 2018. 1117, obs. Damas ; ibid. 1511, obs. Dumont-Lefrand ; AJDI 2018. 593, obs. Damas*. ♦ Mais rejet d'une demande de résiliation du bail, faute d'impossibilité absolue et définitive d'user de la chose louée, les locaux n'ayant pas été entièrement détruits par l'incendie, et les experts d'assurance et un architecte ayant estimé leur reconstruction possible, les travaux de reconstruction ayant été réalisés pour un coût n'excédant pas le prix de la chose louée. • Civ. 3e, 19 déc. 2012, n° 11-26.076 P : *D. 2013. 88*. ♦ En cas de travaux prescrits par l'Administration en application d'une réglementation postérieure à la conclusion du bail, les juges, saisis par le bailleur d'une demande en résiliation du bail, ne peuvent le débouter de sa demande sans rechercher si le coût des travaux n'excède pas la valeur de la chose louée. • Civ. 3e, 12 juin 1991, n° 90-12.140 P : ♦ Comp. • Civ. 3e, 1er mars 1995, n° 93-14.275 P (dès lors qu'elle constate la destruction totale des lieux loués et le cas fortuit, une cour d'appel n'a pas à rechercher si la remise en état des locaux constituait pour le bailleur une dépense excessive).

9. La résiliation du bail est à bon droit refusée au bailleur lorsque la dégradation des lieux est due au défaut d'entretien imputable à ce dernier, qui ne peut, dès lors, prétendre que la remise en état est hors de proportion avec la valeur actuelle des bâtiments. • Civ. 3e, 30 sept. 1998, n° 96-17.684 P.

10. ... Impossibilité d'user de la chose conformément à sa destination. Doit être assimilée à la destruction en totalité de la chose louée l'impossibilité absolue et définitive d'en user conformément à sa destination. • Civ. 3e, 8 mars 2018, n° 17-11.439 P : *D. 2018. 1117, obs. Damas ; ibid. 1511, obs. Dumont-Lefrand ; AJDI 2018. 593, obs. Damas*. ♦ Un incendie ayant rendu l'immeuble impropre à l'utilisation d'hôtel prévue au contrat, et la remise en état des lieux nécessitant non de simples réparations mais une véritable reconstruction affectant le gros œuvre, les juges du fond peuvent estimer que la perte de la chose devait être considérée comme totale. • Civ. 3e, 20 janv. 1981, n° 79-14.576 P.

11. Désamiantage. Des travaux de retrait de l'amiante, qui autorisent la réoccupation des lieux après achèvement et dont le coût est inférieur à la valeur de l'immeuble, ne peuvent être assimilés à une destruction totale. • Civ. 3e, 2 juill. 2003 : *préc. note 9 ss. art. 1721.*

Gaz. Pal. 1986. 1. Somm. 52, note de Belot • Paris, 13 juill. 1989 : *D. 1989. Somm. 401, obs. Bihr.*

8. Inoccupation des lieux loués. La libération des lieux loués au cours du délai de préavis n'est pas en soi constitutive d'un manquement à l'obligation de jouissance paisible. • Civ. 3e, 9 janv. 2008, n° 07-11.379 P : *D. 2008. AJ 295, obs. Forest ; ibid. 2008. Pan. 1308, obs. Damas ; RTD civ. 2008. 319, obs. Gautier* (l'intrusion de squatters entre la date de libération des lieux et celle d'expiration du préavis ne peut être imputée à faute au locataire). ♦ V. aussi ss. art. 1735.

B. DESTINATION

1° DÉTERMINATION

9. Absence de stipulation. Si la nature d'une location se détermine d'après l'intention des parties, les juges ont la faculté, en l'absence de toute précision du bail révélant cette intention, de rechercher celle-ci en tenant compte de tous éléments à cet égard, et il ne leur est pas interdit de prendre en considération l'agencement des lieux, leur destination habituelle ou normale et l'emploi que le locataire en fait sans opposition du bailleur. • Soc. 7 juin 1961 : *Gaz. Pal. 1961. 2. 115.*

10. Destination convenue. Le caractère d'une location est déterminé, non par l'usage que le locataire a pu faire de la chose louée, mais par la destination que lui ont donnée, d'un commun accord, les parties contractantes ; la simple connaissance d'une situation irrégulière ne peut conférer un droit en l'absence de tout acte positif non ambigu valant autorisation. • Civ. 3e, 5 juin 1973 : *Bull. civ. III, n° 400* • 16 juill. 1997 : *RDI 1997. 629, obs. Collart-Dutilleul* (exercice de la profession d'architecte, dans des lieux loués à usage exclusif d'habitation, au su des bailleurs pendant plus de treize ans). ♦ Déjà en ce sens que l'attitude passive ou la tolérance du bailleur n'implique pas, à elle seule, son consentement à un changement de destination des lieux : • Civ. 3e, 17 avr. 1969 : *Bull. civ. III, n° 295.* ♦ Le preneur, médecin, ne peut être personnellement tenu pour responsable du comportement de certains de ses patients dans les parties communes de l'immeuble, faute de comportement fautif des preneurs au titre de l'accueil des patients fréquentant le cabinet, et l'autorisation donnée par le bail à ce praticien d'exercer sa profession de médecin dans les lieux loués impliquant le droit pour l'intéressé d'accueillir tous patients. • Civ. 3e, 19 nov. 2008 : *cité note 5 ss. art. 1735.*

2° HABITATION

11. Logement conventionné. Cassation de l'arrêt ayant refusé de prononcer la résiliation du bail d'un logement conventionné pour lequel le locataire avait procédé à la sous-location régulière d'une partie du logement, sans examiner, comme il le lui était demandé, la gravité de la faute du preneur au regard des circonstances résultant du régime applicable aux logements conventionnés, de l'interdiction légale de sous-location et d'un changement de destination des locaux susceptible d'être caractérisé par l'utilisation répétée et lucrative d'une partie du logement conventionné. • Civ. 3e, 22 juin 2022, n° 21-18.612 B : *D. 2022. 1206 ; AJDI 2022. 659, obs. de Plater ; ibid. 827, obs. Damas.*

12. Hébergement de tiers. Les clauses d'un bail d'habitation ne pouvant, en vertu de l'art. 8 § 1 Conv. EDH, avoir pour effet de priver le locataire de la possibilité d'héberger ses proches, ne constitue pas un manquement du preneur à ses obligations justifiant la résiliation du bail le fait, pour une locataire, d'héberger le père de ses deux derniers enfants ainsi que sa sœur. • Civ. 3e, 6 mars 1996, n° 93-11.113 P : *D. 1997. 167, note de Lamy ; D. 1996. Somm. 379, obs. CRDP Nancy 2 ; JCP 1997. II. 22764, note Nguyen Van Tuong ; JCP 1996. I. 3958, nos 1 s., obs. Jamin ; RTD civ. 1996. 580, obs. Hauser ; ibid. 897, obs. Mestre ; ibid. 1024, obs. Marguénaud (arrêt identifié comme étant du 5 mars 1996) ; Defrénois 1996. 1432, obs. Bénabent ; RDI 1996. 620, obs. Collart-Dutilleul.* – Même sens : • Civ. 3e, 22 mars 2006, n° 04-19.349 P : *D. 2007. Pan. 908, obs. Damas ; AJDI 2006. 637, obs. Rouquet ; Dr. et pr. 2006. 263, obs. Bazin ; LPA 26 juill. 2006, note Garaud ; RDC 2006. 1149, obs. Seube ; RTD civ. 2006. 722, obs. Marguénaud.* ♦ Personne morale locataire et clause d'habitation bourgeoise : V. note 14. ♦ Mais jugé que, lorsque le bail a été conclu *intuitu personae*, en considération de la seule situation personnelle du locataire et de sa famille, dont il a lui-même indiqué la composition, l'hébergement d'un tiers constitue un manquement à ses obligations. • Versailles, 29 janv. 1999 : *BICC 15 janv. 2000, n° 52.*

13. Prêt de logement. La stipulation contractuelle interdisant le prêt des lieux à un tiers sans le consentement exprès et par écrit du bailleur est licite ; elle ne fait pas obstacle, conformément aux dispositions de l'art. 8, § 1, Conv. EDH, à ce que le preneur héberge un membre de sa famille mais prohibe qu'il mette les locaux à la disposition d'un tiers, quel qu'il soit, si lui-même n'occupe plus effectivement les locaux. • Civ. 3e, 10 mars 2010, n° 09-10.412 P : *D. 2010. Actu. 893, obs. Rouquet ; ibid. 1531, note Brigant ; AJDI 2010. 808, note Damas ; RDC 2010. 913, obs. Seube ; RLDC 71/2010, n° 3799, obs. Le Gallou ; RTD civ. 2010. 343, obs. Gautier.*

Constitue une infraction aux clauses du bail interdisant au preneur de prêter les lieux loués le fait d'héberger des personnes dans deux chambres de service, accessoires à l'appartement loué. • Civ. 3e, 1er oct. 1997 : *Rev. loyers 1997. 598 ;*

ibid. 1998. 101, note Teilliais ; RDI 1998. 144, obs. Collart-Dutilleul (en l'espèce, manquement insuffisamment grave, selon l'appréciation souveraine des juges du fond, pour justifier la résiliation du bail). ♦ Comp. pour un droit d'usage et d'habitation : • Civ. 3e, 14 nov. 2007 : *cité note 3 ss. art. 632.*

14. Clause d'habitation bourgeoise. Sur la portée de la clause d'habitation bourgeoise, V. Dagot, *JCP 1967. I. 2108.* ♦ Une personne morale ne pouvant habiter bourgeoisement, la faculté d'occuper à usage d'habitation un appartement suppose nécessairement l'autorisation d'en accorder la jouissance à l'un des représentants personnes physiques de la société locataire. • Civ. 3e, 23 mai 2002, nº 00-20.860 P : *Rev. loyers 2002. 403, obs. Quément ; RTD civ. 2003. 93, obs. Mestre et Fages.* ♦ La domiciliation d'une personne morale dans les locaux à usage d'habitation pris à bail par son représentant légal n'entraîne pas un changement de la destination des lieux si aucune activité n'y est exercée. • Civ. 3e, 25 févr. 2016, nº 15-13.856 P : *D. 2016. 545, obs. Rouquet ; ibid. 1102, obs. Damas.* ♦ Ne justifie pas la résiliation d'un bail à usage exclusif d'habitation le fait que la locataire, ayant sa résidence principale dans les lieux, y exerce une activité professionnelle – en l'espèce de styliste –, non génératrice de trouble pour les occupants de l'immeuble. • Civ. 3e, 14 janv. 2004, nº 02-12.476 P : *AJDI 2004. 289, note Rouquet.* ♦ L'activité d'une association d'aide aux réfugiés entraîne un mode d'occupation précaire incompatible avec les conditions d'occupation pérennes et paisibles qu'implique la notion d'occupation bourgeoise exigée par le règlement de copropriété. • TGI Créteil, 19 janv. 2010 : *préc. note 4.* ♦ Pour la domiciliation temporaire d'une entreprise dans un local d'habitation (L. nº 84-1149 du 21 déc. 1984, art. 2), V. : Atias, *JCP 1985. I. 3190.* – Brault, *Gaz. Pal. 1985. 1. Doctr. 170.* ♦ Question du travail à domicile, V. Collart-Dutilleul, obs. *RDI 1997. 495* (à propos de • Civ. 3e, 14 mai 1997 : *cité note 15*).

15. Assistante maternelle. Ayant constaté que la locataire habitait avec sa famille dans le logement où elle recevait, moyennant un salaire, les enfants que le département de Paris lui confiait, une cour d'appel a pu en déduire que cette activité d'assistante maternelle n'entraînait pas un changement d'affectation des lieux loués par une transformation à usage, prohibé par le bail, de commerce, de profession libérale, industrielle ou artisanale. • Civ. 3e, 14 mai 1997, nº 95-18.290 P : *RDI 1997. 495, obs. Collart-Dutilleul.*

3º DESTINATION PROFESSIONNELLE OU MIXTE

16. Faculté ou obligation d'exercice de l'activité professionnelle. L'obligation d'exploiter est une condition d'application du statut des baux commerciaux dont l'inexécution ne peut entraîner la résiliation du bail en l'absence d'une clause imposant l'exploitation effective et continue du fonds dans les lieux loués. • Civ. 3e, 10 juin 2009 : *cité note 3 ss. art. 1228* • 10 juin 2009 : *eod. loc.* ♦ La destination de locaux à usage mixte (habitation et usage professionnel) n'implique pas par elle-même l'obligation d'utiliser les lieux loués à chacun des usages prévus par la convention. • Civ. 3e, 11 oct. 1989 : *Bull. civ. III, nº 187* • 15 janv. 1992 : *D. 1992. 424, note Aubert ; JCP 1992. II. 21970, note Steinmetz.* ♦ Déjà en ce sens que la clause interdisant le changement de destination n'implique pas par elle-même, en cas d'usage mixte, l'obligation d'exercer l'activité prévue au bail (en l'espèce, cessation de l'activité professionnelle). • Civ. 3e, 27 mai 1987 : *Bull. civ. III, nº 107.* ♦ Comp. • Civ. 3e, 30 mai 1990 : *JCP N 1991. II. 131.*

17. Conséquences d'un usage partiel. Le titulaire d'un contrat de location à usage mixte professionnel et d'habitation, s'il n'est pas tenu, durant le bail, d'utiliser les lieux à chacun des usages prévus par la convention des parties, ne peut, lorsqu'au terme du contrat il n'occupe pas pour son habitation principale, au moins partiellement, les locaux pris en location, se prévaloir du droit au renouvellement du contrat que la L. du 22 juin 1982 confère à celui qui habite les lieux loués. • Cass., ass. plén., 2 févr. 1996, nº 91-21.373 P : *R., p. 279 ; D. 1996. 189, note Aubert ; D. 1996. Somm. 364, obs. CRDP Nancy 2 ; JCP 1996. II. 22610, concl. Weber, note Auque ; JCP N 1997. II. 349, note Vial-Pedroletti ; Defrénois 1996. 457, note Aubert ; ibid. 1431, obs. Bénabent ; RDI 1996. 423, obs. Collart-Dutilleul* • Civ. 3e, 2 déc. 1998, nº 96-21.265 P.

4º SANCTION

18. Nécessité d'un préjudice (non). Le preneur ne peut modifier l'usage et la destination de la chose louée, alors même que les modifications ne seraient susceptibles de causer aucun préjudice au bailleur. • Civ. 27 avr. 1948 : *JCP 1948. II. 4594, note Becqué* (sous-location partielle des lieux loués pour un usage autre que celui prévu au bail). ♦ Ainsi, il ne peut supprimer une cloison et modifier la distribution des lieux (cassation de l'arrêt qui, pour débouter le bailleur de sa demande en dommages-intérêts, retient que de tels travaux, réalisés en contravention aux clauses du bail et sans l'autorisation du bailleur, n'avaient causé aucun préjudice à ce dernier). • Civ. 3e, 13 nov. 1997, nº 95-21.311 P : *RTD civ. 1998. 124, obs. Jourdain, et 696, obs. Gautier.* – V. aussi note 3. ♦ Comp., cependant, sur la nécessité d'un préjudice, note 6 ss. art. 1731.

19. Refus abusif de modification. Le refus du bailleur d'autoriser une modification du local peut revêtir un caractère abusif. • Civ. 3e, 27 juin 1990, n° 89-10.115 P.

20. Résiliation du bail, V., ss. art. 1729.

II. PAIEMENT DU LOYER

A. MODALITÉS

21. Loyer en nature. Lorsque le règlement du loyer a été converti, pendant les quatre premières années d'occupation, en paiement par le locataire des travaux de remise en état du local incombant au propriétaire, les juges du fond peuvent estimer que cet arrangement constitue une modalité de paiement du loyer. • Soc. 6 févr. 1985 : *Bull. civ. V, n° 89.*

22. Loyer indexé. S'il n'interdit pas la prise en compte d'un indice de base fixe, l'art. L. 112-1 C. mon. fin. prohibe cependant toute organisation contractuelle d'une distorsion entre la période de variation de l'indice et la durée s'écoulant entre deux révisions. • Civ. 3e, 25 févr. 2016, n° 14-28.165 P : *D. 2016. 541 ; AJDI 2016. 426, obs. Planckeel et Antoniutti .*

23. Caractère libératoire du paiement. Une demande en résiliation de bail pour non-paiement des loyers ne peut être rejetée au motif que le locataire a versé les loyers entre les mains d'un notaire, sans rechercher si ce dernier avait pouvoir de les recevoir pour le bailleur. • Civ. 3e, 2 mars 1977 : *Bull. civ. III, n° 105.* – Dans le même sens : • Civ. 3e, 5 mars 1997, n° 95-13.539 P : *Defrénois 1997. 1010, obs. Delebecque ; JCP N 1997. II. 1189, note Djigo* • 29 sept. 2010, n° 09-15.511 P : *RLDC 2010/76, n° 3991, obs. Paulin.*

24. Loyer stipulé portable : conséquences. Lorsque le prix est stipulé portable, le bailleur n'est pas tenu, pour justifier du retard, de mettre le preneur en demeure ou même de réclamer le paiement. • Soc. 17 oct. 1952 : *Bull. civ. IV, n° 730.* ♦ Sur le caractère normalement quérable du loyer, V. notes ss. art. 1247 anc. ♦ Sur le règlement par chèque, V. notes ss. art. 1238 anc.

25. Durée de l'obligation du preneur : résiliation sans restitution. Les juges du fond qui constatent que le locataire a résilié la location, mais n'a ni vidé les lieux, ni remis les clefs au propriétaire, et que celui-ci se trouve ainsi dans l'impossibilité de relouer le logement, décident exactement que le locataire reste tenu au paiement des loyers tant qu'il n'a pas rendu les lieux disponibles, la dénonciation du contrat ne suffisant pas dans ces conditions à l'exonérer de cette obligation. • Soc. 19 oct. 1967 : *Bull. civ. IV, n° 655.* ♦ Comp. • Civ. 3e, 16 mai 1984 : *ibid. III, n° 99* (indemnité d'occupation due en raison de la faute quasi délictuelle commise par celui qui se maintient sans droit dans les lieux).

B. EXCEPTION D'INEXÉCUTION

26. Contestations sur le montant du loyer. L'existence d'une contestation sur le taux du loyer ou même sur la nature du droit locatif ne peut, en aucun cas, dispenser le preneur de satisfaire à ses obligations tant qu'il n'est pas décidé autrement par décision de justice. • Civ. 3e, 17 oct. 1968 : *Bull. civ. III, n° 384.* – V. aussi • Civ. 3e, 16 mai 1974 : *Bull. civ. III, n° 205* • 16 févr. 1982, n° 80-14.231 P. ♦ Sur la diminution du loyer en cas de délivrance d'un logement d'une superficie habitable inférieure de plus d'un vingtième à celle mentionnée dans le contrat, V. L. 6 juill. 1989, art. 3-1.

27. Inexécution des obligations du bailleur : refus de principe. L'art. 1728 oblige le preneur à payer le prix du bail aux termes convenus sans qu'il puisse se prévaloir de l'inexécution par le bailleur des travaux de réparation nécessaires pour refuser le paiement des loyers échus. • Civ. 1re, 10 juin 1963 : *Gaz. Pal. 1963. 2. 441* • Civ. 3e, 16 avr. 1969 : *Bull. civ. III, n° 285* • 21 nov. 1973, n° 72-13.222 P (inexécution de travaux de réparation). – V. aussi • Soc. 7 juill. 1955 : *D. 1957. 1, note R. Savatier.* ♦ Sur l'exception d'inexécution, V. aussi note A. Huet, *D. 1966. 310.*

28. ... Exception en cas d'impossibilité de jouissance du bien. Le locataire n'est pas tenu de payer le loyer quand il se trouve dans l'impossibilité d'utiliser les lieux loués comme le prévoit le bail. • Civ. 3e, 21 déc. 1987, n° 86-13.861 P : *RTD civ. 1988. 371, obs. Rémy.* ♦ Un locataire n'est fondé à refuser de payer une provision de charges de chauffage que s'il est établi que, du fait de l'inexécution par le bailleur de ses obligations, il s'est trouvé dans l'impossibilité d'user des lieux conformément à leur destination contractuelle. • Civ. 3e, 12 juin 2001 : *AJDI 2002. 122, obs. Briand .* ♦ V. aussi • Soc. 10 avr. 1959 : *D. 1960. 61* (jouissance normale des lieux non procurée).

29. ... Exception en cas de logement non décent. Le locataire peut suspendre le paiement des loyers au propriétaire qui ne respecte pas son obligation de délivrer un logement décent. • Civ. 3e, 17 déc. 2015, n° 14-22.754 P.

30. ... Amiante. Cassation de l'arrêt ayant écarté l'exception de non-exécution opposée par le locataire contraint d'évacuer les locaux à l'occasion de travaux de désamiantage réalisés par le propriétaire dans la mesure où même en l'absence de notification administrative d'avoir à quitter les locaux, l'inspecteur du travail avait souligné l'impossibilité d'affirmer que la poursuite des travaux dans les conditions constatées ne présentait aucun risque pour les salariés. • Civ. 3e, 19 nov. 2015, n° 14-24.612 P.

31. ... Appréciation souveraine des juges du fond. Sur le principe d'une appréciation souveraine par les juges du fond de l'impossibilité de jouissance, V. par ex. : • Civ. 3e, 15 déc. 1993 : *D. 1994. 462, note M. Storck* (une cour d'appel a souverainement retenu que le manquement du propriétaire à procurer au locataire une jouissance des lieux conforme aux stipulations du bail autorisait le locataire à suspendre le paiement du loyer, et apprécié la réduction du loyer qui devait résulter de cette situation) • Civ. 3e, 1er mars 1995, n° 93-13.812 P : *Gaz. Pal. 1996. 1. 125, note Barbier ; RDI 1995. 600, obs. Collart-Dutilleul* • 11 janv. 2006, n° 04-30.240 P : *D. 2006. AJ 443, obs. Chevrier ; RTD com. 2006. 566, obs. Saintourens* (juges du fond estimant justifiée la suspension du paiement du loyer par le preneur qui a dû cesser l'exploitation de son fonds en raison du coût élevé des travaux faits par lui au lieu et place du bailleur, lequel oppose son inertie à toute demande de remboursement). ♦ V. cep. • Civ. 3e, 31 oct. 1978 : *Gaz. Pal. 1979. 1. 172, note Plancqueel* (cassation pour défaut de base légale de la décision qui a admis le preneur à opposer l'exception d'inexécution sans que soit constatée l'impossibilité totale d'utiliser les lieux loués).

32. Les juges du fond apprécient également souverainement le montant du loyer susceptible d'être retenu. • Civ. 3e, 23 mai 2013, n° 11-26.095 (impossibilité de retenir la totalité des loyers pour des infiltrations d'eau de pluie en toiture ayant troublé la jouissance paisible des lieux, mais sans obliger le preneur à interrompre son activité).

33. Restitution des loyers indus : logement insalubre. Le locataire qui se prévaut d'un arrêté préfectoral déclarant le logement en état d'insalubrité remédiable qui lui aurait été dissimulé peut obtenir la restitution de loyers indûment versés jusqu'à l'achèvement des travaux. • Civ. 3e, 19 mars 2008, n° 07-12.103 P.

34. Covid-19 et fermeture des commerces non essentiels. L'effet de la mesure générale et temporaire d'interdiction de recevoir du public, sur la période du 17 mars au 10 mai 2020, décidée, selon les catégories d'établissement recevant du public, aux seules fins de garantir la santé publique et en raison du caractère non indispensable à la vie de la Nation et à l'absence de première nécessité des biens ou des services fournis, sans lien direct avec la destination contractuelle du local loué, ne peut être, d'une part, imputable aux bailleurs, de sorte qu'il ne peut leur être reproché un manquement à leur obligation de délivrance, d'autre part, assimilé à la perte de *la chose au sens de l'art. 1722* : • Civ. 30 juin 2022, n° 21-20.127 B : *D. 2022. 1445, note Houtcieff ; ibid. 1398, obs. Tisseyre ; ; AJDI 2022. 605, obs. Blatter ; JCP 2022, n° 975, note Monéger ; Defrénois 2022/42. 35, obs. Huet* (caractère non sérieusement contestable de l'obligation de payer le loyer).

C. SANCTIONS

35. Titre exécutoire délivré par une personne publique. Est exécutoire, comme émanant d'une personne morale de droit public, le titre émis par un maire, tendant au recouvrement de loyers dus à la commune par saisie des rémunérations du locataire. • Civ. 2e, 17 juin 1998, n° 96-13.199 P.

36. Commandement surévalué. Un commandement fait pour un montant supérieur au montant réel de la créance n'en est pas moins valable à due concurrence ; dès lors, ce commandement interrompt la prescription des loyers échus depuis la date à laquelle il a été délivré. • Civ. 3e, 4 mars 1980 : *Bull. civ. III, n° 48.* ♦ V. aussi notes ss. art. 1344 et ss. art. 1650.

37. Art. 1155 anc. Application de l'art. 1155 anc. C. civ. (cours des intérêts des revenus échus) en cas de retard dans le paiement du loyer : • Civ. 3e, 24 févr. 1976 : *Gaz. Pal. 1976. 1. Pan. 134.* ♦ Prescription de l'action en paiement des loyers, V. art. 2277 [ancien].

38. Dommages-intérêts. Octroi de dommages et intérêts compensatoires lorsque la mauvaise foi et « l'esprit de chicane » du locataire ont causé au bailleur un préjudice distinct des retards de paiement : • Com. 20 janv. 1966, n° 64-10.188 P. ♦ Mais les juges doivent préciser si les dommages et intérêts qu'ils allouent ont un fondement distinct de celui motivant l'octroi d'une indemnité d'occupation, une telle indemnité due par un occupant sans titre ayant un caractère mixte compensatoire et indemnitaire et ayant pour objet de réparer l'intégralité du préjudice subi par le propriétaire. • Civ. 3e, 27 avr. 1982 : *Bull. civ. III, n° 103.* ♦ Lorsque les juges ont relevé, par une appréciation souveraine, que le bailleur ne justifiait de l'existence d'aucun préjudice, leur refus d'accorder des dommages et intérêts pour occupation abusive après la décision d'expulsion est justifié. • Civ. 1re, 18 juill. 1966 : *Bull. civ. I, n° 436.*

39. Clause pénale. Sur l'application de la clause pénale prévue au bail en cas d'occupation des locaux après la fin du bail, V. • Civ. 3e, 21 juin 1983 : *Gaz. Pal. 1983. 2. Pan. 300, obs. Piedelièvre* • 8 janv. 1997, n° 95-10.339 P.

40. Clause résolutoire. Pour débouter le bailleur de sa demande en constatation de la résiliation du bail par application de la clause résolutoire insérée à la convention, un arrêt ne peut retenir qu'il existe une présomption sérieuse qu'un chèque ait été émis dans le mois du commandement sans caractériser la remise effective de ce chèque au bailleur ou la renonciation de ce dernier à se prévaloir des causes du commandement. • Civ. 3e, 20 févr. 1991, n° 89-18.528 P. ♦ Mais les juges retiennent à bon droit que la clause résolutoire ne peut être acquise pour défaut de paiement du loyer conventionnel dès lors que celui-ci était illicite. • Civ. 3e, 10 déc. 1997, n° 95-21.072 P (bail soumis à la L. du 1er sept. 1948). ♦ Ils ne peuvent en revanche débouter le bailleur de sa demande de résiliation judiciaire sans rechercher si le non-paiement du loyer, à le supposer établi, était un manquement suffisamment grave pour justifier la résiliation judiciaire du contrat. • Même arrêt.

41. Résiliation. Résiliation du bail pour défaut de paiement des loyers : V. • Civ. 27 févr. 1961, n° 59-11.900 P. ♦ L'insertion dans le bail d'une clause prévoyant la résolution de plein droit à défaut de paiement du loyer aux échéances convenues ne prive pas le bailleur du droit de demander la résiliation judiciaire pour ce même manquement. • Civ. 3e, 29 avr. 1985, n° 83-14.916 P. ♦ La délivrance, par le propriétaire, d'un commandement visant la clause résolutoire du bail ne le prive pas de la faculté de demander ultérieurement le prononcé de la résiliation de cette convention, même en invoquant les manquements objets de cette mise en demeure, que de tels manquements aient causé ou non un préjudice au bailleur. • Civ. 3e, 4 mai 1994, n° 92-11.196 P. ♦ Comp. : un bail dont la résiliation est acquise ne peut être à nouveau résilié. • Civ. 3e, 29 sept. 2010, n° 09-13.922 P : *D. 2010. 2360* ; *AJDI 2010. 880, obs. Rouquet*. ♦ Sur les conditions de mise en œuvre de la clause résolutoire expresse, V. notes ss. art. 1729. ♦ V. aussi L. n° 89-462 du 6 juill. 1989, art. 7 et 24, ss. art. 1778.

L'effacement de la dette locative, qui n'équivaut pas à son paiement, ne fait pas disparaître le manquement contractuel du locataire qui n'a pas réglé le loyer, de sorte qu'il ne prive pas le juge, saisi d'une demande de résiliation judiciaire du contrat de bail, de la faculté d'apprécier, dans l'exercice de son pouvoir souverain, si le défaut de paiement justifie de prononcer la résiliation du bail. • Civ. 2e, 10 janv. 2019, n° 17-21.774 P : *D. 2019. 411, note François* ; *ibid. 1129, obs. Damas* ; *RDC 2/2019. 63, note Julien.*

42. Solidarité entre copreneurs. V. notes ss. art. 1310 et 1736.

Art. 1729 *(L. n° 2007-297 du 5 mars 2007, art. 18-I)* **« Si le preneur n'use pas de la chose louée** *(L. n° 2014-873 du 4 août 2014, art. 26)* **« raisonnablement » ou emploie » la chose louée à un autre usage que celui auquel elle a été destinée, ou dont il puisse résulter un dommage pour le bailleur, celui-ci peut, suivant les circonstances, faire résilier le bail.**

A. RÉSILIATION JUDICIAIRE

1. Domaine. Les dispositions de l'art. 7 *f)* de la L. du 6 juill. 1989 qui interdisent au locataire de transformer les locaux loués sans l'accord du bailleur ne privent pas ce dernier du droit de poursuivre la résiliation judiciaire du bail sur le fondement de l'art. 1184 anc. C. civ. • Civ. 3e, 31 oct. 2006, n° 05-10.553 P.

2. Date d'appréciation des manquements. La situation justifiant la résiliation du bail s'apprécie au jour où le juge statue. • Civ. 3e, 10 nov. 2009, n° 08-21.874 P. ♦ V. aussi notes ss. art. 1184 anc. et 1741.

3. Appréciation souveraine de la gravité du manquement. Pouvoir souverain des juges du fond pour apprécier si la faute reprochée au preneur est suffisamment grave pour justifier la résiliation judiciaire du bail : • Civ. 3e, 12 avr. 1972 : *JCP 1973. II. 17591, note Le Galcher-Baron* • 1er oct. 1997 : *Rev. loyers 1997. 598* ; *ibid. 1998. 101, note Teilliais* ; *RDI 1998. 144, obs. Collart-Dutilleul* (infraction aux clauses interdisant de prêter les lieux loués estimée insuffisamment grave pour justifier la résiliation du bail) • 31 oct. 2006 : *préc. note 1* (constructions annexes dénaturant le site : résiliation justifiée) • 10 nov. 2009 : *préc. note 2* (responsabilité personnelle du locataire et responsabilité quant aux agissements d'autres personnes qui passaient chez lui, constitutifs d'infractions au bail par le trouble occasionné à la tranquillité et la sécurité des autres locataires, sans justifier le prononcé de la résiliation).

4. Date de prise d'effet de la résiliation. Le prononcé de la résiliation d'un bail ne prend effet que du jour de la décision judiciaire ; c'est donc au jour où elle statue qu'une cour d'appel doit apprécier la situation justifiant ou non la résiliation. • Civ. 3e, 26 juin 1991, n° 89-21.640 P. ♦ V. aussi : • Civ. 3e, 26 mai 1983 : *Bull. civ. III, n° 124* ; *RTD civ. 1984. 118, obs. Rémy* (baux ruraux) • 13 mai 1998 : *CCC 1998, n° 113, note Leveneur.* ♦ Comp. • Civ. 3e, 30 avr. 2003 : *V. note 14 ss. art. 1184 anc.* ♦ V. aussi ss. art. 1184 et 1741.

5. Compétence du juge des référés (non). Il n'entre pas dans les pouvoirs du juge des référés de prononcer la résiliation d'un bail. • Civ. 3e, 27 nov. 1990, n° 89-17.249 P. ♦ Comp. pour la constatation d'une clause résolutoire, note 9.

B. CLAUSE RÉSOLUTOIRE

6. Mise en demeure. Il appartient au bailleur qui demande l'application de la clause résolutoire d'établir la persistance de l'infraction aux clauses du bail (défaut d'exploitation régulière du magasin) après l'expiration du délai de mise en demeure. • Civ. 3e, 13 nov. 1997, n° 95-16.419 P. ♦ Sur la formalité de la mise en demeure, V. obs. Rémy, *RTD, civ. 1982. 619.*

7. Rôle de la bonne foi. La clause résolutoire doit être invoquée de bonne foi. • Civ. 3e,

25 janv. 1983 : *Bull. civ. III, n° 21* • 6 juin 1984, n° 83-11.540 P. ♦ ... Et du fait de l'absence de bonne foi du bailleur, la clause résolutoire perd son effet automatique. • Paris, 19 juin 1990 : *D. 1991. 515, note Picod*. – Vial-Pedroletti, *Loyers et copr. 1999. Chron. n° 4* (avenir de la clause résolutoire).

8. Date d'effet. La résiliation d'un bail en vertu d'une clause résolutoire intervient de plein droit à l'expiration du délai visé à la mise en demeure. • Civ. 3e, 19 mars 1986, n° 84-11.396 P. ♦ Pour l'application du principe en cas d'impayé de loyers, V. note 40 ss. art. 1728.

9. Compétence du juge des référés. Le caractère provisoire d'une ordonnance de référé n'implique pas qu'il soit interdit au juge des référés de prendre une mesure de nature à causer un préjudice à l'une des parties ; dès lors, il entre dans les pouvoirs du juge des référés d'appliquer la clause résolutoire. • Civ. 3e, 19 déc. 1983, n° 82-11.205 P. ♦ Mais lorsque la clause nécessite une interprétation sur laquelle les parties sont en désaccord, la juridiction des référés est incompétente, en raison de l'existence d'une difficulté sérieuse. • Civ. 3e, 22 janv. 1980 : *Bull. civ. III, n° 20.* ♦ Sur l'impossibilité pour le juge des référés de prononcer la résiliation juciciaire du bail, V. note 5.

C. SUITES DE LA RÉSILIATION

10. Lorsque après résiliation du bail et mise en demeure d'avoir à restituer les clés, celles-ci n'ont été remises que plusieurs mois après la mise en demeure, les juges du fond ne peuvent écarter la demande du bailleur en paiement d'une indemnité d'occupation (visa de l'anc. art. 1382 [1240]). • Civ. 3e, 17 juill. 1997, n° 95-22.070 P. ♦ L'indemnité d'occupation est la contrepartie de l'utilisation sans titre du bien. • Civ. 2e, 6 juin 2019, n° 18-12.353 P : *D. 2019. 1235* ; *AJDI 2019. 817, obs. Cohet* ; *ibid. 745, obs. Tomasin*. ♦ Sur les difficultés d'exécution des décisions d'expulsion, V. Debouy et Paisant, *note JCP 1984. II. 20258* ; de Rocca, *Gaz. Pal. 1989. 1. Doctr. 355* ; Marguénaud, *obs. RTD civ. 1996. 1021*. ♦ Sur la question de la fixation du montant de l'indemnité d'occupation, V. rapp. Lacabarats et avis Domingo sur • Cass., ch. mixte, 9 nov. 2007, n° 06-19.508 P : *BICC 15 févr. 2008, rapp. Lacabarats et avis Domingo.* ♦ V. aussi ss. art. 1736.

11. Copreneurs solidaires et indemnité d'occupation, V., ss. art. 1737.

Art. 1730 **S'il a été fait un état des lieux entre le bailleur et le preneur, celui-ci doit rendre la chose telle qu'il l'a reçue, suivant cet état, excepté ce qui a péri ou a été dégradé par vétusté ou force majeure.**

1. État des lieux : formalité du double (non). Se bornant à constater une situation de fait, il n'est pas, de ce fait, soumis à la formalité du double original. • Civ. 3e, 23 mai 2002, n° 01-00.938 P : *D. 2003. Somm. 732, obs. Damas* ; *CCC 2002, n° 137, note Leveneur.*

2. ... Force probante. Un état des lieux, établi contradictoirement par un bailleur et un preneur, constate une situation de fait jusqu'à preuve contraire. • Civ. 3e, 23 mai 2002, n° 00-13.144 P : *AJDI 2002. 681, note Laporte-Leconte*. ♦ Dès lors que, dans un état des lieux très sommaire dressé à l'entrée du locataire, les locaux n'avaient fait l'objet d'aucune observation, le locataire devait les restituer dans un état n'appelant pas davantage d'observations, sauf à démontrer que les désordres constatés à son départ étaient dus à la vétusté. • Civ. 3e, 28 févr. 1990, n° 88-14.334 P : *D. 1990. Somm. 305, obs. Bihr*.

3. Distinction de l'étendue de la restitution et de la réparation de son inexécution. L'art. 1730, s'il fixe l'étendue de l'obligation de restituer que le contrat de location met à la *charge du preneur de la chose louée*, ne concerne pas la réparation pouvant incomber audit preneur au cas d'inexécution de cette obligation. • Cass., ch. mixte, 25 avr. 1975, n° 72-14.801 P : *R., p. 65.* ♦ V. aussi Guittard, *Gaz. Pal. 1978. 1. Doctr. 10* (incendie provoqué par une imprudence du locataire ; possibilité pour l'assureur, qui a indemnisé le bailleur sans abattement pour vétusté, de se retourner pour le même montant contre le preneur en qualité de subrogé).

4. Remise en état des lieux. Le bailleur n'a pas à faire l'avance du coût des travaux de remise en état incombant au preneur ; en conséquence, les juges ne peuvent réduire l'indemnité due au bailleur au titre de l'impossibilité de relocation avant l'exécution desdits travaux, au motif que le propriétaire pouvait les faire effectuer, le cas échéant avec autorisation judiciaire. • Civ. 3e, 11 déc. 1991, n° 90-15.246 P. ♦ L'indemnisation du propriétaire pour les dégradations commises n'est pas subordonnée à la preuve de l'exécution par celui-ci des travaux dont i demande réparation. • Civ. 3e, 3 avr. 2001 : *Loyers et copr. 2001, n° 139, obs. Vial-Pedroletti.*

5. Sort des constructions élevées par le preneur : V. Bibl. et notes ss. art. 555.

Art. 1731 **S'il n'a pas été fait d'état des lieux, le preneur est présumé les avoir reçus en bon état de réparations locatives, et doit les rendre tels, sauf la preuve contraire.**

V. L. n° 89-462 du 6 juill. 1989, art. 3, ss. art. 1778.

1. Domaine : réparations locatives. La présomption instituée dans l'art. 1731 est par lui expressément limitée aux réparations locatives ; tel n'est pas le caractère de travaux dont l'exécution eût pu prévenir l'effondrement d'une terrasse et qui sont à ranger parmi les grosses réparations incombant au bailleur. • Civ. 28 janv. 1936 : *DH 1936. 148.*

2. ... D'un immeuble. La présomption édictée par l'art. 1731 se limite aux réparations locatives d'immeubles (cassation de l'arrêt qui en fait application aux éléments corporels d'un fonds de commerce mis en location-gérance). • Com. 11 juin 1979, nº 78-11.847 P.

3. ... Même meublé. Application de la présomption de l'art. 1731 à un appartement loué meublé, exclu de ce fait du domaine d'application de la L. du 16 juill. 1989. • Civ. 3e, 30 sept. 1998, nº 96-21.512 P. ♦ Solution inverse (application de l'art. 3-2 L. 6 juill. 1989) depuis la L. nº 2014-366 du 24 mars 2014 (art. 25-3).

4. ... Et même pour des dommages postérieurs à l'expiration du bail. Lorsque le dommage (dégâts causés à des canalisations par le gel) s'est réalisé postérieurement à l'expiration du bail, mais avant que le locataire ait restitué la chose louée par la remise des clefs au bailleur, c'est à bon droit que les juges du fond condamnent le preneur à réparer ces dégâts, les lieux loués n'ayant pas été rendus en bon état de réparations locatives. • Civ. 3e, 25 juin 1969, nº 67-11.181 P. ♦ Comp. note 4 ss. art. 1732.

5. Preuve contraire. La preuve contraire à la présomption de l'art. 1731 peut être faite par témoins, puisqu'elle porte sur un état de choses matériel et non sur un fait juridique. • Req. 27 déc. 1921 : *DP 1922. 1. 103.*

6. Indemnisation du bailleur : nécessité d'un préjudice. Des dommages-intérêts ne peuvent être alloués que si le juge, au moment où il statue, constate qu'il est résulté un préjudice de la faute contractuelle ; est à bon droit rejetée la demande de dommages-intérêts du bailleur qui ne prétend ni avoir effectué des travaux, ni avoir dû relouer à des conditions plus défavorables, du fait de l'état dans lequel le preneur a restitué les lieux. • Civ. 3e, 3 déc. 2003, nº 02-18.033 P : *R., p. 364 ; D. 2005. Pan. 185, obs. D. Mazeaud ; JCP 2004. I. 163, nº 2 s., obs. Viney ; Gaz. Pal. 2004. 525, note Raby ; ibid. 547, note Barbier ; Defrénois 2004. 1332, obs. Ruet ; AJDI 2004. 204, note Beaugendre ; CCC 2004, nº 38, note Leveneur ; LPA 3 nov. 2004, note Rakotovahiny ; RDC 2004. 280, obs. Stoffel-Munck ; ibid. 359, obs. Seube ; RTD civ. 2004. 295, obs. Jourdain .* ♦ *Contra*, antérieurement, jugeant que l'indemnisation du bailleur en raison de l'inexécution par le preneur des réparations locatives prévues au bail n'est subordonnée ni à l'exécution de ces réparations, ni à la justification d'un préjudice : • Civ. 3e, 30 janv. 2002, nº 00-15.784 P : *D. 2002. 2288, note Elhoueiss ; ibid. AJ 888, obs. Rouquet ; D. 2003. Somm. 458, obs. D. Mazeaud ; JCP 2002. I. 186, nos 7 s., obs. Viney ; CCE 2002, nº 132, note Stoffel-Munck ; Rev. loyers 2002. 210, obs. J. Rémy ; RTD civ. 2002. 321, obs. Gautier ; ibid. 816, obs. Jourdain .* – Beaugendre, *LPA 13 sept. 2002.* ♦ V. aussi ss. art. 1145 anc.

7. Remise en état des lieux résultant d'une obligation particulière. La remise en état, à l'expiration du bail, du site où a été exploitée une installation classée, résultant d'une obligation particulière tirée de la législation sur les installations classées, est à la charge du preneur. • Civ. 3e, 10 avr. 2002, nº 00-17.874 P : *RDI 2002. 371, obs. Trébulle ; Rev. loyers 2002. 407, obs. Quément.* ♦ Dans le même sens, aux termes des dispositions de la L. du 19 juill. 1976, la charge de la dépollution d'un site industriel incombe au dernier exploitant et non au propriétaire du bien pollué ; la remise en état du site résultant d'une obligation légale particulière, dont la finalité est la protection de l'environnement et de la santé publique, est à la charge de la locataire. • Civ. 3e, 2 avr. 2008, nº 07-12.155 P : *D. 2008. AJ 1146, obs. Forest ; ibid. Pan. 2469, obs. Reboul-Maupin ; ibid. 2472, note Trébulle ; JCP 2008. II. 10158, note Parance ; JCP N 2008. 1294, note Herrnberger ; RDC 2008. 1248, obs. Lardeux.* ♦ ... Y compris si le propriétaire a manifesté son intention de reprendre l'exercice de son activité industrielle. • Civ. 3e, 11 mai 2022, nº 21-16.348 B : *D. 2022. Chron. C. cass. 2308, obs. Djikpa ; AJDI 2022. 694, obs. Wertenschlag .*

A défaut de s'être mis en conformité, le locataire est redevable d'une indemnité d'occupation jusqu'à la date à laquelle il justifie avoir pris les mesures imposées. • Civ. 3e, 19 mai 2010, nº 09-15.255 P : *D. actu. 3 juin 2010, obs. Rouquet.* ♦ V. égal. • Civ. 3e, 11 mai 2022, nº 21-16.348 B : *préc.* (indemnité d'occupation due jusqu'à la date du procès-verbal de récolement établi par l'administration en application de l'art. R. 512-39-3, III, C. envir.). ♦ Le réaménagement du site sur lequel a été exploitée une installation classée fait partie intégrante de l'activité exercée et l'indemnité d'occupation due pendant la remise en état d'un site, après cessation de l'activité, doit être fixée par référence au loyer prévu au bail. • Civ. 3e, 23 juin 2016, nº 15-11.440 P : *D. 2016. 1435 ; AJDI 2016. 848, obs. Wertenschlag et Geib ; RDC 2016. 657, note Knetsch* (cassation de l'arrêt qui s'est fondé sur la valeur locative de terres agricoles, l'exploitation commerciale ayant cessé).

Art. 1732 Il répond des dégradations ou des pertes qui arrivent pendant sa jouissance, à moins qu'il ne prouve qu'elles ont eu lieu sans sa faute.

A. DOMAINE

1. Existence d'un contrat. Les dispositions de l'art. 1732 ne s'appliquent que dans les rapports entre bailleur et preneur ; elles ne peuvent être invoquées par le syndicat des copropriétaires contre un locataire. • Civ. 3e, 5 juin 1991, n° 90-11.391 P.

2. Nature du contrat. L'art. 1732 s'applique à la location de meubles. • Civ. 1re, 22 juill. 1968 : *D. 1968. 622* • 5 mai 1998 : *CCC 1998, n° 112, note Leveneur* (location de voiture). ♦ ... Au contrat de crédit-bail immobilier. • Civ. 3e, 2 mars 2005, n° 02-15.298 P : *JCP 2006. II. 10037, note Hardouin-Le Goff ; RDC 2005. 1087, obs. Seube.*

Mais il n'est pas applicable aux rapports entre loueur et locataire-gérant d'un fonds de commerce. • Com. 2 juill. 1996, n° 93-14.130 P : *CCC 1996, n° 197, note Leveneur ; RTD civ. 1996. 923, obs. Gautier* • Civ. 3e, 13 oct. 1999 : *CCC 2000, n° 21, note Leveneur ; RTD civ. 2000. 352, obs. Gautier*. ♦ Comp., sans référence à l'art. 1732 : • Com. 6 mai 2002, n° 00-11.569 P : *JCP E 2002. 1509, note Leveneur* (locataire-gérant tenu de la perte de valeur du fonds survenue par sa faute).

3. Explosion et incendie. Application de l'art. 1733 au cas où l'explosion est suivie d'un incendie : V. • Civ. 3e, 7 nov. 1978 : *Bull. civ. III, n° 331*. ♦ Pour une solution différente (application de l'art. 1732) lorsque les effets de l'incendie sont indissociables de ceux des explosions : • Civ. 2e, 5 déc. 1984, n° 83-12.745 P. ♦ V. Bibl. ss. art. 1733.

4. Dommages postérieurs à la fin de la jouissance. Violent l'art. 1732 les juges du fond qui condamnent, après son départ, un locataire à réparer des désordres causés par le gel à l'installation de chauffage sans constater que le gel s'était produit au cours de la période de jouissance des lieux par le locataire. • Civ. 3e, 18 mars 1998, n° 96-11.624 P : *Loyers et copr. 1998. 117, obs. V. P.* ♦ Comp. note 4 ss. art. 1731. ♦ Une cour d'appel ne peut condamner l'épouse solidairement avec son mari à des dommages-intérêts pour des dégradations constatées en fin de bail sans rechercher si celle-ci, qui avait quitté les lieux en vertu d'une ordonnance l'autorisant à résider séparément, en avait alors informé le bailleur et si les dégradations ne s'étaient pas produites après son départ, en sorte qu'elles auraient eu lieu sans sa faute. • Civ. 3e, 8 avr. 1992, n° 90-15.047 P. ♦ Comp. pour les dommages causés lors de baux antérieurs, V. note 9.

5. Droit local des départements du Bas-Rhin, du Haut-Rhin et de la Moselle. La L. du 1er juin 1924 ayant écarté du régime de l'introduction de la législation française dans les départements recouvrés les art. 1733 et 1734 qui constituent le régime spécial de la responsabilité du locataire en cas d'incendie a, par là même, exclu l'application de l'art. 1732. • Com. 23 juin 1965 : *Bull. civ. IV, n° 392.* ♦ Il résulte de l'art. 72 de la L. du 1er juin 1924 que les art. 1733 et 1734 n'étant pas applicables dans les trois départements, en cas d'incendie survenu dans des locaux donnés à bail, le locataire ne peut être présumé responsable sur le fondement de l'art. 1732 ; sauf clause contraire expresse du bail relevant du droit local, le locataire ne répond des dégradations ou des pertes consécutives à l'incendie que si le bailleur prouve qu'il a commis une faute à l'origine de celui-ci. • Civ. 3e, 26 janv. 2022, n° 20-17.715 B : *D. 2022. 1007, obs. Damas* ; *AJDI 2022. 506, obs. Damas*.

B. RÉGIME

6. Charge de la preuve. Il appartient au preneur de prouver que les dégâts ont eu lieu sans sa faute. • Civ. 3e, 16 déc. 1997 : *RDI 1998. 304, obs. Collart-Dutilleul*. ♦ ... Et non au bailleur de prouver que la faute alléguée du locataire est la cause de son préjudice. • Civ. 3e, 28 janv. 2004, n° 02-11.814 P : *D. 2004. IR 537*. ♦ En cas de dommages causés par une explosion de gaz qui s'est produite dans l'appartement du locataire, celui-ci est présumé responsable, l'origine de la fuite étant demeurée indéterminée, dès lors qu'il ne démontre pas que les dommages causés aux lieux loués par l'explosion avaient eu lieu sans sa faute. • Civ. 3e, 18 mars 1974 : *Bull. civ. III, n° 120.*

7. Notion de dégradation : vétusté (non). Si le preneur est tenu des dégradations intervenues pendant la location, ainsi que des réparations locatives, cette obligation ne s'étend pas à la remise à neuf des papiers, peintures et revêtements de sol atteints par la vétusté après quatorze années d'occupation. • Civ. 3e, 17 oct. 1990, n° 88-20.194 P. ♦ Même solution : • Civ. 3e, 5 nov. 2015, n° 14-23.875 P (dégradations atteignant le gros-œuvre dues à la vétusté, et non imputables aux preneurs).

8. Préjudice réparable : explosions. L'art. 1732 ne limite pas la responsabilité du preneur aux seuls dégâts commis dans les lieux loués (dégradations occasionnées à tout l'immeuble à la suite d'une explosion survenue dans l'un des appartements donnés en location). • Civ. 3e, 6 déc. 1972, n° 71-14.294 P : *R. 1972-1973, p. 62 ; D. 1973. 188.*

9. ... Dommages commis lors de baux antérieurs. La conclusion d'un nouveau bail entre les parties n'interdit pas au bailleur de réclamer au locataire la réparation des dégradations résultant de l'usage de la chose pendant toute la durée de la location. • Civ. 3e, 8 déc. 1999, n° 98-11.665 P. ♦ Mais le preneur contractuellement tenu, en vertu du contrat de cession de bail, des obligations de la société cédante, ne peut se voir reprocher à faute par le bailleur, pour obtenir la résiliation du bail, des manquements des précédents preneurs. • Civ. 3e, 30 juin 2010, n° 09-13.754 P : *D. actu. 16 juill. 2010, obs. Rouquet ; D. 2010. Chron. C. cass. 2608, note Monge ; JCP 2010, n° 983, obs. Barthez ; Gaz. Pal. 5 août 2010, note Houtcieff ; ibid. 18 sept. 2010, note Peisse.* ♦ Comp. note 13 ss. art. 1717.

10. Transmission du droit à indemnisation à l'acheteur (non). Le droit du propriétaire de réclamer au locataire responsable la réparation de son préjudice constitue une créance personnelle qui, sauf stipulation contraire, ne se transmet pas à l'acquéreur de l'immeuble. • Civ. 1re, 13 janv. 1964 : *Gaz. Pal. 1964. 1. 274.* ♦ Sur la recherche de la commune intention des parties à cet égard : V. • Civ. 3e, 20 janv. 1981 : *Gaz. Pal. 1981. 2. Pan. 170.* ♦ Sur les conséquences de la vente du bien loué, V. plus généralement ss. art. 1743.

Art. 1733 **Il répond de l'incendie, à moins qu'il ne prouve :**

Que l'incendie est arrivé par cas fortuit ou force majeure, ou par vice de construction.

Ou que le feu a été communiqué par une maison voisine.

BIBL. ► R. Savatier, *Mél. Marty, Univ. Toulouse, 1978, p. 1019* (l'explosion en droit civil). – Serror, Briquet, Gagnaire, Rousseau, *AJDI 2018. 571* (incendie et bail commercial).

A. DOMAINE

1. Existence d'une convention. Les dispositions de l'art. 1733 ne sont applicables que lorsque les parties sont liées par une convention. • Civ. 3e, 29 nov. 1989 : *Bull. civ. III, n° 220 ; D. 1990. Somm. 310, obs. Bihr* (absence de convention entre une directrice d'école et une commune qui lui fournit un logement en exécution de son obligation légale) • 24 nov. 1993, n° 92-10.790 P : *Defrénois 1994. 1176, obs. Vermelle* • 31 oct. 2006 : *AJDI 2007. 298, obs. de La Vaissière* (« occupant » : existence de rapports locatifs non constatée). ♦ Tel n'est pas le cas si le contrat, ayant été annulé, est rétroactivement anéanti. • Civ. 3e, 24 nov. 1976, n° 75-13.076 P. ♦ Dans le cas où la chose louée a été vendue, et où le locataire, ignorant la vente intervenue, a continué à payer le prix à l'ancien propriétaire qui lui en délivrait quittance, les dispositions de l'art. 1733 sont applicables et c'est à bon droit que le locataire est condamné à payer le coût de la remise en état à l'assureur de l'acquéreur. • Civ. 3e, 5 juin 1991, n° 89-20.202 P.

2. ... Entre les parties à l'action : tiers. L'art. 1733 ne s'applique que dans les rapports entre bailleur et locataire. • Civ. 3e, 22 juin 1983, n° 82-12.236 P (impossibilité pour un assureur subrogé dans les droits d'un syndic de copropriété d'agir pour des indemnités allouées à des copropriétaires tiers). ♦ Ainsi, le dommage constitué par les frais de relogement des locataires de l'immeuble voisin, qui sont tiers au contrat entre le bailleur et le locataire à l'origine de l'incendie, ne relève pas des dispositions de l'art. 1733 présumant le locataire responsable. • Civ. 3e, 28 janv. 2016, n° 14-28.812 P. ♦ Vis-à-vis des tiers, le preneur n'est responsable des dommages causés par l'incendie ayant pris naissance dans l'immeuble (galerie commerciale) qu'il occupe que s'il est prouvé qu'il doit être attribué à sa faute ou à la faute des personnes dont il est responsable. • Civ. 3e, 19 sept. 2012 : *D. 2012. 2243, obs. Rouquet* (application de l'art. 1384 [1242], al. 2).

3. Sous-location, sous-occupation. L'art. 1733 concerne les seuls rapports du propriétaire avec son locataire, à l'exclusion, notamment, du sous-locataire. • Civ. 3e, 8 déc. 1993, n° 90-13.904 P : *R., p. 278* • 17 juill. 1996, n° 94-16.590 P : *Defrénois 1997. 403, obs. Bénabent ; RDI 1996. 619, obs. Collart-Dutilleul* (exclusion de l'action du propriétaire contre le sous-occupant) • 7 juill. 2016, n° 15-12.370 P (absence d'action directe contre le locataire ou le sous-occupant). ♦ V. aussi • Civ. 3e, 7 déc. 2011 : *cité note 4 ss. art. 1351-1* (absence d'application de l'art. L. 415-3 C. rur. à une société à la disposition de laquelle le bien rural a été mis).

4. L'art. 1733 s'applique dans les rapports entre le locataire et le sous-locataire qui occupe exclusivement les lieux. • Civ. 3e, 24 janv. 2007, n° 06-13.028 P : *D. 2007. AJ 444 ; RDC 2007. 810, obs. Seube.* ♦ Ainsi, le sous-locataire, dans ses rapports avec le locataire principal, est soumis à la présomption de responsabilité édictée par l'art. 1733, l'assureur du locataire, subrogé dans ses droits après avoir indemnisé son assuré et le bailleur, peut agir à l'encontre du sous-locataire et de son assureur. • Civ. 3e, 23 mai 2012, n° 11-17.183 P : *D. 2012. 1480, obs. Rouquet ; ibid. 2013. 863, obs. Damas ; RDC 2012. 1252, obs. Seube ; RGDA 2012. 1042, obs. Asselain.*

5. Droit local des départements du Bas-Rhin, du Haut-Rhin et de la Moselle. Il résulte de l'art. 72 de la loi du 1er juin 1924 que les art. 1733 et 1734 n'étant pas applicables dans les trois départements, en cas d'incendie survenu dans des locaux donnés à bail, le locataire ne peut être présumé responsable sur le fondement de l'art. 1732 ; sauf clause contraire expresse du bail relevant du droit local, le locataire ne répond des dégradations ou des pertes consécutives à l'incendie que si le bailleur prouve qu'il a commis une faute à l'origine de celui-ci. • Civ. 3e, 26 janv. 2022, n° 20-17.715 B : *D. 2022. 1007, obs. Damas ; AJDI 2022. 506, obs. Damas*. ♦ V. déjà • Com. 23 juin 1965, *Bull. civ. IV* n° 392.

6. Nature du contrat : baux mobiliers. Application de l'art. 1733 aux baux mobiliers : • Civ. 1re, 6 mai 1968 : *JCP 1970. II. 16157, note Chevassus.* ♦ L'art. 1733 ne s'applique pas à la location des fonds de commerce, qui sont des biens incorporels. • Com. 21 avr. 1992 : *JCP 1993. II. 22101, note Dubaele.* ♦ Sur la détermination du régime applicable en cas d'incendie d'un bâtiment soumis pour partie à un bail d'habitation et pour partie à un bail rural, V. Rémy, obs. *RTD civ. 1990. 301.*

7. … Conventions d'occupation précaire. L'occupation contractuelle des lieux moyennant une contrepartie, fût-ce à titre précaire, soumet l'occupant à la présomption de responsabilité en cas d'incendie prévue à l'art. 1733. • Civ. 3e, 28 oct. 1975, nº 74-11.752 P. ♦ Comp. • Civ. 3e, 16 déc. 1970 : *Bull. civ. III, nº 703* (exclusion de l'art. 1733 en cas d'occupation temporaire résultant d'un contrat *sui generis* ne prévoyant ni prix de location, ni redevance).

8. … Locations saisonnières. Application de l'art. 1733 : • Civ. 3e, 2 juin 1977 : *D. 1977. 694.* ♦ V. aussi : Bénabent et Lucas de Leyssac, *D. 1977. Chron. 241.* – Le Lièvre, *JCP N 1978. I. 205.*

9. Inapplication de l'art. 1733 à un contrat de séjour dans une maison de retraite. • Civ. 3e, 3 déc. 2020, nº 20-10.122 P : *D. 2020. 1048, obs. Damas* ; *RDSS 2021. 355, note Amiaud et Rihal* • 3 déc. 2020, nº 19-19.670 P : *D. 2021. Chron. C. cass. 980, obs. Collomp* ; *JCP 2021, nº 147, note Borghetti* ; *CCC 2021, nº 36, note Leveneur.*

10. Contrat en cours d'exécution : dommage antérieur à la prise d'effet. Le fait que les nouveaux locataires se soient rendus dans les lieux dans la soirée du jour précédant la prise d'effet de leur bail ne suffit pas à caractériser l'existence de rapports locatifs avant la date prévue par le bail. • Civ. 3e, 29 nov. 2000, nº 98-21.540 P : *AJDI 2001. 237, obs. Le Masson* ; *RGDA 2001. 109, note Rémy* (cassation de l'arrêt les ayant condamnés *in solidum* avec les locataires précédents pour l'incendie survenu au cours de ladite nuit).

11. … Bail expiré. La responsabilité qui incombe aux locataires en cas d'incendie, en application de l'art. 1733, ne cesse pas par le fait qu'ils se sont perpétués dans les lieux loués au-delà de l'expiration du bail et contre la volonté du propriétaire. • Com. 22 oct. 1962 : *Bull. civ. III, nº 409* • 27 mars 1990, nº 88-20.472 P.

12. Incendie et explosion. Dès lors que les juges ont constaté que les dommages causés aux lieux loués provenaient d'un incendie, et que le preneur ne rapportait pas la preuve de l'existence d'un cas fortuit ou de force majeure, ou d'un vice de construction, seuls cas d'exonération prévus par l'art. 1733, ils décident à bon droit que le preneur doit répondre des conséquences de cet incendie, leur décision rendant inopérantes les conclusions soutenant que les dégradations causées à l'immeuble l'avaient été par une explosion. • Civ. 3e, 7 nov. 1978 : *Bull. civ. III, nº 331.* – V. aussi • Civ. 3e, 30 mai 1990, nº 89-10.356 P. ♦ Mais lorsque les effets de l'incendie, qui n'a été que la conséquence des explosions dues à une fuite de gaz, sont indissociables des dégâts dus aux explosions, la responsabilité du locataire est engagée, par application de l'art. 1732 C. civ., dès lors qu'il n'est pas établi que les dommages ont eu lieu sans sa faute. • Civ. 2e, 5 déc. 1984, nº 83-12.745 P.

13. Jouissance conjointe du bailleur. La présomption de responsabilité tombe s'il est constaté que le bailleur a conservé la jouissance conjointe des lieux incendiés. • Civ. 3e, 22 févr. 1989, nº 87-18.415 P. ♦ V. aussi note 4 ss. art. 1734.

B. RÉGIME

14. Exonération du preneur : principes. Le locataire ne peut s'exonérer de la responsabilité qui lui incombe qu'à la condition de rapporter la preuve directe et positive que l'incendie provient de l'une des causes énumérées dans l'art. 1733. • Civ. 10 févr. 1919 (deux arrêts) : *DP 1921. 1. 193, note Lalou* • Req. 8 juin 1920 : *ibid.*

15. Cas fortuit : illustration. La survenance d'un court-circuit n'est de nature à exonérer le preneur qu'à la condition d'avoir constitué un cas fortuit ou de force majeure. • Civ. 3e, 13 mai 1997 : *Rev. loyers 1997. 554* (en l'espèce, condamnation du locataire à indemniser le bailleur, l'origine de l'incendie étant restée inconnue). ♦ Le cas fortuit suppose un fait étranger au locataire et aux personnes dont il doit répondre ; l'acte de malveillance ne constitue donc un cas fortuit que s'il a été commis par un tiers. • Soc. 20 mai 1954 : *D. 1954. 638.* ♦ Faute d'avoir recherché si l'origine criminelle de l'incendie présentait pour les preneurs les caractères d'imprévisibilité et d'irrésistibilité propres à la force majeure, les juges du fond ne peuvent rejeter la demande de l'assureur, subrogé dans les droits du propriétaire de l'immeuble, tendant à obtenir des preneurs le remboursement de la somme payée à la suite du sinistre. • Civ. 3e, 28 sept. 1983 : *Bull. civ. III, nº 172.* – Même sens : • Civ. 3e, 3 avr. 2007 : *AJDI 2007. 560, obs. Forest.* ♦ Mais ils justifient légalement leur décision en déduisant de leurs constatations circonstanciées que les actes de malveillance à l'origine de l'incendie constituent pour le locataire un fait imprévisible et irrésistible l'exonérant de sa responsabilité. • Civ. 3e, 12 déc. 1990, nº 89-14.919 P. – Dans le même sens : • Civ. 3e, 18 mars 1998, nº 96-10.769 P. – V. aussi • Civ. 3e, 21 sept. 2005 : *AJDI 2006. 191, note de La Vaissière* (acte de malveillance commis par l'ex-mari de la locataire). ♦ En cas d'incendie volontaire dont l'auteur est resté inconnu, les juges du fond ne peuvent mettre les réparations à la charge du locataire sans rechercher si cet incendie volontaire avait pu être facilité par une négligence qui lui soit imputable. • Civ. 3e, 2 oct. 1996, n° 94-21.589 P.

16. Vice de construction. Ayant retenu l'existence d'une relation de cause à effet entre le vice de construction constaté (fissure au niveau d'une cheminée) et l'incendie survenu, les juges du fond ont pu en déduire que le locataire s'était exonéré de la présomption de responsabilité qui pesait sur lui. • Civ. 3e, 25 janv. 1978, n° 76-12.931 P. ♦ Pour exonérer le preneur, le vice de construction n'a pas à revêtir les caractères de la force majeure. • Civ. 3e, 21 mars 1990, n° 88-16.187 P : *Defrénois 1990. 1352, obs. Vermelle ; RTD civ. 1991. 138, obs. Rémy* • 12 mars 2002 : *RCA 2002, n° 205, note Groutel ; Loyers et copr. 2002, n° 168, obs. Vial-Pedroletti.* – V. aussi • Civ. 3e, 15 juin 2005 : *cité note 17.* ♦ La seule preuve de l'existence d'un vice ayant pu contribuer à aggraver le dommage n'exonère pas le preneur. • Civ. 3e, 18 mars 1992, n° 89-15.310 P : *R., p. 282.* – V. aussi • Civ. 3e, 27 nov. 2002 : *cité note 20.*

17. Défaut d'entretien. Un défaut d'entretien imputable à un bailleur, s'il est à l'origine d'un incendie, est assimilable à un vice de construction et n'a pas à revêtir les caractères de la force majeure. • Civ. 3e, 15 juin 2005, n° 04-12.243 P : *D. 2005. 2580, note Rakotovahiny ; ibid. IR 1729, obs. Rouquet ; D. 2006. Pan. 959, obs. Damas ; JCP N 2005. 1365, note Raby ; Defrénois 2006. 425, note A. Donnier ; RCA 2005, n° 324, note Groutel.*

18. Fautes du bailleur. D'éventuelles fautes du bailleur ne peuvent fonder une exonération du preneur s'il est constaté qu'elles ne sont pas à l'origine de l'incendie. • Civ. 3e, 13 juin 2007, n° 06-10.033 P : *D. 2007. AJ 1873 ; LPA 14 févr. 2008, note Keita ; AJDI 2008. 284, obs. de La Vaissière.*

19. Réparation du préjudice subi par le bailleur. L'indemnité allouée au bailleur dont l'immeuble a été endommagé par un incendie doit être calculée sans tenir compte de la vétusté, la déduction d'un coefficient de vétusté ne replaçant pas le propriétaire dans la situation où il se serait trouvé si l'acte dommageable ne s'était pas produit. • Civ. 3e, 9 janv. 1991, n° 89-16.661 P • 19 juill. 1995, n° 93-16.106 P.

20. Le locataire responsable doit réparation non seulement des dommages survenus dans les locaux qui lui ont été donnés à bail, mais également dans ceux, voisins, donnés à bail par le même propriétaire à un autre locataire. • Civ. 3e, 27 nov. 2002, n° 01-12.403 P : *AJDI 2003. 499, note Beaugendre ; RCA 2003, n° 114, note Groutel.* ♦ Comp., pour l'exclusion des frais de relogement de tiers habitant un immeuble voisin, • Civ. 3e, 28 janv. 2016, n° 14-28.812 : *préc. note 2.*

21. Sort du contrat après incendie de la chose louée : V., ss. art. 1722.

Art. 1734 *(L. 5 janv. 1883)* **S'il y a plusieurs locataires, tous sont responsables de l'incendie, proportionnellement à la valeur locative de la partie de l'immeuble qu'ils occupent ;**

A moins qu'ils ne prouvent que l'incendie a commencé dans l'habitation de l'un d'eux, auquel cas celui-là seul en est tenu ;

Ou que quelques-uns ne prouvent que l'incendie n'a pu commencer chez eux, auquel cas ceux-là n'en sont pas tenus.

Les art. 1733 et 1734 C. civ. ne sont pas applicables provisoirement dans les départements du Haut-Rhin, du Bas-Rhin et de la Moselle (L. 1er juin 1924, art. 72).

BIBL. ► LEDUC, *RCA 2020. Étude 9.*

1. Pluralité de locataires : principe. En cas de pluralité de locataires, celui ou ceux qui n'ont pu se dégager de la présomption de responsabilité pesant sur le preneur doivent réparer la totalité du préjudice subi par le bailleur. • Civ. 3e, 18 mai 1978 : *Bull. civ. III, n° 201.* ♦ V. notes 2 et 20 ss. art. 1733, sur la réparation des préjudices causés aux autres locataires et aux tiers.

2. Locaux visés : occupation privative. Les locataires qui prouvent que l'incendie n'a pu commencer chez eux ne sont pas tenus à la responsabilité locative ; en employant cette expression « chez eux », le législateur a exclusivement envisagé les locaux privativement occupés par eux, et non les parties de l'immeuble qui sont affectées, comme les vestibules, les escaliers, les couloirs, au service général de la maison placé sous la surveillance du propriétaire ou de son préposé. • Req. 9 juin 1920 : *DP 1920. 1. 168 (2e esp.).* – V. aussi • Civ. 1re, 7 juin 1968 : *Bull. civ. I, n° 158* • Civ. 3e, 16 juill. 1970 : *ibid. III, n° 488* • Civ. 1re, 18 juill. 1978, n° 77-11.503 P.

3. L'incendie s'étant déclaré dans un local dont le propriétaire n'avait pas conservé la disposition mais qui constituait en fait un local accessoire à l'usage privatif des locataires qui s'en servaient de débarras, les juges retiennent à bon droit la responsabilité des locataires. • Civ. 3e, 13 déc. 1989 : *Bull. civ. III, n° 233* • Civ. 1re, 10 juill. 2001, n° 98-16.687 P.

4. Cohabitation du bailleur. Même en cas de jouissance d'une partie des lieux par le propriétaire assimilable à celle du locataire, le preneur demeure responsable de l'incendie qui s'est déclaré dans les lieux qu'il occupe exclusivement. • Civ. 3e, 2 avr. 2003, n° 01-11.269 P : *D. 2004. Somm. 838, obs. Pierre-Maurice ; RCA 2003, n° 204, note Groutel ; Dr. et patr. 9/2003. 114, obs. Chabas ; Loyers et copr. 2003, n° 148, obs. Vial-Pedroletti.*

5. Si le propriétaire habite lui-même une partie de l'immeuble incendié, il ne peut, quand la cause de l'incendie et le lieu où il a commencé restent inconnus, invoquer les dispositions des art. 1733 et 1734 ; mais s'il prouve que le feu n'a pas commencé dans la partie qu'il occupait, la présomption légale établie par l'art. 1733 reprend toute sa force. • Req. 9 mai 1905 : *DP 1905. 1. 280.* ♦ Dans le même sens : • Civ. 1re, 21 févr. 1995, n° 92-13.859 P. ♦ V. aussi • Civ. 3e, 14 nov. 1990, n° 89-12.798 P (point de départ et causes de l'incendie indéterminés). ♦ Pour que les dispositions de l'art. 1734 soient applicables au bailleur, il faut que celui-ci ait sur une partie de l'immeuble une jouissance assimilable à celle d'un locataire. • Civ. 3e, 22 juin 1977 : *Bull. civ. III, n° 277.* – V. aussi • Civ. 3e, 17 juill. 1986 : *Bull. civ. III, n° 119, et obs. Rémy, RTD civ. 1982. 617* • 15 févr. 1995, n° 92-19.913 P : *RDI 1995. 599, obs. Collart-Dutilleul* • 1er oct. 2003, n° 02-11.557 P : *RCA 2004, n° 12, note Groutel ; Rev. loyers 2003. 647, obs. Canu.*

6. Mais aucun texte n'édicte, au profit du locataire, une présomption de responsabilité contre le bailleur qui occupe une partie de l'immeuble incendié ; conformément aux règles du droit commun, le locataire doit établir l'existence d'une faute légalement imputable au bailleur contre lequel il poursuit la réparation d'un dommage causé par le sinistre. • Civ. 11 juin 1909 : *DP 1910. 1. 361, note Guénée.* ♦ Dans le même sens, avec une conception restrictive du préjudice réparable, V. • Civ. 3e, 13 nov. 1973, n° 72-12.274 P : *R. 1973/74, p. 52.*

Art. 1735 Le preneur est tenu des dégradations et des pertes qui arrivent par le fait des personnes de sa maison ou de ses sous-locataires.

BIBL. ► DJIGO, *Loyers et copr. 2000. Chron. 4* (responsabilité du fait des gens de la maison). – YOUEGO, *Gaz. Pal. 2009. 2488* (*idem*).

1. Notion de « personne de la maison » : principes. L'expression de l'art. 1735 « les personnes de sa maison » doit être entendue dans son sens le plus large et comprend notamment la maîtresse du preneur installée par lui dans l'appartement qu'il avait personnellement pris à bail. • Civ. 13 déc. 1927 : *DP 1928. 1. 99, note Dallant.* ♦ Nécessité de rechercher si les auteurs des troubles, enfants des locataires, sont bien hébergés par leurs parents, peu important qu'il s'agisse de jeunes incontrôlables dont les parents sont les premières victimes : • Civ 3e, 10 nov. 2009, n° 09-11.027 P : *BICC 15 avr. 2010, n° 524 ; D. 2009. AJ 2864, obs. Rouquet ; JCP 2010, n° 314, note Rémy ; AJDI 2010. 452, obs. Damas ; RDC 2010. 673, note Seube.* ♦ V. aussi note 4.

2. Nature des troubles : violence à l'encontre d'employés du bailleur. Les violences commises par le fils du locataire à l'encontre des employés du bailleur et réitérées après une première condamnation pénale constituent des manquements à l'obligation d'usage paisible des lieux incombant au preneur et aux personnes vivant sous son toit et que le lieu de commission des violences importe peu dès lors que les victimes sont des agents du bailleur. • Civ. 3e, 17 déc. 2020, *n° 18-24.823 P : D. 2021. Chron. C. cass. 980, obs. Collomp ;AJDI 2021. 677, obs. de Plater ; CCC 2021, n° 35, note Leveneur* (rejet du pourvoi soutenant que les actes de violence n'avaient causé aucun trouble dans les lieux donnés à bail ainsi que dans l'immeuble et même dans la commune où ils se trouvent).

3. Illustrations : entrepreneurs intervenant dans les lieux loués (oui). Le preneur peut être considéré comme responsable de la faute commise par un plombier qu'il avait chargé d'effectuer une réparation dans son appartement, bien que celui-ci eût la qualité d'entrepreneur et ne se trouvât pas sous sa dépendance et sa subordination, la responsabilité du preneur n'étant pas, en l'espèce, celle d'un employeur répondant du fait d'un préposé en vertu de l'art. 1384 anc. [1242], mais celle d'un locataire responsable des faits imputables aux personnes de sa maison en vertu de l'art. 1735. • Soc. 29 mai 1954 : *D. 1954. 571.* – Dans le même sens : • Paris, 4 févr. 1998 : *JCP N 1998. 1530, note Djigo ; Loyers et copr. 1998, n° 116, obs. Vial-Pedroletti ; LPA 10 mai 1999, obs. Laperou,* pourvoi rejeté par • Civ. 3e, 19 janv. 2000, n° 98-12.697 P : *RCA 2000, n° 125, note Groutel.*

4. ... Invités (non). Ne peut être considérée « de la maison » au sens de l'art. 1735 la personne qui ne réside pas, fût-ce temporairement, dans les lieux loués et qui n'y est pas intervenue à la demande du locataire à titre professionnel. • Civ. 3e, 16 juin 2004, n° 03-12.528 P : *D. 2005. Pan. 751, obs. Damas ; JCP 2004. II. 10196, note Djigo ; Defrénois 2004. 1723, obs. Aubert* (invités).

5. ... Clients d'un preneur professionnel (non). Les patients d'un médecin ne constituent pas des personnes de la maison au sens de l'art. 1735. • Civ. 3e, 19 nov. 2008, n° 07-15.508 P : *R., p. 267 ; BICC 1er avr. 2009, n° 440 ; D. 2008. AJ 3004, obs. Rouquet ; ibid. 2009.*

Pan. 896, obs. Damas ; *ibid. Chron. C. cass. 1231, obs. Monge* ; *JCP 2008. Actu. 722, obs. Bouzol* ; *Defrénois 2009. 435, note Dagorne-Labbe* ; *AJDI 2009. 356, obs. Chenu* ; *RLDC 2009/57, n° 3292, obs. Bugnicourt* ; *RTD civ. 2009. 132, obs. Gautier* ; *RDC 2009. 515, obs. Deshayes* ; *ibid. 604, obs. Lardeux.*

6. Localisation de l'origine du dommage. La responsabilité du preneur, résultant du fait des personnes de sa maison, n'est pas subordonnée par l'art. 1735 à la condition que l'incendie, causé par le fait d'une telle personne, ait pris naissance dans les locaux dont il a la jouissance. • Soc. 29 mai 1954 : *D. 1954. 571.* ♦ V. toutefois note 2 ss. art. 1728.

Art. 1736 **Si le bail a été fait sans écrit, l'une des parties ne pourra donner congé à l'autre qu'en observant les délais fixés par l'usage des lieux.** – *V. L. 1er sept. 1948, art. 74, § 3, ss. art. 1778.*

La dénonciation des baux selon l'usage des lieux demeure régie par le droit local dans les départements du Haut-Rhin, du Bas-Rhin et de la Moselle (V. ***Rép. civ.****, v° Alsace et Moselle).*

BIBL. ▶ **Sur les congés en général :** Cheminade, *RTD civ. 1972. 307.* – Viatte, *Gaz. Pal. 1977. 2. Doctr. 503.* ▶ **Congé et copreneurs :** Aubert, *Rev. Administrer 6/1991. 4* (congé délivré à des copreneurs solidaires). – Derrez, *Ann. Loyers 1992. 884* (congé par un copreneur solidaire). – L'Hôte, *Defrénois 2003. 1383* (congé délivré par un seul des copreneurs). – Riqles-Marjolin, *Rev. Administrer 7/1992. 10* (départ d'un copreneur). – Vial-Pedroletti, *Loyers et copr. 2003, chron. n° 3* (concubin du locataire).

1. Nature juridique du congé : acte unilatéral. Le congé régulièrement délivré est un acte unilatéral qui met fin au bail par la seule manifestation de volonté de celui qui l'a délivré. • Civ. 3e, 12 juill. 1988, n° 86-19.610 P : *R., p. 189* • 12 juin 1996, n° 94-16.701 P. ♦ Il met fin au bail sans qu'il soit besoin de le valider. • Civ. 3e, 6 mars 1973 : *Bull. civ. III, n° 164* • 1er févr. 1995, n° 92-20.843 P.

2. Absence de forme. Le congé n'est soumis en principe à aucune formalité et il suffit qu'il exprime la volonté de la part de celui qui le donne de mettre fin au bail, lorsque ce dernier est fait sans détermination de durée. • Civ. 28 déc. 1949 : *D. 1950. 158.* ♦ En l'absence de dispositions contraires de la loi, le congé n'est soumis à aucune autre condition que celle de l'observation des délais fixés par l'usage des lieux. • Civ. 3e, 23 oct. 1969 : *Bull. civ. III, n° 668* (cassation de l'arrêt ayant déclaré le congé nul comme ne comportant aucun motif). ♦ En présence d'une clause selon laquelle le bail est résolu en cas de congé de l'un des deux preneurs, doit être cassé l'arrêt qui décide que le départ de l'un des preneurs a nécessairement valu congé, sans caractériser en quoi le départ de ce locataire valait congé. • Civ. 3e, 4 oct. 1995, n° 93-15.218 P.

3. Preuve de la réception. Lorsqu'un bailleur soutient avoir délivré congé à son locataire par lettre recommandée et qu'est invraisemblable l'allégation du locataire prétendant avoir reçu un autre document, il doit être tenu pour constant, faute de preuve contraire, que la lettre recommandée contenait un congé régulier. • Civ. 3e, 2 mai 1978 : *Bull. civ. III, n° 165.*

4. Délai de préavis : notion d'usage des lieux. Si les mots « usage des lieux » employés par l'art. 1736 peuvent, indépendamment des coutumes générales qui, dans un lieu déterminé, s'imposent à tous les habitants, s'entendre également d'usages spéciaux, créés en vue de certaines catégories de personnes, ces derniers usages ne doivent être appliqués qu'aux cas intéressant lesdites personnes (usage spécial adopté dans une localité pour les employés de la Compagnie du chemin de fer de l'Ouest). • Civ. 28 juill. 1908 : *DP 1908. 1. 461.*

5. Rétractation du congé. Le congé ne peut être rétracté sans le consentement de celui auquel il a été donné. • Civ. 3e, 29 avr. 1987 : *Bull. civ. III, n° 91.* ♦ V. aussi • Civ. 3e, 27 juin 1984 : *Bull. civ. III, n° 125* (même solution en matière de baux commerciaux ; cassation de • Aix-en-Provence, 13 janv. 1983 : *JCP 1984. II. 20198, note Givord.* – V. aussi Thomas-Degouy, *Gaz. Pal. 1986. 2. Doctr. 428*).

6. Renonciation au bénéfice du congé. La délivrance de quittances de loyer, même sans réserve, n'est pas à elle seule suffisamment explicite pour valoir à l'encontre du propriétaire, à défaut de tous autres éléments, soit renonciation au bénéfice des effets du congé, soit engagement locatif nouveau. • Civ. 3e, 2 mai 1968 : *D. 1968. 548.*

7. Auteur du congé : bailleurs indivis. Le congé signifié par un des coïndivisaires sans l'accord de l'autre, qui, loin de l'avoir ratifié, s'y est opposé, est nul et n'a pu produire d'effet. • Civ. 3e, 29 mai 1969, n° 66-14.200 P. ♦ Si le concours de tous les propriétaires est nécessaire pour exercer une action tendant à mettre fin au bail d'un immeuble indivis, la même unanimité est requise pour abandonner une telle action lorsqu'elle a été régulièrement engagée. • Civ. 3e, 4 nov. 1976 : *Bull. civ. III, n° 380.* ♦ Pour la couverture de la nullité en cas de partage attribuant le bien au coïndivisaire ayant donné congé : • Paris, 2 juin 1998 : *Loyers et copr. 1999, n° 58, obs. Vial-Pedroletti.*

8. … Mandataire. Jugé qu'est valable le congé donné, après le décès du bailleur, par le mandataire de celui-ci, agissant dans les limites de son mandat de gestion de l'immeuble et sans que la preuve soit faite qu'il avait connaissance du décès survenu peu avant. • Civ. 3e, 19 juill. 1995, no 93-14.579 P.

9. Indivisibilité des biens loués. L'indivisibilité du bail cesse à son expiration. • Civ. 3e, 24 sept. 2014, no 12-25.884 P : *cité note 1 ss. art. 1222.* ♦ L'indivisibilité du bail cessant à son expiration, en cas de division les biens loués en plusieurs lots vendus séparément, le congé donné par l'acquéreur de l'un de ces lots, à l'expiration du bail, est valable. • Civ. 3e, 4 mai 2000, no 98-18.108 P : *D. 2000. IR 167.* – Dans le même sens : • Civ. 3e, 12 janv. 2005, no 03-19.255 P : *D. 2005. AJ 713, obs. Rouquet ; RDC 2005. 749, obs. Seube.*

10. Pluralité de preneurs : notion. La copropriété du fonds de commerce entre époux mariés sous le régime de la communauté n'entraîne pas la cotitularité du bail commercial, dont seul l'époux est titulaire. • Civ. 3e, 28 mai 2008 : *cité note 2 ss. art. 1404* (validité du congé donné au mari, seul titulaire du bail).

11. ... Conditions de la cessation du bail. Pour mettre totalement fin au bail consenti à plusieurs personnes pour une durée indéterminée, congé doit être notifié à chacun des preneurs • Soc. 21 janv. 1965 : *Gaz. Pal. 1965. 1. 320.* ♦ Sauf stipulation conventionnelle, la remise des clés au bailleur par le commissaire-priseur, agissant sur instruction du liquidateur d'une société copreneuse, manifestant la seule volonté de ce dernier de résilier le bail ne peut suffire à mettre fin au contrat à l'égard des autres copreneurs. • Civ. 3e, 18 févr. 2015, no 14-10.510 P.

12. La notification d'un congé à l'un des preneurs solidaires est opposable aux autres. • Civ. 3e, 20 juill. 1989 : *JCP 1991. II. 21595, note Dumortier ; Defrénois 1991. 728, obs. Aubert.* – V. déjà, • Soc. 4 avr. 1957 : *Bull. civ. IV, no 413.*

13. Le bail stipulant que les copreneurs étaient tenus solidairement et indivisiblement de son exécution et que tout congé ne pouvait être valablement donné que simultanément par l'ensemble des preneurs et l'un des preneurs ayant expressément renoncé au droit de rompre seule le contrat, la cour d'appel a exactement déduit qu'elle restait tenue de la totalité des loyers impayés jusqu'à la résiliation du bail. • Civ. 3e, 14 juin 2018, no 17-14.365 P : *D. 2019. 1129, obs. Damas ; AJDI 2019. 202, obs. Damas ; RDC 2018. 562, note Seube.* ♦ Comp. : dès lors qu'en vertu de l'art. 8-1, VI, de la L. du 6 juill. 1989, la solidarité d'un des colocataires prend fin à la date d'effet du congé régulièrement délivré et lorsqu'un nouveau colocataire figure au bail ; à défaut, elle s'éteint au plus tard à l'expiration d'un délai de six mois après la date d'effet du congé ; il en résulte que la solidarité prend fin pour les dettes nées à compter de cette date. • Civ. 3e, 8 avr. 2021, no 19-23.343 P : *D. 2021. Chron. C. cass. 2251, obs. Collomp ; RTD civ. 2021. 666, obs. Gautier.*

14. ... Effets du congé à l'égard de son destinataire. Le congé délivré à l'un des copreneurs seulement n'en demeure pas moins valable à l'égard de celui qui l'a reçu ; les juges du fond ne peuvent donc déclarer nul le congé à l'égard de tous, alors qu'il n'y avait pas impossibilité à ce que celui des preneurs ayant reçu congé cesse d'être locataire et que les autres gardent cette qualité. • Soc. 21 janv. 1965 : *préc.* – Même sens : • Civ. 3e, 3 juin 1971 : *Bull. civ. III, no 347.*

15. Le cotitulaire d'un bail qui délivre seul congé, alors que l'autre titulaire du bail reste dans les lieux, et en l'absence de clause de solidarité entre les locataires, n'est pas redevable des loyers et charges afférents à la période de préavis. • Civ. 3e, 28 oct. 2009, no 08-17.209 P. ♦ V. déjà, pour le cas d'un congé donné par l'un des copreneurs, en l'absence de clause de solidarité entre eux, • Civ. 3e, 21 nov. 1990, no 89-14.827 P (rejet justifié de la demande en paiement de loyers échus après le congé).

16. La solidarité stipulée entre les deux preneurs d'un local d'habitation ne cesse pas du fait que l'un d'eux donne congé ; par suite, ce preneur reste tenu solidairement des loyers et charges échues après son départ à raison d'un maintien dans les lieux de l'autre preneur. • Civ. 3e, 8 nov. 1995, no 93-14.110 P : *Defrénois 1996. 355, obs. Delebecque et 811, obs. Bénabent* • 13 juin 2001 : *Rev. loyers 2001. 439, note J. Rémy.*

Sur la réglementation de la colocation dans le cadre de la L. du 6 juill. 1989, telle qu'elle résulte de la L. no 2014-366 du 24 mars 2014, V. art. 8-1 de ce texte et notamment la limitation de la solidarité, en l'absence de remplacement du colocataire, à six mois au-delà du congé.

17. En l'état d'un bail stipulant la solidarité des copreneurs et prévoyant une indemnité d'occupation en cas d'application de la clause résolutoire pour non-paiement du loyer, les indemnités d'occupation sont dues solidairement par les ex-preneurs. • Civ. 3e, 24 mars 1999, no 97-12.982 P : *Defrénois 1999. 804, obs. Bénabent.* ♦ Solution contraire en l'absence de clause : • Civ. 3e, 13 juin 2001 : *préc.* ♦ Rappr., dans le cas d'une résiliation du bail : l'engagement solidaire des copreneurs ne survit pas, sauf stipulation contraire, à la résiliation du bail, et l'indemnité d'occupation est due en raison de la faute quasi délictuelle commise par celui qui se maintient sans droit dans les lieux. • Civ. 3e, 5 mai 2004, no 03-10.201 P : *D. 2005. Pan. 750, obs. Damas ; JCP 2004. II. 10099, note Casey ; JCP E 2004. 1343, note Kéita ; AJDI 2004. 803, obs. Rouquet* • 1er avr. 2009, no 08-13.508 P : *D. 2009. AJ 1142, obs. Rouquet ; Gaz. Pal. 2009. 1933, obs. Barbier.*

Art. 1737 **Le bail cesse de plein droit à l'expiration du terme fixé, lorsqu'il a été fait par écrit, sans qu'il soit nécessaire de donner congé.** — *V. C. com., art. L. 145-9 (baux commerciaux).* — ***C. com.***

1. Obligation de respecter le terme du bail. Viole l'art. 1737 le juge qui considère que le locataire pouvait mettre un terme au bail de façon anticipée moyennant un préavis et déboute le bailleur de sa demande en paiement des loyers dus jusqu'au terme du contrat. • Civ. 3e, 3 avr. 2001 : *Loyers et copr. 2001, n° 167, obs. Vial-Pedroletti.*

2. Notion de bail à durée déterminée : baux à périodes. Un bail dont le renouvellement est prévu d'année en année est un bail à périodes, et non un bail à durée indéterminée. • Civ. 3e, 22 mars 1977, n° 75-13.157 P. ♦ Ainsi est à durée déterminée le bail conclu pour trois ans avec clause de tacite reconduction par période d'un an et faculté de résiliation ouverte à chacune des parties moyennant préavis. • Civ. 3e, 9 oct. 1996, n° 94-20.281 : *RDI 1997. 140, obs. Collart-Dutilleul* (cassation, pour dénaturation des clauses de la convention, de l'arrêt ayant admis la résiliation anticipée du locataire). ♦ Comp. • Civ. 3e, 2 mars 1988 : *JCP 1989. II. 21180, note Bruneau ; JCP N 1989. II. 4, note Gernez-Ryssen.*

3. Dans le cas d'un bail professionnel de trois ans renouvelable ensuite d'année en année, à défaut de volonté contraire manifestée par écrit par l'une ou l'autre des parties trois mois au moins avant l'expiration de l'année à renouveler, le locataire ne peut imposer au bailleur une date de résiliation antérieure à l'échéance annuelle contractuellement prévue. • Civ. 3e, 10 janv. 1990, n° 88-18.638 P. – Gernez-Ryssen, *JCP N 1990. I. 393.*

4. Ne constitue pas un bail à périodes, tel que prévu par l'art. 5 (C. com., art. L. 145-9), al. 4, du Décr. du 30 sept. 1953, le bail conclu pour neuf ans avec une clause de renouvellement par périodes triennales sauf préavis donné six mois avant l'expiration de chaque période. • Civ. 3e, 1er juill. 1998, n° 96-21.831 P : *Gaz. Pal. 1998. 2. 809, note Barbier.*

5. ... Bail consenti jusqu'au décès du preneur. Le bail dont le terme est fixé par un événement certain, même si la date de sa réalisation est inconnue, est conclu pour une durée déterminée (cassation de l'arrêt qui déclare valable le congé donné par le bailleur au motif que la durée du bail n'étant pas fixe et déterminable à l'avance, il s'agissait d'un bail à durée indéterminée). • Civ. 3e, 18 janv. 1995, n° 92-17.702 P : *RDI 1995. 598, obs. Collart-Dutilleul* .

6. Suites de la fin du bail : libération des lieux. A l'expiration du bail, la libération des lieux loués ne peut résulter que de la remise effective des clés, à moins qu'il soit constaté que le bailleur a refusé de les recevoir. • Civ. 3e, 13 oct. 1999, n° 97-21.683 P : *D. 1999. AJ 87, obs. Y. R.* ♦ Sur l'office du juge en la matière, V. • Civ. 3e, 5 nov. 2003, n° 01-17.530 P. ♦ Il n'y a pas remise des clés au bailleur ou à son mandataire lorsque le locataire a remis les clés à un huissier, son mandataire, et en a informé le bailleur. • Civ. 3e, 13 juin 2001, n° 99-14.998 P. ♦ Cassation de l'arrêt qui relève que le bailleur avait recouvré la libre disposition de l'immeuble, sans constater la remise des clefs au bailleur en personne ou à un mandataire dûment habilité à les recevoir. • Civ. 3e, 5 mars 2020, n° 19-10.398 P : *D. 2020. 924, note Pellier ; ibid. 1917, obs. Ansault et Gijsbers ; RTD civ. 2020. 642, obs. Gautier ; RDC 2020/3. 48, note Seube ; ibid. 54, note Séjean-Chazal* . ♦ V. aussi notes 8 et 25 ss. art. 1728.

7. ... Restitution du dépôt de garantie. Sauf stipulation contraire, le locataire a qualité pour agir en restitution du dépôt de garantie, même s'il ne l'a pas versé lui-même. • Civ. 3e, 14 juin 2006, n° 05-13.784 P : *AJDI 2007. 37, obs. Zalewski* .

Art. 1738 **Si, à l'expiration des baux écrits, le preneur reste et est laissé en possession, il s'opère un nouveau bail dont l'effet est réglé par l'article relatif aux locations faites sans écrit.**

Les baux consentis par le tuteur ne confèrent au preneur, à l'encontre de la personne protégée devenue capable, aucun droit au renouvellement et aucun droit à se maintenir dans les lieux à l'expiration du bail (C. civ., art. 504, et L. n° 65-570 du 13 juill. 1965, art. 22, al. 2, ss. art. 1581).

BIBL. ▶ AMAR-LAYANI, *D. 1996. Chron. 143* (tacite reconduction). – BOCCARA, *JCP 1996. I. 3898* (tacite reconduction et baux commerciaux).

A. CONDITIONS DE LA TACITE RECONDUCTION

1. Bail écrit à son terme. La tacite reconduction suppose l'existence d'un bail écrit venu à expiration à son terme. • Civ. 3e, 14 juin 1984, n° 82-14.053 P. ♦ Sur les caractères (durée déterminée) du bail à périodes, V. note 2 ss. art. 1737.

2. Accord des parties. La tacite reconduction repose sur une présomption de volonté des parties dont l'existence est souverainement appréciée par les juges du fond. • Civ. 3e, 16 mai 1973 : *Bull. civ. III, n° 348.* ♦ Elle suppose établi un accord des parties sur les conditions du bail et, à défaut de volonté du bailleur, dont la demande d'augmentation du loyer prévue par une clause du bail n'avait reçu aucune suite de la part du preneur, la tacite reconduction ne peut s'opérer. • Civ. 1re, 31 mars 1965 : *D. 1965. 472.* ♦ V. aussi • Civ. 3e, 29 nov. 1972 : *Bull. civ. III, no 639* (existence d'un accord entre les parties pour laisser reconduire le bail, malgré une résiliation antérieure restée « lettre morte »). ♦ Elle est exclue dans le cas où le maintien en possession du preneur est contredit par l'expression de la volonté du bailleur d'obtenir la restitution du bien loué. • Civ. 1re, 20 févr. 1996, no 94-14.737 P : *JCP 1996. I. 3958, no 9 s., obs. Billiau* (location de véhicule). ♦ Comp. L. 6 juill. 1989, art. 10, où la tacite reconduction est déduite de l'absence de volonté contraire manifestée avant le terme du bail.

3. Accord de tous les indivisaires. La reconduction du bail portant sur des biens indivis suppose l'accord unanime des indivisaires. • Civ. 3e, 17 janv. 1973 : *Bull. civ. III, no 57.*

B. CONTENU DU BAIL RECONDUIT

4. Principe. Un bail reconduit est un nouveau bail. • Com. 6 mai 1953 : *Bull. civ. III, no 160* (jurisprudence constante, V. *infra* notes 7 s.). ♦ Il comporte les mêmes clauses et conditions que le précédent. • Com. 6 mai 1953 : *préc.* ♦ En matière de bail commercial, la clause par laquelle le cédant reste garant solidaire du cessionnaire doit s'appliquer jusqu'à l'expiration du bail reconduit. • Civ. 3e, 5 juin 2002, no 00-20.806 : *préc. note 12 ss. art. 1717* • 7 févr. 2007, no 06-11.148 : *eod. loc.*

5. Exceptions : clause occasionnelle. Les juges peuvent décider qu'une stipulation du contrat constituant une clause occasionnelle devient caduque si elle ne présente aucun lien indivisible avec les autres stipulations. • Com. 15 juin 1960 : *Bull. civ. III, no 232* (droit de préférence en cas de relocation). ♦ Une promesse de vente dont la levée d'option doit intervenir trois mois avant l'expiration « du présent contrat » n'est pas reconduite lors du renouvellement par tacite reconduction du contrat de location-gérance. • Com. 22 oct. 1996, no 94-13.373 P : *Defrénois 1997. 657, obs. J. Honorat.*

6. ... Durée. Les stipulations du bail expiré ne peuvent influer sur la durée du bail renouvelé par tacite reconduction qui prend fin au terme fixé par l'usage des lieux. • Civ. 3e, 12 févr. 1985 : *Bull. civ. III, no 26.* ♦ Même sens : • Civ. 3e, 23 juin 1998, no 96-17.697 : *Loyers et copr. 1998, no 233, obs. V. P.*

7. ... Changement du droit applicable. Une cour d'appel a retenu à bon droit qu'un accord collectif signé avec une association de locataires n'était pas applicable, la reconduction tacite ayant donné naissance à un nouveau contrat qui n'entrait pas dans le champ d'application de l'accord. • Civ. 3e, 14 juin 1995, no 93-13.165 P : *RDI 1995. 802, obs. Collart-Dutilleul.*

8. La durée du bail d'habitation tacitement reconduit doit être fixée selon la législation applicable à la date de la reconduction. • Civ. 3e, 27 sept. 2006, no 05-18.168 P : *AJDI 2007. 204, obs. Rouquet ; Dr. et pr. 2007. 71, note Yildirim ; RDC 2007. 383, obs. Seube.* ♦ Détermination de la durée d'un bail d'habitation conclu par une personne morale sous l'empire de la loi de 1982 et reconduit tacitement jusqu'en 1998, compte tenu des changements de législation (lois de 1986 et de 1989, loi modificative de 1994) : • Civ. 3e, 13 juin 2007, no 06-14.309 P : *D. 2007. AJ 1872, obs. Forest ; AJDI 2008. 207, obs. Laporte-Leconte.*

Un contrat est renouvelé à la date d'effet du bail renouvelé ; impossibilité de prétendre que certaines de ses clauses sont réputées non écrites en vertu d'une loi entrée en vigueur postérieurement au renouvellement. • Civ. 3e, 17 juin 2021, no 20-12.844 B. *D. 2021. 1183 ; AJDI 2022. 118, obs. Blatter*

9. Le bail tacitement reconduit constituant un nouveau bail, l'art. 57 A de la L. du 6 juill. 1989, qui permet au preneur d'un bail à usage professionnel de donner congé à tout moment, s'applique au congé donné en 1991, pendant la période de tacite reconduction et non pendant la période du bail initial. • Civ. 3e, 10 juin 1998, no 96-15.626 P : *D. Affaires 1998. 1208, obs. Y. R. ; JCP 1998. I. 177, nos 6 s., obs. Billiau.* – Mestre, obs. *RTD civ. 1999. 93.*

Art. 1739 Lorsqu'il y a un congé signifié, le preneur quoiqu'il ait continué sa jouissance, ne peut invoquer la tacite reconduction.

Art. 1740 Dans le cas des deux articles précédents, la caution donnée pour le bail ne s'étend pas aux obligations résultant de la prolongation.

BIBL. ► MALLET, *Loyers et copr. 2003. Chron. 4* (cautions précautions). – VIAL-PEDROLETTI, *Loyers et copr. 2000. Chron. 9* (qui paie l'indemnité d'occupation ?) ; *ibid., janv. 2001, Chron. 1* (sort des *garanties de paiement*).

1. Étendue du cautionnement : indemnités d'occupation. La caution (cédant d'un bail commercial) n'est pas tenue des indemnités d'occupation postérieures à la résiliation du bail, leur nature indemnitaire excluant qu'elles se rattachent à l'exécution du contrat. • Paris, 28 nov. 1991 : *D. 1992. Somm. 361, obs. Rozès.* ♦ V. déjà : • Civ. 3e, 14 nov. 1973 : *Bull. civ. III, no 579 ; RTD civ. 1974. 633, obs. Cornu* • Com. 3 avr. 1990, no 87-14.091 P : *RTD civ. 1990. 528,* *obs. Bandrac* (application en cas de location-gérance) • Civ. 3e, 4 mars 1998, n° 95-21.560 P : *Defrénois 1998. 1460, obs. Bénabent.* ♦ *Contra :* • Paris, 8 nov. 1975 : *JCP 1978. II. 18908, note Simler* • 11 oct. 1989 : *D. 1990. Somm. 310, obs. Bihr* .

2. ... Loyers du bail reconduit. La caution n'est pas tenue en cas de tacite reconduction du bail en l'absence de mention à l'acte précisant l'extension du cautionnement dans une telle éventualité. • Civ. 1re, 4 oct. 2000, n° 97-21.356 P : *D. 2000. IR 265* • 5 nov. 2009, n° 08-15.433. ♦ Comp. note 3.

3. Transmission du cautionnement : vente de l'immeuble. En cas de vente de l'immeuble loué, le cautionnement est, sauf stipulation contraire, transmis de plein droit au nouveau propriétaire en tant qu'accessoire de la créance de loyers cédée à l'acquéreur par l'effet combiné de l'art. 1743 et des art. 1692, 2013 [2290] et 2015 [2292]. • Cass., ass. plén., 6 déc. 2004, n° 03-10.713 P : *R., p. 203 et 345 ; BICC 1er mars 2005, rapp. Lardet, concl. de Gouttes ; D. 2005. 227, note Aynès ; ibid. AJ 70, obs. Avena-Robardet ; ibid. Pan. 750, obs. Damas ; JCP 2005. II. 10010, note S. Piedelièvre ; JCP N 2005. 1103, note Raby ; JCP E 2004. 1902, note Belloc et de Fréminville ; Defrénois 2005. 316, note Aynès ; ibid. 634, obs. Savaux ; RLDC 2005/13, n° 529, note Houtcieff ; AJDI 2005. 240, note Cohet-Cordey ; LPA 18 oct. 2005, note Baillon-Wirtz ; RTD com. 2005. 51, obs. J. Monéger* , et *404, obs. D. Legeais* , rejetant le pourvoi contre • Rouen, 10 déc. 2002 : *D. 2003. AJ 419, obs. Avena-Robardet ; ibid. 688, note Larroumet ; JCP 2003. I. 124, n° 8, obs. Simler.*

4. ... Transformation de la société bailleresse. En cas de fusion-absorption d'une société propriétaire d'un immeuble donné à bail, le cautionnement garantissant le paiement des loyers est, sauf stipulation contraire, transmis de plein droit à la société absorbante. • Com. 8 nov. 2005, n° 01-12.896 P : *R., p. 356 ; BICC 15 févr. 2006, n° 243, et la note ; D. 2005. AJ 2875, obs. A. Lienhard (1re esp.) ; ibid. Pan. 2858, obs. Crocq ; D. 2007. Pan. 275, obs. Hallouin et Lamazerolles ; JCP 2005. II. 10170, note Houtcieff (2e esp.) ; ibid. 2006. I. 123, n° 17 s., obs. Barthez, et 131, n° 9, obs. Simler ; JCP E 2006. 1000, note D. Legeais (1re esp.) ; Gaz. Pal. 2005. 4214, note Morelli (1re esp.) ; Defrénois 2006.1147, obs. Hovasse ; Dr. et patr. 2/2006. 126, obs. Dupichot ; LPA 5 janv. 2006, note Prigent (2e esp.) ; Banque et Dr. 1-2/2006. 52, obs. Rontchevsky ; RTD com. 2006. 179, obs. D. Legeais ; Rev. sociétés 2006. 57, note Coquelet (1re esp.)* . ♦ En cas de dissolution d'une société par fusion-absorption par une autre, l'engagement de la caution garantissant le paiement des loyers dus par la première demeure pour les obligations nées avant la dissolution de celle-ci. • Com. 8 nov. 2005, n° 02-18.449 P : *R., p. 357 ; BICC 15 févr. 2006, n° 244, et la note ; D. 2005. AJ 2875, obs. A. Lienhard (2e esp.) ; ibid. Pan. 2858, obs. Crocq ; D. 2007. Pan. 275, obs. Hallouin et Lamazerolles ; JCP 2005. II. 10170, note Houtcieff (1re esp.) ; ibid. 2006. I. 123, n° 17 s., obs. Barthez, et 131, n° 9, obs. Simler ; JCP E 2006. 1000, note D. Legeais (2e esp.) ; Gaz. Pal. 2005. 4214, note Morelli (2e esp.) ; Defrénois 2006.1147, obs. Hovasse ; Dr. et patr. 2/2006. 126, obs. Dupichot ; LPA 5 janv. 2006, note Prigent (1re esp.) ; Banque et Dr. 1-2/2006. 52, obs. Rontchevsky ; RTD com. 2006. 179, obs. D. Legeais ; Rev. sociétés 2006. 57, note Coquelet (2e esp.)* . ♦ Sont nées antérieurement à la dissolution les dettes de loyer résultant d'un contrat de bail souscrit avant cette dissolution. • Même arrêt.

5. Art. 22-1, L. 6 juill. 1989. Conformité à la Constitution du formalisme prévu à l'art. 22-1 : • Civ. 3e, 3 déc. 2015, n° 15-18.194 P (refus de transmission de la QPC). ♦ Les formalités prescrites par l'art. 22-I s'appliquent que le cautionnement soit à durée déterminée ou indéterminée. • Civ. 3e, 27 sept. 2006, n° 05-17.804 P : *R., p. 336 ; BICC 15 janv. 2007, n° 63, et la note ; D. 2006. IR 2415, obs. Rouquet ; D. 2007. Pan. 910, obs. Damas ; JCP 2006. II. 10197, note Bazin ; ibid. I. 195, n° 2, obs. Simler ; Dr. et pr. 2007. 15, note Yildirim ; RDC 2007. 369, obs. Lardeux ; RTD civ. 2006. 797, obs. Crocq* . ♦ Mais elles ne concernent que les cautionnements conclus sous seings privés et non ceux donnés en la forme authentique, avec le concours d'un notaire. • Civ. 3e, 9 juill. 2008, n° 07-10.926 P : *D. 2008. Chron. C. cass. 2742, n° 1, obs. Monge ; JCP 2008. II. 10174, note Perruchot-Triboulet ; ibid. I. 211, obs. Simler ; Gaz. Pal. 2008. 3977, obs. Piedelièvre ; AJDI 2008. 855, obs. Chenu ; JCP N 2008. 1293, note Hébert ; CCC 2008, n° 265, obs. Leveneur ; RLDC 2008/53, n° 3149, obs. Marraud des Grottes ; RTD civ. 2008. 698, obs. Crocq* .

6. Les formalités de l'art. 22-1 sont imposées à peine de nullité sans qu'il soit nécessaire d'établir l'existence d'un grief. • Civ. 3e, 8 mars 2006, n° 05-11.042 P : *R., p. 335 ; D. 2006. IR 808, obs. Rouquet ; D. 2007. Pan. 910, obs. Damas ; JCP 2006. II. 10131, note Bazin ; ibid. I. 195, n° 3, obs. Simler ; AJDI 2006. 643, obs. Laporte-Leconte ; RDC 2006. 749, obs. Lardeux.*

7. Régime du cautionnement à durée indéterminée dans les baux soumis à la L. du 6 juill. 1989, prévoyant un droit de résiliation unilatérale par la caution, V., par exemple : • Civ. 3e, 13 juill. 2005, n° 04-15.064 P : *JCP 2005. I. 185, n° 4, obs. Simler ; Defrénois 2005. 1994, obs. Libchaber ; LPA 20 mars 2006, obs. Gaudin ; RTD civ. 2006. 798, obs. Crocq* (absence de contestation sérieuse à condamner la caution à payer un arriéré de loyer, en l'absence de stipulation de durée et de résiliation unilatérale).

Art. 1741 Le contrat de louage se résout par la perte de la chose louée, et par le défaut respectif du bailleur et du preneur de remplir leurs engagements. — *V. L. 1er sept. 1948, art. 80 ; L. n° 89-462 du 6 juill. 1989, art. 7 et 24.*

Sur la dérogation apportée à l'art. 1741 en cas de destruction de l'immeuble par suite d'actes de guerre, V. L. 1er sept. 1948, art. 70, ss. art. 1778.

1. Renvois. Perte de la chose louée : V. notes ss. art. 1722. ♦ Manquements du bailleur à ses obligations : V. notes ss. art. 1719 à 1721. ♦ Manquements du preneur à ses obligations : V. notes ss. art. 1728 et 1729.

2. Date d'appréciation des manquements. Une cour d'appel qui statue sur le prononcé de la résiliation d'un bail à usage d'habitation doit apprécier la situation au jour où elle statue. • Civ. 3e, 4 janv. 1995, n° 93-11.031 P. ♦ V. aussi ss. art. 1729.

3. Date d'effet de la résiliation judiciaire. La résiliation d'un bail ne prend effet que du jour de la décision judiciaire qui la prononce. • Civ. 3e, 13 mai 1998 : *CCC 1998, n° 113, note Leveneur.* ♦ V. aussi note 4 ss. art. 1729. ♦ Comp. • Civ. 3e, 30 avr. 2003 : *préc. note 14 ss. art. 1184 anc.*

Art. 1742 Le contrat de louage n'est point résolu par la mort du bailleur ni par celle du preneur. — *V. C. rur., art. L. 411-34 ; L. 1er sept. 1948, art. 5 ; L. n° 89-462 du 6 juill. 1989, art. 14.*

1. Caractère supplétif. Les parties ont la faculté de prévoir que la location est consentie aux preneurs seuls, sans que, après leur décès, leurs héritiers puissent se prévaloir du contrat consenti à leurs auteurs. • Soc. 4 juin 1959 : *Bull. civ. IV, n° 656.*

2. Principe : transmission du bail aux héritiers. En cas de décès du locataire, le droit au bail passe à ses héritiers ou à ses légataires universels ou à titre universel. • Soc. 11 oct. 1957 : *JCP 1958. II. 10349, note H.G.* • Civ. 3e, 26 juin 1996, n° 94-17.238 P : *Defrénois 1997. 404, obs. Bénabent ; RDI 1996. 622, obs. Collart-Dutilleul* (application à un bail soumis à la loi de 1948, laquelle ne contient pas de disposition contraire à l'art. 1742) • 23 juin 1998 : *Loyers et copr. 1999, n° 65, obs. Vial-Pedroletti (idem)* • 8 déc. 1999 : *cité note 16 ss. art. 1751* • 24 mai 2000, n° 98-19.336 P • 27 juin 2001 : *AJDI 2002. 220, obs. Beaugendre.* ♦ Jusqu'au partage, le droit au bail est maintenu dans la succession au bénéfice de l'hérédité. • Civ. 3e, 10 janv. 1978 : *Bull. civ. III, n° 21.*

V. la solution inverse prévue par la L. du 6 juill. 1989, art. 14, et, pour ses conséquences dans le cas de preneurs cotitulaires, note 16 ss. art. 1751.

3. Possibilité d'un legs particulier (oui). Si l'art. 1742 profite dans tous les cas à ceux qui continuent la personne du preneur défunt en succédant à ses droits et obligations dans l'universalité de l'hérédité ou une quote-part de cette universalité, il ne résulte pas des termes très généraux de ce texte que le droit au bail ne puisse faire l'objet d'un legs particulier. • Soc. 25 mars 1955 : *D. 1955. 414.*

4. Dissolution d'une personne morale. Il résulte de l'art. 1742 que la dissolution d'une association n'entraîne pas de plein droit la résiliation du bail qui lui a été consenti. • Civ. 1re, 4 avr. 1991, n° 89-15.856 P : *RTD civ. 1992. 139, obs. Gautier.*

5. Modification du loyer. Dans l'hypothèse d'un bail prévoyant un loyer modéré tenant compte de la surveillance du bailleur âgé par le locataire, le décès du bailleur n'autorise pas la conversion de l'obligation de surveillance en complément de loyer, faute de clause prévoyant la modification des modalités d'exécution du contrat dans le bail. • Civ. 3e, 18 mars 2009, n° 07-21.260 P : *D. 2009. AJ 950, obs. Rouquet ; ibid. 2010. Pan. 224, obs. Fauvarque-Cosson ; RDC 2009. 1358, obs. Mazeaud ; ibid. 1490, obs. Seube ; RTD civ. 2009. 528, obs. Fages* (violation de l'art. 1134 anc.).

Art. 1743 *(Ord. n° 45-2380 du 17 oct. 1945 ; L. n° 46-682 du 13 avr. 1946)* **Si le bailleur vend la chose louée, l'acquéreur ne peut expulser le fermier, le** *(L. n° 2009-526 du 12 mai 2009, art. 10)* **« métayer » ou le locataire qui a un bail authentique ou dont la date est certaine.**

Il peut, toutefois, expulser le locataire de biens non ruraux s'il s'est réservé ce droit par le contrat de bail.

BIBL. ▸ ABRAM, *AJDI 2002. 588* (sort du bail en cas de vente de l'immeuble). – DALLANT, *JCP 1958. I. 1431.* – ESMEIN, note *D. 1964. 262.* – FENARDON, *JCP N 2008. 1155* (conséquences sur la durée du bail). – MUTELET, *Rev. loyers 2001. 480* (bail commercial et vente de l'immeuble).

1° OPPOSABILITÉ DU BAIL À L'ACQUÉREUR

1. Absence de caractère d'ordre public. Renonciation à l'inopposabilité. L'art. 1743, destiné à protéger les tiers contre les dangers d'une antidate, n'est pas une disposition d'ordre public ; la renonciation à se prévaloir du défaut de date certaine peut être expresse ou tacite de la part des tiers en faveur desquels cette règle est établie. • Soc. 15 juill. 1953 : *D. 1953. 729, note Léris.* ♦ Ainsi les juges du fond peuvent-ils décider qu'en délivrant postérieurement à l'acquisition de l'immeuble, par l'intermédiaire de son gérant, deux quittances trimestrielles de « loyer », ne comportant aucune réserve relative à l'occupation des lieux, le propriétaire s'est interdit de prétendre ultérieurement que le bail lui était inopposable. • Com. 5 juill. 1965 : *Bull. civ. III, n° 423.*

2. Domaine quant aux cessions : licitation. La règle de l'art. 1743 selon laquelle le bail est opposable à l'acquéreur de la chose louée, de portée générale, s'applique en cas de licitation d'un bien indivis même si le bail a été consenti à l'un des indivisaires. • Civ. 1re, 19 mars 1991, n° 89-20.352 P.

3. ... Adjudication sur saisie. Rappr. sur l'opposabilité du bail du bien saisi : est opposable à l'adjudicataire un bail commercial de moins de douze ans, non soumis à publicité foncière pour son opposabilité, dès lors que la cour d'appel a relevé que la réalité du bail et son antériorité à la signification du commandement valant saisie immobilière étaient établies. • Civ. 2e, 6 juin 2013, n° 12-19.116 P.

4. Domaine quant aux contrats cédés : sous-location. Cassation, au visa de l'art. 1743, de l'arrêt qui, pour débouter l'acquéreur de l'immeuble de sa demande en résiliation du bail pour sous-location prohibée, retient que la sous-location avait été autorisée par le précédent propriétaire, sans rechercher si l'accord avait date certaine ou était connu du nouveau propriétaire avant la vente. • Civ. 3e, 17 nov. 1998 : *JCP 1999. II. 10227, note Auque.*

5. ... Bail publicitaire. La location, selon contrat de bail enregistré, d'une partie déterminée du mur d'une maison pour l'installation d'un panneau publicitaire est opposable à l'acquéreur de la mitoyenneté de ce mur. • Civ. 3e, 1er mars 1989 : *Bull. civ. III, n° 50.*

6. ... Conventions connexes. L'art. 1743 ne concerne que le bail et non les conventions qui, fussent-elles du même jour, en sont distinctes et contiennent un engagement pris par le bailleur initial à titre personnel dans des actes dépourvus de date certaine. • *Civ. 3e, 18 déc. 1991,* n° 90-11.323 P.

7. Condition de date certaine : mention du bail dans un acte authentique. Lorsque la vente réalisée par acte authentique porte mention de la location verbale, de son prix, des locaux loués et de la bénéficiaire de la location, les juges du fond peuvent en déduire, sans aucune dénaturation et par une appréciation souveraine, la volonté manifestée par les parties d'assurer le respect du bail litigieux. • Com. 19 nov. 1957 : *JCP 1958. II. 10611.* ♦ Pour le cas où l'existence du bail verbal a été mentionnée dans un dire inséré au cahier des charges de l'adjudication de l'immeuble, V. • Civ. 3e, 15 janv. 1976 : *Bull. civ. III, n° 18.*

L'acte authentique de vente du fonds de commerce relatant que, par acte sous seing privé du même jour, le vendeur a consenti à l'acquéreur, sur les locaux, un bail de neuf ans, il a ainsi été rendu compte des éléments essentiels du bail, qui a, dès lors, date certaine. • Civ. 3e, 15 mars 2000, n° 98-14.354 P : *D. 2000. AJ 285, obs. Rouquet* .

8. Mesure de l'inopposabilité : baux de plus de 12 ans. L'absence de publication au bureau des hypothèques d'un bail conclu pour une durée supérieure à douze ans (Décr. 4 janv. 1955, art. 30) ne le rend inopposable à l'adjudicataire qui en a eu connaissance que pour la période excédant douze ans. • Civ. 3e, 7 mars 2007, n° 05-10.794 P : *D. 2007. AJ 942, obs. Rouquet* ; *Dr. et pr. 2007. 202, note Schütz ; RDC 2007. 800, obs. Lardeux, et 815, obs. Seube.* ♦ V. aussi note 3.

9. Mauvaise foi de l'acheteur. Les juges du fond ne peuvent se dispenser de répondre aux conclusions par lesquelles le preneur offre de rapporter la preuve que les acquéreurs, avant l'acquisition, avaient eu connaissance de l'existence du bail n'ayant pas date certaine, connaissance décelant de leur part la mauvaise foi qui aurait pu exclure l'application de l'art. 1743. • Civ. 3e, 12 mars 1969 : *Bull. civ. III, n° 217.* ♦ Rappr. • Civ. 3e, 20 juill. 1989 : *Bull. civ. III, n° 169 ; Defrénois 1990. 494, obs. Vermelle ; RTD civ. 1990. 101, obs. Rémy* . ♦ Dans le même sens : • Civ. 3e, 29 sept. 1999, n° 97-22.129 P : *D. 1999. IR 240* ; *CCC 2000, n° 19, note Leveneur ; RDI 2000. 95, obs. Collart-Dutilleul* . ♦ Cassation de l'arrêt qui annule le bail alors que la cour avait relevé que l'adjudicataire avait connaissance du bail avant l'adjudication. • Civ. 3e, 11 févr. 2004, n° 02-12.762 P : *D. 2005. Pan. 749, obs. Damas* ; *JCP 2004. II. 10109, note Djigo ; AJDI 2004. 371, obs. Rouquet* .

10. Responsabilité du bailleur. Le vendeur qui déclare faussement dans l'acte de vente que l'immeuble vendu est libre de location engage sa responsabilité à l'égard du preneur, le défaut d'enregistrement du bail étant étranger aux obligations de ce dernier envers le bailleur. • Civ. 3e, 4 mai 1973, n° 72-10.273 P.

2° CONSÉQUENCES DE LA VENTE

11. Extinction par confusion. Si la confusion des droits locatifs et de propriété sur la tête de la même personne éteint le droit au bail (• Civ. 3e, 15 juill. 1971 : *Bull. civ. III, n° 459),* il en est autrement lorsque la confusion entre la qualité de locataire et celle de propriétaire ne s'est opérée qu'à concurrence des droits indivis de cette personne dans la propriété de l'immeuble. • Civ. 3e, 27 oct. 1971, n° 70-12.448 P.

12. Preuve des conditions du bail. Il appartient à l'acquéreur, qui ne conteste pas l'existence du bail, de rapporter la preuve des clauses ou conditions qu'il oppose au locataire. • Civ. 3e, 16 avr. 1970 : *Bull. civ. III, no 246.*

13. Régime juridique. Le bail répondant aux conditions prévues par l'art. 1743 est soumis aux dispositions légales qui lui étaient applicables jusqu'à sa date d'expiration. • Civ. 3e, 18 févr. 2009, no 07-21.879 P : *D. 2009. AJ 731, obs. Rouquet* (impossibilité d'appliquer immédiatement le régime dérogatoire du congé applicable aux organismes HLM pour un bail relevant de la L. de du 6 juill. 1989).

14. Obligations du bailleur : troubles de jouissance. V. note 31 ss. art. 1719.

15. ... Réparations locatives. L'acquéreur, étant substitué au bailleur d'origine, peut agir contre le preneur pour les dégradations liées à l'inexécution des réparations locatives ; les parties étant tenues par leurs seuls rapports locatifs, peu importent les stipulations de l'acte de vente. • Civ. 3e, 21 nov. 2001 : *Loyers et copr. 2002, no 57, obs. Vial-Pedroletti* (acquéreur pouvant demander la réparation des manquements même s'ils ont eu lieu avant la vente). ♦ Rappr., l'acquéreur est tenu, depuis son acquisition, d'une obligation envers le locataire de réaliser les travaux nécessaires à la délivrance conforme du bien loué (hypothèse dans laquelle le propriétaire antérieure avait été condamné à réaliser ces travaux). • Civ. 3e, 21 févr. 2019, no 18-11.553 P : *D. 2019. 1129, obs. Damas ; AJ contrat 2019. 254, obs. Houtcieff ; RDC 2019. 46, note Seube.*

16. ... Indemnité d'éviction. La vente de l'immeuble ne décharge pas le vendeur de son obligation de payer l'indemnité d'éviction due au locataire auquel il a délivré, avant la vente, un congé avec refus de renouvellement du bail. • Civ. 3e, 15 déc. 1999, no 98-13.029 P : *RTD civ. 2000. 351, obs. Gautier*. ♦ L'indemnité d'éviction constitue une dette personnelle à la charge du bailleur ayant refusé le renouvellement du bail et dont il n'est pas déchargé par la vente de l'immeuble. • Civ. 3e, 30 mai 2001, no 00-10.111 P : *D. 2001. AJ 2516, obs. Rouquet ; Rev. loyers 2001. 333, obs. Quément.* ♦ Mais, dès lors qu'après la vente de l'immeuble loué, c'est le nouveau propriétaire qui a poursuivi l'expulsion du preneur, l'action de ce dernier en dommages-intérêts, après annulation de son congé, est irrecevable en ce qu'elle est dirigée contre l'ancien propriétaire. • Civ. 3e, 11 janv. 2006, no 04-20.791 P : *D. 2006. AJ 369, obs. Rouquet ; D. 2007. Pan. 1834, obs. Rozès ; AJDI 2006. 278, obs. Denizot ; RDC 2006. 756, obs. Lardeux.*

17. ... Dépôt de garantie. En dehors du champ d'application de l'art. 22 de la L. du 6 juill. 1989, en cas de transfert de propriété de locaux donnés à bail, la restitution du dépôt de garantie incombe au bailleur originaire et, sauf stipulation contraire, ne se transmet pas à son ayant cause à titre particulier. • Civ. 3e, 29 juin 2022, no 21-15.741 B : *D. 2022. 1310 ; AJDI 2022. 766, obs. Hamel* (cassation de l'arrêt ayant fixé une indemnité pour perte de dépôt de garantie au profit du locataire et à la charge de l'expropriant, quitte pour lui à se retourner ultérieurement contre le propriétaire et bailleur originaire).

Dans le cas de transmission du bien loué par legs particulier, la restitution du dépôt de garantie reste à la charge du bailleur originaire. • Civ. 3e, 25 févr. 2004, no 02-16.589 P : *AJ fam. 2004. 147, obs. Deis-Beauquesne ; AJDI 2004. 379, obs. Rouquet*. ♦ Le nouveau propriétaire, substitué au bailleur initial pour l'intégralité des clauses du contrat de bail et de ses accessoires, ne peut disposer de plus de droits que son vendeur et n'est pas fondé à réclamer au locataire le règlement d'un nouveau dépôt de garantie. • Civ. 3e, 26 mars 2014, no 13-10.698 P : *D. 2014. 825 ; AJDI 2014. 703, note Cohet ; RDC 2014. 400, note Boffa ; ibid. 663, note Julienne ; JCP N 2014, no 1339, obs. Delebecque.*

18. Droits du bailleur : loyers. L'acquéreur ne peut agir contre le locataire pour des manquements au bail antérieurs à la vente, sauf cession de créance ou subrogation expresse. • Civ. 3e, 2 oct. 2002, no 01-00.696 P : *D. 2003. Somm. 731, obs. Damas ; AJDI 2003. 25, note Briand ; Loyers et copr. 2002, no 276, obs. Vial-Pedroletti.*

19. ... Cautionnement. Vente de l'immeuble loué et sort du cautionnement : V. note 3 ss. art. 1740.

20. ... Indemnisation des dégradations antérieures à la vente. V., ss. art. 1732, *in fine.*

21. Procédure : vente après congé. Le vendeur d'un bien immobilier donné à bail d'habitation n'est pas représenté par l'acquéreur dans l'instance en validation du congé, délivré avant la vente, engagée par celui-ci à l'encontre du locataire, de sorte qu'il est recevable à former tierce opposition à la décision statuant sur la validité du congé. • Civ. 3e, 23 juin 2016, no 14-25.645 P : *D. 2016. 1430 ; AJDI 2016. 831, obs. Damas.*

Art. 1744 *(Ord. no 45-2380 du 17 oct. 1945)* **S'il a été convenu lors du bail qu'en cas de vente l'acquéreur pourrait expulser le locataire et qu'il n'ait été fait aucune stipulation sur les dommages-intérêts, le bailleur est tenu d'indemniser le locataire de la manière suivante.**

Art. 1745 **S'il s'agit d'une maison, appartement ou boutique, le bailleur paye, à titre de dommages et intérêts, au locataire évincé, une somme égale au prix du loyer, pendant le temps qui, suivant l'usage des lieux, est accordé entre le congé et la sortie.**

Art. 1746 S'il s'agit de biens ruraux, l'indemnité que le bailleur doit payer au fermier, est du tiers du prix du bail pour tout le temps qui reste à courir.

Art. 1747 L'indemnité se réglera par experts, s'il s'agit de manufactures, usines, ou autres établissements qui exigent de grandes avances.

Art. 1748 *(Ord. nº 45-2380 du 17 oct. 1945)* L'acquéreur qui veut user de la faculté réservée par le bail d'expulser le locataire en cas de vente est, en outre, tenu de l'avertir au temps d'avance usité dans le lieu pour les congés.

Art. 1749 *(Ord. nº 45-2380 du 17 oct. 1945)* Les locataires ne peuvent être expulsés qu'ils ne soient payés par le bailleur ou, à son défaut, par le nouvel acquéreur, des dommages et intérêts ci-dessus expliqués.

Art. 1750 Si le bail n'est pas fait par acte authentique, ou n'a point de date certaine, l'acquéreur n'est tenu d'aucuns dommages et intérêts.

Art. 1751 *(L. nº 62-902 du 4 août 1962)* Le droit au bail du local, sans caractère professionnel ou commercial, qui sert effectivement à l'habitation de deux époux *(L. nº 2014-366 du 24 mars 2014, art. 4-a)* « , quel que soit leur régime matrimonial et nonobstant toute convention contraire et même si le bail a été conclu avant le mariage, ou de deux partenaires liés par un pacte civil de solidarité, dès lors que les partenaires en font la demande conjointement, est réputé appartenir à l'un et à l'autre des époux ou partenaires liés par un pacte civil de solidarité. »

En cas de divorce ou de séparation de corps, ce droit pourra être attribué, en considération des intérêts sociaux et familiaux en cause, par la juridiction saisie de la demande en divorce ou en séparation de corps, à l'un des époux, sous réserve des droits à récompense ou à indemnité au profit de l'autre époux.

(L. nº 2001-1135 du 3 déc. 2001, art. 14) « En cas de décès d'un des époux *(L. nº 2014-366 du 24 mars 2014, art. 4-b)* « ou d'un des partenaires liés par un pacte civil de solidarité, le conjoint ou le partenaire lié par un pacte civil de solidarité » survivant cotitulaire du bail dispose d'un droit exclusif sur celui-ci sauf s'il y renonce expressément. » – *Entrée en vigueur le 1er juill. 2002.*

V. L. nº 89-462 du 6 juill. 1989, art. 9-1 et 14, ss. art. 1778 ; ... L. nº 75-1351 du 31 déc. 1975, art. 6, ss. art. 1778 ; ... L. nº 75-1351 du 31 déc. 1975, art. 10-I et 10-1-I, ss. art. 1583.

Sur la disposition des droits par lesquels est assuré le logement de la famille, V. C. civ., art. 215.

Sur la possibilité, en cas de divorce, de concéder à bail à l'autre conjoint le local servant de logement à la famille appartenant à l'un des époux, V. C. civ., art. 285-1.

Ndlr : *Concernant la date d'entrée en vigueur des dispositions issues de la L. nº 2014-366 du 24 mars 2014 pour l'accès au logement et un urbanisme rénové, V. l'art. 14 de ce texte, ss. l'art. 2 de la L. du 6 juill. 1989, ss. C. civ., art. 1778.*

Les art. 1724, 1751 et 1751-1 C. civ. sont applicables aux contrats des locations mentionnées au deuxième al. de l'art. 2 et au premier al. de l'art. 25-3 de la L. nº 89-462 du 6 juill. 1989 en cours à la date de publication de la L. nº 2015-990 du 6 août 2015 (L. préc., art. 82-II-3º).

BIBL. ▸ CRÉMONT, *JCP N 1999. 271.* – DANON, *AJDI 2020. 26* (solidarité contractuelle des colocataires en cas d'impayé du loyer et/ou de ses accessoires). – LOTTI, *JCP N 1993. II. 325.* – MOUTARDIER, *AJ fam. 2019. 333* (conséquence du changement de nature du divorce par consentement mutuel sur la solidarité des ex-époux locataires). – VIAL-PEDROLETTI, *JCP N 2013, nº 1209* (protection du conjoint survivant en cas de décès du locataire). – YAMBA, JCP N 1997. *I. 87* (les copreneurs). – ZALEWSKI-SICARD, *RLDC 2014/113, nº 5352* (protection du conjoint du locataire). – Dossier : *AJ fam. 2019. 365* (sort du logement familial en cas de divorce).

A. CONDITIONS DE LA COTITULARITÉ

1. Date d'appréciation. Pour l'application de l'art. 1751, la situation à prendre en compte est celle existant à la date du congé et non celle résultant du congé. • Civ. 3e, 10 mai 1991, nº 89-17.044 P (refus d'appliquer l'art. 1751 pour un congé donné dans le cadre du bail d'un local à usage partiellement commercial, cette destination ayant disparu du fait du congé donné à l'épouse qui était seule à l'exercer).

1º NATURE DU CONTRAT

2. Logement de fonction (oui). L'art. 1751 est applicable à la mise à disposition d'un logement de fonction. • Civ. 3e, 20 janv. 2007 : *D. 2008. Pan. 1300, obs. Damas* .

3. Occupation gratuite (non). Les dispositions de l'art. 1751 ne sont pas applicables à une convention d'occupation gratuite d'un local. • Civ. 3e, 13 mars 2002, n° 00-17.707 P : *D. 2003. Somm. 735, obs. Damas* ; *Dr. et patr. 10/2002. 103, obs. Marcorig-Venier* ; *LPA 18 nov. 2002, note Stoffel-Munck* ; *Rev. loyers 2002. 339, obs. J. Rémy.* ♦ En sens contraire, pour un bail HLM réservé à un fonctionnaire en vertu d'une convention entre l'État et le bailleur : • Civ. 3e, 9 juin 2016, n° 15-14.119 P : *AJDA 2016. 1851* ; *D. 2016. 2086, obs. Brémond* ; *AJDI 2016. 703, obs. Damas* (dispositions dérogatoires incompatibles avec la poursuite du bail en qualité de cotitulaire).

4. Occupation indirecte (sous-location). Un appartement ayant été sous-loué et n'ayant jamais servi à l'habitation des époux, la veuve n'est pas cotitulaire du bail en application de l'art. 1751 et le seul encaissement des sous-loyers reversés aux bailleurs ne suffit pas à lui conférer la qualité d'occupante. • Civ. 3e, 14 juin 2018, n° 17-12.512 P : *D. 2018. 1312* ; *AJ contrat 2018. 395, obs. Tirel* (rejet d'une demande d'indemnité d'occupation).

2° NATURE DE L'OCCUPATION

5. Logement familial sans caractère professionnel. Pour qu'un bail soit réputé appartenir à l'un et à l'autre des époux, l'art. 1751 exige la double condition que le droit au bail soit sans caractère professionnel et qu'il serve effectivement à l'habitation des deux époux. • Civ. 3e, 28 janv. 1971 : *JCP 1972. II. 16982, note R. D.* ♦ V. aussi : • Orléans, 20 févr. 1964 : *D. 1964. 260* (absence d'application aux locaux dans lesquels chacun des époux vit séparément). ♦ Sur la disparition de la communauté de vie, V. *infra*.

6. Illustrations d'occupations exclues. La protection exceptionnelle et dérogatoire du droit commun que réalise l'art. 1751 ne peut être étendue aux résidences secondaires. • Orléans, 20 févr. 1964 : *préc.* ♦ ... Ou à la location d'un emplacement de parking. • Versailles, 21 nov. 1997 : *Loyers et copr. 1998, n° 180, obs. Vial-Pedroletti.*

3° RELATION DE COUPLE

7. Concubins. Inapplicabilité de l'art. 1751 à des concubins : V. • TI Privas, 7 sept. 1993 : *BICC 15 nov. 1993, n° 1271* • Paris, 20 mars 1996 : *Dr. fam. 1996, n° 1, note Lécuyer.* ♦ Comp. la solution inverse prévue pour les partenaires d'un pacs *qui en font la demande* depuis la réforme de l'art. 1751 par la L. n° 2014-366 du 24 mars 2014.

8. Union en cours de bail. Sur l'obligation du locataire, dans le cadre de la loi du 6 juill. 1989, d'informer le bailleur de son mariage ou de son Pacs, sous peine de rendre opposables au conjoint ou partenaire les notifications et significations faites au locataire seul, V. art. 9-1 de ce texte et • Civ. 3e, 29 oct. 2013 : *AJDI 2014. 283, obs. Damas* ; *Defrénois 2014. 182, note Mazure.*

9. Remariage. Cotitularité pour la seconde épouse, non visée par le jugement prononçant l'expulsion, qui vise le mari et sa première épouse, le bailleur n'ayant pas été informé du remariage. • Civ. 3e, 9 nov. 2011 : *D. 2011. 2869, obs. Rouquet* ; *ibid. 2012. Chron. C. cass. 1208, obs. Monge* ; *AJ fam. 2012. 54, obs. de Boysson* ; *JCP 2012, n° 132, obs. Coutant-Lapalus* ; *JCP N 2012, n° 1212, note Mauger-Vielpau.*

B. EFFETS DE LA COTITULARITÉ

10. Obligation personnelle de chaque époux : loyers. La femme cotitulaire du bail à usage d'habitation est tenue comme le mari au paiement du prix de la location et ne fait en s'en acquittant qu'exécuter son obligation personnelle sans pour autant décharger son mari de celle qui lui incombe ni modifier les rapports de droit existant entre les parties. • Civ. 1re, 8 mars 1972, n° 71-10.265 P. – V. aussi • Rouen, 22 déc. 1970 : *D. 1971. 429, note Belhumeur* • Civ. 1re, 7 mai 1969 : *D. 1969. 489, note Dedieu.*

11. ... Procédure collective d'un époux. L'extinction de la créance du bailleur à l'égard du locataire, faute de déclaration à la procédure collective de ce dernier, laisse subsister l'obligation personnelle de l'épouse, cotitulaire du bail. • Civ. 3e, 23 mars 2005, n° 03-20.457 P : *D. 2005. AJ 1084, obs. A. Lienhard* ; *ibid. Pan. 2114, obs. Brémond* ; *D. 2006. Pan. 960, obs. Damas* ; *AJDI 2005. 466, obs. Le Corre*.

12. Nécessité du consentement de chaque époux pour modifier le contrat. Un avenant de prorogation du bail signé par le mari seul est inopposable à l'épouse dès lors que celle-ci, cotitulaire du bail, ne l'a pas ratifié. • Civ. 3e, 25 sept. 2002, n° 01-01.034 P : *D. 2002. IR 2715* ; *JCP 2003. I. 111, n° 1, obs. Wiederkehr.*

13. Chaque époux étant cotitulaire du bail et bénéficiaire d'un droit personnel sur celui-ci en application de l'art. 1751, la renonciation de l'un aux dispositions générales de la L. du 1er sept. 1948 par la signature d'un second contrat de location n'est pas opposable à l'autre qui n'a pas signé ce contrat, en l'absence de preuve de l'accomplissement d'un acte positif de renonciation. • Civ. 3e, 29 nov. 2000, n° 98-23.068 P.

14. Nécessité d'adresser les notifications à chaque époux. La notification prévue par l'art. L. 441-9 CCH visant le supplément de loyer de solidarité a une incidence sur le montant du loyer et doit être adressée à chacun des cotitulaires du bail. • Civ. 3e, 12 mars 2014, n° 13-14.403 P : *D. 2014. 778* (cassation de l'arrêt ayant considéré que des courriers ne concernent pas l'existence ou la modification du droit au bail). ♦ V.

aussi *infra* pour les congés.

La proposition du relogement de la famille consécutive à un arrêté d'insalubrité portant interdiction d'habiter les lieux doit être adressée par le bailleur à chacun des époux cotitulaires du bail. • Civ. 3e, 9 févr. 2017, n° 16-13.260 P : *D. 2017. 1149, obs. Damas ; ibid. 2119, obs. Brémond ; AJDI 2017. 425, obs. Damas* (CCH, art. L. 521-1 et L. 521-3-1).

15. Limites : extension d'une protection personnelle d'un époux. Le bénéfice de la réduction du délai de préavis, pour les locataires âgés de plus de soixante ans dont l'état de santé justifie un changement de domicile (art. 15-1, al. 2, L. 6 juill. 1989), peut être revendiqué par le locataire lorsque c'est son conjoint, cotitulaire légal du bail, qui est âgé de plus de soixante ans. • Civ. 3e, 5 janv. 2012, n° 10-26.130 P : *D. 2012. 284, obs. Rouquet* . ♦ Comp. *infra* pour la perte de l'avantage lorsque l'époux qui l'invoquait est décédé.

C. CESSATION DE LA COTITULARITÉ

1° CESSATION DE LA COMMUNAUTÉ DE VIE

16. Décès de l'un des époux. Depuis la réforme de l'art. 1751, al. 3, le conjoint survivant devient le titulaire exclusif du bail. ♦ Le droit exclusif dévolu au conjoint survivant prive les héritiers qui vivent dans les lieux au moment du décès du preneur de tout droit locatif en présence de ce conjoint. • Civ. 3e, 28 juin 2018, n° 17-20.409 P : *D. 2018. 1384 ; AJ fam. 2018. 623, obs. Casey* (hypothèse dans laquelle les enfants auraient pu bénéficier du maintien dans un HLM au moment du décès de leur père, en tant qu'occupants, mais non au moment du décès de leur mère, plusieurs années après). ♦ Comp. précédemment : au décès de l'un des époux, cotitulaire du droit au bail sur le logement servant à l'habitation du couple, l'enfant devient, sauf convention contraire, titulaire du bail avec l'époux survivant. • Civ. 3e, 8 déc. 1999, n° 98-13.416 P. ♦ En cas de prédécès du conjoint âgé de plus de 70 ans, qui aurait pu bénéficier des dispositions protectrices de l'art. 15-III L. 6 juill. 1989, l'épouse, cotitulaire du bail en vertu de l'art. 1751 C. civ., reste bénéficiaire du droit au bail, sans pouvoir bénéficier de cette protection dès lors qu'elle n'en remplit pas elle-même les conditions. • Civ. 3e, 3 mai 2012, n° 11-17.010 P. ♦ Comp. *supra* lorsque l'époux est vivant.

17. Séparation du couple. Le mari reste cotitulaire du bail conclu par son épouse, bien qu'il ait cessé de résider dans le logement (hospitalisation de plusieurs années, suivie d'une impossibilité de réinstallation dans le logement, inadapté à son handicap lourd), dès lors que le logement a servi effectivement à l'habitation des deux époux et qu'aucun jugement de divorce n'est intervenu. • Civ. 3e, 31 mai 2006, n° 04-16.920 P : *R., p. 332 ; BICC 1er oct. 2006, n° 1797, et la note ; D. 2006. 2777, note Damas ; ibid. Pan. 1568, obs. Lemouland et Vigneau ; Dr. fam. 2006, n° 147, note Larribau-Terneyre ; RJPF 2006-10/24, note Leborgne ; AJDI 2006. 730, obs. Rouquet ; Dr. et pr. 2006. 326, note Yildirim ; RDC 2006. 1143, obs. Lardeux ; RTD civ. 2006. 812, obs. Vareille* . ♦ Le nouveau bail conclu avec l'épouse qui s'est vu attribuer la jouissance provisoire du logement au moment du divorce est inopposable à l'époux, demeuré titulaire du bail signé antérieurement même au mariage, dont il peut se prévaloir, peu important qu'il n'occupât pas le logement en raison de la situation de crise conjugale, pour en demander la poursuite au moment du congé donné à l'épouse. • Civ. 3e, 1er avr. 2009, n° 08-15.929 P : *D. 2009. AJ 1090, obs. Forest ; ibid. 2010. Pan. 1243, obs. Serra ; JCP 2009. 391, n° 4, obs. Wiederkehr ; AJ fam. 2009. 221, obs. Gallmeister ; AJDA 2010. 123, obs. Damas ; RJPF 2009-6/30, obs. Garé ; Dr. fam. 2009, n° 70, note Larribau-Terneyre ; Dr. et pr. 2009. 255, obs. Yildirim ; RLDC 2009/61, n° 3469, obs. Pouliquen ; RDC 2009. 1484, obs. Lardeux ; RTD civ. 2009. 510, obs. Hauser ; ibid. 567, obs. Vareille* .

18. Divorce des époux : prise d'effet à la transcription. Le conjoint cotitulaire du bail reste tenu solidairement du paiement des loyers jusqu'au jour de la transcription du jugement de divorce, peu important qu'il ait quitté les lieux loués avant cette date. • Civ. 2e, 3 oct. 1990, n° 88-18.453 P : *D. 1992. Somm. 219, obs. Lucet ; JCP N 1991. II. 57 (2e esp.), obs. Simler ; Defrénois 1991. 1126 (1re esp.), obs. Champenois* (pour un époux autorisé à résider séparément) • Civ. 3e, 27 mai 1998, n° 96-13.543 P : *Dr. fam. 1998, n° 95, obs. Lécuyer* (même cas) • 2 févr. 2000, n° 97-18.924 P : *D. 2001. Somm. 168, obs. CRDP Nancy 2 ; JCP 2000. I. 245, n° 8, obs. Wiederkehr ; Defrénois 2000. 1177, obs. Bénabent ; Dr. fam. 2000, n° 41, note Beignier.* ♦ Et l'époux, qui est toujours dans les liens du mariage jusqu'à l'intervention d'un jugement de divorce régulièrement publié, demeure tenu solidairement au paiement des loyers, malgré le congé qu'il a fait délivrer au bailleur. • Civ. 1re, 13 oct. 1992 : *JCP 1993. II. 22047, note Hauser ; JCP N 1993. II. 110, obs. Wiederkehr ; Defrénois 1993. 380*, obs. Champenois, et 708, obs. Massip • Civ. 3e, 2 juin 1993, n° 91-14.522 P : *Defrénois 1993. 1443, obs. Champenois* (même solution pour la séparation de corps). ♦ *Contra* : • Civ. 3e, 13 déc. 1989 : *Bull. civ. III, n° 232.*

La transcription met également fin à une cotitularité conventionnelle, V. note 28.

2° CONGÉS

19. Congé par un preneur. Lorsqu'un bail à durée indéterminée a été consenti à des copreneurs, chacun de ceux-ci a la possibilité d'y mettre fin en donnant congé, même sans l'accord des autres ; il en est ainsi lorsque deux époux sont colocataires d'un logement en application de l'art. 1751. • Soc. 4 nov. 1967 : *Gaz. Pal. 1968. 1. 40 (1er arrêt) ; RTD civ. 1968. 388, obs. Cornu.* ♦ Mais le congé donné par un seul des époux titulaires du bail n'est pas opposable à l'autre. • Civ. 3e, 19 juin 2002, n° 01-00.652 P : *D. 2003. Somm. 731, obs. Damas ; Defrénois 2003. 672, note Brémond ; RJPF 2002-10/18, obs. A. L. ; Loyers et copr. 2002, n° 221, note Vial-Pedroletti.* – Déjà en ce sens : • Civ. 3e, 20 févr. 1969 : *JCP 1969. II. 15946 (1re esp.), note R.D.* ♦ L'époux qui a donné congé reste solidairement tenu des loyers. • Civ. 3e, 19 juin 2002 : *préc.*

20. Congé par le bailleur : formes. Le congé délivré à deux époux doit faire l'objet de lettres distinctes adressées à chacun des époux. • Civ. 3e, 10 mai 1989 : *JCP 1991. II. 21595, note Dumortier ; Defrénois 1991. 728, obs. Aubert.* ♦ N'est pas irrégulière l'assignation donnée à une épouse sous le nom patronymique de son mari dès lors que cette mention ne laisse aucun doute quant à l'identité de la destinataire. • Civ. 3e, 24 janv. 2001, n° 99-14.310 P.

21. ... Inopposabilité à l'époux qui n'en a pas été destinataire. Le congé délivré à un seul des conjoints n'est pas opposable à l'autre, et le conjoint non visé par le congé peut en contester la validité à son encontre. • Civ. 3e, 2 févr. 1982, n° 80-11.309 P. ♦ V., pour une proposition de nouveau loyer (L. 23 déc. 1986, art. 21) : • Civ. 3e, 27 janv. 1993, n° 90-21.825 P : *D. 1993. Somm. 173, obs. Bihr ; JCP 1994. I. 3733, n° 4, obs. Wiederkehr* (inefficacité de la proposition, en raison de l'indivisibilité du droit au bail). ♦ La décision d'expulsion prise contre le mari et tous occupants de son chef, à la suite d'un congé délivré au mari seul, est inopposable à la femme. • Civ. 3e, 23 janv. 1985 : *JCP N 1986. II. 73, note Simler* • 20 janv. 1988 : *Bull. civ. III, n° 12.*

22. Le moyen pris de la non-opposabilité du congé à l'épouse du locataire ne peut être invoqué que par elle. • Soc. 13 déc. 1967 : *Bull. civ. IV, n° 778.* – Même sens : • Civ. 3e, 26 mars 1969 : *Bull. civ. III, n° 264.* ♦ ... Et celle-ci est en droit de ne pas se prévaloir de cette inopposabilité, prévue dans son seul intérêt. • Civ. 3e, 16 oct. 1991, n° 89-20.260 P : *JCP N 1992. II. 349, note Ponton-Grillet* (exercice par l'épouse, à laquelle le congé pour vendre n'avait pas été notifié, du droit de préemption ouvert au locataire par l'art. 11 de la L. du 22 juin 1982 – actuellement, art. 15-II L. 6 juill. 1989).

23. Efficacité du congé à l'égard de celui qui l'a reçu. Si le congé délivré au mari seul est inopposable à son épouse et n'a aucun effet quant aux droits personnels qu'elle peut tenir de l'art. 1751, il n'en demeure pas moins valable à l'égard du mari lui-même. • Civ. 3e, 19 févr. 1969 : *JCP 1969. II. 15946 (2e esp.), note R. D.*

D. ATTRIBUTION DU DROIT AU BAIL EN CAS DE DIVORCE (AL. 2)

24. Domaine. Application de l'attribution préférentielle au bail emphytéotique. • Civ. 1re, 12 juin 2013 : *cité note 4 ss. art. 831-2.* ♦ Le droit à l'attribution du logement ayant servi à l'habitation des deux époux s'exerce même en présence d'une contestation portant sur l'existence d'un droit au bail au profit des époux, dès lors qu'aucune décision définitive n'a tranché cette contestation. • Civ. 1re, 19 sept. 2007, n° 06-10.349 P : *AJDI 2008. 665, obs. Zalewski .*

25. Conditions : persistance de la cotitularité. Cassation de l'arrêt qui rejette la demande de l'épouse en attribution du bail en retenant que celle-ci, autorisée à résider séparément de son époux par une ordonnance de non-conciliation qui avait attribué à ce dernier la jouissance du domicile conjugal, a demandé la confirmation de cette mesure et, ainsi, renoncé expressément au droit au bail sur le logement, alors que, à la date du décès de son époux, elle demeurait cotitulaire du bail relatif au local ayant servi à l'habitation des époux, et ne pouvait valablement renoncer antérieurement à un droit dont elle n'était pas encore titulaire. • Civ. 3e, 18 mai 2011, n° 10-13.853 P : *D. 2011. Actu. 1484, obs. Rouquet ; ibid. 2011. Pan. 2624, obs. Brémond ; ibid. 2012. 971, obs. Lemouland et Vigneau ; ibid. 1086, obs. Damas ; AJDI 2011. 786, obs. Damas ; RTD civ. 2011. 518, obs. Hauser ; JCP 2011, n° 1371, obs. Wiederkehr ; Dr. fam. 2011, n° 131, obs. Lambert.*

26. ... Prononcé du divorce. L'attribution du droit au bail à l'un des époux ne peut être prononcée qu'en cas de divorce, de sorte que les juges qui rejettent la demande en divorce ne peuvent attribuer à l'épouse « le domicile conjugal ». • Civ. 2e, 3 mai 1972 : *D. 1972. 714, note Maury.*

27. Effet de l'attribution : continuation du bail. Le transfert du bail au profit de l'ex-épouse ne met pas un terme au contrat de bail conclu par l'ex-époux avant même le mariage ; cassation de l'arrêt qui applique la règle de l'accession en fin de bail au profit du propriétaire des améliorations effectuées par le locataire sur le bien loué. • Civ. 3e, 25 sept. 2002, n° 01-01.494 P : *JCP 2003. I. 111, n° 17, obs. Tisserand ; AJ fam. 2002. 420, obs. S. D.-B .*

28. Effets de l'attribution après transcription : fin de la cotitularité. La transcription du jugement de divorce ayant attribué le droit au bail à l'un des époux met fin à la cotitularité du bail tant légale que conventionnelle. • Civ. 3e, 22 oct. 2015, n° 14-23.726 P : *D. 2015. 2182, obs. Rouquet ; ibid. 2616, note Lakssimi ; ibid. 2016. 674, obs. Douchy-Oudot ; ibid. 1102, obs. Damas ; AJ fam. 2015. 682, obs. Bicheron ; AJDI 2016. 422, obs. Damas ; RTD civ. 2016. 90,* *obs. Hauser ; ibid. 433, obs. Vareille ; JCP N 2016, n° 1083, note Mauger-Vielpeau ; RDC 2016. 48, note Boffa.*

Code rural et de la pêche maritime Art. L. 411-68 Lorsque des époux participent ensemble et de façon habituelle à une exploitation agricole, l'époux titulaire du bail sur cette exploitation ne peut, sans le consentement exprès de son conjoint, accepter la résiliation, céder le bail ou s'obliger à ne pas en demander le renouvellement, sans préjudice de l'application de l'article 217 du code civil. Toute stipulation contraire est réputée non écrite.

L'époux qui n'a pas donné son consentement à l'acte peut en demander l'annulation ; l'action en nullité lui est ouverte dans l'année à compter du jour où il a eu connaissance de l'acte. – *[Anc. art. 846-1.]*

Art. 1751-1 *(L. n° 2014-366 du 24 mars 2014, art. 4-2°)* **En cas de dissolution du pacte civil de solidarité, l'un des partenaires peut saisir le juge compétent en matière de bail aux fins de se voir attribuer le droit au bail du local, sans caractère professionnel ou commercial, qui sert effectivement à l'habitation des deux partenaires, sous réserve des créances ou droits à indemnité au profit de l'autre partenaire. Le bailleur est appelé à l'instance. Le juge apprécie la demande en considération des intérêts sociaux et familiaux des parties.**

Ndlr : *Concernant la date d'entrée en vigueur des dispositions issues de la L. n° 2014-366 du 24 mars 2014 pour l'accès au logement et un urbanisme rénové, V. l'art. 14 de ce texte, ss. l'art. 2 de la L. du 6 juill. 1989, ss. C. civ., art. 1778.*

Les art. 1724, 1751 et 1751-1 C. civ. sont applicables aux contrats des locations mentionnées au deuxième al. de l'art. 2 et au premier al. de l'art. 25-3 de la L. n° 89-462 du 6 juill. 1989 en cours à la date de publication de la L. n° 2015-990 du 6 août 2015 (L. préc., art. 82-II-3°).

SECTION 2 Des règles particulières aux baux à loyer

Art. 1752 **Le locataire qui ne garnit pas la maison de meubles suffisants, peut être expulsé, à moins qu'il ne donne des sûretés capables de répondre du loyer.**

1. Généralité de l'obligation. L'obligation pour le locataire de garnir les lieux loués de meubles suffisants existe alors même que les loyers ou fermages échus ont été régulièrement payés. • Soc. 12 janv. 1956 : *Bull. civ. IV, n° 34.*

2. Pouvoir d'appréciation des juges. La loi n'ayant pas précisé l'étendue de l'obligation qu'elle impose au locataire de garnir l'immeuble loué de meubles suffisants, les juges ont un large pouvoir d'appréciation pour déterminer dans chaque cas, compte tenu des circonstances ainsi que de la situation particulière des parties, la nature et l'importance des sûretés capables de dispenser le locataire, en tout ou en partie, de l'obligation de garnissement. • Soc. 16 juill. 1955 : *Gaz. Pal. 1955. 2. 199.* ♦ Comp. • Civ. 12 juin 1951 : *D. 1951. 525 ; RTD civ. 1951. 527, obs. Carbonnier* (droit du bailleur d'exiger de son locataire qu'il apporte dans les lieux loués le mobilier nécessaire à leur jouissance suivant leur destination). ♦ V. aussi, dans le cas où une clause du contrat (bail commercial) impose aux preneurs de « garnir les lieux loués et de les tenir constamment garnis de mobilier, matériel et marchandises en quantité et valeur suffisantes pour répondre du paiement des loyers et des charges » : • Com. 22 févr. 1965, n° 63-12.236 P (impossibilité de substituer d'autres garanties à celles stipulées par le bail).

3. Nécessité d'une résiliation. L'expulsion du preneur qui ne garnit pas les lieux loués de meubles suffisants ne peut être que la conséquence de la résiliation du bail, lorsque celui-ci est consenti pour une durée déterminée ; les juges du fond ne peuvent donc prononcer l'expulsion du locataire en raison d'un défaut de garnissement des lieux loués, tout en refusant de constater la résiliation du bail. • Civ. 3e, 23 oct. 1979 : *Bull. civ. III, n° 182.*

Art. 1753 **Le sous-locataire n'est tenu envers le propriétaire que jusqu'à concurrence du prix de sa sous-location dont il peut être débiteur au moment de la saisie, et sans qu'il puisse opposer des payements faits par anticipation.**

Les payements faits par le sous-locataire, soit en vertu d'une stipulation portée en son bail, soit en conséquence de l'usage des lieux, ne sont pas réputés faits par anticipation.

Action directe du propriétaire, dans la limite du « sous-loyer », contre le sous-locataire : • Civ. 3e, 19 févr. 1997, n° 95-12.491 P : *Loyers et copr. 1997, n° 176, obs. Brault et Mutelet.*

Art. 1754 **Les réparations locatives ou de menu entretien dont le locataire est tenu, s'il n'y a clause contraire, sont celles désignées comme telles par l'usage des lieux, et, entre autres, les réparations à faire :**

Aux âtres, contre-cœurs, chambranles et tablettes des cheminées ;

Au recrépiment du bas des murailles des appartements et autres lieux d'habitation à la hauteur d'un mètre ;

Aux pavés et carreaux des chambres, lorsqu'il y en a seulement quelques-uns de cassés ;

Aux vitres, à moins qu'elles ne soient cassées par la grêle ou autres accidents extraordinaires et de force majeure, dont le locataire ne peut être tenu ;

Aux portes, croisées, planches de cloison ou de fermeture de boutiques, gonds, targettes et serrures.

1. Caractère supplétif. La règle selon laquelle toutes les réparations, autres que locatives, sont à la charge du bailleur n'est pas d'ordre public et il peut y être dérogé par des conventions particulières (clause stipulant qu'aucune espèce de réparations ne serait à la charge de la propriétaire pendant la durée du bail). • Civ. 3e, 7 févr. 1978, n° 76-14.214 P.

2. Interprétation restrictive des clauses défavorables au preneur. Nécessité de constater que des stipulations expresses du contrat de bail commercial mettent à la charge de la locataire les travaux de ravalement, de toiture et de chauffage collectif que le bailleur entend lui faire payer en application d'une clause lui faisant supporter l'entretien et les grosses réparations. • Civ. 3e, 6 mars 2013, n° 11-27.331 P : *D. 2013. 704, obs. Rouquet ; ibid. 1794, obs. Dumont-Lefrand ; RTD com. 2013. 231, note kenderian ; RDC 2013. 977, obs. Seube.* ♦ Les juges du fond, qui ont souligné le caractère exorbitant de la clause du bail mettant à la charge du preneur toutes les réparations de quelque nature qu'elles soient, et la nécessité d'en donner une interprétation restrictive, usent de leur pouvoir souverain d'appréciation en décidant que les travaux à entreprendre ne s'analysent pas simplement en de grosses réparations, mais impliquent un remaniage complet et une réfection de la toiture, de sorte que le preneur n'en est pas tenu. • Civ. 1re, 17 oct. 1962 : *Gaz. Pal. 1963. 1. 154.* ♦ De même, n'a pas dénaturé le bail l'arrêt qui retient que la clause mettant à la charge des preneurs les réparations de toute nature, même celles relatives à la toiture, n'exonérait pas le bailleur de la réfection totale de cette toiture. • Civ. 3e, 11 déc. 1984 : *Bull. civ. III, n° 209.* – V. conf. • Civ. 3e, 10 mai 1991, n° 89-18.165 P : *D. 1992. Somm. 363, obs. Rozès* . ♦ Sur la nature des travaux de ravalement, V. note 25 ss. art. 1719 et note 36 ss. art. 1720.

La demande du bailleur au titre de réparations locatives n'est pas fondée alors qu'il était impossible pour les locataires d'entretenir correctement un immeuble vétuste et qu'il ne peut leur être reproché le fait que ce manque d'entretien a aggravé cette vétusté alors qu'il appartenait au propriétaire de réaliser les travaux de nature à y remédier, les preneurs ayant ainsi subi un préjudice de jouissance entièrement imputable au bailleur. • Civ. 3e, 5 nov. 2015, n° 14-23.693 P.

3. Caution. La caution solidaire est tenue dans les mêmes conditions que le preneur, notamment quant aux modes de preuve de la créance du bailleur, au paiement des réparations locatives. • Civ. 1re, 23 juin 1992, n° 91-11.678 P : *Defrénois 1992. 1143, obs. Vermelle.*

4. Nouveau bail. Le fait qu'un nouveau bail ait été conclu entre les mêmes parties n'interdit pas au bailleur de réclamer au locataire la réparation des dégradations résultant de l'usage de la chose pendant toute la durée de la location. • Civ. 3e, 8 déc. 1999 : *D. 2000. AJ 113, obs. Rouquet* .

Art. 1755 **Aucune des réparations réputées locatives n'est à la charge des locataires, quand elles ne sont occasionnées que par vétusté ou force majeure.**

1. Vétusté. Décidé que le locataire ayant accepté de prendre les lieux dans un état déjà vétuste et s'étant engagé à supporter toutes les *réparations foncières* et locatives ne doit cependant répondre que partiellement des dégâts provoqués par un défaut d'entretien, l'autre partie, imputée à la vétusté, devant être supportée par le bailleur. • Civ. 1re, 18 oct. 1965 : *JCP 1965. II. 14441, note R.D.* ♦ V. aussi • Civ. 3e, 12 avr. 1995, n° 93-10.358 P.

2. Les juges du fond qui ont souverainement estimé que les dégâts constatés provenaient d'un usage normal et légitime de la chose louée peuvent en déduire que le preneur n'est pas tenu d'effectuer les travaux de remise en état réclamés par le bailleur (réfection des peintures de l'appartement). • Civ. 3e, 7 mars 1972 : *Bull. civ. III, n° 151.* ♦ V. aussi note 7 ss. art. 1732.

3. Force majeure. Sauf stipulation expresse contraire, l'obligation de réparer pesant sur le locataire cesse en cas de force majeure ; cassation de l'arrêt qui met à la charge du preneur le coût de réparation des dégâts occasionnés par une tempête sans constater que le bail comportait une telle stipulation. • Civ. 3e, 31 oct. 2006, nº 05-19.171 P : *D. 2006. IR 2946* ; *JCP 2007. I. 115, nº 13, obs. Stoffel-Munck ; JCP E 2007. 1523, nºs 34 s., obs. Kenfack ; AJDI 2007. 296, obs. Beaugendre*. ♦ Comp. : si l'obligation de réparer pesant sur le locataire cesse en cas de force majeure, cette dernière n'autorise pas le locataire qui a procédé aux réparations, à en demander, sur le fondement des rapports contractuels, le remboursement au bailleur qui s'est exonéré dans le bail de toute obligation de réparation. • Civ. 3e, 14 mars 1978, nº 76-13.912 P.

Art. 1756 **Le curement des puits et celui des fosses d'aisances sont à la charge du bailleur, s'il n'y a clause contraire.**

L'art. 1756 ne met à la charge du bailleur que le seul curement des puits et des fosses d'aisances ; la vidange d'une fosse septique incombe au locataire, en application du Décr. nº 87-712 du 26 août 1987 relatif aux réparations locatives. • Civ. 3e, 24 mars 2010, nº 09-10.218 P : *D. 2010. Actu. 963*.

Art. 1757 **Le bail des meubles fournis pour garnir une maison entière, un corps de logis entier, une boutique, ou tous autres appartements, est censé fait pour la durée ordinaire des baux de maison, corps de logis, boutiques ou autres appartements, selon l'usage des lieux.**

Art. 1758 **Le bail d'un appartement meublé est censé fait à l'année, quand il a été fait à tant par an ;**

Au mois, quand il a été fait à tant par mois ;

Au jour, quand il a été fait à tant par jour.

Si rien ne constate que le bail soit fait à tant par an, par mois ou par jour, la location est censée faite suivant l'usage des lieux.

Sur la soumission partielle des locations meublées servant de résidence principale au preneur à la L. du 6 juill. 1989, V. désormais art. 25-3 s. de ce texte, not. 25-7 (durée) et 25-8 (résiliation).

Art. 1759 **Si le locataire d'une maison ou d'un appartement continue sa jouissance après l'expiration du bail par écrit, sans opposition de la part du bailleur, il sera censé les occuper aux mêmes conditions, pour le terme fixé par l'usage des lieux, et ne pourra plus en sortir ni en être expulsé qu'après un congé donné suivant le délai fixé par l'usage des lieux.**

Conditions et effets de la tacite reconduction : V. notes ss. art. 1738.

Art. 1760 **En cas de résiliation par la faute du locataire, celui-ci est tenu de payer le prix du bail pendant le temps nécessaire à la relocation, sans préjudice des dommages et intérêts qui ont pu résulter de l'abus.**

L'art. 1760 n'est applicable qu'à l'indemnisation du bailleur qui a subi un préjudice du fait de l'inoccupation prématurée des lieux loués. • Civ. 3e, 10 janv. 1990, nº 88-17.588 P : *Defrénois 1990. 1090, obs. Vermelle*. ♦ Il n'est pas applicable lorsque le bail a été résilié de l'accord des parties. • Civ. 3e, 18 juill. 1979 : *Bull. civ. III, nº 157*.

Art. 1761 **Le bailleur ne peut résoudre la location, encore qu'il déclare vouloir occuper par lui-même la maison louée, s'il n'y a eu convention contraire.** — *V. L. 1er sept. 1948, art. 18 s.*

Art. 1762 **S'il a été convenu, dans le contrat de louage, que le bailleur pourrait venir occuper la maison, il est tenu de signifier d'avance un congé aux époques déterminées par l'usage des lieux.**

SECTION 3 Des règles particulières aux baux à ferme

RÉP. CIV. vº *Bail rural*, par S. PRIGENT.

Art. 1763 *Abrogé par L. nº 46-682 du 13 avr. 1946.*

Art. 1764 **En cas de contravention, le propriétaire a droit de rentrer en jouissance, et le preneur est condamné aux dommages-intérêts résultant de l'inexécution du bail.** — *C. rur., art. L. 411-38.*

Art. 1765 **Si, dans un bail à ferme, on donne aux fonds une contenance moindre ou plus grande que celle qu'ils ont réellement, il n'y a lieu à augmentation ou diminution de prix pour le fermier, que dans les cas et suivant les règles exprimées au titre *De la vente*.** — *C. rur., art. L. 411-18.*

1. *Caractère supplétif.* Il résulte de la combinaison des art. 1765 et 1619 C. civ. que, dans un bail, les parties peuvent convenir que, même si la contenance du fonds exprimée à l'acte accuse une différence de plus du vingtième avec celle qu'il a réellement, il n'y a lieu à modification du prix du bail. • Soc. 29 nov. 1957 : *Bull. civ. IV, n° 1136.*

2. *Distinction avec l'action en révision pour dépassement de prix.* L'action en diminution du prix du fermage pour défaut de contenance et l'action en révision pour dépassement du prix fixé par arrêté préfectoral sont deux actions différentes. La première doit être intentée dans l'année du contrat à peine de déchéance, alors que l'art. 812, al. 5, C. rur. (devenu art. L. 411-13) ouvre la seconde au cours de la troisième année de jouissance. • Soc. 10 juin 1960 : *Bull. civ. IV, n° 603.*

3. *Remembrement.* Diminution du prix en cas de réduction de la surface louée, par suite d'un remembrement : V. • Soc. 16 févr. 1965 : *Gaz. Pal. 1965. 1. 388.* ♦ Comp. • Rennes, 17 mars 1976 : *Gaz. Pal. 1976. 1. 397, note de Silguy, Cadiou et Druais.*

Art. 1766 **Si le preneur d'un héritage rural ne le garnit pas des bestiaux et des ustensiles nécessaires à son exploitation, s'il abandonne la culture, s'il ne cultive pas** *(L. n° 2014-873 du 4 août 2014, art. 26)* **« raisonnablement », s'il emploie la chose louée à un autre usage que celui auquel elle a été destinée, ou, en général, s'il n'exécute pas les clauses du bail, et qu'il en résulte un dommage pour le bailleur, celui-ci peut, suivant les circonstances, faire résilier le bail.**

En cas de résiliation provenant du fait du preneur, celui-ci est tenu des dommages et intérêts, ainsi qu'il est dit en l'article 1764. — *C. rur., art. L. 411-27, L. 411-29.*

1. Les conditions auxquelles est subordonné le droit pour le preneur au renouvellement de son bail et celles relatives à la sanction que constitue le refus de renouvellement pour manquement du preneur à ses obligations doivent être appréciées distinctement en raison de la différence de nature existant entre ce droit et cette sanction. • Civ. 3e, 18 juin 1986 : *JCP 1986. II. 20711, note Ourliac et de Juglart.*

2. *Atteinte à la bonne exploitation du fonds.* Les juges du fond ne peuvent prononcer la résiliation d'un bail rural pour violation d'une clause du bail (interdiction d'abattage d'arbres) sans préciser si les manquements reprochés au fermier ont été de nature à compromettre la bonne exploitation du fonds. • Civ. 3e, 13 mars 1985, n° 84-10.260 P. ♦ Dans le même sens : • Civ. 3e, 13 juin 2012, n° 10-25.498 P : *D. 2012. 2372, note Roussel.*

3. Les juges du fond apprécient souverainement si les agissements du preneur ont compromis la bonne exploitation du fonds. • Civ. 3e, 15 mai 1984 : *Bull. civ. III, n° 98.* ♦ Ont ainsi été considérés causes de résiliation, par ex. : la création d'une entreprise commerciale dans les lieux loués. • Civ. 3e, 27 janv. 1977 : *Bull. civ. III, n° 49.* ♦ ... L'abandon des bâtiments par le fermier qui *a fixé son domicile dans une autre ferme*, l'absence de matériel agricole et le fait que le bétail ne lui appartient pas. • Civ. 3e, 18 juin 1974 : *Bull. civ. III, n° 254.* ♦ ... L'abattage d'arbres et de graves dégradations causées à la maison d'habitation. • Civ. 3e, 19 févr. 1971 : *Bull. civ. III, n° 127.*

4. Les juges qui retiennent plusieurs manquements du preneur à ses obligations peuvent estimer que dans leur ensemble ces griefs constituent des agissements de nature à compromettre la bonne exploitation du fonds. • Civ. 3e, 28 mai 1970 : *Bull. civ. III, n° 359.*

5. *Remembrement.* Le défaut d'exploitation par le fermier des nouvelles parcelles attribuées au bailleur à la suite d'un remembrement ne peut être invoqué comme motif de résiliation du bail tant que le bailleur n'a pas mis le preneur en demeure d'exercer l'option offerte à celui-ci par l'art. 33 [art. L. 123-15] C. rur. entre le report des effets du bail et la résiliation sans indemnité. • Civ. 3e, 23 janv. 1985 : *Bull. civ. III, n° 19.*

6. *Date d'appréciation des manquements.* Les manquements du preneur, invoqués à l'appui d'une demande de résiliation de bail, doivent être appréciés au jour de la demande. Il n'y a pas lieu de tenir compte de l'état du bien loué postérieurement à cette date. • Civ. 3e, 9 déc. 1975 : *Bull. civ. III, n° 366.* ♦ Le renouvellement du bail par le seul effet de la loi, en l'absence de congé, ne prive pas le bailleur de la possibilité de demander sa résiliation pour des manquements du fermier antérieurs à ce renouvellement si ces manquements se sont poursuivis au cours du bail renouvelé. • Civ. 3e, 22 mai 1986 : *Bull. civ. III, n° 75.*

7. *Nécessité d'un congé avant une résiliation judiciaire (non).* Une demande en résiliation de bail peut être introduite sans congé préalable. Les juges du fond constatant des agissements graves et réitérés de nature à compromettre la bonne exploitation du fonds ont la faculté de prononcer la résiliation pour la date demandée par le bailleur ou d'accorder un délai de sortie au preneur. • Soc. 28 oct. 1949 : *Bull. civ. III, n° 970* • Civ. 3e, 26 févr. 1986, n° 84-15.946 P.

8. Étendue de la résiliation. La location étant indivisible, les infractions commises sur une partie des terres louées doivent entraîner la résiliation du bail tout entier. • Civ. 3e, 6 mai 1970 : *Bull. civ. III, n° 317.*

Art. 1767 **Tout preneur de bien rural est tenu d'engranger dans les lieux à ce destinés d'après le bail.** – *C. rur., art. L. 411-25.*

Art. 1768 **Le preneur d'un bien rural est tenu, sous peine de tous dépens, dommages et intérêts, d'avertir le propriétaire des usurpations qui peuvent être commises sur les fonds.**

Cet avertissement doit être donné dans le même délai que celui qui est réglé en cas d'assignation suivant la distance des lieux. – *C. rur., art. L. 411-26.*

Art. 1769 **Si le bail est fait pour plusieurs années, et que, pendant la durée du bail, la totalité ou la moitié d'une récolte au moins soit enlevée par des cas fortuits, le fermier peut demander une remise du prix de sa location, à moins qu'il ne soit indemnisé par les récoltes précédentes.**

S'il n'est pas indemnisé, l'estimation de la remise ne peut avoir lieu qu'à la fin du bail, auquel temps il se fait une compensation de toutes les années de jouissance ;

Et cependant le juge peut provisoirement dispenser le preneur de payer une partie du prix en raison de la perte soufferte. – *C. rur., art. L. 411-19.*

Art. 1770 **Si le bail n'est que d'une année, et que la perte soit de la totalité des fruits, ou au moins de la moitié, le preneur sera déchargé d'une partie proportionnelle du prix de la location.**

Il ne pourra prétendre aucune remise, si la perte est moindre de moitié. – *C. rur., art. L. 411-20.*

Les juges du fond peuvent débouter le concessionnaire, pour une année, de l'exploitation d'un domaine agricole de sa demande en diminution du prix du loyer dès lors que, tenant compte de l'ensemble des productions moyennes du domaine et d'une indemnité allouée pour calamité, ils retiennent souverainement que la perte de la récolte était inférieure à la moitié d'une récolte normale. • Civ. 3e, 15 juin 1983 : *Bull. civ. III, n° 141.*

Art. 1771 **Le fermier ne peut obtenir de remise, lorsque la perte des fruits arrive après qu'ils sont séparés de la terre, à moins que le bail ne donne au propriétaire une quotité de la récolte en nature, auquel cas le propriétaire doit supporter sa part de la perte, pourvu que le preneur ne fût pas en demeure de lui délivrer sa portion de récolte.**

Le fermier ne peut également demander une remise, lorsque la cause du dommage était existante et connue à l'époque où le bail a été passé. – *C. rur., art. L. 411-21.*

Art. 1772 **Le preneur peut être chargé des cas fortuits par une stipulation expresse.** – *C. rur., art. L. 411-22.*

Art. 1773 **Cette stipulation ne s'entend que des cas fortuits ordinaires, tels que grêle, feu du ciel, gelée ou coulure.**

Elle ne s'entend pas des cas fortuits extraordinaires, tels que les ravages de la guerre, *ou une inondation,* auxquels le pays n'est pas ordinairement sujet, à moins que le preneur n'ait été chargé de tous les cas fortuits prévus ou imprévus. – *C. rur., art. L. 411-23.*

Art. 1774 **Le bail, sans écrit, d'un fonds rural, est censé fait pour le temps qui est nécessaire afin que le preneur recueille tous les fruits de l'héritage affermé.**

Ainsi le bail à ferme d'un pré, d'une vigne, et de tout autre fonds dont les fruits se recueillent en entier dans le cours de l'année, est censé fait pour un an.

Le bail des terres labourables, lorsqu'elles se divisent par soles ou saisons, est censé fait pour autant d'années qu'il y a de soles. – *C. rur., art. L. 411-10.*

Art. 1775 *(L. 15 juill. 1942)* **Le bail des héritages ruraux quoique fait sans écrit, ne cesse à l'expiration du terme fixé par l'article précédent, que par l'effet d'un congé donné par écrit par l'une des parties à l'autre, six mois au moins avant ce terme.**

A défaut d'un congé donné dans le délai ci-dessus spécifié, il s'opère un nouveau bail dont l'effet est réglé par l'article 1774.

Il en est de même si, à l'expiration des baux écrits, le preneur reste et est laissé en possession. – *C. rur., art. L. 411-52.*

V. note ss. art. 1738.

L'indivisibilité du bail rural cesse à son expiration, le bail renouvelé est un nouveau bail ; la nature et la superficie des parcelles susceptibles d'échapper aux dispositions d'ordre public relatives au statut du fermage doivent être appréciées au jour où le bail a été renouvelé. • Civ. 3e, 18 févr. 2009, n° 08-14.160 P.

Art. 1776 *Abrogé par Ord. n° 45-2380 du 17 oct. 1945.*

Art. 1777 **Le fermier sortant doit laisser à celui qui lui succède dans la culture, les logements convenables et autres facilités pour les travaux de l'année suivante ; et réciproquement, le fermier entrant doit procurer à celui qui sort les logements convenables et autres facilités pour la consommation des fourrages, et pour les récoltes restant à faire.**

Dans l'un et l'autre cas, on doit se conformer à l'usage des lieux. – *C. rur., art. L. 415-1.*

Art. 1778 **Le fermier sortant doit aussi laisser les pailles et engrais de l'année, s'il les a reçus lors de son entrée en jouissance ; et quand même il ne les aurait pas reçus, le propriétaire pourra les retenir suivant l'estimation.** – *C. rur., art. L. 415-2.*

Ndlr : *Concernant la date d'entrée en vigueur des dispositions issues de la L. n° 2014-366 du 24 mars 2014 pour l'accès au logement et un urbanisme rénové, V. l'art. 14 de ce texte, ss. l'art. 2 de la L. du 6 juill. 1989, ci-dessous.*

• LÉGISLATIONS PARTICULIÈRES EN MATIÈRE DE LOUAGE

Loi du 28 mai 1943,

Relative à l'application aux étrangers des lois en matière de baux à loyer et de baux à ferme (DC 1944. L. 34, commentaire J. Basdevant).

Art. 1er Nonobstant toutes dispositions restrictives, les lois de droit commun ou d'exception, relatives aux baux à loyer et aux baux à ferme, réservent nécessairement le cas des ressortissants étrangers des pays qui offrent aux Français les avantages d'une législation analogue ainsi que celui des ressortissants étrangers dispensés par convention internationale de cette réciprocité, et sont en conséquence applicables à ces étrangers. – *V. C. com. (baux commerciaux), art. L. 145-13 et L. 145-23 ; C. rur. (baux ruraux), art. L. 413-1.*

Art. 2 Sont considérés comme dispensant de la réciprocité législative prévue à l'article 1er, les traités diplomatiques qui admettent directement ou indirectement l'assimilation de l'étranger au national dans le domaine des droits civils ou au moins dans celui régi par la loi dont l'application est revendiquée.

I. Baux ruraux

Les textes concernant les baux ruraux, notamment le Code rural, art. L. 411-1 à L. 417-15 et R. 411-1 à R. 417-3, sont reproduits dans le ***Code rural et de la pêche maritime Dalloz*** *où ils sont assortis d'importantes annotations de jurisprudence.*

RÉP. CIV. v° *Bail rural*, par S. PRIGENT.

II. Baux commerciaux

Les textes concernant les baux commerciaux sont reproduits dans le ***Code de commerce Dalloz*** *et dans le* ***Code des baux Dalloz.*** *Dans ce dernier ouvrage, les textes sont assortis d'importantes annotations de jurisprudence.*

RÉP. CIV. v° *Bail commercial,* par M.-P. DUMONT-LEFRAND.

III. Baux de locaux d'habitation ou à usage professionnel

Les textes reproduits ci-dessous sont également insérés dans le ***Code des baux Dalloz,*** *où ils sont assortis d'importantes annotations de jurisprudence et de commentaires.*

Loi n° 48-1360 du 1er septembre 1948,

Portant modification et codification de la législation relative aux rapports des bailleurs et locataires ou occupants de locaux d'habitation ou à usage professionnel et instituant des allocations de logement (D. 1949. 93, commentaire R. Patel).

V. L. n° 54-781 du 2 août 1954, tendant à rendre à l'habitation les pièces isolées louées accessoirement à un appartement et non habitées. – ***C. baux****.*

RÉP. CIV. v° *Baux d'habitation ou professionnels. – L. du 1er sept. 1948,* par Y. ROUQUET , P. GAREAU et H. DES LYONS.

TITRE I. DES RAPPORTS DES BAILLEURS ET LOCATAIRES OU OCCUPANTS DE LOCAUX D'HABITATION OU À USAGE PROFESSIONNEL

Art. 1er *(L. n° 70-598 du 9 juill. 1970)* « A Paris,

« Dans un rayon de cinquante kilomètres de l'emplacement des anciennes fortifications de Paris,

« Dans les communes dont la population municipale totale est supérieure à 4 000 habitants ou qui sont limitrophes de communes dont la population municipale totale est au moins égale à 10 000 habitants, ces populations s'évaluant d'après le recensement général de 1968,

« Dans les communes de 4 000 habitants au plus dont la population municipale totale s'est accrue de plus de 5 p. 100 à chacun des recensements généraux de 1954, 1962 et 1968 par rapport au recensement précédent,

« Sous réserve des décrets pris en application du dernier alinéa du présent article, l'occupation des locaux d'habitation ou à usage professionnel sans caractère commercial ou industriel » ou ne relevant pas du statut du fermage, ainsi que des locaux affectés à l'exercice d'une fonction publique dans lesquels l'habitation est indivisiblement liée au local utilisé pour ladite fonction, est régie, après l'expiration du bail écrit ou verbal, par les dispositions suivantes. »

(L. n° 64-1278 du 23 déc. 1964, art. 5) « Des décrets pris sur le rapport du ministre de la construction détermineront les communes dans lesquelles la présente législation cessera d'être appliquée soit totalement, soit partiellement, ou pourra, dans les mêmes conditions, être rendue applicable. » – *Pour la liste des communes dans lesquelles la loi du 1er sept. 1948 a cessé de s'appliquer, V., notamment, Décr. n° 62-99 du 27 janv. 1962 (JO 31 janv. ; Rect., JO 9 févr. et 17 juill.), Décr. n° 66-432 du 24 juin 1966 (JO 25 juin), Décr. n° 67-516 du 30 juin 1967 (JO 2 juill. ; Rect., JO 7 juill.), Décr. n° 68-607 du 29 juin 1968 (JO 9 juill.), Décr. nos 69-711 à 69-713 du 30 juin 1969 (JO 5 juill. ; Rect., JO 20 juill.), Décr. nos 73-553 à 73-557 du 28 juin 1973 (D. et BLD 1973. 248), Décr. nos 75-516 à 75-531 du 27 juin 1975 (D. et BLD 1975. 202), Décr. nos 76-566 et 76-567 du 28 juin 1976 (D. et BLD 1976. 285), Décr. n° 80-976 du 2 déc. 1980 (D. et BLD 1980. 430). – V. aussi, Décr. n° 67-519 du 30 juin 1967 concernant les catégories exceptionnelle et I ; Décr. n° 75-803 du 26 août 1975 concernant la catégorie II A. –* ***C. baux***

Art. 1er *bis* *(L. n° 70-598 du 9 juill. 1970)* Les décrets pris en vertu du dernier alinéa de l'article 1er ci-dessus qui font cesser l'application de la présente législation peuvent en maintenir le bénéfice au profit de certaines catégories de locataires ou occupants en considération de leur âge ou de leur état physique et compte tenu de leurs ressources, appréciés au jour de la publication du décret.

Art. 1er *ter* *(L. n° 70-598 du 9 juill. 1970)* En cas de fusion de communes ou de modifications apportées aux limites d'une commune, les locaux conservent le régime locatif qui leur était applicable antérieurement, sous réserve des décrets prévus au dernier alinéa de l'article 1er ci-dessus.

Art. 2 *(L. n° 62-902 du 4 août 1962)* Les dispositions de la présente loi ne sont toutefois pas applicables aux garages ou remises à usage de garage loués accessoirement à des locaux visés à l'article 1er et situés dans des immeubles collectifs.

Les garages ou remises peuvent, nonobstant le caractère indivisible de la location, être repris par le propriétaire à partir de l'expiration du bail ou restitués aux termes d'usage à celui-ci par le locataire en cours de bail ou par l'occupant, sans que l'autre partie puisse s'y opposer.

Art. 3 *(L. n° 62-902 du 4 août 1962)* « Les dispositions du présent titre ne sont pas applicables aux logements construits ou achevés postérieurement au 1er septembre 1948. Toutefois, elles sont applicables aux logements réparés ou reconstruits dans les conditions prévues aux articles 70 et 71 et occupés par les personnes visées à l'article 70 ou par des locataires ou occupants qui se trouvaient dans les lieux à la date de promulgation de la loi n° 62-902 du 4 août 1962.

« Sont assimilés aux logements construits ou achevés postérieurement au 1er septembre 1948 :

« Les locaux utilisés avant le 1er juin 1948 à d'autres fins que l'habitation et postérieurement affectés à cet usage sous réserve que ces locaux, lorsqu'ils reçoivent cette nouvelle affectation, répondent aux conditions fixées par un décret pris sur le rapport du ministre de la construction. »

Les locaux obtenus par reconstruction ainsi qu'il est prévu à l'article 11, par surélévation ou addition de construction ainsi qu'il est prévu à l'article 12, sous réserve des dispositions des articles 13 et 42 ;

(L. n° 85-729 du 18 juill. 1985, art. 35) « Les locaux dans lesquels ont été effectués des travaux compris dans un secteur prévu à l'article L. 313-3 du code de l'urbanisme *[secteur sauvegardé]* ou dans un périmètre prévu à l'article L. 313-4 du même code *[périmètre de restauration immobilière]* et autorisés ou prescrits dans les conditions prévues auxdits articles, sauf lorsqu'ils sont occupés par le locataire ou l'occupant maintenu dans les lieux pendant la durée des travaux ou bénéficiaire des dispositions de l'article 13 de la présente loi, de l'article L. 313-7 du code de l'urbanisme, ou du droit à réintégration prévu à l'article L. 314-3 du même code. »

Un constat de l'état du local et de l'immeuble est établi par huissier [commissaire de justice] au moment de la signature du contrat conclu en application du deuxième alinéa de l'art. 3, du 2° du deuxième alinéa de l'art. 3 bis et des art. 3 quater et 3 octies de la loi du 1er sept. 1948 susvisée, ou du contrat de location faisant suite au contrat conclu en application de l'art. 3 ter de ladite loi (Décr. n° 87-150 du 6 mars 1987).

Art. 3 *bis* *(Ord. n° 58-1343 du 27 déc. 1958)* Dans les communes dont la population municipale totale est inférieure à 10 000 habitants (à l'exclusion de celles situées dans un rayon de 50 kilomètres de l'emplacement des anciennes fortifications de Paris), les dispositions du présent titre ne seront pas applicables aux locataires qui entreront dans les lieux postérieurement au 1er janvier 1959, à l'exception toutefois de ceux visés à l'article 79 *[abrogé]*.

Des décrets pris sur le rapport du ministre de la construction pourront :

1° Apporter des dérogations aux dispositions de l'alinéa qui précède ;

2° Étendre lesdites dispositions à d'autres communes. — *V. note ss. art. 3. — V. art. 3 nonies. — V. L. n° 86-1290 du 23 déc. 1986, art. 34 et 35.*

Art. 3 *ter* *(L. n° 62-902 du 4 août 1962)* Le bail des locaux autres que ceux désignés à l'article 10-4° ci-dessous, s'il est conclu après l'entrée du preneur dans les lieux et pour une durée d'au moins six années, peut déroger pendant son cours aux dispositions des chapitres I à IV du présent titre. Toutefois, la faculté de résiliation annuelle est réservée de droit au preneur et ne peut être stipulée qu'à son profit.

(L. n° 86-1290 du 23 déc. 1986, art. 26-I) « Ce contrat est soumis aux dispositions des chapitres I à III de la loi n° 86-1290 du 23 décembre 1986 tendant à favoriser l'investissement locatif, l'accession à la propriété de logements sociaux et le développement de l'offre foncière, en ce qu'elles ne sont pas contraires à celles prévues à l'alinéa ci-dessus.

« Si, à l'expiration du bail, le local satisfait aux normes prévues à l'article 25 de la loi n° 86-1290 du 23 décembre 1986 précitée, il est alors soumis aux dispositions de ses chapitres I à III. Les dispositions de la présente loi ne lui sont plus applicables.

« Si ce bail a été conclu avant la publication de la loi n° 86-1290 du 23 décembre 1986 précitée, les dispositions de son article 20 lui sont alors applicables. » *— V. note ss. art. 3. — V. art. 3 nonies.*

Art. 3 *quater* *(L. n° 62-902 du 4 août 1962)* Les dispositions du présent titre ne sont pas applicables aux locaux utilisés en tout ou partie à usage professionnel lorsque le local et le contrat répondront aux conditions qui seront fixées par décret pris sur le rapport du ministre de la construction et que l'entrée dans les lieux sera postérieure à la date de publication de ce décret. *— V. note ss. art. 3 bis.*

Art. 3 *quinquies et* 3 *sexies* *Abrogés par L. n° 86-1290 du 23 déc. 1986, art. 26-II. — V. les art. 34 et 35 de cette loi.*

Art. 3 *septies* *Abrogé par L. n° 82-526 du 22 juin 1982. — V. L. n° 86-1290 du 23 déc. 1986, art. 34 et 35.*

Art. 3 *octies* *(L. n° 86-1290 du 23 déc. 1986, art. 26-III)* Dans les communes qui ne sont pas visées par le premier alinéa de l'article 3 *bis* et qui n'ont pas fait l'objet d'un décret pris en vertu du 2° du même article, la location des locaux classés en catégorie IV et effectivement vacants, autres que ceux libérés depuis moins de cinq ans par l'exercice d'un des droits de reprise prévus aux articles 18, 19, 20 *bis,* 24 et 25 ci-après, n'est pas soumise aux dispositions du présent titre.

Les dispositions du présent titre demeureront applicables aux personnes qui entreront dans les lieux en vertu d'un relogement effectué en application des articles 18 et 19 ci-après.

Ces locaux devront satisfaire aux normes prévues à l'article 25 de la loi n° 86-1290 du 23 décembre 1986 précitée.

A l'expiration du bail valablement conclu en application du présent article, le local ne sera plus soumis aux dispositions de la présente loi. *— V. note ss. art. 3. — V. art. 3 nonies. — V. L. n° 86-1290 du 23 déc. 1986, art. 34.*

Art. 3 *nonies* *(L. n° 86-1290 du 23 déc. 1986, art. 26-IV)* Les baux conclus en application du 2° de l'article 3 *bis* et des articles 3 *quater* et 3 *octies* ont une durée minimale de six ans ; la faculté de résiliation appartient au seul preneur à la fin de chaque année ; sous réserve d'un préavis de trois mois, et pour un motif tiré de raisons familiales ou professionnelles, le preneur peut résilier à tout moment le bail. Lorsque les locaux n'ont pas un usage exclusivement professionnel, ces baux sont soumis aux dispositions des chapitres I à III de la loi n° 86-1290 du 23 décembre 1986 précitée, en ce qu'elles ne sont pas contraires à celles prévues au présent article.

Les formalités de conclusion des baux conclus en application du 2° de l'article 3 *bis* et des articles 3 *ter,* 3 *quater* et 3 *octies* sont définies par décret.

Sur les baux de huit ans que peuvent proposer les bailleurs de locaux classés en sous-catégorie II B ou II C, V. L. n° 86-1290 du 23 déc. 1986, art. 28 à 33.

Les locaux vacants à compter du 23 déc. 1986 et satisfaisant aux normes minimales de confort et d'habitabilité, à l'exception de ceux classés en catégorie IV, ne sont plus soumis aux dispositions de la loi du 1er sept. 1948 (V. L. 23 déc. 1986, art. 25).

Les dispositions de la loi du 1er sept. 1948 cessent d'être applicables aux locaux vacants dès l'achèvement des travaux prévus par le contrat conclu avec l'État en application de l'art. 59 de la loi n° 82-526 du 22 juin 1982 (art. 76 de cette loi).

CHAPITRE I. *DU MAINTIEN DANS LES LIEUX*

Art. 4 *(L. n° 62-902 du 4 août 1962)* Les occupants de bonne foi des locaux définis à l'article 1er *bénéficient, de plein droit* et sans l'accomplissement d'aucune formalité, du maintien dans les lieux loués, aux clauses et conditions du contrat primitif non contraires aux dispositions de la présente loi, quelle que soit la date de leur entrée dans les lieux.

Sont réputés de bonne foi les locataires, sous-locataires, cessionnaires de baux, à l'expiration de leur contrat, ainsi que les occupants qui, habitant dans les lieux en vertu ou en suite d'un bail écrit ou verbal, d'une sous-location régulière, d'une cession régulière d'un bail antérieur, d'un échange opéré dans les conditions légales, exécutent leurs obligations.

(L. n° 75-1351 du 31 déc. 1975) « L'acte par lequel le bailleur notifie au locataire qu'il met fin au contrat de louage et qui entraîne l'application des dispositions précédentes doit, à peine de nullité, reproduire les dispositions des deux alinéas précédents et préciser qu'il ne comporte pas en lui-même obligation d'avoir à quitter effectivement les lieux. »

(L. n° 66-879 du 29 nov. 1966) « Le fait pour le locataire ou l'occupant d'un local à usage professionnel d'exercer son activité, soit en collaboration avec d'autres personnes exerçant

une profession libérale dans les conditions prévues par les règles régissant leurs professions, soit au sein d'une société constituée conformément à la loi n° 66-879 du 29 novembre 1966 ne peut être considéré en lui-même comme une infraction aux clauses du bail. »

(L. n° 69-2 du 3 janv. 1969) « En cas de location partielle ou de sous-location partielle, le droit au maintien dans les lieux n'est opposable ni au propriétaire, ni au locataire ou occupant principal, lorsque les locaux occupés forment, avec l'ensemble des lieux, un tout indivisible, ou lorsqu'il s'agit de pièces constituant l'accessoire du local habité par le propriétaire, le locataire ou l'occupant principal. »

Art. 5 *(L. n° 86-1290 du 23 déc. 1986, art. 27)* « I. — Le bénéfice du maintien dans les lieux pour les locaux visés à l'article premier appartient, en cas d'abandon de domicile ou de décès *(Abrogé par L. n° 2006-872 du 13 juill. 2006, art. 85) « du locataire ou »* de l'occupant de bonne foi, au conjoint *(L. n° 2006-872 du 13 juill. 2006, art. 85)* « ou au partenaire lié à lui par un pacte civil de solidarité » et, lorsqu'ils vivaient effectivement avec lui depuis plus d'un an, aux ascendants, aux personnes handicapées visées au 2° de l'article 27 ainsi que, jusqu'à leur majorité, aux enfants mineurs. »

(L. n° 2006-872 du 13 juill. 2006, art. 85) « I *bis*. — Nonobstant les dispositions de l'article 1742 du code civil, même en l'absence de délivrance d'un congé au locataire, le contrat de location est résilié de plein droit par le décès du locataire. Le contrat de bail est également résilié de plein droit en cas d'abandon du domicile par le locataire, même en l'absence de délivrance d'un congé.

« Toutefois, le bénéfice du maintien dans les lieux appartient aux personnes visées au I du présent article. »

(L. n° 2014-873 du 4 août 2014, art. 37) « Le maintien reste acquis au conjoint, au partenaire lié par un pacte civil de solidarité ou au concubin de l'occupant, lorsque cet occupant a fait l'objet d'une condamnation devenue définitive, assortie d'une obligation de résider hors du domicile ou de la résidence du couple, pour des faits de violences commis sur son conjoint, son concubin, son partenaire lié par un pacte civil de solidarité ou sur leurs enfants. »

(L. n° 70-598 du 9 juill. 1970) « II. — Nonobstant les dispositions du I ci-dessus, le maintien dans les lieux reste acquis aux personnes qui en bénéficiaient antérieurement à la publication de la présente loi. »

(L. n° 62-902 du 4 août 1962) « En cas d'instance en divorce ou en séparation de corps, la juridiction saisie attribue à l'un des époux l'éventuel droit au maintien dans les lieux en considération des intérêts sociaux ou familiaux en cause. Si l'époux qui en est bénéficiaire n'est pas celui au nom duquel étaient délivrées les quittances, notification de la décision devra être faite au bailleur dans le délai de trois mois de son prononcé par lettre recommandée avec avis de réception. La juridiction prévue au chapitre V reste compétente sur toute contestation du bailleur quant à l'application des conditions exigées par la présente loi.

« Toutefois, le bénéfice du maintien dans les lieux ne s'appliquera pas aux locaux à usage exclusivement professionnel, à moins que l'une des personnes visées aux alinéas précédents ne continue à y exercer la profession à laquelle ces locaux étaient affectés. »

Art. 6 *(L. n° 49-507 du 14 avr. 1949 ; L. n° 49-945 du 16 juill. 1949)* Dans les communes où le maintien dans les lieux n'est pas applicable, il est pourtant accordé de plein droit aux sinistrés et réfugiés privés de leur habitation, jusqu'au moment où ils pourront réintégrer leur local réparé ou le local reconstruit en remplacement de leur habitation primitive, ou occuper le local correspondant à leurs besoins mis provisoirement à leur disposition par l'administration.

(L. n° 62-902 du 4 août 1962) « Dans tous les cas, lesdits sinistrés ou réfugiés ne pourront plus se prévaloir des dispositions de l'alinéa précédent à partir des dates qui seront fixées par décrets pris à cet effet, sur le rapport du ministre de la construction, en considération de l'avancement des travaux de reconstruction. »

Art. 7 *(Ord. n° 58-1343 du 27 déc. 1958)* Dans les communes où le maintien dans les lieux n'est pas applicable, il est pourtant accordé au locataire, sous-locataire, cessionnaire de bail ou occupant, qui bénéficie des articles 161 et 184 du code de la famille et de l'aide sociale, ou auquel le propriétaire a imposé ou tenté d'imposer un loyer supérieur au prix licite.

Art. 8 *(L. n° 91-662 du 13 juill. 1991, art. 45)* Le maintien dans les lieux est applicable aux syndicats et associations professionnelles s'ils remplissent les conditions prévues à l'article 4.

Tout congé délivré aux syndicats et associations professionnels antérieurement à la date de publication de la loi n° 91-662 du 13 juillet 1991 d'orientation pour la ville est nul et sans effet à moins qu'il ait donné lieu à une décision d'expulsion devenue définitive.

Seuls peuvent se prévaloir des dispositions du présent article les syndicats et associations professionnels qui, à la date du 23 décembre 1986, bénéficiaient des dispositions du présent chapitre. Les dispositions de l'article 28 de la loi n° 86-1290 du 23 décembre 1986 tendant à favoriser l'investissement locatif, l'accession à la propriété de logements sociaux et le développement de l'offre foncière ne leur sont pas opposables.

Art. 9 *(L. n° 62-902 du 4 août 1962)* Nonobstant toute convention contraire, dans les communes visées à l'article 10, 7°, ci-dessous, tout locataire ou sous-locataire qui ne remplit pas les conditions d'occupation suffisante visées audit article, peut demander la résiliation de son bail, sans indemnité de ce chef.

La résiliation est de droit.

La demande est adressée au bailleur par lettre recommandée avec demande d'avis de réception. La résiliation prend effet à l'expiration du délai d'un mois à compter du jour de la réception de la lettre recommandée.

Art. 10 N'ont pas droit au maintien dans les lieux les personnes définies aux articles 4, 5, 6, 7 et 8 :

1° *(L. n° 49-945 du 16 juill. 1949)* « Qui ont fait ou feront l'objet d'une décision judiciaire devenue définitive ayant prononcé leur expulsion par application du droit commun ou de dispositions antérieures permettant l'exercice du droit de reprise ou qui feront l'objet d'une semblable décision prononçant leur expulsion pour l'une des causes et aux conditions admises par la présente loi ; toutefois, lorsque la décision n'aura ordonné l'expulsion qu'en raison de l'expiration du bail ou d'un précédent maintien dans les lieux accordé par les lois antérieures, l'occupant ne sera pas privé du droit au maintien dans les lieux » ;

2° Qui n'ont pas occupé effectivement par elles-mêmes les locaux loués ou ne les ont pas fait occuper par les personnes qui vivaient habituellement avec elles et qui sont, soit membres de leur famille, soit à leur charge. L'occupation doit avoir duré huit mois au cours d'une année de location, à moins que la profession, la fonction de l'occupant ou tout autre motif légitime ne justifie une occupation d'une durée moindre. *(Décr. n° 53-700 du 9 août 1953)* « En particulier, lorsque l'occupant apportera la preuve qu'il est tenu par ses obligations professionnelles à résider temporairement hors de la France métropolitaine, la durée d'occupation susvisée pourra être réduite à six mois pour une période de trois années ; » – *V. Ord. n° 59-24 du 3 janv. 1959.*

3° Qui ont plusieurs habitations, sauf pour celle constituant leur principal établissement, à moins qu'elles ne justifient que leur fonction ou leur profession les y oblige ;

4° *(L. n° 70-612 du 10 juill. 1970, art. 23)* « Qui occupent des locaux visés à l'article L. 43 *[L. 1336-3]* du code de la santé publique, ou des locaux ayant fait l'objet soit d'une interdiction d'habiter prononcée en application de l'article L. 28 ou L. 42 *[L. 1331-28 ou L. 1331-23]* du code de la santé publique, soit d'un arrêté de péril prescrivant, en vertu des articles 303 et 304 du code de l'urbanisme et de l'habitation *[CCH, art. L. 511-1 et L. 511-2]*, la réparation ou la démolition de l'immeuble menaçant ruine dans lequel les locaux sont situés ; »

Toutefois, lorsque l'interdiction n'a été édictée qu'à titre temporaire ou si l'arrêté de péril visé à l'alinéa précédent a été rapporté, les anciens occupants peuvent invoquer les dispositions du présent chapitre pour rentrer en possession ;

5° Qui occupent des locaux situés dans des immeubles acquis ou expropriés à la suite d'une déclaration d'utilité publique, à charge par l'administration d'assurer le relogement des locataires ou occupants expulsés ;

6° Qui occupent des locaux de plaisance, pour lesdits locaux ;

7° *(Ord. n° 58-1343 du 27 déc. 1958)* « Qui, *(L. n° 2009-323 du 25 mars 2009, art. 61-II)* « dans les communes comprises, au sens du recensement général de la population, dans une agglomération de plus de 50 000 habitants et comprenant au moins une commune de plus de 15 000 habitants ainsi que dans les communes de plus de 20 000 habitants », ne remplissent pas à l'expiration d'un délai de six mois à compter de la signification du congé les conditions d'occupation suffisante fixées en application de l'article *(L. n° 2009-323 du 25 mars 2009, art. 61-II)* « L. 621-2 du code de la construction et de l'habitation » ;

« Ces dispositions pourront être rendues applicables aux communes non visées ci-dessus par décret pris sur le rapport du ministre de la construction ;

« Pour l'application des conditions susvisées, l'occupation des locaux doit être appréciée compte non tenu de la ou des pièces régulièrement sous-louées et des occupants de ces pièces ;

« La diminution du nombre des occupants par suite de mariage ou de décès ne pourra être invoquée qu'à l'expiration d'un délai d'un an à compter de ce mariage ou de ce décès ;

« Le présent paragraphe ainsi que les conditions d'occupation suffisante fixées pour la commune en application de l'article 327 du code de l'urbanisme *[CCH, art. L. 621-2]* et les dispositions de l'article 79 *[abrogé]* de la présente loi devront être reproduites, à peine de nullité, dans tout congé donné en application du présent paragraphe ; »

8° Dont le titre d'occupation est l'accessoire du contrat de travail ;

9° Qui ont à leur disposition ou peuvent recouvrer, en exerçant leur droit de reprise, un autre local répondant à leurs besoins et à ceux des personnes membres de leur famille ou à leur charge, qui vivaient habituellement avec elles depuis plus de six mois ;

Toutefois, lorsque l'occupant pourra justifier d'une instance régulièrement engagée dans la quinzaine de la contestation du droit au maintien dans les lieux, et suivie, il ne sera contraint de quitter les lieux que lorsqu'il pourra prendre effectivement possession dudit local ;

10° Qui dans les stations balnéaires, climatiques ou thermales, classées ou en voie de classement, occupent des locaux habituellement affectés avant le 2 septembre 1939 à la ou occupés pendant la saison par leur propriétaire ;

(L. n° 49-945 du 16 juill. 1949) « Toutefois les dispositions du présent paragraphe ne sont pas applicables aux sinistrés et réfugiés privés de leur habitation, jusqu'au moment où ils pourront réintégrer leur local réparé ou le local reconstruit en remplacement de leur habitation primitive ou occuper le local correspondant à leurs besoins mis provisoirement à leur disposition par l'administration.

« Ces dispositions ne s'appliquent pas non plus aux titulaires d'une location amiable résultant de la transformation de leur titre antérieur de réquisition ; »

(L. n° 70-612 du 10 juill. 1970, art. 23) « 11° Qui, après s'être vu offrir un logement définitif correspondant à leurs besoins et n'excédant pas les normes HLM, continuent d'occuper des locaux appartenant aux organismes d'HLM et destinés à assurer le relogement provisoire des occupants des locaux ou installations visés au premier alinéa de l'article 13 de la loi n° 70-612 du 10 juillet 1970 *[tendant à faciliter la suppression de l'habitat insalubre]* ; »

(L. n° 2014-873 du 4 août 2014, art. 37) « 12° Qui ont fait l'objet d'une condamnation devenue définitive, assortie d'une obligation de résider hors du domicile ou de la résidence du couple, pour des faits de violences commis sur leur conjoint, leur concubin, leur partenaire lié par un pacte civil de solidarité ou sur leurs enfants. »

Les modifications issues de l'art. 61 de la L. n° 2009-323 du 25 mars 2009 sont applicables aux contrats en cours (L. préc., art. 61-IV).

Art. 11 *(Ord. n° 58-1343 du 27 déc. 1958)* « Le droit au maintien dans les lieux ne peut être opposé au propriétaire qui aura obtenu du ministre de la construction ou de son délégué l'autorisation de démolir un immeuble pour construire un autre immeuble d'une surface habitable supérieure et contenant plus de logements que l'immeuble démoli. » — *Le permis de démolir tient lieu de l'autorisation prévue par l'art. 11 de la loi du 1er sept. 1948 (C. urb., art. L. 430-7).*

Le propriétaire devra donner un préavis de six mois à chacun des occupants pour vider les lieux.

Il devra, en outre, commencer les travaux de reconstruction dans les trois mois du départ du dernier occupant.

Les locaux ainsi rendus disponibles ne pourront en aucun cas être réoccupés avant le début des travaux.

Art. 12 Le droit au maintien dans les lieux ne peut être opposé au propriétaire qui, avec l'autorisation préalable du ministre chargé de la reconstruction et de l'urbanisme ou de son délégué *[préfet de la Seine, préfets : Arr. 28 sept. 1948]*, effectue des travaux tels que surélévation ou addition de construction ayant pour objet d'augmenter la surface habitable, le nombre de logements ou le confort de l'immeuble, et qui rendent inhabitable ce qui est nécessaire au logement de l'occupant et de sa famille.

(L. n° 62-903 du 4 août 1962) « Il en est de même lorsque le propriétaire effectue des travaux nécessitant l'évacuation des lieux compris dans un secteur ou périmètre prévu à l'article 3 de la loi n° 62-903 du 4 août 1962 et autorisés ou prescrits dans les conditions prévues audit article. »

Le propriétaire doit donner à chaque occupant un préavis de six mois pour quitter les lieux loués. Les travaux doivent être commencés dans les trois mois du départ du dernier occupant.

Art. 13 *(Ord. n° 58-1343 du 27 déc. 1958 ; L. n° 75-1351 du 31 déc. 1975)* « Les personnes évincées en application des articles 11 et 12 bénéficient, si elles ne sont pas relogées dans un local remplissant les conditions prévues à l'article 13 *bis* ci-dessous », *(Décr. n° 53-700 du 9 août 1953)* « du droit à réintégration dans un des locaux situés dans les immeubles ayant fait l'objet des travaux visés auxdits articles et peuvent s'y maintenir dans les conditions prévues par la présente loi ».

Dès l'achèvement des travaux, le propriétaire devra, par lettre recommandée avec accusé de réception, ou par acte extrajudiciaire, les mettre en demeure de lui faire connaître, dans le délai d'un mois et dans la même forme, s'ils entendent user de ce droit. La notification devra mentionner, à peine de nullité, la forme et le délai de la réponse.

Art. 13 *bis* *(L. n° 75-1351 du 31 déc. 1975)* Le local mis à la disposition des personnes évincées, en application des articles 11 et 12, doit *(L. n° 2009-323 du 25 mars 2009, art. 61-II)* « satisfaire aux caractéristiques définies en application des premier et deuxième alinéas de l'article 6 de la loi n° 89-462 du 6 juillet 1989 tendant à améliorer les rapports locatifs et portant modification de la loi n° 86-1290 du 23 décembre 1986 » et correspondre à leurs besoins personnels ou familiaux et, le cas échéant, professionnels, et à leurs possibilités. Il doit en outre être situé :

(L. n° 76-615 du 9 juill. 1976) « Dans le même arrondissement ou les arrondissements limitrophes ou les communes limitrophes de l'arrondissement où se trouve le local, objet de la reprise, si celui-ci est situé dans une commune divisée en arrondissements » ;

Dans le même canton ou dans les cantons limitrophes de ce canton inclus dans la même commune ou dans les communes limitrophes de ce canton si la commune est divisée en cantons ;

Dans les autres cas sur le territoire de la même commune ou d'une commune limitrophe, sans pouvoir être éloigné de plus de 5 km.

Les modifications issues de l'art. 61 de la L. n° 2009-323 du 25 mars 2009 sont applicables aux contrats en cours (L. préc., art. 61-IV).

Art. 13 *ter* *(L. n° 75-1351 du 31 déc. 1975)* Le congé délivré en application des articles 11 et 12 ci-dessus doit, à peine de nullité, indiquer les motifs pour lesquels il est donné et reproduire les dispositions des articles 13 et 13 *bis* ci-dessus.

Art. 13 *quater* *(L. n° 75-1351 du 31 déc. 1975)* Toute convention entre le bailleur et le locataire ou l'occupant pour la mise en œuvre des dispositions des articles 11 à 13 *bis* ci-dessus ne peut être signée, à peine de nullité, qu'après l'expiration d'un délai de trente jours suivant la réception de la demande.

Le projet de convention est adressé au locataire ou à l'occupant par lettre recommandée avec demande d'avis de réception.

A peine de nullité de la convention, ce projet ainsi que la convention ultérieurement signée doivent reproduire l'un et l'autre en caractères très apparents les dispositions du présent article. L'avis de réception mentionné au deuxième alinéa doit, également à peine de nullité de la convention, lui être annexé.

Art. 14 *(L. n° 64-1278 du 23 déc. 1964, art. 7)* Nonobstant les dispositions de l'article 1723 du code civil, les locataires ou occupants d'un immeuble ne peuvent mettre obstacle aux travaux que le propriétaire se propose d'entreprendre avec l'autorisation préalable du ministre de la construction ou de son délégué et qui ont pour objet d'augmenter la surface habitable, le nombre de logements ou le confort de l'immeuble ou d'améliorer le confort d'un ou de plusieurs logements dudit immeuble, lorsque ces travaux ne rendent pas inhabitable ce qui est nécessaire au logement du locataire ou de l'occupant et de leur famille.

(L. n° 76-1285 du 31 déc. 1976) « Toutefois, cette autorisation n'est pas nécessaire pour les travaux figurant sur une liste fixée par décret. La liste des travaux énumérés pourra dépendre de la situation du patrimoine immobilier bâti et des conditions de son utilisation dans la ou les communes soumises aux dispositions de la présente loi. »

Selon la nature des travaux à exécuter et sous réserve d'un préavis de trois mois, les occupants sont tenus soit d'évacuer la partie des locaux intéressés par lesdits travaux, soit de permettre l'accès de leur logement et d'accepter notamment le passage de canalisations ne faisant que le traverser.

Si les travaux durent plus de quarante jours, le loyer sera diminué à proportion du temps et de la partie du local dont ils auront été privés.

Lorsque les travaux ont pour objet de diviser un logement insuffisamment occupé au sens des dispositions de l'article 10-7°, l'occupant ne peut prétendre qu'à l'occupation du nombre de pièces fixé en application de l'article 327 du code de l'urbanisme et de l'habitation *[CCH, art. L. 621-2.]*

(L. n° 67-561 du 12 juill. 1967) « En tout état de cause, lorsque les travaux visés au présent article n'affectent qu'un logement, le propriétaire doit notifier au locataire ou occupant, par acte extrajudiciaire ou par lettre recommandée avec demande d'avis de réception, son intention de les exécuter. Si le locataire ou occupant entend s'opposer aux travaux ou à leurs modalités d'exécution pour un motif sérieux et légitime, il doit saisir, à peine de forclusion, la juridiction compétente, dans le délai de deux mois à compter de la réception de la notification qui lui a été faite. »

(L. n° 76-1285 du 31 déc. 1976) « Le préavis de trois mois prévu au troisième alinéa ci-dessus comporte, à peine de nullité, la reproduction du texte intégral des articles 14 et 59 *bis* de la présente loi », *(L. n° 75-1351 du 31 déc. 1975)* « la description sommaire des travaux, les conditions de leur exécution, l'indication des bases selon lesquelles le loyer sera calculé après leur achèvement, ainsi qu'une copie de l'autorisation visée au premier alinéa ci-dessus lorsqu'une telle autorisation est exigée.

« En l'absence de l'autorisation ou de la notification prévues ci-dessus ou en cas d'exécution des travaux dans des conditions différentes de celles énoncées dans la notification ou encore plus généralement si les travaux, même non soumis à autorisation, présentent un caractère abusif ou vexatoire, le *(Ord. n° 2019-964 du 18 sept. 2019, art. 26, en vigueur le 1er janv. 2020)* « juge des contentieux de la protection », statuant par ordonnance de référé, est compétent pour prescrire l'interdiction ou l'interruption des travaux. Il peut ordonner l'interdiction ou l'interruption à titre provisoire s'il estime nécessaire une mesure d'instruction. » — *V. Décr. n° 64-1356 du 30 déc. 1964. —* ***C. baux***.

Art. 14 *bis* *(L. n° 67-561 du 12 juill. 1967)* Les dispositions de la loi n° 67-561 du 12 juillet 1967 relative à l'amélioration de l'habitat sont applicables aux occupants de bonne foi dans les mêmes conditions qu'aux locataires.

Art. 15 *(L. n° 62-902 du 4 août 1962)* « Le bénéfice du maintien dans les lieux n'est pas non plus opposable au propriétaire qui veut reprendre tout ou partie des cours, jardins ou terrains loués nus ou comme accessoires d'un local d'habitation ou à usage professionnel, pour construire des bâtiments à destination principale d'habitation, à la condition que la nouvelle construction ne rende pas impossible la jouissance du local existant. »

Le propriétaire notifiera aux occupants, avec un préavis de six mois, son intention de construire un nouvel immeuble dans les conditions prévues à l'alinéa précédent.

Les travaux devront être commencés dans le délai de trois mois à compter du départ du dernier occupant.

Dans ce cas, la valeur locative des lieux dont l'occupant garde la jouissance pourra être réévaluée sur les bases fixées par la présente loi.

Art. 16 Il ne peut être renoncé au droit au maintien dans les lieux qu'après l'expiration du bail.

Art. 17 Sous réserve des dispositions de l'article 5, le maintien dans les lieux est un droit exclusivement attaché à la personne et non transmissible.

CHAPITRE II. *DU DROIT DE REPRISE*

Art. 18 Le droit au maintien dans les lieux cesse d'être opposable au propriétaire de nationalité française *(L. n° 86-12 du 6 janv. 1986, art. 9)* « ou ressortissant d'un État membre de la Communauté économique européenne » qui veut reprendre son immeuble pour l'habiter lui-même ou le faire habiter par son conjoint, ses ascendants ou ses descendants ou par ceux de son conjoint, lorsqu'il met à la disposition du locataire ou de l'occupant un local en bon état d'habitation, remplissant des conditions d'hygiène normales ou au moins équivalentes à celles du local objet de la reprise et correspondant à ses besoins personnels ou familiaux et, le cas échéant, professionnels, et à ses possibilités.

(Décr. n° 53-700 du 9 août 1953) « Le local offert peut être constitué par une partie du local faisant l'objet de la reprise après exécution éventuelle de travaux d'aménagement. »

Le propriétaire ne peut exercer le droit ouvert à l'alinéa 1er que pour des locaux correspondant aux besoins personnels ou familiaux du bénéficiaire de la reprise, et, le cas échéant, à ses besoins professionnels.

Le propriétaire qui veut bénéficier de la disposition ci-dessus doit prévenir par acte extrajudiciaire celui dont il se propose de reprendre le local ; ledit acte doit indiquer à peine de nullité :

Le nom et l'adresse du propriétaire du local offert ;

L'emplacement de celui-ci ;

Le nombre de pièces qu'il comporte ;

Le degré de confort ;

Le loyer ;

Le délai à l'expiration duquel il veut effectuer la reprise et pendant lequel il peut être pris possession du local offert, délai qui ne peut être inférieur à trois mois s'il s'agit d'un occupant, ou au délai normal du congé s'il s'agit d'un locataire ;

L'identité du bénéficiaire de la reprise ainsi que sa situation de famille et sa profession.

Si, dans le délai d'un mois à compter de la signification de l'acte extrajudiciaire, le locataire ou l'occupant donne son acceptation écrite à la proposition qui lui est faite, il doit remettre le local qu'il occupe à la disposition du propriétaire, au plus tard à la date fixée pour la reprise dans l'acte extrajudiciaire prévu à l'alinéa précédent.

Si, dans le même délai d'un mois, le locataire ou l'occupant refuse ou ne fait pas connaître sa décision, le propriétaire l'assigne, suivant la procédure prévue au chapitre V du présent titre, aux fins de nomination d'un expert.

Ledit expert, qui peut être saisi sur minute et avant enregistrement, a pour mission de visiter les locaux offerts, de dire s'ils remplissent les conditions d'hygiène prévues au premier alinéa et sont susceptibles de satisfaire aux besoins personnels ou familiaux, et le cas échéant professionnels, du locataire ou de l'occupant, de vérifier enfin si les possibilités de ce dernier lui permettent d'en supporter les charges.

Il doit déposer son rapport dans la quinzaine du jour où il a été saisi. Faute par lui de ce faire, il est de plein droit dessaisi et le juge doit pourvoir d'office à son remplacement par nouvelle ordonnance rendue dans les quarante-huit heures suivant l'expiration dudit délai.

Dans les quarante-huit heures qui suivent le dépôt de ce rapport, les parties en sont informées par le greffier par lettre recommandée avec accusé de réception, comportant convocation pour la plus prochaine audience utile.

Art. 19 Le droit au maintien dans les lieux n'est pas opposable au propriétaire de nationalité française *(L. n° 86-12 du 6 janv. 1986, art. 9)* « ou ressortissant d'un État membre de la Communauté économique européenne » qui veut reprendre son immeuble pour l'habiter lui-même ou le faire habiter par son conjoint, ses ascendants, ses descendants ou par ceux de son conjoint et qui justifie que le bénéficiaire de la reprise ne dispose pas d'une habitation correspondant à ses besoins normaux et à ceux des membres de sa famille vivant habituellement ou domiciliés avec lui. *— V. Ord. n° 59-24 du 3 janv. 1959.*

Lorsque l'immeuble a été acquis à titre onéreux, ce droit de reprise ne peut être exercé que si l'acte d'acquisition a date certaine, ou bien avant le 2 septembre 1939, ou bien plus de dix ans avant l'exercice de ce droit. Néanmoins, le propriétaire d'un immeuble acquis depuis plus de quatre ans peut être autorisé par justice à exercer le droit de reprise s'il établit que son acquisition n'a été faite que pour se loger ou pour satisfaire un intérêt familial légitime à l'exclusion de toute idée de spéculation. *(Décr. n° 55-559 du 20 mai 1955)* « En cas d'acquisition à titre gratuit, les délais prévus au présent alinéa courent à partir de la dernière acquisition à titre onéreux. »

Le propriétaire qui veut bénéficier du droit de reprise doit prévenir, *(Abrogé par L. n° 2009-323 du 25 mars 2009, art. 61-II) « suivant les usages locaux et »* au moins six mois à l'avance, par acte extrajudiciaire, le locataire ou l'occupant dont il se propose de reprendre le local ; ledit acte doit, à peine de nullité :

Indiquer que le droit de reprise est exercé en vertu du présent article ;

Préciser la date et le mode d'acquisition de l'immeuble ;

Faire connaître le nom et l'adresse du propriétaire qui loge le bénéficiaire ainsi que l'emplacement et le nombre de pièces du local occupé par ce dernier.

Le juge doit toujours apprécier les contestations qui lui sont soumises au jour de la signification de l'acte extrajudiciaire.

Le bénéficiaire du droit de reprise prévu au présent article est tenu de mettre à la disposition du locataire ou de l'occupant dont il reprend le local, le logement qui, le cas échéant, pourrait être rendu vacant par l'exercice de ce droit.

Le bénéficiaire du droit de reprise devra notifier à son propriétaire l'action qu'il exerce par acte extrajudiciaire dans le même délai que celui prévu à l'alinéa 3 ci-dessus. Le propriétaire de son logement ne pourra s'opposer à la venue de ce nouveau locataire ou occupant qu'en excipant de motifs sérieux et légitimes. S'il entend user de ce droit, il devra, à peine de forclusion, saisir la juridiction compétente aux termes des articles 46 et suivants de la présente loi dans un délai de quinze jours à dater de la notification susvisée.

Cette notification devra, à peine de nullité, indiquer que, faute par le propriétaire d'avoir saisi la juridiction compétente dans le délai de quinze jours, il sera forclos.

Le nouvel occupant aura le titre d'occupant de bonne foi.

Les modifications issues de l'art. 61 de la L. n° 2009-323 du 25 mars 2009 sont applicables aux contrats en cours (L. préc., art. 61-IV).

Art. 20 *(L. n° 53-286 du 4 avr. 1953)* « Le droit au maintien dans les lieux n'est pas opposable au propriétaire de nationalité française *(L. n° 86-12 du 6 janv. 1986, art. 9)* « ou ressortissant d'un État membre de la Communauté économique européenne » qui veut reprendre son immeuble pour l'occuper lui-même, lorsqu'il est :

« 1° Locataire ou occupant évincé en raison de l'article 19 ou du présent article ;

« 2° Locataire ou occupant de locaux ayant fait l'objet soit d'une interdiction d'habiter prononcée en l'application de l'article 12 de la loi du 15 février 1902 modifiée, soit d'un arrêté de péril prescrivant, en vertu des articles 3 à 6 de la loi du 21 juin 1898 modifiée, la réparation ou la démolition de l'immeuble dans lequel ils sont situés, ou qui occupe des locaux situés dans un immeuble acquis ou exproprié à la suite d'une déclaration d'utilité publique ;

« 3° Fonctionnaire, agent, ouvrier ou employé, ayant effectivement occupé pendant deux années consécutives le logement mis à sa disposition par l'administration ou l'entreprise dont il dépend, justifiant soit d'avoir été ou être admis à la retraite pour toute autre cause qu'une sanction disciplinaire, soit avoir cessé ou cesser ses fonctions pour une cause indépendante de sa volonté.

« Dans le cas prévu au paragraphe 3°, lorsque l'immeuble a été acquis à titre onéreux, ce droit de reprise ne peut être exercé que si l'acte d'acquisition a date certaine plus de cinq ans avant l'exercice de ce droit. » *(Décr. n° 55-559 du 20 mai 1955)* « En cas d'acquisition à titre gratuit, ce délai court à compter de la dernière acquisition à titre onéreux. »

Cependant, aucun de ces bénéficiaires ne peut exercer ce droit de reprise sur un logement s'il est propriétaire, dans la même agglomération, d'un autre local libre de tout locataire ou occupant et correspondant à ses besoins et à ceux de sa famille.

Le propriétaire doit prévenir, *(Abrogé par L. n° 2009-323 du 25 mars 2009, art. 61) « suivant les usages locaux et »* au moins six mois à l'avance, par acte extrajudiciaire, le locataire ou l'occupant dont il se propose de reprendre le local ; ledit acte doit, à peine de nullité :

Indiquer que le droit de reprise est exercé en vertu du présent article ;

Préciser la catégorie dans laquelle se trouve le propriétaire ;

(L. n° 53-286 du 4 avr. 1953) « Indiquer le mode et la date d'acquisition de l'immeuble ; »

Fournir toutes indications utiles permettant au locataire de vérifier le bien-fondé de la demande.

Le juge doit toujours apprécier les contestations qui lui sont soumises au jour de la signification de l'acte extrajudiciaire.

(L. n° 53-286 du 4 avr. 1953) « Le droit de reprise prévu au présent article ne peut être exercé que par le propriétaire dont l'acquisition est antérieure à l'éviction ou à l'événement qui lui ouvre ce droit. » — *Les dispositions de la loi n° 53-286 du 4 avr. 1953 sont d'ordre public (L. préc., art. 6). — V. Ord. n° 59-24 du 3 janv. 1959.*

Les modifications issues de l'art. 61 de la L. n° 2009-323 du 25 mars 2009 sont applicables aux contrats en cours (L. préc., art. 61-IV).

Art. 20 *bis* *(Décr. n° 55-559 du 20 mai 1955)* Les droits de reprise prévus à la présente loi peuvent être exercés par les membres des sociétés mentionnées au chapitre I de la loi du 28 juin 1938 *[remplacée par L. n° 71-579 du 16 juill. 1971, art. 5 s.]*, sur les logements qui leur sont attribués en jouissance.

Pour l'application des articles 19 et 20, l'acquisition des parts ou actions donnant droit à la jouissance d'un logement est assimilée à l'acquisition de ce logement.

Art. 21 Lorsqu'il sera établi par le locataire ou l'occupant que le propriétaire invoque le droit de reprise, non pas pour satisfaire un intérêt légitime, mais dans l'intention de nuire au locataire ou à l'occupant ou d'éluder les dispositions de la présente loi, le juge devra refuser au propriétaire l'exercice de ce droit.

Art. 22 Le droit de reprise reconnu au propriétaire par les articles 19 et 20 de la présente loi ne peut pas être exercé contre celui qui occupe un local dans lequel il exerce, au vu et au su du propriétaire et avec son accord au moins tacite, sa profession.

Toutefois, cette disposition n'est pas applicable aux locataires ou occupants entrés dans les lieux postérieurement à la publication de la présente loi, qu'ils soient locataires ou occupants au moment où le droit de reprise est exercé. *(L. n° 70-598 du 9 juill. 1970)* « Elle n'est pas non plus applicable lorsque le propriétaire du local est âgé d'au moins soixante-cinq ans et qu'il exerce la reprise pour lui-même. »

Art. 22 *bis* *(L. n° 66-498 du 11 juill. 1966)* Le droit de reprise prévu aux articles 19 et 20 de la présente loi ne peut pas être exercé au profit d'un bénéficiaire âgé de moins de soixante-cinq ans contre l'occupant dont les ressources annuelles sont inférieures *(L. n° 76-615 du 9 juill. 1976)* « à une fois et demie le montant annuel du SMIC, calculé sur la base de la durée légale du travail », qui, à la date du congé, est âgé de plus de soixante-dix ans et occupe effectivement les lieux.

(L. n° 76-615 du 9 juill. 1976) « Il est tenu compte, pour le calcul des ressources de l'occupant, de celles des personnes vivant avec lui d'une manière effective et permanente. »

Art. 23 En cas de pluralité de locaux loués ou occupés dans le même immeuble et sensiblement équivalents susceptibles d'être repris, le propriétaire est tenu d'exercer son droit de reprise sur celui qui est occupé par le plus petit nombre de personnes.

Art. 24 Le droit au maintien dans les lieux n'est opposable ni au propriétaire ayant fait construire un logement sans avoir pu l'occuper immédiatement, ni au propriétaire ou locataire principal obligé de quitter provisoirement son logement qui l'a loué ou sous-loué sous la condition, écrite et acceptée par le preneur, qu'il pourrait reprendre les lieux à sa demande.

Art. 25 *(Ord. n° 58-1343 du 27 déc. 1958)* Le droit au maintien dans les lieux n'est opposable ni au propriétaire, ni au locataire principal qui a loué ou sous-loué un logement sous la condition expresse qu'il pourrait le reprendre soit lors de la cessation de ses fonctions ou d'un changement de ses conditions d'existence, soit en vue d'y installer ses ascendants, ses descendants ou ceux de son conjoint.

Les dispositions de la loi n° 51-1372 du 1er décembre 1951 modifiée *[CCH, art. L. 613-1 s.]* et de la loi n° 49-972 du 21 juillet 1949 ne sont pas applicables aux occupants entrés dans les locaux dans les conditions prévues à l'article 24 ci-dessus et au présent article.

CHAPITRE III. *DU PRIX*

Art. 26 *(Décr. n° 65-483 du 26 juin 1965)* Le prix des loyers des locaux soumis aux dispositions de la présente loi est déterminé en application des règles ci-après.

Art. 27 La valeur locative d'un local est égale au produit de la surface corrigée, telle qu'elle résulte de l'article 28, par le prix de base du mètre carré de chacune des catégories de logements prévues à l'article 30.

(Décr. n° 58-1347 du 27 déc. 1958) « Lorsque la faculté de céder ou de sous-louer est incluse dans un bail portant sur un local à usage professionnel, la valeur locative ainsi déterminée pourra être majorée, pendant le cours du bail, de 50 p. 100 au maximum. »

(Décr. n° 66-428 du 24 juin 1966) « Le montant du loyer des locaux pour lesquels le droit au bail ou le droit au maintien dans les lieux a été postérieurement au 1er juillet 1966 transmis aux héritiers ou transféré dans les conditions prévues à l'article 5 de la présente loi, est égal à la valeur locative majorée de 50 p. 100. Ces dispositions ne sont toutefois pas applicables en cas d'attribution de l'un de ces droits au conjoint du locataire ou de l'occupant ni en cas de transfert à un descendant mineur.

« Les prix résultant des dispositions de l'alinéa 1er du présent article demeurent applicables aux logements occupés par les personnes qui ont bénéficié entre le 1er juillet 1965 et le 30 juin 1966 du maintien dans les lieux prévu à l'article 5 ci-dessus, à moins qu'il ne s'agisse du conjoint, veuf, séparé ou divorcé. »

(Décr. n° 67-779 du 13 sept. 1967) « Dans les communes visées à l'article 10 (7°) ci-dessus, le loyer de la totalité des locaux inoccupés ou insuffisamment occupés ou faisant l'objet d'une

sous-location totale ou partielle est égal à la valeur locative majorée de 50 p. 100. Cette majoration cesse de droit dès que prend fin la situation qui l'avait motivée. » *(L. n° 89-462 du 6 juill. 1989, art. 38-I)* « Les locataires ou occupants auxquels est ou a été appliquée cette majoration continuent de bénéficier du droit au maintien dans les lieux prévu à l'article 4, nonobstant les dispositions du 7° de l'article 10. »

(Décr. n° 67-779 du 13 sept. 1967) « Lorsque l'insuffisance d'occupation a pour origine le décès ou le mariage de l'un des occupants, la majoration prévue dans ce cas par l'alinéa précédent ne prend effet qu'à l'expiration d'un délai d'un an à compter de ce mariage ou de ce décès.

« La majoration pour insuffisance d'occupation n'est pas applicable :

« 1° Aux personnes âgées de plus de soixante-dix ans ;

« 2° Aux personnes titulaires :

« Soit d'une pension de grand invalide de guerre ouvrant droit au bénéfice des dispositions de l'article L. 31 du code des pensions militaires d'invalidité et des victimes de la guerre ;

« Soit d'une rente d'invalide du travail correspondant à une incapacité au moins égale à 80 p. 100.

(L. n° 82-526 du 22 juin 1982) « Soit d'une allocation servie à toute personne dont l'infirmité entraîne au moins 80 p. 100 d'incapacité permanente et qui est qualifiée Grand infirme en application de l'article 169 du code de la famille et de l'aide sociale. »

« En cas de sous-location, la majoration de 50 p. 100 ne s'applique pas aux locataires ou occupants qui sous-louent une ou plusieurs pièces lorsqu'ils occupent suffisamment les locaux compte non tenu de ces pièces ou qu'ils appartiennent aux catégories visées aux 1° et 2° ci-dessus, à la condition que la sous-location soit conclue au profit de personnes appartenant à des catégories déterminées par arrêté interministériel. *— V. Arr. du 3 oct. 1967.*

« Pour l'application des dispositions ci-dessus, sont, sauf preuve contraire, présumées sous-locataires les personnes vivant de façon continue au foyer du locataire ou de l'occupant, dès lors qu'elles ne présentent avec ce dernier aucun lien de parenté ou d'alliance au sens de la loi ou qu'elles ne sont ni à sa charge ni à son service.

« Les majorations de 50 p. 100 prévues au présent article ne peuvent se cumuler. » *— Les majorations de 50 p. 100 résultant du Décr. n° 67-779 du 13 sept. 1967 ont pris effet à compter du 1er janv. 1968 (Décr. préc., art. 3).*

Art. 28 *(Décr. n° 58-1347 du 27 déc. 1958)* Un décret, pris sur le rapport du ministre chargé de la reconstruction et de l'urbanisme, déterminera les conditions dans lesquelles sera obtenue la surface corrigée en affectant la superficie des pièces habitables et celle des autres parties du logement de correctifs dont il donnera le taux pour qu'il soit tenu compte, notamment, de la hauteur du plafond, de l'éclairement, de l'ensoleillement et des vues de chacune des pièces habitables, ainsi que des caractéristiques particulières des autres parties du local.

Il définira les pièces habitables et les conditions dans lesquelles sera calculée la superficie desdites pièces, ainsi que celle des autres parties du local et des annexes.

Le même décret précisera également les correctifs applicables à l'ensemble du logement pour tenir compte notamment de son état d'entretien, de sa vétusté, de l'importance du local, de son affectation, de sa situation et des éléments d'équipement propres, soit au local, soit à l'ensemble de l'immeuble.

Ne pourront entrer en ligne de compte dans l'évaluation des correctifs que les éléments d'équipement et de confort fournis par le propriétaire.

Art. 29 Le préfet peut, éventuellement, dans les limites fixées par le décret prévu à l'article 28, adapter par arrêté certains correctifs aux conditions locales et fixer ceux relatifs à la situation des immeubles dans les différentes zones qu'il aura déterminées.

Art. 30 *(L. n° 2009-323 du 25 mars 2009, art. 121)* « Le prix de base du mètre carré applicable chaque année au 1er juillet est déterminé par décret », pour les différentes catégories de logements en fonction de la qualité de leur construction et, le cas échéant, suivant la localité dans laquelle ils sont situés.

Les prix de base doivent être tels qu'ils assurent, après application des correctifs, la rémunération du service rendu par le logement ainsi que son maintien en état d'habitabilité.

(Décr. n° 58-1347 du 27 déc. 1958) « Le décret prévu à l'alinéa 1er fixe les modalités selon lesquelles les prix de base s'appliquent lors de leur révision aux locataires ou occupants dont le loyer avait déjà atteint la valeur locative résultant de l'application des anciens prix de base. »

Art. 31 *(Décr. nº 65-483 du 26 juin 1965)* « Indépendamment du prix de base déterminé conformément aux dispositions de l'article 30 ci-dessus, le décret prévu audit article fixe le prix du mètre carré applicable jusqu'à ce que le loyer ait atteint la valeur locative définie à l'article 27.

« A compter du 1er juillet 1965, le loyer est majoré chaque année d'une fraction du loyer applicable au cours du dernier mois de la période précédente. »

(L. nº 70-598 du 9 juill. 1970) « L'augmentation maximale de loyer résultant de l'application de la majoration prévue à l'alinéa précédent peut faire l'objet d'un abattement en considération de l'âge ou de l'état physique des bénéficiaires et compte tenu de leurs ressources, à la condition que le local ne soit pas insuffisamment occupé ou ne fasse pas l'objet d'une sous-location totale ou partielle et sans que l'abattement puisse dépasser la moitié de cette augmentation. »

(Décr. nº 64-1354 du 30 déc. 1964) « Lorsque des modifications sont apportées à la surface corrigée du local pour quelque cause que ce soit, notamment en raison de l'affectation de tout ou partie du local à un usage professionnel, il doit être tenu compte de l'incidence de ces modifications pour déterminer le loyer servant de base au calcul des majorations annuelles. Les taux de majoration sont fixés par le décret prévu à l'article 30. »

Art. 31 *bis* *Abrogé par Décr. nº 77-741 du 30 juin 1977.*

Art. 32 *(L. nº 49-507 du 14 avr. 1949)* « Chaque propriétaire devra, avant le 1er janvier 1949, faire connaître à chaque locataire ou occupant, par lettre recommandée, avec accusé de réception, ou par acte extrajudiciaire, le loyer des locaux qu'il occupe.

« Le propriétaire doit joindre, à l'appui de cette notification, un décompte détaillé, établi d'après un modèle type qui sera annexé au décret prévu à l'article 28, des bases de calcul de ce loyer.

« En cas de désaccord, le locataire ou l'occupant devra, à peine de forclusion, aviser, dans les deux mois, le propriétaire, par lettre recommandée avec accusé de réception ou par acte extrajudiciaire, du loyer qu'il propose lui-même, en précisant les éléments sur lesquels porte ce désaccord.

« La notification par le propriétaire devra, à peine de nullité, indiquer que faute par le locataire ou l'occupant d'avoir contesté le loyer dans le délai de deux mois, il sera forclos à l'expiration de ce délai et que ce loyer s'imposera comme nouveau prix. »

Le différend sera porté devant le tribunal compétent suivant les règles de procédure prévues au chapitre V du présent titre.

Pour la détermination de la compétence, le loyer pris en considération est celui qui était payé antérieurement à l'application de la présente loi.

Art. 32 *bis* *(Décr. nº 58-1347 du 27 déc. 1958)* En cas de modification totale ou partielle des éléments ayant servi de base à la détermination du loyer, ce loyer pourra être révisé à la demande de l'une ou de l'autre des parties.

(Décr. nº 60-1057 du 1er oct. 1960) « Le demandeur doit faire connaître à l'autre partie par lettre recommandée avec demande d'avis de réception ou par acte extrajudiciaire les nouveaux éléments proposés. Il doit joindre à l'envoi de cette notification un décompte détaillé, établi d'après un modèle type annexé au décret prévu à l'article 28, des bases de calcul de ce loyer.

« En cas de désaccord sur les nouveaux éléments proposés par le demandeur, l'autre partie doit, à peine de forclusion, aviser, dans les deux mois, le demandeur, par lettre recommandée avec demande d'avis de réception ou par acte extrajudiciaire, du loyer qu'il propose lui-même, en précisant les éléments sur lesquels porte ce désaccord.

« La notification par le demandeur devra à peine de nullité indiquer que faute par l'autre partie d'avoir contesté le loyer dans le délai de deux mois, il sera forclos à expiration de ce délai et que ce loyer s'imposera comme un nouveau prix. En cas de contestation le différend sera porté devant le tribunal compétent suivant les règles de procédure prévues au chapitre V du présent titre.

« Pour la détermination de la compétence le loyer pris en considération est celui qui était exigible à la date de la notification. »

Art. 33 Les prix résultant de l'application de la présente loi sont applicables de plein droit à dater du 1er janvier 1949, sans qu'il soit nécessaire de donner congé ni aux titulaires de baux écrits ou verbaux, ni à ceux qui sont maintenus dans les lieux.

Au cas où la notification prévue au premier alinéa de l'article 32 est faite à une date postérieure au 1er janvier 1949, les prix résultant de l'application de la présente loi ne seront applicables qu'à partir du terme d'usage qui suivra cette notification ; toutefois, s'il y a lieu à réduction en application des dispositions de l'article 35, et quelle que soit la date de la notification, le nouveau prix sera applicable à partir du 1er janvier 1949.

Art. 34 Les parties pourront, d'un commun accord, se dispenser de l'application des règles de fixation des loyers prévues aux articles précédents en prenant forfaitairement comme base le loyer pratiqué au 1er juillet 1948.

(Décr. nº 64-1354 du 30 déc. 1964) « A compter du 1er juillet 1965, le loyer est majoré chaque année d'une fraction du loyer applicable au cours du dernier mois de la période précédente. Le taux de majoration est fixé par le décret prévu à l'article 30. »

Cet accord pourra être dénoncé par chacune des parties par lettre recommandée avec accusé de réception adressée dans la quinzaine suivant le payement de chaque terme de loyer. Dans ce cas, les règles des articles 26 et suivants deviendront définitivement applicables aux termes de loyer qui suivront la dénonciation de l'accord.

(Décr. nº 62-1019 du 24 août 1962) « Le demandeur devra joindre à l'appui de sa dénonciation un décompte détaillé, établi d'après un modèle type annexé au décret prévu à l'article 28, des bases de calcul du nouveau loyer. Les dispositions des trois derniers alinéas de l'article 32 *bis* sont applicables. »

(L. nº 70-598 du 9 juill. 1970) « L'augmentation de loyer résultant de l'application de la majoration prévue au deuxième alinéa ci-dessus peut faire l'objet d'un abattement en considération de l'âge ou de l'état physique des bénéficiaires et compte tenu de leurs ressources à la condition que le local ne soit pas insuffisamment occupé ou ne fasse pas l'objet d'une sous-location totale ou partielle et sans que l'abattement puisse dépasser la moitié de cette augmentation. »

Art. 34 *bis* *(Décr. nº 59-1029 du 31 août 1959 ; Décr. nº 59-1060 du 10 sept. 1959)* I. — Les parties peuvent également, d'un commun accord, fixer un prix de loyer dans la limite de la valeur locative définie à l'article 27.

II. — *Abrogé par Décr. nº 67-518 du 30 juin 1967.*

III. — *Abrogé par Décr. nº 66-428 du 24 juin 1966.*

IV. — *Abrogé par Décr. nº 67-518 du 30 juin 1967.*

Art. 35 Les loyers qui dépassent la valeur locative telle qu'elle est définie à l'article 27 seront ramenés à cette valeur locative.

Art. 36 *(L. nº 49-507 du 14 avr. 1949)* Les dispositions des articles qui précèdent ne sont pas applicables à la détermination du loyer des cours, jardins ou terrains loués ou occupés accessoirement aux locaux visés à la présente loi. Ce loyer fera l'objet d'une évaluation séparée. *(Abrogé par L. nº 98-657 du 29 juill. 1998, art. 48)* « *Un décret pris sur le rapport du ministre chargé de la reconstruction et de l'urbanisme et du ministre chargé des affaires économiques fixera les divers prix maxima du mètre carré en tenant compte des usages locaux.* » A défaut d'accord amiable, il sera procédé à l'évaluation du loyer par justice. Le juge devra tenir compte de tous éléments d'appréciation, notamment de la proximité de l'habitation, des possibilités de culture et des plantations existant au moment de la location.

Il sera procédé de même pour l'évaluation du loyer des locaux, tels que remises et garages, loués ou occupés accessoirement aux locaux visés par la présente loi et n'ayant aucune affectation commerciale ou industrielle.

(L. nº 98-657 du 29 juill. 1998, art. 48) « Ce loyer est augmenté chaque année du taux de majoration applicable au loyer du local principal. »

Art. 37 *(Décr. nº 62-1044 du 27 août 1962)* Le loyer des locaux mentionnés à l'article 8 de la présente loi sera fixé, à défaut d'accord amiable, par le juge à l'aide de tous éléments d'appréciation.

Art. 38 *(L. nº 89-462 du 6 juill. 1989, art. 38-II)* Les locataires ou occupants sont tenus, en sus du loyer principal, au remboursement des charges locatives définies à l'article 23 de la loi nº 89-462 du 6 juillet 1989, dans les conditions prévues à cet article.

Art. 39 Il ne peut être exigé des sous-locataires de locaux nus un loyer supérieur à celui payé par le locataire ou occupant principal augmenté du montant des prestations, taxes locatives et fournitures individuelles énumérées à l'article 38. Le locataire ou occupant principal est tenu, à la demande du sous-locataire, d'en justifier par la production de sa quittance.

Dans le cas de sous-location partielle de locaux nus, il devra être tenu compte, pour la fixation du loyer, de l'importance des locaux sous-loués et d'un prorata des prestations, taxes et fournitures payées par le locataire principal. Le principal du loyer ainsi déterminé pourra être majoré de 20 p. 100 et, en outre, du prix des prestations particulières que le locataire principal serait appelé à fournir.

Art. 40 *(Décr. nº 55-559 du 20 mai 1955)* En aucun cas, l'application des dispositions du présent chapitre ne pourra être invoquée par le bailleur pour se soustraire à l'exécution des obligations mises à sa charge par le contrat ou par la loi.

(L. nº 62-902 du 4 août 1962) « Toutefois, sont autorisées les conventions par lesquelles tout locataire ou occupant s'engage, postérieurement à son entrée dans les lieux et à l'occasion de l'exécution de travaux afférents à l'immeuble et déterminés dans la convention, à participer à tout ou partie des dépenses exposées pour leur réalisation. »

Art. 41 Le preneur pourra, nonobstant toutes clauses ou conventions contraires, résilier le bail tant que la valeur locative résultant des dispositions qui précèdent ne sera pas atteinte.

Art. 42 *(Décr. nº 53-700 du 9 août 1953)* « Les occupants évincés en application des articles 11 et 12 et usant du droit à réintégration prévu à l'article 13 » ne devront payer que le loyer, les prestations, taxes et fournitures individuelles tels qu'ils résultent de l'application des dispositions du présent chapitre.

Art. 43 Le bailleur qui, n'exerçant pas la profession de loueur en meublé, loue exceptionnellement en totalité un local normalement meublé, est autorisé à majorer le montant du loyer, tel qu'il est déterminé au présent chapitre, du prix de location des meubles, qui ne pourra lui-même dépasser le montant du loyer principal. Il pourra, en outre, récupérer les prestations, taxes et fournitures définies à l'article 38 et tous impôts et taxes perçus à l'occasion des locations en meublé.

Pour les sous-locations partielles en meublé existant au jour de la promulgation de la présente loi et pour les sous-locations partielles en meublé autorisées en application des dispositions de l'article 78, le prix du loyer est déterminé comme il est dit à l'article 39, alinéa 2, et le prix de location des meubles ne peut dépasser le montant dudit loyer. Il pourra être exigé en sus le montant de tous impôts et taxes perçus à l'occasion des locations en meublé.

Art. 44 *(Décr. nº 62-1044 du 27 août 1962)* Les travaux ayant pour objet d'augmenter le nombre de logements par la division des logements existants ouvrent droit, pour le propriétaire, à la récupération du montant des dépenses par une majoration du prix des loyers des locaux rendus disponibles.

Cette majoration ne devra, en aucun cas, permettre l'amortissement du capital dépensé sur une période inférieure à dix années. Elle n'est autorisée qu'à la condition que les appartements créés comportent trois pièces principales au moins.

Pour le prix des loyers des logements construits en application de la législation sur les habitations à loyer modéré, V. CCH, art. L. 442-1 s. et R. 442-1 s.

CHAPITRE IV. *DES LOCATIONS ET SOUS-LOCATIONS EN MEUBLÉ*

Art. 45 Le locataire, sous-locataire ou occupant de bonne foi d'un local meublé bénéficie du maintien dans les lieux dans les termes et conditions prévus aux chapitres I et II du présent titre.

Toutefois, le bénéfice de ce maintien dans les lieux n'est pas opposable au propriétaire ou au locataire principal qui justifie avoir loué ou sous-loué un local constituant son domicile.

Al. 3 abrogé par L. nº 62-902 du 4 août 1962, art. 22.

Le bénéfice de ce maintien dans les lieux n'est pas non plus opposable au bailleur si celui-ci peut faire la preuve qu'il avait accueilli le preneur en raison de circonstances exceptionnelles pour une location provisoire. Toutefois, cette dernière disposition ne pourra être opposée à ceux dont le domicile a été détruit par fait de guerre et n'a pas encore été reconstruit.

Dans tous les cas, à partir de l'expiration du bail ou de la location verbale, le bailleur pourra, à l'encontre du locataire ou du sous-locataire bénéficiaire du maintien dans les lieux, reprendre son mobilier, s'il justifie qu'il en a besoin pour sa propre installation ou celle de ses ascendants ou descendants. Il devra, en ce cas, lui donner préavis, deux mois à l'avance, par lettre recommandée avec accusé de réception.

CHAPITRE V. *DE LA PROCÉDURE*

Art. 46 *(Décr. nº 72-789 du 28 août 1972)* Sous réserve des dispositions de l'article 5, toutes les contestations relatives à l'application du présent titre sont portées devant le *(Ord.*

n° 2019-964 du 18 sept. 2019, art. 26, en vigueur le 1er janv. 2020) « juge des contentieux de la protection » du lieu de la situation de l'immeuble, lequel statue selon les règles qui lui sont propres.

Toutefois, la juridiction des référés reste compétente dans les conditions prévues par les règles qui régissent cette matière.

Art. 47 *Abrogé par Décr. n° 68-424 du 8 mai 1968.*

Art. 48 et 49 *Abrogés par Décr. n° 72-789 du 28 août 1972.*

Art. 50 *Abrogé par L. n° 63-254 du 15 mars 1963, art. 56.*

CHAPITRE VI. *DES SANCTIONS*

Art. 51 Toute personne qui de mauvaise foi à l'aide soit d'une dissimulation, soit de tout autre moyen frauduleux, impose ou tente d'imposer pour l'un des locaux visés par la présente loi, un loyer dépassant le prix licite, sera punie d'un emprisonnement de deux ans et d'une amende de 22 500 € ou de l'une de ces deux peines seulement.

L'amende pourra être élevée à cent fois le montant de la majoration imposée, sans préjudice de tous dommages-intérêts.

L'affichage du jugement à la porte de l'immeuble pourra être ordonné.

Les dispositions des deux premiers alinéas du présent article sont applicables à toute offre d'un loyer supérieure au prix licite.

Art. 52 Sera puni des peines prévues à l'article précédent, tout locataire ou occupant d'un des locaux visés par la présente loi qui, pour quitter les lieux, aura directement ou indirectement soit obtenu ou tenté d'obtenir une remise d'argent ou de valeurs non justifiée, soit imposé ou tenté d'imposer la reprise d'objets mobiliers à un prix ne correspondant pas à la valeur vénale de ceux-ci.

Les sommes indûment perçues sont sujettes à répétition.

Aucune poursuite ne peut être intentée à l'encontre du locataire ou de l'occupant qui a demandé ou obtenu un prix de reprise au plus égal à l'évaluation des objets mobiliers faite à ses frais par un expert désigné à sa requête par le président du tribunal.

Art. 53 Sera puni des peines prévues à l'article 51 quiconque aura obtenu ou tenté d'obtenir, à l'occasion de la location d'un des locaux visés par la présente loi, des commissions, ristournes, rétributions, récompenses, ne correspondant pas à un service réellement rendu ou supérieures à celles en usage dans la profession.

Les sommes abusivement perçues sont sujettes à répétition.

Art. 54 Toute personne convaincue d'avoir refusé de louer à un locataire éventuel, en raison du nombre de ses enfants, un des locaux visés par la présente loi, alors qu'il était vacant, sera punie d'une peine d'emprisonnement de deux ans et d'une amende de 3 750 € ou de l'une de ces deux peines seulement.

En outre, l'auteur de l'infraction sera tenu de consentir à la famille évincée, pour une durée minimum de trois ans, un bail sur l'immeuble refusé, à moins que les locaux n'aient été déjà loués et ne soient occupés de façon suffisante au sens des dispositions prises en application de l'article 3 de l'ordonnance du 11 octobre 1945, auquel cas ledit auteur de l'infraction sera condamné envers la partie lésée à tous dommages-intérêts.

En cas de récidive, les peines pourront être portées au double.

Art. 55 *Abrogé par Ord. n° 58-1441 du 31 déc. 1958, art. 5.*

Art. 56 Quiconque, soit par des manœuvres frauduleuses, soit par fausses allégations ou simples réticences ayant fait naître l'espérance chimérique d'une location, jouissance ou propriété d'appartement, aura détourné ou dissipé, ou tenté de détourner ou de dissiper la totalité ou partie de la fortune d'autrui, sera puni d'un emprisonnement de cinq ans et d'une amende de 22 500 €.

Art. 57 Tout bailleur ou mandataire de celui-ci, convaincu d'avoir, par lui-même ou son préposé, majoré le prix du bail au delà de la valeur locative maxima telle qu'elle est prévue à l'article 27 ci-dessus, sera condamné à une amende civile qui ne pourra être inférieure à dix fois, ni supérieure à cent fois le montant de la majoration exigée ou perçue.

La juridiction statuant sur l'action en répétition est compétente pour prononcer d'office cette amende.

Art. 58 *Abrogé par Ord. n° 58-1343 du 27 déc. 1958, art. 13.*

Art. 59 Le propriétaire qui, ayant excipé des dispositions des articles 11, 12 et 15, n'aura pas commencé les travaux dans le délai prévu auxdits articles, ou qui ne les aura pas exécutés dans les conditions qu'ils prévoient, sera, pour l'avenir, déclaré déchu de tout droit de reprise, frappé d'une amende civile de 7,5 € à 1 500 € sans préjudice de tous dommages-intérêts que pourrait réclamer l'occupant évincé.

Il en sera de même à l'égard du propriétaire qui ne se conforme pas aux dispositions de l'article 13.

Les actions prévues au présent article se prescrivent par trois ans et sont jugées conformément aux dispositions du chapitre V du présent titre, en tenant compte du montant du loyer au moment de l'éviction.

Art. 59 *bis* *(L. nº 75-1351 du 31 déc. 1975)* Quiconque exécute ou fait exécuter les travaux visés au premier alinéa de l'article 14 sans avoir obtenu l'autorisation ou sans avoir fait la notification, prévues audit article, ou sans respecter les conditions d'exécution figurant dans la notification ou encore malgré une décision d'interdiction ou d'interruption des travaux prononcée par le juge du tribunal judiciaire, statuant par ordonnance de référé, *(L. nº 2014-366 du 24 mars 2014, art. 1er-IV)* « encourt les sanctions prévues à l'article L. 480-4 du code de l'urbanisme ».

Le tribunal pourra, en outre, ordonner la remise en état des lieux aux frais du condamné.

(L. nº 76-1285 du 31 déc. 1976) « Les dispositions des articles L. 480-1 (alinéas 1, 3 et 4), L. 480-2, L. 480-7, L. 480-8 et L. 480-9 du code de l'urbanisme sont applicables aux infractions visées au premier alinéa du présent article. En particulier, le maire est soumis aux obligations prévues à l'alinéa 10 de l'article L. 480-2 du même code en cas de travaux effectués sans l'autorisation exigée en vertu de l'article 14 de la présente loi. »

Ndlr : *Concernant la date d'entrée en vigueur des dispositions issues de la L. nº 2014-366 du 24 mars 2014 pour l'accès au logement et un urbanisme rénové, V. l'art. 14 de ce texte, ss. l'art. 2 de la L. du 6 juill. 1989, ci-dessous.*

Art. 60 *(Ord. nº 58-1343 du 27 déc. 1958)* « Sauf empêchement résultant de la force majeure ou d'un cas fortuit le propriétaire ayant excipé des dispositions des articles 18, 19, 20 ou 25 et qui, dans un délai de trois mois » à dater du départ du locataire ou de l'occupant, et pendant une durée minimum de trois ans, n'aura pas occupé ou fait occuper l'immeuble par ceux des bénéficiaires pour le compte de qui il l'avait réclamé, sera, pour l'avenir, déclaré déchu de tout droit de reprise, frappé d'une amende civile de 7,5 € à 1 500 € et devra au locataire congédié, outre la réparation du préjudice matériel causé, une indemnité qui ne pourra être inférieure à une année de loyer du local précédemment occupé, ni supérieure à cinq années. Le locataire ou l'occupant, en cas de non-occupation, pourra demander la réintégration ; s'il obtient cette réintégration, l'indemnité ne sera pas due.

La juridiction statuant sur l'action du locataire ou de l'occupant évincé est compétente pour prononcer d'office l'amende.

Art. 61 *(Décr. nº 58-1347 du 27 déc. 1958)* Le propriétaire qui aura exercé le droit de reprise prévu à l'article 20 en violation des dispositions de l'alinéa 6 dudit article, ou qui aura enfreint les dispositions de l'article 24, sera passible des sanctions prévues à l'article 60.

Art. 62 Le locataire ou l'occupant qui aurait pris l'engagement prévu à l'alinéa 11 de l'article 18 et qui n'aura pas rempli cet engagement dans le délai fixé, sera frappé d'une amende civile de 7,5 € à 150 € et devra au propriétaire la réparation du préjudice causé.

Les dispositions du précédent alinéa seront applicables au propriétaire qui se sera engagé à mettre un logement à la disposition du locataire ou occupant dont il veut reprendre le local en vertu de l'article 18 et qui, après l'acceptation du locataire ou de l'occupant, n'aura pas rempli son engagement.

L'amende ne sera pas prononcée et l'indemnité ne sera pas due si la partie en cause peut justifier de la force majeure ou d'un cas fortuit.

Art. 63 Toute clause ou stipulation tendant à imposer, sous une forme directe ou indirecte, telle que remise d'argent ou de valeurs ou reprises d'objets mobiliers, un prix de location supérieur à celui fixé en application des dispositions de la loi, est nulle de plein droit, même si elle a reçu exécution antérieurement à la publication de la présente loi.

Il en est de même si les avantages exigés, autres que ceux représentant une rémunération équitable du service rendu, l'ont été au profit de toute autre personne que le bailleur.

Toutes les sommes indûment perçues sont sujettes à répétition.

Art. 64 Le locataire ou l'occupant qui aurait enfreint les dispositions des articles 39 et 43 sera frappé d'une amende civile de 7,5 € à 150 €, sans préjudice des dommages-intérêts qui pourront être accordés au propriétaire et au sous-locataire.

Art. 65 *V. CCH qui a codifié ce texte à l'art. L. 321-3 (2°).*

Art. 66 Le propriétaire à qui le juge aura refusé le droit de reprise en application de l'article 21 ci-dessus sera, pour l'avenir, déclaré déchu de ce droit.

Art. 67 Le ministère public devra poursuivre d'office l'application des amendes civiles, qui seront prononcées conformément aux règles de compétence et de procédure instituées par le chapitre V du présent titre.

En tout état de cause, le juge pourra prononcer d'office l'application des amendes civiles.

Art. 68 Les actions en nullité et les actions en répétition prévues au présent chapitre se prescrivent par trois ans.

Aucune amende civile ne peut être prononcée pour des faits remontant à plus de trois ans avant la demande.

A défaut de loyer déterminé au jour de la demande, ces actions sont introduites et jugées suivant les règles de procédure prévues à l'article 48.

CHAPITRE VII. *DISPOSITIONS DIVERSES*

Art. 69 *Al. 1er abrogé par Décr. n° 55-559 du 20 mai 1955. — V. CCH qui a repris ce texte modifié à l'art. L. 442-6.*

Les dispositions du présent titre ne sont pas applicables aux immeubles construits par l'État, en application de l'ordonnance n° 45-2064 du 8 septembre 1945, tant qu'ils conservent leur caractère d'immeubles sans affectation individuelle, ou s'ils sont cédés à des non-sinistrés. Les limitations de prix prévues par la législation sur les habitations à bon marché leur sont par contre applicables pendant cette période.

Lorsqu'ils ont été attribués à des sinistrés en règlement partiel ou total de leurs indemnités de dommages de guerre, ils sont assimilés, à compter de cette affectation, aux locaux visés aux articles 70 et 71.

Art. 70 Nonobstant les dispositions des articles 1722 et 1741 du code civil, le bail à loyer des locaux d'habitation ou à usage professionnel, ou encore affectés soit à une administration publique, soit à l'exercice d'une fonction publique, situés dans des immeubles détruits ou endommagés par suite de faits de guerre ou de faits assimilés aux faits de guerre, est reporté sur l'immeuble réparé ou reconstruit, même sur un autre terrain, en remplacement de l'immeuble primitif.

Les baux interrompus par le sinistre sont considérés comme ayant été suspendus et reprennent cours à la date à laquelle la réinstallation aura été possible.

Les personnes occupant les lieux au moment du sinistre en vertu de prorogations légales ou de dispositions concernant le maintien dans les lieux peuvent prendre possession des locaux réparés ou reconstruits et s'y maintenir dans les conditions fixées par la présente loi.

Si des modifications sont intervenues dans la surface ou la disposition des lieux qui mettent obstacle à la réintégration de tous les locataires et occupants ayant fait connaître leur intention d'occuper les lieux, la préférence sera donnée aux locataires ou occupants dont la famille est la plus nombreuse, et, à égalité de charges familiales, aux plus anciens.

Les dispositions des alinéas précédents ne sont applicables que sous réserve du droit de priorité du propriétaire sinistré immobilièrement justifiant d'un motif légitime d'habiter par lui-même l'un des locaux réparés ou reconstruits ou de les faire habiter par son conjoint, ses ascendants, ses descendants, ou ceux de son conjoint.

Ces dispositions ne sont également pas opposables au propriétaire sinistré dont l'habitation personnelle a été détruite et qui, par application de l'article 31 de la loi n° 46-2389 du 28 octobre 1946, reconstruit une habitation personnelle de même importance, en transférant sur celle-ci d'autres droits à indemnité de dommages de guerre.

Nonobstant toute disposition contraire, les dispositions du présent article sont applicables en cas d'expropriation d'un immeuble sinistré ou non, dès lors que son propriétaire est assimilé à un sinistré total par application de la législation sur la reconstruction et a décidé de procéder à sa reconstruction. Le locataire ou l'occupant doit alors opter entre l'indemnité d'éviction due au titre de l'expropriation et le bénéfice des dispositions ci-dessus.

Le propriétaire notifie aux locataires ou occupants, par lettre recommandée avec accusé de réception, son intention de réparer ou de reconstruire l'immeuble endommagé. Dans les trois mois qui suivront cette notification ou, dans le cas où elle n'aurait pu être faite, dans les trois mois qui suivront l'affichage à la mairie de la situation de l'immeuble d'un extrait de cette notification, les locataires ou occupants doivent, à peine de forclusion, faire connaître leur intention d'occuper un local dans l'immeuble réparé ou reconstruit.

Art. 71 Les loyers des locaux visés à l'article précédent seront, à compter du 1er janvier 1949, déterminés conformément aux dispositions du présent titre.

Toutefois, lorsque la part des dépenses de reconstruction, d'amélioration ou de réparation restant à la charge des propriétaires dépasse en moyenne 30 F par pièce principale, telle que ladite pièce principale est définie par les textes pris en application de l'article 3 de l'ordonnance du 11 octobre 1945, les propriétaires sont autorisés à percevoir en sus du loyer fixé comme il est dit ci-dessus, une majoration de loyer pouvant atteindre au plus l'intérêt calculé au taux de 6 p. 100 des sommes correspondant à la quote-part des dépenses de reconstruction, de réparation ou d'amélioration, laissées à leur charge ou non encore remboursées par l'État au titre des dommages de guerre. Dans ce cas, la majoration autorisée de l'ensemble des loyers doit être répartie entre toutes les personnes qui habitent l'immeuble au prorata du nombre de pièces principales qu'elles occupent. Cependant, en cas d'amélioration, cette répartition ne joue qu'à l'égard des personnes qui ont bénéficié des travaux exécutés.

Art. 72 *Al. 1er à 4 abrogés par L. no 67-561 du 12 juill. 1967. — Sur cette abrogation, V. les art. 6-I et 8 de la loi. — **C. baux**.*

(L. no 53-1333 du 31 déc. 1953) Le propriétaire ne peut s'opposer à l'installation du téléphone ; l'autorisation préalable du propriétaire à fournir à l'Administration des postes, télégraphes et téléphones est supprimée. Toutefois, le locataire devra notifier par lettre recommandée au propriétaire son intention de faire installer le téléphone. — *En ce qui concerne l'installation du téléphone, V. aussi CPCE (Décr. 12 mars 1962), art. L. 35-1, 🏛. — Pour l'installation d'antennes extérieures réceptrices de radiodiffusion, V. L. no 66-457 du 2 juill. 1966.*

Art. 73 *(L. no 67-561 du 12 juill. 1967)* « Dans le cas où le locataire ou l'occupant est autorisé, soit amiablement, soit par justice, à effectuer les travaux d'entretien ou de réparation au lieu et place du propriétaire, » le montant de la dépense restant à sa charge se compensera avec les loyers à échoir ; à défaut d'accord amiable, le juge fixera le montant de la somme qui pourra être retenue, sur chaque terme, par le locataire ou l'occupant. En cas de départ du locataire ou de l'occupant avant l'extinction de la dette, le juge fixera le délai et les modalités du remboursement dû.

En cas de carence du bailleur, et après une mise en demeure demeurée infructueuse, le preneur peut demander au juge l'autorisation de se substituer au propriétaire pour bénéficier de l'aide financière de l'agence nationale de l'habitat. Sur production d'une expédition du jugement intervenu, celui-ci verse directement au preneur le montant de la subvention ou du prêt.

Art. 74 Sauf convention contraire expresse insérée dans le bail, les loyers des locaux d'habitation seront de plein droit payés par fractions mensuelles.

Les conventions prévoyant un payement par périodes supérieures au mois pourront, à tout moment, être annulées à la demande, tant du propriétaire que du locataire.

Les dispositions du présent article ne portent pas atteinte aux règles concernant les délais à respecter pour les congés.

Art. 75 *(Décr. no 62-1044 du 27 août 1962)* « Les loyers payés d'avance, sous quelque forme *que ce soit et même à titre de garantie*, ne peuvent excéder une somme correspondant à deux mois de loyer pour les locations faites au mois et au quart du loyer annuel pour les autres cas. »

Toutes clauses et conventions contraires sont nulles de plein droit et le bailleur ou le propriétaire devra restituer les sommes reçues en trop.

Les dispositions du présent article ne s'appliquent pas aux locaux meublés en ce qui concerne la limitation du cautionnement.

Art. 76 et 77 *Abrogés par Ord. no 58-1441 du 31 déc. 1958, art. 5.*

Art. 78 *(Ord. no 58-1343 du 27 déc. 1958)* A dater de la publication de la présente loi, par dérogation à l'article 1717 du code civil, le preneur n'a le droit ni de sous-louer, ni de céder son bail, sauf clause contraire du bail ou accord du bailleur. — *V. Ord. no 59-24 du 3 janv. 1959, art. 2. — **C. baux** ; L. no 66-879 du 29 nov. 1966, art. 33. — **C. baux**.*

(L. n° 69-2 du 3 janv. 1969) « Toutefois, par dérogation à l'alinéa précédent et nonobstant toutes clauses contraires, le locataire principal ou l'occupant maintenu dans les lieux a toujours la faculté de sous-louer une pièce lorsque le local comporte plus d'une pièce.

« Dans les communes visées à l'article 10-7° ci-dessus, le locataire principal ou l'occupant maintenu dans les lieux, vivant seul et âgé de plus de soixante-cinq ans, peut sous-louer deux pièces à la même personne ou à deux personnes différentes, sous réserve que le local ne comporte pas plus de cinq pièces.

« Dans le délai d'un mois, le locataire ou l'occupant est tenu, à moins que la sous-location n'ait été expressément autorisée par le propriétaire ou son représentant, de notifier cette sous-location au bailleur par lettre recommandée avec demande d'avis de réception, en précisant le prix demandé au sous-locataire, sous peine de déchéance du droit au maintien dans les lieux. »

Les dispositions de l'art. 78 de la L. du 1er sept. 1948 ne sont pas applicables aux sous-locations et aux cessions de bail faites au profit d'une société civile professionnelle (L. n° 66-879 du 29 nov. 1966).

Art. 79 *Abrogé par L. n° 86-1290 du 23 déc. 1986, art. 26-II.*

Art. 80 Nonobstant toute stipulation contraire, la clause insérée dans le bail prévoyant la résiliation de plein droit faute de payement du loyer aux échéances convenues, ne produit effet qu'un mois après la date de la sommation ou du commandement de payer demeuré infructueux.

La mise en demeure ou le commandement doit, à peine de nullité, mentionner ce délai.

Le juge des référés saisi par le preneur dans le délai d'un mois susvisé peut lui accorder pour le payement du loyer des délais dans les termes de *(Ord. n° 2016-131 du 10 févr. 2016, art. 6-XXV, en vigueur le 1er oct. 2016)* « l'article 1343-5 *[ancienne rédaction : l'article 1244 (1244-1, 1244-2 et 1244-3)]* » du code civil.

Les effets de la clause résolutoire sont suspendus pendant le cours des délais ainsi octroyés au locataire. La clause résolutoire est réputée n'avoir jamais joué si le locataire se libère dans les conditions déterminées par l'ordonnance du juge.

Sur l'entrée en vigueur des dispositions issues de l'Ord. n° 2016-131 du 10 févr. 2016, V. cette Ord., art. 9, ss. art. 1386-1.

Art. 81 *(Art. devenu art. 1635 CGI, abrogé par L. n° 70-1283 du 31 déc. 1970, art. 6).*

Art. 82 Les articles 71, 72, 73, 74, 75, 80 et 81 ci-dessus sont applicables dans toutes les communes.

L'article 70 est applicable dans toutes les communes, dans la mesure où il concerne le report des baux.

Art. 83 *(Annulation de textes antérieurs).*

Art. 84 *(Abrogation de textes antérieurs).*

Art. 85 *(Dispositions caduques).*

Art. 86 *Abrogé par Ord. n° 58-1343 du 27 déc. 1958, art. 13.*

Art. 87 Les dispositions du présent titre sont d'ordre public.

Art. 88 La présente loi n'est pas applicable *(Ord. n° 2012-576 du 26 avr. 2012, art. 13°)* « en Guadeloupe, en Guyane, à la Martinique, à Mayotte, à Saint-Martin et à La Réunion ».

La loi n° 48-1360 du 1er sept. 1948 est d'application strictement métropolitaine. Cette disposition est d'ordre interprétatif (Ord. n° 58-1374 du 30 déc. 1958, art. 176 : D. 1959. 153 ; BLD 1959. 256).

CHAPITRE VIII. *DISPOSITIONS FINANCIÈRES*

Art. 89 à 94 *(Dispositions d'ordre fiscal).*

Ordonnance n° 59-24 du 3 janvier 1959,

Instituant en matière de loyers diverses mesures de protection en faveur des fonctionnaires affectés ou détachés hors du territoire européen de la France en application de la loi n° 57-871 du 1er août 1957 et de certains militaires.

V. C. ***baux.***

Loi nº 67-561 du 12 juillet 1967,

Relative à l'amélioration de l'habitat.

V. ***C. baux.***

Loi nº 70-598 du 9 juillet 1970, *modifiant et complétant la loi du 1er septembre 1948 portant modification et codification de la législation relative aux rapports des bailleurs et locataires ou occupants de locaux d'habitation ou à usage professionnel.* **Art. 1er à 9** *V. L. 1er sept. 1948, art. 1er à 1er ter, 5, 22, 31, 34.*

Art. 10 I. — *(L. nº 2012-387 du 22 mars 2012, art. 96)* « Sauf dans les contrats de location saisonnière de meublés de tourisme, est réputée non écrite » toute stipulation tendant à interdire la détention d'un animal dans un local d'habitation dans la mesure où elle concerne un animal familier. Cette détention est toutefois subordonnée au fait que ledit animal ne cause aucun dégât à l'immeuble ni aucun trouble de jouissance aux occupants de celui-ci.

(L. nº 99-5 du 6 janv. 1999) « Est licite la stipulation tendant à interdire la détention d'un chien appartenant à la première catégorie mentionnée à l'article L. 211-12 du code rural et de la pêche maritime *[chiens d'attaque]*. »

II. — Les dispositions du présent article *(L. nº 99-5 du 6 janv. 1999)* « à l'exception de celles du dernier alinéa du I, » sont applicables aux instances en cours.

Dans les parties communes des immeubles collectifs, les chiens de la première et de la deuxième catégorie [1re catégorie : chiens d'attaque ; 2e catégorie : chiens de garde et de défense] doivent être muselés et tenus en laisse par une personne majeure.

Un bailleur ou un copropriétaire peut saisir le maire en cas de dangerosité d'un chien résidant dans un des logements dont il est propriétaire. Le maire peut alors procéder, s'il le juge nécessaire, à l'application des mesures prévues à l'art. L. 211-11 C. rur. (C. rur., art. L. 211-16-II et III). — ***C. rur.***

Code de l'urbanisme

1re PARTIE : LÉGISLATIVE
(Décr. nº 73-1022 du 8 nov. 1973)

Dispositions communes au droit de préemption urbain, aux zones d'aménagement différé et aux périmètres provisoires

Art. L. 213-9 *(L. nº 2014-366 du 24 mars 2014, art. 149-I-13º)* Lorsque le titulaire du droit de préemption lui a notifié son intention d'acquérir le bien dans les conditions fixées aux articles L. 211-5 ou L. 212-3, le propriétaire est tenu d'informer les locataires, les preneurs ou les occupants de bonne foi du bien et de les faire connaître à ce titulaire.

(L. nº 2022-217 du 21 févr. 2022, art. 118) « Les cinq premiers alinéas de l'article L. 145-46-1 du code de commerce ne sont pas applicables à l'occasion de l'exercice du droit de préemption sur ce bien. »

Art. L. 213-10 *(L. nº 85-729 du 18 juill. 1985)* Nonobstant toutes dispositions ou stipulations contraires, les preneurs de biens ruraux, les locataires ou occupants de bonne foi de locaux à usage d'habitation ainsi que les locataires de locaux à usage commercial, industriel ou artisanal situés dans un bien acquis par la voie de la préemption ou en application des articles L. 211-5 ou L. 212-3 ne peuvent s'opposer à l'exécution de travaux de restauration ou de transformation intérieure ni à la démolition de ces locaux.

Si l'exécution des travaux l'exige, ils sont tenus d'évacuer tout ou partie de ces locaux ; le nouveau propriétaire du bien est alors tenu aux obligations prévues aux articles L. 314-1 et suivants.

Nonobstant toutes dispositions ou stipulations contraires, ils peuvent à tout moment déclarer au titulaire du droit de préemption leur intention de quitter les lieux et de résilier le bail. Celui-ci, qui ne peut ni s'y opposer ni leur réclamer une indemnité à ce titre, est tenu de leur verser les indemnités auxquelles ils peuvent prétendre, notamment celles qui peuvent leur être dues à raison des améliorations qu'ils ont apportées au fonds loué. En cas de litige, ces indemnités sont fixées par la juridiction compétente en matière d'expropriation.

Les dispositions des art. L. 213-9 et L. 213-10 sont applicables dans les zones de préemption instituées dans les espaces naturels sensibles des départements (C. urb., art. L. 142-7).

Restauration immobilière et secteurs sauvegardés

Art. L. 313-5 *(L. n° 85-729 du 18 juill. 1985, art. 26-XIV)* Les droits et obligations des locataires et occupants des immeubles faisant l'objet des travaux prévus aux articles L. 313-3 et L. 313-4 *[secteurs sauvegardés et restauration immobilière]* sont régis par les dispositions des articles L. 313-6 à L. 313-15, des articles L. 314-2 à L. 314-9 ainsi que par celles des articles 3 et 12 de la loi n° 48-1360 du 1er septembre 1948 modifiée et des articles L. 145-18, L. 145-28 à L. 145-30, L. 145-6 et L. 145-7 du code de commerce.

Art. L. 313-6 Les locataires ou les occupants de bonne foi de locaux à usage d'habitation, ainsi que les locataires de locaux à usage commercial, industriel ou artisanal situés dans les immeubles devant faire l'objet de travaux visés aux articles L. 313-3 et L. 313-4 ne peuvent s'opposer à l'exécution de ces travaux.

Si l'exécution des travaux l'exige, ils sont, sous réserve des dispositions de l'article L. 313-7 et des articles 3 et 12 de la loi n° 48-1360 du 1er septembre 1948 modifiés sur les loyers, tenus d'évacuer tout ou partie des locaux.

Dans ce cas, le bailleur doit donner à chaque locataire ou occupant un préavis de six mois pour quitter les lieux loués.

Art. L. 313-7 Le bailleur d'un local à usage d'habitation ou à usage professionnel peut, en cours de bail, reprendre les lieux en tout ou en partie pour exécuter des travaux nécessitant l'évacuation des lieux, compris dans un secteur ou périmètre prévu aux articles L. 313-3 et L. 313-4 et autorisés ou prescrits dans les conditions prévues auxdits articles, s'il offre de reporter le bail sur un local équivalent dans le même immeuble ou dans un autre immeuble ; cette offre précise les caractéristiques du local offert. L'offre doit être notifiée au moins un an à l'avance.

Le locataire doit, dans un délai de deux mois, soit faire connaître son acceptation, soit saisir des motifs de son refus la juridiction prévue au chapitre V de la loi n° 48-1360 du 1er septembre 1948, faute de quoi il est réputé avoir accepté l'offre.

(L. n° 85-729 du 18 juill. 1985, art. 26-XV) « Cette offre ne fait pas obstacle au droit à réintégration prévu par l'article L. 314-3. »

Art. L. 313-10 Les propriétaires, locataires ou occupants d'immeubles visés par le présent chapitre ne peuvent s'opposer à la visite des lieux par un homme de l'art spécialement habilité à cet effet par le maire, dans des conditions qui seront fixées par décret. — *V. C. urb., art. R. 313-33 à R. 313-37.* — ***C. urb.***

....

Protection des occupants

Art. L. 314-1 *(L. n° 85-729 du 18 juill. 1985)* La personne publique qui a pris l'initiative de la réalisation de l'une des opérations d'aménagement définies dans le présent livre ou qui bénéficie d'une expropriation est tenue, envers les occupants des immeubles intéressés, aux obligations prévues ci-après.

(L. n° 2000-1208 du 13 déc. 2000, art. 183) « Les occupants, au sens du présent chapitre, comprennent les occupants au sens de l'article L. 521-1 du code de la construction et de l'habitation, ainsi que les preneurs de baux professionnels, commerciaux et ruraux. »

Art. L. 314-2 *(L. n° 85-729 du 18 juill. 1985) (Éviction définitive, relogement).*

Art. L. 314-3 *(L. n° 85-729 du 18 juill. 1985)* Si les travaux nécessitent l'éviction provisoire des occupants, il doit être pourvu à leur relogement provisoire dans un local compatible avec leurs besoins, leurs ressources et, le cas échéant, leur activité antérieure, et satisfaisant aux conditions de localisation prévues à l'article 13 *bis* de la loi n° 48-1360 du 1er septembre 1948.

Nonobstant toutes dispositions ou stipulations contraires, le relogement provisoire peut donner lieu à un bail à titre précaire pour la durée des travaux. Au-delà de trois ans, toute éviction est considérée comme définitive et donne droit à l'application des dispositions de l'article précédent.

Lorsque la réinstallation provisoire n'est pas possible, le commerçant, l'artisan ou l'industriel bénéficie, en lieu et place, d'une indemnisation des pertes financières résultant de la cessation temporaire d'activité.

Les occupants disposent d'un droit à réintégration après les travaux dans le local qu'ils ont évacué. Les baux des locaux évacués pendant la période d'exécution des travaux sont considérés comme ayant été suspendus et reprennent cours à la date à laquelle la réintégration aura été possible. Toutefois, ces dispositions ne sont pas applicables lorsque le bailleur et l'occupant ont décidé d'un commun accord le report définitif du bail sur un local équivalent.

Les occupants sont remboursés de leurs frais normaux de déménagement et de réinstallation.

Art. L. 314-4 *(L. n° 85-729 du 18 juill. 1985)* Si les travaux ne nécessitent pas l'éviction des occupants, ceux-ci ont droit au maintien sur place dans les conditions ci-après :

Selon la nature des travaux, et sous réserve d'un préavis de trois mois, les occupants sont tenus soit d'évacuer la partie des locaux intéressée par lesdits travaux, soit de permettre l'accès du local et d'accepter notamment le passage des canalisations ne faisant que le traverser.

Pendant la durée des travaux, le loyer est, s'il y a lieu, réduit dans les conditions définies au deuxième alinéa de l'article 1724 du code civil. La réduction du loyer est à la charge de la personne publique qui a pris l'initiative des travaux.

En cas d'expropriation ou d'exercice du droit de préemption dans le cas visé à l'article L. 213-5, un nouveau bail doit être proposé aux occupants. Ce bail doit permettre, le cas échéant, la poursuite des activités antérieures.

Art. L. 314-5 et L. 314-6 *(L. n° 85-729 du 18 juill. 1985 ; L. n° 2000-1208 du 13 déc. 2000, art. 202-III) (Dispositions concernant les commerçants, artisans et industriels). — **C. urb.***

Art. L. 314-7 *(L. n° 85-729 du 18 juill. 1985)* Toute offre de relogement, définitive ou provisoire, doit être notifiée au moins six mois à l'avance. L'occupant doit faire connaître son acceptation ou son refus dans un délai de deux mois, faute de quoi il est réputé avoir accepté l'offre.

Au cas où les occupants bénéficient du droit à réintégration prévu au quatrième alinéa de l'article L. 314-3, le propriétaire doit les mettre en demeure, par lettre recommandée avec demande d'avis de réception ou par acte extrajudiciaire, et dès l'achèvement des travaux, de lui faire connaître, dans le délai d'un mois et dans la même forme, s'ils entendent user de ce droit. La notification doit mentionner, à peine de nullité, la forme et le délai de la réponse.

Loi n° 75-1351 du 31 décembre 1975,

Relative à la protection des occupants de locaux à usage d'habitation.

Art. 6 Toute convention tendant à la résiliation d'un bail en cours afin de permettre la libération des lieux pour démolition et reconstruction d'un immeuble d'une surface habitable supérieure ou pour travaux ayant pour objet d'augmenter la surface d'habitation ou le confort de l'immeuble ne peut être signée, à peine de nullité, qu'au terme d'un délai de trente jours après réception de la demande de résiliation adressée par le propriétaire par lettre recommandée avec demande d'avis de réception.

La demande de résiliation doit reproduire, à peine de nullité, les dispositions du présent article.

(L. n° 94-624 du 21 juill. 1994) « Nonobstant les dispositions de l'article 1751 du code civil, les demandes de résiliation faites en application du présent article par le bailleur sont de plein droit opposables au conjoint du locataire ou occupant de bonne foi si son existence n'a pas été préalablement portée à la connaissance du bailleur. » *— Alinéa applicable aux notifications et significations faites à compter du 1er janv. 1995.*

…………………………………………………………………………………………

Art. 10 *(Droit de préemption de certains locataires ou occupants). — V. cet art. ss. art. 1583 C. civ.*

Loi n° 77-1457 du 29 décembre 1977, *relative à diverses dispositions en matière de prix.* **Art. 11** Tout locataire ou occupant de bonne foi peut exiger la remise d'une quittance ou d'un reçu à l'occasion d'un règlement effectué par lui.

Loi n° 86-1290 du 23 décembre 1986,

Tendant à favoriser l'investissement locatif, l'accession à la propriété de logements sociaux et le développement de l'offre foncière (D. et ALD 1987. 26 ; JO 24 déc.).

BIBL. GÉN. ▸ AUBERT, *ALD 1987. 77 et Defrénois 1987. 721* (droit transitoire substantiel) ; *Defrénois 1987. 281* (tacite reconduction) ; *ALD 1989. 67* (réforme de janvier-février 1989). – DE BELOT et LEGRAND, *Gaz. Pal. 1987. 1. Doctr. 112.* – BOULARAN, *JCP N 1987. I. 37 ; ibid. 99* (renouvellement des baux en cours). – LASSAUBATJEU-ANDRÉ, *Defrénois 1987. 193.* – WAREMBOURG-AUQUE, *JCP 1987. I. 3290.* ▸ **Modifications issues de la loi SRU du 13 déc. 2000 :** LAFOND, *JCP N 2000. 573.*

TITRE I. DES RAPPORTS ENTRE BAILLEURS ET LOCATAIRES

Les chapitres I à IV du présent titre I sont abrogés par L. n° 89-462 du 6 juill. 1989, art. 25-I. – Pour les dispositions transitoires, V. les paragraphes II à VI de cet art. 25.

CHAPITRE V. *MODIFICATION DE LA LOI N° 48-1360 DU 1er SEPTEMBRE 1948 PORTANT MODIFICATION ET CODIFICATION DE LA LÉGISLATION RELATIVE AUX RAPPORTS DES BAILLEURS ET LOCATAIRES OU OCCUPANTS DE LOCAUX D'HABITATION OU À USAGE PROFESSIONNEL ET INSTITUANT DES ALLOCATIONS DE LOGEMENT*

Art. 25 Les locaux vacants à compter du 23 décembre 1986 ne sont pas soumis aux dispositions de la loi n° 48-1360 du 1er septembre 1948 précitée. Ils sont désormais régis par les chapitres I à III du titre I de la loi n° 89-462 du 6 juillet 1989, à l'exception des locaux à usage exclusivement professionnel qui sont régis par l'article 57 A et par les dispositions du code civil.

Si les locaux loués depuis le 23 décembre 1986 *(L. n° 94-624 du 21 juill. 1994 ; L. n° 2006-872 du 13 juill. 2006, art. 48-II)* « ne satisfont pas aux caractéristiques définies en application des premier et deuxième alinéas de l'article 6 de la loi n° 89-462 du 6 juillet 1989 précitée », le locataire peut *(L. n° 94-624 du 21 juill. 1994)* « , dans le délai d'un an à compter de la date de prise d'effet du contrat de location initial, » demander au propriétaire leur mise en conformité avec ces normes sans qu'il soit porté atteinte à la validité du contrat de location en cours.

A défaut d'accord entre les parties, le juge saisi détermine, le cas échéant, la nature des travaux à réaliser et le délai de leur exécution, qu'il peut même d'office assortir d'une astreinte. Il peut également se prononcer sur une demande de modification du loyer fixé par le bailleur ou proposé par le locataire.

A défaut de mise aux normes effectuée dans les conditions précitées, le loyer des locaux soumis au présent article est fixé conformément *(L. n° 2014-366 du 24 mars 2014, art. 6-V-1°)* « aux II ou III de l'article 17 » de la loi n° 89-462 du 6 juillet 1989.

Les dispositions du présent article ne sont pas applicables aux locaux classés en catégorie IV.

Art. 26 et 27 *V. L. n° 48-1360 du 1er sept. 1948, art. 3 ter, 3 quinquies, 3 sexies, 3 octies, 3 nonies, 5, 78 et 79.*

Art. 28 Le bailleur d'un local classé en sous-catégorie II B ou II C dont le loyer ou l'indemnité d'occupation est fixé conformément aux dispositions du chapitre III de la loi n° 48-1360 du 1er septembre 1948 précitée peut proposer au locataire ou occupant de bonne foi un contrat de location régi par les dispositions *(L. n° 94-624 du 21 juill. 1994)* « des articles 30 à 33 du présent chapitre et des chapitres I à III, à l'exception des articles 10 et 11, de la loi n° 89-462 du 6 juillet 1989 tendant à améliorer les rapports locatifs et portant modification de la loi n° 86-1290 du 23 décembre 1986 » et, s'il s'agit d'un local à usage exclusivement professionnel, par les dispositions du code civil *(L. n° 89-462 du 6 juill. 1989)* « et les articles 30 à 33 et 57 A de la présente loi.

« Les dispositions des deuxième et troisième alinéas de l'article 25 sont applicables aux locaux loués en application du présent article. »

Art. 29 *(L. n° 89-462 du 6 juill. 1989)* Les dispositions de l'article 28 ne sont pas opposables au locataire ou occupant de bonne foi dont les ressources, cumulées avec celles des autres occupants du logement, sont inférieures à un seuil fixé par décret. – *V. Décr. n° 2006-1679 du 22 déc. 2006. –* ***C. baux.***

Le seuil est calculé en fonction de la localisation géographique du logement et du nombre de personnes qui l'occupent.

Toutefois, si, à l'expiration du contrat prévu à l'article 30 ci-dessous, le locataire est âgé de plus de soixante-cinq ans ou handicapé visé au 2° de l'article 27 de la loi n° 48-1360 du 1er septembre 1948 précitée, il bénéficiera, nonobstant les dispositions de l'article 33, du droit au maintien dans les lieux prévu à l'article 4 de la loi n° 48-1360 du 1er septembre 1948 précitée.

Art. 30 Le contrat de location conclu en application de l'article 28 est d'une durée de huit ans. Son loyer est fixé par référence aux loyers non régis par le chapitre III de la loi n° 48-1360 du 1er septembre 1948 précitée et habituellement constatés dans le voisinage au cours des trois dernières années pour les logements comparables. — *Sur ces loyers de référence, V. Décr. n° 90-781 du 31 août 1990. — **C. baux.***

La différence entre le loyer du contrat de location établi en application de l'article 28 et le loyer ou l'indemnité d'occupation antérieur s'applique par huitième au cours des huit années de ce contrat. La révision éventuelle résultant du *(L. n° 94-624 du 21 juill. 1994 ; L. n° 2014-366 du 24 mars 2014, art. 6-V-2°)* « I de l'article 17-1 de la loi n° 89-462 du 6 juillet 1989 précitée » s'applique à chaque valeur ainsi définie.

Art. 31 Le contrat de location proposé en application de l'article 28 doit, à peine de nullité, reproduire les dispositions des articles 25 et 28 à 33.

(L. n° 89-18 du 13 janv. 1989, art. 4) « Le bailleur notifie, à peine de nullité de la proposition de contrat, la liste des références ayant servi à déterminer le prix proposé. Les éléments constitutifs de ces références sont fixés par décret, après avis de la Commission nationale de concertation. » — *V. Décr. n° 90-781 du 31 août 1990. — **C. baux.***

Dans un délai de deux mois à compter de la réception de la proposition du bailleur, le locataire ou l'occupant de bonne foi fait, le cas échéant, connaître au bailleur, en présentant les justifications, qu'il remplit les conditions de l'article 29.

Dans le même délai, le locataire ou occupant de bonne foi qui ne peut se prévaloir des conditions de l'article 29 fait connaître au bailleur son acceptation ou son refus du contrat de location ainsi que, le cas échéant, le montant des travaux dont il demande le remboursement en application de l'article 32.

Les notifications prévues aux trois *[quatre]* premiers alinéas du présent article sont faites par lettre recommandée avec demande d'avis de réception ou signifiées par acte d'huissier *[commissaire de justice]*.

(L. n° 89-462 du 6 juill. 1989) « En cas de désaccord ou à défaut de réponse du locataire, l'une ou l'autre partie peut saisir la commission prévue à l'article 20 de la loi n° 89-462 du 6 juillet 1989 dans les trois mois qui suivent la réception de la proposition du contrat de location faite par le bailleur. Si, en l'absence d'accord entre les parties, à l'expiration d'un délai de six mois à compter de la proposition de contrat de location faite par le bailleur, le juge n'a pas été saisi, le local reste soumis aux dispositions de la loi n° 48-1360 du 1er septembre 1948 précitée. »

En cas de saisine du juge, celui-ci fixe le montant du loyer et statue sur les demandes des parties. Le contrat de location est alors réputé être conclu avec les clauses et conditions fixées judiciairement. La décision est exécutoire par provision.

Sauf convention expresse contraire, le contrat de location conclu dans les conditions du présent article prend effet à l'expiration d'un délai de six mois à compter de la date de la proposition de contrat de location faite par le bailleur.

A la date d'effet du contrat de location, les rapports entre le bailleur et le locataire ou occupant de bonne foi ne sont plus régis par les dispositions de la loi n° 48-1360 du 1er septembre 1948 précitée.

Art. 32 Lorsqu'il est fait application de l'article 28, le coût des travaux ayant amélioré substantiellement le confort ou l'équipement du local effectués par le locataire ou l'occupant de bonne foi est remboursé par le propriétaire. Un décret en Conseil d'État détermine la nature des travaux pris en compte ainsi que les modalités de leur évaluation. — *V. Décr. n° 87-714 du 26 août 1987. — **C. baux.***

Le montant en est fixé et le remboursement effectué lors de la conclusion du contrat de location prévu à l'article 28.

Si le bailleur le demande, le règlement intervient par compensation sur la fraction du nouveau loyer qui excède le montant de l'ancien. Si la dette n'est pas éteinte à l'expiration du bail mentionné à l'article 28, le bailleur en règle alors le solde.

Art. 33 *(L. nº 89-462 du 6 juill. 1989)* A l'expiration du contrat conclu en application de l'article 31, le local est soumis aux dispositions des chapitres I à III du titre I de la loi nº 89-462 du 6 juillet 1989 et les locaux à usage exclusivement professionnel aux dispositions de l'article 57 A et aux dispositions du code civil.

Art. 34 A l'expiration des contrats de location conclus en application des articles 3 *bis,* 3 *quater,* 3 *quinquies,* 3 *sexies* et 3 *septies* de la loi nº 48-1360 du 1er septembre 1948 précitée, en cours au moment de la publication de la présente loi, et portant sur des locaux à usage d'habitation ou mixte, il est fait application de l'article 20. A l'expiration des contrats conclus après la publication de la présente loi en application des articles 3 *bis,* 3 *quater* et 3 *octies* de la loi nº 48-1360 du 1er septembre 1948 précitée, les contrats de location des locaux d'habitation ou mixte sont soumis aux dispositions *(L. nº 89-462 du 6 juill. 1989)* « des chapitres I à III de la loi nº 89-462 du 6 juillet 1989, à l'exception de l'article 16, du paragraphe *c* de l'article 17 et des articles 18 à 20.

« A l'expiration des contrats conclus en application des mêmes articles et portant sur des locaux à usage exclusivement professionnel, il est fait usage des dispositions de l'article 57 A et des dispositions du code civil. »

Art. 35 Les normes prévues à l'article 25 de la présente loi sont applicables, à compter de leur conclusion, aux contrats de location conclus conformément au 2º de l'article 3 *bis* et aux articles 3 *quater,* 3 *quinquies,* 3 *sexies* et 3 *septies* de la loi nº 48-1360 du 1er septembre 1948 précitée en cours à la date de la publication de la présente loi. Cette disposition ne s'applique pas à ceux de ces contrats qui, à la date de publication de la présente loi, ont fait l'objet d'une contestation devant les tribunaux.

....

CHAPITRE VIII. *DISPOSITIONS DIVERSES*

....

Art. 57 A *(L. nº 89-462 du 6 juill. 1989)* Le contrat de location d'un local affecté à un usage exclusivement professionnel est conclu pour une durée au moins égale à six ans. Il est établi par écrit.

Au terme fixé par le contrat et sous réserve des dispositions du troisième alinéa du présent article, le contrat est reconduit tacitement pour la même durée.

Chaque partie peut notifier à l'autre son intention de ne pas renouveler le contrat à l'expiration de celui-ci en respectant un délai de préavis de six mois.

Le locataire peut, à tout moment, notifier au bailleur son intention de quitter les locaux en respectant un délai de préavis de six mois.

Les notifications mentionnées au présent article sont effectuées par lettre recommandée avec demande d'avis de réception ou par acte d'huissier *[commissaire de justice]*.

(L. nº 2008-776 du 4 août 2008, art. 43-III) « Les parties peuvent déroger au présent article dans les conditions fixées au 7º du I de l'article L. 145-2 du code de commerce. »

Art. 57 B *(L. nº 2014-626 du 18 juin 2014, art. 16)* Au moment de chaque prise de possession des locaux par un locataire et lors de leur restitution, un état des lieux est établi contradictoirement et amiablement par les parties ou par un tiers mandaté par elles et joint au contrat de location.

Si l'état des lieux ne peut être établi dans les conditions prévues au premier alinéa, il est établi par un commissaire de justice, sur l'initiative de la partie la plus diligente, à frais partagés par moitié entre le bailleur et le locataire.

Décret nº 87-712 du 26 août 1987,

Pris en application de l'article 7 de la loi nº 86-1290 du 23 décembre 1986 tendant à favoriser l'investissement locatif, l'accession à la propriété de logements sociaux et le développement de l'offre foncière et relatif aux réparations locatives. — V. L. nº 89-462 du 6 juill. 1989, art. 25-V, ci-dessous.

Art. 1er Sont des réparations locatives les travaux d'entretien courant et de menues réparations, y compris les remplacements d'éléments assimilables auxdites réparations, consécutifs à l'usage normal des locaux et équipements à usage privatif.

Ont notamment le caractère de réparations locatives les réparations énumérées en annexe au présent décret.

Art. 1er *bis* *(Décr. nº 99-667 du 26 juill. 1999)* Le présent décret est applicable en Polynésie française pour la mise en œuvre des dispositions du *d* de l'article 7 de la loi nº 89-462 du 6 juillet 1989.

ANNEXE

Liste de réparations ayant le caractère de réparations locatives

I. Parties extérieures dont le locataire a l'usage exclusif

a) Jardins privatifs :

Entretien courant, notamment des allées, pelouses, massifs, bassins et piscines ; taille, élagage, échenillage des arbres et arbustes ;

Remplacement des arbustes ; réparation et remplacement des installations mobiles d'arrosage.

b) Auvents, terrasses et marquises :

Enlèvement de la mousse et des autres végétaux.

c) Descentes d'eaux pluviales, chéneaux et gouttières :

Dégorgement des conduits.

II. Ouvertures intérieures et extérieures

a) Sections ouvrantes telles que portes et fenêtres :

Graissage des gonds, paumelles et charnières ;

Menues réparations des boutons et poignées de portes, des gonds, crémones et espagnolettes ; remplacement notamment de boulons, clavettes et targettes.

b) Vitrages :

Réfection des mastics ;

Remplacement des vitres détériorées.

c) Dispositifs d'occultation de la lumière tels que stores et jalousies :

Graissage ;

Remplacement notamment de cordes, poulies ou de quelques lames.

d) Serrures et verrous de sécurité :

Graissage ;

Remplacement de petites pièces ainsi que des clés égarées ou détériorées.

e) Grilles :

Nettoyage et graissage ;

Remplacement notamment de boulons, clavettes, targettes.

III. Parties intérieures

a) Plafonds, murs intérieurs et cloisons :

Maintien en état de propreté ;

Menus raccords de peintures et tapisseries ; remise en place ou remplacement de quelques éléments des matériaux de revêtement tels que faïence, mosaïque, matière plastique ; rebouchage des trous rendu assimilable à une réparation par le nombre, la dimension et l'emplacement de ceux-ci.

b) Parquets, moquettes et autres revêtements de sol :

Encaustiquage et entretien courant de la vitrification ;

Remplacement de quelques lames de parquets et remise en état, pose de raccords de moquettes et autres revêtements de sol, notamment en cas de taches et de trous.

c) Placards et menuiseries telles que plinthes, baguettes et moulures :

Remplacement des tablettes et tasseaux de placard et réparation de leur dispositif de fermeture ; fixation de raccords et remplacement de pointes de menuiseries.

IV. Installations de plomberie

a) Canalisations d'eau :

Dégorgement ;

Remplacement notamment de joints et de colliers.

b) Canalisations de gaz :

Entretien courant des robinets, siphons et ouvertures d'aération ;

Remplacement périodique des tuyaux souples de raccordement.

c) Fosses septiques, puisards et fosses d'aisance :

Vidange.

d) Chauffage, production d'eau chaude et robinetterie :
Remplacement des bilames, pistons, membranes, boîtes à eau, allumage piézo-électrique, clapets et joints des appareils à gaz ;
Rinçage et nettoyage des corps de chauffe et tuyauteries ;
Remplacement des joints, clapets et presse-étoupes des robinets ;
Remplacement des joints, flotteurs et joints cloches des chasses d'eau.
e) Éviers et appareils sanitaires :
Nettoyage des dépôts de calcaire, remplacement des tuyaux flexibles de douches.

V. Équipements d'installations d'électricité

Remplacement des interrupteurs, prises de courant, coupe-circuits et fusibles, des ampoules, tubes lumineux ; réparation ou remplacement des baguettes ou gaines de protection.

VI. Autres équipements mentionnés au contrat de location

a) Entretien courant et menues réparations des appareils tels que réfrigérateurs, machines à laver le linge et la vaisselle, sèche-linge, hottes aspirantes, adoucisseurs, capteurs solaires, pompes à chaleur, appareils de conditionnement d'air, antennes individuelles de radiodiffusion et de télévision, meubles scellés, cheminées, glaces et miroirs ;
b) Menues réparations nécessitées par la dépose des bourrelets ;
c) Graissage et remplacement des joints des vidoirs ;
d) Ramonage des conduits d'évacuation des fumées et des gaz et conduits de ventilation.

Décret n° 87-713 du 26 août 1987,

Pris en application de l'article 18 de la loi n° 86-1290 du 23 décembre 1986 tendant à favoriser l'investissement locatif, l'accession à la propriété de logements sociaux et le développement de l'offre foncière et fixant la liste des charges récupérables. — V. L. n° 89-462 du 6 juill. 1989, art. 25-V, ci-dessous.

Art. 1er La liste des charges récupérables prévue à l'article 18 de la loi du 23 décembre 1986 susvisée figure en annexe au présent décret.

(Décr. n° 2013-1296 du 27 déc. 2013, art. 8-II) « Le présent décret s'applique à Mayotte à compter du 1er janvier 2014. »

Art. 2 Pour l'application du présent décret :

a) Il n'y a pas lieu de distinguer entre les services assurés par le bailleur en régie et les services assurés dans le cadre d'un contrat d'entreprise. Le coût des services assurés en régie inclut les dépenses de personnel d'encadrement technique *(Décr. n° 2008-1411 du 19 déc. 2008, art. 2)* « chargé du contrôle direct du gardien, du concierge ou de l'employé d'immeuble ; ces dépenses d'encadrement sont exigibles au titre des charges récupérables à concurrence de 10 % de leur montant ». Lorsqu'il existe un contrat d'entreprise, le bailleur doit s'assurer que ce contrat distingue les dépenses récupérables et les autres dépenses ;

b) Les dépenses de personnel récupérables correspondent à la rémunération et aux charges sociales et fiscales ;

c) *(Décr. n° 2008-1411 du 19 déc. 2008, art. 2)* « Lorsque le gardien ou le concierge d'un immeuble ou d'un groupe d'immeubles assure, conformément à son contrat de travail, l'entretien des parties communes et l'élimination des rejets, les dépenses correspondant à sa rémunération et aux charges sociales et fiscales y afférentes sont exigibles au titre des charges récupérables à concurrence de 75 % de leur montant, y compris lorsqu'un tiers intervient pendant les repos hebdomadaires et les congés prévus dans les clauses de son contrat de travail, ainsi qu'en cas de force majeure, d'arrêt de travail ou en raison de l'impossibilité matérielle ou physique temporaire pour le gardien ou le concierge d'effectuer seul les deux tâches.

« Ces dépenses ne sont exigibles qu'à concurrence de 40 % de leur montant lorsque le gardien ou le concierge n'assure, conformément à son contrat de travail, que l'une ou l'autre des deux tâches, y compris lorsqu'un tiers intervient pendant les repos hebdomadaires et les congés prévus dans les clauses de son contrat de travail, ainsi qu'en cas de force majeure, d'arrêt de travail ou en raison de l'impossibilité matérielle ou physique temporaire pour le gardien ou le concierge d'effectuer seul cette tâche.

« Un couple de gardiens ou de concierges qui assure, dans le cadre d'un contrat de travail commun, l'entretien des parties communes et l'élimination des rejets est assimilé à un personnel unique pour l'application du présent article.

« Les éléments suivants ne sont pas retenus dans les dépenses mentionnées dans les deux premiers alinéas :

« — le salaire en nature ;

« — l'intéressement et la participation aux bénéfices de l'entreprise ;

« — les indemnités et primes de départ à la retraite ;

« — les indemnités de licenciement ;

« — la cotisation à une mutuelle prise en charge par l'employeur ou par le comité d'entreprise ;

« — la participation de l'employeur au comité d'entreprise ;

« — la participation de l'employeur à l'effort de construction ;

« — la cotisation à la médecine du travail.

« *d*) Lorsqu'un employé d'immeuble assure, conformément à son contrat de travail, l'entretien des parties communes ou l'élimination des rejets, les dépenses correspondant à sa rémunération et aux charges sociales et fiscales y afférentes sont exigibles, en totalité, au titre des charges récupérables.

« Les éléments suivants ne sont pas retenus dans les dépenses mentionnées dans l'alinéa précédent :

« — le salaire en nature ;

« — l'intéressement et la participation aux bénéfices de l'entreprise ;

« — les indemnités et primes de départ à la retraite ;

« — les indemnités de licenciement ;

« — la cotisation à une mutuelle prise en charge par l'employeur ou par le comité d'entreprise ;

« — la participation de l'employeur au comité d'entreprise ;

« — la participation de l'employeur à l'effort de construction ;

« — la cotisation à la médecine du travail. »

e) Le remplacement d'éléments d'équipement n'est considéré comme assimilable aux menues réparations que si son coût est au plus égal au coût de celles-ci.

Art. 3 Pour l'application du présent décret, les dépenses afférentes à l'entretien courant et aux menues réparations d'installations individuelles, qui figurent au III du tableau annexé, sont récupérables lorsqu'elles sont effectuées par le bailleur au lieu et place du locataire.

Art. 3-1 *(Décr. n° 99-667 du 26 juill. 1999)* Le présent décret est applicable en Polynésie française pour la mise en œuvre des dispositions de l'article 23 de la loi n° 89-462 du 6 juillet 1989.

ANNEXE

Liste des charges récupérables

I. Ascenseurs et monte-charge

1. Dépenses d'électricité.

2. Dépenses d'exploitation, d'entretien courant, de menues réparations :

a) Exploitation :

— visite périodique, nettoyage et graissage des organes mécaniques ;

— examen semestriel des câbles et vérification annuelle des parachutes ;

— nettoyage annuel de la cuvette, du dessus de la cabine et de la machinerie ;

— dépannage ne nécessitant pas de réparations ou fournitures de pièces ;

— tenue d'un dossier par l'entreprise d'entretien mentionnant les visites techniques, incidents et faits importants touchant l'appareil.

b) Fournitures relatives à des produits ou à du petit matériel d'entretien (chiffons, graisses et huiles nécessaires) et aux lampes d'éclairage de la cabine.

c) Menues réparations :

— de la cabine (boutons d'envoi, paumelles de portes, contacts de portes, ferme-portes automatiques, coulisseaux de cabine, dispositif de sécurité de seuil et cellule photo-électrique) ;

— des paliers (ferme-portes mécaniques, électriques ou pneumatiques, serrures électromécaniques, contacts de porte et boutons d'appel) ;

— des balais du moteur et fusibles.

II. Eau froide, eau chaude et chauffage collectif des locaux privatifs et des parties communes

1. Dépenses relatives :

A l'eau froide et chaude des locataires ou occupants du bâtiment ou de l'ensemble des bâtiments d'habitation concernés ;

A l'eau nécessaire à l'entretien courant des parties communes du ou desdits bâtiments, y compris la station d'épuration ;

A l'eau nécessaire à l'entretien courant des espaces extérieurs ;

Les dépenses relatives à la consommation d'eau incluent l'ensemble des taxes et redevances ainsi que les sommes dues au titre de la redevance d'assainissement, à l'exclusion de celles auxquelles le propriétaire est astreint en application de l'article L. 35-5 du code de la santé publique ;

Aux produits nécessaires à l'exploitation, à l'entretien et au traitement de l'eau ;

A l'électricité ;

Au combustible ou à la fourniture d'énergie, quelle que soit sa nature.

2. Dépenses d'exploitation, d'entretien courant et de menues réparations :

a) Exploitation et entretien courant :

— nettoyage des gicleurs, électrodes, filtres et clapets des brûleurs ;

— entretien courant et graissage des pompes de relais, jauges, contrôleurs de niveau ainsi que des groupes moto-pompes et pompes de puisards ;

— graissage des vannes et robinets et réfection des presse-étoupes ;

— remplacement des ampoules des voyants lumineux et ampoules de chaufferie ;

— entretien et réglage des appareils de régulation automatique et de leurs annexes ;

— vérification et entretien des régulateurs de tirage ;

— réglage des vannes, robinets et tés ne comprenant pas l'équilibrage ;

— purge des points de chauffage ;

— frais de contrôles de combustion ;

— entretien des épurateurs de fumée ;

— opérations de mise en repos en fin de saison de chauffage, rinçage des corps de chauffe et tuyauteries, nettoyage de chaufferies, y compris leurs puisards et siphons, ramonage des chaudières, carneaux et cheminées ;

— conduite de chauffage ;

— frais de location d'entretien et de relevé des compteurs généraux et individuels ;

— entretien de l'adoucisseur, du détartreur d'eau, du surpresseur et du détendeur ;

— contrôles périodiques visant à éviter les fuites de fluide frigorigène des pompes à chaleur ;

— vérification, nettoyage et graissage des organes des pompes à chaleur ;

— nettoyage périodique de la face extérieure des capteurs solaires ;

— vérification, nettoyage et graissage des organes des capteurs solaires.

b) Menues réparations dans les parties communes ou sur des éléments d'usage commun :

— réparation de fuites sur raccords et joints ;

— remplacement des joints, clapets et presse-étoupes ;

— rodage des sièges de clapets ;

— menues réparations visant à remédier aux fuites de fluide frigorigène des pompes à chaleur ;

— recharge en fluide frigorigène des pompes à chaleur.

III. Installations individuelles

Chauffage et production d'eau chaude, distribution d'eau dans les parties privatives :

1. Dépenses d'alimentation commune de combustible ;

2. Exploitation et entretien courant, menues réparations :

a) Exploitation et entretien courant :

— réglage de débit et température de l'eau chaude sanitaire ;

— vérification et réglage des appareils de commande, d'asservissement, de sécurité d'aquastat et de pompe ;

— dépannage ;

— *contrôle des raccordements* et de l'alimentation des chauffe-eau électriques, contrôle de l'intensité absorbée ;

— vérification de l'état des résistances, des thermostats, nettoyage ;

— réglage des thermostats et contrôle de la température d'eau ;

— contrôle et réfection d'étanchéité des raccordements eau froide – eau chaude ;

— contrôle des groupes de sécurité ;

— rodage des sièges de clapets des robinets ;

— réglage des mécanismes de chasses d'eau.

b) Menues réparations :

— remplacement des bilames, pistons, membranes, boîtes à eau, allumage piézo-électrique, clapets et joints des appareils à gaz ;

— rinçage et nettoyage des corps de chauffe et tuyauteries ;

— remplacement des joints, clapets et presse-étoupes des robinets ;

— remplacement des joints, flotteurs et joints cloches des chasses d'eau.

IV. Parties communes intérieures au bâtiment ou à l'ensemble des bâtiments d'habitation

1. Dépenses relatives :

A l'électricité ;

Aux fournitures consommables, notamment produits d'entretien, balais et petit matériel assimilé nécessaires à l'entretien de propreté, sel.

2. Exploitation et entretien courant, menues réparations :

a) Entretien de la minuterie, pose, dépose et entretien des tapis ;

b) Menues réparations des appareils d'entretien de propreté tels qu'aspirateur.

3. Entretien de propreté (frais de personnel).

V. Espaces extérieurs au bâtiment ou à l'ensemble de bâtiments d'habitation (voies de circulation, aires de stationnement, abords et espaces verts, aires et équipements de jeux)

1. Dépenses relatives :

A l'électricité ;

A l'essence et huile ;

Aux fournitures consommables utilisées dans l'entretien courant : ampoules ou tubes d'éclairage, engrais, produits bactéricides et insecticides, produits tels que graines, fleurs, plants, plantes de remplacement, à l'exclusion de celles utilisées pour la réfection de massifs, plates-bandes ou haies.

2. *a)* Exploitation et entretien courant :

Opérations de coupe, désherbage, sarclage, ratissage, nettoyage et arrosage concernant :

— les allées, aires de stationnement et abords ;

— les espaces verts (pelouses, massifs, arbustes, haies vives, plates-bandes) ;

— les aires de jeux ;

— les bassins, fontaines, caniveaux, canalisations d'évacuation des eaux pluviales ;

— entretien du matériel horticole ;

— remplacement du sable des bacs et du petit matériel de jeux.

b) Peinture et menues réparations des bancs de jardins et des équipements de jeux et grillages.

VI. Hygiène

1. Dépenses de fournitures consommables :

Sacs en plastique et en papier nécessaires à l'élimination des rejets ;

Produits relatifs à la désinsectisation et à la désinfection, y compris des colonnes sèches de vide-ordures.

2. Exploitation et entretien courant :

Entretien et vidange des fosses d'aisances ;

Entretien des appareils de conditionnement des ordures.

3. *Élimination des rejets* (frais de personnel).

VII. Équipements divers du bâtiment ou de l'ensemble de bâtiments d'habitation

1. La fourniture d'énergie nécessaire à la ventilation mécanique.

2. Exploitation et entretien courant :

Ramonage des conduits de ventilation ;

Entretien de la ventilation mécanique ;

Entretien des dispositifs d'ouverture automatique ou codée et des interphones ;

Visites périodiques à l'exception des contrôles réglementaires de sécurité, nettoyage et graissage de l'appareillage fixe de manutention des nacelles de nettoyage des façades vitrées.

3. Divers :

Abonnement des postes de téléphone à la disposition des locataires.

VIII. Impositions et redevances

Droit de bail.
Taxe ou redevance d'enlèvement des ordures ménagères.
Taxe de balayage.

Loi n° 89-462 du 6 juillet 1989,

Tendant à améliorer les rapports locatifs et portant modification de la loi n° 86-1290 du 23 décembre 1986.

Ndlr. *Concernant la date d'entrée en vigueur des dispositions issues de la loi n° 2014-366 du 24 mars 2014 pour l'accès au logement et un urbanisme rénové, V. l'art. 14 de ce texte, ss. l'art. 2 de la loi du 6 juill. 1989, ci-dessous, et l'art. 82-II de la L. n° 2015-990 du 6 août 2015, eod loc.*

RÉP. CIV. v° *Bail d'habitation et mixte. — Rapports locatifs individuels : Loi du 6 juillet 1989.* — par N. DAMAS.

BIBL. ▶ Dossier, *AJDI 2019. 753* (30e anniversaire de la L. du 6 juill. 1989).

TITRE I. DES RAPPORTS ENTRE BAILLEURS ET LOCATAIRES

Ndlr. *Sur l'application dans le temps de la L. du 6 juill. 1989, V., ss. son art. 2, l'art. 14 de la L. n° 2014-366 du 24 mars 2014 et l'art. 82-II de la L. n° 2015-990 du 6 août 2015.*

Le titre I de la L. du 6 juill. 1989 est applicable à Mayotte dans les conditions prévues à l'art. 43 de la même loi (Ord. n° 2012-576 du 26 avr. 2012, art. 11-I).

CHAPITRE I. *DISPOSITIONS GÉNÉRALES*

Art. 1er Le droit au logement est un droit fondamental ; il s'exerce dans le cadre des lois qui le régissent.

L'exercice de ce droit implique la liberté de choix pour toute personne de son mode d'habitation grâce au maintien et au développement d'un secteur locatif et d'un secteur d'accession à la propriété ouverts à toutes les catégories sociales.

(L. n° 2002-73 du 17 janv. 2002, art. 158) « Aucune personne ne peut se voir refuser la location d'un logement *(L. n° 2014-366 du 24 mars 2014, art. 1er-I-1°)* « pour un motif discriminatoire défini à l'article 225-1 du code pénal ».

(L. n° 2002-73 du 17 janv. 2002, art. 158) « En cas de litige relatif à l'application de l'alinéa précédent, la personne s'étant vu refuser la location d'un logement présente des éléments de fait laissant supposer l'existence d'une discrimination directe ou indirecte. Au vu de ces éléments, il incombe à la partie défenderesse de prouver que sa décision est justifiée. Le juge forme sa conviction après avoir ordonné, en cas de besoin, toutes les mesures d'instruction qu'il estime utiles. »

Les droits et obligations réciproques des bailleurs et des locataires doivent être équilibrés dans leurs relations individuelles comme dans leurs relations collectives.

Sur l'application dans le temps de la loi du 6 juill. 1989, V., ss. son art. 2, l'art. 14 de la L. n° 2014-366 du 24 mars 2014 et l'art. 82-II de la L. n° 2015-990 du 6 août 2015.

Art. 2 *(L. n° 2014-366 du 24 mars 2014, art. 1er-I-2°)* Les dispositions du présent titre sont d'ordre public.

Le présent titre s'applique aux locations de locaux à usage d'habitation ou à usage mixte professionnel et d'habitation, et qui constituent la résidence principale du preneur, ainsi qu'aux garages, aires et places de stationnement, jardins et autres locaux, loués accessoirement au local principal par le même bailleur. La résidence principale est entendue comme le logement occupé au moins huit mois par an, sauf obligation professionnelle, raison de santé ou cas de force majeure, soit par le preneur ou son conjoint, soit par une personne à charge au sens du code de la construction et de l'habitation.

Toutefois, ce titre ne s'applique pas :

1° *Aux logements-foyers,* à l'exception du premier alinéa de l'article 6 et de l'article 20-1 ;

2° Aux logements meublés, régis par le titre I *bis* ;

(L. n° 2018-1021 du 23 nov. 2018, art. 107-I) « 2° *bis* Aux logements meublés loués dans le cadre d'un bail mobilité, régis par le titre I *ter* ; »

3° Aux logements attribués ou loués en raison de l'exercice d'une fonction ou de l'occupation d'un emploi et aux locations consenties aux travailleurs saisonniers, à l'exception de l'article 3-3, des deux premiers alinéas de l'article 6, de l'article 20-1 et de l'article 24-1.

Sur l'application dans le temps de la loi du 6 juill. 1989, V. ss. son art. 2, l'art. 14 de la L. n° 2014-366 du 24 mars 2014 et l'art. 82-II de la L. n° 2015-990 du 6 août 2015.

Loi n° 2014-366 du 24 mars 2014,

Pour l'accès au logement et un urbanisme rénové (JO 26 mars).

Art. 14 Les contrats de location en cours à la date d'entrée en vigueur de la présente loi demeurent soumis aux dispositions qui leur étaient applicables.

Toutefois, pour les contrats en cours à la date d'entrée en vigueur de la présente loi et mentionnés au premier alinéa de l'article 2 de la loi n° 89-462 du 6 juillet 1989 tendant à améliorer les rapports locatifs et portant modification de la loi n° 86-1290 du 23 décembre 1986, dans sa rédaction antérieure à la présente loi *[locations de locaux à usage d'habitation principale ou à usage mixte professionnel et d'habitation principale ainsi qu'aux garages, places de stationnement, jardins et autres locaux, loués accessoirement au local principal par le même bailleur]* :

1° Les articles 7, 17-1, 20-1, 21 et 23 de la même loi, dans leur rédaction résultant de la présente loi, sont applicables ;

2° L'article 11-1 de la loi n° 89-462 du 6 juillet 1989 précitée, dans sa rédaction résultant de la présente loi, leur est applicable pour les congés délivrés après l'entrée en vigueur de la présente loi.

Pour les contrats en cours à la date d'entrée en vigueur de la présente loi et mentionnés au premier alinéa de l'article L. 632-1 du code de la construction et de l'habitation, dans sa rédaction antérieure à la présente loi, les articles 6, 7, 20-1 et 25-11 de la loi n° 89-462 du 6 juillet 1989 précitée, dans leur rédaction résultant de la présente loi, sont applicables.

Publiée au JO du 26 mars, la L. n° 2014-366 du 24 mars 2014 est entrée en vigueur le 27 mars 2014.

BIBL. ▶ DEUMIER, *RTD civ. 2015. 559* ✐ (dispositions transitoires). – VIAL-PEDROLETTI, *JCP 2014, n° 932* (controverses sur l'application transitoire).

Loi n° 2015-990 du 6 août 2015,

Pour la croissance, l'activité et l'égalité des chances économiques.

Art. 82 II. — Jusqu'à leur renouvellement ou leur reconduction tacite, les contrats des locations mentionnées au deuxième alinéa de l'article 2 *[locations de locaux à usage d'habitation principale ou à usage mixte professionnel et d'habitation principale ainsi qu'aux garages, places de stationnement, jardins et autres locaux, loués accessoirement au local principal par le même bailleur]* et au premier alinéa de l'article 25-3 *[contrats de location de logements meublés constituant la résidence principale du locataire]* de la loi n° 89-462 du 6 juillet 1989 tendant à améliorer les rapports locatifs et portant modification de la loi n° 86-1290 du 23 décembre 1986 en cours à la date de publication de la présente loi *[JO 7 août 2015]* demeurent soumis aux dispositions qui leur étaient applicables.

Toutefois :

1° L'article 22 ainsi que l'article 24, dans sa rédaction résultant du présent article, de la loi n° 89-462 du 6 juillet 1989 précitée leur sont applicables ;

2° L'article 7-1 de la même loi est applicable, dans les conditions fixées à l'article 2222 du code civil ;

3° Les articles 1724, 1751 et 1751-1 du même code leur sont applicables ;

4° L'article 11-2 de la loi n° 89-642 du 6 juillet 1989 précitée, dans sa rédaction résultant du présent article, leur est applicable ;

5° L'article 15 de la même loi, dans sa rédaction résultant du présent article, est applicable aux contrats des locations mentionnées au deuxième alinéa de l'article 2 de ladite loi ;

6° L'article 25-8 de la même loi, dans sa rédaction résultant du présent article, est applicable aux contrats de location mentionnés au premier alinéa de l'article 25-3 de ladite loi.

A compter de la date d'effet de leur renouvellement ou de leur reconduction tacite, les contrats des locations mentionnées au deuxième alinéa de l'article 2 de la loi n° 89-462 du 6 juillet 1989 précitée sont régis par l'ensemble des dispositions de cette même loi en vigueur au jour du renouvellement ou de la reconduction, à l'exception de ses articles 3, 17 et 17-2, qui ne s'appliquent qu'aux nouveaux baux et aux baux faisant l'objet d'un renouvellement.

A compter de la date d'effet de leur renouvellement ou de leur reconduction tacite, les contrats mentionnés au premier alinéa de l'article 25-3 de la même loi sont régis par l'ensemble des dispositions de cette même loi en vigueur au jour du renouvellement ou de la reconduction, à l'exception de l'article 3, du premier alinéa de l'article 22, de l'article 25-6 et du I de l'article 25-9, qui ne s'appliquent qu'aux nouveaux baux et aux baux faisant l'objet d'un renouvellement.

Art. 2-1 *(L. n° 2022-217 du 21 févr. 2022, art. 86)* Les annonces relatives à la mise en location d'un logement soumis à la présente loi mentionnent des informations relatives au bien concerné et aux conditions tarifaires de cette mise en location et, dans les territoires où s'applique l'arrêté mentionné au I de l'article 140 de la loi n° 2018-1021 du 23 novembre 2018 portant évolution du logement, de l'aménagement et du numérique, à l'encadrement des loyers. La liste de ces informations est fixée par arrêté du ministre chargé du logement pour les annonces émises par les non-professionnels.

Art. 3 *(L. n° 2014-366 du 24 mars 2014, art. 1er-I-3°)* Le contrat de location est établi par écrit et respecte un contrat type défini par décret en Conseil d'État, pris après avis de la Commission nationale de concertation.

Le contrat de location précise :

1° Le nom ou la dénomination du bailleur et son domicile ou son siège social ainsi que, le cas échéant, ceux de son mandataire ;

2° Le nom ou la dénomination du locataire ;

3° La date de prise d'effet et la durée ;

4° La consistance, la destination ainsi que la surface habitable de la chose louée, définie par le code de la construction et de l'habitation ;

5° La désignation des locaux et équipements d'usage privatif dont le locataire a la jouissance exclusive et, le cas échéant, l'énumération des parties, équipements et accessoires de l'immeuble qui font l'objet d'un usage commun, ainsi que des équipements d'accès aux technologies de l'information et de la communication ;

6° Le montant du loyer, ses modalités de paiement ainsi que ses règles de révision éventuelle ;

(Abrogé par L. n° 2018-1021 du 23 nov. 2018, art. 139-I) « 7° Le loyer de référence et le loyer de référence majoré, correspondant à la catégorie de logement et définis par le représentant de l'État dans le département dans les zones où s'applique l'arrêté mentionné au I de l'article 17 ; »

8° Le montant et la date de versement du dernier loyer *(L. n° 2015-990 du 6 août 2015, art. 82-I-1°)* « appliqué au » précédent locataire, dès lors que ce dernier a quitté le logement moins de dix-huit mois avant la signature du bail ;

9° La nature et le montant des travaux effectués dans le logement depuis la fin du dernier contrat de location ou depuis le dernier renouvellement du bail ;

10° Le montant du dépôt de garantie, si celui-ci est prévu.

(L. n° 2019-1147 du 8 nov. 2019, art. 22-III, en vigueur le 1er janv. 2022) « Le contrat de location mentionne également, à titre d'information, une indication sur le montant des dépenses théoriques de l'ensemble des usages énumérés dans le diagnostic de performance énergétique et définis par voie réglementaire. »

(Abrogé par L. n° 2018-1021 du 23 nov. 2018, art. 154-I) « Le renoncement, le cas échéant, au bénéfice de la garantie universelle des loyers, telle que prévue à l'article 24-2, doit être expressément mentionné dans le contrat de location. A défaut, le bailleur s'engage à déclarer le contrat de location auprès de l'agence mentionnée au II du même article 24-2. »

Une notice d'information relative aux droits et obligations des locataires et des bailleurs ainsi qu'aux voies de conciliation et de recours qui leur sont ouvertes pour régler leurs litiges est annexée au contrat de location. *(Abrogé par L. n° 2018-1021 du 23 nov. 2018, art. 154-I) « Cette notice d'information précise également les droits, obligations et effets, pour les parties au contrat de location, de la mise en œuvre de la garantie universelle des loyers, telle que prévue au même article 24-2. »* Un arrêté du ministre chargé du logement, pris après avis de la Commission nationale de concertation, détermine le contenu de cette notice.

Lorsque l'immeuble est soumis au statut de la copropriété, le copropriétaire bailleur est tenu de communiquer au locataire les extraits du règlement de copropriété concernant la destination de l'immeuble, la jouissance et l'usage des parties privatives et communes, et précisant la quote-part afférente au lot loué dans chacune des catégories de charges. *(L. n° 2018-1021 du 23 nov. 2018, art. 218-I)* « Ces extraits du règlement de copropriété sont communiqués par voie dématérialisée, sauf opposition explicite de l'une des parties au contrat. »

Le bailleur ne peut pas se prévaloir de la violation du présent article.

Chaque partie peut exiger de l'autre partie, à tout moment, l'établissement d'un contrat conforme au présent article. En cas de mutation à titre gratuit ou onéreux du logement, le nouveau bailleur est tenu de notifier au locataire son nom ou sa dénomination et son domicile ou son siège social ainsi que, le cas échéant, ceux de son mandataire.

En cas d'absence dans le contrat de location d'une des informations relatives à la surface habitable *(Abrogé par L. n° 2018-1021 du 23 nov. 2018, art. 139-I)* « *, aux loyers de référence* » et au dernier loyer acquitté par le précédent locataire, le locataire peut, dans un délai d'un mois à compter de la prise d'effet du contrat de location, mettre en demeure le bailleur de porter ces informations au bail. A défaut de réponse du bailleur dans le délai d'un mois ou en cas de refus de ce dernier, le locataire peut saisir, dans le délai de trois mois à compter de la mise en demeure, la juridiction compétente afin d'obtenir, le cas échéant, la diminution du loyer.

Sur l'application dans le temps de la loi du 6 juill. 1989, V. ss. art. 2, l'art. 14 de la L. n° 2014-366 du 24 mars 2014 et l'art. 82-II de la L. n° 2015-990 du 6 août 2015.

Art. 3-1 *(L. n° 2014-366 du 24 mars 2014, art. 1er-I-4°)* Lorsque la surface habitable de la chose louée est inférieure de plus d'un vingtième à celle exprimée dans le contrat de location, le bailleur supporte, à la demande du locataire, une diminution du loyer proportionnelle à l'écart constaté. A défaut d'accord entre les parties ou à défaut de réponse du bailleur dans un délai de deux mois à compter de la demande en diminution de loyer, le juge peut être saisi, dans le délai de quatre mois à compter de cette même demande, afin de déterminer, le cas échéant, la diminution de loyer à appliquer. La diminution de loyer acceptée par le bailleur ou prononcée par le juge prend effet à la date de signature du bail. Si la demande en diminution du loyer par le locataire intervient plus de six mois à compter de la prise d'effet du bail, la diminution de loyer acceptée par le bailleur ou prononcée par le juge prend effet à la date de la demande.

Sur l'application dans le temps de la loi du 6 juill. 1989, V., ss. son art. 2, l'art. 14 de la L. n° 2014-366 du 24 mars 2014 et l'art. 82-II de la L. n° 2015-990 du 6 août 2015.

Art. 3-2 *(L. n° 2014-366 du 24 mars 2014, art. 1er-I-5°)* Un état des lieux est établi selon des modalités définies par décret en Conseil d'État, pris après avis de la Commission nationale de concertation, dans les mêmes formes et en autant d'exemplaires que de parties lors de la remise et de la restitution des clés. Il est établi contradictoirement et amiablement par les parties ou par un tiers mandaté par elles et joint au contrat de location.

Si l'état des lieux ne peut être établi dans les conditions prévues au premier alinéa, il est établi par un commissaire de justice, sur l'initiative de la partie la plus diligente, à frais partagés par moitié entre le bailleur et le locataire et à un coût fixé par décret en Conseil d'État. Dans ce cas, les parties en sont avisées par le commissaire de justice au moins sept jours à l'avance, par lettre recommandée avec demande d'avis de réception.

A défaut d'état des lieux ou de la remise d'un exemplaire de l'état des lieux à l'une des parties, la présomption établie par l'article 1731 du code civil ne peut être invoquée par celle des parties qui a fait obstacle à l'établissement de l'acte ou à sa remise à l'une des parties.

Le locataire peut demander au bailleur ou à son représentant de compléter l'état des lieux *(L. n° 2015-990 du 6 août 2015, art. 82-I-2°)* « d'entrée » dans un délai de dix jours à compter de son établissement. Si cette demande est refusée, le locataire peut saisir la commission départementale de conciliation territorialement compétente.

Pendant le premier mois de la période de chauffe, le locataire peut demander que l'état des lieux soit complété par l'état des éléments de chauffage.

Le propriétaire ou son mandataire complète les états des lieux d'entrée et de sortie par les relevés des index pour chaque énergie, en présence d'une installation de chauffage ou d'eau chaude sanitaire individuelle, ou collective avec un comptage individuel. L'extrait de l'état des lieux correspondant est mis à la disposition de la personne chargée d'établir le diagnostic de performance énergétique prévu à l'article *(Ord. n° 2020-71 du 29 janv. 2020, art. 5, en vigueur le 1er juill. 2021)* « L. 126-26 » du code de la construction et de l'habitation qui en fait la demande, sans préjudice de la mise à disposition des factures.

Sur l'application dans le temps de la loi du 6 juill. 1989, V., ss. son art. 2, l'art. 14 de la L. n° 2014-366 du 24 mars 2014 et l'art. 82-II de la L. n° 2015-990 du 6 août 2015.

Art. 3-3 *(L. n° 2014-366 du 24 mars 2014, art. 1er-I-6°)* Un dossier de diagnostic technique, fourni par le bailleur, est annexé au contrat de location lors de sa signature ou de son renouvellement et comprend :

1° Le diagnostic de performance énergétique prévu à l'article L. 134-1 du code de la construction et de l'habitation ;

2° Le constat de risque d'exposition au plomb prévu aux articles L. 1334-5 et L. 1334-7 du code de la santé publique ;

3° Une copie d'un état mentionnant l'absence ou, le cas échéant, la présence de matériaux ou produits de la construction contenant de l'amiante. Un décret en Conseil d'État définit les modalités d'application du présent 3°, notamment la liste des matériaux ou produits concernés ;

4° Un état de l'installation intérieure d'électricité et de gaz, dont l'objet est d'évaluer les risques pouvant porter atteinte à la sécurité des personnes. Un décret en Conseil d'État définit les modalités d'application du présent 4°, ainsi que les dates d'entrée en vigueur de l'obligation en fonction des enjeux liés aux différents types de logements, dans la limite de six ans à compter de la publication de la loi n° 2014-366 du 24 mars 2014 pour l'accès au logement et un urbanisme rénové.

Dans les zones mentionnées au I de l'article L. 125-5 du code de l'environnement, le dossier de diagnostic technique est complété à chaque changement de locataire par l'état des risques *(L. n° 2021-1104 du 22 août 2021, art. 236-III)* « prévu au même I *[ancienne rédaction : naturels et technologiques]* » *[V. App., v° Risques naturels et technologiques]. (L. n° 2021-1104 du 22 août 2021, art. 236-IV-1°)* « En l'absence de ce document, le locataire peut poursuivre la résolution du contrat ou demander au juge une diminution du prix. »

(L. n° 2019-1428 du 24 déc. 2019, art. 94, en vigueur le 1er juin 2020) « Lorsque le bien loué est situé dans l'une des zones de bruit définies par un plan d'exposition au bruit des aérodromes prévu par l'article L. 112-6 du code de l'urbanisme, le dossier de diagnostic est complété par un document comportant l'indication claire et précise de cette zone ainsi que les informations prévues par l'article L. 112-11 du même code. »

(L. n° 2018-1021 du 23 nov. 2018, art. 218-II) « Le dossier de diagnostic technique est communiqué au locataire par voie dématérialisée, sauf opposition explicite de l'une des parties au contrat. »

Le locataire ne peut se prévaloir à l'encontre du bailleur des *(L. n° 2018-1021 du 23 nov. 2018, art. 179-II, en vigueur le 1er juill. 2021)* « recommandations accompagnant » le diagnostic de performance énergétique *(L. n° 2019-1428 du 24 déc. 2019, art. 94, en vigueur le 1er juin 2020)* « ainsi que le document relatif à la situation du bien dans une zone définie par un plan d'exposition au bruit des aérodromes, qui n'ont qu'une valeur indicative ».

Le propriétaire bailleur tient le diagnostic de performance énergétique à la disposition de tout candidat locataire. *(L. n° 2021-1104 du 22 août 2021, art. 236-IV-2°)* « Dans les zones mentionnées au I de l'article L. 125-5 du code de l'environnement, le bailleur fournit au candidat locataire l'état des risques prévu au même article L. 125-5, lors de la première visite de l'immeuble, si une telle visite a lieu. »

Sur l'application dans le temps de la loi du 6 juill. 1989, V. ss. art. 2, l'art. 14 de la L. n° 2014-366 du 24 mars 2014 et l'art. 82-II de la L. n° 2015-990 du 6 août 2015.

Les dispositions issues de l'art. 236 de la L. n° 2021-1104 du 22 août 2021 sont applicables à compter de l'entrée en vigueur du décret en Conseil d'État pris pour son application, et au plus tard le 1er janv. 2023 (L. préc., art. 236-V).

Art. 4 Est réputée non écrite toute clause :

a) Qui oblige le locataire, en vue de la vente ou de la location du local loué, à laisser visiter celui-ci les jours fériés ou plus de deux heures les jours ouvrables ;

b) Par laquelle le locataire est obligé de souscrire une assurance auprès d'une compagnie choisie par le bailleur ;

c) Qui impose comme mode de paiement du loyer l'ordre de prélèvement automatique sur le compte courant du locataire ou la signature par avance de traites ou de billets à ordre ;

d) Par laquelle le locataire autorise le bailleur à prélever ou à faire prélever les loyers directement sur son salaire dans la limite cessible ;

e) Qui prévoit la responsabilité collective des locataires en cas de dégradation d'un élément commun de la chose louée ;

f) Par laquelle le locataire s'engage par avance à des remboursements sur la base d'une estimation faite unilatéralement par le bailleur au titre des réparations locatives ;

g) Qui prévoit la résiliation de plein droit du contrat en cas d'inexécution des obligations du locataire pour un motif autre que le non-paiement du loyer, des charges, du dépôt de garantie, la non-souscription d'une assurance des risques locatifs *(L. n° 2007-297 du 5 mars 2007, art. 18-II)* « ou le non-respect de l'obligation d'user paisiblement des locaux loués, résultant de troubles de voisinage constatés par une décision de justice passée en force de chose jugée » ;

h) Qui autorise le bailleur à diminuer ou à supprimer, sans contrepartie équivalente, des prestations stipulées au contrat ;

i) Qui autorise le bailleur à percevoir des amendes *(L. n° 2014-366 du 24 mars 2014, art. 1er-I-7°)* « ou des pénalités » en cas d'infraction aux clauses d'un contrat de location ou d'un règlement intérieur à l'immeuble ;

j) Qui interdit au locataire l'exercice d'une activité politique, syndicale, associative ou confessionnelle.[;]

(L. n° 2006-872 du 13 juill. 2006, art. 84) « *k)* Qui impose au locataire la facturation de l'état des lieux *(L. n° 2014-366 du 24 mars 2014, art. 1er-II-1°)* « de sortie » dès lors que celui-ci n'est pas établi par un commissaire de justice dans le cas prévu par l'article *(L. n° 2014-366 du 24 mars 2014, art. 1er-II-1°)* « 3-2 » ;

« *l)* Qui prévoit le renouvellement du bail par tacite reconduction pour une durée inférieure à celle prévue à l'article 10 ;

« *m)* Qui interdit au locataire de rechercher la responsabilité du bailleur ou qui exonère le bailleur de toute responsabilité ;

« *n)* Qui interdit au locataire d'héberger des personnes ne vivant pas habituellement avec lui ;

« *o)* Qui impose au locataire le versement, lors de l'entrée dans les lieux, de sommes d'argent en plus de celles prévues aux articles 5 et 22 ;

« *p)* Qui fait supporter au locataire des frais de relance ou d'expédition de la quittance ainsi que les frais de procédure en plus des sommes versées au titre des dépens et de l'article 700 du code de procédure civile ;

« *q)* Qui prévoit que le locataire est automatiquement responsable des dégradations constatées dans le logement ;

« *r)* Qui interdit au locataire de demander une indemnité au bailleur lorsque ce dernier réalise des travaux d'une durée supérieure à *(L. n° 2014-366 du 24 mars 2014, art. 1er-I-7°)* « vingt et un » jours ;

« *s)* Qui permet au bailleur d'obtenir la résiliation de plein droit du bail au moyen d'une simple ordonnance de référé insusceptible d'appel.[;] »

(L. n° 2014-366 du 24 mars 2014, art. 1er-I-7°) « *t)* Qui impose au locataire, en surplus du paiement du loyer pour occupation du logement, de souscrire un contrat pour la location d'équipements. »

Sur l'application dans le temps de la loi du 6 juill. 1989, V., ss. son art. 2, l'art. 14 de la L. n° 2014-366 du 24 mars 2014 et l'art. 82-II de la L. n° 2015-990 du 6 août 2015.

Art. 5 *(L. n° 2014-366 du 24 mars 2014, art. 1er-I-8°)* I. — La rémunération des personnes mandatées pour se livrer ou prêter leur concours à l'entremise ou à la négociation d'une mise en location d'un logement, tel que défini aux articles 2 et 25-3, est à la charge exclusive du bailleur, à l'exception des honoraires liés aux prestations mentionnées aux deuxième et troisième alinéas du présent I.

Les honoraires des personnes mandatées pour effectuer la visite du preneur, constituer son dossier et rédiger un bail sont partagés entre le bailleur et le preneur. Le montant toutes taxes comprises imputé au preneur pour ces prestations ne peut excéder celui imputé au bailleur et demeure inférieur ou égal à un plafond par mètre carré de surface habitable de la chose louée fixé par voie réglementaire et révisable chaque année, dans des conditions définies par décret. Ces honoraires sont dus à la signature du bail.

Les honoraires des personnes mandatées pour réaliser un état des lieux sont partagés entre le bailleur et le preneur. Le montant toutes taxes comprises imputé au locataire pour cette prestation ne peut excéder celui imputé au bailleur et demeure inférieur ou égal à un plafond par mètre carré de surface habitable de la chose louée fixé par voie réglementaire et révisable chaque année, dans des conditions définies par décret. Ces honoraires sont dus à compter de la réalisation de la prestation.

Les trois premiers alinéas du présent I ainsi que les montants des plafonds qui y sont définis sont reproduits, à peine de nullité, dans le contrat de bail lorsque celui-ci est conclu avec le concours d'une personne mandatée et rémunérée à cette fin.

II. — Les professionnels qui interviennent, à quelque titre que ce soit, lors de la conclusion du contrat de bail d'un logement, lors de la location ou pour en assurer la gestion locative communiquent à l'observatoire local des loyers compétent, tel que défini à l'article 16, des informations relatives au logement et au contrat de location. *(L. n° 2018-1021 du 23 nov. 2018, art. 139-I)* « Tout bailleur possédant une part significative des locaux constituant le parc de référence, défini au deuxième alinéa du même article 16, à l'échelle de la zone géographique d'un observatoire local des loyers prévu au premier alinéa dudit article 16, communique audit observatoire, des informations relatives au logement et au contrat de location. Ces communications s'effectuent » directement ou par l'intermédiaire d'un organisme tiers qui transmet ces informations à l'association mentionnée au cinquième alinéa du même article 16, selon une méthodologie validée par l'instance scientifique mentionnée audit article.

(L. n° 2018-1021 du 23 nov. 2018, art. 139-I) « La nature de ces informations, les conditions dans lesquelles elles sont transmises et le nombre de logements correspondant à une part significative du parc de référence sont définis par décret. »

Toute personne intéressée peut communiquer à l'observatoire local des loyers les informations mentionnées au premier alinéa du présent II.

(L. n° 2018-1021 du 23 nov. 2018, art. 151-III) « Les manquements à l'obligation mentionnée au même premier alinéa sont punis d'une amende administrative, prononcée par le représentant de l'État dans le département, dont le montant ne peut être supérieur à 5 000 € pour une personne physique et à 15 000 € pour une personne morale. L'amende est prononcée après que l'intéressé a été informé de la possibilité de présenter ses observations dans un délai déterminé. Le montant de l'amende est proportionné à la gravité des faits constatés. »

Sur l'application dans le temps de la L. du 6 juill. 1989, V. ss. art. 2, l'art. 14 de la L. n° 2014-366 du 24 mars 2014 et l'art. 82-II de la L. n° 2015-990 du 6 août 2015.

Art. 6 *(L. n° 2000-1208 du 13 déc. 2000, art. 187-II)* « Le bailleur est tenu de remettre au locataire un logement décent ne laissant pas apparaître de risques manifestes pouvant porter atteinte à la sécurité physique ou à la santé *(L. n° 2018-1021 du 23 nov. 2018, art. 142)* « [,] exempt de toute infestation d'espèces nuisibles et parasites » *(L. n° 2015-992 du 17 août 2015, art. 12-1°)* « , répondant à un critère de performance énergétique minimale » *(L. n° 2019-1147 du 8 nov. 2019, art. 17-I)* « , défini par un seuil maximal de consommation d'énergie finale par mètre carré et par an, » et doté des éléments le rendant conforme à l'usage d'habitation. *(L. n° 2015-992 du 17 août 2015, art. 12-2°)* « Un décret en Conseil d'État définit le critère de performance énergétique minimale à respecter et un calendrier de mise en œuvre échelonnée. »

(L. n° 2005-157 du 23 févr. 2005, art. 99) « Les caractéristiques correspondantes sont définies par décret en Conseil d'État pour les locaux à usage *(L. n° 2014-366 du 24 mars 2014, art. 1er-I-9°)* « de résidence » principale ou à usage mixte mentionnés au *(L. n° 2014-366 du 24 mars 2014, art. 1er-I-9°)* « deuxième » alinéa de l'article 2 et les locaux visés *(L. n° 2014-366 du 24 mars 2014, art. 1er-I-9°)* « aux 1° à 3° » du même article, à l'exception des logements-foyers et des logements destinés aux travailleurs agricoles qui sont soumis à des règlements spécifiques. »

Le bailleur est obligé :

a) De délivrer au locataire le logement en bon état d'usage et de réparation ainsi que les équipements mentionnés au contrat de location en bon état de fonctionnement ; toutefois, les parties peuvent convenir par une clause expresse des travaux que le locataire exécutera ou fera exécuter et des modalités de leur imputation sur le loyer ; cette clause prévoit la durée de cette imputation et, en cas de départ anticipé du locataire, les modalités de son dédommagement sur justification des dépenses effectuées ; une telle clause ne peut concerner que des logements répondant aux *(L. n° 2006-872 du 13 juill. 2006, art. 48-III-1°)* « caractéristiques définies en application des premier et deuxième alinéas » ;

b) D'assurer au locataire la jouissance paisible du logement et, sans préjudice des dispositions de l'article 1721 du code civil, de le garantir des vices ou défauts de nature à y faire obstacle hormis ceux qui, consignés dans l'état des lieux, auraient fait l'objet de la clause expresse mentionnée au *a* ci-dessus ;

c) D'entretenir les locaux en état de servir à l'usage prévu par le contrat et d'y faire toutes les réparations, autres que locatives, nécessaires au maintien en état et à l'entretien normal des locaux loués ;

d) De ne pas s'opposer aux aménagements réalisés par le locataire, dès lors que ceux-ci ne constituent pas une transformation de la chose louée.

Sur l'application dans le temps de la loi du 6 juill. 1989, V. ss. art. 2, l'art. 14 de la L. n° 2014-366 du 24 mars 2014 et l'art. 82-II de la L. n° 2015-990 du 6 août 2015.

Les mod. issues de la L. n° 2019-1147 du 8 nov. 2019 entrent en vigueur à une date fixée par décret, et au plus tard le 1er janv. 2023. Toutefois, par dérogation à ce qui précède, ces mod. sont applicables en Guadeloupe, en Martinique, en Guyane, à La Réunion et à Mayotte à compter d'une date fixée par décret, et au plus tard le 1er janv. 2028. Les contrats de location en cours à cette date demeurent soumis aux dispositions qui leur étaient applicables. Les contrats de location en cours à la date d'entrée en vigueur de ces mod. demeurent soumis aux dispositions qui leur étaient applicables (L. préc., art. 17-III, mod. par L. n° 2021-1104 du 22 août 2021, art. 158-III-1°).

Nouvel art. 6 *(L. n° 2000-1208 du 13 déc. 2000, art. 187-II)* « *Le bailleur est tenu de remettre au locataire un logement décent ne laissant pas apparaître de risques manifestes pouvant porter atteinte à la sécurité physique ou à la santé* *(L. n° 2018-1021 du 23 nov. 2018, art. 142)* « *[,] exempt de toute infestation d'espèces nuisibles et parasites* » *(L. n° 2015-992 du 17 août 2015, art. 12-1°)* « *, répondant à un* *(L. n° 2021-1104 du 22 août 2021, art. 160-I-1°, en vigueur le 1er janv. 2025)* « *niveau de performance minimal au sens de l'article L. 173-1-1 du code de la construction et de l'habitation* *[ancienne rédaction : critère de performance énergétique minimale]* » *(Abrogé par L. n° 2021-1104 du 22 août 2021, art. 160-I-1°, à compter du 1er janv. 2025)* « *, défini par un seuil maximal de consommation d'énergie finale par mètre carré et par an,* » *et doté des éléments le rendant conforme à l'usage d'habitation.* *(L. n° 2015-992 du 17 août 2015, art. 12-2°)* « *Un décret en Conseil d'État définit le* *(L. n° 2021-1104 du 22 août 2021, art. 160-I-1°, en vigueur le 1er janv. 2025)* « *niveau de performance minimal au sens du même article L. 173-1-1* *[ancienne rédaction : critère de performance énergétique minimale]* » *à respecter et un calendrier de mise en œuvre échelonnée.* » *— V. Décr. n° 2002-120 du 30 janv. 2002, art. 3 bis, App., v° Logement décent. — V. aussi l'art. L. 173-1-1 CCH, App., v° Performance énergétique et environnementale (bâtiments existants)]*

(L. n° 2005-157 du 23 févr. 2005, art. 99) « *Les caractéristiques* *(L. n° 2021-1104 du 22 août 2021, art. 160-I-2°, en vigueur le 1er janv. 2025)* « *correspondant au logement décent* *[ancienne rédaction : correspondantes]* » *sont définies par décret en Conseil d'État pour les locaux à usage* *(L. n° 2014-366 du 24 mars 2014, art. 1er-I-9°)* « *de résidence* *[ancienne rédaction : d'habitation]* » *principale ou à usage mixte mentionnés au* *(L. n° 2014-366 du 24 mars 2014, art. 1er-I-9°)* « *deuxième* *[ancienne rédaction : premier]* » *alinéa de l'article 2 et les locaux visés* *(L. n° 2014-366 du 24 mars 2014, art. 1er-I-9°)* « *aux 1° à 3°* *[ancienne rédaction : au deuxième alinéa]* » *du même article, à l'exception des logements-foyers et des logements destinés aux travailleurs agricoles qui sont soumis à des règlements spécifiques.* » *— V. Décr. n° 2002-120 du 30 janv. 2002, App., v° Logement décent.*

(L. n° 2021-1104 du 22 août 2021, art. 160-I-3°, en vigueur le 1er janv. 2025) « *Le niveau de performance d'un logement décent est compris, au sens de l'article L. 173-1-1 du code de la construction et de l'habitation* *[V. App., v° Performance energetique et environnementale (bâtiments existants)] :*

« *1° A compter du 1er janvier 2025, entre la classe A et la classe F ;*

« *2° A compter du 1er janvier 2028, entre la classe A et la classe E ;*

« *3° A compter du 1er janvier 2034, entre la classe A et la classe D.*

« *En Guadeloupe, en Martinique, en Guyane, à La Réunion et à Mayotte, le niveau de performance d'un logement décent est compris, au sens du même article L. 173-1-1 :*

« *a) A compter du 1er janvier 2028, entre la classe A et la classe F ;*

« *b) A compter du 1er janvier 2031, entre la classe A et la classe E.*

« *Les logements qui ne répondent pas aux critères précités aux échéances fixées sont considérés comme non décents.* »

Le bailleur est obligé :

a) De délivrer au locataire le logement en bon état d'usage et de réparation ainsi que les équipements mentionnés au contrat de location en bon état de fonctionnement ; toutefois, les parties peuvent convenir par une clause expresse des travaux que le locataire exécutera ou fera exécuter et des modalités de leur imputation sur le loyer ; cette clause prévoit la durée de cette imputation et, en cas de départ anticipé du locataire, les modalités de son dédommagement sur justification des dépenses effectuées ; une telle clause ne peut concerner que des logements répondant aux *(L. n° 2006-872 du 13 juill. 2006, art. 48-III-1°)* « *caractéristiques définies en application des premier et deuxième alinéas* » ;

b) D'assurer au locataire la jouissance paisible du logement et, sans préjudice des dispositions de l'article 1721 du code civil, de le garantir des vices ou défauts de nature à y faire obstacle hormis ceux qui, consignés dans l'état des lieux, auraient fait l'objet de la clause expresse mentionnée au a ci-dessus ;

c) D'entretenir les locaux en état de servir à l'usage prévu par le contrat et d'y faire toutes les réparations, autres que locatives, nécessaires au maintien en état et à l'entretien normal des locaux loués ;

d) De ne pas s'opposer aux aménagements réalisés par le locataire, dès lors que ceux-ci ne constituent pas une transformation de la chose louée.

V. App., v° Clauses abusives, Recomm. n° 80-04 du 4 févr. 1980 de la Commission des clauses abusives, concernant les contrats de location de locaux à usage d'habitation, complétée par la Recomm. n° 2000-01 du 17 févr. 2000.

V. aussi App., v° Clauses abusives, l'annexe 1 de cette Recomm. n° 2000-01, listant vingt-cinq clauses illicites.

V. Circ. n° 2006-68 du 11 sept. 2006 relative à la loi ENL du 13 juill. 2006 (BOMELT 2006/18, p. 290).

Sur l'application dans le temps de la loi du 6 juill. 1989, V. ss. art. 2, l'art. 14 de la L. n° 2014-366 du 24 mars 2014 et l'art. 82-II de la L. n° 2015-990 du 6 août 2015.

Art. 6-1 *(L. n° 2007-297 du 5 mars 2007, art. 18-II)* Après mise en demeure dûment motivée, les propriétaires des locaux à usage d'habitation doivent, sauf motif légitime, utiliser les droits dont ils disposent en propre afin de faire cesser les troubles de voisinage causés à des tiers par les personnes qui occupent ces locaux.

Art. 6-2 *(Ord. n° 2020-866 du 15 juill. 2020, art. 5, en vigueur le 25 oct. 2020)* Lorsque l'immeuble est équipé d'une installation centrale de chauffage, de froid ou d'eau chaude sanitaire et muni des dispositifs d'individualisation des frais télé-relevables prévus à l'article *(Ord. n° 2020-71 du 29 janv. 2020, art. 5, en vigueur le 1er juill. 2021)* « L. 174-2 du code de la construction et de l'habitation », le bailleur transmet au locataire une évaluation de la consommation de chaleur, de froid et d'eau chaude sanitaire de son local privatif, selon des modalités précisées par décret en Conseil d'État.

Lorsque le logement est situé dans un immeuble relevant du statut de la copropriété, le bailleur transmet au locataire les informations qu'il a reçues dans les conditions prévues par l'article 24-9 de la loi n° 65-557 du 10 juillet 1965 fixant le statut de la copropriété des immeubles bâtis.

Art. 6-3 *(Ord. n° 2022-1611 du 22 déc. 2022, art. 7)* Lorsque le contrat de fourniture d'eau n'est pas individualisé, le bailleur transmet au locataire la facture établie dans les conditions prévues à l'article L. 2224-12-1 du code général des collectivités territoriales, ainsi que les informations complémentaires sur la qualité de l'eau qui lui ont été adressées, concomitamment à la communication du décompte de charges ou, à défaut, au moins une fois par an.

Lorsque le logement est situé dans un immeuble relevant du statut de la copropriété, le bailleur transmet au locataire les informations qu'il a reçues dans les conditions prévues par l'article 24-11 de la loi n° 65-557 du 10 juillet 1965 fixant le statut de la copropriété des immeubles bâtis.

Art. 7 Le locataire est obligé :

a) De payer le loyer et les charges récupérables aux termes convenus ; le paiement mensuel est de droit lorsque le locataire en fait la demande*[.]* *(L. n° 2014-366 du 24 mars 2014, art. 1er-I-10°)* « Le paiement partiel du loyer par le locataire réalisé en application *(Ord. n° 2019-770 du 17 juill. 2019, art. 13, en vigueur le 1er sept. 2019)* « de l'article L. 843-1 du code de la construction et de l'habitation » ne peut être considéré comme un défaut de paiement du locataire ; »

b) D'user paisiblement des locaux loués suivant la destination qui leur a été donnée par le contrat de location ;

c) De répondre des dégradations et pertes qui surviennent pendant la durée du contrat dans les locaux dont il a la jouissance exclusive, à moins qu'il ne prouve qu'elles ont eu lieu par cas de force majeure, par la faute du bailleur ou par le fait d'un tiers qu'il n'a pas introduit dans le logement ;

d) De prendre à sa charge l'entretien courant du logement, des équipements mentionnés au contrat et les menues réparations ainsi que l'ensemble des réparations locatives définies par décret en Conseil d'État, sauf si elles sont occasionnées par vétusté, malfaçon, vice de construction, cas fortuit ou force majeure*[.]* *(L. n° 2014-366 du 24 mars 2014, art. 1er-I-10°)* « Les modalités de prise en compte de la vétusté de la chose louée sont déterminées par décret en Conseil d'État, après avis de la Commission nationale de concertation. Lorsque les organismes bailleurs mentionnés à l'article L. 411-2 du code de la construction et de l'habitation ont conclu avec les représentants de leurs locataires des accords locaux portant sur les modalités de prise en compte de la vétusté et établissant des grilles de vétusté applicables lors de l'état des lieux, le locataire peut demander à ce que les stipulations prévues par lesdits accords soient appliquées ;

« *e*) De permettre l'accès aux lieux loués pour la préparation et l'exécution de travaux d'amélioration des parties communes ou des parties privatives du même immeuble, de travaux nécessaires au maintien en état ou à l'entretien normal des locaux loués, de travaux d'amélioration de la performance énergétique à réaliser dans ces locaux et de travaux qui permettent de remplir les obligations mentionnées au premier alinéa de l'article 6. Les deux derniers alinéas de l'article 1724 du code civil sont applicables à ces travaux sous réserve du respect de la loi n° 67-561 du 12 juillet 1967 relative à l'amélioration de l'habitat. Avant le début des travaux, le locataire est informé par le bailleur de leur nature et des modalités de leur exécution par une notification de travaux qui lui est remise en main propre ou par lettre recommandée avec demande d'avis de réception. Aucuns travaux ne peuvent être réalisés les samedis, dimanches et jours fériés sans l'accord exprès du locataire. Si les travaux entrepris dans un local d'habitation occupé, ou leurs conditions de réalisation, présentent un caractère abusif ou vexatoire ou ne respectent pas les conditions définies dans la notification de préavis de travaux ou si leur exécution a pour effet de rendre l'utilisation du local impossible ou dangereuse, le juge peut prescrire, sur demande du locataire, l'interdiction ou l'interruption des travaux entrepris ; »

f) De ne pas transformer les locaux et équipements loués sans l'accord écrit du propriétaire ; à défaut de cet accord, ce dernier peut exiger du locataire, à son départ des lieux, leur remise en l'état ou conserver à son bénéfice les transformations effectuées sans que le locataire puisse réclamer une indemnisation des frais engagés ; le bailleur a toutefois la faculté d'exiger aux frais du locataire la remise immédiate des lieux en l'état lorsque les transformations mettent en péril le bon fonctionnement des équipements ou la sécurité du local. *(L. n° 2015-1776 du 28 déc. 2015, art. 16)* « Toutefois, des travaux d'adaptation du logement aux personnes en situation de handicap ou de perte d'autonomie *(L. n° 2021-1104 du 22 août 2021, art. 163)* « ou des travaux de rénovation énergétique » peuvent être réalisés aux frais du locataire. Ces travaux font l'objet d'une demande écrite par lettre recommandée avec demande d'avis de réception auprès du bailleur. L'absence de réponse dans un délai de *(L. n° 2018-1021 du 23 nov. 2018, art. 64-V)* « deux » mois à compter de la date de réception de la demande vaut décision d'acceptation du bailleur. Au départ du locataire, le bailleur ne peut pas exiger la remise des lieux en l'état. La liste des travaux ainsi que les modalités de mise en œuvre sont fixées par décret en Conseil d'État. »

(L. n° 2014-366 du 24 mars 2014, art. 1er-I-10°) « *g*) De s'assurer contre les risques dont il doit répondre en sa qualité de locataire et d'en justifier lors de la remise des clés puis, chaque année, à la demande du bailleur. La justification de cette assurance résulte de la remise au bailleur d'une attestation de l'assureur ou de son représentant.

« Toute clause prévoyant la résiliation de plein droit du contrat de location pour défaut d'assurance du locataire ne produit effet qu'un mois après un commandement demeuré infructueux. Ce commandement reproduit, à peine de nullité, les dispositions du présent alinéa.

« A défaut de la remise de l'attestation d'assurance et après un délai d'un mois à compter d'une mise en demeure non suivie d'effet, le bailleur peut souscrire une assurance pour compte du locataire, récupérable auprès de celui-ci.

« Cette mise en demeure doit informer le locataire de la volonté du bailleur de souscrire une assurance pour compte du locataire et vaut renoncement à la mise en œuvre de la clause prévoyant, le cas échéant, la résiliation de plein droit du contrat de location pour défaut d'assurance du locataire.

« Cette assurance constitue une assurance pour compte au sens de l'article L. 112-1 du code des assurances. Elle est limitée à la couverture de la responsabilité locative mentionnée au premier alinéa du présent *g*. Le montant total de la prime d'assurance annuelle, éventuellement majoré dans la limite d'un montant fixé par décret en Conseil d'État, est récupérable par le bailleur par douzième à chaque paiement du loyer. Il est inscrit sur l'avis d'échéance et porté sur la quittance remise au locataire.

« Une copie du contrat d'assurance est transmise au locataire lors de la souscription et à chaque renouvellement du contrat.

« Lorsque le locataire remet au bailleur une attestation d'assurance ou en cas de départ du locataire avant le terme du contrat d'assurance, le bailleur résilie le contrat souscrit pour le compte du locataire dans le délai le plus bref permis par la législation en vigueur. La prime ou la fraction de prime exigible dans ce délai au titre de la garantie souscrite par le bailleur demeure récupérable auprès du locataire. »

Les contrats de location en cours au 27 mars 2014, date d'entrée en vigueur de la L. n° 2014-366 du 24 mars 2014, demeurent soumis aux dispositions qui leur étaient applicables. Toutefois, pour les contrats en cours à cette date et mentionnés au premier al. de l'art. 2 de la L. n° 89-462 du 6 juill. 1989 dans sa rédaction antérieure à la L. du 24 mars 2014 [locations de locaux à usage d'habitation principale ou à usage mixte professionnel et d'habitation principale ainsi que garages, places de stationnement, jardins et autres locaux, loués accessoirement au local principal par le même bailleur], l'art. 7 de la L. de 1989, dans sa rédaction résultant de la L. du 24 mars 2014, est applicable (L. n° 2014-366 du 24 mars 2014, art. 14, reproduit in extenso ss. l'art. 2 de la L. du 6 juill. 1989).

Art. 7-1 *(L. n° 2014-366 du 24 mars 2014, art. 1er-I-11°)* Toutes *[les]* actions dérivant d'un contrat de bail sont prescrites par trois ans à compter du jour où le titulaire d'un droit a connu ou aurait dû connaître les faits lui permettant d'exercer ce droit.

Toutefois, l'action en révision du loyer par le bailleur est prescrite un an après la date convenue par les parties dans le contrat de bail pour réviser ledit loyer.

Sur l'application dans le temps de la loi du 6 juill. 1989, V., ss. son art. 2, l'art. 14 de la L. n° 2014-366 du 24 mars 2014 et l'art. 82-II de la L. n° 2015-990 du 6 août 2015.

Art. 8 Le locataire ne peut ni céder le contrat de location, ni sous-louer le logement sauf avec l'accord écrit du bailleur, y compris sur le prix du loyer. Le prix du loyer au mètre carré de surface habitable des locaux sous-loués ne peut excéder celui payé par le locataire principal. *(L. n° 2014-366 du 24 mars 2014, art. 1er-I-12°)* « Le locataire transmet au sous-locataire l'autorisation écrite du bailleur et la copie du bail en cours. »

En cas de cessation du contrat principal, le sous-locataire ne peut se prévaloir d'aucun droit à l'encontre du bailleur ni d'aucun titre d'occupation.

Les autres dispositions de la présente loi ne sont pas applicables au contrat de sous-location.

Sur l'application dans le temps de la loi du 6 juill. 1989, V., ss. son art. 2, l'art. 14 de la L. n° 2014-366 du 24 mars 2014 et l'art. 82-II de la L. n° 2015-990 du 6 août 2015.

Art. 8-1 *(L. n° 2014-366 du 24 mars 2014, art. 1er-I-13°)* I. — La colocation est définie comme la location d'un même logement par plusieurs locataires, constituant leur résidence principale, et formalisée par la conclusion d'un contrat unique ou de plusieurs contrats entre les locataires et le bailleur *(L. n° 2015-990 du 6 août 2015, art. 82-I-3°-a)* « , à l'exception de la location consentie exclusivement à des époux ou à des partenaires liés par un pacte civil de solidarité au moment de la conclusion initiale du contrat ».

II. — Lorsque la colocation est formalisée par la conclusion de plusieurs contrats entre les locataires et le bailleur, elle constitue une division du logement tenue au respect des articles *(Ord. n° 2020-71 du 29 janv. 2020, art. 5, en vigueur le 1er juill. 2021)* « L. 126-17, L. 126-18 et L. 126-21 » du code de la construction et de l'habitation. *(L. n° 2018-1021 du 23 nov. 2018, art. 141-II)* « Par dérogation *(Ord. n° 2020-71 du 29 janv. 2020, art. 5, en vigueur le 1er juill. 2021)* « aux mêmes articles L. 126-17 et L. 126-21 », la surface et le volume habitables des locaux privatifs doivent être au moins égaux, respectivement, à 9 mètres carrés et à 20 mètres cubes. Pour l'application de l'article 6 de la présente loi, il est tenu compte de l'ensemble des éléments, équipements et pièces du logement. »

Chaque contrat de bail formalisant une colocation respecte le présent titre I ou, s'il concerne un logement loué meublé, le titre I *bis* de la présente loi.

Le montant de la somme des loyers perçus de l'ensemble des colocataires ne peut être supérieur au montant du loyer applicable au logement en application des articles 17 ou 25-9. Les articles 17-1 et 17-2 sont applicables.

Les normes de peuplement prises en application *(Ord. n° 2019-770 du 17 juill. 2019, art. 13, en vigueur le 1er sept. 2019)* « de l'article L. 822-10 du code de la construction et de l'habitation » s'imposent aux logements loués en colocation.

(Abrogé par L. n° 2018-1021 du 23 nov. 2018, art. 141-II) « *Un décret en Conseil d'État adapte aux logements loués en colocation les caractéristiques applicables aux conditions de décence.* »

III. — Le contrat de bail d'une colocation respecte un contrat type défini par décret en Conseil d'État, pris après avis de la Commission nationale de concertation.

IV. — Les parties au contrat de bail d'une colocation peuvent convenir dans le bail de la souscription par le bailleur d'une assurance pour compte récupérable auprès des colocataires dans les conditions prévues au *g* de l'article 7. Les colocataires peuvent provoquer la résiliation de l'assurance pour compte récupérable dans les conditions fixées au même article.

V. — Les charges locatives accessoires au loyer principal d'un contrat de bail d'une colocation sont récupérées par le bailleur au choix des parties comme prévu par ce contrat :

1° Soit dans les conditions prévues à l'article 23, lorsqu'il s'agit de provisions pour charges ;

2° Soit sous la forme d'un forfait versé simultanément au loyer, dont le montant et la périodicité de versement sont définis dans le contrat et qui ne peut donner lieu à complément ou à régularisation ultérieure. Le montant du forfait de charges est fixé en fonction des montants exigibles par le bailleur en application de l'article 23 et peut être révisé chaque année aux mêmes conditions que le loyer principal. Ce montant ne doit pas être manifestement disproportionné au regard des charges dont le locataire ou, le cas échéant, le précédent locataire se serait acquitté.

VI. — La solidarité d'un des colocataires et celle de la personne qui s'est portée caution pour lui prennent fin à la date d'effet du congé régulièrement délivré et lorsqu'un nouveau colocataire figure au bail. A défaut, *(L. nº 2015-990 du 6 août 2015, art. 82-I-3º-b)* « elles s'éteignent » au plus tard à l'expiration d'un délai de six mois après la date d'effet du congé.

L'acte de cautionnement des obligations d'un ou de plusieurs colocataires résultant de la conclusion d'un contrat de bail d'une colocation identifie nécessairement, sous peine de nullité, le colocataire pour lequel *(L. nº 2015-990 du 6 août 2015, art. 82-I-3º-b)* « l'extinction de la solidarité » met fin à l'engagement de la caution.

Sur l'application dans le temps de la loi du 6 juill. 1989, V. ss. art. 2, l'art. 14 de la L. nº 2014-366 du 24 mars 2014 et l'art. 82-II de la L. nº 2015-990 du 6 août 2015.

Art. 8-2 *(L. nº 2018-1021 du 23 nov. 2018, art. 136)* Lorsque le conjoint du locataire, son partenaire lié par un pacte civil de solidarité ou son concubin notoire quitte le logement en raison de violences exercées au sein du couple ou sur un enfant qui réside habituellement avec lui, il en informe le bailleur par lettre recommandée avec demande d'avis de réception, accompagnée de la copie de l'ordonnance de protection délivrée par le juge aux affaires familiales dont il bénéficie et préalablement notifiée à l'autre membre du couple ou de la copie d'une condamnation pénale de ce dernier pour des faits de violences commis à son encontre ou sur un enfant qui réside habituellement avec lui et rendue depuis moins de six mois.

La solidarité du locataire victime des violences et celle de la personne qui s'est portée caution pour lui prennent fin le lendemain du jour de la première présentation du courrier mentionné au premier alinéa au domicile du bailleur, pour les dettes nées à compter de cette date.

Le fait pour le locataire auteur des violences de ne pas acquitter son loyer à compter de la date mentionnée au deuxième alinéa est un motif légitime et sérieux au sens du premier alinéa de l'article 15.

Art. 9 Lorsque deux locataires occupant deux logements appartenant au même propriétaire et situés dans un même ensemble immobilier demandent à procéder à un échange de logements entre eux, cet échange est de droit dès lors que l'une des deux familles concernées comporte au moins trois enfants et que l'échange a pour conséquence d'accroître la surface du logement occupé par la famille la plus nombreuse.

Dans les contrats en cours, chaque locataire se substitue de plein droit à celui auquel il succède et ne peut être considéré comme un nouvel entrant.

Ces dispositions ne sont pas applicables lorsque l'un des deux ou les deux logements sont soumis aux dispositions du chapitre III du titre I de la loi nº 48-1360 du 1er septembre 1948 portant modification et codification de la législation relative aux rapports des bailleurs et locataires ou occupants des locaux à usage d'habitation ou à usage professionnel et instituant des allocations de logement.

Art. 9-1 *(L. nº 2000-1208 du 13 déc. 2000, art. 189)* Nonobstant les dispositions des articles 515-4 et 1751 du code civil, les notifications ou significations faites en application du présent titre par le bailleur sont de plein droit opposables au partenaire lié par un pacte civil de solidarité au locataire ou au conjoint du locataire si l'existence de ce partenaire ou de ce conjoint n'a pas été préalablement portée à la connaissance du bailleur.

CHAPITRE II. *DE LA DURÉE DU CONTRAT DE LOCATION*

Art. 10 Le contrat de location est conclu pour une durée au moins égale à trois ans pour les bailleurs personnes physiques ainsi que pour les bailleurs définis à l'article 13 et à six ans pour les bailleurs personnes morales.

(L. nº 94-624 du 21 juill. 1994) « Si le bailleur ne donne pas congé dans les conditions de forme et de délai prévues à l'article 15, le contrat de location parvenu à son terme est soit reconduit tacitement, soit renouvelé.

« En cas de reconduction tacite, la durée du contrat reconduit est de trois ans pour les bailleurs personnes physiques ainsi que pour les bailleurs définis à l'article 13, et de six ans pour les bailleurs personnes morales.

« En cas de renouvellement, la durée du contrat renouvelé est au moins égale à celles définies au premier alinéa du présent article. » L'offre de renouvellement est présentée dans les conditions de forme et de délai prévues pour le congé, à l'article 15. Le loyer du contrat renouvelé est défini selon les modalités prévues *(L. nº 2014-366 du 24 mars 2014, art. 6-II-1º)* « à l'article 17-2 ».

(L. nº 2009-323 du 25 mars 2009, art. 100) « A titre dérogatoire, après l'accord exprès des parties, le contrat de location peut être renouvelé avant l'expiration du bail en cours quand le propriétaire a signé avec l'Agence nationale de l'habitat une convention avec travaux mentionnée aux articles L. 321-4 et L. 321-8 du code de la construction et de l'habitation, et sous réserve que les ressources du locataire en place soient conformes aux plafonds prévus par cette convention. L'offre de renouvellement est présentée dans le délai de trois mois après l'accord des parties et dans les formes prévues à l'article 15 de la présente loi pour le congé. Le montant du loyer fixé par le contrat de location renouvelé doit être alors fixé selon les règles applicables au conventionnement des logements avec l'Agence nationale de l'habitat. »

(L. nº 2014-366 du 24 mars 2014, art. 113-III) « Concernant les locaux à usage d'habitation, régis par les dispositions d'ordre public de la présente loi, le contrat de bail conclu par l'emphytéote avec le locataire se poursuit automatiquement avec le propriétaire de l'immeuble jusqu'au terme du bail prévu par le contrat de location, lorsque le bail à construction ou le bail emphytéotique prend fin avant la fin du contrat de location. Toute clause contraire est réputée non écrite. »

Sur l'application dans le temps de la loi du 6 juill. 1989, V., ss. son art. 2, l'art. 14 de la L. nº 2014-366 du 24 mars 2014 et l'art. 82-II de la L. nº 2015-990 du 6 août 2015.

Art. 11 Quand un événement précis justifie que le bailleur personne physique ait à reprendre le local pour des raisons professionnelles ou familiales, les parties peuvent conclure un contrat d'une durée inférieure à trois ans mais d'au moins un an. Le contrat doit mentionner les raisons et l'événement invoqués.

Par dérogation aux conditions de délai prévues à l'article 15, le bailleur confirme, deux mois au moins avant le terme du contrat, la réalisation de l'événement.

Dans le même délai, le bailleur peut proposer le report du terme du contrat si la réalisation de l'événement est différée. Il ne peut user de cette faculté qu'une seule fois.

Lorsque l'événement s'est produit et est confirmé, le locataire est déchu de plein droit de tout titre d'occupation du local au terme prévu dans le contrat.

Lorsque l'événement ne s'est pas produit ou n'est pas confirmé, le contrat de location est réputé être de trois ans.

Si le contrat prévu au présent article fait suite à un contrat de location conclu avec le même locataire pour le même local, le montant du nouveau loyer ne peut être supérieur à celui de l'ancien éventuellement révisé conformément *(L. nº 2014-366 du 24 mars 2014, art. 6-II-2º)* « à l'article 17-1 ».

Sur l'application dans le temps de la loi du 6 juill. 1989, V., ss. son art. 2, l'art. 14 de la L. nº 2014-366 du 24 mars 2014 et l'art. 82-II de la L. nº 2015-990 du 6 août 2015.

Art. 11-1 *(L. nº 2000-1208 du 13 déc. 2000, art. 198)* Quand un congé pour vente conforme aux dispositions de l'article 15 est délivré par un bailleur relevant de secteurs locatifs définis aux quatrième et cinquième alinéas de l'article 41 *ter* de la loi nº 86-1290 du 23 décembre 1986 précitée, dans le cadre d'une vente par lots de plus de *(L. nº 2014-366 du 24 mars 2014, art. 5-I-1º)* « cinq » logements dans le même immeuble, le bail peut être expressément reconduit pour une durée inférieure à celle prévue par l'article 10. *(L. nº 2006-685 du 13 juin 2006, art. 4)* « Quand ce congé pour vente intervient moins de deux ans avant le terme du bail, la reconduction du bail est de droit, à la demande du locataire, afin de lui permettre, dans tous les cas, de disposer du logement qu'il occupe pendant une durée de deux ans à compter de la notification du congé pour vente. »

La reconduction du bail est établie par écrit entre les parties au plus tard quatre mois avant l'expiration du bail en cours. A l'expiration de la durée fixée par les parties pour le bail reconduit, celui-ci est résilié de plein droit.

Les contrats de location en cours au 27 mars 2014, date d'entrée en vigueur de la L. nº 2014-366 du 24 mars 2014, demeurent soumis aux dispositions qui leur étaient applicables. Toutefois, pour les contrats en cours à cette date et mentionnés au premier al. de l'art. 2 de la L. nº 89-462 du 6 juill. 1989 dans sa rédaction antérieure à la L. du 24 mars 2014 [locations de locaux à usage d'habitation principale ou à usage mixte professionnel et d'habitation principale ainsi que garages, places de stationnement, jardins et autres locaux, loués accessoirement au local principal par le même bailleur], l'art. 11-1 de la loi de 1989, dans sa rédaction résultant de la L. du 24 mars 2014, leur est applicable pour les congés délivrés après le 27 mars 2014 (L. préc., art. 14, reproduit in extenso ss. l'art. 2 de la L. du 6 juill. 1989).

Art. 11-2 *(L. nº 2015-990 du 6 août 2015, art. 82-I-4º)* Lorsqu'un immeuble à usage d'habitation ou à usage mixte d'habitation et professionnel de cinq logements ou plus, situé dans une des zones mentionnées au I de l'article 17, est mis en copropriété :

1º Les baux en cours dont le terme intervient moins de trois ans après la date de mise en copropriété sont prorogés de plein droit d'une durée de trois ans ;

2º Les autres baux en cours sont prorogés d'une durée permettant au locataire d'occuper le logement pendant une durée de six ans à compter de la mise en copropriété.

Art. 12 Le locataire peut résilier le contrat de location à tout moment, dans les conditions de forme et de délai prévues *(L. nº 2014-366 du 24 mars 2014, art. 5-I-3º)* « à » l'article 15.

Sur l'application dans le temps de la loi du 6 juill. 1989, V., ss. son art. 2, l'art. 14 de la L. nº 2014-366 du 24 mars 2014 et l'art. 82-II de la L. nº 2015-990 du 6 août 2015.

Art. 13 Les dispositions de l'article 11 et de l'article 15 peuvent être invoquées :

a) Lorsque le bailleur est une société civile constituée exclusivement entre parents et alliés jusqu'au quatrième degré inclus, par la société au profit de l'un des associés ;

b) Lorsque le logement est en indivision, par tout membre de l'indivision.

Art. 14 En cas d'abandon du domicile par le locataire, le contrat de location continue :

— au profit du conjoint sans préjudice de l'article 1751 du code civil ;

— au profit des descendants qui vivaient avec lui depuis au moins un an à la date de l'abandon du domicile ;

(L. nº 99-944 du 15 nov. 1999, art. 14-I) « — au profit du partenaire lié au locataire par un pacte civil de solidarité ; »

— au profit des ascendants, du concubin notoire ou des personnes à charge, qui vivaient avec lui depuis au moins un an à la date de l'abandon du domicile.

Lors du décès du locataire, le contrat de location est transféré :

(L. nº 2001-1135 du 3 déc. 2001, art. 14-II) « — au conjoint survivant qui ne peut se prévaloir des dispositions de l'article 1751 du code civil ; »

— aux descendants qui vivaient avec lui depuis au moins un an à la date du décès ;

(L. nº 99-944 du 15 nov. 1999, art. 14-II) « — au partenaire lié au locataire par un pacte civil de solidarité ; »

— aux ascendants, au concubin notoire ou aux personnes à charge, qui vivaient avec lui depuis au moins un an à la date du décès.

En cas de demandes multiples, le juge se prononce en fonction des intérêts en présence.

A défaut de personnes remplissant les conditions prévues au présent article, le contrat de location est résilié de plein droit par le décès du locataire ou par l'abandon du domicile par ce dernier.

Les dispositions issues de la L. nº 2001-1135 sont entrées en vigueur le 1er juill. 2002 et sont applicables aux successions ouvertes à compter de cette même date (L. préc., art. 25-I et II). Ces mêmes dispositions sont applicables en Polynésie française (L. préc., art. 26-III).

Art. 14-1 *(L. nº 2010-1609 du 22 déc. 2010, art. 4-I)* Lorsque des éléments laissent supposer que le logement est abandonné par ses occupants, le bailleur peut mettre en demeure le locataire de justifier qu'il occupe le logement.

Cette mise en demeure, faite par acte de commissaire de justice, peut être contenue dans un des commandements visés aux articles 7 et 24.

S'il n'a pas été déféré à cette mise en demeure un mois après signification, le commissaire de justice peut procéder *(L. n° 2014-366 du 24 mars 2014, art. 5-I-4°)* « , dans les conditions prévues aux articles L. 142-1 et L. 142-2 du code des procédures civiles d'exécution, à la constatation de » l'état d'abandon du logement.

Pour établir l'état d'abandon du logement en vue de voir constater par le juge la résiliation du bail, le commissaire de justice dresse un procès-verbal des opérations. Si le logement lui semble abandonné, ce procès-verbal contient un inventaire des biens laissés sur place, avec l'indication qu'ils paraissent ou non avoir valeur marchande.

(L. n° 2011-1862 du 13 déc. 2011, art. 69) « Le juge qui constate la résiliation du bail autorise, si nécessaire, la vente aux enchères des biens laissés sur place et peut déclarer abandonnés les biens non susceptibles d'être vendus.

« Un décret en Conseil d'État précise les conditions d'application du présent article. »

Sur l'application dans le temps de la loi du 6 juill. 1989, V., ss. son art. 2, l'art. 14 de la L. n° 2014-366 du 24 mars 2014 et l'art. 82-II de la L. n° 2015-990 du 6 août 2015.

Art. 14-2 *(L. n° 2016-41 du 26 janv. 2016, art. 137-I)* La résiliation du contrat de location peut être prononcée par le bailleur Assistance publique-hôpitaux de Paris, le bailleur hospices civils de Lyon ou le bailleur Assistance publique-hôpitaux de Marseille en vue d'attribuer ou de louer le logement à une personne en raison de l'exercice d'une fonction ou de l'occupation d'un emploi dans l'un de ces établissements publics de santé et dont le nom figure sur la liste des personnes ayant formulé une demande de logement.

La résiliation prononcée en application du premier alinéa ne peut produire effet avant l'expiration d'un délai de six mois à compter de la notification de sa décision par l'un des établissements publics de santé susmentionnés à l'occupant. Cette décision comporte le motif de la résiliation et la nature des fonctions occupées par la ou les personnes auxquelles le bailleur envisage d'attribuer ou de louer le logement.

Dans le cas où le bien n'est pas attribué ou loué à l'une des personnes mentionnées au premier alinéa, l'établissement public de santé concerné est tenu, sur simple demande de l'ancien occupant, de conclure avec ce dernier un nouveau contrat de location pour la durée prévue à l'article 10.

Les dispositions de l'art. 14-2 s'appliquent aux contrats de location en cours au 27 janv. 2016. La notification de la décision de l'établissement public de santé concerné doit alors intervenir dans un délai de huit mois avant la date d'effet de la résiliation. Le locataire qui répond aux conditions de ressources annuelles équivalentes ou inférieures au plafond prévu pour les prêts locatifs sociaux, mentionné au III de l'art. 15 de la L. n° 89-462 du 6 juill. 1989, titulaire d'un contrat de location à la date de publication de la L. n° 2016-41 du 26 janv. 2016, n'est pas concerné par les présentes dispositions (L. préc., art. 137-II).

Art. 15 I. — Lorsque le bailleur donne congé à son locataire, ce congé doit être justifié soit par sa décision de reprendre ou de vendre le logement, soit par un motif légitime et sérieux, notamment l'inexécution par le locataire de l'une des obligations lui incombant. A peine de nullité, le congé donné par le bailleur doit indiquer le motif allégué et, en cas de reprise, les nom et adresse du bénéficiaire de la reprise *(L. n° 2014-366 du 24 mars 2014, art. 5-I-5°)* « ainsi que la nature du lien existant entre le bailleur et le bénéficiaire de la reprise » qui ne peut être que le bailleur, son conjoint, *(L. n° 99-944 du 15 nov. 1999, art. 14-III)* « le partenaire auquel il est lié par un pacte civil de solidarité enregistré à la date du congé, » son concubin notoire depuis au moins un an à la date du congé, ses ascendants, ses descendants ou ceux de son conjoint *(L. n° 99-944 du 15 nov. 1999, art. 14-IV)* « , de son partenaire ou de son » concubin notoire. *(L. n° 2014-366 du 24 mars 2014, art. 5-I-5°)* « Lorsqu'il donne congé à son locataire pour reprendre le logement, le bailleur justifie du caractère réel et sérieux de sa décision de reprise. Le délai de préavis applicable au congé est de six mois lorsqu'il émane du bailleur. » *(L. n° 2015-990 du 6 août 2015, art. 82-I-5°)* « En cas d'acquisition d'un bien occupé :

« — lorsque le terme du contrat de location en cours intervient plus de trois ans après la date d'acquisition, le bailleur peut donner congé à son locataire pour vendre le logement au terme du contrat de location en cours ;

« — lorsque le terme du contrat de location en cours intervient moins de trois ans après la date d'acquisition, le bailleur ne peut donner congé à son locataire pour vendre le logement qu'au terme de la première reconduction tacite ou du premier renouvellement du contrat de location en cours ;

« — lorsque le terme du contrat en cours intervient moins de deux ans après l'acquisition, le congé pour reprise donné par le bailleur au terme du contrat de location en cours ne prend effet qu'à l'expiration d'une durée de deux ans à compter de la date d'acquisition. »

(L. n° 2014-366 du 24 mars 2014, art. 5-I-5°) « En cas de contestation, le juge peut, même d'office, vérifier la réalité du motif du congé et le respect des obligations prévues au présent article. Il peut notamment déclarer non valide le congé si la non-reconduction du bail n'apparaît pas justifiée par des éléments sérieux et légitimes.

(Ord. n° 2020-1144 du 16 sept. 2020, art. 12, en vigueur le 1er janv. 2021) « Toutefois, la possibilité pour un bailleur de donner congé à un locataire et la durée du bail sont suspendues à compter de l'engagement de la procédure contradictoire prévue à l'article L. 511-10 du code de la construction et de l'habitation, relative à la sécurité et à la salubrité des immeubles bâtis ».

« Cette suspension est levée à l'expiration d'un délai maximal de six mois à compter de la réception du courrier de l'autorité administrative compétente engageant l'une des procédures mentionnées aux *a* et *b*, faute de notification d'un des arrêtés prévus à leur issue ou de leur abandon.

« Lorsque l'autorité administrative compétente a notifié *(Ord. n° 2020-1144 du 16 sept. 2020, art. 12, en vigueur le 1er janv. 2021)* « l'arrêté prévu à l'article L. 511-11 *[ancienne rédaction : les arrêtés prévus respectivement aux articles L. 1331-25 et L. 1331-28 du code de la santé publique ou à l'article L. 511-2]* » du code de la construction et de l'habitation, il est fait application des articles L. 521-1 et L. 521-2 du même code.

« Une notice d'information relative aux obligations du bailleur et aux voies de recours et d'indemnisation du locataire est jointe au congé délivré par le bailleur en raison de sa décision de reprendre ou de vendre le logement. Un arrêté du ministre chargé du logement, pris après avis de la Commission nationale de concertation, détermine le contenu de cette notice.

« Lorsqu'il émane du locataire, le délai de préavis applicable au congé est de trois mois.

« Le délai de préavis est toutefois d'un mois :

« 1° Sur les territoires mentionnés au premier alinéa du I de l'article 17 ;

« 2° En cas d'obtention d'un premier emploi, de mutation, de perte d'emploi ou de nouvel emploi consécutif à une perte d'emploi ;

« 3° Pour le locataire dont l'état de santé, constaté par un certificat médical, justifie un changement de domicile ;

(L. n° 2020-936 du 30 juill. 2020, art. 11) « 3° *bis* Pour le locataire bénéficiaire d'une ordonnance de protection ou dont le conjoint, partenaire lié par un pacte civil de solidarité ou concubin fait l'objet de poursuites, d'une procédure alternative aux poursuites ou d'une condamnation, même non définitive, en raison de violences exercées au sein du couple ou sur un enfant qui réside habituellement avec lui ; »

« 4° Pour les bénéficiaires du revenu de solidarité active ou de l'allocation adulte handicapé ;

« 5° Pour le locataire qui s'est vu attribuer un logement défini à l'article *(Ord. n° 2019-770 du 17 juill. 2019, art. 13, en vigueur le 1er sept. 2019)* « L. 831-1 » du code de la construction et de l'habitation.

« Le locataire souhaitant bénéficier des délais réduits de préavis mentionnés aux 1° à 5° précise le motif invoqué et le justifie au moment de l'envoi de la lettre de congé. A défaut, le délai de préavis applicable à ce congé est de trois mois.

« Le congé doit être notifié par lettre recommandée avec demande d'avis de réception, signifié par acte de commissaire de justice ou remis en main propre contre récépissé ou émargement. *Ce délai court* à compter du jour de la réception de la lettre recommandée, de la signification de l'acte de commissaire de justice ou de la remise en main propre. »

Pendant le délai de préavis, le locataire n'est redevable du loyer et des charges que pour le temps où il a occupé réellement les lieux si le congé a été notifié par le bailleur. Il est redevable du loyer et des charges concernant tout le délai de préavis si c'est lui qui a notifié le congé, sauf si le logement se trouve occupé avant la fin du préavis par un autre locataire en accord avec le bailleur.

A l'expiration du délai de préavis, le locataire est déchu de tout titre d'occupation des locaux loués.

II. — Lorsqu'il est fondé sur la décision de vendre le logement, le congé doit, à peine de nullité, indiquer le prix et les conditions de la vente projetée. Le congé vaut offre de vente au profit du locataire : l'offre est valable pendant les deux premiers mois du délai de préavis. *(L. n° 2000-1208 du 13 déc. 2000, art. 190-I)* « Les dispositions de l'article 46 de la loi n° 65-557 du 10 juillet 1965 fixant le statut de la copropriété des immeubles bâtis *[C. copr.]* ne sont pas applicables au congé fondé sur la décision de vendre le logement. » — *Sous réserve des décisions de justice passées en force de chose jugée, sont validés les congés fondés sur la décision de vendre le logement en tant qu'ils n'ont pas satisfait aux dispositions de l'art. 46 mentionné au I ci-dessus (L. n° 2000-1208 du 13 déc. 2000, art. 190-II).*

A l'expiration du délai de préavis, le locataire qui n'a pas accepté l'offre de vente est déchu de plein droit de tout titre d'occupation sur le local.

Le locataire qui accepte l'offre dispose, à compter de la date d'envoi de sa réponse au bailleur, d'un délai de deux mois pour la réalisation de l'acte de vente. Si, dans sa réponse, il notifie son intention de recourir à un prêt, l'acceptation par le locataire de l'offre de vente est subordonnée à l'obtention du prêt et le délai de réalisation de la vente est porté à quatre mois. Le contrat de location est prorogé jusqu'à l'expiration du délai de réalisation de la vente. Si, à l'expiration de ce délai, la vente n'a pas été réalisée, l'acceptation de l'offre de vente est nulle de plein droit et le locataire est déchu de plein droit de tout titre d'occupation.

(L. n° 94-624 du 21 juill. 1994) « Dans le cas où le propriétaire décide de vendre à des conditions ou à un prix plus avantageux pour l'acquéreur, le notaire doit, lorsque le bailleur n'y a pas préalablement procédé, notifier au locataire ces conditions et prix à peine de nullité de la vente. Cette notification est effectuée à l'adresse indiquée à cet effet par le locataire au bailleur ; si le locataire n'a pas fait connaître cette adresse au bailleur, la notification est effectuée à l'adresse des locaux dont la location avait été consentie. Elle vaut offre de vente au profit du locataire. Cette offre est valable pendant une durée d'un mois à compter de sa réception. L'offre qui n'a pas été acceptée dans le délai d'un mois est caduque.

« Le locataire qui accepte l'offre ainsi notifiée dispose, à compter de la date d'envoi de sa réponse au bailleur ou au notaire, d'un délai de deux mois pour la réalisation de l'acte de vente. Si, dans sa réponse, il notifie son intention de recourir à un prêt, l'acceptation par le locataire de l'offre de vente est subordonnée à l'obtention du prêt et le délai de réalisation de la vente est porté à quatre mois. Si, à l'expiration de ce délai, la vente n'a pas été réalisée, l'acceptation de l'offre de vente est nulle de plein droit.

« Les termes des cinq alinéas précédents sont reproduits à peine de nullité dans chaque notification. »

Ces dispositions ne sont pas applicables aux actes intervenant entre parents jusqu'au *(L. n° 2014-366 du 24 mars 2014, art. 5-I-5°)* « troisième » degré inclus, sous la condition que l'acquéreur occupe le logement pendant une durée qui ne peut être inférieure à deux ans à compter de l'expiration du délai de préavis, ni aux actes portant sur les immeubles mentionnés *(Ord. n° 2020-71 du 29 janv. 2020, art. 5, en vigueur le 1er juill. 2021)* « au 1° de l'article L. 126-17 du code de la construction et de l'habitation ».

(L. n° 2000-1208 du 13 déc. 2000, art. 199) « Dans les cas de congés pour vente prévus à l'article 11-1, l'offre de vente au profit du locataire est dissociée du congé. » *(L. n° 2006-685 du 13 juin 2006, art. 5-I)* « En outre, le non-respect de l'une des obligations relatives au congé pour vente d'un accord conclu en application de l'article 41 *ter* de la loi n° 86-1290 du 23 décembre 1986 tendant à favoriser l'investissement locatif, l'accession à la propriété de logements sociaux et le développement de l'offre foncière, et rendu obligatoire par décret, donne lieu à l'annulation du congé.

« Est nul de plein droit le congé pour vente délivré au locataire en violation de l'engagement de prorogation des contrats de bail en cours, mentionné au premier alinéa du A du I de l'article 10-1 de la loi n° 75-1351 du 31 décembre 1975 relative à la protection des occupants de locaux à usage d'habitation. »

III. — Le bailleur ne peut s'opposer au renouvellement du contrat en donnant congé dans les conditions définies au paragraphe I ci-dessus à l'égard de tout locataire âgé de *(L. n° 2014-366 du 24 mars 2014, art. 5-I-5°)* « plus de soixante-cinq ans et dont les ressources annuelles sont inférieures à un plafond de ressources en vigueur pour l'attribution des logements locatifs conventionnés fixé par arrêté du ministre chargé du logement », sans qu'un logement correspondant à ses besoins et à ses possibilités lui soit offert dans les limites géographiques prévues à l'article 13 *bis* de la loi n° 48-1360 du 1er septembre 1948 précitée. *(L. n° 2015-990 du 6 août 2015, art. 82-I-6°-a)* « Le présent alinéa est également applicable lorsque le locataire a à sa charge une personne de plus de soixante-cinq ans vivant habituellement dans le logement et remplissant la condition de ressources précitée et que le montant cumulé des ressources annuelles de l'ensemble des personnes vivant au foyer est inférieur au plafond de ressources déterminé par l'arrêté précité. »

Toutefois, les dispositions de l'alinéa précédent ne sont pas applicables lorsque le bailleur est une personne physique âgée de plus de *(L. n° 2014-366 du 24 mars 2014, art. 5-I-5°)* « soixante-cinq ans ou si ses ressources annuelles sont inférieures au plafond de ressources mentionné au premier alinéa. »

L'âge du locataire *(L. n° 2015-990 du 6 août 2015, art. 82-I-6°-b)* « , de la personne à sa charge » et celui du bailleur sont appréciés à la date d'échéance du contrat ; le montant de leurs ressources est apprécié à la date de notification du congé.

(L. n° 2014-366 du 24 mars 2014, art. 5-I-5°) « IV. — Le fait pour un bailleur de délivrer un congé justifié frauduleusement par sa décision de reprendre ou de vendre le logement est puni d'une amende pénale dont le montant ne peut être supérieur à 6 000 € pour une personne physique et à 30 000 € pour une personne morale.

« Le montant de l'amende est proportionné à la gravité des faits constatés. Le locataire est recevable dans sa constitution de partie civile et la demande de réparation de son préjudice. »

Sur l'application dans le temps de la loi du 6 juill. 1989, V., ss. son art. 2, l'art. 14 de la L. n° 2014-366 du 24 mars 2014 et l'art. 82-II de la L. n° 2015-990 du 6 août 2015.

CHAPITRE III. *DU LOYER, DES CHARGES ET DU RÈGLEMENT DES LITIGES (L. n° 2000-1208 du 13 déc. 2000, art. 188).*

Art. 16 *(L. n° 2014-366 du 24 mars 2014, art. 6-I-1°)* Des observatoires locaux des loyers peuvent être créés à l'initiative des collectivités territoriales, des établissements publics de coopération intercommunale à fiscalité propre compétents en matière d'habitat ou de l'État. Ces observatoires ont notamment pour mission de recueillir les données relatives aux loyers sur une zone géographique déterminée et de mettre à la disposition du public des résultats statistiques représentatifs sur ces données.

Le parc de référence pour l'observation et l'analyse des loyers est constitué de l'ensemble des locaux à usage d'habitation ou à usage mixte professionnel et d'habitation, à l'exception de ceux appartenant aux organismes d'habitations à loyer modéré et aux sociétés d'économie mixte de construction et de gestion des logements sociaux, ainsi que de ceux appartenant aux organismes bénéficiant de l'agrément relatif à la maîtrise d'ouvrage prévu à l'article L. 365-2 du code de la construction et de l'habitation.

Les observatoires locaux des loyers mentionnés au premier alinéa sont agréés *(L. n° 2018-1021 du 23 nov. 2018, art. 139-I)* « , pour tout ou partie de la zone géographique qui y est mentionnée, » par le ministre chargé du logement, dans des conditions fixées par décret, après avis du comité régional de l'habitat et de l'hébergement ou du conseil départemental de l'habitat et de l'hébergement mentionnés à l'article L. 364-1 du même code et sous condition du respect des prescriptions méthodologiques émises par une instance scientifique indépendante chargée de conseiller le ministre chargé du logement, dans des conditions définies par décret. *(L. n° 2018-1021 du 23 nov. 2018, art. 139-I)* « L'agrément ne peut être accordé à un observatoire que si les statuts de celui-ci assurent, au sein de ses organes dirigeants, la représentation équilibrée des bailleurs, des locataires et des gestionnaires*[,]* ainsi que la présence de personnalités qualifiées ou s'il existe en son sein une instance, chargée de la validation du dispositif d'observations, assurant la représentation équilibrée des bailleurs, des locataires et des gestionnaires et comprenant des personnalités qualifiées. Les modalités de consultation et de fonctionnement de cette instance sont précisées par décret. » L'État et les établissements publics de coopération intercommunale dotés d'un programme local de l'habitat exécutoire sont représentés au sein des organes dirigeants des observatoires. *Toutefois, peuvent être agréés,* à titre transitoire et jusqu'au 31 décembre 2015, les observatoires locaux des loyers dont les statuts ne sont pas conformes aux dispositions du présent article. Les observatoires locaux des loyers sont intégrés dans *(L. n° 2021-1104 du 22 août 2021, art. 205-V)* « les observatoires de l'habitat et du foncier prévus au III de l'article L. 302-1 du code de la construction et de l'habitation *[ancienne rédaction : le dispositif d'observation de l'habitat défini à l'article L. 302-1 dudit code]* ».

Les observatoires locaux des loyers peuvent prendre la forme d'association ou de groupement d'intérêt public.

Ils transmettent l'ensemble de leurs données à l'association nationale mentionnée au troisième alinéa de l'article L. 366-1 du même code. Un décret fixe les conditions dans lesquelles ces données sont transmises et peuvent être communiquées à des tiers.

L'organisme mentionné à l'article L. 223-1 du code de la sécurité sociale transmet à l'association nationale mentionnée au troisième alinéa de l'article L. 366-1 du code de la construction et de l'habitation les données dont il dispose relatives aux loyers et aux caractéristiques des logements dont les occupants bénéficient de l'allocation mentionnée *(Ord. n° 2019-770 du 17 juill. 2019, art. 13, en vigueur le 1er sept. 2019)* « au 2° de l'article L. 821-1 du code de la construction et de l'habitation », ainsi que le nom et l'adresse des propriétaires de ces logements. Un décret en Conseil d'État fixe la nature de ces données et leurs conditions de transmission et d'utilisation.

Sur l'application dans le temps de la loi du 6 juill. 1989, V. ss. art. 2, l'art. 14 de la L. n° 2014-366 du 24 mars 2014 et l'art. 82-II de la L. n° 2015-990 du 6 août 2015.

Art. 17 *(L. n° 2018-1021 du 23 nov. 2018, art. 139-I)* I. — Les zones d'urbanisation continue de plus de 50 000 habitants où il existe un déséquilibre marqué entre l'offre et la demande de logements, entraînant des difficultés sérieuses d'accès au logement sur l'ensemble du parc résidentiel existant, qui se caractérisent notamment par le niveau élevé des loyers, le niveau élevé des prix d'acquisition des logements anciens ou le nombre élevé de demandes de logement par rapport au nombre d'emménagements annuels dans le parc locatif social, sont dotées d'un observatoire local des loyers mentionné à l'article 16. Un décret fixe la liste des communes comprises dans ces zones.

II. — La fixation du loyer des logements mis en location est libre. *(L. n° 2021-1104 du 22 août 2021, art. 159-I-1°)* « Toutefois, lorsqu'un logement de la classe F ou de la classe G, au sens de l'article L. 173-1-1 du code de la construction et de l'habitation *[V. App., v° Performance energetique et environnementale (bâtiments existants)]*, fait l'objet d'une nouvelle location, le loyer du nouveau contrat de location ne peut excéder le dernier loyer appliqué au précédent locataire. »

Les art. 17, 17-1, 17-2, 18, 25-3, 25-9 et 25-12 de la L. n° 89-462 du 6 juill. 1989, dans leur rédaction résultant de l'art. 159 de la L. n° 2021-1104 du 22 août 2021, sont applicables aux contrats de location conclus, renouvelés ou tacitement reconduits un an après la publication de la L. préc. (JO 24 août). En Guadeloupe, en Martinique, en Guyane, à La Réunion et à Mayotte, ces mêmes art. sont applicables aux contrats de location conclus, renouvelés ou tacitement reconduits après le 1er juill. 2024 (L. n° 2021-1104 préc., art. 159-IV).

Art. 17-1 *(L. n° 2014-366 du 24 mars 2014, art. 6-I-3°)* I. — Lorsque le contrat prévoit la révision du loyer, celle-ci intervient chaque année à la date convenue entre les parties ou, à défaut, au terme de chaque année du contrat.

La variation qui en résulte ne peut excéder, à la hausse, la variation d'un indice de référence des loyers publié par l'Institut national de la statistique et des études économiques chaque trimestre et qui correspond à la moyenne, sur les douze derniers mois, de l'évolution des prix à la consommation hors tabac et hors loyers. A défaut de clause contractuelle fixant la date de référence, cette date est celle du dernier indice publié à la date de signature du contrat de location.

A défaut de manifester sa volonté d'appliquer la révision du loyer dans un délai d'un an suivant sa date de prise d'effet, le bailleur est réputé avoir renoncé au bénéfice de cette clause pour l'année écoulée.

Si le bailleur manifeste sa volonté de réviser le loyer dans le délai d'un an, cette révision de loyer prend effet à compter de sa demande.

II. — Lorsque les parties sont convenues, par une clause expresse, de travaux d'amélioration du logement que le bailleur fera exécuter, le contrat de location ou un avenant à ce contrat peut fixer la majoration du loyer consécutive à la réalisation de ces travaux. Cette majoration ne peut faire l'objet d'une action en diminution de loyer.

(L. n° 2021-1104 du 22 août 2021, art. 159-I-2°) « III. — La révision et la majoration de loyer prévues aux I et II du présent article ne peuvent pas être appliquées dans les logements de la classe F ou de la classe G, au sens de l'article L. 173-1-1 du code de la construction et de l'habitation. »

Sur l'application dans le temps de la loi du 6 juill. 1989, V., ss. son art. 2, l'art. 14 de la L. n° 2014-366 du 24 mars 2014 et l'art. 82-II de la L. n° 2015-990 du 6 août 2015.

Sur l'entrée en vigueur des mod. issues de l'art. 159 de la L. n° 2021-1104 du 22 août 2021, V. ndlr ss. art. 17.

Art. 17-2 *(L. n° 2021-1104 du 22 août 2021, art. 159-I-3°)* « I. — » *(L. n° 2018-1021 du 23 nov. 2018, art. 139-I)* « Lors du renouvellement du contrat, le loyer ne donne lieu à réévaluation que s'il est manifestement sous-évalué. »

Dans ce cas, le bailleur peut proposer au locataire, au moins six mois avant le terme du contrat et dans les conditions de forme prévues à l'article 15, un nouveau loyer fixé par référence aux loyers habituellement constatés dans le voisinage pour des logements comparables.

(L. n° 2018-1021 du 23 nov. 2018, art. 139-I) « Les loyers servant de références doivent être représentatifs de l'ensemble des loyers habituellement constatés dans le voisinage pour des logements comparables, situés soit dans le même groupe d'immeubles, soit dans tout autre groupe d'immeubles comportant des caractéristiques similaires et situés dans la même zone géographique. Un décret en Conseil d'État définit les éléments constitutifs de ces références.

« Le nombre minimal de références à fournir est de trois. Toutefois, il est de six dans les communes, dont la liste est fixée par décret, faisant partie d'une agglomération de plus d'un million d'habitants. »

Lorsque le bailleur fait application des dispositions du présent *(L. n° 2021-1104 du 22 août 2021, art. 159-I-3°)* « I *[ancienne rédaction : article]* », il ne peut donner congé au locataire pour la même échéance du contrat.

La notification reproduit intégralement, à peine de nullité, les dispositions du présent *(L. n° 2021-1104 du 22 août 2021, art. 159-I-3°)* « I *[ancienne rédaction : article]* » et mentionne le montant du loyer ainsi que la liste des références ayant servi à le déterminer.

En cas de désaccord ou à défaut de réponse du locataire quatre mois avant le terme du contrat, l'une ou l'autre des parties saisit la commission départementale de conciliation.

A défaut d'accord constaté par la commission, le juge est saisi avant le terme du contrat. A défaut de saisine, le contrat est reconduit de plein droit aux conditions antérieures du loyer, éventuellement révisé. Le contrat dont le loyer est fixé judiciairement est réputé renouvelé pour la durée définie à l'article 10 à compter de la date d'expiration du contrat. La décision du juge est exécutoire par provision.

La hausse convenue entre les parties ou fixée judiciairement s'applique par tiers ou par sixième selon la durée du contrat.

Toutefois, cette hausse s'applique par sixième annuel au contrat renouvelé, puis lors du renouvellement ultérieur, dès lors qu'elle est supérieure à 10 % si le premier renouvellement avait une durée inférieure à six ans.

La révision éventuelle résultant de l'article 17-1 s'applique à chaque valeur ainsi définie.

(L. n° 2021-1104 du 22 août 2021, art. 159-I-3°) « II. — Le loyer ne peut pas être réévalué lors du renouvellement du contrat dans les logements de la classe F ou de la classe G, au sens de l'article L. 173-1-1 du code de la construction et de l'habitation. »

Sur l'entrée en vigueur des mod. issues de l'art. 159 de la L. n° 2021-1104 du 22 août 2021, V. ndlr ss. art. 17.

Art. 18 *(L. n° 2014-366 du 24 mars 2014, art. 6-I-4°)* « Pour chacune des zones d'urbanisation continue de plus de 50 000 habitants où il existe un déséquilibre marqué entre l'offre et la demande de logements, entraînant des difficultés sérieuses d'accès au logement sur l'ensemble du parc résidentiel existant qui se caractérisent notamment par le niveau élevé des loyers, le niveau élevé des prix d'acquisition des logements anciens ou le nombre élevé de demandes de logement par rapport au nombre d'emménagements annuels dans le parc locatif social, un décret » en Conseil d'État, pris après avis de la Commission nationale de concertation, *(L. n° 2014-366 du 24 mars 2014, art. 6-I-4°)* « fixe annuellement » le montant maximum d'évolution des loyers des logements vacants et des contrats renouvelés.

Ce décret peut prévoir des adaptations particulières, notamment en cas de travaux réalisés par les bailleurs ou de loyers manifestement sous-évalués. *(Abrogé par L. n° 2021-1104 du 22 août 2021, art. 159-I-4°) « Ces adaptations particulières ne s'appliquent pas lorsque les logements ont une consommation énergétique primaire supérieure ou égale à 331 kilowattheures par mètre carré et par an » ;*

(L. n° 2014-366 du 24 mars 2014, art. 6-I-4°) « En cas de litige entre les parties résultant de l'application de ce décret, la commission départementale de conciliation est compétente et sa saisine constitue un préalable obligatoire à la saisine du juge par l'une ou l'autre des parties. »

*V. Décr. n° 2017-1198 du 27 juill. 2017 relatif à l'évolution de certains loyers dans le cadre d'une nouvelle location ou d'un renouvellement de bail, pris en application de l'art. 18 de la L. n° 89-462 du 6 juill. 1989. — **C. baux**.*

Sur l'application dans le temps de la loi du 6 juill. 1989, V., ss. son art. 2, l'art. 14 de la L. n° 2014-366 du 24 mars 2014 et l'art. 82-II de la L. n° 2015-990 du 6 août 2015.

Sur l'entrée en vigueur des mod. issues de l'art. 159 de la L. n° 2021-1104 du 22 août 2021, V. ndlr ss. art. 17.

Art. 18-1 *(L. n° 2021-1900 du 30 déc. 2021, art. 67)* Dans les zones mentionnées au I de l'article 17 et par dérogation à l'article 18, lorsque le logement fait l'objet d'une première relocation consécutive au terme de la convention mentionnée au II de l'article L. 321-1 du code de la construction et de l'habitation et qu'il n'est pas soumis à l'article 159 de la loi n° 2021-1104 du 22 août 2021 portant lutte contre le dérèglement climatique et renforcement de la résilience face à ses effets, la fixation du loyer est libre.

Art. 19 *Abrogé par L. n° 2014-366 du 24 mars 2014, art. 6-I-5°.*

Art. 20 *(L. n° 2014-366 du 24 mars 2014, art. 6-I-6°)* Il est créé, auprès du représentant de l'État dans chaque département, une commission départementale de conciliation composée de représentants d'organisations de bailleurs et d'organisations de locataires, en nombre égal. La commission rend un avis dans le délai de deux mois à compter de sa saisine et s'efforce de concilier les parties.

La compétence de la commission porte sur :

1° Les litiges résultant de l'application des articles 17, 17-1, 17-2 et 18 de la présente loi et des articles 30 et 31 de la loi n° 86-1290 du 23 décembre 1986 tendant à favoriser l'investissement locatif, l'accession à la propriété de logements sociaux et le développement de l'offre foncière ;

2° Les litiges relatifs aux caractéristiques du logement mentionnées aux deux premiers alinéas de l'article 6 de la présente loi ;

3° Les litiges relatifs à l'état des lieux, au dépôt de garantie, aux charges locatives et aux réparations ;

4° Les litiges relatifs aux congés délivrés en application de l'article 15 ;

5° Les difficultés résultant de l'application des accords collectifs nationaux ou locaux prévus aux articles 41 *ter* et 42 de la loi n° 86-1290 du 23 décembre 1986 précitée ou de l'application du plan de concertation locative prévu à l'article 44 *bis* de la même loi et les difficultés résultant des modalités de fonctionnement de l'immeuble ou du groupe d'immeubles.

Pour le règlement des litiges mentionnés aux 1° à 4° du présent article, la commission départementale de conciliation peut être saisie par le bailleur ou le locataire. Pour le règlement des difficultés mentionnées au 5°, elle peut être saisie par le bailleur, plusieurs locataires ou une association représentative de locataires.

A défaut de conciliation entre les parties, elle rend un avis comportant l'exposé du différend et la position des parties ainsi que, le cas échéant, celle de la commission. Cet avis peut être transmis au juge par l'une ou l'autre des parties. En cas de conciliation, elle établit un document de conciliation comportant les termes de l'accord trouvé.

La composition de la commission départementale de conciliation, le mode de désignation de ses membres, son organisation et ses règles de saisine et de fonctionnement sont fixés par décret.

Sur l'application dans le temps de la loi du 6 juill. 1989, V., ss. son art. 2, l'art. 14 de la L. n° 2014-366 du 24 mars 2014 et l'art. 82-II de la L. n° 2015-990 du 6 août 2015.

Art. 20-1 *(L. n° 2000-1208 du 13 déc. 2000, art. 187-II)* Si le logement loué ne satisfait pas aux dispositions des premier et deuxième alinéas de l'article 6, le locataire peut demander au propriétaire *(L. n° 2014-366 du 24 mars 2014, art. 6-I-7°)* « sa » mise en conformité sans qu'il soit porté atteinte à la validité du contrat en cours. *(L. n° 2007-290 du 5 mars 2007, art. 34-1°)* « A défaut d'accord entre les parties ou à défaut de réponse du propriétaire dans un délai de deux mois, la commission départementale de conciliation peut être saisie et rendre un avis dans les conditions fixées à l'article 20. La saisine de la commission ou la remise de son avis ne constitue pas un préalable à la saisine du juge par l'une ou l'autre des parties. »

(L. n° 2014-366 du 24 mars 2014, art. 6-I-7°) « L'information du bailleur par l'organisme payeur de son obligation de mise en conformité du logement, telle que prévue *(Ord. n° 2019-770 du 17 juill. 2019, art. 13, en vigueur le 1er sept. 2019)* « à l'article L. 843-1 du code *de la construction et de l'habitation* », tient lieu de demande de mise en conformité par le locataire. »

(L. n° 2007-290 du 5 mars 2007, art. 34-2°) « Le juge saisi par l'une ou l'autre des parties détermine, le cas échéant, la nature des travaux à réaliser et le délai de leur exécution. » *(L. n° 2006-872 du 13 juill. 2006, art. 86, 2°)* « Il peut réduire le montant du loyer ou suspendre, avec ou sans consignation, son paiement et la durée du bail jusqu'à l'exécution de ces travaux. » *(L. n° 2007-290 du 5 mars 2007, art. 34-2° ; L. n° 2009-323 du 25 mars 2009,*

art. 87) « Le juge transmet au représentant de l'État dans le département l'ordonnance ou le jugement constatant que le logement loué ne satisfait pas aux dispositions des premier et deuxième alinéas de l'article 6. »

(L. n° 2019-1147 du 8 nov. 2019, art. 17-II) « Toutefois, le juge ne peut ordonner de mesure visant à permettre le respect du seuil maximal de consommation d'énergie finale par mètre carré et par an mentionné au premier alinéa du même article 6 lorsque le logement fait partie d'un immeuble soumis au statut de la copropriété et que le copropriétaire concerné démontre que, malgré ses diligences en vue de l'examen de résolutions tendant à la réalisation de travaux relevant des parties communes ou d'équipements communs et la réalisation de travaux dans les parties privatives de son lot adaptés aux caractéristiques du bâtiment, il n'a pu parvenir à un niveau de consommation énergétique inférieur au seuil maximal. »

Les mod. issues de l'art. 17-II de la L. n° 2019-1147 du 8 nov. 2019 entrent en vigueur à une date fixée par décret, et au plus tard le 1er janv. 2023. Toutefois, par dérogation à ce qui précède, ces mod. sont applicables en Guadeloupe, en Martinique, en Guyane, à La Réunion et à Mayotte à compter d'une date fixée par décret, et au plus tard le 1er janv. 2028. Les contrats de location en cours à cette date demeurent soumis aux dispositions qui leur étaient applicables (L. préc., art. 17-III, mod. par L. n° 2021-1104 du 22 août 2021, art. 158-III-1°).

Nouvel art. 20-1 *(L. n° 2000-1208 du 13 déc. 2000, art. 187-II) Si le logement loué ne satisfait pas aux dispositions des premier et deuxième alinéas de l'article 6, le locataire peut demander au propriétaire (L. n° 2014-366 du 24 mars 2014, art. 6-I-7°) « sa » mise en conformité sans qu'il soit porté atteinte à la validité du contrat en cours. (L. n° 2007-290 du 5 mars 2007, art. 34-1°) « A défaut d'accord entre les parties ou à défaut de réponse du propriétaire dans un délai de deux mois, la commission départementale de conciliation peut être saisie et rendre un avis dans les conditions fixées à l'article 20. La saisine de la commission ou la remise de son avis ne constitue pas un préalable à la saisine du juge par l'une ou l'autre des parties. »*

(L. n° 2014-366 du 24 mars 2014, art. 6-I-7°) « L'information du bailleur par l'organisme payeur de son obligation de mise en conformité du logement, telle que prévue (Ord. n° 2019-770 du 17 juill. 2019, art. 13-5°, en vigueur le 1er sept. 2019) « à l'article L. 843-1 du code de la construction et de l'habitation », tient lieu de demande de mise en conformité par le locataire. »

(L. n° 2007-290 du 5 mars 2007, art. 34-2°) « Le juge saisi par l'une ou l'autre des parties détermine, le cas échéant, la nature des travaux à réaliser et le délai de leur exécution. » (L. n° 2006-872 du 13 juill. 2006, art. 86, 2°) « Il peut réduire le montant du loyer ou suspendre, avec ou sans consignation, son paiement et la durée du bail jusqu'à l'exécution de ces travaux. » (L. n° 2007-290 du 5 mars 2007, art. 34-2° ; L. n° 2009-323 du 25 mars 2009, art. 87) « Le juge transmet au représentant de l'État dans le département l'ordonnance ou le jugement constatant que le logement loué ne satisfait pas aux dispositions des premier et deuxième alinéas de l'article 6. »

(L. n° 2021-1104 du 22 août 2021, art. 160-I-4°, en vigueur le 1er janv. 2025) « Sans préjudice de la possibilité de prononcer les autres mesures mentionnées au troisième alinéa du présent article, le juge ne peut ordonner la réalisation de travaux visant à permettre le respect du niveau de performance minimal mentionné au premier alinéa de l'article 6 dans les cas suivants :

« 1° Le logement fait partie d'un immeuble soumis au statut de la copropriété et le copropriétaire concerné démontre que, malgré ses diligences en vue de l'examen de résolutions tendant à la réalisation de travaux relevant des parties communes ou d'équipements communs et la réalisation de travaux dans les parties privatives de son lot adaptés aux caractéristiques du bâtiment, il n'a pu parvenir à ce niveau de performance minimal ;

« 2° Le logement est soumis à des contraintes architecturales ou patrimoniales qui font obstacle à l'atteinte de ce niveau de performance minimal malgré la réalisation de travaux compatibles avec ces contraintes. Les critères relatifs à ces contraintes sont précisés par décret en Conseil d'État. »

Art. 21 Le bailleur *(L. n° 2014-366 du 24 mars 2014, art. 6-I-8°)* « ou son mandataire » est tenu de *(L. n° 2009-323 du 25 mars 2009, art. 54)* « transmettre » gratuitement une quittance au locataire qui en fait la demande. La quittance porte le détail des sommes versées par le locataire en distinguant le loyer *(Abrogé par L. n° 2014-366 du 24 mars 2014, art. 6-I-8°) « , le droit de bail »* et les charges.

(L. n° 2014-366 du 24 mars 2014, art. 6-I-8°) « Aucuns frais liés à la gestion de l'avis d'échéance ou de la quittance ne peuvent être facturés au locataire.

« Avec l'accord exprès du locataire, le bailleur peut procéder à la transmission dématérialisée de la quittance. »

Si le locataire effectue un paiement partiel, le bailleur est tenu de délivrer un reçu.

Art. 22 Lorsqu'un dépôt de garantie est prévu par le contrat de location pour garantir l'exécution de ses obligations locatives par le locataire, il ne peut être supérieur à *(L.*

n° 2008-111 du 8 févr. 2008, art. 10-I-1°) « un mois » de loyer en principal. *(L. n° 2008-111 du 8 févr. 2008, art. 10-I, 2°)* « Au moment de la signature du bail, le dépôt de garantie est versé au bailleur directement par le locataire ou par l'intermédiaire d'un tiers. » — *Les mod. issues de la L. n° 2008-111 du 8 févr. 2008 sont applicables aux contrats de location conclus à compter de la publication de cette loi (JO 9 févr.) (L. préc., art. 10-II).*

Un dépôt de garantie ne peut être prévu lorsque le loyer est payable d'avance pour une période supérieure à deux mois ; toutefois, si le locataire demande le bénéfice du paiement mensuel du loyer, par application de l'article 7, le bailleur peut exiger un dépôt de garantie.

Il est restitué dans un délai maximal de deux mois à compter de la *(L. n° 2014-366 du 24 mars 2014, art. 6-I-9°)* « remise en main propre, ou par lettre recommandée avec demande d'avis de réception, des clés au bailleur ou à son mandataire », déduction faite, le cas échéant, des sommes restant dues au bailleur et des sommes dont celui-ci pourrait être tenu, aux lieu et place du locataire, sous réserve qu'elles soient dûment justifiées. *(L. n° 2014-366 du 24 mars 2014, art. 6-I-9°)* « A cette fin, le locataire indique au bailleur ou à son mandataire, lors de la remise des clés, l'adresse de son nouveau domicile.

« Il est restitué dans un délai maximal d'un mois à compter de la remise des clés par le locataire lorsque l'état des lieux de sortie est conforme à l'état des lieux d'entrée, déduction faite, le cas échéant, des sommes restant dues au bailleur et des sommes dont celui-ci pourrait être tenu, en lieu et place du locataire, sous réserve qu'elles soient dûment justifiées.

« Lorsque les locaux loués se situent dans un immeuble collectif, le bailleur procède à un arrêté des comptes provisoire et peut, lorsqu'elle est dûment justifiée, conserver une provision ne pouvant excéder 20 % du montant du dépôt de garantie jusqu'à l'arrêté annuel des comptes de l'immeuble. La régularisation définitive et la restitution du solde, déduction faite, le cas échéant, des sommes restant dues au bailleur et des sommes dont celui-ci pourrait être tenu en lieu et place du locataire, sont effectuées dans le mois qui suit l'approbation définitive des comptes de l'immeuble. Toutefois, les parties peuvent amiablement convenir de solder immédiatement l'ensemble des comptes. »

Le montant de ce dépôt de garantie ne porte pas intérêt au bénéfice du locataire. Il ne doit faire l'objet d'aucune révision durant l'exécution du contrat de location, éventuellement renouvelé.

(L. n° 2014-366 du 24 mars 2014, art. 6-I-9°) « A défaut de restitution dans les délais prévus, le dépôt de garantie restant dû au locataire est majoré d'une somme égale à 10 % du loyer mensuel en principal, pour chaque période mensuelle commencée en retard. Cette majoration n'est pas due lorsque l'origine du défaut de restitution dans les délais résulte de l'absence de transmission par le locataire de l'adresse de son nouveau domicile. »

(L. n° 2009-323 du 25 mars 2009, art. 103) « En cas de mutation à titre gratuit ou onéreux des locaux loués, la restitution du dépôt de garantie incombe au nouveau bailleur. Toute convention contraire n'a d'effet qu'entre les parties à la mutation. »

Sur l'application dans le temps de la loi du 6 juill. 1989, V., ss. son art. 2, l'art. 14 de la L. n° 2014-366 du 24 mars 2014 et l'art. 82-II de la L. n° 2015-990 du 6 août 2015.

Art. 22-1 *(L. n° 2009-323 du 25 mars 2009, art. 55)* « Le cautionnement ne peut pas être demandé *(L. n° 2014-366 du 24 mars 2014, art. 6-I-10°)* « , à peine de nullité » par un bailleur qui a souscrit une assurance, *(L. n° 2014-366 du 24 mars 2014, art. 6-I-10°)* « ou toute autre forme de garantie, » garantissant les obligations locatives du locataire *(L. n° 2009-1437 du 24 nov. 2009, art. 39)* « , sauf en cas de logement loué à un étudiant ou un apprenti ». *(L. n° 2014-366 du 24 mars 2014, art. 6-I-10°)* « Cette disposition ne s'applique pas au dépôt de garantie mentionné à l'article 22. »

« Si le bailleur est une personne morale autre qu'une société civile constituée exclusivement entre parents et alliés jusqu'au quatrième degré inclus, le cautionnement ne peut être demandé que :

« — s'il est apporté par un des organismes dont la liste est fixée par décret en Conseil d'État ;

« — ou si le logement est loué à un étudiant ne bénéficiant pas d'une bourse de l'enseignement supérieur. »

(L. n° 2002-73 du 17 janv. 2002, art. 161) « Lorsqu'un cautionnement pour les sommes dont le locataire serait débiteur dans le cadre d'un contrat de location conclu en application du présent titre est exigé par le bailleur, celui-ci ne peut refuser la caution présentée au motif qu'elle ne possède pas la nationalité française » *(L. n° 2006-872 du 13 juill. 2006, art. 87)* « ou qu'elle ne réside pas sur le territoire métropolitain ».

(Abrogé par L. n° 2018-1021 du 23 nov. 2018, art. 154-I) (L. n° 2014-366 du 24 mars 2014, art. 23-III) « Le cautionnement pour les sommes dont le locataire serait débiteur s'étend également aux sommes correspondant aux aides versées au bailleur en application de l'article 24-2. »

(L. n° 94-624 du 21 juill. 1994) « Lorsque le cautionnement d'obligations résultant d'un contrat de location conclu en application du présent titre ne comporte aucune indication de durée ou lorsque la durée du cautionnement est stipulée indéterminée, la caution peut le résilier unilatéralement. La résiliation prend effet au terme du contrat de location, qu'il s'agisse du contrat initial ou d'un contrat reconduit ou renouvelé, au cours duquel le bailleur reçoit notification de la résiliation. »

(L. n° 2018-1021 du 23 nov. 2018, art. 134) « La personne physique qui se porte caution signe l'acte de cautionnement faisant apparaître le montant du loyer et les conditions de sa révision tels qu'ils figurent au contrat de location, *(Abrogé par Ord. n° 2021-1192 du 15 sept. 2021, art. 35, à compter du 1er janv. 2022) « la mention exprimant de façon explicite et non équivoque la connaissance qu'elle a de la nature et de l'étendue de l'obligation qu'elle contracte »* ainsi que la reproduction de l'avant-dernier alinéa du présent article. » *(Ord. n° 2021-1192 du 15 sept. 2021, art. 35, en vigueur le 1er janv. 2022)* « La caution doit apposer la mention prévue par l'article 2297 du code civil. » *(L. n° 94-624 du 21 juill. 1994)* « Le bailleur remet à la caution un exemplaire du contrat de location. Ces formalités sont prescrites à peine de nullité du cautionnement. » *— Les dispositions de l'art. 22-1 entrent en vigueur le premier jour du deuxième mois suivant la publication de la loi n° 94-624 du 21 juill. 1994, c'est-à-dire le 1er sept. 1994. Elles ne sont pas applicables aux cautionnements consentis avant cette date (L. préc., art. 23-II).*

Sur l'application dans le temps de la loi du 6 juill. 1989, V. ss. art. 2, l'art. 14 de la L. n° 2014-366 du 24 mars 2014 et l'art. 82-II de la L. n° 2015-990 du 6 août 2015.

Art. 22-1-1 *(Ord. n° 2006-346 du 23 mars 2006, art. 53)* La garantie autonome prévue à l'article 2321 du code civil ne peut être souscrite qu'en lieu et place du dépôt de garantie prévu à l'article 22 et que dans la limite du montant résultant des dispositions du premier alinéa de cet article.

Cet art. n'est applicable ni à Mayotte, ni en Nouvelle-Calédonie, ni dans les îles Wallis-et-Futuna (Ord. n° 2006-346 du 23 mars 2006, art. 57).

Art. 22-2 *(L. n° 2014-366 du 24 mars 2014, art. 6-I-11°)* La liste des pièces justificatives pouvant être exigées du candidat à la location ou de sa caution par le bailleur, préalablement à l'établissement du contrat de location, est définie par décret en Conseil d'État, pris après avis de la Commission nationale de concertation.

En préalable à l'établissement du contrat de location, le bailleur ne peut imposer la cosignature d'un ascendant ou d'un descendant du candidat à la location.

Les manquements au présent article sont punis d'une amende administrative, prononcée par le représentant de l'État dans le département, dont le montant ne peut être supérieur à 3 000 € pour une personne physique et à 15 000 € pour une personne morale.

Le montant de l'amende est proportionné à la gravité des faits constatés.

L'amende ne peut être prononcée plus d'un an à compter de la constatation des faits.

L'amende est prononcée après que l'intéressé a été informé de la possibilité de présenter ses observations dans un délai déterminé.

Sur l'application dans le temps de la loi du 6 juill. 1989, V., ss. son art. 2, l'art. 14 de la L. n° 2014-366 du 24 mars 2014 et l'art. 82-II de la L. n° 2015-990 du 6 août 2015.

*Sur la liste des pièces justificatives, prévue à l'art. 22-2, pouvant être exigées par le bailleur de chacun des candidats à la location et des cautions du candidat à la location, V. Décr. n° 2015-1437 du 5 nov. 2015. — **C. baux.***

Art. 23 Les charges récupérables, sommes accessoires au loyer principal, sont exigibles sur justification en contrepartie :

1° Des services rendus liés à l'usage des différents éléments de la chose louée ;

2° Des dépenses d'entretien courant et des menues réparations sur les éléments d'usage commun de la chose louée*[.] (L. n° 2006-872 du 13 juill. 2006, art. 88-I-1°)* « Sont notamment récupérables à ce titre les dépenses engagées par le bailleur dans le cadre d'un contrat d'entretien relatif aux ascenseurs et répondant aux conditions de l'article *(Ord. n° 2020-71 du 29 janv. 2020, art. 5, en vigueur le 1er juill. 2021)* « L. 134-3 » du code de la construction et de l'habitation, qui concernent les opérations et les vérifications périodiques minimales et la réparation et le remplacement de petites pièces présentant des signes d'usure excessive ainsi que les interventions pour dégager les personnes bloquées en cabine et le dépannage et la remise en fonctionnement normal des appareils ; »

3° *(Abrogé par L. n° 2006-872 du 13 juill. 2006, art. 88-I-2°)* (L. n° 98-1267 du 30 déc. 1998, art. 12-J) « *De la contribution annuelle représentative du droit de bail et* » Des impositions qui correspondent à des services dont le locataire profite directement.

La liste de ces charges est fixée par décret en Conseil d'État. *(L. n° 2006-872 du 13 juill. 2006, art. 88-I-3°)* « Il peut y être dérogé par accords collectifs locaux portant sur l'amélioration de la sécurité ou la prise en compte du développement durable, conclus conformément à l'article 42 de la loi n° 86-1290 du 23 décembre 1986 précitée. »

Les charges locatives peuvent donner lieu au versement de provisions et doivent, en ce cas, faire l'objet d'une régularisation *(Abrogé par L. n° 2014-366 du 24 mars 2014, art. 6-I-12°)* « *au moins* » annuelle. Les demandes de provisions sont justifiées par la communication de résultats antérieurs arrêtés lors de la précédente régularisation et, lorsque l'immeuble est soumis au statut de la copropriété ou lorsque le bailleur est une personne morale, par le budget prévisionnel.

Un mois avant cette régularisation, le bailleur en communique au locataire le décompte par nature de charges ainsi que, dans les immeubles collectifs, le mode de répartition entre les locataires *(L. n° 2014-366 du 24 mars 2014, art. 6-I-12°)* « et, le cas échéant, une note d'information sur les modalités de calcul des charges de chauffage et de production d'eau chaude sanitaire collectifs » *(Ord. n° 2020-866 du 15 juill. 2020, art. 5, en vigueur le 25 oct. 2020)* « et sur la consommation individuelle de chaleur et d'eau chaude sanitaire du logement, dont le contenu est défini par décret en Conseil d'État ». Durant *(L. n° 2014-366 du 24 mars 2014, art. 6-I-12°)* « six » mois à compter de l'envoi de ce décompte, les pièces justificatives sont tenues *(L. n° 2014-366 du 24 mars 2014, art. 6-I-12°)* « , dans des conditions normales, » à la disposition des locataires.

(L. n° 2014-366 du 24 mars 2014, art. 6-I-12°) « A compter du 1er septembre 2015, le bailleur transmet également, à la demande du locataire, le récapitulatif des charges du logement par voie dématérialisée ou par voie postale.

« Lorsque la régularisation des charges n'a pas été effectuée avant le terme de l'année civile suivant l'année de leur exigibilité, le paiement par le locataire est effectué par douzième, s'il en fait la demande. »

(L. n° 2006-872 du 13 juill. 2006, art. 88-I-4°) « Pour l'application du présent article, le coût des services assurés dans le cadre d'un contrat d'entreprise *(L. n° 2010-1488 du 7 déc. 2010, art. 27-II)* « ou d'un contrat d'achat d'électricité, d'énergie calorifique ou de gaz naturel combustible, distribués par réseaux » correspond à la dépense, toutes taxes comprises, acquittée par le bailleur. »

Art. 23-1 *(L. n° 2009-323 du 25 mars 2009, art. 119)* Lorsque des travaux d'économie d'énergie sont réalisés par le bailleur dans les parties privatives d'un logement ou dans les parties communes de l'immeuble, une contribution pour le partage des économies de charge*[s]* peut être demandée au locataire du logement loué, à partir de la date d'achèvement des travaux, sous réserve que ces derniers lui bénéficient directement et qu'ils lui soient justifiés. Elle ne peut toutefois être exigible qu'à la condition qu'un ensemble de travaux ait été réalisé *(L. n° 2019-1147 du 8 nov. 2019, art. 19-I, en vigueur le 1er janv. 2021)* « et que le logement *(L. n° 2021-1104 du 22 août 2021, art. 174-II-1°)* « ait un niveau de performance compris entre la classe A et la classe E au sens de l'article L. 173-1-1 du code de la construction et de l'habitation » ».

Cette participation, limitée au maximum à quinze ans, est inscrite sur l'avis d'échéance et portée sur la quittance remise au locataire. Son montant, fixe et non révisable, ne peut être supérieur à la moitié du montant de l'économie d'énergie estimée.

Un décret en Conseil d'État, pris après avis de la commission nationale de concertation, précise les conditions d'application du présent article, notamment la liste des travaux éligibles à réaliser et les niveaux minimaux de performance énergétique *(L. n° 2021-1104 du 22 août 2021, art. 174-II-2°)* « et en matière d'émissions de gaz à effet de serre » à atteindre, ainsi que les modalités d'évaluation des économies d'énergie, de calcul du montant de la participation demandée au locataire du logement et de contrôle de ces évaluations après travaux.

Art. 24 *(L. n° 2014-366 du 24 mars 2014, art. 27-I-1°)* « I. — » Toute clause prévoyant la résiliation de plein droit du contrat de location pour défaut de paiement du loyer ou des charges aux termes convenus ou pour non-versement du dépôt de garantie ne produit effet que deux mois après un commandement de payer demeuré infructueux.

(L. n° 2018-1021 du 23 nov. 2018, art. 137) « Le commandement de payer contient, à peine de nullité :

« 1° La mention que le locataire dispose d'un délai de deux mois pour payer sa dette ;

« 2° Le montant mensuel du loyer et des charges ;

« 3° Le décompte de la dette ;

« 4° L'avertissement qu'à défaut de paiement ou d'avoir sollicité des délais de paiement, le locataire s'expose à une procédure judiciaire de résiliation de son bail et d'expulsion ;

« 5° La mention de la possibilité pour le locataire de saisir le fonds de solidarité pour le logement de son département, dont l'adresse est précisée, aux fins de solliciter une aide financière ;

« 6° La mention de la possibilité pour le locataire de saisir, à tout moment, la juridiction compétente aux fins de demander un délai de grâce sur le fondement de l'article 1343-5 du code civil. »

Lorsque les obligations résultant d'un contrat de location conclu en application du présent titre sont garanties par un cautionnement, le commandement de payer est signifié à la caution dans un délai de quinze jours à compter de sa signification au locataire. A défaut, la caution ne peut être tenue au paiement des pénalités ou des intérêts de retard.

Le représentant de l'État dans le département fixe, par arrêté, le montant et l'ancienneté de la dette au-delà desquels les commandements de payer, délivrés *(Abrogé par L. n° 2018-1021 du 23 nov. 2018, art. 122) « à compter du 1er janvier 2015 »* pour le compte d'un bailleur personne physique ou société civile constituée exclusivement entre parents et alliés jusqu'au quatrième degré inclus, sont signalés par le commissaire de justice à la commission de coordination des actions de prévention des expulsions locatives prévue à l'article 7-2 de la loi n° 90-449 du 31 mai 1990 précitée. Ce signalement est fait dès lors que l'un des deux seuils est atteint. *(Abrogé par L. n° 2018-1021 du 23 nov. 2018, art. 122)(L. n° 2017-86 du 27 janv. 2017, art. 152-I-1°-a) « Il reprend »(L. n° 2014-366 du 24 mars 2014, art. 27-I-2° et 3°) « les éléments essentiels du commandement ». (L. n° 2017-86 du 27 janv. 2017, art. 152-I-1°-b)* « Il s'effectue par voie électronique par l'intermédiaire du système d'information prévu au dernier alinéa du même article 7-2. »

(L. n° 2014-366 du 24 mars 2014, art. 27-I-2° et 3°) « L'arrêté mentionné à l'avant-dernier alinéa du présent I est pris après avis du comité responsable du *(Ord. n° 2014-1543 du 19 déc. 2014, art. 14-III-3°, en vigueur le 1er janv. 2015 ; L. n° 2017-86 du 27 janv. 2017, art. 147-V)* « plan départemental d'action pour le logement et l'hébergement des personnes défavorisées » ainsi que de la chambre départementale des commissaires de justice. Les modalités de détermination du montant et de l'ancienneté de la dette au-delà desquels les commandements sont signalés sont fixées par décret en Conseil d'État.

« II. — *(Abrogé par L. n° 2018-1021 du 23 nov. 2018, art. 122) « A compter du 1er janvier 2015, »* Les bailleurs personnes morales autres qu'une société civile constituée exclusivement entre parents et alliés jusqu'au quatrième degré inclus ne peuvent faire délivrer, sous peine d'irrecevabilité de la demande, une assignation aux fins de constat de résiliation du bail avant l'expiration d'un délai de deux mois suivant la saisine de la commission de coordination des actions de prévention des expulsions locatives prévue à l'article 7-2 de la loi n° 90-449 du 31 mai 1990 précitée. Cette saisine est réputée constituée lorsque persiste une situation d'impayés, préalablement signalée dans les conditions réglementaires aux organismes payeurs des aides au logement en vue d'assurer le maintien du versement des aides mentionnées *(Ord. n° 2019-770 du 17 juill. 2019, art. 13, en vigueur le 1er sept. 2019)* « à l'article L. 821-1 du code de la construction et de l'habitation ». » *(L. n° 2017-86 du 27 janv. 2017, art. 152-I-2° ; L. n° 2018-1021 du 23 nov. 2018, art. 122)* « Cette saisine, qui contient les mêmes *informations que celles des signalements* par les commissaires de justice des commandements de payer prévus au I du présent article, s'effectue par voie électronique par l'intermédiaire du système d'information prévu au dernier alinéa de l'article 7-2 de la loi n° 90-449 du 31 mai 1990 précitée. »

(L. n° 2014-366 du 24 mars 2014, art. 27-I-2° et 3°) « III. — » *(L. n° 98-657 du 29 juill. 1998, art. 114)* « A peine d'irrecevabilité de la demande, l'assignation aux fins de constat de la résiliation est notifiée à la diligence du commissaire de justice au représentant de l'État dans le département *(Abrogé par L. n° 2017-86 du 27 janv. 2017, art. 152-I-3°-a) « , par lettre recommandée avec demande d'avis de réception »*, au moins deux mois avant l'audience, afin qu'il saisisse *(L. n° 2014-366 du 24 mars 2014, art. 27-I-3°)* « l'organisme compétent désigné par le *(Ord. n° 2014-1543 du 19 déc. 2014, art. 14-III-3°, en vigueur le 1er janv. 2015 ; L. n° 2017-86 du 27 janv. 2017, art. 147-V)* « plan départemental » d'action pour le logement et l'hébergement des personnes défavorisées », suivant la répartition de l'offre globale de services d'accompa-

gnement vers et dans le logement prévue à l'article 4 de la loi n° 90-449 du 31 mai 1990 précitée ». *(L. n° 2017-86 du 27 janv. 2017, art. 152-I-3°-b)* « Cette notification s'effectue par voie électronique par l'intermédiaire du système d'information prévu au dernier alinéa de l'article 7-2 de la même loi. La saisine de l'organisme mentionné à la première phrase du présent III » *(L. n° 2014-366 du 24 mars 2014, art. 27-I-3°)* « peut s'effectuer par voie électronique, selon des modalités fixées par décret. » *(L. n° 2009-323 du 25 mars 2009, art. 60 ; L. n° 2014-366 du 24 mars 2014, art. 27-I-3°)* « L'organisme saisi réalise un diagnostic social et financier *(L. n° 2018-1021 du 23 nov. 2018, art. 119-II)* « , selon des modalités et avec un contenu précisés par décret, » au cours duquel le locataire et le bailleur sont mis en mesure de présenter leurs observations, et le transmet au juge avant l'audience, ainsi qu'à la commission de coordination des actions de prévention des expulsions locatives ; le cas échéant, les observations écrites des intéressés sont jointes au diagnostic. »

(L. n° 2014-366 du 24 mars 2014, art. 27-I-4°) « IV. — Les II et III sont applicables aux assignations tendant au prononcé de la résiliation du bail lorsqu'elle est motivée par l'existence d'une dette locative du preneur. Ils sont également applicables aux demandes *(L. n° 2015-990 du 6 août 2015, art. 82-I-7°)* « additionnelles et » reconventionnelles aux fins de constat ou de prononcé de la résiliation motivées par l'existence d'une dette locative, la notification au représentant de l'État dans le département incombant au bailleur.

« V. — Le juge peut, même d'office, accorder des délais de paiement dans la limite de trois années, par dérogation au délai prévu au *(Ord. n° 2016-131 du 10 févr. 2016, art. 6-XXXVII, en vigueur le 1er oct. 2016)* « premier alinéa de l'article 1343-5 *[ancienne rédaction : premier alinéa de l'article 1244-1]* » du code civil, au locataire en situation de régler sa dette locative. *(Ord. n° 2016-131 du 10 févr. 2016, art. 6-XXXVII, en vigueur le 1er oct. 2016)* « Le quatrième alinéa de l'article 1343-5 *[ancienne rédaction : L'article 1244-2 du même code]* » s'applique lorsque la décision du juge est prise sur le fondement du présent alinéa. Le juge peut d'office vérifier tout élément constitutif de la dette locative et le respect de l'obligation prévue au premier alinéa de l'article 6 de la présente loi. » *(L. n° 2018-1021 du 23 nov. 2018, art. 118-I, en vigueur le 1er mars 2019)* « Il invite les parties à lui produire tous éléments relatifs à l'existence d'une procédure de traitement du surendettement au sens du livre VII du code de la consommation. »

(Abrogé par L. n° 2018-1021 du 23 nov. 2018, art. 118-I, à compter du 1er mars 2019) « Pendant le cours des délais ainsi accordés, les effets de la clause de résiliation de plein droit sont suspendus ; ces délais et les modalités de paiement accordés ne peuvent affecter l'exécution du contrat de location et notamment suspendre le paiement du loyer et des charges.

« Si le locataire se libère dans le délai et selon les modalités fixés par le juge, la clause de résiliation de plein droit est réputée ne pas avoir joué ; dans le cas contraire, elle reprend son plein effet. »

(L. n° 2018-1021 du 23 nov. 2018, art. 118-I, en vigueur le 1er mars 2019) « VI. — Par dérogation à la première phrase du V, lorsqu'une procédure de traitement du surendettement au sens du livre VII du code de la consommation a été ouverte au bénéfice du locataire et qu'au jour de l'audience, le locataire a repris le paiement du loyer et des charges, le juge qui constate l'acquisition de la clause de résiliation de plein droit du contrat de location statue dans les conditions suivantes :

« 1° Lorsque la commission de surendettement des particuliers a rendu une décision de recevabilité de la demande de traitement de la situation de surendettement formée par le locataire, le juge accorde des délais de paiement jusqu'à, selon les cas, l'approbation du plan conventionnel de redressement prévu à l'article L. 732-1 du code de la consommation, la décision imposant les mesures prévues aux articles L. 733-1, L. 733-4, L. 733-7 et L. 741-1 du même code, le jugement prononçant un rétablissement personnel sans liquidation judiciaire, le jugement d'ouverture d'une procédure de rétablissement personnel avec liquidation judiciaire ou toute décision de clôture de la procédure de traitement du surendettement ;

« 2° Lorsqu'un plan conventionnel de redressement prévu à l'article L. 732-1 dudit code a été approuvé ou que la commission de surendettement des particuliers a imposé les mesures prévues aux articles L. 733-1, L. 733-4 et L. 733-7 du même code, dont le bailleur a été avisé, le juge accorde les délais et modalités de paiement de la dette locative contenus dans le plan ou imposés par la commission de surendettement des particuliers. Lorsque la commission de surendettement des particuliers a imposé pendant un délai la suspension de l'exigibilité de la créance locative en application du 4° de l'article L. 733-1 du même code, le juge accorde ce délai prolongé de trois mois pour permettre au locataire de saisir à nouveau la commission de surendettement des particuliers en application de l'article L. 733-2 du même code. Lorsque, dans ce délai, la commission de surendettement des particuliers a de nouveau été saisie d'une demande de traitement de la situation de surendettement, l'exigibilité de la créance locative demeure suspendue jusqu'à, selon les cas, l'approbation d'un plan conventionnel de redressement prévu à l'article L. 732-1 du même code, la décision imposant les mesures prévues aux articles L. 733-1, L. 733-4, L. 733-7 et L. 741-1 du même code, le jugement prononçant un rétablissement personnel sans liquidation judiciaire, le jugement d'ouverture d'une procédure de rétablissement personnel avec liquidation judiciaire ou toute décision de clôture de la procédure de traitement du surendettement. A défaut, ou dès lors que la nouvelle procédure de traitement du surendettement est clôturée sans que de nouveaux délais de paiement de la dette locative aient été accordés, la clause de résiliation de plein droit reprend son plein effet ;

« 3° Par dérogation au 2° du présent VI, lorsqu'en application de l'article L. 733-10 du même code, une contestation a été formée par l'une des parties contre les délais et modalités de paiement de la dette locative imposés par la commission de surendettement des particuliers, le juge accorde des délais de paiement jusqu'à la décision du juge statuant sur cette contestation ;

« 4° Lorsque le juge statuant en application de l'article L. 733-10 du même code a pris tout ou partie des mesures mentionnées au 2° du présent VI, le juge accorde les délais et modalités de paiement de la dette locative imposés dans ces mesures. Lorsque la suspension de l'exigibilité de la créance locative a été imposée pendant un délai en application du 4° de l'article L. 733-1 du code de la consommation, le juge accorde ce délai prolongé de trois mois pour permettre au locataire de saisir à nouveau la commission de surendettement des particuliers en application de l'article L. 733-2 du même code. Lorsque, dans ce délai, la commission de surendettement des particuliers a de nouveau été saisie d'une demande de traitement de la situation de surendettement, l'exigibilité de la créance locative demeure suspendue jusqu'à, selon les cas, l'approbation d'un plan conventionnel de redressement prévu à l'article L. 732-1 dudit code, la décision imposant les mesures prévues aux articles L. 733-1, L. 733-4, L. 733-7 et L. 741-1 du même code, le jugement prononçant un rétablissement personnel sans liquidation judiciaire, le jugement d'ouverture d'une procédure de rétablissement personnel avec liquidation judiciaire ou toute décision de clôture de la procédure de traitement du surendettement. A défaut, ou dès lors que la nouvelle procédure de traitement du surendettement est clôturée sans que de nouveaux délais de paiement de la dette locative aient été accordés, la clause de résiliation de plein droit reprend son plein effet.

« VII. — Pendant le cours des délais accordés par le juge dans les conditions prévues aux V et VI du présent article, les effets de la clause de résiliation de plein droit sont suspendus. Ces délais et les modalités de paiement accordés ne peuvent affecter l'exécution du contrat de location et notamment suspendre le paiement du loyer et des charges.

« Si le locataire se libère de sa dette locative dans le délai et selon les modalités fixés par le juge, la clause de résiliation de plein droit est réputée ne pas avoir joué. Dans le cas contraire, elle reprend son plein effet.

« VIII. — Lorsqu'un rétablissement personnel sans liquidation judiciaire a été imposé par la commission de surendettement des particuliers ou prononcé par le juge ou lorsqu'un jugement de clôture d'une procédure de rétablissement personnel avec liquidation judiciaire a été rendu, le juge suspend les effets de la clause de résiliation de plein droit pendant un délai de deux ans à partir de la date de la décision imposant les mesures d'effacement ou du jugement de clôture.

« Par dérogation au premier alinéa du présent VIII, lorsqu'en application de l'article L. 741-4 du code de la consommation, une contestation a été formée par l'une des parties contre la décision de la commission de surendettement des particuliers imposant un rétablissement personnel sans liquidation judiciaire, le juge suspend les effets de la clause de résiliation de plein droit jusqu'à la décision du juge statuant sur cette contestation.

« Ce délai ne peut affecter l'exécution du contrat de location et notamment suspendre le paiement du loyer et des charges.

« Si le locataire s'est acquitté du paiement des loyers et des charges conformément au contrat de location pendant le délai de deux ans mentionné au premier alinéa du présent VIII, la clause de résiliation de plein droit est réputée ne pas avoir joué. Dans le cas contraire, elle reprend son plein effet.

« IX. — » *(L. n° 2014-366 du 24 mars 2014, art. 27-I-7°)* « La notification de la décision de justice prononçant l'expulsion indique les modalités de saisine et l'adresse de la commission de médiation prévue à l'article L. 441-2-3 du code de la construction et de l'habitation. »

Sur l'application dans le temps de la loi du 6 juill. 1989, V. ss. art. 2, l'art. 14 de la L. n° 2014-366 du 24 mars 2014 et l'art. 82-II de la L. n° 2015-990 du 6 août 2015.

Les dispositions de l'Ord. n° 2016-131 du 10 févr. 2016 entrent en vigueur le 1er oct. 2016. Les contrats conclus avant cette date demeurent soumis à la loi ancienne, y compris pour leurs effets légaux et pour les dispositions d'ordre public. Lorsqu'une instance a été introduite avant l'entrée en vigueur de cette ordonnance, l'action est poursuivie et jugée conformément à la loi ancienne. Cette loi s'applique également en appel et en cassation (Ord. préc., art. 9, mod. par L. n° 2018-287 du 20 avr. 2018, art. 16-III, en vigueur le 1er oct. 2018).

Les dispositions issues de l'art. 152 de la L. n° 2017-86 du 27 janv. 2017 entrent en vigueur à la date de mise en œuvre opérationnelle des modules concernés du système d'information prévu au dernier al. de l'art. 7-2 de la L. n° 90-449 du 31 mai 1990 visant à la mise en œuvre du droit au logement, qui est fixée par arrêté du ministre de l'intérieur, et au plus tard le 31 déc. 2017, ou le 30 juin 2019 s'agissant de la dernière phrase du II (L. préc., art. 152-III).

Art. 24-1 *(L. n° 2000-1208 du 13 déc. 2000, art. 187-II)* Lorsqu'un *(L. n° 2002-73 du 17 janv. 2002, art. 163)* « locataire a avec son bailleur un litige locatif » ou *(L. n° 2002-73 du 17 janv. 2002, art. 163)* « lorsque » plusieurs locataires ont avec un même bailleur un litige locatif ayant une origine commune, ils peuvent donner par écrit mandat d'agir en justice en leur nom et pour leur compte à une association siégeant à la Commission nationale de concertation *(Abrogé par L. n° 2014-366 du 24 mars 2014, art. 6-I-13°)* *« et agréée à cette fin »*; si le litige porte sur les caractéristiques du logement mentionnées aux premier et deuxième alinéas de l'article 6, ce mandat peut être donné en outre à une *(L. n° 2006-872 du 13 juill. 2006, art. 86, 3°)* « association dont l'un des objets est l'insertion ou le logement des personnes défavorisées ou à une association de défense des personnes en situation d'exclusion par le logement mentionnées à l'article 3 de la loi n° 90-449 du 31 mai 1990 visant à la mise en œuvre du droit au logement *(Abrogé par L. n° 2009-323 du 25 mars 2009, art. 2-III)* «*, et agréée par le représentant de l'État dans le département* ». Une association *(L. n° 2009-323 du 25 mars 2009, art. 2-III)* « précitée » peut assister ou représenter, selon les modalités définies à l'article 828 du code de procédure civile, un locataire en cas de litige portant sur le respect des caractéristiques de décence de son logement. » *(L. n° 2014-366 du 24 mars 2014, art. 6-I-13°)* « La collectivité territorialement compétente en matière d'habitat ainsi que les organismes payeurs des aides au logement territorialement compétents peuvent être destinataires du mandat à agir mentionné au présent alinéa. »

Les dispositions de l'alinéa précédent sont applicables aux locataires des locaux mentionnés *(L. n° 2014-366 du 24 mars 2014, art. 6-I-13°)* « aux 1° à 3° » de l'article 2 lorsque le litige locatif porte sur la décence du logement.

Sur l'application dans le temps de la loi du 6 juill. 1989, V., ss. son art. 2, l'art. 14 de la L. n° 2014-366 du 24 mars 2014 et l'art. 82-II de la L. n° 2015-990 du 6 août 2015.

Art. 24-2 *Abrogé par L. n° 2018-1021 du 23 nov. 2018, art. 154-I.*

Art. 25 *(L. n° 2014-366 du 24 mars 2014, art. 6-I-14°)* Les décrets pris en application des articles 7 et 18 abrogés et de l'article 29 modifié de la loi n° 86-1290 du 23 décembre 1986 tendant à favoriser l'investissement locatif, l'accession à la propriété de logements sociaux et le développement de l'offre foncière restent en vigueur pour l'application de la présente loi jusqu'à l'intervention des décrets correspondants pris en application de la présente loi.

Sur l'application dans le temps de la loi du 6 juill. 1989, V. ss. son art. 2, l'art. 14 de la L. n° 2014-366 du 24 mars 2014 et l'art. 82-II de la L. n° 2015-990 du 6 août 2015.

Art. 25-1 *(Ord. n° 98-774 du 2 sept. 1998, art. 13)* A l'exception du troisième alinéa de l'article 9 *(L. n° 99-1121 du 28 déc. 1999, art. 28)* « , des articles 16 à 20, du deuxième alinéa de l'article 24 et de l'article 25 », les dispositions du présent titre sont applicables en Polynésie française sous réserve des adaptations suivantes :

1° Au quatrième alinéa de l'article 3, les mots : "prévues à l'article 19" sont remplacés par les mots : "prévues par délibération de l'assemblée locale" ;

(L. n° 2006-872 du 13 juill. 2006, art. 48-III-3°) « 2° A la fin du a de l'article 6, les mots : "en application des premier et deuxième alinéas" sont remplacés par les mots : "par la réglementation territoriale" ;

3° A l'article 15 :

(L. n° 2006-685 du 13 juin 2006, art. 5-II) « *a)* Dans le septième alinéa du II, les mots : "ni aux actes portant sur les immeubles mentionnés *(Ord. n° 2020-71 du 29 janv. 2020, art. 5, en*

vigueur le 1er juill. 2021) « au 1° de l'article L. 126-17 du code de la construction et de l'habitation »*["]* ne sont pas applicables ; »

b) Aux premier et deuxième alinéas du III, les mots : "salaire minimum de croissance" sont remplacés par les mots : "salaire minimum interprofessionnel garanti" ;

c) Au premier alinéa du III, les mots : "dans les limites géographiques prévues à l'article 13 *bis* de la loi n° 48-1360 du 1er septembre 1948" sont remplacés par les mots : "à une distance au plus égale à 5 kilomètres" ;

4° Le *(L. n° 99-1121 du 28 déc. 1999, art. 28)* « sixième » alinéa de l'article 24 est remplacé par les dispositions suivantes :

Le commandement de payer reproduit, à peine de nullité, les dispositions des alinéas précédents.

L'Ord. n° 98-774 du 2 sept. 1998 est entrée en application le 15 sept. 1998 (Ord. préc., art. 17).

Art. 25-2 *(Ord. n° 98-774 du 2 sept. 1998, art. 13)* Jusqu'à leur terme, les contrats de location en cours en Polynésie française à la date du 15 septembre 1998 demeurent soumis aux dispositions qui leur étaient applicables.

L'Ord. n° 98-774 du 2 sept. 1998 est entrée en application le 15 sept. 1998 (Ord. préc., art. 17).

TITRE I *BIS*. DES RAPPORTS ENTRE BAILLEURS ET LOCATAIRES DANS LES LOGEMENTS MEUBLÉS RÉSIDENCE PRINCIPALE
(L. n° 2014-366 du 24 mars 2014, art. 8)

Ndlr : *Sur l'application dans le temps de la loi du 6 juill. 1989, V. ss. son art. 2, l'art. 14 de la L. n° 2014-366 du 24 mars 2014 et l'art. 82-II de la L. n° 2015-990 du 6 août 2015 ss. art. 2.*

Art. 25-3 Les dispositions du présent titre sont d'ordre public et s'appliquent aux contrats de location de logements meublés tels que définis à l'article 25-4 dès lors qu'ils constituent la résidence principale du locataire au sens de l'article 2.

Les articles 1er, *(L. n° 2015-990 du 6 août 2015, art. 82-I-8°)* « 3, » 3-2, 3-3, 4, à l'exception du *l*, 5, 6, *(Ord. n° 2020-866 du 15 juill. 2020, art. 5, en vigueur le 25 oct. 2020)* « 6-2, » 7, 7-1, 8, 8-1, *(L. n° 2021-1104 du 22 août 2021, art. 159-I-5°)* « 17, » 18, 20-1, 21, 22, 22-1, 22-2, 24 et 24-1 sont applicables aux logements meublés.

Le présent titre ne s'applique ni aux logements-foyers, ni aux logements faisant l'objet d'une convention avec l'État portant sur leurs conditions d'occupation et leurs modalités d'attribution.

Le présent titre ne s'applique ni aux logements attribués ou loués en raison de l'exercice d'une fonction ou de l'occupation d'un emploi, ni aux locations consenties aux travailleurs saisonniers.

Sur l'entrée en vigueur des mod. issues de l'art. 159 de la L. n° 2021-1104 du 22 août 2021, V. ndlr ss. art. 17.

Art. 25-4 Un logement meublé est un logement décent équipé d'un mobilier en nombre et en qualité suffisants pour permettre au locataire d'y dormir, manger et vivre convenablement au regard des exigences de la vie courante.

La liste des éléments que doit comporter ce mobilier est fixée par décret.

Art. 25-5 Un inventaire et un état détaillé du mobilier sont établis dans les mêmes formes et en autant d'exemplaires que de parties lors de la remise et de la restitution des clés. Ces documents, établis contradictoirement et amiablement, sont signés par les parties ou par un tiers mandaté par elles et joints au contrat de location. Ces documents ne peuvent donner lieu à aucune autre facturation que celle liée à l'établissement de l'état des lieux.

Art. 25-6 Par dérogation à l'article 22, le montant du dépôt de garantie exigible par le bailleur est limité à deux mois de loyer en principal.

Art. 25-7 Le contrat de location est établi par écrit et respecte un contrat type défini par décret en Conseil d'État, pris après avis de la Commission nationale de concertation.

Il est conclu pour une durée d'au moins un an.

Si les parties au contrat ne donnent pas congé dans les conditions prévues à l'article 25-8, le contrat de location parvenu à son terme est reconduit tacitement pour une durée d'un an.

Lorsque la location est consentie à un étudiant, la durée du bail peut être réduite à neuf mois. Dans ce cas, la reconduction tacite prévue au troisième alinéa du présent article est inapplicable.

Sur le contrat type de location de logement à usage de résidence principale, V. Décr. n° 2015-587 du 29 mai 2015. — ***C. baux****.*

Sur la notice d'information annexée aux contrats de location de logement à usage de résidence principale, V. Arr. du 29 mai 2015 — ***C. baux****.*

Art. 25-8 I. — Le locataire peut résilier le contrat à tout moment, sous réserve du respect d'un préavis d'un mois, y compris lorsque la durée du bail est réduite à neuf mois.

Le bailleur qui souhaite, à l'expiration du contrat, en modifier les conditions doit informer le locataire avec un préavis de trois mois. Si le locataire accepte les nouvelles conditions, le contrat est renouvelé pour un an.

Lorsqu'il donne congé à son locataire pour reprendre le logement, le bailleur justifie du caractère réel et sérieux de sa décision de reprise.

Le bailleur qui ne souhaite pas renouveler le contrat doit informer le locataire avec un préavis de trois mois et motiver son refus de renouvellement du bail soit par sa décision de reprendre ou de vendre le logement, soit par un motif légitime et sérieux, notamment l'inexécution par le locataire de l'une des obligations lui incombant.

A peine de nullité, le congé donné par le bailleur doit indiquer le motif allégué et, en cas de reprise, les nom et adresse du bénéficiaire de la reprise ainsi que la nature du lien existant entre le bailleur et le bénéficiaire de la reprise qui ne peut être que le bailleur, son conjoint, le partenaire auquel il est lié par un pacte civil de solidarité enregistré à la date du congé, son concubin notoire depuis au moins un an à la date du congé, ses ascendants, ses descendants ou ceux de son conjoint, de son partenaire ou de son concubin notoire.

En cas de contestation, le juge peut, même d'office, vérifier la réalité du motif du congé et le respect des obligations prévues au présent article. Il peut notamment déclarer non valide le congé si la non-reconduction du bail n'apparaît pas justifiée par des éléments sérieux et légitimes.

Le congé doit être notifié par lettre recommandée avec demande d'avis de réception ou signifié par acte de commissaire de justice *(L. n° 2015-990 du 6 août 2015, art. 82-I-9°-a)* « ou remis en main propre contre récépissé ou émargement ». Ce délai court à compter du jour de la réception de la lettre recommandée ou de la signification de l'acte de commissaire de justice *(L. n° 2015-990 du 6 août 2015, art. 82-I-9°-a)* « ou de la remise en main propre ».

Pendant le délai de préavis, le locataire n'est redevable du loyer et des charges que pour le temps où il a occupé réellement les lieux si le congé a été notifié par le bailleur. Il est redevable du loyer et des charges relatifs à l'intégralité de la période couverte par le préavis si c'est lui qui a notifié le congé, sauf si le logement se trouve occupé avant la fin du préavis par un autre locataire en accord avec le bailleur.

A l'expiration du délai de préavis, le locataire est déchu de tout titre d'occupation du logement loué.

II. — Le bailleur ne peut s'opposer au renouvellement du contrat en donnant congé dans les conditions définies au I à l'égard de tout locataire âgé de plus de soixante-cinq ans et dont les ressources annuelles sont inférieures à un plafond de ressources en vigueur pour l'attribution des logements locatifs conventionnés fixé par arrêté du ministre chargé du logement, sans qu'un logement correspondant à ses besoins et à ses possibilités lui soit offert dans les limites géographiques prévues à l'article 13 *bis* de la loi n° 48-1360 du 1er septembre 1948 précitée. *(L. n° 2015-990 du 6 août 2015, art. 82-I-9°-b)* « Le présent alinéa est également applicable lorsque le locataire a à sa charge une personne de plus de soixante-cinq ans vivant habituellement dans le logement et remplissant la condition de ressources précitée et que le montant cumulé des ressources annuelles de l'ensemble des personnes vivant au foyer est inférieur au plafond de ressources déterminé par l'arrêté précité. »

Toutefois, les dispositions du premier alinéa du présent II ne sont pas applicables lorsque le bailleur est une personne physique âgée de plus de soixante-cinq ans ou si ses ressources annuelles sont inférieures au plafond de ressources mentionné au même premier alinéa.

L'âge du locataire ou de la personne à sa charge et celui du bailleur sont appréciés à la date d'échéance du contrat ; le montant de leurs ressources est apprécié à la date de notification du congé.

III. — Le fait pour un bailleur de délivrer un congé justifié frauduleusement par sa décision de reprendre ou de vendre le logement est puni d'une amende pénale dont le montant ne peut être supérieur à 6 000 € pour une personne physique et à 30 000 € pour une personne morale.

Le montant de l'amende est proportionné à la gravité des faits constatés. Le locataire est *(L. nº 2015-990 du 6 août 2015, art. 82-I-9º-c)* « recevable » dans sa constitution de partie civile et la demande de réparation de son préjudice.

Art. 25-9 *(Abrogé par L. nº 2018-1021 du 23 nov. 2018, art. 139-I)* « *I. — Le représentant de l'État dans le département fixe chaque année, par arrêté, dans les zones mentionnées au I de l'article 17, un loyer de référence, un loyer de référence majoré et un loyer de référence minoré par catégorie de logement et par secteur géographique. Le loyer de référence, le loyer de référence majoré et le loyer de référence minoré sont déterminés par l'application d'une majoration unitaire par mètre carré aux loyers de référence définis au I de l'article 17 pour tenir compte du caractère meublé du logement. Cette majoration est déterminée à partir des écarts constatés entre les loyers des logements loués nus et les loyers des logements loués meublés observés par l'observatoire local des loyers.*

« *Les compétences attribuées au représentant de l'État dans le département par le présent article sont exercées, dans la région d'Île-de-France, par le représentant de l'État dans la région.*

« *Le II de l'article 17 et l'article 17-2 de la présente loi sont applicables aux logements meublés, en tenant compte des loyers de référence définis au premier alinéa du présent I. Pour l'application de ces articles, le complément de loyer tient compte des équipements et services associés aux logements meublés.* *(L. nº 2015-990 du 6 août 2015, art. 82-I-10º-a)* « *Pour l'application de l'article 17-2, la hausse du loyer convenue entre les parties ou fixée judiciairement s'applique au contrat renouvelé. Toutefois, si la hausse est supérieure à 10 %, elle s'applique par tiers annuel au contrat renouvelé et lors des renouvellements ultérieurs.* »

« *II. — Le* *(L. nº 2015-990 du 6 août 2015, art. 82-I-10º-b)* « *I du* » *présent article n'est pas applicable aux logements meublés situés dans une résidence avec services gérée selon un mode d'organisation adapté aux nécessités des résidents par un mandataire unique, définis au c de l'article 261 D du code général des impôts.*

« *III. —* » *(L. nº 2021-1104 du 22 août 2021, art. 159-I-6º)* « Pour la révision du loyer, les I et III de l'article 17-1 sont applicables aux logements meublés *[ancienne rédaction : Pour la révision du loyer, le I de l'article 17-1 est applicable aux logements meublés]* ».

Lorsque les parties sont convenues, par une clause expresse, de travaux d'amélioration du logement que le bailleur fera exécuter ou d'acquisition d'équipements par le bailleur en sus de l'équipement initial, le contrat de location ou un avenant à ce contrat peut fixer une majoration de loyer consécutive à ces opérations.

(L. nº 2018-1021 du 23 nov. 2018, art. 139-I) « L'article 17-2 est applicable aux logements meublés. La hausse du loyer convenue entre les parties ou fixée judiciairement s'applique au contrat renouvelé. Toutefois, si la hausse est supérieure à 10 %, elle s'applique par tiers annuel au contrat renouvelé et lors des renouvellements ultérieurs. »

Sur l'entrée en vigueur des mod. issues de l'art. 159 de la L. nº 2021-1104 du 22 août 2021, V. ndlr ss. art. 17.

Art. 25-10 Les charges locatives accessoires au loyer principal sont récupérées par le bailleur au choix des parties et tel que prévu par le contrat de bail :

1º Soit dans les conditions prévues à l'article 23, lorsqu'il s'agit de provisions pour charges ;

2º Soit sous la forme d'un forfait versé simultanément au loyer, dont le montant et la périodicité de versement sont définis dans le contrat et qui ne peut donner lieu à complément ou à régularisation ultérieure. Le montant du forfait de charges est fixé en fonction des montants exigibles par le bailleur en application du même article 23 et peut être révisé chaque année aux mêmes conditions que le loyer principal. Ce montant ne peut pas être manifestement disproportionné au regard des charges dont le locataire ou, le cas échéant, le précédent locataire se serait acquitté.

Art. 25-11 La commission départementale de conciliation mentionnée à l'article 20 est compétente pour l'examen des litiges relatifs aux logements meublés et résultant de l'application des dispositions relatives aux loyers, aux congés, à l'état des lieux et du mobilier, au dépôt de garantie, aux charges locatives, aux réparations et aux caractéristiques du logement mentionnées aux deux premiers alinéas de l'article 6.

TITRE I *TER*. DES RAPPORTS ENTRE BAILLEURS ET LOCATAIRES DANS LES LOGEMENTS MEUBLÉS LOUÉS DANS LE CADRE D'UN BAIL MOBILITÉ
(L. n° 2018-1021 du 23 nov. 2018, art. 107-I)

Art. 25-12 Le bail mobilité est un contrat de location de courte durée d'un logement meublé au sens de l'article 25-4 à un locataire justifiant, à la date de la prise d'effet du bail, être en formation professionnelle, en études supérieures, en contrat d'apprentissage, en stage, en engagement volontaire dans le cadre d'un service civique prévu au II de l'article L. 120-1 du code du service national, en mutation professionnelle ou en mission temporaire dans le cadre de son activité professionnelle.

Le bail mobilité est régi par les dispositions du présent titre, qui sont d'ordre public. Sauf disposition contraire, les dispositions du titre I *bis* ne sont pas applicables.

Les articles 1er, 3-2, 3-3, 4, 5, 6, *(Ord. n° 2020-866 du 15 juill. 2020, art. 5, en vigueur le 25 oct. 2020)* « 6-2, » 7, 7-1 et 8, les I à IV de l'article 8-1 et les articles *(L. n° 2021-1104 du 22 août 2021, art. 159-I-7°)* « 17, » 18, 21, 22-1, 22-2, 25-4 et 25-5 sont applicables au bail mobilité.

La commission départementale de conciliation n'est pas compétente pour l'examen des litiges résultant de l'application des dispositions du présent titre.

Le présent titre ne s'applique ni aux logements-foyers, ni aux logements faisant l'objet d'une convention avec l'État portant sur leurs conditions d'occupation et leurs modalités d'attribution.

Sur l'entrée en vigueur des mod. issues de l'art. 159 de la L. n° 2021-1104 du 22 août 2021, V. ndlr ss. art. 17.

Art. 25-13 I. — Le contrat de location est établi par écrit et précise :

1° Le nom ou la dénomination du bailleur et son domicile ou son siège social ainsi que, le cas échéant, ceux de son mandataire ;

2° Le nom du locataire ;

3 La date de prise d'effet ;

4° La durée du contrat de location conformément à l'article 25-14 ;

5° La consistance, la destination ainsi que la surface habitable de la chose louée, définie par le code de la construction et de l'habitation ;

6° La désignation des locaux et équipements d'usage privatif dont le locataire a la jouissance exclusive et, le cas échéant, l'énumération des parties, équipements et accessoires de l'immeuble qui font l'objet d'un usage commun ainsi que des équipements d'accès aux technologies de l'information et de la communication ;

7° Le montant du loyer et ses modalités de paiement ;

8° Le motif justifiant le bénéfice du bail mobilité conformément à l'article 25-12 ;

9° Le montant et la date de versement du dernier loyer appliqué au précédent locataire, dès lors que ce dernier a quitté le logement moins de dix-huit mois avant la signature du bail ;

10° La nature et le montant des travaux effectués dans le logement depuis la fin du dernier contrat de location ;

11° Une mention informant le locataire de l'interdiction pour le bailleur d'exiger le versement d'un dépôt de garantie.

Le contrat comporte en outre une mention selon laquelle le contrat de location est un bail mobilité régi par les dispositions du présent titre. A défaut de cette mention ou de l'une des informations prévues aux 4° ou 8° du I du présent article, le contrat de location est régi par les dispositions du titre I *bis*.

Lorsque l'immeuble est soumis au statut de la copropriété, le copropriétaire bailleur est tenu de communiquer au locataire les extraits du règlement de copropriété concernant la destination de l'immeuble, la jouissance et l'usage des parties privatives et communes, et précisant la quote-part afférente au lot loué dans chacune des catégories de charges.

Le bailleur ne peut pas se prévaloir de la violation du présent article.

En cas de mutation à titre gratuit ou onéreux du logement, le nouveau bailleur est tenu de notifier au locataire son nom ou sa dénomination et son domicile ou son siège social ainsi que, le cas échéant, ceux de son mandataire.

II. — Toute clause prévoyant une solidarité entre les colocataires ou leurs cautions est réputée non écrite.

Art. 25-14 Le bail mobilité est conclu pour une durée minimale d'un mois et une durée maximale de dix mois, non renouvelable et non reconductible.

La durée du contrat de location, prévue au 4° du I de l'article 25-13, peut être modifiée une fois par avenant sans que la durée totale du contrat ne dépasse dix mois.

Si, au terme du contrat, les parties concluent un nouveau bail portant sur le même logement meublé, ce nouveau bail est soumis aux dispositions du titre I *bis*.

Art. 25-15 Le locataire peut résilier le contrat à tout moment, sous réserve de respecter un délai de préavis d'un mois.

Le congé doit être notifié par lettre recommandée avec demande d'avis de réception ou signifié par acte de commissaire de justice ou remis en main propre contre récépissé ou émargement. Le délai de préavis court à compter du jour de la réception de la lettre recommandée ou de la signification de l'acte de commissaire de justice ou de la remise en main propre.

Le locataire est redevable du loyer et des charges relatifs à l'intégralité de la période couverte par le préavis, sauf si le logement se trouve occupé avant la fin du préavis par un autre locataire en accord avec le bailleur.

A l'expiration du délai de préavis, le locataire est déchu de tout titre d'occupation du logement loué.

Art. 25-16 Le loyer est librement fixé et ne peut être révisé en cours de bail.

Art. 25-17 Aucun dépôt de garantie ne peut être exigé par le bailleur.

Art. 25-18 Les charges locatives accessoires au loyer principal sont récupérées par le bailleur sous la forme d'un forfait versé simultanément au loyer, dont le montant et la périodicité de versement sont définis dans le contrat et qui ne peut donner lieu à complément ou à régularisation ultérieure. Le montant du forfait de charges est fixé en fonction des montants exigibles par le bailleur en application de l'article 23. Ce montant ne peut pas être manifestement disproportionné au regard du dernier décompte par nature de charges rapporté à la périodicité de versement du forfait.

TITRE II. DISPOSITIONS DIVERSES

Art. 26 à 37 *V. L. n° 86-1290 du 23 déc. 1986, art. 25, 29, 31, 33, 34, 41 bis, 41 ter, 42, 44, 57 A et anc. art. 57.*

Art. 38 *V. L. n° 48-1360 du 1er sept. 1948, art. 27 et 38.*

Art. 39 *V. L. n° 86-1290 du 23 déc. 1986, art. 28, 34, 43, 46 à 50 et 54.*

Art. 40 I. — *(L. n° 2014-366 du 24 mars 2014, art. 12-1°)* « Les 4°, 7° à 9° et le dernier alinéa de l'article 3, l'article 3-1, le II de l'article 5, les articles 8, 8-1, 10 à 12, 15 à 18, le 1° de l'article 20, les cinq premiers alinéas de l'article 23 et les articles 25-3 à 25-11 ne » sont pas applicables aux logements appartenant aux organismes d'habitations à loyer modéré et ne faisant pas l'objet d'une convention passée en application de l'article *(Ord. n° 2019-770 du 17 juill. 2019, art. 13, en vigueur le 1er sept. 2019)* « L. 831-1 » du code de la construction et de l'habitation. *(Abrogé par L. n° 2009-323 du 25 mars 2009, art. 61-III) « Les dispositions de l'article 14 sont applicables à la condition que le bénéficiaire du transfert du contrat remplisse les conditions d'attribution dudit logement ».*

(L. n° 2009-323 du 25 mars 2009, art. 61-III, applicable aux contrats en cours) « L'article 14 leur est applicable à condition que le bénéficiaire du transfert ou de la continuation du contrat remplisse les conditions d'attribution et que le logement soit adapté à la taille du ménage. *(L. n° 2018-1021 du 23 nov. 2018, art. 120)* « Les conditions de ressources et d'adaptation du logement à la taille du ménage » ne sont pas requises envers le conjoint, le partenaire lié au locataire par un pacte civil de solidarité ou le concubin notoire et, lorsqu'ils vivaient effectivement avec le locataire depuis plus d'un an, les ascendants, les personnes présentant un handicap au sens de l'article L. 114 du code de l'action sociale et des familles et les personnes de plus de soixante-cinq ans. » *(L. n° 2014-366 du 24 mars 2014, art. 12-1°)* « Lorsque le bénéficiaire du transfert est un descendant remplissant les conditions de ressources mais pour lequel le logement est inadapté à la taille du ménage, l'organisme bailleur peut proposer un relogement dans un logement plus petit pour lequel l'intéressé est prioritaire.

« Les *(L. n° 2015-990 du 6 août 2015, art. 82-I-11°)* « treizième à vingt-troisième » alinéas du I de l'article 15 sont applicables lorsque le congé émane du locataire. » — *Comp. L. du 23 déc. 1986, anc. art. 46.* — *C.* ***baux***.

II. — Les dispositions des articles 3 *(L. n° 2014-366 du 24 mars 2014, art. 12-2°)* « , 3-1 », *(L. n° 2018-1021 du 23 nov. 2018, art. 136)* « 8, 8-1, 9 à 20 », du premier alinéa de l'article 22 et de l'article 24 ne sont pas applicables aux logements dont le loyer est fixé en application des dispositions du chapitre III de la loi n° 48-1360 du 1er septembre 1948 précitée. – *Comp. L. du 23 déc. 1986, art. 47.* – ***C. baux.***

III. — *(L. n° 2014-366 du 24 mars 2014, art. 12-3°)* « Les 4°, 7° à 9° et le dernier alinéa de l'article 3, l'article 3-1, le II de l'article 5, les articles 8, 8-1, 10 à 12, 15 et 17, le II de l'article 17-1, » *(L. n° 2017-86 du 27 janv. 2017, art. 120-II)* « et les articles 17-2 et 18 » ne sont pas applicables aux logements régis par une convention conclue en application de l'article *(Ord. n° 2019-770 du 17 juill. 2019, art. 13, en vigueur le 1er sept. 2019)* « L. 831-1 » du code de la construction et de l'habitation. – *V. aussi L. du 23 déc. 1986, art. 54, al. 1er.* – ***C. baux.***

(L. n° 2009-323 du 25 mars 2009, art. 61-III, applicable aux contrats en cours) « L'article 14 leur est applicable à condition que le bénéficiaire du transfert ou de la continuation du contrat remplisse les conditions d'attribution et que le logement soit adapté à la taille du ménage. *(L. n° 2018-1021 du 23 nov. 2018, art. 120)* « Les conditions de ressources et d'adaptation du logement à la taille du ménage » ne sont pas requises envers le conjoint, le partenaire lié au locataire par un pacte civil de solidarité ou le concubin notoire et, lorsqu'ils vivaient effectivement avec le locataire depuis plus d'un an, les ascendants, les personnes présentant un handicap au sens de l'article L. 114 du code de l'action sociale et des familles et les personnes de plus de soixante-cinq ans.

« Les *(L. n° 2015-990 du 6 août 2015, art. 82-I-11°)* « treizième à vingt-troisième » alinéas du I de l'article 15 leur sont applicables *(Abrogé par L. n° 2014-366 du 24 mars 2014, art. 12-3°)* « *lorsque le congé émane du locataire* ».

(L. n° 2014-366 du 24 mars 2014, art. 12-3°) « L'article 16, le I de l'article 17-1, l'article 18, le 1° de l'article 20 » *(L. n° 2015-990 du 6 août 2015, art. 89)* « , les cinq premiers alinéas de l'article 23 et les articles 25-3 à 25-11 » ne sont pas applicables aux logements régis par une convention conclue en application de l'article L. 353-14 du code de la construction et de l'habitation.

(L. n° 2017-86 du 27 janv. 2017, art. 146) « Les articles 25-3 à 25-11 de la présente loi ne sont pas applicables aux logements appartenant à une société d'économie mixte et qui sont régis par une convention conclue en application de l'article *(Ord. n° 2019-770 du 17 juill. 2019, art. 13, en vigueur le 1er sept. 2019)* « L. 831-1 » du code de la construction et de l'habitation. »

IV. — Les dispositions des cinq premiers alinéas de l'article 23 ne sont pas applicables aux logements dont les conditions sont réglementées en contrepartie de primes ou prêts spéciaux à la construction consentis par le Crédit foncier de France ou la Caisse centrale de coopération économique. – *V. aussi, L. 23 déc. 1986, art. 54, al. 1er.* – *Comp. L. du 23 déc. 1986, art. 49.* – ***C. baux.***

(L. n° 2014-366 du 24 mars 2014, art. 12-4°) « V. — Les articles 10, 15, à l'exception des *(L. n° 2015-990 du 6 août 2015, art. 82-I-11°)* « treizième à vingt-troisième » alinéas du I, 17 et 17-2 ne sont pas » applicables aux logements donnés en location à titre exceptionnel et transitoire par les collectivités locales. – *Comp. L. du 23 déc. 1986, art. 50.* – ***C. baux.***

VI. — Les loyers fixés *(L. n° 2014-366 du 24 mars 2014, art. 12-5°)* « en application des articles 17, 17-1 et 17-2 » ou négociés en application des articles 41 *ter* et 42 de la loi n° 86-1290 du 23 décembre 1986 précitée ne peuvent ni excéder, pour les logements ayant fait l'objet de conventions passées en application de l'article *(Ord. n° 2019-770 du 17 juill. 2019, art. 13, en vigueur le 1er sept. 2019)* « L. 831-1 » du code de la construction et de l'habitation, les loyers plafonds applicables à ces logements, ni déroger, pour les logements ayant fait l'objet de primes ou de prêts spéciaux à la construction du Crédit foncier de France ou de la Caisse centrale de coopération économique, aux règles applicables à ces logements.

Les accords conclus en application des articles 41 *ter* et 42 de la loi n° 86-1290 du 23 décembre 1986 précitée ne peuvent conduire à déroger, pour les logements dont le loyer est fixé en application du chapitre III de la loi n° 48-1360 du 1er septembre 1948 précitée, aux règles de fixation de ce loyer ni, pour les logements gérés par les organismes d'habitations à loyer modéré, aux règles de fixation et d'évolution des loyers prévues à l'article L. 442-1 du code de la construction et de l'habitation. – *Comp. L. du 23 déc. 1986, art. 54, al. 2.* – ***C. baux.***

(L. n° 96-609 du 5 juill. 1996) « VII. — *(Abrogé par L. n° 2014-366 du 24 mars 2014, art. 12-6°)* « *A compter du 1er janvier 1997,* » Les dispositions des articles 17 à 20 ne sont pas applicables aux logements auxquels s'appliquent les dispositions de l'article L. 472-1-3 du code de la construction et de l'habitation. »

(L. n° 2004-809 du 13 août 2004, art. 63-III) « Les dispositions *(L. n° 2014-366 du 24 mars 2014, art. 12-6°)* « de l'article 17, du I de l'article 17-1, des articles 17-2 et 18 et du 1° de l'article 20 » ne sont pas applicables aux sociétés d'économie mixte pour les logements régis par

un cahier des charges en application du chapitre V du titre IV *(L. n° 2014-366 du 24 mars 2014, art. 12-6°)* « du livre IV » du code de la construction et de l'habitation. »

(L. n° 2014-366 du 24 mars 2014, art. 13-II) « VIII. — Les 4°, 7°, 8°, 9° et dernier alinéa de l'article 3, les articles 3-1, 8, 10 à 11-1, 15, 17, 17-2, 18, les sixième à dernier alinéas de l'article 23 et le II de l'article 17-1 ne sont pas applicables aux logements des résidences universitaires définies à l'article L. 631-12 du code de la construction et de l'habitation et régies par une convention conclue en application de l'article *(Ord. n° 2019-770 du 17 juill. 2019, art. 13, en vigueur le 1er sept. 2019)* « L. 831-1 » du même code. Toutefois, les *(L. n° 2015-990 du 6 août 2015, art. 82-I-11°)* « treizième à vingt-troisième » alinéas du I de l'article 15 sont applicables lorsque le congé émane du locataire.

« Les articles 3-1, 8, 10 à 11-1, et les sixième à dernier alinéas de l'article 23 ne sont pas applicables aux logements des résidences universitaires définies audit article L. 631-12.

« Les charges locatives accessoires au loyer principal des logements des résidences universitaires peuvent être récupérées par le bailleur sous la forme d'un forfait versé simultanément au loyer, dont le montant et la périodicité de versement sont définis au contrat et qui ne peut donner lieu à complément ou à régularisation ultérieure. Le montant du forfait de charges est fixé en fonction des montants exigibles par le bailleur en application de l'article 23. Ce montant ne doit pas être manifestement disproportionné au regard des charges dont le locataire ou, le cas échéant, le précédent locataire se serait acquitté. »

Sur l'application dans le temps de la loi du 6 juill. 1989, V. ss. art. 2, l'art. 14 de la L. n° 2014-366 du 24 mars 2014 et l'art. 82-II de la L. n° 2015-990 du 6 août 2015.

Sous réserve de l'entrée en vigueur des dispositions relevant de la loi de finances, les dispositions issues de la L. n° 2004-809 du 13 août 2004 sont applicables à compter du 1er janv. 2005 (L. préc., art. 199).

Les modifications issues de la L. n° 2009-323 du 25 mars 2009 sont applicables aux contrats en cours.

L'art. 40 est applicable à Mayotte dans les conditions prévues à l'art. 43 (Ord. n° 2012-576 du 26 avr. 2012, art. 11-I).

Art. 41 *[...]*

Art. 41-1 *(L. n° 2000-1208 du 13 déc. 2000, art. 187-II)* Les dispositions de l'article 20-1 sont applicables aux contrats en cours.

L'art. 41-1 est applicable à Mayotte dans les conditions prévues à l'art. 43 (Ord. n° 2012-576 du 26 avr. 2012, art. 11-I).

....

Code des procédures civiles d'exécution

(Ord. n° 2011-1895 du 19 déc. 2011)

TITRE I. LES CONDITIONS DE L'EXPULSION

CHAPITRE I. *DISPOSITIONS GÉNÉRALES*

Art. L. 411-1 Sauf disposition spéciale, l'expulsion d'un immeuble ou d'un lieu habité ne peut être poursuivie qu'en vertu d'une décision de justice ou d'un procès-verbal de conciliation exécutoire et après signification d'un commandement d'avoir à libérer les locaux. — [*L. n° 91-650 du 9 juill. 1991, art. 61, phrase 1.*]

CHAPITRE II. *DISPOSITIONS PARTICULIÈRES AUX LIEUX HABITÉS OU LOCAUX À USAGE PROFESSIONNEL (L. n° 2017-86 du 27 janv. 2017, art. 143-1°).*

Art. L. 412-1 Si l'expulsion porte sur un *(L. n° 2017-86 du 27 janv. 2017, art. 143-2°)* « lieu habité par la personne expulsée ou par » tout occupant de son chef, elle ne peut avoir lieu qu'à l'expiration d'un délai de deux mois qui suit le commandement, sans préjudice des dispositions des articles L. 412-3 à L. 412-7. *(L. n° 2018-1021 du 23 nov. 2018, art. 201)* « Toutefois, le juge peut, notamment lorsque la procédure de relogement effectuée en application de l'article L. 442-4-1 du code de la construction et de l'habitation n'a pas été suivie d'effet du fait du locataire, réduire ou supprimer ce délai.

« Le délai prévu au premier alinéa du présent article ne s'applique pas lorsque le juge qui ordonne l'expulsion constate que les personnes dont l'expulsion a été ordonnée sont entrées dans les locaux par voie de fait. » — *[L. n° 91-650 du 9 juill. 1991, art. 62, al. 1er.]*

Art. L. 412-2 Lorsque l'expulsion aurait pour la personne concernée des conséquences d'une exceptionnelle dureté, notamment du fait de la période de l'année considérée ou des circonstances atmosphériques, le délai prévu à l'article L. 412-1 peut être prorogé par le juge pour une durée n'excédant pas trois mois. — *[L. n° 91-650 du 9 juill. 1991, art. 62, al. 2.]*

Art. L. 412-3 Le juge peut accorder des délais renouvelables aux occupants de *(L. n° 2017-86 du 27 janv. 2017, art. 143-3°)* « lieux habités ou de locaux » à usage professionnel, dont l'expulsion a été ordonnée judiciairement, chaque fois que le relogement des intéressés ne peut avoir lieu dans des conditions normales, sans que ces occupants aient à justifier d'un titre à l'origine de l'occupation.

Le juge qui ordonne l'expulsion peut accorder les mêmes délais, dans les mêmes conditions.

Cette disposition n'est pas applicable lorsque le propriétaire exerce son droit de reprise dans les conditions prévues à l'article 19 de la loi n° 48-1360 du 1er septembre 1948 portant modification et codification de la législation relative aux rapports des bailleurs et locataires ou occupants de locaux d'habitation ou à usage professionnel et instituant des allocations de logement ainsi que lorsque la procédure de relogement effectuée en application de l'article L. 442-4-1 du code de la construction et de l'habitation n'a pas été suivie d'effet du fait du locataire. — *[CCH, art. L. 613-1.]*

Art. L. 412-4 La durée des délais prévus à l'article L. 412-3 ne peut, en aucun cas, être inférieure à *(L. n° 2014-366 du 24 mars 2014, art. 27-VII-1°)* « trois » mois ni supérieure à *(L. n° 2014-366 du 24 mars 2014, art. 27-VII-1°)* « trois ans ». Pour la fixation de ces délais, il est tenu compte de la bonne ou mauvaise volonté manifestée par l'occupant dans l'exécution de ses obligations, des situations respectives du propriétaire et de l'occupant, notamment en ce qui concerne l'âge, l'état de santé, la qualité de sinistré par faits de guerre, la situation de famille ou de fortune de chacun d'eux, les circonstances atmosphériques, ainsi que des diligences que l'occupant justifie avoir faites en vue de son relogement. *(L. n° 2014-366 du 24 mars 2014, art. 27-VII-2°)* « Il est également tenu compte du droit à un logement décent et indépendant, des délais liés aux recours engagés selon les modalités prévues aux articles L. 441-2-3 et L. 441-2-3-1 du code de la construction et de l'habitation et du délai prévisible de relogement des intéressés. »

Art. L. 412-5 *(L. n° 2014-366 du 24 mars 2014, art. 28-I)* Dès le commandement d'avoir à libérer les locaux, le commissaire de justice chargé de l'exécution de la mesure d'expulsion en saisit le représentant de l'État dans le département afin que celui-ci en informe la commission de coordination des actions de prévention des expulsions locatives prévue à l'article 7-2 de la loi n° 90-449 du 31 mai 1990 visant à la mise en œuvre du droit au logement, et qu'il informe le ménage locataire de la possibilité de saisir la commission de médiation en vue d'une demande de relogement au titre du droit au logement opposable. A défaut de saisine du représentant de l'État dans le département par le commissaire de justice, le délai avant l'expiration duquel l'expulsion ne peut avoir lieu est suspendu.

La saisine du représentant de l'État dans le département par le commissaire de justice et l'information de la commission de coordination des actions de prévention des expulsions locatives par le représentant de l'État dans le département *(L. n° 2017-86 du 27 janv. 2017, art. 152-II-1°)* « s'effectuent par voie électronique par l'intermédiaire du système d'information prévu au dernier alinéa du même article 7-2 ».

Art. L. 412-6 Nonobstant toute décision d'expulsion passée en force de chose jugée et malgré l'expiration des délais accordés en vertu de l'article L. 412-3, il est sursis à toute mesure d'expulsion non exécutée à la date du 1er novembre de chaque année jusqu'au *(L. n° 2014-366 du 24 mars 2014, art. 25-1°)* « 31 mars » de l'année suivante, à moins que le relogement des intéressés soit assuré dans des conditions suffisantes respectant l'unité et les besoins de la famille.

(L. n° 2018-1021 du 23 nov. 2018, art. 201) « Par dérogation au premier alinéa du présent article, ce sursis ne s'applique pas lorsque la mesure d'expulsion a été prononcée en raison d'une introduction sans droit ni titre dans le domicile d'autrui par voies de fait.

« Le juge peut supprimer ou réduire le bénéfice du sursis mentionné au même premier alinéa lorsque les personnes dont l'expulsion a été ordonnée sont entrées dans tout autre lieu que le domicile à l'aide des procédés mentionnés au deuxième alinéa. »

Art. L. 412-7 Les dispositions des articles L. 412-3 à L. 412-6 ne sont pas applicables aux occupants de locaux spécialement destinés aux logements d'étudiants lorsque les intéressés cessent de satisfaire aux conditions en raison desquelles le logement a été mis à leur disposition.

Les dispositions du titre II du présent livre ne sont pas non plus applicables à ces occupants. – *[CCH, art. L. 613-4.]*

Art. L. 412-8 Les articles L. 412-1 à L. 412-7 ne sont pas applicables à l'expulsion du conjoint, du partenaire lié par un pacte civil de solidarité ou du concubin violent ordonnée par le juge aux affaires familiales sur le fondement de l'article 515-9 du code civil. – *[L. nº 91-650 du 9 juill. 1991, art. 66-1.]*

Décret nº 2002-120 du 30 janvier 2002,

Relatif aux caractéristiques du logement décent pris pour l'application de l'article 187 de la loi nº 2000-1208 du 13 décembre 2000 relative à la solidarité et au renouvellement urbains.

BIBL. ▶ BRIAND, *AJDI 2002. 357.* ✎ – GIVERDON, *Loyers et copr. 2002. Chron. 7.* – LAFOND, *JCP N 2002. 1177.* – ROCHFELD, *RTD civ. 2002. 571.* ✎

Art. 1er Un logement décent est un logement qui répond aux caractéristiques définies par le présent décret.

Art. 2 Le logement doit satisfaire aux conditions suivantes, au regard de la sécurité physique et de la santé des locataires :

1. Il assure le clos et le couvert. Le gros œuvre du logement et de ses accès est en bon état d'entretien et de solidité et protège les locaux contre les eaux de ruissellement et les remontées d'eau. Les menuiseries extérieures et la couverture avec ses raccords et accessoires assurent la protection contre les infiltrations d'eau dans l'habitation. Pour les logements situés dans les départements d'outre-mer, il peut être tenu compte, pour l'appréciation des conditions relatives à la protection contre les infiltrations d'eau, des conditions climatiques spécifiques à ces départements ;

(Décr. nº 2017-312 du 9 mars 2017, art. 1er-1º, en vigueur le 1er janv. 2018) « 2. Il est protégé contre les infiltrations d'air parasites. Les portes et fenêtres du logement ainsi que les murs et parois de ce logement donnant sur l'extérieur ou des locaux non chauffés présentent une étanchéité à l'air suffisante. Les ouvertures des pièces donnant sur des locaux annexes non chauffés sont munies de portes ou de fenêtres. Les cheminées doivent être munies de trappes. Ces dispositions ne sont pas applicables dans les départements situés outre-mer. »

(Décr. nº 2017-312 du 9 mars 2017, art. 1er-2º, en vigueur le 1er janv. 2018) « 3. » Les dispositifs de retenue des personnes, dans le logement et ses accès, tels que garde-corps des fenêtres, escaliers, loggias et balcons, sont dans un état conforme à leur usage ;

(Décr. nº 2017-312 du 9 mars 2017, art. 1er-2º, en vigueur le 1er janv. 2018) « 4. » La nature et l'état de conservation et d'entretien des matériaux de construction, des canalisations et des revêtements du logement ne présentent pas de risques manifestes pour la santé et la sécurité physique des locataires ;

(Décr. nº 2017-312 du 9 mars 2017, art. 1er-2º, en vigueur le 1er janv. 2018) « 5. » Les réseaux et branchements d'électricité et de gaz et les équipements de chauffage et de production d'eau chaude sont conformes aux normes de sécurité définies par les lois et règlements et sont en bon état d'usage et de fonctionnement ;

(Décr. nº 2017-312 du 9 mars 2017, art. 1er-2º, en vigueur le 1er janv. 2018) « 6. » *(Décr. nº 2017-312 du 9 mars 2017, art. 2, en vigueur le 1er juill. 2018)* « Le logement permet une aération suffisante. Les dispositifs d'ouverture et les éventuels dispositifs de ventilation des logements sont en bon état et permettent un renouvellement de l'air et une évacuation de l'humidité adaptés aux besoins d'une occupation normale du logement et au fonctionnement des équipements » ;

(Décr. nº 2017-312 du 9 mars 2017, art. 1er-2º, en vigueur le 1er janv. 2018) « 7. » Les pièces principales, au sens du troisième alinéa de l'article R. 111-1 du code de la construction et de

l'habitation, bénéficient d'un éclairement naturel suffisant et d'un ouvrant donnant à l'air libre ou sur un volume vitré donnant à l'air libre.

Art. 3 Le logement comporte les éléments d'équipement et de confort suivants :

1. Une installation permettant un chauffage normal, munie des dispositifs d'alimentation en énergie et d'évacuation des produits de combustion et adaptée aux caractéristiques du logement. Pour les logements situés dans les départements d'outre-mer, il peut ne pas être fait application de ces dispositions lorsque les conditions climatiques le justifient ;

2. Une installation d'alimentation en eau potable assurant à l'intérieur du logement la distribution avec une pression et un débit suffisants pour l'utilisation normale de ses locataires ;

3. Des installations d'évacuation des eaux ménagères et des eaux-vannes empêchant le refoulement des odeurs et des effluents et munies de siphon ;

4. Une cuisine ou un coin cuisine aménagé de manière à recevoir un appareil de cuisson et comprenant un évier raccordé à une installation d'alimentation en eau chaude et froide et à une installation d'évacuation des eaux usées ;

5. Une installation sanitaire intérieure au logement comprenant un w.-c., séparé de la cuisine et de la pièce où sont pris les repas, et un équipement pour la toilette corporelle, comportant une baignoire ou une douche, aménagé de manière à garantir l'intimité personnelle, alimenté en eau chaude et froide et muni d'une évacuation des eaux usées. L'installation sanitaire d'un logement d'une seule pièce peut être limitée à un w.-c. extérieur au logement à condition que ce w.-c. soit situé dans le même bâtiment et facilement accessible ;

6. Un réseau électrique permettant l'éclairage suffisant de toutes les pièces et des accès ainsi que le fonctionnement des appareils ménagers courants indispensables à la vie quotidienne.

Dans les logements situés dans les départements d'outre-mer, les dispositions relatives à l'alimentation en eau chaude prévues aux 4 et 5 ci-dessus ne sont pas applicables.

Art. 3 *bis* *(Décr. n° 2021-19 du 11 janv. 2021, en vigueur le 1er janv. 2023)* En France métropolitaine, le logement a une consommation d'énergie, estimée par le diagnostic de performance énergétique défini à l'article L. 134-1 du code de la construction et de l'habitation, inférieure à 450 kilowattheures d'énergie finale par mètre carré de surface habitable et par an.

La surface habitable mentionnée à l'alinéa précédent est celle définie à l'article R. 111-2 du code de la construction et de l'habitation.

Les dispositions de l'art. 1er du Décr. n° 2021-19 du 11 janv. 2021 ne s'appliquent qu'aux nouveaux contrats de location conclus à compter du 1er janv. 2023.

Art. 4 Le logement dispose au moins d'une pièce principale ayant soit une surface habitable au moins égale à 9 mètres carrés et une hauteur sous plafond au moins égale à 2,20 mètres, soit un volume habitable au moins égal à 20 mètres cubes.

La surface habitable et le volume habitable sont déterminés conformément aux dispositions des deuxième et troisième alinéas de l'article *(Décr. n° 2021-872 du 30 juin 2021, art. 8-VII, en vigueur le 1er juill. 2021)* « R. 156-1 » du code de la construction et de l'habitation.

Art. 5 Le logement qui fait l'objet d'un arrêté *(Décr. n° 2020-1711 du 24 déc. 2020, art. 6, en vigueur le 1er janv. 2021)* « de mise en sécurité ou de traitement de l'insalubrité pris en application de l'article L. 511-11 du code de la construction et de l'habitation » ne peut être considéré comme un logement décent.

Art. 6 Les travaux d'amélioration prévus à l'article 1er de la loi du 12 juillet 1967 susvisée *[n° 67-561]* sont ceux qui ont pour but exclusif de mettre les locaux en conformité avec tout ou partie des dispositions des articles 1er à 4 du présent décret, sans aboutir à dépasser les caractéristiques qui y sont définies.

Les articles 1er, 5 à 14 et 17 du décret du 9 novembre 1968 susvisé *[n° 68-976, fixant les conditions d'application de la loi précitée]* sont abrogés.

Art. 6 *bis* *Application à Mayotte (Décr. n° 2013-1296 du 27 déc. 2013, art. 10).*

Art. 6 ter *Application à Saint-Barthélemy et à Saint-Martin (Décr. n° 2019-772 du 24 juill. 2019, art. 20).*

IV. Bail à construction

RÉP. CIV. v° *Bail à construction*, par C. SAINT-ALARY-HOUIN.

V. CCH, art. L. 251-1 s. — ***CCH.***

CHAPITRE III DU LOUAGE D'OUVRAGE ET D'INDUSTRIE

Art. 1779 Il y a trois espèces principales de louage d'ouvrage et d'industrie :

(L. n° 2009-526 du 12 mai 2009, art. 10) « 1° Le louage de service ; »

2° Celui des voituriers, tant par terre que par eau, qui se chargent du transport des personnes ou des marchandises ;

3° *(L. n° 67-3 du 3 janv. 1967)* « Celui des architectes, entrepreneurs d'ouvrages et techniciens par suite d'études, devis ou marchés. »

V. L. n° 71-584 du 16 juill. 1971 tendant à réglementer les retenues de garantie en matière de marchés de travaux définis par le C. civ., art. 1779-3°, ss. art. 1799-1.

SECTION 1 Du louage de service *(L. n° 2009-526 du 12 mai 2009, art. 10).*

Art. 1780 On ne peut engager ses services qu'à temps, ou pour une entreprise déterminée.

(L. 27 déc. 1890) Le louage de service, fait sans détermination de durée peut toujours cesser par la volonté d'une des parties contractantes.

Néanmoins, la résiliation du contrat par la volonté d'un seul des contractants peut donner lieu à des dommages-intérêts.

Pour la fixation de l'indemnité à allouer, le cas échéant, il est tenu compte des usages, de la nature des services engagés, du temps écoulé, des retenues opérées et des versements effectués en vue d'une pension de retraite, et, en général, de toutes les circonstances qui peuvent justifier l'existence et déterminer l'étendue du préjudice causé.

Les parties ne peuvent renoncer à l'avance au droit éventuel de demander des dommages-intérêts en vertu des dispositions ci-dessus.

Les contestations auxquelles pourra donner lieu l'application des paragraphes précédents, lorsqu'elles seront portées devant les tribunaux civils et devant les cours d'appel, seront instruites comme affaires sommaires et jugées d'urgence.

Les art. 20 et 23 du livre I du C. trav. (L. 28 déc. 1910) ont reproduit textuellement l'art. 1780 du code civil. — Depuis la loi du 19 juill. 1928, les dispositions de l'art. 1780 du code civil ne concordaient plus avec celles du code du travail et devaient être considérées comme implicitement remplacées par ces dernières. — ***C. trav.***

BIBL. ▸ DURAND, *Dr. soc. 2022. 245* (le Particularisme du Droit du Travail, Droit social, 1945). – GHESTIN, *Mél. Tallon, Soc. légis. comp., 1999, p. 251* (prohibition générale des contrats perpétuels ?). – RIZZO, *Dr. et patr. 1/2000. 60* (prohibition des engagements perpétuels).

▸ JEAMMAUD et LE FRIANT, *Dr. soc. 2022. 764* (particularisme du droit du travail). – X. LAGARDE, *RTD civ. 2002. 435* (aspects civilistes des relations individuelles de travail). – LEROY, *Dr. soc. 2022. 326* (articulation entre droit civil et droit du travail). – RADÉ, *Dr. soc. 2022. 252* (l'autonomie du droit du travail).

▸ **Licenciement abusif :** DOCKÈS, *Dr. soc. 2018. 541*. – MOULY, *Dr. soc. 2018. 824*.

1. Activité subordonnée et rémunérée. L'exercice d'une activité salariée implique le versement d'une rémunération et l'existence d'un lien de subordination entre le travailleur et la personne qui l'emploie. • Civ. 2e, 9 oct. 2014, n° 13-22.324 P.

2. Prohibition des engagements perpétuels. L'engagement d'utiliser les services d'une coopérative agricole souscrit pour la durée de la coopérative, soit au moins 36 ans à la date d'adhésion, ne respecte pas la liberté individuelle de celui qui l'a pris, ce laps de temps étant égal ou supérieur à la durée moyenne de l'activité professionnelle d'un exploitant agricole. • Civ. 1re, 18 janv. 2000, n° 98-10.378 P (légitimité d'un retrait anticipé). – Déjà dans le même sens : • Civ. 1re, 27 avr. 1978, n° 76-14.071 P : *R., p. 30.*

3. La clause d'un contrat passé entre un médecin et la société exploitant une clinique précisant qu'il était conclu pour la durée de la société (soit 99 ans, faute de précision statutaire), l'engagement ainsi pris par le praticien présente à son égard un caractère perpétuel. • Civ. 1re, 19 mars 2002 : *JCP 2003. I. 122, n° 15 s., obs. Constantin ; RTD civ. 2002. 510, obs. Mestre et Fages.*

4. Ne constitue pas un engagement perpétuel la convention passée entre une clinique et un médecin « pour une durée de vingt-cinq ans, jusqu'à l'âge légal de la retraite », dès lors qu'elle est conclue pour une durée inférieure à la moyenne de la vie professionnelle et ne porte pas ainsi atteinte à la liberté individuelle. • Civ. 1re, 20 mai 2003, n° 00-17.407 P : *D. 2004. Somm. 598, obs. Penneau ; JCP 2003. I. 186, n° 7 s., obs. Rochfeld ; JCP E 2004. 424, n° 9, obs. André ; CCC 2003, n° 123, note Leveneur ; LPA 8 déc. 2003, obs. Forray.*

5. Contrat de travail apparent. La cour d'appel, qui relève qu'une société avait délivré l'attestation Assedic prévue par l'art. R. 1234-9 C. trav., aux termes de laquelle elle déclarait avoir employé un salarié pendant plus de deux ans et l'avoir licencié pour motif personnel, fait ainsi ressortir l'existence d'un contrat de travail apparent. • Soc. 10 mai 2012, n° 11-18.681 P (caractère fictif ne résultant pas de l'affirmation de la société selon laquelle elle avait voulu seulement assurer à l'intéressé une couverture sociale et son indemnisation en cas de chômage). ♦ En présence d'un contrat de travail apparent, il appartient à celui qui invoque son caractère fictif d'en apporter la preuve. V. note 73 ss. art. 1353, et par ex. : • Soc. 30 avr. 2014 : *D. 2014. 1044*.

Art. 1781 *Abrogé par L. du 2 août 1868.*

SECTION 2 Des voituriers par terre et par eau

RÉP. CIV. v° *Contrat de transport*, par Ph. Le Tourneau et C. Bloch.

Art. 1782 **Les voituriers par terre et par eau sont assujettis, pour la garde et la conservation des choses qui leur sont confiées, aux mêmes obligations que les aubergistes, dont il est parlé au titre *Du dépôt et du séquestre.***

1. Qualification du contrat de déménagement. L'art. 40 de la L. n° 2009-1503 du 8 déc. 2009 a créé un nouvel art. L. 133-9 C. com. qui dispose que « sans préjudice des art. L. 121-95 et L. 121-96 C. consom., les dispositions des art. L. 133-1 à L. 133-8 relatives au voiturier s'appliquent aux entreprises de transport de déménagement dès lors que la prestation objet du contrat de déménagement comprend pour partie une prestation de transport. »

Pour la jurisprudence rendue avant l'application de ce texte, V. : le contrat de déménagement est un contrat d'entreprise qui se différencie du contrat de transport en ce que son objet n'est pas limité au déplacement de la marchandise (garantie des avaries subies par le mobilier que l'entrepreneur s'était engagé non seulement à déplacer mais également à démonter et remonter). • Com. 20 janv. 1998, n° 95-22.190 P • 3 avr. 2001, n° 98-21.233 P : *JCP 2001. I. 354, nos 11 s., obs. Labarthe ; JCP 2002. II. 10 048, note Delebecque* (inapplicabilité des art. L. 133-3 à L. 133-6 C. com.) • 26 juin 2001 : *CCC 2001, n° 153, note Leveneur* (même solution) • 11 juin 2002, n° 00-11.592 P : *R., p. 469* (même solution) • 9 juill. 2002 : *CCC 2003, n° 1, note Leveneur* (même solution) • 1er avr. 2003, n° 01-03.109 P : *R., p. 430 ; JCP E 2003. 1248, n° 2, obs. Bon-Garcin ; CCC 2003, n° 103, note Leveneur ; RDC 2003. 137, obs. Delebecque* (même solution). ♦ Comp., retenant la qualification de contrat de transport dès lors que l'expéditeur s'était chargé de l'emballage : • Com. 10 mars 2004, n° 02-14.761 P : *D. 2004. AJ 1019, et les obs. ; CCC 2004, n° 93, note Leveneur.*

V. aussi sous un angle procédural : • Civ. 1re, 4 nov. 2015, n° 14-19.981 P : (Règl. CE n° 44/2001 du 22 déc. 2000).

2. A moins qu'elle ne fasse l'objet d'une convention distincte du contrat de transport, la mise à disposition de conteneurs par le transporteur maritime, qui concourt à l'acheminement de la marchandise, constitue l'exécution d'une obligation accessoire de ce contrat. • Com. 30 juin 2015, n° 13-27.064 P.

3. Est soumise à la prescription annale l'action relative à la mise à disposition de conteneurs qui n'a pas fait l'objet d'un contrat spécial, ni d'une facturation distincte du fret, et qui concourt à l'opération de transport de manière obligatoire et accessoire par rapport à l'obligation essentielle d'acheminer la marchandise. • Com. 3 déc. 2013, n° 12-22.093 P : *D. 2013. 2910*.

4. Notion de livraison. V. note 2 ss. art. 1342.

Art. 1783 **Ils répondent non seulement de ce qu'ils ont déjà reçu dans leur bâtiment *ou voiture, mais encore de ce qui leur a été* remis sur le port ou dans l'entrepôt, pour être placé dans leur bâtiment ou voiture.**

Sauf texte ou stipulation contraire, l'obligation de transport d'un véhicule n'étend ni son objet, ni son régime aux bagages qui s'y trouvent enfermés. • Civ. 1re, 25 févr. 2003, n° 00-22.323 P : *D. 2003. 790, note Gridel ; CCC 2003, n° 85, note Leveneur.*

Art. 1784 **Ils sont responsables de la perte et des avaries des choses qui leur sont confiées, à moins qu'ils ne prouvent qu'elles ont été perdues et avariées par cas fortuit ou force majeure.**

Art. 1785 **Les entrepreneurs de voitures publiques par terre et par eau, et ceux des roulages publics, doivent tenir registre de l'argent, des effets et des paquets dont ils se chargent.**

Art. 1786 **Les entrepreneurs et directeurs de voitures et roulages publics, les maîtres de barques et navires, sont en outre assujettis à des règlements particuliers, qui font la loi entre eux et les autres citoyens.**

SECTION 3 Des devis et des marchés

RÉP. CIV. v° *Contrat d'entreprise*, par B. BOUBLI.

DALLOZ ACTION *Droit de la responsabilité et des contrats 2023/2024, n°s 3310.00 s.*

BIBL. GÉN. ▶ BERTOLASO, *RDI 2011. 541* (réparation de l'aggravation des désordres de construction). – CHAMPY, *RRJ 1993/1. 13* (contrat d'entreprise par abonnement). – CHARDIN, *D. 1997. Chron. 202* (commande d'œuvre audiovisuelle). – CHAUCHIS, *BICC 15 juill. 2009* (les différents régimes de responsabilité des constructeurs). – CHIARINY-DAUDET, *LPA 8 août 2007* (devis). – DUBOIS, *Mél. Cornu, PUF, 1994, p. 135* (contrats emportant obligation de construire). – DE JUGLART, *Mél. Derruppé, Litec/GLN-Joly, 1991, p. 63* (problèmes de qualification entre vente et entreprise). – LABARTHE, *Études Ghestin, LGDJ, 2001, p. 489* (évolution) ; *Études Normand, Litec, 2003* (le juge et le prix) ; *Mél. Bouloc, Dalloz, 2007, p. 539* (conflits de qualification ; à propos de la distinction entre le contrat d'entreprise et d'autres contrats). – MARGANNE, *Gaz. Pal. 1993. 2. Doctr. 1092 ; JCP N 1998. 602* (prix). – J. MARTIN, *AJDA 2015. 1819* (abandon des principes dont s'inspirent les articles 1792 et 2270 du code civil). – SÉNÉCHAL, *RLDC 2009/63, n° 3556* (contrat d'entreprise et recodification du droit des contrats). – STRICKLER, *JCP E 1994. I. 393* (défaut de retirement dans le contrat d'entreprise). – TRISSON-COLLARD, *LPA 7 févr. 2001* (distinction du contrat d'entreprise et du mandat). – Dossier, *RDI 2013. 8* (les règles de paiement de l'entrepreneur dans les marchés privés de travaux). – Dossier, *Dr. et patr. 7-8/2017. 33* (responsabilité des professionnels de l'immobilier).

Art. 1787 **Lorsqu'on charge quelqu'un de faire un ouvrage, on peut convenir qu'il fournira seulement son travail ou son industrie, ou bien qu'il fournira aussi la matière.**

V. ss. art. 2350, L. 31 déc. 1903, relative à la vente de certains objets abandonnés [objets mobiliers confiés à un professionnel].

BIBL. ▶ MARINO, *Defrénois 2001. 907* (transfert de propriété).

A. QUALIFICATION DU LOUAGE D'OUVRAGE

1. Travail indépendant. Le contrat d'entreprise est la convention par laquelle une personne charge un entrepreneur d'exécuter, en toute indépendance, un ouvrage. • Civ. 1re, 19 févr. 1968 : *GAJC, 11e éd., n° 260 ; D. 1968. 393.*

2. Travaux intellectuels. Les travaux d'ordre intellectuel ne sont pas exclus de la définition du contrat d'entreprise (application en matière de sous-traitance – L. du 31 déc. 1975). • Civ. 3e, 28 févr. 1984, n° 82-15.550 P : *R., p. 98.* – V. aussi • TGI Versailles, 28 mars 2006 : *D. 2006. IR 1631 ; Gaz. Pal. 2006. 3199 ; RTD civ. 2006. 576, obs. Gautier* (consultation juridique d'un professeur de droit).

3. Représentation (non). Le contrat d'entreprise, relatif à de simples actes matériels, ne confère à l'entrepreneur aucun pouvoir de représentation. • Civ. 1re, 19 févr. 1968 : *GAJC, 11e éd., n° 260 ; D. 1968. 393.* ♦ L'architecte est un locateur d'ouvrage et ne saurait être considéré comme un mandataire, à moins qu'il n'ait été chargé par son client d'accomplir, au nom et pour le compte de celui-ci, certains actes juridiques déterminés. • Civ. 1re, 2 févr. 1965 : *JCP 1965. II. 14089.* – Dans le même sens : • Civ. 3e, 17 févr. 1999, n° 95-21.412 P : *D. Affaires 1999. 551, obs. J. F.*

Mais responsabilité d'une société de construction, mandataire du groupement momentané d'entreprises, le contrat prévoyant sa responsabilité pour l'ensemble des travaux, qu'ils soient exécutés par elle-même ou par ses co-traitants : • Civ. 3e, 13 févr. 2013, n° 11-22.427 P : *RDI 2013. 223, obs. Malinvaud .*

4. Édition à compte d'auteur. Le contrat dit « à compte d'auteur » constitue un louage d'ouvrage régi par la convention, les usages et les dispositions des art. 1787 s. • Rennes, 12 mai 1976 : *D. 1976. Somm. 85.* ♦ V. aussi, pour la même qualification, • Paris, 18 nov. 1966 : *Gaz. Pal. 1967. 1. 225.*

5. Louage d'ouvrage et vente. Distinction du contrat d'entreprise ou de sous-traitance et du contrat de vente : V. • Com. 20 juin 1989 : *D. 1990. 246, note Virassamy* • 4 juill. 1989 : *ibid.* • 4 juill. 1989 : *JCP 1990. II. 21515, note Dagorne-Labbe ; RTD civ. 1990. 105, obs. Rémy*. ♦ V. aussi • Civ. 1re, 25 janv. 1989 : *D. 1989. 253, note Malaurie ; D. 1989. Somm. 303, obs. Hassler, et 337, obs. Aubert ; JCP 1989. II. 21357, note Paisant ; RTD civ. 1989. 574, obs. Rémy* • 6 juin 1990 : *JCP 1991. II. 21594, note Hassler* (vente de films « traitement et montage inclus ») • Civ. 3e, 31 janv. 1996, no 93-19.662 P : *JCP 1996. I. 3983, nos 10 s., obs. Labarthe* (fourniture et pose d'éléments de menuiserie). ♦ Il y a contrat d'entreprise et non vente lorsque les produits fabriqués le sont avec des éléments fournis en partie par le donneur d'ordre et selon un processus défini et arrêté par lui, ce dont il résulte que les produits fabriqués ne répondent pas à des caractéristiques déterminées à l'avance par le fabricant, mais sont destinés à répondre aux besoins particuliers exprimés par le donneur d'ordre. • Com. 3 janv. 1995, no 92-20.735 P : *R., p. 291 ; JCP 1995. I. 3880, no 1, obs. Labarthe ; Gaz. Pal. 1997. 1. Somm. 102, obs. Peisse* • 17 mars 1998 : *cité note 6 ss. art. 1582.* ♦ Il y a contrat d'entreprise et non vente lorsque le contrat porte, non sur des choses déterminées à l'avance, mais sur un travail spécifique destiné à répondre aux besoins particuliers du donneur d'ordre. • Civ. 1re, 14 déc. 1999, no 97-19.620 P : *Gaz. Pal. 2000. 2. Somm. 1655, obs. Peisse.* ♦ V. aussi • Com. 6 mars 2001 : *JCP 2001. II. 10564, note Labarthe* (vente, en l'espèce) • 27 nov. 2001 : *CCC 2002, no 42, note Leveneur* (fourniture de choses de genre – eau, en l'espèce – : vente) • 7 nov. 2006, no 05-11.694 P : *JCP E 2007. 2345, note Ludwiczak ; CCC 2007, no 62, note Leveneur* (produit de distillation spécifique : contrat d'entreprise) • 20 avr. 2022, no 21-14.182 B : *CCC 2022, no 96, note Leveneur ; RDC 2022/3. 37, note Thibierge ; RCA 2022, no 154, obs. Bertolaso* (contrat prévoyant la commande de projecteurs devant subir un traitement particulier et une modification non prévus au catalogue, ce qui caractérise l'existence d'un travail spécifique destiné à répondre à des besoins particuliers : contrat d'entreprise) • Civ. 3e, 12 oct. 2022, no 20-17.335 B : *D. 2023. 279, note Frering ; CCC 2022, no 183, note Leveneur ; ibid., no 200, note Bernheim-Desvaux* (pose d'un parquet, avec des coupes et une adaptation aux dimensions de chaque pièce, selon les exigences du client : contrat d'entreprise). ♦ Sur le contrôle exercé par la Cour de cassation, V. • Civ. 3e, 11 mai 2005, no 03-13.891 P : *JCP 2005. I. 172, nos 13 s., obs. Labarthe ; RDC 2005. 1111, obs. Puig.*

6. Distinction du marché de fournitures et de la sous-traitance : V. • Com. 1er oct. 1991, no 90-10.455 P (commande ne présentant aucune particularité et aucune indication spécifique concernant la forme, la consistance, les dimensions du matériel : marché de fournitures). ♦ Pour le cas inverse, V. • Civ. 3e, 19 juin 1991, no 89-21.906 P • 9 juin 1999, no 98-10.291 P (fourniture spécifique destinée à un chantier déterminé et comportant une mise en œuvre particulière).

7. La convention, intitulée « marché », contenant l'engagement de construire suivant devis, pour le compte du propriétaire du terrain, lequel a signé en qualité de maître de l'ouvrage et non d'acquéreur, et ne comportant aucun transfert de propriété, constitue un louage d'ouvrage et non une vente d'immeuble à construire, telle que prévue par l'art. 1601-3 C. civ. • Civ. 3e, 9 mars 1977 : *JCP N 1978. II. 229, note Steinmetz.*

8. Distinction du marché d'entreprise et du contrat de vente au regard de la législation sur la protection des consommateurs en matière de démarchage et de vente à domicile : V. • Toulouse, 12 nov. 1980 : *D. 1982. IR 533, obs. Audit.*

9. Distinction du contrat de construction de maison individuelle et du contrat de vente : V. • Civ. 3e, 3 mai 2001, no 99-14.370 P : *Defrénois 2002. 69, obs. Périnet-Marquet ; RDI 2001. 380, obs. Tomasin* (chalet « en kit » avec obligation de montage : contrat de construction).

10. Louage d'ouvrage et bail. La convention d'utilisation d'une station de lavage automatique de véhicules s'analyse, non en un louage de chose, mais en un louage d'ouvrage. • Reims, 26 juill. 2005 : *JCP E 2006. 2023, note Noblot.*

11. Louage d'ouvrage et contrat de travail. Distinction du contrat de travail et du louage d'ouvrage : V. • Crim. 26 janv. 1967 : *Gaz. Pal. 1967. 1. 133* (nature du contrat liant une artiste danseuse-chorégraphe à l'ORTF). ♦ Depuis la condamnation de la présomption de salariat par la CJCE (arrêt du 15 juin 2006, aff. C-255/04), il incombe à la partie soutenant que les artistes sont reconnus comme prestataires de services dans leur État d'origine d'en rapporter la preuve. • Soc. 14 mai 2014, no 13-13.742 P.

12. Échange de services. Contrat verbal de services réciproques en nature (pratique guadeloupéenne dite du coup de main) : • Civ. 1re, 22 mars 2012, no 10-20.749.

B. CONTENU DU LOUAGE D'OUVRAGE

1° NATURE DE L'OBLIGATION DE L'ENTREPRENEUR

13. Diagnostic. Absence de responsabilité d'une société n'ayant pas décelé la présence d'amiante dans une maison tout en respectant les exigences du contrôle légal, visuel et non destructif. • Civ. 3e, 6 juill. 2011 : *cité note 5 ss. art. 1643.* ♦ Commet une faute le diagnostiqueur chargé de déceler la présence d'amiante, dès lors que le contrôle auquel il devait procéder n'était pas purement visuel, mais qu'il lui appartenait d'effectuer les vérifications n'impliquant pas de travaux destructifs et qu'il n'avait pas testé la résistance des plaques, ni accédé au comble par la trappe en verre située dans le couloir. • Civ. 3e, 21 mai 2014, n° 13-14.891 P : *D. 2014. 1201*. ♦ Doit être réparé le préjudice résultant du surcoût du désamiantage, en lien de causalité directe avec la faute commise lors de l'établissement du premier diagnostic, qui ne mentionnait pas toute l'amiante repérable visuellement. • Civ. 3e, 7 avr. 2016, n° 15-14.996 P. ♦ Faute du diagnostiqueur qui s'est abstenu d'effectuer des sondages non destructifs, notamment sonores, et n'ayant pas émis de réserves sur la portée de son avis quant aux parties non examinées. • Civ. 3e, 14 sept. 2017, n° 16-21.942 P : *D. 2017. 1833* ; *AJDI 2017. 865, obs. Cohet*. ♦ Pour la responsabilité des contrôleurs techniques automobiles, V. notes ss. art. 1642 et note 113 ss. art. 1241.

14. Garagistes. **BIBL.** Gaiardo, *D. 2019. 1503* (l'obligation du garagiste : une obligation de résultat doublement atténuée ?). ♦ Si la responsabilité du garagiste au titre des prestations qui lui sont confiées n'est engagée qu'en cas de faute, dès lors que des désordres surviennent ou persistent après son intervention, l'existence d'une faute et celle d'un lien causal entre la faute et ces désordres sont présumées. • Civ. 1re, 11 mai 2022, n° 20-19.732 B : *D. 2022. 1789, note Gaiardo* ; *ibid. 2023. 34, obs. Gout* ; *RTD civ. 2022. 631, obs. Jourdain* ; *RCA 2022, n° 172, obs. Robin-Sabard* (garagiste n'ayant pas su déceler le vice pour fournir les solutions adéquates) • 11 mai 2022, n° 20-18.867 B : *D. 2022. 1789, note Gaiardo* ; *RTD civ. 2022. 631, obs. Jourdain* ; *CCC 2022, n° 112, note Leveneur* ; *RCA 2022, n° 172, obs. Robin-Sabard* (dysfonctionnements du système de climatisation non résolus). ♦ Comp. précédemment : l'obligation de résultat qui pèse sur le garagiste en ce qui concerne la réparation des véhicules emporte à la fois présomption de faute et présomption de causalité entre la faute et le dommage et il appartient au garagiste de démontrer qu'il n'a pas commis de faute. • Civ. 1re, 2 févr. 1994, n° 91-18.764 P : *R., p. 359* ; *JCP 1994. II. 22294, note Delebecque* (cassation de l'arrêt rejetant l'action du client au motif qu'il n'a pas rapporté la preuve d'une faute du garagiste) • *20 juin 1995,* *n° 93-16.381 P* (rupture d'une roue à la suite de l'échauffement du tambour de frein que le garagiste devait réparer) • 21 oct. 1997, n° 95-16.717 P : *Gaz. Pal. 1999. 2. Somm. 408, obs. Peisse* (rupture du vilebrequin qui devait être rectifié par le garagiste, sous-traitant) • 8 déc. 1998, n° 94-11.848 P : *Gaz. Pal. 1999. 2. Somm. 408, obs. Peisse* ; *CCC 1999, n° 38, note Leveneur* (interventions multiples n'ayant pas remédié aux désordres du moteur) • 5 févr. 2014, n° 12-23.467 P : *D. 2014. 422* (véhicule n'ayant pas été restitué en état de marche : nécessité pour le garagiste de s'exonérer de son obligation de résultat). – V. déjà • Civ. 1re, 22 juin 1983 : *Bull. civ. I, n° 181* ; *RTD civ. 1984. 119, obs. Rémy* • 15 nov. 1988 : *D. 1989. 179, note Malaurie*.

Mais, la responsabilité de plein droit qui pèse sur le garagiste réparateur ne s'étendant qu'aux dommages causés par le manquement à son obligation de résultat, il incombe au client de démontrer que le dommage subi par son véhicule trouve son origine dans l'élément sur lequel le garagiste devait intervenir. • Civ. 1re, 14 mars 1995, n° 93-12.028 P : *RTD civ. 1995. 635, obs. Jourdain* (incendie pouvant provenir d'un vice antérieur à la vente ou de l'intervention du garagiste). ♦ Dans le même sens : • Com. 22 janv. 2002 : *RCA 2002, n° 175* ; *RTD civ. 2002. 514, obs. Jourdain* (garagiste auteur d'une réparation électrique non responsable d'une panne du système frigorifique du véhicule) • Civ. 1re, 14 déc. 2004, n° 02-10.179 P (panne concernant le même organe mais survenue après 97 000 km depuis l'intervention) • 28 mars 2008, n° 06-18.350 P : *D. 2008. AJ 1059* (absence de preuve par le client que la rupture de la courroie de la turbine de pompe à eau, entraînée par la courroie de distribution, provenait du changement de celle-ci).

Le seul fait que le client soit tombé en panne un mois après une révision générale ayant pour but d'éviter ces désagréments ne suffit pas à caractériser la responsabilité contractuelle du garagiste pour violation de son obligation de résultat, qui suppose de démontrer que la défectuosité préexistait à l'intervention du garagiste, et était décelable et réparable à un coût moindre que celui du remplacement de la pièce. • Civ. 1re, 4 mai 2012, n° 11-13.598 P : *D. 2012. 1265* ; *RTD civ. 2012. 531, obs. Jourdain* ; *RDC 2012. 1200, obs. Deshayes*. ♦ Il appartient à celui qui recherche la responsabilité de plein droit du garagiste à la suite d'une réparation, lors de la survenance d'une nouvelle panne, de rapporter la preuve que les dysfonctionnements allégués sont dus à une défectuosité déjà existante au jour de l'intervention du garagiste ou sont reliés à celle-ci. • Civ. 1re, 31 oct. 2012, n° 11-24.324 P : *D. 2012. 2659*.

15. Assimilation des obligations du loueur de pneumatiques qui s'est engagé à fournir une assistance technique à celles du garagiste : V. • Com. 5 avr. 2005 : *RCA 2005, n° 188, note Hocquet-Berg*.

16. Si la défaillance d'un organe mécanique rend nécessaire une nouvelle intervention après une première réparation, il appartient au garagiste de démontrer que l'usure de la pièce défectueuse n'exigeait pas qu'elle fût alors remplacée. • Civ. 1re, 12 janv. 1994, n° 91-17.386 P : *R., p. 359* ; *JCP 1994. II. 22294, note Delebecque* ; *RTD civ. 1994. 613, obs. Jourdain*. ♦ Absence de responsabilité du garagiste, tant sur le fondement de son obligation de résultat, que sur celui de son obligation de conseil, qui, sur instruction expresse de son client qui en acceptait les risques, s'est contenté d'effectuer une réparation de fortune au moindre coût. • Civ. 1re, 7 juin 1995, n° 93-14.916 P : *Gaz. Pal. 1997. 1. Somm. 103, obs. Peisse.* – Dans le même sens : • Civ. 1re, 30 nov. 2004, n° 01-13.632 P : *RCA 2005, n° 22, note Hocquet-Berg ; RTD civ. 2005. 406, obs. Jourdain*.

17. Réparateur. Les juges du fond ne peuvent condamner le client d'un réparateur au paiement d'une somme fixée « compte tenu du travail et des prestations effectuées » tout en retenant que l'appareil (machine à café) ne fonctionnait pas après l'intervention du réparateur, qui n'avait donc pas rempli ses obligations. • Com. 6 juill. 1993, n° 91-16.467 P. ♦ Celui qui est chargé de réparer un ascenseur est tenu d'une obligation de résultat en ce qui concerne la sécurité de l'appareil. • Civ. 1re, 15 juill. 1999, n° 96-22.796 P : *D. Affaires 1999. 1440, obs. J. F.* ♦ V. aussi, sur les ascensoristes : N. Jacob, *Gaz. Pal. 1995. 1. Doctr. 626.*

18. Sous-traitants. Le sous-traitant est tenu envers l'entrepreneur principal d'une obligation de résultat. • Civ. 3e, 2 févr. 2017, n° 15-29.420 P : *D. 2017. 353 ; RDI 2017. 196, obs. Malinvaud*. ♦ Contractuellement tenu à l'égard de l'entrepreneur principal de l'obligation d'exécuter un ouvrage exempt de vices, le sous-traitant est responsable des malfaçons dues aux défectuosités du matériau employé à moins qu'il ne justifie d'une cause étrangère qui ne peut lui être imputée. • Civ. 3e, 23 oct. 1984 : *Bull. civ. III, n° 171 ; RTD civ. 1986. 136, obs. J. Huet* • 17 déc. 1997, n° 95-19.504 P : *D. Affaires 1998. 291, obs. J. F.* ♦ Également en ce sens que le sous-traitant est tenu d'une obligation de résultat envers l'entrepreneur principal dont il ne peut s'exonérer que par la preuve d'une cause étrangère : • Civ. 3e, 3 oct. 1985 : *JCP 1986. II. 20601, note Bloch* • 13 juin 1990, n° 88-17.234 P • Civ. 1re, 21 oct. 1997 : *préc. note 14* • Civ. 3e, 10 déc. 2003, n° 02-14.320 P • 12 sept. 2007 : *JCP E 2007. 2241.* – Périnet-Marquet, *JCP 1989. I. 3399* (fabricant sous-traitant). ♦ Le sous-traitant d'un sous-traitant est tenu à l'égard de ce dernier d'une obligation de résultat d'effectuer un ouvrage exempt de malfaçons. • Civ. 3e, 21 mars 1984 : *Bull. civ. III, n° 75* • 15 janv. 1992, n° 90-16.081 P. ♦ L'entreprise qui exécute un nouveau marché ayant pour objet des travaux de reprise imputables à une erreur d'implantation commise par l'entrepreneur principal, n'agit pas en qualité de sous-traitant pour ces travaux. • Civ. 3e, 14 avr. 2010, n° 09-12.339 P : *D. 2010. 1209 ; RDI 2010. 543, obs. Périnet-Marquet*. ♦ Obligation de résultat du sous-traitant mais faute du maître de l'ouvrage qui ne lui a pas communiqué les indications nécessaires pour qu'il procède à un séchage adapté aux contraintes qui devaient suivre. • Civ. 3e, 9 mars 2017, nos 15-18.105 P, 15-19.104 P, 15-21.541 P : *D. 2017. 709 ; RDI 2017. 244, obs. Noguéro*.

19. Teinturier. Le teinturier, locateur d'ouvrage, peut se libérer en prouvant qu'il n'a commis aucune faute ayant entraîné la détérioration du vêtement remis pour nettoyage. • Civ. 1re, 20 déc. 1993, n° 92-11.385 P : *RTD civ. 1994. 611, obs. Jourdain*.

2° DEVOIR DE CONSEIL ET OBLIGATION DE RENSEIGNEMENT

20. Existence de l'obligation. Le garagiste dont l'intervention est limitée par le client au changement d'un balai d'essuie-glace et de quatre bougies n'est pas tenu d'appeler l'attention de son cocontractant sur la nécessité d'une vidange. • Civ. 1re, 5 nov. 1996, n° 94-21.975 P. ♦ Le mainteneur n'est tenu d'effectuer l'entretien et les réparations que des appareils qui lui sont confiés. • Civ. 1re, 30 mars 1999 : *CCC 1999, n° 87, obs. Leveneur.* ♦ Le vendeur-installateur d'un abri de piscine n'est pas tenu, au regard de l'art. L. 111-1 CCH, d'informer l'acquéreur des conséquences d'une telle installation sur la surface hors œuvre nette dont dispose le propriétaire du terrain supportant l'ouvrage. • Civ. 1re, 30 sept. 2015, n° 14-11.761 P : *D. 2016. 566, obs. Mekki ; ibid. 617, obs. Aubry, Poillot et Sauphanor-Brouillaud ; RDI 2015. 590, obs. Malinvaud*. ♦ Sauf convention spéciale, il n'appartient pas à l'architecte d'informer son client du fait que les coffres-forts ne présentent pas tous la même fiabilité et des conséquences en résultant sur les garanties des assureurs • Civ. 3e, 11 juill. 2012 : *RCA 2012, n° 307.*

La société exclusivement chargée d'un forage ne garantit pas la présence d'eau dans le sous-sol du terrain. • Civ. 1re, 3 mars 2011, n° 09-70.754 P (absence de manquement à l'obligation de se renseigner). ♦ Il n'appartient pas à l'architecte chargé d'une mission relative à l'obtention des permis de démolir et de construire de réaliser des travaux de reconnaissance des sols pour effectuer un diagnostic de la pollution éventuelle, ni d'attirer l'attention de l'acquéreur sur le risque d'acquérir le bien sans procéder à de telles investigations. • Civ. 3e, 30 janv. 2013, n° 11-27.792 P : *D. 2013. Chron. C. cass. 1164, note Georget ; RDI 2013. 208, obs. Boubli*. ♦ Comp. : l'absence de prise en compte de la nature du sol sur lequel a été construite une plate-forme, destinée au stationnement de véhicules poids-lourds, qui a subi un tassement généralisé entraînant la stagnation des eaux pluviales pendant plusieurs jours, constitue une faute de conception de l'ouvrage commise par l'entrepreneur intervenu en l'absence de maître d'œuvre. • Civ. 3e, 10 déc. 2015, n° 15-11.142 P : *D. 2016. 9 ; RDI 2016. 91, obs. Malinvaud*. ♦ Sur l'obligation, pour le garagiste, de recueillir l'accord du client sur une réparation importante : • Civ. 1re, 2 mai 2001 : *CCC 2001, n° 132, note Leveneur (2e esp.).*

21. Un contrat d'entretien d'une installation soumise à réglementation (chaufferie d'immeuble) oblige à informer le client des modifications intervenues dans cette réglementation de façon à lui permettre de les respecter, sauf à manquer à l'obligation de renseignement. • Civ. 1re, 28 févr. 1989 : *Bull. civ. I, n° 102.* ♦ Manque à son obligation de renseignement le professionnel qui vend à un bijoutier un système d'alarme non conforme aux prescriptions des sociétés d'assurances sans informer son client sur les conséquences de son achat au regard de la couverture du risque de vol. • Com. 25 mai 1993, n° 91-12.205 P : *D. 1994. Somm. 10, obs. Kullmann* ; *Gaz. Pal. 1995. 2. Somm. 320, obs. Moisson de Vaux.* ♦ Manque à son obligation d'information la société chargée de fournir le chauffage et d'assurer la maintenance des installations pour le compte d'une copropriété qui omet pendant plus d'un an de prévenir son cocontractant des possibilités de modification favorable des tarifs GDF. • Civ. 1re, 11 juin 1996, n° 94-18.250 P : *Defrénois 1996. 1007, obs. D. Mazeaud.* ♦ Le maître d'œuvre, chargé d'une mission de surveillance des travaux, a pour obligation d'informer le maître de l'ouvrage de la présence d'un sous-traitant, de lui conseiller de se le faire présenter et, le cas échéant, de l'agréer et de définir les modalités de règlement de ses situations. • Civ. 3e, 10 déc. 2014, n° 13-24.892 P : *D. 2015. Chron. C. cass. 988, note Georget* ; *RDI 2015. 127, obs. Boubli*.

22. Le garagiste qui prête un véhicule de remplacement à un client est tenu d'informer celui-ci sur l'étendue des garanties de son contrat d'assurance et sur l'intérêt de souscrire, éventuellement, des garanties supplémentaires. • Civ. 1re, 25 nov. 2003, n° 01-16.291 P : *D. 2004. IR 34* ; *CCC 2004, n° 20, note Leveneur.*

23. Devoir de conseil. Manque à son obligation de conseil le maître d'œuvre qui n'attire pas l'attention du maître de l'ouvrage sur les risques d'édifier une construction en violation des droits du propriétaire du fonds voisin. • Civ. 3e, 15 oct. 2015, n° 14-24.553 P. ♦ Nécessité d'apprécier le manquement au devoir d'information et de conseil sur le choix d'un parquet au regard de l'usage auquel il est destiné : cassation de l'arrêt ayant retenu que le choix du modèle du parquet était le fait exclusif du maître de l'ouvrage et qu'aucun défaut de pose ou d'exécution n'était constaté, alors que la cour d'appel a constaté que ce parquet, comme celui qui avait été remplacé, se dégradait anormalement vite et était inadapté aux lieux de vie considérés. • Civ. 3e, 5 avr. 2021, n° 19-25.748 P : *D. 2021. 799* ; *RDI 2021. 352, obs. Faure-Abbad* ; *JCP 2021, n° 1019, note Karila.*

24. Obligation de se renseigner. L'entrepreneur, contractuellement chargé d'édifier un mur en limite séparative du fonds, doit prendre la précaution de s'enquérir de l'emplacement de cette limite. • Civ. 3e, 11 juill. 2012 : *RCA 2012, n° 309.* ♦ Il incombe à l'architecte chargé d'une opération de construction ou de réhabilitation de se renseigner sur la destination de l'immeuble au regard des normes d'accessibilité aux personnes handicapées. • Civ. 3e, 12 oct. 2017, n° 16-23.982 P : *D. 2017. 2099* ; *RDI 2018. 30, obs. Boubli*. (immeuble destiné à la location).

Il incombe au constructeur de maison individuelle avec fourniture du plan de s'assurer de la nature et de l'importance des travaux nécessaires au raccordement de la construction aux réseaux publics. • Civ. 3e, 11 févr. 2021, n° 19-22.943 P.

V. aussi, sous l'angle du devoir de conseil, note précédente et : manquement à leur obligation de conseil de l'architecte et du bureau d'études qui, chargés de l'aménagement d'un hall, ne se sont pas préoccupés du mode d'exploitation de l'ouvrage pourtant situé dans un parc des expositions, ni de la question des charges roulantes, compte tenu notamment des dimensions de l'ouvrage, même si le maître de l'ouvrage ne les avait pas informés de son souhait de faire circuler des charges lourdes à l'intérieur du hall. • Civ. 3e, 2 juin 2016, n° 15-16.981 P : *JCP 2016, n° 744, note Langé.*

3° OBLIGATION DE SÉCURITÉ

25. Entrepreneurs. Le garagiste est tenu envers son client qui lui confie un véhicule pour réparation d'une obligation de sécurité dont il peut s'exonérer en prouvant qu'il n'a pas commis de faute. • Civ. 1re, 9 juin 1993, n° 91-17.387 P : *RTD civ. 1993. 828, obs. Jourdain*. ♦ En dehors de la mission restreinte que leur assigne l'arrêté les réglementant, la responsabilité des centres de contrôle technique automobile ne peut être recherchée qu'en cas de négligence susceptible de mettre en cause la sécurité du véhicule. • Civ. 1re, 19 oct. 2004, n° 01-13.956 P : *R., p. 347* ; *D. 2005. 1974, note Causse* ; *RCA 2004, n° 373, note Hocquet-Berg* ; *LPA 9 févr. 2005, note Dagorne-Labbe* ; *RTD civ. 2005. 136, obs. Jourdain*. ♦ V. aussi • Civ. 1re, 21 juin 2005 : *D. 2006. 1221, note J. Huet* (la mission des centres de contrôle technique se limite, eu égard aux textes qui les régissent, à la détection de défaillances en des points définis). ♦ L'entrepreneur, artisan chaudronnier, a une obligation de sécurité lorsqu'il intervient avec un chalumeau, dans une usine de papier, cette obligation n'étant pas transférée sur l'agent du maître de l'ouvrage qui a signé le « permis de feu ». • Civ. 1re, 29 mai 1996, n° 94-15.720 P (dommages matériels). ♦ Comp. • Civ. 3e, 8 mars 1995 : *RTD civ. 1995. 636, obs. Jourdain*. ♦ Celui qui est chargé de la maintenance et de l'entretien complet d'un ascenseur est tenu d'une obligation de résultat en ce qui concerne la sécurité. • Civ. 3e, 1er avr. 2009 : *cité note 3 ss. art. 1721.*

26. Maître de l'ouvrage. Sur l'obligation du maître de l'ouvrage, en vertu de l'art. L. 4532-2 C. trav., de prévenir les risques lorsque le chantier nécessite plusieurs intervenants : • Civ. 3e, 17 juin 2015, nº 14-13.350 P (faute du maître de l'ouvrage qui a omis de signaler un artisan, qui n'ayant pas été associé à l'inspection des lieux, s'est blessé).

27. Prestations de services. L'exploitante d'un salon d'esthétique n'est tenue, en ce qui concerne la sécurité de ses clients, pendant l'utilisation des douches mises à leur disposition, que d'une obligation de moyens. • Civ. 1re, 8 déc. 1998, nº 96-22.139 P : *D. 1999. Somm. 260, obs. Jourdain.*

28. Dommages aux tiers lors de travaux. Illustration de responsabilité de l'entrepreneur ayant endommagé des installations d'un opérateur de télécommunications qui, au moyen du récépissé prévu à l'art. 8 du Décr. nº 91-1147 du 14 oct. 1991, avait fourni un tracé de son réseau enterré qui n'était pas entaché d'erreur. • Civ. 3e, 16 janv. 2013, nº 11-24.514 P.

4º OBLIGATION DE CONSERVATION

29. Entreprise et dépôt. Le garagiste réparateur s'engage à un double titre, en vertu d'un louage de service et aussi en vertu d'un dépôt, dépôt nécessaire, puisque la machine confiée pour être réparée ne peut l'être que si elle est laissée, pendant le temps nécessaire aux réparations, au garagiste qui en reçoit le dépôt et doit, au moins pendant ce temps, en assurer sous sa responsabilité, avec vigilance, la bonne conservation. • Lyon, 30 juill. 1946 : *D. 1947. 377, note Tunc.* ♦ V. aussi la même analyse à propos de lavande déposée dans l'usine du distillateur : • Civ. 1re, 7 oct. 1963 : *D. 1963. 748.* ♦ Comp. • Civ. 1re, 26 janv. 1999 : *cité note 7 ss. art. 1915.* ♦ L'entrepreneur ayant reçu une chose en dépôt pour réparation n'est pas libéré de ses obligations de dépositaire par la réalisation des travaux commandés, mais demeure tenu de garder et de conserver cette chose jusqu'à restitution. • Civ. 1re, 30 mai 2006, nº 05-13.980 P : *CCC 2006, nº 181, note Leveneur* (réparateur de bateau).

5º DÉFAUT DE LA MATIÈRE

30. Inapplicabilité de la garantie des vices cachés. *Dans leurs rapports directs, l'action en* garantie des vices cachés n'est pas ouverte au maître de l'ouvrage contre l'entrepreneur. • Com. 29 juin 2022, nº 19-20.647 B : *D 2022. 1310 ; RTD com. 2022. 638, obs. Bouloc ; CCC 2022, nº 149, note Leveneur ; RDC 2022/4. 22, note Pellet ; RCA 2022, nº 195, obs. Robin-Sabard* (défauts affectant les panneaux photovoltaïques acquis par l'entrepreneur chargé de réaliser une centrale de production d'électricité).

31. Inapplication de la garantie de conformité. Le locateur d'ouvrage n'est pas tenu à la garantie de conformité prévue par le C. consom. pour les matériaux qu'il fournit et met en œuvre en exécution d'un contrat de louage d'ouvrage, hors le cas du contrat portant sur la fourniture d'un bien meuble à fabriquer ou à produire. • Civ. 3e, 12 oct. 2022, nº 20-17.335 B : *préc. note 5* (contrat de fourniture et de pose d'un parquet).

C. RÉGIME

32. Forme. Le contrat d'entreprise est un contrat consensuel qui n'est soumis à aucune forme déterminée ; l'établissement d'un devis descriptif n'est donc pas nécessaire à son existence. • Civ. 3e, 18 juin 1970 : *D. 1970. 674.* – Déjà en ce sens : • Civ. 23 oct. 1945 : *D. 1946. 19.* ♦ Il n'est soumis à aucune forme particulière et est présumé conclu à titre onéreux. • Civ. 3e, 17 déc. 1997, nº 94-20.709 P : *JCP N 1998. 765.*

33. Preuve. Preuve du contrat de louage d'ouvrage : V. • Civ. 3e, 23 janv. 1969 : *Bull. civ. III, nº 66* • 17 juill. 1972, nº 71-12.665 P (application du principe régissant la preuve des actes juridiques). ♦ Comp. • Civ. 3e, 19 oct. 1971 : *Bull. civ. III, nº 495.* ♦ *Contra* : • Civ. 1re, 17 déc. 1964 : *Gaz. Pal. 1965. 1. 263* (l'existence d'un louage d'ouvrage peut être établie par tous moyens de preuve). – Bénabent, *CCC avr. 1992.* ♦ Preuve d'un échange de services • Civ. 1re, 22 mars 2012, nº 10-20.749. ♦ Sur la charge de la preuve, V. notes 18 s. ss. art. 1353 (preuve du contrat) et note 57 ss. art. 1353 (preuve de malfaçons).

34. Détermination du prix. L'art. 1129 anc. C. civ. n'est pas applicable à la détermination du prix. • Civ. 1re, 20 févr. 1996, nº 94-14.074 P : *Defrénois 1996. 1432, obs. Bénabent* (application à un contrat d'entreprise). ♦ L'accord préalable sur le coût des travaux n'est pas un élément essentiel d'un contrat de louage d'ouvrage. • Civ. 3e, 18 janv. 1977 : *Bull. civ. III, nº 25* • Civ. 1re, 28 nov. 2000, nº 98-17.560 P : *JCP 2001. I. 301, nº 11 s., obs. Labarthe ; CCC 2001, nº 38, note Leveneur.* – V. aussi • TGI Versailles, 28 mars 2006 : *préc. note 2.* – Déjà en ce sens : • Civ. 1re, 15 juin 1973 : *Bull. civ. I, nº 202.* ♦ Comp. • Com. 13 avr. 1999, nº 97-16.632 P : *JCP 1999. II. 10222, note Fages ; RTD civ. 2000. 318, obs. Mestre et Fages*, confirmant l'annulation d'une clause d'indétermination du prix dans une convention d'affrètement routier sur le fondement de l'art. 6 de la L. du 30 déc. 1982 d'orientation sur les transports intérieurs.

A défaut d'accord certain sur le montant des honoraires dus pour le louage d'ouvrage (agence privée de recherches), la rémunération peut être fixée par le juge en fonction des éléments de la cause. • Civ. 1re, 4 oct. 1989 : *Bull. civ. I, nº 301.* – Dans le même sens : • Civ. 1re, 24 nov. 1993, nº 91-18.650 P : *RTD civ. 1994. 631, obs. Gautier* • 28 nov. 2000 : *préc.* (appréciation souveraine, par le juge, des éléments objectifs tirés des prix pratiqués sur le marché) • 6 avr. 2022, nº 21-12.045 B : *D. 2022. 702 ; Rev. sociétés 2022. 615, note Bardy ; RTD civ. 2022. 376, obs. Barbier* (montant des honoraires dus à l'expert-comptable déterminé en fonction du travail fourni et du service rendu). ♦ V. aussi : Marganne, *Gaz. Pal. 1993. 2. Doctr. 1092 ; JCP N 1998. 602* (fixation du prix). ♦ Sur la réfaction judiciaire du prix, V. • Com. 2 mars 1993, nº 90-20.289 P : *D. 1994. Somm. 11, obs. Kullmann*.

Le contrat d'architecte ayant notamment pour objet la réalisation par l'architecte de projets de plans et devis de travaux, le seul refus par le maître de l'ouvrage d'un projet qui lui est soumis n'établit pas l'absence de contrat le liant à l'architecte. • Civ. 3e, 9 févr. 2011, nº 10-10.264 P : *D. 2011. Actu. 593 ; JCP 2011. 1082, note Labarthe ; CCC 2011, nº 110, obs. Leveneur.*

35. Accession. Les règles de l'accession mobilière sont supplétives et n'ont pas vocation à s'appliquer lorsque le bien a été réalisé en exécution d'un contrat d'entreprise ; cassation de l'arrêt ayant déclaré une banque ayant commandé des billets par un contrat d'entreprise propriétaire de billets volés chez leur fabricant en application des art. 565 et 566 C. civ., au motif que la banque aurait eu la partie principale de la chose mobilière. • Civ. 1re, 16 mars 2022, nº 20-13.552 B : *D. 2022. 1528, obs. Strickler ; RTD civ. 2022. 432, obs. Dross ; RDC 2022/2. 130, note Danos ; RCA 2022, nº 138, obs. Hourdeau ; RGDA 2022/4. 55, note Kullmann.*

36. Réception des travaux. La réception de travaux de réparation navale est l'acte par lequel celui qui les a commandés les accepte, avec ou sans réserves ; si cette réception peut être tacite et résulter de la reprise de possession du navire, c'est à la condition que soit caractérisée la volonté non équivoque du donneur d'ordre d'accepter les travaux, la seule prise de possession du navire ne suffit pas. • Com. 19 sept. 2018, nº 17-17.748 P. ♦ Pour les règles applicables à la réception des travaux immobiliers, V. notes ss. art. 1792-6.

37. Travaux supplémentaires. Quelle que soit la qualification du marché retenue, il est nécessaire de constater que des travaux supplémentaires dont l'entrepreneur demande le paiement ont été soit commandés avant leur exécution, soit acceptés sans équivoque après leur exécution. • Civ. 3e, 27 sept. 2006, nº 05-13.808 P : *D. 2006. IR 2416 ; Defrénois 2008. 66, obs. Périnet-Marquet.* ♦ Et il appartient au juge d'évaluer le montant des travaux supplémentaires dont il a constaté l'existence dans son principe. • Civ. 3e, 14 déc. 2011 : *D. 2012. 149*. ♦ Pour une demande orale de travaux supplémentaire, avec un devis non signé : • Civ. 3e, 12 juin 2014, nº 13-19.410 P : *D. 2014. 2191, obs. Georget ; RDI 2014. 464, obs. Boubli*. ♦ En présence d'un devis, la somme réclamée au titre des travaux supplémentaires dépassant le montant de 1 500 €, la preuve de la commande doit être rapportée par écrit, en l'absence d'un commencement de preuve par écrit émanant du maître de l'ouvrage. • Civ. 3e, 17 nov. 2021, nº 20-20.409 B : *D. 2022. 199, note Siguoirt ; ibid. 431, obs. Bretzner et A. Aynès ; CCC 2022, nº 24, note Leveneur.*

38. Délai d'accomplissement des travaux. En l'absence de délai déterminé dans un devis, le juge doit rechercher si l'entrepreneur, infructueusement mis en demeure par le maître de l'ouvrage, avait manqué à son obligation de livrer les travaux dans un délai raisonnable. • Civ. 3e, 16 mars 2011 : *cité note 22 ss. art. 1178.* ♦ Pour une illustration : résolution justifiée d'un contrat d'exécution d'une clôture, le premier juge ayant exactement considéré que le point de départ du délai était la date du devis et souverainement estimé qu'un délai de trois mois entre cette date et la dénonciation du contrat était un délai raisonnable. • Civ. 3e, 29 sept. 2016, nº 15-18.238 P : *D. 2016. Chron. C. cass. 2237 obs. Georget ; RDI 2016. 644, obs. Boubli ; AJ contrat 2016. 451, obs. de Ravel d'Esclapon* (absence de délai d'exécution, la mention manuscrite apposée par une seule partie sur le devis n'établissant pas l'accord de l'autre). ♦ Cassation de l'arrêt écartant la responsabilité de l'architecte, sans rechercher si l'arrêt du chantier n'avait pas pour cause le commencement des travaux par l'architecte avant l'obtention d'un permis de construire, un manque de précision des travaux à réaliser et un manquement de l'architecte à son obligation d'informer le maître de l'ouvrage, avant le début des travaux, de l'inadéquation entre le budget alloué et le projet retenu. • Civ. 3e, 20 avr. 2022, nº 21-16.297 B : *D. 2022. 792 ; RTD civ. 2022. 653, obs. Gautier ; RGDA 2022/5. 35, note Dessuet.*

39. Garanties de l'entrepreneur. L'entrepreneur chargé de l'édification d'un bâtiment n'est pas titulaire d'un droit réel sur l'immeuble, opposable aux autres créanciers, et il ne bénéficie pas d'un droit de rétention sur le bien construit ou sur le produit de sa vente jusqu'au paiement du prix des travaux. • Civ. 3e, 23 juin 1999, nº 97-19.288 P : *D. 2000. Somm. 22, obs. Jobard-Bachellier ; ibid. 393, obs. S. Piedelièvre ; JCP 2000. II. 10333, note Vicente ; ibid. 209, nº 10, obs. Delebecque ; JCP N 2000. 363, note D. Boulanger ; RDI 2000. 85, obs. Théry ; RTD civ. 2000. 142, obs. Crocq*.

40. Le bien remis en exécution d'un contrat d'entreprise peut être l'objet d'une propriété réservée. • Com. 29 mai 2001 : *CCC 2001, nº 133, note Leveneur ; RTD civ. 2001. 930, obs.*

Crocq. – Déjà en ce sens : • Com. 17 mars 1998, n° 95-11.209 P : *D. 1999. Somm. 72, obs. A. Honorat ; D. 2000. Somm. 75, obs. Pérochon et Mainguy*. – V. aussi • Com. 5 nov. 2003, n° 00-21.357 P : *D. 2003. AJ 2965 ; RTD com. 2004. 600, obs. Martin-Serf*. ♦ Pour l'affirmation que tout contrat peut stipuler une réserve de propriété, V. • Com. 19 nov. 2003, n° 01-01-137 P : *D. 2003. AJ 3049, obs. A. Lienhard ; JCP 2004. I. 153, n° 11, obs. Cabrillac ; RTD com. 2004. 599, obs. Martin-Serf*.

41. Partage ou exonération de responsabilité. Sur l'immixtion du maître de l'ouvrage dans l'exécution du contrat d'entreprise, V. • Civ. 3e, 22 mai 1968 : *D. 1970. 453, note Jestaz* • 5 juin 1968 : *ibid.* • 25 nov. 1998, n° 96-16.781 P. ♦ V. aussi obs. Cornu, *RTD civ. 1969. 140.* ♦ Pour un partage de responsabilité en cas d'acceptation délibérée d'un risque par le maître de l'ouvrage : • Civ. 3e, 19 janv. 1994, n° 92-14.303 P. ♦ V. aussi note 33 ss. art. 1792.

Sur la qualité de professionnel de la construction du maître de l'ouvrage, V. • Civ. 3e, 13 juill. 2022, n° 21-16.408 B : *D. 2022. 1647, note Genicon ; ibid. 2023. 254, obs. Boffa et Mekki ; AJDI 2023. 43, obs. Maire ; RDI 2022. 591, obs. Bergel ; Defrénois 2022/45. 18, obs. Meng ; RDC 2022/4. 10, obs. Dournaux* (cassation de l'arrêt qui retient que le maître d'œuvre peut légitimement demander que sa responsabilité soit atténuée en raison de la qualité de professionnel de la SCI, maître de l'ouvrage, dont l'objet social est précisément d'acquérir et de construire tous biens immobiliers, puis de les gérer, la circonstance qu'elle soit constituée entre époux ne suffisant pas à anéantir la présomption de sa compétence de constructeur immobilier, alors que la qualité de professionnel de la construction de la SCI suppose des connaissances et des compétences techniques spécifiques). ♦ V. aussi • Civ. 3e, 13 juill. 2022, n° 21-16.407 B : *eod. loc.*

42. Incidence de la sous-traitance. *Dans les rapports entre l'entrepreneur principal et le sous-traitant :* En cas de sous-traitance, l'institution, dans les marchés passés par l'État, les collectivités locales, les établissements et entreprises publics, d'un paiement direct du sous-traitant par le maître de l'ouvrage n'a pas pour effet de décharger l'entrepreneur principal de son obligation contractuelle au paiement des travaux réalisés. • Civ. 3e, 10 mai 1991, n° 89-16.430 P. ♦ ... Ni d'interdire au sous-traitant d'agir en paiement contre l'entrepreneur principal ou de solliciter la fixation de sa créance, sans être contraint d'épuiser *auparavant* les voies de recours contre le maître de l'ouvrage. • Civ. 3e, 3 déc. 2008, n° 07-19.997 P : *D. 2008. AJ 3083, obs. Delpech ; RDC 2009. 633, obs. Puig.* ♦ Le sous-traitant effectue ses travaux sous sa responsabilité propre à l'égard de l'entrepreneur principal, sur le fondement de la responsabilité contractuelle de droit commun. • Crim. 4 oct. 2022, n° 21-85.594 B : *AJ pénal 2022. 525, obs. Pamart* (principe posé à l'occasion du contrôle de l'exercice de la profession d'expert-comptable). ♦ Le sous-traitant est tenu vis-à-vis de l'entrepreneur principal d'une obligation de résultat soumise à la prescription de droit commun (action valablement introduite, bien qu'une réception sans réserve soit intervenue plus de dix ans avant l'assignation). • Civ. 3e, 13 juin 1990 : *préc. note 18.* – V. aussi • Civ. 3e, 26 avr. 2006, n° 05-13.254 P : *LPA 7 févr. 2007, note Zavaro ; RDI 2006. 310, obs. Malinvaud*.

Dans les rapports entre le maître de l'ouvrage et l'entrepreneur principal : La faute du sous-traitant engage la responsabilité de l'entrepreneur principal à l'égard du maître de l'ouvrage. • Civ. 3e, 11 mai 2006, n° 04-20.426 P : *RDC 2006. 1214, obs. Viney* • 11 sept. 2013, n° 12-19.483 P : *D. 2013. 2173 ; RDI 2013. 536, obs. Malinvaud ; ibid. 544, obs. Dessuet ; ibid. 2014. 40, obs. Périnet-Marquet ; Gaz. Pal. 2013. 3768, obs. Caston et Ajaccio ; RDC 2014. 33, note Guégan-Lécuyer.*

Sur le régime de la sous-traitance, V. L. 31 déc. 1975, ss. art. 1799-1.

Sur l'inexécution d'un contrat dommageable à un tiers, V. notes 32 s. ss. art. 1199.

43. ... Garantie. Rejet du pourvoi contre un arrêt limitant souverainement à 10 % la garantie due par le sous-traitant fautif pour les condamnations prononcées à l'encontre de l'entrepreneur principal, ce dernier étant responsable à l'égard du maître de l'ouvrage auquel il devait un ouvrage exempt de vice, du défaut de surveillance de son sous-traitant. • Civ. 3e, 11 sept. 2013 : *préc. note 42.*

44. Incidence de la cession d'un garage. En présence d'une incertitude sur l'auteur de réparations inefficaces sur le système électrique d'une voiture, chacune des sociétés en cause cédant et cessionnaire du garage, doit rapporter la preuve que la persistance de cette panne ne découle pas de prestations insuffisantes ou défectueuses en regard de l'obligation de résultat pesant sur le réparateur professionnel. • Civ. 1re, 5 févr. 2014, n° 12-23.467 P : *D. 2014. 422*.

45. Une maison ayant été démolie en raison d'une erreur dans son implantation, cassation de l'arrêt fixant le point de départ de l'action en dommages-intérêts contre les maîtres d'œuvre et géomètres à la date de notification du procès-verbal d'infraction, sans vérifier si la décision du juge pénal ordonnant la démolition pour méconnaissance des règles d'urbanisme n'était pas intervenue moins de dix ans avant l'assignation. • Civ. 3e, 12 juin 2014, n° 13-16.042 P : *RDI 2014. 575, obs. Jourdain ; RTD civ. 2014. 897, obs. Jourdain*.

Art. 1788 **Si, dans le cas où l'ouvrier fournit la matière, la chose vient à périr, de quelque manière que ce soit, avant d'être livrée, la perte en est pour l'ouvrier, à moins que le maître ne fût en demeure de recevoir la chose.**

1. Domaine. L'art. 1788 est applicable dans les relations du sous-traitant avec l'entrepreneur principal. • Civ. 3e, 2 nov. 1983, n° 82-13.750 P.

2. Portée. L'art. 1788 a pour objet de déterminer à qui incombent les risques au cas de perte de la chose, indépendamment de la question de propriété de l'ouvrage. • Civ. 3e, 23 avr. 1974 : *D. 1975. 287, note J. Mazeaud.* ♦ Le maître de l'ouvrage peut agir sur le fondement de l'art. 1788, en dehors de toute recherche de responsabilité, même lorsque la cause des dommages demeure inconnue et même s'il est établi qu'elle réside dans une mauvaise exécution, par l'entrepreneur, de ses obligations contractuelles, dès lors que la demande ne porte que sur la reconstruction de l'ouvrage dans les conditions du marché initial ou sur la restitution du prix payé. • Civ. 3e, 25 mai 2022, n° 21-18.098 B : *D. 2022. Chron. C. cass. 2308, obs. Zedda ; RDI 2022. 469, obs. Bonnardel* (incendie s'étant déclaré dans l'ouvrage en construction, avant sa réception). ♦ *Contra* précédemment : ce texte n'est pas applicable lorsque le problème posé est celui de la responsabilité de l'un des cocontractants dans la perte ou la détérioration de la chose. • Civ. 1re, 2 déc. 1997, n° 95-19.466 P : *Defrénois 1998. 403, obs. Bénabent.* ♦ Ainsi l'art. 1788 C. civ. n'a pas vocation à s'appliquer dans le cas où la perte ou la détérioration de la chose est due à l'inexécution fautive des obligations de l'entrepreneur. • Civ. 3e, 13 oct. 2016, n° 15-23.430 P : *D. 2016. 2119*.

3. Notion de perte de l'ouvrage. Les dispositions de l'art. 1788 ont vocation à s'appliquer même lorsqu'une reconstruction complète de l'ouvrage n'est pas nécessaire. • Civ. 3e, 25 mai 2022, n° 21-15.883 B : *D. 2022. Chron. C. cass. 2308, obs. Zedda ; RDI 2022. 469, obs. Bonnardel* (orage de grêle ayant provoqué la destruction d'une partie de la toiture et l'effondrement des plafonds). ♦ Comp. • Civ. 3e, 16 sept. 2015, n° 14-20.392 P : *D. 2015. 1895 ; ibid. 2015. Chron. C. cass. 2198, obs. Georget* (non-application de l'art. 1788 lorsque l'ouvrage n'a pas péri, la reprise des travaux pouvant être envisagée).

4. Applications. *La perte de l'ouvrage,* détruit par un incendie avant que la réception des travaux ait eu lieu, étant, en application de l'art. 1788, pour l'entrepreneur, celui-ci ne peut prétendre au paiement du coût des travaux qu'il n'est pas en mesure de livrer ; en conséquence, les acomptes versés par le maître de l'ouvrage en paiement de ces travaux, alors même que leur inexécution ne serait pas fautive, doivent lui être restitués. • Civ. 3e, 27 janv. 1976 : *Bull. civ. III, n° 34.* ♦ Si la perte de la chose (effondrement d'un garage dont la rénovation avait été confiée à un professionnel) est due à la faute de l'entrepreneur, il doit en payer le coût de reconstruction totale ; il ne peut prétendre au paiement des travaux qui avaient été effectués et doit rembourser l'acompte versé afférent aux éléments fournis et facturés par lui et qui ont été détruits. • Civ. 3e, 15 nov. 1995, n° 94-12.100 P : *Defrénois 2006. 54, obs. Périnet-Marquet ; Gaz. Pal. 1997. 1. Somm. 196, obs. Peisse.* ♦ Également en ce sens qu'en l'absence de réception, la charge des risques doit être supportée par l'entrepreneur : • Civ. 3e, 19 févr. 1986, n° 83-17.052 P : *RTD civ. 1986. 607, obs. Rémy.* ♦ Mais pour déclarer ainsi l'entrepreneur responsable, les juges du fond doivent rechercher s'il a fourni la matière. • Civ. 3e, 14 juin 1983 : *Bull. civ. III, n° 138.* ♦ Ainsi, lorsque la chose détruite n'est pas celle qu'avait fournie l'entrepreneur, l'art. 1788 est inapplicable. • Civ. 3e, 12 oct. 1971, n° 70-10.943 P. ♦ L'entrepreneur n'étant tenu de procurer au maître de l'ouvrage que la chose qu'il s'est engagé à fournir, cassation de l'arrêt qui condamne *in solidum* les entreprises ayant participé à la construction de la maison détruite par un incendie avant réception au motif que toutes les entreprises sont tenues au même risque. • Civ. 3e, 15 déc. 2004, n° 03-16.820 P : *RDI 2005. 221, obs. Boubli*.

5. En cas de perte de l'ouvrage avant la livraison pour un événement de force majeure, est satisfactoire au regard de l'art. 1788 l'offre de l'entrepreneur de rembourser le coût de la construction selon les conditions du marché initial ou de reconstruire l'ouvrage en ne supportant que ce coût. • Civ. 3e, 28 oct. 1992, n° 90-16.726 P : *RTD civ. 1993. 602, obs. Gautier*.

6. Intervention d'un assureur. La perte que doit supporter l'entrepreneur étant, au sens de l'art. 1788, celle de la chose même qu'il a fournie, doit être rejetée la demande de remboursement formée par l'assureur qui, à la suite d'un incendie, a indemnisé le maître de l'ouvrage, dès lors qu'aucun élément ne permet de distinguer dans la demande globale la part de la chose fournie par l'entrepreneur et détruite par l'incendie. • Civ. 3e, 27 mars 1991, n° 89-19.498 P. – V. aussi • Civ. 1re, 9 nov. 1999, n° 97-16.306 P : *Gaz. Pal. 2000. 1. Somm. 257, obs. Peisse.*

7. Lorsqu'une cour d'appel a estimé, par une recherche de la volonté des parties, qu'un contrat d'assurance a été souscrit par le maître de l'ouvrage, en ce qui concerne la période antérieure à la livraison d'une installation industrielle, pour le compte de l'installateur, l'assureur qui a indemnisé le maître de l'ouvrage pour la perte de l'installation survenue avant la livraison n'est pas en droit d'exercer un recours contre l'installateur bénéficiaire de la garantie. • Civ. 1re, 3 nov. 1993, n° 90-18.876 P.

Art. 1789 **Dans le cas où l'ouvrier fournit seulement son travail ou son industrie, si la chose vient à périr, l'ouvrier n'est tenu que de sa faute.**

1. Caractère supplétif. L'attribution des risques, telle que prévue par l'art. 1789, n'est pas d'ordre public et il est loisible à un contractant de stipuler qu'il ne sera pas responsable de ses fautes légères, susceptibles de causer un dommage aux biens de son cocontractant (usages de la bijouterie). • Civ. 1re, 25 févr. 1964 : *Gaz. Pal. 1964. 1. 391.*

2. Domaine. L'art. 1789 n'est pas applicable au contrat de gardiennage, le gardien n'étant pas un « ouvrier » et aucune « matière » ne lui étant fournie. • Civ. 1re, 16 févr. 1983, n° 82-10.576 P. ♦ Pour une application de l'art. 1789 à des travaux de rénovation immobilière, V. • Bordeaux, 8 févr. 2000 : *D. 2001. 804, note Malinvaud*.

3. Applications. Il résulte de l'art. 1789 que le locateur d'ouvrage, débiteur des objets qui lui ont été confiés, n'est libéré qu'en établissant que ceux-ci ont péri sans sa faute. • Civ. 1re, 9 févr. 1966 : *Bull. civ. I, n° 103* • 24 mars 1987 : *ibid. I, n° 106* • Civ. 3e, 17 févr. 1999, n° 95-21.018 P : *CCC 1999, n° 67, note Leveneur ; RTD civ. 1999. 629, obs. Jourdain*. – Déjà en ce sens : • Civ. 1re, 7 oct. 1963 : *D. 1963. 748.* ♦ Un teinturier, locateur d'ouvrage, peut se libérer de sa responsabilité dans la détérioration d'un vêtement à lui confié pour nettoyage en prouvant qu'il n'a commis aucune faute. • Civ. 1re, 20 déc. 1993, n° 92-11.385 P : *RTD civ. 1994. 611, obs. Jourdain*. ♦ Dès lors que la perte des marchandises confiées pour traitement est due à un incendie criminel et que les mesures de protection normale contre l'intrusion dans l'usine avaient été prises, l'absence de faute de l'entrepreneur est établie. • Civ. 1re, 24 mars 1993, n° 91-16.019 : *Gaz. Pal. 1994. 1. Somm. 133, obs. Peisse.*

4. En prouvant son absence de faute, l'entrepreneur dépositaire renverse la présomption résultant de l'art. 1789. • Civ. 1re, 11 déc. 2001, n° 99-18.034 P.

5. La cause de la disparition de diapositives confiées à un professionnel étant inconnue, c'est à bon droit que le locateur d'ouvrage, qui est tenu de restituer la chose reçue et ne peut s'exonérer de sa responsabilité que par la preuve de l'absence de faute, est condamné à réparer le préjudice subi par son client. • Civ. 1re, 14 mai 1991, n° 89-20.999 P. ♦ Dans le même sens : • Bordeaux, 8 févr. 2000 : *préc. note 2* (travaux de rénovation immobilière, perte de la chose d'origine indéterminée).

Art. 1790 **Si, dans le cas de l'article précédent, la chose vient à périr, quoique sans aucune faute de la part de l'ouvrier, avant que l'ouvrage ait été reçu et sans que le maître fût en demeure de le vérifier, l'ouvrier n'a point de salaire à réclamer, à moins que la chose n'ait péri par le vice de la matière.**

Art. 1791 **S'il s'agit d'un ouvrage à plusieurs pièces ou à la mesure, la vérification peut s'en faire par parties : elle est censée faite pour toutes les parties payées, si le maître paye l'ouvrier en proportion de l'ouvrage fait.**

Art. 1792 *(L. n° 78-12 du 4 janv. 1978)* **Tout constructeur d'un ouvrage est responsable de plein droit, envers le maître ou l'acquéreur de l'ouvrage, des dommages, même résultant d'un vice du sol, qui compromettent la solidité de l'ouvrage ou qui, l'affectant dans l'un de ses éléments constitutifs ou l'un de ses éléments d'équipement, le rendent impropre à sa destination.**

Une telle responsabilité n'a point lieu si le constructeur prouve que les dommages proviennent d'une cause étrangère.

La L. n° 78-12 du 4 janv. 1978, dont l'entrée en vigueur a été fixée au 1er janv. 1979, s'applique aux contrats relatifs aux chantiers dont la déclaration réglementaire d'ouverture a été établie postérieurement à cette date (L. préc., art. 14).

En matière de performance énergétique, l'impropriété à la destination ne peut être retenue qu'en cas de dommages résultant d'un défaut lié aux produits, à la conception ou à la mise en œuvre de l'ouvrage, de l'un de ses éléments constitutifs ou de l'un de ses éléments d'équipement conduisant, toute condition d'usage et d'entretien prise en compte et jugée appropriée, à une surconsommation énergétique ne permettant l'utilisation de l'ouvrage qu'à un coût exorbitant (CCH, art. L. 123-2).

Ancien art. 1792 *(L. n° 67-3 du 3 janv. 1967)* ***Si l'édifice périt en tout ou en partie par le vice de la construction, même par le vice du sol, les architectes, entrepreneurs et autres personnes liées au maître de l'ouvrage par un contrat de louage d'ouvrage en sont responsables pendant dix ans.***

DALLOZ ACTION *Droit de la responsabilité et des contrats 2023/2024, nos 3312.00 s.*

BIBL. ▶ **Études d'ensemble sur la loi du 4 janv. 1978 :** Bigot, *JCP 1978. I. 2923* (assurance). – Boubli, *RDI 1979. 1 ; Trav. Assoc. Henri-Capitant XLII-1991, p. 87.* – Costa, *D. 1979. Chron.*

35. – DURRY, *RDI 1979. 277* (assurance). – GABOLDE, *JCP 1979. I. 2947* (application en matière de travaux publics). – KARILA, *Gaz. Pal. 1978. 2. Doctr. 347.* – LIET-VEAUX, *ibid. 1979. 1. Doctr. 261.* – LOMBARD, *Gaz. Pal. 1994. 1. Doctr. 256.* – MALINVAUD et JESTAZ, *JCP 1978. I. 2900.* – PLANCQUEEL, *Gaz. Pal. 1978. 2. Doctr. 586.* – ROULET et PEISSE, *ibid. 1978. 1. Doctr. 115 ; 1979. 1. Doctr. 184* (assurance). – THIBIERGE, *Defrénois 1979. 673.* – THIBIERGE et LACOURTE, *ibid. 1980. 81* (assurance). ▸ **Modifications issues de l'Ord. nº 2005-658 du 8 juin 2005 :** KARILA, *D. 2005. Chron. 2236.* ✐ – MALINVAUD, *RDI 2005. 237.* ✐

▸ **Études de thèmes spéciaux :** ATIAS et DEBEAURAIN, *D. 1990. Chron. 291* ✐ (abandon du chantier de construction). – BERLY, *Gaz. Pal. 1994. 1. Doctr. 400* (absence d'ouvrage) ; *RDI 2000. 115* ✐ (désordres évolutifs). – BONARDI et ALIX, *RDI 2017. 330* ✐ (assurance dommages-ouvrage). – BOUTY, *RDI 2010. 486* ✐ (dommage évolutif). – BOUBLI, *RDI 1982. 1* (responsabilité contractuelle de droit commun des constructeurs après réception des travaux) ; *RDI 1997. 371* ✐ (assurance et responsabilité dans la construction). – BOULLOCHE, *Mél. Boré, Dalloz, 2007, p. 39* (la Cour de cassation et la responsabilité contractuelle des constructeurs). – CATTAN, *Gaz. Pal. 2000. 1. Doctr. 452* (extension de la responsabilité des constructeurs ?). – CHARBONNEAU, *RDI 2010. 593* ✐ (obligation de conseil du sous-traitant) ; *ibid. 2011. 208* (responsabilité des maîtres d'ouvrage délégués) ; *RLDC 2011/88, nº 4453* (évolutions du droit de la responsabilité des constructeurs). – CHENUT, *Gaz. Pal. 1996. 1. Doctr. 483* (absence d'ouvrage). – CHÉTIVAUX-DAVID, *JCP 1985. I. 3175* (étendue des obligations de l'assureur en cas d'omission d'ouvrages). – CHEVALIER, *Gaz. Pal. 1997. 2. Doctr. 1317* (expertise judiciaire). – DANEMANS, *Études Malinvaud, Litec, 2007, p. 155* (le maître de l'ouvrage). – DELMAS, *RDI 1979. 129* (contrôle technique). – DUBOIS, note *D. 1990. 433* ✐ (isolation phonique et garantie décennale). – DESSUET, *RDI 2001. 113* ✐ (dommages intermédiaires) ; *ibid. 2012. 128* ✐ (travaux sur existants : la responsabilité) ; *ibid. 2018. 136* ✐ (*idem*). – DURAND-PASQUIER, *RDI 2012. 192* ✐ (violation d'une norme) ; *ibid. 2016. 120* ✐ (conditions restrictives de la garantie décennale en cas de défaut de performance énergétique). – DURRY, *RDI 1983. 18* (fonds de compensation des risques de l'assurance-construction). – ÉMON, *RDI 1998. 41* ✐ (risques liés à l'innovation). – FAURE-ABBAD, *RDI 2022. 72* ✐ (régimes de responsabilité applicables aux éléments d'équipement dissociables, réflexion sur les catégories). – GALLAND, *AJDA 2016. 2198* ✐ (garantie décennale devant le juge administratif) ; *RDI 2023. 68* (vente de l'immeuble en l'état : garantie des vices cachés et garantie décennale). – GAVIN-MILLAN-OOSTERLYNCK, *RDI 2006. 259* ✐ (pour une durée décennale de la responsabilité du constructeur). – J. HUET, *ibid. 1983. 11* (obligation *in solidum* et jeu de la solidarité dans la responsabilité des constructeurs). – KARILA, *Gaz. Pal. 1984. 2. Doctr. 441* (expertise dans le cadre de l'assurance) ; note *D. 1989. 134* (responsabilités et assurances en cas de réserves à la réception) ; *D. 1990. Chron. 307* ✐ (garanties légales et responsabilité contractuelle de droit commun) ; *JCP N 1991. I. 147* (travaux sur existants) ; *Études Malinvaud, Litec, 2007, p. 317* (domaines respectifs des garanties légales et des responsabilités de droit commun). – DE LESCURE, *RDI 2007. 307* ✐ (responsabilité contractuelle de droit commun). – LIET-VEAUX, *Gaz. Pal. 1979. 1. Doctr. 149* (déclaration d'ouverture de chantier) ; *327* (responsabilité des fabricants). – MALINVAUD, *RDI 1998. 321* ✐ (garantie des vices) ; *RDI 2001. 479* ✐ (dommages aux voisins). – MALINVAUD et JESTAZ, *RDI 1985. 217* (définition des travaux de bâtiment dans l'assurance-construction). – MODERNE, *Études Malinvaud, Litec, 2007, p. 451* (dommages aux tiers et action en garantie du maître de l'ouvrage contre les constructeurs : divergence droit public-droit privé). – NOBLOT, *RDI 2016. 444* ✐ (risque des sols). – OLIVIER, *Gaz. Pal. 1984. 2. Doctr. 440* (clause type applicable en matière d'assurance). – PÉRICAUD, *Gaz. Pal. 2007. Doctr. 3131* (aggravation des désordres). – PÉRINET-MARQUET, *JCP N 1990. I. 1* (récents apports jurisprudentiels) ; *JCP 1992. I. 3553.* – RAFFI, *Gaz. Pal. 1996. 2. Doctr. 943* (nature de la responsabilité décennale). – POUMARÈDE, *RDI 2020. 168* ✐ (incendie de l'ouvrage) ; *ibid. 2022. 141* (des prescriptions à la forclusion des actions décennales du maître de l'ouvrage en réparation des dommages). – ROULET et PEISSE, *Gaz. Pal. 1979.* 1. Doctr. 25 (contrôle technique). – THIOYE, *RDI 2004. 229* ✐ (dommages futurs et évolutifs). – VALLERY-RADOT, *ibid. 1982. 2. Doctr. 572* (immixtion du maître de l'ouvrage). – VINEY, *RDI 1982. 319* (clauses aménageant la responsabilité des constructeurs).

▸ **Produits défectueux :** Incidence de la directive européenne du 25 juill. 1985 sur la sécurité des produits : KARILA, *Gaz. Pal. 1991. 1. Doctr. 208.* – PÉRINET-MARQUET, *RDI 1990. 39* ✐ (perspectives d'harmonisation). ▸ **Loi du 18 mai 1998 sur la responsabilité du fait des produits défectueux et droit de la construction :** MALINVAUD, *D. 1999. Chron. 85 et 93.* ✐

PLAN DES ANNOTATIONS

A. DOMAINE

1° NATURE DES TRAVAUX

1. Ouvrage. Un ouvrage au sens de l'art. 1792 n'est pas nécessairement un bâtiment. V. par exemple, pour des travaux confortatifs de génie civil : • Civ. 3e, 12 juin 1991, n° 89-20.140 P (réalisation d'une butée, d'une purge des terrains et d'un remblai) • 24 mai 2011 : *RDI 2011. 459, obs. Malinvaud* (enrochement) • 31 oct. 2001 : *RDI 2002. 84, obs. Malinvaud* (digue d'étang) • 6 déc. 2006 : *RDI 2007. 90, obs. Malinvaud* (pose de drains pour contenir un glissement de terrain). ♦ ... Pour une dalle de béton sous une piscine : • Civ. 1re, 30 janv. 1996 : *RGAT 1996. 392, obs. d'Hauteville* (construction faisant appel aux techniques du bâtiment). ♦ ... Pour un mur de soutènement : • Civ. 1re, 31 mars 1993, n° 90-16.192 P : *RDI 1993. 399, obs. Dubois* (même argument). ♦ ... Pour un caveau funéraire : • Civ. 3e, 17 déc. 2003, n° 02-17.388 P : *RDI 2004. 192, obs. Malinvaud*. ♦ ... Pour un aquarium-vivarium. • Civ. 3e, 9 juin 2004 : *RDI 2004. 449, obs. Malinvaud*. ♦ ... Pour une centrale de climatisation de grande ampleur : • Civ. 3e, 28 janv. 2009, n° 07-20.891 P : *D. 2009. 2008, note Houtcieff ; ibid. 2010. Pan. 224, obs. Fauvarque-Cosson ; Defrénois 2010. 219, obs. Périnet-Marquet ; RDC 2009. 999, obs. Mazeaud ; ibid. 1019, obs. Viney* • 24 sept. 2014, n° 13-19.615 : *RDI 2014. 643, obs. Malinvaud* (système de climatisation par pompe à chaleur immergée au fond d'un puits en contact avec la nappe phréatique). ♦ ... Pour une conduite métallique fermée d'adduction d'eau à une centrale électrique. • Civ. 3e, 19 janv. 2017, n° 15-25.283 P : *D. 2017. 214 ; RDI 2017. 151, obs. Malinvaud*. ♦ *V. aussi note 3.* ♦ *Rappr., pour la construction* d'un court de tennis : • Civ. 1re, 2 mai 1990 : *RCA 1990, n° 307, obs. Groutel ; RGAT 1990. 585, obs. d'Hauteville ; RDI 1990. 514, obs. Dubois* (solution adoptée dans le cadre d'une stipulation d'un contrat d'assurance). ♦ La réalisation d'une aire de stationnement et d'un bâtiment formant une opération globale de construction relève de l'art. 1792. • Civ. 3e, 9 juin 2004, n° 03-11.480 P : *Defrénois 2005. 60, obs. Périnet-Marquet ; RDI 2004. 423, obs. Legay ; ibid. 451, obs. Malinvaud*.

2. Ouvrage immobilier. Il n'y a pas construction d'un ouvrage immobilier en cas de vente d'une maison mobile, simplement posée, sans travaux ni fondations. • Civ. 3e, 28 avr. 1993, n° 91-14.215 P : *JCP 1993. II. 22103, note Périnet-Marquet ; Defrénois 1994. 423, obs. Dubois*. ♦ Mais un silo constitue un ouvrage au sens de l'art. 1792, malgré la possibilité de son déplacement, celui-ci ne pouvant s'effectuer qu'en recourant à des moyens très importants. • Civ. 1re, 20 déc. 1993, n° 91-21.434 P. ♦ Une installation de manutention de bobines de tôles d'acier comportant une structure fixe et une structure mobile constitue un ouvrage et son ancrage au sol et sa fonction sur la stabilité de l'ensemble permettent de dire qu'il s'agit d'un ouvrage de nature immobilière. • Civ. 3e, 4 avr. 2019, n° 18-11.021 P. ♦ V. aussi note 10 *in fine*.

Constituent des ouvrages au sens de l'art. 1792 : une véranda édifiée sur le balcon d'un appartement, composée de parties fixes et de parties mobiles. • Civ. 3e, 4 oct. 1989 : *Bull. civ. III, n° 179*. ♦ ... Une terrasse constituant une extension de l'étage, accessible par une ouverture conçue à cet effet, fixée dans le mur de la façade et reposant du côté opposé sur des fondations, peu important le fait que celles-ci soient de conception artisanale, voire non conformes, cette terrasse faisant corps avec la maison vendue. • Civ. 3e, 7 nov. 2012, n° 11-25.370 P : *RDI 2013. 96, obs. Tricoire*. ♦ ... Une cheminée dont l'installation comporte la création d'un conduit maçonné, d'un système de ventilation et de production d'air chaud et d'une sortie en toiture. • Civ. 3e, 25 févr. 1998, n° 96-16.214 P : Defrénois 1999. 540, obs. Périnet-Marquet ; *Gaz. Pal. 1999. 1. Somm. 110, obs. Peisse ; RDI 1998. 259, obs. Malinvaud et Boubli*. ♦ ... Un chauffage comportant une chaudière et une pompe à chaleur dont l'évaporateur est associé à une cuve enterrée. • Civ. 3e, 18 nov. 1992, n° 90-21.233 P : *RDI 1993. 81, obs. Malinvaud et Boubli*.

♦ ... Une installation frigorifique d'abattoir, comportant une salle de machines et des réseaux de tuyauteries. • Civ. 3e, 18 juill. 2001, n° 99-12.326 P : *Defrénois 2002. 57, obs. Périnet-Marquet ; RCA 2001, n° 323, note Courtieu ; RDI 2001. 517, obs. Malinvaud ; RGDA 2001. 987, note Karila.* ♦ ... Une climatisation mise en place dans un bloc opératoire. • Paris, 2 mai 2001 : *RDI 2001. 384, obs. Tomasin.* ♦ ... Une station de lavage de voitures, avec fondations, toiture et branchements et raccordements divers. • Nancy, 18 janv. 2006 : *JCP 2007. IV. 1101.* ♦ ... Des panneaux photovoltaïques qui participent de la réalisation de l'ouvrage de couverture dans son ensemble, en assurant une fonction de clos, de couvert et d'étanchéité du bâtiment. • Civ. 3e, 21 sept. 2022, n° 21-20.433 B : *D. 2022. Chron. C. cass. 2308, obs. Zedda ; RDI 2022. 667, obs. Charbonneau ; RGDA 2022/10. 25, note Dessuet.* ♦ Mais ne constituent pas un ouvrage des gaines d'air chaud fixées sur des structures métalliques elles-mêmes simplement chevillées aux poteaux en béton faisant corps avec le bâtiment. • Civ. 3e, 24 mai 1989 : *JCP 1989. IV. 275.* ♦ ... Ni l'installation d'un chauffe-eau dans un pavillon. • Civ. 3e, 26 avr. 2006, n° 05-13.971 P : *D. 2006. IR 1330 ; Defrénois 2008. 68, obs. Périnet-Marquet ; RDI 2006. 308, obs. Malinvaud.* ♦ ... Ni l'installation d'un insert dans une cheminée existante, sans reprise de maçonnerie. • Civ. 3e, 6 févr. 2002 : *RDI 2002. 149, obs. Malinvaud.* ♦ ... Ni la réalisation et le montage de moteurs démontables et ne faisant pas corps avec le bâtiment où ils sont installés. • Civ. 3e, 12 janv. 2005, n° 03-17.281 P : *RGDA 2005. 443, note Périer ; RDI 2005. 128, obs. Malinvaud.*

3. Ouvrages extérieurs à un bâtiment. Constituent des ouvrages au sens de l'art. 1792 : des voies et réseaux divers, même s'ils ne sont pas rattachés à un bâtiment. • Civ. 3e, 17 déc. 1997, n° 96-12.209 P : *Gaz. Pal. 1998. 2. Somm. 517, obs. Peisse ; RDI 1998. 261, obs. Malinvaud et Boubli* • 29 mars 2000 : *RCA 2000, n° 242, note Courtieu* • 6 nov. 2002, n° 01-11.311 P : *Defrénois 2003. 325, obs. Périnet-Marquet ; RDI 2003. 86, obs. Malinvaud.* ♦ ... Des clôtures entourant les jardins privatifs des villas d'une résidence. • Civ. 3e, 17 févr. 1999, n° 96-21.149 P : *D. Affaires 1999. 828, obs. J. F. ; Defrénois 1999. 1132, obs. Périnet-Marquet.*

Mais des canalisations extérieures aux édifices ne constituent pas des ouvrages de bâtiment et la responsabilité de l'architecte et de l'entrepreneur ne peut, une réception étant intervenue, être recherchée que sur le fondement de la responsabilité contractuelle de droit commun pour faute prouvée. • Civ. 3e, 11 juill. 1990, n° 89-12.433 P. ♦ Pour les canalisations, V. aussi : • Civ. 3e, 22 févr. 1990, n° 87-14.763 P • 8 févr. 1995 : *RDI 1995. 565, obs. Groslière et Saint-Alary Houin.* ♦ Un barbecue accolé à une maison, réalisé en parpaings de ciment sur une paillasse en ciment, ne comportant pas de travaux de sous-œuvre, ne constitue pas en lui-même un ouvrage. • Civ. 3e, 7 oct. 2008 : *RDI 2008. 559, obs. Leguay ; ibid. 2009. 120, obs. Malinvaud.*

4. Travaux de terrassement. Ne rentrent pas dans les prévisions de l'art. 1792 des travaux de terrassement et d'aménagement d'un terrain, qui n'incorporent pas de matériaux dans le sol au moyen de travaux de construction, alors que la viabilisation a été effectuée par une autre entreprise et que le glissement de terrain s'est produit avant la réalisation de tout ouvrage, même si l'auteur des travaux avait connaissance d'un futur projet de construction. • Civ. 3e, 10 nov. 2021, n° 20-20.294 B.

5. Travaux sur un bâtiment existant : agrandissement. Entrent dans le champ de l'art. 1792 des travaux d'« agrandissement », donc de « construction ». • Versailles, 4 déc. 1987 : *D. 1989. 134, note Karila.*

6. ... Façade. BIBL. Karila, *RDI 2001. 201* (travaux de ravalement et de peinture). ♦ Entrent dans le champ de l'art. 1792 des travaux de rénovation d'un immeuble comportant l'application d'un enduit extérieur d'étanchéité. • Civ. 3e, 3 mai 1990, n° 88-19.642 P : *RDI 1990. 373, obs. Malinvaud et Boubli ; Defrénois 1991. 750, obs. Souleau.* ♦ Un enduit de façade, qui constitue un ouvrage lorsqu'il a une fonction d'étanchéité ne constitue pas un élément d'équipement, même s'il a une fonction d'imperméabilisation, dès lors qu'il n'est pas destiné à fonctionner. • Civ. 3e, 13 févr. 2020, n° 19-10.249 P : *D. 2020. 390 ; RDI 2020. 253, obs. Faure-Abbad ; ibid. 326, obs. Noguéro.* ♦ Des travaux de rénovation de façades d'un immeuble classé immeuble exceptionnel comportaient notamment la restauration des pierres de façade, ayant pour objet de maintenir l'étanchéité nécessaire à la destination de l'immeuble et constituant une opération de restauration lourde, d'une ampleur particulière compte tenu de la valeur architecturale de l'immeuble et de son exposition aux embruns océaniques, participent de la réalisation d'un ouvrage au sens de l'art. 1792 du code civil. • Civ. 3e, 4 avr. 2013, n° 11-25.198 P : *D. 2013. 999.* ♦ Mais lorsqu'un entrepreneur est chargé du ravalement d'un immeuble, il ne s'agit pas de la construction d'un ouvrage ; tenu d'une obligation de résultat, il doit réparation en cas de malfaçons. • Civ. 3e, 5 févr. 1985 : *Bull. civ. III, n° 21.* ♦ Même sens : • Civ. 3e, 9 févr. 2000, n° 98-13.931 P : *D. 2000. Somm. 339, obs. Omarjee ; RDI 2000. 180, obs. Malinvaud* (responsabilité de droit commun pour un ravalement avec imperméabilisation et traitement des fissures non stabilisées). ♦ Des peintures, au rôle purement esthétique, ne constituent ni un ouvrage au sens de l'art. 1792, ni un élément d'équipement, ni un élément constitutif d'ouvrage. • Civ. 3e, 27 avr. 2000, n° 98-15.970

P : *D. 2000. IR 150* ; *Defrénois 2000. 1249, obs. Périnet-Marquet ; Gaz. Pal. 2000. 2. Somm. 1656, obs. Peisse ; RDI 2000. 346, obs. Malinvaud* (les désordres qui les affectent relèvent de la responsabilité contractuelle de droit commun quelles que soient leurs conséquences quant à la destination des lieux). – Dans le même sens : • Civ. 3e, 16 mai 2001, n° 99-15.062 P : *D. 2002. 833, note Karila* ; *JCP 2002. I. 124, n° 16 s., obs. Viney ; Defrénois 2002. 58, obs. Périnet-Marquet ; RDI 2001. 350, obs. Leguay* ; *ibid. 387* et *393, obs. Malinvaud*.

7. ... Rénovation. Entrent dans le champ de l'art. 1792 d'importants travaux de réhabilitation de l'ensemble d'un immeuble. • Civ. 3e, 30 mars 1994, n° 92-11.996 P : *D. 1995. 279, note Raffi* ; *ibid. Somm. 278, obs. Magnin* • 24 janv. 2001 : *RDI 2001. 168, obs. Malinvaud* • 3 mars 2010, n° 09-11.282 P : *RLDC 2010/70, n° 3774, obs. Le Nestour-Drelon ; RDI 2010. 322, obs. Tricoire*. ♦ ... Des travaux de réparation d'une toiture s'ils comportent l'apport à la toiture et à la charpente d'éléments nouveaux, tels que chevrons, voliges, liteaux et panne faîtière. • Civ. 3e, 9 nov. 1994, n° 92-20.804 P : *D. 1995. Somm. 278, obs. Magnin* ; *RDI 1995. 106, obs. Malinvaud* et *Boubli*. ♦ ... Des travaux de rénovation lourde. • Civ. 3e, 29 janv. 2003, n° 01-13.034 P : *JCP 2003. II. 10077, concl. Guérin (2e esp.) ; Defrénois 2003. 1276, obs. Périnet-Marquet.* ♦ Sur la nécessité de rechercher la nature et la consistance des travaux, V. déjà : • Civ. 3e, 30 mars 1989, n° 87-10.451 P. ♦ Mais ne constituent pas des travaux de construction les travaux d'aménagement d'un appartement dans un immeuble ancien. • Civ. 3e, 15 déc. 1982 : *Gaz. Pal. 1983. 2. 482, note Plancqueel.*

8. ... Climatisation. Porte sur la construction d'un ouvrage le contrat de fourniture et de pose d'une installation de chauffage incluant la fourniture et la mise en place de toute l'installation de climatisation d'un hôtel avec pose des compresseurs, climatiseurs, gaines et canalisation d'air dans et à travers les murs du bâtiment. • Civ. 3e, 12 nov. 2020, n° 19-18.213 P : *RDI 2021. 102, obs. Fournier*.

9. ... Petite réparation. Des travaux de modeste importance, sans incorporation de matériaux nouveaux à l'ouvrage et qui correspondent à une réparation limitée dans l'attente de l'inéluctable réfection complète d'une toiture à la vétusté manifeste, ne constituent pas un élément constitutif de l'ouvrage et échappent au régime de responsabilité institué par l'art. 1792. • Civ. 3e, 28 févr. 2018, n° 17-13.478 P : *D. 2018. 510* ; *RDI 2018. 466, obs. Poumarède* ; *RGDA 2018. 199, note Dessuet.*

10. Équipements à fonction industrielle. BIBL. Karila, *Gaz. Pal. 1999. 1. Doctr. 612.* ♦ Cassation de l'arrêt qui condamne un entrepreneur au titre de la garantie décennale pour des désordres affectant la machine à soupe automatisée d'une porcherie industrielle sans rechercher si ce matériel relève des travaux de construction. • Civ. 3e, 22 juill. 1998, n° 95-18.415 P : *D. 1999. 201, note Sabirau-Perez* ; *JCP 1998. II. 10183, note Périnet-Marquet ; JCP 1999. I. 137, n° 15, obs. d'Hauteville ; ibid. 147, n° 11, obs. Viney ; Gaz. Pal. 1999. 2. Somm. 412, obs. Peisse ; RCA 1998, n° 352, obs. Groutel ; RDI 1998. 644, obs. Malinvaud* et *Boubli*. ♦ V. conf., pour des silos à aliments de bétail : • Civ. 3e, 20 juin 2001 : *RDI 2001. 520, obs. Malinvaud*. ♦ L'équipement industriel destiné à automatiser la fabrication du champagne ne relève pas des travaux de bâtiment ou de génie civil. • Civ. 3e, 4 nov. 1999, n° 98-12.510 P : *D. 2001. 650, note Karila* ; *Defrénois 2000. 486, obs. Périnet-Marquet ; RDI 2000. 57, obs. Malinvaud*. ♦ ... Non plus qu'un dispositif de traitement des jus installé dans un local de vinification. • Civ. 3e, 11 mai 2006, n° 05-13.191 P : *RDI 2006. 309, obs. Malinvaud*. ♦ V. aussi : • Civ. 3e, 6 nov. 1996 : *RDI 1997. 84, obs. Malinvaud* et *Boubli*, arrêt qui, à propos d'une centrale hydroélectrique, réserve l'application de l'art. 1792 aux bâtiments et ouvrages de génie civil. ♦ Comp., pour l'application de l'art. 1792 à un élément d'équipement à fonction industrielle : • Civ. 1re, 26 mars 1996, n° 93-20.229 P : *RDI 1996. 380, obs. Malinvaud* (équipement de ventilation et de désilage d'un silo) • Civ. 3e, 18 juill. 2001 : *préc. note 2* (installation frigorifique) • 12 mai 2004 : *RDI 2004. 380, obs. Malinvaud* (installation de géothermie). ♦ V. désormais le nouvel art. 1792-7.

2° NATURE DES DÉSORDRES ET ILLUSTRATIONS

11. Désordres portant atteinte à la solidité de l'immeuble ou le rendant impropre à sa destination. Cassation, pour manque de base légale, de l'arrêt qui retient la responsabilité décennale de l'entrepreneur pour des fissurations ayant pour origine une mauvaise adaptation des fondations au sol, en raison de leur importance et de leur caractère évolutif, sans constater que les désordres portaient atteinte à la solidité de l'immeuble ou le rendaient impropre à sa destination. • Civ. 3e, 23 oct. 2002, n° 00-19.538 P : *R., p. 410 ; D. 2002. IR 3059* ; *Defrénois 2003. 326, obs. Périnet-Marquet.*

Prise en compte, pour apprécier l'atteinte portée à la destination de l'ouvrage, de la situation particulière de l'immeuble, éléments du patrimoine architectural de la commune concernée. • Civ. 3e, 4 avr. 2013 : *préc. note 6.*

12. Nécessité d'un désordre (différence avec la non-conformité). BIBL. Baudouin, *Defrénois 2002. 1347* (conformité en construction). ♦ En l'absence de désordre, les défauts de conformité affectant un immeuble n'entrent pas dans le champ d'application de l'art. 1792. • Civ. 3e, 20 nov. 1991, n° 89-14.867 P (en conséquence, l'assureur de responsabilité décennale ne doit pas sa garantie lorsque le matériau utilisé en toiture n'est pas conforme au règlement intérieur du lotissement et aux règles de construction applicables dans le département).

13. ... D'un désordre actuel. Ne peuvent relever de la garantie décennale des désordres qui ne compromettent pas actuellement la solidité de l'ouvrage et ne le rendent pas impropre à sa destination. • Civ. 3e, 19 juin 1996, n° 94-17.497 P – V. aussi • Civ. 3e, 21 mai 2003, n° 01-17.484 P : *Defrénois 2003. 1275, obs. Périnet-Marquet ; RDI 2003. 353, obs. Malinvaud* • Civ. 3e, 20 mai 2015, n° 14-14.773 P (défauts d'exécution affectant la couverture de la maison ne s'étant pas traduits par un dommage au cours de la période de garantie décennale). ♦ ... Ou pour lesquels les juges du fond n'ont pas constaté que l'atteinte à la destination de l'ouvrage interviendra avec certitude dans le délai décennal. • Civ. 3e, 31 mars 2005, n° 03-15.766 P : *Defrénois 2006. 63, obs. Périnet-Marquet ; RDI 2005. 296, obs. Malinvaud ; RGDA 2005. 665, note Karila* • 21 oct. 2009, n° 08-15.136 P : *D. 2010. Chron. C. cass. 1103, obs. Nési ; RDI 2010. 110, obs. Malinvaud*. • 23 oct. 2013 : *D. 2013. 2517 ; RDI 2014. 49, obs. Malinvaud* (risque d'effondrement). • 28 févr. 2018, n° 17-12.460 P : *RDI 2018. 283, obs. Poumarède* (absence de désordre actuel affectant le réseau d'assainissement). ♦ Comp. note 50.

14. Indifférence de la cause des désordres. La détermination de la cause des désordres est sans incidence sur le droit à réparation des victimes invoquant l'art. 1792. • Civ. 3e, 20 mai 1998, n° 96-14.080 P : *Gaz. Pal. 1999. 2. Somm. 411, obs. Peisse.* ♦ La mise en jeu de la responsabilité décennale n'exige pas la recherche de la cause des désordres. • Civ. 3e, 1er déc. 1999, n° 98-13.252 P : *Gaz. Pal. 2000. 1. Somm. 256, obs. Peisse ; RDI 2000. 56, obs. Malinvaud* • 6 févr. 2002 : *RDI 2002. 150, obs. Malinvaud*.

15. Respect des normes. Les désordres d'isolation phonique peuvent relever de la garantie décennale même lorsque les exigences minimales légales ou réglementaires ont été respectées ; cassation de l'arrêt qui déduit de la seule conformité aux normes d'isolation phonique l'absence de désordre relevant de la garantie décennale. • Cass., ass. plén., 27 oct. 2006, n° 05-19.408 P : *R., p. 323 ; BICC 15 janv. 2007, rapp. Lardet, avis Guérin ; D. 2006. IR 2810, obs. Gallmeister ; Defrénois 2008. 69, obs. Périnet-Marquet ; RCA 2007, n° 22, note Groutel ; RDI 2006. 502, obs. Malinvaud ; ibid. 2007. 89, obs. Tournafond ; RDC 2007. 410, obs. Puig.* – V. aussi note 31. ♦ L'absence de désordre relevant de la garantie décennale ne peut être déduite de la seule circonstance que le dépassement des normes d'isolation phonique applicables aurait été limité. • Civ. 3e, 20 mai 2015, n° 14-15.107 P. ♦ Un architecte ne peut être condamné pour le non-respect de normes parasismiques alors que ces normes n'avaient pas, à la date de la délivrance du permis de construire, de caractère obligatoire, ce dont il résulte qu'elles n'entraient pas, en l'absence de stipulations contractuelles particulières, dans le domaine d'intervention de l'architecte. • Civ. 3e, 1er déc. 2010 : *D. 2011. Actu. 12 ; RLDC 2011/79, n° 4124, obs. Le Nestour-Drelon ; RDI 2011. 169, obs. Malinvaud ; RDC 2011. 845, obs. Deshayes.* ♦ Rappr., pour des normes ayant changé en cours de chantier, ce dont ni le couvreur ni l'architecte n'avaient été avisés par le fabricant : • Civ. 3e, 7 janv. 2016, n° 14-17.033 P : *D. 2016. 130 ; RDI 2016. 157, obs. Poumarède ; RDC 2017. 39, note Deshayes.* ♦ Comp., pour l'appréciation de la responsabilité de plein droit du syndicat de copropriétaires édictée par l'art. 14 de la L. du 10 juill. 1965 à raison de l'existence d'un vice de construction : l'absence de normes parasismiques applicables à l'époque de la construction n'excluant pas à elle seule un vice de construction, • Civ. 3e, 18 sept. 2013, n° 12-17.440 P : *D. 2013. 2225, obs. Rouquet*.

16. Illustrations : atteintes à la solidité de l'immeuble. Cassation de l'arrêt ne vérifiant pas la condition pour un glissement de talus entre deux bâtiments. • Civ. 3e, 20 mai 1998, n° 96-19.521 P : *Gaz. Pal. 1999. 2. Somm. 410, obs. Peisse ; Defrénois 1999. 543, obs. Périnet-Marquet.* ♦ Rappr., pour un risque certain d'éboulement dans le délai de la garantie décennale, mettant en péril la solidité du bâtiment et la sécurité des occupants et rendant impossible l'utilisation de l'arrière de la maison : • Civ. 3e, 12 sept. 2012, n° 11-16.943 P. ♦ Des désordres de caractère purement esthétique et ne pouvant nuire à la solidité de l'ouvrage ne relèvent pas de la garantie décennale. • Civ. 3e, 13 févr. 1991, n° 89-12.535 P. ♦ Dans le même sens : • Civ. 3e, 9 déc. 1998 : *RCA 1999, n° 41* (fissurations superficielles).

17. ... Immeuble impropre à sa destination. BIBL. De Lescure, *RDI 2007. 111* (l'impropriété à la destination de l'ouvrage). ♦ L'impropriété de l'immeuble à sa destination s'apprécie par référence à la destination convenue entre les parties. • Civ. 3e, 28 févr. 2006 : *RDI 2006. 231, obs. Malinvaud* • 10 oct. 2012 : *RDI 2012. 630, obs. Malinvaud ; ibid. 2013. 156, obs. Tournafond ; RGDA 2013. 113, obs. Dessuet* (l'impropriété ne s'apprécie pas par rapport aux cloisons conformes aux normes en vigueur pour un logement de moindre qualité, dans le cas où le constructeur s'est engagé à vendre un appartement d'exception). ♦ Rappr. : • Civ. 3e, 11 mars 2008 : *RDI 2008. 281, obs. Tranchant* (désordres esthétiques généralisés affectant une villa de grand standing).

Un ouvrage, qui n'est pas hors d'air et hors d'eau, est impropre à sa destination. • Civ. 3e, 21 sept. 2011, n° 09-69.933 P : *D. 2011. 2336* ; *RDI 2011. 568, obs. Tournafond* ; *RCA 2011, n° 406.* ♦ L'embuage des vitrages, nuisant à l'occupation normale de l'immeuble par la rétention d'humidité, constitue un désordre relevant de la garantie décennale (fonction d'isolation non remplie et obstacle à la vue et à la lumière). • Civ. 3e, 9 janv. 1991, n° 89-12.706 P. ♦ Relève de la garantie décennale le défaut d'une installation de climatisation qui n'est pas d'une puissance suffisante pour lui permettre de fonctionner normalement et d'être pérenne. • Civ. 3e, 12 nov. 2020, n° 19-18.213 P : *RDI 2021. 102, obs. Fournier* . ♦ Relève de la garantie décennale le vice d'un immeuble consistant dans l'exiguïté de la rampe d'accès aux garages, rendant ceux-ci inutilisables pour des voitures de dimensions courantes. • Civ. 3e, 9 juin 1999, n° 97-20.505 P : *JCP 1999. II. 10215, note Billiau* ; *Defrénois 1999. 1133, obs. Périnet-Marquet* ; *RDI 2000. 58, obs. Malinvaud* ; *ibid. 355, obs. Saint-Alary Houin* ; *RTD civ. 2000. 118, obs. Jourdain* . – V. aussi pour l'exiguïté de l'accès à une place de parking qui rend celle-ci inutilisable pour une voiture de tourisme couramment commercialisée : • Civ. 3e, 20 mai 2015, n° 14-15.107 P : *cité note 15.* – Rappr. pour une porte de garage, la rampe piéton étant trop étroite et l'alarme n'étant pas reliée à la loge du concierge, ces désordres étant dangereux pour l'utilisateur : • Civ. 3e, 3 mars 2010, n° 07-21.950 P : *D. 2010. AJ 705* ; *RDI 2010. 321, obs. Malinvaud* . ♦ V. au contraire, pour une absence d'atteinte à la destination de l'immeuble : • Civ. 3e, 12 mars 1986, n° 84-14.486 P (absence d'étanchéité de joints de balcon n'ayant entraîné aucune infiltration) • 15 mai 2001 : *RDI 2001. 385, obs. Malinvaud* (désordres – rétention d'eau – affectant le jardin) • 10 mai 2007 : *RDI 2007. 354, obs. Malinvaud* ; *RGDA 2007. 636, note Périer* (simple inconfort, consécutif au fonctionnement insuffisant de la climatisation). ♦ Le simple manque de performance ne caractérise pas l'impropriété à sa destination d'une installation de géothermie. • Civ. 3e, 12 mai 2004 : *préc. note 10.*

L'erreur d'implantation d'une construction résultant du non-respect des règles d'urbanisme et aboutissant à sa démolition constitue un désordre, dont il incombe aux juges du fond de rechercher s'il n'était pas de nature à rendre l'ouvrage impropre à sa destination. • Civ. 3e, *15 déc. 2004,* *n° 03-17.876 P* : *RDI 2005. 130, obs. Malinvaud* .

Impropriété à la destination résultant du risque de danger présenté par l'ouvrage : V. • Civ. 3e, 23 mai 2006 : *RDI 2006. 378, obs. Malinvaud* . ♦ En lui-même le risque avéré d'incendie de la couverture d'un bâtiment le rend impropre à sa destination. • Civ. 3e, 21 sept. 2022, n° 21-20.433 B : *D. 2022. Chron. C. cass. 2308, obs. Zedda* ; *RDI 2022. 667, obs. Charbonneau* ; *RGDA 2022/10. 25, note Dessuet.*

18. ... Dommages consécutifs à des troubles de voisinage. Relèvent de la garantie décennale des travaux de reprise tendant à rendre l'ouvrage conforme à sa destination et consécutifs à des troubles causés par l'ouvrage à des tiers par suite de défauts de conception et d'exécution. • Civ. 3e, 31 mars 2005, n° 03-14.217 P : *Defrénois 2006. 72, obs. Périnet-Marquet* ; *RDI 2005. 295, obs. Malinvaud* .

19. Éléments d'équipement : principe. Les désordres affectant des éléments d'équipement, dissociables ou non, d'origine ou installés sur existant, relèvent de la responsabilité décennale lorsqu'ils rendent l'ouvrage dans son ensemble impropre à sa destination. • Civ. 3e, 15 juin 2017, n° 16-19.640 P : *D. 2017. 1303* ; *RDI 2017. 409, obs. Charbonneau* ; *Gaz. Pal. 2017. 3293, note Caston et Ajaccio* (pompe à chaleur) • 14 sept. 2017, n° 16-17.323 P : *D. 2017. 1836* ; *RDI 2017. 542, obs. Malinvaud* ; *Gaz. Pal. 2018. 1390, note Ajaccio et Caston* (insert) • 7 mars 2019, n° 18-11.741 P : *D. 2019. 536* ; *RDI 2019. 286, obs. Poumarède* (désordre affectant l'insert ayant causé un incendie ayant intégralement détruit l'habitation) • 26 oct. 2017, n° 16-18.120 P : *D. 2018. Chron. C. cass. 1328, obs. Georget* ; *RDI 2018. 41, obs. Charbonneau* ; *RDI 2018. 41, obs. Charbonneau* (cheminée à foyer fermé) • 26 nov. 2020, n° 19-17.824 P (pompe à chaleur). ♦ Déjà : S'agissant de dommages affectant un élément d'équipement, les juges du fond ont l'obligation de rechercher si les désordres portaient atteinte à la destination de l'ouvrage. • Civ. 3e, 28 févr. 1996, n° 94-18.203 P : *RDI 1996. 218, obs. Malinvaud et Boubli* (installation de chauffage d'un immeuble) • 12 juin 1991, n° 90-12.171 P (capots exutoires de fumée en cas d'incendie) • 20 juin 2001 : *RDI 2001. 519, obs. Malinvaud* (carrelage). ♦ Pour des illustrations d'éléments d'équipement défectueux rendant l'ouvrage impropre à sa destination, V. par exemple : • Civ. 3e, 23 janv. 1991 : *D. 1991. 593, note R. Martin* (tablettes supportant les vasques de salles de bains d'une résidence hôtelière) • 14 oct. 1992, n° 91-11.628 P : *Defrénois 1993. 359, obs. Aubert* ; *RDI 1993. 83, obs. Malinvaud et Boubli* (faux plafond générateur de bruits parasites dans une salle de spectacles) • 10 avr. 1996, n° 94-17.030 P : *Defrénois 1996. 1072, obs. Dubois* (défaut d'étanchéité à l'air de menuiseries extérieures) • 27 sept. 2000 : *RDI 2001. 82, obs. Malinvaud* (non-fonctionnement de capteurs solaires constituant une source d'énergie d'appoint) • 2 juill. 2002 : *RDI 2002. 417, obs. Malinvaud* (fosse septique) • Civ. 3e, 10 nov. 2016, n° 15-24.379 P : *D. 2016. 2400* ; *RDI 2017. 34, obs. Malinvaud* ; *ibid. 144, obs. Boubli* (VMC ne fonctionnant pas, malgré l'absence d'humidité ou de moisissures). ♦ V. aussi note 31 pour des défauts d'isolation phonique.

20. Éléments d'équipement : limites. Si les désordres affectant des éléments d'équipement, dissociables ou non, d'origine ou installés sur existant, relèvent de la responsabilité décennale lorsqu'ils rendent l'ouvrage dans son ensemble impropre à sa destination, cette règle ne vaut cependant, s'agissant des éléments adjoints à l'existant, que lorsque les désordres trouvent leur siège dans un élément d'équipement au sens de l'art. 1792-3, c'est-à-dire un élément destiné à fonctionner, et il en résulte que les désordres, quel que soit leur degré de gravité, affectant un élément non destiné à fonctionner, adjoint à l'existant, relèvent exclusivement de la responsabilité contractuelle de droit commun du constructeur ou réputé constructeur : • Civ. 3e, 13 juill. 2022, n° 19-20.231 B : *JCP 2022, n° 1257, note Karila ; Defrénois 2022/38. 25, obs. Galland ; RCA 2022, n° 231, note Ménard ; RGDA 2022/9. 37, note Dessuet* (cassation de l'arrêt qui retient que, si le carrelage collé sur une chape et les cloisons de plaques de plâtre sont des éléments dissociables de l'ouvrage, dès lors que leur dépose et leur remplacement peuvent être effectués sans détérioration de celui-ci, les désordres les affectant rendent l'ouvrage dans son ensemble impropre à sa destination, alors qu'un carrelage et des cloisons, adjoints à l'existant, ne sont pas destinés à fonctionner). ♦ V. déjà • Civ. 3e, 13 févr. 2020, n° 19-10.249 P : *préc. note 6.*

B. RÉGIME

21. Titulaire de l'action : démembrement de propriété. L'action en garantie décennale est attachée à la propriété de l'ouvrage et non à sa jouissance ; l'usufruitier, quoique titulaire du droit de jouir de la chose comme le propriétaire, n'en est pas le propriétaire et ne peut donc l'exercer, en sa seule qualité d'usufruitier. • Civ. 3e, 16 nov. 2022, n° 21-23.505 B : *D. 2023. 387, note Laurent ; JCP 2023, n° 85, note Le Normand-Caillère ; JCP N 2023, n° 1010, note Zalewski-Sicard ; RCA 2023, n° 4, note Bertolaso.*

22. Charge de la preuve. La charge de la preuve du contenu des réserves et du caractère caché des désordres incombe au maître de l'ouvrage. • Civ. 3e, 7 juill. 2004, n° 03-14.166 P : *RDI 2004. 450, obs. Malinvaud* • 2 mars 2022, n° 21-10.753 B : *D. 2023. 430, obs. A. Aynès*.

1° CONDITIONS DE LA GARANTIE

23. Exigence d'une réception. La garantie décennale ne s'applique que s'il y a eu réception. • Civ. 3e, 12 janv. 1982, n° 80-12.094 P • 27 févr. 2013, n° 12-12.148 P : *D. 2013. 640*. ♦ Sur la notion de réception, V. notes ss. art. 1792-6.

24. Réception sans réserve : perte de l'action pour les vices connus. Une réception prononcée sans réserve malgré la présence d'un vice connu du maître de l'ouvrage met obstacle à l'action en garantie décennale. • Civ. 3e, 20 oct. 1993, n° 91-11.059 P : *Defrénois 1994. 422, obs. Dubois.* ♦ V. aussi note 34 ss. art. 1792-6.

25. Le caractère apparent ou caché des désordres s'apprécie en la personne du maître de l'ouvrage constructeur et au jour de la réception, qui correspond pour celui-ci à l'achèvement des travaux. • Civ. 3e, 10 nov. 2016, n° 15-24.379 P : *D. 2016. 2400 ; RDI 2017. 34, obs. Malinvaud ; ibid. 144, obs. Boubli*. ♦ Le caractère apparent ou caché d'un vice ou d'un défaut de conformité doit s'apprécier au regard du maître de l'ouvrage lui-même, et non pas du maître d'œuvre, fût-il mandaté pour procéder à la réception. • Civ. 3e, 17 nov. 1993, n° 92-11.026 P. ♦ ... Ni du syndicat des copropriétaires. • Civ. 3e, 8 nov. 2005 : *RDI 2006. 52, obs. Malinvaud*. ♦ Il doit s'apprécier au regard du maître de l'ouvrage ayant signé le procès-verbal de réception. • Civ. 3e, 27 sept. 2000 : *RDI 2001. 80, obs. Malinvaud* (hypothèse où le maître de l'ouvrage a changé en cours d'opération). ♦ Les juges du fond apprécient souverainement si le vice est ou non connu du maître de l'ouvrage lors de la réception. • Civ. 3e, 4 nov. 2004 : *RDI 2005. 129, obs. Malinvaud*.

26. Réception avec réserves. La garantie décennale n'est pas applicable aux vices faisant l'objet de réserves lors de la réception, ceux-ci étant couverts par la garantie de parfait achèvement. • Civ. 3e, 29 avr. 1987, n° 85-15.353 P : *R., p. 222* • 26 oct. 1988 *Gaz. Pal. 1989. 1. 425, note Liet-Veaux* • 1er févr. 1989 : *eod. loc.* • 6 déc. 1989 : *Bull. civ. III, n° 224* • 11 févr. 1998, n° 95-18.401 P. ♦ V. aussi note 60 pour la responsabilité de droit commun.

27. Réceptions successives. Le point de départ de l'action en garantie décennale est fixé à la date de la réception des travaux ; il doit être tenu compte de réceptions distinctes de réparations successives. • Civ. 3e, 2 mars 2011, n° 10-15.211 P : *D. 2011. 818 ; RDI 2011. 287, obs. Malinvaud ; ibid. 344, obs. Dessuet*. ♦ La réception partielle par lots n'est pas prohibée par la loi. • Civ. 3e, 10 nov. 2010 : *RDI 2011. 285, obs. Malinvaud*. ♦ Mais en raison du principe d'unicité de la réception, il ne peut y avoir réception partielle à l'intérieur d'un même lot. • Civ. 3e, 2 févr. 2017, n° 14-19.279 P : *RGDA 2017. 129, note Dessuet.*

28. Limites : défauts imparfaitement connus. Dès lors que les vices apparents d'une installation de chauffage sont indissociables de ses vices cachés, rendant l'installation impropre dans sa totalité à sa destination, l'ensemble de ces désordres relève de la garantie décennale. • Civ. 3e, 5 févr. 1992, n° 90-13.428 P : *Defrénois 1992. 1527, obs. Aubert.* – Dans le même sens : • Civ. 3e, 28 févr. 1996 : *RDI 1996. 217, obs. Malinvaud et Boubli*.

29. Les défauts notés lors de la réception définitive ne s'étant révélés que par la suite dans toute leur ampleur, une cour d'appel a pu décider souverainement qu'ils constituaient un vice caché relevant de la garantie décennale. • Civ. 3e, 10 janv. 1990, n° 88-14.656 P : *Gaz. Pal. 1990. 2. Somm. 625, obs. Peisse* • 18 déc. 2001 : *RDI 2002. 150, obs. Malinvaud*.

30. Réparation effective (non). Aucune disposition légale ne subordonne la garantie à la réparation effective de l'immeuble affecté de désordres décennaux ; la destruction de l'immeuble ne modifie pas la nature ou l'étendue de l'obligation des constructeurs. • Civ. 3e, 21 janv. 2004, n° 00-17.882 P : *RDI 2004. 199, obs. Malinvaud* ; *RGDA 2004. 462, note Karila.* – V. aussi • Civ. 3e, 16 févr. 2005, n° 03-16.392 P • 27 mai 2010, n° 09-14.107 P : *D. 2010. Actu. 1553* ; *RDI 2010. 393, obs. Noguero*.

31. Cas des troubles acoustiques. L'action en réparation de désordres affectant l'isolation phonique ne peut être déclarée « prescrite » par les juges sans que ceux-ci précisent si une réception était intervenue et sans qu'ils recherchent si ces désordres n'étaient pas de nature à rendre l'immeuble impropre à sa destination. • Civ. 3e, 20 févr. 1991 : *D. 1991. 556, note R. Martin*. – Dans le même sens : • Civ. 3e, 1er avr. 1992, n° 90-14.438 P : *D. 1993. Somm. 359, obs. Magnin*. ♦ V. aussi : • Civ. 3e, 21 févr. 1990 : *D. 1990. 277, note Dubois* ; *RTD civ. 1990. 516, obs. Rémy* (troubles acoustiques trouvant leur origine non dans une inobservation des exigences légales, mais dans un défaut de conformité aux exigences contractuelles, imputable au promoteur, ce qui rend sans application la forclusion de six mois prévue par l'art. 7 de la L. du 4 janv. 1978 – art. L. 111-11, dernier al., CCH) • Civ. 3e, 21 sept. 2011, n° 10-22.721 P : *RCA 2011, n° 404* (isolation conforme mais nécessité de rechercher si les troubles phoniques rendent l'immeuble impropre à sa destination). ♦ V. aussi note 15.

32. Cas des troubles olfactifs. L'absence de raccordement des évents de toiture provoquant des odeurs nauséabondes présentant un danger pour la santé des personnes, de sorte que le risque sanitaire lié aux nuisances olfactives rend, en lui-même, l'ouvrage impropre à sa destination durant le délai d'épreuve. • Civ. 3e, 11 mai 2022, *n° 21-15.608 B : RCA 2022, n° 182, obs. Bertolaso.*

2° CAUSES D'EXONÉRATION

33. Maître de l'ouvrage : immixtion. Un entrepreneur doit garantir intégralement le maître de l'ouvrage des condamnations prononcées au profit des acheteurs faute d'avoir rapporté la preuve que le maître de l'ouvrage était notoirement compétent dans le domaine où il est intervenu et d'établir le caractère fautif de cette immixtion. • Civ. 3e, 21 févr. 1984, n° 82-15.337 P : *D. 1985. 122, note Calais.* ♦ Même sens : • Civ. 3e, 9 mars 1982 : *Gaz. Pal. 1982. 2. 567* • 30 mars 1989, n° 88-10.145 P • 14 nov. 2001 : *RDI 2002. 87, obs. Malinvaud*. – V. aussi Valléry-Radot, *Gaz. Pal. 1982. 2. Doctr. 572* et note 41 ss. art. 1787.

Illustrations d'absence d'immixtion fautive : • Civ. 3e, 5 juin 1968, n° 66-12.708 P (absence d'instructions précises et conservation par l'entrepreneur de sa liberté) • Civ. 3e, 9 janv. 1980 : *Bull. civ. III, n° 11* (connaissances simplement supérieures à celles d'un profane) • 9 mars 1982 : *préc.* (choix par le maître de l'ouvrage d'un matériau économique) • 21 févr. 1984 : *préc.* (choix de chaudières par un promoteur, sans que les architectes et les entrepreneurs n'émettent de réserves) • 1er févr. 1989 : *Gaz. Pal. 1989. 2. 502, note Valléry-Radot* (exigence d'un acte positif d'immixtion) • 6 mars 2002 : *RD. imm. 2002. 236, obs. Malinvaud* (compétence notoire non caractérisée) • 11 mai 2005, n° 03-20.680 P (absence d'immixtion au stade de la conception initiale, défectueuse du seul fait de l'architecte). • Civ. 3e, 21 janv. 2015, n° 13-25.268 P : *D. 2015. 265* ; *RDI 2015. 137, obs. Malinvaud* ; *ibid. 188, obs. Roussel* (l'exercice de la profession de marchand de biens ne conférait pas de compétence notoire en matière de construction).

34. … Acceptation des risques. Acceptation délibérée des risques par le maître de l'ouvrage, cause d'exonération du maître d'œuvre : V. • Civ. 3e, 25 janv. 1995, n° 93-15.413 P : *Gaz. Pal. 1996. 1. Somm. 230, obs. Peisse* ; *RDI 1995. 331, obs. Malinvaud et Boubli* • 25 févr. 1998, n° 96-14.537 P : *Gaz. Pal. 1999. 2. Somm. 415, obs. Peisse* ; *RDI 1998. 263, obs. Malinvaud et Boubli* • 20 mars 2002, n° 99-20.666 P : *Defrénois 2002. 1029, obs. Périnet-Marquet* ; *RDI 2002. 236, obs. Malinvaud* • 29 oct. 2003, n° 01-12.482 P : *RDI 2004. 123, obs. Malinvaud* • 15 déc. 2004, n° 02-16.910 P : *RDI 2005. 132, obs. Malinvaud* • 27 sept. 2006 : *RDI 2006. 503, obs. Malinvaud* (appréciation des fautes respectives). ♦ V. déjà : • Civ. 3e, 19 janv. 1994, n° 92-14.303 P (choix conscient d'un site sujet à effondrement, sans prévoir le coût des renforcements nécessaires : responsabilité partielle du maître de l'ouvrage). ♦ Mais le fait, pour un maître de l'ouvrage, de faire faire des travaux sans s'assurer les services d'un maître d'œuvre ne constitue ni une faute ni une acceptation des risques. • Civ. 3e, 6 mai 1998, n° 95-18.357 P : *Gaz. Pal. 1999. 2. Somm. 416, obs. Peisse* • 18 déc. 2001 : *RDI 2002. 151, obs. Malinvaud*. ♦ Cassation de l'arrêt laissant une part de responsabilité au maître de l'ouvrage, sans immixtion prouvée, au seul motif que celui-ci aurait choisi, par soucis d'économie, des intervenants de mauvaise qualité. • Cass., ass. plén., 2 nov. 1999, n° 97-17.107 P : *Gaz. Pal. 2000. 2. Somm. 2651, obs. Peisse ; LPA 6 oct. 2000, note Clavel.* ♦ Le seul fait d'avoir accepté de faire réaliser une chape drainante n'implique pas que le maître de l'ouvrage ait accepté des risques d'inondation, encore moins de grande ampleur, le maître de l'ouvrage s'étant par ailleurs contenté de suivre les préconisations de l'expert judiciaire pour la réalisation de cette chape. • Civ. 3e, 7 nov. 2012, n° 11-23.229. ♦ Nécessité de s'assurer que le maître de l'ouvrage a été clairement informé des risques inhérents à sa décision. • Civ. 3e, 3 mars 2004, n° 02-15.411 P : *RDI 2004. 304, obs. Malinvaud* • 25 mai 2005 : *RDI 2005. 337, obs. Malinvaud* • 11 déc. 2007 : *RDI 2008. 104, obs. Malinvaud*.

35. ... Rôle de maître d'œuvre. Le maître de l'ouvrage qui décide d'assumer le rôle de maître d'œuvre est responsable des fautes commises à cette occasion. V. par exemple, admettant un partage de responsabilité : • Civ. 3e, 21 déc. 1982 : *Bull. civ. III, n° 263* (fautes de conception du maître de l'ouvrage, peu important qu'il ne soit pas d'une compétence notoire, et absence de réserves de l'entrepreneur) • 7 mars 1990, n° 88-13.133 P (acceptation des risques liés à la maîtrise d'œuvre d'une opération difficile). ♦ Rappr. : l'exonération totale d'un conducteur d'engin ayant causé des dommages à la maison de son client, entrepreneur de profession, en se conformant aux instructions de ce dernier : • Civ. 3e, 24 juin 1992, n° 90-16.992 P (subordination excluant le louage d'ouvrage).

36. ... Faute. Une part de responsabilité peut être laissée au maître de l'ouvrage dès lors que sa faute a constitué une cause d'aggravation des désordres ayant concouru pour partie à la réalisation du préjudice. • Civ. 3e, 10 janv. 2001, n° 99-13.103 P : *Defrénois 2001. 874, obs. Périnet-Marquet ; RDI 2001. 172, obs. Malinvaud*. – V. aussi • Civ. 3e, 6 févr. 2002, n° 00-10.543 P : *JCP 2003. II. 10014, note Moulin ; Defrénois 2002. 1029, obs. Périnet-Marquet ; RDI 2002. 151, obs. Malinvaud* (utilisation anormale des lieux : exonération du maître d'œuvre). ♦ Absence de faute de l'entrepreneur, quant à l'obligation de conseil, dès lors que les maîtres de l'ouvrage avaient une parfaite connaissance des risques liés à l'état du terrain et qu'ils avaient délibérément omis d'en avertir l'architecte et le constructeur en ne portant pas à leur connaissance les études de sols antérieures. • Civ. 3e, 11 mai 2022, n° 21-15.420 B : *D. 2022. 988 ; RDI 2022. 405, obs. Roussel ; ibid. 522, obs. Boubli ; JCP 2022, n° 809, note Robineau ; RDC 2022/2. 83, note Cayrol ; RCA 2022, n° 184, obs. Bertolaso ; RGDA 2022/6. 20, note Karila : ibid. 25, note Dessuet.* ♦ Mais la faute de la victime ne peut produire un effet totalement exonératoire que si elle est la cause unique du dommage. • Civ. 3e, 8 nov. 2005, n° 04-17.701 P. ♦ Cassation de l'arrêt ayant rejeté une demande de réparation du préjudice découlant de l'aggravation de désordres intervenue depuis le prononcé d'un premier jugement, la cour d'appel ne pouvant reprocher aux victimes de ne pas avoir mis à exécution la décision, assortie de l'exécution provisoire, qu'elle infirmait. • Civ. 3e, 4 juin 2008 : *cité note 42 ss. art. 1241.*

37. ... Absence d'assurance. Le défaut de souscription par le maître de l'ouvrage de l'assurance obligatoire dommages-ouvrage ne constitue en lui-même ni une cause des désordres, ni une cause exonératoire pour l'entrepreneur • Civ. 3e, 30 mars 1994, n° 92-17.683 P.

38. Désordres initiaux. Les désordres initiaux ne sont pas de nature à constituer une cause étrangère de nature à exonérer la société chargée de la reprise dont la garantie décennale se trouve engagée en raison de ses travaux de réparation qui, non seulement n'ont pas permis de remédier aux désordres initiaux, mais ont aggravé ceux-ci et sont à l'origine de l'apparition de nouveaux désordres : sa responsabilité est engagée pour l'ensemble des désordres de nature décennale. • Civ. 3e, 4 mars 2021, n° 19-25.702 P.

39. Fait du tiers. La mauvaise utilisation des lieux par l'occupant (syndicat de copropriétaires), constitutive d'une cause étrangère, exonère le constructeur de sa responsabilité. • Civ. 3e, 8 juill. 1998, n° 96-14.520 P : *Gaz. Pal. 1999. 2. Somm. 409, obs. Peisse ; Defrénois 1999. 545, obs. Périnet-Marquet.* ♦ Les désordres étant imputables, selon les constatations souveraines des juges du fond, d'une part au constructeur pour vice du sol et mauvaise réalisation des remblais et, d'autre part, au dépassement, en connaissance de cause, par l'occupant des charges maximales autorisées, il peut en être déduit que ce dernier doit supporter la moitié des réfections et des frais. • Civ. 3e, 26 mars 1997, n° 94-21.808 P : *RDI 1997. 449, obs. Malinvaud et Boubli*. ♦ Sur les risques du sol, V. *RDI 1997. 519.*

Comp., admettant l'absence de responsabilité du constructeur de maison individuelle qui était tenu d'effectuer les travaux de pose et d'étanchéité des sanitaires, mais qui, en fait, ne les avait pas réalisés, le maître de l'ouvrage ayant préféré les faire exécuter par une entreprise tierce, non indentifiée : • Civ. 3e, 8 nov. 2018, n° 17-19.823 P.

40. Fait d'un des prestataires de l'opération. Ne constitue pas la cause étrangère exonératoire pour le constructeur le vice, indécelable pour lui, des plans fournis par un maître d'œuvre. • Civ. 3e, 25 janv. 1989 : *Bull. civ. III, n° 18 ; Defrénois 1990. 761, obs. Souleau.* ♦ Solution inverse pour les désordres d'une façade imputables à l'existant, indécelables au moment où l'entrepreneur a appliqué un produit n'ayant joué aucun rôle dans leur survenance. • Civ. 3e, 26 févr. 2003, n° 01-16.441 P : *RDI 2003. 281, obs. Malinvaud*. ♦ V., pour un refus d'exonération en cas de fautes de conception : • Civ. 3e, 22 févr. 1989 : *JCP 1989. IV. 150*. ♦ ... En cas de défaut de « surveillance » de l'entrepreneur par le maître d'œuvre : • Civ. 3e, 6 déc. 2000 : *RDI 2001. 174, obs. Malinvaud*. ♦ Mais l'intervention fautive de l'architecte (dissimulations) peut constituer pour l'entrepreneur la cause étrangère de nature à l'exonérer. • Civ. 3e, 16 oct. 1984 : *D. 1985. 431 (1re esp.), note Rémery*. ♦ Inversement, des fautes d'exécution de l'entrepreneur ne constituent pas nécessairement une cause étrangère pour l'architecte. V. par exemple : • Civ. 3e, 14 déc. 1983, n° 82-15.791 P (loi de 1967).

41. ... Fournisseur intervenant comme constructeur. Agit en qualité de constructeur au sens de l'art. 1792 et non en simple fournisseur de matériau, le fournisseur de béton qui a participé activement à la construction dont il a assumé la maîtrise d'œuvre en donnant, par l'intermédiaire d'un de ses préposés, des instructions précises au maçon chargé de la mise en œuvre d'un matériau sophistiqué dont il ne connaissait pas les caractéristiques. • Civ. 3e, 28 févr. 2018, n° 17-15.962 P : *D. 2018. 510* ; *RDI 2018. 280, obs. Malinvaud* (absence de faute du maçon qui a agi sur ces seules instructions).

42. Technique défectueuse. Le seul fait que le vice inhérent à la technique utilisée par l'entrepreneur, et agréée par le Centre scientifique et technique du bâtiment, n'était pas encore connu à l'époque de la construction ne constitue pas une cause étrangère exonératoire de responsabilité. • Civ. 3e, 17 mai 1983, n° 81-16.876 P. – Même sens : • Civ. 3e, 3 avr. 2002 : *RDI 2002. 237, obs. Malinvaud* (application à un contrôleur technique).

43. Matériaux. Le vice d'un matériau (tuiles) acheté par le maître de l'ouvrage, dont il n'est pas établi qu'il était notoirement compétent en la matière, n'est pas en lui-même une cause étrangère exonératoire pour le constructeur, même si ce vice n'était pas normalement décelable à l'époque de la construction. • Civ. 3e, 7 mars 1990, n° 88-14.866 P.

44. Cause étrangère : fait de la nature. L'entrepreneur est dégagé de toute responsabilité lorsque les détériorations subies par des tuyaux d'écoulement des eaux usées sont dues à l'action de bactéries, apparues dans des conditions non élucidées, mais postérieurement à l'installation, contre lesquelles aucun procédé de lutte n'a encore été trouvé, de telles circonstances étant insurmontables. • Civ. 3e, 10 oct. 1972 : *D. 1973. 378, note J. M.* ♦ Un ouragan d'une violence exceptionnelle peut constituer un événement de force majeure. • Civ. 3e, 11 mai 1994, n° 92-16.201 P. ♦ Pour des chutes de neige, V. • Civ. 3e, 7 mars 1979, n° 77-15.153 P (force majeure retenue) • 16 févr. 2005 : *RDI 2005. 225, obs. Malinvaud* (force majeure non retenue). ♦ Sur le caractère exonératoire d'une période de sécheresse, V. la discussion évoquée note 36 ss. art. 1148 anc.

45. Cause inconnue. Les conditions d'application de l'art. 1792 ne sont pas réunies en présence d'une expertise n'ayant pas permis d'établir l'existence d'un vice de construction affectant une armoire électrique, la circonstance que l'incendie se soit déclaré dans cette armoire ne suffisant pas à démontrer sa défaillance ni ne prouvant qu'elle était affectée de désordres en relation de causalité avec l'incendie. • Civ. 3e, 12 mai 2010 : *RDI 2010. 397, obs. Leguay*.

3° *TRANSMISSION DE L'ACTION EN GARANTIE*

46. Principe. L'obligation de garantie décennale constitue une protection légale attachée à la propriété de l'immeuble et peut être invoquée par tous ceux qui succèdent au maître de l'ouvrage, en tant qu'ayants cause, même à titre particulier, dans cette propriété. • Civ. 1re, 28 nov. 1967 : *D. 1968. 163*. ♦ La garantie décennale accompagne, en tant qu'accessoire, l'immeuble. • Civ. 3e, 23 sept. 2009, n° 08-13.470 P : *D. 2009. Actu. 2352* ; *Defrénois 2010. 221, obs. Périnet-Marquet* ; *RDI 2010. 107, obs. Nési et Chauchis* ; *RDC 2010. 589, note Deshayes* ; *RTD civ. 2010. 336, obs. Jourdain*. ♦ Le sous-acquéreur jouit de tous les droits et actions attachés à la chose qui appartenait à son auteur et dispose contre les locateurs d'ouvrage d'une action contractuelle fondée sur un manquement à leurs obligations envers le maitre de l'ouvrage (responsabilité ne pouvant être invoquée au-delà des délais prévus par l'art. 2270 [1792-4-1] C. civ.). • Civ. 3e, 8 oct. 1997, n° 96-11.155 P : *RDI 1998. 98, obs. Malinvaud et Boubli*. ♦ V. aussi, dans le même sens, pour la transmission d'une action de droit commun : • Civ. 3e, 8 févr. 1995, n° 92-19.369 P (désordres ayant fait l'objet de réserves à la réception).

47. Conservation de l'action par le maître de l'ouvrage. Si l'action en garantie décennale se transmet en principe avec la propriété de l'immeuble aux acquéreurs, le maître de l'ouvrage ne perd pas la faculté de l'exercer quand elle présente pour lui un intérêt direct et certain. • Civ. 3e, 20 avr. 1982 : *Bull. civ. III, n° 95* (exercice de l'action par le maître de l'ouvrage suite à sa condamnation, en tant que vendeur, à réparer les vices de l'immeuble) • 26 avr. 1983 : *Bull. civ. III, n° 91* (préjudice résultant pour le vendeur de la dépréciation de l'immeuble atteint de malfaçons et ayant fait l'objet d'une vente forcée) • 11 déc. 1991, n° 90-17.489 P (engagement du maître de l'ouvrage, après réclamations formulées par les acquéreurs des appartements atteints de désordres, d'y remédier) • 31 mai 1995, n° 92-14.098 P • 3 juill. 1996, n° 94-18.503 P : *RDI 1996. 577, obs. Malinvaud et Boubli* • 12 nov. 2020, n° 19-22.376 P : *D. 2020. 2290* ; *RDI 2021. 164, obs. Faure-Abbad* ; *Defrénois 2021/23. 20, note Becqué-Ickowicz* ; *RGDA 2021/1. 34, note Karila* (nécessité de rechercher si, en dépit de la vente de leur maison, les propriétaires à l'origine de la construction n'avaient pas conservé contre l'assureur de l'entreprise, dès lors qu'ils y avaient un intérêt direct et certain, l'exercice de l'action fondée sur la responsabilité décennale, excluant toute action fondée sur la responsabilité contractuelle de droit commun). ♦ Comp., pour l'admission de cette solution, avant toute action du sous-acquéreur, afin de résister à une demande de l'entrepreneur en paiement du solde des travaux : • Civ. 3e, 19 juin 1984 : *Gaz. Pal. 1984. 2. Pan. 309 (décision rendue ss. le visa de l'art. 1184 anc.).*

Le maître de l'ouvrage condamné sur le fondement de l'art. 1641 peut exercer un recours contre le constructeur pour les chefs de préjudice directement liés aux malfaçons de l'ouvrage. • Civ. 3e, 2 oct. 2002, n° 01-03.720 P : *Defrénois 2003. 329, obs. Périnet-Marquet* ; *RDI 2002. 541, obs. Tomasin* ; *ibid. 543, obs. Malinvaud*.

48. Paiement des indemnités d'assurance. Sauf clause contraire, l'acquéreur de l'immeuble a seul qualité à agir en paiement des indemnités d'assurance contre l'assureur garantissant les dommages à l'ouvrage, même si la déclaration de sinistre a été effectuée avant la vente. • Civ. 3e, 15 sept. 2016, n° 15-21.630 P : *D. 2016. 1861*. ♦ ... Et même au titre des désordres matériels et de jouissance pendant la durée des travaux. • Civ. 3e, 10 nov. 2016, n° 14-25.318 P : *RGDA 2017. 44, note Karila* (admission d'un recours en révision contre une décision ayant statué sur des désordres de nature décennale et indemnisé les demandeurs, qui n'étaient plus propriétaires de l'immeuble, mais s'y étaient domiciliés pendant la procédure et avaient commis une tromperie délibérée pour fausser la décision de cette juridiction).

4° ÉTENDUE DE LA GARANTIE

49. Réparation intégrale. Dès lors que les désordres relèvent de la garantie décennale et que n'est pas constatée l'existence d'une cause étrangère de nature à limiter la responsabilité du maître d'œuvre, celle-ci est engagée de plein droit et pour le tout. • Civ. 3e, 20 juin 2001, n° 99-20.242 P : *Defrénois 2002. 66, obs. Périnet-Marquet* ; *RDI 2001. 523, obs. Malinvaud*. ♦ Pour la prise en compte d'un versement en exécution d'un jugement antérieur par l'assureur dommages-ouvrage, V. • Civ. 3e, 26 sept. 2007, n° 06-13.896 P : *Defrénois 2009. 83, obs. Périnet-Marquet.*

50. Prise en compte des conséquences futures : désordres évolutifs. BIBL. Bouty, *RDI 2010. 486*. ♦ La garantie décennale couvre les conséquences futures des désordres résultant de vices dont la réparation a été demandée au cours de la période de garantie. • Civ. 3e, 3 déc. 1985 : *Bull. civ. III, n° 159* • 16 mai 2001 : *préc. note 6*. ♦ V. aussi : • Civ. 3e, 10 janv. 1990 : *préc. note 29* (défauts d'une installation électrique notés à la réception définitive mais ne se révélant que par la suite dans toute leur ampleur, au point de rendre dangereuse l'installation) • 27 févr. 2001 : *RDI 2001. 171, obs. Malinvaud* (oxydation progressive de la pyrite contenue dans des ardoises) • 16 mai 2001 : *préc. note 6* (absence ou inaccessibilité des regards des réseaux d'évacuation d'eaux usées) • 29 janv. 2003, n° 00-21.091 P : *JCP 2003. II. 10077, concl. Guérin* ; *ibid. I. 152, n° 26, obs. Viney* ; *Defrénois 2003. 1275, obs. Périnet-Marquet* ; *RDI 2003. 185, obs. Malinvaud* (désordres devant s'aggraver inéluctablement dans le délai de la garantie décennale : défaut de protection des seuils de porte) • 29 janv. 2003 : *eod. loc.* ; *Rev. loyers 2003. 351, obs. Guégan* (détritus de bois entreposés dans un réduit muré et envahis par les termites) • 4 nov. 2004, n° 03-13.414 P : *Defrénois 2006. 63, obs. Périnet-Marquet* ; *RDI 2005. 57, obs. Malinvaud* (bombement de cloisons, aggravation d'un désordre évolutif à des dates variables dans un ensemble immobilier constitué de 47 villas) • 31 janv. 2007 : *RDI 2007. 162, obs. Malinvaud* (fissurations en façade et affaissement du dallage) • 11 mars 2015, n° 13-28.351 P (désordres d'une piscine).

51. De nouveaux désordres constatés au-delà de l'expiration du délai décennal, qui est un délai d'épreuve, ne peuvent être réparés au titre de l'art. 1792 que s'ils trouvent leur siège dans l'ouvrage où un désordre de même nature a été constaté et dont la réparation a été demandée en justice avant l'expiration de ce délai. • Civ. 3e, 18 janv. 2006, n° 04-17.400 P : *R., p. 324* ; *BICC 1er mai 2006, n° 827, et la note* ; *D. 2006. IR 322* ; *Defrénois 2006. 1503, obs. Périnet-Marquet* ; *RDI 2006. 133, obs. Malinvaud*.

52. ... Risques sismiques. Application de la garantie décennale à la non-conformité aux normes parasismiques contractuellement prévues, qui constitue un facteur d'ores et déjà avéré et certain de perte de l'ouvrage par séisme. • Civ. 3e, 25 mai 2005, n° 03-20.247 P : *D. 2005. IR 1586* ; *Defrénois 2006. 66, obs. Périnet-Marquet* ; *RDI 2005. 249, obs. D. P.*, et 297, *obs. Malinvaud* ; *RGDA 2005. 668, note Karila.* ♦ Rappr. : • Civ. 3e, 7 oct. 2009, n° 08-17.620 P : *D. 2010. Chron. C. cass. 1103, obs. Nési* ; *RDI 2009. 650, obs. Malinvaud* ; *RDC 2010. 605, note Viney.* ♦ De même, le dommage consistant dans la non-conformité de l'ouvrage aux règles parasismiques obligatoires dans la région où se trouve la maison, facteur certain de risque de perte par séisme, compromet sa solidité et la rend impropre à sa destination. • Civ. 3e, 11 mai 2011 : *D. 2011. 1482* ; *RDI 2011. 405, obs. Malinvaud* ; *RCA 2011, n° 294.*

Sur l'appréciation de l'application du Décr. du 14 mai 1991 aux modifications importantes des structures des bâtiments existants : • Civ. 3e, 19 sept. 2019, n° 18-16.986 P : *D. 2019. 1835* ; *RDI 2019. 627, obs. Poumarède*.

53. Charge du coût des réfections. Lorsque les réfections ordonnées sont le seul moyen d'éviter la réapparition des désordres, il n'y a pas lieu de laisser à la charge du propriétaire une partie du coût de ces réfections, au motif que celles-ci lui procurent une amélioration, dès lors que le propriétaire doit être replacé dans la situation où il se serait trouvé si l'immeuble avait été livré sans vices. • Civ. 3e, 9 oct. 1991, n° 87-18.226 P. ♦ Même sens : • Civ. 3e, 17 avr. 1991, n° 89-16.478 P (remplacement de tuiles défectueuses par des tuiles neuves) • 16 juin 1993 (1er arrêt), n° 90-21.226 P • 16 juin 1993 (2e arrêt), n° 90-10.636 P • 6 mai 1998, n° 96-13.001 P : *Defrénois 1999. 547, obs. Périnet-Marquet* (exclusion de l'application d'un coefficient de vétusté). ♦ En cas de désordres consécutifs à une absence d'ouvrage, la réparation doit englober l'exécution de l'ouvrage omis. • Civ. 3e, 28 févr. 2001 : *RDI 2001. 173, obs. Malinvaud*.

54. Réfection insuffisante et assurance. Responsabilité des vendeurs, mais absence de faute délictuelle de l'assureur qui a financé des travaux confortatifs qui se sont révélés insuffisants pour une raison qui était inconnue à la date de la prise en charge. • Civ. 3e, 14 sept. 2017, n° 16-19.899 P.

55. Dommages immatériels. Dès lors que les désordres subis par le maître de l'ouvrage relèvent de la garantie décennale, le maître d'œuvre est à bon droit condamné à réparer le préjudice immatériel (perte de chiffre d'affaires due à la fermeture prolongée de l'établissement). • Civ. 3e, 15 janv. 2003, n° 00-16.606 P : *Defrénois 2003. 1273, obs. Périnet-Marquet* ; *RDI 2003. 190, obs. Malinvaud*.

C. ARTICULATION DE LA RESPONSABILITÉ DÉCENNALE AVEC LES AUTRES SOURCES DE RESPONSABILITÉ DE L'ENTREPRENEUR

1° RELATIONS DE L'ENTREPRENEUR AVEC LE MAÎTRE DE L'OUVRAGE

a. Principe

56. Refus du cumul d'actions et primauté de la garantie. *Les dommages* qui relèvent d'une garantie légale ne peuvent donner lieu, contre les personnes tenues de cette garantie, à une action en réparation sur le fondement de la responsabilité contractuelle de droit commun. • Civ. 3e, 13 avr. 1988, n° 86-17.824 P : *R., p. 224* ; *Gaz. Pal. 1988. 2. 779, note Blanchard* ; *JCP 1989. II. 21315, note R. Martin* ; *JCP 1990. I. 3456, étude Dagot* (solution applicable même si les dommages ont pour origine une non-conformité aux stipulations contractuelles) • 28 févr. 2001 : *RDI 2001. 170, obs. Malinvaud* • 18 mai 2017, n° 16-11.203 P : *D. 2017. 1225, note Houtcieff* ; *ibid. 2018. 35, obs. Quézel-Ambrunaz* ; *RDI 2017. 349, obs. Malinvaud* ; *AJ contrat 2017. 377, obs. Chénedé* ; *RTD civ. 2017. 651, obs. Barbier* ; *ibid. 666, obs. Jourdain* ; *CCC 2017, n° 163, note leveneur* ; *RCA 2017, n° 212, note Bloch* ; *RGDA 2017. 364, note Dessuet* ; *RDC 2017. 425, note Borghetti* (*idem* : manquement à une obligation contractuelle de résultat de livrer un ouvrage conforme et exempt de vices). ♦ V. en ce sens : • Civ. 3e, 4 oct. 1989 : *Bull. civ. III, n° 178* • 10 avr. 1996, n° 94-13.157 P : *D. 1997. Somm. 349, obs. Tournafond* ; *RTD civ. 1996. 918, obs. Jourdain* (cassation de l'arrêt retenant un manquement de l'architecte à son obligation d'attirer l'attention de son client sur la nécessaire adaptation des fermetures au chauffage électrique retenu ; garantie biennale) • 23 mai 2007, n° 06-15.668 P : *R., p. 389* ; *BICC 1er oct. 2007, n° 1902, et la note* ; *D. 2007. AJ 1659, obs. P. Guiomard* ; *RDI 2007. 355, obs. Malinvaud* (2e esp.) ; *RGDA 2007. 666, note Karila* (dès lors que les dommages relèvent de la garantie légale, sont exclues les stipulations prévues en cas de non-respect du contrat) • 23 mai 2019, n° 18-15.286 P : *RDI 2019. 397, obs. Bucher* ; *RTD civ. 2019. 578, obs. Barbier* (*idem*) • 12 nov. 2020, n° 19-22.376 P : *D. 2020. 2290* ; *RDI 2021. 164, obs. Faure-Abbad* ; *Defrénois 2021/23. 20, note Becqué-Ickowicz* ; *RGDA 2021/1. 34, note Karila* • 11 mai 2022, n° 21-16.023 B : *D. 2022. 993* ; *RDI 2022. 522, obs. Boubli* ; *RGDA 2022/6. 20, note Karila* (la clause de saisine de l'ordre des architectes préalable à toute action judiciaire, en cas de litige sur le respect des clauses du contrat, ne peut porter que sur les obligations des parties au regard des dispositions de l'art. 1134 anc. et n'a donc pas vocation à s'appliquer dès lors que la responsabilité de l'architecte est recherchée sur le fondement de l'art. 1792). ♦ V. aussi note 4 ss. art. 1792-3. ♦ Comp. • Civ. 3e, 21 févr. 1990 : *D. 1990. 277, note Dubois* (troubles acoustiques trouvant leur origine dans un défaut de conformité aux stipulations des parties et non dans l'inobservation des exigences légales). ♦ Pour le cas du vendeur-constructeur, V. note 8 ss. art. 1792-1.

57. Office du juge. Les juges du fond sont tenus de rechercher si les désordres allégués relèvent d'une garantie légale, notamment, dans le cas de mauvais fonctionnement d'une installation de chauffage, de la garantie de bon fonctionnement de l'art. 1792-3. • Civ. 3e, 11 mars 1992, n° 90-15.633 P : *D. 1993. Somm. 357, obs. Magnin*. ♦ Les juges doivent rechercher, au besoin d'office, si l'action, exercée postérieurement à la réception de l'ouvrage, en réparation de désordres rendant l'ouvrage impropre à sa destination, n'est pas fondée sur l'art. 1792, ce qui rend inapplicable la clause de conciliation prévue dans le contrat conclu avec l'architecte. • Civ. 3e, 23 mai 2019, n° 18-15.286 P : *RDI 2019. 397, obs. Bucher ; RTD civ. 2019. 578, obs. Barbier*. ♦ Mais les juges, saisis sur le fondement de la garantie légale, ne sont pas tenus de rechercher si les désordres invoqués pouvaient relever de la responsabilité de droit commun en l'absence de demande en ce sens. • Civ. 3e, 4 juin 1997, n° 95-18.845 P.

b. Limites

58. Faute dolosive. Le constructeur, nonobstant la forclusion décennale, est, sauf faute extérieure au contrat, contractuellement tenu à l'égard du maître de l'ouvrage de sa faute dolosive. • Civ. 3e, 27 juin 2001, n° 99-21.017 P : *R., p. 433 ; D. 2001. 2995, concl. Weber, note Karila ; JCP 2001. II. 10626, note Malinvaud ; JCP 2002. I. 124, n° 18 s., obs. Viney ; JCP E 2001. 2056, note Rakotovahiny ; Defrénois 2002. 64, obs. Périnet-Marquet ; RCA 2001, n° 299, note Groutel ; RDI 2001. 525, obs. Malinvaud ; LPA 19 sept. 2001, note J.-P. Storck ; ibid. 25 févr. 2002, note Gentili ; RTD civ. 2001. 887, obs. Jourdain*. ♦ L'action fondée sur la faute dolosive du constructeur, de nature contractuelle, est une action attachée à l'immeuble et donc transmissible au sous-acquéreur, qui peut se prévaloir de cette faute pour rechercher la responsabilité du constructeur après l'expiration de la garantie légale. • Civ. 3e, 27 mars 2013, n° 12-13.840 P • 12 juill. 2018, n° 17-20.627 P : *D. 2018. chron. C. cass. 2435, obs. Georget ; RDI 2018. 504, obs. Poumarède ; AJ contrat 2018. 422, obs. Dissaux ; JCP 2018, n° 1041, note Larroumet.*

Comp., antérieurement : l'architecte qui commet une faute dolosive engage sa responsabilité délictuelle • Civ. 3e, 18 déc. 1972, n° 71-13.590 P : *R. 1972-1973, p. 40 ; D. 1973. 272, note J. Mazeaud.*

59. Il y a faute dolosive du constructeur lorsque, de propos délibéré même sans intention de nuire, il viole par dissimulation ou par fraude ses *obligations contractuelles*. • Civ. 3e, 27 juin 2001 : *préc. note 58* • 12 juill. 2018, n° 17-20.627 P : *préc. note 58* (violation délibérée et consciente du constructeur ayant remis les clefs en restant taisant sur les modifications réalisées par le maître de l'ouvrage, dont il connaissait l'existence et les conséquences sur la structure de la maison). ♦ Comp. • Civ. 3e, 18 déc. 1996, n° 95-10.658 P : *JCP N 1997. II. 661 ; D. 1997. Somm. 289, obs. Delebecque ; RDI 1997. 243, obs. Malinvaud et Boubli* (cassation de l'arrêt ayant retenu la responsabilité des constructeurs sur le terrain de la faute dolosive extérieure au contrat après avoir constaté que l'intention de nuire n'était pas démontrée ni même alléguée). ♦ Sur la notion de faute dolosive, V. obs. Malinvaud et Boubli, à propos de • Civ. 1re, 22 oct. 1996 : *RDI 1997. 87* (faute volontaire impliquant une tromperie). ♦ V. aussi les décisions citées notes 4 s. ss. art. 1792-4-1, et : • Civ. 3e, 23 juill. 1986 : *Bull. civ. III, n° 129* (inexécution délibérée des obligations et dissimulation frauduleuse du vice en résultant) • 7 févr. 2001, n° 99-17.535 P : *Defrénois 2001. 873, obs. Périnet-Marquet ; RDI 2001. 176, obs. Malinvaud* (une violation des règles de l'art ne constitue pas nécessairement une faute dolosive) • 22 juin 2005, n° 04-14.587 P : *RDI 2005. 338, obs. Malinvaud ; RDC 2006. 833, obs. Carval* (faute dolosive consistant dans le silence gardé par un contrôleur technique sur une non-conformité à une norme technique) • 6 déc. 2005 : *RDI 2006. 137, obs. Malinvaud* (violation délibérée et consciente des obligations contractuelles) • Civ. 3e, 8 sept. 2009, n° 08-17.336 P : *D. 2009. AJ 2221, obs. Vincent ; RDI 2009. 599, obs. Malinvaud ; Defrénois 2010. 225, obs. Périnet-Marquet ; RDC 2010. 72, obs. Deshayes* (absence de prise de précautions élémentaires dans l'installation d'une cheminée dans une maison à ossature bois par des personnes ignorant visiblement les règles de l'art. • Civ. 3e, 27 mars 2013 : *préc. note 58* (connaissance par le constructeur de l'insuffisance notoire des fondations à un moment où il était encore possible d'y remédier, caractérisant une dissimulation constitutive d'une faute dolosive). ♦ Absence de faute dolosive • Civ. 3e, 5 janv. 2017, n° 15-22.772 P : *D. 2017. 392, note Mazeaud ; RDI 2017. 155, obs. Malinvaud ; RGDA 2017. 126, note Dessuet ; JCP 2017, n° 434, note Karila* (absence de précautions élémentaires pour surveiller la totalité de l'exécution des travaux de gros-œuvre sous-traités).

c. Responsabilité de droit commun

60. Dommages hors du domaine de la garantie. Pour des désordres n'affectant pas des ouvrages au sens de l'art. 1792, V. notes 1 s., spéc. notes 3 et 6. ♦ Pour des non-conformités ne causant aucun désordre, V. note 12 et • Civ. 3e, 6 mai 2009, n° 08-14.505 P (non-conformité d'une maison individuelle construite dans un lotissement appréciée par rapport au règlement de ce dernier). ♦ Rappr. : il résulte de la combinaison des anc. art. 1134, 1147 et 1382, devenu 1240, qu'en l'absence de désordre, le non-respect des normes qui ne sont rendues obligatoires ni par la loi ni par le contrat ne peut donner lieu à une mise en conformité à la charge du constructeur. • Civ. 3e, 10 juin 2021, n° 20-15.277 P (impossibilité d'invoquer le non-respect d'un DTU qui n'avait pas été contractualisé). ♦ Pour des désordres antérieurs à la réception, V. par exemple : • Civ. 3e, 19 juin 1996 : *RDI*

1996. 581, obs. Malinvaud (avant réception de l'ouvrage, tout désordre doit donner lieu à réparation) • 3 juill. 1996 : *ibid.* (responsabilité contractuelle de droit commun) • 24 mai 2006, n° 04-19.716 P : *R., p. 326 ; D. 2006. IR 1633, obs. Gallmeister ; LPA 25 avr. 2007, note Raffi ; RCA 2006, n° 265, obs. Groutel ; RDI 2006. 311, obs. Malinvaud ; RDC 2006. 1217, obs. Borghetti* (en l'absence de réception, la responsabilité contractuelle de droit commun du constructeur quant aux désordres de construction se prescrit par dix ans à compter de la manifestation du dommage) • Civ. 3e, 10 juill. 2013, n° 12-21.910 P : *R., p. 579 ; D. 2013. 1834* (avant réception, le promoteur est tenu de l'obligation de résultat de livrer un ouvrage exempt de vices en application de l'art. 1147 anc.). ♦ Pour des défauts mentionnés lors de la réception, V. note 46, note 35 ss. art. 1792-6 et • Civ. 3e, 13 déc. 1995, n° 92-11.637 P : *RDI 1996. 223, obs. Malinvaud et Boubli* (désordres des revêtements de sol signalés et non résolus : la responsabilité contractuelle de droit commun de l'architecte et de l'entrepreneur avant la levée des réserves subsiste concurremment avec la garantie de parfait achèvement due par l'entrepreneur). ♦ Pour des défauts ne compromettant pas la solidité de l'immeuble et ne le rendant pas impropre à sa destination, V. par exemple : • Riom, 2 juin 1988 : *JCP 1989. IV. 54* (erreur d'implantation). ♦ Pour des désordres découlant directement d'une faute. • Civ. 3e, 18 juin 2008, n° 07-13.117 P • Civ. 3e, 26 juin 2013, n° 11-12.785 P. ♦ En l'absence de maître d'œuvre et de plans d'implantation, l'entrepreneur a l'obligation de vérifier la conformité de la construction au permis de construire et à la réglementation de l'urbanisme. • Civ. 3e, 6 nov. 2013 : *D. 2013. 2448, note Cottet ; ibid. 2014. 630, obs. Amrani-Mekki et Mekki ; RDI 2013. 517, note Caston ; RTD civ. 2013. 839, obs. Barbier ; JCP N 2013, n° 1216, note Zalewski-Sicard* (visa de l'art. 1147 [anc.]). ♦ Des désordres qui ne compromettent pas la solidité de l'ouvrage, ne le rendent pas impropre à sa destination et affectent un élément dissociable de l'immeuble, non destiné à fonctionner, relèvent de la garantie de droit commun. • Civ. 3e, 11 sept. 2013, n° 12-19.483 P : *D. 2013. 2173 ; RDI 2013. 536, obs. Malinvaud ; ibid. 544, obs. Dessuet ; RGDA 2014. 37, obs. Dessuet* (carrelage). ♦ Pour des manquements à l'obligation d'information, V. notes 63 s.

61. *Désordres « intermédiaires ».* Des désordres, non apparents à la réception, qui n'affectent pas des éléments d'équipement soumis à la garantie de bon fonctionnement et ne compromettent ni la solidité ni la destination de l'ouvrage, ne sont pas soumis à la garantie décennale, mais relèvent de la responsabilité de droit commun pour faute prouvée, dont la garantie de parfait achèvement due par l'entrepreneur n'exclut pas l'application. • Civ. 3e, 22 mars 1995 : *JCP 1995. II. 22416, note Fossereau ; JCP 1995. I. 3893, nos 31 s., obs. Viney ; Defrénois 1995. 810, obs. Dubois ; RDI 1995. 333, obs. Malinvaud et Boubli ; Gaz. Pal. 1996. 1. 13, note Boubli ; Gaz. Pal. 1997. 1. Somm. 104, obs. Peisse.* ♦ Sur la responsabilité contractuelle de droit commun des constructeurs au cours du délai de dix ans pour les désordres dits « intermédiaires », V. aussi : • Civ. 3e, 13 mars 1991, n° 89-13.833 P : *Gaz. Pal. 1991. 2. Somm. 464, obs. Peisse* • 23 juin 1999, n° 97-16.176 P • 11 mai 2004 : *RDI 2004. 383, obs. Malinvaud* (responsabilité pour faute prouvée). – V. obs. Rémy, *RTD civ. 1987. 115.*

62. *Usufruitier.* L'usufruitier, qui n'a pas qualité pour agir sur le fondement de la garantie décennale, peut néanmoins agir, sur le fondement de la responsabilité contractuelle de droit commun, en réparation des dommages que lui cause la mauvaise exécution des contrats qu'il a conclus pour la construction de l'ouvrage, y compris les dommages affectant l'ouvrage. • Civ. 3e, 16 nov. 2022, n° 21-23.505 B : *préc. note 21.*

63. *Devoir de conseil : entrepreneur.* BIBL. Émon, *Gaz. Pal. 2001. Doctr. 516.* ♦ Quelle que soit la qualification du contrat, tout professionnel de la construction est tenu, avant réception, d'une obligation de conseil et de résultat envers le maître de l'ouvrage. • Civ. 3e, 27 janv. 2010, n° 08-18.026 P : *RDI 2010. 215, obs. Noblot* (mauvaise implantation de la maison en s'abstenant de procéder à toute vérification au regard des règles du POS contrairement à ses obligations). ♦ Le fait, pour un entrepreneur, d'intervenir sur un bâtiment neuf ne le dispense pas de son devoir de conseil. • Civ. 3e, 22 juill. 1998, n° 97-11.727 P : *D. Affaires 1998. 1639, obs. J. F. ; Gaz. Pal. 1999. 2. Somm. 417, obs. Peisse.* ♦ ... De même que le fait d'intervenir pour exécuter les préconisations d'un expert : il lui appartient de procéder à des vérifications minimales et d'émettre auprès des maîtres de l'ouvrage des réserves sur l'efficacité des travaux prescrits. • Civ. 3e, 11 mars 2015, n° 13-28.351 P : *cité note 50.* ♦ Comp. ne retenant pas, en l'espèce, un manquement à l'obligation d'information et de conseil, pour des désordres ne résultant pas des travaux réalisés, mais de la structure du bâtiment préexistant. • Civ. 3e, 20 mai 2015, n° 14-13.271 P. ♦ V., sur le devoir de conseil en matière d'isolation phonique, nonobstant le respect des normes en vigueur : • Civ. 3e, 26 oct. 2005, n° 04-16.405 P : *Defrénois 2006. 1500, obs. Périnet-Marquet ; RDI 2006. 56, obs. Malinvaud, et 191, obs. Trébulle.* ♦ L'entrepreneur installateur d'un matériau doit attirer l'attention du maître de l'ouvrage sur les inconvénients du matériau choisi et sur les précautions à prendre pour sa mise en œuvre, compte tenu de l'usage auquel ce matériau était destiné. • Civ. 1re, 20 juin 1995, n° 93-15.801 P : *D. 1996. Somm. 12, obs. Paisant ; RTD civ.*

1996. 177, obs. Jourdain ; *Gaz. Pal. 1997. 1. Somm. 102, obs. Peisse* (décision rejetant par ailleurs le recours contre le fournisseur qui ne connaissait pas les conditions particulières d'emploi) • Civ. 3e, 4 juill. 2007, n° 06-14.761 P : *D. 2007. AJ 2103* ; *RDI 2007. 441, obs. Malinvaud* (matériau facilement inflammable). ♦ L'entrepreneur est tenu d'informer son client des risques encourus par les tiers du fait de la construction (troubles de voisinage). • Civ. 3e, 20 déc. 2000 : *JCP 2001. I. 340, n° 25, obs. Viney.* ♦ Absence de faute dans la mise en œuvre d'un devoir de conseil pour un entrepreneur qui a été sollicité pour une simple réparation, alors que le maître de l'ouvrage était parfaitement conscient de la vétusté de l'immeuble. • Civ. 3e, 28 févr. 2018, n° 17-13.478 P : *D. 2018. 510* ; *RDI 2018. 466, obs. Poumarède* ; *RGDA 2018. 199, note Dessuet.* ♦ Entrepreneur vendeur de matériau : V. note 21 ss. art. 1615.

64. ... Architecte. L'architecte, tenu d'un devoir de conseil envers le maître de l'ouvrage, doit concevoir un projet réalisable tenant compte des contraintes du sol. • Civ. 3e, 25 févr. 1998, n° 96-10.598 P : *D. Affaires 1998. 467, obs. J. F. ; Gaz. Pal. 1999. 1. Somm. 101, obs. Peisse ; CCC 1998, n° 68, note Leveneur ; RTD civ. 1998. 385, obs. Jourdain* • 15 déc. 2004, n° 03-17.070 P : *D. 2005. IR 385* ; *Defrénois 2006. 58, obs. Périnet-Marquet* (violation d'une servitude de vue). ♦ L'architecte est tenu d'assister et de conseiller le maître de l'ouvrage lors de la réception. • Civ. 3e, 27 juin 2001, n° 00-10.153 P. ♦ Le devoir de conseil du maître d'œuvre ne l'oblige pas à rappeler au maître de l'ouvrage l'obligation de respecter les prescriptions du permis de construire qui s'imposent à lui en vertu de la loi. • Civ. 3e, 14 janv. 2009, n° 07-20.245 P : *D. 2009. AJ 373* ; *JCP 2009. II. 10084, note Noblot* (préjudice du client ayant pour cause exclusive son choix de ne pas respecter les prescriptions du permis de construire). ♦ La mission de l'architecte ne comporte pas l'étude du financement de l'opération de construction. • Civ. 3e, 1er déc. 1999, n° 98-12.840 P : *Gaz. Pal. 2001. Somm. 869, obs. Peisse ; Defrénois 2000. 485, obs. Périnet-Marquet.* ♦ L'architecte n'est pas tenu de renseigner le maître de l'ouvrage sur ses propres capacités financières. • Civ. 3e, 9 nov. 2005, *n° 04-15.505 P : RDI 2006. 210, obs. Boubli* . ♦ Responsabilité d'un architecte intervenu dans le cadre d'une assistance bénévole. • Civ. 3e, 3 juill. 1996 : *JCP 1997. II. 22757, note le Tourneau.*

65. ... Maître d'œuvre. Le maître d'œuvre est tenu d'assister et de conseiller le maître de l'ouvrage lors de la réception et les juges du fond ne peuvent rejeter la demande fondée sur l'existence de désordres apparents et non réservés sans rechercher si le maître de l'ouvrage avait été informé des conséquences d'une absence de réserves quant aux désordres apparents. • Civ. 3e, 30 oct. 1991, n° 90-12.993 P : *Gaz. Pal. 1992. 2. Somm. 283, obs. Peisse.* ♦ L'entrepreneur qui construit, sur les indications du maître d'œuvre chargé de la conception de l'ensemble des travaux, un escalier dangereux pour le public n'est pas déchargé de son obligation de conseil envers le maître de l'ouvrage. • Civ. 3e, 11 févr. 1998, n° 96-12.228 P : *Gaz. Pal. 1999. 1. Somm. 112, obs. Peisse.* ♦ Le devoir de conseil du maître d'œuvre ne lui fait pas obligation d'informer le maître de l'ouvrage des conséquences du défaut d'agrément d'un sous-traitant. • Civ. 3e, 12 mars 2008, n° 07-13.651 P : *D. 2008. AJ 981, obs. Delpech* ; *Defrénois 2009. 79, obs. Périnet-Marquet.* ♦ Un maître de l'ouvrage ne commet pas de faute et ne concourt pas à la réalisation de son préjudice en s'abstenant de recourir aux services d'un maître d'œuvre. • Civ. 3e, 30 mars 2005 : *RDI 2005. 225, obs. Malinvaud* . – V. déjà • Civ. 3e, 6 mai 1998 : *préc. note 34.* ♦ Rappr., sur l'obligation de renseignement et de conseil du bureau de contrôle, • Civ. 3e, 15 janv. 1997 : *RJDA 1997. 517, note d'Hauteville.* ♦ Il entre dans la mission contractuelle du maître d'œuvre d'alerter le maître de l'ouvrage sur la présence au chantier d'un sous-traitant non agréé. • Civ. 3e, 10 févr. 2010, n° 09-11.562 P : *RDI 2010. 547, obs. Périnet-Marquet* .

66. ... Contrôleur technique. BIBL. Assus-Juttner, *Dr. et patr. 7-8/2017. 54* (responsabilité des diagnostiqueurs et experts). ♦ Le contrôleur technique chargé d'établir le diagnostic réglementaire de l'amiante est tenu d'une obligation de conseil et doit s'enquérir par lui-même des caractéristiques complètes de l'immeuble concernant la présence éventuelle d'amiante. • Civ. 3e, 2 juill. 2003, n° 01-16.246 P : *JCP 2003. II. 10196, concl. Guérin ; Gaz. Pal. 2003. 3131, note Brault ; ibid. 2004. 1905, note Causse ; AJDI 2003. 751, obs. Rouquet* ; *LPA 11 oct. 2004, obs. Pimont ; RDI 2003. 554, obs. Trébulle* ; *Dr. et patr. 10/2003. 80, obs. Chauvel ; Rev. loyers 2003. 501, obs. Quément ; Loyers et copr. 2003, n° 199, obs. Brault et Pereira-Osouf.*

67. ... Constructeurs entre eux. Le devoir de conseil peut s'étendre aux entrepreneurs entre eux, dès lors que le travail de l'un dépend du travail de l'autre. • Civ. 3e, 31 janv. 2007, n° 05-18.311 P : *D. 2007. AJ 579* ; *RGDA 2007. 426, note Karila ; Dr. et patr. 3/2008. 86, obs. Mallet-Bricout.*

68. ... Assurance. Absence de garantie de l'assureur, qui couvre une responsabilité fondée sur les art. 1792 et 1792-2, dès lors que son assuré est condamné sur le fondement de la responsabilité de droit commun. • Civ. 3e, 18 mars 2021, n° 20-13.915 P : *D. 2021. 631* ; *RDI 2021. 369, obs. Charbonneau* ; *RGDA 2021/6. 24, note Karila.*

69. ... Exonération. L'information du maître de l'ouvrage, de nature à exonérer l'entrepreneur, peut émaner d'un professionnel de la construction autre que celui dont la responsabilité est recherchée. • Civ. 3e, 9 juin 1999, n° 97-18.950 P : *Defrénois 1999. 1136, obs. Périnet-Marquet.*

70. … Prescription. V. note 22 ss. art. 1792-4-1.

71. Obligation de se renseigner. Il appartient à l'entrepreneur de se renseigner, même en présence d'un maître d'œuvre, sur la finalité des travaux qu'il a acceptés (contraintes particulières d'isolation phonique, s'agissant d'un « pub »). • Civ. 3e, 15 févr. 2006, n° 04-19.757 P : *D. 2006. IR 601 ; CCC 2006, n° 100, note Leveneur ; RDI 2006. 191, obs. Trébulle .* ♦ Il incombe à l'entrepreneur, tenu d'une obligation de conseil, de s'assurer que le devis estimatif qu'il établit est en concordance avec la construction autorisée par le permis de construire. • Civ. 3e, 2 oct. 2002, n° 99-12.925 P : *D. 2002. IR 2914 ; Defrénois 2003. 319, obs. Périnet-Marquet.* ♦ Manque à ses obligations de conseil, d'information et de mise en garde le fournisseur, professionnel dans le domaine des tuyaux métalliques, qui a omis de renseigner sur le risque de corrosion, alors qu'il connaissait la nature du projet et que son client n'était pas compétent en la matière. • Civ. 3e, 19 janv. 2017, n° 15-25.283 P : *D. 2017. 214 ; RDI 2017. 151, obs. Malinvaud* (approvisionnement d'une centrale en eau par une canalisation la reliant à un canal ; le manquement ne s'analyse pas en une perte de chance).

d. Actions récursoires

72. Actions récursoires du maître de l'ouvrage ayant désintéressé un tiers : principe. L'action récursoire dirigée contre l'entrepreneur par le maître de l'ouvrage subrogé dans l'action des héritiers de la victime, décédée à la suite d'une chute due à l'effondrement d'un escalier, a un fondement quasi délictuel, la victime et ses héritiers n'ayant pas été parties au contrat d'entreprise. • Civ. 3e, 10 janv. 1984, n° 82-14.961 P : *RTD civ. 1984. 741, obs. Rémy.* – V. aussi • Civ. 3e, 15 févr. 1972 : *D. 1972. 380 ; JCP 1972. II. 17213, note Liet-Veaux* • 21 févr. 1984 : *Bull. civ. III, n° 42.*

73. Recours entre constructeurs. Sur la nature variable du recours, V. • Civ. 3e, 8 févr. 2012 : *cité note 7 ss. art. 1792-4-1.* ♦ Pour les recours exercés après un trouble du voisinage, V. note 79.

74. Action récursoire d'un constructeur contre un autre responsable. Les personnes responsables de plein droit en application des art. 1792 s. ne sont pas subrogées après paiement dans le bénéfice de cette action réservée au maître de l'ouvrage et aux propriétaires successifs de l'ouvrage et ne peuvent agir en garantie ou à titre récursoire contre les autres responsables tenus avec elles au même titre, que sur le fondement de la responsabilité de droit commun applicable dans leurs rapports. • Civ. 3e, 8 juin 2011, n° 09-69.894 P : *D. 2011. Actu. 1682 ; RCA 2011, n° 361, obs. Groutel* (action en garantie des vices cachés) • 20 avr. 2022, n° 21-14.182 B : *CCC 2022, n° 96, note Leveneur ; RDC 2022/3. 37, note Thibierge ; RCA 2022, n° 154, obs. Bertolaso* (l'entrepreneur qui a indemnisé le maître de l'ouvrage ne peut agir en garantie contre le fabricant que sur le fondement de la responsabilité de droit commun, à l'exclusion de l'art. 1792-4).

75. Troubles de voisinage : recours du maître de l'ouvrage. BIBL. Courtieu, *RCA 2000. Chron. 6.* – Fruteau-Peyrichou, *RLDC 2008/46, n° 2877.* – Garron, *JCP E 2006. 1715.* – Grataloup, *CCC 2001. Chron. 8.* – Groutel, *RCA 2000. Chron. 20 ; ibid. 2003. Chron. 11.* – Malinvaud, *RDI 2006. 251 .* – Villien, *R. 1999, p. 263 ; RDI 2000. 275 .* – V. aussi Bibl. ss. art. 651. ♦ Sur la responsabilité au titre des troubles anormaux du voisinage du propriétaire de l'immeuble auteur des nuisances et de l'entrepreneur à l'origine de celles-ci, V. note 16 ss. art. 651.

Le maître de l'ouvrage qui a effectué des paiements au profit des voisins victimes de désordres est subrogé dans les droits de ces derniers à hauteur de ces paiements, et il est bien fondé à recourir contre les constructeurs et leurs assureurs sur le fondement du principe prohibant les troubles anormaux de voisinage, qui ne requiert pas la preuve d'une faute. • Civ. 3e, 24 sept. 2003, n° 02-12.873 P : *RCA 2003, n° 324, note Groutel ; RDI 2003. 582, obs. Malinvaud* • 22 juin 2005, n° 03-20.068 P : *R., p. 289 ; BICC 15 oct. 2005, n° 1925, et la note ; D. 2006. 40, note Karila ; RCA 2005, n° 288, note Groutel ; Defrénois 2006. 72, obs. Périnet-Marquet ; RDI 2005. 330, obs. Gavin-Millan-Oosterlynck , et 339, obs. Malinvaud ; RTD civ. 2005. 788, obs. Jourdain* • 20 déc. 2006, n° 05-10.855 P : *D. 2007. 1472, note Karila ; ibid. AJ 148, obs. Gallmeister ; ibid. Pan. 2494, obs. Reboul-Maupin , et 2904, obs. Jourdain ; JCP 2007. I. 117, n° 4, obs. Périnet-Marquet ; Defrénois 2008. 74, obs. Périnet-Marquet ; RCA 2007, n° 117, note Groutel ; RDI 2007. 145, obs. Gavin-Millan-Oosterlynck, et 170, obs. Malinvaud ; Dr. et patr. 7-8/2007. 90, obs. Seube ; RDC 2007. 754, obs. Carval ; RTD civ. 2007. 360, obs. Jourdain .* ♦ Dans le même sens, V. déjà : • Civ. 3e, 21 juill. 1999, n° 96-22.735 P : *D. 1999. IR 228 ; RCA 1999. Chron. 23, par Groutel (3e esp.) ; RDI 1999. 656, obs. Malinvaud ; RTD civ. 2000. 120, obs. Jourdain* • Civ. 1re, 18 sept. 2002, n° 99-20.297 P : *RDI 2003. 96, obs. Malinvaud .* ♦ La solution est applicable à l'action du maître de l'ouvrage contre un sous-traitant. • Civ. 3e, 24 sept. 2003 : *préc.*

76. Lorsqu'il n'est pas établi que le maître de l'ouvrage, dont le bien est à l'origine de troubles du voisinage, a été subrogé après paiement dans les droits du voisin victime, son action contre l'entrepreneur est fondée sur la responsabilité contractuelle de droit commun. • Civ. 3e, 20 nov. 2002, n° 01-11.777 P. ♦ ... Qui exige la preuve d'une faute. • Civ. 3e, 20 nov. 2002, n° 01-11.777 P • 24 avr. 2003, n° 01-18.017 P : *D. 2003. IR 1411 ; Defrénois 2003. 1282, obs. Périnet-Marquet ; RDI 2003. 358, obs. Malinvaud* (exigence d'une faute). ♦ Le recours est de nature contractuelle et ne peut être fondé sur une présomption de responsabilité découlant de la garde du chantier. • Civ. 3e, 24 mars 1999, n° 96-19.775 P : *RDI 1999. 412, obs. Malinvaud* • 28 nov. 2001, n° 00-13.970 P : *D. 2002. 3299, note Rabreau ; JCP E 2002. 809, note Pin ; Defrénois 2002. 1034, obs. Périnet-Marquet ; RCA 2002, n° 60, note Groutel ; RDI 2002. 90, obs. Malinvaud ; RTD civ. 2002. 315, obs. Jourdain*.

77. Le maître de l'ouvrage, condamné *in solidum* avec les constructeurs, ne peut, dans ses rapports avec ces derniers, conserver à sa charge une part d'indemnisation sans que soit caractérisée son immixtion fautive ou son acceptation délibérée des risques. • Civ. 3e, 25 mai 2005, n° 03-19.286 P : *RDI 2005. 300, obs. Malinvaud*. ♦ V. aussi dans le sens d'un recours intégral : • Civ. 3e, 22 juin 2005 : *préc. note 75* • 20 déc. 2006 : *préc. note 75.*

78. Le maître de l'ouvrage dont les travaux ont causé un trouble anormal de voisinage à des tiers peut obtenir des constructeurs, sur le fondement de l'art. 1792, les travaux de reprise nécessaires à l'utilisation conforme à sa destination de l'ouvrage, dès lors qu'il subit un dommage propre résultant de défauts de conception et d'exécution de ces travaux. • Civ. 3e, 31 mars 2005 : *préc. note 18.*

79. ... Recours des constructeurs entre eux. Dans les rapports entre le locateur d'ouvrage auteur du trouble anormal causé aux voisins et les autres professionnels dont la responsabilité peut être recherchée, la charge finale de la condamnation, formant contribution à la dette, se répartit en fonction de la gravité de leurs fautes respectives ; l'entrepreneur principal ne peut exercer de recours subrogatoire contre les sous-traitants que pour la fraction de la dette dont il ne doit pas assumer la charge définitive. • Civ. 3e, 26 avr. 2006, n° 05-10.100 P : *R., p. 325 ; D. 2006. 2504, note Karila ; ibid. IR 1251, obs. Delpech ; ibid. Pan. 2368, obs. Reboul-Maupin, et 2905, obs. Jourdain ; JCP 2007. I. 117, n° 4, obs. Périnet-Marquet ; Defrénois 2008. 76, obs. Périnet-Marquet ; RTD civ. 2006. 573, obs. Jourdain ; RDI 2006. 251, étude Malinvaud*. ♦ Dans son recours subrogatoire contre les sous-traitants, il incombe à l'entrepreneur principal d'établir la faute contractuelle éventuelle de ces derniers. • Même arrêt. ♦ Aucune faute n'étant imputée ni à l'architecte ni à l'entrepreneur, chacun doit, dans les recours entre coobligés, supporter à parts égales la charge de la condamnation. • Civ. 3e, 20 déc. 2006 : *préc. note 75.*

80. Appel en garantie. Il résulte de l'art. 334 C. pr. civ. qu'une partie assignée en justice est en droit d'appeler une autre en garantie des condamnations qui pourraient être prononcées contre elle, une telle action ne supposant pas que l'appelant en garantie ait déjà indemnisé le demandeur initial. • Civ. 3e, 8 déc. 2021, n° 20-18.540 B : *D. 2022. Chron. C. cass. 1409, obs. Zedda ; RGDA 2022/2. 27, note Karila.*

2° RELATIONS DE L'ENTREPRENEUR AVEC UNE VICTIME AUTRE QUE SON COCONTRACTANT

81. Principe. Les juges du fond ne peuvent écarter la demande en réparation, dirigée contre le constructeur, de personnes n'ayant ni la qualité de maîtres de l'ouvrage ni celle d'acquéreurs sans rechercher si le constructeur n'a pas commis de faute quasi délictuelle de nature à engager sa responsabilité sur le fondement de l'anc. art. 1382 [1240] C. civ. • Civ. 3e, 11 oct. 1995 : *CCC 1996, n° 21, note Leveneur ; RDI 1996. 219, obs. Malinvaud et Boubli*. ♦ Sur ce fondement quasi délictuel, le tiers (crédit-preneur, en l'espèce) ne peut pas demander la somme correspondant à la réparation des désordres de construction, mais seulement l'indemnisation du préjudice en résultant. • Civ. 3e, 18 janv. 2006, n° 03-20.999 P : *RDI 2006. 232, obs. Malinvaud ; RDC 2006. 815, obs. Viney.*

82. Location. L'action en garantie décennale que la loi attache à la propriété de l'ouvrage, et non à sa jouissance, exclut l'action du locataire qui ne peut pas se prévaloir de la qualité de maître de l'ouvrage. • Civ. 3e, 1er juill. 2009, n° 08-14.714 P : *D. 2009. AJ 1964 ; RDI 2009. 539, obs. Tranchant ; Defrénois 2010. 221, obs. Périnet-Marquet ; RDC 2010. 62, obs. Viney ; ibid. 681, obs. Grimaldi.* ♦ La faute commise par les architectes dans la conception d'un pavillon constitue à l'égard du tiers qu'est le locataire de ce pavillon une négligence prévue par l'art. 1383 anc. [1241] C. civ. et oblige ses auteurs à en réparer toutes les conséquences dommageables. • Civ. 3e, 10 déc. 1980 : *Gaz. Pal. 1981. 2. 637, note Plancqueel.*

83. Location-attribution. Les locataires-attributaires, n'ayant ni la qualité de propriétaires ni celle de maîtres de l'ouvrage, ne peuvent fonder leur action sur l'art. 1792. • Civ. 3e, 25 janv. 1989, n° 87-10.970 P. – V. conf. • Civ. 3e, 6 déc. 1989 : *ibid. III, n° 229.* ♦ Mais une faute quasi délictuelle du constructeur est de nature à engager sa responsabilité à leur égard. • Civ. 3e, 11 oct. 1995 : *préc. note 81.* ♦ V. aussi : • Civ. 3e, 21 mai 2014, n° 13-18.152 P (faute privant les acquéreurs du droit à réparation dont la société était seule titulaire en qualité de propriétaire du bien à la date des désordres).

84. Société d'attribution. La garantie décennale est attachée à la propriété de l'édifice et les associés d'une société d'attribution, attributaires en jouissance, ne disposent que d'un droit mobilier incorporant un droit de créance sur la société civile immobilière, seule propriétaire de l'immeuble ; ils ne peuvent par suite agir contre les constructeurs. • Civ. 3e, 19 juill. 1995, n° 93-13.395 P : *Defrénois 1995. 1464, obs. Dubois.* ♦ En l'absence d'une subrogation englobant l'action contractuelle de droit commun, le cessionnaire de parts d'une société d'attribution ne dispose d'aucune action contractuelle de droit commun contre l'architecte, et la responsabilité de celui-ci est à bon droit recherchée sur le plan quasi délictuel. • Civ. 3e, 13 déc. 1989 : *Bull. civ. III, n° 235.*

85. Vente. En cas de liquidation judiciaire du vendeur, l'architecte responsable de la résolution de la vente peut être condamné à verser à l'acquéreur des dommages-intérêts incluant le prix de la vente. • Civ. 3e, 11 mai 2005, n° 03-20.680 P.

86. Actions entre constructeurs. L'architecte et l'entrepreneur, liés contractuellement au maître de l'ouvrage par des conventions distinctes, sont des tiers dans leurs rapports personnels et peuvent engager, l'un à l'égard de l'autre, une action en responsabilité quasi délictuelle. • Civ. 3e, 1er mars 1983 : *Gaz. Pal. 1984. 1. 119, note Plancqueel* • 11 oct. 1989, n° 88-14.324 P. – V. aussi • Civ. 1re, 16 févr. 1994, n° 90-19.090 P : *Defrénois 1994. 798, obs. Delebecque* • Civ. 3e, 11 janv. 1995, n° 93-11.936 P • 28 févr. 2001 : *RDI 2001. 178, obs. Malinvaud* • 30 avr. 2002, n° 00-15.645 P : *Defrénois 2002. 1032, obs. Périnet-Marquet ; RDI 2002. 324, obs. Malinvaud* • 14 sept. 2005 : *RDI 2005. 460, obs. Malinvaud* • 18 janv. 2006, n° 04-18.950 P : *RDI 2006. 236, obs. Malinvaud, et 467, obs. Boubli* (faute délictuelle du contrôleur technique, tenu, de ce fait, à garantie envers l'architecte).

87. Crédit-bail immobilier. Le crédit-preneur qui est intervenu aux opérations de construction en qualité de maître d'ouvrage délégué mais, le contrat de crédit-bail ayant été résilié, n'ayant jamais eu la faculté de bénéficier du transfert de propriété et de la garantie décennale, n'a pas qualité à agir sur le fondement de l'art. 1792 ; la présomption de l'art. 1792 ne bénéficie pas au simple titulaire d'un droit de jouissance sur l'immeuble. • Civ. 3e, 8 sept. 2010 : *RGDA 2011. 118, obs. Périer.*

Art. 1792-1 *(L. n° 78-12 du 4 janv. 1978)* **Est réputé constructeur de l'ouvrage :**

1° Tout architecte, entrepreneur, technicien ou autre personne liée au maître de l'ouvrage par un contrat de louage d'ouvrage ;

2° Toute personne qui vend, après achèvement, un ouvrage qu'elle a construit ou fait construire ;

3° Toute personne qui, bien qu'agissant en qualité de mandataire du propriétaire de l'ouvrage, accomplit une mission assimilable à celle d'un locateur d'ouvrage. — *V. note ss. art. 1792.*

Le contrôleur technique, qui a pour mission de contribuer à la prévention des différents aléas techniques susceptibles d'être rencontrés dans la réalisation des ouvrages, est soumis, dans les limites de la mission à lui confiée par le maître de l'ouvrage, à la présomption de responsabilité édictée par les art. 1792, 1792-1 et 1792-2 C. civ. qui se prescrit dans les conditions prévues à l'art. 1792-4-1 (CCH, art. L. 125-1).

BIBL. ▶ FEUCHER, *RDI 1999. 343* (contrôleurs techniques). – HOURDEAU, *RDI 2003. 407* (responsabilité du vendeur non professionnel). – RAKOTOVAHINY, *JCP N 2000. 226* (qualité de constructeur du « vendeur-particulier »).

1. Primauté de la garantie. Les personnes tenues à une garantie légale ne peuvent, pour les dommages relevant de cette garantie, être actionnées sur le fondement de la responsabilité contractuelle de droit commun : V. note 56 ss. art. 1792. ♦ V. cependant note 8.

2. Constructeurs : architectes. Dès lors qu'ils ont été chargés d'une mission complète de maîtrise d'œuvre, des architectes ne peuvent être mis hors de cause pour des désordres relevant de la garantie décennale au motif que ceux-ci résultent exclusivement de défauts d'exécution. • Civ. 3e, 19 juill. 1995, n° 93-18.680 P. ♦ L'architecte primitif ne peut être tenu pour responsable de nouveaux désordres apparus à la suite de travaux de reprise de malfaçons préconisés par un expert, qu'il n'avait pas à contrôler en qualité d'architecte et dont la maîtrise lui échappait. • Civ. 3e, 3 mai 1989 : *D. 1990. 171, note Rémery.* ♦ L'architecte, auteur du projet architectural et chargé d'établir les documents du permis de construire, doit proposer un projet réalisable, tenant compte des contraintes du sol, en l'espèce de la mauvaise qualité des remblais, mis en œuvre avant son intervention, cause exclusive des désordres compromettant la solidité de l'ouvrage. • Civ. 3e, 21 nov. 2019, n° 16-23.509 P : *RDI 2020. 96, obs. Poumarède.* ♦ La responsabilité décennale de plein droit de l'architecte ne peut être écartée que par la preuve d'une cause étrangère. • Civ. 3e, 16 févr. 1983 : *Gaz. Pal. 1984. 1. 269, note Plancqueel.* ♦ Rappr., pour la responsabilité d'un architecte intervenu dans le cadre d'une assistance bénévole : • Civ. 3e, 3 juill. 1996 : *cité note 11.*

3. ... Contrôleur technique. Responsabilité sur le fondement des art. 1792 s. : V. • Civ. 3e, 15 janv. 2003, n° 00-16.106 P : *Defrénois 2003. 1273, obs. Périnet-Marquet ; RDI 2003. 190, obs. Malinvaud* • 8 oct. 2003, n° 02-10.708 P : *RDI 2004. 124, obs. Malinvaud*. – Rappr. • Civ. 3e, 2 févr. 2005, n° 03-19.318 P : *RDI 2005. 223, obs. Malinvaud*.

4. ... Coordinateur de travaux. V. • Civ. 3e, 26 mai 2010 : *RDI 2010. 494, obs. de Béchillon-Boraud*.

5. ... Vendeurs. Le vendeur d'un immeuble dans lequel il a été procédé à des travaux de rénovation peut être déclaré responsable, envers les acquéreurs, des désordres affectant cet immeuble, sur le fondement des art. 1792 s., sans qu'il soit nécessaire de justifier d'un contrat de louage d'ouvrage ou de maîtrise d'œuvre, dès lors que l'importance des travaux réalisés les assimile à des travaux de construction d'un ouvrage. • Civ. 3e, 9 déc. 1992, n° 91-12.097 P : *R., p. 297 ; D. 1993. Somm. 359, obs. Magnin*. ♦ ... Et sans qu'y puissent faire obstacle les stipulations de l'acte de vente. • Civ. 3e, 28 mai 2002 : *RDI 2002. 324, obs. Malinvaud*. ♦ Mais la garantie décennale ne s'applique que s'il y a eu réception. • Civ. 3e, 27 févr. 2013 : *cité note 23 ss. art. 1792.*

6. En présence d'une opération comportant la création d'un port public et d'un canal privé par une SNC et la vente en l'état futur d'achèvement des immeubles collectifs et des maisons individuelles édifiées à côté par une SCI, viole les art. 1779 et 1787 la cour d'appel qui retient la responsabilité des deux sociétés dans l'envasement du canal, au motif que la qualité de maître de l'ouvrage de fait de l'une ne peut faire obstacle à la qualité de maître de l'ouvrage de droit de l'autre, sans préciser pour le compte de quelle société les travaux ont été réalisés. • Civ. 3e, 11 mai 2011, n° 10-13.782.

7. L'acquéreur d'un immeuble que son vendeur a construit pour son compte personnel et décidé de vendre après achèvement dispose de l'action en garantie décennale (application en cas de travaux d'agrandissement d'un pavillon réalisés par le vendeur deux ans avant la vente). • Civ. 3e, 12 mars 1997, n° 95-12.727 P : *D. 1998. 234, note J.-P. Storck ; Gaz. Pal. 1999. 2. Somm. 412, obs. Peisse ; RDI 1997. 240, obs. Malinvaud et Boubli ; Defrénois 1997. 811, obs. Dubois.* – V. aussi • Civ. 3e, 14 janv. 1998, n° 95-19.916 P : *Gaz. Pal. 1999. 1. Somm. 110, obs. Peisse ; RDI 1998. 262, obs. Malinvaud et Boubli* (vente intervenue sept ans après l'achèvement) • 28 févr. 2001, n° 99-14.848 P : *Defrénois 2002. 62, obs. Périnet-Marquet ; RCA 2001, n° 155, note Groutel ; RDI 2001. 256, obs. Malinvaud* (action contre le vendeur, par application de l'art. 1792-1-2°, en dépit du caractère apparent des vices lors de la vente) • 2 oct. 2002, n° 00-11.117 P : *D. 2002. IR 2986 ; Defrénois 2003. 329, obs. Périnet-Marquet ; RDI 2002. 546, obs. Malinvaud ; ibid. 2003. 182, obs. Saint-Alary Houin* (vente après réalisation de travaux de gros œuvre sur un immeuble achevé). ♦ Pour le cas d'une vente avant achèvement, V. • Civ. 3e, 9 juin 1999, n° 97-19.257 P : *D. Affaires 1999. 1327, obs. J. F. ; Defrénois 1999. 1134 et 2000. 491, obs. Périnet-Marquet ; JCP N 2000. 232, note Sizaire* • 14 mars 2001, n° 99-18.348 P : *D. 2001. IR 1362 ; JCP N 2002. 1001, note Rakotovahiny ; RDI 2001. 255, obs. Malinvaud* (travaux de restauration encore en cours : non-application de l'art. 1792-1-2°).

La personne qui vend, après achèvement, un ouvrage qu'elle a construit ou fait construire, étant réputée constructeur, est tenue d'une responsabilité pour faute prouvée en ce qui concerne les dommages intermédiaires. • Civ. 3e, 4 nov. 2010, n° 09-12.988 P : *D. 2010. Actu. 2705, obs. Garcia*.

Sur la preuve de l'achèvement des travaux, V. • Civ. 3e, 19 janv. 2017, n° 15-27.068 P.

8. Lorsque le constructeur de l'immeuble achevé en est également le vendeur, la possibilité de mettre en œuvre les garanties légales des art. 1792 s. ne fait pas obstacle à l'application des règles relatives à la résolution de la vente. • Civ. 3e, 2 mars 2005, n° 03-16.561 P : *D. 2005. IR 914 ; LPA 19 déc. 2006, note Zavaro ; RDI 2005. 224, obs. Malinvaud*. ♦ ... Ni à une action en garantie des vices cachés de droit commun de l'art. 1641. • Civ. 3e, 17 juin 2009 : *cité note 3 ss. art. 1641.* ♦ Inversement, par l'effet rétroactif de la résolution de la vente pour vices cachés, demandée à titre principal, l'acheteur a perdu sa qualité de propriétaire du bien et n'est plus recevable à agir sur le fondement de la garantie décennale. • Civ. 3e, 8 juill. 2021, n° 20-15.669 B : *D. 2021. 2215, note Tisseyre ; ibid. 2022. 310, obs. Boffa et Mekki ; RDI 2021. 488, obs. Poumarède ; RGDA 2021/8-9. 25, note Karila.*

9. ... Lotisseur. Qualité de constructeur reconnue à un lotisseur, les voies et réseaux divers dont il équipe les lots constituant des ouvrages. • Civ. 3e, 17 déc. 1997 : *préc. note 3 ss. art. 1792.*

10. ... Mandataire (art. 1792-1-3°). V. • Civ. 3e, 24 avr. 2003 : *RDI 2003. 356, obs. Malinvaud*.

11. Obligation in solidum. Responsabilité *in solidum* de l'architecte, de l'entrepreneur et de l'ingénieur-conseil, dont les fautes respectives ont concouru à l'entier dommage et appréciation souveraine des juges du fond relativement aux parts de responsabilité. • Civ. 3e, 3 juill. 1996, n° 94-18.377 P : *JCP 1997. II. 22757, note le Tourneau ; RDI 1996. 579, obs. Malinvaud et Boubli*.

12. Refus de la qualité de constructeur : sous-traitant. Un entrepreneur intervenu en qualité de sous-traitant ne peut être tenu de réparer les conséquences de malfaçons sur le fondement de la garantie décennale, alors que les sous-traitants ne sont pas tenus des garanties légales. • Civ. 3e, 20 juin 1989, n° 88-10.939 P. – Dans le même sens : • Civ. 1re, 7 mai 2002, n° 97-18.313 P.

13. ... Expert judiciaire. Faute de lien contractuel avec le maître de l'ouvrage, l'expert ne peut être considéré comme constructeur. • Civ. 3e, 27 juin 2001 : *RDI 2001. 514, obs. Brisac ; ibid. 523, obs. Malinvaud.*

14. ... Garant de livraison. L'exécution par le garant de livraison de ses obligations d'achèvement ne lui confère pas la qualité de constructeur tenu de garantir les désordres de nature décennale apparus après la réception de la construction. • Civ. 3e, 7 sept. 2011, n° 10-21.331 P : *D. 2012. Chron. C. cass. 1208, obs. Guillaudier ; RDI 2011. 572, obs. Malinvaud ; RCA 2011, n° 407.*

Art. 1792-2 *(L. n° 78-12 du 4 janv. 1978)* **La présomption de responsabilité établie par l'article 1792 s'étend également aux dommages qui affectent la solidité des éléments d'équipement d'un** *(Ord. n° 2005-658 du 8 juin 2005, art. 1er)* **« ouvrage », mais seulement lorsque ceux-ci font indissociablement corps avec les ouvrages de viabilité, de fondation, d'ossature, de clos ou de couvert.**

Un élément d'équipement est considéré comme formant indissociablement corps avec l'un des ouvrages *(Ord. n° 2005-658 du 8 juin 2005, art. 1er)* **« de viabilité, de fondation, d'ossature, de clos ou de couvert » lorsque sa dépose, son démontage ou son remplacement ne peut s'effectuer sans détérioration ou enlèvement de matière de cet ouvrage.** – *V. note ss. art. 1792.*

Les modifications issues de l'Ord. 8 juin 2005, art. 1er, ne s'appliquent qu'aux marchés, contrats ou conventions conclus après la publication de ladite ordonnance [JO 9 juin].

Sur les critères de l'indissociabilité, V. • Civ. 3e, 28 oct. 2003 : *RDI 2004. 122, obs. Malinvaud* (chape de béton) • 26 nov. 2015, n° 14-19.835 P : *D. 2015. 2503 ; RDI 2016. 40, obs. Malinvaud* (idem) • 22 oct. 2008, n° 07-15.214 P : *D. 2008. AJ 2864 ; Defrénois 2010. 220, obs. Périnet-Marquet* (bardage).

Art. 1792-3 *(Ord. n° 2005-658 du 8 juin 2005, art. 1er)* **Les autres éléments d'équipement de l'ouvrage font l'objet d'une garantie de bon fonctionnement d'une durée minimale de deux ans à compter de sa réception.** – *V. note ss. art. 1792-2.*

BIBL. ▶ KARILA, *RDI 2013. 236* (caractère résiduel de garantie).

1. Domaine. La garantie de bon fonctionnement de l'art. 1792-3 ne s'applique pas à une demande en réparation de désordres affectant les moquettes et tissus tendus, qui ne sont pas des éléments d'équipement, demande qui ne peut être fondée, avant comme après réception, que sur la responsabilité contractuelle de droit commun. • Civ. 3e, 30 nov. 2011 : *D. 2011. 2996 ; RDI 2012. 100, obs. Malinvaud ; ibid. 106, obs. Dessuet.* ♦ Dans le même sens pour des dallages : • Civ. 3e, 13 févr. 2013, n° 12-12.016 P : *D. 2013. 497 ; RDI 2013. 220, obs. Charbonneau.*

Les désordres qui affectent le revêtement végétal d'une étanchéité sur une toiture végétalisée, ne compromettant pas la solidité de l'ouvrage ni ne le rendant impropre à sa destination et concernant un élément dissociable de l'immeuble non destiné à fonctionner, ne relèvent pas de la garantie de bon fonctionnement. • Civ. 3e, 18 févr. 2016, n° 15-10.750 P : *RDI. 2016. 232, obs. Malinvaud.*

2. Délai de deux ans : faute du sous-traitant. Si un entrepreneur est responsable de la faute commise par son sous-traitant vis-à-vis du maître de l'ouvrage, ce dernier, lorsque la responsabilité de l'entrepreneur est fondée sur la garantie de bon fonctionnement d'éléments d'équipement dissociables de l'ouvrage, doit engager son action dans les deux ans de sa réception. • Civ. 3e, 21 oct. 2009, n° 08-19.087 P : *D. 2009. AJ 2681 ; RDI 2010. 110, obs. Malinvaud ; ibid. 549, obs. Périnet-Marquet.*

Ancien art. 1792-3 *(L. n° 78-12 du 4 janv. 1978)* ***Les autres éléments d'équipement du bâtiment font l'objet d'une garantie de bon fonctionnement d'une durée minimale de deux ans à compter de la réception de l'ouvrage.*** – *V. note, ss. art. 1792.*

BIBL. ▶ GRIMAUD, *Gaz. Pal. 1986. 2. Doctr. 752* (prescriptions en droit de la construction). – LIET-VEAUX, *Gaz. Pal. 1979. 1. Doctr. 301* (éléments dissociables et responsabilité biennale).

1. Élément d'équipement. Ne constituent pas un élément d'équipement, pouvant relever de l'art. 1792-3 : des peintures, qui n'ont qu'un rôle esthétique. • Civ. 3e, 27 avr. 2000, n° 98-15.970 P : *D. 2000. IR 150 ; Defrénois 2000. 1249, obs. Périnet-Marquet ; RDI 2000. 346, obs. Malinvaud.* ♦ ... Des enduits de façade. • Civ. 3e, 22 oct. 2002 : *RDI 2003. 89, obs. Malinvaud.*

2. Élément dissociable. Des désordres touchant l'installation « domotique » d'un groupe d'immeubles concernent un élément d'équipement dissociable, au sens de l'art. 1792-3. • Civ. 3e, 26 févr. 2003, n° 01-14.352 P : *Defrénois 2003. 1277, obs. Périnet-Marquet ; RDI 2003. 279, obs. Malinvaud ; Dr. et patr. 7-8/2003. 80, obs. Chauvel.* ♦ Caractère dissociable d'un carrelage : V. • Civ. 3e, 20 juin 2001 : *RDI 2001. 519, obs. Malinvaud* • 1er févr. 2006 : *RDI 2006. 232, obs. Malinvaud*.

3. Élément installé lors de la construction de l'ouvrage. La garantie biennale de bon fonctionnement d'une durée de deux ans à compter de la réception de l'ouvrage ne concerne pas les éléments d'équipement dissociables seulement adjoints à un ouvrage existant. • Civ. 3e, 10 déc. 2003, n° 02-12.215 P : *Defrénois 2005. 60, obs. Périnet-Marquet ; Gaz. Pal. 2004. Somm. 3354, obs. Peisse ; RDI 2004. 193, obs. Malinvaud*. – V. aussi • Civ. 3e, 18 janv. 2006, n° 04-17.888 P : *Defrénois 2006. 1505, obs. Périnet-Marquet ; RDI 2006. 134, obs. Malinvaud* • 19 déc. 2006 : *RDI 2007. 163, obs. Malinvaud*.

4. Primauté de la garantie. La garantie biennale des menus ouvrages est seule applicable lorsque les désordres, sans s'étendre à l'ensemble des installations, affectent des canalisations qui sont seulement fixées au plancher haut du sous-sol et démontables sans atteinte au gros œuvre. • Civ. 3e, 12 mai 1993 : *Gaz. Pal. 1994. 1. Somm. 133, obs. Peisse.* ♦ V. déjà : • Civ. 3e, 25 janv. 1989, n° 86-11.806 P : *D. 1989. Somm. 273, obs. Julien.*

5. Le délai biennal de forclusion concernant les menus ouvrages (art. 2270, ancienne rédaction) s'applique, hormis le cas de faute dolosive ou extérieure au contrat, à tous les vices de construction (cassation de l'arrêt ayant fait application de la responsabilité contractuelle de droit commun). • Civ. 3e, 15 janv. 1997, n° 95-13.534 P.

Art. 1792-4 *(L. n° 78-12 du 4 janv. 1978)* **Le fabricant d'un ouvrage, d'une partie d'ouvrage ou d'un élément d'équipement conçu et produit pour satisfaire, en état de service, à des exigences précises et déterminées à l'avance, est solidairement responsable des obligations mises par les articles 1792, 1792-2 et 1792-3 à la charge du locateur d'ouvrage qui a mis en œuvre, sans modification et conformément aux règles édictées par le fabricant, l'ouvrage, la partie d'ouvrage ou élément d'équipement considéré.**

Sont assimilés à des fabricants pour l'application du présent article :

Celui qui a importé un ouvrage, une partie d'ouvrage ou un élément d'équipement fabriqué à l'étranger ;

Celui qui l'a présenté comme son œuvre en faisant figurer sur lui son nom, sa marque *(Abrogé par Ord. n° 2019-1169 du 13 nov. 2019, art. 13)* **« *de fabrique* » ou tout autre signe distinctif.** – *V. note ss. art. 1792.*

Les dispositions de l'art. 13 de l'Ord. n° 2019-1169 du 13 nov. 2019 entrent en vigueur à la date d'entrée en vigueur du décret pris pour son application et au plus tard le 15 déc. 2019 (Ord. préc., art. 15).

BIBL. ▶ COURTIEU, *RCA 2007. Étude 7* (les EPERS, questions d'espèces). – DESSUET, *RGDA 2018. 526* (régime juridique applicable à l'assurance de l'élément d'équipement de l'ouvrage). – DE LESCURE, *RDI 2006. 347* (éléments pouvant entraîner la responsabilité solidaire : EPERS). – PÉRINET-MARQUET, *Gaz. Pal. 2007. Doctr. 275.* – Proposition d'abrogation de l'art. 1792-4, *R. 2007, p. 17.*

1. Conditions : contrat d'entreprise. En l'absence de contrat de louage d'ouvrage, le maître de l'ouvrage ayant construit lui-même l'ouvrage après avoir acheté les matériaux, l'art. 1792-4 ne peut trouver à s'appliquer. • Civ. 3e, 13 nov. 2003, *n° 02-15.367 P : Defrénois 2004. 450, obs. Périnet-Marquet ; CCC 2004, n° 21, note Leveneur ; RDI 2004. 129, obs. Malinvaud*.

2. ... Exigences précises et déterminées. Des matériaux indifférenciés, qui ne jouent aucun rôle défini dans la construction avant leur mise en œuvre, ne peuvent constituer des EPERS. • Civ. 3e, 4 déc. 1984 : *Bull. civ. III, n° 202 ; R., p. 107* (tuiles). ♦ Même solution : pour du béton prêt à l'emploi qui, en l'état où il est livré, n'est pas en lui-même un ouvrage, une partie d'ouvrage ou un élément d'équipement au sens de l'art. 1792-4. • Civ. 3e, 24 nov. 1987 : *Bull. civ. III, n° 188 ; R., p. 224,* cassant • Nîmes, 23 avr. 1986 : *Gaz. Pal. 1986. 2. 703, note Peisse.* ♦ ... Pour un revêtement d'étanchéité liquide qui ne présente aucune spécificité le distinguant des autres produits ayant la même finalité. • Civ. 3e, 26 mai 1992, n° 90-18.391 P. ♦ ... Pour des dalles de revêtement de courts de tennis. • Civ. 3e, 27 janv. 1993, n° 90-17.292 P : *Defrénois 1993. 782, obs. Aubert.* ♦ ... Pour des crochets destinés à retenir la neige sur les toits. • Civ. 3e, 11 janv. 1995, n° 93-10.502 P : *RDI 1995. 335, obs. Malinvaud et Boubli*. ♦ ... Pour des tuyaux à usage polyvalent, livrés au mètre, tronçonnés et raboutés sur place pour les besoins du chantier. • Civ. 3e, 26 juin 2002 : *RDI 2002. 422, obs. Malinvaud*. ♦ ... Pour des plaques de matériau translucide destinées à de multiples usages, vendues sur catalogue, coupées et agencées sur le chantier. • Civ. 3e, 20 nov. 2002, n° 01-14.010 P : *Defrénois 2003. 326, obs. Périnet-Marquet ; RDI 2003. 97, obs. Malinvaud*. ♦ ... Pour des carreaux constituant un matériau amorphe et indifférencié. • Civ. 3e, 4 févr. 2004, n° 02-17.219 P : *Dr. et patr. 5/2004. 80, obs. Chauvel ; RDI 2004. 201, obs. Malinvaud* (acheteur professionnel). ♦ ... Pour des panneaux indifférenciés pouvant être utilisés pour des locaux autres et n'ayant pas fait l'objet d'une étude, d'une commande ou d'une fabrication spécifiques. • Civ. 3e, 27 févr. 2008, n° 07-11.280 P : *D. 2008. AJ 780 ; Defrénois 2009. 84, obs. Périnet-Marquet*. ♦ ... Pour des panneaux indifférenciés et produits en grande quantité. • Civ. 3e, 7 janv. 2016, n° 14-17.033 P : *D. 2016. 130 ; RDI 2016. 157, obs. Poumarède ; RDC 2017. 39, note Deshayes*.

3. Relèvent au contraire de l'art. 1792-4 des matériaux composant un plancher chauffant, conçus à l'avance pour satisfaire à des exigences précises et constituant un assemblage élaboré mis en œuvre sans modification. • Civ. 3e, 25 juin 1997, n° 95-18.234 P : *D. 1998. 360, note Raffi ; Gaz. Pal. 1998. 2. Somm. 516, obs. Peisse ; RDI 1998. 98, obs. Malinvaud et Boubli*. ♦ ... Des panneaux isolants spécialement conçus pour l'élevage d'animaux, leur fabrication en série n'étant pas incompatible avec l'application de l'art. 1792-4. • Civ. 3e, 12 juin 2002, n° 01-02.170 P : *Defrénois 2003. 326, obs. Périnet-Marquet ; RDI 2002. 362, obs. Leguay ; ibid. 421, obs. Malinvaud*, rejetant le pourvoi contre • Rennes, 23 nov. 2000 : *BICC 15 juill. 2001, n° 783*. ♦ ... Des doubles fenêtres faisant l'objet chacune d'une commande spécifique et aptes à être mises en œuvre sans modification. • Civ. 3e, 4 janv. 2006, n° 04-13.489 P : *Defrénois 2006. 1506, obs. Périnet-Marquet ; RDI 2006. 137, obs. Malinvaud*. ♦ ... Un plancher conçu par le fabricant pour un usage déterminé. • Civ. 3e, 29 mars 2006, n° 05-10.219 P : *RDI 2006. 272, obs. Corre*. ♦ ... Des panneaux isothermes conçus et produits pour le bâtiment en cause et mis en œuvre sans modification. • Cass., ass. plén., 26 janv. 2007, n° 06-12.165 P : *R., p. 388 ; D. 2007. 981, note Malinvaud ; ibid. AJ 502, obs. Gallmeister ; D. 2008. Pan. 126, obs. Groutel ; JCP 2007. II. 10116, avis Guérin ; JCP E 2007. 1445, obs. Faure-Abbad ; Gaz. Pal. 2007. 463 ; LPA 20 juin 2007, note Beaugendre ; Defrénois 2008. 71, obs. Périnet-Marquet ; RDI 2007. 166, obs. Malinvaud*, et *229, obs. Corre ; RGDA 2007. 369, note Karila ; RDC 2007. 830, obs. Puig ; Dr. et patr. 3/2008. 86, obs. Mallet-Bricout* • Civ. 3e, 25 avr. 2007, n° 05-20.585 P : *D. 2007. AJ 1420 ; RDI 2007. 229, obs. Corre*, et *284, obs. Malinvaud ; RGDA 2007. 647, note Karila ; Dr. et patr. 3/2008. 86, obs. Mallet-Bricout* • 25 avr. 2007 : *eod. loc.* • 25 avr. 2007 : *eod. loc.* ♦ Dans le même sens, pour des éléments de structure de coffrage de piscine : • Civ. 3e, 19 déc. 2007 : *RDI 2008. 105, obs. Malinvaud*. ♦ *Contra*, précédemment : • Civ. 3e, 29 oct. 2003, n° 01-12.482 P : *Defrénois 2004. 450, obs. Périnet-Marquet ; Gaz. Pal. 2004. Somm. 1289, obs. Peisse ; RDI 2004. 127, obs. Malinvaud* • 22 sept. 2004, n° 03-10.325 P : *Defrénois 2006. 67, obs. Périnet-Marquet ; RDI 2004. 571, obs. Malinvaud* • 15 mars 2006, n° 04-20.228 P : *RDI 2006. 234, obs. Malinvaud, et 272, obs. Corre*.

4. ... Absence d'intervention de l'entrepreneur. L'art. 1792-4 n'est pas applicable à la fourniture d'un système de chauffage, initialement conçu pour une « villa solaire » lauréate d'un concours, mais qui a été installé dans une maison qui n'en était pas la réplique exacte, ce qui modifiait les données de bases et exigeait lors de sa mise en place la vérification de sa compatibilité avec les conditions climatiques locales. • Civ. 3e, 6 oct. 1999, n° 98-12.384 P : *Defrénois 2000. 489, obs. Périnet-Marquet ; Gaz. Pal. 2000. 2. Somm. 2647, obs. Peisse ; RDI 2000. 207, obs. Leguay*. ♦ Absence d'influence de découpes de dimensionnement constituant de simples ajustements. • Civ. 3e, 12 juin 2002 : *préc.*

5. Illustrations. Relèvent de l'art. 1792-4 : une pompe à chaleur conçue pour être mise en service sans subir de transformation et conformément aux prescriptions du fabricant. • Civ. 3e, 20 janv. 1993, n° 90-21.224 P : *Defrénois 1993. 1433, obs. Aubert*. ♦ ... Une coque de piscine en polyester. • Civ. 3e, 17 juin 1998, n° 95-20.841 P : *Gaz. Pal. 1999. 2. Somm. 407, obs. Peisse ; RDI 1998. 378, obs. Malinvaud* et *Boubli*. ♦ ... Un plancher chauffant : V. note 3. ♦ ... Des panneaux isolants pour poulaillers industriels : V. note 3.

6. Régime. Le fabricant ne peut être condamné *in solidum* avec l'entrepreneur sans qu'il ait été recherché si l'entrepreneur s'était bien conformé, pour l'installation, aux directives du fabricant. • Civ. 3e, 17 juin 1998 : *préc. note 5.*

7. Prescription. L'action contre le constructeur interrompt la prescription à l'égard du fabricant d'EPERS. • Civ. 3e, 13 janv. 2010, n° 08-19.075 P : *RDI 2010. 218, obs. Malinvaud*.

Art. 1792-4-1 *(L. n° 2008-561 du 17 juin 2008)* **Toute personne physique ou morale dont la responsabilité peut être engagée en vertu des articles 1792 à 1792-4 du présent code est déchargée des responsabilités et garanties pesant sur elle, en application des articles 1792 à 1792-2, après dix ans à compter de la réception des travaux ou, en application de l'article 1792-3, à l'expiration du délai visé à cet article.** — *[Anc. art. 2270]. — Dispositions transitoires, V. L. n° 2008-561 du 17 juin 2008, art. 26 ss. art. 2279.*

1. Nature : délai d'épreuve. Le délai de la garantie décennale étant un délai d'épreuve et non un délai de prescription, toute action fondée sur cette garantie ne peut être exercée plus de dix ans après la réception. • Civ. 3e, 15 févr. 1989, n° 87-17.322 P (2e arrêt). – V. aussi • Civ. 3e, 18 janv. 2006, n° 04-17.400 : *cité note 51 ss. art. 1792* • 11 mai 2022, n° 21-15.608 B : *cité note 32 ss. art. 1792.*

2. Charge de la preuve. Il appartient à la partie qui conteste la recevabilité de l'action de rapporter la preuve que celle-ci a été engagée hors délai. • Civ. 3e, 26 janv. 2005, n° 03-17.173 P : *D. 2005. IR 593 ; CCC 2005, n° 82, note Leveneur ; RDI 2005. 133, obs. Malinvaud .*

A. RESPONSABILITÉS SPÉCIFIQUES DES CONSTRUCTEURS

1° DOMAINE

3. Fautes extérieures au contrat. Application des règles de la responsabilité délictuelle et de la prescription correspondante pour les fautes extérieures au contrat. • Civ. 3e, 9 mai 1979 : *D. 1980. 414, note Espagnon* • Civ. 3e, 27 juin 2001, n° 99-21.017 P : *R., p. 433 ; D. 2001. 2995, concl. Weber, note Karila ; JCP 2001. II. 10626, note Malinvaud ; JCP 2002. I. 124, n° 18 s., obs. Viney ; JCP E 2001. 2058, note Rakotovahiny ; Defrénois 2002. 64, obs. Périnet-Marquet ; RCA 2001, n° 299, note Groutel ; RDI 2001. 525, obs. Malinvaud ; LPA 19 sept. 2001, note J.-P. Storck ; ibid. 25 févr. 2002, note Gentili ; RTD civ. 2001. 887, obs. Jourdain .*

4. Fautes lourdes et dolosives. Le constructeur, nonobstant la forclusion décennale, est contractuellement tenu à l'égard du maître de l'ouvrage de sa faute dolosive. • Civ. 3e, 27 juin 2001 : *préc. note 3.* ♦ *Contra* précédemment : si lourdes que soient les fautes reprochées par le maître de l'ouvrage à l'architecte ou aux entrepreneurs relatives à des manquements à leurs obligations contractuelles, l'action en garantie est éteinte après l'expiration du délai de dix ans. • Civ. 3e, 9 mai 1979 : *préc. note 3.* ♦ V. aussi notes 58 s. ss. art. 1792.

5. Sous-acquéreur. L'action fondée sur la faute dolosive du constructeur, de nature contractuelle, est une action attachée à l'immeuble et donc transmissible au sous-acquéreur, qui peut se prévaloir de cette faute pour rechercher la responsabilité du constructeur après l'expiration de la garantie légale. • Civ. 3e, 27 mars 2013 : *cité note 58 ss. art. 1792.* ♦ Comp. antérieurement : le sous-acquéreur jouit de tous les droits et actions attachés à la chose qui appartenaient à son auteur et dispose contre les locateurs d'ouvrage d'une action contractuelle fondée sur un manquement à leurs obligations envers le maître de l'ouvrage, de sorte qu'il ne peut invoquer la responsabilité de droit commun de ces locateurs d'ouvrage au-delà des délais prévus par l'art. 2270 [1792-4-1]. • Civ. 3e, 8 oct. 1997, n° 96-11.155 P.

6. Sous-traitance : action de l'entrepreneur principal. N'étant pas lié au maître de l'ouvrage mais contractuellement tenu à l'égard de l'entrepreneur principal, qui l'a chargé de l'exécution des travaux, le sous-traitant, assigné par l'entrepreneur principal en paiement du coût de réparation de désordres, ne peut se prévaloir des prescriptions abrégées de l'art. 2270 [1792-4-1]. • Civ. 3e, 25 juin 1985, n° 84-11.936 P. ♦ L'action en garantie de l'entrepreneur principal à l'encontre de son sous-traitant n'est pas enfermée dans le délai de dix ans à compter de la réception à laquelle il est étranger. • Civ. 3e, 26 avr. 2006, n° 05-13.254 P : *LPA 7 févr. 2007, note Zavaro ; RDI 2006. 310, obs. Malinvaud .*

7. … Action entre constructeurs. Le recours d'un constructeur contre un autre constructeur ou son assureur n'est pas fondé sur la garantie décennale, mais est de nature contractuelle si ces constructeurs sont contractuellement liés, et de nature quasi délictuelle s'ils ne le sont pas ; le point de départ du délai de cette action n'est pas la date de réception des ouvrages. • Civ. 3e, 8 févr. 2012, n° 11-11.417 P : *D. 2012. 498 ; RDI 2012. 229, obs. Malinvaud ; RTD civ. 2012. 326, obs. Jourdain .* ♦ Le recours d'un constructeur contre un autre constructeur ou son sous-traitant relève des dispositions de l'art. 2224 C. civ. ; il se prescrit donc par cinq ans à compter du jour où le premier a connu ou aurait dû connaître les faits lui permettant de l'exercer ; l'assignation en référé-expertise délivrée par le maître de l'ouvrage à l'entrepreneur principal met en cause la responsabilité de ce dernier et constitue le point de départ du délai de son action récursoire à l'encontre des sous-traitants. • Civ. 3e, 16 janv. 2020, n° 18-25.915 P : *D. 2020. 466, note Rias ; RDI 2020. 120, note Charbonneau ; JCP 2020, n° 414, note Karila ; RCA 2020. Étude 5, note Brun ; RGDA 2020/4. 39, note Dessuet ; Gaz. Pal. 2020. 1645, note Caston et Ajaccio.*

8. … Action du maître de l'ouvrage. Absence d'application du délai de dix ans à l'action délictuelle du maître de l'ouvrage contre le sous-traitant : • Civ. 3e, 6 déc. 1989 : Bull. civ. III, *n° 228.*

9. Assurance dommages-ouvrage. La prescription prévue par l'art. 2270 est sans application au délai ouvert à l'assuré pour déclarer les sinistres couverts par le contrat d'assurance dommages-ouvrage régi par l'art. L. 242-1 C. assur. • Civ. 1re, 4 mai 1999, n° 97-13.198 P : *D. 2000. 354, note Fadeuilhe ; RDI 2000. 73, obs. Durry .* ♦ *Contra* : • Civ. 3e, 6 juill. 2011, nos 10-17.965 P et 10-20.136 P : *RDI 2011. 576, obs. Tricoire ; RCA 2011, n° 367 ; RGDA 2011. 1039, obs. Karila.*

2° RÉGIME DU DÉLAI

10. Refus de l'exception de nullité. Non-application à ce type de délai de la règle selon laquelle l'exception de nullité est perpétuelle : V. note ss. art. 2224.

11. Irrégularités de fond. L'irrégularité de fond affectant l'assignation ne peut plus être couverte après l'expiration du délai d'exercice de l'action. • Civ. 3e, 11 mai 2000, n° 98-17.179 P : *RDI 2000. 347, obs. Malinvaud*.

12. Effets de la prescription : pluralité de constructeurs. L'obligation des différents constructeurs n'ayant pas de caractère indivisible, la prescription soulevée par l'un d'eux ne saurait profiter aux autres. • Civ. 3e, 11 mai 2006, n° 05-12.234 P.

13. … Coresponsables in solidum. La responsabilité *in solidum* du coauteur d'un dommage auteur d'une faute ayant concouru à la réalisation de l'entier dommage peut être engagée même si l'action contre d'autres constructeurs coauteurs est devenue irrecevable en raison de la prescription. • Civ. 3e, 5 juill. 2000, n° 98-20.914 P : *D. 2001. Somm. 3578, obs. Giverdon* ; *Defrénois 2000. 1252, obs. Périnet-Marquet.*

3° RÉGIME DE L'INTERRUPTION

14. Cause de l'interruption : action. Effet interruptif de l'assignation en référé : • Civ. 3e, 20 mai 1998, n° 95-20.870 P : *Gaz. Pal. 1999. 2. Somm. 410, obs. Peisse* et plus généralement C. civ., art. 2241. ♦ L'assignation en référé ayant été délivrée par l'assureur dommages-ouvrage avant paiement par celui-ci de l'indemnité d'assurance, avant expiration du délai de garantie décennale, et l'assignation au fond, suivie du paiement en cours d'instance, ayant été signifiée moins de dix ans après l'ordonnance de référé, il en résulte que l'action de l'assureur dommages ouvrage, subrogé dans les droits du maître d'ouvrage avant que le juge statue au fond, est recevable, et les assureurs couvrant la responsabilité décennale des constructeurs responsables sont tenus à l'égard de l'assureur dommages-ouvrage. • Civ. 3e, 4 juin 2009, n° 07-18.960 P : *D. 2009. Chron. C. cass. 2573, obs. Nési*.

15. … Reconnaissance de responsabilité. Un nouveau délai décennal de garantie commence à courir à compter d'une reconnaissance non équivoque de responsabilité. • Civ. 3e, 4 déc. 1991, n° 90-13.461 P. ♦ L'exécution de travaux par l'un des débiteurs, en cours d'expertise, *ne peut avoir d'effet interruptif* de la forclusion décennale à l'égard des autres débiteurs. • Civ. 3e, 23 oct. 2002, n° 01-02.206 P.

16. Auteur. L'action des acquéreurs contre le maître de l'ouvrage intentée avant l'expiration du délai de garantie légale n'a pas pour effet de rendre recevable l'action récursoire intentée par celui-ci contre le constructeur après l'expiration de ce délai. • Civ. 3e, 15 févr. 1989, n° 87-17.322 P. – Dans le même sens : • Civ. 3e, 17 mars 1993, n° 91-19.271 P • 14 juin 1995, n° 93-18.944 P • 19 juill. 1995, n° 93-21.879 P : *Gaz. Pal. 1997. 1. Somm. 193, obs. Peisse.* ♦ Mais en assignant l'architecte avant expiration de la garantie décennale, le maître de l'ouvrage, propriétaire de lots, tenu à garantie envers ses acquéreurs, et ayant ainsi un intérêt direct et certain à agir, interrompt le délai de la forclusion au profit du syndicat des copropriétaires pour le vice affectant indivisiblement l'ensemble de l'installation électrique dans les parties communes et dans les parties privatives. • Civ. 3e, 10 janv. 1990, n° 88-14.656 P. – Dans le même sens : • Civ. 3e, 20 mars 2002, n° 99-11.745 P : *RDI 2002. 239, obs. Malinvaud*.

17. Ni l'assignation du syndicat de copropriétaires en réparation de désordres dans les parties communes, ni la transaction les concernant n'ont interrompu le délai décennal de garantie au profit du copropriétaire pour la réparation du préjudice causé dans ses parties privatives par les désordres affectant les parties communes. • Civ. 3e, 16 mars 1994, n° 91-20.128 P. ♦ Mais cassation de l'arrêt qui rejette l'intervention, introduite hors délai, de copropriétaires sans rechercher si cette intervention ne tendait pas à obtenir réparation de préjudices personnels découlant des vices de construction dénoncés par le syndicat des copropriétaires avant l'expiration du délai de garantie décennale. • Civ. 3e, 20 mai 1998, n° 96-14.080 P : *Gaz. Pal. 1999. 2. Somm. 411, obs. Peisse.* – Rappr. • Civ. 3e, 31 mars 2004, n° 02-19.114 P : *RDI 2004. 305, obs. Malinvaud*. ♦ V. aussi • Civ. 3e, 7 juill. 1999, n° 97-15.419 P : *RDI 2000. 59, obs. Malinvaud* (régularisation valablement faite par l'assemblée générale des copropriétaires d'actions introduites antérieurement en référé par le syndicat des copropriétaires et interruptives de prescription) • 4 nov. 2004, n° 03-13.414 P : *RDI 2005. 57, obs. Malinvaud* (désordre évolutif s'appréciant ouvrage par ouvrage, dans le cas d'un ensemble immobilier).

18. Destinataire. La citation en justice n'interrompt le délai décennal que si elle est adressée à celui que l'on veut empêcher de prescrire. • Civ. 3e, 23 févr. 2000, n° 98-18.340 P : *RDI 2000. 182, obs. Malinvaud* (absence d'effet interruptif à l'égard de l'entrepreneur de l'assignation en référé de l'assureur dommage-ouvrage).

L'assignation en référé-expertise de l'architecte par un syndicat de copropriétaires sur le fondement de la garantie décennale n'emporte pas interruption de la prescription à l'encontre de l'assureur de l'architecte responsable. • Civ. 3e, 15 mai 2013, n° 12-18.027 P : *RDI 2013. 484, obs. Karila*.

19. Désordres visés. L'assignation au fond n'interrompt le délai de garantie décennale qu'à l'égard des désordres qui y sont expressément désignés. • Civ. 3e, 31 mai 1989 : *Bull. civ. III, n° 122* • 15 avr. 2021, n° 19-18.093 P. ♦ Même solution pour une assignation en référé. • Civ. 3e, 20 mai 1998, n° 95-20.870 P : *Gaz. Pal. 1999. 2. Somm. 410, obs. Peisse.* ♦ N'a pas d'effet interruptif celle qui mentionne l'existence de malfaçons sans fournir aucune précision sur leur nature ni leur localisation. • Civ. 3e, 4 juill. 1990, n° 89-11.092 P. ♦ ... Ou qui ne visait pas les désordres qui ont fait par la suite l'objet d'une autre demande. • Civ. 3e, 20 oct. 1993, n° 92-12.325 P. – V. aussi note 15.

20. Effets de l'interruption : point de départ du nouveau délai. Lorsqu'une entreprise a procédé aux réparations de malfaçons en exécution d'une décision judiciaire, la prescription de la garantie décennale a été interrompue et un nouveau délai de garantie décennale a commencé à courir à compter de la réception des travaux de réparation. • Civ. 3e, 29 juin 1983 : *Bull. civ. III, n° 151.* ♦ Le point de départ de la nouvelle garantie concerne, non l'ensemble du bâtiment, mais les travaux effectués en exécution du jugement. • Civ. 3e, 15 janv. 1992, n° 90-14.110 P. ♦ V. aussi • Civ. 3e, 4 juin 2009 : *préc. note 14.*

B. RESPONSABILITÉ CONTRACTUELLE DE DROIT COMMUN

21. Principe. L'action en responsabilité contractuelle contre les constructeurs se prescrit par dix ans à compter de la réception de l'ouvrage avec ou sans réserves. • Civ. 3e, 16 oct. 2002, n° 01-10.330 P : *R., p. 409 ; D. 2003. 300, note Malinvaud (2e esp.)* ; *Defrénois 2003. 330, obs. Périnet-Marquet ; RDI 2003. 92, obs. Malinvaud* ; *RTD civ. 2003. 308, obs. Jourdain* • 26 oct. 2005, n° 04-15.419 P : *Defrénois 2006. 1508, obs. Périnet-Marquet ; RDI 2006. 53, obs. Malinvaud* . ♦ Même solution en l'absence de réception, la prescription courant à compter de la manifestation du dommage. • Civ. 3e, 24 mai 2006, n° 04-19.716 P : *R., p. 326 ; D. 2006. IR 1633, obs. Gallmeister* ; *Defrénois 2008. 74, obs. Périnet-Marquet ; LPA 25 avr. 2007, note Raffi ; RCA 2006, n° 265, obs. Groutel ; RDI 2006. 311, obs. Malinvaud* ; *RDC 2006. 1217, obs. Borghetti.* ♦ Lorsque le contrat liant les parties prévoit expressément les modalités de la réception des ouvrages et la rédaction d'un procès-verbal, la prescription ne court qu'à compter de ce procès-verbal. • Civ. 3e, 31 janv. 2007, n° 05-18.959 P : *D. 2007. AJ 657* ; *Defrénois 2008. 70, obs. Périnet-Marquet* (calcul de la prescription).

V. conf., lorsque la faute reprochée à l'architecte (non-vérification de l'assurance de l'entrepreneur, en l'espèce) n'est pas extérieure à la mission complète de maîtrise d'œuvre qui lui a été confiée : • Civ. 3e, 16 mars 2005, n° 04-12.950 P : *R., p. 289 ; BICC 1er juill. 2005, n° 1246, et la note ; D. 2005. 2198, note Karila* ; *Defrénois 2006. 76, obs. Périnet-Marquet ; RCA 2005, n° 156, note Groutel ; RDI 2005. 189, obs. Leguay* , *et 226, obs. Malinvaud* .

22. Devoir de conseil. La responsabilité contractuelle de droit commun du constructeur pour manquement au devoir de conseil ne peut être invoquée, quant aux désordres affectant l'ouvrage, au-delà d'un délai de dix ans à compter de la réception. • Civ. 3e, 16 oct. 2002, n° 01-10.482 P : *R., p. 409 ; D. 2003. 300, note Malinvaud (1re esp.)* ; *Defrénois 2003. 330, obs. Périnet-Marquet ; RCA 2003, n° 10, note Groutel ; RDI 2003. 93, obs. Malinvaud* ; *RTD civ. 2003. 308, obs. Jourdain* . ♦ Mais relève de la prescription trentenaire de droit commun (V. depuis la L. du 17 juin 2008, C. civ., art. 2224) l'action intentée contre le maître d'œuvre chargé d'une mission limitée à l'obtention du permis de construire, en l'absence de tout désordre, en réparation du manque à gagner résultant de l'impossibilité de réaliser le projet initial de construction de deux bâtiments. • Civ. 3e, 26 sept. 2007, n° 06-16.420 P : *D. 2007. AJ 2607* ; *ibid. Chron. C. cass. 2762, obs. Nési* ; *RDI 2007. 523, obs. Malinvaud* .

23. Obligation de conformité. La responsabilité contractuelle de droit commun des constructeurs ne peut être invoquée, quant aux défauts de conformité affectant l'ouvrage, au-delà d'un délai de dix ans à compter de la réception. • Civ. 3e, 22 nov. 2006, n° 05-19.565 P : *Defrénois 2008. 74, obs. Périnet-Marquet ; RDI 2007. 93, obs. Malinvaud* .

Art. 1792-4-2 *(L. n° 2008-561 du 17 juin 2008)* **Les actions en responsabilité dirigées contre un sous-traitant en raison de dommages affectant un ouvrage ou des éléments d'équipement d'un ouvrage mentionnés aux articles 1792 et 1792-2 se prescrivent par dix ans à compter de la réception des travaux et, pour les dommages affectant ceux des éléments d'équipement de l'ouvrage mentionnés à l'article 1792-3, par deux ans à compter de cette même réception.** — *[Anc. art. 2270-2]. — Dispositions transitoires, V. L. n° 2008-561 du 17 juin 2008, art. 26 ss. art. 2279.*

BIBL. ► KARILA, *D. 2005. Chron. 2236* . – MALINVAUD, *RDI 2005. 237* .

L'action de l'art. 2270-2, devenu 1792-4-2 C. civ., réservée au maître de l'ouvrage, n'est pas ouverte aux tiers à l'opération de construire. • Civ. 3e, 16 janv. 2020, n° 18-21.895 P : *D. 2020. 81* ; *RDI 2020. 120, note Charbonneau* ; *JCP 2020, n° 414, note Karila ; RCA 2020. Étude 8, note Brun.*

Art. 1792-4-3 *(L. nº 2008-561 du 17 juin 2008)* **En dehors des actions régies par les articles 1792-3, 1792-4-1 et 1792-4-2, les actions en responsabilité dirigées contre les constructeurs désignés aux articles 1792 et 1792-1 et leurs sous-traitants se prescrivent par dix ans à compter de la réception des travaux.** — *Dispositions transitoires, V. L. nº 2008-561 du 17 juin 2008, art. 26, ss. art. 2279.*

BIBL. ▶ POUMARÈDE, *RDI 2022. 141* (des prescriptions à la forclusion des actions décennales du maître de l'ouvrage en réparation des dommages).

1. Domaine : recours entre constructeurs (non). Le délai de la prescription du recours d'un constructeur contre un autre constructeur pour déterminer la charge définitive de la dette que devra supporter chaque responsable et son point de départ ne relèvent pas des dispositions de l'art. 1792-4-3 ; en effet, ce texte, créé par la L. du 17 juin 2008 et figurant dans une section du code civil relative aux devis et marchés et insérée dans un chapitre consacré aux contrats de louage d'ouvrage et d'industrie, n'a vocation à s'appliquer qu'aux actions en responsabilité dirigées par le maître de l'ouvrage contre les constructeurs ou leurs sous-traitants ; en outre, fixer la date de réception comme point de départ du délai de prescription de l'action d'un constructeur contre un autre constructeur pourrait avoir pour effet de priver le premier, lorsqu'il est assigné par le maître de l'ouvrage en fin de délai d'épreuve, du droit d'accès à un juge. • Civ. 3e, 16 janv. 2020, nº 18-25.915 P : *D. 2020. 466, note Rias ; RDI 2020. 120, note Charbonneau ; JCP 2020, nº 414, note Karila ; RCA 2020. Étude 5, note Brun ; RGDA 2020/4. 39, note Dessuet ; Gaz. Pal. 2020. 1645, note Caston et Ajaccio.* ♦ Il s'ensuit que le recours d'un constructeur contre un autre constructeur ou son sous-traitant relève des dispositions de l'art. 2224 C. civ. et se prescrit donc par cinq ans à compter du jour où le premier a connu ou aurait dû connaître les faits lui permettant de l'exercer. • Même arrêt.

2. ... Trouble de voisinage (non). L'action de l'art. 1792-4-3, réservée au maître de l'ouvrage, n'est pas ouverte aux tiers à l'opération de construction agissant sur le fondement d'un trouble du voisinage. • Civ. 3e, 16 janv. 2020, nº 16-24.352 P : *D. 2020. 466, note Rias ; ibid. 1761, obs. Reboul-Maupin et Strickler ; RDI 2020. 120, obs. Charbonneau ; RDC 2020/2. 113, note Danos.*

3. ... Recours du maître d'ouvrage contre le constructeur (oui). L'action en responsabilité contractuelle, dirigée par le maître d'ouvrage contre certains membres du groupement de maîtrise d'œuvre, relève des dispositions de l'art. 1792-4-3 applicable à une telle action alors même qu'elle ne concerne pas un désordre affectant la solidité de l'ouvrage ou le rendant impropre à sa destination. • CE 12 avr. 2022, nº 448946 : *AJDA 2022. 2026, note Froger ; RDI 2022. 598, obs. Morales.*

4. Distinction avec une garantie d'éviction. L'action récursoire du vendeur, qui tend à l'indemnisation du préjudice que lui cause l'obligation de garantir les acquéreurs de l'éviction qu'ils subissent en raison du non-respect d'une servitude, relève de la responsabilité civile de droit commun qui se prescrivait par trente ans avant l'entrée en vigueur de la L. du 17 juin 2008 portant réforme de la prescription. • Civ. 3e, 7 janv. 2016, nº 14-24.777 P.

5. Nécessité d'une réception. L'art. 1792-4-3 ne saurait recevoir application lorsque aucune réception de l'ouvrage n'est intervenue. • Civ. 3e, 19 mars 2020, nº 19-13.459 P : *D. 2020. 710 ; AJ contrat 2020. 347, obs. Dagorne-Labbe ; RDC 2020/3. 23, note Dugué.*

6. Délai de forclusion. Le délai de dix ans pour agir contre les constructeurs sur le fondement de l'art. 1792-4-3 est un délai de forclusion, qui n'est pas, sauf dispositions contraires, régi par les dispositions concernant la prescription ; la reconnaissance par le débiteur du droit de celui contre lequel il prescrit n'interrompt pas le délai de forclusion. • Civ. 3e, 10 juin 2021, nº 20-16.837 P : *D. 2021. Chron. C. cass. 2251, obs. Zedda ; RDI 2021. 491, obs. Charbonneau ; RGDA 2021/7. 40, note Dessuet.*

Art. 1792-5 *(L. nº 78-12 du 4 janv. 1978)* **Toute clause d'un contrat qui a pour objet, soit d'exclure ou de limiter la responsabilité prévue aux articles 1792, 1792-1 et 1792-2, soit d'exclure** *(L. nº 90-1129 du 19 déc. 1990, art. 2)* **« les garanties prévues aux articles 1792-3 et 1792-6 » ou d'en limiter la portée, soit d'écarter ou de limiter la solidarité prévue à l'article 1792-4, est réputée non écrite.** — *V. note ss. art. 1792. — La L. nº 90-1129 du 19 déc. 1990 est entrée en vigueur le 1er déc. 1991 (L. préc., art. 8).*

1. Cassation, au visa de l'art. 1792-5, de l'arrêt qui déclare irrecevable une action en garantie décennale, pour cause d'exclusion prévue par un acte de vente quant au système d'assainissement, alors que cette clause devait être réputée non écrite en ce qu'elle avait pour effet d'exclure la garantie décennale des constructeurs. • Civ. 3e, 19 mars 2020, nº 18-22.983 P : *D. 2020. 711 ; RDI 2020. 540, obs. M. Poumarède ; CCC 2020, nº 93, note Leveneur* (clause prévoyant que « les parties ont entendu exclure tout recours contre quiconque de la part des acquéreurs concernant le raccordement au réseau d'assainissement »).

2. Rappr., pour une clause excluant la garantie d'un assureur : • Civ. 3e, 4 févr. 2016, nos 14-29.790 P, 15-12.128 P : *D. 2016. 377* ; *RDI 2016. 234, obs. Roussel* ; *RGDA 2016. 145, note Karila.*

Art. 1792-6 *(L. n° 78-12 du 4 janv. 1978)* **La réception est l'acte par lequel le maître de l'ouvrage déclare accepter l'ouvrage avec ou sans réserves. Elle intervient à la demande de la partie la plus diligente, soit à l'amiable, soit à défaut judiciairement. Elle est, en tout état de cause, prononcée contradictoirement.**

La garantie de parfait achèvement, à laquelle l'entrepreneur est tenu pendant un délai d'un an, à compter de la réception, s'étend à la réparation de tous les désordres signalés par le maître de l'ouvrage, soit au moyen de réserves mentionnées au procès-verbal de réception, soit par voie de notification écrite pour ceux révélés postérieurement à la réception.

Les délais nécessaires à l'exécution des travaux de réparation sont fixés d'un commun accord par le maître de l'ouvrage et l'entrepreneur concerné.

En l'absence d'un tel accord ou en cas d'inexécution dans le délai fixé, les travaux peuvent, après mise en demeure restée infructueuse, être exécutés aux frais et risques de l'entrepreneur défaillant.

L'exécution des travaux exigés au titre de la garantie de parfait achèvement est constatée d'un commun accord, ou, à défaut, judiciairement.

La garantie ne s'étend pas aux travaux nécessaires pour remédier aux effets de l'usure normale ou de l'usage. — *V. note ss. art. 1792.*

Les travaux de nature à satisfaire aux exigences légales ou réglementaires minimales requises en matière d'isolation phonique relèvent de la garantie de parfait achèvement visée à l'art. 1792-6 C. civ. — V. CCH, art. L. 124-4.

Sur l'assurance obligatoire des travaux de bâtiment, V. C. assur., art. L. 241-1 s. — ***C. assur.***

BIBL. ▶ Caston, Porte et Ajaccio, *Gaz. Pal. 2016. 218.* - Périnet-Marquet, *D. 1988. Chron. 287* (l'art. 1792-6 C. civ. dix ans après). - Réception : Chapron, *RDI 1995. 7* . - Guével, *Gaz. Pal. 1989. 2. Doctr. 737* (travaux inachevés). - Karila, *Gaz. Pal. 1986. 2. Doctr. 469* (réception tacite). - Liet-Veaux, *Gaz. Pal. 1979. 2. Doctr. 414.* - Praud, *RDI 2016. 259* . - Zavaro, *Gaz. Pal. 1999. 2. Doctr. 1121* (achèvement et réception). ▶ **Garantie de parfait achèvement :** Chenut, *JCP N 1997. 899.* - Grimaud, *Gaz. Pal. 1986. 2. Doctr. 752* (prescriptions en droit de la construction).

A. RÉCEPTION DE L'OUVRAGE

1° PRINCIPES

1. Nature du PV : acte conservatoire (non). Le procès-verbal de réception de travaux ne constituant pas, en raison des conséquences qui s'y attachent, un simple acte conservatoire, seul le liquidateur de l'entrepreneur est recevable à se prévaloir de l'inopposabilité du procès-verbal signé par cette société, dessaisie par l'effet de sa mise en liquidation judiciaire • Civ. 3e, 2 mars 2022, n° 20-16.787 B : *D. 2022. 1675, obs. Lucas et Cagnoli* ; *Rev. sociétés 2022. 377, obs. Roussel Galle* .

2. Caractère contradictoire de la réception. Sur la nécessité pour les juges du fond de relever le caractère contradictoire de la réception : • Civ. 3e, 16 févr. 1994, n° 92-14.342 P. ♦ Exigence du caractère contradictoire de la réception judiciaire : • Civ. 3e, 20 oct. 2021, n° 20-20.428 B : *D. 2022. Chron. C. cass. 1409, obs. Zedda* ; *RDI 2021. 664, obs. Poumarède* . ♦ L'existence d'une réception contradictoire doit être écartée si le procès-verbal de réception a été signé par le maître de l'ouvrage, mais pas par l'entrepreneur qui a expressément refusé de le faire. • Civ. 3e, 18 juin 1997, n° 95-20.704 P : *RDI 1997. 588, obs. Malinvaud et Boubli* . ♦ Comp. : l'exigence de la contradiction ne nécessite pas la signature formelle du procès-verbal de réception dès lors que la participation aux opérations de réception de celui qui n'a pas signé ne fait pas de doute : • Civ. 3e, 12 janv. 2011, n° 09-70.262 P : *RDI 2011. 220, obs. Boubli* ; *ibid. 231, obs. Tricoire* ; *RTD civ. 2011. 122, obs. Fages* . ♦ Caractère contradictoire du procès-verbal signé par la seule SCI, dès lors qu'il caractérise la volonté du maître de l'ouvrage de recevoir les bâtiments construits, cette qualification ne pouvant être écartée du fait de l'absence du maître d'œuvre dès lors que celui-ci avait été dûment convoqué. • Civ. 3e, 3 juin 2015, n° 14-13.126 P : *D. 2015. 2044, Juillet* ; *ibid. 1810, obs. Crocq* ; *AJCA 2015. 372, obs. Mégret* ; *RTD com. 2015. 727, obs. Legeais* ; *RDC 2016. 54, note Barthez.* ♦ Caractère contradictoire de la réception prononcée en présence du maître de l'ouvrage et du maître d'œuvre, alors que l'entrepreneur avait été valablement convoqué par lettre recommandée et télécopie. • Civ. 3e, 7 mars 2019, n° 18-12.221 P : *D. 2019. 536* ; *RDI*

2019. 334, obs. Boubli ✎. ♦ En cas d'accord entre les parties, la réception intervient à l'amiable, et elle revêt un caractère contradictoire du seul fait de l'existence de cet accord. • Paris, 20 nov. 1985 : *D. 1986. 567, note Karila*. – V. aussi • Nîmes, 23 avr. 1986 : *Gaz. Pal. 1986. 2. 703, note Peisse*.

3. Absence de formalisme. La réception sans réserve n'est soumise à aucun formalisme : • Civ. 3e, 12 juin 1991, n° 90-10.692 P.

4. Possibilité d'une réception seulement provisoire. Dès lors qu'il n'est pas soutenu que le contrat prévoyait une réception provisoire et une réception définitive, un procès-verbal de réception provisoire ne mentionnant pas de réserves sur les installations concernées par les désordres invoqués ultérieurement marque le point de départ de la garantie décennale. • Civ. 3e, 4 juill. 1990, n° 89-11.442 P.

5. Possibilité d'une réception partielle d'un lot. L'achèvement de la totalité de l'ouvrage n'est pas une condition de la prise de possession d'un lot et de sa réception. • Civ. 3e, 30 janv. 2019, n° 18-10.197 P : *D. 2019. 1269, note Storck* ✎ ; *RDI 2019. 216, obs. Boubli* ✎.

Mais absence de réception pour la réception partielle de travaux sur le rez-de-chaussée et l'étage d'un immeuble, dès lors qu'il n'était pas soutenu que ces travaux constituaient des tranches de travaux indépendantes ou formaient un ensemble cohérent. • Civ. 3e, 16 mars 2022, n° 20-16.829 B : *D. 2022. 1117, obs. Bigot* ✎ ; *RDI 2022. 289, obs. Boubli* ✎.

6. Possibilité de réceptions successives. V. note 27 ss. art. 1792.

7. Distinction entre réception et achèvement de l'ouvrage. L'art. 1792-6 ne prévoit pas que la construction de l'immeuble doit être achevée pour que la réception puisse intervenir. • Civ. 3e, 12 juill. 1989 : *Bull. civ. III, n° 161 ; Defrénois 1990. 376, obs. Souleau ; Gaz. Pal. 1989. 2. Doctr. 737, étude Guével* • 15 janv. 1997, n° 95-10.549 P : *JCP N 1997. II. 773 ; RDI 1997. 237, obs. Malinvaud et Boubli* ✎ • 11 févr. 1998, n° 96-13.142 P : *Gaz. Pal. 1999. 1. Somm. 111, obs. Peisse* • 20 sept. 2011 : *RCA 2011, n° 402*. ♦ L'achèvement de l'ouvrage n'étant pas une des conditions nécessaires de la réception (réception judiciaire à la suite de l'abandon du chantier par le constructeur), l'assureur peut être condamné à réparation dès lors que les désordres constatés sont de la nature de ceux pour lesquels il doit sa garantie. • Civ. 3e, 9 oct. 1991, n° 90-14.739 P. – V. aussi • Civ. 3e, 15 janv. 1997 : *préc. (constat de réception signé* des parties faisant état de travaux à terminer).

8. Une déclaration d'achèvement des travaux n'est pas assimilable à un procès-verbal de réception et les juges du fond condamnent à bon droit un architecte à payer une provision dès lors que celui-ci, tenu d'établir la date de la réception dont il se prévalait, ne rapporte pas cette preuve. • Civ. 3e, 14 févr. 1990, n° 88-15.937 P.

9. Réception et assistance de l'architecte. Devoir de conseil de l'architecte dans sa mission d'assistance au maître de l'ouvrage lors des opérations de réception. • Civ. 3e, 3 févr. 1999, n° 97-13.427 P • 27 juin 2001, n° 00-10.153 P : *Defrénois 2002. 56, obs. Périnet-Marquet*. ♦ Responsabilité partagée, à l'égard de l'acheteur en état futur d'achèvement, de l'architecte qui a laissé la réception être prononcée sans réserves par le maître de l'ouvrage et de ce même maître de l'ouvrage, dès lors que l'un et l'autre avaient connaissance d'un défaut affectant l'ouvrage qui leur avait été dénoncé par l'acquéreur. • Civ. 3e, 30 juin 1998 : *JCP N 1999. 56, note Sizaire*.

10. Réception et présence du sous-traitant (non). La présence ou la convocation du sous-traitant à la réception, acte auquel il n'est pas partie, n'est pas une condition de la mise en œuvre de la garantie de l'assureur. • Civ. 3e, 20 oct. 2009, n° 08-15.381 P.

2° RÉCEPTION TACITE

11. Principe : possibilité d'une réception tacite. L'art. 1792-6 n'exclut pas la possibilité d'une réception tacite. • Civ. 3e, 12 oct. 1988, n° 87-11.174 P : *D. 1988. IR 246* • 4 nov. 1992, n° 91-10.076 P : *Defrénois 1993. 358, obs. Aubert*. ♦ ... Même avec réserves. • Civ. 1re, 10 juill. 1995, n° 93-13.027 P : *Gaz. Pal. 1997. 1. Somm. 194, obs. Peisse*. ♦ Les dispositions applicables au contrat de construction de maison individuelle n'excluent pas la possibilité d'une réception tacite. • Civ. 3e, 20 avr. 2017, n° 16-10.486 P : *D. 2017. 919* ✎ ; *JCP N 2017, n° 1179, comm. Zalewski-Sicard*. ♦ Pour la réception tacite de travaux sur un navire, V. • Com. 19 sept. 2018, n° 17-17.748 P : *cité note 36 ss. art. 1787*.

12. Charge de la preuve. Il appartient à la société qui invoque une réception tacite de la démontrer. • Civ. 3e, 13 juill. 2017, n° 16-19.438 P ; *D. 2017. 1529* ✎ ; *RDI 2017. 406, obs. Zalewski-Sicard* ✎ (réception tacite non caractérisée, faute de prise de possession des lieux objet de désordres et en l'absence de paiement intégral des travaux).

13. Respect des clauses relatives à la réception. Application stricte de la clause du contrat prévoyant que l'occupation des lieux, même sans procès-verbal de réception, vaut réception définitive et sans réserve de l'immeuble. • Civ. 3e, 4 nov. 1992 : *préc.* ♦ Même sens : • Civ. 3e, 13 juill. 1993, n° 91-13.027. ♦ Mais les parties peuvent contractuellement décider que la réception sera expresse : exclusion d'une réception tacite dans l'hypothèse où la convention liant les parties stipulait expressément les modalités de la réception des ouvrages, en l'absence d'élément démontrant une volonté des parties de déroger à ces dispositions contractuelles précises. • Civ. 3e, 31 janv. 2007, n° 05-18.959 P : *D. 2007. AJ 657* ; *Defrénois 2008. 70, obs. Périnet-Marquet* (calcul de la prescription). ♦ Exclusion d'une réception tacite, au sens de la clause du contrat qui prévoit que la réception tacite est acquise en l'absence de réclamation sur une période significative, alors que des désordres étaient survenus dès l'installation dans les lieux et avaient fait l'objet de plusieurs demandes d'intervention. • Civ. 3e, 4 avr. 2019, n° 18-12.410 P.

14. Notion de réception tacite. Pour caractériser une réception tacite, les juges doivent rechercher si la prise de possession manifeste une volonté non équivoque d'accepter l'ouvrage. • Civ. 3e, 14 janv. 1998 : *RCA 1998. Comm. 123* ; *Gaz. Pal. 3-5 oct. 1999. Doctr. par Raffi* (condition non remplie par la seule conclusion de baux avec des locataires occupant l'immeuble) • Civ. 3e, 16 févr. 2005, n° 03-16.880 P : *Defrénois 2006. 68, obs. Périnet-Marquet* (absence de preuve d'une volonté non équivoque du maître de l'ouvrage d'accepter l'immeuble, à une date où il ne l'avait pas occupé, en raison de la conclusion avec l'entrepreneur d'une convention d'occupation gratuite pour que ce dernier puisse l'utiliser comme pavillon témoin) • 14 déc. 2017, n° 16-24.752 P (absence de volonté non équivoque de recevoir les travaux, la qualité des travaux de confortement et les seconds travaux de reprise ayant été contestés dès leur origine). – Déjà en ce sens : • Civ. 3e, 3 mai 1990, n° 88-19.301 P • 24 juin 1992, n° 90-19.493 P (volonté non équivoque du maître de l'ouvrage de recevoir des travaux inachevés non établie en l'absence de tout relevé des parties d'ouvrage exécutées et d'une demande de remboursement d'acomptes) • 13 juill. 1993 : *JCP N 1995. II. 938, note Le Bars (idem)*. ♦ Sur les éléments d'où peut résulter la réception tacite, V. • Versailles, 4 déc. 1987 : *D. 1989. 134, note Karila.*

15. Présomption. Le paiement de l'intégralité des travaux d'un lot et sa prise de possession par le maître de l'ouvrage valent présomption de réception tacite. • Civ. 3e, 30 janv. 2019, n° 18-10.197 P : *D. 2019. 1269, note Storck* ; *RDI 2019. 216, obs. Boubli*. ♦ La prise de possession de l'ouvrage et le paiement des travaux font présumer la volonté non équivoque du maître de l'ouvrage de le recevoir avec ou sans réserves. • Civ. 3e, 18 avr. 2019, n° 18-13.734 P : *D. 2019. 889* ; *RDI 2019. 336, obs. Boubli* • 1er avr. 2021, n° 19-25.563 P.

16. Illustrations : paiement intégral. Le paiement intégral ne suffit pas à caractériser la volonté non équivoque du maître de l'ouvrage de recevoir les travaux. • Civ. 3e, 30 sept. 1998, n° 96-17.014 P : *Defrénois 1999. 547, obs. Périnet-Marquet.* ♦ Ainsi, malgré le paiement de la facture des travaux, les protestations constantes sur la qualité des travaux excluent toute réception tacite des travaux. • Civ. 3e, 24 mars 2016, n° 15-14.830 P.

V. cependant, estimant qu'une réception tacite peut résulter de la prise de possession jointe au paiement intégral : • Civ. 3e, 16 mars 1994, n° 92-10.957 P • Civ. 1re, 10 juill. 1995, n° 93-13.027 P : *Gaz. Pal. 1997. 1. Somm. 194, obs. Peisse* (cassation pour manque de base légale de l'arrêt ne recherchant pas si une réception tacite contradictoire, fût-ce avec des réserves, ne résultait pas de la conjonction de la signature conjointe de la déclaration d'achèvement des travaux, du paiement de leur prix et de la prise de possession du pavillon) • Civ. 3e, 17 mars 2004 : *JCP 2004. IV. 2005* (paiement sans réserve du solde du prix concomitant à l'achèvement des travaux, alors que le caractère incomplet ou défectueux de ceux-ci était connu) • 23 mai 2012, n° 11-10.502 P (prise de possession en l'absence de contestation sur le règlement des travaux) • Civ. 1re, 13 juill. 2016, n° 15-17.208 P : *D. 2016. 1649* ; *RDI 2016. 647, obs. Boubli* (prise de possession et paiement de la quasi-totalité du marché) • Civ. 3e, 12 nov. 2020, n° 19-18.213 P : *RDI 2021. 102, obs. Fournier*.

17. ... Paiement partiel. Absence de réception tacite malgré la prise de possession de l'ouvrage mais sans procéder au règlement du solde des travaux et en manifestant le refus de réception de l'ouvrage en introduisant dès l'année suivante une procédure de référé-expertise. • Civ. 3e, 12 sept. 2012, n° 09-71.189 P. ♦ V. déjà : • Civ. 3e, 3 mai 1990, n° 88-19.301 P • 22 mai 1997, n° 95-14.969 P : *Gaz. Pal. 1999. 2. Somm. 418, obs. Peisse* (refus d'admettre une réception tacite, à la date demandée par le maître de l'ouvrage, alors que celui-ci n'établissait pas la date de prise de possession, qu'il n'avait pas payé le solde du prix et se plaignait de désordres).

Absence de réception tacite à la date du paiement des premières factures en présence d'une volonté équivoque de prendre réception de l'ouvrage, fût-ce avec réserves. • Civ. 3e, 1er avr. 2021, n° 20-14.975 P (maîtres de l'ouvrage ayant pris possession de la première partie des travaux réalisés mais ayant contesté de manière constante la qualité des travaux exécutés et demandé une expertise judiciaire pour établir les manquements de l'entrepreneur).

Comp. : admission d'une réception tacite, malgré l'absence de paiement du solde du prix, lorsque le maître de l'ouvrage a pris possession des lieux, les a utilisés pour son activité professionnelle en y installant un important matériel et n'a refusé de payer le solde qu'ultérieurement, lors de la présentation de la facture. • Civ. 3e, 18 nov. 1992, n° 91-13.161 P : *Defrénois 1993. 780, obs. Aubert.* ♦ De même, pour la réception tacite, le maître d'ouvrage ayant pris possession des lieux avant l'achèvement des travaux, en payant les travaux déjà réalisés. • Civ. 3e, 18 mai 2017, n° 16-11.260 P.

18. … Prise de possession en l'absence de demande de paiement. La prise de possession des lieux par le maître de l'ouvrage à une date où aucune somme ne lui était réclamée au titre du marché laisse présumer sa volonté non équivoque de recevoir l'ouvrage. • Civ. 3e, 24 nov. 2016, n° 15-25.415 P : *D. 2016. 2464* ; *RDI 2017. 144, obs. Boubli* .

19. … Prise de possession avant l'achèvement des travaux. L'achèvement de la totalité de l'ouvrage n'est pas une condition de la prise de possession d'un lot et de sa réception. • Civ. 3e, 30 janv. 2019, n° 18-10.197 P : *D. 2019. 1269, note Storck* ; *RDI 2019. 216, obs. Boubli* .

20. … Remplacement d'une entreprise. Le fait qu'une entreprise succède à une autre, défaillante, ne suffit pas à caractériser l'existence d'une réception tacite. • Civ. 3e, 19 mai 2016, n° 15-17.129 P. ♦ V. déjà : • Civ. 3e, 24 juin 1992, n° 90-19.493 P (le fait que les travaux aient été poursuivis par des entrepreneurs successifs n'établissait pas l'existence d'une réception tacite des travaux exécutés).

21. Office du juge : indication de la date. Les juges qui retiennent une réception tacite doivent en préciser la date : • Civ. 3e, 30 mars 2011, n° 10-30.116 P : *RDI 2011. 333, obs. Boubli* .

22. Date de la réception : remise d'un chèque. En cas de paiement par chèque, la date du paiement est celle de l'émission du chèque qui correspond à la date à laquelle le tireur s'en est irrévocablement séparé, notamment en le remettant au bénéficiaire ou en l'envoyant par la poste. • Civ. 3e, 1er avr. 2021, n° 19-25.563 P (il incombe à l'émetteur de prouver la date à laquelle il a émis le chèque).

3° *RÉCEPTION JUDICIAIRE*

23. Domaine. Les dispositions applicables au contrat de construction de maison individuelle, qui n'imposent pas une réception constatée par écrit, n'excluent pas la possibilité d'une réception judiciaire. • Civ. 3e, 21 nov. 2019, n° 14-12.299 P : *RDI 2020. 149, obs. Tomasin* .

24. Nécessité d'une demande. Le juge, saisi d'une demande de fixation de la date de la réception tacite par les deux parties, ne peut prononcer la réception judiciaire qu'aucune d'elles n'a sollicitée. • 14 mars 2006, n° 04-19.947 P (violation de l'art. 4 C. pr. civ.). ♦ Inversement, cassation de l'arrêt refusant de prononcer une réception judiciaire alors que l'immeuble était *habitable, en dépit de l'abandon* de chantier. • Civ. 3e, 24 nov. 2016, n° 15-26.090 P.

25. Conditions : caractère contradictoire. La réception judiciaire doit être prononcée contradictoirement. • Civ. 3e, 20 oct. 2021, n° 20-20.428 B : *D. 2022. Chron. C. cass. 1409, obs. Zedda* ; *RDI 2021. 664, obs. Poumarède* (absence de mise en cause du liquidateur de l'entrepreneur).

26. Demandeur : assureur dommages-ouvrages (non). Ne peut agir en fixation judiciaire de la date de réception l'assureur dommages-ouvrage, qui n'est pas partie, au sens de l'art. 1792-6, à la réception de l'ouvrage. • Civ. 3e, 23 avr. 1997, n° 95-18.317 P.

27. Conditions : immeuble en état d'être reçu. La réception judiciaire suppose de déterminer la date à laquelle l'ouvrage était en état d'être reçu. V. en ce sens : • Civ. 3e, 10 juill. 1991, n° 89-20.327 P (cassation de l'arrêt se bornant à relever la prise de possession des lieux, sans s'expliquer sur l'ensemble des malfaçons invoquées) • 30 juin 1993, n° 91-18.696 P : *Defrénois 1993. 1431, obs. Aubert* (cassation de l'arrêt ne recherchant pas si les travaux étaient, lors de la prise de possession, en état d'être reçus) • 22 mai 1997, n° 95-14.969 P : *Gaz. Pal. 1999. 2. Somm. 418, obs. Peisse* (cassation de l'arrêt ne précisant pas à quelle date les travaux étaient en état d'être reçus) • 11 janv. 2012 : *RDI 2012. 163, obs. Tricoire* ; *RCA 2012, n° 115* (un immeuble qui, en raison de malfaçon, ne peut être mis en service, n'est pas en état d'être reçu). ♦ Le juge ne peut fixer la réception judiciaire au jour où il statue sans constater que l'immeuble est habitable, alors que le constructeur, en liquidation judiciaire, n'est pas à même de continuer les travaux. • Civ. 3e, 21 mai 2003, n° 02-10.052 P. – Même sens : • Civ. 3e, 9 nov. 2005, n° 04-11.856 P.

28. La date de la réception ne peut être fixée par le juge au jour où le maître de l'ouvrage a manifesté sans équivoque l'intention d'occuper les lieux sans rechercher si l'ouvrage n'était pas en état d'être reçu à une date antérieure. • Civ. 3e, 14 janv. 1998, n° 96-14.482 P : *Gaz. Pal. 1999. 1. Somm. 112, obs. Peisse* ; *RCA 1998. Comm. 122.* ♦ Ayant retenu qu'à la date prévue pour la réception de l'ouvrage, l'immeuble était effectivement habitable à l'exception de deux pièces et que le refus de procéder à la réception n'était pas justifié, les juges peuvent prononcer la réception avec réserves de cet immeuble. • Civ. 3e, 30 oct. 1991, n° 90-12.659 P.

29. Un ouvrage qui doit être démoli n'est pas susceptible de faire l'objet d'une réception judiciaire. • Civ. 3e, 16 févr. 2005, n° 03-16.266 P.

30. Conditions : comportement du constructeur. Le juge ne peut prononcer une réception judiciaire sans rechercher, comme cela lui était demandé, si le constructeur n'a pas fait obstacle à la prise de possession des lieux. • Civ. 3e, 8 juin 2006, n° 05-15.509 P.

31. … Comportement du maître de l'ouvrage. Cassation de l'arrêt qui a refusé la réception judiciaire des travaux au motif qu'elle nécessite, outre un ouvrage en état d'être reçu, un refus abusif du maître d'ouvrage de prononcer une réception expresse sollicitée par le constructeur, alors qu'en l'absence de réception amiable, la réception judiciaire peut être ordonnée si les travaux sont en état d'être reçus. • Civ. 3e, 12 oct. 2017, n° 15-27.802 P : *D. 2017. 2099* ; *RDI 2018. 31, obs. Boubli* .

4° CONSÉQUENCES DE LA RÉCEPTION OU DE L'ABSENCE DE RÉCEPTION

32. Le contrat d'entreprise prend fin à la réception de l'ouvrage, avec ou sans réserves. • Civ. 3e, 6 sept. 2018, n° 17-21.155 P : *D. 2018. 1753* ; *RDI 2018. 552, obs. Boubli* .

33. Absence de réception. En l'absence de réception, la responsabilité contractuelle de droit commun du constructeur quant aux désordres de construction se prescrit par dix ans à compter de la manifestation du dommage. • Civ. 3e, 24 mai 2006, n° 04-19.716 P : *R., p. 326* ; *D. 2006. IR 1633, obs. Gallmeister* ; *LPA 25 avr. 2007, note Raffi* ; *RCA 2006, n° 265, obs. Groutel* ; *RDI 2006. 311, obs. Malinvaud* ; *RDC 2006. 1217, obs. Borghetti.* ♦ Délai ramené à 5 ans compte tenu de la rédaction des art. 2224 C. civ. et L. 110-4 C. com., issues de la L. du 17 juin 2008. • Civ. 3e, 19 mars 2020, n° 19-13.459 P : *D. 2020. 710* ; *AJ contrat 2020. 347, obs. Dagorne-Labbe* ; *RDC 2020/3. 23, note Dugué.*

34. Portée de la réception sans réserve. Les défauts de conformité contractuels apparents sont, comme les vices de construction apparents, couverts par la réception sans réserve. • Civ. 3e, 9 oct. 1991, n° 87-18.226 P. – V. aussi : • Civ. 3e, 10 juill. 1991, n° 89-21.825 P. ♦ Rappr. notes 24 s. ss. art. 1792. ♦ Faute de réserves à la réception, la responsabilité contractuelle pour faute prouvée n'est pas applicable. • Civ. 3e, 4 nov. 1999, n° 98-11.310 P : *Gaz. Pal. 2000. 1. Somm. 182, obs. Peisse* ; *RDI 2000. 60, obs. Malinvaud* .

35. Réception avec réserves. Les réserves formulées lors de la réception par le maître de l'ouvrage ne peuvent être ultérieurement écartées sans que soit relevée une manifestation non équivoque de volonté de celui-ci d'y renoncer. • Civ. 3e, 13 avr. 2005, n° 03-15.892 P : *Defrénois 2006. 68, obs. Périnet-Marquet.*

B. GARANTIE DE PARFAIT ACHÈVEMENT

1° RÉGIME DE LA GARANTIE DE PARFAIT ACHÈVEMENT

36. Domaine : vente d'immeuble à construire (non). Le vendeur d'immeuble à construire n'est pas tenu de la garantie de l'art. 1792-6 C. civ. • Civ. 3e, 30 mars 1994, n° 92-17.225 P : *Defrénois 1994. 1524, obs. Dubois.*

37. Dénonciation prématurée. La mise en demeure d'effectuer les travaux de réparation est nécessairement postérieure à la réception ; est inopérante une mise en demeure intervenue avant, et le maître de l'ouvrage ne saurait, dès lors, obtenir le remboursement, par l'entrepreneur, des travaux de remise en état auxquels il a fait procéder. • Civ. 3e, 4 avr. 2001, n° 99-14.970 P : *RDI 2001. 250, obs. Malinvaud* .

38. Délai de mise en œuvre. La garantie de parfait achèvement instituée par l'art. 1792-6 pour les désordres ayant fait l'objet de réserves à la réception doit être mise en œuvre dans le délai prévu par ce texte. • Civ. 3e, 19 avr. 1989, n° 87-20.072 P • 3 mai 1989, n° 87-18.621 P. ♦ Cassation de l'arrêt estimant que, si un défaut découvert après la réception doit être dénoncé dans le délai d'un an, l'action n'est pas enfermée dans ce délai. • Civ. 3e, 15 janv. 1997, n° 95-10.097 P : *Gaz. Pal. 1999. 2. Somm. 413, obs. Peisse* ; *JCP N 1997. II. 772* ; *ibid. I. 899, étude Chenut* • 6 mai 1998, n° 96-18.038 P : *Gaz. Pal. 1999. 2. Somm. 414, obs. Peisse* ; *Defrénois 1999. 548, obs. Périnet-Marquet* (assignation formulant la demande délivrée hors délai). ♦ En l'absence de notification préalable à l'entrepreneur des désordres révélés postérieurement à la réception, qu'une assignation, même délivrée avant l'expiration du délai d'un an, ne peut suppléer, les demandes indemnitaires du maître de l'ouvrage fondées sur la garantie de parfait achèvement ne peuvent être accueillies. • Civ. 3e, 15 avr. 2021, n° 19-25.748 P : *D. 2021. 799* ; *RDI 2021. 352, obs. Faure-Abbad* ; *JCP 2021, n° 1019, note Karila.*

39. Une assignation en référé introduite dans le délai fait courir un nouveau délai. • Civ. 3e, 17 mai 1995, n° 93-16.568 P. ♦ ... A condition qu'elle ait pour objet de dénoncer les désordres ayant fait l'objet de réserves à la réception. • Civ. 3e, 19 avr. 1989 : *préc.*

40. Charge de la preuve de l'exécution des travaux. C'est à l'entrepreneur et non au maître de l'ouvrage de prouver que des travaux de reprise intéressant des réserves exprimées lors d'une réception antérieure ont été correctement réalisés. • Civ. 3e, 1er avr. 1992, n° 90-18.498 P : *Defrénois 1992. 1149, obs. Souleau.*

2° ARTICULATION AVEC D'AUTRES GARANTIES OU RESPONSABILITÉS

41. Avec la garantie décennale : vices réservés. La garantie décennale ne s'applique pas aux vices faisant l'objet de réserves lors de la réception. • Civ. 3e, 11 févr. 1998, n° 95-18.401 P : *JCP 1998. I. 187, n° 30, obs. Viney* ; *Gaz. Pal. 1999. 1. Somm. 112, obs. Peisse.* ♦ V. aussi note 26 ss. art. 1792. ♦ ... Sauf si les défauts, signalés à la réception, ne se sont révélés qu'ensuite dans leur ampleur et leurs conséquences. • Civ. 3e, 12 oct. 1994, n° 92-16.533 P : *R., p. 305* ; *Gaz. Pal. 1996. 1. Somm. 10, obs. Peisse.*

42. ... Vices signalés. Les dispositions de l'art. 1792-6 n'étant pas exclusives de celles des art. 1792, 1792-2 et 1792-3, le maître de l'ouvrage peut demander à l'entrepreneur, sur le fondement de la garantie décennale, réparation des désordres qui se sont révélés dans l'année suivant la réception. • Civ. 3e, 4 févr. 1987, n° 85-16.584 P : *R., p. 222.*

43. Avec la responsabilité de droit commun : entrepreneur. Avant la levée des réserves, la responsabilité contractuelle de droit commun de l'entrepreneur et de l'architecte subsiste concurremment avec la garantie de parfait achèvement due par l'entrepreneur. • Civ. 3e, 13 déc. 1995, n° 92-11.637 P : *RDI 1996. 223, obs. Malinvaud et Boubli* • 28 janv. 1998, n° 96-13.460 P : *Gaz. Pal. 1999. 1. Somm. 108, obs. Peisse ; JCP 1998. I. 187, n° 30 s., obs. Viney.* ♦ ... Même si la mise en œuvre de la responsabilité n'est pas intervenue dans le délai de la garantie. • Civ. 3e, 11 févr. 1998, n° 95-18.401 P : *JCP 1998. I. 187, n° 30, obs. Viney ; Gaz. Pal. 1999. 1. Somm. 112, obs. Peisse* (seule la responsabilité contractuelle de droit commun est encourue) • 23 sept. 2008 : *RDI 2008. 555, obs. Malinvaud* • 27 janv. 2010, n° 08-21.085 P : *D. 2010. AJ 382* (dénonciation des défauts des lambris dans le délai pour une chambre et hors délai pour le reste de la maison) • 2 févr. 2017, n° 15-29.420 P : *D. 2017. 353 ; RDI 2017. 196, obs. Malinvaud .* (le délai de la garantie de parfait achèvement étant expiré, l'obligation de résultat de l'entrepreneur principal persiste, pour les désordres réservés, jusqu'à la levée des réserves et la demande présentée sur le fondement de l'art. 1147 anc. doit être accueillie). ♦ V. déjà : l'expiration du délai annal n'emporte pas en soi décharge de la responsabilité de droit commun avant la levée des réserves. • Com. 12 nov. 1996, n° 94-17.032 P • Civ. 3e, 2 oct. 2001 : *RDI 2002. 89, obs. Malinvaud .* ♦ Garantie de parfait achèvement et dommages « intermédiaires » : V. note 61 ss. art. 1792.

44. ... Autres constructeurs. La garantie de parfait achèvement n'est due que par l'entrepreneur et laisse subsister la responsabilité de droit commun des autres constructeurs. • Civ. 3e, 17 nov. 1993, n° 91-17.982 P.

Art. 1792-7 *(Ord. n° 2005-658 du 8 juin 2005, art. 1er)* **Ne sont pas considérés comme des éléments d'équipement d'un ouvrage au sens des articles 1792, 1792-2, 1792-3 et 1792-4 les éléments d'équipement, y compris leurs accessoires, dont la fonction exclusive est de permettre l'exercice d'une activité professionnelle dans l'ouvrage.** — *Disposition applicable aux marchés, contrats ou conventions conclus après la publication de l'Ord. 8 juin 2005 [JO 9 juin].*

BIBL. ▸ KARILA, *D. 2005. Chron. 2236* . – MALINVAUD, *RDI 2005. 237.*

1. La construction, sur plusieurs kilomètres, d'une conduite métallique fermée d'adduction d'eau à une centrale électrique constitue un ouvrage et non un équipement. • Civ. 3e, 19 janv. 2017, n° 15-25.283 P : *D. 2017. 214 ; RDI 2017. 151, obs. Malinvaud .*

2. Cassation de l'arrêt ayant fait application de l'art. 1792-7 à l'installation de production électrique formant la toiture d'un bâtiment et rejeté, en conséquence, les demandes à l'encontre de l'assureur décennal du locateur d'ouvrage, alors que les panneaux photovoltaïques participaient de la réalisation de l'ouvrage de couverture dans son ensemble, en assurant une fonction de clos, de couvert et d'étanchéité du bâtiment. • Civ. 3e, 21 sept. 2022, n° 21-20.433 B : *D. 2022. Chron. C. cass. 2308, obs. Zedda ; RDI 2022. 667, obs. Charbonneau ; RGDA 2022/10. 25, note Dessuet.*

Art. 1793 Lorsqu'un architecte ou un entrepreneur s'est chargé de la construction à forfait d'un bâtiment, d'après un plan arrêté et convenu avec le propriétaire du sol, il ne peut demander aucune augmentation de prix, ni sous le prétexte de l'augmentation de la main-d'œuvre ou des matériaux, ni sous celui de changements ou d'augmentations faits sur ce plan, si ces changements ou augmentations n'ont pas été autorisés par écrit, et le prix convenu avec le propriétaire.

BIBL. ▸ BORRICAND, *D. 1965. Chron. 105.* – BOUBLI, *RDI 1986. 415* (travaux supplémentaires). – JOSSERAND, note *DP 1932. 1. 65.* – MARGANNE, *JCP 1988. I. 3344 ; JCP N 1998. 602* (prix) ; *JCP 2007. I. 178* (principes essentiels).

A. DOMAINE

1. Les règles établies par la norme Afnor P 03 001 ne peuvent prévaloir sur les dispositions de l'art. 1793. • Civ. 3e, 11 mai 2006, n° 04-18.092 P • 3 déc. 2020, n° 19-25.392 P • 18 mars 2021, n° 20-12.596 P : *D. 2021. Chron. C. cass. 980, obs. Georget ; CCC 2021, n° 93, note Leveneur.*

1° EXCLUSIONS LIÉES À LA NATURE DU CONTRAT

2. Le forfait doit être pur et simple. Si l'art. 1793 interdit aux entrepreneurs toute demande en supplément de prix pour les changements ou augmentations apportés au plan, à moins que ces changements et augmentations n'aient été autorisés par écrit, ces dispositions ne s'appliquent qu'au forfait pur et simple et cessent d'être applicables lorsque les parties, tout en stipulant le forfait, y ont ajouté des clauses qui en modifient le caractère et les effets. • Req. 26 juin 1939 : *DH 1939. 468* • Civ. 1re, 10 mai 1960 : *D. 1960. 571* • Civ. 3e, 6 mars 1985 : *JCP 1986. II. 20657, note Liet-Veaux.*

3. Une clause de révision de prix, en raison de la modification des conditions économiques, ne saurait être considérée comme portant atteinte à la règle de la fixité du prix, élément essentiel du caractère juridique du forfait, dès lors que ce calcul, immuable en son principe, a été déterminé dans une convention engageant définitivement les deux parties. • Civ. 1re, 7 mars 1966 : *Bull. civ. I, n° 162.* ♦ Dans le même sens : • Civ. 3e, 2 mars 1983, n° 80-16.870 P (application de l'art. 1792 dans sa rédaction antérieure à la L. du 3 janv. 1967).

4. Sur l'interprétation des conventions ajoutant certaines clauses au forfait pur et simple ou modifiant le marché initial, V. • Basse-Terre, 3 nov. 1980 : *D. 1981. 373, note Floro* • Civ. 3e, 8 oct. 1974, n° 73-12.643 P • 23 janv. 1973 : *JCP 1974. II. 17677, note Level.* ♦ V. aussi note 2.

5. Une stipulation relative à la vérification du mémoire définitif de l'entrepreneur par l'architecte n'est pas incompatible avec la notion de marché à forfait. • Civ. 3e, 17 mai 1995, n° 93-15.332 P.

6. Travaux mal définis. Ne peut être qualifiée de marché à forfait la convention par laquelle un entrepreneur a été chargé de travaux de rénovation et de transformation d'un immeuble, alors qu'aucun document sérieux n'avait été préparé, que le devis établi était très imprécis et que les plans n'avaient aucun caractère contractuel. • Civ. 3e, 20 nov. 1991, n° 89-21.858 P. ♦ Même solution lorsque les conditions d'exécution des travaux, les délais, les obligations des entreprises, la masse des travaux ainsi que les conditions de règlement sont mal définis. • Civ. 3e, 20 nov. 1991, n° 90-10.286 P.

7. Travaux exécutés en sous-traitance. Les dispositions de l'art. 1793 ne sont pas applicables à une convention de sous-traitance entre deux entreprises. • Civ. 3e, 15 févr. 1983 : *Bull. civ. III, n° 44.* ♦ Comp. • Civ. 3e, 5 juin 1996, n° 94-16.902 P : *RTD civ. 1997. 446, obs. Gautier.*

2° EXCLUSIONS LIÉES À LA NATURE DES TRAVAUX

8. Bâtiment non ancré au sol. L'art. 1793 n'étant applicable, d'après son texte, qu'à des marchés à forfait afférents à la construction de bâtiments, qui ont été conclus avec le « propriétaire du sol », c'est à bon droit que les juges du fond refusent de faire application de ce texte pour un marché passé avec le maître d'un ouvrage portant sur un bâtiment flottant. • Com. 6 mars 1963 : *D. 1963. 501.*

9. Travaux ne constituant pas la construction d'un bâtiment. Lorsque la seule construction prévue au marché est celle d'un réseau d'assainissement des eaux usées, de voies de communication et de places publiques dans un lotissement, ces travaux, en raison de leur nature même, sont étrangers à la construction d'un « bâtiment », et l'art. 1793 ne peut recevoir application. • Civ. 3e, 8 janv. 1974 : *Bull. civ. III, n° 3.* ♦ Comp. • Civ. 3e, 23 avr. 1974, n° 73-10.643 P. ♦ V. conf., pour la construction d'une piscine : V. • Civ. 3e, 17 janv. 1984 : *Gaz. Pal. 1984. 1. Pan. 133, obs. Jestaz* • 29 oct. 2003, n° 02-16.542 P : *D. 2003. IR 2727 ; Gaz. Pal. 2004. Somm. 1291, obs. Peisse ; Defrénois 2004. 447, obs. Périnet-Marquet ; RDI 2004. 97 et 99, obs. Boubli.* ♦ ... D'un bassin pour orques avec tribunes : V. • Civ. 3e, 29 oct. 2003 : *eod. loc.*

10. Aménagements intérieurs. N'entrent pas dans le cadre d'application de l'art. 1793 : des travaux d'aménagements intérieurs. • Civ. 1re, 16 déc. 1964 : *D. 1965. 347* • Civ. 3e, 23 juin 1999, n° 98-10.276 P : *Defrénois 1999. 1127, obs. Périnet-Marquet ; Gaz. Pal. 2000. 2. Somm. 2652, obs. Peisse.* ♦ ... D'aménagement et de décoration d'un magasin. • Civ. 3e, 29 janv. 1971 : *D. 1971. 395.* ♦ Mais des travaux nécessitant l'adaptation et la modification du gros œuvre et ne représentant nullement de simples travaux d'aménagement peuvent être assimilés à une construction au sens de l'art. 1793. • Civ. 3e, 15 déc. 1982, n° 81-11.459 P. ♦ L'installation électrique d'un hôtel en construction constitue des travaux de bâtiment relevant de l'art. 1793. • Civ. 3e, 3 juill. 1991, n° 89-20.299 P : *RTD civ. 1992. 410, obs. Gautier.*

B. RÉGIME

11. Paiement du surcoût : bouleversement de l'économie du contrat. En cas de travaux supplémentaires, les juges ne peuvent faire droit à la demande en paiement du coût de ces travaux sans constater que les modifications demandées avaient entraîné un bouleversement de l'économie du contrat, sans relever, à défaut d'une autorisation écrite préalable aux travaux, l'acceptation expresse et non équivoque, par le maître de l'ouvrage, de ces travaux une fois effectués, et sans rechercher si le maître d'œuvre avait reçu mandat à cet effet. • Civ. 3e, 24 janv. 1990 : *D. 1990. 257, note Bénabent.* – V. aussi • Civ. 3e, 8 avr. 1998 : *CCC 1998, n° 95* • 20 janv. 1999, n° 96-22.239 P : *Defrénois 1999. 1128, obs. Périnet-Marquet* • 27 sept. 2006, n° 05-13.808 P : *D. 2006. IR 2416 ; Defrénois 2008. 66, obs. Périnet-Marquet.* ♦ Pour des cas de révision du prix en raison du bouleversement de l'économie du contrat, V. • Civ. 3e, 8 mars 1995, n° 93-13.659 P : *Gaz. Pal. 1997. 1. Somm. 105, obs. Peisse* (volume et nature des prestations de chaque entrepreneur modifiés de façon considérable en cours d'exécution des travaux, à l'initiative du maître de l'ouvrage) • Civ. 3e, 12 mars 1997, n° 95-10.904 P (quasi-doublement du coût des travaux) • Civ. 3e, 20 mars 2002, n° 00-16.713 P : *Defrénois 2002. 1023, obs. Périnet-Marquet* (absence de contestation sérieuse). ♦ V. déjà, sur l'acceptation des travaux une fois effectués, • Civ. 3e, 3 oct. 1968 : *Bull. civ. III, n° 357* • 2 oct. 1984 : *Gaz. Pal. 1985. 1. Pan. 38, obs. Jestaz.*

12. Ne peut être accueillie la demande en paiement d'un supplément de prix d'une société chargée par un architecte du pilotage d'un chantier en raison du bouleversement de l'économie du contrat, dès lors que ce bouleversement est dû au comportement du maître de l'ouvrage, tiers au contrat de pilotage. • Civ. 3e, 6 déc. 2000, n° 99-13.429 P : *Defrénois 2001. 872, obs. Périnet-Marquet.* ♦ Nécessité pour les juges du fond de rechercher si l'ordre de service d'effectuer des travaux supplémentaires donné par l'entrepreneur au sous-traitant était opposable au maître de l'ouvrage. • Civ. 3e, 13 mai 1992, n° 90-13.814 P.

13. ... Accord du maître de l'ouvrage. L'accord verbal du maître de l'ouvrage sur les modifications apportées au plan ne saurait être retenu pour le condamner à payer à l'entrepreneur une somme supérieure au forfait, sans réduire à néant la protection du propriétaire à laquelle tend l'art. 1793. • Civ. 1re, 9 févr. 1959 : *D. 1959. 105* • 17 oct. 1966 : *D. 1967. 29.* ♦ ... Non plus que le défaut de notification de ses observations sur le décompte définitif des travaux comprenant le montant des travaux supplémentaires, dès lors que les règles de la norme AFNOR, qui prévoit cette notification, ne peuvent prévaloir sur les dispositions légales de l'art. 1793. • Civ. 3e, 11 mai 2006 : *préc. note 1.*

14. Lorsque les travaux supplémentaires ont été autorisés par écrit (en l'espèce, une lettre du maître de l'ouvrage), il faut aussi que le prix en ait été convenu. • Civ. 3e, 29 oct. 1973, n° 72-13.079 P. ♦ Pour le cas où les travaux supplémentaires ont été commandés et exécutés en dehors du marché à forfait, V. • Civ. 3e, 30 avr. 1969 : *Bull. civ. III, n° 338.* – V. aussi • Civ. 3e, 27 nov. 1970, n° 69-11.746 P.

15. Travaux nécessaires. En cas de marché à forfait, les travaux supplémentaires relèvent du forfait s'ils sont nécessaires à la réalisation de l'ouvrage. • Civ. 3e, 18 avr. 2019, n° 18-18.801 P : *D. 2019. 889* ; *RDI 2019. 339, obs. Bucher* ; *AJ contrat 2019. 304, obs. Lagelée-Heymann* ; *CCC 2019, n° 117, obs. Leveneur* (cassation de l'arrêt ayant accordé un paiement supplémentaire au motif qu'avaient été nécessaires d'importants travaux de dérocttage dans le cadre d'un marché de démolition du plancher béton sur sous-sol). ♦ Comp. : l'entrepreneur ne peut réclamer un supplément de prix pour des travaux non prévus au marché, alors que ces travaux, indispensables à la sécurité de l'immeuble (pose de garde-corps), devaient être intégrés dans le forfait initial. • Civ. 3e, 8 juin 2005, n° 04-15.046 P : *Defrénois 2006. 55, obs. Périnet-Marquet.*

16. ... Paiement des travaux supplémentaires. Il ne peut être déduit du paiement de certains travaux supplémentaires l'acceptation implicite du maître de l'ouvrage de régler tout ce qui lui serait réclamé au titre de travaux non chiffrés. • Civ. 3e, 12 juin 2002, n° 01-00.710 P : *Defrénois 2003. 318, obs. Périnet-Marquet ; RDI 2002. 391, obs. Boubli (1re esp.).* ♦ Mais le paiement, sans contestation ni réserve, du montant des situations incluant les travaux supplémentaires, diminué de la seule retenue de garantie, vaut acceptation sans équivoque des travaux non inclus dans le forfait et de leur coût, après leur achèvement. • Civ. 3e, 29 mai 2013, n° 12-17.715 P.

17. Arguments inopérants. L'allégation d'un enrichissement sans cause ne peut servir à un entrepreneur pour déguiser une demande en supplément de prix formellement prohibée par l'art. 1793. • Civ. 5 nov. 1934 : *DH 1934. 587.* ♦ V. aussi, excluant l'enrichissement sans cause, • Civ. 3e, 23 avr. 1974, n° 73-10.643 P • 1er févr. 1984 : *Gaz. Pal. 1984. 1. Pan. 133, obs. Jestaz.*

18. Le manque de prévision de l'entrepreneur n'est pas de nature à entraîner la modification du caractère forfaitaire du contrat. • Civ. 3e, 6 mai 1998, n° 96-12.738 P : *D. Affaires 1998. 1043, obs. J. F. ; Gaz. Pal. 1999. 2. Somm. 417, obs. Peisse.* ♦ Les juges ne peuvent, pour condamner le maître de l'ouvrage à payer à l'entrepreneur une somme supérieure à celle forfaitairement fixée, retenir l'existence d'une erreur de calcul commise dans le devis ayant servi de base pour la fixation du coût des travaux. • Civ. 3e, 25 oct. 1972 : *D. 1973. 495, note J. Mazeaud.* ♦ Dans le même sens : • Civ. 3e, 18 mars 1974 : *D. 1974. 436* (erreur commise dans les plans établis par les architectes).

19. Les circonstances imprévisibles ne sont pas de nature à entraîner la modification du caractère forfaitaire du contrat. • Civ. 3e, 20 nov. 2002, n° 00-14.423 P : *JCP E 2004. 31, note Guiderdoni ; Defrénois 2003. 318, obs. Périnet-Marquet.*

Absence de preuve d'un bouleversement de l'économie du contrat en raison de l'inexactitude des métrés réalisés par le maître d'œuvre, même si celui-ci a été imposé par le maître de l'ouvrage. • Civ. 3e, 19 janv. 2017, n° 15-20.846 P.

20. Remboursement du trop-perçu. L'entrepreneur qui s'est abstenu de signaler au maître de l'ouvrage une erreur importante dans le métré des travaux, au détriment de ce dernier, n'a pas exécuté de bonne foi le marché à forfait et ne peut s'opposer à la demande de remboursement du trop-perçu. • Civ. 3e, 2 mars 2005, nº 03-18.080 P : *Defrénois 2006. 55, obs. Périnet-Marquet ; RTD civ. 2005. 593, obs. Mestre et Fages*.

21. Action récursoire contre le tiers responsable. Le caractère forfaitaire d'un marché ne peut exonérer de son obligation de réparer le préjudice, le tiers au contrat d'entreprise dont l'erreur commise dans son étude préparatoire a conduit le maître de l'ouvrage et l'entrepreneur à conclure un avenant pour supplément de prix. • Civ. 3e, 13 févr. 2013, nº 11-25.978 P : *D. 2013. 497 ; RTD civ. 2013. 389, obs. Jourdain ; RDC 2013. 922, obs. Carval* • Civ. 3e, 19 janv. 2017, nº 15-20.846 P (erreur de calcul du maître d'œuvre).

Art. 1794 **Le maître peut résilier, par sa seule volonté, le marché à forfait, quoique l'ouvrage soit déjà commencé, en dédommageant l'entrepreneur de toutes ses dépenses, de tous ses travaux, et de tout ce qu'il aurait pu gagner dans cette entreprise.**

1. Domaine. Nature du contrat : fourniture de matière. En décidant que l'art. 1794 était inapplicable au marché par lequel l'entrepreneur s'était engagé à construire des machines, au motif que, la matière étant fournie par le fabricant, le marché avait surtout les caractères d'une vente, les juges du fond méconnaissent la règle selon laquelle l'art. 1794 doit recevoir application sans qu'il y ait lieu de distinguer selon que l'entrepreneur fournit ou non la matière. • Civ. 5 janv. 1897 : *DP 1897. 1. 89, concl. Desjardins, note Planiol.*

2. ... Croisière maritime. Lorsqu'une personne renonce à effectuer une croisière après s'être engagée et en avoir payé le prix, il y a lieu, en l'absence de clause particulière du contrat, de faire application de l'art. 1794 ; le dédommagement de l'entrepreneur pour toutes ses dépenses, ses travaux et pour tout ce qu'il aurait pu gagner correspond au prix du billet, lequel représente précisément les frais engagés, qui restent les mêmes si quelques participants font défaut, et le bénéfice escompté pour chaque voyageur ; il y a lieu seulement de déduire les dépenses qui ont été évitées en raison de l'absence de l'intéressé, à savoir sa nourriture et les excursions. • Paris, 23 mai 1961 : *Gaz. Pal. 1961. 2. 283.*

3. Conditions : faute de l'entrepreneur (non). L'art. 1794 donne au maître de l'ouvrage, en dehors de toute idée de faute de la part du constructeur, la faculté de mettre fin unilatéralement aux conventions ; mais il appartient aux juges du fond, saisis non en vertu de ce texte, mais sur le fondement de l'art. 1184 anc. C. civ., d'apprécier d'après les circonstances de la cause si l'inexécution par l'entrepreneur de ses obligations présentait suffisamment de gravité pour que la résolution fût prononcée. • Civ. 3e, 6 févr. 1973, nº 71-14.806 P.

4. ... Inachèvement du marché. Les juges du fond, qui ont constaté que les travaux faisant l'objet du marché à forfait étaient « pratiquement » achevés lors de la dénonciation du contrat par le maître de l'ouvrage et que l'entrepreneur « avait exécuté ses engagements », peuvent estimer que cette dénonciation tardive ne pouvait entraîner la résiliation du contrat par application de l'art. 1794. • Civ. 3e, 18 févr. 1976, nº 74-13.480 P.

5. Suites de la résiliation : dédommagement de l'entrepreneur. V. note 2.

6. ... Responsabilité de l'entrepreneur. Le maître de l'ouvrage qui a résilié un marché à forfait sur le fondement de l'art. 1794 n'est pas privé de la possibilité de se prévaloir des manquements de l'entrepreneur à ses obligations contractuelles. • Civ. 3e, 9 mars 1988, nº 86-18.464 P.

Art. 1795 **Le contrat de louage d'ouvrage est dissous par la mort de l'ouvrier, de l'architecte ou entrepreneur.**

1. Le contrat de louage d'ouvrage est dissous par la mort de l'architecte, mais ce contrat ayant été exécuté et l'architecte ayant été attrait à une instance pour répondre des conséquences dommageables de son exécution, les obligations du *de cujus* sont transmises aux héritiers. • Civ. 3e, 30 janv. 2019, nº 18-10.941 P.

2. La liquidation judiciaire de l'entrepreneur emporte résiliation du contrat de louage d'ouvrage. • Civ. 1re, 3 mars 1998, nº 95-10.293 P : *Defrénois 1998. 1461, obs. Bénabent.*

Art. 1796 **Mais le propriétaire est tenu de payer en proportion du prix porté par la convention, à leur succession, la valeur des ouvrages faits et celle des matériaux préparés, lors seulement que ces travaux ou ces matériaux peuvent lui être utiles.**

Art. 1797 **L'entrepreneur répond du fait des personnes qu'il emploie.**

Est redevable d'une dette de réparation envers la société de presse pour la perte du stock de papier l'imprimeur dont le préposé a provoqué l'incendie ayant causé la perte de ce stock. • Civ. 1re, 10 oct. 1995, nº 93-17.851 P : *JCP 1996. I. 3944, nos 18 s., obs. Viney ; RTD civ. 1996. 183, obs. Jourdain*.

Art. 1798 Les maçons, charpentiers et autres ouvriers qui ont été employés à la construction d'un bâtiment ou d'autres ouvrages faits à l'entreprise, n'ont d'action contre celui pour lequel les ouvrages ont été faits, que jusqu'à concurrence de ce dont il se trouve débiteur envers l'entrepreneur, au moment où leur action est intentée.

Art. 1799 Les maçons, charpentiers, serruriers et autres ouvriers qui font directement des marchés à prix fait, sont astreints aux règles prescrites dans la présente section : ils sont entrepreneurs dans la partie qu'ils traitent.

Art. 1799-1 *(L. nº 94-475 du 10 juin 1994, art. 5-I)* Le maître de l'ouvrage qui conclut un marché de travaux privé visé au 3º de l'article 1779 doit garantir à l'entrepreneur le paiement des sommes dues lorsque celles-ci dépassent un seuil fixé par décret en Conseil d'État. – *V. Décr. nº 99-658 du 30 juill. 1999, ci-dessous.*

Lorsque le maître de l'ouvrage recourt à un crédit spécifique pour financer les travaux, l'établissement de crédit ne peut verser le montant du prêt à une personne autre que celles mentionnées au 3º de l'article 1779 tant que celles-ci n'ont pas reçu le paiement de l'intégralité de la créance née du marché correspondant au prêt. Les versements se font sur l'ordre écrit et sous la responsabilité exclusive du maître de l'ouvrage entre les mains de la personne ou d'un mandataire désigné à cet effet.

Lorsque le maître de l'ouvrage ne recourt pas à un crédit spécifique ou lorsqu'il y recourt partiellement, et à défaut de garantie résultant d'une stipulation particulière, le paiement est garanti par un cautionnement solidaire consenti par un établissement de crédit, *(Ord. nº 2013-544 du 27 juin 2013, art. 18, en vigueur le 1er janv. 2014)* « une société de financement » une entreprise d'assurance ou un organisme de garantie collective, selon des modalités fixées par décret en Conseil d'État. Tant qu'aucune garantie n'a été fournie et que l'entrepreneur demeure impayé des travaux exécutés, celui-ci peut surseoir à l'exécution du contrat après mise en demeure restée sans effet à l'issue d'un délai de quinze jours.

(L. nº 95-96 du 1er févr. 1995, art. 12) « Les dispositions de l'alinéa précédent ne s'appliquent pas lorsque le maître de l'ouvrage conclut un marché de travaux pour son propre compte et pour la satisfaction de besoins ne ressortissant pas à une activité professionnelle en rapport avec ce marché. »

Les dispositions du présent article ne s'appliquent pas aux marchés conclus par un organisme visé à l'article L. 411-2 du code de la construction et de l'habitation *[organisme d'habitations à loyer modéré]*, ou par une société d'économie mixte, pour des logements à usage locatif aidés par l'État et réalisés par cet organisme ou cette société.

La L. nº 94-475 du 10 juin 1994 est entrée en vigueur le 1er oct. 1994 (L. préc., art. 99).

BIBL. ▶ CHARBONNEAU, *RDI 2011. 532*. – DANEMANS, *Gaz. Pal. 2001. Doctr. 1018* (ordre public ?). – FABRE et SCHMITT, *RDI 1994. 347*. – DE LAPPARENT, *Gaz. Pal. 2001. Doctr. 1007.* – MAGNIN, *LPA, 8 et 13 juin 1994.* – OLIVIER, *RDI 1999. 613* (décret du 30 juill. 1999). – SAINT-ALARY-HOUIN, *RDI 1994. 339* ; *ibid. 2013. 33* ; *Mél. L. Boyer, PU Toulouse, 1996, p. 679.*

1. Application dans le temps. Application immédiate de la L. du 10 juin 1994 et de son décret d'application, la garantie de paiement instituée par ces textes trouvant son fondement dans la volonté du législateur et non dans le contrat conclu entre les parties, duquel il n'est résulté aucun droit acquis. • Civ. 3e, 26 mars 2003, nº 01-01.281 P : *RDI 2003. 261, obs. B. B.*

2. Ordre public : principe. L'art. 1799-1 étant d'ordre public, les parties ne peuvent y déroger par des conventions particulières. • Civ. 3e, 1er déc. 2004, nº 03-13.949 P (clause excluant *tout cautionnement de la part* du maître de l'ouvrage) • 9 sept. 2009, nº 07-21.225 P : *D. 2009. AJ 2222* (impossibilité de conditionner la garantie du maître de l'ouvrage à celle de l'entrepreneur).

Il ressort des dispositions d'ordre public de l'art. 1799-1 que le cautionnement, qui garantit le paiement des sommes dues en exécution du marché, ne doit être assorti d'aucune condition ayant pour effet d'en limiter la mise en œuvre. • Civ. 3e, 4 mars 2021, nº 19-25.964 P (cautionnement assorti d'une condition subordonnant l'engagement de la caution à la notification du décompte final par le maître de l'ouvrage à l'entrepreneur, ce qui excluait de la garantie les sommes dues au cours de l'exécution du contrat d'entreprise ou avant notification de ce décompte).

3. ... Dispense dans l'attente d'une compensation (non). La possibilité d'une compensation future avec une créance du maître de l'ouvrage, même certaine en son principe, ne dispense pas celui-ci de l'obligation légale de fournir la garantie de paiement du solde dû sur le marché. • Civ. 3e, 11 mai 2010, nº 09-14.558 P : *D. actu. 1er juin 2010, obs. Dreveau.*

4. ... Renonciation de l'entrepreneur à la suspension du contrat. Dès lors que l'entreprise n'use pas de la faculté qui lui est offerte par l'art. 1799-1, al. 3, de suspendre l'exécution du marché, elle est tenue d'exécuter les travaux en vertu du contrat. • Civ. 3e, 12 sept. 2007, n° 06-14.540 P : *D. 2007. AJ 2388 ; Defrénois 2009. 78, obs. Périnet-Marquet ; RDI 2007. 523, obs. Malinvaud* .

5. Domaine de la garantie : marchés non professionnels. Il appartient au maître de l'ouvrage qui prétend ne pas être tenu de fournir un cautionnement solidaire de prouver que le marché qu'il a conclu a pour objet la satisfaction de besoins ne ressortissant pas à son activité professionnelle. • Civ. 3e, 24 avr. 2003, n° 01-13.439 P : *RDI 2003. 262, obs. B. B.*

6. L'ouverture d'une procédure collective ne peut avoir pour effet de contraindre un entrepreneur ayant, avant cette ouverture, régulièrement notifié le sursis à l'exécution de ses travaux, à les reprendre sans obtenir la garantie financière édictée par l'art. 1799-1. • Com. 10 oct. 2018, n° 17-18.547 P : *D. 2019. 244, note. Touzain ; Rev. sociétés 2019. 218, obs. Reille ; RTD civ. 2018. 886, obs. Barbier* .

7. Débiteur de la garantie. Le crédit-bailleur, maître de l'ouvrage, est tenu de fournir la garantie de paiement de l'art. 1799-1. • Civ. 3e, 3 mai 2018, n° 17-16.332 P (crédit-bailleur n'ayant pas eu recours à un crédit spécifique au sens de ce texte pour financer les travaux).

8. Assiette de la garantie. Les sommes dues, au sens de l'art. 1799-1, al. 1er, s'entendent du prix convenu au titre du marché initial ou d'un nouveau montant qui doit résulter d'un accord des parties. • Civ. 3e, 4 janv. 2006, n° 04-17.226 P : *RDI 2006. 215, obs. Boubli* .

9. Date d'exigibilité de la garantie. Le maître de l'ouvrage est débiteur de l'obligation de garantie dès la signature du marché. • Civ. 3e, 9 sept. 2009 : *préc. note 2.*

10. Date d'exécution de la garantie. La garantie peut être sollicitée à tout moment, même en cours d'exécution du marché. • Civ. 3e, 9 nov. 2005, n° 04-20.047 P : *D. 2005. IR 2898* • 13 oct. 2016, n° 15-14.445 P (la garantie de paiement peut être sollicitée à tout moment, y compris en fin de chantier, tant que celui-ci n'était pas soldé). ♦ ... Ou, même après la réalisation des travaux, par l'entrepreneur qui n'a pas été payé par le maître de l'ouvrage. • Civ. 3e, 15 sept. 2016, n° 15-19.648 P : *D. 2016. Chron. C. cass. 2237, obs. Georget ; RDI 2016. 646, obs. Boubli* • 18 mai 2017, n° 16-16.795 P.

Décret n° 99-658 du 30 juillet 1999, *pris pour l'application de l'article 1799-1 du code civil et fixant un seuil de garantie de paiement aux entrepreneurs de travaux.*

Art. 1er Le seuil prévu au premier alinéa de l'article 1799-1 du code civil est fixé, hors taxes, à 79 000 F et, à compter du 1er janvier 2002, à 12 000 €. Les sommes dues s'entendent du prix convenu au titre du marché, déduction faite des arrhes et acomptes versés lors de la conclusion de celui-ci.

Pour l'application du deuxième alinéa de l'article 1799-1 précité, le crédit auquel recourt le maître de l'ouvrage doit être destiné exclusivement et en totalité au paiement de travaux exécutés par l'entrepreneur.

Le cautionnement solidaire prévu au troisième alinéa de l'article 1799-1 du code civil doit être donné par un établissement de crédit *(Décr. n° 2014-1315 du 3 nov. 2014, art. 20-9°)* « , une société de financement », une entreprise d'assurance ou un organisme de garantie collective ayant son siège ou une succursale sur le territoire d'un État membre de la Communauté européenne ou d'un autre État partie à l'accord sur l'Espace économique européen. La caution est tenue sur les seules justifications présentées par l'entrepreneur que la créance est certaine, liquide et exigible et que le maître de l'ouvrage est défaillant. La mise en demeure visée au troisième alinéa de l'article 1799-1 du code civil est faite par lettre recommandée avec demande d'avis de réception.

Loi n° 71-584 du 16 juillet 1971,

Tendant à réglementer les retenues de garantie en matière de marchés de travaux définis par l'article 1779-3° du code civil.

Art. 1er Les paiements des acomptes sur la valeur définitive des marchés de travaux privés visés à l'article 1779-3° du code civil peuvent être amputés d'une retenue égale au plus à 5 p. 100 de leur montant et garantissant contractuellement l'exécution des travaux, pour satisfaire, le cas échéant, aux réserves faites à la réception par le maître de l'ouvrage.

Le maître de l'ouvrage doit consigner entre les mains d'un consignataire, accepté par les deux parties ou à défaut désigné par le président du tribunal judiciaire ou du tribunal de commerce, une somme égale à la retenue effectuée.

Dans le cas où les sommes ayant fait l'objet de la retenue de garantie dépassent la consignation visée à l'alinéa précédent, le maître de l'ouvrage devra compléter celle-ci jusqu'au montant des sommes ainsi retenues.

Toutefois, la retenue de garantie stipulée contractuellement n'est pas pratiquée si l'entrepreneur fournit pour un montant égal une caution personnelle et solidaire émanant d'un établissement financier figurant sur une liste fixée par décret. — *V. Décr. n° 71-1058 du 24 déc. 1971 (D. et BLD 1972. 17).*

Art. 2 A l'expiration du délai d'une année à compter de la date de réception, faite avec ou sans réserve, des travaux visés à l'article précédent, la caution est libérée ou les sommes consignées sont versées à l'entrepreneur, même en l'absence de mainlevée, si le maître de l'ouvrage n'a pas notifié à la caution ou au consignataire, par lettre recommandée, son opposition motivée par l'inexécution des obligations de l'entrepreneur. L'opposition abusive entraîne la condamnation de l'opposant à des dommages-intérêts.

Art. 3 Sont nuls et de nul effet, quelle qu'en soit la forme, les clauses, stipulations et arrangements, qui auraient pour effet de faire échec aux dispositions des articles 1er et 2 de la présente loi.

Art. 4 *(L. no 72-1166 du 23 déc. 1972)* La présente loi est applicable aux conventions de sous-traitance.

Art. 5 *(L. no 96-609 du 5 juill. 1996, art. 6) (Application aux territoires d'outre-mer de la Nouvelle-Calédonie et de la Polynésie française).*

Loi nº 75-1334 du 31 décembre 1975,

Relative à la sous-traitance.

TITRE I. DISPOSITIONS GÉNÉRALES

Art. 1er Au sens de la présente loi, la sous-traitance est l'opération par laquelle un entrepreneur confie par un sous-traité, et sous sa responsabilité, à une autre personne appelée sous-traitant *(L. no 2001-1168 du 11 déc. 2001, art. 6)* « l'exécution de tout ou partie du contrat d'entreprise ou d'une partie du marché public conclu avec le maître de l'ouvrage ».

Al. 2 abrogé par Ord. no 2010-1307 du 28 oct. 2010, art. 7-60o.

Art. 2 Le sous-traitant est considéré comme entrepreneur principal à l'égard de ses propres sous-traitants.

Art. 3 L'entrepreneur qui entend exécuter un contrat ou un marché en recourant à un ou plusieurs sous-traitants doit, au moment de la conclusion et pendant toute la durée du contrat ou du marché, faire accepter chaque sous-traitant et agréer les conditions de paiement de chaque contrat de sous-traitance par le maître de l'ouvrage ; l'entrepreneur principal est tenu de communiquer le ou les contrats de sous-traitance au maître de l'ouvrage lorsque celui-ci en fait la demande.

Lorsque le sous-traitant n'aura pas été accepté ni les conditions de paiement agréées par le maître de l'ouvrage dans les conditions prévues à l'alinéa précédent, l'entrepreneur principal sera néanmoins tenu envers le sous-traitant mais ne pourra invoquer le contrat de sous-traitance à l'encontre du sous-traitant.

TITRE II. DU PAIEMENT DIRECT

Art. 4 *(Ord. no 2018-1074 du 26 nov. 2018, art. 12)* Le présent titre s'applique aux marchés passés par les entreprises publiques qui ne sont pas des acheteurs soumis au code de la commande publique.

Les dispositions de l'Ord. no 2018-1074 du 26 nov. 2018 s'appliquent aux marchés publics ainsi qu'aux contrats relevant de l'Ord. no 2015-899 du 23 juill. 2015 relative aux marchés publics pour lesquels une consultation est engagée ou un avis d'appel à la concurrence est envoyé à la publication à compter du 1er avr. 2019. Elles s'appliquent aux contrats de concession pour lesquels une consultation est engagée ou un avis de concession est envoyé à la publication à compter du 1er avr. 2019 (Ord. préc., art. 20).

Art. 5 Sans préjudice de l'acceptation prévue à l'article 3, l'entrepreneur principal doit, lors de la soumission, indiquer au maître de l'ouvrage la nature et le montant de chacune des prestations qu'il envisage de sous-traiter *(L. n° 2001-1168 du 11 déc. 2001, art. 7)* « ainsi que les sous-traitants auxquels il envisage de faire appel.

« En cours d'exécution du marché, l'entrepreneur principal peut faire appel à de nouveaux sous-traitants, à la condition de les avoir déclarés préalablement au maître de l'ouvrage. »

Art. 6 Le sous-traitant *(L. n° 2001-1168 du 11 déc. 2001, art. 6)* « direct du titulaire du marché » qui a été accepté et dont les conditions de paiement ont été agréées par le maître de l'ouvrage, est payé directement par lui pour la part du marché dont il assure l'exécution.

Toutefois les dispositions de l'alinéa précédent ne s'appliquent pas lorsque le montant du contrat de sous-traitance est inférieur à un seuil qui, pour l'ensemble des marchés prévus au présent titre, est fixé à *(Ord. n° 2000-916 du 19 sept. 2000, art. 5-V)* « 600 € » *[4 000 F jusqu'au 1er janv. 2002]* ; ce seuil peut être relevé par décret en Conseil d'État en fonction des variations des circonstances économiques. En deçà de ce seuil, les dispositions du titre III de la présente loi sont applicables.

Al. abrogé par Ord. n° 2018-1074 du 26 nov. 2018, art. 12.

Ce paiement est obligatoire même si l'entrepreneur principal est en état de liquidation des biens, de règlement judiciaire *[redressement ou liquidation judiciaire]* *ou de suspension provisoire des poursuites.*

(L. n° 2001-1168 du 11 déc. 2001, art. 6) « Le sous-traitant qui confie à un autre sous-traitant l'exécution d'une partie du marché dont il est chargé est tenu de lui délivrer une caution ou une délégation de paiement dans les conditions définies à l'article 14. »

Sur l'application des dispositions issues de l'Ord. n° 2018-1074 du 26 nov. 2018, V. ndlr ss. art. 4.

Art. 7 Toute renonciation au paiement direct est réputée non écrite.

Art. 8 L'entrepreneur principal dispose d'un délai de quinze jours, comptés à partir de la réception des pièces justificatives servant de base au paiement direct, pour les revêtir de son acceptation ou pour signifier au sous-traitant son refus motivé d'acceptation.

Passé ce délai, l'entrepreneur principal est réputé avoir accepté celles des pièces justificatives ou des parties de pièces justificatives qu'il n'a pas expressément acceptées ou refusées.

Les notifications prévues à l'alinéa 1er sont adressées par lettre recommandée avec accusé de réception.

Art. 9 La part du marché pouvant être nantie par l'entrepreneur principal est limitée à celle qu'il effectue personnellement.

Lorsque l'entrepreneur envisage de sous-traiter une part du marché ayant fait l'objet d'un nantissement, l'acceptation des sous-traitants prévue à l'article 3 de la présente loi est subordonnée à une réduction du nantissement à concurrence de la part que l'entrepreneur se propose de sous-traiter.

Art. 10 Le présent titre s'applique :

Aux marchés sur adjudication ou sur appel d'offres dont les avis ou appels sont lancés plus de trois mois après la publication de la présente loi ;

Aux marchés de gré à gré dont la signature est notifiée plus de six mois après cette même publication.

TITRE III. DE L'ACTION DIRECTE

Art. 11 Le présent titre s'applique à tous les contrats de sous-traitance qui n'entrent pas *dans le champ d'application du titre II.*

(Ord. n° 2018-1074 du 26 nov. 2018, art. 12) « Le présent titre ne s'applique pas aux marchés publics soumis à la deuxième partie du code de la commande publique à l'exception :

« 1° Des marchés publics relevant de ses livres I à III dont le montant est inférieur au seuil fixé en application du 2° de l'article L. 2193-10 ;

« 2° Des marchés publics relevant de son livre V. »

Sur l'application des dispositions issues de l'Ord. n° 2018-1074 du 26 nov. 2018, V. ndlr ss. art. 4.

Art. 12 Le sous-traitant a une action directe contre le maître de l'ouvrage si l'entrepreneur principal ne paie pas, un mois après en avoir été mis en demeure, les sommes qui sont dues en vertu du contrat de sous-traitance ; copie de cette mise en demeure est adressée au maître de l'ouvrage.

Toute renonciation à l'action directe est réputée non écrite.

Cette action directe subsiste même si l'entrepreneur principal est en état de liquidation des biens, de règlement judiciaire *[redressement ou liquidation judiciaire]* *ou de suspension provisoire des poursuites.*

(L. n° 94-475 du 10 juin 1994, art. 5-II) « Les dispositions du deuxième alinéa de l'article 1799-1 du code civil sont applicables au sous-traitant qui remplit les conditions édictées au présent article. »

Art. 13 L'action directe ne peut viser que le paiement correspondant aux prestations prévues par le contrat de sous-traitance et dont le maître de l'ouvrage est effectivement bénéficiaire.

Les obligations du maître de l'ouvrage sont limitées à ce qu'il doit encore à l'entrepreneur principal à la date de la réception de la copie de la mise en demeure prévue à l'article précédent.

Art. 13-1 *(L. n° 81-1 du 2 janv. 1981)* L'entrepreneur principal ne peut céder ou nantir les créances résultant du marché ou du contrat passé avec le maître de l'ouvrage qu'à concurrence des sommes qui lui sont dues au titre des travaux qu'il effectue personnellement.

(L. n° 84-46 du 24 janv. 1984) « Il peut, toutefois, céder ou nantir l'intégralité de ces créances sous réserve d'obtenir, préalablement et par écrit, le cautionnement personnel et solidaire visé à l'article 14 de la présente loi, vis-à-vis des sous-traitants. »

Art. 14 A peine de nullité du sous-traité, les paiements de toutes les sommes dues par l'entrepreneur au sous-traitant, en application de ce sous-traité, sont garantis par une caution personnelle et solidaire obtenue par l'entrepreneur d'un établissement qualifié, agréé dans des conditions fixées par décret. Cependant, la caution n'aura pas lieu d'être fournie si l'entrepreneur délègue le maître de l'ouvrage au sous-traitant dans les termes de *(Ord. n° 2016-131 du 10 févr. 2016, art. 6-XXXV, en vigueur le 1er oct. 2016)* « l'article 1338 *[ancienne rédaction : l'article 1275]* » du code civil, à concurrence du montant des prestations exécutées par le sous-traitant.

A titre transitoire, la caution pourra être obtenue d'un établissement figurant sur la liste fixée par le décret pris en application de la loi n° 71-584 du 16 juillet 1971 concernant les retenues de garantie.

Sur l'entrée en vigueur des dispositions issues de l'Ord. n° 2016-131 du 10 févr. 2016, V. cette Ord., art. 9, ss. art. 1386-1.

Art. 14-1 *(L. n° 86-13 du 6 janv. 1986)* Pour les contrats de travaux de bâtiment et de travaux publics :

— le maître de l'ouvrage doit, s'il a connaissance de la présence sur le chantier d'un sous-traitant n'ayant pas fait l'objet des obligations définies à l'article 3, *(L. n° 2001-1168 du 11 déc. 2001, art. 6)* « ou à l'article 6, ainsi que celles définies à l'article 5, mettre l'entrepreneur principal ou le sous-traitant en demeure de s'acquitter de ces obligations. Ces dispositions s'appliquent aux marchés publics et privés » ;

— si le sous-traitant accepté, et dont les conditions de paiement ont été agréées par le maître de l'ouvrage dans les conditions définies par décret en Conseil d'État, ne bénéficie pas de la délégation de paiement, le maître de l'ouvrage doit exiger de l'entrepreneur principal qu'il justifie avoir fourni la caution.

Les dispositions ci-dessus concernant le maître de l'ouvrage ne s'appliquent pas à la personne physique construisant un logement pour l'occuper elle-même ou le faire occuper par son conjoint, ses ascendants, ses descendants ou ceux de son conjoint.

(L. n° 2005-845 du 26 juill. 2005, art. 186 et 190) « Les dispositions du deuxième alinéa s'appliquent également au contrat de sous-traitance industrielle lorsque le maître de l'ouvrage connaît son existence, nonobstant l'absence du sous-traitant sur le chantier. Les dispositions du troisième alinéa s'appliquent également au contrat de sous-traitance industrielle. » — *Entrée en vigueur le 1er janv. 2006.*

TITRE IV. DISPOSITIONS DIVERSES

Art. 15 Sont nuls et de nul effet, quelle qu'en soit la forme, les clauses, stipulations et arrangements qui auraient pour effet de faire échec aux dispositions de la présente loi.

....

Art. 16 Des décrets en Conseil d'État précisent les conditions d'application de la présente loi.

Code de la construction et de l'habitation *(Décr. nos 78-621 et 78-622 du 31 mai 1978)* **Art. L. 230-1 à L. 232-2, R. 231-1 à R. 232-7** *(Construction d'une maison individuelle). — Ces art. résultent de la loi no 90-1129 du 19 déc. 1990 (D. et ALD 1991. 23 ; Rect. 485 ; JO 22 déc. ; Rect. JO 22 nov. 1991) qui entre en vigueur le 1er déc. 1991, et des décrets nos 91-1201 et 91-1202 du 27 nov. 1991 (D. et ALD 1991. 511 ; JO 29 nov.). —* **CCH.**

CHAPITRE IV DU BAIL À CHEPTEL

SECTION 1 Dispositions générales

Art. 1800 Le bail à cheptel est un contrat par lequel l'une des parties donne à l'autre un fonds de bétail pour le garder, le nourrir et le soigner, sous les conditions convenues entre elles.

1. Le contrat portant sur un seul animal ne peut comporter la qualification de bail à cheptel. • Civ. 1re, 8 juill. 1958 : *Bull. civ. I, no 365.*

2. Le bail à cheptel est traditionnellement considéré comme un bail rural et relève donc de la compétence des tribunaux paritaires. • Soc. 20 avr. 1956 : *JCP 1956. II. 9387, note Lacoste.*

3. Le bail à cheptel n'est pas soumis au statut du fermage et du métayage : V. note 2 ss. art. 1821 et note ss. art. 1830.

Art. 1801 Il y a plusieurs sortes de cheptels :

Le cheptel simple ou ordinaire,

Le cheptel à moitié,

Le cheptel donné au fermier ou au *(L. no 2009-526 du 12 mai 2009, art. 10)* « métayer ».

Il y a encore une quatrième espèce de contrat improprement appelée *cheptel.*

Art. 1802 On peut donner à cheptel toute espèce d'animaux susceptibles de croît ou de profit pour l'agriculture ou le commerce.

Art. 1803 A défaut de conventions particulières, ces contrats se règlent par les principes qui suivent.

SECTION 2 Du cheptel simple

Art. 1804 Le bail à cheptel simple est un contrat par lequel on donne à un autre des bestiaux à garder, nourrir et soigner, à condition que le preneur profitera de la moitié du croît, et qu'il supportera aussi la moitié de la perte.

Art. 1805 *(L. 9 juin 1941)* L'état numératif, descriptif et estimatif des animaux remis, figurant au bail, n'en transporte pas la propriété au preneur. Il n'a d'autre objet que de servir de base au règlement à intervenir au jour où le contrat prend fin.

Art. 1806 Le preneur doit les soins *(L. no 2014-873 du 4 août 2014, art. 26)* « raisonnables » à la conservation du cheptel.

Art. 1807 Il n'est tenu du cas fortuit que lorsqu'il a été précédé de quelque faute de sa part, sans laquelle la perte ne serait pas arrivée.

Art. 1808 En cas de contestation, le preneur est tenu de prouver le cas fortuit, et le bailleur est tenu de prouver la faute qu'il impute au preneur.

Art. 1809 Le preneur qui est déchargé par le cas fortuit, est toujours tenu de rendre compte des peaux des bêtes.

Art. 1810 *(L. 5 oct. 1941)* Si le cheptel périt en entier sans la faute du preneur, la perte en est pour le bailleur.

S'il n'en périt qu'une partie, la perte est supportée en commun, d'après le prix de l'estimation originaire et celui de l'estimation à l'expiration du cheptel.

Art. 1811 On ne peut stipuler :

Que le preneur supportera la perte totale du cheptel, quoique arrivée par cas fortuit et sans sa faute.

Ou qu'il supportera, dans la perte, une part plus grande que dans le profit.

Ou que le bailleur prélèvera, à la fin du bail, quelque chose de plus que le cheptel qu'il a fourni.

Toute convention semblable est nulle.

Le preneur profite seul des laitages, du fumier et du travail des animaux donnés à cheptel.

La laine et le croît se partagent.

Art. 1812 Le preneur ne peut disposer d'aucune bête du troupeau, soit du fonds, soit du croît, sans le consentement du bailleur, qui ne peut lui-même en disposer sans le consentement du preneur.

Le preneur qui, à l'expiration du bail à cheptel simple, n'a été en mesure de représenter ni la totalité du cheptel qui lui avait été confié, ni le produit de la vente partielle qu'il en avait faite, a commis un détournement frauduleux qui tombe sous le coup des art. 406 et 408 C. pén. (ancien ; V. C. pén., art. 313-4 et 314-1 s.). • Crim. 11 mai 1901 : *DP 1902. 1. 414.* ♦ Comp. note ss. art. 1818.

Art. 1813 Lorsque le cheptel est donné au fermier d'autrui, il doit être notifié au propriétaire de qui ce fermier tient ; sans quoi il peut le saisir et le faire vendre pour ce que son fermier lui doit.

Art. 1814 Le preneur ne pourra tondre sans en prévenir le bailleur.

Art. 1815 S'il n'y a pas de temps fixé par la convention pour la durée du cheptel, il est censé fait pour trois ans.

Art. 1816 Le bailleur peut en demander plus tôt la résolution si le preneur ne remplit pas ses obligations.

Art. 1817 *(L. 9 juin 1941)* A la fin du bail, ou lors de sa résolution, le bailleur prélève des animaux de chaque espèce, de manière à obtenir un même fonds de bétail que celui qu'il a remis, notamment quant au nombre, à la race, à l'âge, au poids et à la qualité des bêtes : l'excédent se partage.

S'il n'existe pas assez d'animaux pour reconstituer le fonds de bétail tel qu'il est ci-dessus défini, les parties se font raison de la perte sur la base de la valeur des animaux au jour où le contrat prend fin.

Toute convention aux termes de laquelle le preneur, à la fin du bail ou lors de sa résolution, doit laisser un fonds de bétail d'une valeur égale au prix de l'estimation de celui qu'il aura reçu, est nulle.

SECTION 3 Du cheptel à moitié

Art. 1818 Le cheptel à moitié est une société dans laquelle chacun des contractants fournit la moitié des bestiaux, qui demeurent communs pour le profit ou pour la perte.

L'art. 408 C. pén. (ancien) ne visant pas le contrat de société, le délit d'abus de confiance ne peut être retenu lorsqu'un métayer, lié par un contrat de cheptel à moitié, dont aucune clause n'imposait en fin de bail la restitution du cheptel en nature, a vendu la totalité du cheptel. • Crim. 21 oct. 1932 : *DP 1933. 1. 116, note Henry.* ♦ Comp. note ss. art. 1812. ♦ Comp. aussi nouv. C. pén., art. 314-1.

Art. 1819 Le preneur profite seul, comme dans le cheptel simple, des laitages, du *fumier et* des travaux des bêtes.

Le bailleur n'a droit qu'à la moitié des laines et du croît.

Toute convention contraire est nulle, à moins que le bailleur ne soit propriétaire de la métairie dont le preneur est fermier ou *(L. n° 2009-526 du 12 mai 2009, art. 10)* « métayer ».

Art. 1820 Toutes les autres règles du cheptel simple s'appliquent au cheptel à moitié.

SECTION 4 Du cheptel donné par le propriétaire à son fermier ou métayer *(L. n° 2009-526 du 12 mai 2009, art. 10).*

§ 1 Du cheptel donné au fermier

Art. 1821 *(L. 9 juin 1941)* **Ce cheptel (appelé aussi *cheptel de fer*) est celui par lequel le propriétaire d'une exploitation rurale la donne à ferme à charge qu'à l'expiration du bail, le fermier laissera un même fonds de bétail que celui qu'il a reçu.**

1. L'usufruitier qui, ayant maintenu un troupeau sous le régime du cheptel de fer, n'a pu en affecter le croît à la reconstitution de la souche, engage sa responsabilité pour avoir adopté un mode de jouissance ne lui permettant pas de veiller à la garde et à la conservation des biens. • Soc. 24 janv. 1963 : *Bull. civ. IV, n° 100.*

2. Le prix du bail à cheptel, accessoire à un bail à ferme, est libre. • Civ. 3e, 31 mars 1978 : *Bull. civ. III, n° 140.*

Art. 1822 *(L. 9 juin 1941)* **L'état numératif, descriptif et estimatif des animaux remis, figurant au bail, n'en transporte pas la propriété au preneur ; il n'a d'autre objet que de servir de base au règlement à intervenir au moment où le contrat prend fin.**

Art. 1823 **Tous les profits appartiennent au fermier pendant la durée de son bail, s'il n'y a convention contraire.**

Art. 1824 **Dans les cheptels donnés au fermier, le fumier n'est point dans les profits personnels des preneurs, mais appartient à la métairie, à l'exploitation de laquelle il doit être uniquement employé.**

Art. 1825 *(L. 5 oct. 1941)* **La perte, même totale et par cas fortuit, est en entier pour le fermier, s'il n'y a convention contraire.**

1. La perte du cheptel étant pour le preneur, c'est à lui qu'il appartient de faire la preuve de la faute du bailleur dans la contamination du cheptel. • Civ. 3e, 28 avr. 1971 : *Bull. civ. III, n° 261.*

2. La tuberculose des bovidés, prévisible et fréquente, ne constitue pas un cas fortuit extraordinaire qui, aux termes de l'art. 1773 C. civ., reste à la charge du bailleur. • Même arrêt.

Art. 1826 *(L. 9 juin 1941)* **A la fin du bail ou lors de sa résolution, le preneur doit laisser des animaux de chaque espèce formant un même fonds de bétail que celui qu'il a reçu, notamment quant au nombre, à la race, à l'âge, au poids et à la qualité des bêtes.**

S'il y a un excédent, il lui appartient.

S'il y a un déficit, le règlement entre les parties est fait sur la base de la valeur des animaux au jour où le contrat prend fin.

Toute convention aux termes de laquelle le preneur, à la fin du bail ou lors de sa résolution, doit laisser un fonds de bétail d'une valeur égale au prix de l'estimation de celui qu'il a reçu est nulle.

§ 2 Du cheptel donné au métayer *(L. n° 2009-526 du 12 mai 2009, art. 10).*

RÉP. CIV. v° *Métayage*, par I. COUTURIER et D. ROCHARD.

Art. 1827 *(L. 5 oct. 1941)* **Si le cheptel périt en entier sans la faute du** *(L. n° 2009-526 du 12 mai 2009, art. 10)* **« métayer », la perte est pour le bailleur.**

Art. 1828 **On peut stipuler que le** *(L. n° 2009-526 du 12 mai 2009, art. 10)* **« métayer » délaissera au bailleur sa part de la toison à un prix inférieur à la valeur ordinaire ;**

Que le bailleur aura une plus grande part du profit ;

Qu'il aura la moitié des laitages ;

Mais on ne peut pas stipuler que le *(L. n° 2009-526 du 12 mai 2009, art. 10)* **« métayer » sera tenu de toute la perte.**

Art. 1829 **Ce cheptel finit avec le bail** *(L. n° 2009-526 du 12 mai 2009, art. 10)* **« de métayage ».**

Art. 1830 **Il est d'ailleurs soumis à toutes les règles du cheptel simple.**

Le contrat de cheptel, tel qu'énoncé dans les art. 1804 à 1831, n'a pas été abrogé par le statut du fermage et du métayage et il continue d'exister parallèlement au bail à colonat. Dès lors, les parties peuvent convenir et les tribunaux paritaires décider que le contrat de cheptel vif jouera en même temps que le contrat de métayage qui l'enveloppe. Dans cette éventualité, le partage du croît se fait par moitié, tandis que celui des produits de l'exploitation est soumis à la règle du tiercement. • Soc. 13 mai 1949 : *D. 1949. 313, note J.L. ; JCP 1949. II. 4918, note Ourliac et de Juglart.* – Dans le même sens : • CE 10 juin 1949, *Union gersoise de la propriété agricole : D. 1949. 498, note R. Savatier* • Soc. 20 avr. 1967 : *Bull. civ. IV, n° 318.*

SECTION 5 Du contrat improprement appelé cheptel

Art. 1831 Lorsqu'une ou plusieurs vaches sont données pour les loger et les nourrir, le bailleur en conserve la propriété : il a seulement le profit des veaux qui en naissent.

TITRE VIII *BIS* DU CONTRAT DE PROMOTION IMMOBILIÈRE

(L. n° 71-579 du 16 juill. 1971)

Les art. 1831-1 à 1831-5 C. civ. sont applicables dans les territoires d'outre-mer et en Nouvelle-Calédonie (Ord. n° 98-774 du 2 sept. 1998, art. 1er, modifiée et ratifiée par L. n° 99-1121 du 28 déc. 1999, JO 29 déc.).

RÉP. CIV. v° *Promotion immobilière*, par H. PÉRINET-MARQUET et M. FAURE-ABBAD.

Art. 1831-1 Le contrat de promotion immobilière est un mandat d'in térêt commun par lequel une personne dite "promoteur immobilier" s'oblige envers le maître d'un ouvrage à faire procéder, pour un prix convenu, au moyen de contrats de louage d'ouvrage, à la réalisation d'un programme de construction d'un ou de plusieurs édifices ainsi qu'à procéder elle-même ou à faire procéder, moyennant une rémunération convenue, à tout ou partie des opérations juridiques, administratives et financières concourant au même objet. Ce promoteur est garant de l'exécution des obligations mises à la charge des personnes avec lesquelles il a traité au nom du maître de l'ouvrage. *(L. n° 78-12 du 4 janv. 1978)* « Il est notamment tenu des obligations résultant des articles 1792, 1792-1, 1792-2 et 1792-3 du présent code. »

Si le promoteur s'engage à exécuter lui-même partie des opérations du programme, il est tenu, quant à ces opérations, des obligations d'un locateur d'ouvrage.

1. Qualification de promoteur de fait. • Civ. 3e, 8 avr. 2009, n° 07-20.706 P : *RDI 2010. 103, obs. Heugas-Darraspen ; Defrénois 2010. 233, obs. Périnet-Marquet.*

2. Responsabilité. Le promoteur de fait engage sa responsabilité en cas de méconnaissance de l'obligation de résultat pesant sur lui quant à la conformité du projet aux règles d'urbanisme. • Civ. 3e, 8 avr. 2009 : *préc. note 1.*

Art. 1831-2 Le contrat emporte pouvoir pour le promoteur de conclure les contrats, recevoir les travaux, liquider les marchés et généralement celui d'accomplir, à concurrence du prix global convenu, au nom du maître de l'ouvrage, tous les actes qu'exige la réalisation du programme.

Toutefois, le promoteur n'engage le maître de l'ouvrage, par les emprunts qu'il contracte ou par les actes de disposition qu'il passe, qu'en vertu d'un mandat spécial contenu dans le contrat ou dans un acte postérieur.

Le maître de l'ouvrage est tenu d'exécuter les engagements contractés en son nom par le promoteur en vertu des pouvoirs que celui-ci tient de la loi ou de la convention.

Art. 1831-3 Si, avant l'achèvement du programme, le maître de l'ouvrage cède les droits qu'il a sur celui-ci, le cessionnaire lui est substitué de plein droit, activement et passivement, dans l'ensemble du contrat. *(L. n° 72-649 du 11 juill. 1972)* « Le cédant est garant de l'exécution des obligations mises à la charge du maître de l'ouvrage par le contrat cédé. »

Les mandats spéciaux donnés au promoteur se poursuivent entre celui-ci et le cessionnaire.

Le promoteur ne peut se substituer un tiers dans l'exécution des obligations qu'il a contractées envers le maître de l'ouvrage sans l'accord de celui-ci.

Le contrat de promotion immobilière n'est opposable aux tiers qu'à partir de la date de sa mention au fichier immobilier.

Inopposabilité au créancier hypothécaire du contrat de promotion immobilière publié le même jour que l'hypothèque, V. • Versailles, 10 oct. 1996 : *D. 1997. Somm. 258, obs. S. Piedelièvre* ; *RDI 1997. 453, obs. Saint-Alary Houin*.

Art. 1831-4 **La mission du promoteur ne s'achève à la livraison de l'ouvrage que si les comptes de construction ont été définitivement arrêtés entre le maître de l'ouvrage et le promoteur, le tout sans préjudicier aux actions en responsabilité qui peuvent appartenir au maître de l'ouvrage contre le promoteur.**

Art. 1831-5 **Le règlement judiciaire ou la liquidation des biens** *[redressement ou liquidation judiciaires]* **n'entraîne pas de plein droit la résiliation du contrat de promotion immobilière. Toute stipulation contraire est réputée non écrite.**

Code de la construction et de l'habitation *(Décr. nos 78-621 et 78-622 du 31 mai 1978)* **Art. L. 222-1 à L. 222-7, R. 222-1 à R. 222-14** *(Contrat de promotion immobilière pour la construction d'immeubles à usage d'habitation ou à usage professionnel et d'habitation). — CCH.*

TITRE IX DE LA SOCIÉTÉ

(L. no 78-9 du 4 janv. 1978)

V. les annotations détaillées portées ss. C. civ., art. 1832 s. au ***Code des sociétés Dalloz.***

RÉP. SOCIÉTÉS.

RÉP. CIV. v° *Personne morale,* par G. WICKER et J.-C. PAGNUCCO.

BIBL. GÉN. ▸ **Commentaires de la loi du 4 janv. 1978 :** CHARTIER, *JCP 1978. I. 2917.* – Jean FOYER, *Rev. sociétés 1978. 1.* – GERMAIN, *JCP N 1979. I. 237.* – GUYÉNOT et GALIMARD, *Gaz. Pal. 1978. 1. Doctr. 169.* – GUYÉNOT, *Gaz. Pal. 1978. 2. Doctr. 475* (décret du 3 juill. 1978). – GUYON, *Rev. sociétés 1979. 1.* – JEANTIN, *D. 1978. Chron. 173.* – VION, *Defrénois 1978. 657, 721, 897, 961.*

▸ **Commentaire de la loi du 22 mai 2019 (PACTE) :** Dossier : « La loi Pacte : le nouveau visage du droit des sociétés », *Rev. sociétés 2019. 565*. – V. Bibl. ss. art. 1833 et 1835.

▸ **Commentaire de la loi du 19 juill. 2019 :** EMY et SAINTOURENS, *Rev. sociétés 2019. 655*.

▸ **Études de thèmes généraux :** AUMONT, MROZ et THIBERT-BELAMAN, *JCP 2022, no 1138* (la vocation sociétale de l'entreprise : une stratégie gagnante ?). – BERTREL, *RTD com. 2013. 403* (société, contrat d'investissement) ; *RTD civ. 2013. 759* (la détention du contrôle d'une société commerciale relève-t-elle vraiment du droit civil ?). – DE BERMOND DE VAULX, *D. 1996. Chron. 185* (fait et société). – DEBOISSY et WICKER, *RTD civ. 2000. 225* (société et indivision). – DEKEUWER-DÉFOSSEZ, *Mél. Roblot, LGDJ, 1984, p. 271* (mariage et sociétés). – DERRUPPÉ, *Defrénois 1994. 1137* (qualité d'associé : cas de l'usufruitier de parts ou actions). – DIDIER, *Mél. Terré, Dalloz/PUF/Juris-Classeur, 1999, p. 635* (contrat-organisation). – DORAT DES MONTS, *RTD com. 1982. 505* (unification des sociétés civiles et commerciales). – DUCHANGE, *D. 2022. 2108* (nature juridique du contrat de travail). – DUMOULIN, *Rev. sociétés 2006. 1* (droits de la personnalité des personnes morales). – FAVARIO, *Rev. sociétés 2008. 53* (contrat de société). – FREYRIA, *Mél. Breton/Derrida, Dalloz, 1991, p. 121* (la personnalité morale à la dérive). – GERMAIN, *JCP 1988. I. 3341* (droit commun des sociétés après la loi du 5 janv. 1988 relative au développement et à la transmission des entreprises) ; *Rev. sociétés 2019. 295* (la contractualisation du droit des sociétés depuis le 24 juill. 1966). – GIL, RJPF 2011-1/9 (mésentente conjugale et droit des sociétés). – GOUBEAUX, *Mél. Roblot, LGDJ, 1984, p. 199* (personnalité morale, droit des personnes et droit des biens). – JEANTIN, *Mél. Perrot, Dalloz, 1996* (rôle du juge). – LACROIX-DE SOUSA, *Rev. sociétés 2016. 499* *(affectio societatis)*. – LAMOUR, *D. 2003. Chron. 51* (responsabilité personnelle des associés). – LAHNANE, *AJ contrat 2017. 475* (l'inflexion nécessaire du principe d'intangibilité du contrat : étude comparée entre droit des sociétés et droit commun des contrats). – LEQUET, *Rev. sociétés 2021. 18* (contestation par les tiers des actes accomplis en violation des clauses statutaires limitatives des pouvoirs des dirigeants). – LE CANNU, *Mél. Jeantin, Dalloz, 1999, p. 247* (existe-t-il une société de droit commun ?). – LECOURT, *D. 2018. 805* (pour un code européen des sociétés). – LE RUYET, *Rev. sociétés 2023. 7* (l'agrément en droit des sociétés : plaidoyer pour une réforme générale). – LIBCHABER, *ibid., p. 281* (la société, contrat spécial). – MALECKI, *Mél. Bouloc, Dalloz, 2007, p. 695* (protection de l'incapable majeur en droit des sociétés). – MASSON, *Rev. sociétés 2016. 84* (métamorphoses de l'associé). – MAUBRU, *Defrénois 1984. 65* (entreprises familiales). – MEKKI, *RLDC 2008/53, n° 3168* (clauses relatives au prix dans les cessions de droits sociaux). – MESTRE, *Mél. Mouly, Litec, 1998, t. 2, p. 131* (liberté et loyauté dans le contrat de société). – PAILLUSSEAU, *JCP 1984. I. 3148* (fondement du droit des sociétés) ; *RTD civ. 1993. 705* (droit de la personnalité morale). – PELLERIN, *RTD com. 1981. 471* (personnalité morale et forme des groupements). – PORACCHIA, *Rev. sociétés 2012. 475* (l'intérêt social) ; *Dr. et patr. 5/2013. 84* (personnalité morale). – RANDOUX, *Études Weill, Dalloz/Litec, 1983, p. 471* (spécialisation des sociétés). – REVEL, *D. 1993. Chron. 33* (droit des sociétés et régime matrimonial). – SCHMIDT, *D. 2017. 2380* (société et entreprise). – SERLOOTEN, *Mél. Guyon, Dalloz, 2003* (l'*affectio societatis*). – TAP, *Rev. sociétés 2017. 615* (les clauses de conciliation et de médiation face aux conflits sociétaires). – TERRAY, *JCP 1984. I. 3154* (distinction société et entreprise). – WESTER-OUISSE, *JCP 2009. I. 137* (dérives anthropomorphiques de la personnalité morale). – ZOLOMIAN, *Rev. sociétés 2016. 407* (sociétés devenues de fait). – Dossier « L'exercice en société des professions de santé », *RDSS 2014. 407*. – Dossier « La SCI dans tous ses états », *Defrénois 2017/6.12*. – Dossier « Les rapports contractuels entre société, associés et dirigeants », *AJ contrat 2018. 451*. – Dossier : « La loi Pacte : le nouveau visage du droit des sociétés », *Rev. sociétés 2019. 565*.

▸ **Panoramas Dalloz :** *D. 2022 Pan. 1875* (sept. 2021 – août 2022) ; *D. 2021. Pan. 1941* (sept. 2020 – août 2021) ; *D. 2020. Pan. 2033* (sept. 2019 – août 2020) ; *D. 2020. Pan. 118* (sept. 2018 – août 2019) ; *D. 2018. Pan. 2056* (oct. 2017 – août 2018) ; *D. 2017. Pan. 2335* (sept. 2016 – sept. 2017) ; *D. 2016. Pan. 2365* (sept. 2015 – nov. 2016) ; *D. 2015. Pan. 2401* (sept. 2014 – août 2015) ; *D. 2014. Pan. 2434* (sept. 2013 – août 2014) ; *D. 2013. Pan. 2729* (sept. 2012 – juill. 2013) ; *D. 2012. Pan. 2688* (sept. 2011 – août 2012) ; *D. 2011. Pan. 2758* (sept. 2010 – août 2011).

CHAPITRE I DISPOSITIONS GÉNÉRALES

(L. n° 78-9 du 4 janv. 1978)

Art. 1832 *(L. n° 85-697 du 11 juill. 1985, art. 1er)* **La société est instituée par deux ou plusieurs personnes qui conviennent par un contrat d'affecter à une entreprise commune des biens ou leur industrie en vue de partager le bénéfice ou de profiter de l'économie qui pourra en résulter.**

Elle peut être instituée, dans les cas prévus par la loi, par l'acte de volonté d'une seule personne.

Les associés s'engagent à contribuer aux pertes.

La L. n° 85-697 du 11 juill. 1985 est applicable dans les territoires d'outre-mer et à Mayotte (L. préc., art. 17).

BIBL. GÉN. ▸ COURET, *D. 2017. 222*. – DEBOISSY et WICKER, *RTD civ. 2000. 225* (société et indivision : enjeux fiscaux). – SAINT-ALARY-HOUIN, *RTD com. 1979. 645* (société et indivision). – HÉLOT, *D. 1991. Chron. 143* (*intuitus personae* dans la société de capitaux). – ROUAST-BERTIER, *Rev. sociétés 1993. 725*. – MESTRE, *Mél. Mouly, Litec, 1998, p. 130* (la société est bien encore un contrat). – LIBCHABER, *Mél. Jeantin, Dalloz, 1999, p. 281* (la société, contrat spécial). – DIDIER, *Rev. sociétés 2000. 95* (théorie contractualiste de la société). – JULIENNE, *RTD com. 2015. 199* (le mineur associé). – KILGUS, *RTD com. 2019. 313* (modalités de prorogation de la société). – MORIN, *RTD com. 2000. 299* (*intuitus personae* et sociétés cotées). – MOURY, *D. 2023. 22* (l'apport rémunéré par l'attribution de titres donnant seulement accès au capital, sur fond de requalification de vente en apport). – FAVARIO, *Rev. sociétés 2008. 53* (regards civilistes sur le contrat de société). – TCHOTOURIAN, *Rev. sociétés 2018. 211* (RSE, expérience canadienne).

▸ **Sur l'*affectio societatis* :** REBOUL-MAUPIN, *Rev. sociétés 2000. 425*. – DE BERMOND DE VAULX, *JCP E 1994. I. 346 ; Dr. sociétés avr. 1993. Chron. 4* (*affectio societatis* et exclusion). – HAMEL, *RTD civ. 1925. 261*. – SERLOOTEN, *Mél. Guyon, Dalloz, 2003, p. 1007* (l'*affectio societatis*, une notion à revisiter). – BRÈS, *RTD com. 2011. 463* (obligation de non-concurrence de plein droit de l'associé).

I. QUALIFICATION DE LA SOCIÉTÉ

1. Nature institutionnelle. Alors que dans la conception ancienne qui reste celle du code civil, la société est un contrat, il ne saurait être contesté qu'elle constitue bien plus qu'un contrat : une institution dont la constitution et le fonctionnement sont réglés dans tous les systèmes juridiques par des dispositions légales impératives. • Paris, 26 mars 1966 : *RTD com. 1966, p. 349, obs. Houin.* ♦ Sur l'autonomie de la société, V. notes ss. art. 1842.

2. Conditions du contrat de société. Les juges du fond restituent sa véritable qualification à une convention en retenant qu'il s'agit d'un contrat de société et non d'association après avoir relevé le but lucratif de l'opération, la participation aux bénéfices et aux pertes des parties qui avaient déterminé ou chiffré les apports en nature et en espèces de chacune d'elles, ainsi que l'*affectio societatis*. • Com. 2 mars 1982 : *Bull. civ. IV, n° 85.*

3. Intention de s'associer et participation aux pertes. Les juges du fond caractérisent une promesse synallagmatique de contrat de société en constatant que les parties avaient eu l'intention de s'associer, que l'objet de la société était précisé, que l'engagement était définitif et qu'il comportait l'obligation pour les parties de participer aux dettes sociales. • Com. 11 juin 1979, n° 77-14.100 P. ♦ Société et achat en commun d'un billet de loto : V. note 3 ss. art. 1871. ♦ Une promesse de société suppose que, pendant la période au cours de laquelle est négociée la formule à venir, existe une volonté non équivoque de tous les associés de collaborer ensemble sur un pied d'égalité à la poursuite de l'œuvre commune. • Com. 9 avr. 1996 : *Rev. sociétés 1997. 81, note Bénac-Schmidt*. ♦ Il n'y a pas de société sans apport. • Com. 13 janv. 2009 : *Dr. sociétés 2009, n° 66, note Coquelet ; JCP N 2009. 1205, note Duchêne et Epstein ; RTD com. 2009. 568, obs. Champaud*.

4. Sanctions – Société fictive. Une société fictive est une société nulle et non inexistante ; les juges du fond ne peuvent dès lors débouter l'administration des impôts de ses poursuites sans rechercher si cette administration n'était pas un tiers de bonne foi auquel la nullité constatée était inopposable. • Com. 16 juin 1992 : *D. 1993. 508 (2e esp.), note Collet.* ♦ V. également note 20. ♦ Sur l'absence de rétroactivité de la nullité, V. note 2 ss. art. 1844-15.

5. Société et association – But lucratif. Doit être cassé un arrêt qui, pour refuser de restituer à une société la qualification d'association (demandée en application de l'art. 43 de la L. du 7 juin 1977), retient que, dans ses statuts, cette société s'était attribué un caractère lucratif, tout en constatant que cette société était de fait dépourvue de tout caractère lucratif. • Com. 15 nov. 1983 : *Bull. civ. IV, n° 309.*

6. Les dispositions du code civil et, à défaut, du code de commerce, régissant les sociétés, présentent une vocation subsidiaire d'application aux associations. • Civ. 1re, 3 mai 2006, n° 03-18.229 P : *D. 2006. 2037, note Rodriguez ; JCP E 2006. 2675, note F.-X. Lucas ; LPA 27 juill. 2007, note Schultz ; RTD com. 2006. 619, obs. Grosclaude ; Rev. sociétés 2006. 855, note Randoux*.

Si une association d'avocats se trouve soumise aux dispositions des art. 1832 à 1844-17, cependant, l'art. 1843-4 ne lui est pas applicable en l'absence de capital social et ne peut être étendu aux comptes à effectuer lors du départ d'un avocat. • Civ. 1re, 17 févr. 2021, n° 19-22.964 P : *D. 2021. 428 ; Rev. sociétés 2021. 384, note Barbièri*.

7. Société de fait. V. notes ss. art. 1873.

II. APPORTS

8. Nécessité des apports. La constitution d'apports forme l'une des conditions essentielles du contrat de société. • Req. 15 déc. 1920 : *S. 1922. 1. 17, note Bourcart* • Com. 28 juin 1976 : *Rev. sociétés 1977. 237, note Hémard.* ♦ Il en est de même dans une société en participation. • Com. 7 juill. 1953 : *Bull. civ. III, n° 254.* ♦ La disproportion des apports n'exclut pas l'existence d'un contrat de société. • Civ. 1re, 28 févr. 1973, n° 72-10.430 P : *D. 1973. IR 96.*

9. Diversité des apports. Une action en justice ne peut faire l'objet d'un apport en jouissance rémunéré par l'attribution de droits sociaux. • Com. 31 mai 2005, n° 02-18.547 P : *D. 2005. AJ 1699, obs. A. Lienhard ; Rev. sociétés 2006. 114, note Dondero*. ♦ Sur le principe que l'apporteur en industrie est un associé à part entière. • Civ. 1re, 30 mars 2004 : *D. 2004. Actu. 1088, obs Liénard ; Bull. Sociétés Joly, 2004, 1001, obs. Baillod.*

10. Apports fictifs. La fictivité suppose que l'apport ne procure aucun avantage à la société. Elle peut cependant entacher les apports des biens sur lesquels l'associé était sans droits. • Paris, 1er déc. 1992 : *BJS 1993. 323, note Saintourens ; Dr. sociétés 1993, n° 48, obs. Bonneau.* ♦ Est fictif l'apport d'un bien grevé d'un passif supérieur à sa valeur réelle. • Com. 18 juin 1974, n° 73-10.662 P : *BJS 1974. 709* • Douai, 6 août 1903 : *DP 1907. 2. 377, note Levillain* • Paris, 21 déc. 1933 : *DP 1935. 2. 30, note Pic.* ♦ L'apport est fictif lorsque le bien apporté par l'associé a été antérieurement vendu à un tiers. • T. com. Lyon, 3 févr. 1949 : *Journ. sociétés 1949. 277.* ♦ V. notes ss. art. 1843-3.

11. ... Fictivité et simulation. Lorsqu'une société a été constituée pour organiser l'insolvabilité apparente d'un débiteur, que l'apport n'était pas simulé mais avait pour but de transférer à la société une partie de l'actif du débiteur en fraude des droits du créancier, et que se trouve caractérisée par là même, implicitement mais nécessairement, l'existence d'un concert frauduleux entre les parties à l'acte de société, l'acte d'apport peut être déclaré inopposable au créancier. • Com. 19 avr. 1972 : *Rev. sociétés 1973. 81, note Hémard.*

12. ... Sanction. La nullité de la société est encourue lorsque les apports qui ont été effectués sont fictifs. • Civ. 11 avr. 1927 : *DP 1929. 1. 25, note Pic.* ♦ Comp. : • Paris, 21 sept. 2001 : *JCP E 2002, n° 6, 252.* ♦ La surévaluation d'apports ne justifie pas l'annulation de la société sauf en cas de dol ou de fraude. • T. com. Paris,

24 juin 1974 : *RJ com. 1977. 157.*

13. *Apport frauduleux.* L'apport d'un immeuble commun, fait à une société civile constituée par deux époux, peut constituer une fraude aux droits des créanciers dont l'un des époux est caution, ceux-ci ne pouvant plus appréhender que des droits mobiliers constituant la moitié du capital social. • Civ. 1re, 21 juill. 1987 : *BJS 1987. 632, note Lesguillier.* – Dans le même sens, V. • Civ. 3e, 26 févr. 2003 : *RJDA 2003, no 494* • 27 sept. 2005 : *RJDA 2005, no 1350.* ♦ Doit être accueillie, sur le fondement de l'art. 1167 anc. C. civ. (action paulienne), la demande en annulation d'un apport en nature fait par un débiteur, dès lors que le transfert de propriété au profit de la société a fait échapper ces biens aux poursuites du créancier lui causant ainsi un préjudice dont le débiteur avait nécessairement connaissance. • Civ. 1re, 14 févr. 1995, no 92-18.886 P : *D. 1995. IR 93 ; RTD com. 1995. 421, obs. Champaud et Danet ; Dr. sociétés 1995, no 133, note Bonneau.* – Dans le même sens, V. • Com. 3 déc. 2002 : *RJDA 2003, no 495 ; Dr. sociétés 2003, no 141, note F.-X. Lucas.*

III. AFFECTIO SOCIETATIS

14. *Nature et nécessité de l'affectio societatis : pour la société (oui).* L'*affectio societatis* suppose que les associés collaborent de façon effective à l'exploitation dans un intérêt commun et sur un pied d'égalité, chacun participant aux bénéfices comme aux pertes. • Com. 3 juin 1986 : *Rev. sociétés 1986. 585, note Y. G.* ♦ Il ne peut y avoir contrat de société si le concours à la gestion, le pouvoir de contrôle et de critique, la participation à l'administration, tous actes qui sont comme la matérialisation de l'*affectio societatis*, font défaut. • Paris, 11 juill. 1951 : *S. 1953. 2. 81, note Dalsace.* ♦ L'*affectio societatis* implique, outre la vocation des associés à la répartition des bénéfices, une participation à la conduite des affaires sociales sur un pied d'égalité, un pouvoir de contrôle et de critique et un concours actif à l'administration de l'affaire. • Même jugement. ♦ Ne donne pas de base légale à sa décision l'arrêt qui, pour admettre l'existence d'une société de fait entre deux personnes, se borne à affirmer leur volonté de participer aux bénéfices et aux pertes sans constater l'*affectio societatis* qui est distincte de cette volonté. • Com. 19 mai 1969, no 67-12.651 P. ♦ Dans une SCI entre concubins, dont l'unique objet est l'acquisition au moyen d'un emprunt d'un bien immobilier destiné à l'habitation des associés concubins, les deux associés avaient, au *moment de la constitution de la société*, la volonté de la créer afin de cohabiter dans le bien acquis, ce dont résultait l'existence de l'*affectio societatis.* • Com. 10 févr. 2015, no 14-10.110 : *Rev. sociétés 2015. 524, note Lacroix-De Sousa.* ♦ Une mésentente grave ne peut pas s'analyser comme l'abandon de l'*affectio societatis.* • Paris, 3 mars 1995 : *RJDA 1995, no 720.* – V. aussi • T. com. Paris, 13 juin 1995 : *Gaz. Pal. 1996. 2. Somm. 548.*

15. *... Pour une cession d'actions (non).* L'*affectio societatis* n'est pas une condition requise pour la formation d'un acte emportant cession de droits sociaux. • Com. 11 juin 2013, no 12-22.296 P : *D. 2013. 1546 ; RTD civ. 2013. 594, obs. Barbier ; Gaz. Pal. 2013. 3004 ; RLDC 2013/109, no 5257, obs. Le Gallou.*

16. *... Pour un conjoint revendiquant la qualité d'associé (non).* L'*affectio societatis* n'est pas une condition requise pour la revendication, par un époux, de la qualité d'associé sur le fondement de l'art. 1832-2. • Com. 21 sept. 2022, no 19-26.203 B : *D. actu. 11 oct. 2022, obs. Delvallée ; D. 2022. 1838, note Dondero ; AJ fam. 2023. 165, obs. Casey ; Rev. sociétés 2023. 35, note Reygrobellet ; JCP 2022, no 1293, obs. Kilgus ; Defrénois 2023/4-5. 11, obs. Rabreau ; Dr. fam. 2023, no 7, obs. Torricelli-Chrifi.*

17. *Date d'appréciation.* L'existence de l'*affectio societatis* doit être appréciée lors de la constitution de la société. • Civ. 1re, 24 oct. 1978, no 77-13.884 P. ♦ Mais si les conditions de validité d'une société doivent s'apprécier lors de sa constitution, le juge peut, pour qualifier les relations contractuelles entre les parties, se fonder sur des éléments postérieurs au début de leurs engagements. • Com. 12 oct. 1993, no 91-13.966 P : *Rev. sociétés 1994. 283, note Bénac-Schmidt ; D. 1993. IR 262 ; BJS 1993. 1265, note Jeantin ; Dr. sociétés 1994, no 1, note Bonneau.* ♦ L'*affectio societatis*, qui s'apprécie à la date de création de la société, ne peut être démentie par l'absence de libération des apports, qui rend simplement les associés défaillants débiteurs envers la société de ce qu'ils ont promis de lui apporter. • Paris, 10 mars 2004 : *Rev. sociétés 2004. 733, obs. Urbain-Parléani ; RJDA 2004, no 1002 ; Dr. sociétés 2004, no 193, note Monnet (1re esp.).* ♦ L'*affectio societatis* est un élément spécifique du contrat de société qui doit durer aussi longtemps que la société et, plus particulièrement, lorsque les statuts prévoient un agrément. • TGI Paris, 14 mars 1973 : *Rev. sociétés 1974. 92, note Guilberteau ; Gaz. Pal. 1973. 2. 912, note Peisse.*

18. *Sanctions.* Ne font qu'user de leur pouvoir d'appréciation les juges du fond qui n'admettent pas la qualité d'associé alors que l'*affectio societatis* n'est pas établi. • Com. 14 juin 1983 : *D. 1985. 125, note Chartier* • 9 oct. 1972, no 70-14.095 P. ♦ Pour la cassation, pour défaut de base légale au regard de l'art. 1832 C. civ., d'un arrêt qui avait prononcé la nullité, pour défaut d'*affectio societatis*, d'un contrat de société n'ayant été conclu que pour permettre l'établissement de contrats de location-gérance, V. • Com. 10 févr. 1998, no 95-21.906 P : *BJS 1998. 767, note Daigre* (cassant • Paris, 7 juill. 1995 : *JCP E 1995. Pan. 1175*). ♦ La nullité d'une société pour défaut d'*affectio societatis* entraîne l'inexistence de tout lien véritable d'association entre les pseudo-associés et exclut notamment que les apports de ceux-ci soient entrés dans un patrimoine commun : les règles de l'indivision sont donc inapplicables. • Civ. 3e, 8 janv. 1975, n° 73-13.635 P : *Rev. sociétés 1976. 301, note Balensi.*

19. Simulation. Jugé que, dès lors qu'il est établi que la société était une société de façade, sans activité, dont le capital était détenu presque entièrement par le gérant avec son épouse, et que celui-ci s'engageait tant au nom de la société qu'en son nom propre, il ressort que le gérant, auteur de la simulation par contre-lettre, est personnellement tenu envers le demandeur à la rémunération qui lui a été promise par la société. • Paris, 28 oct. 1999 : *BJS 2000. 219, note Dom.*

20. Fictivité de la société. Fictivité de la société pour absence d'*affectio societatis* au moment de sa constitution (cession en blanc, par un associé, des parts qu'il vient de souscrire). • Com. 6 oct. 1953 : *S. 1954, I, 149, note Robert.* ♦ Comp. • Civ. 1re, 20 oct. 1971, n° 70-12.701 P. ♦ Pour la fictivité d'une SARL n'ayant fait que continuer l'activité de son fondateur et dirigeant, qui lui avait donné en location-gérance le fonds de commerce qu'il exploitait personnellement, V. • Com. 4 juin 2002 : *RJDA 2003, n° 138.* ♦ ... D'une société ayant pour objet la gestion d'un portefeuille de valeurs mobilières, dépourvue d'autonomie financière et qui avait été constituée dans le seul but d'éluder l'impôt, • Com. 15 mai 2007 : *Dr. sociétés 2007, n° 174, note Mortier ; RJDA 2007, n° 966 ; BJS 2007. 1093, note Mathey ; Banque et Dr. 11-12/2007. 69, obs. Riassetto ; Dr. et patr. 6/2008. 97, obs. Poracchia.* – Rappr. : • Com. 13 janv. 2009 : *préc. note 3.* ♦ En revanche, ne caractérisent pas la fictivité d'une société, les arrêts qui se bornent à relever que les sociétés en cause sont des unités d'exploitation d'une même entreprise commerciale. • Com. 15 nov. 1994 : *RJDA 1995, n° 441 ; JCP E 1995. Pan. 78.* ♦ ... Ou que leurs statuts ne permettent pas d'identifier les détenteurs du capital et que ce manque de transparence traduit une volonté de dissimulation, que ces sociétés ont pour gestionnaire commun de leurs navires respectifs une même société de droit suisse et qu'elles ont défendu les mêmes intérêts dans une procédure, retenant de ces circonstances que ces sociétés dissimulent une même entité économique qui, par le biais de sociétés fictives, divise son patrimoine pour diminuer les risques et entraver les poursuites de ses créanciers. • Com. 19 mars 1996 : *D. 1996. IR 103 ; Rev. sociétés 1996. 267, note Le Cannu ; RTD com. 1996. 686, obs. Champaud et Danet.* ♦ Pour la fictivité de sociétés exploitant des hôtels, créées pour masquer l'existence d'un contrat de travail entre les prétendus associés, dont la participation aux pertes se trouvait fortement limitée, et la société propriétaire des hôtels, V. • Paris, 7 juin 2001 : *RJDA 2002, n° 41.* – V. Cutajar, *RJDA janv. 2002, p. 3.*

IV. BÉNÉFICES ET PERTES

21. Principe. La participation aux bénéfices et aux pertes est de l'essence du contrat de société. • Com. 19 mai 1954 : *Bull. civ. III, n° 189* • Com. 21 oct. 1970 : *Bull. civ. IV, n° 277.*

22. Participation aux bénéfices – Économies. Il faut entendre par bénéfice un gain pécuniaire ou un gain matériel qui ajouterait à la fortune des associés. • Cass., ch. réun., 11 mars 1914 : *DP 1914. 1. 257, note L.S.* • Civ. 2 mars 1931 : *DH 1931. 285.* ♦ Il résulte des dispositions de l'art. 1832 que la société peut avoir une autre finalité que celle de partager un bénéfice et que son objectif peut être également de profiter d'une économie, sans pour autant s'interdire de créer des bénéfices qui doivent se répartir au prorata des parts dans le capital social, sauf clause contraire des statuts. • Paris, 10 mai 1995 : *Defrénois 1995. 954, obs. Le Cannu ; BJS 1995. 742, note Jeantin.* ♦ L'objectif principal d'une société de personnes qui mettent en commun les fonds nécessaires à la réalisation de l'objet social, à savoir l'acquisition de lots de copropriété dans un ensemble immobilier, est de faire profiter les associés d'une économie dans le fonctionnement des installations dont il s'agit ; dans ces conditions, l'absence de bénéfices n'entache pas de nullité, voire d'inexistence, le contrat de société. • Même arrêt.

23. Contribution aux pertes. La contribution aux pertes peut être inégale (un associé bénéficiant d'une franchise dans sa participation aux pertes). • Com. 4 mars 1970, n° 67-12.782 P. ♦ La volonté de s'associer implique en particulier la contribution aux pertes. • Com. 9 nov. 1981 : *Rev. sociétés 1983. 91, note Chartier* • 15 févr. 1982, n° 78-16.102 P • 17 mai 1983 : *D. 1985. 125, note Chartier ; Rev. sociétés 1984. 97, et la note* • 21 avr. 1992 : *BJS 1992. 666, note Cuisance.* ♦ Appréciant souverainement l'intention des parties, la cour d'appel qui relève que celles-ci ont voulu faire des prétendus associés les « bailleurs de fonds » de l'autre peut refuser d'annuler comme léonine la clause d'indexation stipulée pour la fixation du prix de rachat des actions, puisque, sous les apparences d'un contrat de société, les parties ont conclu un contrat de prêt. • Com. 12 déc. 1978, n° 77-11.742 P.

24. La participation aux pertes n'est pas un élément susceptible de faire obstacle à l'existence d'un contrat de travail, s'il est constaté que l'intéressé était en réalité rémunéré à la tâche. • Soc. 14 nov. 1984 : *Bull. civ. V, n° 428.*

25. Lorsqu'une société est en liquidation judiciaire, seul le liquidateur peut agir sur le fondement de l'art. 1832 contre les associés en fixation de leur contribution aux pertes sociales. • Com. 3 mai 2018, n° 15-20.348 P : *D. 2018. 1007* ; *Rev. sociétés 2018. 414, obs. Roussel Galle* ; *ibid. 2019. 271, note Deckert* ; *RTD com. 2018. 705, obs. Lecourt* (irrecevabilité de l'action d'une partie des associés contre l'autre partie). ♦ Le liquidateur judiciaire est recevable à agir, sur le fondement de l'art. 1832, contre les associés d'une société en nom collectif en fixation de leur contribution aux pertes sociales. • Com. 27 sept. 2016, n° 15-13.348 P : *D. 2016. 1998* ; *Rev. sociétés 2016. 768, obs. X. Henry*.

Art. 1832-1 *(L. n° 82-596 du 10 juill. 1982)* **« Même s'ils n'emploient que des biens de communauté pour les apports à une société ou pour l'acquisition de parts sociales, deux époux seuls ou avec d'autres personnes peuvent être associés dans une même société et participer ensemble ou non à la gestion sociale. »** *(Abrogé par L. n° 85-1372 du 23 déc. 1985, art. 50)* ***« Toutefois, cette faculté n'est ouverte que si les époux ne doivent pas, l'un et l'autre, être indéfiniment et solidairement responsables des dettes sociales. »***

Les avantages et libéralités résultant d'un contrat de société entre époux ne peuvent être annulés parce qu'ils constitueraient des donations déguisées, lorsque les conditions en ont été réglées par un acte authentique.

La L. n° 85-1372 du 23 déc. 1985 est entrée en vigueur le 1er juill. 1986 (L. préc., art. 56).

BIBL. ► **Commentaires de la loi du 10 juill. 1982 :** COLOMER, *Defrénois 1982. 1473 ; 1983. 347.* – DERRUPPÉ, *Defrénois 1983. 521.* – GODÉ, *RTD civ. 1982. 811.* – D. MARTIN, *D. 1982. Chron. 293.* – RANDOUX, *JCP 1983. I. 3103.* ► **Commentaires de la loi du 23 déc. 1985 :** V. Bibl. gén. précédant art. 1387. – REVEL, *D. 1993. Chron. 33* . – TCHENDJOU, *RTD com. 1996. 409* . ► **Application au PACS :** BESNARD-GOUDET, *JCP E. 2001. 1128.* – MALECKI, *Rev. Sociétés. 2000. 653 ; JCP E 2006. 2409.* – Dossier, *Defrénois 2015. 1033* (communauté légale et droit des sociétés).

***Affectio societatis* entre époux.** Sur le caractère renforcé de l'*affectio societatis* dans une société entre époux, V., pour l'appréciation de la faute en matière de divorce : • Paris, 3 juill. 1991 : *Rev. sociétés 1991. 825, obs. Guyon.*

Art. 1832-2 *(L. n° 82-596 du 10 juill. 1982)* **Un époux ne peut, sous la sanction prévue à l'article 1427, employer des biens communs pour faire un apport à une société ou acquérir des parts sociales non négociables sans que son conjoint en ait été averti et sans qu'il en soit justifié dans l'acte.**

La qualité d'associé est reconnue à celui des époux qui fait l'apport ou réalise l'acquisition.

La qualité d'associé est également reconnue, pour la moitié des parts souscrites ou acquises, au conjoint qui a notifié à la société son intention d'être personnellement associé. Lorsqu'il notifie son intention lors de l'apport ou de l'acquisition, l'acceptation ou l'agrément des associés vaut pour les deux époux. Si cette notification est postérieure à l'apport ou à l'acquisition, les clauses d'agrément prévues à cet effet par les statuts sont opposables au conjoint ; lors de la délibération sur l'agrément, l'époux associé ne participe pas au vote et ses parts ne sont pas prises en compte pour le calcul du quorum et de la majorité.

Les dispositions du présent article ne sont applicables que dans les sociétés dont les parts ne sont pas négociables et seulement jusqu'à la dissolution de la communauté.

BIBL. ► AUMONT, THIBERT-BELAMAN et MROZ, *Defrénois 2022/28. 27* (la distinction entre droits sociaux négociables et droits sociaux non négociables est-elle toujours d'actualité ?). – DERRUPPÉ, *JCP N 1984. I. 251.* – DUMORTIER, *JCP 1995. I. 3857* (rétroactivité de la clause de tontine). – GALLOIS-COCHET-LE GUIDEC, *Defrénois 2015. 1035* (entrée en société en qualité d'associé). – LAMBERT-WIBER, *Defrénois 1999. 1153* (unité de patrimoine et responsabilité financière de l'époux commun en biens). – MAUBRU, *Defrénois 1985. 801.* – MORTIER, *Gaz. Pal. 2012. 3194* (qualité d'associé en régime de communauté). – NAUDIN, *JCP N 2015, n° 1193.* – PASQUALINI et PASCALINI-SALERNO, *JCP E 1999, n° 47, p. 1858* (sociétés entre époux). – JULLIAN, KILGUS, MORTIER, C. FARGE, *JCP N 2022, n° 1244* (parts sociales non négociables : les dangers de l'art. 1832-2). – RAFFRAY, *JCP N 1996. I. 375* (tontine et contrat de société). – VELARDOCCHIO, *Revue Lamy droit des affaires avr. 2000. 5* (PACS et droit des sociétés). – VIALLA, *RTD civ. 1996. 841* (autonomie professionnelle des époux et droit des sociétés). ► V. aussi Bibl. ss. art. 1832-1.

1. Emploi d'un bien commun – Prix symbolique. Dès lors qu'il est constaté qu'un époux n'a employé aucun bien commun pour acquérir des parts sociales, achetées pour la somme symbolique d'un franc, puisqu'il s'est borné à souscrire seul un acte de caution qui n'engageait que ses biens propres et ses revenus, l'art. 1832-2 est sans application. • Civ. 1re, 17 janv. 1995 : *D. 1995. 401, note D. R. Martin ; JCP 1995. I. 3869, n° 12, obs. Simler ; Defrénois 1995. 1313, obs. J. Honorat ; ibid. 1480, obs. Champenois ; RTD civ. 1995. 914, obs. Gautier ; ibid. 1996. 459, obs. Vareille*.

2. ... *Présomption de communauté.* Une cour d'appel peut décider qu'un époux commun en biens dont le conjoint a acquis des parts sociales a la qualité d'associé sans avoir à rechercher si les parts ont été effectivement acquises avec des biens communs, en raison de la présomption de communauté résultant de l'art. 1402 C. civ. qui met à la charge des tiers la preuve du caractère propre des deniers ayant servi à l'acquisition. • Civ. 1re, 11 juin 1996, n° 94-17.771 P.

3. L'épouse ne peut être condamnée *in solidum* avec son mari au paiement des dettes sociales en raison du caractère commun des parts sans que les juges aient recherché si elle avait, comme son mari, la qualité d'associé. • Civ. 3e, 20 févr. 2002, n° 99-15.474 P : *JCP 2002. I. 167, n° 6, obs. Simler ; LPA 18 juin 2003, note Dondero.*

4. *Avertissement et décision du conjoint.* Mode de preuve de l'avertissement de l'époux, prévu à l'al. 1er : V. • Versailles, 14 oct. 1999 : *D. 2000. AJ 39, obs. M. B.* (rejet d'une attestation de l'expert-comptable, rédacteur de l'acte de cession ayant intérêt à voir écarter les conséquences d'une irrégularité).

5. *Renonciation du conjoint.* Le conjoint qui renonce par écrit, clairement et sans réserve, à revendiquer la qualité d'associé au titre de l'apport effectué par son époux à une SARL ne peut revenir ultérieurement sur cette décision. • Com. 12 janv. 1993, n° 90-21.126 P : *JCP N 1993. II. 273, note Le Nabasque ; ibid. 301, note Randoux ; Defrénois 1993. 508, obs. Le Cannu.* ♦ La renonciation à la qualité d'associé peut être tacite dès lors que les circonstances établissent, de façon non équivoque, la volonté de renoncer. • Com. 21 sept. 2022, n° 19-26.203 B : *D. 2022. 1838, note Dondero ; AJ fam. 2023. 165, obs. Casey ; Rev. sociétés 2023. 35, note Reygrobellet ; JCP 2022, n° 1293, obs. Kilgus ; Defrénois 2023/4-5. 11, obs. Rabreau ; Dr. fam. 2023, n° 7, obs. Torricelli-Chrifi.*

6. *Distinction du titre et de la finance.* Les parts d'une SARL appartenant à un époux marié sous le régime de la communauté légale n'entrent dans la communauté que pour leur valeur ; le mari peut disposer seul, après le décès de sa femme, des parts sociales litigieuses, la communauté ne pouvant faire valoir contre lui qu'un droit de créance. • Civ. 1re, 22 déc. 1969 : *D. 1970. 668, note Morin ; Rev. sociétés 1970. 462, note Guyénot.* ♦ Sur les droits de l'ex-époux de l'associé d'une EURL constituée par apport d'un fonds de commerce dépendant de la communauté, V. • Civ. 1re, 19 avr. 2005 : *JCP E 2005, n° 50, p. 2158, obs. Caussain, Deboissy et Wicker ; Dr. sociétés 2005, n° 196, note Monnet ; BJS 2005. 1408, note Saintourens ; Rev. sociétés 2006. 90, note Randoux*.

7. *Versements des dividendes.* L'associé a seul qualité pour percevoir les dividendes : cassation de l'arrêt qui déboute une épouse de sa demande de remboursement des dividendes correspondant à ses parts dans la société commune, ces sommes ayant été versées à l'époux, la cour d'appel n'ayant pas recherché si l'épouse avait donné son accord pour que ces dividendes soient versés entre les mains de son conjoint. • Civ. 1re, 5 nov. 2014, n° 13-25.820 P.

8. *Sanction.* La nullité prévue par l'art. 1832-2 est régie par l'art. 1427, à l'exclusion de l'action en inopposabilité ouverte par l'art. 1421. • Civ. 1re, 23 mars 2011 : *cité note 8 ss. art. 1427.* ♦ La nullité, qu'elle soit invoquée par voie d'action ou par voie d'exception, emportant, en principe, l'effacement rétroactif du contrat, l'époux ayant consenti un apport en société en violation de l'art. 1832-2 est tenu de restituer les prestations qui lui avaient été fournies en exécution de cet acte. • Civ. 1re, 16 juill. 1998, n° 96-18.404 P : *D. 1999. 361, note Fronton ; D. Affaires 1998. 1707, obs. M.B. ; Dr. sociétés 1998, n° 120, note Bonneau ; BJS 1999. 117, note Le Cannu.* ♦ Les parties doivent être remises dans l'état où elles étaient avant la conclusion de l'apport en société irrégulier et, la restitution matérielle des prestations reçues par l'époux étant impossible, cette restitution doit se faire sous la forme d'une indemnité. • Même arrêt.

9. *Revendication de la qualité d'associé.* Il résulte de la combinaison des art. 1832-2, al. 3, et L. 221-13 C. com. que la revendication de la qualité d'associé par le conjoint d'un associé en nom, bien que ne constituant pas une cession, est subordonnée au consentement unanime des autres associés, qui répondent indéfiniment et solidairement des dettes sociales. Lorsque le consentement d'un seul associé est requis, ce consentement est, à défaut de délibération, adressé à la société et annexé au procès-verbal prévu par l'art. R. 221-2 C. com. • Com. 18 nov. 2020, n° 18-21.797 P : *D. 2020. 2342 ; Rev. sociétés 2021. 185, note Naudin ; RTD com. 2021. 155, obs. Lecourt ; JCP 2021, n° 232, note Gibirila.*

10. ... *Affectio societatis (non).* L'*affectio societatis* n'est pas une condition requise pour la revendication, par un époux, de la qualité d'associé sur le fondement de l'art. 1832-2. • Com. 21 sept. 2022, n° 19-26.203 B : *D. 2022. 1838, note Dondero ; AJ fam. 2023. 165, obs. Casey ; Rev. sociétés 2023. 35, note Reygrobellet ; JCP 2022, n° 1293, obs. Kilgus ; Defrénois 2023/4-5. 11, obs. Rabreau ; Dr. fam. 2023, n° 7, obs. Torricelli-Chrifi.*

11. Incidence du divorce. La notification par un époux de son intention d'être personnellement associé pour la moitié des parts souscrites ou acquises par son conjoint peut intervenir tant que le jugement de divorce n'est pas passé en force de chose jugée. • Com. 18 nov. 1997, n° 95-16.371 P : *R., p. 244 ; D. 1998. Somm. 394, obs. Hallouin ; D. 1999. Somm. 238, obs. Brémond ; Gaz. Pal. 1998. 2. Somm. 709, obs. Piedelièvre ; RTD civ. 1998. 889, obs. Hauser* • 14 mai 2013 : *D. 2014. 689, obs. Douchy-Oudot ; AJ fam. 2013. 375, obs. Desbuquois ; RTD com. 2013. 527, obs. Monsèrié-Bon ; Dr. fam. 2013, n° 135, obs. Binet* (absence d'influence de la décision sur la date de prise d'effet du divorce dans les rapports entre époux).

Art. 1833 **Toute société doit avoir un objet licite et être constituée dans l'intérêt commun des associés.**

(L. n° 2019-486 du 22 mai 2019, art. 169) **« La société est gérée dans son intérêt social, en prenant en considération les enjeux sociaux et environnementaux de son activité. »**

BIBL. ▶ Couret, *D. 2017. 222*. – Pirovano, *D. 1997. Chron. 189* (intérêt social). – D. Schmidt, *JCP 1994. I. 3793 et 3800 bis* (intérêt commun des associés).

▶ **Abus de droit :** Rives-Lange, *RJ com., n° spéc., nov. 1991. 65*. – Marin, *ibid., p. 110* (mission du juge dans la prévention des abus). – De Bermond de Vaulx, *Dr. sociétés 1993. Chron. 3* (abus et abandon de majorité). – Tricot, *RTD com. 1994. 617*. – Lepoutre, *Dr. et patr. 12/1995. 68* (sanctions). – Couret, *Dr. et patr. 6/2000. 66*. – Favario, *Journ. sociétés 4/2011. 23*.

▶ **Intérêt social :** Arakélian, *AJ contrat 2019. 272* (loi PACTE : aspects de droit des sociétés). – Barfety, *RDT. 2018. 268* (raison d'être de l'entreprise). – Buchberger, *Rev. sociétés 2020. 659* (pour un abandon de l'intérêt social comme condition de validité des contrats conclus par la société). – Clerc, *RDT 2018. 107* (objet social). – Conac, *Rev. sociétés 2019. 570* (l'art. 1833 et l'intégration de l'intérêt social et de la responsabilité sociale d'entreprise). – Duchange, *D. 2019. 1296* (réformer l'entreprise : contrat de société ou contrat de travail ?). – Lecourt, *RTD com. 2019. 385* (loi PACTE). – Le Moulec, *RTD com. 2020. 1* (implications de la réécriture des articles 1833 et 1835 du code civil par la loi PACTE sur l'abus de biens sociaux). – Léon et Angei, *RDT 2018. 171* (droit du travail et modification de « l'objet social » de l'entreprise). – Leray, *RTD com. 2021. 513* (notion d'« enjeux environnementaux » dans l'article 1833 du code civil). – Mardine et Pavageau, *RDT 2018. 101* (*idem*). – Massart, *Gaz. Pal. 2018. 3070* (réforme des art. 1833 et 1835). – Paillusseau, *Rev. sociétés 2020. 523* (la mutation de la notion de société et l'intérêt social). – Reverdy, *Defrénois 2021/11. 19* (intérêt social et SCI). – Schiller, *JCP N 2020, n° 1034* (conséquences de la nouvelle rédaction des art. 1833 et 1835 sur l'ingénierie sociétaire). – Tadros, *D. 2018. 1765* (regard critique sur l'intérêt social et la raison d'être de la société dans le projet de loi PACTE). – Tirel, *D. 2019. 2317* (la réforme de l'intérêt social et la « ponctuation signifiante »). – Dossier, *Rev. sociétés 2018. 551* (la réécriture des articles 1833 et 1835 du code civil : révolution ou constat ?).

I. OBJET DE LA SOCIÉTÉ

1. But poursuivi par la société. Par objet licite, il faut entendre non pas l'objet de l'obligation assumée par les associés, mais la cause de cette obligation, c'est-à-dire le but que les dirigeants de la société se sont assigné. Ce but peut être apparent ou simulé et non réel ; seul le but réel de la société doit être pris en considération au point de vue de sa licéité. • Paris, 21 nov. 1951 : *S. 1952. 2. 105, concl. Gégout.*

2. Biens à caractère personnel. Les biens à caractère personnel ne peuvent faire l'objet d'un *contrat de société* qu'à la condition que se trouve respecté leur caractère. Il en résulte que la clientèle d'un agent général d'assurances ne peut entrer qu'en valeur dans l'actif d'une société. • Civ. 1re, 22 avr. 1981, n° 80-10.005 P.

3. Illustration. Est nulle la société en participation existant entre un pharmacien et un vétérinaire dont l'activité comporte des pratiques illicites constitutives de manquements aux règles du CSP relatives à la délivrance des médicaments vétérinaires. • Com. 11 juill. 2006, n° 04-16.759 P : *JCP 2007. I. 107, n° 3, obs. Caussain, Deboissy et Wicker ; JCP E 2006. 2595, note Sérinet.*

II. GESTION DANS L'INTÉRÊT SOCIAL

4. Intérêt commun. Sur l'obligation des associés de s'abstenir de tout acte de concurrence à l'égard de la société, V. • Com. 6 mai 1991 : *D. 1991. 609, note Viandier ; D. 1992. Somm. 347, obs. Serra ; Rev. sociétés 1991. 760, note Guyon.*

5. Abus de majorité – Principe. La décision de l'assemblée générale d'une société anonyme ne saurait être annulée pour abus de droit de la majorité que s'il est établi qu'elle a été prise contrairement à l'intérêt général de la société et dans l'unique dessein de favoriser les membres de la majorité au détriment des membres de la minorité. • Com. 18 avr. 1961, n° 59-11.394 P : *D. 1961. 661 ; S. 1961. 257, note Dalsace* • 8 janv. 1973, n° 71-12.141 P • 7 juin 1980 : *Rev. sociétés 1981. 315.* ♦ Sur l'abus de majorité résultant d'une décision de dissolution prise dans l'unique dessein de permettre à l'associé majoritaire de se soustraire à ses engagements envers l'associé minoritaire, V. • Com. 8 févr. 2011 : *Rev. sociétés 2011. 167, obs. Lienhard ; JCP E 2011. 1367, note Dondero ; BJS 2011. 288, note F.-X. Lucas ; RJDA 2011, n° 427.* ♦ Pour un arrêt écartant l'abus de majorité, en présence d'une décision de dissolution anticipée et de liquidation amiable, au motif que ladite dissolution était conforme à l'intérêt de la société qui accusait de lourdes pertes, bien que cette décision permît à l'associé majoritaire de récupérer le local de la société, V. • Paris, 23 déc. 1993 : *BJS 1994. 299, note Saintourens.* ♦ Sur l'abus de majorité invoqué pour demander une dissolution, mais écarté en raison de l'imputabilité de la mésentente au demandeur, V. • Com. 28 févr. 1977 : *D. 1977. IR 312, obs. Bousquet ; Rev. sociétés 1978. 245, note Gastaud ; RJ com. 1978. 294, note Merle.* ♦ Peut être cause de dissolution l'abus de ses prérogatives commis par un gérant majoritaire qui avait imposé la réduction de l'activité sociale à des relations commerciales limitées à deux sociétés auxquelles il était lié, créant ainsi une situation contraire à l'intérêt social et servant ses intérêts au détriment de ceux de son coassocié. • Com. 18 mai 1982 : *Rev. sociétés 1982. 804, note Le Cannu.* ♦ Constitue un abus de majorité la résolution décidant d'un apport d'actifs, dès lors que la société a cédé les actions de sa filiale à une société en commandite par actions, créée pour l'occasion, et qu'à la suite de l'interposition de celle-ci, la société est devenue une « coque vide » dont le chiffre d'affaires, le bénéfice et le prix de l'action ont considérablement chuté. • Com. 24 janv. 1995, n° 93-13.273 P : *D. 1995. IR 56 ; Rev. sociétés 1995. 46, note Jeantin ; Defrénois 1995. 690, obs. J. Honorat ; Dr. sociétés 1995, n° 102, obs. Vidal ; Quot. jur. 23 févr. 1995, p. 4, note P.M. ; BJS 1995. 321.* ♦ Abus de majorité en cas de mise en réserves non productives pour une durée prolongée (dix ans), dans l'unique dessein de favoriser les droits des associés majoritaires au détriment de la minorité : V. • Com. 6 juin 1990, n° 88-19.420 P : *D. 1992. 56, note Choley-Combe ; BJS 1990. 782, note Le Cannu ; Rev. sociétés 1990. 606, note Chartier ; Defrénois 1991. 615, obs. J. Honorat.* ♦ V. aussi • Com. 22 avr. 1976 : *Rev. sociétés 1976. 479, note D. Schmidt ; D. 1977. 4, note Bousquet ; RJ com. 1977. 93, note Merle.* – V. Germain, *Gaz. Pal. 1977. 1. Doctr. 157.* ♦ V. également • Com. 1er juill. 2003 : *JCP E 2003, n° 41, p. 1602 ; RJDA 2003, n° 1074 (1re esp.) ; BJS 2003. 1137, note Constantin ; Dr. sociétés 2003, n° 185, note Trébulle ; Rev. sociétés 2004. 337, note Lecourt.* ♦ Absence d'abus de majorité à l'occasion d'une augmentation de capital conçue avec une prime d'émission correspondant à 59 fois le montant nominal de l'action, la situation de la société exigeant l'apport de capitaux propres et les modalités adoptées ne contrevenant pas à l'objectif visé. • Com. 22 mai 2001 : *D. 2002. Somm. 476, obs. Hallouin ; BJS 2001. 1003, note Le Nabasque ; Defrénois 2001. 1204, obs. Hovasse ; JCP E 2001, n° 48, p. 1911, obs. Viandier et Coussain ; Dr. et patr. 12/2001. 104, obs. Poracchia ; Dr. sociétés 2001, n° 180, note F.-X. Lucas ; Banque et Dr. 3-4/2002. 47, obs. Riassetto.* – V. Cohen, *JCP E 2002, n° 1, 35.*

6. Sanctions. L'abus commis dans l'exercice du droit de vote lors d'une assemblée générale affecte par lui-même la régularité des délibérations de l'assemblée. • Com. 6 juin 1990 : *préc. note 5* • 1er juill. 2003 : *préc. note 5.* ♦ Seuls les associés majoritaires qui ont commis l'abus du droit de majorité doivent en répondre à l'égard des minoritaires et, en conséquence, l'action dirigée contre la société elle-même n'est pas recevable (à propos d'une SARL). • Com. 6 juin 1990 : *préc.*

7. Abus de minorité. Pour sanctionner un abus de minorité, les juges du fond doivent établir en quoi l'attitude de l'associé minoritaire a été contraire à l'intérêt général de la société en ce qu'il a interdit la réalisation d'une opération essentielle pour celle-ci, et dans l'unique dessein de favoriser ses propres intérêts au détriment de l'ensemble des autres associés. • Com. 15 juill. 1992, n° 90-17.216 P : *BJS 1992. 1083, note Le Cannu ; Rev. sociétés 1993. 400, note Merle ; D. 1993. 279, note Le Diascorn ; JCP 1992. II. 21944, note Barbiéri ; JCP E 1992. II. 375, note Guyon ; Quot. jur. 1993, n° 22, note anonyme ; RTD com. 1993. 112, obs. Reinhard* • 9 mars 1993, n° 91-14.685 P : *Rev. sociétés 1993. 403, note Merle ; D. 1993. 363, note Guyon ; RJDA 1993, p. 253, concl. Raynaud ; JCP 1993. II. 22107, note Paclot ; Gaz. Pal. 1993. 2. 334, note Bonnard ; JCP E 1993. II. 448, note Viandier ; JCP N 1993. II. 293, note Barbiéri ; LPA 1993, n° 36, p. 12, note P.M. ; BJS 1993. 537, chron. Le Cannu* • 31 janv. 2006 : *JCP E 2006, n° 9, p. 430 ; BJS 2006. 785, note Scholer.* ♦ N'est pas abusive l'attitude de l'associé de SARL qui s'abstient de participer à une assemblée convoquée pour voter une augmentation de capital de 500 000 F [env. 76 200 €], alors que les résultats de la société étaient bons et que celle-ci était prospère. • Com. 9 mars 1993 : *préc.* ♦ V. aussi • Com. 14 janv. 1992, n° 90-13.055 P : *BJS 1992. 273, note Le Cannu ; Rev. sociétés 1992. 44, note Merle ; JCP E 1992. II. 301, note Viandier ; Dr. sociétés 1992, n° 55, obs. Le Nabasque ; D. 1992. 337, note Bousquet ; Quot. jur. 1992, n° 19, p. 3, note B.P. ; JCP N 1992. II. 193, note Bonneau ; RTD com. 1992. 636, obs. Reinhard ; LPA 1992, n° 80, note Gibirila.* ♦ Pour la cassation d'un arrêt qui, pour admettre l'abus de minorité, avait retenu que l'associé minoritaire, qui avait écarté la possibilité de voter la dissolution de la société (dont les capitaux propres étaient devenus inférieurs à la moitié du capital), ne proposait aucune autre solution alternative sérieuse ou précise à l'augmentation de capital, qui était la seule mesure conforme à l'intérêt de la société, indispensable à sa survie et qui ne lésait pas ses propres intérêts, ces motifs étant impropres à établir en quoi l'opposition de l'associé minoritaire au vote de l'augmentation de capital était fondée sur l'unique dessein de favoriser ses propres intérêts au détriment de l'ensemble des autres associés. • Com. 20 mars 2007, n° 05-19.225 P : *D. 2007. AJ 952, obs. Lienhard ; D. 2008. Pan. 384, obs. Hallouin et Lamazerolles ; Dr. sociétés 2007, n° 87, note Lécuyer ; BJS 2007. 745, note Schmidt ; JCP E 2007. 1755, note Viandier ; ibid. 1877, n° 3, obs. Caussain, Deboissy et Wicker ; JCP E 2008. 1721, note Monsallier-Saint-Mleux ; RJ com. 2007. 216, obs. Monsèrié-Bon ; RTDF 2007, n° 2, p. 88, obs. Poracchia ; Rev. sociétés 2007. 806, note Champetier de Ribes-Justeau ; RTD com. 2007. 744, obs. Champaud et Danet*. – V. Gibirila, *RLDA 2007, n° 17, p. 10* ; Cerati-Gauthier, *ibid., p. 14.*

8. Abus d'égalité. Le refus par un associé égalitaire de voter la mise en réserve des bénéfices, dont la société a besoin pour faire un investissement important, constitue un abus d'égalité. • Com. 16 juin 1998 : *BJS 1998. 1083, note Le Cannu ; RJDA 1998, n° 1114 ; Rev. sociétés 1999. 103, note Medjaoui*. ♦ Le fait pour un associé égalitaire d'avoir poursuivi les procédures en cours avec un acharnement injustifié, faisant ainsi subir à son frère (associé) des perturbations dans sa vie quotidienne, constitue une manœuvre excessive et malveillante justifiant l'octroi de dommages-intérêts. • Com. 20 oct. 1998 : *BJS 1999. 66, note Le Cannu.* ♦ Pour un abus d'égalité résultant du refus systématique de l'associé égalitaire de voter l'approbation des comptes, l'affectation des résultats et le versement d'une rémunération au gérant, dont le principe était prévu par les statuts, V. • Paris, 28 avr. 2006 : *RJDA 2006, n° 1030.* ♦ Le refus de deux associés égalitaires d'une SCI de voter en faveur du versement d'un loyer en contrepartie de l'occupation, par un seul des associés, d'un immeuble appartenant à la société constitue à la fois une atteinte à l'objet social [qui permettait l'attribution gratuite en jouissance « aux associés »] et à l'intérêt général de la société, et le vote de la gestion rémunérée de l'immeuble doit être qualifié d'opération essentielle à la survie financière de la société. • Civ. 3e, 16 déc. 2009, n° 09-10.209 P : *D. 2010. AJ 147, obs. Lienhard ; RTD com. 2010. 135, obs. Champaud et Danet ; JCP E 2010. 1145, n° 2, obs. Deboissy et Wicker ; JCP 2010. 726, note Monsallier-Saint-Mleux ; Dr. sociétés 2010, n° 44, note Hovasse ; RJDA 2010, n° 247 ; Dr. et patr. 4/2010. 107, obs. Poracchia ; BJS 2010. 468, note Lucas.* – V. aussi Gibirila, *Journ. sociétés 2/2010. 50.*

9. Contrariété à l'intérêt social. Cassation de l'arrêt ayant annulé des délibérations au motif que les primes versées au dirigeant de la société constituent des rémunérations abusives comme étant manifestement excessives et contraires à l'intérêt social ; en statuant ainsi, sur le seul fondement de la contrariété des délibérations litigieuses à l'intérêt social, sans caractériser une violation aux dispositions légales s'imposant aux sociétés commerciales ou des lois régissant les contrats, ni relever l'existence d'une fraude ou d'un abus de droit commis par un ou plusieurs associés, la cour d'appel a violé l'art. 1382, devenu 1240 C. civ. et l'art. L. 235-1 C. com., dans sa rédaction antérieure à celle issue de la L. n° 2019-486 du 22 mai 2019. • Com. 13 janv. 2021, n° 18-21.860 P : *D. 2021. 399, note Schmidt ; Rev. sociétés 2021. 358, note Heinich ; RTD com. 2021. 359, obs. Lecourt ; ibid. 610, obs. Moury*.

10. Désignation d'un mandataire. Le juge, saisi par un associé détenant au moins la moitié des parts sociales d'une société à responsabilité limitée d'une demande de désignation d'un mandataire chargé de convoquer une assemblée générale ayant pour ordre du jour la révocation du gérant, n'a pas à apprécier les motifs de la révocation envisagée mais seulement la conformité de la demande dont il est saisi à l'intérêt social. • Com. 15 déc. 2021, n° 20-12.307 B : *Rev. sociétés 2022. 159, note Viandier*. ♦ Viole les art. 57 et 60 de la L. du 24 juill. 1966 [C. com., art. L. 223-27 et L. 223-30] la cour d'appel qui décide que son arrêt vaut adoption de la résolution tendant à l'augmentation de capital demandée, laquelle n'avait pu être votée faute de majorité qualifiée, alors que le juge ne pouvait se substituer aux organes sociaux légalement compétents et qu'il lui était possible de désigner un mandataire aux fins de représenter les associés minoritaires défaillants à une nouvelle assemblée et de voter en leur nom dans le sens des décisions conformes à l'intérêt social mais ne portant pas atteinte à l'intérêt légitime des minoritaires. • Com. 9 mars 1993 : *préc. note 7.*

Art. 1834 ***Les dispositions*** **du présent chapitre sont applicables à toutes les sociétés, s'il n'en est autrement disposé par la loi en raison de leur forme ou de leur objet.**

Les dispositions du code civil et, à défaut, du code de commerce régissant les sociétés présentent une vocation subsidiaire d'application aux associations. • Civ. 1re, 3 mai 2006 : *cité note ss. art. 1832.*

Art. 1835 **Les statuts doivent être établis par écrit. Ils déterminent, outre les apports de chaque associé, la forme, l'objet, l'appellation, le siège social, le capital social, la durée de la société et les modalités de son fonctionnement.** *(L. n° 2019-486 du 22 mai 2019, art. 169)* **« Les statuts peuvent préciser une raison d'être, constituée des principes dont la société se dote et pour le respect desquels elle entend affecter des moyens dans la réalisation de son activité. »**

BIBL. ▶ DALMAU, *JCP N 2020, n° 1165* (sociétés à mission). – STORCK, *D. 1989. Chron. 267* (conventions extrastatutaires). – STORCK et DE RAVEL D'ESCLAPON, *JCP N 2021, n° 1108* (utilisation de la raison d'être dans les SCI). – URBAIN-PARLEANI, *Rev. sociétés 2019. 575* (l'article 1835 et la raison d'être). – V. Bibl. ss. art. 1833.

1. Les statuts d'une société doivent être considérés, pour l'application de la convention de Bruxelles du 27 sept. 1968, comme un contrat régissant à la fois les rapports entre les actionnaires et les rapports entre ceux-ci et la société qu'ils créent. La clause statutaire désignant le tribunal d'un État contractant pour connaître des différends qui opposent la société anonyme à l'un de ses actionnaires constitue donc une convention attributive de juridiction au sens de l'art. 17 de ladite convention. • CJCE 10 mars 1992 : *BJS 1992. 768, note Blaise ; Defrénois 1992. 1367, obs. Le Cannu.*

2. Seuls les statuts déterminent les apports de chaque associé ; dès lors que les statuts de la société, qui n'ont jamais été modifiés, prévoient exclusivement des apports en espèces et non des apports en industrie, un associé ne peut se prévaloir de tels apports. • Com. 14 déc. 2004 : *RJDA 2005, n° 383 ; Dr. sociétés 2005, n° 65, note Lucas.*

Art. 1836 **Les statuts ne peuvent être modifiés, à défaut de clause contraire, que par l'accord unanime des associés.**

En aucun cas, les engagements d'un associé ne peuvent être augmentés sans le consentement de celui-ci.

BIBL. ▶ JOBERT, *BJS 2004. 627* (notion d'augmentation des engagements des associés). – RIZZO, *RTD com. 2000. 27* (principe d'intangibilité des engagements entre associés). – TAORMINA, *Rev. sociétés 2002. 267* (reflexions sur l'aggravation des engagements de l'associé).

1. Ordre public. L'art. 1836, al. 2, est une disposition d'ordre public, sanctionnée par une nullité absolue qui peut être demandée par tout associé. • Com. 13 nov. 2003, n° 00-20.646 P : *R., p. 390 ; D. 2004. Somm. 2033, obs. Thullier ; ibid. 2927, obs. Hallouin ; JCP E 2004. 601, n° 7, obs. Caussain, Deboissy et Wicker ; Defrénois 2004. 901, obs. Hovasse ; Dr. et patr. 3/2004. 107, obs. Poracchia ; RTD com. 2004. 118, obs. Monsèrié-Bon ; Rev. sociétés 2004. 97, note Saintourens ; RTD civ. 2004. 283, obs. Mestre et Fages.*

2. Portée du texte. L'art. 1836, al. 2, est applicable aux sociétés civiles immobilières comme aux autres sociétés, mais ne règle que les conditions auxquelles doivent satisfaire les décisions modificatives des statuts, et non celles relatives aux décisions prises conformément aux statuts, en vue de la réalisation de l'objet social. • Civ. 1re, 8 nov. 1988, n° 87-10.514 P : *Rev. sociétés 1989. 473, note Chartier* • Com. 9 juin 2004, n° 01-12.887 P : *R., p. 298 ; D. 2004. AJ 1816, et les obs. ; ibid. Somm. 2921, obs. Hallouin ; Defrénois 2005. 165, obs. Hovasse ; RTD com. 2004. 551, obs. Monsèrié-Bon ; Rev. sociétés 2005. 176, note Barbièri.* ♦ Dans le même sens, pour une décision résultant d'une activité commerciale, conforme à l'objet social, d'une société coopérative : • Civ. 1re, 13 janv. 1998, n° 95-13.696 P : *D. Affaires 1998. 1409, obs. M. B. ; BJS 1998. 457, note Daigre ; Defrénois 1998. 1286, obs. J. Honorat* (décision d'une société coopérative d'imposer à ses adhérents la fourniture d'une caution).

3. Augmentation des engagements des associés. Si une clause interdisant à l'ancien actionnaire d'une société anonyme toute forme de concurrence envers celle-ci peut être comprise dans les statuts adoptés lors de sa création, l'introduction ultérieure d'une telle clause qui, par l'atteinte qu'elle porte à la liberté du travail et du commerce, augmente les engagements de l'actionnaire, ne peut être décidée qu'à l'unanimité. • Com. 26 mars 1996, n° 93-21.250 P : *JCP 1996. I. 3980, n° 10, obs. Viandier et Caussain.* ♦ V. aussi, sur la décision de blocage par l'assemblée générale des comptes courants d'associés : • Com. 24 juin 1997, n° 95-20.056 P.

Le refus de répondre à des appels de fonds pendant le cours de la vie sociale ne peut, sauf à ce que ceux-ci soient prévus par les statuts, être imputé à faute à un associé. • Com. 10 juill. 2012, n° 11-14.267 P. ♦ Ne donne pas de base légale à sa décision, au regard de l'art. 1836, al. 2, le jugement qui, après avoir fait référence aux décisions collectives des associés, retient que ceux-ci « apparaissaient avoir convenu de garantir le passif », sans rechercher si la décision ainsi prise ne traduisait pas une augmentation des engagements des associés, laquelle ne pouvait alors être décidée qu'à l'unanimité. • Civ. 1re,

5 nov. 1996, n° 94-19.529 P : *BJS 1997. 131, note Le Cannu ; Dr. sociétés 1997, n° 4, obs. Bonneau ; RTD com. 1997. 467, obs. Champaud et Danet*.

4. Réduction des droits des associés. La décision de l'assemblée générale de supprimer le droit de jouissance dont les associés étaient personnellement titulaires sur les immeubles de la société n'aggrave pas leurs charges. • Civ. 3e, 8 oct. 1997, n° 95-14.089 P : *JCP 1997. I. 4074, n° 4, obs. Viandier et Caussain.* ♦ Une décision sociale de nature à priver les associés de leur intérêt à participer à la société ne constitue pas, en elle-même, une augmentation de leurs engagements nécessitant un consentement unanime. • Com. 26 oct. 2010, n° 09-71.404 P : *D. 2010. 2947, note Couret*.

Art. 1837 **Toute société dont le siège est situé sur le territoire français est soumise aux dispositions de la loi française.**

Les tiers peuvent se prévaloir du siège statutaire, mais celui-ci ne leur est pas opposable par la société si le siège réel est situé en un autre lieu.

BIBL. ▶ Baranger, *BJS 1992. 736* (succursale en France des sociétés étrangères). – Frossard, *D. 1969. Chron. 9* (nationalité des sociétés). – Menjucq, *Études J. Béguin, Litec, 2005, p. 499* (la notion de siège social : une unité introuvable en droit international et en droit communautaire).

1. Définition du siège social. Le siège social d'une société est le lieu où se produisent par l'intermédiaire de ses dirigeants les manifestations principales de son existence juridique et ce lieu peut être distinct du siège d'exploitation où s'exerce l'activité matérielle et technique des organes subordonnés. • Com. 16 déc. 1958, n° 57-10.915 P. – V. aussi • Civ. 7 juill. 1947 : *JCP 1947. II. 3871, note J. L.* ♦ Mais validité de l'assignation délivrée à une société en un lieu autre que le siège social dès lors qu'elle y dispose de représentants ou de préposés qualifiés. • Soc. 21 mars 1973 : *Bull. civ. V, n° 178.*

2. ... Siège fictif. Si le domicile de la société est, en principe, le siège social fixé par les statuts, il en est autrement lorsque ce siège n'est qu'une fiction et qu'il est établi que les opérations de la société se font toutes ou généralement dans un autre lieu. • Req. 23 juin 1924 : *DH 1924. 541* • Civ. 2e, 15 juin 1970 : *D. 1971. Somm. 12 ; Rev. sociétés 1971. 536, note A. Honorat* • Com. 12 déc. 1972, n° 71-11.682 P. ♦ En vertu de l'art. 1837, al. 2, les tiers peuvent saisir, à leur choix, le tribunal du siège statutaire ou celui du siège réel. • Com. 23 févr. 1993 : *Dr. sociétés 1993, n° 85, note Bonneau.*

3. Nationalité de la société. Si, en principe, la nationalité d'une société se détermine par la situation de son siège social, pareil critère cesse d'avoir application lorsque, le territoire sur lequel est établi ce siège social étant passé sous une souveraineté étrangère, les personnes qui ont le contrôle de la société et les organes sociaux investis conformément au pacte social ont décidé de transférer dans le pays auquel elle se rattachait le siège de la société, afin qu'elle conserve sa nationalité et continue d'être soumise à la loi *qui la régissait.* • *Civ. 1re, 30 mars 1971,* n° 67-13.873 P : *R. 1971-1972, p. 46 ; JCP 1972. II. 17140 ; GADIP, 5e éd., n° 50.*

4. ... Transfert de siège social. Les art. 43 et 48 du Traité CE [art. 49 et 54 TFUE] doivent être interprétés en ce sens qu'ils ne s'opposent pas à une réglementation d'un État membre qui empêche une société constituée en vertu du droit national de cet État membre de transférer son siège dans un autre État membre tout en gardant sa qualité de société relevant du droit national de l'État membre selon la législation duquel elle a été constituée. • CJCE 16 déc. 2008 : *D. 2009. 465, note Kovar ; ibid. Pan. 2387, obs. Avout ; JCP E 2009. 1208, note Mélin ; RJDA 2009, n° 218 ; Rev. sociétés 2009. 147, note Parléani ; Dr. et patr. 5/2009. 96, obs. Poracchia ; BJS 2009. 593, note Dammann ; RJ com. 2010. 63, note Jazottes.* – V. aussi Dammann, Wynaendts et Nader, *D. 2009. 574* ; Cornette de Saint-Cyr, *JCP E 2009. 1286* ; Korom, *RLDA 2009, n° 36, p. 10* ; Cathiard, *Actes pratiques mai-juin 2009.*

5. Actes de procédure. Est légalement justifiée la décision qui déclare irrecevable l'appel formé par une société plus d'un mois après la notification d'un jugement prud'homal faite par lettre parvenue au lieu d'un établissement au sens de l'art. 690, al. 1er, NCPC [C. pr. civ.], même si l'avis de réception a été signé par un préposé non habilité de la société. • Soc. 25 avr. 1990, n° 87-40.635 P : *Rev. sociétés 1990. 603, note Guyon* • Civ. 2e, 22 janv. 1997 : *JCP 1997. II. 22874, note du Rusquec.* ♦ La notification d'un jugement ayant été adressée au siège social de la société expropriée, la signature sur l'avis de réception est réputée avoir été apposée par le représentant légal ou une personne habilitée. • Civ. 3e, 2 févr. 1994 : *D. 1994. 250, note Bonneau ; Rev. sociétés 1994. 459, note Barbiéri*. ♦ Le domicile d'une personne morale étant, en principe, au siège social fixé par les statuts, une société ne saurait reprocher à un huissier, qui n'a l'obligation de signifier les actes qu'au lieu du siège, de ne pas l'avoir recherchée en un autre lieu, fût-il celui de son principal établissement. • Paris, 27 févr. 2002 : *RJDA 2002, n° 1146.* ♦ Sur la signification d'un jugement concernant un établissement secondaire d'une société, non mentionné au registre du commerce et des sociétés, V. • Paris, 26 oct. 1990 :

RTD com. 1992. 381, obs. Champaud et Danet. – V. C. pr. civ., art. 654 et 690. – **C. pr. civ.**

6. Théorie des « gares principales ». Si les personnes morales peuvent être assignées devant la juridiction dans le ressort de laquelle elles disposent d'une succursale (ou comme en l'occurrence d'une direction régionale), encore faut-il que l'affaire litigieuse se rapporte à l'activité de la succursale ou que les faits générateurs de responsabilité se soient produits dans son ressort territorial, ce qui n'était pas le cas en l'espèce. • Paris, 16 févr. 1994 : *BJS 1994. 503, note Daigre ; RJDA 1994, n° 927.* – V. aussi • Paris, 9 nov. 1994 : *RTD com. 1996. 282, obs. Champaud et Danet* • Civ. 2e, 13 nov. 1996, n° 94-17.158 P : *RJDA 1997, n° 356* • 6 avr. 2006, n° 04-17.849 P : *JCP E 2007. 1414, note Legros.*

Art. 1838 **La durée de la société ne peut excéder quatre-vingt-dix-neuf ans.**

BIBL. ▶ A.P.S., *Gaz. Pal. 1979. 1. Doctr. 18* (durée de vie des sociétés).

La prohibition des engagements perpétuels n'interdit pas de conclure un pacte d'associés pour la durée de vie de la société, de sorte que les parties ne peuvent y mettre fin unilatéralement. • Civ. 1re, 25 janv. 2023, n° 19-25.478 B : *D. 2023. 370, note Barrillon* (cassation de l'arrêt ayant considéré qu'une durée de 99 ans était excessive).

Art. 1839 **Si les statuts ne contiennent pas toutes les énonciations exigées par la législation ou si une formalité prescrite par celle-ci pour la constitution de la société a été omise ou irrégulièrement accomplie, tout intéressé est recevable à demander en justice que soit ordonnée, sous astreinte, la régularisation de la constitution. Le ministère public** *(L. n° 2009-526 du 12 mai 2009, art. 10)* **« peut » agir aux mêmes fins.**

Les mêmes règles sont applicables en cas de modification des statuts.

L'action aux fins de régularisation prévue à l'alinéa premier se prescrit par trois ans à compter de l'immatriculation de la société ou de la publication de l'acte modifiant les statuts.

Art. 1840 **Les fondateurs, ainsi que les premiers membres des organes de gestion, de direction ou d'administration, sont solidairement responsables du préjudice causé soit par le défaut d'une mention obligatoire dans les statuts, soit par l'omission ou l'accomplissement irrégulier d'une formalité prescrite pour la constitution de la société.**

En cas de modification des statuts, les dispositions de l'alinéa précédent sont applicables aux membres des organes de gestion, de direction ou d'administration alors en fonction.

L'action se prescrira par dix ans, à compter du jour où l'une ou l'autre, selon le cas, des formalités visées à l'alinéa 3 de l'article 1839 aura été accomplie.

Art. 1841 *(Abrogé par Ord. n° 2019-1067 du 21 oct. 2019, art. 1er)* ***Il est interdit aux sociétés n'y ayant pas été autorisées par la loi de*** *(Ord. n° 2009-80 du 22 janv. 2009, art. 15, en vigueur le 1er avr. 2009)* ***« procéder à une offre au public »*** *(L. n° 2016-1691 du 9 déc. 2016, art. 45)* ***« de titres financiers, d'émettre des titres négociables ou de procéder à une offre au public, au sens de l'article L. 411-1 du code monétaire et financier, de parts sociales », à peine de nullité des contrats conclus ou des titres*** *(L. n° 2016-1691 du 9 déc. 2016, art. 45)* ***« ou parts sociales » émis.***

Art. 1842 **Les sociétés autres que les sociétés en participation visées au chapitre III jouissent de la personnalité morale à compter de leur immatriculation.**

Jusqu'à l'immatriculation, les rapports entre les associés sont régis par le contrat de société et par les principes généraux du droit applicable aux contrats et obligations.

BIBL. ▶ Atias, *D. 2008. Chron. 2241* (action en justice et pouvoir du représentant). – Bourgeois, *D. 2008. Chron. 1160* (société en formation et action en justice). – Dagot, *D. 1974. Chron. 241* (acquisition de la personnalité morale des sociétés commerciales). – Hallouin, *JCP 1989. I. 3414* (sociétés non immatriculées face au redressement et à la liquidation judiciaires).

▶ **Immatriculation des sociétés civiles anciennes (L. n° 2001-420 du 15 mai 2001, art. 44) :** Atias, *D. 2003. Point de vue. 954* ; *Err. 1091.* – Baranger, *Defrénois 2002. 158 et 1226.* – Daublon et Gelot, *Defrénois 2003. 889.* – Dupichot, *Gaz. Pal. 2002. Doctr. 843.* – Deboissy et Wicker, *JCP N 2002. 1548* (conséquences du défaut). – F.-X. Lucas, *JCP N 2003. 1494* (conséquences du défaut).

A. AUTONOMIE DE LA PERSONNE MORALE

1. Autonomie juridique : de la société. Une société ne peut être condamnée à réparer le préjudice invoqué par une entreprise à raison de la rupture prétendument abusive d'un contrat d'exclusivité qui l'aurait liée à une autre société dont elle avait pris le contrôle, alors que cette dernière société constituait une personne morale distincte, en dépit de son appartenance au même groupe de sociétés. • Com. 24 mai 1982, n° 81-11.268 P. ♦ Mais en cas d'immixtion de certaines sociétés du groupe dans la gestion de l'une d'elles, dépourvue d'autonomie, les juges du fond peuvent les condamner à supporter les conséquences de l'inexécution du contrat passé par cette société, à l'activité de laquelle une « décision du groupe » a mis fin avant l'achèvement de l'exécution du contrat. • Com. 4 mars 1997, n° 95-10.756 P : *JCP N. 1998. 769, n° 22, obs. Mousseron ; JCP 1997. I. 4068, Viney, n° 12 et 13 ; JCP 1997. I. 4058, n° 10, obs. Viandier et Caussain ; RTD civ. 1997. 691, obs. Gautier*. ♦ Société fictive : le propriétaire réel d'une société fictive peut être obligé de répondre des dettes de celle-ci. • Com. 14 juin 2016, n° 14-18.671 P : *Rev. sociétés 2017. 81, note Thomas*.

2. ... Du groupe de sociétés (non). Un groupe de sociétés est dépourvu de la personnalité morale et de la capacité de contracter. • Com. 2 avr. 1996 : *JCP 1997. II. 22803, note Chazal*. ♦ Sur les groupes de sociétés : Contin et Hovasse, *D. 1971. Chron. 197*. – Fleuriet, *JCP 1979. I. 2945*. – D'Hoir-Lauprêtre, *D. 1993. Chron. 248*. – Paillusseau, *JCP 1971. I. 2401 bis ; RTD com. 1972. 813*. – R. Rodière, *D. 1977. Chron. 137*. – Viandier, *JCP 1985. I. 3188*.

3. Immatriculation. L'art. 1842 a vocation à s'appliquer à toutes les sociétés s'il n'en est autrement disposé par la loi en raison de leur forme ou de leur objet, conformément à l'art. 1834, et notamment aux sociétés constituées avant le 1er juill. 1978, qui, après avoir bénéficié, en application de la L. n° 78-9 du 4 janv. 1978, de la personnalité morale nonobstant leur absence d'immatriculation, ont été tenues, pour la conserver, de procéder, conformément à la L. n° 2001-420 du 15 mai 2001, à leur immatriculation avant le 1er nov. 2002. • Civ. 1re, 6 janv. 2021, n° 19-11.949 P. ♦ Une société coopérative agricole non immatriculée qui perd la personnalité morale est requalifiée en société en participation. Mais la perte de la personnalité morale, qui est un effet de la L. du 15 mai 2001, ne porte pas atteinte à l'interdiction de principe d'abandon de la qualité de coopérative par voie de modification statutaire (art. L. 521-1 C. rur.). • Même arrêt.

4. Société non immatriculée. Une société commerciale qui n'a pas été immatriculée au registre du commerce et n'a donc pas acquis la personnalité morale ne peut être mise en règlement judiciaire ou en liquidation des biens. Est dès lors justifiée la décision qui prononce la liquidation des biens d'une personne physique qui s'est comportée comme le fondateur et a fait des actes de commerce à l'occasion de la création de cette société. • Com. 11 déc. 1984, n° 83-15.526 P. ♦ Une société civile qui n'a pas procédé à son immatriculation au registre du commerce et des sociétés avant le 1er nov. 2002, ainsi que l'imposait la L. n° 2001-420 du 15 mai 2001, a perdu la personnalité juridique à cette date et est ainsi dépourvue du droit d'agir en justice. • Com. 26 févr. 2008, n° 06-16.406 P : *D. 2008. AJ 782, obs. Lienhard ; Rev. sociétés 2008. 142, note Barbiéri*. ♦ Nullité absolue de conventions souscrites par une société non encore immatriculée au registre du commerce et des sociétés et n'ayant pas la personnalité juridique lui permettant de contracter, sans que l'irrégularité des conventions puisse être couverte par des actes d'exécution postérieurs à l'immatriculation de cette société. • Com. 21 févr. 2012, n° 10-27.630 P : *D. 2012. 608*.

5. ... Prescription. Les dispositions relatives à la publicité n'étant pas applicables aux sociétés civiles constituées avant la L. du 4 janv. 1978 et non immatriculées, ne saurait être prescrite l'action en paiement intentée par le créancier d'une telle société dont la dissolution décidée en 1981 n'a pas été publiée, alors même que ladite dissolution a été portée à la connaissance de ce tiers depuis plus de cinq ans avant son action. • Civ. 3e, 23 févr. 2000 : *Rev. sociétés 2000. 733, note Chartier*.

B. CONSÉQUENCES DE L'AUTONOMIE

6. Distinction de la personne physique. Une personne morale dissoute ne saurait être assimilée à une personne physique décédée, au regard de l'art. L. 121-1 C. pén. Doit être rejetée une approche anthropomorphique d'une opération de fusion-absorption, laquelle ne tient pas compte de la spécificité de la personne morale, qui peut changer de forme sans pour autant être liquidée, et qui est, en outre, sans rapport avec la réalité économique. • Crim. 25 nov. 2020, n° 18-86.955 P : *D. 2021. 167, note Beaussonie ; ibid. 161, avis Salomon ; Rev. sociétés 2021. 79, obs. Bouloc ; ibid. 115, obs. Matsopoulou ; RTD civ. 2021. 133, obs. Barbier ; RTD com. 2020. 961, obs. Saenko ; Gaz. Pal. 2021. 852, note Gallois*.

7. Protection de la vie privée. Seules les personnes physiques peuvent se prévaloir d'une atteinte à la vie privée au sens de l'art. 9 C. civ. ; par conséquent, les personnes morales ne peuvent s'en prévaloir. • Civ. 1re, 17 mars 2016, n° 15-14.072 P : *cité note 10 ss. art. 9*. ♦ Le Conseil d'État reconnaît, en revanche, le droit à la protection de la vie privée des personnes morales de droit privé. • CE 7 oct. 2022, n° 443826 : *cité note 11 ss. art. 9.*

8. Distinction de la société et des associés. L'acte par lequel un groupement foncier agricole a donné à bail des terres à une société civile d'exploitation agricole ne peut être déclaré fictif aux seuls motifs que les associés du groupement et de la société étaient les mêmes, ces motifs étant impropres à établir le caractère fictif des personnes morales en cause et par conséquent du bail conclu entre elles. • Com. 8 oct. 1991, n° 89-16.053 P. ♦ Une société est nécessairement partie à l'instance tendant à la désignation d'un mandataire chargé de provoquer la délibération des associés ; irrecevabilité de la demande ne mettant pas en cause la personne morale en tant que telle. • Com. 3 nov. 2004, n° 01-01.855 P. ♦ Distinction entre donation et modification de la répartition des bénéfices dans une société civile immobilière : • Com. 18 déc. 2012 : *cité note 12 ss. art. 894.*

Les associés d'une société civile immobilière ne sont pas contractuellement liés à ceux avec lesquels la société a contracté ; la qualité d'associé tenu aux dettes sociales ne modifie pas la qualité de tiers au contrat entre la SCI et les architectes chargés de la construction ; il peut, en tant que tiers, rechercher la responsabilité délictuelle des architectes en invoquant un manquement dans l'exécution de ce contrat pour obtenir la réparation de son préjudice, et non pas leur responsabilité contractuelle. • Com. 2 juin 2015, n° 13-25.337 P. ♦ Distinction du préjudice personnel et du préjudice social : V. note 138 ss. art. 1241.

9. Cession de titres sociaux et fonds de commerce. En raison du principe d'autonomie de la personne morale, cette dernière reste inchangée en cas de cession de la totalité de ses parts ou actions ou de changement de ses dirigeants. • Com. 29 janv. 2013, n° 11-23.676 P : *D. 2013. 361* (impossibilité pour un contractant, dans un contrat de distribution exclusive, de tirer argument d'une telle modification pour mettre fin au contrat avant l'échéance, en l'absence de clause l'y autorisant et faute de preuve que le contrat a été conclu en considération de la personne du dirigeant). ♦ Une cession de parts d'une société, même si elle porte sur la totalité de ces parts, ne peut être assimilée à la cession du fonds de commerce constituant l'actif de la société. • Com. 6 juin 1990, n° 88-15.784 P. ♦ De même, la cession de la totalité ou de la majorité des actions d'une société anonyme ne constitue pas la cession du fonds de commerce figurant à l'actif de la personne morale. • Com. 22 janv. 1991, n° 89-12.398 P (exclusion de la réglementation prévue par la L. du 2 janv. 1970, laquelle ne vise que les opérations portant sur les biens d'autrui et relatives notamment à l'achat, la vente ou la location-gérance de fonds de commerce ou à l'achat, la vente de parts sociales non négociables lorsque l'actif social comporte un immeuble ou un fonds de commerce).

10. Chaque associé n'ayant droit qu'à une part des bénéfices, une SCI ne peut payer directement à l'associé qui se retire en application de l'art. 1869, outre le remboursement de ses droits sociaux, sa quote-part des loyers dus à la société. • Civ. 3e, 29 mai 2002, n° 01-02.317 P : *D. 2002. AJ 2472 ; RTD com. 2002. 501, obs. Monsèrié-Bon.*

11. Distinction de la société et du groupe de sociétés. Une société ne peut être condamnée à payer par compensation les dettes d'une autre société au motif que la première est responsable des dettes des sociétés de son groupe, alors qu'elle constitue une personne morale distincte de la société débitrice. • Com. 12 févr. 1980 : *Bull. civ. IV, n° 73.* ♦ Mais en cas de confusion de fait, V. • Com. 5 févr. 1991 : *Bull. civ. IV, n° 58 ; R., p. 332 ; D. 1992. 27, note Chartier.* ♦ ... Ou pour la condamnation d'une société qui a, directement ou par l'intermédiaire de sa filiale, pris des décisions dommageables pour une société achetée par cette dernière, décisions qui avaient aggravé la situation économique difficile de celle-ci, mais sans utilité pour elle et au seul profit de son actionnaire unique. • Soc. 8 juill. 2014, n° 13-15.573 P : *D. 2014. 155.*

12. ... Limite tenant à une apparence trompeuse. La condamnation solidaire d'une société au paiement de commissions et de dommages-intérêts dus par sa filiale pour rupture du contrat de son agent commercial, au motif que cette société mère se serait immiscée dans les rapports entre sa filiale et son agent commercial, suppose d'établir que ladite immixtion avait été de nature à créer pour l'agent une apparence trompeuse propre à lui permettre de croire légitimement que cette société était aussi son cocontractant. • Com. 12 juin 2012, n° 11-16.109 P : *D. 2013. 584, chron. Schmeidler ; Rev. sociétés 2013. 95, note Tabourot-Hyest ; RTD civ. 2012. 546, obs. Gautier ; RDC 2012. 1190, obs. Laithier.* ♦ Mais, le paiement partiel, par la société mère, d'une dette que sa filiale a été mise en demeure de payer ne saurait, à lui seul, caractériser une immixtion de cette société de nature à créer une apparence trompeuse. • Com. 9 nov. 2022, n° 20-22.063 B : *D. 2023. 164, note Dondero.* ♦ ... Obligation de répondre des dettes de sa filiale pour la société mère, laquelle, en intervenant pour la recherche d'un règlement amiable entre sa filiale, à un moment où celle-ci avait encore des actifs, et un créancier, a par son immixtion laissé croire à ce dernier qu'elle se substituait à sa filiale dans l'exécution du contrat. • Com. 3 févr. 2015, n° 13-24.895 P : *D. 2015. 374.*

13. Lorsque le contrat de travail d'un salarié contient une clause de non-concurrence, les juges du fond ne peuvent retenir que cette clause jouait à l'égard de toutes les sociétés du groupe, alors que la clause ne pouvait concerner que la société avec laquelle le salarié avait contracté. • Soc. 22 mai 1995, n° 93-41.719 P : *R., p. 229 ; D. 1996. 325, note Picod ; JCP 1995. II. 22544, note Adom.*

14. ... Extension d'une procédure collective à toutes les sociétés du groupe. • Com. 6 nov. 1985 : *Defrénois 1986. 614, obs. J. Honorat* • T. com. Corbeil, 29 mai 1986 : *Gaz. Pal. 1986. 2. 647* (application de la L. du 25 janv. 1985, devenue C. com., livre VI, titre II). ♦ Comp. Glais, *Gaz. Pal. 1987. 1. Doctr. 309* (unité économique et sociale de l'entreprise). ♦ Sur la notion de groupe au sens de l'art. L. 439-1 [L. 2331-1 s. nouv.] C. trav., V. • Soc. 9 févr. 1994 : *Bull. civ. V, n° 52.*

15. ... Désignation d'un administrateur provisoire. Les juges du fond peuvent décider qu'une société, recevable et fondée à faire désigner un administrateur provisoire à la société dont elle est actionnaire, l'est également à faire étendre la mission de cet administrateur à toutes les sociétés du même groupe, dès lors qu'ayant constaté la carence des organes sociaux de chacune de ces sociétés, ils ont relevé qu'elle mettait en péril les intérêts sociaux de chacune des sociétés, tout en faisant ressortir que ce péril s'étendait nécessairement à l'ensemble des sociétés du groupe. • Com. 5 févr. 1985 : *JCP 1985. II. 20492, note Viandier.* ♦ V. note 11 ss. art. 1844-7.

16. ... Abus de biens sociaux. Pour que des actes contraires aux intérêts d'une société faisant partie d'un groupe de sociétés soient justifiés et échappent à l'incrimination d'abus de biens sociaux, trois conditions sont nécessaires : 1° existence d'un groupement économique fortement structuré ; 2° les sacrifices demandés à la société ont été réalisés dans l'intérêt du groupe ; 3° ces sacrifices ne font pas courir à la société des risques trop importants sans contrepartie. • TGI Mulhouse, 25 mars 1983 : *D. 1984. 285, note Ducouloux-Favard.* – V. aussi • T. com. Paris, 26 nov. 1968 : *RTD com. 1968. 1080, obs. Houin* • Crim. 4 févr. 1985 : *D. 1985. 478, note Ohl.*

Art. 1843 Les personnes qui ont agi au nom d'une société en formation avant l'immatriculation sont tenues des obligations nées des actes ainsi accomplis, avec solidarité si la société est commerciale, sans solidarité dans les autres cas. La société régulièrement immatriculée peut reprendre les engagements souscrits, qui sont alors réputés avoir été dès l'origine contractés par celle-ci.

BIBL. ▸ Dagot, *JCP 1969. I. 2277.* – Daublon, *Defrénois 1977. 657.* – Didier, *Mél. Drai, Dalloz, 2000, p. 549.* – Frémont, *JCP N 1980. I. 393* (acquisitions immobilières des sociétés en formation et publicité foncière). – Lucas-Puget, *Defrénois 2012. 1009* (précautions et devoir de conseil du rédacteur d'actes). – Micha-Goudet, *D. 1997. Chron. 121* (clauses attributives de compétence dans les contrats passés au nom d'une société en formation). – Paillet, *Rev. sociétés 1980. 419.* – De Ravel d'Esclapon, *RTD com. 2018. 1* (pour une reprise implicite des actes accomplis pour le compte de la société en formation).

1. Domaine. La demande d'autorisation d'exploiter présentée par un GAEC ne constitue pas un engagement au sens de l'art. 1843. • Civ. 3e, 5 nov. 2014, n° 13-10.888 P : *AJDI 2015. 131 ; Rev. sociétés 2015. 361, note Ansault.* ♦ Sur l'impossibilité de former surenchère au nom d'une société en formation, V. • Civ. 2e, 13 déc. 1995 : *Defrénois 1996. 666 (1er arrêt), obs. Hovasse* • 25 juin 1997, n° 95-14.546 P : *Defrénois 1997. 1287, obs. Hovasse* • 30 mars 2000 : *JCP N 2000. 1531, note Garçon.* ♦ Mais n'est pas nulle une adjudication prononcée au profit et au nom des associés fondateurs d'une société en formation n'ayant pas été immatriculée, la société pouvant reprendre les obligations nées de cet acte lors de son immatriculation. • Com. 20 févr. 2007, n° 05-14.058 P : *D. 2008. Pan. 379, obs. Hallouin et Lamazerolles.*

2. Personnes tenues avec la société. Seules *les personnes qui ont accompli des actes au nom* d'une société commerciale en formation sont tenues solidairement et indéfiniment de tels actes et non celles qui ont participé à cette formation. • Com. 4 mai 1981 : *D. 1982. 482, note Daigre.* – V. aussi • Com. 18 mai 1982 : *Gaz. Pal. 1982. 2. 644, note Dupichot* • 25 oct. 1983 et • 15 nov. 1983 : *D. 1985. 149, note Chartier* • Civ. 1re, 19 nov. 1996, n° 94-19.937 P (absence d'engagement d'un futur associé à l'égard duquel il n'est pas établi qu'il ait signé ou ratifié le contrat passé avec un tiers par un autre futur associé au nom de la société en formation).

3. Reprise des engagements : modalités. V. • Civ. 1re, 26 avr. 2000, n° 98-10.917 P : *D. 2000. AJ 331, obs. Boizard ; JCP 2001. II. 10504, note Starck et Sainte-Rose ; JCP E 2000. 1766, note Bonnard ; Rev. sociétés 2000. 722, note Godon ; Defrénois 2001. 569, note Crône ; LPA 20 févr. 2001, note Bruggeman ; RTD com. 2000. 931, obs. Champaud et Danet* • Civ. 1re, 2 oct. 2002, n° 00-10.499 P : *D. 2002. AJ 2807, obs. A. Lienhard ; D. 2004. Somm. 267, obs. Hallouin ; Rev. sociétés 2003. 119, note Barbiéri* • Com. 13 déc. 2005, n° 04-12.528 P • 23 mai 2006, n° 03-15.486 P : *D. 2007. Pan. 267, obs. Hallouin et Lamazerolles ; Defrénois 2007. 70, obs. J. Honorat* • 1er juill. 2008, n° 07-10.676 P : *JCP 2009. II. 10008, note Monsallier-Saint-Mleux ; Gaz. Pal. 2008. 5. 3392, note Andreani ; Defrénois 2009. 537, note Leobon ; Rev. sociétés 2009. 323, obs. Legros* • Civ. 2e, 10 sept. 2009, n° 08-15.882 P :

D. 2009. AJ 2280 ; *JCP 2010, n° 233, § 1, obs. Deboissy et Wicker* (enchères). ♦ Peu importe la date de la délibération de reprise des engagements. • Civ. 3e, 7 avr. 2016, n° 15-10.881 P : *Rev. sociétés 2016. 523, note Saintourens*.

4. ... Effets. Les engagements repris sont réputés avoir été contractés dès l'origine par la société. • Civ. 2e, 19 déc. 2002, n° 00-20.250 P : *JCP 2004. I. 103, n° 1, obs. Caussain, Deboissy et Wicker* ; *JCP N 2003. 1248, note Garçon* (adjudication) • 10 sept. 2009 : *préc. note 3* (*idem*). • Civ. 3e, 7 déc. 2011, n° 10-26.726 P : *D. 2012. 11, obs. Lienhard* (droit à indemnité d'éviction reconnu à une société ayant reçu congé sans renouvellement après reprise des engagements pris en son nom). ♦ En cas de reprise des engagements par la société, il n'y a pas de solidarité entre la personne qui a engagé la société en formation et la personne morale régulièrement constituée et immatriculée par la suite, mais substitution d'un débiteur à un autre. • Orléans, 22 févr. 1978 : *JCP 1980. II. 19403, note Guyon*. ♦ Sur la distinction entre société en formation et société créée de fait, V. • Paris, 13 mai 1997 : *JCP 1998. II. 10031, note Gibirila* • Com. 4 déc. 2001 : *JCP E 2002. 594, note Lucas* (le projet des parties d'immatriculer une société ne fait pas obstacle à ce qu'ait pu naître entre elles une société créée de fait).

5. ... Délit civil. La reprise par la société des engagements des fondateurs ne concerne pas les délits civils de ceux-ci (débauchage et concurrence déloyale). • Paris, 24 févr. 1977 : *D. 1978. 32, note Bousquet* ; *JCP 1978. II. 18957, note Chartier*.

6. ... Publicité (non). L'acte portant reprise est déclaratif et n'a pas à être publié pour être opposable aux tiers. • Civ. 3e, 9 juill. 2003, n° 01-10.863 P : *JCP N 2004. 1088, note Garçon* ; *Defrénois 2004. 303, obs. S. Piedelièvre* ; *AJDI 2003. 873, obs. Porcheron*.

Art. 1843-1 L'apport d'un bien ou d'un droit soumis à publicité pour son opposabilité aux tiers peut être publié dès avant l'immatriculation et sous la condition que celle-ci intervienne. A compter de celle-ci, les effets de la formalité rétroagissent à la date de son accomplissement.

Art. 1843-2 Les droits de chaque associé dans le capital social sont proportionnels à ses apports lors de la constitution de la société ou au cours de l'existence de celle-ci.

(*L. n° 82-596 du 10 juill. 1982*) « Les apports en industrie ne concourent pas à la formation du capital social mais donnent lieu à l'attribution de parts ouvrant droit au partage des bénéfices et de l'actif net, à charge de contribuer aux pertes. » — *Cet alinéa reprend sans modification le texte du second alinéa abrogé de l'art. 1845-1.*

1. Droits proportionnels des associés. Lorsque les associés d'une société civile professionnelle ont entendu répartir les pertes de la société dans la proportion de leurs droits aux bénéfices, ce qui implique la prise en compte des parts d'industrie, celui des deux associés qui dispose des deux tiers de ces parts ne peut pas s'opposer à ce qu'elles soient prises en considération pour régler sa participation aux pertes en faisant valoir qu'elles ne font pas partie du capital social. • Civ. 1re, 29 nov. 1994 : *BJS 1995. 149, note Baillod* ; *RJDA 1995, n° 171* ; *RTD com. 1995. 442, obs. Alfandari et Jeantin*.

2. Apport en industrie. L'apporteur en industrie a droit à l'attribution d'une quote-part de l'actif net, même lorsqu'il cesse d'être associé ; toutefois, en l'absence de toute disposition contractuelle fixant les modalités d'indemnisation de l'associé retrayant, il n'a droit qu'à un partage des bénéfices non distribués, autrement dit des réserves ou bien encore, lors de la liquidation, du boni. • Paris, 17 juin 2008 : *RJDA 2008, n° 1143* ; *Dr. sociétés 2008, n° 248, note Mortier* ; *BJS 2008. 971, note Allegaert*.

Art. 1843-3 Chaque associé est débiteur envers la société de tout ce qu'il a promis de lui apporter en nature, en numéraire ou en industrie.

Les apports en nature sont réalisés par le transfert des droits correspondants et par la mise à la disposition effective des biens.

Lorsque l'apport est en propriété, l'apporteur est garant envers la société comme un vendeur envers son acheteur.

Lorsqu'il est en jouissance, l'apporteur est garant envers la société comme un bailleur envers son preneur. Toutefois, lorsque l'apport en jouissance porte sur des choses de genre ou sur tous autres biens normalement appelés à être renouvelés pendant la durée de la société, le contrat transfère à celle-ci la propriété des biens apportés, à charge d'en rendre une pareille quantité, qualité et valeur ; dans ce cas, l'apporteur est garant dans les conditions prévues à l'alinéa précédent.

L'associé qui devait apporter une somme dans la société et qui ne l'a point fait devient de plein droit et sans demande, débiteur des intérêts de cette somme à comp-

ter du jour où elle devait être payée et ce sans préjudice de plus amples dommages-intérêts, s'il y a lieu. *(L. n° 2001-420 du 15 mai 2001, art. 123-I)* **« En outre, lorsqu'il n'a pas été procédé dans un délai légal aux appels de fonds pour réaliser la libération intégrale du capital, tout intéressé peut demander au président du tribunal statuant en référé soit d'enjoindre sous astreinte aux administrateurs, gérants et dirigeants de procéder à ces appels de fonds, soit de désigner un mandataire chargé de procéder à cette formalité. »**

L'associé qui s'est obligé à apporter son industrie à la société lui doit compte de tous les gains qu'il a réalisés par l'activité faisant l'objet de son apport.

BIBL. ▶ GÉNINET, *Defrénois 1987. 25* (quasi-apports en société). – COURET, *BJS 1992. 7* (associé et compte courant). – PETERKA, *Defrénois 2000. 1137* (apport en jouissance).

1. L'apport d'un droit au bail à une société en formation entraîne le dessaisissement de l'apporteur et constitue une cession rendant applicable la clause du bail prévoyant l'appel du bailleur à l'acte. • Civ. 3e, 8 mai 1979, n° 78-10.502 P.

2. Sur la nature juridique de l'opération d'apport de leur récolte, par des vignerons coopérateurs, à une coopérative vinicole : V. • Com. 11 juill. 2006, n° 05-13.103 P : *D. 2006. AJ 2462 ; JCP 2007. I. 113, n° 13, obs. Cabrillac ; JCP E 2007. 1907, n° 28, obs. Gros ; Gaz. Pal. 2007. 401, note Goni.*

3. Sont nuls les apports effectués lors d'une augmentation de capital d'une société réalisés à l'aide de fonds provenant d'un emprunt consenti à la société elle-même, et ce, bien que certaines mensualités eussent été remboursées par les associés. • Civ. 3e, 19 juin 1996 : *BJS 1996. 917, note Le Cannu ; JCP E 1996. I. 589, n° 1, obs. Viandier et Caussain ; RJDA 1996, n° 1199.*

4. Obligation de libérer l'apport. L'action fondée sur l'art. 1843-3, al. 5, est recevable bien que la société n'ait pas été mise en cause. • Com. 7 juill. 2009 : *Dr. sociétés 2009, n° 183, note Gallois-Cochet ; JCP E 2009. 2125, note Gourdon ; BJS 2009. 1053, note Mortier ; RTD com. 2009. 743, obs. Champaud et Danet ; RJDA 2010, n° 46 ; RJ com. 2010. 60, note Jambort.* ♦ L'art. 1843-3, al. 5, ne peut servir de fondement au prononcé d'une condamnation à libérer une part de capital social. • Même arrêt.

5. Le fait qu'un associé se soit totalement libéré de son apport n'entraîne pas l'obligation pour les autres de libérer leurs parts. • Civ. 3e, 28 nov. 2001, n° 00-13.335 P : *D. 2002. AJ 215, obs. Boizard ; ibid. Somm. 3265, obs. Hallouin ; Defrénois 2002. 616, obs. J. Honorat ; RTD com. 2002. 118, obs. Monsèrié-Bon* (possibilité de la libération de l'apport par compensation).

6. ... Nature du capital non libéré. Le capital social non libéré est une créance de la société contre ses associés et ne peut être assimilé à un actif disponible ou à une réserve de crédit au sens de l'art. L. 631-1 C. com. • Com. 23 avr. 2013, n° 12-18.453 P : *D. 2013. 1130, obs. Lienhard.*

Art. 1843-4 *(Ord. n° 2014-863 du 31 juill. 2014, art. 37)* **« I. — Dans les cas où la loi renvoie au présent article pour fixer les conditions de prix d'une cession » des droits sociaux d'un associé, ou le rachat de ceux-ci par la société, la valeur de ces droits est déterminée, en cas de contestation, par un expert désigné, soit par les parties, soit à défaut d'accord entre elles, par** *(Ord. n° 2019-738 du 17 juill. 2019, art. 2)* **« jugement du président du tribunal judiciaire ou du tribunal de commerce compétent, statuant selon la procédure accélérée au fond** *[ancienne rédaction : ordonnance du président du tribunal statuant en la forme des référés]* **» et sans recours possible.**

(Ord. n° 2014-863 du 31 juill. 2014, art. 37) **« L'expert ainsi désigné est tenu d'appliquer, lorsqu'elles existent, les règles et modalités de détermination de la valeur prévues par les statuts de la société ou par toute convention liant les parties.**

« II. — Dans les cas où les statuts prévoient la cession des droits sociaux d'un associé ou le rachat de ces droits par la société sans que leur valeur soit ni déterminée ni déterminable, celle-ci est déterminée, en cas de contestation, par un expert désigné dans les conditions du premier alinéa.

« L'expert ainsi désigné est tenu d'appliquer, lorsqu'elles existent, les règles et modalités de détermination de la valeur prévues par toute convention liant les parties. »

Les dispositions de l'Ord. n° 2019-738 du 17 juill. 2019 s'appliquent aux demandes introduites à compter du 1er janv. 2020 (Ord. préc., art. 30).

Sur la dérogation prévue pour les sociétés des professions libérales soumises à un statut législatif ou réglementaire ou dont le titre est protégé et les sociétés de participations financières de professions libérales, V. L. n° 90-1258 du 31 déc. 1990, art. 10. — **C. sociétés.**

BIBL. ▶ BUCHBERGER, *D. 2012. Chron. 1632* (cession de droit sociaux et exigence d'un prix déterminable). – CADIET, *Mél. Guyon, Dalloz, 2003.* – COURET, *Mél. Bouloc, Dalloz, 2007, p. 249.*

– Dammann et Périnot, *D. 2009. 2170* . – Deharo, *RTD com. 2007. 643* . – Dondero, *Mél. Tricot, Dalloz-Litec, 2011, p. 639*. – Faury, *Gaz. Pal. 19-20 mai 2010, p. 40* (fixation du prix par expert – art. 1592 et 1843-4 C. civ.). – C. Grimaldi, *JCP 2009. 500* (cession ou rachat forcé de droits sociaux). – Le Nabasque, *BJS 2009. 1018* (champ d'application de l'art. 1843-4). – Lucas, *Mél. Tricot, Dalloz-Litec, 2011, p. 395 ; Mél. Le Cannu, Dalloz-LGDJ, 2014, p. 343* (place de la liberté contractuelle dans la détermination du prix de droits sociaux à dire d'expert). – Moury, *Rev. sociétés 2005. 513.* – Nussenbaum, *RDC 2014. 307*. – Reinhard, *Gaz. Pal. 19-20 mai 2010, p. 33* (fixation du prix par expert – art. 1592 et 1843-4 C. civ.). – Schmidt, *RDC 2014. 305* (contestation de la valeur des droits sociaux).

▶ **Après l'Ord. du 31 juill. 2014 :** Borga, *D. 2014. 2359* (application dans le temps). – Couret, *D. 2014. 2005* .– Constantin, *RTD com. 2014. 633* . – Dondero, *D. 2014. Chron. 1885* ; *JCP E 2014. 1531*. – Grundeler, *Rev. sociétés 2018. 701* (date d'évaluation des droits sociaux à dire d'expert). – Le Nabasque, *Rev. sociétés. 2014. 647*. – Lucas et Poracchia, *BJS 2014. 474*. – Mortier, *Dr. sociétés 2014. Étude 19*. – Moury, *D. 2017. 1992* (application dans le temps) ; *Rev. sociétés 2021. 287* (*idem*). – Le Nabasque, *Rev. sociétés 2014. 647* . – Schiller, *JCP N 2014, n° 1282* (avis de la FNDP sur la nouvelle rédaction de l'art. 1843-4). – Zattara-Gros, *Gaz. Pal. 21-23 sept. 2014, p. 7*.

Ancien art. 1843-4 ***Dans tous les cas où sont prévus la cession des droits sociaux d'un associé, ou le rachat de ceux-ci par la société, la valeur de ces droits est déterminée, en cas de contestation, par un expert désigné, soit par les parties, soit à défaut d'accord entre elles, par ordonnance du président du tribunal statuant en la forme des référés et sans recours possible.***

1. Ordre public. L'art. 1843-4 est d'ordre public. • Civ. 1re, 25 nov. 2003, n° 00-22.089 P : *D. 2003. AJ 3053, obs. A. Lienhard* ; *ibid. Chron. C. cass. 1231, n° 9, obs. Salomon ; JCP E 2004. 601, n° 2, obs. Caussain, Deboissy et Wicker ; Gaz. Pal. 2004. 1088, note Nurit ; Defrénois 2004. 1152, note Gibirila ; RTD com. 2004. 116, obs. Monsèrié-Bon* ; *Rev. sociétés 2004. 93, note Chartier* ; *RTD civ. 2004. 308, obs. Gautier* ; *RDC 2004. 750, obs. Cadiet* • 12 juill. 2012, n° 11-18.453 P : *D. 2012. 1884, obs. A. Lienhard* ; *ibid. 2786, note Brignon et d'Esparron* ; *RTD com. 2012. 577, obs. Monsèrié-Bon* ; *Defrénois 2012. 1074, note Rabreau* (inopposabilité d'une évaluation par un expert nommé en application de l'art. 145 C. pr. civ.). ♦ Caractère impératif des dispositions particulières de l'art. R. 4113-51 CSP relatif à la fixation de la valeur des parts en cas de retrait de l'associé d'une société civile professionnelle de médecins. • Civ. 1re, 25 nov. 2015, n° 14-14.003 P. ♦ Le caractère d'ordre public de l'art. 1843-4 n'exclut pas l'arbitrabilité du litige, la circonstance qu'une clause contractuelle accorde aux arbitres le pouvoir de procéder eux-mêmes à cette évaluation de parts sociales et de trancher le litige, contrairement au pouvoir de l'expert nommé en application de l'art. 1843-4 C. civ., ne la rend pas manifestement inapplicable ou nulle. • Com. 10 oct. 2018, n° 16-22.215 P : *D. 2019. 235, note Moury* ; *AJ contrat 2018. 541, obs. Tap* ; *RTD civ. 2018. 886, obs. Barbier* ; *RTD com. 2018. 940, obs. Lecourt* ; *ibid. 959, obs. Moury* ; *ibid. 2020. 294, note Loquin* ; *JCP 2018, n° 1303, note Laroche ; RDC 1/2019. 92, note Boucobza et Serinet.*

2. Application dans le temps. Les effets légaux d'un contrat étant régis par la loi en vigueur à la date où ils se produisent, l'art. 1843-4, dans sa rédaction issue de l'Ord. n° 2014-863 du 31 juill. 2014, est applicable aux expertises ordonnées à compter du 3 août 2014, date de son entrée en vigueur. • Com. 18 nov. 2020, n° 19-13.402 P.

3. Capital social. Si une association d'avocats se trouve soumise aux dispositions des art. 1832 à 1844-17, cependant, l'art. 1843-4 ne lui est pas applicable en l'absence de capital social et ne peut être étendu aux comptes à effectuer lors du départ d'un avocat. • Civ. 1re, 17 févr. 2021, n° 19-22.964 P : *D. 2021. 428* ; *Rev. sociétés 2021. 384, note Barbièri* .

4. Qualité d'associé du cédant. La suspension de l'exercice des droits non pécuniaires de l'associé tenu de céder ses actions tant qu'il n'a pas procédé à cette cession est sans incidence sur sa qualité d'associé. • Com. 16 sept. 2014, n° 13-17.807 P : *D. 2014. 2446, note Desaché et Dondero* ; *ibid. 2015. 2401, obs. Rabreau* ; *Rev. sociétés 2015. 19, note Moury* .

5. Droit aux bénéfices avant rachat. Les héritiers de l'associé décédé ont vocation aux bénéfices jusqu'à la cession ou au rachat des parts de leur auteur et conservent ce droit aussi longtemps que la valeur desdites parts ne leur a pas été remboursée. • Civ. 1re, 25 janv. 2017, n° 15-28.980 P : *D. 2017. 2335, obs. Lamazerolles et Rabreau* ; *Rev. sociétés 2017. 360, note Lucas* .

I. DOMAINE DE L'EXPERTISE DE L'ART. 1843-4

6. Interprétation stricte – Cession imposée. L'art. 1843-4 C. civ. n'est applicable qu'au cas de cession imposée au cédant par les dispositions légales ou par les statuts. • Com. 5 janv. 2016, n° 14-19.584 : *Rev. sociétés 2016. 514, note J. Moury* ; *RTD civ. 2016. 98, obs. H. Barbier* (absence d'application à la clause d'arbitrage d'un pacte de préférence relevant de l'art. 1592). ♦ V. également note 8 *in fine*. ♦ Sur la possibilité, toutefois, pour les parties de se soumettre conventionnellement aux dispositions de l'art. 1843-4, V. note 24.

A. RENVOI PAR LA LOI : ART. 1843-4, I

Jurisprudence rendue antérieurement à l'Ord. du 31 juill. 2014.

7. Application générale. L'art. 1843-4 est applicable aux cessions de droits sociaux imposées par les statuts ou le règlement intérieur de la société. • Com. 18 nov. 2020, n° 19-13.402 P (application de l'art. 1343-4 dans sa version antérieure à l'Ord. du 31 juill. 2014). ♦ Sur l'application de l'art. 1843-4 en matière d'arbitrage, V. Viandier et Caussain, *JCP 1996. I. 3980, n° 5,* obs. ss. • Paris, 21 mai 1996. ♦ Pour l'application de l'art. 1843-4 dans le cadre d'une cession forcée de parts sociales d'une SELARL d'avocats, V. • Civ. 1re, 20 déc. 2007, n° 04-20.696 P : *D. 2008. AJ 160*. ♦ ... Dans le cadre d'une cession forcée d'actions détenues par l'intermédiaire d'un plan d'épargne entreprise : • Com. 4 déc. 2012 : *D. 2013. 147, note Couret ; ibid. Pan. 2729, obs. Hallouin ; RTD com. 2012. 805, obs. Constantin ; Rev. sociétés 2013. 330, note Moury* (absence de nécessité pour les parties, en cas de désaccord, de convenir de la désignation d'un expert).

8. ... Parts de SCP. Date retenue pour l'estimation des parts d'un notaire quittant la SCP : V. • Civ. 1re, 16 mars 2004, n° 01-00.416 P : *D. 2004. AJ 1024 ; JCP N 2004. 1368, note Hovasse ; RTD com. 2004. 552, obs. Monsèrié-Bon*, et, dans la même affaire, • Civ. 1re, 28 juin 2007, n° 06-18.074 P : *D. 2007. AJ 1974 ; Defrénois 2007. 1303, note Hovasse ; Rev. sociétés 2007. 832, note Daigre*.

9. Application stricte. A défaut de constater que les parties se trouvaient dans un cas où est prévu la cession des droits sociaux d'un associé ou le rachat de ceux-ci par la société, les juges ne peuvent faire application de l'art. 1843-4 et ordonner le rachat par un associé des actions détenues par un autre associé au prix estimé par l'expert judiciaire. • Com. 26 nov. 1996, n° 94-15.403 P : *D. 1997. Somm. 227, obs. Hallouin ; JCP 1997. I. 4012, n° 5, obs. Viandier et Caussain.* ♦ L'art. 1843-4 ne peut non plus s'appliquer quand l'expertise a été demandée par un tiers cessionnaire de droits non agréé. • Civ. 3e, 6 déc. 2000, n° 99-10.233 P : *D. 2002. Somm. 473, obs. Hallouin ; RTD com. 2001. 167, obs. Monsèrié-Bon*. ♦ *Est dérogatoire à l'art. 1843-4* la procédure d'arbitrage par un bâtonnier pour un différend d'ordre professionnel entre avocats par laquelle il procède à la désignation d'un expert pour l'évaluation des parts sociales ou actions de sociétés d'avocats (L. 31 déc. 1971, art. 21). • Civ. 1re,16 avr. 2015, n° 14-10.257 P : *D. 2015. 928*. ♦ V. aussi note 6 ss. art. 1844-7.

10. Valeur des droits sociaux ni déterminée, ni déterminable. Dans cette situation, détermination de la valeur des droits sociaux, en cas de contestation, par un expert désigné dans les conditions du 1er al. du texte. V. notes 15 s.

11. Remboursement et perte de la qualité d'associé. Si le défaut de remboursement de la valeur des parts d'un associé coopérateur qui a fait l'objet d'une mesure d'exclusion n'a pas pour effet de maintenir son mandat d'administrateur, en revanche, la perte de la qualité d'associé d'une société d'intérêt collectif agricole constituée sous la forme d'une société civile ne peut être antérieure au remboursement des droits sociaux. • Civ. 3e, 29 sept. 2016, n° 15-20.177 P. ♦ V. également, pour le retrait d'un associé de société civile, art. 1869, note 1.

B. CAS EXCLUANT L'EXPERTISE

Jurisprudence rendue antérieurement à l'Ord. du 31 juill. 2014.

12. Pacte extrastatutaire. Antérieurement, déjà, à la réforme de l'art. 1843-4 résultant de l'Ord. du 31 juill. 2014 : les dispositions de l'art. 1843-4, qui ont pour finalité la protection des intérêts de l'associé cédant, sont sans application à la cession de droits sociaux ou à leur rachat par la société résultant de la mise en œuvre d'une promesse unilatérale de vente librement consentie par un associé. • Com. 11 mars 2014, n° 11-26.915 P : *D. 2014. 759, note Dondero ; ibid. 2434, obs. Hallouin ; AJCA 2014. 127, obs. Urbain-Parleani ; Rev. sociétés 2014. 366, note Moury ; Gaz. Pal. 2014. 1611, note Zattara-Gros ; JCP 2014 n° 346, note Mauro ; ibid., n° 588, obs. Cavalié.* ♦ Dans le cadre d'une promesse de vente comportant des stipulations précisant les modalités de calcul du prix de cession, celui-ci est déterminable et la cession devient parfaite dès la levée de l'option ; le prix n'ayant fait l'objet d'aucune contestation antérieure à la conclusion de la cession, la demande de fixation du prix à dire d'expert doit être rejetée. • Com. 24 nov. 2009, n° 08-21.369 P : *D. 2009. AJ 2925, obs. Lienhard ; ibid. 2010. Pan. 2797, obs. Hallouin ; JCP 2010, n° 120, note Mouy ; ibid. n° 516, § 3, obs. Mekki ; Rev. sociétés 2010. 21, note Moury ; ibid. 2011. 149, note Le Nabasque*. ♦ Non-application de l'art. 1843-4 en cas de promesse de vente librement consentie selon un prix déterminable sur des éléments objectifs. • Versailles, 10 sept. 2009 : *D. 2009. AJ 2220, obs. Lienhard ; RLDC 2009/66, n° 3632, note Cavalié.* ♦ Sur le choix amiable d'un expert, V. note 24.

13. Marché réglementé. L'art. 1843-4 n'a pas vocation à s'appliquer aux opérations se déroulant sur un marché réglementé. • Paris, 3 juill. 1998 : *JCP 1999. II. 10008, note Daigre.*

14. Échec d'une vente amiable. La demande tendant à la désignation d'un expert, motivée par l'impossibilité d'entamer une négociation amiable sur le prix de cession de parts sociales faute d'avoir obtenu une situation comptable exploitable, n'entre pas dans les prévisions de l'art. 1843-4. • Com. 10 mars 1998, n° 95-21.329 P : *R., p. 249.*

II. DÉSIGNATION DE L'EXPERT

15. Compétence exclusive de la juridiction saisie. Le pouvoir de désigner l'expert appartient au seul président du tribunal, sans recours possible. • Com. 30 nov. 2004, n° 03-15.278 P : *D. 2005. Pan. 2953, obs. Hallouin et Lamazerolles ; JCP E 2005. 135, note Hovasse ; Defrénois 2005. 904, obs. J. Honorat ; RTD com. 2005. 124, obs. Monsèrié-Bon* • Civ. 3e, 28 mars 2012, n° 10-26.531 P. ♦ L'expert ne peut être désigné que selon les modalités prévues ; la juridiction saisie de l'affaire ne peut le désigner elle-même. • Civ. 1re, 25 nov. 2003 : *préc. note 1* • Com. 30 nov. 2004, n° 03-13.756 P : *Defrénois 2005. 890, obs. Hovasse* • Civ. 1re, 7 oct. 2015, n° 14-20.696 P : *AJ fam. 2015. 684, obs. Levillain* (compétence du seul président du tribunal, à l'exclusion de la cour d'appel). ♦ Faute d'avoir eu préalablement recours à la procédure particulière et impérative prévue par l'art. 1843-4, il n'entre pas dans les pouvoirs du juge des référés, saisi sur le fondement de l'art. R. 4113-51 CSP, de fixer le prix des parts sociales litigieuses. • Civ. 1re, 9 avr. 2014, n° 12-35.270 P : *D. 2014. 927* . ♦ Mais si, en vertu des art. 1843-4 C. civ. et 31 du Décr. du 2 oct 1967, le président du tribunal a seul le pouvoir, à défaut d'accord des parties, de désigner un expert chargé de l'évaluation des droits sociaux, ces textes ne font pas obstacle à ce que l'actualisation du rapport soit confiée au même expert, en cause d'appel, par le conseiller de la mise en état. • Civ. 1re, 9 déc. 2010, n° 09-10.141 P : *D. 2011. 11, obs. Lienhard ; Rev. sociétés 2011. 339, note Moury* . ♦ Sur le choix amiable d'un expert, V. note 24.

16. ... Sursis à statuer. – Portée de la saisine du juge. Le président du tribunal appelé à désigner un expert sur le fondement de l'art. 1843-4 et dont le pouvoir juridictionnel se limite à en examiner les conditions d'application, ne peut connaître de la validité de la convention en exécution de laquelle il est saisi. En présence d'une telle contestation, le président doit surseoir à statuer sur la demande de désignation de l'expert dans l'attente d'une décision du tribunal compétent, saisi à l'initiative de la partie la plus diligente. • Com. 25 mai 2022, n° 20-18.307 B : *D. 2022. 1037 ; Rev. sociétés 2022. 534, note Reygrobellet ; JCP 2022, n° 943, note Hamelin.* ♦ Le président du tribunal saisi sur le fondement de ce texte doit surseoir à statuer sur la demande de désignation de l'expert dans l'attente d'une décision du tribunal compétent, saisi à l'initiative de la partie la plus diligente. Il n'entre pas dans les pouvoirs du président du tribunal, saisi sur le fondement de l'art. 1843-4, de trancher la contestation relative à la détermination des statuts applicables ou de la convention liant les parties à appliquer, que l'expert est tenu d'appliquer. • Com. 7 juill. 2021, n° 19-23.699 B : *D. 2021. 1757, note Couret* (cassation de l'arrêt ayant écarté l'excès de pouvoir).

17. Expert désigné – Absence de recours. La disposition de l'art. 1843-4 selon laquelle, en cas de contestation sur la valeur des droits sociaux, un expert est désigné par le président du tribunal de grande instance « sans recours possible » s'applique, par sa généralité, au pourvoi en cassation comme à toute autre voie de recours. • Civ. 1re, 6 déc. 1994, n° 92-18.007 P • Civ. 2e, 7 juin 2018, n° 17-18.722 P : *D. 2018. 1254 ; RTD com. 2018. 695, obs. Lecourt* • Com. 10 oct. 2018, n° 16-22.215 P • 7 juill. 2021, n° 19-23.699 B : *préc. note 16.* ♦ ... Fût-ce en remplacement d'un premier expert ayant renoncé à sa mission. • Com. 15 mai 2012, n° 11-12.999 P : *D. 2012. 1399, obs. A. Lienhard ; Rev. sociétés 2012. 491, note Schlumberger* . ♦ La décision qui statue sur la rectification d'une prétendue erreur matérielle ne peut être frappée de pourvoi en cassation dès lors que la décision rectifiée n'est pas elle-même susceptible d'un tel recours. • Civ. 2e, 7 juin 2018, n° 17-18.722 P : *préc.* ♦ Absence de recours contre la décision rendue en référé par le président du tribunal refusant la désignation d'un expert • Com. 11 mars 2008, n° 07-13.189 P : *D. 2008. Chron. C. cass. 1231, n° 10, obs. Salomon ; RTD com. 2008. 840, obs. Bouloc ; Rev. sociétés 2008. 355, obs. Barbièri* .

18. ... Sauf excès de pouvoir. Il n'est dérogé à la règle interdisant tout recours qu'en cas d'excès de pouvoir. • Com. 3 mai 2012, n° 11-16.349 P : *D. 2012. 1265, obs. A. Lienhard ; Rev. sociétés 2012. 491, note Schlumberger* • 15 mai 2012, n° 11-17.866 P : *Rev. sociétés 2012. 491, note Schlumberger* • 15 mai 2012 : *préc. note 17* • Civ. 2e, 7 juin 2018, n° 17-18.722 P : *préc. note 17* • Com. 10 oct. 2018, n° 16-22.215 P : *préc. note 17* • 7 juill. 2021, n° 19-23.699 B : *préc. note 16.* ♦ L'inobservation par le président du tribunal des conditions d'application de l'art. 1843-4 ne constitue pas un excès de pouvoir. • Com. 15 mai 2012 : *préc. note 17.* (expert nommé après la cession des parts). ♦ ... Pas plus que le fait, pour une cour d'appel, d'estimer que le premier juge n'a pas commis d'excès de pouvoir en déclarant inapplicable une clause de conciliation préalable, sans vérifier à nouveau l'applicabilité de cette clause • Com. 3 mai 2012 : *préc.*

19. Refus de désigner un expert – Recours. La décision par laquelle le président du tribunal, saisi en application de l'art. 1843-4, refuse, pour quelque cause que ce soit et, notamment, en raison de l'autorité de la chose jugée attachée à une précédente décision de refus, de désigner un expert est susceptible d'appel. • Com. 25 mai 2022, n° 20-14.352 B : *D. 2022. 1291, note Barba ; ibid. 1875, obs. Lamazerolles et Rabreau ; RTD com. 2022. 793, obs. Lecourt*. ♦ En ce cas, au terme d'un réexamen complet des faits et circonstances de la cause, la cour d'appel peut, si elle décide d'infirmer l'ordonnance qui lui est déférée, désigner elle-même un expert, et ce, par une décision sans recours possible, sauf excès de pouvoir. • Même arrêt.

20. Frais et provision. Sauf en cas d'abus manifeste d'une des parties, la charge des frais d'expertise doit être partagée également entre elles, en proportion de l'intérêt égal qu'elles y trouvent chacune. • Nîmes, 27 mai 2004 : *Dr. sociétés 2005, n° 131, obs. F.-X. Lucas*. ♦ Sur la possibilité, pour l'associé ayant refusé l'offre de rachat de ses parts présentée par la société et sollicité la désignation d'un expert sur le fondement des art. 1843-4 et 1860, de demander devant le juge des référés le versement d'une provision, V. • Civ. 3e, 20 juin 2001 : *RJDA 2002, n° 60*.

III. MISSION DE L'EXPERT – PORTÉE DE L'ÉVALUATION

A. PRINCIPES GÉNÉRAUX

21. Monopole de l'expert. Il appartient au seul expert désigné de procéder à l'évaluation des droits sociaux ; la juridiction ne peut y procéder elle-même. • Civ. 1re, 25 nov. 2003 : *préc. note 1* • 25 janv. 2005, n° 01-10.395 P : *D. 2005. AJ 432, obs. A. Lienhard ; ibid. Pan. 2841, obs. Amrani Mekki , et 2953, obs. Hallouin et Lamazerolles ; JCP 2005. II. 10046, note Renard-Payen ; Defrénois 2005. 1146, note Gibirila ; CCC 2005, n° 79, note Leveneur ; Rev. sociétés 2005. 608, note Chartier ; RTD com. 2005. 537, obs. Champaud et Danet*. – V. aussi • Civ. 1re, 28 juin 2007 : *préc. note 8* • 20 déc. 2007, n° 04-20.696 P : *D. 2007. AJ 160 ; RTD com. 2008. 615, obs. Bouloc*.

22. ... Erreur grossière de l'expert. En se remettant, en cas de désaccord sur le prix de cession d'actions, à l'estimation d'un expert désigné conformément à l'art. 275 de la loi de 1966 [C. com., art. L. 228-24] et à l'art. 1843-4 C. civ., les contractants font de la décision de celui-ci leur loi et, à défaut d'erreur grossière, il n'appartient pas aux juges, en modifiant le prix, d'imposer aux parties une convention différente de celle qu'elles avaient entendu établir. • Com. 4 nov. 1987 : *Bull. civ. IV, n° 226 ; JCP 1988. II. 21050, note Viandier*. – V., dans le même sens, • Com. 9 avr. 1991, n° 89-21.611 P : *RTD civ. 1992. 133, obs. Gautier* • 19 avr. 2005 : *cité note 22*. ♦ L'expert disposant d'une entière liberté d'appréciation pour fixer la valeur des parts sociales selon les critères qu'il juge opportuns, cassation de l'arrêt qui a retenu l'erreur grossière au motif que l'expert s'est fondé sur une disposition abrogée et a refusé de prendre en compte un usage non discuté sur l'évaluation des parts. • Civ. 1re, 9 mai 2019, n° 18-12.073 P : *D. 2019. Chron. C. cass. 1784, note Le Gall ; Rev. sociétés 2019. 688, note Barbièri*. ♦ Pour une hypothèse d'erreur grossière de l'expert, V. • Civ. 1re, 25 nov. 2003 : *préc. note 1* (dépassement de sa mission) • Com. 15 janv. 2013, n° 12-11.666 P : *D. 2013. 342, note Couret ; ibid. Pan. 2729, obs. Hallouin ; Rev. sociétés 2013. 330, note Moury ; RTD civ. 2013. 834, obs. Fages et Barbier* (erreur sur la date d'estimation des parts). ♦ Sur le contrôle de la Cour de cassation, V. • Civ. 1re, 25 janv. 2005 : *préc. note 21*.

23. ... Respect du contradictoire (non). Ne peut être accueilli le moyen selon lequel les experts désignés judiciairement en application de l'art. 1843-4 sont tenus, conformément à l'art. 6, § 1, Conv. EDH, de respecter le principe de la contradiction. • Com. 19 avr. 2005, n° 03-11.790 P : *R., p. 313 ; D. 2005. AJ 1289, obs. A. Lienhard ; ibid. Pan. 2953, obs. Hallouin et Lamazerolles ; JCP E 2005. 1390, note Lécuyer ; Defrénois 2005. 1497, note Gibirila ; RTD civ. 2005. 613, obs. Gautier ; RTD com. 2005. 537, obs. Champaud et Danet*.

24. Désignation amiable d'un expert. Dans le cas d'une promesse de cession de droits, les parties s'en étant remises à l'estimation d'un expert ayant les pouvoirs prévus à l'art. 1843-4, la détermination du prix ne nécessite pas un nouvel accord de leur part et la cession est parfaite dès la levée de l'option. • Com. 30 nov. 2004 : *préc. note 15 (1er arrêt)*. ♦ La désignation à l'amiable, par les parties, de l'expert ne permet pas de former la vente. • Com. 8 avr. 2008, n° 06-18.362 P : *D. 2008. AJ 1207, obs. Lienhard ; D. 2009. Pan. 329, obs. E. L. ; Dr. sociétés 2008, n° 129, note Hovasse ; BJS 2008. 585, note Poracchia*. ♦ Comp. : • Com. 24 nov. 2009 : *préc. note 12*.

B. MODALITÉS D'ÉVALUATION – RESPECT DE LA LIBERTÉ CONTRACTUELLE

25. Prise en compte des dispositions statutaires ou extrastatutaires. Pour l'évaluation des droits sociaux, l'art. 1843-4 oblige, le cas échéant, l'expert à appliquer, dans le cadre de l'art. 1843-4, I, les dispositions prévues par les statuts ou par toute convention liant les parties ou, dans le cadre de l'art. 1843-4, II, les dispositions prévues par toute convention liant les parties. ♦ V. • Civ. 1re, 8 janv. 2020, n° 17-13.863 P : *D. 2020. 585, note Tisseyre ; ibid. 2033, obs. Lamazerolles et Rabreau ; Rev. sociétés 2020. 241, note Barbièri ; ibid. 363, note Grundeler ;*

RTD com. 2020. 669, obs. Moury ; *JCP 2020, n° 270, note Gallois-Cochet.* ♦ Contra antérieurement : seul l'expert détermine les critères qu'il juge les plus appropriés pour fixer la valeur des droits, parmi lesquels peuvent figurer ceux prévus par les statuts ; cassation d'un arrêt précisant que l'expert devait être guidé par les statuts, la cour d'appel n'ayant pas à préciser la méthode à suivre par l'expert. • Com. 5 mai 2009, n° 06-17.645 P : *R., p. 394 ; D. 2009. AJ 1349, obs. Lienhard* ; *ibid. 2195, note Dondero* ; *ibid. Chron. C. cass. 2580, obs. Salomon* ; *ibid. 2010. Pan. 287, obs. Hallouin* ; *Gaz. Pal. 2009. 2015, obs. Zavaro ; Banque et Dr. 5-6/2009. 65, obs. Storck ; RLDC 2009/62, n° 3487, obs. Maugeri ; Rev. sociétés 2009. 503, obs. Moury* ; *RTD com. 2009. 752, obs. Champaud et Danet* ; *RTD civ. 2009. 548, obs. Gautier*. ♦ Rappr. : • Com. 16 févr. 2010, n° 09-12.262 P : *D. 2010. AJ 581* ; *RTD com. 2010. 300, obs. Azéma* ; *ibid. 314, obs. Pollaud-Dulian*.

26. *Date d'évaluation des titres.* V. note 11 ss. art. 1869.

Art. 1843-5 *(L. n° 88-15 du 5 janv. 1988)* **Outre l'action en réparation du préjudice subi personnellement, un ou plusieurs associés peuvent intenter l'action sociale en responsabilité contre les gérants. Les demandeurs sont habilités à poursuivre la réparation du préjudice subi par la société ; en cas de condamnation, les dommages-intérêts sont alloués à la société.**

Est réputée non écrite toute clause des statuts ayant pour effet de subordonner l'exercice de l'action sociale à l'avis préalable ou à l'autorisation de l'assemblée ou qui comporterait par avance renonciation à l'exercice de cette action.

Aucune décision de l'assemblée des associés ne peut avoir pour effet d'éteindre une action en responsabilité contre les gérants pour la faute commise dans l'accomplissement de leur mandat.

1. *Domaine : exclusion des associations.* Rejet d'une QPC contestant la non-application de l'art. 1843-5 aux associations : ne porte pas une atteinte disproportionnée au droit à un recours juridictionnel effectif l'impossibilité pour le membre d'une association d'exercer *ut singuli* l'action sociale en responsabilité, dès lors qu'elle ne prive pas l'association de la possibilité d'agir en justice contre ses anciens dirigeants par l'intermédiaire de ses nouveaux représentants exerçant l'action *ut universi*, que, en cas de carence des dirigeants de l'association, les membres de celle-ci peuvent obtenir la désignation d'un administrateur *ad hoc* chargé de la représenter et que lesdits membres peuvent agir en réparation de leur préjudice individuel distinct de celui de l'association. • Civ. 3e, 7 juill. 2022, n° 22-10.447 B : *D. 2022. 1886, note Hamelin* ; *Rev. sociétés 2022. 611, note Viandier* ; *RTD civ. 2022. 966, obs. Cayrol* ; *RDC 2022/4. 67, note Tadros.*

2. *Action individuelle – Exigence d'un préjudice personnel.* Irrecevabilité de l'action des associés en responsabilité contre le gérant fondée sur l'art. 1843-5 et tendant à la réparation du préjudice subi du fait de l'insuffisance des bénéfices distribués, dès lors que le préjudice allégué ne se distingue pas de celui qui a atteint la société toute entière dont il n'est que le corollaire. • Civ. 3e, 22 sept. 2009 : *D. 2009. AJ 2342* ; *RTD com. 2009. 750, obs. Champaud et Danet* ; *Dr. sociétés 2010, n° 1, note Coquelet (1re esp.) ; LPA 20 janv. 2010, note Granotier.* ♦ Préjudice personnel caractérisé pour un associé, en raison d'un redressement fiscal lié à l'incurie du gérant n'ayant pas procédé à la dissolution décidée par l'assemblée générale et procédé à des déclarations fiscales insincères, le préjudice étant constitué par l'application des pénalités et intérêts de retard et la nécessité de trouver rapidement une solution de financement. • Civ. 3e, 12 mai 2021, n° 19-13.942 P : *D. 2021. 1992, note Jullian*.

3. Une association régie par la L. du 1er juill. 1901, porteuse de parts de SCPI, qui n'a de par sa forme et ses statuts qualité pour agir qu'au nom et dans l'intérêt commun de ses membres, est irrecevable à exercer l'action *ut singuli*, s'agissant d'une action sociale qui ne peut être exercée qu'à titre individuel, par les associés d'une société, en réparation du préjudice causé à la seule société. • Com. 3 mars 2004 : *Dr. sociétés 2004, n° 97, note Lucas ; Dr. et patr. 7-8/2004. 106, obs. Poracchia ; BJS 2004. 991, note Forgues.*

4. L'action *ut singuli* n'est ouverte, par l'art. 1843-5, qu'à l'encontre des gérants, à l'exclusion d'une action contre le liquidateur. • Civ. 3e, 5 déc. 2019, n° 18-26.102 P : *D. 2020. 462, note Tisseyre*.

5. *Demande de mesure conservatoire.* Possibilité, pour les associés exerçant l'action sociale, de solliciter, au nom de la société, une mesure conservatoire sur les biens du gérant. • Civ. 2e, 14 sept. 2006, n° 05-16.266 P : *Dr. sociétés 2006, n° 175, note Lécuyer ; JCP E 2007, n° 2, p. 26, obs. Caussain, Deboissy et Wicker ; BJS 2007. 269, note Schmidt ; RTD com. 2007. 183, obs. Monsèrié-Bon* ; *RJDA 2007, n° 1099.*

6. *Quitus (non).* Aucune décision de l'assemblée des associés ne peut avoir pour effet d'éteindre une action en responsabilité contre les gérants pour la faute commise dans l'accomplissement de leur mandat ; dès lors le quitus donné par l'assemblée des associés ne peut avoir d'effet libératoire au profit du gérant pour les fautes commises dans sa gestion. • Civ. 3e, 27 mai 2021, n° 19-16.716 P.

7. Mise en cause des représentants sociaux. En application de l'art. R. 223-32 C. com., l'action sociale exercée par un associé n'est recevable que si la société est régulièrement représentée dans l'instance. Lorsqu'il existe un conflit d'intérêts entre la société et son représentant légal, la société ne peut être régulièrement représentée que par un mandataire *ad hoc*, qu'il appartient au juge de désigner à la demande de l'associé ou du représentant légal ou, le cas échéant, d'office. • Com. 9 nov. 2022, n° 20-19.077 B.

Art. 1844 **Tout associé a le droit de participer aux décisions collectives.**

Les copropriétaires d'une part sociale indivise sont représentés par un mandataire unique, choisi parmi les indivisaires ou en dehors d'eux. En cas de désaccord, le mandataire sera désigné en justice à la demande du plus diligent.

(L. n° 2019-744 du 19 juill. 2019, art. 3) **« Si une part est grevée d'un usufruit, le nu-propriétaire et l'usufruitier ont le droit de participer aux décisions collectives. Le droit de vote appartient au nu-propriétaire, sauf pour les décisions concernant l'affectation des bénéfices, où il est réservé à l'usufruitier. Toutefois, pour les autres décisions, le nu-propriétaire et l'usufruitier peuvent convenir que le droit de vote sera exercé par l'usufruitier. »**

Les statuts peuvent déroger aux dispositions *(L. n° 2019-744 du 19 juill. 2019, art. 3)* **« du deuxième alinéa et de la seconde phrase du troisième alinéa ».**

BIBL. ▸ **Droit de vote de l'actionnaire :** Le Fur, *D. 2008. Chron. 2015*. – Dhenne, *Dr. et patr. 6/2014. 34* (droit de l'indivisaire).

▸ **Usufruit et qualité d'associé :** Chazal, *Defrénois 2000. 743*. – Derruppé, *Defrénois 1994. 1137 ; ibid. 1997. 290*. – Gentilhomme, *Defrénois 2019/42. 25* (la nouvelle répartition des droits entre l'usufruitier et le nu-propriétaire de parts sociales). – Némoz-Rajot, *AJ contrat 2019. 478* (la réforme de l'article 1844 du code civil par la loi du 19 juillet 2019). – Revet, *obs. RTD civ. 2007. 153*. – Robert-Cadet, *LPA 19 mai 2000*.

▸ **Séquestre et vote de l'associé :** Michineau, *Rev. sociétés 2016. 7*.

I. DROIT DE VOTE – DISPOSITIONS LÉGALES

A. ART. 1844, AL. 1er

1. Droit de vote : ordre public. Tout associé a le droit de participer aux décisions collectives et de voter, et les statuts ne peuvent déroger à ces dispositions. • Com. 9 févr. 1999, n° 96-17.661 P : *R., p. 368 ; D. 2000. Somm. 231, obs. Hallouin ; JCP 1999. II. 10168, note Blanc ; Defrénois 1999. 625, obs. Hovasse.* ♦ L'associé d'une SAS dont l'exclusion est demandée (C. com., art. L. 227-16) ne peut être privé par les statuts, lorsque ceux-ci subordonnent la mesure à une décision collective des associés, de son droit de participer à cette décision et de voter sur la proposition. • Com. 23 oct. 2007, n° 06-16.537 P : *D. 2008. 47, note Paclot ; D. 2007. AJ 2726, obs. A. Lienhard ; D. 2009. Pan. 323, obs. Hallouin ; JCP 2007. II. 10197, note Bureau ; ibid. 2008. I. 138, n° 21, obs. Sérinet ; JCP N 2007. 1324, note Reifegerste ; JCP E 2007. 2433, note Viandier ; Defrénois 2008. 674, obs. Gibirila ; ibid. 1481, obs. Thullier ; LPA 22 janv. 2008, note Albortchire ; RTD com. 2007. 791, obs. Le Cannu et Dondero ; Rev. sociétés 2007. 814, note Le Cannu*. – Paillusseau, *D. 2008. Chron. 1563*. ♦ Affirmation du droit de vote du nu-propriétaire et de l'usufruitier, V. L. 19 juill. 2019, art. 3, modifiant l'art. 1844, al. 3.

2. Exclusion d'un associé. La suspension de l'exercice des droits non pécuniaires de l'associé tenu de céder ses actions tant qu'il n'a pas procédé à cette cession est sans incidence sur sa qualité d'associé. • Com. 16 sept. 2014, n° 13-17.807 P : *préc. note 4 ss. art. 1843-4.*

3. Défaut de convocation d'un associé. Tout associé peut se prévaloir de l'absence de convocation d'un associé à l'assemblée générale. • Civ. 3e, 21 oct. 1998, n° 96-16.537 P : *D. 2000. Somm. 232, obs. Hallouin ; JCP 1999. II. 10015, note Guyon (1re esp.) ; Defrénois 1999. 1192, obs. J. Honorat.* ♦ V. note 2 ss. art. 1844-16. ♦ Cependant, il en est autrement lorsque tous les associés ont été présents ou représentés. • Com. 8 févr. 2005 : *Rev. sociétés 2006. 94, note Menjucq et Taste*.

4. Mandat de vote. – Nature. Sur le caractère spécial du mandat donné pour voter à une assemblée générale, V., pour une société anonyme, • Com. 29 nov. 1994 : *D. 1995. 252, note Chartier*, et, pour une société civile, • Civ. 1re, 28 févr. 1995 : *eod. loc*.

B. ART. 1844, AL. 2

5. ... Portée d'un mandat d'indivision. Les copropriétaires indivis de droits sociaux ayant la qualité d'associé, cassation de l'arrêt qui considère que la présence des indivisaires eux-mêmes aux assemblées générales est nécessairement exclue par la désignation d'un mandataire commun pour représenter l'indivision. • Com. 21 janv. 2014, n° 13-10.151 P : *D. 2014. 275, obs. Lienhard ; ibid. 2014. 647, obs. Borga ; ibid. 1844, obs. Mallet-Bricout ; ibid. 2434, obs. Rabreau ; Rev. sociétés 2014. 487, note Le Cannu ; RTD civ. 2014. 413, obs. Dross ; Gaz. Pal. 2014. 306, obs. Tadros ; ibid. 1658, obs. Barbillon ; Defrénois 2014. 439, obs. Rabreau ; JCP N 2014, n° 1242, note Le Normand-Caillère.* ♦ La représentation des indivisaires par un mandataire ne prive pas les copropriétaires indivis de parts sociales, qui ont la qualité d'associé, du droit d'obtenir la communication de documents en application de l'art. 1855 C. civ. • Civ. 3e, 27 juin 2019, n° 18-17.662 P : *D. 2019. Chron. C. cass. 2199, obs. Georget ; ibid. 2020. 118, obs. Lamazerolles et Rabreau ; AJ fam. 2019. 537, obs. Casey ; RTD com. 2019. 672, obs. Lecourt ; ibid. 711, obs. Monsèrié-Bon ; Rev. sociétés 2020. 367, note Godon .*

6. Héritiers de l'associé – Indivision. Les héritiers d'un associé décédé ont, lorsqu'il a été stipulé que la société continuerait avec eux, la qualité d'associé. Il n'en résulte pas pour autant que, tant que dure l'indivision entre ces héritiers, chacun d'eux puisse exercer librement les droits attachés à cette qualité, cet exercice demeurant limité en vertu des règles propres au régime de l'indivision. Ainsi, certains indivisaires ne peuvent exercer une action tendant à la dissolution de la société, qui dépasse le domaine des simples actes d'administration. • Civ. 1re, 6 févr. 1980, n° 78-12.513 P. ♦ Inversement, les héritiers, qui n'ont pas obtenu d'agrément dans les conditions prévues par les statuts et ne sont donc pas associés, ne peuvent prendre part à l'assemblée générale. • Civ. 3e, 8 juill. 2015, n° 13-27.248 P (annulation de l'assemblée générale irrégulièrement tenue).

II. DÉROGATIONS CONVENTIONNELLES

A. DÉMEMBREMENT DE TITRE

7. Dérogations statutaires au droit de vote : nus-propriétaires (jurisprudence antérieure à la L. du 19 juill. 2019). Si, selon l'art. 1844, al. 4, il peut être dérogé à l'al. 3 du même art. relatif au droit de vote, aucune dérogation n'est prévue concernant le droit des associés, et donc des nus-propriétaires des parts d'un groupement forestier, de participer aux décisions collectives, tel que ce droit est prévu par l'al. 1er dudit art. • Com. 4 janv. 1994, n° 91-20.256 P : *R., p. 335 ; JCP 1994. I. 3769, n° 4, obs. Viandier et Caussain ; Defrénois 1994. 556, obs. Le Cannu ; RTD civ. 1994. 644, obs. Zenati ; Rev. sociétés 1994. 278, note Lecène-Marénaud .* ♦ V. aussi : Garçon, *JCP N 1995. I. 269.* – Rose, *Gaz. Pal. 2001. Doctr. 1334.* ♦ Les statuts peuvent déroger à la règle selon laquelle si une part est grevée d'un usufruit le droit de vote appartient au nu-propriétaire, à condition qu'il ne soit pas dérogé au droit du nu-propriétaire de participer aux décisions collectives. • Com. 22 févr. 2005 : *D. 2005. Pan. 1430, obs. Thullier , et 2952, obs. Hallouin et Lamazerolles ; JCP 2005. I. 156, n° 3, obs. Caussain, Deboissy et Wicker ; JCP N 2005. 1428, note Garçon ; JCP E 2005. 968, note Kaddouch ; Defrénois 2005. 1792, étude Fiorina ; Dr. et patr. 5/2005. 63, note Pietrancosta, et p. 102, obs. Poracchia ; Rev. sociétés 2005. 353, note Le Cannu* • 2 déc. 2008 : *D. 2009. AJ 12, obs. Lienhard ; ibid. 780, note Dondero ; ibid. Pan. 2300, obs. Mallet-Bricout ; ibid. 2010. Pan. 287, obs. Hallouin ; JCP 2009. II. 10096, note Monsallier-Saint-Mleux ; JCP N 2009. 1197, note Garçon ; Banque et Dr. 1-2/2009. 49, obs. Storck ; Defrénois 2009. 1608, obs. Fiorina ; RJPF 2009-2/44, obs. Valory ; RTD civ. 2009. 137, obs. Revet ; RTD com. 2009. 167, obs. Monsèrié-Bon ; Rev. sociétés 2009. 83, obs. Le Cannu ; RDC 2009. 1154, obs. Lucas.*

8. ... Usufruitiers. Déjà, antérieurement à la L. du 19 juill. 2019 : ne saurait être annulée l'assemblée générale ayant pour objet des décisions collectives autres que celles qui concernent l'affectation des bénéfices, au motif que l'associé usufruitier des parts sociales n'avait pas été convoqué pour y participer. • Civ. 3e, 15 sept. 2016, n° 15-15.172 P : *D. 2016. 2199, note Danos ; AJDI 2017. 139, obs. Porcheron ; Rev. sociétés 2017. 30, note de Ravel d'Esclapon ; RTD civ. 2017. 184, obs. Dross ; Gaz. Pal. 2016. 2645, note Dondero.* ♦ La clause réservant au nu-propriétaire le droit de vote aux assemblées tant ordinaires qu'extraordinaires ou spéciales est nulle en ce qu'elle ne permet pas à l'usufruitier de voter les décisions concernant les bénéfices, alors que le droit d'user de la chose et d'en percevoir les fruits est une prérogative essentielle que l'art. 578 C. civ. attache à l'usufruit. • Com. 31 mars 2004, n° 03-16.694 P : *D. 2004. AJ 1167, obs. A. Lienhard ; ibid. Somm. 2925, obs. Hallouin ; JCP N 2004. 1303, note Hovasse ; ibid. 1453, note Rabreau ; JCP E 2004. 1290, étude Deboissy et Wicker ; Defrénois 2005. 505, note Fiorina ; ibid. 896, obs. J. Honorat ; Gaz. Pal. 2004. 1887, concl. Lafortune ; Dr. et patr. 7-8/2004. 42, étude Monsèrié-Bon et Grosclaude, et p. 110, obs. Poracchia ; Dr. fam. 2005, n° 66, note Grosclaude ; LPA 10 déc. 2004,* note Kaddouch ; RTD civ. 2004. *318, obs. Revet ; RTD com. 2004. 542, obs. Le Cannu ; Rev. sociétés 2004. 317, note Le Cannu*

9. ... Abus du droit de vote par l'usufruitier. Une cour d'appel ne saurait relever l'usage abusif du droit de vote délibérément commis par l'usufruitier sans expliquer en quoi cet usage aurait été contraire à l'intérêt de la société, dans le seul dessein de favoriser ses intérêts personnels au détriment de ceux des autres associés. • Com. 2 déc. 2008 : *préc. note 7.*

10. ... Désignation d'un administrateur

provisoire. La nue-propriétaire indivise de droits sociaux a la qualité d'associée, elle est recevable à agir en désignation d'un administrateur provisoire. • Civ. 3e, 17 janv. 2019, n° 17-26.695 P : *D. 2019. 623, note de Ravel d'Esclapon ; AJDI 2019. 728, obs. Porcheron ; AJ fam. 2019. 341, obs. Casey ; RTD com. 2019. 157, obs. Lecourt ; Rev. sociétés 2019. 526, note Godon ; RTD civ. 2019. 379, obs. Dross ; RSC 2/2019. 93, note Tadros.*

B. INDIVISION

11. Porteurs indivis – Désaccord : mandataire unique. En cas de désaccord entre les copropriétaires d'une part sociale indivise sur le choix du mandataire unique qui, selon l'art. 1844, doit les représenter, il ne peut être dérogé aux dispositions impératives de ce texte prévoyant la désignation du mandataire en justice. • Civ. 1re, 15 déc. 2010, n° 09-10.140 P : *D. 2011. Actu. 73, obs. A. Lienhard ; Rev. sociétés 2011. 280, note Godon ; RTD civ. 2011. 148, obs. Revet ; JCP 2012, n° 505, § 2, obs. Deboissy et Wickler* (désignant d'un mandataire tiers par le juge pour les représenter, inapplication de l'art. 815-3). ♦ L'existence d'un différend entre les coïndivisaires ne constitue pas un obstacle à la désignation de l'un d'entre eux comme mandataire de l'indivision, celui-ci étant particulièrement impliqué dans la sauvegarde de l'entreprise. • Com. 10 juill. 2012, n° 11-21.789 P : *D. 2012. 2429, note Marmoz ; AJ fam. 2012. 504, obs. Levillain ; RTD civ. 2012. 748, obs. Revet ; Gaz. Pal. 2012. 3396, obs. Albiges.*

Art. 1844-1 **La part de chaque associé dans les bénéfices et sa contribution aux pertes se déterminent à proportion de sa part dans le capital social et la part de l'associé qui n'a apporté que son industrie est égale à celle de l'associé qui a le moins apporté, le tout sauf clause contraire.**

Toutefois, la stipulation attribuant à un associé la totalité du profit procuré par la société ou l'exonérant de la totalité des pertes, celle excluant un associé totalement du profit ou mettant à sa charge la totalité des pertes sont réputées non écrites.

1. Interdiction des clauses léonines. Les dispositions de l'art. 1844-1 s'appliquent aussi bien aux clauses prévues dans les statuts qu'à celles qui se trouvent dans un acte postérieur. • Paris, 5 déc. 1983 : *D. 1984. IR 392, obs. Bousquet et Sélinsky ; Defrénois 1984. 1411, obs. J. Honorat.* ♦ V. aussi • Paris, 22 oct. 1996 : *JCP 1997. I. 4012, n° 3, obs. Viandier et Caussain* (caractère léonin d'une promesse de rachat d'actions).

2. Abus de majorité. L'abus de droit commis par la majorité des associés est caractérisé lorsqu'il est relevé qu'en s'opposant systématiquement à toute distribution de dividende, ils ont, au mépris de l'art. 1832, vidé de sa substance le contrat constitutif de la société et que les décisions de report des bénéfices ont été prises dans l'intention de nuire à un des associés. • Civ. 1re, 13 avr. 1983 : *Gaz. Pal. 1983. 2. Pan. 239, obs. J.D.* ♦ V. aussi • Com. 22 avr. 1976 : *D. 1977. 4, note Bousquet* • 6 juin 1990 : *D. 1992. 56, note Choley-Combe* (affectation systématique des bénéfices aux réserves ne répondant ni à l'objet ni aux intérêts de la société).

3. Nature juridique des dividendes. V. • Lyon, 23 févr. 1984 : *D. 1985. 127, note Croze et Reinhard.* ♦ Les dividendes n'ont pas d'existence juridique avant la constatation de sommes distribuables par l'organe social compétent et la détermination de la part attribuée à chaque associé, de sorte qu'en l'absence d'une telle décision, la société n'en est pas débitrice à l'égard de l'associé. • Com. 13 sept. 2017, n° 16-13.674 P : *D. 2017. 2237, note Gallois-Cochetibid ; ibid. Chron. C. cass. 2328, note Gauthier ; ibid. 2335, obs. Lamazerolles et Rabreau ; RTD civ. 2017. 913, obs. Cayrol ; Gaz. Pal. 2017. 3383, note Barrillon.* ♦ V. aussi pour la détermination du moment de leur acquisition, note ss. art. 586. ♦ Sur la répartition des bénéfices sociaux entre cédant et cessionnaire de parts sociales, V. Jadaud, *JCP N 1996. 1471.* ♦ V. aussi note 5 et • Paris, 29 nov. 1996 : *JCP 1997. I. 4012, n° 10, obs. Viandier et Caussain.*

4. Cession de titres à prix minimum. BIBL. Lucas, *JCP E 2000. 168.* ♦ Une cession d'actions à un prix minimum, même entre associés, n'est pas prohibée par l'art. 1844-1, qui vise la seule clause qui porte atteinte au pacte social dans les termes de cette disposition légale. • Com. 20 mai 1986, n° 85-16.716 P : *D. 1987. Somm. 390, obs. Bousquet ; RTD civ. 1987. 744, obs. Mestre ; Rev. sociétés 1986. 587, note Randoux.* – V. aussi • Com. 10 janv. 1989 : *D. 1990. 250, note Forschbach ; JCP 1989. II. 21256, note Viandier* • 12 mars 1996, n° 94-11.954 P : *D. 1996. Somm. 347, obs. Hallouin* • 19 oct. 1999, n° 97-12.705 P : *JCP 2000. II. 10250, note Guyon* • 16 nov. 2004, n° 00-22.713 P : *D. 2004. AJ 3144, et les obs. ; D. 2005. Pan. 2950, obs. Hallouin et Lamazerolles ; Rev. sociétés 2005. 593, note Le Nabasque ; RTD com. 2005. 111, obs. Champaud et Danet ; RDC 2005. 396, obs. F.-X. Lucas.* ♦ Comp. • Civ. 1re, 7 avr. 1987 : *JCP 1988. II. 21006, note Germain,* et, sur renvoi, • Caen, 16 janv. 1990 : D. 1991. 410, note Delaporte. ♦ N'est pas léonine la promesse d'achat d'actions pour un prix minimum limitée dans le temps, le bénéficiaire de la promesse étant, en dehors de cette période, soumis au risque de disparition ou de dépréciation des titres. • Com. 22 févr. 2005, n° 02-14.392 P : *R., p. 313 ;*

D. 2005. 973, note Kessler ; ibid. AJ 644, obs. A. Lienhard ; ibid. Pan. 2950, obs. Hallouin et Lamazerolles ; JCP 2005. I. 156, n° 1, obs. Caussain, Deboissy et Wicker ; JCP E 2005. 938, note Hovasse ; Defrénois 2006. 1138, obs. J. Honorat ; RDC 2005. 776, obs. F.-X. Lucas ; Rev. sociétés 2005. 593, note Le Nabasque ; RTD com. 2005. 344, obs. Champaud et Danet . ♦ Sur la clause d'intérêt fixe, V. • Com. 18 oct. 1994, n° 92-18.188 P : *Defrénois 1994. 1550, obs. Hovasse.*

5. L'art. 1844-1 ne prohibe pas la répartition dans le temps des bénéfices et des pertes entre associés en cas de cession de parts. • Civ. 1re, 9 juin 1993 : *JCP N 1994. II. 34, note Bonneau ; Defrénois 1993. 1459, obs. Hovasse.*

6. Renonciation aux bénéfices. L'art. 1844-1, al. 2, ne fait pas obstacle à ce que les bénéfices distribuables d'un exercice clos soient répartis sous forme de dividendes conformément aux renonciations exprimées par certains associés en assemblée générale. • Com. 13 févr. 1996, n° 93-21.140 P : *Defrénois 1996. 1298, obs. J. Honorat ; JCP 1997. I. 4012, n° 11, obs. Viandier et Caussain.*

7. Application aux sociétés civiles. Sur la différence, dans les sociétés civiles, entre l'obligation aux dettes et la contribution aux pertes, V. • Civ. 3e, 6 juill. 1994, n° 92-12.839 P : *D. 1995. Somm. 277, obs. Magnin .*

Art. 1844-2 *(Abrogé par Ord. n° 2021-1192 du 15 sept. 2021, art. 26-3°, à compter du 1er janv. 2022) (L. n° 78-753 du 17 juill. 1978, art. 64)* ***Il peut être consenti hypothèque ou toute autre sûreté réelle sur les biens de la société en vertu de pouvoirs résultant de délibérations ou délégations établies sous signatures privées alors même que la constitution de l'hypothèque ou de la sûreté doit l'être par acte authentique.***

Art. 1844-3 La transformation régulière d'une société en une société d'une autre forme n'entraîne pas la création d'une personne morale nouvelle. Il en est de même de la prorogation ou de toute autre modification statutaire.

1. Notion de transformation régulière. La transformation régulière d'une société en une société d'une autre forme, qu'elle soit civile ou commerciale, n'entraîne pas la création d'une personne morale nouvelle. • Com. 7 mars 1984 : *JCP N 1986. II. 12, note C. David.* ♦ Une telle opération n'est donc pas susceptible de dissimuler une cession de fonds de commerce. • Com. 16 oct. 1984 : *JCP 1985. II. 20497, note C. David.* ♦ Une SCI ayant perdu sa personnalité morale, faute d'avoir procédé à son immatriculation au registre du commerce et des sociétés avant l'expiration du délai de l'art. 44 de la L. n° 2001-420 du 15 mai 2001, cette société immatriculée postérieurement au Luxembourg est une personne morale nouvelle. • Com. 7 janv. 2014 : *D. 2014. 143 .*

2. Transformation suivie d'une cession d'actions. La transformation régulière et effective d'une société à responsabilité limitée en société anonyme, décidée par les associés à la majorité requise pour la modification des statuts, entraîne des effets multiples et est une opération nécessairement distincte de la cession ultérieure des actions par les associés individuellement. • Com. 10 déc. 1996, n° 94-20.070 P : *D. 1997. 169, note Tixier et Anselin ; ibid. Somm. 229, obs. Hallouin ; JCP 1997. I. 4058, n° 7, obs. Viandier et Caussain ; Defrénois 1997. 1127, note Chappert* (transformation de la société et augmentation de capital par apport en numéraire de la part d'une autre société, à laquelle les quatre associés de la société initiale ont ensuite cédé la totalité de leurs actions : pas d'abus de droit au sens fiscal dès lors qu'il n'est pas constaté que la société était revenue à sa forme antérieure).

3. Sort des dettes. Une société qui s'est déclarée aux droits d'une autre doit être condamnée au paiement des dettes de cette dernière. • Civ. 3e, 12 déc. 2001, n° 00-15.627 P. ♦ Les dettes contractées pour le compte d'une société par son représentant n'engagent pas ce dernier personnellement, mais restent à la charge de la société, même en cas de modifications ultérieures de sa composition ou de sa représentation. • Com. 31 mai 1983 : *Bull. civ. IV, n° 164.*

4. Sort du patrimoine. La transformation d'une SCI en SARL ne donne pas lieu à deux sociétés distinctes, mais à deux formes successives d'une seule et même personne morale ; il en résulte que l'immeuble acquis par la société du temps où elle était une SCI est demeuré dans son patrimoine, nonobstant le changement de forme sociale, ce dont il résulte que le changement de forme sociale n'a donné lieu à aucun apport de cet immeuble de la SCI à la SARL. • Com. 27 mai 2015, n° 13-27.458 P.

5. Poursuite des actions en justice. La transformation régulière d'une société en une société d'une autre forme n'entraînant pas la création d'une personne morale nouvelle, la capacité d'ester en justice, attachée à la personne morale, demeure. • Civ. 2e, 8 juill. 2004, n° 02-15.623 P. – Même sens : • Civ. 2e, 8 juill. 2004, n° 02-20.213 P.

6. Société en participation. Sur le cas de la transformation d'une société en participation en société d'une autre forme, V. Baffoy, *JCP N 1997. Prat. 4188, p. 1549* (aspect fiscal).

Art. 1844-4 Une société, même en liquidation, peut être absorbée par une autre société ou participer à la constitution d'une société nouvelle, par voie de fusion.

Elle peut aussi transmettre son patrimoine par voie de scission à des sociétés existantes ou à des sociétés nouvelles.

Ces opérations peuvent intervenir entre des sociétés de forme différente.

Elles sont décidées, par chacune des sociétés intéressées, dans les conditions requises pour la modification de ses statuts.

Si l'opération comporte la création de sociétés nouvelles, chacune de celles-ci est constituée selon les règles propres à la forme de société adoptée.

BIBL. ▸ ULLMANN, *Gaz. Pal. 1979. 1. Doctr. 37.*

1. Fusion et création d'une société nouvelle. Les juges du fond ne peuvent décider qu'une société ne peut se prévaloir d'un cautionnement en relevant que cette société a, par voie de fusion, absorbé plusieurs sociétés, transformé l'objet social et adopté une nouvelle dénomination, sans préciser en quoi ces éléments ont concouru à la création d'une société nouvelle. • Com. 27 oct. 1980, n° 79-10.004 P.

2. Scission de transmission à titre universel. Les sociétés bénéficiaires des apports d'une société anonyme scindée sont les ayants cause à titre universel de celle-ci, dès lors que la société dissoute n'a conservé aucun actif et que son passif est pris en charge et réparti entre les sociétés bénéficiaires. Celles-ci sont responsables solidairement de tout le passif. • Com. 7 déc. 1966 : *D. 1968. 113, note Dalsace ; JCP 1967. II. 15240, note Richard.*

3. Dans le cas d'un apport partiel d'actif placé sous le régime des scissions (L. du 24 juill. 1966 – C. com., livre II), il s'opère de la société apporteuse à la société bénéficiaire, laquelle est substituée à la première, une transmission universelle de tous ses droits, biens et obligations pour la branche d'activité faisant l'objet de l'apport. • Com. 5 mars 1991, n° 88-19.629 P : *R., p. 332 ; D. 1991. 441, note J. Honorat ; JCP N 1992. II. 52, note Marteau-Petit.*

4. Fusion et transmission universelle de patrimoine. Caractère universel de la transmission dans le cas de fusion entre deux sociétés (dispense des formalités de l'art. 1690 C. civ.) : V. note 9 ss. art. 1690. ♦ Cas de fusion partielle : V. • Com. 11 déc. 1978 : *D. 1980. 40, note G. J. Martin.* ♦ Sur les conséquences procédurales d'une fusion-absorption réalisée au cours de la procédure engagée contre la société absorbée alors que la société absorbante intervient à l'instance : • Soc. 22 sept. 2015, n° 13-25.429 P. ♦ Sur l'unicité de l'instance au litige qui oppose un salarié aux deux sociétés successives : • Soc. 22 sept. 2015, n° 14-11.321 P.

5. ... Limites : contrats conclus intuitu personae. Sur la limite à la transmission universelle du patrimoine dans le cadre d'une fusion, • Com. 3 juin 2008, n° 06-18.007 P : *D. 2008.1623, obs. Lienhard ; RTD civ. 2008. 478, obs. Fages ; RTD com. 2009. 385, obs. Le Cannu ; Rev. sociétés 2009. 339, obs. Amiel-Cosme* (transmission d'un contrat de franchise par fusion-absorption subordonnée à l'accord du franchisé). ♦ V. Viandier et Caussain, obs. ss. • Aix-en-Provence, 12 juin 1997 : *JCP 1997. I. 4074, n° 10* (contrats conclus *intuitu personae*). ♦ Rappr., dans le cas d'un apport partiel d'actif : • Com. 3 juin 2008, n° 06-13.761 P.

6. ... Substitution d'un syndic. La L. 10 juill. 1965 excluant toute substitution du syndic sans un vote de l'assemblée générale des copropriétaires, une société titulaire d'un mandat de syndic ne saurait dessaisir les copropriétaires de leur pouvoir exclusif de désignation du syndic par le moyen d'une opération de fusion-absorption ayant pour résultat, après disparition de sa personnalité morale, de lui substituer la société absorbante. • Civ. 3e, 29 févr. 2012, n° 10-27.259 P : *D. 2012. 683, obs. Rouquet.*

Art. 1844-5 *(L. n° 81-1162 du 30 déc. 1981)* « La réunion de toutes les parts sociales en une seule main n'entraîne pas la dissolution de plein droit de la société. Tout intéressé peut demander cette dissolution si la situation n'a pas été régularisée dans le délai d'un an. Le tribunal peut accorder à la société un délai maximal de six mois pour régulariser la situation. Il ne peut prononcer la dissolution si, au jour où il statue sur le fond, cette régularisation a eu lieu. »

L'appartenance de l'usufruit de toutes les parts sociales à la même personne est sans conséquence sur l'existence de la société.

(L. n° 88-15 du 5 janv. 1988) « En cas de dissolution, celle-ci entraîne la transmission universelle du patrimoine de la société à l'associé unique, sans qu'il y ait lieu à liquidation. Les créanciers peuvent faire opposition à la dissolution dans le délai de trente jours à compter de la publication de celle-ci. Une décision de justice rejette l'opposition ou ordonne soit le remboursement des créances, soit la constitution de garanties si la société en offre et si elles sont jugées suffisantes. La transmission du

patrimoine n'est réalisée et il n'y a disparition de la personne morale qu'à l'issue du délai d'opposition ou, le cas échéant, lorsque l'opposition a été rejetée en première instance ou que le remboursement des créances a été effectué ou les garanties constituées. » — *Pour la radiation de l'immatriculation, V. C. com., art. R. 123-75, dernier al.* — **C. com.**

(L. n° 2001-420 du 15 mai 2001, art. 103) **« Les dispositions du troisième alinéa ne sont pas applicables aux sociétés dont l'associé unique est une personne physique. »**

Les dispositions de l'art. 1844-5 relatives à la dissolution judiciaire ne sont pas applicables en cas de réunion en une seule main de toutes les parts d'une société à responsabilité limitée (C. com., art. L. 223-4) ; ... ou de toutes les actions d'une société par actions simplifiée (C. com., art. L. 227-4). — **C. com., C. sociétés.** — *V. aussi C. rur., art. L. 324-1, ss. art. 1873.* — **C. rur.**

BIBL. ▶ BARRET, *Mél. Jeantin, Dalloz, 1999, p. 109* (transmission universelle du patrimoine d'une société). – DAIGRE, *JCP 1993. I. 3638* (à propos de l'art. 1844-5, al. 3). – ÉMERY et DUPOUY, *JCP N 2012, n° 1296* (1844-5, al. 3). – MAUBRU, *Defrénois 1982. 1410.*

I. DOMAINE DE L'ART. 1844-5

1. Nécessité d'une société unipersonnelle. Ne peut être dissoute en application de l'art. 1844-5 une société (SCP d'huissiers de justice) comprenant deux associés, l'un d'eux fût-il uniquement titulaire de parts d'industrie. • Civ. 1re, 30 mars 2004, n° 01-15.575 P : *D. 2004. AJ 1008 ; Rev. sociétés 2004. 855, note Poracchia*, cassant • Paris, 6 juill. 2001 : *D. 2001. AJ 2975, obs. A. Lienhard ; Rev. sociétés 2001. 883, obs. Guyon.*

2. Incidence d'une procédure collective. A compter du jugement d'ouverture de la procédure collective, le patrimoine du débiteur ne peut être cédé ou transmis que selon les règles d'ordre public applicables au redressement ou à la liquidation judiciaires ; la dissolution de la société dont les parts sociales sont réunies en une seule main, par l'effet de sa liquidation judiciaire, n'entraîne pas la transmission universelle de son patrimoine à l'associé unique. • Com. 12 juill. 2005, n° 02-19.860 P : *R., p. 304 ; D. 2005. AJ 2002, obs. A. Lienhard (1re esp.) ; ibid. Pan. 2956, obs. Hallouin et Lamazerolles ; JCP E 2005. 1586, note Legros (1re esp.) ; ibid. 1834, n° 1, obs. Caussain, Deboissy et Wicker ; JCP E 2006. 1066, n° 6, obs. Pétel ; Rev. sociétés 2005. 913, note Sortais*. ♦ Même solution lorsque la réunion des parts en une seule main est intervenue après le jugement d'ouverture. • Com. 12 juill. 2005, n° 03-14.809 P : *R., p. 304 ; ibid. (2e esp.).*

II. CONSÉQUENCES D'UNE DISSOLUTION SANS LIQUIDATION

3. Transmission universelle. En cas de dissolution sans liquidation d'une société donnant lieu à la transmission universelle de son patrimoine à un associé unique, l'engagement de la caution demeure pour les obligations nées avant la dissolution de la société. • Com. 19 nov. 2002, n° 00-13.662 P : *D. 2002. AJ 3344 ; JCP 2003. I. 134, n° 2, obs. Caussain, Deboissy et Wicker ; Defrénois 2003. 709, obs. J. Honorat ; Rev. sociétés 2003. 129, note D. Legeais*. ♦ Application de la règle de l'unicité de l'instance au litige qui oppose un salarié aux deux sociétés successives : • Soc. 22 sept. 2015, n° 14-11.321.

4. Transmission du bail. L'assemblée générale d'une société civile, associée unique d'une autre société, ayant décidé sa dissolution, cette dissolution entraîne la transmission universelle du patrimoine de la société dissoute, incluant le droit au bail dont elle est titulaire, à l'associée unique qui s'est substituée à elle dans tous les biens, droits et obligations ; il ne s'agit pas d'une cession de bail et l'autorisation du bailleur prévue à cette fin n'est pas requise. • Civ. 3e, 9 avr. 2014, n° 13-11.640 P : *D. 2014. 1432, note Dondero*.

5. Dissolution et transmission du patrimoine social. Irrecevabilité du pourvoi formé contre la société après expiration du délai de trente jours sans qu'aucune opposition ne soit alléguée par un créancier. • Civ. 3e, 20 juin 2007, n° 06-13.514 P : *D. 2007. AJ 1797*.

III. DISPARITION DE LA SOCIÉTÉ

6. Dissolution avec liquidation. L'ancien associé unique, personne physique, d'une société unipersonnelle dissoute et dont la liquidation a été clôturée, peut se prévaloir d'un droit propre et personnel sur la créance dont il est devenu titulaire à la suite de la société. • Com. 5 mai 2009, n° 08-12.601 P : *D. 2009. AJ 1415*. ♦ Comp., antérieurement : • Douai, 14 nov. 1996 : *D. 1997. 312, note Proal ; ibid. Somm. 228, obs. Hallouin ; JCP 1997. II. 22785, note Daigre ; ibid. I. 4012, n° 1, obs.* Viandier et Caussain. ♦ V. aussi art. 1844-5, al. 4, et note 6.

7. Absorption, action publique et action civile. Les tribunaux répressifs ne sont compétents pour connaître de l'action civile en réparation du dommage né d'une infraction intentionnelle qu'accessoirement à l'action publique et ne peuvent se prononcer sur l'action civile qu'autant qu'il a été préalablement statué au fond sur l'action publique. Une société responsable pénalement ayant été absorbée et ayant perdu son existence juridique avant qu'il ait été statué sur l'action publique, la société absorbante ne peut être l'objet d'une action civile à ce titre. • Crim. 23 avr. 2013 : *D. 2013. 1142*.

8. *Publication.* La disparition de la personnalité juridique d'une société n'est rendue opposable aux tiers que par la publication au registre du commerce et des sociétés des actes ou événements l'ayant entraînée, même si ceux-ci ont fait l'objet d'une autre publicité légale (dissolution publiée dans un journal d'annonces légales). • Com. 20 sept. 2011, nº 10-15.068 P : *D. 2011. 2333, obs. Lienhard ; Rev. sociétés 2011. 727, obs. Roussel Galle ; JCP 2011, nº 1325, note Lebel* (C. civ., art. 1844-5, al. 3 ; C. com., art. L. 123-9, R. 210-14 et R. 123-66).

IV. APPLICATION DANS LE TEMPS

9. *Application dans le temps de la L. du 15 mai 2001.* Si la L. nº 2001-420 du 15 mai 2001 a introduit de nouvelles dispositions concernant la transmission du patrimoine des sociétés dont l'associé unique est une personne physique, celles-ci ne peuvent remettre en cause les effets d'une transmission intervenue avant l'entrée en vigueur de cette loi. • Com. 7 janv. 2004, nº 02-13.967 P : *D. 2004. AJ 215, obs. A. Lienhard ; Rev. sociétés 2004. 360, note Saintourens*. ♦ Une SCI n'est pas soumise à l'obligation d'immatriculation instituée par la L. du 15 mai 2001 lorsque sa dissolution a été décidée antérieurement à l'entrée en vigueur de cette loi. • Civ. 3e, 9 nov. 2005, nº 04-15.108 P. ♦ Pour une application de l'art. 1844-5 dans sa rédaction antérieure à la L. du 15 mai 2001 : • Com. 7 juin 2006, nº 05-11.384 P : *R., p. 358 ; D. 2006. AJ 1685, obs. A. Lienhard ; JCP E 2006. 2294, note Hovasse ; LPA 7 sept. 2006, note Morelli ; ibid. 4 oct. 2006, note Albortchire ; RTD civ. 2006. 764, obs. Mestre et Fages* (transmission à l'associé unique des créances et dettes résultant d'un contrat conclu en considération de la personne).

Art. 1844-6 La prorogation de la société est décidée à l'unanimité des associés, ou, si les statuts le prévoient, à la majorité prévue pour la modification de ceux-ci.

Un an au moins avant la date d'expiration de la société, les associés doivent être consultés à l'effet de décider si la société doit être prorogée.

A défaut, tout associé peut demander au président du tribunal, statuant sur requête, la désignation d'un mandataire de justice chargé de provoquer la consultation prévue *(L. nº 2019-744 du 19 juill. 2019, art. 4)* « au deuxième alinéa.

« Lorsque la consultation n'a pas eu lieu, le président du tribunal, statuant sur requête à la demande de tout associé dans l'année suivant la date d'expiration de la société, peut constater l'intention des associés de proroger la société et autoriser la consultation à titre de régularisation dans un délai de trois mois, le cas échéant en désignant un mandataire de justice chargé de la provoquer. Si la société est prorogée, les actes conformes à la loi et aux statuts antérieurs à la prorogation sont réputés réguliers et avoir été accomplis par la société ainsi prorogée. »

BIBL. ▶ KILGUS, *D. 2019. 1899* (proroger par-delà l'expiration de la société : propos critiques).

1. *Défaut de prorogation expresse.* En l'absence de toute prorogation expresse, décidée dans les formes légales ou statutaires, une société (groupement agricole d'exploitation en commun) est dissoute de plein droit par la survenance du terme, et ne peut donc faire l'objet d'une prorogation postérieure. • Com. 13 sept. 2017, nº 16-12.479 P : *D. 2017. 1833 ; RTD com. 2017. 925, obs. Lecourt ; Rev. sociétés 2018. 185, note Zolomian*. ♦ Lorsque, postérieurement à la survenance du terme statutaire, l'activité commune s'est maintenue et que l'*affectio societatis* a persisté, aucun des associés n'ayant songé à accomplir les formalités nécessaires à la prorogation de la société, la société est devenue de fait et les statuts continuent à régir les rapports entre les associés. • Civ. 1re, 13 déc. 2005, nº 02-16.605 P : *D. 2006. AJ 233, obs. Lienhard ; JCP 2006. I. 168, nº 4, obs. Caussain, Deboissy et Wicker ; Rev. sociétés 2006. 319, note Randoux*.

2. La clause statutaire organisant les modalités de prorogation de la société ne peut être invoquée par les tiers, en l'occurrence pour contester le non-respect des modalités prévues. • Com. 30 juin 2015, nº 14-17.649 P.

Art. 1844-7 La société prend fin :

1º Par l'expiration du temps pour lequel elle a été constituée, sauf prorogation effectuée conformément à l'article 1844-6 ;

2º Par la réalisation ou l'extinction de son objet ;

3º Par l'annulation du contrat de société ;

4º Par la dissolution anticipée décidée par les associés ;

5º Par la dissolution anticipée prononcée par le tribunal à la demande d'un associé pour justes motifs, notamment en cas d'inexécution de ses obligations par un associé, ou de mésentente entre associés paralysant le fonctionnement de la société ;

6° Par la dissolution anticipée prononcée par le tribunal dans le cas prévu à l'article 1844-5 ;

7° *(L. n° 88-15 du 5 janv. 1988)* **« Par l'effet d'un jugement ordonnant** *(Ord. n° 2014-326 du 12 mars 2014, art. 100, en vigueur le 1er juill. 2014)* **« la clôture de la liquidation judiciaire pour insuffisance d'actif » ;**

8° *(L. n° 85-98 du 25 janv. 1985, art. 218)* **« Pour toute autre cause prévue par les statuts ».**

Sur la dissolution des personnes morales prononcée à titre de sanction pénale, V. C. pén., art. 131-39 (1°) et 131-45. — ***C. pén.***

Sur la dissolution anticipée des établissements de crédit et des entreprises d'investissement, dérogatoire aux dispositions des 4° et 5° de l'art. 1844-7 C. civ., V. C. mon. fin., art. L. 511-16 et L. 532-6. — ***C. com., C. sociétés, C. mon. fin.***

BIBL. ► BOISMAIN, *Gaz. Pal. 2014. 1522* (mésentente entre associés). – DE BERMOND DE VAULX, *JCP N 1991. I. 439* (mésentente entre associés). – GRANOTIER, *JCP 2012, n° 653* (exclusion d'un associé). – GUYÉNOT, *Gaz. Pal. 1980. 2. Doctr. 357*. – LAPOYADE-DESCHAMPS, *D. 1978. Chron. 123* (liberté de se retirer d'une société). – LE FÈVRE et BOURGON-FARRAN, *D. 2022. 1974* (prévention des conflits entre associés dans les principales sociétés de capitaux).

1° ARRIVÉE DU TERME

1. *Dissolution par l'arrivée du terme.* En l'absence de toute prorogation expresse ou tacite de sa durée, la société est dissoute par l'arrivée de son terme. • Com. 23 oct. 2007, n° 05-19.092 P : *D. 2007. AJ 2813, obs. A. Lienhard ; LPA 8 juill. 2008, note Storck* (société en participation, en l'espèce) • Com. 31 janv. 2012, n° 10-24.715 P : *D. 2012. 435, obs. Lienhard (SNC)* • Com. 13 sept. 2017, n° 16-12.479 P : *D. 2017. 1833 ; RTD com. 2017. 925, obs. Lecourt ; Rev. sociétés 2018. 185, note Zolomian* (cassation de l'arrêt ayant admis une prorogation décidée postérieurement). ♦ ... Et doit être représentée en justice par un liquidateur. • Com. 31 janv. 2012 : *préc.* (cassation de l'arrêt admettant une représentation par les organes de la société).

2° RÉALISATION OU EXTINCTION DE L'OBJET SOCIAL

2. *Extinction de l'objet social.* La cession des actions que détient une société holding chargée de la gestion de titres sociaux n'entraîne pas l'extinction de son objet et, par suite, sa dissolution. • Com. 7 oct. 2008, n° 07-18.635 P : *D. 2008. AJ 2597, obs. Lienhard ; ibid. 2010. Pan. 287, obs. Hallouin ; RTD com. 2009. 150, obs. Champaud et Danet ; ibid. 166, obs. Monsèrié-Bon ; ibid. 381, obs. Le Cannu et Dondero ; Rev. sociétés 2009. 90, obs. Chaput ; RDC 2009. 652, obs. Lucas.* ♦ La cessation d'activité de l'un des membres d'une société civile de moyen, qui ne compte que deux associés, n'a pas pour conséquence l'extinction de l'objet social consistant à faciliter l'exercice de la profession de ses membres par la mise en commun de tous les moyens matériels nécessaires. • Com. 15 sept. 2009, n° 08-15.267 P : *D. 2009. AJ 2279, obs. Lienhard ; RTD com. 2010. 163, obs. Monsèrié-Bon ; Rev. sociétés 2010. 106, note Urbain-Parléani*. ♦ Dans le même sens pour un GAEC : • Com. 20 nov. 2012, n° 10-25.081 P : *D. 2012. 2799*.

3. *Absence d'activité sociale ou non-respect de l'objet social.* L'inobservation des dispositions auxquelles est subordonnée la reconnaissance d'une société civile comme constituant effectivement un GAEC, telle celle relative à la réalisation d'un travail en commun, n'est pas par elle-même une cause de dissolution de cette société. • Com. 20 nov. 2012 : *préc. note 2.* ♦ Dans le même sens, pour une société qui n'a plus d'activité commerciale et dont la non-activité génère des pertes : • Com. 20 nov. 2012, n° 11-27.835 P : *D. 2012. 2799*.

3° DISSOLUTION JUDICIAIRE : GÉNÉRALITÉS

4. *Demandeur.* Si la circonstance que l'associé qui exerce l'action en dissolution pour mésentente est à l'origine de la mésentente qu'il invoque est de nature à faire obstacle à ce que celle-ci soit regardée comme un juste motif de dissolution de la société, elle est sans incidence sur la recevabilité de sa demande. • Com. 16 sept. 2014, n° 13-20.083 P : *D. 2014. 2164, note Maymont*. ♦ ... Et c'est sans inverser la charge de la preuve que les juges retiennent que la mésentente entre les associés d'une société civile professionnelle, dont l'un d'entre eux est seul responsable, ne peut constituer pour celui-là un juste motif l'autorisant à demander la dissolution anticipée de la société. • Civ. 1re, 25 avr. 1990, n° 87-18.675 P.

5. *Mise en cause de la société.* Nulle partie ne pouvant être jugée sans avoir été entendue ou appelée, la demande en dissolution d'une société impose de mettre celle-ci en cause. • Civ. 1re, 4 juill. 1995, n° 93-12.749 P : *Defrénois 1996. 660, obs. J. Honorat.*

6. *Cession ou rachat des parts d'un associé (non).* Aucun texte ne donne pouvoir au juge saisi d'obliger l'associé qui demande la dissolution par application de l'art. 1844-7, 5°, à céder ses parts. • Com. 12 mars 1996, n° 93-17.813 P : *D. 1997. 133, note Langlès* ; *D. 1996. Somm. 347, obs. Hallouin* ; *JCP N 1996. II. 1515, note Paclot* ; *ibid. 1997. II. 60, note Bonneau* ; *RTD civ. 1996. 897, obs. Mestre* • Toulouse, 10 juin 1999 : *JCP 2000. II. 10372, note Daigre.* ♦ Sur le refus de substituer à la dissolution de la société pour mésentente le rachat des parts d'un associé, V. • Aix-en-Provence, 26 juin 1984 : *D. 1985. 372, note Mestre.* ♦ V. aussi note 9 ss. art. 1843-4.

7. Exclusion d'un associé. Un associé d'une société civile de moyens qui exerce en dehors de la société commet une infraction grave de nature à justifier son exclusion et ce, indépendamment même de la clause des statuts prévoyant cette sanction. • Civ. 1re, 4 janv. 1995, n° 92-20.005 P : *R., p. 282* ; *Rev. sociétés 1995. 525, note Jeantin* .

8. Société en sommeil (non). La mise en sommeil d'une société ne caractérise pas l'impossibilité de fonctionner normalement. • Com. 23 mars 2010 : *Rev. sociétés 2011. 163, note Amiel-Cosme* .

4° ... MÉSENTENTE ENTRE ASSOCIÉS

9. Origine et importance de la mésentente. Dès lors que la mésentente entre deux associés d'une société en nom collectif est reconnue par eux sans que puisse être déterminé à qui elle est imputable, la dissolution anticipée peut être prononcée. • Com. 13 févr. 1996 : *D. 1997. 108, note Gibirila* . ♦ La circonstance que l'associé qui exerce l'action en dissolution pour mésentente est à l'origine de la mésentente qu'il invoque est de nature à faire obstacle à ce que celle-ci soit regardée comme un juste motif de dissolution de la société. • Com. 16 sept. 2014, n° 13-20.083 P : *cité note 4.* ♦ V. aussi • Com. 18 nov. 1997 : *JCP 1998. I. 131, n° 4, obs. Viandier et Caussain* (mésentente empêchant toute décision collective et traduisant une volonté commune de rupture) • 21 juin 2011, n° 10-21.928 P : *D. 2011. Actu. 1755, obs. A. Lienhard* ; *Rev. sociétés 2012. 241, note Tabourot-Hyest* (non-participation aux décisions collectives). ♦ Mais la mésentente entre associés n'est une cause de dissolution anticipée que dans la mesure où elle a pour effet de paralyser le fonctionnement de la société ; ayant relevé qu'une telle paralysie n'était pas démontrée, les juges du fond, qui ne pouvaient retenir comme seul motif de la dissolution la mésentente entre associés, fussent-ils associés à parts égales, justifient ainsi leur refus de la prononcer. • Com. 21 oct. 1997, n° 95-21.156 P : *R., p. 244* ; *JCP N 1998. 207.* – V. également : • Cass., ch. mixte, 16 déc. 2005 : *cité note 5 ss. art. 1844-10* • Civ. 1re, 28 janv. 2010, n° 08-21.036 P : *D. 2010. AJ 381* (pour un notaire, application du Décr. du 2 oct. 1967) • Civ. 3e, 16 mars 2011, n° 10-15.459 P : *D. 2011. Actu. 874, obs. A. Lienhard* • Com. 19 mars 2013 : *cité note 1 ss. art. 1844-10* (gérante ayant agi dans son intérêt propre et dans celui de son époux en profitant de la majorité des voix que représentaient leurs parts respectives) • Civ. 1re, 16 oct. 2013 : *D. 2013. 2463* ; *RTD com. 2014. 147, obs. Monsèrié-Bon* (paralysie caractérisée dans un office notarial) • Com. 9 déc. 2014 : *Rev. sociétés 2015. 223, note Saintourens* (nombreuses procédures judiciaires et mésentente ayant empêché de mener à terme la procédure de sortie prévue par les statuts, compromettant ainsi le fonctionnement normal de la société) • Com. 17 mars 2015, n° 13-14.113 : *Rev. sociétés 2016. 33, note Champetier de Ribes-Justeau* (selon les bilans produits, la société continue à fonctionner de manière satisfaisante en réalisant des bénéfices comparables à ceux qu'elle enregistrait avant la mésentente, sans aucun blocage). • Civ. 1re, 18 janv. 2023, n° 19-24.671 B (en dépit de la répartition égalitaire des titres entre les associés, attribution, lors des assemblées générales, d'une voix prépondérante au gérant, prévenant tout blocage, les associés disposant par ailleurs d'une faculté de retrait qu'ils n'avaient pas exercée).

10. Mésentente et retrait d'associé. La faculté de retrait avec création d'office édictée par la L. n° 66-879 du 29 nov. 1966, art. 18, al. 2, et aménagée par le Décr. n° 67-869 du 2 oct. 1967, pour le cas de mésentente entre associés n'exclut pas le droit pour les associés de demander la dissolution de la société pour mésentente, au titre de l'art. 1844-7. • Civ. 1re, 18 juill. 1995, n° 95-11.410 P : *R., p. 349* (société titulaire d'un office notarial).

11. ... Nomination d'un administrateur provisoire. La mésentente entre associés, l'absence de tenue d'assemblées générales et d'accès aux documents comptables justifient la désignation d'un mandataire *ad hoc*. • Civ. 3e, 21 juin 2018, n° 17-13.212 P : *D. 2018. 2056, obs. Lamazerolles et Rabreau* ; *RTD com. 2018. 932, obs. Lecourt* ; *ibid. 984, obs. Monsèrié-Bon* ; *Rev. sociétés 2019. 187, note Lecourt* ; *RDC 2018. 614, note Tadros.* ♦ Comp., pour une société par actions. • Com. 6 févr. 2007, n° 05-19.008 P.

12. ... Abus de droit. L'exercice du droit de repentir reconnu à l'associé voulant céder ses parts sociales n'est pas abusif au seul motif que cet associé avait refusé de répondre à des appels de fonds et rétracté son offre de cession. • Com. 10 juill. 2012 : *cité note 3 ss. art. 1836.*

13. Assurance des salaires. La liquidation d'une société *in bonis*, résultant d'une décision judiciaire ayant ordonné sa dissolution sur le fondement des dispositions de l'art. 1844-7-5°, n'ouvre pas droit à la garantie des salaires AGS. • Soc. 16 mai 2018, n° 16-25.898 P : *D. 2018. 1070* ; *RDT 2018. 770, obs. Bondat* .

5° ... LIQUIDATION JUDICIAIRE DE LA SOCIÉTÉ

14. Art. 1844-7-7° : domaine. BIBL. Legros, *Mél. Tricot, Litec-Dalloz 2011, p. 507* (domaine). ♦ Le jugement ordonnant la cession totale des actifs d'une société ayant été prononcé en mars 1987, l'art. 1844-7-7°, dans sa rédaction résultant de la L. du 5 janv. 1988, n'était pas applicable en la cause et, dès lors, la société n'était pas dissoute. • Cass., ass. plén., 31 mars 1995, n° 92-15.077 P : *R., p. 266 ; D. 1995. 321, concl. Jéol*.

15. ... Association. Inapplicabilité de l'art. 1844-7-7° à une association : • Com. 8 juill. 2003, n° 01-02.050 P : *R., p. 383 ; D. 2003. AJ 2173 ; Rev. sociétés 2003. 887, note Le Cannu* • 14 déc. 2004 : *JCP E 2005. 640, note F.-X. Lucas.*

16. ... Sociétés unipersonnelles. V. note 3 ss. art. 1844-5.

17. Applications. V. • Com. 3 juin 1997, n° 93-18.425 P : *D. 1998. 348, note Kenfack* (cassation de l'arrêt ayant retenu que le jugement de liquidation judiciaire n'a pas pour effet la dissolution de la société).

18. ... Représentation de la société. V. • Com. 3 juin 1998, n° 95-11.096 P • 16 mars 1999, n° 96-19.078 P : *D. 2000. 513, note Kenfack* (nécessité d'exercer le droit propre de se pourvoir en cassation par l'intermédiaire du liquidateur amiable ou d'un mandataire *ad hoc)* • 20 févr. 2001, n° 97-22.019 P : *R., p. 401 ; JCP E 2001. 1532, note Legros* (l'administrateur provisoire dont la mission a été maintenue par une ordonnance postérieure au jugement arrêtant le plan de cession a les pouvoirs d'un mandataire *ad hoc* pour interjeter appel) • 17 juill. 2001, n° 97-20.018 P : *R., p. 401 ; D. 2001. AJ 2519, obs. A. Lienhard ; D. 2002. Somm. 3261, obs. Hallouin ; JCP 2002. I. 109, n° 7, obs. Pétel ; LPA 24 sept. 2001, note Cerati-Gauthier* (après le prononcé de la liquidation judiciaire, la personne agissant comme ancien gérant n'a plus qualité pour convoquer l'assemblée des associés) • Civ. 2e, 4 juill. 2002, n° 02-01.276 P (nécessité d'exercer le droit propre d'agir en récusation par l'intermédiaire d'un mandataire *ad hoc*). ♦ Sur les pouvoirs de l'ancien représentant légal de la société dissoute, V. aussi • Com. 2 juin 2004, n° 03-11.090 P : *R., p. 296 ; D. 2004. AJ 1815, obs. A. Lienhard ; JCP E 2004. 1550, note Vinckel* • 30 juin 2004, n° 03-12.627 P : *R., p. 296 ; D. 2004. 2429, note Derrida, Julien et Renucci ; ibid. AJ 2043, obs. A. Lienhard ; JCP 2005. I. 107, n° 5, obs. Pétel* • 12 juill. 2004, n° 01-16.034 P • Civ. 3e, 17 nov. 2004, n° 03-10.308 P.

Sur la condamnation par la CEDH, au nom du droit d'accès à un tribunal (Conv. EDH, art. 6, § 1), de l'interprétation jurisprudentielle de l'art. 1844-7, 7°, interdisant à l'ancien dirigeant de la société d'interjeter appel du jugement prononçant la liquidation judiciaire : • CEDH, sect. III, 8 mars 2007, *A. c/ France : D. 2007. AJ 870, obs. A. Lienhard*.

19. Conséquences. Le jugement ordonnant la liquidation judiciaire emporte dissolution de la société ; cassation de l'arrêt qui distingue entre les deux notions pour refuser d'appliquer la prescription quinquennale de l'art. 1859. • Civ. 3e, 13 nov. 2003, n° 00-14.206 P : *D. 2004. AJ 64 ; Defrénois 2005. 156, obs. J. Honorat ; RTD com. 2004. 114, obs. Monsèrié-Bon ; Rev. sociétés 2004. 149, note Barbiéri*. – V. aussi • Com. 8 mars 2005, n° 03-17.975 P : *R., p. 310 ; Rev. sociétés 2005. 892, note Barbiéri*.

20. Le jugement de clôture pour extinction du passif est sans influence sur la dissolution, consécutive au prononcé de la liquidation judiciaire, de la personne morale, dont la personnalité ne subsiste que pour les besoins de sa liquidation. • Com. 26 oct. 1999, n° 97-12.640 P : *D. 1999. AJ 77, obs. A. L. ; Defrénois 2000. 997, obs. Gibirila ; LPA 14 mars 2000, note Courtier.*

Art. 1844-8 **La dissolution de la société entraîne sa liquidation, hormis les cas prévus à l'article 1844-4** *(L. n° 88-15 du 5 janv. 1988)* **« et au troisième alinéa de l'article 1844-5 ». Elle n'a d'effet à l'égard des tiers qu'après sa publication.**

Le liquidateur est nommé conformément aux dispositions des statuts. Dans le silence de ceux-ci, il est nommé par les associés ou, si les associés n'ont pu procéder à cette nomination, par décision de justice. Le liquidateur peut être révoqué dans les mêmes conditions. La nomination et la révocation ne sont opposables aux tiers qu'à compter de leur publication. Ni la société ni les tiers ne peuvent, pour se soustraire à leurs engagements, se prévaloir d'une irrégularité dans la nomination ou dans la révocation du liquidateur, dès lors que celle-ci a été régulièrement publiée.

La personnalité morale de la société subsiste pour les besoins de la liquidation jusqu'à la publication de la clôture de celle-ci.

Si la clôture de la liquidation n'est pas intervenue dans un délai de trois ans à compter de la dissolution, le ministère public ou tout intéressé peut saisir le tribunal, qui fait procéder à la liquidation ou, si celle-ci a été commencée, à son achèvement.

BIBL. ▸ J. HONORAT, *Defrénois 1981. 1345.* – BORONAD-LESOIN, *RTD com. 2003. 1* (survie de la personne morale dissoute).

1. Ordre public. Il n'est pas au pouvoir de la volonté des associés, fût-elle unanime, de décider qu'il n'y a pas lieu de procéder à la liquidation et au partage d'une société dissoute non plus qu'à la désignation d'un liquidateur, seul habilité à représenter la société jusqu'à la clôture de la liquidation. • Com. 24 oct. 1989 : *JCP 1990. II. 21453, note Guyon.*

2. Un compte courant ouvert au nom d'une société dans les livres d'une banque est nécessairement clôturé à la dissolution de cette société, sauf prorogation de son fonctionnement pour les besoins des opérations de liquidation. • Com. 15 nov. 1994, nº 90-15.865 P.

3. Opposabilité de la dissolution aux tiers. La disparition de la personnalité juridique d'une société n'est opposable aux tiers que par la publication au registre du commerce et des sociétés des actes ou événements l'ayant entraînée, peu important que le tiers en cause ait eu personnellement connaissance de ces actes ou événements avant l'accomplissement de cette formalité. • Com. 11 sept. 2012, nº 11-11.141 P : *D. 2012. 2167, et les obs.* ; *Rev. sociétés 2013. 31, note Saintourens* .

4. Maintien de la personnalité morale. La personnalité morale d'une société dissoute subsiste aussi longtemps que les droits et obligations à caractère social ne sont pas liquidés. • Com. 11 juin 1985, nº 84-12.582 P • Civ. 2e, 6 mai 1999, nº 96-18.070 P • Soc. 27 oct. 1999, nº 97-41.720 P • Civ. 3e, 31 mai 2000, nº 98-19.435 P (instance en cours). ♦ Le jugement de liquidation judiciaire d'une société, s'il entraîne sa dissolution de plein droit, est sans effet sur sa personnalité morale, qui subsiste pour les besoins de la liquidation jusqu'à la publication de la clôture de la procédure, de sorte que, tant que cette publication n'est pas intervenue, les parts sociales composant son capital ont toujours une existence juridique et peuvent faire l'objet d'une restitution en nature. • Com. 21 avr. 2022, nº 20-10.809 B : *D. 2022. 836* ; *Rev. sociétés 2023. 158, note Lecourt* ; *RTD com. 2022. 593, obs. Lecourt* ; *RDC 2022/4. 46, note Caffin-Moi et Sautonie-Laguionie ; D. actu. 25 mai 2022, obs. Delpech.* ♦ Mais les opérations inhérentes à l'accueil d'une demande de retrait formée par un associé d'une société dissoute, visant au remboursement de la valeur de ses droits sociaux, sont étrangères aux besoins de la liquidation. • Com. 12 févr. 2013, nº 12-13.837 P : *D. 2013. 495, et les obs.* ; *RTD com. 2013. 528, obs. Monsèrié-Bon* (rejet de la demande de l'associé). ♦ La société peut poursuivre le recouvrement d'une créance constatée postérieurement à la clôture des opérations de liquidation. • Com. 11 juin 1985 : *préc.* ♦ Elle peut faire l'objet d'une procédure collective. • Com. 12 avr. 1983, nº 81-14.055 P. ♦ Elle doit être représentée par un administrateur *ad hoc* à l'instance en révision du plan de cession totale de ses actifs. • Civ. 2e, 6 mai 1999 : *préc.* ♦ Des personnes ayant conclu des marchés de travaux avec une société sont en droit de lui demander le paiement de dommages-intérêts pour malfaçons bien que sa radiation du registre du commerce et la publication de la clôture de sa liquidation aient été effectuées. • Com. 2 mai 1985 : *Bull. civ. IV, nº 139.* ♦ En l'absence d'actif social suffisant pour répondre des condamnations éventuellement prononcées à l'encontre de la société, le liquidateur doit différer la clôture de la liquidation. • Com. 26 juin 2007, nº 05-20.659 P : *D. 2007. AJ 1973* . ♦ Le dessaisissement de plein droit de l'administration et de la disposition des biens d'une société résultant du jugement de liquidation judiciaire n'a pas entraîné au préjudice de cette société, dont la personnalité morale demeurait pour les besoins de sa liquidation, la disparition de son droit de propriété sur un immeuble pour lequelle elle reste redevable des taxes dues. • Com. 8 avr. 2008, nº 06-16.343 P.

5. Dissolution. – Terme statutaire. Une société dissoute par l'arrivée de son terme statutaire ne dispose plus du droit d'utiliser ou de transmettre sa dénomination sociale et n'est pas non plus susceptible d'être transformée ; lorsqu'aucun liquidateur n'a été désigné, elle n'a plus de représentant légal et ne peut donc obtenir l'enregistrement ou le renouvellement d'une marque. • Com. 12 nov. 1992 : *JCP 1993. II. 22039, note Guyon.*

6. Dissolution pour procédure collective. Au regard de l'art. 1844-8, la clôture de la procédure collective d'une société pour extinction du passif est sans incidence sur la nécessité impérative d'achever les opérations tendant à la dissolution de cette société provoquée par sa mise en liquidation judiciaire, justifiant ainsi la désignation par le jugement de clôture d'un mandataire *ad hoc* puis ensuite d'un liquidateur ayant notamment pour mission de répartir les fonds déposés par le liquidateur à la Caisse des dépôts et consignations où ils étaient insaisissables. • Com. 18 janv. 2023, nº 21-18.492 B.

7. Liquidateur. – Cessation des fonctions. Aucune disposition légale ne limite la durée du mandat du liquidateur d'une société civile. • Civ. 3e, 5 déc. 2019, nº 18-26.102 P : *D. 2020. 462, note Tisseyre* . ♦ Le liquidateur dont le mandat a pris fin lorsque l'assemblée générale des actionnaires a constaté la clôture de la liquidation ne peut représenter la société. • Com. 11 juin 1985 : *préc. note 4.* ♦ Il convient de faire désigner par décision de justice un administrateur ad hoc. • Com. 12 avr. 1983, nº 81-14.055 P • 15 mai 1984 : *Bull. civ. IV, nº 162* • Civ. 2e, 24 janv. 2008 : *D. 2008. AJ 544* . ♦ V. aussi note 18 ss. art. 1844-7.

8. Il résulte de l'art. 1844-8, dern. al., que le liquidateur défaillant nommé par des associés peut être remplacé par un autre, désigné par le tribunal. • Civ. 1re, 4 oct. 1988 : *Bull. civ. I, no 271.* ♦ Aucune disposition légale ne limitant la durée du mandat du liquidateur d'une société civile, refus d'en ordonner le remplacement faute de manquement démontré à l'encontre du liquidateur. • Civ. 3e, 5 déc. 2019, no 18-26.102 P : *D. 2020. 462, note Tisseyre*.

Art. 1844-9 **Après paiement des dettes et remboursement du capital social, le partage de l'actif est effectué entre les associés dans les mêmes proportions que leur participation aux bénéfices, sauf clause ou convention contraire.**

Les règles concernant le partage des successions, y compris l'attribution préférentielle, s'appliquent aux partages entre associés.

Toutefois, les associés peuvent valablement décider, soit dans les statuts, soit par une décision ou un acte distinct, que certains biens seront attribués à certains associés. A défaut, tout bien apporté qui se retrouve en nature dans la masse partagée est attribué, sur sa demande, et à charge de soulte s'il y a lieu, à l'associé qui en avait fait l'apport. Cette faculté s'exerce avant tout autre droit à une attribution préférentielle.

Tous les associés, ou certains d'entre eux seulement, peuvent aussi demeurer dans l'indivision pour tout ou partie des biens sociaux. Leurs rapports sont alors régis, à la clôture de la liquidation, en ce qui concerne ces biens, par les dispositions relatives à l'indivision.

1. Unanimité. Le partage amiable requiert le consentement unanime des parties. • Com. 30 mai 2007, no 05-18.851 P : *D. 2007. AJ 1669 ; JCP N 2007. 1270, note Garçon ; AJDI 2008. 318, obs. Porcheron ; RTD com. 2007. 553, obs. Monsèrié-Bon ; Rev. sociétés 2007. 787, note Barbièri* (violation de l'art. 819 anc. C. civ.).

2. Présence d'héritiers mineurs. En vertu des art. 1844-9, al. 2, et 466, al. 2, C. civ. combinés, l'état liquidatif d'une société en nom collectif dans lequel des héritiers mineurs d'un associé étaient intéressés doit être homologué par le tribunal de grande instance. • Civ. 1re, 3 déc. 1980, no 79-15.338 P.

3. Date du partage. Le partage de l'actif social visé à l'art. 1844-9 ne peut avoir lieu qu'après la clôture de la liquidation • Com. 26 sept. 2018, no 16-24.070 P : *D. 2018. 1909 ; RTD com. 2018. 962, obs. Lecourt* (calcul du droit fiscal de partage liquidé sur le montant de l'actif net partagé).

4. Maintien de l'indivision. Recevabilité de l'action intentée par les ex-associés d'une EARL liquidée, demeurés dans l'indivision pour le bien social que constitue le droit de recouvrer la créance d'indemnité due au preneur sortant. • Com. 24 mars 1998, no 96-10.172 P : *R., p. 248.* ♦ Lorsque l'indivision est maintenue dans les termes de l'art. 1844-9, al. 4, les anciens associés devenus copropriétaires indivis peuvent agir à titre individuel pour recouvrer des créances faisant partie des biens indivis, tout indivisaire pouvant prendre les mesures nécessaires à la conservation des biens indivis. • Paris, 15 sept. 1998 : *D. Affaires 1998. 1864, obs. M. B.*

5. Apports en industrie. Droit de l'apporteur en industrie de se faire attribuer, lors du partage de l'actif social, les biens issus de son industrie qui se retrouvent en nature dans l'actif social. • Civ. 1re, 30 mai 2006 : *RTD civ. 2006. 589, obs. Revet*.

6. Apports en nature. L'associé qui se retire d'une société civile peut obtenir que lui soient attribués les biens qu'il a apportés lorsqu'ils se retrouvent en nature dans l'actif social. • Civ. 3e, 12 mai 2010, no 09-14.747 P : *D. 2010. Chron. C. cass. 2608, obs. Nési ; ibid. Pan. 2797, obs. Rabreau ; ibid. 2814, note R. Martin ; AJDI 2010. 828, obs. Porcheron ; Banque et Dr. 2010. 66, note Riassetto ; Rev. sociétés 2010. 384, note Barbièri ; RTD com. 2010. 570, obs. Monsèrié-Bon*.

7. V. aussi note 9 ss. art. 1869.

Art. 1844-10 **La nullité de la société ne peut résulter que de la violation des dispositions** *(L. no 2019-486 du 22 mai 2019, art. 169)* **« de l'article 1832 et du premier alinéa des articles 1832-1 et 1833 », ou de l'une des causes de nullité des contrats en général.**

Toute clause statutaire contraire à une disposition impérative du présent titre, dont la violation n'est pas sanctionnée par la nullité de la société, est réputée non écrite.

La nullité des actes ou délibérations des organes de la société ne peut résulter que de la violation d'une disposition impérative du présent titre *(L. no 2019-486 du 22 mai 2019, art. 169)* **« , à l'exception du dernier alinéa de l'article 1833, » ou de l'une des causes de nullité des contrats en général.**

Ndlr : *La L. no 2019-486 du 22 mai 2019, art. 169, indique le remplacement de « des articles 1832, 1832-1, alinéa 1er, » (sans y inclure l'art. 1833 précédemment mentionné) par « de* *l'article 1832 et du premier alinéa des articles 1832-1 et 1833 ». Il en serait résulté une double indication de « et 1833 », dont l'une a été supprimée.*

BIBL. ▶ J. Honorat, *Defrénois 1998. 3.*

1. Causes de nullité – Caractère limitatif. Sous réserve des cas dans lesquels il a été fait usage de la faculté, ouverte par une disposition impérative d'aménager conventionnellement la règle posée par celle-ci, le non-respect des stipulations contenues dans les statuts ou dans le règlement intérieur n'est pas sanctionné par la nullité. • Com. 19 mars 2013, nº 12-15.283 P : *D. 2013. 834, obs. Lienhard ; Rev. sociétés 2014. 51, note Le Cannu ; RTD com. 2013. 530, obs. Monsèrié-Bon .* ♦ Déjà : Les griefs qui ont trait au fonctionnement et à la gestion de la personne morale ne constituent pas des causes de nullité, dès lors qu'il ne s'agit pas des cas de nullité limitativement prévus par l'art. 1844-10. • Paris, 10 mai 1995 : *Defrénois 1995. 954, obs. Le Cannu ; BJS 1995. 742, note Jeantin.*

2. Nullité d'une clause statutaire. Cassation, au visa de l'art. 1844-10 et des principes de liberté contractuelle et de la concurrence, de la décision par laquelle le juge du fond ne recherche pas si la clause statutaire d'une société anonyme, imposant la convocation d'une assemblée générale extraordinaire pour dénoncer un contrat de franchise, n'a pas pour objet ou pour effet de porter atteinte à la liberté contractuelle et de la concurrence. • Com. 30 mai 2012 : *D. 2012. 2717, note Constantin .*

3. Office du juge. Il n'entre pas dans les pouvoirs du juge de se substituer aux organes de la société en ordonnant la modification d'une clause statutaire au motif que celle-ci serait contraire aux dispositions légales impératives applicables. • Com. 9 juill. 2013, nº 12-21.238 P : *D. 2013. 1833, obs. Lienhard ; ibid. note Ait-Ahmed ; Rev. sociétés 2014. 40, note Ansault ; RTD civ. 2013. 836, obs. Fages et Barbier .* ♦ Mais le principe d'unanimité, sauf clause contraire, pour modifier les statuts, posé par l'art. 1836, relevant des dispositions impératives du titre visé par l'art. 1844-10, le juge du fond, sans être tenu d'interpréter un texte clair, en déduit à bon droit que la méconnaissance des règles statutaires de majorité renforcée requise pour la modification des statuts est sanctionnée par la nullité. • Civ. 3e, 8 juill. 2015, nº 13-14.348 P : *D. 2015. 2401, obs. Hallouin ; RDI 2015. 534, obs. Magnin ; RTD com. 2015. 533, obs. Constantin .*

4. Sanction applicable aux délibérations. La disposition du 2e al. de l'art. 1844-10 est sans application aux irrégularités affectant les actes ou délibérations des organes de la société, dont la nullité peut seulement être demandée dans les cas prévus par le 3e al. • Com. 3 avr. 2007, nº 06-10.834 P : *D. 2007. AJ 1148, obs. Lienhard ; BJS 2007. 894, note Le Cannu ; Dr. sociétés 2007, nº 171, note Lécuyer.* ♦ Comp., lorsque l'irrégularité de la délibération résulte de l'irrégularité d'une clause des statuts : la délibération qui prononce l'exclusion d'un associé intervenue sur le fondement d'une clause statutaire contraire à une disposition légale impérative, ainsi réputée non écrite (en l'espèce la participation de tout associé aux décisions collectives), doit être annulée. • Com. 9 juill. 2013 : *D. 2013. 1833, obs. Lienhard* (absence de prise en compte du fait que le président avait proposé à l'associé de participer au vote, le président n'ayant pas le pouvoir de modifier les statuts). ♦ Prise sur le fondement d'une clause réputée non écrite, la décision d'exclusion est nulle, peu important que ce dernier ait été admis à prendre part au vote. • Com. 6 mai 2014 : *D. 2014. 1485, note B. Dondero .*

Il résulte de l'art. 1844-10, al. 3, que la décision prise abusivement par une assemblée générale d'exclure un associé affecte par elle-même la régularité des délibérations de cette assemblée et en justifie l'annulation. • Civ. 1re, 3 févr. 2021, nº 16-19.691 P : *D. 2021. 286 ; JCP 2021, nº 433, note Paclot.*

5. Convocation aux assemblées des associés d'une société civile. Les modalités de convocation des associés aux assemblées générales sont prescrites à peine de nullité en cas de grief. • Cass., ch. mixte, 16 déc. 2005, nº 04-10.986 P : *R., p. 292 ; D. 2006. AJ 146, obs. Lienhard ; D. 2007. Pan. 274, obs. Hallouin et Lamazerolles ; JCP 2006. I. 168, nº 9, obs. Caussain, Deboissy et Wicker ; JCP E 2006. 1348, concl. Domingo ; Gaz. Pal. 2006. 424, concl. Domingo ; Defrénois 2006. 572, note Gibirila, et 1145, obs. Hovasse ; RDC 2006. 793, obs. Lucas ; RTD com. 2006. 148, obs. Monsèrié-Bon ; Rev. sociétés 2006. 327, note Saintourens .* ♦ Antérieurement : selon la 3e chambre civile, les modalités de convocation des associés aux assemblées générales n'étaient pas prescrites par des dispositions impératives du livre IX C. civ. • Civ. 3e, 11 oct. 2000, nº 99-11.430 P : *D. 2000. AJ 406, obs. Lienhard ; D. 2002. Somm. 479, obs. Hallouin ; Defrénois 2001. 524, obs. J. Honorat ; LPA 7 mai 2001, note Gibirila ; RTD com. 2001. 164, obs. Monsèrié-Bon* (cassation de l'arrêt ayant prononcé la nullité des délibérations de l'assemblée). – V. aussi • Civ. 3e, 19 juill. 2000, nº 98-17.258 P.

6. ... Demandeur. Il résulte des art. 1844 et 1844-10 que tout associé peut se prévaloir de l'absence de convocation d'un associé à l'assemblée générale. • Civ. 3e, 21 oct. 1998, nº 99-11.430 P : *D. 2000. Somm. 232, obs. Hallouin ; D. Affaires 1999. 40, obs. M. B. ; JCP 1999. II. 10015, note Guyon ; Dr. sociétés 1999, nº 2, note Bonneau ; BJS 1999. 107, note Grosclaude ; Ban-*

que et Dr. 3-4/1999. 46, obs. Riassetto ; RTD com. 1999. 116, obs. Champaud et Danet ; *Defrénois 1999. 1192, obs. J. Honorat.* – V. Le Cannu, *RJDA 1998. 987* ; Daum, *ibid. 1998. 993.* – V. aussi • Paris, 2 mars 2004 : *Rev. sociétés 2004. 965, obs. Urbain-Parléani* . ♦ ... Sauf lorsque tous les associés ont été présents ou représentés. • Com. 8 févr. 2005 : *RJDA 2005, n° 724 ; Rev. sociétés 2006. 94, note Menjucq et Taste* . ♦ L'associé qui, s'étant cantonné dans une attitude d'opposition systématique, a décidé de ne pas participer aux décisions collectives ne peut demander l'annulation des assemblées tenues hors de sa présence. • Com. 21 juin 2011, n° 10-21.928 P : *D. 2011. Actu. 1755, obs. Lienhard* ; *JCP E 2011. 1736, note Marsin-Rose ; BJS 2011. 670, note Barbiéri ; Dr. sociétés 2011, n° 167, note Mortier.*

7. Référé. L'annulation des délibérations de l'assemblée générale d'une société, qui n'est ni une mesure conservatoire, ni une mesure de remise en état, n'entre pas dans les pouvoirs du juge des référés, fût-ce pour faire cesser un trouble manifestement illicite (art. L. 235-1 C. com. et art. 873, al. 1er, C. pr. civ.). • Com. 13 janv. 2021, n° 18-25.713 P : *D. 2021. 133* ; *Rev. sociétés 2021. 293, note Saintourens* .

Art. 1844-11 **L'action en nullité est éteinte lorsque la cause de la nullité a cessé d'exister le jour où le tribunal statue sur le fond en première instance, sauf si cette nullité est fondée sur l'illicéité de l'objet social.**

Art. 1844-12 **En cas de nullité d'une société ou d'actes ou délibérations postérieurs à sa constitution, fondée sur un vice de consentement ou l'incapacité d'un associé, et lorsque la régularisation peut intervenir, toute personne, y ayant intérêt, peut mettre en demeure celui qui est susceptible de l'opérer, soit de régulariser, soit d'agir en nullité dans un délai de six mois à peine de forclusion. Cette mise en demeure est dénoncée à la société.**

La société ou un associé peut soumettre au tribunal saisi dans le délai prévu à l'alinéa précédent, toute mesure susceptible de supprimer l'intérêt du demandeur notamment par le rachat de ses droits sociaux. En ce cas, le tribunal peut, soit prononcer la nullité, soit rendre obligatoires les mesures proposées si celles-ci ont été préalablement adoptées par la société aux conditions prévues pour les modifications statutaires. Le vote de l'associé dont le rachat des droits est demandé est sans influence sur la décision de la société.

En cas de contestation, la valeur des droits sociaux à rembourser à l'associé est déterminée conformément aux dispositions de l'article 1843-4.

Art. 1844-13 **Le tribunal, saisi d'une demande en nullité, peut, même d'office, fixer un délai pour permettre de couvrir les nullités. Il ne peut prononcer la nullité moins de deux mois après la date de l'exploit introductif d'instance.**

Si, pour couvrir une nullité, une assemblée doit être convoquée, ou une consultation des associés effectuée, et s'il est justifié d'une convocation régulière de cette assemblée ou de l'envoi aux associés du texte des projets de décision accompagné des documents qui doivent leur être communiqués, le tribunal accorde par jugement le délai nécessaire pour que les associés puissent prendre une décision.

Art. 1844-14 **Les actions en nullité de la société ou d'actes et délibérations postérieurs à sa constitution se prescrivent par trois ans à compter du jour où la nullité est encourue.**

1. Actions visées. L'action en annulation d'une cession de droits sociaux n'est soumise à la prescription triennale de l'art. 1844-14 que dans l'hypothèse où elle est fondée sur une irrégularité affectant la décision sociale ayant accordé au cessionnaire l'agrément exigé, irrégularité qui ne peut être invoquée que par la société ou les associés. • Civ. 3e, 6 oct. 2004, n° 01-00.896 P : *RTD com. 2005. 122, obs. Monsèrié-Bon* ; *Rev. sociétés 2005. 152, note Saintourens* , et 411, *note Barbiéri* . ♦ N'est pas soumise à la prescription de l'art. 1844-14, mais à la prescription de droit commun, la demande en nullité d'actes de vente conclus par la société sur le fondement de la cause illicite ou immorale. • Civ. 3e, 10 mai 2007, n° 05-21.123 P : *D. 2007. AJ 1512* ; *Rev. sociétés 2007. 775, note Saintourens* .

2. Point de départ. S'agissant d'une nullité pour défaut d'*affectio societatis*, le point de départ de l'action en nullité se situe à la date où est constatée la perte de cette *affectio societatis*. • Civ. 1re, 20 nov. 2001, n° 99-13.985 P : *D. 2002. AJ 95, obs. A. Lienhard* ; *ibid. Somm. 3260, obs. Hallouin* ; *JCP 2002. II. 10148, note Matsopoulou ; JCP E 2002. 225, note Viandier ; Dr. et patr. 3/2002. 103, obs. Poracchia.* ♦ S'agissant de la nullité d'un acte de rachat de parts, prise en compte non de la date de la délibération ayant autorisé sa conclusion mais de la date de l'acte lui-même, l'action étant fondée sur un vice qui affectait l'acte lui-même. • Com. 20 mars 2012, n° 11-13.534 P : *D. 2012. 875, obs. Lienhard ; Rev. sociétés 2012. 582, note Moury ; RTD com. 2012. 356, obs. Monsèrié-Bon ; ibid. 2012. 835, obs. Bouloc*.

3. Exception de nullité. Si l'action en nullité d'une délibération d'une assemblée générale prise en violation des statuts de la société est soumise à la prescription triennale instituée par l'art. 1844-14, l'exception de nullité est perpétuelle. • Com. 20 nov. 1990, n° 89-18.156 P : *JCP N 1992. II. 369, note Legros* (nullité d'une délibération invoquée par une coopérative pour résister à une demande en paiement des intérêts d'un prêt que certains membres de la coopérative lui avaient consenti). ♦ V. dans le même sens : • Civ. 3e, 25 mars 1998, n° 96-17.307 P • Com. 30 mai 2007, n° 05-18.851 P : *D. 2007. AJ 1669 ; JCP N 2007. 1270, note Garçon ; RTD com. 2007. 553, obs. Monsèrié-Bon* • Com. 30 mai 2012 : *D. 2012. 2717, note Constantin*.

Art. 1844-15 **Lorsque la nullité de la société est prononcée, elle met fin, sans rétroactivité, à l'exécution du contrat.**

A l'égard de la personne morale qui a pu prendre naissance, elle produit les effets d'une dissolution prononcée par justice.

1. Est recevable en appel la demande d'annulation d'une société par l'associé qui a soumis au tribunal une demande tendant à la dissolution anticipée de cette société, dès lors que, selon l'art. 1844-15, la nullité de toute société met fin sans rétroactivité à l'exécution du contrat et produit les effets d'une dissolution prononcée par justice, l'une et l'autre de ces mesures entraînant la liquidation. • Paris, 20 oct. 1981 : *D. 1981. 44, concl. Jéol ; JCP 1981. II. 19602, concl. Jéol, note Terré ; Gaz. Pal. 1981. 1. 54, concl. Jéol, note A.P.S. ; Rev. sociétés 1980. 774, obs. Viandier.*

2. Une société fictive est une société nulle et non inexistante, et la nullité opère sans rétroactivité, de sorte que la sûreté réelle consentie par la société fictive avant que sa fictivité ne soit déclarée demeure valable et opposable aux créanciers, sauf fraude. • Com. 22 juin 1999, n° 98-13.611 P : *D. 2000. Somm. 234, obs. Hallouin ; ibid. 389, obs. S. Piedelièvre ; D. Affaires 1999. 1336, obs. M. B. ; JCP 2000. II. 10266, note Menjucq ; ibid. I. 209, n° 17, obs. Delebecque ; JCP E 2000. 181, note Cutajar ; Defrénois 1999. 1195, obs. Hovasse.*

3. L'objet illicite d'une société ne fait pas obstacle à l'apurement des comptes entre associés, consécutif à la dissolution. • Com. 11 juill. 2006, n° 04-16.759 P : *JCP 2007. I. 107, n° 3, obs. Caussain, Deboissy et Wicker ; JCP E 2006. 2595, note Sérinet.*

Art. 1844-16 **Ni la société ni les associés ne peuvent se prévaloir d'une nullité à l'égard des tiers de bonne foi. Cependant, la nullité résultant de l'incapacité ou de l'un des vices du consentement est opposable même aux tiers par l'incapable et ses représentants légaux, ou par l'associé dont le consentement a été surpris par erreur, dol ou violence.**

1. Application en cas de société fictive : • Com. 16 juin 1992 : *D. 1993. 508 (2e esp.), note Collet* (nécessité de rechercher si l'administration des impôts n'était pas un tiers de bonne foi).

2. Cassation de l'arrêt qui oppose à l'acquéreur de bonne foi la nullité de la vente consentie par une SCI et décidée par une assemblée générale irrégulièrement tenue, en raison de la non-convocation de l'un des associés, alors que seul l'associé dont le consentement a été surpris peut se prévaloir de la nullité de la vente à l'encontre des tiers. • Civ. 3e, 21 oct. 1998, n° 96-19.646 P : *D. 2000. Somm. 233, obs. Hallouin ; JCP 1999. II. 10015, note Guyon (2e esp.) ; Defrénois 1999. 618, obs. Honorat.*

3. L'art. 1844-16 est sans application dans le cas de la nullité d'une souscription de parts sociales pour démarchage prohibé. • Com. 5 oct. 1999, n° 96-20.939 P : *D. 1999. AJ 83, obs. M. B.*

Art. 1844-17 **L'action en responsabilité fondée sur l'annulation de la société ou des actes et délibérations postérieurs à la constitution se prescrit par trois ans à compter du jour où la décision d'annulation est passée en force de chose jugée.**

La disparition de la cause de nullité ne met pas obstacle à l'exercice de l'action en dommages-intérêts tendant à la réparation du préjudice causé par le vice dont la société, l'acte ou la délibération était entaché. Cette action se prescrit par trois ans à compter du jour où la nullité a été couverte.

CHAPITRE II DE LA SOCIÉTÉ CIVILE

(L. n° 78-9 du 4 janv. 1978)

RÉP. CIV. v° *Société civile*, par B. SAINTOURENS.

BIBL. GÉN. ▶ A.P.S., *Gaz. Pal. 1980. 2. Doctr. 565.* – CHALVIGNAC, *JCP N 2009. 1311* (représentation de la société civile). – CORLAY, *RTD com. 1981. 233.* – DAUBLON, *Defrénois 1982. 937* (domaine des sociétés civiles). – DELGADO, *JCP N 1995. I. 601* (mineur associé d'une société civile). – DORAT DES MONTS, *RTD com. 1982. 505* (vers l'unification des sociétés civiles et commerciales). – FÉLIX, *JCP N 1993. I. 111* (réduction de capital et retrait d'associé). – JACQUES FOYER, *Mél. Guyon, Dalloz, 2003* (société civile et bail rural). – GUYÉNOT, *Gaz. Pal. 1978. 1. Doctr. 337.* – J. JULIEN, *RTD com. 2001. 841* (les associés dans la société civile : évolution jurisprudentielle). – LAROCHE, *Defrénois 2010. 34* (mineur en société civile). ▶ **Aspect fiscal :** J.-C. BRAULT, *Defrénois 1990. 266.* – JACQUET, *Gaz. Pal. 1991. 1. Doctr. 179.*

SECTION 1 Dispositions générales

Art. 1845 Les dispositions du présent chapitre sont applicables à toutes les sociétés civiles, à moins qu'il n'y soit dérogé par le statut légal particulier auquel certaines d'entre elles sont assujetties.

Ont le caractère civil toutes les sociétés auxquelles la loi n'attribue pas un autre caractère à raison de leur forme, de leur nature, ou de leur objet.

1. Société à forme civile et à objet commercial. Ne met pas la Cour de cassation en mesure d'exercer son contrôle la cour d'appel qui, statuant sur l'appel de fonds supplémentaire formé par une société civile contre des associés, ne précise pas si l'activité effective de cette SCI est de nature civile ou commerciale. • Civ. 3e, 5 juill. 2000, n° 98-20.821 P : *D. 2002. Somm. 477, obs. Hallouin ; BJS 2000. 1171, note Couret ; Rev. sociétés 2001. 100, note Saintourens ; Dr. sociétés 2000, n° 151, obs. Bonneau.* – V. déjà • Com. 31 mars 1988 : *Rev. sociétés 1991. 99, note Legros* .

2. Régime antérieur à 1978. Aucune disposition de la L. du 4 janv. 1978 n'impose aux sociétés civiles constituées sous le régime ancien de procéder à une harmonisation de leurs statuts avec la législation nouvelle, l'application du nouveau régime à ces sociétés ayant pour seule conséquence de rendre non écrites les dispositions contraires à la nouvelle réglementation. • Paris, 17 mars 1983 : *JCP 1983. II. 20057.*

Art. 1845-1 Le capital social est divisé en parts égales.

***(L. n° 2001-1168 du 11 déc. 2001, art. 33)* « Les dispositions du chapitre I du titre III du livre II du code de commerce relatives au capital variable des sociétés sont applicables aux sociétés civiles. »**

SECTION 2 Gérance

Art. 1846 La société est gérée par une ou plusieurs personnes, associées ou non, nommées soit par les statuts, soit par un acte distinct, soit par une décision des associés.

Les statuts fixent les règles de désignation du ou des gérants et le mode d'organisation de la gérance.

Sauf disposition contraire des statuts, le gérant est nommé par une décision des associés représentant plus de la moitié des parts sociales.

Dans le silence des statuts, et s'il n'en a été décidé autrement par les associés lors de la désignation, les gérants sont réputés nommés pour la durée de la société.

Si, pour quelque cause que ce soit, la société se trouve dépourvue de gérant, tout associé peut *(L. n° 2019-744 du 19 juill. 2019, art. 5)* « réunir les associés ou, à défaut, demander au président du tribunal statuant sur requête la désignation d'un mandataire *chargé de le faire, à seule fin* » de nommer un ou plusieurs gérants.

1. Mise en cause nécessaire de la société. Selon l'art. 3 du Décr. du 3 juill. 1978, lorsque l'action sociale est intentée par un ou plusieurs associés, le tribunal ne peut statuer que si la société a été régulièrement mise en cause par l'intermédiaire de ses représentants légaux ; il résulte de ce texte que les associés d'une société civile ont qualité pour exercer, à titre individuel, une action en justice au nom de cette société. • Civ. 3e, 6 nov. 1991, n° 89-20.541 P.

2. Qualité à exercer une action en révision. Seuls les représentants légaux de la société sont habilités à exercer, au nom de celle-ci, le recours en révision contre une décision condamnant la société à verser des dommages-intérêts à un tiers. • Civ. 3e, 27 nov. 1991, n° 88-19.870 P.

3. Le jugement qui ouvre ou prononce la liquidation judiciaire d'une personne physique emporte dessaisissement pour le débiteur de l'administration et de la disposition de ses biens, mais ne le dessaisit pas de l'exercice des droits attachés à sa personne ; il s'ensuit qu'en cas de mise en liquidation judiciaire de l'associé d'une société civile, le liquidateur de son patrimoine n'a pas qualité pour exercer les actions liées à sa qualité d'associé ou de gérant et concernant le patrimoine de la personne morale, non plus que son droit de participer aux décisions collectives. • Com. 18 oct. 2011, n° 10-19.647 P : *D. 2011. 2592, obs. Lienhard* ; *ibid. 2012. 593, note Dondero*.

4. Mandataire. La nomination d'un mandataire *ad hoc* n'a pas pour effet de dessaisir les organes sociaux, de sorte que le gérant de la société ultérieurement nommé par décision des associés en remplacement du gérant décédé a seul qualité pour engager la société et exercer une voie de recours. • Com. 15 mars 2017, n° 15-12.742 P : *D. 2017. 703* ; *RTD com. 2017. 389, obs. Lecourt* ; *ibid. 651, obs. Monsèrié-Bon* (cassation de l'arrêt ayant considéré que la mission du mandataire *ad hoc* de représenter la société assignée en paiement, et dont le gérant était décédé, ne pouvait prendre fin que par le prononcé d'une décision définitive faisant suite à l'assignation ou par la révocation de son mandat, lui seul ayant qualité pour faire appel).

Art. 1846-1 **Hors les cas visés à l'article 1844-7, la société prend fin par la dissolution anticipée que peut prononcer le tribunal à la demande de tout intéressé, lorsqu'elle est dépourvue de gérant depuis plus d'un an.**

Art. 1846-2 **La nomination et la cessation de fonction des gérants doivent être publiées.**

Ni la société, ni les tiers ne peuvent, pour se soustraire à leurs engagements, se prévaloir d'une irrégularité dans la nomination des gérants ou dans la cessation de leur fonction, dès lors que ces décisions ont été régulièrement publiées.

Art. 1847 **Si une personne morale exerce la gérance, ses dirigeants sont soumis aux mêmes conditions et obligations et encourent les mêmes responsabilités, civile et pénale, que s'ils étaient gérants en leur nom propre, sans préjudice de la responsabilité solidaire de la personne morale qu'ils dirigent.**

Art. 1848 **Dans les rapports entre associés, le gérant peut accomplir tous les actes de gestion que demande l'intérêt de la société.**

S'il y a plusieurs gérants, ils exercent séparément ces pouvoirs, sauf le droit qui appartient à chacun de s'opposer à une opération avant qu'elle ne soit conclue.

Le tout, à défaut de dispositions particulières des statuts sur le mode d'administration.

Régularité de la décision de racheter une partie des droits sociaux d'un associé ayant perdu la qualité de salarié de la société, peu important que l'exclusion de l'associé fût une simple faculté pour le gérant, statutairement investi du pouvoir de la prononcer. • Com. 20 mars 2012, n° 11-10.855 P : *D. 2012. 875, obs. A. Lienhard* ; *ibid. 2012. 1584, note Laroche* ; *Rev. sociétés 2012. 435, note Couret* ; *RTD com. 2012. 348, obs. Constantin* ; *ibid. 355, obs. Monsèrié-Bon* ; *JCP N 2012, n° 1332, note Garçon*.

Art. 1849 **Dans les rapports avec les tiers, le gérant engage la société par les actes entrant dans l'objet social.**

En cas de pluralité de gérants, ceux-ci détiennent séparément les pouvoirs prévus à l'alinéa précédent. L'opposition formée par un gérant aux actes d'un autre gérant est sans effet à l'égard des tiers, à moins qu'il ne soit établi qu'ils en ont eu connaissance.

Les clauses statutaires limitant les pouvoirs des gérants sont inopposables aux tiers.

1. Respect de l'intérêt social. Le cautionnement même accordé par le consentement unanime des associés n'est pas valide s'il est contraire à l'intérêt social. • Civ. 3e, 12 sept. 2012, n° 11-17.948 P : *D. 2012. 2166, obs. A. Lienhard* ; *Rev. sociétés 2013. 16, note Viandier* ; *ibid. 2013. 1706, obs. Crocq* ; *ibid. 2729, obs. Lamazerolles* ; *RTD civ. 2012. 754, obs. Crocq* ; *RLDC 2013/100, n° 4941, note Juillet*. ♦ De même, le prêt contracté par une société civile pour faire face à la sûreté qu'elle avait consentie au profit d'une société tierce est nul dans la mesure où il est étranger à son objet social, peu important que ce prêt ait recueilli le consentement unanime des associés. • Même arrêt. ♦ N'est pas valide la sûreté accordée par une société civile en garantie de la dette d'un associé certes dans le cadre de son objet social mais contraire à l'intérêt social comme pouvant compromettre l'exigence même de la société. • Com. 23 sept. 2014, n° 13-17.347 P : *D. 2015. 140, note Robine* ; *Rev. sociétés 2014. 714, note Viandier* ; *AJDI 2015. 217, obs. Porcheron* ; *RTD com. 2015. 123, obs. Monsèrié-Bon* ; *JCP 2014, n° 1254, note Martinier* ; *JCP N 2014, n° 1387, obs. Garçon* (impossibilité de donner en garantie le seul bien de la SCI, sans aucun avantage pour la société). ♦ Recherche de la conformité à l'objet social : • Civ. 3e, 15 oct. 2015, n° 14-21.423 : *Rev. sociétés 2016. 43, note Viandier* (gérante d'une SCI ayant souscrit un prêt ayant pour objet un apport en compte courant à une autre société).

2. Limites aux pouvoirs du gérant. Les clauses statutaires limitant les pouvoirs des gérants sont inopposables aux tiers, sans qu'il importe qu'ils en aient eu connaissance ou non. • Civ. 3e, 24 janv. 2001, n° 99-12.841 P : *D. 2001. AJ 704, obs. Boizard ; D. 2002. Somm. 471, obs. Hallouin ; JCP 2001. II. 10496, note F.-X. Lucas ; Defrénois 2001. 1272, note Daublon ; LPA 27 sept. 2001, note Gibirila ; Dr. et patr. 7-8/2001. 112, obs. Poracchia* • 12 juill. 2005 : *AJDI 2005. 750, obs. Graëffly*.

Art. 1850 **Chaque gérant est responsable individuellement envers la société et envers les tiers, soit des infractions aux lois et règlements, soit de la violation des statuts, soit des fautes commises dans sa gestion.**

Si plusieurs gérants ont participé aux mêmes faits, leur responsabilité est solidaire à l'égard des tiers et des associés. Toutefois, dans leurs rapports entre eux, le tribunal détermine la part contributive de chacun dans la réparation du dommage.

En condamnant personnellement le gérant de la SCI à la suppression de certains aménagements portant atteinte aux parties communes et à l'immeuble contigu, au motif que, principal porteur de parts ayant pris part personnellement aux travaux préjudiciables au copropriétaire, il était responsable individuellement envers la société et les tiers des fautes commises dans sa gestion, mais sans rechercher si ces fautes étaient séparables de ses fonctions de gérant et lui étaient imputables personnellement, la cour d'appel n'a pas donné de base légale au regard de l'art. 1850. • Civ. 3e, 17 mars 1999, n° 97-19.293 P : *D. 1999. Somm. 264, obs. Delebecque ; JCP E 1999. Pan., n° 843*.

Art. 1851 **Sauf disposition contraire des statuts le gérant est révocable par une décision des associés représentant plus de la moitié des parts sociales. Si la révocation est décidée sans juste motif, elle peut donner lieu à dommages-intérêts.**

Le gérant est également révocable par les tribunaux pour cause légitime, à la demande de tout associé.

Sauf clause contraire, la révocation d'un gérant, qu'il soit associé ou non, n'entraîne pas la dissolution de la société. Si le gérant révoqué est un associé, il peut, à moins qu'il n'en soit autrement convenu dans les statuts, ou que les autres associés ne décident la dissolution anticipée de la société, se retirer de celle-ci dans les conditions prévues à l'article 1869 (2e alinéa).

BIBL. ▸ **Révocation et juste motif** : ATTARD, *JCP 2000. I. 217*.

1. Cause légitime : condition unique et suffisante. Viole l'art. 1851 la cour d'appel qui subordonne sa décision à la mise en cause dans la procédure de tous les associés, ajoutant ainsi à la loi une condition qu'elle ne comporte pas. • Com. 15 janv. 2013, n° 11-28.510 P : *D. 2013. 240 ; Rev. sociétés 2013. 440, note Reygrobellet*. ♦ ... Ou qui exige des fautes de gestion caractérisant des fautes intentionnelles d'une particulière gravité, incompatibles avec l'exercice normal des fonctions sociales ou contraires à l'intérêt social, *pour admettre la révocation pour cause légitime*. • Civ. 3e, 12 mars 2014, n° 13-14.374 P : *D. 2014. 718, obs. Lienhard*.

2. ... Illustration. Constitue un juste motif de révocation l'existence entre le gérant et les associés d'une SCI familiale d'une mésentente de nature à compromettre l'intérêt social. • Com. 25 sept. 2007 : *RJPF 2008-1/43, note Valory*.

3. Dérogations statutaires. Viole l'art. 1851 la cour d'appel qui limite les possibilités statutaires de dérogation à ce texte à la seule différence de majorité. • Civ. 3e, 6 janv. 1999, n° 96-22.249 P : *D. Affaires 1999. 263, obs. V. A.-R. ; JCP 1999. I. 134, obs. Viandier et Caussain*.

SECTION 3 Décisions collectives

Art. 1852 **Les décisions qui excèdent les pouvoirs reconnus aux gérants sont prises selon les dispositions statutaires ou, en l'absence de telles dispositions, à l'unanimité des associés.**

1. Le cautionnement donné par une SCI n'est valable que s'il entre directement dans son objet social ou s'il existe une communauté d'intérêts entre cette société et la personne cautionnée ou encore s'il résulte du consentement unanime des associés. • Civ. 1re, 8 nov. 2007, n° 04-17.893 P : *D. 2007. AJ 2881, et les obs. ; RLDC 2008/47, n° 2908, note M. Storck ; Dr. et patr. 6/2008. 94,* *obs. Poracchia ; ibid. 10/2008. 96, obs. Aynès et Dupichot ; RTD com. 2008. 141, obs. Monsèrié-Bon ; ibid. 167, obs. Legeais* . ♦ Validité du cautionnement consenti par une SCI à la suite d'une assemblée générale extraordinaire ayant donné, à l'unanimité, tous pouvoirs au gérant pour accorder ce cautionnement, non contraire à l'intérêt social. • Com. 28 mars 2000, n° 96-19.260 P : *D. 2000. Somm. 479, obs. Hallouin ; D. 2001. Somm. 692, obs. Aynès ; JCP 2008. I. 152, n° 3, obs. Simler ; JCP N 2001. 1393, note Ferries ; LPA 15 août 2000, note Keita.*

2. Sur l'impossibilité pour le liquidateur d'une personne physique en liquidation judiciaire d'exercer ses droits d'associé dans une société civile. • Com. 18 oct. 2011 : *cité note 3 ss. art. 1846.*

3. Constituent un ensemble indivisible la décision de vente d'un immeuble appartenant à la société et l'acceptation concomitante par l'assemblée des associés de répartir le produit de la vente selon des modalités différentes de celles prévues par les statuts. • Com. 19 mars 2013, n° 11-23.155 P : *D. 2013. 833 ; Rev. sociétés 2013. 476, note Barbièri* .

4. Unanimité des associés. L'art. 1852 ne restreint pas l'unanimité à celle des associés présents ou représentés à une assemblée générale, mais vise la totalité des associés de la société. • Civ. 3e, 5 janv. 2022, n° 20-17.428 B : *D. 2022. Chron. C. cass. 1409, obs. Djikpa ; Rev. sociétés 2022. 167, note Dondero ; RTD com. 2022. 323, obs. Lecourt ; JCP 2022, n° 320, note Lamazerolles.* ♦ Le principe d'unanimité, posé par l'art. 1852, relève des dispositions impératives au sens de l'art. 1844-10. • Même arrêt.

Art. 1853 Les décisions sont prises par les associés réunis en assemblée. Les statuts peuvent aussi prévoir qu'elles résulteront d'une consultation écrite.

1. Sanction. En décidant que certaines décisions seraient prises par les associés réunis en assemblée, les statuts d'une SCI n'ont fait qu'user de la liberté qui leur est offerte de déterminer le domaine d'application des modalités d'adoption des décisions collectives des associés admises par la loi ; cassation de l'arrêt qui a annulé des délibérations écrites alors que la nullité des actes ou délibérations des organes d'une société civile prévue par l'art. 1844-10 ne peut résulter que de la violation impérative du titre neuvième du livre troisième du code civil ou de l'une des causes de nullité des contrats en général. • Com. 19 mars 2013, n° 12-15.283 : *cité note 1 ss. art. 1844-10.*

2. Possibilité de solliciter une délibération des associés d'une société civile. L'usufruitier de parts sociales ne peut se voir reconnaître la qualité d'associé, qui n'appartient qu'au nu-propriétaire, mais il doit pouvoir provoquer une délibération des associés sur une question susceptible d'avoir une incidence directe sur son droit de jouissance. • Civ. 3e, 16 févr. 2022, n° 20-15.164 B : *D. 2022. 440, note Jullian ; ibid. Chron. C. cass. 1419, obs. de Cabarrus ; AJDI 2022. 543, obs. Porcheron ; AJ fam. 2022. 220, obs. Casey ; Rev. sociétés 2022. 280, note Godon ; RTD com. 2022. 320, obs. Lecourt ; JCP 2022, n° 288, note Laurent ; RDC 2022/2. 123, note Danos* (application de l'art. 39, al. 1er et 3, du Décr. n° 78-704 du 3 juill. 1978).

3. Désignation d'un administrateur ad hoc. Le juge qui désigne un mandataire pour participer à un vote aux lieu et place d'un associé ne peut fixer le sens du vote de ce mandataire. • Civ. 3e, 16 déc. 2009, n° 09-10.209 P.

Art. 1854 Les décisions peuvent encore résulter du consentement de tous les associés exprimé dans un acte.

1. Unanimité nécessaire des associés. Est nulle une décision du gérant contraire aux statuts qui n'a pas été autorisée à l'unanimité des associés dans les conditions des art. 1853 et 1854 C. civ. • Civ. 3e, 25 avr. 2007, n° 06-11.833 P : *D. 2007. AJ 1345, obs. A. Lienhard ; D. 2008. Pan. 381, obs. Hallouin et Lamazerolles ; Rev. sociétés 2007. 839, note Malecki* .

2. Nécessité d'un acte. Les déclarations fiscales ne constituent pas un acte au sens de l'art. 1854. • Com. 12 juin 2012, n° 11-17.042 P : *D. 2012. 1609, obs. Lienhard ; Rev. sociétés 2012. 634, note Saintourens ; RTD com. 2012. 578, obs. M.-H. Monsèrié-Bon* • 20 mai 2014, n° 11-17.042 P.

3. Consentement unanime présumé. Le consentement unanime ne saurait se déduire du mode de fonctionnement de la société. • Civ. 1re, 21 mars 2000, n° 98-14.933 P : *D. 2000. 475, note Chartier ; ibid. AJ 191, obs. Lienhard ; JCP 2000. II. 10345, note Hovasse ; JCP N 2000. 1204, note Jadaud ; Defrénois 2000. 849, note Saintourens.*

4. Décision non conforme à l'objet social. La clause de non-réinstallation contenue dans le règlement intérieur d'une société civile de moyen qui n'est pas conforme à l'objet de la société prévu par les statuts ne saurait être appliquée. • Com. 1er mars 2011 : *D. 2011. 745, obs. A. Lienhard ; JCP 2011. 1035, note Vabres.*

Art. 1854-1 *(L. n° 2019-744 du 19 juill. 2019, art. 6)* En cas de fusion de sociétés civiles, si les statuts prévoient la consultation des associés de la société absorbante, cette consultation n'est pas requise lorsque, depuis le dépôt du projet de fusion et

jusqu'à la réalisation de l'opération, la société absorbante détient au moins 90 % des parts de la société absorbée.

Toutefois, un ou plusieurs associés de la société absorbante réunissant au moins 5 % du capital social peuvent demander en justice la désignation d'un mandataire aux fins de provoquer la consultation des associés de la société absorbante pour qu'ils se prononcent sur l'approbation de la fusion.

SECTION 4 Information des associés

Art. 1855 Les associés ont le droit d'obtenir, au moins une fois par an, communication des livres et des documents sociaux, et de poser par écrit des questions sur la gestion sociale auxquelles il devra être répondu par écrit dans le délai d'un mois.

1. Information sur une procédure. Les associés pouvant être appelés à répondre des dettes sociales sur leur propre patrimoine, il ne saurait leur être interdit, d'une façon générale, de connaître des procédures introduites par la société ou dirigées contre elle, certaines de celles-ci étant de nature à engager la responsabilité de la société. Les pièces de procédure (civile) ne sont pas nécessairement et à ce seul titre exclues de celles dont la loi autorise la communication aux associés. En revanche, le secret de l'information pénale peut s'opposer à la communication de pièces d'une procédure pénale. • TGI Nanterre, 15 mars 1983 : *D. 1983. 514, note Jeantin.*

2. Spécificité des sociétés de perception. En énumérant quatre séries de documents dont les associés des sociétés de perception sont en droit d'obtenir communication, l'art. 39-III de la L. du 3 juill. 1985, qui transpose pour ce type de sociétés civiles les règles édictées par l'art. 168 (C. com., art. L. 225-115) de la L. du 24 juill. 1966 pour les sociétés anonymes, a pour objet de déroger par ces dispositions particulières à celles de l'art. 1855 C. civ. • Civ. 1re, 9 oct. 1991, n° 90-13.702 P.

3. Mandat d'indivision – Information des associés. La représentation des indivisaires par un mandataire ne prive pas les copropriétaires indivis de parts sociales, qui ont la qualité d'associé, du droit d'obtenir la communication de documents en application de l'art. 1855 C. civ. • Civ. 3e, 27 juin 2019, n° 18-17.662 P : *D. 2019. Chron. C. cass. 2199, obs. Georget ; ibid. 2020. 118, obs. Lamazerolles et Rabreau ; AJ fam. 2019. 537, obs. Casey ; RTD com. 2019. 672, obs. Lecourt ; ibid. 711, obs. Monsèrié-Bon ; Rev. sociétés 2020. 367, note Godon.*

Art. 1856 Les gérants, doivent, au moins une fois dans l'année, rendre compte de leur gestion aux associés. Cette reddition de compte doit comporter un rapport écrit d'ensemble sur l'activité de la société au cours de l'année ou de l'exercice écoulé comportant l'indication des bénéfices réalisés ou prévisibles et des pertes encourues ou prévues.

Le prononcé de la nullité attachée au non-respect de l'obligation faite au gérant de rendre compte de sa gestion par écrit est subordonné à l'existence d'un préjudice causé par cette irrégularité. • Com. 19 avr. 2005, n° 02-13.599 P : *R., p. 315 ; BICC 1er août 2005, n° 1620, et la note ; D. 2005. AJ 1287, obs. A. Lienhard ; Rev. sociétés 2005. 840, note Saintourens.*

SECTION 5 Engagement des associés à l'égard des tiers

Art. 1857 A l'égard des tiers, les associés répondent indéfiniment des dettes sociales à proportion de leur part dans le capital social à la date de l'exigibilité ou au jour de la cessation des paiements.

L'associé qui n'a apporté que son industrie est tenu comme celui dont la participation dans le capital social est la plus faible.

*En ce qui concerne les sociétés d'attribution d'immeubles en jouissance à temps partagé, V. L. n° 86-18 du 6 janv. 1986, art. 4. — **C. sociétés**.*

BIBL. ▶ GIBIRILA, *Defrénois 1998. 625.* – V. aussi note 1.

1. Domaine. Les associés ne peuvent se prévaloir de l'obligation aux dettes sociales instituée au seul profit des tiers par l'art. 1857. • Com. 3 mai 2012, n° 11-14.844 P : *D. 2012. 1264 ; RTD com. 2012. 575, obs. Monsèrié-Bon ; JCP 2012, n° 992, note Zattara-Gros.*

2. Nature des engagements des associés : V. note Derouin, *D. 1981. 293.* ♦ Obligation aux dettes de l'associé mineur. • Civ. 1re, 14 juin 2000, n° 98-13.660 P : *D. 2000. IR 207 ; Defrénois 2000. 1315, obs. Massip ; ibid. 2001. 528, obs. J. Honorat ; RJPF 2000-10/13, note Pansier,* rejetant le pourvoi contre • Versailles, 29 janv. 1998 : *D. 1998. Somm. 399, obs. Hallouin ; JCP 1999. II. 10014, note Petit et Rouxel ; RTD civ. 1999. 67, obs. Hauser.* ♦ Sur la différence, dans les sociétés civiles, entre l'obligation aux dettes et la contribution aux pertes, V. • Civ. 3e, 6 juill. 1994, n° 92-12.839 P.

3. Associés tenus. Seuls les associés à la date à laquelle les paiements sont exigibles peuvent être recherchés par les créanciers, les cessions de parts d'une société qui a la personnalité morale (société civile professionnelle) n'ayant aucune incidence sur la continuation de cette personnalité morale. • Civ. 1re, 26 nov. 1991, n° 88-20.094 P. ♦ L'arrêt qui retient qu'une banque qui avait consenti un prêt à une société civile immobilière pouvait agir à l'encontre d'un associé est justifié par la seule constatation selon laquelle, à la date de la cession des parts à cet associé, la société continuait de rembourser le prêt qu'elle n'avait cessé de payer que postérieurement. • Com. 13 avr. 2010, n° 07-17.912 P : *D. 2010. 1073, obs. A. Lienhard ; RDI 2010. 313, obs. Heugas-Darraspen .*

Une cession de parts sociales est opposable aux tiers, même si l'acte de cession n'a pas été déposé au greffe du tribunal de commerce, dès lors qu'ont été publiés les statuts mis à jour constatant cette cession. • Com. 18 déc. 2007, n° 06-20.111 P : *D. 2008. AJ 86, obs. A. Lienhard ; JCP E 2008. 1437, note Roussille ; Banque et Dr. 1-2/2008. 60, obs. Riassetto ; BJS 2008. 287, note Le Cannu ; Dr. Sociétés 2008, n° 96, note Mortier ; Rev. sociétés 2008. 348, note Mahey* • Civ. 3e, 25 avr. 2007, n° 03-16.362 P : *D. 2007. AJ 1281, obs. A. Lienhard ; Rev. sociétés 2007. 845, note Mathey ; AJDI 2008. 238, obs. Porcheron ; Dr. et patr. 6/2008. 116, obs. Poracchia* (prise en compte, après une cession de parts sociales, des statuts mis à jour, déposés au RCS, avec mention du nouvel associé sur l'extrait K *bis*). ♦ Comp., pour une société de construction : • Civ. 3e, 14 nov. 1991, n° 89-15.507 P : *D. 1993. Somm. 356, obs. Magnin* (déclarant tenu au passif un ancien associé) • 16 déc. 2009, n° 08-19.067 P : *RDI 2010. 387, obs. Magnin ; RTD com. 2010. 390, obs. Monsèrié-Bon* (*idem*). – Gautier, obs. *RTD civ. 1992. 583.*

4. Des héritiers qui ont recueilli dans la succession du *de cujus* des parts sociales et sont devenus associés ne sont tenus indéfiniment, à l'égard des tiers, des dettes de la société que dans la double proportion de leurs parts dans le capital et de leurs droits respectifs dans la succession. • Civ. 1re, 1er juill. 2003, n° 01-00.563 P : *D. 2004. Somm. 1967, obs. Revel ; JCP 2004. I. 155, n° 2, obs. Le Guidec ; Defrénois 2003. 1409, note Brémond ; RJPF 2003-11/41, note Casey ; RTD civ. 2004. 291, obs. Mestre et Fages .*

5. Dette délictuelle. S'agissant d'une dette de responsabilité extracontractuelle, c'est la loi en vigueur au moment de l'accident, fait générateur, qui doit être appliquée, et non l'actuel art. 1857. • Civ. 3e, 23 janv. 2002, n° 00-12.081 P : *D. 2002. AJ 647, obs. A. Lienhard ; AJDI 2002. 714, note Porcheron ; RTD com. 2002. 332, obs. Monsèrié-Bon .*

6. Procédure collective. Les associés d'une société civile demeurent tenus personnellement à l'égard des créanciers sociaux même en cas de procédure collective de cette société ; dès lors, ni le représentant des créanciers de cette société, ni, en cas de liquidation judiciaire, le liquidateur, n'ont qualité pour exercer l'action ouverte par l'art. 1857 à chacun des créanciers contre les associés. • Com. 24 janv. 2006, n° 04-19.061 P : *D. 2006. AJ 445, obs. A. Lienhard ; RTD com. 2006. 435, obs. Monsèrié-Bon ; Rev. sociétés 2006. 410, note Barbiéri , et 637, note Bonneau .* ♦ Mais le liquidateur judiciaire est recevable à agir à l'encontre des associés d'une société civile pour voir fixer la contribution aux pertes sociales des associés par la prise en compte, outre du montant de leurs apports, de celui du passif social et du produit de la réalisation des actifs. • Com. 20 sept. 2011, n° 10-24.888 P : *D. 2011. 2970, note Marmoz ; Rev. sociétés 2011. 691, obs. Prévost ; RTD com. 2011. 771, obs. Monsèrié-Bon ; Gaz. Pal. 2011. 2837, note Lucas.*

7. Tierce opposition. Le droit effectif au juge implique que l'associé d'une société civile, poursuivi en paiement des dettes sociales, dont il répond indéfiniment à proportion de sa part dans le capital social, soit recevable à former tierce opposition à l'encontre de la décision condamnant la société au paiement, dès lors que cet associé invoque des moyens que la société n'a pas soutenus. • Civ. 3e, 6 oct. 2010, n° 08-20.959 P : *D. 2010. Actu. 2361, obs. Lienhard .*

8. Paiement volontaire par un associé : nature juridique. L'associé d'une société civile, qui désintéresse un créancier social en application de l'art. 1857, paie la dette de la société et non une dette personnelle. • Civ. 3e, 6 mai 2015, n° 14-15.222 P : *D. 2015. 2401, obs. Hallouin ; RTD civ. 2015. 622, obs. Barbier ; RTD com. 2015. 545, obs. Monsèrié-Bon ; RDC 2015. 864, obs. Libchaber.*

Art. 1858 **Les créanciers ne peuvent poursuivre le paiement des dettes sociales contre un associé qu'après avoir préalablement et vainement poursuivi la personne morale.**

BIBL. ► KAIGL, *JCP N 1984. I. 121.*

A. OBLIGATION SUBSIDIAIRE DE L'ASSOCIÉ AU PASSIF SOCIAL

1. Caractère subsidiaire. – Poursuites exercées contre la société. L'obligation de l'associé au passif social de l'art. 1858 est une obligation subsidiaire et non un cautionnement. • Civ. 1re, 17 janv. 2006, n° 02-16.595 P : *JCP E 2006. 1864, note Lucas ; JCP E 2006, p. 1176, obs. Caussain, Deboissy et Wicker.* ♦ Ne suffit pas à caractériser l'existence de poursuites vaines et préalables le fait d'avoir tenté en vain de retrouver la société ; encourt la cassation l'arrêt qui, retenant ces recherches infructueuses, décide qu'il y a lieu de considérer que la société, dont il n'est pas établi qu'elle ait été dissoute, est insolvable. • Civ. 3e, 8 oct. 1997, n° 95-11.870 P : *D. 1998. 139, note Gibirila ; D. 1998. Somm. 398, obs. Hallouin ; JCP 1998. I. 131, n° 9, obs. Viandier et Caussain.* ♦ V. cep. • Com. 25 sept. 2007, n° 06-11.088 P (cassation de l'arrêt ne retenant pas l'existence de vaines poursuites alors que le créancier a assigné la société débitrice en référé et que l'assignation a été transformée en procès-verbal de poursuites infructueuses).

2. Poursuites préalables. Sur la notion de poursuites préalables, V. • Com. 27 sept. 2005, n° 03-20.390 P : *D. 2005. AJ 2526, obs. A. Lienhard ; RTD com. 2006. 616, obs. Champaud et Danet* (impossibilité de régularisation en cours de procédure ; comp. note 4). ♦ Le silence et la non-comparution de la société mise en demeure et assignée ne caractérisent pas l'existence de vaines poursuites préalables. • Civ. 3e, 14 juin 2000 : *JCP 2000. I. 282, n° 9, obs. Viandier et Caussain.* ♦ L'ouverture d'une procédure de redressement judiciaire à l'encontre de l'associé majoritaire ne dispense pas le créancier d'exercer contre la société des poursuites préalables, faute desquelles sa créance ne peut être admise dans la procédure collective ouverte contre l'associé. • Civ. 3e, 18 juill. 2001 : *JCP 2002. II. 10052, note Lucas.*

3. Poursuites infructueuses. Ne suffisent pas à caractériser l'existence de poursuites infructueuses : la production par un créancier de sa créance au redressement de la société, valant certes mise en demeure, en présence d'un plan de redressement avec paiement échelonné de ladite créance. • *Civ. 3e, 23 févr. 2000,* n° 98-14.540 P : *Defrénois 2000. 1188, obs. J. Honorat.* ♦ ... L'inscription d'une hypothèque de second rang et la primauté d'un créancier de rang préférable attestée par un notaire. • Com. 20 nov. 2001, n° 99-13.894 P : *R., p. 403 ; JCP 2002. II. 10092, note Ammar ; JCP E 2002. 1046, note Berthoud-Ribaute ; RTD com. 2002. 119, obs. Monsèrié-Bon .* ♦ ... Le créancier ayant diligenté une procédure de saisie-immobilière sur l'immeuble qui lui avait été donné en garantie et n'ayant eu connaissance de l'insuffisance du prix d'adjudication qu'à une date très proche de celle de la dissolution de la société • Civ. 3e, 6 juill. 2005, n° 04-12.175 P : *D. 2005. AJ 2001, obs. A. Lienhard ; RTD com. 2005. 781, obs. Monsèrié-Bon ; Rev. sociétés 2006. 99, note Barbiéri .* ♦ Mais poursuites infructueuses établies en cas d'assignation de la société en référé par le créancier transformée en procès-verbal de recherches infructueuses • Com. 25 sept. 2007, n° 06-11.088 P : *D. 2007. AJ 2543, obs. A. Lienhard ; JCP E 2007. 2554, note Cerati-Gauthier (1re esp.).* ♦ Nécessité de démontrer l'insolvabilité du débiteur • Civ. 3e, 4 juin 2009, n° 08-12.805 P : *RDI 2010. 386, obs. Magnin ; Rev. sociétés 2009. 640, obs. Saintourens ; ibid. 846, obs. Barbiéri* ♦ Mais la clôture de la liquidation d'une société dissoute dispense le créancier d'établir que le patrimoine social est insuffisant pour le désintéresser. • Civ. 3e, 10 févr. 2010, n° 09-10.982 P : *D. 2010. AJ 504 ; RDI 2010. 386, obs. Magnin ; Rev. sociétés 2010. 462, note Barbiéri ; RTD com. 2010. 389, obs. Monsèrié-Bon .*

4. ... Incidences d'une procédure collective. Dans le cas où la société est soumise à une procédure de liquidation judiciaire, la déclaration de la créance à la procédure dispense le créancier d'établir que le patrimoine social est insuffisant pour le désintéresser. • Cass., ch. mixte, 18 mai 2007, n° 05-10.413 P : *BICC 1er août 2007, rapp. Besançon, avis de Gouttes ; D. 2007. AJ 1414, obs. A. Lienhard ; JCP 2007. II. 10128, note Legros ; ibid. I. 179, n° 9, obs. Caussain, Deboissy et Wicker ; ibid. I. 190, n° 10, obs. Pétel ; JCP N 2007. 1271, note Guyader ; Gaz. Pal. 2007. 2521, note Le Corre ; Defrénois 2007. 1571, obs. Gibirila ; LPA 14 août 2007, note Vinckel ; Banque et Dr. 7-8/2007. 57, obs. Storck ; Dr. et patr. 6/2008. 115, obs. Poracchia ; RTD com. 2007. 550, obs. Monsèrié-Bon , et 597, obs. Martin-Serf ; Rev. sociétés 2007. 620, note Barbiéri .* ♦ Le revirement de jurisprudence opéré par la chambre mixte de la Cour de cassation par un arrêt du 18 mai 2007 ne peut recevoir application à l'instance en cours au moment de son prononcé. • Com. 26 oct. 2010, n° 09-68.928 P : *D. 2010. Actu. 2647, obs. Lienhard ; Rev. sociétés 2011. 359, note Morelli .* ♦ L'action peut être régularisée si la créance a été régulièrement déclarée à la procédure. • Même arrêt. ♦ Comp. • Com. 27 sept. 2005 : *préc. note 2.*

Lorsque le juge de l'exécution est saisi de la contestation d'une mesure conservatoire diligentée, sur le fondement de l'art. L. 511-1 C. pr. exéc., par le créancier d'une société civile contre les associés tenus indéfiniment des dettes sociales, en application de l'art. 1857, il doit seulement rechercher l'existence d'une créance paraissant fondée en son principe contre la société et l'apparence d'une défaillance de celle-ci, cette apparence pouvant résulter, notamment, du risque d'inexécution du plan de redressement de la société, de sorte que, l'art. 1858 étant inapplicable dans cette hypothèse, il n'est pas tenu de vérifier si sont remplies les conditions posées par ce texte pour poursuivre les associés en paiement des dettes sociales. • Com. 25 mars 2020, nº 18-17.924 P : *Rev. sociétés 2020. 685, note Barbièri ; RTD com. 2020. 714, obs. Poujade*.

5. Société dissoute et liquidée. Le paiement d'une dette d'une société civile immobilière dissoute et liquidée peut être poursuivi directement par le créancier contre l'un des anciens associés. • Civ. 3e, 31 mars 2004, nº 01-16.971 P : *D. 2004. Somm. 2927, obs. Hallouin ; Rev. sociétés 2004. 684, note Barbiéri* • 12 sept. 2007, nº 06-15.329 P • Civ. 3e, 10 févr. 2010 : *préc. note 3.*

B. EXERCICE DES POURSUITES

6. Qualité d'associé du défendeur. Viole l'art. 1858 la cour d'appel qui condamne un associé à titre personnel en retenant que, celui-ci cumulant les fonctions d'associé, de gérant et de liquidateur, le créancier, après mise en demeure infructueuse, avait valablement dirigé contre lui sa demande en paiement. • Civ. 3e, 3 juill. 1996, nº 94-11.215 P : *Defrénois 1996. 1294, obs. J. Honorat.*

7. Prescription – Dette non prescrite. L'associé, débiteur subsidiaire du passif social, est en droit d'opposer au créancier la prescription de la créance détenue contre la société et la poursuite préalable et vaine de la société ne constitue pas le point de départ de la prescription de l'action du créancier contre l'associé, qui est le même que celui de la prescription de l'action contre la société. • Civ. 3e, 19 janv. 2022, nº 20-22.205 B : *D. 2022. 165 ; D actu, 17 févr. 2022, obs. Labelle ; AJDI 2022. 463, obs. Labelle ; Rev. sociétés 2022. 435, note Barbièri*.

8. Nécessité d'un titre exécutoire. Toute exécution forcée impliquant que le créancier soit muni d'un titre exécutoire à l'égard de la personne même qui doit exécuter, le titre délivré à l'encontre d'une société n'emporte pas le droit de saisir les biens des associés, mêmes tenus indéfiniment et solidairement, à défaut de titre exécutoire pris contre eux. • Civ. 2e, 19 mai 1998, nº 96-12.944 P : *R., p. 290 ; D. 1998. 405, concl. Tatu ; RTD civ. 1998. 750, obs. Perrot ; ibid. 933, obs. Gautier*.

9. … Créance admise au passif. Constitue un titre permettant de poursuivre les associés un jugement ayant admis à titre provisionnel la créance d'un entrepreneur au passif d'une société civile immobilière mise en liquidation des biens. • Civ. 3e, 24 oct. 1990, nº 88-16.123 P.

10. Référé-provision. Dès lors qu'il existe un titre exécutoire contre la société, à l'encontre de laquelle toute poursuite a été vaine, la demande en référé-provision dirigée contre les associés ne se heurte à aucune contestation sérieuse. • Civ. 2e, 13 févr. 2003, nº 01-03.194 P • Com. 24 janv. 2006 : *préc. note 6 ss. art. 1857.*

Art. 1859 Toutes les actions contre les associés non liquidateurs ou leurs héritiers et ayants cause se prescrivent par cinq ans à compter de la publication de la dissolution de la société.

1. Est prescrite une action en paiement d'une créance antérieure à la dissolution de la société exercée plus de cinq ans après cette dissolution contre un associé non liquidateur, la loi ne prévoyant pas un point de départ du délai de prescription différent selon que le créancier a ou non un titre contre la société débitrice principale. • Civ. 3e, 9 juin 1999, nº 97-19.181 P : *RTD com. 1999. 692, obs. Monsèrié-Bon* • 26 sept. 2007, nº 05-18.842 P : *D. 2007. AJ 2543, obs. A. Lienhard ; AJDI 2008. 615, obs. Porcheron ; JCP E 2007. 2554, note Cerati-Gauthier (2e esp.) ; RTD com. 2008. 142, obs. Monsèrié-Bon*.

2. Est prescrite une action exercée plus de cinq ans après la publication de la dissolution amiable d'une société civile immobilière de construction-vente, par un syndicat de copropriétaires et les copropriétaires, dans la mesure où ils *n'exercent* pas l'action de cette société à l'encontre de ses associés mais une action directe contre ceux-ci, puisqu'ils poursuivaient la condamnation personnelle des associés en paiement de la dette de la société civile et non pas la condamnation des associés au paiement de leur dette envers la société. • Civ. 3e, 27 févr. 2008, nº 06-18.854 P : *D. 2008. AJ 856*. ♦ Cassation de l'arrêt ayant retenu que la prescription de l'art. 1859 n'a pu commencer à courir avant la naissance de la créance du syndicat des copropriétaires envers la SCI, celle-ci résultant d'un arrêt rendu plus de douze ans après la publication de la liquidation, l'arrêt ayant condamné la SCI à relever et garantir le syndicat des copropriétaires de toutes les condamnations prononcées à son encontre. • Com. 13 déc. 2011, nº 11-10.008 P : *D. 2012. 91, obs. Lienhard ; Rev. sociétés 2012. 304, note Barbièri ; RTD com. 2012. 357, obs. Monsèrié-Bon* (action prescrite).

3. L'autorité de la chose jugée attachée à la décision d'admission de la créance au passif de la procédure collective d'une société ne prive pas l'associé, poursuivi en exécution de son obligation subsidiaire au paiement des dettes sociales, d'opposer au créancier la prescription de l'art. 1859 C. civ., distincte de celle résultant de la créance détenue contre la société, et propre à l'action du créancier contre l'associé. • Com. 20 mars 2019, nº 17-18.924 P.

4. Point de départ de la prescription : liquidation judiciaire. La publication du jugement de liquidation judiciaire de la société au *BODACC* constitue le point de départ de la prescription de l'action visée par l'art. 1859. • Com. 12 déc. 2006, n° 04-17.187 P : *D. 2006. AJ 93, obs. Lienhard ; RTD com. 2007. 397, obs. Monsèrié-Bon ; Rev. sociétés 2007. 406, note Barbièri*. ♦ ... Que la société ait ou non été immatriculée. • Civ. 3e, 7 oct. 2009, n° 08-16.746 P : *D. 2009. AJ 2550, obs. Lienhard ; Rev. sociétés 2010. 227, obs. Thomas*. ♦ Même si cette publication n'est pas établie, en cas de liquidation judiciaire d'une société civile de droit commun, la déclaration de créance au passif de cette procédure dispense le créancier d'établir l'insuffisance du patrimoine social ; il en résulte que le créancier, serait-il privilégié, qui a procédé à la déclaration de sa créance au passif de la liquidation judiciaire de la société, n'est pas dans l'impossibilité d'agir contre l'associé ; la déclaration de la créance manifestait la connaissance par le créancier du prononcé de la liquidation judiciaire. • Com. 20 mars 2019, n° 17-18.924 P.

5. Associé liquidateur. L'action en paiement d'un créancier dirigée contre l'associé désigné comme liquidateur amiable, pris en sa seule qualité d'associé, est soumise à la prescription prévue par l'art. 1859. • Com. 15 mars 2011, n° 10-10.601 P : *D. 2011. Actu. 873, obs. Lienhard ; Rev. sociétés 2011. 498 note Barbièri ; RTD com. 2011 p. 375 obs. Monsèrié-Bon.*

6. V. note 18 ss. art. 1844-7.

Art. 1860 **S'il y a déconfiture, faillite personnelle, liquidation de biens ou règlement judiciaire** *[redressement ou liquidation judiciaires]* **atteignant l'un des associés, à moins que les autres unanimes ne décident de dissoudre la société par anticipation ou que cette dissolution ne soit prévue par les statuts, il est procédé, dans les conditions énoncées à l'article 1843-4, au remboursement des droits sociaux de l'intéressé, lequel perdra alors la qualité d'associé.**

1. L'art. 1860 réglemente les conditions de l'exclusion de l'associé défaillant, à la diligence de la société civile elle-même. L'exclusion se distingue du retrait volontaire réglementé par l'art. 1869 ; ce retrait n'est pas laissé à la discrétion de l'associé qui désire ne plus faire partie de la société, mais est subordonné soit à une décision unanime des associés, soit à une décision judiciaire. Un associé ne peut se décharger de ses obligations en réclamant à son profit l'application des sanctions de l'art. 1860, qui sont laissées à l'appréciation de la société civile. • TGI Paris, 18 mai 1982 : *Gaz. Pal. 1983. 1. 164, note A. P. S.*

2. Aux termes de l'art. 1860, le redressement judiciaire de l'associé d'une société civile entraîne le remboursement de ses droits sociaux et la perte de sa qualité d'associé ; le contrat de société liant un associé mis en procédure collective n'est pas un contrat en cours au sens du droit des procédures collectives. • Com. 10 juill. 2007, n° 06-11.680 P : *D. 2007. AJ 2107, obs. A. Lienhard ; JCP 2008. I. 117, n° 12, obs. Pétel ; JCP E 2007. 2474, note Legros ; Gaz. Pal. 26-27 oct. 2007, obs. Reille.*

3. La perte de la qualité d'associé ne saurait être préalable au remboursement des droits sociaux. • Civ. 3e, 9 déc. 1998, n° 97-10.478 P : *D. 2000. Somm. 237, obs. Hallouin ; JCP N 1999. 725, note Randoux ; JCP E 1999. 1395, note Garçon ; Defrénois 1999. 623, obs. Hovasse* • Com. 5 mai 2015, n° 14-10.913 P : *D. 2015. 1095 ; Rev. sociétés 2016. 185, note Morelli ; RTD com. 2015. 541, obs. Monsèrié-Bon* • Com. 27 juin 2018, n° 16-18.687 P : *D. 2018. 1438 ; RTD com. 2018. 935, obs. Lecourt ; ibid. 986, obs. Monsèrié-Bon*.

4. Si le défaut de remboursement de la valeur des parts d'un associé coopérateur qui a fait l'objet d'une mesure d'exclusion n'a pas pour effet de maintenir son mandat d'administrateur, en revanche, la perte de la qualité d'associé d'une société d'intérêt collectif agricole constituée sous la forme d'une société civile ne peut être antérieure au remboursement des droits sociaux. • Civ. 1re, 28 sept. 2016, n° 15-18.482 P : *D. 2016. 1998*.

SECTION 6 Cession des parts sociales

Art. 1861 *Les parts sociales ne peuvent* **être cédées** *qu'avec* **l'agrément de tous les associés.**

Les statuts peuvent toutefois convenir que cet agrément sera obtenu à une majorité qu'ils déterminent, ou qu'il peut être accordé par les gérants. Ils peuvent aussi dispenser d'agrément les cessions consenties à des associés ou au conjoint de l'un d'eux. Sauf dispositions contraires des statuts, ne sont pas soumises à agrément les cessions consenties à des ascendants ou descendants du cédant.

Le projet de cession est notifié, avec demande d'agrément, à la société et à chacun des associés. Il n'est notifié qu'à la société quand les statuts prévoient que l'agrément peut être accordé par les gérants.

Lorsque deux époux sont simultanément membres d'une société, les cessions faites par l'un d'eux à l'autre doivent, pour être valables, résulter d'un acte notarié ou d'un acte sous seing privé ayant acquis date certaine autrement que par le décès du cédant.

1. Seuls les associés dont le consentement est requis pour la cession et la société peuvent invoquer les dispositions de l'art. 1861. • Civ. 3e, 6 déc. 2000, n° 99-11.332 P : *D. 2001. AJ 311, obs. A. Lienhard ; D. 2002. Somm. 481, obs. Hallouin ; JCP E 2001. 1001, note Besnard Goudet ; Rev. sociétés 2000. 737, note Barbiéri ; RTD com. 2001. 165, obs. Monsèrié-Bon*. – Déjà en ce sens : • Civ. 3e, 19 juill. 2000, n° 98-10.469 P : *D. 2002. Somm. 480, obs. Hallouin*.

2. Adjudication. Le cahier des charges relatif à l'adjudication des parts sociales d'une société civile immobilière précisant que l'adjudication au profit d'un tiers ne serait réalisée que sous la condition résolutoire d'obtention de l'agrément dans les conditions prévues aux statuts et qu'il était loisible aux associés d'acquérir les parts comme à la société de procéder à leur rachat, les statuts renvoyant aux art. 1861 à 1864 du code civil, l'adjudicataire n'est pas recevable à en contester les clauses et conditions. • Civ. 3e, 14 janv. 2009, n° 07-17.619 P : *D. 2010. Pan. 287, obs. Rabreau ; Banque et Dr. 5-6/2009. 63, obs. Storck ; Defrénois 2009. 1958, obs. H. Hovasse ; Rev. sociétés 2009. 366, note D. Poracchia*.

3. Cession entre époux – Prescription. Sur la prescription de l'action en nullité de la cession de parts sociales entre époux d'une SCI, V. note 3, ss. art. 2236.

4. Droits sociaux non négociables. L'épouse ne peut céder sans l'accord de son mari les parts sociales d'une société civile immobilière, qui ne sont pas des droits sociaux négociables. • Civ. 1re, 9 nov. 2011 : *cité note 1 ss. art. 1424*.

Art. 1862 **Lorsque plusieurs associés expriment leur volonté d'acquérir, ils sont, sauf clause ou convention contraire, réputés acquéreurs à proportion du nombre de parts qu'ils détenaient antérieurement.**

Si aucun associé ne se porte acquéreur, la société peut faire acquérir les parts par un tiers désigné à l'unanimité des autres associés ou suivant les modalités prévues par les statuts. La société peut également procéder au rachat des parts en vue de leur annulation.

Le nom du ou des acquéreurs proposés, associés ou tiers, ou l'offre de rachat par la société, ainsi que le prix offert sont notifiés au cédant. En cas de contestation sur le prix, celui-ci est fixé conformément aux dispositions de l'article 1843-4, le tout sans préjudice du droit du cédant de conserver ses parts.

Dans le cas où l'agrément prévu à l'art. 1861 n'a pas été obtenu, l'art. 1862 confère à l'associé cédant la faculté d'obtenir le rachat des parts dont la cession était projetée et ne confère aux autres associés aucun droit de préemption, le cédant ayant toujours le droit de conserver ses parts. • Com. 7 déc. 2010, n° 09-17.351 P : *D. 2011. Actu. 11, obs. A. Lienhard ; Rev. sociétés 2011. 296, note Saintourens*.

Art. 1863 **Si aucune offre d'achat n'est faite au cédant dans un délai de six mois à compter de la dernière des notifications prévues au troisième alinéa de l'article 1861, l'agrément à la cession est réputé acquis, à moins que les autres associés ne décident, dans le même délai, la dissolution anticipée de la société.**

Dans ce dernier cas, le cédant peut rendre caduque cette décision en faisant connaître qu'il renonce à la cession dans le délai d'un mois à compter de ladite décision.

Art. 1864 **Il ne peut être dérogé aux dispositions des deux articles qui précèdent que pour modifier le délai de six mois prévu à l'article 1863 (1er alinéa), et sans que le délai prévu par les statuts puisse excéder un an ni être inférieur à un mois.**

Art. 1865 **La cession de parts sociales doit être constatée par écrit. Elle est rendue opposable à la société dans les formes prévues à l'article 1690, ou, si les statuts le stipulent, par transfert sur les registres de la société.**

Elle n'est opposable aux tiers qu'après accomplissement de ces formalités et après publication *(L. n° 2019-744 du 19 juill. 2019, art. 7)* **« au registre du commerce et des sociétés ; ce dépôt peut être effectué par voie électronique ».**

1. Application stricte. Obligation de respecter les formalités édictées part l'art. 1865 pour *l'opposabilité de la cession alors même que* le gérant participe à l'acte en qualité de partie : V. • Civ. 3e, 11 oct. 2000, n° 99-10.108 P : *D. 2000. AJ 408, obs. Boizard ; D. 2002. Somm. 482, obs. Hallouin ; Defrénois 2001. 520, obs. J. Honorat (1re esp.) ; RTD com. 2001. 163, obs. Monsèrié-Bon*.

2. Non-application aux rapports entre les parties. La présomption de connaissance de l'acte résultant de l'accomplissement de la formalité de publication ne s'applique pas dans les rapports entre les parties à l'acte. • Civ. 3e, 25 mai 2022, n° 21-12.238 B : *D. 2022. 1875, obs. Lamazerolles et Rabreau* (cession de parts sociales réalisée au moyen d'une fausse signature, la partie lésée n'ayant aucune raison de consulter le registre de publicité).

3. Opposabilité de la cession de parts aux tiers. Une cession de parts sociales est opposable aux tiers, même si l'acte de cession n'a pas été déposé au greffe du tribunal de commerce, dès lors qu'ont été publiés les statuts mis à jour constatant cette cession. • Com. 18 déc. 2007, n° 06-20.111 P : *D. 2008. AJ 86, obs. Lienhard*. ♦ V. note 3 ss. art. 1857.

Art. 1866 *(Ord. n° 2021-1192 du 15 sept. 2021, art. 26-4°, en vigueur le 1er janv. 2022)* **Les parts sociales peuvent faire l'objet d'un nantissement dans les conditions prévues au dernier alinéa de l'article 2355 du code civil.**

Ancien art. 1866 *Les parts sociales peuvent faire l'objet d'un nantissement constaté, soit par acte authentique, soit par acte sous signatures privées signifié à la société ou accepté par elle dans un acte authentique, et donnant lieu à une publicité dont la date détermine le rang des créanciers nantis. Ceux dont les titres sont publiés le même jour viennent en concurrence.*

Le privilège du créancier gagiste subsiste sur les droits sociaux nantis, par le seul fait de la publication du nantissement.

1. Nantissement commercial. La mention d'un nantissement de parts de société civile sur les registres sociaux suffit toutefois à le rendre opposable au débiteur cédé et aux tiers, conformément aux art. 91 et 109 du code de commerce (aujourd'hui art. L. 521-1 et L. 110-3 C. com.), lorsque ce nantissement a été constitué par un commerçant ou encore en garantie d'une dette commerciale. • Com. 20 juin 1984 : *Bull. civ. IV, n° 204 ; RTD com. 1985. 311, obs. Alfandari et Jeantin* (en l'espèce, la société dont les titres avait été nantis avait été informée de la constitution du nantissement par simple lettre et l'avait accepté sans aucun formalisme).

2. Société non immatriculée. Le nantissement des parts de société civile non immatriculée est opposable aux tiers, même de bonne foi, par sa signification à cette société ou par l'acceptation par elle dans un acte authentique. • Com. 3 juin 2008, n° 07-15.228 P : *JCP 2008. I. 211, n° 20, obs. Delebecque ; RLDC 2008/52, n° 3114, obs. Marraud des Grottes.*

Art. 1867 **Tout associé peut obtenir des autres associés leur consentement à un projet de nantissement dans les mêmes conditions que leur agrément à une cession de parts.**

Le consentement donné au projet de nantissement emporte agrément du cessionnaire en cas de réalisation forcée des parts sociales à la condition que cette réalisation soit notifiée un mois avant la vente aux associés et à la société.

Chaque associé peut se substituer à l'acquéreur dans un délai de cinq jours francs à compter de la vente. Si plusieurs associés exercent cette faculté, ils sont, sauf clause ou convention contraire, réputés acquéreurs à proportion du nombre de parts qu'ils détenaient antérieurement. Si aucun associé n'exerce cette faculté, la société peut racheter les parts elle-même, en vue de leur annulation.

(Ord. n° 2021-1192 du 15 sept. 2021, art. 26-5°, en vigueur le 1er janv. 2022) **« La notification prévue au deuxième alinéa ainsi que le troisième alinéa ne sont pas applicables au nantissement réalisé en application de l'article 2348. »**

Art. 1868 **La réalisation forcée qui ne procède pas d'un nantissement auquel les autres associés ont donné leur consentement doit pareillement être notifiée un mois avant la vente aux associés et à la société.**

Les associés peuvent, dans ce délai, décider la dissolution de la société ou l'acquisition des parts dans les conditions prévues aux articles 1862 et 1863.

Si la vente a eu lieu, les associés ou la société peuvent exercer la faculté de substitution qui leur est reconnue par l'article 1867. Le non-exercice de cette faculté emporte agrément de l'acquéreur.

Sur la compatibilité des art. 1867 et 1868 avec les mentions d'un cahier des charges prévoyant l'agrément de l'adjudicataire conformément aux statuts, ceux-ci renvoyant aux art. 1861 à 1864, V. • Civ. 3e, 14 janv. 2009 : *cité note 2 ss. art. 1861.*

SECTION 7 Retrait ou décès d'un associé

Art. 1869 **Sans préjudice des droits des tiers, un associé peut se retirer totalement ou partiellement de la société, dans les conditions prévues par les statuts ou, à défaut,**

après autorisation donnée par une décision unanime des autres associés. Ce retrait peut également être autorisé pour justes motifs par une décision de justice.

A moins qu'il ne soit fait application de l'article 1844-9 (3e alinéa), l'associé qui se retire a droit au remboursement de la valeur de ses droits sociaux, fixée, à défaut d'accord amiable, conformément à l'article 1843-4.

BIBL. ► BERTREL, *Dr. et patr. 2019/9. 12* (retrait du capital dans les SEL des professions du droit).

1. Caractère personnel. Le droit de retrait prévu par l'art. 1869 est strictement personnel. • Com. 4 déc. 2012 : *D. 2013. 751, note Moury ; ibid. 2729, obs. Rabreau ; Rev. sociétés 2013. 228, note Reygrobellet ; RTD com. 2013. 107, obs. Monsèrié-Bon* (il ne peut être exercé par l'administration des douanes par la voie de l'action oblique).

I. RETRAIT AUX CONDITIONS STATUTAIRES

2. Retrait par voie judiciaire : condition préalable. Viole l'art. 1869 l'arrêt qui déclare recevable la demande de retrait d'un associé alors que les statuts prévoient que la demande de retrait en justice implique l'offre préalable faite par l'associé qui se retire aux autres associés de leur céder ses parts. • Com. 20 mars 2007, n° 05-18.892 P : *D. 2007. AJ 953, obs. A. Lienhard ; JCP 2007. II. 10103, note Hovasse ; JCP 2007. I. 179, n° 10, obs. Caussain, Deboissy et Wicker ; AJDI 2007. 680, obs. Porcheron ; RTD com. 2007. 395, obs. Monsèrié-Bon ; RTD com. 2007. 755, obs. Champaud et Danet ; Rev. sociétés 2007. 836, note Randoux*.

Irrecevabilité de la demande de retrait formée par un associé d'une société dissoute, visant au remboursement de la valeur de ses droits sociaux, ces opérations étant étrangères aux besoins de la liquidation justifiant seule le maintien de la personnalité morale. • Com. 12 févr. 2013 : *cité note 4 ss. art. 1844-8.*

3. Groupement foncier agricole. Dérogent à l'art. 1869 les dispositions de l'art. L 322-23 du C. rur. prévoyant qu'à défaut de prévision dans les statuts d'un groupement foncier agricole des conditions dans lesquelles un associé peut se retirer totalement ou partiellement de la société, son retrait ne peut être autorisé que par une décision unanime des autres associés. • Civ. 1re, 3 juin 2010, n° 09-65.995 P : *AJDI 2011. 150, obs. Prigent ; Rev. sociétés 2011. 39, note Roussille ; RTD com. 2010. 568, obs. Monsèrié-Bon*.

4. Limitations du droit de retrait. Validité de la limitation apportée par le règlement de copropriété au droit de retrait des associés de la société civile d'activités sportives et de loisirs de la résidence immobilière (cassation au visa de l'art. 1134 anc.). • Civ. 3e, 8 juill. 1998, n° 96-20.583 P : *Defrénois 1999. 243, obs. Le Cannu.* ♦ Mais absence de validité d'une clause de non-réinstallation contenue dans le règlement intérieur d'une société civile de moyen qui n'est pas conforme à l'objet de la société tel que prévu par les statuts, son application aboutissant à restreindre considérablement les droits des associés manifestant la volonté de se retirer, voire à vider de leur substance les dispositions statutaires qui régissent cette faculté de retrait. • Com. 1er mars 2011 : *cité note 4 ss. art. 1854.* ♦ Lorsque le retrait d'un associé en société civile professionnelle (SCP) a été accepté dans le principe et que le délai imparti à la société pour procéder à la cession ou au rachat des parts est expiré, le retrayant auquel aucune proposition sérieuse n'a été faite est en droit de se réinstaller avant le remboursement de ses droits sociaux. • Civ. 1re, 12 juin 2012, n° 11-18.472 P : *D. 2012. 1683 ; Rev. sociétés 2012. 631, note Barbièri ; RTD com. 2012. 576, obs. Monsèrié-Bon*.

II. RETRAIT POUR JUSTE MOTIF

5. ... Juste motif. L'art. 1869 n'interdit pas au juge de retenir, comme justes motifs permettant d'autoriser le retrait d'un associé, des éléments touchant à la situation personnelle de celui-ci. • Civ. 1re, 27 févr. 1985 : *D. 1987. Somm. 31, obs. Bousquet ; JCP 1986. II. 20638, note H. T. ; Rev. sociétés 1985. 620, note Jeantin.* ♦ Dans le même sens : • Paris, 10 mai 1995 : *Defrénois 1995. 954, obs. Le Cannu.* ♦ Illustration de juste motif : • Civ. 3e, 28 mars 2012 : *D. 2012. 943, obs. A. Lienhard ; Rev. sociétés 2012. 363, note Moury* • Com. 10 févr. 2015, n° 14-10.110 : *Rev. sociétés 2015. 524, note Lacroix-De Sousa* (séparation des concubins associés d'une SCI).

6. Sociétés d'attribution en jouissance. Par application combinée des art. 1869 et 1845 C. civ. et L. 212-19 CCH, auquel la L. du 6 janv. 1986 sur les sociétés d'attribution d'immeubles en jouissance à temps partagé ne déroge pas, le retrait d'un associé pour justes motifs est impossible dans les sociétés d'attribution en jouissance. • Civ. 3e, 29 mai 2002, n° 00-14.655 P : *R., p. 407 ; D. 2002. AJ 2127, obs. Rouquet ; AJDI 2002. 636, obs. Porcheron (1re esp.) ; RTD com. 2002. 500, obs. Monsèrié-Bon*.

III. REMBOURSEMENT DE LA VALEUR DES DROITS SOCIAUX

7. Date d'effet. L'associé qui est autorisé à se retirer d'une société civile pour justes motifs par une décision de justice ne perd sa qualité d'associé qu'après remboursement de la valeur de ses droits sociaux. • Com. 17 juin 2008, n° 06-15.045 P : *R., p. 289 ; D. 2008. AJ 1818, obs.*

Lienhard ; *JCP 2008. II. 10169, note Lebel* ; *RTD com. 2008. 588, obs. Monsèrié-Bon* • 17 juin 2008, n° 07-14.965 P : *R., p. 289* ; *D. 2008. AJ 1818, obs. Lienhard* ; *RTD com. 2008. 588, obs. Monsèrié-Bon* • Civ. 1re, 16 avr. 2015, n° 13-24.931 P : *D. 2015. 920* (avocat). ♦ Comp., précédemment : le retrait autorisé par décision de justice ne peut produire effet qu'à la date de l'autorisation judiciaire. • Paris, 22 sept. 1995 : *JCP N 1996. II. 682, note Bonneau*. – *Adde*, Laroche, *D. 2009. Chron. 1772* . ♦ V. toutefois, dans le cas du retrait de l'associé d'une société civile professionnelle de notaires, la L. du 29 nov. 1966 prévoyant la perte des droits attachés à sa qualité d'associé, à compter de la publication de l'arrêté constatant son retrait : • Civ. 1re, 17 déc. 2009, n° 08-19.895 P : *D. 2010. AJ 90, obs. Lienhard* ; *ibid. 745, note Laroche* ; *JCP N 2010, n° 1069, note H. Hovasse* ; *RTD com. 2010. 387, obs. Monsèrié-Bon* . ♦ Dans le même sens pour un huissier de justice : • Civ. 1re, 28 oct. 2010, n° 09-68.135 P : *D. 2010. Actu. 2577, obs. Lienhard* . ♦ Dans ce cas, si le retrayant perd sa qualité d'associé et les droits qui s'y attachent à compter de la publication de l'arrêté ministériel portant retrait, il a droit, aussi longtemps que ses droits sociaux ne lui sont pas remboursés, à la rétribution de ses apports en capital et, partant, à sa quote-part dans les bénéfices à distribuer. • Civ. 1re, 9 juin 2011 : *D. 2011. 2523, note Gallois-Cochet* ; *ibid. Chron. C. cass. 2140, obs. Creton* ; *RTD com. 2011. 770, obs. Monsèrié-Bon* .

8. Aménagement conventionnel. En application des art. 1869 C. civ. et 18 de la L. n° 66-879 du 29 nov. 1966 relative aux sociétés civiles professionnelles, l'associé retrayant conserve ses droits patrimoniaux tant qu'il n'a pas obtenu le remboursement intégral de ses parts sociales. Toutefois, les associés ont la liberté de conclure des conventions dérogeant à cette règle pour déterminer leurs relations financières lors du retrait de l'un d'entre eux. • Civ. 1re, 8 janv. 2020, n° 17-13.863 P : *D. 2020. 585, note Tisseyre* ; *ibid. 2033, obs. Lamazerolles et Rabreau* ; *Rev. sociétés 2020. 241, note Barbièri* ; *ibid. 363, note Grundeler* ; *RTD com. 2020. 669, obs. Moury* ; *JCP 2020, n° 270, note Gallois-Cochet* (prise en compte de la répartition des bénéfices et des frais décidés en assemblée générale).

9. Retrait et lésion. En l'absence de liquidation, le retrait d'associé n'est pas susceptible de rescision pour lésion. • Civ. 3e, 15 janv. 1997, n° 94-22.154 P : *D. 1997. 216, note Malaurie* ; *JCP 1997. II. 22842, note Couret* ; *Defrénois 1997. 664, obs. Hovasse* ; *ibid. 1998. 70, obs. Chappert* ; *RTD civ. 1997. 687, obs. Gautier* . ♦ A propos de cet arrêt, V. Garçon et Lucas, *JCP N 1998. 1585* (partage partiel d'une société ?).

10. Évaluation des droits de l'associé qui se retire. V. • Civ. 1re, 18 juin 1996, n° 94-16.159 P : *JCP N 1997. II. 392, note Pillebout* ; *Defrénois 1997. 104* (cassation de l'arrêt ayant estimé qu'une expertise n'était pas nécessaire) • 1er juill. 1997, n° 95-17.423 P : *JCP N 1997. I. 1385, étude Jadaud* (application de l'art. 31 du Décr. du 2 oct. 1967 relatif aux sociétés civiles professionnelles de notaires).

11. Date de l'évaluation. En l'absence de dispositions statutaires, la valeur des droits sociaux de l'associé qui se retire doit être déterminée à la date la plus proche de celle du remboursement de la valeur de ces droits. • Com. 4 mai 2010, n° 08-20.693 P : *D. 2010. Actu. 1278, obs. Lienhard* ; *ibid. Pan. 2797, obs. Rabreau* ; *RDI 2010. 372, obs. Heugas-Darraspen* ; *Rev. sociétés 2010. 577, note Moury* ; *RTD com. 2010. 571, obs. Monsèrié-Bon* • 9 nov. 2022, n° 20-20.830 B : *D. 2022. 1965* ; *Rev. sociétés 2023. 162, note Reygrobellet* (en l'espèce, erreur de la cour d'appel ayant retenu le jour où est officiellement acté le retrait de l'associé et erreur grossière de l'expert se plaçant à la date d'établissement de son rapport). ♦ L'arrêt rendu le 4 mai 2010 par la Cour de cassation ne constitue ni un revirement, ni même l'expression d'une évolution imprévisible de la jurisprudence ; la société n'est pas fondée à s'en prévaloir pour contester l'erreur grossière de l'expert qui s'est basé sur une autre date, antérieurement à cet arrêt. • Com. 15 janv. 2013, n° 12-11.666 : *cité note 22 ss. art. 1843-4*.

Art. 1870 La société n'est pas dissoute par le décès d'un associé, mais continue avec ses héritiers ou légataires, sauf à prévoir dans les statuts qu'ils doivent être agréés par *les associés*.

Il peut, toutefois, être convenu que ce décès entraînera la dissolution de la société ou que celle-ci continuera avec les seuls associés survivants.

Il peut également être convenu que la société continuera soit avec le conjoint survivant, soit avec un ou plusieurs des héritiers, soit avec toute autre personne désignée par les statuts ou, si ceux-ci l'autorisent, par disposition testamentaire.

Sauf clause contraire des statuts, lorsque la succession est dévolue à une personne morale, celle-ci ne peut devenir associée qu'avec l'agrément des autres associés, donné selon les conditions statutaires ou, à défaut, par l'accord unanime des associés.

1. Appréciation de la qualité de tiers pour la garantie de troubles de jouissance. Le bailleur, constitué en société civile, est tenu de garantir le locataire des troubles que ses associés, qui ne sont pas des tiers à son égard au sens de l'art. 1725, ont apporté à sa jouissance par voie de fait ; faute de stipulation contraire des statuts, une société civile est présumée continuer avec les héritiers d'un associé décédé, et la société bailleresse doit garantir la locataire du trouble causé à sa jouissance par les héritiers de l'associé décédé. • Civ. 3e, 9 mars 2023, n° 21-21.698 B.

2. *Vocation aux bénéfices des héritiers d'un associé.* La vocation aux bénéfices des héritiers d'un associé d'une société civile professionnelle d'architectes jusqu'à la cession, ou au rachat des parts de leur auteur, ne porte pas atteinte au droit de propriété des autres associés, dès lors, que, dans une telle société, chaque associé a droit à la part de bénéfices correspondant à ses apports dans la société, indépendamment des résultats de l'activité de chacun, sauf disposition contraire des statuts, de sorte que les héritiers de l'associé décédé conservent vocation à la répartition des bénéfices correspondant aux parts sociales de leur auteur jusqu'à la cession ou au rachat de celles-ci. • Civ. 1re, 9 déc. 2015, n° 15-18.771 P.

Art. 1870-1 **Les héritiers ou légataires qui ne deviennent pas associés n'ont droit qu'à la valeur des parts sociales de leur auteur. Cette valeur doit leur être payée par les nouveaux titulaires des parts ou par la société elle-même si celle-ci les a rachetées en vue de leur annulation.**

La valeur de ces droits sociaux est déterminée au jour du décès dans les conditions prévues à l'article 1843-4.

1. Évaluation des parts de sociétés civiles : V. • Reims, 26 avr. 1984 : *Gaz. Pal. 1985. 1. 370, note A. P. S.* • TGI Orléans, 23 mars 1982 : *ibid.*

2. L'art. R. 321-41 C. rur., qui permet aux héritiers non encore agréés d'un associé de GAEC décédé de participer aux délibérations de l'assemblée générale du groupement, ne déroge pas, en ce qui concerne le droit sur les bénéfices, aux dispositions de droit commun de l'art. 1870-1. • Com. 14 déc. 2004, n° 01-10.893 P : *Defrénois 2005. 902, obs. Hovasse.*

3. En l'absence d'agrément des ayants droit de l'associé décédé, ceux-ci sont en droit de se prévaloir de l'engagement, pris par les associés survivants et constaté par le juge que ces derniers avaient saisi aux fins de désignation d'un tiers estimateur, de leur payer une indemnité égale à la valeur des parts sociales de leur auteur, sans qu'il soit requis que les associés survivants réitèrent cet engagement. • Com. 29 sept. 2015, n° 14-16.142 : *Rev. sociétés 2016. 46, note Barbiéri ; RTD com. 2016. 145, obs. Monsèrié-Bon.*

4. L'art. 1870-1 prévoit que les héritiers ou légataires qui ne deviennent pas associés n'ont droit qu'à la valeur des parts sociales de leur auteur ; s'il n'est associé, l'héritier n'a pas qualité pour percevoir les dividendes, fût-ce avant la délivrance du legs de ces parts à un légataire. • Civ. 1re, 2 sept. 2020, n° 19-14.604 P : *D. 2021. 122, note Jullian ; ibid. 2020. 2206, obs. Godechot-Patris et Grare-Didier ; AJ fam. 2020. 606, obs. Levillain ; JCP N 2020, n° 1243, note Randoux ; Dr. fam. 2020, n° 150, obs. Nicod ; Defrénois 2021/17. 19, note Chamoulaud-Trapiers.*

CHAPITRE III DE LA SOCIÉTÉ EN PARTICIPATION

(L. n° 78-9 du 4 janv. 1978)

BIBL. GÉN. ▶ Aberkane, *Mél. Breton/Derrida, Dalloz, 1991, p. 11* (qualification des conventions d'exploitation en commun d'étalons). – Baffoy, *JCP N 1997. Prat. 4188, p. 1549* (transformation d'une société en participation en société d'une autre forme – aspect fiscal). – Boutry, *JCP N 2000. 1855* (absence de personnalité morale). – Guyénot, *Gaz. Pal. 1978. 2. Doctr. 386 ; ibid. 1979. 2. Doctr. 620 ; ibid. 1986. 1. Doctr. 83.*

Art. 1871 **Les associés peuvent convenir que la société ne sera point immatriculée. La société est dite alors "société en participation". Elle n'est pas une personne morale et n'est pas soumise à publicité. Elle peut être prouvée par tous moyens.**

Les associés conviennent librement de l'objet, du fonctionnement et des conditions de la société en participation, sous réserve de ne pas déroger aux dispositions impératives des articles 1832, 1832-1, 1833, 1836 (2e alinéa), *(Ord. n° 2019-1067 du 21 oct. 2019, art. 1er)* **« 1844 (1er alinéa) et 1844-1 (2e alinéa) et de l'article L. 411-1 du code monétaire et financier ».**

Il peut être constitué entre personnes physiques exerçant une profession libérale soumise à un statut législatif ou réglementaire ou dont le titre est protégé une société en participation, régie par les dispositions des art. 22 et 23 de la L. n° 90-1258 du 31 déc. 1990 et celles non contraires des art. 1871 à 1872-1 C. civ. — V. L. préc. (D. et ALD 1991. 77). — **C. sociétés, C. pr. civ.**

1. Les dispositions de l'art. 1871, al. 2, ne font pas obstacle à ce qu'en cas de contestation de l'associé qui exerce son droit de retrait sur la valeur de ses parts, dans les conditions prévues par les statuts, celui-ci demande au juge des référés, en application de l'art. 1843-4, la désignation d'un expert en vue de déterminer cette valeur. • Civ. 1re, 2 juin 1987, n° 85-17.561 P.

2. Distinction de la société en participation et du prêt participatif : V. note J. Honorat, *D. 1986. 548.* ♦ Pour l'analyse d'un pool bancaire en une société en participation : • Versailles, 6 juin 1996 : *D. 1998. 83, note Bergoin*.

3. Nature de société en participation de l'opération d'achat en commun d'un billet de loterie : V. • Civ. 1re, 14 janv. 2003, n° 00-19.984 P : *JCP E 2003. 763, note F.-X. Lucas.*

4. Une société en participation, n'étant pas une personne morale, ne peut être créancière d'une obligation. • Com. 20 mai 2008, n° 07-13.202 P : *D. 2008. AJ 1549* (exclusion du jeu de la compensation).

Art. 1871-1 **A moins qu'une organisation différente n'ait été prévue, les rapports entre associés sont régis, en tant que de raison, soit par les dispositions applicables aux sociétés civiles, si la société a un caractère civil, soit, si elle a un caractère commercial, par celles applicables aux sociétés en nom collectif.**

1. Sort d'une société dissoute. Lorsqu'une société commerciale dont la dissolution a été prononcée ne jouit plus de la personnalité morale, doivent être appliquées les dispositions relatives aux sociétés en nom collectif ou celles prévues à l'égard des cocontractants par le contrat de société dont l'existence n'est pas affectée par la disparition de la personnalité morale. • Com. 3 mai 1984, n° 82-16.841 P.

2. Société en participation commerciale. Il résulte de l'art. 1871-1 qu'à la dissolution d'une société en participation à caractère commercial chaque associé a droit, après paiement des dettes, au remboursement de ses apports et à une part de l'actif subsistant proportionnelle à ces apports. • Com. 29 nov. 1988, n° 85-15.184 P.

3. Non-application aux tiers. Selon l'art. 1871-1, les dispositions applicables aux sociétés en nom collectif ne régissent que les rapports entre les associés d'une société en participation à caractère commercial, en sorte que ces associés ne peuvent se prévaloir de ces dispositions à l'égard des organismes de sécurité sociale. • Soc. 18 déc. 1997, n° 96-15.207 P.

Art. 1872 **A l'égard des tiers, chaque associé reste propriétaire des biens qu'il met à la disposition de la société.**

Sont réputés indivis entre les associés les biens acquis par emploi ou remploi de deniers indivis pendant la durée de la société et ceux qui se trouvaient indivis avant d'être mis à la disposition de la société.

Il en est de même de ceux que les associés auraient convenu de mettre en indivision.

Il peut en outre être convenu que l'un des associés est, à l'égard des tiers, propriétaire de tout ou partie des biens qu'il acquiert en vue de la réalisation de l'objet social.

BIBL. ▶ DEKEUWER-DÉFOSSEZ, *JCP 1980. I. 2970.*

1. Immatriculation au registre du commerce d'un apporteur en industrie dans une société en participation. • Com. 26 avr. 1982 : *Gaz. Pal. 1982. 2. Pan. 324, obs. J. D.*

2. Il doit être tenu compte en principe dans le cadre de la liquidation d'une société en participation, lors de la reprise par chacun des associés de ses apports personnels en nature, de la plus-value résultant pour ces apports de l'activité des autres associés, ainsi que des investissements et équipements particuliers dont ils ont bénéficié. • *Civ. 1re, 23 mai 1984*, n° 82-16.716 P.

3. Pour l'application de l'art. 809-I-1° CGI, les apports faits à une société en participation, qui doivent être déclarés, comprennent le montant des sommes mises à la disposition de la société par les associés pour lui permettre de remplir son objet. • Com. 11 févr. 1986, n° 84-13.336 P.

4. Une action en justice, ne pouvant faire l'objet d'un apport en jouissance rémunéré par l'attribution de droits sociaux, ne peut être apportée à une société en participation. • Com. 31 mai 2005, n° 02-18.457 P : *D. 2005. AJ 1699, obs. A. Lienhard* ; *Rev. sociétés 2006. 114, note Dondero*.

Art. 1872-1 **Chaque associé contracte en son nom personnel et est seul engagé à l'égard des tiers.**

Toutefois, si les participants agissent en qualité d'associés au vu et au su des tiers, chacun d'eux est tenu à l'égard de ceux-ci des obligations nées des actes accomplis en cette qualité par l'un des autres, avec solidarité, si la société est commerciale, sans solidarité dans les autres cas.

Il en est de même de l'associé qui, par son immixtion, a laissé croire au cocontractant qu'il entendait s'engager à son égard, ou dont il est prouvé que l'engagement a tourné à son profit.

Dans tous les cas, en ce qui concerne les biens réputés indivis en application de l'article 1872 (alinéas 2 et 3), sont applicables dans les rapports avec les tiers, soit les dispositions du chapitre VI *[chapitre VII]* **du titre I du livre III du présent code, soit, si les formalités prévues à l'article 1873-2 ont été accomplies, celles du titre IX *bis* du présent livre, tous les associés étant alors, sauf convention contraire, réputés gérants de l'indivision.**

1. Apparence de participation. Justifie sa décision la cour d'appel qui, pour déclarer une entreprise ayant constitué avec une autre une société en participation, tenue du règlement des fournitures commandées à l'aide des bons de commande de la société en participation, postérieurement à la cessation d'activité de celle-ci, se fonde sur le maintien de l'apparence de la société en participation, à laquelle l'entreprise assignée en paiement a contribué. • Com. 9 mai 1983, n° 81-12.226 P.

2. Engagement des associés. La condamnation de l'associé d'une société en participation à payer une certaine somme à un tiers, au titre d'une opération entrant dans l'objet de la société, fait naître une créance de cette société à l'égard de son unique coassocié, laquelle, ayant une origine antérieure à l'ouverture de la procédure collective de ce dernier, était soumise à déclaration. • Com. 8 juill. 2014, n° 13-19.010 P : *D. 2014. 1543* ; *Rev. sociétés 2014. 531, obs. L. C. Henry* .

3. Absence de solidarité entre co-employeurs d'une AARPI. Si un contrat de travail conclu avec une AARPI (association d'avocats à responsabilité professionnelle individuelle) confère à ses associés la qualité de co-employeurs en vertu des dispositions légales régissant les sociétés en participation, aucune solidarité n'existe entre associés ; l'interruption de la prescription de l'action à l'égard de l'un demeure sans effet à l'endroit de l'autre. • Civ. 1re, 8 mars 2023, n° 20-16.475 B.

4. Comportement d'associé. Les associés d'une société en participation ne peuvent être condamnés solidairement au remboursement d'un prêt que l'un d'eux a contracté auprès d'une banque, après avoir communiqué à celle-ci les statuts de la société, sans que soient caractérisés les actes personnels des participants permettant de considérer qu'ils avaient agi en qualité d'associés au vu et au su de la banque ou qu'ils s'étaient immiscés dans l'accord passé par l'associé emprunteur avec celle-ci, lui faisant croire qu'ils entendaient s'engager à son égard. • Com. 15 juill. 1987, n° 86-12.051 P : *R., p. 191* ; *JCP 1988. II. 20958, note Pétel* ; *Rev. sociétés 1988. 70, note Didier,* cassant • Lyon, 20 déc. 1985 : *D. 1986. 299, note Reinhard.* – Dans le même sens : • Com. 26 nov. 1996, n° 94-14.519 P : *JCP 1997. II. 22904, note Gibirila* ; *ibid. I. 4012, n° 12, obs. Viandier et Caussain* ; *D. 1997. Somm. 230, obs. Hallouin* ; *Defrénois 1997. 667, obs. J. Honorat.* – Goyet, *D. 1998. Chron. 37.* ♦ V. aussi • Com. 14 juin 1994, n° 92-16.370 P : *Defrénois 1994. 1229, obs. Le Cannu* (mise en liquidation judiciaire). ♦ Pour que l'un des participants engage les autres par ses actes, conformément aux termes de l'art. 1872-1, al. 2, il est nécessaire qu'il ait accompli ces actes en qualité d'associé. • Com. 13 janv. 1998, n° 95-19.198 P. ♦ Le jugement rendu contre une société créée de fait peut être exécuté contre les membres de celle-ci qui ont laissé prospérer l'apparence d'une société entre eux. • Civ. 2e, 22 mai 2008, n° 07-10.855 P : *D. 2008. AJ 1549* (délivrance par les membres de la société de bulletins de salaire, d'un certificat de travail et d'une attestation de salaire établis au nom de la société et remis par eux au salarié).

5. Art. 1872-1, al. 2. Portée de l'engagement. Chacun des médecins associés d'une clinique exploitée en société de fait non commerciale qui ne discute pas son statut d'associé doit régler les cotisations sociales dues, afférentes à l'emploi des praticiens salariés de cette société assujettis au régime général ayant effectué des remplacements tant pour lui que pour les autres membres de cette société (absence de solidarité). • Civ. 2e, 11 févr. 2016, n° 15-10.487 P : *Dr. soc. 2016. 665, note Salomon* .

6. Faute du gérant. Toute faute commise par le gérant d'une société en participation, laquelle est dépourvue de personnalité juridique, constitue une faute personnelle de nature à engager sa responsabilité à l'égard des tiers, peu important qu'elle soit ou non détachable de l'exercice du mandat qui a pu lui être donné par les autres associés. • Com. 4 févr. 2014, n° 13-13.386 P : *D. 2014. 421* ; *RDC 2014. 372, note Viney.*

7. Absence d'action contre le tiers contractant avec un associé. Il résulte de l'art. 1872-1, applicable aux sociétés créées de fait, que chaque associé contracte en son nom personnel et est seul engagé envers les tiers, de sorte que les associés, qui n'ont pas été parties au contrat, n'ont aucune action contre les tiers avec lesquels leur associé a contracté. • Civ. 3e, 24 nov. 2021, n° 20-20.464 : *Rev. sociétés 2022. 343, note Delvallée* .

Art. 1872-2 Lorsque la société en participation est à durée indéterminée, sa dissolution peut résulter à tout moment d'une notification adressée par l'un d'eux à tous les associés, pourvu que cette notification soit de bonne foi, et non faite à contretemps.

A moins qu'il n'en soit autrement convenu, aucun associé ne peut demander le partage des biens indivis en application de l'article 1872 tant que la société n'est pas dissoute.

1. Société à durée déterminée. Les dispositions de l'art. 1872-2, al. 2, sont applicables à toutes les sociétés en participation même lorsqu'elles sont à durée déterminée. • Com. 1er oct. 1996, n° 94-15.660 P : *R., p. 315 ; JCP 1997. II. 22825, note Gibirila ; D. 1997. Somm. 230, obs. Hallouin*. ♦ Pour l'application aux sociétés créées de fait, V. notes ss. art. 1873.

2. Sociétés de professions libérales. L'art. 1872-2 n'est pas applicable aux sociétés des professions libérales soumises à un statut législatif ou réglementaire ou dont le titre est protégé et aux sociétés de participations financières de professions libérale régies par les art. 22 s. de la L. n° 90-1258 du 31 déc. 1990 et celles non contraires des art. 1871 à 1872-1 C. civ. • Civ. 1re, 27 nov. 2019, n° 18-21.207 P (application de l'art. 1844-7 par renvoi).

3. Arrivée du terme. En l'absence de toute prorogation expresse ou tacite de sa durée, la société est dissoute par l'arrivée de son terme. • Com. 23 oct. 2007, n° 05-19.092 P : *D. 2007. AJ 2813, obs. A. Lienhard*.

4. Société à durée indéterminée : SCI non immatriculée. Demande de dissolution d'une SCI, requalifiée en société en participation à durée indéterminée, faute d'avoir été immatriculée dans les délais, et en conséquence, d'ouverture des opérations de comptes, liquidation et partage de l'indivision et de la licitation de l'immeuble. • Civ. 3e, 4 mai 2016, n° 14-28.243 P : *D. 2016. 998 ; AJDI 2016. 625, obs. Porcheron ; Rev. sociétés 2016. 747, note Saintourens ; RTD com. 2016. 821, obs. Monsèrié-Bon* (action exercée par voie oblique).

5. Notification. Cassation de l'arrêt qui rejette une demande en dissolution au motif que le demandeur ne démontre pas que tous les candidats acquéreurs ont été systématiquement évincés par son associé et qu'il ne justifie d'aucune démarche antérieure à la notification de la dissolution de la société, près de deux ans après, alors que ces motifs sont impropres à caractériser une notification faite de mauvaise foi ou à contretemps. • Com. 10 avr. 2019, n° 17-28.834 P : *D. 2019. 817 ; RTD com. 2019. 669, obs. Lecourt ; Rev. sociétés 2019. 751, note Barbièri*.

Art. 1873 **Les dispositions du présent chapitre sont applicables aux sociétés créées de fait.**

BIBL. ▶ DE BERMOND DE VAULX, *D. 1996. Chron. 185.* – BOUTRY, *JCP N 2000. 1855* (absence de personnalité morale). – DEKEUWER-DÉFOSSEZ, *D. 1982. Chron. 83.* – GUYÉNOT, *D. 1979. Chron. 155.* – HALLOUIN, *JCP 1989. I. 3414* (sociétés non immatriculées face au redressement et à la liquidation judiciaires). – JADAUD, *Defrénois 1983. 417.* – F.-X. LUCAS, *Mél. Guyon, Dalloz, 2003* (la société dite « créée de fait »). – MAUBRU, *Mél. Derruppé, Litec/GLN-Joly, 1991, p. 275* (sociétés créées de fait entre époux). – PILLEBOUT, *JCP N 1986. I. 418* (agriculture). – VACRATE, *LPA 27 févr. 2004* (apparence).

1. Société de fait : absence de personnalité morale. Une société créée de fait ne peut être attraite en justice. • Com. 4 juill. 2006, n° 04-16.578 P : *D. 2006. AJ 2459, obs. Delpech*.

2. ... Prescription. La prescription quinquennale de l'art. 401 (C. com., art. L. 237-13) de la L. du 24 juill. 1966 sur les sociétés commerciales n'est pas applicable à l'action d'une banque tendant à obtenir d'un des associés d'une société créée de fait l'exécution de l'engagement par lequel il s'était porté garant des opérations faites pour le compte de cette société. • Com. 19 janv. 1981 : *D. 1982. 124, note Guyénot ; JCP 1982. II. 19816, note Chartier ; Rev. sociétés 1981. 796, note Guilberteau.*

3. Appréciation de l'apparence d'une société de fait. Si l'existence effective d'une société de fait exige la réunion des trois éléments constitutifs de toute société (existence d'apports, intention des parties de s'associer, vocation des parties à participer aux bénéfices et aux pertes), l'apparence d'une société de fait s'apprécie globalement, indépendamment de l'existence apparente de chacun de ces éléments. • Civ. 1re, 13 nov. 1980 : *D. 1981. 541, note Calais-Auloy ; Rev. sociétés 1981. 788, note Philippe* • Com. 3 nov. 1988, n° 87-11.795 P : *Defrénois 1989. 551, obs. J. Honorat.* ♦ Ainsi, même en présence de nombreuses attestations témoignant de la présence constante de l'épouse dans le magasin de son époux et de son aide efficace, une société créée de fait ne saurait être reconnue faute de volonté commune des époux de s'associer sur un pied d'égalité en partageant les bénéfices et les pertes : (compte commercial de l'entreprise sous la signature de l'époux, seul inscrit au registre du commerce et signataire du contrat de franchise, tâches accomplies par l'épouse ne se rapportant pas à la responsabilité de la gestion du fonds, mariage des époux pendant leur activité sous le régime de la séparation de biens et acquisition par l'époux de biens immobiliers sans le concours de l'épouse, ce dont il résulte l'absence d'*affectio societatis*. • Civ. 1re, 3 déc. 2008 : *JCP 2009. I. 140, n° 18, obs. Storck ; RLDC 2009/58, n° 3348, obs. Pouliquen.*

4. Saisis d'une demande en remboursement de sommes d'argent versées par un chirurgien à un confrère, les juges du fond ne peuvent, pour rejeter cette demande, retenir l'existence d'une société de fait entre les deux chirurgiens sans rechercher en quoi consistait l'influence reconnue à l'un d'eux et si celle-ci, qui ne pourrait elle-même s'analyser qu'en un apport en industrie, était licite et sans s'expliquer sur les conditions dans lesquelles les rétrocessions d'honoraires versées par le demandeur à son confrère étaient constitutives de la répartition d'un bénéfice social. • Civ. 1re, 16 juill. 1997, n° 95-11.837 P.

5. *Preuve d'une société de fait.* Preuve par tous moyens d'une société de fait qui n'a d'autre objet que de déterminer les rapports qui ont pu exister entre ses associés. • Com. 13 mars 1984, n° 82-11.866 P.

6. *Applications.* Société de fait entre époux séparés de biens : V. • Civ. 1re, 4 nov. 1987 : *Gaz. Pal. 1988. 2. 631, note Massip* • 21 oct. 1997 : *Dr. fam. 1998, n° 14, note Beignier ; RTD civ. 1998. 731, obs. Vareille* • 12 nov. 1998 : *JCP 1999. I. 154, n° 15, obs. Storck* (refus, en l'espèce). ♦ ... Entre un père et un fils travaillant sur la même exploitation agricole : V. • Com. 16 juin 1998, n° 96-12.337 P : *R., p. 247 ; D. Affaires 1998. 1537, obs. M. B. ; Defrénois 1999. 415, note Gibirila.* ♦ ... Entre médecins, la société de fait disposant de numéros Siret et Siren ainsi que d'un numéro de compte auprès de l'URSSAF et ayant déclaré des salariés. • Civ. 2e, 11 févr. 2016, n° 15-10.487 P : *Dr. soc. 2016. 665, note Salomon*. ♦ Société de fait faisant suite à la dissolution d'une société par survenance de son terme extinctif, l'activité et l'*affectio societatis* ayant perduré. • Civ. 1re, 13 déc. 2005 : *D. 2006. AJ 233, obs. A. Lienhard*. ♦ Une AARPI (association d'avocats à responsabilité professionnelle individuelle) est une société créée de fait qui est soumise au régime des sociétés en participation et qui n'a pas la personnalité morale ; aucune demande ne peut être dirigée contre elle. • Civ. 1re, 8 mars 2023, n° 20-16.475 B.

7. *Sociétés entre concubins.* V. notes 19 s. ss. art. 515-8.

8. *Conséquence d'une dissolution tacite.* La « dissolution tacite » d'une société créée de fait, sans qu'il ait été procédé aux opérations de liquidation et partage, n'est pas de nature à mettre fin au caractère équivoque de la possession de biens mobiliers par l'un des associés. • Com. 16 juin 1998 : *préc. note 6.*

Sur l'application du redressement et de la liquidation judiciaires aux personnes morales de droit privé, V. C. com., livre VI, titre II. — ***C. com.***

En ce qui concerne les sociétés commerciales, V. ***C. com., C. sociétés, Rép. sociétés.***

La ratification de la convention relative à la reconnaissance de la personnalité juridique des sociétés, associations et fondations étrangères, signée à La Haye le 12 juin 1956, a été autorisée par la loi n° 62-704 du 29 juin 1962 (BLD 1962. 402 ; JO 30 juin). — La ratification de la convention sur la reconnaissance mutuelle des sociétés et personnes morales, signée à Bruxelles le 29 févr. 1968, a été autorisée par la L. n° 69-1134 du 20 déc. 1969 (JO 23 déc.).

Loi n° 78-9 du 4 janvier 1978,

Modifiant le titre IX du livre III du code civil.

Art. 1er *V. C. civ., art. 1832 à 1873.*

Art. 2 La présente loi est applicable dans les territoires de la Nouvelle-Calédonie, de la Polynésie française, de Wallis-et-Futuna et des Terres australes et antarctiques françaises, ainsi qu'à Mayotte. — *Les dispositions de la L. n° 88-15 du 5 janv. 1988 concernant C. civ., art. 1843-5, 1844-5, 1844-7 et 1844-8, sont applicables aux territoires d'outre-mer et à Mayotte (L. préc., art. 52-II).*

Art. 3 Les conditions d'application de la présente loi seront fixées par décret en Conseil d'État. — *V. Décr. n° 78-704 du 3 juill. 1978.*

Ce décret procédera, notamment, sans en modifier le fond, à l'adaptation aux dispositions de la présente loi des références faites par d'autres textes aux anciens articles 1832 à 1873 du code civil, et supprimera celles de ces références qui n'ont plus d'objet.

Art. 4 La présente loi entrera en vigueur le premier jour du sixième mois qui suivra sa publication *[date d'entrée en vigueur : 1er juill. 1978].*

Elle s'appliquera aux sociétés qui se constitueront à compter de son entrée en vigueur.

Elle sera applicable aux sociétés constituées avant son entrée en vigueur deux ans après celle-ci. Elle sera applicable avant cette date aux sociétés jouissant de la personnalité morale dès leur immatriculation et aux sociétés en participation si les associés en décident ainsi.

(Abrogé par L. n° 2001-420 du 15 mai 2001) « Par dérogation à l'article 1842 du code civil, les sociétés non immatriculées à la date prévue à l'alinéa précédent conserveront leur personna-

lité morale. Les dispositions relatives à la publicité ne leur seront pas applicables. Toutefois, leur immatriculation et l'application des dispositions relatives à la publicité pourront être requises par le ministère public ou par tout intéressé dans les conditions prévues à l'article 1839 du code civil. » — Ce 4e alinéa de l'art. 4 est abrogé le 1er nov. 2002. Les sociétés civiles procèdent, avant cette date, à leur immatriculation au registre du commerce et des sociétés (art. 44 de la loi no 2001-420 du 15 mai 2001).

Par dérogation à l'article 1845-1 du code civil, les sociétés civiles constituées avant l'entrée en vigueur de la présente loi ont la faculté de maintenir des parts sociales inégales.

A dater de l'application de la présente loi à une société, les dispositions statutaires contraires sont réputées non écrites.

Les sociétés constituées pendant la période comprise entre la publication de la présente loi et la date prévue ci-dessus pour son entrée en vigueur pourront, par une clause expresse de leurs statuts, se soumettre au droit nouveau. Jusqu'à leur immatriculation, qui ne pourra intervenir qu'après ladite entrée en vigueur, elles seront régies par les articles 1842 à 1843-1 du code civil.

Art. 5 I. *(Complète l'art. 1er de la loi no 66-879 du 29 nov. 1966 relative aux sociétés civiles professionnelles). — **C. sociétés.***

II. *(Modifie l'art. 2 de la loi no 55-4 du 4 janv. 1955 concernant les annonces judiciaires et légales). — **C. pr. civ.***

III. Les articles 419 à 422 de la loi no 66-537 du 24 juillet 1966 sur les sociétés commerciales sont abrogés.

Décret no 78-704 du 3 juillet 1978,

Relatif à l'application de la loi no 78-9 du 4 janvier 1978 modifiant le titre IX du livre III du code civil.

CHAPITRE I. *DISPOSITIONS GÉNÉRALES*

Art. 1er Les dispositions du présent chapitre sont applicables à toutes les sociétés dotées de la personnalité morale, sauf dispositions expresses contraires régissant certaines d'entre elles.

Art. 2 Les sociétés sont immatriculées au registre du commerce et des sociétés dans les conditions définies par la réglementation relative à ce registre. — *V. C. com., art. R. 123-31 s.. — **C. com. ; C. sociétés.***

La demande d'immatriculation est présentée après accomplissement des formalités de constitution de la société.

Art. 3 La durée de la société court à compter de l'immatriculation de celle-ci au registre du commerce et des sociétés.

Elle peut être prorogée une ou plusieurs fois sans que chaque prorogation puisse excéder quatre-vingt-dix-neuf ans.

Art. 4 L'action en régularisation de la constitution de la société ou de la modification des statuts prévue à l'article 1839 du code civil est portée devant le tribunal de commerce pour les sociétés commerciales et devant le tribunal judiciaire dans les autres cas.

Le tribunal territorialement compétent est celui dans le ressort duquel est situé le siège de la société.

Art. 5 Si une ou plusieurs énonciations exigées par la loi ou les règlements ne figurent pas dans les statuts, le tribunal ordonne que ceux-ci soient complétés dans les mêmes conditions que celles requises lors de la constitution de la société.

Si une formalité prescrite par la loi ou les règlements pour la constitution de la société ou la modification des statuts a été omise ou irrégulièrement accomplie, le tribunal ordonne qu'elle soit accomplie ou refaite. Il peut en outre ordonner que toutes les formalités qui ont suivi celle omise ou entachée d'un vice ou certaines d'entre elles seulement, soient également refaites.

Art. 6 L'état des actes accomplis pour le compte de la société en formation avec l'indication, pour chacun d'eux, de l'engagement qui en résulterait pour la société est présenté aux associés avant la signature des statuts.

Cet état est annexé aux statuts, dont la signature emportera reprise des engagements par la société, lorsque celle-ci aura été immatriculée.

En outre, les associés peuvent, dans les statuts ou par acte séparé, donner mandat à l'un ou plusieurs d'entre eux, ou au gérant non associé qui a été désigné, de prendre des engagements pour le compte de la société. Sous réserve qu'ils soient déterminés et que les modalités en soient précisées par le mandat, l'immatriculation de la société emportera reprise de ces engagements par ladite société.

La reprise des engagements souscrits pour le compte de la société en formation ne peut résulter, après l'immatriculation de la société, que d'une décision prise, sauf clause contraire des statuts, à la majorité des associés.

Art. 7 Si les statuts sont établis par acte sous seing privé, il est dressé autant d'originaux qu'il est nécessaire pour le dépôt d'un exemplaire au siège social et l'exécution des diverses formalités requises.

Art. 8 L'associé entre les mains duquel sont réunies toutes les parts sociales peut, à tout moment, dissoudre la société par déclaration au greffe du tribunal de commerce en vue de la mention de la dissolution au registre du commerce et des sociétés.

(Décr. nº 88-418 du 22 avr. 1988, art. 31) « Le délai d'opposition prévu au troisième alinéa de l'article 1844-5 du code civil court à compter de la publication de la dissolution faite, en application de l'article 287 du décret nº 67-236 du 23 mars 1967 sur les sociétés commerciales *[C. com., art. R. 210-9]*, dans un journal habilité à recevoir les annonces légales. »

Art. 9 Si les associés n'ont pu nommer un liquidateur, celui-ci est désigné, à la demande de tout intéressé, par ordonnance du président du tribunal de commerce pour les sociétés commerciales ou du tribunal judiciaire dans les autres cas, statuant sur requête.

Tout intéressé peut former opposition à l'ordonnance dans le délai de quinze jours à dater de sa publication dans les conditions prévues à l'article 27. Cette opposition est portée devant le tribunal dont le président a rendu l'ordonnance. Le tribunal peut désigner un autre liquidateur.

Art. 10 Quelle que soit la nature de l'acte qui les nomme, les liquidateurs doivent rendre compte aux associés de l'accomplissement de leur mission, dans les conditions déterminées par l'acte de nomination, ou, à défaut, au moins annuellement sous forme d'un rapport écrit décrivant les diligences qu'ils ont effectuées pendant l'année écoulée.

La décision de clôture de la liquidation est prise par les associés, après approbation des comptes définitifs de la liquidation. A défaut d'approbation des comptes ou si la consultation des associés s'avère impossible, il est statué sur les comptes et, le cas échéant, sur la clôture de la liquidation, par le tribunal de commerce pour les sociétés commerciales, par le tribunal judiciaire dans les autres cas, à la demande du liquidateur ou de tout intéressé.

Les comptes définitifs, la décision des associés et, s'il y a lieu, la décision judiciaire prévue à l'alinéa précédent sont déposés au greffe du tribunal de commerce en annexe au registre du commerce et des sociétés.

Art. 11 Sauf disposition contraire de l'acte de nomination, si plusieurs liquidateurs ont été nommés ils peuvent exercer leurs fonctions séparément. Toutefois les documents soumis aux associés sont établis et présentés en commun.

Art. 12 La rémunération des liquidateurs est fixée par la décision qui les nomme. A défaut, elle l'est postérieurement à la demande du liquidateur, par ordonnance sur requête du président du tribunal de commerce pour les sociétés commerciales ou du tribunal judiciaire dans les autres cas.

Art. 13 A compter de la dissolution de la société la mention « société en liquidation » ainsi que le nom du ou des liquidateurs doivent figurer sur tous les actes et documents émanant de la société et destinés aux tiers, notamment sur toutes lettres, factures, annonces et publications diverses.

Art. 14 La société est radiée du registre du commerce et des sociétés sur justification de l'accomplissement des formalités prescrites par les articles 10 et 29.

Art. 15 La mise en demeure prévue par l'article 1844-12, alinéa 1er, du code civil est faite par acte de commissaire de justice ou par lettre recommandée avec demande d'avis de réception.

Art. 16 La tierce opposition contre les décisions prononçant la nullité d'une société n'est recevable que pendant un délai de six mois à compter de la publication de la décision judiciaire au *Bulletin officiel des annonces civiles et commerciales.*

Art. 17 La demande de désignation d'un expert prévue à l'article 1843-4 du code civil ou d'un mandataire prévue par les articles 1844, alinéa 2, et 1844-6, alinéa 3, dudit code est portée devant le président du tribunal de commerce pour les sociétés commerciales ou du tribunal judiciaire dans les autres cas.

Art. 18 La publicité au moyen d'avis ou annonces est faite selon le cas par insertions au *Bulletin officiel des annonces civiles et commerciales* ou dans un journal habilité à recevoir les annonces légales dans le département du siège social ou au *Bulletin des annonces légales obligatoires.*

Art. 19 La publicité par dépôt d'actes ou de pièces est faite au greffe du tribunal de commerce, en annexe au registre du commerce et des sociétés dans les conditions prévues par la réglementation à ce registre.

Art. 20 Les formalités de publicité sont effectuées à la diligence et sous la responsabilité des représentants légaux de la société.

Lorsqu'une formalité de publicité ne portant ni sur la constitution de la société, ni sur la modification de ses statuts, a été omise ou irrégulièrement accomplie et si la société n'a pas régularisé la situation dans le délai d'un mois à compter de la mise en demeure à elle adressée, tout intéressé peut demander au président du tribunal de commerce pour les sociétés commerciales ou du tribunal judiciaire dans les autres cas de désigner un mandataire chargé d'accomplir la formalité. Le président statue *(Décr. n° 2019-1419 du 20 déc. 2019, art. 18)* « en référé ».

Les dispositions issues du Décr. n° 2019-1419 du 20 déc. 2019 s'appliquent aux demandes introduites à compter du 1er janv. 2020 (Décr. préc., art. 24-II).

Art. 21 Dans tous les cas où les lois et règlements applicables aux sociétés disposent qu'il est statué par ordonnance du président du tribunal, soit sur requête, soit *(Décr. n° 2019-1419 du 20 déc. 2019, art. 18)* « en référé », une copie de ladite ordonnance est déposée par le greffier du tribunal de commerce au dossier de la société, en annexe au registre du commerce et des sociétés. En vue de ce dépôt, l'ordonnance doit, lorsqu'elle émane du président du tribunal judiciaire, être transmise par le greffier dudit tribunal au greffier du tribunal de commerce.

Art. 22 Lorsque les autres formalités de constitution de la société ont été accomplies, un avis est inséré dans un journal habilité à recevoir les annonces légales dans le département du siège social.

Cet avis est signé par le notaire qui a reçu l'acte de société ou au rang des minutes duquel il a été déposé ; dans les autres cas, il est signé par l'un des fondateurs ou des premiers associés ayant reçu un pouvoir spécial à cet effet.

Il contient les indications suivantes :

1° La raison sociale ou la dénomination sociale suivie, s'il y a lieu, de son sigle ;

2° La forme de la société et, s'il y a lieu, le statut légal particulier auquel elle est soumise ;

3° Le montant du capital social et, s'il s'agit d'une société à capital variable, le montant au-dessous duquel il ne peut être réduit ;

4° L'adresse du siège social ;

5° L'objet social indiqué sommairement ;

6° La durée pour laquelle la société a été constituée ;

7° Le montant des apports en numéraire ;

8° La description sommaire et l'évaluation des apports en nature ;

9° Les nom, prénom usuel et domicile des associés tenus indéfiniment et solidairement des dettes sociales ;

10° Les nom, prénom usuel et domicile des associés ou des tiers ayant, dans la société, la qualité de gérant, administrateur, président du conseil d'administration, directeur général, membre du directoire, membre du conseil de surveillance ou commissaire aux comptes ;

11° Les nom, prénom usuel et domicile des personnes ayant le pouvoir général d'engager la société envers les tiers ;

12° Le greffe du tribunal où la société sera immatriculée ;

13° S'il y a lieu, l'existence de clauses relatives à l'agrément des cessionnaires de parts sociales et la désignation de l'organe de la société habilité à statuer sur les demandes d'agrément.

Art. 23 Après immatriculation au registre du commerce et des sociétés la constitution de la société fait l'objet d'une publicité au *Bulletin officiel des annonces civiles et commerciales.*

Art. 24 Si l'une des mentions de l'avis prévu à l'article 22 est frappée de caducité par suite de la modification des statuts ou d'un autre acte, délibération ou décision, la modification intervenue est publiée dans les conditions prévues par cet article.

L'avis est signé par le notaire qui a reçu l'acte ou au rang des minutes duquel il a été déposé ; dans les autres cas, il est signé par les représentants légaux de la société.

Il contient, après les indications énumérées du 1° au 4° de l'article 22, alinéa 3, ci-dessus :

— le numéro d'immatriculation de la société ;

— les titre, date du numéro et lieu de publication du journal dans lequel a été inséré l'avis prévu à l'article 22, ainsi que la date du numéro du *Bulletin officiel des annonces civiles et commerciales* dans lequel a été faite la publication prévue à l'article 23 ;

— les modifications intervenues, reproduisant l'ancienne mention à côté de la nouvelle.

Art. 25 Le nom des premiers gérants, administrateurs, membres des organes de surveillance et commissaires aux comptes mentionné dans les statuts peut être omis dans les statuts mis à jour et déposés en annexe au registre du commerce et des sociétés, sans qu'il y ait lieu, sauf disposition statutaire contraire, de les remplacer par le nom des personnes qui leur ont succédé dans ces fonctions.

Art. 26 En cas de transfert du siège social hors du ressort du tribunal au greffe duquel la société a été immatriculée, l'avis publié dans un journal d'annonces légales du département du nouveau siège indique que le siège social a été transféré et reproduit les mentions visées du 1° au 9° de l'article 22, alinéa 3, et en outre :

— le lieu et le numéro d'immatriculation au registre du commerce et des sociétés de l'ancien siège social ;

— l'indication du registre du commerce et des sociétés où la société sera immatriculée en raison de son nouveau siège social.

Art. 27 L'acte de nomination des liquidateurs, quelle que soit sa forme, est publié dans le délai d'un mois dans un journal habilité à recevoir les annonces légales dans le département du siège social et, en outre, si la société a fait publiquement appel à l'épargne, au *Bulletin des annonces légales obligatoires.*

Il contient les indications suivantes :

1° La raison sociale ou la dénomination sociale suivie, s'il y a lieu, de son sigle ;

2° La forme de la société et, s'il y a lieu, le statut légal particulier auquel elle est soumise, suivie de la mention "en liquidation" ;

3° Le montant du capital social ;

4° L'adresse du siège social ;

5° Le numéro d'immatriculation de la société ;

6° La cause de la dissolution ;

7° Les nom, prénom usuel et domicile des liquidateurs ;

8° S'il y a lieu, les limitations apportées à leurs pouvoirs.

Sont en outre indiqués dans la même insertion :

1° Le lieu où la correspondance doit être adressée et celui où les actes et documents concernant la liquidation doivent être notifiés ;

2° Le tribunal de commerce au greffe duquel sera effectué, en annexe au registre du commerce et des sociétés, le dépôt des actes et pièces relatifs à la liquidation.

Art. 28 Au cours de la liquidation de la société, le liquidateur accomplit, sous sa responsabilité, les formalités de publicité incombant aux représentants légaux de la société.

Notamment, toute décision entraînant modification des mentions publiées en application de l'article 27 est publiée dans les conditions prévues par cet article.

Art. 29 L'avis de clôture de la liquidation, signé par le liquidateur, est publié, à la diligence de celui-ci, dans le journal d'annonces légales ayant reçu la publicité prescrite par *l'article 27 et, si la société* a fait publiquement appel à l'épargne, au Bulletin des annonces *légales obligatoires.*

Il contient les indications suivantes :

1° La raison sociale ou la dénomination sociale suivie, s'il y a lieu, de son sigle ;

2° La forme de la société suivie de la mention « en liquidation » et, s'il y a lieu, le statut légal particulier auquel elle est soumise ;

3° Le montant du capital social ;

4° L'adresse du siège social ;
5° Les nom, prénom usuel et domicile des liquidateurs ;
6° Le numéro d'immatriculation de la société.

CHAPITRE II. *DISPOSITIONS APPLICABLES AUX SOCIÉTÉS CIVILES*

Art. 30 Les dispositions du présent chapitre sont applicables aux sociétés définies par l'article 1845 du code civil.

Elles sont également applicables, en tant que de raison, aux rapports entre associés d'une société en participation ayant le caractère civil à moins qu'une organisation différente n'ait été prévue.

Art. 31 Si les statuts sont établis par acte sous seing privé, une copie certifiée conforme doit en être remise à chaque associé.

Tout associé peut, après toute modification statutaire, demander à la société la délivrance d'une copie certifiée conforme des statuts en vigueur au jour de la demande.

La société doit annexer à ce document la liste mise à jour des associés ainsi que des gérants et, le cas échéant, des commissaires aux comptes ou des membres de l'organe de surveillance.

Art. 32 La raison sociale ou la dénomination sociale doit figurer sur tous les actes ou documents émanant de la société et destinés aux tiers. Elle doit, si elle ne les contient pas, être précédée ou suivie de manière lisible, une fois au moins, des mots « société civile » suivis de l'indication du capital social et, éventuellement, complétés par les mentions requises par le statut légal particulier auquel la société est soumise.

Art. 33 Sauf stipulation expresse, les dispositions statutaires mentionnant la répartition des parts entre les associés n'ont pas à être modifiées pour tenir compte des cessions de parts.

Art. 34 Si les statuts le prévoient, des certificats représentatifs de leurs parts peuvent être remis aux associés. Ils doivent être intitulés "certificat représentatif de parts" et être très lisiblement barrés de la mention "non négociable". Ils sont établis au nom de chaque associé par part ou multiple de parts ou pour le total des parts détenues par lui.

Art. 35 Lorsqu'une personne morale est nommée gérant de la société, l'acte de nomination indique le nom de ses représentants légaux. Leur changement emporte rectification de l'acte de nomination et doit être publié comme l'acte lui-même.

Art. 36 La requête prévue à l'article 1846, alinéa 5, du code civil est présentée au président du tribunal judiciaire dans le ressort duquel est situé le siège de la société.

Art. 37 L'action prévue à l'article 1846-1 du code civil est portée devant le tribunal judiciaire dans le ressort duquel est situé le siège de cette société ; elle est intentée soit contre tous les associés, soit contre un mandataire spécial désigné par ordonnance du président du tribunal statuant sur requête du demandeur à l'action.

Art. 38 Lorsque l'action sociale est intentée par un ou plusieurs associés, le tribunal ne peut statuer que si la société a été régulièrement mise en cause par l'intermédiaire de ses représentants légaux.

Art. 39 Un associé non gérant peut à tout moment, par lettre recommandée, demander au gérant de provoquer une délibération des associés sur une question déterminée.

Si le gérant fait droit à la demande, il procède, conformément aux statuts, à la convocation de l'assemblée des associés ou à leur consultation par écrit. Sauf si la question posée porte sur le retard du gérant à remplir l'une de ses obligations, la demande est considérée comme satisfaite lorsque le gérant accepte que la question soit inscrite à l'ordre du jour de la prochaine assemblée ou consultation par écrit.

Si le gérant s'oppose à la demande ou garde le silence, l'associé demandeur peut, à l'expiration du délai d'un mois à dater de sa demande, solliciter du président du tribunal judiciaire, statuant *(Décr. n° 2019-1419 du 20 déc. 2019, art. 18)* « selon la procédure accélérée au fond », la désignation d'un mandataire chargé de provoquer la délibération des associés.

Art. 40 Les associés sont convoqués quinze jours au moins avant la réunion de l'assemblée, par lettre recommandée. Celle-ci indique l'ordre du jour de telle sorte que le contenu et la portée des questions qui y sont inscrites apparaissent clairement sans qu'il y ait lieu de se reporter à d'autres documents.

Dès la convocation, le texte des résolutions proposées et tout document nécessaire à l'information des associés sont tenus à leur disposition au siège social, où ils peuvent en prendre connaissance ou copie.

Les associés peuvent demander que ces documents leur soient adressés soit par lettre simple, soit à leurs frais par lettre recommandée.

Art. 41 Lorsque l'ordre du jour de l'assemblée porte sur la reddition de compte des gérants, le rapport d'ensemble sur l'activité de la société prévu à l'article 1856 du code civil, les rapports de l'organe de surveillance ou des commissaires aux comptes s'il y a lieu, le texte des résolutions proposées et tous autres documents nécessaires à l'information des associés sont adressés à chacun d'eux par lettre simple, quinze jours au moins avant la réunion de l'assemblée. Les mêmes documents sont, pendant ce délai, tenus à la disposition des associés au siège social, où ils peuvent en prendre connaissance ou copie.

Art. 42 En cas de consultation écrite, le texte des résolutions proposées ainsi que les documents nécessaires à l'information des associés sont adressés à chacun de ceux-ci par lettre recommandée avec demande d'avis de réception. Chaque associé dispose d'un délai d'au moins quinze jours à compter de la date de réception de ces documents pour émettre son vote par écrit. Les statuts fixent le délai au-delà duquel les votes ne seront plus reçus.

Art. 43 Les dispositions des articles 40 à 42 ne sont pas applicables lorsque tous les associés sont gérants.

Art. 44 Toute délibération des associés est constatée par un procès-verbal indiquant les nom et prénoms des associés qui y ont participé, le nombre de parts détenues par chacun d'eux, les documents et rapports soumis aux associés, le texte des résolutions mises aux voix et le résultat des votes.

S'il s'agit d'une assemblée le procès-verbal indique également la date et le lieu de la réunion, les nom, prénoms et qualité du président et un résumé des débats.

S'il s'agit d'une consultation écrite la justification du respect des formalités prévues à l'article 42 et la réponse de chaque associé sont annexées au procès-verbal.

Les procès-verbaux sont établis et signés par les gérants et, s'il y a lieu, par le président de l'assemblée.

Art. 45 Les procès-verbaux prévus à l'article précédent sont établis sur un registre spécial tenu au siège de la société, coté et paraphé dans la forme ordinaire et sans frais soit par un juge du tribunal de commerce ou du tribunal judiciaire, soit par le maire ou un adjoint au maire de la commune du siège de la société.

Toutefois, les procès-verbaux peuvent être établis sur des feuilles mobiles numérotées sans discontinuité, paraphées dans les conditions prévues à l'alinéa précédent et revêtues du sceau de l'autorité qui les a paraphées. Dès qu'une feuille a été remplie, même partiellement, elle doit être jointe à celles précédemment utilisées. Toute addition, suppression, substitution ou interversion de feuilles est interdite.

(Décr. n° 2019-1118 du 31 oct. 2019, art. 14) « Le registre spécial peut être tenu et les procès-verbaux établis sous forme électronique ; dans ce cas, les procès-verbaux sont signés au moyen d'une signature électronique qui respecte au moins les exigences relatives à une signature électronique avancée prévues par l'article 26 du règlement (UE) n° 910/2014 du Parlement européen et du Conseil du 23 juillet 2014 sur l'identification électronique et les services de confiance pour les transactions électroniques au sein du marché intérieur. Les procès-verbaux sont datés de façon électronique par un moyen d'horodatage offrant toute garantie de preuve. »

Art. 46 Lorsque la décision des associés résulte de leur consentement exprimé dans un acte, cette décision est mentionnée, à sa date, dans le registre prévu à l'article 45 ci-dessus. La mention dans le registre contient obligatoirement l'indication de la forme, de la nature, de l'objet et des signataires de l'acte. L'acte lui-même, s'il est sous seing privé ou sa copie authentique, s'il est notarié, est conservé par la société de manière à permettre sa consultation en même temps que le registre des délibérations.

(Décr. n° 2019-1118 du 31 oct. 2019, art. 14) « Lorsque le registre prévu à l'article 45 est tenu sous forme électronique, la mention dans le registre est signée au moyen d'une signature électronique conforme au dernier alinéa du même article. La mention dans le registre est datée de façon électronique par un moyen d'horodatage offrant toute garantie de preuve. »

Art. 47 Les copies ou extraits des procès-verbaux des délibérations des associés sont valablement certifiées conformes par un seul gérant. Au cours de la liquidation de la société, leur certification est valablement effectuée par un seul liquidateur.

(Décr. n° 2019-1118 du 31 oct. 2019, art. 14) « La certification peut se faire au moyen d'une signature électronique qui respecte au moins les exigences relatives à une signature électronique avancée prévues par l'article 26 du règlement (UE) n° 910/2014 du Parlement européen et du Conseil du 23 juillet 2014 sur l'identification électronique et les services de confiance pour les transactions électroniques au sein du marché intérieur. »

Art. 48 En application des dispositions de l'article 1855 du code civil, l'associé non gérant a le droit de prendre par lui-même, au siège social, connaissance de tous les livres et documents sociaux, des contrats, factures, correspondance, procès-verbaux et plus généralement de tout document établi par la société ou reçu par elle.

Le droit de prendre connaissance emporte celui de prendre copie.

Dans l'exercice de ces droits, l'associé peut se faire assister d'un expert choisi parmi les experts agréés par la Cour de cassation ou les experts près une cour d'appel.

Art. 49 Le projet de cession de parts ou de nantissement en vue de l'agrément du cessionnaire ou du créancier nanti, la renonciation au projet de cession, la date de réalisation forcée des parts sont notifiés par acte de commissaire de justice ou par lettre recommandée avec demande d'avis de réception.

(Abrogé par Décr. n° 2021-1888 du 29 déc. 2021, art. 5-XXI, à compter du 1er janv. 2022) « S'il résulte d'un acte sous seing privé et s'il n'a pas été accepté par elle dans un acte authentique, le nantissement des parts sociales est signifié à la société par acte d'huissier de justice. »

Les décisions de la société et des associés sur la demande d'agrément, le nom du ou des acquéreurs proposés, l'offre de rachat par la société sont notifiés par lettre recommandée avec demande d'avis de réception.

Art. 50 Lorsque les statuts prévoient que l'agrément des projets de cession de parts peut être accordé par le gérant, ce dernier, préalablement au refus d'agrément du cessionnaire proposé, doit, par lettre recommandée, aviser les associés de la cession projetée et leur rappeler les dispositions des articles 1862 et 1863 du code civil et, s'il y a lieu, les clauses statutaires aménageant ou complétant ces articles.

L'avis prévu à l'alinéa précédent doit être adressé aux associés dans un délai qui ne peut excéder le tiers de celui prévu par les statuts conformément à l'article 1864 du code civil ou deux mois dans le silence des statuts.

Art. 51 Lorsqu'un registre des associés est prévu par les statuts, il est tenu au siège de la société et constitué par la réunion, dans l'ordre chronologique de leur établissement, de feuillets identiques utilisés sur une seule face. Chacun de ces feuillets est réservé à un titulaire de parts sociales à raison de sa propriété ou à plusieurs titulaires à raison de leur copropriété, de leur nue-propriété ou de leur usufruit sur ces parts.

Chaque feuillet contient notamment :

1° Les nom, prénom usuel et domicile de l'associé originaire et la date d'acquisition de ses parts ;

2° La valeur nominale de ces parts ;

3° Les nom, prénom usuel et domicile du ou des cessionnaires des parts ;

4° Les nom, prénom usuel et domicile des personnes ayant reçu les parts en nantissement, *le nombre des parts données en nantissement* et la somme garantie ;

5° La date d'acquisition des parts, de leur transfert, de leur nantissement et de sa mainlevée ;

6° La date de l'agrément et l'indication de l'organe social qui l'a accordé.

Il est établi un nouveau feuillet par nouvel associé ; ce feuillet doit comporter une mention permettant, s'il y a lieu, d'identifier l'associé dont il a acquis les parts.

Ce registre est obligatoirement tenu lorsque les statuts stipulent que la cession des parts sociales peut être rendue opposable à la société par transfert dans ses registres.

Art. 52 La publicité de la cession de parts est accomplie par dépôt, en annexe au registre du commerce et des sociétés, *(Décr. n° 2012-928 du 31 juill. 2012, art. 23, en vigueur le 1er sept. 2012)* « de l'original de l'acte de cession s'il est sous seing privé ou d'une copie authentique de celui-ci s'il est notarié ».

Art. 53 à 57 *Abrogés par Décr. n° 2021-1888 du 29 déc. 2021, art. 5-XXI, à compter du 1er janv. 2022.*

CHAPITRE III. *ADAPTATION AUX NOUVELLES DISPOSITIONS DU CODE CIVIL DES RÉFÉRENCES FAITES PAR D'AUTRES TEXTES AUX ANCIENS ARTICLES 1832 À 1873 DUDIT CODE*

Art. 58 à 67 *(Les modifications des références aux anciens articles 1832 à 1873 C. civ. en vue de leur adaptation aux nouvelles dispositions du code civil ne touchent pas le fond et sont portées directement dans les textes concernés).*

CHAPITRE IV. *DISPOSITIONS D'APPLICATION*

Art. 68 *Application outre-mer.*

Art. 69 Les sociétés immatriculées dans les conditions prescrites par le présent décret et auxquelles un statut légal particulier impose des règles spéciales de publicité sont autorisées, à titre provisoire, à n'effectuer cette publicité que selon le mode prescrit par leur statut légal particulier. L'application du présent article ne peut avoir pour effet de dispenser ces sociétés de l'immatriculation.

Code rural et de la pêche maritime **Art. L. 324-1** Une ou plusieurs personnes physiques *(Abrogé par L. n° 2005-157 du 23 févr. 2005, art. 28-I)* « *majeures* » peuvent instituer une société civile dénommée « exploitation agricole à responsabilité limitée », régie par les dispositions des chapitres I et II du titre IX du livre III du code civil, à l'exception de l'article 1844-5. Les associés ne supportent les pertes qu'à concurrence de leurs apports.

Lorsque l'exploitation agricole à responsabilité limitée est constituée par une seule personne, celle-ci est dénommée « associé unique ». L'associé unique exerce les pouvoirs dévolus à l'assemblée des associés.

L'exploitation agricole à responsabilité limitée est désignée par une dénomination sociale à laquelle peut être incorporé le nom d'un ou plusieurs associés, et qui doit être précédée ou suivie immédiatement des mots « exploitation agricole à responsabilité limitée » ou des initiales EARL, et de l'énonciation du capital social. — *[L. n° 85-697 du 11 juill. 1985, art. 11.]*

Loi n° 66-879 du 29 novembre 1966,

*Relative aux sociétés civiles professionnelles. — **C. sociétés.***

Ndlr** : la L. n° 66-879 du 29 nov. 1966 est abrogée par l'Ord. n° 2023-77 du 8 févr. 2023 relative à l'exercice en société des professions libérales réglementées, à compter du 1er sept. 2024 (Ord. préc., art. 131). — V. cette Ord., **C. sociétés.

Pour l'application de cette loi à la profession de notaire, V. Décr. n° 67-868 du 2 oct. 1967 (D. 1967. 390 ; BLD 1967. 689), mod. par Décr. n° 71-943 du 26 nov. 1971 (D. et BLD 1971. 457), Décr. n° 75-979 du 24 oct. 1975 (D. et BLD 1975. 386), Décr. n° 78-704 du 3 juill. 1978, art. 58 (D. et BLD 1978. 290), Décr. n° 87-172 du 13 mars 1987 (D. et ALD 1987. 154), Décr. n° 88-815 du 12 juill. 1988 (D. et ALD 1988. 383), Décr. n° 92-64 du 20 janv. 1992 (JO 21 janv.), Décr. n° 97-1188 du 24 déc. 1997, art. 5 (JO 27 déc.), Décr. n° 2004-364 du 22 avr. 2004, art. 2 (JO 25 avr.) ;

... de commissaire aux comptes, V. Décr. n° 69-810 du 12 août 1969, art. 127 s. (D. et BLD 1969. 320), mod. par Décr. n° 85-665 du 3 juill. 1985, art. 43 s. (D. et ALD 1985. 364), Décr. n° 2005-599 du 27 mai 2005, art. 86 s. (JO 29 mai) [C. com., art. R. 822-109 s.] ;

*... d'huissier de justice [devenu commissaire de justice], V. Décr. n° 2022-950 du 29 juin 2022. — **C. pr. exéc.***

... de greffier de tribunal de commerce, V. Décr. n° 71-688 du 11 août 1971 (JO 24 août), mod. par Décr. n° 91-742 du 31 juill. 1991 (JO 1er août) [C. com., art. R. 743-29 s.] ;

... d'avocat, V. Décr. n° 92-680 du 20 juill. 1992 (D. et ALD 1992. 425) ;

... de géomètre expert, Décr. n° 76-73 du 15 janv. 1976 (D. et BLD 1976. 100) ;

... de médecin, Décr. n° 77-636 du 14 juin 1977 (D. et BLD 1977. 249) modifié, codifié au CSP, art. R. 4113-26 s. (Décr. n° 2004-802 du 29 juill. 2004, JO 8 août) ;

... d'architecte, Décr. n° 77-1480 du 28 déc. 1977 (JO 1er janv. 1978) ;

... de directeur de laboratoire d'analyses de biologie médicale, Décr. n° 78-326 du 15 mars 1978 (JO 17 mars), mod. par Décr. n° 2001-384 du 30 avr. 2001, art. 2 (JO 5 mai) ;

... d'avocat au Conseil d'État et à la Cour de cassation, Décr. n° 78-380 du 15 mars 1978 (D. et BLD 1978. 204) ;

... de chirurgien-dentiste, Décr. n° 78-906 du 24 août 1978 (JO 3 sept.) modifié, codifié au CSP, art. R. 4113-26 s. (Décr. n° 2004-802 du 29 juill. 2004, JO 8 août) ;

... de vétérinaire, Décr. n° 79-885 du 11 oct. 1979 (JO 14 oct.) modifié, codifié au C. rur., art. R. 241-29 à R. 241-93 (Décr. n° 2003-768 du 1er août 2003, JO 7 août) ;

... d'infirmier ou d'infirmière, Décr. n° 79-949 du 9 nov. 1979 (JO 10 nov.) modifié, codifié au CSP, art. R. 4381-38 s. (Décr. n° 2004-802 du 29 juill. 2004, JO 8 août) ;

... de masseur-kinésithérapeute, Décr. n° 81-509 du 12 mai 1981 (JO 14 mai) modifié, codifié au CSP, art. R. 4381-38 s. (Décr. n° 2004-802 du 29 juill. 2004, JO 8 août) ;

... de conseil en propriété industrielle, Décr. n° 86-260 du 18 févr. 1986, codifié au CPI, art. R. 422-12 à R. 422-40 (Décr. n° 95-385 du 10 avr. 1995, JO 13 avr.) ;

... d'expert agricole et foncier et d'expert forestier, Décr. n° 86-636 du 14 mars 1986 (JO 20 mars), mod. par Décr. n° 2004-1159 du 29 oct. 2004, art. 19 (JO 31 oct.).

*Les administrateurs judiciaires peuvent constituer entre eux, pour l'exercice en commun de leur profession, des sociétés civiles professionnelles régies par la loi n° 66-879 du 29 nov. 1966. — Il en est de même des mandataires judiciaires à la liquidation des entreprises (L. n° 85-99 du 25 janv. 1985, art. 8 et 23, devenus C. com., art. L. 811-7 et L. 812-5). — **C. com.** — V., en application, Décr. n° 86-1176 du 5 nov. 1986 (D. et ALD 1986. 531), mod. par L. n° 90-1259 du 31 déc. 1990, art. 59 (JO 5 janv. 1991), Décr. n° 91-1233 du 4 déc. 1991 (D. et ALD 1992. 2) [C. com., art. R. 814-109 s.]. — **C. com. ; C. sociétés.***

Loi n° 71-579 du 16 juillet 1971, *relative à diverses opérations de construction (Sociétés de construction). — La loi du 16 juill. 1971 est codifiée au CCH, livre II, spécialement titre I, chapitres I à III, et, en conséquence, abrogée (L. n° 83-440 du 2 juin 1983, art. 2). — **CCH ; C. sociétés.***

Loi du 1er juillet 1901,

Relative au contrat d'association (DP 1901. 4. 105).

RÉP. CIV. v^is *Association*, par D. Hiez ; *Personne morale*, par G. Wickeret J.-C. Pagnucco.

DALLOZ ACTION *Droit patrimonial de la famille 2021/2022, n°s 371. 00 s. (libéralités aux associations).*

TITRE I

Art. 1er L'association est la convention par laquelle deux ou plusieurs personnes mettent en commun d'une façon permanente leurs connaissances ou leur activité dans un but autre que de partager des bénéfices. Elle est régie, quant à sa validité, par les principes généraux du droit applicable aux contrats et obligations.

Art. 2 Les associations de personnes pourront se former librement sans autorisation ni déclaration préalable, mais elles ne jouiront de la capacité juridique que si elles se sont conformées aux dispositions de l'article 5.

Art. 2 *bis* *(L. n° 2017-86 du 27 janv. 2017, art. 43)* Tout mineur peut librement devenir membre d'une association dans les conditions définies par la présente loi.

Tout mineur âgé de moins de seize ans, sous réserve d'un accord écrit préalable de son représentant légal, peut participer à la constitution d'une association et être chargé de son administration dans les conditions prévues à l'article 1990 du code civil. Il peut également accomplir, sous réserve d'un accord écrit préalable de son représentant légal, tous les actes utiles à l'administration de l'association, à l'exception des actes de disposition.

Tout mineur âgé de seize ans révolus peut librement participer à la constitution d'une association et être chargé de son administration dans les conditions prévues à l'article 1990 du code civil. Les représentants légaux du mineur en sont informés sans délai par l'association, dans des conditions fixées par décret. Sauf opposition expresse du représentant légal, le mineur peut accomplir seul tous les actes utiles à l'administration de l'association, à l'exception des actes de disposition.

Art. 3 Toute association fondée sur une cause ou en vue d'un objet illicite, contraire aux lois, aux bonnes mœurs, ou qui aurait pour but de porter atteinte à l'intégrité du territoire national et à la forme républicaine du Gouvernement est nulle et de nul effet. – *V. aussi Décr.-L. 23 oct. 1935, art. 1er (DP 1935. 4. 369).*

Art. 4 Tout membre d'une association peut s'en retirer en tout temps, après payement des cotisations échues et de l'année courante, nonobstant toute clause contraire.

Art. 5 Toute association qui voudra obtenir la capacité juridique prévue par l'article 6 devra être rendue publique par les soins de ses fondateurs.

(L. no 71-604 du 20 juill. 1971) « La déclaration préalable en sera faite *(Ord. no 2015-904 du 23 juill. 2015, art. 1)* « au représentant de l'État dans le département » où l'association aura son siège social. Elle fera connaître le titre et l'objet de l'association, le siège de ses établissements et les noms, professions, *(L. no 81-909 du 9 oct. 1981)* « domiciles et nationalités » de ceux qui, à un titre quelconque, sont chargés *(Ord. no 2005-856 du 28 juill. 2005, art. 4)* « de son administration. Un exemplaire des statuts est joint » à la déclaration. Il sera donné récépissé de celle-ci dans le délai de cinq jours. »

(L. no 81-909 du 9 oct. 1981) « Lorsque l'association aura son siège social à l'étranger, la déclaration préalable prévue à l'alinéa précédent sera faite *(Ord. no 2015-904 du 23 juill. 2015, art. 1)* « au représentant de l'État dans le département » où est situé le siège de son principal établissement. »

(L. no 71-604 du 20 juill. 1971) « L'association n'est rendue publique que par une insertion au *Journal officiel,* sur production de ce récépissé. »

Les associations sont tenues de faire connaître, dans les trois mois, tous les changements survenus dans leur *(Ord. no 2005-856 du 28 juill. 2005, art. 4)* « administration », ainsi que toutes les modifications apportées à leurs statuts.

Ces modifications et changements ne sont opposables aux tiers qu'à partir du jour où ils auront été déclarés.

Dernier al. abrogé par Ord. no 2015-904 du 23 juill. 2015.

Constitutionnalité. Les dispositions du troisième al. de l'art. 5 de la L. du 1er juill. 1901 n'ont pas pour objet et ne sauraient, sans porter une atteinte injustifiée au droit d'exercer un recours juridictionnel effectif, être interprétées comme privant les associations ayant leur siège à l'étranger, dotées de la personnalité morale en vertu de la législation dont elles relèvent mais qui ne disposent d'aucun établissement en France, de la qualité pour agir devant les juridictions françaises dans le respect des règles qui encadrent la recevabilité de l'action en justice ; sous cette réserve, cet al. est conforme à la Constitution. • Cons. const. 7 nov. 2014, no 2014-424 QPC : *JO 9 nov.* ♦ Pour une application : • Crim. 1er déc. 2015, no 14-80.394 P.

Art. 6 *(L. no 48-1001 du 23 juin 1948 ; L. no 87-571 du 23 juill. 1987, art. 16 ; L. no 2012-387 du 22 mars 2012, art. 126)* Toute association régulièrement déclarée peut, sans aucune autorisation spéciale, ester en justice, recevoir des dons manuels ainsi que des dons des établissements d'utilité publique, acquérir à titre onéreux, posséder et administrer en dehors des subventions de l'État, des régions, des départements, des communes et de leurs établissements publics :

1° Les cotisations de ses membres ;

2° Le local destiné à l'administration de l'association et à la réunion de ses membres ;

3° Les immeubles strictement nécessaires à l'accomplissement du but qu'elle se propose.

(L. no 2014-856 du 31 juill. 2014, art. 74) « Les associations déclarées depuis trois ans au moins et dont l'ensemble des activités est mentionné au *b* du 1 de l'article 200 du code général des impôts peuvent en outre :

« *a)* Accepter les libéralités entre vifs ou testamentaires, dans des conditions fixées à l'article 910 du code civil ;

« *b)* Posséder et administrer tous immeubles acquis à titre gratuit.

« Les cinquième à septième alinéas du présent article s'appliquent sans condition d'ancienneté aux associations ayant pour but exclusif l'assistance, la bienfaisance ou la recherche scientifique ou médicale déclarées avant la date de promulgation de la loi no 2014-856 du 31 juillet 2014 relative à l'économie sociale et solidaire et qui avaient, à cette même date, accepté une libéralité ou obtenu une réponse favorable à une demande faite sur le fondement du V de l'article 111 de la loi n° 2009-526 du 12 mai 2009 de simplification et de clarification du droit et d'allégement des procédures. »

Les associations régies par la loi du 1er juill. 1901... peuvent, lorsqu'elles exercent, exclusivement ou non, une activité économique effective depuis au moins deux années, émettre des obligations dans les conditions prévues par la présente loi (C. mon. fin., art. L. 213-8). — ***C. sociétés.***

Art. 7 *(L. n° 71-604 du 20 juill. 1971 ; L. n° 2012-387 du 22 mars 2012, art. 127)* En cas de nullité prévue par l'article 3, la dissolution de l'association est prononcée par le tribunal judiciaire, soit à la requête de tout intéressé, soit à la diligence du ministère public. Celui-ci peut assigner à jour fixe et le tribunal, sous les sanctions prévues à l'article 8, ordonner par provision et nonobstant toute voie de recours, la fermeture des locaux et l'interdiction de toute réunion des membres de l'association. — *Pour la procédure de dissolution des personnes morales dans le cadre de la répression des mouvements sectaires, V. L. n° 2001-504 du 12 juin 2001, art. 1er (JO 13 juin).*

Art. 8 Seront punis des peines d'amende prévues pour les contraventions de la cinquième classe, en première infraction et en récidive, ceux qui auront contrevenu aux dispositions de l'article 5.

Seront punis *(L. n° 2001-504 du 12 juin 2001, art. 16)* « de trois ans d'emprisonnement et de 45 000 € d'amende » les fondateurs, directeurs ou administrateurs de l'association qui se serait maintenue ou reconstituée illégalement après le jugement de dissolution.

Seront punies de la même peine toutes les personnes qui auront favorisé la réunion des membres de l'association dissoute, en consentant l'usage d'un local dont elles disposent.

Art. 9 En cas de dissolution volontaire, statutaire ou prononcée par justice, les biens de l'association seront dévolus conformément aux statuts, ou, à défaut de disposition statutaire, suivant les règles déterminées en assemblée générale.

Art. 9 *bis* *(L. n° 2014-856 du 31 juill. 2014, art. 71)* I. — La fusion de plusieurs associations est décidée par des délibérations concordantes adoptées dans les conditions requises par leurs statuts pour leur dissolution. Lorsque la fusion est réalisée par voie de création d'une nouvelle association, le projet de statuts de la nouvelle association est approuvé par délibérations concordantes de chacune des associations qui disparaissent et il n'y a pas lieu à approbation de l'opération par la nouvelle association.

La scission d'une association est décidée dans les conditions requises par ses statuts pour sa dissolution. Lorsque la scission est réalisée par apport à une nouvelle association, le projet de statuts de la nouvelle association est approuvé par délibération de l'association scindée et il n'y a pas lieu à approbation de l'opération par la nouvelle association.

L'apport partiel d'actif entre associations est décidé par des délibérations concordantes adoptées dans les conditions requises par leurs statuts.

Les associations qui participent à l'une des opérations mentionnées aux trois premiers alinéas établissent un projet de fusion, de scission ou d'apport partiel d'actif, qui fait l'objet d'une publication sur un support habilité à recevoir des annonces légales, dans des conditions et délais fixés par voie réglementaire.

Lorsque la valeur totale de l'ensemble des apports est d'un montant au moins égal à un seuil fixé par voie réglementaire, les délibérations prévues aux trois premiers alinéas sont précédées de l'examen d'un rapport établi par un commissaire à la fusion, à la scission ou aux apports, désigné d'un commun accord par les associations qui procèdent à l'apport. Le rapport se prononce sur les méthodes d'évaluation et sur la valeur de l'actif et du passif des associations concernées et expose les conditions financières de l'opération. Pour l'exercice de sa mission, le commissaire peut obtenir, auprès de chacune des associations, communication de tous documents utiles et procéder aux vérifications nécessaires.

II. — La fusion ou la scission entraîne la dissolution sans liquidation des associations qui disparaissent et la transmission universelle de leur patrimoine aux associations bénéficiaires, dans l'état où il se trouve à la date de réalisation définitive de l'opération. L'apport partiel d'actif n'entraîne pas la dissolution de l'association qui apporte une partie de son actif.

Les membres des associations qui disparaissent acquièrent la qualité de membres de l'association résultant de la fusion ou de la scission.

Les articles L. 236-14, L. 236-20 et L. 236-21 du code de commerce sont applicables aux fusions ou aux scissions d'associations.

III. — Sauf stipulation contraire du traité d'apport, la fusion, la scission ou l'apport partiel d'actif prend effet :

1° En cas de création d'une ou de plusieurs associations nouvelles, à la date de publication au *Journal officiel* de la déclaration de la nouvelle association ou de la dernière d'entre elles ;

2° Lorsque l'opération entraîne une modification statutaire soumise à une approbation administrative, à la date d'entrée en vigueur de celle-ci ;

3° Dans les autres cas, à la date de la dernière délibération ayant approuvé l'opération.

IV. — Lorsqu'une association bénéficiant d'une autorisation administrative, d'un agrément, d'un conventionnement ou d'une habilitation participe à une fusion, à une scission ou à un apport partiel d'actif et qu'elle souhaite savoir si l'association résultant de la fusion ou de la scission ou bénéficiaire de l'apport bénéficiera de l'autorisation, de l'agrément, du conventionnement ou de l'habilitation pour la durée restant à courir, elle peut interroger l'autorité administrative, qui se prononce sur sa demande :

1° Si elles existent, selon les règles prévues pour autoriser la cession de l'autorisation, de l'agrément, du conventionnement ou de l'habilitation ;

2° Dans les autres cas, dans les conditions et délais prévus pour accorder l'autorisation, l'agrément, le conventionnement ou l'habilitation.

Le présent IV n'est pas applicable à la reconnaissance d'utilité publique.

V. — Un décret en Conseil d'État fixe les modalités d'application du présent article.

TITRE II

Art. 10 *(L. nº 87-571 du 23 juill. 1987, art. 17)* Les associations peuvent être reconnues d'utilité publique par décret en Conseil d'État à l'issue d'une période probatoire de fonctionnement d'une durée au moins égale à trois ans.

La reconnaissance d'utilité publique peut être retirée dans les mêmes formes.

La période probatoire de fonctionnement n'est toutefois pas exigée si les ressources prévisibles sur un délai de trois ans de l'association demandant cette reconnaissance sont de nature à assurer son équilibre financier.

(L. nº 2021-1109 du 24 août 2021, art. 15) « Une association ne peut être reconnue d'utilité publique que si elle respecte les principes du contrat d'engagement républicain mentionné à l'article 10-1 de la loi nº 2000-321 du 12 avril 2000 relative aux droits des citoyens dans leurs relations avec les administrations. »

Art. 11 *(L. nº 2014-856 du 31 juill. 2014, art. 76)* Les associations reconnues d'utilité publique peuvent faire tous les actes de la vie civile qui ne sont pas interdits par leurs statuts.

Les actifs éligibles aux placements des fonds de ces associations sont ceux autorisés par le code de la sécurité sociale pour la représentation des engagements réglementés des institutions et unions exerçant une activité d'assurance.

Les associations reconnues d'utilité publique peuvent accepter les libéralités entre vifs et testamentaires, dans les conditions fixées à l'article 910 du code civil.

Art. 12 *(L. nº 2014-856 du 31 juill. 2014, art. 11)* La dissolution sans liquidation de l'association reconnue d'utilité publique qui disparaît du fait d'une fusion ou d'une scission est approuvée par décret en Conseil d'État. Ce même décret abroge le décret de reconnaissance d'utilité publique de l'association absorbée.

TITRE III

Art. 13 *(L. 8 avr. 1942)* Toute congrégation religieuse peut obtenir la reconnaissance légale par décret rendu sur avis conforme du Conseil d'État ; les dispositions relatives aux congrégations antérieurement autorisées leur sont applicables.

La reconnaissance légale pourra être accordée à tout nouvel établissement congréganiste en vertu d'un décret en Conseil d'État.

La dissolution de la congrégation ou la suppression de tout établissement ne peut être prononcée que par décret sur avis conforme du Conseil d'État. — *Pour l'application de cet article aux Antilles et à la Réunion, V. L. 12 mai 1942 (BLD 1942. 588 ; JO 14 mai).*

Art. 14 *Abrogé par L. 3 sept. 1940.*

Art. 15 *(Décr. nº 2009-1775 du 30 déc. 2009)* Toute congrégation religieuse tient un état de ses recettes et dépenses ; elle dresse chaque année le compte financier de l'année écoulée et l'état inventorié de ses biens meubles et immeubles.

La liste complète de ses membres, mentionnant leur nom de famille, ainsi que le nom sous lequel ils sont désignés dans la congrégation, leurs nationalité, âge et lieu de naissance, la date de leur entrée, doit se trouver au siège de la congrégation.

Celle-ci est tenue de représenter sans déplacement, sur toute réquisition du préfet, à lui-même ou à son délégué, les comptes, états et listes ci-dessus indiqués.

Seront punis des peines portées au paragraphe 2 de l'article 8 les représentants ou directeurs d'une congrégation qui auront fait des communications mensongères ou refusé d'obtempérer aux réquisitions du préfet dans les cas prévus par le présent article.

Art. 16 *Abrogé par L. 8 avr. 1942.*

Art. 17 Sont nuls tous actes entre vifs ou testamentaires, à titre onéreux ou gratuit, accomplis soit directement, soit par personne interposée, ou toute autre voie indirecte, ayant pour objet de permettre aux associations légalement ou illégalement formées de se soustraire aux dispositions des articles 2, 6, 9, 11, 13, 14 et 16.

Al. 2 abrogé par L. 8 avr. 1942.

La nullité pourra être prononcée soit à la diligence du ministère public, soit à la requête de tout intéressé.

....

Art. 20 Un règlement d'administration publique *[décret en Conseil d'État]* déterminera les mesures propres à assurer l'exécution de la présente loi. — *V. Décr. 16 août 1901 (DP 1901. 4. 132), mod. par Décr. 28 nov. 1902 (DP 1902. 4. 104), Décr. 14 févr. 1905 (DP 1907. 4. 130), Décr. n° 80-1074 du 17 déc. 1980, art. 3 (D. et BLD 1981. 18), Décr. n° 81-404 du 24 avr. 1981 (D. et BLD 1981. 201), Décr. n° 2007-807 du 11 mai 2007, art. 10 (JO 12 mai) ; Décr. n° 2008-263 du 14 mars 2008 (JO 18 mars). — **C. pr. adm.***

Art. 21 Sont abrogés les articles 291, 292, 293 du code pénal *[ancien]*, ainsi que les dispositions de l'article 294 du même code relatives aux associations ; l'article 20 de l'ordonnance du 5-8 juillet 1820 ; la loi du 10 avril 1834 ; l'article 13 du décret du 28 juillet 1848 ; l'article 7 de la loi du 30 juin 1881 ; la loi du 14 mars 1872 ; le paragraphe 2, article 2, de la loi du 24 mai 1825 ; le décret du 31 janvier 1852 et généralement toutes les dispositions contraires à la présente loi.

Il n'est en rien dérogé pour l'avenir aux lois spéciales relatives aux syndicats professionnels, aux sociétés de commerce et aux sociétés de secours mutuels.

Art. 21 *bis* *(L. n° 2009-970 du 3 août 2009, art. 10) Application outre-mer.*

TITRE IV. DES ASSOCIATIONS ÉTRANGÈRES
(Décr.-L. 12 avr. 1939)

Art. 22 à 35 *Abrogés par L. n° 81-909 du 9 oct. 1981.*

*La législation locale a été intégralement maintenue dans les départements du Haut-Rhin, du Bas-Rhin et de la Moselle. — V., pour les associations, **Rép. civ.**, v° Alsace et Moselle. — V. également L. n° 2003-709 du 1er août 2003, art. 17 à 21 (JO 2 août).*

Loi du 30 mai 1941, *tendant à modifier les articles 4 et 5 de la loi du 24 mai 1825 sur les congrégations de femmes.*

Art. 1er L'article 4 et le premier alinéa de l'article 5 de la loi du 24 mai 1825 sont modifiés ainsi qu'il suit :

Art. 4 Les établissements dûment autorisés pourront, avec l'autorisation spéciale du chef de l'État :

1° *Abrogé par Ord. n° 2005-856 du 28 juill. 2005, art. 2.*

2° Acquérir, à titre onéreux, des biens immeubles, des rentes sur l'État ou des valeurs garanties par lui ;

3° Aliéner les biens immeubles, les rentes ou valeurs garanties par l'État dont ils seraient propriétaires. — V. Décr. n° 2007-807 du 11 mai 2007, art. 7, ss. art. 910.

(Ord. n° 2005-856 du 28 juill. 2005, art. 2) « Ils peuvent également accepter des libéralités dans les conditions prévues par le deuxième alinéa de l'article 910 du code civil. » — *Pour l'entrée en vigueur, V. note ss. art. 910, al. 2, C. civ.*

Art. 5 *Abrogé par L. n° 87-588 du 30 juill. 1987, art. 91.*

Loi du 8 avril 1942, *modifiant l'article 13 de la loi du 1er juillet 1901.* **Art. 1er** *V. L. 1er juill. 1901, art. 13.*

Art. 1er *bis* *(L. 31 déc. 1942)* Lors de la reconnaissance légale d'une congrégation religieuse, les biens ou droits immobiliers de toute nature acquis antérieurement à la promulgation de la présente loi pour le compte de l'établissement principal ou de ses établissements particuliers pourront être incorporés dans le patrimoine de chacun d'eux à la condition qu'ils soient nécessaires à l'accomplissement du but que se propose la congrégation.

Le décret conférant la reconnaissance légale doit contenir la désignation précise de ces biens ou droits et mentionner expressément qu'ils remplissent cette condition.

(Ord. no 59-71 du 7 janv. 1959) « L'incorporation est constatée par des actes notariés qui doivent être soumis aux formalités de l'enregistrement et de la publication au bureau des hypothèques. »

Art. 2 Les congrégations précédemment dissoutes pourront recevoir l'actif immobilier et mobilier, non encore liquidé, ou le reliquat actif résultant de la liquidation, à la condition qu'elles obtiennent la reconnaissance légale.

Elles assumeront, dès que ladite reconnaissance leur aura été conférée, outre les mesures d'assistance prévues en faveur de leurs anciens membres par les lois des 24 mai 1825, 1er juillet 1901 et 7 juillet 1904 et les règlements d'administration publique *[décrets en Conseil d'État]* subséquents, la charge du passif hypothécaire ou chirographaire grevant les biens remis et la suite des instances en cours et engagées par ou contre la liquidation.

Art. 3 Sont abrogées les dispositions de la loi du 24 mai 1825 en ce qu'elles ont de contraire aux dispositions du présent décret, ainsi que l'article 16 de la loi du 1er juillet 1901, modifié par la loi du 4 décembre 1902, et l'article 17, second alinéa, de la même loi.

Loi no 87-571 du 23 juillet 1987,

Sur le développement du mécénat.

DALLOZ ACTION *Droit patrimonial de la famille 2021/2022, nos 391.00 s.*

BIBL. GÉN. ▶ Binder, *Gaz. Pal. 1987. 2. Doctr. 744.* – Blancher, *Gaz. Pal. 1988. 2. Doctr. 451.* – Debbasch, *D. 1990. Chron. 269.* ✐ – Gobin, *JCP N 1987. I. 149 ; ibid. 1990. I. 449 ; ibid. 1991. Prat. 555.* – Gobin et Monnot, *ibid. 1987. I. 344.*

Art. 18 La fondation est l'acte par lequel une ou plusieurs personnes physiques ou morales décident l'affectation irrévocable de biens, droits ou ressources à la réalisation d'une œuvre d'intérêt général et à but non lucratif.

Lorsque l'acte de fondation a pour but la création d'une personne morale, la fondation ne jouit de la capacité juridique qu'à compter de la date d'entrée en vigueur du décret en Conseil d'État accordant la reconnaissance d'utilité publique. Elle acquiert alors le statut de fondation reconnue d'utilité publique.

La reconnaissance d'utilité publique peut être retirée dans les mêmes formes.

(L. no 2021-1109 du 24 août 2021, art. 15) « Une fondation ne peut être reconnue d'utilité publique que si elle respecte les principes du contrat d'engagement républicain mentionné à l'article 10-1 de la loi no 2000-321 du 12 avril 2000 relative aux droits des citoyens dans leurs relations avec les administrations. »

(L. no 90-559 du 4 juill. 1990) « Lorsqu'une fondation reconnue d'utilité publique est créée à l'initiative d'une ou plusieurs sociétés commerciales, ou d'un ou plusieurs établissements publics à caractère industriel et commercial, la raison sociale ou la dénomination d'au moins l'une ou l'un d'entre eux peut être utilisée pour la désignation de cette fondation. *[...]* »

V. C. assoc.

Ordonnance no 2023-77 du 8 février 2023,

Relative à l'exercice en société des professions libérales réglementées. – ***C. sociétés.***

En ce qui concerne les associations familiales, V. CASF, art. L. 211-1 à L. 211-14. — **CASF** *; ... les associations de jardins ouvriers, V. C. rur., art. L. 561-1 et L. 561-2. —* **C. rur.** *; ... les partis et groupements politiques, V. L. n° 88-227 du 11 mars 1988, art. 7 (D. et ALD 1988. 197). —* **C. élect.**

TITRE IX *BIS* DES CONVENTIONS RELATIVES À L'EXERCICE DES DROITS INDIVIS

(L. n° 76-1286 du 31 déc. 1976)

RÉP. CIV. v^is *Indivision : généralités*, par C. Albiges ; *Indivision : régime conventionnel*, par C. Albiges.

DALLOZ ACTION *Droit patrimonial de la famille 2021/2022, n°s 254.00 s.*

BIBL. GÉN. ▸ Aberkane, *Mél. Breton/Derrida, Dalloz, 1991, p. 11* (qualification des conventions d'exploitation en commun d'étalons). – Breton, *RD rur. 1976. 373*. – Davy, *Defrénois 2014. 1266* (indivisions de parts sociales ou d'actions de société). – Deboissy et Wicker, *RTD civ. 2000. 225* (indivision et société). – Lafond, *JCP N 1984. I. 1* (convention d'indivision et divorce sur requête conjointe). – E. S. de la Marnierre, *Gaz. Pal. 1977. 2. Doctr. 348*. – D. Martin, *D. 1977. Chron. 221*. – G. Morin, *Defrénois 1977. 1113*. – Picard, *JCP N 1978. I. 115*. – Sagaut, *AJ fam. 2002. 280* (indivisaire-gérant).

Art. 1873-1 **Ceux qui ont des droits à exercer sur des biens indivis, à titre de propriétaires, de nus-propriétaires ou d'usufruitiers, peuvent passer des conventions relatives à l'exercice de ces droits.**

S'il est certain que le divorce met fin à la communauté ayant existé entre les époux, il est toujours possible à ceux-ci de maintenir l'indivision, comme le prévoit l'art. 1873-1, en se conformant aux règles édictées par les art. 1873-2 s., leur ancienne qualité de mari et femme ne les excluant pas du bénéfice de ces dispositions d'ordre général. Une convention maintenant un immeuble en indivision peut être homologuée dans un divorce sur requête conjointe. • Nîmes, 9 mars 1983 : *Gaz. Pal. 1983. 2. 410, note Brazier.*

CHAPITRE I DES CONVENTIONS RELATIVES À L'EXERCICE DES DROITS INDIVIS EN L'ABSENCE D'USUFRUITIER

Art. 1873-2 Les coïndivisaires, s'ils y consentent tous, peuvent convenir de demeurer dans l'indivision.

A peine de nullité, la convention doit être établie par un écrit comportant la désignation des biens indivis et l'indication des quotes-parts appartenant à chaque indivisaire. Si les biens indivis comprennent des créances, il y a lieu aux formalités de l'article 1690 ; s'ils comprennent des immeubles, aux formalités de la publicité foncière.

Publicité foncière. L'inobservation des formalités de publicité foncière prescrites par le texte n'est pas sanctionnée par la nullité de la convention. • Civ. 1re, 10 juill. 2013, n° 12-12.115 P : *D. actu. 10 sept. 2013, obs. Mésa ; D. 2013. 1895 ; AJ fam. 2013. 516, obs. Levillain.*

Art. 1873-3 **La convention peut être conclue pour une durée déterminée qui ne saurait être supérieure à cinq ans. Elle est renouvelable par une décision expresse des parties. Le partage ne peut être provoqué avant le terme convenu qu'autant qu'il y en a de justes motifs.**

La convention peut également **être conclue pour une durée indéterminée. Le partage peut, en ce cas, être provoqué à tout moment, pourvu que ce ne soit pas de mauvaise foi ou à contretemps.**

Il peut être décidé que la convention à durée déterminée se renouvellera par tacite reconduction pour une durée déterminée ou indéterminée. A défaut d'un pareil accord, l'indivision sera régie par les articles 815 et suivants à l'expiration de la convention à durée déterminée.

1. Un indivisaire est recevable, avant même que la convention d'indivision soit parvenue à son terme, à demander que les opérations de partage soient ouvertes à partir du jour où la convention d'indivision sera venue à expiration. • Civ. 1re, 31 mai 1983 : *Bull. civ. I, n° 164 ; RTD civ. 1984. 538, obs. Patarin.*

2. Nullité d'une convention d'indivision entre concubins interdisant à chacune des parties de solliciter la vente de l'appartement dans un délai minimum de 25 ans, pour avoir été conclue pour une durée déterminée supérieure à 5 ans et pour n'avoir pas fait l'objet d'une publicité foncière alors qu'elle porte sur un bien immobilier : • Paris, 24 juin 2009 : *Dr. fam. 2010. 1, obs. Larribau-Terneyre.*

Art. 1873-4 La convention tendant au maintien de l'indivision requiert la capacité ou le pouvoir de disposer des biens indivis.

Elle peut, toutefois, être conclue au nom d'un mineur, par son représentant légal seul ; mais, dans ce cas, le mineur devenu majeur peut y mettre fin, quelle qu'en soit la durée, dans l'année qui suit sa majorité.

(Abrogé par L. n° 78-627 du 10 juin 1978) « A peine de nullité, cette convention ne peut être conclue qu'entre personnes physiques. Elle devient caduque si, en cours d'exécution et pour quelque cause que ce soit, une quote-part des biens indivis ou d'un ou de plusieurs d'entre eux est dévolue à une personne morale. »

Absence d'unanimité et mandataire successoral. La signature d'une convention d'indivision requiert le consentement de tous les coïndivisaires ; la convention, signée par une seule personne, tant en son nom personnel qu'en celui des enfants mineurs, malgré l'existence d'un conflit d'intérêts entre elle et ces derniers, ne peut pas avoir pour effet de mettre fin de plein droit à la mission du mandataire successoral conformément à l'art. 813-9, ce qui justifie la prolongation de cette mission. • Civ. 1re, 25 oct. 2017, n° 16-25.525 P : *AJ fam. 2017. 659, obs. Levillain ; Gaz. Pal. 2017. 2484, note Berlaud.* ♦ V. note ss. art. 813-9.

Art. 1873-5 Les coïndivisaires peuvent nommer un ou plusieurs gérants, choisis ou non parmi eux. Les modalités de désignation et de révocation du gérant peuvent être déterminées par une décision unanime des indivisaires.

A défaut d'un tel accord, le gérant pris parmi les indivisaires ne peut être révoqué de ses fonctions que par une décision unanime des autres indivisaires.

Le gérant, qui n'est pas indivisaire, peut être révoqué dans les conditions convenues entre ses mandants ou, à défaut, par une décision prise à la majorité des indivisaires en nombre et en parts.

Dans tous les cas, la révocation peut être prononcée par le tribunal à la demande d'un indivisaire lorsque le gérant, par ses fautes de gestion, met en péril les intérêts de l'indivision.

Si le gérant révoqué est un indivisaire, la convention sera réputée conclue pour une durée indéterminée à compter de sa révocation.

1. Dans une indivision conventionnelle ne comportant que deux membres, dont le gérant, l'art. 1873-5 donne au seul coïndivisaire du gérant le pouvoir de révoquer celui-ci. • Civ. 1re, 13 janv. 1993, n° 91-12.647 P.

2. Lorsque le président du TGI saisi sur le fondement de l'art. 815-6 définit les pouvoirs de l'administrateur, les art. 1873-5 à 1873-9 ne s'appliquent pas. • Civ. 1re, 19 oct. 2004 : *préc. note 1 ss. art. 815-6.*

Art. 1873-6 Le gérant représente les indivisaires dans la mesure de ses pouvoirs, soit pour les actes de la vie civile, soit en justice, tant en demandant qu'en défendant. Il est tenu d'indiquer, à titre purement énonciatif, le nom de tous les indivisaires dans le premier acte de procédure.

Le gérant administre l'indivision et exerce, à cet effet, les pouvoirs *(L. n° 85-1372 du 23 déc. 1985)* « attribués à chaque époux *[ancienne rédaction : que la loi attribue au mari]* » sur les biens communs. Il ne peut, toutefois, disposer des meubles corporels que pour les besoins d'une exploitation normale des biens indivis, ou encore s'il s'agit de choses difficiles à conserver ou sujettes à dépérissement. Toute clause extensive des pouvoirs du gérant est réputée non écrite.

La L. n° 85-1372 du 23 déc. 1985 est entrée en vigueur le 1er juill. 1986 (L. préc., art. 56).

Étendue des pouvoirs de « l'associé dirigeant » d'une association formée entre les propriétaires indivis d'un cheval de course : V. • Civ. 1re, 14 mai 1991, n° 89-20.384 P (l'engagement du cheval dans une course « à réclamer », qui constitue une offre publique de vente, s'analyse en un acte de disposition dépassant l'exploitation normale d'un cheval de course).

Art. 1873-7 Le gérant exerce les pouvoirs qu'il tient de l'article précédent lors même qu'il existe un incapable parmi les indivisaires.

Néanmoins, l'article 456 *[anc.]*, alinéa 3, est applicable aux baux consentis au cours de l'indivision.

Art. 1873-8 Les décisions qui excèdent les pouvoirs du gérant sont prises à l'unanimité, sauf au gérant, s'il est lui-même indivisaire, à exercer les recours prévus par les articles 815-4, 815-5 et 815-6.

S'il existe des incapables mineurs ou majeurs parmi les indivisaires, les décisions dont il est parlé à l'alinéa précédent donnent lieu à l'application des règles de protection prévues en leur faveur.

Il peut être convenu entre les indivisaires qu'en l'absence d'incapables certaines catégories de décisions seront prises autrement qu'à l'unanimité. Toutefois, aucun immeuble indivis ne peut être aliéné sans l'accord de tous les indivisaires, si ce n'est en application des articles 815-4 et 815-5 ci-dessus.

Art. 1873-9 La convention d'indivision peut régler le mode d'administration en cas de pluralité de gérants. A défaut de stipulations spéciales, ceux-ci détiennent séparément les pouvoirs prévus à l'article 1873-6, sauf le droit pour chacun de s'opposer à toute opération avant qu'elle ne soit conclue.

Art. 1873-10 Le gérant a droit, sauf accord contraire, à la rémunération de son travail. Les conditions en sont fixées par les indivisaires, à l'exclusion de l'intéressé, ou, à défaut, par le président du tribunal judiciaire statuant à titre provisionnel.

Le gérant répond, comme un mandataire, des fautes qu'il commet dans sa gestion.

Art. 1873-11 Chaque indivisaire peut exiger la communication de tous les documents relatifs à la gestion. Le gérant doit, une fois par an, rendre compte de sa gestion aux indivisaires. A cette occasion, il indique par écrit les bénéfices réalisés et les pertes encourues ou prévisibles.

Chaque indivisaire est tenu de participer aux dépenses de conservation des biens indivis. A défaut d'accord particulier, les articles 815-9, 815-10 et 815-11 du présent code sont applicables à l'exercice du droit d'usage et de jouissance, ainsi qu'à la répartition des bénéfices et des pertes.

Art. 1873-12 En cas d'aliénation de tout ou partie des droits d'un indivisaire dans les biens indivis, ou dans un ou plusieurs de ces biens, les coïndivisaires bénéficient des droits de préemption et de substitution prévus par les articles 815-14 à 815-16 et 815-18 du présent code.

La convention est réputée conclue pour une durée indéterminée lorsque, pour quelque cause que ce soit, une part indivise est dévolue à une personne étrangère à l'indivision.

Art. 1873-13 Les indivisaires peuvent convenir qu'au décès de l'un d'eux chacun des survivants pourra acquérir la quote-part du défunt, ou que le conjoint survivant, ou tout autre héritier désigné, pourra se la faire attribuer *(L. n° 78-627 du 10 juin 1978)* « à charge d'en tenir compte à la succession d'après sa valeur à l'époque de l'acquisition ou de l'attribution ».

Si plusieurs indivisaires ou plusieurs héritiers exercent simultanément leur faculté d'acquisition ou d'attribution, ils sont réputés, sauf convention contraire, acquérir ensemble la part du défunt à proportion de leurs droits respectifs dans l'indivision ou la succession.

Les dispositions du présent article ne peuvent préjudicier à l'application des dispositions des articles *(L. n° 2006-728 du 23 juin 2006, en vigueur le 1er janv. 2007)* « 831 à 832-2 *[ancienne rédaction : 832 à 832-3]* ».

L'attribution éliminatoire peut être demandée, sous les conditions prévues par la loi, lors du partage d'une indivision conventionnelle. • Civ. 1re, 3 déc. 2014, n° 13-27.627 P : *D. 2014. 2523* ; *AJ fam. 2015. 56, obs. Casey* ; *Dr. fam. 2015, n° 37, note Guiguet-Schielé* (rejet du pourvoi soutenant que seule l'attribution préférentielle est possible).

Art. 1873-14 La faculté d'acquisition ou d'attribution est caduque si son bénéficiaire ne l'a pas exercée par une notification faite aux indivisaires survivants et aux héritiers du *(L. n° 2006-728 du 23 juin 2006, art. 29-32°, en vigueur le 1er janv. 2007)* « prédécédé *[ancienne rédaction : prémourant]* » dans le délai d'un mois à compter du jour où il aura été mis en demeure de prendre parti. Cette mise en demeure ne peut elle-même avoir lieu avant l'expiration du délai prévu au titre "Des successions" pour faire inventaire et délibérer.

Lorsqu'il n'a pas été prévu de faculté d'acquisition ou d'attribution, ou que celle-ci est caduque, la quote-part du défunt échoit à ses héritiers ou légataires. En pareil cas, la convention d'indivision sera réputée conclue pour une durée indéterminée à compter de l'ouverture de la succession.

Art. 1873-15 L'article 815-17 est applicable aux créanciers de l'indivision, ainsi qu'aux créanciers personnels des indivisaires.

Toutefois, ces derniers ne peuvent provoquer le partage que dans les cas où leur débiteur pourrait lui-même le provoquer. Dans les autres cas, ils peuvent poursuivre la saisie et la vente de la quote-part de leur débiteur dans l'indivision en suivant les formes prévues par le code de procédure civile *[ancien]*. Les dispositions de l'article 1873-12 sont alors applicables.

Les dispositions de l'art. 1873-15, al. 2, ne sont applicables qu'aux conventions relatives à l'exercice des droits indivis telles qu'elles sont réglementées par les art. 1873-2 et 1873-3. L'existence d'une telle convention ne saurait résulter de la simple présomption de propriété indivise résultant de la clause du contrat de mariage visant l'acquisition d'un immeuble au nom des deux époux. • Civ. 1re, 28 févr. 1984, ☎ n° 83-10.403 P.

CHAPITRE II DES CONVENTIONS RELATIVES À L'EXERCICE DES DROITS INDIVIS EN PRÉSENCE D'UN USUFRUITIER

Art. 1873-16 Lorsque les biens indivis sont grevés d'un usufruit, des conventions, soumises en principe aux dispositions du chapitre précédent, peuvent être conclues soit entre les nus-propriétaires, soit entre les usufruitiers, soit entre les uns et les autres. Il peut y avoir pareillement convention entre ceux qui sont en indivision pour la jouissance et celui qui est nu-propriétaire de tous les biens, de même qu'entre l'usufruitier universel et les nus-propriétaires.

Art. 1873-17 Lorsque les usufruitiers n'ont pas été parties à la convention, les tiers qui ont traité avec le gérant de l'indivision ne peuvent se prévaloir au préjudice des droits d'usufruit des pouvoirs qui lui auraient été conférés par les nus-propriétaires.

Art. 1873-18 Lorsque la convention passée entre usufruitiers et nus-propriétaires prévoit que des décisions seront prises à la majorité en nombre et en parts, le droit de vote afférent aux parts est divisé par moitié entre l'usufruit et la nue-propriété, à moins que les parties n'en soient autrement convenues.

Toute dépense excédant les obligations de l'usufruitier, telles qu'elles sont définies par les articles 582 et suivants, ne l'engage qu'avec son consentement donné dans la convention elle-même ou par un acte ultérieur.

L'aliénation de la pleine propriété des biens indivis ne peut être faite sans l'accord de l'usufruitier, sauf le cas où elle est provoquée par les créanciers habiles à poursuivre la vente.

La L. n° 76-1286 du 31 déc. 1976 est entrée en vigueur le 1er juill. 1977. Elle est applicable aux indivisions existant au jour de son entrée en vigueur. Toutefois, les conventions tendant au maintien de l'indivision et conclues avant sa promulgation restent régies par les dispositions en vigueur au jour de ladite promulgation à moins que les parties ne décident de mettre, pour l'avenir, leurs conventions en conformité des dispositions de la nouvelle loi (L. préc., art. 19). — Sur l'extension de cette loi aux territoires d'outre-mer et à Mayotte, V. L. n° 93-1 du 4 janv. 1993, art. 5 et 66 (JO 5 janv.).

TITRE X DU PRÊT

RÉP. CIV. v° *Prêt*, par G. PIGNARRE.

DALLOZ ACTION *Droit de la responsabilité et des contrats 2023/2024, nos 3380.00 s.*

Art. 1874 Il y a deux sortes de prêt :

Celui des choses dont on peut user sans les détruire ;

Et celui des choses qui se consomment par l'usage qu'on en fait.

La première espèce s'appelle *prêt à usage* (*Supprimé par L. n° 2009-526 du 12 mai 2009, art. 10*) *« , ou commodat »* ;

La deuxième s'appelle *prêt de consommation*, ou simplement *prêt*.

BIBL. ▶ Bros, *Mél. Payet, Dalloz, 2011, p. 102* (dualisme du prêt). – Régereau, *AJDI 2020. 23* (SCI : la mise à disposition du bien au profit d'un associé).

Caractère unilatéral. Le contrat de prêt, qui n'impose d'obligations qu'à l'emprunteur, n'a pas de caractère synallagmatique et n'implique donc pas qu'il soit établi en autant d'exemplaires que de parties. • Civ. 1re, 28 mars 1984, n° 82-15.538 P.

CHAPITRE I DU PRÊT À USAGE, OU COMMODAT

DALLOZ ACTION *Droit de la responsabilité et des contrats 2023/2024, nos 3381.00 s.*

BIBL. GÉN. ▶ Bénos, *D. 2013. 2358* (l'altruisme dans le contrat de prêt à usage). – Mauro, *Defrénois 2000. 1024*. – Sagaut, *RDC 2006. 929*. ▶ Fabre, *RTD com. 1977. 193* (en matière commerciale). – Mistretta, *JCP 2000. I. 234* (durée du prêt). – Réglier, *Dr. et patr. 10/2009. 50* (obligation de restituer). – Savaux et Schütz, *Mél. Payet, Dalloz, 2011, p. 493* (le contrat de prêt et la restitution de la chose empruntée).

SECTION 1 De la nature du prêt à usage

Art. 1875 **Le prêt à usage (*Abrogé par L. n° 2009-526 du 12 mai 2009, art. 10*) *« ou commodat »* est un contrat par lequel l'une des parties livre une chose à l'autre pour s'en servir, à la charge par le preneur de la rendre après s'en être servi.**

1. Qualification de prêt à usage. Le prêt à usage n'implique aucun transfert de possession. • Civ. 1re, 5 juill. 1960 : *Bull. civ. I, n° 365* (qualification de commodat de la mise à disposition d'un bois à des scouts pour camper).

2. … Illustrations. Les juges du fond peuvent considérer que des bijoux de famille, ayant une valeur d'apparat, remis à une épouse sans que des événements particuliers aient pu motiver cette remise, ont fait l'objet d'un prêt à usage et doivent faire retour à la famille de l'époux à la fin de la vie commune. • Civ. 1re, 23 mars 1983 : *GAJC, 12e éd., n° 92 ; D. 1984. 81, note Breton ; JCP 1984. II. 20202, note Barbiéri.* – V. aussi, en ce sens, • Civ. 1re, 30 oct. 2007 : *D. 2008. Pan. 1787, obs. Lemouland et Vigneau ; LPA 7 avr. 2008, note Barbiéri ; CCC 2008, n° 37 ; Dr. fam. 2008, n° 23, note Larribau-Terneyre ; RTD civ. 2008. 277, obs. Hauser*. ♦ Qualification d'offre de prêt à usage dans la mise à la disposition de la clientèle d'un magasin en libre-service de chariots destinés à transporter les marchandises : • Rennes, 19 déc. 1972 : *D. 1973. 650.* ♦ Mise à disposition gratuite d'un local avec faculté de sous-louer : prêt à usage entre époux et donation de fruits. • *Civ. 1re, 3 nov. 1988 : JCP 1989. II. 21375, note Hassler ; JCP N 1990. II. 27, note Pillebout ; RTD civ. 1989. 570, obs. Rémy ; ibid. 1990. 700, obs. Patarin*.

3. … Prêt à usage non retenu. En recevant des membres de sa famille sans cesser lui-même d'habiter, le locataire ne prête pas les lieux loués, car il ne transfère pas la détention et l'usage de ceux-ci, mais au contraire exerce une des prérogatives conférées par le bail. • Civ. 1re, 7 févr. 1962, n° 57-10.660 P. ♦ La mise à disposition d'une chambre par un maître de stage à un élève agricole stagiaire constitue, non pas un prêt à usage, mais l'accessoire du contrat de stage non rémunéré. • Civ. 1re, 8 juin 1999, n° 97-15.969 P : *D. 2000. 423, note J. Julien*.

Le respect de l'exercice effectif des libertés syndicales, autres que celles propres à la fonction publique territoriale, ne crée aucune obligation aux communes de consentir des prêts gracieux et perpétuels de locaux de leur domaine privé. • Civ. 1re, 3 juin 2010, n° 09-14.633 P : *D. 2010. Actu. 1554, note Forest ; JCP 2010, n° 983, obs. Grosser ; ibid. n° 1146, note Mekki.*

4. Effets. Le prêt à usage constitue un contrat de service gratuit, qui confère seulement à son bénéficiaire un droit à l'usage de la chose prêtée mais n'opère aucun transfert d'un droit patrimonial à son profit, notamment de propriété sur la chose ou ses fruits et revenus, de sorte qu'il n'en résulte aucun appauvrissement du prêteur ; un contrat de prêt à usage conclu entre un père et son fils, prévoyant la mise à disposition d'un appartement, sans contrepartie financière, est incompatible avec la qualification d'avantage indirect rapportable à la succession. • Civ. 1re, 11 oct. 2017, n° 16-21.419 P : *D. 2017. 2096 ; AJ fam. 2017. 656*, obs. Levillain ; LPA 4 avr. *2018, note Niel et Hamidi.*

5. Usage de la chose – Fruits. Le prêt à usage devant permettre à l'emprunteur de se servir personnellement de la chose, le prêt conclu pour un usage agricole des terres prêtées doit permettre à l'emprunteur de faire consommer l'herbe par ses animaux ou de la récolter. • Civ 1re, 18 févr. 2009 : *RDC 2009. 1142, obs. Puig.*

6. Obligation de restitution. L'obligation de rendre la chose prêtée après s'en être servi est de l'essence du commodat. • Civ. 1re, 12 nov. 1998 : *cité note 7 ss. art. 1888* • 29 mai 2001 :

eod. loc. • 3 févr. 2004 : *eod. loc.* • Civ. 3e, 19 janv. 2005 : *eod. loc.* ♦ Doit être cassé l'arrêt qui condamne la société prêteuse à enlever à ses frais le matériel prêté à son sous-traitant après que celui-ci a cessé d'en avoir l'usage. • Civ. 1re, 30 sept. 2003, nº 01-00.655 P : *D. 2003. IR 2485* ; *CCC 2003, nº 175, note Leveneur.*

L'emprunteur doit restituer la chose et, en cas de perte, son obligation n'est éteinte qu'à la charge de prouver que la chose a péri sans sa faute, sans qu'il ait à être mis en demeure. • Civ. 1re, 4 janv. 1977, nº 75-11.348 P. ♦ Si l'obligation de restituer est éteinte lorsque la chose a péri sans faute de l'emprunteur, celui-ci reste tenu, en application de l'art. 1303 [anc.], de céder au prêteur la créance d'indemnité d'assurance relative à la chose périe. • Civ. 1re, 27 juin 1995, nº 92-19.952 P.

7. Nullité, pour entrave à la concurrence, des clauses de restitution en nature des cuves prêtées par les compagnies pétrolières aux exploitants de station-service. • Com. 18 févr. 1992 : *D. 1993. 57, note Hannoun* ; *D. 1992. Somm. 395, obs. Ferrier* ; *JCP 1992. II. 21897, note Béhar-Touchais.*

8. *Preuve.* Exigence d'une preuve écrite. • Civ. 1re, 23 juill. 1974, nº 73-11.410 P.

Art. 1876 Ce prêt est essentiellement gratuit.

1. *Gratuité.* Le prêt à usage constitue un contrat de service gratuit, qui confère seulement à son bénéficiaire un droit à l'usage de la chose prêtée mais n'opère aucun transfert d'un droit patrimonial à son profit, notamment de propriété sur la chose ou ses fruits et revenus, de sorte qu'il n'en résulte aucun appauvrissement du prêteur. • Civ. 1re, 11 oct. 2017, nº 16-21.419 P : *D. 2017. 2096* ; *AJ fam. 2017. 656, obs. Levillain* ; *LPA 4 avr. 2018, note Niel et Hamidi.*

2. *Charges assumées par l'emprunteur.* Un contrat doit être qualifié de bail lorsque l'utilisateur verse, en plus du prix des consommations d'électricité et de chauffage, une redevance annuelle. • Com. 2 févr. 1967, nº 64-13.356 P.

3. Cassation de l'arrêt qui retient la qualification de commodat en estimant que le remboursement par l'emprunteur de tout ou partie des loyers dus par le prêteur n'est pas suffisant pour exclure la gratuité du contrat. • Com. 2 févr. 1967, nº 65-10.769 P. ♦ Rappr. • Civ. 3e, 17 oct. 2007, nº 06-18.503 P : *D. 2007. AJ 2732* ; *JCP N 2008. 1066, note Barbiéri* (indemnité forfaitaire prévue en cas de non-réalisation de l'acte authentique de vente d'une propriété agricole : mise à disposition à titre onéreux constituant un bail rural).

4. Maintien de la qualification de commodat lorsque l'emprunteur assume la charge d'impôts incombant normalement au prêteur : • Com. 12 mai 1959 : *Bull. civ. III, nº 201* • 4 juill. 1960 : *Bull. civ. III, nº 266.* ♦ ... Lorsque le contrat prévoit une clause pénale à la charge de l'emprunteur. • Soc. 3 juill. 1953 : *D. 1954. 615.*

5. Le caractère onéreux d'une mise à disposition ne dépend pas du caractère régulier du versement de la contrepartie. • Civ. 3e, 7 mars 2012, nº 11-14.630 P (versement en liquide la première année et en nature la seconde). ♦ Comp. : En l'état d'un prêt à usage d'immeuble, des versements irréguliers au profit du propriétaire ne suffisent ni à caractériser l'existence d'une convention d'occupation à titre onéreux, ni à démontrer que le prêt à usage aurait perdu son caractère essentiel de gratuité. • Versailles, 7 mai 1998 : *BICC 1er déc. 1998, nº 1327.*

6. L'accomplissement de travaux par le bénéficiaire de la jouissance d'un immeuble mis à sa disposition par le propriétaire constitue, non la contrepartie, mais la condition de l'usage personnalisé des lieux tel que convenu ; il s'ensuit que la qualification de bail doit être écartée au profit de celle de prêt à usage. • Civ. 3e, 5 mai 2004 : *LPA 16 mai 2005, obs. Pignarre.*

7. Le contrat par lequel une société exploitant un garage a mis gracieusement un véhicule à la disposition d'un pilote pour participer à un rallye automobile, s'il revêt les apparences d'un commodat, n'est cependant pas un contrat de bienfaisance, puisque les deux parties pouvaient éventuellement retirer un avantage de l'utilisation du véhicule aux fins convenues. • Civ. 1re, 9 mai 1966, nº 63-12.988 P.

8. *Non-restitution.* Il ne résulte pas de ce que le prêt à usage présente, en principe, un caractère gratuit, qu'il ne puisse y avoir de préjudice lorsque la chose n'est pas restituée. • Civ. 1re, 10 mai 1989 : *Bull. civ. I, nº 191 (partiellement publié)* ; *D. 1989. IR 176.*

Art. 1877 Le prêteur demeure propriétaire de la chose prêtée.

Art. 1878 *Tout* ce qui est dans le commerce, et qui ne se consomme pas par l'usage, peut être l'objet de cette convention.

Illustrations de prêts à usage portant sur des choses incorporelles : • Com. 19 juill. 1971, nº 70-11.599 P (numérotation philatélique) • Com. 12 nov. 1986, nº 85-10.617 P (clientèle d'expert-comptable).

Art. 1879 **Les engagements qui se forment par le** *(L. n° 2009-526 du 12 mai 2009, art. 10)* **« prêt à usage » passent aux héritiers de celui qui prête, et aux héritiers de celui qui emprunte.**

Mais si l'on n'a prêté qu'en considération de l'emprunteur, et à lui personnellement, alors ses héritiers ne peuvent continuer de jouir de la chose prêtée.

Intuitus personae et durée du prêt : V. note 4 ss. art. 1888.

SECTION 2 Des engagements de l'emprunteur

Art. 1880 **L'emprunteur est tenu de veiller,** *(L. n° 2014-873 du 4 août 2014, art. 26)* **« raisonnablement », à la garde et à la conservation de la chose prêtée. Il ne peut s'en servir qu'à l'usage déterminé par sa nature ou par la convention ; le tout à peine de dommages-intérêts, s'il y a lieu.**

1. Perte non fautive. En cas de perte d'une chose ayant fait l'objet d'un prêt à usage, l'emprunteur peut s'exonérer en rapportant la preuve de l'absence de faute de sa part ou d'un cas fortuit. • Civ. 1re, 6 févr. 1996, n° 94-13.388 P : *Defrénois 1996. 1435, obs. Bénabent* • 6 nov. 2002 : *CCC 2003, n° 37, note Leveneur ; RDC 2003. 130, obs. Seube* (chalet prêté détruit par un incendie d'origine inconnue ; preuve non rapportée, en l'espèce) • 1er mars 2005, n° 02-17.537 P (*idem*). ♦ Dès lors qu'il s'est comporté en bon père de famille et que la chose a péri sans sa faute, il est déchargé de l'obligation de la restituer. • Civ. 1re, 6 mai 1997, n° 95-14.125 P. ♦ Si aucune faute ne peut lui être reprochée, la perte ne peut lui être imputée, sans qu'il y ait lieu que soit établie, en outre, l'existence d'un cas fortuit. • Civ. 1re, 6 févr. 1996 : *préc.* (chalet détruit par un incendie dont l'origine est restée indéterminée). ♦ Comp. • Civ. 1re, 6 nov. 2002 : *préc.*

2. Exonération de l'emprunteur. Dès lors que le dommage est la conséquence de l'utilisation de la chose par l'emprunteur, une cour d'appel ne peut exonérer celui-ci sans rechercher s'il démontrait avoir veillé en bon père de famille à la conservation de la chose. • Civ. 1re, 10 oct. 1995, n° 91-20.920 P : *D. 1996. Somm. 118, obs. Delebecque* (pâturage prêté pour une activité de ball-trap et contaminé par le plomb).

3. Usage commun de la chose. Le risque de perte de la chose prêtée est lié à l'utilisation effective de cette chose. Si, dans le cas d'une utilisation exclusive par lui, l'emprunteur, qui est débiteur d'un corps certain, ne peut s'exonérer qu'en faisant la preuve de sa diligence ou de l'existence d'un cas fortuit, en revanche, la présomption pesant sur l'emprunteur ne peut plus jouer dès lors que la chose est l'objet d'une utilisation commune par le prêteur et par l'emprunteur. • Civ. 1re, 29 avr. 1985, n° 84-13.286 P : *R., p. 127.* – Dans le même sens : • Civ. 1re, 19 mars 1975, n° 73-13.436 : *D. 1975. 648, note Ponsard* • 5 janv. 1978 : *Bull. civ. I, n° 10* • 20 mai 2020, n° 19-10.559 P : *D. 2020. 1107* ; *AJDI 2021. 40, obs. Dreveau* ; *CCC 2020, n° 109, note Leveneur.*

Art. 1881 **Si l'emprunteur emploie la chose à un autre usage, ou pour un temps plus long qu'il ne le devait, il sera tenu de la perte arrivée, même par cas fortuit.**

Art. 1882 **Si la chose prêtée périt par cas fortuit dont l'emprunteur aurait pu la garantir en employant la sienne propre, ou si, ne pouvant conserver que l'une des deux, il a préféré la sienne, il est tenu de la perte de l'autre.**

Art. 1883 **Si la chose a été estimée en la prêtant, la perte qui arrive, même par cas fortuit, est pour l'emprunteur, s'il n'y a convention contraire.**

Art. 1884 ***Si la chose se détériore par le seul*** **effet de l'usage pour lequel elle a été empruntée, et sans aucune faute de la part de l'emprunteur, il n'est pas tenu de la détérioration.**

Art. 1885 **L'emprunteur ne peut pas retenir la chose par compensation de ce que le prêteur lui doit.**

1. Action en restitution. L'action en restitution fondée sur un contrat de dépôt, de prêt ou de mandat constitue une action mobilière distincte de l'action en revendication et se voit appliquer la prescription civile de droit commun relative aux actions personnelles ou mobilières. • Civ. 1re, 24 nov. 2021, n° 20-13.318 B : *D. 2021. 2132* ; *Dalloz IP/IT 2022. 145, obs. Gaudrat* ; *CCC 2022, n° 21, note Leveneur.*

2. Sur le droit de rétention, V. notes ss. art. 1948.

Art. 1886 **Si, pour user de la chose, l'emprunteur a fait quelque dépense, il ne peut pas la répéter.**

Seules peuvent être répétées les dépenses extraordinaires, nécessaires et tellement urgentes que l'emprunteur n'a pu en prévenir le prêteur ainsi que le prévoit l'art. 1890 ; toutes autres dépenses que ferait l'emprunteur, y compris pour user de la chose, ne sont pas soumises à répétition en application de l'art. 1886. • Civ. 1re, 13 juill. 2016, n° 15-10.474 P (réparations, améliorations et travaux apportés à un immeuble indivis occupé au titre d'un prêt à usage).

Art. 1887 **Si plusieurs ont conjointement emprunté la même chose, ils en sont solidairement responsables envers le prêteur.**

Les dispositions de l'art. 1887 ne concernent pas le prêt d'une somme d'argent mais le prêt à usage. • Civ. 1re, 20 févr. 2001 : *CCC 2001, n° 85, note Leveneur ; RTD civ. 2001. 907, obs. Gautier*.

SECTION 3 Des engagements de celui qui prête à usage

Art. 1888 **Le prêteur ne peut retirer la chose prêtée qu'après le terme convenu, ou, à défaut de convention, qu'après qu'elle a servi à l'usage pour lequel elle a été empruntée.**

BIBL. ▶ Bihr, *Mél. Aubert, Dalloz, 2005, p. 33* (le temps de la restitution).

1. Caractère supplétif. V. note 6.

A. EXISTENCE D'UN TERME

2. Lorsque la durée du prêt est déterminée, l'emprunteur est tenu de restituer la chose à l'expiration du prêt sans que le prêteur ait à le mettre en demeure. Il en va de même dans le cas d'une résiliation judiciaire. • Com. 7 déc. 1993, n° 91-11.364 P.

3. N'est pas à durée indéterminée le contrat conclu jusqu'à la fin de la vie de l'emprunteur. • Civ. 1re, 23 juill. 1974, n° 73-11.410 P.

4. Le caractère viager d'un prêt à usage ne peut être déduit du seul fait que, consenti en considération des emprunteurs, il ne peut passer à leurs héritiers, sans rechercher, compte tenu des éléments de la cause, quelle avait été la commune intention des parties quant à la durée du prêt (qui peut être inférieure à la durée de la vie des emprunteurs). • Civ. 1re, 15 oct. 1985 : *Bull. civ. I, n° 259.*

B. ABSENCE DE TERME

5. Il résulte de la combinaison des art. 1888 et 1889 que le prêteur à usage ne peut retirer la chose prêtée qu'après le terme convenu ou, à défaut de convention, qu'après que le besoin de l'emprunteur a cessé. • Civ. 1re, 19 nov. 1996, n° 94-20.446 P : *D. 1997. 145, note Bénabent ; LPA 23 janv. 1998, note Poracchia*. – Sur cet arrêt, V. : Izorche, *CCC 1997. Chron. 8.* ♦ V. aussi • *Civ. 3e, 4 mai 2000 : cité note 1 ss. art. 1889.*

6. L'art. 1888 n'est pas d'ordre public et un contrat qui ne prévoit aucun terme peut laisser le retrait de la chose à la discrétion du prêteur, sans justification. • Aix-en-Provence, 16 mai 1973 : *D. 1974. 676, note Bories.* ♦ L'art. 1888 n'est applicable, lorsqu'aucun terme n'a été fixé, que si l'usage d'une chose pour un besoin déterminé requiert une certaine durée, et c'est à l'emprunteur à en rapporter la preuve. • Civ. 1re, 10 mai 1989, n° 87-10.875 P.

7. Chose d'un usage permanent. Lorsque aucun terme n'a été convenu pour le prêt d'une chose d'un usage permanent, sans qu'aucun terme naturel soit prévisible, le prêteur est en droit d'y mettre fin à tout moment en respectant un délai de préavis raisonnable. • Civ. 1re, 3 févr. 2004, n° 01-00.004 P : *D. 2004. 903, note Noblot ; JCP E 2004. 831, note M. Garnier ; Defrénois 2004. 1452, note Crône ; CCC 2004, n° 53, note Leveneur ; Dr. et patr. 4/2004. 116, obs. Chauvel ; RTD civ. 2004. 312, obs. Gautier ; RDC 2004. 647, obs. Stoffel-Munck, et 714, obs. Seube* • Civ. 3e, 19 janv. 2005, n° 03-16.623 P : *D. 2005. 2439, note Dagorne-Labbe ; CCC 2005, n° 103, note Leveneur* • Civ. 1re, 10 mai 2005, n° 02-17.256 P : *D. 2005. 2439, note Dagorne-Labbe ; Defrénois 2005. 1154, note Crône ; CCC 2005, n° 163, note Leveneur* • Civ. 3e, 4 avr. 2007, n° 06-12.195 P : *D. 2007. Chron. C. cass. 2757, obs. Monge* • Civ. 1re, 3 juin 2010 : *cité note 3 ss. art. 1875.* ♦ Ainsi la libre disposition d'une salle pour la pratique du culte musulman relevant d'un prêt à usage qui n'avait aucun terme convenu ni prévisible, le propriétaire des lieux peut y mettre fin en respectant un délai de préavis raisonnable, sans devoir justifier d'un besoin pressant et imprévu de la chose prêtée. • Civ. 1re, 30 sept. 2015, n° 14-25.709 P : *D. 2015. 2350, note Étienney-de Sainte Marie ; ibid. 2016. 566, obs. Mekki ; AJCA 2015. 221, obs. Perdrix ; RTD civ. 2015. 371, obs. Barbier.*

Pour le cas où il était soutenu qu'il ne s'agissait pas d'un prêt à usage, mais d'une autorisation d'occupation précaire : • Civ. 1re, 3 mai 2006 : *RDC 2007. 403, obs. Puig.*

8. Sur la possibilité de mettre fin au prêt d'un logement, V. note ss. art. 1889.

9. L'acte conférant à des époux la jouissance gratuite d'une maison constitue un prêt à usage, avec obligation de restituer ; ni la détention de parts de la société propriétaire de la maison, ni la fixation de son domicile par l'épouse dans les lieux, ne peuvent donner à celle-ci un titre légitime d'occupation. • Civ. 3e, 13 mars 2002 : *préc. note 3 ss. art. 1751.*

Art. 1889 **Néanmoins, si, pendant ce délai, ou avant que le besoin de l'emprunteur ait cessé, il survient au prêteur un besoin pressant et imprévu de sa chose, le juge peut, suivant les circonstances, obliger l'emprunteur à la lui rendre.**

1. Les juges du fond ne peuvent faire droit à la demande de restitution du prêteur sans rechercher si le besoin de l'emprunteur a cessé ou si le prêteur a un besoin urgent et imprévu de la chose prêtée. • Civ. 3e, 4 mai 2000, nº 98-11.783 P : *D. 2001. 3154, note Mathieu-Izorche ; RTD civ. 2000. 596, obs. Gautier ; CCC 2000, nº 141, note Leveneur.* ♦ Chose d'un usage permanent : V. • Civ. 1re, 3 févr. 2004 : *préc. note 7 ss. art. 1888.* ♦ Les juges du fond, ayant estimé souverainement que le prêteur ne justifiait ni d'une limitation de la durée du prêt ni d'un besoin pressant de reprendre son bien, rejettent à bon droit sa demande de restitution. • Civ. 1re, 3 févr. 1993 : *D. 1994. 248, note Bénabent ; JCP 1994. II. 22239, note Morgand-Cantegrit ; Defrénois 1994. 428, obs. Vermelle ; RTD civ. 1994. 125, obs. Gautier* (à propos du prêt d'un appartement par des parents au ménage de leur fils). ♦ Comp. : • Civ. 1re, 8 déc. 1993 : *D. 1994. 248, note Bénabent.*

2. L'état de santé du prêteur ne peut justifier l'application de l'art. 1889 lorsque cet état existait déjà au moment de la conclusion du prêt. • Civ. 1re, 23 juill. 1974, nº 73-11.410 P.

3. L'appréciation des circonstances, évoquée par l'art. 1889, excède la compétence du juge des référés. • Caen, 4 avr. 2002 : *D. 2002. IR 1531, et les obs.*

Art. 1890 **Si, pendant la durée du prêt, l'emprunteur a été obligé, pour la conservation de la chose, à quelque dépense extraordinaire, nécessaire, et tellement urgente qu'il n'ait pas pu en prévenir le prêteur, celui-ci sera tenu de la lui rembourser.**

Seules peuvent être répétées les dépenses extraordinaires, nécessaires et tellement urgentes que l'emprunteur n'a pu en prévenir le prêteur ; toutes autres dépenses que ferait l'emprunteur, y compris pour user de la chose, ne sont pas soumises à répétition, en application de l'art. 1886. • Civ. 1re, 13 juill. 2016, nº 15-10.474 P (réparations, améliorations et travaux apportés à un immeuble indivis occupé au titre d'un prêt à usage ; cassation de l'arrêt admettant le remboursement sans constater l'urgence).

Art. 1891 **Lorsque la chose prêtée a des défauts tels, qu'elle puisse causer du préjudice à celui qui s'en sert, le prêteur est responsable, s'il connaissait les défauts et n'en a pas averti l'emprunteur.**

BIBL. ► Rossetto, *RCA 2021. Étude 6* (article 1891 du code civil : le point sur une jurisprudence en trompe-l'œil).

1. ***Preuve du défaut.*** L'emprunteur d'une chose, cause d'un dommage, qui ne rapporte pas la preuve de l'existence d'un vice ou d'un défaut de la chose prêtée, n'est pas fondé en sa demande en garantie formée contre le prêteur. Les juges du fond apprécient souverainement la portée et la valeur des éléments de preuve relatifs au vice. • *Civ. 2e, 13 déc. 1973,* nº 72-12.915 P : *Gaz. Pal. 1974. 1. 551, note Plancqueel* (moyen arguant vainement de la qualité de professionnel du prêteur d'une caravane, dans l'attente de la livraison de la caravane vendue). ♦ Comp., pour des essais effectués en vue d'une vente : • Com. 24 nov. 1980, nº 79-10.233 P : *RTD civ. 1981. 651, obs. Cornu* • Civ. 1re, 8 janv. 1985, nº 83-13.514 P.

2. ***Vice apparent.*** Dans le cadre du contrat de commodat, le préjudice ne peut être mis à la charge du prêteur que dans la mesure où l'emprunteur, que le prêteur n'avait pas averti, ne pouvait déceler le défaut de la chose, ce qui n'est pas le cas lorsque le vice est apparent. • Soc. 18 mars 1975, nº 74-11.014 P. ♦ ... Mais ce qui est le cas lorsque le vice n'est pas apparent (caractère dangereux d'un cheval insuffisamment dressé). • Crim. 17 sept. 2002, nº 01-83.510 P : *D. 2002. IR 3061 ; Dr. et patr. 1/2003. 110, obs. Chabas.*

3. ***Connaissance du défaut.*** Le prêteur ayant loyalement signalé l'usure des pneumatiques et l'emprunteur étant en mesure d'examiner le véhicule, l'emprunteur doit être considéré comme nécessairement averti des défauts et, ayant eu la possibilité de s'en convaincre lui-même, ne peut invoquer l'art. 1891. • Civ. 2e, 6 févr. 1964, nº 62-11.579 P.

CHAPITRE II DU PRÊT DE CONSOMMATION, OU SIMPLE PRÊT

BIBL. GÉN. ▶ BAFFOY, *JCP N 1996. I. 572* (prêt de titres : formule). – CHÉNEDÉ, *D. 2008. Chron. 2555* (cause de l'obligation dans le contrat de prêt). – J. FRANÇOIS, *D. 2012. Chron. 1493* (revendication des sommes d'argent). – GRUA, *D. 2003. Chron. 1492* (le prêt d'argent consensuel). – MÉLIN, *LPA 26 sept. 2000* (prêt de titres). – TORCK, *RRJ 1996/2. 409* (revendication des choses fongibles). ▶ **Crédit immobilier :** NIBOYET, *Mél. Jeantin, Dalloz, 1999, p. 71* (délégation des loyers au prêteur). – PIEDELIÈVRE, *JCP N 1995. Doctr. 889* (sanctions civiles protégeant l'emprunteur). – SARGOS, *Defrénois 1998. 369, 433 et 576* (doctrine de la Cour de cassation). ▶ **Durée du prêt :** MISTRETTA, *JCP 2000. I. 234*. ▶ **Conflits de lois :** BATIFFOL, *Études Houin, Dalloz, 1985, p. 233.*

SECTION 1 De la nature du prêt de consommation

Art. 1892 Le prêt de consommation est un contrat par lequel l'une des parties livre à l'autre une certaine quantité de choses qui se consomment par l'usage, à la charge par cette dernière de lui en rendre autant de même espèce et qualité.

BIBL. ▶ BONFILS, *RRJ 2003/1. 181* (consomptibilité). – PAIN-MASBRENIER, *CCC 2006. Étude 3* (notion de contrat de prêt et qualification de l'ouverture de crédit). – SABATHIER, *RTD com. 2005. 29* (remise en cause du caractère réel du contrat de prêt et promesses de prêt).

A. QUALIFICATION DU PRÊT DE CONSOMMATION – CONTRATS VOISINS

1. *Ouverture de crédit.* L'ouverture de crédit, qui constitue une promesse de prêt, donne naissance à un prêt à concurrence des fonds utilisés par le client. • Com. 21 janv. 2004, n° 01-01.129 P : *R., p. 303 ; D. 2004. 1149, note Jamin ; ibid. AJ 498, obs. Avena-Robardet ; JCP 2004. II. 10062, note S. Piedelièvre ; JCP E 2004. 649, note Salati ; LPA 9 févr. 2004, rapp. Cohen-Branche ; RTD com. 2004. 352, obs. D. Legeais ; RDC 2004. 743, obs. Houtcieff.* – Dans le même sens : • Civ. 1re, 28 sept. 2004, n° 03-10.810 P : *JCP 2005. I. 114, n° 16 s., obs. Barthez ; RDC 2005. 691, obs. Dauriac ; Rev. sociétés 2005. 371, note D. Legeais* • Civ. 2e, 18 nov. 2004 : *D. 2005. AJ 213, obs. Avena-Robardet ; D. 2006. Pan. 166, obs. D. R. Martin ; RTD com. 2005. 154, obs. D. Legeais*. ♦ Cuperlier, *RTD civ. 2007. 485* (sur l'insaisissabilité d'une ouverture de crédit).

2. *Société de fait.* Sur le refus, en l'espèce, d'une requalification d'un prêt finançant une opération immobilière, en société de fait entre la banque et les emprunteurs : • Civ. 1re, 3 juin 1997, n° 95-16.628 P.

3. *Avance sur salaires.* L'avance sur salaires constitue un prêt. • Civ. 1re, 4 juill. 1984, n° 83-10.580 P.

4. *Mise à disposition d'argent à restituer.* Une opération consistant dans la mise à disposition d'une somme à restituer à une échéance et moyennant une rémunération conventionnellement fixée constitue une opération de prêt rémunéré. • Com. 23 janv. 2007, n° 05-15.652 P : *Rev. sociétés 2007. 315, note Viandier*.

5. *Qualification de prêteur.* Cassation de l'arrêt refusant de reconnaître la qualité de prêteur à un organisme explicitement présenté dans l'acte comme ayant « accordé » un prêt (Office national de la navigation devenu Voies navigables de France). • Civ. 1re, 20 déc. 2012, n° 11-28.202 P : *D. 2013. 84*.

B. FORMATION DU CONTRAT

6. *Contrat réel – Remise nécessaire de la chose.* Le prêt qui n'est pas consenti par un établissement de crédit est un contrat réel qui suppose la remise d'une chose. • Civ. 1re, 19 juin 2008 : *cité note 2 ss. anc. art. 1132.* • 7 mars 2006, n° 02-20.374 P : *D. 2007. Pan. 759, obs. D. R. Martin ; JCP 2006. II. 10109, note S. Piedelièvre ; CCC 2006, n° 128, note Leveneur ; RLDC 2006/33, n° 2292, note Viret ; RDC 2006. 778, obs. Puig.* ♦ Un prêt de consommation, contrat réel, ne se réalise que par la remise de la chose prêtée à l'emprunteur lui-même ou à un tiers qui la reçoit et la détient pour le compte de l'emprunteur. L'inexécution fautive d'une promesse de prêt ne peut donner lieu qu'à des dommages-intérêts. • Civ. 1re, 20 juill. 1981, n° 80-12.529 P : *GAJC, 11e éd., n° 269-270 (I) ; RTD civ. 1982. 427, obs. Rémy.* ♦ V. aussi Jobard-Bachellier, *RTD civ. 1985. 1* (valeur de la promesse de contrat réel).

7. *Contrat consensuel – Contrat consenti par un professionnel.* En revanche, le prêt consenti par un professionnel du crédit n'est pas un contrat réel. • Civ. 1re, 19 juin 2008, n° 06-19.753 P : *D. 2008. AJ 1825, obs. Delpech ; ibid. 2008. Chron. C. cass. 2363, n° 6, obs. Creton ; JCP 2008. II. 10150, note Constantin ; Gaz. Pal. 2008. 5. 3398, obs. Piedelièvre ; CCC 2008, comm. n° 255, obs. Leveneur ; RDC 2008. 1129, obs. Laithier.* – Adde, Chénedé, D. 2008. Chron. *2555* (appréciation de l'existence et de l'exactitude de la cause de l'emprunteur au moment de la conclusion du contrat). • Civ. 1re, 28 mars 2000, n° 97-21.422 P : *R. p. 365 ; GAJC, 11e éd., n° 269-270 (II) ; D. 2000. 482, note S. Piedelièvre ; ibid. Somm. 358, obs.*

Delebecque ; *D. 2001. Somm. 1615, obs. Jobard-Bachellier* ; *D. 2002. Somm. 640, obs. D. R. Martin* ; *JCP 2000. II. 10296, concl. Sainte-Rose* ; *JCP N 2000. 1270, note Lochouarn* ; *Defrénois 2000. 720, obs. Aubert* ; *CCC 2000, n° 106, note Leveneur* • 27 nov. 2001 : *D. 2002. 119, note Chartier* ; *JCP 2002. II. 10050, note S. Piedelièvre* ; *Defrénois 2002. 259, obs. Libchaber* ; *Dr. fam. 2002, n° 9, note B. B.* • 5 juill. 2006, n° 04-12.588 P : *D. 2007. 50, note Ghestin* ; *ibid. Pan. 759, obs. D. R. Martin* ; *RTD com. 2006. 887, obs. D. Legeais*. – Grua, *D. 2003. Chron. 1492* (le prêt d'argent consensuel). ♦ Déjà antérieurement : les prêts régis par les art. L. 312-7 anc. s. C. consom. n'ont pas la nature de contrat réel. • Civ. 1re, 27 mai 1998, n° 96-17.312 P : *D. 1999. 194, note Bruschi* ; *ibid. Somm. 28, obs. Jobard-Bachellier* ; *ibid. 2000. Somm. 50, obs. Pizzio* ; *Defrénois 1998. 1054, obs. Delebecque* ; *ibid. 1999. 21, note S. Piedelièvre* ; *LPA 16 juill. 1999, note Depadt-Sebag*.

8. Illustration. Lorsque les fonds ont été versés par le prêteur, qui a ainsi manifesté son agrément, et que les emprunteurs ont remboursé le prêt pendant plusieurs années, le contrat de crédit s'est valablement formé (crédit à la consommation). • Civ. 1re, 9 déc. 1997, n° 96-04.172 P • 9 déc. 1997, n° 95-19.767 P • 4 juin 2002, n° 99-15.672 P.

9. Renégociation du contrat. Le seul fait pour le prêteur d'accorder une facilité de paiement à l'emprunteur ne caractérise pas une renégociation du prêt. • Civ. 1re, 17 juin 2015, n° 14-14.326 P.

C. PREUVE DU CONTRAT

10. Contrat réel. – Preuve de la remise de fonds. Si le prêt d'argent n'est réalisé que par la tradition de la somme prêtée, cette tradition est réputée faite lorsque le prêteur a remis les fonds à un tiers, sur la demande de l'emprunteur, pour payer une dette de ce dernier. • Civ. 1re, 12 juill. 1977, n° 75-11.925 P. – Même sens : • Civ. 1re, 22 juin 2004, n° 01-14.165 P : *D. 2004. IR 2477* ; *JCP E 2004. 1820, note S. Piedelièvre*. ♦ La preuve de la remise de fonds à une personne ne suffit pas à justifier l'obligation pour celle-ci de restituer la somme qu'elle a reçue. • Civ. 1re, 4 déc. 1984 : *Bull. civ. I, n° 324* • 23 janv. 1996 : *JCP 1996. II. 22638, note S. Piedelièvre* • 6 mai 1997, n° 95-11.151 P • 7 juin 2006, n° 03-18.807 P. – Jurisprudence constante. ♦ Rappr. : • 8 avr. 2010 : *cité note 20 ss. art. 1353*. ♦ L'absence d'intention libérale de celui qui agit en restitution ne peut établir à elle seule l'obligation de restitution de la somme versée. • Civ. 1re, 19 juin 2008, n° 07-13.912 P. ♦ Le prêteur qui ne rapporte pas la preuve du versement de la somme litigieuse est à bon droit débouté de sa demande de paiement de cette somme. • Civ. 1re, 7 mars 2006 : *préc. note 7*. ♦ Celui qui a remis les fonds doit être débouté de la demande en remboursement faute de rapporter, en complément des termes du reçu, la preuve par tous moyens admissibles qu'il a prêté comme il l'affirme. • Civ. 1re, 28 févr. 1995, n° 92-19.097 P : *D. 1995. Somm. 228, obs. Libchaber* ; *Defrénois 1995. 735, obs. Delebecque*. ♦ La preuve de l'absence de remise des fonds est à la charge de l'emprunteur ayant souscrit une reconnaissance de dette. • Civ. 1re, 19 juin 2008 : *préc. note 7*. ♦ V. également • Civ. 1re, 9 févr. 2012, n° 10-27.785 P : *D. 2012. 497, obs. Delpech* ; *RTD com. 2012. 381, obs. D. Legeais* ; *Gaz. Pal. 2012. 787, note Prieur* ; *RDC 2012. 824, obs. Klein*. ♦ Sur la preuve non rapportée d'un billet de trésorerie par la simple production d'un procès-verbal d'huissier : • Com. 13 oct. 2015, n° 14-14.327 P.

11. Contrat consenti par un professionnel du crédit. S'agissant d'un prêt consenti par un professionnel du crédit, • Civ. 1re, 27 juin 2006 : *CCC 2006, n° 221, note Leveneur*, jugeant qu'un tel prêt n'étant pas un contrat réel, la preuve du contrat requiert seulement que soit établi l'accord des volontés. ♦ Comp. : si le prêt consenti par un professionnel du crédit est un contrat consensuel, il appartient au prêteur qui sollicite l'exécution de l'obligation de restitution de l'emprunteur d'apporter la preuve de l'exécution préalable de son obligation de remise des fonds. • Civ. 1re, 14 janv. 2010, n° 08-13.160 P : *D. 2010. Pan. 259, obs. Avena-Robardet* ; *ibid. 620, note François* ; *ibid. Chron. C. cass. 2092, obs. Creton* ; *ibid. 2011. Pan. 1643, obs. R. Martin* ; *JCP 2010, n° 380, note Dissaux* ; *RDI 2010. 203, obs. Heugas-Darraspen* ; *RDBF 2010, n° 45, Lagarde* ; *RLDC 2010/69, n° 3733, obs. Le Gallou* (insuffisance de la signature d'une offre préalable de prêt). ♦ Le prêt consenti par un professionnel du crédit n'étant pas un contrat réel, c'est dans l'obligation souscrite par le prêteur que l'obligation de l'emprunteur trouve sa cause, dont l'existence, comme l'exactitude, doit être appréciée au moment de la conclusion du contrat. • Civ. 1re, 29 juin 2022, n° 21-15.082 B : *cité note 8 ss. anc. art. 1131*.

12. Preuve du montant d'un découvert. Pour déterminer le montant d'un découvert consenti verbalement par une banque à son client, les juges doivent rechercher la commune intention des parties, à travers l'analyse de leur comportement et des variations du solde débiteur, et non se fonder sur des méthodes de calcul abstraites (plus fort découvert ou découvert moyen). • Com. 4 mars 1997, n° 95-10.507 P.

D. EXÉCUTION DU CONTRAT

13. Contrat conclu par un professionnel. • Civ. 1re, 3 juin 1997, n° 95-10.593 P : *Defré-*

nois 1998. 125, note S. Piedelièvre (en vertu des art. L. 315-1, R. 315-25 et R. 315-34 CCH, au terme de la période d'épargne d'un plan ou d'un compte d'épargne logement, sauf situation de surendettement, la banque est tenue d'accorder le prêt auquel elle s'est obligée lors de la conclusion du contrat).

14. Octroi fautif de prêt. Lorsque le prêteur (établissement financier) a agi avec une légèreté blâmable en consentant un prêt dont la charge était supérieure aux revenus de l'emprunteur, l'indemnisation du préjudice résultant du non-remboursement du prêt peut être réduite compte tenu de cette faute. • Civ. 1re, 8 juin 1994, n° 92-16.142 P. ♦ V. aussi : • Civ. 2e, 2 juill. 1997, n° 95-10.377 P : *R., p. 279 ; D. 1998. 231, note Atias ; LPA 6 oct. 1997, note D.-R. Martin* (admission d'un lien de causalité entre la faute de la banque et le défaut de paiement des charges de copropriété au préjudice du syndicat) • Com. 23 juin 1998, n° 95-16.117 P (responsabilité, envers la caution, du créancier qui a consenti un prêt en vue d'une opération qu'il savait non viable). ♦ Sur le devoir de mise en garde du banquier envers des clients non avertis, V. ss. art. 1231-1, notes 139 s.

E. LIEN AVEC LE CONTRAT PRINCIPAL

15. Relation entre prêt et vente à crédit (non). L'emprunteur doit rembourser le prêt bien que le contrat de vente eût été résolu aux torts du vendeur, quand bien même le prêt litigieux eût été affecté à l'achat d'un bien déterminé, dès lors qu'il n'est pas prétendu que le vendeur et le prêteur ont agi de concert. • Com. 5 mars 1996, n° 93-20.778 P : *D. 1996. Somm. 327, obs. Libchaber ; D. 1997. Somm. 343, obs. Tournafond*. ♦ Le prêteur étant demeuré étranger à la collusion frauduleuse du vendeur et de l'acheteur, de sorte qu'au regard de l'organisme de crédit le contrat de prêt ne contenait aucune stipulation faisant apparaître une infraction à la réglementation du crédit, le prêt, distinct de la vente annulée et en dépit des restitutions résultées de l'annulation de celle-ci, continue à produire tous ses effets au profit du prêteur. • Com. 13 nov. 1984 : *Bull. civ. IV, n° 309.*

16. ... Exceptions. Mais nullité du contrat de crédit comme du contrat de vente en cas de connaissance par le prêteur de l'irrégularité de la vente à crédit. • Com. 17 oct. 1977, n° 76-11.035 P. ♦ ... Ou caducité du prêt consécutive à l'annulation de la vente, lorsque les deux contrats, intimement liés, possèdent une cause unique. • Civ. 1re, 1er juill. 1997, n° 95-15.642 P : *D. 1998. Somm. 32, obs. Aynès ; ibid. 100, obs. D. Mazeaud ; Gaz. Pal. 1998. 1. Somm. 290, obs. S. Piedelièvre.* ♦ Rappr. aussi, dans le cadre d'un crédit immobilier relevant du droit de la consommation, la possibilité pour les emprunteurs de renoncer à l'interdépendance de la vente et du prêt, en conservant les fonds après résolution de la vente et en les affectant à une autre utilisation : • Civ. 1re, 6 janv. 1998, n° 95-21.205 P : *RTD civ. 1998. 672, obs. Mestre* • 1er mars 2005, n° 03-10.456 P : *D. 2005. AJ 888, obs. Rondey ; AJDI 2005. 746, note Cohet-Cordey ; RTD civ. 2005. 391, obs. Mestre et Fages ; RTD com. 2005. 576, obs. D. Legeais* (nécessité de caractériser sans équivoque la volonté de renoncer).

17. Conséquences de l'indépendance des contrats. L'annulation d'un contrat de vente entraîne pour le vendeur l'obligation de restituer le prix à l'acheteur, son seul contractant, et non à celui qui avait prêté les fonds à cet acheteur, étranger au contrat de vente. • Com. 17 déc. 1980 : *Bull. civ. IV, n° 433.* – Dans le même sens : • Com. 5 déc. 1995, n° 93-17.702 P : *D. 1996. Somm. 388, obs. S. Piedelièvre ; Defrénois 1996. 749, obs. Delebecque.*

18. La créance des emprunteurs à l'encontre du vendeur, au titre de son obligation à les garantir envers le prêteur du remboursement du prêt, par application de l'art. L. 311-22 ancien C. consom., trouve son origine, non dans la conclusion des contrats, mais dans la résolution du contrat de vente par le fait postérieur du vendeur et la résiliation consécutive du contrat de crédit prononcée postérieurement à l'ouverture de la procédure collective du vendeur, et n'a en conséquence pas à être déclarée. • Com. 3 févr. 1998 : *D. 1998. IR 61 ; JCP 1998. II. 10042, rapp. Rémery.* ♦ V. aussi : • Com. 20 mai 1997, n° 93-20.819 P : *LPA 19 déc. 1997, note Lebel.*

19. ... Annulation du prêt et cautionnement. L'annulation du contrat de prêt, qui laisse subsister l'obligation de restituer tant que les parties n'ont pas été remises en l'état antérieur à la conclusion du prêt, ne libère pas les cautions. V. par exemple : • Civ. 1re, 18 mars 1997, n° 95-13.244 P • 1er juill. 1997 : *préc. note 16.* ♦ V. aussi les décisions citées note 3 ss. art. 2289 anc.

20. ... Déchéance du terme et contrat d'assurance. La déchéance du terme d'un prêt garanti par un contrat d'assurance décès-invalidité n'emporte pas, du seul fait de l'exigibilité immédiate, l'extinction du contrat d'assurance. • Civ. 1re, 18 janv. 2000, n° 97-17.847 P : *R. p. 405 ; Defrénois 2000. 731, obs D. Mazeaud ; RCA 2000, Chron. 8, par Vaillier* • 24 sept. 2002 : *RGDA 2003. 89, note Fonlladosa.* ♦ ... Sauf stipulation contraire. • Civ. 1re, 26 avr. 2000, n° 97-20.238 P : *R. p. 405 ; RCA 2000, n° 243, note H. G.* ♦ Mouveau, *Dr. et patr. 3/2003. 48.*

21. Protection des consommateurs. – *Compétence.* Il résulte des dispositions de la L. n° 78-22 du 10 janv. 1978, et notamment de son art. 27, que relèvent de la compétence du tribunal d'instance tous les litiges concernant les opérations de crédit soumises aux dispositions de cette loi et de ses décrets d'application. Il en est, en particulier, ainsi du contentieux né de la défaillance de l'emprunteur. • Civ. 1re, 11 juin 1985 : *D. 1986. 138, note Warembourg-Auque ; Gaz. Pal. 1985. 2. 746, note Guinchard et Moussa.* ♦ V. ces dispositions ss. art. 1914.

22. Protection des emprunteurs dans le domaine immobilier (C. consom., art. L. 312-1 s.) : V. ss. art. 1914.

Art. 1893 **Par l'effet de ce prêt, l'emprunteur devient le propriétaire de la chose prêtée ; et c'est pour lui qu'elle périt, de quelque manière que cette perte arrive.**

Affectation d'un crédit ou d'un dépôt en banque : V. Grua et Viratelle, *JCP 1995. I. 3826.*

Art. 1894 **On ne peut pas donner à titre de prêt de consommation des choses qui, quoique de même espèce,** *(L. no 2009-526 du 12 mai 2009, art. 10)* **« sont différentes », comme les animaux : alors c'est un prêt à usage.**

Art. 1895 **L'obligation qui résulte d'un prêt en argent, n'est toujours que de la somme** *(Abrogé par L. no 2009-526 du 12 mai 2009, art. 10)* **« *numérique* » énoncée au contrat.**

S'il y a eu augmentation ou diminution d'espèces avant l'époque du payement, le débiteur doit rendre la somme *(Abrogé par L. no 2009-526 du 12 mai 2009, art. 10)* **« *numérique* » prêtée, et ne doit rendre que cette somme dans les espèces ayant cours au moment du payement.**

Clauses d'indexation : V. notes ss. art. 1343.

Art. 1896 **La règle portée en l'article précédent n'a pas lieu, si le prêt a été fait en lingots.**

Art. 1897 **Si ce sont des lingots ou des denrées qui ont été prêtés, quelle que soit l'augmentation ou la diminution de leur prix, le débiteur doit toujours rendre la même quantité et qualité, et ne doit rendre que cela.**

SECTION 2 Des obligations du prêteur

Art. 1898 **Dans le prêt de consommation, le prêteur est tenu de la responsabilité établie par l'article 1891 pour le prêt à usage.**

Art. 1899 **Le prêteur ne peut pas redemander les choses prêtées avant le terme convenu.**

1. La faculté pour le prêteur de se faire rembourser à l'époque fixée par lui constitue, non pas une condition potestative affectant l'existence même de l'obligation, mais une simple modalité d'exécution de l'engagement contracté par l'emprunteur. • Com. 7 févr. 1955 : *Gaz. Pal. 1955. 1. 254 ; RTD civ. 1955. 516, obs. Mazeaud.*

2. Les juges du fond peuvent relever, dans l'exercice de leur pouvoir souverain d'appréciation de la commune intention des parties, que, le remboursement du prêt n'étant pas intervenu au terme fixé, le contrat s'est poursuivi. • Com. 24 nov. 1982 : *Bull. civ. IV, no 369.*

Art. 1900 **S'il n'a pas été fixé de terme pour la restitution, le juge peut accorder à l'emprunteur un délai suivant les circonstances.**

1. Fixation judiciaire du terme. Il résulte de l'art. 1900 que lorsqu'un prêt d'argent a été consenti sans qu'un terme ait été fixé, il appartient au juge, saisi d'une demande de remboursement, de fixer, eu égard aux circonstances, et, notamment, à la commune intention des parties, la date du terme de l'engagement, qui doit se situer à une date postérieure à la demande en justice. • Civ. 1re, 19 janv. 1983, no 81-15.105 P • Civ. 1re, 19 janv. 1983 : *Bull. civ. I, no 29* • Com. 26 janv. 2010, no 08-12.591 P : *RDI 2010. 202, obs. Heugas-Darraspen.*

2. Inapplication au compte courant d'associé. Les dispositions de l'art. 1900, qui offrent au juge la possibilité de fixer un terme pour la restitution d'un prêt, ne sont pas applicables au compte courant d'associé, dont la caractéristique essentielle, en l'absence de convention particulière ou statutaire le régissant, est d'être remboursable à tout moment. • Com. 10 mai 2011 : *D. 2011. 2383, note Bloud-Rey ; RTD com. 2011. 575, obs. Constantin ; RLDC 2011/84, no 4295, obs. Paulin.*

3. Durée du délai. Lorsqu'il n'a pas été fixé de terme pour la restitution d'un prêt, l'art. 1900 permet aux tribunaux d'accorder à l'emprunteur un délai suivant les circonstances, sans limiter ce délai à la durée des délais de grâce. Le juge, en accordant un délai en vertu de ce texte, peut également, si des intérêts n'ont pas été stipulés, dispenser le débiteur du versement d'intérêts jusqu'au terme qu'il fixe. • Civ. 1re, 12 oct. 1977, n° 76-13.825 P.

4. Terme indéterminé. Les juges du fond apprécient souverainement la portée des clauses des contrats quant à leur influence sur l'étendue des obligations des parties. Estimant qu'une convention était assortie d'un terme indéterminé, ils peuvent condamner une des parties à exécuter son obligation de remboursement dans un délai qu'ils précisent. • Civ. 1re, 6 oct. 1976, n° 75-11.862 P.

Art. 1901 S'il a été seulement convenu que l'emprunteur payerait quand il le pourrait, ou quand il en aurait les moyens, le juge lui fixera un terme de payement suivant les circonstances.

1. Condition potestative. Une personne s'étant engagée à payer une certaine somme « à la vente de ses immeubles », cette condition, qui consiste non en une simple déclaration de volonté mais dans l'accomplissement d'un acte extérieur, constitue une condition simplement potestative licite. Les juges du fond, appréciant souverainement la portée des clauses d'un contrat quant à leur influence sur l'étendue des obligations des parties, peuvent, par application de l'art. 1901, condamner la personne qui s'est ainsi engagée à exécuter dans un délai déterminé son engagement de payer. • Civ. 1re, 17 févr. 1976, n° 74-12.562 P. ♦ Comp. notes ss. art. 1304-2.

2. Délai discrétionnaire. L'incidence sur les obligations des parties de la clause d'une reconnaissance de dette par laquelle un débiteur s'engage à restituer les sommes prêtées dans un délai laissé à sa discrétion est appréciée souverainement par les juges du fond. Ceux-ci, ayant retenu que la clause affectait seulement la date du paiement de la dette et non l'existence de l'obligation, peuvent condamner le débiteur à rembourser le prêt sans délai, par application des art. 1900 et 1901, qui dérogent à l'art. 1186 anc. • Civ. 3e, 9 juill. 1984, n° 83-12.223 P.

SECTION 3 Des engagements de l'emprunteur

Art. 1902 L'emprunteur est tenu de rendre les choses prêtées, en même quantité et qualité, et au terme convenu.

1. L'absence d'intention libérale de celui qui agit en restitution ne peut établir à elle seule l'obligation de restitution de la somme versée. • Civ. 1re, 19 juin 2008 : *préc. note 10 ss. art. 1892.* ♦ L'obligation de restituer inhérente au contrat de prêt demeure valable tant que les parties n'ont pas été remises en l'état antérieur à la conclusion de leur convention annulée. Dès lors, les co-emprunteurs solidaires restent tenus de restituer chacun l'intégralité des fonds qu'ils ont reçus. • Civ. 1re, 5 juill. 2006, n° 03-21.142 P : *D. 2006. IR 2126 ; JCP 2006. I. 176, nos 21 s., obs. Barthez ; LPA 14 déc. 2006, note Ruet ; RTD com. 2006. 888, obs. D. Legeais.* – Même sens : • Com. 3 oct. 2006, n° 04-14.611 P. ♦ ... Dès lors, également, le cautionnement en considération duquel le prêt a été conclu subsiste tant que cette obligation valable n'est pas éteinte. • Com. 17 nov. 1982 : *D. 1983. 527, note Contamine-Raynaud ; JCP 1984. II. 20216, note Delebecque et Mouly* • 18 avr. 1985 : *Bull. civ. IV, n° 114* • Civ. 1re, 25 mai 1992, n° 90-21.031 P : *JCP 1992. I. 3608, obs. Fabre-Magnan ; RTD civ. 1992. 799, obs. Bandrac* • 4 juin 1996, n° 93-18.612 P • 18 mars 1997 : *D. Affaires 1997. 605.* ♦ De même, doit continuer de produire effet la cession de la créance résultant du prêt. • Com. 3 déc. 2002, n° 00-16.957 P. ♦ Comp., lorsque le contrat de prêt est inexistant du fait de l'absence de consentement de l'emprunteur : • Civ. 1re, 5 mars 1991 : *D. 1993. 508, note Collet* (non-validité de l'inscription de gage du prêteur).

2. Le caractère illicite, mais non immoral, du versement opéré par un agent immobilier, qui n'en avait pas reçu mandat, entre les mains d'un notaire pour le paiement d'une indemnité d'immobilisation, ne prive pas l'agent immobilier de son droit à restitution de la seule somme par lui remise. • Civ. 1re, 26 sept. 2018, n° 16-25.184 P : *D. 2018. 1910 ; AJ contrat 2018. 495, obs. Dagorne-Labbe.*

3. Remboursement et terme du contrat. Un contrat de prêt prend fin lors du remboursement des fonds prêtés, nonobstant l'existence éventuelle d'un rééchelonnement des échéances. • Civ. 1re, 10 mars 2021, n° 20-11.917 P : *cité note 2 ss. art. 2365.*

4. Incidence d'un taux négatif. Dans un contrat de prêt immobilier, l'emprunteur doit restituer les fonds prêtés dans leur intégralité, les intérêts conventionnellement prévus sont versés à titre de rémunération de ces fonds et, dès lors que les parties n'ont pas entendu déroger aux règles du C. civ., le prêteur ne peut être tenu, même temporairement, au paiement d'une quelconque rémunération à l'emprunteur. • Civ. 1re, 25 mars 2020, n° 18-23.803 P : *D. 2020. 1501, note Lasserre Capdeville ; ibid. 2085, obs. Martin et Synvet ; RDI 2020. 667, obs. Bruttin ; D. actu. 11 juin 2020, note Pellier ; RTD com. 2020. 691, obs. Legeais ; RDC 2020/4. 32, note Libchaber.*

Art. 1903 **S'il est dans l'impossibilité d'y satisfaire, il est tenu d'en payer la valeur eu égard au temps et au lieu où la chose devait être rendue d'après la convention.**

Si ce temps et ce lieu n'ont pas été réglés, le payement se fait au prix du temps et du lieu où l'emprunt a été fait.

1. L'impossibilité de restituer en nature, qui permet à l'emprunteur de s'acquitter en payant la valeur de la chose prêtée, doit s'entendre d'une impossibilité absolue. • Paris, 17 juill. 1946 : *D. 1948. 169, note Weill.*

2. Sur le contrat de prêt dont l'obligation à restitution est affectée d'un terme dépendant des possibilités de l'emprunteur et expressément illimité, V. • Paris, 13 oct. 1986 : *D. 1987. 618, note Moury.*

Art. 1904 *(L. 7 avr. 1900)* **Si l'emprunteur ne rend pas les choses prêtées ou leur valeur au terme convenu, il en doit l'intérêt du jour de la sommation ou de la demande en justice.**

L'emprunteur ne peut être condamné à payer des intérêts calculés non à partir du jour de la sommation ou de la demande mais du jour où le remboursement aurait dû être fait, sous le prétexte que le prêteur, de son côté, avait dû emprunter les sommes avancées et payer à ses prêteurs un taux onéreux d'intérêts. • Civ. 29 janv. 1906 : *DP 1906. 1. 120.*

CHAPITRE III DU PRÊT À INTÉRÊT

Art. 1905 **Il est permis de stipuler des intérêts pour simple prêt soit d'argent, soit de denrées, ou autres choses mobilières.**

BIBL. ▶ Routier, *D. 2008. Chron. 2960* (prêt entre particuliers sur internet).

1. Compte courant. Il résulte de l'art. 1905 que le prêt d'argent ne produit d'intérêts que moyennant une stipulation expresse du contrat. Cette règle ne reçoit d'exception que lorsque les sommes prêtées entrent en compte courant. • Civ. 1re, 23 juill. 1974 : *D. 1975. 586, note Stoufflet.* ♦ Sur le taux d'intérêt applicable au solde débiteur d'un compte courant, V. note 6 ss. art. 1907.

2. Intérêts non stipulés. En l'absence de stipulation d'intérêts conventionnels, le prêt est consenti à titre gratuit et ce sont les intérêts au taux légal qui courent à partir de la mise en demeure. • Civ. 1re, 26 nov. 1991, nº 90-17.169 P.

3. Déchéance des intérêts. La déchéance du droit aux intérêts, en application du C. consom., qui ne sanctionne pas une condition de formation du contrat, n'est pas une nullité. • Civ. 1re, 18 mars 1997, nº 95-02.159 P • 9 mars 1999, nº 96-18.909 P : *D. Affaires 1999. 628, obs. C. R.* ♦ ... Et ne relève pas par conséquent de l'art. 1304 anc. C. civ. • Civ. 1re, 18 mars 1997 : *préc.*

Art. 1906 **L'emprunteur qui a payé des intérêts qui n'étaient pas stipulés, ne peut ni les répéter ni les imputer sur le capital.**

1. Exigence d'un paiement volontaire. La banque qui a imputé unilatéralement au débit du compte de son client des intérêts que celui-ci n'avait pas payés volontairement ne peut invoquer à son encontre les dispositions de l'art. 1906. • Com. 23 oct. 1990 : *D. 1991. 73, note Gavalda.*

2. Intérêt illégal. Si, en application de l'art. 1906, le paiement d'intérêts fait preuve du caractère onéreux du prêt, ce texte ne s'oppose cependant pas à la répétition de la partie des intérêts illégalement perçue au regard de l'art. 1907 et de l'art. 4 de la L. du 28 déc. 1966. • Com. 9 avr. 1991 : *D. 1991. 385, note Vasseur ; JCP N 1992. II. 344, note Stoufflet* • 13 déc. 1994, nº 92-20.920 P : *R., p. 326* • 18 juin 1996, nº 94-20.413 P : *R., p. 307.*

Art. 1907 **L'intérêt est légal ou conventionnel. L'intérêt légal est fixé par la loi. L'intérêt conventionnel peut excéder celui de la loi, toutes les fois que la loi ne le prohibe pas.**

Le taux de l'intérêt conventionnel doit être fixé par écrit.

Les règles relatives au taux effectif global des crédits sont fixées par les art. L. 314-1 à L. 314-5, L. 341-48-1 et L. 341-49 C. consom. (C. mon. fin., art. L. 313-4).

RÉP. CIV. vº *Intérêts de somme d'argent*, par F. Greau.

BIBL. ▶ **Taux de l'intérêt conventionnel :** Malaurie et Aynès, *Defrénois 1991. 466.* ▶ **Taux effectif global :** Biardeaud, *D. 2015. 215* (décimales et Cour de cassation). – de La Bruslerie, *RDBF 2022. Étude 5* (calculs d'intérêts et du TEG dans les prêts immobiliers : erreurs, conséquences juridiques, évolution récente). – Guéranger, *Gaz. Pal. 2020. 2590* (histoire du TEG). –

LUTZ et BERG, *D. 2005. Chron. 841* (incertitudes). ▸ **Détermination du prix et contrat de prêt bancaire :** FINEL, *JCP 1996. I. 3957.* ▸ **Remboursement anticipé des prêts :** MIRBEAU-GAUVAIN, *D. 1995. Chron. 46.* – MALAURIE, *D. 1998. Chron. 317.* – J. HUET, *D. 1999. Chron. 303.* ▸ **Intérêts d'un prêt substitutif :** GRIMALDI, *Études Malinvaud, Litec, 2007, p. 249.* – Directive européenne sur le crédit aux consommateurs : LUTZ, *D. 2009. Chron. 2955*.

▸ **Réforme du taux :** BIARDEAUD, *D. 2019. 1613* (succès en trompe-l'œil pour les banques). – FRULEUX et SERRE, *JCP N 2014, n° 1356* (Ord. 20 août 2014). – LEGEAIS, *RTD com. 2018. 995* (la fin annoncée du contentieux relatif au TEG). – MOREAU et POINDRON, *RDBF 2019. Étude 16* (la réforme du TEG ou les malheurs de la vertu). – SALVANDY, *RDI 2019. 604* (réforme des sanctions civiles du TEG : uniformisation et simplification ?).

A. INTÉRÊT CONVENTIONNEL – RÈGLES GÉNÉRALES

1. Principe applicable à tous les paiements de sommes d'argent. V. art. 1343 et les notes citées.

2. L'intérêt devant être légal ou conventionnel, encourt la cassation l'arrêt qui ordonne le cumul des intérêts produits, au taux conventionnel et au taux légal, par la même somme au cours de la même période. • Civ. 1re, 15 mars 2005, n° 03-10.711 P.

3. Novation. La modification des modalités de remboursement, en l'occurrence le taux d'intérêt et la durée du prêt, ne suffit pas à réaliser une novation d'un prêt. • Civ. 1re, 2 déc. 1997, n° 95-21.315 P : *D. 1998. 549, note Caron ; Defrénois 1998. 335, obs. Delebecque.*

1° INDICATION DU TAUX CONVENTIONNEL – SANCTIONS

4. Ordre public. Sur les conséquences du caractère d'ordre public des dispositions sanctionnant l'exigence d'un écrit, V. note 7. ♦ Comp., pour le TEG : • Aix-en-provence, 5 mai 2011, n° 09/21169 : *Gaz. Pal. 2011. 3101, note Morel-Maroger* (les dispositions relatives au TEG ne sont pas d'ordre public, ce qui exclut l'application de l'art. 7 Conv. Rome par lequel les dispositions impératives doivent être appliquées quelle que soit la loi applicable au contrat).

5. Exigence d'un écrit. Il résulte de l'art. 1907, al. 2, qu'en matière de prêt d'argent, l'exigence d'un écrit mentionnant le taux de l'intérêt conventionnel est une condition de validité de la stipulation d'intérêt. • Civ. 1re, 24 juin 1981, n° 80-12.773 P : *R., p. 49 ; D. 1982. 397, note Boizard (1re esp.) ; JCP 1982. II. 19713, note Vasseur (3e esp.)* • 14 févr. 1995 : *D. 1995. 340, note S. Piedelièvre ; JCP 1995. II. 22402, note Chartier* • 8 oct. 1996, n° 94-17.693 P (mention valablement inscrite dans les statuts d'une *coopérative*) • *Com. 18 févr. 1997,* n° 94-18.073 P : *R., p. 235* (taux précisé dans les documents accompagnant le concours mis à disposition).

6. ... Application au compte courant. L'exigence d'un écrit, prescrite pour la validité même de la stipulation d'intérêt, est d'application générale et il ne peut y être dérogé, même en matière d'intérêts afférents au solde débiteur d'un compte courant ; à défaut d'écrit fixant le taux de l'intérêt conventionnel, le taux légal est seul applicable au solde débiteur du compte courant. • Civ. 1re, 9 févr. 1988, n° 86-11.557 P : *R., p. 205 ; GAJC, 11e éd., n° 271 ; JCP 1988. II. 21026, note Gavalda et Stoufflet ; Banque 1988. 590, note Rives-Lange* • Com. 12 avr. 1988, n° 87-11.199 P : *R., p. 205 ; D. 1988. 309, concl. Jéol ; RTD civ. 1988. 733, obs. Mestre* • Civ. 1re, 8 juin 1994, n° 91-16.336 P • 6 mai 1997, n° 95-15.605 P.

Toutefois, à l'égard des intérêts, les effets de cette règle ne remontent pas au-delà de la date d'entrée en vigueur du Décr. du 4 sept. 1985, qui a déterminé le mode de calcul du taux effectif global lorsqu'il s'agit d'un découvert en compte. • Com. 12 avr. 1988 : *préc.* • 9 avr. 1991, n° 88-19.499 P : *Defrénois 1991. 813, obs. Vermelle,* cassant • Montpellier, 22 sept. 1988 : *D. 1989. 150, note Gavalda* • Com. 22 mai 1991, n° 89-19.697 P : *R., p. 330 ; D. 1991. IR 169*, cassant • Paris, 24 mai 1989 : *D. 1989. 623, note Gavalda et Stoufflet.* ♦ Sur l'ensemble de la question, V. Vasseur, *D. 1988. Chron. 157.* ♦ Sur l'irrégularité du taux figurant sur le contrat initial, V. note 10.

Rappr., sur l'exigence d'un écrit, • Civ. 2e, 31 mai 2001, n° 99-16.198 P : *Defrénois 2001. 1434, obs. Libchaber ; CCC 2001, n° 134, note Leveneur* (en cas d'omission, dans l'acte, du montant des intérêts conventionnels stipulés dûs de plein droit en cas de non-paiement du prix à l'échéance, il y a lieu de faire application du taux d'intérêt légal). ♦ V. note 10 *in fine.*

7. Ordre public – Nullité relative. Les dispositions d'ordre public sur l'exigence d'un écrit ayant été édictées dans le seul intérêt de l'emprunteur, leur méconnaissance est sanctionnée par la nullité relative de la reconnaissance de l'obligation de payer des intérêts conventionnels et l'action en nullité s'éteint si elle n'a pas été exercée pendant cinq ans à compter de la signature du contrat de prêt. • Civ. 1re, 21 janv. 1992, n° 90-18.121 P. ♦ Comp. : • Com. 29 mars 1994, n° 92-11.843 P : *R., p. 326 ; D. 1994. 611, note Gavalda* (l'action en nullité s'éteint si elle n'a pas été exercée pendant cinq ans à compter de la reconnaissance de l'obligation de payer les intérêts conventionnels). ♦ Pour la période postérieure à l'entrée en vigueur du Décr. du 4 sept. 1985, à défaut d'écrit fixant le taux de l'intérêt conventionnel, le taux légal est seul applicable au solde débiteur d'un compte courant. • Com. 4 mai 1993, n° 91-16.092 P. ♦ ... Et le débiteur est fondé à demander la restitution des intérêts perçus en excédent. • Com. 4 mai 1993, n° 91-16.906 P. ♦ V. note 6.

8. L'exigence d'un écrit ayant été édictée dans le seul intérêt de l'emprunteur, le prêteur n'est pas recevable à s'en prévaloir. • Civ. 1re, 21 févr. 1995, n° 92-18.019 P. ♦ ... Et le juge ne peut soulever le moyen d'office. • Com. 3 mai 1995, n° 93-13.204 P : *R., p. 276 ; D. 1997. 124, note Eudier*.

9. Taux : loi applicable. Le taux de l'intérêt légal étant en toute matière fixé par année civile, le taux applicable, en cas de substitution au taux conventionnel, est celui fixé par la loi en vigueur au moment où il est acquis et il doit subir les modifications successives que la loi lui apporte. • Civ. 1re, 21 janv. 1992, n° 90-18.121 P.

10. Taux d'intérêt sur relevés de compte. – Irrégularité du contrat initial. En cas d'ouverture de crédit en compte courant, la mention sur les relevés périodiques de compte du taux effectif global régulièrement calculé pour la période écoulée vaut information de ce taux pour l'avenir à titre indicatif, et, suppléant l'irrégularité du taux figurant dans le contrat initial, emporte obligation, pour le titulaire du compte, de payer les intérêts au taux conventionnel à compter de la réception sans protestation ni réserve de cette information, même si le taux effectif global constaté *a posteriori*, peu important qu'il soit fixe ou variable, est différent de celui qui a été ainsi communiqué. • Com. 10 mars 2015, n° 14-11.616 P : *D. actu. 23 mars 2015, obs. Avena-Robardet ; RTD com. 2015. 338, obs. Legeais ; JCP 2015, n° 529, note Lasserre-Capdeville.* ♦ V. déjà : • Com. 18 févr. 2004, n° 01-12.123 P : *R., p. 318 ; LPA 27 juill. 2004, note E. C.*, énonçant que la reconnaissance de l'obligation de payer les intérêts conventionnels du solde débiteur d'un compte courant peut, en l'absence d'indication dans la convention d'ouverture de compte, résulter de la réception sans protestation ni réserve des relevés de compte, dès lors que les taux de ces intérêts y sont indiqués. – Dans le même sens : • Com. 14 déc. 2004, n° 02-19.532 P : *R., p. 309 ; D. 2005. AJ 276, obs. Avena-Robardet ; JCP E 2005. 317, note Raby ; Defrénois 2005. 601, note Dagorne-Labbe (2e esp.)* • 13 nov. 2012, n° 11-25.596 P : *D. 2012. 2733*. ♦ *Contra* antérieurement : • Civ. 1re, 17 janv. 1995 : *D. 1995. 213, note D. R. Martin ; Defrénois 1995. 743, obs. D. Mazeaud.* ♦ V. aussi • Com. 10 mai 1994, n° 91-22.196 P : *R., p. 326 ; D. 1994. 550, note D. R. Martin* • 18 juin 1996, n° 94-20.413 P : *R., p. 307* • Civ. 1re, 6 mai 1997, n° 95-15.605 P • Com. 6 avr. 1999, n° 96-15.337 P : *R., p. 360 ; D. Affaires 1999. 829, obs. J. F. ; JCP 1999. II. 10173, note Auckenthaler.*

11. Ouverture de crédit par fractions. Le prêteur qui consent une ouverture de crédit disponible par fractions doit notamment préciser, dans l'information annuelle dispensée lors de la reconduction du contrat et dans les états mensuels actualisés de l'exécution du contrat, le taux effectif global. • Civ. 1re, 9 avr. 2015, n° 13-28.058 P : *D. 2015. 860*. – V. note 27.

2° BASE DE CALCUL – ANNÉE LOMBARDE

12. Intérêt conventionnel et année civile – Offre de prêt et contrat de prêt. Si le taux conventionnel doit comme le taux effectif global être calculé sur la base de l'année civile, les parties peuvent, dans un prêt consenti à un professionnel, convenir d'un taux d'intérêt conventionnel calculé sur une autre base que l'année civile (année de trois cent soixante jours, dite « année lombarde », notamment). V. Décis. citées note 30. ♦ Cependant, en application de l'art. L. 312-8 C. consom. (dans sa rédaction issue de la L. n° 2010-737 du 1er juill. 2010), de l'art. L. 312-33 C. consom. (dans sa rédaction antérieure à celle issue de la L. n° 2014-344 du 17 mars 2014), et de l'art. R. 313-1 C. consom., devenu l'art. R. 314-2, (dans sa rédaction antérieure à celle issue de l'Ord. n° 2016-301 du 14 mars 2016), dans les rapports entre professionnels et consommateurs, la mention, dans l'offre de prêt, d'un taux conventionnel calculé sur la base d'une année autre que l'année civile, est sanctionnée exclusivement par la déchéance du droit aux intérêts dans les termes de l'art. L. 312-33 C. consom. • Civ. 1re, 11 mars 2020, n° 19-10.875 P : *D. 2020. 859, note Lasserre Capdeville ; ibid. 2085, obs. Martin et Synvet ; ibid. Chron. C. cass. 2190, obs. Serrier ; RTD com. 2020. 435, obs. Legeais* (V. égal. note 35). ♦ Sur la substitution du taux légal au taux conventionnel lorsque le taux conventionnel n'était pas calculé sur l'année civile dans le contrat de prêt et non dans l'offre de prêt. V. par ex. • Civ. 1re, 19 juin 2013, n° 12-16.651 : *cité note 30.*

Il incombe aux juges du fond, examinant le caractère abusif d'une clause prévoyant un calcul des intérêts sur la base d'une année de trois cent soixante jours, d'un semestre de cent quatre-vingts jours, d'un trimestre de quatre-vingt-dix jours et d'un mois de trente jours, d'apprécier quels sont ses effets sur le coût du crédit afin de déterminer si elle entraîne ou non un déséquilibre significatif entre les droits et obligations des parties au contrat ; cassation de l'arrêt ayant considéré que ce calcul prive les consommateurs de la possibilité de calculer le coût réel de leur crédit, quelle que soit l'importance de son impact réel. • Civ. 1re, 9 sept. 2020, n° 19-14.934 P : *D. 2020. 2219, note Lasserre Capdeville ; ibid. 2021. 310, obs. Boffa et Mekki ; RDI 2021.*

24, obs. Bruttin ; AJ contrat 2020. 493, obs. Moreau ; JCP 2020, n° 1173, note Mathey ; CCC 2020, n° 168, note Bernheim-Desvaux.

13. Prêt à taux négatif. Dans un contrat de prêt immobilier, l'emprunteur doit restituer les fonds prêtés dans leur intégralité, les intérêts conventionnellement prévus sont versés à titre de rémunération de ces fonds et, dès lors que les parties n'ont pas entendu déroger aux règles du code civil, le prêteur ne peut être tenu, même temporairement, au paiement d'une quelconque rémunération à l'emprunteur. • Civ. 1re, 25 mars 2020, n° 18-23.803 P : *D. 2020. 1501, note Lasserre Capdeville ; ibid. 2085, obs. Martin et Synvet ; RDI 2020. 667, obs. Bruttin ; D. actu. 11 juin 2020, note Pellier ; RTD com. 2020. 691, obs. Legeais ; RDC 2020/4. 32, note Libchaber.*

14. Dates de valeur. Est sans cause la perception d'intérêts par le jeu des dates de valeur sur les remises et retraits sur un compte bancaire, à l'exception des remises de chèques pour encaissement. • Com. 6 avr. 1993, n° 90-21.198 P : *R., p. 302 ; D. 1993. 310, note Gavalda ; JCP 1993. II. 22062, note Stoufflet* • 29 mars 1994 : *préc. note 7* • 10 janv. 1995, n° 91-21.141 P : *R., p. 276 ; D. 1995. 229, note Gavalda ; ibid. 1996. Somm. 114, obs. Libchaber ; JCP 1995. II. 2475, note Auckenthaler.* ♦ V. également • Civ. 1re, 10 mars 1998, n° 96-11.886 P : *R., p. 240 ; JCP E 1998. 725* • TGI Paris, 18 mai 2004 (4 esp.) : *D. 2004. 2288, note Boujeka .*

3° VARIATION DU TAUX

15. Clause de variation. – Modalités. L'art. 1129 anc. C. civ. n'étant pas applicable à la détermination du prix, le taux d'intérêt convenu peut varier en fonction de l'évolution du taux de base de la banque. • Com. 9 juill. 1996, n° 94-17.612 P : *R., p. 307 ; JCP 1996. II. 22721, note Stoufflet ; Defrénois 1996. 1363, obs. Delebecque ; CCC 1996, n° 182 (2e esp.), note Leveneur.* ♦ Déjà dans le même sens : • Paris, 12 janv. 1996 : *D. 1996. Somm. 324, obs. D. Mazeaud .* ♦ Comp. : • Civ. 1re, 10 déc. 1996, n° 94-19.593 P : *R., p. 330 ; D. 1997. 303, note Fadlallah* (prohibition des taux variables dans les contrats de consommation, l'art. 1129 anc. n'étant pas applicable) • 17 nov. 1998 : *D. Affaires 1999. 163, obs. C. R. ; CCC 1999, n° 31, note Raymond* (validité, dans une ouverture de crédit, d'une clause de variabilité du taux conforme à celle prévue par le modèle type annexé au code de la consommation).

16. Taux effectif global : indication initiale. En cas de stipulation de variabilité du taux effectif global, la convention d'ouverture de crédit ou tout autre document doit comporter la mention à titre indicatif d'un taux effectif global correspondant à des exemples chiffrés. • Com. 9 juill. 1996 : *préc. note 15.* ♦ Dans le même sens, pour le TEG applicable à un découvert en compte : • Com. 6 avr. 1999 : *préc. note 8* (nécessité de la mention écrite préalable du taux, au moins à titre indicatif, par un ou plusieurs exemples chiffrés) • 14 déc. 2004 : *préc. note 10.*

17. ... Ou indication sur relevé. Exigence pour un prêt à taux variable de mentionner, outre l'indication du taux effectif global dans les relevés de compte, un taux effectif global correspondant à des exemples chiffrés à titre indicatif dans la convention d'ouverture de crédit ou dans un autre document reçu par l'emprunteur préalablement à la perception des agios. • Com. 24 juin 1997, n° 95-16.646 P : *R., p. 235 ; JCP E 1998. 224, note Bertran de Balanda* • 5 mai 1998, n° 95-13.028 P : *R., p. 242.* – V. aussi • Com. 9 mars 1999, n° 96-16.559 P : *R., p. 360* • 9 mai 2001, n° 98-15.722 P. ♦ En cas d'ouverture de crédit en compte courant, la mention sur les relevés périodiques du taux effectif global régulièrement calculé oblige le titulaire du compte à payer les intérêts au taux conventionnel à compter de la réception sans protestation ni réserve de cette information, même si le taux effectif global constaté *a posteriori*, peu important qu'il soit fixe ou variable, est différent de celui qui a été ainsi communiqué. • Com. 10 mars 2015 : *préc. note 10.* ♦ Mais faute d'indice objectif, en présence d'une clause prévoyant une variation automatique du TEG en fonction de l'évolution du taux de base décidée par l'établissement de crédit, le prêteur a l'obligation de faire figurer le taux effectif appliqué sur les relevés reçus par les emprunteurs. • Civ. 1re, 1er juill. 2015, n° 14-23.483 P : *D. 2015. 2110, note Lasserre Capdeville .*

18. ... Indication des variations à l'emprunteur (non). L'obligation de mentionner le TEG dans tout écrit constatant un prêt n'emporte pas obligation, en cas de stipulation de révision du taux originel selon un indice objectif, d'informer l'emprunteur de la modification du TEG résultant d'une telle révision. • Civ. 1re, 20 déc. 2007, n° 06-14.690 P : *R., p. 419 ; D. 2008. AJ 286, obs. Avena-Robardet ; ibid. Chron. C. cass. 645, obs. Creton ; JCP 2008. II. 10044, note Gourio ; Gaz. Pal. 2008. 933, note S. Piedelièvre ; Dr. et patr. 3/2008. 76, obs. Mattout et Prüm ; RTD com. 2008. 159, obs. Legeais ; ibid. 614, obs. Bouloc .* ♦ Indication cependant du TEG sur les relevés, V. note 17 *in fine.*

4° ÉCHÉANCE – DÉCHÉANCE DU TERME

19. Intérêts après échéance. La clause d'un contrat de prêt prévoyant le paiement d'intérêts à un certain taux jusqu'à l'échéance fixée pour le remboursement suffit pour que les intérêts continuent à courir après ladite échéance, si le débiteur ne se libère pas à cette époque. • Com. 18 janv. 2017, n° 15-14.665 P. ♦ Et ce même en dehors de toute mise en demeure. • Civ. 1re, 20 janv. 1971, n° 69-13.597 P. ♦ V. déjà en ce sens, • Civ. 2 mars 1898 : *DP 1898. 1. 462* (le débiteur ne saurait, par le retard qu'il met à se libérer, transformer en prêt gratuit un prêt qui, pendant sa durée normale, a été à intérêts). ♦ Les intérêts conventionnels sont dus même après échéance de la dette en capital jusqu'à complet paiement et réparent ainsi le retard dans l'exécution, sans possibilité de cumul avec les intérêts légaux moratoires. • Civ. 1re, 25 nov. 1975 : *JCP N 1976. II. 18263 bis, note H. T.* ♦ Au contraire, il y a cumul de la clause pénale et des intérêts au taux légal à compter de la sommation de payer. • Soc. 9 nov. 1983, n° 81-41.236 P.

20. En présence d'un contrat de prêt stipulant le paiement d'intérêts calculés, à chaque échéance, sur le montant de celle-ci et non sur la totalité du capital prêté, ne fait qu'appliquer la convention des parties la cour d'appel qui, retenant que le prêt n'a pas été consenti à titre gratuit, condamne l'emprunteur à rembourser au prêteur, outre le capital restant dû au jour du remboursement anticipé, des intérêts sur ce capital. • Civ. 1re, 7 févr. 1995 : *D. 1996. 66, note Mirbeau-Gauvin*.

21. Déchéance du terme. En l'absence de stipulation contractuelle substituant, en cas de déchéance du terme, le taux légal au taux conventionnel, ce dernier taux s'applique, jusqu'à complet paiement, au solde du prêt restant dû. • Com. 12 juill. 1993, n° 88-20.040 P. ♦ Lorsque le taux légal est applicable, les intérêts sont dus dès la réalisation du contrat de prêt. • Civ. 1re, 6 mai 1997, n° 95-15.605 P.

22. Arrêt du cours des intérêts. Les intérêts résultant d'un contrat de prêt pour une durée supérieure à un an échappent en application de l'art. 55 (C. com., art. L. 621-48) de la L. du 25 janv. 1985 à l'arrêt du cours des intérêts, peu important que la résiliation du contrat par le jeu de la clause de déchéance du terme fût intervenue avant l'ouverture de la procédure collective. L'exception à la règle de l'arrêt du cours des intérêts s'applique aux intérêts de retard. • Com. 27 nov. 1991, n° 90-10.869 : *D. 1993. 229, note Sortais*.

B. TAUX EFFECTIF GLOBAL – CODE DE LA CONSOMMATION

1° MENTION ÉCRITE DU TAUX EFFECTIF GLOBAL

23. TEG : indication du taux. Exigence d'un écrit mentionnant le taux effectif global : art. L. 314-5 C. consom. ♦ V. notes 5 s. art. 313-4 s. C. mon. fin. ♦ V. aussi • Com. 15 oct. 1996, n° 94-14.938 P : *R., p. 307 ; D. 1997. Somm. 171, obs. Aynès* (un avenant au contrat de prêt initial doit également comporter l'indication du taux effectif global). ♦ Comp., en sens inverse, pour des accords de prorogation successifs d'une convention d'ouverture de crédit ayant continué à produire ses effets aux conditions d'origine après la date d'expiration initialement prévue : • Com. 9 juill. 2002, n° 00-22.512 P : *R., p. 450 ; D. 2002. AJ 2735*. ♦ L'indication du taux conventionnel et de l'intérêt de retard ne peut suppléer l'absence d'indication écrite du TEG. • Com. 22 janv. 2002 : *LPA 10 juin 2002, note Tchotourian* • Civ. 1re, 29 juin 2004 : *CCC 2004, n° 138, note Leveneur.*

24. ... Taux variable. V. notes 16 s.

2° DOMAINE D'APPLICATION GÉNÉRAL

25. Prêt professionnel. L'art. L. 313-2 C. consom. s'étant borné à reprendre dans le cadre de la codification à droit constant réalisée par la L. du 26 juill. 1993, les règles générales applicables à tous les prêts, figurant jusque-là dans les art. 1er à 7 de la L. du 28 déc. 1966 que la loi de 1993 préc. abrogeait, les prêts à finalité professionnelle ne sont pas exclus du champ d'application de ce texte. • Com. 5 oct. 2004, n° 01-12.435 P : *R., p. 335 ; JCP E 2005. 133, note S. Piedelièvre ; RTD com. 2005. 153, obs. D. Legeais* • Civ. 1re, 3 avr. 2007 : *CCC 2007, n° 221, note Raymond.* ♦ Un acte notarié à finalité professionnelle est soumis à l'obligation légale de mentionner le taux effectif global. • Civ. 1re, 22 janv. 2002, n° 99-13.456 P : *D. 2002. 2670, note Debet ; ibid. AJ 884, obs. A. Lienhard ; JCP E 2002. 1205, note A. Morin ; CCC 2002, n° 72, note Leveneur ; RDI 2002. 207, obs. Heugas-Darraspen ; RTD civ. 2002. 287, obs. Mestre et Fages*.

26. Double prêt. En présence d'un prêt scindé en deux prêts distincts, la déchéance du droit aux intérêts conventionnels est encourue au titre du contrat de prêt distinct ne constituant pas un avenant du premier, qui ne mentionne aucun taux effectif global. • Civ. 1re, 20 avr. 2022, n° 19-25.162 B.

27. Ouverture de crédit : relevés périodiques. En cas d'ouverture de crédit en compte courant, l'obligation de payer dès l'origine des agios conventionnels par application du TEG exige non seulement que soit porté sur un document écrit préalable à titre indicatif le TEG mais aussi que le TEG appliqué soit porté sur les relevés périodiques, reçus par l'emprunteur sans protestation ni réserve ; à défaut de cette première exigence, les agios ne sont dus qu'à compter de l'information régulièrement reçue, valant seulement pour l'avenir, et à défaut de la seconde exigence, la seule mention indicative de ce taux, ne vaut pas, s'agissant d'un compte courant, reconnaissance d'une stipulation d'agios conventionnels. • Com. 20 févr. 2007, n° 04-11.989 P : *R., p. 414 ; D. 2007. AJ 796, obs. Rondey ; ibid. 2008. Pan. 879, obs. R. Martin ; Banque et Dr. 7-8/2007. 17, obs. Bonneau.* ♦ Les copies informatiques des décomptes relatifs au compte font, faute d'éléments contraires apportés par le titulaire du compte, présumer leur envoi et leur réception par ce dernier et font ressortir l'indication du TEG. • Com. 3 juill. 2012, n° 11-19.565 P : *D. 2012. 1948, obs. Avena-Robardet* ; *RDI 2012. 496, obs. Heugas-Darraspen* .

3° SANCTIONS DU DÉFAUT DE MENTION

28. Taux non indiqué. – Sanctions civiles. Selon l'Ord. n° 2019-740 du 17 juill. 2019, en cas de défaut de mention ou de mention erronée du taux effectif global dans un écrit constatant un contrat de prêt, le prêteur n'encourt pas l'annulation de la stipulation de l'intérêt conventionnel mais peut être déchu de son droit aux intérêts dans une proportion fixée par le juge, au regard notamment du préjudice subi par l'emprunteur. Compte tenu de l'évolution de ce contentieux et du droit du crédit, il doit être jugé qu'en cas d'omission du taux effectif global dans l'écrit constatant un contrat de crédit conclu avant l'entrée en vigueur de l'Ord. du 17 juill. 2019, comme en cas d'erreur affectant la mention de ce taux dans un tel écrit, le prêteur peut être déchu de son droit aux intérêts dans la proportion fixée par le juge, au regard notamment du préjudice subi par l'emprunteur : • Com. 24 mars 2021, n° 19-14.307 P : *cité note 35.*

Contra antérieurement : jugé qu'avant l'entrée en vigueur de l'Ord. n° 2019-740 du 17 juill. 2019 à défaut d'écrit mentionnant le taux effectif global, le taux d'intérêt stipulé dans le contrat ne pouvant être appliqué, il convient de faire application du taux d'intérêt légal à compter de la date du prêt. • Civ. 1re, 24 juin 1981, n° 80-14.127 P : *R., p. 49 ; JCP 1982. II. 19713, note Vasseur (1re esp.) ; RTD civ. 1982. 429, obs. Rémy* • 12 mai 1982 : *Bull. civ. I, n° 175* • 27 févr. 2007, n° 04-20.779 P : *D. 2007. AJ 938, obs. Rondey* ; *ibid. 2008. Pan. 879, obs. R. Martin* ; *JCP N 2007. 1302, n° 7, obs. S. Piedelièvre ; LPA 12 nov. 2007, obs. Claret ; Banque et Dr. 7-8/2007. 17, obs. Bonneau* (substitution du taux à la date de l'avenant au contrat de prêt). ♦ En ce cas, l'indexation prévue au contrat, faisant partie intégrante de la stipulation d'intérêts nulle, ne peut s'appliquer au taux légal substitué au taux conventionnel. • Civ. 1re, 22 juill. 1986, n° 85-11.313 P : *R., p. 178.* ♦ Sur la déchéance, pour le prêteur, du droit aux intérêts dans la proportion fixée par le juge, au regard notamment du préjudice pour l'emprunteur sanction applicable en cas d'erreur ou de défaut du TEG dans tout document d'information précontractuel et dans tout écrit valant contrat, quelle *que soit la nature ou la destination* du crédit. V. C. consom., art. L. 341-1, L. 341-4, L. 341-25, L. 341-26, L. 341-54, al. 2. ♦ V. égal. note 35.

29. Sort des intérêts conventionnels. Les dispositions d'ordre public de l'art. 4 de la L. du 28 déc. 1966 (C. consom., art. L. 313-2) ayant été édictées dans le seul intérêt de l'emprunteur, leur méconnaissance est sanctionnée par la nullité relative de la clause de stipulation des intérêts conventionnels ; l'action en nullité s'éteint si elle n'a pas été exercée dans les cinq ans à compter de la signature du prêt. • Civ. 1re, 21 janv. 1992, n° 90-18.121 P (1er arrêt) ; *JCP 1992. I. 3591, n° 5, obs. Fabre-Magnan.* ♦ Comp. • Com. 29 mars 1994 : *préc. note 9.* ♦ V. également notes 41 et 43.

L'erreur affectant la mention du taux effectif global dans l'écrit constatant un contrat de crédit n'est sanctionnée que lorsqu'elle vient au détriment de l'emprunteur, ce qui suppose que le taux effectif global mentionné dans cet écrit soit inférieur au taux effectif global correctement calculé. • Com. 15 févr. 2023, n° 21-10.950 B (C. mon. fin., art. L. 313-4 et C. consom., art. L. 313-2). ♦ Il n'y a pas lieu à annulation du taux effectif global dans une hypothèse où les emprunteurs arguent d'un taux effectif global inférieur à celui qui était stipulé, l'erreur alléguée ne venant pas à leur détriment. • Civ. 1re, 12 oct. 2016, n° 15-25.034 P : *D. 2016. 2165, obs. Avena-Robardet* ; *RDI 2017. 32, obs. Heugas-Darraspen* ; *RDC 2017. 25, obs. Stoffel-Munck.* ♦ Ainsi, lorsque le calcul des intérêts conventionnels sur la base, non pas de l'année civile mais de celle d'une année de trois cent soixante jours, a eu pour effet de minorer le montant des intérêts. • Civ. 1re, 4 juill. 2019, n° 17-27.621 P : *D. 2019. 2009, obs. Martin et Synvet* ; *RTD civ. 2019. 856, obs. Barbier* ; *RDC 2019/4. 17, note Pellet.*

4° CALCUL DU TEG – TAUX ERRONÉ

30. TEG et année bancaire. **BIBL.** Biardeaud, *D. 2017. 116* ; *ibid. 2019. 711* (clause abusive et calcul lombard des intérêts intercalaires). ♦ En ayant perçu des intérêts calculés par référence à l'année bancaire de 360 jours au lieu de l'année civile, ce dont il se déduit que le taux d'intérêt indiqué n'avait pas été effectivement appliqué, une banque a enfreint les exigences légales relatives à l'indication préalable et écrite du TEG. • Com. 17 janv. 2006, n° 04-11.100 P : *BICC 15 avr. 2006, n° 790, et la note ; D. 2006. AJ 439, obs. Avena-Robardet* ; *JCP E 2006. 2658, note Mathey ; RTD com. 2006. 460, obs. D. Legeais* . ♦ V. déjà, énonçant que le taux annuel de l'intérêt doit être déterminé par référence à l'année civile de 365 ou 366 jours : • Com. 10 janv. 1995 : *préc. note 14.* ♦ Le taux conventionnel doit, comme le taux effectif global, être calculé sur la base de l'année civile dans tout acte de prêt consenti à un consommateur ou à un non-professionnel. • Civ. 1re, 17 juin 2015, n° 14-14.326 P • 19 juin 2013, n° 12-16.651 P : *D. 2013. 1615, obs. Avena-Robardet* ; *ibid. 2084, note Lasserre Capdeville* ; *RTD com. 2013. 787, obs. Legeais* ; *Gaz. Pal. 2013. 2318, obs. Piedelièvre ; CCC 2013, n° 252, obs. Raymond.* ♦ Si dans un prêt consenti à un professionnel, les parties peuvent convenir d'un taux d'intérêt conventionnel calculé sur une autre base que l'année civile, le taux effectif global doit être calculé sur la base de l'année civile. • Com. 4 juill. 2018, n° 17-10.349 P : *D. 2019. 2009, obs. Martin et Synvet ; AJDI 2019. 219, obs. Moreau ; JCP 2018, n° 985, note Lasserre Capdeville.* ♦ Comp : le calcul sur 360 jours peut être contractuellement prévu. • Com. 24 mars 2009, n° 08-12.530 P : *D. 2009. AJ 1016, obs. Avena-Robardet ; Gaz. Pal. 2009. 1980, obs. Piedelièvre ; LPA 10 juin 2009, note Rousset ; Banque et Dr. 5-6/2009. 22, obs. Bonneau ; Dr. et patr. 9/2009. 90, obs. Mattout et Prüm ; RTD com. 2009. 422, obs. Legeais.* ♦ Sur la définition légale du consommateur, V. C consom., art. préliminaire issu de la L. n° 2014-344 du 17 mars 2014 relative à la consommation, *JO 18 mars 2014.* ♦ Sur le calcul du taux conventionnel par référence à l'année civile ou à une autre période dans l'offre de prêt ou le contrat de prêt, V. note 12.

31. ... Preuve. Il appartient à l'emprunteur, qui invoque l'irrégularité du taux effectif global mentionné dans l'acte de prêt, en ce qu'il aurait été calculé sur la base d'une année de 360 et non de 365 jours, de le démontrer. • Com. 4 juill. 2018, n° 17-10.349 P : *D. 2019. 2009, obs. Martin et Synvet ; AJDI 2019. 219, obs. Moreau ; JCP 2018, n° 985, note Lasserre Capdeville.*

32. Calcul. – Éléments pris en compte. Pour le calcul du taux effectif global d'intérêt, doivent entrer en compte aussi bien le taux résultant de l'acte de prêt que les obligations résultant d'un acte séparé, formant avec le premier un tout, et prévoyant notamment la rémunération de l'intermédiaire. • Civ. 1re, 12 juin 1990, n° 89-10.811 P. ♦ ... Ou aussi les impôts, taxes et droits mis à la charge de l'emprunteur, mais non l'indexation du capital prêté. • Civ. 1re, 21 janv. 1992, n° 90-18.121 P (arrêts nos 2 et 3). ♦ ... Une prime intégrée au capital restant dû, présentée comme la contrepartie de l'octroi par le prêteur à l'emprunteur d'une réduction du taux d'intérêt prévu au contrat de prêt originel. • Civ. 1re, 27 févr. 2007 : *préc. note 28.* ♦ ... Le remboursement des « frais de forçage » prélevés sur le compte à l'occasion de chaque opération effectuée au delà du découvert autorisé. • Com. 5 févr. 2008, n° 06-20.783 P : *D. 2008. AJ 609, obs. Rondey ; ibid. 2009. Pan. 1044, obs. R. Martin ; RTD com. 2008. 399, obs. Legeais ; Dr. et patr. 9/2008. 95, obs. Mattout et Prüm ; RDI 2008. 266, obs. Heugas-Darraspen.* ♦ ... La souscription de parts sociales de l'établissement prêteur, imposée comme condition d'octroi du prêt. • Civ. 1re, 6 déc. 2007, n° 05-17.842 P : *D. 2008. AJ 81, obs. Rondey ; RTD com. 2008. 613, obs. Bouloc ; ibid. 159, obs. Legeais ; RDI 2008. 266, obs. Heugas-Darraspen* • 9 déc. 2010, n° 09-67.089 P : *D. 2011. Actu. 7, obs. Avena-Robardet ; RTD com. 2011. 617, obs. Legeais ; CCC 2011, n° 55, obs. Leveneur ; JCP N 2011, n° 1110, note Legeais* • Com. 12 janv. 2016, n° 14-15.203 P : *D. 2016. 196 ; RTD civ. 2016. 356, obs. Barbier.* ♦ ... La somme payée par l'emprunteur au titre de la constitution d'un fonds de garantie créé par une société de caution mutuelle pour garantir la bonne exécution du prêt, et dont le montant est déterminé lors de la conclusion du prêt, imposée comme une condition d'octroi du prêt. • Civ. 1re, 9 déc. 2010, n° 09-14.977 P : *D. 2011. Actu. 7, obs. Avena-Robardet ; ibid. 2011. 720, note Lasserre Capdeville ; ibid. Pan. 1643, obs. R. Martin ; RTD com. 2011. 618, obs. Legeais ; JCP N 2011, n° 1110, note Legeais.* ♦ ... Les frais d'acte notariés connus au moment de la signature du contrat. • Civ. 1re, 14 févr. 2008 : *CCC 2008, n° 118, obs. Raymond ; Dr. et patr. 3/2008. 76, obs. Mattout et Prüm.* ♦ ... Les intérêts et frais dus au titre de la période de préfinancement liés à l'octroi du prêt. • Civ. 1re, 14 déc. 2016, n° 15-26.306 P : *D. 2017. 443, note Lasserre Capdeville ; ibid. 539, obs. Aubry, Poillot et Sauphanor-Brouillaud.* ♦ ... La prime d'assurance, lorsque la souscription d'un contrat d'assurance sur la vie est imposée par le prêteur comme condition d'octroi du prêt. • Civ. 1re, 20 janv. 2021, n° 19-15.849 P : *D. 2021. 236 ; Rev. prat. rec. 2021. 25, obs. Valette-Ercole ; D. actu. 12 févr. 2021, obs. Pellierle.* ♦ Mais les frais relatifs à l'assurance-incendie ne sont intégrés dans la détermination du TEG que lorsque la souscription d'une telle assurance est imposée à l'emprunteur comme une condition de l'octroi du prêt, et non à titre d'obligation dont l'inexécution est sanctionnée par la déchéance du terme. • Civ. 1re, 6 févr. 2013, n° 12-15.722 P : *D. 2013. 429 ; ibid. 2420, obs. D. R. Martin et Synvet ; RDI 2013. 207, obs. Heugas-Darraspen ; JCP 2013, n° 435, note Maetz* • 20 janv. 2021, n° 19-15.849 P : *préc.* ♦ Sur le mode technique de calcul du TEG au cas d'amortissement échelonné, V. C. consom., art. L. 314-2.

33. ... Frais d'assurance. Doit également être pris en compte, pour le calcul du TEG, le coût de l'assurance incendie à la souscription de laquelle le crédit était subordonné, coût dont la banque devait s'informer auprès du souscripteur avant de procéder à la détermination du taux effectif global. • Civ. 1re, 13 nov. 2008, n° 07-17.737 P : *D. 2008. AJ 3006, obs. Avena-Robardet ; RTD com. 2009. 188, obs. Legeais* • 7 sept. 2022, n° 21-16.646 B : *RGDA 2022/10. 36, note Pimbert.* ♦ ... La prime d'assurance, lorsque la souscription d'un contrat d'assurance sur la vie est imposée par le prêteur comme condition d'octroi du prêt. • Civ. 1re, 20 janv. 2021, n° 19-15.849 P : *D. 2021. 236 ; Rev. prat. rec. 2021. 25, obs. Valette-Ercole ; D. actu. 12 févr. 2021, obs. Pellierle* • 1er mars 2023, n° 21-17.018 B. ♦ Mais les frais relatifs à l'assurance-incendie ne sont intégrés dans la détermination du TEG que lorsque la souscription d'une telle assurance est imposée à l'emprunteur comme une condition de l'octroi du prêt, et non à titre d'obligation dont l'inexécution est sanctionnée par la déchéance du terme. • Civ. 1re, 6 févr. 2013, n° 12-15.722 P : *D. 2013. 429 ; ibid. 2420, obs. D. R. Martin et Synvet ; RDI 2013. 207, obs. Heugas-Darraspen ; JCP 2013, n° 435, note Maetz* • 20 janv. 2021, n° 19-15.849 P : *préc.* ♦ N'entre donc pas dans le calcul du TEG le coût d'une assurance facultative dont la souscription ne conditionne pas l'octroi du prêt. • Civ. 1re, 8 nov. 2007, n° 04-18.668 P : *RTD com. 2008. 159, obs. Legeais* .

34. … Éléments non retenus. N'entrent pas en compte, pour le calcul du TEG, les charges liées aux garanties dont le crédit est assorti ainsi que les honoraires des officiers ministériels, qui ne sont pas déterminables à la date de l'acte de prêt. • Civ. 1re, 28 juin 2007, n° 05-19.853 P : *D. 2007. AJ 2029, obs. Avena-Robardet ; RTD com. 2007. 816, obs. Legeais* . ♦ … Ou l'indemnité de remboursement anticipé, dont la mise en œuvre est éventuelle et donc étrangère aux frais intervenus dans l'octroi du prêt. • Civ. 1re, 27 sept. 2005, n° 02-13.935 P : *D. 2006. 238, note Picod* . ♦ … Ou encore une commission d'intervention. * Rép. min. n° 735 : *JO Sénat Q, 27 avr. 2010, p. 2828 ; RDBF 2010, n° 169, obs. Crédot et Samin.* • Com. 20 avr. 2017, n° 15-24.278 : *RJDA 2017, n° 581.*

Les intérêts et frais dus au titre de la période de préfinancement sont liés à l'octroi du prêt et entrent dans le calcul du taux effectif global, sous réserve qu'ils soient déterminables lors de la conclusion du contrat. Tel n'est pas le cas des intérêts dus au titre du capital libéré de manière progressive au cours de cette période dès lors que leur montant dépend du rythme de cette libération, inconnu des parties lors de la souscription du prêt. • Civ. 1re, 15 juin 2022, n° 20-16.070 B.

35. Taux erroné. Importance de l'erreur. Sur la prise en compte des dispositions du code de la consommation sur la précision à la décimale du calcul du taux, V. • Civ. 1re, 25 janv. 2017, n° 15-24.607 P : *D. 2017. 293 ; AJDI 2017. 449, obs. Moreau ; RTD com. 2017. 152, obs. Legeais* (refus de prononcer la nullité de la stipulation d'intérêts, l'écart entre le taux effectif global mentionné dans le contrat de crédit et le taux réel étant inférieur à la décimale prescrite par l'art. R. 313-1 C. consom.) • Com. 18 mai 2017, n° 16-11.147 P : *D. 2017. 1958, note Cattalano-Cloarec ; AJDI 2017. 601, obs. Moreau ; AJ contrat 2017. 336, obs. Martinet* (*idem*) • Civ. 1re, 27 nov. 2019, n° 18-19.097 P : *AJ contrat 2020. 32, obs. Moreau ; RTD com. 2020. 153, obs. Legeais* (*idem*) • 5 févr. 2020, n° 19-11.939 P : *D. 2020. 279 ; RDI 2020. 298, obs. Heugas-Darraspen ; AJ contrat 2020. 145, obs. Lasserre Capdeville ; RTD civ. 2020. 459, obs. Cayrol ; RTD com. 2020. 435, obs. Legeais* (*idem*) • 11 mars 2020, n° 19-10.875 P : *D. 2020. 859, note Lasserre Capdeville ; ibid. 2085, obs. Martin et Synvet ; ibid. Chron. C. cass. 2190, obs. Serrier ; RTD com. 2020. 435, obs. Legeais* • 20 avr. 2022, n° 19-25.162 B. ♦ Même solution pour le défaut de communication du taux et/ou de la durée de la période. • Civ. 1re, 22 sept. 2021, n° 19-25.316 B : *D. 2022. Chron. C. cass. 856, obs. Kloda ; RDI 2022. 158, obs. Bruttin ; RTD com. 2021. 894, obs. Legeais ; JCP 2021, n° 1167, note Mallet-Bricout ; ibid., n° 1168, note Pellet.*

Si la règle de l'arrondi est inapplicable au calcul du taux de période, l'inexactitude de ce taux, contrairement à celle du taux effectif global, n'est pas de nature à entraîner la déchéance du droit aux intérêts. • Civ. 1re, 6 janv. 2021, n° 18-25.865 P : *D. 2021. 76 ; RDI 2021. 145, obs. Bruttin ; RTD com. 2021. 169, obs. Legeais* .

36. … Sanction de l'erreur. Sur la déchéance, pour le prêteur, du droit aux intérêts dans la proportion fixée par le juge, au regard notamment du préjudice pour l'emprunteur, sanction applicable en cas d'erreur ou de défaut du TEG dans tout document d'information précontractuel et dans tout écrit valant contrat, quelle que soit la nature ou la destination du crédit. V. C. consom., mod par Ord. n° 2019-740 du 17 juill. 2019, art. L. 341-1, L. 341-4, L. 341-25, L. 341-26, L. 341-54, al. 2.

37. … Jurisprudence antérieure à l'Ord. n° 2019-740 du 17 juill. 2019. L'omission du TEG dans l'écrit constatant un contrat de prêt comme l'erreur affectant la mention de ce taux dans un tel écrit justifient que le prêteur puisse être déchu de son droit aux intérêts dans la proportion fixée par le juge, même lorsque le contrat a été conclu avant l'entrée en vigueur de l'Ord. du 17 juill. 2019. • Civ. 1re, 10 juin 2020, n° 18-24.287 P : *D. 2020. 1434, note Sudre ; ibid. 1441, note Pellier ; RDI 2020. 448, obs. Heugas-Darraspen ; AJ contrat 2020. 387, obs. Guéranger ; RTD civ. 2020. 605, obs. Barbier ; RTD com. 2020. 693, obs. Legeais ; JCP 2020, n° 1018, avis Sudre ; ibid., n° 1019, note Roussille ; JCP N 2020, n° 1170, note Leveneur ; CCC 2020, n° 120, note Leveneur ; Gaz. Pal. 2020. 2689, note Gouëzel* • Civ. 1re, 10 juin 2020, n° 20-70.001 P : *D. 2020. 1410, note Biardeaud ; ibid. 2020. 2085, obs. Martin et Synvet ; ibid. 2021. 310, obs. Boffa et Mekki ; RDI 2020. 446, obs. Bruttin* . ♦ Sol. conf. par la chambre commerciale de la cour de cassation : • Com. 24 mars 2021, n° 19-14.307 P : *D. 2021. 692 ; RTD civ. 2021. 404, obs. Barbier* . ♦ Selon les art. L. 312-8 et L. 312-33 C. consom., dans leur rédaction antérieure à celle issue de l'Ord. n° 2016-301 du 14 mars 2016, l'inexactitude du TEG mentionné dans une offre de prêt acceptée est sanctionnée par la déchéance, totale ou partielle, du droit du prêteur aux intérêts, dans la proportion fixée par le juge. Rejet des demandes des emprunteurs en annulation de la stipulation d'intérêts, substitution de l'intérêt au taux légal et remboursement des intérêts indus. • Civ. 1re, 12 juin 2020, n° 19-16.401 P : *RDI 2020. 448, obs. Heugas-Darraspen* • 12 juin 2020, n° 19-12.984 P : *D. 2020. 1292 ; RDI 2020. 448, obs. Heugas-Darraspen* • 6 janv. 2021, n° 18-25.865 P : *préc.* ♦ Cette sanction ne constitue pas une atteinte disproportionnée au droit de l'établissement de crédit prêteur au respect de ses biens garanti par l'art. 1er Prot. add. n° 1 à la Conv. EDH. • Civ. 1re, 14 déc. 2016, n° 15-26.306 P : *préc. note 32.* ♦ En cas de conclusion de plusieurs prêts et avenants, la substitution du taux légal au taux conventionnel s'effectue dans chacun de ces actes, à compter de leur souscription et selon le taux légal en vigueur à leurs dates respectives, peu important l'absence de novation du prêt. • Civ. 1re, 15 oct. 2014, n° 13-16.555 P : *D. 2014. 2108, obs. Avena-Robardet ; ibid. 2015. 2145, obs. D. R. Martin ; RTD com. 2014. 835, obs. Legeais.* ♦ Le taux annuel de l'intérêt doit êtredéterminé par référence à l'année civile de 365 ou 366 jours. • Com. 10 janv. 1995 : *préc. note 14* • Civ. 1re, 27 nov. 2019, n° 18-19.097 P : *préc.* ♦ V. également note 28 sur le calcul du taux non annuel. ♦ Mais obligation, pour le titulaire du compte d'ouverture de crédit en compte courant, de payer les intérêts au taux conventionnel à compter de la réception sans protestation ni réserve des relevés périodiques de compte mentionnant le taux effectif global régulièrement calculé pour la période écoulée, même si le taux effectif global constaté *a posteriori* est différent de celui qui a été ainsi communiqué. • Com. 10 mars 2015 : *préc. note 10.*

38. *Responsabilité civile.* La sanction d'un taux effectif global erroné est la substitution du taux d'intérêt légal au taux conventionnel, rejet de la demande de dommages-intérêts fondée sur la faute alléguée de la banque. • Com. 30 oct. 2012, n° 11-23.034 P : *D. 2012. 2589, obs. Avena-Robardet ; RTD com. 2013. 119, obs. Legeais ; ibid. 125, obs. Legeais ; Gaz. Pal. 2013. 253, obs. Lasserre-Capdeville.* ♦ Le coût d'une étude, réalisée à la seule initiative de l'emprunteur dans le but de vérifier le calcul du TEG du crédit dont il bénéficiait, ne constitue pas une suite immédiate et directe de la faute de la banque à l'origine du préjudice et ne peut être mis à la charge de la banque qu'en application des dispositions de l'art. 700 C. pr. civ. • Com. 11 déc. 2019, n° 18-15.369 P : *V. art. 1231-2, note 14.*

C. PRESCRIPTION DE L'ACTION EN NULLITÉ DES INTÉRÊTS

39. *Point de départ de la prescription – Non-professionnel.* En cas d'octroi d'un crédit à un consommateur ou à un non-professionnel, le point de départ de la prescription est la date de la convention lorsque l'examen de sa teneur permet de constater l'erreur, ou lorsque tel n'est pas le cas, la date de la révélation de celle-ci à l'emprunteur. • Civ. 1re, 11 juin 2009, n° 08-11.755 : *cité note 13 ss. art. 1304 anc.* ♦ Ainsi, les emprunteurs invoquant, au soutien de leur action en déchéance du droit aux intérêts, le recours à une année de 360 jours pour calculer les intérêts conventionnels, ils ont pu déceler une telle irrégularité à la simple lecture de l'offre de prêt ; dès lors le point de départ du délai de prescription de l'action doit être fixé au jour de l'acceptation de l'offre, sans report possible tiré de la révélation postérieure d'autres irrégularités invoquées. • Civ. 1re, 5 janv. 2022, n° 20-16.350 B. ♦ V. également note 42, pour l'action en déchéance des intérêts, au cas de TEG erroné. ♦ Sur la définition légale du consommateur, V. L. n° 2014-344 du 17 mars 2014 relative à la consommation, *JO 18 mars 2014, p. 5400*, art. 3.

40. *Point de départ de la prescription – Professionnel.* La prescription de l'action en nullité de la stipulation de l'intérêt conventionnel engagée par un emprunteur qui a obtenu un concours financier pour les besoins de son activité professionnelle court à compter du jour où il a connu ou aurait dû connaître le vice affectant le taux effectif global ; le point de départ de cette prescription est, s'agissant d'un prêt, la date de la convention et, dans les autres cas, la réception de chacun des écrits indiquant ou devant indiquer le taux effectif global appliqué. • Com. 10 juin 2008, n° 06-19.905. *cité note 12 ss. art. 1304 anc.* • 4 mai 2017, n° 15-19.141 P : *D. 2017. 972 ; AJ contrat 2017. 335, obs. Bros ; Rev. sociétés 2017. 477, note Martial-Braz ; RTD civ. 2017. 645, obs. Barbier ; RTD com. 2017. 413, obs. Legeais.* ♦ La prescription de l'action en nullité de la stipulation de l'intérêt conventionnel exercée par un emprunteur qui a obtenu un concours financier pour les besoins de son activité professionnelle court, s'agissant d'un prêt, de la date de la convention. • Com. 3 déc. 2013, n° 12-23.976 P : *D. 2013. 2908.* ♦ Ainsi, cassation de l'arrêt qui retient comme point de départ de la prescription la date d'un document ne constatant aucun taux effectif global. • Com. 31 janv. 2017, n° 14-26.360 P : *D. 2017. 294 ;AJ contrat 2017. 179, obs. Boucard ; RTD com. 2017. 152, obs. Legeais.* ♦ Comp. : • Com. 17 mai 2011, n° 10-147.397 : *cité note 7 ss. art. 1179.* ♦ En cas de mention d'un TEG erroné, la prescription quinquennale de l'action en annulation des stipulations d'intérêts litigieuses commence à courir à compter de la révélation à l'emprunteur d'une telle erreur. • Civ. 1re, 7 mars 2006, n° 04-10.876 P : *D. 2006. AJ 913, obs. Avena-Robardet ; JCP N 2006. 1278, n° 8, obs. S. Piedelièvre.*

41. … Réception des écrits. Le point de départ de la prescription est, s'agissant d'un prêt, la date de la convention et, dans les autres cas, la réception de chacun des écrits indiquant ou devant indiquer le TEG appliqué. • Com. 10 juin 2008 : *cité note 13 ss. art. 1304 anc.* • 10 juin 2008 : *cité note 13 ss. art. 1304 anc.* ♦ En cas d'ouverture de crédit en compte courant, la réception de chacun des relevés indiquant ou devant indiquer le TEG appliqué constitue le point de départ du délai de prescription. • Com. 10 juin 2008 : *cité note 13 ss. art. 1304 anc.* ♦ Comp. : la prescription quinquennale de l'action en nullité de la stipulation du taux effectif global ne peut commencer à courir à partir de la date de la convention écrite préalable, mais seulement à compter de la réception des relevés périodiques mentionnant le TEG appliqué. • Com. 22 mai 2007, n° 06-12.180 P : *R., p. 414 ; BICC 1er oct. 2007, n° 1908, et la note ; D. 2007. AJ 1654, obs. Avena-Robardet ; JCP E 2007. 2006, note Berlioz ; ibid. 2332, nos 15 s., obs. Lassalas-Langlais ; Banque et Dr. 9-10/2007. 27, obs. Bonneau ; RTD com. 2007. 574, obs. D. Legeais*. ♦ Dans l'hypothèse d'un concours financier pour les besoins de l'activité professionnelle de l'emprunteur, le point de départ de la prescription, dans le cas d'un découvert, est la réception de chacun des écrits indiquant ou devant indiquer le TEG appliqué. • Com. 16 mars 2010, n° 09-11.236 P : *D. 2010. AJ 823, obs. Avena-Robardet ; JCP 2010, n° 537, note R. Martin.*

42. Prescription de l'action en déchéance des intérêts. Sur l'exclusion de la prescription de l'art. 1304 anc. C. civ., V. notes ss. ce texte et V. note 4 ss. art. 1178. ♦ Le point de départ du délai de prescription de l'action en déchéance du droit aux intérêts conventionnels se situe au jour où l'emprunteur a connu ou aurait dû connaître l'erreur affectant le TEG. • Civ. 1re, 1er mars 2017, n° 16-10.142 P : *D. 2017. 1388, obs. Leborgne ; Gaz. Pal. 2017. 982, note Lasserre.* ♦ … Ainsi à la date de conclusion du contrat lorsque le caractère erroné du taux est apparent dès la souscription de l'offre au terme d'une simple vérification. • Com. 9 sept. 2020, nos 19-10.651 P et 19-10.652 P (2 arrêts).

43. Ordre public – Office du juge. V. C. mon. fin., art. 313-5 s. ♦ Il appartient au juge du fond de rechercher le taux effectif global et de le comparer avec le taux de référence publié en application de la L. du 28 déc. 1966, sans pouvoir se retrancher derrière le fait que l'emprunteur n'a pas rapporté la preuve de ces conditions. • Civ. 1re, 22 avr. 1997, n° 95-13.270 P : *CCC 1997, n° 141, note Raymond.* ♦ V. aussi note 8.

D. TAUX D'USURE

44. Taux non annuel. Le taux d'intérêt usuraire se calcule par référence à l'année civile, qui comporte 365 ou 366 jours, et non selon l'usage bancaire de 360 jours. • Com. 18 mars 1997 : *CCC 1997, n° 124, note Raymond.* ♦ Pour l'application de la L. n° 66-1010 du 28 déc. 1966 (C. consom., anc. art. L. 313-1 s.), lorsque le taux effectif global est exprimé selon une période non annuelle, il y a lieu de calculer sa correspondance annuelle pour rechercher s'il n'y a pas dépassement du taux de l'usure et seule peut être retenue la méthode proportionnelle qui consiste à multiplier le taux de période par le nombre de périodes comprises dans l'année. • Civ. 1re, 9 janv. 1985 : *JCP 1986. II. 20532, note Pitou.* ♦ Sur cet arrêt et le Décr. n° 85-944 du 4 sept. 1985, V. Raffray, *JCP N 1986. Prat. 9631, p. 25.*

45. … Sanction. La sanction de l'usure ne consiste pas dans la nullité de la stipulation d'intérêts mais dans l'imputation des perceptions excessives sur les intérêts normaux alors échus et subsidiairement sur le capital de la créance, et si la créance est éteinte en capital et intérêts, dans leur restitution avec intérêt au taux légal du jour où elles auront été payées. • Com. 11 oct. 2011, n° 10-14.359 P : *D. 2011. 2533* (application de la prescription commerciale). ♦ Sur les sanctions pénales, V. C. consom., art. L. 341-50. – C. consom.

Code monétaire et financier

(Ord. n° 2000-1223 du 14 déc. 2000)

Taux de l'intérêt légal

BIBL. ▶ SOLAL, *Gaz. Pal. 1975. 2. Doctr. 726.* – VION, *Defrénois 1975. 1089.*

Art. L. 313-2 *(Ord. n° 2014-947 du 20 août 2014, en vigueur le 1er janv. 2015)* Le taux de l'intérêt légal est, en toute matière, fixé par arrêté du ministre chargé de l'économie.

Il comprend un taux applicable lorsque le créancier est une personne physique n'agissant pas pour des besoins professionnels et un taux applicable dans tous les autres cas.

Il est calculé semestriellement, en fonction du taux directeur de la Banque centrale européenne sur les opérations principales de refinancement et des taux pratiqués par les établissements de crédit et les sociétés de financement.

Les taux pratiqués par les établissements de crédit et les sociétés de financement pris en compte pour le calcul du taux applicable lorsque le créancier est une personne physique n'agissant pas pour des besoins professionnels sont les taux effectifs moyens de crédits consentis aux particuliers.

Les modalités de calcul et de publicité de ces taux sont fixées par décret. — *Le taux de l'intérêt légal est fixé conformément aux dispositions de l'art. L. 313-2 C. mon. fin., dans leur rédaction issue de l'Ord. n° 2014-947 du 20 août 2014, à compter du 1er janv. 2015.*

Arrêté du 26 décembre 2022,

Relatif à la fixation du taux de l'intérêt légal.

Art. 1er Pour le premier semestre 2023, le taux de l'intérêt légal est fixé :

1° Pour les créances des personnes physiques n'agissant pas pour des besoins professionnels : à 4,47 % ;

2° Pour tous les autres cas : à 2,06 %.

Art. L. 313-3 En cas de condamnation pécuniaire par décision de justice, le taux de l'intérêt légal est majoré de cinq points à l'expiration d'un délai de deux mois à compter du jour où la décision de justice est devenue exécutoire, fût-ce par provision. *(Ord. n° 2006-461 du 21 avr. 2006)* « Cet effet est attaché de plein droit au jugement d'adjudication sur saisie immobilière, quatre mois après son prononcé. » — *S'agissant du fonds de garantie, pour le point de départ du délai, V. C. assur., art. L. 421-8-1, ss. art. 1242 C. civ.*

Toutefois, le juge de l'exécution peut, à la demande du débiteur ou du créancier, et en considération de la situation du débiteur, exonérer celui-ci de cette majoration ou en réduire le montant.

Code de la consommation

(Ord. n° 2016-351 du 25 mars 2016, en vigueur le 1er oct. 2016)

TAUX D'INTÉRÊT

BIBL. ▶ BLIN, *JCP 1967. I. 2084.* – DOLL, *Gaz. Pal. 1967. 1. Doctr. 99.* – GAVALDA et STOUFFLET, *JCP 1968. I. 2171.* – VION, *Defrénois 1990. 922* (réforme du 31 déc. 1989).

Taux effectif global

Art. L. 314-1 Dans tous les cas, pour la détermination du taux effectif global du prêt, comme pour celle du taux effectif pris comme référence, sont ajoutés aux intérêts les frais, les taxes, les commissions ou rémunérations de toute nature, directs ou indirects, supportés par l'emprunteur et connus du prêteur à la date d'émission de l'offre de crédit ou de l'avenant au contrat de crédit, ou dont le montant peut être déterminé à ces mêmes dates, et qui constituent une condition pour obtenir le crédit ou pour l'obtenir aux conditions annoncées.

Art. L. 314-2 Pour les contrats de crédit qui prévoient un amortissement échelonné, le taux effectif global doit être calculé en tenant compte des modalités de l'amortissement de la créance.

Art. L. 314-3 Pour les contrats de crédit entrant dans le champ d'application des chapitres II et III du présent titre, le taux effectif global est dénommé "Taux annuel effectif global".

Art. L. 314-4 Un décret en Conseil d'État précise les conditions d'application des articles L. 314-1 à L. 314-3 et notamment les modalités de détermination de l'assiette et de calcul du taux effectif global, ainsi que les modalités de calcul du taux annuel effectif de l'assurance mentionné aux articles L. 312-7 et L. 313-8.

Art. L. 314-5 *(Ord. n° 2016-301 du 14 mars 2016, en vigueur le 1er juill. 2016)* Le taux effectif global déterminé selon les modalités prévues aux articles L. 314-1 à L. 314-4 est mentionné dans tout écrit constatant un contrat de prêt régi par la présente section.

Taux d'usure

Art. L. 314-6 Constitue un prêt usuraire tout prêt conventionnel consenti à un taux effectif global qui excède, au moment où il est consenti, de plus du tiers, le taux effectif moyen pratiqué au cours du trimestre précédent par les établissements de crédit et les sociétés de financement pour des opérations de même nature comportant des risques analogues, telles que définies par l'autorité administrative après avis du Comité consultatif du secteur financier. Les catégories d'opérations pour les prêts aux particuliers n'entrant pas dans le champ d'application du 1° de l'article L. 313-1 ou ne constituant pas une opération de crédit d'un montant supérieur à 75 000 euros destiné à financer, pour les immeubles à usage d'habitation ou à usage professionnel et d'habitation, les dépenses relatives à leur réparation, leur amélioration ou leur entretien sont définies à raison du montant des prêts.

Les crédits accordés à l'occasion de ventes à tempérament sont, pour l'application de la présente section, assimilés à des prêts conventionnels et considérés comme usuraires dans les mêmes conditions que les prêts d'argent ayant le même objet.

Art. L. 314-7 *(Ord. n° 2016-301 du 14 mars 2016, en vigueur le 1er juill. 2016)* Les conditions de calcul et de publicité des taux effectifs moyens mentionnés à l'article L. 314-6 sont fixées par décret.

Art. L. 314-8 *(Ord. n° 2016-301 du 14 mars 2016, en vigueur le 1er juill. 2016)* Des mesures transitoires, dérogeant aux dispositions de l'article L. 314-6, peuvent être mises en œuvre par le ministre chargé de l'économie, sur proposition motivée du gouverneur de la Banque de France, pour une période ne pouvant excéder huit trimestres consécutifs, en cas de :

— variation d'une ampleur exceptionnelle du coût des ressources des établissements de crédit et des sociétés de financement ;

— modifications de la définition des opérations de même nature mentionnées à l'article L. 314-6.

Art. L. 314-9 *(Ord. n° 2016-301 du 14 mars 2016, en vigueur le 1er juill. 2016)* Les dispositions des articles L. 314-6 à L. 314-8 ne sont pas applicables aux prêts accordés à une personne physique agissant pour ses besoins professionnels ou à une personne morale se livrant à une activité industrielle, commerciale, artisanale, agricole ou professionnelle non commerciale.

Art. 1908 La quittance du capital donnée sans réserve des intérêts, en fait présumer le payement, et en opère la libération.

L'art. 1908 ne peut être invoqué par l'emprunteur qui ne conteste pas ne pas avoir payé les intérêts pour prouver que le créancier qui a donné quittance sans réserve des intérêts a renoncé à ces intérêts. • Civ. 1re, 30 janv. 1980 : *Bull. civ. I, n° 40.*

Art. 1909 On peut stipuler un intérêt moyennant un capital que le prêteur s'interdit d'exiger.

Dans ce cas, le prêt prend le nom de *constitution de rente.*

Art. 1910 Cette rente peut être constituée de deux manières, en perpétuel ou en viager.

Art. 1911 La rente constituée en perpétuel est essentiellement rachetable.

Les parties peuvent seulement convenir que le rachat ne sera pas fait avant un délai qui ne pourra excéder dix ans, ou sans avoir averti le créancier au terme d'avance qu'elles auront déterminé.

Art. 1912 Le débiteur d'une rente constituée en perpétuel peut être contraint au rachat :

1° S'il cesse de remplir ses obligations pendant deux années ;

2° S'il manque à fournir au prêteur les sûretés promises par le contrat.

Art. 1913 Le capital de la rente constituée en perpétuel devient aussi exigible en cas de faillite ou de déconfiture du débiteur.

Art. 1914 Les règles concernant les rentes viagères sont établies au titre *Des contrats aléatoires.*

Code de la consommation

Sur le crédit à la consommation et le crédit immobilier, V. C. consom., art. L. 311-1 s. — **C. consom.** *— Sur le prêt viager hypothécaire, V. C. consom., art. L. 315-1 s. —* **C. consom.**

Sur le crédit à la consommation et le crédit immobilier, V. C. consom., art. L. 311-1 à L. 314-26. — **C. consom.**

Sûretés personnelles

(Ord. n° 2016-301 du 14 mars 2016, en vigueur le 1er juill. 2016)

Art. L. 314-19 La garantie autonome définie à l'article 2321 du code civil ne peut être souscrite à l'occasion d'un crédit relevant des chapitres II et III du présent titre.

TITRE XI DU DÉPÔT ET DU SÉQUESTRE

CHAPITRE I DU DÉPÔT EN GÉNÉRAL, ET DE SES DIVERSES ESPÈCES

RÉP. CIV. v° *Dépôt*, par Pignarre.

DALLOZ ACTION *Droit de la responsabilité et des contrats 2023/2024, n°s 3391.00 s.*

BIBL. GÉN. ▸ Charriaud, *RDC 2017. 538* (le dépôt est-il véritablement un contrat ?). – Drouot, *D. 2022. 2049* (le dépôt irrégulier doit-il disparaître ?). – Lardeux, *D. 2022. 1915* (réponse au professeur Touzain sur le dépôt irrégulier). – Moisson de Vaux, *RRJ 1994/1. 47* (obligation accessoire de surveillance). – Raynaud de Lage, *RRJ 2001/4. 1269* (l'entretien). – Touzain, *D. 2022. 1811* (réforme du droit des contrats spéciaux : abrogeons le dépôt irrégulier !). – Dossier : *RDC 2014. 143* (le dépôt est-il un contrat ?). ▸ **Dépôt de garantie :** V. Bibl. gén. précédant art. 2333. ▸ **Dépôt de monnaie en banque :** Didier, *Études Flour, Defrénois, 1979, p. 139* (nature des soldes débiteurs et créditeurs). – Gauvin, *D. Affaires 1998. 1470* (dépôt d'instruments financiers). – Grua, *D. 1998. Chron. 259* (nature du dépôt). – Dossier, *AJ contrat 2016. 507* (le dépôt, un contrat à redécouvrir).

Art. 1915 Le dépôt, en général, est un acte par lequel on reçoit la chose d'autrui, à la charge de la garder et de la restituer en nature.

A. ÉLÉMENTS CARACTÉRISTIQUES

1. Garde et restitution. La charge de restituer en nature la chose remise est un élément essentiel du contrat de dépôt. Ne peut être qualifiée de dépôt la livraison de marchandises avec réserve de propriété du fournisseur jusqu'à leur paiement, le contrat ne prévoyant en aucun cas la restitution au fournisseur des marchandises par lui livrées. • Com. 17 févr. 1981, n° 79-14.298 P. ♦ Le contrat de dépôt implique pour le dépositaire l'obligation de garder et de restituer en nature la chose reçue. La qualification de dépôt doit donc être écartée, s'agissant de la remise de bulletins du loto au bureau de validation. • Civ. 1re, 19 janv. 1982 (5e moyen) : *D. 1982. 457, note Larroumet ; JCP 1984. II. 20215, note Chabas.*

2. Le dépositaire ayant la charge, par application de l'art. 1915, de restituer la chose remise, le droit de revendiquer la chose entre les mains du sous-dépositaire lui est ouvert. • Com. 14 nov. 2000, n° 97-21.523 P : *D. 2001. AJ 233, obs. Pisoni ; JCP 2001. I. 321, n° 14, obs. Pétel ; RTD civ. 2001. 387, obs. Revet.*

3. Garde et conservation. Les juges du fond peuvent, dans l'exercice de leur pouvoir souverain de la recherche de l'intention des parties, estimer que n'est pas un contrat de dépôt salarié le contrat de location d'un poste de mouillage qui ne met à la charge du concessionnaire du port qu'une simple obligation de surveillance et non une obligation de garde et de conservation des bateaux. • Civ. 1re, 21 juill. 1980 : *Bull. civ. I, n° 228 ; RTD civ. 1983. 555, obs. Rémy.* – V. aussi, dans le même sens, • Montpellier, 21 oct. 1981 : *JCP 1982. II. 19751, note de Juglart* • Civ. 1re, 31 janv. 1984, n° 82-12.956 P. ♦ Mais, en présence d'un contrat différemment conçu, la qualification de dépôt salarié peut être retenue : • Com. 13 déc. 1982 : *Bull. civ. IV, n° 405 ; RTD civ. 1983. 555, obs. Rémy* • Rennes, 22 nov. 1995 : *Gaz. Pal. 1997. 2. 670, note De Lapparent* (dépôt déduit de la remise des clefs). ♦ Comp. • Agen, 28 avr. 2003 : *BICC 15 janv. 2003, n° 83* (absence de dépôt salarié, malgré la remise des clefs).

B. REMISES ISOLÉES. QUALIFICATION

4. Mise en pension d'animaux. Le contrat par lequel une personne accepte, moyennant rétribution, la pension d'une pouliche constitue un dépôt salarié. • Civ. 1re, 10 janv. 1990, nº 87-20.231 P : *RTD civ. 1990. 517, obs. Rémy* • 30 oct. 2007, nº 06-19.390 P : *D. 2007. AJ 3005*.

5. Location d'emplacements. Les contrats conclus par l'exploitant d'un camping avec sa clientèle n'ayant d'autre objet que la mise à la disposition du client d'un emplacement privatif moyennant une redevance journalière, l'exploitant du camping n'est pas responsable du vol d'une caravane, la convention intervenue, relative au stationnement du véhicule, s'analysant non en un dépôt salarié, mais en un simple contrat de louage n'entraînant aucune obligation de garde à la charge de l'exploitant. • Civ. 1re, 3 févr. 1982 : *Bull. civ. I, nº 60.* ♦ Dans le même sens, pour une location de place dans un garage : • Civ. 3e, 26 oct. 1977, nº 76-11.155 P. ♦ Mais, dans un autre cas, assimilation du contrat à un dépôt salarié : • Civ. 1re, 2 nov. 1966 : *D. 1967. 319, note Pélissier.* ♦ Comp. l'exclusion de la qualification de contrat de dépôt pour l'organisation du parking payant d'un aéroport, la redevance payée par l'utilisateur rémunérant uniquement le droit d'occuper privativement et à titre temporaire le domaine public : • Civ. 1re, 10 mars 1981 : *D. 1981. 395,* rejetant le pourvoi contre • Paris, 9 janv. 1980 : *D. 1981. 219, note Fabre ; Gaz. Pal. 1980. 2. 507, note R. Rodière.* – Même sens : • Civ. 1re, 24 juin 1986 : *Bull. civ. I, nº 185.*

6. Usage du bien déposé. Qualification de dépôt du contrat conclu entre un père et son fils, dans une hypothèse relevant de l'art. 1348 anc. C. civ., à partir de l'aveu par le père du fait matériel du dépôt, d'une déclaration d'un tiers et de la constatation que les meubles ne garnissaient pas des lieux à usage privatif, mais étaient entreposés dans un grenier à l'usage exclusif du père propriétaire de l'immeuble. • Civ. 1re, 16 déc. 1997, nº 95-19.926 P.

C. REMISES ACCESSOIRES À UNE AUTRE OPÉRATION

7. Contrat d'entreprise. L'existence d'un contrat d'entreprise portant sur une chose remise à l'entrepreneur n'exclut pas que celui-ci soit aussi tenu des obligations du dépositaire. • Civ. 1re, 11 juill. 1984, nº 83-13.754 P. ♦ Le contrat de dépôt d'un véhicule auprès d'un garagiste existe, en ce qu'il est l'accessoire du contrat d'entreprise, indépendamment de tout accord de gardiennage. • Civ. 1re, 8 oct. 2009, nº 08-20.048 P : *D. 2009. AJ 2487, obs. Delpech ; ibid. 2010. 480, note Mouly-Guillemaud ; CCC 2010, nº 10, obs. Leveneur ; RLDC 2009/66, nº 3633, obs. Le Gallou ; RDC 2010. 95 obs. Bénabent* (droit pour le garagiste de demander des frais de gardiennage). ♦ L'entrepreneur ayant reçu une chose en dépôt pour réparation n'est pas libéré de ses obligations de dépositaire par la réalisation des travaux commandés, mais demeure tenu de garder et de conserver cette chose jusqu'à restitution. • Civ. 1re, 30 mai 2006, nº 05-13.980 P : *CCC 206, nº 181, note Leveneur* (réparateur de bateau). – V. aussi • Lyon, 30 juill. 1946 : *préc. note 29 ss. art. 1787* • Civ. 1re, 7 juill. 1992, nº 91-10.259 P. ♦ Mais les dommages causés à la chose (manège) pendant son transfert par le préposé de l'entreprise à laquelle elle a été remise en vue de sa réparation engagent la responsabilité de celle-ci, non au titre d'un contrat de dépôt, mais à l'occasion de l'exécution d'un contrat d'entreprise. • Civ. 1re, 26 janv. 1999, nº 97-11.952 P : *JCP 1999. I. 191, nº 10 s., obs. Labarthe ; JCP 2000. II. 10304, note Sainte-Rose et Jacques.* ♦ Inversement, s'agissant d'un cheval confié à un entraîneur chargé à la fois d'une mission d'entraînement et d'une mission d'hébergement, si l'animal s'est blessé, non à l'entraînement, mais dans son box, l'entraîneur est tenu en sa qualité de dépositaire salarié et ne peut s'exonérer de sa responsabilité qu'en démontrant que le dommage n'est pas imputable à sa faute. • Civ. 1re, 3 juill. 2001 : *CCC 2001, nº 169, note Leveneur ; LPA 5 avr. 2002, note Carius.* ♦ Dans le contrat par lequel un propriétaire de chevaux de course confie à un entraîneur la mission d'optimiser leurs performances, l'obligation de garde n'est que l'accessoire de l'obligation principale d'entraînement. • Civ. 1re, 11 févr. 2003 : *LPA 10 déc. 2003, note Babert* (contrat à durée déterminée, fixée par la référence à la « carrière de course », et non révocable à tout moment). ♦ V. aussi, sur le contrat de location de carrières, • TGI Avignon, réf., 26 sept. 2007 : *D. 2007. 2989, note Bruguière*.

Présomption de caractère onéreux du dépôt accessoire à un contrat d'entreprise : V. note 1 ss. art. 1928.

8. Mandat. Le seul fait par un mandataire de recevoir des fonds pour le compte de son mandant ne suffit pas à transformer le mandat en dépôt. • Civ. 26 juin 1905 : *DP 1905. 1. 513, concl. Baudouin* • Com. 1er juin 1993, nº 90-20.745 P : *JCP 1993. I. 3709, nº 1 s., obs. Virassamy ; Gaz. Pal. 1995. 2. Somm. 318, obs. Moisson de Vaux.*

9. Contrat de travail. Une cour d'appel n'est pas tenue d'examiner l'existence d'un contrat de dépôt dès lors que les parties sont liées par un contrat de travail. • Soc. 23 janv. 1992, nº 88-43.275 P. ♦ V. aussi : • Soc. 31 oct. 1989, nº 87-13.376 P.

10. Dépôt pour vente. La remise de biens en vue de leur vente n'est pas exclusive de l'existence d'un contrat de dépôt. • Civ. 1re, 15 oct. 1996, nº 94-19.472 P. ♦ V. aussi, pour l'application des règles du dépôt à la remise d'un véhicule en vue d'une vente : • Civ. 1re, 29 mai 1996, nº 94-13.333 P. ♦ ... A la remise de tableaux à une galerie d'art pour exposition et vente : • Paris, 4 déc. 2007 : *JCP E 2008. 1117* (obligation de restitution au terme du contrat). ♦ Pour l'analyse d'un contrat de distribution en contrat de dépôt avec mandat de vendre : • Com. 25 avr. 2001 : *CCC 2001, n° 120, note Leveneur* (l'absence de mention du prix dans le contrat n'est pas un motif d'annulation). ♦ Mais la possibilité laissée à un bijoutier de ne pas restituer à première demande un objet remis dans le cadre d'un contrat de vente « par combinaison », différent du contrat de « confié », exclut la qualification de dépôt. • Crim. 3 nov. 1994, n° 93-82.724 P : *JCP 1995. II. 22445, note Pollaud-Dulian.*

Art. 1916 **Il y a deux espèces de dépôt : le dépôt proprement dit, et le séquestre.**

CHAPITRE II DU DÉPÔT PROPREMENT DIT

RÉP. CIV. v° *Dépôt*, par G. Pignarre.

SECTION 1 De la nature et de l'essence du contrat de dépôt

Art. 1917 **Le dépôt proprement dit est un contrat essentiellement gratuit.**

Exclusion du dépôt dans des cas de tolérance ou de simple complaisance : V. notes 1 et 2 ss. art. 1921.

Art. 1918 **Il ne peut avoir pour objet que des choses mobilières.**

Depuis la dématérialisation des titres, l'inscription en compte de valeurs mobilières dans les livres d'un intermédiaire habilité, affilié à la SICOVAM, constitue un écrit entrant dans les prévisions, tant de l'art. 408 ancien C. pén., que de l'art. 314-1 C. pén. Cet intermédiaire est lié à son client par un contrat de dépôt qui lui impose de conserver la contrepartie et de n'accomplir sur les valeurs en cause, sauf consentement du titulaire, que des actes d'administration ou de gestion, à l'exclusion des actes de disposition ayant pour effet d'intervertir la possession. • Crim. 30 mai 1996, n° 95-82.487 P : *LPA 18 nov. 1996, note Lassalas.* ♦ V. aussi note Brill ss. • Com. 9 janv. 1990 : *D. 1990. 173.* ♦ Gauvin, *D. Affaires 1998. 1470* (dépôt d'instruments financiers). ♦ Affectation d'un crédit ou d'un dépôt en banque : V. Grua et Viratelle, *JCP 1995. I. 3826.* ♦ Rappr. note 3 ss. art. 1960.

Art. 1919 **Il n'est parfait que par la** *(L. n° 2009-526 du 12 mai 2009, art. 10)* **« remise réelle ou fictive » de la chose déposée.**

La *(L. n° 2009-526 du 12 mai 2009, art. 10)* **« remise fictive » suffit, quand le dépositaire se trouve déjà nanti, à quelque autre titre, de la chose que l'on consent à lui laisser à titre de dépôt.**

BIBL. ► Jamin, *Études Béguin, Litec, 2005, p. 381* (théorie réaliste des contrats réels). – Jobard-Bachellier, *RTD civ. 1985. 1* (contrats réels).

1. La cause du contrat de dépôt est la remise de la chose qui en est l'objet. • Com. 30 janv. 2001 : *D. 2001. AJ 1238, obs. Delpech* (la cession antérieure des créances ne prive pas de cause le contrat de dépôt au titre duquel leur encaissement est envisagé).

2. L'obligation de restitution d'une banque dépositaire ne peut préexister au virement effectif des fonds (caractère prématuré de la saisie-arrêt antérieure). • Civ. 2e, 13 mai 1987, n° 86-10.836 P.

Art. 1920 **Le dépôt est volontaire ou nécessaire.**

SECTION 2 Du dépôt volontaire

Art. 1921 **Le dépôt volontaire se forme par le consentement réciproque de la personne qui fait le dépôt et de celle qui le reçoit.**

1. Acceptation par complaisance. Les juges du fond, interprétant souverainement l'intention des parties, ont pu retenir que l'acceptation faite par pure complaisance par le préposé d'un bar d'un album contenant les œuvres d'un portraitiste ne permet pas d'engager, à la suite de la disparition de l'album, la responsabilité du gérant du bar en qualité de dépositaire. • Com. 25 sept. 1984, n° 83-12.666 P : *RTD civ. 1986. 143, obs. J. Huet.*

2. Simple tolérance. Aucun contrat de dépôt ou de garde, même tacite, ne lie les parties lorsque c'est par une simple tolérance qu'une société met son parking à la disposition d'une autre. • Civ. 1re, 29 mars 1978, n° 76-13.882 P.

3. Remise précaire. Le transfert momentané et précaire de la détention d'une bague trouvée, remise un instant à une employée d'un cinéma, puis très vite reprise par l'inventeur, ne révèle pas un accord de volonté des parties sur un dépôt auquel ni l'une ni l'autre n'ont consenti. • Paris, 9 févr. 1956 : *D. 1956. 701.* ♦ En revanche, il y a volonté de s'engager et contrat de dépôt, et non remise brève et précaire, dans le fait, pour une personne, de recevoir une bague de valeur à charge de la garder avant, pendant et après un voyage, et de la restituer, mais aussi de la faire réparer. • Fort-de-France, 1er mars 1996 : *BICC 1er oct. 1996, no 952.*

Art. 1922 Le dépôt volontaire ne peut régulièrement être fait que par le propriétaire de la chose déposée, ou de son consentement exprès ou tacite.

V. note 2 ss. art. 1915.

Art. 1923 *(Abrogé par L. no 80-525 du 12 juill. 1980) (L. no 48-300 du 21 févr. 1948)* ***Le dépôt volontaire doit être prouvé par écrit. La preuve testimoniale n'en est point reçue pour valeur excédant 50 F.***

Art. 1924 *(L. no 80-525 du 12 juill. 1980)* **« Lorsque le dépôt étant au-dessus du chiffre prévu à** *(Ord. no 2016-131 du 10 févr. 2016, art. 5-7o, en vigueur le 1er oct. 2016)* **« l'article 1359** *[ancienne rédaction : l'article 1341]* **» n'est point prouvé par écrit, celui qui est attaqué comme dépositaire » en est cru sur sa déclaration, soit pour le fait même du dépôt, soit pour la chose qui en faisait l'objet, soit pour le fait de sa restitution.**

Sur l'entrée en vigueur des dispositions issues de l'Ord. no 2016-131 du 10 févr. 2016, V. cette Ord., art. 9, ss. art. 1386-1.

1. Domaine. Les dispositions de l'art. 1924 sont exclusives de celles de l'art. 1348 anc. • Civ. 1re, 14 nov. 2012 : *D. 2012. 2736.*

2. Preuve du dépôt. Si la preuve de la propriété d'un meuble peut être faite par tous moyens, quelle que soit sa valeur, la preuve du dépôt d'un tel meuble doit se faire conformément aux dispositions des anc. art. 1341 s. C. civ. • Civ. 1re, 20 févr. 1996, no 94-12.351 P : *Defrénois 1996. 1433, obs. Bénabent.* ♦ Viole l'art. 1924 la cour d'appel qui admet la preuve testimoniale pour un dépôt d'œuvres d'art d'un montant excédant la somme fixée à l'anc. art. 1341. • Civ. 1re, 6 févr. 1996, no 94-12.234 P. ♦ Impossibilité de se procurer un écrit, au sens de l'art. 1348 anc. C. civ., pour un contrat conclu entre un père et son fils, le mode de vie patriarcal de la famille établissant l'existence de rapports tant d'autorité et de dépendance, que de confiance réciproque. • Civ. 1re, 16 déc. 1997, no 95-19.926 P.

3. Déclaration du dépositaire. Viole l'art. 1924 la cour d'appel qui condamne le dépositaire à indemniser le déposant pour la perte de choses déposées alors que le dépositaire déclare qu'elles ont été perdues au moment du dépôt par la faute du déposant. • Civ. 1re, 12 avr. 2005, no 02-13.352 P : *D. 2005. IR 1178 ; RTD civ. 2005. 615, obs. Gautier ; RDC 2005. 1120, obs. Puig.*

4. Preuve de la restitution. Le dépositaire doit être cru en ce qu'il affirme avoir restitué l'entière somme déposée. • Civ. 1re, 31 oct. 2012, no 11-15.462 P : *D. 2013. 209, note Lardeux ; CCC 2013, no 1, obs. Leveneur.*

Les attestations produites par le déposant, selon lesquelles le dépositaire aurait conservé certains meubles, ne peuvent faire échec aux déclarations de ce dernier qui soutient avoir restitué l'intégralité des meubles dont il avait été dépositaire. • Civ. 1re, 14 nov. 2012 : *préc. note 1* (exclusion des dispositions de l'art. 1348 [anc.]).

5. Procès pénal, preuve du dépôt. La preuve d'un contrat civil dont le délit d'abus de confiance présuppose l'existence doit être faite conformément aux règles du droit civil. • Crim. 1er juill. 1992, no 91-85.774 P.

Art. 1925 Le dépôt volontaire ne peut avoir lieu qu'entre personnes capables de contracter.

Néanmoins, si une personne capable de contracter accepte le dépôt fait par une personne incapable, elle est tenue de toutes les obligations d'un véritable dépositaire ; elle peut être poursuivie par le tuteur ou administrateur de la personne qui a fait le dépôt.

Art. 1926 **Si le dépôt a été fait par une personne capable à une personne qui ne l'est pas, la personne qui a fait le dépôt n'a que l'action en revendication de la chose déposée, tant qu'elle existe dans la main du dépositaire, ou une action en restitution jusqu'à concurrence de ce qui a tourné au profit de ce dernier.**

SECTION 3 Des obligations du dépositaire

Art. 1927 **Le dépositaire doit apporter, dans la garde de la chose déposée, les mêmes soins qu'il apporte dans la garde des choses qui lui appartiennent.**

BIBL. ► AVANZINI, *Thèse, éd. Litec, 2007* (les obligations du dépositaire).

1. Principes. – Obligation de moyens incombant au dépositaire. Il résulte de la combinaison des art. 1927, 1928 et 1933 que le dépositaire n'est tenu que d'une obligation de moyens et qu'en cas de détérioration de la chose déposée, il peut s'exonérer en rapportant la preuve que, n'ayant pas commis de faute, il est étranger à cette détérioration. • Civ. 1re, 7 oct. 1997 : *RCA 1997. 367* (exonération d'un garagiste corse victime d'un attentat). ♦ V. aussi : • Civ. 1re, 22 mai 2008, nº 06-17.863 P (exonération par la preuve que la détérioration existait avant la mise en dépôt) • 28 mai 1984 : *Bull. civ. I, nº 173* (exonération par une absence de faute ou de négligence) • Com. 22 nov. 1988, nº 86-12.972 P : *RTD civ. 1989. 328, obs. Jourdain.*

2. Exceptions : contrat de travail. Le régime de responsabilité pour faute lourde du contrat de travail fait obstacle à l'application de l'art. 1927 C. civ. • Soc. 31 oct. 1989, nº 06-19.390 P.

3. ... Clause contraire. Les parties à un contrat de dépôt salarié sont libres de convenir de mettre à la charge du déposant la preuve du manquement du dépositaire à son obligation de moyens. • Civ. 1re, 30 oct. 2007, nº 06-19.390 P : *D. 2007. AJ 3005*. – V. aussi notes ss. art. 1933.

4. Exonération du dépositaire. – Preuve. Le dépositaire a la charge de prouver qu'il est étranger à la détérioration de la chose qu'il a reçue en dépôt, soit en établissant qu'il a donné à cette chose les mêmes soins qu'à la garde des choses lui appartenant, soit en démontrant la survenance d'un accident de force majeure. • Civ. 1re, 11 juill. 1984, nº 83-13.754 P. – Même sens : • Civ. 1re, 30 mars 2005, nº 03-20.410 P • 14 oct. 2010, nº 09-16.967 P : *D. 2010. 2515*.

Mais les parties à un contrat de dépôt salarié sont libres de convenir de mettre à la charge du déposant la preuve du manquement du dépositaire à son *obligation de moyens*. • *Civ. 1re*, 30 oct. 2007, nº 06-19.390 P : *D. 2007. AJ 3005*. ♦ V. aussi notes ss. art. 1933.

5. Charge de la preuve d'une substitution. Il ne peut être exigé du dépositaire qu'il établisse que les choses qu'il se propose de restituer sont identiques à celles qu'il a reçues, alors qu'il incombe au déposant de prouver qu'elles ne le sont pas. • Civ. 1re, 26 sept. 2012, nº 11-12.890 P : *D. 2012. 2826, obs. Delebecque* ; *RTD civ. 2013. 137, obs. Gautier* ; *CCC 2012, nº 272, note Leveneur.*

6. ... Des dégradations. Il incombe au déposant de prouver que les choses restituées ont été altérées. • Civ. 1re, 26 sept. 2012 : *préc. note 5.*

7. Dépôt pour vente. Une automobile ayant été remise à un garagiste en vue de sa vente, et non pour son entretien, aucune faute n'est établie à l'égard du dépositaire qui n'est pas tenu de vérifier l'organe responsable du sinistre (fuite du système d'injection ayant provoqué un incendie). • Civ. 1re, 29 mai 1996, nº 94-13.333 P.

8. Assurance de la chose. L'assurance, qui peut être accomplie par le propriétaire quoique actuellement dessaisi de la chose, aussi bien que par le détenteur temporaire, ne saurait être rangée parmi les obligations imposées à celui-ci et pouvant engager, au cas où il ne les remplirait pas, sa responsabilité. • Civ. 1er août 1866 : *DP 1866. 1. 331.* ♦ V. aussi note ss. art. 1929. ♦ Tenu de garder et de restituer les marchandises invendues, obligation qui s'apparente à celle d'un dépositaire, le débiteur peut s'exonérer de toute responsabilité, en cas de perte des marchandises, en démontrant que ce dommage n'est pas imputable à sa faute. Le fait de ne pas avoir couvert par une assurance les risques de réexpédition n'est pas fautif dès lors que les marchandises, selon les constatations des juges du fond, étaient « invendables » en raison de leur défectuosité. • Civ. 1re, 22 janv. 1991, nº 89-11.357 P. ♦ Rappr. l'assurance rendue obligatoire par des usages commerciaux relatifs au contrat de confié : • Com. 12 nov. 1986, nº 85-11.730 P (espèce intervenue avant la modification de ces usages) • Civ. 1re, 3 mars 1993, nº 90-18.074 P. ♦ Absence de caractère cumulatif entre l'assurance de chose souscrite par le propriétaire du bien déposé et l'assurance pour le compte de qui il appartiendra souscrite par le dépositaire, qui constitue une assurance de responsabilité quand sa responsabilité est engagée à l'égard du propriétaire du bien détruit. • Civ. 1re, 18 févr. 1997, nº 95-10.278 P.

Art. 1928 **La disposition de l'article précédent doit être appliquée avec plus de rigueur : 1º si le dépositaire s'est offert lui-même pour recevoir le dépôt ; 2º s'il a stipulé un salaire pour la garde du dépôt ; 3º si le dépôt a été fait uniquement pour l'intérêt du dépositaire ; 4º s'il a été convenu expressément que le dépositaire répondrait de toute espèce de faute.**

1. Dépôt salarié. Le contrat de dépôt d'un véhicule auprès d'un garagiste, accessoire à un contrat d'entreprise, est présumé fait à titre onéreux ; il appartient au propriétaire du véhicule qui conteste devoir des frais de gardiennage de rapporter la preuve du caractère gratuit du contrat. • Civ. 1re, 5 avr. 2005, n° 02-16.926 P : *D. 2005. IR 1049* ; *JCP 2006. I. 123, n° 8 s., obs. Labarthe ; CCC 2005, n° 148, note Leveneur ; RDC 2005. 1029, obs. Bénabent, et 1123, obs. Puig.*

2. Pour ne pas être tenu de réparer les détériorations de la chose qu'il a reçue, le dépositaire salarié doit prouver que le dommage n'est pas imputable à sa faute. • Civ. 1re, 2 oct. 1980 : *Bull. civ. I, n° 240* • 4 oct. 1989 : *ibid. I, n° 305.* ♦ V. conf. • Civ. 1re, 10 janv. 1990, n° 87-20.231 P : *RTD civ. 1990. 517, obs. Rémy* (pour les blessures subies par une pouliche pendant le temps où elle était sous la garde du dépositaire) • 5 janv. 1999 : *CCC 1999, n° 51, note Leveneur.* ♦ Renversent la charge de la preuve les juges du fond qui, tout en admettant que les appareils déposés étaient endommagés, exonèrent le dépositaire en déclarant que le déposant ne justifiait pas de leur état lors de leur mise en entrepôt. • Com. 15 juill. 1970 : *D. 1971. 151.* ♦ V. aussi Tunc, *DC 1943. 18.*

3. Le dépositaire salarié doit seulement prouver, pour être exonéré des conséquences de la disparition de la chose, que le dommage n'est pas dû à sa faute (cassation de l'arrêt ayant retenu la responsabilité d'un commissaire-priseur aux motifs que le transport des objets confiés et dérobés au cours de cette opération était fait à ses risques et périls et qu'il n'était justifié d'aucun élément présentant les caractères de la force majeure). • Civ. 1re, 20 juill. 1994, n° 92-18.248 P.

4. Dépôt de titres. Ni les usages, ni l'équité, ni la loi n'obligent le banquier, simple dépositaire de titres, à informer le déposant d'un événement affectant la vie de la société émettrice des titres. • Com. 9 janv. 1990, n° 88-17.291 P : *R., p. 343 ; D. 1990. 173, note Brill* ; *JCP 1990. II. 21459, note Stoufflet ; RTD civ. 1990. 649, obs. Mestre* .

Art. 1929 **Le dépositaire n'est tenu, en aucun cas, des accidents de force majeure, à moins qu'il n'ait été mis en demeure de restituer la chose déposée.**

La force majeure libère le dépositaire et il ne peut être condamné à réparation du seul fait du défaut d'assurance contre le risque. • Civ. 1re, 18 oct. 1954 : *D. 1955. 81.* ♦ V. aussi note 1 ss. art. 1933.

Art. 1930 **Il ne peut se servir de la chose déposée, sans la permission expresse ou présumée du déposant.**

Art. 1931 **Il ne doit point chercher à connaître quelles sont les choses qui lui ont été déposées, si elles lui ont été confiées dans un coffre fermé ou sous une enveloppe cachetée.**

Art. 1932 **Le dépositaire doit rendre identiquement la chose même qu'il a reçue.**

Ainsi, le dépôt des sommes monnayées doit être rendu dans les mêmes espèces qu'il a été fait, soit dans le cas d'augmentation, soit dans le cas de diminution de leur valeur.

BIBL. ▶ DROUOT, *D. 2022. 2049* (le dépôt irrégulier doit-il disparaître ?). – J. FRANÇOIS, *D. 2012. Chron. 1493* (revendication des sommes d'argent). – GRUA, *D. 1998. Chron. 259.* – LARDEUX, *D. 2022. 1915* (réponse au professeur Touzain sur le dépôt irrégulier). – TORCK, *RRJ 1996/2. 483* (revendication des choses fongibles). – TOUZAIN, *D. 2022. 1811* (réforme du droit des contrats spéciaux : abrogeons le dépôt irrégulier !).

1. Respect du Protocole n° 1. Absence de violation de l'art. 1er du Protocole n° 1 dans le fait que des sommes mises en dépôt non rémunéré dans un consulat ne soient restituées qu'à leur valeur nominale, sans indexation. • CEDH, sect. II, 29 mai 2012, *Flores Cardoso c/ Portugal*, n° 2489/09.

2. Violation de l'art. 1er du Protocole n° 1 lorsque *l'inactivité d'un compte bancaire* pendant la durée de la prescription en droit interne autorise le dépositaire à ne pas restituer au déposant les sommes qu'il avait versées. • CEDH, sect. I, 29 janv. 2013 *Zolotas c/ Grèce (n° 2)*, n° 66610/09 : *RTD civ. 2013. 336, obs. Marguénaud* (le titulaire d'un compte peut de bonne foi s'attendre à ce que son dépôt auprès de la banque soit en sécurité, surtout lorsqu'il remarque que des intérêts sont portés sur son compte ; obligation pour le banquier de prévenir le déposant de l'approche de l'écoulement de la prescription). ♦ Comp. en droit français, l'art. 2 de la L. n° 77-4 du 3 janv. 1977 autorisant, après dix ans d'inactivité, la clôture du compte en leur faisant obligation de transférer les fonds à un établissement habilité.

3. Restitution par un salarié. La gérante salariée d'un point de vente de tabac peut être responsable des manquants dans les marchandises, l'engagement par un salarié de restituer un dépôt fait par l'employeur étant licite, dans la mesure où il n'est pas porté atteinte à son droit au salaire minimum garanti. • Soc. 3 oct. 1980, n° 79-40.477 P.

4. *Limite : dépôt régulier.* Constitue un dépôt régulier la remise à une banque de pièces d'or conservées dans une cassette close déposée dans un coffre, ce qui permettait de les individualiser. Dès lors, ces pièces se révélant fausses, le déposant ne peut réclamer à la banque la restitution de pièces vraies ou de leur valeur. • Civ. 1re, 29 nov. 1983, n° 82-14.490 P. ♦ V. aussi, pour la possibilité d'une mise en dépôt régulier de choses naturellement fongibles, Voirin, *D. 1945. 39.*

5. *Action en restitution.* L'action en restitution fondée sur un contrat de dépôt, de prêt ou de mandat constitue une action mobilière distincte de l'action en revendication et se voit appliquer la prescription civile de droit commun relative aux actions personnelles ou mobilières. • Civ. 1re, 24 nov. 2021, n° 20-13.318 B : *D. 2021. 2132 ; Dalloz IP/IT 2022. 145, obs. Gaudrat ; CCC 2022, n° 21, note Leveneur.*

6. *Exclusion de la revendication.* Une demande de restitution de fonds ne peut être formée par voie de revendication, la seule voie ouverte au créancier d'une somme d'argent étant de déclarer sa créance à la procédure collective de son débiteur. • Com. 22 mai 2013 : *D. 2013. 1594, note Danos ; ibid. 2363, obs. Lucas et Le Corre ; Rev. sociétés 2013. 526, obs. Roussel Galle ; RTD civ. 2013. 649, obs. Dross ; RTD com. 2013. 591, obs. Martin-Serf.*

Art. 1933 **Le dépositaire n'est tenu de rendre la chose déposée que dans l'état où elle se trouve au moment de la restitution. Les détériorations qui ne sont pas survenues par son fait, sont à la charge du déposant.**

1. *Cause d'exonération. – Preuve.* De la combinaison des art. 1927 et 1933 il résulte que, si le dépositaire est bien tenu d'une obligation de moyens, il lui appartient, en cas de perte ou de détérioration de la chose déposée, de prouver qu'il y est étranger, en établissant qu'il a donné à cette chose les mêmes soins qu'il aurait apportés à la garde de choses lui appartenant. • Civ. 1re, 28 mai 1984 : *Bull. civ. I, n° 173* • Com. 22 nov. 1988, n° 86-12.972 P. ♦ … Ou que les détériorations constatées existaient avant la mise en dépôt des objets litigieux ou, à défaut, qu'il a donné à ceux-ci les mêmes soins que ceux qu'il aurait apportés à la garde des choses lui appartenant. • Civ. 1re, 22 mai 2008, n° 06-17.863 P : *D. 2008. AJ 1550, obs. Delpech ; RCA 2008, n° 266, obs. Groutel ; RLDC 2008/51, n° 3049, obs. Maugeri ; CCC 2008, n° 223, obs. Leveneur ; RDC 2008. 1271, obs. Puig ; RTD com. 2009. 201, obs. Bouloc* • 5 mars 2009 : *RDC 2009. 1135, obs. Puig.* ♦ … Ou, pour un dépositaire ayant reçu une chose aux fins de réparations ou d'entretien, de prouver que la détérioration préexistait à la remise de la chose ou n'existait pas lors de sa restitution, et, à défaut, qu'il a donné à sa garde les mêmes soins que ceux qu'il aurait apportés à celle des choses lui appartenant. • Civ. 1re, 5 févr. 2014, n° 12-23.467 P : *D. 2014. 422* (moisissures d'une voiture pendant le mois de sa réparation). ♦ … Ou que la détérioration est due à la force majeure. • Civ. 1re, 7 févr. 2006 : *CCC 2006, n° 101, note Leveneur.* ♦ La demande d'indemnisation pour la destruction d'un véhicule incendié dans un garage où il était déposé en vue d'une réparation ne peut donc être rejetée au motif que les parties ne rapportent pas la preuve de l'origine et des circonstances de l'incendie dont la cause est demeurée inconnue, alors qu'il appartenait aux responsables du garage de prouver qu'ils étaient étrangers à la destruction du véhicule en établissant qu'ils avaient apporté à sa garde les mêmes soins qu'à celle des choses leur appartenant. • Civ. 1re, 24 juin 1981, n° 80-13.585 P : *RTD civ. 1982. 431, obs. Rémy.* ♦ Comp., à propos du vol d'objets confiés en garde-meubles : • Paris, 6 oct. 2000 : *D. 2000. IR 268* (si l'obligation de garde est de moyens, celle de représenter les meubles confiés est de résultat).

2. *Charge de la preuve d'une substitution.* Il ne peut être exigé du dépositaire qu'il établisse que les choses qu'il se propose de restituer sont identiques à celles qu'il a reçues, alors qu'il incombe au déposant de prouver qu'elles ne le sont pas. • Civ. 1re, 26 sept. 2012, n° 11-12.890 P : *D. 2012. 2306.*

3. *Détériorations étrangères au dépositaire.* S'agissant d'une automobile à lui confiée en vue de la vente, le garagiste n'a commis aucune faute ni négligence lorsque le sinistre est survenu par suite de la défaillance d'une pièce qu'il n'était pas tenu de vérifier. • Civ. 1re, 29 mai 1996, n° 94-13.333 P. ♦ Par principe, le fait du débiteur ou de son préposé ou substitué ne peut constituer la force majeure. • Civ. 1re, 14 oct. 2010, n° 09-16.967 P : *D. actu. 26 oct. 2010, obs. Marrocchella ; RLDC 2010/77, n° 4038, obs. Paulin.*

4. *Évaluation du préjudice.* La valeur de remplacement de la chose déposée doit être estimée à la date où les juges allouent des dommages-intérêts, sauf à justifier une autre évaluation. • Civ. 1re, 15 juill. 1999, n° 97-15.780 P : *D. Affaires 1999. 1439, obs. J. F.*

5. Le manquement à son obligation de conseil du dépositaire professionnel (garde-meubles) qui n'a pas informé le déposant des conséquences, sur l'indemnisation, d'une sous-évaluation au moment du dépôt justifie que le préjudice subi du fait du vol de la chose déposée soit apprécié, non par rapport à la valeur déclarée, mais au regard de la valeur réelle à la date de la décision. • Paris, 6 oct. 2000 : *préc. note 1.*

Art. 1934 **Le dépositaire auquel la chose a été enlevée par une force majeure et qui a reçu un prix ou quelque chose à la place, doit restituer ce qu'il a reçu en échange.**

Art. 1935 **L'héritier du dépositaire, qui a vendu de bonne foi la chose dont il ignorait le dépôt, n'est tenu que de rendre le prix qu'il a reçu, ou de céder son action contre l'acheteur, s'il n'a pas touché le prix.**

Art. 1936 **Si la chose déposée a produit des fruits qui aient été perçus par le dépositaire, il est obligé de les restituer. Il ne doit aucun intérêt de l'argent déposé, si ce n'est du jour où il a été mis en demeure de faire la restitution.**

1. Fruits non perçus. Il résulte de l'art. 1936 que le dépositaire d'une chose frugifère est redevable, du jour où il a été mis en demeure de restituer, non seulement des fruits qu'il a perçus, mais également de ceux qu'il aurait pu percevoir. • Civ. 1re, 7 mars 1979, n° 77-15.391 P.

2. Point de départ des intérêts. Ayant décidé que, faute d'avoir obtempéré à une mise en demeure de restituer, le dépositaire devait, dès cette sommation, la valeur des marchandises déposées, les juges du fond ne peuvent, sans se contredire, ne faire courir les intérêts de ladite somme qu'à compter du jour de leur décision. • Com. 6 janv. 1970 : *D. 1970. 484.*

3. Restitution des fruits dès la restitution du dépôt. Si, en vertu de l'art. 1948, le dépositaire peut retenir le dépôt jusqu'à l'entier paiement de ce qui lui est dû à raison de celui-ci, il résulte des art. 1936 et 1944 que, s'il restitue le dépôt, il doit remettre aussi les fruits produits par celui-ci. • Civ. 1re, 24 mars 2021, n° 19-20.962 P : *D. 2021. 1509, obs. Strickler et Reboul-Maupin ; CCC 2021, n° 94, note Leveneur* (cassation de l'arrêt ayant retenu que le poulain, fruit du dépôt d'une jument, pouvait n'être restitué qu'à compter du jour où aurait été réglée la totalité des frais de conservation s'y rapportant, alors que la jument avait déjà été restituée).

Art. 1937 **Le dépositaire ne doit restituer la chose déposée, qu'à celui qui la lui a confiée, ou à celui au nom duquel le dépôt a été fait, ou à celui qui a été indiqué pour le recevoir.**

BIBL. ▸ Grua, *D. 1996. Chron. 172* (ordres de paiement) ; *D. 1999. Chron. 255* (compte en banque).

1. Restitution au déposant. – Principe. Il résulte des art. 1937 et 1938 que le dépositaire ne doit restituer la chose déposée qu'à celui qui la lui a confiée, indépendamment de sa qualité de propriétaire de la chose remise en dépôt. • Civ. 1re, 20 juin 1995, n° 93-16.672 P : *Defrénois 1995. 1478, obs. Vermelle* (lithographie remise par une femme divorcée à un commissaire-priseur et restituée par celui-ci à l'ex-mari). ♦ Comptes personnels d'époux communs en biens : V. notes 3 s. ss. art. 221.

2. Contrat bancaire. Portée de la clause selon laquelle l'absence de réclamation du client d'une banque dans le mois de la réception de ses relevés de compte vaut acceptation des opérations retracées (s'agissant de virements faits sans ordre) : V. • Com. 3 nov. 2004, n° 01-16.238 P : *R., p. 307 ; D. 2005. 579, note Naudin ; D. 2006. Pan. 163, obs. D. R. Martin ; Gaz. Pal. 2005. Somm. 2045, obs. S. Piedelièvre ; RTD civ. 2005. 381, obs. Mestre et Fages ; RTD com. 2005. 150, obs. M. Cabrillac.*

3. Virement – Contre-passation bancaire. Sauf stipulations contractuelles contraires, lorsque le montant d'un virement a été remboursé au payeur par son prestataire de services de paiement en application de l'art. L. 133-18 C. mon. fin., serait-ce en raison de l'existence d'une fraude, le prestataire de services de paiement du bénéficiaire, s'il a déjà inscrit le montant de ce virement au crédit du compte de son client, ne peut contre-passer l'opération sur le compte de celui-ci sans son autorisation, quand bien même il aurait lui-même restitué le montant du virement au prestataire de services de paiement du payeur. • Com. 24 nov. 2021, n° 20-10.044 B : *D. 2022. 268, note Lasserre Capdeville ; RDBF 2022, n° 1, note Samin et Torck* (cassation de l'arrêt ayant refusé le remboursement du virement contre-passé au titre de la répétition de l'indu).

4. Location de coffre-fort – Obligation de surveillance. La banque qui met un coffre-fort à la disposition d'un client est tenue d'une obligation de surveillance qui lui impose d'établir qu'elle a accompli toutes les diligences utiles pour en contrôler l'accès par un tiers, fût-il muni d'une clé. • Com. 9 févr. 2016, n° 14-23.006 P (coffre vide lors de la liquidation d'une succession).

5. Absence de faute des parties. En l'absence de faute du déposant ou d'un préposé de celui-ci, et même s'il n'est pas lui-même fautif, le banquier reste tenu envers le client qui lui a confié des fonds quand il s'en défait sur présentation d'un faux ordre de paiement. • Com. 31 mai 2005, n° 03-20.952 P. – Même sens : • Com. 3 nov. 2004 : *préc. note 2.* ♦ Dès lors que le paiement est intervenu à distance, sans utilisation physique de la carte ni saisie du code confidentiel, la contestation du débit oblige la banque à restituer la somme débitée (visa de l'art. 1937). • Com. 23 juin 2004, n° 02-15.547 P : *R., p. 341 ; D. 2004. AJ 1972, et les obs. ; Gaz. Pal. 2005. Somm. 2046, obs. S. Piedelièvre ; CCE 2004, n° 161, note Grynbaum* • 12 déc. 2006, n° 05-15.481 P : *D. 2007. AJ 219, obs. Avena-Robardet ; RTD civ. 2007. 349, obs. Mestre et Fages .* ♦ Dans le même sens, malgré la négligence du client ayant tardé à déclarer ces utilisations frauduleuse : • Com. 12 nov. 2008, n° 07-19.324 P : *JCP 2008. II. 10211, note Lasserre-Capdeville ; RCA 2009, n° 56, obs. Hocquet-Berg ; RLDC 2009/58, n° 3333, obs. Bugnicourt ; RTD com. 2009. 186, obs. Legeais* (visa des art. L. 132-4 et 132-6 CMF).

6. *Exonération du dépositaire.* Pour exonérer la banque de sa faute de négligence dans la prise en compte de chèques falsifiés, la faute commise par le titulaire du compte doit constituer la cause exclusive du dommage. • Com. 28 janv. 2014, n° 12-27.901 P : *D. 2014. 367* (gérant ayant laissé une grande latitude à sa comptable, allant jusqu'à l'autoriser à signer des chèques en imitant sa signature).

Comp. antérieurement : si l'établissement d'un faux ordre de paiement résulte de la faute du titulaire du compte ou de son préposé, le banquier n'est tenu envers lui, et uniquement pour sa part de responsabilité, que s'il a commis une négligence. • Com. 31 mai 2005 : *préc. note 5.* – Même sens : • Com. 28 janv. 1992, n° 90-17.339 P. ♦ Viole l'art. 1937 la cour qui déboute la société titulaire du compte, dont un préposé avait imité la signature du directeur, au motif qu'elle n'établit pas la faute de la banque. • Même arrêt. ♦ Mais lorsque l'employé indélicat a agi dans l'exercice de ses fonctions, les juges du fond ne peuvent écarter la responsabilité du déposant. • Com. 7 juin 1994, n° 91-22.328 P.

7. *Créance cédée. – Non-restitution.* La banque qui a reçu, pour le compte d'un client, le paiement d'une créance professionnelle cédée à un tiers n'est pas tenue à restitution envers le cessionnaire. • Com. 4 juill. 1995, n° 93-12.977 P : *R., p. 278 ; D. 1995. 488, note D. R. Martin et H. Synvet ; D. 1996. Somm. 208, obs. S. Piedelièvre ; JCP 1995. II. 22553, note D. Legeais ; RTD civ. 1995. 934, obs. Crocq ; ibid. 1996. 192, obs. Gautier , et 422, obs. Zenati .* – Bonneau, *D. Affaires 1995. 79.* – Même sens : • Com. 30 janv. 2001 : *D. 2001. AJ 1238, obs. Delpech .*

Art. 1938 **Il ne peut pas exiger de celui qui a fait le dépôt, la preuve qu'il était propriétaire de la chose déposée.**

Néanmoins, s'il découvre que la chose a été volée, et quel en est le véritable propriétaire, il doit dénoncer à celui-ci le dépôt qui lui a été fait avec sommation de le réclamer dans un délai déterminé et suffisant. Si celui auquel la dénonciation a été faite, néglige de réclamer le dépôt, le dépositaire est valablement déchargé par la tradition qu'il en fait à celui duquel il l'a reçu.

V. note 1 ss. art. 1937. ♦ Cassation de l'arrêt qui rejette la demande en restitution du déposant au motif qu'il ne démontre pas que l'objet déposé lui appartient. • Civ. 1re, 28 janv. 1997 : *CCC 1997, n° 60, note Leveneur ; RCA 1997, n° 131* • 27 nov. 2001, n° 98-23.463 P : *CCC 2002, n° 23, note Leveneur.*

Art. 1939 **En cas de mort** *(Abrogé par L. n° 2009-526 du 12 mai 2009, art. 10)* **« *naturelle ou civile* » de la personne qui a fait le dépôt, la chose déposée ne peut être rendue qu'à son héritier.**

S'il y a plusieurs héritiers, elle doit être rendue à chacun d'eux pour leur part et portion.

Si la chose déposée est indivisible, les héritiers doivent s'accorder entre eux pour la recevoir.

1. *Restitution aux héritiers.* Il découle de l'art. 1939 que le dépositaire doit à chacun des héritiers du déposant non seulement la restitution pour sa part et portion des titres qu'il détenait à la date du décès, mais aussi la justification de la décharge de titres qu'il avait détenus antérieurement et qu'il avait restitués ou dont il avait fait emploi suivant les ordres du déposant. • Civ. 2e, 30 janv. 1963, n° 61-13.867 P.

2. *Indivisibilité de la chose.* Il résulte de l'art. 1939, al. 3, qu'en cas de dépôt par deux ou plusieurs personnes d'une chose indivisible, les déposants doivent s'accorder entre eux pour en recevoir la restitution et que, si le dépositaire a restitué cette chose à un seul d'entre eux, les autres peuvent agir en représentation de la chose tant contre le dépositaire que contre celui des déposants à qui elle a été restituée. • Civ. 1re, 19 janv. 1982, n° 80-16.897 P.

Art. 1940 *(L. n° 85-1372 du 23 déc. 1985, art. 52)* **Si la personne qui a fait le dépôt a été dessaisie de ses pouvoirs d'administration, le dépôt ne peut être restitué qu'à celui qui a l'administration des biens du déposant.**

La L. n° 85-1372 du 23 déc. 1985 est entrée en vigueur le 1er juill. 1986 (L. préc., art. 56).

Art. 1941 *(L. n° 85-1372 du 23 déc. 1985, art. 52)* **Si le dépôt a été fait par un tuteur ou un administrateur, dans l'une de ces qualités, il ne peut être restitué qu'à la personne que ce tuteur ou cet administrateur représentaient, si leur gestion ou leur administration est finie.** – *V. note ss. art. 1940.*

Art. 1942 **Si le contrat de dépôt désigne le lieu dans lequel la restitution doit être faite, le dépositaire est tenu d'y porter la chose déposée. S'il y a des frais de transport, ils sont à la charge du déposant.**

Art. 1943 **Si le contrat ne désigne point le lieu de la restitution, elle doit être faite dans le lieu même du dépôt.**

Art. 1944 **Le dépôt doit être remis au déposant aussitôt qu'il le réclame, lors même que le contrat aurait fixé un délai déterminé pour la restitution ; à moins qu'il n'existe, entre les mains du dépositaire, une** *(Ord. n° 2011-1895 du 19 déc. 2011, art. 3-13°, en vigueur le 1er juin 2012)* **« saisie » ou une opposition à la restitution et au déplacement de la chose déposée.**

1. Forme de la réclamation. Le dépôt doit être remis au déposant aussitôt qu'il le réclame, soit verbalement, soit par sommation, soit par tout autre acte équivalent. • Civ. 1re, 28 févr. 1989 : *Bull. civ. I, n° 97.*

2. Date de valeur. La pratique des dates de valeur par l'établissement de crédit dépositaire de fonds sur un compte ne peut empêcher la disponibilité immédiate des sommes déposées. • Com. 27 juin 1995, n° 93-10.179 P.

3. Opposition d'un tiers. Le terme d'opposition désigne un acte suffisamment explicite revêtant les caractères d'un acte extrajudiciaire, qui ne peut être notifié que par un huissier de justice, et non une simple lettre recommandée. • Com. 11 févr. 2003 : *JCP 2003. IV. 1638.*

4. Prescription. La prescription quadriennale de la L. du 31 déc. 1968 n'est pas applicable aux créances de restitution de sommes déposées. • Civ. 1re, 16 févr. 1999, n° 96-20.454 P • 6 juill. 1999, n° 97-19.105 P.

5. Il appartient au banquier, dépositaire des fonds de réserve de participation d'un salarié, de justifier de l'exécution de son obligation de restitution, fût-ce au-delà du délai de conservation des archives commerciales, dès lors que le salarié ayant quitté son entreprise peut réclamer ces fonds jusqu'à l'expiration du délai de prescription de l'art. 2262 C. civ. • Com. 29 oct. 2003, n° 00-21.947 P : *JCP E 2004. 335, note Barbiéri.*

Art. 1945 **Le dépositaire infidèle n'est point admis au bénéfice de cession.**

BIBL. ▶ De Matos, *RLDC 2004/7, n° 308.*

Art. 1946 **Toutes les obligations du dépositaire cessent, s'il vient à découvrir et à prouver qu'il est lui-même propriétaire de la chose déposée.**

SECTION 4 Des obligations de la personne par laquelle le dépôt a été fait

Art. 1947 **La personne qui a fait le dépôt est tenue de rembourser au dépositaire les dépenses qu'il a faites pour la conservation de la chose déposée, et de l'indemniser de toutes les pertes que le dépôt peut lui avoir occasionnées.**

1. Le déposant ne peut être tenu de payer une indemnité au dépositaire s'il n'est pas constaté que le dépôt avait été convenu à titre onéreux ou que le dépositaire avait fait des dépenses pour la conservation de la chose. • Civ. 1re, 7 mars 1973, n° 71-14.809 P.

2. Remboursement des dépenses dues pour l'entretien de chevaux laissés en dépôt nécessaire : • Civ. 1re, 24 mars 2021, n° 19-20.962 P : *D. 2021. 1509, obs. Strickler et Reboul-Maupin ; CCC 2021, n° 94, note Leveneur.*

Art. 1948 **Le dépositaire peut retenir le dépôt jusqu'à l'entier payement de ce qui lui est dû à raison du dépôt.**

RÉP. CIV. v° *Rétention*, par G. Piette.

BIBL. ▶ Chabas et Claux, *D. 1972. Chron. 19* (disparition et renaissance du droit de rétention en cas de remises successives). – Derrida, *Mél. Voirin, LGDJ, 1967, p. 178* (dématérialisation). – Le Corre-Broly, *D. Affaires 1998. 1802 et 1838* (droit de rétention sur documents d'immatriculation). – Lucas-Raffali, *RRJ 2000/4-1. 1461* (notion de corpus virtuel). – Mande-Djapou, *JCP 1976. I. 2760* (notion). – Poingt, *LPA 8 juill. 2002* (exception d'inexécution et droit de rétention de l'expert-comptable). – Scapel, *RTD civ. 1981. 539* (rôle du juge). – S. Piedelièvre, *Dr. et patr. 4/2000. 42.* – Pourquier, *RTD com. 2000. 569* (rétention du gagiste).

▸ **Nature juridique :** Bardet-Blanvillain, *LPA 25 mars 2005* (double domaine). – Catala-Franjou, *RTD civ. 1967. 9.* – Crocq, obs. *RTD civ. 1995. 931.* – Ghozi, *Études P. Catala, Litec, 2001, p. 719* (dualité du droit de rétention). – Pérochon, *Mél. Cabrillac, Litec, 1999, p. 379* (accessoire de la créance).

▸ **Procédures collectives :** Le Corre, *D. 2001. Chron. 2815.* – Le Maigat, *LPA 6 déc. 1999.* – Pourquier, *D. Affaires 1998. 936.*

A. NATURE DU DROIT DE RÉTENTION

1. *Droit réel opposable.* Le droit de rétention d'une chose, conséquence de sa détention, est un droit réel, opposable à tous, et même aux tiers non tenus de la dette. • Civ. 1re, 7 janv. 1992 : *JCP 1992. II. 21971, note Ramarolanto-Ratiaray ; RTD civ. 1992. 586, obs. Gautier* • 24 sept. 2009 : *cité note 2 ss. art. 1612.*

Opposabilité au sous-acquéreur d'un véhicule du droit de rétention conventionnel sur les pièces administratives relatives à ce véhicule, stipulé au profit du vendeur initial. • Com. 14 avr. 1992, no 90-14.002 P : *D. 1993. Somm. 298, obs. Pérochon*. ♦ Dans le même sens : • Com. 31 mai 1994, no 92-16.505 P : *JCP 1994. I. 3807, no 21, obs. Simler et Delebecque ; JCP 1996. II. 22622, note Jubault* (opposabilité du droit de rétention en cas de revente du véhicule puis de crédit-bail) • 3 mai 2006, no 04-15.262 P : *JCP 2006. I. 195, no 15, obs. Delebecque ; Dr. et patr. 11/2006. 95, obs. Seube ; RTD civ. 2006. 584, obs. Revet* (opposabilité à la société de location de voitures du droit de rétention du garagiste pour les frais de gardiennage du véhicule à lui confié par le preneur). ♦ V. aussi • Com. 31 mai 1994 : *JCP 1996. II. 22622, note Jubault* (opposabilité en cas de procédure collective).

2. *Rétention et gage.* Le droit de rétention n'est pas une sûreté et n'est pas assimilable au gage. • Com. 9 juin 1998, no 96-12.719 P : *D. 1999. Somm. 300, obs. S. Piedelièvre ; JCP 1999. I. 116, no 12, obs. Delebecque ; Gaz. Pal. 1999. 2. Somm. 451, obs. Guével* (absence de faculté d'attribution) • Com. 20 mai 1997, no 95-11.915 P : *R., p. 230 ; D. 1998. 479, note kenderian ; D. 1998. Somm. 102, obs. S. Piedelièvre ; ibid. 115, obs. Libchaber ; JCP 1997. I. 4054, no 10, obs. M. Cabrillac ; JCP 1998. I. 103, no 23, obs. Delebecque ; Defrénois 1997. 1427, obs. Aynès ; RDBF 1997. 173, obs. Calendini et Campana ; RTD civ. 1997. 707, obs. Crocq* (opposabilité du droit de rétention dès lors que le rétenteur a déclaré sa créance, même à titre chirographaire) • Com. 22 mars 2005 : *D. 2005. Pan. 2089, obs. Crocq ; Dr. et patr. 11/2005. 40, note A. Aynès.* ♦ Comp. • Com. 8 juin 1999, no 97-12.233 P : *D. 2000. Somm. 297, obs. Mercadal ; ibid. 388, obs. S. Piedelièvre ; JCP 1999. II. 10121, note Rémery ; JCP 2000. I. 209, no 18, obs. Delebecque ; ibid. 233, no 13, obs. Cabrillac* (le droit de rétention du commissionnaire de transport n'étant que la conséquence du privilège institué au profit de tout commissionnaire par l'art. 95 [art. L. 132-2] C. com., le commissionnaire de transport qui n'a déclaré sa créance qu'à titre chirographaire, perdant ainsi son privilège, ne peut non plus retenir les marchandises). ♦ Zerbo, *D. 2001. Chron. 2290* (privilège et droit de rétention du voiturier).

B. CONDITIONS

1° CONDITIONS RELATIVES AU BIEN RETENU

3. *Immeuble.* L'entrepreneur chargé de l'édification d'un bâtiment n'est pas titulaire d'un droit réel sur l'immeuble, opposable aux autres créanciers, et il ne bénéficie pas d'un droit de rétention sur le bien construit ou sur le produit de sa vente jusqu'au paiement du prix des travaux. • Civ. 3e, 23 juin 1999, no 97-19.288 P : *D. 2000. Somm. 22, obs. Jobard-Bachellier ; ibid. 389, obs. Piedelièvre ; JCP 2000. II. 10333, note Vicente ; ibid. I. 209, no 10, obs. Delebecque ; JCP N 2000. 363, note D. Boulanger ; RDI 2000. 85, obs. Théry ; RTD civ. 2000. 142, obs. Crocq*. ♦ Absence de droit de rétention du vendeur d'immeuble à construire sur l'immeuble achevé. • Civ. 3e, 23 oct. 2002, no 98-18.109 P : *JCP 2003. II. 10182, note Dreuille ; ibid. I. 113, no 7, obs. M. C. ; ibid. 124, no 13, obs. Delebecque ; Defrénois 2003. 334, obs. Périnet-Marquet.*

4. *Meuble corporel.* Le contrat conclu en vue de la pose d'une prothèse dentaire oblige le chirurgien-dentiste à mener l'opération à son terme. Celui-ci ne dispose d'aucun droit de rétention sur l'appareil qu'il s'est engagé à poser. • Civ. 1re, 9 oct. 1985 : *D. 1986. 417, note Penneau ; Gaz. Pal. 1986. 1. 150, note Bertin ; RTD civ. 1986. 428, obs. Perrot et 610, obs. Salvage-Gerest.* ♦ Droit de rétention de l'expert-comptable chargé de présenter les comptes annuels d'une société sur les pièces et documents remis pour sa mission afin de garantir le paiement de ses honoraires. • Civ. 1re, 17 juin 1969 : *JCP 1970, II, 16162,* note Catala-Franjou (V. également art. 2286 C. civ.). ♦ Rétention de marchandises contrefaites, V. note 7.

5. *Fichier.* Un fichier sur support magnétique peut faire l'objet d'un droit de rétention. • Com. 8 févr. 1994, no 92-14.484 P (fichier clients).

6. *Créance.* Si le solde du compte courant d'une société en redressement judiciaire peut faire l'objet d'une rétention par la banque de cette société, il ne peut être retenu pour garantir le paiement de créances incertaines pouvant résulter de contrepassations ultérieures. • Com.

7 avr. 1998, n° 95-16.613 P : *JCP 1999. I. 116, n° 11, obs. Delebecque.*

7. Bien hors du commerce. Un commissionnaire ne peut invoquer son droit de rétention sur des marchandises contrefaites, dès lors que leur caractère illicite interdit leur commercialisation. • Com. 26 oct. 1999, n° 96-20.488 P : *D. 2000. 365, note Marotte ; ibid. Somm. 388, obs. Piedelièvre ; JCP 2000. I. 209, n° 14, obs. Delebecque.* ♦ Le paiement d'une créance antérieure au jugement d'ouverture de la procédure collective étant interdit, un commissionnaire ne peut valablement exercer son droit de rétention sur des marchandises à lui confiées après le jugement d'ouverture pour obtenir le paiement de créances antérieures. • Com. 13 nov. 2001, n° 98-20.207 P : *D. 2001. AJ 3533, obs. A. Lienhard ; JCP 2002. I. 120, n° 7, obs. Delebecque ; ibid. 144, n° 16, obs. M. Cabrillac ; JCP E 2002. 370, note Piedelièvre ; RTD com. 2002. 373, obs. Martin-Serf .*

2° CONDITIONS RELATIVES À LA CRÉANCE

8. Créance certaine. Le droit de rétention suppose la conclusion d'un contrat entre les parties et l'existence d'une créance certaine. • Com. 14 juin 1988, n° 86-15.640 P.

9. Connexité. Le droit de rétention peut être exercé dans tous les cas où, la créance ayant pris naissance à l'occasion de la chose retenue, il existe entre cette créance et cette chose un lien de connexité matérielle. Le séquestre dépositaire d'un mobilier litigieux et créancier des frais engendrés, dans l'intérêt des deux parties, par la garde et la conservation de ce mobilier, peut donc, conformément à l'art. 1948, le retenir jusqu'à l'entier paiement de sa créance et ce droit est opposable à la personne déclarée propriétaire du mobilier. • Civ. 1re, 22 mai 1962 : *GAJC, 11e éd., n° 281 ; D. 1965. 58, note Rodière.* ♦ Conf., pour le dépôt, • Civ. 1re, 9 févr. 1988 : *D. 1988. 448, note Delebecque* • 7 janv. 1992 : *préc. note 1.* ♦ Admission du droit de rétention pour le paiement de la rémunération du dépositaire salarié. • Com. 3 mai 2006 : *préc. note 1.*

10. ... Dépôts distincts. L'art. 1948 n'autorise la rétention que pour ce qui est dû en vertu du dépôt. Si les réparations successives opérées par un garagiste ont donné lieu à autant de conventions distinctes que de remises au réparateur, le droit éventuel à la rétention qui était né *lors de chacune des remises antérieures* à la dernière s'est éteint avec la dépossession et le garagiste n'est pas en droit de retenir le véhicule jusqu'au paiement de ses anciennes factures. • Com. 23 juin 1964 : *D. 1965. 79, note Rodière.* – Dans le même sens : • Com. 4 déc. 1984, n° 83-12.278 P.

3° AUTRES CONDITIONS

11. Absence de faute du créancier. Ayant relevé la faute d'une société qui avait procédé à d'importantes réparations sur un moteur en l'absence de l'accord du client sur le prix, les juges du fond ont pu déclarer que la société était sans droit pour retenir le moteur litigieux. • Civ. 1re, 3 mai 1966 : *D. 1966. 649, note Mazeaud.*

12. Publicité (non). L'opposabilité du droit de rétention n'est pas subordonnée à la publicité foncière. • Civ. 3e, 16 déc. 1998, n° 97-12.702 P : *JCP 1999. I. 158, n° 8, obs. Delebecque ; LPA 14 juill. 1999, note Arlie ; RTD civ. 1999. 439, obs. Crocq .*

C. PRÉROGATIVES DU RÉTENTEUR

1° RÉTENTION DU BIEN

13. Rétention du bien. Le créancier rétenteur a le droit, sauf disposition législative contraire, de refuser de se dessaisir des objets ou documents légitimement détenus jusqu'à complet paiement de sa créance. Un comptable retenant des documents en garantie de ses honoraires peut refuser de les communiquer à l'administration fiscale, faisant ainsi encourir à son débiteur des pénalités. • Civ. 1re, 17 juin 1969 : *préc. note 4.* ♦ V. aussi : • Versailles, 27 févr. 1997 : *D. 1998. Somm. 101, obs. S. Piedelièvre ; JCP 1998. II. 10135, note Gorchs.*

14. Rétention de documents. – Portée. Le droit de rétention d'une chose est la conséquence de sa détention ; il ne découle pas du droit de rétention de documents d'immatriculation, prévu au profit du prêteur, un droit pour celui-ci de se faire remettre les véhicules concernés par ces documents. • Com. 11 juill. 2000, n° 97-12.374 P : *R., p. 372 ; D. 2001. 465, note S. Piedelièvre (2e esp.) ; JCP 2000. I. 259, n° 16, obs. Delebecque ; JCP 2001. I. 298, n° 15, obs. Cabrillac.* ♦ ... Ni de se faire attribuer le prix de vente des véhicules concernés par les documents. • Com. 8 juill. 2003 : *D. 2004. Somm. 55, obs. Le Corre ; Gaz. Pal. 2004. Doctr. 2931, étude Le Corre-Broly.* ♦ Droit de rétention de l'avoué sur les expéditions des arrêts pour obtenir le paiement de ses émoluments. • Civ. 2e, 6 avr. 2006, n° 05-14.364 P.

15. Effets de la rétention. La marchandise retenue par le transporteur n'étant pas remise au destinataire, l'exercice du droit de rétention ne peut servir de point de départ à la prescription annale de l'art. L. 133-6 C. com. • Com. 26 sept. 2006, n° 04-19.843 P.

2° APPLICATION AUX PROCÉDURES COLLECTIVES

16. Opposabilité. Jugé, sous l'empire de la L. du 13 juill. 1967, que le dépositaire possède un droit de rétention même vis-à-vis des créanciers ou ayants cause du déposant en cas de faillite de celui-ci et que le syndic ne peut reprendre en vue de les faire vendre des marchandises déposées par le débiteur sans payer l'intégralité des frais d'entrepôt. • Com. 24 janv. 1973 : *Bull. civ. IV, n° 40.*

17. Complet paiement. Le droit de rétention confère à son titulaire le droit de refuser la restitution de la chose légitimement retenue jusqu'à complet paiement de sa créance, même en cas de redressement ou de liquidation judiciaires du débiteur ; la perte de ce droit nuit aux cautions. • Com. 25 nov. 1997 : *D. 1998. 232, note François ; JCP 1998. I. 141, n° 15, obs. M. Cabrillac.*

18. Dès lors que le rétenteur a déclaré au passif sa créance, le liquidateur judiciaire ne peut retirer la chose retenue qu'en payant cette créance, avec l'autorisation du juge commissaire ; il peut aussi procéder à sa réalisation, sous la même autorisation, dans les six mois du jugement de liquidation, le droit de rétention étant de plein droit reporté sur le prix. • Com. 20 mai 1997 : *préc. note 2.*

19. Cession d'entreprise. La cession de l'entreprise, par suite de l'adoption d'un plan de redressement, ne peut porter atteinte au droit de rétention issu du gage avec dépossession qu'un créancier a régulièrement acquis sur des éléments compris dans l'actif cédé. • Com. 20 mai 1997, n° 95-12.925 P : *R., p. 230 ; D. 1997. Somm. 312, obs. Honorat ; D. 1998. Somm. 102, obs. S. Piedelièvre ; D. 1999. Somm. 5, obs. Derrida ; JCP 1997. I. 4054, n° 5, obs. M. Cabrillac ; JCP 1998. I. 103, n° 23, obs. Delebecque ; LPA 28 juill. 1997, note Crédot ; RTD civ. 1997. 708, obs. Crocq .* ♦ L'art. 34, al. 3, L. 25 janv. 1985 (C. com., art. L. 621-25) ne permet pas davantage d'imposer au rétenteur une substitution de garantie, même en présence d'un contrat de gage assorti d'une faculté de substitution avec l'accord du créancier. • Com. 4 juill. 2000, n° 98-11.803 P : *D. 2001. 465, note S. Piedelièvre (1re esp.) ; JCP 2001. I. 298, n° 3, obs. Cabrillac ; ibid. 315, n° 15, obs. Delebecque ; Banque et Dr. 1-2/2001. 44, obs. Jacob.*

D. OBLIGATIONS DU RÉTENTEUR

20. Conservation de la chose. Le droit de retenir la marchandise jusqu'à complet paiement ne dispense nullement le rétenteur de procéder aux diligences nécessaires à sa conservation, avec la possibilité de réclamer au débiteur les frais afférents. • Civ. 1re, 7 nov. 2006, n° 05-12.429 P : *D. 2006. IR 2947 ; JCP 2007. I. 158, n° 20, obs. Delebecque ; RTD civ. 2007. 159, obs. Crocq .*

SECTION 5 Du dépôt nécessaire

BIBL. GÉN. ► RODIÈRE, *D. 1951. Chron. 123.*

Art. 1949 Le dépôt nécessaire est celui qui a été forcé par quelque accident, tel qu'un incendie, une ruine, un pillage, un naufrage ou autre événement imprévu.

1. Définition. Pour qu'il y ait dépôt nécessaire, il suffit que le déposant ait été forcé de faire ce dépôt par une nécessité pressante et pour soustraire la chose qui en est l'objet à une ruine imminente. • Req. 17 juill. 1923 : *DP 1923. 1. 203.*

2. Applications. Dépôt nécessaire reconnu, en ce que, lors de leur séparation, la compagne propriétaire de chevaux n'avait pas eu d'autre choix que de laisser ses chevaux à son compagnon, éleveur. • Civ. 1re, 24 mars 2021, n° 19-20.962 P : *D. 2021. 1509, obs. Strickler et Reboul-Maupin ; CCC 2021, n° 94, note Leveneur.* ♦ Il n'y a pas dépôt nécessaire lorsqu'*un ouvrier ou un entrepreneur laisse* ses outils, son matériel ou ses marchandises dans l'immeuble où il exécute les travaux qui lui ont été commandés. • Civ. 24 juill. 1923 : *DP 1923. 1. 141.* ♦ Même sens, pour les vêtements déposés par un ouvrier dans le vestiaire de l'établissement où il travaille : • Civ. 24 juill. 1929 : *DH 1929. 474.* ♦ Cassation de l'arrêt ayant estimé que la remise de ses bagues par la cliente d'un salon de coiffure-manucure « s'assimile à un dépôt nécessaire ». • Civ. 1re, 8 févr. 2005, n° 01-16.492 P : *D. 2005. 2260, note Bloud-Rey ; Gaz. Pal. 2005. 1192, note Dagorne-Labbe ; Defrénois 2005. 1233, obs. Libchaber ; LPA 31 janv. 2006, note Guez ; RDC 2005. 1031, obs. Dauriac,* cassant • Paris, 10 sept. 2001 : *D. 2002. 1300, note Bloud-Rey .* ♦ V. aussi, pour le cas du vol d'un manteau d'un client chez un coiffeur ou un restaurateur : • Paris, 21 oct. 1949 : *D. 1950. 758, note Giverdon* (qualification de dépôt volontaire). ♦ Comp. • TI Paris, 6 déc. 1972 : *D. 1973. 323, note A. D.* (qualification d'obligation de garde accessoire au contrat de fourniture d'un repas) • Civ. 1re, 22 nov. 1988, n° 87-14.588 P (manquement d'un médecin à son obligation de veiller à la restitution de la chaîne en or retirée du cou d'un patient pour un examen radiologique d'urgence).

Art. 1950 *(L. n° 80-525 du 12 juill. 1980)* **La preuve par témoins peut être reçue pour le dépôt nécessaire, même quand il s'agit d'une valeur supérieure au chiffre prévu à** *(Ord. n° 2016-131 du 10 févr. 2016, art. 5-7°, en vigueur le 1er oct. 2016)* **« l'article 1359** *[ancienne rédaction : l'article 1341]* **».**

Sur l'entrée en vigueur des dispositions issues de l'Ord. n° 2016-131 du 10 févr. 2016, V. cette Ord., art. 9, ss. art. 1386-1.

Art. 1951 **Le dépôt nécessaire est d'ailleurs régi par toutes les règles précédemment énoncées.**

Art. 1952 *(L. n° 73-1141 du 24 déc. 1973)* **Les aubergistes ou hôteliers répondent, comme dépositaires, des vêtements, bagages et objets divers apportés dans leur établissement par le voyageur qui loge chez eux ; le dépôt de ces sortes d'effets doit être regardé comme un dépôt nécessaire.**

V. Décr. n° 67-973 du 19 oct. 1967 (D. 1967. 451 ; BLD 1967. 789) portant publication de la convention européenne sur la responsabilité des hôteliers quant aux objets apportés par les voyageurs du 17 déc. 1962.

V. L. 31 mars 1896, relative à la vente des objets abandonnés ou laissés en gage par les voyageurs aux aubergistes ou hôteliers, ss. art. 2350.

DALLOZ ACTION *Droit de la responsabilité et des contrats 2023/2024, n°s 3392.00 s.*

BIBL. ▶ Bénabent, note *D. 1978. 49*. – Bergel, *Gaz. Pal. 1977. 1. Doctr. 62*. – Bihl, *JCP 1974. I. 2616*. – Dumas, *D. 1974. Chron. 104*. ▶ Drapier et Mercoli, *LPA 4 août 2006* (responsabilité de l'hôtelier). – Servant, *D. 2001. Chron. 2914* (évolutions récentes de la jurisprudence).

1. Domaine du dépôt hôtelier. La responsabilité des hôteliers, telle qu'elle résulte des art. 1952 s., présente un caractère exceptionnel et ne saurait être étendue par voie d'analogie aux restaurateurs. Se rattachant au contrat d'hôtellerie, elle implique nécessairement que le client est « logé » dans l'hôtel et n'est pas venu seulement pour prendre un repas. • Civ. 1re, 11 mars 1969 : *D. 1969. 492*. ♦ V. aussi • Civ. 1re, 17 déc. 1957 : *JCP 1958. II. 10452* (exclusion de l'art. 1952 pour une clinique) • 1er mars 1988, n° 86-15.563 P • Paris, 17 déc. 1970 : *Gaz. Pal. 1971. 1. 293, note Desforges* (... pour le vestiaire d'un cabaret) • Paris, 3 déc. 1987 : *D. 1988. IR 28* (... pour un restaurant) • TI Arcachon, 17 janv. 1975 : *D. 1976. 506, note Bihl* (... pour un emplacement de camping) • Civ. 1re, 19 oct. 1999, n° 97-13.525 P : *D. 1999. IR 257 ; LPA 16 nov. 2000, note Thioye ; RDI 2000. 96, obs. Collart-Dutilleul* (... pour une résidence hôtelière). ♦ Sur la qualification de la mise à disposition d'un studio à titre de complément de rémunération (contrat d'hôtellerie), V. • Civ. 1re, 26 févr. 1991, n° 89-17.501 P : *RTD civ. 1992. 140, obs. Gautier*.

2. Notion de client. Une société qui établit avoir acquitté le prix de location de chambres à son seul nom, à l'exclusion de toute indication du nom de préposés, a seule la qualité de voyageur au sens des art. 1952 s., et elle justifie de sa qualité à agir en réparation de la perte d'un véhicule et du matériel qu'il contenait dès lors qu'elle établit en être propriétaire. • Versailles, 27 févr. 2004 : *BICC 1er avr. 2005, n° 640*.

3. Durée des obligations. Les obligations de l'hôtelier envers son client se poursuivent jusqu'au départ de celui-ci. • Civ. 1re, 20 mars 1990 : *JCP 1990. II. 21564, note Goubeaux ; RTD civ. 1990. 680, obs. Rémy* (client encore dans l'établissement au moment où le vol des objets chargés dans le véhicule, stationné sur le parking de l'hôtel, s'est produit).

4. Notion d'effets. – Application aux véhicules. Une voiture garée dans l'enceinte de l'hôtel constitue un effet au sens de l'art. 1952. • Bordeaux, 20 janv. 1972 : *Gaz. Pal. 1972. 1. 426 (1re esp.)*. ♦ Le régime de responsabilité de l'hôtelier en cas de vol ou de dommage du véhicule stationné dans les dépendances de l'hôtel relève de l'art. 1953. • Civ. 1re, 22 févr. 2000, n° 98-11.391 P : *D. 2001. 341, note Gout ; JCP 2001. II. 10543, note Gauvin ; RCA 2000, n° 160, note Groutel ; LPA 9 juin 2000, note Dagorne-Labbe ; ibid. 26 juill. 2000, note Hocquet-Berg ; RTD civ. 2000. 579, obs. Jourdain*. ♦ ... Et non de l'art. 1954. • Civ. 1re, 30 mai 2000, n° 98-16.211 P : *D. 2000. IR 170 ; RCA 2000, n° 267, note Groutel ; RTD civ. 2000. 579, obs. Jourdain* (caractère inopérant de l'absence de jouissance privative de l'hôtelier sur le parking). – Même sens : • Civ. 1re, 29 sept. 2004, n° 01-13.567 P : *D. 2004. IR 2622 ; JCP E 2005. 570, note Alfroy ; RCA 2004, n° 342, note Groutel*.

5. Voie publique. Mais le client d'un hôtel ne saurait invoquer l'art. 1952 en cas de dommage subi par son automobile stationnée sur la voie publique. • Civ. 2e, 9 juill. 1975 : *JCP 1977. II. 18544 (1re esp.), note Mourgeon*. ♦ Même solution lorsque le client propriétaire du véhicule volé sur la voie publique a eu recours aux services du chasseur du restaurant : • Paris, 15 mars 1995 : *Gaz. Pal. 1996. 2. 381*. – Rappr. • Civ. 1re, 11 janv. 2000, n° 97-19.758 P : *RCA 2000, n° 87, note Groutel*. ♦ Jugé qu'il en va de même lorsque le véhicule est volé sur le parking de l'établissement s'il est établi que l'hôtelier n'avait pas la jouissance privative de ce lieu. • Rouen, 13 oct. 1994 : *JCP 1995. II. 22487, note de Quenaudon*. ♦ Comp. • Civ. 1re, 22 févr. 2000 : préc. ♦ V. aussi note 5 ss. art. 1954.

6. En constatant que le vol du véhicule a eu lieu sur le parc de stationnement privatif de l'hôtel, les juges du fond ont suffisamment caractérisé le lieu de commission du vol. • Civ. 1re, 18 janv. 1989, n° 87-17.570 P.

7. Preuve du dépôt. Le dépôt des effets visés à l'art. 1952 devant être regardé comme un dépôt nécessaire, il peut être prouvé par témoins conformément à l'art. 1950. • Civ. 1re, 14 févr. 1990, n° 88-14.562 P.

Art. 1953 *(L. n° 73-1141 du 24 déc. 1973)* **Ils sont responsables du vol ou du dommage de ces effets, soit que le vol ait été commis ou que le dommage ait été causé par leurs** *(L. n° 2009-526 du 12 mai 2009, art. 10)* **« préposés, ou par des tiers » allant et venant dans l'hôtel.**

Cette responsabilité est illimitée, nonobstant toute clause contraire, au cas de vol ou de détérioration des objets de toute nature déposés entre leurs mains ou qu'ils ont refusé de recevoir sans motif légitime.

Dans tous les autres cas, les dommages-intérêts dus au voyageur sont, à l'exclusion de toute limitation conventionnelle inférieure, limités à l'équivalent de 100 fois le prix de location du logement par journée, sauf lorsque le voyageur démontre que le préjudice qu'il a subi résulte d'une faute de celui qui l'héberge ou des personnes dont ce dernier doit répondre.

1. Nature de l'obligation. La responsabilité de l'hôtelier n'est pas soumise à la preuve d'une faute, qui n'est prise en compte que lors de la fixation de l'indemnisation. • Civ. 1re, 23 sept. 2020, n° 19-11.443 P : *D. 2021. 207, obs. Bretzner et A. Aynès ; AJ contrat 2020. 579, obs. Lachièze ; RTD com. 2020. 940, obs. Bouloc ; JCP 2020, n° 1108, note Borghetti.*

2. Clauses limitatives de responsabilité. Le seul fait pour l'hôtelier de faire figurer une clause de non-responsabilité pour les vols d'objets dans les chambres sur une carte de bienvenue et sur une affiche placée dans la chambre ne peut suffire à établir que le client en ait eu connaissance ou l'ait acceptée. • Paris, 5 janv. 1996 : *JCP 1996. II. 22679, note Hassler.* ♦ L'hôtelier ne peut s'exonérer de sa responsabilité par la présence d'un panneau « parking non gardé ». • Civ. 1re, 22 févr. 2000 : *préc. note 4 ss. art. 1952.*

3. Responsabilité illimitée : dépôt entre les mains de l'hôtelier. La mise à la disposition du client d'un compartiment dans la salle des coffres de l'hôtel pour y déposer ses objets de valeur caractérise suffisamment le dépôt entre les mains de l'hôtelier. • Civ. 1re, 14 févr. 1990, n° 88-14.562 P. ♦ En revanche, dès lors que le client a le libre usage d'un coffre individuel mis à sa disposition et fonctionnant sur la seule combinaison de son choix, il n'y a pas dépôt entre les mains de l'hôtelier. • Civ. 1re, 11 juin 2002 : *RCA 2002, n° 300.*

4. ... Faute du client exonératoire. Le seul fait de n'avoir pas déclaré l'importance des bijoux déposés entre les mains de l'hôtelier ne constitue pas la faute du client, dont l'hôtelier, pour être exonéré de sa responsabilité illimitée, doit rapporter la preuve. • Civ. 1re, 14 févr. 1990 : *préc. note 3.*

5. Responsabilité limitée. Si la limitation de responsabilité résultant de l'art. 1953, al. 3, est fondée sur l'imprévisibilité pour l'hôtelier de la valeur des objets non réellement déposés entre ses mains, il appartient aux juges du fond d'apprécier la prévisibilité du dommage (en l'espèce, vol d'objets de valeur dans une voiture au garage de l'hôtel). • Civ. 1re, 16 déc. 1964 : *D. 1965. 96.*

6. Plafond d'indemnisation. La référence faite au prix de location du logement par journée doit s'entendre *in concreto* du prix de la ou des chambres effectivement prises en location et ayant ouvert le droit à réparation. • Grenoble, 28 juin 1995 : *Gaz. Pal. 1996. 2. 383* (prix des deux chambres louées par les deux clients dont la voiture unique a été volée).

7. Faute de l'hôtelier. L'art. 1953, al. 3, n'exige pas la preuve de l'intention de nuire, ni d'une faute lourde, mais celle d'une faute caractérisée de l'hôtelier. • Paris, 26 nov. 1987 : *D. 1988. IR 4.* ♦ Ne constitue pas une faute le fait, pour l'hôtelier, de ne pas assurer la surveillance particulière d'un véhicule fermé à clef sur le parc de stationnement privatif de l'hôtel. • Civ. 1re, 20 mars 1990 : *JCP 1990. II. 21564, note Goubeaux ; RTD civ. 1990. 680, obs. Rémy.* ♦ Ne donne pas de base légale à sa décision la cour d'appel qui déclare un hôtelier responsable sans limitation pour le vol de l'automobile d'un client sans relever que l'hôtelier s'était engagé à assurer la sécurité du parc de stationnement de l'hôtel. • Civ. 1re, 2 avr. 1996, n° 94-12.859 P : *JCP 1996. II. 22679, note Hassler ; CCC 1996, n° 123, note Leveneur ; RTD civ. 1996. 917, obs. Jourdain.* ♦ V. aussi • Civ. 1re, 6 juill. 2000, n° 98-10.051 P : *D. 2000. IR 216 ; JCP 2001. II. 10543, note Gauvin ; RCA 2000, n° 333, note Groutel ; RTD civ. 2001. 156, obs. Jourdain* (cet engagement peut se déduire des multiples mesures de sécurité mises en œuvre).

8. Constitution de partie civile de l'hôtelier. Recevabilité de la constitution de partie civile de l'hôtelier pour un vol de bijoux au préjudice d'une cliente, infraction éventuelle de nature à causer à l'exploitant d'hôtel un préjudice direct et personnel découlant de son obligation d'indemniser, en vertu des art. 1952 et 1953, son client victime d'une soustraction frauduleuse. • Crim. 25 juin 2019, n° 18-84.653 P : *D. 2019. 1339 ; AJ pénal 2019. 510, obs. Thierry.*

Art. 1954 *(L. n° 73-1141 du 24 déc. 1973)* Les aubergistes ou hôteliers ne sont pas responsables des vols ou dommages qui arrivent par force majeure, ni de la perte qui résulte de la nature ou d'un vice de la chose, à charge de démontrer le fait qu'ils allèguent.

Par dérogation aux dispositions de l'article 1953, les aubergistes ou hôteliers sont responsables des objets laissés dans les véhicules stationnés sur les lieux dont ils ont la jouissance privative à concurrence de cinquante fois le prix de location du logement par journée.

Les articles 1952 et 1953 ne s'appliquent pas aux animaux vivants.

1. Force majeure. Une cour d'appel peut estimer qu'un vol à main armée ne constitue pas un cas de force majeure, dès lors que n'ont pas été prises toutes les précautions possibles que sa prévisibilité rendait nécessaires. • Civ. 1re, 9 mars 1994, n° 91-17.459 P : *JCP 1994. I. 3773, n° 6, obs. Viney.*

2. Faute du client. La faute prévisible du client qui a laissé dans sa voiture fermée à clef des objets d'une certaine valeur ne fait pas obstacle à l'indemnisation. • Civ. 1re, 18 janv. 1989, n° 87-17.570 P.

3. Objets dans un véhicule. – Plafond d'indemnisation. Si la responsabilité de l'hôtelier est limitée à cinquante fois le prix journalier de location du logement pour les objets volés dans les véhicules stationnés sur les lieux dont il a la jouissance privative, cette disposition ne saurait avoir pour effet de décharger l'hôtelier de l'obligation de réparer l'intégralité du préjudice de la victime d'un tel vol lorsque celle-ci rapporte la preuve qu'il a manqué au devoir de prudence et de surveillance qui lui incombe. • Civ. 1re, 27 janv. 1982 : *JCP 1983. II. 19936, note Chabas.* ♦ Pour l'application de l'art. 1954, al. 2, à des objets fixés sur le toit d'un véhicule : • Civ. 1re, 19 oct. 1999 : *LPA 4 avr. 2000, note Dagorne-Labbe.*

4. En cas de vol d'une voiture et des objets déposés à l'intérieur, il y a lieu à application cumulée des plafonds de responsabilité prévus respectivement aux art. 1953 et 1954. • Grenoble, 28 juin 1995 : *V. note 6 ss. art. 1953.*

5. Parking privatif. Dès lors que le parking où était stationné le véhicule du client victime du vol était non clôturé et utilisable par n'importe quel automobiliste, l'hôtelier n'en avait pas la jouissance privative au sens de l'art. 1954. • Civ. 1re, 15 oct. 1996, n° 94-19.459 P. – Dans le même sens : • Civ. 1re, 22 juin 1999, n° 97-16.560 P : *JCP 2000. II. 10259, note Gauvin ; RTD civ. 1999. 845, obs. Jourdain.* ♦ Comp. • Civ. 1re, 22 févr. 2000 : *préc. note 4 ss. art. 1952* (en ce qui concerne les objets laissés dans le véhicule, l'hôtel, propriétaire du terrain où le véhicule était en stationnement, en a de ce fait la jouissance privative au sens de l'art. 1954, al. 2). ♦ La responsabilité de l'hôtelier est retenue lorsque le parking appartient à l'hôtel et que, celui-ci n'étant accessible qu'en voiture, le client y stationne nécessairement son véhicule. • Grenoble, 29 avr. 1996 : *Gaz. Pal. 1996. 2. 385.* ♦ V. aussi : • Versailles, 2 mai 1997 : *D. Affaires 1997. 1185* (parking à usage exclusif de la clientèle et uniquement accessible par elle) • Paris, 4 juill. 1997 : *Gaz. Pal. 1998. 1. Somm. 341* (parking privé et clos d'un « Relais et châteaux »).

Code de la santé publique Art. L. 1113-1 à L. 1113-10 *(Ord. n° 2000-548 du 15 juin 2000) (Responsabilité des établissements de santé et des établissements sociaux ou médicaux-sociaux hébergeant des personnes âgées ou des adultes handicapés à l'égard des biens des personnes accueillies). – V., en application, CSP, art. R. 1113-1 à R. 1113-9.* – **CSP.**

CHAPITRE III DU SÉQUESTRE

RÉP. CIV. v° *Séquestre*, par F.-J. PANSIER.

BIBL. GÉN. ▶ AUBIJOUX-IMARD, *LPA 6 juill. 2001.* – BELLOIR, *LPA 30 mars 2000.* – BORDONNEAU, *Dr. et patr. 1/2001. 40* (séquestre de valeurs mobilières). – MICHINEAU, *Rev. sociétés 2016. 7* (séquestre et vote de l'associé).

SECTION 1 Des diverses espèces de séquestre

Art. 1955 Le séquestre est conventionnel ou judiciaire.

SECTION 2 Du séquestre conventionnel

Art. 1956 Le séquestre conventionnel est le dépôt fait par une ou plusieurs personnes, d'une chose contentieuse, entre les mains d'un tiers qui s'oblige de la rendre, après la contestation terminée, à la personne qui sera jugée devoir l'obtenir.

1. Blocage de l'objet du séquestre. Le propre du contrat de séquestre est de réserver ce qui en fait l'objet à la partie qui sera jugée devoir l'obtenir après décision définitive sur la contestation qui a provoqué le séquestre. La somme due par un assureur à un commerçant à la suite d'un incendie ayant fait l'objet d'un séquestre par accord des parties jusqu'à décision à intervenir sur l'indemnisation du propriétaire de l'immeuble incendié, les juges du fond ne peuvent attribuer cette somme à la masse des créanciers du commerçant mis en liquidation des biens, dès lors que le contrat de séquestre n'a pas été passé au cours de la période suspecte. • Civ. 1re, 27 févr. 1985, n° 83-10.028 P : *R., p. 104.*

2. Séquestre d'argent – Compte CARPA. La Carpa, séquestre obligé, acquiert la propriété des fonds lors de leur remise et ne doit au déposant, titulaire d'un droit de créance, que la restitution de l'équivalent des sommes déposées. • Civ. 1re, 30 sept. 2015, n° 14-21.111 P.

3. Obligations du séquestre. Le séquestre conventionnel doit conserver et administrer le bien séquestré dans la mesure que commandent la nature de celui-ci et l'étendue de sa mission. • Civ. 1re, 21 févr. 1995, n° 93-12.436 P : *Defrénois 1995. 1053, obs. Delebecque.*

4. Le séquestre conventionnel oblige le dépositaire, même en redressement judiciaire, à rendre la chose contentieuse déposée entre ses mains à la personne qui sera jugée devoir l'obtenir, sans qu'il y ait lieu à concours entre les créanciers de ce dépositaire. • Com. 13 nov. 2001, n° 97-16.652 P : *R., p. 395 ; JCP E 2002. 641, note Barrière* • 23 sept. 2020, n° 19-15.122 P : *D. 2020. 1886 ; AJ contrat 2020. 569, obs. Lebel ; Rev. sociétés 2020. 712, obs. L. C. Henry.* ♦ Les sommes ayant fait l'objet d'un séquestre conventionnel doivent être restituées à ceux qui ont été jugés devoir les obtenir sans que leur attribution soit soumise aux règles de la procédure collective du déposant. • Com. 24 avr. 2007, n° 06-16.215 P.

La demande de restitution de la somme séquestrée par un dépositaire en liquidation judiciaire ne se heurte pas à l'interdiction de payer une créance antérieure, ni à l'interdiction de toute procédure de distribution n'ayant pas produit un effet attributif avant le jugement d'ouverture, et est recevable. • Com. 23 sept. 2020, n° 19-15.122 P : *D. 2020. 1886 ; AJ contrat 2020. 569, obs. Lebel ; Rev. sociétés 2020. 712, obs. L. C. Henry.*

5. Un notaire constitué séquestre d'une somme ne commet pas de faute en s'en dessaisissant en exécution d'une ordonnance sur requête enjoignant sa déconsignation. • Civ. 1re, 1er févr. 2005, n° 03-10.018 P : *D. 2005. IR 596 ; JCP N 2005. 1421, note Chataignier.*

6. Détournement de prix séquestré. Il n'y a pas lieu à résolution de la vente d'un fonds de commerce pour défaut de paiement du prix lorsque ce prix a été détourné par un séquestre que le vendeur avait choisi et qui s'est comporté en mandataire infidèle. • Com. 11 janv. 1971, n° 69-12.440 P.

7. Séquestre non libératoire. Appréciation souveraine par les juges du fond de la constitution entre les parties d'un séquestre conventionnel, dépourvu d'effet libératoire. • Civ. 1re, 7 mars 1989, n° 87-17.847 P. ♦ V. aussi • Versailles, 19 nov. 1998 : *BICC 1er août 1999, n° 984* (une somme litigieuse consignée volontairement par un débiteur demeure juridiquement dans son patrimoine). ♦ Comp. note 3 ss. art. 1961, pour le séquestre judiciaire.

Art. 1957 **Le séquestre peut n'être pas gratuit.**

Droit de rétention du séquestre : V. note 9 ss. art. 1948.

Art. 1958 **Lorsqu'il est gratuit, il est soumis aux règles du dépôt proprement dit, sauf les différences ci-après énoncées.**

Art. 1959 **Le séquestre peut avoir pour objet, non seulement des effets mobiliers, mais même des immeubles.**

Art. 1960 **Le dépositaire chargé du séquestre ne peut être déchargé avant la contestation terminée, *que du consentement de toutes les parties intéressées, ou pour une* cause jugée légitime.**

1. Sort d'une condition suspensive. Le séquestre d'une indemnité d'immobilisation ne peut en restituer le montant au bénéficiaire de la promesse de vente que lorsqu'il est établi que la condition suspensive ne s'est pas accomplie. • Civ. 1re, 13 nov. 1997, n° 95-18.276 P. ♦ Mais en cas de défaillance de cette condition, le séquestre, qui s'est obligé envers les deux déposants à rendre la somme versée à qui de droit, ne peut s'opposer à la demande du bénéficiaire en prétendant que celle-ci aurait dû être faite auprès du vendeur. • Civ. 1re, 31 janv. 1995 : *CCC 1995, n° 68, note Leveneur.*

2. Prix de vente d'un fonds. Le séquestre conventionnel du prix de vente d'un fonds de commerce peut saisir le président du tribunal de commerce pour que ce magistrat désigne, par application de l'art. 1128-1 C. pr. civ., une personne chargée de la distribution. • T. com. Chambéry, 20 sept. 1996 : *Defrénois 1997. 237, obs. Sénéchal.*

3. Séquestre en redressement judiciaire. Les parties qui ont constitué une banque séquestre conventionnel ne peuvent, en cas de mise en redressement judiciaire de celle-ci, recouvrer la somme remise ou la transférer à un autre établissement qu'aux mêmes conditions que celles s'imposant aux autres déposants (nécessité d'une déclaration de créance). • Com. 4 mars 1997, n° 94-13.170 P : *CCC 1997, n° 110, note Leveneur.* ♦ Rappr. • Com. 28 avr. 2004, n° 01-12.079 P : *JCP 2004. I. 188, n° 18, obs. Delebecque.*

4. Notion de parties intéressées. Au sens de l'art. 1960, les parties intéressées incluent non seulement celles qui ont demandé ou établi le séquestre mais encore les personnes qui ont un intérêt sur la chose séquestrée. • Civ. 1re, 20 janv. 2021, n° 19-18.567 P : *D. 2021. 236 ; RTD civ. 2021. 438, obs. Gautier ; CCC 2021, n° 54, note Leveneur.* ♦ Déjà : • Paris, 10 mars 1999 : *D. 1999. IR 112.*

SECTION 3 Du séquestre ou dépôt judiciaire

Art. 1961 La justice peut ordonner le séquestre :

1° Des meubles saisis sur un débiteur ;

2° D'un immeuble ou d'une chose mobilière dont la propriété ou la possession est litigieuse entre deux ou plusieurs personnes ;

3° Des choses qu'un débiteur offre pour sa libération.

1. Conditions de recours au séquestre judiciaire. Les tribunaux et, en cas d'urgence, les juges des référés sont investis d'un pouvoir souverain d'appréciation à l'effet d'ordonner la nomination d'un administrateur-séquestre lorsqu'ils estiment que cette mesure est indispensable et urgente. Est donc justifiée la décision des juges du fond énonçant que l'énumération des cas de désignation de séquestre judiciaire donnée par l'art. 1961 n'est pas limitative et qu'il y a lieu de prendre une telle décision lorsqu'à l'occasion d'un bail à colonat partiaire l'une des parties empêche une saine gestion du fonds, rompant la bonne harmonie nécessaire à l'exécution du contrat de métayage basé sur la confiance réciproque. • Soc. 15 mars 1956 : *Bull. civ. IV, n° 256.*

2. Une mesure de séquestre ne se justifie que s'il existe un litige sérieux. La contestation sérieuse n'est donc pas un obstacle à la décision de référé à ce sujet, mais en est la condition. • Civ. 2e, 14 févr. 1973 : *Bull. civ. II, n° 52.* ♦ Cependant, le juge des référés, qui est tenu d'ordonner la mainlevée de l'opposition faite au paiement d'un chèque pour d'autres causes que celles prévues au 2e al. de l'art. 32 (C. mon. fin., art. L. 131-35) du Décr. du 30 oct. 1935, n'a pas le pouvoir, eu égard aux dispositions de ce texte, de prescrire la mise sous séquestre de la somme représentant le montant du chèque. • Com. 13 nov. 1990, n° 88-13.291 P.

3. Effet libératoire de la remise au séquestre. Il résulte de l'art. 1961, 3°, que le débiteur est libéré lorsqu'il remet au séquestre désigné par justice les choses qu'il a offertes pour sa libération. • Civ. 1re, 17 févr. 1998, n° 95-19.305 P : *CCC 1998, n° 58, obs. Leveneur ; RTD civ. 1998. 700, obs. Gautier* (cassation de l'arrêt qui condamne le débiteur à payer des intérêts jusqu'au versement des fonds au créancier). ♦ La banque qui n'a retenu une somme litigieuse qu'en qualité de séquestre judiciaire, à la suite d'une instance engagée par sa cliente et au profit de celle-ci, n'est pas tenue aux intérêts à compter de la mise sous séquestre. • Com. 29 avr. 1997, n° 95-12.759 P. ♦ Comp. • Civ. 3e, 6 janv. 1999, n° 96-19.460 P : *RTD civ. 1999. 414, obs. Gautier* (le séquestre n'équivaut pas à un paiement). – V. aussi note 7 ss. art. 1956, pour le séquestre conventionnel.

4. Les intérêts au taux légal sur une indemnité d'éviction ne courent pas durant le laps de temps où cette indemnité reste légitimement entre les mains du séquestre. • Civ. 3e, 4 juill. 2001, n° 97-20.663 P.

5. Mainlevée. C'est en vertu de leur pouvoir souverain que les juges du fond décident du maintien ou de la mainlevée du séquestre de tout ou partie des biens dépendant d'une succession litigieuse. • Civ. 1re, 31 mars 1971, n° 70-11.134 P • 14 sept. 2015, n° 14-15.132 P. ♦ Même en cas de demande de levée partielle, le juge a, au terme de l'instance, le pouvoir d'ordonner la levée totale d'un séquestre, justifiée par l'achèvement de la procédure. • Civ. 1re, 20 mai 2009 : *cité note 8 ss. art. 1477.*

6. Lorsque les titres et deniers détenus par un séquestre pour le compte d'un héritier ne présentent plus aucun caractère litigieux en raison de décisions de justice déjà intervenues, le juge des référés peut, sans porter préjudice au principal, décider que la mesure provisoire de séquestre n'est plus justifiée. • Civ. 1re, 11 juin 1960 : *Bull. civ. I, n° 322.*

Art. 1962 L'établissement d'un gardien judiciaire produit, entre le saisissant et le gardien, des obligations réciproques. Le gardien doit apporter, pour la conservation des effets saisis, les soins *(L. n° 2014-873 du 4 août 2014, art. 26)* « raisonnables ».

Il doit les représenter, soit à la décharge du saisissant pour la vente, soit à la partie contre laquelle les exécutions ont été faites, en cas de mainlevée de la saisie.

L'obligation du saisissant consiste à payer au gardien le salaire fixé par la loi.

1. Obligations du gardien. Le gardien judiciaire de biens saisis est tenu, en cas de mainlevée, de les restituer à la partie contre laquelle les exécutions ont été faites et peut, à défaut, se dégager de sa responsabilité par la seule preuve de son absence de faute. • Civ. 2e, 2 juill. 1997, nº 95-20.154 P : *D. 1998. Somm. 197, obs. Delebecque ; Gaz. Pal. 1999. 1. Somm. 127, obs. Véron ; RCA 1997, nº 346.* ♦ Comp. la responsabilité délictuelle pesant sur la personne instituée gardien des scellés dans le cadre d'une instruction, à défaut de lien contractuel avec le propriétaire des biens concernés : • Civ. 1re, 5 nov. 1996, nº 94-18.280 P.

2. Il appartient au gardien d'un vin saisi, dont il a été constaté qu'il a été « piqué », d'établir qu'au moment de son acquisition le vin n'était pas loyal et marchand. • Civ. 1re, 15 mai 2008, nº 07-11.250 P.

3. Taxation. Un séquestre judiciaire a, à titre occasionnel, la qualité d'auxiliaire de justice au sens de l'art. 719 C. pr. civ. et les règles relatives à la taxe posées par le même code doivent lui être appliquées. Aucun texte n'interdit au juge taxateur d'allouer une provision à un séquestre. • Civ. 2e, 3 févr. 1983 : *Bull. civ. II, nº 32.*

Art. 1963 **Le séquestre judiciaire est donné, soit à une personne dont les parties intéressées sont convenues entre elles, soit à une personne nommée d'office par le juge.**

Dans l'un et l'autre cas, celui auquel la chose a été confiée est soumis à toutes les obligations qu'emporte le séquestre conventionnel.

1. Il n'est pas nécessaire pour la désignation d'un séquestre que celui-ci soit partie à la procédure. • Com. 29 janv. 1974 : *JCP 1974. II. 17815, note Bernard.*

2. Il n'entre pas dans la mission d'un administrateur séquestre d'une succession, investi des seuls pouvoirs d'administration d'un héritier bénéficiaire, de s'immiscer dans une action accessoire à une action en nullité du mariage et tendant à la revendication d'une somme détenue par le conjoint survivant. • Civ. 1re, 11 mars 1980, nº 78-13.927 P.

3. Pour donner à un séquestre désigné pour conserver des actions le droit de voter aux assemblées de la société, les juges du fond doivent rechercher si cette mesure est commandée par la nécessité de préserver d'un péril imminent le bon fonctionnement ou les intérêts de la société. • Com. 15 févr. 1983, nº 80-11.968 P : *R., p. 68.*

4. L'obligation de notifier au locataire d'un local à usage commercial le versement de l'indemnité d'éviction entre les mains du séquestre incombant au bailleur, dont le séquestre n'est pas le mandataire, ce dernier n'a pas commis de faute en ne procédant pas à cette notification. • Civ. 3e, 18 janv. 1989, nº 87-12.468 P.

5. Responsabilité. Lorsque les demandes tendant à l'indemnisation de préjudices, résultant de l'inexécution, par le notaire, de la mission de séquestre qui lui a été confiée par le tribunal, sont formulées par un demandeur qui ne lui est lié par aucun contrat, l'action litigieuse est une action en responsabilité extracontractuelle soumise à la prescription décennale de l'anc. art. 2270-1. • Civ. 1re, 14 févr. 2018, nº 16-20.278 P : *RDC 2018. 349, obs. Pellet.*

TITRE XII DES CONTRATS ALÉATOIRES

BIBL. GÉN. ▶ GRUA, *RTD civ. 1983. 263.* – Dossier, *RCA 2014. Études 2 s.* (aléa et contrat d'assurance).

Art. 1964 *(Abrogé par Ord. nº 2016-131 du 10 févr. 2016, art. 5-8º, à compter du 1er oct. 2016)* ***Le contrat aléatoire est une convention réciproque dont les effets, quant aux avantages et aux pertes, soit pour toutes les parties, soit pour l'une ou plusieurs d'entre elles, dépendent d'un événement incertain.***

Tels sont :

Le contrat d'assurance,

Al. 4 abrogé par L. nº 2009-526 du 12 mai 2009, art. 10,

Le jeu et le pari,

Le contrat de rente viagère.

Sur l'entrée en vigueur des dispositions issues de l'Ord. nº 2016-131 du 10 févr. 2016, V. cette Ord., art. 9, ss. art. 1386-1.

Sur le contrat aléatoire, V. art. 1108.

1. Le contrat d'assurance, par nature aléatoire, ne peut porter sur un risque que l'assuré sait déjà réalisé. • Civ. 1re, 4 nov. 2003, nº 01-14.942 P : *Gaz. Pal. 2004. 1158, note Périer ; RGDA 2004. 338, note Kullmann* • Civ. 2e, 6 mai 2021, nº 19-25.395 P : *RGDA 2021/6. 7, note Pimbert* (assurance-crédit). ♦ Nullité du contrat d'assurance pour absence d'aléa : V. notes 6 et 9 ss. art. 1163.

La violation délibérée d'une règle d'urbanisme dont l'assuré a une parfaite connaissance, à l'origine d'un dommage, ne suffit pas à faire perdre tout caractère incertain à la survenance du dommage devenu inéluctable, faute de constater la volonté de créer le dommage tel qu'il est survenu. • Civ. 3e, 11 juill. 2012 : *D. 2012. Chron. C. cass. 2540, obs. Georget ; RDC 2013. 123, obs. Klein.*

Inversement : la persistance du propriétaire d'une grange dans sa décision de ne pas entretenir la couverture de son immeuble, malgré plusieurs courriers de mise en garde, manifeste son choix délibéré d'attendre l'effondrement de celle-ci ; un tel choix, qui a pour effet de rendre inéluctable la réalisation du dommage et de faire disparaître l'aléa attaché à la couverture du risque, constitue une faute dolosive excluant la garantie de l'assureur. • Civ. 2e, 25 oct. 2018, nº 16-23.103 P : *D. 2018. 2135 ; AJ contrat 2018. 530, obs. Néraudeau et Guillot ; RDC 1/2019. 42, note Pellet.*

2. Le contrat d'assurance dont les effets dépendent de la durée de la vie humaine comporte un aléa au sens des art. 1964 C. civ., L. 310-1, 1º, et R. 321-1, 20, C. assur. et constitue un contrat d'assurance sur la vie. • Cass., ch. mixte, 23 nov. 2004 : *cité note 29 ss. art. 843 (4 arrêts).*

3. L'appréciation de l'aléa, dans le contrat d'assurance, relève du pouvoir souverain des juges du fond. • Civ. 1re, 20 juin 2000, nº 97-22.681 P : *R., p. 402 ; D. 2000. IR 195 ; JCP 2001. I. 303, nos 6 s., obs. Kullmann ; RCA 2000. Chron. 24, par Groutel.*

4. Refus de qualifier de contrat de jeu, aléatoire, la participation à l'élection de Mister France, qui est un concept d'émission et non une compétition ayant une existence propre, organisée de manière autonome. • Soc. 25 juin 2013, nº 12-13.968 P : *D. 2013. 1692* (prestation des candidats servant à fabriquer un programme audiovisuel à valeur économique).

CHAPITRE I **DU JEU ET DU PARI**

RÉP. CIV. vº *Jeu-Pari*, par F. GUERCHOUN.

BIBL. GÉN. ▸ DA SILVA, *JCP 2011. 1714*. – H. MAYER, *JCP 1984. I. 3141*.

Art. 1965 **La loi n'accorde aucune action pour une dette du jeu ou pour le payement d'un pari.**

1. Validité du chèque de casino. La tenue de jeux de hasard dans les casinos de stations balnéaires, thermales et climatiques est autorisée par la loi et réglementée par les pouvoirs publics et ces établissements sont habilités à recevoir des chèques. La demande de dommages-intérêts et en remboursement du montant d'un chèque sans provision formée par un casino ne peut donc être rejetée au motif que la dette du tireur était une dette de jeu pour laquelle la loi n'accorde aucune action. • Cass., ch. mixte, 14 mars 1980, nº 79-90.154 P : *R., p. 57 ; Gaz. Pal. 1980. 1. 290, concl. Robin.*

2. Joueur interdit de jeu : V. note 146 ss. art. 1241.

3. Avance de fonds en vue du jeu. Application de l'exception de jeu pour la signature, chaque mois pendant une période de deux ans, d'un acte dans lequel le débiteur reconnaissait avoir reçu une somme en espèces pour ses besoins personnels et s'engageait à la rembourser au plus vite, les juges du fond ayant admis la preuve que le prêt a été consenti pour jouer compte tenu des circonstances (énormité de la somme globale prêtée, constituée exclusivement par la remise de sommes en espèces, reconnaissances de dette mensuelles sur une longue période, créancier joueur ne pouvant attester de la provenance des fonds ni prétendre avoir ignoré la destination des sommes litigieuses). • Civ. 1re, 4 nov. 2011 : *D. 2011. 2793.*

4. ... Avance consentie par un casino. Le client d'un casino, dont l'activité est autorisée par la loi et réglementée par les pouvoirs publics, ne peut se prévaloir de l'art. 1965, sauf s'il est établi que la dette se rapporte à des prêts consentis par le casino pour alimenter le jeu. Par suite, l'exception de jeu doit être accueillie, dès lors qu'il est relevé que les sommes réclamées avaient été avancées pour les besoins du jeu et que les documents dénommés chèques signés par le client, sans date ni indication du tiré, ne constituent en fait que de simples titres de créance correspondant à un crédit. • Civ. 1re, 31 janv. 1984 : *D. 1985. 40, note Diener* • 16 mai 2006 : *CCC 2006, nº 182, note Leveneur.* ♦ Dans le même sens : • Civ. 1re, 8 avr. 2021, nº 19-20.644 P : *D. 2021. 741 ; RTD civ. 2021. 638, obs. Barbier ; CCC 2021, nº 112, note Leveneur.* ♦ Si toute « remise » de plaques contre un chèque ne constitue pas une avance et ne caractérise pas une opération de crédit, il peut en être autrement lorsque les circonstances de l'espèce démontrent que cette remise n'a pour but que de couvrir un prêt pour alimenter le jeu. • Civ. 1re, 19 mai 1992 : *D. 1992. 494, note Diener* • 30 juin 1998, nº 96-17.789 P : *D. 1999. Somm. 112, obs. Libchaber.* – V. déjà, dans la même affaire que Civ. 1re, 19 mai 1992 préc., • TGI Pontoise, 29 juin 1988 : *D. 1990. 42, note Diener.* ♦ V. aussi, pour un chèque en blanc rempli par le client à son arrivée au casino, à la demande du personnel : • Civ. 1re, 11 mai 1999, nº 97-17.367 P : *CCC 1999, nº 138, note Leveneur.* ♦ Sur l'appréciation par les juges du fond des circonstances de nature à établir l'ouverture de crédit en vue de la pratique des jeux de hasard, V. • Civ. 1re, 3 juin 1998 : *D. Affaires 1998. 1253, obs. J. F.*

5. … Avance consentie par le Pari mutuel urbain. La fin de non-recevoir prévue par l'art. 1965 ne peut être opposée aux actions en recouvrement exercées par les établissements du Pari mutuel urbain (PMU), dont l'activité est spécialement autorisée par la loi et réglementée par les pouvoirs publics ; il en va, cependant, autrement en cas de méconnaissance, par ces établissements, des dispositions relatives à l'enregistrement des paris et au règlement des enjeux ; ainsi, cassation d'un arrêt ayant condamné un héritier à payer un chèque émis à l'ordre d'un mandataire du PMU, alors que ce mandataire avait contrevenu aux dispositions du règlement du Pari mutuel urbain en matière d'enregistrement des enjeux. • Civ. 1re, 13 mars 2019, n° 18-13.856 P : *D. 2019. 583* ; *RTD civ. 2019. 397, obs. Cayrol* ; *CCC 2019, n° 97, note Leveneur* ; *RDC 2/2019. 40, note Bénabent.*

6. … Preuve de l'avance. Pour rejeter l'action du casino contre le client, les juges du fond ne peuvent s'attacher exclusivement au mode de paiement de la dette (par carte de crédit) sans rechercher dans quelles conditions et à quelles fins elle avait été contractée. • Civ. 1re, 3 déc. 1996, n° 94-21.713 P. ♦ Le paiement de plaques et jetons par « carte bleue » n'a pas pour effet d'instituer une opération de crédit et de donner à cette opération, à lui seul, les caractères d'un prêt ou d'une avance. • Bordeaux, 2 juin 1998 : *BICC 15 janv. 1999, n° 72.* ♦ Pour la distinction entre prêt et accord de commodité, V. • Civ. 1re, 3 mai 1988, n° 79-10.121 P : *RTD civ. 1988. 732, obs. Mestre.*

7. Autres applications. – Cercle de jeu. Le directeur d'un cercle de jeu qui a remis à un joueur non membre du cercle, contre un chèque sans provision, des jetons pour alimenter le jeu, en contravention à la réglementation des cercles de jeu, peut, en raison de cette cause illicite, voir opposer à son action civile en remboursement du chèque l'exception tirée de l'art. 1965. • Crim. 15 nov. 1993 : *D. 1995. 302, note Mouralis* .

8. … Tiercé. L'achat en commun d'un ticket de tiercé au PMU, lequel est autorisé et réglementé par les pouvoirs publics, est une opération qui échappe aux dispositions de l'art. 1965. L'exception de jeu ne peut donc être opposée à la demande de sa part de gain formée par un des parieurs contre l'autre. • Civ. 1re, 4 mai 1976, n° 74-14.960 P : *R. 1976-1977, p. 51* ; *JCP 1977. II. 18540, note de Lestang.*

9. … Concours. Le concours « chefs-d'œuvre en péril », dont l'objet est de distinguer par l'attribution de prix des personnes ayant contribué à sauvegarder un édifice ou un ensemble ayant valeur de témoignage tant au regard de l'art que de l'histoire, ne comportant aucun enjeu et ne faisant naître ni chance de gain pour l'organisateur, ni risque de perte pour aucune des parties, ne constitue pas un contrat aléatoire au sens des art. 1104 anc. et 1964 C. civ. et la fin de non-recevoir édictée par l'art. 1965 est sans application. • TGI Paris, 18 déc. 1974 : *Gaz. Pal. 1975. 1. 258.* ♦ Dans le même sens, pour un concours de slogans publicitaires : • Paris, 13 déc. 1974 : *D. 1975. 234, note Fergani.*

10. … Opération de bourse. La remise de sommes d'argent pour opérations de bourse est licite et l'art. 1965 n'est pas applicable. • Paris, 4 juill. 1967 : *D. 1967. 721.* ♦ Les parties ne peuvent opposer l'exception de jeu lorsque des opérations sur effets ou marchandises ont pris la forme de marchés à terme. • Civ. 19 déc. 1939 : *DH 1940. 37.*

11. Ordre public international. L'exécution en France d'un contrat financier de droit anglais, portant sur le cours d'une matière première et qui n'est pas assimilable à un jeu, n'est pas contraire à l'ordre public international. • Civ. 1re, 16 mars 1999, n° 96-21.794 P : *Defrénois 1999. 1324, obs. Delebecque.*

Art. 1966 Les jeux propres à exercer au fait des armes, les courses à pied ou à cheval, les courses de chariot, le jeu de paume et autres jeux de même nature qui tiennent à l'adresse et à l'exercice du corps, sont exceptés de la disposition précédente.

Néanmoins le tribunal peut rejeter la demande, quand la somme lui paraît excessive.

V. L. 2 juin 1891 modifiée, art. 4, ayant pour objet de réglementer l'autorisation et le fonctionnement des courses de chevaux. — ***C. pén.***

BIBL. ► BUY, *RLDC 2004/7, n° 309.*

Rappr. dans le cadre de l'infraction de participation illicite à la tenue d'une maison de jeux de hasard librement accessible au public (L. du 12 juill. 1983) : le poker Texas Hold'hem, le poker Omaha et le rami-poker sont des jeux dans lesquels la chance prédomine sur l'habileté et les combinaisons de l'intelligence. • Crim. 30 oct. 2013 : *D. 2013. 2581* ; *JCP 2014, n° 201, note Durez.*

Art. 1967 Dans aucun cas, le perdant ne peut répéter ce qu'il a volontairement payé, à moins qu'il n'y ait eu, de la part du gagnant, dol, supercherie ou escroquerie.

CHAPITRE II DU CONTRAT DE RENTE VIAGÈRE

RÉP. CIV. v° *Rentes*, par Y. DAGORNE-LABBE.

BIBL. GÉN. ▶ BERGEL, *RTD civ. 1973. 45* (révision). – CÉLER, *JCP N 1985. I. 45* (viager financier). – DESCHAMPS et LEGRAND, *JCP N 2016, n° 1117* (vente d'immeuble en viager). – DION-LOYE, *RRJ 1995/2. 433* (le pauvre appréhendé par le droit). – KLEIN, *RTD civ. 1979. 13* (aléa). – MOREAU, *ibid. 1977. 399* (majorations). – VIATTE, *Gaz. Pal. 1975. 1. Doctr. 297* (aléa).

SECTION 1 Des conditions requises pour la validité du contrat

BIBL. GÉN. ▶ GAUTIER, *RTD civ. 1997. 159* (révision des rentes indexées : qui prend l'initiative ?). – TARNAUD, *AJDI 2015. 85* (caractère aléatoire du viager). – VILLET, *JCP N 2018, n° 1213* (la vente en viager).

Art. 1968 **La rente viagère peut être constituée à titre onéreux, moyennant une somme d'argent, ou pour une chose mobilière appréciable, ou pour un immeuble.**

1. Conséquences du caractère aléatoire. La L. du 10 janv. 1978 relative à l'information et à la protection des consommateurs dans le domaine de certaines opérations de crédit (C. consom., anc. art. L. 311-1 s.) n'est pas applicable à un contrat constitutif de rente viagère à titre onéreux moyennant une somme d'argent, conforme aux prévisions de l'art. 1968, qui entre dans la catégorie des contrats aléatoires. • Paris, 24 févr. 1983 : *JCP 1984. II. 20282, note Warembourg-Auque.* ♦ Absence d'aléa résultant de la certitude de la mort prochaine du crédirentier : V. note 8 ss. art. 1975 ; absence d'aléa résultant du montant insuffisant de la rente : V. notes ss. art. 1976.

2. Inexécution d'une obligation de soins. En cas de mésentente grave entre les parties rendant impossible l'exécution de l'obligation de soins stipulée avec une rente viagère en contrepartie de la vente d'un immeuble, le juge peut y substituer le paiement d'un complément de la rente. • Civ. 1re, 8 janv. 1980 : *D. 1983. 307, note Carreau ; RTD civ. 1980. 782, obs. Cornu.* – V. aussi • Dijon, 7 déc. 1999 : *BICC 15 sept. 2000, n° 1072.* ♦ En pareil cas, la rente que le juge fixe doit être équivalente à cette obligation, ce qui n'est pas le cas d'une rente calculée en retenant comme capital aliéné le solde du prix de vente dont l'obligation de soins était la contrepartie. • Civ. 1re, 18 juill. 1984, n° 83-12.672 P : *RTD civ. 1985. 410, obs. Rémy.* ♦ Une demande de majoration de la rente viagère résultant de la conversion d'une obligation de soins ne peut être rejetée au motif que cette rente a été définitivement fixée dans un précédent arrêt, sans rechercher si l'aggravation de l'état de santé sur laquelle était fondée la demande n'était pas de nature à justifier une majoration de la somme allouée judiciairement. • Civ. 1re, 17 juill. 1985 : *Bull. civ. I, n° 229.* ♦ Comp., pour un bail à nourriture stipulant une exécution personnelle, • Civ. 1re, 17 déc. 2002, n° 99-20.762 P : *RTD civ. 2003. 291, obs. Mestre et Fages* (jeu de la condition résolutoire). ♦ *Adde*, sur le bail à nourriture, Millet, *JCP 2004. I. 116.*

3. Le bail à nourriture est caractérisé par l'obligation contractée par l'acquéreur de subvenir à la vie et aux besoins de l'auteur de l'aliénation, spécialement, en lui assurant la fourniture et la prise en charge de ses aliments ; ne répond pas à cette définition l'acte de vente ne mettant pas à la charge de l'acquéreur l'obligation d'assumer la subsistance du vendeur, contrat qui peut ainsi être résolu pour vileté du prix. • Civ. 20 févr. 2008, n° 06-19.977 P : *D. 2009. 276, note Saenko ; AJDI 2008. 666, obs. Zalewski ; CCC 2008. comm. n° 150, obs. Leveneur ; RDC 2009. 549, obs. Bénabent.*

Art. 1969 **Elle peut être aussi constituée, à titre purement gratuit, par donation entre vifs ou par testament. Elle doit être alors revêtue des formes requises par la loi.**

Art. 1970 **Dans le cas de l'article précédent, la rente viagère est réductible, si elle excède ce dont il est permis de disposer : elle est nulle, si elle est au profit d'une personne incapable de recevoir.**

BIBL. ▶ FAUQUET, *JCP N 1990. I. 413* (réserve et libéralité au conjoint portant sur une rente viagère).

Art. 1971 ***La rente viagère peut*** **être constituée, soit sur la tête de celui qui en fournit le prix, soit sur la tête d'un tiers, qui n'a aucun droit d'en jouir.**

Art. 1972 **Elle peut être constituée sur une ou plusieurs têtes.**

Art. 1973 **Elle peut être constituée au profit d'un tiers, quoique le prix en soit fourni par une autre personne.**

Dans ce dernier cas, quoiqu'elle ait les caractères d'une libéralité, elle n'est point assujettie aux formes requises pour les donations ; sauf les cas de réduction et de nullité énoncés dans l'article 1970.

(L. nº 63-1092 du 6 nov. 1963) **« Lorsque, constituée par des époux ou l'un d'eux, la rente est stipulée réversible au profit du conjoint survivant, la clause de réversibilité peut avoir les caractères d'une libéralité ou ceux d'un acte à titre onéreux. Dans ce dernier cas, la récompense ou l'indemnité due par le bénéficiaire de la réversion à la communauté ou à la succession du** *(L. nº 2006-728 du 23 juin 2006, art. 29-32º, en vigueur le 1er janv. 2007)* **« prédécédé** *[ancienne rédaction : prémourant]* **» est égale à la valeur de la réversion de la rente. Sauf volonté contraire des époux, la réversion est présumée avoir été consentie à titre gratuit. »**

Les dispositions de la L. nº 63-1092 du 6 nov. 1963 sont applicables aux contrats conclus antérieurement à son entrée en vigueur, sous réserve seulement des décisions judiciaires passées en force de chose jugée (L. préc., art. 3).

BIBL. ▶ LEYRAT, *Defrénois 2022/45. 13* (réversion des rentes viagères entre époux).

1. Révocabilité de la rente. Dans le cas d'une donation faite par un père à sa fille moyennant le versement d'une rente viagère stipulée réversible, après son décès, à sa deuxième épouse, l'irrévocabilité de la donation faite à la fille et l'acceptation expresse, par la seconde épouse, de la stipulation faite à son profit ne peuvent avoir pour effet de porter atteinte à la révocabilité de la stipulation dont cette dernière bénéficie. • Civ. 1re, 25 avr. 1989 : *D. 1989. 445, note Morin ; JCP 1989. II. 21370, note E. S. de La Marnierre ; JCP N 1989. II. 277, note Hérail.*

2. Obligation alimentaire. Ne donne pas de base légale à sa décision la cour d'appel qui, ayant considéré qu'une rente viagère, réversible sur la tête du conjoint survivant, avait contractuellement un caractère alimentaire, en a déduit qu'elle ne pouvait être prise en considération pour un éventuel dépassement de la quotité disponible, sans rechercher si la clause de réversibilité de la rente constituait, de la part du disposant, l'exécution d'une obligation alimentaire permettant d'écarter la présomption de gratuité posée par l'art. 1973, al. 3. • Civ. 1re, 10 mai 1995 : *Defrénois 1996. 785, note Gélot.*

Art. 1974 Tout contrat de rente viagère créé sur la tête d'une personne qui était morte au jour du contrat, ne produit aucun effet.

Art. 1975 Il en est de même du contrat par lequel la rente a été créée sur la tête d'une personne atteinte de la maladie dont elle est décédée dans les vingt jours de la date du contrat.

1. Ordre public. V. note 7.

I. DÉCÈS DU CRÉDIRENTIER DANS LES VINGT JOURS DE L'ACTE

2. Domaine. – Nécessité d'une rente viagère. Jugé que la disposition de l'art. 1975 est exceptionnelle et ne trouve application qu'au cas du contrat de rente viagère, seul visé par le texte, et non de bail à nourriture. • Civ. 28 janv. 1952 : *D. 1952. 321, note Lalou.* ♦ V., pour la discussion de la portée de cet arrêt, Lindon, note *JCP 1971. II. 16884.* ♦ *Mais jugé qu'une convention* ayant mis à la charge d'acheteurs le paiement d'une rente viagère en contrepartie de la cession d'un immeuble, les juges du fond ont pu décider que l'obligation accessoire d'entretenir le vendeur sa vie durant n'était pas de nature à enlever à la convention son caractère de contrat de rente viagère et lui ont fait justement application des dispositions de l'art. 1975. • Civ. 1re, 4 juin 1971 : *JCP 1971. II. 16884, note Lindon.* – Dans le même sens : • Civ. 1re, 7 janv. 1971 : *JCP 1971. II. 16691, note R. L.*

3. C'est par une appréciation souveraine de la commune intention des parties à une vente d'immeuble consentie moyennant un prix déterminé immédiatement converti en une rente viagère que les juges du fond décident que la stipulation d'un prix n'était qu'une clause purement formelle à laquelle aucun des cocontractants n'a attaché le moindre effet, cette stipulation se voyant aussitôt substituée la constitution d'une rente viagère, laquelle a été la cause déterminante du contrat. Les juges ont pu en déduire que l'art. 1975 était applicable. • Civ. 1re, 7 janv. 1971 : *JCP 1971. II. 16691, note R. L.*

4. ... Pluralité de vendeurs. La vente d'un immeuble ayant été consentie moyennant une rente viagère créée sur la tête des deux vendeurs et payable jusqu'au décès du dernier mourant sans réduction lors du décès du premier mourant, le premier décès laissait subsister intacte la dette incombant à l'acquéreur et n'avait aucune influence sur le jeu éventuel de l'art. 1975. C'est seulement en la personne du dernier mourant que doit être recherchée la réalisation des conditions légales. • Civ. 1re, 7 janv. 1971 : *préc. note 3.*

5. Décompte du délai. En cas de vente sous

condition suspensive, la réalisation de la condition oblige à se reporter, pour déterminer la situation respective des parties, au jour où l'engagement conditionnel est intervenu. C'est à cette date qu'en vertu de l'effet rétroactif accordé à l'accomplissement de la condition est reporté le point de départ du délai de vingt jours de l'art. 1975. • Civ. 3e, 3 oct. 1968 : *D. 1969. 81.*

6. Pour le décompte du délai de vingt jours, la date d'une promesse de vente conclue par acte sous seing privé est opposable au légataire universel du vendeur décédé qui, n'étant pas un tiers, ne peut arguer du défaut de date certaine de la promesse. • Civ. 3e, 18 déc. 2002, n° 00-19.371 P : *D. 2003. IR 179 ; Defrénois 2003. 849, obs. Libchaber ; AJ fam. 2003. 70, obs. S. D.-B.*

7. Circonstances indifférentes. La circonstance que la fraction payable comptant du prix et le premier arrérage de la vente aient été payés par le débirentier ne prive pas l'héritier du crédirentier décédé dans les vingt jours de l'acte de se prévaloir de la nullité d'ordre public prévue par l'art. 1975. • Civ. 3e, 10 nov. 1992, n° 90-21.417 P : *JCP N 1993. II. 194, note Leveneur ; Defrénois 1993. 1073, obs. Vermelle.*

II. DÉCÈS DU CRÉDIRENTIER PLUS DE VINGT JOURS APRÈS L'ACTE

8. Nullité éventuelle de l'acte. L'art. 1975 n'interdit pas de constater, pour des motifs tirés du droit commun des contrats, la nullité d'une vente consentie moyennant le versement d'une rente viagère, même quand le décès du crédirentier survient plus de vingt jours après la conclusion de la vente. • Civ. 3e, 4 nov. 1980, n° 79-11.680 P. ♦ Ainsi, les juges du fond qui, dans l'exercice de leur pouvoir souverain d'appréciation, relèvent que l'acquéreur n'ignorait pas, le jour de la conclusion de la vente, que le décès du vendeur était imminent, ce qui enlevait tout caractère aléatoire au contrat, justifient leur décision d'annuler la vente pour défaut de prix réel et sérieux. • Civ. 1re, 2 mars 1977 : *Bull. civ. I, n° 115.* – V. aussi • Civ. 3e, 6 nov. 1969 : *JCP 1970. II. 16502, note Bénabent* • Civ. 1re, 5 mai 1982, n° 81-11.821 P. ♦ Dans le même sens, pour un décès survenu quinze mois après la vente : • Civ. 3e, 2 févr. 2000, n° 98-10.714 P : *JCP 2000. II. 10289, note Weber.*

9. Conditions requises. – Absence d'aléa. Il n'est pas nécessaire que le crédirentier soit décédé de la maladie dont il était atteint au jour de l'acte ; il suffit que le débirentier ait eu connaissance de la gravité de son état de santé. • Civ. 1re, 16 avr. 1996 : *D. 1996. 584, note Dagorne-Labbe ; CCC 1996, n° 121, note Leveneur ; Defrénois 1996. 1078, obs. Bénabent.* – D. Boulanger, *JCP N 1997. I. 527.* ♦ Mais si les juges du fond ont souverainement apprécié que la preuve était rapportée que les acquéreurs ignoraient l'imminence du décès de la venderesse et décidé que la vente moyennant rente viagère présentait ainsi un caractère aléatoire pour les acquéreurs, ils justifient leur rejet de la demande en nullité de la vente. • Civ. 3e, 22 mars 1977, n° 76-10.045 P.

Une telle nullité est une nullité absolue à laquelle la prescription quinquennale de l'art. 1304 anc. ne s'applique pas. • Civ. 3e, 2 déc. 1992 : *JCP N 1993. II. 194, note Leveneur.*

10. Sur l'absence d'aléa résultant du montant insuffisant de la rente, V. notes ss. art. 1976.

Art. 1976 **La rente viagère peut être constituée au taux qu'il plaît aux parties contractantes de fixer.**

A. CARACTÈRE SÉRIEUX D'UN PRIX DE VENTE STIPULÉ EN RENTE VIAGÈRE

1. Référence aux revenus du bien. Pour apprécier la vileté du prix, les juges du fond énoncent justement qu'il convient de comparer les revenus de la propriété et des intérêts du capital qu'elle représente avec la valeur des prestations fournies (prestations correspondant à un prix en partie payable comptant, le solde étant converti en rente viagère, avec réserve d'un droit d'usage et d'habitation au profit du vendeur). • Civ. 1re, 4 juill. 1995, n° 93-16.913 P. ♦ Sur l'appréciation souveraine des juges du fond qui *retiennent que le montant* de la rente était dérisoire et prononcent la nullité de la vente pour défaut de prix réel et sérieux : • Civ. 3e, 12 juin 1996, n° 94-16.988 P : *JCP 1997. II. 22781, note Dagorne-Labbe* • Civ. 1re, 8 déc. 1998, n° 96-19.645 P : *D. 1999. 521, note Dagorne-Labbe.* ♦ Pour le cas où le revenu net de l'immeuble est très inférieur au montant de la rente viagère, V. • Civ. 3e, 4 oct. 1977, n° 76-12.378 P (refus justifié des juges du fond de prononcer l'annulation de la vente). – V. déjà en ce sens : • Civ. 3e, 7 déc. 1971 : *D. 1972. 275* (revenu sensiblement inférieur au montant de la rente).

2. Fruits pris en compte. Si la vente consentie moyennant paiement d'une rente viagère doit être déclarée nulle en vertu de l'art. 1591 C. civ. lorsque la rente est égale ou inférieure au revenu du bien vendu, on ne doit comprendre dans ce revenu que les fruits et intérêts que procure la propriété dudit bien, à l'exclusion notamment des fruits que l'acquéreur peut en retirer grâce à son travail. • Civ. 1re, 24 oct. 1978 : *Bull. civ. I, n° 319.*

3. Absence d'aléa. – Loyer révisable. Est dépourvue d'aléa une vente d'un immeuble faisant l'objet de baux commerciaux en cours, moyennant une rente viagère, dès lors que les loyers, bien que moins élevés que la rente, étaient en réalité très inférieurs à leur montant normal, puisqu'ils pouvaient faire l'objet d'une révision le jour même de la vente, ce que l'acheteur a d'ailleurs fait dès la vente conclue. • Civ. 1re, 5 mai 1982, n° 81-11.821 P.

4. Réserve de jouissance. Lorsque le vendeur s'est réservé la jouissance du bien vendu, l'appréciation de l'aléa et du caractère sérieux du prix se fait par comparaison entre le montant de la rente et les revenus calculés à partir de la valeur vénale au jour de la vente de l'immeuble grevé. • Civ. 3e, 4 juill. 2007, n° 06-14.122 P : *D. 2007. AJ 2101* ; *Defrénois 2007. 1750, obs. Savaux* ; *Dr. et patr. 5/2008. 91, obs. Aynès et Stoffel-Munck.* ♦ Comp., antérieurement : • Civ. 3e, 16 juill. 1998, n° 96-12.720 P : *D. Affaires 1998. 1775, obs. J. F.* ; *JCP 1999. II. 10036, note Dagorne-Labbe* ; *LPA 8 juin 1999, note Béringuié* (comparaison entre le montant de la rente et l'intérêt que procurerait le capital représenté par la propriété grevée de cette réserve). ♦ C'est dans l'exercice de leur pouvoir souverain d'appréciation de l'existence d'un prix réel et sérieux d'une vente d'immeuble moyennant une rente viagère, sous réserve d'un droit d'habitation partielle du vendeur, que les juges du fond, saisis d'une action en nullité de la vente pour vileté du prix, estiment que la partie de l'immeuble occupée par le vendeur n'est pas productrice de revenu et tiennent compte de la diminution de la valeur d'agrément résultant de la cohabitation forcée des parties pour en déduire que la rente, qui est supérieure à la valeur locative de la partie de l'immeuble dont les acquéreurs ont la jouissance, constitue un prix suffisant pour conférer à la vente un caractère aléatoire. • Civ. 1re, 12 oct. 1977 : *Bull. civ. I, n° 367.*

B. INDEXATION

5. Clauses d'indexation. L'art. 4 de la L. du 13 juill. 1963 (C. mon. fin., art. L. 112-2, al. 3, ss. art. 1243), qui assimile aux dettes d'aliments pour lesquelles l'indexation sur le niveau général des prix est autorisée les rentes viagères « constituées entre particuliers », n'exclut que les rentes stipulées d'une compagnie d'assurances ou d'un organisme analogue. Est valable la vente d'un fonds de commerce conclue entre deux commerçants, dont le prix a été converti en une rente viagère indexée sur l'indice mensuel des prix à la consommation des ménages urbains. • Civ. 1re, 17 juin 1980, n° 79-12.702 P.

6. Prescription. L'indexation constitue une composante de la rente, de sorte que le droit à cette indexation ne peut s'éteindre par le jeu de la prescription trentenaire qu'avec le droit au service de la rente lui-même ; les arrérages de la rente ayant été régulièrement payés, le droit à majoration n'est pas prescrit, dans la limite des cinq ans écoulés. • Civ. 1re, 5 déc. 2006, n° 03-15.414 P : *D. 2007. AJ 231* ; *Defrénois 2007. 293, note Dagorne-Labbe.*

C. RÉVISION JUDICIAIRE (L. 25 MARS 1949)

7. Domaine. La L. du 25 mars 1949 ne faisant aucune distinction selon l'origine des rentes viagères, est soumise à ses dispositions la somme mensuelle allouée en justice sans limitation de durée à deux époux contre renonciation à leur droit d'usufruit sur des biens ayant fait l'objet d'une donation-partage. • Civ. 1re, 15 nov. 1989 : *Bull. civ. I, n° 352* ; *Defrénois 1990. 819, obs. Vermelle.*

8. La renonciation anticipée à une loi impérative, telle que la L. du 30 déc. 1974 modifiant celle du 25 mars 1949 sur la majoration des rentes viagères, n'est pas valable. • Civ. 1re, 3 avr. 1979 : *Bull. civ. I, n° 109.* – Dans le même sens : • Civ. 1re, 16 mai 1977, n° 76-10.758 P : *R. 1976-1977, p. 50* ; *JCP 1979. II. 19156, note Marie.*

9. Éléments d'appréciation judiciaire. Aux termes de l'art. 1976, la rente viagère peut être constituée au taux qu'il plaît aux parties contractantes de fixer et s'il résulte de la L. du 25 mars 1949 que les rentes viagères indexées peuvent faire l'objet d'une majoration judiciaire c'est à la condition que le bouleversement de l'équilibre que les parties avaient voulu maintenir entre les prestations du contrat résulte de l'évolution des circonstances économiques. Les juges du fond ne peuvent donc accorder la majoration en énonçant que la rente avait été sous-estimée au départ, sans rechercher quel était l'équilibre voulu au début par les parties et si cet équilibre a été bouleversé par les circonstances économiques nouvelles. • Civ. 1re, 29 oct. 1984, n° 83-11.282 P.

10. La L. du 25 mars 1949 n'interdit pas de tenir compte, parmi les circonstances nouvelles ayant entraîné une plus-value de l'immeuble aliéné contre rente viagère, des fluctuations de la monnaie. • Civ. 1re, 8 mars 1978, n° 77-10.599 P. ♦ Les juges ne peuvent, pour revaloriser le montant d'une rente viagère représentant le prix de vente d'un fonds de commerce, se borner à prendre en considération la réévaluation du fonds en fonction d'indices généraux ; ils doivent s'assurer que la preuve est rapportée d'une augmentation effective de la valeur du fonds. • Civ. 1re, 18 mars 1986, n° 84-11.846 P. ♦ Il n'y a pas lieu, pour une majoration judiciaire de la rente, de prendre en considération une plus-value ne résultant pas des conditions économiques générales ou locales, mais de circonstances particulières tenant à la gestion de son patrimoine par le débiteur. • Civ. 1re, 24 nov. 1969 : *D. 1970. 302, note Sornay.*

11. Rente et valeur du bien. Aux termes de l'art. 4, al. 1er, de la L. du 25 mars 1949, les rentes viagères indexées ne pourront en aucun cas dépasser en capital la valeur du bien cédé en contrepartie. Les juges du fond qui, pour déterminer cette valeur, refusent de tenir compte de ce que des terrains sont devenus constructibles, au motif que ces terrains n'ont pas été vendus en vue de cet usage et ont toujours été exploités comme terrains agricoles, introduisent dans le texte une distinction qu'il ne comporte pas, en fonction de la nature originaire et de l'usage qui est fait du bien cédé en contrepartie de la rente viagère. • Civ. 1re, 17 janv. 1984, ⚖ nº 82-14.148 P.

12. Date d'appréciation. Pour l'application de l'art. 4, al. 1er, de la L. du 25 mars 1949, la capitalisation de la rente devant être faite au moment de l'échéance, il en résulte que c'est à la fois le montant de la rente et l'âge du crédirentier à cette échéance qui doivent être pris en considération. • Civ. 1re, 25 mai 1981, ⚖ nº 80-12.494 P : *R., p. 50 ; RTD civ. 1982. 160, obs. Rémy.*

13. Mesure d'instruction. Pour l'application de l'art. 4, al. 1er, de la L. du 25 mars 1949, la vente, par le débirentier, du bien aliéné n'interdit pas de recourir à une expertise pour rechercher la valeur actuelle du bien aliéné en contrepartie de la rente. • Civ. 1re, 17 juin 1975 : *Bull. civ. I, nº 196.*

14. Majoration. Selon l'art. 4, al. 3, de la L. du 25 mars 1949, les rentes viagères qui ont pour objet le paiement de sommes d'argent variables suivant une échelle mobile, ne peuvent être inférieures aux rentes d'un montant fixe ayant pris naissance à la même date et majorées de plein droit en application de l'art. 1er de ladite loi. Une demande de majoration ne peut être rejetée au motif que la rente aurait dépassé la valeur en capital au moment de l'échéance du bien cédé en contrepartie, alors que le crédirentier fait valoir que le montant de sa rente est inférieur au minimum fixé par l'art. 4, al. 3, de la L. du 25 mars 1949. • Civ. 1re, 2 juill. 1980 : *JCP 1981. II. 19639, note Marie.*

15. Révision et indexation. Le fait que le montant d'une rente viagère indexée ait été réduit par application des 1er, 2e et 3e al. de l'art. 4 de la L. du 25 mars 1949 n'a pas pour effet de mettre obstacle pour l'avenir au jeu de la clause d'indexation choisie par les parties. • Civ. 1re, 18 mars 1986, ⚖ nº 84-11.846 P.

Loi nº 49-420 du 25 mars 1949,

Révisant certaines rentes viagères constituées entre particuliers.

BIBL. GÉN. ► RIPERT, *D. 1949. Chron. 89.*

Art. 1er *(L. nº 99-1172 du 30 déc. 1999, art. 126-IV)* Sous réserve des dispositions des articles 2 et 4, les rentes viagères ayant pour objet le paiement par des personnes physiques ou morales de sommes fixées en numéraire soit moyennant l'aliénation en pleine propriété ou en nue-propriété d'un ou de plusieurs biens corporels, meubles ou immeubles, ou d'un ou de plusieurs fonds de commerce, en vertu d'un contrat à titre onéreux ou à titre gratuit, soit comme charge d'un legs de ces mêmes biens, sont majorées de plein droit selon les modalités prévues par l'article 2 de la loi nº 51-695 du 24 mai 1951 portant majoration de certaines rentes viagères et pensions. *— V. ce texte. — V. aussi L. nº 99-1172 du 30 déc. 1999, art. 126-V à VII.*

Art. 2 Le débirentier peut obtenir du tribunal, à défaut d'accord amiable, remise totale ou partielle de la majoration à sa charge, s'il apporte la preuve que le bien reçu en contrepartie ou à charge du service de la rente n'a pas acquis entre ses mains, par comparaison avec la valeur de ce bien lors de la constitution de la rente ou lors du décès du testateur, telle que cette valeur résulte du prix ou de l'estimation indiqués dans l'acte ou la déclaration de succession, un coefficient de plus-value résultant des circonstances économiques nouvelles au moins égal au coefficient de majoration prévu par la présente loi. Le taux de la majoration qu'il pourra avoir à supporter devra dans ce cas, et sous réserve de l'application éventuelle des dispositions du troisième alinéa du présent article, être égal à celui de la plus-value en question.

Cette preuve ne pourra se faire que par expertise, conformément aux dispositions de l'article 305 du code de procédure civile *[ancien]. — V. C. pr. civ., art. 264.*

Si le bien dont il s'agit a été aliéné, chacun des débirentiers successifs supportera une quote-part de la majoration proportionnée à la plus-value acquise entre ses mains par le bien en question et dont il aura tiré profit, telle, au surplus, que cette plus-value est définie ci-dessus. Le coefficient en sera déterminé par comparaison entre, d'une part, la valeur du bien au jour où la rente a pris naissance, telle que cette valeur résulte du prix ou de l'estimation indiqués dans l'acte ou la déclaration de succession, d'autre part, le prix ou la valeur déclarée lors de chaque mutation consécutive et, en outre, en ce qui concerne le détenteur actuel de ce bien, d'après sa valeur fixée, à la diligence de ce dernier, soit à l'amiable, soit par expertise ainsi qu'il est prévu ci-dessus. Il n'y aura pas solidarité entre les différents débiteurs de la majoration pour la quote-part incombant à chacun d'eux. Toutefois, aussi longtemps que la part à la charge du débirentier actuel n'aura pas été déterminée conformément aux dispositions qui précèdent, celui-ci sera tenu du service entier de la majoration, sauf à répéter contre les autres débiteurs la part qui leur incombe. Le montant global des majorations annuelles supportées par un ancien débirentier ne pourra en aucun cas dépasser le montant de la plus-value dont il aura tiré profit ; le cas échéant, la perte sera pour le crédirentier.

Si le débirentier est décédé, ses héritiers et représentants sont tenus divisément, sauf stipulation contraire, des mêmes obligations qu'il aurait eues à sa charge s'il avait été vivant, soit que le bien ait été conservé dans l'indivision, soit qu'il ait été aliéné par eux ou par leur auteur, soit enfin qu'il ait été licité ou attribué par partage à l'un des cohéritiers, l'attributaire de ce bien, s'il est chargé du service de la rente, pouvant, le cas échéant, invoquer le bénéfice des dispositions du troisième alinéa du présent article et faire ainsi supporter par la masse tout ou partie de la majoration aux conditions prévues audit alinéa.

Les dispositions de l'alinéa précédent sont applicables en cas de liquidation de communauté et généralement de toute indivision.

Elles ne sauraient toutefois avoir pour effet de mettre à la charge des héritiers ou de la femme commune en biens un passif supérieur à l'actif par eux recueilli dans la succession ou à la dissolution de la communauté.

Si le bien reçu en contrepartie de la rente a été détruit par faits de guerre, le débirentier ne pourra être tenu des majorations prévues par la présente loi que lorsqu'il aura reconstitué le bien détruit par application de la loi du 28 octobre 1946 sur les dommages de guerre. Si ce débirentier vient à céder son droit aux dommages de guerre avant reconstitution, la majoration deviendra immédiatement exigible.

(L. nº 57-775 du 11 juill. 1957) « La majoration sera également exigible immédiatement et de plein droit si le sinistré n'ayant pas entrepris la reconstruction de son immeuble, perçoit l'indemnité d'éviction. Si le débirentier se prévaut des dispositions du premier alinéa du présent article, le montant de l'indemnité d'éviction servira de base à la détermination de la plus-value acquise par le bien entre ses mains. »

Art. 2 *bis* *(L. nº 63-156 du 23 févr. 1963, art. 56)* Le crédirentier peut obtenir du tribunal, à défaut d'accord amiable, une majoration supérieure à la majoration forfaitaire de plein droit prévue à l'article 1er, s'il apporte la preuve que le bien reçu en contrepartie ou à charge du service de la rente a acquis entre les mains du débirentier, par comparaison avec la valeur de ce bien lors de la constitution de la rente ou lors du décès du testateur, telle que cette valeur résulte du prix ou de l'estimation indiqué dans l'acte ou la déclaration de succession, un coefficient de plus-value, résultant des circonstances économiques nouvelles, supérieur au coefficient de la majoration forfaitaire.

Le taux de la majoration judiciaire ne pourra excéder 75 p. 100 du coefficient de la plus-value acquise par le bien. Il pourra être inférieur à ce pourcentage, sans pouvoir toutefois être plus faible que le forfait légal. Pour la fixation du taux de la majoration, le tribunal devra tenir compte des intérêts en présence, et notamment des intérêts sociaux et familiaux.

La demande devra être introduite dans le délai d'un an à compter de la promulgation de la présente loi et ne pourra être renouvelée. — *V. L. nº 99-1172 du 30 déc. 1999, art. 126-VII.*

Les dispositions des alinéas 2 à 6 de l'article 2 sont applicables dans l'hypothèse prévue au présent article.

Art. 3 *(L. nº 52-870 du 22 juill. 1952)* Sous réserve des dispositions de l'article 4, tout titulaire de rente viagère *ayant pour objet le paiement de sommes fixes en numéraire* *(Abrogé par L. nº 99-1172 du 30 déc. 1999, art. 126-V)* *« et constituées avant le 1er janvier 1998 »*, soit moyennant l'aliénation, en pleine propriété ou en nue-propriété, de valeurs mobilières ou de droits incorporels quelconques autres qu'un fonds de commerce, en vertu d'un contrat à titre onéreux ou à titre gratuit, soit comme charge d'un legs de ces mêmes biens, peut obtenir en justice, à défaut d'accord amiable, une majoration de sa rente, s'il apporte la preuve que, par suite des circonstances économiques nouvelles, le bien aliéné en contrepartie ou à charge du service de la rente a acquis une plus-value pouvant être considérée comme définitive. Cette majoration ne pourra, en aucun cas, dépasser les taux d'augmentation déterminés à l'article 1er.

Les dispositions de l'alinéa précédent sont également applicables à la rente viagère, mise à la charge d'un légataire universel ou à titre universel, ainsi qu'à la rente viagère constituée à titre de soulte, soit dans un partage, soit dans un partage d'ascendants. Dans ces cas, les biens légués ou attribués au débirentier sont envisagés dans leur ensemble pour la détermination de la plus-value.

En cas de sous-aliénation du ou des biens, comme en cas de décès du débirentier, ou de liquidation d'une indivision quelconque, les dispositions des troisième, quatrième et sixième alinéas de l'article 2 seront applicables.

Si les parties ne se sont pas entendues à l'amiable dans le délai d'un an à partir de la promulgation de la présente loi et si, avant l'expiration de ce même délai, le juge n'a pas été saisi, le crédirentier ne sera plus fondé à demander la révision de sa rente.

Cette révision, une fois intervenue, sera définitive.

Art. 4 *(L. n° 52-870 du 22 juill. 1952)* « Les rentes viagères *(Abrogé par L. n° 99-1172 du 30 déc. 1999, art. 126-V)* « *qui ont pris naissance avant le 1er janvier 1998 et* » qui ont pour objet le paiement de sommes d'argent variables suivant une échelle mobile ne pourront, en aucun cas, dépasser en capital la valeur au moment de l'échéance du bien ou des biens cédés en contrepartie. » — *V. note ss. le présent art.*

Pour déterminer la valeur de la rente en capital, il sera fait état des barèmes appliqués par la *(L. n° 52-870 du 22 juill. 1952)* « caisse nationale d'assurances sur la vie ».

(L. n° 63-628 du 2 juill. 1963, art. 15) « Les rentes viagères visées au premier alinéa du présent article ne peuvent être inférieures aux rentes d'un montant fixe ayant pris naissance à la même date et majorées de plein droit en application de l'article 1er de la présente loi, si le bien ou le droit reçu par le débirentier en contrepartie ou à charge du service de la rente est l'un de ceux énumérés audit article 1er ou à l'article 4 *bis.* Toutefois, le débirentier peut obtenir en justice, à défaut d'accord amiable, remise totale ou partielle de la majoration pouvant résulter de la disposition qui précède, si sa situation personnelle ne lui permet pas de supporter cette majoration.

« Les mêmes rentes viagères peuvent, à défaut d'accord amiable, faire l'objet d'une majoration judiciaire dans les conditions déterminées à l'article 2 *bis* ou au dernier alinéa de l'article 4 *bis* de la présente loi, si, par suite des circonstances économiques nouvelles, le jeu de l'indice de variation choisi a pour conséquence de bouleverser l'équilibre que les parties avaient entendu maintenir entre les prestations du contrat.

« Les actions prévues aux deux alinéas qui précèdent devront être introduites dans le délai d'un an à compter de la promulgation de la présente loi. » — *V. note ss. le présent art., et L. n° 99-1172 du 30 déc. 1999, art. 126-VII.*

(L. n° 52-870 du 22 juill. 1952 ; L. n° 64-663 du 2 juill. 1964) « La limite prévue aux deux premiers alinéas du présent article ne s'applique pas aux rentes viagères consenties en contrepartie de l'aliénation d'une exploitation agricole et dont le montant a été fixé en fonction de la valeur annuelle du produit du fonds. »

L'art. 4 de la L. n° 49-420 du 25 mars 1949 révisant certaines rentes viagères constituées entre particuliers est ajouté aux articles énumérés au V de l'art. 34 de la loi de finances pour 1986 (n° 85-1403 du 30 déc. 1985), au V de l'art. 54 de la loi de finances pour 1987 (n° 86-1317 du 30 déc. 1986), au V de l'art. 43 de la loi de finances pour 1988 (n° 87-1060 du 30 déc. 1987), au V de l'art. 43 de la loi de finances pour 1989 (n° 88-1149 du 23 déc. 1988) et au V de l'art. 49 de la loi de finances pour 1990 (n° 89-935 du 29 déc. 1989). — Les actions ouvertes par l'art. 4 de la L. n° 49-420 du 25 mars 1949 préc. pour les rentes viagères qui ont pris naissance entre le 1er janv. 1984 et le 1er janv. 1990 pourront être intentées jusqu'au 31 déc. 1992 (L. n° 90-1169 du 29 déc. 1990, art. 65).

Art. 4 *bis* *(L. n° 52-870 du 22 juill. 1952)* Sont majorées de plein droit, à compter du 1er janvier 1951, et selon les taux fixés à l'article 1er, les rentes viagères ayant pour objet le paiement de sommes fixes en numéraire *(Abrogé par L. n° 99-1172 du 30 déc. 1999, art. 126-V)* « *et constituées avant le 1er janvier 1998* », moyennant l'abandon ou la privation d'un droit d'usufruit par voie de cession, renonciation, conversion ou de toute autre manière.

Le débiteur de la rente pourra obtenir du tribunal une remise totale ou partielle de la majoration mise à sa charge, s'il prouve que les biens dont l'usufruit a été aliéné ou converti moyennant une rente viagère, ne lui procurent pas, par rapport à la date de la constitution de la rente, un accroissement de revenus résultant des circonstances économiques dont le coefficient soit au moins égal à celui de la majoration prévue à l'alinéa premier.

Dans les cas prévus à l'alinéa précédent, le taux de la majoration devra être égal à celui de l'augmentation des revenus qui sont procurés au débirentier par les biens dont l'usufruit a été aliéné ou converti en rente viagère.

Dans les cas d'aliénation du bien, il sera tenu compte des revenus procurés par celui-ci au jour de l'aliénation.

De même, le crédirentier pourra obtenir une majoration supérieure s'il prouve que le coefficient de ces augmentations de revenus dépasse celui des majorations fixées ci-dessus. La demande devra être introduite dans le délai d'un an à compter de la promulgation de la présente loi et ne pourra être renouvelée. Cette majoration ne pourra dépasser 75 p. 100 de l'augmentation des revenus dont il s'agit.

Art. 4 *ter* *(L. nº 52-870 du 22 juill. 1952)* Tout titulaire de rente viagère ayant pour objet le paiement de sommes fixes en numéraire par des personnes physiques ou morales autres que les compagnies d'assurances-vie opérant en France, la Caisse nationale d'assurances sur la vie ou les caisses autonomes mutualistes, *(Abrogé par L. nº 99-1172 du 30 déc. 1999, art. 126-V) « et constituées avant le 1er janvier 1998 »,* soit moyennant l'aliénation d'un capital en numéraire, soit comme charge de la donation ou du legs d'une somme d'argent, a droit à une majoration calculée selon les taux fixés à l'article 1er. Le même droit appartient au titulaire d'une rente viagère attribuée à l'un des époux en règlement de la créance résultant de la liquidation, soit de ses reprises, soit de ses droits dans la communauté.

Toutefois, le débirentier peut obtenir en justice, à défaut d'accord amiable, remise totale ou partielle de la majoration à sa charge si sa situation personnelle ne lui permet pas de supporter cette majoration.

Si les parties ne se sont pas entendues à l'amiable dans le délai d'un an à partir de la promulgation de la présente loi et si, avant l'expiration de ce même délai, le juge n'a pas été saisi, le crédirentier ne sera plus fondé à demander la révision de sa rente. La révision, une fois intervenue, sera définitive.

(L. nº 57-775 du 11 juill. 1957) « Les caisses de retraite bénéficiaires de rentes viagères dues par leurs membres en contrepartie d'une remise de sommes sont exclues de l'application de ce texte. »

Art. 5 *Abrogé par Décr. nº 85-422 du 10 avr. 1985, art. 1er. — V. les art. 9 et 12 de ce décret.*

Art. 6 Les demandes en revision ne suspendront pas l'augmentation forfaitaire au profit des crédirentiers. En cas de diminution consacrée par décision de justice ou accord définitif, le trop-perçu sera réparti, par fractions égales, sur chacune des échéances, au cours des douze mois suivant la décision ou l'accord.

Les demandes, qui ne pourront être faites qu'une fois, devront, à peine de forclusion, être formées dans le délai d'un an à compter de la promulgation de la présente loi.

Art. 7 *Al. 1er abrogé par L. nº 63-254 du 15 mars 1963, art. 56.*

Les inscriptions d'hypothèque ou de nantissement qui seront prises pour assurer le payement des majorations prendront rang à leur date. Elles ne pourront garantir, le cas échéant, un capital supérieur à celui qui serait nécessaire pour assurer le service de la majoration ou fraction de majoration incombant, en exécution des dispositions de la présente loi, au détenteur actuel du bien affecté à la garantie de la rente.

Si le débirentier est décédé, ses héritiers tenus du service des majorations dont il s'agit, pourront, dans les six mois du jour où ces majorations seront fixées d'une manière définitive, déposer une déclaration de succession rectificative en vue de la déduction du passif nouveau et de la restitution partielle des droits.

Art. 8 *(L. nº 52-870 du 22 juill. 1952)* La présente loi est applicable *à l'Algérie*. En ce qui concerne les territoires d'outre-mer, des décrets, pris dans les six mois de la date de promulgation de la loi, en détermineront les conditions particulières d'application.

Loi nº 49-1098 du 2 août 1949,

Portant révision de certaines rentes viagères constituées par les compagnies d'assurances, par la Caisse nationale des retraites pour la vieillesse ou par des particuliers moyennant l'aliénation de capitaux en espèces.

TITRE I. RENTES CONSTITUÉES AUPRÈS DES COMPAGNIES D'ASSURANCES

Pour les taux de majoration applicables aux rentes viagères visées par le présent titre, V. L. nº 94-1162 du 29 déc. 1994, art. 81-I (JO 30 déc.). — ***C. civ.****, éd. 1995-1996. — V. aussi, le § VI de l'art. 45 de la L. nº 78-1239 du 29 déc. 1978.*

Art. 1er *(L. nº 53-300 du 9 avr. 1953)* « Les rentes viagères individuelles ou collectives constituées au bénéfice du souscripteur du contrat ou au bénéfice d'autrui avant le 1er janvier 1949, par des compagnies d'assurances vie opérant en France, moyennant le versement à leur profit de capitaux en espèces, sont majorées de plein droit dans les conditions fixées aux articles 2 et 3. »

Sont toutefois exclues les rentes viagères constituées en vue d'assurer la réparation du préjudice résultant d'un délit ou d'un quasi-délit.

....

TITRE IV. DISPOSITIONS GÉNÉRALES

Art. 9 Le contrat souscrit par un débirentier auprès d'une compagnie d'assurances ou de la caisse nationale des retraites pour la vieillesse, afin d'assurer le service d'une rente viagère mise à sa charge par contrat ou testament, n'emporte pas novation.

Les majorations applicables aux rentes dont il s'agit sont régies par les dispositions de la loi du 25 mars 1949 en ce qui concerne tant le débiteur des majorations que leur montant si la rente a été constituée en contrepartie ou comme charge de l'aliénation, du don ou du legs des biens visés par cette loi.

Ces majorations sont régies par l'article 8 de la présente loi si la rente a été constituée en contrepartie ou comme charge de l'abandon d'un capital en espèces.

Néanmoins, le débirentier ne sera tenu de les supporter que dans la mesure où elles excéderont les majorations pouvant éventuellement profiter au crédirentier conformément à la loi du 5 mai 1948 et à la présente loi.

Art. 10 *Abrogé par Décr. n° 85-422 du 10 avr. 1985, art. 1er.*

Loi n° 51-695 du 24 mai 1951,

Portant majoration de certaines rentes viagères et pensions.

Art. 1er Les rentes viagères et pensions allouées, soit amiablement, soit judiciairement, en réparation d'un préjudice, sont, à partir du 1er janvier 1951, majorées de plein droit dans les conditions fixées à l'article 2.

Toutefois, les dispositions qui précèdent ne sont pas applicables aux rentes viagères et aux pensions sujettes à révision, soit par application d'une stipulation contractuelle, soit en vertu des règles du droit commun.

Art. 2 *(L. n° 99-1172 du 30 déc. 1999, art. 126-I)* Les taux de majoration applicables aux rentes viagères mentionnées à l'article 1er de la présente loi sont révisés chaque année au mois de décembre, par arrêté du ministre chargé du budget publié au *Journal officiel,* par application du taux prévisionnel d'évolution en moyenne annuelle des prix à la consommation de tous les ménages, hors les prix du tabac, de l'année civile en cours, tel qu'il figure dans le rapport économique et financier annexé au dernier projet de loi de finances. Les taux de majoration ainsi révisés s'appliquent aux rentes qui ont pris naissance avant le 1er janvier de l'année en cours et qui sont servies au cours de l'année suivante. – *V. L. n° 99-1172 du 30 déc. 1999, art. 126-II.*

Pour les rentes constituées à compter du 1er janv. 1979, V. L. n° 78-1239 du 29 déc. 1978, art. 45-VI (plafond de ressources).

....

Art. 4 Les pensions servies en vertu de lois spéciales aux victimes d'accidents du travail continuent à être régies par les dispositions desdites lois.

Art. 5 Le contrat souscrit par le débiteur de la pension ou de la rente prévue à l'article 1er auprès d'une compagnie d'assurances ou de la Caisse nationale d'assurances sur la vie afin d'assurer le service de cette pension ou de cette rente, n'emporte pas novation.

Les majorations applicables sont régies par les dispositions des articles 1er et 2 de la présente loi.

Néanmoins, le débiteur n'est tenu de les supporter que dans la mesure où elles excèdent les majorations pouvant éventuellement profiter au créancier conformément à la législation *sur la révision des rentes viagères.*

Art. 6 *Abrogé par L. n° 52-870 du 22 juill. 1952.*

Art. 7 Les contestations relatives à l'application des articles 1er et 2 de la présente loi seront jugées conformément aux dispositions de l'article 10 de la loi du 2 août 1949 *[abrogé].*

....

Art. 9 Dans tous les cas où la rente sera susceptible de révision par application des dispositions législatives antérieures, le capital au moyen duquel le débirentier s'est réservé de mettre fin au service de la rente sera majoré dans les mêmes proportions.

En aucun cas, le débirentier ne pourra être tenu de rembourser un capital supérieur à la valeur de la rente en capital au jour du rachat auquel on appliquera le taux de majoration de la rente. Pour déterminer la valeur de la rente en capital, il sera fait état des barèmes appliqués par la Caisse nationale d'assurances sur la vie.

Loi n° 53-300 du 9 avril 1953,

Portant relèvement des taux de majoration de certaines rentes viagères et extension du régime des majorations (D. 1953. 123 ; BLD 1953. 258).

…………………………………………………………………………………………

Art. 2 Sont abrogées les dispositions excluant du bénéfice de la législation sur les majorations des rentes viagères, les rentiers viagers de la caisse nationale d'assurances sur la vie, des caisses autonomes mutualistes, des compagnies d'assurance vie, lorsque les intéressés sont assujettis à la surtaxe progressive, n'ont pas atteint l'âge de cinquante-cinq ans ou n'ont pas la nationalité française.

Toutefois, sont exclues du bénéfice des majorations instituées par la présente loi, les rentes viagères servies en vertu de contrats non régis par la législation française ou libellés ou stipulés payables en monnaies étrangères, exception faite de la fraction de ces rentes qui aurait été convertie en francs français par application de la loi validée du 17 avril 1942.

…………………………………………………………………………………………

Loi n° 74-1118 du 27 décembre 1974,

Relative à la revalorisation de certaines rentes allouées en réparation du préjudice causé par un véhicule terrestre à moteur (D. et BLD 1975. 25).

Art. 1er *(L. n° 85-677 du 5 juill. 1985)* Sont majorées de plein droit, selon *(L. n° 2015-1702 du 21 déc. 2015, art. 89-IV)* « le coefficient de revalorisation prévu » à l'article *(L. n° 2012-1510 du 29 déc. 2012, art. 78)* « L. 434-17 » du code de la sécurité sociale, les rentes allouées soit conventionnellement, soit judiciairement, en réparation du préjudice causé, du fait d'un accident de la circulation, à la victime ou, en cas de décès, aux personnes qui étaient à sa charge. — *Entrée en vigueur le 1er janv. 1986.*

Sur la possibilité de demander au juge la conversion en capital des arrérages à échoir, V. L. n° 85-677 du 5 juill. 1985, art. 44, ss. art. 1242.

Art. 2 Les majorations prévues à l'article précédent sont à la charge du débiteur de la rente ou de l'organisme qui lui est substitué.

…………………………………………………………………………………………

Art. 4 Les dispositions de la présente loi prennent effet à compter du 1er janvier 1975.

Elles se substituent, pour les rentes prévues à l'article 1er, aux dispositions de la loi n° 51-695 du 24 mai 1951. Pour ces rentes, toute autre indexation, amiable ou judiciaire, est prohibée.

Elles sont aussi applicables aux rentes en cours au 1er janvier 1975, qui ne seront plus majorées, à compter de la même date, conformément aux dispositions de la loi n° 51-695 du 24 mai 1951, lorsqu'elles relevaient de ladite loi.

Loi de finances pour 1977 n° 76-1232 du 29 décembre 1976,

Art. 22 VII. — Dans le cas de rentes différées constituées auprès de sociétés d'assurance sur la vie, de la caisse nationale de prévoyance ou de caisses autonomes mutualistes, les taux de majoration fixés pour chaque période par le I du présent article s'appliquent aux fractions de rentes découlant des primes payées au cours de ces périodes.

Pour les contrats de rentes individuels souscrits à compter du 1er janvier 1977 et pour les adhésions à des régimes de prévoyance collective ou à des contrats de rentes collectifs effectuées à compter du 1er janvier 1977, la rente, si elle est constituée avec possibilité de rachat ou option en capital, sera considérée comme ayant pris naissance à la date de sa mise en service.

Sont abrogées toutes dispositions contraires, notamment l'article 3 de la loi n° 49-1098 du 2 août 1949.

Loi de finances pour 1979 n° 78-1239 du 29 décembre 1978

Art. 45 VI. — Les taux de majoration fixés au paragraphe I ci-dessus sont applicables aux rentes viagères mentionnées à l'article 1er de la loi n° 51-695 du 24 mai 1951. Ils sont également applicables aux rentes viagères mentionnées... par les titres I et II de la loi n° 49-1098 du 2 août 1949... Toutefois, l'attribution des majorations éventuelles afférentes aux rentes constituées à compter du 1er janvier 1979, à l'exception de celles visées par la loi n° 48-957 du 9 juin 1948, sera soumise à la condition que les ressources du rentier et, le cas échéant, de son conjoint et de ses enfants à charge ne dépassent pas globalement un chiffre limite fixé par décret. L'évolution de ce plafond sera liée à celle du minimum garanti institué par la loi n° 70-7 du 2 janvier 1970. — *V. Décr. n° 80-624 du 31 juill. 1980 (D. et BLD 1980. 335) ajoutant les art. 31-1 à 31-10 au Décr. n° 70-104 du 30 janv. 1970. — V. Arr. du 12 déc. 2017 fixant le plafond de ressources de l'année 2016 applicable en 2018 (JO 31 déc.).*

Loi de finances pour 2000 n° 99-1172 du 30 décembre 1999,

Art. 126 I. — L'article 2 de la loi n° 51-695 du 24 mai 1951 portant majoration de certaines rentes viagères et pensions est ainsi rédigé : — *V. ce texte.*

II. — Pour les taux applicables aux rentes servies en 2000, l'arrêté mentionné au I du présent article sera publié en janvier 2000.

III. — Les taux de majoration résultant de l'application de l'article 2 de la loi n° 51-695 du 24 mai 1951 précitée sont applicables aux rentes viagères régies par la loi n° 48-957 du 9 juin 1948 portant majoration des rentes viagères constituées au profit des anciens combattants auprès des caisses autonomes mutualistes, ainsi qu'aux rentes constituées par l'intermédiaire des sociétés mutualistes au profit des bénéficiaires de la majoration attribuée en application de l'article L. 321-9 du code de la mutualité *[V. C. mut., art. L. 222-2]*.

IV. — L'article 1er de la loi n° 49-420 du 25 mars 1949 révisant certaines rentes viagères constituées entre particuliers est ainsi rédigé : — *V. ce texte.*

V. — Dans les articles 3, 4 *bis* et 4 *ter* de la loi n° 49-420 du 25 mars 1949 précitée, les mots : "et constituées avant le 1er janvier 1998" sont supprimés. Dans l'article 4 de cette même loi, les mots : "qui ont pris naissance avant le 1er janvier 1998" sont supprimés.

VI. — Les dispositions de la loi n° 49-420 du 25 mars 1949 précitée s'appliquent, pour une année donnée, aux rentes viagères constituées entre particuliers antérieurement au 1er janvier de l'année précédente.

Le capital correspondant à la rente en perpétuel dont le rachat aura été demandé postérieurement au 30 septembre de l'année précédant celle au titre de laquelle intervient la révision des taux de majoration sera calculé, nonobstant toutes clauses ou conventions contraires, en tenant compte de la majoration dont cette rente a bénéficié ou aurait dû bénéficier en vertu des dispositions de l'article 1er de la loi n° 49-420 du 25 mars 1949 précitée.

VII. — Les actions ouvertes par la loi n° 49-420 du 25 mars 1949 précitée, portant sur les taux de majoration applicables au titre d'une année donnée, peuvent être intentées dans un délai de deux ans à compter de la publication de l'arrêté portant relèvement des taux tel que prévu au I du présent article.

Arrêté du 23 décembre 2022,

Portant majoration de certaines rentes viagères 🏛.

SECTION 2 Des effets du contrat entre les parties contractantes

Art. 1977 **Celui au profit duquel la rente viagère a été constituée moyennant un prix, peut demander la résiliation du contrat, si le constituant ne lui donne pas les sûretés stipulées pour son exécution.**

L'art. 1977 ne constituant qu'un cas particulier d'application de la règle générale prévoyant la résolution des contrats synallagmatiques pour défaut d'exécution par l'une des parties de ses obligations, il appartient aux juges du fond, aucune clause de résolution expresse n'étant invoquée, d'apprécier si l'inexécution partielle par les débirentiers de leurs obligations présente un caractère de gravité suffisant pour entraîner la résolution du contrat. Ils peuvent ainsi débouter le crédirentier de sa demande en résolution, en constatant que, malgré la diminution de leur assiette, les sûretés qui subsistent suffisent à garantir le service de la rente. • Civ. 1re, 8 janv. 1980 : *D. 1980. 152.*

Art. 1978 **Le seul défaut de payement des arrérages de la rente n'autorise point celui en faveur de qui elle est constituée, à demander le remboursement du capital, ou à rentrer dans le fonds par lui aliéné : il n'a que le droit de saisir et de faire vendre les biens de son débiteur et de faire ordonner ou consentir, sur le produit de la vente, l'emploi d'une somme suffisante pour le service des arrérages.**

BIBL. ▶ ARLIE, *RTD civ. 1997. 855.*

1. Domaine d'application. La disposition de l'art. 1978, strictement exceptionnelle, ne saurait être étendue en dehors du cas précis qu'elle prévoit. Ainsi, l'acheteur d'une nue-propriété qui devait, en contrepartie, fournir au vendeur le logement et l'entretien de sa personne n'ayant pas rempli ses engagements, le vendeur est en droit de demander la résolution du contrat. • Civ. 1re, 8 févr. 1960 : *D. 1960. 417.* ♦ Dans une vente pour un prix pour partie payable à terme en capital et constitué pour le surplus par une rente viagère, l'art. 1978 n'est pas applicable en cas de défaut de paiement de la partie du prix payable en capital. • Civ. 3e, 28 mai 1986 : *Bull. civ. III, no 84 ; RTD civ. 1987. 363, obs. Rémy.*

2. Clause contraire. – Clause résolutoire. Les clauses résolutoires dérogeant à l'art. 1978 sont valables. • Civ. 24 juin 1913 : *DP 1917. 1. 38* • Civ. 3e, 9 mars 1982 : *Bull. civ. III, no 64* • Civ. 1re, 6 janv. 1987 : *ibid. I, no 6* • Civ. 3e, 10 nov. 1992 : *JCP 1993. II. 22136, note Enama.* ♦ La conversion en une rente viagère d'un bail à nourriture n'entraîne pas novation par changement d'objet de la convention ; elle ne fait que substituer au mode d'exécution prévu au contrat un autre mode d'exécution. Il s'ensuit que les clauses de résolution stipulées aux conventions s'appliquent *dans les mêmes conditions et suivant les* mêmes modalités au non-paiement de la rente viagère qui remplace l'obligation en nature d'entretien et de logement. • Civ. 1re, 21 janv. 1959 : *Bull. civ. I, no 38.*

3. ... Prononçant la résolution du contrat en application de la clause résolutoire, les juges du fond ne peuvent condamner le débirentier à verser le montant des arrérages impayés alors que le vendeur ne pouvait prétendre qu'à des dommages-intérêts. • Civ. 3e, 10 nov. 1992 : *préc.*

4. Droits des héritiers du crédirentier. Droits des héritiers du crédirentier en cas d'inexécution par le débirentier de ses obligations passées : V. • Civ. 1re, 13 déc. 1988 : *JCP 1989. II. 21349, note Béhar-Touchais ; Defrénois 1989. 1414, obs. Vermelle ; RTD civ. 1989. 576, obs. Rémy.* ♦ Si l'action en résolution du contrat de rente viagère, ouverte au crédirentier par une stipulation dérogatoire à l'art. 1978, est transmissible à ses héritiers, c'est à la condition qu'il ait de son vivant accompli les formalités visées par cette clause. • Civ. 1re, 15 juin 1994 : *D. 1995. 152, note Dagorne-Labbe ; Defrénois 1994. 1532, obs. Vermelle.* ♦ Les arrérages échus et non versés au crédirentier à son décès lui sont acquis et ses héritiers peuvent donc en poursuivre le paiement. • Civ. 1re, 18 avr. 2000, no 98-11.950 P : *D. 2000. IR 144 ; Defrénois 2000. 990, note Dagorne-Labbe ; RTD civ. 2000. 598, obs. Gautier.*

5. Pouvoirs du juge. – Résolution du contrat. Retenant que des retards réitérés dans le paiement des arrérages constituent une violation grave et renouvelée des obligations contractuelles, les juges du fond peuvent légalement prononcer la résolution du contrat de rente viagère. • Civ. 3e, 27 nov. 1991 : *D. 1992. 440, note Dagorne-Labbe* • Civ. 1re, 4 janv. 1995 : *D. 1995. 405, note Dagorne-Labbe.* ♦ Les juges du fond qui prononcent la résolution d'une vente consentie pour un prix converti en une rente viagère et en une obligation d'entretien du vendeur, en raison des manquements caractérisés des acquéreurs à leurs obligations, et qui, à titre de réparation, décident que les arrérages versés de la rente resteraient acquis au vendeur, ne font qu'user de leur pouvoir souverain de fixer les modalités et l'étendue de la réparation du préjudice dont ils ont constaté l'existence. • Civ.3e, 11 avr. 1973, no 72-11.353 P. – V. aussi • Civ. 3e, 7 juin 1989 : *JCP 1990. II. 21456, note Dagorne-Labbe ; Defrénois 1990. 360, obs. Aubert ; RTD civ. 1990. 100, obs. Rémy.*

Art. 1979 **Le constituant ne peut se libérer du payement de la rente, en offrant de rembourser le capital, et en renonçant à la répétition des arrérages payés ; il est tenu de servir la rente pendant toute la vie de la personne ou des personnes sur la tête desquelles la rente a été constituée, quelle que soit la durée de la vie de ces personnes, et quelque onéreux qu'ait pu devenir le service de la rente.**

1. Ordre public. Les dispositions de l'art. 1979 ne sont pas d'ordre public et les parties peuvent y déroger par contrat en donnant à l'acquéreur d'un immeuble moyennant rente viagère la possibilité de racheter la rente. • Civ. 1re, 21 mai 1958 : *Bull. civ. I, n° 264.*

2. Date d'appréciation. Lorsque le débirentier veut user de la possibilité de rachat prévue par le contrat, il convient de se placer au moment où est né le litige relatif au calcul de la rente et à l'évaluation du capital représentatif, pour déterminer si les offres faites sont suffisantes au regard des dispositions légales sur la révision des rentes viagères. • Civ. 1re, 2 juill. 1962, n° 60-10.493 P.

3. Aliénation du bien. Au cas d'aliénation par le débirentier des biens constituant la contrepartie de la rente, sans que l'acquéreur se soit engagé à assumer la charge de celle-ci, le débirentier ne peut opposer cette aliénation au crédirentier et reste seul débiteur envers lui de la rente et de ses majorations. • Civ. 1re, 21 juill. 1965, n° 63-11.985 P. – V. aussi • Paris, 6 févr. 1967 : *D. 1967. 402.*

Art. 1980 **La rente viagère n'est acquise au propriétaire que dans la proportion du nombre de jours qu'il a vécu.**

Néanmoins, s'il a été convenu qu'elle serait payée d'avance, le terme qui a dû être payé, est acquis du jour où le payement a dû en être fait.

Art. 1981 **La rente viagère ne peut être stipulée insaisissable, que lorsqu'elle a été constituée à titre gratuit.**

Art. 1982 *Abrogé par L. n° 2009-526 du 12 mai 2009, art. 10.*

Art. 1983 **Le propriétaire d'une rente viagère n'en peut demander les arrérages qu'en justifiant de son existence, ou de celle de la personne sur la tête de laquelle elle a été constituée.**

L'obtention d'un certificat de vie, pour une personne domiciliée à l'étranger, est exclue du champ d'application du droit des usagers de saisir l'administration par voie électronique (Décr. n° 2015-1407 du 5 nov. 2015).

Preuve de l'existence du crédirentier résultant de la mesure de tutelle à laquelle il s'est trouvé soumis. • Civ. 1re, 12 janv. 1994 : *JCP 1994. II. 22331, note Dagorne-Labbe ; RTD civ. 1994. 833, obs. Hauser*.

TITRE XIII DU MANDAT

RÉP. CIV. v° *Mandat*, par Ph. Le Tourneau.

DALLOZ ACTION *Droit de la responsabilité et des contrats 2023/2024, nos 3321.00 s.*

BIBL. GÉN. ▸ *Droits, 1987/6* (la représentation).

▸ Berly, *AJDI 2015. 167* (nature juridique du mandat de vente portant sur un bien immobilier). – Chartier, *D. 1993. 411* (mandat de l'avocat). – Coffy de Boisdeffre, *D. Affaires 1997. 41* (courtier d'assurances). – Ferrier, *JCP 1976. I. 2795* (mandat des agents immobiliers). – François, *D. 2018. 1215* (l'acte accompli par le mandataire en dehors de ses pouvoirs et le mécanisme du contrat de mandat). – Gautier, *Mél. Françon, Dalloz, 1995, p. 223* (le mandat en droit d'auteur). – Gérard, *D. 2022. 1982* (le mandat dans l'avant-projet de réforme du droit des contrats spéciaux). – Gillet-Hauquier, *LPA 13 janv. 2005* (mandat sur inaptitude future). – Hauser Costa, *JCP E 2001. 512* (intervention d'un tiers dans la vente). – Hébert, *D. 2008. Chron. 307* (mandat de prévention). – Izorche, *D. 1999. Chron. 369* (mandat sans représentation). – Laher, *RTD civ. 2017. 541* (mandat et confiance). – Lazerges, *RTD civ. 1975. 222 (mandats tacites).* – Lesage et Nuytten, JCP N 1998. 9 (mandat de l'intermédiaire et formation du contrat de vente [d'immeuble]). – le Tourneau, *D. 1992. Chron. 157* (évolution du mandat). – Nicolas-Maguin, *D. 1979. Chron. 265* (mandat exclusif). – Rémy, *Rev. loyers 2001. 366* (agents immobiliers : cinq ans de jurisprudence). – Siffrein-Blanc, *Defrénois 2007. 1344* (contrat d'agent immobilier). – Tchendjou, *AJ contrat 2020. 222* (le mandataire infidèle). – Trisson-Collard, *LPA 7 févr. 2001* (distinction du mandat et du contrat d'entreprise). – Viatte, *Gaz. Pal. 1976. 1. Doctr. 392* (mandat *ad litem*).

CHAPITRE I DE LA NATURE ET DE LA FORME DU MANDAT

Art. 1984 Le mandat ou procuration est un acte par lequel une personne donne à une autre le pouvoir de faire quelque chose pour le mandant et en son nom.

Le contrat ne se forme que par l'acceptation du mandataire.

V. Convention de La Haye du 14 mars 1978 sur la loi applicable aux contrats d'intermédiaires et à la représentation, publiée par Décr. nº 92-423 du 4 mai 1992 (D. et ALD 1992. 285).

*Sur la responsabilité des sociétés de ventes volontaires de meubles aux enchères publiques, V. C. com., art. L. 321-14. — **C. com.***

Sur la représentation, V. C. civ., art. 1153 à 1161.

A. QUALIFICATION

1. Critères du mandat : acte d'une personne donnant le pouvoir de faire quelque chose. Sur le principe du mandat, acte de représentation, V. notes 16 s. ♦ Il y a mandat lorsque des personnes chargent une autre d'accomplir pour leur compte un acte juridique, et non des actes matériels, sans pouvoir de représentation, éléments qui caractérisent le contrat d'entreprise. • Civ. 1re, 19 févr. 1968 : *GAJC, 11e éd., nº 260 ; D. 1968. 393.* ♦ Sur la nécessité d'actes juridiques, V. aussi • Com. 8 janv. 2002, nº 98-13.142 P : *D. 2002. AJ 567, obs. Chevrier ; ibid. Somm. 3009, obs. Ferrier ; CCC 2002, nº 87, note Leveneur ; Dr. et patr. 6/2002. 105, obs. Chauvel ; RTD civ. 2002. 323, obs. Gautier* (pour un concessionnaire d'emplacement dans un grand magasin) • Civ. 1re, 28 nov. 2007 : *D. 2008. Pan. 2245, obs. Brémond* (actes matériels commis par un époux). ♦ Architecte et mandat : V. note 3 ss. art. 1787. ♦ Sur la validité du double mandat conféré à un agent immobilier pour une même opération : V. note 19 ss. art. 1985.

2. ... À une autre personne. La représentation en justice, prévue par l'art. 411 C. pr. civ., étant fondée sur un mandat, lequel, aux termes de l'art. 1984 C. civ. est un acte par lequel une personne donne à une autre le pouvoir de faire quelque chose pour le mandant et en son nom, il résulte de la combinaison de ces textes qu'un salarié, défenseur syndical, partie à une instance prud'homale, ne peut pas assurer sa propre représentation en justice. • Soc. 17 mars 2021, nº 19-21.349 P : *Dr. soc. 2021. 564, obs. Petit ; RDT 2021. 335, obs. F. Guiomard ; RTD civ. 2021. 699, obs. Cayrol* (dispositions conformes à la Conv. EDH, dès lors qu'elles visent légitimement l'efficacité de la procédure d'appel et la bonne administration de la justice, sans porter atteinte au droit à l'accès au juge d'appel dans sa substance même).

3. Distinction d'autres contrats – Commission. A la différence d'un mandataire, un commissionnaire agit en son propre nom ou sous un nom social qui n'est pas celui de son commettant. • Com. 3 mai 1965, nº 60-11.866 P. ♦ Peu importe que le commissionnaire, qui agit en son nom propre, révèle au tiers contractant le nom du commettant pour le compte duquel il agit. • Com. 7 mai 1962 : *Bull. civ. III, nº 240.* ♦ Sur la distinction du contrat de commission et du mandat pour un commissionnaire de transport chargé de remettre des documents au commettant, parallèlement au contrat de transport : • Com. 14 mai 2008, nº 06-15.136 P.

4. ... Courtage. En l'absence de représentation, la qualité de courtier, dont le rôle se borne à rapprocher les parties, n'emporte pas nécessairement celle de mandataire. • Com. 3 janv. 1967, nº 63-13.518 P. ♦ A moins que l'une des parties l'ait chargé de conclure le contrat en son nom et pour son compte, le courtier n'est pas un mandataire. • Civ. 1re, 18 oct. 2005, nº 03-12.229 P : *CCC 2006, nº 20, note Leveneur.* ♦ Mais le courtier qui, lors de la souscription d'une assurance, remplit un questionnaire dans lequel il est précisé que le souscripteur n'a eu aucun accident au cours des 24 mois précédents agit comme mandataire de l'assuré, dont il se borne à reproduire les déclarations. • Civ. 1re, 15 mai 1990, nº 88-18.880 P. ♦ Non-application au courtier de la théorie du mandat d'intérêt commun laquelle suppose l'existence d'un contrat de mandat. • Com. 8 janv. 2002, nº 98-13.142 P : *RTD civ. 2002, p. 323, obs. Gautier .* ♦ Sur l'exigence d'un écrit dans le courtage matrimonial. • Civ. 1re, 13 févr. 2007 : *CCC 2007. Comm. 106, obs. G. Raymond.*

5. ... Contrat de travail. L'existence ou non d'un lien de subordination permet de qualifier la relation de contrat de travail ou de mandat. V. • Soc. 8 déc. 1961 : *Bull. civ. IV, nº 1017* • 11 mai 1966, nº 65-40.047 P. ♦ Mais le cumul de la qualité de mandataire social et de salarié est, sous certaines conditions, licite. Parmi de nombreuses décisions. • Soc. 17 juin 1982 : *Bull. civ. V, nº 403.* ♦ Rôle de mandataire des associations de services à la personne, V. • Soc. 23 nov. 2005, nº 04-45.328 P.

6. Prête-nom. BIBL. Leduc, *RTD civ. 1999. 283 .* ♦ Les rapports entre le prête-nom et le mandant sont régis par les règles relatives aux obligations du mandant et du mandataire. • Civ. 3e, 1er déc. 1971 : *D. 1972. 248.* ♦ ... A la différence des rapports du prête-nom avec les tiers. • Soc. 17 juill. 1958, nº 2.761 P. ♦ En effet, le mandataire prête-nom ne représente pas son mandant et, par suite, l'opération juridique dont il est l'instrument comporte, tant au point de vue civil qu'à l'égard du fisc, une double transmission de propriété, la première s'opérant dans le patrimoine du prête-nom, la seconde dans celui du mandant. • Req. 10 févr. 1936 : *DP 1937. 1. 92, rapport Pilon.*

7. *Qualification : agent général.* L'agent général d'une compagnie d'assurance agit dans l'exercice de ses fonctions de mandataire rémunéré d'une société d'assurance quand il met à la disposition du public sa compétence technique en vue de la recherche et de la souscription de contrats d'assurance pour le compte de la société qu'il représente. • Civ. 1re, 21 nov. 1979, n° 78-13.774 P. ♦ Il en est encore ainsi lorsqu'il rédige une proposition d'assurance destinée à la compagnie (cassation de l'arrêt qui retient, pour annuler le contrat en raison d'une fausse déclaration, que l'agent est le mandataire non de l'assureur, mais du proposant). • Civ. 1re, 21 mai 1990, n° 87-12.308 P. – V. aussi • Civ. 2e, 4 janv. 2006 : *LPA 28 juin 2006, note Noguero.* ♦ Mais si l'agent général est normalement le mandataire de la compagnie d'assurances, aucune disposition légale ne lui interdit d'être celui de l'assuré, ce qui se produit, par exemple, lorsque l'importance des risques l'oblige à les fractionner entre plusieurs assureurs pour les placer en totalité. • Paris, 8 mai 1981 : *Gaz. Pal. 1981. 2. 801, note Margeat et Favre-Rochex.*

En présence d'un chèque où se juxtaposent la mention de la compagnie d'assurance et celle de son bénéficiaire, il importe de rechercher si la banque présentatrice ne pouvait pas considérer que le mandataire, agent général de la société d'assurance, avait reçu mandat de celle-ci pour l'encaissement des cotisations et, en conséquence, tenir pour acquis, lors de la présentation de chèques portant les noms de ces deux bénéficiaires, le consentement de la seconde à leur encaissement sur le compte du premier. • Com. 27 nov. 2019, n° 18-11.439 P : *D. 2019. 2348 ; JCP 2020, n° 134, note Lasserre Capdeville.*

8. *... Agent artistique.* Sauf dispositions particulières du contrat, l'imprésario ou agent artistique, qui a pour mission d'opérer le placement de l'artiste, agit non comme mandataire de ce dernier mais en qualité d'intermédiaire et, comme tel, est seul tenu des engagements qu'il prend à l'égard des tiers. • Com. 22 mai 1991 : *JCP 1992. II. 21865, note Saint-Jours ; RTD civ. 1992. 86, obs. Mestre.*

9. *... Agent commercial.* Est qualifié d'agent commercial, au regard de l'arrêt CJUE du 4 juin 2020 (*Trendsetteuse, n° C-828/18*), le mandataire, personne physique ou morale, qui, à titre de profession indépendante, sans être lié par un contrat de louage de services, est chargé, de façon permanente, de négocier et, éventuellement, de conclure des contrats de vente, d'achat, de location ou de prestation de services au nom et pour le compte de producteurs, d'industriels, de commerçants ou d'autres agents commerciaux, quoiqu'il ne dispose pas du pouvoir de modifier les prix de ces produits ou services. • Com. 2 déc. 2020, n° 18-20.231 P.

10. *... Agences de voyages.* Distinction de l'organisation d'une croisière maritime (L. du 18 juin 1966), d'un contrat de transport et d'un mandat : V. • Civ. 1re, 15 févr. 1977 : *D. 1977. 332 ; JCP 1977. II. 18757, note R. Rodière.* – V. aussi F. Boulanger, *JCP 1983. I. 3117.* ♦ Qualification de mandat du contrat de « liste de mariage » par lequel un voyagiste recueille des fonds pour financer un voyage de noces. • Versailles, 21 juin 2002 : *BICC 1er mai 2003, n° 508 ; CCC 2003, n° 63, note Raymond.*

11. *Coassurance.* La société apéritrice est présumée être investie d'un mandat général de représentation dès lors qu'aucun des coassureurs ne le conteste. • Civ. 2e, 8 juin 2017, n° 16-19.973 P : *D. actu. 26 juin 2017, obs. de Ravel d'Esclapon* • Com. 21 nov. 2018, n° 17-23.598 P : *D. 2018. 2304 ; AJ contrat 2019. 39, obs. Néraudau.*

12. *... Commissaire-priseur.* Une vente aux enchères de matériel neuf, avec autorisation de justice, est une vente volontaire ne privant pas le commissaire-priseur de sa qualité de mandataire du vendeur et celui-ci de la possibilité d'assortir la vente d'un prix de réserve. • Com. 27 avr. 1993, n° 91-12.561 P : *RTD civ. 1994. 128, obs. Gautier* (responsabilité du commissaire-priseur pour vente en deçà du prix de réserve).

13. *Dirigeant de personne morale.* BIBL. Chabot, *Defrénois 1999. 769* (responsabilité civile de l'association et de ses dirigeants). ♦ Le dirigeant social d'une société détenant un pouvoir de représentation de la société, d'origine légale, les dispositions spécifiques du C. civ. régissant le mandat n'ont pas vocation à s'appliquer dans les rapports entre la société et son dirigeant. • Com. 18 sept. 2019, n° 16-26.962 P : *D. 2019. 2169, note François ; RTD com. 2019. 926, obs. Lecourt ; Rev. sociétés 2020. 108, note François ; RTD civ. 2020. 117, obs. Jourdain.* ♦ Le président d'une association est un mandataire de cette personne morale, dont les pouvoirs sont fixés conformément aux dispositions de la convention d'association. • Civ. 1re, 5 févr. 1991, n° 89-11.351 P. ♦ Mais les personnes agissant au nom d'une société au cours de sa période de formation ne peuvent être considérées comme les mandataires de la société. • Com. 12 févr. 1991, n° 89-15.845 P.

14. ... Gestionnaire de compte prorata. Sauf convention spéciale, le gestionnaire d'un compte prorata n'a pas la qualité de mandataire des autres intervenants sur un chantier • Civ. 3e, 13 janv. 2010, n° 08-70.097 P (rejet de la demande en paiement de prestations d'un tiers).

15. *Mandat pour une personne publique –*

Caractère administratif. Le juge, en application de la jurisprudence du Tribunal des conflits, saisi d'une exception d'incompétence, doit analyser l'ensemble des stipulations d'une convention d'aménagement conclue entre une communauté d'agglomérations et une société d'économie mixte, afin de déterminer si son exécution est soumise à des conditions particulières telles que son titulaire doit être regardé comme le mandataire de la personne publique, de sorte que les contrats conclus par celui-là pour le compte de celle-ci sont susceptibles de revêtir un caractère administratif et, par suite, de relever de la compétence de la juridiction administrative. • Civ. 1re, 14 nov. 2018, n° 17-28.613. ♦ Sur la jurisprudence du Tribunal des conflits visée ci-dessus, V. • T. confl., 11 déc. 2017, n° C4103 A.

B. PRINCIPE DE LA REPRÉSENTATION

16. Obligation du mandant. L'exécution des obligations contractuelles passées par un mandataire au nom et pour le compte de son mandant incombe à ce dernier seul. • Civ. 1re, 14 nov. 1978 : *Bull. civ. I, n° 346* • Civ. 3e, 21 mars 2019, n° 17-28.021 P : *RDI 2019. 288, obs. Noguéro ; RTD civ. 2019. 586, obs. Barbier*. ♦ Les clauses du contrat conclu par le mandataire dans la limite de son pouvoir s'imposent au mandant. • Com. 21 mars 1983 : *Bull. civ. IV, n° 109*. ♦ Un annonceur est, par l'effet du mandat, partie aux contrats d'achats d'espaces publicitaires conclus en son nom et pour son compte et le non-respect par le vendeur d'espaces de son obligation de communiquer les factures directement à l'annonceur n'est pas de nature à le priver le vendeur des droits au paiement. • Com. 4 oct. 2011, n° 10-24.810 P : *D. 2011. 2534, obs. Chevrier ; CCC 2012, n° 1, obs. Leveneur* (impossibilité pour l'annonceur de refuser le paiement au motif qu'il aurait déjà payé le mandataire). ♦ Le syndicat des copropriétaires est responsable à l'égard des copropriétaires des fautes commises par le syndic, son mandataire, dans l'exercice de ses fonctions. • Civ. 3e, 15 févr. 2006 : *Gaz. Pal. 2006. 3195, note Niel*. ♦ V. notes ss. art. 1153.

17. Le consentement d'un mandant se trouve affecté des vices mêmes qui ont entaché celui donné par son mandataire dans la limite de ses pouvoirs. • Com. 2 mars 1976 : *Bull. civ. IV, n° 78*.

18. Manœuvres dolosives du mandataire. Si le mandant est, en vertu de l'art. 1998, contractuellement responsable des dommages subis du fait de l'inexécution des engagements contractés par son mandataire dans les limites du mandat conféré, les manœuvres dolosives du mandataire, dans l'exercice de son mandat, n'engagent la responsabilité du mandant que s'il a personnellement commis une faute, qu'il incombe à la victime d'établir. • Cass., ch. mixte, 29 oct. 2021, n° 19-18.470 B : *D. 2021. 2162, note Tisseyre ; ibid. 2022. 35, obs. Brun ; ibid. 310, obs. Boffa et Mekki ; Rev. sociétés 2022. 154, note Mathey ; RTD civ. 2022. 116, obs. Barbier ; ibid. 141, obs. Jourdain ; ibid. 157, obs. Gautier ; RTD com. 2022. 91, obs. Moury ; CCC 2021, n° 175, note Leveneur ; JCP N 2022, n° 1112, note Leveneur ; RDC 2022/1. 18, note Pellet*. ♦ Comp. : Le mandant est responsable du dol commis par le mandataire dans l'exécution de son mandat, dès lors qu'il n'y a pas eu dépassement des pouvoirs de représentation conférés. • Civ. 3e, 29 avr. 1998, n° 96-17.540 P : *RTD civ. 1998. 930, obs. Gautier ; ibid. 1999. 89, obs. Mestre*. – V., sur cet arrêt, Cohet-Cordey, *AJDI 1999. 491*.

19. Consentement du mandant. La nullité des actes d'huissier de justice est régie par les dispositions qui gouvernent les actes de procédure ; la nullité d'un congé ne peut être prononcée au motif que l'huissier aurait agi en dehors de son mandat, ou que cet acte aurait été délivré par erreur et en l'absence de consentement. • Civ. 3e, 5 juin 2013, n° 12-12.065 P. ♦ Sur la conservation de la qualité de non-professionnel du mandant, en cas de représentation par un professionnel : • Civ. 1re, 25 nov. 2015, n° 14-20.760 P • 25 nov. 2015, n° 14-21.873 P.

20. Défaut de pouvoir du mandataire. La nullité d'un contrat en raison de l'absence de pouvoir du mandataire, qui est relative, ne peut être demandée que par la partie représentée. • Civ. 1re, 2 nov. 2005, n° 02-14.614 P : *D. 2005. IR 2824 ; RTD civ. 2006. 138, obs. Gautier* • 9 juill. 2009 : *CCC 2009, n° 260, obs. Leveneur* • 12 nov. 2015, n° 14-23.340 P • Civ. 3e, 26 janv. 2017, n° 15-26.814 P : *D. 2017. 297 ; AJ contrat 2017. 299, obs. Dagorne-Labbe*. ♦ L'inexistence d'une cession de droits sociaux ne peut résulter du défaut de pouvoir du représentant du cédant, qui est sanctionné par une inopposabilité ne pouvant être invoquée que par le cédant lui-même. • Civ. 3e, 6 oct. 2004, n° 01-00.896 P : *Rev. sociétés 2005. 152, note Saintourens*.

21. Interdiction de la représentation. La finalité même de l'entretien préalable de licenciement et les règles relatives à la notification interdisent à l'employeur de donner mandat à une personne étrangère à l'entreprise pour conduire la procédure de licenciement jusqu'à son terme. • Soc. 7 déc. 2011, n° 10-30.222 P (licenciement mené par l'expert-comptable de l'employeur dépourvu de cause réelle et sérieuse).

Aucun texte n'interdit de donner mandat à un tiers de présenter une requête en restitution, dès lors que l'existence de ce mandat est prouvée et que le nom du mandant figure dans chaque acte de procédure effectué par le mandataire. • Crim. 20 mai 2015, n° 14-81.147 P : *D. 2015. 1419, note Dissaux*.

22. Mandat d'agir en justice. Validité d'un mandat individuel d'agir en restitution, donné à une association d'épargnants par chacun des adhérents nommément désigné, l'acte ne contrevenant pas au principe que nul ne plaide par procureur et ne constituant pas une action de groupe. • Crim. 20 mai 2015, n° 14-81.147 P ♦ V. C. pr. civ., notes ss. art. 411 s.

23. Autres aspects de la représentation. V. notes ss. art. 1998.

C. RÉGIME DU CONTRAT

24. Responsabilité délictuelle du mandataire envers les tiers. Si l'exécution des obligations contractuelles nées des actes passés par un mandataire pour le compte et au nom de son mandant incombe à ce dernier seul, ledit mandataire n'en est pas moins responsable personnellement envers les tiers lésés des délits ou quasi-délits qu'il peut commettre soit spontanément, soit même sur les instructions du mandant dans l'accomplissement de sa mission. • Civ. 1re, 20 avr. 1977 : *Bull. civ. I, n° 181* • 13 oct. 1992, n° 91-10.619 P. ♦ Le mandataire est personnellement responsable envers les tiers des délits ou quasi-délits qu'il peut commettre à leur préjudice dans l'accomplissement de sa mission, la faute pouvant consister aussi bien dans une abstention que dans un acte positif. • Civ. 1re, 1er févr. 1984 : *Bull. civ. I, n° 47* • 11 avr. 1995, n° 91-11.137 P : *D. 1995. Somm. 231, obs. Delebecque* ; *RTD civ. 1995. 897, obs. Jourdain* • Civ. 3e, 6 janv. 1999, n° 96-18.690 P : *D. 2000. 426, note Asfar* ; *RTD civ. 1999. 403, obs. Jourdain* (responsabilité du mandataire même en l'absence de faute extérieure à son mandat).

Illustration : responsabilité d'une association de services aux personnes, mandataire de l'employeur, à l'égard du salarié, V. • Soc. 28 nov. 2000, n° 97-44.718 P.

25. La faute commise dans l'exécution d'un contrat (mandat, en l'espèce) est susceptible d'engager la responsabilité délictuelle de son auteur envers un tiers au contrat. • Civ. 1re, 18 mai 2004, n° 01-13.844 P : *D. 2005. Pan. 187, obs. D. Mazeaud* ; *CCC 2004, n° 121, note Leveneur* ; *RTD civ. 2004. 502, obs. Mestre et Fages, et 516, obs. Jourdain*. ♦ Comp., exigeant que la faute contractuelle du mandataire à l'égard de son mandant constitue aussi la violation d'une obligation générale de prudence et de diligence : • Com. 17 juin 1997, n° 95-14.535 P (tel n'est pas le cas lorsque la seule faute pouvant être reprochée au mandataire est un manquement à son obligation de conseil envers le mandant, seul fondé à s'en plaindre).

26. Mandat en blanc. La personne à qui est remise une procuration dans laquelle ne figure pas le nom du mandataire doit être réputée avoir reçu mandat de choisir celui-ci. • Civ. 1re, 28 févr. 1989, n° 87-17.350 P : *Defrénois 1989. 624, note Vion*.

27. Mandat apparent. V. notes ss. art. 1998.

Art. 1985 *(L. n° 80-525 du 12 juill. 1980)* **« Le mandat peut être donné par acte authentique ou par acte sous seing privé, même par lettre. Il peut aussi être donné verbalement, mais la preuve testimoniale n'en est reçue que conformément au titre :** ***Des contrats ou des obligations conventionnelles en général.*** **»**

L'acceptation du mandat peut n'être que tacite, et résulter de l'exécution qui lui a été donnée par le mandataire.

Sur le mandat que le conjoint collaborateur est réputé avoir reçu de l'époux chef d'une entreprise commerciale ou artisanale, V. C. com., art. L. 121-6, ss. art. 226. – Comp., s'agissant du conjoint collaborateur d'un professionnel libéral, L. n° 2002-73 du 17 janv. 2002, art. 46 (JO 18 janv.) (exigence de mandats exprès).

Sur le mandat présumé réciproque des époux exploitant ensemble un même fonds agricole, V. C. rur., art. L. 321-1 s., ss. art. 226.

A. DROIT COMMUN DU MANDAT

1. Formation du contrat. La validité d'une autorisation de prélèvement sur un compte bancaire n'est pas subordonnée à son établissement par écrit. • Com. 1er avr. 1997, n° 95-12.965 P : *CCC 1997, n° 112, note Leveneur.* ♦ Sur la question de preuve, expressément réservée par l'arrêt, *le débat n'ayant pas porté sur* ce point devant le juge du fond, V. notes 2 s. ♦ Validité du versement fait par un avocat entre les mains du mandataire de ses clients, nonobstant le caractère verbal du mandat. • Civ. 1re, 15 mars 2005, n° 03-14.388 P : *CCC 2005, n° 125, note Leveneur.* ♦ Aucun texte n'exige qu'une procuration soit recueillie en la présence d'un représentant de l'établissement de crédit teneur du compte. • Com. 28 avr. 2004, n° 02-13.591 P. ♦ Le mandat donné à un délégué syndical pour présenter une liste de candidats au nom de son syndicat peut être verbal. • Soc. 10 déc. 2014, n° 14-60.447 P.

2. Preuve. – Application du droit commun. La preuve d'un mandat ne peut être reçue que conformément aux règles générales de la preuve des conventions ; ces règles sont applicables non seulement dans les rapports du mandant et du mandataire, mais encore à l'encontre des tiers qui ont traité avec le mandataire prétendu, l'ayant cause ne pouvant avoir plus de droits que son auteur. • Civ. 1re, 22 mai 1959 : *D. 1959. 490* • 19 déc. 1995, n° 94-12.596 P. ♦ Mais un tiers par rapport au mandat peut faire la preuve de la portée des conventions intervenues par tous moyens. • Com. 5 mars 1969 : *Bull. civ. IV, n° 87.* ♦ Le fait que le fils du défunt ait restitué la clé du coffre au décès de son père est impropre à établir l'existence d'un mandat. • Com. 9 févr. 2016, n° 14-23.006 P.

3. … Mandat tacite. La preuve du mandat, même tacite, reste soumise aux règles générales de la preuve des conventions et doit répondre aux exigences des anc. art. 1341 s. C. civ. • Civ. 3e, 29 oct. 1970, n° 69-12.293 P. ♦ L'acceptation tacite du mandat ne peut résulter, à défaut d'écrit ou de commencement de preuve par écrit, que de son exécution. • Civ. 1re, 24 nov. 1976, n° 75-11.696 P.

4. … Mandat apparent. La preuve de l'existence d'un mandat apparent peut être faite par présomptions. • Civ. 3e, 21 janv. 1981, n° 79-10.833 P.

5. … Représentation en justice. La présomption de l'existence même du mandat de représentation en justice peut être combattue par la preuve contraire. • Com. 19 oct. 1993, n° 91-15.795 P : *RTD civ. 1994. 160, obs. Perrot* .

6. Mandat de se porter caution. BIBL. Albiges, *D. 2002. Chron. 706.* ♦ V. notes 10 et 19 ss. art. 1376.

7. Mandat de surenchérir. La procuration donnée à un avocat pour former surenchère du prix d'un immeuble est valablement établie sous seing privé. • Civ. 1re, 19 nov. 1996, n° 94-18.946 P.

8. Mandat écrit des opérateurs d'enchères publiques. Selon l'art. L. 321-5, I, C. com., la validité du mandat des opérateurs mentionnés à l'art. L. 321-4 du même code, agissant pour le propriétaire du bien ou son représentant, lorsqu'ils organisent ou réalisent des ventes volontaires de meubles aux enchères publiques, requiert un écrit. • Civ. 1re, 15 juin 2016, n° 15-19.365 P.

9. Mandat du mandataire sportif. L'art. L. 222-17 C. sport impose que le contrat en exécution duquel l'agent sportif exerce l'activité consistant à mettre en rapport les parties intéressées à la conclusion d'un des contrats mentionnés à l'art. L. 222-7 du même code soit écrit, toute convention contraire étant réputée nulle et non écrite mais ne requiert pas que l'acte prenne la forme d'un acte écrit unique. • Civ. 1re, 11 juill. 2018, n° 17-10.458 P : *D. 2018. 1550* ; *AJ contrat 2018. 397, obs. Buy* ; *JS 2018, n° 190, p. 9, obs. Mondou* ; *RDC 2018. 560, note Huet.* ♦ De même, l'art. 10 de la L. du 31 déc. 1971 n'impose pas que le contrat de mandataire sportif confié à un avocat soit établi sous la forme d'un acte écrit unique. • Civ. 1re, 20 févr. 2019, n° 17-27.129 P : *D. 2019. 438* ; *AJ contrat 2019. 199, obs. Buy* ; *D. avocats 2019. 309, obs. Caseau-Roche* .

Si le contrat en vertu duquel l'agent sportif exerce son activité peut être établi sous la forme électronique, il doit alors être revêtu d'une signature électronique ; cependant, si celle-ci constitue l'une des conditions de validité du contrat, son absence, alors que ne sont contestées ni l'identité de l'auteur du courriel ni l'intégrité de son contenu, peut être couverte par une exécution volontaire du contrat en connaissance de la cause de nullité, valant confirmation. • Civ. 1re, 7 oct. 2020, n° 19-18.135 P : *D. 2021. 272, note Tisseyre* ; *AJ contrat 2020. 577, obs. Douville* ; *Dalloz IP/IT 2021. 100, obs. El Hage* ; *RTD civ. 2020. 881, obs. Barbier* ; *RDC 2021/1. 65, note Danis-Fatôme.*

B. MANDAT DES AGENTS IMMOBILIERS

10. Règles propres au mandat des agents immobiliers (L. du 2 janv. 1970 ; Décr. du 20 juill. 1972). BIBL. Meiller, *D. 2012. Chron. 160* . ♦ Exigence d'un écrit (art. 1er et 6 de la L. du 2 janv. 1970) : V. • Civ. 3e, 17 juill. 1980 : *JCP 1981. II. 19659 (1re esp.), note Guillot* • Civ. 1re, 17 déc. 1991, n° 90-11.935 P • 20 janv. 1993, n° 91-10.894 P : *Defrénois 1993. 1435, obs. Vermelle* • 20 déc. 2000, n° 98-17.689 P : *D. 2001. IR 278* ; *AJDI 2001. 638, obs. Thioye* • 12 juill. 2006, n° 04-19.815 P • 2 oct. 2007, n° 05-18.706 P • 31 janv. 2008, n° 05-15.774 P : *R., p. 311* ; *D. 2008. AJ 485, obs. Rouquet* ; *ibid. Chron. C. cass. 646, obs. Creton* ; *AJDI 2008. 611, obs. Thioye* ; *JCP N 2008. 1197, n° 7, obs. Piedelièvre* ; *CCC 2008, n° 124, obs. Leveneur* ; *Defrénois 2008. 701, obs. Savaux* ; *ibid. 1105, note Dagorne-Labbe* • Civ. 1re, 5 juin 2008, n° 04-16.368 P : *R., p. 311* ; *D. 2008. AJ 1693, obs. Rouquet* ; *JCP N 2008. 510* ; *RLDC 2008/52, n° 3097, obs. Maugeri.* ♦ Mention de la convention sur le registre des mandats tenu par l'agent et report du numéro d'inscription sur l'exemplaire remis au mandant (art. 72 du Décr. du 20 juill. 1972) • Civ. 3e, 8 avr. 2009, n° 07-21.610 P : *D. 2009. AJ 1142* ; *RLDC 2009/61, n° 3448, obs. Maugeri* (nullité absolue de la vente). ♦ Indication de la partie qui supporte la charge de la rémunération ou de la commission : • Civ. 1re, 8 mars 2012, n° 11-10.871 P.

11. Exigence des conditions de détermination de la rémunération (art. 1er et 6 de la L. du 2 janv. 1970, art. 72 et 73 du Décr. du 20 juill. 1972). • Civ. 1re, 9 nov. 1999, n° 97-11.898 P : *RDI 2000. 80, obs. Tomasin* .

12. Droit à la commission. Aucune somme d'argent n'est due, à quelque titre que ce soit, à l'agent immobilier avant que l'opération pour laquelle il a reçu un mandat écrit ait été effectivement conclue et constatée dans un seul acte contenant l'engagement des parties. • Civ. 3e,

11 mars 2009 : *cité note 8 ss. art. 1304-3* (absence de démarche pour obtenir un prêt) • Civ. 1re, 27 nov. 2013, n° 12-13.897 P : *D. 2013. 2845, obs. Rouquet* • Civ. 3e, 9 juill. 2014, n° 13-19.061 P : *D. 2014. 1591, obs. Rouquet*. ♦ Est dépourvu d'effet tout acte portant engagement de rémunérer les services d'un agent immobilier en violation des règles impératives, excluant qu'une obligation naturelle soit reconnue en ce domaine. • Civ. 1re, 6 janv. 2011, n° 09-71.243 P : *D. 2011. 240, obs. Rouquet ; RTD civ. 2014. 111, obs. Barbier ; CCC 2014, n° 31, obs. Leveneur.* ♦ L'acte écrit contenant l'engagement des parties, auquel est subordonné le droit à rémunération ou à commission de l'agent immobilier par l'intermédiaire duquel l'opération a été conclue, n'est pas nécessairement un acte authentique. • Civ. 1re, 9 déc. 2010, n° 09-71.205 P : *D. 2011. Chron. C. cass. 622, obs. Creton ; AJDI 2011. 553, obs. Thioye ; CCC 2011, n° 54, obs. Leveneur ; RLDC 2011/79, n° 4117, obs. Paulin.* ♦ La constatation de manœuvres frauduleuses destinées à éluder la commission d'un agent immobilier n'ouvre pas droit au paiement de la commission contractuellement prévue mais seulement à la réparation de son préjudice par l'allocation de dommages-intérêts. • Civ. 3e, 8 juin 2010, n° 09-14.949 P : *D. 2010. 1557 ; JCP N 2010, n° 1252, note Barbièri ; RLDC 2010/75, n° 3954, obs. Paulin ; RTD civ. 2010. 552, obs. Fages ; ibid. 581, obs. Gautier*. ♦ Jugé ainsi que dans le cas d'un mandat de recherche, une indemnité compensatrice de la commission de l'agent est due par le mandataire, le mandat portant sur un bien unique et visant la négociation de cette opération immobilière, la mission de l'agent ayant permis le rapprochement des parties, mais la vente ayant été conclue ultérieurement au mépris de l'interdiction de négociation directe qui frappait encore les acheteurs. • Civ. 1re, 29 mai 2013, n° 12-17.172 P : *D. 2013. 1411, obs. Rouquet*. ♦ Sanctions des règles de forme relatives au mandat de l'agent immobilier, V. note 16.

13. Contrôle de la rémunération de l'agent – QPC (non). L'interdiction pour l'agent immobilier de percevoir une quelconque rémunération en l'absence de conclusion effective de l'opération projetée, quelle qu'en soit la raison, est fondée sur le motif d'intérêt général tenant à la nécessaire réglementation des pratiques des professionnels visés à l'art. 1er de la L. n° 70-9 du 2 janv. 1970 afin d'assurer l'information, la protection et la liberté contractuelle de leurs clients. • Civ. 3e, 7 juill. 2022, n° 21-25.661 B : *D. 2022. 1358 ; AJDI 2023. 54, obs. Thioye*. ♦ Il n'en résulte pas d'atteinte disproportionnée à leur liberté contractuelle et à leur liberté d'entreprendre au regard de l'objectif poursuivi par le texte, dès lors qu'en cas de faute commise par le mandant ayant privé le mandataire de sa rémunération, une jurisprudence constante lui permet d'engager la responsabilité de son mandant, et qu'une dérogation à cette interdiction est en outre possible lorsque le client agit pour les besoins de ses activités professionnelles. • Même arrêt. ♦ Le contrat conclu entre l'agent immobilier et son client étant, sauf disposition expresse contraire, un contrat d'entremise, l'agent ne dispose pas du pouvoir d'engager son client, de sorte que celui-ci est libre de conclure ou non l'opération, et son seul refus, ne peut, par nature, être constitutif de la faute susceptible d'engager sa responsabilité à l'égard de son mandataire. • Même arrêt.

14. ... Double. La formalité du double, prévue par l'art. 78 du Décr. du 20 juill. 1972, est exigée pour la validité même du mandat, comportant une clause d'exclusivité, donné à un agent immobilier. • Civ. 1re, 5 mai 1982, n° 81-11.028 P : *R., p. 80 ; JCP 1983. II. 20064, note Guillot ; RTD civ. 1983. 355, obs. Rémy* • 25 févr. 2010, n° 08-14.787 P : *D. 2010. AJ 652, obs. Rouquet ; JCP 2010, n° 625, note Dissaux ; JCP N 2010. 1181, note Leveneur ; CCC 2010, n° 116, obs. Leveneur ; RLDC 2010/70, n° 3765, obs. Le Gallou* (nécessité d'une remise immédiate d'un exemplaire du mandat). ♦ L'omission de cette formalité d'ordre public peut être invoquée même par la partie qui aurait accompli un acte d'exécution. • Civ. 1re, 5 mai 1982 : *préc.*

15. ... Limitation dans le temps. Doit être annulé le mandat de vente donné à un agent immobilier, dès lors qu'il ne comporte pas de limitation dans le temps, sans qu'il y ait à distinguer selon que le mandat comporte ou non une clause d'exclusivité. • Civ. 1re, 6 déc. 1994, n° 92-15.370 P. ♦ V. cependant note 16 sur le caractère relatif de cette nullité.

16. ... Sanction des règles relatives au mandat. Les dispositions des art. 7, al. 1er, de la L. n° 70-9 du 2 janv. 1970 et 72, al. 5, du Décr. n° 72-678 du 20 juill. 1972 relatives à la mention de la durée et au numéro d'inscription d'un mandat d'agent immobilier visent la seule protection du mandant dans ses rapports avec le mandataire et sont prescrites à peine de nullité relative ; dès lors, le locataire dont le congé pour vente ne remplit pas ces formalités ne peut s'en prévaloir. • Cass., ch. mixte, 24 févr. 2017, n° 15-20.411 : *D. actu. 10 mars 2017, obs. Gaillard ; D. 2017. 793, note Fauvarque-Cosson ; ibid. 1149, obs. Damas ; AJDI 2017. 612, obs. Thioye ; AJ contrat 2017. 175, obs. Houtcieff ; RTD civ. 2017. 377, obs. Barbier ; JCP 2017, n° 305, note Sturlèse : CCC 2017.93, note Leveneur ; RDC 2017. 415, note Génicon.* ♦ Contra antérieurement : • Civ. 1re, 18 oct. 2005, n° 02-16.046 P (nullité absolue du mandat, emportant nullité du commandement délivré au locataire par l'intermédiaire du mandataire) ; • Civ. 3e, 8 avr. 2009, n° 07-21.610 : *D. actu. 28 avr. 2009, obs. Forest.*

17. ... Mandat annulé – Proportionnalité

des sanctions. Si l'annulation du mandat de vente prive l'agent immobilier et l'intermédiaire de la rémunération prévue au mandat, qui constitue une créance entrant dans le champ d'application de l'art. 1er du Prot. n° 1, cette mesure est proportionnée à l'objectif poursuivi par les dispositions de la L. du 2 janv. 1970 et du Décr. du 20 juill. 1972 d'organiser l'accès à la profession d'agent immobilier, d'assurer la compétence et la moralité des agents immobiliers et de protéger le mandant qui doit pouvoir s'assurer que la personne à qui il confie le mandat est habilitée par l'agent immobilier, est titulaire de l'attestation légale et dispose des pouvoirs nécessaires. • Civ. 1re, 12 nov. 2020, n° 19-14.025 P.

18. ... Mentions relatives à la commission. Lorsque le mandat donné à un agent immobilier stipule que la commission sera à la charge du seul mandant, il n'est pas nécessaire, pour la validité de cette clause, qu'elle soit reprise dans l'engagement des parties relatif à l'opération pour laquelle le mandat a été donné. Il résulte, en effet, de l'art. 73 du Décr. n° 72-678 du 20 juill. 1972 dont les dispositions doivent être combinées avec celles de l'art. 1165 anc. C. civ. que les mentions relatives à la commission ne doivent figurer à la fois dans le mandat et dans l'engagement des parties à l'opération que lorsque tout ou partie de cette commission est à la charge d'une personne autre que le mandant. • Civ. 1re, 14 juin 1984, n° 83-12.556 P. ♦ V. aussi, sur les art. 72 et 73 du Décr. du 20 juill. 1972, • Civ. 3e, 28 oct. 1980 : *JCP 1981. II. 19659 (2e esp.), note Guillot.*

19. ... Double mandat. Validité du double mandat d'un agent immobilier pour une même opération : V. • Civ. 1re, 13 mai 1998, n° 96-17.374 P : *Defrénois 1999. 366, obs. Delebecque ; RTD civ. 1998. 927, obs. Gautier* .

20. Mandat expiré. N'est pas fautif le fait, pour l'acquéreur non lié contractuellement à l'agent immobilier par l'intermédiaire duquel il a visité le bien et dont la clause d'exclusivité était expirée, d'adresser une nouvelle offre d'achat aux vendeurs par l'intermédiaire d'un autre agent immobilier également mandaté par ces derniers. • Civ. 1re, 6 avr. 2016, n° 15-14.631 P.

21. Preuve du mandat du professionnel de l'immobilier. La preuve de l'existence et de l'étendue du mandat de gestion immobilière délivré à un professionnel ne peut être rapportée que par écrit ; ni le mandat apparent, ni la ratification de l'acte ne peuvent tenir en échec ces règles impératives. • Civ. 1re, 2 déc. 2015, n° 14-17.211 P.

Art. 1986 **Le mandat est gratuit, s'il n'y a convention contraire.**

1. Sauf convention contraire, le mandat est gratuit ; cassation du jugement estimant que les sommes versées par le mandant pouvaient être conservées par le mandataire en raison des démarches accomplies, alors que le mandataire ne prétendait pas qu'une rémunération avait été convenue, ni qu'il avait fait des avances ou engagé des frais pour l'exécution de sa mission. • Civ. 1re, 4 mai 2012, n° 11-10.943 P : *D. 2012. 1265* .

2. Le mandat est présumé salarié en faveur des personnes qui font profession de s'occuper des affaires d'autrui. • Civ. 1re, 10 févr. 1981 : *Bull. civ. I, n° 50* (décorateur) • 19 déc. 1989, n° 87-11.428 P : *Defrénois 1990. 817, obs. Vermelle* (conseiller juridique) • Com. 22 janv. 1991, n° 89-12.398 P (opérations d'entremise dans la cession des fonds de commerce). ♦ Gratuit par nature, il est présumé salarié lorsqu'il est exercé par une personne dans le cadre de sa profession habituelle. • Civ. 1re, 16 juin 1998, n° 96-10.718 P : *CCC 1998, n° 127, note Leveneur* (expert en tableaux mandaté par un commissaire-priseur). ♦ Mandat salarié : V. notes ss. art. 1999.

3. ... Compétence du juge de l'honoraire. Dès lors qu'il résulte de l'art. 174 du Décr. n° 91-1197 du 27 nov. 1991 que la procédure de contestation en matière d'honoraires et débours d'avocats concerne les contestations relatives au montant et au recouvrement de leurs honoraires, il relève de l'office même du juge de l'honoraire de déterminer, lorsque cela est contesté, si les prestations de l'avocat ont été fournies ou non à titre onéreux (inexistence d'un mandat à titre onéreux en raison du contexte familial). • Civ. 2e, 5 nov. 2020, n° 19-20.314 P.

Art. 1987 **Il est ou spécial et pour une affaire ou certaines affaires seulement, ou général et pour toutes les affaires du mandant.**

Art. 1988 **Le mandat conçu en termes généraux n'embrasse que les actes d'administration.**

S'il s'agit d'aliéner ou hypothéquer, ou de quelque autre acte de propriété, le mandat doit être exprès.

V. C. civ., art. 1155.

1. Mandat exprès d'aliéner. Cassation d'un arrêt qui, pour admettre l'existence d'un mandat de vendre un immeuble donné à un agent immobilier, se fonde sur une correspondance qui ne comportait pas expressément un tel mandat. • Civ. 1re, 21 déc. 1976, n° 75-11.964 P. ♦ Sur la portée du mandat de vente, V. note 4 ss. art. 1989.

2. *Notaire.* Le mandat donné à un notaire de mettre en vente un immeuble et de trouver acquéreur, sans autorisation d'accepter une offre d'achat ni de conclure la vente, s'analyse en un contrat d'entremise qui ne peut être assimilé à une offre de vente qui aurait été transformée en une vente parfaite par l'acceptation d'un éventuel acheteur. • Civ. 3e, 17 juin 2009, n° 08-13.833 P : *D. 2009. 2724, note Dissaux ; AJDI 2010. 155, obs. Thioye ; JCP N 2010, n° 1003, note Lebel ; Defrénois 2009. 2329, obs. Libchaber ; Dr. et patr. 11/2009. 46, note Couard.* ♦ La décision de mandater un notaire pour élaborer le projet définitif et établir les formalités d'une vente ne constitue pas un mandat exprès d'aliéner donné au notaire. • Civ. 3e, 17 juill. 1991, n° 90-12.056 P : *JCP N 1992. II. 181, note Venandet.* ♦ Mais constitue un mandat exprès d'aliéner la procuration qui, outre le mandat général de gérer et administrer les biens, charge le mandataire de vendre expressément tout ou partie des biens meubles et immeubles et de consentir ces ventes aux prix, charges et conditions que le mandataire aviserait. • Civ. 1re, 6 juill. 2000, n° 98-12.800 P.

3. *Mandat ad litem.* Il n'entre pas dans le mandat *ad litem* d'un avocat chargé par le propriétaire de mener une procédure tendant à l'expulsion du locataire qui n'avait pas accepté l'offre de vente du logement de consentir à la vente dudit bien. • Civ. 1re, 16 mars 1994, n° 92-15.614 P. ♦ Sur le mandat apparent, V. note 19 ss. art. 1998.

4. *Pouvoir d'emprunter.* Le mandant peut conférer au mandataire le pouvoir de contracter des emprunts d'une façon générale et sans spécifier de quels emprunts il s'agit. • Civ. 1re, 21 nov. 1995, n° 93-16.646 P.

5. *Rachat d'assurance vie.* La faculté de rachat d'un contrat d'assurance vie est un droit personnel du souscripteur qui ne peut être exercé par son mandataire qu'en vertu d'un mandat spécial prévoyant expressément cette faculté. • Civ. 2e, 5 juin 2008, n° 07-14.077 P : *RCA 2008. Étude n° 12, note Martial-Braz ; RLDC 2008/52, n° 3096, obs. Maugeri ; ibid. n° 3125, obs. Jeanne.*

Art. 1989 Le mandataire ne peut rien faire au*[-]*delà de ce qui est porté dans son mandat : le pouvoir de transiger ne renferme pas celui de compromettre.

V. C. civ., art. 1153 et 1156.

1. *Mode de paiement.* Un transporteur chargé de livrer des marchandises contre remise d'espèces ou d'un chèque commet une faute dans l'exécution de son mandat en se faisant remettre en paiement une lettre de change acceptée, mais refusée par la banque domiciliatrice, sans qu'il y ait à s'arrêter au fait qu'un chèque n'aurait pas été davantage payé en raison de la clôture du compte du destinataire. • Com. 19 mars 1985, n° 83-14.314 P.

2. *Mandat de l'avocat. – Aliénation d'immeuble.* S'agissant d'aliéner un immeuble appartenant à sa cliente, l'avocat doit disposer d'un mandat exprès pour engager celle-ci valablement. • Civ. 1re, 12 mai 1993 : *D. 1993. 411, note Chartier ; JCP 1993. II. 22132, note R. Martin.* ♦ Il n'entre pas dans le mandat *ad litem* de l'avocat de consentir à la vente d'un appartement. • Civ. 1re, 16 mars 1994, n° 92-15.614 P.

3. *Mandat de l'huissier.* Un huissier n'étant pas un mandataire dépourvu de toute initiative, il lui incombe, sauf instructions formelles de son client quant à la date d'une vente sur saisie-exécution, de fixer cette date de la façon la plus propice aux intérêts de celui-ci et de la déplacer ou de la maintenir en fonction de ces seuls mêmes intérêts. • Civ. 1re, 9 juill. 1985, n° 83-12.012 P. ♦ En sa qualité d'officier public et ministériel tenu au secret professionnel, l'huissier de justice ne peut divulguer à son client les informations recueillies dans le cadre de l'exécution de mandats confiés par des tiers : la connaissance par l'huissier de l'état de cessation des paiements du débiteur, connaissance acquise à l'occasion de missions confiées par d'autres créanciers, n'implique pas celle de son mandant. • Com. 2 déc. 2014, n° 13-25.705 P : *D. 2014. 2519 .*

4. *Mandat de vendre.* Excède ses pouvoirs le mandataire qui établit une promesse de vente qui diffère des conditions de vente énoncées dans le mandat. • Civ. 1re, 2 déc. 1992, n° 91-10.594 P : *Defrénois 1993. 1070, obs. Vermelle.*

Le mandat de vente, qui autorise, en termes généraux, le mandataire à souscrire à tout engagement ou garantie n'emporte pas le pouvoir, pour celui-ci, de consentir une interdiction ou une limitation de l'usage, par son mandant, de son nom de famille, constitutives d'actes de disposition. • Com. 10 juill. 2018, n° 16-23.694 P : *D. 2018. 1549 ; RTD civ. 2018. 933, obs. Gautier .*

5. Sauf clause expresse, le mandat non exclusif de vendre ne confère pas à l'agent immobilier le pouvoir de représenter le vendeur pour conclure la vente. • Civ. 1re, 6 mars 1996 : *D. 1997. 223, note Amar-Layani ; JCP N 1996. II. 1665, note Leveneur.*

Art. 1990 *(L. n° 65-570 du 13 juill. 1965)* **Un mineur non émancipé peut être choisi pour mandataire ; mais le mandant n'aura d'action contre lui que d'après les règles générales relatives aux obligations des mineurs.**

Sur l'application de l'art. 1990 à la participation d'un mineur à une association, V. L. 1er juill. 1901, art. 2 bis.

CHAPITRE II DES OBLIGATIONS DU MANDATAIRE

Art. 1991 **Le mandataire est tenu d'accomplir le mandat tant qu'il en demeure chargé, et répond des dommages-intérêts qui pourraient résulter de son inexécution.**

Il est tenu de même d'achever la chose commencée au décès du mandant, s'il y a péril en la demeure.

Art. 1992 **Le mandataire répond non seulement du dol, mais encore des fautes qu'il commet dans sa gestion.**

Néanmoins la responsabilité relative aux fautes est appliquée moins rigoureusement à celui dont le mandat est gratuit qu'à celui qui reçoit un salaire.

I. PRINCIPES

A. PRÉSOMPTION DE FAUTE (AL. 1er)

1. *Inexécution. – Présomption légale de faute.* Tout mandataire, salarié ou non, répond, au regard de son mandant, de l'inexécution de l'obligation qu'il a contractée et du préjudice qui en est résulté pour le mandant, l'inexécution de l'obligation faisant présumer la faute du mandataire, hors cas fortuit (en l'espèce, manquants dans les marchandises que le mandataire était chargé de vendre). • Soc. 30 nov. 1945 : *D. 1946. 155.* ♦ Il importe, dès lors, si une limitation de la responsabilité du mandataire est prévue par le contrat, que les juges du fond s'expliquent sur les conditions de cette exonération, pour préciser dans quelle mesure elle peut faire échec à la présomption légale. • Civ. 1re, 1er juin 1954 : *D. 1954. 611.* ♦ Pour une faute du mandant de nature à exonérer le mandataire, V. • Civ. 1re, 7 févr. 2006, n° 04-12.609 P : *RTD civ. 2006. 341, obs. Gautier* (commissaire-priseur ayant retiré de son propre chef une œuvre de la vente publique en raison d'indications erronées fournies par le vendeur). ♦ Commet une faute le mandataire qui omet d'informer en temps utile le mandant de la procédure collective, dont il connaissait l'ouverture à l'égard de la débitrice, et empêche ainsi le créancier, déchargé, quelles que soient ses compétences personnelles, de son obligation de surveiller la situation de son débiteur, de produire sa créance. • Civ. 1re, 8 avr. 2010, n° 09-12.824 P : *D. 2010. Actu. 1019* (exclusion d'un partage de responsabilité). ♦ Viole l'art. 1992 la cour d'appel qui limite la garantie due par le mandataire à son mandant, alors qu'elle n'avait relevé aucune faute à l'encontre de ce dernier. • Civ. 1re, 6 avr. 2016, n° 15-14.631 P.

2. *Responsabilité délictuelle du mandataire.* La faute délictuelle ou quasi délictuelle du mandataire n'engage pas la responsabilité du mandant. • Civ. 3e, 15 avr. 2021, n° 19-20.424 P (absence de responsabilité du maître de l'ouvrage, sur le fondement de l'art. 14-1 de la L. du 31 déc. 1975 s'il n'a pas eu personnellement connaissance de la présence du sous-traitant sur le chantier).

3. *Mauvaise exécution. – Preuve de la faute.* Si le mandataire est, sauf cas fortuit, présumé en faute du seul fait de l'inexécution de son mandat, cette présomption ne saurait être étendue à l'hypothèse d'une mauvaise exécution de ce dernier. • Civ. 1re, 18 janv. 1989 : *D. 1989. 302, note Larroumet ; RTD civ. 1989. 558, obs. Jourdain, et 572, obs. Rémy* • 16 mai 2006, n° 03-19.936 P : *D. 2006. IR 1564*. ♦ Il appartient donc en ce cas au mandant d'établir les fautes de gestion de son mandataire. • Civ. 1re, 18 janv. 1989 : *préc.* ♦ Pour un cas d'abus de mandat dans le cadre d'un contrat de gestion d'un portefeuille de valeurs mobilières, V. • Com. 27 mai 1997, n° 95-11.921 P : *JCP 1997. II. 22930, note M. Storck.* ♦ Sur la responsabilité de certains mandataires professionnels, V. aussi notes ss. art. 1231-1.

B. INCIDENCE DE LA GRATUITÉ DU MANDAT (AL. 2)

4. *Domaine – Dirigeant d'entreprise (non).* L'art. 1992, al. 2, selon lequel la responsabilité générale du mandataire est appliquée moins rigoureusement à celui dont le mandat est gratuit, ne concerne pas la situation du dirigeant d'une personne morale en liquidation judiciaire poursuivi en paiement de l'insuffisance d'actif de celle-ci sur le fondement de l'art. L. 651-2 C. com., la responsabilité de ce dirigeant s'appréciant, sur le fondement de ce texte spécial, de la même manière, qu'il soit rémunéré ou non. • Com. 9 déc. 2020, n° 18-24.730 P.

5. *Illustrations – Mandat gratuit.* Si, aux termes de l'art. 1992, al. 2, la responsabilité relative aux fautes est appliquée moins rigoureusement à celui dont le mandat est gratuit qu'à celui qui reçoit un salaire, cette disposition ne concerne que l'appréciation de la faute et non l'étendue de la réparation. • Civ. 1re, 4 janv. 1980, n° 78-14.291 P : *RTD civ. 1981. 407, obs. Cornu.* ♦ Les choix peu judicieux d'un mandataire chargé à titre gratuit de la gestion d'un portefeuille ne constituent pas un manquement à son obligation de conseil. • Civ. 1re, 14 juin 2000 : *CCC 2000, n° 156, note Leveneur.* ♦ Les juges peuvent exclure tout caractère fautif aux manquements reprochés au mandataire à titre gratuit d'un groupe de parieurs en relevant qu'ils ont été commis de bonne foi dans l'intérêt des mandants. • Civ. 1re, 16 mai 2006 : *préc. note 3.* ♦ Le membre d'une association qui, négociant un voyage en qualité de mandataire de l'association et non en son nom propre, a conservé pour son compte, sans en avertir les autres membres, le montant de la ristourne du voyagiste a commis un grave manquement à la probité. • Civ. 1re, 16 juin 1998, n° 96-18.066 P : *RTD civ. 1999. 392, obs. Mestre*.

6. ... Mandat rémunéré. Il entre dans les obligations d'un mandataire rémunéré (exploitant d'une clinique mandaté pour le recouvrement des honoraires des médecins exerçant dans celle-ci) d'attirer l'attention de ses mandants sur la portée rétroactive d'une jurisprudence leur ouvrant droit à la perception de sommes complémentaires. • Civ. 1re, 12 juill. 2007, n° 06-17.979 P : *D. 2007. AJ 2234, obs. Delpech ; RDSS 2007. 902, obs. Tauran*.

II. APPLICATIONS – ABÉCÉDAIRE

7. Agent commercial. En cas de cessation d'un contrat d'agence commerciale, la perte par le mandataire du fait de sa faute grave, en application de l'art. L. 134-13 C. com., de son droit à l'indemnité compensatrice de fin de contrat ne prive pas le mandant de la possibilité d'agir en réparation du préjudice que lui a causé cette faute. • Com. 19 oct. 2022, n° 21-20.681 B.

8. Agent immobilier. L'intermédiaire professionnel, négociateur et rédacteur d'un acte, est tenu de s'assurer que se trouvent réunies toutes les conditions nécessaires à l'efficacité juridique de la convention. • Civ. 1re, 17 janv. 1995, n° 92-21.193 P. ♦ ... Même à l'égard de la partie qui ne l'a pas mandaté. • Civ. 1re, 25 nov. 1997, n° 96-12.325 P : *D. Affaires 1998. 63, obs. J. F. (2e esp.)* • 14 janv. 2016, n° 14-26.474 P • Civ. 3e, 14 déc. 2017, n° 16-24.170 P : *D. 2018. 371, obs. Mekki ; AJDI 2018. 378, obs. Cohet ; AJ contrat 2018. 193, obs. Bucher ; RTD civ. 2018. 421, obs. Jourdain ; ibid. 661, obs. Barbier ; RDC 2018. 29, note Deshayes* (agent immobilier s'étant abstenu de faire des recherches quant à l'ampleur exacte de fissures). ♦ Il appartient à l'agent immobilier de s'assurer que se trouvaient réunies toutes les conditions nécessaires à l'efficacité de la convention négociée par son intermédiaire et, à cette fin, de se faire communiquer par les vendeurs leur titre de propriété avant la signature de la promesse de vente. • Civ. 1re, 14 nov. 2019, n° 18-21.971 P : *D. 2020. 353, obs. Mekki ; JCP 2019, n° 1365, note Piédelièvre ; CCC 2020, n° 17, obs. Leveneur* (responsabilité de l'agent, qui n'a pas procédé à cette demande, alors qu'elle lui aurait permis d'informer les acquéreurs de l'existence de travaux précédents ayant traité la présence de mérule). ♦ En présence d'un acquéreur ayant déclaré ne pas recourir à un prêt immobilier et qui s'est révélé insolvable, ce que sa situation professionnelle et son âge pouvaient laisser envisager, faute de l'agent immobilier n'ayant pas justifié avoir conseillé aux vendeurs de prendre des garanties ou les avoir mis en garde contre le risque d'insolvabilité de l'acquéreur qu'il leur avait présenté. • Civ. 1re, 11 déc. 2019, n° 18-24.381 P : *D. 2020. 353, obs. Mekki ; AJDI 2020. 497, obs. Trédez*. ♦ Le mandataire professionnel est tenu de vérifier la qualité exacte du mandant qu'il engage par un acte juridique (gérant d'immeuble ayant consenti un bail commercial sur instruction d'une personne qui n'était qu'usufruitière de l'immeuble). • Civ. 1re, 13 oct. 1992, n° 91-10.619 P. ♦ Lien de causalité entre le préjudice subi par le client et la faute de l'agent immobilier qui a présenté des locaux situés dans un zonage urbain incompatible avec l'activité envisagée, le droit acquis par le client sur le local étant inutilisable et le prix ayant été payé en pure perte. • Civ. 1re, 10 oct. 2018, n° 16-16.548 P (rejet de l'argument selon lequel l'agent immobilier avait expressément renvoyé aux notaires la responsabilité d'édicter les clauses et conditions nécessaires à l'accomplissement de la transaction). ♦ La faute imputée au nu-propriétaire qui aurait contribué à créer l'apparence de régularité du bail n'est pas de nature à exonérer totalement le gérant de sa responsabilité. • Même arrêt. ♦ Dans le même sens : • Civ. 1re, 13 nov. 1997, n° 95-20.123 P : *Defrénois 1998. 351, obs. Aubert ; RTD civ. 1999. 90, obs. Mestre*. ♦ L'agent immobilier, mandataire du propriétaire dans la location d'un immeuble où s'est déclaré un incendie, s'il n'a pas vérifié que le locataire avait souscrit une assurance garantissant les risques locatifs, a privé le propriétaire, par sa faute, de la garantie des risques locatifs. • Civ. 2e, 13 oct. 2005, n° 04-16.139 P : *D. 2005. IR 2768 ; JCP 2006. II. 10040, note Pimbert ; RCA 2005, n° 367, note Groutel* (recevabilité du recours de l'assureur du propriétaire).

9. ... Obligation de renseignement et de conseil. BIBL. Maupas, *LPA 18 oct. 2007*. – Pillet, *AJDI 2008. 263*. ♦ L'agent immobilier est tenu d'une obligation de renseignement et de conseil vis-à-vis de son mandant et il doit notamment lui donner une information loyale sur la valeur du bien mis en vente lorsqu'il apparaît que le prix demandé est manifestement sous-évalué sans raison. • Civ. 1re, 30 oct. 1985, n° 84-12.200 P. ♦ Manque à son devoir de conseil l'agent immobilier qui omet d'informer l'acheteur sur l'existence de désordres apparents affectant l'immeuble vendu et qu'en sa qualité de professionnel de l'immobilier il ne peut ignorer. • Civ. 1re, 18 avr. 1989 : Bull. civ. I, n° 150 ; Defrénois 1990. 288, *note Dagorne-Labbe*. ♦ ... Qui rédige une annonce laissant entendre à tort que la construction d'une piscine est possible. • Aix-en-Provence, 30 juin 2010 : *JCP 2011, n° 236, note Boy* (mais refus d'indemniser le préjudice subi par l'acheteur). ♦ ... Qui donne au locataire du preneur dont il est le mandataire une information erronée relative à l'inutilité de la souscription d'une assurance locative, sans pouvoir se prévaloir d'une prétendue méconnaissance des dispositions légales applicables. • Civ. 1re, 28 oct. 2010, nº 09-70.109 P : *D. 2010. Actu. 2651, obs. Rouquet*. ♦ ... Mais non sur l'existence de désordres non apparents, si n'est pas rapportée la preuve qu'il en avait connaissance. • Civ. 1re, 20 déc. 2000, nº 98-20.765 P : *RCA 2001. Chron. 11, par Agard* • 16 janv. 2007, nº 04-12.908 P : *JCP N 2007. 1157, nº 16, obs. S. Piedelièvre ; RCA 2007, nº 120, note Groutel ; AJDI 2007. 325, obs. Rouquet* • Civ. 1re, 25 nov. 2015, nº 14-22.102 P (absence d'obligation, pour l'agent immobilier, de vérifier la conformité des travaux aux prescriptions de permis de construire dont il ignorait l'existence, ni, en l'absence d'éléments faisant apparaître une difficulté sur ce point, s'assurer que l'implantation des ouvrages répondait aux règlements d'urbanisme). ♦ En cas de double mandat, V. • Civ. 1re, 15 juill. 1999, nº 97-18.984 P : *JCP N 2000. 400, note Leveneur* (vente et achat concomitants d'un appartement : obligation de conseiller l'insertion d'une condition suspensive. ♦ Cette obligation, s'agissant de la vente d'un terrain à bâtir, implique la vérification du caractère constructible du terrain, mais il n'a pas à procéder lui-même au mesurage du terrain, ni à l'examen des titres de propriété des riverains. • Civ. 1re, 3 janv. 1985 : *JCP N 1985. II. 209, note Atias ; RTD civ. 1986. 147, obs. Rémy.* ♦ L'agent immobilier qui est maintenu dans l'ignorance du projet de son mandant de procéder à un changement d'affectation pour un bien acheté ne manque ni à ses obligations d'investigation ni à son devoir d'information et de conseil. • Civ. 1re, 29 mars 2017, nº 15-50.102 P : *D. 2018. 35, obs. Brun ; JCP N 2017, nº 1222, note Dagorne-Labbe* (mandat signé en vue de l'achat d'une maison d'habitation).

10. ... Incidence de la garantie financière de l'administrateur de biens. Le mandant d'un administrateur de biens a la faculté d'agir en justice contre son mandataire, sans préjudice de la mise en œuvre de la garantie financière de l'art. 3, L. 2 janv. 1970. • Com. 18 janv. 2017, nº 15-16.531 P : *D. 2017. 1079, chron. Barbot ; RTD civ. 2017. 450, obs. Crocq ; RTD com. 2017. 691, obs. Martin-Serf*.

11. ... Gestion d'immeuble. L'agent immobilier auquel est confiée la gérance d'un immeuble est tenu, en tant que mandataire salarié, de s'assurer par des vérifications sérieuses de la solvabilité réelle du preneur. • Civ. 1re, 28 mars 1984 : *Bull. civ. I, nº 118.* ♦ Le mandat général de gestion confié à un mandataire professionnel pour la gestion de terres agricoles fait obligation au mandataire de renseigner le mandant sur les règles d'ordre public de fixation du fermage et de l'informer quant aux conditions de mise en conformité du bail. • Civ. 3e, 28 sept. 2011, nº 10-10.162 P (expert foncier).

12. ... Placement. L'agent immobilier qui s'entremet habituellement dans des opérations immobilières de placement se doit d'informer et de conseiller l'acquéreur éventuel sur les caractéristiques de l'investissement qu'il lui propose et sur les choix à effectuer. • Civ. 1re, 2 oct. 2013, nº 12-20.504 P : *D. 2013. 2336* (plaquette laissant supposer que l'opération d'investissement envisagée était sure alors que le client aurait dû être alerté sur les risques de non-perception des loyers auxquels ils se trouveraient exposés en cas de déconfiture du preneur à bail commercial, risques dont les stipulations du bail ne permettaient pas de mesurer l'impact sur la fiabilité annoncée du placement).

13. Sauf clause expresse conforme aux exigences du 3e al. de l'art. 72 du Décr. du 20 juill. 1972, le mandat, même exclusif, donné à un agent immobilier, lui confère seulement une mission d'entremise et n'a pas pour effet de le substituer au vendeur pour la réalisation de l'opération envisagée. L'agent immobilier ayant reçu mission de vendre un terrain doit en vérifier le caractère constructible, mais n'a pas à procéder lui-même au mesurage du terrain et à l'examen des titres de propriété des riverains. • Civ. 1re, 3 janv. 1985 : *JCP N 1985. II. 209, note Atias ; RTD civ. 1986. 147, obs. Rémy.*

14. Dès lors que l'agent immobilier a commis une faute en ne déclarant pas les charges affectant les terrains vendus, faute reconnue dolosive par des décisions passées en force de chose jugée, il est irrecevable, nonobstant la faute légère qui pouvait être reprochée au notaire, à demander à être garanti par celui-ci de sa propre faute lourde. • Civ. 1re, 26 févr. 1991, nº 88-14.676 P : *RTD civ. 1992. 83, obs. Mestre*. ♦ La dissimulation du vendeur ne peut, à elle seule, exonérer le négociateur de son manquement à ses obligations de conseil et de diligence. • Civ. 1re, 13 nov. 1997 : *préc. note 8.* ♦ Mais les juges du fond peuvent décider que le dol du cocontractant exonère l'agent immobilier de sa responsabilité même s'il a commis une faute. • Civ. 1re, 20 oct. 1998, nº 96-18.270 P : *RTD civ. 1999. 90, obs. Mestre*. ♦ V. note 8 (bail irrégulier).

15. Agent de voyages. L'organisateur d'un voyage à l'étranger qui fait appel à un transporteur local reste tenu d'une obligation de surveillance de ce transporteur et a, notamment, l'obligation de veiller à ce que le transport soit exécuté dans des conditions de sécurité suffisante. • Civ. 1re, 23 févr. 1983 : *D. 1983. 481, note Couvrat ; JCP 1983. II. 19967, concl. Gulphe ; RTD civ. 1984. 322, obs. Durry.* ♦ Mais la responsabilité d'une agence de voyages dont le mandat se limitait à la délivrance de billets ne peut être engagée, dès lors que l'inefficacité des titres résulte de circonstances extérieures au contrat.

• Civ. 1re, 12 juin 1985 : *Bull. civ. I, n° 185.* ♦ Il entre dans les obligations de l'agence de voyages, en tant que professionnel mandataire de son client, à qui elle vend un billet d'avion, de l'informer des conditions précises d'utilisation du billet, parmi lesquelles figurent les formalités d'entrée sur le territoire de l'État de destination. • Civ. 1re, 7 févr. 2006, n° 03-17.642 P : *D. 2006. 1807, note Dagorne-Labbe.*

V. désormais C. tourisme (Ord. n° 2004-1391 du 20 déc. 2004, *JO 24 déc.*), art. L. 211-17, codifiant L. n° 92-645 du 13 juill. 1992, art. 23. ♦ Sur l'incidence de cette loi, V. note Dagorne-Labbe, ss. • Paris, 10 juin 1997 : *D. 1998. 252*, et • Paris, 12 juin 1997 : *eod. loc.*

16. Avoué. Commet une faute l'avoué, mandataire professionnel salarié tenu de prendre toutes précautions utiles pour garantir les intérêts de ses clients, qui fait intervenir ceux-ci dans une instance, en tant qu'héritiers, sans appeler leur attention sur les conséquences possibles d'une prise de qualité sans réserve. • Civ. 1re, 18 janv. 1989 : *Bull. civ. I, n° 17.*

17. Commissionnaire en douane. Un commissionnaire en douane, en sa qualité de mandataire salarié spécialisé, doit veiller à ce que la déclaration qu'il effectue soit conforme à la réglementation douanière en vigueur et, le cas échéant, conseiller à son mandant, quand bien même celui-ci serait également agréé en qualité de commissionnaire en douane et aurait-il manqué à ses propres obligations, de faire modifier un document afin que l'importateur puisse bénéficier d'un avantage prévu par cette réglementation. • Com. 18 déc. 2012, n° 11-16.223 P : *D. 2013. 76, obs. Delpech.*

18. Conseil juridique. Un conseil juridique, ayant reçu mandat d'effectuer d'urgence un paiement, manque à son obligation de prudence et de diligence en envoyant par la poste, la veille de son départ en vacances, un chèque au créancier, en omettant de prendre toutes dispositions utiles pour que soit vérifiée l'arrivée du pli à destination et pour que soit assuré, en cas de retour de ce pli, un nouvel acheminement. • Civ. 1re, 2 oct. 1984 : *Bull. civ. I, n° 243 ; RTD civ. 1986. 134, obs. J. Huet.*

19. Mandat de gestion. Le préjudice causé par le non-respect d'un mandat de gestion est constitué par les pertes financières nées des investissements faits en dépassement du mandat, indépendamment de la valorisation éventuelle des autres fonds investis et de l'évolution globale du reste du portefeuille géré conformément au mandat. • Com. 6 déc. 2017, n° 16-23.991 P.

20. Placement de fonds. La cour d'appel qui relève qu'un mandataire, chargé de placer des fonds, a fait preuve de la plus grande légèreté en consentant un prêt à une personne dont il ne pouvait ignorer la situation embarrassée, caractérise la faute qui engage la responsabilité du mandataire, même à titre gratuit. • Civ. 1re, 5 févr. 1975 : *D. 1975. 410, note R. R.*

21. Rédacteur d'actes. Les rédacteurs d'actes (en l'espèce, un clerc d'une société civile professionnelle d'avocats) sont tenus d'une obligation de conseil envers toutes les parties en présence et doivent s'assurer de la validité et de l'efficacité des actes qu'ils confectionnent. • Civ. 1re, 14 janv. 1997, n° 94-16.769 P. ♦ Il incombe à l'agent immobilier, mandataire des vendeurs, et rédacteur de l'avant-contrat, de vérifier la sincérité, au moins apparente, de la signature figurant sur l'avis de réception de la lettre recommandée adressée aux acquéreurs en application de l'art. L. 271-1 CCH. • Civ. 3e, 21 mars 2019, n° 18-10.772 P : *D. 2019. Chron. C. cass. 1358, obs. Georget ; AJ contrat 2019. 301, obs. Bucher ; JCP N 2019, n° 1277, note Zalewski-Sicard.*

22. Remise d'effet de commerce. Le mandat consistant à délivrer une machine contre remise d'une lettre de change comporte à la charge du mandataire l'obligation de résultat d'assurer la remise effective de la lettre de change à son mandant. • Com. 14 janv. 1997, n° 94-18.765 P.

23. Société en participation. Le gérant d'une société en participation, dépourvue de personnalité morale, est, en sa qualité de mandataire des associés, responsable des fautes commises à leur égard dans sa gestion. • Com. 6 mai 2008, n° 07-12.251 P : *D. 2008. 2213, note Dondero ; RTD civ. 2008. 500, obs. Gautier.*

24. Syndic. Il incombe au syndic de copropriété de pourvoir au mieux aux intérêts de son mandant et de le préserver de tout risque connu. • Civ. 3e, 21 oct. 2009, n° 08-19.111 P (prise en compte d'une incertitude jurisprudentielle sur le calcul du délai de convocation des copropriétaires). ♦ Le syndic représentant légal du syndicat, seul responsable de sa gestion, est tenu au titre de l'administration de l'immeuble de mettre en œuvre les mesures propres à assurer la sécurité des personnes au service de la copropriété. • Civ. 3e, 26 avr. 2006, n° 05-10.837 P : *D. 2006. Pan. 2768, obs. Capoulade ; AJDI 2007. 140, obs. Bérenger.* ♦ Le syndic de copropriété engage sa responsabilité à l'égard du syndicat des copropriétaires dans l'exécution de son mandat. • Civ. 3e, 23 mai 2012, n° 11-14.599 P : *D. 2012. 1480.* ♦ L'action en responsabilité délictuelle formée par un tiers à l'encontre d'un membre du conseil syndical et fondée sur un manquement contractuel s'exerce dans les limites prévues par le second al. de l'art. 1992. • Civ. 3e, 29 nov. 2018, n° 17-27.766 P (absence de faute en l'espèce).

25. Tiers estimateur. L'erreur grossière est une condition de la remise en cause de la détermination du prix à dire d'expert (art. 1592 C. civ.) et non de la responsabilité du mandataire qui en est chargé, laquelle ressortit au droit commun du mandat. • Com. 4 févr. 2004, n° 01-13.516 P : *D. 2004. IR 736 ; JCP 2004. II. 10087, note Castets-Renard ; JCP E 2004. 601, n° 1, obs. Caussain, Deboissy et Wicker ; CCC 2004, n° 56, note Leveneur ; Dr. et patr. 3/2004. 106, obs. Poracchia ; LPA 21 déc. 2004, note Fischer-Achoura ; RTD civ. 2004. 310, obs. Gautier, et 502, obs. Mestre et Fages ; RDC 2004. 750, obs. Cadiet ; Rev. sociétés 2004. 863, note Moury*, et, sur renvoi, • Versailles, 27 sept. 2005 : *D. 2005. AJ 2942, obs. Delpech* (obligation de moyens). ♦ ... Et le vendeur est en droit d'obtenir réparation du préjudice que lui cause la sous-évaluation de la chose vendue. • Com. 4 févr. 2004 : *préc.* ♦ Pour un refus de reconnaître la responsabilité d'un collège d'experts dans l'évaluation du prix de cession de droits sociaux, V., dans la même affaire, • Com. 6 févr. 2007, n° 05-21.271 P : *D. 2007. AJ 656, obs. Delpech ; D. 2008. Pan. 385, obs. Hallouin et Lamazerolles ; RTD com. 2007. 382, obs. Champaud et Danet*, et 587, *obs. Bouloc*.

Art. 1993 Tout mandataire est tenu de rendre compte de sa gestion, et de faire raison au mandant de tout ce qu'il a reçu en vertu de sa procuration, quand même ce qu'il aurait reçu n'eût point été dû au mandant.

1. Nature de l'action fondée sur l'art. 1993. L'action en reddition de comptes de l'art. 1993 n'a pas le même objet que l'action en responsabilité pour insuffisance d'actif prévue par l'art. L. 651-2 C. com. laquelle sanctionne une faute de gestion. • Com. 15 nov. 2016, n° 15-16.070 P : *D. 2016. 2397*.

2. Remise de fonds. Doivent être considérées comme reçues en vertu du mandat et non à l'occasion de l'exercice de ce mandat les sommes remises au mandataire pour le compte du mandant et dont il a, en son nom, donné décharge. Il est, dès lors, tenu de faire raison de la totalité de celles-ci au mandant, sauf si ce dernier a accepté expressément l'utilisation que le mandataire en a faite. • Civ. 1re, 8 juill. 1975, n° 72-13.789 P : *D. 1976. 315, note Gaury.*

3. Restitution – Nature de l'action. L'action en restitution fondée sur un contrat de dépôt, de prêt ou de mandat constitue une action mobilière distincte de l'action en revendication et se voit appliquer la prescription civile de droit commun relative aux actions personnelles ou mobilières. • Civ. 1re, 24 nov. 2021, n° 20-13.318 B : *D. 2021. 2132 ; Dalloz IP/IT 2022. 145, obs. Gaudrat ; CCC 2022, n° 21, note Leveneur.*

4. Retraits de fonds : reddition de comptes. Le mandant est en droit d'obtenir la reddition de comptes sans avoir à apporter d'éléments permettant de supposer un dépassement du mandat. • Civ. 1re, 16 mai 2006, n° 04-13.258 P.

5. ... Évaluation. L'un des héritiers ayant fait, en vertu d'une procuration, des retraits sur les comptes de sa mère, il lui incombe de rendre compte de l'utilisation de ces fonds, et les juges du fond fixent souverainement, après déduction des dépenses estimées pour les besoins de la défunte, le montant des retraits non justifiés. • Civ. 1re, 2 févr. 1999, n° 96-21.460 P : *Gaz. Pal. 1999. 2. Somm. 433, obs. Guével.*

6. Paiement d'une créance cédée à un tiers. La banque qui a reçu, pour le compte d'un client, le paiement d'une créance professionnelle cédée à un tiers n'est pas tenue à restitution envers le cessionnaire. • Com. 4 juill. 1995, n° 93-12.977 P : *R., p. 278 ; D. 1995. 488, note D. R. Martin et H. Synvet ; D. 1996. Somm. 208, obs. S. Piedelièvre ; JCP 1995. II. 22553, note D. Legeais ; RTD civ. 1995. 934, obs. Crocq ; ibid. 1996. 192, obs. Gautier ; ibid. 1996. 422, obs. Zenati*. – Bonneau, *D. Affaires 1995. 79*. – Même sens : • Com. 30 janv. 2001, n° 97-17.784 P : *D. 2001. AJ 1238, obs. Delpech*.

7. Impossibilité d'opposer le secret professionnel. Lorsqu'un administrateur judiciaire est désigné en qualité de mandataire *ad hoc* pour représenter un associé minoritaire et voter en son nom, il ne peut opposer à ce dernier le secret professionnel tiré de son statut d'administrateur judiciaire pour refuser de lui rendre compte de l'exécution de ce mandat. • Com. 18 nov. 2014, n° 13-19.767 P : *D. 2014. 2405*.

8. Charge de la preuve : utilisation des fonds. Il incombe au mandataire de justifier de l'utilisation des fonds reçus ou prélevés. • Civ. 1re, 12 nov. 2015, n° 14-28.016 P.

Art. 1994 Le mandataire répond de celui qu'il s'est substitué dans la gestion :

1° quand il n'a pas reçu le pouvoir de se substituer quelqu'un ;

2° quand ce pouvoir lui a été conféré sans désignation d'une personne, et que celle dont il a fait choix était notoirement incapable ou insolvable.

Dans tous les cas, le mandant peut agir directement contre la personne que le mandataire s'est substituée.

BIBL. ▶ Gomez, *LPA 21 et 22 sept. 2000* (actions directes du mandant et du sous-mandataire). – Mallet-Bricout, *LPA 21 déc. 1999* (substitution de mandataire).

1. Situation du mandataire initial. Le mandataire qui s'est substitué un tiers pour l'exécution de sa mission, même avec l'autorisation du mandant, reste tenu d'une obligation de surveillance vis-à-vis du mandataire substitué, pour la bonne exécution du mandat. • Civ. 1re, 29 mai 1980, n° 79-11.784 P. ♦ Mais l'obligation du mandataire initial envers son mandant est sérieusement contestable, au sens de l'art. 873 C. pr. civ., lorsque le mandant a, non seulement autorisé la substitution, mais encore désigné la personne du substitué. • Com. 10 mai 2006, n° 04-19.133 P : *RDC 2006. 1214, obs. Viney.* ♦ Le commissionnaire reconnu personnellement responsable de l'entier dommage ne peut opposer à la victime les plafonds d'indemnisation qu'il pourrait opposer en sa qualité de garant du fait de ses substitués. • Com. 30 juin 2015, n° 13-28.846 P.

2. Il résulte de l'art. 1994 que la substitution de mandataire sans autorisation du mandant a pour seul effet de rendre le mandataire initial responsable du fait de celui qu'il s'est substitué, contre lequel le mandant peut agir directement, mais que la responsabilité du mandataire substitué ne peut être engagée que s'il a commis une faute. • Civ. 1re, 26 nov. 1981 : *Bull. civ. I, n° 355.* ♦ V. aussi • Com. 2 déc. 1997, n° 95-19.579 P : *D. Affaires 1998. 282, obs. X. D. ; JCP 1998. II. 10160, note M. Storck ; CCC 1998, n° 42, note Leveneur* (gestion de portefeuille) • 8 juill. 2003, n° 01-16.930 P : *R., p. 427 ; CCC 2003, n° 154, note Leveneur* (transport et livraison contre remboursement).

3. Action directe du mandant contre le mandataire substitué. L'exercice par le mandant du droit d'agir directement à l'encontre du mandataire substitué n'est pas subordonné à la connaissance par ce dernier de l'existence du mandat originaire et de la substitution, c'est-à-dire au fait qu'il ait su ou n'ait pu ignorer que son donneur d'ordre n'était lui-même qu'un mandataire. • Com. 14 oct. 1997, n° 95-18.739 P : *R., p. 248 ; D. 1998. 115, rapp. Rémery ; ibid. Somm. 112, obs. Delebecque ; JCP 1998. I. 113, obs. Jamin.*

4. Action directe du substitué : principe. Le substitué jouit d'une action personnelle et directe contre le mandant pour obtenir le remboursement de ses avances et frais et le paiement de la rétribution qui lui est due. • Civ. 1re, 27 déc. 1960 : *GAJC, 11e éd., n° 268 ; D. 1961. 491, note Bigot* • Com. 8 juill. 1986 : *Bull. civ. IV, n° 153* • 4 déc. 1990, n° 89-12.723 P. ♦ La négligence du mandataire substitué à réclamer le montant de ses avances et frais n'est pas de nature à le priver de l'action directe qu'il est en droit d'exercer contre le mandant. • Com. 19 mars 1991, n° 89-17.267 P : *D. 1992. Somm. 81, obs. Rèmond-Gouilloud ; RTD civ. 1992. 414, obs. Gautier.* ♦ Le mandant peut opposer à l'action directe du mandataire substitué la faute commise par ce dernier. • Com. 25 juin 1991, n° 89-20.938 P : *RTD civ. 1992. 414, obs. Gautier.*

5. ... Limite. L'action directe du substitué ne peut toutefois être exercée qu'autant que l'action du mandataire intermédiaire n'est pas elle-même éteinte ; dès lors que ce dernier a reçu les fonds du mandant, l'extinction de sa créance fait obstacle à l'action directe du substitué contre le mandant. • Com. 3 déc. 2002, n° 00-18.988 P : *D. 2003. 786, note Mallet-Bricout ; Defrénois 2003. 236, obs. Savaux ; CCC 2003, n° 55, note Leveneur ; RTD civ. 2003. 312, obs. Gautier* • Civ. 1re, 30 mai 2006, n° 04-10.315 P. ♦ Encore faut-il rechercher si la demande en paiement adressée par le mandataire substitué au mandant ne l'a pas été avant que ce dernier ait payé le mandataire intermédiaire. • Com. 13 févr. 2007, n° 05-10.174 P : *D. 2007. AJ 797 ; RTD com. 2007. 589, obs. Bouloc.*

6. ... Domaine. L'action directe du mandataire substitué peut être exercée dans tous les cas, que la substitution ait été, ou non, autorisée par le mandant. • Com. 9 nov. 1987 : *Bull. civ. IV, n° 233* • 19 mars 1991, n° 89-17.267 P. ♦ Mais le transporteur maritime, pour le recouvrement du fret à lui dû, n'a d'action directe à l'encontre du commettant du commissionnaire de transport que si celui-ci a agi, non en son propre nom, comme le prévoit l'art. 94 (art. L. 132-1), al. 1er, C. com., mais au nom de son commettant, ainsi que l'envisage le 2d al. du même texte ; dès lors, c'est seulement dans ce dernier cas que les dispositions du code civil sont applicables au contrat de commission de transport. • Com. 9 déc. 1997, n° 95-22.096 P : *JCP 1998. II. 10201, note Litty ; JCP E 1999. 719, obs. B. P.*

7. Action du mandataire intermédiaire. Le mandataire intermédiaire ne peut imputer à faute au mandataire substitué d'avoir déféré à une instruction du mandant originaire, exclusive de la révocation du mandat. • Civ. 1re, 13 juin 2006, n° 04-16.193 P.

Art. 1995 **Quand il y a plusieurs fondés de pouvoir ou mandataires établis par le** ***même acte, il n'y a de solidarité*** **entre eux qu'autant qu'elle est exprimée.**

Art. 1996 **Le mandataire doit l'intérêt des sommes qu'il a employées à son usage, à dater de cet emploi ; et de celles dont il est reliquataire, à compter du jour qu'il est mis en demeure.**

Si l'art. 1996 n'exclut pas la condamnation du mandataire, lorsqu'il est de mauvaise foi, à des dommages-intérêts supplémentaires, c'est à la condition que, conformément à l'art. 1153 anc. C.

civ., le mandant ait subi un préjudice indépendant de celui causé par le simple retard. • Civ. 1re, 9 mai 1990, n° 88-10.082 P.

Art. 1997 **Le mandataire qui a donné à la partie avec laquelle il contracte en cette qualité une suffisante connaissance de ses pouvoirs, n'est tenu d'aucune garantie pour ce qui a été fait au delà, s'il ne s'y est personnellement soumis.**

1. Le mandataire qui traite en son propre nom avec un tiers devient le débiteur direct de ce dernier, sauf son recours contre le mandant. • Civ. 3e, 17 oct. 1972 : *Bull. civ. III, n° 528* • Civ. 1re, 17 nov. 1993, n° 91-16.733 P : *Defrénois 1994. 791, obs. Delebecque.*

2. Responsabilité délictuelle ou quasi délictuelle du mandataire envers les tiers : V. notes ss. art. 1984.

CHAPITRE III DES OBLIGATIONS DU MANDANT

Art. 1998 **Le mandant est tenu d'exécuter les engagements contractés par le mandataire, conformément au pouvoir qui lui a été donné.**

Il n'est tenu de ce qui a pu être fait au delà, qu'autant qu'il l'a ratifié expressément ou tacitement.

V. C. civ., art. 1153 et 1156.

BIBL. ▸ TCHENDJOU, *AJ contrat 2020. 222* (le mandataire infidèle).

I. EFFETS DU POUVOIR DONNÉ AU MANDATAIRE

1. Principe de la représentation. V. notes 16 s. ss. art. 1984. – V. égal. notes ss. art. 1153.

2. Illustrations. – Assurance. Dès lors qu'un agent général d'une compagnie d'assurance auprès de laquelle une personne s'est assurée par l'intermédiaire de cet agent a agi dans l'exercice de ses fonctions de mandataire de la compagnie, celle-ci est seule tenue en cas de sinistre. • Civ. 1re, 27 nov. 1984, n° 83-14.836 P.

3. L'agent général d'assurance, en rédigeant une proposition d'assurance destinée à sa compagnie, agit dans l'exercice de ses fonctions de mandataire rémunéré par cette compagnie, laquelle est responsable des fautes qu'il commet en cette qualité. • Civ. 1re, 31 mars 1981 : *Bull. civ. I, n° 108.* ♦ Obligation, pour statuer sur la demande en réparation d'une personne contre son assureur, de rechercher si cette personne, au jour de la signature d'une quittance à sa compagnie d'assurance, savait que le courtier avait personnellement encaissé le chèque à elle versé par la compagnie, et si elle avait ainsi donné mandat au courtier. • Civ. 1re, 18 sept. 2002, n° 00-12.033 P.

4. Autres exemples. Une vente ne peut être résolue pour défaut de conformité alors que le mandataire de l'acheteur a vérifié la marchandise et l'a réceptionnée sans réserves. • Com. 12 févr. 1980 : *D. 1981. 278, note Aubertin.* ♦ Il incombe au seul titulaire d'un compte sur lequel ont été versés indûment des fonds, et, après son décès, à sa succession, de les restituer, le mandataire n'y étant pas tenu en cette seule qualité. • Civ. 1re, 25 juin 1996, n° 94-15.637 P. ♦ Qualité de mandataire du maître d'ouvrage délégué du propriétaire d'un terrain et chargé de déposer la demande de permis de construire de deux villas, alors même que l'une d'entre elles lui était destinée en rémunération de ses efforts. • Civ. 3e, 15 sept. 2010, n° 09-13.442 P : *D. 2010. Actu. 2227* .

5. Actes de procédure contre le mandataire. Les significations faites au mandataire font courir les délais contre le mandant. • Civ. 3e, 5 juin 1984, n° 83-12.400 P. ♦ L'interruption de la prescription de l'action de l'assuré peut résulter de l'envoi d'une lettre recommandée avec AR par le mandataire de l'assuré à l'assureur. • Civ. 2e, 22 sept. 2005, n° 04-18.173 P.

6. Contestation par le mandant. C'est au mandant qui entend contester la date d'un contrat conclu par son mandataire qu'il incombe d'apporter la preuve de la fausseté de la date. • Civ. 1re, 4 janv. 1984, n° 83-12.785 P.

7. Manœuvres dolosives du mandataire. Si le mandant est, en vertu de l'art. 1998, contractuellement responsable des dommages subis du fait de l'inexécution des engagements contractés par son mandataire dans les limites du mandat conféré, les manœuvres dolosives du mandataire, dans l'exercice de son mandat, n'engagent la responsabilité du mandant que s'il a personnellement commis une faute, qu'il incombe à la victime d'établir. • Cass., ch. mixte, 29 oct. 2021, n° 19-18.470 B : *D. 2021. 2162, note Tisseyre ; ibid. 2022. 35, obs. Brun ; ibid. 310, obs. Boffa et Mekki ; Rev. sociétés 2022. 154, note Mathey ; RTD civ. 2022. 116, obs. Barbier ; ibid. 141, obs. Jourdain ; ibid. 157, obs. Gautier ; RTD com. 2022. 91, obs. Moury ; CCC 2021, n° 175, note Leveneur ; JCP N 2022, n° 1112, note Leveneur ; RDC 2022/1. 18, note Pellet.*

8. Révocation du mandat. Le mandant doit assumer toutes les obligations résultant des actes conclus par le mandataire en son nom avant la prise d'effet de la révocation du mandat (cassation de l'arrêt ayant dispensé le mandant de payer à un avocat avec lequel le mandataire avait conclu une convention d'honoraires une partie des honoraires convenus au motif que la révocation du mandat était intervenue en cours de procédure). • Civ. 1re, 8 nov. 1994, n° 92-18.077 P.

9. Absence de responsabilité du syndic de copropriété, après la cessation de ses fonctions, pour le solde des comptes ouverts par lui, non à titre personnel, mais en sa qualité de mandataire du propriétaire ou du syndicat de copropriétaires désignés dans les intitulés. • Com. 6 avr. 1999, n° 95-15.378 P : *R., p. 359.*

II. DÉPASSEMENT – RATIFICATION

BIBL. Veaux, *Trav. Assoc. Capitant, XXVIII-1977, p. 77.*

10. Principe. Le mandant n'est pas tenu d'exécuter les actes faits par son mandataire au-delà du pouvoir qui lui a été donné. • Com. 26 mars 2008, n° 04-11.554 P : *D. 2008. AJ 1058, obs. Delpech* ; *RTD civ. 2008. 689, obs. Gautier* . ♦ En cas de dépassement de mandat, le mandant reste tenu pour tout ce qui a été exécuté conformément au mandat. • Civ. 1re, 26 janv. 1999, n° 96-21.192 P. – V. notes ss. art. 1156.

11. Ratification d'actes du mandataire – Appréciation souveraine. Les juges du fond apprécient souverainement les circonstances manifestant la ratification par le mandant des actes passés par le mandataire. • Civ. 3e, 2 mai 1978 : *Bull. civ. III, n° 173* • Civ. 1re, 6 févr. 1996, n° 94-13.329 P.

12. Illustrations. Ratification rétroactive des actes du mandataire tirée de l'existence d'une procuration, quelle qu'en fût la date : • Civ. 1re, 4 déc. 1979 : *Bull. civ. I, n° 304* • 25 mars 1981, n° 79-16.847 P. ♦ Ratification du mandat de signer une lettre de licenciement, signée pour ordre au nom du directeur des ressources humaines, par le fait que la procédure de licenciement a été menée à terme. • Soc. 10 nov. 2009, n° 08-41.076 P : *D. 2009. AJ 2869, obs. Perrin* .

Le fait que le mandataire qui dépasse son mandat déclare agir en son nom personnel ne s'oppose pas à ce que le mandant ratifie ses actes. • Civ. 1re, 28 avr. 1980 : *Bull. civ. I, n° 129.*

13. Irrégularité de la représentation à un acte notarié. Les irrégularités affectant la représentation conventionnelle d'une partie à un acte notarié, qu'elles tiennent en une nullité du mandat, un dépassement ou une absence de pouvoir, *sont sanctionnées par la nullité* relative de l'acte accompli pour le compte de la partie représentée, qui seule peut la demander, à moins qu'elle ratifie ce qui a été fait pour elle hors ou sans mandat, dans les conditions de l'art. 1998, al. 2. • Civ. 1re, 2 juill. 2014, n° 13-19.626 P.

14. Effet rétroactif. L'effet rétroactif de la ratification emportant approbation de la gestion du mandataire, les mandants ne disposent d'aucun recours contre celui-ci. • Civ. 3e, 12 mai 2010, n° 08-20.544 P : *D. 2010. Actu. 1417* ; *RDI 2010. 379, obs. Boubli* ; *RTD com. 2011. 167, obs. Bouloc* • Civ. 1re, 4 déc. 1979 : *Bull. civ. I, n° 304* • 25 mars 1981, n° 79-16.847 P.

III. MANDAT APPARENT

BIBL. Lescot, *JCP 1964. I. 1826 ; 1966. I. 2007.* – Sourioux, *JCP 1982. I. 3058* (croyance légitime).

A. PRINCIPE ET DOMAINE

15. Définition. Si, en principe, le mandant n'est pas obligé envers les tiers pour ce que le mandataire a fait au-delà du pouvoir qui lui a été donné, il en est autrement lorsqu'il résulte des circonstances que le tiers a pu légitimement croire que le mandataire agissait en vertu d'un mandat et dans les limites de ce mandat. • Civ. 1re, 30 mars 1965 : *D. 1965. 559.* – V. égal. notes ss. art. 1156.

16. Doit être cassé l'arrêt qui retient que n'est pas valable le paiement d'une prime d'assurance entre les mains de celui qui n'a pas pouvoir de la recevoir même s'il a la qualité de mandataire apparent, alors que le mandat apparent peut éventuellement porter sur l'encaissement d'une somme d'argent. • Civ. 1re, 7 juin 1995, n° 93-14.515 P.

17. Commune – Acte du maire. Non-application de la théorie du mandat apparent à la vente de droit privé de parcelles, faite par un maire en l'absence de délibération municipale. • Civ. 3e, 16 juin 2016, n° 15-14.906 P : *AJDA 2016. 1266* ; *D. 2016. 1371* .

18. Gérant de société. Le seul fait que la nomination et la cessation des fonctions de gérant de SARL soient soumises à des règles de publicité légale ne suffit pas à exclure qu'une telle société puisse être engagée sur le fondement d'un mandat apparent. • Com. 9 mars 2022, n° 19-25.704 : *Rev. sociétés 2022. 479, note Jullian* ; *RTD com. 2022. 369, obs. Bouloc* .

B. SOURCES DU MANDAT APPARENT

19. Attitude du mandant apparent. Celui qui a laissé créer à l'égard des tiers une apparence de mandat est tenu, comme le mandant, d'exécuter les engagements contractés par le mandataire. • Com. 5 déc. 1989, n° 88-14.193 P. ♦ Une action en remboursement peut être exercée contre le représenté auquel était destinée la somme qui a été remise au représentant. Il en est de même dans le cas où celui qui a laissé créer une apparence de mandat doit réparer le dommage causé aux tiers comme s'il avait été un véritable mandant. • Civ. 1re, 31 mai 1983 : *Bull.*

civ. I, n° 161. ♦ V., pour d'autres cas d'apparence à la création de laquelle le mandant apparent n'est pas étranger, par ex. : • Com. 5 mars 1980 : *Bull. civ. IV, n° 116* • 20 avr. 1982 : *ibid. IV, n° 133* • 15 mars 1984, n° 82-15.081 P. ♦ Pour un cas d'exclusion de l'apparence, au motif que le prétendu mandant était demeuré complètement étranger à l'apparence alléguée, V. • Com. 27 mai 1974 : *D. 1977. 421, note Arrighi.*

20. Croyance légitime du tiers. Le mandant peut être engagé sur le fondement d'un mandat apparent, même en l'absence d'une faute susceptible de lui être reprochée, si la croyance du tiers à l'étendue des pouvoirs du mandataire est légitime, ce caractère supposant que les circonstances autorisaient le tiers à ne pas vérifier les limites exactes de ces pouvoirs. • Cass., ass. plén., 13 déc. 1962 : *GAJC, 11e éd., n° 267 ; D. 1963. 277, note Calais-Auloy ; JCP 1963. II. 13105, note Esmein ; RTD civ. 1963. 572, obs. Cornu* • Civ. 2e, 17 oct. 1979 : *Bull. civ. II, n° 242* • Com. 6 juin 1989 : *Bull. civ. IV, n° 179 ; RTD civ. 1990. 270, obs. Mestre* • Com. 17 oct. 1995, n° 94-10.106 P : *D. 1997. Somm. 57 (2e esp.), obs. Ferrier* (franchisé considéré comme mandataire apparent du franchiseur du fait de son absence d'autonomie) • Civ. 1re, 28 juin 2005, n° 03-15.385 P : *D. 2005. IR 1962 ; CCC 2005, n° 202, note Leveneur ; AJDA 2005. 2124, note Dreyfus* (maire mandataire apparent de sa commune) • 12 juin 2012 : *cité note 1 ss. art. 1842* (société s'étant immiscée dans les rapports entre sa filiale et son agent commercial, le mandat supposant d'établir que l'immixtion avait été de nature à créer pour l'agent une apparence trompeuse propre à lui permettre de croire légitimement que cette société était aussi son cocontractant) • Soc. 22 nov. 2017, n° 16-12.524 P (avocat s'étant présenté comme étant celui du salarié et s'étant exprimé au nom de ce dernier, avec une connaissance approfondie de la situation du salarié ainsi que des données du litige l'opposant à l'employeur, ces circonstances autorisant l'employeur à ne pas vérifier si l'avocat justifiait d'un mandat spécial pour prendre acte de la rupture de son contrat de travail pour le compte de son client). ♦ Le banquier porteur de bonne foi d'un billet à ordre signé au nom d'une société n'est tenu de vérifier ni la signature apposée sur l'effet ni l'étendue des pouvoirs du signataire, la société étant engagée par la signature de son mandataire apparent sauf pour elle d'établir être étrangère dans la formation de cette apparence de mandat. • Com. 9 mars 1999, n° 96-13.782 P : *D. Affaires 1999. 831, obs. X. D.* ♦ Comp. • Com. 20 mars 2007, n° 06-13.552 P (la conformité de la signature n'autorise pas la banque à ne pas vérifier l'étendue de la délégation de pouvoir du préposé et sa capacité à céder des créances professionnelles). ♦ L'absence de consentement de l'épouse à la vente de parcelles dont le notaire avait informé la SAFER, parfaitement révélée à la lecture de la lettre d'information du notaire, interdit à la SAFER de se prévaloir d'un mandat apparent du notaire. • Civ. 3e, 13 mai 2009, n° 08-16.720 P : *JCP 2009, n° 212, note Barbiéri ; ibid. 2010, n° 487, § 14, obs. Simler ; AJDI 2009. 728, obs. Porcheron ; Defrénois 2010. 616, note Champenois.*

21. Illustrations. Ainsi, parmi les circonstances autorisant le tiers à ne pas vérifier les pouvoirs de son cocontractant, peuvent être relevés, par ex. : – La faible valeur d'une commande à un fournisseur. • Com. 8 juill. 1981 : *Bull. civ. IV, n° 315.* ♦ ... Ou au contraire l'importance du montant de la transaction faisant légitimement croire au salarié que le représentant du club sportif employeur, en sa qualité de directeur administratif et financier, avait pouvoir pour engager l'employeur, caractérisant ainsi l'existence d'un mandat apparent, dont la preuve peut être faite par présomptions • Soc. 12 janv. 2010, n° 08-44.321 P. ♦ ... L'autorité et l'honorabilité s'attachant aux fonctions de notaire. • Civ. 3e, 2 oct. 1974 : *JCP 1976. II. 18247, note Thuillier* • Civ. 1re, 22 mai 1991 : *JCP N 1992. II. 372, note Leveneur.* – V. aussi • Civ. 3e, 4 oct. 2000, n° 99-11.268 P • 5 juin 2002, n° 00-21.562 P : *Defrénois 2002. 1601, note Gelot* • 15 déc. 2004, n° 03-12.007 P : *JCP 2005. II. 10012, concl. Guérin ; Gaz. Pal. 2005. 2732, note Barbiéri ; Defrénois 2005. 1441, obs. Gelot ; AJDI 2005. 399, obs. Prigent*. ♦ ... La qualité d'avocat représentant la partie adverse à l'instance en homologation d'une transaction comportant renonciation à une servitude, susceptible de laisser croire à l'existence du mandat spécial d'aliéner exigé par l'art. 1988, al. 2. • Civ. 3e, 2 mars 2005, n° 03-15.466 P. ♦ ... Les rapports de parenté avec les prétendus mandants et le fait que le mandataire apparent gérait leurs biens depuis longtemps. • Civ. 3e, 4 mai 1982, n° 81-11.415 P. ♦ ... Les usages constants en matière de publicité, selon lesquels l'agence de publicité agit au nom de l'annonceur. • Civ. 1re, 11 févr. 1997, n° 95-12.926 P. ♦ ... L'utilisation par un associé du papier à en-tête de la société. • Civ. 1re, 3 juin 1998, n° 96-12.505 P : *D. Affaires 1998. 1357, obs. J. F.* ♦ ... La signature de marchés de travaux par l'architecte se présentant comme maître d'ouvrage délégué en présence parfois des mandants qui avaient ratifié certains marchés, réglé des situations et étaient présents aux côtés du maître d'œuvre au cours des réunions de chantier. • Civ. 3e, 12 mai 2010 : *préc. note 14.* ♦ Question du mandat apparemment conféré par un époux à son conjoint : V. note 14 ss. art. 1424 et note ss. art. 1432.

22. Validité du contrat de travail signé par le mandataire apparent d'une société, associé du gérant et chargé de l'exploitation de l'entreprise. • Soc. 15 juin 1999, n° 97-41.375 P.

23. Limites tenant à l'ordre public. Le mandat apparent ne peut tenir en échec les règles impératives imposant un écrit en matière de mandat portant sur une transaction immobilière. • Civ. 1re, 31 janv. 2008 : *préc. note 10 ss. art. 1985.* ♦ ... Ou en matière de mandat de gestion immobilière. • Civ. 1re, 5 juin 2008 : *eod. loc.* ♦ *Contra* : • Civ. 1re, 6 janv. 1994, n° 91-22.117 P.

24. ... Ou à une obligation de vérification. Le mandat apparent ne peut être admis pour l'établissement d'un acte par un notaire instrumentaire avec le concours d'un confrère, les deux officiers publics étant tenus de procéder à la vérification de leurs pouvoirs respectifs. • Civ. 1re, 5 nov. 2009, n° 08-18.056 P : *D. 2010. 939, note Dissaux* • 20 mars 2013, n° 12-11.567 P : *D. 2013. 846 ; JCP N 2013, n° 1149, obs. Dagorne-Labbe ; Defrénois 2013. 671, obs. Rouzet.*

25. ... Preuve du mandat de gestion immobilière. Ni le mandat apparent, ni la ratification de l'acte ne peuvent tenir en échec les règles impératives imposant que la preuve de l'existence et de l'étendue du mandat de gestion immobilière délivré à un professionnel ne puisse être rapportée que par écrit. • Civ. 1re, 2 déc. 2015, n° 14-17.211 P : *préc. art. 1985, note 21.*

C. CONTRÔLE DU JUGE

26. Les juges du fond ne peuvent accueillir la demande d'un organisme de crédit sans rechercher si le vendeur ne pouvait être tenu pour son mandataire apparent auprès duquel l'emprunteur aurait exercé efficacement son droit de rétractation (L. n° 78-22 du 10 janv. 1978). • Civ. 1re, 12 févr. 1991, n° 88-11.916 P : *D. 1992. Somm. 269, obs. A. Penneau.*

27. Contrôle de la Cour de cassation. La Cour de cassation contrôle la légitimité de la croyance aux pouvoirs du prétendu mandataire. • Civ. 1re, 29 avr. 1969 : *Bull. civ. I, n° 153 à 155 (trois arrêts) ; R. 1968-1969, p. 21 ; D. 1970. 23 (deux arrêts), note Calais-Auloy ; JCP 1969. II. 15972 (trois arrêts), note Lindon ; Defrénois 1969. 1202, note Rouiller.* – V. aussi • Com. 25 avr. 1977 : *Bull. civ. IV, n° 115* • Civ. 1re, 19 oct. 1977 : *ibid. I, n° 377* • Civ. 3e, 4 mai 1982, n° 81-11.415 P • 20 avr. 1988 : *JCP 1989. II. 21229, note J. Monéger* • Com. 7 janv. 1992, n° 89-21.605 P • 5 oct. 1993, n° 91-17.109 P.

28. Office du juge. Les juges du second degré n'ont pas à se prononcer sur l'existence d'un mandat apparent dès lors que la partie qui l'invoque devant la Cour de cassation n'avait pas précisé, dans ses conclusions d'appel, les circonstances d'où résulterait l'apparence. • Civ. 1re, 26 avr. 1977 : *Bull. civ. I, n° 186.* ♦ Sur un débat relatif à l'existence d'un mandat exprès ou tacite, les juges ne peuvent soulever d'office le moyen tiré de l'existence d'un mandat apparent sans que les parties aient été invitées à présenter leurs observations et que les débats aient été réouverts. • Civ. 3e, 15 oct. 1975 : *Bull. civ. III, n° 298.*

D. EFFETS DU MANDAT APPARENT

29. Effet envers le mandant. Le mandat apparent a pour seul effet d'obliger le mandant à exécuter les engagements pris envers les tiers par le mandataire apparent, mais non d'y obliger ce dernier. • Com. 21 mars 1995, n° 93-13.132 P.

30. Absence de mandat. Dès lors que les bénéficiaires de chèques sans provision tirés par le titulaire d'une procuration en dépassement de ses pouvoirs (chèques remis en garantie d'un prêt personnel) ne démontrent pas qu'ils peuvent se prévaloir d'un mandat apparent, les juges du fond décident à bon droit que le titulaire du compte n'est pas tenu à leur égard. • Civ. 1re, 30 sept. 1997, n° 95-19.710 P.

Art. 1999 **Le mandant doit rembourser au mandataire les avances et frais que celui-ci a faits pour l'exécution du mandat, et lui payer ses salaires lorsqu'il en a été promis.**

S'il n'y a aucune faute imputable au mandataire, le mandant ne peut se dispenser de faire ces remboursements et paiement, lors même que l'affaire n'aurait pas réussi, ni faire réduire le montant des frais et avances sous le prétexte qu'ils pouvaient être moindres.

BIBL. ▶ Bergel, *JCP N 1989. I. 73* (droit à rémunération de l'agent immobilier).

A. AVANCES, FRAIS ET RÉMUNÉRATION

1. Syndic. – Remboursement des avances. Les textes relatifs à la copropriété ne font pas *obstacle au fait que le syndic* puisse faire des avances de fonds « pour le compte de la copropriété » et en revendiquer le remboursement. • Civ. 3e, 14 avr. 1999, n° 97-14.246 P. – Dans le même sens : • Civ. 3e, 13 juill. 1999, n° 98-10.450 P : *D. 2000. Somm. 139, obs. Capoulade (2e esp.) ; JCP 2000. I. 211, n° 10, obs. Périnet-Marquet ; Gaz. Pal. 2000. 2. Somm. 2078, obs. Gélinet.* ♦ Comp., exigeant des circonstances particulières pour justifier l'application de l'art. 1999 : • Civ. 3e, 29 mars 2000, n° 98-17.763 P : Defrénois 2000. 782, obs. Atias • 29 mai 2002, n° 00-21.739 P : *RTD civ. 2003. 109, obs. Gautier.* – V. aussi, refusant au syndic le remboursement d'avances, qualifiées d'anomalies de gestion : • Civ. 3e, 20 janv. 1999, n° 97-16.470 P : *Gaz. Pal. 2000. 2. Somm. 2077, obs. Gélinet* • 14 mars 2001, n° 99-16.015 P :

JCP 2001. I. 358, n° 9, obs. Périnet-Marquet • 9 janv. 2002, n° 00-15.782 P : *Defrénois 2002. 395, obs. Atias.*

2. Commissionnaire de transport. Le commissionnaire de transport, tenu d'une obligation de résultat, ne peut exiger de son commettant le remboursement des frais consécutifs à sa mission si l'affaire n'a pas réussi. • Com. 11 déc. 2007, n° 06-18.192 P : *D. 2008. AJ 82, obs. Delpech ; ibid. Pan. 1245, obs. Kenfack.*

3. Rémunération non convenue. – Fixation judiciaire. Il appartient au juge de procéder à l'appréciation des circonstances de la cause et de l'importance des services rendus pour fixer le montant de la rémunération du mandataire, à défaut de convention des parties ; une simple référence à l'offre du mandant est insuffisante. • Civ. 1re, 23 oct. 1979 : *Bull. civ. I, n° 252.* ♦ V. aussi, sur le pouvoir souverain des juges du fond : • Civ. 1re, 16 juin 1998 : *préc. note ss. art. 1986* (honoraires dus à un expert en tableaux).

B. RÉVISION JUDICIAIRE

4. Conditions de la révision judiciaire. En réduisant, pour le proportionner au service rendu, le salaire stipulé par le mandataire comme rémunération du mandat qui lui est confié, une juridiction ne fait qu'user du pouvoir de contrôle et de révision qui appartient aux tribunaux. • Req. 12 déc. 1911 : *DP 1913. 1. 129, note Feuilloley* • Com. 23 janv. 1962 : *Bull. civ. III, n° 52* • Civ. 1re, 7 mai 1969, n° 67-13.866 P. ♦ Il appartient au mandant de démontrer en quoi la rémunération convenue, acceptée par lui, serait excessive. • Civ. 1re, 24 sept. 2002 : *CCC 2003, n° 3, note Leveneur.*

5. ... Mandat partiellement exécuté. Ayant relevé que l'échec de l'opération prévue était dû à un ensemble de circonstances indépendantes des parties, d'où il résultait que la raison même du maintien du mandat avait cessé d'exister, les juges du fond peuvent reconnaître, même en l'absence de faute du mandataire, l'existence d'un motif légitime de révocation du mandat. C'est dans l'exercice de leur pouvoir souverain qu'ils décident que la rémunération promise doit être limitée à la partie exécutée du contrat. • Com. 21 déc. 1981, n° 80-15.032 P.

6. ... Mandat de l'agent immobilier : incidence d'une faute. L'ouverture du droit à rémunération de l'agent immobilier, dans les conditions impératives applicables à la profession, ne fait pas obstacle au pouvoir que le juge tient de réduire, voire supprimer cette rémunération, en considération des fautes que l'intermédiaire a commises dans l'exécution de sa mission. • Civ. 1re, 14 janv. 2016, n° 14-26.474 P.

C. CONDITIONS DU PAIEMENT

7. Intérêts dus. La circonstance que les sommes convenues à titre de rémunération d'un mandataire salarié ont été réduites par le juge ne fait pas obstacle à l'application de l'art. 1153 anc. C. civ. en vertu duquel le débiteur doit l'intérêt des sommes dues à compter du jour où il est mis en demeure. • Civ. 1re, 13 mai 1981 : *Bull. civ. I, n° 164.*

8. Rétention par le mandataire. Le mandataire a un droit de rétention des objets qui lui ont été confiés pour l'exécution de son mandat, jusqu'à paiement de ce qui lui est dû à raison du mandat. • Civ. 17 janv. 1866 : *DP 1866. 1. 76.* ♦ Mais, jugé que constitue un abus de confiance le fait, pour un mandataire, de retenir de mauvaise foi et contre la volonté du mandant, des effets qui ne sont détenus qu'au titre de mandat et qui ne sont restitués que sous la contrainte de poursuites judiciaires. • Crim. 17 nov. 1970 : *D. 1971. 97 ; JCP 1971. II. 16692, note de Lestang.*

9. Prescription de l'action en restitution. Le point de départ de la prescription de l'action en restitution d'honoraires se situe au jour de la fin du mandat de l'avocat. • Civ. 2e, 7 févr. 2019, n° 18-10.767 P.

Art. 2000 **Le mandant doit aussi indemniser le mandataire des pertes que celui-ci a essuyées à l'occasion de sa gestion, sans imprudence qui lui soit imputable.**

1. Caractère supplétif. Les dispositions de l'art. 2000 n'étant pas d'ordre public, il peut y être dérogé par la convention des parties. Ainsi, il peut être convenu d'un forfait excluant tout autre versement. • Req. 9 févr. 1938 : *DH 1938. 213.* ♦ Mais les pertes qui auraient pour origine un élément de l'exploitation dont la maîtrise a été conservée par le mandant ne peuvent être conventionnellement mises à la charge du mandataire. • Com. 26 oct. 1999, n° 96-20.063 P : *D. 2000. AJ 10, obs. J. F. ; CCC 2000, n° 41, note Leveneur ; RTD civ. 2000. 136, obs. Gautier.*

2. Interprétation du contrat. Si les juges apprécient souverainement la commune intention des parties de déroger aux dispositions de l'art. 2000 C. civ., ils ne peuvent rechercher cette intention en méconnaissant les termes clairs et précis de la convention ; la stipulation d'une commission forfaitaire sur la vente d'hydrocarbures ne peut avoir pour objet de couvrir les pertes d'exploitation subies par le mandataire, dès lors qu'elle prévoit que la société mandataire perçoit une commission couvrant forfaitairement sa rémunération et l'ensemble de ses frais, sans prévoir qu'elle englobe les pertes essuyées à l'occasion de la gestion du mandat. • Com. 28 juin 1994, n° 92-17.957 P • 17 déc. 1991, n° 89-20.688 P : *D. 1992. Somm. 390, obs. Ferrier.* – V. aussi : • Com. 17 déc. 1991, n° 89-21.356 P : *D. 1992. Somm. 390, obs. Ferrier.* ♦ Comp.

• Com. 4 déc. 1990, n° 88-18.781 P : *D. 1991. 328, note Testu*. ♦ V. aussi, laissant à la charge du mandataire, agent général d'assurances, un déficit de caisse, distingué du déficit d'exploitation : • Civ. 1re, 4 déc. 2001, n° 98-10.122 P : *RCA 2002. Chron. 6, par Choisez.* ♦ Doit être écartée une clause de renonciation à l'art. 2000 noyée dans les conditions générales du contrat, ne reproduisant pas le texte de l'art. et présentant un caractère trop hermétique pour qu'il soit établi qu'elle a été acceptée en connaissance de cause. • Com. 5 févr. 2002 : *CCC 2002, n° 88, note Leveneur.*

3. Pertes : nature. Les pertes que le mandataire a essuyées à l'occasion de sa gestion et dont les parties peuvent décider qu'elles seront couvertes par un forfait sont exclusives de celles qui ont pour origine un fait imputable au mandant. • Com. 26 oct. 1999 : *préc. note 1.*

4. Sous-mandat – Responsabilité civile pour perte de rémunération. Condamnation au paiement de dommages-intérêts, et non d'une rémunération, du notaire qui n'a pas prévu, dans son acte, que la rémunération d'un agent immobilier, sous-mandataire, substitué au vendeur d'un immeuble, serait à la charge de l'acquéreur. • Civ. 1re, 9 janv. 2019, n° 17-27.841 P.

5. … Illustrations. L'art. 2000 ne prévoit pas l'indemnisation des seules pertes exceptionnelles, mais de toutes les pertes essuyées par le mandataire à l'occasion de sa gestion. • Com. 28 janv. 1992 : *D. 1992. Somm. 390, obs. Ferrier*.

6. S'il n'est maître ni des charges d'exploitation, ni des recettes de celle-ci (conditions de vente des produits fixées par le mandant), le mandataire, sauf le cas où une imprudence lui serait imputable, doit sortir indemne de sa gestion. • Com. 28 juin 1994, n° 92-17.957 P.

7. Pertes constituées par des redressements fiscaux : V. • Civ. 1re, 28 juin 1989, n° 87-12.830 P : *Defrénois 1990. 501, obs. Vermelle.*

Art. 2001 **L'intérêt des avances faites par le mandataire lui est dû par le mandant, à dater du jour des avances constatées.**

1. La circonstance que les frais et débours du mandataire salarié ont été liquidés par le juge ne fait pas obstacle à l'application de l'art. 2001. • Civ. 1re, 13 mai 1981 : *Bull. civ. I, n° 164.*

2. Intérêts de la rémunération du mandataire salarié : V. note 7 ss. art. 1999.

Art. 2002 **Lorsque le mandataire a été constitué par plusieurs personnes pour une affaire commune, chacune d'elles est tenue solidairement envers lui de tous les effets du mandat.**

CHAPITRE IV DES DIFFÉRENTES MANIÈRES DONT LE MANDAT FINIT

Art. 2003 **Le mandat finit,**

Par la révocation du mandataire,

Par la renonciation de celui-ci au mandat,

Par la mort *(Abrogé par L. n° 2009-526 du 12 mai 2009, art. 10)* ***« naturelle ou civile »***, **la tutelle des majeurs ou la déconfiture, soit du mandant, soit du mandataire.**

BIBL. ► PICARD, *JCP N 2000. 651* (handicap de santé du mandant).

1. Caractère supplétif. La disposition de l'art. 2003 selon laquelle le mandat finit par la mort soit du mandant soit du mandataire n'est que supplétive de la volonté des parties. Elle cesse de s'appliquer lorsqu'il apparaît que telle a été la volonté du mandant, cette volonté pouvant s'induire notamment de l'objet du mandat et du but dans lequel il a été donné (en l'espèce, mandat donné à un avoué de conduire une procédure jusqu'à son terme). • Paris, 12 déc. 1967 : *D. 1968. 269.*

2. Si les dispositions de l'art. 2003 ne sont que *supplétives de la volonté des parties*, encore faut-il, pour la validité du mandat *post-mortem*, que son objet soit licite. • Civ. 1re, 28 juin 1988 : *D. 1989. 181, note Najjar ; JCP 1989. II. 21366, note D. Martin ; JCP N 1989. II. 74, note Salvage ; Defrénois 1990. 40, note Beaubrun ; RTD civ. 1989. 116, obs. Patarin.* ♦ Spécialement un tel mandat ne peut transgresser les règles d'ordre public édictées en matière successorale. • Même arrêt.

3. Renonciation du mandataire. Si le mandataire au sens des art. 1984 s. peut renoncer au mandat qui lui a été confié pour une cause valable, le mandataire désigné par autorité de justice ne peut mettre fin lui-même à ses fonctions sans y avoir été expressément autorisé par une décision de l'autorité qui l'a désigné. • Civ. 1re, 10 juin 1986 : *Bull. civ. I, n° 161.*

4. Décès du mandant ou du mandataire. Absence de pouvoir d'un avocat pour présenter une requête en justice alors que l'un des requérants est décédé antérieurement au dépôt de cette requête. • Civ. 1re, 28 oct. 2009, n° 08-18.053 P : *D. 2010. 989, obs. Douchy-Oudot*. ♦ Le mandat d'intérêt commun étant présumé donné *intuitu personae*, il n'existe aucune raison déterminante d'écarter l'art. 2003, al. 4, disposant que le mandat finit notamment par la mort du mandataire. • Com. 20 avr. 1967 : *JCP 1968. II. 15389.* ♦ Rappr. : une personne morale nouvelle ayant été substituée à une autre personne morale dans des fonctions de mandataire (syndic de copropriété), les actes de procédure engagés par le premier mandataire ne peuvent être déclarés régularisés sans que les juges du fond aient recherché si le nouveau mandataire avait qualité pour représenter en justice le syndicat des copropriétaires. • Civ. 3e, 10 nov. 1998, nº 97-12.369 P : *JCP 1999. II. 10051, note Djigo ; RTD civ. 1999. 416, obs. Gautier*.

5. Par application de l'art. 85, al. 3, du Décr. du 29 déc. 1945 modifié, un assuré social peut déléguer un tiers pour l'encaissement des prestations et cette délégation n'est valable que pour les prestations dont le versement est demandé dans le délai de trois mois. Ce délai maximum de validité n'empêche pas que le mandat soit devenu auparavant sans effet par le décès du mandant. • Soc. 28 juin 1978 : *Bull. civ. V, nº 527.*

6. Déconfiture – Procédure collective. Par dérogation à l'art. 2003, la fin du mandat ne résulte pas de la liquidation judiciaire du mandataire mais obéit au régime des contrats en cours lorsqu'il a été conclu et n'a pas été exécuté avant le jugement de liquidation judiciaire, le mandat ne pouvant alors être résilié que selon les modalités prévues par le code de commerce en cas de liquidation judiciaire (C. com., art. L. 641-11-1, I). • Com. 28 juin 2017, nº 15-17.394 P : *D. 2017. 1941, obs. Le Corre et Lucas ; AJ contrat 2017. 444, obs. de Ravel d'Esclapon ; Rev. sociétés 2017. 521, obs. Henry* (mandat pour un achat immobilier). ♦ Comp. : Le mandat prenant fin par la déconfiture du mandant, il s'en déduit que la clinique ayant mandat de recevoir les paiements pour un praticien, dès lors qu'elle est en liquidation judiciaire, n'est plus habilitée à recevoir les honoraires destinés aux praticiens mandants. • Com. 1er déc. 2009, nº 07-21.441 P : *D. 2010. AJ 12*.

7. Fixation d'un terme au mandat d'un agent immobilier (L. du 2 janv. 1970, art. 7). **BIBL.** Meunier, *JCP 1983. I. 3121.* ♦ Le moyen tiré de la nullité du mandat donné à un agent immobilier ne comportant pas une limitation de ses effets dans le temps est un moyen de pur droit qui peut être soulevé d'office par la Cour de cassation. • Civ. 1re, 13 avr. 1983 : *Bull. civ. I, nº 120.* ♦ Dès lors que le mandat ne comporte pas de limitation dans le temps, il doit être annulé, sans qu'il y ait lieu de distinguer selon qu'il comporte ou non une clause d'exclusivité. • Civ. 1re, 6 déc. 1994, nº 92-15.371 P.

8. Si un mandat à durée déterminée, mais contenant une clause de renouvellement indéfini par tacite reconduction, n'est pas limité dans le temps et encourt la nullité prévue par l'art. 7 de la L. du 2 janv. 1970, cette nullité ne concerne que la clause de renouvellement, la première période étant limitée dans le temps au sens du texte précité. • Civ. 1re, 22 mai 1985 : *Bull. civ. I, nº 159.* – Dans le même sens : • Civ. 1re, 28 mars 1984, nº 83-10.182 P • 16 oct. 1985 : *Bull. civ. I, nº 262.*

9. Mandat lié à l'exploitation d'un fonds de commerce cédé. La cession d'un fonds de commerce n'emportant pas, sauf exceptions prévues par la loi, la cession des contrats liés à l'exploitation de ce fonds, la cession d'un fonds de commerce d'agent immobilier n'emporte pas cession des mandats confiés à ce professionnel. • Com. 28 juin 2017, nº 15-17.394 P : *préc. note 6.*

10. Absence de terme : délégation de pouvoir dans une société. Aucune disposition n'exige que la délégation du pouvoir de représenter une société en justice soit donnée pour une durée déterminée. • Com.17 janv. 2012, nº 10-24.811 P : *D. 2012. 371*.

Art. 2004 Le mandant peut révoquer sa procuration quand bon lui semble, et contraindre, s'il y a lieu, le mandataire à lui remettre, soit l'écrit sous seing privé qui la contient, soit l'original de la procuration, si elle a été délivrée en brevet, soit l'expédition, s'il en a été gardé minute.

BIBL. ▶ NAJJAR, *D. 2003. Chron. 708* (mandat et irrévocabilité). – STOUFFLET, *Mél. Colomer, Litec, 1993, p. 477* (mandat irrévocable, instrument de garantie).

1. Caractère supplétif. V. notes 8 s.

I. RÈGLES GÉNÉRALES APPLICABLES À LA RÉVOCATION

A. LIBRE RÉVOCABILITÉ DU MANDAT

2. Principe. Le mandant est libre de révoquer à tout moment son mandat, sauf à ne pas commettre un abus de droit. • Civ. 1re, 2 mai 1984, nº 83-12.056 P. ♦ La révocation anticipée du mandat à durée déterminée, pour des motifs légitimes et sans abus de droit, n'ouvre pas droit à indemnité au profit du mandataire. • Civ. 1re, 28 janv. 2003, nº 00-15.519 P.

Il appartient au mandant d'établir que le tiers qui a traité avec son mandataire était informé de la révocation du mandat. • Com. 17 juin 1997, nº 95-16.520 P : *Gaz. Pal. 1998. 2. 853, note Teilliais.*

3. Applications : agent immobilier. Le mandat donné à un agent immobilier n'est pas un mandat d'intérêt commun et le mandant tient de l'art. 2004 le droit de le révoquer unilatéralement, sauf au mandataire à prouver que son mandant a abusé du droit de révocation et lui a causé un préjudice dont il lui doit réparation. • Civ. 1re, 14 mars 1984, n° 83-10.897 P. ♦ V. aussi note 11.

4. ... *Syndic de copropriété.* Malgré la durée prévue, le mandat de syndic de copropriété peut être révoqué à tout moment. • Civ. 3e, 27 avr. 1988 : *D. 1989. 351, obs. Atias.* ♦ Les juges du fond doivent rechercher si le syndic a commis un manquement à ses obligations de nature à justifier sa révocation sans indemnité. • Même arrêt.

5. ... *Mandat syndical.* La révocation d'un mandat syndical ne constitue pas une sanction disciplinaire. • Soc. 25 oct. 2005, n° 04-16.089 P : *D. 2005. IR 2970 ; RTD civ. 2006. 139, obs. Gautier .*

6. *Révocation partielle.* Des restrictions aux pouvoirs précédemment accordés au mandataire constituent une révocation partielle du mandat. Une telle révocation pouvant, selon les dispositions de l'art. 2004, intervenir au gré du mandant, ces restrictions de pouvoirs n'ont pas à être acceptées par le mandataire. • Civ. 1re, 8 janv. 1968 : *D. 1968. 350.* ♦ Sauf stipulation d'irrévocabilité, la révocation partielle du mandat est, comme sa révocation totale, laissée à la discrétion du mandant, le mandataire pouvant renoncer au mandat ainsi modifié. • Civ. 1re, 25 févr. 2010, n° 08-22.066 P : *D. 2010. AJ 653, obs. Rouquet ; JCP N 2010. 1182, note Leveneur ; Defrénois 2010. 1708, obs. Seube ; RLDC 2010/70, n° 3767, obs. Le Gallou* (révocation de la seule clause d'exclusivité d'un mandat immobilier).

7. *Révocation implicite.* Cassation du jugement rejetant l'action d'un client contre sa banque, qui a continué à verser des sommes correspondant à un abonnement mensuel souscrit sur internet que le client contestait, sans rechercher si la contestation formulée par le titulaire de la carte ne valait pas révocation pour l'avenir du mandat ainsi donné. • Com. 27 mars 2012, n° 11-11.275 P : *D. 2012. 944, obs. Delpech ; ibid. 1520, note Lasserre Capdeville ; JCP 2012, n° 704, note Rodriguez.*

B. CLAUSES CONTRAIRES

8. *Validité et portée des clauses.* Si, en principe, le mandant peut révoquer le mandat quand bon lui semble, il peut renoncer à ce droit ou en soumettre l'exercice à des conditions déterminées. • Req. 9 juill. 1885 : *DP 1886. 1. 310.* ♦ Les parties peuvent se lier par un mandat comportant un terme précis, dont elles ne peuvent, sans faute, abréger unilatéralement et arbitrairement la durée. • *Soc. 22 juin 1977,* n° 76-10.491 P.

9. *Mandat stipulé irrévocable.* Mais le pouvoir stipulé irrévocable donné à un mandataire de céder un certain nombre de parts sociales ne prive pas le mandant du droit de disposer personnellement de ces parts en qualité de propriétaire. • Civ. 1re, 16 juin 1970 : *D. 1971. 261, note Aubert.* ♦ De même, le mandat stipulé irrévocable de rechercher un acquéreur en vue de la vente d'un bien ne prive pas le mandant du droit de renoncer à l'opération, sous réserve de sa responsabilité envers le mandataire. • Civ. 1re, 5 févr. 2002, n° 99-20.895 P : *D. 2002. 2640, note Dagorne-Labbe ; ibid. Somm. 2838, obs. Aynès ; JCP 2003. II. 10029, note D. Martin.* ♦ Comp. • Civ. 1re, 30 mai 2006, n° 04-18.972 P : *CCC 2006, n° 184, note Leveneur* (qui souligne que la renonciation à l'opération de vente d'un bien, et la révocation du mandat qui en découle, prive d'effet la clause pénale prévue par celui-ci).

10. *Clause d'indemnisation.* Les dispositions de l'art. 2004 ayant un caractère supplétif, il peut être prévu une indemnité contractuelle de résiliation unilatérale. • Civ. 1re, 6 mars 2001, n° 98-20.431 P : *JCP 2002. II. 10067, note Dagorne-Labbe ; CCC 2001, n° 102, note Leveneur ; RTD civ. 2001. 589, obs. Mestre et Fages .* ♦ S'il est loisible aux parties de stipuler que le mandat ne pourra être révoqué sans que le mandataire reçoive une indemnité, cette dérogation au principe posé par l'art. 2004 ne s'applique pas lorsque la révocation du mandat est rendue nécessaire par une faute imputable au mandataire. Dans ce cas, le mandant n'est plus lié à cet égard par la promesse d'indemnité. • Civ. 1re, 23 mai 1979, n° 77-15.879 P.

C. SUITES DE LA RÉVOCATION

11. *Restitution de la procuration.* Sur le droit, pour le mandataire, agent immobilier, de conserver pendant dix ans l'original de la convention qu'il détient, par dérogation à l'art. 2004, V. • Civ. 1re, 19 févr. 2002, n° 99-15.606 P : *AJDI 2002. 327, obs. Barberot .*

II. DISPOSITIONS PARTICULIÈRES AU MANDAT D'INTÉRÊT COMMUN

A. RÈGLES APPLICABLES À LA RÉVOCATION

12. *Principes.* BIBL. Ghestin, *Mél. Derruppé, Litec/GLN-Joly, 1991, p. 105.* – Grignon, *Mél. Cabrillac, Litec, 1999, p. 127* (l'intérêt commun dans le droit de la distribution). ♦ Lorsque le mandat a été donné dans l'intérêt commun du mandant et du mandataire, il ne peut pas être révoqué par la volonté de l'une ou même de la majorité des parties intéressées, mais seulement de leur consentement mutuel, ou pour une cause légitime reconnue en justice, ou enfin suivant les clauses et conditions spécifiées par le contrat. • Civ. 13 mai 1885 : *DP 1885. 1. 350.* – Jurisprudence constante. – V. par ex. • Com. 10 nov. 1959 : *JCP 1960. II. 11509 (2e esp.), note M. T.* • 7 juill. 1983 : *Bull. civ. IV, n° 209* • 2 mars 1993 : *cité note 16* (diffuseur de presse) • 14 mars 1995, n° 93-13.845 P (cause légitime de rupture) • 3 juill. 2001, n° 98-16.691 P : *D. 2001. AJ 2826, obs. Chevrier ; ibid. Somm.*

3245, obs. Delebecque ; JCP 2002. I. 134, n° 10 s., obs. Virassamy ; LPA 25 mars 2002, note Corlay (mise en œuvre d'une clause de résiliation mutuelle figurant dans un contrat de concession nové en mandat d'intérêt commun) • 15 mai 2007, n° 06-12.282 P : *D. 2007. AJ 1592, obs. Chevrier ; CCC 2007, n° 202, note Malaurie-Vignal* (manquement du mandataire à son obligation de loyauté, constitutif d'une faute grave).

13. Absence de cause légitime de révocation. Mais l'absence de cause légitime ne prive pas d'effet la révocation du mandat d'intérêt commun. • Civ. 1re, 2 oct. 2001, n° 99-15.938 P : *D. 2001. IR 3020 ; JCP 2002. II. 10094, note Dagorne-Labbe ; JCP E 2002. 593, note Treppoz ; Defrénois 2002. 321, note Rabreau ; CCC 2002, n° 3, note Leveneur ; RTD civ. 2002. 118, obs. Gautier* .

14. Clauses relatives à la révocation. La révocation d'un mandat d'intérêt commun, effectuée selon les formes prévues par la convention, n'est pas subordonnée à la preuve d'un préjudice causé au mandant. • Civ. 1re, 7 juin 1989, n° 87-15.973 P. ♦ Mais une clause ayant pour seul but de fixer la forme et la durée du préavis ne dispense pas le juge de rechercher si le mandant justifiait d'une cause légitime de résiliation. • Com. 6 juill. 1993, n° 91-15.469 P. – Même sens : • Com. 3 juin 1997, n° 95-11.450 P : *Defrénois 1997. 1078, obs. Bénabent ; CCC 1997, n° 176, note Leveneur* • 18 janv. 2000 : *CCC 2000, n° 75, note Leveneur.* ♦ ... Ou si le mandataire a renoncé à son droit à indemnité. • Com. 3 juin 1997, n° 95-12.402 P • 18 janv. 2000 : *préc.*

15. Non-concurrence. Ayant retenu que les parties avaient été liées par un mandat d'intérêt commun, les juges du fond qui constatent que l'ex-mandataire a commis une faute à l'égard de son ancien mandant, en conservant un fichier de clientèle, peuvent mettre à la charge du fautif une obligation de non-concurrence limitée dans le temps et dans l'espace. • Com. 25 juin 1991 : *D. 1992. 249, note Batteur ; D. 1993. Somm. 156, obs. Picod* .

B. QUALIFICATION DU MANDAT D'INTÉRÊT COMMUN

16. Conventions exclues. Les règles spéciales du mandat d'intérêt commun ne sont pas applicables au contrat qui prévoit que le commissionnaire vend et facture en son nom, pour le compte du commettant, la marchandise de celui-ci. • Com. 27 juin 1978 : *Bull. civ. IV, n° 182.* – V. aussi • Com. 10 févr. 1970, n° 67-14.387 P : *R. 1969-1970, p. 48 ; D. 1970. 392* • 8 janv. 2002, n° 98-13.142 P : *D. 2002. Somm. 3009, obs. Ferrier ; CCC 2002, n° 87, note Leveneur ; Dr. et patr. 6/2002. 105, obs. Chauvel ; RTD civ. 2002. 323, obs. Gautier* (intérêt commun sans contrat de mandat) • 8 juill. 2008, n° 07-12.759 P : *D. 2008. AJ 2140, obs. Delpech ; CCC 2008, n° 229, obs. Mathey* (mandat limité à la présentation de clientèle pour la conclusion éventuelle d'opérations de banque, faute de mandat, d'opérations pour le compte du mandant et faute de création d'une clientèle commune). ♦ Comp., sur la notion de mandat d'intérêt commun, à propos d'un diffuseur de presse : • Com. 2 mars 1993 : *D. 1994. 48, note Aubert-Monpeyssen ; ibid. Chron. 73, par Ghestin ; JCP 1993. II. 22176, note Béhar-Touchais* • 29 févr. 2000, n° 97-15.935 P : *R., p. 365 ; D. 2000. AJ 165, obs. Faddoul ; JCP 2000. II. 10355, note Cadou ; JCP E 2001. 322, obs. Grignon ; CCC 2000, n° 93, note Leveneur* • 20 févr. 2007, n° 05-18.444 P : *D. 2007. AJ 867, obs. Delpech ; CCC 2007, n° 124, note Malaurie-Vignal, et n° 145, note Leveneur.* ♦ ... Ou d'un « courtier-mandataire » chargé de diffuser les jeux de la Société Française des Jeux : • Civ. 1re, 2 déc. 1997, n° 95-15.015 P : *Gaz. Pal. 1998. 1. 195, concl. Sainte-Rose ; Defrénois 1998. 332, obs. Delebecque ; ibid. 406, obs. Bénabent.* ♦ ... Ou d'un « commerçant » titulaire d'un contrat de commission-affiliation, qui ne peut avoir la qualité d'agent commercial. • Com. 26 févr. 2008 : *CCC 2008, n° 95, obs. Mathey.*

17. Autres illustrations. Le contrat de concession exclusive ne constitue pas un mandat d'intérêt commun. • Com. 7 oct. 1997, n° 95-14.158 P : *D. 1998. 413, note Jamin (1re esp.) ; D. 1998. Somm. 333, obs. Ferrier (1re esp.) ; JCP 1998. II. 10085, note Chazal ; CCC 1998, n° 20, note Leveneur ; RTD civ. 1998. 130, obs. Gautier ; ibid. 370, obs. Mestre* . ♦ La convention passée entre une clinique et un praticien étant, selon l'appréciation souveraine de la cour d'appel, un contrat d'exercice de la chimiothérapie, il ne peut être utilement fait référence à la notion de mandat d'intérêt commun, qui n'est pas applicable. • Civ. 1re, 25 juin 1996, n° 94-17.633 P. ♦ Sur la nature du contrat de régie publicitaire, V. • Com. 16 déc. 1997, n° 95-16.889 P : *D. Affaires 1998. 241, obs. J. F.* ♦ V. aussi note 3.

18. L'exclusion de l'application du Décr. du 23 déc. 1958 relatif aux agents commerciaux [V. désormais L. 25 juin 1991, spéc. art. 4, devenu C. com., art. L. 134-4] n'écarte pas la possibilité de se prévaloir des effets attachés au mandat d'intérêt commun. • Com. 8 oct. 1969 : *Bull. civ. IV, n° 284 ; R. 1969-1970, p. 29 ; D. 1970. 143 (2e esp.), note Lambert ; JCP 1970. II. 16339, note Hémard* • 2 mars 1982 : *Bull. civ. IV, n° 83.*

Art. 2005 La révocation notifiée au seul mandataire ne peut être opposée aux tiers qui ont traité dans l'ignorance de cette révocation, sauf au mandant son recours contre le mandataire.

Les juges du fond ne peuvent décider qu'un mandant n'est pas lié par la transaction conclue par son mandataire après révocation du mandat, au motif qu'il incombait au cocontractant de s'assurer que le mandataire tenait bien du mandant le pouvoir de transiger, exorbitant de la représentation courante, tout en constatant que le cocontractant n'était pas informé de la révocation du mandat. • Civ. 3e, 10 janv. 1984 : *Bull. civ. III, no 7.*

Art. 2006 **La constitution d'un nouveau mandataire pour la même affaire, vaut révocation du premier, à compter du jour où elle a été notifiée à celui-ci.**

Art. 2007 **Le mandataire peut renoncer au mandat, en notifiant au mandant sa renonciation.**

Néanmoins, si cette renonciation préjudicie au mandant, il devra en être indemnisé par le mandataire, à moins que celui-ci ne se trouve dans l'impossibilité de continuer le mandat sans en éprouver lui-même un préjudice considérable.

1. Le droit spécial des agents commerciaux ne dérogeant pas à l'art. 2007, la brusque cessation de fonctions d'un agent commercial, dès lors qu'elle entraîne pour son mandant divers préjudices, l'expose à des dommages-intérêts. • Com. 14 mars 1995, no 93-12.144 P : *RTD civ. 1996. 195, obs. Gautier*.

2. L'avocat, libre de refuser le mandat confié par son client, doit établir qu'il en a informé son client en temps utile pour lui permettre de sauvegarder ses intérêts. • Civ. 1re, 30 oct. 2008 : *D. 2009. 995, note Avril*.

3. En application de l'art. 2007, la démission d'un dirigeant de société, qui constitue un acte juridique unilatéral, produit tous ses effets dès lors qu'elle a été portée à la connaissance de la société ; la méconnaissance de l'obligation statutaire de respecter un préavis peut seulement ouvrir droit à des dommages-intérêts sauf pour le dirigeant démissionnaire à établir qu'il était dans l'impossibilité de continuer le mandat. • Soc. 1er févr. 2011, no 10-20.953 P : *D. 2011. 440, obs. A. Lienhard ; Rev. sociétés 2011. 687, note Pomade*.

Art. 2008 **Si le mandataire ignore la mort du mandant ou l'une des autres causes qui font cesser le mandat, ce qu'il a fait dans cette ignorance est valide.**

V. C. civ., art. 1160.

1. Si le mandataire ignore la mort du mandant, ce qu'il a fait dans cette ignorance est valide, ignorance qu'il lui incombe de prouver. • Soc. 22 juin 1978 : *Bull. civ. V, no 511.* ♦ Ainsi est valable le congé donné par le mandataire du bailleur après décès de ce dernier, dès lors qu'en délivrant ce congé le mandataire avait agi dans les limites de son mandat sans que la preuve soit faite qu'il avait eu connaissance du décès du mandant. • Civ. 3e, 19 juill. 1995, no 93-14.579 P.

2. La révocation du mandat n'est opposable au mandataire qu'au jour où celui-ci a eu connaissance de la volonté du mandant et non au jour où cette volonté s'est exprimée. • Civ. 3e, 28 févr. 1984 : *Bull. civ. III, no 52.*

Art. 2009 **Dans les cas ci-dessus, les engagements du mandataire sont exécutés à l'égard des tiers qui sont de bonne foi.**

Art. 2010 **En cas de mort du mandataire, ses héritiers doivent en donner avis au mandant, et pourvoir, en attendant, à ce que les circonstances exigent pour l'intérêt de celui-ci.**

TITRE XIV DE LA FIDUCIE

(L. no 2007-211 du 19 févr. 2007)

Le titre XIV ancien, relatif au cautionnement, a été abrogé par Ord. no 2006-346 du 23 mars 2006, art. 56-I. Les art. 2011 à 2043, qui constituaient ce titre XIV, sont repris aux art. 2288 à 2320.

RÉP. CIV. vo *Fiducie*, par F. BARRIÈRE.

BIBL. GÉN. ► *Assoc. Henri-Capitant*, La fiducie dans tous ses états, Dalloz, 2011. – AYNÈS, *RLDC 2009/60, nos 3441 et 3443.* – BARRIÈRE, *JCP N 2009. 1291.* – BLANLUET et LE GALL, *JCP 2007. II. 169.* – BOUTEILLER, *JCP E 2007. 1404.* – CATTALANO, *JCP N 2023, no 1025* (durée de la fiducie). – CHAMPAUD et DANET, *RTD com. 2007. 728*. – DAMMANN, *RLDC 2009/60, no 3442* (procédure collective). – DELFOSSE et PÉNIGUEL, *Defrénois 2007. 581.* – DOUET, *Dr. fam. 2007. Étude 26.* – DUPICHOT, *JCP 2007. Actu. 121 ; JCP 2009. I. 132* (fiducie-sûreté). – KACZMAREK, *D. 2009. Chron. 1845* (propriété fiduciaire et droits des intervenants). – KUHN, *Dr. et patr. 4/2007. 32.* –

Lajarte, *RLDC 2009/60, n° 3445* (droits du bénéficiaire d'un contrat de fiducie). – D. Legeais, *RTD com. 2007. 581*. – S. Piedelièvre, *Gaz. Pal. 2007. Doctr. 1526*. – Prigent, *AJDI 2007. 280*. – Rochfeld, *RTD civ. 2007. 412*. – Turot, *Mél. Le Gall, Dalloz, 2010, p. 279* (neutralité).

▸ adaud, *LPA 10 juin 2009*. – Barrière, *Rev. sociétés 2018. 428* (le fiduciaire-actionnaire). – Bertran de Balanda et Sorensen, *RLDC 2007/39, n° 2585* (fiducie-sûreté). – Bouteille, *RLDC 2010/74, n° 3950* (propriété du fiduciaire). – Collet, Illhé et Thibert-Belaman, *Defrénois 2022/40-41. 21* (essor de la fiducie à la faveur de l'ingénierie notariale). – J. Denizot, *RTD civ. 2014. 547* (théorie du patrimoine). – Dammann et Rotaru, *D. 2018. 1763* (la fiducie et le trust). – Dom, *Rev. sociétés 2007. 481* (fiducie-gestion et contrat de société). – Dubertret, *D. 2022. 716* (les parties au contrat de fiducie). – Forray, *LPA 13 nov. 2007* (la fiducie, nouveau contrat spécial). – Grimaldi et Dammann, *D. 2009. 671*. – Guiguet Schielé, *Dr. et patr. 10/2018, p. 20* (fiducie d'assurance vie). – Hinfray, *AJDI 2012. 85* (fiducie et bail commercial). – Hinfray et Miailhe, *Gaz. Pal. 2014. 1577* (régime fiscal). – Houssin, *LPA 16 avr. 2018* (procédure collective et mécanismes fiduciaires). – Libchaber, *Defrénois 2007. 1094 et 1194* (aspects civils). – F.-X. Lucas et Sénéchal, *D. 2008. Chron. 29* (fiducie ou sauvegarde). – Mallet-Bricout, *Mél. Larroumet, Economica, 2010, p. 297* (fiducie et propriété) ; *JCP N 2010, n° 1073* (fiduciaire propriétaire). – Massip, *Defrénois 2009. 1549* (fiducie et personnes protégées). – Nicolle, *D. 2014. 2070* (fiducie sans transfert de propriété au fiduciaire). – Pando, *LPA 23 janv. 2009*. – Pellier, *LPA 21 mars 2007* (fiducie-sûreté). – Peterka, *Dr. et patr. 9/2018. 37* (la fiducie, une alternative au mandat de protection future ?) ; *JCP N 2021, n° 1287* (la fiducie au soutien du mandat de protection future). – Prim, *JCP N 2022, n° 1225 ; ibid., n°s 1238 à 1240*. – Raynouard et Jourdain-Thomas, *JCP N 2010, n° 1063*. – Reboul-Maupin, *D. 2007. Pan. 2496* (propriété fiduciaire). – Romanet, *Banque et Dr. 5-6/2009. 12*. – Roussel, *Dr. et patr. 12/2008. 28* (droit des sûretés). – Roussel, Larcher, Hoareau et Dobigny, *JCP N 2008. 1282* (de la fiducie à l'entreprise individuelle à responsabilité limitée). – Sauvage, *RJPF 2009-5/10* (gestion du patrimoine de la personne vulnérable). – Simoni, *LPA 24 août 2009*. – Wertenschlag, Bacrot et Moreau, *AJDI 2015. 748* (fiducie en matière environnementale).

▸ **Avocat et fiducie :** Berger, *RLDC 2009/60, n° 3444* (avocat fiduciaire). – Chambaz, *RLDC 2007/38, n° 2526 ; ibid. 2009/56, n° 3258* (avocat et fiducie). – Jamin, *D. 2007. 1492* (l'avocat, le fiduciaire et le tiers). – Dammann et Albertini, *JCP 2011, suppl. n° 41, n° 4*. – Sand, *JCP 2010, n° 76* (conditions d'exercice par les avocats). – Uettwiller, *Dr. et patr. 3/2009. 27* (avocat et fiducie).

▸ **Fiducie et finance islamique :** Aynès et Crocq, *D. 2009. 2559*. – Bertran De Balanda et Bourabiat, *Dr. et patr. 5/2010. 84*. – Charlin, *JCP N 2009. 1270*. – Louis-Caporal, *RTD civ. 2016. 49* (fiducie-libéralité). – F.-X. Lucas, *BJS 2009. 825*. – Lienhard, *D. 2009. 2412*. – Mallet-Bricout, *Liber amicorum Larroumet, Économica, 2010, p. 297* (fiducie et propriété). – Raynouard, *JCP N 2010, n° 1014 et n° 1063*.

▸ **Dossiers :** Dossier, *D. 2007. 1346*, par Marini, Larroumet, Crocq, Damman, Podeur, Fumenier, Miller, Dorin et Witz. – Dossier, *JCP E 2007. 2050 à 2061*. – Dossier, *RLDC 2007/40, n°s 2624 à 2627*. – Dossier, *Dr. et patr. 6/2008. 45*. – Dossier, *JCP N 2009. 1218 s.* – Dossier, *Dr. et patr. 10/2009. 69 ; ibid. 5/2010. 51*. – Dossier, *RLDC 2010/77, n° 4065 s.* (théorie du patrimoine, unité ou affectation). – Dossier, *Dr. et patr. 3/2012. 43* (utilisations pratiques de la fiducie-gestion). – Dossier, *Dr. et patr. 9/2013. 33* (utilisations réussies de la fiducie). – Dossier, *AJ fam. 2015. 195* (fiducie et famille). – Dossier, *JCP N 2022, n°s 1250 s. ; ibid., n°s 1259 s.*

Art. 2011 La fiducie est l'opération par laquelle un ou plusieurs constituants transfèrent des biens, des droits ou des sûretés, ou un ensemble de biens, de droits ou de sûretés, présents ou futurs, à un ou plusieurs fiduciaires qui, les tenant séparés de leur patrimoine propre, agissent dans un but déterminé au profit d'un ou plusieurs bénéficiaires.

Art. 2012 La fiducie est établie par la loi ou par contrat. Elle doit être expresse.

(Ord. n° 2009-112 du 30 janv. 2009, art. 1er, en vigueur le 1er févr. 2009) **« Si les biens, droits ou sûretés transférés dans le patrimoine fiduciaire dépendent de la communauté existant entre les époux ou d'une indivision, le contrat de fiducie est établi par acte notarié à peine de nullité. »**

Art. 2013 Le contrat de fiducie est nul s'il procède d'une intention libérale au profit du bénéficiaire. Cette nullité est d'ordre public.

Art. 2014 *(Abrogé par L. nº 2008-776 du 4 août 2008, art. 18-I, à compter du 1er févr. 2009) (L. nº 2007-211 du 19 févr. 2007)* ***Seules peuvent être constituants les personnes morales soumises de plein droit ou sur option à l'impôt sur les sociétés. Les droits du constituant au titre de la fiducie ne sont ni transmissibles à titre gratuit, ni cessibles à titre onéreux à des personnes autres que des personnes morales soumises à l'impôt sur les sociétés.***

Art. 2015 *(L. nº 2007-211 du 19 févr. 2007)* **Seuls peuvent avoir la qualité de fiduciaires les établissements de crédit mentionnés** *(Ord. nº 2013-544 du 27 juin 2013, art. 18, en vigueur le 1er janv. 2014)* **« au I de l'article L. 511-1 » du code monétaire et financier, les institutions et services énumérés à l'article L. 518-1 du même code, les entreprises d'investissement mentionnées à l'article L. 531-4 du même code** *(Ord. nº 2017-1107 du 22 juin 2017, art. 17, en vigueur le 3 janv. 2018)* **« [,] les sociétés de gestion de portefeuille » ainsi que les entreprises d'assurance régies par l'article L. 310-1 du code des assurances.**

(L. nº 2008-776 du 4 août 2008, art. 18-I, en vigueur le 1er févr. 2009) **« Les membres de la profession d'avocat peuvent également avoir la qualité de fiduciaire. »**

Trust. Sur la qualité du conjoint d'un artiste décédé désigné comme « *trustee* » pour gérer les œuvres de cet artiste, V. • Civ. 1re, 21 oct. 2020, nº 19-16.300 P (jugeant que la qualité de *trustee* n'exclut pas nécessairement celle de consommateur, mais qu'il incombe au juge du fond de déterminer à quelles fins le *trustee* a eu recours aux services d'un avocat pour savoir si la prescription biennale de l'art. L. 218-2 C. consom. est applicable à l'action en fixation d'honoraires de cet avocat).

Art. 2016 **Le constituant ou le fiduciaire peut être le bénéficiaire ou l'un des bénéficiaires du contrat de fiducie.**

Art. 2017 **Sauf stipulation contraire du contrat de fiducie, le constituant peut, à tout moment, désigner un tiers chargé de s'assurer de la préservation de ses intérêts dans le cadre de l'exécution du contrat et qui peut disposer des pouvoirs que la loi accorde au constituant.**

(Ord. nº 2009-112 du 30 janv. 2009, art. 2, en vigueur le 1er févr. 2009) **« Lorsque le constituant est une personne physique, il ne peut renoncer à cette faculté. »**

(Ord. nº 2020-115 du 12 févr. 2020, art. 12) **« Le constituant doit informer le fiduciaire de la désignation de ce tiers. »**

Art. 2018 **Le contrat de fiducie détermine, à peine de nullité :**

1º Les biens, droits ou sûretés transférés. S'ils sont futurs, ils doivent être déterminables ;

2º La durée du transfert, qui ne peut excéder *(L. nº 2008-776 du 4 août 2008, art. 18-I)* **« quatre-vingt-dix-neuf » ans à compter de la signature du contrat ;**

3º L'identité du ou des constituants ;

4º L'identité du ou des fiduciaires ;

5º L'identité du ou des bénéficiaires ou, à défaut, les règles permettant leur désignation ;

6º La mission du ou des fiduciaires et l'étendue de leurs pouvoirs d'administration et de disposition.

Art. 2018-1 *(L. nº 2008-776 du 4 août 2008, art. 18-I)* **Lorsque le contrat de fiducie prévoit que le constituant conserve l'usage ou la jouissance d'un fonds de commerce ou d'un immeuble à usage professionnel transféré dans le patrimoine fiduciaire, la convention conclue à cette fin n'est pas soumise aux chapitres IV et V du titre IV du livre I du code de commerce, sauf stipulation contraire.**

Art. 2018-2 *(L. nº 2008-776 du 4 août 2008, art. 18-I)* **La cession de créances réalisée dans le cadre d'une fiducie est opposable aux tiers à la date du contrat de fiducie ou de l'avenant qui la constate. Elle ne devient opposable au débiteur de la créance cédée que par la notification qui lui en est faite par le cédant ou le fiduciaire.**

Art. 2019 **A peine de nullité, le contrat de fiducie et ses avenants sont enregistrés dans le délai d'un mois à compter de leur date au service des impôts du siège du fiduciaire ou au service des impôts des non-résidents si le fiduciaire n'est pas domicilié en France.**

Lorsqu'ils portent sur des immeubles ou des droits réels immobiliers, ils sont, sous la même sanction, publiés dans les conditions prévues aux articles 647 et 657 du code général des impôts.

La transmission des droits résultant du contrat de fiducie et, si le bénéficiaire n'est pas désigné dans le contrat de fiducie, sa désignation ultérieure doivent, à peine de nullité, donner lieu à un acte écrit enregistré dans les mêmes conditions.

(Ord. nº 2020-115 du 12 févr. 2020, art. 12) « La désignation d'un tiers en application de l'article 2017 et l'information sur l'identité du ou des bénéficiaires effectifs de la fiducie mentionnés à l'article L. 561-2-2 du code monétaire et financier doivent également, à peine de nullité, donner lieu à un acte écrit établi par le fiduciaire et enregistré dans les mêmes conditions. »

Art. 2020 Un registre national des fiducies est constitué selon des modalités précisées par décret en Conseil d'État. – *V. Décr. nº 2010-219 du 2 mars 2010 (JO 4 mars).*

Art. 2021 Lorsque le fiduciaire agit pour le compte de la fiducie, il doit en faire expressément mention.

De même, lorsque le patrimoine fiduciaire comprend des biens ou des droits dont la mutation est soumise à publicité, celle-ci doit mentionner le nom du fiduciaire ès qualités.

Art. 2022 Le contrat de fiducie définit les conditions dans lesquelles le fiduciaire rend compte de sa mission au constituant.

Toutefois, lorsque pendant l'exécution du contrat le constituant fait l'objet d'une mesure de tutelle, le fiduciaire rend compte de sa mission au tuteur à la demande de ce dernier au moins une fois par an, sans préjudice de la périodicité fixée par le contrat. Lorsque pendant l'exécution du contrat le constituant fait l'objet d'une mesure de curatelle, le fiduciaire rend compte de sa mission, dans les mêmes conditions, au constituant et à son curateur.

Le fiduciaire rend compte de sa mission au bénéficiaire et au tiers désigné en application de l'article 2017, à leur demande, selon la périodicité fixée par le contrat.

Art. 2023 Dans ses rapports avec les tiers, le fiduciaire est réputé disposer des pouvoirs les plus étendus sur le patrimoine fiduciaire, à moins qu'il ne soit démontré que les tiers avaient connaissance de la limitation de ses pouvoirs.

Art. 2024 L'ouverture d'une procédure de sauvegarde, de redressement judiciaire ou de liquidation judiciaire au profit du fiduciaire n'affecte pas le patrimoine fiduciaire.

BIBL. ▸ PODEUR, *D. 2014. 1653* (procédure collective du fiduciaire).

Code de commerce

Art. L. 622-23-1 *(Ord. nº 2008-1345 du 18 déc. 2008, art. 32, en vigueur le 15 févr. 2009)* Lorsque des biens ou droits présents dans un patrimoine fiduciaire font l'objet d'une convention en exécution de laquelle le débiteur constituant en conserve l'usage ou la jouissance, aucune cession ou aucun transfert de ces biens ou droits ne peut intervenir au profit du fiduciaire ou d'un tiers du seul fait de l'ouverture de la procédure, de l'arrêté du plan ou encore d'un défaut de paiement d'une créance née antérieurement au jugement d'ouverture. Cette interdiction est prévue à peine de nullité de la cession ou du transfert.

Art. 2025 Sans préjudice des droits des créanciers du constituant titulaires d'un droit de suite attaché à une sûreté publiée antérieurement au contrat de fiducie et hors les cas de fraude aux droits des créanciers du constituant, le patrimoine fiduciaire ne peut être saisi que par les titulaires de créances nées de la conservation ou de la gestion de ce patrimoine.

En cas d'insuffisance du patrimoine fiduciaire, le patrimoine du constituant constitue le gage commun de ces créanciers, sauf stipulation contraire du contrat de fiducie mettant tout ou partie du passif à la charge du fiduciaire.

Le contrat de fiducie peut également limiter l'obligation au passif fiduciaire au seul patrimoine fiduciaire. Une telle clause n'est opposable qu'aux créanciers qui l'ont expressément acceptée.

Art. 2026 **Le fiduciaire est responsable, sur son patrimoine propre, des fautes qu'il commet dans l'exercice de sa mission.**

Sur l'obligation d'assurance de l'avocat fiduciaire, V. Décr. n° 2009-1627 du 23 déc 2009 relatif à l'exercice de la fiducie par les avocats, modifiant le Décr. n° 91-1197 du 27 nov. 1991 organisant la profession d'avocat. — **C. pr. civ.**

Art. 2027 *(L. n° 2008-776 du 4 août 2008, art. 18-I)* **En l'absence de stipulations contractuelles prévoyant les conditions de son remplacement, si le fiduciaire manque à ses devoirs ou met en péril les intérêts qui lui sont confiés ou encore s'il fait l'objet d'une procédure de sauvegarde ou de redressement judiciaire, le constituant, le bénéficiaire ou le tiers désigné en application de l'article 2017 peut demander en justice la nomination d'un fiduciaire provisoire ou solliciter le remplacement du fiduciaire. La décision judiciaire faisant droit à la demande emporte de plein droit dessaisissement du fiduciaire originaire et transfert du patrimoine fiduciaire en faveur de son remplaçant.**

Art. 2028 **Le contrat de fiducie peut être révoqué par le constituant tant qu'il n'a pas été accepté par le bénéficiaire.**

Après acceptation par le bénéficiaire, le contrat ne peut être modifié ou révoqué qu'avec son accord ou par décision de justice.

Art. 2029 **Le contrat de fiducie prend fin par le décès du constituant personne physique, par la survenance du terme ou par la réalisation du but poursuivi quand celle-ci a lieu avant le terme.**

Lorsque la totalité des bénéficiaires renonce à la fiducie, il prend également fin de plein droit, sauf stipulations du contrat prévoyant les conditions dans lesquelles il se poursuit. Sous la même réserve, il prend fin lorsque le fiduciaire fait l'objet d'une liquidation judiciaire ou d'une dissolution ou disparaît par suite d'une cession ou d'une absorption et, s'il est avocat, en cas d'interdiction temporaire, de radiation ou d'omission du tableau.

Art. 2030 **Lorsque le contrat de fiducie prend fin en l'absence de bénéficiaire, les droits, biens ou sûretés présents dans le patrimoine fiduciaire font de plein droit retour au constituant.**

(L. n° 2008-776 du 4 août 2008, art. 18-I, en vigueur le 1er févr. 2009) **« Lorsqu'il prend fin par le décès du constituant, le patrimoine fiduciaire fait de plein droit retour à la succession. »**

Art. 2031 *(Abrogé par L. n° 2008-776 du 4 août 2008, art. 18-I, à compter du 1er févr. 2009) (L. n° 2007-211 du 19 févr. 2007)* ***En cas de dissolution du constituant, lorsque les ayants droit ne sont pas des personnes morales soumises à l'impôt sur les sociétés, le patrimoine fiduciaire ne peut être attribué à ces ayants droit ès qualités avant la date à laquelle le contrat de fiducie prend fin. Dans cette situation, les droits des ayants droit au titre de la fiducie ne sont pas transmissibles à titre gratuit entre vifs ni cessibles à titre onéreux.***

Loi n° 2007-211 du 19 février 2007,

Instituant la fiducie (JO 21 févr.).

CHAPITRE V. *DISPOSITIONS COMMUNES*

Art. 13 Le constituant et le fiduciaire doivent être résidents d'un État de la Communauté européenne ou d'un État ou territoire ayant conclu avec la France une convention fiscale en vue d'éliminer les doubles impositions qui contient une clause d'assistance administrative en vue de lutter contre la fraude ou l'évasion fiscale.

Art. 14 Lorsque le contrat de fiducie a pour objet de couvrir des risques d'assurance ou de réassurance, *la présente loi s'applique sous réserve* des dispositions du code des assurances.

Art. 15 Les documents relatifs au contrat de fiducie sont transmis, à leur demande et sans que puisse leur être opposé le secret professionnel, au service institué à l'article L. 562-4 du code monétaire et financier, aux services des douanes et aux officiers de police judiciaire, aux autorités de contrôle compétentes en matière de lutte contre le blanchiment de capitaux, à l'administration fiscale et au juge, par le fiduciaire, le constituant, le bénéficiaire ou par toute personne physique ou morale exerçant, de quelque manière que ce soit, un pouvoir de décision direct ou indirect sur la fiducie.

Ces documents sont exigibles pendant une durée de dix ans après la fin du contrat de fiducie.

Art. 16 et 17 *V. art. 2328-1 et 1596 C. civ.*

Art. 18 *V. art. L. 233-10 et L. 632-1 C. com. — **C. com.***

TITRE XV DES TRANSACTIONS

RÉP. CIV. v° *Transaction*, par L. THIBIERGE.

DALLOZ ACTION *Droit de la responsabilité et des contrats 2023/2024, n°s 4161.00 s.*

BIBL. GÉN. ▶ CHAUCHARD, *RTD civ. 1989. 1* (indemnisation du préjudice corporel). – CHAVRIER, *RFDA 2000. 548* (transaction administrative). – CLAY, *JCP 2014, n° 492* (simplification de la transaction et de l'arbitrage dans le code civil) ; *JCP 2016, n° 1295* (l'arbitrage, les modes alternatifs de règlement et la transaction dans la loi Justice du XXIe siècle). – DESDEVISES, *D. 2000. Chron. 284* (transactions homologuées). – DEWAILLY-HOUYVET, *JCP N 2016, n° 1334* (transaction familiale). – JARROSSON, *D. 1997. Chron. 267* (concessions réciproques). – JULIENNE, *JCP N 2015, n° 1200* (transaction et authenticité). – KENFACK, *LPA 30 juin 2004* (actualité de la transaction). – X. LAGARDE, *D. 2000. Chron. 217* (transaction et ordre public) ; *JCP 2001. I. 337* (transaction consécutive à un licenciement) ; *RDC 2004. 1028* (actualité de la transaction) ; *RDC 2005. 413* (la transaction et les tiers). – LARRIEU, *RLDC 2007/39, n° 2586* (concessions dans les transactions). – MAYER, *RTD civ. 2014. 523*. – NEUVILLE, *D. 2000. Chron. 571* (transaction et période suspecte). – PIZZIO-DELAPORTE, *1804-2004 Le code civil, Dalloz, 2004, p. 593* (de la transaction du code civil à la transaction du droit du travail). – PONS, *Gaz. Pal. 2016. 143* (contrat de transaction et Justice du XXIe siècle). – SPORTOUCH, *Études Pélissier, Dalloz, 2004, p. 511* (transaction, rupture amiable et chronologie). – TAURAN, *RDSS 2017. 736* (sécurité sociale et transaction). – DOSSIER, *AJ contrat 2018. 151* (la transaction, ou comment régler un litige par le contrat).

Art. 2044 **La transaction est un contrat par lequel les parties** *(L. n° 2016-1547 du 18 nov. 2016, art. 10)* **« , par des concessions réciproques, » terminent une contestation née, ou préviennent une contestation à naître.**

Ce contrat doit être rédigé par écrit.

*En ce qui concerne l'offre d'indemnité que doit faire l'assureur à la victime d'un accident de la circulation, V. C. assur., art. L. 211-9 s., ss. art. 1242 ; ... l'offre d'indemnité que doit faire le Fonds d'indemnisation aux victimes de préjudices résultant de la contamination par le VIH, V. CSP, art. L. 3122-5. — **CSP** ; ... l'offre d'indemnité que doit faire l'assureur ou l'Office national d'indemnisation à la victime d'un accident médical, d'une affection iatrogène ou d'une infection nosocomiale, V. CSP, art. L. 1142-14 et L. 1142-15. — **CSP**.*

1. Nature civile. Est civile la transaction conclue par une personne morale de droit public sauf si elle met en œuvre des prérogatives de puissance publique ou aboutit à la participation du cocontractant à une mission de service public. • T. confl. 18 juin 2007, n° 07-03.600 P : *AJDA 2007. 2100* ; *JCP 2008. II. 10017, note Kenfack* (transaction administrative résultant de la mise en place d'une ligne de transport public).

A. CONDITIONS DE LA TRANSACTION

2. Nécessité de concessions réciproques. Déjà antérieurement à la loi du 18 nov. 2016 : une transaction implique l'existence de concessions réciproques des parties. • Civ. 1re, 3 mai 2000, n° 98-12.819 P • Com. 27 nov. 2012, n° 11-17.185 P : *D. 2012. 2900* (lettre constituant une mise en demeure de payer). ♦ Constitue une transaction au sens de l'art. 2044 un accord qui a pour objet de mettre fin à un différend s'étant élevé entre les parties et qui comporte des concessions réciproques, quelle que soit leur importance relative. • Soc. 17 mars 1982 : *Bull. civ. V, n° 180* • 13 mai 1992, n° 89-40.844 P : *RTD civ. 1992. 783, obs. Gautier*. ♦ Les juges du fond apprécient souverainement l'existence de concessions réciproques. • Civ. 3e, 28 nov. 2007, n° 06-19.272 P : *JCP 2008. I. 138, n° 7, obs. Clay.* ♦ V. note 8.

A l'inverse de la transaction, la renonciation à un droit est un acte unilatéral qui n'exige pas l'existence de concessions réciproques. • Civ. 2e, 2 févr. 2017, n° 16-13.521 P : *D. 2017. 350* ; *AJDI 2017. 423, obs. de La Vaissière* ; *RGDA 2017. 172, note A. Pélissier.*

Nullité d'un « accord transactionnel » dérogeant aux dispositions de l'art. 716 C. civ. sur la propriété d'un trésor, aucune concession réciproque ne pouvant être retrouvée, dès lors que le propriétaire du site ne pouvait obtenir une gratification supplémentaire en application de l'art. 716, les responsables de l'entreprise en cause ne pouvaient prétendre à rien et l'ouvrier ayant découvert le trésor n'obtenait qu'une part inférieure à celle à laquelle il aurait pu prétendre, sans contrepartie. • Civ. 1re, 16 juin 2021, n° 19-21.567 B : *CCC 2021, n° 130, note Leveneur.*

3. Exception : L. du 5 juill. 1985. La convention qui se forme lors de l'acceptation de l'offre de l'assureur par la victime, qualifiée de « transaction » par la L. du 5 juill. 1985, dérogatoire au droit commun, ne peut être remise en cause en raison de l'absence de concessions réciproques. • Civ. 2e, 16 nov. 2006, n° 05-18.631 P : *R., p. 407 ; D. 2007. Pan. 1688, obs. Train ; JCP 2007. II. 10032, note Mayaux ; Gaz. Pal. 2007. 1050, note Sardin ; RCA 2006. Repère 12, par Groutel ; RLDC 2007/36, n° 2439, note Baugard ; RDC 2007. 671, obs. Pérès.*

4. Réalité des concessions. Contrepartie faible ou inexistante. Il n'y a pas transaction lorsqu'une partie abandonne ses droits pour une contrepartie si faible qu'elle est pratiquement inexistante. • Civ. 1re, 4 mai 1976 : *Bull. civ. I, n° 157* • Soc. 18 mai 1999, n° 96-44.628 P (contrepartie dérisoire) • 28 nov. 2000, n° 98-43.635 P (*idem*). ♦ … Lorsqu'un créancier reçoit de son débiteur une lettre de change acceptée pour un montant inférieur à celui de la créance et porte la mention « pour solde de tout compte », faute d'une concession du débiteur, lequel s'était déjà engagé irrévocablement par l'acceptation de la lettre de change à payer la somme portée sur cet effet. • Com. 22 nov. 1988 : *Bull. civ. IV, n° 320.* ♦ … En présence de délais de paiement octroyés sur une somme limitée par un jugement et une transaction antérieurs, ni l'octroi de délais, ni la renonciation de l'intimé au bénéfice d'un jugement qui le condamnait au paiement d'une somme, près de moitié inférieure à celle visée dans la transaction, ne valent concession. • Com. 30 nov. 2010, n° 09-68.535 P : *D. 2011. Chron. C. cass. 1177, obs. Arbellot.* ♦ Absence de concessions réciproques dans des contrats individuels de transaction conclus par des salariés dès lors que ceux-ci tenaient d'un accord collectif leur droit à indemnisation. • Soc. 15 oct. 2013, n° 12-22.911 (la mise en œuvre de l'accord ne pouvant être subordonnée à la conclusion des contrats individuels). ♦ V. aussi note 16. ♦ Mais une remise de dette, qui a un caractère gratuit ou onéreux, peut être consentie lors d'une transaction. • Com. 2 oct. 2001, n° 98-19.694 P : *D. 2001. AJ 3119, obs. A. Lienhard ; RTD com. 2002. 164, obs. Martin-Serf* (contrepartie consistant, en l'espèce, dans l'économie d'une procédure judiciaire à l'issue aléatoire). ♦ Constitue des concessions réciproques une limitation importante de la réparation du préjudice de la victime d'une marée noire, en contrepartie d'une indemnisation amiable sans attendre l'issue d'une procédure longue et coûteuse, le fonds d'indemnisation ayant accepté au titre d'une indemnisation forfaitaire de dédommager la victime pour la période pour laquelle elle ne justifiait pas de ses pertes financières et en utilisant un mode de détermination des pertes favorable à la victime. • Civ. 1re, 6 déc. 2007, n° 06-18.049 P.

5. … Office du juge. Il incombe au juge du fond de requalifier une action en annulation pour dol ou violence économique introduite par l'assuré contre l'assureur en action en annulation pour défaut de concessions réciproques, dès lors qu'il a constaté l'écart important entre le montant qualifié de « transactionnel » par les parties et le montant prévu au contrat d'assurance. • Civ. 1re, 9 juill. 2003, n° 01-11.963 P : *JCP 2003. II. 10171, note Desgorces ; RDI 2003. 539, obs. Grynbaum ; RGDA 2003. 712, note Rémy.*

6. Contenu des concessions. Une promesse de vente peut être un élément des engagements réciproques interdépendants que la transaction comporte : l'art. 1840-A CGI (prescrivant l'enregistrement de la promesse) est alors inapplicable. V. désormais ss. art. 1589-2, note 3. ♦ Contrepartie consistant en une remise de dette, V. note 4.

7. Concessions indirectes. Validité d'une transaction contenant des concessions indirectes dans une situation d'interdépendance entre les signataires. • Com. 25 oct. 2011, n° 10-23.538 P : *D. 2011. 2727 ; Rev. sociétés 2012. 25, note Massart ; RTD civ. 2012. 113, obs. Fages ; ibid. 128, obs. Gautier ; JCP 2012, n° 63, note Ghestin.*

8. Exigence d'une contestation née ou à naître. Distinction entre une transaction et une convention d'honoraires entre l'avocat et son client. • Civ. 1re, 11 févr. 1992, n° 90-18.027 P : *JCP 1992. IV. 1087.* ♦ Sur la nécessité d'une contestation entre les parties, V. note 2 et, pour les relations de travail, note 10. ♦ Contestation à naître : constitue une transaction la convention qui tend à prévenir une contestation à naître même si elle porte que sur certains faits susceptibles de contestation et ne comporte pas de renonciation totale des parties à exercer leurs droits. • Civ. 1re, 12 juill. 1976 : *Bull. civ. I, n° 262 ; JCP 1976 IV. 302.* ♦ … Si les éléments inclus dans la transaction ne sont pas indissociables des autres. • Civ. 2e, 8 nov. 1989 : *Bull. civ. II, n° 199.*

9. Cas particulier : information de la caisse de sécurité sociale (CSS, art. L. 376-1 s.). Lorsqu'une personne conclut avec la victime d'un dommage corporel ou ses ayants droit une transaction portant sur l'indemnisation des préjudices en résultant, elle admet par là-même, en principe, un droit à indemnisation de la victime dont la caisse, subrogée dans ses droits, peut se prévaloir ; il incombe alors aux juges du fond, saisis du recours subrogatoire de la caisse qui n'a pas été invitée à participer à la transaction, en violation de l'art. L. 376-4 CSS, d'enjoindre aux parties de la produire pour s'assurer de son contenu et, le cas échéant, déterminer les sommes dues à la caisse, en évaluant les préjudices de la victime, en précisant quels postes de préjudice ont été pris en charge par les prestations servies et en procédant aux imputations correspondantes. • Civ. 1re, 21 avr. 2022, n° 20-17.185 B : *D. 2022. 843 ; RTD civ. 2022. 388, obs. Barbier ; ibid. 637, obs. Jourdain ; RCA 2022, n° 147, obs. Bourdoiseau.*

B. APPLICATION AUX RELATIONS DE TRAVAIL

10. Rupture négociée et transaction : critères de distinction. Une transaction ne peut avoir pour objet de mettre fin à un contrat de travail. • Soc. 5 déc. 2012 : *D. 2012. 2970* (nullité d'un acte ayant pour double objet de rompre le contrat de travail et de transiger). ♦ Si les parties à un contrat de travail décident, d'un commun accord, d'y mettre fin, elles se bornent à organiser les conditions de la cessation de leurs relations de travail, tandis que la transaction consécutive à une rupture du contrat de travail par l'une ou l'autre des parties, a pour objet de mettre fin, par des concessions réciproques, à toute contestation née ou à naître résultant de cette rupture ; il s'ensuit que la transaction ne peut être conclue qu'une fois la rupture intervenue et définitive et ne peut porter sur l'imputabilité de cette dernière, laquelle conditionne l'existence de concessions réciproques. • Soc. 16 juill. 1997, n° 94-42.283 P : *JCP 1997. I. 4060, n° 10, obs. Cadiet ; JCP 1998. I. 119, n° 15, obs. Morvan.* ♦ V. déjà : • Soc. 29 mai 1996, n° 92-45.115 P : *R., p. 254 ; D. 1997. 49, note Chazal ; JCP 1996. II. 22711 (2e esp.), note Taquet.* ♦ V. aussi • Cass., Ch. mixte, 12 févr. 1999, n° 96-17.468 P : *BICC 1er mai 1999, p. 2, concl. Joinet, rapp. Bouret,* et note 5 ss. art. 2046 • Soc. 16 mai 2000, n° 98-40.238 P : *D. 2001. 273, note Puigelier* (pour un contrat à durée déterminée). ♦ Comp. Un salarié et un employeur ayant signé une convention de rupture ne peuvent valablement conclure une transaction, d'une part, que si celle-ci intervient postérieurement à l'homologation de la rupture conventionnelle par l'autorité administrative, et, d'autre part, que si elle a pour objet de régler un différend relatif non pas à la rupture du contrat de travail mais à son exécution sur des éléments non compris dans la convention de rupture. • Soc. 25 mars 2015, n° 13-23.368 P. ♦ Rappr., • Soc. 26 mars 2014, n° 12-21.136 P : *D. 2014. 831* .

11. ... Existence du différend. Constitue une transaction la convention de rupture amiable conclue alors qu'un différend existe sur l'exécution et la rupture du contrat au jour de la conclusion de cette convention. • Soc. 11 févr. 2009, n° 08-40.095 P : *D. 2009. AJ 636* . ♦ Comp. : l'existence d'un différend entre les parties au contrat de travail n'affecte pas, par elle-même, la validité d'une convention de rupture. • Soc. 26 juin 2013, n° 12-15.208 P : *D. 2013. 1691 ; Dr. soc. 2013. 860, obs. Tournaux ; RDT 2013. 555, obs. Auzero ; RTD civ. 2013. 837, obs. Barbier* • 3 juill. 2013, n° 12-19.268 P : *D. 2013. 1752 ; RDT 2013. 555, obs. Auzero* • Soc. 16 déc. 2015, n° 13-27.212 P. ♦ Nullité de la transaction alors que l'employeur s'abstient de procéder au licenciement. • Soc. 6 mai 1998, n° 96-40.610 P : *JCP 1998. IV. 2420.*

12. ... Reçu pour solde. La signature d'un reçu pour solde de tout compte ne vaut pas renonciation du salarié à contester le licenciement. • Soc. 18 déc. 2001, n° 99-43.632 P.

13. ... Nullité de la transaction. Nullité de la transaction conclue en l'absence de notification préalable du licenciement par lettre recommandée avec demande d'avis de réception, la lettre de licenciement ayant été remise en main propre. • Soc. 10 oct. 2018, n° 17-10.066 P. ♦ La nullité d'une transaction résultant de ce qu'elle a été conclue avant la notification du licenciement est une nullité relative instituée dans l'intérêt du salarié, et elle ne peut, dès lors, être invoquée par l'employeur. • Soc. 28 mai 2002, n° 99-43.852 P : *R., p. 371 ; D. 2003. 1464, note Devers ; D. 2002. Somm. 3116, obs. Pousson ; JCP 2002. II. 10147, note Corrignan-Carsin ; Defrénois 2002. 1253, obs. Libchaber ; LPA 12 sept. 2002, note L. François.* ♦ Cette nullité relative se prescrit par cinq ans. • Soc. 14 janv. 2003, n° 00-41.880 P. ♦ S'agissant d'un salarié protégé, la nullité est une nullité absolue d'ordre public. • Soc. 10 juill. 2002, n° 00-40.301 P : *R., p. 385 ; D. 2003. 1464, note Devers ; JCP 2003. II. 10018, note Mazuyer ; JCP 2003. I. 130, n° 13, obs. Cesaro* • 16 mars 2005, n° 02-45.293 P : *R., p. 260 ; D. 2005. IR 915* . ♦ Indépendamment de la nullité relative qu'elle encourt lorsqu'elle est conclue avant la notification du licenciement et dont le salarié est seul à pouvoir se prévaloir, la transaction peut aussi être annulée à la demande de l'une ou l'autre des parties, notamment en cas d'erreur sur la personne ou sur l'objet de la contestation ainsi que dans tous les cas où il y a dol ou violence. • Soc. 23 janv. 2008 : *RDT 2008. 193, obs. Serverin* . ♦ V. notes ss. art. 2053. ♦ Sur la restitution par les salariés des sommes versées à la suite d'une transaction annulée, la nullité n'étant pas fondée sur une cause immorale : • Soc. 10 nov. 2009, n° 08-43.805 P : *D. 2009. AJ 2870 ; JCP 2010, n° 94, note Mouly ; RDC 2010. 557, note Laithier ; ibid. 687, note Neau-Leduc.*

La mise en œuvre d'un accord collectif dont les salariés tiennent leur droit ne peut être subordonnée à la conclusion de contrats individuels de transaction, de sorte que la nullité de ceux-ci ne prive pas les salariés des avantages qu'ils tiennent de l'accord. • Soc. 15 oct. 2013 : *préc. note 4* (absence de concessions réciproques dès lors que les salariés tenaient de l'accord collectif leur droit à indemnisation).

14. Charge de la preuve. Il appartient au juge de rechercher à quelle date une transaction a été conclue, et, à défaut de pouvoir la déterminer, d'en déduire que l'employeur ne rapporte pas la preuve qui lui incombe que la transaction a été conclue postérieurement au licenciement. • Soc. 1er juill. 2009 : *cité note 1 ss. anc. art. 1182.*

15. Existence de concessions réciproques. A défaut de concession de la part de l'employeur, il n'y a pas transaction valable. • Soc. 6 déc. 1994, n° 91-42.160 P • 18 févr. 1998, n° 95-42.500 P.

16. ... Constatation. L'existence de concessions réciproques, qui conditionne la validité d'une transaction, doit s'apprécier en fonction des prétentions des parties au moment de la signature de l'acte. S'il en résulte que le juge ne peut, pour se prononcer sur la validité d'une transaction, rechercher, en se livrant à l'examen des preuves, si ces prétentions étaient justifiées, il peut néanmoins se fonder sur les faits invoqués lors de la signature de l'acte, indépendamment de la qualification juridique qui leur a été donnée (concession prétendue de l'employeur : renonciation à se prévaloir de la faute grave du salarié, alors que le fait invoqué était un manque de compétence du salarié dans l'exercice de ses fonctions, qui ne pouvait être constitutif de faute grave). • Soc. 27 mars 1996, n° 92-40.448 P : *JCP 1996. II. 22711 (1re esp.), note Taquet.* – V. aussi • Soc. 26 avr. 2007, n° 06-40.718 P : *D. 2007. AJ 1506*. ♦ Pour apprécier si des concessions réciproques ont été faites et si celle de l'employeur n'est pas dérisoire, le juge doit vérifier que la lettre de licenciement est motivée conformément aux exigences légales. • Soc. 23 janv. 2001, n° 98-41.992 P. ♦ V. aussi : • Soc. 21 mai 1997, n° 95-45.038 P : *JCP 1997. II. 22926, note Taquet ; JCP 1998. I. 119, n° 16, obs. Cesaro* • 6 avr. 1999, n° 96-43.467 P : *Gaz. Pal. 2000. 1. 85, note Puigelier* (office du juge dans la requalification des faits énoncés) • 18 déc. 2001, n° 99-40.649 P (*idem*). ♦ Pour l'appréciation de l'existence de concessions réciproques, V. • Soc. 5 janv. 1994 : *D. 1994. 586, note Puigelier ; JCP 1994. II. 22259, note Taquet ; D. 1995. Somm. 205, obs. Serra* • *18 févr. 1998 : préc. note 15.*

17. ... Existence d'une concession appréciable. Une cour d'appel ne peut rejeter la demande d'un salarié en annulation de la transaction conclue à la suite d'un licenciement sans caractériser les concessions consenties par l'employeur. • Soc. 20 juin 1995, n° 92-40.194 P : *JCP 1996. II. 22618, note Finel.* ♦ Ayant constaté que l'indemnité conventionnelle de licenciement à laquelle le salarié avait droit s'élevait à la somme de 124 996,66 F, alors que la somme allouée en vertu de la transaction s'élevait à 15 000 F, les juges ont pu décider que la transaction était nulle, faute d'une concession appréciable. • Soc. 19 févr. 1997, n° 95-41.207 P. ♦ V. aussi • Soc. 13 oct. 1999, n° 97-42.027 P (indemnité transactionnelle inférieure à l'indemnité légalement due au salarié).

18. Ordre public. Plan de sauvegarde de l'emploi. Un plan de sauvegarde de l'emploi ne peut prévoir la substitution des mesures qu'il comporte destinées à favoriser le reclassement, par une indemnisation subordonnée à la conclusion d'une transaction emportant renonciation à toute contestation ultérieure de ces mesures. • Soc. 20 nov. 2007, n° 06-41.410 P.

19. Mise en œuvre d'un accord atypique ou d'un engagement unilatéral de l'employeur. La mise en œuvre d'un accord atypique ou d'un engagement unilatéral de l'employeur dont les salariés tiennent leurs droits ne peut être subordonnée à la conclusion de contrats individuels de transaction. • Soc. 5 juin 2019, n° 17-28.380 P.

20. Liberté d'expression du salarié. Des restrictions peuvent être apportées à la liberté d'expression pour assurer la protection de la réputation et des droits d'autrui dès lors que ces restrictions sont proportionnées au but recherché ; validité de la transaction aux termes de laquelle les parties avaient entendu mettre fin à une intense polémique médiatique entretenue par le salarié après son licenciement, de nature à nuire à la réputation de son employeur, cette transaction étant précise quant à son objet et limitée à dix-huit mois. • Soc. 14 janv. 2014, n° 12-27.284 P : *D. 2014. 215 ; RDT 2014. 179, obs. Mathieu ; RTD civ. 2014. 360, obs. Barbier ; ibid. 400, obs. Gautier*.

21. Transaction et égalité entre salariés. Un salarié ne peut invoquer le principe d'égalité de traitement pour revendiquer les droits et avantages d'une transaction conclue par l'employeur avec d'autres salariés pour terminer une contestation ou prévenir une contestation à naître. • Soc. 12 mai 2021, n° 20-10.796 P : *Dr. soc. 2021. 848, obs. Mouly ; RDT 2021. 523, obs. Géniaut*.

C. PREUVE

22. Application des règles contractuelles. L'écrit prévu par l'art. 2044 n'est pas exigé pour la validité du contrat de transaction, dont l'existence peut être établie selon les modes de preuve prévus en matière de contrats par les anc. art. 1341 s. • Civ. 1re, 18 mars 1986, n° 84-16.817 P. ♦ La preuve peut être rapportée par témoins ou présomptions lorsqu'il existe un commencement de preuve par écrit. • Civ. 3e, 6 févr.

1973 : *Bull. civ. III, n° 104.* ♦ Pour le cas d'un accord modificatif, V. note 15 ss. art. 2052.

23. Aveu judiciaire. Il fait pleine foi contre celui qui l'a fait et il en est ainsi même dans le cas où la preuve doit être administrée par écrit ; la preuve d'une transaction par un aveu ne saurait donc être rejetée au motif erroné que la transaction ne pourrait être prouvée par un aveu que s'il existe un commencement de preuve par écrit. • Civ. 1re, 28 janv. 1981, n° 79-14.501 P.

24. Procès-verbal d'une médiation pénale. Le procès-verbal établi et signé à l'occasion d'une médiation pénale, qui contient les engagements de l'auteur des faits incriminés, pris envers sa victime en contrepartie de la renonciation de celle-ci à sa plainte et, le cas échéant, à une indemnisation intégrale, afin d'assurer la réparation des conséquences dommageables de l'infraction et d'en prévenir la réitération par le règlement des désaccords entre les parties, constitue une transaction et laisse au procureur de la République la libre appréciation des poursuites pénales. • Civ. 1re, 10 avr. 2013, n° 12-13.672 P : *D. 2013. 1663, note Perrier ; AJ pénal 2013. 422, obs. Lavric.*

25. L'homologation d'un accord transactionnel qui a pour seul effet de lui conférer force exécutoire ne fait pas obstacle à une contestation de la validité de cet accord devant le juge de l'exécution. • Civ. 2e, 28 sept. 2017, n° 16-19.184 P : *D. 2018. 692, obs. Fricero ; ibid. 1223, obs. Leborgne ; RTD civ. 2018. 220, obs. Cayrol.*

Art. 2045 **Pour transiger, il faut avoir la capacité de disposer des objets compris dans la transaction.**

Le tuteur ne peut transiger pour le mineur ou le majeur en tutelle que conformément à l'article 467 *[anc. ; V. nouvel art. 506]* **au titre *De la minorité, de la tutelle et de l'émancipation* ; et il ne peut transiger avec le mineur devenu majeur, sur le compte de tutelle, que conformément à l'article 472** *[anc.]* **au même titre.**

(L. n° 2011-525 du 17 mai 2011, art. 158) **« Les établissements publics de l'État ne peuvent transiger qu'avec l'autorisation expresse du Premier ministre. »**

Pour les transactions avec l'administration, V. CRPA, art. L. 423-1.

BIBL. ▸ ÉVRARD, Études en l'honneur d'Albert Rigaudière, *Economica 2009* (origines de l'al. 3).

1. Autorisation du juge des tutelles. Un « arrangement amiable » constatant la renonciation, en contrepartie d'une somme d'argent, par les parents d'une mineure à l'indemnisation du préjudice subi par leur fille victime de viols, tout en se présentant comme une transaction, constitue une renonciation à un droit au sens de l'al. 3 de l'art. 389-5 C. civ., que l'administrateur légal ne pouvait valablement conclure sans l'autorisation du juge des tutelles. • Cass., ch. mixte, 29 janv. 1971, n° 67-93.320 P : *R. 1970-1971, p. 14 ; D. 1971. 301, concl. Lindon, note Hauser et Abitbol.* ♦ L'absence d'autorisation du juge des tutelles à une transaction conclue entre le responsable d'un accident survenu à un enfant et les parents de la victime, qui ne pourrait entraîner qu'une nullité relative, ne peut être invoquée par les défendeurs à l'action en paiement de l'indemnité prévue à cet accord. • Civ. 1re, 26 juin 1974 : *Bull. civ. I, n° 210.*

2. Autorisation du juge-commissaire. Absence d'effet de l'acceptation d'une offre de transiger intervenue avant que le juge-commissaire autorise l'administrateur et la société débitrice à transiger, même donnée sous réserve de cette autorisation : ni l'administrateur judiciaire ni la société n'avaient, au regard des exigences impératives de l'art. L. 622-7-II C. com., le pouvoir de transiger sans l'autorisation préalable du juge-commissaire. • Com. 20 janv. 2021, n° 19-20.076 P : *D. 2021. 285 ; Rev. sociétés 2021. 203, obs. L. C. Henry.*

3. Mandat pour transiger. Une transaction intervenue devant un expert n'est opposable aux parties que dans la mesure où elles y ont expressément souscrit ou ont donné à l'expert mandat aux fins de transiger. • Civ. 3e, 12 avr. 1972 : *D. 1972. 655.* ♦ Selon les art. 411 et 417 C. pr. civ., le mandataire *ad litem* est réputé avoir reçu pouvoir de transiger à l'égard du juge et de la partie adverse, mais non à l'égard de son client ; un avocat qui prend l'initiative, sans instruction de son client, d'une négociation avec l'avocat adverse et conclut une transaction ne satisfaisant pas les intérêts de son client, transgresse son mandat. • Civ. 1re, 11 juill. 1983, n° 83-11.590 P.

4. La nullité du contrat, fût-il une transaction, découlant du pouvoir irrégulier du représentant d'un cocontractant n'est que relative, ne peut être invoquée que par l'intéressé et peut être couverte par confirmation. • Civ. 1re, 25 mai 1992, n° 90-19.969 P.

5. Indisponibilité des droits, obstacle à la transaction : V. notes ss. art. 2046.

6. Impossibilité de transiger sur la protection de l'intérêt général. Les art. L. 653-1 s. C. com. concernant la faillite personnelle et les autres mesures d'interdiction ne tendent pas à la protection de l'intérêt collectif des créanciers mais à celle de l'intérêt général, il s'agit de mesures à la fois de nature préventive et punitive ; il en résulte que si une transaction peut mettre fin à l'instance en paiement de l'insuffisance d'actif, elle ne peut avoir pour objet de faire échec, moyennant le paiement d'une certaine somme ou l'abandon d'une créance, aux actions tendant au prononcé d'une sanction professionnelle. • Com. 9 déc. 2020, n° 19-17.258 P : *RDC 2021/1. 93, note Boucobza et Serinet.*

7. Établissements publics. L'autorisation mentionnée à l'art. 2045, al. 3, n'est pas au nombre des décisions dont l'art. 13 de la Constitution réserve la signature au Président de la République mais relève de la compétence attribuée au Premier ministre par l'art. 21 de la Constitution. • CE 23 avr. 2001 : *D. 2001. IR 2090* (décision antérieure à la L. du 17 mai 2011).

Art. 2046 **On peut transiger sur l'intérêt civil qui résulte d'un délit.**

La transaction n'empêche pas la poursuite du ministère public.

1. Matières d'ordre public. Il n'est pas permis de transiger sur les matières qui intéressent l'ordre public. Une nullité de forme entachant un acte (donation ostensible) qui aurait dû revêtir la forme authentique, ne peut faire l'objet d'une transaction. • Civ. 1re, 12 juin 1967 : *D. 1967. 584, note Breton ; JCP 1967. II. 15225, note R. L.*

Comp. : si l'art. L. 442-6-I-5° C. com. [anc.] (rupture brutale des relations commerciales) institue une responsabilité d'ordre public à laquelle les parties ne peuvent renoncer par anticipation, il ne leur interdit pas de convenir des modalités de la rupture de leur relation commerciale, ou de transiger sur l'indemnisation du préjudice subi par suite de la brutalité de cette rupture. • Com. 16 déc. 2014, n° 13-21.363 P : *D. 2015. 943, obs. Ferrier ; AJCA 2015. 133, obs. Arcelin ; RTD civ. 2015. 384, obs. Barbier ; ibid. 411, obs. Gautier .*

2. Nullités absolues. Il est de principe qu'aucune transaction ne peut couvrir les nullités absolues si elle ne supprime pas en même temps la cause de la nullité. • T. com. Rouen, 7 juin 1971 : *JCP 1971. II. 16918.*

3. Transaction sur un droit futur. – Divorce. Des époux ne peuvent transiger sur leur droit futur à une prestation compensatoire alors qu'aucune procédure de divorce n'est engagée. • Civ. 2e, 21 mars 1988 : *Gaz. Pal. 1989. 1. 38, note Massip* • 10 mai 1991, n° 90-11.008 P. ♦ Mais dans le cas où la transaction litigieuse, reprenant un engagement souscrit par le mari au cours de l'instance, a également mis fin à l'instance en divorce, V. • Civ. 1re, 17 déc. 1996, n° 95-12.956 P : *Defrénois 1997. 455, note Bignon ; JCP 1997. I. 4045, n° 4, obs. Bosse-Platière* (homologation de l'état liquidatif établi par le notaire et tenant compte de cette transaction).

4. Transaction sur le droit d'auteur. Le droit de l'auteur au respect de son nom et de sa qualité étant inaliénable, doit être annulée une transaction attribuant à un auteur la paternité de la totalité de thèmes musicaux originaux dont certains sont l'œuvre d'un autre. • Civ. 1re, 4 avr. 1991, n° 89-15.637 P.

5. Résiliation d'un contrat de travail. En l'absence de licenciement prononcé dans les formes légales, la transaction portant sur la résiliation du contrat de travail est nulle. • Soc. 2 déc. 1997, n° 95-42.981 P • 13 janv. 1998, n° 95-41.592 P • 28 janv. 1998, n° 95-41.369 P • 6 mai 1998, n° 96-40.610 P. – V. aussi • Soc. 30 juin 1998, n° 96-40.394 P : *R., p. 207 ; D. 1999. Somm. 172, obs. Desbarats* • 26 oct. 1999, n° 97-42.846 P : *D. 2000. Somm. 384, obs. Fadeuilhe* • 18 févr. 2003, n° 00-42.948 P : *D. 2003. IR 738 ; JCP 2004. I. 145, n° 8, obs. Bousez* • 14 juin 2006, n° 04-43.123 P : *D. 2007. Pan. 183, obs. Berthier ; RDT 2006. 172, obs. Lardy-Pélissier* (nécessité pour le salarié d'avoir une connaissance effective des motifs du licenciement) • 24 janv. 2007, n° 05-42.135 P : *D. 2007. Pan. 2268, obs. Reynès* (notification irrégulière du licenciement). ♦ Nullité de la transaction lorsqu'un licenciement économique a été frauduleusement présenté comme fondé sur des motifs personnels. • Soc. 10 nov. 2009 : *préc. note 13 ss. art. 2044.*

La transaction, ayant pour objet de mettre fin à toute contestation résultant de la rupture du contrat de travail à l'initiative de l'employeur, est valablement conclue par le salarié licencié lorsqu'il a eu connaissance effective des motifs de cette rupture par la réception de la lettre recommandée lui notifiant son licenciement, même lorsque l'effet de la rupture est différé du fait de la signature d'une convention de reclassement personnalisé. • Soc. 31 mai 2011 : *D. 2011. 1623 .*

6. Qualification de période d'essai. Objet illicite de la transaction tendant à qualifier rétroactivement et artificiellement de période d'essai celle qui avait fait suite à une première période d'essai au terme de laquelle les parties s'étaient trouvées liées définitivement par un contrat de travail à durée indéterminée. • Soc. 18 juin 1996, n° 92-44.729 P : *RTD civ. 1997. 449, obs. Gautier .*

7. Dettes sociales. Les condamnations au paiement des dettes sociales prononcées contre les dirigeants sociaux en application de l'art. L. 624-3 C. com. ne peuvent faire l'objet d'une transaction. • Com. 5 nov. 2003, n° 00-11.876 P : R., p. 386 ; *JCP 2004. I. 153, n° 5, obs. Pétel ; JCP E 2004. 1058, note Dumont-Lefrand ; Gaz. Pal. 2004. Doctr. 2824, étude Teboul ; RTD com. 2004. 604, obs. Mascala .*

Art. 2047 *(Abrogé par L. n° 2016-1547 du 18 nov. 2016, art. 10)* ***On peut ajouter à une transaction la stipulation d'une peine contre celui qui manquera de l'exécuter.***

Art. 2048 **Les transactions se renferment dans leur objet : la renonciation qui y est faite à tous droits, actions et prétentions, ne s'entend que de ce qui est relatif au différend qui y a donné lieu.**

1. Dès lors que la transaction conclue entre un bailleur et un locataire après délivrance d'un congé aux fins de reprise avait trait au départ du locataire et au sort de l'instance en cours et ne portait pas sur la non-reprise par le bailleur, situation qui n'existait pas encore, le locataire est fondé à obtenir réparation du préjudice que lui cause la relocation des lieux au mépris de son droit de préemption, auquel il n'avait pas renoncé. • Civ. 3e, 29 mars 2000, n° 98-17.036 P.

2. Transaction par un salarié. La transaction ayant pour seul objet de fixer le montant du préjudice subi par le salarié résultant de la rupture de son contrat de travail ne rend pas irrecevable une demande du salarié portant sur un complément d'indemnité conventionnelle de licenciement. • Soc. 2 déc. 2009, n° 08-41.665 P. ♦ Sauf stipulation expresse contraire, les droits éventuels que le salarié peut tenir du bénéfice des options de souscription d'actions ne sont pas affectés par la transaction destinée à régler les conséquences du licenciement. • Soc. 8 déc. 2009, n° 08-41.554 P. ♦ V. également. • Soc. 24 avr. 2013, n° 11-15.204 P : *D. 2013. 1145* (discrimination alléguée par un salarié non incluse dans une transaction limitée, malgré une formule générale, à un litige portant sur la rupture du contrat de travail).

3. … Transaction générale sur l'exécution ou la rupture du contrat de travail. Rejet de la demande d'un salarié portant sur la cessation anticipée d'activité professionnelle mise en œuvre par le dispositif légal alors que l'intéressé a déclaré dans une transaction antérieure être rempli de tous ses droits et ne plus avoir aucun chef de grief quelconque à l'encontre de la société du fait de l'exécution ou de la rupture du contrat de travail. • Soc. 11 janv. 2017, n° 15-20.040 P.

Art. 2049 **Les transactions ne règlent que les différends qui s'y trouvent compris, soit que les parties aient manifesté leur intention par des expressions spéciales ou générales, soit que l'on reconnaisse cette intention par une suite nécessaire de ce qui est exprimé.**

BIBL. ► Gautier, *RTD civ. 1995. 390.*

1. Détermination de l'objet de la transaction. Termes généraux. Font une exacte application des art. 2044, 2048 et 2049 les conseillers prud'homaux qui, pour refuser d'accorder au demandeur la prime d'intéressement qu'il réclamait, relèvent qu'aux termes d'une transaction forfaitaire et définitive il avait renoncé à toutes réclamations de quelque nature qu'elles soient à l'encontre de l'employeur relatives tant à l'exécution qu'à la rupture de son contrat de travail. • Cass., ass. plén., 4 juill. 1997, n° 93-43.375 P : *BICC 1er nov. 1997, concl. Monnet ; D. 1998. 101, note Boulmier ; JCP 1997. II. 22952, note Corrignan-Carsin ; JCP 1998. I. 119, obs. Houerrou ; RTD civ. 1998. 134, obs. Gautier*. ♦ Dans le même sens, cette rédaction excluant la demande de paiement de sommes à titre de dommages et intérêts pour perte de salaires et d'une indemnité compensatrice de préavis. • Soc. 5 nov. 2014, n° 13-18.984 P. ♦ Dans le *même sens, en présence d'une transaction contenant* une formule très large, cassation de l'arrêt ayant relevé qu'il n'était pas fait mention, dans la transaction de la retraite supplémentaire du salarié licencié, qu'il n'existait aucun litige entre les parties concernant la retraite supplémentaire dont la mise en œuvre ne devait intervenir que plusieurs années plus tard. • Soc. 30 mai 2018, n° 16-25.426 P. ♦ Les obligations réciproques des parties, au titre d'une clause de non-concurrence, sont comprises dans l'objet de la transaction par laquelle ces parties déclarent être remplies de tous leurs droits, mettre fin à tout différend né ou à naître et renoncer à toute action relative à l'exécution ou à la rupture du contrat de travail. • Soc. 17 févr. 2021, n° 19-20.635 P : *Dr. soc. 2021. 371, obs. Mouly ; ibid. 510, note Radé ; RDC 2021/2. 109, note Icard.* ♦ Comp., dans l'hypothèse inverse : • Soc. 9 mars 1999, n° 96-43.602 P (lorsque aucune disposition de la transaction n'exclut le droit à l'intéressement du salarié, ce droit ne peut être inclus dans l'objet de la transaction, dès lors qu'au jour de celle-ci, le montant de ce droit n'était ni déterminé ni déterminable). ♦ Irrecevabilité d'une demande d'indemnisation des préjudices résultant d'un accident alors qu'aux termes de la transaction, la partie civile déclarait être remplie de tous ses droits à indemnisation des conséquences de l'accident. • Crim. 13 juin 2017, n° 16-83.545 P.

Pouvoir souverain des juges du fond pour interpréter les conventions transactionnelles intervenues entre les parties. • Civ. 1re, 10 mai 2006, n° 03-19.097 P.

2. Créances exclues de la transaction. La créance de salariés au titre des comptes compensateurs d'actions constituant un avantage salarial acquis dont le versement est différé jusqu'au départ de l'entreprise, une transaction qui ne s'applique pas aux créances salariales ne peut pas comprendre dans son objet une telle créance. • Soc. 21 mars 2000, n° 97-44.103 P : *D. 2000. IR 145*.

Prise en compte de l'exclusion prévue par la

transaction elle-même : • Soc. 20 févr. 2019, n° 17-19.676 P (cassation de l'arrêt ayant déclaré irrecevable la demande de l'employeur au titre du remboursement d'une partie de l'aide à la création d'entreprise, alors que le protocole transactionnel stipulait que la transaction réglait irrévocablement tout litige lié à l'exécution et à la rupture du contrat de travail, en dehors de l'application des autres mesures du dispositif d'accompagnement social).

3. *Clauses non affectées.* Cependant, les clauses contractuelles destinées à trouver leur application postérieurement à la rupture du contrat de travail ne sont pas, sauf dispositions expresses contraires, affectées par la transaction réglant les conséquences d'un licenciement. • Soc. 6 mai 1998, n° 96-40.234 P : *D. 1999. Somm. 42, obs. Frossard* (pour une clause de non-concurrence) • 12 oct. 1999, n° 96-43.020 P : *D. 1999. IR 246* ; *JCP 2000. II. 10383, note Puigelier* ; *RTD civ. 2000. 139, obs. Gautier* (*idem*).

Art. 2050 **Si celui qui avait transigé sur un droit qu'il avait de son chef acquiert ensuite un droit semblable du chef d'une autre personne, il n'est point, quant au droit nouvellement acquis, lié par la transaction antérieure.**

Art. 2051 **La transaction faite par l'un des intéressés ne lie point les autres intéressés et ne peut être opposée par eux.**

1. *Principe d'inopposabilité.* Si la transaction faite par un coobligé ne lie pas les autres intéressés, elle ne peut être opposée par ceux-ci pour se soustraire à leur propre obligation (en l'espèce, responsabilité). • Com. 14 févr. 1989 : *Bull. civ. IV, n° 67* • Civ. 3e, 31 oct. 2001, n° 00-13.763 P (obligation *in solidum*).

2. *Applications.* Si la transaction conclue entre le responsable, la victime et la caisse primaire ne peut nuire à la caisse régionale qui n'y avait pas été associée et faire obstacle à son action récursoire contre l'auteur de l'accident, elle ne peut, en revanche, lui profiter. • Soc. 14 mai 1984 : *Bull. civ. V, n° 193.* ♦ Le règlement amiable intervenu entre la victime d'un accident du travail et le tiers responsable ne peut pas être opposé à la caisse de sécurité sociale qui n'a pas été appelée à y participer par lettre recommandée conformément à l'art. L. 399 (art. L. 376-3 nouv.) CSS. • Soc. 26 mai 1981, n° 80-11.721 P.

3. Une transaction entre des cohéritiers, à laquelle un des cohéritiers n'a pas participé, n'ayant pu faire naître d'obligation à la charge de celui-ci ni créé de droit pour lui, ce n'est pas porter atteinte au principe de la relativité des effets des contrats que refuser à ce cohéritier toute qualité pour attaquer cet acte et lui imposer le respect des relations que cet acte a établies entre les autres cohéritiers. • Civ. 1re, 7 juill. 1981 : *Bull. civ. I, n° 250.* – V. aussi • Civ. 1re, 30 juin 1993, n° 91-18.737 P : *RTD civ. 1994. 634, obs. Gautier* .

4. *Incidence du mandat entre codébiteurs.* Si le mandat que les débiteurs solidaires sont censés se donner entre eux ne saurait avoir pour effet de nuire à leur situation respective, il leur permet, en revanche, de l'améliorer ; un des codébiteurs solidaires peut donc se prévaloir de la transaction conclue par son coobligé. • Civ. 1re, 27 oct. 1969 : *D. 1970. 12.* – Même sens : • Com. 28 mars 2006, n° 04-12.197 P : *R., p. 396* ; *D. 2006. 2381, note Thomat-Raynaud* ; *LPA 5 sept. 2007, note Hazoug* ; *RDC 2006. 808, obs. X. Lagarde* ; *RTD civ. 2006. 766, obs. Mestre et Fages* .

5. *Application à l'assureur d'une partie.* L'assureur de responsabilité, qui ne peut être tenu au-delà de l'obligation de son assuré, peut se prévaloir d'une transaction entre celui-ci et sa victime, limitant le montant du préjudice. • Civ. 1re, 23 juin 1998, n° 96-12.489 P : *D. 1999. Somm. 227, obs. Groutel* , *et 241, obs. Lemée* .

6. Selon l'art. L. 124-2 C. assur., l'assureur peut stipuler qu'aucune reconnaissance de responsabilité, aucune transaction intervenues en dehors de lui ne lui sont opposables. Il en résulte que lorsque l'assureur, dont la police contient une telle stipulation, a participé aux pourparlers ayant abouti à un accord entre le tiers lésé et son assuré, il ne peut prétendre qu'une telle transaction lui serait inopposable au seul motif qu'il ne l'a pas signée. • Civ. 1re, 22 juill. 1986 : *Bull. civ. I, n° 216.* ♦ L'assureur du bailleur, ayant admis que la transaction intervenue entre le bailleur et le locataire lui était opposable, est privé de tout droit à réclamer quoi que ce soit à l'assureur du locataire. • Civ. 1re, 5 oct. 1999, n° 97-15.146 P : *D. 1999. IR 260* .

7. *Renonciation.* Si la transaction faite par l'un des intéressés ne lie point les autres et ne peut être opposée par eux, il en est autrement lorsqu'il renonce expressément à un droit dans cet acte. • Civ. 1re, 25 févr. 2003, n° 01-00.890 P. ♦ De même, si l'effet relatif des contrats interdit aux tiers de se prévaloir de l'autorité d'une transaction à laquelle ils ne sont pas intervenus, ces mêmes tiers peuvent néanmoins invoquer la renonciation à un droit que renferme cette transaction. • Soc. 14 mai 2008, n° 07-40.946 P : *D. 2008. 2117, note Serverin* ; *JCP 2008. II. 10139, obs. Morvan* ; *RLDC 2008/51, n° 3051, obs. Maugeri* • 20 nov. 2013 : *cité note 16 ss. art. 1199.*

Art. 2052 *(L. nº 2016-1547 du 18 nov. 2016, art. 10)* **La transaction fait obstacle à l'introduction ou à la poursuite entre les parties d'une action en justice ayant le même objet.**

Ancien art. 2052 *Les transactions ont, entre les parties, l'autorité de la chose jugée en dernier ressort.*

Elles ne peuvent être attaquées pour cause d'erreur de droit, ni pour cause de lésion.

BIBL. ► DEHARO, *Gaz. Pal. 2005. Doctr. 3870* (autorité de la chose transigée).

A. FORCE OBLIGATOIRE DE LA TRANSACTION

1º INTERDICTION D'ACTIONS AYANT LE MÊME OBJET

1. Détermination de l'objet de la transaction. V. art. 2049 et les notes citées.

2. Évolution du préjudice après transaction. Selon les art. 1103 et 2052, la réparation du dommage est définitivement fixée à la date à laquelle une transaction est intervenue, celle-ci faisant obstacle à l'introduction ou à la poursuite entre les parties d'une action en justice ayant le même objet. • Civ. 2e, 4 mars 2021, nº 19-16.859 P. ♦ La victime d'un accident ayant transigé avec l'auteur de celui-ci sur le montant des dommages-intérêts, lorsqu'elle forme une demande d'indemnisation pour aggravation de son état, les juges doivent rechercher quel est le préjudice résultant de l'aggravation postérieurement à la transaction et ne peuvent procéder à une révision du montant du préjudice originaire définitivement évalué. • Civ. 2e, 22 avr. 1971 : *Bull. civ. II, nº 152.* ♦ Dans le même sens : • Civ. 2e, 11 janv. 1995, nº 93-11.045 P • 4 mars 2021, nº 19-16.859 P : *préc.* ♦ En présence d'une transaction conclue au vu d'une expertise médicale, comportant renonciation de la victime d'un accident à formuler aucune réclamation sur les conséquences présentes et futures de cet accident, les juges du fond peuvent décider que les aggravations à l'indemnisation desquelles la victime a pu valablement renoncer ne sont que celles qui sont les suites des lésions constatées dans l'expertise lors de la transaction. • Civ. 1re, 27 janv. 1971, nº 69-10.795 P. ♦ Lorsque, après une transaction, la victime d'un accident se soumet à une nouvelle intervention chirurgicale en vue d'améliorer son état, elle ne peut réclamer une indemnité, l'opération n'étant pas motivée par une aggravation de son état et n'ayant donc pas eu pour effet d'entraîner un nouveau préjudice indemnisable. • Civ. 2e, 19 déc. 1977 : *Bull. civ. II, nº 243.* ♦ Limites, V. notes 7 et 9 ci-dessous.

3. Action en responsabilité après transaction. Sur l'irrecevabilité, faute d'intérêt, de l'action en responsabilité contre la Fondation nationale de transfusion, après acceptation par la victime de l'offre d'indemnité du Fonds d'indemnisation des transfusés et hémophiles contaminés par le VIH, V. • Civ. 2e, 26 janv. 1994, nº 93-06.009 P : *Gaz Pal. 1994. 2. 525, note Guigue.* – Dans le même sens : • Soc. 26 janv. 1995, nº 92-20.274 P : *R., p. 252.* ♦ *Contra* : • CEDH 4 déc. 1995, *Bellet c/ France : D. 1996. 357, note Collin-Demumieux ; JCP 1996. II. 22648, note Harichaux ; ibid. I. 3910, nº 21, obs. Sudre ; RTD civ. 1996. 509, obs. Marguénaud* ♦ V. cependant • Civ. 1re, 9 juill. 1996, nº 94-13.414 P : *D. 1996. 610, note Lambert-Faivre (1re esp.) ; JCP 1996. I. 3985, nº 11, obs. Viney ; RTD civ. 1997. 146, obs. Jourdain* • Cass., ass. plén., 6 juin 1997, nº 95-12.284 P : *BICC 15 oct. 1997, p. 5, concl. Tatu, rapp. Dorly ; D. 1998. 255, concl. Tatu ; RTD civ. 1998. 518, obs. Marguénaud.* – *Adde* : • Civ. 1re, 6 juin 2000, nº 98-22.117 P : *R. p. 391 ; D. 2000. IR 185 ; JCP 2000. I. 280, nos 29 s., obs. Viney.*

4. Faits postérieurs à la transaction. La renonciation du salarié à ses droits nés ou à naître et à toute instance relative à l'exécution du contrat de travail ne rend pas irrecevable une demande portant sur des faits survenus pendant la période d'exécution du contrat de travail postérieure à la transaction et dont le fondement est né postérieurement à la transaction. • Soc. 16 oct. 2019, nº 18-18.287 : *D. 2019. 2044 ; Dr. soc. 2019. 1089, obs. Mouly ; RDT 2019. 804, obs. Mraouahi.*

5. Mesure d'instruction après transaction. Les victimes d'un dommage ayant été, en exécution d'une transaction, indemnisées de l'intégralité de leurs préjudices par l'assureur auquel elles avaient délivré une quittance définitive et sans réserve, l'assureur se trouve subrogé dans leurs droits, de sorte qu'elles n'ont plus ni intérêt ni qualité pour solliciter une mesure d'instruction à l'encontre d'un tiers afin d'établir, avant tout procès, la preuve de faits dont pourrait dépendre la solution du litige. • Civ. 1re, 28 mars 2018, nº 17-11.628 P : *RGDA 2018. 301, note Schulz.*

6. Contestation judiciaire d'une transaction – Accident de circulation. Sur la constitutionnalité du dispositif rapide d'indemnisation des victimes d'accident de la circulation par le FGAO en ce qu'il réserve à l'auteur du dommage la possibilité de contester judiciairement la transaction conclue entre le fonds et la victime ou à ses ayants droit et de remettre en question tant le principe de sa responsabilité que le principe ou le montant des indemnités. • Civ. 2e, 25 juin 2015, nº 15-10.311 P.

7. Sur le contrôle par le juge de l'existence de concessions réciproques, V. note 12 ss. art. 2044.

2° ANC. ART. 2052. – AUTORITÉ DE LA CHOSE JUGÉE

8. Portée générale. La L. n° 2016-1547 du 18 nov. 2016 supprime l'autorité de la chose jugée reconnue, entre les parties, à la transaction. Antérieurement, l'autorité de la chose jugée, attachée à une transaction réglant définitivement le préjudice de la victime d'un accident, est indissociable et opposable aux parties en cause, dans toutes ses dispositions, aussi bien celles fixant le montant global du dommage à réparer, que celles déterminant le capital représentatif des arrérages de la rente invalidité échus et à échoir, et le paiement de l'indemnité complémentaire. • Civ. 2e, 14 févr. 1974 : *JCP 1974. II. 17757, note R. Savatier.* ♦ Droit pour l'assureur du responsable d'un accident de circulation d'opposer à la victime la transaction intervenue entre cette dernière et son assureur, pour fixer le montant du préjudice corporel, en application des art. L. 211-18 s. C. assur., dans le cadre d'un mandat entre assureurs pour le compte de qui il appartiendra. • Crim. 16 déc. 2014, n° 14-80.491 P. ♦ Mais la transaction fixant la contribution annuelle de l'employeur au financement des activités sociales et culturelles du comité d'entreprise à 3 % de la masse salariale n'a pas envisagé l'objet d'un litige ultérieur portant sur l'assiette de cette contribution. • Soc. 3 nov. 2016, n° 15-19.385 P : *D. 2016. 2288*. ♦ Sur l'autorité de chose jugée d'une transaction conclue entre un employeur et un salarié en des termes généraux pour mettre fin à tout différend : • Soc. 17 févr. 2021, n° 19-20.635 P : *Dr. soc. 2021. 371, obs. Mouly ; ibid. 510, note Radé ; RDC 2021/2. 109, note Icard.*

9. ... Effet relatif. Une transaction, fût-elle homologuée, n'a d'autorité de la chose jugée qu'à l'égard des parties ou de ceux qu'elle représentait lors de sa conclusion ; dans l'hypothèse d'une transaction conclue par le représentant des salariés, au cours d'une procédure collective, auquel ses fonctions ne confèrent pas un pouvoir général de représentation de chaque membre du personnel, il convient de rechercher s'il a reçu de chaque salarié un mandat spécial pour conclure une transaction en son nom. • Soc. 31 mars 2009, n° 06-46.378 P : *D. 2009. AJ 1146, obs. Inès ; RDT 2009. 394, note Serverin*.

10. Effet de l'acceptation d'une offre provisionnelle d'indemnisation. L'acceptation par la victime d'une offre provisionnelle de l'ONIAM valant transaction met fin à toute contestation relative à son droit à réparation sur le fondement de l'art. L. 1142-1, II, CSP. Seuls demeurent en débat les préjudices subis et consécutifs à l'accident médical : cassation de l'arrêt ayant débouté une victime de ses demandes d'indemnisation au motif que le refus, par le patient, de l'offre définitive adressée par l'ONIAM rend celle-ci caduque et qu'il appartient alors à la juridiction saisie par le patient de statuer tant sur l'existence que sur l'étendue de ses droits. • Civ. 1re, 20 oct. 2021, n° 19-25.399 B : *D. 2022. 336, note Rivollier ; RTD civ. 2022. 150, obs. Jourdain*.

11. Prétentions au fondement postérieur à la transaction. Si une transaction conclue en cours d'instance produit les mêmes effets qu'un jugement sur le fond pour l'application de l'art. R. 1452-6 C. trav., elle n'interdit toutefois pas d'engager par la suite une nouvelle procédure portant sur des prétentions dont le fondement est né ou s'est révélé postérieurement à la transaction. • Soc. 13 juin 2012, n° 10-26.857 P : *D. 2012. 1622*. ♦ V. • Soc. 16 oct. 2019, n° 18-18.287 P : *cité note 4.*

12. Limites tenant au droit de l'Union européenne. Le refus d'examiner le moyen tiré de la nullité d'une clause pour violation de l'art. 85-1 (devenu art. 81-1) du traité de Rome ne saurait être justifié au motif que la nullité alléguée se trouverait couverte par une transaction intervenue entre les parties et ayant l'autorité de la chose jugée, car le droit interne ne peut prévaloir sur les dispositions du traité instituant la Communauté économique européenne. • Com. 26 mars 1979 : *JCP 1979. II. 19249, note Jeantet.*

B. RÉGIME JURIDIQUE – EXÉCUTION (jurisprudence antérieure à la L. n° 2016-1547 du 18 nov. 2016)

13. Exécution nécessaire de la transaction. – Résolution. Une transaction ne peut être opposée par l'un des cocontractants que s'il en a respecté les conditions. • Civ. 1re, 7 nov. 1995, n° 92-21.406 P • 12 juill. 2012, n° 09-11.582 P : *D. 2012. 2577, note Pailler ; RTD civ. 2013. 138, obs. Gautier ; ibid. 169, obs. Théry ; RDC 2013. 83, obs. Laithier* (non-respect du délai prévu pour l'exécution de travaux devant mettre fin aux troubles). ♦ Le défaut d'exécution d'une transaction par une société mise en redressement judiciaire, avant la date de la première échéance de règlement convenue à la transaction, ne peut être invoqué par le créancier pour faire échec à l'autorité de la chose jugée qui s'y attache. • Civ. 1re, 10 sept. 2015, n° 14-20.917 P : *RTD civ. 2015. 897, obs. Gautier*. ♦ L'autorité de chose jugée s'attachant à la transaction (art. 2052 anc.) n'empêche pas la partie qui se plaint de l'inexécution par l'autre partie d'une des obligations mises à sa charge par le protocole d'accord de solliciter la résolution du contrat sur le fondement de l'anc. art. 1184 C. civ. • Paris, 20 sept. 1996 : *D. Affaires 1997. 49.*

14. Est sans objet le pourvoi d'une partie qui s'est engagée à se désister de ce recours suite à une transaction dont il n'est pas allégué qu'elle serait l'objet d'une action en rescision ou en nullité. • Civ. 3e, 21 mars 1990, n° 88-18.738 P.

15. Modification de la transaction. La transaction ayant entre les parties l'autorité de la chose jugée en dernier ressort (art. 2052 anc.), celles-ci ne peuvent en modifier les modalités d'exécution qu'aux conditions de forme auxquelles elle est soumise (en l'espèce, pas d'écrit modificatif de la transaction constatée par un acte sous seing privé). • Civ. 1re, 10 oct. 1995, n° 93-15.626 P : *RTD civ. 1996. 643, obs. Gautier* *(Jurisprudence antérieure à la L. n° 2016-1547 du 18 nov. 2016).*

16. Suites de la transaction. Le principe d'égalité de traitement entre son cas et celui de deux dirigeants ayant bénéficié du même type de départ, ne peut être invoqué par un salarié pour remettre en cause les droits et avantages d'une transaction revêtue de l'autorité de la chose jugée (art. 2052 anc.) et dont il ne conteste pas la validité. • Soc. 30 nov. 2011 : *D. 2011. 3001* ; *RTD civ. 2012. 335, obs. Gautier* (interprétation des suites nécessaires de la transaction) *(Jurisprudence antérieure à la L. n° 2016-1547 du 18 nov. 2016).*

17. Absence d'effet novatoire. Sauf intention contraire des parties, la transaction n'emporte pas novation. • Civ. 1re, 21 janv. 1997, n° 94-13.826 P : *D. 1997. Somm. 179, obs. Aynès* ; *CCC 1997, n° 62, obs. Leveneur.*

18. Force exécutoire. *(Jurisprudence antérieure à la L. n° 2016-1547 du 18 nov. 2016)* Lorsqu'en cours d'instance les parties mettent fin au litige par une transaction, la juridiction saisie est compétente pour en ordonner l'exécution. • Civ. 2e, 12 juin 1991 : *D. 1992. 320, note Durieux*. ♦ Une transaction qui est homologuée par un jugement en reçoit force exécutoire. • Civ. 2e, 27 mai 2004 : *D. 2004. IR 1773*. ♦ Le contrôle du juge, statuant sur une demande tendant à conférer force exécutoire à une transaction, ne peut porter que sur la nature de la convention qui lui est soumise et sur sa conformité à l'ordre public et aux bonnes mœurs ; excède ses pouvoirs le juge du fond qui se prononce sur la validité du protocole litigieux pour rétracter l'ordonnance qui lui avait conféré force exécutoire. • Civ. 1re, 10 sept. 2014, n° 13-11.843 P : *D. 2015. 287, obs. Fricero* ; *AJCA 2014. 328, obs. Fricero* ; *RTD civ. 2014. 904, obs. Gautier* ; *ibid. 2015. 695, obs. Théry*. ♦ Il en *résulte que ce contrôle n'exclut pas celui opéré* par le juge du fond saisi d'une contestation de la validité de la transaction. • Civ. 1re, 14 sept. 2022, n° 17-15.388 B : *D. 2022. 1597* ; *RTD civ. 2022. 964, obs. Théry* ; *CCC 2022, n° 163, note Leveneur.*

L'ordonnance donnant force exécutoire à une transaction rendue à la suite du dépôt d'une requête par l'une des parties à un accord, ayant reçu mandat à cet effet des autres parties, qui n'est pas une ordonnance sur requête au sens de l'art. 812, al. 1er, C. pr. civ., ne peut faire l'objet d'aucun recours. • Civ. 2e, 1er sept. 2016, n° 15-22.915 P : *D. 2016. 1758* ; *RTD civ. 2016. 883, obs. Gautier*.

19. … Authentification. *(Jurisprudence antérieure à la L. n° 2016-1547 du 18 nov. 2016)* L'ordonnance sur requête donnant force exécutoire à une transaction opérant transfert de droits immobiliers lui confère un caractère authentique permettant sa publication. • Civ. 1re, 16 mai 2006, n° 04-13.467 P : *Defrénois 2007. 235, obs. S. Piedelièvre, et 550, obs. Théry* ; *RTD civ. 2006. 823, obs. Perrot*.

Les dispositions de l'art. 1441-4 C. pr. civ. ne font pas obstacle à ce qu'une transaction soit reçue par un notaire et que celui-ci lui confère force exécutoire ; ainsi, le dépôt reçu en la forme authentique d'une transaction au rang des minutes d'un notaire pour qu'il en soit délivré copie exécutoire autorise une saisie-attribution sur le fondement de cette copie exécutoire. • Civ. 2e, 21 oct. 2010, n° 09-12.378 P : *D. actu. 15 nov. 2010, obs. Tahri* ; *D. 2011. 493, note Chassagnard-Pinet* ; *ibid. 265, obs. Fricero* ; *JCP N 2011, n° 1140, note Lauvergnat.*

20. Action en exécution – Prescription. L'action en exécution d'une transaction relative au règlement du sinistre dérive du contrat d'assurance et se voit appliquer le délai de 2 ans prévu par l'art. L. 114-1 C. assur. • Civ. 2e, 19 nov. 2015, n° 13-23.095 P : *cité note 4 ss. art. 2224.*

C. ANC. ART. 2052, AL. 2. – NULLITÉ POUR ERREUR OU LÉSION

21. Lésion. V. notes 8 s. ss. art. 2053.

22. Partage. Il résulte de l'art. 888 C. civ. que l'action en rescision est admise contre un acte qui a pour objet de faire cesser l'indivision, même s'il a été qualifié de transaction. Il n'en est autrement que si, après partage, une transaction est faite sur les difficultés réelles que présentait le partage. • Civ. 1re, 5 déc. 1978 : *Defrénois 1979. 645, note Ponsard.* – Dans le même sens : • Civ. 1re, 6 juill. 1982, n° 81-13.444 P : *RTD civ. 1983. 769, obs. Patarin.*

23. Erreur de droit. Une cour d'appel considère à juste titre que l'ignorance de la caution, condamnée à paiement par jugement définitif, de ce que la créance, non déclarée au passif du débiteur, était éteinte était le résultat d'une erreur de droit. • Civ. 1re, 19 déc. 2000, n° 98-12.015 P : *D. 2001. 2193, note Soustelle* ; *ibid. AJ 629, obs. Avena-Robardet* ; *JCP 2001. I. 356, n° 9, obs. Simler* ; *Banque et Dr. 5-6/2001. 46, obs. Jacob* ; *RTD civ. 2001. 381, obs. Gautier* (rejet de la demande de nullité de la transaction intervenue entre la caution et le créancier). ♦ Comp., en l'absence de décision de justice : • Civ. 1re, 29 mai 2001, n° 99-16.753 P : *D. 2001. 2193, note Soustelle* ; *ibid. AJ 1944, obs. Avena-Robardet* ; *JCP 2001. I. 356, n° 9, obs. Simler* ; *Banque et Dr. 7-8/2001. 55, obs. Jacob* ; *RTD civ. 2001. 909, obs. Gautier* (nullité de la transaction pour défaut d'objet).

24. Une cour d'appel retient exactement, pour refuser d'annuler une transaction, que l'ignorance de l'inopposabilité par le souscripteur d'une assurance du délai de carence invoqué par l'assureur résultant d'une erreur de droit (art. 2052 anc.). • Civ. 1re, 12 juill. 2005, n° 04-11.130 P : *D. 2006. 1512, note Chaaban*.

25. L'erreur, fût-elle de droit, qui affecte l'objet de la contestation défini par la transaction, en l'occurrence la surface d'un local vendu, justifie la rescision d'une transaction (art. 2052 anc.). • Civ. 1re, 22 mai 2008, n° 06-19.643 P : *D. 2008. AJ 1551, obs. Lavric ; ibid. 2009. 272, note Ludwiczac ; RLDC 2008/51, n° 3050, obs. Maugeri ; ibid. 2008/54, n° 3169, obs. Mallet-Bricout ; CCC 2008, n° 225, obs. Leveneur ; Dr. et patr. 2/2009. 126, obs. Aynès et Stoffel-Munck* • 17 juin 2010, n° 09-14.144 P : *D. 2010. Actu. 1626 ; RLDC 2010/74, n° 3924, obs. Le Gallou.*

26. L'exclusion de l'erreur de droit comme cause de nullité de la transaction ne concerne que la règle applicable aux droits objet de la contestation qu'elle a pour but de terminer, et non les engagements souscrits pour garantir l'exécution de la transaction, en l'espèce des cautionnements. • Civ. 1re, 8 mars 2012, n° 09-12.246 P : *D. 2012. 1102, note Thibierge ; ibid. 1573, obs. Crocq ; ibid. Chron. C. cass. 2050, obs. Creton ; Rev. sociétés 2012. 421, note Riassetto ; JCP 2012, n° 517, note Piedelièvre : ibid., n° 561, § 5, obs. Ghestin.*

27. Transaction validant une vente ultérieurement annulée. En présence d'une transaction par laquelle les parties ont irrévocablement confirmé la vente d'un tableau dont l'attribution était contreversée, et se sont désistées de toutes instances et actions relatives à celui-ci, l'annulation ultérieure de la vente du tableau n'est pas de nature à fonder l'annulation de la transaction. • Civ. 1re, 17 mars 2016, n° 14-27.168 P : *D. 2016. 1231, note Mayer ; RTD civ. 2016. 347, obs. Barbier ; JCP 2016, n° 585, obs. Deharo.*

Art. 2053 *(Abrogé par L. n° 2016-1547 du 18 nov. 2016, art. 10)* ***Néanmoins une transaction peut être rescindée, lorsqu'il y a erreur dans la personne ou sur l'objet de la contestation.***

Elle peut l'être dans tous les cas où il y a dol ou violence.

BIBL. ▶ GERBAULT, *LPA 14-17 juill. 2006* (erreur dans la transaction).

A. ANC. ART. 2053. – NULLITÉ POUR ERREUR

1. Erreur sur la substance. Est dépourvue de tout effet juridique une transaction conclue par la victime d'un accident avant son examen par un médecin-expert, alors qu'elle ne connaissait ni la nature ni la gravité de ses blessures et s'est ainsi méprise sur la nature et l'étendue de ses droits. • Crim. 28 oct. 1976 : *Gaz. Pal. 1977. 1. 68.* ♦ Lorsqu'une transaction a été signée alors que les conséquences de l'accident n'étaient pas prévisibles, la victime, incapable de mesurer la valeur exacte de la formule signée par elle, a commis une erreur sur la substance même de la chose qui était l'objet du contrat. • Crim. 20 févr. 1968 : *Gaz. Pal. 1968. 1. 259.* – V. aussi • Civ. 1re, 29 oct. 1963 : *D. 1964. 467 (1re esp.), note F. Boulanger* • 10 juin 1986, n° 85-10.345 P.

Une demande en rescision d'une transaction pour erreur sur l'objet de la contestation ne se confond pas avec les qualités substantielles de l'œuvre vendue susceptible d'entraîner la nullité de la vente pour erreur sur la substance du tableau vendu, pas plus que l'objet de la contestation, à laquelle a mis fin la transaction validant *irrévocablement la* vente du tableau, ne se confond avec la vente elle-même. • Civ. 1re, 17 mars 2016, n° 14-27.168 P : *D. 2016. 1231, note Mayer ; RTD civ. 2016. 347, obs. Barbier*.

2. Erreur sur l'objet. Erreur sur l'existence de la créance, objet de la transaction : V. • Civ. 1re, 29 mai 2001 : *préc. note 23 ss. art. 2051.* ♦ Lorsque la transaction a été conclue par les parties sur la croyance commune que seule l'indemnité légale de licenciement pouvait être réclamée par le salarié, l'erreur commise porte sur l'objet même de la contestation, en sorte qu'elle affecte la validité de la transaction. • Soc. 24 nov. 1998, n° 95-43.523 P : *D. 1999. Somm. 174, obs. Fadeuilhe ; Dr. soc. 1999. 351, note Jeammaud ; JCP E 1999. 870, note Taquet.* ♦ Pour une erreur de droit, qui affecte l'objet de la contestation défini par la transaction, V. • Civ. 1re, 22 mai 2008 : *cité note 25 ss. art. 2052.*

Mais le juge ne peut, sans heurter l'autorité de la chose jugée attachée à la transaction, trancher le litige que cette dernière avait pour objet de clore en se livrant à un examen des éléments de faits et de preuve pour déterminer le bien-fondé du motif de licenciement économique du salarié. • Soc. 14 juin 2000, n° 97-45.065 P : *Dr. soc. 2001. 23, note Couturier.*

3. Erreur sur l'étendue du préjudice. Si l'erreur sur l'importance du préjudice ne constitue pas une erreur sur l'objet de la transaction, il en est autrement de l'erreur sur l'existence de la lésion génératrice du dommage. • Civ. 1re, 12 janv. 1970 : *Bull. civ. I, n° 10.* – Jurisprudence constante. ♦ V. par ex. : • Civ. 2e, 12 déc. 1963 : *D. 1964. 467 (2e esp.), note F. Boulanger* (erreur ne portant pas sur l'objet de la transaction, mais sur l'étendue du préjudice, la victime connaissant, lors de la transaction, la lésion cause de l'aggravation pour laquelle elle demande indemnité) • Civ. 1re, 21 févr. 1979, n° 77-12.622 P : *R.,* *p. 72.* ♦ Ne caractérise pas les causes de rescision d'une transaction prévues par l'art. 2053 l'arrêt qui énonce que l'assureur ayant versé une indemnité transactionnelle à la victime d'un accident s'est cru tenu d'une obligation envers elle, dans l'ignorance d'un témoignage établissant une faute de celle-ci, de nature à exonérer l'assuré de sa responsabilité. • Civ. 2e, 1er avr. 1998, n° 96-17.165 P.

4. Mais il y a erreur sur l'objet de la transaction en cas d'ignorance de lésions qui se sont révélées postérieurement : • Civ. 1re, 8 mars 1966 : *JCP 1966. II. 14664, concl. Lindon* • 24 mai 1966 : *JCP 1966. II. 14769, note R. L.* • 11 oct. 1967 : *D. 1968. 135* • Civ. 2e, 10 janv. 1990, n° 88-15.112 P. ♦ Quand, postérieurement à l'expertise à la suite de laquelle a été établi un procès-verbal de conciliation entre l'architecte, l'entrepreneur et le maître de l'ouvrage, prévoyant des travaux de réfection, ont été découvertes de nouvelles malfaçons rendant nécessaires la démolition et la reconstruction de la maison, le maître de l'ouvrage, incompétent en la matière, qui s'était fié à l'avis de l'expert, a commis une erreur portant sur l'objet de la contestation et la transaction doit être annulée. • Civ. 3e, 24 mai 1978 : *Bull. civ. III, n° 221.*

5. Autres applications : expropriation. L'accord conclu postérieurement à l'ordonnance d'expropriation, et par lequel les parties décident de fixer le montant de l'indemnité sans avoir recours au juge de l'expropriation, constitue une transaction qui ne peut être rescindée que pour erreur sur l'objet de la contestation. • Civ. 3e, 28 oct. 1974 : *JCP 1975. II. 18197, note Homont.* ♦ L'exproprié qui a transigé sur le montant de l'indemnité alors qu'il connaissait l'existence d'un gisement dans le sous-sol des parcelles expropriées ne peut pas, pour faire annuler l'accord, invoquer une erreur relative à l'étendue du gisement et aux possibilités d'exploitation. • Civ. 3e, 20 juin 1978, n° 77-11.006 P.

6. ... Tenue de compte. Une transaction ayant été conclue en tenant pour constante l'existence d'un solde créditeur pour une des parties, tandis que le compte finalement établi a révélé que cette partie était débitrice, la nullité de la transaction peut être prononcée en retenant une erreur sur l'existence même de la créance invoquée alors que seul le montant de cette créance, fût-il forfaitairement fixé, était entré dans le champ des prévisions contractuelles. • Civ. 1re, 13 déc. 1972 : *Gaz. Pal. 1973. 1. 293, note A. P.* ♦ L'omission d'une somme dans un relevé de compte au vu duquel une partie a souscrit une transaction est une erreur de fait portant sur l'objet même de la transaction. • Civ. 3e, 1er avr. 1971 : *Bull. civ. III, n° 242.* ♦ Cependant, l'erreur alléguée par une partie prétendant avoir oublié le montant d'une lettre de change lors d'un arrêté pour solde de tout compte établi à titre transactionnel ne constitue pas une erreur sur l'objet de la contestation. • Com. 28 oct. 1974 : *Bull. civ. IV, n° 271.*

B. ART. 2053 ANC. – NULLITÉ POUR ABSENCE DE CAUSE, DOL OU VIOLENCE

7. Absence de cause. Il n'y a pas lieu d'annuler pour absence de cause la transaction conclue entre un prévenu et la partie civile antérieurement à la décision de relaxe, dès lors que la cause de l'engagement souscrit se trouvait dans le dommage dont le signataire de la transaction devait réparation et que la juridiction pénale n'a pas dit qu'il n'y avait pas de faute dommageable, mais seulement qu'il n'y avait pas d'infraction pénale. • Civ. 1re, 8 déc. 1987, n° 86-14.380 P : *Defrénois 1988. 921, obs. Vermelle.*

8. Dol. V. • Civ. 2e, 20 oct. 2005 : *CCC 2006, n° 23, note Leveneur.* ♦ Pouvoir du juge : V. note 12. ♦ Sur les rapports entre le dol et la lésion, V. • Soc. 12 févr. 1997, n° 93-44.042 P : *JCP N 1998. 771, n° 27, obs. P. Mousseron ; RTD civ. 1997. 693, obs. Gautier*.

9. Violence. La contrainte économique se rattache à la violence et non à la lésion. • Civ. 1re, 30 mai 2000, n° 98-15.242 P : *D. 2000. 879, note Chazal ; D. 2001. Somm. 1140, obs. D. Mazeaud ; JCP 2001. II. 10461, note Loiseau ; JCP E 2001. 571, note Secnazi ; Defrénois 2000. 1124, obs. Delebecque ; CCC 2000, n° 142, note Leveneur ; LPA 22 nov. 2000, note Szames ; RTD civ. 2000. 827, obs. Mestre et Fages ; ibid. 863, obs. Gautier*. ♦ Mais la menace d'exercer une voie de droit ne constitue pas une violence susceptible d'entraîner l'annulation de la transaction. • Civ. 1re, 19 juill. 1965 : *Bull. civ. 1965. I, n° 484.* ♦ Sauf si elle est abusive. • Civ. 1re, 17 juill. 1967 : *Bull. civ. 1967. I, n° 263 ; D. 1967. 509.*

C. MISE EN ŒUVRE DE L'ANNULATION

10. Renonciation à agir. Absence de volonté claire et non équivoque d'un salarié de renoncer à contester une transaction, découlant du seul encaissement de chèques représentant des indemnités transactionnelles. • Soc. 9 mai 2001, n° 98-44.579 P.

11. Exercice de l'action en nullité. Les parties peuvent toujours saisir la juridiction prud'homale d'une action en contestation d'une transaction quand bien même elle aurait été constatée dans un procès-verbal dressé par le bureau de conciliation. • Soc. 29 sept. 2010, n° 09-42.084 P : *D. 2011. 265, obs. Fricero* • 29 sept. 2010 : *eod. loc.* (cassation de l'arrêt ayant affirmé qu'elle ne pouvait être contestée qu'en exerçant un appel-nullité dans un délai d'un mois à compter de ce procès-verbal de conciliation).

12. Révision judiciaire (non). Si le juge peut rescinder la transaction pour dol, il n'a pas le pouvoir d'en modifier les termes, ni pour ce motif, ni pour fait nouveau. • Civ. 1re, 17 déc. 2002, n° 00-17.333 P : *JCP 2003. II. 10081*, note *Kenfack ; RTD civ. 2003. 313, obs. Gautier*.

Art. 2054 *(Abrogé par L. n° 2016-1547 du 18 nov. 2016, art. 10)* ***Il y a également lieu à l'action en rescision contre une transaction, lorsqu'elle a été faite en exécution d'un titre nul, à moins que les parties n'aient expressément traité sur la nullité.***

La rescision d'une transaction conclue en exécution d'un titre nul ne peut être demandée lorsque la nullité du titre est le résultat d'une erreur de droit. • Com. 26 nov. 1957, n° 1.795 P.

Art. 2055 *(Abrogé par L. n° 2016-1547 du 18 nov. 2016, art. 10)* ***La transaction faite sur pièces qui depuis ont été reconnues fausses est entièrement nulle.***

La transaction intervenue sur un titre qui a depuis été reconnu faux est nulle pour défaut de cause, à moins que les parties n'aient expressément traité sur la nullité. • Req. 14 avr. 1877 : *DP 1878. 1. 298.*

Art. 2056 *(Abrogé par L. n° 2016-1547 du 18 nov. 2016, art. 10)* ***La transaction sur un procès terminé par un jugement passé en force de chose jugée, dont les parties ou l'une d'elles n'avaient point connaissance, est nulle.***

Si le jugement ignoré des parties était susceptible d'appel, la transaction sera valable.

Les droits reconnus par un jugement définitif peuvent cependant faire l'objet d'une transaction valable, si la partie qui a obtenu cette décision préfère couper court, par un arrangement amiable, aux difficultés de fait que présenterait son exécution. • Req. 12 nov. 1902 : *DP 1902. 1. 566.*

Art. 2057 *(Abrogé par L. n° 2016-1547 du 18 nov. 2016, art. 10)* ***Lorsque les parties ont transigé généralement sur toutes les affaires qu'elles pouvaient avoir ensemble, les titres qui leur étaient alors inconnus, et qui auraient été postérieurement découverts, ne sont point une cause de rescision, à moins qu'ils n'aient été retenus par le fait de l'une des parties ;***

Mais la transaction serait nulle si elle n'avait qu'un objet sur lequel il serait constaté, par des titres nouvellement découverts, que l'une des parties n'avait aucun droit.

Art. 2058 *(Abrogé par L. n° 2016-1547 du 18 nov. 2016, art. 10)* ***L'erreur de calcul dans une transaction doit être réparée.***

L'erreur visée par l'art. 2058 est seulement une erreur arithmétique. Il en résulte que ne peut donner lieu à rectification l'erreur commise par une partie sur l'étendue de ses droits et sur l'existence de certains éléments de la créance objet de la transaction. • Com. 27 oct. 1958 : *D. 1958. 727.* – Même sens : • Civ. 3e, 15 mai 1991, n° 90-10.710 P.

TITRE XVI **DE LA CONVENTION D'ARBITRAGE** *(L. n° 2016-1547 du 18 nov. 2016, art. 11).*

(L. n° 72-626 du 5 juill. 1972)

DALLOZ ACTION *Droit de la responsabilité et des contrats 2023/2024, nos 4171.00 s.*

BIBL. GÉN. ▸ **Convention de procédure participative :** G'Sell-Macrez, *D. 2010. Chron. 2450*.

Art. 2059 *(L. n° 72-626 du 5 juill. 1972)* **Toutes personnes peuvent compromettre sur les droits dont elles ont la libre disposition.**

BIBL. ▸ Ancel, *Rev. arb. 2002. 3* (arbitrage et novation). – Arnaldez, *Mél. Bellet, 1991, p. 1* (acte déterminant la mission de l'arbitre). – Barbet et Roscher, *Rev. arb. 2010. 45* (les clauses de résolution des litiges optionnelles). – Barnaud, L'efficacité des clauses relatives aux litiges, *Versailles 2009* (thèse dactyl.). – Beguin, *Mél. Bigot, LGDJ 2010, p. 15* (l'extension de la clause compromissoire au destinataire dans le transport maritime). – Bermann, *APD 2009. 121* (le rôle respectif des cours et des arbitres dans la détermination de la compétence arbitrale). – Bernheim-Desvaux, *CCC 2011. Formule 4* (clause compromissoire). – Bertin, *Gaz. Pal. 1980. 2. Doctr. 520* (référé et nouvel arbitrage). – Boillot, *RTD com. 2013. 1* (le régime des clauses relatives au litige). – Bollee, *Rev. arb. 2005. 917* (clause compromissoire et droit commun des conventions). – Boucaron-Nardetto, Le principe de compétence – Compétence en droit de l'arbitrage, *PUAM 2013* (ss. dir. J.-B. Racine) ; *Cah. arb. 2013. 37* (principe compétence-compétence). – Cachard, *Rev. arb. 2006. 893* (le contrôle de la nullité ou de l'inapplicabilité manifeste de la clause compromissoire). – Castel et Reignie, *Dr. et patr. 1/2008. 55* (clause compromissoire et garantie de passif : de quelques choix fondamentaux). – Clay, 1804-2004 Le code civil, *Dalloz, 2004, p. 692* (une erreur de codification dans le code civil : l'arbitrage) ; *JCP 2016, n° 1295* (l'arbitrage, les modes alternatifs de règlement et la transaction dans la loi Justice du XXIe siècle). – Couchez, *Rev. arb. 1986. 155* (référé et arbitrage). – Cozian et Ruhlmann, *Gaz. Pal. 1993. 2. Doctr. 1002* (clause d'arbitrage en droit commercial international). – R. David, *Mél. Marty, Univ. Toulouse, 1978, p. 383 (arbitrage, technique de régulation des contrats)*. – Ditchev, *Rev. 1981. 395* (contrat d'arbitrage). – el Ahdab, *Procédures 2006. Chron. 2* (l'interprétation restrictive du consentement à une clause compromissoire). – Fadlallah, *Gaz. Pal. 2002. Doctr. 914* (parties à la convention d'arbitrage). – Fouchard, *Rev. arb. 1971. 3* (actes mixtes). – Foussard, *Rev. arb. 2004. 803*. – Hagopian, *RGAT 1980. 27* (convention d'arbitrage en matière de réassurance). – Helot, *LPA 11 nov. 1994* (obligation contractuelle née d'une convention d'arbitrage). – Heuze, *Rev. arb. 2015. 49* (convention d'arbitrage : une variété de transaction). – Jarrosson et Racine, *Rev. arb. 2016. 1007* (loi Justice du XXIe siècle). – Lécuyer et Poracchia, *Dr. et patr. 1/2008. 67* (circulation de la garantie de passif et de la clause compromissoire). – Larroumet, *Rev. arb. 2005. 903* (promesse pour autrui, stipulation pour autrui et arbitrage). – Level, *JCP 1972. I. 2494* (commentaire de la loi du 5 juill. 1972) ; *Rev. arb. 1992. 213* (arbitrabilité). – Oppetit, *Rev. arb. 1990. 551* (clause arbitrale par référence). – Poudret, *Mél. Sortais, Bruylant, 2002, p. 495* (litispendance entre l'arbitre et le juge : quelle priorité ?). – Rubellin-Devichi, *Rev. arb. 1981. 29* (clause compromissoire, pluralité de défendeurs et appel en garantie). – Scalbert et Marville, *Rev. arb. 1988. 117* (clauses compromissoires pathologiques). – Seguin, *Rev. arb. 1988, vol. 3* (l'arbitrage et les tiers).

*Sur l'arbitrage, V. C. pr. civ., art. 1442 s. — **C. pr. civ.***

1. Un compromis tendant au partage de biens communs ne peut être signé par un époux seul sans l'accord de l'autre époux. • Civ. 1re, 8 févr. 2000, n° 97-19.920 P : *D. 2000. IR 72 ; JCP 2000. I. 245, n° 18, obs. Simler ; Defrénois 2000. 1179, obs. Champenois ; Dr. fam. 2000, n° 40, note Beignier.*

2. La qualité des tiers chargés d'une mission par les parties à un contrat ne saurait dépendre des termes employés par celles-ci, mais ressort de la mission à eux confiée. Il appartient aux juges du fond d'apprécier souverainement si la mission de personnes désignées par la convention consistait à fixer, en tant que mandataires, des valeurs destinées à s'incorporer à un contrat de partage ou à régler en tant qu'arbitres un litige né ou à naître. • Civ. 1re, 26 oct. 1976, n° 75-13.707 P. ♦ Lorsqu'elle est saisie de l'appel d'une sentence arbitrale, la cour d'appel ne peut statuer que dans les limites du compromis, lequel détermine l'intérêt du litige. • Civ. 2e, 22 févr. 1994, n° 93-16.886 P.

3. Violation de l'art. 6, § 1, Conv. EDH, lorsque l'évaluation des parts de l'associé minoritaire, obligé de les céder à l'actionnaire principal en vue de la dissolution de la société, est soumise à un arbitrage auquel le premier n'a pas consenti. • CEDH, sect. V, 28 oct. 2010, *Suda c/ République tchèque*, n° 1643/06 (application d'une clause contenue dans un contrat entre l'actionnaire principal et la société, auquel l'actionnaire minoritaire n'est pas partie).

Art. 2060 *(L. n° 72-626 du 5 juill. 1972)* **On ne peut compromettre sur les questions d'état et de capacité des personnes, sur celles relatives au divorce et à la séparation de corps ou sur les contestations intéressant les collectivités publiques et les établissements publics et plus généralement dans toutes les matières qui intéressent l'ordre public.**

(L. n° 75-596 du 9 juill. 1975) **« Toutefois, des catégories d'établissements publics à caractère industriel et commercial peuvent être autorisées par décret à compromettre. »**

*Par dérogation aux dispositions du premier al. de l'art. 2060, le recours à l'arbitrage pour le règlement des litiges opposant les personnes publiques à leurs cocontractants dans l'exécution des marchés publics est possible pour les litiges relatifs à l'exécution financière des marchés publics de travaux et de fournitures de l'État, des collectivités territoriales et des établissements publics locaux ainsi que dans les autres cas où la loi le permet (CCP, art. L. 2197-6). Pour les autorités concédantes dans le cadre d'un contrat de concession, V. CCP, art. L. 3137-4. — **CCP.***

BIBL. ▶ Ribs, *JCP 1990. I. 3465* (arbitrage et personnes morales de droit public français).

1. Le compromis n'est pas nul par cela seul que la convention à laquelle il a trait est soumise à certains égards à une réglementation présentant un caractère d'ordre public ; il n'y a nullité que si l'opération ou la convention litigieuse se trouve frappée d'illicéité comme ayant effectivement contrevenu à une règle d'ordre public ; en un mot, la nullité du compromis ne découle pas de ce que le litige touche à des questions d'ordre public, mais du fait que l'ordre public a été violé. • Paris, 15 juin 1956 : *D. 1957. 587 (deux arrêts), note Robert.* ♦ C'est dans la seule considération de l'objet du litige, c'est-à-dire ce qu'on donne réellement à juger aux arbitres, que se manifestera ou non l'influence de l'ordre public pour autoriser ou interdire l'arbitrage au niveau de la validité du compromis. • Colmar, 29 nov. 1968 : *JCP 1970. II. 16246, note Oppetit et Level.* ♦ Ainsi, la nullité d'un contrat tenant à des motifs d'ordre public donne elle-même naissance pour le règlement des conséquences de cette nullité, à des litiges quant aux restitutions ou aux dommages-intérêts sur lesquels il n'est pas interdit de compromettre. • Orléans, 15 févr. 1966 : *D. 1966. 340, note Robert.*

2. Compétence exclusive d'une juridiction étatique. L'art. L. 442-6-III C. com. [anc.] réservant au ministre chargé de l'économie la faculté de saisir le juge pour faire cesser des pratiques illicites et prononcer des amendes civiles, il en résulte que l'action ainsi attribuée au titre d'une mission de gardien de l'ordre public économique pour protéger le fonctionnement du marché et de la concurrence est une action autonome dont la connaissance est réservée aux juridictions étatiques au regard de sa nature et de son objet, ce qui entraîne l'inapplicabilité manifeste au litige de la convention d'arbitrage du contrat de distribution. • Civ. 1re, 6 juill. 2016, n° 15-21.811 P : *D. 2016. 1910, note Roda ; ibid. 2025, obs. d'Avout et Bollée ; ibid. 2589, obs. Clay ; AJ contrat 2016. 444, obs. Boucaron-Nardetto ; RTD civ. 2016. 837, obs. Barbier ; ibid. 921, obs. Théry ; RTD com. 2016. 695, obs. Loquin .*

Art. 2061 *(L. n° 2016-1547 du 18 nov. 2016, art. 11)* **La clause compromissoire doit avoir été acceptée par la partie à laquelle on l'oppose, à moins que celle-ci n'ait succédé aux droits et obligations de la partie qui l'a initialement acceptée.**

Lorsque l'une des parties n'a pas contracté dans le cadre de son activité professionnelle, la clause ne peut lui être opposée.

BIBL. ▸ CASSON, *JCP 2018, n° 312.* – CLAY, *D. 2016. Pan. 2589* .

Ancien art. 2061 *(L. n° 2001-420 du 15 mai 2001, art. 126)* ***Sous réserve des dispositions législatives particulières, la clause compromissoire est valable dans les contrats conclus à raison d'une activité professionnelle.***

BIBL. ▸ CLAY, obs. *D. 2003. Somm. 2469.* – LOQUIN, chron. *RTD com. 2001. 642.* – MARINI et FAGES, *D. 2001. Chron. 2658.* – B. MOREAU et DEGOS, *Gaz. Pal. 2001. Doctr. 963.* – JARROSSON, *JCP 2001. I. 333.* – *Dossier Dr. et patr. 5/2002. 40 s.*

▸ GALLMEISTER, *LPA 29 oct. 2004* (validité de la clause compromissoire contenue dans un acte mixte). – MOURRE, *Gaz. Pal. 2002. Doctr. 1776* (litiges relatifs aux sociétés). – RONTCHEVSKY, *AJDI 2002. 270* (arbitrage et baux commerciaux depuis la loi du 15 mai 2001). – WEILLER, *Gaz. Pal. 2005. Doctr. 982* (application dans le temps de l'art. 2061).

Ancien art. 2061 *(L. n° 72-626 du 5 juill. 1972)* ***La clause compromissoire est nulle s'il n'est disposé autrement par la loi.***

Sur la clause compromissoire, V. C. pr. civ., art. 1442 s. – ***C. pr. civ.***

a. Jurisprudence antérieure à la loi du 15 mai 2001

1. Nullité de la clause. De la combinaison des art. 2061 C. civ. et 631 [anc.] C. com., il résulte qu'une clause compromissoire incluse dans un contrat commercial pour une partie et civil pour une autre partie est nulle à l'égard de chacune d'elles. Viole ces textes un arrêt qui énonce que la nullité a un caractère relatif et serait couverte par la renonciation implicite de la partie non commerçante à se prévaloir de ce vice. • Civ. 2e, 5 mai 1982, n° 81-10.544 P. – V. aussi • Com. 11 oct. 1971 : *D. 1972. 688, note Grivart de Kerstrat.*

2. Est nulle la clause compromissoire incluse dans *l'annexe des statuts d'une société* civile immobilière. • Civ. 3e, 18 mai 1971 : *JCP 1972. II. 16974, note P. L.* ♦ ... Dans un contrat d'association entre avocats. • Angers, 2 juill. 1975 : *Gaz. Pal. 1975. 2. 776.*

3. Lorsque, dans l'exercice de leur pouvoir souverain, les juges du fond ont retenu que l'existence d'un litige antérieur à un protocole n'était pas établie, la clause par laquelle les parties désignent un arbitre et renoncent à toute procédure judiciaire ne peut avoir la nature d'un compromis d'arbitrage. • Civ. 2e, 23 sept. 1998 : *CCC 1998, n° 158, note Leveneur.* ♦ Lorsque en l'état d'un litige né de l'exécution d'un contrat comportant une clause compromissoire, qui est nulle, l'une des parties accepte l'offre de l'autre de soumettre leur litige à l'arbitre désigné par la clause, il existe entre elles un compromis valable. • Com. 13 nov. 1972, n° 71-10.842 P : *R. 1972-1973, p. 89.* – V. aussi • Civ. 3e, 10 oct. 1978 : *JCP 1980. II. 19390, note Galle.* ♦ La partie qui a elle-même formé la demande d'arbitrage est irrecevable à soutenir, par un moyen contraire, que la juridiction arbitrale aurait statué sans convention d'arbitrage ou sur convention nulle, faute de clause compromissoire qui lui soit opposable. • Civ. 2e, 26 janv. 1994, n° 92-12.307 P.

4. Autonomie de la clause. La clause compromissoire présente, par rapport à la convention principale dans laquelle elle s'insère, une autonomie juridique qui exclut qu'elle puisse être affectée par l'inefficacité de cet acte. • Civ. 2e, 4 avr. 2002, n° 00-18.009 P : *D. 2003. 1117, note Degos ; ibid. Somm. 2470, obs. Clay ; JCP 2002. II. 10154, note Reifegerste ; ibid. 2003. I. 105, n° 2, obs. Seraglini ; JCP E 2002. 1555, note Gout ; Dr. et patr. 6/2002. 121, obs. Mestre* • Com. 9 avr. 2002, n° 98-16.829 P : *D. 2003. 1117, note Degos ; JCP 2002. II. 10154, note Reifegerste ; ibid. 2003. I. 105, n° 2, obs. Seraglini ; JCP E 2002. 1555, note Gout* (sauf clause contraire) • Civ. 2e, 20 mars 2003, n° 01-02.253 P : *D. 2003. Somm. 2470, obs. Clay* (*idem*) • Com. 25 nov. 2008, n° 07-21.888 P (*idem*). – V. aussi • Civ. 1re, 28 mai 2002 : *cité note 5* • 25 oct. 2005, n° 02-13.252 P : *JDI 2006. 996, note Train* • 11 juill. 2006, n° 04-14.950 P : *D. 2006. IR 2051, et les obs.* – Déjà en ce sens • Civ. 1re, 6 déc. 1988 : *Bull. civ. I, n° 343.* ♦ L'éventuelle nullité de la clause compromissoire n'entraîne aucune conséquence pour les clauses de fond du contrat. • Paris, 27 oct. 2005 : *D. 2006. 697, note Clay*. ♦ La novation ne peut avoir pour effet de priver d'efficacité la clause compromissoire insérée dans le contrat. • Civ. 1re, 10 mai 1988, n° 86-13.333 P. ♦ Un accord trouvant son origine dans l'inobservation d'une précédente convention (concession exclusive) dont il est le complément entre dans le champ de la clause d'arbitrage stipulée dans la première convention. • Civ. 1re, 14 mai 1996, n° 93-15.138 P : *Defrénois 1996. 1075, obs. Bénabent ; ibid. 1997. 325, obs. Delebecque.*

5. Transmission de la clause. La créance étant transmise au cessionnaire telle qu'elle existe dans les rapports entre le cédant et le débiteur cédé, la clause d'arbitrage international, valable par le seul effet de la volonté des contractants, est transmise avec la créance et s'impose au cessionnaire. • Civ. 1re, 5 janv. 1999, n° 96-20.202 P : *Defrénois 1999. 752, obs. Delebecque ; Rev. crit. DIP 1999. 536, note Pataut (2e esp.)*. ♦ La clause d'arbitrage international s'impose à toute partie venant aux droits de l'un des contractants et spécialement au mandataire substitué. • Civ. 1re, 8 févr. 2000, n° 95-14.330 P : *JCP 2001. II. 10570, note Ammar ; Defrénois 2000. 721, obs. Delebecque ; Rev. crit. DIP 2000. 763, note Coipel-Cordonnier*. ♦ Dans une chaîne homogène de contrats translatifs de marchandises, la clause d'arbitrage international se transmet avec l'action contractuelle, sauf preuve de l'ignorance raisonnable de l'existence de cette clause. • Civ. 1re, 6 févr. 2001, n° 98-20.776 P : *R., p. 470 ; D. 2001. Somm. 1135, obs. Delebecque ; JCP 2001. II. 10567, note Legros ; JCP E 2001. 1238, note Mainguy et Seube ; Defrénois 2001. 708, obs. Libchaber ; CCC 2001, n° 82, note Leveneur ; RTD com. 2001. 413, obs. Loquin ; Rev. crit. DIP 2001. 522, obs. Jault-Seseke* (opposabilité de la clause au sous-acquéreur). – Seraglini, *Gaz. Pal. 2001. Doctr. 1731.* ♦ Dans une chaîne de contrats translatifs de propriété, la clause compromissoire est transmise de façon automatique en tant qu'accessoire du droit d'action, lui-même accessoire du droit substantiel transmis, sans incidence du caractère homogène ou hétérogène de cette chaîne. • Civ. 1re, 27 mars 2007, n° 04-20.842 P : *D. 2007. 2077, note Bollée ; ibid. AJ 1086, obs. Delpech ; JCP 2007. II. 10118, note Golhen ; Gaz. Pal. 21-22 nov. 2007, Doctr., étude Train ; CCC 2007, n° 166, note Leveneur ; LPA 10 août 2007, note Malan ; Rev. crit. DIP 2007. 798, note Jault-Seseke ; JDI 2007. 968, note Legros ; RTD civ. 2008. 541, obs. Thery* • 17 nov. 2010 : *cité note 49 ss. art. 1199.* ♦ En matière internationale, la clause d'arbitrage, juridiquement indépendante du contrat principal, est transmise avec lui, quelle que soit la validité de la transmission des droits substantiels. • Civ. 1re, 28 mai 2002, n° 00-12.144 P : *D. 2003. Somm. 2471, obs. Clay ; JCP 2003. I. 142, n° 20 s., obs. Barthez ; JCP E 2003. 585, n° 13, obs. Raynard ; Gaz. Pal. 2003. Somm. 515, obs. Niboyet ; Dr. et patr. 11/2002. 120, obs. P. Mousseron ; LPA 3 déc. 2002, note Legros ; RTD com. 2002. 667, obs. Loquin ; Rev. crit. DIP 2002. 758, note Coipel-Cordonnier*. ♦ La cession d'une créance emporte transmission de la clause d'arbitrage. • Civ. 2e, 20 déc. 2001, n° 00-10.806 P : *R., p. 469 ; D. 2002. IR 251 ; D. 2003. Chron. 569, par X. Pradel ; Dr. et patr. 6/2002. 123, obs. Mestre ; RTD com. 2002. 279, obs. Loquin*. – Sur ces arrêts : Mathieu-Bouyssou, *JCP 2003. I. 116.*

6. Effet de la clause à l'égard des tiers. La clause d'arbitrage contenue dans le contrat liant le stipulant au promettant peut être invoquée par et contre le tiers bénéficiaire d'une stipulation pour autrui. • Civ. 1re, 11 juill. 2006, n° 03-11.983 P : *RTD com. 2006. 773, obs. Loquin*.

7. Ordre international. L'art. 2061 est sans application dans l'ordre international. • Civ. 1re, 5 janv. 1999, n° 96-21.430 P : *D. Affaires 1999. 474, obs. X. D. ; Rev. crit. DIP 1999. 546, note Bureau*. ♦ Validité d'une clause d'arbitrage insérée dans un contrat conclu entre des parties de nationalité française, dont un non-commerçant, du fait du caractère international des opérations concernées. • Civ. 1re, 28 janv. 2003, n° 00-22.680 P. ♦ Dès lors qu'a été retenu le caractère international de l'opération économique litigieuse, il importe peu que l'une des parties ne fût pas commerçante ; en l'absence de nullité manifeste, application de la clause compromissoire, en vertu de l'indépendance d'une telle clause en droit international, sous la seule réserve de l'ordre public international. • Civ. 1re, 30 mars 2004, n° 02-12.259 P : *D. 2004. 2458, note Najjar ; D. 2005. Pan. 3053, obs. Clay ; RTD com. 2004. 447, obs. Loquin*.

8. La clause compromissoire insérée dans un contrat de travail international n'est pas opposable au salarié qui a saisi régulièrement la juridiction française compétente en vertu des règles applicables, peu important la loi régissant le contrat de travail. • Soc. 16 févr. 1999, n° 96-40.643 P : *JCP E 1999. 1685, note Coursier ; Gaz. Pal. 2000. Somm. 699, obs. Niboyet ; LPA 14 janv. 2000, note Mahinga ; Rev. crit. DIP 1999. 745, note Jault-Seseke* (1re esp.) • 4 mai 1999, n° 97-41.860 P : *D. 1999. IR 140 ; JCP 2000. II. 10337, note Ammar ; Rev. crit. DIP 1999. 745, note Jault-Seseke* (2e esp.) • 9 oct. 2001, n° 99-43.288 P : *D. 2001. IR 3170* • 28 juin 2005, n° 03-45.042 P : *D. 2005. Pan. 3052, obs. Clay ; JCP 2005. I. 179, n° 2, obs. Béguin ; Rev. crit. DIP 2006. 159, note Jault-Seseke ; JDI 2006. 616, note Sana-Chaillé de Néré.*

b. Application de la loi du 15 mai 2001

9. Conventions en cours. Validité, par application de la loi nouvelle, d'une clause compromissoire insérée dans une convention conclue entre professionnels (contrat de collaboration entre avocats) avant l'entrée en vigueur de la loi nouvelle, peu important, à cet égard, que la convention ait ou non pris fin avant cette entrée en vigueur. • Civ. 1re, 22 nov. 2005, n° 04-12.655 P : *D. 2005. IR 3032, obs. Avena-Robardet ; D. 2006. 277, note Le Bars et Callé ; JCP 2006. II. 10015, note Cornut ; ibid. I. 148, n° 1, obs. Béguin ; JCP E 2006. 1196, note Croze ; Defrénois 2006. 590, obs. Libchaber ; LPA 22 mars 2006, note Peltier ; RTD com. 2006. 302, obs. Loquin* • 7 juin 2006, n° 04-20.350 P : *RTD civ. 2006. 762, obs. Mestre et Fages*. – Déjà en ce sens : • TGI Paris, ord., 8 oct. 2002 : *D. 2003. 1928, note B. Moreau et Sihvola ; JCP 2004. II. 10014, note F. Fages ; JCP E 2003. 1588, n° 1, obs. Béguin ; RTD civ. 2004. 338, obs. Théry ; RTD com. 2003. 695, obs. Loquin* • Orléans, 18 mars 2004 : *JCP 2004. II. 10103, note Le Bars et Callé ; ibid. I. 179, n° 3, obs. Béguin ; RTD com. 2004. 441, obs. Loquin*.

10. Notion d'activité professionnelle. L'adhésion à un contrat d'assurance collective ayant pour objet de couvrir le risque d'invalidité permanente totale n'est pas faite à raison d'une activité professionnelle, de sorte qu'un tel contrat ne peut instaurer valablement une procédure d'arbitrage. • Civ. 2e, 16 juin 2011, n° 10-22.780 P : *RDC 2011. 1279, note Sérinet.*

Est nulle la clause compromissoire insérée dans un contrat conclu avec des retraités qui n'exerçaient plus aucune activité professionnelle. • Civ. 1re, 29 févr. 2012, n° 11-12.782 P : *D. 2012. 689, obs. Delpech ; ibid. 1312, note Rouaud ; JCP 2012, n° 405, note Monéger.*

11. Exclusions. L'art. L. 721-3-3° C. com. prévoit des dispositions particulières qui figurent au nombre de celles visées par l'art. 2061 il en résulte que la juridiction étatique n'est pas compétente pour connaître du litige concernant un acte commercial entrant dans les prévisions de cet art. • Civ. 1re, 22 oct. 2014, n° 13-11.568 P : *D. 2014. 2541, obs. Clay ; ibid. 2015. 56, note Dondero ; AJCA 2015. 74, obs. Boucaron-Nardetto* (cession de parts sociales).

12. Inapplicabilité manifeste de la clause. L'inapplicabilité manifeste de la clause d'arbitrage ne peut être déduite de l'impossibilité alléguée par le liquidateur judiciaire d'une des parties concernées de faire face au coût de la procédure d'arbitrage. • Civ. 1re, 13 juill. 2016, n° 15-19.389 P : *D. 2016. 2589, obs. Clay*.

Les anciens art. 2059 à 2070 concernant la contrainte par corps en matière civile avaient été abrogés par L. 22 juill. 1867. La loi n° 72-626 du 5 juill. 1972 a inséré les art. 2059 à 2061 ci-dessus relatifs au compromis laissant inutilisés les numéros 2062 à 2070.

TITRE XVII DE LA CONVENTION DE PROCÉDURE PARTICIPATIVE

(L. n° 2010-1609 du 22 déc. 2010, art. 37)

L'art. 37 de la L. n° 2010-1609 du 22 déc. 2010, créant les art. 2062 à 2068, est entré en vigueur le 1er sept. 2011 (L. préc., art. 43).

BIBL. ▸ AMRANI-MEKKI, *D. 2011. Chron. 3007*. – BRUGGEMAN, *Dr. fam. 2015. Étude 8* (conflits familiaux). – CLAY, *JCP 2016, n° 1295* (l'arbitrage, les modes alternatifs de règlement et la transaction dans la loi Justice du XXIe siècle). – FRICERO, *Mél. Guinchard, Dalloz, 2010, p. 145 ; Dr. et patr. 4/2011. 30.* – LARRIBAU-TERNEYRE, *Dr. fam. 2012, Études, n° 12* (en matière familiale). – MOUTARDIER, *Gaz. Pal. 2015. 813.* – POIVEY-LECLERQ, *JCP 2011, n° 70.* – THOURET, *AJ fam. 2016. 306* (réforme du divorce). – Dossier, *Dr. et patr. 5/2012. 51.* – Dossier, *AJ fam. 2013. 535* (famille et procédure participative).

Art. 2062 *(L. n° 2016-1547 du 18 nov. 2016, art. 9)* **« La convention de procédure participative est une convention par laquelle les parties à un différend s'engagent à œuvrer conjointement et de bonne foi à la résolution amiable de leur différend ou à la mise en état de leur litige. »**

(L. n° 2010-1609 du 22 déc. 2010, art. 37) **Cette convention est conclue pour une durée déterminée.** — *V. C. pr. civ., art. 1542 s.* — ***C. pr. civ.***

L'art. 37 de la L. n° 2010-1609 du 22 déc. 2010, créant les art. 2062 à 2068, est entré en vigueur le 1er sept. 2011 (L. préc., art. 43).

Art. 2063 La convention de procédure participative est, à peine de nullité, contenue dans un écrit qui précise :

1° Son terme ;

2° L'objet du différend ;

3° Les pièces et informations nécessaires à la résolution du différend *(L. n° 2016-1547 du 18 nov. 2016, art. 9)* « ou à la mise en état du litige » et les modalités de leur échange ; — *Sur l'entrée en vigueur, V. note ss. art. 2062.*

(L. n° 2016-1547 du 18 nov. 2016, art. 9) « 4° Le cas échéant, les actes contresignés par avocats que les parties s'accordent à établir, dans des conditions prévues par décret en Conseil d'État. »

Art. 2064 *(L. n° 2010-1609 du 22 déc. 2010, art. 37 ; L. n° 2015-990 du 6 août 2015, art. 258)* Toute personne, assistée de son avocat, peut conclure une convention de procédure participative sur les droits dont elle a la libre disposition, sous réserve des dispositions de l'article 2067. — *Sur l'entrée en vigueur, V. note ss. art. 2062.*

Art. 2065 Tant qu'elle est en cours, la convention de procédure participative *(L. n° 2016-1547 du 18 nov. 2016, art. 9)* « conclue avant la saisine d'un juge » rend irrecevable tout recours au juge pour qu'il statue sur le litige. Toutefois, l'inexécution de la convention par l'une des parties autorise une autre partie à saisir le juge pour qu'il statue sur le litige.

En cas d'urgence, la convention ne fait pas obstacle à ce que des mesures provisoires ou conservatoires soient demandées par les parties. — *Sur l'entrée en vigueur, V. note ss. art. 2062.*

Art. 2066 *(L. n° 2021-1729 du 22 déc. 2021, art. 45)* « Sans préjudice du 7° de l'article L. 111-3 du code des procédures civiles d'exécution, » les parties qui, au terme de la convention de procédure participative, parviennent à un accord réglant en tout ou partie leur différend peuvent soumettre cet accord à l'homologation du juge. — *V. C. pr. civ., art. 1557.* — ***C. pr. civ.***

Lorsque, faute de parvenir à un accord au terme de la convention *(L. n° 2016-1547 du 18 nov. 2016, art. 9)* « conclue avant la saisine d'un juge », les parties soumettent leur litige au juge, elles sont dispensées de la conciliation ou de la médiation préalable le cas échéant prévue. — *Sur l'entrée en vigueur, V. note ss. art. 2062.*

(L. n° 2015-990 du 6 août 2015, art. 258) « Le deuxième alinéa n'est pas applicable aux litiges en matière prud'homale. »

Art. 2067 Une convention de procédure participative peut être conclue par des époux en vue de rechercher une solution consensuelle en matière de divorce ou de séparation de corps.

L'article 2066 n'est pas applicable en la matière. La demande en divorce ou en séparation de corps présentée à la suite d'une convention de procédure participative est formée et jugée suivant les règles prévues au titre VI du livre I relatif au divorce. — *Sur l'entrée en vigueur, V. note ss. art. 2062.*

Art. 2068 La procédure participative est régie par le code de procédure civile. — *Sur l'entrée en vigueur, V. note ss. art. 2062.* — *V. C. pr. civ., art. 1542 s.* — ***C. pr. civ.***

Le titre XVIII ancien a été abrogé en même temps que le titre XVII ancien mais sans faire l'objet d'une réutilisation dans la numérotation des titres du livre III.

TITRE XIX *[ABROGÉ]* DE LA SAISIE ET DE LA DISTRIBUTION DU PRIX DE VENTE DE L'IMMEUBLE

(Abrogé par Ord. n° 2011-1895 du 19 déc. 2011, art. 4, à compter du 1er juin 2012)
(Ord. n° 2006-461 du 21 avr. 2006)

Le titre XIX du code civil, relatif à la saisie immobilière, a été créé par l'Ord. n° 2006-461 du 21 avr. 2006 puis abrogé par l'Ord. n° 2011-1895 du 19 déc. 2011, art. 4, à compter du 1er juin 2012.

Sur la saisie immobilière, V. C. pr. exéc., art. L. 311-1 s., en vigueur le 1er juin 2012. — ***C. pr. exéc.***

Art. 2190 à 2216 *Abrogés par Ord. n° 2011-1895 du 19 déc. 2011, art. 4, à compter du 1er juin 2012.*

TITRE XX *[ANCIEN]* DE LA PRESCRIPTION ET DE LA POSSESSION

(L. n° 75-596 du 9 juill. 1975)

La L. n° 2008-561 du 17 juin 2008 a modifié le régime de la prescription, V. titres XX et XXI issus de cette L. Sur les dispositions transitoires résultant de cette loi, V. son art. 26 ss. art. 2279.

RÉP. CIV. vis *Prescription acquisitive,* par B. Grimonprez ; *Prescription extinctive,* par A. Hontebeyrie.

BIBL. GÉN. ▶ Ballot-Lena, *LPA 7 déc. 2007* (les points de départ de la prescription extinctive). – Bénabent, *Mél. L. Boyer, PU Toulouse, 1996, p. 123* (prescription acquisitive). – Carbonnier, *RTD civ. 1952. 171* (prescription extinctive). – Grimaldi, *D. 2012. Chron. 514* (durée des droits : péremption ou prescription). – Cario, *LPA 6 nov. 1998* (modifications conventionnelles de la prescription extinctive). – Hébraud, *Mél. Kayser, PU Aix-Marseille, 1979, t. 2, p. 1* (notion et rôle du temps en droit civil). – Houin-Bressand, *Mél. B. Gross, PU Nancy, 2009, 103* (durée de la prescription et nature de la créance). – Jestaz, *D. 1984. Chron. 27* (prescription et possession). – Lamarche, *RTD civ. 2004. 403* (imprescriptibilité et droit des biens). – Lasserre-Kiesow, *JCP N 2004. 1225* (évolution 1804-2004). – Libchaber, *D. 2006. Chron. 254* (interversion des prescriptions en cas de condamnation en justice). – Pollaud-Dulian, *RTD civ. 1999. 585* (prescription en droit d'auteur). – Thavaud et Petit, *R. 1999, p. 255* (sécurité sociale et prescription). – Zenati et S. Fournier, *RTD civ. 1996. 339* (théorie unitaire).

CHAPITRE I *[ANCIEN]* DISPOSITIONS GÉNÉRALES

Ancien art. 2219 ***La prescription est un moyen d'acquérir ou de se libérer par un certain laps de temps, et sous les conditions déterminées par la loi.***

1. La prescription libératoire extinctive de cinq ans prévue par l'art. 2277 [ancien] n'éteint pas le droit du créancier, mais lui interdit seulement d'exiger l'exécution de son obligation. • Civ. 2e, 9 juill. 2009 : *cité note 16 ss. art. 2277 anc.*

2. Conciliation avec l'art. 2275 [ancien]. Aucune preuve n'est admise contre la prescription légale, à moins qu'elle ait été réservée expressément par la loi. Ainsi, l'exception prévue par l'art. 2275 [ancien] C. civ., et qui concerne la prescription de l'obligation de payer, ne peut être étendue par analogie à des cas non visés par lui. • Soc. 9 oct. 1974, n° 73-10.033 P.

Ancien art. 2220 ***On ne peut, d'avance, renoncer à la prescription : on peut renoncer à la prescription acquise.***

1. Clauses abrégeant le délai. Aucune considération n'empêche les parties de stipuler dans leurs contrats l'abréviation des délais de prescription libératoire. • Civ. 4 déc. 1895 : *DP 1896. 1. 241 (2e esp.), note Sarrut.*

2. Clauses suspendant le délai. L'art. 2220 [ancien] qui interdit de renoncer à l'avance à la prescription ne prohibe pas les accords conclus après la naissance de l'obligation et en cours de délai, par lesquels les parties conviendraient de la suspension de ce délai. • Civ. 1re, 13 mars 1968 : *D. 1968. 626 ; JCP 1969. II. 15903, note Prieur* • Com. 30 mars 2005, n° 03-21.156 P : *RCA 2005, n° 179, note Groutel.*

Ancien art. 2221 ***La renonciation à la prescription est expresse ou tacite ; la renonciation tacite résulte d'un fait qui suppose l'abandon du droit acquis.***

V. notes ss. art. 2251.

Ancien art. 2222 ***Celui qui ne peut aliéner ne peut renoncer à la prescription acquise.***

Ancien art. 2223 ***Les juges ne peuvent pas suppléer d'office le moyen résultant de la prescription.***

V. notes ss. art. 2247.

Ancien art. 2224 ***La prescription peut être opposée en tout état de cause, même devant la cour royale*** *[la cour d'appel]*, ***à moins que la partie qui n'aurait pas opposé le moyen de la prescription ne doive, par les circonstances, être présumée y avoir renoncé.***

V. notes ss. art. 2248.

Ancien art. 2225 ***Les créanciers, ou toute autre personne ayant intérêt à ce que la prescription soit acquise, peuvent l'opposer, encore que le débiteur ou le propriétaire y renonce.***

BIBL. ▶ PERRUCHOT-TRIBOULET, *RLDC 2004/7, n° 311.*

V. notes ss. art. 2253.

Ancien art. 2226 ***On ne peut prescrire le domaine des choses qui ne sont point dans le commerce.***

V. notes ss. art. 2260.

Ancien art. 2227 ***L'État, les établissements publics et les communes sont soumis aux mêmes prescriptions que les particuliers, et peuvent également les opposer.***

1. Communes. L'appartenance possible de chemins litigieux au domaine privé d'une commune permet d'en acquérir la propriété par la prescription trentenaire. • Paris, 16 nov. 1983 : *Gaz. Pal. 1984. 1. 183, concl. Sodini.* ♦ Mais l'acquisition par prescription d'une parcelle incluse dans la voirie communale est impossible. • Civ. 3e, 5 juin 1991, n° 89-21.421 P.

2. Biens vacants. Les biens vacants font partie du domaine privé de l'État et sont soumis aux règles de prescription de droit privé. • Civ. 3e, 29 févr. 1968, n° 66-12.311 P : *R. 1968-1969, p. 26.*

CHAPITRE II *[ANCIEN]* DE LA POSSESSION

RÉP. CIV. v° *Possession*, par J. DJOUDI.

BIBL. GÉN. ▶ ALT-MAES, *RTD civ. 1987. 21* (nouvelles applications de la détention). – LIKILLIMBA, *RTD civ. 2005. 1* (possession *corpore alieno*). – LUCAS-RAFFALI, *RRJ 2000/4-1. 1461* (notion de corpus virtuel).

Ancien art. 2228 ***La possession est la détention ou la jouissance d'une chose ou d'un droit que nous tenons ou que nous exerçons par nous-mêmes, ou par un autre qui la tient ou qui l'exerce en notre nom.***

V. notes ss. art. 2255.

Ancien art. 2229 ***Pour pouvoir prescrire, il faut une possession continue et non interrompue, paisible, publique, non équivoque, et à titre de propriétaire.***

V. notes ss. art. 2261.

Ancien art. 2230 ***On est toujours présumé posséder pour soi, et à titre de propriétaire, s'il n'est prouvé qu'on a commencé à posséder pour un autre.***

V. notes ss. art. 2256.

Ancien art. 2231 ***Quand on a commencé à posséder pour autrui, on est toujours présumé posséder au même titre, s'il n'y a preuve du contraire.***

V. notes ss. art. 2257.

Ancien art. 2232 ***Les actes de pure faculté et ceux de simple tolérance ne peuvent fonder ni possession ni prescription.***

BIBL. ▶ ROY, *RRJ 1995/2. 496* (tolérance).

V. notes ss. art. 2262.

Ancien art. 2233 ***Les actes de violence ne peuvent fonder non plus une possession capable d'opérer la prescription.***

La possession utile ne commence que lorsque la violence a cessé.

Ancien art. 2234 ***Le possesseur actuel qui prouve avoir possédé anciennement, est présumé avoir possédé dans le temps intermédiaire, sauf la preuve contraire.***

V. notes ss. art. 2264.

Ancien art. 2235 ***Pour compléter la prescription, on peut joindre à sa possession celle de son auteur, de quelque manière qu'on lui ait succédé, soit à titre universel ou particulier, soit à titre lucratif ou onéreux.***

V. notes ss. art. 2265.

CHAPITRE III *[ANCIEN]* DES CAUSES QUI EMPÊCHENT LA PRESCRIPTION

Ancien art. 2236 *Ceux qui possèdent pour autrui ne prescrivent jamais par quelque laps de temps que ce soit.*

Ainsi, le fermier, le dépositaire, l'usufruitier, et tous autres qui détiennent précairement la chose du propriétaire, ne peuvent la prescrire.

V. notes ss. art. 2266.

Ancien art. 2237 *Les héritiers de ceux qui tenaient la chose à quelqu'un des titres désignés par l'article précédent ne peuvent non plus prescrire.*

Ancien art. 2238 *Néanmoins, les personnes énoncées dans les articles 2236 et 2237* [anciens] *peuvent prescrire, si le titre de leur possession se trouve interverti, soit par une cause venant d'un tiers, soit par la contradiction qu'elles ont opposée au droit du propriétaire.*

V. notes ss. art. 2268.

Ancien art. 2239 *Ceux à qui les fermiers, dépositaires et autres détenteurs précaires ont transmis la chose par un titre translatif de propriété peuvent la prescrire.*

Ancien art. 2240 *On ne peut pas prescrire contre son titre, en ce sens que l'on ne peut point se changer à soi-même la cause et le principe de sa possession.*

V. note ss. art. 2270.

Ancien art. 2241 *On peut prescrire contre son titre, en ce sens que l'on prescrit la libération de l'obligation que l'on a contractée.*

CHAPITRE IV *[ANCIEN]* DES CAUSES QUI INTERROMPENT OU QUI SUSPENDENT LE COURS DE LA PRESCRIPTION

BIBL. GÉN. ▸ VASSEUR, *RTD civ. 1950. 439* (délais préfix, de prescription, de procédure).

SECTION 1 *[ANCIENNE]* Des causes qui interrompent la prescription

Ancien art. 2242 *La prescription peut être interrompue ou naturellement ou civilement.*

V. notes ss. art. 2271.

Ancien art. 2243 *Il y a interruption naturelle, lorsque le possesseur est privé pendant plus d'un an, de la jouissance de la chose, soit par l'ancien propriétaire, soit même par un tiers.*

Ancien art. 2244 (*L. nº 85-677 du 5 juill. 1985*) *Une citation en justice, même en référé, un commandement ou une saisie, signifiés à celui qu'on veut empêcher de prescrire, interrompent la prescription ainsi que les délais pour agir.*

La L. nº 85-677 du 5 juill. 1985 est entrée en vigueur le premier jour du sixième mois qui suit la date de sa publication (1er janv. 1986) (L. préc., art. 47).

BIBL. ▸ **Connaissance de la citation par le débiteur :** PERROT, *RTD civ. 1996. 465.*

1. Énumération limitative. L'énumération de l'art. 2244 [ancien] est limitative (cassation de l'arrêt qui retient, pour écarter la fin de non-recevoir tirée de la prescription, une mise en demeure adressée par lettre recommandée avec avis de réception). • Civ. 2e, 26 juin 1991, nº 90-11.427 P. – Dans le même sens : • Com. 13 oct. 1992, nº 91-10.066 P • Civ. 1re, 21 janv. 1997, nº 94-16.157 P : *Defrénois 1997. 741, obs. Delebecque* • Com. *12 nov. 1997,* nº 95-16.149 P : *RCA 1998, nº 116* • Com. 8 mars 2005, nº 03-12.193 P : *D. 2005. 2021, note Lancrenon* (inefficacité d'une lettre recommandée de mise en demeure pour interrompre le délai de forclusion par tolérance prévu par l'art. L. 714-3 CPI en matière de marques). ♦ *Contra*, en matière de sécurité sociale, dans le cadre de l'art. L. 835-3 CSS : • Civ. 2e, 22 nov. 2005, nº 04-30.583 P. ♦ Pour d'autres illustrations, V. : • Com. 16 juin 1998, nº 96-14.170 P (l'opposition au paiement du prix par le créancier du vendeur ne peut être assimilée à une saisie) • Civ. 1re, 18 sept. 2002, nº 00-18.325 P : *CCC 2003, nº 4, note Leveneur* (la participation volontaire aux opérations d'expertise ne peut être assimilée aux actes énumérés au texte) • Civ. 3e, 9 nov. 2005, nº 04-15.073 P (une requête en désignation d'un expert sur le fondement de l'art. 145 C. pr. civ. n'interrompt pas la prescription).

2. Destinataire. Pour interrompre la prescription ainsi que les délais pour agir, une citation en justice, même en référé, un commandement ou une saisie doivent être signifiés à celui qu'on veut empêcher de prescrire. • Civ. 3e, 23 mai 2013, n° 12-14.901 (absence d'effet d'un commandement de quitter les lieux signifié à une personne qui n'était pas partie à l'instance).

3. *Commandement.* Un commandement n'est interruptif de prescription que s'il est fondé sur un titre exécutoire. • Civ. 3e, 23 mai 2013, n° 12-10.157 (commandement d'avoir à quitter les lieux). ♦ Un commandement de payer aux fins de saisie immobilière interrompt la prescription. • Civ. 2e, 24 mars 2005, n° 02-20.216 P : *R., p. 383 ; RTD civ. 2006. 603, obs. Théry*. ♦ L'absence de publication du commandement est sans incidence sur son effet interruptif. • Civ. 2e, 24 mars 2005 : *préc. (1er arrêt)* ♦ Le commandement conserve son effet interruptif malgré le refus par le jugement qui le valide de proroger ses effets. • Civ. 2e, 25 sept. 2014, n° 13-19.935 P : *cité note 12 ss. art. 2288.* ♦ ... De même que le fait qu'à la suite de la publication du commandement, la procédure de saisie immobilière n'ait pas été menée à son terme. • Civ. 2e, 24 mars 2005 : *préc. (2e arrêt).* ♦ L'inscription de nantissement et l'opposition au paiement du prix de cession d'un fonds de commerce ne peuvent être assimilées à des saisies. • Civ. 2e, 16 déc. 2010, n° 09-70.735 P : *D. 2011. 89 ; RLDC 2011/80, n° 4171, obs. Ansault.*

4. *Réclamation d'une CAF pour un trop-perçu.* Une réclamation adressée par une caisse d'allocations familiales à un allocataire à l'effet de lui demander le remboursement d'un trop-perçu vaut commandement interruptif de prescription au sens de l'art. 2244 [ancien], dès lors qu'il est constant qu'elle est parvenue au destinataire. • Soc. 9 oct. 1985 : *Bull. civ. V, n° 452* • 6 janv. 2000, n° 97-15.528 P : *R., p. 354.*

5. *Sommation interpellative procédant d'un titre exécutoire.* Une sommation interpellative de payer n'interrompt la prescription que s'il est constaté qu'elle comportait reconnaissance de sa dette par le débiteur ou qu'elle procédait d'un titre exécutoire. • Civ. 3e, 6 mars 1996, n° 94-13.212 P : *Gaz. Pal. 1997. 2. Somm. 205, obs. Croze et Morel.*

6. *Expertise.* L'opposition formée par une société à une demande de rétractation de l'ordonnance sur requête ayant ordonné l'extension de la mission d'un expert constitue bien une demande en justice contre celui qu'elle voulait empêcher de prescrire, la rétractation ayant été refusée. • Civ. 3e, 14 déc. 2011, n° 10-25.178.

7. *Procédure d'exécution.* La procédure de saisie des rémunérations, en cours d'exécution à la date de transmission par le greffe d'un tribunal d'instance d'un dernier chèque de l'employeur tiers saisi au créancier saisissant, interrompt le cours de la prescription. • Civ. 2e, 3 déc. 2015, n° 14-27.138 P.

8. *Saisie-attribution.* L'effet interruptif résultant de la saisie-attribution se poursuit jusqu'au terme de celle-ci. Un nouveau délai, de même nature et durée que le précédent, recommence à courir à compter du paiement par le tiers saisi. • Civ. 2e, 10 janv. 2019, n° 16-24.742 P : *D. 2019. Chron. C. cass. 848, obs. de Leiris ; ibid. 1306, obs. Leborgne*.

9. *Requête en autorisation d'une inscription provisoire.* Le dépôt d'une requête en autorisation d'une inscription provisoire de nantissement sur un fonds de commerce ne constitue pas une citation en justice. • Civ. 2e, 22 sept. 2016, n° 15-13.034 P : *D. 2016. 1938*.

Ancien art. 2245 ***La citation en conciliation devant le bureau de paix interrompt la prescription, du jour de sa date, lorsqu'elle est suivie d'une assignation en justice donnée dans les délais de droit.***

Ancien art. 2246 ***La citation en justice, donnée même devant un juge incompétent, interrompt la prescription.***

V. notes ss. art. 2241.

Ancien art. 2247 ***Si l'assignation est nulle par défaut de forme,***

Si le demandeur se désiste de sa demande,

S'il laisse périmer l'instance,

Ou si sa demande est rejetée,

L'interruption est regardée comme non avenue.

V. notes ss. art. 2243.

Ancien art. 2248 ***La prescription est interrompue par la reconnaissance que le débiteur ou le possesseur fait du droit de celui contre lequel il prescrivait.***

V. notes ss. art. 2240.

Ancien art. 2249 ***L'interpellation faite, conformément aux articles ci-dessus, à l'un des débiteurs solidaires, ou sa reconnaissance, interrompt la prescription contre tous les autres, même contre leurs héritiers.***

L'interpellation faite à l'un des héritiers d'un débiteur solidaire, ou la reconnaissance de cet héritier, n'interrompt pas la prescription à l'égard des autres cohéritiers, quand même la créance serait hypothécaire, si l'obligation n'est indivisible.

Cette interpellation ou cette reconnaissance n'interrompt la prescription, à l'égard des autres codébiteurs, que pour la part dont cet héritier est tenu.

Pour interrompre la prescription pour le tout, à l'égard des autres codébiteurs, il faut l'interpellation faite à tous les héritiers du débiteur décédé, ou la reconnaissance de tous ces héritiers.

V. notes ss. art. 2245.

Ancien art. 2250 *L'interpellation faite au débiteur principal, ou sa reconnaissance, interrompt la prescription contre la caution.*

V. notes ss. art. 2246.

SECTION 2 *[ANCIENNE]* Des causes qui suspendent le cours de la prescription

BIBL. GÉN. ▶ BUY, *JCP 1977. I. 2833* (prescriptions de courte durée et suspension).

Ancien art. 2251 *La prescription court contre toutes personnes, à moins qu'elles ne soient dans quelque exception établie par une loi.*

V. notes ss. art. 2234.

Ancien art. 2252 *(L. nº 64-1230 du 14 déc. 1964) La prescription ne court pas contre les mineurs non émancipés et les majeurs en tutelle, sauf ce qui est dit à l'article 2278* [ancien] *et à l'exception des autres cas déterminés par la loi.*

Pour une dérogation à l'art. 2252 [ancien], V. art. 464.

V. notes ss. art. 2235.

Ancien art. 2253 *Elle ne court point entre époux.*

V. notes ss. art. 2236.

Ancien art. 2254 *La prescription court contre la femme mariée, encore qu'elle ne soit point séparée par contrat de mariage ou en justice, à l'égard des biens dont le mari a l'administration, sauf son recours contre le mari.*

Anciens art. 2255 et 2256 *Abrogés par L. nº 65-570 du 13 juill. 1965.*

Ancien art. 2257 *La prescription ne court point :*

A l'égard d'une créance qui dépend d'une condition, jusqu'à ce que la condition arrive ;

A l'égard d'une action en garantie, jusqu'à ce que l'éviction ait lieu ;

A l'égard d'une créance à jour fixe, jusqu'à ce que ce jour soit arrivé.

V. notes ss. art. 2233.

Ancien art. 2258 *La prescription ne court pas contre l'héritier (L. nº 2006-728 du 23 juin 2006, art. 29-37º) « acceptant à concurrence de l'actif net* [ancienne rédaction : bénéficiaire] *», à l'égard des créances qu'il a contre la succession. – La loi du 23 juin 2006 entre en vigueur le 1er janv. 2007.*

Elle court contre une succession vacante, quoique non pourvue de curateur.

Ancien art. 2259 *(L. nº 2006-728 du 23 juin 2006, art. 29-38º) La prescription court pendant les délais mentionnés aux articles 771, 772 et 790. – Entrée en vigueur le 1er janv. 2007.*

CHAPITRE V *[ANCIEN]* DU TEMPS REQUIS POUR PRESCRIRE

SECTION 1 *[ANCIENNE]* Dispositions générales

BIBL. GÉN. ▶ LE BARS, *JCP 2000. I. 258* (computation des délais de prescription et de procédure).

Ancien art. 2260 ***La prescription se compte par jours, et non par heures.***

BIBL. ▶ CERMOLACCE, *RLDC 2004/7, nº 312.*

V. note ss. art. 2228.

Ancien art. 2261 *Elle est acquise lorsque le dernier jour du terme est accompli.*

V. notes ss. art. 2229.

SECTION 2 *[ANCIENNE]* De la prescription trentenaire

Ancien art. 2262 *Toutes les actions, tant réelles que personnelles, sont prescrites par trente ans, sans que celui qui allègue cette prescription soit obligé d'en rapporter un titre, ou qu'on puisse lui opposer l'exception déduite de la mauvaise foi.*

Sur la prescription (décennale) des actions en responsabilité dirigées contre les professionnels ou établissements de santé, V. CSP, art. L. 1142-28, ss. art. 1242 (II. Autres textes en matière de responsabilité).

BIBL. ▸ **Proposition de modification des art. 2262 et 2270-1 (généralisation à dix ans du délai maximal de prescription extinctive) :** *R. 2001, p. 20.*

1. Pour un renvoi par le Conseil d'État non à l'art. 2262 mais aux « principes » qui l'ont inspiré, de façon à se soustraire au régime propre à ce texte, V. • CE, ass., 8 juill. 2005, n° 247976 : *Lebon 311, concl. Guyomar ; D. 2005. 3075, note Quiriny ; JCP 2006. II. 10001, note Trébulle ; ibid. 2005. I. 177, n° 3, obs. Ondoua ; AJDA 2005. 1487, obs. Brondel ; RFDA 2006. 375, note Plessix.*

2. Action en nullité absolue. Toutes les actions tant réelles que personnelles sont prescrites par trente ans. Il en est ainsi même des actions en nullité absolue. La prescription trentenaire commence à courir à compter du jour où l'acte irrégulier a été passé. • Civ. 1re, 26 janv. 1983, n° 82-10.426 P : *R., p. 44 ; D. 1983. 317, note Breton ; RTD civ. 1983. 773, obs. Patarin et 749, obs. Chabas.* ♦ L'action fondée sur une nullité d'ordre public est soumise à la prescription de l'art. 2262, non à la prescription quinquennale de l'art. 1304 anc. • Com. 20 oct. 1998, n° 96-15.792 P (nullité d'un prêt consenti par un établissement de crédit dépourvu d'agrément) • Civ. 1re, 15 mai 2001, n° 99-12.498 P : *D. 2001. AJ 1879, obs. A Lienhard* (nullité d'une souscription de parts de SCPI fondée sur l'illicéité du démarcharge : ordre public de direction et non de protection) • Com. 11 mars 2008, n° 06-15.412 P : *D. 2008. AJ 987* (nullité d'une convention passée entre une mutuelle et un directeur bénévole, prévoyant une rémunération).

3. L'action en nullité, même absolue, d'un contrat entaché d'un vice (bail perpétuel) se prescrit par trente ans. • Civ. 3e, 15 déc. 1999, n° 98-10.430 P : *D. 2001. Somm. 167, obs. CRDP Nancy 2 ; JCP 2000. II. 10236, concl. Weber ; JCP N 2000. 559, étude Billiau ; CCC 2000, n° 77, note Leveneur ; RTD civ. 2000. 568, obs. Mestre et Fages.*

4. Créance constatée judiciairement. Avant la réforme opérée par la L. n° 2008-561 du 17 juin 2008, le jugement de condamnation, par interversion de la prescription, entraînait substitution de la prescription de droit commun de trente ans à la prescription initiale éventuellement plus courte. • Civ. 2e, 10 juin 2004, n° 03-11.146 P : *Defrénois 2005. 626, obs. Bénabent.* ♦ Solution applicable à une contrainte émise pour le recouvrement de cotisations de sécurité sociale, qui comporte tous les effets d'un jugement. • Soc. 5 févr. 1998, n° 95-12.574 P. ♦ ... Et même si l'action initiale était soumise à une prescription particulière. • Soc. 7 oct. 1981, n° 80-12.495 P. ♦ L'admission d'une créance de crédit-bail au passif de la procédure collective à la suite d'une ordonnance du juge-commissaire substitue la prescription de droit commun découlant de toute décision de justice à la prescription particulière de l'art. 2277 [ancien]. • Com. 16 avr. 1996 : *D. Affaires 1996. 686 ; CCC 1996, n° 120, note Leveneur.* – Déjà dans le même sens : • Com. 18 oct. 1988 : *D. 1989. 82, note Bouloc.* – V. aussi • Com. 12 mai 1998 : *D. 1999. Somm. 71, obs. A. Honorat* • 5 déc. 2006, n° 05-11.761 P : *D. 2007. AJ 229 ; Defrénois 2008. 421, obs. Théry* (cette interversion des prescriptions est opposable à la caution) • 30 oct. 2007, n° 04-16.655 P : *D. 2007. AJ 2952, obs. A. Lienhard ; Defrénois 2008. 421, obs. Théry* (... ainsi qu'au codébiteur solidaire) • Com. 17 nov. 2009, n° 08-16.605 P : *D. 2009. 2805, obs. A. Lienhard* (... ainsi qu'au souscripteur d'une sûreté réelle consentie pour la dette d'un tiers) • Soc. 21 nov. 2012 : *D. 2012. 2798.*

5. Si le créancier peut poursuivre dans le délai de l'art. 2262 l'exécution d'un jugement condamnant au paiement d'une somme payable à termes périodiques, il ne peut, en vertu de l'art. 2277 [ancien], applicable en raison de la nature de la créance, obtenir le recouvrement des arriérés échus plus de cinq ans avant la date de sa demande. • Cass., ass. plén., 10 juin 2005, n° 03-18.922 P : *R., p. 372 ; BICC 1er août 2005, rapp. Mazars, concl. Gariazzo ; D. 2005. IR 1733, obs. Rouquet ; JCP 2005. I. 199, n° 13, obs. Fossier ; Defrénois 2005. 1607, note Massip ; ibid. 1636, obs. Savaux, et 1642, obs. Bénabent ; Dr. et pr. 2005. 327, étude Douchy-Oudot ; RTD civ. 2006. 320, obs. Mestre et Fages* • Civ. 1re, 4 oct. 2005, n° 03-13.375 P : *D. 2005. IR 2549 ; Defrénois 2006. 341,* obs. Massip ; AJ fam. 2005. 446, *obs. Chénedé.* – V. aussi • Civ. 3e, 8 nov. 2006 : *cité note 27 ss. art. 2277 [ancien].* ♦ Sur l'arrêt d'assemblée plénière du 10 juin 2005, V. Libchaber, *D. 2006. Chron. 254* (interversion des prescriptions en cas de condamnation en justice).

6. Droit à une rente viagère. Les dispositions de l'art. 2277 [ancien] s'appliquent aux actions en paiement des arrérages de rentes viagères, tandis que la prescription du droit à une rente est régie par l'anc. art. 2262. Les juges font une exacte application de ce dernier texte en déclarant prescrit le droit au service d'une rente dont le paiement des arrérages avait été interrompu depuis plus de trente ans. • Civ. 1re, 3 mai 1983, n° 82-12.068 P. ♦ V. aussi note 6 ss. art. 1976.

7. Déclaration de simulation. L'action en déclaration de simulation est soumise à la prescription trentenaire et non à la prescription quinquennale qui ne concerne que les actions en nullité relative. • Com. 9 mars 1981 : *Bull. civ. IV, n° 125.*

8. Concernant la survie du droit d'opposer la nullité comme exception en défense même après la prescription, V. ss. art. 2224 nouv. le point C et ses notes.

Ancien art. 2263 ***Après vingt-huit ans de la date du dernier titre, le débiteur d'une rente peut être contraint à fournir à ses frais un titre nouvel à son créancier ou à ses ayants cause.***

Ancien art. 2264 ***Les règles de la prescription sur d'autres objets que ceux mentionnés dans le présent titre, sont expliquées dans les titres qui leur sont propres.***

SECTION 3 *[ANCIENNE]* De la prescription par dix et vingt ans

Ancien art. 2265 ***Celui qui acquiert de bonne foi et par juste titre un immeuble en prescrit la propriété par dix ans, si le véritable propriétaire habite dans le ressort de la cour royale*** [la cour d'appel] ***dans l'étendue de laquelle l'immeuble est situé ; et par vingt ans, s'il est domicilié hors dudit ressort.***

BIBL. ▸ Collomb, *JCP 1990. I. 3455* (délai de la prescription abrégée).

1. Les art. 2265 et 2266 [anciens] prennent expressément en considération le domicile du véritable propriétaire. Si l'art. 2265 [ancien] emploie l'expression d'habitation en même temps que celle de domicile, cette expression doit être entendue dans son acception de domicile légal et non dans celle de résidence effective. • Req. 16 déc. 1935 : *Gaz. Pal. 1936. 1. 218.*

2. V. notes ss. art. 2272.

Ancien art. 2266 ***Si le véritable propriétaire a eu son domicile en différents temps, dans le ressort et hors du ressort, il faut, pour compléter la prescription, ajouter à ce qui manque aux dix ans de présence, un nombre d'années d'absence double de celui qui manque, pour compléter les dix ans de présence.***

BIBL. ▸ Collomb, *JCP 1990. I. 3455* (délai de la prescription abrégée).

Ancien art. 2267 ***Le titre nul par défaut de forme, ne peut servir de base à la prescription de dix et vingt ans.***

V. notes ss. art. 2273.

Ancien art. 2268 ***La bonne foi est toujours présumée, et c'est à celui qui allègue la mauvaise foi à la prouver.***

Ancien art. 2269 ***Il suffit que la bonne foi ait existé au moment de l'acquisition.***

Lorsque le titre de l'acquéreur *a non domino* résulte d'un legs particulier, il faut entendre par « moment de l'acquisition » non le jour du décès du testateur, mais le jour où, en réalité, l'acquisition du legs se consomme et devient définitive, c'est-à-dire celui où le légataire manifeste de façon certaine sa volonté d'accepter. • Rouen, 18 juill. 1949 : *D. 1952. 9, note Lebrun.*

Ancien art. 2270 *(L. n° 78-12 du 4 janv. 1978)* ***Toute personne physique ou morale dont la responsabilité peut être engagée en vertu des articles 1792 à 1792-4 du présent code est déchargée des responsabilités et garanties pesant sur elle, en application des articles 1792 à 1792-2, après dix ans à compter de la réception des travaux ou, en application de l'article 1792-3, à l'expiration du délai visé à cet article.*** — *Article transféré à l'art. 1792-4-1 (L. n° 2008-561 du 17 juin 2008, art. 1er). — Sur les dispositions transitoires, V. L. n° 2008-561 du 17 juin 2008, art. 26 ss. art. 2279.*

La L. n° 78-12 du 4 janv. 1978, dont l'entrée en vigueur a été fixée au 1er janv. 1979, s'applique aux contrats relatifs aux chantiers dont la déclaration réglementaire d'ouverture a été établie postérieurement à cette date (L. préc., art. 14).

BIBL. ▸ Boubli, *RDI 1979. 1.* – Costa, *D. 1979. Chron. 35.* – Liet-Veaux, Gaz. Pal. 1979. 1. *Doctr. 301.* – Malinvaud et Jestaz, *JCP 1978. I. 2900.* ▸ Gavin-Millan-Oosterlynck, *RDI 2006. 259* (pour une durée décennale de la responsabilité du constructeur). – Karila, *JCP N 2004. 1160* (vers l'uniformisation des divers délais d'action) ; *RLDC 2007/37, n° 2480* (bilan des différentes prescriptions). – Roulet, *Gaz. Pal. 2003. Doctr. 3443* (élasticité du délai décennal).

V. notes ss. art. 1792-4-1.

Ancien art. 2270-1 *(L. nº 85-677 du 5 juill. 1985)* ***Les actions en responsabilité civile extracontractuelle se prescrivent par dix ans à compter de la manifestation du dommage ou de son aggravation.***

(L. nº 98-468 du 17 juin 1998, art. 43) ***« Lorsque le dommage est causé par des tortures et des actes de barbarie, des violences ou des agressions sexuelles commises contre un mineur, l'action en responsabilité civile est prescrite par vingt ans. »***

BIBL. ▸ **Proposition de modification des art. 2262 et 2270-1 (généralisation à dix ans du délai maximal de prescription extinctive) :** *R. 2001, p. 20.*

1. Droit transitoire. Une prescription trentenaire, en cours lors de l'entrée en vigueur de la L. du 5 juill. 1985, le 1er janv. 1986, et qui n'a pas expiré dans les dix ans qui suivent, ne peut être acquise avant le 1er janv. 1996. • Civ. 2e, 26 sept. 2002, nº 01-10.313 P. ♦ Comp., au sujet de la date d'entrée en vigueur, • Civ. 2e, 15 nov. 2001 : *RCA 2002, nº 52,* énonçant que les dispositions de l'art. 46 de la L. du 5 juill. 1985 ont exclu le report de l'entrée en vigueur de l'art. 38 (dont est issu l'anc. art. 2270-1 C. civ.) au premier jour du sixième mois suivant la publication de la loi au *Journal officiel.* ♦ V. cette loi, et notamment ses art. 46 et 47, ss. art. 1242. ♦ Nécessité de rechercher si, au jour de l'introduction de l'instance dans le délai de dix ans prévu à l'art. 52 de la L. du 10 juill. 2000, l'action était ou non prescrite en application de l'ancien art. 2270-1. • Civ. 1re, 11 sept. 2013, nº 12-16.832 P : *D. 2013. 2169.*

2. L'art. 46 de la L. du 5 juill. 1985 sur les dispositions transitoires relatives à la prescription instituée par l'anc. art. 2270-1 ne font pas obstacle au jeu de l'art. 2252 [ancien] selon lequel la prescription est suspendue pendant la minorité de la victime. • Civ. 2e, 12 mars 2003, nº 01-17.857 P : *D. 2003. IR 946 ; RJPF 2003-7-8/13, note Pansier.*

3. L'action en responsabilité extracontractuelle dirigée contre le fabricant d'un produit défectueux mis en circulation avant la L. nº 98-389 du 19 mai 1998 transposant la Dir. du 24 juill. 1985, en raison d'un dommage survenu entre l'expiration du délai de transposition de cette directive et l'entrée en vigueur de ladite loi de transposition, se prescrit, selon les dispositions de droit interne alors en vigueur, par dix ans à compter de la manifestation du dommage. • Civ. 1re, 26 sept. 2012 : *D. 2012. 2306 ; RCA 2012, nº 338, obs. Guégan* (anc. art. 2270-1). ♦ Cependant, dès lors que le produit a été mis en circulation avant la loi de transposition, mais après l'expiration du délai de transposition de la directive, l'art. 2270-1 doit être interprété dans toute la mesure du possible à la lumière de la directive ; par suite, la date de la manifestation du dommage ou de son aggravation, au sens de l'art. 2270-1, interprété à la lumière de la directive, doit s'entendre de celle de la consolidation, permettant seule au demandeur de mesurer l'étendue de son dommage et d'avoir ainsi connaissance de celui-ci. • Civ. 1re, 15 juin 2016, nº 15-20.022 P : *D. 2016. 2052, note Mattiussi ; ibid. 2017. 24, obs. Brun, Gout et Quézel-Ambrunaz ; RTD civ. 2016. 872, obs. Jourdain ; JCP 2016, nº 953, note Grynbaum.*

4. Domaine : les seules obligations nées entre non-commerçants. Les actions en nullité des actes mixtes relèvent de la prescription décennale prévue par l'art. L. 110-4 C. com. (si elles ne sont pas soumises à des prescriptions plus courtes). • Civ. 1re, 27 juin 2006, nº 04-12.912 P : *Defrénois 2007. 461, obs. Libchaber.* ♦ L'art. 189 *bis* C. com. (devenu art. L. 110-4 C. com.) ne distinguant pas selon le caractère civil ou commercial des obligations qu'il vise, l'application de ce texte à l'action en réparation exercée à raison de fautes commises par un notaire à l'occasion de l'activité commerciale d'un établissement de crédit ne peut être critiquée au motif que l'obligation délictuelle litigieuse reposait sur la faute commise par le notaire dans l'exercice de sa profession. • Civ. 1re, 29 avr. 1997, nº 95-10.199 P : *D. 1997. 327, note Chartier ; CCC 1997, nº 130, note Leveneur ; Defrénois 1997. 1269, obs. J. Honorat.* ♦ Même solution pour une action en responsabilité pour cautionnement disproportionné (l'art. L. 110-4 C. com. ne distinguant pas selon le fondement contractuel ou délictuel de l'action). • Com. 12 mai 2004, nº 02-17.735 P : *R., p. 365 ; D. 2004. AJ 1664, obs. Avena-Robardet ; ibid. Somm. 2708, obs. Aynès* (point de départ fixé au jour où la caution a eu connaissance de ce que ses obligations étaient mises à exécution). ♦ ... Pour l'action en responsabilité pour manquement au devoir de conseil intentée par l'emprunteur ayant adhéré à une assurance de groupe contre l'établissement de crédit souscripteur de l'assurance. ♦ Depuis la L. nº 2008-561 du 17 juin 2008, la prescription prévue à l'art. L. 110-4 C. com. est de cinq ans.

5. Mandataire-liquidateur. L'action en responsabilité engagée par un tiers contre un mandataire-liquidateur est soumise à la prescription édictée par l'art. 2270-1. • Com. 3 juill. 2007, nº 05-21.884 P : *D. 2007. AJ 2108, obs. Delpech.*

6. Trouble de voisinage. L'action pour troubles anormaux du voisinage constitue une action en responsabilité extra contractuelle et non une action immobilière réelle ; une telle action est soumise à la prescription de dix années aux termes de l'anc. art. 2270-1 C. civ. (applicable en la cause). • Civ. 2e, 13 sept. 2018, nº 17-22.474 P : *D. 2018. 1806 ; AJDI 2019. 470, obs. Le Rudulier ; RTD civ. 2018. 948, obs. Dross*

• Civ. 3e, 16 janv. 2020, n° 16-24.352 P : *D. 2020. 466, note Rias ; ibid. 1761, obs. Reboul-Maupin et Strickler ; RDI 2020. 120, obs. Charbonneau ; RDC 2020/2. 113, note Danos.*

Ancien art. 2270-2 *(Ord. n° 2005-658 du 8 juin 2005, art. 2)* ***Les actions en responsabilité dirigées contre un sous-traitant en raison de dommages affectant un ouvrage ou des éléments d'équipement d'un ouvrage mentionnés aux articles 1792 et 1792-2 se prescrivent par dix ans à compter de la réception des travaux et, pour les dommages affectant ceux des éléments d'équipement de l'ouvrage mentionnés à l'article 1792-3, par deux ans à compter de cette même réception.*** *— Article transféré à l'art. 1792-4-2 (L. n° 2008-561 du 17 juin 2008, art. 1er). — Sur les dispositions transitoires, V. L. n° 2008-561 du 17 juin 2008, art. 26 ss. art. 2279.*

Application dans le temps de l'art. 2270-2 : V. • Civ. 3e, 10 mai 2007 : *RGDA 2007. 640, note Périer* • 8 sept. 2010, n° 09-67.434 P : *RDI 2010. 548, obs. Périnet-Marquet .*

SECTION 4 *[ANCIENNE]* De quelques prescriptions particulières

Ancien art. 2271 *(L. n° 71-586 du 16 juill. 1971)* ***L'action des maîtres et instituteurs des sciences et arts, pour les leçons qu'ils donnent au mois ;***

Celle des hôteliers et traiteurs à raison du logement et de la nourriture qu'ils fournissent, se prescrivent par six mois.

Interprétation stricte. Les dispositions relatives aux courtes prescriptions sont de droit étroit et ne peuvent être étendues à des cas qu'elles ne visent pas expressément. • Civ. 2e, 21 avr. 1982 : *Bull. civ. II, n° 60* • Com. 14 févr. 1984, n° 82-15.334 P. ♦ Ainsi, la prescription de l'art. 2271, al. 2, ne peut être étendue à l'action en recouvrement de frais d'hospitalisation par un établissement hospitalier. • Civ. 1re, 1er juin 1994, n° 92-13.589 P. ♦ Rappr. • Civ. 1re, 19 mai 1998, n° 96-18.963 P (l'action en recouvrement fondée sur un titre émis par le receveur d'un établissement public communal – hospitalier, en l'espèce – doit être exercée comme en matière de contributions directes et est soumise à la prescription quadriennale, et non aux prescriptions des art. 2271 ou 2272 anc. C. civ.).

Ancien art. 2272 *(L. n° 71-586 du 16 juill. 1971)* ***L'action des huissiers, pour le salaire des actes qu'ils signifient et des commissions qu'ils exécutent ;***

Celle des maîtres de pensions, pour le prix de pension de leurs élèves, et des autres maîtres, pour le prix de l'apprentissage, se prescrivent par un an.

L'action des médecins, chirurgiens, chirurgiens dentistes, sages-femmes et pharmaciens, pour leurs visites, opérations et médicaments, se prescrit par deux ans.

L'action des marchands, pour les marchandises qu'ils vendent aux particuliers non marchands, se prescrit par deux ans. *— V. note ss. art. 2271 [ancien].*

Sur la prescription annale en matière de prestations de télécommunications, V. CPCE, art. L. 34-2 ; … en matière de prestations postales, V. CPCE, art. L. 10 et L. 11. — **CPCE.**

BIBL. ▶ GUINOT, *Dr. et pr. 2007. 126* (l'huissier et la prescription extinctive de l'art. 2272).

1. Fondement et domaine. Les courtes prescriptions édictées par les art. 2271, 2272 et 2273 [anciens] reposent sur une présomption de paiement et visent les dettes que l'on n'a pas coutume de constater par un titre ; au contraire, quand un titre émané du débiteur porte reconnaissance de la dette, on est en présence d'une dette ordinaire impayée, qui échappe à ces prescriptions (application au cas où il existe un bon de commande signé par le client et portant mention du prix du véhicule et du montant de l'acompte versé). • Civ. 1re, 15 janv. 1991 : *JCP 1992. II. 21863, note du Rusquec ; RTD civ. 1991. 746, obs. Mestre .*

2. La prescription biennale prévue par l'art. 2272 [ancien] repose sur une présomption de paiement qui ne peut être invoquée que par le débiteur, et non par le créancier ; une entreprise créancière ne peut opposer au fisc, sur le fondement de ce texte, le caractère irrecouvrable de créances datant de plus de deux ans. • CAA Douai, 31 janv. 2001 : *JCP E 2002. 1001.*

3. Influence de la mauvaise foi (non). La prescription de deux ans édictée par l'art. 2272 [ancien] est fondée sur une présomption légale de paiement, sans qu'on puisse opposer à celui qui l'allègue l'exception déduite de la mauvaise foi. • Civ. 1re, 21 févr. 1966, n° 64-14.329 P.

4. Influence de l'aveu (oui). Les courtes prescriptions de l'art. 2272 [ancien], reposant sur une présomption de paiement, doivent être écartées lorsqu'il résulte de l'aveu du débiteur qu'il n'a pas acquitté sa dette. • Civ. 1re, 9 janv. 1967 : *Bull. civ. I, n° 11.* ♦ Tel est le cas lorsqu'il est soutenu que le paiement incombe à un tiers. • Même arrêt. ♦ … Ou lorsque le débiteur conteste l'existence de la créance, avouant par là même le non-paiement. • Civ. 1re, 8 janv. 1991, n° 88-20.401 P : *RTD civ. 1991. 744, obs. Mestre* • 3 janv. 1996, n° 93-17.430 P.

♦ ... Ou lorsque la correspondance du débiteur, remerciant pour la compréhension dont on avait fait preuve à son égard, révèle qu'il reconnaissait sa dette. • Civ. 2e, 13 nov. 1974 : *Bull. civ. II, n° 296.* ♦ ... Ou lorsque l'acheteur d'une lithographie reconnaît ne pas l'avoir payée et prétend l'avoir renvoyée au vendeur. • Civ. 1re, 21 juin 1989 : *Bull. civ. I, n° 251.* ♦ Mais ne constituent pas un aveu de nature à faire obstacle à la prescription de l'art. 2272 [ancien] les conclusions énonçant que le prétendu débiteur « ne savait pas si la facture avait été payée en tout ou en partie ». • Civ. 1re, 17 janv. 1995, n° 92-16.901 P : *RTD civ. 1996. 166, obs. Mestre.*

5. Al. 3. La prescription prévue à l'art. 2272 [ancien], al. 3, ne peut être étendue à l'action en recouvrement de frais d'hospitalisation par un établissement hospitalier. • Civ. 1re, 1er juin 1994, n° 92-13.589 P. ♦ V. aussi note ss. art. 2271 [ancien]. ♦ L'art. 2272 [ancien], al. 3, du fait de la généralité de ses termes, s'applique aux vétérinaires, qui exercent la médecine et la chirurgie des animaux. • Civ. 1re, 7 mars 2000, n° 97-14.653 P : *D. 2000. IR 100 ; RTD civ. 2000. 574, obs. Mestre et Fages.*

6. Al. 4. La destination professionnelle des marchandises vendues (produits pour l'agriculture) ne permet pas de considérer l'acheteur comme un particulier non marchand au sens de l'art. 2272 [ancien] et rend donc inapplicable la prescription biennale. • Civ. 1re, 5 févr. 1991 : *Gaz. Pal. 1991. 2. 626, note Lachaud,* et, sur renvoi, • Nancy, 26 nov. 1992 : *JCP 1993. II. 22150, note Dereu.* ♦ Même sens : • Com. 24 oct. 1995 : *CCC 1996, n° 3, note Leveneur* • Civ. 1re, 8 juill. 1997, n° 95-17.968 P.

7. L'art. 2272 [ancien], al. 4, est applicable à toute société, même d'économie mixte, pour les marchandises, fussent-elles de l'eau, qu'elle vend aux particuliers non marchands. • Civ. 1re, 13 mars 2001, n° 99-15.002 P : *D. 2001. IR 1217.*

8. L'art. 2272 [ancien], al. 4, n'est pas applicable aux entrepreneurs même lorsqu'ils ont fait accessoirement des fournitures. • Civ. 1re, 16 juill. 1968 : *D. 1968. 610* • 28 mars 1977 : *Gaz. Pal. 1977. 2. 498.* ♦ ... Ni à un menuisier, dont l'activité est artisanale, et non commerciale. • Versailles, 28 juin 1993 : *D. 1993. IR 223.*

9. Autres prescriptions : sécurité sociale. La prescription biennale de l'art. L. 465 (L. 431-2) CSS, relative à l'action des praticiens pour les prestations visées à l'art. L. 434 (L. 431-1) CSS, n'est pas fondée sur une présomption de paiement. Édictée notamment pour permettre à l'organisme débiteur d'apurer sa comptabilité et de faciliter la gestion d'un service public complexe, elle ne peut être écartée par le serment déféré au débiteur. • Soc. 22 mars 1982 : *Bull. civ. V, n° 201.*

10. ... Assurances. La prescription biennale pour toutes les actions qui dérivent du contrat d'assurance (C. assur., art. L. 114-1), étant fondée sur des raisons d'ordre public et non sur une présomption de paiement, ne peut être écartée par l'aveu du débiteur. • Civ. 1re, 6 juin 1979, n° 78-10.052 P. ♦ Les dispositions de l'art. L. 114-1 C. assur. sont exclusives de toute interversion de prescription, et la prescription biennale s'applique à une action dérivant du contrat d'assurance, même engagée après qu'une décision judiciaire passée en force de chose jugée eut dit l'assureur tenu à garantie. • Civ. 1re, 3 févr. 1998, n° 95-21.672 P : *D. 1999. Somm. 223, obs. Berr.*

11. ... Contrat de transport. La prescription de l'art. 108 (art. L. 133-6) C. com. ne repose pas sur une présomption de paiement. Il ne saurait être reproché à une cour d'appel d'avoir déclaré prescrite une action en paiement de factures relatives au transport de marchandises sans avoir examiné si l'échange de correspondances contenait un aveu de non-paiement du débiteur. • Com. 24 févr. 1982, n° 80-15.079 P.

Ancien art. 2273 ***L'action des avoués [avocats], pour le payement de leurs frais et salaires, se prescrit par deux ans, à compter du jugement des procès ou de la conciliation des parties, ou depuis la révocation desdits avoués [avocats]. A l'égard des affaires non terminées, ils ne peuvent former de demandes pour leurs frais et salaires qui remonteraient à plus de cinq ans.***

1. Créances visées. L'action des avoués en recouvrement des dépens se prescrit par deux ans *à compter du jugement* sans qu'il y ait lieu de distinguer selon que l'action est exercée par l'avoué à l'encontre de son mandant ou, en application de l'art. 699 C. pr. civ., à l'encontre de l'adversaire de celui-ci condamné aux dépens. • Cass., ass. plén., 12 janv. 2007, n° 05-11.816 P : *R., p. 446 ; BICC 15 mars 2007, rapp. Gillet, avis de Gouttes ; D. 2007. AJ 367, obs. P. Guiomard ; ibid. Pan. 833, obs. Blanchard ; JCP 2007. II. 10075, note Taisne ; Gaz. Pal. 2007. 450, avis de Gouttes, et 476, note Clavier ; LPA 23 mai 2007, noet Dagorne-Labbe ; Dr. et pr. 2007. 160, note Fricero* (cassation de Chambéry, 7 sept. 2004). – Déjà en ce sens, dans la même affaire : • Civ. 2e, 17 mai 2001, n° 98-12.637 P : *D. 2002. 128, note (crit.) Chatteleyn et Loyer.* ♦ *Contra,* sur renvoi : s'agissant de l'action de l'avoué contre la partie adverse, la courte prescription de l'art. 2273 [ancien] ne s'applique qu'aux actions non encore appuyées d'un titre ; elle ne peut être invoquée dans le cas où l'avoué agit en vertu d'un titre exécutoire, soit un jugement qui condamne la partie adverse et en même temps statue sur les dépens, auquel cas la condamnation aux dépens est soumise comme la condamnation principale à la prescription de trente ans.

• Chambéry, ord., 7 sept. 2004 : *D. 2004. IR 2764.*

2. *Créances exclues.* La prescription de l'art. 2273 [ancien] ne s'applique pas aux débours et honoraires qui peuvent être dus à un avoué en dehors de son ministère, comme mandataire ou *negotiorum gestor* de son client. • Civ. 30 oct. 1945 : *D. 1946. 36.*

3. La prescription de l'art. 2273 [ancien] ne concerne que les frais et émoluments dus aux avocats à raison des actes de postulation et de procédure, non les honoraires de consultations et de plaidoirie. • Civ. 1re, 2 févr. 1994, n° 91-21.811 P • 30 janv. 1996, n° 94-12.455 P • Civ. 2e, 27 mars 2003, n° 02-10.684 P.

4. *Aveu du débiteur.* La courte prescription de l'art. 2273 [ancien], reposant sur une présomption de paiement, doit être écartée lorsqu'il résulte de l'aveu du débiteur qu'il n'a pas acquitté sa dette. • Civ. 2e, 21 déc. 2006, n° 05-20.613 P. ♦ Tel est le cas lorsque le débiteur conteste l'évaluation de la créance, avouant par là même le non-paiement. • Même arrêt. ♦ V. aussi • Civ. 1re, 3 janv. 1996 : *préc. note 4 ss. art. 2272 [ancien].* ♦ Ne peuvent constituer un aveu des conclusions par lesquelles, après avoir invoqué la prescription, une partie conteste, à titre subsidiaire, l'existence ou le montant d'une créance. • Cass., ass. plén., 29 mai 2009 : *cité note 1 ss. art. 1354.*

5. *Point de départ.* L'avocat, investi par son client d'un mandat *ad litem*, a la faculté de recouvrer ses frais et émoluments sur son mandant dès le prononcé du jugement sur le fond. • Civ. 2e, 19 oct. 2006, n° 05-16.736 P : *D. 2006. IR 2751.*

6. *L. 24 déc. 1897.* L'art. 2 de la L. du 24 déc. 1897 n'est pas applicable à l'action en répétition d'un honoraire de négociation que le demandeur prétend avoir payé indûment à un notaire. • Civ. 1re, 6 nov. 2001, n° 98-18.265 P.

Ancien art. 2274 ***La prescription, dans les cas ci-dessus, a lieu, quoiqu'il y ait eu continuation de fournitures, livraisons, services et travaux.***

Elle ne cesse de courir que lorsqu'il y a eu compte arrêté, cédule ou obligation, ou citation en justice non périmée.

BIBL. ▸ VIANDIER, *JCP 1978. I. 2885* (interversion des prescriptions libératoires).

1. *Prestations régulières.* Lorsque les parties sont en compte d'une manière régulière (en l'espèce, compte de fournitures d'aliments pour bétail, auquel figurent les acomptes versés périodiquement par le client agriculteur et les montants des factures), la prescription biennale de l'art. 2272 [ancien] ne peut courir qu'à la date des dernières opérations comprises dans le compte. • Civ. 1re, 24 juin 1986 : *Bull. civ. I, n° 181 ; RTD civ. 1987. 764, obs. Mestre.*

2. *Interversion des prescriptions.* Les mots « compte arrêté, cédule ou obligation » impliquent une reconnaissance écrite avec fixation du chiffre de la dette ; c'est seulement lorsque la dette a été ainsi reconnue que la courte prescription fait place à la prescription trentenaire (en l'espèce, la lettre de la cliente à son chirurgien-dentiste ne contenant aucun élément chiffré du solde de la dette et se bornant à solliciter l'envoi d'un décompte d'honoraires, les juges en déduisent exactement qu'une telle lettre ne constitue ni un arrêté de compte, ni une cédule, ni une obligation, seuls susceptibles d'entraîner l'interversion de la prescription). • Civ. 1re, 5 févr. 1991, n° 89-14.738 P : *RTD civ. 1991. 744, obs. Mestre.*

3. Par application stricte des exceptions, l'art. 2274 [ancien] limite l'effet interversif aux seules prescriptions visées par les art. 2271 à 2273 [anciens]. • Civ. 1re, 14 déc. 2004, n° 01-15.734 P : *D. 2005. AJ 280, obs. Avena-Robardet ; CCC 2005, n° 63, note Leveneur.* ♦ L'art. L. 110-4 C. com. n'institue aucun effet interversif. • Même arrêt. ♦ Il résulte des art. L. 111-2, L. 114-1 et L. 114-2 C. assur. que le délai de prescription biennale pour les actions dérivant du contrat d'assurance a un caractère d'ordre public qui interdit l'application à cette prescription de l'interversion de prescription découlant de l'art. 2274 [ancien]. • Civ. 1re, 1er juill. 1980 : *JCP 1981. II. 19566, note Besson.*

4. L'acheteur se plaignant de vices cachés ayant assigné le vendeur en référé dans le bref délai édicté par l'art. 1648, ce texte auquel il a été satisfait n'a plus lieu désormais de trouver application et c'est la prescription de droit commun qui a commencé à courir à compter de l'ordonnance de référé. • Civ. 1re, 21 oct. 1997, n° 95-19.755 P : *D. 1998. 409, note Bruschi ; D. 1999. Somm. 17, obs. Tournafond ; JCP 1998. II. 10063, note Mouloungui ; JCP E 1998. 563, note Leveneur ; CCC 1998, n° 23, note Leveneur ; RCA 1997, n° 378.* ♦ *Contra :* • Paris, 2 sept. 1998 : *D. Affaires 1998. 1564, obs. J. F.*

Ancien art. 2275 ***Néanmoins, ceux auxquels ces prescriptions seront opposées, peuvent déférer le serment à ceux qui les opposent, sur la question de savoir si la chose a été réellement payée.***

Le serment pourra être déféré aux veuves et héritiers, ou aux tuteurs de ces derniers, s'ils sont mineurs, pour qu'ils aient à déclarer s'ils ne savent pas que la chose soit due.

1. *Domaine.* Absence d'application de l'art. 2275 [ancien] à la prescription légale : • Soc. 9 oct. 1974, n° 73-10.033 P (refus d'interpréter le texte de façon analogique).

2. La prescription de l'art. 2272 [ancien] repose sur une présomption de paiement que, si elle n'est pas écartée par un aveu contraire du débiteur, ceux à qui elle est opposée ne peuvent écarter, suivant l'art. 2275 [ancien], qu'en déférant à celui-ci le serment sur la réalité du paiement. Les juges du fond ne peuvent se fonder sur le serment supplétoire prêté par le demandeur, joint à la déposition d'un témoin, ce qui serait admettre au profit du demandeur une preuve qui ne lui est pas réservée par la loi. • Civ. 30 nov. 1955 : *D. 1956. 115.*

3. Régime. Par sa nature, le serment sur la question de savoir si la chose est payée est personnel au débiteur. Au cas où la prescription est opposée, non plus par le débiteur, mais en son nom par un ayant cause, cette circonstance ne peut changer la condition du demandeur, qui peut déférer le serment au débiteur lui-même. • Civ. 12 juill. 1880 : *DP 1881. 1. 437.*

Ancien art. 2276 *(L. n° 71-538 du 7 juill. 1971)* ***Les juges ainsi que les personnes qui ont représenté ou assisté les parties sont déchargés des pièces cinq ans après le jugement ou la cessation de leur concours.***

Les huissiers de justice, après deux ans depuis l'exécution de la commission ou la signification des actes dont ils étaient chargés, en sont pareillement déchargés.

En ce qui concerne la responsabilité du liquidateur pour les documents qui lui ont été remis au cours de la procédure de liquidation judiciaire, V. C. com. (Ord. n° 2000-912 du 18 sept. 2000), art. L. 622-31. – ***C. com.***

Ancien art. 2277 *(L. n° 71-586 du 16 juill. 1971)* ***Se prescrivent par cinq ans les actions en paiement :***

Des salaires ;

Des arrérages des rentes perpétuelles et viagères et de ceux des pensions alimentaires ;

(L. n° 2005-32 du 18 janv. 2005, art. 113) ***« Des loyers, des fermages et des charges locatives » ;***

Des intérêts des sommes prêtées,

et généralement de tout ce qui est payable par année ou à des termes périodiques plus courts.

(L. n° 2005-32 du 18 janv. 2005, art. 113) ***« Se prescrivent également par cinq ans les actions en répétition des loyers, des fermages et des charges locatives. »***

Aux termes de l'art. L. 3245-1 C. trav., l'action en paiement du salaire se prescrit par cinq ans conformément à l'art. 2277 [ancien] C. civ. (V., depuis la L. n° 2008-561 du 17 juin 2008, note ss. art. 2224).

BIBL. ▶ TOPOR, *RTD civ. 1986. 1.* – J. RÉMY, *Rev. loyers 2002. 322* (loyers et charges).

▶ **Loi du 18 janv. 2005 :** DAMAS, *D. 2005. Pan. 750.*

1. Conv. EDH. Violation de l'art. 1er du protocole n° 1 lorsqu'une législation prévoit que la demande de réévaluation du montant d'une pension de retraite, qui avait été mal calculée, se prescrit par trois ans à compter, non de la demande du pensionné, mais de la décision reconnaissant le droit à réévaluation, solution qui fait dépendre les droits de celui-ci de la plus ou moins grande lenteur de la procédure. • CEDH, sect. I, 4 déc. 2008, *Reveliotis c/ Grèce*, n° 48775/06.

2. Prescription libératoire. La prescription quinquennale des salaires est une prescription libératoire extinctive, donc non fondée sur une présomption de paiement. • Soc. 18 juin 1980, n° 79-80.220 P : *R., p. 49* • 25 oct. 1990, n° 87-40.584 P • Civ. 1re, 20 nov. 2001 : *Defrénois 2002. 684, obs. Massip.* ♦ L'art. 2277 [ancien] édicte une prescription libératoire qui n'est pas fondée sur une présomption de paiement ; dès lors, les actions en paiement des intérêts des sommes prêtées se prescrivent par cinq ans, peu important la contestation de la créance produisant ces intérêts. • Civ. 1re, 13 mars 2007, n° 05-13.077 P : *D. 2007. Chron. C. cass. 2335, n° 8, obs. Creton* • 22 mai 2008, n° 07-12.898 P. ♦ ... Ou que ces intérêts soient contestés. • Com. 14 oct. 2008, n° 06-15.064 P : *D. 2008. AJ 2727.*

La prescription libératoire extinctive de l'art. 2277 [ancien] interdit seulement au créancier d'exiger l'exécution de l'obligation ; cassation de l'arrêt qui retient que la somme consignée à titre de loyers ne peut s'imputer sur les loyers les plus anciens parce que ceux-ci sont atteints par la prescription. • Civ. 3e, 25 avr. 2007, n° 06-10.283 P : *CCC 2007, n° 197, note Leveneur.* ♦ La prescription quinquennale des fermages étant une prescription libératoire extinctive, l'action en résiliation ne peut se fonder sur le non-paiement des loyers prescrits. • Civ. 3e, 10 déc. 2008, n° 07-19.968 P.

A. CONDITIONS DE LA PRESCRIPTION QUINQUENNALE

3. Détermination et certitude de la créance. La prescription quinquennale n'atteint les créances qui y sont soumises que lorsqu'elles sont déterminées. • Civ. 3e, 23 avr. 1976 : *Bull. civ. III, n° 170* • 11 déc. 1996, n° 94-21.916 P • Civ. 1re, 14 mars 2000, n° 98-11.770 P : *JCP*

2000. I. 257, n° 10, obs. Simler (créance certaine comme résultant d'un acte authentique) • 30 mars 2004, n° 00-20.918 P (redevances dues à la SACEM dans le cadre d'un contrat de représentation).

4. Créance litigieuse. N'est pas déterminée la créance dont le montant fait l'objet d'un litige entre les parties. L'assignation tendant à la détermination du montant contesté de la créance prétendue fait obstacle à l'accomplissement de la prescription. • Civ. 3e, 23 avr. 1976 : *préc.* • 11 déc. 1996 : *préc.* ♦ V. aussi • Com. 23 févr. 2005, n° 03-11.027 P (litige sur le montant de rémunérations supplémentaires dues au titre d'inventions de mission).

5. L'art. 2277 [ancien] ne s'applique qu'aux intérêts des créances dont le principe ou la quotité ne sont pas contestés par le débiteur. • Civ. 1re, 7 févr. 1967 : *D. 1967. 505, note J. Mazeaud* • 14 mars 2000 : *préc. note 3* (créance résultant d'un acte authentique). ♦ *Contra* : • Civ. 1re, 13 mars 2007 : *préc. note 2.*

6. Créance dont le montant dépend d'éléments non connus du créancier. La prescription de cinq ans prévue par l'art. 2277 [ancien] ne s'applique pas lorsque la créance, même périodique, dépend d'éléments qui ne sont pas connus du créancier et qui, en particulier, doivent résulter de déclarations que le débiteur est tenu de faire (cotisations de retraite). • Cass., ass. plén., 7 juill. 1978, n° 76-15.485 P : *R., p. 45 ; R. 1984, p. 69 et 115 ; JCP 1978. II. 18948, rapport Ponsard, concl. Baudouin, note R. D. M.* • Soc. 9 oct. 1985 : *Bull. civ. V, n° 446* • Civ. 1re, 24 mars 1987 : *D. 1987. IR 87* • Soc. 23 nov. 1995, n° 93-20.456 P • 26 oct. 2011, n° 10-14.175 P (participation aux fruits de l'expansion de l'entreprise). ♦ Dans le même sens : • Civ. 1re, 13 juin 1995, n° 93-12.872 P (montant de commissions dues à un agent d'assurances dépendant de déclarations faites par les souscripteurs et adressées au seul assureur) • Civ. 3e, 21 févr. 1996, n° 94-14.821 P : *JCP E 1996. II. 869, note Cohen-Trumer* (compléments de loyers commerciaux variant selon le chiffre d'affaires déclaré par le débiteur) • Civ. 1re, 30 mars 2004 : *préc. note 3* • 13 févr. 2007, n° 05-12.016 P : *RTD com. 2007. 543, obs. Pollaud-Dulian* (droits d'auteur proportionnels dépendant du volume des ventes dont l'auteur n'a pas eu connaissance) • Com. 12 juin 2012 : *D. 2012. 1672* (rémunération du salarié inventeur). ♦ Mais, lorsqu'un employeur a adressé à l'institution de retraite des états de salaires annuels, cet organisme disposait de tous les éléments lui permettant de déterminer sa créance pour les années correspondantes et en conséquence les dispositions de l'art. 2277 [ancien] lui sont applicables. • Soc. 11 déc. 1984, n° 83-11.545 P : *R., p. 69 ; RTD civ. 1985. 584, obs. Mestre.*

7. Créance éventuelle. Le caractère éventuel du dépassement des quantités de référence laitières exclut que la dette relative aux prélèvements supplémentaires dus à ce titre puisse être considérée comme payable par année ou à des termes périodiques plus courts. • Civ. 1re, 14 juin 2005, n° 01-11.741 P : *D. 2005. IR 2038* .

8. Les cotisations dues par les adhérents d'une association syndicale, au titre des charges communes de réparation, d'amélioration et d'entretien – qui sont nécessairement indéterminées, variables et éventuelles dans leur existence – échappent à la courte prescription prévue par l'art. 2277 [ancien]. • Civ. 1re, 3 avr. 1990, n° 87-11.287 P. ♦ Dans le même sens : • Civ. 3e, 20 nov. 1996, n° 94-20.102 P (charges d'une société d'attribution d'immeuble en jouissance à temps partagé, qui sont nécessairement indéterminées et variables) • 17 nov. 1999, n° 98-13.114 P : *D. 1999. IR 279 ; JCP 2000. I. 211, n° 12, obs. Périnet-Marquet* (charges de copropriété, qui sont nécessairement indéterminées et variables). ♦ Même solution pour la dette de contribution aux pertes d'un associé d'une société en participation. • Com. 22 févr. 2005, n° 02-13.304 P : *D. 2005. AJ 892, obs. A. Lienhard ; JCP E 2005. 1048, note Navarro ; Rev. sociétés 2005. 820, note Poracchia* .

9. Fixité de la créance (non). L'application de la prescription quinquennale prévue à l'art. 2277 [ancien] n'est pas subordonnée à une condition de fixité de la créance. • Soc. 10 oct. 1985 : *Bull. civ. V, n° 455* (salaires : commissions sur des ventes) • Civ. 1re, 18 nov. 1981 : *JCP 1982. II. 19772, note Baudouin* (arrérages de rentes viagères) • Civ. 3e, 18 juill. 1984, n° 82-15.939 P : *R., p. 115 ; RTD civ. 1985. 584, obs. Mestre* • 18 mai 1989 : *Gaz. Pal. 1990. 1. 58, note Lachaud* (prestations prévues par un contrat de métayage).

10. Périodicité de la créance. Les intérêts pour lesquels l'art. 2028 [2305] C. civ. accorde une action à la caution, qui constituent la réparation du préjudice causé à la caution qui a payé en raison du retard mis par le débiteur à lui rembourser le montant des versements effectués pour son compte calculés sur la base du taux de l'intérêt pendant la période considérée, ne sont pas payables à des termes successifs. Ils ne sont dès lors fondés sur aucune des causes visées à l'art. 2277 [ancien]. • Civ. 1re, 18 déc. 1978, n° 77-14.620 P. ♦ La dette de contribution aux pertes d'un associé d'une société en participation ne répond pas à la condition de périodicité prévue à l'art. 2277 [ancien]. • Com. 22 févr. 2005 : *préc. note 8.*

B. APPLICATIONS

1° SALAIRES

11. Accessoires divers du salaire. La prescription de cinq ans s'applique à toutes les sommes qui, ayant leur cause dans la prestation de travail, ont la nature d'une rémunération, ce qui est le cas d'une allocation de déplacement (règlement du personnel de la SNCF), et la prescription court à compter de la date à laquelle l'allocation de déplacement, qui n'est pas un remboursement de frais, est devenue exigible, peu important à cet égard le temps mis par l'employeur pour répondre à des demandes amiables du salarié. • Soc. 4 janv. 1990, n° 87-40.228 P. ♦ Il en va de même des indemnités de préavis et de congés payés, même si elles ne sont dues qu'à la suite d'une requalification du contrat de travail en contrat à durée indéterminée (prescription acquise dès lors que le délai de cinq ans était expiré avant l'entrée en vigueur de la loi de 2008). • Soc. 16 déc. 2015, n° 14-15.997 P. ♦ L'indemnité compensatrice de délai-congé ayant un caractère salarial est soumise à la prescription quinquennale fixée par l'art. 2277 [ancien]. • Soc. 7 mars 1990, n° 86-43.406 P. ♦ ... De même que la contrepartie financière à la clause de non-concurrence. • Soc. 26 sept. 2002, n° 00-40.461 P : *R., p. 350 ; D. 2003. Somm. 905, obs. Fadeuilhe*. ♦ La prescription quinquennale de l'art. L. 143-14 [L. 3245-1 nouv.] C. trav. s'applique à toute action engagée à raison des sommes afférentes au salaire et donc à une demande tendant au versement de sommes qui auraient dû être payées en raison de l'absence de prise du repos hebdomadaire. • Soc. 13 janv. 2004, n° 01-47.128 P : *D. 2004. Somm. 2033, obs. Lemée ; JCP 2004. I. 177, n° 4, obs. Cesaro ; JCP E 2004. 599, étude Béal et Giroud* • 16 déc. 2005 : *LPA 15 mai 2006, note Pignarre* (repos compensateur). ♦ V. conf., pour des indemnités de départ et d'installation outre-mer, qui constituent un complément de salaire, • Soc. 15 mars 2005, n° 01-44.379 P : *D. 2005. IR 858*.

En revanche, l'action en réparation du préjudice résultant d'une discrimination syndicale se prescrit par trente ans. • Soc. 15 mars 2005, n° 02-43.560 P : *D. 2005. IR 1053, obs. Chevrier ; ibid. Pan. 2507, obs. Lardy-Pélissier ; JCP E 2006. 1222, note Duval*. ♦ ... De même que l'action en réclamation d'une indemnité forfaitaire pour travail dissimulé. • Soc. 10 mai 2006, n° 04-42.608 P : *D. 2006. IR 1486*. ♦ ...Ou que la demande en paiement de cotisations de retraite complémentaire, dès lors que la demande ne concerne pas des cotisations afférentes à des salaires non versés mais porte sur la contestation de l'assiette des cotisations retenue par l'employeur sur les salaires versés. • Soc. 11 juill. 2018, n° 17-12.605 P • 11 juill. 2018, n° 16-20.029 P (cassation de l'arrêt ayant appliqué à cette demande la prescription quinquennale des sommes afférentes aux salaires, la cour d'appel ayant considéré à tort qu'un salarié ne peut engager une action en paiement des cotisations de retraite assises sur ces salaires si l'action en paiement du salaire correspondant ne lui est pas ou plus ouverte). ♦ Toutefois, application de la prescription lorsque sous le couvert d'une demande de dommages-intérêts pour absence de répartition des horaires sur le contrat de travail, le salarié demandait le paiement d'une créance de rappel de salaire. • Soc. 28 mars 2018, n° 12-28.606 P.

12. Frais kilométriques. La prescription de l'art. L. 143-14 [L. 3245-1 nouv.] C. trav. s'applique à toute action afférente au salaire ; tel est le cas d'une action tendant au remboursement d'indemnités kilométriques et de repas liées à l'exécution d'un travail salarié. • Soc. 12 juill. 2006, n° 04-48.687 P : *RDT 2006. 324, obs. Pignarre*. ♦ Comp., antérieurement : • Soc. 29 mai 1991, n° 88-42.736 P.

13. Rappel de salaire. L'action de salariés tendant au paiement de sommes qui n'auraient pas dues être déduites de leur salaire a la nature d'une action en rappel de salaire ; il en résulte que la prescription quinquennale lui est applicable. • Soc. 2 déc. 2003, n° 01-45.097 P : *D. 2004. IR 253*. – Déjà en ce sens : • Soc. 19 mai 1998, n° 96-40.799 P (action du salarié pour des cotisations indûment prélevées) • 6 avr. 1999, n° 96-44.162 P : *D. 1999. IR 117* (pour la part salariale de cotisations de retraite). ♦ V. aussi • 27 févr. 2013, n° 11-27.772 P : *D. 2013. 715* (*idem*). ♦ L'art. 2277 [ancien] s'applique aux actions en répétition de sommes indûment perçues par un établissement public dépourvu de comptable public, ou par la société anonyme qui lui a été substituée, y compris pour les agents relevant d'un statut d'agent public. • CE 11 janv. 2008 : *JCP 2008. Actu. 63, obs. Rouault.*

14. Remboursement du salaire indûment payé. L'art. 2277 [ancien] en prévoyant que les actions en paiement des salaires se prescrivent par cinq ans met fin, après l'écoulement de ce délai, à toute contestation relative au paiement du salaire, qu'elle émane du salarié ou de l'employeur (en l'espèce, demande de remboursement d'un salaire mensuel qui aurait été perçu deux fois). • Civ. 1re, 18 juin 1980 : *D. 1980. 542*. ♦ La prescription de l'art. L. 143-14 [L. 3245-1 nouv.] C. trav. s'applique à toute action afférente au salaire, qu'il s'agisse d'une action en paiement ou d'une action en restitution de ce paiement. • Soc. 23 juin 2004, n° 02-41.877 P : *JCP 2005. I. 122, nos 6 s., obs. Morvan.*

Sur l'application de la prescription quinquennale de l'art. 2277 [ancien] aux actions en répétition de sommes payables par année ou à des termes périodiques plus courts, V. aussi • Soc. 12 janv. 1999, n° 96-20.047 P : *R., p. 333 ; JCP 1999. I. 171, nos 17 s., obs. Billiau* (pour des arrérages de pension de réversion) • 26 oct. 2000, n° 98-21.450 P : *D. 2000. IR 305* (pour des arrérages de pension de vieillesse).

Contra : • Civ. 2e, 16 déc. 2003, n° 01-17.627 P : *D. 2004. 2686, note Bouloc ; ibid. Somm. 1557, obs. Prétot* (où il est jugé que, si l'action en paiement des prestations de retraite complémentaire se prescrit par cinq ans, l'action en répétition de ces prestations, qui relève du régime spécifique des quasi-contrats, n'est pas soumise à la prescription abrégée de l'art. 2277 [ancien]). ♦ Même solution pour des sommes versées indûment au titre d'une pension de réversion. • Civ. 1re, 21 févr. 2006, n° 04-15.962 P : *D. 2006. IR 674*.

V. aussi, en sens contraire également, note 25 (l'arrêt de la chambre mixte), ou encore notes 17 et 23.

2° RENTES ET PENSIONS

15. L'art. 2277 [ancien] ne distingue pas selon qu'il s'agit de l'action en paiement exercée par le crédirentier ou de l'action en remboursement qui appartient contre un tiers au débirentier qui a payé. • Soc. 29 janv. 1981 : *Bull. civ. V, n° 94.* ♦ L'art. 2277 [ancien] déclare prescrite par cinq ans l'action en paiement des arrérages des pensions alimentaires sans distinguer entre l'action en paiement du créancier d'aliments et le recours du débiteur qui a payé des sommes excédant sa part contributive, compte tenu des facultés respectives des débiteurs. • Civ. 1re, 21 nov. 1995 : *Defrénois 1996. 719, obs. Massip.* ♦ Sont soumises à la prescription quinquennale : les échéances d'une prestation compensatoire payable sous forme de rente viagère. • Civ. 1re, 28 févr. 2006 : *Defrénois 2006. 1316, obs. Massip.* ♦ ... Les arrérages de la rente du conjoint survivant de la victime d'un accident du travail, à la différence du droit du conjoint survivant au bénéfice de cette rente à partir du décès de la victime, qui se prescrit par deux ans, conformément aux art. L. 431-2 et L. 461-1 CSS. • Civ. 2e, 4 mai 2016, n° 15-15.009 P (inapplication de l'art. 2224). ♦ Mais si la règle « aliments ne s'arréragent pas » ne s'applique pas à l'obligation d'entretien, l'action en paiement d'une contribution à l'entretien et à l'éducation de l'enfant est soumise à la prescription quinquennale prévue par l'art. 2224 C. civ. • Civ. 1re, 25 mai 2016, n° 15-17.993 P : *D. 2016. 1881, note Guyon-Renard ; ibid. 2017. 470, obs. Douchy-Oudot ; ibid. 729, obs. Granet-Lambrechts ; AJ fam. 2016. 494, obs. Thouret ; RTD civ. 2016. 601, obs. Hauser ; RDC 2016. 660, note Libchaber.*

16. La prescription libératoire extinctive de cinq ans prévue par l'art. 2277 [ancien] n'éteint pas le droit du créancier, mais lui interdit seulement d'exiger l'exécution de son obligation. • Civ. 2e, 9 juill. 2009, n° 08-16.894 P : *JCP 2009, n° 37, p. 59, obs. Loiseau ; AJ fam. 2009. 347, obs. Chenédé*. ♦ Si le créancier peut poursuivre *pendant trente ans l'exécution* d'un jugement condamnant au paiement d'une somme payable à termes périodiques, il ne peut, en vertu de l'art. 2277 [ancien], applicable en raison de la nature de la créance, obtenir le recouvrement des arriérés échus plus de cinq ans avant la date de sa demande. • Civ. 1re, 4 oct. 2005, n° 03-13.375 P : *D. 2005. IR 2549 ; Defrénois 2006. 341, obs. Massip ; AJ fam. 2005. 446, obs. Chénedé ; RTD civ. 2006. 104, obs. Hauser* (contribution à l'entretien des enfants). ♦ Est seule soumise à l'art. 2277 [ancien] la demande en paiement d'aliments et non la poursuite de l'exécution de titres portant condamnation au paiement de la pension alimentaire, laquelle est régie par la prescription de droit commun de trente ans. • Civ. 1re, 16 juin 1998, n° 96-18.628 P : *D. 1999. 386, note Massip ; RTD civ. 1998. 895, obs. Hauser* • 8 févr. 2005, n° 02-19.689 P : *D. 2005. IR 669 ; Dr. fam. 2005, n° 74, note Larribau-Terneyre.* ♦ Le recouvrement des pensions alimentaires et prestations compensatoires de divorce en vertu de titres exécutoires est soumis à la prescription de droit commun de trente ans. • Civ. 1re, 14 janv. 2003, n° 00-21.695 P : *RJPF 2003-4/44, note Valory ; AJ fam. 2003. 101, obs. F. B. ; RTD civ. 2003. 275, obs. Hauser*. ♦ V. conf., pour la poursuite de l'exécution d'un jugement portant condamnation au paiement d'arrérages : • Civ. 2e, 27 sept. 2001, n° 00-10.438 P : *D. 2002. 436, note Dagorne-Labbe ; Defrénois 2002. 263, obs. Savaux.* ♦ Déjà dans le même sens, à propos d'une difficulté d'exécution liée au titre exécutoire : • Civ. 1re, 19 mars 1991, n° 89-18.337 P.

17. *Pension indûment perçue.* L'action en répétition des sommes indûment perçues à titre de pensions alimentaires n'est pas soumise à la prescription abrégée de l'art. 2277 [ancien]. • Civ. 2e, 22 nov. 2001, n° 99-16.052 P : *D. 2002. IR 45 ; Defrénois 2002. 268, obs. Savaux ; ibid. 684, obs. Massip.* ♦ Dans le même sens, pour une pension de vieillesse : • Civ. 2e, 20 mars 2008, n° 07-10.267 P. ♦ ... Pour une pension de réversion, • Civ. 1re, 21 févr. 2006 : *préc. note 14.*

3° INTÉRÊTS

18. *Intérêts des sommes prêtées : principe.* Seuls relèvent de la prescription quinquennale les intérêts normaux et de retard ainsi que les accessoires, à l'exclusion des demandes afférentes aux droits de créance ayant pour objet les fractions des capitaux empruntés. • Com. 24 sept. 2003, n° 02-11.362 P : *R., p. 420 ; D. 2003. AJ 2568*. ♦ La prescription quinquennale est applicable, en raison de la nature de la créance, à l'action en paiement des intérêts moratoires. • Civ. 3e, 7 nov. 2007, n° 06-15.697 P : *D. 2007. AJ 2944, obs. Delpech*.

19. ... *Déchéance du terme.* Les actions en paiement des intérêts se prescrivent par cinq ans, nonobstant la déchéance du terme notifiée par le prêteur, laquelle ne modifie pas la nature de la dette. • Civ. 1re, 23 avr. 2003, n° 01-02.502 P : *D. 2003. IR 1338*.

20. ... *Intérêts capitalisés.* Lorsque le créancier et le débiteur sont convenus que les intérêts à échoir se capitaliseront à la fin de chaque année pour produire eux-mêmes des intérêts, ils constituent non plus des intérêts mais un nouveau capital qui s'ajoute à l'ancien, de sorte que la prescription applicable n'est plus celle, quinquennale, de l'art. 2277 [ancien], mais la prescription trentenaire. • Com. 20 janv. 1998, n° 95-14.101 P • Civ. 1re, 31 mars 2016, n° 14-20.193 P : *D. 2016. 782 ; AJ fam. 2016. 274, obs. Casey .*

21. ... Intérêts à valoir sur la condamnation. L'art. 2277 [ancien] s'applique à l'action en paiement des intérêts annuellement dus sur les condamnations prononcées par jugement. • Civ. 2e, 1er juin 1988, n° 87-13.873 P.

22. La prescription de l'art. 2277 [ancien] n'est pas applicable aux intérêts dus sur une somme objet d'une condamnation dès lors que le créancier qui agit en recouvrement de cette somme ne met pas en œuvre une action en paiement des intérêts mais agit en vertu d'un titre exécutoire en usant d'une mesure d'exécution. • Civ. 2e, 19 oct. 2000, n° 98-17.687 P : *D. 2000. IR 306 .* – Dans le même sens : • Civ. 1re, 19 mars 2002, n° 98-623.083 P : *D. 2002. IR 1324.*

23. Intérêts indûment perçus. L'action en répétition des intérêts indûment perçus n'est pas soumise à la prescription abrégée de l'art. 2277 [ancien]. • Civ. 1re, 1er mars 2005, n° 03-11.496 P : *D. 2005. IR 797 .*

4° LOYERS

24. Montant des loyers exprimés en capital. Dès lors que la créance est, quoique exprimée en capital (reconnaissance de dette représentant l'addition des diminutions successives du loyer), une créance de loyers, la prescription applicable est celle de l'art. 2277 [ancien]. • Cass., ch. mixte, 12 avr. 2002, n° 00-16.523 P : *R., p. 493 ; BICC 1er juin 2002, concl. Guérin, rapp. Duvernier ; D. 2002. 2905, note Perret-Richard ; ibid. AJ 1676, obs. Rouquet (1re esp.) ; D. 2003. Somm. 734, obs. Gérard ; JCP 2002. II. 10169, note Conac ; Defrénois 2002. 1150, note Dagorne-Labbe ; ibid. 1265, obs. Libchaber ; AJDI 2002. 519, obs. Briand ; Loyers et copr. 2002. Chron. 10, par Vial-Pedroletti.*

25. Loyers indûment versés. *[Jurisprudence antérieure à la L. du 18 janv. 2005 ayant complété l'art. 2277 (ancien)].* L'action en répétition de sommes indûment versées à titre de charges locatives, qui relève du régime spécifique des quasi-contrats, n'est pas soumise à la prescription abrégée de l'art. 2277 ancien. • Cass., ch. mixte, 12 avr. 2002, n° 00-18.529 P : *R., p. 494 ; BICC 1er juin 2002, concl. Guérin, rapp. Duvernier ; D. 2002. 2433, note Aubert de Vincelles ; ibid. AJ 1676, obs. Rouquet (2e esp.) ; JCP 2002. II. 10100, note Billiau ; Defrénois 2002. 1265, obs. Libchaber ; AJDI 2002. 517, obs. Briand ; Loyers et copr. 2002. Chron. 10, par Vial-Pedroletti.*

Déjà en ce sens, pour la répétition de sommes versées indûment à titre de loyers : • Civ. 3e, 21 févr. 1996, n° 93-12.675 P : *Defrénois 1996. 1436, obs. Bénabent ; RDI 1996. 422, obs. Collart-Dutilleul ; RTD civ. 1997. 428, obs. Mestre .* ♦ ... Ou à titre de charges locatives : • Civ. 3e, 13 oct. 1999, n° 98-10.878 P : *D. 1999. AJ 59, obs. Y. R.* ♦ Sur l'application du délai de prescription issu de la L. du 18 janv. 2005, V. • Civ. 3e, 13 nov. 2008 : *cité note 41 ss. art. 2* • 21 janv. 2009, n° 07-18.533 P : *D. 2009. AJ 373, obs. Rouquet .*

Sur la question de la prescription de l'action en répétition, V. aussi notes 36 s. ss. art. 1302-1.

26. Charges. L'action en paiement de charges locatives, accessoires aux loyers, se prescrit par cinq ans. • Cass., ch. mixte, 12 avr. 2002, n° 00-18.529 P : *R., p. 494 ; BICC 1er juin 2002, concl. Guérin, rapp. Duvernier ; D. 2002. 2433, note Aubert de Vincelles ; ibid. AJ 1676, obs. Rouquet (2e esp.) ; JCP 2002. II. 10100, note Billiau ; Defrénois 2002. 1265, obs. Libchaber ; AJDI 2002. 517, obs. Briand ; Loyers et copr. 2002. Chron. 10, par Vial-Pedroletti* • Civ. 3e, 27 mai 2003, n° 02-12.253 P : *AJDI 2003. 589, obs. Rouquet .* ♦ *Contra,* antérieurement : l'art. 2277 [ancien] ne s'applique pas à l'action en recouvrement de charges, qui sont nécessairement indéterminées et variables, d'une société d'attribution d'immeubles à temps partagé. • Civ. 3e, 20 nov. 1996, n° 94-20.102 P. ♦ Dans le même sens, pour les charges d'une association syndicale : • Civ. 1re, 24 oct. 2000, n° 98-20.741 P. ♦ ... Pour des charges de copropriété : • Civ. 3e, 17 nov. 1999 : *préc. note 8.* ♦ V. • Civ. 3e, 11 mai 2000 : *Loyers et copr. 2000, n° 281,* réservant la possibilité de charges locatives invariables. ♦ Une créance de taxe foncière, née de l'obligation contractuelle du preneur de rembourser au bailleur le montant de la taxe foncière afférente aux locaux loués, étant déterminée annuellement et constituant un accessoire du loyer, se trouve soumise à la prescription quinquennale. • Civ. 3e, 25 nov. 2009, n° 08-21.384 P : *JCP 2010, n° 516, note Ghestin.* ♦ V. désormais la nouvelle rédaction de l'art. 2277 [ancien] issue de la L. du 18 janv. 2005.

27. Indemnité d'occupation. La prescription de l'art. 2277 [ancien] est applicable à une indemnité d'occupation mensuelle et au paiement des charges locatives d'un immeuble. • Civ. 1re, 3 juill. 1979, n° 96-16.500 P. ♦ Application de la prescription quinquennale à une indemnité d'occupation correspondant au montant du loyer annuel réajusté. • Civ. 1re, 5 mai 1998, n° 96-16.500 P : *JCP 1998. II. 10214, note du Rusquec ; Defrénois 1998. 1381, note Dagorne-Labbe ; RTD civ. 1999. 868, obs. Zenati* • Cass., ch. mixte, 12 avr. 2002 : *préc. note 24.* ♦ Le créancier d'une indemnité d'occupation ne peut obtenir le recouvrement des arriérés échus plus de cinq ans avant la date de sa demande. • Civ. 3e, 8 nov. 2006, nº 05-11.994 P : *D. 2007. 347, note Damas ; ibid. Chron. C. cass. 1297, obs. Monge et Nési ; D. 2006. IR 2876, obs. Rouquet ; Defrénois 2007. 457, obs. Libchaber ; Dr. et pr. 2007. 152, note Schütz* (cassation de l'arrêt qui écarte la prescription quinquennale au motif qu'il était sollicité une somme globale) • 10 déc. 2008, nº 08-10.153 P : *D. 2009. AJ 102*. ♦ *Contra*, antérieurement : • Civ. 3e, 26 nov. 1997, nº 96-12.003 P : *D. 1999. Somm. 146, obs. CRDP Nancy-2 ; RDI 1998. 141, obs. Collart-Dutilleul* • 16 déc. 1998, nº 97-11.160 P : *JCP 1999. II. 10049, note du Rusquec.*

Application de l'art. 2277 [ancien] à une indemnité conventionnelle d'occupation dès lors que le juge n'a pas constaté qu'il s'agissait d'une clause pénale. • Civ. 3e, 5 févr. 2003, nº 01-01-398 P : *D. 2004. Somm. 838, obs. Gérard ; Gaz. Pal. 2003. 3076, note J. Rémy ; AJDI 2003. 414, obs. Rouquet ; CCC 2003, nº 86, note Leveneur ; Rev. loyers 2003. 220, obs. de Maillard.*

L'indemnité d'occupation due par un indivisaire est régie, à l'exclusion de l'art. 2277 [ancien], par les art. 815-9, al. 2, et 815-10, al. 2 [al. 3], C. civ. (prescription quinquennale, mais à compter de la date à compter de laquelle l'indemnité aurait pu être perçue, sans qu'il soit nécessaire que le montant en ait été connu). • Civ. 1re, 5 févr. 1991, nº 89-15.234 P.

28. Crédit-bail. Les loyers d'un contrat de crédit-bail sont soumis à la prescription quinquennale, mais non l'indemnité de résiliation. • Com. 24 nov. 1992 : *JCP 1993. II. 22078, note Barrial ; D. 1993. Somm. 216, obs. Delebecque*.

5º TOUT CE QUI EST PAYABLE À TERMES PÉRIODIQUES

29. Honoraires payables par exercice. Est soumise à la prescription quinquennale de l'art. 2277 [ancien] l'action en paiement des honoraires d'un expert-comptable, dès lors que ces honoraires étaient payables par exercice, c'est-à-dire selon une périodicité d'une année, et que pendant 18 ans ils l'avaient été selon ce terme périodique. • Versailles, 7 mai 1998 : *BICC 15 janv. 1999, nº 76.* ♦ Dans le même sens : • Nîmes, 7 mars 2002 : *BICC 15 nov. 2002, nº 1177* (périodicité inférieure à un an et prestations identiques effectuées de façon habituelle).

30. Condamnation au paiement de sommes dues à termes périodiques. Si le créancier peut poursuivre pendant trente ans l'exécution d'un jugement condamnant au paiement d'une somme payable à termes périodiques, il ne peut, en vertu de l'art. 2277 [ancien], applicable en raison de la nature de la créance, obtenir le recouvrement des arriérés échus plus de cinq ans avant la date de sa demande. • Cass., ass. plén., 10 juin 2005, nº 03-18.922 P : *R., p. 372 ; BICC 1er août 2005, rapp. Mazars, concl. Gariazzo ; D. 2005. IR 1733, obs. Rouquet ; JCP 2006. I. 199, nº 13, obs. Fossier ; Defrénois 2005. 1607, note Massip ; ibid. 1636, obs. Savaux, et 1642, obs. Bénabent ; Dr. et pr. 2005. 327, étude Douchy-Oudot.* ♦ Sur cet arrêt, V. Libchaber, *D. 2006. Chron. 254* (interversion des prescriptions en cas de condamnation en justice). – Dans le même sens : • Civ. 1re, 21 nov. 2006, nº 05-11.396 P : *D. 2007. 842, note Libchaber*. ♦ V. aussi • Civ. 3e, 25 avr. 2007 : *D. 2007. AJ 1338*. – ... *Adde* depuis la réforme du droit de la prescription • Civ. 2e, 26 janv. 2017, nº 15-28.173 P, appliquant aux intérêts du jugement de condamnation le délai de prescription de droit commun de l'art. 2262.

31. Consommation d'électricité. L'action en paiement du prix de la consommation d'électricité d'un abonné qui est constatée à l'aide d'un compteur à la disposition du créancier et doit être facturée au tarif en vigueur se prescrit par cinq ans en application de l'art. 2277 [ancien]. • Civ. 1re, 29 avr. 1981 : *JCP 1982. II. 19730, note Courbe.*

32. Rémunération du gestionnaire de l'indivision. La créance de rémunération d'un indivisaire pour gestion des biens indivis (C. civ., art. 815-12) n'est pas soumise à la prescription de l'art. 2277 [ancien]. • Civ. 1re, 19 déc. 1995, nº 93-19.800 P : *D. 1998. 24, note Malaurie ; Defrénois 1996. 406, obs. Grimaldi, et 1998. 51, note Malaurie ; RDI 1996. 336, obs. Bergel ; RTD civ. 1996. 938, obs. Zenati* • 13 avr. 1999 : *Dr. fam. 1999, nº 72, note Beignier.*

33. CSG. La contribution sociale de solidarité de l'art. L. 651-3 CSS étant payable par année, la prescription de l'art. 2277 [ancien] C. civ. est applicable à l'action en répétition. • Soc. 12 janv. 1999, nº 97-10.133 P : *R., p. 334 ; D. 1999. IR 62 ; JCP 1999. I. 171, nos 17 s., obs. Billiau.* ♦ Comp., note 14.

34. Remboursement d'indemnités parlementaires. L'action intentée par le Parlement européen aux fins d'obtenir le remboursement d'indemnités dont un député a irrégulièrement bénéficié, au titre de ses fonctions, pour la rémunération d'assistants parlementaires, n'est au nombre ni de celles qui sont mentionnées à l'art. 2277 anc., ni de celle prévue à l'art. L. 143-14, devenu L. 3245-1 C. trav. • Civ. 1re, 11 mai 2022, nº 21-12.513 B.

Ancien art. 2277-1 (*L. nº 89-906 du 19 déc. 1989, art. 6*) ***L'action dirigée contre les personnes légalement habilitées à représenter ou à assister les parties en justice à raison de la responsabilité qu'elles encourent de ce fait se prescrit par dix ans à compter de la fin de leur mission.***

1. V. notes ss. art. 2225.

2. Droit transitoire. Pour une application de l'art. 7 de la L. du 19 déc. 1989 (acquisition de la prescription antérieure en cours de délai), V. • Civ. 1re, 5 mai 2004, n° 01-15.925 P : *D. 2005. Pan. 334, obs. Julien et Fricero ; JCP 2005. I. 112, n° 14, obs. R. Martin.*

Ancien art. 2278 ***Les prescriptions dont il s'agit dans les articles de la présente section, courent contre les mineurs et les majeurs en tutelle ; sauf leur recours contre leurs tuteurs.***

Ancien art. 2279 ***En fait de meubles, la possession vaut titre.***

Néanmoins celui qui a perdu ou auquel il a été volé une chose peut la revendiquer pendant trois ans, à compter du jour de la perte ou du vol, contre celui dans les mains duquel il la trouve ; sauf à celui-ci son recours contre celui duquel il la tient.

BIBL. ▶ Dross, *RTD civ. 2006. 27.* – Krief-Semitko, *Gaz. Pal. 2008. 1. Doctr. 2471* (gages civils de meubles corporels). – Muller, *RTD civ. 1989. 697.* – Saujot, *JCP 2008. I. 137* (inaliénabilité des œuvres muséales). – Viennois, *RRJ 2001/4. 1421* (revendication des créances).

V. notes ss. art. 2276.

Ancien art. 2280 ***Si le possesseur actuel de la chose volée ou perdue l'a achetée dans une foire ou dans un marché, ou dans une vente publique, ou d'un marchand vendant des choses pareilles, le propriétaire originaire ne peut se la faire rendre qu'en remboursant au possesseur le prix qu'elle lui a coûté.***

(L. 11 juill. 1892) ***« Le bailleur qui revendique, en vertu de l'article 2332, les meubles déplacés sans son consentement et qui ont été achetés dans les mêmes conditions, doit également rembourser à l'acheteur le prix qu'ils lui ont coûté. »***

V. notes ss. art. 2277.

Ancien art. 2281 ***Les prescriptions commencées à l'époque de la publication du présent titre seront réglées conformément aux lois anciennes.***

Néanmoins les prescriptions alors commencées, et pour lesquelles il faudrait encore, suivant les anciennes lois, plus de trente ans à compter de la même époque, seront accomplies par ce laps de trente ans.

CHAPITRE VI *[ANCIEN]* DE LA PROTECTION POSSESSOIRE

(L. n° 75-596 du 9 juill. 1975)

Ancien art. 2282 *(L. n° 75-596 du 9 juill. 1975)* ***La possession est protégée, sans avoir égard au fond du droit, contre le trouble qui l'affecte ou la menace.***

La protection possessoire est pareillement accordée au détenteur contre tout autre que celui de qui il tient ses droits.

V. notes ss. art. 2278.

Ancien art. 2283 *(L. n° 75-596 du 9 juill. 1975)* ***Les actions possessoires sont ouvertes dans les conditions prévues par le code de procédure civile à ceux qui possèdent ou détiennent paisiblement.***

Sur les actions possessoires et le principe du non-cumul du possessoire et du pétitoire, V. C. pr. civ., art. 1264 à 1267.

TITRE XX DE LA PRESCRIPTION EXTINCTIVE

(L. n° 2008-561 du 17 juin 2008)

Sur les dispositions transitoires résultant de la L. n° 2008-561 du 17 juin 2008, V. cette L., art. 26, ss. art. 2279.

RÉP. CIV. v° *Prescription extinctive*, par A. Hontebeyrie.

DALLOZ ACTION *Droit de la responsabilité et des contrats 2023/2024, nos 4141.00 s.*

BIBL. GÉN. ▶ Agostini, *D. 2010. Chron. 2465* (interversion des prescriptions et réforme). – Balat, *RTD civ. 2016. 751* (forclusion et prescription). – Delnaud, *D. 2008. Chron. 2533* (prescription et discrimination). – Julienne, *CCC 2018. Étude 8* (prescription abrégée du droit de la consommation). – Lagarde, *D. 2018. 469* (distinction entre prescription et forclusion). – Mazeaud et Wintgen, *D. 2008. Chron. 2523* (prescription extinctive dans les codifications savantes). – Porcheron, *RLDC 2010/78, n° 4051* (obligations alimentaires). – Rumeau-Maillot, *Rev. sociétés 2012. 203* (délais de prescription en droit des sociétés). – Réforme de la prescription en droit civil : Malaurie, *Defrénois 2006. 230* (avant-projet Catala) ; *ibid. 2007. 1659* (proposition de loi) ; *ibid. 2008. 259*. – Bénabent, *D. 2007. Chron. 1800* (sept clefs pour une réforme de la prescription extinctive). – Mignot, *LPA 26 févr. 2008* (proposition de loi). – Chardeau et Duquet, *LPA 11 avr. 2008*. – Rouvière, *LPA 31 juill. 2009* (distinction des délais de prescription, butoir et de forclusion) ; *R. 2014. 99* (le temps et le droit).

▸ **Commentaires de la loi du 17 juin 2008 :** Amrani-Mekki, *JCP 2008. I. 160*. – Ancel, *Gaz. Pal. 2008. 2119*. – Bandrac, *RDC 2008. 1413*. – Bardout, *AJ fam. 2008 291* (conséquences en matière familiale). – Brenner, *RDC 2008. 1431*. – Brenner et Lécuyer, *JCP N 2009. 1118*. – Caprioli, *CCE 2008, comm. n° 141* (archivage). – Casson et Pierre (dir.), La réforme de la prescription en matière civile, *éd. Dalloz 2009*. – Charbonneau, *Dr. et patr. 9/2008. 42*. – Corpart, *RJPF 2008-9/13* (droit de la famille). – Dammann et Keszler, *RLDC 2009/60, n° 3408* (aménagement contractuel de la prescription). – Fauvarque-Cosson, *D. 2008. Chron. 2511* . – Fricero, *RLDC 2008/52, n° 3093 ; RDI 2011. 435* (droit de la construction). – J. Martin, *RDC 2008. 1469* (droit de l'environnement). – Kanayama, *RDC 2008. 1445*. – Lagarde, *Gaz. Pal. 2009. 1118*. ; *D. 2018. 469* (la distinction entre prescription et forclusion à l'épreuve de la réforme du 17 juin 2008). – Lasserre-Kiesow, *RDC 2008. 1449*. – Lauvaux et Émile-Zola-Place, *CCE 2009. Étude 22* (créances de redevances dans les secteurs de l'édition et de la production). – Leroyer, *RTD civ. 2008. 563* . – Malinvaud, *RDI 2010. 105* (difficultés d'application des règles nouvelles relatives à la suspension et à l'interruption des délais). – Malaurie, *Defrénois 2008. 2029 ; JCP 2009. I. 134*. – Malinvaud, *RDI 2008. 368* (responsabilité des constructeurs). – Mignot, *Defrénois 2009. 393* (point de départ du délai). – Miniato, *RLDC 2008/54, n° 3203*. – Plessix, *RFDA 2008. 1219* (droit administratif). – Sénéchal, *RDC 2008. 1473* (dans une perspective de droit européen des contrats). – Tricoire, *LPA 24 juill. 2009* (droit des biens et droit de la construction). – Viney, *RDC 2009. 493* (responsabilité civile). – Zalewski, *Defrénois 2008. 2461* (droit immobilier). – Dossier, *D. 2008. Chron. 2511* . – Dossier, *LPA 2 avr. 2009*. – Dossier, *RLDA 2009/42, n°s 2551 s.* (perspectives nationales et transfrontalières). – Dossier, *RDC 2020/2. 123* (10 ans après la réforme).

V. Bibl. gén. ss. titre XX ancien.

CHAPITRE I DISPOSITIONS GÉNÉRALES

Art. 2219 La prescription extinctive est un mode d'extinction d'un droit résultant de l'inaction de son titulaire pendant un certain laps de temps. — *Dispositions transitoires, V. L. n° 2008-561 du 17 juin 2008, art. 26 ss. art. 2279.*

1. Domaine. Une défense au fond, au sens de l'art. 71 C. pr. civ., échappe à la prescription. • Civ. 1re, 31 janv. 2018, n° 16-24.092 P : *D. 2018. 292 ; RDI 2018. 214, obs. Heugas-Darraspen ; AJ contrat 2018. 141, obs. Piette ; RTD civ. 2018. 455, obs. Crocq ; ibid. 904, obs. Barbier ; Gaz. Pal. 2018. 812, note Mignot.* (application au moyen tiré de l'art. L. 341-4, devenu L. 332-1 C. consom., par lequel la caution invoque le caractère disproportionné de son engagement). ♦ Outre la propriété (V. art. 2227), le droit moral de l'artiste sur son œuvre est imprescriptible ; son droit patrimonial est ouvert quant à lui pendant cinquante ans tandis que les actions en paiement des créances nées des atteintes portées à l'un ou l'autre sont soumises à la prescription de droit commun. • Civ. 1re, 3 juill. 2013, n° 10-27.043 P : *D. 2013. 1743 ; RDC 2014. 45, note Libchaber.* ♦ La requête en rectification d'erreur matérielle, qui ne tend qu'à réparer *les erreurs ou omissions* matérielles qui affectent un jugement et qui ne peut aboutir à une modification des droits et obligations reconnus aux parties dans la décision déférée, n'est pas soumise à un délai de prescription. • Civ. 2e, 7 juin 2018, n° 16-28.539 P. ♦ L'action tendant à voir réputer non écrite une clause d'un contrat n'est pas soumise à prescription. • Civ. 3e, 19 nov. 2020, n° 19-20.405 P : *D. 2021. 310, obs. Boffa et Mekki ; RTD civ. 2021. 124, obs. Barbier ; RDC 2021/1. 22, note Latina ; ibid. 72, note Seube.*

2. Nature de la prescription extinctive. La prescription extinctive est une cause d'extinction de l'obligation qui éteint en conséquence les hypothèques qui l'assortissent. • Civ. 3e, 12 mai 2021, n°s 19-16.515 P et 19-16.514 P (2 arrêts) : *D. 2021. 1367, note Pellier ; ibid. 1879, obs. Ansault et Gijsbers ; RTD civ. 2021. 690, obs. Gijsbers .* ♦ Comp. ss. l'empire de l'art. 2277 anc. : • Civ. 2e, 9 juill. 2009 : *cité note 16 ss. art. 2277 anc.*

3. Prescription extinctive et Conv. EDH. Sur l'éventualité d'un contrôle de la conformité d'un court délai de prescription (trois ans en l'espèce) à l'art. 6, § 1, Conv. EDH, V. • Civ. 2e, 24 janv. 2013, n° 11-22.585 P : *D. 2013. 314 ; RDSS 2013. 362, obs. Dagorne-Labbe .* ♦ Absence de violation de l'art. 1er prot. n° 1 et de l'art. 14 Conv. EDH, lorsqu'un texte prévoit une prescription de deux ans, plus courte qu'en droit commun, pour les actions en complément de salaire dirigées contre des personnes morales de droit public. • CEDH, sect. I, 3 oct. 2013, *Giavi c/ Grèce*, n° 25816/09.

La réduction du délai de prescription par la L. n° 2013-504 du 14 juin 2013, qui a substitué à la prescription quinquennale prévue à l'art. 2224 C. civ. une prescription biennale prévue à l'art. L. 1471-1 C. trav., ne méconnaît pas les exigences de l'art. 6, § 1, Conv. EDH, dès lors que ce délai a pour finalité de garantir la sécurité juridique en fixant un terme aux actions du salarié dûment informé des voies et délais de recours qui lui sont ouverts devant la juridiction prud'homale. • Soc. 20 avr. 2022, n° 19-17.614 B : *D. 2022. 796 ; Dr. soc. 2022. 559, obs. Mouly ; RDT 2022. 380, obs. Géniaut ; ibid. 461, obs. Mardon*.

4. Incidence de la fraude. Si la fraude peut conduire à écarter la prescription annale prévue à l'art. L. 1237-14 C. trav., c'est à la condition que celle-ci ait eu pour finalité de permettre l'accomplissement de la prescription. • Soc. 22 juin 2016, n° 15-16.994 P (pas de mise à l'écart de la prescription dans le cas d'une rupture conventionnelle décidée par un employeur afin de se soustraire à la mise en place d'un plan de sauvegarde de l'emploi).

5. Inaction du créancier dans le délai de prescription. Un créancier qui agit en recouvrement de sa créance dans le délai de prescription ne commet pas de faute, sauf abus dans l'exercice de ce droit. • Com. 2 nov. 2016, n° 14-29.723 P : *D. 2016. 2276 ; RTD civ. 2017. 133, obs. Barbier*.

6. Prescription extinctive et action directe. Dès lors que l'action directe de la victime contre l'assureur de responsabilité est une action autonome qui procède du droit propre dont elle dispose contre l'assureur de responsabilité, la prescription de l'action en garantie exercée par l'assuré contre l'assureur n'a pas, en soi, pour effet d'entraîner l'irrecevabilité de l'action directe exercée par voie de conclusions dans la même instance. • Civ. 2e, 3 mai 2018, n° 16-24.099 P : *D. 2018. Chron. C. cass. 2048, obs. Becuwe et Touati ; RTD civ. 2018. 668, obs. Barbier ; ibid. 685, obs. Jourdain*.

7. Critère de détermination du délai de prescription. Lorsque le salarié invoque une atteinte au principe d'égalité de traitement, la durée de la prescription est déterminée par la nature de la créance objet de sa demande. • Soc. 23 juin 2021, n° 18-24.810 B : *Dr. soc. 2021. 696, note Radé*.

Art. 2220 **Les délais de forclusion ne sont pas, sauf dispositions contraires prévues par la loi, régis par le présent titre.** — *Dispositions transitoires, V. L. n° 2008-561 du 17 juin 2008, art. 26 ss. art. 2279.*

1. Vices rédhibitoires. Le délai de deux ans dans lequel doit être intentée l'action résultant de vices rédhibitoires, prévu par l'art. 1648, est un délai de forclusion qui n'est pas susceptible de suspension, mais qui, en application de l'art. 2242, peut être interrompu par une demande en justice jusqu'à l'extinction de l'instance. • Civ. 3e, 5 janv. 2022, n° 20-22.670 B : *D. 2022. 548, note Mille Delattre ; RDI 2022. 115, obs. Charbonneau et Tricoire ; AJDI 2022. 471, obs. Cohet ; CCC 2022, n° 42, note Leveneur ; RDC 2022/2. 55, note Thibierge.*

2. Forclusion conventionnelle. La clause qui fixe un terme au droit d'agir du créancier institue un délai de forclusion. • Com. 26 janv. 2016, n° 14-23.285 P : *D. 2016. 682, note François ; RTD civ. 2016. 368, obs. Barbier* (clause d'un acte de cautionnement prévoyant que la caution s'engageait pour la durée du prêt prolongée de deux ans pour permettre à la banque d'agir contre la caution).

Art. 2221 **La prescription extinctive est soumise à la loi régissant le droit qu'elle affecte.** — *Dispositions transitoires, V. L. n° 2008-561 du 17 juin 2008, art. 26 ss. art. 2279.*

En droit international privé commun, l'action qu'exercent les organes d'une procédure collective en annulation, révocation ou inopposabilité d'actes passés par le débiteur avant l'ouverture de celle-ci et estimés préjudiciables aux créanciers est, en raison de son lien avec la procédure, soumise au droit applicable à celle-ci, y compris en ce qui concerne les délais pour agir. • Com. 2 oct. 2012, n° 10-18.005 P : *D. 2012. 2386, obs. Lienhard*.

Art. 2222 **La loi qui allonge la durée d'une prescription ou d'un délai de forclusion est sans effet sur une prescription ou une forclusion acquise. Elle s'applique lorsque le délai de prescription ou le délai de forclusion n'était pas expiré à la date de son entrée en vigueur. Il est alors tenu compte du délai déjà écoulé.**

En cas de réduction de la durée du délai de prescription ou du délai de forclusion, ce nouveau délai court à compter du jour de l'entrée en vigueur de la loi nouvelle, sans que la durée totale puisse excéder la durée prévue par la loi antérieure. — *Dispositions transitoires, V. L. n° 2008-561 du 17 juin 2008, art. 26 ss. art. 2279.*

BIBL. ► WIEDERKEHR, *RLDA 2009/42, n° 2552.*

Réduction de la durée d'une prescription. L'Ord. du 4 juill. 2005 étant entrée en vigueur le 1er juill. 2006, le délai de cinq ans prévu par l'al. 2 de l'art. 333 pour apprécier la possession d'état courait à compter de cette date et non à compter de la naissance de l'enfant. • Civ. 1re, 27 févr. 2013 : *AJ fam. 2013. 238* • 27 févr. 2013, nº 11-28.780 P : *D. 2013. 1436, obs. Granet-Lambrechts ; ibid. 2014. 689, obs. Douchy-Oudot ; AJ fam. 2013. 238, obs. Viganotti ; RTD civ. 2013. 359, obs. Hauser ; ibid. 433, obs. Perrot*. ♦ ... Sous réserve que la durée totale de prescription n'excède pas la durée prévue par la loi antérieure. • Civ. 1re, 16 mars 2016, nº 14-21.457 P : *D. 2016. 707 ; ibid. 2017. 470, obs. Douchy-Oudot ; ibid. 729, obs. Granet-Lambrechts ; AJ fam. 2016. 262, obs. Viney ; RTD civ. 2016. 330, obs. Hauser*. ♦ Application au délai de prescription prévu à l'art. L. 110-4 C. com. : • Com. 3 avr. 2013, nº 12-15.492 P : *D. 2013. 1384, note Dondero ; Rev. sociétés 2013. 560, note Reygrobellet*. ♦ ... A l'art. L. 244-3 CSS. • Civ. 2e, 17 mars 2016, nº 14-22.575 P. ♦ ... A l'art. L. 725-7 C. rur. • 17 mars 2016, nº 14-21.747 P : *Dr. soc. 2016. 665 note Salomon*. ♦ ... A l'art. 2224 C. civ. : • Civ. 1re, 13 mai 2014, nº 13-13.406 P : *D. 2014. Chron. C. cass. 1715, note Darret-Courgeon ; ibid. 2037, note Fischer-Achoura*. ♦ V., antérieurement à la L. du 17 juin 2008, notes 40 et 41 ss. art. 2. ♦ V. aussi note 2 ss. art. L. 1142-28 CSP, ss. art. 1242.

Art. 2223 **Les dispositions du présent titre ne font pas obstacle à l'application des règles spéciales prévues par d'autres lois.** – *Dispositions transitoires, V. L. nº 2008-561 du 17 juin 2008, art. 26 ss. art. 2279.*

CHAPITRE II DES DÉLAIS ET DU POINT DE DÉPART DE LA PRESCRIPTION EXTINCTIVE

SECTION 1 Du délai de droit commun et de son point de départ

Art. 2224 **Les actions personnelles ou mobilières se prescrivent par cinq ans à compter du jour où le titulaire d'un droit a connu ou aurait dû connaître les faits lui permettant de l'exercer.** – *Dispositions transitoires, V. L. nº 2008-561 du 17 juin 2008, art. 26 ss. art. 2279.*

L'action en paiement ou en répétition du salaire se prescrit par trois ans à compter du jour où celui qui l'exerce a connu ou aurait dû connaître les faits lui permettant de l'exercer. La demande peut porter sur les sommes dues au titre des trois dernières années à compter de ce jour ou, lorsque le contrat de travail est rompu, sur les sommes dues au titre des trois années précédant la rupture du contrat (C. trav., art. L. 3245-1, réd. issue de la L. nº 2013-504 du 14 juin 2013). – ***C. trav.***

Les dispositions de l'art. 2224 relatives au délai de prescription et à son point de départ sont applicables aux actions personnelles relatives à la copropriété entre copropriétaires ou entre un copropriétaire et le syndicat (L. nº 65-557 du 10 juill. 1965, art. 42).

Sur les conséquences de l'état d'urgence sanitaire lié au covid-19 sur les délais, V. Ord. nº 2020-306 du 25 mars 2020, App., vº Mesures d'urgence sanitaire - Covid-19 et la Circ. du 26 mars 2020 de présentation du titre I de cette Ord.

BIBL. ▸ BAILLY et HARANGER, *Gaz. Pal. 2013. 3619*. – BOFFA, *RDC 2020/2. 126* (point de départ de la prescription). – LINGLIN, *RCA 2018. Étude 10* (devoir d'information relatif à la prescription des actions dérivant du contrat d'assurance).

PLAN DES ANNOTATIONS

A. DOMAINE DU DÉLAI DE PRESCRIPTION DE DROIT COMMUN

1. Créance constatée dans un acte authentique. La durée de la prescription est déterminée par la nature de la créance et la circonstance que celle-ci soit constatée par un acte authentique revêtu de la formule exécutoire n'a pas pour effet de modifier cette durée. • Cass., ch. mixte, 26 mai 2006, nº 03-16.800 P : *R., p. 419 ; BICC 15 juill. 2006, rapp. Mazars, concl. Main ; D. 2006. 1793, note Wintgen ; ibid. IR 1564, obs. Delpech ; JCP 2006. II. 10129, note Croze ; Defrénois 2006. 1233, obs. Libchaber ; Dr. et pr. 2006. 273, obs. Douchy-Oudot ; Dr. et patr. 4/2007. 52, étude Galmard* ; RDC 2006. 1090, obs. *Laithier, et 1197, obs. Sérinet ; RTD civ. 2006. 558, obs. Mestre et Fages , et 829, obs. Perrot* • Civ. 2e, 7 juin 2007 : *JCP 2007. II. 10135, note Salati*. ♦ Même sens : • Civ. 1re, 12 juill. 2007, nº 06-11.369 P : *D. 2007. AJ 2159, obs. Delpech ; JCP 2007. II. 10136 ; JCP N 2008. 1131,* *note Lamoril ; Dr. et pr. 2008. 35, obs. Putman ; RTD com. 2008. 46, obs. Saintourens*. ♦ V. cep. depuis, soumettant la prescription d'une action tendant au paiement d'une créance née d'un accident du travail fixée par une décision de la caisse à la prescription de deux ans de l'art. L. 431-2 au motif que cette créance ne résultait pas d'un titre exécutoire, • Civ. 2e, 26 nov. 2015, n° 14-23.220 P.

V. auparavant, décidant que lorsqu'un acte authentique revêtu de la formule exécutoire sert de fondement à l'action en paiement de la créance qu'il mentionne, la prescription est celle de l'action en justice et non celle de l'exécution d'un titre exécutoire : • Civ. 1re, 11 févr. 2003, n° 00-18.692 P : *D. 2003. AJ 694, obs. Chevrier* (application de la prescription de l'art. L. 110-4 C. com., en l'espèce, et non de celle de l'art. 2262 C. civ.). ♦ En sens contraire, jugeant que la poursuite de l'exécution d'un titre exécutoire (acte authentique constatant un prêt, en l'espèce) est régie par la prescription de droit commun de trente ans, • Civ. 2e, 9 juin 2005, n° 04-13.182 P : *D. 2005. IR 1732 ; JCP 2005. II. 10120, note Croze ; Defrénois 2006. 191, obs. Théry ; RTD civ. 2005. 638, obs. Perrot ; ibid. 2006. 320, obs. Mestre et Fages*. – V. aussi en ce sens : • Com. 8 oct. 2003 : *JCP 2004. II. 10096, note Descorps-Declère ; RTD civ. 2004. 778, obs. Perrot*.

2. Intérêts prévus dans une condamnation. Si, depuis l'entrée en vigueur de la L. du 17 juin 2008, le créancier peut poursuivre pendant dix ans l'exécution du jugement portant condamnation au paiement d'une somme payable à termes périodiques, il ne peut, en vertu de l'art. 2224, applicable en raison de la nature de la créance, obtenir le recouvrement des arriérés échus plus de cinq ans avant la date de sa demande et non encore exigibles à la date à laquelle le jugement avait été obtenu. • Civ. 2e, 26 janv. 2017, n° 15-28.173 P.

3. Liquidation d'une astreinte. L'action en liquidation d'une astreinte n'est pas soumise au délai de prescription prévu à l'art. L. 111-4 C. pr. exéc. applicable à l'exécution des titres exécutoires, mais au délai de prescription des actions personnelles et mobilières prévu à l'art. 2224 C. civ. • Civ. 2e, 21 mars 2019, n° 17-22.241 P.

4. Action en exécution d'une transaction. L'action en exécution d'une transaction relative au règlement du sinistre dérive du contrat d'assurance et se voit appliquer le délai de 2 ans prévu par l'art. L. 114-1 C. assur. • Civ. 2e, 19 nov. 2015, n° 13-23.095 P.

5. Action en restitution. L'action en restitution fondée sur un contrat de dépôt, de prêt ou de mandat constitue une action mobilière distincte de l'action en revendication et se voit appliquer la prescription civile de droit commun relative aux actions personnelles ou mobilières. • Civ. 1re, 24 nov. 2021, n° 20-13.318 B : *D. 2021. 2132 ; Dalloz IP/IT 2022. 145, obs. Gaudrat ; CCC 2022, n° 21, note Leveneur.* ♦ V. note 29 pour le point de départ du délai applicable à l'action en restitution après annulation d'un testament.

6. Action en résolution de la vente par adjudication pour défaut de paiement du prix. L'action en résolution de la vente engagée par l'administrateur de la succession tend à sanctionner le défaut d'exécution de l'obligation de payer le prix pesant sur l'adjudicataire, laquelle est de nature personnelle, de sorte que cette action est soumise à la prescription de l'art. 2224 C. civ. • Civ. 3e, 2 mars 2022, n° 20-23.602 B : *D. 2022. 892, note Gérard ; AJ fam. 2022. 346, obs. Casey ; RDC 2022/2. 136, note Danos.*

7. Répétition de l'indu. La prescription de l'action en répétition de l'indu est la prescription de droit commun. • Com. 1er mars 1994, n° 91-16.800 P • 29 mars 1994, n° 91-22.334 P. – V. aussi • Cass., ch. mixte, 12 avr. 2002 : *cité note 25 ss. art. 2277 [anc.]* • Civ. 3e, 2 mars 2017, n° 15-24.921 P (action en répétition de fermage indus). ♦ V. note 25 ss. art. 2277 [anc.]. ♦ Le délai de 5 ans prévu par l'art. 2224 pour les actions personnelles ou mobilières, qui correspond à la prescription de droit commun, est applicable, à défaut de dispositions propres aux quasi-contrats, à l'action en répétition des paiements effectués en exécution d'une contribution à l'entretien et à l'éducation d'un enfant fondée sur l'effet déclaratif d'un jugement accueillant une action en contestation de paternité. • Civ. 1re, 16 sept. 2020, n° 18-25.429 P. ♦ Sur la prescription de l'action en répétition par l'assureur d'une somme indue, V. • Civ. 1re, 15 mars 1988 : *D. 1988. 485, note Aubert* (application de l'art. L. 114-1 C. assur.). ♦ V. également notes 36 s. ss. art. 1302-1.

En fixant pour l'action en répétition de sommes indues un délai de prescription différent de ceux posés par le code civil, le règlement annexé à la convention d'assurance-chômage du 1er janv. 2001 méconnaît le champ de compétence que l'art. 34 de la Constitution de 1958, aux termes duquel la loi détermine les principes fondamentaux ... des obligations civiles, réserve au législateur. • CE 11 juill. 2001, n° 228361 : *JCP 2002. II. 10058, note Prétot (2e esp.).* ♦ L'action en répétition d'un indu versé au titre de l'allocation de cessation anticipée d'activité des travailleurs de l'amiante est soumise à la prescription de droit commun car la prescription biennale, définie par l'art. L. 332-1 CSS, ne concerne que l'action de l'organisme social en répétition de prestations indûment servies au titre de l'assurance maladie. • Civ. 2e, 16 juin 2016, n° 15-20.933 P. ♦ V. aussi : • Civ. 2e, 24 janv. 2019, n° 18-10.994 P.

L'action en répétition des arrérages d'une pension de vieillesse perçus par un tiers postérieurement au décès de l'assuré revêt le caractère d'une action personnelle ou mobilière. • Civ. 2e, 26 nov. 2020, n° 19-19.520 P : *CCC 2021, n° 37, note Leveneur.*

Cassation de l'arrêt refusant d'appliquer la prescription applicable aux indus de cotisations, et qui retient, en présence d'une lettre de la caisse reconnaissant un indu, que la demande du cotisant ne peut s'analyser en une demande de remboursement des cotisations indûment versées soumise à la prescription triennale mais en une demande en paiement d'une dette reconnue par le débiteur soumise à la prescription quinquennale de droit commun. • Civ. 2e, 26 nov. 2020, n° 19-19.406 P.

8. Garantie d'éviction. L'action récursoire du vendeur, qui tend à l'indemnisation du préjudice que lui cause l'obligation de garantir les acquéreurs de l'éviction qu'ils subissent en raison du non-respect d'une servitude, relève de la responsabilité civile de droit commun. • Civ. 3e, 7 janv. 2016, n° 14-24.777 P.

9. Copropriété. L'action en réparation du préjudice personnel que prétend avoir subi le propriétaire d'un lot en raison de la violation des stipulations du cahier des charges est une action personnelle soumise à la prescription quinquennale. • Civ. 3e, 6 avr. 2022, n° 21-13.891 B : *D. 2022. 1528, obs. Strickler et Reboul-Maupin ; ibid. Chron. C. cass. 2308, obs. Djikpa ; AJDI 2022. 451, obs. de Dieuleveult ; RTD civ. 2022. 656, obs. Dross ; Defrénois 2022/22. 13, obs. Boismery.* ♦ En revanche, l'action tendant à obtenir la démolition d'une construction édifiée en violation d'une charge réelle grevant un lot au profit des autres lots, en vertu d'une stipulation du cahier des charges d'un lotissement, est une action réelle immobilière soumise à la prescription trentenaire. • Même arrêt.

10. Créance née d'un contrat avec un avocat. L'action en recherche de la responsabilité civile d'un avocat au titre de son activité de conseil et de rédaction d'acte, même lorsqu'elle est exercée sous la forme d'une société d'exercice libéral à responsabilité limitée, relève de la prescription contractuelle de droit commun. • Civ. 1re, 9 avr. 2015, n° 14-13.323 P : *D. 2015. 873.* ♦ Mais application de l'art. L. 137-2 [L. 218-2] C. consom. au contrat conclu avec un avocat par une personne physique ayant eu recours à ses services à des fins n'entrant pas dans le cadre d'une activité commerciale, industrielle, artisanale ou libérale. • Civ. 2e, 26 mars 2015, n° 14-11.599 P : *D. 2015. Chron. C. cass. 1791, obs. Touati ; JCP 2015, n° 649, obs. Caseau-Roche ; Gaz. Pal. 2015. 1571, obs. Mignot* • 26 mars 2015, n° 14-15.013 P : *D. 2015. Chron. C. cass. 1791, obs. Touati ; JCP 2015, n° 649, obs. Caseau-Roche* • 10 déc. 2015, n° 14-25.892 P (précisant que le délai court à compter de la date à laquelle la mission de l'avocat a pris fin). ♦ Inversement : le client, personne morale, de l'avocat n'a pas la qualité de consommateur. • Civ. 2e, 7 févr. 2019, n° 18-11.372 P.

11. Frais d'un avoué. Est soumise à la prescription biennale de l'art. L. 218-2 C. consom. la demande d'un avoué en fixation de ses frais dirigée contre une personne physique ayant eu recours à ses services à des fins n'entrant pas dans le cadre d'une activité commerciale, industrielle, artisanale ou libérale. • Civ. 2e, 18 avr. 2019, n° 18-14.202 P : *D. 2019. 885 ; CCC 2019, n° 118, obs. Leveneur* (représentation par l'avoué pour une procédure de divorce, donc en qualité de consommateur).

12. Créances nées de contrats de consommation. Application du délai biennal de l'art. L. 218-2 C. consom. L'action des professionnels, pour les biens ou les services qu'ils fournissent aux consommateurs, se prescrit par le délai de deux ans prévu par l'art. L. 137-2 [L. 218-2] C. consom. et non par le délai de droit commun de l'art. 2224, sans distinguer entre les biens meubles ou immeubles fournis par les professionnels aux consommateurs. • Civ. 1re, 17 févr. 2016, n° 14-29.612 P. ♦ L'art. L. 137-2 C. consom. s'applique à l'action en remboursement exercée par une caution professionnelle contre des emprunteurs en vue de garantir le remboursement d'un crédit immobilier accordé à ceux-ci par un établissement bancaire, dès lors que ce cautionnement est un service financier fourni à des emprunteurs par un professionnel. • Civ. 1re, 17 mars 2016, n° 15-12.494 P : *D. 2016. 700 ; RDI 2016. 469, obs. Heugas-Darraspen.* ♦ La personne physique qui souscrit un prêt destiné à financer l'acquisition de parts sociales ne perd la qualité de consommateur que si elle agit à des fins qui entrent dans le cadre de son activité professionnelle ; l'acquisition de parts sociales ne suffit pas, à elle seule, à exclure la qualité de consommateur des emprunteurs (violation de l'art. L. 137-2, devenu L. 218-2 C. consom., par la cour d'appel ayant rejeté la fin de non-recevoir tirée de la prescription biennale de l'action en recouvrement de la banque). • Civ. 1re, 20 avr. 2022, n° 20-19.043 B : *D. 2022. 789 ; RTD com. 2022. 579, obs. Lecourt ; ibid. 632, obs. Legais ; CCC 2022, n° 110, note Bernheim-Desvaux.*

13. ... Exclusion du délai biennal de l'art. L 218-2 C. consom. ... En raison du défaut de qualité de consommateur : exclusion des dispositions du code de la consommation pour un prêt destiné à l'acquisition de lots de copropriété destinés à la location, l'emprunteur étant inscrit au registre du commerce et des sociétés en qualité de loueur en meublé professionnel, ce dont il résultait que le prêt litigieux était destiné à financer une activité professionnelle, fût-elle accessoire, exclusive de la prescription biennale applicable au seul consommateur. • Civ. 1re, 25 janv. 2017, n° 16-10.105 P : *CCC 2017, n° 69, note Leveneur.* ♦ La constatation que l'emprunteur, ayant obtenu le financement de l'acquisition d'un lot de copropriété en l'état futur d'achèvement, à usage de résidence locative meublée, n'est pas inscrit au registre du commerce est insuffisante à caractériser que l'emprunteur a agi à des fins étrangères à son activité professionnelle, fût-elle accessoire. • Civ. 1re, 6 juin 2018, n° 17-16.519 P : *D. 2018. 1254* ; *RDI 2018. 444, obs. Heugas-Darraspen* ; *AJ contrat 2018. 381, obs. Picod*. ♦ L'action en paiement dirigée par une banque contre une caution non professionnelle est soumise à la prescription de droit commun et non à la prescription biennale prévue par l'art. L. 137-2 [L. 218-2] C. consom., dès lors que la banque a bénéficié de la garantie personnelle de la caution, sans lui avoir fourni aucun service au sens de cet art. • Civ. 1re, 6 sept. 2017, n° 16-15.331 P : *D. 2017. 1756* ; *AJ contrat 2017. 496, obs. Jacomino* ; *Gaz. Pal. 2017. 3265, note Bourassin* ; *CCC 2017, n° 232, note Bernheim-Desvaux*. ♦ L'art. L. 218-2 C. consom. ne méconnaît pas les principes d'égalité devant la loi et la justice, dès lors qu'à la différence d'un consommateur, un non-professionnel est une personne morale, de sorte que la différence de traitement est ainsi fondée sur une différence objective de situation, qui est en rapport avec l'objet de la loi tendant à assurer la protection des consommateurs dans leurs rapports avec les professionnels. • Civ. 3e, 17 févr. 2022, n° 21-19.829 B : *RDC 2022/2. 108, note Julien* (refus de transmission de la QPC) et, pour l'issue : • 28 sept. 2022, n° 21-19.829 B : *D. 2022. 2091, note Pellier* ; *ibid. Chron. C. cass. 2308, obs. Jariel* ; *CCC 2022, n° 184, note Leveneur* ; *ibid., n° 199, note Bernheim-Desvaux* (absence également de violation de l'art. 14 Conv. EDH).

... En raison de l'objet de l'action : L'action engagée en vue de contester l'existence du consentement donné à la souscription d'un emprunt s'analyse non en une action relative aux opérations de crédit régies par les anc. art. L. 311-1 s. C. consom., mais en une action en contestation de l'existence même d'une convention soumise, en tant que telle, à la prescription de droit commun. • Civ. 1re, 1er avr. 2003, n° 00-22.631 P : *D. 2003. AJ 1229, obs. Rondey* ; *JCP 2003. II. 10109, note Monachon-Duchêne* ; *Defrénois 2003. 859, obs. Savaux* ; *ibid. 861, obs. Aubert*. ♦ L'art. L. 137-2, devenu L. 218-2, C. consom., disposant que l'action des professionnels, pour les biens ou les services qu'ils fournissent aux consommateurs, se prescrit par deux ans, n'est pas applicable à l'action formée par le crédit-bailleur qui, après l'expiration du contrat ayant pour objet la location d'une voiture, en demande la restitution au preneur n'ayant pas levé l'option d'achat. • Civ. 1re, 25 mai 2022, n° 21-10.250 B : *D. 2022. 1528, obs. Strickler et Reboul-Maupin* ; *RTD civ. 2022. 624, obs. Barbier*.

... En raison d'une règle spéciale exclusive du droit de la consommation : le délai de prescription des actions dérivant d'un contrat de bail d'habitation étant spécifiquement fixé à trois ans par les dispositions de l'art. 7-1 de la L. n° 89-462 du 6 juill. 1989, l'art. L. 137-2, devenu L. 218-2, C. consom. ne leur est pas applicable. • Civ. 3e, 11 mai 2022, n° 20-23.335 B : *D. 2022. 1724, obs. Ansault* ; *AJDI 2022. 833, obs. Damas* (recours subrogatoire de la caution contre le locataire défaillant) • Civ. 3e, 26 janv. 2017, n° 15-27.580 P : *D. 2017. 388, note Pezzella* ; *ibid. 1149, obs. Damas* ; *RTD civ. 2017. 372, obs. Barbier* ; *Gaz. Pal. 2017. 950, note Jacquin* ; *JCP 2017, n° 239, note Paisant* ; *CCC 2017, n° 88, obs. Bernheim-Desvaux* ; *RDC 2017. 274, note Seube* (action en recouvrement des réparations locatives et des loyers impayés).

14. Assurance. Exclusion de la prescription biennale de l'art. L. 114-1 C. assur. Seules les actions dérivant d'un contrat d'assurance sont soumises à la prescription biennale de l'art. L 114-1 C. assur. Cassation de l'arrêt ayant déclaré prescrites les actions contre un assureur en application de ce texte, alors, d'une part, que certains des contrats en cause étaient des contrats de capitalisation et non des contrats d'assurance, et d'autre part, que l'action engagée contre l'assureur en qualité de civilement responsable, qui tend à la réparation d'agissements frauduleux de son mandataire, est dépourvue de lien avec les stipulations d'un contrat d'assurance. • Civ. 2e, 7 juill. 2022, n° 21-11.601 B : *RGDA 2022/9. 23, note Mayaux*.

15. Droit du travail. L'action de l'employeur en contestation de l'expertise décidée par le comité d'hygiène et de sécurité et des conditions de travail n'est soumise, en l'absence de texte spécifique, qu'au délai de prescription de droit commun de l'art. 2224. • Soc. 17 févr. 2016, n° 14-22.097 P.

Il résulte de la combinaison des art. 2224 C. civ. et L. 1471-1 C. trav. que l'action par laquelle une partie demande de qualifier un contrat, dont la nature juridique est indécise ou contestée, de contrat de travail revêt le caractère d'une action personnelle et relève de la prescription de l'art. 2224 ; la qualification dépendant des conditions dans lesquelles est exercée l'activité, le point de départ de ce délai est la date à laquelle la relation contractuelle dont la qualification est contestée a cessé, date à laquelle le titulaire connaît l'ensemble des faits lui permettant d'exercer son droit. • Soc. 11 mai 2022, n° 20-14.421 B : *D. 2022. Chron. C. cass. 1617, obs. Ala* ; *Dr. soc. 2022. 757, obs. Radé* • 11 mai 2022, n° 20-18.084 B : *D. 2022. Chron. C. cass. 1617, obs. Ala* ; *Dr. soc. 2022. 757, obs. C. Radé*.

En revanche, la durée de la prescription étant déterminée par la nature de la créance invoquée, la demande de rappel de salaire fondée sur la requalification d'un contrat de travail à temps partiel en contrat de travail à temps complet est soumise à la prescription triennale de l'art. L. 3245-1 C. trav. • Soc. 14 déc. 2022, n° 21-16.623 B : *D. 2023. Chron. C. cass. 408, obs. Ala*.

16. Accident du travail. L'action de l'employeur aux fins d'inopposabilité de la décision de la caisse de reconnaissance du caractère professionnel de l'accident, de la maladie ou de la rechute est au nombre des actions qui se prescrivent par cinq ans en application de l'art. 2224 ; ni l'indépendance des rapports entre, d'une part, la caisse et la victime, et d'autre part, la caisse et l'employeur, ni le particularisme du recours ouvert à l'employeur pour contester la décision d'une caisse primaire de reconnaître le caractère professionnel d'un accident, d'une maladie ou d'une rechute ne justifient que ce recours ne puisse constituer une action en justice et que, dès lors, il ne soit pas soumis à un délai de prescription. • Civ. 2e, 18 févr. 2021, nos 19-25.886 P et 19-25.887 (2 arrêts) • 13 oct. 2022, n° 21-13.373 B. ♦ Dans le même sens : • Civ. 2e, 13 oct. 2022, n° 21-14.785 B : *RCA 2022, n° 269, note Bloch*. ♦ *Contra* précédemment : • Civ. 2e, 9 mai 2019, n° 18-10.909 P.

En l'absence de texte spécifique, l'action récursoire de la caisse à l'encontre de l'employeur, auteur d'une faute inexcusable, se prescrit par cinq ans en application de l'art. 2224 et son action directe à l'encontre de l'assureur de l'employeur se prescrit par le même délai et ne peut être exercée contre l'assureur, au-delà de ce délai, que tant que celui-ci reste exposé au recours de son assuré ; cassation de l'arrêt ayant fait application de l'art. 2226. • Civ. 2e, 10 nov. 2021, n° 20-15.732 B : *D. 2022. 864, obs. Vigneras et Dudit*.

17. Droit rural. L'action en paiement des intérêts sur les sommes indûment versées, fondée sur l'art. L. 411-74 C. rur., est soumise au délai de prescription extinctive de droit commun. • Civ. 3e, 24 mai 2017, n° 15-27.302 P.

En application de l'art. L. 725-7, I, C. rur., dans sa rédaction antérieure à la L. n° 2016-1827 du 23 déc. 2016, sauf le cas de fraude ou de fausse déclaration, les cotisations dues au titre des régimes de protection sociale agricole et les pénalités de retard y afférentes se prescrivent par trois ans à compter de l'année civile au titre de laquelle elles sont dues. Il résulte de la combinaison de ces dispositions avec l'art. 2224 que les cotisations dues au titre des régimes agricoles se prescrivent, en cas de fraude ou de fausse déclaration, par cinq ans à compter de l'expiration de *l'année civile au titre de laquelle* elles sont dues. • Civ. 2e, 18 févr. 2021, n° 19-14.475 P : *D. 2021. 491, note Gauthier*.

18. Sociétés. L'action en réparation du préjudice causé par un abus de majorité se prescrit par cinq ans (visa des art. 1240 et 2224 C. civ.) ; l'action en annulation d'une délibération sociale fondée sur un abus de majorité relève de la prescription triennale prévue par l'art. L. 235-9 C. com. • Com. 30 mai 2018, n° 16-21.022 P. ♦ L'action prévue à l'art. L. 123-5-1 C. com., qui permet à tout intéressé ou au ministère public d'obtenir du dirigeant d'une personne morale de procéder au dépôt des pièces prévues à l'art. R. 123-105 du même code, n'est pas soumise au délai de prescription prévu par l'art. 2224. • Com. 25 janv. 2023, n° 21-17.592 B.

19. Indemnité d'occupation et bail commercial. Si l'action en paiement d'une indemnité d'occupation due par un locataire pour la période ayant précédé l'exercice de son droit d'option est soumise à la prescription biennale édictée par l'art. L. 145-60 C. com., lorsque le locataire se maintient dans les lieux après l'exercice de son droit d'option, il est redevable d'une indemnité d'occupation de droit commun soumise à la prescription quinquennale, dont le délai court à compter de ce même jour. • Civ. 3e, 16 mars 2023, n° 21-19.707 B.

20. Aliments. Si la règle « aliments ne s'arréragent pas » ne s'applique pas à l'obligation d'entretien, l'action en paiement d'une contribution à l'entretien et à l'éducation de l'enfant est soumise à la prescription quinquennale. • Civ. 1re, 25 mai 2016, n° 15-17.993 P : *D. 2016. 1881, note Guyon-Renard* ; *AJ fam. 2016. 494, obs. Thouret* ; *RTD civ. 2016. 601, obs. Hauser* ; *RDC 2016. 660, note Libchaber* • Civ. 1re, 22 juin 2016, n° 15-21.783 P : *D. 2016. 1881, note Guyon-Renard* ; *ibid. 2017. 729, obs. Granet-Lambrechts* ; *RDC 2016. 660, note Libchaber.*

21. Succession. Les créances détenues par l'un des copartageants sur la succession relèvent de la prescription de droit commun édictée à l'art. 2224 et non des art. 864 et 865. • Civ. 1re, 28 mars 2018, n° 17-14.104 P : *AJ fam. 2018. 355, obs. Casey*. ♦ Mais les dettes successorales ne faisant l'objet d'aucun régime de prescription dérogatoire, le seul fait qu'une dette puisse être mise à la charge d'une succession ne la soumet pas à un régime différent de celui qui s'applique en raison de sa nature, en l'epèce la prescription biennale applicable à un contrat de consommation (frais funéraires). • Civ. 1re, 25 mars 2020, n° 18-22.451 P.

22. Créances résultant de l'indivision. La créance prévue par l'art. 815-13, immédiatement exigible, se prescrit selon les règles de droit commun édictées par l'art. 2224 ; cassation de l'arrêt ayant énoncé que l'indemnité due à l'indivisaire s'apprécie à la date du partage ou de l'aliénation du bien indivis, indépendamment de la date à laquelle les impenses ont été exposées, dès lors que la créance revendiquée était exigible dès le paiement de chaque échéance de l'emprunt immobilier destiné à financer le bien indivis. • Civ. 1re, 14 avr. 2021, n° 19-21.313 P : *D. 2021. 1059, note Rouvière* ; *ibid. 1509, obs.*

Strickler et Reboul-Maupin ; ibid. 2022. 528, obs. Douchy-Oudot ; AJ fam. 2021. 372, obs. Levillain ; RTD civ. 2021. 669, obs. Dross ; RDI 2021. 421, obs. Tranchant ; RDI 2021. 421, obs. Tranchant ; Dr. fam. 2021, n° 93, obs. Tani ; JCP N 2021, n° 1290, note Tani.

La prescription de l'art. 2277 [ancien] C. civ. ne s'applique pas à la créance d'un indivisaire pour gestion des biens indivis. • Civ. 1re, 19 déc. 1995, n° 93-19.800 P : *Defrénois 1996. 406, obs. Grimaldi.*

23. Créance entre époux séparés de bien. Les créances qu'un époux séparé de biens peut faire valoir contre l'autre et dont le règlement ne constitue pas une opération de partage se prescrivent, en matière personnelle ou mobilière et en l'absence de disposition particulière, selon le délai de droit commun édicté par l'art. 2224. • Civ. 1re, 18 mai 2022, n° 20-20.725 B : *D. 2022. 1388, note Bouathong ; AJ fam. 2022. 443, obs. Casey ; ibid. 307, obs. d'Ambra ; RTD civ. 2022. 959, obs. Dauriac ; Dr. fam. 2022, n° 125, obs. Torricelli-Chrifi.*

24. Cas particulier de l'action subrogatoire. La caution qui est subrogée dans les droits du créancier ne dispose que des actions bénéficiant à celui-ci, de sorte que l'action subrogatoire de la caution contre le débiteur est soumise à la même prescription que celle applicable à l'action du créancier contre le débiteur, laquelle ne commence à courir que du jour où le créancier a connu ou aurait dû connaître les faits lui permettant de l'exercer. Cassation de l'arrêt ayant déclaré l'action de la caution subrogée recevable en prenant pour point de départ de la prescription la date de délivrance de la quittance subrogative après le paiement effectué en exécution du contrat de cautionnement. • Com. 5 mai 2021, n° 19-14.486 P : *D. 2021. 1879, obs. Ansault et Gijsbers ; RTD civ. 2021. 643, obs. Barbier .* ♦ En vertu des règles générales qui gouvernent la subrogation, prévues par les art. 1250 s. anc., le débiteur, poursuivi par un créancier subrogé dans les droits de son créancier originaire, peut opposer au créancier subrogé les mêmes exceptions et moyens de défense que ceux dont il aurait pu disposer initialement contre son créancier originaire. Il en résulte que celui qui est subrogé dans les droits de la victime d'un dommage ne dispose que des actions bénéficiant à celle-ci, de sorte que son action contre le responsable est soumise à la prescription applicable à l'action de la victime et que le point de départ de la prescription de l'action du subrogé est identique à celui de l'action du subrogeant. • Civ. 1re, 2 févr. 2022, n° 20-10.855 B : *D. 2022. 643, note Gérard ; RTD civ. 2022. 388, obs. Barbier ; RCA 2022, n° 115, obs. Krajeski.*

25. Nouvelle-Calédonie. Il résulte des art. 2224 C. civ. de Nouvelle-Calédonie et 25, II, de la L. n° 2008-561 du 17 juin 2008 portant réforme de la prescription en matière civile, qu'est exclue en Nouvelle-Calédonie l'application de l'art. 23 de la L. du 17 juin 2008 susvisée, instaurant un délai de dix ans pour poursuivre l'exécution de titres exécutoires et qu'en l'absence, sur ce territoire, de délai spécifique au-delà duquel un titre exécutoire ne peut plus être mis à exécution, il peut l'être dans le délai de prescription de droit commun, qui est celui des actions personnelles ou mobilières, ramené en Nouvelle-Calédonie de trente ans à cinq ans, et ce, quelle que soit la nature de la créance constatée par le titre exécutoire. • Civ. 1re, 9 déc. 2020, n° 19-15.207 P.

B. POINT DE DÉPART DU DÉLAI DE PRESCRIPTION

26. Principe : nécessité de la connaissance par le créancier des faits lui permettant d'exercer son droit. La prescription quinquennale ne court pas lorsque la créance, même périodique, dépend d'éléments qui ne sont pas connus du créancier et doivent résulter de déclarations que le débiteur est tenu de faire. • Soc. 1er févr. 2011, n° 10-30.160 : *D. 2011. 525 .* ♦ Lorsqu'il est prévu qu'un prêt deviendra exigible lors du décès de l'emprunteur, cet événement n'est pas suffisant pour constituer le point de départ du délai de prescription : il est nécessaire que le prêteur ait connaissance de la survenance du décès mais aussi de l'identité du ou des débiteurs de l'obligation de remboursement. • Civ. 1re, 15 mars 2017, n° 15-27.574 P : *D. 2018. 583, obs. Aubry, Poillot et Sauphanor-Brouillaud ; AJDI 2017. 682, obs. M. Moreau, J. Moreau et Poindron .* ♦ La demande en fixation du loyer du bail commercial, né par application de l'art. L. 145-5 C. com., suppose qu'ait été demandée, par l'une ou l'autre des parties, l'application du statut des baux commerciaux ; c'est à cette date que les parties ont connaissance des faits leur permettant d'exercer l'action en fixation du loyer. • Civ. 3e, 7 juill. 2016, n° 15-19.485 P : *D. 2016. 1560, obs. Rouquet ; ibid. Chron. C. cass. 2237, obs. Collomp ; RDC 2016. 676, note Boffa.* ♦ Doit être cassé un arrêt qui fait courir le délai de prescription d'une action en contestation contre le refus par une caisse de retraite d'accorder le bénéfice d'une retraite complémentaire sans rechercher la date à laquelle le demandeur avait eu connaissance du refus qui lui était ainsi opposé et qui constituait le point de départ du délai de prescription de son action. • Civ. 2e, 7 févr. 2019, n° 17-28.596 P.

27. Report en cas de fraude. Lorsque la fraude du débiteur a empêché les créanciers d'exercer l'action paulienne, le point de départ de cette action est reporté au jour où les créanciers ont effectivement connu l'existence de l'acte. • Civ. 3e, 12 nov. 2020, n° 19-21.764 P (débiteur ayant dissimulé son adresse aux créanciers, cette dissimulation ayant pu avoir pour effet d'empêcher ces derniers d'avoir connaissance de l'acte de cession de parts attaqué par la voie de l'action paulienne). ♦ Absence de report du point de départ de la prescription applicable à une action paulienne en présence d'un acte de donation-partage régulièrement porté à la connaissance des tiers du fait de sa publication au service de la publicité foncière. • Civ. 3e, 8 déc. 2021, n° 20-18.432 B : *D. 2021. 2232* ; *AJDI 2022. 382, obs. Cohet* ; *Dr. fam. 2022, n° 20, obs. Tani ; RDC 2022/2. 43, note Libchaber.*

28. Action en nullité. La prescription commence à courir à compter du jour où l'acte irrégulier a été passé (nullité d'une donation pour vice de forme). • Civ. 1re, 26 janv. 1983, n° 82-10.426 P : *R., p. 44 ; D. 1983. 317, note Breton ; RTD civ. 1983. 773, obs. Patarin et 749, obs. Chabas.* ♦ Pour l'action en nullité pour vice du consentement, V. notes ss. art. 1144. ♦ Pour l'action en nullité fondée sur une erreur affectant la stipulation de l'intérêt conventionnel d'un prêt, V. note 39 ss. art. 1907 (distinction selon que le prêt a été consenti à un professionnel ou à un non-professionnel : • Com. 4 mai 2017, n° 15-19.141 P : *D. 2017. 972* ; *AJ contrat 2017. 335, obs. Bros* ; *Rev. sociétés 2017. 477, note Martial-Braz* ; *RTD civ. 2017. 645, obs. Barbier* ; *RTD com. 2017. 413, obs. Legeais*. ♦ Pour l'action en nullité du changement de statut d'une association exercée par un tiers : • Civ. 2e, 6 sept. 2018, n° 17-19.657 P : *D. 2018. 1752* ; *RTD com. 2018. 973, obs. Hiez* (point de départ de la prescription fixé au moment où le changement de statut a été déclaré en préfecture). ♦ Sur la survie de l'action en nullité exercée par voie d'exception, V. notes ss. art. 1185.

29. Action en restitution consécutive à l'annulation. L'action en restitution consécutive à l'annulation d'un testament se prescrit par cinq ans à compter du jour où l'héritier ou le légataire rétabli dans ses droits a connu ou aurait dû connaître l'appréhension, par le bénéficiaire du testament annulé, des biens revendiqués, sans que le point de départ du délai de prescription puisse être antérieur au prononcé de la nullité. • Civ. 1re, 13 juill. 2022, n° 20-20.738 B : *D. 2022. 1358* ; *Dr. fam. 2022, n° 148, obs. Tani* (prise en compte de la date, postérieure à l'annulation du testament, à laquelle le décompte des sommes versées en exécution du legs annulé a pu être obtenu par les demandeurs).

30. Action en inopposabilité. Le syndic, représentant de la masse des créanciers d'un débiteur en liquidation, doit agir, pour faire prononcer l'inopposabilité d'un acte accompli par le débiteur en liquidation des biens au mépris de son dessaisissement, dans le délai de prescription prévu par l'art. 2224, délai qui court à compter du jour où le syndic a eu connaissance ou aurait dû avoir connaissance de l'existence de l'acte litigieux. • Civ. 3e, 26 janv. 2017, n° 14-29.272 P : *D. 2017. 298* .

31. Action en résolution pour défaut de réitération d'une promesse de vente. En matière de promesse de vente, sauf stipulation contraire, l'expiration du délai fixé pour la réitération de la vente par acte authentique ouvre le droit, pour chacune des parties, soit d'agir en exécution forcée de la vente, soit d'en demander la résolution et l'indemnisation de son préjudice ; le fait justifiant l'exercice de cette action ne peut consister que dans la connaissance, par la partie titulaire de ce droit, du refus de son cocontractant d'exécuter son obligation principale de signer l'acte authentique de vente ; cassation de l'arrêt ayant déclaré l'action prescrite, au motif que dès le lendemain de la date fixée pour la signature de l'acte authentique de vente, la SCI savait que la promesse n'avait pas été réitérée et qu'elle pouvait exercer son action, alors que ces motifs ne suffisent pas à caractériser la connaissance à cette date, par la SCI, du refus du promettant de réaliser la vente. • Civ. 3e, 1er oct. 2020, n° 19-16.561 P : *D. 2020. 1951* ; *Defrénois 2021/7. 19, note C. Grimaldi.*

32. Action en résolution de la vente par adjudication pour défaut de paiement du prix. La prescription de l'action en résolution de la vente engagée par l'administrateur de la succession, soumise à l'art. 2224, a pour point de départ l'expiration du délai dont disposait l'adjudicataire pour s'acquitter du prix de vente. • Civ. 3e, 2 mars 2022, n° 20-23.602 B : *D. 2022. 892, note Gérard* ; *AJ fam. 2022. 346, obs. Casey* ; *RDC 2022/2. 136, note Danos.*

33. Action en inscription de faux. L'action en inscription de faux commence à courir du jour où l'acte irrégulier a été passé, sauf contre celui qui est dans l'impossibilité d'agir par suite d'un empêchement quelconque résultant soit de la loi, soit de la convention ou de la force majeure si, au moment où cet empêchement a pris fin, il ne disposait plus du temps nécessaire pour agir avant l'expiration du délai de prescription. • Civ. 1re, 10 janv. 2018, n° 17-10.560 P.

34. Action en répétition de l'indu. Lorsque l'indu résulte d'une décision administrative ou juridictionnelle, le délai de prescription de l'action en restitution des cotisations en cause ne peut commencer à courir avant la naissance de l'obligation de remboursement découlant de cette décision. • Civ. 2e, 10 juill. 2014, n° 13-25.985 P : *RDSS 2015. 381, obs. Tauran* ; *JCP 2014 n° 998, note Loiseau.* ♦ Le délai de prescription de l'action en remboursement d'une allocation de remplacement, versée dans le cadre d'un dispositif de cessation anticipée d'activité, ne commence à courir qu'à compter de l'issue de la procédure engagée ayant mis l'employeur en mesure de connaître le caractère indu du versement effectué. • Soc. 27 mai 2015, n° 14-10.864 P.

35. Action contre l'associé d'une société civile. La poursuite préalable et vaine de la société ne constitue pas le point de départ de la prescription de l'action du créancier contre l'associé d'une société civile, qui est le même que celui de la prescription de l'action contre la société. • Civ. 3e, 19 janv. 2022, n° 20-22.205 B : *D. 2022. 165* ; *AJDI 2022. 463, obs. Labelle* ; *Rev. sociétés 2022. 435, note Barbièri*

36. Responsabilité contractuelle : principe. La prescription d'une action en responsabilité contractuelle ne court qu'à compter de la réalisation du dommage ou de la date à laquelle il est révélé à la victime si celle-ci établit qu'elle n'en avait pas eu précédemment connaissance. • Soc. 26 avr. 2006, n° 03-47.525 P : *D. 2006. IR 1250* ; *RDC 2006. 1217, obs. Borghetti* • Civ. 1re, 9 juill. 2009 : *D. 2009. AJ 1960, obs. Delpech* ; *RTD com. 2009. 794, obs. Legeais* ; *RTD civ. 2009. 728, obs. Jourdain* (action en responsabilité contre une banque pour soutien abusif). – Déjà en ce sens : • Soc. 1er avr. 1997, n° 94-43.381 P • 18 déc. 1991, n° 88-45.083 P.

37. Responsabilité contractuelle : non-conformité des matériaux. Le point de départ du délai de prescription de dix ans auquel est soumise l'action contractuelle directe du maître de l'ouvrage contre le fournisseur de matériaux, fondée sur la non-conformité de ceux-ci, est fixé à la date de leur livraison à l'entrepreneur. • Civ. 3e, 7 juin 2018, n° 17-10.394 P : *D. 2018. 1257* ; *RTD civ. 2018. 919, obs. Jourdain* .

38. Manquement au devoir d'information, de mise en garde et de conseil. Responsabilité du fabricant. L'action en responsabilité contractuelle à l'encontre du fabricant, auquel il est reproché un manquement à son devoir d'information et de conseil, commence à courir à compter de la livraison des matériaux en cause à l'entrepreneur. • Civ. 3e, 7 janv. 2016, n° 14-17.033 P : *D. 2016. 130* ; *RDI 2016. 157, obs. Poumarède* ; *RDC 2017. 39, note Deshayes.* (délai de prescription de dix ans applicable entre commerçants ou entre commerçants et non-commerçants).

39. .... Responsabilité de l'assureur. Le dommage résultant d'un manquement au devoir de conseil dû à l'assuré sur l'adéquation de la garantie souscrite à ses besoins se réalise au moment du refus de garantie opposé par l'assureur ; c'est donc à compter de ce refus et non de la conclusion du contrat que court le délai de prescription de l'action en responsabilité contre l'assureur. • Civ. 2e, 18 mai 2017, n° 16-17.754 P : *D. 2017. 1120* ; *RTD civ. 2017. 865, obs. Barbier* ; *CCC 2017, n° 164, note Leveneur* • Com. 6 janv. 2021, n° 18-24.954 P : *D. 2021. 76* ; *RTD civ. 2021. 411, obs. Barbier* ; *ibid. 421, obs. Jourdain* ; *RDC 2021/2. 40, note Klein* ; *RGDA 2021/3. 42, note Pimbert* • Civ. 2e, 10 mars 2022, n° 20-16.237 B : *D. 2022. 1117, obs. Noguéro* ; *RCA 2022, n° 140, obs. Coyault.*

Viole l'art. 2224 la cour d'appel qui, pour déclarer prescrite l'action en responsabilité exercée par la souscriptrice d'un contrat d'assurance sur la vie investi sur un support en unités de compte contre l'assureur pour manquement à ses obligations d'information, de conseil et de mise en garde, retient que le point de départ de la prescription se situe à la date à laquelle ont été envoyés, à l'adresse de la souscriptrice, des relevés de situation produits aux débats, qui révélaient une perte en capital par rapport à l'année précédente, alors que la seule production par l'assureur, sur lequel pèse la charge de la preuve du point de départ de la prescription qu'il invoque, de la copie de la lettre d'information annuelle ne suffit pas à justifier de son envoi à la souscriptrice qui conteste l'avoir reçue. • Civ. 2e, 19 janv. 2023, n° 20-16.490 B.

40. ... Investissement avec défiscalisation. S'agissant d'un investissement immobilier locatif avec défiscalisation, la manifestation du dommage pour l'acquéreur ne peut résulter que de faits susceptibles de lui révéler l'impossibilité d'obtenir la rentabilité prévue lors de la conclusion du contrat. • Civ. 3e, 26 oct. 2022, n° 21-19.898 B (cassation de l'arrêt ayant fixé le point de départ de l'action en responsabilité exercée par l'acquéreur contre le vendeur et son mandataire au jour de la signature de l'acte authentique de la vente en l'état futur d'achèvement, au motif que, s'agissant d'un manquement à l'obligation d'information ou de conseil, le dommage consistant en une perte de chance de ne pas contracter se manifeste dès l'établissement de l'acte critiqué).

41. ... Responsabilité du prêteur. Le point de départ du délai de prescription de l'action en paiement de dommages-intérêts formée par la caution contre l'établissement de crédit créancier pour manquement à son devoir de mise en garde est le jour où elle a su que les obligations résultant de son engagement allaient être mises à exécution du fait de la défaillance du débiteur principal. • Com. 8 avr. 2021, n° 19-12.741 P : *D. 2021. 1702, note Picod* ; *ibid. 1879, obs. Ansault et Gijsbers* ; *RDC 2021/3. 27, note Libchaber.* ♦ Lorsqu'un emprunteur a adhéré à un contrat d'assurance de groupe souscrit par le prêteur à l'effet de garantir l'exécution de tout ou partie de ses engagements, le délai de prescription de son action en responsabilité au titre d'un manquement du prêteur au devoir d'information et de conseil sur les risques couverts court à compter du jour où il a connaissance du défaut de garantie du risque qui s'est réalisé, et non du jour de l'adhésion au contrat d'assurance de groupe. • Civ. 1re, 5 janv. 2022, n° 20-16.031 B : *D. 2022. 1828, obs. Martin et Synvet RGDA 2022* /*3. 24, note Pimbert.* ♦ L'action en responsabilité de l'emprunteur non averti à l'encontre du prêteur au titre d'un manquement à son devoir de mise en garde se prescrit par cinq ans à compter du jour du premier incident de paiement, permettant à l'emprunteur d'appréhender l'existence et les conséquences éventuelles d'un tel manquement. • Civ. 1re, 5 janv. 2022, n° 20-18.893 B : *RTD com. 2022. 134, obs. Legeais* ; *RCA 2022, n° 104, obs. Piette* • 5 janv. 2022, n° 20-17.325 B : *D. 2022. 1724, obs. Ansault* ; *RTD com. 2022. 134, obs. Legeais* ; *RCA 2022, n° 104, obs. Piette* • 1er mars 2023, n° 21-20.260 B.

Le délai de prescription de l'action en indemnisation du dommage résultant du manquement d'une banque à son obligation de mettre en garde un emprunteur non averti sur le risque d'endettement excessif commence à courir à la date d'exigibilité des sommes au paiement desquelles l'emprunteur n'est pas en mesure de faire face, et non à la date de conclusion du contrat de prêt. • Com. 25 janv. 2023, n° 20-12.811 B.

42. Responsabilité du prêteur et disproportion de l'engagement de caution. L'action en responsabilité de la caution à l'encontre du prêteur fondée sur une disproportion de son engagement se prescrit par cinq ans à compter du jour de la mise en demeure de payer les sommes dues par l'emprunteur en raison de sa défaillance, permettant à la caution d'appréhender l'existence éventuelle d'une telle disproportion. • Civ. 1re, 5 janv. 2022, n° 20-17.325 B : *D. 2022. 1724, obs. Ansault* ; *RTD com. 2022. 134, obs. Legeais* ; *RCA 2022, n° 104, obs. Piette.*

43. Responsabilité contractuelle et empiétement. L'action en responsabilité contractuelle du bailleur invoquant un empiétement commis par le preneur est soumise à la prescription quinquennale de l'art. 2224, courant à la date de la connaissance de l'empiétement et non de celle de la cessation de celui-ci. • Civ. 3e, 8 févr. 2023, n° 21-20.535 B.

44. Action en responsabilité suite à la stipulation d'une clause illicite. Le dommage causé par la stipulation d'une clause de loyauté illicite ne se réalise pas au moment de la stipulation de la clause mais se révèle au moment de sa mise en œuvre. • Soc. 2 mars 2022, n° 20-19.832 B.

45. Responsabilité extracontractuelle. Principe : manifestation ou aggravation du dommage. Le point de départ de l'action en responsabilité extracontractuelle exercée par l'architecte contre son sous-traitant est la manifestation du dommage ou son aggravation, et non la date à laquelle l'architecte est assigné par le maître de l'ouvrage. • Civ. 3e, 13 sept. 2006, n° 05-12.018 P : *RCA 2006, n° 375, note Groutel* ; *RDI 2006. 468, obs. Boubli* ; *ibid. 506, obs. Malinvaud* ; *RTD civ. 2007. 358, obs. Jourdain*. ♦ V. conf., pour le point de départ de l'action en responsabilité pour rupture abusive de crédit : • Com. 9 mai 2007, n° 06-10.185 P : *D. 2007. AJ 1497, obs. Delpech* ; *JCP E 2007. 2377, nos 36 s., obs. Dumoulin.* ♦ ... De l'action en responsabilité engagée par un tiers contre un mandataire-liquidateur : • Com. 3 juill. 2007, n° 05-21.884 P : *D. 2007. AJ 2108, obs. Delpech*. ♦ Le délai de prescription de l'action en responsabilité civile extracontractuelle engagée à raison de la diffusion sur le réseau internet d'un message court à compter de sa première mise en ligne, date de la manifestation du dommage allégué. • Civ. 2e, 12 avr. 2012, n° 11-20.664 : *D. 2012. 2057, chron. Adida-Canac et Bouvier* ; *RCA 2012, n° 197.* ♦ Le fait que le terrain du demandeur en démolition d'un hangar édifié sur la parcelle voisine soit devenu constructible constitue une aggravation du dommage initial ouvrant un nouveau délai de prescription. • Civ. 2e, 11 déc. 2003, n° 02-14.876 P : *D. 2004. Somm. 1341, obs. Delebecque* ; *AJDI 2004. 321, note Denizot*.

46. Responsabilité pour rupture de relations commerciales établies. La prescription de l'action en responsabilité pour rupture brutale d'une relation commerciale établie court à compter de la notification de la rupture dès lors que la société victime de la rupture a eu connaissance, à cette date, de l'absence de préavis et du préjudice en découlant, sans qu'il y ait lieu de tenir compte de la recherche ultérieure d'une faute éventuelle ayant pu justifier qu'il soit mis un terme à la relation sans préavis. • Com. 8 juill. 2020, n° 18-24.441 P : *D. 2020. Chron. C. cass. 2475, obs. et Le Bras* ; *AJ contrat 2020. 497, obs. Regnault* ; *RTD civ. 2020. 886, obs. Barbier* ; *RDC 2021/1. 53, note Hontebeyrie.*

47. Action en responsabilité consécutive à une décision de justice. Le dommage résultant d'une condamnation ne se manifeste qu'à compter de la décision de condamnation ; cassation de l'arrêt qui déclare une action prescrite au motif que si à la date à laquelle est engagée une action en justice, le fait dommageable consistant en une condamnation n'est pas consacré, il n'en demeure pas moins qu'il est réalisé. • Civ. 2e, 10 févr. 2011, n° 10-11.775 P : *BICC 1er juin 2011, n° 716* ; *RCA 2011, n° 168.* ♦ Le point de départ de la prescription doit être fixé, dans le cadre d'une action en responsabilité pour dénonciation calomnieuse, à la date à laquelle la décision de non-lieu est devenue définitive. • Civ. 2e, 4 oct. 2012, n° 11-18.050 P : *D. 2012. 599, obs. Bouvier et Adida-Canac* (cassation de l'arrêt qui retient la date de l'inculpation comme date de manifestation du dommage, date à laquelle l'accusé s'est trouvé en situation de s'expliquer sur la portée des accusations dont il était l'objet). ♦ L'action en responsabilité contre le liquidateur amiable se prescrit par trois ans à compter du fait dommageable ou, s'il a été dissimulé, de sa révélation ; lorsque la créance contre une société liquidée n'est établie que postérieurement à cette date, le délai de prescription de l'action engagée par le créancier contre le liquidateur amiable de cette société au titre des fautes qu'il aurait commises dans l'exercice de ses fonctions commence à courir le jour où les droits du créancier ont été reconnus par une décision de justice passée en force de chose jugée, au sens de l'art. 500 C. pr. civ. • Com. 20 févr. 2019, n° 16-24.580 P (cassation de l'arrêt ayant fait courir le délai de prescription à partir du rejet du pourvoi contre l'arrêt d'appel). ♦ Cassation de l'arrêt qui déclare prescrite une action en responsabilité contre un notaire, alors que le dommage subi par l'acquéreur ne s'est manifesté qu'à compter de la décision passée en force de chose jugée déclarant que la parcelle litigieuse était soumise au régime de l'indivision, peu important que l'acte notarié ait été contesté depuis l'assignation de l'acquéreur par ses voisins. • Civ. 1re, 9 sept. 2020, n° 18-26.390 P : *D. 2020. 2160, note Tani ; ibid. 2021. 310, obs. Boffa et Mekki ; RTD civ. 2020. 899, obs. Jourdain .* ♦ Dans le même sens, à propos de la responsabilité de l'expert-comptable et du notaire, le dommage s'étant réalisé non à la date où la victime a eu connaissance du redressement fiscal dont elle faisait l'objet mais à la date de l'arrêt de la cour administrative d'appel ayant rejeté le recours. • Civ. 1re, 29 juin 2022, n° 21-10.720 B.

Comp. L'acquéreur d'un bien immobilier, condamné à des réparations envers le vendeur et l'agent immobilier pour avoir refusé de réitérer la vente et qui entend obtenir réparation des dommages mis à sa charge en engagement la responsabilité du banquier qui lui avait accordé un prêt auquel il avait renoncé en l'estimant inadapté à ses facultés de remboursement, doit agir dans un délai de 5 ans à compter du jour où le dommage s'est manifesté, c'est-à-dire du jour où sa propre responsabilité a été recherchée par l'assignation qui lui a été délivrée par le vendeur du bien et l'agent immobilier. • Com. 9 févr. 2022, n° 20-17.551 B : *RTD civ. 2022. 401, obs. Jourdain ; RDC 2022/2. 33, note Pellet ; RCA 2022, n° 108, obs. Hocquet-Berg.*

48. Actions ouvertes aux salariés exposés à l'amiante. Le point de départ du délai de prescription de l'action par laquelle un salarié demande à son employeur, auquel il reproche un manquement à son obligation de sécurité, réparation de son préjudice d'anxiété, est la date à laquelle le salarié a eu connaissance du risque élevé de développer une pathologie grave résultant de son exposition à l'amiante. Ce point de départ ne peut être antérieur à la date à laquelle cette exposition a pris fin. • Soc. 8 juill. 2020, n° 18-26.585 P : *D. 2020. 2312, obs. Vernac et Ferkane ; RTD civ. 2020. 902, obs. Jourdain* • 15 déc. 2021, n° 20-11.046 P : *D. 2022. 1280, obs. Vernac et Ferkane* (connaissance à la date de l'arrêté pris dans le cadre de l'art. 41 de la L. n° 98-1194 du 23 déc. 1998, quand bien même cet arrêté aurait été ultérieurement annulé). ♦ Pour la solution antérieure à l'arrêt. • Cass., ass. plén., 5 avr. 2019, n° 18-17.442 P : *cité note 106 ss. art. 1241* : la prescription des actions ouvertes aux salariés bénéficiaires du régime d'indemnisation lié à l'exposition à l'amiante ne court qu'à compter du jour où ces salariés ont eu connaissance du risque à l'origine de l'anxiété, c'est-à-dire à compter de l'arrêté ministériel ayant inscrit l'activité de leur entreprise sur la liste des établissements permettant la mise en œuvre de ce régime légal spécifique. • Soc. 19 nov. 2014, n° 13-19.263 P : *D. 2015. Chron. C. cass. 104, obs. Wurtz* • 29 janv. 2020, nos 18-15.388 P et 18-15.396 P : *D. 2020. 288 ; RDT 2020. 205, obs. Mraouahi .* ♦ Si un second arrêté a étendu la période d'exposition à l'amiante, c'est de ce second arrêté que court le délai de prescription, car c'est seulement à cette date que les salariés ont eu pleinement conscience de la période pendant laquelle ils ont été exposés. • Soc. 11 sept. 2019, n° 18-50.030 P : *D. 2019. 1764 ; Dr. soc. 2020. 58, note Aumeran ; JCP 2019, n° 1024, note Bacache.* ♦ Le point de départ du délai de prescription de l'action par laquelle un salarié demande à son employeur, auquel il reproche un manquement à son obligation de sécurité, réparation de son préjudice d'anxiété, est la date à laquelle le salarié a eu connaissance du risque élevé de développer une pathologie grave résultant de son exposition à l'amiante. Ce point de départ ne peut être antérieur à la date à laquelle cette exposition a pris fin. • Soc. 8 juill. 2020, n° 18-26.585 P : *D. 2020. 2312, obs. Vernac et Ferkane ; RTD civ. 2020. 902, obs. Jourdain .* ♦ Sur la date de naissance du préjudice d'anxiété dans ces hypothèses, V. note 106 ss. art. 1241.

49. Action en réparation du préjudice résultant d'une discrimination. En vertu de l'art. L. 1134-5 C. trav., l'action en réparation du préjudice résultant d'une discrimination fondée sur cet art. se prescrit par cinq ans à compter de la révélation de la discrimination. Doit être cassé un arrêt qui, pour déclarer prescrite l'action engagée par la salariée prend seulement en compte le moment où la salariée a fait état de cette discrimination auprès de l'inspection du travail, alors que cette salariée faisait valoir que cette discrimination s'était poursuivie tout au long de sa carrière en terme d'évolution professionnelle, tant salariale que personnelle, ce dont il résultait que la salariée se fondait sur des faits qui n'avaient pas cessé de produire leurs effets avant la période non atteinte par la prescription. • Soc. 31 mars 2021, n° 19-22.557 P : *Dr. soc. 2021. 745, obs. Radé ; RDT 2021. 464, obs. Meftah .*

50. Action en réparation de la victime d'agissements de harcèlement moral. La prescription de l'action en réparation court à compter du licenciement lorsque la salariée soutient être victime d'agissements de harcèlement moral au-delà de sa mise en arrêt de travail pour maladie, qui a précédé son licenciement. L'action n'étant pas prescrite, la cour d'appel a à bon droit analysé l'ensemble des faits invoqués par la salariée permettant de présumer l'existence d'un harcèlement moral, quelle que soit la date de leur commission. • Soc. 9 juin 2021, n° 19-21.931 P.

51. Action entre constructeurs. Le recours d'un constructeur contre un autre constructeur ou son assureur n'est pas fondé sur la garantie décennale, mais est de nature contractuelle si ces constructeurs sont contractuellement liés, et de nature quasi délictuelle s'ils ne le sont pas ; le point de départ du délai de cette action n'est pas la date de réception des ouvrages. • Civ. 3e, 8 févr. 2012, n° 11-11.417 P : *D. 2012. 498* ; *RDI 2012. 229, obs. Malinvaud* ; *RTD civ. 2012. 326, obs. Jourdain*. ♦ Le constructeur ne pouvant agir en garantie avant d'être lui-même assigné aux fins de paiement ou d'exécution de l'obligation en nature, il ne peut être considéré comme inactif, pour l'application de la prescription extinctive, avant l'introduction des demandes principales. Dès lors, l'assignation, si elle n'est pas accompagnée d'une demande de reconnaissance d'un droit, ne serait-ce que par provision, ne peut faire courir la prescription de l'action du constructeur tendant à être garanti de condamnations ou à obtenir le remboursement de sommes mises à sa charge en vertu de condamnations ultérieures. • Civ. 3e, 14 déc. 2022, n° 21-21.305 B : *D. 2023. 8* ; *JCP 2023, n° 123, note Karila* ; *RCA 2023, Etude 2, note Brun*. ♦ En sens contraire, précédemment : l'assignation en référé-expertise délivrée par le maître de l'ouvrage à l'entrepreneur principal met en cause la responsabilité de ce dernier et constitue le point de départ du délai de son action récursoire à l'encontre des sous-traitants. • Civ. 3e, 16 janv. 2020, n° 18-25.915 P : *D. 2020. 466, note Rias* ; *RDI 2020. 120, note Charbonneau* ; *JCP 2020, n° 414, note Karila* ; *RCA 2020. Étude 5, note Brun* ; *RGDA 2020/4. 39, note Dessuet* ; *Gaz. Pal. 2020. 1645, note Caston et Ajaccio*. ♦ Le délai de prescription du recours en garantie exercé par une des entreprises impliquées dans des travaux de voirie contre une autre entreprise au titre des sommes réclamées par une troisième société court à compter du jour où l'entreprise exerçant le recours a eu connaissance de la réclamation par l'assignation qui lui a été délivrée. • Civ. 3e, 5 nov. 2020, n° 19-20.237 P.

52. Prêt. A l'égard d'une dette payable par termes successifs, la prescription se divise comme la dette elle-même et court à l'égard de chacune de ses fractions à compter de son échéance, de sorte que, si l'action en paiement des mensualités impayées se prescrit à compter de leurs dates d'échéance successives, l'action en paiement du capital restant dû se prescrit à compter de la déchéance du terme, qui emporte son exigibilité. • Civ. 1re, 11 févr. 2016, n° 14-22.938 P : *D. 2016. 870, note Lagelée-Heymann* ; *RDI 2016. 269, obs. Heugas-Darraspen* ; *JCP 2016, n° 405, note Gouëzel* ; *JCP N 2016, n° 1298, note Piedelièvre* ; *Gaz. Pal. 2016. 856, obs. Joly et Cuturi-Ortega* (cassation d'arrêts ayant admis que le délai de deux ans prévu par l'art. L. 137-2 [L. 218-2] C. consom. courait à compter du premier incident de paiement non régularisé). ♦ ... Y compris en cas de décès de l'emprunteur. • Civ. 1re, 20 oct. 2021, n° 20-13.661 B : *D. 2022. 574, obs. Aubry* ; *ibid. 1828, obs. Martin et Synvet* ; *RDI 2022. 215, obs. Bruttin* ; *RTD civ. 2021. 885, obs. Barbier* ; *RDC 2022/1. 33, note Libchaber* (cassation de l'arrêt ayant retenu que le décès de l'emprunteur constitue l'événement qui a rendu la créance exigible et que le point de départ du délai de prescription est fixé à la date à laquelle le prêteur a connaissance de l'identité des héritiers de l'emprunteur). ♦ Comp., auparavant, jugeant que, dans le cas d'une action en paiement au titre d'un crédit immobilier consenti par un professionnel à un consommateur, le point de départ de la prescription se situe à la date du premier incident de paiement non régularisé : • Civ. 1re, 10 juill. 2014, n° 13-15.511 P : *D. 2015. 588, obs. Aubry* ; *RTD com. 2014. 675, obs. Legeais* ; *JCP 2014, n° 948, note Lasserre Capdeville* • 16 avr. 2015, n° 13-24.024 P : *D. 2015. 916, obs. Avena-Robardet* • 3 juin 2015, n° 14-16.950.

53. Prêt viager hypothécaire. Le point de départ du délai biennal de prescription prévu à l'art. L. 137-2 [L. 218-2] C. consom., se situe au jour où le titulaire du droit a connu ou aurait dû connaître les faits lui permettant d'exercer l'action concernée, soit, dans le cas d'une action en recouvrement d'un prêt viager hypothécaire, à la date à laquelle le prêteur a connaissance de l'identité des héritiers de l'emprunteur. • Civ. 1re, 11 mai 2017, n° 16-13.278 P : *D. 2017. 1045* ; *AJDI 2017. 600, obs. de La Vaissière* ; *RDI 2017. 400, obs. Heugas-Darraspen* ; *AJ fam. 2017. 423, obs. Casey*.

54. Loyer. – Indexation. Par l'effet de la prescription, le locataire qui a payé la somme correspondant à une indexation du loyer que son bail ne prévoyait pas ne peut contester le jeu de l'indexation plus de cinq ans avant sa demande ; la créance de restitution ne peut être calculée sur la base du loyer initial mais doit l'être sur celle du loyer acquitté à la date du point de départ de la prescription. • Civ. 3e, 6 juill. 2017, n° 16-16.426 P : *D. 2017. 1473* ; *AJDI 2017. 854, obs. Damas*.

55. Créances de salaires. Pour les créances de salaires, le délai de prescription court à compter de la date d'exigibilité de chacune des créances salariales revendiquées. • Soc. 24 avr. 2013, n° 12-10.196 P : *D. 2013. 1144* ; *RDT 2013. 497, obs. Souriac*. ♦ En cas d'erreur sur la convention collective applicable dans les bulletins de paie, le délai n'a pas pu commencer à courir antérieurement à la décision judiciaire statuant sur la convention collective à laquelle l'entreprise était soumise. • Soc. 25 sept. 2013, n° 11-27.693 P : *D. 2013. 2279*.

56. Honoraires de l'avocat. Le point de départ du délai de prescription biennale de l'action en fixation des honoraires d'avocat se situe au jour de la fin du mandat et non à celui, indifférent, de l'établissement de la facture. • Civ. 2e, 4 oct. 2018, n° 17-20.508 P : *D. 2019. Chron. C. cass. 848, obs. Touati et Bohnert* • 7 févr. 2019, n° 18-11.372 P. ♦ Si le mandat de l'avocat inclut la représentation en cause d'appel, le délai de prescription de l'action commence à courir au jour de la rupture des relations entre les parties pour les deux instances. • Civ. 2e, 7 févr. 2019, n° 18-10.767 P. ♦ Le délai de prescription de l'action de l'avocat en paiement d'un honoraire de résultat ne peut commencer à courir avant que cet honoraire soit exigible. • Civ. 2e, 23 nov. 2017, n° 16-25.120 P : *D. 2018. 757, obs. Becuwe et Touati* (prise en compte du jour du partage chez le notaire, et non de la date du jugement antérieur ordonnant le partage).

Cassation de l'arrêt ayant déclaré prescrite une demande en rétrocession d'honoraires, au motif que l'avocat avait eu connaissance de la liquidation du régime matrimonial des époux, alors qu'il ne résultait pas des constatations de la cour d'appel que l'honoraire de résultat avait été payé, seule cette circonstance rendant exigible la créance de rétrocession d'honoraires. • Civ. 2e, 10 juin 2021, n° 19-20.814 P : *D. 2021. 1194* ; *AJ fam. 2021. 431, obs. Avena-Robardet*.

57. Contestation d'un licenciement. Le délai de prescription de l'action en contestation d'un licenciement court à compter de la notification de celui-ci, hors le cas des salariés dont le licenciement est soumis à une autorisation de l'administration du travail ultérieurement annulée. • Soc. 9 oct. 2012, n° 11-17.829 P : *D. 2012. 2456*. ♦ En présence d'une action prud'homale engagée à la suite d'un licenciement irrégulier prononcé par un mandataire *ad hoc*, la manifestation du dommage consiste en l'assignation délivrée à la société par la salariée. • Civ. 2e, 7 févr. 2008, n° 06-11.135 P : *LPA 20 mai 2009, note Borel.*

58. Retraite complémentaire. En présence d'une créance dépendant d'éléments qui ne sont pas connus du créancier et qui résultent de déclarations que le débiteur est tenu de faire, la prescription ne court qu'à compter de la liquidation par le salarié de ses droits à la retraite. • Soc. 11 juill. 2018, n° 17-12.605 P (application à la demande en paiement de cotisations de retraite complémentaire : dès lors que la demande ne concernait pas des cotisations afférentes à des salaires non versés mais portait sur la contestation de l'assiette des cotisations retenue par l'employeur sur les salaires versés). ♦ Dans le même sens : • Soc. 11 juill. 2018, n° 16-20.029 P (cassation de l'arrêt ayant appliqué aux cotisations de retraite complémentaire la prescription quinquennale des sommes afférentes aux salaires dus au titre du contrat de travail, la cour d'appel ayant considéré à tort qu'un salarié ne peut engager une action en paiement des cotisations de retraite assises sur ces salaires si l'action en paiement du salaire correspondant ne lui est pas ou plus ouverte).

L'action en contestation du refus d'accorder le bénéfice d'un régime de retraite supplémentaire n'est pas une action en paiement d'une pension de retraite équivalant à une demande de sommes afférentes aux salaires dus au titre du contrat de travail auxquels elles se substituent, en conséquence le point de départ du délai de prescription de cette action est le jour où le titulaire d'un droit a connu ou aurait dû connaître le fait lui permettant de l'exercer, qui, en l'espèce, est le refus de l'institution de prévoyance de lui accorder le bénéfice du régime de retraite. • Civ. 2e, 7 févr. 2019, n° 17-28.596 P.

Le délai de prescription de l'action fondée sur l'obligation pour l'employeur d'affilier son personnel à un régime de retraite complémentaire et de régler les cotisations qui en découlent ne court qu'à compter de la liquidation par le salarié de ses droits à la retraite, jour où le salarié titulaire de la créance à ce titre a connu ou aurait dû connaître les faits lui permettant d'exercer son action, sans que puissent y faire obstacle les dispositions de l'art. 2232 C. civ. • Soc. 3 avr. 2019, n° 17-15.568 P : *D. 2019. 2339, note I. Ta* ; *RDT 2019. 401, obs. Ginon* ; *RTD civ. 2019. 586, obs. Barbier*.

Déjà : le préjudice subi par le salarié dont l'employeur n'a pas versé les cotisations d'assurance vieillesse consistant dans la minoration des avantages servis à l'intéressé, ce préjudice est devenu actuel au moment où ce salarié s'est trouvé en droit de prétendre à la liquidation de ses droits et son action en responsabilité, introduite quelques mois après, n'était pas atteinte par la prescription de l'art. 2262 [ancien]. • Soc. 21 mai 1992 : *JCP 1992. II. 21907, note Saint-Jours.* – Dans le même sens : • Soc. 1er avr. 1997, n° 94-43.381 P • 26 avr. 2006 : *préc. note 36.* ♦ Il en va autrement cependant lorsque le droit de au paiement des salaires est éteint du fait de la prescription extinctive, l'action en paiement des cotisations de retraite assises sur ces salaires étant alors nécessairement prescrite pour la même période. • Soc. 22 oct. 2014, n° 13-16.936 P : *D. 2014. 2178*.

59. Succession et salaire différé. La prescription de l'action en demande du bénéfice d'un contrat de salaire différé court à compter de l'ouverture de la succession, la circonstance que le règlement de la succession soit en cours n'interrompant pas cette prescription. • Civ. 1re, 16 juill. 1998, n° 96-18.079 P : *JCP 1999. I. 189, n° 4, obs. Le Guidec.* – V. aussi • Civ. 1re, 8 juin 1999 : *Dr. fam. 1999, n° 128.*

Mais dans l'hypothèse où le conjoint du descendant invoque l'enrichissement sans cause pour une période distincte de celle ouvrant droit au paiement d'un salaire différé en tant que conjoint du descendant, l'action fondée sur l'enrichissement sans cause n'a pas pour objet de faire reconnaître une créance de salaire différé mais constitue une action mobilière soumise à la prescription de droit commun. Le point de départ de cette prescription n'est pas alors l'ouverture de la succession, le conjont ayant travaillé sur l'exploitation de ses beaux-parents de 1976 à1986, sans être rémunéré, ayant connu, chaque mois, les faits lui permettant d'exercer son action.. • Civ. 1re, 29 mai 2019, n° 18-18.376 P : *AJ fam. 2019. 420, obs. Levillain*.

60. Déclaration de simulation. La prescription de l'action par laquelle un héritier fait valoir la simulation en vue d'obtenir la réduction de la donation pour atteinte à la réserve ne commence à courir que du jour où l'héritier a eu la faculté d'exercer cette action, c'est-à-dire du jour du décès de son auteur. • Civ. 1re, 23 mars 1994, n° 92-14.370 P : *D. 1995. Somm. 333, obs. Vareille* ; *RTD civ. 1994. 920, obs. Patarin*.

61. Action en requalification d'un bail commercial. Le point de départ de la prescription biennale applicable à la demande tendant à la requalification d'une convention en bail commercial court à compter de la date de la conclusion du contrat, peu important que celui-ci ait été renouvelé par avenants successifs. • Civ. 3e, 14 sept. 2017, n° 16-23.590 P : *D. 2017. 1832* ; *AJDI 2017. 775, obs. Dumont-Lefrand* ; *RTD civ. 2017. 869, obs. Barbier* ; *Defrénois 2018/1. 27, note Ruet.*

62. Action en requalification d'un contrat. Le point de départ de la prescription biennale applicable à la demande tendant à la requalification d'une convention en bail commercial court à compter de la date de la conclusion du contrat, peu important que celui-ci ait été renouvelé par avenants successifs. • Civ. 3e, 14 sept. 2017, n° 16-23.590 P : *D. 2017. 1832* ; *AJDI 2017. 775, obs. Dumont-Lefrand* ; *RTD civ. 2017. 869, obs. Barbier* ; *Defrénois 2018/1. 27, note Ruet.*

63. ... Requalification d'un CDD en CDI. Le délai de prescription d'une action en requalification d'un contrat de travail à durée déterminée en contrat à durée indéterminée court, lorsque cette action est fondée sur l'absence d'établissement d'un écrit, à compter de l'expiration du délai de deux jours ouvrables imparti à l'employeur pour transmettre au salarié le contrat de travail, lorsqu'elle est fondée sur l'absence d'une mention au contrat susceptible d'entraîner sa requalification, à compter de la conclusion de ce contrat, et lorsqu'elle est fondée sur le motif du recours au contrat à durée déterminée énoncé au contrat, à compter du terme du contrat ou, en cas de succession de contrats à durée déterminée, du terme du dernier contrat. • Soc. 15 mars 2023, n° 20-21.774 B. ♦ Comp. : Le délai de prescription d'une action en requalification d'un contrat de travail à durée déterminée en contrat à durée indéterminée, fondée sur l'absence d'une mention au contrat susceptible d'entraîner sa requalification, court à compter de la conclusion de ce contrat. • Soc. 3 mai 2018, n° 16-26.437 P : *D. 2018. 1017* ; *Dr. soc. 2018. 765, obs. Mouly* (C. trav., art. L. 1471-1 : toute action portant sur l'exécution du contrat de travail se prescrit par deux ans à compter du jour où celui qui l'exerce a connu ou aurait dû connaître les faits lui permettant d'exercer son droit).

64. Paiement de fourniture d'électricité. Le point de départ du délai de prescription biennal prévu par l'art. L. 218-2 C. consom. court, pour le paiement de fourniture d'électricité, à partir du jour de l'établissement de la facture litigieuse, et non à compter du relevé du compteur. • Civ. 1re, 9 juin 2017, n° 16-12.457 P : *D. 2017. Chron. C. cass. 1859, obs. Vitse* ; *ibid. 2559, obs. Clay* ; *RTD civ. 2017. 653, obs. Barbier*.

65. Paiement de travaux ou de services. Dès lors que, en matière commerciale, le vendeur doit délivrer sa facture dès la réalisation de la prestation de service, l'obligation au paiement du client prend naissance au moment où la prestation commandée a été exécutée, le prestataire connaissant, dès ce moment, les faits lui permettant d'exercer son action en paiement du prix de ladite prestation, peu important la date à laquelle il a décidé d'établir sa facture. • Com. 26 févr. 2020, n° 18-25.036 P : *D. 2020. 486* ; *AJ contrat 2020. 337, obs. Magnier-Merran* ; *RTD civ. 2020. 389, obs. Barbier* ; *JCP 2020, n° 857, note Buy* ; *RDC 2020/4. 41, note Hontebeyrie.* ♦ Il en va de même pour le délai de prescription biennale de l'art. L. 137-2, devenu L. 218-2 C. consom., applicable à l'action en paiement de travaux ou de services contre un consommateur, pour lequel il y a lieu de prendre en compte la date de la connaissance des faits qui permet au professionnel d'exercer son action, laquelle peut être caractérisée par l'achèvement des travaux ou l'exécution des prestations, même si la facture a été émise postérieurement. • Civ. 1re, 19 mai 2021, n° 20-12.520 : *D. 2021. 1854, note Ménard* ; *ibid. Chron. C. cass. 1784, obs. Robin-Raschel* ; *RTD civ. 2021. 645, obs. Barbier* ; *CCC 2021, n° 113, note Leveneur* • 1er mars 2023, n° 21-23.176 B. ♦ V. antérieurement, faisant courir par principe le délai de prescription du jour de l'établissement de la facture • Civ. 1re, 3 juin 2015, n° 14-10.908 P.

Code général de la propriété des personnes publiques

(Ord. n° 2006-460 du 21 avr. 2006, en vigueur le 1er juill. 2006)

Sommes et valeurs prescrites

Art. L. 1126-1 Sont acquis à l'État, à moins qu'il ne soit disposé de ces biens par des lois particulières :

1° Le montant des coupons, intérêts ou dividendes, atteints par la prescription quinquennale ou conventionnelle et afférents à des actions, parts de fondateur, obligations ou autres valeurs mobilières négociables, émises par toute société commerciale ou civile ou par toute collectivité privée ou publique ;

2° *Abrogé par L. n° 2014-617 du 13 juin 2014, art. 11* ;

3° Les dépôts de sommes d'argent et, d'une manière générale, tous avoirs en espèces dans les banques, les établissements de crédit et tous autres établissements qui reçoivent des fonds en dépôt ou en compte courant, lorsque ces dépôts ou avoirs n'ont fait l'objet de la part des ayants droit d'aucune opération ou réclamation depuis trente années *(L. n° 2014-617 du 13 juin 2014, art. 11)* « et n'ont pas fait l'objet d'un dépôt à la Caisse des dépôts et consignations en application de l'article L. 312-20 du code monétaire et financier et que le titulaire du compte, son représentant légal ou la personne habilitée par lui n'a effectué aucune opération sur un autre compte ouvert à son nom dans le même établissement » ;

4° Les dépôts de titres et, d'une manière générale, tous avoirs en titres dans les banques et autres établissements qui reçoivent des titres en dépôt ou pour toute autre cause lorsque ces dépôts ou avoirs n'ont fait l'objet, de la part des ayants droit, d'aucune opération ou réclamation depuis trente années *(L. n° 2014-617 du 13 juin 2014, art. 11)* « et n'ont pas fait l'objet d'un dépôt à la Caisse des dépôts et consignations en application de l'article L. 312-20 du code monétaire et financier et que le titulaire du compte, son représentant légal ou la personne habilitée par lui n'a effectué aucune opération sur un autre compte ouvert à son nom dans le même établissement » ;

(L. n° 2006-1640 du 21 déc. 2006, art. 18-I) « 5° Les sommes dues au titre de contrats d'assurance sur la vie *(L. n° 2014-617 du 13 juin 2014, art. 11)* « et de bons ou contrats de capitalisation » *(Abrogé par L. n° 2014-617 du 13 juin 2014, art. 11) « comportant des valeurs de rachat »* ou de transfert et n'ayant fait l'objet, à compter du décès de l'assuré ou du terme du contrat, d'aucune demande de prestation auprès de l'organisme d'assurance depuis trente années » *(L. n° 2014-617 du 13 juin 2014, art. 11)* « , ni d'un dépôt à la Caisse des dépôts et consignations en application des articles L. 132-27-2 du code des assurances et L. 223-25-4 du code de la mutualité ».

Prescriptions

Art. L. 2321-4 Les produits et redevances du domaine public ou privé d'une personne publique mentionnée à l'article L. 1 *(L. n° 2008-561 du 17 juin 2008, art. 21)* « se prescrivent par cinq ans, quel que soit leur mode de fixation ».

Cette prescription commence à courir à compter de la date à laquelle les produits et redevances sont devenus exigibles.

Art. L. 2321-5 L'action en restitution des produits et redevances de toute nature du domaine de l'État, des départements, des communes et des établissements publics dotés d'un comptable public est soumise à la prescription quadriennale des créances prévue par la loi *n° 68-1250 du 31 décembre 1968.*

*Le montant de la vente des biens mobiliers abandonnés dans les établissements de santé et les établissements sociaux ou médico-sociaux hébergeant des personnes âgées ou des adultes handicapés, ainsi que les sommes d'argent, les titres et les valeurs mobilières et leurs produits sont acquis de plein droit au Trésor public cinq ans après la cession par le service des domaines ou la remise à la Caisse des dépôts et consignations, s'il n'y a pas eu, dans l'intervalle, réclamation de la part du propriétaire, de ses représentants ou de ses créanciers (CSP, art. L. 1113-7, issu de Ord. n° 2000-548 du 15 juin 2000). — **CSP**.*

SECTION 2 De quelques délais et points de départ particuliers

Art. 2225 L'action en responsabilité dirigée contre les personnes ayant représenté ou assisté les parties en justice, y compris à raison de la perte ou de la destruction des

pièces qui leur ont été confiées, se prescrit par cinq ans à compter de la fin de leur mission. — *Dispositions transitoires, V. L. n° 2008-561 du 17 juin 2008, art. 26 ss. art. 2279.*

Les actions des administrateurs judiciaires, commissaires à l'exécution du plan, représentants des créanciers, liquidateurs, en matière de rémunération, se prescrivent par six mois à compter de la notification de la décision arrêtant leurs émoluments (C. com., art. R. 663-40). — ***C. com.***

1. Règles générales concernant les courtes prescriptions. Les dispositions relatives aux courtes prescriptions sont d'application stricte et ne peuvent être étendues à des cas qu'elles ne visent pas expressément ; si la prescription annale des demandes en restitution du prix des prestations de communications électroniques régit la restitution du règlement des frais de résiliation du contrat, elle est sans application aux demandes en réparation des préjudices attribués à la résiliation prématurée de ce contrat et à l'utilisation frauduleuse de la carte bancaire de l'abonné. • Civ. 1re, 9 juill. 2015, n° 14-21.241 P.

2. Rapports entre courtes prescriptions et prescription de droit commun. L'assureur qui, n'ayant pas respecté les dispositions de l'art. R. 112-1 C. assur., ne peut pas opposer la prescription biennale à son assuré, ne peut pas prétendre à l'application de la prescription de droit commun. • Civ. 3e, 21 mars 2019, n° 17-28.021 P : *RDI 2019. 288, obs. Noguéro ; RTD civ. 2019. 586, obs. Barbier*.

3. Domaine de la prescription de l'art. 2225. La prescription prévue pour l'action en responsabilité dirigée contre les personnes ayant représenté ou assisté les parties en justice ne s'applique pas à une action en répétition de l'indu dirigée contre l'administrateur des biens d'un mineur, soumise à la prescription de droit commun. • Civ. 1re, 9 juill. 2008, n° n° 07-16.389 (arrêt rendu en application de l'anc. art. 2277-1).

4. Mandataire-liquidateur. V. note 5 ss. art. 2270-1 ancien.

5. Fin de mission. La cessation définitive des fonctions de l'avocat, met fin à la mission de celui-ci, même sans notification préalable de sa part. • Civ. 1re, 30 janv. 2007, n° 05-18.100 P (rendu en application de l'art. 2277-1 ancien). ♦ L'action en responsabilité contre un avocat au titre d'une faute commise dans l'exécution de sa mission d'interjeter appel, se prescrit à compter du prononcé de la décision constatant l'irrecevabilité de l'appel. • Civ. 1re, 14 janv. 2016, n° 14-23.200 P : *RTD civ. 2016. 364, obs. Barbier ; JCP 2016, n° 325, note Klein.*

6. Prescription des créances contre l'État. Pour les réserves posées par la CEDH sur l'existence d'un régime privilégié des créances contre l'État, prévoyant une durée réduite et un point de départ des intérêts moratoires différents du droit commun, dans le seul souci d'apurement des comptes publics. • CEDH, sect. I, 25 juin 2009, *Zouboulidis c/ Grèce*, n° 36963/06. ♦ Comp. : l'instauration d'un délai de prescription particulier par l'art. 1er de la L. n° 68-1250 du 31 déc. 1968, susceptible d'interruption et de suspension, qui n'a ni pour objet ni pour effet de priver le créancier de son droit de propriété, répond à l'objectif d'intérêt général d'apurement rapide des comptes publics et n'introduit aucune distinction injustifiée de nature à priver les justiciables de garanties égales. • Civ. 3e, 16 mai 2012, n° 12-40.020 P. ♦ Pour le cas particulier des créances d'indemnisation des préjudices liés à l'amiante, soumises au droit commun de la prescription, V. • Civ. 2e, 13 juin 2019, n° 18-14.129 P : *D. 2019. Chron. C. cass. 1792, note Touati et Bohnert* (les causes de suspension et d'interruption de la prescription prévues par la L. n° 68-1250 du 31 déc. 1968 relative à la prescription des créances sur l'État, les départements, les communes et les établissements publics ne sont pas applicables à ces demandes d'indemnisation et sont soumises aux seuls art. 2240 à 2242 C. civ.).

Code des assurances

COMPÉTENCE ET PRESCRIPTION

Art. L. 114-1 Toutes actions dérivant d'un contrat d'assurance sont prescrites par deux ans à compter de l'événement qui y donne naissance. *(L. n° 2021-1837 du 28 déc. 2021, art. 4)* « Par exception, les actions dérivant d'un contrat d'assurance relatives à des dommages résultant de mouvements de terrain consécutifs à la sécheresse-réhydratation des sols, reconnus comme une catastrophe naturelle dans les conditions prévues à l'article L. 125-1, sont prescrites par cinq ans à compter de l'événement qui y donne naissance. »

Toutefois, ce délai ne court :

1° En cas de réticence, omission, déclaration fausse ou inexacte sur le risque couru, que du jour où l'assureur en a eu connaissance ;

2° En cas de sinistre, que du jour où les intéressés en ont eu connaissance, s'ils prouvent qu'ils l'ont ignoré jusque-là.

Quand l'action de l'assuré contre l'assureur a pour cause le recours d'un tiers, le délai de la prescription ne court que du jour où ce tiers a exercé une action en justice contre l'assuré ou a été indemnisé par ce dernier. – *[L. 13 juill. 1930, art. 25.]*

(L. n° 89-1014 du 31 déc. 1989) « La prescription est portée à dix ans dans les contrats d'assurance sur la vie lorsque le bénéficiaire est une personne distincte du souscripteur et, dans les contrats d'assurance contre les accidents atteignant les personnes, lorsque les bénéficiaires sont les ayants droit de l'assuré décédé. »

(L. n° 2006-1640 du 21 déc. 2006, art. 18-II) « Pour les contrats d'assurance sur la vie, nonobstant les dispositions du 2°, les actions du bénéficiaire sont prescrites au plus tard trente ans à compter du décès de l'assuré. »

Art. L. 114-2 *Al. 1er abrogé par L. n° 89-1014 du 31 déc. 1989.*

(L. n° 89-1014 du 31 déc. 1989) « La prescription » est interrompue par une des causes ordinaires d'interruption de la prescription et par la désignation d'experts à la suite d'un sinistre. L'interruption de la prescription de l'action peut, en outre, *(Ord. n° 2017-1433 du 4 oct. 2017, art. 4, en vigueur le 1er avr. 2018)* « résulter de l'envoi d'une lettre recommandée ou d'un envoi recommandé électronique, avec accusé de réception, adressés par l'assureur à l'assuré » en ce qui concerne l'action en paiement de la prime et par l'assuré à l'assureur en ce qui concerne le règlement de l'indemnité. – *[L. 13 juill. 1930, art. 27.]*

Art. L. 114-3 *(L. n° 2008-561 du 17 juin 2008, art. 6)* Par dérogation à l'article 2254 du code civil, les parties au contrat d'assurance ne peuvent, même d'un commun accord, ni modifier la durée de la prescription, ni ajouter aux causes de suspension ou d'interruption de celle-ci. – *Dispositions transitoires, V. L. n° 2008-561 du 17 juin 2008, art. 26 ss. art. 2279.*

Loi du 24 décembre 1897,

Relative au recouvrement des frais dus aux notaires, avoués et huissiers [commissaires de justice] (DP 1898. 4. 1).

Art. 1er Le droit des notaires au payement des sommes à eux dues pour les actes de leur ministère se prescrit par cinq ans à partir de la date des actes. Pour les actes dont l'effet est subordonné au décès, tels que les testaments et les donations entre époux pendant le mariage, les cinq ans ne courront que du jour du décès de l'auteur de la disposition.

Al. 2 abrogé par L. n° 2009-526 du 12 mai 2009, art. 11-III.

La prescription a lieu quoiqu'il y ait eu continuation d'actes de leur ministère de la part des notaires et huissiers *[commissaires de justice]*.

Elle ne cesse de courir que lorsqu'il y a eu compte arrêté, reconnaissance, obligation ou signification de taxe, en conformité de l'article 4 ci-après.

(Abrogé par L. n° 2008-561 du 17 juin 2008, art. 8-I) « Les articles 2275 et 2278 du code civil sont applicables à ces prescriptions. »

Art. 2 Les demandes en taxe et les actions en restitution de frais dus aux notaires et huissiers *[commissaires de justice]*, pour les actes de leur ministère, se prescrivent par *(L. n° 2008-561 du 17 juin 2008, art. 8-I)* « cinq » ans du jour du payement ou du règlement par compte arrêté, reconnaissance ou obligation. – *Dispositions transitoires, V. L. n° 2008-561 du 17 juin 2008, art. 26 ss. art. 2279.*

Art. 3 *Abrogé par Décr. n° 76-1237 du 28 déc. 1976.*

Art. 4 *Al. 1er à 6 abrogés par Décr. n° 75-1122 du 5 déc. 1975, art. 10.*

(Décr. n° 75-1122 du 5 déc. 1975) « La signification de l'ordonnance de taxe, à la requête des notaires et huissiers *[commissaires de justice]*, interrompt la prescription et fait courir les intérêts. »

V. les autres dispositions de cette loi au **C. pr. civ.**, *App., v° Frais et dépens.*

Ordonnance nº 2016-728 du 2 juin 2016,

Relative au statut de commissaire de justice.

Art. 21 *[...]* L'action en responsabilité dirigée contre les commissaires de justice pour la perte ou la destruction des pièces qui leur sont confiées dans l'exécution d'une commission ou la signification d'un acte, se prescrit par deux ans.

....

Loi de finances du 30 janvier 1907, Art. 79 Les dispositions de l'article 2 [...] de la loi du 24 décembre 1897 sont applicables aux demandes de taxe et aux actions en restitution de frais dus aux commissaires-priseurs *[judiciaires]* et aux greffiers des tribunaux judiciaires pour les actes de leur ministère.

Art. 2226 L'action en responsabilité née à raison d'un événement ayant entraîné un dommage corporel, engagée par la victime directe ou indirecte des préjudices qui en résultent, se prescrit par dix ans à compter de la date de la consolidation du dommage initial ou aggravé.

Toutefois, en cas de préjudice causé par des tortures ou des actes de barbarie, ou par des violences ou des agressions sexuelles commises contre un mineur, l'action en responsabilité civile est prescrite par vingt ans. — *Dispositions transitoires, V. L. nº 2008-561 du 17 juin 2008, art. 26 ss. art. 2279.*

Sur la prescription de l'action en réparation du préjudice résultant d'une discrimination, V. C. trav., art. L. 1134-5. — **C. trav.**

Sur la prescription décennale des actions en responsabilité dirigées contre les professionnels ou établissements de santé, V. CSP, art. L. 1142-28, ss. art. 1242 (II. Autres textes en matière de responsabilité).

L'action en indemnisation des dommages résultant d'une recherche impliquant la personne humaine se prescrit dans les conditions prévues à l'art. 2226 C. civ. : CSP, art. L. 1126-7. — **CSP.**

Les actions en responsabilité civile engagées à l'occasion des prisées et des ventes volontaires et judiciaires de meubles aux enchères publiques se prescrivent par cinq ans à compter de l'adjudication ou de la prisée (C. com., art. L. 321-17). — **C. com.**

1. Conv. EDH. Lorsqu'il est scientifiquement prouvé qu'une personne est dans l'impossibilité de savoir qu'elle souffre d'une certaine maladie, une telle circonstance doit être prise en compte pour le calcul du délai de péremption ou de prescription ; dès lors, viole l'art. 6 § 1 Conv. EDH en portant atteinte à l'accès à un tribunal dans sa substance même, la législation suisse qui fait partir la prescription décennale des victimes de l'amiante à compter de la date à laquelle elles y ont été exposées, alors que, compte tenu de la période de latence des maladies liées à cette exposition, ce délai sera toujours expiré. • CEDH, sect. II, 11 mars 2014, *Howald Moor et a. c/ Suisse*, nºs 52067/10 et 41072/11.

2. Qualification de dommage corporel pour l'application de l'art. 2226. Le préjudice dont se prévaut la personne victime d'agression sexuelle constitue un préjudice corporel au sens et pour l'application tant de l'*anc. art. 2270-1*, tel qu'interprété par la jurisprudence, que de l'art. 2226. Dès lors, manque de base légale l'arrêt retenant que le délai de prescription de l'action en responsabilité civile extracontractuelle a couru au plus tard à la date à laquelle la victime a entrepris une psychothérapie au motif qu'une telle démarche serait révélatrice de sa prise de conscience de l'aggravation de son dommage, sans rechercher si le préjudice allégué a fait l'objet d'une consolidation et, le cas échéant, à quelle date. • Civ. 2e, 7 juill. 2022, nº 20-19.147 B : *D. 2022. 1934, obs. Bacache ; JCP 2022, nº 1080, note Porchy-Simon ; RCA 2022, nº 217, note Hocquet-Berg.*

3. Point de départ : consolidation. Sur le principe selon lequel, en cas de dommage corporel, le délai de prescription court du jour de la consolidation. V., antérieurement à la L. du 17 juin 2008 : • Civ. 2e, 4 mai 2000, nº 97-21.731 P : *RCA 2000, nº 221, note Groutel ; RTD civ. 2000. 851, obs. Jourdain* • 11 juill. 2002, nº 01-02.182 P : *RGDA 2003. 76, note Landel* • 10 févr. 2022, nº 20-20.143 B : *RCA 2022, nº 97, obs. Hocquet-Berg* (date appréciée souverainement par les juges du fond). ♦ Rappr. • Civ. 2e, 25 oct. 2001, nº 99-10.194 P. ... Y compris pour les victimes par ricochet : • Civ. 2e, 3 nov. 2011 : *D. 2012. Chron. C. cass. 644, obs. Adida-Canac et Bouvier ; RTD civ. 2012. 122, obs. Jourdain ; RCA 2012, nº 6, obs. Hocquet-Berg.*

4. Action en aggravation d'un préjudice.

La prescription de l'action en réparation de l'aggravation de l'état de santé ne court qu'à compter de la manifestation de cette aggravation. • Civ. 2e, 15 nov. 2001, n° 00-10.833 P : *D. 2001. IR 3493*.

L'action en aggravation d'un préjudice est autonome au regard de l'action en indemnisation du préjudice initial. En conséquence, se trouve légalement justifié l'arrêt d'une cour d'appel qui retient que l'action de la victime tendant à l'indemnisation d'un préjudice de perte de droit à la retraite en lien avec son préjudice initial était prescrite et que les actions en indemnisation de l'aggravation du préjudice corporel, distinctes, n'avaient pu interrompre le délai de prescription. • Civ. 2e, 31 mars 2022, n° 20-19.992 B : *D. 2022. 1934, obs. Guégan* ; *RCA 2022, n° 146, obs. Hocquet-Berg.*

5. *Notion de consolidation.* Le choix d'une victime d'interrompre un traitement ne suffit pas à caractériser la consolidation de son préjudice • Civ. 1re, 17 janv. 2018, n° 14-13.351 P : *D. 2018. 169* ; *RTD civ. 2018. 426, obs. Jourdain* (cassation de l'arrêt qui fixe la date de consolidation d'une victime du distilbène à la date où elle a cessé tout traitement contre l'infertilité).

6. *Action subrogatoire.* L'action subrogatoire en remboursement des prestations versées à la victime par un organisme de sécurité sociale est soumise à la règle selon laquelle les actions en responsabilité civile extracontractuelle se prescrivent par dix ans à compter de la manifestation du dommage ou de son aggravation. • Civ. 2e, 17 janv. 2013, n° 11-25.723 P (application de l'anc. art. 2270-1). ♦ Application à l'action subrogatoire du FGAO en remboursement des sommes versées à la victime. • Civ. 2e, 20 janv. 2022, n° 20-15.717 B : *RGDA 2022/4. 3, note Landel.* ♦ En l'absence de texte spécifique, l'action récursoire de la caisse à l'encontre de l'employeur, auteur d'une faute inexcusable, se prescrit par cinq ans en application de l'art. 2224 et son action directe à l'encontre de l'assureur de l'employeur se prescrit par le même délai et ne peut être exercée contre l'assureur, au-delà de ce délai, que tant que celui-ci reste exposé au recours de son assuré ; cassation de l'arrêt ayant fait application de l'art. 2226. • Civ. 2e, 10 nov. 2021, n° 20-15.732 B : *D. 2022. 864, obs. Vigneras et Dudit*.

7. *Manutention maritime.* Il résulte de la combinaison de l'art. 56 de la L. du 18 juin 1966 et de l'art. 2270-1 C. civ. que l'action en responsabilité civile extracontractuelle contre l'entrepreneur de manutention pour dommage corporel se prescrit par dix ans à compter de la manifestation du dommage. • Com. 1er avr. 2003, n° 01-13.970 P : *R., p. 428* (arrêt rendu en application de l'art. 2270-1 ancien).

8. *Application stricte de l'al. 2.* La prescription de dix ans de l'action en responsabilité née à raison d'un événement ayant entraîné un dommage corporel prévue à l'art. 2226, al. 1er, s'applique quand bien même l'événement ayant entraîné le dommage est en relation avec des faits de tortures, d'actes de barbarie, de violences ou d'agressions sexuelles commises contre un mineur, visés par l'al. 2. • Civ. 2e, 3 mars 2016, n° 15-13.747 P (exclusion de l'action en responsabilité dirigée contre la personne n'ayant pas empêché la réalisation de crimes visés à l'al. 2, quand bien même les abstentions reprochées auraient entretenu du rapports étroits avec les faits d'agressions sexuelles et de violence reprochés à l'auteur des faits).

Art. 2226-1 *(L. n° 2016-1087 du 8 août 2016, art. 4-VI, en vigueur le 1er oct. 2016)* **L'action en responsabilité tendant à la réparation du préjudice écologique réparable en application du chapitre III du sous-titre II du titre III du présent livre se prescrit par dix ans à compter du jour où le titulaire de l'action a connu ou aurait dû connaître la manifestation du préjudice écologique.**

L'art. 2226-1, dans sa rédaction résultant de la L. n° 2016-1087 du 8 août 2016, art. 4-VI, est applicable à la réparation des préjudices dont le fait générateur est antérieur au 1er oct. 2016. Il n'est pas applicable aux préjudices ayant donné lieu à une action en justice introduite avant cette date (L. préc., art. 4-VIII).

Art. 2227 **Le droit de propriété est imprescriptible. Sous cette réserve, les actions réelles immobilières se prescrivent par trente ans à compter du jour où le titulaire d'un droit a connu ou aurait dû connaître les faits lui permettant de l'exercer.** – *Dispositions transitoires, V. L. n° 2008-561 du 17 juin 2008, art. 26 ss. art. 2279.*

A. IMPRESCRIPTIBILITÉ DE LA PROPRIÉTÉ

1. *Principes.* Le droit de propriété ne s'éteignant pas par le non-usage, l'action en revendication n'est pas susceptible de prescription. • Civ. 1re, 2 juin 1993, n° 90-21.982 P : *D. 1994. 582, note Fauvarque-Cosson* ; *D. 1993. Somm. 306, obs. A. Robert* ; *Defrénois 1994. 414, obs. Souleau-Defrénois* • Civ. 3e, 5 juin 2002, n° 00-16.077 P : *D. 2003. 1461, note Pillet* ; *JCP 2002. II. 10190, note du Rusquec* ; *Defrénois 2002. 1310, obs. Atias* ; *RDI 2002. 386, obs. Bergel*.

2. *Notion de revendication.* La revendication est l'action par laquelle le demandeur, invoquant sa qualité de propriétaire, réclame à celui qui le détient la restitution de son bien. Telle n'est pas l'action en remboursement de la valeur des biens que le tuteur aurait vendus en fraude des droits du pupille, cette action personnelle étant soumise à la prescription extinctive. • Civ. 3e, 16 avr. 1973 : *Bull. civ. III, no 297.* ♦ L'action en restitution fondée sur un contrat de dépôt, de prêt ou de mandat constitue une action mobilière distincte de l'action en revendication. • Civ. 1re, 24 nov. 2021, no 20-13.318 B : *D. 2021. 2132 ; Dalloz IP/IT 2022. 145, obs. Gaudrat ; CCC 2022, no 21, note Leveneur.*

L'art. L. 137-2, devenu L. 218-2, C. consom., disposant que l'action des professionnels, pour les biens ou les services qu'ils fournissent aux consommateurs, se prescrit par deux ans, n'est pas applicable à l'action formée par le crédit-bailleur qui, après l'expiration du contrat ayant pour objet la location d'une voiture, en demande la restitution au preneur n'ayant pas levé l'option d'achat. • Civ. 1re, 25 mai 2022, no 21-10.250 B : *D. 2022. 1528, obs. Strickler et Reboul-Maupin ; RTD civ. 2022. 624, obs. Barbier .*

L'action en régularisation forcée d'une cession de parcelle tendant à faire reconnaître le droit de propriété cédé par l'effet de la stipulation pour autrui consentie dans un acte d'échange constitue une action en revendication imprescriptible. • Civ. 3e, 12 nov. 2020, no 19-23.160 P : *RDI 2021. 84, obs. Bergel ; RTD civ. 2021. 177, obs. Dross .* ♦ L'action en expulsion d'un occupant sans droit ni titre, fondée sur le droit de propriété, constitue une action en revendication qui n'est pas susceptible de prescription. • Civ. 3e, 25 mars 2021, no 20-10.947 P : *D. 2021. 1048, obs. Damas ; ibid. 1509, obs. Strickler et Reboul-Maupin ; RDI 2021. 348, obs. Bergel* (cassation de l'arrêt ayant considéré que l'action tendait à l'expulsion de l'occupante d'un logement de fonction constituant l'accessoire d'un contrat de travail, de sorte qu'il ne s'agit pas d'une action de nature réelle immobilière, mais d'une action dérivant d'un contrat soumise à la prescription quinquennale de droit commun).

3. Portée de l'imprescriptibilité. Si l'action en revendication intentée par le propriétaire dépossédé de son immeuble est imprescriptible, elle ne peut triompher contre un défendeur qui justifie être devenu lui-même propriétaire de l'immeuble revendiqué, par une possession contraire réunissant toutes les conditions exigées pour la prescription acquisitive. • Civ. 1re, 7 oct. 1964 : *JCP 1964. II. 13944, note Bulté.* ♦ Les juges du fond ne peuvent rejeter une action en revendication d'un terrain sans constater que le défendeur en a acquis la propriété par une usucapion trentenaire, au motif que le demandeur n'avait depuis trente ans émis aucune prétention sur ce terrain et que les actions tant personnelles que réelles se prescrivent par ce délai. • Civ. 3e, 22 juin 1983 : *Gaz. Pal. 1983. 2. Pan. 309, obs. Piedelièvre ; RTD civ. 1984. 744, obs. Giverdon.*

4. Limites à l'imprescriptibilité : action en délivrance de legs. Si le légataire à titre universel devient propriétaire des biens légués, de plein droit et du seul fait du décès du testateur, il n'en est pas moins tenu, en présence d'héritiers réservataires, de solliciter la délivrance de son legs, et cette action est soumise à la prescription. • Civ. 1re, 28 janv. 1997, no 95-13.835 P.

B. PRESCRIPTION TRENTENAIRE DES ACTIONS RÉELLES IMMOBILIÈRES

5. Empiétement. L'action tendant à la remise en état des lieux par la suppression d'un empiétement est une action immobilière non soumise à la prescription applicable aux actions personnelles. • Civ. 3e, 11 févr. 2015, no 13-26.023 P.

6. ... Et copropriété. L'action tendant à la démolition d'un équipement empiétant sur une partie privative d'une copropriété est une action réelle se prescrivant par trente ans (non-application de la prescription décennale de l'art. 42, al. 1er, de la L. du 10 juill. 1965). • Civ. 3e, 20 nov. 2002 : *D. 2002. IR 3244 .* ♦ Comp., pour une action en suppression d'un empiétement sur les parties communes, intervenu à l'occasion de travaux autorisés par une assemblée générale : cette action est une action personnelle soumise à la prescription décennale. • Civ. 3e, 19 juin 2013, no 12-11.791.

L'action tendant à obtenir la démolition d'une construction édifiée en violation d'une charge réelle grevant un lot au profit des autres lots, en vertu d'une stipulation du cahier des charges d'un lotissement, est une action réelle immobilière soumise à la prescription trentenaire. • Civ. 3e, 6 avr. 2022, no 21-13.891 B : *D. 2022. 1528, obs. Strickler et Reboul-Maupin ; ibid. Chron. C. cass. 2308, obs. Djikpa ; AJDI 2022. 451, obs. de Dieuleveult ; RTD civ. 2022. 656, obs. Dross ; Defrénois 2022/22. 13, obs. Boismery.* ♦ En revanche, l'action en réparation du préjudice personnel que prétend avoir subi le propriétaire d'un lot en raison de la violation des stipulations du cahier des charges est une action personnelle soumise à la prescription quinquennale. • Même arrêt.

7. Lotissement. L'action d'une ASL tendant à voir dire que la voirie et les réseaux d'un lotissement sont la propriété de la commune après que leur cession forcée eut été réalisée par la délibération de la commune est une action réelle immobilière, soumise à la prescription trentenaire de l'art. 2227. • Civ. 3e, 11 janv. 2023, no 21-20.388 B.

8. Trouble de voisinage (non). L'action pour troubles anormaux du voisinage constitue une action en responsabilité extra contractuelle et non une action immobilière réelle. • Civ. 2e, 13 sept. 2018, no 17-22.474 P : *D. 2018. 1806 ; AJDI*

2019. 470, obs. Le Rudulier ; *RTD civ. 2018. 948, obs. Dross* • Civ. 3e, 16 janv. 2020, n° 16-24.352 P : *D. 2020. 466, note Rias* ; *ibid. 1761, obs. Reboul-Maupin et Strickler* ; *RDI 2020. 120, obs. Charbonneau* ; *RDC 2020/2. 113, note Danos.*

9. Sûreté réelle. La sûreté réelle consentie pour garantir la dette d'un tiers n'impliquant aucun engagement personnel à satisfaire à l'obligation d'autrui, elle n'est pas un cautionnement. Limitée au bien affecté en garantie, elle est soumise à la prescription trentenaire pour les actions réelles immobilières, et non à la prescription quinquennale de droit commun prévue par l'art. 2224 pour les actions personnelles ou mobilières. • Com. 2 juin 2021, n° 20-12.908 P : *D. 2021. 1526, note Nicolle* ; *ibid. 1879, obs. Ansault et Gijsbers* ; *RTD civ. 2021. 691, obs. Gijsbers* ; *CCC 2021, n° 129, note Leveneur.*

10. Pour d'autres applications de la prescription trentenaire, V. aussi art. 617 et 706.

CHAPITRE III DU COURS DE LA PRESCRIPTION EXTINCTIVE

SECTION 1 Dispositions générales

Art. 2228 La prescription se compte par jours, et non par heures. — *Dispositions transitoires, V. L. n° 2008-561 du 17 juin 2008, art. 26 ss. art. 2279.*

Le dernier jour du délai, lorsque le délai est fixé par année ou par mois, est celui qui porte le même quantième que le premier jour. • Soc. 24 févr. 1961 : *Bull. civ. IV, n° 252.*

Art. 2229 Elle est acquise lorsque le dernier jour du terme est accompli. — *Dispositions transitoires, V. L. n° 2008-561 du 17 juin 2008, art. 26 ss. art. 2279.*

1. Les règles de computation des délais de prescription doivent être distinguées de celles régissant les délais de procédure. • Civ. 2e, 7 avr. 2016, n° 15-12.960 P. ♦ La France n'ayant pas ratifié la Convention européenne sur la computation des délais conclue à Bâle le 16 mai 1972, ses juridictions ne peuvent l'appliquer. • Même arrêt. ♦ Ainsi, les règles de computation des délais de procédure énoncées aux art. 641 et 642 C. pr. civ., prévoyant que le délai expire à la fin du jour portant le même quantième que celui du point de départ, sont sans application en matière de prescription. • Civ. 1re, 12 déc. 2018, n° 17-25.697 P : *D. 2018. 2414* ; *CCC 2019, n° 38, obs. Leveneur.*

2. Le jour pendant lequel se produit un événement d'où court un délai de prescription ne compte pas dans ce délai ; la prescription est acquise le dernier jour à minuit du terme accompli. • Com. 8 mai 1972, n° 70-13.712 P. ♦ Le jour du jugement prononçant la liquidation judiciaire, qui constitue le point de départ du délai de prescription de l'action en responsabilité pour insuffisance d'actif, ne peut être inclus dans la computation de ce délai, lequel expire trois ans après le jour suivant cette date (jugement du 7 janv. 2019, de sorte que l'action engagée le 7 janv. 2019 n'était pas prescrite). • Com. 18 janv. 2023, n° 21-22.090 B.

3. L'acquisition d'un immeuble par prescription est opposable à tous sans avoir à être publiée. • Civ. 3e, 13 nov. 1984 : *D. 1985. 345, note Aubert* ; *RTD civ. 1985. 747, obs. Giverdon et Salvage-Gerest.*

4. L'usucapion rétroagit à la date où la possession a commencé. • Civ. 3e, 10 juill. 1996, n° 94-21.168 P : *R., p. 287* ; *D. 1998. 509, note Reboul* ; *Defrénois 1996. 1426, obs. Atias* (la vente d'un terrain par un autre que le possesseur, au cours du délai de prescription, est une vente de la chose d'autrui).

Art. 2230 La suspension de la prescription en arrête temporairement le cours sans effacer le délai déjà couru. — *Dispositions transitoires, V. L. n° 2008-561 du 17 juin 2008, art. 26 ss. art. 2279.*

Art. 2231 L'interruption efface le délai de prescription acquis. Elle fait courir un nouveau délai de même durée que l'ancien. — *Dispositions transitoires, V. L. n° 2008-561 du 17 juin 2008, art. 26 ss. art. 2279.*

Pour une application, excluant l'interversion de la prescription : • Com. 16 sept. 2014, n° 13-17.252 P (prescription annale en matière de transport) • Civ. 3e, 5 janv. 2017, n° 15-12.605 P : *D. 2017. 110* ; *RDI 2017. 154, obs. Malinvaud* (prescription biennale en garantie des vices cachés) • 11 juill. 2019, n° 18-17.856 P : *D. 2019. 1495* ; *RDI 2019. 575, obs. Faure-Abbad* ; *CCC 2019, n° 172, note Leveneur* (délai de forclusion annal en matière de vente d'immeuble à construire). ♦ V. antérieurement, à propos des conditions de l'interversion de prescription en matière de transport : • Com. 12 janv. 1988 : *D. 1989. 23, note Legros* • 3 déc. 1996, n° 94-19.754 P : *D. 1997. Somm. 180, obs. Delebecque* .

Art. 2232 **Le report du point de départ, la suspension ou l'interruption de la prescription ne peut avoir pour effet de porter le délai de la prescription extinctive au-delà de vingt ans à compter du jour de la naissance du droit.**

Le premier alinéa n'est pas applicable dans les cas mentionnés aux articles 2226 *(L. nº 2016-1087 du 8 août 2016, art. 4-I)* **« , 2226-1 », 2227, 2233 et 2236, au premier alinéa de l'article 2241 et à l'article 2244. Il ne s'applique pas non plus aux actions relatives à l'état des personnes.** — *Dispositions transitoires, V. L. nº 2008-561 du 17 juin 2008, art. 26 ss. art. 2279.*

BIBL. ▶ ANDREU, *D. 2021. 186* (retour sur l'application dans le temps de l'article 2232 du code civil prévoyant un butoir à l'extension de la durée de la prescription). – MIGNOT, *Gaz. Pal. 2009. 408* (délai butoir). – PELLIER, *D. 2018. 2148* (*idem*).

1. Délai butoir : application dans le temps. Le délai butoir de l'art. 2232, al. 1er, n'est pas applicable à une situation où le droit est né avant l'entrée en vigueur de la L. du 17 juin 2008 ; en effet, en l'absence de dispositions transitoires qui lui soient applicables, le délai butoir, créé par la L. du 17 juin 2008, relève, pour son application dans le temps, du principe de non-rétroactivité de la loi nouvelle. • Civ. 3e, 1er oct. 2020, nº 19-16.986 P : *D. 2020. 2154, avis Brun ; ibid. 2157, note Gautier ; ibid. 2021. 186, obs. Andreu ; JCP 2020, nº 1168, note Pellier ; ibid. N 2021, nº 1107, note Leveneur ; CCC 2021, nº 20, note Leveneur ; RDC 2021/1. 45, note Borghetti ; ibid. 2021/3. 8, note Latina.*

2. Retraite. Le délai de prescription de l'action fondée sur l'obligation pour l'employeur d'affilier son personnel à un régime de retraite complémentaire et de régler les cotisations qui en découlent ne court qu'à compter de la liquidation par le salarié de ses droits à la retraite, jour où le salarié titulaire de la créance à ce titre a connu ou aurait dû connaître les faits lui permettant d'exercer son action, sans que puissent y faire obstacle les dispositions de l'art. 2232 C. civ. • Soc. 3 avr. 2019, nº 17-15.568 P : *D. 2019. 2339, note I. Ta ; RDT 2019. 401, obs. Ginon ; RTD civ. 2019. 586, obs. Barbier .*

3. Action en garantie des vices cachés. L'art. 2224 a réduit le délai de prescription extinctive de droit commun à cinq ans, et a fixé son point de départ au jour où le titulaire d'un droit a connu ou aurait dû connaître les faits lui permettant de l'exercer, ce qui annihile toute possibilité d'encadrement de l'action en garantie des vices cachés, le point de départ de la prescription extinctive du droit à garantie se confondant avec le point de départ du délai pour agir prévu par l'art. 1648, à savoir la découverte du vice ; en conséquence, l'encadrement dans le temps de l'action en garantie des vices cachés ne peut être assuré, comme en principe pour toute action personnelle ou mobilière, que par l'art. 2232 qui édicte un délai butoir de vingt ans à compter de la naissance du droit. • Civ. 3e, 8 déc. 2021, nº 20-21.439 B : *D. 2022. 257, avis Brun ; ibid. 260, Borghetti ; RDI 2022. 115, obs. Charbonneau et Tricoire ; AJDI 2022. 469, obs. Cohet ; CCC 2022, nº 23, note Leveneur ; JCP N 2022, nº 1127, obs. Bucher ; RDC 2022/2. 55, note Thibierge.*

Le délai de 5 ans de l'art. L. 110-4, I, C. com. ne peut plus être regardé comme un délai butoir de sorte que l'action en garantie des vices cachés relative à des biens vendus après l'entrée en vigueur de la L. du 17 juin 2008 doit être formée dans le délai de deux ans à compter de la découverte du vice ou, en matière d'action récursoire, à compter de l'assignation, sans pouvoir dépasser le délai butoir de vingt ans de l'art. 2232 courant à compter de la vente initiale. • Civ. 3e, 25 mai 2022, nº 21-18.218 B : *D. 2022. 1039 ; RTD com. 2022. 637, obs. Bouloc ; CCC 2022, nº 113, note Leveneur ; RDC 2022/3. 40, note Thibierge.*

SECTION 2 Des causes de report du point de départ ou de suspension de la prescription

Art. 2233 **La prescription ne court pas :**

1º A l'égard d'une créance qui dépend d'une condition, jusqu'à ce que la condition arrive ;

2º A l'égard d'une action en garantie, jusqu'à ce que l'éviction ait lieu ;

3º A l'égard d'une créance à terme, jusqu'à ce que ce terme soit arrivé. — *Dispositions transitoires, V. L. nº 2008-561 du 17 juin 2008, art. 26 ss. art. 2279.*

1. Domaine. La règle de l'art. 2257 [ancien], identique à celle de l'art. 2233, aux termes duquel la prescription ne court point à l'égard d'une créance qui dépend d'une condition jusqu'à ce que la condition arrive, est générale et s'applique aux droits réels aussi bien qu'aux créances. • Civ. 3e, 25 oct. 1968, nº 67-11.191 P.

2. Créances conditionnelles. Si l'obtention du statut de réfugié ouvre droit, en raison de son caractère recognitif, aux prestations familiales à compter de l'entrée sur le territoire, l'intéressé ne peut faire valoir utilement ses droits aux prestations qu'après son admission effective au bénéfice du statut de réfugié, de sorte que, par application de l'art. 2257, al. 1er anc. (identique à l'art. 2233-1°), le délai de la prescription biennale applicable à ces prestations n'a pas commencé à courir à la date de sa demande d'admission. • Civ. 2e, 22 janv. 2015, n° 13-26.785 P.

3. Défaut d'exigibilité. Le point de départ d'un délai à l'expiration duquel ne peut plus s'exercer une action se situe nécessairement à la date d'exigibilité de l'obligation qui lui a donné naissance. • Civ. 1re, 9 juin 1998, n° 96-14.130 P • Civ. 3e, 14 juin 2006, n° 05-14.181 P : *D. 2006. IR 1843* (la prescription de l'action en paiement d'une partie du prix de vente exercée par un copropriétaire à l'encontre de celui ayant aliéné le bien indivis ne peut avoir commencé à courir avant la date de la vente, même si l'acte établissant la propriété indivise est antérieur). ♦ Le délai de prescription de l'action de l'avocat en paiement d'un honoraire de résultat ne peut commencer à courir avant que cet honoraire soit exigible. • Civ. 2e, 23 nov. 2017, n° 16-25.120 P : *D. 2018. 757, obs. Becuwe et Touati* (prise en compte du jour du partage chez le notaire, et non de la date du jugement antérieur ordonnant le partage). ♦ V. conf., pour un délai de forclusion : • Civ. 1re, 9 déc. 1997, n° 95-21.015 P • 9 juin 1998, n° 96-14.130 P • 1er juin 1999, n° 97-19.119 P.

4. Termes successifs. Lorsqu'une dette est payable par termes successifs, la prescription se divise comme la dette elle-même et court contre chacune de ses parties à compter de son échéance. • Soc. 13 déc. 1945 : *D. 1946. 137.* ♦ Il en résulte que, si l'action en paiement des mensualités impayées d'un prêt se prescrit à compter de leurs dates d'échéance successives, l'action en paiement du capital restant dû se prescrit à compter de la déchéance du terme, qui emporte son exigibilité. • Civ. 1re, 11 févr. 2016, n° 14-22.938 P : *D. 2016. 870, note Lagelée-Heymann ; RDI 2016. 269, obs. Heugas-Darraspen ; JCP 2016, n° 405, note Gouëzel ; JCP N 2016, n° 1298, note Piedelièvre ; Gaz. Pal. 2016. 856, obs. Joly et Cuturi-Ortega* (cassation d'arrêts ayant admis que le délai de deux ans prévu par l'art. L. 137-2 [L. 218-2] C. consom. courait à compter du premier incident de paiement non régularisé). ♦ ... Y compris en cas de décès de l'emprunteur. • Civ. 1re, 20 oct. 2021, n° 20-13.661 B : *D. 2022. 574, obs. Aubry ; ibid. 1828, obs. Martin et Synvet ; RDI 2022. 215, obs. Bruttin ; RTD civ. 2021. 885, obs. Barbier ; RDC 2022/1. 33, note Libchaber.*

5. Ignorance de son droit. Le motif des dispositions de l'art. 2257 [ancien], identique à celles de l'art. 2233, est que, dans le cas qu'elles prévoient, le créancier ne peut agir tant que le fait auquel son droit et son action sont subordonnés ne s'est pas réalisé. Le même motif existe toutes les fois que le créancier peut raisonnablement et aux yeux de la loi ignorer l'existence du fait qui donne naissance à son droit et à son intérêt et, par suite, ouverture à son action. • Civ. 27 mai 1857 : *DP 1857. 1. 290.* – Dans le même sens : • Com. 7 avr. 1967 : *Bull. civ. III, n° 125* • 13 avr. 1999, n° 97-16.632 P : *JCP 1999. II. 10222, note Fages* • Civ. 2e, 22 mars 2005, n° 03-30.551 P (ignorance légitime et raisonnable de la naissance du droit).

Art. 2234 La prescription ne court pas ou est suspendue contre celui qui est dans l'impossibilité d'agir par suite d'un empêchement résultant de la loi, de la convention ou de la force majeure. — *Dispositions transitoires, V. L. n° 2008-561 du 17 juin 2008, art. 26 ss. art. 2279.*

1. Principes. Sur l'idée selon laquelle la prescription ne court pas contre celui qui est dans l'impossibilité absolue d'agir par suite d'un empêchement résultant soit de la loi, soit de la convention ou de la force majeure, dès avant la L. du 17 juin 2008, • Civ. 1re, 22 déc. 1959 : *JCP 1960. II. 11494, note P. E.* • Com. 17 févr. 1964, n° 60-13.616 P. ♦ La prescription ne peut courir qu'à *compter du jour où celui contre lequel on l'invo*que a pu agir valablement. • Civ. 1re, 27 oct. 1982, n° 81-14.386 P. ♦ V. aussi notes ss. art. 2233.

2. La règle selon laquelle la prescription ne court pas contre celui qui est empêché d'agir ne s'applique pas lorsque le titulaire de l'action disposait encore, à la cessation de l'empêchement, du temps nécessaire pour agir avant l'expiration du délai de prescription. • Com. 11 janv. 1994, n° 92-10.241 P • Civ. 1re, 23 juin 2011, n° 10-18.530 P : *D. 2011. 1818, obs. Avena-Robardet ; AJDI 2011. 809, obs. de La Vaissière ; CCC 2011, n° 209, obs. Leveneur* • 29 mai 2013, n° 12-15.001 P : *cité note 3 ss. art. 184* (possibilité pour l'épouse d'avoir connaissance de la bigamie du mari par la consultation de son acte de naissance à l'occasion de son propre mariage, survenu avant l'expiration du délai de prescription) • 13 mars 2019, n° 17-50.053 P • Soc. 13 janv. 2021, n° 19-16.564 P : *Dr. soc. 2021. 373, obs. Radé* (impossibilité d'agir pendant quelques jours au début d'un délai de forclusion d'un an). ♦ La suspension de la prescription lorsqu'un droit se trouve subordonné à la solution d'une action en cours suppose que soit caractérisée une impossibilité d'agir. • Civ. 3e, 4 juill. 2012, n° 11-13.868 P : *D. 2012. 1816, obs. Rouquet* .

A. IMPOSSIBILITÉ D'AGIR : ILLUSTRATIONS

3. Troubles mentaux. Il incombe aux juges du fond de rechercher si les troubles mentaux dont souffrait l'assuré avant l'instauration d'un régime de protection légale ne constituaient pas pour lui l'impossibilité absolue d'agir. • Civ. 1re, 18 févr. 2003 : *JCP N 2003. 1664, obs. Fossier ; RGDA 2003. 302, note Chardin.* ♦ Rappr. : • Civ 1re, 1er juill. 2009, n° 08-13.518 P : *D. 2009. 2660, note Raoul-Cormeil ; Gaz. Pal. 2009. 3047, obs. Raoul-Cormeil ; AJ fam. 2009. 402, obs. Pécaut-Rivolier ; Dr. fam. 2009, n° 116, note Maria ; Defrénois 2009. 2336, obs. Savaux ; RTD civ. 2009. 507, obs. Hauser.*

4. Sujétion psychologique. La prescription ne peut commencer à courir à l'encontre de personnes en état de sujétion psychologique non contestée par les parties. L'action en responsabilité délictuelle engagée contre les notaires rédacteurs de l'acte de vente n'était donc pas prescrite, le délai de prescription ne commençant pas à courir à compter de la date de conclusion de l'acte, mais à la date où l'état de sujétion cesse. • Civ. 3e, 16 sept. 2021, n° 20-17.623 B : *D. 2021. Chron. C. cass. 2251, obs. Djikpa ; ibid. 2022. 35, obs. Brun ; ibid. 310, obs. Boffa et Mekki ; RDC 2022/1. 36, note Hontebeyrie.*

5. Amnésie post-traumatique. Rejet d'une action, l'expert judiciaire n'avant mis en évidence aucune amnésie post-traumatique susceptible de constituer une impossibilité d'agir. • Civ. 2e, 13 sept. 2018, n° 17-20.966 P : *D. 2018. 2153, obs. Bacache, Guégan et Porchy-Simon ; RCA 2018, n° 296, note Groutel.*

6. Information sur une succession. Cassation de l'arrêt qui déclare prescrite l'action en paiement de la banque pour un prêt, au motif que la banque n'était pas dans l'impossibilité d'agir à l'encontre de l'épouse du codébiteur décédé, ce qui aurait eu pour effet d'interrompre le délai de prescription à l'égard de l'ensemble des codébiteurs solidaires : la banque n'a eu connaissance de la dévolution successorale que tardivement, ce qui l'a placée dans l'impossibilité d'agir contre les héritiers du défunt jusqu'à cette date. • Civ. 1re, 23 janv. 2019, n° 17-18.219 P : *D. 2019. 197 ; ibid. Chron. C. cass. 840, obs. Vitse ; AJ fam. 2019. 349, obs. Casey ; AJ contrat 2019. 129, obs. Houtcieff ; AJDI 2019. 707, obs. Moreau ; CCC 2019, n° 60, obs. Leveneur ; RDC 2/2019. 31, obs. Libchaber.*

7. Attente des opérations de partage. Le rapport des dettes constituant une opération de partage, la dette n'est pas exigible pendant la durée de l'indivision et ne peut se prescrire avant la clôture des opérations de partage. • Civ. 1re, 5 déc. 1978 : *Bull. civ. I, n° 377* • 30 juin 1998, n° 96-13.313 P : *JCP 1999. I. 132, n° 2, obs. Le Guidec ; Defrénois 2000. 32, note Crône ; Dr. fam. 1998, n° 161, note Beignier.*

8. Attente d'une autorisation administrative. Le défaut d'autorisation administrative nécessaire à l'acceptation d'un legs universel par l'ordre de la Légion d'honneur a placé celui-ci dans l'impossibilité d'interrompre la prescription qui courait en faveur de l'assureur qui garantissait le bien légué. • Civ. 1re, 27 avr. 1994, n° 91-11.783 P.

9. Attente d'une autorisation judiciaire. Dans la mesure où l'autorisation du juge des tutelles des mineurs est requise pour que l'administrateur *ad hoc* puisse accepter une offre du FIVA, il résulte de cette obligation et de la règle *contra non valentem agere non currit praescriptio* que le délai de deux mois prévu pour saisir la cour d'appel de la contestation de l'offre est suspendu entre la date de la saisine de ce juge et sa décision. • Civ. 2e, 8 sept. 2016, n° 15-23.041 P : *D. 2016. 1823 ; AJ fam. 2016. 491, obs. Houssier.*

10. Gel des avoirs. Lorsque les avoirs d'un débiteur sont gelés et que les conditions dans lesquelles l'autorité française compétente peut autoriser le déblocage de certains d'entre eux ne sont pas réunies ou que celle-ci a refusé de les débloquer, la prescription extinctive est suspendue à l'égard des créanciers pendant toute la durée de la mesure de gel. • Cass., ass. plén., 29 avr. 2022, n° 18-18.542 B : *D. 2022. 1331, obs. Leborgne ; RTD civ. 2022. 620, obs. Barbier ; JCP 2022, n° 593.*

11. Instructions de l'administration fiscale. L'administration fiscale qui a, par instructions administratives, prorogé le délai imparti pour construire aux acquéreurs de terrains s'est trouvée, dans l'impossibilité d'agir contre ceux-ci jusqu'à la fin de la prorogation, sauf à méconnaître sa propre doctrine en violation des dispositions de l'art. L. 80 A LPF, de sorte que la prescription décennale a été suspendue pendant cette période. • Com. 7 juill. 2015, n° 14-13.468 P.

12. Fraude. Lorsque le bénéficiaire d'une assurance a été abusé par la compagnie afin de le dissuader d'agir en justice, la fraude ainsi commise prive l'assureur du droit de se prévaloir de la prescription biennale. • Civ. 1re, 28 oct. 1991, n° 88-14.410 P. ♦ V. aussi • Civ. 1re, 13 nov. 1991, n° 89-17.779 P (comportement de la compagnie n'étant pas constitutif d'un dol de nature à suspendre la prescription).

13. Procédure collective. La prescription de la dette fiscale d'une société est suspendue par sa mise en règlement judiciaire et cette suspension n'a pas cessé dès lors que le règlement judiciaire a été converti en une liquidation des biens non encore clôturée. • Com. 12 oct. 1999 : *JCP 2000. II. 10238, rapp. Rémery.*

14. Suspension des poursuites. La prescription ne saurait courir au profit du débiteur, ni pendant le sursis qu'il a obtenu pour l'exécution de ses obligations, ni pendant le temps qu'il les exécute, alors que les poursuites sont nécessairement suspendues (en l'espèce, le débiteur d'un organisme de sécurité sociale ayant été autorisé à se libérer par versements échelonnés, la prescription est suspendue depuis la date de cet accord jusqu'à la dernière échéance respectée par le débiteur). • Civ. 2e, 22 déc. 1965 : *Bull. civ. II, n° 1088.*

15. Procédure de conciliation. Licite, la clause d'un contrat instituant une procédure de conciliation obligatoire et préalable à la saisine du juge suspend, lorsqu'elle est mise en œuvre, le cours de la prescription jusqu'à son issue. • Cass., ch. mixte, 14 févr. 2003, n° 00-19.423 P : *R., p. 471 ; BICC 1er mai 2003, concl. Benmakhlouf, rapp. Bailly* • Com. 17 juin 2003, n° 99-16.001 P • Civ. 1re, 27 janv. 2004, n° 00-22.320 P : *D. 2004. Somm. 2826, obs. Blanchard*. ♦ La disposition de l'art. L. 122-1 C. énergie, qui limite la suspension du délai de prescription des actions en matière civile et pénale au délai de deux mois imparti au médiateur national de l'énergie, par l'art. 3 du Décr. n° 2007-1504 du 19 oct. 2007 pour formuler une recommandation, est de nature à priver les parties de leur droit d'accès au juge garanti par l'art. 6, § 1, Conv. EDH en les empêchant d'entamer une procédure judiciaire ou arbitrale concernant le litige qui les oppose, du fait de l'expiration des délais de prescription pendant le processus de médiation, qui est susceptible d'excéder le délai imparti au MNE pour formuler une recommandation • Civ. 1re, 9 juin 2017, n° 16-12.457 P : *D. 2017. Chron. C. cass. 1859, obs. Vitse ; ibid. 2559, obs. Clay ; RTD civ. 2017. 653, obs. Barbier*.

16. Ignorance légitime et raisonnable de la naissance de son droit. A légalement justifié sa décision la cour d'appel qui retient que la société ayant engagé une action en remboursement d'une somme correspondant au montant des frais payés au titre du magasinage de la marchandise pendant toute la durée d'exercice du droit de rétention est dans l'impossiblité d'agir pour avoir, de manière légitime et raisonnable, ignoré la naissance de son droit jusqu'à la date d'émission de la facture correspondant à ces frais. • Com. 8 févr. 2023, n° 20-22.496 B.

B. ABSENCE D'IMPOSSIBILITÉ D'AGIR

17. Niveau socio-culturel. Ignorance. Ne sont pas des circonstances constitutives d'une impossibilité d'agir l'isolement, les charges familiales et le niveau socio-culturel d'une personne. • Soc. 26 avr. 1984, n° 82-15.956 P : *RTD civ. 1985. 176, obs. Mestre.* ♦ De même, ne peut être de nature à entraîner la suspension de la prescription l'ignorance, compte tenu de l'évolution des connaissances scientifiques, d'une possible relation de cause à effet entre l'activité professionnelle d'une personne et son décès. • Soc. 6 oct. 1994, n° 92-12.660 P.

18. Expertise. Ne donnent pas de base légale à leur décision les juges du fond qui décident que la prescription n'est pas acquise en raison d'une expertise amiable pratiquée d'un commun accord entre les parties, celles-ci ayant l'obligation morale de n'engager aucune procédure avant que les résultats n'en soient connus, alors que l'expertise, simple mesure conservatoire, n'empêche pas l'une des parties d'agir contre l'autre pour faire établir sa responsabilité. • Com. 21 mars 1984 : *Bull. civ. IV, n° 116.*

19. Action en justice. Est prescrite l'action en responsabilité d'une société contre son mandataire *ad hoc* ayant licencié à tort une salariée, le droit d'agir de la société n'étant pas suspendu pendant la procédure à l'origine de sa condamnation. • Civ. 2e, 7 févr. 2008 : *cité note 57 ss. art. 2224.*

20. Motif juridique inopérant. Il résulte des art. L. 114-1, L. 114-2 C. assur. et 2251 [ancien] C. civ. dont l'art. 2234 reprend la solution que la prescription de deux ans prévue par le premier de ces textes ne peut être suspendue que par des circonstances mettant la partie qui invoque la suspension dans l'impossibilité d'agir. • Civ. 1re, 11 déc. 1990, n° 87-17.868 P : *RTD civ. 1991. 537, obs. Mestre* (cassation de l'arrêt qui, pour admettre la suspension de la prescription, retient l'existence d'un mandat apparent dont aurait été investi le représentant de la compagnie). ♦ V. aussi, pour une information pénale : • Civ. 1re, 12 mars 2002 : *D. 2002. Somm. 3182, obs. Groutel* • Civ. 2e, 19 févr. 2004, n° 01-01.038 P. ♦ ... Pour un débat juridique sur la validité des dispositions d'un arrêté : • Civ. 2e, 12 juill. 2007, n° 06-20.548 P : *D. 2007. AJ 2304*. ♦ La divergence d'interprétation d'un texte ne fait pas obstacle à ce que les redevables contestent le montant de leurs cotisations devant une juridiction de sécurité sociale sans attendre que la difficulté d'interprétation soit tranchée. • Civ. 2e, 14 févr. 2013, n° 12-13.339 P : *D. 2013. 514*.

21. Impossibilité dépendant de la volonté du créancier. Ne peut faire obstacle à la prescription d'une action en suppression de vues la clause qui fait dépendre l'exigibilité de l'obligation de suppression d'un événement dépendant de la volonté du créancier : V. • Civ. 3e, 7 juin 1990, n° 88-18.840 P : *RTD civ. 1991. 333, obs. Mestre* (l'exigibilité de l'obligation de supprimer les vues dépendait de l'exécution de son engagement de se clôturer par la partie qui exigeait la suppression des vues).

22. Procédure collective. Le délai de prescription qui court contre un débiteur n'est pas suspendu par sa mise en redressement ou liquidation judiciaire. • Com. 20 sept. 2005, n° 03-17.137 P : *R., p. 307 ; JCP 2006. I. 130, n° 1, obs. Cabrillac.* ♦ Un créancier inscrit, à qui est inopposable la déclaration d'insaisissabilité d'un immeuble, peut faire procéder à la vente sur saisie de cet immeuble ; si l'effet interruptif de prescription d'une déclaration de créance s'étend aux poursuites de saisie immobilière qui tendent au même but, soit le recouvrement de la créance, ce créancier, lorsqu'il a déclaré sa créance, ne peut, dès lors qu'il n'est pas dans l'impossibilité d'agir sur l'immeuble, au sens de l'art. 2234 C. civ., bénéficier de la prolongation de l'effet interruptif de prescription de sa déclaration jusqu'à la clôture de la procédure collective, cet effet prenant fin à la date de la décision ayant statué sur la demande d'admission. • Com. 12 juill. 2016, nº 15-17.321 P : *D. 2016. 1558, obs. Lienhard ; ibid. 1894, obs. Le Corre et F.-X. Lucas ; Rev. sociétés 2016. 547, obs. Roussel Galle ; JCP N 2017, nº 1043, note Puygauthier.*

La déclaration de créance au passif du débiteur principal en liquidation judiciaire interrompt la prescription à l'égard du garant hypothécaire, sans qu'il y ait lieu à notification de la déclaration à l'égard de ce dernier, et cet effet interruptif se prolonge jusqu'au jugement prononçant la clôture de la procédure ; le créancier n'est pas empêché d'agir contre le garant hypothécaire pendant le cours de la liquidation judiciaire et n'est privé d'aucun droit par le jugement de clôture pour insuffisance d'actif qui a seulement eu pour effet à son égard, et dès son prononcé, de mettre fin à l'interruption du délai de prescription et de faire courir un nouveau délai de prescription de cinq ans. • Com. 1er juill. 2020, nº 18-24.979 P : *D. 2020. 1857, obs. Lucas et Cagnoli ; ibid. 1917, obs. Ansault et Gijsbers ; RTD com. 2020. 945, obs. Martin-Serf.*

23. Surendettement. Le recours formé par un créancier contre la décision par laquelle une commission de surendettement déclare un débiteur recevable en sa demande de traitement de sa situation financière ne constitue pas, au regard de son objet, une demande en justice de nature à interrompre le délai de prescription en application de l'art. 2241. • Civ. 2e, 17 mars 2016, nº 14-24.986 P : *D. 2016. 1481, note Maumont ; RTD com. 2016. 315, obs. Legeais.*

24. Cotisations sociales. N'est pas dans l'impossibilité d'agir dans le délai de prescription le demandeur à une action en remboursement de cotisations sociales, dès lors qu'aucun obstacle ne lui interdisait d'en contester, avant l'expiration de ce délai, la détermination et le montant et d'en réclamer la restitution. • Civ. 2e, 20 juin 2007, nº 06-12.516 P : *Gaz. Pal. 22-23 févr. 2008, note Thiesset.* – Même sens : • Civ. 2e, 20 déc. 2007 : *JCP 2008. II. 10015, note Loiseau.*

25. Existence d'un contrat de travail. L'exclusion apparente, résultant du type de contrats passés entre les gérants d'une station service et leur fournisseur, de leur droit à bénéficier des dispositions du code du travail, ne les place pas dans l'impossibilité d'agir permettant de suspendre la prescription, dans la mesure où ils pouvaient contester cette situation devant la juridiction prud'homale. • Soc. 17 nov. 2010, nº 09-65.081 P : *JCP S 2011, nº 1090, note Lahalle.*

26. Connaissance de la situation juridique. Absence d'impossibilité d'agir pour les associés d'un groupement foncier agricole qui, malgré l'absence d'autorisation donnée à un apport de droit au bail, en ont eu nécessairement connaissance lors de l'établissement de l'acte notarié ultérieur procédant à une résiliation partielle de ce bail, cet acte notarié constituant le point de départ du délai de prescription. • Civ. 3e, 23 nov. 2017, nº 16-20.065 P.

27. Évolution de la jurisprudence. Une évolution de la jurisprudence ne constitue pas une impossibilité d'agir suspendant l'écoulement du délai de prescription. • Civ. 2e, 4 avr. 2018, nº 17-11.489 P : *AJ contrat 2018. 281, obs. Delebecque ; RDSS 2018. 551, obs. Dagorne-Labbe.*

Art. 2235 **Elle ne court pas ou est suspendue contre les mineurs non émancipés et les majeurs en tutelle, sauf pour les actions en paiement ou en répétition des salaires, arrérages de rente, pensions alimentaires, loyers, fermages, charges locatives, intérêts des sommes prêtées et, généralement, les actions en paiement de tout ce qui est payable par années ou à des termes périodiques plus courts.** – *Dispositions transitoires, V. L. nº 2008-561 du 17 juin 2008, art. 26 ss. art. 2279.*

1. DIP. L'application de la loi étrangère qui prévoit que l'action en réparation d'un dommage doit être exercée dans le délai qu'elle fixe ne fait pas obstacle, conformément à la conception française de l'ordre public international, à l'application de la règle générale, fixée par l'art. 2252 [ancien], dont l'art. 2235 reprend en substance la solution, selon laquelle la prescription ne court pas contre les mineurs non émancipés aux seules *exceptions prévues par* la loi. • Civ. 1re, 21 mars 1979, nº 77-13.556 P : *JCP 1980. II. 19311, note Monéger.*

2. Domaine : Convention de Varsovie. Application de la suspension de la prescription de l'art. 2252 [ancien] dont l'art. 2235 reprend en substance la solution au délai de deux ans de la Convention de Varsovie du 12 oct. 1929 (C. transp., art. L. 6421-4) en matière de responsabilité du transporteur aérien : • Cass., ass. plén., 14 janv. 1977, nº 74-15.061 P : *R. 1976-1977, p. 113 ; D. 1977. 89, concl. Schmelck ; JCP 1979. II. 19059, note de Juglart et du Pontavice ; Gaz. Pal. 1977. 1. 145, note R. Rodière.*

3. La prescription ne court pas contre celui qui est dans l'impossibilité absolue d'agir par suite d'un empêchement résultant soit de la loi, soit de la convention ou de la force majeure. • Civ. 1re, 22 déc. 1959 : *JCP 1960. II. 11494, note P. E.* • Com. 17 févr. 1964, nº 60-13.616 P.

4. ... Accidents du travail. La prescription de deux ans prévue par l'art. L. 465 [devenu art. L. 431-2] CSS à la suite d'un accident du travail est soumise aux règles du droit commun, de sorte que son cours est suspendu pendant la minorité des ayants droit de la victime. • Soc. 25 avr. 1979 : *Bull. civ. V, n° 336.*

5. ... Assurances. La prescription d'une action dérivant d'un contrat d'assurance ne court pas contre les mineurs. • Civ. 2e, 8 juill. 2004, n° 03-13.114 P : *D. 2005. Pan. 1318, obs. Groutel ; RGDA 2004. 938, note Chardin.* ♦ V. aussi • Civ. 2e, 21 févr. 2008 : *Dr. fam. 2008, n° 63, obs. Fossier.*

6. ... Astreinte. La condamnation, assortie d'une astreinte, prononcée par un juge ne fait pas naître une action en paiement de sommes d'argent ; il en résulte que cette action n'entre pas dans le champ de l'exception apportée par l'art. 2235 au principe selon lequel la prescription ne court pas ou est suspendue contre les mineurs non émancipés et les majeurs en tutelle. • Civ. 2e, 1er juill. 2021, n° 20-14.284 B : *JCP 2021, n° 948, note Cayrol.*

7. ... Dommages causés à des élèves. A défaut de tout élément tendant à caractériser un délai préfix, la règle générale posée par l'art. 2252 [ancien] dont l'art. 2235 reprend la solution, doit recevoir application. Est ainsi suspendu par la minorité de la victime le délai de trois ans prévu par la L. du 5 avr. 1937 sur la réparation des dommages causés aux élèves des établissements d'enseignement public [devenue C. éduc., art. L. 911-4]. • Civ. 2e, 12 mai 1955 : *Bull. civ. II, n° 259 ; D. 1955. 485.*

8. ... Victimes d'infractions. Aucun texte n'écarte l'application de la suspension de la prescription au profit des mineurs au délai édicté par l'art. 706-5 C. pr. pén. pour la demande d'indemnité des victimes d'infractions. • Civ. 2e, 18 mars 1998, n° 97-10.555 P. – Dans le même sens : • Civ. 2e, 20 avr. 2000, n° 98-17.711 P : *D. 2000. IR 153 ; RJPF 2000-7-8/12, note Bruschi* • 26 sept. 2002, n° 00-18.149 P.

9. ... Actions relatives à la filiation. Viole l'art. 2252 [ancien], dont l'art. 2235 reprend la solution, ainsi que l'art. 339, la cour qui déclare la demanderesse irrecevable à exercer une action en contestation de reconnaissance qui appartenait à son père et a été prescrite du vivant de celui-ci, alors que la demanderesse disposait d'une action qui lui était propre dont la prescription avait été suspendue jusqu'à sa majorité. • Civ. 1re, 5 nov. 1991, n° 90-13.964 P.

10. Délais exclus. Les délais administratifs de forclusion et de déchéance ne sont pas régis par l'art. 2252 [ancien]. • Soc. 5 mai 1977, n° 76-10.577 P. ♦ V. aussi note 9.

11. Régime. La suspension de prescription dont bénéficie le mineur, qui lui est purement personnelle, cesse de produire effet à l'égard de la partie subrogée dans ses droits à partir du jour de la subrogation. • Civ. 2e, 25 nov. 1992, n° 91-13.251 P : *R., p. 353 ; RTD civ. 1993. 128, obs. Mestre* • 31 janv. 1996, n° 94-13.665 P • 4 juill. 2007, n° 06-15.644 P : *D. 2007. AJ 2106 .* ♦ Le bénéfice de l'art. 2252 [ancien] dont l'art. 2235 reprend la solution, est purement personnel aux créanciers qui, à l'époque où ils auraient dû agir, se trouvaient en état de minorité, et ne s'étend pas aux parties, agiraient-elles en qualité de subrogées aux droits des mineurs, qui demeuraient capables, pendant tout le cours du délai de prescription, d'exercer leurs droits en justice. • Com. 29 janv. 1974, n° 72-12.689 P.

12. L'ayant cause à titre particulier bénéficie de la suspension de la prescription acquise par ses auteurs en raison de leur minorité. • Civ. 3e, 14 déc. 2005, n° 04-11.036 P.

13. Le majeur n'est relevé par le mineur qu'en matière indivisible. L'état d'indivision d'un immeuble dépendant d'une succession ne crée aucun lien d'indivisibilité entre les cohéritiers. Le possesseur peut ainsi usucaper un immeuble à l'encontre des copropriétaires majeurs et pour leur part indivise, ces derniers n'étant pas relevés de la prescription à raison de la minorité de certains indivisaires. • Civ. 1re, 13 juin 1963 : *Bull. civ. I, n° 317* • Civ. 3e, 20 nov. 1974, n° 73-10.655 P. ♦ En l'absence d'indivisibilité résultant de l'état d'indivision de l'immeuble dépendant d'une succession, la suspension de la prescription ne joue qu'à l'égard du mineur et ne profite pas aux autres coïndivisaires majeurs, de sorte que l'acquisition par prescription d'une parcelle n'était inopposable qu'au mineur. • Civ. 3e, 21 sept. 2022, n° 21-17.409 B : *D. 2022. 1704 ; AJDI 2022. 857, obs. Le Rudulier ; RDI 2022. 655, obs. Bergel ; RTD civ. 2022. 935, obs. Dross .*

14. Majeurs placés sous un régime de protection. La mesure de curatelle dont fait l'objet une personne ne constitue pas, à la différence de la situation de la personne sous tutelle, un obstacle de droit à sa capacité d'agir en justice de nature à suspendre la prescription de l'action publique ou à reporter le point de départ du délai de celle-ci, seule étant requise l'assistance du curateur qu'il lui appartient de solliciter. • Crim. 7 juin 2017, n° 16-85.191 P. ♦ Pour les majeurs atteints de troubles mentaux avant l'instauration du régime de protection, V. note 3 ss. art. 2234.

Art. 2236 Elle ne court pas ou est suspendue entre époux, ainsi qu'entre partenaires liés par un pacte civil de solidarité. – *Dispositions transitoires, V. L. n° 2008-561 du 17 juin 2008, art. 26 ss. art. 2279.*

1. Créances entre époux. Il résulte de la combinaison des art. 2224 et 2236 que le délai de droit commun par lequel se prescrivent, en l'absence de dispositions particulières, les créances entre époux en matière personnelle ou mobilière, commence à courir lorsque le divorce a acquis force de chose jugée ; cassation de l'arrêt ayant retenu que le délai de prescription de cinq ans ne commencerait à courir qu'à compter du projet de partage, alors que le fait générateur de la créance alléguée par l'épouse était le transfert de valeurs depuis son patrimoine vers celui de son époux et ne pouvait être recherché dans le projet de partage qui en établissait le compte. • Civ. 1re, 18 mai 2022, nº 20-20.725 B : *D. 2022. 1388, note Bouathong ; AJ fam. 2022. 443, obs. Casey ; ibid. 307, obs. d'Ambra ; RTD civ. 2022. 959, obs. Dauriac ; Dr. fam. 2022, nº 125, obs. Torricelli-Chrifi.*

2. L'art. 2253 [ancien] [mêmes termes que art. 2236 nouveau] est applicable à des conjoints séparés de corps. • Paris, 29 janv. 1999 : *D. 1999. IR 70.*

3. La suspension de la prescription entre époux s'applique à l'action en nullité d'une cession de parts intervenue entre des époux associés d'une société civile immobilière. • Civ. 3e, 30 nov. 2017, nº 15-22.861 P : *D. 2018. 371, obs. Mekki ; AJ fam. 2018. 46, obs. Saulier ; Rev. sociétés 2018. 298, note Ansault ; RTD civ. 2018. 102, obs. Barbier ; ibid. 146, obs. Gautier ; RTD com. 2018. 380, obs. Lecourt.* – Arrêt rectifié par : • Civ. 3e, 21 juin 2018, nº 15-22.861 P (substitution de l'art. 2253 anc. à l'art. 1304 anc. applicable à ladite prescription de l'action en nullité).

Art. 2237 Elle ne court pas ou est suspendue contre l'héritier acceptant à concurrence de l'actif net, à l'égard des créances qu'il a contre la succession. – *Dispositions transitoires, V. L. nº 2008-561 du 17 juin 2008, art. 26 ss. art. 2279.*

Art. 2238 La prescription est suspendue à compter du jour où, après la survenance d'un litige, les parties conviennent de recourir à la médiation ou à la conciliation ou, à défaut d'accord écrit, à compter du jour de la première réunion de médiation ou de conciliation. *(L. nº 2010-1609 du 22 déc. 2010, art. 37)* **« La prescription est également suspendue à compter de la conclusion d'une convention de procédure participative »** *(L. nº 2015-990 du 6 août 2015, art. 208)* **« ou à compter de l'accord du débiteur constaté par l'huissier** *[le commissaire]* **de justice pour participer à la procédure prévue à** *(Ord. nº 2016-131 du 10 févr. 2016, art. 5-9º, en vigueur le 1er oct. 2016)* **« l'article L. 125-1 du code des procédures civiles d'exécution** *[ancienne rédaction : l'article 1244-4]* **». »**

Le délai de prescription recommence à courir, pour une durée qui ne peut être inférieure à six mois, à compter de la date à laquelle soit l'une des parties ou les deux, soit le médiateur ou le conciliateur déclarent que la médiation ou la conciliation est terminée. *(L. nº 2010-1609 du 22 déc. 2010, art. 37)* **« En cas de convention de procédure participative, le délai de prescription recommence à courir à compter du terme de la convention, pour une durée qui ne peut être inférieure à six mois. »** *(L. nº 2015-990 du 6 août 2015, art. 208)* **« En cas d'échec de la procédure prévue** *(Ord. nº 2016-131 du 10 févr. 2016, art. 5-9º, en vigueur le 1er oct. 2016)* **« au même article** *[ancienne rédaction : au même article 1244-4]* **», le délai de prescription recommence à courir à compter de la date du refus du débiteur, constaté par l'huissier** *[le commissaire de justice]*, **pour une durée qui ne peut être inférieure à six mois. »** – *Dispositions transitoires, V. L. nº 2008-561 du 17 juin 2008, art. 26 ss. art. 2279.*

Sur l'entrée en vigueur des dispositions issues de l'Ord. nº 2016-131 du 10 févr. 2016, V. cette Ord., art. 9, ss. art. 1386-1.

Les modifications issues de l'art. 37 de la L. nº 2010-1609 du 22 déc. 2010 entrent en vigueur dans les conditions fixées par le décret modifiant le code de procédure civile nécessaire à son application et au plus tard le 1er sept. 2011 (L. préc., art. 43).

Les modifications issues de l'art. 208 de la L. nº 2015-990 du 6 août 2015 sont applicables à Wallis-et-Futuna (L. préc., art. 208-III).

La saisine du médiateur désigné par un établissement de crédit ou de paiement suspend la prescription (C. mon. fin., art. L. 315-1).

1. Pourparlers. Les dispositions de l'art. 2238 *C. civ. ne sont pas* applicables à de simples pourparlers. • Civ. 1re, 13 mai 2014, nº 13-13.406 P : *D. 2014. 2037, note Fischer-Achoura ; ibid. 1715, note Darret-Courgeon ; ibid. 2015. 287, obs. Fricero ; AJDI 2014. 631 ; JCP 2014 nº 998, note Billiau.*

2. Saisine d'un médiateur. La mise en place d'un médiateur par une société en son sein caractérise sa volonté de recourir, par principe, dans l'hypothèse d'un litige, à la médiation, de sorte qu'en l'absence de dispositions conventionnelles contraires, la saisine de son médiateur par lettre d'un cocontractant formalise l'accord écrit prévu à l'art. 2238. • Com. 11 mai 2022, nº 20-23.298 B : *JDI 2022, nº 8, note Gaudemet-Tallon.*

Art. 2239 **La prescription est également suspendue lorsque le juge fait droit à une demande de mesure d'instruction présentée avant tout procès.**

Le délai de prescription recommence à courir, pour une durée qui ne peut être inférieure à six mois, à compter du jour où la mesure a été exécutée. – *Dispositions transitoires, V. L. n° 2008-561 du 17 juin 2008, art. 26 ss. art. 2279.*

1. Application dans le temps. Les dispositions transitoires figurant à l'art. 26 de la L. du 17 juin 2008 concernent les dispositions de cette loi qui allongent ou réduisent la durée de la prescription et non celles qui instituent de nouvelles causes d'interruption ou de suspension, comme celle créée par l'art. 2239 ; la loi précitée ne pouvant rétroagir, une ordonnance de désignation d'un expert prononcée avant la date d'entrée en vigueur de ce texte n'a pas eu pour effet de suspendre la prescription, la mesure d'instruction aurait-elle été en cours d'exécution à cette date. • Com. 28 mars 2018, n° 16-27.268 P : *JCP 2018, n° 459, note Deharo.* ♦ V. déjà : • Civ. 3e, 6 juill. 2017, n° 16-17.151 P : *AJDI 2017. 839, obs. Blatter* (les dispositions de l'art. 2239, issues de la L. du 17 juin 2008, qui attachent à une décision ordonnant une mesure d'instruction avant tout procès un effet suspensif de la prescription jusqu'au jour où la mesure a été exécutée, s'appliquent aux décisions rendues après l'entrée en vigueur de cette loi).

2. La suspension de la prescription prévue par l'art. 2239 n'est pas applicable au délai de forclusion. • Civ. 3e, 3 juin 2015, n° 14-15.796 P : *D. 2015. 1208 ; RDI 2015. 400, note Becqué-Ickowicz ; ibid. 414, obs. Tournafond et. Tricoire ; ibid. 422, obs. Malinvaud ; Defrénois 2015. 863, note Becqué-Ickowicz* • 2 juin 2016, n° 15-16.967 P : *D. 2016. 1254 ; AJDI 2016. 843, obs. Rouquet* • 5 janv. 2022, n° 20-22.670 B : *D. 2022. 548, note Mille Delattre ; RDI 2022. 115, obs. Charbonneau et Tricoire ; AJDI 2022. 471, obs. Cohet ; CCC 2022, n° 42, note Leveneur ; RDC 2022/2. 55, note Thibierge* (action en vices rédhibitoires de l'art. 1648).

3. La suspension de la prescription prévue par l'art. 2239 est applicable aux actions dérivant d'un contrat d'assurance. • Civ. 2e, 19 mai 2016, n° 15-19.792 P : *D. 2016. Chron. C. cass. 1886, obs. Becuwe et Touati ; RDI 2016. 418, obs. D. Noguéro .*

4. Bénéficiaire de la suspension de la prescription. La suspension de la prescription, en application de l'art. 2239, lorsque le juge accueille une demande de mesure d'instruction présentée avant tout procès, qui fait, le cas échéant, suite à l'interruption de cette prescription au profit de la partie ayant sollicité cette mesure en référé et tend à préserver les droits de la partie ayant sollicité celle-ci durant le délai de son exécution, ne joue qu'à son profit. • Civ. 2e, 31 janv. 2019, n° 18-10.011 P : *D. 2019. 254 ; JCP 2019, n° 307, note Taisne* • Civ. 3e, 19 mars 2020, n° 19-13.459 P : *D. 2020. 710 ; AJ contrat 2020. 347, obs. Dagorne-Labbe ; RDC 2020/3. 23, note Dugué.*

5. ... Copropriété. Si, en matière de copropriété, la cour de cassation a admis que le syndicat des copropriétaires qui agit en réparation des désordres affectant les parties communes puisse se prévaloir de l'effet interruptif de prescription attaché à l'assignation délivrée par un copropriétaire agissant en réparation de son préjudice personnel (• Civ. 3e, 20 mars 2002, n° 99-11.745 P) , cette exception au principe de l'effet relatif de l'interruption de la prescription suppose qu'il existe un lien d'indivisibilité entre les désordres affectant les parties communes et ceux affectant les parties privatives (• Civ. 3e, 27 mars 2013, n° 12-12.121 P), ce qui n'est pas le cas d'une division en volume ayant expressément exclu l'application du régime de la copropriété, et en l'absence de parties communes. • Civ. 3e, 15 avr. 2021, n° 19-18.093 P.

6. Portée de la suspension ou de l'interruption de la prescription. Si, en principe, la suspension comme l'interruption de la prescription ne peuvent s'étendre d'une action à une autre, il en est autrement lorsque les deux actions tendent à un même but, de sorte que la seconde est virtuellement comprise dans la première. • Civ. 2e, 2 mars 2023, n° 21-18.771 B (demande d'expertise tendant à identifier les causes des sinistres subis par les matériels livrés pour déterminer s'ils sont atteints d'un vice rédhibitoire tendant au même but que l'action en inexécution de l'obligation de délivrance conforme). ♦ Une demande d'expertise en référé sur les causes et conséquences de désordres et malfaçons ne tendait pas au même but que la demande d'annulation du contrat de construction, de sorte que la mesure d'instruction ordonnée n'a pas suspendu la prescription de l'action en annulation du contrat. • Civ. 3e, 17 oct. 2019, n° 18-19.611 P : *D. 2020. 353, obs. Mekki .*

SECTION 3 Des causes d'interruption de la prescription

Art. 2240 **La reconnaissance par le débiteur du droit de celui contre lequel il prescrivait interrompt le délai de prescription.** – *Dispositions transitoires, V. L. n° 2008-561 du 17 juin 2008, art. 26 ss. art. 2279.*

BIBL. ▶ MAYER, *RDC 2020/2. 134* (suspension et interruption des délais).

1. Caractère limitatif des causes d'interruption. La prescription quinquennale de l'art. 2224 C. civ. est interrompue par la reconnaissance du débiteur, une demande en justice, même en référé, une mesure conservatoire prise en application du C. pr. exéc., ou un acte d'exécution forcée et cette énumération est limitative. • Com. 18 mai 2022, n° 20-23.204 B : *D. 2022. Chron. C. cass. 1419, obs. Barbot ; ibid. 1828, obs. Martin et Synvet ; JCP 2022, n° 778, note Pellier ; RDC 2022/3. 27, note Libchaber.*

2. Domaine : obligations concernées. La disposition de l'art. 2248 [ancien] dont l'art. 2240 nouveau reprend le principe est générale et s'applique aussi bien aux obligations civiles dérivant d'un délit qu'à celles qui naissent des contrats ou quasi-contrats. • Req. 3 juin 1893 : *DP 1894. 1. 17, note Planiol.* ♦ Les dispositions de l'art. 108 (art. L. 133-6) C. com. sur la prescription annale en matière de transport ne font pas obstacle à l'application de l'art. 2248 [ancien]. • Com. 23 oct. 1967 : *D. 1967. 671, note B. L.* ♦ Pour l'application des causes de suspension et d'interruption de droit commun aux demandes d'indemnisation des préjudices liés à l'amiante, V. • Civ. 2e, 13 juin 2019, n° 18-14.129 P : *préc. note 6 ss. art. 2225.*

3. Domaine : délais concernés. La reconnaissance par le débiteur du droit de celui contre lequel il prescrit n'interrompt pas le délai de forclusion. • Civ. 3e, 10 juin 2021, n° 20-16.837 P : *D. 2021. Chron. C. cass. 2251, obs. Zedda ; RDI 2021. 491, obs. Charbonneau ; RGDA 2021/7. 40, note Dessuet.*

A. FAITS CONSTITUTIFS D'UNE RECONNAISSANCE DU DROIT

4. Paiement des intérêts. Le paiement des intérêts fait au créancier par le débiteur lui-même ou par son mandataire interrompt la prescription de l'action en paiement du principal. • Req. 15 juill. 1875 : *DP 1877. 1. 323.*

5. Demande de remise. Une lettre par laquelle le débiteur sollicite la remise de sa dette vaut reconnaissance de celle-ci et interrompt la prescription. • Civ. 2e, 15 juin 2004, n° 03-30.052 P. ♦ Une demande de remise de majorations de retard adressée à la commission de recours gracieux de l'organisme de sécurité sociale créancier vaut reconnaissance, par le requérant, de l'existence de la dette et interrompt la prescription de l'action en recouvrement de ces majorations. • Cass., ass. plén., 27 juin 1969 : *JCP 1969. II. 16029.*

6. Demande d'un plan conventionnel de surendettement. En sollicitant le plan conventionnel par lequel sa dette avait été aménagée, le débiteur surendetté reconnaît la créance de la banque. • Civ. 2e, 9 janv. 2014, n° 12-28.272 P : *D. 2014. 140, obs. Avena-Robardet ; ibid. 860, note Cattalano-Cloarec ; ibid. 1466, obs. Leborgne ; RTD civ. 2014. 370, obs. Barbier ; CCC 2014, n° 105, note Raymond.*

7. Demande de compensation. Pour attacher l'effet interruptif à une compensation, il ne suffit pas que soient réunies les conditions la faisant opérer de plein droit à l'insu du débiteur, il faut qu'elle ait été invoquée dans le délai. • Com. 6 févr. 1996, n° 93-21.627 P : *D. 1996. Somm. 336, obs. Delebecque , et 1998. 87, note Brémond .* ♦ V. aussi • Civ. 1re, 6 nov. 1996, n° 94-13.468 P • 22 oct. 2002, n° 00-20.648 P : *LPA 20 août 2003, note Brémond* • Com. 30 mars 2005, n° 04-10.407 P : *R., p. 361 ; BICC 1er juill. 2005, n° 1267, et la note ; D. 2005. AJ 1024, obs. Chevrier ; ibid. Pan. 2752, obs. Kenfack ; JCP 2005. I. 172, nos 20 s., obs. Barthez ; Defrénois 2005. 1249, obs. Libchaber ; LPA 18 mai 2005, note Tosi ; RTD civ. 2005. 599, obs. Mestre et Fages ; RDC 2005. 755, obs. Delebecque, et 1021, obs. Stoffel-Munck* (effet interruptif sur l'excédent non compensé de la créance la plus élevée). ♦ En présence d'une courte prescription ne reposant pas sur une présomption de paiement, la compensation opposée par un débiteur à la suite d'une mise en demeure délivrée par son créancier, si elle vaut reconnaissance de dette et interrompt la prescription, n'a pas d'effet novatoire et, en conséquence, n'entraîne pas l'interversion de la prescription. • Com. 27 mai 2008, n° 07-13.565 P.

8. ... Autorisation de prélèvement. Chaque paiement intervenu en exécution d'une autorisation de prélèvement mensuel est interruptif de la prescription de la créance. • Civ. 1re, 25 janv. 2017, n° 15-25.759 P.

9. ... Maintien du gage. Le maintien du gage entre les mains du créancier ou du tiers convenu, en ce qu'il emporte reconnaissance tacite permanente du droit du créancier par le débiteur, interrompt la prescription. • Com. 31 oct. 2006, n° 05-15.868 P : *D. 2006. AJ 3052, obs. Delpech ; JCP 2007. I. 158, n° 22, obs. Delebecque.*

Mais le nantissement n'implique aucun acte de dépossession de nature à manifester la reconnaissance non équivoque par le débiteur du droit de celui contre lequel il prescrit. • Civ. 1re, 11 mai 2017, n° 16-12.811 P : *D. 2017. 1047 ; RTD civ. 2017. 696, obs. Dross ; ibid. 706, obs. Crocq* (nantissement d'une police d'assurance).

10. Absence de contestation de la teneur d'un courrier émanant du créancier. Ne caractérise pas une reconnaissance non équivoque de son obligation d'indemniser un trouble anormal de voisinage le fait que le propriétaire du fonds dont les arbres empiétaient sur le toit de sa voisine n'ait pas contesté la teneur du courrier de celle-ci lui rappelant son engagement de consulter un spécialiste de l'élagage. • Civ. 3e, 7 janv. 2021, n° 19-23.262 P.

11. Pourparlers transactionnels (non). Des

pourparlers transactionnels ne sont pas constitutifs d'une reconnaissance de responsabilité interruptive du délai de prescription. • Civ. 1re, 5 févr. 2014, n° 13-10.791 P : *D. 2014. 422 ; JCP 2014, n° 504, note Perrier.* ♦ La mise en œuvre de la procédure amiable d'indemnisation des dégâts de gibiers n'est pas constitutive d'une reconnaissance de responsabilité. • Civ. 2e, 26 mars 2015, n° 14-15.675 P.

12. Offre d'indemnisation faite par un assureur. C'est dans l'exercice de son pouvoir souverain d'appréciation qu'une cour d'appel retient qu'un courrier électronique, dans lequel un assureur de responsabilité offrait une indemnisation à hauteur d'un certain montant et présentait un projet de quittance de sinistre, valait reconnaissance du droit à indemnisation de la victime d'un dommage causé par son assuré, ce dont elle a exactement déduit qu'il avait interrompu la prescription de l'action en paiement. • Com. 9 déc. 2020, n° 19-20.875 P : *RGDA 2021/2. 17, note Pimbert.*

13. Participation à une expertise (non). En l'absence de reconnaissance de responsabilité, ni une expertise diligentée à la requête de l'assureur, ni les pourparlers en cours entre les parties ne peuvent suspendre le délai de prescription. • Civ. 2e, 5 oct. 1988 : *D. 1989. 209, note Choppin de Janvry.* ♦ La présence de l'assureur dommages-ouvrage à l'expertise ordonnée par un juge des référés, saisi directement par les maîtres de l'ouvrage, ne constitue pas une manifestation de volonté non équivoque de cet assureur de renoncer à se prévaloir de l'absence de la déclaration de sinistre exigée par les art. L. 242-1 et A. 243-1 C. assur. • Civ. 3e, 10 févr. 2010, n° 09-65.186 P.

14. Action en reconnaissance de la prescription (non). L'action tendant à voir déclarer un droit prescrit ne constitue pas, par elle-même, la reconnaissance non équivoque de ce droit par le demandeur à cette action. • Com. 9 mai 2018, n° 17-14.568 P : *D. 2018. 1011 ; RTD civ. 2018. 673, obs. Barbier ; Gaz. Pal. 2018. 1506, obs. Mignot.*

15. Accord d'entreprise. En l'absence de disposition particulière, la signature d'un accord d'entreprise relatif au paiement de frais professionnels ne constitue pas pour l'employeur la reconnaissance des droits individuels allégués par le salarié pour la période antérieure à cette signature. • Soc. 7 mars 2012, n° 10-18.118 P : *D. 2012. 822* .

16. Reconnaissance dans des conclusions annulées. La reconnaissance des droits du créancier ne peut résulter de conclusions annulées comme étant la suite d'un acte de procédure déclaré nul dont les effets sont rétroactivement anéantis. • Civ. 2e, 19 févr. 2015, n° 14-10.622 P : *D. 2015. 495* .

17. Reconnaissance n'émanant pas du débiteur. Pour interrompre la prescription, la reconnaissance doit émaner du débiteur ou de son mandataire, condition que ne remplit pas l'expert-comptable qui n'est ni le mandataire ni le préposé de son client auquel il est lié par un contrat de louage d'ouvrage. • Civ. 1re, 4 mai 2012, n° 11-15.617 P : *D. 2012. 1661, note Dondero* .

18. Reconnaissance envoyée à un tiers. La reconnaissance du droit du créancier figurant dans un document qui ne lui est pas adressé interrompt la prescription s'il contient l'aveu non équivoque par le débiteur de l'absence de paiement. • Civ. 1re, 2 déc. 2020, n° 19-15.813 P : *D. 2020. 2452 ; AJ fam. 2021. 131, obs. Thouret* (cassation de l'arrêt qui écarte un dire adressé au notaire par un cohéritier au sujet d'une dette envers un autre, au motif qu'il n'aurait d'effet qu'entre les parties).

19. Reconnaissance faite en dehors d'une instance : circonstance indifférente. L'art. 2248 [ancien], dont l'art. 2240 reprend la solution, qui prévoit un cas autonome d'interruption de la prescription, n'exige pas que la reconnaissance du droit de celui contre lequel on prescrit soit faite au cours d'une instance. • Civ. 3e, 24 oct. 1984 : *Bull. civ. III, n° 176.*

B. EFFETS DE LA RECONNAISSANCE DU DROIT

20. Effet interruptif : départ d'un nouveau délai. L'acte interruptif résultant d'une reconnaissance par le débiteur du droit du créancier fait courir, à compter de sa date, un nouveau délai de prescription et n'a pas pour effet de frapper le débiteur d'une déchéance du droit d'invoquer la nouvelle prescription. • Civ. 1re, 3 mars 1998, n° 96-11.138 P.

21. Absence de fractionnement de l'effet interruptif. La reconnaissance, même partielle, que le débiteur fait du droit de celui contre lequel il prescrivait entraîne pour la totalité de la créance un effet interruptif de prescription qui ne peut se fractionner (cassation de l'arrêt qui déclare irrecevable la demande en indemnité formée contre l'assureur au motif que la lettre adressée par ce dernier n'avait reconnu au profit de l'assuré que le droit à une indemnisation pour la valeur vénale du véhicule). • Civ. 1re, 22 mai 1991, n° 88-17.948 P : *R., p. 385 ; RTD civ. 1992. 104, obs. Mestre* . ♦ Dans le même sens : • Soc. 22 oct. 1996, n° 93-44.148 P (la lettre d'un employeur dans laquelle il reconnaît le principe de sa dette et accepte de la régler partiellement interrompt la prescription pour la totalité de la créance invoquée par les salariés) • Civ. 1re, 11 févr. 1997, n° 95-13.134 P (effet interruptif pour le total d'une indemnité du règlement d'un tiers partiellement subrogé dans les droits de celui contre lequel le débiteur prescrivait) • Civ. 1re, 18 juill. 2000, n° 98-10.599 P (effet interruptif de la reconnaissance d'une situation débitrice avec proposition d'un apurement par compensation) • Civ. 2e, 16 nov. 2006, n° 05-18.287 P : *D. 2008. Pan. 121, obs. Groutel ; RCA 2007, n° 73, note Groutel ; RGDA 2007. 331, note Bruschi* (le versement d'une rente vaut reconnaissance partielle du droit éventuel à revalorisation). ♦ La reconnaissance par l'assureur du principe de sa garantie interrompt la prescription pour l'ensemble des dommages, matériels et immatériels, consécutifs aux désordres. • Civ. 3e, 17 sept. 2014, n° 13-21.747 P : *D. 2014. 1875 ; RDI 2014. 647, obs. Noguero ; RGDA 2014. 510, obs. Dessuet.*

22. Limitation de l'effet interruptif aux droits reconnus. La reconnaissance de responsabilité, interruptive de prescription, ne peut être étendue à des désordres qui n'étaient pas encore apparus lors de la transaction, même s'ils avaient la même cause que les désordres existants. • Civ. 3e, 10 juill. 2002, n° 01-02.243 P : *RDI 2002. 420, obs. Malinvaud .* ♦ La reconnaissance de garantie de l'assureur dommages-ouvrage, au titre d'une assurance de chose, ne vaut pas reconnaissance de responsabilité d'un constructeur même si cet assureur est aussi, pour le même ouvrage, assureur de responsabilité civile de ce constructeur. • Civ. 3e, 4 juin 2009, n° 08-12.661 P : *Defrénois 2010. 227, obs. Périnet-Marquet.* ♦ L'indemnisation du dommage matériel par l'assureur n'emporte pas interruption de la prescription de l'action en réparation de dommages distincts (pertes d'exploitation) dont l'assureur conteste devoir garantie. • Civ. 1re, 9 oct. 2001, n° 98-22.711 P : *RGDA 2002. 80, note Bruschi.*

23. Limitation de l'effet interruptif au créancier concerné. Il résulte de l'art. 2240 que la reconnaissance, par le débiteur, du droit de celui contre lequel il prescrit ne bénéficie qu'au créancier concerné par cette reconnaissance. • Civ. 2e, 5 mars 2020, n° 19-15.406 P (irrecevabilité des demandes présentées par des victimes qui n'ont pas été parties aux demandes d'indemnisation ayant abouti à l'offre du FIVA à l'égard d'autres victimes et alors que le FIVA ne s'est jamais reconnu débiteur à leur égard).

Art. 2241 La demande en justice, même en référé, interrompt le délai de prescription ainsi que le délai de forclusion.

Il en est de même lorsqu'elle est portée devant une juridiction incompétente ou lorsque l'acte de saisine de la juridiction est annulé par l'effet d'un vice de procédure. — *Dispositions transitoires, V. L. n° 2008-561 du 17 juin 2008, art. 26 ss. art. 2279.*

La saisine du Défenseur des droits n'interrompt ni ne suspend par elle-même les délais de prescription des actions en matière civile, non plus que ceux relatifs à l'exercice de recours contentieux (L. org. n° 2011-333 du 29 mars 2011, art. 6).

BIBL. ► MINIATO, *D. 2008. Chron. 2952* .

PLAN DES ANNOTATIONS

1. Caractère supplétif. L'art. 2241 nouveau reprend, s'agissant de l'effet interruptif de la demande en justice, un principe qui était posé à l'ancien art. 2244. Il avait été jugé que les dispositions de cet art. 2244 [ancien] n'étaient pas d'ordre public et que les parties pouvaient y déroger. *• Civ. 1re, 25 juin 2002, nos 00-14.590* et 00-14.591 P : *D. 2003. 155, note Stoffel-Munck ; RTD civ. 2002. 815, obs. Mestre et Fages* (validité de la clause du contrat d'abonnement au téléphone prévoyant que la prescription est interrompue par l'envoi d'une lettre, même simple). ♦ En matière contractuelle, l'art. 2244 [anc.], auquel les parties peuvent déroger, ne relève pas des textes qui, par leur objet, ont vocation à régir l'ensemble du territoire de la République. • Civ. 1re, 28 juin 2012, n° 11-27.114 P : *D. 2012. 1820* (refusant ainsi de considérer comme sérieuse la question prioritaire de constitutionnalité relevant la prétendue contrariété au principe d'égalité d'une Ord. du 12 oct. 1992 applicable en Nouvelle-Calédonie et qui réserve l'effet interruptif de prescription de l'action en référé à certaines actions en référé seulement).

2. Domaine. Il a été jugé par ailleurs que

l'art. 2244 [ancien], texte de portée générale, s'appliquait à toutes les prescriptions et délais pour agir. • Civ. 3e, 11 janv. 1995, n° 93-10.327 P (application au délai de forclusion de l'art. 2270) • Civ. 1re, 21 nov. 1995, n° 94-10.686 P (application au bref délai de l'art. 1648 C. civ.). – V. aussi • Com. 1er déc. 1998, n° 96-13.091 P (C. douanes, art. 382-5) • 25 févr. 2003, n° 01-02.641 P (CPI, art. L. 716-5) • Civ. 3e, 22 juin 2022, n° 20-20.844 B : *D. 2022. 1262* ; *AJDI 2022. 749, obs. Mazure* (C.com., art. L. 145-9). ♦ Pour l'application des causes de suspension et d'interruption de droit commun aux demandes d'indemnisation des préjudices liés à l'amiante V. • Civ. 2e, 13 juin 2019, n° 18-14.129 P : *préc. note 6 ss. art. 2225.*

3. Il a toutefois pu être jugé que seule une assignation au fond devant le juge compétent interrompt le délai de forclusion de l'art. L. 311-37 anc. C. consom. ♦ En ce sens : • Civ. 1re, 23 juin 1993, nos 91-18.486 P et 91-18.487 P (absence d'incidence sur ce délai d'une assignation en référé). ♦ Comp. • Civ. 1re, 4 avr. 1995, n° 93-12.427 P : *D. 1995. IR 136* , reconnaissant que le point de départ du délai de forclusion de l'art. L. 311-37 anc. C. consom. est reporté à la date de cessation des effets d'une ordonnance de référé ayant accordé des délais de paiement à l'emprunteur. S'agissant du référé-provision, l'assignation délivrée en temps utile devant le tribunal compétent interrompt le délai de forclusion de l'art. L. 311-37 C. consom. • Civ. 3e, 31 oct. 2001 : *D. Affaires 1999. 1105, obs. V. A.-R. ; CCC 1999, n° 164, note Raymond.* ♦ V. aussi les décisions citées note 14 qui jugent qu'une déclaration de créance vaut demande de paiement et interrompt le délai de prescription de deux ans prévu par l'art. L. 311-37 anc. C. consom.

4. Il avait été jugé aussi que les causes d'interruption énumérées à l'art. 2244 [ancien] ne s'appliquaient pas aux délais de forclusion conventionnels. • Civ. 3e, 31 oct. 2001, n° 99-13.004 P : *D. 2002. Somm. 2840, obs. Delebecque* .

5. Agir et interrompre ou agir pour interrompre. La volonté d'interrompre le délai de prescription ne saurait justifier, en elle-même, l'introduction d'une action en liquidation de la créance constatée par un acte authentique. • Civ. 1re, 16 oct. 2013, n° 12-21.917 P : *D. 2014. 570, obs. Darret-Courgeon* ; *ibid. Pan. 1470 obs. Leborgne* ; *JCP 2013, n° 1299, note Croze ; JCP N 2013, n° 1065, obs. Brenner ; RDC 2014. 209 note Libchaber* (le créancier faisait valoir qu'il avait intérêt à faire fixer sa créance, et les sommes complémentaires qui lui étaient dues, aux fins d'interrompre la prescription ; il lui a été répondu qu'il n'avait pas besoin d'un jugement condamnant les emprunteurs à lui rembourser sa créance puisqu'il disposait d'un titre exécutoire). ♦ Seule constitue, pour le défendeur à une action, une demande en justice interrompant la prescription celle par laquelle il prétend obtenir un avantage autre que le simple rejet de la prétention de son adversaire. • Civ. 2e, 1er févr. 2018, n° 17-14.664 P (demander de constatation d'une créance, sans cependant solliciter une condamnation à paiement ou une compensation).

I. CONDITIONS DE L'INTERRUPTION

A. NOTION DE DEMANDE EN JUSTICE

1° ACTES CONSTITUANT UNE DEMANDE EN JUSTICE

6. Dépôt de conclusions. Des conclusions constituent une demande en justice et ont été, à ce titre, jugées interruptives de prescription. • Civ. 1re, 1er oct. 1996, n° 94-19.210 P. ♦ ... A condition d'être signées par l'avocat constitué dans les procédures de première instance avec représentation obligatoire. • Civ. 2e, 13 déc. 2001, n° 99-18.692 P : *JCP 2002. II. 10125, note du Rusquec.* ♦ Des conclusions reconventionnelles déposées au greffe d'un tribunal interrompent, à leur date, la prescription dès lors que le concluant a comparu ou a été représenté à l'audience. • Civ. 2e, 26 nov. 1998, n° 96-12.262 P : *D. Affaires 1999. 199, obs. A.-L. M.-D.*

Mais le dépôt au greffe de la cour d'appel de conclusions au fond, non assorti d'une demande de rétablissement de l'affaire alors radiée, ne constitue pas une diligence de nature à interrompre le délai de péremption. • Civ. 2e, 1er sept. 2016, n° 15-14.551 P : *D. 2017. 422, obs. Fricero* ; *RGDA 2021/6. 17, note Landel.*

7. Mémoire en fixation du prix d'un bail renouvelé. Le mémoire relatif à la fixation du prix du bail renouvelé, même affecté d'un vice de fond, a un effet interruptif de prescription. • Civ. 3e, 8 juill. 2015, n° 14-15.192 P : *D. 2015. Actu. 1597, obs. Rouquet* (Décr. 30 sept. 1953, art. 33).

8. Procès-verbal de difficultés. Le délai de cinq ans prévu par l'art. 2224 est interrompu, notamment, par un procès-verbal de difficultés, dès lors que celui-ci fait état de réclamations concernant une créance entre époux. • Civ. 1re, 23 nov. 2016, n° 15-27.497 P : *D. 2016. 2464* ; *AJ fam. 2017. 64, obs. Casey* ; *Dr. fam. 2017, n° 13, note Beignier.*

9. Demande d'arbitrage. Une demande d'arbitrage conforme à la clause compromissoire insérée dans un contrat d'affrètement est assimilable à une citation en justice. • Civ. 2e, 11 déc. 1985 : *JCP 1986. II. 20677, note Taisne.*

10. Demande d'expertise en référé. Une demande d'expertise devant le juge des référés, même incidente, équivaut à une citation en justice. • Com. 2 avr. 1996, n° 93-20.901 P. ♦ Rapp. dans le cadre de l'art. 46 de la L. du 10 juill. 1965 (loi Carrez), admettant que le délai d'un an prévu par ce texte pour engager l'action en diminution du prix de vente a été interrompu par l'assignation en référé expertise. • Civ. 3e, 12 nov.

2015, n° 14-18.390 P. ♦ Sur les demandes d'expertise qui n'interrompent pas la prescription, V. note 23.

11. Surendettement. Le délai de prescription n'est pas suspendu pendant l'examen, par la commission de surendettement ou par le juge du tribunal d'instance, de la recevabilité de la demande formée par le débiteur. • Civ. 2e, 17 mars 2016, n° 14-24.986 P : *D. 2016. 1481, note Maumont ; RTD com. 2016. 315, obs. Legeais*. ♦ La demande du débiteur adressée à la commission de surendettement de recommander des mesures de redressement, après échec de la tentative de conciliation, interrompt le délai de forclusion de l'art. L. 311-37 anc. C. consom. • Civ. 1re, 19 mai 1999, n° 97-04.127 P : *CCC 1999, n° 170, note Raymond.* – V. aussi • Civ. 1re, 6 juin 2001, n° 00-04.120 P.

12. Saisine d'une CPAM. Le fait de saisir une caisse primaire d'assurance maladie d'une requête tendant à la reconnaissance de la faute inexcusable de l'employeur équivaut à la citation en justice visée à l'art. 2244 [ancien]. • Civ. 2e, 16 sept. 2003, n° 02-30.490 P : *D. 2003. IR 2341 ; RCA 2003, n° 291, note H. G.*

13. Signification d'une ordonnance d'injonction de payer. La signification de l'ordonnance portant injonction de payer constitue une citation en justice au sens de l'art. 2244 [ancien]. • Civ. 1re, 10 juill. 1990, n° 89-13.345 P : *RTD civ. 1991. 341, obs. Mestre ; Gaz. Pal. 1991. 1. Somm. 98, obs. Croze et Morel* • Com. 9 avr. 1991, n° 89-16.923 P. ♦ ... Mais non la requête en injonction de payer : V. note 28.

14. Déclaration de créance. La déclaration de créance à la procédure collective du débiteur constitue une demande en justice qui interrompt la prescription et cet effet se prolonge jusqu'à la clôture de la procédure collective. • Com. 12 déc. 1995, n° 94-12.793 P • 15 mars 2005, n° 03-17.783 P : *D. 2005. AJ 1286, obs. A. Lienhard* • 26 sept. 2006, n° 04-19.751 P : *D. 2006. AJ 2460, obs. A. Lienhard ; JCP 2007. I. 113, n° 10, obs. Cabrillac* (l'interruption joue à l'égard de la caution) • 27 févr. 2007, n° 04-16.700 P *(idem)* • 23 oct. 2019, n° 17-25.656 P : *D. 2019. 2085 ; Rev. sociétés 2019. 781, obs. Reille ; RDC 2020/2. 52, note Houtcieff* (précisant que la solution n'est pas contraire à l'art. 6 Conv. EDH ni aux principes de sécurité juridique et d'égalité des armes dès lors que la loi a prévu un terme à la liquidation judiciaire et que tout intéressé peut porter à la connaissance du président du tribunal les faits de nature à justifier la saisine d'office de celui-ci aux fins de clôture d'une procédure de liquidation judiciaire). ♦ L' interruption de la prescription à l'égard de la caution se prolonge jusqu'à la clôture de la procédure collective. • Com. 23 nov. 2022, n° 21-13.386 B : *cité ss. art. 2246.* ♦ Lorsqu'un créancier inscrit fait usage de la faculté de déclarer sa créance au passif de la procédure collective du débiteur, il bénéficie de l'effet interruptif de prescription attaché à sa déclaration de créance, cet effet interruptif se prolongeant en principe jusqu'à la date de la décision ayant statué sur la demande d'admission, dès lors que ce créancier n'est pas dans l'impossibilité d'agir sur l'immeuble au sens de l'art. 2234. Toutefois, lorsque aucune décision n'a statué sur cette demande d'admission, l'effet interruptif de prescription attaché à la déclaration de créance se prolonge jusqu'à la clôture de la procédure collective. • Com. 24 mars 2021, n° 19-23.413 P : *D. 2021. 1736, obs. Lucas et Cagnoli ; RTD com. 2021. 432, obs. Martin-Serf*. ♦ En matière de redressement judiciaire civil, la déclaration par un créancier du montant des sommes qui lui sont dues, laquelle équivaut à une demande en paiement, interrompt le délai de l'art. L. 311-37 anc. C. consom. • Civ. 1re, 28 nov. 1995, n° 94-04.047 P : *CCC 1996, n° 31, note Raymond* • 23 mars 1999, n° 97-04.162 P (*idem*) • 5 déc. 2000, n° 98-21.000 P (*idem*). ♦ La décision qui annule l'ouverture d'une liquidation judiciaire ne prive pas la déclaration de créance de son effet interruptif de prescription, qui se prolonge jusqu'à cette décision. • Com. 27 janv. 2015, n° 13-20.463 P.

15. Demande dans une procédure orale. Dans une procédure orale (matière prud'homale), la présentation d'une demande nouvelle devant les conseillers rapporteurs interrompt la prescription, peu important que les conclusions formalisant cette demande n'aient été déposées qu'ultérieurement. • Soc. 22 mars 2000, n° 98-40.608 P : *RTD civ. 2000. 632, obs. Perrot*. ♦ En matière de procédure orale, des conclusions reconventionnelles déposées à une audience par une partie présente ou représentée interrompent, à leur date, la prescription, dès lors que cette partie ou son représentant a comparu et les a reprises oralement lors de l'audience de plaidoirie ultérieure, peu important que la partie adverse n'ait pas elle-même comparu lors de l'audience à laquelle elles ont été déposées. • Civ. 1re, 13 nov. 2008, n° 06-21.745 P : *D. 2008. AJ 3007, obs. Avena-Robardet ; JCP 2009. I. 142, n° 12, obs. Amrani-Mekki.*

16. Procédure de conciliation obligatoire. La tentative de conciliation devant l'administrateur des affaires maritimes exigée par l'art. 2 du Décr. n° 59-1337 du 20 nov. 1959 préalablement à la soumission au tribunal d'instance de tout litige concernant les contrats d'engagement régis par le code du travail maritime, entre les armateurs et les marins, à l'exception des capitaines, constitue un acte interruptif de prescription. • Soc. 10 déc. 2015, n° 14-24.794 P. ♦ La requête à fin de convocation d'une partie à une tentative de conciliation préalable à une saisie des rémunérations, prévue par le code du travail, constitue une demande en justice et interrompt le délai de prescription. • Civ. 2e, 17 nov. 2022, n° 20-20.660 B.

Sur la suspension résultant de la mise en œuvre d'une procédure de conciliation prévue conventionnellement, V. ss. art. 2238.

17. Constitution de partie civile. Effet interruptif de prescription d'une constitution de partie civile : V. • Com. 28 avr. 1998, n° 95-15.453 P • Civ. 1re, 16 janv. 2001, n° 98-17.427 P. – V. aussi • Civ. 2e, 12 déc. 2002, n° 01-02.853 P : *RCA 2003, n° 64, note Groutel ; Dr. et patr. 5/2003. 108, obs. Chabas.* ♦ Mais une constitution de partie civile devant la juridiction répressive, faite aux seules fins de corroborer l'action publique et non accompagnée d'une demande de réparation d'un préjudice, ne peut suffire à interrompre la prescription. • Civ. 1re, 25 janv. 2000, nos 97-22.658 P, 98-12.183 P : *D. 2001. 1348, note Matsopoulou* .

18. Transmission d'un rapport d'enquête au Conseil de la concurrence. La transmission au Conseil de la concurrence du rapport administratif d'enquête détaillé, accompagné de l'ensemble des procès-verbaux de l'enquête, interrompt la prescription. • Com. 10 juill. 2008, n° 07-17.276 P. ♦ De même, une demande de renseignements sur leur situation financière et juridique adressée aux entreprises mises en cause, par un rapporteur désigné pour l'instruction d'une saisine du Conseil de la concurrence, tend nécessairement à la recherche, la constatation ou la sanction des faits dont est saisi le Conseil et interrompt la prescription. • Même arrêt.

19. Aide juridictionnelle. Sur l'effet interruptif d'une demande d'aide judiciaire (Décr. du 1er sept. 1972, modifié, art. 29, remplacé par Décr. du 19 déc. 1991, art. 38), V. • TI Aix-en-Provence, 8 févr. 1980 : *D. 1980. 540, note Laroche de Roussane.* ♦ Interruption du délai de pourvoi par une demande d'aide juridictionnelle : V. • Com. 11 juill. 2006, n° 05-13.047 P. ♦ Une demande d'aide juridictionnelle interrompt le délai préfix de l'art. 340-4 (anc.). • Civ. 2e, 22 févr. 2007, n° 06-10.559 P. ♦ L'interruption de la prescription résultant d'une demande d'aide juridictionnelle ne s'applique qu'aux actions en justice, de sorte que la demande formée en vue de l'exécution d'une décision de justice n'interrompt pas le délai de prescription de la créance objet de cette demande lorsque la procédure d'exécution ne nécessite pas la saisine préalable d'une juridiction. • Civ. 2e, 18 févr. 2016, n° 14-25.790 P. ♦ L'effet interruptif de la demande d'aide juridictionnelle, prévu pour certains délais par les art. 38 et 38-1 du Décr. n° 91-1266 du 19 déc. 1991 dans leur rédaction antérieure au Décr. n° 2016-1876 du 27 déc. 2016 ne s'applique pas au délai de l'opposition qui tend à faire rétracter une décision d'une cour d'appel. • Civ. 2e, 7 juin 2018, n° 17-19.449 P (solution ne valant plus dans la rédaction ultérieure de l'art. 38).

20. Commandement. Le commandement de payer qui n'est pas un commandement à fin de saisie-vente n'engage aucune mesure d'exécution ; cassation de l'arrêt ayant admis son effet interruptif sur la prescription au motif qu'il ne constitue pas un simple acte préparatoire mais le premier acte d'une procédure d'exécution forcée d'un titre exécutoire. • Civ. 2e, 22 juin 2017, n° 16-17.277 P. ♦ Sur l'effet interruptif reconnu aux commandements et saisies sous l'empire de l'art. 2244 ancien, V. ss. ce texte.

21. Référé. En application de l'art. 2241, une demande en justice, même en référé, interrompt la prescription. • Civ. 2e, 6 févr. 2020, n° 18-17.868 P : *D. 2020. 1205, obs. Bacache, Noguéro et Pierre* ; *AJ contrat 2020. 289* . ♦ Déjà, sous l'empire de l'art. 2244 [ancien], dont l'art. 2241 reprend les termes : • Civ. 2e, 18 sept. 2003 : *D. 2003. IR 2548.* ♦ V. note 3 pour l'interruption du délai de forclusion particulier de l'art. L. 311-37 C. consom.

2° ACTES NE VALANT PAS DEMANDE EN JUSTICE

22. Défense à une action. Seule constitue, pour le défendeur à une action, une demande en justice interrompant la prescription celle par laquelle il prétend obtenir un avantage autre que le simple rejet de la prétention de son adversaire. • Civ. 2e, 1er févr. 2018, n° 17-14.664 P (demande de constatation d'une créance, sans cependant solliciter une condamnation à paiement ou une compensation).

23. Demande d'expertise. L'expertise ordonnée en application de l'art. L. 133-4 C. com., pour apprécier la qualité de marchandises refusées après un transport, constitue une mesure conservatoire prise dans l'intérêt commun de tous ceux que l'état de la marchandise intéresse et non une citation en justice, de sorte que la demande de désignation d'expert présentée par simple requête n'interrompt pas la prescription. • Com. 5 avr. 2011, n° 10-15.852 P : *D. 2011. 1134, obs. Delpech* . ♦ De même, une requête fondée sur l'art. 145 C. pr. civ. qui introduit une procédure non contradictoire ne constitue pas une demande en justice au sens de l'art. 2241. • Civ. 2e, 14 janv. 2021, n° 19-20.316 P : *D. 2021. 543, obs. Fricero* ; *JCP 2021, n° 289, note Taisne* (saisine du président du tribunal de commerce par requête en vue d'obtenir une mesure *in futurum*). ♦ L'ordonnance rendue par le juge chargé du contrôle des expertises qui n'est pas intervenue à la suite d'une citation, mais seulement à la suite d'un simple courrier de l'expert demandant l'extension de sa mission, n'a pu faire courir un nouveau délai de prescription. • Civ. 3e, 25 mai 2011, n° 10-16.083 P. ♦ La désignation d'un expert par le juge n'emporte pas interruption de la prescription à l'égard d'un assureur lorsque celui-ci a été mis hors de cause.

• Civ. 1re, 9 juill. 2003, n° 01-02.581 P. ♦ Sur les demandes d'expertise en référé, qui interrompent la prescription, V. note 10.

24. Lettre recommandée. Le délai de prescription de l'action des avocats pour le paiement de leurs honoraires ne peut être interrompu par l'envoi d'une lettre recommandée avec demande d'avis de réception. • Civ. 2e, 10 déc. 2015, n° 14-25.892 P.

25. Mise en demeure. Une mise en demeure, fût-elle envoyée par lettre recommandée avec demande d'avis de réception, n'interrompt pas le délai de prescription de l'action en paiement des loyers. • Com. 18 mai 2022, n° 20-23.204 B : *D. 2022. Chron. C. cass. 1419, obs. Barbot ; ibid. 1828, obs. Martin et Synvet ; JCP 2022, n° 778, note Pellier ; RDC 2022/3. 27, note Libchaber.*

26. Ouverture d'information pénale. La simple ouverture d'une information pénale contre inconnu ne peut, à l'égal d'une citation en justice, interrompre le cours de la prescription. • Com. 20 mars 1973 : *Bull. civ. IV, n° 131.* ♦ Rappr. • Civ. 1re, 9 févr. 1999, n° 96-19.144 P : *D. 1999. IR 57* (absence d'interruption d'une prescription biennale en présence de la seule défense de l'assuré au pénal). ♦ Rappr. aussi, pour le régime spécifique des douanes : • Com. 11 janv. 2000, n° 97-19.421 P (effet interruptif du procès-verbal) • Com. 9 avr. 2002, n° 99-17.332 P (*idem*).

27. Demande de conciliation. Une requête adressée au juge aux fins de conciliation dans une procédure de saisie-arrêt n'est pas interruptive de la prescription. • Civ. 2e, 8 juin 1988 : *JCP 1989. II. 21199, note Taisne ; RTD civ. 1989. 751, obs. Mestre.* ♦ La saisine de la commission de conciliation compétente en matière de loyers commerciaux, qui ne fait pas obstacle à celle du juge des loyers, n'a pas d'effet interruptif de la prescription. • Civ. 3e, 18 févr. 1998, n° 96-14.525 P : *Defrénois 1998. 1192, obs. Duplan-Miellet* (1re esp.). ♦ *Contra*, pour les demandes de conciliation exigées par un décret, V. note 16.

28. Requête en injonction de payer. Une requête en injonction de payer n'est pas une demande en justice au sens de l'art. 2244 [ancien]. • Paris, 27 janv. 1988 : *D. 1988. IR 57.*

29. Renouvellement d'hypothèque. Le renouvellement de l'inscription d'hypothèque est dépourvu d'effet interruptif de la prescription. • Cass., ch. mixte, 26 mai 2006 : *cité note 1 ss. art. 2224.* ♦ Mais la dénonciation de l'inscription d'une hypothèque interrompt la prescription de la créance. • Civ. 2e, 9 avr. 2009 : *RLDC 2009/60, n° 3425, obs. Marraud* des Grottes. ♦ Sur l'interruption par la reconnaissance de la dette, V. art. 2240.

30. Saisie. L'inscription de nantissement et l'opposition au paiement du prix de cession d'un fonds de commerce ne peuvent être assimilées à des saisies. • Civ. 2e, 16 déc. 2010, n° 09-70.735 P : *D. 2011. 89* .

31. Le dépôt d'une requête en autorisation d'une inscription provisoire de nantissement sur un fonds de commerce ne constitue pas une demande en justice. • Civ. 2e, 22 sept. 2016, n° 15-13.034 P : *D. 2016. 1938* .

32. Dépens. La demande de vérification des dépens n'est pas une demande en justice au sens de l'art. 2241 C. civ. et en conséquence n'interrompt pas le délai de prescription. • Civ. 2e, 11 sept. 2014, n° 13-24.041 P : *D. 2015. 287, obs. Fricero* . ♦ Mais il résulte de la combinaison de l'art. 2241 C. civ., selon lequel la demande en justice interrompt le délai de prescription, et des art. 706 et 718 C. pr. civ., selon lesquels la notification, faite par lettre recommandée avec demande d'avis de réception, par la partie poursuivante, du compte des dépens à l'adversaire, emporte acceptation par son auteur du compte vérifié, que la notification par l'avocat, partie poursuivante, du certificat de vérification des dépens constitue un acte interruptif de la prescription de son action en recouvrement des dépens. • Civ. 2e, 5 nov. 2020, n° 19-21.308 P.

33. Mémoire préalable. Le mémoire préalable, qui ne constitue pas une demande en justice au sens de l'art. 2241, n'est une cause interruptive de la prescription qu'en vertu de l'art. 33, al. 1er, du Décr. n° 53-960 du 30 sept. 1953, selon lequel la notification du mémoire institué par l'art. R. 145-23 C. com. interrompt la prescription. Le mémoire préalable n'est institué que pour la procédure devant le juge des loyers commerciaux de sorte que sa notification n'interrompt la prescription que lorsque la contestation relative à la fixation du prix du bail révisé ou renouvelé est portée devant ce juge. • Civ. 3e, 25 janv. 2023, n° 21-20.009 B.

B. CONDITIONS REQUISES DE LA DEMANDE EN JUSTICE

1° DÉFAUT D'INCIDENCE DE L'INCOMPÉTENCE ET DE L'ANNULATION DE L'ACTE DE SAISINE (ART. 2241, AL. 2)

34. Domaine de l'al. 2. L'art. 2241 nouveau reprend en substance, dans son al. 2, un principe posé antérieurement à l'art. 2246 [ancien] qui, en raison de son caractère général, avait été jugé applicable à tous les délais pour agir et à tous les cas d'incompétence. • Cass., ch. mixte, 24 nov. 2006, n° 04-18.610 P : *R., p. 421 ; BICC 15 févr. 2007, rapp. Rouzet, avis Cuinat ; D. 2006. IR 3012, obs. Avena-Robardet ; D. 2007. 1112, note* Wintgen ; JCP 2007. I. 139, n° 14, obs. Sérinet ; *ibid. II. 10058, note Pételn-Teyssié ; Dr. et pr. 2007. 156, note Putman ; RTD civ. 2007. 169, obs. Théry , et 175, obs. Perrot* • Civ. 2e, 10 janv. 2008, n° 06-20.964 P (art. 42, L. du 1er juin 1924) • Civ. 1re, 9 juill. 2009, n° 08-16.847 P : *D. 2009. AJ 1962, obs. Delpech* (délai biennal de l'anc. art. L. 311-52 C. consom.) • Civ. 3e, 2 juin 2010, n° 09-13.075 P : *D. 2010. Actu. 1478* • 26 mars 2014, n° 12-24.203 P : *cité note 55* • Com. 26 janv. 2016, n° 14-17.952 P (action en responsabilité pour insuffisance d'actif et action tendant au prononcé de la faillite personnelle ou d'une mesure d'interdiction de gérer). ♦ Sur l'exclusion antérieure des délais de forclusion : • Civ. 1re, 10 déc. 1996, n° 94-20.323 P : *R., p. 330* (délai biennal de l'anc. art. L. 311-52 C. consom.) • Civ. 1re, 17 mars 1998, n° 96-14.216 P (*idem*). ♦ L'art. 2241, al. 2, s'applique aux délais d'exercice d'une voie de recours • Civ. 2e, 16 oct. 2014, n° 13-22.088 P : *D. 2015. 287, obs. Fricero ; JCP 2014, n° 1271, note Auché* (annulation d'une déclaration d'appel pour vice de procédure).

35. Caractère limitatif. L'art. 2241 ne s'applique qu'aux deux hypothèses, qu'il énumère, de saisine d'une juridiction incompétente ou d'annulation de l'acte de saisine par l'effet d'un vice de procédure ; il en résulte que l'effet interruptif de prescription de la demande en justice est non avenu si celle-ci est déclarée irrecevable. • Com. 26 janv. 2016, n° 14-17.952 P. ♦ L'énumération des art. 2240, 2241 et 2244 des causes de droit commun d'interruption du délai de prescription est limitative. • Civ. 3e, 25 janv. 2023, n° 21-20.009 B.

L'art. 2241, al. 2, n'est pas applicable aux actes d'exécution forcée, de sorte que l'annulation du commandement de payer valant saisie immobilière prive cet acte de son effet interruptif de prescription. • Civ. 2e, 1er mars 2018, n° 16-25.746 P : *D. 2018. 1223, obs. Leborgne ; JCP 2018, n° 388, note Laporte ; RDC 2018. 357, obs. Libchaber.*

Le défaut de saisine régulière de la cour d'appel, sanctionné par l'art. 930-1 C. pr. civ., ne constitue pas un vice de forme ou de fond de l'acte d'appel sanctionné par la nullité de l'acte d'appel, mais une fin de non-recevoir de sorte que les dispositions de l'art. 2241, relatives à l'annulation de l'acte de saisine de la juridiction par l'effet d'un vice de procédure, ne sont pas applicables. • Civ. 2e, 1er juin 2017, n° 16-15.568 P.

Si, en application de l'art. 2241, une déclaration d'appel, serait-elle formée devant une cour d'appel incompétente, interrompt le délai d'appel, cette interruption est, en application de l'art. 2243, non avenue lorsque l'appel est définitivement rejeté par un moyen de fond ou par une fin de non-recevoir • Civ. 2e, 21 mars 2019, n° 17-10.663 P.

36. Constitution de partie civile devant un juge incompétent. Pour refuser de considérer comme cause d'interruption de la prescription de l'action en responsabilité du transporteur par air une constitution de partie civile devant le juge d'instruction, les juges du fond ne peuvent se contenter de relever l'incompétence des juridictions répressives sans rechercher si, en raison notamment de ses termes, la plainte avec constitution de partie civile ne pouvait être considérée comme une demande tendant à la mise en cause de la responsabilité du transporteur par air, qui avait été formée devant un juge incompétent. • Cass., ch. mixte, 24 févr. 1978 : *Bull. civ., n° 3 ; R., p. 69 ; D. 1978. 552, note P. C. ; JCP 1978. II. 18961, note Chao ; Gaz. Pal. 1978. 1. 331, note R. Rodière.*

37. Incompétence du juge des référés. L'assignation à comparaître devant le juge des référés interrompt la prescription en dépit de son incompétence. • Civ. 3e, 21 févr. 2007, n° 06-12.457 P (l'arrêt relève que, dans l'assignation à comparaître devant le juge des référés délivrée au défendeur, le demandeur avait formé des demandes identiques à celles ultérieurement présentées lors de l'instance introduite devant le tribunal d'instance).

38. Juridiction étrangère incompétente. L'assignation délivrée devant un tribunal territorialement incompétent constitue, même s'il s'agit d'une juridiction étrangère, un acte de poursuite interruptif de la prescription. • Civ. 1re, 21 janv. 1975, n° 73-13.851 P. ♦ Comp., pour une convention d'arbitrage : • Civ. 1re, 30 juin 1998, n° 96-13.469 P.

39. Désistement motivé par l'incompétence. Il résulte des art. 2241 et 2243 que, si une déclaration d'appel formée devant une cour d'appel incompétente interrompt le délai d'appel, cette interruption est non avenue en cas de désistement d'appel, à moins que le désistement n'intervienne en raison de la saisine d'une cour d'appel incompétente. • Civ. 2e, 22 oct. 2020, n° 19-20.766 P. ♦ Déjà : le désistement ne permet de regarder l'interruption de la prescription comme non avenue que lorsqu'il s'agit d'un désistement d'instance pur et simple ; quand il est motivé par l'incompétence de la juridiction devant laquelle il est formulé et fait suite à la saisine d'une autre juridiction compétente pour connaître de la demande, le désistement maintient l'effet interruptif attaché à la citation en justice. • Soc. 9 juill. 2008, n° 07-60.468 P.

40. Limite : mauvaise foi. La citation en justice, donnée devant un tribunal incompétent, n'interrompt la prescription que lorsqu'elle a été délivrée dans des conditions exclusives de toute mauvaise foi. • Civ. 2e, 16 déc. 2004, n° 02-20.364 P : *JCP 2005. II. 10073, note Sander.* – Déjà en ce sens : • Com. 14 mars 1972, n° 70-12.659 P.

41. Vice de procédure. Il résulte de l'art. 2241 C. civ. qu'une déclaration d'appel, même entachée d'un vice de procédure, interrompt le délai d'appel de sorte que la régularisation de cette déclaration reste possible même après l'expiration du délai initial. • Civ. 2e, 1er juin 2017, n° 16-14.300 P : *D. 2017. Chron. C. cass. 1868, note de Leiris* • 7 juin 2018, n° 17-16.661

P : *RTD civ. 2018. 962, obs. Théry*. ♦ La régularisation de la déclaration d'appel qui, même entachée d'un vice de procédure, a interrompu le délai d'appel, demeure possible, jusqu'à ce que le juge statue. • Civ. 2e, 17 sept. 2020, no 19-18.608 P : *D. 2021. 543, obs. Fricero* (défaut de pouvoir spécial de l'agent mandaté pour former l'appel) • Civ. 3e, 3 déc. 2020, no 19-17.868 P (défaut de capacité d'ester en justice). ♦ Transposition à la déclaration de pourvoi : la déclaration de pourvoi, même entachée d'un vice de forme, interrompt les délais de prescription comme de forclusion, et l'interruption produit ses effets jusqu'à l'extinction de l'instance. • Civ. 2e, 2 mars 2023, no 20-20.065 B. ♦ L'art. 2241 ne distinguant pas dans son al. 2 entre le vice de forme et l'irrégularité de fond, l'assignation même affectée d'un vice de fond a un effet interruptif. • Civ. 3e, 11 mars 2015, no 14-15.198 P • 10 nov. 2016, no 14-25.318 P : *RGDA 2017. 44, note Karila*. ♦ Lorsque la demande est rejetée en raison de l'annulation de la signification de l'acte de saisine de la juridiction pour vice de forme, seul l'art. 2241, al. 2 doit recevoir application, et l'art. 2243, qui déclare non avenu l'effet interruptif en cas de rejet définitif de la demande, est inapplicable. • Com. 26 juin 2019, no 18-16.859 P.

42. En cas de commandement de payer suivi d'une assignation en référé, l'annulation du commandement ne prive pas l'assignation de son effet interruptif de la prescription. • Civ. 3e, 2 juin 1999, no 97-15.320 P.

2° CONDITIONS NÉCESSAIRES

43. Auteur. Une citation en justice n'interrompt la prescription que si elle a été signifiée par le créancier lui-même au débiteur se prévalant de la prescription. • Com. 14 nov. 1977 : *Bull. civ. IV, no 257*. ♦ Mais une demande de référé-expertise effectuée par un assureur de dommages, à un moment où il n'est pas encore subrogé dans les droits de son assuré contre le responsable, produit son effet interruptif, conformément à l'art. 126 C. pr. civ., dès lors que cet assureur vient à être subrogé avant que le juge ne statue. • Civ. 3e, 5 nov. 2020, no 19-18.284 P : *RDC 2021/2. 48, note Hontebeyrie ; RGDA 2021/1. 7, note Karila*. ♦ La prescription n'est pas interrompue par l'assignation signifiée par la partie qui se prévaut de la prescription à celui contre lequel elle prétend avoir prescrit. • Civ. 3e, 27 juin 1979 : *Bull. civ. III, no 145*. ♦ V. conf., pour une demande reconventionnelle en revendication formée par la partie se prévalant de la prescription, *contre la partie adverse* l'ayant assignée en bornage, à qui était opposée la prescription : • Civ. 3e, 1er oct. 2003, no 02-11.848 P : *D. 2003. IR 2548 ; Defrénois 2004. 817, obs. Atias ; Dr. et patr. 3/2004. 95, obs. Macorig-Venier ; RDI 2003. 573, obs. Bruschi*.

44. Destinataire. Pour interrompre la prescription ainsi que les délais pour agir, une citation en justice, même en référé, un commandement ou une saisie doivent être signifiés à celui qu'on veut empêcher de prescrire. • Civ. 3e, 23 mai 2013, no 12-14.901 (absence d'effet d'un commandement de quitter les lieux signifié à une personne qui n'était pas partie à l'instance). ♦ Dans le même sens : • Civ. 2e, 13 sept. 2018, no 17-20.966 P : *D. 2018. 2153, obs. Bacache, Guégan et Porchy-Simon ; RCA 2018, no 296, note Groutel* • Civ. 3e, 21 mars 2019, no 17-28.021 P : *RDI 2019. 288, obs. Noguéro ; RTD civ. 2019. 586, obs. Barbier*. ♦ L'assignation en référé-expertise de l'architecte par un syndicat de copropriétaires sur le fondement de la garantie décennale n'emporte pas interruption de la prescription à l'encontre de l'assureur de l'architecte responsable. • Civ. 3e, 15 mai 2013 : *cité note 18 ss. art. 1792-4-1*. ♦ Comp. dans le cadre de la prescription quadriennale : la prescription quadriennale est interrompue par toute demande de paiement ou toute réclamation écrite adressée par un créancier à l'autorité administrative, dès lors que la demande ou la réclamation a trait au fait générateur, à l'existence, au montant ou au paiement de la créance, alors même que l'administration saisie n'est pas celle qui aura finalement la charge du paiement. • Civ. 1re, 28 mai 2008, no 06-21.042 P. ♦ Le délai de forclusion prévu par l'art. 333, al. 3, n'est pas interrompu par une assignation qui vise le seul père légal, à l'exclusion de l'enfant qui doit être obligatoirement assigné. • Civ. 1re, 1er févr. 2017, no 15-27.245 P : *D. 2017. Chron. C. cass. 599, obs. Guyon-Renard ; ibid. 729, obs. Granet-Lambrechts ; ibid. 2018. 641, obs. Douchy-Oudot ; AJ fam. 2017. 203, obs. Houssier ; RTD civ. 2017. 363, obs. Hauser ; Dr. fam. 2017. 101, note Fulchiron*.

45. Modes de délivrance. Une assignation signifiée interrompt valablement la prescription, sans qu'il y ait lieu de rechercher si cette assignation a été remise au greffe. • Civ. 3e, 27 nov. 2002, no 01-10.058 P. ♦ L'art. 2244 [ancien, mais dont l'art. 2241 nouveau reprend le principe], sans exiger que l'acte interruptif soit porté à la connaissance du débiteur dans le délai de la prescription, entend seulement préciser qu'un tel acte doit s'adresser à celui qu'on veut empêcher de prescrire et non pas à un tiers. • Civ. 2e, 11 déc. 1985 : *JCP 1986. II. 20677, note Taisne* • Civ. 3e, 15 juin 2005 : *Bull. civ. III, no 133 ; D. 2005. 3005, note Tchotourian ; LPA 11-14 nov. 2005, note Pierroux*. ♦ V. aussi • Civ. 1re, 10 juill. 1990 : *Bull. civ. I, no 194 ; Gaz. Pal. 1991. 1. Somm. 98, obs. Croze et Morel ; RTD civ. 1991. 341, obs. Mestre* (en l'espèce signification en mairie, puis à parquet et ultérieurement seulement à la personne du débiteur) • Civ. 2e, 29 nov. 1995 : *Bull. civ. II, no 294 ; JCP 1996. II. 22699, note Sander ; RDI 1996. 578, obs. Malinvaud et Boubli ; RTD civ. 1996. 465, obs. Perrot* • Com. 28 avr. 1998 : *Bull. civ. IV, no 142 ; CCC 1998, no 98, note Leveneur* (effet interruptif d'une constitution de partie civile contre personne non dénommée, déposée par l'expéditeur d'une marchandise disparue) • Soc. 26 sept. 2002 : *Bull. civ. V, n° 292* (effet interruptif des requêtes de la caisse d'assurance vieillesse en recouvrement d'allocations vieillesse dès lors que, visant les héritiers du bénéficiaire, elles ont été déposées au greffe du TASS avant l'expiration du délai de prescription). ♦ Le cours de la prescription biennale de l'art. L. 553-1 CSS est interrompu par l'envoi à l'adresse de l'allocataire d'une lettre recommandée avec AR, quels qu'en aient été les modes de délivrance. • Cass., avis, 10 juill. 2006 : *Bull. civ. n° 7 ; R., p. 510.* ♦ Une demande reconventionnelle en paiement interrompt la prescription à la date de son dépôt au greffe, l'interruption de la prescription n'exigeant pas que l'acte soit porté à la connaissance du débiteur dans le délai de prescription. • Civ. 2e, 26 nov. 1998 : *Bull. civ. II, n° 282 ; D. Affaires 1999. 333, obs. J. F.* ♦ *Contra* : • Civ. 2e, 9 juin 2005 : *Bull. civ. II, n° 149 ; D. 2005. IR 2037 ; AJDI 2005. 827, note de La Vaissière ; RTD civ. 2005. 632, obs. Théry* (absence d'effet interruptif de commandements de payer délivrés par lettres recommandées retournées avec la mention « non réclamé ») • Com. 18 nov. 2008 : *Bull. civ. IV, n° 194* (l'envoi d'un commandement de payer qui n'est jamais parvenu à son destinataire n'interrompt pas la prescription quadriennale des titres exécutoires émis par les collectivités locales).

46. Objet. Une assignation en liquidation et partage d'une indivision n'interrompt la prescription de créances invoquées par un indivisaire à l'encontre de l'indivision, au titre du remboursement de prêts, que si elle contient une réclamation, ne serait-ce qu'implicite, à ce titre. • Civ. 1re, 18 mai 2022, n° 20-22.234 B : *D. 2022. 1548, note Nicolle ; AJ fam. 2022. 436, obs. Casey ; Defrénois 2022/25. 25, obs. Hartman.*

II. EFFETS DE L'INTERRUPTION

A. PORTÉE QUANT AUX PERSONNES

1° BÉNÉFICIAIRES DE L'INTERRUPTION

47. Principe : l'interruption ne profite qu'à celui qui a agi. L'action engagée par le maître d'ouvrage à l'encontre d'un assureur auprès duquel il a conclu une police d'assurance pour le compte des intervenants à l'opération de construction n'a pas pour effet de suspendre la prescription pour l'action d'un intervenant contre cet assureur, alors qu'il ne résulte d'aucun document que le maître d'ouvrage ait reçu mandat pour la représenter dans ses relations avec l'assureur et que, durant tout le déroulement de la procédure, le maître d'ouvrage n'a agi que pour son compte. • Civ. 3e, 27 févr. 2008 : *Bull. civ. III, n° 34.* ♦ L'interruption du délai de pourvoi qui résulte de la demande d'aide juridictionnelle ne profite qu'à celui qui l'a formée. • Com. 11 juill. 2006, n° 06-10.559 : *préc. note 19.* ♦ V. note 4 ss. art. 2239.

Les procès-verbaux d'infraction dressés par l'administration des douanes ont pour objet l'exercice par celle-ci de son droit de reprise, manifestant son intention de poursuivre le recouvrement des droits concernés, et ne sauraient avoir un effet interruptif de prescription pour le redevable, lequel, pour interrompre la prescription de son action en remboursement, doit accomplir un acte manifestant sa volonté d'obtenir ledit remboursement, sans que soit dénié au redevable le droit d'invoquer des éléments manifestant sa volonté d'obtenir la restitution des droits de douane qu'il estimait indus et d'interrompre ainsi le délai dans lequel il devait agir pour demander cette restitution. • Com. 24 juin 2020, n° 18-10.464. ♦ V. aussi • Com. 24 juin 2020, n° 18-10.535, approuvant la cour d'appel d'avoir estimé que le fait que les procès-verbaux ne soient pas de nature à interrompre la prescription de l'action en restitution ne porte pas, en raison même de leur objet, atteinte au principe d'équilibre des droits des parties.

Une citation en justice n'interrompant la prescription que si elle a été signifiée par le créancier lui-même au débiteur se prévalant de la prescription, l'acte par lequel un acquéreur, assigné par son propre acquéreur, a assigné en intervention forcée son vendeur n'a pu interrompre la prescription dont s'est prévalu ce dernier à l'égard du sous-acquéreur. • Civ. 2e, 2 juill. 2020, n° 17-12.611 P : *D. 2021. 310, obs. Boffa et Mekki ; RTD civ. 2020. 884, obs. Barbier ; CCC 2020, n° 134, note Leveneur.*

48. Assureur subrogé. C'est à bon droit qu'une cour d'appel a considéré que l'effet interruptif de prescription de l'action du subrogeant s'étendait aux assureurs subrogés dans ses droits. • Com. 5 févr. 1991 : *Bull. civ. IV, n° 58.*

Une partie assignée en justice est en droit d'appeler une autre en garantie des condamnations qui pourraient être prononcées contre elle, une telle action ne supposant pas que l'appelant en garantie ait déjà indemnisé le demandeur initial ; une assignation en référé qui tend à rendre commune une expertise ordonnée par une précédente décision constitue une citation en justice interrompant la prescription au profit de celui qui l'a diligentée, et l'action engagée par l'assureur avant l'expiration du délai de forclusion décennale est recevable, bien qu'il n'ait pas eu au moment de la délivrance de son assignation la qualité de subrogé dans les droits de son assuré, dès lors qu'il a payé l'indemnité due à ce dernier avant que le juge du fond n'ait statué. • Civ. 3e, 28 avr. 2011, n° 10-16.269 P.

2° PERSONNES À L'ÉGARD DESQUELLES LA PRESCRIPTION EST INTERROMPUE

49. Assureurs. Si l'action de la victime contre l'assureur de responsabilité trouve son fondement dans le droit de celle-ci à réparation de son préjudice et se prescrit par le même délai que l'action de la victime contre le responsable, l'acte interruptif de prescription à l'égard de l'assureur est sans effet sur le cours de la prescription de l'action de la victime contre l'assuré • Civ. 1re, 28 oct. 1991 : *Bull. civ. I, n° 283.* ♦ La désignation d'un expert par le juge n'emporte pas interruption de la prescription à l'égard de l'assureur lorsque celui-ci a été mis hors de cause. • Civ. 1re, 9 juill. 2003 : *Bull. civ. I, n° 165.* ♦ ... Ou lorsqu'il n'a pas été convoqué ou n'a pas participé aux opérations d'expertise. • Civ. 1re, 21 oct. 2003, n° 01-01.614 P : *D. 2004. Somm. 918, obs. Groutel ; Dr. et patr. 2/2004. 121, obs. Chabas.* ♦ L'action engagée contre un assureur, en tant qu'assureur dommages-ouvrage, n'interrompt pas la prescription de l'action engagée, pour le même ouvrage, contre la même société prise en sa qualité d'assureur en police CNR. • Civ. 3e, 4 nov. 2010, n° 09-66.977 P : *JCP 2011, n° 398, note Karila.* ♦ Dans le même sens, dans un cas où les deux polices d'assurance dommages-ouvrage et d'assurance de responsabilité étaient souscrites sous un numéro identique : • Civ. 3e, 29 mars 2018, n° 17-15.042 P : *D. 2018. 719 ; RDI 2018. 354, obs. Noguéro ; RTD civ. 2018. 642, obs. Barbier ; RGDA 2018. 309, note Karila.*

L'assignation délivrée par l'assureur dommages-ouvrage aux intervenants à la construction et à leurs assureurs n'est pas interruptive de prescription au profit du maître de l'ouvrage qui n'a assigné en référé expertise que l'assureur dommages-ouvrage. • Civ. 3e, 21 mars 2019, n° 17-28.021 P : *RDI 2019. 288, obs. Noguéro ; RTD civ. 2019. 586, obs. Barbier .*

50. Constructeurs. L'ordonnance de référé déclarant une mesure d'expertise commune à plusieurs constructeurs dépendant du maître de l'ouvrage n'a pas pour effet d'interrompre la prescription à l'égard d'une partie à la procédure initiale qui n'a pas été partie aux ordonnances ultérieures. • Civ. 3e, 21 mai 2008 : *Bull. civ. III, n° 91 ; JCP 2008. Actu. 368 ; RDI 2008. 392, obs. Malinvaud ; RCA 2008, n° 223, obs. Groutel.* ♦ L'action du syndicat des copropriétaires, celle de l'assureur dommages-ouvrage et celle du maître d'œuvre, bien que tendant à la mise en œuvre d'une même expertise judiciaire relative aux mêmes travaux en vue de la détermination des dommages subis et des responsabilités encourues, n'ont pas le même objet, et les ordonnances de référé déclarant commune à d'autres constructeurs une mesure d'expertise précédemment ordonnée n'ont pas d'effet interruptif de prescription à l'égard de ceux qui n'étaient parties qu'à l'ordonnance initiale. • Civ. 3e, 7 nov. 2012 : *cité note 34 ss. art. 1792.*

51. CIVI. L'action engagée devant la CIVI, en vue de son indemnisation par le Fonds de garantie des victimes des actes de terrorisme et d'autres infractions (FGTI), ne peut avoir interrompu la prescription à l'égard de l'auteur des faits incriminés qui n'est pas partie à cette instance. • Civ. 2e, 13 sept. 2018, n° 17-20.966 P : *D. 2018. 2153, obs. Bacache, Guégan et Porchy-Simon ; RCA 2018, n° 296, note Groutel.*

52. Codébiteurs solidaires. Les poursuites faites contre l'un des débiteurs solidaires, fût-ce sur le fondement d'un titre distinct, interrompent la prescription à l'égard de tous. • Civ. 2e, 24 juin 2004 : *Bull. civ. II, n° 324.*

53. Tiers détenteur. Sur l'absence d'effet interruptif du commandement de payer valant saisie immobilière délivré au tiers détenteur à l'égard du débiteur de la créance, V. note 2 ss. art. 2244 anc.

B. PORTÉE QUANT AUX ACTIONS

54. Principe : absence d'extension de l'interruption à des actions distinctes. L'effet interruptif de prescription attaché à une demande en justice ne s'étend pas à une seconde demande différente de la première par son objet. ♦ Les actions en fixation des indemnités d'éviction et d'occupation étant distinctes par leur objet et par leur cause, la mise en œuvre de l'une n'a pas pour effet d'interrompre le cours de la prescription de l'autre. • Civ. 3e, 19 janv. 2000 : *Bull. civ. III, n° 11 ; D. 2000. AJ 177, obs. Rouquet ; Defrénois 2000. 581, obs. Duplan-Miellet.* ♦ Dans le même sens, pour une action en rescision pour lésion d'un partage d'ascendant et une action en réduction de donations : • Civ. 1re, 13 nov. 2003 : *Bull. civ. I, n° 227 ; D. 2003. IR 2932 ; Dr. fam. 2004, n° 10, note Beignier.* ♦... Pour une action en résiliation d'un crédit-bail et une action en paiement des loyers. • Com. 4 juill. 2006 : *Bull. civ. IV, n° 168 ; D. 2006. AJ 2459, obs. Delpech .* ♦ L'action qui tend à la liquidation, et non à la fixation, de l'astreinte assortissant une obligation de communication de pièces est une action autonome et distincte de l'instance au fond pour les besoins de laquelle ces pièces devaient être communiquées, et l'engagement de l'instance au fond n'interrompt pas le délai de prescription de l'action en liquidation de l'astreinte. • Civ. 2e, 8 juill. 2021, n° 20-12.005 B. ♦ Mais il y a identité d'objet entre une demande principale en responsabilité décennale sur le fondement de l'art. 1792 et une demande subsidiaire en responsabilité de droit commun. • Civ. 3e, 26 juin 2002, n° 00-21.638 P : *Defrénois 2003. 330, obs. Périnet-Marquet ; RDI 2002. 419, obs. Malinvaud ; RGDA 2002. 728, obs. Périnet-Marquet* • Civ. 3e, 22 sept. 2004 n° 03-10.923 P : préc.

55. Exception : actions ayant la même finalité. Si en principe, l'interruption de la prescription ne peut s'étendre d'une action à l'autre, il en est autrement lorsque les deux actions, quoique ayant des causes distinctes, tendent à un seul et même but, de telle sorte que la deuxième est virtuellement comprise dans la première. • Soc. 15 juin 1961 : *Bull. civ. IV, n° 650* • Civ. 3e, 22 sept. 2004, n° 03-10.923 P : *D. 2004. IR 2549* ; *RDI 2004. 569, obs. Malinvaud* • 26 mars 2014, n° 12-24.203 P : *D. 2014. 822* (litige entre les mêmes parties, à propos du même bail, ayant le même objet, à savoir l'existence d'un droit de se maintenir dans les lieux) • Civ. 1re, 5 oct. 2016, n° 15-25.459 P : *D. 2016. 2063* ; *AJ fam. 2016. 550, obs. Casey* ; *JCP 2017, n° 168, note Sauvage* ; *JCP N 2017, n° 1005, note Nicod* ; *Gaz. Pal. 2016. 3328, note Valory* ; *RDC 2017. 95, note Goldie-Génicon* (identité de but entre la demande en partage judiciaire de la communauté ayant existé entre les parents et de la succession de la mère et l'action en rescision du partage amiable de cette communauté et de cette succession) • 9 mai 2019, n° 18-14.736 P : *D. 2019. 1046* ; *RTD civ. 2019. 590, obs. Barbier* ; *RTD com. 2019. 749, obs. Bouloc* (première action engagée par un vendeur contre un fabricant, fondée sur l'art. 1134 anc., mais tendant, comme la seconde, à la garantie du fabricant en conséquence de l'action en résolution de la vente intentée par l'acquéreur contre le vendeur sur le fondement des vices cachés et au paiement par le fabricant du prix de la vente résolue). ♦ Mais l'action en majoration de rente pour faute inexcusable de l'employeur et l'action pénale intentée à la suite d'un accident du travail ont un but différent. Il en résulte que la seconde ne peut ni interrompre ni suspendre le cours de la prescription applicable à la première. • Soc. 3 mai 1978 : *Bull. civ. V, n° 323*. – Dans le même sens : • Soc. 27 mai 1992 : *Bull. civ. V, n° 353*. ♦ De même l'action en versement d'un salaire différé, qui ne tend ni à la liquidation de l'indivision successorale ni à l'allotissement de son auteur, n'a pas la même finalité que l'action en partage. • Civ. 1re, 7 juill. 2021, n° 19-11.638 B : *D. 2021. 1908, note Roussel* ; *ibid. 2064, obs. Godechot-Patris* ; *AJ fam. 2021. 504, obs. Casey* ; *Dr. fam. 2021, n° 147, note Tani*.

56. Exception : actions procédant d'une même relation contractuelle. Une action en justice procédant des relations contractuelles ayant lié les parties a un effet interruptif quant à l'action de l'autre partie procédant des mêmes relations contractuelles, peu important que ces relations aient fait l'objet d'une qualification différente (contrat de location-gérance, d'une part, contrat de travail, d'autre part). • Soc. 11 févr. 2004 : *Bull. civ. V, n° 48*. ♦ L'action en référé introduite contre un assureur de responsabilité en vue d'obtenir la communication du contrat d'assurance interrompt la prescription de l'action directe en paiement de l'indemnité contre cet assureur. • Civ. 2e, 6 févr. 2020, n° 18-17.868 P : *D. 2020. 1205, obs. Bacache, Noguéro et Pierre* ; *AJ contrat 2020. 289* . ♦ Sur le lien entre une action en responsabilité contractuelle pour réclamer l'indemnisation de la perte de marge commerciale qu'un contractant prétend avoir subie par suite de la modification unilatérale des conditions commerciales que lui avait imposée son cocontractant, et une action ultérieure en rupture des relations commerciales établies, V. • Com. 8 juill. 2020, n° 18-24.441 P : *D. 2020. Chron. C. cass. 2475, obs. Le Bras* ; *AJ contrat 2020. 497, obs. Regnault* ; *RTD civ. 2020. 886, obs. Barbier* ; *RDC 2021/1. 53, note Hontebeyrie* (cassation de l'arrêt ayant refusé de considérer que la première action, déclarée irrecevable, était interruptive de prescription pour la seconde, au motif jugé inopérant du caractère exclusivement contractuel de cette première action). ♦ L'interruption de prescription s'étend d'une action à l'autre lorsque les deux actions, au cours d'une même instance, concernent l'exécution du même contrat de travail. • Soc. 26 mars 2014 : *D. 2014. 830* (prise en compte de la saisine du conseil de prud'hommes même si certaines demandes ont été présentées en cours d'instance, plusieurs années plus tard) • 22 sept. 2015, n° 14-17.895 P • 24 sept. 2014, n° 13-10.233 P (prise en compte de la saisine par les salariés de la formation de référé du conseil de prud'hommes même si certaines demandes avaient été présentées au cours de l'instance au fond) • 3 mai 2016, n° 14-16.633 P : *D. 2016. 1004* ; *Dr. soc. 2016. 576, obs. Mouly* (contestation d'un licenciement et d'un avertissement, suivie d'une demande de requalification en appel). ♦ Ainsi, une action paulienne ayant été engagée dans le délai de prescription, afin de rendre inopposable à une banque l'apport fait par la débitrice de certains biens à une société, et la mesure d'exécution engagée ultérieurement portant sur ces mêmes biens, l'assignation relative à l'action paulienne a interrompu la prescription de l'action en recouvrement de la créance jusqu'au prononcé de l'arrêt faisant droit à l'action paulienne. • Civ. 2e, 28 juin 2012, n° 11-20.011 P : *D. 2012. 1818* ; *RTD civ. 2012. 727, obs. Fages* . ♦ L'effet interruptif de l'action engagée par l'employeur contre son salarié s'étend de plein droit aux demandes reconventionnelles de ce dernier dès lors qu'elles procèdent du même contrat de travail, peu important la date de leur explicitation. • Soc. 21 déc. 2006 : *Bull. civ. V, n° 411* ; *R., p. 310*. ♦ *Contra*, antérieurement : • Com. 1er oct. 1991 : *Bull. civ. IV, n° 276* (l'interruption de la prescription de l'action principale ne peut s'étendre à la demande reconventionnelle) • 14 janv. 1997 : *Bull. civ. IV, n° 16* • Soc. 15 avr. 1992 : *Bull. civ. V, n° 278*.

57. Exception : action procédant du même fait dommageable. Il résulte de la combinaison des art. L. 431-2 CSS et 2241 C. civ. que l'action en reconnaissance de la faute inexcusable de l'employeur interrompt la prescription à l'égard de toute autre action procédant du même fait dommageable. • Civ. 2e, 19 déc. 2019, n° 18-

25.333 P : *RDC 2020. 45, note Libchaber* • 16 févr. 2023, ⚖ n° 21-16.168 B (l'action en reconnaissance de faute inexcusable engagée par la victime contre son dernier employeur interrompt la prescription à l'égard d'un précédent employeur au service duquel le salarié avait également été exposé au risque).

Art. 2242 **L'interruption résultant de la demande en justice produit ses effets jusqu'à l'extinction de l'instance.** — *Dispositions transitoires, V. L. n° 2008-561 du 17 juin 2008, art. 26 ss. art. 2279.*

1. Principe. L'interruption de prescription résultant de l'assignation subsiste après le jugement tant que celui-ci n'est pas devenu définitif. • Civ. 2e, 29 janv. 1992, ⚖ n° 90-17.243 P • Civ. 1re, 16 févr. 1994, ⚖ n° 92-11.955 P • 28 nov. 1995 : ⚖ *préc. note 14 ss. art. 2241* • 3 févr. 1998 : ⚖ *préc.* (le nouveau délai de prescription ne commence à courir qu'à compter de la décision qui met fin définitivement à l'instance) • Civ. 2e, 8 avr. 2004, ⚖ n° 02-15.096 P (idem ; application à une contestation de saisie-arrêt). ♦ Cet effet interruptif se prolonge à l'égard de toutes les parties. • Civ. 2e, 19 juin 2008, ⚖ n° 07-15.343 P.

L'effet interruptif cesse avec l'arrêt devenu irrévocable qui a mis fin à l'instance d'appel, peu important que cet arrêt ait donné lieu à un arrêt interprétatif ultérieur. • Civ. 1re, 9 déc. 1997, ⚖ n° 95-18.022 P : *D. 1998. Somm. 116, obs. Delebecque* ✎. ♦ Application combinée des art. 2244 [ancien], 2246 [ancien] (saisine d'un tribunal incompétent) et 2247 [ancien] (désistement) : V. • Civ. 1re, 12 déc. 1995, ⚖ n° 93-15.492 P.

L'effet interruptif ne prend fin qu'à la date de signification de l'arrêt d'appel. • Civ. 3e, 15 févr. 2006, ⚖ n° 04-19.864 P : *RTD civ. 2006. 374, obs. Perrot* ✎ (prescription biennale de l'action directe en matière d'assurance).

2. Applications à différents délais de prescription. Application : à la prescription biennale prévue par l'art. L. 114-1 C. assur. : • Civ. 1re, 8 déc. 1976 : *Bull. civ. I, n° 392* • Civ. 3e, 21 juin 1978 : *ibid. III, n° 260* • Civ. 1re, 12 févr. 1991, ⚖ n° 88-19.826 P : *R., p. 384.* ♦ ... A la prescription annale de l'action fondée sur un contrat de transport : • Com. 15 oct. 1991, ⚖ n° 90-10.922 P : *D. 1992. Somm. 409, obs. Aubert* ✎. ♦ ... A la prescription décennale de l'anc. art. 2270. • Civ. 3e, 8 juin 1994, ⚖ n° 92-18.055 P. ♦ ... A la prescription biennale en matière de baux commerciaux : • Civ. 3e, 7 févr. 1996, ⚖ n° 94-11.654 P. ♦ ... A la prescription biennnale en matière d'assurance : • Civ. 1re, 24 juin 1997, ⚖ n° 95-15.273 P. ♦ ... A la prescription cambiaire de l'art. 179 [art. L. 511-78] C. com. : • Com. 20 oct. 1998, ⚖ n° 95-20.837 P : *D. Affaires 1998. 1857, obs. X. D.* ♦ ... *Au délai de forclusion pour l'action en vices rédhibitoires de l'art. 1648.* • Civ. 3e, 5 janv. 2022, ⚖ n° 20-22.670 B : *D. 2022. 548, note Mille Delattre* ✎ ; *RDI 2022. 115, obs. Charbonneau et Tricoire* ✎ ; *AJDI 2022. 471, obs. Cohet* ✎ ; *CCC 2022, n° 42, note Leveneur ; RDC 2022/2. 55, note Thibierge.* ♦ V. aussi Perrot, *RTD civ. 1985. 445.*

Fin de l'interruption à la date à laquelle la juridiction saisie s'est déclarée incompétente. • Civ. 1re, 8 févr. 2017, ⚖ n° 15-27.124 P.

3. Cas de l'interruption par déclaration de créance. La déclaration de créance au passif du débiteur principal en liquidation judiciaire interrompt la prescription à l'égard du garant hypothécaire, sans qu'il y ait lieu à notification de la déclaration à l'égard de ce dernier, et cet effet interruptif se prolonge jusqu'au jugement prononçant la clôture de la procédure. • Com. 1er juill. 2020, ⚖ n° 18-24.979 P : *D. 2020. 1857, obs. Lucas et Cagnoli* ✎ ; *ibid. 1917, obs. Ansault et Gijsbers* ✎ ; *RTD com. 2020. 945, obs. Martin-Serf* ✎.

L'effet interruptif résultant, en matière de redressement judiciaire civil, de la déclaration des créances, il se prolonge jusqu'à ce qu'une décision irrévocable ait statué sur la vérification des créances. • Civ. 1re, 23 mars 1999, ⚖ n° 97-04.162 P.

4. Cas du référé. Si une citation en référé interrompt la prescription, l'effet interruptif cesse dès que l'ordonnance est rendue. • Civ. 2e, 18 sept. 2003 : ⚖ *D. 2003. IR 2548* ✎. ♦ ... Et le défaut de signification de l'ordonnance ne saurait être invoqué par celui auquel il revient d'en prendre l'initiative. • Même arrêt. ♦ Comp. : l'assignation en référé qui tend à obtenir une provision constitue une citation en justice interruptive de la prescription dont l'effet se prolonge jusqu'à ce que le litige porté devant le juge des référés ait trouvé sa solution. • Civ. 1re, 12 févr. 1991, ⚖ n° 88-19.826 P : *RTD civ. 1991. 797, obs. Perrot* ✎ • Com. 27 nov. 2001, ⚖ n° 99-10.551 P. ♦ Le délai décennal de garantie (art. 2270) est interrompu par une assignation en référé, jusqu'au jour de l'ordonnance de référé, le nouveau délai décennal commençant à courir à compter de cette date. • Civ. 3e, 11 mai 1994, ⚖ n° 92-19.747 P • 11 janv. 1995, ⚖ n° 93-10.327 P • 4 juin 1997, ⚖ n° 95-18.845 P (délai biennal). – V. aussi • Civ. 3e, 7 juill. 1999, n° 92-19.747 P. ♦ Rappr. • CE, avis, 22 juill. 1992 : ⚖ *D. 1993. 348, note Klebes-Pélissier* ✎.

5. Cas du référé-expertise. En cas d'assignation en référé, le délai pour agir n'est interrompu que pendant la durée de l'instance à laquelle a mis fin l'ordonnance nommant un expert. • Civ. 3e, 19 déc. 2001, ⚖ n° 00-14.425 P : *Rev. loyers 2002. 148, obs. de Maillard* • 8 juill. 2009, ⚖ n° 08-13.962 P • Com. 3 juill. 2012, ⚖

n° 11-22.429 P (application à la prescription biennale prévue en matière d'abordage maritime par l'art. L. 5131-6 C. transp.). ♦ Le fait que le juge ait gardé le contrôle des opérations d'expertise n'a pas pour effet de proroger l'instance. • Civ. 2e, 6 mars 1991, n° 89-16.995 P : *Gaz. Pal. 1991. 2. 622, concl. Joinet ; RTD civ. 1991. 595, obs. Perrot*. ♦ L'effet interruptif des actes cesse au jour où le litige trouve sa solution et donc, en matière de référé-expertise, à la date à laquelle l'ordonnance de référé est rendue. • Civ. 3e, 25 mai 2011 : *cité note 10 ss. art. 2241*. ♦ V. aussi : dans le cas d'une assignation en référé pour rendre communes à un tiers les opérations d'expertise déjà ordonnées, l'interruption prend fin à la date de la décision acceptant cette extension. • Com. 30 juin 2004, n° 03-10.751 P : *R., p. 365* • Civ. 2e, 3 sept. 2009, n° 08-18.092 P.

6. ... Cas du commandement de saisie immobilière. L'effet interruptif résultant d'un commandement de saisie immobilière n'est pas remis en cause par l'absence de prorogation des effets de ce commandement, et l'interruption de ces mêmes délais par la demande en justice produit ses effets jusqu'à l'extinction de l'instance. • Civ. 2e, 25 sept. 2014, n° 13-19.935 P. ♦ L'effet interruptif de la prescription attachée à la délivrance de l'assignation à comparaître à l'audience d'orientation, consécutive au commandement valant saisie immobilière, produit ses effets, en l'absence d'anéantissement de ce commandement ou de cette assignation, jusqu'à l'extinction de l'instance introduite par cette assignation ; en l'espèce le jugement ayant constaté la péremption de ce commandement, V. • Civ. 2e, 1er mars 2018, n° 17-11.238 P.

L'effet interruptif de prescription attaché à la saisine du juge de l'exécution ne prend fin que par l'ordonnance d'homologation du projet de répartition de prix de vente de l'immeuble, et non par le jugement d'orientation alors même que celui-ci a fixé le montant de la créance du saisissant. • Civ. 2e, 6 sept. 2018, n° 17-21.337 P. ♦ L'instance engagée par la saisine du juge de l'exécution à l'audience d'orientation ne s'éteint que lorsque le juge de l'exécution ne peut plus être saisi d'une contestation à l'occasion de la saisie immobilière. L'effet interruptif de prescription d'une instance de saisie immobilière se poursuit soit jusqu'à une ordonnance d'homologation du projet ou de l'accord de répartition du prix de vente de l'immeuble, jusqu'à un état de répartition établi par le juge, ou, lorsqu'il n'y a qu'un seul créancier répondant aux critères de l'art. L. 331-1 C. pr. exéc., jusqu'à l'expiration du délai de quinze jours suivant la notification du paiement ou, le cas échéant, jusqu'à la date de la décision tranchant la contestation formée dans ce délai. • Civ. 2e, 2 mars 2023, n° 20-20.776 B.

7. Instances pénales. La prescription d'une action en reconnaissance de la faute inexcusable de l'employeur est interrompue par l'instance pénale formée contre celui-ci et l'effet interruptif se prolonge jusqu'à l'expiration du délai d'appel du ministère public. • Soc. 4 mars 1999, n° 97-11.195 P : *JCP 2000. II. 10308, note Fardoux*. ♦ L'effet interruptif de prescription d'une constitution de partie civile se poursuit jusqu'à ce qu'une décision, fût-elle d'incompétence, mette définitivement fin à l'action civile engagée devant la juridiction pénale. • Civ. 1re, 16 janv. 2001, n° 98-17.427 P : *R., p. 455 ; D. 2001. 3575, note Matsopoulou*.

Art. 2243 **L'interruption est non avenue si le demandeur se désiste de sa demande ou laisse périmer l'instance, ou si sa demande est définitivement rejetée.** — *Dispositions transitoires, V. L. n° 2008-561 du 17 juin 2008, art. 26 ss. art. 2279.*

1. Domaine. La prescription biennale de l'action en reconnaissance de la faute inexcusable de l'employeur interrompue par l'exercice de l'action pénale engagée pour les mêmes faits exclut l'application des règles de droit commun de l'art. 2247 [ancien]. • Soc. 5 oct. 2000, n° 99-13.336 P : *R., p. 356*.

2. Causes du rejet de la demande. La disposition aux termes de laquelle l'interruption de la prescription est regardée comme non avenue si la demande est rejetée est absolue et ne comporte aucune distinction selon que la demande est définitivement rejetée par un moyen de fond ou qu'elle est repoussée, soit par un moyen de forme, soit par une fin de non-recevoir laissant subsister le droit d'action. • Com. 21 avr. 1980 : *Bull. civ. IV, n° 157* • Civ. 3e, 20 déc. 1983 : *ibid. III, n° 275* • Civ. 1re, 30 janv. 2001, n° 98-19.733 P • 22 mai 2002, n° 99-12.222 P : *D. 2002. Somm. 3178, obs. Groutel* • Com. 13 sept. 2011, n° 10-19.384 P : *D. 2011. 2268, obs. Delpech ; Rev. crit. DIP 2012. 113, note Klein ; RLDC 2012/91, n° 4584, note Netter* • Com. 26 janv. 2016, n° 14-17.952 P. ♦ ... Ou selon que la demande a été formée devant le juge des référés ou devant le juge du fond. • Civ. 1re, 30 mars 1994, n° 90-20.612 P • 9 déc. 1997, n° 95-18.022 P : *RCA 1998, n° 78* (ordonnance ayant débouté la demanderesse réclamant une indemnité provisionnelle). ♦ ... Ou que la demande a été formée devant une juridiction incompétente, dès lors que cette demande est rejetée par un moyen de fond ou une fin de non-recevoir. • Civ. 2e, 21 mars 2019, n° 17-10.663 P. ♦ Il en va cependant autrement lorsque le rejet de la demande a été motivé par l'annulation de la signification de l'acte de saisine de la juridiction pour vice de forme, seul l'art. 2241, al. 2 étant applicable dans ce cas. • Com. 26 juin 2019, n° 18-16.859 P.

3. Nécessité d'une décision judiciaire. L'interruption de la prescription résultant de la demande en justice n'est non avenue que si le juge saisi de cette demande a constaté que le demandeur s'est désisté de sa demande ou a laissé périmer l'instance, ou si le juge a définitivement rejeté cette demande. • Civ. 2e, 2 juin 2016, n° 15-19.618 P.

4. *Illustrations : juridiction inexistante.* Une citation en justice devant une juridiction inexistante est sans effet interruptif de prescription. • Civ. 2e, 23 mars 2000, n° 97-11.932 P : *R. p. 425 ; D. 2000. IR 123 ; JCP 2000. II. 10348, note Desideri* (tribunal de commerce non encore créé à la date de l'assignation).

5. *... Caducité ou nullité d'une assignation.* Une assignation dont la caducité a été constatée n'a pu interrompre le cours de la prescription. • Cass., ass. plén., 3 avr. 1987, n° 86-11.536 P : *R., p. 231 ; JCP 1987. II. 20792, concl. Cabannes* (assignation caduque pour défaut de remise d'une copie de l'assignation au secrétariat-greffe dans les quatre mois de l'assignation : C. pr. civ., art. 757). ♦ La demande en justice dont la caducité a été constatée ne peut interrompre le cours de la prescription. • Civ. 2e, 21 mars 2019, n° 17-31.502 P. – Dans le même sens : • Soc. 21 mai 1996, n° 92-44.347 P. ♦ N'interrompt pas la prescription une assignation par la suite annulée. • Civ. 2e, 8 avr. 2004, n° 02-16.116 P : *RDI 2004. 382, obs. Malinvaud* .

6. *... Extinction de l'instance – Injonction de payer.* Lorsque l'instance sur opposition à une ordonnance portant injonction de payer est déclarée éteinte en application de l'art. 1419 C. pr. civ., faute pour le créancier d'avoir constitué avocat dans le délai requis, l'interruption de la prescription résultant de la signification de l'ordonnance portant injonction de payer est non avenue. • Civ. 2e, 19 nov. 2020, n° 19-20.238 P.

7. *... Rejet de la demande.* • Civ. 3e, 4 oct. 2018, n° 16-22.095 P : *D. 2018. 1969 ; RDI 2018. 600, obs. Tournafond et Tricoire ; RTD civ. 2018. 886, obs. Barbier* .

8. *... Refus de référé.* La décision disant qu'il n'y a lieu à référé en raison du défaut de la condition tenant à l'existence d'une obligation non sérieusement contestable ne constitue pas une décision sur la compétence mais une décision sur le fond même du référé, et l'interruption de la prescription est, dès lors, non avenue. • Civ. 1re, 27 févr. 1996, n° 93-21.436 P : *D. 1996. Somm. 354, obs. Julien* • Civ. 2e, 4 févr. 1998, n° 95-20.700 P. – V. aussi • Com. 24 oct. 2000, n° 97-21.290 P : *D. 2000. IR 286* • 14 mai 2009, n° 07-21.094 P : *D. 2009. AJ 1545* . ♦ L'interruption de la prescription résultant de l'action en référé-provision est non avenue si la demande est rejetée. • Civ. 1re, 1er févr. 2000, n° 97-16.662 P. ♦ La demande n'est pas rejetée et l'interruption n'est pas non avenue lorsque le juge des référés, saisi d'une demande d'expertise sur le fondement de l'art. 145 C. pr. civ., ordonne un transport sur les lieux puis, une fois celui-ci effectué, juge la demande d'expertise sans objet en estimant que le transport sur les lieux était une mesure d'instruction suffisante. • Civ. 3e, 24 avr. 2003, n° 01-15.457 P : *D. 2003. Somm. 2998, obs. Bouyeure ; Rev. loyers 2003. 450, obs. Picasso.*

9. Une décision définitive de refus d'informer, à la suite du dépôt d'une plainte avec constitution de partie civile, rend non avenue l'interruption de la prescription qu'elle avait entraînée. • Civ. 1re, 18 déc. 2013, n° 12-26.621.

10. *Interruptions maintenues : sursis à statuer.* Si l'effet interruptif d'une assignation est non avenu lorsque la demande est rejetée, il n'en est pas ainsi lorsqu'un jugement s'est borné à surseoir à statuer. • Civ. 3e, 22 mars 1983, n° 81-14.381 P.

11. *... Radiation.* La radiation de l'affaire est sans effet sur la poursuite de l'interruption découlant de l'introduction de l'instance. • Civ. 1re, 10 avr. 2013, n° 12-18.193 P : *D. 2013. 1073 ; D. avocats 2013. 238, chron. Royer* .

12. *...Caducité d'une désignation d'expert.* La caducité d'une désignation d'expert, faute de consignation, qui n'atteint que la mesure d'expertise ordonnée, ne peut priver l'assignation introductive d'instance de son effet interruptif du délai de prescription. • Civ. 2e, 26 sept. 2013, n° 12-25.433 P.

13. *... Désistement prévoyant une reprise d'instance.* Le désistement ne permet de regarder l'interruption de la prescription comme non avenue que lorsqu'il s'agit d'un désistement d'instance pur et simple et non quand il énonce que l'action sera reprise ultérieurement. • Com. 12 juill. 1994 : *JCP 1995. II. 22494, note Perdriau.*

14. *... Déclaration temporaire d'irrecevabilité.* Applique faussement l'art. 2247 (ancien) la cour d'appel qui considère non avenue une interruption de prescription consécutive à une contestation de créance jugée irrecevable par le juge-commissaire chargé d'une procédure collective, alors que l'ordonnance de ce dernier se bornait à dire temporairement irrecevables les contestations concernant les créances déclarées, en raison d'un appel formé contre le jugement résolvant le plan de continuation. • Com. 8 nov. 2011 : *D. 2011. 2862* .

15. *... Demande non examinée.* L'absence de vérification des créances prévue par l'art. L. 621-102 C. com. ne saurait être assimilée à l'une des circonstances rendant, par application de l'art. 2247 [ancien] C. civ., non avenue l'interruption de prescription. • Com. 15 mars 2005, n° 03-17.783 P : *D. 2005. AJ 1286, obs. A. Lienhard* .

16. *... Volonté de faire appel.* L'art. 2247 [ancien] ne peut rendre non avenue l'interruption de la prescription née de la manifestation expresse de volonté de poursuivre la procédure résultant d'un appel régulièrement interjeté. • Civ. 1re, 19 juin 2008, n° 07-15.430 P.

17. Portée de la perte de l'effet interruptif. La disparition de l'effet interruptif résultant de la péremption d'une instance au fond ne s'étend pas à une instance distincte en référé l'ayant précédée. • Civ. 3e, 6 mai 2003, n° 00-20.819 P : *RTD civ. 2003. 544, obs. Perrot*.

Art. 2244 *(Ord. n° 2011-1895 du 19 déc. 2011, art. 3, en vigueur le 1er juin 2012)* **Le délai de prescription ou le délai de forclusion est également interrompu par une mesure conservatoire prise en application du code des procédures civiles d'exécution ou un acte d'exécution forcée.**

1. Domaine. Le commandement aux fins de saisie-vente, qui, sans être un acte d'exécution forcée, engage la mesure d'exécution forcée, interrompt la prescription de la créance qu'il tend à recouvrer. • Civ. 2e, 13 mai 2015, n° 14-16.025 P.

2. Conditions. Le commandement de payer valant saisie immobilière que le créancier hypothécaire, titulaire d'un droit de suite, fait signifier au tiers détenteur ne produisant les effets attachés à cette mesure d'exécution qu'à l'égard de celui-ci, le délai de prescription de la créance du poursuivant contre le débiteur n'est interrompu que par la signification qui est, en outre, faite à ce dernier du commandement de payer mentionnant que le commandement valant saisie immobilière est signifié au tiers détenteur. • Civ. 2e, 23 juin 2016, n° 15-14.633 P.

3. Caducité de la mesure d'exécution. La caducité qui atteint une mesure d'exécution la prive rétroactivement de tous ses effets ; cassation d'un arrêt qui retient que la caducité d'un commandement a été constatée au sens des dispositions de l'art. R. 322-27 C. pr. exéc., et que cette caducité n'a pas d'effet sur l'interruption de la prescription. • Civ. 2e, 4 sept. 2014 : *D. actu. 17 sept. 2014, obs. Avena-Robardet ; D. 2014. 1828 ; AJDI 2014. 798 ; AJCA 2014. 379, obs. Mégret.*

4. Portée. La caducité qui frappe un commandement de payer valant saisie immobilière et qui le prive rétroactivement de tous ses effets atteint tous les actes de la procédure de saisie qu'il engage ; cassation de l'arrêt qui retient que l'assignation à l'audience d'orientation délivrée après un commandement de payer valant saisie immobilière n'a pas été annulée et a donc interrompu la prescription. • Civ. 2e, 19 févr. 2015, n° 13-28.445 P : *D. 2015. 495*. ♦ Même solution pour des conclusions postérieures au commandement de payer annulé : • Civ. 2e, 19 févr. 2015, n° 14-10.622 P : *D. 2015. 495*.

5. Action oblique. L'art. 2244 ne confère d'effet interruptif qu'aux actes exercés à l'encontre du débiteur concerné par l'action, de sorte que la prescription de l'action oblique n'est pas interrompue. • Com. 23 nov. 2022, n° 21-17.338 B.

Art. 2245 **L'interpellation faite à l'un des débiteurs solidaires par une demande en justice ou par un acte d'exécution forcée ou la reconnaissance par le débiteur du droit de celui contre lequel il prescrivait interrompt le délai de prescription contre tous les autres, même contre leurs héritiers.**

En revanche, l'interpellation faite à l'un des héritiers d'un débiteur solidaire ou la reconnaissance de cet héritier n'interrompt pas le délai de prescription à l'égard des autres cohéritiers, même en cas de créance hypothécaire, si l'obligation est divisible. Cette interpellation ou cette reconnaissance n'interrompt le délai de prescription, à l'égard des autres codébiteurs, que pour la part dont cet héritier est tenu.

Pour interrompre le délai de prescription pour le tout, à l'égard des autres codébiteurs, il faut l'interpellation faite à tous les héritiers du débiteur décédé ou la reconnaissance de tous ces héritiers. — *Dispositions transitoires, V. L. n° 2008-561 du 17 juin 2008, art. 26 ss. art. 2279.*

1. Souscripteurs d'un billet à ordre. Les souscripteurs d'un billet à ordre sont des codébiteurs tenus solidairement envers le bénéficiaire. Le paiement des intérêts par un des souscripteurs interrompt la prescription vis-à-vis de tous les souscripteurs du billet à ordre. • Req. 19 mai 1884 : *DP 1884. 1. 286.*

2. Caution solidaire et débiteur principal. Le paiement d'une partie de la dette par la caution solidaire interrompt la prescription à l'égard du débiteur principal. • Req. 23 juill. 1929 : *DP 1931. 1. 73, note G. Holleaux.* ♦ La suspension de la prescription de la dette fiscale, résultant de la liquidation des biens non encore clôturée du débiteur principal, joue également à l'égard de la caution solidaire. • Com. 12 oct. 1999 : *JCP 2000. II. 10238, rapp. Rémery.*

3. Associés d'une société en participation. Si un contrat de travail conclu avec une AARPI (association d'avocats à responsabilité professionnelle individuelle) confère à ses associés la qualité de co-employeurs en vertu des dispositions légales régissant les sociétés en participation, aucune solidarité n'existe entre associés, de sorte que l'interruption de la prescription de l'action à l'égard de l'un demeure sans effet à l'endroit de l'autre. • Civ. 1re, 8 mars 2023, n° 20-16.475 B.

4. Co-partageants (lésion). La matière de la rescision du partage pour cause de lésion, qui remet en question les droits de toutes les parties, étant indivisible, lorsqu'un co-partageant agit en rescision contre un autre, il interrompt la prescription de l'art. 1304 anc. C. civ. à l'égard de tous les co-partageants. • Civ. 1re, 5 janv. 1966 : *JCP 1966. II. 14592, note Voirin.*

Art. 2246 **L'interpellation faite au débiteur principal ou sa reconnaissance interrompt le délai de prescription contre la caution.** – *Dispositions transitoires, V. L. n° 2008-561 du 17 juin 2008, art. 26 ss. art. 2279.*

1. La déclaration de créance à la procédure collective du débiteur interrompt la prescription à l'égard de la caution sans qu'il soit besoin d'une notification. • Com. 26 sept. 2006 : *V. note 14 ss. art. 2241.* ♦ L'art. L. 631-20 C. com., selon lequel la caution ne peut se prévaloir des dispositions du plan de redressement dont bénéficie, le cas échéant, le débiteur principal, ne fait pas échec à l'interruption de la prescription à son égard jusqu'au constat de l'achèvement du plan, ou en cas de résolution de celui-ci et d'ouverture de la liquidation judiciaire du débiteur principal, jusqu'à la clôture de cette procédure. • Com. 23 nov. 2022, n° 21-13.386 B.

2. Donneur d'aval. L'art. 2246 est applicable au donneur d'aval et le donneur d'aval d'un billet à ordre est tenu de la même manière que celui dont il s'est porté garant ; il en résulte que la déclaration de la créance née d'un billet à ordre au passif de la procédure collective de son souscripteur interrompt la prescription à l'égard du donneur d'aval. • Com. 25 janv. 2023, n° 21-16.275 B.

CHAPITRE IV DES CONDITIONS DE LA PRESCRIPTION EXTINCTIVE

SECTION 1 De l'invocation de la prescription

Art. 2247 **Les juges ne peuvent pas suppléer d'office le moyen résultant de la prescription.** – *Dispositions transitoires, V. L. n° 2008-561 du 17 juin 2008, art. 26 ss. art. 2279.*

1. Illustrations. Application dans le cas de la prescription d'une action en nullité pour dépassement de pouvoirs dans le régime matrimonial de communauté : • Civ. 1re, 11 janv. 1983, n° 81-15.945 P. ♦ Application à la prescription de l'art. 180 L. 25 janv. 1985 (C. com., art. L. 624-3) : • Com. 19 déc. 2000, n° 98-11.821 P. ♦ ... A la prescription quinquennale des salaires (art. 2277 [ancien]) : • Soc. 29 juin 2005, n° 03-41.966 P. ♦ ... A la prescription décennale en matière de construction. • Civ. 3e, 26 avr. 2006, n° 05-13.254 P : *LPA 7 févr. 2007, note Zavaro ; RDI 2006. 310, obs. Malinvaud* • 11 mai 2006, n° 05-12.234 P. ♦ ... A la prescription de l'action en contestation de filiation paternelle légitime (anc. art. 322, al. 2, *a contrario*). • Civ. 1re, 6 mars 2007 : *Dr. fam. 2007, n° 141, note Murat ; RTD civ. 2007. 762, obs. Hauser* .

2. Prescription d'ordre public. La règle selon laquelle les juges ne peuvent suppléer d'office le moyen résultant de la prescription s'applique lors même que la prescription est d'ordre public. • Civ. 1re, 9 déc. 1986 (2 arrêts) : *Gaz. Pal. 1987. 1. 187, note M. Mayer et Pinon ; RTD civ. 1987. 763, obs. Mestre* • 19 sept. 2019, n° 18-19.665 P : *AJ fam. 2019. 601, obs. Houssier ; JCP 2019, n° 1112, note Lamarche ; Dr. fam. 2019, n° 214, note Binet* (prescription trentenaire de l'action en nullité d'un mariage prévue à l'art. 184).

3. Régime de la fin de non-recevoir. Les juges du fond n'ayant pas le pouvoir de relever d'office la fin de non-recevoir tirée du délai de prescription, est nouveau devant la Cour de cassation, mélangé de fait et de droit, le moyen tiré d'une absence de prise en compte de la prescription quinquennale non invoquée devant les juges du fond. • Soc. 12 déc. 2012, n° 11-20.502 P : *D. 2013. 21 ; Dr. soc. 2013. 353, note Tournaux* .

4. Personnes pouvant opposer la prescription. Si la prescription biennale de l'art. L. 218-2 C. consom. procède de la qualité de consommateur, son acquisition affecte le droit du créancier, de sorte qu'il s'agit d'une exception inhérente à la dette dont la caution, qui y a intérêt, peut se prévaloir, conformément à l'art. 2253 C. civ. ; en effet, la solution inverse antérieurement retenue exposait le débiteur principal au recours personnel de la caution, le privant ainsi du bénéfice de la prescription biennale attachée à sa qualité de consommateur contractant avec un professionnel fournisseur de biens ou de services, et conduirait à traiter plus sévèrement les cautions ayant souscrit leur engagement avant l'entrée en vigueur de l'Ord. du 15 sept. 2021, laquelle permet en principe à la caution d'opposer au créancier toutes les exceptions qui appartiennent au débiteur. • Civ. 1re, 20 avr. 2022, n° 20-22.866 B : *D. 2022. 1842, note Guillard ; ibid. 1724, obs. Gijsbers ; ibid. 1828, obs. Martin et Synvet ; RTD civ. 2022. 678, obs. Gijsbers ; JCP 2022, n° 561, note Mignot ; ibid. n° 685, note Mallet-Bricout ; ibid., n° 686, note Mignot.*

♦ *Contra* précédemment : la caution ne peut opposer au créancier la prescription biennale prévue à l'art. L. 218-2 C. consom., qui constitue une exception purement personnelle au débiteur principal, procédant de sa qualité de consommateur auquel un professionnel a fourni un service. • Civ. 1re, 11 déc. 2019, n° 18-16.147 P : *D. 2020. 523, note Nicolle ; AJ contrat 2020. 101, obs. Houtcieff ; RTD civ. 2020. 161, obs. Gijsbers ; RDC 2020/2. 42, note Libchaber.*

Art. 2248 Sauf renonciation, la prescription peut être opposée en tout état de cause, même devant la cour d'appel. – *Dispositions transitoires, V. L. n° 2008-561 du 17 juin 2008, art. 26 ss. art. 2279.*

1. Par voie d'exception. Le moyen tiré de la prescription extinctive de l'obligation, s'il n'a pas été proposé devant les juges du fond, est irrecevable devant la Cour de cassation. • Civ. 1re, 27 févr. 1973 : *Bull. civ. I, n° 71* • 3 juill. 1984 : *ibid., n° 216.*

2. Par voie d'action. Même en dehors de tout litige, on peut avoir intérêt à faire constater la prescription de la créance d'une banque afin de pouvoir apprécier la consistance exacte du patrimoine dont on hérite et l'étendue des droits dont on peut disposer compte tenu des hypothèques garantissant cette créance. • Civ. 1re, 9 juin 2011, n° 10-10.348 P : *D. 2011. 2311, note Grayot-Dirx ; ibid. chron. C. cass. 2140, obs. Vassallo et Creton ; RTD civ. 2011. 535, obs. Fages* (qui juge que c'est à bon droit que la cour d'appel a déclaré l'action recevable).

Art. 2249 Le paiement effectué pour éteindre une dette ne peut être répété au seul motif que le délai de prescription était expiré. – *Dispositions transitoires, V. L. n° 2008-561 du 17 juin 2008, art. 26 ss. art. 2279.*

SECTION 2 De la renonciation à la prescription

Art. 2250 Seule une prescription acquise est susceptible de renonciation. – *Dispositions transitoires, V. L. n° 2008-561 du 17 juin 2008, art. 26 ss. art. 2279.*

La renonciation à une prescription acquise ne fait pas courir un nouveau délai de prescription. • Civ. 2e, 16 nov. 2006, n° 05-16.082 P : *D. 2008. Pan. 122, obs. Groutel ; RCA 2007, n° 74, note Groutel ; RGDA 2007. 77, note Kullmann* (prescription biennale de l'art. L. 114-1 C. assur.).

Art. 2251 La renonciation à la prescription est expresse ou tacite.

La renonciation tacite résulte de circonstances établissant sans équivoque la volonté de ne pas se prévaloir de la prescription. – *Dispositions transitoires, V. L. n° 2008-561 du 17 juin 2008, art. 26 ss. art. 2279.*

1. Forme de la renonciation. La renonciation à une prescription acquise n'est subordonnée dans sa forme à aucune condition substantielle, et peut résulter de tout acte et de tout fait qui, implicitement ou explicitement, manifeste de la part du débiteur la volonté de renoncer à une prescription acquise. Les tribunaux sont investis à cet égard d'un pouvoir souverain d'appréciation. • Civ. 9 nov. 1943 : *DA 1944. 37.*

2. Actes valant renonciation tacite. La renonciation tacite à la prescription ne peut résulter que d'actes accomplis en connaissance de cause et manifestant sans équivoque la volonté de renoncer. • Soc. 24 nov. 1982 : *Bull. civ. V, n° 638.* ♦ Ainsi la proposition d'indemnisation, obligatoire dès lors que la procédure administrative d'indemnisation des dégâts de gibier est engagée, ne peut caractériser la volonté de la fédération des chasseurs de renoncer à la prescription de l'action en responsabilité introduite devant le juge judiciaire. • Civ. 2e, 14 sept. 2017, n° 16-23.846 P. ♦ Comp. antérieurement, considérant que la réitération, par l'Office national de la chasse, d'une proposition d'indemnisation administrative après l'expiration du délai de prescription peut valoir renonciation tacite à la prescription. • Civ. 2e, 5 nov. 1998, n° 96-22.221 P. – V. aussi • Civ. 2e, 20 avr. 2000, n° 98-13.941 P • Civ. 3e, 3 mai 2001, n° 99-19.241 P : *RDI 2001. 344, obs. Durry* (engagement d'importantes dépenses d'expertise par l'assureur deux ans après l'expiration du délai décennal). ♦ Le fait de participer à une mesure d'instruction ordonnée en référé n'implique pas à lui seul la volonté de renoncer à une forclusion, invoquée ensuite dès le début de la procédure devant les juges du fond. • Civ. 3e, 17 janv. 1996, n° 93-19.407 P : *JCP 1996. II. 22684, note Djigo ; RDI 1996. 221, obs. Malinvaud et Boubli .*

3. Acte ne valant pas renonciation tacite. Le fait pour une partie de déposer des conclusions avant d'invoquer, à un moment quelconque de la cause, la prescription, n'établit pas sa volonté non équivoque de renoncer à cette fin de non-recevoir. • Civ. 2e, 12 avr. 2018, n° 17-15.434 P.

Art. 2252 **Celui qui ne peut exercer par lui-même ses droits ne peut renoncer seul à la prescription acquise.** — *Dispositions transitoires, V. L. n° 2008-561 du 17 juin 2008, art. 26 ss. art. 2279.*

Art. 2253 **Les créanciers, ou toute autre personne ayant intérêt à ce que la prescription soit acquise, peuvent l'opposer ou l'invoquer lors même que le débiteur y renonce.** — *Dispositions transitoires, V. L. n° 2008-561 du 17 juin 2008, art. 26 ss. art. 2279.*

1. Les dispositions de l'art. 2225 [ancien, et dont l'art. 2253 reprend les termes] ne sont applicables que si la renonciation du débiteur est de nature à créer ou à augmenter son insolvabilité. • Soc. 9 nov. 1950 : *Bull. civ. III, n° 830.*

2. Conformément à l'art. 2253, la caution, qui y a intérêt, peut se prévaloir de la prescription biennale de l'art. L. 218-2 C. consom. • Civ. 1re, 20 avr. 2022, n° 20-22.866 B : *D. 2022. 1842, note Guillard ; ibid. 1724, obs. Gijsbers ; ibid. 1828, obs. Martin et Synvet ; RTD civ. 2022. 678, obs. Gijsbers ; JCP 2022, n° 561, note Mignot ; ibid. n° 685, note Mallet-Bricout ; ibid., n° 686, note Mignot.*

SECTION 3 De l'aménagement conventionnel de la prescription

Art. 2254 **La durée de la prescription peut être abrégée ou allongée par accord des parties. Elle ne peut toutefois être réduite à moins d'un an ni étendue à plus de dix ans.**

Les parties peuvent également, d'un commun accord, ajouter aux causes de suspension ou d'interruption de la prescription prévues par la loi.

Les dispositions des deux alinéas précédents ne sont pas applicables aux actions en paiement ou en répétition des salaires, arrérages de rente, pensions alimentaires, loyers, fermages, charges locatives, intérêts des sommes prêtées et, généralement, aux actions en paiement de tout ce qui est payable par années *[année]* **ou à des termes périodiques plus courts.** — *Dispositions transitoires, V. L. n° 2008-561 du 17 juin 2008, art. 26 ss. art. 2279.*

Sur l'interdiction d'aménager la prescription pour les parties à un contrat d'assurance, V. C. assur., art. L. 114-3. — ***C. assur.*** *— ... Pour les parties à une opération individuelle ou collective, V. C. mut., art. L. 221-12-1. —* ***CSS.*** *— ... Pour les parties à un contrat entre un professionnel et un consommateur, V. C. consom., art. L. 218-1. —* ***C. consom.***

BIBL. ► DAMMANN et KESZLER, *RLDC 2009/60, n° 3408.* – LEVENEUR, *Mél. Larroumet, Economica, 2010, p. 241.*

1. Domaine. La caution étant fondée, en application de la convention des parties, à invoquer le non-respect du délai de trois mois expressément prévu pour la mise en jeu de son engagement, cassation de l'arrêt analysant cette stipulation comme un délai de prescription soumis à l'art. 2254 C. civ. • Com. 15 oct. 2013 : *D. 2013. 2460 ; RTD civ. 2014. 120, obs. Barbier ; ibid. 155, obs. Crocq ; ibid. 705, obs. Théry ; Banque et Dr. 11-12/2013. 44, obs. Rontchevsky.* ♦ L'action en requalification contrat à durée déterminée en un contrat à durée indéterminée et en paiement d'une indemnité de requalification qui en découle ne sont pas des actions en paiement de salaires, excluant la possibilité d'aménager la durée de prescription. • Soc. 22 nov. 2017, n° 16-16.561 P : *D. 2018. 813, obs. Lokiec et Porta ; Dr. soc. 2018. 209, obs. Mouly ; RDT 2017. 812, obs. F. Guiomard.*

2. Faute lourde. La disposition contractuelle abrégeant le délai de prescription reçoit application même en cas de faute lourde. • Com. 12 juill. 2004, n° 03-10.547 P : *R., p. 365 ; D. 2004. 2296, note Delebecque ; D. 2005. Pan. 2845, obs. Fauvarque-Cosson ; JCP 2005. I. 132, n° 11, obs. Viney ; CCC 2004, n° 169, note Leveneur ; RDC 2005. 272, obs. D. Mazeaud ; RTD civ. 2005. 133, obs. Mestre et Fages.*

3. Loi étrangère. Dès lors qu'il est permis d'enfermer l'exercice de certaines actions dans des limites plus étroites que celles fixées par la loi française, le débiteur engagé dans les liens d'un contrat international et assigné en France en exécution de ses obligations contractuelles régies par une loi étrangère a le droit de se prévaloir des règles de prescription plus favorables de cette loi. • Civ. 31 janv. 1950 : *D. 1950. 261, note Lerebours-Pigeonnière ;* JCP 1950. II. 5541, note *Weill.*

TITRE XXI DE LA POSSESSION ET DE LA PRESCRIPTION ACQUISITIVE

(L. n° 2008-561 du 17 juin 2008)

Sur les dispositions transitoires résultant de la L. n° 2008-561 du 17 juin 2008, V. cette loi, art. 26, ss. art. 2279.

RÉP. CIV. v[is] *Possession*, par J. DJOUDI ; *Prescription acquisitive*, par B. GRIMONPREZ.

DALLOZ ACTION *Droit de la responsabilité et des contrats 2023/2024, n*[os] *4141.00 s.*

BIBL. ▸ Dossier, *Dr. et patr. 11/2013. 35.*

V. Bibl. gén. ss. titre XX ancien et titre XX.

CHAPITRE I DISPOSITIONS GÉNÉRALES

Art. 2255 La possession est la détention ou la jouissance d'une chose ou d'un droit que nous tenons ou que nous exerçons par nous-mêmes, ou par un autre qui la tient ou qui l'exerce en notre nom. – *[Anc. art. 2228.] – Dispositions transitoires, V. L. n° 2008-561 du 17 juin 2008, art. 26 ss. art. 2279.*

1. Possession par l'intermédiaire d'autrui : locataires et autres occupants. Le propriétaire peut invoquer les actes de possession accomplis en son nom par un fermier. • Civ. 3e, 24 janv. 1990, n° 88-17.747 P : *D. 1991. Somm. 20, obs. A. Robert* ; *Defrénois 1990. 1029, obs. Souleau.* ♦ ... Par le concessionnaire d'une exploitation agricole. • Civ. 3e, 15 mai 2008 : *cité ss. art. 2509.* ♦ L'État ayant autorisé l'occupation d'un terrain par un tiers en vertu d'un contrat d'amodiation, percevant une redevance annuelle pendant de très nombreuses années sans jamais être troublé dans cette utilisation, justifie d'une possession continue, paisible et publique, non équivoque, en qualité de propriétaire. • Civ. 3e, 11 juin 1997, n° 95-16.550 P : *D. 1998. Somm. 57, obs. Robert* ; *Defrénois 1997. 1069, obs. Atias.*

2. ... Bénéficiaire d'une servitude onéreuse. Le propriétaire d'un fonds enclavé qui utilise un passage sur un fonds voisin en versant une « indemnité de servitude » n'exerce pas seulement un droit de passage, mais effectue des actes de possession pour le compte du bénéficiaire de la redevance agissant comme propriétaire du fonds servant. • Civ. 3e, 12 déc. 1984, n° 82-14.989 P.

3. ... Entrepreneur. Le propriétaire d'un terrain peut prétendre avoir détenu par l'intermédiaire de l'entrepreneur chargé de leur construction les piliers destinés à soutenir une galerie dont la construction est demeurée inachevée. • Civ. 3e, 8 déc. 1976 : *Bull. civ. III, n° 449.*

4. ... Usufruitier. Le nu-propriétaire possède par l'intermédiaire de l'usufruitier. Il ne saurait donc être reproché aux juges du fond, qui constatent des actes de possession exercés par l'usufruitier, d'avoir déclaré acquise au bénéfice du nu-propriétaire la prescription trentenaire d'une parcelle, sans avoir relevé d'actes de possession accomplis personnellement par ce dernier. • Civ. 3e, 21 mars 1984 : *JCP 1986. II. 20640 (1re esp.), note E. S. de La Marnierre.*

5. ... Habitants d'une commune. Les actes de jouissance accomplis par les habitants d'une commune caractérisent la possession par celle-ci de biens communaux. • Civ. 3e, 1er juin 2005, n° 04-11.984 P.

6. Présomption de propriété : principe. Saisis d'une action en revendication, les juges du fond n'ont pas à rechercher si le défendeur, qui est possesseur et présumé propriétaire, a lui-même rapporté la preuve de son droit de propriété par titre ou par témoins. • Civ. 3e, 9 janv. 1969 : *Bull. civ. III, n° 40* • 25 mars 1992, n° 90-18.894 P.

7. ... Possession utile. En l'état d'une contestation relative à la propriété d'un immeuble, la possession d'une des parties, bien que d'une durée insuffisante pour parvenir à la prescription acquisitive, donne à l'intéressé le rôle de défendeur à l'action en revendication. • Civ. 1re, 22 déc. 1964 : *Bull. civ. I, n° 598.* ♦ Lorsque, pour rejeter une action en revendication, les juges du fond se fondent sur l'absence de preuve du droit du demandeur, ils n'ont pas à rechercher si la possession du défendeur présente les caractères d'une possession utile. • Civ. 3e, 15 févr. 1968 : *Bull. civ. III, n° 62.*

8. ... Possession équivoque. Constatant que la possession invoquée était équivoque, les juges du fond peuvent en déduire que la possession est atteinte d'un vice l'empêchant de valoir comme présomption de propriété. • Com. 18 oct. 1994, n° 92-18.687 P.

Art. 2256 On est toujours présumé posséder pour soi, et à titre de propriétaire, s'il n'est prouvé qu'on a commencé à posséder pour un autre. – *[Anc. art. 2230.] – Dispositions transitoires, V. L. n° 2008-561 du 17 juin 2008, art. 26 ss. art. 2279.*

1. Compte tenu de la présomption de possession à titre de propriétaire, les juges du fond n'ont pas à caractériser spécialement l'élément intentionnel de la possession. • Civ. 1re, 21 déc. 1964 : *Bull. civ. I, n° 589* • Civ. 3e, 8 mai 1969, n° 67-12.887 P.

2. C'est sur le demandeur en revendication que pèse la charge de prouver la précarité de la possession du défendeur. • Civ. 1re, 7 févr. 1962 : *Bull. civ. I, n° 91.*

Art. 2257 Quand on a commencé à posséder pour autrui, on est toujours présumé posséder au même titre, s'il n'y a preuve du contraire. – *[Anc. art. 2231.] – Dispositions transitoires, V. L. n° 2008-561 du 17 juin 2008, art. 26 ss. art. 2279.*

1. Retrait de fonds pour un autre. La présomption s'applique à celui qui opère des retraits sur un compte en vertu d'une procuration et qui détient des fonds pour un autre. • Civ. 1re, 3 mars 1987 : *Bull. civ. I, n° 82* • 19 févr. 2002 : *Dr. fam. 2002, n° 103, obs. Beignier* • 3 mai 2006, n° 04-20.423 P.

2. Celui qui est entré en possession de fonds par l'intermédiaire d'une procuration peut prouver par tous moyens l'intention du mandant de lui consentir un don manuel. • Civ. 1re, 19 févr. 2002 : *préc. note 1.*

3. Conditions d'une interversion. Pour permettre d'aboutir à l'usucapion trentenaire, l'interversion de titre doit résulter d'une contradiction opposée par le détenteur aux droits du propriétaire, manifestant la volonté du détenteur de se comporter désormais comme propriétaire. • Civ. 1re, 25 janv. 1965, n° 62-13.773 P. ♦ Le seul fait pour un locataire d'avoir cessé de payer son loyer au propriétaire ne suffit pas pour intervertir son titre. • Civ. 3e, 27 sept. 2006, n° 05-14.561 P : *D. 2007. Pan. 2492, obs. Mallet-Bricout ; JCP 2007. II. 10100, note Forest ; ibid. I. 117, n° 6, obs. Périnet-Marquet ; RDI 2006. 461, obs. Gavin-Millan-Oosterlynck.*

4. Continuation d'une possession pour autrui commencée par un autre. La présomption s'applique à celui dont les auteurs ont commencé à posséder pour autrui en vertu d'un bail. • Civ. 3e, 19 déc. 1990, n° 89-13.986 P : *D. 1991. Somm. 305, obs. A. Robert.*

CHAPITRE II DE LA PRESCRIPTION ACQUISITIVE

BIBL. ▶ LAFARGUE, *Defrénois 2021/44. 13* (pratique notariale de la notoriété acquisitive).

Art. 2258 La prescription acquisitive est un moyen d'acquérir un bien ou un droit par l'effet de la possession sans que celui qui l'allègue soit obligé d'en rapporter un titre ou qu'on puisse lui opposer l'exception déduite de la mauvaise foi. – *Dispositions transitoires, V. L. n° 2008-561 du 17 juin 2008, art. 26 ss. art. 2279.*

1. Constitutionnalité. La prescription acquisitive n'a ni pour objet ni pour effet de priver une personne de son droit de propriété mais de conférer au possesseur, sous certaines conditions, et par l'écoulement du temps, un titre de propriété correspondant à la situation de fait qui n'a pas été contestée dans un certain délai ; cette institution répond à un motif d'intérêt général de sécurité juridique en faisant correspondre le droit de propriété à une situation de fait durable, caractérisée par une possession continue et non interrompue, paisible, publique, non équivoque et à titre de propriétaire. • Civ. 3e, 17 juin 2011, n° 11-40.014 P : *D. 2011. Actu. 1819* • 12 oct. 2011, n° 11-40.055 P : *D. 2011. 2598, obs. Forest ; RTD civ. 2011. 562, obs. Revet.*

2. Conciliation avec la Conv. EDH. L'usucapion est une atteinte aux biens qui peut être analysée sous l'angle de l'art. 1er du protocole n° 1 Conv. EDH. Violation de cette disposition lorsque, *compte tenu de la marge d'appréciation des* États, la législation ne ménage pas un juste équilibre entre les exigences de l'intérêt général et le droit au respect des biens. • CEDH, sect. IV, 15 nov. 2005, *J. A. Pye (Oxford) Ltd c/ Royaume-Uni,* n° 44302/02. ♦ *Contra,* dans la même affaire : • CEDH, gr. ch., 30 août 2007, *J. A. Pye (Oxford) Ltd c/ Royaume-Uni,* n° 44302/02 : *D. 2008. Pan. 2469, obs. Reboul-Maupin ; JCP 2008. I. 110, n° 15, obs. Sudre ; ibid. I. 127, n° 1, obs. Périnet-Marquet ; JCP N 2008. 1203, n° 1, obs. Périnet-Marquet ; AJDA 2007. 1928, chron. Flauss ; RLDC 2008/50, n° 3041, obs. Parance ; Dr. et patr. 7-8/2008. 92, obs. Seube et Revet ; RTD civ. 2007. 727, obs. Marguénaud ; ibid. 2008. 507, obs. Revet* (conventionnalité d'une prescription acquisitive de douze ans).

3. Violation de l'art. 1er du protocole n° 1 dans le refus des autorités d'enregistrer au registre foncier un bien au bénéfice de celui qui pouvait revendiquer sa prescription acquisitive. • CEDH, sect. II, 3 mars 2009, *B. et a. c/ Turquie,* n° 37639/03.

4. Domaine. Seul celui qui revendique la propriété d'une parcelle peut invoquer la prescription acquisitive à son profit. • Civ. 3e, 5 nov. 2015, n° 14-20.845 P.

5. ... Personne publique. Les art. 712 et 2258 ne réservent pas aux seules personnes privées le bénéfice de l'usucapion ; le Liv. I du CGPPP énumère des modes d'acquisition de la propriété des personnes publiques, sans exclure la possibilité pour celles-ci de l'acquérir par prescription.

• Civ. 3e, 4 janv. 2023, n° 21-18.993 B (cassation de l'arrêt ayant considéré que si le C. civ. ne distingue pas entre les personnes, le CGPPP énumère de manière exhaustive et exclusive les modes d'acquisition des biens immobiliers et mobiliers par les personnes publiques, de sorte que, depuis son entrée en vigueur, la prescription acquisitive, qui n'y est pas mentionnée, ne pourrait plus être invoquée par une personne publique).

6. Prescription contre un titre. Selon l'art. 712 C. civ., la propriété s'acquiert aussi par prescription et il est toujours possible de prescrire contre un titre ; encourt la cassation l'arrêt qui, pour déclarer le demandeur en revendication propriétaire d'une cave, retient que les titres qu'il produit sont les meilleurs et refuse d'examiner les moyens tirés de la prescription et invoqués à titre subsidiaire par les défendeurs. • Civ. 3e, 4 déc. 1991, n° 89-14.921 P : *D. 1993. Somm. 36, obs. A. Robert (3e esp.)* ; *JCP N 1993. II. 274, note Camoz ; Defrénois 1991. 367, obs. Souleau.* ♦ Dès lors que la propriété s'acquiert aussi par prescription, la prescription trentenaire peut être opposée à un titre, même entre titulaires de titres tenant des droits concurrents du même auteur et soumis à publicité. • Civ. 3e, 17 déc. 2020, n° 18-24.434 P (cassation d'un arrêt ayant jugé l'acquéreur d'un bien n'ayant pas publié l'acte de vente irrecevable à se prévaloir de la prescription acquisitive à l'encontre d'un autre acquéreur tenant son droit du même vendeur et ayant publié son titre).

7. Usucapion et vente. Le vendeur qui doit garantie à l'acquéreur est tenu de répondre de son propre fait. Il ne peut, par suite, évincer l'acquéreur en invoquant la prescription acquisitive, pour se faire reconnaître propriétaire de la chose vendue dont il a conservé la possession, l'acquéreur étant toujours recevable à lui opposer l'exception de garantie, qui est perpétuelle. • Civ. 3e, 20 oct. 1981, n° 80-10.660 P.

8. Le tiers possesseur du bien au moment de la vente étant parvenu à usucaper après la vente, celle-ci doit être annulée comme étant celle de la chose d'autrui, le vendeur ayant perdu rétroactivement la propriété du bien vendu. • Civ. 3e, 10 juill. 1996, n° 94-21.168 P : *R., p. 287 ; D. 1998. 509, note Reboul* ; *Defrénois 1996. 1426, obs. Atias.*

9. Un acquéreur ne peut joindre à sa possession celle de son vendeur pour prescrire un bien resté en dehors de la vente. • Civ. 3e, 17 avr. 1996, n° 94-15.748 P.

Art. 2259 **Sont applicables à la prescription acquisitive les articles 2221 et 2222, et les chapitres III et IV du titre XX du présent livre sous réserve des dispositions du présent chapitre.** — *Dispositions transitoires, V. L. n° 2008-561 du 17 juin 2008, art. 26 ss. art. 2279.*

SECTION 1 Des conditions de la prescription acquisitive

Art. 2260 **On ne peut prescrire les biens ou les droits qui ne sont point dans le commerce.** — *[Anc. art. 2226, mod.] — Dispositions transitoires, V. L. n° 2008-561 du 17 juin 2008, art. 26 ss. art. 2279.*

1. Monument funéraire. Le droit d'usage d'un monument funéraire incorporé au droit du concessionnaire de la sépulture est, comme ce droit, hors du commerce en ce qu'il résulte de la concession et ne peut donc être acquis par prescription. • Civ. 1re, 13 mai 1980 : *JCP 1980. II. 19439, concl. Gulphe.*

2. Régime propre à La Réunion. Prescriptibilité de la zone « des cinquante pas *géométriques » à La Réunion. • Civ. 3e, 12 janv. 1982 : D. 1982. 577, note Audouard.* – V. aussi • Fort-de-France, 7 déc. 1990 : *D. 1992. 17, note Larrieu* .

3. Nom patronymique. Le principe de l'immutabilité du nom patronymique ne fait pas obstacle à ce que la possession prolongée d'un nom puisse en permettre l'acquisition, dès lors que cette possession n'a pas été déloyale. • Civ. 1re, 31 janv. 1978 : *D. 1979. 182, note R. Savatier ; JCP 1979. II. 19035, note Nérac.* ♦ Les juges du fond ne sont pas astreints, à cet égard, aux règles concernant la prescription acquisitive de la propriété. • Civ. 1re, 20 nov. 1974 : *Bull. civ. I, n° 310* (composition d'un nom acquis antérieurement à la L. du 6 fruct. an II). ♦ La loi n'a réglé ni la durée ni les conditions de la possession et de l'usage des noms, d'où il suit que les juges du fond en apprécient souverainement la loyauté et les effets. • Civ. 1re, 17 mai 1966 : *D. 1966. 631 ; JCP 1967. II. 14934, note Nepveu.*

4. La prescription trentenaire ne saurait s'appliquer à l'action d'une personne ayant pour objet de faire défense à un tiers d'utiliser son nom, qui n'est pas dans le commerce mais constitue un attribut inaliénable de sa personnalité. • Paris, 4 juin 1968 : *D. 1969. 388, note J. Foulon-Piganiol.*

5. Propriété littéraire. L'exercice par l'auteur du droit de propriété intellectuelle qu'il tient de la loi, et qui est attaché à sa personne en qualité d'auteur, n'est limité par aucune prescription. • Civ. 1re, 17 janv. 1995, n° 92-21.123 P.

Art. 2261 **Pour pouvoir prescrire, il faut une possession continue et non interrompue, paisible, publique, non équivoque, et à titre de propriétaire.** – *[Anc. art. 2229.] – Dispositions transitoires, V. L. n° 2008-561 du 17 juin 2008, art. 26 ss. art. 2279.*

BIBL. ▶ OMARJEE et GRIVAUX, *JCP N 2010, n° 1337* (acte de notoriété acquisitive).

A. EXISTENCE DE LA POSSESSION

1. *Appréciation souveraine.* Les juges du fond ont un pouvoir souverain pour caractériser les faits de possession invoqués en vue de la prescription. • Civ. 3e, 7 mars 1972 : *Bull. civ. III, n° 158.*

2. *Charge de la preuve.* Les occupants d'un immeuble depuis plus de trente ans peuvent obtenir la publication de l'acte de notoriété acquisitive établi à leur profit, faute par ceux qui se prétendent propriétaires à leur encontre d'établir que ce bien, échu à leur aïeul en 1913, est resté dans l'actif successoral, et qu'il avait fait l'objet d'un prêt à usage à ses occupants. • Civ. 3e, 14 janv. 2015, n° 13-22.256 P : *D. actu. 27 janv. 2015, note Le Rudulier ; AJ fam. 2015. 113, obs. Levillain ; JCP 2015, n° 546, obs. Périnet-Marquet.*

3. *Des actes matériels.* La possession légale utile pour prescrire ne peut s'établir à l'origine que par des actes d'occupation réelle et se conserve tant que le cours n'en est pas interrompu ou suspendu. • Civ. 3e, 15 mars 1977 : *JCP 1980. II. 19281, note Régnier.* ♦ Les juges du fond ne peuvent retenir que la prescription est acquise par une possession trentenaire sans relever d'actes matériels de nature à caractériser la possession, alors que l'existence d'actes de cette nature était contestée. • Civ. 3e, 15 mars 1978, n° 76-14.029 P. ♦ Pour déclarer un immeuble acquis par la prescription, il ne suffit pas d'énoncer que les demandeurs détiennent un acte de notoriété relatif à leur possession trentenaire et qu'ils paient les impôts fonciers afférents à la parcelle concernée, sans relever des actes matériels de nature à caractériser la possession. • Civ. 3e, 27 avr. 1983 : *Bull. civ. III, n° 98.* – V. conf. • Civ. 3e, 3 oct. 1990, n° 88-14.069 P • 11 juin 1992, n° 90-16.439 P : *D. 1993. Somm. 36, obs. A. Robert ; RDI 1993. 53, note Bergel ; Defrénois 1992. 1521, obs. Defrénois-Souleau* • 30 juin 1999, n° 97-11.388 P : *D. 1999. IR 209 ; JCP 2000. II. 10399, note Celerien ; ibid. I. 211, n° 2, obs. Périnet-Marquet ; Defrénois 1999. 1054, obs. Atias ; RDI 1999. 624, obs. Bruschi.* ♦ V. aussi, sur l'exigence d'actes matériels de possession, • Civ. 3e, 13 janv. 1999, n° 96-22.188 P : *JCP 1999. I. 175, n° 5, obs. Périnet-Marquet* (insuffisance des actions intentées par le possesseur en sa qualité *prétendue de propriétaire*) • 23 mai 2002, n° 00-20.861 P : *D. 2003. Somm. 2043, obs. Reboul-Maupin ; JCP 2002. I. 176, n° 2, obs. Périnet-Marquet* (office du juge dans la recherche des actes matériels de possession) • 4 mai 2011, n° 09-10.831 P : *JCP 2011, n° 1298, § 5, obs. Périnet-Marquet* • 19 nov. 2015, n° 14-24.255 P (insuffisance, pour prouver la possession de l'État et d'une commune, des seules mentions cadastrales).

Si l'existence d'un acte notarié constatant une usucapion ne peut, par elle-même, établir celle-ci, il appartient au juge d'en apprécier la valeur probante quant à l'existence d'actes matériels de nature à caractériser la possession invoquée. • Civ. 3e, 4 oct. 2000, n° 98-11.780 P : *D. 2000. IR 274 ; JCP 2001. I. 305, n° 4, obs. Périnet-Marquet ; RDI 2001. 148, obs. Bruschi.*

4. *Des actes licites.* Nul ne peut prescrire en vertu d'une possession s'établissant sur des actes illicites ou irréguliers. Ainsi, l'exploitation dans un lotissement d'un atelier en contravention avec la législation ne permet pas d'acquérir par prescription le droit de faire fonctionner cette installation, prohibée par le cahier des charges. • Civ. 3e, 13 nov. 1969, n° 67-13.790 P.

Mais le non-respect de règles d'urbanisme applicables à des travaux de construction, en l'espèce l'absence de déclassement préalable du terrain agricole, ne fait pas obstacle, en l'absence d'actes de possession illicites pour être contraires à l'ordre public ou aux bonnes mœurs, à ce que le possesseur du terrain d'assiette en acquiert la propriété par prescription. • Civ. 3e, 21 sept. 2022, n° 21-17.409 B : *D. 2022. 1704 ; AJDI 2022. 857, obs. Le Rudulier ; RDI 2022. 655, obs. Bergel ; RTD civ. 2022. 935, obs. Dross.*

5. *Des actes individuels.* Sous réserve du cas d'acquisition de la copropriété (V. note suivante), lorsque des actes de possession ont été faits concurremment par plusieurs personnes, la possession ne peut donner naissance à la prescription acquisitive. • Civ. 3e, 30 oct. 1972, n° 71-11.541 P.

6. *Possession et copropriété.* Le droit de copropriété peut s'acquérir par prescription. • Civ. 1re, 16 avr. 1959 : *Bull. civ. I, n° 198.* ♦ Ainsi, la possession exercée *animo domini* sur une venelle par une utilisation commune avec les voisins, de façon continue, paisible, publique et non équivoque, fait acquérir un droit de copropriété sur la venelle. • Civ. 3e, 15 févr. 1972 : *Bull. civ. III, n° 101.* ♦ Un droit de jouissance privatif sur des parties communes est un droit réel et perpétuel. • Civ. 3e, 4 mars 1992, n° 90-13.145 P : *D. 1993. 386, note Atias.* ♦ ... Qui peut s'acquérir par usucapion. • Civ. 3e, 24 oct. 2007, n° 06-19.260 P : *D. 2008. Pan. 2463, obs. Mallet-Bricout ; ibid. 2007. AJ 2803 ; JCP 2008. I. 127, n° 15, obs. Périnet-Marquet ; AJDI 2008. 745, obs. Capoulade ; JCP N 2007. 1328, note Stemmer ; RTD civ. 2008. 693, obs. Revet.* ♦ *Adde* : Kan-Balivet, *Defrénois 2008. 1765* (nature juridique du droit de jouissance exclusif sur les parties communes). ♦ Aucune disposition ne s'oppose à ce qu'un syndicat de copropriétaires acquière par prescription la propriété d'un lot. • Civ. 3e, 8 oct. 2015, nº 14-16.071 P : *D. 2015. 2419, note Tadros ; ibid. 2016. 1779, obs. Neyret et Reboul-Maupin ; AJDI 2016. 277, obs. Le Rudulier ; RDI 2016. 409, obs. Gavin-Millan-Oosterlynck ; RTD civ. 2016. 157, obs. Dross ; JCP 2015, nº 1423, note Chardeaux ; RDC 2016. 329, note Berlioz.*

7. Possession et indivision. La qualité d'indivisaire n'exclut pas en elle-même une possession *animo domini ;* le propriétaire indivis peut s'être comporté en propriétaire exclusif, ce qu'il y a lieu de rechercher. • Civ. 3e, 12 oct. 1976 : *Bull. civ. III, nº 341* • 1er avr. 1992, nº 90-16.896 P : *D. 1993. Somm. 32, obs. A. Robert (2e esp.)*. ♦ Le caractère exclusif de la possession d'un propriétaire indivis ne peut être établi que par l'existence d'actes incompatibles avec cette seule qualité. • Civ. 3e, 27 nov. 1985 : *Bull. civ. III, nº 158* • 22 janv. 1992, nº 89-21.142 P • 1er avr. 1992, nº 90-16.896 P : *Defrénois 1992. 1137, obs. Souleau* • 5 avr. 2011 : *RDI 2011. 393, obs. Gavin-Millan-Oosterlynck*. ♦ Dans le cas d'un lot de copropriété : • Civ. 3e, 26 mai 1993 : *RDI 1993. 411, obs. Capoulade et Giverdon*. ♦ L'héritier qui prétend avoir acquis un immeuble par usucapion doit rapporter la preuve d'actes manifestant à l'encontre de ses cohéritiers son intention de se comporter en propriétaire exclusif. • Civ. 1re, 27 oct. 1993, nº 91-13.286 P : *D. 1995. Somm. 332, obs. Grimaldi*. ♦ V. aussi notes 16 et 17.

B. QUALITÉS ET VICES DE LA POSSESSION

8. Office du juge. Les juges du fond ne sont pas tenus de relever l'existence de tous les caractères exigés par la loi pour que la possession puisse conduire à l'usucapion, en l'absence d'une contestation portant sur chacun d'eux. • Civ. 3e, 22 févr. 1968 : *Bull. civ. III, nº 73.*

1º POSSESSION CONTINUE

9. Conservation de la possession « solo animo ». Si la possession légale d'un fonds immobilier, quand elle a été une *fois acquise au moyen d'actes* matériels de détention ou de jouissance accomplis *animo domini,* peut se conserver par la seule intention du possesseur, c'est à la double condition qu'il n'y ait pas eu renonciation expresse ou tacite et que la possession ait été exercée dans toutes les occasions comme à tous les moments où elle devait l'être d'après la nature de la chose possédée, sans intervalles anormaux assez prolongés pour constituer des lacunes et rendre la possession discontinue. • Civ. 11 janv. 1950 : *D. 1950. 125, note Lenoan* • Civ. 1re, 3 mai 1960, nº 2.335 P. ♦ Cassation de l'arrêt qui écarte la prescription acquisitive, faute de fait matériel d'occupation effective récent, sans rechercher, les actes matériels d'origine étant établis, si la possession ne s'est pas poursuivie par la seule intention, sans être interrompue avant l'expiration du délai de prescription par un acte ou un fait contraire. • Civ. 3e, 20 févr. 2013, nº 11-25.398 P : *D. 2013. 1531, note Tadros ; ibid. 2123, obs. Mallet-Bricout ; RTD civ. 2013. 412, obs. Dross*.

2º POSSESSION PAISIBLE

10. Violences. La possession est paisible lorsqu'elle est exempte de violences matérielles ou morales dans son appréhension et durant son cours. • Civ. 3e, 30 avr. 1969 : *Bull. civ. III, nº 348.* ♦ Dans le même sens : • Civ. 3e, 15 févr. 1995, nº 93-14.143 P : *Defrénois 1995. 1117, obs. Atias ; RDI 1995. 284, obs. Bergel*.

3º POSSESSION PUBLIQUE

11. Dissimulation des actes. La possession ne cesse d'être publique pour devenir clandestine que lorsque le possesseur dissimule les actes matériels de possession qu'il accomplit aux personnes qui auraient intérêt à les connaître ; le vice de clandestinité est un vice relatif dont seule peut se prévaloir la personne à qui la possession a été dissimulée. • Paris, 5 févr. 1966 : *JCP 1966. IV. 99.* ♦ Une possession n'est pas publique lorsque le détenteur de bons anonymes a dissimulé à la police la réalité d'un don manuel et n'en a révélé l'existence qu'à la suite d'une perquisition. • Civ. 1re, 8 mars 2005, nº 03-14.610 P : *JCP 2005. I. 181, nº 4, obs. Périnet-Marquet ; Dr. et patr. 11/2005. 103, obs. Seube.*

12. Connaissance des actes. Il suffit, pour que le vice de clandestinité puisse être écarté, que la possession ait été connue de la partie adverse. • Civ. 1re, 7 juill. 1965 : *Bull. civ. I, nº 459.*

13. Détention dans un coffre. La détention de titres au porteur, non susceptibles d'un usage commun, dans un coffre qu'elle avait loué sans se dissimuler n'est pas de nature à vicier la possession d'une personne. • Civ. 1re, 11 juin 1991, nº 89-20.422 P. ♦ La publicité de la possession n'a pu disparaître par la détention des objets (œuvres d'art) dans un coffre de banque, *alors* que celle-ci était commandée par les circonstances exceptionnelles de l'époque de guerre. • Paris, 3 oct. 1990 : *Gaz. Pal. 1991. 1. 113, note Frémond ;* pourvoi (ne critiquant pas cet aspect de la décision) rejeté par • Civ. 1re, 2 juin 1993 : *cité note 14.*

4º POSSESSION NON ÉQUIVOQUE

14. Appréciation du juge. Les juges du fond sont souverains pour dire si la possession a un caractère équivoque ou exclusif. • Civ. 3e, 19 juin 1973 : *Bull. civ. III, nº 426.* ♦ Les juges du fond ne peuvent limiter leur examen à certaines hypothèses relatives à l'origine possible de la possession sans rechercher si, pris en eux-mêmes, les actes du possesseur révélaient sans ambiguïté son intention de se comporter en propriétaire et cela dans des circonstances qui n'étaient pas de nature à faire douter de cette qualité. • Civ. 1re, 2 juin 1993 : D. 1994. 582, note *Fauvarque-Cosson* ; *Defrénois 1994. 414, obs. Defrénois-Souleau.*

15. Intention de se conduire en propriétaire. La possession est équivoque si les actes du possesseur ne révèlent pas son intention de se conduire en propriétaire. Ce vice est sans relation avec la mauvaise foi, l'équivoque supposant le doute dans l'esprit des tiers, mais non dans celui du possesseur. • Civ. 1re, 13 juin 1963 : *Bull. civ. I, n° 317* • Bourges, 3 mars 2011 : *JCP 2011. 968, obs. Leroy.* ♦ Des copropriétaires n'ont pu acquérir par prescription la propriété de la terrasse surplombant leur appartement s'il n'est pas relevé d'actes de possession accomplis personnellement par eux à titre de propriétaires. • Civ. 3e, 25 févr. 1998, n° 96-15.045 P : *D. 1998. Somm. 346, obs. A. Robert (2e esp.)* ; *Defrénois 1998. 811, obs. Atias.* ♦ Ne peut invoquer une possession dépourvue d'équivoque celui qui accepte d'acquérir des véhicules automobiles sans se faire remettre les cartes grises correspondantes, accessoires indispensables, ou sans vérifier que le vendeur les détient. • Civ. 1re, 14 mai 1996, n° 93-21.187 P : *Defrénois 1996. 1067, obs. Atias* ; *JCP 1996. I. 3972, n° 2, obs. Périnet-Marquet* ; *RTD civ. 1998. 408, obs. Zenati* • Com. 15 oct. 2002, n° 00-14.328 P : *JCP E 2003. 585, n° 10, obs. Mainguy.* ♦ Comp., s'agissant de vente de véhicules automobiles entre professionnels : • Com. 24 avr. 2007, n° 05-17.778 P : *D. 2007. AJ 1337, obs. Delpech* ; *JCP 2007. I. 197, n° 2, obs. Périnet-Marquet* (usage professionnel autorisant la remise différée des cartes grises).

16. Indivision. Si les actes de possession accomplis par un coïndivisaire sont en principe équivoques à l'égard des autres coïndivisaires, ils perdent ce caractère dès lors qu'ils démontrent l'intention manifeste de ce coïndivisaire de se comporter comme seul et unique propriétaire du bien indivis dont il établit avoir la possession exclusive. • Civ. 3e, 6 juin 1974, n° 72-12.423 P. ♦ Mais demeure équivoque la possession d'un indivisaire dès lors que la négation des droits des coïndivisaires s'est faite de manière occulte pour eux. • Fort-de-France, 3 avr. 1987 : *D. 1987. 568, note Breton.*

17. Il résulte de la combinaison des art. 816, 2229 et 2237 [anciens] C. civ. que l'indivisaire ne peut prescrire les biens de l'hérédité que s'il justifie d'une possession non équivoque et que le vice d'équivoque peut être opposé à ses héritiers. • Civ. 1re, 17 avr. 1985, n° 83-14.683 P : *R., p. 87* ; *D. 1986. 82, note Breton* ; *JCP 1985. II. 20464, concl. Gulphe.*

18. Cohabitation. Les juges du fond qui constatent que des concubins ont toujours vécu ensemble dans un immeuble en déduisent justement que leur possession était équivoque et n'avait pu permettre à l'un d'entre eux d'acquérir par prescription la propriété de cet immeuble. • Civ. 1re, 7 déc. 1977, n° 76-13.044 P : *RTD civ. 1978. 674, obs. Giverdon.* ♦ V. aussi • Civ. 2e, 10 nov. 1998, n° 96-18.740 P (cohabitation entre un locataire et le propriétaire faisant l'objet d'une saisie).

19. Qualité d'intermédiaire et « animus domini ». La qualité d'intermédiaire d'un débiteur saisi n'entache pas d'équivoque sa possession des meubles garnissant son domicile et n'en établit pas la précarité. • Civ. 1re, 7 juin 1995, n° 93-11.463 P : *D. 1996. Somm. 56, obs. A. Robert* . ♦ V. aussi, art. 2236 [ancien] et les notes.

20. Possession grevée d'une servitude. L'existence d'une servitude de passage n'est pas de nature à exclure l'acquisition par prescription du sol du fonds servant. • Civ. 3e, 4 oct. 2000, n° 98-23.150 P : *D. 2000. IR 262* ; *JCP 2001. I. 305, n° 3, obs. Périnet-Marquet* ; *LPA 9 oct. 2001, note Wenner.*

21. Titres équivoques. En l'absence d'interversion de titres, une possession fondée sur des titres équivoques est entachée du même vice. • Civ. 3e, 12 déc. 1972 : *Bull. civ. III, n° 677.*

22. Occupation autorisée dans un but précis. Est précaire l'occupation de terrains autorisée initialement dans la perspective d'un projet de lotissement et de cession de lots jamais réalisé. • Civ. 3e, 5 juin 2013, n° 11-22.958 P.

23. Possession de biens sociaux. La « dissolution tacite » d'une société créée de fait, s'il n'est pas procédé aux opérations de liquidation et partage, n'est pas de nature à mettre fin au caractère équivoque de la possession de biens mobiliers par l'un des associés. • Com. 16 juin 1998, n° 96-12.337 P : *D. Affaires 1998. 1537, obs. M. B.*

24. Jouissance privative de parties communes d'un immeuble en copropriété. L'autorisation donnée à un copropriétaire, dans l'état descriptif de division et dans le règlement de copropriété, de fermer une véranda construite sur des parties communes et dont il avait la jouissance privative, rend équivoque la possession de cette véranda par le copropriétaire. • Civ. 3e, 10 déc. 2015, n° 14-13.832 P.

Art. 2262 Les actes de pure faculté et ceux de simple tolérance ne peuvent fonder ni possession ni prescription. — *[Anc. art. 2232.] — Dispositions transitoires, V. L. n° 2008-561 du 17 juin 2008, art. 26 ss. art. 2279.*

1. Existence de la tolérance. Les juges du fond sont souverains pour décider si les actes de possession invoqués devant eux constituent seulement des actes de pure tolérance. • Civ. 3e, 30 janv. 1973 : *Bull. civ. III, no 88.* ♦ Mais il leur appartient de rechercher, lorsque cela leur est demandé, si les ouvertures subissant une perte d'éclairage à la suite d'une construction ne relèvent pas d'une qualification inconciliable avec l'action possessoire. • Civ. 3e, 1er avr. 2009, no 07-16.551 P.

2. Révocation de la tolérance. Lorsque des vues ont été ouvertes en vertu d'une simple tolérance accordée par le propriétaire voisin, révocable à première demande si ce dernier venait à construire sur sa parcelle, la prescription n'a commencé à courir qu'à compter de cette construction. • Civ. 3e, 17 juin 1992, no 90-14.434 P.

Art. 2263 **Les actes de violence ne peuvent fonder non plus une possession capable d'opérer la prescription.**

La possession utile ne commence que lorsque la violence a cessé. — *[Anc. art. 2233.] — Dispositions transitoires, V. L. no 2008-561 du 17 juin 2008, art. 26 ss. art. 2279.*

Art. 2264 **Le possesseur actuel qui prouve avoir possédé anciennement, est présumé avoir possédé dans le temps intermédiaire, sauf la preuve contraire.** — *[Anc. art. 2234.] — Dispositions transitoires, V. L. no 2008-561 du 17 juin 2008, art. 26 ss. art. 2279.*

1. La possession interrompue, puis reprise est présumée, en l'absence de preuve contraire, s'être poursuivie dans le temps intermédiaire. • Civ. 3e, 19 mai 2004, no 02-19.800 P : *JCP 2004. I. 171, no 5, obs. Périnet-Marquet.* – Déjà en ce sens : • Civ. 3e, 6 mai 1970, no 68-13.160 P.

2. Celui qui n'est pas possesseur actuel ne peut bénéficier des dispositions de l'art. 2234 anc. [2264] • Civ. 3e, 3 janv. 1969, no 66-13.975 P : *JCP 1969. II. 15935, note Goubeaux.*

Art. 2265 **Pour compléter la prescription, on peut joindre à sa possession celle de son auteur, de quelque manière qu'on lui ait succédé, soit à titre universel ou particulier, soit à titre lucratif ou onéreux.** — *[Anc. art. 2235.] — Dispositions transitoires, V. L. no 2008-561 du 17 juin 2008, art. 26 ss. art. 2279.*

1. Illustration : usufruitier. L'usufruit étant un droit réel, démembrement du droit de propriété, le possesseur d'un tel droit peut joindre à la sienne la possession à titre de propriétaire de son auteur. • Civ. 1re, 13 févr. 1963 : *Gaz. Pal. 1963. 2. 82.*

2. ... Acquéreur. Un acquéreur ne peut joindre à sa possession celle de son vendeur pour prescrire un bien resté en dehors de la vente. • Civ. 3e, 17 avr. 1996, no 94-15.748 P. ♦ Solution inverse lorsque le bien a été compris dans la vente : • Civ. 3e, 3 oct. 2000 : *Defrénois 2001. 452, obs. Atias.*

3. ... Servitude. Pour apprécier la durée de la prescription acquisitive, la possession d'une servitude au profit d'un fonds dominant ne peut être cumulée avec la possession d'une servitude au profit d'un autre fonds dominant. • Civ. 3e, 15 déc. 1999, no 97-17.489 P : *JCP 2000. I. 265, no 20, obs. Périnet-Marquet ; AJDI 2000. 731, obs. D. Talon.*

4. Possession viciée. A la différence du successeur particulier, l'héritier succède aux vices de la possession de son auteur. • Civ. 1re, 16 juin 1971 : *D. 1971. 566, note A. B.*

Art. 2266 **Ceux qui possèdent pour autrui ne prescrivent jamais par quelque laps de temps que ce soit.**

Ainsi, le locataire, le dépositaire, l'usufruitier et tous autres qui détiennent précairement le bien ou le droit du propriétaire ne peuvent le prescrire. — *[Anc. art. 2236, mod.] — Dispositions transitoires, V. L. no 2008-561 du 17 juin 2008, art. 26 ss. art. 2279.*

Sur la prescription établie au profit de l'État des sommes déposées à la Caisse des dépôts et consignations, V. C. mon. fin., art. L. 518-24.

Sur l'attribution à l'État des dépôts et avoirs en banque n'ayant fait l'objet d'aucune opération ni réclamation depuis trente ans, V. CGPPP, art. L. 1126-1, ss. art. 2224.

1. Détention précaire : notion. Est détenteur précaire celui qui détient un bien dans des conditions excluant l'*animus domini.* • Civ. 1re, 10 juin 1986 : *D. 1988. Somm. 14, obs. A. Robert.*

2. Illustrations : usufruitier et droit de propriété. Si l'usufruitier peut être détenteur du droit réel d'usufruit, il résulte des termes de l'art. 2236 [ancien] qu'il n'est que détenteur précaire à l'égard du droit de propriété et que le nu-propriétaire possède par son intermédiaire. • Civ. 1re, 13 févr. 1963 : *Gaz. Pal. 1963. 2. 82* • 3 juin 1997, no 95-16.484 P : *JCP 1997. I. 4060, obs. Périnet-Marquet ; Defrénois 1997.*

1321, note Dagorne-Labbe. ♦ V. aussi note 4 ss. art. 2228 [ancien].

3. ... *Mandataire détenteur de fonds.* La détention de deniers ne fait pas présumer l'existence d'un don manuel lorsque leur remise a été effectuée en vertu d'un titre impliquant une obligation de restitution. La possession des deniers perçus par un mandataire en exécution du mandat est ainsi entachée de précarité. • Civ. 1re, 14 juin 1977, n° 75-13.006 P.

4. ... *Locataire et succession vacante.* Un tiers, successible ou personne publique, gardant la propriété des biens immeubles faisant partie d'une succession vacante, nonobstant son indétermination, le locataire des lieux ne peut se voir déclarer propriétaire de la maison louée par usucapion trentenaire, la possession conservant son caractère précaire. • Civ. 3e, 26 nov. 2008, n° 07-17.836 P : *D. 2009. Pan. 2300, obs. Mallet-Bricout ; JCP 2009. I. 127, n° 5, obs. Périnet-Marquet ; RLDC 2009/57, n° 3317, obs. Pouliquen ; Defrénois 2009. 1046, obs. Atias.*

5. ... *Preneur et crédit-bailleur.* La cour d'appel qui a relevé qu'au terme du contrat de crédit-bail, le preneur n'avait pas levé l'option d'achat du véhicule a exactement retenu que celui-ci était resté la propriété du crédit-bailleur et que l'action en restitution de son bien n'était pas soumise à la prescription biennale. • Civ. 1re, 25 mai 2022, n° 21-10.250 B : *D. 2022. 1528, obs. Strickler et Reboul-Maupin ; RTD civ. 2022. 624, obs. Barbier.*

Art. 2267 **Les héritiers de ceux qui tenaient le bien ou le droit à quelqu'un des titres désignés par l'article précédent ne peuvent non plus prescrire.** — *[Anc. art. 2237, mod.] — Dispositions transitoires, V. L. n° 2008-561 du 17 juin 2008, art. 26 ss. art. 2279.*

Art. 2268 **Néanmoins, les personnes énoncées dans les articles 2266 et 2267 peuvent prescrire, si le titre de leur possession se trouve interverti, soit par une cause venant d'un tiers, soit par la contradiction qu'elles ont opposée au droit du propriétaire.** — *[Anc. art. 2238, mod.] — Dispositions transitoires, V. L. n° 2008-561 du 17 juin 2008, art. 26 ss. art. 2279.*

1. *Contradiction : connaissance par le propriétaire.* Il faut, pour opérer l'interversion, un fait patent, non équivoque, ayant pu être connu du propriétaire, et on ne peut attribuer ce caractère à quelques actes abusifs qui, se confondant avec l'usage, peuvent être considérés comme n'en étant que l'extension. • Req. 28 déc. 1857 : *DP 1858. 1. 113.* ♦ La vente par un indivisaire à ses enfants des parts dont il était propriétaire indivis et celle des biens qu'il détenait à titre précaire n'a pas pour effet de créer à son profit une interversion de titre, dès lors que la négation des droits des coïndivisaires s'est faite de manière occulte pour eux. • Fort-de-France, 3 avr. 1987 : *D. 1987. 568, note Breton.* ♦ V. aussi note 3 ss. art. 2231 [ancien] et note 4 ss. art. 2236 [ancien].

2. *Illustration : signification de conclusions.* La contradiction, pour valoir interversion de titre, doit s'adresser directement au propriétaire qui est ainsi mis en demeure de la contester. Les conclusions, signifiées en cours d'instance, ne peuvent valoir interversion que si le propriétaire est représenté dans l'instance et reçoit la signification de ces conclusions. • Req. 31 déc. 1924 : *DH 1925. 41.*

3. ... *Acte notarié.* L'interversion de titre résulte d'un acte notarié intitulé « notoriété prescriptive » dans lequel le détenteur précaire fait connaître clairement qu'il se considère comme propriétaire. • Civ. 3e, 17 oct. 2007, n° 06-17.220 P : *D. 2008. Pan. 2459, obs. Mallet-Bricout ; AJDI 2008. 792, obs. Prigent ; JCP 2008. II. 10011, note Maréchal ; ibid. I. 127, n° 5, obs. Périnet-Marquet.* ♦ Le point de départ de la prescription acquisitive doit être fixé à la date de publication de cet acte notarié. • Même arrêt.

Art. 2269 **Ceux à qui les locataires, dépositaires, usufruitiers et autres détenteurs précaires ont transmis le bien ou le droit par un titre translatif de propriété peuvent la prescrire.** — *[Anc. art. 2239, mod.] — Dispositions transitoires, V. L. n° 2008-561 du 17 juin 2008, art. 26 ss. art. 2279.*

Art. 2270 **On ne peut pas prescrire contre son titre, en ce sens que l'on ne peut point se changer à soi-même la cause et le principe de sa possession.** — *[Anc. art. 2240.] — Dispositions transitoires, V. L. n° 2008-561 du 17 juin 2008, art. 26 ss. art. 2279.*

Domaine. La disposition de l'art. 2240 ancien [2270] est inapplicable à celui qui possède un bien sur lequel le titre ne lui donnait aucun droit. L'impossibilité de prescrire contre son titre ne concerne que le titre en vertu duquel la possession est exercée à titre précaire pour le compte d'autrui. Ainsi, l'acte de partage commun aux deux parties n'interdit pas à l'une d'elles de posséder pour son propre compte des parcelles attribuées à l'autre. • Civ. 3e, 2 déc. 1975, n° 74-14.330 P.

Art. 2271 **La prescription acquisitive est interrompue lorsque le possesseur d'un bien est privé pendant plus d'un an de la jouissance de ce bien soit par le propriétaire, soit même par un tiers.** – *Dispositions transitoires, V. L. n° 2008-561 du 17 juin 2008, art. 26 ss. art. 2279.*

1. Charge de la preuve. Il appartient à celui qui se prévaut d'un acte interruptif de prescription de l'établir. • Com. 9 nov. 1993, n° 91-20.113 P : *Defrénois 1994. 346, obs. Delebecque.*

2. Procédure. Le moyen tiré de l'interruption de la prescription acquisitive ne peut être invoqué pour la première fois devant la Cour de cassation. • Civ. 3e, 23 févr. 1977 : *Bull. civ. III, n° 96.*

SECTION 2 De la prescription acquisitive en matière immobilière

Art. 2272 **Le délai de prescription requis pour acquérir la propriété immobilière est de trente ans.**

Toutefois, celui qui acquiert de bonne foi et par juste titre un immeuble en prescrit la propriété par dix ans. – *Dispositions transitoires, V. L. n° 2008-561 du 17 juin 2008, art. 26 ss. art. 2279.*

1. Conv. EDH. Violation de l'art. 1er du protocole n° 1 pour une prescription acquisitive abrégée : V. note 2 ss. art. 2258.

A. DOMAINES DES AL. 1er et 2

2. La seule prescription applicable aux servitudes continues et apparentes est la prescription trentenaire. • Civ. 3e, 21 mai 1979 : *Bull. civ. III, n° 111.*

3. La prescription de dix à vingt ans, qui protège celui qui a juste titre et bonne foi contre le défaut de propriété de celui dont il tient son droit, est inapplicable à celui qui a acquis son bien du véritable propriétaire. • Civ. 3e, 27 mai 1998, n° 96-17.801 P : *D. 1998. Somm. 348, obs. A. Robert* • 11 févr. 2015, n° 13-24.770 P : *D. 2015. 1863, obs. Reboul-Maupin ; AJDI 2015. 625, obs. Le Rudulier ; AJ fam. 2015. 229, obs. Casey* (acte de partage, émanant du véritable propriétaire du bien et n'emportant pas transfert de propriété). ♦ Elle est inapplicable à l'action en réduction exercée par l'héritier contre celui qui a bénéficié d'une donation qui excède la quotité disponible. • Civ. 1re, 7 déc. 1976 : *Bull. civ. I, n° 388.*

4. Lorsqu'une donation est invoquée, le bénéfice de la prescription acquisitive abrégée de l'art. 2265 [ancien], réservé aux tiers acquéreurs de biens donnés, ne saurait être étendu aux donataires qui, en face d'un héritier réservataire, ne peuvent se prévaloir que de la prescription trentenaire de droit commun. • Civ. 1re, 24 nov. 1982, n° 81-13.426 P.

B. CONDITIONS

1° POUR LA PRESCRIPTION TRENTENAIRE

5. L'usucapion n'exige de celui qui s'en prévaut qu'une possession trentenaire présentant les conditions requises par l'art. 2229 [ancien] [même texte que art. 2261 nouveau]. • Civ. 3e, 15 juin 1976 : *Bull. civ. III, n° 262* • Civ. 1re, 19 mars 2009, n° 07-12.290 P : *D. 2009. Pan. 2300, obs. Mallet-Bricout ; JCP 2009. 337, n° 5, obs. Périnet-Marquet ; Dr. et patr. 6/2009. 80, obs. Seube et Revet ; RJPF 2009-6/46, obs. Casey ; RLDC 2009/61, n° 3481, obs. Parance* (œuvre exposée dans une galerie). ♦ La possession qui remplit les conditions exigées par la loi pour conduire à l'usucapion, même abrégée, suffit à rendre le possesseur propriétaire à l'expiration du délai légal, qu'il ait ou non acquis ses droits du même auteur que le revendiquant. • Civ. 3e, 6 nov. 1975, n° 74-11.148 P.

6. La prescription trentenaire ne nécessitant pas de titre et permettant d'acquérir la propriété, cassation de l'arrêt qui, sur une action en usucapion, ne recherche pas si le propriétaire indivis d'un passage ne s'était pas comporté en propriétaire exclusif. • Civ. 3e, 22 janv. 1992, n° 89-21.142 P : *Defrénois 1992. 802, obs. Souleau.*

2° POUR LA PRESCRIPTION ABRÉGÉE

7. Un titre translatif. Le juste titre est celui qui, considéré en soi, serait de nature à transférer la propriété à la partie qui invoque la prescription. • Civ. 3e, 29 févr. 1968 : *Bull. civ. III, n° 83* • 13 janv. 1999, n° 96-19.735 P : *JCP 1999. I. 175, n° 6, obs. Périnet-Marquet* • 30 avr. 2002, n° 00-17.356 P : *D. 2002. Somm. 2510, obs. Reboul-Maupin ; JCP 2002. I. 176, n° 4, obs. Périnet-Marquet.* ♦ ... Abstraction faite de la qualité de l'aliénateur. • Civ. 3e, 15 févr. 1968 : *Bull. civ. III, n° 60.*

8. Un transfert consenti par un non-propriétaire. La prescription abrégée est fondée sur l'existence d'un juste titre qui suppose un transfert de propriété consenti par celui qui n'est pas le véritable propriétaire. • Civ. 3e, 30 oct. 1972, n° 71-11.541 P • 13 déc. 2000, n° 97-18.678 P : *D. 2001. 2154, note Lipinski ; JCP 2001. I. 358, n° 1, obs. Périnet-Marquet ; Defrénois 2001. 1284, obs. S. Piedelièvre ; RDI 2001. 149, obs. Bruschi* • 19 déc. 2001, n° 00-10.702 P : *JCP 2002. I. 176, n° 5, obs. Périnet-Marquet ; RDI 2002. 143, obs. Bergel* (il appartient au juge de relever, au besoin d'office, que le vendeur n'était pas le véritable propriétaire) • Civ. 2e, 11 juill. 2013, n° 12-13.737 P : *D. 2013. 1908* (la prescription acquisitive ne peut profiter à celui qui tient son titre du véritable propriétaire) • 11 févr. 2015, n° 13-24.770 P : *D. 2015. 431* ♦ Tel n'est pas le cas d'une personne ayant acquis par des actes déclaratifs de droit, mettant fin à l'indivision et réalisant le partage. • Civ. 3e, 30 oct. 1972 : *préc.* ♦ ... Ni d'une personne ayant pris possession de biens se trouvant dans la succession de son père, qui en était le véritable propriétaire. • Civ. 1re, 7 oct. 2015, n° 14-16.946 P. ♦ Un acte de succession notarié n'a qu'un caractère déclaratif. • Civ. 3e, 25 juin 2008, n° 07-14.649 P : *D. 2008. Pan. 2463, obs. Mallet-Bricout ; JCP 2008. I. 194, n° 3, obs. Périnet-Marquet ; JCP N 2008. 1328, n° 3, obs. Périnet-Marquet ; Dr. et patr. 2/2009. 143, obs. Seube et Revet.* ♦ Ne constitue pas un juste titre un échange de parcelles appartenant à une commune, autorisé par une délibération du conseil municipal qui n'a pas été approuvée par l'autorité de tutelle ni suivie d'un contrat écrit. • Civ. 3e, 20 févr. 1979 : *Bull. civ. III, n° 40.*

9. Même en l'absence de transcription, l'acte par lequel la partie qui invoque l'usucapion abrégée a été mise en possession du terrain constitue un juste titre dès lors que cet acte était susceptible de transférer la propriété. • Civ. 3e, 31 janv. 1984 : *D. 1984. 396, note Aubert.*

10. Un titre ayant date certaine. Le juste titre invoqué par le possesseur en vue de lui permettre de bénéficier d'une prescription abrégée doit avoir acquis date certaine opposable au revendiquant. • Civ. 3e, 16 janv. 1969 : *D. 1969. 453.*

11. Un titre réel. Le titre putatif est impuissant à fonder l'usucapion décennale. • Civ. 1re, 6 nov. 1963, n° 60-13.760 P. ♦ L'exigence d'un titre réel implique que l'acte invoqué concerne exactement, dans sa totalité, le bien que le possesseur a entre les mains et qu'il entend prescrire. • Civ. 3e, 26 nov. 1970 : *D. 1971. 127* • 6 mai 1987 : *D. 1987. IR 125.* – V. aussi • Civ. 3e, 23 févr. 2005, n° 03-17.899 P : *D. 2005. Pan. 2354, obs. Mallet-Bricout ; JCP 2005. I. 181, n° 2, obs. Périnet-Marquet ; Defrénois 2005. 1503, obs. Atias* • 13 déc. 2006, n° 05-21.249 P : *JCP 2007. I. 117, n° 7, obs. Périnet-Marquet ; AJDI 2007. 224, obs. Prigent ; RDI 2007. 147, obs. Bergel ; Dr. et patr. 7-8/2007. 88, obs. Seube.*

12. Illustrations. Ne constitue pas un juste titre permettant une usucapion abrégée un règlement de copropriété définissant un lot conférant *à son titulaire un droit* d'usage et de jouissance sur une partie délimitée d'un mur séparatif (emplacement pour affichage). • Civ. 3e, 5 oct. 1994, n° 92-15.926 P : *Defrénois 1995. 804, obs. Atias ; RTD civ. 1996. 426, obs. Zenati.* ♦ ... Non plus qu'un état descriptif de division d'un immeuble en copropriété. • Civ. 3e, 30 avr. 2002 : *préc. note 7.* ♦ Les actes de vente de biens immobiliers, constitués par des lots de copropriété qui sont nécessairement composés de parties privatives et de quotes-parts de parties communes, peuvent être le juste titre qui permet à l'ensemble des copropriétaires de prescrire, selon les modalités de l'art. 2265 [ancien], sur les parties communes de la copropriété, les droits indivis de propriété qu'ils ont acquis accessoirement aux droits exclusifs qu'ils détiennent sur les parties privatives de leurs lots. • Civ. 3e, 30 avr. 2003, n° 01-15.078 P : *R., p. 361 ; D. 2003. Somm. 2047, obs. Mallet-Bricout ; JCP 2003. I. 172, n° 7, obs. Périnet-Marquet ; Defrénois 2003. 1348, obs. Atias ; AJDI 2003. 768, note Giverdon ; RTD civ. 2003. 523, obs. Revet.*

13. Un acte revêtu d'une fausse signature ne constitue pas un juste titre au sens de l'art. 2265 [ancien] • Civ. 3e, 30 nov. 1982 : *Bull. civ. III, n° 237.*

14. La bonne foi : notion. La bonne foi, au regard de l'art. 2265 [ancien], consiste en la croyance de l'acquéreur, au moment de l'acquisition, de tenir la chose du véritable propriétaire. • Civ. 3e, 18 janv. 1972, n° 70-11.350 P • 15 juin 2005, n° 03-17.478 P : *D. 2005. 3005, note Tchotourian ; LPA 11-14 nov. 2005, note Pierroux.*

15. ... Appréciation. La bonne foi du possesseur est appréciée souverainement par les juges du fond. • Civ. 3e, 27 mars 1969 : *Bull. civ. III, n° 271* • Civ. 3e, 18 janv. 1972 : *préc. note 14* • 31 janv. 1984 : *préc. note 9.* ♦ Ils doivent relever la bonne foi du possesseur au moment de son acquisition. • Civ. 3e, 7 avr. 1994, n° 92-13.048 P : *D. 1995. Somm. 192, obs. A. Robert.*

C. RÉGIME

16. Interruption ou suspension du délai. La prescription décennale est acquise lorsque la possession s'est prolongée pendant le temps requis, compte tenu des causes qui en ont interrompu ou suspendu le cours. Les juges du fond ajoutent donc aux exigences de l'art. 2265 [ancien] en limitant à la seule période de dix ans ayant suivi immédiatement l'acquisition *a non domino* le délai pendant lequel la possession peut être prise en considération. • Civ. 1re, 28 nov. 1962, n° 58-11.261 P. ♦ La prescription acquisitive n'est pas interrompue par une assignation dont l'auteur ne revendique pas la propriété de la parcelle en cause. • Civ. 3e, 13 juill. 2005 : *LPA 10 mars 2006, note Mahinga.*

17. Si l'acquéreur par juste titre et de bonne foi d'un immeuble en prescrit la propriété par dix ou vingt ans, le délai de prescription ne court qu'autant que le véritable propriétaire ne s'est pas trouvé dans l'impossibilité d'agir. Ainsi, l'exproprié dont le bien a été cédé par l'expropriant à un tiers postérieurement à l'ordonnance d'expropriation était dans l'impossibilité absolue d'agir en revendication contre ce dernier avant que la cassation de cette ordonnance le restitue dans son droit de propriété. • Civ. 3e, 18 oct. 1977 : *Bull. civ. III, n° 346.*

Loi n° 2017-285 du 6 mars 2017,

Visant à favoriser l'assainissement cadastral et la résorption du désordre de propriété.

Art. 1er Lorsqu'un acte notarié de notoriété porte sur un immeuble situé en Corse et constate une possession répondant aux conditions de la prescription acquisitive, il fait foi de la possession, sauf preuve contraire. Il ne peut être contesté que dans un délai de cinq ans à compter de la dernière des publications de cet acte par voie d'affichage, sur un site internet et au service de la publicité foncière.

Le présent article s'applique aux actes de notoriété dressés et publiés avant le 31 décembre 2027. *(L. n° 2022-1726 du 30 déc. 2022, art. 66)* « Lesdits actes sont exonérés de la taxe de publicité foncière. »

Un décret en Conseil d'État fixe les conditions d'application du présent article.

Les dispositions issues de l'art. 66 de la L. n° 2022-1726 du 30 déc. 2022 s'appliquent aux actes de notoriété dressés et publiés à compter du 1er janv. 2023 (L. préc., art. 66-II).

Art. 2 Pour les indivisions constatées par un acte notarié de notoriété établi dans les conditions prévues à l'article 1er de la présente loi à défaut de titre de propriété existant, le ou les indivisaires titulaires de plus de la moitié des droits indivis peuvent effectuer les actes prévus aux 1° à 4° de l'article 815-3 du code civil.

Toutefois, le consentement du ou des indivisaires titulaires d'au moins deux tiers des droits indivis est requis pour effectuer tout acte qui ne ressortit pas à l'exploitation normale des biens indivis et pour effectuer tout acte de disposition autre que ceux mentionnés au 3° du même article 815-3.

Le ou les indivisaires sont tenus d'en informer les autres indivisaires.

Art. 2273 **Le titre nul par défaut de forme, ne peut servir de base à la prescription de dix ans.** — *[Anc. art. 2267, mod.] — Dispositions transitoires, V. L. n° 2008-561 du 17 juin 2008, art. 26 ss. art. 2279.*

Dès lors que la nullité des transferts de propriété est relative et non absolue, les actes constituent un juste titre. • Civ. 3e, 3 nov. 1977, n° 75-14.694 P.

Art. 2274 **La bonne foi est toujours présumée, et c'est à celui qui allègue la mauvaise foi à la prouver.** — *[Anc. art. 2268.] — Dispositions transitoires, V. L. n° 2008-561 du 17 juin 2008, art. 26 ss. art. 2279.*

Pour une application : • Civ. 2e, 2 juill. 2009, n° 08-17.355 P : *D. 2009. AJ 1892* (faillite civile).

Art. 2275 **Il suffit que la bonne foi ait existé au moment de l'acquisition.** — *[Anc. art. 2269.] — Dispositions transitoires, V. L. n° 2008-561 du 17 juin 2008, art. 26 ss. art. 2279.*

Lorsque le titre de l'acquéreur *a non domino* résulte d'un legs particulier, il faut entendre par « moment de l'acquisition » non le jour du décès du testateur, mais le jour où, en réalité, l'acquisition du legs se consomme et devient définitive, c'est-à-dire celui où le légataire manifeste de façon certaine sa volonté d'accepter. • Rouen, 18 juill. 1949 : *D. 1952. 9, note Lebrun.*

Code de l'environnement *(Ord. n° 2000-914 du 18 sept. 2000, JO 21 sept.).* **Art. L. 341-14** ... Nul ne peut acquérir par prescription, sur un monument naturel ou sur un site classé, de droit de nature à modifier son caractère ou à changer l'aspect des lieux. — *[L. 2 mai 1930, art. 13 (partie).] — V. disposition identique pour les réserves naturelles : C. envir., art. L. 332-13, a1. 1er.* — **C. envir.**

Code du patrimoine *(Ord. n° 2004-178 du 20 févr. 2004)*. **Art. L. 621-17** Nul ne peut acquérir de droit par prescription sur un immeuble classé au titre des monuments historiques. – *[L. 31 déc. 1913, art. 12, al. 2.]*

SECTION 3 De la prescription acquisitive en matière mobilière

BIBL. ▶ Krief-Semitko, *Gaz. Pal. 2008. 2029* (gages civils de meubles corporels).

Art. 2276 **En fait de meubles, la possession vaut titre.**

Néanmoins celui qui a perdu ou auquel il a été volé une chose peut la revendiquer pendant trois ans, à compter du jour de la perte ou du vol, contre celui dans les mains duquel il la trouve ; sauf à celui-ci son recours contre celui duquel il la tient. – *[Anc. art. 2279.] — Dispositions transitoires, V. L. n° 2008-561 du 17 juin 2008, art. 26, ss. art. 2279.*

A. DOMAINE

1. Meubles corporels. L'art. 2279 ancien [2276] est applicable aux seuls meubles corporels individualisés. • Civ. 1re, 6 mai 1997, n° 95-11.151 P. ♦ La règle portant qu'en fait de meubles la possession vaut titre ne s'applique qu'aux meubles corporels susceptibles de tradition manuelle et non à des objets mobiliers non individualisés, ni à des installations pouvant constituer des immeubles par destination. • Com. 19 janv. 1960 : *Bull. civ. III, n° 30.* ♦ Elle est inapplicable aux meubles par anticipation. • Civ. 3e, 4 juill. 1968 : *Gaz. Pal. 1968. 2. 298.* ♦ ... A un fonds de commerce, universalité mobilière de nature incorporelle. • Civ. 1re, 2 mars 1960 : *Bull. civ. I, n° 141.* ♦ ... A une licence de débit de boissons. • Com. 7 mars 2006, n° 04-13.569 P : *D. 2006. 2897, note Kuhn ; ibid. Pan. 2363, obs. Mallet-Bricout ; JCP 2006. II. 10143, note Loiseau ; ibid. I. 178, n° 3, obs. Périnet-Marquet ; Defrénois 2007. 70, obs. J. Honorat ; Dr. et patr. 11/2006. 103, obs. Seube ; RTD civ. 2006. 348, obs. Revet .* ♦ ... Aux droits incorporels d'auteur sur une œuvre artistique (lithographie). • Paris, 17 févr. 1988 : *D. 1989. Somm. 50, obs. Colombet.* ♦ ... Et, d'une façon générale, aux meubles incorporels. • Soc. 3 juill. 1953 : *Bull. civ. IV, n° 536.* ♦ ... Aux souvenirs de famille. • TGI Paris, 29 juin 1988 : *JCP 1989. II. 21195, note Agostini ; JCP N 1989. II. 165, note Salvage.* ♦ Mais il convient d'étendre la règle aux titres au porteur qui se transmettent par simple tradition manuelle. • Civ. 4 juill. 1876 : *DP 1877. 1. 33.* ♦ Sur la possession de supports matériels de droits de propriété intellectuelle, V. • Paris, 16 mai 2006 : *D. 2007. 707, note Dross .*

2. Meubles relevant du domaine public. Échappent à l'art. 2279 ancien [2276] les biens mobiliers communaux appartenant au domaine public, qui sont de ce fait inaliénables et imprescriptibles. • Crim. 16 juin 1992 : *D. 1993. Somm. 35, obs. A. Robert* (objet dérobé dans un musée) • 4 févr. 2004, n° 01-85.964 P : *D. 2004. IR 735* *(idem)* • Crim. 17 mars 2015, n° 13-87.873 P. ♦ La protection du domaine public mobilier impose qu'il soit dérogé à l'art. 2279, devenu art. 2276 C. civ. ; si l'action en revendication d'un bien faisant partie de ce domaine relève de l'art. 1er du premier protocole additionnel à la Conv. EDH, dès lors qu'elle s'exerce à l'égard d'une personne qui, ayant acquis ce bien de bonne foi, pouvait nourrir une espérance légitime de le conserver ou d'obtenir une contrepartie, l'ingérence que constituent l'inaliénabilité du bien et l'imprescriptibilité de l'action en revendication est prévue à l'art. L. 3111-1 CGPPP, dans sa rédaction issue de l'Ord. n° 2006-460 du 21 avr. 2006 ; il s'en déduit qu'aucun droit de propriété sur un bien appartenant au domaine public ne peut être valablement constitué au profit de tiers et que ce bien ne peut faire l'objet d'une prescription acquisitive en application de l'art. 2276 au profit de ses possesseurs successifs, même de bonne foi. • Civ. 1re, 13 févr. 2019, n° 18-13.748 P : *AJCT 2019. 304, obs. Laugier ; RTD civ. 2019. 366, obs. Dross ; RDC 2/2019. 85, note Danos.*

3. Exclusion par des textes spéciaux. Les règles de preuve de la propriété entre époux séparés de biens, édictées par l'art. 1538, excluent l'application de l'art. 2276 [2279 anc.]. • Civ. 1re, 8 oct. 2014, n° 13-22.938 P : *D. 2014. 2047 ; AJ fam. 2014. 642, obs. de Guillenchmidt-Guignot .*

B. CONDITIONS D'APPLICATION

1° POSSESSION

4. Possession à titre de propriétaire. L'art. 2279 ancien [2276] suppose que le propriétaire véritable revendique le meuble dont il a perdu la possession entre les mains d'un tiers, défendeur au procès en revendication. • Civ. 1re, 20 févr. 1996, n° 93-18.799 P : *JCP 1996. I. 3972, n° 5, obs. Périnet-Marquet.* ♦ Les dispositions de l'art. 2279 ancien [2276] ne jouent au profit du possesseur qu'autant que la possession dont il se prévaut est exercée à titre de propriétaire. • Civ. 2e, 5 avr. 1960 : *Bull. civ. II, n° 252.* ♦ ... Par exemple lorsque la possession résulte de la volonté libérale du donateur. • Paris, 16 mai 2006 : *D. 2007. 707, note Dross .* ♦ Ainsi, l'art. 2279 ancien [2276] est nécessairement écarté lorsqu'il est constaté que la détention d'un objet par une personne résulte des fonctions salariées de celle-ci au service d'un tiers. • Soc. 3 janv. 1964, n° 62-10.443 P. – V. aussi • Angers, 22 mars 1973 : *D. 1974. 326, note D. Martin.* ♦ De même, une remise d'objets précieux conformément aux usages des orfèvres et bijoutiers peut, en vertu de ces usages, constituer en état de détention précaire celui au bénéfice de qui elle est intervenue, l'empêchant d'invoquer l'art. 2279 ancien [2276]. • Com. 25 févr. 1981 : *Bull. civ. IV, n° 107.* ♦ Mais la possession peut s'exercer par l'intermédiaire d'un détenteur. Ainsi, l'art. 2279 ancien [2276] est-il applicable à l'acheteur d'un matériel qui l'a immédiatement donné en location au vendeur par contrat de crédit-bail. • Com. 11 mai 1993, n° 90-21.903 P.

5. Gage. BIBL. Lopard, *LPA 22 janv. 2004* (gagiste *a non domino*). ♦ Cependant, le créancier gagiste a, sur les choses remises en gage, un droit réel qui lui permet d'invoquer la maxime de l'art. 2279 ancien [2276], al. 1er, quand il est de bonne foi et que son nantissement est régulier (opposabilité au véritable propriétaire du gage constitué *a non domino).* • Civ. 19 juin 1928 : *DP 1929. 1. 45* • Angers, 26 mars 1985 : *D. 1986. 537, note Contamine-Raynaud* (gage constitué en méconnaissance d'une clause de réserve de propriété). – V. conf. • Com. 28 nov. 1989, n° 87-19.626 P : *D. 1990. Somm. 387, obs. Aynès ; D. 1991. Somm. 43, obs. Pérochon .* ♦ Comp. • Com. 13 févr. 1990, n° 87-19.750 P (condition de possession non satisfaite).

6. Dépôt. La production, à propos d'œuvres d'art confiées à un galiériste, d'écrits les désignant seulement comme prêtées à ou par la galerie, ainsi que l'attestation de l'ancien directeur de celle-ci exposant que lesdites œuvres étaient déposées auprès d'elle en vue de leur commercialisation éventuelle, à des prix alors fixés avec le correspondant de l'artiste, sauf lorsqu'il demandait à les conserver pour sa collection personnelle, établissent la détention précaire du galiériste, laquelle, sauf interversion de titre non alléguée, met à néant la possession dont ses héritiers se prévalaient et partant, la présomption de propriété ou l'effet acquisitif que ses héritiers prétendaient en retirer. • Civ. 1re, 22 mars 2012, n° 10-28.590 P : *D. 2012. 876 .*

7. Possession viciée. L'art. 2279 ancien [2276] ne peut être invoqué que par celui dont la possession présente les qualités de régularité requises par la loi. • Civ. 21 oct. 1929 : *DP 1931. 1. 56.* ♦ Seule une possession exempte de vice par le sous-acquéreur lui-même ou par autrui pour lui confère à celui-ci un titre faisant obstacle à toute revendication. • Com. 11 mai 1993, n° 90-21.903 P : *D. 1993. IR 145.* ♦ V. not., sur le vice d'équivoque, • Civ. 1re, 20 juin 1961 : *D. 1961. 641, note R. Savatier ; JCP 1961. II. 12352, note Ponsard* (bijoux de famille détenus par une épouse) • Paris, 7 déc. 1987 : *D. 1988. 182, note Lindon* (souvenirs de famille). ♦ C'est au revendiquant qu'il appartient de démontrer le vice éventuel ou la précarité de la possession. • Paris, 3 oct. 1990 : *Gaz. Pal. 1991. 1. 113, note Frémond.* ♦ Le vice ou la précarité de la possession du détenteur ne sont pas établis par le seul fait que le revendiquant est celui qui a payé le prix du meuble revendiqué. • Com. 24 oct. 2012, n° 11-16.431 P : *D. 2013. 351, note Tadros ; ibid. 1089, obs. Lemouland et Vigneau ; RTD civ. 2013. 153, obs. Dross ; Defrénois 2013. 18, note Barabé-Bouchard.* ♦ V. aussi notes ss. art. 2229 [ancien].

8. Mais un assureur ne peut refuser le paiement d'une indemnité pour vol d'un véhicule au motif que, la possession du souscripteur de l'assurance étant équivoque, l'art. 2279 ancien [2276] est inapplicable, alors que les qualités de la possession sont indifférentes, le souscripteur ayant fait assurer à son propre bénéfice le véhicule à la conservation duquel il a intérêt et qui n'est revendiqué par personne. • Civ. 1re, 25 avr. 1990, n° 88-17.699 P. ♦ V. aussi note 25.

2° BONNE FOI

9. Principes. En matière d'application de l'art. 2279 ancien [2276], la bonne foi, qui est présumée sauf preuve contraire, s'entend de la croyance pleine et entière où s'est trouvé le possesseur, au moment de son acquisition des droits de son auteur, à la propriété des biens qu'il lui a transmis ; le doute sur ce point est exclusif de la bonne foi. L'appréciation de la bonne ou de la mauvaise foi de l'acquéreur, d'après les circonstances de la cause, est souveraine et échappe au contrôle de la Cour de cassation. • Civ. 1re, 23 mars 1965 : *Bull. civ. I, n° 206.* ♦ V. conf., sur l'appréciation souveraine des juges du fond, • Crim. 1er févr. 2005, n° 04-81.962 P : *Dr. et patr. 11/2005. 103, obs. Seube.*

10. Limites. La bonne foi n'est pas exigée du possesseur qui tient le meuble de son véritable propriétaire (fonction probatoire de l'art. 2279 ancien [2276]. – V. notes 20 s.). • Civ. 1re, 8 déc. 1987, n° 86-12.124 P.

11. Trésor et bonne foi (non). Celui qui découvre, par le pur effet du hasard, une chose cachée ou enfouie a nécessairement conscience, au moment de la découverte, qu'il n'est pas le propriétaire de cette chose, et ne peut être considéré comme un possesseur de bonne foi ; par suite, il ne saurait se prévaloir des dispositions de l'art. 2276 C. civ. pour faire échec à l'action en revendication d'une chose ainsi découverte, dont il prétend qu'elle constitue un trésor. • Civ. 1re, 6 juin 2018, n° 17-16.091 P : *D. 2018. Chron. C. cass. 2039, obs. Barel ; RTD civ. 2018. 940, obs. Dross ; JCP N 2019, n° 1163, note Drapier ; RDC 2018. 444, obs. Danos.*

12. Mauvaise foi de l'acquéreur et procédure collective. Suite à la revente par une société soumise à une procédure collective de marchandises qui lui ont été vendues avec réserve de propriété, la cour d'appel qui est saisie d'une demande de revendication formée par le vendeur contre le sous-acquéreur statue sur le fondement des dispositions de droit commun de l'art. 2276 C. civ. et non sur celles de l'art. L. 624-16 C. com. Par conséquent, la cour d'appel doit rechercher non pas si les marchandises se retrouvaient en nature dans le patrimoine du sous-acquéreur lors de l'ouverture de sa procédure collective, mais si celui-ci était entré en leur possession de mauvaise foi. • Com. 17 nov. 2021, n° 20-14.420 B : *D. 2022. 1675, obs. Lucas et Cagnoli* ; *RTD civ. 2022. 169, obs. Dross* ; *RTD com. 2022. 381, obs. Martin-Serf* ; *RDC 2022/1. 107, note Danos.* ♦ Dès lors que l'acquéreur n'était pas de bonne foi, le véritable propriétaire peut obtenir la restitution du bien, même s'il n'a pas revendiqué le bien dans le délai légal dans le cadre de la procédure de redressement judiciaire ouverte contre le vendeur. • Com. 15 déc. 2015, n° 13-25.566 P : *D. 2016. 1779, obs. LReboul-Maupin* ; *ibid. 1894, obs. Le Corre et Lucas* ; *Rev. sociétés 2016. 199, obs. Henry* ; *RTD com. 2016. 204, obs. Martin-Serf* .

13. Influence de formalités de publicité. Si la publicité du crédit-bail permet l'identification des parties au contrat et des biens objets de l'opération par les créanciers ou ayants cause à titre onéreux du client de l'entreprise de crédit-bail, il n'en est pas de même pour le sous-acquéreur, possesseur de bonne foi du bien mobilier, dont le droit de propriété demeure opposable au crédit-bailleur en dépit de l'accomplissement des formalités de publicité. • Com. 14 oct. 1997, n° 95-10.006 P : *D. 2000. Somm. 74, obs. Pérochon et Mainguy* ; *JCP 1998. I. 171, n° 9, obs. Périnet-Marquet* ; *CCC 1998, n° 1, note Leveneur.* ♦ Faute de registres des transferts de titres au sein d'une société, aucune présomption de propriété de titre ne peut être retenue, le juge apprécie souverainement la possession de bonne foi des actions litigieuses. • Com. 5 mai 2009, n° 08-18.165 P : *D. 2009. 2444, note R. Martin* ; *ibid. Pan. 2714, obs. Delebecque* ; *ibid. 2010. 123, note d'Avout* ; *RTD com. 2009. 770, obs. Le Cannu et Dondero* ; *Rev. sociétés 2009. 580, obs. Dubertret* ; *RTD civ. 2010. 136, obs. Revet* .

14. Acquisition d'un véhicule automobile : défaut de carte grise. La carte grise constitue un accessoire indispensable à l'immatriculation obligatoire de tout véhicule automobile au nom de son propriétaire ; présente un caractère équivoque la possession d'un véhicule acquis sans se faire remettre la carte grise, ni vérifier que le vendeur détient ce document. • Civ. 1re, 30 oct. 2008, n° 07-19.633 P : *D. 2008. AJ 2935* ; *JCP 2009. I. 127, n° 7, obs. Périnet-Marquet* ; *RTD civ. 2009. 144, obs. Revet* . ♦ Comp. : Le fait pour l'acquéreur d'un véhicule automobile de ne pas se faire remettre une carte grise qui lui aurait appris que son vendeur n'était pas propriétaire n'est pas exclusive de la bonne foi de l'acquéreur puisqu'il est d'usage, entre professionnels, que le vendeur a quinze jours pour transmettre les documents administratifs afférents au véhicule vendu. • Com. 24 avr. 2007, n° 05-17.778 P : *D. 2007. AJ 1337, obs. Delpech* ; *JCP 2007. I. 197, n° 2, obs. Périnet-Marquet* ; *RTD com. 2007. 824, obs. Bouloc* .

3° DATE D'APPRÉCIATION

15. Entrée en possession. C'est au moment de l'entrée en possession que doivent s'apprécier les conditions de cette possession. • Civ. 1re, 4 janv. 1972 : *Bull. civ. I, n° 4* • Montpellier, 23 janv. 1997 : *JCP 1997. II. 22958, note Eid* • Com. 17 nov. 2021, n° 20-14.420 B : *D. 2022. 1675, obs. Lucas et Cagnoli* ; *RTD civ. 2022. 169, obs. Dross* ; *RTD com. 2022. 381, obs. Martin-Serf* ; *RDC 2022/1. 107, note Danos.* ♦ La bonne foi requise par le mode d'acquérir prévu à l'art. 2279 ancien [2276], laquelle n'affecte pas le consentement du bénéficiaire mais qualifie sa possession, s'apprécie lors de l'entrée effective en celle-ci. • Civ. 1re, 27 nov. 2001, n° 99-18.335 P : *D. 2002. 671, note Gridel* ; *ibid. Somm. 2505, obs. Mallet-Bricout* . – Crevel, *Gaz. Pal. 2003. Doctr. 725.*

16. Dépossession. Le garagiste, acquéreur d'un véhicule automobile dont le propriétaire, victime d'un abus de confiance, avait été dépossédé, qui, sur invitation des policiers, a restitué le véhicule et a ainsi perdu la possession de la voiture, ne peut revendiquer le bénéfice des dispositions de l'art. 2279 ancien [2276]. • Civ. 1re, 5 oct. 1972 : *D. 1973. 1, note B.V.* ; *JCP 1973. II. 17485, note Bénabent.* ♦ Mais la perte de la possession matérielle d'un meuble ne fait pas perdre le bénéfice des dispositions de l'art. 2279 ancien [2276] dès lors que les juges du fond estiment souverainement que la dépossession a été involontaire. • Civ. 1re, 3 nov. 1981, n° 80-14.995 P.

C. PORTÉE DE LA RÈGLE

BIBL. Diener, *D. 1978. 390.* – Robert, *D. 1980. 491.*

17. Fonction acquisitive de la propriété (à l'égard des tiers). La disposition de l'art. 2279 ancien [2276], al. 1er, s'oppose à ce qu'un revendiquant soit admis à prouver son droit de propriété à l'encontre du possesseur de bonne foi. • Req. 21 nov. 1927 : *DP 1928. 1. 172, rapport Bricout.* ♦ Si ses conditions d'application sont remplies, l'art. 2279 ancien [2276] met en échec une clause de réserve de propriété méconnue par le vendeur du bien. • Com. 11 mai 1993, n° 90-

21.903 P • 22 févr. 1994, n° 92-13.647 P *RTD civ. 1994. 893, obs. Zenati*.

18. Ne saurait être déclaré coupable de recel l'acquéreur d'un bien mobilier lorsque la régularité de la possession et la bonne foi de cet acquéreur impliquent la réunion des conditions d'application de l'art. 2279 ancien [2276], al. 1er. • Crim. 24 nov. 1977, n° 76-91.866 P : *R. 1976-1977, p. 32 ; D. 1978. 42, note Kehrig ; Gaz. Pal. 1977. 2. 682, note P.M.* ♦ Rappr. : • Crim. 4 mai 1995 : *D. 1996. Somm. 56, obs. A. Robert* (relaxe du chef de vol du colocataire d'un coffre-fort).

19. Cependant, l'art. 2279 ancien [2276] ne permet pas au sous-acquéreur de bonne foi d'un véhicule d'éviter la menace d'éviction par le créancier bénéficiant d'un gage constitué par un précédent propriétaire, le gage étant opposable aux tiers par son inscription. • Civ. 1re, 20 mars 1990 : *JCP 1992. II. 21787, note Amlon.*

20. Fonction probatoire (à l'égard de l'auteur du possesseur). La présomption qui résulte de la possession implique, pour le demandeur en revendication qui prétend avoir remis à titre précaire les meubles au défendeur, la charge de justifier de la précarité de la possession, à défaut de quoi le défendeur a titre pour les conserver, sans être obligé de prouver l'existence de l'acte translatif qu'il invoque comme cause de sa possession, la preuve de cet acte serait-elle soumise à des règles particulières. • Civ. 1re, 7 févr. 1962 : *Bull. civ. I, n° 91* • 20 oct. 1982 : *ibid. I, n° 298 ; RTD civ. 1983. 559, obs. Giverdon* • 8 déc. 1987, n° 86-12.124 P. ♦ Une veuve ayant la possession de titres au porteur placés par elle dans un coffre, défenderesse à l'action en revendication exercée au nom de la succession, n'a pas à prouver l'origine de ces meubles, sa seule possession valant titre. • Civ. 1re, 11 juin 1991, n° 89-20.422 P. ♦ Lorsque la dépossession du souscripteur de bons au porteur est celle prévue à l'art. L. 160-1 C. assur. (perte, destruction ou vol déclaré à l'émetteur), le détenteur des bons originaux ne peut invoquer une possession non équivoque apte à prouver la propriété des bons. • Civ. 2e, 29 mars 2006, n° 04-20.013 P : *Gaz. Pal. 2007. 1864, note X. Leducq ; Dr. et patr. 11/2006. 105, obs. Seube* • Civ. 1re, 22 mai 2008, n° 07-12.213 P : *D. 2008. AJ 1624 ; Dr. et patr. 2/2009. 142, obs. Seube et Revet.*

21. Cas du don manuel. Le possesseur qui prétend avoir reçu une chose en don manuel bénéficie d'une présomption et il appartient donc à celui qui revendique la chose de rapporter la preuve de l'absence d'un tel don ou de prouver que la possession dont se prévaut le détenteur de la chose ne réunit pas les conditions légales pour être efficace. • Civ. 1re, 19 oct. 1983 : *Bull. civ. I, n° 241* • 30 mars 1999, n° 97-11.948 P : *D. 2000. Somm. 457, obs. D. Martin ; JCP 2000. II. 10274, note Cagnoli ; ibid. I. 278, n° 7, obs Le Guidec ; Dr. fam. 1999, n° 53, note Beignier ; RTD civ. 1999. 677, obs. Patarin*. – Même sens : • Civ. 1re, 28 avr. 1986 : *Bull. civ. I, n° 106* • 17 janv. 1995, n° 92-20.907 P. – V. aussi • Paris, 26 oct. 1999 : *D. 2000. 776, note Vich-Y-Llado*. ♦ V., pour le cas où le détenteur du bien est poursuivi pour vol et prétend être bénéficiaire d'un don manuel, • Crim. 28 oct. 1991, n° 90-86.179 P : *D. 1993. Somm. 34, obs. A. Robert ; RTD civ. 1994. 134, obs. Zenati*.

22. C'est au jour du prétendu don manuel qu'il convient de se placer pour déterminer si les qualités de la possession permettaient de présumer l'existence dudit don manuel. • Civ. 1re, 4 avr. 1984 : *Bull. civ. I, n° 130.*

D. REVENDICATION DES MEUBLES PERDUS OU VOLÉS

BIBL. Cuillieron, *RTD civ. 1986. 504* (revendication des meubles perdus ou volés et protection possessoire). – Guyénot, *Gaz. Pal. 1977. 2. Doctr. 376* (titres et coupons perdus, volés ou détruits). – Rabut, *JCP N 1985. Prat. 9238* (Sicovam et oppositions sur titres ayant fait l'objet de dépossession involontaire).

23. Possesseur de mauvaise foi. L'art. 2279 ancien [2276], al. 2, ne concerne pas le possesseur de mauvaise foi, contre lequel la revendication est toujours possible, une telle action pouvant s'exercer sur toutes les catégories de choses, notamment les choses fongibles. • Civ. 1re, 7 févr. 1989, n° 87-17.531 P : *RTD civ. 1990. 109, obs. Zenati*. ♦ Dans le même sens (délai de trois ans inapplicable quand le possesseur est de mauvaise foi) : • Paris, 22 mars 1983 : *Gaz. Pal. 1983. 1. Somm. 207.* – V. aussi • Civ. 7 févr. 1910 : *DP 1910. 1. 201, note Nast* • Civ. 1re, 15 janv. 1965 : *Bull. civ. I, n° 30* • 29 janv. 1962 : *ibid., n° 61.*

24. Conditions : vol. Les règles de droit en matière de revendication de meubles telles qu'elles sont établies par l'art. 2279 ancien [2276], al. 2, ne sauraient être étendues à des cas autres que ceux que cet art. a prévus. Elles ne s'appliquent pas en cas d'abus de confiance. • Civ. 6 juill. 1886 : *DP 1887. 1. 25* • Civ. 1re, 9 janv. 1996, n° 93-16.700 P : *JCP 1996. I. 3972, n° 6, obs. Périnet-Marquet.* ♦ ... Ni en cas d'escroquerie. • Civ. 19 juin 1928 : *DP 1929. 1. 45.* ♦ Si les juges du fond, qui apprécient souverainement l'intention frauduleuse, estiment qu'il n'y a pas eu vol, ils rejettent à bon droit l'action en revendication contre le possesseur de bonne foi. • Civ. 1re, 27 févr. 1980, n° 78-15.864 P.

25. En vertu du principe selon lequel on ne revendique pas les meubles quand le possesseur a une possession véritable à titre de propriétaire, c'est à l'assureur d'un véhicule contre le vol qu'il appartient, pour refuser de verser l'indemnité qui lui est réclamée, de proposer d'établir qu'exceptionnellement la revendication du véhicule par un tiers est possible et a été exercée.

• Civ. 1re, 1er mars 1988, ♣ no 86-13.055 P. ♦ Comp. note 8.

*26. ... **Défendeur.*** L'action en revendication du propriétaire de l'objet volé ou perdu est ouverte contre tout détenteur de cet objet, y compris contre le créancier gagiste (Crédit municipal) qui le détient en vertu du droit réel conféré par le contrat de gage. • TI Lille, 12 janv. 1982 : *Gaz. Pal. 1982. 1. Somm. 182.*

*27. ... **Qualité de la possession du tiers.*** La qualité de la possession du tiers détenteur est sans influence sur l'exercice de l'action en revendication d'un objet volé, subordonnée à la seule preuve du droit du revendiquant, laquelle résulte d'une possession régulière antérieure des objets litigieux, et du caractère involontaire de sa dépossession. • Civ. 1re, 1er juin 1977, ♣ no 76-10.224 P. – Sur cet arrêt, V. Cuillieron, *RTD civ. 1986. 504.* ♦ L'art. 2279 ancien [2276], al. 2, faisant exception à la règle posée par l'al. 1er de cet art., la personne qui a perdu un animal est en droit de le revendiquer contre celui dans les mains duquel elle l'a trouvé et elle n'est pas astreinte à prouver que la possession de celui-ci est entachée de vice. • Civ. 10 mai 1950 : *D. 1950. 429.*

*28. **Délai préfix.*** Le délai de trois années prévu par l'al. 2 de l'art. 2279 ancien [2276] présente le caractère d'un délai préfix qui commence à courir du jour de la perte ou du vol. • Crim. 30 oct. 1969 : *JCP 1970. II. 16333, note Goubeaux* • Bordeaux, 22 janv. 1974 : *D. 1974. 542, note Rodière* • Paris, 24 mars 1999 : *D. 1999. IR 137.*

Code du patrimoine *(Ord. no 2004-178 du 20 févr. 2004)*. **Art. L. 212-1** *(L. no 2008-696 du 15 juill. 2008, art. 5)* Les archives publiques sont imprescriptibles.

Nul ne peut détenir sans droit ni titre des archives publiques.

Le propriétaire du document, l'administration des archives ou tout service public d'archives compétent peut engager une action en revendication d'archives publiques, une action en nullité de tout acte intervenu en méconnaissance du deuxième alinéa ou une action en restitution.

(Ord. no 2017-1134 du 5 juill. 2017, art. 3) « Lorsque les archives publiques appartiennent au domaine public, les actions en nullité ou en revendication s'exercent dans les conditions prévues aux articles L. 112-22 et L. 112-23. »

Les modalités d'application des dispositions qui précèdent sont fixées par décret en Conseil d'État.

L'Ord. no 2017-1134 du 5 juill. 2017 entre en vigueur le 1er janv. 2018. Les demandes déposées et les procédures engagées avant cette date demeurent régies par les dispositions antérieures (Ord. préc., art. 9).

Art. L. 212-20 Les archives classées comme archives historiques sont imprescriptibles. – *[L. no 79-18 du 3 janv. 1979, art. 14, al. 1er.]*

Art. L. 212-21 Les effets du classement suivent les archives, en quelques mains qu'elles passent. – *[L. no 79-18 du 3 janv. 1979, art. 14, al. 2.]*

....

Art. L. 451-3 Les collections des musées de France sont imprescriptibles. – *[L. no 2002-5 du 4 janv. 2002, art. 11-I.]*

....

Art. L. 622-13 Tous les objets mobiliers classés au titre des monuments historiques sont imprescriptibles. – *[L. 31 déc. 1913, art. 18, al. 1er.]*

Art. L. 622-14 Les objets classés au titre des monuments historiques appartenant à l'État sont inaliénables.

Les objets classés au titre des monuments historiques appartenant à une collectivité territoriale ou à un établissement public ou d'utilité publique ne peuvent être aliénés qu'avec l'accord de l'autorité administrative et dans les formes prévues par les lois et règlements. La propriété ne peut en être transférée qu'à l'État, à une personne publique ou à un établissement d'utilité publique. – *[L. 31 déc. 1913, art. 18, al. 2 et 3.]*

Art. L. 622-15 *Abrogé par Ord. no 2005-1128 du 8 sept. 2005.*

Art. L. 622-16 Tout particulier qui aliène un objet classé au titre des monuments historiques est tenu de faire connaître à l'acquéreur l'existence du classement.

Toute aliénation doit, dans les quinze jours de la date de son accomplissement, être notifiée à l'autorité administrative par celui qui l'a consentie. – *[L. 31 déc. 1913, art. 19, al. 2 et 3.]*

Art. L. 622-17 L'acquisition faite en violation de l'article L. 622-14 est nulle. Les actions en nullité ou en revendication peuvent être exercées à toute époque tant par l'autorité administrative que par le propriétaire originaire. Elles s'exercent sans préjudice des demandes en dommages-intérêts qui peuvent être dirigées soit contre les parties contractantes solidairement responsables, soit contre l'officier public qui a prêté son concours à l'aliénation. Lorsque l'aliénation illicite a été consentie par une personne publique ou un établissement d'utilité publique, cette action en dommages-intérêts est exercée par l'autorité administrative au nom et au profit de l'État.

L'acquéreur ou sous-acquéreur de bonne foi, entre les mains duquel l'objet est revendiqué, a droit au remboursement de son prix d'acquisition. Si la revendication est exercée par l'autorité administrative, celle-ci aura recours contre le vendeur originaire pour le montant intégral de l'indemnité qu'*(L. n° 2016-925 du 7 juill. 2016, art. 75)* « elle » aura dû payer à l'acquéreur ou sous-acquéreur.

Les dispositions du présent article sont applicables aux objets perdus ou volés. — *[L. 31 déc. 1913, art. 20.]*

....

Art. L. 622-29 *(Ord. n° 2005-1128 du 8 sept. 2005)* Les effets du classement ou de l'inscription au titre des monuments historiques d'un objet mobilier suivent l'objet en quelques mains qu'il passe.

Art. 2277 Si le possesseur actuel de la chose volée ou perdue l'a achetée dans une foire ou dans un marché, ou dans une vente publique, ou d'un marchand vendant des choses pareilles, le propriétaire originaire ne peut se la faire rendre qu'en remboursant au possesseur le prix qu'elle lui a coûté.

Le bailleur qui revendique, en vertu de l'article 2332, les meubles déplacés sans son consentement et qui ont été achetés dans les mêmes conditions, doit également rembourser à l'acheteur le prix qu'ils lui ont coûté. — *[Anc. art. 2280.] — Dispositions transitoires, V. L. n° 2008-561 du 17 juin 2008, art. 26 ss. art. 2279.*

1. Possession de l'acquéreur : actuelle. La demande en remboursement du prix formée en vertu de l'art. 2280 [ancien] par l'acquéreur de la chose volée ou perdue suppose qu'il est resté en possession de la chose. • Civ. 1re, 22 févr. 1956 : *D. 1956. 286.* – V. aussi • Paris, 7 févr. 1950 : *D. 1951. 456 (1re esp.), note Lalou* • 27 janv. 1981 : *D. 1981. IR 510, obs. A. Robert.*

L'appréhension par la police du véhicule volé et sa restitution à l'assureur du propriétaire originaire, sans que le possesseur actuel y ait consenti, n'ayant entraîné que le déplacement de la détention précaire sur la chose, le possesseur conserve contre le propriétaire originaire sa créance en remboursement du prix. • Civ. 1re, 22 nov. 1988 : *Bull. civ. I, n° 331 ; D. 1990. Somm. 86, obs. A. Robert ; RTD civ. 1990. 521, obs. Zenati.* ♦ Dans le même sens : • Civ. 1re, 9 janv. 1996, n° 93-16.700 P : *JCP 1996. I. 3972, n° 6, obs. Périnet-Marquet* (dépossession involontaire du fait d'une décision de saisie prise pendant l'information pénale) • 16 mai 2006, n° 04-18.185 P : *D. 2007. 132, note Valette ; D. 2006. Pan. 2365, obs. Mallet-Bricout ; Dr. et patr. 11/2006. 106, obs. Seube* (statue volée appréhendée par la police entre les mains d'un acquéreur de bonne foi).

2. ... Exempte de vices. L'art. 2280 [ancien] ne peut être invoqué que par un acquéreur dont la possession est exempte de vices. • Civ. 1re, 2 févr. 1965, n° 61-11.609 P. ♦ Dès lors qu'un vendeur, en connaissance du vol dont avait fait l'objet la chose vendue, se la fait restituer par son acheteur, sa possession n'est pas paisible et ne peut lui conférer, vis-à-vis de son propre vendeur, le droit de rétention qu'offre l'art. 2280 [ancien]. • Com. 3 déc. 2003, n° 02-10.753 P.

3. Notion de « marché ». Le terme de marché, au sens de l'art. 2280 [ancien], s'entend d'un lieu où se pratiquent des transactions régulières avec des commerçants établis, et non d'un marché aux puces accessible à des vendeurs non commerçants et notoirement connu comme lieu d'écoulement de marchandises volées. • Lyon, 8 nov. 2001 : *JCP 2003. IV. 1203.*

4. Notion de « marchand ». Un courtier n'appartient pas à la catégorie des marchands vendant des choses pareilles au sens de l'art. 2280 [ancien], dès lors qu'il agit comme intermédiaire pour le compte de tiers qui restent les véritables vendeurs. • Crim. 31 mars 1978 : *Gaz. Pal. 1979. 1. 13.* ♦ Jugé que l'art. 2280 [ancien] ne s'applique pas en cas d'acquisition chez un brocanteur chez lequel ne se trouvait aucun bien de valeur. • Pau, 3 juill. 1979 : *D. 1981. IR 232, obs. A. Robert.*

Un garagiste qui, en dépit de sa radiation au registre du commerce, a conservé son activité de vente et achat de voitures, a la qualité de « marchand vendant des choses pareilles » au sens de l'art. 2280 [ancien]. • Civ. 1re, 22 nov. 1988 : *préc. note 1.*

5. Recours ultérieurs. Le remboursement du

prix par le propriétaire dépossédé rend sans objet un recours en garantie de ce chef du possesseur contre le marchand. • Civ. 1re, 26 nov. 1956 : *Bull. civ. I, n° 429.* ♦ Mais l'action en garantie pourrait être exercée contre le vendeur pour lui réclamer les frais, les dommages-intérêts et les loyaux coûts du contrat prévus à l'art. 1630 C. civ. • T. civ. Seine, 7 févr. 1951 : *D. 1951. 465.*

6. Le propriétaire qui, pour se faire rendre une chose volée ou perdue, a dû rembourser au possesseur actuel le prix qu'elle lui a coûté, ne saurait puiser dans les art. 2279, 2280 [anciens] et anc. 1251 C. civ. le principe d'une action en indemnité contre celui qui a cessé d'avoir la possession de la chose volée ou perdue (le marchand). Il ne peut pas davantage réclamer sur le fondement de l'enrichissement sans cause le paiement du bénéfice réalisé par le marchand lors de la revente du meuble, ce bénéfice puisant son origine dans l'exercice normal de sa profession. La seule action qui pourrait appartenir au propriétaire serait celle fondée, par application de l'anc. art. 1382 [1240] C. civ., sur une faute du défendeur. • Civ. 11 févr. 1931 : *GAJC, 12e éd., n° 87 ; DP 1931. 1. 129, note R. Savatier.*

CHAPITRE III DE LA PROTECTION POSSESSOIRE

BIBL. GÉN. ▸ BERGEL, *Mél. Goubeaux, Dalloz-LGDJ, 2009, p. 17* (reformer la distinction du pétitoire et du possessoire). – GOUBEAUX, *Defrénois 1976. 374.* – DROSS, *Defrénois 2006. 127* (fonction ambiguë de l'action possessoire). – PIQUET-CABRILLAC, *RRJ 1997/3. 983* (compétence du juge des référés en matière possessoire). ▸ **Compétence exclusive du TGI (L. 26 janv. 2005) :** SEUBE, *Dr. et patr. 11/2005. 101.*

Art. 2278 La possession est protégée, sans avoir égard au fond du droit, contre le trouble qui l'affecte ou la menace.

La protection possessoire est pareillement accordée au détenteur contre tout autre que celui de qui il tient ses droits. — *[Anc. art. 2282.] — Dispositions transitoires, V. L. n° 2008-561 du 17 juin 2008, art. 26 ss. art. 2279.*

1. Domaine : immeuble. La protection possessoire ne concerne que les immeubles, et ses règles sont sans application à la revendication mobilière. • Civ. 1re, 6 févr. 1996, n° 94-10.784 P : *D. 1996. Somm. 331, obs. Libchaber ; JCP 1996. I. 3972, n° 4, obs. Périnet-Marquet ; RTD civ. 1996. 943, obs. Zenati.*

2. Action possessoire et action pétitoire. L'action pétitoire postérieure à l'action possessoire engagée par le même demandeur rend celle-ci sans objet lorsqu'elle tend aux mêmes fins. • Civ. 3e, 6 janv. 2010, n° 08-22.068 (l'action possessoire tendait à la démolition d'un mur et l'action pétitoire au bornage des propriétés) • 6 janv. 2010, n° 08-22.068 P : *D. 2010. Pan. 2183, obs. Reboul-Maupin* (l'action possessoire tendait à la démolition d'un mur et l'action pétitoire au bornage des propriétés). ♦ Cependant, la protection possessoire et le fond du droit n'étant jamais cumulés et le défendeur au possessoire ne pouvant agir au fond qu'après avoir mis fin au trouble, il est impossible pour la partie assignée au possessoire d'agir au fond (en déclaration d'extinction d'une servitude en l'occurrence) avant la fin de l'instance possessoire. • Civ. 3e, 23 janv. 2013, n° 11-28.266 P : *D. 2013. 2123, obs. Mallet-Bricout et Reboul-Maupin ; AJDI 2013. 627, obs. Le Rudulier ; RTD civ. 2013. 406, obs. Dross.*

3. Action en réintégration. L'introduction par la L. du 9 juill. 1975 des art. 2282 et 2283 anciens [2278 et 2279] dans le code civil a modifié le caractère des actions possessoires proprement dites, qui sont désormais assimilées à la réintégrande puisqu'elles protègent la possession imparfaite, la simple détention qui ne peut permettre l'usucapion. La seule différence entre les actions possessoires proprement dites et la réintégrande réside actuellement dans l'exigence d'une dépossession et d'une détention annale ou non. • TI Arles, 4 mai 1979 : *JCP 1979. II. 19211, note J. A.*

4. Il résulte de la combinaison des art. 2282 et 2283 anciens [2278 et 2279] et de l'art. 1264 C. pr. civ. que l'action possessoire en réintégration, fondée sur le principe selon lequel nul, fût-ce une personne publique, ne peut se faire justice à soi-même, est ouverte à tous ceux qui possèdent ou détiennent paisiblement un immeuble et qui sont victimes, de la part d'une personne autre que celle dont ils tiennent leurs droits, d'une voie de fait affectant ou menaçant arbitrairement leur possession, quand bien même l'auteur de la voie de fait prétendrait que cet immeuble fait partie du domaine public ou que l'application d'un contrat administratif est en cause. • Civ. 1re, 11 juill. 1984, n° 83-11.363 P. – Dans le même sens : • Civ. 3e, 10 juin 1981 : *Gaz. Pal. 1982. 1. 120, note Morand-Deviller et Piedelièvre.* ♦ V. aussi, réservant le cas de l'urgence ou du texte législatif d'habilitation : • Civ. 3e, 25 sept. 2002, n° 00-16.006 P : *JCP 2003. I. 117, n° 5, obs. Périnet-Marquet.* ♦ En cas de vente d'un immeuble dont le propriétaire avait conventionnellement accordé la détention à un tiers, l'ayant cause acquéreur devient celui de qui le détenteur tient ses droits, ce qui exclut l'exercice d'une action en réintégration. • Civ. 3e, 18 févr. 2009, n° 08-10.973 P : *D. 2009. Pan. 2300, obs. Reboul-Maupin ; JCP 2009. I. 127, n° 6, obs.*

Périnet-Marquet ; Dr. et patr. 6/2009. 80, obs. Seube et Revet ; JCP N 2009. 1143, note Grimonprez.

5. *Troubles possessoires.* La disposition de l'art. 815-3, al. 1er, C. civ., qui ne concerne que les actes d'administration du bien indivis, n'interdit pas à un indivisaire d'agir individuellement par voie de complainte contre le tiers auquel il reproche d'avoir troublé la possession sur l'immeuble dont la jouissance est commune. • Civ. 3e, 9 mars 1982, nº 80-16.070 P. ♦ Les propriétaires riverains d'un chemin public ont, sur celui-ci, des droits qu'ils peuvent, par l'exercice d'une action possessoire, faire valoir dans leur intérêt privé, en cas de trouble apporté dans leur usage par des particuliers. • Civ. 3e, 2 mars 1988 : *Bull. civ. III, nº 49* • 27 nov. 1991, nº 90-11.614 P. ♦ Mais l'action possessoire ne peut être exercée que si le trouble a été apporté par des particuliers et non contre une commune ayant fermé une voie par suppression d'un passage à niveau. • Civ. 3e, 25 avr. 1990, nº 88-18.345 P : *Defrénois 1990. 1331, obs. Souleau.*

6. Pour qu'il y ait lieu à protection possessoire, il faut caractériser des faits impliquant une prétention contraire à la possession. Il n'en est pas ainsi de travaux ayant pour conséquence de fragiliser un mur séparatif entre deux fonds. • Civ. 3e, 7 juin 1990, nº 87-17.659 P : *Defrénois 1991. 368, obs. Souleau.*

7. La protection possessoire est exclue lorsque le trouble allégué constitue l'inexécution d'une convention, notamment d'un règlement de copropriété. • Civ. 3e, 10 juin 1980 : *D. 1981. IR 230, obs. A. Robert ; RDI 1981. 348, obs. Bergel* • 9 juin 1999, nº 97-18.739 P : *JCP 2000. I. 211, nº 13, obs. Périnet-Marquet* (action d'un copropriétaire contre le locataire d'un autre copropriétaire). ♦ La protection possessoire est étrangère aux rapports entre copropriétaires. • Civ. 3e, 18 janv. 1989 : *Bull. civ. III, nº 16 ; RTD civ. 1990. 527, obs. Zenati* • 6 mars 1991, nº 89-14.374 P : *R., p. 305 ; D. 1991. 355, note Souleau ; JCP N 1991. II. 205 (2e esp.), note Stemmer ; RDI 1991. 187, obs. Bergel ; RTD civ. 1991. 565, obs. Zenati.* ♦ Mais, si l'inexécution d'une convention ne peut donner lieu à l'action possessoire, cette règle est sans application lorsque aucune relation contractuelle n'existe entre le demandeur et le défendeur à cette action. • Civ. 3e, 8 févr. 2006, nº 04-20.366 P : *D. 2006. Pan. 2366, obs. Reboul-Maupin ; AJDI 2006. 487, obs. Prigent ; Dr. et patr. 11/2006. 108, obs. Seube ; RDI 2006. 374, obs. Gavin-Millan-Oosterlynck ; RTD civ. 2007. 115, obs. Mestre et Fages.*

8. *Servitude apparente et continue.* Les servitudes apparentes et continues peuvent donner lieu aux actions possessoires. • Civ. 3e, 18 déc. 2002, nº 00-13.373 P.

9. *Servitude de passage.* L'action en réintégration peut avoir pour objet une servitude de passage. • Civ. 3e, 15 févr. 1995, nº 93-12.102 P : *RTD civ. 1995. 925, obs. Zenati.* ♦ *Contra*, antérieurement : • Civ. 3e, 9 juill. 1984 : *Bull. civ. III, nº 134* (l'action en réintégration supposant une détention matérielle et actuelle ne peut être exercée lorsqu'il s'agit de servitudes discontinues et non apparentes). ♦ V. notes 28 s. ss. art. 682.

10. *Référé.* Pour la protection de la possession par la voie du référé sur le fondement du trouble manifestement illicite, V. • Cass., ass. plén., 28 juin 1996, nº 94-15.935 P : *R., p. 349 ; BICC 15 sept. 1996, concl. Weber, note Séné ; D. 1996. 497, concl. Weber, note Coulon ; JCP 1996. II. 22712, note Mémeteau ; ibid. I. 3972, nº 1, obs. Périnet-Marquet ; Gaz. Pal. 1996. 2. 398, note Perdriau ; Defrénois 1996. 1427, obs. Atias ; RTD civ. 1997. 216, obs. Normand ; RDI 1996. 536, obs. Bergel.* ♦ V. aussi • Civ. 3e, 21 nov. 2001 : *JCP 2002. II. 10164, note Ferreira.* ♦ Comp. : • Civ. 3e, 15 mai 2008, nº 07-14.759 P.

11. L'action possessoire n'est permise que pour la protection d'un droit susceptible de possession et non pour une simple tolérance ou faculté. • Civ. 3e, 1er avr. 2009 : *cité note 1 ss. art. 2262.*

12. *Défendeur à l'action.* L'action possessoire peut être intentée contre l'auteur matériel du trouble, cassation de l'arrêt qui considère que l'action ne peut être dirigée que contre celui à qui profite la dépossession, c'est-à-dire le nouveau détenteur, et non contre la société ayant réalisé les travaux à l'origine du trouble. • Civ. 3e, 7 mars 2012, nº 11-10.177 P : *D. 2012. 1528, note Jaouen ; AJDI 2012. 365, obs. de La Vaissière ; JCP 2012, nº 465, § 4, obs. Périnet-Marquet.*

Art. 2279 *(Abrogé par L. nº 2015-177 du 16 févr. 2015, art. 9-I) (L. nº 2008-561 du 17 juin 2008)* ***Les actions possessoires sont ouvertes dans les conditions prévues par le code de procédure civile à ceux qui possèdent ou détiennent paisiblement.*** — *[Anc. art. 2283.]*

L'art. 9-I est applicable dans les îles Wallis-et-Futuna (L. nº 2015-177 du 16 févr. 2015, art. 9-II).

Conséquence de l'abrogation de l'art. 2279. L'abrogation, par l'art. 9 de la L. nº 2015-177 du 16 févr. 2015, de l'art. 2279 a emporté abrogation des art. 1264 à 1267 C. pr. civ. qui définissaient le régime de ces actions et qui avaient été édictés spécifiquement pour l'application de l'art. 2279 ; il en résulte que seules les actions en référé assurent, depuis le 18 févr. 2015, l'exercice de la protection possessoire. • Civ. 3e, 24 sept. 2020, nº 19-16.370 P : *D. 2021. 171,* *note Goudjil* ; *ibid. 2020. Chron. C. cass. 2469, obs. Jariel* ; *RDI 2020. 672, obs. Bergel* ; *RDC 2020/4. 100, note Danos* (cassation de l'arrêt constatant un trouble possessoire et retenant que les actions possessoires n'ont pas disparu).

Loi n° 2008-561 du 17 juin 2008,

Portant réforme de la prescription en matière civile.

Art. 26 I. — Les dispositions de la présente loi qui allongent la durée d'une prescription s'appliquent lorsque le délai de prescription n'était pas expiré à la date de son entrée en vigueur. Il est alors tenu compte du délai déjà écoulé.

II. — Les dispositions de la présente loi qui réduisent la durée de la prescription s'appliquent aux prescriptions à compter du jour de l'entrée en vigueur de la présente loi, sans que la durée totale puisse excéder la durée prévue par la loi antérieure.

III. — Lorsqu'une instance a été introduite avant l'entrée en vigueur de la présente loi, l'action est poursuivie et jugée conformément à la loi ancienne. Cette loi s'applique également en appel et en cassation.

1. Champ d'application. Les dispositions transitoires figurant à l'art. 26 de la L. du 17 juin 2008 concernent les dispositions de cette loi qui allongent ou réduisent la durée de la prescription et non celles qui instituent de nouvelles causes d'interruption ou de suspension, comme celle créée par l'art. 2239. • Com. 28 mars 2018, n° 16-27.268 P : *JCP 2018, n° 459, note Deharo.* ♦ … Ni celles qui modifient le point de départ de la prescription extinctive ou qui déterminent les causes de report du point de départ ou de suspension de la prescription : le point de départ du délai de prescription d'une action en responsabilité extracontractuelle demeure déterminé en application des dispositions de l'anc. art. 2270-1 lorsque le délai a commencé à courir avant l'entrée en vigueur de ce texte et la durée de la prescription résultant du nouvel art. 2224 s'applique aux prescriptions en cours à compter du 19 juin 2008, sans que la durée totale puisse excéder la durée de dix ans prévue par l'anc. art. 2270-1. • Civ. 3e, 16 sept. 2021, n° 20-17.625 B. ♦ V. déjà : • Civ. 3e, 13 févr. 2020, n° 18-23.723 P. ♦ En l'absence de dispositions transitoires qui lui sont applicables, le délai butoir prévu à l'art. 2232, créé par la L. du 17 juin 2008, relève, pour son application dans le temps, du principe de non-rétroactivité de la loi nouvelle et n'est pas applicable à une situation où le droit est né avant l'entrée en vigueur de la loi. • Civ. 3e, 1er oct. 2020, n° 19-16.986 P : *D. 2020. 2154, avis Brun* ; *ibid. 2157, note Gautier* ; *ibid. 2021. 186, obs. Andreu* ; *JCP 2020, n° 1168, note Pellier* ; *ibid. N 2021, n° 1107, note Leveneur* ; *CCC 2021, n° 20, note Leveneur* ; *RDC 2021/1. 45, note Borghetti* ; *ibid. 2021/3. 8, note Latina.*

2. Art. 26-II. Réduction du délai de prescription. – Illustrations. • Civ. 2e, 22 mars 2012, n° 11-12.284 (prescription trentenaire d'une action en exécution d'un jugement, réduite à 10 ans par la L. de 2008) • Soc. 16 déc. 2015, n° 14-15.997 P (prescription quinquennale de créances de salaires : art. 26-II non applicable) • Civ. 1re, 18 oct. 2017, n° 16-17.184 P : *D. 2017. 2151* ; *AJ contrat 2017. 546, obs. Piette* ; *RTD civ. 2018. 107, obs. Barbier* (prescription trentenaire d'une action en nullité d'une sûreté accordée par une société civile, réduite à 5 ans par la L. de 2008) • Civ. 1re, 10 janv. 2018, n° 17-10.560 P (prescription de l'action en inscription de faux) • Com. 28 mars 2018, n° 16-24.506 P (réduction de 30 ans à 5 ans de la prescription de droit commun applicable par suite de l'interversion d'une prescription biennale résultant d'une reconnaissance de la dette) • Civ. 2e, 24 janv. 2019, n° 18-10.994 P (*idem* pour la prescription applicable à la répétition de l'indu de prestations d'assurance vieillesse versées après le décès du bénéficiaire) • Civ. 3e, 16 janv. 2020, n° 18-21.895 P : *D. 2020. 81* ; *RDI 2020. 120, note Charbonneau* ; *JCP 2020, n° 414, note Karila* ; *RCA 2020. Étude 8, note Brun* • Soc. 31 mars 2021, n° 19-22.557 P : *Dr. soc. 2021. 745, obs. Radé* ; *RDT 2021. 464, obs. Meftah* (prescription de l'action en réparation du préjudice résultant d'une discrimination, réduite à cinq ans à compter de la révélation de la discrimination).

3. Art. 26-III. Action en exécution d'un titre exécutoire. Dès lors qu'une action en exécution d'un titre exécutoire, qui constitue une instance distincte de celle engagée afin de faire établir judiciairement l'existence de la créance, a été introduite après l'entrée en vigueur de la L. du 17 juin 2008, c'est à bon droit, et sans méconnaître le principe de sécurité juridique, que la cour d'appel a retenu que cette action n'était pas soumise au délai de prescription trentenaire. • Civ. 2e, 19 mars 2020, n° 18-23.782 P.

LIVRE IV DES SÛRETÉS *(Ord. nº 2006-346 du 23 mars 2006, ratifiée par L. nº 2007-212 du 20 févr. 2007, art. 10-I).*

L'Ord. nº 2021-1192 du 15 sept. 2021, dont les dispositions sont entrées en vigueur le 1er janv. 2022, a modifié profondément le livre IV C. civ. Les changements de numérotation indiqués dans le présent livre résultent de l'Ord. préc. Deux tables de concordance figurent en fin d'ouvrage : des textes dans leur version au 1er janv. 2022 vers les textes antérieurs, et inversement. Pour les dispositions transitoires, V. Ord. préc., art. 37, ss. art. 2488-12.

RÉP. CIV. vº *Sûretés*, par D. LEGEAIS.

BIBL. GÉN. ▸ **Réforme des sûretés, 2006 :** AVENA-ROBARDET, *D. 2006. Actu. 908.* – BOURASSIN, *obs. D. 2006. Pan. 1386*. – FRÉMEAUX et DAUBLON, *Defrénois 2006. 1085.* – D. LEGEAIS, *RTD com. 2006. 636*. – PRIGENT, *AJDI 2006. 346*. – SIMLER, *JCP 2006. I. 124.* – Dossier, *D. 2006. 1289*, par L. AYNÈS, A. AYNÉS, CROCQ, DAMMANN, DUPICHOT, GRIMALDI, REVEL et RONTCHEVSKY. – Dossier, *JCP, supplément au nº 20 du 17 mai 2006*, par CROCQ, DELEBECQUE, DUPICHOT, GRIMALDI, HOUTCIEFF, LEGEAIS, SIMLER et STOUFFLET. – Dossier, *RLDC, juill.-août 2006, supplément au nº 29.* – Dossier, *LPA 27 mars 2008* (bilan d'application). – Dossier, *Dr. et patr. 4/2012. 55* (premiers bilans).

▸ ANSAULT, *RLDC 2013/110, nº 5249* (droit des sûretés et droit des sociétés). – BALI, *RDBF 2018. Étude 21* (la prise de sûreté sur crypto-monnaie : le cas du Bitcoin). – CROCQ, *RLDC 2013/110, nº 5248* (impérativité du droit des sûretés). – LAZARUS, *LPA 13 août 2007* (réforme des sûretés et droit de la consommation). – FARGE et GOUT, *RLDC 2009/58, nº 3334* (impact du droit des entreprises en difficulté sur le droit des sûretés). – LEBLOND, *RLDC 2010/73, nº 3880* (assurance-crédit). – MACORIG-VENIER, *Dr. et patr. 1/2010. 27* (apports de la réforme du 18 déc. 2008). – RIERA, *AJ contrat 2017. 262* (porte-fort et droit des sûretés). – Dossier, *JCP N 2012, nºs 1335 s.* (sûretés réelles, sûretés personnelles, lesquelles choisir ?) ; *ibid. 2016, nºs 1101 s.* (2011-2016, bilan de la réforme des sûretés). – Dossier, *JCP N 2017, nºs 1142 s.* (sûretés et successions).

▸ **Avant-projet de l'association H. Capitant, projet de réforme des sûretés :** BENMBAREK-LESAFFRE, *JCP 2020, nº 1051* (bilan de 15 ans de jurisprudence sur la mention manuscrite en droit du cautionnement). – BEZERT, *RLDC 2018/155. 48.* – FAVRE-ROCHEX, *D. 2021. 190* (avant-projet de réforme des sûretés et procédures collectives). – GIJSBERS, *RDI 2018. 200* (droit de la construction). – GOUËZEL et BOUGEROL, *D. 2018. 678* (cautionnement : propositions de modification). – GOUT, *AJ contrat 2019. 264* (quelle réforme pour les sûretés dans la loi PACTE ?). – GRIMALDI, MAZEAU, et DUPICHOT, *D. 2017. 1717*. – JUILLET, *JCP N 2019, nº 1208.* – PELLIER, *D. 2018. 686* (cautionnement) ; *ibid. 2020. 1236* (réflexions sur le gage ayant pour objet un immeuble par destination ou un meuble par anticipation) ; *ibid. 2021. 579* (les dispositions du code des procédures civiles d'exécution dans l'avant-projet d'ordonnance portant réforme du droit des sûretés). – PILLET, *JCP 2019, nº 449* (assimilation du cautionnement réel au cautionnement : nature des choses ou expédient ?). – LEGEAIS, *RDBF 2021. Étude 2.*

▸ **Réforme des sûretés, 2021 :** BOURASSIN, *Defrénois 2021/48. 18* (sûretés exclusives : quelles limites ?). – COHET, *AJDI 2022. 181* (décrets d'application). – DUMONT et GUILLOTEAU PALISSE, *Defrénois 2021/48. 33* (le cautionnement hypothécaire, une sûreté mixte). – GRÉGOIRE, *D. 2022. 307* (l'ajustement des intérêts en présence : figures nouvelles du tango des sûretés). – GRIMALDI, *D. 2022. 226* (présentation de la réforme). – HOUTCIEFF, *Rev. sociétés 2021. 677* (droit des sociétés). – LECOURT, *RTD com. 2022. 70* (impact de la réforme du droit des sûretés sur le droit des sociétés). – SIMLER, *AJ fam. 2021. 673*. – THÉRY et SÉJEAN-CHAZAL, *D. 2022. 299 (réalisation des sûretés). – Dossier, JCP N, nº 1322 s.* (sûretés immobilières) ; *ibid., nº 1328* (sûretés mobilières). – Dossier, *Defrénois 2021/48. 14.* – Dossier, *D. 2022. 226* ; *D. 2022. 303* (procédures collectives – classement des sûretés). – Dossier, *RDC 2021/4. 74.* – Dossier, *JCP N 2021, nº 1335.* – Dossier, *Dr. fam. 2021. Étude 28 s.* – Dossier, *RDBF 2022, nº 1* (réforme des sûretés personnelles).

▸ **Panoramas Dalloz – Droit des sûretés :** *D. 2022. Pan. 1724* (oct. 2021 – sept. 2022). – *D. 2021. Pan. 1879* (sept. 2020 – sept. 2021) ; *D. 2020. Pan. 1917* (sept. 2019 – sept. 2020) ; *D. 2018. Pan. 1884* (sept. 2017 – août 2018) ; *D. 2017. Pan. 1996* (août 2016 – août 2017) ; *D. 2016. Pan. 1955* (juill. 2015 – juill. 2016) ; *D. 2015. Pan. 1810* (juill. 2014 – juin 2015) ; *D. 2014. Pan. 1610* (juin 2013 – juin 2014) ; *D. 2013. Pan. 1706* (mai 2012 – mai 2013) ; *D. 2012. Pan. 1573* (avr. 2011 – avr. 2012) ; *D. 2011. Pan. 406* (janv. 2010 – déc. 2010) ; *D. 2008. Pan. 2104* (oct. 2006 – juill. 2008) ; *D. 2006. Pan. 2855* (juill. 2005 – sept. 2006).

Art. 2284 **Quiconque s'est obligé personnellement, est tenu de remplir son engagement sur tous ses biens mobiliers et immobiliers, présents et à venir.**

*Sur les sûretés demandées par les établissements de crédit à l'occasion de leurs concours financiers aux entrepreneurs individuels, V. C. mon. fin., art. L. 313-21. — **C. mon. fin.***

BIBL. ▶ **Personnalité morale, droit des personnes et droit des biens :** Dubuisson, *D. 2013. 792* (patrimoines affectés). - Goubeaux, *Mél. Roblot, LGDJ, 1984, p. 199.* - Lebel, *Mél. Goubeaux, Dalloz-LGDJ, 2009, p. 331* (l'unité du patrimoine à l'épreuve des procédures collectives). - Storck, *Mél. Goubeaux, Dalloz-LGDJ, 2009, p. 509* (nature juridique des fonds communs de placement).

▶ **Notion de patrimoine :** Mekki, *JCP 2011, nº 1258.* - Sériaux, *RTD civ. 1994. 801.* - Dossier, *Dr. et patr. 1/2005. 63* (le patrimoine).

▶ **Valeur explicative de la théorie du patrimoine :** Cohet-Cordey, *RTD civ. 1996. 819.* Unité du patrimoine et responsabilité financière de l'époux commun en biens : Lambert-Wiber, *Defrénois 1999. 1153.* Patrimoine de mer : Calais-Auloy, *Études Jauffret, Fac. droit Aix-Marseille, 1974, p. 173.*

▶ **Évolution des garanties de paiement :** Crocq, *Mél. Mouly, Litec, 1998, t. 2, p. 317.* - Ferry, *RTD civ. 2019. 751* (l'insaisissabilité du bien stipulé inaliénable dans un acte à titre onéreux).

1. Délimitation du patrimoine du débiteur. Le droit de gage général qui résulte de l'art. 2092 [2284] au profit des créanciers ne porte que sur le patrimoine même du débiteur (question d'autonomie patrimoniale des personnes morales de droit étranger). • Civ. 1re, 6 juill. 1988 : *Bull. civ. I, nº 227* • 4 janv. 1995, nº 93-10.175 P : *Defrénois 1995. 747, obs. Delebecque* • Com. 1er oct. 1997, nº 95-15.499 P (problème de l'autonomie, l'une par rapport à l'autre, de deux sociétés contrôlées par un même État).

2. Immunité d'exécution des États : domaine. Le contrôle exercé par un État ne suffit pas à faire considérer les organismes qui en dépendent comme des émanations de cet État. • Civ. 1re, 15 juill. 1999, nº 97-19.742 P : *D. Affaires 1999. 1364, obs. V. A.-R* • 12 mai 2004, nº 02-12.920 P (*idem*) • 5 mars 2014, nº 12-22.406 P : *D. 2014. 672* (impossibilité de saisir un compte alimenté par des redevances de navigation aérienne en raison de la souveraineté des États sur leur espace aérien et le survol de leur territoire). ♦ Aux termes de l'art. 30, § 1 Conv. Vienne du 18 avr. 1961, la demeure privée de l'agent diplomatique jouit de la même inviolabilité et de la même protection que les locaux de la mission. • Civ. 1re, 7 juill. 2021, nº 20-15.994 B. ♦ Comp. • Crim. 5 mars 2014, nº 13-84.977 P : *D. 2014. 613* (ensemble immobilier ne bénéficiant pas de l'immunité, dès lors qu'il n'était pas un local de la mission diplomatique de l'État étranger). – V. aussi • Civ. 1re, 6 févr. 2007, nº 04-13.108 P • 14 nov. 2007, nº 04-15.388 P. ♦ Si l'immunité accordée à la représentation commerciale d'un État étranger poursuit le but légitime de respecter le droit international, afin de favoriser la courtoisie et les bonnes relations entre États par le respect de la souveraineté nationale, il appartient aux juridictions de vérifier si l'acte accompli se rattache à l'exercice de cette souveraineté ou relève du droit privé. • CEDH, sect. I, 14 mars 2013, *Oleynikov c/ Russie*, nº 36703/04. ♦ Cas de la disparition d'un État sans qu'il y ait d'État successeur : V. • Civ. 1re, 12 oct. 1999, nº 97-14.827 P (absence d'immunité d'exécution au profit de la banque nationale du nouvel État). ♦ Comp. pour la prise en compte de la date de la procédure en cas de successions d'États. • Civ. 1re, 5 nov. 2014, nº 13-16.307 P (Chine). ♦ Le justiciable, qui se voit opposer le caractère absolu de l'immunité d'exécution d'une organisation internationale, dispose, par la mise en œuvre de la responsabilité de l'État, d'une voie de droit propre à rendre effectif son droit d'accès à un tribunal. • Civ. 1re, 25 mai 2016, nº 15-18.646 P : *D. 2016. 1207, obs. Gallmeister* (le seul fait de ne pas pouvoir effectuer une saisie en France contre, en l'espèce, une banque centrale n'est pas une restriction disproportionnée à ce droit, au regard du but légitime poursuivi de faciliter l'accomplissement de ses missions) • 3 nov. 2021, nº 19-25.404 B : *D. 2022. 1773, obs. Farnoux ; Rev. crit. DIP 2022. 531, note Chaux ; JDI 2022, nº 21, note Prezas.*

3. Immunité d'exécution des États : renonciation. La renonciation par un État étranger à son immunité d'exécution est subordonnée à la double condition que cette renonciation soit expresse et spéciale. • Civ. 1re, 10 janv. 2018, nº 16-22.494 P • 24 janv. 2018, nº 16-16.511 P , appliquant la solution prévue par la L. nº 2016-1691 du 9 déc. 2016 aux mesures d'exécution antérieures à son entrée en vigueur au nom de l'objectif de cohérence et de sécurité juridique • Civ. 1re, 2 oct. 2019, nº 19-10.669 P : D. 2019. 1891 ; RTD civ. 2019. 927, obs. Théry (refus de transmettre une question prioritaire de constitutionnalité sur la question). ♦ Dans ce sens V. déjà • Civ. 1re, 28 sept. 2011, nº 09-72.057 P • 28 mars 2013, nos 10-25.938 P et 11-10.450 P. ♦ Mais en sens contraire, n'exige pas une renonciation spéciale : • Civ. 1re, 13 mai

2015, n° 13-17.751 P : *D. 2015. 1108, obs. Gallmeister* (expressément désavoué par • Civ. 1re, 10 janv. 2018, n° 16-22.494 P : *préc.*).

4. Conséquences d'une clause de tontine. Le droit de gage général des créanciers ne pouvant s'exercer que sur les biens dont le débiteur est propriétaire, doit être annulé le commandement aux fins de saisie immobilière délivré à l'un des acquéreurs d'un bien qui, en raison d'une clause de tontine, n'est pas titulaire d'un droit privatif de propriété sur ce bien tant que la condition suspensive de survie n'est pas réalisée. • Civ. 1re, 18 nov. 1997, n° 95-20.842 P : *Dr. fam. 1998, n° 77, note Beignier.*

5. Droit de saisir une créance indisponible. Il résulte des art. L. 211-1 et L. 211-2, al. 1er, C. pr. exéc., qu'une saisie-attribution peut être pratiquée sur une créance indisponible et qu'elle est seulement privée de son effet attributif. • Civ. 2e, 2 déc. 2021, n° 19-24.999 B : *D. 2022. 1331, obs. Leborgne ; JCP N 2022, n° 1165, obs. Vauvillé.*

6. Principe d'unicité du patrimoine. Le principe d'unité du patrimoine des personnes juridiques interdit l'ouverture de deux procédures collectives contre un seul débiteur, même si celui-ci exerce des activités distinctes ou exploite plusieurs fonds. • Com. 19 févr. 2002, n° 96-22.702 P : *R., p. 417 ; D. 2002. 2523, note Perdriau et Derrida (2e esp.)* • 4 févr. 2003 : *LPA 16 févr. 2004, note H. L.* ♦ Le régime des biens professionnels en matière d'impôt de solidarité sur la fortune ne prévoit pas une dérogation aux règles du droit civil sur l'unicité du patrimoine. • Com. 3 juin 1998, n° 96-16.470 P.

7. Limitation du droit de gage en considération du débiteur (non). Viole l'art. 2092 [2284] la décision qui refuse à un marchand de tableaux créancier d'un peintre le droit de faire procéder à la vente forcée des œuvres de son débiteur et ordonne que la vente sera effectuée volontairement et selon les formes prévues par les parties dans des accords antérieurs depuis lors résiliés, au motif qu'une vente massive des tableaux risquerait d'entraîner une dépréciation du talent de leur auteur. • Civ. 1re, 18 mars 1971 : *Bull. civ. I, n° 93.*

Art. 2285 **Les biens du débiteur sont le gage commun de ses créanciers ; et le prix s'en distribue entre eux par contribution, à moins qu'il n'y ait entre les créanciers des causes légitimes de préférence.**

BIBL. ▸ AYNÈS et GAUTIER, *D. 1994. Chron. 13* (application stricte des privilèges). – FAUGÉROLAS, *Mél. Derruppé, Litec/GLN-Joly, 1991, p. 227* (subordination des créances).

1. Conv. EDH. Absence de juste équilibre entre le droit du créancier d'obtenir paiement et celui du saisi au respect de ses biens, dès lors que, compte tenu du faible montant de la dette (500 €) et de la possibilité d'utiliser d'autres modes de recouvrement, la vente sur adjudication de la maison du débiteur n'était pas nécessaire. • CEDH, sect. IV, 25 avr. 2017, *Vaskrsić c/ Slovénie*, n° 31371/12 (arrêt précisant qu'un autre créancier, pour un montant supérieur, avait eu efficacement recours à une saisie sur compte bancaire ; dommage matériel représentant la différence entre la valeur marchande de la maison et le montant fixé au terme de l'adjudication, de moitié inférieur).

2. Limitation conventionnelle du droit de gage général. Validité d'une limitation conventionnelle et anticipée du droit de gage général à *certains biens seulement : V. • Civ. 1re, 15 févr.* 1972, n° 70-12.756 P.

3. Le débiteur peut opposer à son liquidateur la déclaration d'insaisissabilité qu'il a effectuée avant d'être mis en liquidation judiciaire, peu important qu'un des créanciers admis à la procédure ait une créance antérieure à cette déclaration. • Com. 24 mars 2015, n° 14-10.175 P.

4. Absence de préférence : créancier d'un indivisaire sur son lot. Le créancier s'opposant à ce que le partage des biens dont son débiteur est propriétaire indivis ait lieu hors de sa présence n'a aucun droit de préférence sur le lot de ce dernier une fois fixé. • Civ. 1re, 16 mai 1972, n° 70-13.553 P.

5. ... Conflits entre organismes de sécurité sociale. Le code de la sécurité sociale n'établit aucun droit de préférence entre les organismes de sécurité sociale pour le remboursement des prestations qui concourent à la réparation du préjudice corporel de la victime. • Soc. 2 avr. 1984 : *Bull. civ. V, n° 135* • Crim. 23 févr. 1988 : *Bull. crim. n° 92.* ♦ Il en est de même de l'ordonnance du 7 janv. 1959 sur le recours de l'État contre le tiers responsable d'un accident survenu à un de ses agents, qui ne règle pas le concours de créanciers subrogés dans les droits de la victime contre le tiers et donc ne déroge pas à la règle de l'égalité des créanciers d'un même débiteur. • Soc. 19 sept. 1991, n° 89-13.842 P. ♦ V. aussi • Crim. 22 oct. 1985 : *Bull. crim. n° 323.*

6. ... Créancier saisissant. Le créancier chirographaire saisissant (saisie immobilière) ne bénéficie pas par le seul fait de son commandement de saisie d'une cause de préférence à l'égard des autres créanciers chirographaires du saisi. • Civ. 3e, 26 mai 1992, n° 90-13.248 P : *D. 1993. Somm. 280, obs. Julien.*

7. En matière de saisie immobilière, le cahier des charges ne peut modifier directement ou indirectement l'ordre de répartition du prix des biens du débiteur. • Civ. 2e, 2 déc. 1992 : *D. 1994. 116, note Verschave.* ♦ V. aussi • Civ. 3e, 6 mars 1991, n° 88-17.828 P : *R., p. 307 ;*

Defrénois 1991. 1308, obs. Souleau • 17 juin 1992, n° 89-19.328 P : *R., p. 291.* ♦ Viole les art. 2093 et 2094 le tribunal qui avantage spécialement un créancier au détriment des autres en acceptant d'insérer dans le cahier des charges de la vente sur saisie de biens immobiliers une clause par laquelle l'adjudicataire sera tenu de payer, en sus du prix et des frais, le coût des travaux effectués par l'association ayant rénové les immeubles saisis. • Civ. 2e, 13 mars 1996, n° 93-11.755 P : *JCP 1996. I. 3942, n° 6, obs. Delebecque.* ♦ Sont nulles les clauses mettant à la charge de l'adjudicataire la dation en paiement inexécutée du prix de vente et le remboursement de certaines sommes, en ce qu'elles ont pour effet de conférer au vendeur un privilège non prévu par la loi au détriment des autres créanciers et d'aggraver les conditions de la vente en imposant à l'adjudicataire des obligations de nature personnelle prises par le saisi au seul profit du vendeur des biens. • Civ. 2e, 9 juill. 1997, n° 95-19.232 P : *JCP 1998. I. 103, n° 29, obs. Delebecque ; Gaz. Pal. 1998. 2. Somm. 574, obs. Véron ; RTD civ. 1998. 128, obs. Gautier*.

L'adjudicataire n'est pas recevable à invoquer l'illicéité d'une clause de nature à modifier directement ou indirectement l'ordre dans lequel le prix de vente sera réparti entre les créanciers. • Civ. 2e, 18 févr. 1999, n° 97-12.323 P : *RTD civ. 1999. 854, obs. Gautier*.

8. Effet de la saisie-arrêt pratiquée par des créanciers chirographaires sur la créance du prix de vente d'un bien grevé de sûreté réelle : V. • Civ. 2e, 16 févr. 1978 : *JCP 1979. II. 19055, note Stemmer et Bost.* – V. aussi • Civ. 3e, 17 janv. 1978 : *D. 1978. 605, note Souleau ; JCP N 1978. II. 147, note Stemmer et Bost.*

9. Avis à tiers détenteur. L'avis à tiers détenteur a pour effet de transporter la créance du contribuable contre le tiers dans le patrimoine du Trésor public et non de conférer au Trésor public une créance d'impôt contre le tiers. • Com. 16 juin 1998, n° 95-16.864 P (la créance du Trésor public envers le tiers est chirographaire dès lors que celle du redevable contre le tiers l'est elle-même).

10. Procédure collective : égalité des créanciers admis à titre chirographaire. Un créancier admis au passif à titre chirographaire, nonobstant son privilège de vendeur d'immeuble, ne peut conserver les sommes à lui payées en violation de la règle de l'égalité des créanciers chirographaires. • Com. 11 févr. 2004, n° 02-17.520 P : *JCP E 2004. 879, note Millet ; RTD com. 2005. 165, obs. Martin-Serf*. ♦ Comp. note 3 ss. art. 2325 anc.

11. Créance d'aliments. Précision. Le droit de préférence reconnu au créancier d'aliments ne s'applique à la fraction saisissable du salaire qu'en cas de demande de paiement direct. • Civ. 2e, 28 sept. 2000, n° 98-17.614 P : *Defrénois 2001. 945, obs. Théry.*

Code de commerce

DE LA PROTECTION DE L'ENTREPRENEUR INDIVIDUEL (L. n° 2022-172 du 14 févr. 2022, art. 1er, en vigueur le 15 mai 2022).
(L. n° 2003-721 du 1er août 2003, art. 8)

BIBL. GÉN. ► AUTEM, *Defrénois 2004. 327.* – BERT, *Dr. et patr. 5/2009. 44* (la nouvelle physionomie de la déclaration d'insaisissabilité après la LME). – CASEY, *RJPF 2003-12/12.* – DAGOT, *JCP N 2004. 1028 ; ibid. 1084* (aliénation : report de l'insaisissabilité initiale). – DUBUISSON, *D. 2013. 792* (patrimoines affectés). – GROSCLAUDE, *Dr. fam. 2004. Chron. 1.* – GUILHAUDIS et RAFFRAY, *JCP N 2005. 1192* (déclaration notariée d'insaisissabilité). – LAFFLY et MARTIN, *Procédures 2013. Étude 12* (degré d'efficacité de la déclaration d'insaisissabilité). – LAUGIER, *JCP N 2003. 1561.* – LAURENT, *Dr. et patr. 11/2012. 40 ; ibid. 12/2012. 48.* – LAUVERGNAT, *Dr. et pr. 2009. 68* (réflexions sur l'extension du domaine de la déclaration d'insaisissabilité par la LME). – LE CORRE, *AJDI 2004. 179.* – LEGRAND, *JCP 2014, n° 287* (bilan de la déclaration d'insaisissabilité). – LIENHARD, *D. 2003. 1898* (insaisissabilité de la résidence principale). – MALECKI, *D. 2003. Chron. 2220.* – MONSÈRIÉ-BON, *Dr. et patr. 7-8/2004. 75* (comparaison avec la SCI). – PECQUEUR, *Dr. et patr. 12/2003. 34.* – PELLIER, *RTD com. 2012. 45* (patrimoine affecté). – PIEDELIÈVRE, *JCP 2003. I. 165 ; Defrénois 2008. 2245 ; RDBF 2008, n° 145* (déclaration d'insaisissabilité et immeuble). – PRIGENT, *Defrénois 2009. 1809* (protection du patrimoine du commerçant individuel et déclaration d'insaisissabilité). – ROCHFELD, *chron. lég. RTD civ. 2003. 743.* – ROUSSEL et VAN STEENLANDT, *JCP N 2011, n° 1903.* – SAINTOURENS, *RTD com. 2003. 690*. – SAUVAGE, *JCP N 2004. 1120* (insaisissabilité et régime matrimonial). – THOMAS, Rev. sociétés 2013. 673 (EIRL : transmission entre vif du patrimoine affecté). – THOMAT-RAYNAUD, *RLDC 2010/72, n° 3864* (patrimoine d'affectation). – VAUVILLÉ, *Defrénois 2003. 1197.* – WILLIATTE-PELLITTERI, *LPA 9 août 2004.* – Dossier : *AJ fam. 2012. 431* (divorce de l'entrepreneur).

► **L. n° 2015-990 du 6 août 2015 :** GAMALEU-KANEM, *Gaz. Pal. 2016. 135.* – LAUVERGNAT, *Dr. et pr. 2015. 110* (l'insaisissabilité de droit de la résidence principale de l'entrepreneur individuel). – LEGRAND, *D. 2015. 2387*. – PERRUCHOT-TRIBOULET, *Journ. sociétés 7/2015. 32* (analyse et mise en perspective du projet de loi Macron). – Roussel Galle, *RPC 2015. Repère 4* (de la DNI à l'insaisissabilité légale). – Legrand, *LPA 8-9 sept. 2015* (insaisissabilité de la résidence principale : le cadeau empoisonné de la loi Macron ?). – Piedelièvre, *RDBF 2015, nº 161* (résidence principale et insaisissabilité de droit).

▶ **L. nº 2022-172 du 14 févr. 2022 :** Dondero, *Rev. sociétés 2022. 199* (l'entrepreneur individuel à deux patrimoines) ; *ibid. 335* (textes réglementaires). – Legrand, *LPA 31 janv. 2022* (l'entreprise à patrimoine professionnel !). – Mortier, *Dr. sociétés 2022. Étude 6* (le nouveau patrimoine professionnel de l'entrepreneur individuel).

De l'insaisissabilité de la résidence principale (L. nº 2015-990 du 6 août 2015, art. 206-V).

Art. L. 526-1 *(L. nº 2015-990 du 6 août 2015, art. 206-I)* Par dérogation aux articles 2284 et 2285 du code civil, les droits d'une personne physique immatriculée *(Ord. nº 2021-1189 du 15 sept. 2021, art. 11, en vigueur le 1er janv. 2023)* « au registre national des entreprises » sur l'immeuble où est fixée sa résidence principale sont de droit insaisissables par les créanciers dont les droits naissent à l'occasion de l'activité professionnelle de la personne. Lorsque la résidence principale est utilisée en partie pour un usage professionnel, la partie non utilisée pour un usage professionnel est de droit insaisissable, sans qu'un état descriptif de division soit nécessaire. La domiciliation de la personne dans son local d'habitation en application de l'article L. 123-10 du présent code ne fait pas obstacle à ce que ce local soit de droit insaisissable, sans qu'un état descriptif de division soit nécessaire.

Par dérogation aux articles 2284 et 2285 du code civil, une personne physique immatriculée *(Ord. nº 2021-1189 du 15 sept. 2021, art. 11, en vigueur le 1er janv. 2023)* « au registre national des entreprises » peut déclarer insaisissables ses droits sur tout bien foncier, bâti ou non bâti, qu'elle n'a pas affecté à son usage professionnel. Cette déclaration, publiée au fichier immobilier ou, dans les départements du Bas-Rhin, du Haut-Rhin et de la Moselle, au livre foncier, n'a d'effet qu'à l'égard des créanciers dont les droits naissent, après sa publication, à l'occasion de l'activité professionnelle du déclarant. Lorsque le bien foncier n'est pas utilisé en totalité pour un usage professionnel, la partie non affectée à un usage professionnel ne peut faire l'objet de la déclaration qu'à la condition d'être désignée dans un état descriptif de division.

L'insaisissabilité mentionnée aux deux premiers alinéas du présent article n'est pas opposable à l'administration fiscale lorsque celle-ci relève, à l'encontre de la personne, soit des manœuvres frauduleuses, soit l'inobservation grave et répétée de ses obligations fiscales *(Abrogé par L. nº 2022-172 du 14 févr. 2022, art. 4, à compter du 15 mai 2022) « , au sens de l'article 1729 du code général des impôts ».*

Le premier al. des art. L. 526-1 et L. 526-3 C. com., dans leur rédaction résultant de l'art. 206 de la L. nº 2015-990 du 6 août 2015, n'a d'effet qu'à l'égard des créanciers dont les droits naissent à l'occasion de l'activité professionnelle après la publication de cette loi. Les déclarations et les renonciations portant sur l'insaisissabilité de la résidence principale publiées avant la publication de la L. nº 2015-990 du 6 août 2015 continuent de produire leurs effets (L. préc., art. 206-IV).

Art. L. 526-2 *(L. nº 2003-721 du 1er août 2003, art. 8)* La déclaration *(L. nº 2015-990 du 6 août 2015, art. 206-II)* « prévue au deuxième alinéa de l'article L. 526-1 », reçue par notaire sous peine de nullité, contient la description détaillée *(L. nº 2008-776 du 4 août 2008, art. 14-I-3º)* « des biens et l'indication de leur caractère propre », commun ou indivis. L'acte est publié *(Ord. nº 2010-638 du 10 juin 2010, art. 13-III, en vigueur le 1er janv. 2013)* « au fichier immobilier » ou, dans les départements du Bas-Rhin, du Haut-Rhin et de la Moselle, au livre foncier, de sa situation.

Lorsque la personne est immatriculée *(Ord. nº 2021-1189 du 15 sept. 2021, art. 11, en vigueur le 1er janv. 2023)* « au registre du commerce et des sociétés, au registre spécial des agents commerciaux ou au registre spécial des entreprises à responsabilité limitée », la déclaration doit y être mentionnée.

(Ord. nº 2021-1189 du 15 sept. 2021, art. 11, en vigueur le 1er janv. 2023) « A défaut d'une telle immatriculation, la déclaration est mentionnée au registre national des entreprises ».

L'établissement de l'acte prévu au premier alinéa et l'accomplissement des formalités donnent lieu au versement aux notaires d'émoluments fixes dans le cadre d'un plafond déterminé par décret.

Art. L. 526-3 *(L. nº 2015-990 du 6 août 2015, art. 206-III).* En cas de cession des droits immobiliers sur la résidence principale, le prix obtenu demeure insaisissable, sous la condition du remploi dans le délai d'un an des sommes à l'acquisition par la personne mentionnée au premier alinéa de l'article L. 526-1 d'un immeuble où est fixée sa résidence principale.

L'insaisissabilité des droits sur la résidence principale et la déclaration d'insaisissabilité portant sur tout bien foncier, bâti ou non bâti, non affecté à l'usage professionnel peuvent, à tout moment, faire l'objet d'une renonciation soumise aux conditions de validité et d'opposabilité prévues à l'article L. 526-2. La renonciation peut porter sur tout ou partie des biens ; elle peut être faite au bénéfice d'un ou de plusieurs créanciers mentionnés à l'article L. 526-1 désignés par l'acte authentique de renonciation. Lorsque le bénéficiaire de cette renonciation cède sa créance, le cessionnaire peut se prévaloir de celle-ci. La renonciation peut, à tout moment, être révoquée dans les conditions de validité et d'opposabilité prévues à l'article L. 526-2. Cette révocation n'a d'effet qu'à l'égard des créanciers mentionnés à l'article L. 526-1 dont les droits naissent postérieurement à sa publication.

Les effets de l'insaisissabilité et ceux de la déclaration subsistent après la dissolution du régime matrimonial lorsque la personne mentionnée au premier alinéa de l'article L. 526-1 ou le déclarant mentionné au deuxième alinéa du même article L. 526-1 est attributaire du bien. Ils subsistent également en cas de décès de la personne mentionnée au premier alinéa dudit article L. 526-1 ou du déclarant mentionné au deuxième alinéa du même article L. 526-1 jusqu'à la liquidation de la succession. — *V. note ss. art. L. 526-1.*

Art. L. 526-4 Lors de sa demande d'immatriculation *(Ord. n° 2021-1189 du 15 sept. 2021, art. 11, en vigueur le 1er janv. 2023)* « au registre du commerce et des sociétés, au registre spécial des agents commerciaux, au registre spécial des entreprises individuelles à responsabilité limitée ou au registre national des entreprises », la personne physique mariée sous un régime de communauté légale ou conventionnelle doit justifier que son conjoint a été informé des conséquences sur les biens communs des dettes contractées dans l'exercice de sa profession. — *Sur cette information, V. C. com., art. R. 123-121-1, en note ss. art. 1413 C. civ.*

Un décret en Conseil d'État précise en tant que de besoin les modalités d'application du présent article.

BIBL. ▶ DAGOT, *JCP N 2004. 1165.*

Art. L. 526-5 *(Ord. n° 2006-346 du 23 mars 2006, art. 43)* Les dispositions des articles L. 313-14 à L. 313-14-2 du code de la consommation sont applicables aux opérations de prêt consenties à toute personne physique immatriculée *(Ord. n° 2021-1189 du 15 sept. 2021, art. 11, en vigueur le 1er janv. 2023)* « au registre national des entreprises » ainsi qu'au gérant associé unique d'une société à responsabilité limitée, et garanties par une hypothèque rechargeable inscrite sur l'immeuble où l'intéressé a fixé sa résidence principale. — *V. ces art. C. consom., ss. art. 1914 C. civ.*

De l'entrepreneur individuel à responsabilité limitée
(L. n° 2010-658 du 15 juin 2010)

Art. L. 526-5-1 *Abrogé par L. n° 2022-172 du 14 févr. 2022, art. 6, à compter du 15 mai 2022.*

Art. L. 526-6 *(L. n° 2019-486 du 22 mai 2019, art. 7)* « Pour l'exercice de son activité en tant qu'entrepreneur individuel à responsabilité limitée, l'entrepreneur individuel affecte à son activité professionnelle un patrimoine séparé de son patrimoine personnel, sans création d'une personne morale, dans les conditions prévues à l'article L. 526-7. »

Ce patrimoine est composé de l'ensemble des biens, droits, obligations ou sûretés dont l'entrepreneur individuel est titulaire, nécessaires à l'exercice de son activité professionnelle. Il peut comprendre également les biens, droits, obligations ou sûretés dont l'entrepreneur individuel est titulaire, utilisés pour l'exercice de son activité professionnelle *(L. n° 2019-486 du 22 mai 2019, art. 7)* « , qu'il décide d'y affecter et qu'il peut ensuite décider de retirer du patrimoine affecté ». Un même bien, droit, obligation ou sûreté ne peut entrer dans la composition que d'un seul patrimoine affecté.

(L. n° 2010-874 du 27 juill. 2010, art. 40) « Par dérogation à l'alinéa précédent, l'entrepreneur individuel exerçant une activité agricole au sens de l'article L. 311-1 du code rural et de la pêche maritime peut ne pas affecter les terres utilisées pour l'exercice de son exploitation *(L. n° 2011-525 du 17 mai 2011, art. 178)* « à son activité professionnelle ». Cette faculté s'applique à la totalité des terres dont l'exploitant est propriétaire. »

Pour l'exercice de l'activité professionnelle à laquelle le patrimoine est affecté, l'entrepreneur individuel utilise une dénomination incorporant son nom, précédé ou suivi immédiatement des mots : "Entrepreneur individuel à responsabilité limitée" ou des initiales : "EIRL".

L'art. 1er de la L. no 2010-658 du 15 juin 2010 entre en vigueur à compter de la publication de l'ordonnance prévue à l'art. 8 de la loi (L. préc., art. 14-I).

BIBL. ▶ BERLIOZ, *RTD civ. 2011. 635* (affectation du patrimoine). – DUBARRY et FLUME, *RLDC 2011/85, no 4364*. – KARM, *Defrénois 2011. 576* (régimes matrimoniaux). – LEGEAIS, *Defrénois 2011. 560* (gage des créanciers). – LE GUIDEC, *Defrénois 2011. 599* (successions). – REIGNÉ, *Defrénois 2011. 554* (patrimoine affecté). – THOMAS-RAYNAUD, *Dr. fam. 2011. Étude 15*. – Dossier, *RLDC 2010/77, no 4065 s.* (théorie du patrimoine, unité ou affectation). – SAUVAGE, *RJPF 2010-10/11* (EIRL familiale). – VIGUIER, *Dr. et patr. 9/2010. 24*.

Art. L. 526-7 à L. 526-10 *Procédure de déclaration et d'évaluation du patrimoine affecté, V. C. com. — C. com.*

Art. L. 526-11 *(L. no 2010-658 du 15 juin 2010, art. 1er)* Lorsque tout ou partie des biens affectés sont des biens communs ou indivis, l'entrepreneur individuel justifie de l'accord exprès de son conjoint ou de ses coïndivisaires et de leur information préalable sur les droits des créanciers mentionnés au 1° *(L. no 2019-486 du 22 mai 2019, art. 7)* « du I » de l'article L. 526-12 sur le patrimoine affecté. Un même bien commun ou indivis ou une même partie d'un bien immobilier commun ou indivis ne peut entrer dans la composition que d'un seul patrimoine affecté.

(L. no 2019-486 du 22 mai 2019, art. 7) « Lorsque l'affectation ou le retrait d'un bien commun ou indivis est postérieure à la constitution du patrimoine affecté, il donne lieu au dépôt au registre dont relève l'entrepreneur individuel à responsabilité limitée en application de l'article L. 526-7 du document attestant de l'accomplissement des formalités mentionnées au premier alinéa du présent article. »

Le non-respect des règles prévues au présent article entraîne l'inopposabilité de l'affectation.

Art. L. 526-12 *(L. no 2019-486 du 22 mai 2019, art. 7)* I. — La composition du patrimoine affecté est opposable de plein droit aux créanciers dont les droits sont nés postérieurement à la déclaration mentionnée à l'article L. 526-7.

Par dérogation aux articles 2284 et 2285 du code civil :

1° Les créanciers auxquels la déclaration est opposable et dont les droits sont nés à l'occasion de l'exercice de l'activité professionnelle à laquelle le patrimoine est affecté ont pour seul gage général le patrimoine affecté ;

2° Les autres créanciers auxquels la déclaration est opposable ont pour seul gage général le patrimoine non affecté.

Lorsque l'affectation procède d'une inscription en comptabilité en application de l'article L. 526-8-1 du présent code, elle est opposable aux tiers à compter du dépôt du bilan de l'entrepreneur individuel à responsabilité limitée ou, le cas échéant, du ou des documents résultant des obligations comptables simplifiées prévues au deuxième alinéa de l'article L. 526-13 auprès du registre où est immatriculé l'entrepreneur.

II. — Lorsque la valeur d'un élément d'actif du patrimoine affecté, autre que des liquidités, mentionnée dans l'état descriptif prévu à l'article L. 526-8 ou en comptabilité, est supérieure à sa valeur réelle au moment de son affectation, l'entrepreneur individuel à responsabilité limitée est responsable, pendant une durée de cinq ans, à l'égard des tiers sur la totalité de son patrimoine, affecté et non affecté, à hauteur de la différence entre la valeur réelle du bien au moment de l'affectation et la valeur mentionnée dans l'état descriptif ou en comptabilité.

Il est également responsable sur la totalité de ses biens et droits en cas de fraude ou en cas de manquement grave aux obligations prévues à l'article L. 526-13.

En cas d'insuffisance du patrimoine non affecté, le droit de gage général des créanciers mentionnés au 2° du I du présent article peut s'exercer sur le bénéfice réalisé par l'entrepreneur individuel à responsabilité limitée lors du dernier exercice clos.

....

Du statut de l'entrepreneur individuel

(L. no 2022-172 du 14 févr. 2022, art. 1er, en vigueur le 15 mai 2022)

Les art. L. 526-22 à L. 526-26 s'appliquent aux créances nées après le 15 mai 2022 (L. no 2022-172 du 14 févr. 2022, art. 19-I).

Le Gouvernement remet au Parlement, avant le 1er mars 2024, un rapport relatif à l'application du statut de l'entrepreneur individuel issu de la L. no 2022-172 du 14 févr. 2022. Ce rapport fait notamment état des conditions d'accès au crédit des entrepreneurs individuels et propose, le cas échéant, les améliorations législatives nécessaires concernant leurs relations avec les établissements de crédit. Il évalue quantitativement les renonciations accordées par les entrepreneurs individuels, en faveur de leurs créanciers professionnels, au principe de séparation des patrimoines personnel et professionnel ainsi que l'existence de potentiels abus du recours à cette garantie de la part des établissements bancaires (L. préc., art. 20).

BIBL. GÉN. ▶ LEGRAND, *LPA 31 janv. 2022* (l'entreprise à patrimoine affecté est morte... vive l'entreprise à patrimoine professionnel !). – Ndlr, *BRDA 2022, n° 6, p. 25* (un nouveau statut pour l'entrepreneur individuel). – FAVRE-ROCHEX, *JCP E 2022, n° 1136* (le nouveau patrimoine professionnel). – DONDERO, *Rev. sociétés 2022. 199* (place à l'entrepreneur à deux patrimoines [EI2P] !). – MORTIER, *Dr. sociétés 2022. Étude 6* (le nouveau patrimoine professionnel de l'entrepreneur individuel). – Colloque, *RJ com. 2022. 205* (premiers regards sur le nouveau statut d'entrepreneur individuel). – DAIGRE, *D. 2022. 1215* (le fonds libéral a trouvé son régime dans celui de l'entreprise individuelle). – VALLENS, *ibid. 1269* (l'entrepreneur individuel en difficulté et ses patrimoines). – Dossier, *JCP N 2022, n° 1172* (nouveau statut impératif de l'entrepreneur individuel). – BUISINE, *RPC 2022. Étude 2* (de l'entrepreneur en difficulté). – TABOUROT, *JCP 2022, n° 933* (pour un statut de l'entrepreneur individuel plus sécurisé [à propos du rapport du HCJP]). – PORACCHIA et STOFFEL, *BJS 9/2022. 52* (panorama sur le nouveau statut d'entrepreneur individuel). – SAINTOURENS, *RTD com. 2022. 447* (le statut de l'entrepreneur individuel après la L. du 14 févr. 2022). – PÉRIN-DUREAU, *ibid. 693* (aspects fiscaux de la L. n° 2022-172 du 14 févr. 2022). – VALLANSAN, *JCP E 2022, n° 1379* (le juge de la procédure collective et l'entrepreneur individuel : le grand questionnement). – MORIN TRUDELLE, *JCP 2023, n° 72* (la loi en faveur de l'activité professionnelle indépendante et la protection du patrimoine de l'avocat associé).

Art. L. 526-22 L'entrepreneur individuel est une personne physique qui exerce en son nom propre une ou plusieurs activités professionnelles indépendantes.

Les biens, droits, obligations et sûretés dont il est titulaire et qui sont utiles à son activité ou à ses activités professionnelles indépendantes constituent le patrimoine professionnel de l'entrepreneur individuel. Sous réserve du livre VI du présent code, ce patrimoine ne peut être scindé. Les éléments du patrimoine de l'entrepreneur individuel non compris dans le patrimoine professionnel constituent son patrimoine personnel.

La distinction des patrimoines personnel et professionnel de l'entrepreneur individuel ne l'autorise pas à se porter caution en garantie d'une dette dont il est débiteur principal.

Par dérogation aux articles 2284 et 2285 du code civil et sans préjudice des dispositions légales relatives à l'insaisissabilité de certains biens, notamment la section 1 du présent chapitre et l'article L. 526-7 du présent code, l'entrepreneur individuel n'est tenu de remplir son engagement à l'égard de ses créanciers dont les droits sont nés à l'occasion de son exercice professionnel que sur son seul patrimoine professionnel, sauf sûretés conventionnelles ou renonciation dans les conditions prévues à l'article L. 526-25.

Les dettes dont l'entrepreneur individuel est redevable envers les organismes de recouvrement des cotisations et contributions sociales sont nées à l'occasion de son exercice professionnel.

Seul le patrimoine personnel de l'entrepreneur individuel constitue le gage général des créanciers dont les droits ne sont pas nés à l'occasion de son exercice professionnel. Toutefois, si le patrimoine personnel est insuffisant, le droit de gage général des créanciers peut s'exercer sur le patrimoine professionnel, dans la limite du montant du bénéfice réalisé lors du dernier exercice clos. En outre, les sûretés réelles consenties par l'entrepreneur individuel avant le commencement de son activité ou de ses activités professionnelles indépendantes conservent leur effet, quelle que soit leur assiette.

La charge de la preuve incombe à l'entrepreneur individuel pour toute contestation de mesures d'exécution forcée ou de mesures conservatoires qu'il élève concernant l'inclusion ou non de certains éléments d'actif dans le périmètre du droit de gage général du créancier. Sans préjudice de l'article L. 121-2 du code des procédures civiles d'exécution, la responsabilité du créancier saisissant peut être recherchée pour abus de saisie lorsqu'il a procédé à une mesure d'exécution forcée ou à une mesure conservatoire sur un élément d'actif ne faisant *manifestement pas partie* de son gage général.

Dans le cas où un entrepreneur individuel cesse toute activité professionnelle indépendante, le patrimoine professionnel et le patrimoine personnel sont réunis. Il en est de même en cas de décès de l'entrepreneur individuel, sous réserve des articles L. 631-3 et L. 640-3 du présent code.

Les conditions d'application du présent article sont définies par décret en Conseil d'État. – *V. art. R. 526-26 et R. 526-27.* – ***C. com.***

BIBL. ▸ Ndlr, *BRDA 2022, n° 10, p. 19* (entrepreneur individuel : biens utiles à son activité et mentions sur ses documents commerciaux). – DONDERO, *Rev. sociétés 2022. 335* (nouveau statut de l'entrepreneur individuel : textes réglementaires). – LARCHER et LEOBON, *JCP N 2022, n° 1221* (la responsabilité comparée de l'entrepreneur individuel et du dirigeant de société). – DAIGRE, *BRDA 2022, n° 17, p. 28* (le fonds de commerce va-t-il se diluer dans l'entreprise individuelle ?). – LASSERRE CAPDEVILLE, *JCP E 2022, n° 1358* (les incidences bancaires de la séparation légale de patrimoine de l'entrepreneur individuel). – KENDÉRIAN, *D. 2022. 1976* (le fonds de commerce et la propriété commerciale dans le nouveau régime de protection patrimoniale de l'entrepreneur individuel). – CHWARTZ-LAIR et LISANTE, *JCP N 2022, n° 1290* (régimes matrimoniaux et nouveau statut de l'entrepreneur individuel). – VINCENT, *D. 2023. 305* (la cession de l'entreprise en difficulté après la L. du 14 févr. 2022 : un piège pour l'entrepreneur individuel ?).

Art. L. 526-23 La dérogation prévue au quatrième alinéa de l'article L. 526-22 ne s'applique qu'aux créances nées à compter de l'immatriculation au registre dont relève l'entrepreneur individuel pour son activité, lorsque celle-ci est prévue. Lorsqu'il relève de plusieurs registres, la dérogation prend effet à compter de la date d'immatriculation la plus ancienne.

Lorsque la date d'immatriculation est postérieure à la date déclarée du début d'activité, la dérogation prend effet à compter de la date déclarée du début d'activité, dans les conditions prévues par décret en Conseil d'État. — *V. art. R. 526-27.. —* ***C. com.***

A défaut d'obligation d'immatriculation, la dérogation court à compter du premier acte qu'il exerce en qualité d'entrepreneur individuel, cette qualité devant apparaître sur les documents et les correspondances à usage professionnel.

Art. L. 526-24 Le droit de gage de l'administration fiscale et des organismes de sécurité sociale porte sur l'ensemble des patrimoines professionnel et personnel de l'entrepreneur individuel en cas de manœuvres frauduleuses ou d'inobservation grave et répétée de ses obligations fiscales, dans les conditions prévues aux I et II de l'article L. 273 B du livre des procédures fiscales, ou d'inobservation grave et répétée dans le recouvrement des cotisations et contributions sociales, dans les conditions prévues à l'article L. 133-4-7 du code de la sécurité sociale. Le droit de gage de l'administration fiscale porte également sur l'ensemble des patrimoines professionnel et personnel de l'entrepreneur individuel pour les impositions mentionnées au III de l'article L. 273 B du livre des procédures fiscales.

Le droit de gage des organismes de recouvrement mentionnés aux articles L. 225-1 et L. 752-4 du code de la sécurité sociale porte également sur l'ensemble des patrimoines professionnel et personnel pour les impositions et contributions mentionnées au deuxième alinéa de l'article L. 133-4-7 du même code.

Les conditions d'application du présent article sont définies par décret en Conseil d'État. — *V. CSS, art. R. 133-9-4-1. —* ***CSS.***

Art. L. 526-25 L'entrepreneur individuel peut, sur demande écrite d'un créancier, renoncer à la dérogation prévue au quatrième alinéa de l'article L. 526-22, pour un engagement spécifique dont il doit rappeler le terme et le montant, qui doit être déterminé ou déterminable. Cette renonciation doit respecter, à peine de nullité, des formes prescrites par décret. — *V. art. D. 526-28 s. —* ***C. com.***

Cette renonciation ne peut intervenir avant l'échéance d'un délai de réflexion de sept jours francs à compter de la réception de la demande de renonciation. Si l'entrepreneur individuel fait précéder sa signature de la mention manuscrite énoncée par décret et uniquement de celle-ci, le délai de réflexion est réduit à trois jours francs.

BIBL. ▸ Ndlr, *BRDA 2022, n° 11, p. 20* (entrepreneur individuel : renonciation à la protection et formalités du transfert du patrimoine). – DONDERO, *Rev. sociétés 2022. 335* (nouveau statut de l'entrepreneur individuel : textes réglementaires). – LEGEAIS, *RDBF 2022. Étude 3* (le crédit consenti à l'entrepreneur individuel).

Art. L. 526-26 La présente section s'entend sans préjudice des pouvoirs reconnus aux époux pour administrer leurs biens communs et en disposer.

Du transfert du patrimoine professionnel de l'entrepreneur individuel

(L. n° 2022-172 du 14 févr. 2022, art. 1er, en vigueur le 15 mai 2022)

Les art. L. 526-27 à L. 526-31 s'appliquent aux créances nées après le 15 mai 2022 (L. n° 2022-172 du 14 févr. 2022, art. 19-I).

BIBL. GÉN. ▸ LEGRAND, *LPA 31 janv. 2022* (l'entreprise à patrimoine affecté est morte... vive l'entreprise à patrimoine professionnel !). – Ndlr, *BRDA 2022, n° 6, p. 25* (un nouveau statut pour l'entrepreneur individuel) ; *ibid., p. 28* (la transmission par l'entrepreneur individuel de son patrimoine professionnel). – Jullian, *JCP E 2022, n° 1137* (la transmission du patrimoine professionnel, de nouvelles opérations au service des entrepreneurs individuels). – Dondero, *Rev. sociétés 2022. 199* (place à l'entrepreneur à deux patrimoines [EI2P] !). – Matteï et Menjucq, *BRDA 2022, n° 10, p. 21* (le transfert du patrimoine professionnel de l'entrepreneur individuel). – Le Normand-Caillère, Mortier et Julian, *JCP N 2022, n° 1246* (le transfert du patrimoine de l'EIPP). – Mortier, *Dr. sociétés 2022. Étude 6* (le nouveau patrimoine professionnel de l'entrepreneur individuel). – Monsérié-Bon, *RPC 2022. Dossier 41* (la séparation des patrimoines, nouvel opus de l'entrepreneur individuel). – Dupouy et Zattara, *JCP N 2022, n° 1292* (la transmission par le nouvel entrepreneur individuel de son patrimoine professionnel).

Art. L. 526-27 L'entrepreneur individuel peut céder à titre onéreux, transmettre à titre gratuit entre vifs ou apporter en société l'intégralité de son patrimoine professionnel, sans procéder à la liquidation de celui-ci. Le transfert non intégral d'éléments de ce patrimoine demeure soumis aux conditions légales applicables à la nature dudit transfert et, le cas échéant, à celle du ou des éléments transférés.

Le transfert universel du patrimoine professionnel emporte cession des droits, biens, obligations et sûretés dont celui-ci est constitué. Il peut être consenti à titre onéreux ou gratuit. Lorsque le bénéficiaire est une société, le transfert des droits, biens et obligations peut revêtir la forme d'un apport.

Sous réserve de la présente section, les dispositions légales relatives à la vente, à la donation ou à l'apport en société de biens de toute nature sont applicables, selon le cas. Il en est de même des dispositions légales relatives à la cession de créances, de dettes et de contrats.

Dans le cas où le cédant s'est obligé contractuellement à ne pas céder un élément de son patrimoine professionnel ou à ne pas transférer celui-ci à titre universel, l'inexécution de cette obligation engage sa responsabilité sur l'ensemble de ses biens, sans emporter la nullité du transfert.

Le transfert de propriété ainsi opéré n'est opposable aux tiers qu'à compter de sa publicité, dans des conditions prévues par décret. – *V. art. D. 526-30.* – ***C. com.***

BIBL. ▶ Ndlr, *BRDA 2022, n° 11, p. 20* (entrepreneur individuel : renonciation à la protection et formalités du transfert du patrimoine). – Dondero, *Rev. sociétés 2022. 335* (nouveau statut de l'entrepreneur individuel : textes réglementaires).

Art. L. 526-28 Les créanciers de l'entrepreneur individuel dont la créance est née avant la publicité du transfert de propriété peuvent former opposition au transfert du patrimoine professionnel, dans un délai fixé par décret. – *V. art. D. 526-31.* – ***C. com.***

L'opposition formée par un créancier n'a pas pour effet d'interdire le transfert du patrimoine professionnel.

La décision de justice statuant sur l'opposition soit rejette celle-ci, soit ordonne le remboursement des créances ou la constitution de garanties, si le cessionnaire, le donataire ou le bénéficiaire en offre et si elles sont jugées suffisantes.

Lorsque la décision de justice lui ordonne le remboursement des créances, l'entrepreneur individuel auteur du transfert est tenu de remplir son engagement dans les conditions prévues à l'article 2284 du code civil, sans préjudice de l'article L. 526-1 du présent code.

Art. L. 526-29 Ne sont pas applicables au transfert universel du patrimoine professionnel d'un entrepreneur individuel, toute clause contraire étant réputée non écrite :

1° L'article 815-14 du code civil ;

2° L'article 1699 du même code ;

3° Les articles L. 141-12 à L. 141-22 du présent code.

Art. L. 526-30 A peine de nullité du transfert prévu à l'article L. 526-27 :

1° Le transfert doit porter sur l'intégralité du patrimoine professionnel de l'entrepreneur individuel, qui ne peut être scindé ;

2° En cas d'apport à une société nouvellement créée, l'actif disponible du patrimoine professionnel doit permettre de faire face au passif exigible sur ce même patrimoine ;

3° Ni l'auteur, ni le bénéficiaire du transfert ne doivent avoir été frappés de faillite personnelle ou d'une peine d'interdiction prévue à l'article L. 653-8 du présent code ou à l'article 131-27 du code pénal, par une décision devenue définitive.

Art. L. 526-31 Sous réserve des articles L. 223-9, L. 225-8-1 et L. 227-1, lorsque le patrimoine professionnel apporté en société contient des biens constitutifs d'un apport en nature, il est fait recours à un commissaire aux apports.

Art. 2286 *(Ord. nº 2006-346 du 23 mars 2006)* **Peut se prévaloir d'un droit de rétention sur la chose :**

1º Celui à qui la chose a été remise jusqu'au paiement de sa créance ;

2º Celui dont la créance impayée résulte du contrat qui l'oblige à la livrer ;

3º Celui dont la créance impayée est née à l'occasion de la détention de la chose ;

(L. nº 2008-776 du 4 août 2008, art. 79) **« 4º Celui qui bénéficie d'un gage sans dépossession. »**

Le droit de rétention se perd par le dessaisissement volontaire.

BIBL. ▶ A. Aynès, *D. 2006. 1301* ; *JCP 2009. I. 119* (gage sans dépossession et procédure collective). – Bernard-Menoret, *LPA 27 mars 2008*. – Lala, *LPA 27 mars 2008* (droit de rétention de l'expert-comptable). – Piedelièvre, *D. 2008. Chron. 2950* (gage sans dépossession). – Martial-Braz, *RLDC 2011/81, nº 4205*. – R. Martin, *D. 2009. Pan. 1044*. – Vern, *Dr. et patr. 2019/10. 12* (droit de rétention dans les sûretés réelles sans dépossession).

1. Application dans le temps (art. 2286-4º). Les nouvelles dispositions ne s'appliquent pas aux sûretés consenties avant l'entrée en vigueur de la loi nouvelle. • Versailles, 20 janv. 2011, nº 09/07588 : *JCP 2011. 1280, obs. Delebecque.*

2. Nature juridique. Le droit de rétention d'une chose est un droit réel opposable à tous • Civ. 1re, 7 janv. 1992, nº 90-14.545 P • Com. 3 mai 2006, nº 04-15.262 P • Civ. 1re, 24 sept. 2009, nº 08-10.152 P. ♦ Sur le refus de qualifier de sûreté le droit de rétention, ce qui exclut l'application des règles relatives aux sûretés dans le cadre des procédures collectives, V. *infra* note 17.

I. CONDITIONS DU DROIT DE RÉTENTION

A. CRÉANCES GARANTIES PAR LE DROIT DE RÉTENTION

3. Créance certaine. Un droit de rétention ne peut être exercé si la créance invoquée n'est pas certaine. • Com. 14 juin 1988, nº 86-15.640 P (garagiste ayant réparé un véhicule sans y avoir été autorisé par le client). ♦ V. aussi • Com. 26 mars 2013, nº 12-12.204 : *JCP 2013. 1. 585, nº 13.*

4. Liquidité et exigibilité. Les principes régissant le droit de rétention ne font pas obstacle à ce qu'une décision de justice confère ce droit au titulaire d'une créance certaine, qu'elle rend liquide et exigible, dès lors que ladite créance a pris naissance à l'occasion de la chose retenue. • Civ 3e, 23 avr. 1974, nº 72-10.971 P : *JCP 1975. II. 18170, note Thuillier.* ♦ Le possesseur du fonds d'autrui évincé peut exercer son droit de rétention sur ce fonds jusqu'à la fixation du montant de l'indemnité. • Civ. 3e, 12 mars 1985, nº 83-16.548 P. ♦ Mais sur la condition d'exigibilité, V. • Com. 8 juill. 1997, nº 95-14.518 P (le titulaire d'une créance, ayant acquiescé sans réserve à ce que des lettres de change lui soient remises en vue de son paiement, ne peut prétendre exercer un droit de rétention jusqu'au règlement de ces effets).

B. CHOSES POUVANT ÊTRE RETENUES

5. Immeubles. L'opposabilité du droit de rétention sur un immeuble n'est pas subordonnée à la publicité foncière. • Civ. 3e, 16 déc. 1998, nº 97-12.702 P.

6. Documents administratifs. Le droit de rétention du prêteur sur les documents administratifs relatifs à des véhicules ne s'étend pas aux véhicules eux-mêmes et il n'en résulte pas un droit pour le prêteur de se faire attribuer le produit de la vente de ces véhicules. • Com. 23 avr. 2013, nº 12-13.690 P : *D. 2013. 1129*.

7. Clefs d'un immeuble. Le droit de rétention exercé par un huissier sur les clefs d'un immeuble, que cet officier ministériel détient pour avoir instrumenté l'expulsion de son occupant, n'emporte pas la détention de l'immeuble lui-même ; en conséquence, l'huissier ne doit pas être déclaré responsable des dégradations de l'immeuble subies par celui-ci après l'expulsion, dès lors qu'il n'existe aucun lien causal entre la rétention des clefs de l'immeuble et ces dégradations. • Civ. 1re, 11 mai 2017, nº 15-26.646 P : *D. 2017. 1054* ; *RTD civ. 2017. 705, obs. Crocq*.

8. Choses hors du commerce. Un chirurgien-dentiste n'a pas de droit de rétention sur la prothèse dentaire qu'il s'est engagé à poser. • Civ. 1re, 9 oct. 1985, nº 84-10245 P : *D. 1986. 417, note Penneau.* ♦ Un droit de rétention ne peut s'exercer sur des marchandises contrefaites, dès lors que leur caractère illicite interdit leur commercialisation. • Com. 26 oct. 1999, nº 96-20.488 P.

C. DÉTENTION

9. Droit de rétention du gagiste sans dépossession (art. 2286-4º). L'art. 2286-4º issu de la loi du 4 août 2008 n'est applicable qu'aux biens corporels, ce qui exclut les nantissements. • Com. 26 nov. 2013, n° 12-27.390 : *RTD civ. 2014. 158, obs. Crocq*.

D. CONNEXITÉ

10. Connexité conventionnelle : chose remise jusqu'au paiement de la créance (art. 2286-3°). Celui qui bénéficie d'un gage sans dépossession peut se prévaloir d'un droit de rétention mais c'est aussi le cas naturellement du créancier gagiste mis en possession : • Com. 19 nov. 2002, n° 00-20.516 P : *JCP 2003. I. 124, n° 17, obs. Delebecque ; ibid. E 2003. 449, note Bouteiller ; Defrénois 2003. 1616, obs. Théry* (le créancier gagiste peut refuser de se dessaisir de son gage s'il n'obtient pas préalablement paiement de sa créance à concurrence de la valeur de celui-ci). ♦ Sur la possibilité de se faire reconnaître un droit de rétention conventionnel sans constituer un gage, V. avant l'Ord. de 2007 • Com. 31 mai 1994, n° 91-20.677 P • 22 mars 2005, n° 02-12.881 : *Dr. et patr. 2005, n° 142, p. 40, note Aynès* (prêteur finançant l'acquisition de véhicules automobiles se faisant remettre par l'emprunteur les documents relatifs à ces véhicules). ♦ Sur les limites d'un tel droit de rétention sur les documents, V. • Com. 23 avr. 2013, n° 12-13.690 P : *cité supra note 6.*

11. Connexité juridique : créance impayée résultant du contrat obligeant le détenteur à livrer la chose (art. 2286-2°). Un comptable chargé de tenir la comptabilité d'une société peut exercer un droit de rétention sur les documents qui lui ont été confiés pour réaliser cette mission jusqu'au paiement de ses honoraires dès lors que la détention des documents et la créance avaient leur source dans un même rapport juridique. • Civ. 1re, 27 oct. 1970, n° 69-11.660 P. ♦ Une société ayant versé un acompte à une entreprise en vue de la réalisation de travaux non exécutés peut exercer son droit de rétention pour garantir le remboursement de cet acompte sur un matériel loué en crédit-bail et déposé par l'entreprise sur le terrain de la société en vue de la réalisation du chantier inexécuté puis abandonné sur les lieux après la résiliation du contrat, la créance impayée résultant du contrat qui obligeait la société à restituer ce matériel à son cocontractant. • Com. 17 févr. 2021, n° 19-11.132 P : *D. 2021. 1015, note Juillet ; ibid. 1879, obs. Ansault et Gijsbers ; RTD com. 2021. 659, obs. Martin-Serf*.

12. Connexité matérielle : créance impayée née à l'occasion de la détention de la chose (art. 2286-3°). Le possesseur du fonds d'autrui évincé peut exercer son droit de rétention sur ce fonds pour garantir le paiement de l'indemnité qui lui est due pour les améliorations qu'il a apportées à ce fonds. • Civ. 3e, 12 mars 1985, n° 83-16.548 P.

II. EFFETS DU DROIT DE RÉTENTION

13. Opposabilité du droit de rétention aux tiers. Le droit de rétention d'une chose étant un droit réel, il est opposable à tous, y compris aux tiers non tenus à la dette. • Com. 3 mai 2006, n° 04-15.262 P (opposabilité par un garagiste au loueur d'une voiture de son droit de rétention sur la voiture pour le paiement de frais de réparation dus par le locataire • Civ. 1re, 24 sept. 2009, n° 08-10.152 P (opposabilité au sous-acquéreur pour le paiement du prix dû par l'acquéreur).

14. Opposabilité au vendeur avec réserve de propriété. Dès lors qu'il n'a pas eu connaissance de la clause de réserve de propriété grevant les marchandises, le commissionnaire de transport est fondé à invoquer un droit de rétention de créancier gagiste à l'égard du vendeur des marchandises. • Com. 3 oct. 1989 : *JCP 1990. II. 21454, note Béhar-Touchais ; D. 1990. Somm. 388, obs. Aynès ; ibid. 1991. Somm. 44, obs. Pérochon ; RTD civ. 1990. 306, obs. Zenati*. ♦ Un gage ayant été constitué par l'acquéreur de produits vendus sous réserve de propriété, le créancier gagiste, dont la mise en possession ainsi que la dépossession corrélative du débiteur s'étaient manifestées de manière suffisamment apparente par la remise à un tiers désigné et dont la mauvaise foi n'a pas été prouvée, est fondé à invoquer le bénéfice de l'art. 2279 anc. à l'encontre du vendeur. • Com. 28 nov. 1989, n° 87-19.626 P : *D. 1990. Somm. 387, obs. Aynès ; ibid. 1991. Somm. 43, obs. Pérochon ; RTD civ. 1991. 142, obs Zenati*. ♦ Peu importe, à cet égard, que la possession de son auteur soit entachée d'un vice. • Com. 14 nov. 1989, n° 88-11.790 P. ♦ Le créancier qui n'a pas vérifié si les marchandises n'étaient pas grevées d'une clause de réserve de propriété bénéficie de l'art. 2279 anc. dès lors qu'il n'avait pas à effectuer des recherches que ni la loi ni les usages du commerce ne lui imposaient. • Même arrêt.

Sur le conflit entre un gagiste en possession et un gagiste sans possession mais antérieur, V. art. 2340.

15. Opposabilité au crédit-bailleur. V. • Com. 17 févr. 2021, n° 19-11.132 P : *préc. note 11.*

16. Absence de droit d'attribution de la chose retenue. Le droit de rétention n'est pas assimilable au gage et ne permet pas l'attribution de la chose retenue en pleine propriété. • Com. 9 juin 1998, n° 96-12.719 P : *D. 1999. Somm. 300, obs. Piedelièvre ; JCP 1999. I. 116, n° 12,* obs. Delebecque.

III. DROIT DE RÉTENTION ET PROCÉDURES COLLECTIVES

17. Conditions d'opposabilité à la procédure collective. Le droit de rétention n'étant pas une sûreté, il est opposable à la procédure collective dès lors que le rétenteur a déclaré sa créance, même à titre chirographaire. • Com. 20 mai 1997, n° 95-11.915 P : *D. 1998. 479, note Kenderian ; ibid. Somm. 102, obs. Piedelièvre ; ibid. 115, obs. Libchaber ; JCP 1998. I. 103, n° 23, obs. Delebecque ; Defrénois 1997. 1427, obs. Aynès ; RTD civ. 1997. 707, obs. Crocq* • 4 juill. 2000, n° 98-11.803 P : *D. 2001. 441, note Piedelièvre (1re esp.) ; JCP 2001. I. 298, n° 3, obs. Cabrillac ; ibid. 315, n° 15, obs. Delebecque ; Banque et Dr. 1-2/2001. 44, obs. Jacob.*

18. Report du droit de rétention sur le prix. L'exercice d'un droit de rétention ne fait pas obstacle à la vente du bien retenu par le liquidateur, qui entraîne selon l'art. L. 642-20-1 C. com. le report de plein droit du droit de rétention sur le prix ; dans ce cas, la libération de l'immeuble retenu n'est pas un préalable à la saisine du juge-commissaire pour voir autoriser la vente du bien • Com. 30 janv. 2019, n° 17-22.223 P : *D. 2019. 927, note A. Aynès ; RDC 2/2019. 78, note Danos.*

19. Maintien du droit de rétention en cas de cession de l'entreprise. La cession de l'entreprise, par suite de l'adoption d'un plan de redressement, ne peut porter atteinte au droit de rétention issu du gage avec dépossession qu'un créancier a régulièrement acquis sur des éléments compris dans l'actif cédé, de sorte qu'en l'absence de disposition légale en ce sens, le créancier rétenteur ne peut être contraint de se dessaisir du bien qu'il retient légitimement que par le paiement du montant de la créance qu'il a déclarée, et non par celui d'une quote-part du prix de cession qui serait affectée à ce bien pour l'exercice du droit de préférence. • Com. 20 mai 1997, n° 95-12.925 P : *D. 1997. Somm. 312, obs. Honorat ; ibid. 1998. Somm. 102, obs. Piedelièvre ; JCP 1997. I. 4054, n° 5, obs. Cabrillac ; RTD civ. 1997. 708, obs. Crocq.*

IV. EXTINCTION DU DROIT DE RÉTENTION

20. Remises successives de la chose. En cas de remises successives d'une même chose à un réparateur, donnant lieu à autant de conventions distinctes, le droit éventuel à la rétention qui naît à chacune des remises s'éteint avec la dépossession, de sorte que le réparateur n'est pas en droit de retenir la chose pour le paiement des factures correspondant aux précédentes remises. • Com. 23 juin 1964 : *D. 1965. 79, note Rodière.* ♦ Il en va cependant autrement si les différentes remises procèdent de la même convention de sorte que ces opérations forment un tout non susceptible de division. • Civ. 1re, 25 avr. 1967 : *Bull. civ. I, n° 145.*

21. Obligation de restituer les fruits de la chose retenue. Si, en vertu de l'art. 1948, le dépositaire peut retenir le dépôt jusqu'à l'entier paiement de ce qui lui est dû à raison de celui-ci, il résulte des art. 1936 et 1944 que, s'il restitue le dépôt, il doit remettre aussi les fruits produits par celui-ci. • Civ. 1re, 24 mars 2021, n° 19-20.962 P : *D. 2021. 1509, obs. Strickler et Reboul-Maupin ; CCC 2021, n° 94, note Leveneur* (cassation de l'arrêt ayant retenu que le poulain, fruit du dépôt d'une jument, pouvait n'être restitué qu'à compter du jour où aurait été réglée la totalité des frais de conservation s'y rapportant, alors que la jument avait déjà été restituée).

Art. 2287 *(Ord. n° 2006-346 du 23 mars 2006)* **Les dispositions du présent livre ne font pas obstacle à l'application des règles prévues en cas d'ouverture d'une procédure de sauvegarde, de redressement judiciaire ou de liquidation judiciaire ou encore en cas d'ouverture d'une procédure de traitement des situations de surendettement des particuliers.**

V. C. com., livre VI (sauvegarde des entreprises). **— C. com.**

Dès lors que, selon l'art. 2287, les dispositions relatives aux sûretés ne font pas obstacle à l'application des règles prévues en matière d'ouverture d'une procédure de sauvegarde, de redressement judiciaire ou de liquidation judiciaire, est illicite une clause qui permet à un organisme prêteur titulaire d'un nantissement sur les comptes bancaires de l'emprunteur de « séquestrer » les fonds figurant sur ces comptes, ce qui aboutit à l'autoriser, alors même qu'il n'existe encore aucune mensualité impayée ni même aucune créance exigible en raison du différé prévu pour les remboursements, à prélever sur les comptes une partie du capital prêté par voie de compensation et opère comme une résiliation unilatérale du contrat de prêt en contrariété avec les dispositions de l'art. L. 622-13 C. com. ; le blocage ainsi opéré aboutit à vider de son sens « le potentiel » de la procédure de redressement judiciaire et justifie l'intervention du juge des référés afin de prendre les mesures propres à faire cesser un trouble manifestement illicite et à prévenir un dommage imminent, ce dommage imminent n'étant autre que la liquidation judiciaire à venir en cas d'impossibilité pour l'entreprise de fonctionner faute de fonds disponibles. • Com. 22 janv. 2020, n° 18-21.647 P : *D. 2020. 1857, obs. Lucas et Cagnoli ; ibid. 1917, obs. Ansault et Gijsbers ; RTD civ. 2020. 164, obs. Gijsbers.*

TITRE I DES SÛRETÉS PERSONNELLES *(Ord. n° 2006-346 du 23 mars 2006).*

BIBL. GÉN. ▶ **Réforme du 23 mars 2006 :** RONTCHEVSKY, *D. 2006. 1303.* – HEUZE, *D. 2014. 493* (assurance-crédit et sûretés personnelles). – HOUTCIEFF, *Dossier JCP, supplément au n° 20 du 17 mai 2006, p. 7.* – LAFONT, *RLDC 2009/57, n° 3298* (nouvelle classification). – PICOD, *AJ contrat 2016. 453* (réforme du droit des obligations et suretés personnelles).

▶ **Réforme du 15 sept. 2021 :** V. Bibl. ss. livre IV.

Art. 2287-1 *(Ord. n° 2006-346 du 23 mars 2006)* **Les sûretés personnelles régies par le présent titre sont le cautionnement, la garantie autonome et la lettre d'intention.**

CHAPITRE I DU CAUTIONNEMENT

(Ord. n° 2006-346 du 23 mars 2006)

Comp. anc. art. 2288 s.

Les cautionnements conclus avant le 1er janv. 2022 demeurent soumis à la loi ancienne, y compris pour leurs effets légaux et pour les dispositions d'ordre public (Ord. n° 2021-1192 du 15 sept. 2021, art. 37-II). Le chapitre I du titre I du Livre IV dans sa version en vigueur avant le 1er janv. 2022 figure à la suite du présent chapitre.

RÉP. CIV. v° *Cautionnement*, par G. PIETTE.

BIBL ▶ AYNÈS, *RDC 2021/4. 90* (réalisation et extinction du cautionnement). – BOURASSIN, *RDC 2021/4. 81* (qualification et formation du cautionnement). – DUPICHOT, *D. 2022. 231* (réforme du cautionnement, entre rénovation et réanimation). – HOUTCIEFF, *RDC 2021/4. 115* (la sûreté réelle pour autrui). – JUREDIEU, *RTD civ. 2021. 821* (la décharge de la caution). – MICHEL, *Dr. fam. 2021. Étude 29* (personnes, famille et réforme du cautionnement). – ROSSETTO, *CCC 2022. Étude 9* (facteurs d'influence présents dans le droit du cautionnement).

SECTION 1 Dispositions générales

(Ord. n° 2021-1192 du 15 sept. 2021, art. 2, en vigueur le 1er janv. 2022)

Comp. anc. art. 2288 s.

Art. 2288 *(Ord. n° 2021-1192 du 15 sept. 2021, art. 2, en vigueur le 1er janv. 2022)* **Le cautionnement est le contrat par lequel une caution s'oblige envers le créancier à payer la dette du débiteur en cas de défaillance de celui-ci.**

Il peut être souscrit à la demande du débiteur principal ou sans demande de sa part et même à son insu.

1. Loi applicable au cautionnement. Il résulte de l'art. 4 de la convention de Rome du 19 juin 1980 sur la loi applicable aux obligations contractuelles qu'en l'absence de choix par les parties le cautionnement est régi par la loi du pays avec lequel il présente les liens les plus étroits. • Civ. 1re, 16 sept. 2015, n° 14-10.373 P (contrat de cautionnement litigieux rédigé en italien, conclu en Italie, au profit d'un prêteur ayant son siège dans ce pays, où l'emprunteur avait sa résidence habituelle, pour garantir un contrat de prêt régi par la loi italienne : liens plus étroits avec l'Italie qu'avec la France, où la caution avait sa résidence au moment de la conclusion du contrat, ce dont il résultait que le contrat de cautionnement en cause *présentait des liens plus* étroits avec l'Italie qu'avec la France). ♦ Comp., ayant considéré qu'il y avait lieu de présumer, dans le silence des parties à cet égard, qu'il est régi par la loi de l'obligation qu'il garantit : • Civ. 1re, 3 déc. 1996, n° 94-18.281 P : *JCP 1997. II. 22827, note Muir Watt.*

I. CARACTÈRES DU CAUTIONNEMENT

A. CARACTÉRISTIQUE PRINCIPALE : LE CARACTÈRE ACCESSOIRE

2. Distinction du cautionnement et de la garantie à première demande. V. notes ss. art. 2321.

3. Nature particulière des garanties obligatoires en vertu de lois spéciales. Autonome, la garantie par laquelle doivent être couverts les agents immobiliers n'est pas régie par les art. 2011 [2288 anc.] s. C. civ. (de sorte que leur souscripteur ne peut opposer au bénéficiaire de la garantie l'éventuel défaut de déclaration de ses droits à la procédure collective dont le débiteur garanti peut faire l'objet). • Cass., ass. plén., 4 juin 1999 : *cité note 4 ss. art. 2298.* – V. aussi, pour l'autonomie de la garantie financière des courtiers (C. assur., art. L. 530-1) : • Civ. 2e, 21 oct. 2004, n° 02-18.897 P : *D. 2005. 692, note S. Cabrillac ; ibid. Pan. 2085, obs. Crocq ; Défré-*

nois 2005. 1226, note Barthez. ♦ Même solution concernant la garantie de livraison de l'art. L. 231-6 CCH, et qui est imposée dans le cadre du contrat de construction de maison individuelle. • Civ. 3e, 4 oct. 1995, n° 93-18.313 P : *JCP 1995. II. 22545, note Périnet-Marquet* • 15 janv. 2003, n° 01-14.697 P. – V. aussi • Civ. 3e, 4 juin 2003, n° 99-17.185 P : *RDI 2003. 444, obs. Paineau*. – Comp. : • Civ. 3e, 1er mars 2006, n° 04-16.297 P (qui analyse la garantie souscrite par une société de construction de maisons individuelles en une assurance obligeant la société de cautionnement intervenante à une « obligation personnelle » qui ne serait pas celle d'acquitter la dette de la société de construction). ♦ Même solution concernant la garantie de remboursement également exigée en matière de construction de maison individuelle. • Civ. 3e, 14 mars 2001, n° 97-20.692 P : *JCP 2001. I. 356, n° 10, obs. Simler.* ♦ ... Ou la garantie d'achèvement souscrite en matière de vente d'immeuble en état futur d'achèvement (art. R. 261-21 CCH). • Civ. 3e, 6 juill. 2005, n° 04-12.571 P. ♦ ... Ou la garantie d'achèvement des travaux imposée par l'art. R. 315-34 C. urb., dans les opérations d'aménagement foncier réalisés par les communes et autres personnes publiques, et par laquelle le garant s'oblige, pour le cas où l'entrepreneur lotisseur serait défaillant, à payer les sommes nécessaires à l'achèvement des travaux. • Civ. 3e, 14 janv. 1998, n° 95-17.175 P : *JCP E 1998. 298, note Morvan.* ♦ ... Ou encore le « cautionnement » solidaire qui, en application de l'art. 1er, al. 4, de la L. n° 71-584 du 16 juill. 1971, peut être substitué à la retenue de garantie que le maître de l'ouvrage est autorisé à pratiquer, sur le paiement des acomptes, dans les marchés de travaux visés au 3° de l'art. 1779 C. civ. • Civ. 3e, 3 oct. 2001 : *cité note 4 ss. art. 2298.* ♦ Aux termes de l'art. L. 814-3 C. com., la garantie de la caisse qui a pour objet de garantir le remboursement des fonds, effets ou valeurs reçus ou gérés par chaque administrateur judiciaire et par chaque mandataire judiciaire inscrits sur les listes, à l'occasion des opérations dont ils sont chargés à raison de leurs fonctions, joue sans que puisse être opposé aux créanciers le bénéfice de discussion prévu à l'art. 2298 [anc.] et sur la seule justification de l'exigibilité de la créance et de la non-représentation des fonds par l'administrateur judiciaire ou le mandataire judiciaire inscrits sur les listes. Il en résulte que l'assurance souscrite par la caisse contre les risques résultant pour elle de l'application du C. com. est une assurance de chose contre le risque de perte financière pouvant découler pour elle de la mobilisation de sa garantie au titre de la non-représentation de fonds par ses cotisants, et non une assurance de responsabilité donnant lieu à une action directe des victimes des opérations garanties. • Civ. 2e, 14 oct. 2021, n° 19-24.728 B : *RGDA 2021/11. 36, note Mayaux.*

L'obligation de s'acquitter, avec des moyens financiers acquis antérieurement, de nombreuses dettes de débiteurs constitue une ingérence dans le droit au respect des biens mais, en l'espèce, le système de garantie douanière est un engagement assumé de leur plein gré par les sociétés requérantes dans l'exercice de leur activité professionnelle et avec la possibilité de recours judiciaires suffisants. • CEDH, sect. II, 9 nov. 2004, *O. B. Heller et a. c/ République tchèque*, n° 55631/00 (contestation sur le point de savoir si le plafond fixé était global ou s'appréciait dette par dette).

4. Distinction du cautionnement et de l'engagement du codébiteur solidaire. Le bénéficiaire d'une cession d'actions avec faculté de substitution qui déclare qu'en cas d'usage de cette faculté il resterait garant de la bonne exécution de la convention et serait solidaire du paiement du prix des actions ne s'engage pas à payer la dette du cessionnaire substitué, mais en demeure codébiteur solidaire, de sorte que son engagement personnel ne revêt pas un caractère accessoire et, partant, n'est pas soumis aux règles du cautionnement • Com. 8 juin 2017, n° 15-28.438 P : *D. 2017. 1689, note François ; ibid. 2176, obs. Martin et Synvet ; ibid. 2335, obs. Lamazerolles et Rabreau ; AJ contrat 2017. 382, obs. Douville ; RTD civ. 2017. 660, obs. Barbier ; ibid. 679, obs. Gautier ; RTD com. 2017. 929, obs. Moury ; RDC 2017. 630, note Houtcieff.*

5. Distinction du cautionnement et de l'assurance-crédit. L'engagement pris par une banque, moyennant le versement d'une commission, de garantir « le risque de l'opération » encouru par le prêteur relativement au non-paiement du crédit, et supposé être chiffré après exercice des recours contre le débiteur et ses garants et revente du matériel financé, n'a pas pour objet la dette propre du débiteur. • Com. 11 juin 2002, n° 00-15.321 P : *D. 2002. Somm. 3332, obs. Aynès ; D. 2003. Somm. 343, obs. D. Martin*.

6. Distinction avec la lettre d'intention ou lettre de confort. V. note ss. art. 2322.

B. CARACTÉRISTIQUES SECONDAIRES

7. Contrat civil ou commercial. Si le cautionnement est par sa nature un contrat civil, il devient un contrat commercial lorsque la caution a un intérêt personnel dans l'affaire (commerciale) à l'occasion de laquelle il est intervenu. • Com. 7 juill. 1969 : *D. 1970. 14* • 23 févr. 1988, n° 86-15.594 P. – Jurisprudence constante : V. ainsi : • Com. 10 févr. 1971 : *D. 1971. 605, note Contin et Hovasse* • Civ. 1re, 17 mai 1982 : *Bull. civ. I, n° 182* • Com. 4 oct. 1982 : *ibid. IV, n° 289.* ♦ V. encore • Paris, 28 avr. 1987 : *D. 1987. Somm. 443, obs. Aynès* • Versailles, 21 mai 1986 : *eod. loc.*

• Com. 21 févr. 2006 : *LPA 18 janv. 2007, note Guerchoun.* – Bandrac, obs. *RTD civ. 1990. 123* *(sol. antérieures à l'Ord. nº 2021-1192 du 15 sept. 2021. Pour les cautionnements postérieurs à l'entrée en vigueur de la réforme, V. art. L. 110-1, 11º,* **C. com.** qui répute acte de commerce entre toutes personnes les cautionnements de dettes commerciales).

8. L'appréciation de l'intérêt personnel de la caution dans l'engagement commercial qu'elle garantit ressortit au pouvoir souverain des juges du fond. – Jurisprudence constante : V. note précédente. ♦ Le fait que la caution soit l'époux commun en biens de la gérante de la société débitrice principale possédant la moitié du capital social ne suffit pas à caractériser l'intérêt personnel. • Civ. 1re, 9 déc. 1992, nº 91-12.413 P : *D. 1993. Somm. 311, obs. Aynès* . ♦ Comp., pour la caution, concubin d'un commerçant : • Com. 22 avr. 1997 : *D. Affaires 1997. 701.* ♦ Est présumé avoir un intérêt patrimonial à l'opération garantie celui qui se porte caution d'une société qu'il dirige. • Com. 5 oct. 1993, nº 91-12.372 P (en l'espèce, le président du conseil d'administration d'une société anonyme).

9. Le caractère commercial du cautionnement, à lui seul, ne confère pas la qualité de commerçant à la caution. • Com. 25 mars 1997, nº 95-10.430 P.

10. Gratuit ou onéreux. Même s'il constitue un contrat de bienfaisance, un cautionnement ne peut être assimilé à un acte de disposition à titre gratuit pour lequel le consentement de l'épouse est exigé ; en effet, le cautionnement, qui ne comporte pas de dessaisissement immédiat et définitif d'un bien patrimonial, ne confère pas à l'engagement qu'il exprime le caractère d'une libéralité et, sauf fraude, la communauté est tenue d'un engagement de caution du mari. • Civ. 1re, 27 janv. 1982 : *Bull. civ. I, nº 46.* – Dans le même sens : • Civ. 1re, 21 nov. 1973 : *D. 1975. 549, note Steinmetz* • 11 juill. 1978, nº 77-11.550 P : *D. 1979. IR 73, obs. D. Martin.* ♦ Cependant le cautionnement peut constituer une donation indirecte dans les rapports entre caution et débiteur. • Civ. 1re, 17 nov. 1987, nº 85-15.899 P : *D. 1988. Somm. 275, obs. Aynès* • Paris, 15 févr. 1985 : *D. 1987. Somm. 120, obs. D. Martin.* ♦ Appréciation souveraine des juges du fond sur la question de savoir si le cautionnement constitue un acte à titre gratuit au sens de l'art. L. 632-1 I-1º C. com. • Com. 19 nov. 2013, nº 12-23.020 P (qualification d'acte à titre gratuit non retenue en l'espèce au motif que le cautionnement avait une contrepartie dès lors que *la société cautionnée était* l'associée majoritaire de la société caution et que celle-ci, en tant que filiale, avait un intérêt à favoriser le financement de sa société mère, laquelle pouvait ainsi participer à son propre développement).

11. Caractère unilatéral. Les diverses obligations mises à la charge du créancier professionnel ne sont que des obligations légales sanctionnées par la déchéance du droit aux accessoires de la créance et non la contrepartie de l'obligation de la caution. • Com. 8 avr. 2015, nº 13-14.447 P : *D. 2016. 566, obs. Mekki* ; *RTD civ. 2015. 432, obs.Crocq* ; *ibid. 609, obs. Barbier*.

Le cautionnement est un contrat unilatéral ; il en résulte qu'un seul original est requis. • Com. 2 juin 2021, nº 20-10.690 P (cassation de l'arrêt ayant prononcé la nullité du cautionnement au motif que la mention présente sur l'acte produit par la caution était incomplète, alors que la caution ne contestait pas avoir écrit de sa main les mentions conformes aux prescriptions légales sur l'exemplaire original détenu par le créancier).

C. DISTINCTION DU CAUTIONNEMENT ET DE LA SÛRETÉ RÉELLE DONNÉE PAR UN TIERS

12. Principe : solutions antérieures à l'Ord. nº 2021-1192 du 15 sept. 2021. **BIBL.** François, *Defrénois 2002. 1208.* – Grua, *JCP 1984. I. 3167.* – Lesbats, *Dr. et patr. 7-8/2001. 28.* – Simler, *RJDA 2001. 235.* ♦ Une sûreté réelle consentie pour garantir la dette d'un tiers n'implique aucun engagement personnel à satisfaire à l'obligation d'autrui et n'est pas dès lors un cautionnement, lequel ne se présume pas. • Cass., ch. mixte, 2 déc. 2005, nº 03-18.210 P : *R., p. 214 ; BICC 15 janv. 2006, rapp. Foulquié, concl. Sainte-Rose ; D. 2006. 729, concl. Sainte-Rose, note Aynès* ; *ibid. AJ 61, obs. Avena-Robardet* ; *ibid. Pan. 1420, obs. Lemouland et Vigneau* , *et 2856, obs. Crocq* ; *JCP 2005. II. 10183, note Simler ; JCP E 2006. 1056, note S. Piedelièvre ; Defrénois 2006. 586, obs. Libchaber, et 1601, obs. Champenois ; AJ fam. 2006. 113, obs. Hilt* ; *Dr. fam. 2006. Étude 13, par Beignier ; Dr. et patr. 2/2006. 128, obs. Dupichot ; RJPF 2006-5/22, note Vauvillé ; RTD civ. 2006. 357, obs. Vareille* ; *ibid. 594, obs. Crocq* ; *RTD com. 2006. 465, obs. D. Legeais* • Civ. 1re, 7 févr. 2006, nº 02-16.010 P : *D. 2006. 1543, note Bonnet* ; *ibid. AJ 574, obs. Avena-Robardet* ; *Dr. et pr. 2006. 234, note Salati* • Civ. 3e, 15 févr. 2006, nº 04-19.847 P : *D. 2006. AJ 716, obs. Avena-Robardet* • Com. 21 févr. 2006, nº 04-14.051 P : *D. 2006. 1543, note Bonnet* ; *ibid. AJ 716, obs. Avena-Robardet* • 7 mars 2006, nº 04-13.762 P : *D. 2006. AJ 782, obs. A. Lienhard* • Civ. 3e, 12 avr. 2018, nº 17-17.542 P : *D. 2018. 1540, note Gouëzel* ; *ibid. 1884, obs. Crocq* ; *RDI 2018. 385, obs. Heugas-Darraspen* ; *AJ contrat 2018. 241, obs. Houtcieff* ; *RTD civ. 2018. 461, obs. Crocq* ; *RTD com. 2018. 773, obs.* Martin-Serf ; RDC 2018. 371, obs. Houtcieff ; *JCP 2018, nº 670, note Aynès ;* Gaz. Pal. 2018. 1465, *obs. Piedelièvre.*

Comp., antérieurement : le cautionnement réel est un engagement qui comprend une véritable obligation personnelle de garantir, dans la limite de la valeur, appréciée au jour de la demande d'exécution, du ou des biens engagés. • Civ. 1re, 15 mai 2002, n° 00-15.298 P : *D. 2002. 1780, 3e esp., note Barberot ; JCP 2002. I. 162, n° 3, obs. Simler ; Defrénois 2002. 1322, 3e esp., obs. Champenois ; ibid. 2003. 413, obs. Théry ; Banque et Dr. 11-12/2002. 46, obs. Jacob ; RDBF 2002, n° 129, obs. Legeais ; RTD civ. 2002. 546, obs. Crocq* (qui concerne un nantissement de parts de SICAV constitué pour la garantie de la dette d'un tiers) • Com. 13 nov. 2002, n° 95-18.994 P : *D. 2003. 684, note Roman ; JCP 2003. I. 122, nos 1 s., obs. Loiseau ; RDBF 2003, n° 10, obs. Legeais ; Banque et Dr. 3-4/2003. 52, obs. Jacob ; RTD civ. 2003. 128, obs. Crocq*. ♦ Auparavant, dans le même sens : • Com. 27 oct. 1998, n° 96-14.037 P : *JCP 1999. I. 116, n° 1, obs. Simler ; RDI 1999. 295, obs. Théry ; Banque et Dr. 5-6/1999. 44, obs. Jacob ; RTD civ. 1999. 152, obs. Crocq*. ♦ Mais en sens contraire : • Civ. 1re, 29 févr. 2000, n° 98-10.902 P : *D. 2000. 829, note Bonnet ; ibid. 2001. Somm. 694, obs. Aynès ; JCP 2000. I. 257, n° 1, obs. Simler ; RTD civ. 2000. 366, obs. Crocq* (le cautionnement réel, fourni par celui qui consent la constitution d'une hypothèque conventionnelle pour garantir le remboursement de la dette d'un tiers, est une sûreté réelle, et l'étendue d'un tel engagement réel est limitée à la valeur du bien hypothéqué) • Civ. 1re, 1er févr. 2000, n° 98-11.390 P : *D. 2001. Somm. 694, obs. Aynès ; Defrénois 2000. 831, obs. Piedelièvre ; RDBF 2000, n° 59, obs. Legeais ; Banque et Dr. 5-6/2000. 40, obs. Jacob ; RTD civ. 2000. 366, obs. Crocq* (où il est affirmé que « le cautionnement réel, fourni par celui qui consent la constitution d'une hypothèque pour garantir le remboursement de la dette d'un tiers, est une sûreté réelle et non pas un cautionnement personnel ») • Civ. 1re, 28 avr. 1998 : *JCP 1999. I. 116, n° 1, obs. Simler* (arrêt qui juge qu'un cautionnement « hypothécaire » ayant été souscrit, le créancier ne peut saisir un autre bien que l'immeuble hypothéqué). ♦ Sur les conséquences de l'absence d'engagement personnel, V. art. 2325.

II. CONDITIONS DE VALIDITÉ DU CAUTIONNEMENT

13. Sur les conditions de forme, V. art. 2297. ♦ Sur les conditions relatives à l'obligation garantie V. notes ss. art. 2293.

A. EXISTENCE DU CONSENTEMENT

14. Nécessité d'une acceptation du créancier. Bien qu'il soit accessoire à l'obligation du débiteur envers le créancier, le cautionnement est une convention conclue entre la caution et le créancier, à laquelle le débiteur n'est pas partie. • Com. 26 janv. 1988, n° 85-17.662 P. ♦ La caution n'est engagée que par l'acceptation du créancier. • Com. 14 déc. 1976 : *Bull. civ. IV, n° 325.* – Dans le même sens : • Com. 13 nov. 1972 : *Gaz. Pal. 1973. 1. 144 (1re esp.), note D. Martin.* ♦ Sur les modalités de cette acceptation, V. • Civ. 1re, 7 mai 2002, n° 99-16.935 P (présence du créancier non impérative, expertise graphologique des mentions manuscrites non exigée : rejet de l'action en responsabilité des cofidéjusseurs contre le créancier).

B. CAUSE DE L'ENGAGEMENT DE LA CAUTION

15. Principe. BIBL. Atias, *Mél. Cabrillac, Litec, 1999, p. 339.* ♦ La cause de l'obligation de la caution est la considération du crédit accordé par le créancier au débiteur principal ; la perte de ses fonctions par un dirigeant de société qui avait cautionné la société, si elle peut influer sur les mobiles l'ayant conduit à se porter caution, laisse inchangée la cause de son engagement, fixée au moment de la formation du contrat. • Com. 8 nov. 1972 : *D. 1973. 753 (1re esp.), note Malaurie ; Gaz. Pal. 1973. 1. 143, note D. Martin.* – Dans le même sens : • Com. 16 févr. 1977 : *JCP 1979. II. 19154, note Simler* • 3 nov. 1988 : *D. 1989. 185, note Aynès ; RTD civ. 1989. 360, obs. Bandrac* • 6 déc. 1988 : *ibid.*

16. Solvabilité du débiteur principal. L'insolvabilité du débiteur principal à la date de l'engagement de la caution ne prive pas le cautionnement de cause, dès lors qu'est constatée l'existence de la dette que l'engagement de la caution avait pour objet de garantir. • Civ. 1re, 30 mai 1978 : *Bull. civ. I, n° 207.* ♦ Il n'est pas interdit de se porter sciemment caution d'un débiteur dont l'insolvabilité est avérée. • Com. 10 oct. 1995, n° 93-11.374 P : *D. 1996. Somm. 265, obs. Aynès*. ♦ V. cependant • Com. 17 mai 2017, n° 15-15.746 P : *D. 2017. 1694, note Mazeaud ; RTD civ. 2017. 640, obs. Barbier ; RDC 2017. 421, note Laithier ; ibid. 457, note Houtcieff* (jugeant que faute d'avantage consenti par le créancier, l'engagement de caution souscrit après le prononcé de la liquidation judiciaire du débiteur principal en garantie d'une dette antérieure à l'ouverture de la procédure collective est dépourvu de cause). ♦ Cas d'erreur sur la solvabilité du débiteur principal : V. note 19.

C. ERREUR DE LA CAUTION

17. Erreur sur la substance de son engagement. Des personnes pratiquement illettrées, auxquelles le contrat n'a pas été lu avant la signature, ayant cru adhérer à une convention facilitant un prêt à autrui, sans engager leur patrimoine, il peut être admis, au vu de ces circonstances particulières, que la méprise a porté non sur les conséquences mais sur la substance même de l'engagement. • Civ. 1re, 25 mai 1964 : *D. 1964. 626.* ♦ Même solution, compte tenu notamment de la disproportion entre la pauvreté des ressources du signataire et l'énormité du cautionnement souscrit : • Paris, 18 janv. 1978 : *JCP 1980. II. 19318 (2e esp.), note Simler.* ♦ Comp. note 19. ♦ Mais l'allégation de vice du consentement fondée sur le caractère peu lisible de l'acte et l'obligation du créancier d'éclairer la caution doit être rejetée lorsqu'il est constaté que le contrat était clair et précis et que la caution était suffisamment informée de la nature et de l'étendue de son obligation. • Civ. 1re, 19 déc. 1979 : *Bull. civ. I, no 330.* ♦ Même solution lorsqu'il est relevé que les cautions avaient eu, avant de s'engager, la possibilité d'obtenir du débiteur tous renseignements destinés à les éclairer sur la nature de leurs engagements : • Com. 16 févr. 1982, no 80-13.901 P. ♦ La seule appréciation erronée par la caution des risques que lui faisait courir son engagement ne constitue pas une erreur sur la substance de nature à vicier son consentement. • Civ. 1re, 13 nov. 1990, no 89-13.270 P : *Defrénois 1991. 1119, obs. Aynès ; RTD civ. 1991. 149, obs. Bandrac.* ♦ Comp. • Paris, 27 juin 2000 : *D. 2001. 1382, note Grignon-Derenne* (jugeant que l'on ne peut valablement s'engager avec un consentement effectif et éclairé que s'il existe au moins une possibilité de faire face à l'engagement, ce qui exclut la validité d'un cautionnement manifestement disproportionné, et en prononçant donc la nullité).

18. Erreur sur la personne du débiteur. Erreur commune des parties sur une qualité substantielle de la personne du débiteur principal (interdiction d'exercer une activité commerciale). • Com. 19 nov. 2003, no 01-01.859 P : *R., p. 400 ; D. 2004. AJ 60, obs. Avena-Robardet ; ibid. Somm. 2037, obs. Jobard-Bachellier ; RTD civ. 2004. 86, obs. Mestre et Fages ; Banque et Dr. 1-2/2004. 50, obs. Rontchevsky.*

19. Autres erreurs. Les cautions ne peuvent être déliées de leur obligation pour erreur sur la solvabilité du débiteur principal au jour de leur engagement que si elles démontrent qu'elles avaient fait de cette circonstance la condition de cet engagement. • Civ. 1re, 19 mars 1985 : *JCP 1986. II. 20659, note Bouteiller* • 11 févr. 1986 : *Bull. civ. I, no 22 ; D. 1987. Somm. 446, obs. Aynès* • 11 déc. 1990, no 89-14.631 P • Com. 11 janv. 1994, no 91-17.691 P : *RTD civ. 1994. 899, obs. Bandrac* • 1er oct. 2002, no 00-13.189 P : *D. 2003. 1617, note Y. Picod ; JCP 2003. II. 10072, note Buy ; ibid. I. 124, no 3, obs. Simler ; Defrénois 2003. 410, obs. Théry ; RTD civ. 2003. 322, obs. Crocq ; Banque et Dr. 1-2/2003. 49, obs. Rontchevsky* (condition « tacite » admise, en l'espèce). ♦ En cas de pluralité de cautions dont *l'une vient à disparaître*, l'erreur des autres cautions sur l'étendue de leur garantie peut être retenue si elles démontrent qu'elles avaient fait du maintien de la totalité des cautions la condition déterminante de leur propre engagement. • Civ. 1re, 2 mai 1989, no 87-17.599 P : *D. 1990. Somm. 384, obs. Aynès.* ♦ L'erreur commise par la caution sur l'étendue des garanties fournies au créancier (rang d'une hypothèque) ayant déterminé son consentement constitue une cause de nullité de l'acte de cautionnement. • Civ. 1re, 1er juill. 1997, no 95-12.163 P : *D. 1999. 181, note Brémond ; Defrénois 1997. 1425, obs. Aynès ; JCP 1998. I. 103, no 2, obs. Simler ; Gaz. Pal. 1998. 1. Somm. 291, obs. S. Piedelièvre.*

D. DOL DU CRÉANCIER

20. Distinction avec le dol d'un cofidéjusseur. Dans les rapports entre cofidéjusseurs, le dol peut être invoqué par la caution qui se prévaut de la nullité du cautionnement lorsqu'il émane de son cofidéjusseur. • Com. 29 mai 2001, no 96-18.118 P : *R., p. 409 ; D. 2002. 1741, note Luciani ; ibid. Somm. 2114, obs. Jobard-Bachellier ; JCP 2002. II. 10084, note Mortier ; Dr. et patr. 2/2002. 20, étude Buy ; RTD civ. 2001. 920, obs. Crocq.*

21. Distinction avec le dol du débiteur. Même dans un contrat unilatéral, tel que le cautionnement, qui se forme par l'échange des consentements de la caution et du créancier, le dol ne peut entraîner la nullité que s'il émane du cocontractant. • Civ. 1re, 28 juin 1978 : *Bull. civ. I, no 246.* – Dans le même sens : • Civ. 1re, 27 juin 1973 : *D. 1973. 733 (2e esp.), note Malaurie* • Colmar, 13 nov. 1975 : *JCP 1978. II. 18938, note Simler* • Com. 10 mars 1981 : *Bull. civ. IV, no 128* • Civ. 1re, 20 mars 1989 : *ibid. I, no 127* • Com. 13 nov. 2002 : *préc. note 12* (rejet du dol du débiteur principal, tiers au contrat de cautionnement).

22. Manœuvres du créancier. Des manœuvres dolosives de la part d'une banque sont caractérisées lorsqu'à la veille d'un acte de caution, la situation du débiteur était obérée et que la banque créancière est intervenue pour certifier à la caution que la situation du débiteur était saine et qu'il n'y avait aucun risque. • Com. 7 févr. 1983 : *Bull. civ. IV, no 50.*

23. Dol à raison du silence gardé sur la situation financière du débiteur. **BIBL.** Vuillemin-Gonzales, *D. 2001. Chron. 3338* (réticence dolosive des banquiers). ♦ L'existence d'un dol peut être retenue dès lors que par réticence une banque a manqué à ses obligations de contracter de bonne foi, en s'abstenant d'informer la caution de la situation du débiteur, irrémédiablement compromise. • Civ. 1re, 21 janv. 1981, no 79-14.396 P • Com. 8 nov. 1983 : *ibid. IV, no 298* • Civ. 1re, 10 mai 1989 : *ibid. I, no 187 ; R., p. 319 ;* JCP 1989. II. 21363, note D. Legeais ; *D. 1990. Somm. 385, obs. Aynès ; RTD civ. 1989. 738, obs. Mestre* • 26 nov. 1991, no 90-14.978 P • 13 mai 2003, no 01-11.511 P : *D. 2004. 262, note Mazuyer ; D. 2003. AJ 2308, obs. Avena-Robardet (2e esp.) ; JCP 2003. II. 10144, note Desgorces ; ibid. I. 170, no 1 s., obs. Loiseau ; De-*

frénois 2003. 1568, obs. Libchaber ; Dr. et patr. 2/2004. 125, obs. Chauvel ; RTD civ. 2003. 700, obs. Mestre et Fages ; Banque et Dr. 9-10/2003. 69, obs. Rontchevsky (inopposabilité de la clause énonçant que la caution ne fait pas de la situation du cautionné la condition déterminante de son engagement) • 2 avr. 2009 : *RDC 2009. 1514, obs. Houtcieff.* ♦ V. aussi • Com. 26 mai 1992, n° 90-13.540 P : (dissimulation par la banque du fait que le prêt consenti allait être immédiatement absorbé par le comblement d'un déficit antérieur). ♦ Le créancier qui, sachant la situation de son débiteur irrémédiablement compromise, laisse la caution dans l'ignorance de cette situation d'insolvabilité totale manque à son obligation de contracter de bonne foi (nullité du cautionnement). • Civ. 1re, 16 mai 1995 : *JCP 1996. II. 22736, note F.-X. Lucas* • 18 févr. 1997, n° 95-11.816 P.

24. Cas où le dol n'est pas retenu. Le défaut d'information imputé au créancier n'est pas constitutif de réticence dolosive s'il n'est pas établi qu'il avait pour objet de tromper la caution. • Civ. 1re, 13 févr. 1996, n° 94-10.908 P : *D. 1996. Somm. 265, obs. Aynès ; RTD civ. 1996. 430, obs. Bandrac*. ♦ ... Ou s'il n'est pas établi que le créancier savait réellement ou aurait nécessairement dû savoir ce qui n'a pas été révélé. • Com. 29 oct. 2002 : *Defrénois 2003. 1312, note J. Honorat.* ♦ ... Ou s'il est relevé que les indications fausses portées dans l'acte de vente du fonds de commerce n'ont pas été déterminantes du consentement des cautions. • Com. 13 nov. 2007, n° 06-12.284 P : *D. 2007. AJ 3066, obs. Avena-Robardet ; ibid. 2008. Pan. 2108, obs. Crocq ; Dr. et patr. 10/2008. 92, obs. Aynès et Dupichot ; RTD civ. 2008. 328, obs. Crocq*. ♦ ... Ou si la caution, totalement impliquée dans l'opération de restructuration financière du groupe auquel appartenait la société débitrice, était parfaitement informée de la situation. • Com. 28 janv. 2014, n° 12-27.703 P : *D. 2014. Chron. C. cass. 1010, obs. Guillou ; RDC 2014. 365, note Carval ; Banque et Dr. 3-4/2014. 46, note Netter ; ibid. 5-6/2014. 32, note Helleringer* (preuve non rapportée que la banque créancière aurait dissimulé son intention de ne pas mettre en œuvre de plan de restructuration). ♦ Ne constitue pas un dol le seul manquement de l'établissement de crédit à son devoir de mise en garde. • Com. 9 févr. 2016, n° 14-23.210 P.

La banque n'a pas l'obligation d'informer la caution, qui s'est engagée à garantir l'ensemble des engagements d'une société à son égard, des conséquences de la transmission universelle des patrimoines d'autres sociétés à la société garantie qui les a absorbées • Com. 28 févr. 2018, n° 16-18.692 P : *D. 2018. 2056, obs. Lamazerolles et Rabreau ; AJ contrat 2018. 190, obs. Houtcieff ; Rev. sociétés 2018. 365, note Martial-Braz ; RTD civ. 2018. 458, obs. Crocq ; RTD com. 2018. 376, obs. Lecourt*.

25. Autres fautes du créancier. Sur les fautes du créancier génératrices de responsabilité vis-à-vis de la caution, V. notes ss. art. 2314.

E. VIOLENCE

26. Violence contre la caution. Violence morale à l'égard d'une personne qui avait d'abord refusé de signer l'acte de cautionnement, pour finir par s'y résoudre à la suite des affirmations répétées des élus locaux, d'un syndic et du président du tribunal de commerce. • Com. 28 mai 1991 : *D. 1992. 166, note Morvan ; D. 1991. Somm. 385, obs. Aynès ; RTD civ. 1991. 773, obs. Bandrac*.

Art. 2289 *(Ord. n° 2021-1192 du 15 sept. 2021, art. 2, en vigueur le 1er janv. 2022)* **Lorsque la loi subordonne l'exercice d'un droit à la fourniture d'un cautionnement, il est dit légal.**

Lorsque la loi confère au juge le pouvoir de subordonner la satisfaction d'une demande à la fourniture d'un cautionnement, il est dit judiciaire.

Constitutionnalité d'un texte prévoyant un cautionnement légal. Ne présente pas un caractère sérieux la QPC relative à la constitutionnalité de l'art. 14 de la L. du 31 déc. 1975, prévoyant la fourniture d'une caution par l'entreprise principale, dès lors que ce texte trouve sa justification dans l'intérêt général de protection du sous-traitant, et qu'il prévoit des modes alternatifs de garantie et n'institue pas une différence de traitement entre des entreprises placées dans une situation identique. • Civ. 3e, 10 juin 2014, n° 14-40.020 P (QPC invoquant aussi l'atteinte à la sécurité juridique que constituerait la nullité autorisée par le texte, ainsi que l'atteinte à la liberté contractuelle et à la liberté d'entreprendre).

Art. 2290 *(Ord. n° 2021-1192 du 15 sept. 2021, art. 2, en vigueur le 1er janv. 2022)* **Le cautionnement est simple ou solidaire.**

La solidarité peut être stipulée entre la caution et le débiteur principal, entre les cautions, ou entre eux tous.

1. Principe de la distinction entre caution simple et caution solidaire. Le principe d'égalité n'impose pas d'uniformiser les régimes juridiques de la caution simple et de la caution solidaire sur laquelle le C. civ. fait peser un engagement renforcé. En conséquence, le législateur a pu, sans méconnaître le principe d'égalité, prévoir dans l'art. 64 de la L. du 25 janv. 1985 que les dispositions du plan de redressement judiciaire sont opposables à tous, à l'exception des cautions solidaires et des coobligés, et non aux cautions simples. • Cons. const. 6 févr. 2015, n° 2014-447 QPC : *D. 2015. 318 ; ibid. 898, note Juillet*.

2. Conditions. Si la stipulation de solidarité doit être expresse, cette modalité de l'engagement de la caution ne doit pas nécessairement être rédigée de la main de celle-ci. • Civ. 1re, 31 janv. 1989, n° 87-11.204 P : *R., p. 321 ; D. 1989. Somm. 292, obs. Aynès* • 26 nov. 1991, n° 90-14.518 P.

3. Portée. Le créancier peut poursuivre la caution solidaire, dans la limite de l'engagement de celle-ci, sans que l'empêchement de poursuivre le débiteur puisse lui être opposé. • Civ. 3e, 22 juin 1982, n° 80-15.814 P.

4. Absence d'effets secondaires de la solidarité. La solidarité entre cautions n'a pas pour effet leur représentation mutuelle dans l'exercice de la faculté individuelle de révocation. • Civ. 1re, 13 juin 1995, n° 92-19.358 P : *JCP 1996. II. 22593, note Leveneur ; Gaz. Pal. 1996. 2. 434, note S. Piedelièvre ; RTD civ. 1996. 161, obs. Mestre*. ♦ Trois associés s'étant constitués cautions solidaires pour garantir le remboursement des sommes que la société pourrait devoir à une banque, après que deux des associés ont révoqué leur engagement dans les conditions prévues au contrat, il appartient au troisième, alors qu'aucune présomption légale n'existe en la matière, de rapporter la preuve que selon l'intention des parties son engagement s'était éteint dès lors que n'avait pas été maintenu celui de ses cofidéjusseurs. • Com. 10 juill. 1978, n° 77-10.577 P.

5. Chose jugée. La chose jugée contre le débiteur principal, relativement à l'existence de la dette cautionnée, est opposable à la caution. • Civ. 1re, 29 mars 1978, n° 76-14.767 P. – Jurisprudence constante. ♦ L'arrêt qui condamne le débiteur principal à payer une certaine somme à la banque et dit que les cautions étaient engagées vis-à-vis de celle-ci par un cautionnement simple constitue pour la banque un titre exécutoire à l'encontre des cautions. • Civ. 2e, 23 oct. 2008 : *cité ss. anc. art. 2300.*

Inversement, le débiteur principal avec lequel une caution s'est engagée solidairement est en droit d'opposer au créancier ce qui a été définitivement jugé, quant à la dette, entre ce dernier et la caution. • Com. 18 déc. 1972 : *Bull. civ. IV, n° 333.* ♦ Cependant, il résulte de la combinaison du principe *fraus omnia corrumpit* et des art. 1208 et 1351 anc. que la caution solidaire peut, nonobstant l'autorité de la chose jugée, opposer au créancier les faits de fraude ou de collusion entre celui-ci et le débiteur principal. • Civ. 1re, 14 févr. 1990, n° 88-17.815 P. ♦ Les cautions solidaires sont recevables dans leur tierce opposition contre un jugement intervenu entre le créancier et le débiteur principal, dans la mesure où elles sont en droit d'invoquer des moyens qui leur soient personnels, c'est-à-dire que le débiteur principal n'aurait pu invoquer lui-même. • Com. 4 oct. 1983 : *JCP 1985. II. 20374, note Veaux.* ♦ La fraude du débiteur principal suffit pour rendre recevable la tierce opposition de la caution solidaire. • Civ. 1re, 10 déc. 1991, n° 90-12.834 P.

6. Exceptions opposables par la caution solidaire. Nonobstant la chose jugée par l'admission définitive d'une créance à la procédure collective d'un débiteur, la caution solidaire du paiement de cette créance peut opposer au créancier toutes les exceptions qui lui sont personnelles. • Com. 22 avr. 1997, n° 94-12.862 P : *R., p. 240 ; RTD civ. 1998. 152, obs. Crocq*.

7. Sur l'absence de bénéfice de discussion et de division de la caution solidaire, V. notes ss. art. 2305 et 2306.

Art. 2291 *(Ord. n° 2021-1192 du 15 sept. 2021, art. 2, en vigueur le 1er janv. 2022)* **On peut se porter caution, envers le créancier, de la personne qui a cautionné le débiteur principal.**

Art. 2291-1 *(Ord. n° 2021-1192 du 15 sept. 2021, art. 2, en vigueur le 1er janv. 2022)* **Le sous-cautionnement est le contrat par lequel une personne s'oblige envers la caution à lui payer ce que peut lui devoir le débiteur à raison du cautionnement.**

1. Sur le régime juridique du sous-cautionnement, V. art. 2304 et note 11 ss. art. 2308.

2. Naissance de l'obligation de la sous-caution. *L'obligation de garantie* de la caution, qui ne devient exigible que dans l'hypothèse où le débiteur principal ne remplit pas ses obligations envers son créancier, a pour objet de couvrir les dettes que le débiteur a contractées pendant la période de couverture de cet engagement. Elle prend donc naissance à la date à laquelle le débiteur principal contracte ces dettes. L'obligation de la sous-caution, qui a pour objet de garantir la caution non pas contre le risque auquel cette dernière est exposée de devoir payer le créancier à la place du débiteur principal défaillant, mais contre celui de ne pas pouvoir obtenir du débiteur principal le remboursement des sommes qu'elle a payées pour son compte en exécution de son propre engagement, prend naissance à la même date et couvre l'intégralité de ces sommes, peu important la date de leur exigibilité et le fait que les paiements ont été effectués par la caution après l'expiration de la période de couverture de l'engagement de la sous-caution. • Com. 9 févr. 2022, n° 19-21.942 B : *D. 2022. 1724, obs. Ansault et Gijsbers* ; *RTD com. 2022. 862, obs. Martin-Serf*.

SECTION 2 De la formation et de l'étendue du cautionnement

(Ord. n° 2021-1192 du 15 sept. 2021, art. 3, en vigueur le 1er janv. 2022)

Comp. anc. art. 2288 s.

BIBL. ▶ BOURASSIN, *JCP N 2021, n° 1336* (le cautionnement notarié vivifié par la réforme des sûretés). – CABRILLAC et GUILLOTEAU PALISSE, *Defrénois 2021/48. 28* (cautionnement : droit commun au stade de sa conclusion).

Art. 2292 *(Ord. n° 2021-1192 du 15 sept. 2021, art. 3, en vigueur le 1er janv. 2022)* **Le cautionnement peut garantir une ou plusieurs obligations, présentes ou futures, déterminées ou déterminables.**

BIBL. ▶ MARTY, *RDBF 2023. Étude 2* (dettes futures, biens futurs et sûretés flottantes).

1. Validité du cautionnement de dettes futures. Jurisprudence rendue sous l'empire des textes antérieurs à l'Ord. n° 2021-1192 du 15 sept. 2021. Le cautionnement d'une dette future étant admis, est valable le cautionnement donné à une société en formation pour une dette contractée ultérieurement par cette société. • Civ. 1re, 3 déc. 1980 : *Bull. civ. I, n° 314* • Com. 22 févr. 1994, n° 91-22.364 P : *RTD civ. 1994. 907, obs. Bandrac* • Civ. 1re, 20 déc. 1994, n° 92-22.103 P. ♦ Donné pour une société en formation, il ne s'applique pas nécessairement aux dettes dont demeurent tenues, en cas de défaut d'immatriculation de la société au registre du commerce, les personnes agissant au nom de celle-ci. • Com. 29 avr. 1997, n° 95-12.290 : *D. 1998. Somm. 178, obs. Hallouin*. ♦ N'est pas nul pour indétermination de son objet l'engagement de caution, limité dans son montant, qui garantit le remboursement de dettes futures dès lors qu'y est identifié le débiteur de celles-ci. • Civ. 1re, 10 déc. 2002, n° 00-18.726 P. ♦ V. aussi • Civ. 1re, 2 oct. 2002, n° 00-10.499 P : *D. 2002. AJ 2807, obs. A. Lienhard* ; *D. 2004. Somm. 267, obs. Hallouin* ; *JCP 2003. I. 134, n° 1, obs. Caussain, Deboissy et Wicker* ; *Defrénois 2003. 1614, obs. Théry* ; *Rev. sociétés 2003. 119, note Barbiéri* (le cautionnement ne peut fonder la condamnation de la caution à garantir la dette d'une personne autre que le débiteur prévu).

2. Obligation principale conditionnelle. Le cautionnement d'une obligation conditionnelle ne peut exister lorsque la condition est défaillie, nonobstant la renonciation ultérieure du créancier et du débiteur à cette condition, qui est inopposable à la caution. • Civ. 1re, 29 avr. 1997, n° 95-13.505 P : *Defrénois 1997. 1426, obs. Aynès.*

3. Cautionnement d'une dette d'origine délictuelle. Le cautionnement garantissant le paiement à la victime de créances nées d'un délit ou d'un quasi-délit est licite. • Civ. 1re, 8 oct. 1996, n° 94-19.239 P : *JCP 1997. I. 4033, n° 2, obs. Simler* ; *RTD civ. 1997. 180, obs. Bandrac* (caution reconnue tenue de l'ensemble des dettes professionnelles du débiteur, y compris en ce qu'elles seraient la conséquence d'agissements frauduleux) • Civ. 1re, 13 mai 1998, n° 96-14.852 P : *D. Affaires 1998. 1127, obs. V. A.-R.* ; *Banque et Dr. 11-12/1998. 35, obs. Jacob.* ♦ Mais en présence d'un cautionnement portant sur l'ensemble des sommes que le débiteur pourrait devoir au créancier, une cour d'appel retient souverainement qu'un tel cautionnement n'a pas été consenti en garantie de dettes de nature délictuelle. • Com. 26 juin 2001, n° 97-11.914 P : *D. 2001. AJ 2512, obs. Avena-Robardet*. – Déjà en ce sens : • Com. 19 janv. 1981 : *Bull. civ. IV, n° 31* ; *D. 1981. IR 503, obs. Vasseur.* ♦ Sauf convention contraire, la cession de créance professionnelle emporte de plein droit la garantie solidaire du cédant, de sorte que, en l'absence de collusion frauduleuse entre le cessionnaire et le cédant, la dette n'a pas une nature délictuelle, nonobstant le caractère frauduleux de la cession, et la caution en est tenue. • Com. 22 janv. 2002, n° 98-10.805 P : D. 2002. *AJ 954, obs. Avena-Robardet* ; *JCP E 2002. 1426, note Djoudi.*

Art. 2293 *(Ord. n° 2021-1192 du 15 sept. 2021, art. 3, en vigueur le 1er janv. 2022)* **Le cautionnement ne peut exister que sur une obligation valable.**

Néanmoins, celui qui se porte caution d'une personne physique dont il savait qu'elle n'avait pas la capacité de contracter est tenu de son engagement.

1. Nullité relative. Sur la jurisprudence antérieure interdisant à la caution de se prévaloir de la nullité relative pour dol de l'obligation principale, V. note 3 ss. art. 2289 anc.

2. Conséquences de la nullité de l'obligation principale : contrat de prêt. Un contrat de prêt ayant été annulé, l'obligation de restituer inhérente au contrat demeure valable tant que les parties n'ont pas été remises en l'état antérieur à la conclusion de la convention. Le cautionnement en considération duquel le prêt a été consenti subsiste tant que cette obligation valable n'est pas éteinte. • Com. 17 nov. 1982 : *D. 1983. 527, note Contamine-Raynaud ; JCP 1984. II. 20216, note Delebecque et Mouly* • Civ. 1re, 25 mai 1992, n° 90-21.031 P : *JCP 1992. I. 3608, obs. Fabre-Magnan ; RTD civ. 1992. 799, obs. Bandrac* • 4 juin 1996, n° 93-18.612 P • 18 mars 1997, n° 95-13.244 P : *JCP N 1998. 771, n° 26, obs. André* • 1er juill. 1997, n° 95-15.642 P : *D. 1998. 32, note Aynès ; ibid. Somm. 110, obs. D. Mazeaud ; Gaz. Pal. 1998. 1. Somm. 290, obs. S. Piedelièvre.* ♦ V., plus généralement, parlant de « garantie » et non de « cautionnement », • Civ. 1re, 29 oct. 2002, n° 99-20.450 P.

3. Annulation d'un contrat principal à exécution successive. En cas d'annulation d'un contrat successif, seule la disparition des obligations nées de ce contrat peut entraîner la disparition du cautionnement, lequel conserve son efficacité à l'égard des obligations subsistantes. Ainsi, des cautions ayant garanti les engagements souscrits envers un fournisseur de produits pétroliers par les locataires-gérants d'un fonds de commerce de distribution de carburants, l'annulation du contrat de location-gérance n'éteint pas l'obligation de payer les livraisons effectuées et les cautions restent tenues de ce chef. • Com. 4 févr. 1986 : *Bull. civ. IV, n° 1 ; D. 1987. Somm. 451, obs. Aynès* • 18 avr. 1989 : *D. 1990. Somm. 387, obs. Aynès* • 13 juin 1989 : *ibid.* • 12 févr. 1991, n° 89-10.882 P : *JCP N 1992. II. 371, note Delebecque ; RTD civ. 1991. 371, obs. Bandrac.* ♦ Comp. • Com. 23 juin 1992, n° 90-18.951 : *JCP 1992. II. 21974, note Béhar-Touchais ; Defrénois 1993. 314, obs. Aubert ; RTD civ. 1993. 350, obs. Mestre.*

4. Incapacité du débiteur principal. Sur l'interprétation de l'ancien texte qui visait d'une manière générale les exceptions purement personnelles au débiteur, V. notes ss. art. 2289 anc.

Art. 2294 *(Ord. n° 2021-1192 du 15 sept. 2021, art. 3, en vigueur le 1er janv. 2022)* **Le cautionnement doit être exprès.**

Il ne peut être étendu au-delà des limites dans lesquelles il a été contracté. — *Comp. anc. art. 2292.*

1. Distinction de la validité et de la preuve. Est irrecevable le moyen qui, tout en contestant la validité d'un cautionnement, porte non pas sur la validité de celui-ci mais sur sa preuve. • Com. 11 janv. 1994, n° 91-20.462 P : *RTD civ. 1994. 904, obs. Bandrac.*

A. EXISTENCE ET PREUVE DU CAUTIONNEMENT

2. Caractère exprès. Le cautionnement ne se présume pas. Son existence ne peut être tirée de la présence de la prétendue caution aux côtés des parties. • Civ. 1re, 24 avr. 1968 : *D. 1968. 358, note Voulet.* ♦ ... De la déclaration d'une personne affirmant apporter sa garantie morale, sans qu'elle ait pris aucun engagement dans les actes. • Soc. 18 févr. 1970 : *Bull. civ. V, n° 125.* ♦ ... De la signature d'un gérant de société agissant en cette qualité, qui ainsi ne s'oblige pas personnellement. • Civ. 1re, 21 janv. 1976 : *Bull. civ. I, n° 28* • Com. 11 juill. 1995, n° 93-17.516 : *JCP 1997. I. 3991, n° 1, obs. Simler et Delebecque.* ♦ ... Du silence gardé par la prétendue caution au reçu d'une correspondance lui rappelant l'engagement allégué. • Com. 16 déc. 1981 : *Bull. civ. IV, n° 447.* ♦ ... D'un retard à dénier l'engagement. • *Paris, 20 mars 1986 : D. 1987.* Somm. 441. ♦ Cependant, une lettre d'intention peut constituer un cautionnement. • Com. 21 déc. 1987, n° 85-13.173 P : *R., p. 196 ; GAJC, 11e éd., n° 278 ; D. 1989. 112, note Brill.* ♦ V. note ss. art. 2322. ♦ Une personne ayant signé l'acte unique d'emprunt et de cautionnement à la fois en qualité de gérant de la société emprunteuse et en qualité de caution, cette signature constitue un commencement de preuve par écrit, complété par l'élément extrinsèque constitué par la qualité de gérant, rendant parfaite la preuve de l'acte de cautionnement. • Com. 18 mai 1999, n° 96-13.796 : *D. Affaires 1999. 1214 ; JCP 1999. I. 156, n° 3, obs. Simler.* ♦ La délibération, exécutoire de plein droit, portant cautionnement exprès donné par une collectivité territoriale, suffit à fonder et à établir l'engagement de cette collectivité indépendamment de sa reprise dans un acte ultérieur. • Civ. 1re, 9 janv. 2007, n° 06-11.318 P : *JCP 2007. I. 158, n° 1, obs. Simler.*

3. Application de l'art. 1376 : mentions requises. Ces solutions n'ont plus vocation à s'appliquer qu'aux cautionnements antérieurs au 1er janvier 2022 et non soumis au formalisme du code de la consommation ainsi qu'aux cautionnements postérieurs donnés par une personne morale. Sur la mention manuscrite exigée pour les cautionnements donnés par une personne physique, V. *infra* art. 2297 et art. L. 331-1 et L. 331-2 anc. C. consom., ss. art. 2298 anc. Sur le cautionnement d'obligations résultant d'un bail d'habitation ou mixte, V. L. n° 89-462 du 6 juill. 1989, art. 22-1 et 24, ss. art. 1778.

Si le cautionnement doit être exprès, il peut, à l'égard des commerçants, être prouvé par tous moyens : V. note 3 ss. art. 1376. ♦ Un cautionnement souscrit par un non-commerçant doit en revanche satisfaire à l'art. 1326 [anc.] C. civ. – Jurisprudence constante : V. ci-dessous et notes ss.

art. 1376. ♦ Les exigences de l'art. 1326 [anc.] sont des règles de preuve qui ont pour finalité la protection de la caution : V. note 22 ss. art. 1376. ♦ Le cautionnement soumis aux exigences de l'art. 1326 [anc.] portant une mention manuscrite incomplète vaut comme commencement de preuve par écrit. • Com. 11 janv. 1994, n° 91-17.691 P : *RTD civ. 1994. 899, obs. Bandrac* • 14 mai 1996, n° 94-16.840 : *RTD civ. 1996. 663, obs. Bandrac*. ♦ Une mention du montant de l'engagement de la caution en lettres seulement, sans indication de la somme en chiffres, ne fait pas preuve du cautionnement et ne peut valoir que comme commencement de preuve par écrit. • Civ. 1re, 13 nov. 1996, n° 94-16.091 P : *D. 1997. 368, note Pasqualini* ; *JCP 1997. II. 22810, note Dagorne-Labbe ; ibid. 1997. I. 4033, n° 15, obs. Simler ; Gaz. Pal. 1997. 2. Somm. 446, obs. S. Piedelièvre.* ♦ V. aussi note 2 ss. art. 1362. ♦ L'art. 1326 [anc.] toutefois ne s'applique pas si le cautionnement, même civil, est consenti par acte authentique : V. note 1 ss. art. 1376. ♦ Il en résulte qu'un notaire, chargé par les parties de vérifier la régularité d'un acte de cautionnement sous seing privé, engage sa responsabilité s'il omet d'attirer leur attention, dès avant la signature de l'acte, sur la nécessité d'y porter les mentions manuscrites exigées par l'art. 1326 [anc.]. • Civ. 1re, 16 févr. 1994, n° 91-20.463 P.

4. ... *Mentions non requises.* Il n'est pas exigé que la nature des dettes garanties soit précisée dans la mention manuscrite. • Civ. 1re, 20 déc. 1994, n° 92-22.103 P • 9 mai 1996, n° 94-14.230 P : *D. 1996. Somm. 263, obs. Aynès*.

5. ... *Mention de la solidarité.* Si la stipulation de la solidarité doit être expresse, il n'est pas nécessaire que cette modalité de l'engagement de la caution soit rédigée de la main de celle-ci, à moins que les parties à l'acte de cautionnement ne soient convenues qu'elle le serait. • Civ. 1re, 31 janv. 1989, n° 87-11.204 P : *R., p. 321 ; Defrénois 1989. 917 (1re esp.), obs. Aynès* • 26 nov. 1991, n° 90-14.518 P. ♦ Même solution pour le cumul de cautionnements successifs. • Com. 3 janv. 1989 : *Bull. civ. IV, n° 2 ; D. 1989. Somm. 292, obs. Aynès.*

6. *Mandat de se porter caution.* Application de l'art. 1376 au mandat de se porter caution : V. note 10 ss. art. 1376. ♦ Pour les cautionnements donnés par une personne physique, V. art. 2297.

7. *Aval.* Si une mention d'aval portée sur une lettre de change annulée ne constitue pas, à elle seule, la preuve d'un cautionnement, elle peut être retenue comme commencement de preuve d'une telle garantie, sauf à ce qu'il soit corroboré par des éléments extrinsèques établissant la volonté du souscripteur de la mention de s'engager pour le compte du débiteur principal. • Com. 24 juin 1997, n° 95-18.153 P : *JCP 1998. I. 103, n° 7, obs. Simler.*

8. *Engagement de reprise de cautionnements.* L'engagement du cessionnaire de parts sociales de se substituer dans les cautions personnelles des cédants (engagement qui n'est pas lui-même un cautionnement), portant sur l'ensemble des cautionnements donnés par les cédants en garantie des emprunts contractés par la société dont les parts sont cédées, a un objet déterminé et ne nécessite pas l'énumération de ces cautionnements. • Com. 1er avr. 1997, n° 94-16.083 P : *JCP 1998. I. 103, n° 14, obs. Simler ; Defrénois 1997. 1437, obs. Bénabent.*

B. ÉTENDUE DU CAUTIONNEMENT

9. *Pouvoir souverain d'interprétation des juges du fond.* Il appartient aux juges du fond de déterminer, dans l'exercice de leur pouvoir souverain, l'étendue de l'engagement de la caution. • Civ. 1re, 8 févr. 1977 : *JCP 1979. II. 19095, note Jacquemont.* – Jurispr. constante : V. aussi • Com. 8 mars 1971 : *D. 1972. 262, note Clairouin-Touchard.* ♦ ... Sauf dénaturation : V., par ex., • Com. 23 oct. 1984, n° 83-14.044 P.

10. *Connaissance par la caution.* L'engagement pour une somme indéterminée n'en est pas moins valable dès lors que cette somme est déterminable et qu'il y a certitude que la caution avait, de façon non équivoque, la connaissance de la nature et de l'étendue de l'obligation contractée. • Civ. 1re, 12 nov. 1987 : *D. 1988. Somm. 272, obs. Aynès* • 10 mai 1988, n° 86-16.000 P • Com. 22 nov. 1988 : *Bull. civ. IV, n° 313.* ♦ Le caractère explicite et non équivoque de la connaissance par la caution de la nature et de l'étendue de son engagement doit s'apprécier au jour de l'acte. • Civ. 1re, 9 mai 2001, n° 98-14.760 P.

11. *Débiteur garanti.* Le cautionnement donné à un agent de voyages exerçant à titre individuel ne s'étend pas aux dettes de la société que celui-ci a constituée avec son épouse, qui en a été nommée gérante, pour exploiter le fonds de commerce en location-gérance. • Civ. 1re, 6 oct. 1993, n° 91-16.373 P. – Dans le même sens : • Civ. 1re, 15 déc. 1993, n° 92-11.555 P. ♦ La garantie accordée ne portant que sur les dettes propres d'une société, le cautionnement ne saurait être étendu aux filiales de cette société, peu important à cet égard que les sociétés filiales aient ensuite fait l'objet d'une procédure collective commune. • Com. 25 nov. 1997, n° 95-15.496 P. ♦ Le cautionnement donné en garantie du prêt contracté par une association ne peut fonder la condamnation de la caution à garantir la dette d'une personne autre que le débiteur prévu, à savoir la personne qui s'est dite représentante de l'association, non déclarée et, comme telle, dépourvue de capacité juridique. • Civ. 1re, 5 mai 1998, n° 96-13.610 P : *D. Affaires 1998. 1009, obs. V. A.-R.* ♦ Dans le même sens pour une société en participation, dépourvue de la personnalité morale : • Com. 6 juill. 2010, n° 09-68.778 P : *D. 2010. Actu. 1860* ; *JCP 2011, n° 226. 2, obs. Simler ; RTD civ. 2010. 784, obs. Fages*.

12. Nature des dettes. Le débiteur principal cautionné étant gérant d'une société en participation, il faut rechercher si les cautions avaient ou non entendu garantir ses dettes personnelles. • Civ. 1re, 20 déc. 1977 : *JCP 1979. II. 19155, note Simler.* ♦ Dès lors que le repreneur d'une société n'allègue pas avoir fait de la solvabilité présente de la société une condition de son engagement, une cour d'appel peut estimer que son cautionnement s'applique aux dettes de la société existantes à la date où il a été souscrit. • Com. 16 nov. 1993, n° 91-14.388 P. ♦ L'acte de cautionnement, qui vise un bail précis et les cessions éventuelles de ce bail avec l'accord de la bailleresse ainsi que le renouvellement exprès ou tacite dudit bail et les conventions d'occupation qui lui succéderaient, ne s'étend pas au bail commercial susceptible de faire suite au bail dérogatoire au statut. • Civ. 3e, 23 mai 2013, n° 11-17.071 : *D. 2013. 1345, obs. Rouquet* (absence de volonté claire et non équivoque des cautions, non professionnelles du droit, qui n'étaient pas nécessairement informées de ce qu'à l'issue du bail initial, en cas de maintien dans les lieux du preneur sans opposition de la bailleresse, un bail commercial d'une durée de neuf ans se substituait au bail dérogatoire, sans possibilité d'un nouveau bail de courte durée). ♦ Le cautionnement donné pour des effets de commerce impayés ne peut être étendu à des cessions de créances professionnelles. • Com. 15 déc. 1992, n° 90-19.735 P. ♦ L'engagement de la caution ne peut être étendu à une créance afférente non à la dette garantie, mais à la répétition de l'indu consécutive à un paiement fait par erreur par le créancier, l'annulation du paiement indu ne pouvant faire revivre un cautionnement éteint suite au remboursement de l'intégralité du prêt par le débiteur principal. • Civ. 1re, 7 avr. 1999, n° 97-11.349 P : *D. Affaires 1999. 900.*

13. Étendue de l'engagement de la caution d'un bail. La caution qui s'est engagée sans limitation de durée pour toutes les sommes dont le preneur pourrait être débiteur envers le bailleur est tenue au paiement des indemnités d'occupation dues après la résiliation du bail. • Civ. 1re, 31 mars 1998, n° 96-16.637 P : *Defrénois 1998. 1460, obs. Bénabent.* ♦ Dans le même sens : • Com. 17 juill. 2001, n° 98-15.736 P : *JCP 2001. I. 356, n° 3, obs. Simler* (cautionnement portant sur toute la période où le preneur demeurera dans les lieux). ♦ Mais la caution n'est pas tenue à raison de l'indemnité d'occupation fondée sur la faute quasi délictuelle commise par le preneur qui s'est maintenu dans les lieux après résiliation du bail : V. note 5 ss. art. 2295. ♦ En ce sens que les cautions garantissant les engagements d'un crédit-preneur immobilier sont tenues tant des pré-loyers correspondant à la phase de construction de l'immeuble que des loyers correspondant à la phase d'exploitation : • Civ. 3e, 23 juin 2004, n° 02-14.289 P.

14. Étendue du cautionnement d'une autorisation de découvert. Manque de base légale l'arrêt qui ne recherche pas si le cautionnement donné, dans la limite d'un certain montant, pour garantir une avance en trésorerie à une entreprise à un moment où le compte de celle-ci présente déjà un solde débiteur important, ne garantit pas seulement une autorisation de découvert supplémentaire, venant s'ajouter à un découvert déjà consenti, de sorte qu'il ne serait pas tenu de payer le solde débiteur du compte à sa clôture, inférieur à celui existant au moment où le cautionnement a été consenti. • Com. 25 nov. 2020, n° 19-14.768 P.

15. Modification postérieure de la dette garantie. Lorsque les conditions du prêt garanti sont modifiées postérieurement à l'engagement de la caution, celle-ci doit accepter ces modifications et la connaissance qu'elle pouvait en avoir en sa qualité de dirigeant de la société débitrice ne suffit pas à caractériser une telle acceptation. • Com. 24 juin 2014, n° 13-21.074 P : *D. 2014. 1446*.

16. Déchéance du terme. L'engagement de la caution à garantir le remboursement d'un prêt et l'exécution de ses charges et conditions ne permet pas d'étendre à la caution la déchéance du terme encourue par le débiteur principal (fausse application de l'art. 2015 [2294 anc.]). • Civ. 1re, 20 déc. 1976, n° 75-12.439 : *JCP 1977. II. 18611, concl. Gulphe* (qui fait valoir que « l'exigibilité immédiate de l'engagement de la caution étendrait cet engagement au-delà des limites dans lesquelles il a été contracté »). – Dans le même sens (sur art. 1134 anc.) : • Com. 5 oct. 1983 : *Bull. civ. IV, n° 254.* ♦ La déchéance du terme résultant du prononcé de la liquidation judiciaire du débiteur principal (L. 25 janv. 1985, art. 160, devenu C. com., art. L. 622-22) n'a d'effet qu'à l'égard de celui-ci et ne peut être étendue à la caution, sauf clause contraire. • Com. 8 mars 1994, n° 92-11.854 : *D. 1994. 557, note Bazin*. ♦ ... Et sauf cautionnement réel. • Civ. 1re, 4 mai 1999, n° 97-15.378 P : *D. 2000. 302, note Bonnet* ; *JCP 1999. I. 156, n° 5, obs. Simler ; Defrénois 2000. 831, note S. Piedelièvre ; Banque et Dr. 7-8/1999. 37, obs. Jacob ; RTD civ. 1999. 880, obs. Crocq*. ♦ Mais une caution ayant accepté que « toutes les clauses et conditions du contrat de crédit-bail lui soient opposables comme si ledit contrat avait été revêtu de sa propre signature... » a consenti à ce que la stipulation relative à la déchéance du terme lui soit opposable (rejet du pourvoi invoquant une fausse application de l'art. 2015 anc.). • Com. 11 juill. 1988 : *Gaz. Pal. 1989. 1. 375, note Bey.*

♦ Le compte courant d'une société étant clôturé par l'effet de sa liquidation judiciaire, il en résulte que le solde de ce compte est immédiatement exigible de la caution. • Com. 13 déc. 2016, n° 14-16.037 P : *D. 2017. 5* ; *RTD civ. 2017. 196, obs. Crocq* .

17. Prolongation de la relation principale de crédit. BIBL. André, *Mél. Mouly, Litec, 1998, t. 2, p. 265* (cautionnement et reconduction). ♦ La tacite reconduction n'entraînant pas prorogation du contrat, primitif, mais donnant naissance à un nouveau contrat et le cautionnement ne pouvant être étendu au-delà des limites dans lesquelles il a été contracté, est justifié le rejet de la demande en paiement, par la caution, de la somme due au titre d'une ouverture de crédit ayant fait l'objet d'une tacite reconduction, dès lors que le cautionnement, accessoire au contrat initial, n'avait pas, quant à lui, été renouvelé. • Com. 11 févr. 1997, n° 95-15.130 P : *D. 1998. 552, note D. Boccara (1re esp.)* ; *JCP 1997. I. 4033, n° 3, obs. Simler ; JCP N 1998. 772, n° 29, obs. André ; RTD civ. 1998. 150, obs. Bandrac* • 6 févr. 2001, n° 97-19.130 : *JCP 2001. I. 370, nos 24 s., obs. Constantin.* ♦ Mais, par un cautionnement donné dans le même acte que l'ouverture de crédit garantie et se référant aux « opérations ci-dessus », lesquelles comprennent le renouvellement éventuel du contrat, la caution a consenti au renouvellement de son engagement dans le cas de tacite reconduction de l'ouverture de crédit. • Com. 11 juin 2003, n° 99-18.714 P : *R., p. 395.* ♦ En cas de prorogation de la convention de compte courant, le fait que le créancier n'ait introduit son action que postérieurement à la date limite de l'engagement de la caution est, sauf convention contraire, sans incidence sur l'obligation de celle-ci, dès lors que la dette du débiteur principal était antérieure à cette date limite et que, sauf à ce que toute remise postérieure vienne en déduction du montant de la dette, la caution est tenue de garantir le solde débiteur du compte courant au jour de l'expiration du cautionnement. • Civ. 1re, 28 oct. 1997, n° 95-21.345 P : *D. 1998. 552, note D. Boccara (2e esp.)* ; *JCP 1998. I. 103, n° 9, obs. Simler ; RTD civ. 1998. 150, obs. Bandrac* .

18. Prolongation du crédit-bail ou du bail. La caution qui a garanti l'exécution d'un contrat à durée déterminée n'est pas tenue de la prolongation des relations contractuelles par les mêmes parties par l'effet des prorogations. • Com. 9 avr. 2013, n° 12-18.019 P : *D. 2013. 989* (prolongation d'un contrat de location-gérance ayant donné naissance à des obligations nouvelles que les cautions n'avaient pas garanties, faute de s'y être engagées dans l'acte de cautionnement ou lors de la signature des avenants). ♦ La caution qui s'est engagée à garantir les dettes nées du contrat de location demeure tenue tant que le bail n'a pas pris fin. • Civ. 1re, 4 oct. 1989, n° 87-17.920 P : *D. 1990. Somm. 385, obs. Aynès* . ♦ Elle n'est donc pas libérée de ses engagements par le décès du débiteur principal. • Même arrêt. ♦ Le bailleur demeurant créancier du débiteur, preneur à bail, mis en règlement judiciaire, l'ouverture de la procédure collective est sans effet sur l'étendue de l'engagement de la caution garantissant les dettes nées du contrat de bail continué par le syndic. • Com. 6 juin 1989, n° 88-13.501 P : *D. 1990. Somm. 385, obs. Aynès* . ♦ Mais la caution ne peut être condamnée à payer des sommes dues au titre d'une période postérieure au terme du bail alors que l'acte de cautionnement ne prévoyait pas que l'obligation de couverture de la caution s'étendait à cette période. • Civ. 1re, 5 nov. 2009, n° 08-15.433 : *RLDC 2010/67, n° 3679, obs. Ansault ; RDC 2010. 1325, obs. C. Grimaldi* (visa de l'art. 1740). ♦ ... Ni en cas de tacite reconduction du bail initial, en l'absence de toute mention à l'acte précisant l'extension du cautionnement dans cette éventualité. • Civ. 1re, 4 oct. 2000, n° 97-21.356 P : *D. 2000. IR 265* .

19. Événements entraînant l'extinction de l'obligation de couverture. V. art. 2315 s.

Art. 2295 *(Ord. n° 2021-1192 du 15 sept. 2021, art. 3, en vigueur le 1er janv. 2022)* **Sauf clause contraire, le cautionnement s'étend aux intérêts et autres accessoires de l'obligation garantie, ainsi qu'aux frais de la première demande, et à tous ceux postérieurs à la dénonciation qui en est faite à la caution.** – *Comp. anc. art. 2293.*

1. Principe. Intérêts et autres accessoires. L'art. 2016 [2293 anc.] énonçant que le cautionnement indéfini d'une obligation principale s'étend à tous les accessoires de la dette, et l'art. 1326 [anc.] limitant l'exigence de la mention manuscrite à la somme ou à la quantité due, sans l'étendre à la nature de la dette, à ses accessoires ou à ses composantes, dès lors que la caution s'engage, dans l'acte de cautionnement, à garantir les sommes que le débiteur doit ou devra en principal, intérêts et accessoires à quelque titre que ce soit, il importe peu que la mention manuscrite ne fasse pas état des intérêts. • Com. 16 mars 1999, n° 96-12.653 P : *D. Affaires 1999. 667, obs. J. F. ; JCP 1999. II. 10184, note Casey ; ibid. I. 156, n° 1, obs. Simler ; Banque et Dr. 7-8/1999. 35, obs. Jacob* • 3 avr. 2002, n° 98-21.373 P. – Dans le même sens : • Civ. 1re, 29 oct. 2002, n° 99-18.017 P : *R., p. 443 ; D. 2002. Somm. 3334, obs. Aynès* ; *JCP 2002. II. 10187, note D. Legeais ; ibid. 2003. I. 124, n° 1, obs. Simler ; Defrénois 2003. 229, note S. Piedelièvre ; RTD civ. 2003. 122, obs. Crocq* • 29 oct. 2002, n° 00-15.223 P : *R., p. 443 ; D. et JCP, eod. loc.* ♦ Auparavant, il était jugé par la 1re chambre civile qu'il résulte de la combinaison des art. 1326 et 2015 que l'engagement de la caution doit comporter la mention, écrite de la main du signataire, de toute somme déterminable au jour de la signature de l'acte et qu'en conséquence, s'agissant d'un cautionnement dépourvu de caractère commercial, la caution ne peut être tenue des intérêts au taux conventionnel qu'à la condition que le taux en soit écrit de sa main. • Civ. 1re, 30 mars 1994, n° 91-22.345 P : *RTD civ. 1994. 903, obs. Bandrac*. – Déjà en ce sens : • Civ. 1re, 10 mai 1988 : *Bull. civ. I, n° 133 ; R., p. 208 ; D. 1989. 442, note Urbain-Parléani* • 17 juill. 1990, n° 89-12.609 P : *RTD civ. 1990. 691, obs. Bandrac*. ♦ Rappr. : • Civ. 1re, 2 avr. 1997, n° 95-14.235 P : *JCP 1997. II. 22927, note Casey* (le cautionnement déterminé d'une certaine somme, « outre intérêts, frais et accessoires », ne garantit pas l'indemnité de résiliation d'un prêt, faute de référence dans la mention manuscrite à son montant et à ses modalités de calcul). ♦ Il était cependant jugé aussi que la mention manuscrite imparfaite en ce qui concerne les intérêts pouvait cependant constituer un commencement de preuve par écrit pouvant être valablement complété par des éléments extrinsèques. • Civ. 1re, 21 févr. 1995, n° 92-18.988 P : *D. 1996. Somm. 266, obs. Aynès* ; *JCP N 1996. II. 1433, note S. Piedelièvre ; JCP 1995. I. 3889, n° 7, obs. Simler.* – V. encore • Civ. 1re, 12 mars 2002, n° 99-15.059 P : *D. 2002. AJ 1344*. ♦ Aussi bien, la Civ. 1re avait-elle pu admettre que, lorsque la mention manuscrite ne précise pas le taux des intérêts mais que les circonstances de l'acte établissent que la caution avait connaissance du taux convenu, celle-ci était tenue au paiement des intérêts. • Civ. 1re, 22 mai 2002, n° 99-17.245 P : *R., p. 442 ; D. 2002. AJ 2403, obs. Avena-Robardet (2e esp.)*. ♦ ... Mais que, si, au contraire, il ne résulte pas des données de l'espèce que la caution ait eu connaissance des conditions convenues d'intérêts et de pénalités de retard, elle n'est pas engagée quant à ces accessoires. • Civ. 1re, 22 mai 2002, n° 00-18.822 P : *R., p. 442 ; D. eod. loc. (1re esp.)*.

2. Application aux intérêts. La caution qui a souscrit un tel engagement est débitrice non seulement des sommes dues en principal au jour où elle révoque son engagement, mais encore de tous leurs accessoires, et notamment, faute d'avoir acquitté ces sommes, des intérêts compris dans le cautionnement, même si ces intérêts ont couru postérieurement à sa révocation. • Civ. 1re, 10 mai 1988, n° 86-16.000 P. ♦ Le solde d'un compte courant clôturé produit de *plein droit des intérêts au taux* légal si les parties n'en sont pas autrement convenues jusqu'au règlement total de la dette et la caution doit les régler. • Com. 20 juill. 1983, n° 82-13.477 P. ♦ V. aussi note 6 ss. art. 2290. ♦ La caution qui a étendu sa garantie aux intérêts du montant principal cautionné n'est tenue des intérêts au taux conventionnel qu'à la condition que ce taux soit indiqué dans l'acte de cautionnement. • Civ. 1re, 9 mars 2004, n° 01-10.998 P : *D. 2004. Somm. 2706, obs. Aynès*. ♦ Cette règle ne reçoit exception que dans la mesure où le cautionnement porte sur des dettes futures. • Même arrêt. ♦ Sur les conséquences de l'arrêt du cours des intérêts en cas d'ouverture d'une procédure collective, V. notes ss. art. 2290.

3. Dommages résultant du retard. Une caution doit payer la totalité des dommages résultant du retard dans l'exécution de son obligation par le débiteur, bien que les préjudices directs et indirects subis aient été en partie imprévisibles, la condamnation trouvant sa cause dans l'engagement déterminé qu'avait souscrit la caution de garantir la totalité des dommages résultant du retard. • Com. 24 nov. 1982, n° 80-17.091 P. ♦ Lorsque le cautionnement s'étend aux pénalités et intérêts de retard, ceux-ci sont dus par la caution pour le même temps qu'ils le sont par le débiteur principal, indépendamment du moment où ils sont réclamés à la caution. • Com. 4 févr. 1992, n° 89-19.773 P.

4. Clause pénale. La caution qui s'est engagée non seulement pour le principal mais aussi pour les accessoires est tenue de la pénalité de 10 % qui constitue un accessoire de la dette. • Com. 6 févr. 2001, n° 97-10.646 P.

5. Cautionnement d'obligations locatives. Il appartient aux juges du fond de déterminer dans l'exercice de leur pouvoir souverain l'étendue de l'engagement de la caution et de décider si l'obligation de payer l'intégralité des loyers comporte ou non celle de payer l'indemnité de résiliation. – Dans le sens de l'affirmative : V. • Civ. 1re, 8 févr. 1977 : *JCP 1979. II. 19095, note Jacquemont.* – Dans le sens de la négative : V. • Civ. 1re, 21 juill. 1970 : *D. 1970. 671.* ♦ La caution solidaire qui s'est engagée pour toutes les obligations incombant aux preneurs d'un local commercial est tenue dans les mêmes conditions que ceux-ci, notamment quant aux modes de preuve de la créance du bailleur, au paiement des réparations locatives. • Civ. 1re, 23 juin 1992, n° 91-11.678 P : *Defrénois 1992. 1143, obs. Vermelle.*

Le cautionnement donné pour toutes les charges et conditions d'une location-gérance ne garantit pas l'indemnité d'occupation due par le locataire-gérant, non à raison du contrat, mais à raison de sa faute consistant dans son maintien sans droit dans les lieux après résiliation. • Com. 3 avr. 1990, n° 87-14.091 P : *RTD civ. 1990. 528, obs. Bandrac*. – V. déjà, dans le même sens, • Civ. 3e, 14 nov. 1973 : *Gaz. Pal. 1974. 1. 275*. ♦ *Contra* : • Paris, 8 nov. 1975 : *JCP 1978. II. 18908, note Simler.* ♦ L'indemnité de résiliation convenue dans un contrat de crédit-bail est accessoire de la dette au sens de l'art. 2016. • Com. 15 juill. 1986, n° 85-14.855 P : *D. 1987. Somm. 449, obs. Aynès.*

Art. 2296 *(Ord. nº 2021-1192 du 15 sept. 2021, art. 3, en vigueur le 1er janv. 2022)* **Le cautionnement ne peut excéder ce qui est dû par le débiteur ni être contracté sous des conditions plus onéreuses, sous peine d'être réduit à la mesure de l'obligation garantie.**

Il peut être contracté pour une partie de la dette seulement et sous des conditions moins onéreuses. — *Comp. anc. art. 2290.*

1. Domaine. L'art. 2013 [2290 anc.] est sans application dans le cas d'une obligation de résultat découlant d'une lettre d'intention et consistant en un apport en trésorerie, qui n'est pas qualifiée de cautionnement. • Com. 6 mai 2003, nº 00-22.045 : *JCP 2003. I. 176, nº 13, obs. Simler.*

A. MONTANT DE L'OBLIGATION DE LA CAUTION

2. Taux des intérêts. La caution n'est pas tenue de payer des intérêts à un taux supérieur à celui des agios dus par le débiteur (intérêts du solde débiteur d'un compte courant). • Com. 6 mai 1986 : *D. 1987. Somm. 449, obs. Aynès* • 3 mars 1987, nº 85-15.157 P : *D. 1987. Somm. 449, obs. Aynès.* ♦ A moins d'une convention contraire, le solde d'un compte courant clôturé ne produit d'intérêts qu'au taux légal, conformément à l'art. 1153 [anc.]. • Civ. 1re, 20 oct. 1987 : *Bull. civ. I, nº 273* • 9 févr. 1988 : *ibid. I, nº 34 ; RTD civ. 1988. 796, obs. Bandrac.*

B. EXIGIBILITÉ DE L'OBLIGATION DE LA CAUTION

3. Incidences des procédures collectives sur l'exigibilité de la dette. Le jugement d'ouverture du redressement judiciaire ne rendant pas exigibles les créances non échues à la date de son prononcé, viole l'art. 2013 [2290 anc.] l'arrêt qui condamne des cautions au remboursement anticipé de prêts consentis à un débiteur mis en redressement judiciaire, prononçant ainsi à leur égard la déchéance du terme qui n'était pas encourue par le débiteur principal. • Com. 14 nov. 1989 : *Bull. civ. IV, nº 285* • 2 mars 1993, nº 90-19.551 P : *D. 1993. Somm. 309, obs. Aynès* • 3 janv. 1995, nº 90-19.832 P (compte courant non clos) • Civ. 1re, 24 janv. 1995, nº 92-20.436 P. ♦ Le solde d'un compte courant n'est exigible de la caution qui en garantit le paiement qu'à partir de la clôture du compte, laquelle ne résulte pas de l'ouverture du redressement judiciaire du débiteur principal, redressement qui ne rend pas exigibles les créances non échues. • Com. 16 avr. 1996, nº 94-14.250 P (la caution ne doit les intérêts qu'à la double condition que le compte courant ait été clôturé et qu'elle ait été mise en demeure). ♦ ... Nonobstant toute clause contraire du contrat de cautionnement. • Com. 20 juin 1995, nº 93-13.523 : *D. 1996. 426, note Bazin*. ♦ Le compte courant d'une société étant clôturé par l'effet de sa liquidation judiciaire, il en résulte que le solde de ce compte est immédiatement exigible de la caution. • Com. 13 déc. 2016, nº 14-16.037 P : *D. 2017. 5 ; RTD civ. 2017. 196, obs. Crocq*.

4. Déchéance du terme encourue par le débiteur principal. V. note 16 ss. art. 2294.

Art. 2297 *(Ord. nº 2021-1192 du 15 sept. 2021, art. 3, en vigueur le 1er janv. 2022)* **A peine de nullité de son engagement, la caution personne physique appose elle-même la mention qu'elle s'engage en qualité de caution à payer au créancier ce que lui doit le débiteur en cas de défaillance de celui-ci, dans la limite d'un montant en principal et accessoires exprimé en toutes lettres et en chiffres. En cas de différence, le cautionnement vaut pour la somme écrite en toutes lettres.**

Si la caution est privée des bénéfices de discussion ou de division, elle reconnaît dans cette mention ne pouvoir exiger du créancier qu'il poursuive d'abord le débiteur ou qu'il divise ses poursuites entre les cautions. A défaut, elle conserve le droit de se prévaloir de ces bénéfices.

La personne physique qui donne mandat à autrui de se porter caution doit respecter les dispositions du présent article.

L'Ord. nº 2021-1192 du 15 sept. 2021 abroge le titre III du livre III C. consom., « Cautionnement », art. L. 331-1 à L. 333-2, art. consacrés notamment à la mention manuscrite requise en cas de cautionnement (Ord. préc., art. 32-I).

1. Pour la jurisprudence relative à la mention manuscrite dans les cautionnements antérieurs au 1er janv. 2022 V. notes ss. C. consom., art. L. 331 s. ss. art. 2298 anc.

2. Pour l'application aux cautionnements non soumis à ces art. de la mention manuscrite de l'art. 1376 C. civ., V *supra*, note 3 ss. art. 2294.

Art. 2298 *(Ord. nº 2021-1192 du 15 sept. 2021, art. 3, en vigueur le 1er janv. 2022)* **La caution peut opposer au créancier toutes les exceptions, personnelles ou inhérentes à la dette, qui appartiennent au débiteur, sous réserve des dispositions du deuxième alinéa de l'article 2293.**

Toutefois la caution ne peut se prévaloir des mesures légales ou judiciaires dont bénéficie le débiteur en conséquence de sa défaillance, sauf disposition spéciale contraire. — *Comp. anc. art. 2313.*

BIBL. ▶ GARNIER-ZAFFAGNINI, *D. 2022. 2235* (incidence de la décharge du débiteur sur le sort de la caution dans le cadre du transfert de la charge de la sûreté). – SIMLER, *JCP N 2021, n° 1337* (restauration du caractère accessoire du cautionnement).

I. PRINCIPE D'OPPOSABILITÉ DES EXCEPTIONS (AL. 1er)

1. *Absence de distinction entre les exceptions personnelles et inhérentes à la dette.* Pour la jurisprudence antérieure relative aux exceptions opposables par la caution avant la réforme, V. les notes ss. art. 2289 anc. (exceptions relatives à la validité de l'obligation) et 2313 anc. (autres exceptions).

Prise en compte des dispositions issues de l'Ord. du 15 sept. 2021 pour remettre en question la jurisprudence antérieure sur l'impossibilité pour la caution de se prévaloir de la prescription biennale liée à la qualité de consommateur du débiteur dans la mesure où le maintien de cette jurisprudence conduirait à traiter plus sévèrement les cautions ayant souscrit leur engagement avant l'entrée en vigueur de l'Ord. du 15 sept. 2021, laquelle permet en principe à la caution d'opposer au créancier toutes les exceptions qui appartiennent au débiteur. • Civ. 1re, 20 avr. 2022, n° 20-22.866 B : *D. 2022. 1842, note Guillard ; ibid. 1724, obs. Gijsbers ; ibid. 1828, obs. Martin et Synvet ; RTD civ. 2022. 678, obs. Gijsbers ; JCP 2022, n° 561, note Mignot ; ibid. n° 685, note Mallet-Bricout ; ibid., n° 686, note Mignot.*

II. MESURES DONT BÉNÉFICIE LE DÉBITEUR EN RAISON DE SA DÉFAILLANCE (AL. 2) (SOLUTIONS ANTÉRIEURES À LA RÉFORME)

A. OUVERTURE DE LA PROCÉDURE DE TRAITEMENT DES DIFFICULTÉS DU DÉBITEUR

2. *Absence d'incidence sur les cautions.* L'ouverture d'une procédure collective n'interrompt l'instance qu'au profit du débiteur et ne fait pas obstacle à ce que le créancier poursuive la caution en paiement de la dette. • Com. 27 mars 1990 : *D. 1990. 494 (1re esp.), note A. Honorat* • 3 avr. 1990, n° 89-12.147 P • Civ. 1re, 31 mars 1998, n° 96-16.637 P : *Defrénois 1998. 1460, obs. Bénabent* • Com. 22 juin 1999, n° 97-11.772 P • Civ. 1re, 14 juin 2000, n° 98-10.577 P : *D. 2000. AJ 318, obs. Lienhard ; D. 2001. Somm. 696, obs. Aynès ; JCP 2001. I. 309, n° 11, obs. Storck ; JCP N 2000. 1357, étude Vauvillé ; Defrénois 2001. 368, obs. Sénéchal ; Dr. et patr. 1/2001. 96, obs. Monsèrié-Bon.* ♦ V., cependant, pour les cautions personnes physiques, C. com., art. L. 622-28, al. 2, qui dispose que le jugement d'ouverture d'une procédure de sauvegarde suspend toute action contre elles. ♦ Cette disposition édicte, dans le seul intérêt de la caution, une fin de non-recevoir dont elle ne peut se prévaloir pour la première fois devant la Cour de cassation. • Cass., ch. mixte, 16 nov. 2007 : *cité note 14 ss. art. 1369.*

B. DÉFAUT DE DÉCLARATION DE LA CRÉANCE À LA PROCÉDURE OUVERTE CONTRE LE DÉBITEUR PRINCIPAL

1° RÈGLES ANTÉRIEURES À LA LOI DU 26 JUILLET 2005

3. *Principe.* L'extinction de la créance par suite du défaut de déclaration dans le délai légal au passif du redressement judiciaire du débiteur principal (L. 25 janv. 1985, art. 53, al. 4, devenu C. com., art. L. 621-46, al. 4 [ancien, abrogé]) est une exception inhérente à la dette que, conformément à l'art. 2036 [2313 anc.], al. 1er, la caution peut opposer au créancier. • Com. 17 juill. 1990 (deux arrêts), n° 88-15.630 P : *R., p. 349 ; D. 1990. 494, note A. Honorat ; Gaz. Pal. 1990. 2. 678 (un arrêt), note Piedelièvre ; JCP N 1991. II. 280 (3 arrêts), note Amlon ; RTD civ. 1991. 372, obs. Bandrac* • 23 oct. 1990, n° 88-19.257 P • 30 mars 1993, n° 91-15.351 P • 6 déc. 1994, n° 93-12.321 P • 11 juin 1996, n° 93-16.058 P.

4. *Domaine.* L'extinction pour défaut de déclaration s'applique au donneur d'aval, tenu comme caution solidaire. • Com. 25 oct. 1994 : *D. 1995. 590, note Crionnet ; ibid. Somm. 306, obs. A. Honorat* ♦ Même solution pour un organisme de caution mutuelle des agents immobiliers : • Civ. 1re, 10 janv. 1995 : *D. 1995. 178, note Aynès ; JCP 1995. II. 22489, note Béhar-Touchais ; ibid. I. 3889, n° 2, obs. Simler* • 27 juin 1995, n° 92-16.233 P : *D. 1996. Somm. 267, obs. Aynès.* – V. Tomasin, *obs. RDI 1995. 765.* ♦ Pour la solution inverse, fondée sur l'autonomie de la garantie, s'agissant d'une société de caution mutuelle, organisme débiteur d'une garantie financière professionnelle (agents immobiliers), V. • Cass., ass. plén., 4 juin 1999, n° 96-18.094 P : *R., p. 338 ; BICC 15 juill. 1999, concl. Joinet, rapp. Toitot ; D. Affaires 1999. 1082, obs. A. L. ; JCP 1999. II. 10152, note Béhar-Touchais ; JCP 2000. I. 209, n° 8, obs. Simler ; RTD civ. 1999. 665, obs. Crocq* • Civ. 1re, 25 juin 2002 : *AJDI 2003. 529, note Thioye.* ♦ Même solution inverse pour le « cautionnement » solidaire substitué à la retenue de garantie destinée à garantir la défaillance de l'entrepreneur : • Civ. 3e, 3 oct. 2001, n° 99-18.080 P : *JCP 2002. I. 144, n° 11, obs. Cabrillac ; JCP E 2002. 123, note Lucas ; RDI 2001. 502, obs.*

Boubli ; *Defrénois 2002. 1024, obs. Périnet-Marquet ; Banque et Dr. 3-4/2002. 49, obs. F. Jacob ; RTD com. 2002. 368, obs. Martin-Serf*. ♦ Déjà en ce sens, à propos des conseils juridiques : • Com. 5 oct. 1993 : *D. 1994. 267, note Sortais et Derrida* ; *JCP 1994. II. 22225, note Béhar-Touchais*.

5. *Preuve de la déclaration.* Il appartient au créancier qui réclame à la caution, après mise en redressement judiciaire du débiteur principal, le paiement de sa créance, de justifier de la déclaration de celle-ci, et, par suite, de son existence. • Civ. 1re, 7 oct. 1998, n° 96-18.093 P. ♦ V. aussi • Com. 18 janv. 2000, n° 98-16.833 P : *R., p. 371 ; D. 2000. AJ 97, obs. A. Lienhard (1re esp.)* ; *JCP 2000. I. 249, n° 15, obs. M. Cabrillac ; ibid. 257, n° 11, obs. Simler* (faculté pour le créancier d'établir l'existence et le montant de sa créance selon les règles du droit commun, avant toute déclaration ou toute admission de la créance) • 17 sept. 2002, n° 00-14.190 P : *R., p. 441 ; D. 2002. AJ 2805* ; *ibid. Somm. 3336, obs. Aynès* ; *JCP 2003. I. 113, n° 15, obs. Cabrillac ; RTD civ. 2003. 324, obs. Crocq* (même solution ; application dans les rapports entre une caution et une sous-caution). ♦ V. aussi • Com. 23 juin 1998, n° 95-15.456 P : *R., p. 231 ; D. Affaires 1998. 1590, obs. V. A.-R. ; RTD civ. 1999. 151, obs. Crocq* (absence d'obligation pour le juge de rechercher d'office si la créance a été déclarée au passif, du moins tant que la caution ne fait pas elle-même l'objet d'une procédure collective).

6. *Limites.* Le créancier, désintéressé par le paiement de la caution, n'est pas tenu de déclarer sa créance dans la nouvelle procédure collective ouverte par la résolution du plan de continuation adopté au profit du débiteur, et la caution n'est pas fondée, pour réclamer la restitution de son paiement à reprocher au créancier de n'avoir pas déclaré une créance éteinte. • Com. 6 juin 2000 : *JCP 2002. II. 10008, note Boronad-Lesoin*. ♦ Si la forclusion n'est pas opposable au créancier titulaire d'un contrat de crédit-bail publié dès lors qu'il n'a pas été averti personnellement d'avoir à déclarer sa créance, ce créancier reste néanmoins tenu de déclarer pour agir contre la caution. • Com. 30 janv. 2007, n° 05-13.751 P : *D. 2007. AJ 508, obs. A. Lienhard* ; *ibid. 2008. Pan. 2111, obs. Crocq* ; *RTD civ. 2007. 597, obs. Crocq* (rejet de la demande en paiement dirigée contre la caution par un créancier ne justifiant pas avoir satisfait à l'obligation de déclaration). ♦ La caution n'est pas recevable à se prévaloir de l'extinction de la créance pour défaut de déclaration dans le délai légal après que le créancier a été irrévocablement relevé de la forclusion encourue. • Com. 20 mai 1997, n° 95-12.853 P : *D. 1997. Somm. 313, obs. A. Honorat*.

2° RÈGLES RÉSULTANT DE LA LOI DU 26 JUILLET 2005

7. *Exception inopposable.* Il résulte des dispositions de l'art. L. 622-26 C. com. que la défaillance du créancier (le défaut de déclaration) ayant pour effet, non d'éteindre la créance, mais d'exclure son titulaire des répartitions et dividendes, cette sanction ne constitue pas une exception inhérente à la dette, susceptible d'être opposée par la caution, pour se soustraire à son engagement. • Com. 12 juill. 2011, n° 09-71.113 P : *R., p. 467 ; D. 2011. Actu. 1894, obs. Lienhard* ; *ibid. 2012. 1573, obs. Crocq* ; *RTD civ. 2011. 782, obs. Crocq* ; *RTD com. 2011. 625, obs. Legeais* ; *ibid. 2012. 405, obs. Martin-Serf* ; *JCP 2011. 1485, note Dissaux ; Gaz. Pal. 2011. 1740, note Le Corre ; ibid. 2855, note Juillet ; Banque et Dr. 9-10/2011. 42, obs. Jacob.*

C. CONSÉQUENCES DE L'ADMISSION OU DU REJET DE LA CRÉANCE

8. *Admission de la créance.* L'admission de la créance au passif du débiteur principal en procédure collective est opposable à la caution tant en ce qui concerne l'existence et le montant de la créance que la substitution de la prescription trentenaire à la prescription originaire. • Com. 5 déc. 2006, n° 05-11.761 P : *D. 2007. AJ 229*. ♦ L'admission irrévocable d'une créance cautionnée au passif du règlement judiciaire du débiteur, pour un certain montant, faute par le créancier d'avoir formulé ses réclamations dans le délai réglementaire, s'impose à l'égard des cautions solidaires, qui ne peuvent être tenues au paiement d'une somme supérieure. • Civ. 1re, 14 oct. 1981 : *D. 1982. 275 (1re esp.)*, note A. Honorat. ♦ Mais la décision d'admission de la créance au passif du débiteur, passée en force de chose jugée, n'interdit pas à la caution d'invoquer l'exception personnelle tirée du non-respect par la banque de son obligation d'information annuelle (C. mon. fin., art. L. 313-22, ss. art. 2314). • Com. 22 avr. 1997, n° 94-12.862 P : *R., p. 240 ; RTD civ. 1998. 152, obs. Crocq*.

9. Fin de non-recevoir tirée du défaut de mise en œuvre d'une clause de conciliation. La fin de non-recevoir tirée du défaut de mise en œuvre d'une clause contractuelle qui institue une procédure de conciliation, obligatoire et préalable à la saisine du juge, ne concerne, lorsqu'une telle clause figure dans un contrat de prêt, que les modalités d'exercice de l'action du créancier contre le débiteur principal et non la dette de remboursement elle-même à laquelle la caution est également tenue, de sorte qu'elle ne constitue pas une exception inhérente à la dette que la caution peut opposer. • Com. 13 oct. 2015, n° 14-19.734 P.

10. Rejet de la créance dans la procédure

collective ouverte contre un cofidéjusseur. La caution solidaire peut se prévaloir, dès lors qu'il est définitif, du rejet de la créance garantie prononcé dans la procédure collective de son cofidéjusseur, à moins qu'il ne soit dû à une cause personnelle à celui-ci. • Com. 18 nov. 2014, n° 13-23.976 P : *D. 2014. 2405*.

D. DÉLAIS ET REMISES ACCORDÉS DANS LE CADRE D'UNE PROCÉDURE

11. Procédures collectives relatives aux entreprises. La caution solidaire ne peut se prévaloir des délais prévus au plan de continuation d'une société mise en redressement judiciaire. • Com. 28 mai 1991, n° 89-15.951 P. ♦ Il en est de même pour la réduction de créance acceptée par un créancier dans les conditions prévues par l'art. 24 (C. com., art. L. 621-60 [ancien, abrogé]) de la L. du 25 janv. 1985, laquelle, malgré son caractère volontaire, participe de la nature judiciaire des dispositions du plan de continuation. • Com. 17 mai 1994, n° 92-22.064 P. ♦ Comp., en cas de règlement amiable : les remises ou délais accordés par un créancier dans le cadre d'un règlement amiable (C. com., art. L. 611-1 s.) bénéficient à la caution. • Com. 5 mai 2004, n° 01-03.873 P : *D. 2004. AJ 1594, obs. A. Lienhard ; Defrénois 2004. 1663, obs. Gibirila ; RDC 2005. 408, obs. Houtcieff ; RTD civ. 2004. 534, obs. Crocq ; RTD com. 2004. 584, obs. D. Legeais ; ibid. 590, obs. Macorig-Venier*. ♦ Il résulte de l'art. L. 621-65 [ancien ; Comp. L. 626-11] C. com. que les cautions non solidaires peuvent se prévaloir des dispositions du plan de redressement judiciaire. • Com. 23 nov. 2004, n° 03-17.235 P : *D. 2004. AJ 3220, obs. A. Lienhard ; D. 2005. 653, note Lisanti ; ibid. Pan. 2083, obs. Crocq ; JCP 2005. I. 147, n° 5, obs. Cabrillac ; RDC 2005. 408, obs. Houtcieff ; RTD civ. 2005. 429, obs. Crocq ; RTD com. 2005. 159, obs. D. Legeais ; ibid. 594, obs. Saint-Alary Houin ; ibid. 602, obs. Martin-Serf*. ♦ La caution personne morale ne pouvant, selon l'art. L. 626-11, al. 2, C. com., se prévaloir des dispositions du plan de sauvegarde, il en résulte que, si la déchéance du terme non encourue par le débiteur principal ne peut être invoquée contre une telle caution, celle-ci est tenue de la partie exigible de la dette cautionnée, conformément au terme convenu dans son engagement, jusqu'à extinction de la dette garantie par le cautionnement, sous déduction des sommes payées en exécution du plan. • Com. 30 janv. 2019, n° 16-18.468 P : *D. 2019. 1435, note Bleusez ; RTD com. 2019. 486, obs. Martin-Serf ; ibid. 498, obs. Poujade*.

12. Arrêt du cours des intérêts. Sur l'incidence de l'arrêt du cours des intérêts de la dette principale résultant du jugement d'ouverture du redressement judiciaire du débiteur : V. L. n° 85-98 du 25 janv. 1985, art. 55 mod. par L. n° 94-475 du 10 juin 1994 (C. com., art. L. 621-48), selon lequel les cautions et coobligés ne peuvent se prévaloir de cette disposition. ♦ *Adde* • Com. 4 avr. 2006, n° 04-20.430 P : *D. 2006. AJ 1231, obs. A. Lienhard ; JCP 2006. I. 185, n° 13, obs. Cabrillac* (la caution est tenue des intérêts dès lors que ceux-ci résultent d'un prêt d'une durée supérieure à un an, leur cours n'étant pas, dans ce cas, arrêté par le jugement d'ouverture). ♦ Antérieurement à la modification législative intervenue en 1994, il était jugé de façon constante que, le cautionnement ne pouvant excéder ce qui est dû par le débiteur principal, la caution n'était pas tenue des intérêts au-delà de la date du jugement prononçant le redressement judiciaire du débiteur (par ex. : • Com. 13 nov. 1990, n° 88-17.734 P : *JCP E 1991. II. 114, note Pétel ; JCP N 1992. II. 53, note Pétel ; D. 1991. Somm. 112, obs. Derrida ; Defrénois 1991. 1123, obs. Aynès*). ♦ ... Ce qui n'excluait pas que, par application de l'art. 1153 anc., al. 3, la caution fût tenue, à titre personnel, à compter de sa mise en demeure, des intérêts au taux légal de la somme due, par ex. : • Com. 7 janv. 1992, n° 89-17.717 P : *Defrénois 1992. 1573, obs. J. Honorat.*

13. Procédures de traitement du surendettement des particuliers. Malgré leur caractère volontaire, les mesures consenties par les créanciers dans le plan conventionnel de règlement prévu à l'art. L. 331-6 (ancien) C. consom. ne constituent pas, eu égard à la finalité d'un tel plan, une remise de dette au sens de l'art. 1287 anc. et la caution ne peut en bénéficier. • Civ. 1re, 13 nov. 1996, n° 94-12.856 P : *R., p. 311 ; D. 1997. 141, concl. contraires Sainte-Rose, note Moussa ; D. 1997. Somm. 178, obs. D. Mazeaud ; ibid. 200, obs. Chatain et Ferrière ; JCP 1997. II. 22780, note Mury ; ibid. I. 4033, n° 7, obs. Simler ; JCP E 1997. II. 903, note D. Legeais ; Defrénois 1997. 292, obs. Aynès ; CCC 1997. Chron. 7, par Marie ; RTD civ. 1997. 190, obs. Crocq*. ♦ La caution ne peut se prévaloir, pour se soustraire à son engagement, des mesures arrêtées par le juge en faveur du débiteur principal surendetté. • Civ. 1re, 3 mars 1998, n° 96-10.753 P : *D. 1998. 421, concl. Sainte-Rose ; JCP 1998. II. 10117, note S. Piedelièvre ; RTD civ. 1998. 422 ; ibid. 950, obs. Crocq* • 26 avr. 2000, n° 98-10.693 P. ♦ ... Et la mesure de réduction prévue par l'art. L. 331-7-4° ancien C. consom. ne s'applique pas à la créance de la caution qui a payé la dette du débiteur principal. • Civ. 1re, 15 juill. 1999 : *cité note 7 ss. art. 2308.*

Inversement, le créancier ne peut invoquer le plan judiciaire de redressement pour prétendre qu'un nouveau délai de forclusion lui serait ouvert à compter du premier incident affectant l'exécution de ce plan. • Civ. 1re, 18 oct. 2000, n° 98-21.801 P : *Defrénois 2001. 251, obs. Savaux.*

14. Compensation avec une dette mise à la charge du créancier dans le cadre de l'application de l'ancien art. 46 de la L. du 25 janv.

1985. La caution du débiteur en redressement judiciaire ne peut se prévaloir de la compensation entre la dette de ce dernier envers la banque créancière et celle mise à la charge de cette banque à la suite de l'action en responsabilité engagée par le représentant des créanciers du débiteur, les sommes recouvrées par une telle action devant recevoir l'affectation prévue par l'art. 46 (C. com., art. L. 621-37 [ancien, abrogé]) de la L. du 25 janv. 1985. • Com. 6 mai 1997, n° 94-20.855 P.

Art. 2299 *(Ord. n° 2021-1192 du 15 sept. 2021, art. 3, en vigueur le 1er janv. 2022)* **Le créancier professionnel est tenu de mettre en garde la caution personne physique lorsque l'engagement du débiteur principal est inadapté aux capacités financières de ce dernier.**

A défaut, le créancier est déchu de son droit contre la caution à hauteur du préjudice subi par celle-ci.

I. CONTENU DE L'OBLIGATION DE MISE EN GARDE (SOLUTIONS ANTÉRIEURES À L'ORD. N° 2021-1192 DU 15 SEPT. 2021)

1. Silence gardé sur le défaut de viabilité de l'opération principale. Commet une faute le créancier, établissement de crédit-bail, qui sollicite le cautionnement des dirigeants de la société débitrice sans les avertir du caractère non viable de l'opération d'exploitation hôtelière envisagée, dont le montage financier a été élaboré par un franchiseur, alors que les cautions ne sont des professionnels ni de la finance, ni de l'hôtellerie. • Com. 23 juin 1998, n° 95-16.117 P : *R., p. 231* (rejet de l'action du créancier contre la caution). ♦ Informations détenues par le créancier sur la viabilité de l'opération : • Com. 20 sept. 2005, n° 03-19.732 P : *D. 2005. AJ 2588, obs. Delpech ; D. 2006. Pan. 2863, obs. Crocq ; JCP 2006. I. 131, n° 8, obs. Simler ; RTD com. 2005. 822, obs. Legeais* (manque à son obligation de contracter de bonne foi à l'égard des cautions le créancier qui disposait, sur la viabilité de l'opération, d'informations que, par suite de circonstances exceptionnelles, les cautions ignoraient).

2. Défaut de vérification de la viabilité de l'opération. La banque qui accorde un crédit à une société démarrant son activité sans que soient présentés des éléments comptables prévisionnels engage sa responsabilité envers la caution gérante de la société débitrice qui, quoique titulaire d'une maîtrise de lettres et d'un DESS information et documentation, ne peut pas être considérée comme gérante avertie de la gestion d'une société commerciale. • Com. 27 mars 2012, n° 10-25.904 : *D. 2012. 1117 ; Rev. sociétés 2012. 562, note Legeais ; RTD com. 2012. 382, obs. Legeais .*

3. Défaut de mise en garde quant au risque d'endettement. Un devoir de mise en garde pèse sur les établissements de crédit à l'égard de la caution elle-même. • Com. 13 mars 2012, n° 10-28.635 P : *D. 2012. 1043, note Dadoun ; ibid. 1573, obs. Crocq ; RTD com. 2012. 389, obs. Legeais ; Banque et Dr. 7-8/2012. 39, obs. Jacob* (banque condamnée pour manquement au devoir de conseil et de mise en garde de la caution après avoir été pourtant exonérée de la responsabilité que le débiteur cherchait à lui imputer à raison d'un manquement à ce même devoir vis-à-vis de lui). ♦ V., plus récemment : • Civ. 3e, 3 juin 2015, n° 14-13.126 P. ♦ La banque est tenue à un devoir de mise en garde à l'égard d'une caution non avertie lorsque, au jour de son engagement, celui-ci n'est pas adapté aux capacités financières de la caution ou s'il existe un risque de l'endettement né de l'octroi du prêt garanti, lequel résulte de l'inadaptation du prêt aux capacités financières de l'emprunteur. • Com. 15 nov. 2017, n° 16-16.790 P : *D. 2017. 2573, note Albiges ; ibid. 2018. 1884, obs. Crocq ; RTD civ. 2018. 185, obs. Crocq ; Gaz. Pal. 2017. 3298, note Guinamant* (opération vouée à l'échec dès son lancement peu important que le cautionnement soit adapté à ses propres capacités financières).

4. ... Preuve. Pour établir que le banquier dispensateur de crédit est tenu, à son égard, d'un devoir de mise en garde, la caution non avertie doit établir que, à la date à laquelle son engagement a été souscrit, celui-ci n'était pas adapté à ses capacités financières ou qu'il existait un risque d'endettement né de l'octroi du prêt, lequel résultait de l'inadaptation du prêt aux capacités financières de l'emprunteur. La circonstance que la banque a octroyé le prêt sans disposer d'éléments comptables sur l'activité prévisionnelle de l'emprunteur ne dispense pas la caution d'établir l'inadaptation de ce prêt aux capacités financières de l'emprunteur. • Com. 9 mars 2022, n° 20-16.277 B : *D. 2022. 1724, obs. Ansault et Gijsbers .*

5. Défaut de mise en garde résultant du défaut de proportionnalité. Avant de dégager la responsabilité du créancier à l'égard de la caution, au motif qu'il n'avait pas, concernant ses facultés de remboursement raisonnablement prévisibles en l'état du succès escompté de l'opération entreprise, des informations qu'elle-même aurait ignorées, il convient de rechercher si, eu égard à son âge au moment de l'engagement litigieux, à sa situation d'étudiante et à la modicité de son patrimoine, l'engagement souscrit par la caution, qui n'exerçait aucune responsabilité au sein de la société débitrice, n'était pas hors de proportion avec ses facultés financières et si, de ce fait, le créancier n'avait pas manqué à son devoir de mise en garde à l'égard de cette caution. • Com. 3 mai 2006, n° 04-19.315 P : *R., p. 385 ; D. 2006. AJ 1445, obs. Delpech (3e esp.) ; ibid. Pan. 2858, obs. Crocq ; JCP 2006. II. 10122, note Gourio (3e esp.) ; JCP E 2006. 1890, note Legeais (3e esp.) ; RTD civ. 2007. 103, obs. Mestre et Fages ; RDC 2007. 300, obs. Viney.*

II. BÉNÉFICIAIRES DE L'OBLIGATION DE MISE EN GARDE (SOLUTIONS ANTÉRIEURES À L'ORD. Nº 2021-1192 DU 15 SEPT. 2021)

6. Distinction entre cautions averties et non averties. La caution avertie est exclue du bénéfice du devoir de mise en garde. • Com. 27 mars 2012, n° 10-20.007 : *D. 2012. 1455, note Dammann et Rapp ; ibid. 2012. 1573, obs. Crocq ; ibid. 2012. 2034, chron. Hoang ; ibid. 2012. 2196, obs. Lucas et Le Corre ; Rev. sociétés 2012. 398, obs. Roussel Galle ; ibid. 2013. 91, note Riassetto ; RTD com. 2012. 384, obs. Legeais ; RLDC 2012/96, n° 4776, note Netter* (exerce son pouvoir souverain d'appréciation la cour d'appel qui, après avoir relevé que la caution, du fait de ses fonctions de dirigeant au sein de la société débitrice, était particulièrement avertie de la situation financière de celle-ci, retient que cette caution ne pouvait soutenir que la banque créancière était tenue à son égard d'une obligation de mise en garde quant au risque d'endettement généré par l'engagement de caution) • 28 janv. 2014, n° 12-27.703 P (crédit abusif). ♦ Mais les juges du fond peuvent, dans leur appréciation souveraine, juger que la qualité de caution avertie ne saurait résulter du seul statut de dirigeante d'une société venant d'être constituée s'il n'est pas démontré qu'elle disposait des compétences pour mesurer les enjeux réels et les risques liés à l'octroi du prêt ainsi que la portée de son engagement de caution, peu important qu'elle eût recours à un cabinet extérieur pour établir des documents prévisionnels. • Com. 12 juill. 2017, n° 16-10.793 P : *D. 2017. 2020, note Lasserre Capdeville ; AJ contrat 2017. 433, obs. Houtcieff ; Rev. sociétés 2017. 527, obs. Roussel Galle ; RTD com. 2017. 669, obs. Legeais ; RDC 2017. 605, note Viney.* ♦ Le caractère averti d'une personne morale s'apprécie, lors de la conclusion du contrat, en la personne de son représentant. • Civ. 3e, 19 sept. 2019, n° 18-15.398 P : *D. 2019. Chron. C. cass. 2199, obs. Georget ; AJ contrat 2020. 33, obs. de Ravel d'Esclapon* (dirigeant de la société cautionnée étant emprunteur et caution avertis).

7. Conjoint de la caution (non). Le devoir de mise en garde ne s'étend pas au conjoint de la caution qui consent au cautionnement en application de l'art. 1415, ce consentement n'ayant pas pour effet de lui conférer la qualité de partie à l'acte de cautionnement. • Com. 9 févr. 2016, n° 14-20.304 P.

8. Avaliste. L'aval constituant un engagement cambiaire gouverné par les règles propres du droit du change, l'avaliste n'est pas fondé à rechercher la responsabilité de la banque pour manquement au devoir de mise en garde. • Com. 30 oct. 2012, n° 11-23.519 P : *D. 2012. 2588, obs. Delpech ; Banque et Dr. 11-12/2012. 58, obs. Jacob.*

Art. 2300 *(Ord. n° 2021-1192 du 15 sept. 2021, art. 3, en vigueur le 1er janv. 2022)* **Si le cautionnement souscrit par une personne physique envers un créancier professionnel était, lors de sa conclusion, manifestement disproportionné aux revenus et au patrimoine de la caution, il est réduit au montant à hauteur duquel elle pouvait s'engager à cette date.**

L'Ord. n° 2021-1192 du 15 sept. 2021 abroge le titre III du livre III C. consom., « Cautionnement », art. L. 331-1 à L. 333-2, art. consacrés notamment à la proportionnalité du cautionnement (Ord. préc., art. 32-I).

V. notes ss. art. L. 332-1 C. consom., ss. C. civ., art. 2298 anc. la jurisprudence relative à cet art., toujours applicable aux cautionnements passés avant le 1er janv. 2022. Pour l'exigence de proportionnalité posée par la jurisprudence hors le champ d'application de cet art., V. notes infra.

BIBL. ▶ HOYER, *RTD civ. 2022. 41* (proportionnalité de l'engagement et « reste à vivre » en droit du cautionnement).

1. Cautionnement disproportionné : principe de la responsabilité de la banque. **BIBL.** *Jobard-Bachellier et Brémond, RTD com. 1999. 327.* – Roman, *Gaz. Pal. 2003. Doctr. 2641.* ♦ En présence d'un engagement de la caution disproportionné par rapport à ses ressources, non constitutif d'une erreur viciant son consentement, est justifiée la condamnation de la banque créancière bénéficiaire du cautionnement à payer des dommages-intérêts à la caution, pour la faute commise en lui demandant un engagement sans aucun rapport avec son patrimoine et ses revenus. • Com. 17 juin 1997, *Macron*, n° 95-14.105 P : *R., p. 232 ; JCP E 1997. II. 1007, note Legeais ; Defrénois 1997. 1424, obs. Aynès ; RTD civ. 1998. 100, obs. Mestre, et 157, obs. Crocq* • Civ. 1re, 10 mai 2005, n° 03-14.446 P (caution profane et SCI créancier professionnel).

♦ Dans le même sens, pour la responsabilité de la caution envers la sous-caution : • Com. 17 déc. 2003, n° 01-13.419 P : *JCP 2004. II. 10072, note Casey (1re esp.).* ♦ Comp. • Paris, 27 juin 2000 : *D. 2001. 1382, note Grignon-Derenne.* ♦ Sur la possibilité de relever la faute que peut commettre le créancier en faisant souscrire un engagement disproportionné à la caution, abstraction faite de la référence surabondante (et jugée erronée, en l'espèce) au devoir de mise en garde, V. égal. : • Com. 2 oct. 2012, n° 11-28.331 P : *D. 2012. 2380, obs. Avena-Robardet ; RTD com. 2013. 122, obs. Legeais ; Gaz. Pal. 2012. 3302, obs. Piedelièvre.* ♦ Sur les engagements de caution excessifs en droit de la consommation, V. C. civ., art. 2300 et C. consom., L. 332-1 anc., ss. art. 1914 et 2298 anc.

2. *Cautionnement disproportionné : conditions de la responsabilité de la banque.* La banque prêteuse qui ne dispose pas d'informations particulières sur les ressources des cautions dirigeant de la société débitrice pour l'une, membre de son conseil d'administration pour l'autre, et les facultés de remboursement raisonnablement prévisibles de ces cautions, en l'état du succès escompté de l'opération garantie, n'engage pas sa responsabilité à leur égard en raison d'un cautionnement prétendument disproportionné. • Com. 8 oct. 2002, *Nahoum*, n° 99-18.619 P : *R., p. 451 ; D. 2003. 414, note Koering ; JCP 2003. II. 10017, note Picod ; ibid. I. 124, n° 6, obs. Simler ; ibid. I. 134, n° 3, obs. Caussain, Deboissy et Wicker ; Defrénois 2003. 456, note S. Piedelièvre ; ibid. 411, obs. Théry ; RTD civ. 2003. 125, obs. Crocq ; RTD com. 2003. 151, obs. Legeais ; RDI 2003. 164, obs. H. H.-D.* – Même sens : • Com. 4 févr. 2003, n° 98-20.038 : *D. 2003. Somm. 1284, obs. Brémond (3e esp.)* • 17 déc. 2003, n° 00-19.993 P : *D. 2004. AJ 208 ; JCP 2004. II. 10072, note Casey (2e esp.)* • 13 févr. 2007, n° 04-19.727 : *D. 2007. AJ 653, obs. Avena-Robardet ; JCP 2007. I. 158, n° 7, obs. Simler (caution avertie).* ♦ *Adde* : • Com. 11 juin 2003, n° 00-11.913 P : *D. 2003. AJ 2094 ; Banque et Dr. 7-8/2003. 61, obs. Jacob ; RTD civ. 2004. 124, obs. Crocq.* ♦ Le créancier, en l'absence d'anomalies apparentes, n'a pas à vérifier l'exactitude des déclarations de la caution quant à ses biens et revenus. • Com. 14 déc. 2010, *n° 09-69.807 P* • *Civ. 1re, 12 nov. 2015,* n° 14-21.725 P.

La disproportion s'apprécie au jour de la signature du cautionnement, même donné pour garantir des emprunts postérieurs dès lors que, leur montant étant connu, la dette garantie est déterminable dès ce moment. • Com. 3 nov. 2015, nos 14-26.051 et 15-21.769 P : *D. 2015. 2316, obs. Avena-Robardet.* ♦ La consistance du patrimoine de la caution à prendre en considération pour l'appréciation de sa capacité à faire face à son engagement au moment où elle est appelée n'est pas modifiée par les stipulations de la garantie de la société Oséo qui interdisent au créancier le recours à certaines procédures d'exécution forcée, de sorte que la résidence principale de la caution doit être prise en compte au titre des biens de la caution alors même que le créancier est dans l'impossibilité de la saisir. • Com. 17 oct. 2018, n° 17-21.857 P : *D. 2019. 371, note Gallois ; AJ contrat 2018. 544, obs. Bougerol ; RTD civ. 2019. 154, obs. Crocq ; Gaz. Pal. 2018. 3100, obs. Guinamant.* ♦ V. aussi notes 3 à 12 ss. anc. art. L. 332-1 C. consom.

Sur le caractère nécessairement proportionné d'un cautionnement hypothécaire, V. • Civ. 1re, 7 mai 2008 : *cité ss. art. 2325.*

3. *Importance des qualités de la caution et du créancier.* Un créancier professionnel doit s'assurer de la proportionnalité de l'engagement de caution pris en sa faveur par une caution non avertie lorsque cet engagement ne relève pas, en raison de la date de sa souscription, des dispositions de l'art. L. 341-4 [L. 332-1] C. consom. • Com. 2 oct. 2012 : *préc. note 1* (la caution qui n'est pas impliquée dans la vie de l'entreprise de son compagnon, débiteur principal, n'est pas une caution avertie) • 17 déc. 2003, n° 00-19.993 P (qui distingue la situation de la caution cogérant de la société débitrice, caution qui doit montrer que le créancier avait sur les chances de succès de l'opération garantie des informations qu'elle ignorait, de la situation de la caution épouse de ce cogérant, épouse dont l'engagement doit être soumis à un examen de proportionnalité). ♦ La qualité de caution avertie ne peut pas se déduire de sa seule qualité de dirigeant et associé de la société débitrice principale. • Com. 22 mars 2016, n° 14-10.066 P. ♦ Le vendeur d'un fonds de commerce moyennant un prix payé pour partie par un crédit octroyé par lui, n'ayant pas la qualité de créancier professionnel, n'a pas commis de faute en faisant souscrire un cautionnement prétendument disproportionné. • Com. 13 nov. 2007, n° 06-12.284 P.

4. *Prévision sur les bénéfices à venir de l'opération garantie.* Dans le cas d'une caution qui garantit les dettes de l'entreprise de son mari, la disproportion s'apprécie en tenant compte du succès escompté de l'opération garantie. • Com. 17 déc. 2003, n° 01-13.419 P. ♦ Comp. • Com. 6 févr. 2007, n° 04-15.362 P : *D. 2007. AJ 575, obs. Avena-Robardet ; RTD civ. 2007. 372, obs. Crocq* (où il est jugé qu'il est imprudent de déduire des résultats antérieurs bénéficiaires de l'entreprise débitrice et de la qualité d'associé de la caution que les revenus de celle-ci augmenteraient de façon sensible). V. aussi note 8 ss. anc. art. L. 332-1 C. consom.

5. *Parts sociales.* Les parts sociales dont est titulaire la caution au sein de la société cautionnée font partie du patrimoine devant être pris en considération pour l'appréciation de ses capacités financières au jour de son engagement.

• Civ. 1re, 28 sept. 2022, nº 21-14.673 B : *D. 2022. 1748* ; *RTD civ. 2022. 946, obs. Gijsbers*.

6. Évaluation du préjudice. En cas de cautionnement excessif, le préjudice subi par la caution ne saurait être équivalent à la dette tout entière, mais seulement à la mesure excédant les biens que la caution pouvait proposer en garantie. • Civ. 1re, 9 juill. 2003, nº 01-14.082 P : *D. 2004. 204, note Picod* ; *JCP 2003. II. 10167, note Casey ; ibid. I. 176, nº 4, obs. Simler ; Gaz. Pal. 2004. Somm. 1999, obs. S. Piedelièvre ; RTD civ. 2004. 124, obs. Crocq* • 20 déc. 2007, nº 06-19.313 P : *D. 2008. AJ 287, obs. Avena-Robardet* ; *Dr. et pr. 2008. 82, note Picod ; CCC 2008, nº 115, obs. Raymond ; Dr. et patr. 10/2008. 94, obs. Aynès et Dupichot ; Defrénois 2009. 2080, obs. Théry*. – V. aussi • Civ. 1re, 6 avr. 2004, nº 01-10.926 P : *D. 2004. AJ 1232* ; *Defrénois 2005. 339, obs. Théry* (cassation de l'arrêt ayant prononcé la nullité du cautionnement disproportionné). – Même sens : • Civ. 1re, 29 juin 2004, nº 02-13.424 P : *D. 2004. AJ 2299 ; ibid. Somm. 2707, obs. Aynès*. ♦ Dès lors, il incombe aux juges du fond d'évaluer les biens que la caution peut proposer en garantie après avoir invité les parties à présenter leurs observations à cet égard. • Civ. 1re, 20 déc. 2007, nº 06-19.313 P : *préc.*

Art. 2301 *(Ord. nº 2021-1192 du 15 sept. 2021, art. 3, en vigueur le 1er janv. 2022)* **La personne qui s'oblige au titre d'un cautionnement légal ou judiciaire doit avoir une solvabilité suffisante pour répondre de l'obligation.**

Si cette caution devient insolvable, le débiteur doit lui substituer une autre caution, sous peine d'être déchu du terme ou de perdre l'avantage subordonné à la fourniture du cautionnement.

Le débiteur peut substituer au cautionnement légal ou judiciaire une sûreté réelle suffisante.

Sanction de l'exigence de solvabilité. Les règles établies par l'art. 2018 [2295 anc.], dont la violation n'entraîne pas la nullité du cautionnement, étant protectrices des intérêts du créancier, il est loisible à celui-ci d'accepter une caution ne remplissant pas les conditions édictées par ce texte. • Com. 7 févr. 1984 : *Gaz. Pal. 1984. 2. Pan. 163, obs. A. P.*

Protectrices des seuls intérêts du créancier, ces règles ne peuvent être invoquées par la caution pour se soustraire à son engagement. • Civ. 1re, 7 juin 1988 : *Bull. civ. I, nº 173.*

SECTION 3 Des effets du cautionnement

(Ord. nº 2021-1192 du 15 sept. 2021, art. 4, en vigueur le 1er janv. 2022)

SOUS-SECTION 1 Des effets du cautionnement entre le créancier et la caution

(Ord. nº 2021-1192 du 15 sept. 2021, art. 4, en vigueur le 1er janv. 2022)

Comp. anc. art. 2298 s.

Art. 2302 *(Ord. nº 2021-1192 du 15 sept. 2021, art. 4, en vigueur le 1er janv. 2022)* **Le créancier professionnel est tenu, avant le 31 mars de chaque année et à ses frais, de faire connaître à toute caution personne physique le montant du principal de la dette, des intérêts et autres accessoires restant dus au 31 décembre de l'année précédente au titre de l'obligation garantie, sous peine de déchéance de la garantie des intérêts et pénalités échus depuis la date de la précédente information et jusqu'à celle de la communication de la nouvelle information. Dans les rapports entre le créancier et la caution, les paiements effectués par le débiteur pendant cette période sont imputés prioritairement sur le principal de la dette.**

Le créancier professionnel est tenu, à ses frais et sous la même sanction, de rappeler à la caution personne physique le terme de son engagement ou, si le cautionnement est à durée indéterminée, sa faculté de résiliation à tout moment et les conditions dans lesquelles celle-ci peut être exercée.

Le présent article est également applicable au cautionnement souscrit par une personne morale envers un établissement de crédit ou une société de financement en garantie d'un concours financier accordée à une entreprise.

Les dispositions des art. 2302 à 2304 C. civ. sont applicables dès le 1er janv. 2022, y compris aux cautionnements et aux sûretés réelles pour autrui constitués antérieurement (Ord. nº 2021-1192 du 15 sept. 2021, art. 37-III).

L'Ord. nº 2021-1192 du 15 sept. 2021 abroge le titre III du livre III C. consom., « Cautionnement », art. L. 331-1 à L. 333-2, art. consacrés notamment à l'information qui doit être délivrée à la caution (Ord. préc., art. 32-I).

Comp. les solutions développées pour l'obligation d'information de l'anc. art. L. 322-12 C. mon. fin. – ***C. mon. fin.*** *– V. aussi notes ss. anc. art. L. 333-2 C. consom., ss. C. civ., art. 2298 anc.*

Art. 2303 *(Ord. nº 2021-1192 du 15 sept. 2021, art. 4, en vigueur le 1er janv. 2022)* **Le créancier professionnel est tenu d'informer toute caution personne physique de la défaillance du débiteur principal dès le premier incident de paiement non régularisé dans le mois de l'exigibilité de ce paiement, à peine de déchéance de la garantie des intérêts et pénalités échus entre la date de cet incident et celle à laquelle elle en a été informée.**

Dans les rapports entre le créancier et la caution, les paiements effectués par le débiteur pendant cette période sont imputés prioritairement sur le principal de la dette.

V. ndlr ss. art. 2302.

BIBL. ▸ **Information de la caution :** BIARDEAUD et FLORES, *D. 2007. Chron. 174* ✎. – CROCQ, *RTD civ. 1998. 955* ✎. – GROSSER, *Mél. Goubeaux, Dalloz-LGDJ, 2009, p. 203* (l'art. 2293 C. civ. et la C. cass.).

1. Pénalités visées. V. note 2 ss. anc. art. L. 333-1 C. consom., ss. C. civ., art. 2298 anc.

2. Information dans le mois de l'exigibilité du paiement. V. note 3 ss. anc. art. L. 333-1 C. consom., ss. C. civ., art. 2298 anc.

Art. 2304 *(Ord. nº 2021-1192 du 15 sept. 2021, art. 4, en vigueur le 1er janv. 2022)* **Dans le mois qui en suit la réception, la caution communique à ses frais à la sous-caution personne physique les informations qu'elle a reçues en application des articles 2302 et 2303.**

V. ndlr ss. art. 2302.

Art. 2305 *(Ord. nº 2021-1192 du 15 sept. 2021, art. 4, en vigueur le 1er janv. 2022)* **Le bénéfice de discussion permet à la caution d'obliger le créancier à poursuivre d'abord le débiteur principal.**

Ne peut se prévaloir de ce bénéfice ni la caution tenue solidairement avec le débiteur, ni celle qui a renoncé à ce bénéfice, non plus que la caution judiciaire. – *Comp. anc. art. 2298, 2319, 2320.*

1. Domaine : cautionnement réel. V. note 8 ss. art. 2325.

2. Domaine : action paulienne. En matière d'action paulienne dirigée contre une caution, la discussion des biens du débiteur principal n'est pas exigée lorsque l'insolvabilité de ce dernier est notoire. • Civ. 3e, 4 avr. 1973 : *Bull. civ. III, nº 258.*

3. Applications particulières. La caution solidaire, privée du bénéfice de discussion, ne peut invoquer la forclusion de l'art. L. 311-52 C. consom. acquise au profit du débiteur principal. • Civ. 1re, 8 oct. 1996, nº 94-16.633 P : *D. 1997. Somm. 165 (1re esp.), obs. Aynès* ✎ *; JCP 1997. I. 4033, nº 8, obs. Simler ; RTD civ. 1997. 187, obs. Crocq* ✎. ♦ Si un vendeur bénéficie à la fois d'un cautionnement solidaire garantissant le paiement du prix et d'une clause de réserve de propriété, aucun texte ne subordonne son recours contre la caution à la revendication préalable du bien vendu. • Com. 14 juin 1994, nº 91-21.315 P : *Defrénois 1995. 96, note S. Piedelièvre.* ♦ Le fait qu'un assureur aurait pu prendre en charge le solde d'un prêt en exécution d'un contrat d'assurance de groupe auquel avait adhéré l'emprunteur ne prive pas le créancier du droit d'agir contre la caution solidaire de l'emprunteur. • Civ. 1re, 30 mars 1994, nº 91-22.345 P. ♦ La circonstance que l'assureur de la caution aurait pu prendre en charge le solde du prêt ne prive pas le créancier de son droit d'agir contre le débiteur principal. • Civ. 2e, 8 sept. 2005, nº 04-15.566 P. ♦ En présence d'une caution réelle et d'une caution personnelle solidaire, le créancier n'est pas obligé d'agir en premier lieu contre la caution réelle avant de mettre en jeu la caution personnelle. • Com. 10 nov. 1981 : *D. 1982. 417, note Agostini.*

4. Application en cas de procédure collective. Privées du bénéfice de discussion, les cautions solidaires ne sont pas fondées à solliciter un sursis à statuer jusqu'à vérification de la créance dans la procédure collective ouverte contre le débiteur principal. • Com. 30 juin 1987 : *Bull. civ. IV, nº 162 ; D. 1987. Somm. 450, obs. Aynès.* – V. déjà : • Com. 28 juin 1983 : *Bull. civ. IV, nº 189.* – Dans le même sens : • Com. 16 févr. 1993, nº 90-19.979 P : *D. 1993. Somm. 310, obs. Aynès* ✎.

Art. 2305-1 *(Ord. nº 2021-1192 du 15 sept. 2021, art. 4, en vigueur le 1er janv. 2022)* **Le bénéfice de discussion doit être invoqué par la caution dès les premières poursuites dirigées contre elle.**

La caution doit indiquer au créancier les biens du débiteur susceptibles d'être saisis, qui ne peuvent être des biens litigieux ou grevés d'une sûreté spéciale au profit d'un tiers.

Si le créancier omet de poursuivre le débiteur, il répond à l'égard de la caution de l'insolvabilité de celui-ci à concurrence de la valeur des biens utilement indiqués. — *Comp. anc. art. 2299 à 2301.*

Art. 2306 *(Ord. n° 2021-1192 du 15 sept. 2021, art. 4, en vigueur le 1er janv. 2022)* Lorsque plusieurs personnes se sont portées cautions de la même dette, elles sont chacune tenues pour le tout.

Néanmoins, celle qui est poursuivie peut opposer au créancier le bénéfice de division. Le créancier est alors tenu de diviser ses poursuites et ne peut lui réclamer que sa part de la dette.

Ne peuvent se prévaloir du bénéfice de division les cautions solidaires entre elles, ni les cautions qui ont renoncé à ce bénéfice. — *Comp. anc. art. 2302 et 2303.*

A. OBLIGATION AU TOUT

1. Portée. Lorsque l'engagement d'une caution ne comporte aucune limitation, alors que l'engagement d'une autre est limité, les deux cautions peuvent être condamnées au paiement de la somme telle qu'ainsi limitée et la première seule au paiement du solde résultant alors de la dette du débiteur principal. • Com. 18 oct. 1983, n° 82-13.333 P.

2. Il résulte de l'application combinée des art. 2013 et 2025 que, lorsque plusieurs personnes se sont portées cautions d'un même débiteur, le montant total des condamnations des cautions ne peut être supérieur à celui des dettes du débiteur principal. • Civ. 1re, 18 févr. 1997, n° 95-11.024 P.

3. La stipulation d'une solidarité entre cautions ne peut avoir pour effet de les rendre débitrices d'une somme excédant la limite de leur engagement tel qu'il est exprimé dans la mention manuscrite portée sur l'acte. • Civ. 1re, 1er juin 1999, n° 90-18.948 P : *JCP 2000. I. 209, n° 1, obs. Simler.* ♦ Lorsque deux personnes se sont portées cautions solidaires d'un débiteur par acte séparé, chacune pour un montant limité, le créancier se trouve garanti à hauteur du cumul des deux plafonds, dès lors que les actes prévoyaient que le cautionnement s'ajoutait aux autres garanties fournies par tous tiers. • Civ. 1re, 8 oct. 1996, n° 94-19.986 P : *D. 1997. Somm. 163 (4e esp.), obs. Aynès* • Com. 30 oct. 2000, n° 96-18.163 P : *D. 2000. AJ 436*.

4. *Effets de la remise accordée à l'une des cautions.* Lorsque le créancier a accordé une remise conventionnelle à l'une des cautions solidaires, les cofidéjusseurs qui restent tenus ne peuvent être poursuivis que déduction faite de la part de la caution bénéficiaire de la remise. • Civ. 1re, 18 mai 1978 : *Bull. civ. I, n° 195* • 11 juill. 1984 : *JCP 1986. II. 20576, note Dumortier ; RTD civ. 1985. 409, obs. Rémy* • 26 mai 1994, n° 92-13.435 P.

5. Dès lors que plusieurs cautions se sont engagées par acte séparé sans stipulation de solidarité entre elles, chacune n'est solidaire que du débiteur principal, et la décharge consentie à l'une d'elles par le créancier n'a pas d'effet sur l'engagement des autres, sauf convention contraire. • Civ. 1re, 23 juin 1992, n° 91-11.064 : *JCP 1993. II. 22134, note Dumortier ; Defrénois 1992. 1536, obs. Aynès.*

6. *Compensation.* Si la caution solidaire ne peut opposer la compensation de ce que le créancier doit à son cofidéjusseur, elle peut se prévaloir de l'extinction totale ou partielle, par compensation, de la dette garantie, extinction qui bénéficie à tous les cofidéjusseurs. • Com. 13 déc. 2005, n° 04-19.234 P : *R., p. 358 ; BICC 1er avr. 2006, n° 619, et la note ; D. 2006. 988, note François ; ibid. AJ 300, obs. Delpech.*

7. *Incidence de la liquidation d'une des cautions.* L'extinction, en application de l'art. 53 (C. com., art. L. 621-46 [ancien]) de la L. du 25 janv. 1985, de la dette de la caution en liquidation judiciaire est sans effet sur l'obligation de l'autre caution à toute la dette. • Com. 28 janv. 1997, n° 94-21.702 P : *D. 1997. Somm. 167, obs. Aynès ; ibid. 213, obs. A. Honorat ; JCP 1997. II. 22946, note Dagorne-Labbe ; ibid. 1998. I. 103, n° 16, obs. Simler ; Gaz. Pal. 1998. 1. Somm. 292, obs. S. Piedelièvre ; Defrénois 1997. 394, obs. Aynès.*

B. BÉNÉFICE DE DIVISION

8. *Cautionnement réel.* V. note 8 ss. art. 2325.

9. *Cautionnement solidaire.* Lorsque plusieurs personnes se sont portées cautions solidaires d'un même débiteur pour une même dette, elles ne peuvent, sauf convention contraire, opposer au créancier le bénéfice de division, même si aucune solidarité des cautions entre elles n'a été stipulée. • Civ. 1re, 27 juin 1984 : *JCP 1986. II. 20689, note Dumortier* • Com. 7 janv. 1992, n° 90-11.123 P • 11 déc. 2001, n° 98-12.291 P : *R., p. 408 ; D. 2002. AJ 483, obs. Avena-Robardet ; JCP E 2002. 1602, note Farge.*

Art. 2306-1 *(Ord. nº 2021-1192 du 15 sept. 2021, art. 4, en vigueur le 1er janv. 2022)* **Le bénéfice de division doit être invoqué par la caution dès les premières poursuites dirigées contre elle.**

Il ne peut être mis en œuvre qu'entre cautions solvables. L'insolvabilité d'une caution au jour où la division est invoquée est supportée par celles qui sont solvables. La caution qui a demandé la division ne peut plus être recherchée à raison de l'insolvabilité d'une autre, survenue postérieurement. – *Comp. anc. art. 2303.*

Art. 2306-2 *(Ord. nº 2021-1192 du 15 sept. 2021, art. 4, en vigueur le 1er janv. 2022)* **Si le créancier a divisé de lui-même son action, il ne peut plus revenir sur cette division, même s'il y avait, au temps de l'action, des cautions insolvables.** – *Comp. anc. art. 2304.*

Art. 2307 *(Ord. nº 2021-1192 du 15 sept. 2021, art. 4, en vigueur le 1er janv. 2022)* **L'action du créancier ne peut avoir pour effet de priver la caution personne physique du minimum de ressources fixé à l'article L. 731-2 du code de la consommation.** – *Comp. anc. art. 2301, al. 2.*

BIBL. ▶ CROCQ, *RTD civ. 1998. 953* . – HOYER, *RTD civ. 2022. 41* (proportionnalité de l'engagement et « reste à vivre » en droit du cautionnement).

La dernière phrase de l'art. 2301 [art. 2307] ne distingue pas selon que le cautionnement est simple ou solidaire ; elle a pour seul objet de préciser les conditions dans lesquelles s'effectue le recouvrement de la créance résultant du cautionnement donné par une personne physique. • Com. 31 janv. 2012, nº 10-28.236 P : *D. 2012. 428, obs. Avena-Robardet* .

SOUS-SECTION 2 Des effets du cautionnement entre le débiteur et la caution

(Ord. nº 2021-1192 du 15 sept. 2021, art. 4, en vigueur le 1er janv. 2022)

Comp. anc. art. 2305 s.

Art. 2308 *(Ord. nº 2021-1192 du 15 sept. 2021, art. 4, en vigueur le 1er janv. 2022)* **La caution qui a payé tout ou partie de la dette a un recours personnel contre le débiteur tant pour les sommes qu'elle a payées que pour les intérêts et les frais.**

Les intérêts courent de plein droit du jour du paiement.

Ne sont restituables que les frais postérieurs à la dénonciation, faite par la caution au débiteur, des poursuites dirigées contre elle.

Si la caution a subi un préjudice indépendant du retard dans le paiement des sommes mentionnées à l'alinéa premier, elle peut aussi en obtenir réparation.

BIBL. ▶ D. LEGEAIS, *LPA 9 nov. 2004* (date de naissance de la créance de recours de la caution solvens).

1. Le débiteur principal n'a pas d'action contre la caution. • Civ. 1re, 17 juin 2015, nº 14-17.906 P : *cité note 7 ss. art. 220.*

2. L'art. 2028 [2305 anc.] est inapplicable au recours exercé par une caution avant tout paiement, même partiel, de sa part. • Civ. 1re, 25 oct. 1994, nº 91-16.729 P : *Gaz. Pal. 1995. 2. Somm. 317, obs. A. Piedelièvre.*

3. Paiement fait aux cofidéjusseurs. La caution qui, sollicitée sur le fondement de l'art. 2310 [anc.], verse sa quote-part à ses cofidéjusseurs *solvens* s'acquitte, au même titre qu'eux, du paiement partiel de la dette principale et dispose ainsi du recours prévu par l'art. 2305 [anc.]. • Com. 1er oct. 2013, nº 12-23.975 P : *D. 2013. 2332* ; *Gaz. Pal. 2013. 3692, obs. Mignot* (recours ouvert en l'occurrence nonobstant le protocole transactionnel intervenu entre le débiteur, le créancier et les autres cautions, prévoyant une réduction des sommes dues et de l'engagement des cautions, en même temps qu'une renonciation des cautions *solvens* à toute action récursoire).

4. Étendue du recours personnel. Les intérêts pour lesquels le 2e al. de l'art. 2028 [2305 anc.] accorde une action aux cautions sont, non ceux payés par celles-ci au créancier et dont le remboursement leur est dû à titre principal dans le cadre de l'action subrogatoire, mais les intérêts des sommes versées pour le compte du débiteur principal à compter de ces versements. • Civ. 1re, 18 déc. 1978, nº 77-14.620 P.

5. Les intérêts accordés par l'art. 2028 [2305 anc.], al. 2, à la caution qui a payé sont dus à compter du jour de son paiement au créancier et non du jour de la sommation de payer adressée au débiteur, l'art. 1153 anc., al. 2, C. civ. ne trouvant plus application lorsque les intérêts sont attribués de plein droit par la loi. • Civ. 1re, 26 avr. 1977, nº 75-14.889 P. ♦ Ils sont dus au taux légal, sauf convention contraire conclue entre la caution et le débiteur et fixant un taux différent. • Civ. 1re, 22 mai 2002, nº 98-22.674 : *D. 2002. AJ 1899* .

6. Exigibilité de la dette du débiteur envers le créancier exerçant son recours personnel. L'absence de déchéance du terme à l'égard de l'un des débiteurs solidaires ne prive pas la caution de son droit d'exercer à son encontre son recours personnel. • Civ. 1re, 25 mai 2022, nº 20-21.488 B : *D. 2022. 1724, obs. Ansault*.

7. Étendue du recours contre un débiteur surendetté. La mesure de réduction prévue à l'égard du débiteur surendetté par l'art. L. 331-7-4º [L. 733-1] C. consom. ne s'applique pas à la créance de la caution qui a payé la dette du débiteur principal. • Civ. 1re, 15 juill. 1999, nº 97-04.129 P : *R., p. 387 ; D. 2000. 589, note Philippe ; JCP 1999. II. 10196, note S. Piedelièvre ; JCP E 1999. 1925, note D. Legeais ; Defrénois 1999. 1336, obs. D. Mazeaud ; RTD civ. 1999. 877, obs. Crocq* • 28 mars 2000, nº 98-04.097 P : *D. 2001. Somm. 699, obs. Aynès ; RDI 2000. 379, obs. Théry*. ♦ V. aussi note 13 ss. art. 2313.

8. Prescription du recours personnel. Le délai de prescription du recours personnel de la caution qui a payé le prêteur contre l'emprunteur a pour point de départ la date à laquelle celle-ci a payé et non la première échéance impayée par le débiteur principal. • Civ. 1re, 9 déc. 1997, nº 95-21.015 : *D. 1998. IR 37 ; RTD civ. 1998. 156, obs. Crocq*.

9. Aménagements conventionnels. En cas de paiement partiel, la caution solidaire ayant renoncé à invoquer tous droits susceptibles de la faire venir en concours avec le prêteur ne peut prendre inscription d'hypothèque provisoire sur un immeuble du débiteur, celle-ci étant de nature à lui faire acquérir un droit de préférence correspondant à la date de cette inscription. • Civ. 2e, 8 déc. 1982, nº 81-11.219 P.

10. La renonciation par une caution à tout recours contre le débiteur principal jusqu'à ce que le créancier ait obtenu paiement de tout ce qui lui est dû n'est pas illicite, cette convention différant sans l'exclure le recours de la caution. • Com. 19 déc. 1972 : *Bull. civ. IV, nº 338.*

11. Recours de la caution contre la sous-caution. Après avoir payé le créancier, la caution, devenue créancière du débiteur principal, dispose contre la sous-caution, garante des engagements de celui-ci, d'une action personnelle, et non subrogatoire, en exécution de sa garantie. • Civ. 1re, 23 mars 2004, nº 01-02.755 P • Com. 16 janv. 2007, nº 05-19.902 P : *D. 2007. AJ 499, obs. Avena-Robardet ; JCP 2007. I. 158, nº 11, obs. Simler ; Banque et Dr. 3-4/2007. 60, obs. Rontchevsky.* ♦ A défaut de déclaration de sa propre créance par la caution dans la procédure collective du débiteur principal, cette créance est éteinte à l'égard des sous-cautions qui garantissent, non la créance du créancier à l'égard du débiteur principal, mais celle de la caution à l'égard de ce créancier, lequel, n'étant titulaire d'aucun droit à l'égard des sous-cautions, n'a pu en transmettre le bénéfice par l'effet de la subrogation. • Civ. 1re, 7 mai 2002, nº 99-21.088 P : *D. 2002. AJ 1902, obs. A. Lienhard ; JCP 2002. I. 162, nº 12, obs. Simler ; JCP E 2002. 1380, nº 9, obs. M. Cabrillac ; RTD civ. 2003. 324, obs. Crocq ; RTD com. 2003. 165, obs. Martin-Serf* • Com. 30 mars 2005, nº 00-20.733 P : *D. 2005. AJ 1151, obs. A. Lienhard ; ibid. Pan. 2084, obs. Crocq ; JCP 2006. I. 131, nº 7, obs. Simler ; JCP E 2005. 1274, nº 14, obs. M. Cabrillac.* ♦ ... En conséquence, la déclaration de créance faite par le créancier au passif du débiteur principal ne peut profiter à la caution lorsqu'elle exerce son recours contre la sous-caution. • Com. 17 mai 2017, nº 15-18.460 P : *D. 2017. 1117 ; RTD civ. 2017. 657, obs. Barbier ; RTD com. 2017. 693, obs. Martin-Serf*. ♦ La sous-caution ne peut se prévaloir des exceptions inhérentes à la dette du débiteur principal à l'égard de ce créancier, sauf à rechercher la responsabilité de la caution pour avoir fautivement omis d'invoquer lesdites exceptions. • Com. 27 mai 2008, nº 06-19.075 P : *D. 2008. 2399, note Gout ; RTD com. 2008. 611, obs. Legeais ; RTD civ. 2008. 517, obs. Crocq ; RDC 2008. 1282, obs. Houtcieff.*

Art. 2309 *(Ord. nº 2021-1192 du 15 sept. 2021, art. 4, en vigueur le 1er janv. 2022)* **La caution qui a payé tout ou partie de la dette est subrogée dans les droits qu'avait le créancier contre le débiteur.**

1. Domaine. Sur la possibilité pour l'établissement de crédit ayant fourni la garantie prévue à l'art. L. 231-6 CCH d'exercer un recours subrogatoire contre le donneur d'ordre, V. • Civ. 3e, 26 juin 2013, nº 11-12.785 P.

2. Conditions du recours subrogatoire. La subrogation suppose, de la part de celui qui s'en prévaut, un paiement préalable. • Civ. 1re, 30 mars 1994, nº 91-22.345 P.

3. L'intention libérale de la caution à l'égard du débiteur dont elle a payé volontairement la dette exclut le recours subrogatoire de la caution contre le débiteur, qui se trouve ainsi avoir bénéficié d'une donation indirecte. • Civ. 1re, 12 mai 1982, nº 81-11.146 : *D. 1983. 320, note Mestre ; JCP 1983. II. 20060, note Aubertin* • 17 nov. 1987, nº 85-15.899 P.

4. L'absence de déclaration de la créance par le créancier entraîne l'impossibilité pour la caution de bénéficier d'un recours subrogatoire à l'égard de l'emprunteur principal. • Civ. 1re, 3 juill. 2013, nº 12-21.126 P : *D. 2013. 1741*.

5. Effet essentiel de la subrogation. Le paiement avec subrogation, s'il a pour effet d'éteindre la créance à l'égard du créancier, la laisse subsister au profit du subrogé, qui dispose de toutes les actions qui appartenaient au créancier et qui se rattachaient à cette créance immédiatement avant le paiement. La caution qui a désintéressé le créancier peut donc exercer, comme celui-ci aurait pu le faire, une action en responsabilité contre un notaire ayant donné des renseignements inexacts sur la solvabilité du débiteur principal. • Civ. 1re, 7 déc. 1983, n° 82-16.838 P : *RTD civ. 1984. 717, obs. Mestre.*

6. Portée de la subrogation. La subrogation accordée à la caution qui a payé n'opère que pour les droits du créancier contre le débiteur. • Civ. 1re, 4 déc. 2001, n° 98-21.212 P : *D. 2002. AJ 565, obs. Avena-Robardet ; JCP 2002. I. 120, n° 1, obs. Simler.* ♦ La caution du preneur en crédit-bail, subrogée dans les droits du bailleur, ne peut obtenir du vendeur la reprise du matériel loué, l'engagement de reprise en cas de résiliation du contrat de crédit-bail n'ayant été pris par le vendeur qu'à l'égard du bailleur et la subrogation obtenue par la caution en payant la dette du locataire n'ayant d'effet que contre ce dernier. • Com. 25 avr. 1983 : *D. 1984. 417, note Delebecque.*

7. La caution qui a désintéressé le créancier avant l'expiration de la période légale de déclaration des créances est seule tenue de déclarer, après ce paiement, la créance subrogatoire résultant de l'application de l'art. 2029 [2306 anc.]. • Com. 13 avr. 1999, n° 96-18.183 P : *R., p. 354 ; D. 2000. Somm. 99, obs. A. Honorat ; JCP 1999. I. 177, n° 13, obs. M. Cabrillac.* ♦ Lorsque la banque créancière, en s'abstenant de se renseigner sur la situation du débiteur et de déclarer sa créance à la liquidation judiciaire de celui-ci, a fait perdre à la caution *solvens* le bénéfice de son recours subrogatoire contre le débiteur, sa responsabilité envers la caution est encourue. • Civ. 1re, 19 déc. 2000, n° 98-12.015 P : *D. 2001. AJ 629, obs. Avena-Robardet ; Banque et Dr. 5-6/2001. 46, obs. Jacob.*

8. Le subrogé qui dispose des droits et actions du créancier qu'il a désintéressé ne bénéficie que du privilège attaché à la créance qu'il a acquittée. La caution ayant réglé une dette de salaires, le privilège institué uniquement pour lesdits salaires ne peut être étendu aux intérêts des sommes versées par la caution. • Com. 23 nov. 1982, n° 81-10.516 P.

9. La caution, qui a payé la banque, est subrogée à tous ses droits et celle-ci n'a plus intérêt à solliciter de l'emprunteur la restitution du capital prêté par suite de la résolution du prêt affecté, en conséquence de celle du contrat de vente ; cassation de l'arrêt ayant rejeté la fin de non-recevoir soulevée par les emprunteurs. • Civ. 1re, 9 mars 2022, n° 19-19.392 B : *D. 2022. Chron. C. cass. 1986, obs. Champ ; RTD civ. 2022. 388, obs. Barbier ; ibid. 696, obs. Théry .*

10. La caution qui a désintéressé le créancier peut recouvrer la créance sur le débiteur principal selon la procédure de l'injonction de payer (C. pr. civ., art. 1405) dès lors que, par l'effet subrogatoire, cette créance trouve sa cause dans le contrat de prêt conclu entre le créancier et le débiteur, et que son montant est déterminé. • Civ. 2e, 4 mars 2004, n° 02-13.278 P : *D. 2004. Somm. 2709, obs. Aynès ; Gaz. Pal. 2004. 2511, note Roman ; Banque et Dr. 5-6/2004. 44, obs. Rontchevsky ; RTD civ. 2004. 349, obs. Perrot .*

11. Si la caution est subrogée dans les droits du créancier à l'encontre du débiteur, aucun texte ne l'autorise à se retourner contre ses propres cautions (certificateurs de caution). • Com. 18 avr. 1989, n° 87-15.608 P.

12. Clôture pour insuffisance d'actif. Après le jugement de clôture de la liquidation judiciaire pour insuffisance d'actif, la caution qui a payé au lieu et place du débiteur peut poursuivre celui-ci soit en exerçant un recours subrogatoire sous réserve que le créancier ait déclaré sa créance, soit en exerçant un recours personnel dès lors qu'elle a elle-même déclaré sa créance. • Com. 12 mai 2009, n° 08-13.430 P : *D. 2009. AJ 1472, obs. Lienhard ; ibid. 2459, note Brocard ; ibid. Chron. C. cass. 2580, obs. Bélaval ; JCP 2009, n° 29-30, p. 23, note Simler ; Gaz. Pal. 2009. 2549, obs. Piedelièvre ; Banque et Dr. 7-8/2009. 44, obs. Jacob ; RTD civ. 2009. 554, obs. Crocq .*

Ce recours subrogatoire ou personnel peut être exercé sans distinguer selon que le paiement est antérieur ou postérieur à l'ouverture de la procédure collective. • Com 28 juin 2016, n° 14-21.810 P : *D. 2016. 1494 ; RTD com. 2016. 848, obs. Martin-Serf .*

13. Prescription. L'action subrogatoire de la caution contre le débiteur est soumise à la même prescription que celle applicable à l'action du créancier contre le débiteur. • Com. 5 mai 2021, n° 19-14.486 P : *D. 2021. 1879, obs. Ansault et Gijsbers ; RTD civ. 2021. 643, obs. Barbier* • Civ. 3e, 11 mai 2022, n° 20-23.335 B : *D. 2022. 1724, obs. Ansault ; AJDI 2022. 833, obs. Damas .* ♦ Cette prescription ne commence à courir que du jour où le créancier a connu ou aurait dû connaître les faits lui permettant de l'exercer. Cassation de l'arrêt ayant déclaré l'action de la caution subrogée recevable en prenant pour point de départ de la prescription la date de délivrance de la quittance subrogative après le paiement effectué en exécution du contrat de cautionnement. • Com. 5 mai 2021, n° 19-14.486 P : *préc.*

Art. 2310 *(Ord. n° 2021-1192 du 15 sept. 2021, art. 4, en vigueur le 1er janv. 2022)*
Lorsqu'il y a plusieurs débiteurs principaux solidaires d'une même dette, la caution dispose contre chacun d'eux des recours prévus aux articles précédents.

Lorsqu'elle a cautionné l'un des débiteurs d'une dette solidaire, la caution, qui paye le créancier, est subrogée à tous les droits qu'avait ce dernier, non seulement contre le débiteur cautionné, mais encore contre les autres débiteurs solidaires. • Com. 19 mars 1962 : *D. 1962. 505.*

Art. 2311 *(Ord. n° 2021-1192 du 15 sept. 2021, art. 4, en vigueur le 1er janv. 2022)* **La caution n'a pas de recours si elle a payé la dette sans en avertir le débiteur et si celui-ci l'a acquittée ultérieurement ou disposait, au moment du paiement, des moyens de la faire déclarer éteinte. Toutefois, elle peut agir en restitution contre le créancier.**

1. Une banque caution commet une faute en payant la dette de son client malgré la mise en garde de celui-ci et sans être poursuivie. Le débit du compte du client, à la suite de ce paiement, est lui-même fautif et une condamnation à des dommages-intérêts est justifiée. • Civ. 1re, 16 nov. 1971 : *Bull. civ. I, n° 288.* – Dans le même sens : • Com. 19 oct. 1970, n° 69-12.616 P.

2. La caution qui a payé la dette au cessionnaire retrayé malgré l'interdiction qui lui en avait été faite par le débiteur cédé qui invoquait le retrait litigieux emportant réunion des qualités de créancier et de débiteur dans la même personne et, en application de l'anc. art. 1300 C. civ., confusion de droit éteignant les deux créances, a commis une faute la privant de son recours contre le débiteur principal. • Com. 19 déc. 2006, n° 04-15.818 P : *JCP E 2007. 1740, note Markhoff.*

3. Dans les rapports existant entre le débiteur principal, la caution et la sous-caution, cette dernière doit à tous égards être traitée comme une caution, en sorte qu'elle ne peut se prévaloir, contre la caution qui a payé le créancier, des dispositions de l'art. 2031 [2308 anc.], al. 2, que seul le débiteur est en droit d'invoquer. • Civ. 1re, 26 févr. 2002, n° 99-12.299 P : *D. 2002. 2863, note Djoudi ; JCP 2002. I. 162, n° 11, obs. Simler ; RTD civ. 2003. 324, obs. Crocq.* – C. Farge, *D. 2003. Chron. 892.* ♦ Comp. : • Com. 27 mai 2008 : *cité note 11 ss. art. 2308* (arrêt selon lequel la caution qui a omis de se prévaloir des exceptions inhérentes à la dette principale engage sa responsabilité envers la sous-caution).

4. La caution qui a désintéressé la banque à la suite de la présentation d'une lettre de sa part, l'engageant à la tenir informée de sa décision à la suite d'impayés des emprunteurs, et qui n'a pas averti de cette sollicitation ces derniers qui disposaient alors d'un moyen de nullité permettant d'invalider partiellement leur obligation principale de remboursement doit être déchue de son droit à remboursement à hauteur des sommes que ces derniers n'auraient pas eu à acquitter. • Civ. 1re, 9 sept. 2020, n° 19-14.568 P : *D. 2020. Chron. C. cass. 483, obs. Champ ; AJ contrat 2020. 574, obs. Houtcieff.* ♦ Mais elle a un recours pour le capital prêté avec intérêts au taux légal, dans la mesure où l'annulation du contrat de prêt n'entraînait pas l'extinction de la dette, mais conduisait à ce que l'emprunteur restitue à la banque ce capital, déduction faite des sommes déjà payées. • Même arrêt.

5. L'art. 2308 anc., al. 2, est inapplicable dans l'hypothèse où la caution a payé alors que le débiteur aurait pu former contre la banque une demande d'indemnisation au titre d'un manquement de celle-ci à son devoir de mise en garde, une telle demande tendant à l'octroi de dommages-intérêts et ne visant pas à éteindre la dette de l'emprunteur. • Civ. 1re, 24 mars 2021, n° 19-24.484 P : *D. 2021. Chron. C. cass. 1784, obs. Champ.*

6. Lorsqu'un cautionnement est conclu sous une condition stipulée dans l'intérêt exclusif de la caution, seule cette dernière peut invoquer la non-réalisation de la condition. Dès lors qu'elle a constaté que la caution avait désintéressé la banque sans s'en prévaloir, une cour d'appel en déduit exactement que la caution pouvait agir contre l'emprunteur sur le fondement de l'art. 2305 [anc.]. • Civ. 1re, 5 janv. 2022, n° 19-17.200 P : *D. 2022. 1724, obs. Ansault ; RDC 2022/2. 37, note Hontebeyrie.*

7. Si un débiteur peut faire valoir à sa caution qu'il aurait eu des moyens pour faire déclarer sa dette éteinte avant qu'elle ne paye le créancier en ses lieu et place, ce débiteur ne peut toutefois pas se prévaloir de l'absence de déchéance du terme de sa dette, celle-ci n'étant pas une cause d'extinction de ses obligations ; il s'en déduit que l'absence de déchéance du terme à l'égard de l'un des débiteurs solidaires ne prive pas la caution de son droit d'exercer à son encontre son recours personnel. • Civ. 1re, 25 mai 2022, n° 20-21.488 B : *D. 2022. 1724, obs. Ansault.*

SOUS-SECTION 3 Des effets du cautionnement entre les cautions

(Ord. n° 2021-1192 du 15 sept. 2021, art. 4, en vigueur le 1er janv. 2022)

Comp. anc. art. 2310.

Art. 2312 *(Ord. n° 2021-1192 du 15 sept. 2021, art. 4, en vigueur le 1er janv. 2022)* **En cas de pluralité de cautions, celle qui a payé a un recours personnel et un recours subrogatoire contre les autres, chacune pour sa part.**

BIBL. ► MESTRE, *RTD civ. 1981. 1* (pluralité d'obligés accessoires) ; *Dr. et patr. 1/1998. 66 et 4/1998. 64* (les cofidéjusseurs).

1. Renonciation au recours. Les dispositions de l'art. 2033 [2310 anc.] ne sont pas d'ordre public et rien n'empêche une caution de renoncer expressément à leur bénéfice en s'engageant à n'exercer aucun recours contre les autres cautions. • Lyon, 13 oct. 1981 : *JCP N 1983. II. 112* • Riom, 2 oct. 1996 (2 arrêts) : *JCP 1997. I. 1033, n° 9, obs. Simler.* ♦ Si elle doit être expresse, cette renonciation ne doit pas être nécessairement rédigée de la main de la caution. • Civ. 1re, 9 mai 1990, n° 88-16.571 P : *D. 1990. Somm. 382, obs. Aynès.*

2. Conditions du recours. Le recours d'une caution contre les autres n'est possible que dans la mesure où son paiement a excédé sa part et portion. • Civ. 1re, 3 oct. 1995, n° 93-11.279 : *JCP N 1997. II. 1631, note S. Piedelièvre ; Defrénois 1995. 1470, obs. Aynès.*

3. Les cautions d'une société à l'égard d'un pool bancaire ne sont pas fondées à exercer un recours contre d'autres cautions de la même société garantissant les dettes de celle-ci exclusivement à l'égard d'une banque appartenant à ce pool. • Civ. 1re, 25 avr. 1990, n° 88-14.419 P.

4. Le caractère réel de l'une des cautions ne fait pas obstacle à son recours contre les autres cautions, fussent-elles seulement personnelles, l'art. 2033 [2310 anc.] ne distinguant pas selon le caractère réel ou personnel des coobligés. • Paris, 13 janv. 1995 : *D. 1995. 573, note Fournier.*

5. Le défaut de production d'une créance au passif d'un débiteur soumis à une procédure collective ne fait pas obstacle au recours de la caution qui a payé contre les autres cautions, chacune pour sa part et portion. • Com. 5 févr. 2002, n° 98-21.830 : *JCP 2002. I. 162, n° 10.* – Farge, *D. 2003. Chron. 892.* ♦ Pour conserver ses droits contre ses cofidéjusseurs, la caution qui a régulièrement payé n'est pas tenue de déclarer sa créance au passif de la procédure collective du débiteur principal, les autres cautions ayant elles-mêmes la faculté d'effectuer une telle déclaration, même avant d'avoir payé, en vertu de l'art. 2032 [2309 anc.]. • Com. 5 nov. 2003, n° 00-17.442 P : *R., p. 400 ; D. 2003. AJ 3050.*

6. En présence de quatre engagements solidaires donnés à la même date par des personnes proches parentes pour garantir les comptes de l'entreprise familiale dont l'une était le gérant, une cour d'appel retient souverainement que chacune des cautions avait donné sa garantie en considération des trois autres et que, dès lors, la révocation de son engagement par l'une d'elles était inopposable aux autres, faute d'avoir été portée à leur connaissance. • Civ. 1re, 7 déc. 1999, n° 97-22.505 P : *JCP 2000. II. 10268, concl. Sainte-Rose ; ibid. I. 257, n° 12, obs. Simler.*

7. Situation d'une sous-caution (qui n'est pas un cofidéjusseur) : V. • Com. 2 oct. 1985 : *JCP 1986. II. 20619, note Simler* • Civ. 1re, 28 janv. 1992, n° 90-14.129 P.

8. La créance de la caution qui a payé la dette et qui agit contre son cofidéjusseur sur le fondement de l'art. 2033 [2310 anc.] prend naissance à la date de l'engagement de caution ; antérieure à l'ouverture de la procédure collective du cofidéjusseur, elle est dès lors soumise à déclaration. • Com. 16 juin 2004, n° 01-17.199 P : *R., p. 286 ; D. 2004. AJ 2046 ; JCP 2005. I. 107, n° 15, obs. Cabrillac ; Gaz. Pal. 2004. 2531, note Le Corre ; RTD civ. 2004. 758, obs. Crocq ; RTD com. 2004. 811, obs. Martin-Serf ; Banque et Dr. 9-10/2004. 76, obs. Jacob.*

9. L'art. L. 643-11, II, C. com., qui autorise les coobligés et personnes ayant consenti une sûreté personnelle ou ayant affecté ou cédé un bien en garantie à poursuivre le débiteur après la clôture de la liquidation judiciaire pour insuffisance d'actif, s'ils ont payé à la place de celui-ci, ne permet pas à la caution qui a acquitté la dette principale d'exercer dans les conditions prévues par ce texte un recours contre un cofidéjusseur, en application de l'art. 2310 [anc.], à moins que le patrimoine de celui-ci soit confondu avec celui du débiteur principal. • Com. 5 mai 2021, n° 20-14.672 P : *D. 2021. 1612, note Houtcieff ; Rev. sociétés 2021. 406, obs. L. C. Henry ; RTD com. 2021. 656, obs. Martin-Serf.*

10. Recours du cofidéjusseur en présence d'un engagement de caution disproportionné. Dans la mesure où la sanction prévue par l'art. L. 341-4 C. consom. prive le contrat de cautionnement d'effet à l'égard tant du créancier que des cofidéjusseurs, il s'en déduit que le cofidéjusseur, qui est recherché par le créancier et qui n'est pas fondé, à défaut de transmission d'un droit dont il aurait été privé, à revendiquer le bénéfice de l'art. 2314, ne peut ultérieurement agir, sur le fondement de l'art. 2310 [anc.], contre la caution qui a été déchargée en raison de la disproportion manifeste de son engagement. • Cass., ch. mixte, 27 févr. 2015, n° 13-13.709 P : *D. actu. 3 mars 2015, obs. Avena-Robardet.* ♦ La sanction prévue en présence d'un engagement de caution disproportionné prive le contrat de cautionnement d'effet à l'égard tant du créancier que des cofidéjusseurs lorsque, ayant acquitté la dette, ils exercent leur action récursoire. • Civ. 1re, 26 sept. 2018, n° 17-17.903 P : *D. 2019. Chron. C. cass. 840, obs. Kloda ; AJDI 2019. 378, obs. Moreau ; AJ contrat 2018. 494, obs. Piette ; RDBF 2018, n° 159, obs. Legeais* (jugeant que la caution peut opposer le caractère disproportionné au cofidéjusseur pour obtenir sa décharge à l'égard de celui-ci). • Civ. 1re, 5 janv. 2022, n° 20-17.325 : *D. 2022. 1724, obs. Ansault ; RTD com. 2022. 134, obs. Legeais ; RCA 2022, n° 104, obs. Piette* • 28 sept. 2022, n° 21-14.673 B : *D. 2022. 1748* ; *RTD civ. 2022. 946, obs. Gijsbers*.

11. Mesure du recours. Si la caution qui a acquitté la dette a un recours contre les autres cautions, chacune pour sa part et portion, ce recours ne saurait avoir pour effet de la décharger de sa propre part et portion. • Civ. 1re, 14 oct. 1981, n° 80-13.295 P • TGI Dunkerque, 17 févr. 1988 : *D. 1988. Somm. 278, obs. Aynès.*

12. Entre cofidéjusseurs s'étant engagés à couvrir toute la dette, le recours s'opère, en principe, par parts viriles. Cependant, l'absence de dispositions légales contraires permet d'étendre au recours entre cautions personnelles la possibilité d'une contribution proportionnelle aux intérêts de chacune, comme en matière de recours entre codébiteurs solidaires. • Poitiers, 11 juin 1981 : *D. 1982. 79, note Mestre.*

13. En cas d'engagement limité de chaque caution, la fraction de la dette devant être supportée par chacune des cautions à la suite du recours fondé sur l'art. 2033 doit être déterminée en proportion de leur engagement initial. • Civ. 1re, 2 févr. 1982, n° 80-14.764 : *JCP 1982. II. 19825, note Simler.*

14. Transaction. Le paiement effectué par l'une des cautions solidaires pour solde de tout compte en vertu d'une transaction conclue avec le créancier influe nécessairement sur la situation des autres cautions qui n'étaient pas parties à cet accord en ce qu'il a pour effet d'éteindre leur dette et de permettre en conséquence à la caution qui a payé d'exercer à leur encontre le recours prévu par l'art. 2310 [anc.]. • Civ. 1re, 12 juill. 2007, n° 05-20.314 P : *D. 2007. AJ 2157, obs. Delpech* ; *JCP 2007. II. 10195, note Gallois-Cochet ; ibid. I. 212, n° 9, obs. Simler ; Defrénois 2008. 409, obs. Théry.*

15. Appel en garantie. Si l'action en paiement contre ses cofidéjusseurs n'est ouverte qu'à la caution qui a payé la dette, la caution poursuivie en paiement peut appeler en garantie ses cofidéjusseurs, chacun pour sa part et portion, la condamnation prononcée de ce chef à leur encontre ne pouvant recevoir exécution qu'après paiement de la dette par la caution. • Civ. 1re, 15 juin 2004, n° 02-11.769 P : *D. 2004. Somm. 2707, obs. Aynès*.

16. Aménagements conventionnels. S'il résulte des art. 1214 anc. et 2033 [2310 anc.] qu'en cas de pluralité de cautions, la caution qui a acquitté sa dette et qui a recours contre les autres cautions doit le faire pour la part et portion de chacune, la clause selon laquelle la charge de cette dette est répartie différemment entre les cautions n'est pas illicite. • Com. 11 juin 1991, n° 89-18.857 P : *Defrénois 1991. 1121, obs. Aynès.* ♦ Même sens : • Civ. 1re, 10 janv. 1995, n° 93-12.663 : *D. 1995. 573, note Fournier* ; *JCP N 1996. II. 1631, note S. Piedelièvre* (recours limité à la part de la caution contre laquelle est exercé le recours, à défaut de stipulation contraire).

17. Prescription. Une société ayant été cautionnée par des associés, le recours de l'un d'eux contre les autres échappe à la prescription des obligations des actionnaires ayant cessé de faire partie de la société, car il s'agit non de faire valoir les droits de la société à l'égard des anciens actionnaires, mais d'exercer les droits contre les cofidéjusseurs découlant des paiements effectués à titre de caution. • Com. 16 juin 1981, n° 79-15.202 P.

SECTION 4 De l'extinction du cautionnement

(Ord. n° 2021-1192 du 15 sept. 2021, art. 5, en vigueur le 1er janv. 2022)

Comp. anc. art. 2311 s.

Art. 2313 *(Ord. n° 2021-1192 du 15 sept. 2021, art. 5, en vigueur le 1er janv. 2022)* **L'obligation de la caution s'éteint par les mêmes causes que les autres obligations.**

Elle s'éteint aussi par suite de l'extinction de l'obligation garantie.

I. EXTINCTION PAR VOIE PRINCIPALE (AL. 1er)

1. Question de la disparition de la cause. V. note 15 ss. art. 2288.

2. Disparition de la sûreté réelle affectée en garantie. Hypothèque. En l'état d'un cautionnement *seulement hypothécaire* et d'une inscription d'hypothèque requise pour une durée expirant à une date déterminée, plus aucun bien ne garantit l'engagement de la caution au-delà de cette dernière date, de sorte qu'aucune poursuite n'est possible contre elle. • Com. 12 mai 1998, n° 96-17.026 P.

A. TERME

3. Terme mettant fin à l'obligation de règlement. Limitation dans le temps du droit d'agir de la caution. La clause qui fixe un terme au droit d'agir du créancier institue un délai de forclusion. • Com. 26 janv. 2016, n° 14-23.285 P (clause d'un acte de cautionnement prévoyant que la caution s'engageait pour la durée du prêt prolongée de deux ans pour permettre à la banque d'agir contre la caution).

4. Terme mettant fin à l'obligation de couverture. Limitation de la durée du cautionnement. V. note 2 ss. art. 2316.

B. PRESCRIPTION

5. *Durée. Prescription.* L'action en paiement dirigée par une banque contre une caution non professionnelle est soumise à la prescription de droit commun et non à la prescription biennale prévue par l'art. L. 137-2, devenu L. 218-2 C. consom., dès lors que la banque a bénéficié de la garantie personnelle de la caution, sans lui avoir fourni aucun service au sens de cet art. • Civ. 1re, 6 sept. 2017, n° 16-15.331 P : *D. 2017. 1756* ; *AJ contrat 2017. 496, obs. Jacomino* ; *Gaz. Pal. 2017. 3265, note Bourassin* ; *CCC 2017, n° 232, note Bernheim-Desvaux.* ♦ La substitution de prescription résultant de la délivrance d'un titre exécutoire contre le débiteur, si elle est opposable au codébiteur ou à la caution solidaire, n'a pas pour effet de soumettre l'action en paiement du créancier contre le codébiteur et la caution solidaire au délai d'exécution des titres exécutoires. • Com. 4 juill. 2018, n° 16-20.205 (substitution de prescription résultant, en l'état du droit antérieur à la L. du 17 juin 2008, de la décision d'admission des créances au passif du débiteur principal). ♦ Dans un tel cas, le délai pour agir du créancier contre cette caution, sur le fondement d'un acte notarié revêtu de la formule exécutoire, reste déterminé par la nature de la créance détenue sur la caution, le délai de prescription étant néanmoins interrompu pendant la durée de la procédure collective du débiteur principal jusqu'à la date de sa clôture. • Com. 3 oct. 2018, n° 16-26.985 P : *Dr. fam. 2020, n° 29, note Nicod.*

6. *Point de départ. Délai conventionnel pour agir.* La prescription extinctive de l'obligation qui découle du cautionnement conclu sans limitation de durée ne commence à courir que du jour où l'obligation principale est exigible. • Civ. 1re, 20 juill. 1981, n° 80-11.731 P : *R., p. 49* (jurispr. constante). ♦ Mais lorsque l'engagement de la caution n'a été souscrit que pour une durée déterminée, le point de départ de la prescription de l'action du créancier est fixé à la date de l'expiration de l'engagement de la caution. • Com. 5 oct. 1982 : *Bull. civ. IV, n° 294.*

II. EXTINCTION PAR VOIE ACCESSOIRE (AL. 2)

7. *Paiement par le débiteur : application des règles d'imputation des paiements.* La caution peut invoquer les dispositions des art. 1253 et 1256 anc. relatives à l'imputation des paiements faits par le débiteur principal. • Civ. 1re, 19 janv. 1994, n° 92-12.585 P : *Defrénois 1994. 1174, obs. Aynès.* ♦ Mais le choix d'imputation des paiements effectués par le débiteur principal s'impose au tiers qui s'est porté garant, que celui-ci en ait été informé ou non. • Civ. 1re, 24 oct. 2019, n° 18-15.852 P : *D. 2019. 2455, note Pellier* . ♦ Lorsque le cautionnement ne garantit qu'une partie de la dette, il n'est éteint que lorsque cette dette est intégralement payée, les paiements partiels faits par le débiteur principal s'imputant d'abord, sauf convention contraire, sur la portion de la dette non cautionnée. • Com. 5 nov. 1968 : *D. 1969. 314* • 28 janv. 1997, n° 94-19.347 P : *D. 1997. Somm. 166, obs. Aynès* . ♦ *Contra* (sur l'imputation) : • TGI Strasbourg, 11 févr. 1972 : *D. 1972. 680, note Puech.*

8. *Paiement par le débiteur : remises diminuant le solde débiteur provisoire du compte courant.* Il résulte des art. 2013 [2290 anc.] et 2036 [2313 anc.] que la caution peut opposer aux créanciers toutes les circonstances qui diminuent la dette du débiteur principal et qu'en particulier la caution qui a garanti la dette du solde d'un compte courant n'est tenue du solde provisoire de ce compte, existant au jour de la révocation du cautionnement, que dans la mesure où ce solde n'a pas été diminué par des remises subséquentes. • Civ. 1re, 20 déc. 1983 : *Bull. civ. I, n° 306.* – Dans le même sens, V. aussi : • Com. 3 avr. 1978 • 30 mai 1978 : *JCP 1980. II. 19325, note Simler* • Civ. 1re, 28 oct. 1997, n° 95-21.345 P : *D. 1998. 552, note D. Boccara (2e esp.)* ; *JCP 1998. I. 103, n° 9, obs. Simler* ; *RTD civ. 1998. 150, obs. Bandrac* . ♦ Comp., en présence de clauses particulières du cautionnement (validité des clauses de résiliation « à effet limité ») : • Com. 12 févr. 1991, n° 89-18.412 P : *JCP N 1992. II. 352, note Amlon* • 9 juin 1992, n° 90-15.654 P.

9. *Dation en paiement.* V. notes ss. art. 2315 anc.

10. *Compensation.* La caution, même solidaire, a la faculté d'opposer au créancier toutes les exceptions qui appartiennent au débiteur principal et qui, comme la compensation, sont inhérentes à la dette. • Civ. 1re, 1er juin 1983 : *D. 1984. 152, note Aubert* ; *RTD civ. 1984. 330, obs. Rémy* • Com. 7 janv. 1992, n° 90-11.123 P • 26 oct. 1999, n° 96-12.571 P : *D. 2001. Somm. 696, obs. Aynès* ; *JCP 2000. I. 209, n° 6, obs. Simler* ; *Banque et Dr. 3-4/2000. 43, obs. Jacob* (opposabilité de la compensation même si le débiteur principal renonce à l'invoquer). ♦ Elle est en conséquence recevable à conclure à ce qu'il soit sursis à statuer sur la demande dirigée contre elle. • Com. 19 janv. 1993, n° 91-11.426 P : *D. 1993. Somm. 309, obs. Aynès* ; *RTD civ. 1993. 624, obs. Bandrac* . ♦ En revanche, compensation opérée entre une créance de dommages et intérêts, résultant du comportement fautif du créancier à l'égard de la caution lors de la souscription de son engagement et tendant à la réparation du préjudice que causerait à celle-ci l'exécution effective de cet engagement, et celle due par la caution, au titre de sa garantie envers ce même créancier, n'éteint pas la dette principale garantie mais, à due concurrence, l'obligation de cette seule caution. • Com. 25 janv. 2023, nº 21-12.220 B.

11. Novation. La preuve de la novation de la dette par changement de débiteur principal incombe à la caution qui se prétend ainsi libérée. • Com. 26 juin 1972 : *Bull. civ. IV, nº 202* (à propos d'aval d'une lettre de change). ♦ La substitution de débiteur résultant de l'absorption d'une société par une autre, la société absorbante étant débitrice des créanciers de la société absorbée, elle ne peut, selon l'art. 381 (C. com., art. L. 236-14), al. 1er, de la L. du 24 juill. 1966 sur les sociétés commerciales, créer une novation libérant la caution de la société absorbée. • Com. 17 oct. 1978 : *Bull. civ. IV, nº 231.* ♦ La cession du matériel nanti par le jugement arrêtant le plan de cession n'entraînant pas novation, la caution solidaire des engagements de l'emprunteur reste tenue, dans les mêmes conditions que celui-ci, de rembourser, sous déduction des sommes versées par le cessionnaire, l'intégralité de l'emprunt dont les échéances constituent des créances nées avant l'ouverture de la procédure collective. • Com. 13 avr. 1999, nº 97-11.383 : *D. Affaires 1999. 801, obs. A. L. ; Defrénois 1999. 870, obs. Sénéchal.*

12. D'après l'anc. art. 1281 C. civ., la novation faite entre le créancier et l'un des débiteurs solidaires a pour effet de libérer les codébiteurs. Il s'ensuit qu'en l'absence de convention contraire, la novation opérée à l'égard de deux cautions libère la troisième caution solidaire. • Civ. 1re, 11 janv. 1984, nº 82-13.328 : *JCP 1986. II. 20647, note Dumortier.* ♦ *Contra* : la novation opérée à l'égard de l'une des cautions n'a pas pour effet de libérer le débiteur principal et, par suite, pas davantage les autres cautions solidaires, sauf convention contraire. • Com. 7 déc. 1999, nº 96-15.915 P : *D. 2001. Somm. 697, obs. Aynès ; JCP 2000. II. 10377, note S. Piedelièvre ; ibid. I. 257, nº 12, obs. Simler ; JCP N 2001. 105, note Dumortier.*

13. Sanctions de l'inexécution du contrat principal. La caution de l'acheteur d'un fonds de commerce peut, sur le fondement de l'art. 2036 [2313 anc.], à la suite d'une action introduite par l'acquéreur, être autorisée également à suspendre le paiement jusqu'à ce que le vendeur ait fait cesser le trouble découlant de la disparition d'un élément du fonds. • Com. 23 mars 1981, nº 79-13.641 P. ♦ La caution peut demander la résolution du contrat principal. • Civ. 1re, 20 déc. 1988 : *D. 1989. 166, note Aynès ; RTD civ. 1989. 598, obs. Bandrac.*

14. Caducité. La caution peut faire constater à son seul profit la caducité *de la convention* principale telle que stipulée par une de ses clauses. • Civ. 1re, 12 juin 1990, nº 88-18.808 P : *Defrénois 1990. 1346, obs. Aynès ; RTD civ. 1990. 692, obs. Bandrac.* ♦ La caducité d'un accord de conciliation dans le cadre d'une procédure de sauvegarde, de redressement ou de liquidation judiciaire, si elle entraîne la perte des nouvelles sûretés obtenues en contrepartie des délais ou des abandons de créances consentis par le créancier, n'empêche pas le créancier, qui a consenti, pour les besoins de l'accord, une avance donnant naissance à une nouvelle créance, garantie par un cautionnement, de demander l'exécution par la caution de cet engagement. • Com. 26 oct. 2022, nº 21-12.085 B : *D. 2022. Chron. C. cass. 2320, obs. Barbot ; Rev. sociétés 2022. 704, obs. L. C. Henry ; RTD civ. 2022. 943, obs. Gijsbers ; RTD com. 2022. 852, obs. Macorig-Venier.*

15. Défaillance d'une condition. La caution peut opposer la défaillance de la condition lorsque l'obligation était conditionnelle, la renonciation ultérieure du créancier et du débiteur à cette condition ne lui étant pas opposable. • Civ. 1re, 29 avr. 1997, nº 95-13.505 : *D. Affaires 1997. 732.*

16. Moment d'extinction de la créance. Le prononcé d'un jugement condamnant la caution à exécuter son engagement ne fait pas obstacle à ce que celle-ci oppose au créancier l'extinction de la créance pour une cause postérieure audit jugement, celui-ci serait-il passé en force de chose jugée. • Com. 5 déc. 1995, nº 94-14.793 P : *R., p. 281 ; D. 1996. Somm. 268, obs. Aynès ; JCP 1996. I. 3935, nº 18, obs. M. Cabrillac ; RTD civ. 1996. 431, obs. Crocq* • 22 janv. 2020, nº 18-19.526 P : *D. 2020. 855, note Pellier ; Rev. sociétés 2020. 193, obs. Reille.* ♦ Mais une caution solidaire ne peut bénéficier de la forclusion de l'action dirigée tardivement contre le débiteur principal, dès lors qu'elle a été assignée en paiement avant expiration du délai de forclusion. • Civ. 1re, 8 oct. 1996, nº 94-16.633 P : *D. 1997. Somm. 165 (1re esp.), obs. Aynès ; JCP 1997. I. 4033, nº 8, obs. Simler ; RTD civ. 1997. 187, obs. Crocq.*

17. Transmission de la créance de loyers. En cas de vente de l'immeuble loué, le cautionnement est, sauf stipulation contraire, transmis de plein droit au nouveau propriétaire en tant qu'accessoire de la créance de loyers cédée à l'acquéreur par l'effet combiné de l'art. 1743 et des art. 1692, 2013 [anc. 2290] et 2015 [anc. 2292]. • Cass., ass. plén., 6 déc. 2004 : *cité note 3 ss. art. 1740.*

18. Compétence. Si, selon l'art. R. 121-1 C. pr. exéc., le juge de l'exécution ne peut ni modifier le dispositif de la décision de justice qui sert de fondement aux poursuites ni en suspendre l'exécution, ces dispositions ne font pas obstacle à ce qu'une caution, à l'encontre de laquelle a été pratiquée une mesure d'exécution forcée sur le fondement d'une décision l'ayant condamnée à exécuter son engagement, puisse invoquer devant le juge de l'exécution l'extinction de la créance garantie pour une cause postérieure à cette décision. • Civ. 2e, 8 déc. 2022, nº 20-20.233 B.

Art. 2314 *(Ord. n° 2021-1192 du 15 sept. 2021, art. 5, en vigueur le 1er janv. 2022)* **Lorsque la subrogation aux droits du créancier ne peut plus, par la faute de celui-ci, s'opérer en sa faveur, la caution est déchargée à concurrence du préjudice qu'elle subit.**

Toute clause contraire est réputée non écrite.

La caution ne peut reprocher au créancier son choix du mode de réalisation d'une sûreté. — *Comp. anc. art. 2314.*

BIBL. ▶ BÉTANT-ROBET, *RTD civ. 1974. 309.* – CORDELIER, *RTD com. 2004. 667.* – HOUTCIEFF, *RTD civ. 2006. 191* (bénéfice de subrogation). – JUILLET, *LPA 27 déc. 2007* (le fait du créancier). – JUREDIEU, *LPA 7 juill. 2008 ; RTD civ. 2021. 821* (la décharge de la caution).

PLAN DES ANNOTATIONS

I. BÉNÉFICIAIRES DE LA DÉCHARGE

1. *Caution solidaire.* La loi n'établit aucune distinction entre la caution simple et la caution solidaire en portant que la caution est déchargée quand le créancier ne peut plus, par son fait, la subroger dans ses hypothèques et privilèges contre le débiteur principal. • Civ. 14 juin 1841 : *DP 1841. 1. 282.* – Jurisprudence constante.

2. *Donneur d'aval.* Le donneur d'aval peut être déchargé par application de l'art. 2037 [2314 anc.]. • Com. 5 janv. 1957 : *D. 1957. Somm. 69 ; RTD com. 1958. 125, obs. Becqué et H. Cabrillac.*

3. *Certificateur de caution.* L'art. 2037 s'applique lorsque le fait du créancier rend impossible la subrogation des cautions et du certificateur de caution dans ses droits de sûretés. • Req. 10 nov. 1938 : *DH 1939. 37.*

4. *Sûreté réelle (solutions antérieures à l'Ord. n° 2021-1192 du 15 sept. 2021).* Une sûreté réelle consentie pour garantir la dette d'autrui, qui n'implique aucun engagement personnel à satisfaire à l'obligation d'autrui, n'est pas un cautionnement, de sorte que l'art. 2314 n'est pas applicable. • Civ. 3e, 12 avr. 2018, n° 17-17.542 P : *D. 2018. 1540, note Gouëzel ; ibid. 1884, obs. Crocq ; RDI 2018. 385, obs. Heugas-Darraspen ; AJ contrat 2018. 241, obs. Houtcieff ; RTD civ. 2018. 461, obs. Crocq ; RTD civ. 2018. 461, obs. Crocq ; RTD com. 2018. 773, obs. Martin-Serf ; RDC 2018. 371, obs. Houtcieff ; JCP 2018, n° 670, note Aynès ; Gaz. Pal. 2018. 1465, obs. Piedelièvre.* ♦ *Contra* : la caution réelle doit être déchargée lorsque, par le fait du créancier, la subrogation ne peut plus s'opérer et il est soutenu en vain que la caution réelle, tenue *propter rem* et non en raison d'un droit personnel d'obligation, ne peut bénéficier des dispositions de l'art. 2037. • Civ. 1re, 23 nov. 1954 : *Bull. civ. I, n° 331* (solution déjà remise en cause par la jurisprudence affirmant que la sûreté réelle donnée pour garantir la dette d'autrui n'est pas un cautionnement, V. notes 12 ss. art. 2288). ♦ Pour la solution nouvelle issue de l'Ord. n° 2021-1192 du 15 sept. 2021, V. art. 2325 qui accorde expressément à la personne donnant une sûreté réelle pour garantir la dette d'autrui le bénéfice de l'art. 2314.

5. *Cofidéjusseur.* L'art. 2037, devenu l'art. 2314 anc., ne s'applique qu'en faveur de la caution qui est poursuivie par le créancier, et ne peut fonder une demande en garantie dirigée contre le créancier par l'une des cautions poursuivie par une autre après que cette dernière eut payé. • Com. 11 déc. 2007, n° 06-13.592 P : *JCP 2008. I. 152, n° 10, obs. Simler.*

6. *Conséquences d'un engagement de cau-*

tion disproportionné. Le cofidéjusseur d'une caution déchargée sur le fondement de l'art. L. 341-4 [L. 332-1] C. consom., qui est privé du recours contre cette caution, n'est pas fondé, à défaut de transmission d'un droit dont il aurait été privé, à revendiquer le bénéfice de l'art. 2314 pour s'opposer à la demande en paiement du créancier, caution qui a été déchargée en raison de la disproportion manifeste de son engagement. • Cass., ch. mixte, 27 févr. 2015, nº 13-13.709 P : *D. 2015. 840, note Barbaud ; ibid. 1810, obs. Crocq ; AJCA 2015. 175, note Picod ; RTD civ. 2015. 433, obs. Crocq ; Gaz. Pal. 2015. 948, obs. Mignot ; RDC 2016. 59, note Barthez.*

II. CONDITIONS DE LA DÉCHARGE

A. PERTE D'UN DROIT

1º DROITS DONT LA PERTE EST SANCTIONNÉE PAR L'ART. 2314

7. Le bénéfice de la propriété. En cas de vente avec clause de réserve de propriété, le droit de revendication pouvant être exercé par le vendeur ou par un tiers subrogé dans les droits de celui-ci, la caution est fondée à se prévaloir de la décharge édictée par l'art. 2037 [2314 anc.] lorsque le créancier n'a pas exercé de revendication dans le délai ouvert à cet effet, ce qui a pour résultat de priver la caution d'un droit qui pouvait lui profiter. • Com. 11 juill. 1988 : *Bull. civ. IV, nº 237 ; Gaz. Pal. 1988. 2. 672* • 27 févr. 1996, nº 94-14.313 P : *D. 1996. Somm. 269, obs. Aynès ; Defrénois 1997. 100, note S. Piedelièvre ; RTD civ. 1996. 439, obs. Crocq.* – V. aussi • Com. 26 mai 1999, nº 96-14.371 P : *cité note 39.* ♦ Comp. • Com. 14 juin 1994, nº 91-21.315 P : *Defrénois 1995. 96, note S. Piedelièvre* (énonçant que, dans le cas où le vendeur bénéficie à la fois d'un cautionnement et d'une clause de réserve de propriété, aucun texte ne subordonne l'exercice de son recours contre la caution à la revendication préalable du bien vendu).

8. Le droit d'agir en résolution. Il y a lieu à application de l'art. 2037 [2314 anc.] lorsque le bailleur n'a pas exercé en temps utile l'action résolutoire contre le preneur, de sorte que, par l'effet du redressement judiciaire de celui-ci, la caution ne pouvait plus être subrogée dans ladite action résolutoire. • Civ. 1re, 17 févr. 1993, nº 90-12.916 P.

9. Un droit de rétention. Le droit de rétention conférant à son titulaire le droit de refuser la restitution de la chose légitimement retenue jusqu'à complet paiement de sa créance, même en cas de redressement ou de liquidation judiciaires du débiteur, la perte de ce droit nuit aux cautions, qui peuvent bénéficier de l'art. 2037 [2314 anc.] (créancier s'étant dessaisi des documents administratifs des véhicules financés par le prêt). • Com. 25 nov. 1997, nº 95-16.091 P : *D. 1998. 232, note François ; JCP 1998. I. 149, nº 6, obs. Simler ; Gaz. Pal. 1999. 1. Somm. 104, obs. S. Piedelièvre ; Banque et Dr. 1-2/1999. 49, obs. Jacob.*

10. La possibilité de demander qu'il soit fait appel d'un jugement. La caution peut être déchargée dans le cas où le créancier, titulaire d'un nantissement sur fonds de commerce, mais classé dans la catégorie des créanciers chirographaires par le jugement arrêtant le plan de redressement, s'est abstenu de demander au représentant des créanciers, quel qu'ait pu être le résultat de cette démarche, d'interjeter appel de ce jugement. • Com. 16 avr. 1991 : *JCP 1991. II. 21716, note Bouteiller ; RTD civ. 1991. 774, obs. Bandrac.*

11. Le droit d'être admis dans les répartitions et dividendes. Lorsque le créancier a omis de déclarer sa créance, peu important la nature de celle-ci, la caution qui aurait pu tirer un avantage effectif du droit d'être admise dans les répartitions et dividendes peut être déchargée de son obligation. • Com. 19 févr. 2013, nº 11-28.423 P : *D. 2013. 565, obs. Lienhard ; ibid. 1706, obs. Crocq ; RTD civ. 2013. 416, obs. Crocq ; RTD com. 2013. 346, obs. Martin-Serf ; ibid. 573, obs. Legeais ; RDC 2013. 1454, obs. Barthez* (cassation de l'arrêt d'appel selon lequel l'art. 2314 n'est pas applicable lorsque la créance n'était que chirographaire et ne bénéficiait d'aucune garantie). ♦ V. antérieurement • Com. 12 juill. 2011 : *cité note 7 ss. art. 2298.* ♦ Et depuis, V. • Civ. 1re, 3 juill. 2013, nº 12-21.126 P : *D. 2013. 1741 ; RTD com. 2013. 809, obs. Martin-Serf ; Gaz. Pal. 2013. 3032, obs. Mignot.* ♦ Le créancier qui a accès au BODACC en sa qualité d'organisme professionnel, et ainsi aux décisions de redressement et de liquidation, ne peut alléguer ne pas avoir eu connaissance de la procédure engagée en invoquant l'absence d'informations données par l'emprunteur et la caution. • Même arrêt. ♦ Sur les conséquences du défaut de déclaration, V. aussi note 24.

2º DROITS DONT LA PERTE N'EST PAS SANCTIONNÉE PAR L'ART. 2314

Jurisprudence antérieure à l'Ord. nº 2021-1192 du 15 sept. 2021 ayant remplacé dans l'art. 2314 la formule « droits, hypothèques et privilèges » par celle de « droits ».

12. Le droit de gage général. L'art. 2037 [2314 anc.] n'est applicable qu'en présence de droits qui comportent un droit préférentiel conférant au créancier un avantage particulier pour le recouvrement de sa créance, ce qui n'est pas le cas du droit de gage général institué par l'art. 2092 [2284 anc.] C. civ. • Civ. 1re, 21 mars 1984, nº 83-10.035 P. ♦ Ainsi, ne peut bénéficier de l'art. 2037 [2314 anc.] la caution qui reproche uniquement au créancier sa négligence à s'intéresser au sort des biens du débiteur principal qui a pu, par des ventes mobilières et immobilières, amoindrir son patrimoine. • Civ. 1re, 5 oct. 1982 : *Gaz. Pal. 1983. 1. Pan. 52, obs. Piedelièvre.* ♦ La caution d'un locataire qui reproche au bailleur créancier d'avoir omis de l'informer que les loyers n'étaient plus payés n'établit pas la perte, imputable au créancier, de droits ou garantie attachés à la créance. • Civ. 3e, 3 déc. 1974, n° 73-12.851 P. – Dans le même sens : • Civ. 1re, 16 févr. 1970 : *Bull. civ. I, n° 58.* ♦ V. aussi • Civ. 1re, 16 juill. 1998 : *JCP 1999. II. 10000, note Fages* (inaction fautive du bailleur qui a laissé s'accumuler les loyers impayés : cassation, au visa de l'art. 1147 anc. C. civ. et non de l'art. 2037 [2314 anc.], de l'arrêt ayant condamné la caution au paiement). ♦ Sur la responsabilité du créancier qui aggrave le passif du débiteur, V. *infra*, notes 46.

13. L'exercice d'une action paulienne. Le non-exercice par le créancier d'une action paulienne de nature à conduire à l'inopposabilité d'une donation-partage ne saurait être considéré comme propre à décharger la caution dès lors que le succès de pareille action pouvait lui paraître aléatoire et que le créancier pouvait estimer préférable de se retourner contre les autres débiteurs. • Toulouse, 2 déc. 1985 : *Gaz. Pal. 1987. 1. Somm. 13.*

14. La réalisation d'une promesse d'hypothèque. La promesse d'hypothèque, en l'absence d'engagement pris par le créancier de faire procéder à l'inscription, n'est pas constitutive d'un droit préférentiel. • Civ. 1re, 12 mars 2002, n° 99-15.059 P : *D. 2002. AJ 1344* ; *Defrénois 2003. 784, obs. S. Piedelièvre.*

15. La notification d'une cession de créance au débiteur cédé. Lorsqu'un établissement de crédit, cessionnaire d'une créance professionnelle, s'abstient de notifier la cession au débiteur cédé, la caution qui invoque la subrogation dans les droits du cessionnaire ne justifie pas de la perte d'un droit préférentiel conférant un avantage particulier au créancier pour le recouvrement de sa créance et n'est, dès lors, pas fondée à se prévaloir des dispositions de l'art. 2314. • Com. 2 nov. 2016, n° 15-12.491 P : *D. 2017. 147, note Dumont-Lefrand* ; *AJ contrat 2016. 530, obs. Bougerol* ; *RTD civ. 2017. 195, obs. Crocq* ; *RTD com. 2017. 187, obs. Martin-Serf*. ♦ Déjà • Civ. 1re, 30 sept. 1997 : *JCP 1998. I. 103, n° 15, obs. Simler.* ♦ Même sens : • Com. 18 nov. 1997, n° 95-13.581 P : *D. 1998. Somm. 140, obs. Bénabent*.

B. FAUTE DU CRÉANCIER

1° RÈGLES GÉNÉRALES

16. Nécessité d'un fait du créancier. Le créancier ne prive pas, par son fait, la caution d'un droit préférentiel qui aurait pu lui être transmis par subrogation dès lors qu'il ne pouvait pas lui-même exercer ce droit. • Com. 29 mai 2019, n° 17-24.845 P : *D. 2019. 2009, obs. Martin et Synvet* ; *AJ contrat 2019. 355, obs. Houtcieff* ; *RTD civ. 2019. 584, obs. Barbier* (refus de la décharge de la caution d'une créance de prix d'un transport transmise à un cessionnaire n'ayant pas exercé l'action directe prévue par l'art. L. 132-8 C. com., dès lors que cette action, exclusivement réservée au transporteur ayant exécuté matériellement le déplacement de la marchandise, ne peut être transmise au cessionnaire, qui n'a donc pas privé par son fait la caution d'un droit préférentiel qu'il ne pouvait pas lui-même exercer).

17. Fait positif ou simple négligence. L'art. 2037 [2314 anc.] s'applique aussi bien au cas où c'est par la simple négligence du créancier que la subrogation de la caution est devenue impossible, qu'au cas où cette impossibilité proviendrait d'un fait direct et positif de sa part. • Civ. 1re, 6 oct. 1971 : *D. 1973. 316, note Ivainer* • Civ. 3e, 12 nov. 1974 : *JCP 1975. II. 18182 (1re esp.), note Simler.*

18. Nécessité d'un fait exclusif : principe. L'application de l'art. 2037 [2314 anc.] est subordonnée à un fait de commission ou d'omission, mais imputable au créancier. • Com. 2 avr. 1996, n° 93-19.074 P : *D. 1996. Somm. 268, obs. Aynès* ; *JCP 1997. I. 3991, n° 8, obs. Simler et Delebecque.* ♦ La caution ne peut être déchargée lorsque le défaut de constitution des sûretés prévues au contrat n'est pas le fait exclusif du créancier. • Com. 11 janv. 1994, n° 91-17.691 P : *RTD civ. 1994. 899, obs. Bandrac* • Civ. 1re, 3 févr. 1998 : *cité note 19* • 3 mars 1998, n° 96-12.685 P • 9 mai 2001, n° 98-23.144 P : *LPA 3 avr. 2002, note Dagorne-Labbe (1re esp.)* • 22 mai 2002 : *cité note 29.* ♦ Les juges du fond ne peuvent se borner à examiner le comportement du créancier sans rechercher si la perte du gage n'avait pas aussi pour origine les négligences du débiteur. • Com. 15 nov. 1988, n° 86-13.715 P : *D. 1989. Somm. 296, obs. Aynès.* ♦ Comp. • Civ. 1re, 27 nov. 1973 : *Bull. civ. I, n° 322* (où est censurée une cour d'appel qui, pour rejeter la demande de décharge de la caution, avait développé un raisonnement qui la conduisait à la conclusion que soit il n'y avait pas de préjudice, soit il y avait faute d'un tiers, sans avoir recherché si la dépréciation du gage ne provenait pas du fait du créancier).

19. Fait non exclusif : illustrations. La perte du nantissement résultant du jugement arrêtant le plan de cession, sauf accord contraire, inexistant en l'espèce, n'est pas imputable exclusivement au créancier. • Com. 13 mai 2003, n° 99-21.551 P : *R., p. 394* ; *D. 2003. AJ 1629, obs. Avena-Robardet (1re esp.)* ; *JCP 2003. I. 174, n° 3, obs. P. P.* ; *Defrénois 2004. 884, obs. J. Honorat* ; *RTD com. 2004. 155, obs. Martin-Serf*. ♦ Comp. • Com. 20 oct. 2021, n° 20-16.980 B : *D. 2021. 2124, note Sebban ; RTD com. 2022. 379, obs. Martin-Serf ; ibid. 387, obs. Saint-Alary-Houin* (dans un cas où le créancier avait choisi la solution de renoncer au nantissement face à une autre solution proposée par le repreneur). ♦ Doit être écarté le moyen fondé sur l'art. 2037 [2314 anc.] et opposé par la caution au créancier gagiste dès lors qu'aucune fraude ou collusion n'est invoquée contre le créancier et que la disparition du gage est due au débiteur principal et à la caution. • Com. 20 janv. 1975 : *Bull. civ. IV, n° 16.* – V. aussi • Com. 12 nov. 1991, n° 89-19.296 P. ♦ Dans le même sens, en cas de revente d'un véhicule gagé par le vendeur, alors que le prêteur cautionné avait régulièrement publié son gage sur le véhicule dûment immatriculé : • Com. 14 janv. 1970 : *Bull. civ. IV, n° 19.* ♦ La perte du nantissement n'est pas le fait exclusif du créancier qui n'avait pas fait apposer la plaque requise sur le matériel nanti, dès lors qu'il y a eu cession frauduleuse de ce matériel par le débiteur. • Civ. 1re, 14 nov. 2001, n° 99-12.740 P : *D. 2002. AJ 85, obs. Avena-Robardet ; JCP 2002. I. 120, n° 3, obs. Simler* • 7 déc. 2004, n° 03-10.631 P : *D. 2005. AJ 708, obs. Avena-Robardet ; Gaz. Pal. 2005. Somm. 2056, obs. S. Piedelièvre ; LPA 28-29 mars 2005, note Houtcieff.* ♦ Le fait de n'avoir pas fait vendre le bien hypothéqué à un moment où il avait le plus de valeur n'est pas exclusivement imputable au créancier dès lors qu'à ce moment le bien faisait l'objet d'une saisie conservatoire. • Civ. 1re, 3 févr. 1998, n° 96-15.628 P : *D. 1998. IR 63 ; Gaz. Pal. 1999. 1. Somm. 105, obs. S. Piedelièvre.* ♦ Mais le défaut d'inscription d'un nantissement par la banque créancière procède du fait exclusif du créancier dès lors que la caution n'a pas l'obligation d'informer cette banque des risques encourus par elle en cas d'inscription tardive. • Com. 23 nov. 2004, n° 03-16.196 P.

2° FAITS ENTRAÎNANT LA PERTE DU DROIT

20. *Défaut ou erreur d'inscription d'une sûreté.* L'art. 2037 [2314 anc.] s'applique lorsqu'une banque spécialisée dans l'octroi de prêts agricoles, qui devait inscrire un warrant agricole sur le cheptel à l'achat duquel le prêt cautionné était destiné, a inscrit un warrant sur un cheptel qui s'est avéré ne pas être la propriété de l'emprunteur. • Civ. 1re, 26 avr. 1983 : *Bull. civ. I, n° 130.* ♦ Mais ne saurait être imputé à faute le fait pour une banque de ne pas avoir procédé à une inscription modificative de son privilège postérieurement à la cession du fonds de commerce nanti dans le cadre du plan de cession, la cession d'un fonds de commerce opérant transmission de plein droit au cessionnaire de la charge de la sûreté qui n'est pas perdue. • Com. 7 juill. 2009 : *D. 2009. AJ 1891 .* ♦ *Contra* : • Com. 3 févr. 1998, n° 95-13.853 P : *D. 1998. 583, note Chazal ; D. 1999. Somm. 7, obs. Derrida ; Defrénois 1999. 246, obs. Sénéchal.*

21. *Renonciation à une sûreté.* L'art. 2037 [2314 anc.] s'applique lorsque le créancier a accepté de renoncer à une sûreté, même à la demande de celui qui devait la consentir, du moment qu'il l'a fait en toute connaissance de cause. • Civ. 1re, 6 juin 2001, n° 98-22.640 P. ♦ Dans le même sens : • Cass., ch. mixte, 10 juin 2005, n° 02-21.296 P : *R., p. 355 ; BICC 15 juill. 2005, rapp. Cachelot, concl. de Gouttes ; D. 2005. 2020, note S. Piedelièvre ; ibid. AJ 1773, obs. Delpech ; ibid. Pan. 2086, obs. Crocq ; JCP 2005. II. 10130, note Simler ; JCP E 2005. 1088, note D. Legeais ; Banque et Dr. 7-8/2005. 63, obs. Jacob ; RDC 2005. 1136, obs. Houtcieff ; RTD com. 2005. 844, obs. Martin-Serf* (en retenant que la banque créancière avait renoncé au bénéfice du gage, une cour d'appel en déduit exactement que la caution était déchargée de son obligation). ♦ V. aussi • Com. 31 janv. 1989, n° 87-13.043 P : *D. 1989. Somm. 296, obs. Aynès* (abandon d'autres sûretés, en vue de favoriser une vente à forfait).

22. *Défaut de revendication.* L'art. 2037 [2314 anc.] s'applique lorsque le créancier, crédit-bailleur, n'a pas revendiqué les biens dont il était resté propriétaire, à la liquidation judiciaire du crédit-preneur, privant ainsi la caution de la subrogation dans un droit qui pouvait lui profiter. • Com. 14 févr. 1995, n° 93-13.848 P : *D. 1996. Somm. 218, obs. Pérochon .*

23. *Défaut de conservation du bien grevé.* La caution est déchargée lorsque le créancier a négligé d'assurer la conservation du droit au bail, élément essentiel d'un fonds de commerce nanti, et celle du matériel également nanti. • Com. 3 nov. 1975 : *JCP 1978. II. 18891, note Simler.*

24. *Cession de l'objet du gage par le créancier.* L'art. 2037 [2314 anc.] s'applique lorsque le créancier a cédé à vil prix le véhicule gagé, dans des conditions rendant impossible toute appréciation de sa valeur vénale réelle. • Civ. 1re, 1er juin 1999, n° 97-15.754 P. – V. aussi • Com. 17 mars 1992, n° 90-13.819 P (cas de créanciers n'ayant pas exercé les moyens de droit leur permettant de s'opposer à la cession des biens gagés).

25. *Défaut de déclaration de créance à la procédure collective.* Il y a lieu d'appliquer l'art. 2037 [2314 anc.] lorsque le créancier a refusé de justifier de sa déclaration de créance à la procédure collective du débiteur, empêchant ainsi la caution de poursuivre par subrogation le paiement de la créance. • Com. 6 févr. 1996, n° 94-13.622 P. ♦ V. conf., dans le cas de non-déclaration de la créance à la procédure collective de chacun des membres d'un GIE en redressement judiciaire : • Com. 20 févr. 2001, n° 97-14.256 P : *JCP 2001. II. 10522, note Rémery (3e esp.) ; ibid. I. 360, n° 8, obs. Pétel.* ♦ V. aussi note 11, les arrêts rendus depuis la modification de la sanction du défaut de déclaration par la L. de sauvegarde des entreprises du 26 juill. 2005.

26. Non-réaction à une fusion-absorption. Faute de la banque qui aurait pu protéger ses intérêts en mettant en œuvre le droit d'opposition au projet de fusion-absorption que lui conférait l'art. L. 236-14 C. com., l'absorption ayant eu pour effet de réduire à néant le nantissement inscrit par la banque ; si elle avait été plus vigilante, la banque aurait ainsi pu demander soit le remboursement immédiat du solde de sa créance, soit la constitution de nouvelles garanties destinées à remplacer celles dont elle disposait jusqu'alors. • Com. 23 sept. 2020, n° 19-13.378 P : *D. 2020. 1884 ; AJ contrat 2020. 549, obs. Le Gallou ; RTD civ. 2020. 888, obs. Barbier ; RDC 2020/4. 52, note Houtcieff.*

3° CHOIX DES MODALITÉS D'EXERCICE DU DROIT

Jurisprudence rendue ss. l'empire de l'anc. art. 2314, antérieure à l'Ord. n° 2021-1192 du 15 sept. 2021. La question est désormais réglée par l'al. 3 de l'art. 2314.

27. Attribution judiciaire du gage. Si l'attribution judiciaire du gage prévue par l'art. L. 622-21, al. 3, C. com. n'est qu'une faculté pour le créancier, ce dernier, lorsqu'il est garanti par un cautionnement, commet une faute au sens de l'art. 2037 [2314 anc.] si, en s'abstenant de demander cette attribution, il prive la caution d'un droit qui pouvait lui profiter. • Com. 13 mai 2003, n° 00-15.404 P : *D. 2003. AJ 1629, obs. Avena-Robardet (2e esp.) ; D. 2004. Somm. 52, obs. Le Corre (2e esp.) ; JCP 2003. I. 174, n° 15, obs. M. C. ; Defrénois 2004. 889, obs. J. Honorat ; RTD com. 2004. 156, obs. Martin-Serf (2e esp.)* . ♦ Mais le nantissement d'un fonds de commerce ne donnant pas au créancier-gagiste le droit de se faire attribuer le fonds en paiement, le fait de ne pas avoir demandé une telle attribution ne peut constituer une faute ayant privé la caution de la subrogation. • Com. 13 oct. 1998, n° 94-20.560 P : *D. 1999. Somm. 299, obs. S. Piedelièvre* .

28. Modes de réalisation du crédit-bail. L'art. 2037 [2314 anc.] n'oblige pas le créancier à se porter acquéreur du bien offert en garantie *pour en sauvegarder la valeur.* • *Civ. 1re, 19 déc.* 2000, n° 98-16.118 P : *D. 2001. AJ 375 ; Defrénois 2001. 940, obs. Théry.* ♦ V. toutefois • Com. 13 mai 2003 : *préc. note 23.*

Ne constituent pas une faute du créancier crédit-bailleur la reprise et la vente du matériel donné en crédit-bail. • Com. 23 nov. 1999, n° 97-12.209 P. ♦ V. toutefois • Com. 26 févr. 1979 : *préc. note 28.* ♦ V. toutefois • Com. 26 févr. 1979 : *Bull. civ. IV, n° 80* (l'art. 2037 [2314 anc.] s'applique lorsqu'une société de crédit-bail réclame à la caution du preneur les indemnités prévues en cas de résiliation de plein droit puis reloue le même matériel à un tiers sans aviser la caution, la privant de la subrogation dans le droit de reprise du matériel).

29. Attribution de l'indemnité d'assurance après un sinistre affectant le bien grevé. N'est pas en lui-même constitutif d'une faute l'exercice ou le non-exercice par le créancier de la faculté prévue à l'art. L. 121-13 C. assur. (attribution directe de l'indemnité d'assurance après sinistre). • Civ. 1re, 22 mai 2002, n° 99-17.245 P : *D. 2002. AJ 2403, obs. Avena-Robardet (3e esp.) ; ibid. Somm. 3336, obs. Aynès ; Gaz. Pal. 2003. 428, note Périer ; RCA 2002. Chron. 18, par Groutel.* ♦ Comp. • Cass., ch. mixte, 10 juin 2005 : *préc. note 18.*

30. Mise en œuvre d'une cession de loyers. L'art. 2037 [2314 anc.] s'applique lorsque le prêteur a négligé de mettre en œuvre la clause de cession conditionnelle des loyers dus à l'emprunteur dès les premières échéances impayées, pour préférer la vente amiable du bien financé. • Com. 3 mai 2006, n° 04-17.283 P : *R., p. 385 ; D. 2006. 1693, note Houtcieff ; ibid. Pan. 2859, obs. Crocq ; JCP E 2006. 2061, note D. Legeais ; Banque et Dr. 7-8/2006. 51, obs. Jacob ; RTD com. 2007. 229, obs. Martin-Serf* .

31. Mainlevée d'une hypothèque en vue de la vente. Ne constitue pas une faute le fait, pour le créancier, d'avoir accordé la mainlevée de ses inscriptions sur les immeubles pour qu'ils soient vendus, mettant ainsi en œuvre ses droits de créancier. • Civ. 1re, 22 mai 2002 : *D. 2002. AJ 2403, obs. Avena-Robardet (1re esp.).*

4° FAIT DE NE PAS PRENDRE UNE GARANTIE SUR LAQUELLE LA CAUTION POUVAIT COMPTER

32. Principe. Si les dispositions de l'art. 2037 [2314 anc.] ne concernent, en principe, ni les droits qui sont nés postérieurement à l'établissement du cautionnement, ni les sûretés que le créancier s'est procuré ou qui lui ont été fournies depuis cette époque, il en est autrement lorsque la caution pouvait, au moment où elle s'est engagée, normalement croire que le créancier prendrait les garanties que la loi attache, sous certaines conditions, à sa créance. • Civ. 1re, 9 févr. 1970 : *Gaz. Pal. 1970. 1. 201.* – Même sens : • Com. 20 juill. 1973, n° 72-11.502 P : *R. 1973-1974, p. 65.* ♦ V. aussi • Civ. 1re, 27 mars 1974 : *JCP 1975. II. 18070, note Simler* (allégation d'un engagement tacite) • 9 mai 1994, n° 91-21.162 P : *RTD civ. 1994. 906, obs. Bandrac* . ♦ Selon l'art. 2037 [2314 anc.], la caution n'est libérée, lorsque la subrogation aux droits, privilèges et hypothèques du créancier ne peut plus s'opérer en sa faveur, que si ces garanties existaient antérieurement au contrat de cautionnement, ou que si le créancier s'était engagé à les prendre. • Civ. 1re, 8 oct. 1980 : *Bull. civ. I, n° 249* • Com. 11 janv. 1994, n° 91-17.691 P : *RTD civ. 1994.*

899, obs. Bandrac (convention prévoyant la constitution de sûretés) • Civ. 1re, 17 oct. 1995, n° 93-19.840 P : *D. 1996. Somm. 268, obs. Aynès* ; *JCP 1997. I. 3991, n° 8, obs. Simler et Delebecque*. – V. aussi • Com. 8 oct. 2003 : *LPA 17 mai 2004, obs. D. H.* ♦ La caution ne saurait reprocher au créancier de ne pas avoir conservé un droit qu'il pouvait ne pas acquérir et sur lequel, par conséquent, elle ne pouvait compter. • Com. 15 févr. 2000, n° 96-19.175 P : *D. 2000. AJ 149, obs. Faddoul*. – Même sens : • Com. 19 déc. 2006, n° 04-19.643 P : *D. 2007. AJ 369, obs. Avena-Robardet*.

33. Absence de réalisation d'un gage dont la valeur a ensuite diminué. Cassation de l'arrêt qui n'a pas recherché, ainsi que la cour d'appel y était invitée, si, en s'abstenant d'exercer son droit de gage sur le compte-titres à la date de la défaillance de la débitrice principale, le créancier n'avait pas fait perdre à la caution un droit dont elle aurait pu bénéficier par subrogation, la caution prétendant qu'à cette date, la valeur des actions nanties était très supérieure au montant du capital fixé dans l'acte de prêt. • Com. 30 nov. 2022, n° 20-23.554 B : *D. 2023. 452, note Lledo* ; *JCP N 2023, n° 1050, note C.Leveneur et Cœurderoy*.

34. Non-constitution d'un gage. Une caution demeure obligée même si une constitution de gage sur les véhicules vendus à crédit dont elle a garanti le paiement du prix n'est pas intervenue postérieurement au cautionnement, dès lors que les vendeurs n'étaient pas tenus à la constitution de cette sûreté. • Com. 8 oct. 1979 : *Bull. civ. IV, n° 245* • 25 janv. 1994, n° 91-19.226 P : *RTD civ. 1994. 905, obs. Bandrac* • Civ. 1re, 13 mai 1997, n° 95-16.789 P • Com. 19 déc. 2006 : *préc. note 32*.

35. Non-inscription d'un privilège immobilier. Le prêteur de deniers, bénéficiaire du privilège institué par l'art. 2374 [anc.] C. civ., qui se garantit par un cautionnement, s'oblige envers la caution à inscrire son privilège. • Civ. 1re, 3 avr. 2007, n° 06-12.531 P : *R., p. 421* ; *D. 2007. 1572, note Houtcieff* ; *ibid. Chron. C. cass. 2334, n° 7, obs. Creton* ; *ibid. AJ 1136, obs. Avena-Robardet* ; *ibid. 2008. Pan. 181, obs. R. Martin* ; *JCP 2007. I. 158, n° 13, obs. Simler* ; *JCP E 2007. 1700, note D. Legeais* ; *Banque et Dr. 5-6/2007. 60, obs. Rontchevsky* ; *RDC 2007. 846, obs. Houtcieff* ; *RTD civ. 2007. 595, obs. Crocq* ; *RTD com. 2007. 584, obs. Legeais*. ♦ Contra antérieurement : • Civ. 1re, 29 févr. 2000, *n° 97-20.090 P : D. 2001. Somm. 699, obs. Aynès* « la seule nature du prêt (immobilier) est insuffisante à caractériser la croyance légitime de la caution dans le fait que le créancier prendrait d'autres garanties ».

36. Non-inscription d'une sûreté définitive. Le créancier qui, dans le même temps, se garantit par un cautionnement et constitue une sûreté provisoire s'oblige envers la caution à rendre cette sûreté définitive. • Cass., ch. mixte, 17 nov. 2006, n° 04-19.123 P : *R., p. 383* ; *BICC 1er févr. 2007, rapp. Cachelot, avis Petit* ; *D. 2006. AJ 2907, obs. Avena-Robardet* ; *JCP E 2006. 2775, note Houtcieff* ; *JCP N 2007. 1045, note Le Magueresse* ; *Gaz. Pal. 2007. 1035, note Dagorne-Labbe* ; *Defrénois 2007. 440, obs. Savaux* ; *ibid, 688, note S. Piedelièvre* ; *RDC 2007. 431, obs. Houtcieff* ; *RTD civ. 2007. 157, obs. Crocq* ; *RTD com. 2007. 215, obs. Legeais*.

37. Absence de constitution d'une sûreté promise. Le créancier bénéficiaire d'une promesse d'hypothèque ou de nantissement ne s'oblige pas envers la caution à prendre cette sûreté, dès lors que sa constitution est au seul pouvoir du promettant. • Civ. 1re, 19 nov. 2009, n° 08-19.173 P : *D. 2010. Chron. C. cass. 522, n° 6, obs. Creton* ; *RDI 2010. 144, obs. Heugas-Darraspen* ; *Defrénois 2010. 458, note Piedelièvre* ; *ibid. 2212, obs. Latina*. ♦ V. déjà à propos de la promesse d'hypothèque : • Civ. 1re, 12 mars 2002 : *cité supra note 14*.

C. PRÉJUDICE DE LA CAUTION

38. Principe. S'il est constaté que le manquement imputé à faute au créancier n'a causé aucun préjudice à la caution, celle-ci ne peut revendiquer le bénéfice de l'art. 2314. • Civ. 1re, 24 oct. 2006, n° 05-18.698 P : *D. 2006. AJ 2908, obs. Avena-Robardet* • Com. 25 nov. 2008, n° 07-17.776 P : *D. 2009. AJ 15, obs. Avena-Robardet* (somme restant due au créancier supérieure à l'engagement de la caution, même après déduction des sommes correspondant à un manquement du créancier). ♦ Les juges du fond ne peuvent décider que la caution doit être déchargée en raison de la négligence du créancier qui n'avait pas exigé le remboursement de sa créance à son terme, empêchant la caution de produire en temps utile à la liquidation des biens du débiteur, sans rechercher si cette caution aurait pu tirer un profit effectif des droits susceptibles de lui être transmis par subrogation. • Civ. 1re, 25 juin 1980, n° 79-11.591 P.

39. Applications. Il ne peut être reproché à un créancier de ne pas avoir demandé la reconduction de l'assurance décès-invalidité pour la durée de prorogation du prêt s'il est constaté que le sinistre s'est produit après que la garantie eut cessé de jouer en raison du non-respect des modalités de remboursement et que la non-prorogation de l'assurance était de ce fait sans effet sur la situation de la caution. • Civ. 1re, 3 mai 1995, n° 93-11.300 P : *Defrénois 1995. 1055, obs. Delebecque*. ♦ V. aussi • 26 mai 1999, n° 96-14.371 P (revendication non exercée par le propriétaire créancier, mais qui n'aurait pas pu aboutir, faute que puisse être établie la propriété sur les marchandises revendiquées) • 26 mai 1999, n° 96-14.675 P : (défaut d'apposition des plaques mentionnant le nantissement du matériel, sans incidence pour la caution, du fait de la disparition du droit de suite du créancier nanti) • Com. 23 nov. 1999, n° 96-15.228 P : *D. 2000. AJ 23, obs. A.-L. M.-D* ; *JCP 2000. II. 10293, note Keita ; ibid. I. 259, n° 20, obs. Delebecque* (défaut de publicité du nantissement sur matériel inopérant, la dette n'étant garantie que par un nantissement sur fonds de commerce). ♦ La décharge pour simple défaut de déclaration de la créance cautionnée à la procédure collective du débiteur principal ne se produit que si la caution aurait pu tirer un avantage effectif du droit d'être admise dans les répartitions et dividendes, susceptible de lui être transmis par subrogation, ce qui n'est pas le cas lorsque, les créanciers chirographaires n'ayant pu être réglés, il est établi que la caution n'aurait pas été désintéressée. • Com. 12 juill. 2011 : *cité note 7 ss. art. 2298.* ♦ Mais la caution ne peut être condamnée à paiement, malgré la non-inscription, imputable au créancier, du nantissement de matériel, au motif qu'elle pouvait encore obtenir, par l'effet de la subrogation, un remboursement sur la vente de ce matériel, sans qu'il soit vérifié que la caution bénéficierait, compte tenu de la situation du débiteur, de la même certitude de paiement que si elle avait été subrogée dans la sûreté convenue. • Civ. 1re, 26 janv. 1999, n° 96-21.328 P : *D. 1999. IR 51* ; *JCP 1999. II. 10041, concl. Sainte-Rose.* ♦ Rappr., retenant que la limitation, par le créancier, de l'inscription de nantissement à un seul des propriétaires indivis avait eu pour effet d'en réduire l'efficacité : • Civ. 1re, 26 avr. 2000, n° 97-10.616 P : *D. 2000. AJ 274, obs. Faddoul*.

40. Défaut de déclaration non préjudiciable. Il revient au créancier qui n'a pas déclaré sa créance, pour ne pas encourir la déchéance de ses droits contre la caution, d'établir que la subrogation devenue impossible n'aurait pas été efficace. • Civ. 1re, 3 juill. 2013, n° 12-21.126 P : *D. 2013. 1741*.

41. Décharge partielle. La caution n'est déchargée qu'à concurrence de la valeur des droits pouvant lui être transmis par subrogation et dont elle a été privée par le fait du créancier. • Civ. 1re, 9 mai 1994, n° 91-21.162 P : *RTD civ. 1994. 906, obs. Bandrac* • 15 déc. 1998, n° 96-20.626 P : *D. 2000. 215, note Boujeka* ; *Banque et Dr. 9-10/1999. 49, obs. Jacob* • 12 févr. 2002, n° 99-15.944 P : *D. 2002. AJ 1274, et les obs. ; ibid. Somm. 3336, obs. Aynès*. ♦ La valeur du droit pouvant être transmis par subrogation doit s'apprécier à la date d'exigibilité de l'obligation de la caution, c'est-à-dire à la date de la défaillance du débiteur principal en cas d'échéance impayée. • Civ. 1re, 24 févr. 1987, n° 85-12.406 P : *R., p. 196 ; D. 1987. Somm. 451, obs. Aynès* • Com. 5 juill. 2005, n° 04-12.770 P : *BICC 1er nov. 2005, n° 2016, et la note.* ♦ ... Sauf si, à cette date, le créancier était empêché de mettre en œuvre la sûreté. • Com. 17 févr. 2009, n° 07-20.458 P : *D. 2009. AJ 625* ; *JCP 2009. I. 136, n° 10, obs. Cabrillac ; Banque et Dr. 3-4/2009. 52, obs. Jacob ; RTD com. 2009. 425, obs. Legeais* ; *RTD civ. 2009. 555, obs. Crocq* (redressement judiciaire faisant obstacle à la réalisation du gage). ♦ Comp., en faveur d'une appréciation à la date de mise en œuvre de la sûreté : • Civ. 1re, 12 févr. 2002 : *préc.* ♦ Sur la charge de la preuve de l'inefficacité de la subrogation devenue impossible, V. note 42.

III. MISE EN ŒUVRE DU BÉNÉFICE DE SUBROGATION

42. Preuve. Il appartient à la caution d'indiquer quel droit précis, susceptible de permettre une subrogation, a été perdu du fait de la seule inaction du créancier. • Civ. 1re, 22 mai 2002, n° 99-17.245 P : *D. 2002. AJ 2403, obs. Avena-Robardet (2e esp.)* . ♦ Il appartient à la caution qui invoque l'extinction de son engagement de rapporter la preuve que la subrogation a été rendue impossible par le fait du créancier. • Civ. 1re, 13 nov. 1996, n° 94-16.475 P : *D. 1997. Somm. 166, obs. Aynès* ; *Gaz. Pal. 1997. 2. Somm. 190, obs. S. Piedelièvre.* ♦ Mais il revient au créancier, pour ne pas encourir la déchéance de ses droits contre la caution, d'établir que la subrogation qui est devenue impossible par son inaction n'aurait pas été efficace. • Com. 27 févr. 1996, n° 94-14.313 P : *D. 1996. Somm. 269, obs. Aynès* ; *Defrénois 1997. 100, note S. Piedelièvre ; RTD civ. 1996. 439, obs. Crocq* • Civ. 3e, 4 déc. 2002, n° 01-03.567 P • Com. 13 mai 2003 : *préc. note 23* • Civ. 1re, 18 mai 2004 : *JCP 2004. I. 188, n° 10, obs. Simler* • 3 juill. 2013, n° 12-21.126 P : *D. 2013. 1741* (défaut de déclaration de créance) • Com. 8 avr. 2015, n° 13-22.969 P. ♦ Étant établi que le créancier a négligé de faire le nécessaire pour conserver un nantissement, les juges du fond ne renversent pas la charge de la preuve en retenant que le créancier ne fournit aucun élément permettant d'affirmer, ainsi qu'il le soutenait, que les biens nantis n'avaient pas une valeur suffisante pour couvrir les cautions des sommes qu'elles seraient appelées à décaisser si elles devaient lui régler la dette. • Com. 3 nov. 1975 : *JCP 1978. II. 18891, note Simler.*

43. Droit transitoire. L'art. 2037, modifié par l'art. 49 de la L. du 1er mars 1984, qui ne présente aucun caractère interprétatif, n'est pas applicable aux cautionnements souscrits antérieurement à l'entrée en vigueur de la loi. • Civ. 1re, 25 mai 1987, n° 85-16.508 P • 25 mai 1988 : *Bull. civ. I, n° 153* • Com. 10 janv. 1989, n° 86-19.389 P.

IV. EXTENSION DES CAUSES DE DÉCHARGE DE LA CAUTION : RESPONSABILITÉ DU CRÉANCIER VIS-À-VIS DE LA CAUTION

A. FAUTES GÉNÉRATRICES DE RESPONSABILITÉ

1° FAUTES COMMISES PAR LE CRÉANCIER AU MOMENT DE LA SOUSCRIPTION DU CAUTIONNEMENT

44. Défaut de mise en garde de la caution. V. notes ss. art. 2299

45. Octroi d'un cautionnement disproportionné. V. notes ss. art. 2300

2° FAUTES COMMISES PAR LE CRÉANCIER APRÈS LA SOUSCRIPTION DU CAUTIONNEMENT

46. Aggravation du passif du débiteur. BIBL. F. Paul, *Dr. et patr. 6/2002. 40.* – Gallois-Cochet, *JCP 2006. I. 175* (cas de la cession de créance). ♦ La banque qui, par son comportement imprudent, aggrave le passif de la société débitrice commet une faute qui peut justifier le rejet de la demande en paiement dirigée contre la caution. • Com. 26 juin 2001, n° 97-11.914 P: *D. 2001. AJ 2512, obs. Avena-Robardet* (l'arrêt relève le lien de causalité qui existe entre la faute reprochée au créancier et le préjudice de la caution tenue de garantir le passif du débiteur).

47. Rupture abusive de l'ouverture de crédit consentie au débiteur. La faute commise à l'égard du débiteur consistant dans la rupture abusive d'une ouverture de crédit, qui a diminué les chances de la caution de ne pas payer, peut entraîner la responsabilité de la banque à l'égard de la caution. • Cass., com., 22 avr. 1980, n° 78-14.275 : *Bull. IV. n° 163* . ♦ Un arrêt récent retient de même la responsabilité du banquier qui opère la rupture d'un crédit dans une situation où le débiteur se trouvait dans une situation irrémédiablement compromise, mais où le banquier avait omis de notifier la rupture par écrit. • Com. 18 mars 2014, n° 12-29.583 : *Bull. IV, n° 51.*

48. Remise de la dette. L'acceptation expresse ou implicite par le créancier d'une réduction de sa créance, qui participe de la nature judiciaire des dispositions du plan d'apurement du passif, n'est pas constitutive d'une faute de nature à engager sa responsabilité pour avoir, à due *concurrence, privé* la caution de son recours subrogatoire, sauf fraude aux droits de celle-ci. • Com. 22 oct. 1996, n° 94-20.431 P : *R., p. 302 ; JCP 1997. I. 4004, n° 3, obs. Cabrillac.*

49. Renonciation à déchéance du terme. Dans le cas d'un prêt à une société garanti par le nantissement du fonds de commerce et le cautionnement solidaire du dirigeant social, ne commet pas une faute à l'égard de la caution la banque qui ne prononce pas la déchéance du terme du prêt cautionné au seul constat que le bail dans lequel est exploité le fonds de commerce est résilié amiablement, tandis que les échéances du prêt continuent d'être payées par la débitrice principale (visa de l'art. 1147 anc. C. civ.). • Com. 22 janv. 2008, n° 06-18.651 P : *RTD com. 2008. 405, obs. Legeais* .

3° FAUTES COMMISES PAR LE CRÉANCIER DANS SES RAPPORTS AVEC LE DÉBITEUR

50. Prise en compte. La caution peut demander au créancier réparation du préjudice personnel et distinct qu'elle impute à une faute de celui-ci commise dans ses rapports avec le débiteur principal. • Com. 25 sept. 2019, n° 18-15.655 P : *D. 2019. 2100, obs. Dammann et Alle ; AJ contrat 2019. 498, obs. Houtcieff ; Rev. sociétés 2019. 779, obs. L. C. Henry ; RTD com. 2020. 456, obs. Macorig-Venier ; ibid. 708, obs. A. Martin-Serf* (arrêt rendu au visa de l'art. 1382 devenu 1240).

51. Fautes commises dans le cadre de services de paiement. Les art. L. 133-18 et L. 133-24 C. mon. fin., pris pour la transposition de la Dir. 2007/64/CE du Parlement européen et du Conseil du 13 nov. 2007 concernant les services de paiement dans le marché intérieur, prévoyant le remboursement immédiat des opérations de paiement non autorisées signalées par l'utilisateur à la banque dans le délai de 13 mois, ne font pas obstacle à la mise en œuvre, par la caution de cet utilisateur, de la responsabilité contractuelle de droit commun de la banque. • Com. 9 févr. 2022, n° 17-19.441 B : *D. 2022. 276 ; RDC 2022/2. 24, note Knetsch ; RCA 2022, n° 133, obs. Bloch.*

B. MISE EN ŒUVRE DE LA RESPONSABILITÉ

52. Indifférence de la voie procédurale choisie. Les demandes reconventionnelles et les moyens de défense étant formés de la même manière à l'encontre des parties à l'instance, les juges du fond doivent répondre à la demande de la caution qui invoque la faute du créancier pour s'opposer au paiement, quelle qu'en fût la qualification procédurale. • Cass., ch. mixte, 21 févr. 2003, n° 99-18.759 P : *R., p. 475 ; BICC 1er juin 2003, concl. de Gouttes, rapp. Assié ; D. 2003. AJ 829, obs. Avena-Robardet (1re esp.) ; JCP 2003. II. 10103, note Boucard ; ibid. I. 176, n° 6, obs. Simler ; JCP E 2003. 1073, note D. Legeais ; Gaz.* Pal. 2003. Somm. 2482, obs. S. Piedelièvre. ♦ V. antérieurement : poursuivie en paiement par le créancier, la caution qui demande à être déchargée de son obligation en raison de la faute commise par celui-ci à l'encontre du débiteur principal, sans prétendre obtenir un avantage autre que le simple rejet de la prétention de son adversaire, peut procéder par voie de défense au fond. • Com. 26 oct. 1999, n° 96-16.837 P : *R., p. 365 ; D. 2000. Somm. 340, obs. Jobard-Bachellier ; JCP 2000. II. 10262, note D. Legeais ; ibid. I. 209, n° 4, obs. Simler* • 26 avr. 2000, n° 96-21.941 P : *R., p. 372 ; D. 2000. 665, note P. Grimaldi* • Civ. 1re, 4 oct. 2000, n° 98-10.075 P : *D. 2000. AJ 401, obs. Avena-Robardet ; D. 2001. Somm. 698, obs. Aynès ; Banque et Dr. 3-4/2001. 45, obs. Jacob ; RTD civ. 2001. 629, obs. Crocq*. ♦ Elle peut aussi, par voie de demande reconventionnelle, demander à être déchargée indirectement en sollicitant des dommages-intérêts puis la compensation entre le montant de sa dette et celui des dommages-intérêts. • Mêmes arrêts. – V. déjà : • Com. 22 avr. 1997, n° 95-11.532 P • 25 juin 1996, n° 94-17.244 P : *JCP E 1997. II. 900, note D. Legeais*. ♦ La caution n'est pas tenue de mettre en cause le débiteur principal ou les organes de la procédure collective de celui-ci. • Com. 25 juin 1996 : *préc.*

53. *Exception à une action paulienne contre la caution.* Dès lors que la banque créancière justifie d'un principe certain de créance, sa faute ne peut être invoquée par voie d'exception par la caution dans le cadre d'une défense à une action paulienne. • Cass., ch. mixte, 21 févr. 2003, n° 99-13.563 P : *R., p. 393 ; BICC 1er juin 2003, concl. de Gouttes, rapp. Assié ; D. 2003. AJ 829, obs. Avena-Robardet (2e esp.) ; JCP 2003. I. 176, n° 6, obs. Simler ; JCP E 2003. 1073, note D. Legeais.*

54. *Prescription.* La prescription (décennale) de l'action en responsabilité de la caution contre le créancier court du jour où celle-ci a connaissance, par sa mise en demeure, de ce que ses obligations de caution sont mises à exécution par le créancier du fait de la défaillance du débiteur principal. • Com. 12 mai 2004, n° 02-17.735 P : *R., p. 365 ; D. 2004. AJ 1664, obs. Avena-Robardet ; ibid. Somm. 2708, obs. Aynès ; Defrénois 2005. 892, obs. J. Honorat ; Banque et Dr. 7-8/2004. 53, obs. Rontchevsky* • 12 mai 2004, n° 02-10.653 P : *R., p. 365.*

55. *Limitation des effets de la responsabilité du créancier.* La compensation opérée entre une créance de dommages-intérêts résultant du comportement fautif du créancier à l'égard de la caution lors de la souscription de son engagement et celle due par cette dernière, au titre de sa garantie envers ce même créancier, n'éteint pas la dette principale garantie mais, à due concurrence, l'obligation de la caution. • Com. 13 mars 2012, n° 10-28.635 P : *D. 2012. 1043, note Dadoun ; ibid. 1218, chron. Lecaroz, Guillou et Arbellot ; ibid. 1573, obs. Crocq ; RTD com. 2012. 389, obs. Legeais*.

Art. 2315 *(Ord. n° 2021-1192 du 15 sept. 2021, art. 5, en vigueur le 1er janv. 2022)* **Lorsqu'un cautionnement de dettes futures est à durée indéterminée, la caution peut y mettre fin à tout moment, sous réserve de respecter le délai de préavis contractuellement prévu ou, à défaut, un délai raisonnable.**

1. *Domaine de la faculté de résiliation : cautionnements à durée indéterminée.* La caution garantissant l'exécution d'un bail à durée indéterminée peut mettre fin unilatéralement à son engagement. • Civ. 3e, 25 avr. 1990, n° 88-15.189 P. ♦ Un cautionnement consenti jusqu'au terme, déterminé par l'entière exécution du remboursement dont il est la garantie, constitue un engagement à durée déterminée qui ne peut être rompu unilatéralement avant la survenance du terme convenu. • Com. 5 mai 1982 : *Bull. civ. IV, n° 154*. – Dans le même sens : • Com. 18 juin 1973, n° 72-12.159 P : *R. 1973-1974, p. 65 ; JCP 1975. II. 18145, note Simler* • 7 juill. 1992, n° 90-18.418 P. ♦ La caution d'un prêt dont le terme a été stipulé contracte une obligation limitée dans le temps ; elle ne peut, dès lors, rétracter unilatéralement son engagement. • Civ. 1re, 27 juin 1995, n° 93-11.834 : *D. 1996. 276, note S. Piedelièvre ; JCP 1995. II. 22526, note Béhar-Touchais ; ibid. I. 3880, n° 5, obs. Billiau ; RTD civ. 1996. 199, obs. Bandrac*. ♦ Le corollaire de l'imprécision concernant la durée de l'engagement est la faculté, pour la caution, de pouvoir y mettre fin à tout moment. • Dijon, 3 oct. 1985 : *JCP 1987. II. 20726, note Delebecque.*

2. *Caractère d'ordre public.* Dès lors qu'elle tend à priver d'effet l'exercice par la caution de la faculté, qui lui est reconnue, de révoquer unilatéralement son cautionnement à durée indéterminée, la clause soumettant cette résiliation à l'accord discrétionnaire du créancier est nulle ; ne pouvant recevoir application, elle n'est pas de nature à affecter la validité de ce cautionnement. • Civ. 1re, 7 mars 2006, n° 04-12.914 P : *RDC 2007. 428, obs. Houtcieff ; RTD civ. 2006. 762, obs. Mestre et Fages*. ♦ Sur la preuve de la résiliation du cautionnement à durée indéterminée, V. • Com. 22 juin 1999, n° 97-12.839 : *JCP 2000. I. 209, n° 7, obs. Simler.*

3. *Nécessité d'une résiliation expresse en cas de cessation des fonctions de la caution.* Le dirigeant d'une société qui se porte caution des dettes que celle-ci viendrait à contracter continue d'être tenu des dettes nées après la cessation de ses fonctions, à moins qu'il n'ait stipulé expressément que le cautionnement était lié à l'exercice de ses fonctions et cesserait de plein droit de produire effet lorsqu'il y serait mis fin, ou que la caution n'ait alors résilié son engagement... • Com. 15 oct. 1991, n° 89-19.122 P. ♦ ... Peu importe qu'il ait ou non notifié au créancier la cession de ses parts. • Même arrêt. ♦ Le créancier n'a pas à prendre l'initiative d'avertir la caution de la nécessité de demander la révocation de son engagement. • Com. 24 avr. 1990, n° 88-13.992 : *D. 1991. 177, note Morvan*. ♦ Il n'est tenu ni d'une obligation d'information ni d'une obligation de conseil sur la persistance, faute de novation, des engagements de caution. • Com. 29 janv. 2002, n° 99-12.976 P : *D. 2002. AJ 716, obs. A. Lienhard ; ibid. Somm. 3335, obs. Aynès ; JCP 2002. I. 184, n*[os] *19 s., obs. Barthez ; RTD civ. 2003. 124, obs. Crocq*.

♦ Ni la bonne foi devant régir les relations entre la banque et la caution, ni le devoir d'information n'imposent à la banque d'avertir l'ancien dirigeant de l'octroi d'un nouveau prêt. • Com. 8 janv. 2008, n° 05-13.735 P : *D. 2008. AJ 474, obs. Avena-Robardet ; Dr. et patr. 10/2009. 91, obs. Aynès et Dupichot ; RTD civ. 2008. 329, obs. Crocq ; RTD com. 2008. 405, obs. Legeais* (engagement de cautionnement des dettes futures).

Art. 2316 *(Ord. n° 2021-1192 du 15 sept. 2021, art. 5, en vigueur le 1*[er] *janv. 2022)* **Lorsqu'un cautionnement de dettes futures prend fin, la caution reste tenue des dettes nées antérieurement, sauf clause contraire.**

1. Effets de la résiliation. La caution qui s'est engagée à garantir sans détermination d'objet ni de durée les obligations contractées ou qui viendraient à l'être du débiteur envers le créancier doit la garantie de toutes les obligations à durée déterminée convenues antérieurement à la résiliation unilatérale du cautionnement, quand bien même l'exécution de ces obligations se poursuivrait, en vertu des stipulations contractuelles, après la date de cette résiliation. • Com. 11 mai 1993, n° 90-19.932 P : *JCP 1994. II. 22188, note Delebecque ; D. 1993. Somm. 314, obs. Aynès* • 10 déc. 2002, n° 00-18.726 P. ♦ En décidant que la caution ne pouvait être tenue de garantir le créancier au titre d'un premier acte, celui-ci ayant été résilié, alors que le cautionnement prévoyait, en des stipulations claires, que la résiliation laissait subsister l'obligation pour la caution de régler les sommes dues pour les dettes dont l'origine était antérieure à sa prise d'effet, une cour d'appel méconnaît la distinction entre obligations de règlement et de couverture. • Civ. 1re, 2 juin 2004, n° 02-12.626 P : *JCP 2005. II. 10004, note Rivoal ; Gaz. Pal. 2005. Somm. 2054, obs. S. Piedelièvre.*

2. Effets de la limitation de durée du cautionnement. Sur la possibilité de limiter à quatre années la durée du cautionnement d'un prêt remboursable sur huit ans, V. • Civ. 1re, 19 juin 2001, n° 98-16.183 P : *D. 2001. AJ 2298 ; JCP 2001. I. 356, n° 4, obs. Simler* (seules les échéances des quatre premières années sont couvertes). ♦ A l'égard d'une caution dont l'engagement était limité dans le temps, si la dette est née au cours de la période considérée, la demande ultérieure du créancier est recevable dès lors que l'exercice de l'action n'était soumis par le contrat à aucun délai. • Com. 10 janv. 1984 : *Bull. civ. IV, n° 9* • 28 janv. 1992, n° 90-14.919 P. ♦ Appréciation souveraine des juges du fond sur la question de savoir si la caution doit ou non être poursuivie avant une certaine date : V. • Civ. 1re, 9 déc. 1981 : *Bull. civ. I, n° 373* • 6 nov. 1985 : *ibid. I, n° 288* (acte ne contenant aucune disposition restreignant dans le temps le droit de poursuivre la caution). ♦ Sur la distinction entre la limitation de durée du cautionnement (terme de l'obligation de couverture) et le terme assigné à l'obligation de règlement, qui éteint l'obligation de la caution, V. note 3 ss. art. 2313.

3. Cas particulier de la résiliation du cautionnement d'un compte courant. Compte courant. La caution est tenue de garantir le solde débiteur d'un compte courant au jour de l'expiration du cautionnement, sauf à ce que toute remise postérieure vienne en déduction du montant de la dette. • Com. 24 oct. 1989, n° 88-15.988 P. ♦ Elle est tenue des dettes nées avant que le cautionnement ne prenne fin, même si celles-ci ne sont devenues exigibles qu'ultérieurement par l'effet de la clôture du compte. • Même arrêt. ♦ Lorsqu'une caution garantit le solde d'un compte courant, le montant dû par elle dans la limite de son engagement s'établit au solde définitif du compte après liquidation des opérations en cours. • Com. 6 nov. 1990, n° 88-17.974 P : *Defrénois 1991. 1124 (1re esp.), obs. Aynès.* ♦ Pour l'analyse d'une clause spécifique, sous l'angle de l'engagement perpétuel, V. • Com. 10 déc. 2002, n° 98-10.292 P : *JCP 2003. I. 124, n° 7, obs. Simler ; Defrénois 2004. 722, obs. Théry.* ♦ En l'absence de stipulation contraire, l'effet novatoire de l'inscription au crédit du compte, postérieurement au terme de l'engagement de la caution, d'une somme avancée par la banque au débiteur principal éteint à due concurrence la dette garantie par cette caution. • Com. 1er juill. 2003, n° 00-16.591 P : *R., p. 396 ; D. 2004. 48, note Djoudi ; JCP 2003. I. 176, n° 8, obs. Simler.*

4. Date de naissance des dettes cautionnées. V. note 3 ss. art. 2318.

Art. 2317 *(Ord. n° 2021-1192 du 15 sept. 2021, art. 5, en vigueur le 1*[er] *janv. 2022)* **Les héritiers de la caution ne sont tenus que des dettes nées avant le décès.**

Toute clause contraire est réputée non écrite. — *Comp. anc. art. 2294.*

1. Les héritiers d'une caution ne peuvent être tenus des dettes du bénéficiaire nées postérieurement au décès de leur auteur alors que constitue un pacte sur succession future toute clause contraire à l'art. 2017 [2294 anc.] ayant pour résultat de mettre à la charge des héritiers une obligation née après le décès de leur auteur. • Com. 13 janv. 1987, n° 84-14.146 : *D. 1987. Somm. 453, obs. Aynès ; JCP 1988. II. 20954, note de La Marnierre.*

2. En cas de garantie d'un compte, lorsque aucune dette n'existait à la charge du débiteur principal au décès de la caution, celle-ci, qui n'était pas tenue à cette date, ne pouvait transmettre d'engagement à ses héritiers pour des dettes nées postérieurement. • Com. 29 juin 1982, n° 80-14.160 P : *R., p. 51 ; GAJC, 11e éd., n° 274 ; D. 1983. 360, note Mouly ; JCP 1984. II. 20148, note Bouteiller ; Gaz. Pal. 1982. 2. 583, note Piedelièvre ; RTD civ. 1983. 354, obs. Rémy.* ♦ Dans le même sens, pour un compte courant : • Civ. 1re, 3 juin 1986 : *JCP 1986. II. 20666, concl. Gulphe ; Defrénois 1987. 281, note Piedelièvre.* ♦ Mais la dette est transmise aux héritiers si elle a pris naissance avant le décès de la caution, même si elle n'était pas encore exigible à cette date (échéances d'un prêt non réglées postérieurement au décès de la caution). • Civ. 1re, 20 juill. 1994, n° 92-18.916 : *JCP N 1995. II. 652, note Leveneur* • 10 juin 1997, n° 95-19.352 P.

3. Si le dirigeant social qui s'est porté caution d'une société n'est pas tenu pour les dettes de celle-ci apparues après son décès, il l'est pour le montant de la position débitrice du compte courant à la date du décès, sous réserve des remises postérieures, et ses héritiers sont tenus de son engagement. • Com. 6 déc. 1988, n° 87-12.674 P : *R., p. 210.* – Dans le même sens : • Civ. 1re, 6 nov. 2001, n° 99-15.506 : *D. 2001. AJ 3616 ; Banque et Dr. 1-2/2002. 38, obs. Jacob.*

Art. 2318 *(Ord. n° 2021-1192 du 15 sept. 2021, art. 5, en vigueur le 1er janv. 2022)* **En cas de dissolution de la personne morale débitrice ou créancière par l'effet d'une fusion, d'une scission ou de la cause prévue au troisième alinéa de l'article 1844-5, la caution demeure tenue pour les dettes nées avant que l'opération ne soit devenue opposable aux tiers ; elle ne garantit celles nées postérieurement que si elle y a consenti à l'occasion de cette opération ou, pour les opérations affectant la société créancière, par avance.**

En cas de dissolution de la personne morale caution pour l'une des causes indiquées au premier alinéa, toutes les obligations issues du cautionnement sont transmises.

1. Événements affectant la société débitrice. Transformation de la société débitrice. La transformation d'une SARL en société anonyme n'ayant pas entraîné la création d'un être moral nouveau, la caution demeure tenue de son obligation de garantie des dettes de cette société, y compris pour la période postérieure à la transformation. • Com. 2 oct. 1979 : *Bull. civ. IV, n° 240.* ♦ Dans le même sens : • Com. 9 avr. 1973 : *D. 1973. 753 (2e esp.), note Malaurie.* ♦ En cas de dissolution de la société débitrice par voie de fusion avec une autre société, l'engagement de la caution garantissant le remboursement du prêt consenti à la première société ne demeure cependant que pour les obligations nées avant la dissolution de celle-ci. • Com. 21 janv. 2003, n° 97-13.027 P : *D. 2003. AJ 496 ; Defrénois 2003. 713, obs. Honorat ; JCP N 2004. 1258, étude Pohé.* ♦ Comp. : • Com. 10 oct. 1995, n° 93-15.619 P : *Defrénois 1996. 648, note Piedelièvre ; RTD civ. 1996. 201, obs. Bandrac* (les transformations successives de la société débitrice – qui en absorbe une autre et change de nom, avant de faire l'objet d'une fusion-absorption et de devenir une SA –, faites en fraude des droits du créancier, pour faire échapper la caution dirigeant social à son engagement, sont inopposables au créancier).

2. Événements affectant la société créancière. La caution reste tenue en cas de changement de forme de la société créancière qui devient une SARL, cette transformation n'entraînant pas la création d'une personne morale nouvelle. • Com. 20 févr. 2001, n° 97-21.289 P : *Defrénois 2001. 1193, obs. J. Honorat ; Banque et Dr. 5-6/2001. 47, obs. Rontchevsky.* ♦ En revanche, la caution n'est plus tenue, à défaut de volonté contraire, en cas de fusion résultant de l'absorption de la société créancière ayant entraîné la disparition de la personne morale initiale. • Com. 17 juill. 1990, n° 89-11.059 P • Civ. 1re, 28 sept. 2004, n° 03-10.810 P : *D. 2005. Pan. 2957, obs. Hallouin et Lamazerolles ; JCP 2005. I. 114, n° 16 s., obs. Barthez ; Gaz. Pal. 2005. Somm. 2055, obs. Piedelièvre ; Dr. et patr. 3/2005. 96, obs. Poracchia ; Rev. sociétés 2005. 371, note Legeais* • Com. 30 juin 2009, n° 08-10.719 : *D. 2009. AJ 2163, obs. Lienhard ; ibid. 2010. Pan. 287, obs. Lamazerolles ; JCP 2009. 492, n° 7, obs. Simler* (le cautionnement n'est maintenu pour les dettes postérieures qu'en cas de manifestation expresse de volonté de s'engager envers la société absorbante) • 16 sept. 2014, n° 13-17.779 P : *D. 2014. 1873 ; Rev. sociétés 2015. 231, note Teffo ; RTD civ. 2014. 892, obs. Barbier ; RTD com. 2014. 841, obs. Legeais ; JCP 2014, n° 1214, note Ghestin.* ♦ V. aussi, antérieurement : • Com. 6 mars 1978 : *Bull. civ. IV, n° 79 ; D. 1979. IR 138, obs. Vasseur* (la banque absorbante ne peut réclamer le paiement que des dettes nées avant l'absorption)

• 20 janv. 1987 : *D. 1987. Somm. 453, obs. Aynès ; JCP 1987. II. 20844, note Germain* (en cas de fusion de sociétés donnant lieu à la création d'une personne morale nouvelle, l'obligation de la caution qui s'était engagée envers l'une des sociétés fusionnées n'est maintenue pour la garantie des dettes postérieures à la fusion qu'en cas de manifestation expresse de volonté de la caution de s'engager envers la nouvelle personne morale). ♦ Rappr. : • Com. 22 janv. 1985 : *JCP 1986. II. 20591, note Simler* (dans le cas où la société créancière fait apport de son fonds à une société nouvellement créée, la caution n'est pas tenue pour les dettes postérieures à la convention d'apport). ♦ Comp. : • Com. 17 juill. 2001, n° 98-12.004 P : *R., p. 410 ; D. 2001. AJ 2414, obs. A. Lienhard (1re esp.) ; JCP 2001. I. 356, n° 7, obs. Simler (2e esp.) ; ibid. 372, n° 9, obs. Viandier et Caussain* (qui maintient le cautionnement dans un cas de restructuration par voie de scission alors qu'il est constaté que la caution s'était engagée envers la même personne morale bénéficiaire de la scission) • 27 oct. 1980, n° 79-10.004 P. ♦ En cas de fusion-absorption d'une société propriétaire d'un immeuble donné à bail, le cautionnement garantissant le paiement des loyers est, sauf stipulation contraire, transmis de plein droit à la société absorbante. • Com. 8 nov. 2005, n° 01-12.896 P : *V. note 4 ss. art. 1740.*

3. Date de naissance des dettes cautionnées. Est antérieure à la fusion la dette de la caution qui s'est engagée pour le remboursement d'un prêt souscrit avant la fusion. • Civ. 3e, 12 janv. 1999, n° 96-18.274 : *JCP 1999. I. 162, n° 10, obs. Viandier et Caussain* • Com. 17 juill. 2001, n° 98-15.382 P : *R., p. 410 ; D. 2001. AJ 2414, obs. A. Lienhard (2e esp.)* ; JCP 2001. I. 356, n° 7, obs. Simler (1re esp.) ; ibid. 372, n° 8, obs. Viandier et Caussain • 19 nov. 2002, n° 00-13.662 P : *JCP 2003. I. 134, n° 2, obs. Caussain, Deboissy et Wicker ; Defrénois 2003. 709, obs. J. Honorat ; Rev. sociétés 2003. 129, note D. Legeais* . ♦ Sont nées antérieurement à la fusion les dettes de loyer résultant d'un contrat de bail souscrit avant la fusion, peu important qu'elles n'aient pas été exigibles à cette date. • Com. 8 nov. 2005, n° 02-18.449 P : *V. note 4 ss. art. 1740.* ♦ Comp. : • Com. 23 mars 1999, n° 96-20.555 P : *D. 1999. 699, note Grataloup ; JCP E 1999. 1012, note Couret ; Defrénois 1999. 628, obs. Hovasse* (la caution qui garantit les créances d'une société ayant fait l'objet d'une fusion-absorption demeure tenue des créances exigibles avant la date à laquelle la fusion est devenue effective, sans pouvoir se prévaloir de la date d'effet rétroactif convenue entre les parties à la fusion) • 29 janv. 2002, n° 98-20.882 : *Defrénois 2002. 1551, obs. J. Honorat.* ♦ Même solution dans l'hypothèse d'une fusion-scission. • Versailles, 17 sept. 1998 : *JCP E 1999. 624, note Varin.*

4. Absorption de la caution. La fusion entraîne la dissolution sans liquidation des sociétés qui disparaissent et la transmission universelle de leur patrimoine aux sociétés bénéficiaires dans l'état où il se trouve à la date de réalisation définitive de l'opération ; il s'ensuit que, en cas d'absorption d'une société ayant souscrit un engagement de sous-caution, la société absorbante est tenue d'exécuter cet engagement dans les termes de celui-ci. • Com. 7 janv. 2014, n° 12-20.204 P : *D. 2014. 77, obs. Lienhard ; ibid. Chron. C. cass. 1010, obs. Guillou ; ibid. 1024, note Martial-Braz ; ibid. 2434, obs. Hallouin ; AJCA 2014. 32, obs. Picod ; Rev. sociétés 2014. 291, note Ansault ; RTD civ. 2014. 156, obs. Crocq ; ibid. 367, obs. Barbier ; RTD com. 2014. 171, obs. Legeais ; JCP 2014, n° 435, note Simler ; Gaz. Pal. 2014. 261, obs. Mignot ; ibid. 277, obs. Zattara-Gros.* ♦ Pour l'effet sur le cautionnement de la transformation de la société débitrice ou créancière, V. ss. art. 2292, 3° *Durée de la garantie.*

5. Cession de son activité par le créancier. Le cautionnement donné en considération d'une convention d'escompte au profit d'une banque qui apporte son fonds de commerce à une autre ne saurait bénéficier à cette seconde banque que pour le paiement des créances cédées à la première avant l'apport de son fonds de commerce. • Com. 19 févr. 2013, n° 11-27.666 P : *D. 2013. 564* .

Art. 2319 *(Ord. n° 2021-1192 du 15 sept. 2021, art. 5, en vigueur le 1er janv. 2022)* **La caution du solde d'un compte courant ou de dépôt ne peut plus être poursuivie cinq ans après la fin du cautionnement.**

Art. 2320 *(Ord. n° 2021-1192 du 15 sept. 2021, art. 5, en vigueur le 1er janv. 2022)* **La simple prorogation de terme, accordée par le créancier au débiteur principal, ne décharge pas la caution.**

Lorsque le terme initial est échu, la caution peut soit payer le créancier et se retourner contre le débiteur, soit, en vertu des dispositions du livre V du code des procédures civiles d'exécution, solliciter la constitution d'une sûreté judiciaire sur tout bien du débiteur à hauteur des sommes garanties. Elle est alors présumée justifier de circonstances susceptibles de menacer le recouvrement de sa créance, sauf preuve contraire apportée par le débiteur. – *Comp. anc. art. 2316.*

BIBL. ▸ André, *Mél. Mouly, Litec, 1998, t. 2, p. 265* (cautionnement et reconduction). – Dagot, *JCP 1973. I. 2577* (clause interdisant au créancier de consentir aucune prorogation de délai au débiteur à peine de perdre son recours contre la caution).

1. Il résulte des dispositions des art. 2037 et 2039 [2314 et 2316 anc.] que le créancier peut accorder plusieurs prorogations du terme primitivement stipulé en faveur du débiteur principal, sans perdre son recours contre la caution, dès lors que celle-ci n'établit pas que, par son fait ou sa négligence, ce créancier lui a fait perdre le bénéfice de la subrogation. • Civ. 1re, 16 févr. 1970, n° 68-10.992 : *D. 1970. 428.* ♦ V. aussi note 19 ss. art. 2314.

2. En l'absence de modification du taux d'intérêt initialement stipulé, l'exigence d'un écrit mentionnant ce taux n'a pas lieu de s'appliquer aux accords de prorogation. • Com. 9 juill. 2002, n° 00-22.512 P : *R., p. 450 ; D. 2002. AJ 2735*.

3. En présence d'une clause du contrat de cautionnement prévoyant que le créancier ne pourrait accorder aucune prorogation de délai à l'emprunteur sans le consentement de la caution, les juges du fond peuvent estimer que la simple attitude bienveillante du créancier, qui s'était abstenu de poursuivre le débiteur dès sa première défaillance, n'impliquait pas qu'il y ait eu prorogation volontaire du délai de paiement. • Civ. 1re, 7 juin 1978 : *Bull. civ. I, n° 220.* – Dans le même sens : • Civ. 1re, 11 juill. 1978, n° 77-11.550 P • 5 juin 1984, n° 83-11.309 P. ♦ En revanche, lorsque le créancier, qui s'est abstenu de poursuivre le débiteur principal à l'échéance, lui a accordé des délais contradictoirement discutés et octroyés, qui entraînaient le report des poursuites, la caution, dont le consentement n'a pas été recueilli contrairement à une clause de l'acte de cautionnement, se trouve déchargée de son obligation. • Civ. 1re, 14 mars 1979, n° 77-13.209 P. ♦ Comp. • Dijon, 17 mai 1974 : *JCP 1976. II. 18222, note Dagot.*

4. Distinction de la prorogation du contrat principal et de son renouvellement, V. note 17 ss. art. 2294.

CHAPITRE I *[ANCIEN]* DU CAUTIONNEMENT

(Ord. n° 2006-346 du 23 mars 2006)

L'Ord. n° 2021-1192 du 15 sept. 2021 a profondément remanié le droit du cautionnement applicable à compter du 1er janv. 2022. Les cautionnements conclus avant le 1er janv. 2022 demeurent soumis à la loi ancienne, y compris pour leurs effets légaux et pour les dispositions d'ordre public (Ord. préc., art. 37-II). Le chapitre I du titre I du livre IV dans sa version en vigueur après le 1er janv. 2022 figure avant le présent chapitre.

BIBL. GÉN. ▸ Agostinelli, *RRJ 1993/2. 439* (société et cautionnement). – Albiges, *Études Calais-Auloy, Dalloz, 2004, p. 1* (influence du droit de la consommation). – Arlie, *RRJ 2001/4. 1445* (négligence du prêteur, caractère accessoire du cautionnement et libération de la caution) ; *LPA 3 oct. 2001 ; ibid. 24 sept. 2002* (responsabilité civile du banquier envers la caution). – Aynès, *Trav. Assoc. Capitant, XLVII-1996, p. 375* (sûretés personnelles). – Bakouche, *CCC 2004. Chron. 5* (proportionnalité et cautionnement). – Béhar-Touchais, *RTD civ. 1993. 737* (le banquier et la caution face à la défaillance du débiteur). – Benmbarek-Lesaffre, *JCP 2020, n° 1051* (bilan de 15 ans de jurisprudence sur la mention manuscrite en droit du cautionnement). – Berger, *D. 2003. Chron. 1682* (sort de la caution en cas de cession de contrat dans le cadre d'une procédure collective). – Boullez, *Gaz. Pal. 1994. 1. Doctr. 46* (caution solidaire et redressement judiciaire du débiteur principal). – Bouteiller, *JCP N 2001. 258* (cautionnement donné par une société). – Buy, *RLDC 2005/18, n° 740* (recodifier le droit du cautionnement). – Campana, *Gaz. Pal. 1986. 2. Doctr. 717* (cautionnement et entreprise en difficulté). – Crocq, *Mél. Cabrillac, Litec, 1999, p. 349* (obligation d'information de la caution) ; *Mél. Malaurie, Defrénois, 2005, p. 171* (caractère accessoire du cautionnement et droit des procédures collectives). – Damy, *Dr. et patr. 9/2004. 46* (cautionnement et transmission universelle du patrimoine). – Deharo, *RTD com. 2005. 447* (substitution de caution). – Delville, *JCP 1996. I. 3961* (incidence de la clôture de la liquidation judiciaire pour insuffisance d'actif). – Dumery, *RLDC 2011/79, n° 4127* (cautionnement et code de la consommation). – Dutour et Vignal, *Defrénois 1998. 218* (mention manuscrite et acte authentique). – Farge, *JCP 2001. I. 310* (cautionnement et délai de forclusion de l'art. L. 311-52 C. consom.). – Fraimout, *Gaz. Pal. 2000. 2. Doctr. 1598* (la caution exerçant ses recours). – François, *D. 2001. Chron. 2580* (nature juridique du contrat caution-débiteur). – Gibirila, *Rev. sociétés. 2011. 663* (société caution). – Girard, *R. 2001, p. 271* (cautionnement civil et cautionnement commercial : évolutions récentes et comparées). – Guerchoun, *RLDC 2009/59, n° 3384* (cautionnement authentique). – Gout, *RLDC 2008/55, n° 3220* (sous-cautionnement). – Heuze, *D. 2014. 493* (assurance-crédit et sûretés personnelles). – Honorat, *Defrénois 1982. 1569* (sociétés et cautionnement). – Hontebeyrie, *Journal des sociétés sept. 2016, p. 40* (incidences de la réforme du droit des obligations sur le cautionnement). – Houtcieff, *RTD civ. 2003. 3* (la considération de la personne du créancier par la caution) ; *D. 2016. 2183* (cautionnement et réforme du droit des contrats). – Jubault,

LPA 16 et 17 janv. 2003 (exceptions en matière de cautionnement). – Le Dauphin, *R. 1993, p. 125* (cautionnement des sociétés par leurs dirigeants : jurisprudence de la Cour de cassation). – Legeais, *LPA 5 mars 1997* (faute du créancier) ; *Dr. et patr. 4/2001. 68* (l'accessoire dans les sûretés personnelles) ; *Mél. Guyon, Dalloz, 2003* (imprévisibilité des sûretés personnelles) ; *Mél. Bouloc, Dalloz, 2007, p. 599* (la caution dirigeante) ; *Dr. et patr. 10/2008. 46*. – Martial-Braz, *D. 2013. 935* (recours de la caution). – Marty, *JCP E 2007. 2062* (cautionnement et comportement du créancier). – C. Maury, *LPA 28 juill. 2006* (cautionnement et proportionnalité). – Medina, *D. 2002. Chron. 2787* (formalisme et consentement). – C. Mouly, *Mél. Breton/Derrida, Dalloz, 1991, p. 267* (garantie indépendante). – Palvadeau, *Dr. et patr. 10/2012. 36* (caution avertie). – Pardoel, *LPA 3 juill. 2001* (information des cautions). – Pariente, *Mél. Guyon, préc.* (les lettres d'intention). – Pesenti, *LPA 11 mars 2004* (proportionnalité en droit des sûretés). – Picod, *Études Calais-Auloy, préc., p. 843* (proportionnalité et cautionnement). – S. Piedelièvre, *Defrénois 1998. 849* (cautionnement excessif) ; *Dr. et patr. 1/2001. 62* (responsabilité du banquier). – Prigent, *LPA 26 juin 2006* (date de naissance de la dette de la caution). – Puygauthier, *JCP N 1995. I. 1259* (cautionnement et procédures collectives) ; *ibid. 1997. 1003* (erreur et dol). – Rèmond-Gouilloud, *JCP 1977. I. 2850* (influence du rapport caution-débiteur). – Roblot, *Mél. Derruppé, Litec/GLN-Joly, 1991, p. 343* (cautionnement d'une société par ses dirigeants). – Roman, *Cah. dr. entr. 2003, n° 3 du 3 juill., p. 9* (cause et cautionnement) ; *D. 2003. Chron. 2156* (caution et action paulienne) ; *Dr. et patr. 3/2004. 50* (moyens de défense de la caution : aspects procéduraux). – Rouvière, *RTD com. 2011. 689* (caractère subsidiaire du cautionnement). – Rubellin, *LPA 21 juin 1995* (recours personnel de la caution contre le débiteur en redressement). – Saintourens, *Mél. Cabrillac, préc., p. 397* (certificateurs de caution et sous-cautions). – Salvat, *LPA 23 déc. 1999* (reprise des engagements de caution). – Sargos, *R. 1986, p. 33* (évolution). – Simler, *JCP N 1987. I. 199* (patrimoine professionnel et privé) ; *JCP 1990. I. 3427* (solutions de substitution au cautionnement) ; *Mél. Goubeaux, Dalloz-LGDJ, 2009, p. 497* (le cautionnement est-il encore une sûreté accessoire ?) ; *JCP 2011, suppl. n° 41, n° 8* (démantèlement du caractère accessoire du cautionnement). – Storck, *LPA 20 sept. 2000* (cautionnement et procédures collectives). – Terray, *JCP 1987. I. 3295* (le cautionnement, institution en danger). – Testu, *JCP 1989. I. 3377* (cautionnement-libéralité). – Tricot-Chamard, *JCP 2004. I. 112* (mention manuscrite). – Valette, *JCP N 1993. I. 157* (forme du cautionnement). – Wertenschlag, *JCP N 1994. Prat. 3101* (cautionnement des dettes du locataire : loi du 21 juill. 1994). – Zolomian, *D. 2017. 175* (cautions, avals et garanties à l'aune de la réforme des contrats). – Dossier, *Dr. et patr. 7-8/2003. 53 ; ibid. 7-8/2008. 45*.

▸ **Cautionnement réel :** Brémond, *JCP N 2002. 1640* (à propos des arrêts du 15 mai 2002). – J. François, *Defrénois 2002. 1208* (l'obligation de la caution réelle).– Grua, *JCP 1984. I. 3167*. – Le Corre, *JCP E 2002. 886* (cautionnement réel et procédures collectives). – Lesbats, *Dr. et patr. 7-8/2001. 28*. – Likillimba, *JCP E 2001. 406*. – Mignot, *Dr. et patr. 12/2002. 30*. – Savouré, *Dr. et patr. 7-8/2003. 72*. – Simler, *RJDA 3/01, p. 235* et *JCP 2001. I. 367 ; JCP 2006. I. 172* (le cautionnement réel après l'arrêt Cass., ch. mixte, 2 déc. 2005). – Tacchini-Laforest, *LPA 10 avr. 2000*. ▸ Dagot, *JCP N 1986. I. 93* (sûretés réelles contre sûretés personnelles).

▸ **Cautionnement et surendettement :** Fiori-Khayat, *Gaz. Pal. 2005. Doctr. 834*. – Gérardin, *LPA 31 mars 2000*. ▸ **Incidences de la loi du 31 déc. 1989 (surendettement) :** Delebecque, *D. 1990. Chron. 255*. – S. Piedelièvre, *Defrénois 2000. 1073*. – Vion, *Defrénois 1990. 321*. ▸ **Incidences de la loi du 29 juill. 1998 (lutte contre les exclusions) :** B. Aubert, *CCC 1999. Chron. 7*. – Crocq, *RTD civ. 1998. 953* et *955*. – D. Legeais, *JCP N 1998. 1835*. – S. Piedelièvre, *JCP 1998. I. 170*. – Seigneur, *LPA 7 mai 1999*.

SECTION 1 *[ANCIENNE]* De la nature et de l'étendue du cautionnement

Comp. art. 2288 s.

Ancien art. 2288 ***Celui qui se rend caution d'une obligation, se soumet envers le créancier à satisfaire à cette obligation, si le débiteur n'y satisfait pas lui-même.***

V. notes ss. art. 2288.

Ancien art. 2289 ***Le cautionnement ne peut exister que sur une obligation valable.***

On peut néanmoins cautionner une obligation, encore qu'elle pût être annulée par une exception purement personnelle à l'obligé ; par exemple, dans le cas de minorité.

BIBL. ▸ Schneider, *JCP 2002. I. 121* (exceptions opposables au créancier).

1. Sur l'al. 1 (exigence de validité de l'obligation garantie), V. notes ss. art. 2293.

2. Exception purement personnelle : défaut de pouvoir. Le défaut de pouvoir d'un dirigeant social ne constitue pas une exception purement personnelle à la société. • Civ. 1re, 20 oct. 1987, n° 84-17.412 P : *D. 1988. Somm. 276, obs. Aynès.*

3. Exception purement personnelle : nullité pour dol. La caution ne peut opposer les exceptions qui sont purement personnelles au débiteur principal ; étrangère au contrat principal, elle n'est pas recevable à invoquer la nullité relative tirée du dol affectant le consentement du débiteur principal. • Cass., ch. mixte, 8 juin 2007, n° 03-15.602 P : *R., p. 420 ; BICC 15 sept. 2007, rapp. Pinot, avis de Gouttes ; D. 2007. 2201, note Houtcieff ; ibid. AJ 1782, obs. Avena-Robardet ; D. 2008. 514, note Andreu ; ibid. Pan. 881, obs. R. Martin ; ibid. Pan. 2111, obs. Crocq ; AJDI 2008. 699, obs. Cohet-Cordey ; JCP 2007. II. 10138, note Simler ; ibid. Actu. 274, obs. Casey ; JCP E 2007. 1861, note S. Piedelièvre ; Dr. et patr. 9/2007. 85, obs. Stoffel-Munck ; Banque et Dr. 7-8/2007. 48, obs. Jacob ; RDC 2007. 1226, obs. Houtcieff ; RTD com. 2007. 585, obs. D. Legeais ; ibid. 835, obs. Martin-Serf ; RTD civ. 2008. 331, obs. Crocq.* ♦ *Contra*, antérieurement : la caution peut faire constater la nullité du contrat principal pour dol dès lors qu'elle peut opposer au créancier toutes les exceptions inhérentes à la dette. • Civ. 3e, 11 mai 2005, n° 03-17.682 P : *D. 2005. IR 1451 ; RTD civ. 2005. 590, obs. Mestre et Fages.* ♦ La caution est irrecevable à opposer la nullité de l'obligation principale dans une instance à laquelle le créancier n'a pas été appelé. • Com. 17 déc. 1980 : *Bull. civ. IV, n° 433.*

Ancien art. 2290 *Le cautionnement ne peut excéder ce qui est dû par le débiteur, ni être contracté sous des conditions plus onéreuses.*

Il peut être contracté pour une partie de la dette seulement, et sous des conditions moins onéreuses.

Le cautionnement qui excède la dette, ou qui est contracté sous des conditions plus onéreuses, n'est point nul : il est seulement réductible à la mesure de l'obligation principale.

V. notes ss. art. 2296.

Ancien art. 2291 *On peut se rendre caution sans ordre de celui pour lequel on s'oblige, et même à son insu.*

On peut aussi se rendre caution, non seulement du débiteur principal, mais encore de celui qui l'a cautionné.

Ancien art. 2292 *Le cautionnement ne se présume point ; il doit être exprès, et on ne peut pas l'étendre au-delà des limites dans lesquelles il a été contracté.*

V. notes ss. art. 2294.

Ancien art. 2293 *Le cautionnement indéfini d'une obligation principale s'étend à tous les accessoires de la dette, même aux frais de la première demande, et à tous ceux postérieurs à la dénonciation qui en est faite à la caution.*

(L. n° 98-657 du 29 juill. 1998, art. 101) « Lorsque ce cautionnement est contracté par une personne physique, celle-ci est informée par le créancier de l'évolution du montant de la créance garantie et de ces accessoires au moins annuellement à la date convenue entre les parties ou, à défaut, à la date anniversaire du contrat, sous peine de déchéance de tous les accessoires de la dette, frais et pénalités. »

1. Sur l'al. 1er, V. notes ss. art. 2295.

2. Information annuelle de la caution ; application dans le temps. Cassation de l'arrêt qui condamne une caution ayant souscrit un cautionnement indéfini en 1990, sans répondre à ses conclusions dans lesquelles elle se prévaut de l'inobservation de l'art. 2016 [2293 anc.], al. 2. • Civ. 1re, 5 juill. 2005, n° 03-16.696 P. ♦ Application de l'obligation d'information annuelle de la caution aux cautionnements souscrits antérieurement : • Aix-en-Provence, 21 janv. 2009 : *JCP 2009. II. 10100, note Pellier.*

3. Sanction du défaut d'information annuelle. Le défaut d'information annuelle de la caution, prévue à l'art. 2293 [anc.], étant sanctionné par la déchéance de tous les accessoires de la dette, frais et pénalités, il n'est pas nécessaire de rechercher si la banque avait exécuté son obligation d'information annuelle à l'égard de la caution pendant plusieurs années. • Civ. 1re, 10 oct. 2019, n° 18-19.211 P : *D. 2019. 1988 ; AJ contrat 2019. 500, obs. Piette.* ♦ Dans un tel cas, le juge ne méconnaît pas son office en n'effectuant pas lui-même le calcul nécessaire à la détermination du montant de la condamnation et en se bornant à inviter la banque à recalculer le montant de sa créance, dès lors qu'il a fixé toutes les modalités de calcul de la somme mise à la charge de la caution. • Même arrêt.

Ancien art. 2294 *Les engagements des cautions passent à leurs héritiers si l'engagement était tel que la caution y fût obligée.*

V. notes ss. art. 2317.

Ancien art. 2295 *(L. n° 2009-594 du 27 mai 2009, art. 55)* ***Le débiteur obligé à fournir une caution doit en présenter une qui ait la capacité de contracter et qui ait un bien suffisant pour répondre de l'objet de l'obligation.***

Le créancier ne peut refuser la caution présentée par un débiteur au motif qu'elle ne réside pas dans le ressort de la cour d'appel dans lequel elle est demandée.

V. note ss. art. 2301.

Ancien art. 2296 ***La solvabilité d'une caution ne s'estime qu'eu égard à ses propriétés foncières, excepté en matière de commerce, ou lorsque la dette est modique.***

On n'a point égard aux immeubles litigieux, ou dont la discussion deviendrait trop difficile par l'éloignement de leur situation.

Ancien art. 2297 ***Lorsque la caution reçue par le créancier, volontairement ou en justice, est ensuite devenue insolvable, il doit en être donné une autre.***

Cette règle reçoit exception dans le cas seulement où la caution n'a été donnée qu'en vertu d'une convention par laquelle le créancier a exigé une telle personne pour caution.

Domaine d'application. La disposition de l'art. 2020 [2297 anc.], conçue en termes généraux, n'est pas limitée aux cas où le débiteur est obligé de fournir caution par la loi ou par une décision de justice. • Civ. 3e, 4 janv. 1983, nº 81-14.571 P.

SECTION 2 *[ANCIENNE]* De l'effet du cautionnement

SOUS-SECTION 1 *[ANCIENNE]* De l'effet du cautionnement entre le créancier et la caution

Comp. art. 2302 s.

Ancien art. 2298 ***La caution n'est obligée envers le créancier à le payer qu'à défaut du débiteur, qui doit être préalablement discuté dans ses biens, à moins que la caution n'ait renoncé au bénéfice de discussion, ou à moins qu'elle ne se soit obligée solidairement avec le débiteur ; auquel cas l'effet de son engagement se règle par les principes qui ont été établis pour les dettes solidaires.***

V. notes ss. art. 2305.

Code de la consommation

(Ord. n° 2016-301 du 14 mars 2016, en vigueur le 1er juill. 2016)

TITRE III *[ABROGÉ]*. CAUTIONNEMENT

(Abrogé par Ord. n° 2021-1192 du 15 sept. 2021, art. 32, à compter du 1er janv. 2022)

CHAPITRE I *[ABROGÉ]*. *FORMALISME*

(Abrogé par Ord. n° 2021-1192 du 15 sept. 2021, art. 32, à compter du 1er janv. 2022)

Art. L. 331-1 *(Abrogé par Ord. n° 2021-1192 du 15 sept. 2021, art. 32, à compter du 1er janv. 2022) Toute personne physique qui s'engage par acte sous seing privé en qualité de caution envers un créancier professionnel fait précéder sa signature de la mention manuscrite suivante et uniquement de celle-ci :*

"En me portant caution de X ., dans la limite de la somme de . couvrant le paiement du principal, des intérêts et, le cas échéant, des pénalités ou intérêts de retard et pour la durée de ..., je m'engage à rembourser au prêteur les sommes dues sur mes revenus et mes biens si X .... n'y satisfait pas lui-même."

BIBL. ▸ GOUËZEL, *D. 2018. 2380* (mention manuscrite et cautionnement d'un bail d'habitation). – PIETTE, *D. 2017. 1064* (mentions manuscrites du cautionnement).

Pour le droit issu de l'Ord. n° 2021-1192 du 15 sept. 2021, V. art. 2297.

1. Loi de police (non). Les art. L. 341-2 et L. 341-3 [L. 331-1 et L. 331-2] du code de la consommation, imposant à la personne physique qui se porte caution envers un créancier professionnel de faire précéder sa signature d'une mention manuscrite, les mentions prévues par ces textes étant destinées à assurer une meilleure protection de la personne qui s'engage, ne sont pas des lois dont l'observation est nécessaire pour la sauvegarde de l'organisation politique, sociale et économique du pays au point de régir impérativement la situation, quelle que soit la loi applicable, et de constituer une loi de police. • Civ. 1re, 16 sept. 2015, n° 14-10.373 P. ♦ La méconnaissance de ces dispositions n'est pas contraire à l'ordre public international. • Civ. 1re, 2 déc. 2015, n° 14-25.147 P.

2. Conv. EDH. La nullité du cautionnement dont la mention manuscrite n'est pas conforme à celle prévue par la loi, qui est fondée sur la protection de la caution, ne constitue pas une atteinte disproportionnée au droit de l'établissement de crédit prêteur au respect de ses biens garanti par l'art. 1er du Prot. add. n° 1 à la Conv. EDH. • Com. 21 oct. 2020, n° 19-11.700 P : *D. 2020. 2116 ; RTD civ. 2021. 120, obs. Barbier ; RDC 2021/1. 76, note Houtcieff.*

A. DOMAINE D'APPLICATION DU TEXTE

3. Cautionnement commercial souscrit par une caution avertie (oui). Les art. L. 341-2 et L. 341-3 [L. 331-1 et L. 331-2] C. consom. s'appliquent également à la caution avertie et au cautionnement présentant un caractère commercial. • Com. 10 janv. 2012 : *D. 2012. 276, obs. Avena-Robardet ; ibid. 1573, obs. Crocq ; Rev. sociétés 2012. 286, note Riassetto ; RTD com. 2012. 177, obs. Legeais ; RDC 2012. 1263, obs. Barthez.* ♦ La mention manuscrite doit être inscrite par toute personne physique qui s'engage en qualité de caution par acte sous seing privé envers un créancier professionnel, même si les cautions sont associés et gérants des sociétés garanties. • Civ. 1re, 8 mars 2012, n° 09-12.246 P.

4. Aval d'un effet de commerce irrégulier (oui). L'aval porté sur un billet à ordre irrégulier en raison de l'absence d'indication du nom de son bénéficiaire (mention obligatoire, selon l'art. L. 512-1, 5°, C. com., pour que le titre puisse valoir comme billet à ordre) peut constituer un cautionnement mais il est alors soumis en cette qualité aux prescriptions des art. L. 341-2 et L. 341-3 [L. 331-1 et L. 331-2] C. consom. • Com. 5 juin 2012 : *D. 2012. 1604, obs. Delpech ; ibid. Chron. C. cass. 2548, obs. Guillou ; RTD com. 2012. 603, obs. Legeais ; Banque et Dr. 7-8/2012. 43, obs. Netter ; RDC 2012. 1263, obs. Barthez.*

5. Cautionnement donné au profit d'un créancier professionnel : notion. BIBL. Gout, *RLDC déc. 2009. 24* (la notion de créancier professionnel dans le droit du cautionnement). ♦ Au sens des art. L. 341-2 et L. 341-3 [L. 331-1 et L. 331-2] C. consom., le créancier professionnel s'entend de celui dont la créance est née dans l'exercice de sa profession ou se trouve en rapport direct avec l'une de ses activités professionnelles, même si celle-ci n'est pas principale. • Civ. 1re, 9 juill. 2009, n° 08-15.910 P : *D. 2009. Chron. C. cass. 2067, obs. Creton ; ibid. 2198, note Piedelièvre ; ibid. AJ 2032, obs. Delpech ; RTD com. 2009. 601 et 796, obs. Legeais ; RTD civ. 2009. 758, obs. Crocq ; JCP 2009, n° 40, p. 25, note Legeais ; RDC 2009. 1444, note Fenouillet* • Com. 10 janv. 2012 : *préc.* • 27 sept. 2017, n° 15-24.895 P : *D. 2018. 583, obs. Aubry ; AJ contrat 2017. 544, obs. Picod ; RTD civ. 2018. 178, obs. Crocq ; RTD com. 2018. 161, obs. Hiez ; JCP 2017, n° 1195, note Paisant* (créancier professionnel même si son activité est exercée sans but lucratif). ♦ Viole les art. L. 341-2 et L. 341-3 [L. 331-1 et L. 331-2] par refus d'application la cour d'appel qui relève que la société créancière avait pour activité la vente de matériaux, et non une activité d'établissement de crédit, alors que, le cautionnement étant précisément la contrepartie du financement d'achat de matériaux, il en résultait que la créance était née dans l'exercice de la profession de la société créancière. • Com. 10 janv. 2012, n° 10-26.630 : *préc. note 3.*

6. Le cautionnement relatif à un bail d'habitation étant spécifiquement régi par les dispositions de la L. n° 89-462 du 6 juill. 1989, les art. L. 341-1 à L. 341-3, L. 341-5 et L. 341-6 anc. C. consom. ne lui sont pas applicables. • Civ. 3e, 17 févr. 2022, n° 21-12.934 B : *D. 2022. 822, note Juillet ; ibid. 1007, obs. Damas ; ibid. 1724, obs. Gijsbers ; AJDI 2022. 481, obs. Damas .*

B. CONTENU DE L'EXIGENCE POSÉE PAR LE TEXTE

7. Exemplaires contenant des mentions différentes. Le cautionnement est un contrat unilatéral ; il en résulte qu'un seul original est requis ; cassation de l'arrêt ayant prononcé la nullité du cautionnement au motif que la mention présente sur l'acte produit par la caution était incomplète, alors que la caution ne contestait pas avoir écrit de sa main les mentions conformes aux prescriptions légales sur l'exemplaire original détenu par le créancier. • Com. 2 juin 2021, n° 20-10.690 P.

8. Contradiction entre la mention manuscrite et la mention dactylographiée. La nullité d'un cautionnement n'est pas encourue du fait de la contradiction entre une mention dactylographiée et une mention manuscrite, lorsque aucun manquement au formalisme légal relatif aux mentions manuscrites n'affecte l'acte de cautionnement. • Com. 25 janv. 2023, n° 21-17.589 B.

9. Éléments devant figurer dans la mention manuscrite. Les éléments essentiels dont l'indication est prescrite par l'ancien art. L. 341-2 [L. 331-1] pour permettre à la caution de mesurer la portée exacte de son engagement doivent être précisés dans la mention manuscrite sans qu'il soit nécessaire de se reporter aux clauses imprimées de l'acte. • Civ. 1re, 9 juill. 2015, n° 14-24.287 P : *D. 2015. 2231, note Kassoul* ; *RTD civ. 2015. 916, obs. Crocq* ; *JCP N 2015, n° 1187, note Pellier* (irrégularité de la mention qui précise comme durée « la durée de l'opération garantie + deux ans », quand bien même la durée de l'opération garantie était indiquée en première page des actes de cautionnement).

10. Place de la mention manuscrite. L'art. L. 341-2 [L. 331-1] prescrit à peine de nullité que l'engagement manuscrit émanant de la caution précède sa signature ; nullité de l'engagement qui résulte d'un acte sur lequel la caution a apposé sa signature immédiatement sous les clauses pré-imprimées de l'acte et inscrit la mention manuscrite légalement requise sous sa signature, sans la réitérer sous cette mention. • Com. 17 sept. 2013, n° 12-13.577 P : *D. 2013. 2220, obs. Avena-Robardet* ; *RDI 2013. 585, obs. Heugas-Darraspen*. ♦ V. également note 3 ss. art. L. 331-2.

11. Irrégularités mineures. Cassation de l'arrêt ayant annulé un cautionnement en considérant que la mention manuscrite n'était pas totalement conforme alors que l'évocation du caractère « personnel et solidaire » du cautionnement, d'une part, la substitution du terme « banque » à ceux de « prêteur » et de « créancier », d'autre part, n'affectent ni le sens ni la portée des mentions manuscrites prescrites par les art. L. 341-2 s. anc. [L. 331-1 s.] C. consom. • Civ. 1re, 10 avr. 2013, n° 12-18.544 P : *D. 2013. 989, obs. Avena-Robardet* ; *ibid. 1460, note Lasserre Capdeville et Piette* ; *ibid. 1706, obs. Crocq* ; *RDI 2013. 359, obs. Heugas-Darraspen*. ♦ Cassation de l'arrêt qui a annulé un cautionnement eu égard au non-respect de la ponctuation prévue par les textes et de la substitution d'une minuscule à une majuscule au début de la seconde formule. • Civ. 1re, 11 sept. 2013, n° 12-19.094 P : *D. 2013. 2164, obs. Avena-Robardet* ; *ibid. 2014. chron. C. cass. 563, obs. Darret-Courgeon* ; *RDI 2013. 585, obs. Heugas-Darraspen* ; *JCP 2013, n° 1074, note Lasserre-Capdeville* ; *Gaz. Pal. 2013. 3037, obs. Mignot* ; *CCC 2013, n° 276, obs. Raymond.* ♦ Rejet du pourvoi contre un arrêt ayant relevé que la mention manuscrite comporte des termes non prescrits par l'anc. art. L. 341-2 C. consom., en ce que sont ajoutés, entre le mot « intérêts » et le mot « et », les mots « des commissions, frais et accessoires », dès lors que cet ajout n'est pas de nature à modifier le sens ou la portée de l'engagement, mais conduit seulement à préciser la nature des sommes couvertes par le cautionnement, sans *en modifier la limite, fixée* à un certain montant. • Com. 21 avr. 2022, n° 20-23.300 B : *D. 2022. 1724, obs. Ansault et Gijsbers*. ♦ Rejet du pourvoi contestant l'emploi du singulier sur l'un des termes de l'expression « mes revenus et bien », ceci constituant une imperfection mineure. • Com. 6 juill. 2022, n° 20-17.355 B : *D. 2022. 1724, obs. Ansault et Gijsbers* ; *RTD civ. 2022. 676, obs. Gijsbers*.

12. Mention du bénéficiaire du cautionnement. La lettre X de la formule légale doit être remplacée, dans la mention manuscrite apposée par la caution, par le nom ou la dénomination sociale du débiteur garanti ; cassation de l'arrêt ayant refusé d'annuler un cautionnement précisé au profit du « bénéficiaire du crédit », même si le bénéficiaire ressort aisément de la lecture de la première page de l'acte. • Com. 24 mai 2018, n° 16-24.400 P : *D. 2018. 1148* ; *ibid. 1884, obs. Crocq* ; *AJ contrat 2018. 340, obs. Piette*. ♦ Le débiteur doit être désigné dans la mention manuscrite apposée par la caution par son nom ou sa dénomination sociale et ne peut l'être par une enseigne. • Com. 9 juill. 2019, n° 17-22.626 P : *RDC 2019/4. 35, note Houtcieff* (nécessité d'une mention manuscrite de l'acte de cautionnement permettant d'identifier le débiteur garanti, sans qu'il soit nécessaire de se référer à des éléments extérieurs à cette mention).

13. Indication du débiteur garanti. Il importe peu que la caution n'indique pas précisément dans la mention manuscrite de quel débiteur elle se porte caution dès lors que, dans cette même mention, le nom de ce débiteur est ensuite indiqué à trois reprises, de sorte que ce débiteur est identifié dans la mention manuscrite. • Com. 21 nov. 2018, n° 16-25.128 P : *D. 2018. 2356* ; *AJ contrat 2019. 43, obs. Houtcieff* ; *RTD civ. 2019. 152, obs. Crocq* ; *RDBF 2019, n° 9, obs. Legeais* ; *RDC 1/2019. 61, note Houtcieff.*

14. Mention de la date. L'absence de date sur l'acte de cautionnement ou dans la mention manuscrite n'est pas une cause de nullité de cet acte. • Com. 15 mai 2019, n° 17-28.875 P : *D. 2019. 1592, note Binois* ; *RDC 3/2018. 48, note Houtcieff.*

15. Mention relative à la durée. Dès lors qu'il résulte de la combinaison des art. L. 341-2 et L. 341-6 C. consom., issus de la L. du 1er août 2003, que le cautionnement à durée indéterminée est licite, n'est pas nul un cautionnement où la mention manuscrite relative à la durée des engagements de la caution stipule que le cautionnement est consenti « jusqu'au paiement effectif de toutes les sommes dues », cette mention ne modifiant pas le sens et la portée de la mention manuscrite légale. • Com. 15 nov. 2017, n° 16-10.504 P : *D. 2018. 392, note Dumont-Lefrand* ; *ibid. 1884, obs. Crocq* ; *AJ contrat 2018. 93* ; *RTD civ. 2018. 179, obs. Crocq* ; *ibid. 199, obs. Nicod* ; *JCP 2018, n° 13, note Simler* ; *CCC 2018, n° 19, note* Bernheim-Desvaux ; JCP N 2018, n° 1099, note *Piedelièvre* ; *Gaz. Pal. 2018. 244, note* Bourassin ; *LPA 3 mai 2018, note Niel et Morin* ; *ibid. 22 juin 2018, note Courtel* ; *RDC 2018. 63, note Houtcieff.* ♦ N'est pas nul un cautionnement indiquant la durée de l'engagement, sans faire mention de la date de signature de l'acte constituant le point de départ de cette durée. • Com. 15 mai 2019, n° 17-28.875 P : *D. 2019. 1592, note Binois ; RDC 3/2018. 48, note Houtcieff.* ♦ Doit en revanche être annulé dans sa totalité un cautionnement ne contenant pas l'indication d'une durée précise permettant à la caution de connaître, au moment de son engagement, la date limite de celui-ci. • Com. 13 déc. 2017, n° 15-24.294 P : *D. 2018. 1884, obs. Crocq ; AJ contrat 2018. 139, obs. Houtcieff ; RTD civ. 2018. 179, obs. Crocq ; Gaz. Pal. 2018. 244, note Bourassin ; JCP 2018, n° 77, note Pellier* (mentions stipulant un engagement de la caution jusqu'à une date précise « ou toute autre date reportée d'accord » entre le créancier et le débiteur principal). ♦ V. aussi pour un cautionnement où l'indication de la durée précise n'était pas faite que dans les clauses imprimées de l'acte : • Civ. 1re, 9 juill. 2015 : *préc. note 9.*

16. Mention incomplète et imprécise. Nullité du cautionnement dès lors que la mention manuscrite ne comporte ni la durée du cautionnement, ni l'identité du débiteur principal et ne précise pas le sens de l'engagement, ni n'indique ce que signifie son caractère « solidaire », en lui adjoignant en outre l'adjectif « indivise », cet ajout par rapport à la mention légale contribuant à la confusion et à l'imprécision, alors que, de plus, il est impropre, et, en tout état de cause, non défini. • Com. 21 oct. 2020, n° 19-11.700 P : *D. 2020. 2116 ; RTD civ. 2021. 120, obs. Barbier ; RDC 2021/1. 76, note Houtcieff.*

17. Mention manuscrite impossible. La personne physique qui ne se trouve pas en mesure de faire précéder sa signature des mentions manuscrites exigées par les art. L. 341-2 et L. 341-3 [L. 331-1 et L. 331-2], destinées à assurer sa protection et son consentement éclairé, ne peut valablement s'engager que par acte authentique en qualité de caution envers un créancier professionnel. • Civ. 1re, 9 juill. 2015, n° 14-21.763 P : *D. 2015. 1533 ; RTD civ. 2015. 915, obs. Crocq* (caution illettrée). ♦ Comp. : Reconnaissance d'un mandat régulièrement donné à sa secrétaire par une personne sachant mal écrire, la secrétaire l'ayant accompagné lors de la souscription du cautionnement, qu'il avait signé après qu'elle eut inscrit la mention manuscrite, ces circonstances établissant que la conscience et l'information de la caution sur son engagement étaient autant assurées que *si elle avait été capable d'*apposer cette mention de sa main, dès lors qu'il avait été procédé à sa rédaction, à sa demande et en sa présence. • Com. 20 sept. 2017, n° 12-18.364 : *D. 2018. 1884, obs. Crocq ; RTD civ. 2018. 176, obs. Crocq ; JCP N 2018, n° 1047, note Mardon ; JCP 2017, n° 1281, note Simler.*

C. SANCTION DU NON-RESPECT DE L'EXIGENCE

18. Nullité en cas d'absence de la mention. A défaut de répondre aux prescriptions de l'art. L. 341-2 [L. 331-1], le cautionnement est nul. • Com. 5 juin 2012 : *D. 2012. 1604, obs. Delpech ; ibid. Chron. C. cass. 2548, obs. Guillou ; RTD com. 2012. 603, obs. Legeais ; Banque et Dr. 7-8/2012. 43, obs. Netter ; RDC 2012. 1263, obs. Barthez* (cautionnement résultant d'un aval donné sur un effet de commerce irrégulier).

19. Caractère relatif de la nullité. La violation du formalisme des art. L. 341-2 et L. 341-3 [L. 331-1 et L. 331-2] C. consom., qui a pour finalité la protection des intérêts de la caution, est sanctionnée par une nullité relative, à laquelle elle peut renoncer par une exécution volontaire de son engagement irrégulier, en connaissance du vice l'affectant. • Com. 5 févr. 2013, n° 12-11.720 P : *D. 2013. 428, obs. Avena-Robardet ; ibid. 1113, note Libchaber ; ibid. 1706, obs. Crocq ; Rev. sociétés 2013. 479, note Legeais ; JCP 2013, n° 440, note Simler ; RDC 2013. 1450, obs. Barthez* (confirmation de l'acte de caution).

20. Limitation de la portée du cautionnement en cas d'omission de certains éléments. La mention manuscrite reflétant la parfaite information dont avait bénéficié la caution quant à la nature et la portée de son engagement, l'omission des termes « mes biens » n'a pour conséquence que de limiter le gage de la banque aux revenus de la caution et n'affecte pas la validité du cautionnement. • Com. 1er oct. 2013, n° 12-20.278 P : *D. 2013. 2332, obs. Avena-Robardet ; ibid. 2014. 127, note Julienne et Andreu ; RTD com. 2013. 791, obs. Legeais ; JCP 2014, n° 207, note Pellier.* ♦ L'omission du terme « intérêts » n'a pour conséquence que de limiter l'étendue du cautionnement au principal de la dette sans en affecter la validité. • Com. 4 nov. 2014, n° 13-24.706 P : *D. 2014. 2293 ; RDI 2015. 29, obs. Heugas-Darraspen ; AJCA 2015. 33, obs. Picod ; RTD civ. 2015. 182, obs. Crocq ; Defrénois 2015. 490, obs. Cabrillac.*

21. Fraus omnia corrumpit. Il résulte du principe *fraus omnia corrumpit* que la fraude commise par la caution dans la rédaction des mentions manuscrites légales, prescrites, à peine de nullité du cautionnement, par les art. L. 341-2 et L. 341-3, devenus L. 331-1 et L. 343-2 et L. 331-2 et L. 343-3 C. consom. interdit à cette dernière de se prévaloir de ces dispositions. • Com. 5 mai 2021, n° 19-21.468 P : *D. 2021. 1418, note Dournaux ; RTD civ. 2021. 639, obs. H. Barbier ; ibid. 687, obs. Gijsbers ; JCP 2021, n° 714, note Simler ; Gaz. Pal. 2021. 1802, note Mignot ; RDC 2021/3. 36, note Houtcieff* (caution ayant, en dépit des indications très apparentes de l'acte, fait rédiger la mention manuscrite par sa secrétaire, au lieu d'y procéder elle-même, détournant ainsi sciemment le formalisme de protection dont elle s'est prévalu ensuite pour tenter de faire échec à la demande en paiement, caractérisant ainsi une faute intentionnelle lui interdisant d'invoquer la nullité de son engagement).

Art. L. 331-2 *(Abrogé par Ord. n° 2021-1192 du 15 sept. 2021, art. 32, à compter du 1er janv. 2022) Lorsque le créancier professionnel demande un cautionnement solidaire, la personne physique qui se porte caution fait précéder sa signature de la mention manuscrite suivante : "En renonçant au bénéfice de discussion défini à l'article 2298 du code civil et en m'obligeant solidairement avec X. je m'engage à rembourser le créancier sans pouvoir exiger qu'il poursuive préalablement X ...."*

1. Domaine. Les art. L. 341-2 et L. 341-3 [L. 331-1 et L. 331-2] C. consom. s'appliquent également à la caution avertie et au cautionnement présentant un caractère commercial. • Com. 10 janv. 2012 : *D. 2012. 276, obs. Avena-Robardet*. ♦ Les dispositions de l'art. L. 341-3 [L. 331-2] ne s'appliquent pas aux cautionnements consentis par acte authentique. • Com. 6 juill. 2010, n° 08-21.760 P : *R., p. 386 ; D. 2010. Actu. 1068, obs. Avena-Robardet ; ibid. 2011. Pan. 406, obs. Crocq ; RDC 2011. 135, obs. Fenouillet ; RTD civ. 2010. 593, obs. Crocq*. ♦ Sur la notion de créancier professionnel au sens des art. L. 341-2 et L. 341-3 [L. 331-1 et L. 331-2], V. note 5 ss. art. L. 331-1 C. consom.

2. Appréciation des mentions irrégulières. Sur la portée de mentions n'affectant ni le sens ni la portée des mentions manuscrites prescrites, V. note 9 ss. art. L. 331-1 C. consom.

3. Signature unique pour plusieurs mentions. Si les deux mentions exigées par les art. L. 341-2 et L. 341-3 [L. 331-1 et L. 331-2] C. consom. sont correctement reproduites, ces dispositions ne font pas obstacle à ce que la caution approuve, par l'apposition d'une unique signature, les deux mentions écrites de sa main, qui se font immédiatement suite. • Com. 16 oct. 2012 : *D. 2012. 2509, obs. Avena-Robardet ; ibid. 2013. 1706, obs. Crocq ; ibid. 2420, obs. Martin et Synvet ; JCP 2012, n° 1405, note Dumery ; Gaz. Pal. 2012. 3311, avis Le Mesle ; ibid. 3311, note Piedelièvre ; RDC 2013. 1002, obs. Barthez.*

4. Sanction. Ayant constaté que l'engagement de caution avait été souscrit dans le respect des dispositions de l'art. L. 341-2 [L. 331-1] C. consom., la cour d'appel a retenu à bon droit que la sanction de l'inobservation de la mention imposée par l'art. L. 341-3 [L. 331-2] du même code ne pouvait conduire qu'à l'impossibilité pour la banque de se prévaloir de la solidarité et en a exactement déduit que l'engagement souscrit par la caution demeurait valable en tant que cautionnement simple. • Com. 8 mars 2011 : *D. 2011. Actu. 812, obs. Avena-Robardet ; RTD civ. 2011. 375, obs. Crocq ; RTD com. 2011. 402, obs. Legeais ; JCP 2011. 1280, obs. Simler ; JCP E 2011, n° 1270, note Legeais ; Dr. et patr. 7-8/2011. 106, obs. Aynès ; RDC 2011. 911, obs. Houtcieff* • 10 mai 2012 : *D. 2012. 1324 ; RDC 2012. 1263, obs. Barthez.* ♦ V. aussi art. L. 331-2 C. consom. ss. art. 2298.

Art. L. 331-3 *(Abrogé par Ord. n° 2021-1192 du 15 sept. 2021, art. 32, à compter du 1er janv. 2022) Les stipulations de solidarité et de renonciation au bénéfice de discussion figurant dans un contrat de cautionnement consenti par une personne physique au bénéfice d'un créancier professionnel sont réputées non écrites si l'engagement de la caution n'est pas limité à un montant global, expressément et contractuellement déterminé, incluant le principal, les intérêts, les frais et accessoires.*

CHAPITRE II [*ABROGÉ*]. PROPORTIONNALITÉ

(Abrogé par Ord. n° 2021-1192 du 15 sept. 2021, art. 32, à compter du 1er janv. 2022)

Art. L. 332-1 *(Abrogé par Ord. n° 2021-1192 du 15 sept. 2021, art. 32, à compter du 1er janv. 2022) Un créancier professionnel ne peut se prévaloir d'un contrat de cautionnement conclu par une personne physique dont l'engagement était, lors de sa conclusion, manifestement disproportionné à ses biens et revenus, à moins que le patrimoine de cette caution, au moment où celle-ci est appelée, ne lui permette de faire face à son obligation.*

Sur l'exigence de proportionnalité en dehors du texte spécial du C. consom., V. notes ss. art. 2300.

BIBL. ► **Proportionnalité et cautionnement :** Atias, *D. 2003. Chron. 2620.* – Bakouche, *CCC 2004. Chron. 5.* – Cuperlier et Gorny, *JCP E 2004. 1475.* – Picod, *Études Calais-Auloy, Dalloz, 2004, p. 843.* – Piette, *Dr. et patr. 6/2004. 44.* – Robine, *RLDC 2004/4, n° 140 ; ibid. 2004/5, n° 186.* – Simler, *JCP 2021, n° 332.*

1. Application dans le temps. L'art. L. 341-4, issu de la L. du 1er août 2003, repris à l'art. L. 332-1, n'est pas applicable aux cautionnements souscrits antérieurement à son entrée en vigueur. • Cass., ch. mixte, 22 sept. 2006, n° 05-13.517 P : *R., p. 383 ; BICC 15 nov. 2006, rapp. Marais, concl. Allix ; D. 2006. AJ 2391, obs. Avena-Robardet ; ibid. Pan. 2858, obs. Crocq ; ibid. 2007. Pan. 764, obs. D. R. Martin ; JCP 2006. II. 10180, note Houtcieff ;*

ibid. I. 195, n° 4, obs. Simler ; Gaz. Pal. 2007. 458, note de Granvilliers ; Defrénois 2007. 546, obs. Théry ; RDC 2007. 349, obs. Fenouillet ; RTD civ. 2006. 799, obs. Crocq ; RTD com. 2006. 900, obs. D. Legeais • Com. 13 févr. 2007, n° 04-19.727 P : *D. 2007. AJ 652, obs. Avena-Robardet ; Dr. et pr. 2007. 233, note Y. Picod* • Civ. 1re, 20 déc. 2007, n° 06-19.313 P : *D. 2008. AJ 287, obs. Avena-Robardet* • 10 sept. 2014, n° 12-28.977 P : *cité note 5.*

2. *Domaine.* L'art. L. 341-4 [L. 332-1] C. consom. n'est pas applicable à un aval, régi par les règles propres du droit du change. • Com. 30 oct. 2012, n° 11-23.519 P : *D. 2012. 2588, obs. Delpech ; RTD com. 2013. 124, obs. Legeais ; Banque et Dr. 11-12/2012. 58, obs. Jacob* (l'aval constituant un engagement cambiaire gouverné par les règles propres du droit du change, l'avaliste n'est pas fondé à rechercher la responsabilité de la banque pour manquement au devoir de mise en garde). ♦ Dans le même sens : • Civ. 1re, 19 déc. 2013 : *D. 2014. 518, note Piette et Lasserre Capdeville* (impossibilité d'invoquer le caractère disproportionné des engagements). ♦ La méconnaissance par le juge étranger de l'art. L. 341-4 [L. 332-1] C. consom. n'est pas contraire à la conception française de l'ordre public international. • Civ. 1re, 30 janv. 2013 : *cité note 18 ss. art. 3.*

3. *Appréciation de la disproportion : biens et revenus à prendre en compte (règles générales).* Les parts sociales et la créance inscrite en compte courant d'associé dont est titulaire la caution au sein de la société cautionnée font partie du patrimoine devant être pris en considération pour l'appréciation de ses biens et revenus à la date de la souscription de son engagement. • Com. 26 janv. 2016, n° 13-28.378 P : *D. 2016. 1955, obs. Crocq ; RDI 2016. 268, obs. Heugas-Darraspen ; Rev. sociétés 2016. 598, note Ansault* • Civ. 1re, 28 sept. 2022, n° 21-14.673 B : *D. 2022. 1748 ; RTD civ. 2022. 946, obs. Gijsbers*. ♦ Il doit être tenu compte des revenus réguliers perçus par la caution jusqu'à la date de son engagement, quand bien même ceux-ci proviendraient de la société dont les engagements sont garantis par le cautionnement. • Com. 5 sept. 2018, n° 16-25.185 P : *D. 2018. 1748 ; AJ contrat 2018. 493, obs. Houtcieff ; RDC 2018. 564, note Houtcieff ; RDBF 2018, n° 157, obs Legeais.* ♦ Prise en compte par les juges de l'évaluation de son actif déclarée par la caution, même lorsque celle-ci prétend que cette évaluation est erronée. • Com. 11 juin 2014, n° 13-18.064 P. ♦ Un bien immobilier appartenant à la caution fait partie de son patrimoine et doit être pris en compte pour l'appréciation de la proportionnalité de l'engagement alors même que ce bien fait l'objet d'une interdiction de saisie immobilière acceptée conventionnellement par la banque créancière. • Com. 18 janv. 2017, n° 15-12.723 P : *D. 2017. 212 ; AJ contrat 2017. 122, obs. Houtcieff ; Rev. sociétés 2017. 282, note Ansault ; RTD com. 2017. 625, obs. Lecourt .* ♦ Il en va de même pour des biens que le créancier ne peut pas saisir en application des stipulations de la garantie Oséo qui interdisent au créancier le recours à certaines procédures d'exécution forcée, la consistance du patrimoine de la caution à prendre en considération pour l'appréciation de sa capacité à faire face à son engagement au moment où elle est appelée n'étant pas modifiée par ces stipulations • Com. 17 oct. 2018, n° 17-21.857 P : *D. 2019. 371, note Gallois ; AJ contrat 2018. 544, obs. Bougerol ; RTD civ. 2019. 154, obs. Crocq ; Gaz. Pal. 2018. 3100, obs. Guinamant.* ♦ Comp. pour les biens communs devant être pris en compte pour l'appréciation de la proportionnalité alors qu'ils sont exclus du gage du créancier par application de l'art. 1415. • Com. 15 nov. 2017, n° 16-10.504 P : *cité infra note 5.* ♦ La disproportion s'apprécie lors de la conclusion du contrat de cautionnement au regard du montant de l'engagement ainsi souscrit et des biens et revenus de chaque caution. • Com. 22 mai 2013 : *D. 2013. 1340, obs. Avena-Robardet ; ibid. Pan. 1706, obs. Crocq ; RTD civ. 2013. 607, obs. Barbier ; Gaz. Pal. 2013. 1680, obs. Mignot.*

4. *... Sûretés.* Pour apprécier la proportionnalité de l'engagement d'une caution au regard de ses biens et revenus, les biens, quoique grevés de sûretés, lui appartenant doivent être pris en compte, leur valeur étant appréciée en en déduisant le montant de la dette dont le paiement est garanti par ladite sûreté, évalué au jour de l'engagement de la caution. • Civ. 1re, 24 mars 2021, n° 19-21.254 P : *D. 2021. 1879, obs. Ansault et Gijsbers ; RDI 2021. 415, obs. Bruttin .*

5. *Appréciation de la disproportion : biens et revenus à prendre en compte (cautionnement donné par un ou deux époux).* BIBL. Nicolle, *D. 2019. 498* (retour sur la proportionnalité du cautionnement souscrit par un époux marié sous le régime légal). ♦ La disproportion des engagements de cautions mariées sous le régime légal doit s'apprécier au regard de l'ensemble de leurs biens et revenus propres et communs. • Civ. 1re, 2 févr. 2022, n° 20-22.938 B : *D. 2022. 1724, obs. Ansault ; AJ fam. 2022. 295, obs. Hilt ; Dr. fam. 2022, n° 53, obs. Torricelli-Chrifi.* ♦ Lorsque deux époux se sont portés cautions simultanément, l'art. 1415 n'a pas vocation à s'appliquer et les engagements des deux cautions s'apprécient tant au regard de leurs biens et revenus propres que de ceux de la communauté. • Com. 5 févr. 2013, n° 11-18.644 : *cité note 4 ss. art. 1415.* ♦ Lorsqu'un époux se porte seul caution, mais que l'autre donne son consentement exprès à ce cautionnement, la proportionnalité de l'engagement de la caution s'apprécie tant au regard de ses biens et revenus propres que de ceux de la communauté, incluant les salaires de son conjoint. • Com. 22 févr. 2017, n° 15-14.915 P : *D. 2017. 2119, obs. Brémond ; ibid. 2176, obs. Martin et Synvet ; Rev. sociétés 2017. 586, note Pla-Busiris ; JCP N 2017, n° 1201, note Bouchard.* ♦ Dès lors que, selon l'art. L. 341-4 C. consom., dans sa rédaction antérieure à celle issue de l'Ord. du 14 mars 2016, la disproportion manifeste de l'engagement de la caution s'apprécie par rapport à ses biens, sans distinction, les biens communs doivent être pris en compte pour cette appréciation quand bien même ils ne pourraient être engagés pour l'exécution de la condamnation éventuelle de la caution, en l'absence du consentement exprès du conjoint donné conformément à l'art. 1415 C. civ. • Com. 15 nov. 2017, n° 16-10.504 P : *D. 2018. 392, note Dumont-Lefrand ; ibid. 1884, obs. Crocq ; AJ contrat 2018. 93 ; RTD civ. 2018. 179, obs. Crocq ; ibid. 199, obs. Nicod ; JCP 2018, n° 13, note Simler ; CCC 2018, n° 19, note Bernheim-Desvaux ; JCP N 2018, n° 1099, note Piedelièvre ; Gaz. Pal. 2018. 244, note Bourassin ; LPA 3 mai 2018, note Niel et Morin ; ibid. 22 juin 2018, note Courtel ; RDC 2018. 63, note Houtcieff.* ♦ La disproportion manifeste de l'engagement de la caution commune en biens s'apprécie par rapport aux biens et revenus de celle-ci, sans distinction et sans qu'il y ait lieu de tenir compte du consentement exprès du conjoint donné conformément à l'art. 1415, qui détermine seulement le gage du créancier, de sorte que devaient être pris en considération tant les biens propres et les revenus de l'époux caution que les biens communs, incluant les revenus de son épouse. • Com. 6 juin 2018, n° 16-26.182 P : *D. 2018. 1851, note Gallois ; ibid. 1884, obs. Crocq ; ibid. chron. C. cass. 2442, obs. Barbot ; AJ fam. 2018. 480, obs. Casey ; AJ contrat 2018. 323, obs. Houtcieff ; Gaz. Pal. 2018. 2016, obs. Sadi ; Dr. fam. 2018, n° 213, obs. Beignier ; Dr. et patr. 11/ 2018. 13, note Waterlot.* ♦ La disproportion éventuelle de l'engagement d'une caution mariée sous le régime de la séparation des biens s'apprécie au regard de ses seuls biens et revenus personnels ; la cour d'appel ne peut déduire que l'engagement de la caution est proportionné à ses biens et revenus du fait que son conjoint séparé de biens était en mesure de contribuer de manière substantielle aux charges de la vie courante. • Com. 24 mai 2018, n° 16-23.036 P : *D. 2018. 1884, obs. Crocq ; AJ fam. 2018. 482, obs. Casey ; AJ contrat 2018. 323, obs. Houtcieff ; JCP 2018, n° 900, note Simler.* ♦ La disproportion éventuelle de l'engagement d'une caution mariée sous le régime de la séparation de biens s'apprécie au regard de ses revenus et biens personnels, comprenant sa quote-part dans les biens indivis. • Civ. 1re, 19 janv. 2022, n° 20-20.467 B : *D. 2022. 164 ; RTD civ. 2022. 181, obs. Gijsbers ; JCP 2022, n° 361, note Molière ; Dr. fam. 2022, n° 34, obs. Torricelli-Chrifi* (cassant un arrêt qui avait refusé de tenir compte dans l'appréciation des biens de l'épouse de sa part dans une maison achetée en indivision avec son mari). ♦ Mais dès lors que des époux séparés de biens faisaient valoir que leur engagement de caution était disproportionné au regard de leurs biens et revenus, dont ils faisaient masse, sans préciser le patrimoine propre à chacun d'eux, et qu'aucun d'entre eux ne soutenait que son engagement de caution était disproportionné par rapport à ses seuls biens propres et, le cas échéant, indivis ainsi qu'à ses seuls revenus, une cour d'appel, ayant constaté que le montant cautionné représentait moins d'un quart de l'actif net patrimonial du couple, a pu refuser de retenir le caractère disproportionné du cautionnement. • Com. 6 juill. 2022, n° 20-17.355 B : *D. 2022. 1724, obs. Ansault et Gijsbers ; RTD civ. 2022. 676, obs. Gijsbers.*

6. *Appréciation de la disproportion : obligation à prendre en compte.* La disproportion manifeste du cautionnement s'apprécie au regard de la capacité de la caution à faire face, avec ses biens et revenus, non à l'obligation garantie, selon les modalités de paiement propres à celle-ci, c'est-à-dire aux mensualités des prêts, mais au montant de son propre engagement. • Com. 11 mars 2020, n° 18-25.390 P : *D. 2020. 596 ; AJ contrat 2020. 344, obs. Houtcieff ; RDC 2020/3. 32, note Pellet.*

7. *Appréciation de la disproportion : prise en compte de l'endettement de la caution.* La disproportion de l'engagement s'apprécie en tenant compte de l'endettement global de la caution y compris celui résultant d'engagements de caution. • Com. 22 mai 2013, n° 11-24.812 • 11 juin 2014, n° 13-18.064 P • Civ. 1re, 15 janv. 2015, n° 13-23.489 P : *D. 2015. 204, obs. Avena-Robardet ; RTD civ. 2015. 183, obs. Crocq ; RDC 2016. 53, note Barthez.* ♦ ... Quand bien même ces engagements de caution auraient été déclarés disproportionnés, à condition qu'il s'agisse de cautionnements antérieurement souscrits. • Com. 29 sept. 2015, n° 13-24.568 P. ♦ Mais si la disproportion doit être appréciée en prenant en considération l'endettement global de la caution, y compris celui résultant d'autres engagements de caution, il ne peut être tenu compte d'un cautionnement antérieur que le juge déclare nul, et qui est ainsi anéanti rétroactivement. • Com. 21 nov. 2018, n° 16-25.128 P : *D. 2018. 2356 ; AJ contrat 2019. 43, obs. Houtcieff ; RTD civ. 2019. 152, obs. Crocq ; RDBF 2019, n° 9, obs. Legeais ; RDC 1/2019. 61, note Houtcieff.* ♦ Il ne faut prendre en considération que l'endettement global de la caution au moment où cet engagement est consenti, sans avoir à tenir compte de ses engagements postérieurs. • Com. 3 nov. 2015, nos 14-26.051, 15-21.769 P : *D. 2015. 2316, obs. Avena-Robardet Rev. sociétés 2016. 146, note Juillet.*

8. *Prise en compte des revenus attendus*

de l'opération garantie. La proportionnalité de l'engagement de la caution ne peut être appréciée au regard des revenus escomptés de l'opération garantie. • Civ. 1re, 3 juin 2015, n° 14-19.825 P • Com. 22 sept. 2015, n° 14-22.913 P. ♦ V. auparavant, dans le sens de l'appréciation souveraine par les juges du fond des facultés contributives de la caution au regard, notamment, des perspectives de développement de l'entreprise qu'il a créée : • Civ. 1re, 4 mai 2012 : *D. 2012. 1260 ; RDI 2012. 396, obs. Heugas-Darraspen ; RTD civ. 2012. 556, obs. Crocq ; RTD com. 2012. 602, obs. Legeais ; Banque et Dr. 7-8/2012. 41, obs. Jacob.* ♦ Cependant, si ne peuvent être pris en considération les revenus escomptés de l'opération garantie pour apprécier la disproportion du cautionnement au moment où il a été souscrit, il doit, en revanche, être tenu compte des revenus réguliers perçus par la caution jusqu'à la date de son engagement, quand bien même ceux-ci proviendraient de la société dont les engagements sont garantis par le cautionnement. • Com. 5 sept. 2018, n° 16-25.185 P : *D. 2018. 1748 ; AJ contrat 2018. 493, obs. Houtcieff ; RDC 2018. 564, note Houtcieff ; RDBF 2018, n° 157, obs Legeais.*

9. ... Charge de la preuve. Il incombe au créancier professionnel qui entend se prévaloir d'un contrat de cautionnement manifestement disproportionné lors de sa conclusion aux biens et revenus de la caution, personne physique, d'établir que, au moment où il l'appelle, le patrimoine de celle-ci lui permet de faire face à son obligation. • Com. 1er avr. 2014, n° 13-11.313 P : *D. 2014. 868, obs. Avena-Robardet ; ibid. Chron. C. cass. 1010, obs. Guillou* • Civ. 1re, 10 sept. 2014, n° 12-28.977 P : *D. 2014. 2283, note Malet-Vigneaux ; ibid. 2145, obs. D. R. Martin ; RDI 2014. 556, obs. Heugas-Darraspen .* ♦ ... Mais dès lors qu'un cautionnement conclu par une personne physique n'était pas, au moment de sa conclusion, manifestement disproportionné à ses biens et revenus, le créancier peut s'en prévaloir sans être tenu de rapporter la preuve que le patrimoine de la caution lui permettait de faire face à son obligation au moment où elle a été appelée. • Com. 21 oct. 2020, n° 18-25.205 P : *D. 2020. 2116 ; Rev. sociétés 2021. 174, note Houtcieff .* ♦ Pour l'appréciation de la proportionnalité à partir d'un dossier prévisionnel basé sur trois exercices et faute d'éléments permettant d'en apprécier le caractère irréaliste. • Com. 22 févr. 2017, n° 15-14.915 P : *D. 2017. 2119, obs. Brémond ; ibid. 2176, obs. Martin et Synvet ; Rev. sociétés 2017. 586, note Pla-Busiris ; JCP N 2017, n° 1201, note Bouchard.*

Mais c'est la caution qui supporte la charge de la preuve de démontrer que son engagement de caution était, lors de sa conclusion, manifestement disproportionné à ses biens et revenus, l'art. L. 332-1 n'imposant pas au créancier professionnel de vérifier la situation financière de la caution lors de son engagement. • Com. 13 sept. 2017, n° 15-20.294 P : *D. 2017. 1756 ; AJ contrat 2017. 494, obs. Houtcieff ; Rev. sociétés 2018. 23, note Martial-Braz ; CCC 2017, n° 234, note Bernheim-Desvaux.* ♦ V. aussi sur la charge de la preuve quant aux biens à prendre en compte : • Com. 6 juill. 2022, n° 20-17.355 B : *préc. note 5.*

10. ... Déclarations de la caution. La caution qui a rempli, à la demande de la banque, une fiche de renseignements relative à ses revenus et charges annuels et à son patrimoine, dépourvue d'anomalies apparentes sur les informations déclarées, ne peut, ensuite, soutenir que sa situation financière était en réalité moins favorable que celle qu'elle a déclarée au créancier. • Civ. 1re, 24 mars 2021, n° 19-21.254 P : *D. 2021. 1879, obs. Ansault et Gijsbers ; RDI 2021. 415, obs. Bruttin .*

La banque n'est pas tenue de vérifier l'exactitude de toutes les sommes mentionnées dans la fiche de renseignement, dès lors qu'une partie des éléments figurant dans la fiche de renseignement, qui ne sont affectés d'aucune anomalie apparente, permettent de considérer que l'engagement souscrit n'était pas disproportionné aux biens et revenus de la caution. • Com. 21 sept. 2022, n° 21-12.218 B : *RTD civ. 2022. 884, obs. Barbier ; ibid. 947, obs. Gijsbers .*

11. Compétence. Il incombe au juge de l'exécution, qui, en matière de saisie conservatoire, doit rechercher si la créance, dont le recouvrement est poursuivi, paraît fondée en son principe, d'examiner la contestation relative au caractère disproportionné d'un engagement de caution, qui est de nature à remettre en question l'existence d'une créance paraissant fondée en son principe. • Civ. 2e, 14 janv. 2021, n° 19-18.844 P : *RTD civ. 2021. 182, obs. Gijsbers .*

12. Application d'office. Si les juges peuvent rechercher eux-mêmes la règle de droit applicable au litige, ils n'en ont pas l'obligation dès lors que le demandeur a précisé autrement le fondement juridique de sa prétention (renvoyant à l'art. L. 313-10 C. consom. relatif aux crédits à la consommation et aux crédits immobiliers). • Com. 28 avr. 2009, n° 08-11.616 P.

13. Sanction : étendue de la décharge. La sanction du caractère manifestement disproportionné de l'engagement de la caution est l'impossibilité pour le créancier professionnel de se prévaloir de cet engagement ; il en résulte que cette sanction, qui n'a pas pour objet la réparation d'un préjudice, ne s'apprécie pas à la mesure de la disproportion. • Com. 22 juin 2010, n° 09-67.814 P : *D. 2010. Actu. 1620, obs. Avena-Robardet ; ibid. 1985, note Houtcieff ; D. 2011. Pan. 406, obs. Crocq ; RDC 2010. 1351, obs. Houtcieff ; ibid. 2011. 137, obs. Fenouillet ; RTD civ. 2010. 593, obs. Crocq ; RTD com. 2011. 171, obs. A. Martin-Serf .*

14. Sanction : opposabilité aux cofidéjusseurs. La sanction du caractère manifestement disproportionné de l'engagement de la caution prive le contrat de cautionnement d'effet tant à l'égard du créancier que des cofidéjusseurs lorsque, ayant acquitté la dette, ils exercent leur action récursoire. • Civ. 1re, 26 sept. 2018, n° 17-17.903 P : *D. 2019. Chron. C. cass. 840, obs. Kloda ; AJDI 2019. 378, obs. Moreau ; AJ contrat 2018. 494, obs. Piette ; RDBF 2018, n° 159, obs. Legeais.* ♦ Cette sanction prive le contrat de cautionnement d'effet à l'égard tant du créancier que des cofidéjusseurs lorsque, ayant acquitté la dette, ils exercent leur action récursoire. • Civ. 1re, 5 janv. 2022, n° 20-17.325 : *D. 2022. 1724, obs. Ansault ; RTD com. 2022. 134, obs. Legeais ; RCA 2022, n° 104, obs. Piette* • 28 sept. 2022, n° 21-14.673 B : *D. 2022. 1748 ; RTD civ. 2022. 946, obs. Gijsbers .*

15. ... Prescription. Le moyen par lequel la caution invoque le caractère disproportionné de son engagement est une défense au fond, au sens de l'art. 71 C. pr. civ., qui échappe à la prescription alors même qu'il ne s'analyse pas en une exception de nullité. • Civ. 1re, 31 janv. 2018, n° 16-24.092 P : *D. 2018. 292 ; RDI 2018. 214, obs. Heugas-Darraspen ; AJ contrat 2018. 141, obs. Piette ; RTD civ. 2018. 455, obs. Crocq ; ibid. 904, obs. Barbier ; Gaz. Pal. 2018. 812, note Mignot.* ♦ Ainsi le moyen tiré de la disproportion manifeste de l'engagement de la caution à ses biens et revenus, que la caution invoque pour s'opposer à la saisie-vente, tendant à contester la possibilité pour la banque de se prévaloir du titre exécutoire notarié fondant ses poursuites, échappe à la prescription. • Com. 8 avr. 2021, n° 19-12.741 P : *D. 2021. 1702, note Picod ; ibid. 1879, obs. Ansault et Gijsbers ; RDC 2021/3. 27, note Libchaber.* ♦ *Contra* : • Civ. 1re, 5 janv. 2022, n° 20-17.325 : *D. 2022. 1724, obs. Ansault ; RTD com. 2022. 134, obs. Legeais ; RCA 2022, n° 104, obs. Piette* (selon lequel il résulte de l'art. 2224 C. civ. que l'action en responsabilité de la caution à l'encontre du prêteur fondée sur une disproportion de son engagement se prescrit par cinq ans à compter du jour de la mise en demeure de payer les sommes dues par l'emprunteur en raison de sa défaillance, permettant à la caution d'appréhender l'existence éventuelle d'une telle disproportion).

Le point de départ du délai de prescription de l'action en paiement de dommages-intérêts formée par la caution contre l'établissement de crédit créancier pour manquement à son devoir de mise en garde est le jour où elle a su que les obligations résultant de son engagement allaient être mises à exécution du fait de la défaillance du débiteur principal (cassation de l'arrêt fixant le point de départ de la prescription à la date de la conclusion de l'acte de cautionnement, alors que seul le commandement aux fins de saisie-vente avait permis à la caution de savoir que son engagement de caution allait être mis à exécution. • Com. 8 avr. 2021, n° 19-12.741 P : *préc.*).

16. ... Portée. La sanction prévue par l'art. L. 341-4 [L. 332-1] C. consom. prive le contrat de cautionnement d'effet à l'égard tant du créancier que des cofidéjusseurs ; en conséquence, le cofidéjusseur de la caution déchargée n'a pas de recours contre celle-ci • Cass., ch. mixte, 27 févr. 2015, n° 13-13.709 P : *D. actu. 3 mars 2015, obs. Avena-Robardet.* ♦ La sanction prévue en présence d'un engagement de caution disproportionné prive le contrat de cautionnement d'effet à l'égard tant du créancier que des cofidéjusseurs lorsque, ayant acquitté la dette, ils exercent leur action récursoire. • Civ. 1re, 26 sept. 2018, n° 17-17.903 P : *D. 2019. Chron. C. cass. 840, obs. Kloda ; AJDI 2019. 378, obs. Moreau ; AJ contrat 2018. 494, obs. Piette ; RDBF 2018, n° 159, obs. Legeais* (jugeant que la caution peut opposer le caractère disproportionné au cofidéjusseur pour obtenir sa décharge à l'égard de celui-ci).

CHAPITRE III *[ABROGÉ]. INFORMATION EN COURS D'EXÉCUTION*

(Abrogé par Ord. n° 2021-1192 du 15 sept. 2021, art. 32, à compter du 1er janv. 2022)

Art. L. 333-1 *(Abrogé par Ord. n° 2021-1192 du 15 sept. 2021, art. 32, à compter du 1er janv. 2022) Sans préjudice des dispositions particulières, toute personne physique qui s'est portée caution est informée par le créancier professionnel de la défaillance du débiteur principal dès le premier incident de paiement non régularisé dans le mois de l'exigibilité de ce paiement.*

1. Application dans le temps. L'obligation d'information prévue par l'art. L. 341-1 issu de la *L. du 29 juill. 1998 ne peut* s'appliquer aux situations consommées antérieurement à la date de son entrée en vigueur sauf à conférer à cette disposition un caractère rétroactif qu'elle ne comporte pas. Le premier incident de paiement non régularisé dans le mois de l'exigibilité de ce paiement constitue le point de départ de l'information de la caution par le créancier professionnel. • Com.13 févr. 2007 : *cité ss. art. L. 332-1.*

2. Pénalités visées. L'indemnité forfaitaire de 10 % du capital échu en retard prévue dans un contrat de prêt est une clause pénale. • Civ. 1re, 19 juin 2013, n° 12-18.478 P : *D. 2013. 1615, obs. Avena-Robardet ; AJDI 2013. 765, obs. Cohet ; RTD civ. 2013. 653, obs. Crocq ; RTD com. 2013. 787, obs. Legeais .*

3. Information dans le mois de l'exigibilité du paiement. Cassation de l'arrêt ayant considéré que la banque n'avait pas manqué à son devoir d'information alors que celle-ci avait adressé à la caution une lettre d'information après l'expiration du délai d'un mois suivant l'exigibilité de la première échéance impayée par le débiteur. • Civ. 1re, 1er mars 2023, n° 21-19.744 B.

Art. L. 333-2 *(Abrogé par Ord. n° 2021-1192 du 15 sept. 2021, art. 32, à compter du 1er janv. 2022) Le créancier professionnel fait connaître à la caution personne physique, au plus tard avant le 31 mars de chaque année, le montant du principal et des intérêts, commissions, frais et accessoires restant à courir au 31 décembre de l'année précédente au titre de l'obligation garantie, ainsi que le terme de cet engagement.*

Si l'engagement est à durée indéterminée, il rappelle la faculté de révocation à tout moment et les conditions dans lesquelles celle-ci est exercée.

1. Domaine. L'art. L. 341-6 est applicable à tout cautionnement consenti par une personne physique à un créancier professionnel, peu important que les dispositions du titre III du code de la consommation définissent le crédit à la consommation comme celui qui n'excède pas 21 500 €. • Civ. 1re, 28 nov. 2012, n° 10-28.372 P : *D. 2013. 547, note Juillet*.

2. Preuve. La seule production de la copie d'une lettre informant la caution ne suffit pas à justifier de son envoi. • Com. 9 févr. 2016, n° 14-22.179 P : *D. 2016. 420 ; Rev. sociétés 2016. 435, note Martial-Braz*.

SANCTIONS

Cautionnement

Art. L. 343-1 *(Abrogé par Ord. n° 2021-1192 du 15 sept. 2021, art. 32, à compter du 1er janv. 2022) Les formalités définies à l'article (L. n° 2017-203 du 21 févr. 2017, art. 9) « L. 331-1 » sont prévues à peine de nullité.*

Art. L. 343-2 *(Abrogé par Ord. n° 2021-1192 du 15 sept. 2021, art. 32, à compter du 1er janv. 2022) Les formalités définies à l'article L. 331-2 sont prévues à peine de nullité.*

Art. L. 343-3 *(Abrogé par Ord. n° 2021-1192 du 15 sept. 2021, art. 32, à compter du 1er janv. 2022) Les stipulations de solidarité et de renonciation au bénéfice de discussion figurant dans un contrat de cautionnement consenti par une personne physique au bénéfice d'un créancier professionnel sont réputées non écrites si l'engagement de la caution n'est pas limité à un montant global, expressément et contractuellement déterminé, incluant le principal, les intérêts, les frais et accessoires.*

Art. L. 343-4 *(Abrogé par Ord. n° 2021-1192 du 15 sept. 2021, art. 32, à compter du 1er janv. 2022) Un créancier professionnel ne peut se prévaloir d'un contrat de cautionnement conclu par une personne physique dont l'engagement était, lors de sa conclusion, manifestement disproportionné à ses biens et revenus, à moins que le patrimoine de cette caution, au moment où celle-ci est appelée, ne lui permette de faire face à son obligation.*

Art. L. 343-5 *(Abrogé par Ord. n° 2021-1192 du 15 sept. 2021, art. 32, à compter du 1er janv. 2022) Lorsque le créancier ne se conforme pas à l'obligation définie à l'article L. 333-1, la caution n'est pas tenue au paiement des pénalités ou intérêts de retards échus entre la date de ce premier incident et celle à laquelle elle en a été informée.*

Art. L. 343-6 *(Abrogé par Ord. n° 2021-1192 du 15 sept. 2021, art. 32, à compter du 1er janv. 2022) Lorsqu'un créancier ne respecte pas les obligations prévues à l'article L. 333-2, la caution n'est pas tenue au paiement des pénalités ou intérêts de retard échus depuis la précédente information jusqu'à la date de communication de la nouvelle information.*

Ancien art. 2299 ***Le créancier n'est obligé de discuter le débiteur principal que lorsque la caution le requiert, sur les premières poursuites dirigées contre elle.***

Une cour d'appel écarte à bon droit une demande de bénéfice de discussion au motif qu'elle devait être faite sur les premières poursuites. • Civ. 1re, 15 juill. 1999, n° 97-10.882 P.

Ancien art. 2300 ***La caution qui requiert la discussion doit indiquer au créancier les biens du débiteur principal, et avancer les deniers suffisants pour faire la discussion.***

Elle ne doit indiquer ni des biens du débiteur principal situés hors de l'arrondissement de la cour royale** [la cour d'appel] **du lieu où le payement doit être fait, ni des biens litigieux, ni ceux hypothéqués à la dette qui ne sont plus en la possession du débiteur.

Ne peuvent être considérées comme ayant requis le bénéfice de la discussion, des cautions n'ayant pas rempli les conditions prévues par l'art. 2300, faute d'avoir proposé un bien à la discussion, ou avancé les deniers suffisants pour faire la discussion. • Civ. 2e, 23 oct. 2008, n° 07-20.035 P : *D. 2008. AJ 2802, obs. Gallmeister ; ibid. 2009. Chron. C. cass. 767, obs. Sommers ; JCP 2009. I. 150, n° 1, obs. Simler et Delebecque ; Banque et Dr. 11-12/2008. 47, obs. F. Jacob ; JCP 2009. I. 150, n° 1, obs. Simler.*

Ancien art. 2301 *Toutes les fois que la caution a fait l'indication de biens autorisée par l'article précédent, et qu'elle a fourni les deniers suffisants pour la discussion, le créancier est, jusqu'à concurrence des biens indiqués, responsable à l'égard de la caution, de l'insolvabilité du débiteur principal survenue par le défaut de poursuites. (L. n° 98-657 du 29 juill. 1998, art. 103) « En toute hypothèse, le montant des dettes résultant du cautionnement ne peut avoir pour effet de priver la personne physique qui s'est portée caution d'un minimum de ressources fixé à l'article L. 331-2 du code de la consommation. »*

Sur l'al. 2, V. note ss. art. 2307.

Ancien art. 2302 *Lorsque plusieurs personnes se sont rendues cautions d'un même débiteur pour une même dette, elles sont obligées chacune à toute la dette.*

V. notes ss. art. 2306.

Ancien art. 2303 *Néanmoins chacune d'elles peut, à moins qu'elle n'ait renoncé au bénéfice de division, exiger que le créancier divise préalablement son action, et la réduise à la part et portion de chaque caution.*

Lorsque, dans le temps où une des cautions a fait prononcer la division, il y en avait d'insolvables, cette caution est tenue proportionnellement de ces insolvabilités ; mais elle ne peut plus être recherchée à raison des insolvabilités survenues depuis la division.

V. notes ss. art. 2306.

Ancien art. 2304 *Si le créancier a divisé lui-même et volontairement son action, il ne peut revenir contre cette division, quoiqu'il y eût, même antérieurement au temps où il l'a ainsi consentie, des cautions insolvables.*

SOUS-SECTION 2 *[ANCIENNE]* De l'effet du cautionnement entre le débiteur et la caution

Comp. art. 2308 s.

Ancien art. 2305 *La caution qui a payé a son recours contre le débiteur principal, soit que le cautionnement ait été donné au su ou à l'insu du débiteur.*

Ce recours a lieu tant pour le principal que pour les intérêts et les frais ; néanmoins la caution n'a de recours que pour les frais par elle faits depuis qu'elle a dénoncé au débiteur principal les poursuites dirigées contre elle.

Elle a aussi recours pour les dommages et intérêts, s'il y a lieu.

V. notes ss. art. 2308.

Ancien art. 2306 *La caution qui a payé la dette est subrogée à tous les droits qu'avait le créancier contre le débiteur.*

V. notes ss. art. 2309.

Ancien art. 2307 *Lorsqu'il y avait plusieurs débiteurs principaux solidaires d'une même dette, la caution qui les a tous cautionnés, a, contre chacun d'eux, le recours pour la répétition du total de ce qu'elle a payé.*

V. notes ss. art. 2310.

Ancien art. 2308 *La caution qui a payé une première fois, n'a point de recours contre le débiteur principal qui a payé une seconde fois lorsqu'elle ne l'a point averti du payement par elle fait ; sauf son action en répétition contre le créancier.*

Lorsque la caution aura payé sans être poursuivie et sans avoir averti le débiteur principal, elle n'aura point de recours contre lui dans le cas où, au moment du payement, ce débiteur aurait eu des moyens pour faire déclarer la dette éteinte ; sauf son action en répétition contre le créancier.

V. notes ss. art. 2311.

Ancien art. 2309 ***La caution, même avant d'avoir payé, peut agir contre le débiteur, pour être par lui indemnisée :***

1° Lorsqu'elle est poursuivie en justice pour le payement ;

2° Lorsque le débiteur a fait faillite, ou est en déconfiture ;

3° Lorsque le débiteur s'est obligé de lui rapporter sa décharge dans un certain temps ;

4° Lorsque la dette est devenue exigible par l'échéance du terme sous lequel elle avait été contractée ;

5° Au bout de dix années, lorsque l'obligation principale n'a point de terme fixe d'échéance, à moins que l'obligation principale, telle qu'une tutelle, ne soit pas de nature à pouvoir être éteinte avant un temps déterminé.

BIBL. ▸ FRUGIER, *Gaz. Pal. 1971. 2. Doctr. 602.* – MOULY, *JCP 1980. I. 2985* (recours anticipé de la caution contre la sous-caution).

1. Caractère personnel de la créance correspondant au recours avant paiement. L'action engagée, avant paiement, par la caution contre le débiteur principal, dans l'un des cas énumérés à l'art. 2032 [2309 anc.], se fonde sur une créance personnelle d'indemnité distincte de celle qui appartient au créancier contre le débiteur principal. En conséquence, le fait que le créancier ait déclaré sa créance lors de la procédure de liquidation judiciaire du débiteur principal ne dispense pas la caution, si elle entend se prévaloir des dispositions de l'art. 2032 [2309 anc.], de déclarer sa propre créance. • Com. 2 mars 1993, n° 90-21.025 P : *D. 1993. Somm. 310, obs. Aynès ; RTD civ. 1993. 859, obs. Bandrac* • 25 oct. 1994, n° 92-21.262 P : *Gaz. Pal. 1995. 2. Somm. 317, obs. A. Piedelièvre.* ♦ V. aussi • Com. 17 déc. 1996 : *JCP 1997. II. 22837, rapp. Rémery (1re esp.) ; JCP E 1997. II. 941, note Béhar-Touchais* (un établissement de crédit, en sa qualité de caution, tient de l'art. 2032-2° [2309 anc.] le droit de déclarer au passif du débiteur principal sa créance personnelle avant même d'avoir payé la dette de celui-ci).

2. La déclaration de la créance d'une caution au redressement judiciaire du débiteur, fondée sur l'art. 2032-2° [2309 anc.], ne saurait être rejetée au motif que le créancier a été admis au passif et que la même créance ne peut figurer deux fois au passif du redressement judiciaire du débiteur, dès lors que la caution dispose contre le débiteur d'une créance personnelle d'indemnité. • Com. 29 oct. 1991, n° 89-19.542 P. ♦ Dans le même sens : • Com. 2 mars 1993 : *préc. note 1* (la déclaration de sa créance par le créancier ne dispense pas la caution de déclarer la sienne) • *Com. 17 déc. 1996 : préc. note 1* (avant d'admettre la créance personnelle de la caution les juges ne sont pas tenus de rechercher si le créancier a lui-même déclaré sa créance). ♦ L'admission de la créance de la caution au passif du débiteur principal s'impose aux sous-cautions. • Com. 29 mai 2001, n° 98-16.325 P : *D. 2001. AJ 1948, obs. A. Lienhard ; JCP 2001. I. 360, n° 11, obs. M. Cabrillac ; Banque et Dr. 7-8/2001. 56, obs. Jacob.*

3. Les dispositions de l'art. 2032 [2309 anc.], destinées à accroître les garanties de la caution, ne peuvent être invoquées à son encontre par le créancier. • Civ. 1re, 1er déc. 1993, n° 91-19.973 P. ♦ Si, en cas de procédure collective, la caution a la faculté de déclarer la créance garantie par le cautionnement, c'est uniquement pour préserver son recours contre le débiteur principal et non pour assurer la survie de la créance et, par suite, le créancier ne peut invoquer à son profit les dispositions de l'art. 2032-2° [2309 anc.], de sorte que, s'il n'a pas lui-même déclaré sa créance, l'extinction de celle-ci qui en résulte libère la caution en vertu de l'art. 2036. • Com. 17 juill. 1990, n° 89-13.138 P : *R., p. 349* • 23 oct. 1990, n° 88-19.257 P • 12 juill. 1994, n° 92-14.483 P. – V. déjà en ce sens, • Com. 19 juin 1984 : *D. 1985. 140, note A. Honorat ; JCP 1986. II. 20569, note Storck.*

4. Avant même d'avoir payé, la caution, qui dispose contre le débiteur d'une créance personnelle, peut agir contre celui-ci bien qu'il soit lui-même poursuivi en paiement par le créancier. • Com. 21 janv. 2003, n° 00-21.654 P : *R., p. 393 ; D. 2003. AJ 620 ; RDC 2003. 177, obs. Houtcieff.*

5. Conditions du recours. La caution étant assignée par le créancier qui a pratiqué une saisie-arrêt sur ses biens peut, sans abus, avant paiement, se retourner contre le débiteur principal et user à l'égard de celui-ci de la même mesure dont elle a fait l'objet de la part du créancier. • Com. 1er févr. 1977, n° 75-12.168 P. – V. aussi • Civ. 1re, 5 juill. 2006, n° 05-11.167 P : *D. 2006. AJ 2310, obs. Avena-Robardet ; RDC 2006. 1191, obs. Houtcieff.*

6. Direction du recours. La caution ne peut agir avant paiement en vertu de son droit propre issu de l'art. 2032 [2309 anc.] qu'à l'encontre du débiteur par elle cautionné et non point contre le codébiteur solidaire de celui-ci, à l'égard duquel elle ne peut recourir qu'après avoir payé par la voie des actions de subrogation ou de gestion d'affaires. • Com. 27 nov. 1978, n° 76-14.520 P. ♦ V., admettant le recours de la caution, par la voie de l'action oblique, contre le débiteur (assureur) des héritiers du débiteur décédé : • Civ. 1re, 25 mai 2005, n° 04-11.622 P : *D. 2005. AJ 1629, obs. Delpech ; Banque et Dr. 7-8/2005. 62, obs. Rontchevsky ; RTD civ. 2005. 598, obs. Mestre et Fages.* ♦ Dès lors qu'elle s'exerce avant paiement, l'action de la caution ne peut être dirigée contre des cofidéjusseurs. • Com. 3 mars 1981 : *Bull. civ. IV, n° 117.* – Dans le même sens : • Com. 24 mars 1980 : *ibid. IV, n° 141* • 12 juin 2001, n° 99-12.681 P : *Gaz. Pal. 2002. 309, note S. Piedelièvre* • 11 déc. 2001, n° 98-18.580 P : *R., p. 408 ; D. 2003. Somm. 342, obs. D. Martin ; JCP 2002. I. 120, n° 1, obs. Simler.*

7. Montant du recours. Prise en considération des intérêts au taux conventionnel auxquels la caution a été condamnée pour évaluer le montant de la créance personnelle dont elle dispose à l'égard du débiteur. • Civ. 1re, 5 juill. 2006 : *préc. note 5.*

8. Suites du recours avant paiement. La caution qui a versé au créancier les sommes reçues du débiteur à la suite du recours préventif fondé sur l'art. 2032 [2309 anc.], se trouve avoir exécuté son obligation de garantie envers le créancier, dans la mesure de ce paiement, qui doit venir en déduction de son engagement de caution. • Civ. 1re, 2 févr. 1982 : *JCP 1982. II. 19825, note Simler.*

9. Naissance de la créance de la caution. La créance de la caution qui agit avant paiement contre le débiteur principal, sur le fondement de l'art. 2309, prend naissance à la date de l'engagement de caution. • Com. 3 févr. 2009, n° 06-20.070 P : *D. 2009. AJ 428, obs. Lienhard ; JCP 2009. I. 136, obs. Cabrillac ; RLDC 2009/58, n° 3335, obs. Marraud des Grottes ; RTD com. 2009. 612, obs. Martin-Serf .*

SOUS-SECTION 3 *[ANCIENNE]* De l'effet du cautionnement entre les cofidéjusseurs

Comp. art. 2312.

Ancien art. 2310 ***Lorsque plusieurs personnes ont cautionné un même débiteur pour une même dette, la caution qui a acquitté la dette, a recours contre les autres cautions, chacune pour sa part et portion ;***

Mais ce recours n'a lieu que lorsque la caution a payé dans l'un des cas énoncés en l'article précédent.

V. notes ss. art. 2312.

SECTION 3 *[ANCIENNE]* De l'extinction du cautionnement

Comp. art. 2313 s.

Ancien art. 2311 ***L'obligation qui résulte du cautionnement, s'éteint par les mêmes causes que les autres obligations.***

V. notes ss. art. 2313.

Ancien art. 2312 ***La confusion qui s'opère dans la personne du débiteur principal et de sa caution, lorsqu'ils deviennent héritiers l'un de l'autre, n'éteint point l'action du créancier contre celui qui s'est rendu caution de la caution.***

L'absorption, à la suite d'apport-fusion, d'une société caution par la société cautionnée entraîne la disparition de la garantie constituée pour le créancier par l'existence d'un second débiteur ayant un patrimoine distinct. Cette révocation de l'engagement de cautionnement ne peut résulter que du consentement mutuel de la caution et du créancier. A défaut, l'opération est inopposable au créancier. • Com. 3 mai 1972 : *Gaz. Pal. 1972. 2. 742, note Delaisi.*

Ancien art. 2313 ***La caution peut opposer au créancier toutes les exceptions qui appartiennent au débiteur principal, et qui sont inhérentes à la dette ;***

Mais elle ne peut opposer les exceptions qui sont purement personnelles au débiteur.

BIBL. ▸ SCHNEIDER, *JCP 2002. I. 121* (exceptions opposables au créancier).

I. RÈGLES GÉNÉRALES

A. EXCEPTIONS OPPOSABLES

1. Compensation. La caution, même solidaire, a la faculté d'opposer au créancier toutes les exceptions qui appartiennent au débiteur principal et qui, comme la compensation, sont inhérentes à la dette. • Civ. 1re, 1er juin 1983 : *D. 1984. 152, note Aubert ; RTD civ. 1984. 330, obs. Rémy* • Com. 7 janv. 1992, n° 90-11.123 P • 26 oct. 1999, n° 96-12.571 P : *D. 2001. Somm. 696, obs. Aynès ; JCP 2000. I. 209, n° 6, obs. Simler ; Banque et Dr. 3-4/2000. 43, obs. Jacob* (opposabilité de la compensation même si le débiteur principal renonce à l'invoquer). ♦ Elle est en conséquence recevable à conclure à ce qu'il soit sursis à statuer sur la demande dirigée contre elle. • Com. 19 janv. 1993, n° 91-11.426 P : D. 1993. Somm. 309, obs. Aynès ; *RTD civ. 1993. 624, obs. Bandrac .*

2. Sanctions de l'inexécution du contrat principal. La caution de l'acheteur d'un fonds de commerce peut, sur le fondement de l'art. 2036 [2313 anc.], à la suite d'une action introduite par l'acquéreur, être autorisée également à suspendre le paiement jusqu'à ce que le vendeur ait fait cesser le trouble découlant de la disparition d'un élément du fonds. • Com. 23 mars 1981, n° 79-13.641 P. ♦ La caution peut demander la résolution du contrat principal. • Civ. 1re, 20 déc. 1988 : *D. 1989. 166, note Aynès ; RTD civ. 1989. 598, obs. Bandrac.*

3. Nullité. La caution peut invoquer la nullité du contrat principal. • Com. 27 févr. 2001, n° 95-18.565 P (prêteur en infraction à la législation sur les établissements de crédit). ♦ ... Y compris la nullité pour un dol dont le débiteur principal est la victime. • Civ. 3e, 11 mai 2005, n° 03-17.682 P : *RTD civ. 2005. 590, obs. Mestre et Fages* (décharge de la caution avec maintien, cependant, du contrat principal). ♦ *Contra* : • Cass., ch. mixte, 8 juin 2007 : *cité note 12.*

4. Caducité. La caution peut faire constater à son seul profit la caducité de la convention principale telle que stipulée par une de ses clauses. • Civ. 1re, 12 juin 1990, n° 88-18.808 P : *Defrénois 1990. 1346, obs. Aynès ; RTD civ. 1990. 692, obs. Bandrac*.

5. Défaillance d'une condition. La caution peut opposer la défaillance de la condition lorsque l'obligation était conditionnelle, la renonciation ultérieure du créancier et du débiteur à cette condition ne lui étant pas opposable. • Civ. 1re, 29 avr. 1997 : *D. Affaires 1997. 732.*

6. Règles d'imputation des paiements. La caution peut invoquer les dispositions des art. 1253 et 1256 anc. relatives à l'imputation des paiements faits par le débiteur principal. • Civ. 1re, 19 janv. 1994, n° 92-12.585 P : *Defrénois 1994. 1174, obs. Aynès.* ♦ Mais le choix d'imputation des paiements effectués par le débiteur principal s'impose au tiers qui s'est porté garant, que celui-ci en ait été informé ou non. • Civ. 1re, 24 oct. 2019, n° 18-15.852 P : *D. 2019. 2455, note Pellier*.

7. Extinction de la créance. Le prononcé d'un jugement condamnant la caution à exécuter son engagement ne fait pas obstacle à ce que celle-ci oppose au créancier l'extinction de la créance pour une cause postérieure audit jugement, celui-ci serait-il passé en force de chose jugée. • Com. 5 déc. 1995, n° 94-14.793 P : *R., p. 281 ; D. 1996. Somm. 268, obs. Aynès ; JCP 1996. I. 3935, n° 18, obs. M. Cabrillac ; RTD civ. 1996. 431, obs. Crocq* • *22 janv. 2020,* n° 18-19.526 P : *D. 2020. 855, note Pellier ; Rev. sociétés 2020. 193, obs. Reille*. ♦ Mais une caution solidaire ne peut bénéficier de la forclusion de l'action dirigée tardivement contre le débiteur principal, dès lors qu'elle a été assignée en paiement avant expiration du délai de forclusion. • Civ. 1re, 8 oct. 1996, n° 94-16.633 P : *D. 1997. Somm. 165 (1re esp.), obs. Aynès ; JCP 1997. I. 4033, n° 8, obs. Simler ; RTD civ. 1997. 187, obs. Crocq*.

8. Prescription de l'action contre le débiteur. Si la prescription biennale de l'art. L. 218-2 C. consom. procède de la qualité de consommateur, son acquisition affecte le droit du créancier, de sorte qu'il s'agit d'une exception inhérente à la dette dont la caution, qui y a intérêt, peut se prévaloir, conformément à l'art. 2253 C. civ. ; en effet, la solution inverse antérieurement retenue exposait le débiteur principal au recours personnel de la caution, le privant ainsi du bénéfice de la prescription biennale attachée à sa qualité de consommateur contractant avec un professionnel fournisseur de biens ou de services, et conduirait à traiter plus sévèrement les cautions ayant souscrit leur engagement avant l'entrée en vigueur de l'Ord. du 15 sept. 2021, laquelle permet en principe à la caution d'opposer au créancier toutes les exceptions qui appartiennent au débiteur. • Civ. 1re, 20 avr. 2022, n° 20-22.866 B : *D. 2022. 1842, note Guillard ; ibid. 1724, obs. Gijsbers ; ibid. 1828, obs. Martin et Synvet ; RTD civ. 2022. 678, obs. Gijsbers ; JCP 2022, n° 561, note Mignot ; ibid. n° 685, note Mallet-Bricout ; ibid., n° 686, note Mignot.* ♦ *Contra* précédemment : La prescription biennale prévue à l'art. L. 218-2 C. consom., qui constitue une exception purement personnelle au débiteur principal, procédant de sa qualité de consommateur auquel un professionnel a fourni un service, ne peut être opposée au créancier par la caution. • Civ. 1re, 11 déc. 2019, n° 18-16.147 P : *D. 2020. 523, note Nicolle ; AJ contrat 2020. 101, obs. Houtcieff ; RTD civ. 2020. 161, obs. Gijsbers ; RDC 2020/2. 42, note Libchaber.*

9. Disparition de la sûreté réelle affectée en garantie. Hypothèque. En l'état d'un cautionnement seulement hypothécaire et d'une inscription d'hypothèque requise pour une durée expirant à une date déterminée, plus aucun bien ne garantit l'engagement de la caution au-delà de cette dernière date, de sorte qu'aucune poursuite n'est possible contre elle. • Com. 12 mai 1998, n° 96-17.026 P.

10. Défaut d'exigibilité de la dette principale. A défaut d'une convention particulière, l'existence d'un solde provisoire ne permet pas l'exercice par l'autre partie d'une action en paiement contre le titulaire d'un compte courant et la caution solidaire peut opposer au créancier ce moyen appartenant au débiteur principal et relatif à la dette. • Com. 25 nov. 1974, n° 73-12.702 P : *R. 1975, p. 55.* ♦ L'exception de non-clôture du compte courant du débiteur principal n'est pas purement personnelle à celui-ci. • Civ. 1re, 24 janv. 1990, n° 87-19.409 P : *D. 1990. Somm. 386, obs. Aynès*. ♦ Conséquences sur l'obligation de la caution garantissant un compte courant des remises effectuées postérieurement à la résiliation du cautionnement : V. ss. art. 2290.

B. EXCEPTIONS INOPPOSABLES

11. Exceptions tirées de la relation caution-débiteur. L'organisme de caution (CEPME) ne peut opposer au créancier la caducité de son engagement pour défaut de paiement des cotisations par le débiteur principal, ce paiement n'étant pas exigé comme condition de validité du cautionnement. • Com. 11 juin 2003, n° 99-14.422 P.

12. Exceptions purement personnelles au débiteur – Nullité relative du contrat principal. La caution ne peut opposer les exceptions qui sont purement personnelles au débiteur principal, telle, en l'espèce, la nullité relative tirée du dol affectant le consentement du débiteur principal. • Cass., ch. mixte, 8 juin 2007, n° 03-15.602 P : *BICC 15 sept. 2007, rapp. Pinot, avis de Gouttes ; D. 2007. 2201, note Houtcieff ; ibid. AJ 1782, obs. Avena-Robardet ; D. 2008. 514, note Andreu ; ibid. Pan. 881, obs. R. Martin ; JCP 2007. II. 10138, note Simler ; Dr. et pr. 2007. 295, note Picod ; Dr. et patr. 9/2007. 85, obs. Stoffel-Munck ; Banque et Dr. 7-8/2007. 48, obs. Jacob ; RDC 2007. 1226, obs. Houtcieff ; RTD com. 2007. 585, obs. D. Legeais*. ♦ En sens contraire, V. • Civ. 3e, 11 mai 2005 : *cité note 3.*

13. Prescription biennale de l'art. L. 218-2 C. consom. La prescription biennale prévue à l'art. L. 218-2 C. consom., qui constitue une exception purement personnelle au débiteur principal, procédant de sa qualité de consommateur auquel un professionnel a fourni un service, ne peut être opposée au créancier par la caution. • Civ. 1re, 11 déc. 2019, n° 18-16.147 P : *D. 2020. 523, note Nicolle ; AJ contrat 2020. 101, obs. Houtcieff ; RTD civ. 2020. 161, obs. Gijsbers ; RDC 2020/2. 42, note Libchaber.*

14. Manquements à l'obligation prévue par l'art. L. 313-21 C. mon. fin. La caution ne saurait se prévaloir de la sanction prévue par l'art. L. 313-21 C. mon. fin. (impossibilité pour la banque de se prévaloir des garanties personnelles qu'elle a prises, faute d'avoir informé l'entrepreneur individuel emprunteur de la possibilité qui lui est offerte de proposer une garantie sur ses biens professionnels), cette sanction ne s'appliquant que dans les relations entre la banque et l'entrepreneur individuel. • Com. 3 juin 2009, n° 08-13.613 P : *D. 2009. AJ 1601, obs. Avena-Robardet ; Banque et Dr. 7-8/2009. 42, obs. Jacob ; JCP 2009. 492, n° 4, obs. Simler.*

15. Défaut d'information sur les garanties subsidiaires. La caution ne peut se prévaloir du défaut d'information sur les conditions de mise en œuvre d'une autre garantie, alors que la caution était manifestement avertie en matière financière et qu'elle avait pris connaissance des conditions générales de la garantie ; la caution ne peut ainsi prétendre avoir méconnu le caractère subsidiaire de l'autre garantie relativement à son engagement et n'a pu se sentir engagée diff éremment, son engagement devant nécessairement intervenir avant cette garantie. • Com. 3 déc. 2013, n° 12-23.976 P : *D. 2013. 2908*.

16. Défaut de mise en œuvre d'une procédure de conciliation. La fin de non-recevoir tirée du défaut de mise en œuvre d'une clause contractuelle qui institue une procédure de conciliation, obligatoire et préalable à la saisine du juge, ne concerne, lorsqu'une telle clause figure dans un contrat de prêt ou une convention de garantie de passif, que les modalités d'exercice de l'action du créancier contre le débiteur principal et non la dette de remboursement elle-même dont la caution est également tenue, de sorte qu'elle ne constitue pas une exception inhérente à la dette que la caution peut opposer. • Com. 6 juill. 2022, n° 20-20.085 B.

II. RÈGLES SPÉCIALES AUX PROCÉDURES DE TRAITEMENT DES DIFFICULTÉS FINANCIÈRES

17. V. notes ss. art. 2298.

Ancien art. 2314 ***La caution est déchargée, lorsque la subrogation aux droits, hypothèques et privilèges du créancier, ne peut plus, par le fait de ce créancier, s'opérer en faveur de la caution.*** *(L. n° 84-148 du 1er mars 1984)* ***« Toute clause contraire est réputée non écrite. »*** *— Les dispositions de la L. n° 84-148 du 1er mars 1984 sont entrées en vigueur un an après sa promulgation (L. préc., art. 62).*

V. notes ss. art. 2314.

Code monétaire et financier

(Ord. n° 2000-1223 du 14 déc. 2000)

Régimes des engagements de garantie

Art. L. 313-22 *(Abrogé par Ord. n° 2021-1192 du 15 sept. 2021, art. 32, à compter du 1er janv. 2022) Les établissements de crédit (Ord. n° 2013-544 du 27 juin 2013, art. 3, en vigueur le 1er janv. 2014) « ou les sociétés de financement » ayant accordé un concours financier à une entreprise, sous la condition du cautionnement par une personne physique ou une personne morale, sont tenus au plus tard avant le 31 mars de chaque année de faire connaître à la caution le montant du principal et des intérêts, commissions, frais et accessoires restant à courir au 31 décembre de l'année précédente au titre de l'obligation bénéficiant de la caution, ainsi que le terme de cet engagement. Si l'engagement est à durée indéterminée, ils rappellent la faculté de révocation à tout moment et les conditions dans lesquelles celle-ci est exercée.*

(L. n° 2016-1691 du 9 déc. 2016, art. 84) « La réalisation de cette obligation légale ne peut en aucun cas être facturée à la personne qui bénéficie de l'information. »

Le défaut d'accomplissement de la formalité prévue à l'alinéa précédent emporte, dans les rapports entre la caution et l'établissement tenu à cette formalité, déchéance des intérêts échus depuis la précédente information jusqu'à la date de communication de la nouvelle information. Les paiements effectués par le débiteur principal sont réputés, dans les rapports entre la caution et l'établissement, affectés prioritairement au règlement du principal de la dette. — [L. n° 84-148 du 1er mars 1984, art. 48.]

Sur l'obligation d'information des cautions et les déchéances encourues, V. aussi C. civ., art. 2293, al. 2.

BIBL. Courtier, *LPA 21 mars 2000* (apport de la L. du 25 juin 1999). – Crocq, *Mél. Cabrillac, Litec, 1999, p. 349.* – Hégner, *JCP N 1994. Prat. 3041* (apport de la L. du 11 févr. 1994). – Piotraut, *JCP N 1992. I. 243.* – Rodière-Granger, *LPA 17 févr. 2003* (apport de la L. du 25 juin 1999).

1. *Caractère d'ordre public.* Les parties ne peuvent déroger aux dispositions d'ordre public de l'art. 48 de la L. du 1er mars 1984. • Com. 14 déc. 1993, n° 90-17.928 P.

A. DOMAINE

2. *Quant aux crédits.* L'information doit être fournie avant le 31 mars dès lors que la dette existait au 31 décembre, fut-elle née au cours de l'exercice. • Com. 25 nov. 2008 : *préc. note 38 ss. art. 2314.*

3. L'art. 48 de la L. du 1er mars 1984, visant le crédit consenti à une entreprise, ne s'applique pas dans le cas d'un cautionnement portant sur une ouverture de crédit en compte courant octroyé à titre personnel. • Civ. 1re, 9 mai 1996, n° 94-12.258 P. ♦ Mais des crédits consentis à une personne pour les besoins de l'exploitation de son fonds de commerce constituent des concours financiers à une entreprise. • Com. 18 févr. 1997, n° 95-10.840 P : *JCP 1997. I. 4033, n° 6, obs. Simler.* – Dans le même sens : • Civ. 1re, 4 févr. 2003, n° 00-16.694 P : *D. 2003. AJ 689* • 29 juin 2004, n° 02-19.445 P : *RTD com. 2004. 748, obs. Champaud et Danet, et 801, obs. D. Legeais* (destination professionnelle, entrée dans le champ contractuel, d'un prêt pourtant qualifié de personnel). ♦ Comp. : l'aval qui garantit le paiement d'un titre cambiaire ne constitue pas le cautionnement d'un concours financier accordé par un établissement de crédit à une entreprise ; l'avaliste ne peut pas se prévaloir des dispositions de l'art. L. 313-22 C. mon. fin. sur l'obligation d'information annuelle de la caution. • Com. 16 juin 2009, n° 08-14.532 P : *D. 2009. AJ 1755, obs. Delpech ; Gaz. Pal. 2009. 2588, obs. Piedelièvre ; Banque et Dr. 7-8/2009. 43, obs. Rontchevsky ; RDBF 2009, n° 158, obs. Cerles ; RTD com. 2009. 605 et 798, obs. Legeais ; RTD civ. 2009. 759, obs. Crocq.*

4. L'exercice d'une activité économique libérale constitue, au sens du texte, une entreprise. • Civ. 1re, 12 mars 2002, n° 99-13.917 P : *R., p. 440 ; D. 2002. AJ 1199, obs. Lienhard (1re esp.) ; RTD com. 2002. 524, obs. Cabrillac* • 23 mars 2004, n° 01-02.755 P (SCP de notaires). ♦ ... Peu important qu'elle soit en voie de création. • Civ. 1re, 12 mars 2002 : *préc.* ♦ Une association ayant une activité économique et employant 37 personnes constitue une entreprise, peu important l'absence de recherche de bénéfices. • Civ. 1re, 12 mars 2002, n° 99-17.209 P : *R., p. 440 ; D. eod. loc. (2e esp.) ; RTD com. eod. loc.* ♦ Cassation de l'arrêt qui exonère de l'obligation d'information une SCI sans relever qu'elle n'avait pas une activité économique propre à caractériser une entreprise. • Civ. 1re, 12 mars 2002, n° 99-15.598 P : *R., p. 440 ; D. eod. loc. (3e esp.) ; RTD com. eod. loc. ; ibid. 498, obs. Monsèrié-Bon.* ♦ Rappr. • Civ. 1re, 28 juin 2007 : *JCP 2007. I. 212, n° 4, obs. Simler* (référence à l'objet statutaire de la SCI) • Aix-en-Provence, 11 sept. 2007 : *JCP 2008. II. 10028, note Pellier* (une SCI strictement familiale n'entre pas dans le champ de l'art. L. 313-22). ♦ Le fait, pour une banque, de consentir à une SCI un crédit en vue de l'acquisition de biens immobiliers destinés à la location caractérise l'octroi d'un concours financier à une entreprise. • Civ. 1re, 15 mars 2005, n° 02-20.335 P : *D. 2005. AJ 1080, obs. Chevrier ; JCP 2005. I. 135, n° 2, obs. Simler ; AJDI 2005. 489, note Cohet-Cordey ; RDC 2005. 841, obs. Houtcieff.*

5. L'art. L. 313-22 C. mon. fin. ne s'applique pas à la caution du locataire avec option d'achat, qui s'acquitte de loyers. • Com. 28 janv. 2014, n° 12-24.592 P : *D. 2014. Chron. C. cass. 1010, obs. Guillou ; JCP 2014, n° 301, note Lasserre-Capdeville.* ♦ Déjà : • Civ. 1re, 12 déc. 1995, n° 94-10.783 P • Com. 30 nov. 1993, n° 91-12.123 P : *Defrénois 1994. 1173, obs. Aynès.*

6. *Quant aux personnes.* L'obligation d'information doit être respectée même lorsque le cautionnement a été souscrit par le dirigeant de la société cautionnée en connaissant exactement la situation. • Com. 25 mai 1993 : *D. 1994. 177, note Ngafaounain ; JCP 1993. II. 22147, note Croze* • Civ. 1re, 27 févr. 1996, n° 94-10.789 P • 12 mars 2002 : *préc. note 4 (2e esp.).* ♦ Rappr., pour l'information due à la caution personne physique dans le cadre de l'art. 47-II, al. 3, de la L. du 11 févr. 1994 (ss. art. 2298, ci-dessus) : • Com. 27 nov. 2007, n° 06-15.128 P : *D. 2008. AJ 7, obs. Avena-Robardet ; ibid. 2008. Pan. 2108, obs. Crocq ; Dr. et patr. 10/2008. 91, obs.*

Aynès et Dupichot ; RTD com. 2008. 169, obs. Legeais ; *RTD civ. 2008. 330, obs. Crocq*.

7. Quant aux informations. L'art. L. 313-22 ne prévoit pas d'information portant sur les effets de la prescription. • Com. 25 févr. 2004, n° 01-13.588 P (substitution de la prescription trentenaire à la prescription décennale, consécutive à l'admission de la créance à la procédure de liquidation judiciaire du débiteur).

8. Quant aux garanties. Le cautionnement réel étant une sûreté réelle, l'art. 48 de la L. du 1er mars 1984 ne lui est pas applicable. • Civ. 1re, 1er févr. 2000, n° 98-11.390 P : *D. 2000. AJ 143, obs. Faddoul* ; *D. 2001. Somm. 694, obs. Aynès* ; *JCP 2000. I. 257, n° 9, obs. Simler ; Defrénois 2000. 831, note S. Piedelièvre ; RTD civ. 2000. 366, obs. Crocq*. ♦ V. dans le même sens (énonçant qu'une sûreté réelle n'est pas un cautionnement : Rappr. note 12 ss. art. 2288) : • Civ. 1re, 7 févr. 2006, n° 02-16.010 P : *D. 2006. 1543, note Bonnet* ; *ibid. AJ 574, obs. Avena-Robardet* ; *Dr. et pr. 2006. 234, note Salati* • Com. 7 mars 2006, n° 04-13.762 P : *D. 2006. AJ 782, obs. A. Lienhard*. ♦ Mais l'information annuelle est due lorsqu'une même personne se rend caution personnelle des engagements d'un débiteur envers un établissement de crédit et lui affecte aussi un ou des biens en garantie hypothécaire de ces mêmes engagements. • Com. 2 juin 2021, n° 19-20.140 P : *D. 2021. 1879, obs. Ansault et Gijsbers*.

9. N'entre pas dans la catégorie des concours financiers, seuls visés à l'art. L. 313-22, le cautionnement accordé par un établissement de crédit, qui constitue une garantie et non une opération de crédit. • Com. 3 déc. 2003, n° 99-12.653 P : *R., p. 402 ; D. 2004. AJ 206, obs. Avena-Robardet* ; *Gaz. Pal. 2004. Somm. 2001, obs. S. Piedelièvre.* – Même sens : • Com. 13 févr. 2007, n° 05-13.308 P : *D. 2007. AJ 651, obs. Avena-Robardet* ; *RTD civ. 2007. 370, obs. Crocq*.

10. Incidence du moment de souscription de la garantie. L'obligation d'information prévue par l'art. 48 de la L. du 1er mars 1984 au bénéfice de la caution s'applique que le cautionnement ait été donné lors de l'octroi du concours financier ou postérieurement pour continuer de l'accorder. • Com. 11 avr. 1995, n° 93-10.575 P : *R., p. 280 ; D. 1995. 588, note Picod*. ♦ Lorsque le cautionnement a été consenti avant l'octroi du prêt litigieux, les juges du fond doivent, pour faire jouer l'obligation d'information, caractériser le fait que l'octroi du prêt avait été subordonné au cautionnement. • Civ. 1re, 1er déc. 1998, n° *96-20.055 P. – V. aussi* • *Civ. 1re*, 10 déc. 2002, n° 00-18.726 P.

B. RÉGIME

11. Forme de l'information. L'art. 48 de la L. du 1er mars 1984 n'impose aucune forme particulière pour porter à la connaissance de la caution les informations qu'il mentionne. • Com. 25 avr. 2001, n° 96-22.035 P : *D. 2001. AJ 1793 (1re esp.), obs. Avena-Robardet* ; *JCP E 2001. 1276, note D. Legeais (2e esp.) ; JCP 2002. I. 120, n° 4, obs. Simler ; Gaz. Pal. 2002. 718, note S. Piedelièvre* (information donnée dans l'assignation) • 11 juin 2014, n° 13-18.064 P : *D. 2014. 1325* (information dans les conclusions en cours d'instance). ♦ Pour une information par mise en demeure, V. • Com. 25 avr. 2001, n° 97-12.861 P : *D. eod. loc. (2e esp.) ; JCP E eod. loc. (1re esp.) ; JCP eod. loc ; Gaz. Pal. eod. loc.*

12. Contenu de l'information (ventilation). S'agissant d'un découvert en compte, l'information annuelle due à la caution doit comprendre, le cas échéant, le montant de l'autorisation de découvert, le solde du compte arrêté au 31 déc. de l'année précédente et le taux de l'intérêt applicable à cette date mais, s'agissant d'un solde débiteur de compte dont ne peuvent être extraits les intérêts, peut être considérée comme correcte l'information ne comprenant pas ventilation du principal et des intérêts, étant relevé que les informations postérieures à la clôture de compte, consécutive à la liquidation du débiteur, distinguent le principal, les intérêts et les accessoires. • Com. 10 janv. 2012 : *D. 2012. 1573, obs. Crocq* ; *RDI 2012. 221, obs. Heugas-Darraspen* ; *RTD com. 2012. 178, obs. Legeais*.

13. Preuve de l'information. L'information prévue par l'art. 48 de la L. du 1er mars 1984 constitue un fait qui peut être prouvé par tous moyens et notamment par une lettre simple. • Com. 17 juin 1997 : *RTD civ. 1998. 154, obs. Crocq* • Civ. 1re, 17 nov. 1998, n° 96-22.455 P. ♦ Il incombe seulement à l'établissement de crédit de prouver qu'il a effectivement adressé à la caution l'information requise et non d'établir au surplus que la caution l'a effectivement reçue. • Civ. 1re, 2 oct. 2002, n° 01-03.921 P • Com. 2 juill. 2013, n° 12-18.413 P : *D. 2013. 2255, note Bougerol-Prud'homme* ; *RTD civ. 2013. 841, obs. Barbier* ; *Gaz. Pal. 2013. 2995, obs. Mignot.* – Déjà en ce sens : • Civ. 1re, 25 nov. 1997, n° 96-10.527 P : *JCP 1998. I. 149, n° 4, obs. Simler ; Gaz. Pal. 1999. 1. Somm. 105, obs. S. Piedelièvre ; RTD civ. 1998. 154, obs. Crocq* • Com. 17 oct. 2000, n° 97-18.746 P : *D. 2001. Somm. 698, obs. Aynès* • 26 juin 2001 : *JCP 2002. II. 10043, note Licari ; ibid. I. 120, n° 4, obs. Simler.* ♦ Le créancier qui produit la copie de la lettre informant la caution ne justifie pas de son envoi. • Com. 28 oct. 2008, n° 06-17.145 P : D. 2008. AJ 2931, obs. Avena-Robardet ; *RTD civ. 2009. 146, obs. Crocq* ; *RDC 2009. 208, obs. Houtcieff* (appréciation souveraine des juges du fond). ♦ Sur la preuve de l'exécution de l'obligation d'informer, V. note Picod ss. • Com. 11 avr. 1995 : *préc. note 10.*

14. Durée de l'obligation. L'obligation d'information doit être respectée jusqu'à l'extinction de la dette cautionnée. • Com. 25 mai 1993 : *préc. note 6* • 30 nov. 1993, nº 91-14.856 P • Civ. 1re, 30 mars 1994, nº 92-19.609 P • 27 juin 1995, nº 93-14.053 P • Com. 27 oct. 1998, nº 96-10.968 P • 25 avr. 2001, nº 97-12.861 P : *préc. note 11* • 25 nov. 2008 : *préc. note 21 ss. art. 2314.* ♦ Elle doit s'exécuter annuellement jusqu'à l'extinction de la dette, même après assignation de la caution. • Civ. 1re, 6 nov. 2001, nº 99-15.506 P : *D. 2001. AJ 3615, obs. Avena-Robardet ; RTD com. 2002. 143, obs. M. Cabrillac*. ♦ ... Et même après jugement de condamnation de la caution passé en force de chose jugée. • Cass., ch. mixte, 17 nov. 2006, nº 04-12.863 P : *R., p. 384 ; BICC 1er févr. 2007, rapp. Aldigé, avis Jobard ; D. 2006. AJ 2980, obs. Avena-Robardet ; D. 2007. 842, note Libchaber ; JCP 2007. I. 158, nº 3, obs. Simler ; Defrénois 2007. 544, obs. Théry.* – Dans le même sens : • Civ. 2e, 4 juill. 2007, nº 06-11.910 P : *D. 2007. AJ 2098, obs. Avena-Robardet*. ♦ Comp., précédemment, jugeant qu'après la condamnation de la caution à exécuter ses engagements, la banque n'est plus tenue de se conformer à l'obligation d'information : • Civ. 1re, 13 déc. 2005, nº 02-13.492 P : *D. 2006. Pan. 2863, obs. Crocq ; JCP 2006. I. 131, nº 6, obs. Simler ; RTD com. 2006. 466, obs. D. Legeais*.

15. *Étendue de la décharge.* La déchéance des intérêts prévue à l'art. 48 de la L. du 1er mars 1984 ne peut être étendue aux intérêts au taux légal auxquels, en vertu de l'art. 1153 anc., al. 3, C. civ., la caution est tenue à titre personnel, à compter de la première mise en demeure qu'elle reçoit. • Civ. 1re, 9 déc. 1997 : *D. 1998. IR 27* • 12 mars 2002 : *préc. note 4 (2e esp.)* • 12 mars 2002, nº 99-10.278 P : *D. 2002. AJ 1342*. – V. aussi • Com. 14 mai 2002, nº 98-21.521 P.

16. Le défaut d'information de la caution, s'il emporte déchéance des intérêts, n'a pas pour effet de décharger la caution de son obligation de payer les autres sommes dues en vertu du cautionnement ; dès lors, la déchéance des intérêts n'autorise pas la caution à imputer sur le capital restant dû en vertu du cautionnement les intérêts payés par le débiteur principal. • Com. 11 juin 1996, nº 94-15.097 P : *R., p. 310 ; JCP 1997. I. 3991, nº 4, obs. Simler et Delebecque ; RTD civ. 1996. 950, obs. Crocq* • Civ. 1re, 17 nov. 1998, nº 96-22.455 P : *D. Affaires 1999. 30, obs. J. F.* – V. aussi • Civ. 1re, 31 mars 1998, nº 96-14.953 P : *D. Affaires 1998. 799, obs. S. P.* • Com. 30 mars 1999 : *D. Affaires 1999. 763, obs. A. L.* ♦ V., désormais, C. mon. fin., art. L. 313-22, dernière phrase, issue de L. nº 99-532 du 25 juin 1999 complétant l'art. 48 de la L. du 1er mars 1984, ci-dessus. ♦ Sur l'absence de caractère interprétatif de cette adjonction législative, V. • Civ. 1re, 18 mars 2003, nº 01-00.337 P : *JCP 2003. I. 176, nº 5, obs. Simler ; Gaz. Pal. 2003. 2337, note Sainte-Rose* • 18 mars 2003, nº 00-11.476 P : *D. 2003. AJ 1035, obs. A. Lienhard* • Com. 29 avr. 2003, nº 00-15.874 P : *D. 2003. AJ 1562* • Civ. 1re, 2 juin 2004, nº 02-16.479 P : *D. 2004. AJ 1807* • Com. 27 févr. 2007, nº 03-12.363 P. ♦ En l'absence de ventilation de la créance en principal et intérêts, à laquelle le juge-commissaire n'est pas tenu de procéder, il appartient au juge du cautionnement de rechercher si la créance admise ne comprend pas pour partie des sommes garanties par la caution. • Com. 26 oct. 1999, nº 96-12.958 P : *D. 2000. AJ 5, obs. V. A.-R. ; JCP 2000. I. 233, nº 14, obs. Cabrillac* (cassation de l'arrêt ayant déchargé la caution pour le tout).

17. *Exception personnelle.* L'exception tirée de l'inobservation de l'obligation d'information annuelle est personnelle à la caution qui l'invoque et ne profite pas aux autres cautions, fussent-elles solidaires. • Civ. 1re, 9 nov. 2004, nº 01-03.772 P : *D. 2004. AJ 3135 ; JCP 2005. II. 135, nº 3, obs. Simler ; Gaz. Pal. 2005. Somm. 2058, obs. S. Piedelièvre.*

18. La déchéance des intérêts résultant de l'inobservation de l'art. 48 de la L. du 1er mars 1984 est une exception personnelle que la caution solidaire peut invoquer malgré la décision d'admission de la créance garantie à la procédure collective du débiteur principal passée en force de chose jugée. • Com. 22 avr. 1997, nº 94-12.862 P : *R., p. 240 ; RTD civ. 1998. 152, obs. Crocq*.

19. *Articulation de la loi de 1984 et du droit commun de la responsabilité.* BIBL. Picod, *D. 2002. Chron. 1971.* ♦ Sauf dol ou faute distincte du dispensateur de crédit, l'omission des informations est sanctionnée par la seule déchéance des intérêts. • Civ. 1re, 10 déc. 2002, nº 00-18.726 P : *RDC 2003. 179, obs. Houtcieff* • 4 févr. 2003, nº 99-20.023 P : *D. 2003. Somm. 1284, obs. Brémond (1re esp.) ; JCP 2003. II. 10152, note de Gentili-Picard.* – V. déjà : • Com. 25 avr. 2001, nº 97-14.486 P : *R., p. 408 ; D. 2001. AJ 1793 (3e esp.), obs. Avena-Robardet ; D. 2003. Somm. 342, obs. D. Martin ; JCP E 2001. 1276, note D. Legeais (3e esp.) ; Defrénois 2001. 1407, note Brémond ; Gaz. Pal. 2002. 718, note S. Piedelièvre ; RTD civ. 2001. 922, obs. Crocq* • Civ. 1re, 6 nov. 2001, nº 99-12.124 P : D. 2003. *Somm. 342, obs. D. Martin ; JCP E 2002. 679, note D. Legeais ; Defrénois 2002. 540, note Brémond ; RJPF 2002-3/44, note Casey ; RTD com. 2002. 143, obs. M. Cabrillac ; ibid. 320, obs. Champaud et Danet* • Com. 11 juin 2002 : *D. 2002. Somm. 3335, obs. Aynès*. ♦ Comp., prononçant la cassation de l'arrêt qui ne condamne une banque ayant omis d'informer la caution de sa faculté de révocation à tout moment de son engagement qu'à la sanction de l'art. 48, alors que cette sanction s'ajoute à la sanction de droit commun : • Com. 20 oct. 1992 : *D. 1994. 177, note Ngafaounain*. ♦ N'étant pas tenue contractuellement de renseigner la caution sur la solvabilité du débiteur principal, une banque ne saurait être condamnée, sauf mauvaise foi, qu'à la sanction de l'art. 48. • Com. 7 avr. 1992, n° 90-16.707 P : *JCP 1993. II. 22009, note Picod.* – Mestre, *RTD civ. 1993. 117*. ♦ Comp., refusant à la caution une réparation complémentaire de droit commun, faute d'un préjudice spécifique : • Civ. 1re, 16 janv. 2001, n° 98-17.199 P.

20. Cassation de l'arrêt qui condamne la caution au remboursement des échéances impayées sans rechercher si celles-ci ne comprenaient pas pour partie des intérêts contractuels dont la déchéance avait été prononcée, le prêteur n'ayant pas accompli son obligation d'information. • Com. 4 oct. 2005, n° 04-16.791 P : *D. 2005. AJ 2804, obs. Delpech*.

Art. L. 313-22-1 *(L. n° 2010-737 du 1er juill. 2010, art. 26, en vigueur le 1er mai 2011)* Les établissements de crédit *(Ord. n° 2013-544 du 27 juin 2013, art. 3, en vigueur le 1er janv. 2014)* « ou les sociétés de financement » ayant fourni un cautionnement, un aval ou une garantie, que ces derniers soient d'origine légale, réglementaire ou conventionnelle, disposent de plein droit et dans tous les cas d'un recours contre le client donneur d'ordre de l'engagement, ses coobligés et les personnes qui se sont portées caution et, pour les paiements effectués au titre de leur engagement, de la subrogation dans les droits du créancier prévue au *[à] (Ord. n° 2016-131 du 10 févr. 2016, art. 6-IX-2°, en vigueur le 1er oct. 2016)* « l'article 1346 » du code civil.

Sur l'entrée en vigueur des dispositions issues de l'Ord. n° 2016-131 du 10 févr. 2016, V. cette Ord., art. 9, ss. art. 1386-1.

Code des assurances

Dispositions relatives aux engagements de caution

Art. L. 443-1 *(L. n° 2010-737 du 1er juill. 2010, art. 26, en vigueur le 1er mai 2011)* Les entreprises d'assurance habilitées à pratiquer les opérations de caution ayant fourni un cautionnement, un aval ou une garantie, que ces derniers soient d'origine légale, réglementaire ou conventionnelle, disposent de plein droit et dans tous les cas d'un recours contre le client donneur d'ordre de l'engagement, ses coobligés et les personnes qui se sont portées caution et, pour les paiements effectués au titre de leur engagement, de la subrogation dans les droits du créancier prévue *(Ord. n° 2016-131 du 10 févr. 2016, art. 6-II-4°, en vigueur le 1er oct. 2016)* « *[à]* l'article 1346 » du code civil.

Sur l'entrée en vigueur des dispositions issues de l'Ord. n° 2016-131 du 10 févr. 2016, V. cette Ord., art. 9, ss. art. 1386-1.

Ancien art. 2315 ***L'acceptation volontaire que le créancier a faite d'un immeuble ou d'un effet quelconque en payement de la dette principale, décharge la caution, encore que le créancier vienne à en être évincé.***

1. La caution n'est, selon l'art. 2038 [2315 anc.], déchargée de son engagement que si le créancier, qui a été évincé, a accepté de recevoir en paiement autre chose que ce qui était dû en vertu de la convention principale. • Com. 20 oct. 1965 : *D. 1966. 353, note Cabrillac.* ♦ La caution est libérée par l'effet d'une dation en paiement au sens de l'art. 2038 lorsque le fournisseur de matériel pour lequel l'emprunt cautionné avait été souscrit a repris les machines et s'est comporté en véritable propriétaire, son consentement à la dation en paiement n'ayant pas, dans de telles conditions, à être relevé par un motif spécial. • Civ. 1re, 13 juin 1979 : *Bull. civ. I, n° 178.*

2. La disposition de l'art. 2038 [2315 anc.] est applicable en cas de dation en paiement partielle. • Civ. 1re, 27 févr. 1973, n° 71-13.457 P.

3. La dation en paiement portant sur une créance irrécouvrable (admise au passif d'un règlement judiciaire converti en faillite sans que les créanciers chirographaires puissent percevoir de dividende) ne peut décharger la caution. • Com. 28 nov. 1972 : *Bull. civ. IV, n° 309.*

4. Il appartient à la caution qui se prétend libérée par l'effet de cessions de créances de rapporter la preuve que le paiement des créances cédées a été effectif. • Com. 28 janv. 1997, n° 94-19.347 P : *D. 1997. Somm. 166, obs. Aynès*.

Ancien art. 2316 ***La simple prorogation de terme, accordée par le créancier au débiteur principal, ne décharge point la caution, qui peut, en ce cas, poursuivre le débiteur pour le forcer au payement.***

BIBL. ▶ ANDRÉ, *Mél. Mouly, Litec, 1998, t. 2, p. 265* (cautionnement et reconduction). – DAGOT, *JCP 1973. I. 2577* (clause interdisant au créancier de consentir aucune prorogation de délai au débiteur à peine de perdre son recours contre la caution).

V. notes ss. art. 2320.

SECTION 4 *[ANCIENNE]* De la caution légale et de la caution judiciaire

Ancien art. 2317 ***Toutes les fois qu'une personne est obligée, par la loi ou par une condamnation, à fournir une caution, la caution offerte doit remplir les conditions prescrites par les articles 2295 et 2296.***

Al. 2 abrogé par L. n° 2011-525 du 17 mai 2011.

V. notes ss. art. 2289.

Ancien art. 2318 ***Celui qui ne peut pas trouver une caution est reçu à donner à sa place un gage en nantissement suffisant.***

Ancien art. 2319 ***La caution judiciaire ne peut point demander la discussion du débiteur principal.***

Ancien art. 2320 ***Celui qui a simplement cautionné la caution judiciaire, ne peut demander la discussion du débiteur principal et de la caution.***

CHAPITRE II DE LA GARANTIE AUTONOME

(Ord. n° 2006-346 du 23 mars 2006)

BIBL. GÉN. ▶ BLOT, *LPA 27 mars 2008* (garanties autonomes face à la pratique bancaire). – HEUZE, *D. 2014. 493* (assurance-crédit et sûretés personnelles). – PUIG, *LPA 27 mars 2008*. – STOUFFLET, *Rev. sociétés 2006. 473*. ▶ HOUTCIEFF, *RLDC 2006/29, n° 2141* (garantie autonome souscrite par une personne physique).

Art. 2321 *(Ord. n° 2006-346 du 23 mars 2006)* **La garantie autonome est l'engagement par lequel le garant s'oblige, en considération d'une obligation souscrite par un tiers, à verser une somme soit à première demande, soit suivant des modalités convenues.**

Le garant n'est pas tenu en cas d'abus ou de fraude manifestes du bénéficiaire ou de collusion de celui-ci avec le donneur d'ordre.

Le garant ne peut opposer aucune exception tenant à l'obligation garantie.

Sauf convention contraire, cette sûreté ne suit pas l'obligation garantie.

BIBL. ▶ PRÜM, *Mél. Simler, Litec-Dalloz, 2006, p. 409* (consécration légale des garanties autonomes). – JACOB, *Mél. Simler, Litec-Dalloz, 2006, p. 341.*

I. DISTINCTION DE LA GARANTIE AUTONOME ET DU CAUTIONNEMENT

A. PRINCIPE

1. Autonomie de la garantie. L'engagement pris par une banque envers une société de la *payer à première demande* pour garantir l'exécution des obligations contractuelles d'un tiers ne constitue pas un cautionnement mais une garantie autonome, ce qui interdisait a la banque de se prévaloir, en l'état, des exceptions que la société débitrice pouvait opposer à la société bénéficiaire de la garantie, tenant à l'inexécution du contrat les unissant. • Com. 20 déc. 1982 (deux arrêts) : *GAJC, 11e éd., n° 279-280 ; D. 1983. 365, note Vasseur* (premiers arrêts de la Cour de cassation qui posent que l'engagement d'une banque envers une société à la payer à la première demande ne constitue pas un cautionnement mais une garantie autonome). ♦ V. aussi • Com. 8 déc. 1987 : *Bull. civ. IV, n° 261 ; D. 1988. Somm. 240, obs. Vasseur* • 2 févr. 1988 : *Bull. civ. IV, n° 55 ; D. 1988. Somm. 239, obs. Vasseur* • 3 nov. 1992 : *D. 1993. Somm. 96, obs. Vasseur ; JCP 1993. II. 22082, note Delebecque ; ibid. éd. E 1993. II. 454, note Jacob* • Paris, 1er juill. 1986 : D. 1987. *Somm. 448, obs. Aynès* • Paris, 27 juin 1990 : *D. 1992. 30, note Blanc ; Gaz. Pal. 1990. 2. 691, note Robinot et Lafortune ; RTD civ. 1991. 374, obs. Bandrac*. • Com. 19 avr. 2005 : *D. 2005. AJ 1285 ; JCP E 2005, 1860, n° 9, obs. Simler ; Banque et Dr. 5-6/2005. 63, obs. Jacob.*

2. Autonomie de la contre-garantie. L'engagement pris par une banque à la demande d'une société envers une autre de lui rembourser sans délai et à la première demande écrite tout montant que cette dernière serait amenée à payer à une autre société en fonction de son propre engagement de garantie, ne constitue pas plus un cautionnement qu'une délégation, mais une obligation autonome, tant par rapport à la garantie de premier rang de la banque bénéficiaire que par rapport au contrat de base liant les deux sociétés. • Com. 12 déc. 1984, n° 83-15.389 P : *R., p. 84 ; D. 1985. 269 (3e esp.), note Vasseur ; JCP 1985. II. 20436 (2e esp.), note Stoufflet.*

3. Limites à la possibilité d'utiliser la garantie autonome à la place d'un cautionnement. La garantie autonome délivrée par une banque ne constitue pas un cautionnement bancaire irrévocable et ne figure pas au nombre des garanties que peut fournir un enchérisseur, garanties limitativement énumérées par l'art. R. 322-41 C. pr. exéc. • Civ. 2e, 20 mai 2021, n° 20-15.111 P.

B. CRITÈRES DE DISTINCTION

4. Nécessité d'une stipulation exprimant l'autonomie. Faute de stipulation exprimant leur autonomie, des garanties accordées par une banque ne constituent, en l'espèce, que des cautionnements. • Com. 15 juin 1999, n° 94-13.615 P : *R., p. 366.* ♦ En revanche, l'engagement de payer, dans la limite d'un montant, toute somme réclamée par le bénéficiaire sans pouvoir différer le paiement ni soulever d'exception consiste en une garantie autonome. • Com. 12 juill. 2005, n° 03-20.364 P : *R., p. 321.*

5. Référence au contrat de base. Des garanties ne sont pas privées d'autonomie par de simples références au contrat de base, n'impliquant pas appréciation des modalités d'exécution de celui-ci pour l'évaluation des montants garantis, ou pour la détermination des durées de validité. • Com. 30 janv. 2001, n° 98-22.060 P : *D. 2001. Somm. 3426, obs. A. Honorat ; JCP 2001. II. 10522, note Rémery (2e esp.) ; JCP N 2001. 956, note D. Legeais ; Defrénois 2001. 1319, note S. Piedelièvre (1re esp.) ; Banque et Dr. 5-6/2001, n° 50, obs. Prüm.* – V. aussi • Com. 18 mai 1999, n° 95-21.539 P : *R., p. 366 ; D. 2000. 112, note Picod ; JCP 1999. II. 10199, note Stoufflet.* ♦ Le fait que les garants s'engagent à paiement dès réception d'une demande de paiement du bénéficiaire par lettre recommandée avec accusé de réception notifiant la défaillance du débiteur dans ses obligations n'exclut pas la qualification de garantie à première demande dès lors que l'acte précise que l'effectivité ou le bien-fondé du manquement dénoncé est totalement indifférent à l'exécution de l'engagement et que *le garant s'interdit de soulever toute exception tirée des relations entre le bénéficiaire et le débiteur.* • Com. 30 janv. 2019, n° 17-21.279 P : *D. 2019. 801, note Pellier ; AJ contrat 2019. 141, obs. Piette ; RTD com. 2019. 466, obs. Legeais ; RDC 2/2019. 38, note Houtcieff.*

6. Engagement de payer la dette du débiteur. En revanche, en dépit de l'intitulé de l'acte et de la mention manuscrite de paiement à première demande, il ne s'agit pas d'un engagement autonome dès lors qu'il a pour objet la propre dette du débiteur principal ou fait référence à celle-ci. • Com. 13 déc. 1994, n° 92-12.626 P : *R., p. 333 ; D. 1995. 209, rapp. Le Dauphin, note Aynès.* ♦ Même sens : • Com. 11 mars 1997, n° 95-18.356 P : *Gaz. Pal. 1998. 1. Somm. 282, obs. S. Piedelièvre* • Civ. 1re, 23 févr. 1999, n° 97-10.008 P : *D. Affaires 1999. 593, obs. J. F. ; JCP 1999. II. 10189, note Ginestet ; ibid. I. 156, n° 6, obs. Simler* • Com. 6 mai 2003 : *JCP 2003. II. 10186, note Guerchoun* • 8 oct. 2003 : *JCP 2004. II. 10069, note Gutierrez-Lacour* • Civ. 1re, 6 juill. 2004, n° 01-15.041 P : *D. 2004. AJ 2373.* ♦ En sens contraire : • Com. 7 oct. 1997 : *JCP E 1998. II. 226, note Legeais* (où la Cour de cassation approuve une cour d'appel qui avait retenu la qualification de garantie autonome à propos d'un acte qui précisait qu'était garanti le remboursement de toutes les sommes qui pourraient être dues en raison de l'engagement principal).

7. Demande justifiée. Sur la compatibilité entre l'autonomie d'une garantie et l'exigence d'une demande justifiée, V. • Paris, 14e ch., 12 avr. 1988 : *D. 1990. somm. 201, note Vasseur* • Com. 12 juill. 2005, n° 03-20.365 P : *R., p. 320 ; D. 2005. AJ 2214, obs. Delpech ; JCP 2005. I. 185, n° 10, obs. Simler ; RTD com. 2005. 823, obs. D. Legeais.*

II. RÉGIME DE LA GARANTIE AUTONOME

A. CONDITIONS DE VALIDITÉ DE LA GARANTIE

8. Pouvoir de consentir à la garantie. La délibération du conseil municipal suffit à fonder et à établir l'engagement de garantie autonome donné par la commune, indépendamment de sa reprise dans un acte ultérieur. • Civ. 1re, 9 janv. 2007, n° 05-19.269 P : *JCP 2007. I. 158, n° 1, obs. Simler.*

Application de l'art. 1415 à la garantie à première demande : V. note 1 ss. art. 1415.

9. Formes de la garantie. L'art. 1326 C. Civ (art. 1376) est applicable aux garanties autonomes • Com. 22 nov. 1996 : *RTD civ. 1997. 183, note Bandrac.* ♦ La preuve d'un engagement de garantie autonome peut résulter de la souscription d'un acte écrit, même imparfait au regard des exigences de l'art. 1326 [anc.], dès lors qu'en tant que commencement de preuve par écrit, il est complété par un élément extrinsèque établissant que la personne engagée avait une exacte conscience de la nature et de la portée de l'obligation. • Com. 10 janv. 1995, n° 93-10.787 P : *D. 1995. 201, note Aynès ; JCP 1995. II. 22397, note Billiau.*

10. Obligations du bénéficiaire au mo-

ment de la fourniture de la garantie. Le créancier bénéficiaire d'une garantie à première demande n'est débiteur d'aucune obligation de mise en garde à l'égard du garant autonome • Com. 30 janv. 2019, n° 17-21.279 P : *D. 2019. 801, note Pellier ; AJ contrat 2019. 141, obs. Piette ; RTD com. 2019. 466, obs. Legeais ; RDC 2/2019. 38, note Houtcieff.*

B. EFFETS DE LA GARANTIE

1° APPEL À LA GARANTIE

11. Formes de l'appel à la garantie. Le bénéficiaire doit respecter strictement les conditions de forme et de rédaction de l'appel de la garantie, qui sont la contrepartie de l'autonomie de la garantie, et le garant doit vérifier l'apparente régularité de la demande qui lui est adressée avant de payer. • Com. 10 févr. 2015, n° 12-26.580 P.

12. Inopposabilité des exceptions. Le fait, même apparemment établi, que le donneur d'ordre ait rempli toutes ses obligations à l'égard du bénéficiaire n'est pas de nature à dispenser le garant de l'exécution d'un accord dont les termes l'obligent à payer les sommes garanties à première demande, sans aucune justification du motif allégué pour l'appel de cette garantie. • Com. 21 mai 1985, n° 83-16.925 P : *D. 1986. 213, 1re esp., note Vasseur.* ♦ Une garantie autonome à première demande est indépendante du contrat de base, ce dont il résulte que les conditions d'exécution de ce contrat et l'existence ou non des manquements allégués du bénéficiaire de la garantie sont dépourvus d'incidence pour l'appréciation des droits de ce dernier, auquel aucune exception tirée de celles-ci n'est opposable. • Com. 12 mars 2013, n° 11-22.048 P : *RDC 2013. 1461, note Barthez.* ♦ V. aussi à l'époque où le défaut de déclaration de sa créance à la procédure collective entraînait son extinction : • Com. 30 janv. 2001, n° 98-22.060 P (une garantie autonome n'est pas éteinte lorsqu'en cas de redressement ou de liquidation judiciaire du donneur d'ordre, le créancier bénéficiaire de la garantie ne déclare pas au passif sa créance)

13. Limite : appel abusif ou frauduleux. Seule l'existence d'une fraude ou d'un abus manifestes est de nature à faire obstacle à l'exécution d'un engagement de garantie à première demande. • Com. 3 mai 1988, n° 87-11.310 P : *D. 1988. 430, note Vasseur* • 5 févr. 1991, n° 89-13.877 P. ♦ Le bénéficiaire qui a établi lui-même des certificats approuvés par son ingénieur et qui attestent de l'exécution du contrat de base à 100 % n'a pas pu ignorer son absence de droit et se rend coupable d'un appel manifestement abusif. • Com. 10 juin 1986 : *JCP E 1986. 14778, n° 20 ; Banque 1986. p. 711, obs. Rives-Lange ; D. 1987. p. 17 (2e esp.), note Vasseur.* ♦ Le caractère manifestement abusif de l'appel de la contre-garantie ne peut résulter du seul caractère manifestement abusif de l'appel de la garantie de premier rang, mais suppose de démontrer l'existence, au moment de l'appel de la contre-garantie, d'une collusion entre le garant de premier rang, bénéficiaire de la contre-garantie, et le bénéficiaire de la garantie de premier rang. • Com. 3 mai 2016, n° 14-28.962 P : *D. 2016. 1748, note Netter ; AJCA 2016. 290, obs. Mégret ; JCP 2016, n° 721, note Simler ; RDC 2017. 79, note Barthez.* ♦ Déjà : Sur la nécessité d'une collusion frauduleuse entre le bénéficiaire et l'éventuel garant de premier rang, V. • Com. 12 déc. 1984 : *D. 1985. 269 (3e esp.), note Vasseur ; JCP 1985. II. 14 566 (2e esp.), obs. Stoufflet* (arrêt dont il ressort que, dans l'hypothèse où la garantie est doublée d'une contre-garantie, il faut pour ordonner le blocage que le garant de premier rang se soit associé à l'abus du bénéficiaire final).

14. Trouble manifestement illicite. Dès lors que la garantie à première demande est une sûreté personnelle, constitue un trouble manifestement illicite justifiant son interdiction en référé, l'appel à cette garantie en violation de l'art. 14 de la L. du 14 nov. 2020 qui interdit, du 17 oct. 2020 jusqu'à l'expiration d'un délai de deux mois à compter de la date à laquelle l'activité du locataire cesse d'être affectée par une mesure de police administrative, la mise en œuvre de toutes sûretés réelles et personnelles garantissant le paiement des loyers ou charges locatives afférents aux locaux professionnels ou commerciaux. • Civ. 3e, 25 janv. 2023, n° 22-10.648 B.

2° RECOURS CONSÉCUTIFS À L'APPEL À LA GARANTIE

15. Recours du garant contre le donneur d'ordre. Le caractère autonome d'une garantie exclut la connexité entre la créance du garant à l'encontre du débiteur et toute créance de celui-ci à l'encontre du garant (en conséquence, la banque garante ne peut valablement se rembourser auprès du débiteur en redressement judiciaire, par débit d'office, en inscrivant sa créance d'après paiement au compte courant dont ce débiteur était titulaire chez elle et dont la continuation avait été requise). • Com. 19 déc. 2006, n° 05-13.461 P : *D. 2007. AJ 158, obs. A. Lienhard ; JCP 2007. I. 153, n° 12, obs. Cabrillac ; Banque et Dr. 1-2/2007. 49, obs. crit. Jacob ; RTD com. 2007. 837, obs. Martin-Serf .*

16. Recours du garant contre le bénéficiaire (non). L'absence de fraude ou d'abus manifeste dans l'appel d'une garantie ou contre-garantie autonome fait obstacle à ce que le garant ou contre-garant demande, sur le fondement de l'inexécution du contrat de base par le bénéficiaire, la restitution de ce qu'il a versé en exécution de son obligation autonome. • Com. 4 juill. 2006 : *Banque et Dr. 9-10/2006. 68, obs. Jacob.*

17. Recours du donneur d'ordre : principe. Le donneur d'ordre est recevable à demander la restitution de son montant au bénéficiaire, à charge pour ce donneur d'ordre d'établir que le bénéficiaire en a reçu indûment le paiement, sans avoir à justifier d'une fraude ou d'un abus manifeste, comme en cas d'opposition préventive à l'exécution de la garantie par le garant. • Com. 7 juin 1994 : *D. 1995. Somm. 19, obs. Vasseur ; JCP 1994. I. 3807, n° 15, obs. Simler ; JCP E 1994. II. p. 637, note Leveneur.* ♦ V. aussi • Com. 15 juin 1999 : *RTD com. 1999, p. 940, obs. Cabrillac.*

18. Recours du donneur d'ordre : charge de la preuve. Si, après la mise en œuvre d'une garantie à première demande, le donneur d'ordre réclame au bénéficiaire de celle-ci le montant versé par le garant qu'il estime ne pas être dû, ce litige, eu égard à l'autonomie de la garantie à première demande, ne porte que sur l'exécution ou l'inexécution des obligations nées du contrat de base, de sorte qu'il incombe à chaque partie à ce contrat de prouver cette exécution ou inexécution conformément aux règles de preuve du droit commun. • Com. 31 mai 2016, n° 13-25.509 P : *D. 2016. 1196 ; AJCA 2016. 394, obs. de Ravel d'Esclapon ; RTD civ. 2016. 906, obs. Crocq ; RTD com. 2016. 843, obs. Martin-Serf ; JCP 2016, n° 857, note Ansault ; RDC 2017. 76, note Barthez* (jugeant le recours fondé dès lors que le bénéficiaire n'avait pas fourni d'éléments suffisants pour établir l'inexécution de ses obligations par le donneur d'ordre). ♦ V. antérieurement • Com. 7 juin 1994 : *préc. note 17* ayant posé que c'était au donneur d'ordre d'établir que le bénéficiaire avait reçu indûment le paiement, par la preuve de l'exécution de ses propres obligations contractuelles, ou par celle de l'imputabilité de l'inexécution du contrat à la faute du cocontractant bénéficiaire de la garantie, ou par la nullité du contrat de base.

3° TRANSMISSION DE LA GARANTIE

19. Scission de la société bénéficiaire de la garantie. Sauf convention contraire, la garantie autonome, qui ne suit pas l'obligation garantie, n'est pas transmise en cas de scission de la société bénéficiaire de la garantie. • Com. 31 janv. 2017, n° 15-19.158 P : *D. 2017. 1996, obs. Crocq ; ibid. 2335, obs. Lamazerolles et Rabreau ; AJ contrat 2017. 190, obs. Borga ; RTD civ. 2017. 399, obs. Barbier ; ibid. 451, obs. Crocq ; RTD com. 2017. 393, obs. Moury ; ibid. 633, obs. Lecourt ; JCP 2017, n° 310, note Simler ; RDC 2017. 253, note Libchaber ; ibid. 278, note Barthez.*

CHAPITRE III DE LA LETTRE D'INTENTION

(Ord. n° 2006-346 du 23 mars 2006)

BIBL. GÉN. ▶ Pomart, *LPA 27 mars 2008.* – Stoufflet, *Rev. sociétés 2006. 473.*

Art. 2322 *(Ord. n° 2006-346 du 23 mars 2006)* **La lettre d'intention est l'engagement de faire ou de ne pas faire ayant pour objet le soutien apporté à un débiteur dans l'exécution de son obligation envers son créancier.**

BIBL. GÉN. ▶ Le Cannu, *RTD com. 2006. 421.* – Cerles et Sejean, *Mél. AEDBF 2013, p. 167.* – Ph. Simler, *RJDA 2008. Chron. 739* (le nouvel article 2322 du code civil et le régime de la lettre d'intention). – Rontchevsky, *Mél. Simler, Litec-Dalloz 2006, p. 417.*

A. PORTÉE

1. Appréciation du juge. Une lettre d'intention peut, selon ses termes, lorsqu'elle a été acceptée par son destinataire et eu égard à la commune intention des parties, constituer à la charge de celui qui l'a souscrite un engagement contractuel de faire ou de ne pas faire pouvant aller jusqu'à l'obligation d'assurer un résultat, si même elle ne constitue pas un cautionnement ; il appartient au juge de donner ou de restituer son exacte qualification à un pareil acte sans s'arrêter à la dénomination que les parties en auraient proposée. • Com. 21 déc. 1987 : *Bull. civ. IV, n° 281 ; R., p. 196 ; GAJC, 11e éd., n° 278 ; D. 1989. 112, note Brill ; JCP 1988. II. 21113, concl. Montanier ; Rev. crit. DIP 1989. 344, note Jobard-Bachellier* • 15 janv. 1991 : *D. 1992. 53, note Najjar* • 19 mars 1991 : *ibid.* • 16 juill. 1991 : *ibid.* • 26 janv. 1999, n° 97-10.003 P : *R., p. 369 ; D. 1999. 577, note Aynès ; JCP 1999. II. 10087, note D. Legeais ; ibid. I. 156, n° 7, obs. Simler ; Defrénois 1999. 740, obs. D. Mazeaud ; Banque et Dr. 5-6/1999. 43, obs. Rontchevsky ; RTD civ. 1999. 833, obs. Mestre* • 18 avr. 2000, n° 97-19.043 P : *D. 2001. Somm. 700, obs. Aynès.*

2. Une lettre par laquelle une société offre son concours pour aider sa filiale sans s'engager à se substituer à elle en cas de carence de celle-ci ne constitue pas un engagement de cautionnement. • Com. 9 juill. 2002, n° 96-19.953 P : *R., p. 445 ; D. 2002. AJ 2327, obs. A. Lienhard ; ibid. Somm. 3332, obs. Aynès ; D. 2003, 545, note Dondero ; JCP 2002. II. 10166, note G. François ; ibid. I. 188, n° 9, obs. Caussain, Deboissy et Wicker ; ibid. 2003. I. 124, n° 11, obs. Simler ; JCP E 2003. 234, note Ferreira ; Defrénois 2002. 1614, obs. Libchaber ; LPA 1er-2 janv. 2002, note Gibirila ; Rev. sociétés 2003. 124, note Brochard.*

3. Diversité. Par un engagement de faire le

nécessaire le signataire d'une lettre de patronage souscrit à une obligation de résultat. • Com. 26 févr. 2002 : *D. 2002. AJ 1273, obs. A. Lienhard* ; *ibid. 3331, obs. L. Aynès* ; *JCP E 2002, n° 918, obs. D. Legeais* ; *Banque et Dr. 5-6/2002. 42, obs. Rontchevsky* ; *Defrénois 2002. 1614, note Libchaber* • Com. 11 janv. 2005 : *Dr. sociétés 2005. comm. 5, obs. Trébulle* • Com. 20 févr. 2007, n° 05-18.882 P : *JCP E 2007, n° 1661, note Descorps-Declère.* ♦ Même qualification (obligation de résultat) pour l'engagement d'assurer l'intégralité des besoins financiers de la filiale par apport en compte courant. • Com. 24 oct. 2000 : *JCP E 2000. 1042, n° 10, obs. Simler.* ♦ ... Pour l'engagement à faire en sorte que la situation financière de la filiale lui permette de remplir ses engagements à tout moment et de mettre à sa disposition les fonds lui permettant de faire face à son emprunt et à veiller à ce qu'ils soient utiliser à cette fin : • Com. 17 mai 2011, n° 09-16.186 P : *D. 2011. 1404, obs. Delpech* ; *JCP 2011. 1429, note Dumery* ; *Dr. et patr. 7-8/2011. 108, obs. Aynès* (signataire de la lettre condamné à payer à la banque la somme de 200 000 € correspondant au montant du prêt et rejet du pourvoi qui faisait observer que, tenu à une obligation de résultat, le signataire engageait sa responsabilité et n'avait pas entendu souscrire un cautionnement, ce qu'admet du reste la Cour de cassation).

4. N'engendre en revanche qu'une obligation de moyen la lettre dans laquelle le signataire s'engage à faire ses meilleurs efforts pour que le débiteur soit en mesure de faire face à ses obligations. • Com. 17 oct. 1995 : *BJS Sociétés 1996. 40, note Priéto.* ♦ ... Même solution pour l'engagement de veiller à ce que la filiale dispose d'une trésorerie suffisante. • Com. 15 oct. 1996 : *D. 1997. 330, note S. Piedelièvre* . ♦ ... Pour l'engagement de veiller très étroitement à ce que les engagements pris soient tenus. • Com. 19 mars 1991, n° 89-16.464 P : *BJS Sociétés 1991. 523, obs. Le Cannu* ; *JCP 1992. I. 3583, n° 10, obs. Simler.* ♦ ... L'engagement d'apporter son appui ou son soutien financier aux engagements de la filiale. • Com. 16 juill. 1991 : *D. 1992. 53 (3e esp.), note Najjar* .

B. RÉGIME

5. Soumission au droit des sociétés. Une autorisation du conseil d'administration est nécessaire pour qu'une société soit tenue à raison d'une lettre du président énonçant qu'il ferait le nécessaire pour que sa filiale puisse honorer ses engagements envers la banque). • Com. 8 nov. 1994, n° 92-18.307 P : *Defrénois 1995. 256, obs. Le Cannu.* ♦ V. aussi : • Com. 9 juill. 2002 : *préc. note 2* (la société qui s'engage « à faire le nécessaire » prend un engagement de résultat). – Déjà en ce sens : • Com. 26 févr. 2002, n° 99-10.729 P : *R., p. 445* ; *D. 2002. AJ 1273, obs. A. Lienhard* ; *ibid. Somm. 3331, obs. Aynès* ; *JCP 2002. I. 162, n° 13, obs. Simler* ; *JCP E 2002. 1003, note D. Legeais* ; *RTD com. 2002. 525, obs. Cabrillac* . ♦ Comp. antérieurement : • Com. 26 janv. 1999, n° 97-10.003 P : *D. 1999. 577, note Aynès* ; *JCP 1999. II. 10087, note D. Legeais* ; *ibid. I. 156, n° 7, obs. Simler* ; *Defrénois 1999. 740, obs. D. Mazeaud* ; *RTD civ. 1999. 833, obs. Mestre* ; *Banque et Dr. 5-6/1999. 43, obs. Rontchevsky* (autorisation non nécessaire, l'obligation souscrite n'étant que de moyens).

TITRE II DES SÛRETÉS RÉELLES *(Ord. n° 2006-346 du 23 mars 2006).*

*Les textes relatifs aux procédures civiles d'exécution ont été codifiés par l'Ord. n° 2011-1895 du 19 déc. 2011 et le Décr. n° 2012-783 du 30 mai 2012 dans un code des procédures civiles d'exécution. — **C. pr. exéc.***

BIBL. ▶ A. Aynès, *Mél. Larroumet, Economica, 2010, p. 1* (sûretés réelles pour autrui). – M. Cabrillac, *Études P. Catala, Litec, 2001, p. 709* (sûretés réelles). – Crocq, *Dr. et patr. 4/2001. 58* (principe de spécialité des sûretés réelles). – Dagot, *JCP N 1999. 381* (sûretés monovalentes et polyvalentes). – Dammann et Podeur, *D. 2008. Chron. 2300* (loi de modernisation de l'économie). – Gallois, *D. 2010. Chron. 335* (proportionnalité dans les sûretés réelles). – Gout, *RTD civ. 2013. 255* (quel droit commun pour les sûretés réelles ?). – Grimaldi, *Trav. Assoc. Capitant, XLVII-1996, p. 155* (sûretés réelles). – Juillet, *Mél. Larroumet, Economica, 2010, p. 241.* – D. Legeais, *Mél. Cabrillac, Litec, 1999, p. 365* (apport du droit des marchés financiers au droit des garanties réelles). – Simler, *JCP 2006. I. 172* (sûreté réelle, cautionnement réel : après l'arrêt Cass., ch. mixte, 2 déc. 2005). – Vivant, *ibid., p. 405* (l'immatériel en sûreté).

▶ **Projet de réforme des sûretés :** Crocq, *RLDC 2005/20, n° 829* (sûretés réelles).

▶ **Réforme du 15 septembre 2021 :** Gouëzel, *Dr. fam. 2021. Étude 30* (personnes, famille et réforme des sûretés réelles). – Séjean-Chazal, *RDC 2021/4. 128* (la réalisation des sûretés réelles).

SOUS-TITRE PREMIER DISPOSITIONS GÉNÉRALES *(Ord. nº 2006-346 du 23 mars 2006).*

Art. 2323 *(Ord. nº 2021-1192 du 15 sept. 2021, art. 6, en vigueur le 1er janv. 2022)* **La sûreté réelle est l'affectation d'un bien ou d'un ensemble de biens, présents ou futurs, au paiement préférentiel ou exclusif du créancier.**

Ancien art. 2323 *Les causes légitimes de préférence sont les privilèges et hypothèques.*

BIBL. ▶ DAUBLON, *Defrénois 1994. 1069.*

Code des procédures civiles d'exécution

(Ord. nº 2011-1895 du 19 déc. 2011 et Décr. nº 2012-783 du 30 mai 2012, en vigueur le 1er juin 2012)

PARTIE LÉGISLATIVE

LIVRE I. DISPOSITIONS GÉNÉRALES

(Ord. nº 2011-1895 du 19 déc. 2011)

TITRE I. LES CONDITIONS DE L'EXÉCUTION FORCÉE

CHAPITRE I. *LE CRÉANCIER ET LE TITRE EXÉCUTOIRE*

Art. L. 111-1 Tout créancier peut, dans les conditions prévues par la loi, contraindre son débiteur défaillant à exécuter ses obligations à son égard.

Tout créancier peut pratiquer une mesure conservatoire pour assurer la sauvegarde de ses droits.

L'exécution forcée et les mesures conservatoires ne sont pas applicables aux personnes qui bénéficient d'une immunité d'exécution. — *[L. nº 91-650 du 9 juill. 1991, art. 1er.]*

....

Art. L. 111-2 Le créancier muni d'un titre exécutoire constatant une créance liquide et exigible peut en poursuivre l'exécution forcée sur les biens de son débiteur dans les conditions propres à chaque mesure d'exécution. — *[L. nº 91-650 du 9 juill. 1991, art. 2.]*

Art. L. 111-3 Seuls constituent des titres exécutoires :

1º Les décisions des juridictions de l'ordre judiciaire ou de l'ordre administratif lorsqu'elles ont force exécutoire, ainsi que les accords auxquels ces juridictions ont conféré force exécutoire ;

2º Les actes et les jugements étrangers ainsi que les sentences arbitrales déclarés exécutoires par une décision non susceptible d'un recours suspensif d'exécution *(L. nº 2015-177 du 16 févr. 2015, art. 11-II)* « , sans préjudice des dispositions du droit de l'Union européenne applicables » ;

(Ord. nº 2018-341 du 9 mai 2018, art. 20) « 2º *bis* Les décisions rendues par la juridiction unifiée du brevet »

3º Les extraits de procès-verbaux de conciliation signés par le juge et les parties ;

4º Les actes notariés revêtus de la formule exécutoire ;

(L. nº 2016-1547 du 18 nov. 2016, art. 50, en vigueur le 1er janv. 2017) « 4º *bis* Les accords par lesquels les époux consentent mutuellement à leur divorce *(L. nº 2019-1446 du 24 déc. 2019, art. 72-IV)* « ou à leur séparation de corps » par acte sous signature privée *(L. nº 2019-1446 du 24 déc. 2019, art. 72-IV)* « contresigné » par avocats, déposés au rang des minutes d'un notaire selon les modalités prévues à l'article 229-1 du code civil ; »

5º Le titre délivré par le commissaire de justice en cas de non-paiement d'un chèque *(L. nº 2015-990 du 6 août 2015, art. 208 ; L. nº 2016-1547 du 18 nov. 2016, art. 105)* « ou en cas d'accord entre le créancier et le débiteur dans les conditions prévues à » *(Ord. nº 2016-131 du 10 févr. 2016, art. 6-XII-4º, en vigueur le 1er oct. 2016)* « l'article L. 125-1 » ;

6º Les titres délivrés par les personnes morales de droit public qualifiés comme tels par la loi, ou les décisions auxquelles la loi attache les effets d'un jugement ;

(L. nº 2021-1729 du 22 déc. 2021, art. 44) « 7º Les transactions et les actes constatant un accord issu d'une médiation, d'une conciliation ou d'une procédure participative, lorsqu'ils sont contresignés par les avocats de chacune des parties et revêtus de la formule exécutoire par le greffe de la juridiction compétente. » — *[L. nº 91-650 du 9 juill. 1991, art. 3.]*

Sur l'entrée en vigueur des dispositions issues de l'Ord. n° 2016-131 du 10 févr. 2016, V. cette Ord., art. 9, ss. art. 1386-1.

Art. L. 111-4 L'exécution des titres exécutoires mentionnés aux 1° à 3° de l'article L. 111-3 ne peut être poursuivie que pendant dix ans, sauf si les actions en recouvrement des créances qui y sont constatées se prescrivent par un délai plus long.

Le délai mentionné à l'article 2232 du code civil n'est pas applicable dans le cas prévu au premier alinéa. – *[L. n° 91-650 du 9 juill. 1991, art. 3-1.]*

Art. L. 111-5 En vertu des dispositions applicables dans les départements de la Moselle, du Bas-Rhin et du Haut-Rhin, constituent aussi des titres exécutoires :

1° Les actes établis par un notaire de ces trois départements lorsqu'ils sont dressés au sujet d'une prétention ayant pour objet le paiement d'une somme d'argent déterminée *(L. n° 2019-222 du 23 mars 2019, art. 108)* « ou déterminable, » ou la prestation d'une quantité déterminée *(L. n° 2019-222 du 23 mars 2019, art. 108)* « ou déterminable, » d'autres choses fongibles ou de valeurs mobilières, et que le débiteur consent dans l'acte à l'exécution forcée immédiate ;

2° Les ordonnances de taxe de frais. Une ordonnance de taxe de frais, apposée sur le jugement conforme à l'article 105 du code local de procédure civile*[,]* est susceptible d'exécution en vertu de l'expédition exécutoire de ce jugement. Une expédition exécutoire particulière pour l'ordonnance de taxe n'est pas nécessaire ;

3° Les bordereaux de collocation exécutoires ;

4° Les actes de partage établis en application du titre VI de la loi du 1er juin 1924 mettant en vigueur la législation civile française dans les départements du Bas-Rhin, du Haut-Rhin et de la Moselle ;

5° Les contraintes émises par les caisses d'assurance-accidents *[assurance accidents]* agricole pour le recouvrement des cotisations arriérées.

Art. L. 111-6 La créance est liquide lorsqu'elle est évaluée en argent ou lorsque le titre contient tous les éléments permettant son évaluation. – *[L. n° 91-650 du 9 juill. 1991, art. 4.]*

Art. L. 111-7 Le créancier a le choix des mesures propres à assurer l'exécution ou la conservation de sa créance. L'exécution de ces mesures ne peut excéder ce qui se révèle nécessaire pour obtenir le paiement de l'obligation. – *[L. n° 91-650 du 9 juill. 1991, art. 22, al. 1er.]*

Art. L. 111-8 A l'exception des droits proportionnels de recouvrement ou d'encaissement qui peuvent être mis partiellement à la charge des créanciers dans des conditions fixées par décret en Conseil d'État, les frais de l'exécution forcée sont à la charge du débiteur, sauf s'il est manifeste qu'ils n'étaient pas nécessaires au moment où ils ont été exposés. Les contestations sont tranchées par le juge.

Les frais de recouvrement entrepris sans titre exécutoire restent à la charge du créancier, sauf s'ils concernent un acte dont l'accomplissement est prescrit par la loi *(L. n° 2014-344 du 17 mars 2014, art. 12-I)* « au créancier ». Toute stipulation contraire est réputée non écrite, sauf disposition législative contraire.

Cependant, le créancier qui justifie du caractère nécessaire des démarches entreprises pour recouvrer sa créance peut demander au juge de l'exécution de laisser tout ou partie des frais ainsi exposés à la charge du débiteur de mauvaise foi. – *[L. n° 91-650 du 9 juill. 1991, art. 32, al. 1er à 4, scission.]*

Art. L. 111-9 Sauf disposition contraire, l'exercice d'une mesure d'exécution et d'une mesure conservatoire est considéré comme un acte d'administration. – *[L. n° 91-650 du 9 juill. 1991, art. 26.]*

Art. L. 111-10 Sous réserve des dispositions de l'article L. 311-4, l'exécution forcée peut être poursuivie jusqu'à son terme en vertu d'un titre exécutoire à titre provisoire.

L'exécution est poursuivie aux risques du créancier. Celui-ci rétablit le débiteur dans ses droits en nature ou par équivalent si le titre est ultérieurement modifié. – *[L. n° 91-650 du 9 juill. 1991, art. 31.]*

Art. L. 111-11 Sauf dispositions contraires, le pourvoi en cassation en matière civile n'empêche pas l'exécution de la décision attaquée.

Cette exécution ne peut donner lieu qu'à restitution ; elle ne peut en aucun cas être imputée à faute. – *[L. n° 67-523 du 3 juill. 1967, art. 19.]*

CHAPITRE II. *LES BIENS SAISISSABLES*

Art. L. 112-1 Les saisies peuvent porter sur tous les biens appartenant au débiteur alors même qu'ils seraient détenus par des tiers.

Elles peuvent également porter sur les créances conditionnelles, à terme ou à exécution successive. Les modalités propres à ces obligations s'imposent au créancier saisissant. — *[L. nº 91-650 du 9 juill. 1991, art. 13.]*

Art. L. 112-2 Ne peuvent être saisis :

1º Les biens que la loi déclare insaisissables ;

2º Les biens que la loi rend incessibles à moins qu'il n'en soit disposé autrement ;

3º Les provisions, sommes et pensions à caractère alimentaire, sauf pour le paiement des aliments déjà fournis par le saisissant à la partie saisie ;

4º Les biens disponibles déclarés insaisissables par le testateur ou le donateur, sauf autorisation du juge, et, pour la portion qu'il détermine, par les créanciers postérieurs à l'acte de donation ou à l'ouverture du legs ;

5º Les biens mobiliers nécessaires à la vie et au travail du saisi et de sa famille, si ce n'est pour paiement de leur prix, dans les limites fixées par décret en Conseil d'État et sous réserve des dispositions du 6º. Ils deviennent cependant saisissables s'ils se trouvent dans un lieu autre que celui où le saisi demeure ou travaille habituellement, s'ils sont des biens de valeur, en raison notamment de leur importance, de leur matière, de leur rareté, de leur ancienneté ou de leur caractère luxueux, s'ils perdent leur caractère de nécessité en raison de leur quantité ou s'ils constituent des éléments corporels d'un fonds de commerce ;

6º Les biens mobiliers mentionnés au 5º, même pour paiement de leur prix, lorsqu'ils sont la propriété des bénéficiaires de prestations d'aide sociale à l'enfance prévues aux articles L. 222-1 à L. 222-7 du code de l'action sociale et des familles ;

7º Les objets indispensables aux personnes handicapées ou destinés aux soins des personnes malades. — *[L. nº 91-650 du 9 juill. 1991, art. 14, al. 1er à 7.]*

Art. L. 112-3 Les immeubles par destination ne peuvent être saisis indépendamment de l'immeuble, sauf pour paiement de leur prix *(Ord. nº 2021-1192 du 15 sept. 2021, art. 30, en vigueur le 1er janv. 2022)* « ou pour la réalisation du gage dont ils sont grevés. Dans ce dernier cas, ils ne peuvent être saisis que si la séparation d'avec l'immeuble auquel ils ont été rattachés peut intervenir sans dommage pour les biens ». — *[L. nº 91-650 du 9 juill. 1991, art. 14, al. 8.]*

Art. L. 112-4 Les créances insaisissables dont le montant est versé sur un compte demeurent insaisissables dans des conditions prévues par décret en Conseil d'État. — *[L. nº 91-650 du 9 juill. 1991, art. 15.]*

LIVRE V. LES MESURES CONSERVATOIRES

(Ord. nº 2011-1895 du 19 déc. 2011)

TITRE III. LES SÛRETÉS JUDICIAIRES

CHAPITRE I. *DISPOSITIONS GÉNÉRALES*

Art. L. 531-1 Une sûreté judiciaire peut être constituée à titre conservatoire sur les immeubles, les fonds de commerce, les actions, parts sociales et valeurs mobilières. — *[L. nº 91-650 du 9 juill. 1991, art. 77.]*

Art. L. 531-2 Les biens grevés d'une sûreté judiciaire demeurent aliénables. Le prix en est payé et distribué dans les conditions fixées par décret en Conseil d'État.

Toutefois, en cas de vente de valeurs mobilières inscrites sur un compte tenu et géré par un intermédiaire habilité, le prix peut être utilisé pour acquérir d'autres valeurs qui sont alors subrogées aux valeurs vendues. — *[L. nº 91-650 du 9 juill. 1991, art. 79.]*

CHAPITRE II. *LA PUBLICITÉ PROVISOIRE*

Art. L. 532-1 Les sûretés judiciaires sont opposables aux tiers du jour de l'accomplissement des formalités de publicité prescrites par décret en Conseil d'État. — *[L. nº 91-650 du 9 juill. 1991, art. 78, al. 1er.]*

CHAPITRE III. *LA PUBLICITÉ DÉFINITIVE*

Art. L. 533-1 La publicité provisoire cesse de produire effet si, dans un délai fixé par décret, elle n'a pas été confirmée par une publicité définitive. — *[L. nº 91-650 du 9 juill. 1991, art. 78, al. 2.]*

PARTIE RÉGLEMENTAIRE

LIVRE I. DISPOSITIONS GÉNÉRALES

(Décr. n° 2012-783 du 30 mai 2012)

TITRE I. LES CONDITIONS DE L'EXÉCUTION FORCÉE

CHAPITRE I. *LE CRÉANCIER ET LE TITRE EXÉCUTOIRE*

Le présent chapitre ne comprend pas de dispositions réglementaires.

CHAPITRE II. *LES BIENS SAISISSABLES*

Art. R. 112-1 Tous les biens mobiliers ou immobiliers, corporels ou incorporels appartenant au débiteur peuvent faire l'objet d'une mesure d'exécution forcée ou d'une mesure conservatoire, si ce n'est dans les cas où la loi prescrit ou permet leur insaisissabilité. — *[Décr. n° 92-755 du 31 juill. 1992, art. 38.]*

Art. R. 112-2 Pour l'application du 5° de l'article L. 112-2, sont insaisissables comme étant nécessaires à la vie et au travail du débiteur saisi et de sa famille :

1° Les vêtements ;

2° La literie ;

3° Le linge de maison ;

4° Les objets et produits nécessaires aux soins corporels et à l'entretien des lieux ;

5° Les denrées alimentaires ;

6° Les objets de ménage nécessaires à la conservation, à la préparation et à la consommation des aliments ;

7° Les appareils nécessaires au chauffage ;

8° La table et les chaises permettant de prendre les repas en commun ;

9° Un meuble pour ranger le linge et les vêtements et un autre pour ranger les objets ménagers ;

10° Une machine à laver le linge ;

11° Les livres et autres objets nécessaires à la poursuite des études ou à la formation professionnelle ;

12° Les objets d'enfants ;

13° Les souvenirs à caractère personnel ou familial ;

14° Les animaux d'appartement ou de garde ;

15° Les animaux destinés à la subsistance du saisi ainsi que les denrées nécessaires à leur élevage ;

16° Les instruments de travail nécessaires à l'exercice personnel de l'activité professionnelle ;

17° Un poste téléphonique permettant l'accès au service téléphonique fixe ou mobile. — *[Décr. n° 92-755 du 31 juill. 1992, art. 39.]*

Art. R. 112-3 Les biens énumérés à l'article R. 112-2 ne sont saisissables pour aucune créance, si ce n'est pour paiement des sommes dues à leur fabricant ou vendeur ou à celui qui a prêté pour les acheter, fabriquer ou réparer. — *[Décr. n° 92-755 du 31 juill. 1992, art. 41.]*

Art. R. 112-4 Pour l'application du 3° de l'article L. 112-2, le débiteur qui prétend que les sommes reçues par lui ont un caractère alimentaire peut saisir le juge de l'exécution pour qu'il détermine si et dans quelle mesure ces sommes ont un caractère alimentaire.

A cette fin, et en tant que de besoin, le juge fait application du barème prévu aux articles R. 3252-2 et R. 3252-3 du code du travail. — *[Décr. n° 92-755 du 31 juill. 1992, art. 43.]*

Art. R. 112-5 Lorsqu'un compte est crédité du montant d'une créance insaisissable en tout ou partie, l'insaisissabilité se reporte à due concurrence sur le solde du compte.

Les créances insaisissables sont mises à disposition du titulaire du compte par le tiers saisi dans les conditions prévues aux articles R. 213-10 et R. 162-7 ainsi qu'au chapitre II du titre VI du présent livre. — *[Décr. n° 92-755 du 31 juill. 1992, art. 44.]*

LIVRE V. LES MESURES CONSERVATOIRES

TITRE III. LES SÛRETÉS JUDICIAIRES

CHAPITRE I. *DISPOSITIONS GÉNÉRALES*

Art. R. 531-1 Sur présentation de l'autorisation du juge ou du titre en vertu duquel la loi permet qu'une mesure conservatoire soit pratiquée, une sûreté peut être prise sur un immeuble, un fonds de commerce, des parts sociales ou des valeurs mobilières appartenant au débiteur. — *[Décr. n° 92-755 du 31 juill. 1992, art. 250.]*

CHAPITRE II. *LA PUBLICITÉ PROVISOIRE*

SECTION 1. *Les formalités*

Art. R. 532-1 L'inscription provisoire d'hypothèque est opérée par le dépôt *(Décr. n° 2012-1462 du 26 déc. 2012, art. 35, en vigueur le 1er janv. 2013)* « au service de la publicité foncière » de deux bordereaux dans les conditions prévues par l'article 2428 du code civil. Elle contient, en outre, l'indication du capital de la créance et de ses accessoires. — *[Décr. n° 92-755 du 31 juill. 1992, art. 251.]*

Art. R. 532-2 L'inscription provisoire de nantissement sur un fonds de commerce est opérée par le dépôt au greffe du tribunal de commerce de deux bordereaux sur papier libre contenant :

1° La désignation du créancier, son élection de domicile dans le ressort du tribunal de commerce où se trouve situé le fonds et la désignation du débiteur ;

2° L'indication de l'autorisation ou du titre en vertu duquel l'inscription est requise ;

3° L'indication du capital de la créance et de ses accessoires. — *[Décr. n° 92-755 du 31 juill. 1992, art. 252.]*

Art. R. 532-3 Le nantissement des parts sociales est opéré par la signification à la société d'un acte contenant :

1° La désignation du créancier et celle du débiteur ;

2° L'indication de l'autorisation ou du titre en vertu duquel la sûreté est requise ;

3° L'indication du capital de la créance et de ses accessoires.

En outre, s'il s'agit d'une société civile immatriculée, l'acte de nantissement est publié au registre du commerce et des sociétés.

Le nantissement grève l'ensemble des parts à moins qu'il ne soit autrement précisé dans l'acte. — *[Décr. n° 92-755 du 31 juill. 1992, art. 253.]*

Art. R. 532-4 Le nantissement des valeurs mobilières est opéré par la signification d'une déclaration à l'une des personnes mentionnées aux articles R. 232-1 à R. 232-4 selon le cas.

Cette déclaration contient :

1° La désignation du créancier et du débiteur ;

2° L'indication de l'autorisation ou du titre en vertu duquel la sûreté est requise ;

3° L'indication du capital de la créance et de ses accessoires.

Le nantissement grève l'ensemble des valeurs mobilières à moins qu'il ne soit autrement précisé dans l'acte. — *[Décr. n° 92-755 du 31 juill. 1992, art. 254.]*

SECTION 2. *Dispositions communes*

Art. R. 532-5 A peine de caducité, huit jours au plus tard après le dépôt des bordereaux d'inscription ou la signification du nantissement, le débiteur en est informé par acte de commissaire de justice.

Cet acte contient à peine de nullité :

1° Une copie de l'ordonnance du juge ou du titre en vertu duquel la sûreté a été prise ; toutefois, s'il s'agit d'une obligation notariée ou d'une créance de l'État, des collectivités territoriales ou de leurs établissements publics, il n'est fait mention que de la date, de la nature du titre et du montant de la dette ;

2° L'indication, en caractères très apparents, que le débiteur peut demander la mainlevée de la sûreté comme il est dit à l'article R. 512-1 ;

3° La reproduction des articles R. 511-1 à R. 512-3 et R. 532-6. — *[Décr. n° 92-755 du 31 juill. 1992, art. 255.]*

Art. R. 532-6 Lorsque le créancier est déjà titulaire d'un titre exécutoire, la mainlevée de la publicité provisoire peut être demandée jusqu'à la publicité définitive, laquelle ne peut intervenir moins d'un mois après la signification de l'acte prévu à l'article R. 532-5. — *[Décr. n° 92-755 du 31 juill. 1992, art. 256.]*

Art. R. 532-7 La publicité provisoire conserve la sûreté pendant trois ans. Elle peut être renouvelée pour la même durée.

Le renouvellement est effectué dans les conditions prévues aux articles 61 et suivants du décret n° 55-1350 du 14 octobre 1955 pris pour l'application du décret n° 55-22 du 4 janvier 1955 portant réforme de la publicité foncière, pour l'inscription provisoire d'hypothèque, et dans les mêmes formes que la publicité initiale pour les autres sûretés judiciaires. – *[Décr. n° 92-755 du 31 juill. 1992, art. 257.]*

Art. R. 532-8 Si le bien est vendu avant que la publicité définitive ait été accomplie, le créancier titulaire de la sûreté judiciaire jouit des mêmes droits que le titulaire d'une sûreté conventionnelle ou légale. Toutefois, la part qui lui revient dans la distribution du prix est consignée auprès de la Caisse des dépôts et consignations.

Cette part lui est remise s'il justifie de l'accomplissement de la publicité définitive dans le délai prévu. A défaut, elle est remise aux créanciers en ordre de la recevoir ou au débiteur. – *[Décr. n° 92-755 du 31 juill. 1992, art. 258.]*

Art. R. 532-9 Lorsque la valeur des biens grevés est manifestement supérieure au montant des sommes garanties, le débiteur peut faire limiter par le juge les effets de la sûreté provisoire s'il justifie que les biens demeurant grevés ont une valeur double du montant de ces sommes. – *[Décr. n° 92-755 du 31 juill. 1992, art. 259.]*

CHAPITRE III. *LA PUBLICITÉ DÉFINITIVE*

Art. R. 533-1 La publicité provisoire doit être confirmée par une publicité définitive. Cette publicité donne rang à la sûreté à la date de la formalité initiale, dans la limite des sommes conservées par cette dernière. – *[Décr. n° 92-755 du 31 juill. 1992, art. 260.]*

Art. R. 533-2 La publicité définitive est opérée, pour l'hypothèque, conformément à l'article 2428 du code civil et, pour le nantissement du fonds de commerce, conformément aux articles L. 143-16 et R. 143-6 et suivants du code de commerce.

Il n'est dû *(Décr. n° 2012-1462 du 26 déc. 2012, art. 35, en vigueur le 1er janv. 2013)* « qu'un seul émolument ou qu'une seule contribution de sécurité immobilière prévue à l'article 879 du code général des impôts » pour les inscriptions provisoire et définitive. – *[Décr. n° 92-755 du 31 juill. 1992, art. 261.]*

Art. R. 533-3 La publicité définitive du nantissement des parts sociales et valeurs mobilières est opérée dans les mêmes formes que la publicité provisoire.

Après avoir accompli cette formalité, le créancier peut demander l'agrément du nantissement, s'il y a lieu. – *[Décr. n° 92-755 du 31 juill. 1992, art. 262.]*

Art. R. 533-4 La publicité définitive est effectuée dans un délai de deux mois courant selon le cas :

1° Du jour où le titre constatant les droits du créancier est passé en force de chose jugée ;

2° Si la procédure a été mise en œuvre avec un titre exécutoire, du jour de l'expiration du délai d'un mois mentionné à l'article R. 532-6 ou, si une demande de mainlevée a été formée, du jour de la décision rejetant cette contestation ; toutefois, si le titre n'était exécutoire qu'à titre provisoire, le délai court comme il est dit au 1° ;

3° Si le caractère exécutoire du titre est subordonné à une procédure d'exequatur, du jour où la décision qui l'accorde est passée en force de chose jugée.

Le créancier présente tout document attestant que les conditions prévues ci-dessus sont remplies. – *[Décr. n° 92-755 du 31 juill. 1992, art. 263.]*

Art. R. 533-5 Si, après la vente du bien, le prix en a été régulièrement versé pour être distribué, la publicité définitive est remplacée par la signification du titre du créancier à la personne chargée de la répartition du prix, dans le délai de deux mois prévu à l'article *R. 533-4*. – *[Décr. n° 92-755 du 31 juill. 1992, art. 264.]*

Art. R. 533-6 A défaut de confirmation dans le délai, la publicité provisoire est caduque et sa radiation peut être demandée au juge de l'exécution.

En cas d'extinction de l'instance introduite par le créancier ou si sa demande est rejetée, la radiation est demandée au juge saisi du fond ; à défaut, elle est ordonnée par le juge de l'exécution.

La radiation est effectuée sur présentation de la décision passée en force de chose jugée.

Les frais sont supportés par le créancier.

Si la part du créancier titulaire de la sûreté provisoire a été consignée, elle est remise, selon le cas, aux créanciers en ordre de la recevoir ou au débiteur. – *[Décr. n° 92-755 du 31 juill. 1992, art. 265.]*

Art. 2324 *(Ord. nº 2021-1192 du 15 sept. 2021, art. 6, en vigueur le 1er janv. 2022)* **La sûreté réelle est légale, judiciaire ou conventionnelle, selon qu'elle est accordée par la loi à raison de la qualité de la créance, par un jugement à titre conservatoire, ou par une convention.**

Elle est mobilière ou immobilière, selon qu'elle porte sur des biens meubles ou immeubles.

Elle est générale lorsqu'elle porte sur la généralité des meubles et des immeubles ou des seuls meubles ou des seuls immeubles. Elle est spéciale lorsqu'elle ne porte que sur des biens déterminés ou déterminables, meubles ou immeubles.

Ancien art. 2324 ***Le privilège est un droit que la qualité de la créance donne à un créancier d'être préféré aux autres créanciers, même hypothécaires.***

Art. 2325 *(Ord. nº 2021-1192 du 15 sept. 2021, art. 6, en vigueur le 1er janv. 2022)* **La sûreté réelle conventionnelle peut être constituée par le débiteur ou par un tiers.**

Lorsqu'elle est constituée par un tiers, le créancier n'a d'action que sur le bien affecté en garantie. Les dispositions des articles 2299, 2302 à 2305-1, 2308 à 2312 et 2314 sont alors applicables.

BIBL. ▶ ANSAULT, *D. 2022. 237* (les sûretés réelles consenties en garantie de la dette d'autrui : un choix légistique discutable ?). – OOSTERLYNCK, *RDI 2022. 440* (la curieuse protection du tiers garant depuis la réforme des sûretés). – SIMLER, *JCP N 2021, nº 1339* (sûreté réelle constituée par un tiers, renaissance du cautionnement réel ?).

Comp. anc. art. 2334.

Décisions rendues sous l'empire des textes antérieurs à l'Ord. nº 2021-1192 du 15 sept. 2021.

I. NATURE DE LA SÛRETÉ RÉELLE DONNÉE PAR UN TIERS

1. Distinction avec le cautionnement. Une sûreté réelle consentie pour garantir la dette d'un tiers n'implique aucun engagement personnel à satisfaire à l'obligation d'autrui et n'est pas dès lors un cautionnement, lequel ne se présume pas. • Cass., ch. mixte, 2 déc. 2005, nº 03-18.210 P : *R., p. 214 ; BICC 15 janv. 2006, rapp. Foulquié, concl. Sainte-Rose ; D. 2006. 729, concl. Sainte-Rose, note Aynès ; ibid. AJ 61, obs. Avena-Robardet ; ibid. Pan. 1420, obs. Lemouland et Vigneau, et 2856, obs. Crocq ; JCP 2005. II. 10183, note Simler ; JCP E 2006. 1056, note S. Piedelièvre ; Defrénois 2006. 586, obs. Libchaber, et 1601, obs. Champenois ; AJ fam. 2006. 113, obs. Hilt ; Dr. fam. 2006. Étude 13, par Beignier ; Dr. et patr. 2/2006. 128, obs. Dupichot ; RJPF 2006-5/22, note Vauvillé ; RTD civ. 2006. 357, obs. Vareille ; ibid. 594, obs. Crocq ; RTD com. 2006. 465, obs. D. Legeais* • Civ. 1re, 7 févr. 2006, nº 02-16.010 P : *D. 2006. 1543, note Bonnet ; ibid. AJ 574, obs. Avena-Robardet ; Dr. et pr. 2006. 234, note Salati* • Civ. 3e, 15 févr. 2006, nº 04-19.847 P : *D. 2006. AJ 716, obs. Avena-Robardet* • Com. 21 févr. 2006, nº 04-14.051 P : *D. 2006. 1543, note Bonnet ; ibid. AJ 716, obs. Avena-Robardet* • 7 mars 2006, nº 04-13.762 P : *D. 2006. AJ 782, obs. Lienhard*.

2. Cautionnement personnel doublant la sûreté réelle. Pour une décision déduisant des termes de l'engagement de la caution que celle-ci a entendu ajouter à son cautionnement hypothécaire, nécessairement limité à la valeur du bien grevé, un cautionnement emportant pour elle engagement personnel de répondre de l'intégralité des dettes du débiteur principal : • Civ. 1re, 9 nov. 2004, nº 01-17.431 P : *Gaz. Pal. 2005. Somm. 2057, obs. S. Piedelièvre ; Defrénois 2006. 187, obs. Théry.* – Dans le même sens : • Civ. 1re, 7 févr. 2006, nº 04-15.147 P. ♦ V. aussi, sur l'office du juge dans la recherche de l'existence éventuelle de cette seconde sûreté : • Com. 21 mars 2006, nº 05-12.864 P : *BICC 1er juill. 2006, nº 1371, et la note ; D. 2006. AJ 913, obs. Avena-Robardet ; Dr. et pr. 2006. 293, obs. Picod ; RDI 2006. 203, obs. Heugas-Darraspen ; RTD com. 2007. 227, obs. Martin-Serf*.

II. CONSÉQUENCES

A. CONSÉQUENCES DE L'ABSENCE D'ENGAGEMENT PERSONNEL

3. Inapplicabilité de l'interdiction des voies d'exécution en cas de procédure collective ouverte contre le constituant. Une sûreté réelle, consentie pour garantir la dette d'un tiers, n'impliquant aucun engagement personnel du constituant de cette sûreté à satisfaire à l'obligation d'autrui, le bénéficiaire d'une telle sûreté ne peut agir en paiement contre le constituant, qui n'est pas son débiteur, et, n'ayant pas acquis la qualité de créancier, il n'est pas soumis à l'arrêt ou à l'interdiction des voies d'exécution qui, en application de l'art. L. 621-40 dans sa rédaction alors applicable, résultent de l'ouverture de la procédure collective du constituant. Par conséquent, il peut poursuivre ou engager une procédure de saisie immobilière contre le constituant, après avoir mis en cause l'administrateur et le représentant des créanciers. • Com. 25 nov. 2020, nº 19-11.525 P : *D. 2021. 555, note Robine ;*

ibid. 532, obs. Dammann et Malavielle ; *RTD civ. 2021. 183, obs. Gijsbers* .

4. *Prescription.* La sûreté réelle consentie pour garantir la dette d'un tiers n'impliquant aucun engagement personnel à satisfaire à l'obligation d'autrui, elle n'est pas un cautionnement. Limitée au bien affecté en garantie, elle est soumise à la prescription trentenaire pour les actions réelles immobilières, et non à la prescription quinquennale de droit commun prévue par l'art. 2224 pour les actions personnelles ou mobilières. • Com. 2 juin 2021, n° 20-12.908 P.

5. *Sûreté réelle donnée par une personne morale.* La contrariété à l'intérêt social de la sûreté souscrite par une société à responsabilité limitée en garantie de la dette d'un tiers n'est pas, par elle-même, une cause de nullité de cet engagement. • Com. 12 mai 2015, n° 13-28.504 P : *cité note 4 ss. art. 2410.*

B. INAPPLICABILITÉ DES RÈGLES RELATIVES AU CAUTIONNEMENT

6. *Art. 2314.* Une sûreté réelle consentie pour garantir la dette d'autrui, qui n'implique aucun engagement personnel à satisfaire à l'obligation d'autrui, n'est pas un cautionnement, de sorte que l'art. 2314 n'est pas applicable. • Civ. 3e, 12 avr. 2018, n° 17-17.542 P : *D. 2018. 1540, note Gouëzel* ; *ibid. 1884, obs. Crocq* ; *RDI 2018. 385, obs. Heugas-Darraspen* ; *AJ contrat 2018. 241, obs. Houtcieff* ; *RTD civ. 2018. 461, obs. Crocq* ; *RTD com. 2018. 773, obs. Martin-Serf* ; *RDC 2018. 371, obs. Houtcieff* ; *JCP 2018, n° 670, note Aynès* ; *Gaz. Pal. 2018. 1465, obs. Piedelièvre.* ♦ *Contra* : la caution réelle doit être déchargée lorsque, par le fait du créancier, la subrogation ne peut plus s'opérer et il est soutenu en vain que la caution réelle, tenue *propter rem* et non en raison d'un droit personnel d'obligation, ne peut bénéficier des dispositions de l'art. 2037. • Civ. 1re, 23 nov. 1954 : *Bull. civ. I, n° 331* (solution déjà remise en cause par la jurisprudence affirmant que la sûreté réelle donnée pour garantir la dette d'autrui n'est pas un cautionnement, V. notes 12 s. ss. art. 2288).

7. *Contrôle de proportionnalité et devoir de mise en garde.* BIBL. Gallois, *D. 2010. Chron.* 335 (proportionnalité dans les sûretés réelles). ♦ L'engagement de la personne qui affecte un de ses biens en garantie de la dette d'autrui est nécessairement proportionné aux facultés contributives de son souscripteur. • Civ. 1re, 7 mai 2008, n° 07-11.692 P : *D. 2008. 2036, note Piedelièvre* ; *Banque et Dr. 7-8/2008. 41, obs. Jacob* ; *Dr. et patr. 10/2008. 95, obs. L. Aynès et Dupichot* ; *RLDC 2008/50, n° 3027, obs. Maraud des Grottes* ; *RTD civ. 2008. 700, obs. Crocq* ; *RDC 2008. 1285, obs. A. Aynès* ; *Defrénois 2009. 2080, obs. Théry.* ♦ Dans la mesure où la sûreté réelle consentie pour garantir la dette d'un tiers n'est pas un cautionnement et, s'agissant d'une hypothèque sur un bien, où elle est limitée à ce bien et nécessairement adaptée aux capacités financières du constituant et aux risques de l'endettement né de l'octroi du crédit, la banque qui fait souscrire une telle sûreté n'est pas tenue d'un devoir de mise en garde à l'égard du constituant, que celui-ci soit ou non averti. • Com. 24 mars 2009, n° 08-13.034 P : *D. 2009. 1661, note Borga* ; *Gaz. Pal. 2009. 1982, obs. Piedelièvre* ; *Banque et Dr. 5-6/2009. 60, obs. Rontchevsky* ; *Dr. et patr. 9/2009. 48, obs. Pailler* ; *ibid., p. 90, obs. Mattout et Prüm* ; *RTD com. 2009. 425, obs. Legeais* .

8. *Bénéfice de discussion et de division.* Le garant qui a donné une sûreté réelle pour garantir la dette d'un tiers sans avoir pris aucun engagement personnel n'est pas fondé à opposer au créancier le bénéfice de discussion. • Civ. 2e, 4 sept. 2014, n° 13-11.887 P : *D. 2014. 1828* . ♦ La sûreté réelle consentie pour garantir la dette d'un tiers, n'impliquant aucun engagement personnel à satisfaire à l'obligation d'autrui, n'est pas un cautionnement ; limitée au bien affecté en garantie, elle n'ouvre, au tiers qui la constitue, ni le bénéfice de discussion ni le bénéfice de division. • Civ. 1re, 25 nov. 2015, n° 14-21.332 P : *D. 2015. 2500* ; *JCP 2016, n° 218, note Pellier* (engagements solidaires pris entre le nu-propriétaire et les usufruitiers d'un immeuble, de l'affecter hypothécairement à la garantie des prêts souscrits par la société dont l'un d'eux était actionnaire).

9. *Art. 1415.* V. note 2 ss. cet art.

Ancien art. 2325 ***Entre les créanciers privilégiés, la préférence se règle par les différentes qualités des privilèges.***

Art. 2326 *(Ord. n° 2021-1192 du 15 sept. 2021, art. 6, en vigueur le 1er janv. 2022)* **Une sûreté réelle peut être constituée sur les biens d'une personne morale de droit privé en vertu de pouvoirs résultant de délibérations ou délégations établies sous signatures privées alors même que la constitution de la sûreté doit l'être par acte authentique.** — *Comp. anc. art. 1844-2.*

Ancien art. 2326 ***Les créanciers privilégiés qui sont dans le même rang, sont payés par concurrence.***

Art. 2327 *(Abrogé par Ord. n° 2021-1192 du 15 sept. 2021, art. 6, à compter du 1er janv. 2022)* ***Le privilège, à raison des droits du Trésor royal*** [public] ***et l'ordre dans lequel il s'exerce, sont réglés par les lois qui les concernent.***

Le Trésor royal** [public] **ne peut cependant obtenir de privilège au préjudice des droits antérieurement acquis à des tiers.

1. Interprétation jurisprudentielle du texte. Il est de l'essence du privilège que son rang soit déterminé d'après la faveur attachée par la loi à la qualité de la créance qu'il garantit. Aucun texte ne déroge à ce principe à l'égard du Trésor public. Son privilège ne doit donc pas être classé d'après la priorité du temps. La disposition du § 2 de l'art. 2098 [2327 anc.] doit être entendue en ce sens que la création de privilèges nouveaux au profit du Trésor public ne fera pas échec à la règle de la non-rétroactivité des lois qui sauvegarde les droits acquis avant leur promulgation. • Civ. 27 juill. 1925 : *DP 1927. 1. 110, réquis. Lescouvé.* – Déjà en ce sens : • Civ. 2 déc. 1862 : *DP 1862. 1. 513.*

2. Portée de la non-rétroactivité. Jugé qu'un privilège institué par une loi nouvelle est applicable à des créances antérieures, lorsque cette application ne porte pas atteinte à des droits acquis. • Civ. 22 juill. 1936 : *DH 1936. 490 ; RTD civ. 1936. 887, obs. Solus* • 23 nov. 1938 : *DH 1939. 50.* ♦ Mais jugé aussi que les conditions d'existence d'un privilège sont déterminées par la loi en vigueur au jour de la naissance de la créance. • Com. 7 mai 1957 : *JCP 1957. II. 10152, note P. A. ; RTD com. 1957. 731, obs. Houin.* – V. aussi • Civ. 2e, 10 nov. 1955 : *D. 1956. 78 ; RTD com. 1956. 129, obs. Houin.*

3. Compétence. Lorsqu'un redevable, sans contester ni le principe ni le montant de sa dette envers le Trésor, met seulement en question sa qualité de créancier privilégié, le litige n'est pas de la compétence de la juridiction administrative. En effet, toutes les difficultés relatives au privilège du Trésor sont de la compétence de l'autorité judiciaire. • T. confl. 13 janv. 1936 : *DP 1936. 3. 69, rapport Pilon.*

Art. 2328 *(Abrogé par Ord. n° 2021-1192 du 15 sept. 2021, art. 6, à compter du 1er janv. 2022)* **Les privilèges peuvent être sur les meubles ou sur les immeubles.**

> **Décret n° 55-22 du 4 janvier 1955,** *portant réforme de la publicité foncière (D. 1955. 44 ; BLD 1955. 24).* **Art. 15** Tous privilèges spéciaux ou généraux sur les immeubles autres que ceux visés aux articles 2374 et 2375 *[anciens]* du code civil sont transformés en hypothèques légales et sont soumis aux règles édictées pour ces dernières par le code civil et le présent décret, nonobstant toutes dispositions spéciales contraires.

SOUS-TITRE II DES SÛRETÉS SUR LES MEUBLES *(Ord. n° 2006-346 du 23 mars 2006).*

BIBL. GÉN. ▸ **Réforme du 23 mars 2006 :** DAMMANN, *D. 2006. 1298* (la réforme des sûretés mobilières : une occasion manquée). – GOUT, *LPA 18 mai 2006.* – LISANTI, *D. 2006. Chron. 2671* (sûretés sur meubles incorporels). – DAMMANN et PODEUR, *D. 2008. Chron. 2300* (loi de modernisation de l'économie).

▸ **Réforme du 15 sept. 2021 :** Dossier, *JCP N 2021, nos 1328 s.* (sûretés mobilières).

▸ **Autres thèmes :** JACOMIN et LACOURTE, *RLDC 2012/99, n° 4894* (pacte commissoire).

▸ **Dossier,** *Dr. et patr. 7-8/2007. 46* (les sûretés mobilières), par AYNÈS, LEGEAIS, SYNVET, JACOB et BROS.

Art. 2329 *(Ord. n° 2006-346 du 23 mars 2006)* **Les sûretés sur les meubles sont :**

1° Les privilèges mobiliers ;

2° Le gage de meubles corporels ;

3° Le nantissement de meubles incorporels ;

4° La propriété retenue *(Ord. n° 2009-112 du 30 janv. 2009, art. 3, en vigueur le 1er févr. 2009)* **« ou cédée » à titre de garantie.**

Dans toutes les dispositions législatives et réglementaires en vigueur, la référence au gage et au créancier gagiste s'entend de la référence au nantissement et au créancier nanti lorsque la sûreté a pour objet un bien meuble incorporel. Réciproquement, la référence au nantissement et au créancier nanti s'entend de la référence au gage et au créancier gagiste lorsque la sûreté a pour objet un bien meuble corporel (Ord. n° 2006-346 du 23 mars 2006, art. 55, JO 24 mars).

En application des dispositions combinées des art. 2329 C. civ. et L. 624-9 C. com., la clause de réserve de propriété constitue une sûreté réelle, mais elle ne confère à son bénéficiaire aucun droit de préférence dans les répartitions. • Com. 15 oct. 2013 : *D. 2014. 187, note Saenko ; Rev. sociétés 2013. 729, obs. Henry.*

CHAPITRE I **DES PRIVILÈGES MOBILIERS** *(Ord. n° 2006-346 du 23 mars 2006).*

RÉP. CIV. v° *Privilèges généraux,* par J.-D. PELLIER.

Art. 2330 *(Ord. n° 2021-1192 du 15 sept. 2021, art. 7-I, en vigueur le 1er janv. 2022)* **Les privilèges mobiliers sont accordés par la loi.**

Ils sont généraux ou spéciaux.

Les dispositions légales qui les régissent sont d'interprétation stricte.

Ils donnent le droit d'être préféré aux autres créanciers. Sauf disposition contraire, ils ne confèrent pas de droit de suite. Ils se reportent sur la créance de prix du débiteur à l'égard de l'acquéreur. – *Comp. anc. art. 2330.*

BIBL. ▶ GOUËZEL, *RDC 2021/4. 109* (réforme des privilèges mobiliers).

Ancien art. 2330 *Les privilèges sont ou généraux, ou particuliers sur certains meubles.*

BIBL. ▶ DAGOT, *Mél. Mouly, Litec, 1998, t. 2, p. 335* (notion de privilège). – SERLOOTEN, *Études Weill, Dalloz/Litec, 1983, p. 495* (prépondérance dans la procédure collective des passifs privilégiés du Trésor et de la Sécurité sociale).

Sûreté légale ; interprétation stricte. Les privilèges ne peuvent être établis que par la loi et les dispositions qui les établissent doivent être interprétées restrictivement. • Soc. 30 nov. 1951 : *D. 1952. 121, note Voirin* • Com. 19 déc. 2006, n° 05-11.290 P (interprétation restrictive). ♦ V. aussi notes ss. art. 2285.

SECTION 1 **Des privilèges généraux** *(Ord. n° 2006-346 du 23 mars 2006).*

Art. 2331 *(Ord. n° 2021-1192 du 15 sept. 2021, art. 7-II, en vigueur le 1er janv. 2022)* **Outre celles prévues par des lois spéciales, les créances privilégiées sur la généralité des meubles sont :**

1° Les frais de justice, sous la condition qu'ils aient profité au créancier auquel le privilège est opposé ;

2° Les frais funéraires ;

3° Les rémunérations et indemnités suivantes :

— les rémunérations, pour les six derniers mois, des salariés et apprentis ;

— le salaire différé, pour l'année échue et pour l'année courante, institué par l'article L. 321-13 du code rural et de la pêche maritime ;

— les créances du conjoint survivant instituées par l'article 14 de la loi n° 89-1008 du 31 décembre 1989 relative au développement des entreprises commerciales et artisanales et à l'amélioration de leur environnement économique, juridique et social et l'article L. 321-21-1 du code rural et de la pêche maritime ;

— l'indemnité de fin de contrat prévue à l'article L. 1243-8 du code du travail et l'indemnité de précarité d'emploi prévue à l'article L. 1251-32 du même code ;

— l'indemnité due en raison de l'inobservation du préavis prévue à l'article L. 1234-5 du code du travail et l'indemnité compensatrice prévue à l'article L. 1226-14 du même code ;

— les indemnités dues pour les congés payés prévues aux articles L. 3141-24 et suivants du même code ;

— les indemnités de licenciement dues en application des conventions collectives de travail, des accords collectifs d'établissement, des règlements de travail, des usages, des ***dispositions des articles*** **L. 1226-14, L. 1234-9, L. 7112-3 à L. 7112-5 du code du travail pour la totalité de la portion inférieure ou égale au plafond visé à l'article L. 3253-2 du même code et pour le quart de la portion supérieure audit plafond ;**

— les indemnités dues, le cas échéant, aux salariés, en application des articles L. 1226-15, L. 1226-20, L. 1226-21, L. 1235-2 à L. 1235-4, L. 1235-11, L. 1235-12, L. 1235-14 et L. 1243-4 du code du travail ;

4° Pendant la dernière année, les produits livrés par un producteur agricole dans le cadre d'un accord interprofessionnel à long terme homologué, ainsi que les sommes dues par tout contractant d'un exploitant agricole en application d'un contrat-type homologué. – *Comp. anc. art. 2331.*

Ancien art. 2331 *Les créances privilégiées sur la généralité des meubles sont celles ci-après exprimées, et s'exercent dans l'ordre suivant :*

1° Les frais de justice ;

2° Les frais funéraires ;

3° (L. 30 nov. 1892) *« Les frais quelconques de la dernière maladie, quelle qu'en ait été la terminaison, concurremment entre ceux à qui ils sont dus » ;*

4° (L. n° 79-11 du 3 janv. 1979) *« Sans préjudice de l'application éventuelle des dispositions des articles L.* ***143-10*** [L. 3253-2, L. 3253-3 nouv.], *L.* ***143-11*** [L. 3253-4 nouv.], *L.* ***742-6*** *et L.* ***751-15*** [L. 7313-8 nouv.] *du code du travail :*

« Les rémunérations des gens de service pour l'année échue et l'année courante ;

« Le salaire différé résultant du contrat de travail institué par l'article ***63*** *du décret du* ***29 juillet 1939*** *relatif à la famille et à la natalité françaises,* [C. rur., art. L. 321-13 s.], *pour l'année échue et l'année courante » ;*

(L. n° 89-1008 du 31 déc. 1989, art. 14-II) *« La créance du conjoint survivant instituée par l'article* ***14*** *de la loi* ***n° 89-1008 du 31 décembre 1989*** *relative au développement des entreprises commerciales et artisanales et à l'amélioration de leur environnement économique, juridique et social »* (L. n° 99-574 du 9 juill. 1999, art. 36) *« et la créance du conjoint survivant instituée par l'article L.* ***321-21-1*** *du code rural et de la pêche maritime » ;*

(L. n° 89-488 du 10 juill. 1989, art. 6) *« Les rémunérations pour les six derniers mois des salariés, apprentis et l'indemnité due par l'employeur aux jeunes en stage d'initiation à la vie professionnelle, telle que prévue à l'article L.* ***980-11-1*** [abrogé] *du code du travail » ;*

(Ord. n° 82-130 du 5 févr. 1982) *« L'indemnité de fin de contrat prévue à l'article* (L. n° 90-9 du 2 janv. 1990) *« L.* ***122-3-4*** [L. 1243-8 nouv.] *» du code du travail et l'indemnité de précarité d'emploi prévue à l'article L.* ***124-4-4*** [L. 1251-32 nouv.] *du même code ;*

« L'indemnité due en raison de l'inobservation du délai-congé prévue à l'article L. ***122-8*** [L. 1234-5 nouv.] *du code du travail et l'indemnité compensatrice prévue à l'article L.* ***122-32-6*** [L. 1226-14 nouv.] *du même code. »*

(L. n° 79-11 du 3 janv. 1979) *« Les indemnités dues pour les congés payés ;*

« Les indemnités de licenciement dues en application des conventions collectives de travail, des accords collectifs d'établissement, des règlements de travail, des usages, des dispositions des articles L. ***122-9*** [L. 1234-9 nouv.], (L. n° 81-3 du 7 janv. 1981) *« L.* ***122-32-6*** [L. 1226-14 nouv.] *», L.* ***761-5*** [L. 7112-3 nouv.] *et L.* ***761-7*** [L. 7112-5 nouv.] (Abrogé par Ord. n° 2004-602 du 24 juin 2004, art. 13-II) *« ainsi que l'indemnité prévue à l'article L.* ***321-6*** *» du code du travail pour la totalité de la portion inférieure ou égale au plafond visé à l'article L.* ***143-10*** [L. 3253-2 nouv.] *du code du travail et pour le quart de la portion supérieure audit plafond » ;*

(Ord. n° 82-130 du 5 févr. 1982) *« Les indemnités dues, le cas échéant, aux salariés, en application des articles* (L. n° 90-9 du 2 janv. 1990) *« L.* ***122-3-8****, deuxième* [troisième] *alinéa* [L. 1243-4 nouv.], *L.* ***122-14-4*** [L. 1235-2, L. 1235-3, L. 1235-11, L. 1235-12 nouv.], *L.* ***122-14-5****, deuxième alinéa* [L. 1235-5 et L. 1235-14 nouv.], *L.* ***122-32-7*** [L. 1226-15 nouv.] *et L.* ***122-32-9*** [L. 1226-20 et L. 1226-21 nouv.] *du code du travail. »*

5° (L. n° 64-678 du 6 juill. 1964) *« Les fournitures de subsistances faites au débiteur et à sa famille pendant la dernière année et, pendant le même délai, les produits livrés par un producteur agricole dans le cadre d'un accord interprofessionnel à long terme homologué »* (L. n° 80-502 du 4 juill. 1980) *« ainsi que les sommes dues par tout contractant d'un exploitant agricole en application d'un contrat type homologué ».*

(L. 9 avr. 1898) *« 6° La créance de la victime de l'accident ou de ses ayants droit relative aux frais médicaux, pharmaceutiques et funéraires, ainsi qu'aux indemnités allouées à la suite de l'incapacité temporaire de travail ;*

(L. 11 mars 1932) *« 7° Les allocations dues aux ouvriers et employés par les caisses de compensation et autres institutions agréées pour le service des allocations familiales ou par les employeurs dispensés de l'affiliation à une telle institution en vertu de l'article 74 f* [abrogé] *du livre I du code du travail ;*

« 8° Les créances des caisses de compensation et autres institutions agréées pour le service des allocations familiales à l'égard de leurs adhérents, pour les cotisations que ceux-ci se sont engagés à leur verser en vue du payement des allocations familiales et de la péréquation des charges résultant du versement desdites prestations. »

Sur les privilèges affectant les biens constituant l'actif des entreprises d'assurances, V. C. assur., art. L. 327-1 à L. 327-5. — ***C. assur.***

A. FRAIS DE JUSTICE

1. Double condition : frais utiles à la conservation et profitables aux créanciers. Il est de principe et de jurisprudence que les frais de justice sont privilégiés à la double condition d'avoir été, d'une part, utiles à la conservation et à la réalisation des biens et, d'autre part, exposés dans l'intérêt commun des créanciers. • Dijon, 3 avr. 1980 : *Gaz. Pal. 1982. 2. 424, note Chartier.* – V. déjà • Req. 1er avr. 1890 : *DP 1891. 1. 364.* ♦ Le privilège des frais de justice ne peut être opposé à un créancier que lorsque les frais lui ont profité. • Com. 19 oct. 1970 : *Gaz. Pal. 1971. 1. 72* • 17 nov. 1970 : *Bull. civ. IV, n° 305* • 5 déc. 1995, n° 93-16.323 P : *D. 1996. Somm. 389, obs. S. Piedelièvre* ; *RTD civ. 1996. 433, obs. Crocq* ; *JCP 1996. I. 3942, n° 10, obs. Simler et Delebecque* (application aux frais de la liquidation des biens).

2. Créances garanties. Ainsi, constituent des frais de justice privilégiés les frais de scellés, d'inventaire et de compte. • Req. 14 févr. 1894 : *DP 1894. 1. 296.* ♦ ... Les frais faits par un séquestre pour l'exécution de travaux ayant pour but la conservation d'un immeuble dans l'intérêt des créanciers appelés à s'en partager le prix. • Civ. 15 févr. 1938 : *DH 1938. 177.* ♦ ... Les frais et honoraires de l'administrateur au règlement judiciaire. • Com. 15 févr. 1971, n° 70-10.261 P. ♦ ... Sauf à l'égard des créanciers qui n'en ont pas profité. • Com. 19 oct. 1970 : *préc. note 1.* ♦ Jugé que les honoraires des avocats ne sont pas des frais de justice au sens de l'art. 2101 [anc. 2331]. • Montpellier, ch. corr., 13 déc. 1935 : *DH 1936. 138.* ♦ ... Non plus que la créance d'une société d'expertise pour l'établissement d'un bilan comptable. • Caen, 12 avr. 1973 : *D. 1974. 499, note Sigalas.* ♦ ... Ni les honoraires du commissaire aux comptes au titre de sa mission légale en matière de procédure d'alerte. • Colmar, 2 mars 1999 : *BICC 1er août 1999, n° 985* • Paris, 18 mai 1999 : *D. 2000. Somm. 387, obs. S. Piedelièvre*. ♦ Mais jugé, au contraire, que sont privilégiés les frais relatifs à des travaux exceptionnels d'un cabinet d'expertise comptable dictés par le souci de sauvegarder l'entreprise et par là même de préserver l'intérêt des créanciers. • Nîmes, 7 févr. 1973 : *D. 1974. 224.*

B. FRAIS FUNÉRAIRES

3. Créances garanties. Le privilège ne s'applique qu'aux frais de l'inhumation et de la cérémonie qui l'accompagne. • Civ. 15 mars 1897 : *DP 1897. 1. 280.* ♦ Il convient de prendre en considération la position sociale et la fortune *apparente du défunt. • Bordeaux, 15 juill. 1903 : DP 1904. 2. 326.*

4. Assiette. Si l'héritier pur et simple peut être tenu sur ses biens personnels des frais funéraires qui constituent une dette de la succession, ce n'est que sur les biens provenant de celle-ci que peut s'exercer le privilège. • Civ. 22 oct. 1946 : *D. 1947. 69* ; *JCP 1946. II. 3350, note Becqué.*

C. FRAIS DE DERNIÈRE MALADIE

5. Créances garanties. Le privilège institué par l'art. 2101 [anc. 2331], 3°, a pour objet d'assurer au débiteur malade les soins que réclame son état. Si les frais d'entretien d'un aliéné dans un asile ne rentrent pas dans ceux prévus par ce texte, les frais afférents aux traitements nécessités par son état pathologique, quel qu'il soit, ne sauraient être exclus du privilège. • Civ. 21 mars 1938 : *DH 1938. 354.*

D. SALAIRES

6. Période de référence. La L. du 13 juill. 1967 ayant abrogé les art. 528 et 530 C. com. du rapprochement desquels il résultait que la période de travail prise en considération tant pour le privilège général des salariés que pour leur superprivilège était celle qui avait immédiatement précédé le jugement déclaratif, il y a lieu d'appliquer les termes clairs et précis des art. 2101, 4°, C. civ. et L. 143-10 [L. 3253-5 nouv.] C. trav., sans y apporter une limitation qu'ils ne comportent pas. Peu importe donc que le contrat de travail ait pris fin plus de six mois avant le jugement déclaratif. • Soc. 15 mars 1983 : *Bull. civ. V, n° 159* (rejet du pourvoi formé contre • Rennes, 2 déc. 1981 : *Defrénois 1982. 563, note A. Honorat*). ♦ V. dans le même sens, pour le superprivilège : • Soc. 25 oct. 1972 : *D. 1973. 218, note Lyon-Caen.* ♦ ... Pour le privilège : • Limoges, 2 juill. 1974 : *D. 1975. 131, note A. Honorat.*

7. Superprivilège. BIBL. Derrida, *D. 1973. Chron. 59.* – Rappr. : *D. 1974. Chron. 119* (assurance du paiement des salaires). – Lafarge, Serfati-Apter et Métayer, *Gaz. Pal. 1986. 1. Doctr. 299* (conséquences de la L. du 25 janv. 1985). ♦ Les rémunérations dues aux gens de mer au titre des 90 derniers jours de travail doivent, conformément aux dispositions des art. L. 143-10 [L. 3253-2 nouv.] et L. 742-6 C. trav., être payées avant toute autre créance privilégiée, mais il n'en est pas de même des créances de cotisations de retraite sur les salaires versés aux marins, lesquelles sont privilégiées mais n'entrent pas dans le champ d'application de l'art. L. 143-10 [L. 3253-2 nouv.] C. trav. • Com. 1er oct. 1991, n° 89-21.350 P.

8. Plafond. Le plafond mensuel limitant le superprivilège est identique pour toutes les catégories de bénéficiaires. Il s'ensuit que les acomptes déjà perçus doivent venir en diminution dudit plafond, pour ne pas rompre l'égalité entre salariés créanciers se prévalant de la même disposition. • Soc. 29 avr. 1975 : *D. 1975. 678, note F. D.*

9. Bénéficiaires : créancier subrogé. Une banque ayant payé, contre quittance subrogative des ayants droit, des salaires dus par une entreprise à son personnel peut invoquer, après mise en liquidation des biens de celle-ci, le bénéfice du superprivilège garantissant la rémunération des salariés ; en effet, la subrogation a pour effet d'investir le subrogé de la créance primitive avec tous ses avantages ou accessoires, présents et à venir. • Com. 3 juin 1982 : *D. 1982. 483,* *note A. Honorat.* – V. aussi note Mestre sous • Aix-en-Provence, 13 oct. 1981 : *JCP 1982. II. 19860.*

10. Rang. Les créances superprivilégiées de salaires l'emportent sur toutes les autres créances, même postérieures au jugement d'ouverture de la procédure collective. • Com. 6 juill. 1993 : *D. 1993. 530, note Ramackers.* ♦ Pour les créances nées postérieurement au jugement d'ouverture d'une procédure de redressement judiciaire : V. C. com., art. L. 622-17, et • Com. 6 juill. 1993 : *préc.*

11. Le superprivilège des salariés prime le privilège du créancier nanti sur le matériel d'équipement en vertu de la L. du 18 janv. 1951 (C. com., art. L. 525-1 s.). • Com. 18 juill. 1977 : *D. 1978. 404, note J. Mouly ; JCP 1980. II. 19316 (1re esp.), note Chartier.* ♦ ... Le privilège du créancier nanti sur marché de travaux publics. • Com. 5 mai 1980, n° 78-15.767 P : *R., p. 59 ; D. 1980. 447 (2e esp.), note A. H.* ♦ ... Les privilèges résultant des frais d'entretien d'un aéronef et de l'hypothèque sur aéronef. • T. com. Pointe-à-Pitre, 20 févr. 1981 : *JCP 1981. II. 19598, note Le Gall* • TGI Paris, 26 janv. 1995 : *JCP N 1996. Prat 3638, n° 23, obs. Delebecque.* ♦ *Contra :* • TGI Le Puy, 21 nov. 1986 : *JCP 1987. II. 20756, note Le Gall ; D. 1988. Somm. 74, obs. Derrida.* ♦ Mais il ne peut être invoqué à l'encontre du report du droit de rétention du créancier gagiste sur le prix de vente du bien gagé. • Orléans, 9 déc. 1974 : *D. 1975. 768, note Derrida* • Com. 15 oct. 1991, n° 90-10.784 P. ♦ Dans le même sens, pour l'attribution d'un nantissement sur un fonds de garantie : • Com. 6 janv. 1998, n° 95-17.399 P : *D. 1998. Somm. 375, obs. S. Piedelièvre.*

12. Privilège « simple » : créances garanties. Les sommes dues en application d'un contrat d'intéressement ou d'association ou d'un accord de participation des salariés aux résultats de l'entreprise n'ont pas le caractère d'un salaire et il ne saurait être reconnu aucun caractère privilégié à ces créances. • T. com. Paris, 19 juin 1975 : *Gaz. Pal. 1975. 2. 752, note G.H.* ♦ L'indemnité de clientèle d'un représentant de commerce, instituée par l'art. L. 751-9, al. 1er, C. trav., n'est pas comprise dans l'énumération limitative des art. 2101 [anc. 2331] et 2104 [anc. 2375], contrairement à l'indemnité de licenciement. • Soc. 19 mars 1986 : *Bull. civ. V, n° 108.*

13. ... Créancier subrogé. Le subrogé, qui dispose des droits et actions du créancier qu'il a désintéressé, ne bénéficie que du privilège attaché à la créance qu'il a acquittée. Ne peut donc être étendu aux intérêts des sommes versées à titre de salaires par une banque le privilège institué uniquement pour les salaires ou pour les rémunérations et indemnités visées par les textes. • Com. 23 nov. 1982, n° 81-10.516 P.

14. Garanties de la créance du conjoint survivant d'un commerçant (anc. art. 2331, 4°, al. 4). V. Dagot, *JCP N 1990. I. 317.*

15. Propriété intellectuelle. Selon l'art. L. 131-8 CPI, les auteurs compositeurs et artistes bénéficient du privilège prévu au 4°) de l'art. 2331 et à l'art. 2375 [anc.] pour le paiement des redevances et rémunérations qui leur sont dues pour les trois dernières années à l'occasion de la cession, de l'exploitation ou de l'utilisation de leurs œuvres ; cassation de l'arrêt qui constate une créance privilégiée pour une durée supérieure à trois ans. • Civ. 1re, 27 mars 2019, n° 18-10.605 P.

Garantie des rémunérations des auteurs, compositeurs et artistes (loi 11 mars 1957, art. 58, devenu art. L. 131-8 CPI) : le privilège bénéficie aux ayants cause des auteurs, compositeurs et artistes, en vue du paiement des redevances qui leur sont dues à l'occasion de l'exploitation ou de l'utilisation d'œuvres littéraires ou artistiques. La SACEM est donc fondée à s'en prévaloir pour recouvrer les redevances dues à l'occasion de la diffusion d'œuvres musicales dont les auteurs lui ont fait apport. • Civ. 1re, 28 mai 1991, n° 89-19.015 P. ♦ Ne bénéficient pas du privilège les dommages-intérêts destinés à réparer le préjudice causé par des actes de contrefaçon. • Civ. 1re, 24 mars 1993, n° 91-16.193 P.

16. Caisses de sécurité sociale. Si l'art. L. 138 [devenu L. 243-4] CSS confère aux créances des caisses un privilège qui prend rang concurremment avec celui des gens de service établi par l'art. 2101 [anc. 2331] C. civ., ces créances ne sont cependant pas assimilées aux créances privilégiées visées audit art. et qui seules peuvent ouvrir droit à saisie des pensions régies par l'art. 105 C. pensions militaires. • Civ. 2e, 10 mars 1988 : *Bull. civ. II, n° 64.* ♦ V. aussi : • Com. 27 oct. 1998, n° 96-14.037 P : *D. 1999. Somm. 187, obs. A. Honorat ; JCP 1999. I. 158, n° 17, obs. Delebecque* (période couverte par l'inscription) • Soc. 20 mai 1999, n° 97-21.640 P : *JCP 1999. I. 177, n° 17, obs. M. Cabrillac* (durée de conservation du privilège) • 16 mai 2002, n° 00-18.067 P (sanction du défaut de publication) • Com. 18 juin 2013, n° 12-14.493 P : *D. 2013. 1617, obs. Lienhard* (privilège ne conférant pas le droit d'être payé par priorité sur les premières rentrées de fonds) • 9 juill. 2013, n° 12-20.649 P : *D. 2013. 1830, obs. Lienhard ; Rev. sociétés 2013. 525, obs. Henry* (idem).

E. FOURNITURE DE SUBSISTANCE

17. Créances garanties. Doivent être considérées comme créances privilégiées non seulement celles qui résultent de fournitures nécessaires à l'alimentation du débiteur et de sa famille, mais aussi celles qui ont trait à des fournitures destinées au chauffage et à l'éclairage en tant qu'elles constituent des accessoires indispensables à la subsistance journalière du ménage. • Civ. 11 avr. 1933 : *DH 1933. 297.*

F. DROITS DE PRÉFÉRENCE LIÉS AUX PROCÉDURES DE TRAITEMENT DES DIFFICULTÉS DES ENTREPRISES

18. L. du 25 janv. 1985, art. 40 (C. com., art. L. 621-32 [anc.]). La priorité de paiement instituée par l'art. 40 de la L. du 25 janv. 1985, dans sa rédaction antérieure à la L. du 10 juin 1994, qui ne dépend pas de la qualité de la créance, ne constitue pas un privilège au sens de l'art. 2095 [2324 anc.] C. civ. • Com. 5 févr. 2002, n° 98-18.018 P : *R., p. 420 ; D. 2002. AJ 805, obs. A. Lienhard ; JCP 2002. II. 10186, note Cuif ; ibid. I. 144, n° 15, obs. M. Cabrillac et Pétel ; ibid. 162, n° 19, obs. Delebecque ; RTD civ. 2002. 337, obs. Crocq ; RTD com. 2002. 542, obs. Martin-Serf .*

19. Art. 180, L. du 25 janv. 1985 [C. com., art. L. 624-3, devenu L. 651-2]. En vertu de l'art. 180, al. 3, de la L. du 25 janv. 1985, les sommes versées par les dirigeants en application de l'al. 1er de ce texte entrent dans le patrimoine du débiteur et sont réparties, en cas de liquidation judiciaire, entre tous les créanciers au marc le franc, sans accorder de rang prioritaire aux créanciers superprivilégiés. • Com. 20 mai 1997, n° 95-12.162 P : *JCP 1997. I. 4054, n° 19, obs. Pétel ; JCP 1998. I. 111, n° 16, obs. M. Cabrillac.*

20. Art. 182, al. 2, L. du 25 janv. 1985 [C. com., art. L. 624-5-II, anc.]. Dès lors que le passif personnel du dirigeant comprend celui de la personne morale, il doit être tenu compte des droits de préférence des créanciers privilégiés de la personne morale dans la procédure collective ouverte à l'égard du dirigeant. • Com. 2 mars 1999, n° 95-19.917 P : *D. 1999. Somm. 301, obs. S. Piedelièvre ; JCP 1999. I. 158, n° 16, obs. Delebecque ; ibid. 177, n° 18, obs. Pétel ; RTD civ. 1999. 436, obs. Crocq .*

Loi du 27 décembre 1895, *concernant les caisses de retraite, de secours et de prévoyance fondées au profit des employés et ouvriers (DP 96. 4. 51).* **Art. 4** Le seul fait du dépôt, opéré soit à la Caisse des dépôts et consignations, soit à toute autre caisse, des sommes ou valeurs affectées aux institutions de prévoyance, quelles qu'elles soient, confère aux bénéficiaires de ces institutions un droit de gage d'après les termes de l'article 2073 *[ancien]* du code civil, sur ces sommes et valeurs. Le droit de gage s'exerce dans la mesure des droits acquis et des droits éventuels.

La restitution des retenues ou autres sommes affectées aux institutions de prévoyance qui, lors de la faillite ou de la liquidation, n'auraient pas été effectivement versées à l'une des caisses indiquées ci-dessus, est garantie, pour la dernière année et pour ce qui sera dû sur l'année courante, par un privilège sur tous les biens meubles et immeubles du chef de l'entreprise, lequel prendra rang concurremment avec le privilège des salaires des gens de service établi par l'article 2331 du code civil.

Code de commerce

(Ord. n° 2000-912 du 18 sept. 2000)

Art. L. 622-17 *(L. n° 2005-845 du 26 juill. 2005, art. 33 ; Ord. n° 2008-1345 du 18 déc. 2008, art. 29)* « I. — Les créances nées régulièrement après le jugement d'ouverture pour les besoins du déroulement de la procédure ou de la période d'observation, ou en contrepartie d'une prestation fournie au débiteur pendant cette période, sont payées à leur échéance.

« II. — Lorsqu'elles ne sont pas payées à l'échéance, ces créances sont payées par privilège avant toutes les autres créances, assorties ou non de privilèges ou sûretés, à l'exception de celles garanties par le privilège établi aux articles L. 143-10 *[L. 3253-2 et L. 3253-3]*, L. 143-11 *[L. 3253-4]*, L. 742-6 et L. 751-15 *[L. 7313-8]* du code du travail, *(Ord. n° 2008-1345 du 18 déc. 2008, art. 29)* « *des frais de justice nés régulièrement après le jugement d'ouverture pour les besoins du déroulement de la procédure* » et de celles garanties par le privilège établi par l'article L. 611-11 du présent code. »

III. — Leur paiement se fait dans l'ordre suivant :

1° Les créances de salaires dont le montant n'a pas été avancé en application des articles L. 143-11-1 à L. 143-11-3 *[L. 3253-6 et L. 3253-8 à L. 3253-13]* du code du travail ;

(Ord. n° 2021-1193 du 15 sept. 2021, art. 18, en vigueur le 1er oct. 2021) « 2° Les créances résultant d'un nouvel apport de trésorerie consenti en vue d'assurer la poursuite de l'activité pour la durée de la procédure ;

« 3° Les créances résultant de l'exécution des contrats poursuivis conformément aux dispositions de l'article L. 622-13 et dont le cocontractant accepte de recevoir un paiement différé ;

« 4° Les autres créances, selon leur rang.

« Les apports de trésorerie mentionnés au 2° et les délais de paiement mentionnés au 3° sont autorisés par le juge-commissaire dans la limite nécessaire à la poursuite de l'activité pendant la période d'observation et font l'objet d'une publicité. En cas de résiliation d'un contrat régulièrement poursuivi, les indemnités et pénalités sont exclues du bénéfice du présent article. »

4° *Abrogé par Ord. n° 2008-1345 du 18 déc. 2008, art. 29.*

(L. n° 2005-845 du 26 juill. 2005, art. 33) « IV. — Les créances impayées perdent le privilège que leur confère le *(Ord. n° 2008-1345 du 18 déc. 2008, art. 29)* « II du » présent article si elles n'ont pas été portées à la connaissance *(Ord. n° 2008-1345 du 18 déc. 2008, art. 29)* « de l'administrateur et, à défaut, du mandataire judiciaire » ou, lorsque ces organes ont cessé leurs fonctions, du commissaire à l'exécution du plan ou du liquidateur, dans le délai d'un an à compter de la fin de la période d'observation. » *(Ord. n° 2014-326 du 12 mars 2014, art. 24, en vigueur le 1er juill. 2014)* « Lorsque cette information porte sur une créance déclarée pour le compte du créancier en application de l'article L. 622-24, elle rend caduque cette déclaration si le juge n'a pas statué sur l'admission de la créance. » — *V. art. R. 622-15.*

Code rural et de la pêche maritime

LIVRE III. L'EXPLOITATION AGRICOLE

(L. n° 93-934 du 22 juill. 1993)

Art. L. 321-11 *[...]* Il *[l'intéressement aux résultats de l'exploitation agricole perçu par l'associé d'exploitation]* bénéficie des privilèges prévus aux articles *(Ord. n° 2021-1192 du 15 sept. 2021, art. 34, en vigueur le 1er janv. 2022)* « 2331, 3° *[ancienne rédaction : 2331, 4°]* », et *(Ord. n° 2021-1192 du 15 sept. 2021, art. 34, en vigueur le 1er janv. 2022)* « 2377, 2° *[ancienne rédaction : 2375, 2°]* », du code civil, et L. 3253-2, L. 3253-3 et L. 3253-4 du code du travail.

Art. L. 321-21 et L. 321-21-1 *V. ces art. ss. art. 842 C. civ.*

LIVRE VII. DISPOSITIONS SOCIALES

(Ord. n° 2000-550 du 15 juin 2000)

Art. L. 725-9 Les articles L. 243-4 et L. 243-5 du code de la sécurité sociale sont applicables au paiement des cotisations, des majorations et pénalités de retard dues aux régimes légaux de protection sociale agricole. Ils sont également applicables, à défaut de dispositions particulières, aux institutions mentionnées à l'article L. 727-2 *[institutions de retraite complémentaire et de prévoyance]*.

Code de la sécurité sociale

Art. L. 243-4 *(L. n° 99-641 du 27 juill. 1999, art. 14-I)* Le paiement des cotisations et des majorations et pénalités de retard est garanti pendant un an à compter de leur date d'exigibilité, par un privilège sur les biens meubles du débiteur, lequel privilège prend rang concurremment avec *(Abrogé par Ord. n° 2021-1192 du 15 sept. 2021, art. 34, à compter du 1er janv. 2022)* « *celui des gens de service et* » celui des salariés établis *(Abrogé par Ord. n° 2021-1192 du 15 sept. 2021, art. 34, à compter du 1er janv. 2022)* « *respectivement* » par l'article 2331 du code civil et les articles L. 625-7 et L. 625-8 du code de commerce.

(L. n° 2002-73 du 17 janv. 2002, art. 25) « Le paiement des cotisations et des majorations et pénalités de retard est également garanti, à compter du 1er janvier 1956, par une hypothèque légale en exécution des prescriptions applicables en matière de publicité foncière. »

Art. L. 243-5 *(L. n° 2006-1640 du 21 déc. 2006, art. 39-III)* « Dès lors *(L. n° 2019-486 du 22 mai 2019, art. 62)* « qu'elle dépasse un montant fixé par décret, toute créance privilégiée » *(L. n° 2005-845 du 26 juill. 2005, art. 184 et 190, en vigueur le 1er janv. 2006)* « en application du premier alinéa de l'article L. 243-4, *(L. n° 2019-486 du 22 mai 2019, art. 62)* « due » par un commerçant *(L. n° 2011-525 du 17 mai 2011, art. 90)* « une personne immatriculée *(Ord. n° 2021-1189 du 15 sept. 2021, art. 33, en vigueur le 1er janv. 2023)* « en tant qu'entreprise du secteur des métiers et de l'artisanat au registre national des entreprises », une personne physique exerçant une activité professionnelle indépendante, y compris une profession libérale, ou une personne morale de droit privé », *(L. n° 2019-486 du 22 mai 2019, art. 62)* « doit être inscrite » *(Ord. n° 2021-1192 du 15 sept. 2021, art. 31-VIII, en vigueur au plus tard le 1er janv. 2023)* « dans un registre, selon des modalités déterminées par décret en Conseil d'État, » *(L. n° 2019-486 du 22 mai 2019, art. 62)* « au terme du semestre civil suivant sa » date limite de paiement ou, le cas échéant, la date de notification de l'avertissement ou de la mise en demeure prévus à l'article L. 244-2, lorsque la créance est constatée lors d'un contrôle organisé en application des dispositions de l'article L. 243-7. » *(L. n° 2006-1640 du 21 déc. 2006, art. 39-III)* « Le montant mentionné au présent alinéa est fixé en fonction de la catégorie à laquelle appartient le cotisant et de l'effectif de son entreprise. » — *V., pour la fixation des seuils d'inscription obligatoire, CSS, art. D. 243-3, issu de Décr. n° 2007-459 du 25 mars 2007 (JO 28 mars).* — **CSS.**

(L. n° 2008-1443 du 30 déc. 2008, art. 58) « Toutefois, l'organisme créancier n'est pas tenu d'inscrire ces créances lorsque le débiteur respecte un plan d'apurement échelonné de sa dette. Dès que le plan est dénoncé, l'organisme créancier doit procéder à l'inscription dans un délai de deux mois. »

(L. n° 94-475 du 10 juin 1994, art. 1er-II) « En cas de procédure de sauvegarde ou de redressement ou de liquidation judiciaires du redevable ou d'un tiers tenu légalement au paiement de ces sommes, le privilège dont l'inscription n'a pas été régulièrement requise à l'encontre du redevable ne peut plus être exercé pour les créances qui étaient soumises à titre obligatoire à cette inscription. »

(Abrogé par Ord. n° 2021-1192 du 15 sept. 2021, art. 31-VIII, à compter au plus tard du 1er janv. 2023) « L'inscription conserve le privilège (L. n° 2003-1199 du 18 déc. 2003, art. 70-IV) « pendant deux années et six mois » à compter du jour où elle est effectuée. Elle ne peut être renouvelée. »

Une inscription peut faire l'objet à tout moment d'une radiation totale ou partielle à la diligence des organismes de sécurité sociale ou du redevable *(Abrogé par Ord. n° 2021-1192 du 15 sept. 2021, art. 31-VIII, à compter au plus tard du 1er janv. 2023) « sur présentation au greffier d'un certificat délivré par l'organisme créancier ou d'un acte de mainlevée émanant du créancier subrogé ».* *(L. n° 2005-845 du 26 juill. 2005, art. 184 et 190)* « Toutefois, lorsque l'inscription est devenue sans objet, dès lors que le débiteur s'est acquitté de sa dette et sous réserve du règlement, auprès de l'organisme créancier, des frais liés aux formalités d'inscription et de radiation, cet organisme en demande la radiation totale dans un délai d'un mois. » — *Entrée en vigueur le 1er janv. 2006.*

(Ord. n° 2021-1192 du 15 sept. 2021, art. 31-VIII, en vigueur le 1er janv. 2023) « Le privilège est conservé au-delà du délai prévu par décret en Conseil d'État sur les biens qui ont fait l'objet d'une saisie avant l'expiration de ce délai ».

(L. n° 94-475 du 10 juin 1994, art. 30-I) « En cas de redressement ou de liquidation judiciaires, les pénalités, majorations de retard et frais de poursuites dus par le redevable à la date du jugement d'ouverture sont remis » *(L. n° 2010-1594 du 20 déc. 2010, art. 122)* « , sauf si le passif déclaré résulte en tout ou partie du constat de l'infraction mentionnée à l'article L. 8221-1 du code du travail ».

(Abrogé par Ord. n° 2021-1192 du 15 sept. 2021, art. 34, à compter du 1er janv. 2022) (L. n° 2006-1640 du 21 déc. 2006, art. 39-III) « La règle d'antériorité du rang de l'inscription hypothécaire fixée à l'avant-dernier alinéa de l'article 2425 du code civil et à l'article 45-5 de la loi du 1er juin 1924 mettant en vigueur la législation civile française dans les départements du Bas-Rhin, du Haut-Rhin et de la Moselle s'applique aux hypothèques mentionnées aux articles L. 243-4 et L. 244-9 du présent code. »

Les modifications issues de l'art. 31 de l'Ord. n° 2021-1192 du 15 sept. 2021 entrent en vigueur à une date fixée par décret et qui ne pourra être postérieure au 1er janv. 2023 (Ord. préc., art. 37).

Les dispositions issues de la loi n° 2006-1640 du 21 déc. 2006 entrent en vigueur le 1er janv. 2007.

Les modifications issues de la L. n° 2008-1443 du 30 déc. 2008 s'appliquent aux créances nées à compter du 1er juill. 2008.

Les modifications issues de l'art. 62 de la L. n° 2019-486 du 22 mai 2019 s'appliquent aux créances exigibles à compter d'une date fixée par décret, et au plus tard à compter du 1er janv. 2020 (L. préc., art. 62-II).

Les dispositions des art. L. 243-4 et L. 243-5 ci-dessus sont applicables au recouvrement des cotisations sur les avantages de retraite et sur les allocations et revenus de remplacement [perçus en cas de chômage ou de préretraite] (CSS, art. L. 243-2 et L. 711-2) ; — ... des cotisations d'assurance maladie et maternité et d'assurance vieillesse des travailleurs non salariés non agricoles (CSS, art. L. 612-11, R. 612-4 et R. 612-5 ; art. L. 623-1) ; — ... des cotisations d'assurance volontaire des Français rési-

dant à l'étranger (CSS, art. L. 764-4 et L. 765-9) ; — ... des cotisations versées aux institutions de retraite complémentaire (CSS, art. L. 922-7) ; — ... de la contribution sociale de solidarité à la charge des sociétés (CSS, art. L. 651-6) ; — ... de la contribution des entreprises de préparation de médicaments au profit de la caisse nationale d'assurance maladie des travailleurs salariés (CSS, art. L. 245-6). — CSS.

Code des transports

Art. L. 5544-60 Pour l'application aux marins des dispositions des articles L. 3253-2 et L. 3253-3 du code du travail, les rémunérations de toute nature mentionnées au premier alinéa de l'article L. 3253-2 sont celles dues au titre des quatre-vingt-dix derniers jours de travail, ou pour les marins payés autrement qu'au mois, de la période de paiement équivalente si celle-ci est d'une durée plus longue.

Code du travail

Art. L. 3253-1 Les créances résultant du contrat de travail sont garanties dans les conditions prévues au *(Ord. nº 2021-1192 du 15 sept. 2021, art. 34, en vigueur le 1er janv. 2022)* « 3º *[ancienne rédaction : 4º]* » de l'article 2331 et au 2º de l'article *(Ord. nº 2021-1192 du 15 sept. 2021, art. 34, en vigueur le 1er janv. 2022)* « 2377 *[ancienne rédaction : 2375]* » du code civil, relatifs aux privilèges sur les biens mobiliers et immobiliers du débiteur.

En outre, en cas de sauvegarde, de redressement ou de liquidation judiciaire, elles sont garanties, conformément aux articles L. 625-7 et L. 625-8 du code de commerce, dans les conditions prévues aux articles L. 3253-2 à L. 3253-21. — *[Anc. art. L. 143-7 et L. 143-9.]*

Art. L. 3253-2 Lorsqu'une procédure de sauvegarde, de redressement ou de liquidation judiciaire est ouverte, les rémunérations de toute nature dues aux salariés pour les soixante derniers jours de travail sont, déduction faite des acomptes déjà perçus, payées, nonobstant l'existence de toute autre créance privilégiée, jusqu'à concurrence d'un plafond mensuel identique pour toutes les catégories de bénéficiaires.

Ce plafond est fixé par voie réglementaire sans pouvoir être inférieur à deux fois le plafond retenu pour le calcul des cotisations de sécurité sociale.

Art. L. 3253-3 Les rémunérations prévues au premier alinéa de l'article L. 3253-2 comprennent :

1º Les salaires, appointements ou commissions proprement dites ;

2º Les accessoires et notamment l'indemnité compensatrice prévue à l'article L. 1226-14, l'indemnité compensatrice de préavis prévue à l'article L. 1234-5, l'indemnité de fin de contrat prévue à l'article L. 1243-8 et l'indemnité de fin de mission prévue à l'article L. 1251-32.

Art. L. 3253-4 Les indemnités de congés payés sont, nonobstant l'existence de toute créance privilégiée, payées jusqu'à concurrence d'un plafond identique à celui établi pour une période de trente jours de rémunération par l'article L. 3253-1.

Art. L. 3253-5 Les sommes dues aux façonniers par leurs donneurs d'ordres sont payées, lorsque ces derniers font l'objet d'une procédure de sauvegarde, de redressement ou de liquidation judiciaire, nonobstant l'existence de toute autre créance privilégiée à l'exception de celles garanties par l'article L. 3253-2, à due concurrence du montant total des rémunérations de toute nature dues aux salariés de ces façonniers, au titre des soixante derniers jours de travail ou d'apprentissage précédant l'ouverture de la procédure.

....

Art. L. 3253-23 Peuvent faire valoir une action directe ou des privilèges spéciaux :

1º Dans les conditions fixées à l'article 1798 du code civil, les salariés des secteurs du bâtiment et des travaux publics ;

2º Dans les conditions fixées aux 1º et 3º de l'article 2332 du code civil, les salariés des entreprises agricoles ;

3º Dans les conditions fixées au *(Ord. nº 2021-1192 du 15 sept. 2021, art. 34, en vigueur le 1er janv. 2022)* « 4º *[ancienne rédaction : 9º]* » de l'article 2332 du code civil, les auxiliaires salariés des travailleurs à domicile ;

4° Les caisses de congé pour le paiement des cotisations qui leur sont dues en application des articles *(L. n° 2016-1088 du 8 août 2016, art. 8)* « L. 3141-32 » et L. 5424-6 et suivants. Ce privilège qui garantit le recouvrement de ces cotisations pendant un an à dater de leur exigibilité porte sur les biens meubles des débiteurs et prend rang immédiatement après celui des salariés établis par le *(Ord. n° 2021-1192 du 15 sept. 2021, art. 34, en vigueur le 1er janv. 2022)* « 3° *[ancienne rédaction : 4°]* » de l'article 2331 du code civil. Les immeubles des débiteurs sont également grevés d'une hypothèque légale prenant rang à la date de son inscription ;

5° Dans les conditions fixées à l'article 89 du code du domaine public fluvial et de la navigation intérieure, les salariés employés à la construction, à la réparation, l'armement et à l'équipement du bateau.

…………………………………………………………………………………………

Art. L. 7313-8 Les dispositions des articles L. 3253-2 et L. 3253-3, relatives aux garanties des rémunérations dans le cadre d'une procédure de sauvegarde, de redressement ou de liquidation judiciaire, s'appliquent aux voyageurs, représentants ou placiers pour les rémunérations de toute nature dues au titre des quatre-vingt-dix derniers jours de travail.

…………………………………………………………………………………………

Art. L. 8252-3 Le salarié étranger mentionné à l'article L. 8252-1 bénéficie des dispositions du chapitre III du titre V du livre II de la troisième partie relatives aux assurances et privilèges de salaire pour les sommes qui lui sont dues en application de cet article.

…………………………………………………………………………………………

Art. 2331-1 *(Ord. n° 2021-1192 du 15 sept. 2021, art. 7-III, en vigueur le 1er janv. 2022)* **Les privilèges du Trésor public et des caisses de Sécurité sociale sont déterminés par les lois qui les concernent.**

1. Privilèges du Trésor : inscription. Si le Trésor public ne peut, en cas de règlement judiciaire ou de liquidation des biens, exercer son privilège pour les créances qui étaient soumises à titre obligatoire à la publicité au moment de l'ouverture de la procédure collective lorsque l'inscription n'a pas été requise avant le jugement d'ouverture, il conserve son privilège pour les créances qu'il n'était pas tenu d'inscrire et pour celles mises en recouvrement depuis la date du jugement. • Com. 2 mai 1989 : *Bull. civ. IV, n° 141.* ♦ V. aussi • Com. 5 janv. 1988, n° 85-14.333 P • 18 févr. 2003, n° 00-12.974 P • 24 juin 2003, n° 00-18.828 P : *D. 2003. AJ 2012, et les obs. ; JCP E 2004. 202, n° 13, obs. Cabrillac.* ♦ V. aussi, pour un renouvellement d'inscription pendant une liquidation judiciaire : • Com. 16 juin 1998, n° 96-15.998 P.

2. Privilèges du Trésor : assiette. Le reliquat du prix d'un immeuble après paiement des créanciers hypothécaires constitue une valeur mobilière qui ne perd pas ce caractère vis-à-vis du Trésor. • Com. 21 déc. 1964 : *Bull. civ. III, n° 580.* ♦ Le privilège du Trésor ne peut porter sur les intérêts du prix d'un immeuble adjugé sur saisie immobilière. • Com. 4 mars 1969 : *JCP 1969. II. 16110, note Cozian.*

3. Privilèges du Trésor : créances garanties. La majoration de 10 % pour paiement tardif de l'impôt est un impôt supplémentaire bénéficiant de l'art. 1920 CGI. Jurisprudence constante. • Com. 2 janv. 1968, n° 64-14.267 P • 23 mai 1960 : *Bull. civ. III, n° 189.* ♦ Même solution pour la majoration due pour défaut de déclaration. • Com. 25 oct. 1960 : *Bull. civ. III, n° 337 (2e esp.).*

4. Privilèges du Trésor : classement. Le privilège du Trésor prime le privilège « simple » des salariés. • Douai, 14 juin 1984 : *D. 1985. 43, note Derrida.* ♦ Le privilège mobilier général du Trésor prime le privilège attaché à la saisie conservatoire de créance. • Civ. 2e, 18 janv. 2007, n° 06-10.598 P : *D. 2007. Chron. C. cass. 2338, n° 3, obs. V. Vigneau ; JCP 2007. I. 212, n° 25, obs. Delebecque ; Defrénois 2007. 552, obs. Théry ; Dr. et patr. 2007. 217, note Lefort.*

5. Privilèges du Trésor : droit de suite. Le privilège du Trésor pour le recouvrement de la taxe foncière (CGI, art. 1920-2, 2°) comporte un droit de suite sur les loyers de l'immeuble cédé. • Com. 28 mars 2006, n° 03-13.822 P : *AJDI 2007. 403, note Maublanc.* ♦ *Contra* : • CE 13 juill. 2006, n° 269576.

6. Cautions. Le privilège du Trésor qui s'exerce sur les meubles des redevables (art. 1920 et 1926 CGI) ne saurait être étendu à leur caution solidaire. • Com. 19 déc. 2006, n° 05-11.290 P : *R., p. 386 ; D. 2007. AJ 150 ; JCP 2007. I. 212, n° 24, obs. Delebecque.*

7. Art. 1926 CGI. Le privilège mobilier accordé à l'administration fiscale par l'art. 1926 CGI est une sûreté. • Com. 4 juill. 2000, n° 97-22.414 P : *D. 2001. Somm. 617, obs. A. Honorat ; JCP 2001. I. 298, n° 11, obs. Pétel ; ibid. 315, n° 22, obs. Delebecque ; RTD civ. 2001. 399 et 401, obs. Crocq.*

SECTION 2 Des privilèges spéciaux *(Ord. nº 2006-346 du 23 mars 2006).*

Art. 2332 *(Ord. nº 2021-1192 du 15 sept. 2021, art. 7-IV, en vigueur le 1er janv. 2022)* **Outre celles prévues par des lois spéciales, les créances privilégiées sur certains meubles sont :**

1º Toutes les sommes dues en exécution d'un bail ou de l'occupation d'un immeuble, sur le mobilier garnissant les lieux et appartenant au débiteur, y compris, le cas échéant, le mobilier d'exploitation et la récolte de l'année ;

2º Les frais de conservation d'un meuble, sur celui-ci ;

3º Le prix de vente d'un meuble, sur celui-ci ;

4º Les créances nées du contrat de travail de l'auxiliaire salarié d'un travailleur à domicile répondant à la définition de l'article L. 7412-1 du code du travail, sur les sommes dues à ce travailleur par les donneurs d'ouvrage. – *Comp. anc. art. 2332.*

BIBL. ▶ VERNAZ, *JCP N 2023, nº 1000* (assiette du privilège du bailleur d'immeuble).

Ancien art. 2332 *Les créances privilégiées sur certains meubles sont :*

1º Les loyers et fermages des immeubles, sur les fruits de la récolte de l'année, et sur le prix de tout ce qui garnit la maison louée ou la ferme, et de tout ce qui sert à l'exploitation de la ferme ; savoir, pour tout ce qui est échu, et pour tout ce qui est à échoir, si les baux sont authentiques, ou si, étant sous signature privée, ils ont une date certaine ; et, dans ces deux cas, les autres créanciers ont le droit de relouer la maison ou la ferme pour le restant du bail, et de faire leur profit des baux ou fermages, à la charge toutefois de payer au propriétaire tout ce qui lui serait encore dû ;

Et, à défaut de baux authentiques, ou lorsque étant sous signature privée ils n'ont pas une date certaine, pour une année à partir de l'expiration de l'année courante.

(L. nº 48-1311 du 25 août 1948) « Le même privilège a lieu pour les réparations locatives et pour tout ce qui concerne l'exécution du bail. Il a lieu également pour toute créance résultant, au profit du propriétaire ou bailleur, de l'occupation des lieux à quelque titre que ce soit. »

(L. 24 mars 1936) « Néanmoins, les sommes dues pour les semences, pour les engrais et amendements, pour les produits anticryptogamiques et insecticides, pour les produits destinés à la destruction des parasites végétaux et animaux nuisibles à l'agriculture, ou pour les frais de la récolte de l'année, seront payées sur le prix de la récolte, et celles dues pour ustensiles, sur le prix de ces ustensiles, par préférence au propriétaire, dans l'un et l'autre cas. »

Le propriétaire peut saisir les meubles qui garnissent sa maison ou sa ferme, lorsqu'ils ont été déplacés sans son consentement, et il conserve sur eux son privilège, pourvu qu'il ait fait la revendication, savoir, lorsqu'il s'agit du mobilier qui garnissait une ferme, dans le délai de quarante jours ; et dans celui de quinzaine, s'il s'agit des meubles garnissant une maison ;

2º La créance sur le gage dont le créancier est saisi ;

3º Les frais faits pour la conservation de la chose ;

4º Le prix d'effets mobiliers non payés, s'ils sont encore en la possession du débiteur, soit qu'il ait acheté à terme ou sans terme ;

Si la vente a été faite sans terme, le vendeur peut même revendiquer ces effets tant qu'ils sont en la possession de l'acheteur, et en empêcher la revente, pourvu que la revendication soit faite dans la huitaine de la livraison et que les effets se trouvent dans le même état dans lequel cette livraison a été faite ;

Le privilège du vendeur ne s'exerce toutefois qu'après celui du propriétaire de la maison ou de la ferme, à moins qu'il ne soit prouvé que le propriétaire avait connaissance que les meubles et autres objets garnissant sa maison ou sa ferme n'appartenaient pas au locataire ;

Il n'est rien innové aux lois et usages du commerce sur la revendication ;

5º Les fournitures d'un aubergiste, sur les effets du voyageur qui ont été transportés dans son auberge ;

6º Abrogé par L. nº 98-69 du 6 févr. 1998, art. 7-III.

7º Les créances résultant d'abus et prévarications commis par les fonctionnaires publics dans l'exercice de leurs fonctions, sur les fonds de leur cautionnement et sur les intérêts qui en peuvent être dus ;

8º (L. 28 mai 1913) « Les créances nées d'un accident au profit des tiers lésés par cet accident ou de leurs ayants droit, sur l'indemnité dont l'assureur de la responsabilité civile se reconnaît ou a été judiciairement reconnu débiteur à raison de la convention d'assurance.

« Aucun payement fait à l'assuré ne sera libératoire tant que les créanciers privilégiés n'auront pas été désintéressés » ;

(L. 1er août 1941 ; L. 28 juin 1943) ***« 9° Les créances nées du contrat de travail de l'auxiliaire salarié d'un travailleur à domicile répondant à la définition de l'article 33 du livre I du code du travail** [art. L. 7412-1 du nouveau code du travail]**, sur les sommes dues à ce travailleur par les donneurs d'ouvrage. »***

En ce qui concerne le privilège du bailleur en cas de redressement judiciaire du locataire, V. C. com., art. L. 622-16. — ***C. com.***

En ce qui concerne le privilège du commissionnaire de transport et celui du voiturier, V. C. com., art. L. 132-2 et L. 133-7. — ***C. com.***

En ce qui concerne les privilèges sur les navires, V. C. transp., art. L. 5114-8. — ***C. transp.***

Sur les privilèges sur les bateaux de navigation intérieure, V. C. transp., art. L. 4122 s. — ***C. transp.***

En ce qui concerne les privilèges sur les aéronefs, V. C. transp., art. L. 6122-16 s. — ***C. transp.***

BIBL. ▶ **Réforme du privilège du commissionnaire et de celui du transporteur ou voiturier :** CACHARD, *Mél. Goubeaux, Dalloz-LGDJ, 2009, p. 55* (garanties du financement des navires). – JAMIN, *RTD civ. 1998. 502.* – ZERBO, *D. 2001. Chron. 2290* (privilège et droit de rétention du voiturier).

A. BAILLEUR D'IMMEUBLE

1. Assiette du privilège (sol. antérieures à l'Ord. n° 2021-1192 du 15 sept. 2021). Le privilège du bailleur d'immeuble porte sur tous les meubles garnissant la maison, même si ces meubles appartiennent à des tiers. Ceux-ci ne peuvent prétendre écarter les effets du privilège qu'en démontrant que le bailleur connaissait l'origine des meubles au moment de leur introduction dans l'immeuble. • Civ. 1re, 12 mai 1969 : *D. 1970. 43, note Malinvaud* • Civ. 3e, 24 juin 2009, n° 08-14.357 P : *D. 2009. AJ 1888, obs. Prigent ; JCP 2009. 492, n° 21, obs. Delebecque ; Gaz. Pal. 2009. 3073, note Barbier ; AJDI 2010. 127, obs. Zalewski ; RDBF 2009, n° 161, obs. Legeais ; ibid. n° 169, obs. Piedelièvre* (privilège du bailleur primant une clause de réserve de propriété) • Com. 16 nov. 2010, n° 09-70.765 P : *D. 2010. Actu. 2828 ; JCP 2011, n° 226, § 21, obs. Delebecque ; AJDI 2011. 356, obs. Damas* (idem). ♦ La connaissance ultérieure par le bailleur du droit de propriété d'un tiers ne fait pas obstacle à l'exercice du privilège. • Civ. 3e, 4 févr. 1976, n° 74-13.586 P. ♦ Il ne saurait être fait grief au bailleur d'avoir omis d'effectuer des vérifications tendant à rechercher l'identité du propriétaire des meubles garnissant les lieux loués. • Orléans, 9 mars 1978 : *JCP N 1980. II. 256.* ♦ BIBL. Malinvaud, *Mél. Voirin, LGDJ, 1967, p. 576.* ♦ L'art. 2332, 1°, précise *désormais que le privilège porte sur* « le mobilier garnissant les lieux et appartenant au débiteur ».

2. Le bailleur d'une propriété non bâtie peut exercer son privilège sur le prix de vente du matériel et du bétail servant à l'exploitation du fonds, dès lors que ceux-ci sont attachés à demeure à ce dernier et affectés à sa mise en valeur. • Civ. 13 mars 1950 : *D. 1950. 415.*

3. Domaine. Le privilège du bailleur d'immeuble s'applique à toute créance résultant de l'occupation des lieux à quelque titre que ce soit. • Com. 25 oct. 2011, n° 10-25.257 P : *D. 2011. 2653, obs. Lienhard ; Banque et Dr. 11-12/2011. 53, obs. Jacob* (créance d'indemnités d'occupation contre une société ayant occupé sans titre un terrain affecté à son activité et dépendant d'une indivision post-communautaire). ♦ Antérieurement : • Com. 18 juin 1975 : *Bull. civ. IV, n° 172* (décision dans laquelle il était jugé que le créancier d'une indemnité d'occupation d'un fonds de commerce après annulation d'une convention de location gérance ne peut prétendre au privilège du bailleur). Le privilège du bailleur, d'application stricte, ne s'étend pas aux entreprises de crédit-bail. • Com. 9 avr. 1991, n° 89-17.447 P : *RDI 1991. 371, obs. Delebecque et Simler ; RTD civ. 1992. 152, obs. Bandrac*.

4. En cas de règlement judiciaire ou de liquidation des biens du preneur, le privilège du bailleur pour le recouvrement des loyers échus avant le jugement est toujours limité aux deux dernières années de location. • Com. 9 janv. 1974, n° 72-13.721 P : *R. 1973-1974, p. 63 ; D. 1974. 237 ; JCP 1974. II. 17777, note Thuillier* (même solution en cas de redressement judiciaire : L. 25 janv. 1985, art. 39 [C. com., art. L. 621-31, devenu L. 622-16]).

5. Sous-location. Si la sous-location a été consentie contrairement à une clause du bail, le bailleur principal peut réclamer sur le prix des meubles du sous-locataire sa collocation privilégiée non seulement pour le prix de la sous-location, conformément à l'art. 1753 C. civ., mais encore pour tous les loyers échus ou à échoir dus par le locataire principal. • Req. 11 avr. 1892 : *DP 1892. 1. 345, rapport Loubers, concl. Reynaud, note de Loynes.* ♦ V. aussi, pour le cas où les meubles avaient été cédés au sous-locataire par le locataire principal, • Civ. 20 févr. 1911 : *DP 1912. 1. 425, note de Loynes.*

6. Privilège du syndicat de copropriété, assimilé au privilège du bailleur (L. 10 juill. 1965, art. 19). Jugé que le privilège spécial accordé au syndic s'étend à toute créance échue. De plus, tendant à la constitution d'un gage tacite, il confère au syndic un droit de suite sur les sommes détenues par des tiers, telles celles provenant de la vente des lots d'un copropriétaire. • Paris, 15 mars 1972 : *D. 1973. 51 (1re esp.), note Giverdon ; Gaz. Pal. 1972. 2. 650 ; Defrénois 1973. 38 (1re esp.), note Malaurie.* ♦ Mais jugé, au contraire, que le privilège de l'art. 2102 [anc. 2332], 1°, est un privilège spécial mobilier s'exerçant uniquement sur les meubles garnissant l'appartement et qu'il ne peut en aucune façon s'exercer sur tout autre élément d'actif et moins encore sur le prix de vente de l'appartement, qui conserve un caractère immobilier. • TGI Paris, 15 nov. 1972 : *D. 1973. 51 (2e esp.), note Giverdon ; Defrénois 1973. 38 (2e esp.), note Malaurie*, confirmé par • Paris, 12 juill. 1973 : *Gaz. Pal. 1974. 2. 800, note Lot.* – V. aussi, en ce sens, • Civ. 3e, 17 janv. 1978 : *D. 1978. 605, note Souleau.* – V. aussi études Lancoulesco et Morand, *Gaz. Pal. 1972. 2. Doctr. 540.* – Calfan, *ibid. 1983. 2. Doctr. 436.* – Lot, *ibid. 1972. 2. Doctr. 599 ; 1975. 1. Doctr. 148.*

B. CONSERVATEUR

BIBL. Foulon-Piganiol, *D. 1966. Chron. 143.* – Thuillier, *JCP 1968. I. 2167.*

7. Principes. Pour donner naissance au privilège, il faut mais il suffit que les frais exposés aient eu pour résultat de profiter aux créanciers en prévenant la perte totale ou partielle de leur gage. • Req. 12 juin 1939 : *DH 1939. 453.* ♦ Exiger que les frais faits pour la conservation de la chose aient été exposés non dans des conditions normales d'exploitation mais dans des circonstances exceptionnelles serait ajouter une condition que la loi ne contient pas. • Com. 5 janv. 1981 : *Bull. civ. IV, n° 2.*

8. Notion de conservation. Les juges du fond qui constatent que l'installation d'appareils de radio et de téléphone sans fil sur des navires permet de prévenir la perte totale ou partielle des navires justifient le caractère privilégié des créances de l'installateur. • Com. 9 oct. 1984 : *Bull. civ. IV, n° 259.* ♦ V. déjà • Com. 31 janv. 1962 : *Bull. civ. III, n° 66.* ♦ Mais ils justifient le refus du privilège lorsqu'ils ne constatent pas que l'enlèvement des appareils radioélectriques devait nécessairement entraîner le désarmement du navire et qu'ils précisent que l'usage des appareils est seulement de rendre l'exploitation du navire plus sûre. • Com. 2 févr. 1965 : *Bull. civ. III, n° 87.* ♦ ... Ou plus rentable. • Com. 8 mai 1961 : *D. 1962. 2, note Rodière* • 18 mars 1963, n° 60-11.546 P. ♦ Pour le refus de privilégier des frais de gardiennage d'un camion : • Com. 22 juin 1961, n° 58-11.831 P.

9. Le privilège limitativement accordé par l'art. 2102 [anc. 2332], 3°, à ceux qui ont fait des frais pour la conservation de la chose ne peut être invoqué par celui qui a contribué à faire naître une créance dans le patrimoine du débiteur, tel le fournisseur d'un entrepreneur principal. • Com. 27 oct. 1965 : *D. 1966. 38, note Bourdon.* ♦ Même sens, pour un apport en valeur résultant du remplacement de pièces cassées ou usagées sur un véhicule, dès lors que, les frais n'étant ni urgents ni nécessaires, les juges du fond ne précisent pas dans quelle mesure le gage aurait été conservé par cet apport en valeur. • Com. 16 mai 1966 : *D. 1967. 139, note Bourdon.* ♦ Comp., en ce sens que le bénéfice du privilège doit être accordé au réparateur d'un camion qui a procédé au remplacement du moteur : • Com. 12 janv. 1988, n° 86-12.070 P.

10. Un transitaire qui a avancé à un commerçant les frais de transport à l'étranger de marchandises périssables ne bénéficie pas du privilège de l'art. 2102 [anc. 2332], 3°, dès lors que les juges du fond constatent que, si les ventes conclues à l'étranger étaient particulièrement avantageuses, il n'est nullement démontré que sans elles le débiteur n'aurait pas pu écouler sur le marché intérieur des marchandises qui n'étaient pas en péril imminent. • Com. 11 déc. 1968 : *Bull. civ. IV, n° 356.*

11. Des primes d'assurance, ne conférant qu'un droit éventuel au paiement d'indemnités, n'ont ni pour but ni pour résultat la conservation du navire assuré. • Com. 10 oct. 1966 : *D. 1967. 57, note Rodière.*

12. Malgré l'importance que la loi a donnée à la mission du commissaire aux comptes, il ne s'agit que d'une mission de contrôle destinée, non pas à sauvegarder la société, mais à protéger l'intérêt des associés ; la créance d'honoraires du commissaire aux comptes contre la société ne bénéficie pas du privilège de l'art. 2102 [anc. 2332], 3°. • T. com. Nice, 11 avr. 1972 : *D. 1973. 106, note Sigalas* • Colmar, 2 mars 1999 : *BICC 1er août 1999, n° 985* • Paris, 18 mai 1999 : *D. 2000. Somm. 387, obs. S. Piedelièvre.* ♦ V. aussi note 13. ♦ Comp., pour des travaux d'expertise comptable, • Caen, 12 avr. 1973 : *D. 1974. 499, note Sigalas.*

13. Assiette : meuble déterminé. Lorsque le droit de préférence dont se prévaut le créancier porte non sur un meuble déterminé, mais sur l'ensemble du patrimoine du débiteur, le privilège spécial institué par l'art. 2102 [anc. 2332], 3°, ne peut trouver application. Il en est ainsi pour la créance d'honoraires d'un avocat qui allègue avoir pu, par son intervention, limiter la réclamation adverse. • Com. 18 juill. 1974, n° 73-10.619 P : *R. 1973-1974, p. 38 ; D. 1975. 182* • Rennes, 28 mars 1979 : *JCP N 1980. II. 200.* ♦ ... Ou pour des frais d'expertise amiable aux fins de chiffrage du préjudice causé par un incendie. • Civ. 1re, 7 janv. 1997, n° 94-16.151 P : *JCP 1997. I. 4033, n° 24, obs. Delebecque ; D. 1997. Somm. 253, obs. S. Piedelièvre.* ♦ ... Ou pour la créance d'honoraires d'un commissaire aux comptes. • T. com. Nice, 11 avr. 1972 : *préc. note 12* • Aix-en-Provence, 21 déc. 1972 : *D. 1973. 409.* ♦ En sens contraire, pour les honoraires d'avocat : • Paris, 6 déc. 1973 : *Gaz. Pal. 1975. 1. 358.*

14. Le privilège institué par l'art. 2102 [anc. 2332] porte sur des meubles déterminés qu'il frappe individuellement. Tel n'est pas le cas de l'ensemble des animaux possédés à un moment donné par un commerçant en porcs, ensemble dont l'importance peut très rapidement s'accroître ou au contraire diminuer. • Paris, 28 nov. 1966 : *JCP 1967. IV. 28.* ♦ V. aussi, pour le refus de faire jouer le privilège sur un fonds de commerce : • Aix-en-Provence, 11 juill. 1980 : *RJ com. 1982. 222, note Le Guidec.*

15. Classement. La priorité reconnue par une cour d'appel au privilège du conservateur sur celui du gagiste n'est pas de nature à régler le conflit des deux droits de rétention invoqués sur un véhicule automobile. • Com. 10 juill. 1968 : *D. 1969. 114.* ♦ Les dispositions de l'art. 1er de la L. du 30 avr. 1906 sur les warrants agricoles (C. rur., art. L. 342-1) priment celles de l'art. 2102-3° [anc. 2332] C. civ. en interdisant à l'emprunteur, responsable des objets warrantés confiés à ses soins et à sa garde, de réclamer une indemnité quelconque au porteur du warrant pour conservation de la chose. • Com. 28 févr. 1989 : *Bull. civ. IV, n° 76.*

16. Conflit entre privilège du conservateur et hypothèque maritime : V. • Civ. 25 avr. 1934 : *DP 1934. 1. 102, note Carbonnier.*

17. Absence de droit de suite. Les frais faits pour la conservation de la chose constituent des créances bénéficiant d'un privilège mobilier spécial. Le réparateur qui, en raison de la vente des biens réparés, a perdu son privilège portant sur ces seuls biens, ne peut plus faire valoir aucun droit de préférence sur l'ensemble du patrimoine du débiteur. • Com. 20 juin 1978, n° 76-15.279 P.

C. VENDEUR DE MEUBLES

18. Classement. – Conflit avec le privilège du gagiste. Le privilège du commissionnaire de transport prime celui du vendeur de meubles et ce commissionnaire peut, lorsqu'il a pris régulièrement possession de la marchandise à transporter, opposer son privilège au vendeur de cette marchandise, même s'il sait que celui-ci n'a pas été payé. • Com. 8 juill. 1981, n° 79-14.473 P.

19. Absence de droit de suite. Le privilège conféré par l'art. 2102 [anc. 2332] au vendeur d'effets non payés lui donne le droit de se faire payer par préférence sur le prix en provenant, lorsqu'il peut les saisir en la possession de son débiteur ou en arrêter le prix entre les mains des tiers, mais ne l'autorise pas à poursuivre le recouvrement de sa créance contre les tiers acquéreurs de ces effets. • Civ. 19 févr. 1894 : *GAJC, 11e éd., n° 284* ; *DP 1894. 1. 413.*

D. INDEMNITÉS D'ASSURANCE ET TIERS LÉSÉ (ART. 2332-8° ANC.)

20. L'art. 2102-8° [anc. 2332] C. civ. et l'art. L. 173-23 C. assur. ne sont applicables qu'en matière d'assurances de responsabilité. • Com. 18 mars 1986, n° 83-14.518 P.

E. AUTRES PRIVILÈGES

21. Fréteur. Le privilège du fréteur, institué par l'art. 2 de la L. du 18 juin 1966 sur les contrats d'affrètement et de transport maritimes, s'exerce sur toutes les marchandises chargées à bord du navire affrété, qu'elles soient la propriété de l'affréteur débiteur du fret ou d'une autre personne, mais seulement dans la mesure où celle-ci est encore redevable de la somme due en exécution du contrat conclu pour leur déplacement. • Com. 20 mai 1997, n° 95-16.192 P : *R., p. 261 ; JCP 1998. I. 149, n° 23, obs. Delebecque.*

22. Privilèges fluviaux. Les privilèges fluviaux, qui prennent rang avant les hypothèques fluviales, ne priment eux-mêmes que les seuls privilèges des art. 2101 et 2102 [2331 et 2332 anc.] C. civ. • Com. 3 févr. 1998, n° 95-18.690 P : *D. 1998. Somm. 375, obs. S. Piedelièvre* ; *JCP 1998. I. 149, n° 20, obs. Delebecque.*

23. Pluviôse : contrats faisant bénéficier du privilège. Le privilège spécial mobilier prévu par l'art. L. 143-6 [L. 3253-22 nouv.] C. trav., dit privilège de pluviôse, ne s'applique pas à une prestation fournie dans le cadre d'un contrat de louage et non de sous-traitance (location de camion avec chauffeur). • Com. 19 déc. 2000, n° 98-12.288 P : *R., p. 361 ; JCP 2001. I. 356, n° 20, obs. Delebecque ; Defrénois 2001. 868, obs. Périnet-Marquet.* ♦ ... Ni à des prestations immatérielles (prestations d'études topographiques). • Com. 19 déc. 2000, n° 98-12.050 P : *R., p. 361 ; JCP 2001. I. 356, n° 20, obs. Delebecque ; Defrénois 2001. 868, obs. Périnet-Marquet.*

24. Pluviôse : notion d'ouvrage public. Doivent être qualifiés d'ouvrages publics les biens immeubles résultant d'un aménagement, qui sont directement affectés à un service public, y compris s'ils appartiennent à une personne privée chargée de l'exécution de ce service public. • Com. 20 sept. 2017, n° 15-28.812 P (fourniture de matériaux destinés à la construction d'une centrale nucléaire au profit d'EDF ayant pour objet de permettre l'exécution du service public de la fourniture de l'électricité).

25. Pluviôse : nécessité d'un agrément du fournisseur. Pour bénéficier du privilège de pluviôse, le fournisseur d'un entrepreneur de travaux publics doit avoir reçu l'agrément prévu par le code des marchés publics. • Com. 5 avr. 2005 : *D. 2005. 2090, note Barthez* ; *ibid. AJ 1079, obs. A. Lienhard* ; *JCP 2005. I. 185, n° 23, obs. Delebecque.*

26. Pluviôse : mise en œuvre du privilège. Le bénéficiaire du privilège de pluviôse, auquel ne s'appliquent pas les dérogations prévues par l'art. 76 de la L. du 25 janv. 1985 (C. com., art. L. 621-78, devenu L. 626-20), est soumis, comme les autres créanciers privilégiés, aux modalités d'apurement du passif décidées par le jugement arrêtant le plan de continuation. • Com. 17 févr. 1998, n° 95-17.490 P : *JCP 1998. IV. 1802 ; ibid. I. 167, n° 4, obs. M. Cabrillac.*

27. Consignataire. Une saisie conservatoire signifiée au tiers saisi avant la date de cessation des paiements du débiteur, mais qui n'a pas été convertie en saisie-attribution avant la date du jugement d'ouverture, n'emporte plus affectation spéciale et privilège au profit du créancier saisissant. • Com. 22 avr. 1997, n° 94-16.979 P : *R., p. 227 ; JCP 1998. I. 103, n° 30, obs. Delebecque.*

Loi du 19 février 1889, *relative à la restriction du privilège du bailleur d'un fonds rural et à l'attribution des indemnités dues par suite d'assurances (DP 89. 4. 29).* **Art. 1er** Le privilège accordé au bailleur d'un fonds rural par l'article 2332 du code civil, ne peut être exercé, même quand le bail a acquis date certaine, que pour les fermages des deux dernières années échues, de l'année courante et d'une année à partir de l'expiration de l'année courante, ainsi que pour tout ce qui concerne l'exécution du bail et pour les dommages-intérêts qui pourront lui être accordés par les tribunaux.

La disposition contenue dans le paragraphe précédent ne s'applique pas aux baux ayant acquis date certaine avant la promulgation de la présente loi.

SECTION 3 Du classement des privilèges *(Ord. n° 2006-346 du 23 mars 2006).*

Art. 2332-1 *(Ord. n° 2006-346 du 23 mars 2006)* **Sauf dispositions contraires, les privilèges spéciaux priment les privilèges généraux.**

A. PRINCIPES GÉNÉRAUX DE CLASSEMENT

1. Compétence. Les juges civils sont compétents pour connaître des conflits mettant en jeu les principes relatifs à l'existence et à l'exercice des privilèges dans les procédures collectives (en l'espèce, application du Décr. du 22 déc. 1967). • Com. 14 mars 1984 : *Bull. civ. IV, n° 103.*

2. Conséquences d'une erreur de classement. Le paiement fait par erreur sur l'ordre des privilèges n'ouvre pas droit à répétition dès lors que l'*accipiens* n'a reçu que ce que lui devait son débiteur. • Com. 30 oct. 2000, n° 98-10.688 P : *D. 2000. AJ 430, obs. Pisoni ; ibid. 2001. 1527, note Pierre ; ibid. Somm. 620, obs. A. Honorat ; ibid. 1612, obs. Brémond ; JCP 2001. I. 298, n° 7, obs. M. Cabrillac ; ibid. 315, n° 20, obs. Delebecque ; Defrénois 2001. 364, obs. Sénéchal ; RTD civ. 2001. 142, obs. Mestre et Fages* • Civ. 1re, 24 oct. 2019, n° 18-22.549 P : *D. 2020. 200, note Favre Rochex ; RTD civ. 2020. 100, obs. Barbier ; Defrénois 2020/5. 21, note Laurent ; ibid. 21, avis Sudre* (précisant qu'un tel paiement ne porte pas atteinte au principe de l'égalité des créanciers dès lors que les deux créanciers en concours étaient des créanciers privilégiés).

3. Conséquence d'une adjudication. Le versement du prix d'adjudication d'un immeuble entre les mains du Crédit foncier ne vaut paiement qu'à l'égard de l'adjudicataire libéré par la consignation des fonds et l'affectation particulière aux créanciers hypothécaires ne prive pas les créanciers privilégiés de leur droit de préférence sur le prix qui demeure jusqu'à sa distribution dans le patrimoine du débiteur. • Com. 22 févr. 1994, n° 91-21.202 P (privilège des frais de justice d'un mandataire liquidateur).

B. CONFLIT ENTRE PRIVILÈGES SPÉCIAUX ET PRIVILÈGES GÉNÉRAUX

4. Principe. Sauf dérogations prévues par la loi, les privilèges spéciaux mobiliers l'emportent sur les privilèges généraux sur les meubles. • Com. 25 oct. 1976 : *D. 1977. 380, note Taisne.* – Déjà en ce sens : • Req. 20 mars 1849 : *GAJC, 11e éd., n° 285 ; DP 1849. 1. 250.*

Art. 2332-2 *(Ord. n° 2006-346 du 23 mars 2006)* **Les privilèges généraux s'exercent dans l'ordre de l'article 2331, à l'exception du privilège du Trésor public, dont le rang** ***est déterminé par les lois qui le concernent,*** **et du privilège des caisses de sécurité sociale, qui vient au même rang que le privilège des salariés.**

(Ord. n° 2021-1192 du 15 sept. 2021, art. 7-V, en vigueur le 1er janv. 2022) « **Les créanciers privilégiés qui sont dans le même rang sont payés par concurrence.** »

Art. 2332-3 *(Ord. n° 2006-346 du 23 mars 2006)* **Les privilèges spéciaux du bailleur d'immeuble, du conservateur et du vendeur de meuble s'exercent dans l'ordre qui suit :**

1° Le privilège du conservateur, lorsque les frais de conservation sont postérieurs à la naissance des autres privilèges ;
2° Le privilège du bailleur d'immeuble, qui ignorait l'existence des autres privilèges ;
3° Le privilège du conservateur, lorsque les frais de conservation sont antérieurs à la naissance des autres privilèges ;
4° Le privilège du vendeur de meuble ;
5° Le privilège du bailleur d'immeuble, qui connaissait l'existence des autres privilèges.

Entre les conservateurs du même meuble, la préférence est donnée au plus récent. *(Abrogé par Ord. n° 2021-1192 du 15 sept. 2021, art. 7-VI, à compter du 1er janv. 2022)* ***« Entre les vendeurs du même meuble, elle est donnée au plus ancien. »***

Pour l'application des règles ci-dessus, *(Abrogé par Ord. n° 2021-1192 du 15 sept. 2021, art. 7-VI, à compter du 1er janv. 2022)* ***« le privilège de l'hôtelier est assimilé au privilège du bailleur d'immeuble ; »*** **le privilège de l'auxiliaire salarié d'un travailleur à domicile** *(Ord. n° 2021-1192 du 15 sept. 2021, art. 7-VI, en vigueur le 1er janv. 2022)* **« est assimilé » au privilège du vendeur de meuble.**

1. Privilèges spéciaux de nature différente : gage et entrée de valeur. En cas de conflit entre privilèges spéciaux mobiliers, les privilèges fondés sur la notion de gage l'emportent sur ceux accordés au créancier qui a fait entrer un bien ou une valeur dans le patrimoine de son débiteur. • Com. 9 mars 1977 : *JCP 1978. II. 18822, note Flécheux* • 6 mars 1979 : *Bull. civ. IV, n° 90* • 14 janv. 1980, ⚖ n° 77-15.876 P : *R., p. 59.*

2. ... Conservation et gage. La créance pour frais de conservation de la chose, lorsqu'elle est postérieure au nantissement, doit lui être préférée. • Civ. 1re, 13 nov. 1962 : *JCP 1963. II. 12976, note J. A.* ♦ V. aussi • Com. 4 févr. 1980 : *D. 1982. 189, note Agostini.* ♦ Mais, en cas de procédure collective et de vente forcée de la chose gagée, primauté sur le conservateur du créancier gagiste qui bénéficie du droit de rétention. • Com. 26 févr. 1991, ⚖ n° 89-15.847 P.

Art. 2332-4 *(Ord. n° 2021-1192 du 15 sept. 2021, art. 7-VII, en vigueur le 1er janv. 2022)* **Sauf loi spéciale, le droit de préférence conféré par le gage s'exerce au rang du privilège du bailleur d'immeuble.**

Conflit entre gagiste et bailleur. Le créancier bénéficiant d'un gage sur un tracteur (Décr. 30 sept. 1953) est en droit de percevoir par préférence aux bailleurs du débiteur le produit de la vente du tracteur. • Civ. 1re, 7 mai 1974, ⚖ n° 73-11.583 P. ♦ Entre deux privilèges fondés sur la notion que les créanciers qui en sont titulaires sont investis d'un droit de gage sur les biens qui en constituent l'assiette (bailleur d'immeuble et créancier nanti sur un fonds de commerce), la préférence à accorder à leurs titulaires respectifs doit être déterminée suivant la date à laquelle chacune des sûretés a été rendue opposable aux tiers. • Com. 14 févr. 1977 : *Bull. civ. IV, n° 43.*

Ancien art. 2332-4 *(L. n° 2016-1547 du 18 nov. 2016, art. 99-X)* ***Les sommes dues aux producteurs agricoles par leurs acheteurs sont payées, lorsque ces derniers font l'objet d'une procédure de sauvegarde, de redressement ou de liquidation judiciaire, nonobstant l'existence de toute autre créance privilégiée à l'exception de celles garanties par les articles L. 3253-2 et L. 3253-5 du code du travail, à due concurrence du montant total des produits livrés par le producteur agricole au cours des quatre-vingt-dix jours précédant l'ouverture de la procédure.***

CHAPITRE II DU GAGE DE MEUBLES CORPORELS

(Ord. n° 2006-346 du 23 mars 2006)

La division et l'intitulé de la section 1 [Du droit commun du gage] du chapitre II du sous-titre II du titre II du livre IV sont supprimés à compter du 1er janv. 2022 (Ord. n° 2021-1192 du 15 sept. 2021, art. 8-I). La section 3 du chapitre II du sous-titre II du titre II du livre IV, à laquelle appartenait l'art. 2354, est abrogée, l'abrogation de la section 2, consacrée au gage automobile, est différée dans le temps, au 1er janv. 2023 (Ord. n° 2021-1192 du 15 sept. 2021, art. 8 et 37-I).

RÉP. CIV. v° *Gage*, par P. Crocq.

BIBL. GÉN. ▶ Billiau, *JCP 1996. I. 3897.* – Pourquier, *RTD com. 2000. 569* (rétention du gagiste). ▶ **Projet de réforme des sûretés :** Damman, *D. 2005. Chron. 2447* (pour un attractivité retrouvée du gage).

▶ **Dépôt de garantie :** Bruno, *AJPI 1980. 351.* – De Belot, *Rev. Administrer 5/1998. 10.* – Désiry, *JCP N 1981. Prat. 485.* – J. Rémy, *Rev. loyers 2003. 124* (louage). ▶ **Gagiste *a non domino* :** Lopard, *LPA 22 janv. 2004.* ▶ **Gage sur un élément incorporel :** Lucas-Raffalli, *RRJ*

2000/4. 1461. ▶ **Gage de compte d'instruments financiers :** Auckenthaler, *JCP E 2005. 1728* (Ord. 24 févr. 2005). – Billiau, *JCP E 1996. I. 596 ; JCP 1997, n° 27, Actualités* (commentaire du Décr. du 21 mai 1997). – Bureau, *D. 1997. Chron. 73*. – Crocq, *obs. RTD civ. 1996. 952*. – D. R. Martin, *D. 1996. Chron. 263*. – Robine, *Dr. et patr. 7-8/2002. 70*. – Synvet, *Études Béguin, Litec, 2005, p. 719.* ▶ **Gage-espèces :** Bureau, *Dr et patr., déc. 1999, p. 22*. – Cuniberti, *LPA 5 nov. 1999*. – D. R. Martin, *D. 2007. Chron. 2556*. ▶ Cession d'actions nanties : Blanluet, *D. 1999. Chron. 109*. ▶ **Sûretés conventionnelles sur l'argent :** Cabrillac, *Mél. Derruppé, Litec/GLN-Joly, 1991, p. 333.*

▶ Andreu, *D. 2012. Chron. 1761* (gage avec dépossession contre gage sans dépossession). – Dammann et Podeur, *D. 2008. Chron. 2300* (loi de modernisation de l'économie). – Denizot, *RTD civ. 2016. 476* (gage des stocks). – Julienne, *D. 2016. 1267* (les gages spéciaux, modèles pour le droit commun ?). – D. Legeais, *Dossier JCP, supplément au n° 20 du 17 mai 2006, p. 12*. – Boffa, *D. 2007. Chron. 1161* (opposabilité du gage sans dépossession). – Kuhn, *LPA 27 mars 2008*. – D. R. Martin, *D. 2007. Chron. 2556* (gage-espèces). – Quievy, *Gaz. Pal. 2009. 2881* (gage avec dépossession de la chose d'autrui).

▶ Dagot, *JCP N 1999. 381* (sûretés monovalentes ou polyvalentes). – Grimaldi, *Trav. Assoc. Capitant, XLVII-1996, p. 155* (sûretés réelles). – Jamin, *Études Béguin, Litec, 2005, p. 381* (théorie réaliste des contrats réels). – Jobard-Bachellier, *RTD civ. 1985. 1* (existence des contrats réels).

▶ **Réforme du 15 sept. 2021 :** Aynès, *D. 2022. 242*. – Hontebeyrie, *JCP N 2021, n° 1331.*

▶ V. aussi Bibl. gén. précédant art. 2355.

Art. 2333 **Le gage est une convention par laquelle le constituant accorde à un créancier le droit de se faire payer par préférence à ses autres créanciers sur un bien mobilier ou un ensemble de biens mobiliers corporels, présents ou futurs.**

Les créances garanties peuvent être présentes ou futures ; dans ce dernier cas, elles doivent être déterminables.

L'art. L. 527-1 C. com., tel que modifié par l'Ord. n° 2016-56 du 29 janv. 2016 relative au gage des stocks, précise que le gage des stocks relève des art. 2286 (al. 1er et 4), 2333, 2335, 2337 (3e al.), 2339 à 2341, 2343, 2344 (1er al.) et 2345 à 2350 C. civ. et que « Les parties demeurent libres de recourir au gage des stocks prévu au présent chapitre ou au gage de meubles corporels prévu aux articles 2333 et suivants du code civil. ». Ces dispositions ne s'appliquent qu'aux contrats conclus à partir de cette date (Ord. n° 2016-56 du 29 janv. 2016, en vigueur le 1er avr. 2016).

BIBL. GÉN. ▶ Legeais, *RTD com. 2006. 639* (gage sur stocks). – Inforeg, *Cah. dr. entr. 2007, n° 2, p. 68* (gage sans dépossession et gage des stocks). – Clavel-Thoraval, *RLDA mars 2013. 61* (gage des stocks et gage de droit commun : concurrence ou exclusivité ?). – Bourassin, *D. 2013. 1363* (la force d'attraction du gage des stocks) ; *Gaz. Pal. 2016. 770*. – Arroyo et Tay-Pamart, *Banque et Dr. 5-6/2013. 18* (gage sans dépossession : quelle efficacité en cas de procédure collective ?). – Le Corre-Broly, *JCP E 2014, n° 1538* (le gage sur stocks et le code de commerce : un mariage forcé ?). – de Ravel d'Esclapon, *AJCA 2015. 462* (gage des stocks : aménagements conventionnels). – Juillet, *D. 2016. 561* (réforme du gage des stocks). – Piedelièvre, *Gaz. Pal. 2016. 157* (*idem*).

1. Articulation avec C. com., art. L. 527-1 (gage des stocks) – Jurisprudence antérieure à l'Ord. n° 2016-56 du 29 janv. 2016. S'agissant d'un gage portant sur des éléments visés à l'art. L. 527-3 C. com. et conclu dans le cadre d'une opération de crédit, les parties, dont l'une est un établissement de crédit, ne peuvent soumettre leur contrat au droit commun du gage de meubles sans dépossession. • Cass., ass. plén., 7 déc. 2015, n° 14-18.435 P : *D. 2016. 1955, obs. Crocq ; D. 2015. 2556 ; RTD civ. 2016. 416, obs. Crocq ; RTD com. 2016. 186, obs. Bouloc ; Gaz. Pal. 2016. 239, obs. Piedelièvre ; JCP 2016, n° 57, note Ansault et Gijsbers ; RDC 2016. 470, note Julienne.* – Cassant • Paris, 27 févr. 2014 : *D. 2014. 924, obs. Gijsbers*, rendu sur renvoi après cassation, ayant refusé d'appliquer la solution identique à celle de l'assemblée plénière rendue par : • Com. 19 févr. 2013, n° 11-21.763 P : *R., p. 584 ; D. 2013. Chron. C. cass. 1172, note Guillou ; RTD civ. 2013. 418, obs. Crocq ; RTD com. 2013. 328, obs. Bouloc ; JCP 2013, n° 539, note Martial-Braz ; Dr. et patr. 7-8/2013. 24, obs. D'Avout et Danos ; Gaz. Pal. 2013. 953, obs. Mignot.* – Cassant déjà • Paris, 3 mai 2011 : *RTD civ. 2011. 785, obs. Crocq*. – *Adde*, Bourassin, *D. 2013. Chron. 1363* (la force d'attraction du gage des stocks). – Sur la possibilité de choix issue de l'Ord. n° 2016-56 du 29 janv. 2016, V. note ss. art. 2333 et C. com., art. L. 527-1 s.

2. Gage avec dépossession. Les dispositions des art. L. 527-1 s. C. com. s'appliquent seulement au gage des stocks sans dépossession et ne font pas obstacle à ce que, pour un gage des stocks avec dépossession, les parties, dont l'une est un établissement de crédit, soumettent leur contrat au droit commun du gage de meubles.

• Com. 1er mars 2016, n° 14-14.401 P : *D. 2016. 596 ; RTD civ. 2016. 422, obs. Crocq* (solution rendue en application de l'art. L. 527-1 C. com. dans sa rédaction antérieure à l'Ord. du 29 janv. 2016).

3. Articulation avec le warrant agricole. Le warrant agricole, dont le régime n'exclut pas qu'il puisse concerner des biens mobiliers corporels futurs, peut non seulement porter sur les récoltes pendantes par les racines, conformément à l'art. L. 342-1 C. rur., mais également sur les récoltes futures, en application du droit commun du gage. • Civ. 1re, 12 nov. 2015, n° 14-23.106 P : *D. 2016. 178, note Juillet ; RTD civ. 2016. 415, obs. Crocq ; RDC 2016. 470, note Julienne.*

Art. 2334 *(Ord. n° 2021-1192 du 15 sept. 2021, art. 8-II, en vigueur le 1er janv. 2022)* **Le gage peut avoir pour objet des meubles immobilisés par destination.**

L'ordre de préférence entre le créancier hypothécaire et le créancier gagiste est déterminé conformément à l'article 2419.

BIBL. ▸ C. Leveneur, *JCP N 2021, n° 1332* (gage d'immeuble par destination). – Mignot, *JCP 203, n° 142* (sûretés réelles relatives aux immeubles par destination).

Ancien art. 2334 ***Le gage peut être consenti par le débiteur ou par un tiers ; dans ce dernier cas, le créancier n'a d'action que sur le bien affecté en garantie.***

Sur l'application de l'anc. art. 2334, V. notes ss. art. 2325.

Art. 2335 *(Ord. n° 2021-1192 du 15 sept. 2021, art. 8-II, en vigueur le 1er janv. 2022)* **Le gage de la chose d'autrui peut être annulé à la demande du créancier qui ignorait que la chose n'appartenait pas au constituant.** – *Comp. anc. art. 2335.*

Ancien art. 2335 ***Le gage de la chose d'autrui est nul. Il peut donner lieu à des dommages et intérêts lorsque le créancier a ignoré que la chose fût à autrui.***

Art. 2336 **Le gage est parfait par l'établissement d'un écrit contenant la désignation de la dette garantie, la quantité des biens donnés en gage ainsi que leur espèce ou leur nature.**

Gage commercial (solution antérieure à l'Ord. du 15 sept. 2021 ayant abrogé l'art. L. 521-1 C. com.). L'art. L. 521-1, al. 1er, C. com., qui n'a pas été modifié par l'Ord. n° 2006-346 du 23 mars 2006, permettant de constater par tous moyens le gage commercial, rend inapplicables à ce dernier les dispositions de l'art. 2336 qui subordonnent la validité du gage à la rédaction d'un écrit. • Com. 17 févr. 2015, n° 13-27.080 P : *D. 2015. 787, note Borga ; ibid. 1810, obs. Crocq ; RTD civ. 2015. 437, obs. Crocq ; RTD com. 2015. 342, obs. Legeais ; Rev. sociétés 2015. 663, note Ansault ; AJCA 2015. 176, note Albiges ; RDC 2015. 880, obs. Julienne.* – *NB.* L'art. L. 521-1 C com a été abrogé par l'Ord. n° 2021-1192 du 15 sept. 2021.

Art. 2337 **Le gage est opposable aux tiers par la publicité qui en est faite.**

Il l'est également par la dépossession entre les mains du créancier ou d'un tiers convenu du bien qui en fait l'objet *(Ord. n° 2021-1192 du 15 sept. 2021, art. 8-III, en vigueur le 1er janv. 2022)* **« ou du titre qui, tel un connaissement, le représente ».**

Lorsque le gage a été régulièrement publié, les ayants cause à titre particulier du constituant ne peuvent se prévaloir de l'article *(L. n° 2008-561 du 17 juin 2008)* **« 2276 ».**

1. Domaine (gage consenti par un commerçant). Le gage constitué par un commerçant se constate, à l'égard des tiers comme à l'égard des parties contractantes, conformément à l'art. 109 (art. L. 110-3) C. com. • Com. 25 févr. 1975, n° 73-12.064 P : *R., p. 55 ; JCP 1975. II. 18133 bis, note Bost et Stemmer* • 20 juin 1984 : *Bull. civ. IV, n° 204.* ♦ Un gage consenti pour garantir l'achat de marchandises entre deux sociétés commerciales, bien que consenti par un non-commerçant mais à l'occasion d'un acte de commerce, se prouve conformément aux dispositions de l'art. 109 (art. L. 110-3) C. com. • Com. 11 juin 1974, n° 73-10.597 P • 23 oct. 1984, n° 83-14.044 P. ♦ La mise en gage d'un effet de commerce peut être établie, conformément aux dispositions de l'art. 91 (art. L. 521-1), al. 1er, C. com., par tous moyens. • Com. 20 juin 1972 : *Bull. civ. IV, n° 200.*

2. Mise en possession : modalités. Il n'y a pas eu mise en possession du créancier gagiste lorsque la marchandise est demeurée dans un élément de silo loué par le vendeur sous réserve de propriété, où celui-ci l'avait fait entreposer, de sorte qu'il en avait gardé la maîtrise. • Com. 13 févr. 1990, n° 87-19.750 P : *D. 1990. Somm. 388, obs. Aynès ; RTD civ. 1991. 142, obs. Zenati.* ♦ Comp., admettant la dépossession dans une hypothèse où la marchandise est restée dans les locaux du constituant, sous la surveillance de salariés auxquels le tiers détenteur avait donné mandat avec l'accord du constituant. • Com. 12 janv. 2010 : *D. 2011. Pan. 410, obs. Crocq ; JCP 2010, n° 708, note P. Delbecque ; RDC 2010. 1336, note A. Aynès.*

3. Caractère apparent de la possession. Si la dépossession du débiteur n'a pas revêtu le caractère d'apparence nécessaire pour informer les tiers, la constitution du gage n'est pas opposable à une personne restée étrangère à la convention. • Com. 3 nov. 1980 : *Bull. civ. IV, n° 359.* – Dans le même sens : • Civ. 19 févr. 1894 : *DP 1894. 1. 420* • Req. 23 mai 1927 : *S. 1928. 1. 97, note Bourcart* • Com. 5 févr. 1979, n° 77-11.921 P.

4. Continuité. La dépossession doit être continue. • Civ. 9 avr. 1894 : *DP 1894. 1. 409, note Boistel* (sol. impl.). ♦ Toutefois le privilège subsisterait en cas de restitution temporaire au débiteur des marchandises constituées en gage pour leur faire subir certains traitements nécessaires. • Req. 11 avr. 1933 : *Gaz. Pal. 1933. 2. 172.*

5. Entiercement. La preuve de l'acceptation tacite, par le tiers convenu à un contrat de gage, du mandat de conservation du gage qui lui est donné par le créancier gagiste et le débiteur ne peut résulter, à défaut d'écrit ou de commencement de preuve par écrit, que de son exécution. • Civ. 1re, 24 nov. 1976, n° 75-11.696 P.

6. Prérogatives et obligations des parties en cas de dépossession. La dépossession, qui fait perdre au constituant une partie de ses prérogatives sur la chose nantie, ne les confère pas pour autant au créancier gagiste, qui dispose, en sa qualité de dépositaire de cette chose jusqu'à sa restitution, du seul pouvoir de la garder et conserver, sans acquérir celui d'en user ni de l'administrer. • Com. 12 juill. 2005, n° 04-10.214 P : *R., p. 325 ; D. 2005. AJ 2142, obs. Delpech ; D. 2006. Pan. 2861, obs. Crocq ; JCP 2005. I. 185, nos 17 s., obs. Delebecque.* ♦ La remise, par un producteur, à une coopérative qui lui fournissait le lait, de fromages produits avec du lait impayé ne constitue pas une dation en paiement, dès lors qu'elle a eu lieu en exécution d'un contrat de gage, la propriété des fromages n'ayant pas été transmise à la coopérative. • Com. 28 juin 1982 : *Bull. civ. IV, n° 253.* ♦ Sur le délit de détournement d'objets donnés en gage : V. art. 314-5 C. pén. (ancien C. pén., art. 400). ♦ V. aussi Japy, *Gaz. Pal. 1973. 1. Doctr. 391* (réparation du dommage occasionné par le délit de détournement de gage).

7. Le créancier gagiste a, sur les choses mobilières remises en gage, un droit réel qui lui permet d'invoquer la maxime de l'art. 2279 [ancien, devenu 2276], al. 1er, C. civ., quand il est de bonne foi et que son nantissement est régulier. • Civ. 19 juin 1928 : *DP 1929. 1. 45.* ♦ Sur le droit de rétention du créancier gagiste, V. *supra* ss. art. 2286.

Art. 2338 **Le gage est publié par une inscription sur un registre spécial dont les modalités sont réglées par décret en Conseil d'État.** – *V. C. com., art. R. 521-1 s.* – **C. com.**

(Ord. n° 2021-1192 du 15 sept. 2021, art. 8-IV) **« Sauf s'il est soumis à l'article 2342, le gage portant sur un véhicule terrestre à moteur ou une remorque immatriculés est publié par une inscription sur un registre tenu par l'autorité administrative dans les conditions fixées par décret en Conseil d'État. L'inscription d'un tel gage fait obstacle à toute nouvelle inscription sur le même véhicule. »** – *V. Décr. n° 2023-97 du 14 févr. 2023, infra.*

L'art. 2338, dans sa rédaction issue de l'art. 8 de l'Ord. n° 2021-1192 du 15 sept. 2021, entre en vigueur le 1er janv. 2023. La section 2 du chapitre II du sous-titre II du titre II du livre IV [art. 2351 à 2353] est abrogée à cette même date (Ord. préc., art. 37-I).

Décret n° 2023-97 du 14 février 2023,

Relatif à la publicité du gage portant sur un véhicule terrestre à moteur ou une remorque immatriculés.

Art. 1er La publicité du gage portant sur un véhicule terrestre à moteur ou une remorque immatriculés prévue au deuxième alinéa de l'article 2338 du code civil est assurée par son inscription sur un registre dématérialisé tenu par le ministre de l'intérieur. Ce registre est intégré au traitement destiné à l'enregistrement des informations exigées pour la circulation des véhicules ou affectant la disponibilité de ceux-ci.

Les informations contenues dans ce registre sont soumises aux dispositions des articles L. 330-1 et L. 330-3 du code de la route.

CHAPITRE I. *INSCRIPTION ET PROROGATION DU GAGE*

Art. 2 Le gage ne peut être inscrit qu'à la condition que le constituant soit propriétaire du bien et titulaire d'un certificat d'immatriculation du véhicule gagé comportant le numéro d'immatriculation définitif prévu par le I de l'article R. 322-2 du code de la route.

Le constituant peut également être co-titulaire du certificat d'immatriculation au sens du second alinéa de l'article L. 322-1-1 du code de la route.

Art. 3 I. — La demande d'inscription du gage est adressée par le créancier au ministre de l'intérieur, soit directement par voie électronique, soit par l'intermédiaire d'un établissement de crédit ou d'une société de financement habilité par le ministre de l'intérieur à saisir et à enregistrer des données dans le traitement mentionné à l'article 1er.

II. — Cette demande contient :

1° La désignation du constituant qui comporte les informations suivantes :

a) S'il s'agit d'une personne physique : ses prénoms, nom et adresse du domicile ainsi que le cas échéant, son numéro unique d'identification complété, s'il y a lieu, par la mention RCS suivie du nom de la ville où se trouve le greffe où elle est immatriculée ;

b) S'il s'agit d'une personne morale : sa forme, sa dénomination sociale, l'adresse de son siège social ainsi que, le cas échéant, son numéro unique d'identification complété, s'il y a lieu, par la mention RCS suivie du nom de la ville où se trouve le greffe où elle est immatriculée ;

2° La désignation du créancier qui comporte les mêmes informations que celles mentionnées aux *a* et *b* du 1° du présent article. Lorsque le créancier ne réside dans aucun des États membres de l'Union européenne, il doit élire domicile dans un de ces États ;

3° La date de l'acte constitutif du gage ;

4° La désignation du véhicule gagé, avec l'indication de son numéro d'immatriculation définitif.

III. — Lorsque la demande est adressée directement par voie électronique, le créancier joint à sa demande une copie de l'acte constitutif du gage et une copie du certificat d'immatriculation du véhicule gagé. Les établissements de crédit et les sociétés de financement habilités par le ministère de l'intérieur ne sont pas soumis à cette obligation.

Art. 4 Le ministre de l'intérieur inscrit sur le registre mentionné à l'article 1er les informations transmises ainsi que la date et le numéro d'ordre de l'inscription.

Les inscriptions prennent effet à cette date.

Le ministre de l'intérieur dispose d'un délai de sept jours à compter de la réception de l'ensemble des éléments mentionnés aux II et III de l'article 3 pour inscrire le gage. A l'expiration de ce délai, le silence gardé par le ministre de l'intérieur vaut décision d'inscription.

Le ministre de l'intérieur transmet par voie électronique au créancier un accusé d'inscription comportant les mêmes informations que celles qu'il a inscrites.

Art. 5 L'inscription produit effet durant cinq ans. Elle peut être prorogée pour une durée de cinq ans sans limitation du nombre de prorogations. Chaque prorogation prend effet à la date d'expiration de la précédente inscription.

Art. 6 I. — La demande de prorogation de l'inscription d'un gage est adressée par le créancier au ministre de l'intérieur soit directement par voie électronique, soit par l'intermédiaire d'un établissement de crédit ou d'une société de financement habilité par le ministre de l'intérieur à saisir et à enregistrer des données dans le traitement mentionné à l'article 1er.

La demande de prorogation doit être formulée au plus tard sept jours avant la date d'expiration d'effet de l'inscription concernée.

II. — La demande contient les informations suivantes :

1° La date de l'inscription initiale ;

2° Le numéro d'ordre de l'inscription initiale.

III. — Le ministre de l'intérieur inscrit sur le registre mentionné à l'article 1er la prorogation et la date à laquelle cette inscription est intervenue.

Le ministre de l'intérieur dispose d'un délai de sept jours à compter de la réception de l'ensemble des éléments mentionnés au II du présent article pour inscrire la prorogation au registre. A l'expiration de ce délai, le silence gardé par le ministre de l'intérieur vaut décision de prorogation.

IV. — Le ministre de l'intérieur transmet par voie électronique au créancier un accusé de prorogation comportant les mêmes informations que celles qu'il a inscrites.

CHAPITRE II. *CESSION DU GAGE*

Art. 7 I. — La demande d'inscription de la cession du gage est adressée par le créancier au ministre de l'intérieur, soit directement par voie électronique, soit par l'intermédiaire d'un établissement de crédit ou d'une société de financement habilité par le ministre de l'intérieur à saisir et à enregistrer des données dans le traitement mentionné à l'article 1er.

II. — La demande contient les informations suivantes :

1° La date de l'inscription initiale ;

2° Le numéro d'ordre de l'inscription initiale ;

3° La désignation du créancier initial et celle du nouveau créancier, conformément aux dispositions du 2° du II de l'article 3.

III. — Lorsque la demande est adressée directement par voie électronique, le créancier joint à sa demande une copie de l'acte de cession du gage. Les établissements de crédit et les sociétés de financement habilités par le ministère de l'intérieur ne sont pas soumis à cette obligation.

IV. — Le ministre de l'intérieur inscrit au registre mentionné à l'article 1er la cession du gage, sa date, et la date à laquelle l'inscription de la cession est intervenue.

L'inscription de la cession prend effet à cette dernière date.

Le ministre de l'intérieur dispose d'un délai de sept jours à compter de la réception de l'ensemble des éléments mentionnés au II et au III du présent article pour inscrire la cession.

A l'expiration de ce délai le silence gardé par le ministre de l'intérieur vaut décision d'inscription de la cession.

Le ministre de l'intérieur transmet par voie électronique au créancier un accusé d'inscription de cession comportant les mêmes informations que celles qu'il a inscrites.

CHAPITRE III. *RADIATION DU GAGE*

Art. 8 Le ministre de l'intérieur radie d'office du registre mentionné à l'article 1er les inscriptions qui ont cessé de produire effet au terme des délais prévus à l'article 5.

Art. 9 I. — La demande de radiation de l'inscription du gage à l'initiative du constituant ou du créancier est adressée au ministre de l'intérieur soit directement par voie électronique, soit par l'intermédiaire d'un établissement de crédit ou une société de financement habilité par le ministre de l'intérieur à saisir et à enregistrer des données dans le traitement mentionné à l'article 1er

II. — La demande contient les informations suivantes :

1° La date de l'inscription initiale ;

2° Le numéro d'ordre de l'inscription initiale.

III. — Lorsque la demande est adressée directement par voie électronique par le constituant ou le créancier, elle est accompagnée de la justification de l'accord des parties, d'un acte donnant mainlevée de l'inscription ou d'une décision passée en force de chose jugée. Les établissements de crédit et les sociétés de financement habilités par le ministère de l'intérieur ne sont pas soumis à cette obligation.

IV. — Le ministre de l'intérieur procède à la radiation de l'inscription et inscrit la date à laquelle elle est intervenue.

La radiation prend effet à cette date.

Le ministre de l'intérieur dispose d'un délai de sept jours à compter de la réception de l'ensemble des éléments mentionnés au II et au III du présent article pour radier l'inscription.

A l'expiration de ce délai le silence gardé par le ministre de l'intérieur vaut décision de radiation.

Le ministre de l'intérieur transmet par voie électronique au requérant un accusé d'inscription de la radiation.

Art. 10 L'inscription radiée n'est plus portée sur le certificat de situation administrative du véhicule mentionné au V de l'article R. 322-4 du code de la route.

CHAPITRE IV. *DISPOSITIONS DIVERSES, TRANSITOIRES ET RELATIVES À L'OUTRE-MER*

Art. 11 Les gages inscrits antérieurement à la date d'entrée en vigueur du présent décret produisent effet pendant cinq ans à compter de cette date. Les dispositions du présent *décret leur sont applicables.*

Art. 12 et 13 *Non reproduits.*

Art. 2339 Le constituant ne peut exiger la radiation de l'inscription ou la restitution du bien gagé qu'après avoir entièrement payé la dette garantie en principal, intérêts et frais.

Paiement de la partie garantie de la dette (par réalisation partielle du gage). Ne commet pas de faute de nature à engager sa responsabilité envers le créancier gagiste le commissaire-priseur, tiers convenu, qui, après paiement intégral du montant garanti de la dette (partiellement garantie) par le produit de la réalisation partielle des objets remis en gage, restitue à leur propriétaire les objets non vendus, le gage étant devenu sans objet, peu important que ce dernier reste débiteur du solde de la dette. • Cass., ass. plén., 6 nov. 2009, n° 08-17.095 P : *R., p. 400 ; BICC 1er déc. 2009, Rapp. Cohen-Branche, avis Petit ; D. 2009. AJ 2803, obs. Avena-Robardet ; JCP 2010. 13, note Piedelièvre ; Banque et Dr. 1-2/2010. 46, obs. Jacob ; RTD civ. 2010. 358, obs. Crocq ; RTD com. 2010. 182, obs. Bouloc.*

Art. 2340 Lorsqu'un même bien fait l'objet de plusieurs gages successifs sans dépossession, le rang des créanciers est réglé par l'ordre de leur inscription.

Lorsqu'un bien donné en gage sans dépossession fait ultérieurement l'objet d'un gage avec dépossession, le droit de préférence du créancier gagiste antérieur est opposable au créancier gagiste postérieur lorsqu'il est régulièrement publié nonobstant le droit de rétention de ce dernier.

Art. 2341 Lorsque le gage avec dépossession a pour objet des choses fongibles, le créancier doit les tenir séparées des choses de même nature qui lui appartiennent. A défaut, le constituant peut se prévaloir des dispositions du premier alinéa de l'article 2344.

Si la convention dispense le créancier de cette obligation, il acquiert la propriété des choses gagées à charge de restituer la même quantité de choses équivalentes.

(Ord. n° 2021-1192 du 15 sept. 2021, art. 8-V, en vigueur le 1er janv. 2022) « Dans le cas visé au premier alinéa, le constituant peut, si la convention le prévoit, aliéner les choses gagées*[,]* à charge de les remplacer par la même quantité de choses équivalentes. »

Sur la sûreté portant sur une somme d'argent, V. notes ss. art. 2374.

Art. 2342 Lorsque le gage sans dépossession a pour objet des choses fongibles, le constituant peut *(Ord. n° 2021-1192 du 15 sept. 2021, art. 8-VI, en vigueur le 1er janv. 2022)* « , sauf convention contraire, » les aliéner *(Abrogé par Ord. n° 2021-1192 du 15 sept. 2021, art. 8-VI, à compter du 1er janv. 2022)* ***« si la convention le prévoit »*** à charge de les remplacer par la même quantité de choses équivalentes.

Solutions antérieures à l'Ord. n° 2021-1192 du 15 sept. 2021.

1. Substitution conventionnelle et conflit avec vendeur réserviste. En présence d'un gage assorti d'une clause de substitution conventionnelle prévoyant que les biens gagés pourront être remplacés par une même quantité de choses équivalentes, même non identiques, la revendication exercée par le vendeur avec réserve de propriété des marchandises substituées aux choses initialement gagées se heurte aux principes autorisant le créancier gagiste à invoquer son droit de rétention. • Com. 26 mai 2010, n° 09-65.812 P : *D. 2010. Actu. 1412, obs. Lienhard ; ibid. 2011. Pan. 406, obs. Crocq ; JCP 2011, n° 226, § 17, obs. Delebecque ; Banque et Dr. 7-8/2010, obs. Jacob ; RDC 2010. 1341, obs. A. Aynès ; RTD civ. 2010. 595, obs. Crocq ; RTD com. 2010. 596, obs. Legeais ; ibid. 785, obs. Martin-Serf.*

2. Nature de l'opération de substitution. Encourt la cassation pour défaut de base légale un arrêt qui décide que la substitution de biens gagés est un nouveau gage, nul s'il est consenti en période suspecte, sans rechercher si cette substitution avait conféré au gagiste un gage supérieur, dans sa nature et dans son assiette, à celui initialement consenti. • Com. 27 sept. 2016, n° 15-10.421 P : *D. 2016. 1997 ; RTD civ. 2016. 864, obs. Barbier ; ibid. 907, obs. Crocq ; RDC 2017. 283, note Julienne.*

Art. 2342-1 *(Ord. n° 2021-1192 du 15 sept. 2021, art. 8-VI, en vigueur le 1er janv. 2022)* Lorsque le constituant a la faculté d'aliéner les biens gagés dans les conditions prévues par les articles 2341 ou 2342, les biens acquis en remplacement sont de plein droit compris dans l'assiette du gage.

Art. 2343 Le constituant doit rembourser au créancier ou au tiers convenu les dépenses utiles ou nécessaires que celui-ci a faites pour la conservation du gage.

Art. 2344 Lorsque le gage est constitué avec dépossession, le constituant peut réclamer la restitution du bien gagé, sans préjudice de dommages-intérêts, si le créancier ou le tiers convenu ne satisfait pas à son obligation de conservation du gage.

Lorsque le gage est constitué sans dépossession, le créancier peut se prévaloir de la déchéance du terme de la dette garantie ou solliciter un complément de gage si le constituant ne satisfait pas à son obligation de conservation du gage.

Restitution de marchandises susceptibles de dépérissement (non : maintien du droit de rétention). Le créancier gagiste peut refuser de se dessaisir de son gage s'il n'obtient pas préalablement paiement de sa créance à concurrence de la valeur de celui-ci sans encourir de responsabilité pour dépérissement de la marchandise gagée. • Com. 19 nov. 2002, n° 00-20.516 P : *JCP 2003. I. 124, n° 17, obs. Delebecque ; JCP E 2003. 449, note Bouteiller ; Defrénois 2003. 1616, obs. Théry.* ♦ Sur le droit de rétention du créancier gagiste, V. ss. art. 2286.

Art. 2345 **Sauf convention contraire, lorsque le détenteur du bien gagé est le créancier de la dette garantie, il perçoit les fruits de ce bien et les impute sur les intérêts ou, à défaut, sur le capital de la dette.**

Art. 2346 **A défaut de paiement de la dette garantie, le créancier peut** *(Ord. n° 2021-1192 du 15 sept. 2021, art. 8-VIII, en vigueur le 1er janv. 2022)* **« poursuivre** *[ancienne rédaction : faire ordonner en justice]* **» la vente du bien gagé. Cette vente a lieu selon les modalités** *(Ord. n° 2021-1192 du 15 sept. 2021, art. 8-VIII, en vigueur le 1er janv. 2022)* **« prévues par le code des** *[ancienne rédaction : prévues par les]* **» procédures civiles d'exécution sans que la convention de gage puisse y déroger.**

(Ord. n° 2021-1192 du 15 sept. 2021, art. 8-VIII, en vigueur le 1er janv. 2022) **« Lorsque le gage est constitué en garantie d'une dette professionnelle, le créancier peut faire procéder à la vente publique des biens gagés par un notaire, un huissier de justice, un commissaire-priseur judiciaire** *[commissaire de justice]* **ou un courtier de marchandises assermenté, huit jours après une simple signification faite au débiteur et, le cas échéant, au tiers constituant du gage. »**

1. *Absence d'obligation de réalisation.* Le créancier gagiste n'est pas tenu de demander la réalisation de son gage à l'échéance. • Com. 10 oct. 2000, n° 97-12.910 P : *JCP 2001. II. 10575, note S. Piedelièvre ; ibid. I. 315, n° 18, obs. Delebecque* (sa responsabilité ne peut pas être recherchée de ce fait). ♦ La réalisation du gage à l'échéance n'étant qu'une faculté, un emprunteur ne saurait reprocher au prêteur garanti par un nantissement d'actions de n'avoir pas réalisé le gage à l'échéance au prétexte qu'à ce moment les actions cotaient encore 97 Frs. • Même arrêt. ♦ Sur la question de savoir si la caution peut reprocher au gagiste de n'avoir pas réalisé son gage, V. notes ss. art. 2314.

2. *Lenteur dans la réalisation.* Le débiteur ne peut reprocher au créancier d'avoir laissé se déprécier le bien gagé par la lenteur de ses poursuites en réalisation du gage dès lors que la lenteur de la procédure s'explique par les circonstances (débiteur ayant quitté ses domiciles successifs sans indiquer de nouvelle adresse). • Rouen, 26 nov. 1971 : *D. 1972. 429, note Hémard.*

3. *Nécessité d'une mise en demeure.* Le défaut de mise en demeure, par le créancier gagiste d'un compte d'instruments financiers, du débiteur fait obstacle à la réalisation du gage. • Com. 18 nov. 2008, n° 07-21.975 P : *D. 2008. AJ 3009 ; Gaz. Pal. 2009. 1255, note Chabot* (restitution intégrale du portefeuille indûment réalisé).

4. *Fin du droit de rétention.* En poursuivant lui-même la vente du gage, le créancier ne peut plus se prévaloir du droit de rétention et il reste uniquement à régler un conflit entre créanciers privilégiés. • Com. 15 janv. 1957 : *JCP 1957. II. 10006 (trois arrêts), note J. Becqué.* ♦ Il en va différemment en cas de vente forcée, le créancier conservant son droit de rétention jusqu'à due concurrence sur le montant de la vente des objets gagés : cas de saisie ou confiscation par l'administration fiscale. • Com. 27 mars 1968 : *Gaz. Pal. 1968. 2. 168* • 18 déc. 1990, n° 89-16.260 P : *RTD civ. 1991. 573, obs. Bandrac .*

5. *Paiement de la partie garantie de la dette par réalisation partielle.* V. note ss. art. 2339.

Art. 2347 **Le créancier peut aussi faire ordonner en justice que le bien lui demeurera en paiement.**

Lorsque la valeur du bien excède le montant de la dette garantie, la somme égale à la différence est versée au *(Ord. n° 2021-1192 du 15 sept. 2021, art. 8-IX, en vigueur le 1er janv. 2022)* **« constituant** *[ancienne rédaction : débiteur]* **» ou, s'il existe d'autres créanciers gagistes, est consignée.**

1. *Principe.* Tout créancier nanti peut demander l'attribution judiciaire du gage même non assorti d'un droit de rétention et le superprivilège des salaires ne peut faire obstacle à cette attribution. • Com. 6 janv. 1998, n° 95-17.399 P : *D. 1998. Somm. 375, obs. S. Piedelièvre .* ♦ A défaut de disposition contraire, cette attribution judiciaire du gage est offerte au créancier titulaire d'un nantissement sur outillage et matériel d'équipement (L. 18 janv. 1951, devenue art. L. 525-1 s. C. com.,) qui ne poursuit pas la réalisation du bien grevé. • Com. 6 mars 1990, n° 88-16.036 P : *R., p. 331 ; D. 1990. 311, note Derrida ; RTD civ. 1991. 150, obs. Bandrac*. – V. déjà • Cass., ass. plén., 26 oct. 1984 : *D. 1985. 33, concl. Cabannes, note Derrida ; JCP 1985. II. 20342, Rapp. Viennois, note Corlay ; Gaz. Pal. 1985. 1. 236, note Chartier.*

2. Gage commercial. En cas de gage commercial, l'art. 93 (art. L. 521-3) C. com. sur la vente des objets donnés en gage ne vise que l'hypothèse où le créancier procède à la vente du gage et laisse à ce dernier la faculté de faire ordonner en justice l'attribution du gage. • Com. 31 mai 1960 : *D. 1960. 601, note Guyon ; JCP 1960. II. 11676, note Nectoux ; RTD com. 1960. 623, obs. Hémard.* – NB : L'art. L. 521-3 C. com. a été abrogé par l'Ord. n° 2021-1192 du 15 sept. 2021.

3. Exclusions : créancier nanti sur le fonds de commerce. Le nantissement d'un fonds de commerce ne donne pas au créancier gagiste le droit de se faire attribuer le fonds en paiement. • Com. 13 oct. 1998, n° 94-20.560 P : *D. 1999. Somm. 299, obs. S. Piedelièvre*.

4. ... Créancier bénéficiaire du nantissement des marchés publics. En vertu de l'art. 190 C. marchés (ancien), l'opposition par laquelle est revendiqué un des privilèges énumérés par l'art. 193 de ce code expose le créancier nanti à subir le droit de préférence des créanciers ayant un privilège préférable au sien et l'empêchant d'invoquer l'application de l'art. 2078 C. civ. • Com. 4 mai 1981 : *D. 1981. 489 (2e esp.), note Derrida.*

5. Indépendance à l'égard de l'ordre des privilèges. L'attribution du gage est indépendante des règles concernant l'ordre dans lequel s'exercent sur le prix les divers privilèges en cas de vente du bien nanti. • Com. 31 janv. 1983, n° 81-15.783 P. – Dans le même sens : • Com. 12 févr. 1979 : *D. 1979. 354, note Derrida ; JCP 1980. II. 19316, note Chartier* • 3 juin 2008 : *cité note 2 ss. art. 1866.* ♦ Mais le créancier gagiste n'est pas tenu de demander l'attribution judiciaire du gage. Une caution ne saurait donc reprocher au créancier de n'avoir pas usé de cette faculté afin d'éviter la prééminence d'autres privilèges. • Com. 3 nov. 1983 : *JCP 1984. II. 20234, note Mestre ; RTD civ. 1984. 526, obs. Rémy.* – Dans le même sens : • Com. 10 oct. 2000 : *D. 2000. AJ 424*. ♦ *Contra* : • Cass., ch. mixte, 10 juin 2005 : *cité note 21 ss. art. 2314* (en retenant que la banque créancière avait renoncé au bénéfice du gage, une cour d'appel en déduit exactement que la caution était déchargée de son obligation).

6. Conflit avec des vendeurs réservistes. Les matériels nantis ayant été restitués aux vendeurs impayés, bénéficiaires d'une clause de réserve de propriété, l'attribution de ces matériels, revenus en la possession des vendeurs propriétaires, ne peut plus, en vertu de l'art. 159, al. 3 (C. com., art. L. 622-21, devenu L. 642-25, al. 3), de la L. du 25 janv. 1985, être demandée par le créancier gagiste. • Com. 5 avr. 1994, n° 90-11.559 P : *RTD civ. 1994. 909, obs. Bandrac*.

7. Attribution automatique de l'indemnité d'assurance. Aux termes de l'art. L. 121-13 C. assur., le créancier gagiste bénéficie, dès la survenance du sinistre affectant le bien gagé, d'une attribution de l'indemnité d'assurance, de sorte que le créancier gagiste ne peut se voir imposer de recevoir, à la place de l'indemnité, le versement du prix de cession du véhicule. • Com. 12 mai 1998, n° 95-17.757 P : *JCP 1999. I. 116, n° 14, obs. Delebecque.*

8. Débiteur en procédure collective. Le créancier gagiste peut, à défaut de paiement, faire ordonner en justice que le bien grevé lui soit attribué jusqu'à due concurrence. Si le débiteur est soumis à une procédure de redressement judiciaire, le créancier gagiste dispose à nouveau de cette faculté après le jugement prononçant la liquidation judiciaire. • Com. 6 mars 1990, n° 88-16.036 P : *R., p. 331 ; D. 1990. 311, note Derrida ; RTD civ. 1991. 150, obs. Bandrac* • 28 mai 1996, n° 94-16.269 P : *D. 1996. Somm. 385, obs. S. Piedelièvre*. ♦ Il doit, à cette fin, former une demande nouvelle devant le juge-commissaire. • Com. 14 oct. 1997, n° 95-10.423 P : *D. 1998. Somm. 105, obs. S. Piedelièvre*. ♦ La demande d'attribution judiciaire d'un gage constitué avant l'ouverture d'un règlement judiciaire ou d'une liquidation des biens est liée à la solution de la procédure collective et il appartient exclusivement au tribunal qui a ouvert celle-ci d'en connaître. • Com. 6 mai 1986 : *Bull. civ. IV, n° 87* • 28 oct. 1986, n° 85-10.356 P. ♦ L'attribution du gage ordonnée avant l'ouverture de la procédure collective, par une décision statuant sur le fond, exécutoire par provision, transfère la propriété au créancier et éteint la créance de celui-ci à concurrence de sa valeur. • Com. 24 janv. 2006, n° 02-11.989 P : *D. 2006. AJ 499, obs. A. Lienhard ; ibid. Pan. 2860, obs. Crocq*.

9. Délai pour agir. En cas de procédure collective, le créancier gagiste qui demande l'attribution judiciaire du gage n'agit pas en revendication, de sorte que l'art. 115 (C. com., art. L. 621-115, devenu L. 624-9) de la L. du 25 janv. 1985 est inapplicable. • Com. 28 janv. 1997, n° 93-21.662 P : *Defrénois 1997. 1429, obs. Aynès.* ♦ Déjà en ce sens : • Com. 6 déc. 1988 : *Bull. civ. IV, n° 337.*

10. Défaut d'estimation par expert. Le créancier qui a obtenu l'attribution définitive de son gage (actions nanties), sans avoir sollicité son estimation par experts, a implicitement mais nécessairement admis que la valeur des actions nanties était égale à leur valeur nominale ; l'attribution du gage a ainsi été ordonnée selon une estimation de sa valeur, laquelle, admise par les parties, n'avait pas à être déterminée par experts. • Com. 15 nov. 2005, n° 03-18.437 P : *D. 2006. Pan. 2860, obs. Crocq ; JCP 2006. I. 131, n° 14, obs. Delebecque ; Dr. et patr. 2/2006. 124, obs. Dupichot.*

Art. 2348 **Il peut être convenu, lors de la constitution du gage ou postérieurement, qu'à défaut d'exécution de l'obligation garantie le créancier deviendra propriétaire du bien gagé.**

La valeur du bien est déterminée au jour du transfert par un expert désigné à l'amiable ou judiciairement, à défaut de cotation officielle du bien sur *(Ord. n° 2021-1192 du 15 sept. 2021, art. 8-X, en vigueur le 1er janv. 2022)* **« une plate-forme de négociation** *[ancienne rédaction : un marché organisé]* **» au sens du code monétaire et financier. Toute clause contraire est réputée non écrite.**

Lorsque cette valeur excède le montant de la dette garantie, la somme égale à la différence est versée au *(Ord. n° 2021-1192 du 15 sept. 2021, art. 8-X, en vigueur le 1er janv. 2022)* **« constituant** *[ancienne rédaction : débiteur]* **» ou, s'il existe d'autres créanciers gagistes, est consignée.**

BIBL. ▸ **Pacte commissoire :** Carbonnel, *JCP E 2007. 2536.* – Hébert, *D. 2007. Chron. 2052.*

Art. 2349 **Le gage est indivisible nonobstant la divisibilité de la dette entre les héritiers du débiteur ou ceux du créancier.**

L'héritier du débiteur qui a payé sa portion de dette ne peut demander la restitution de sa portion dans le gage tant que la dette n'est pas entièrement acquittée.

Réciproquement, l'héritier du créancier, qui a reçu sa portion de créance, ne peut remettre le gage au préjudice de ceux de ses cohéritiers qui ne sont pas payés.

Art. 2350 **Le** *(Ord. n° 2021-1192 du 15 sept. 2021, art. 8-XI, en vigueur le 1er janv. 2022)* **« séquestre** *[ancienne rédaction : dépôt]* **» ou la consignation de sommes, effets ou valeurs, ordonné judiciairement à titre de garantie ou à titre conservatoire, emporte affectation spéciale et droit de préférence au sens de l'article 2333.**

1. Domaine. L'art. 2075-1 [désormais remplacé par art. 2350] ne concerne pas le séquestre conventionnel. • Versailles, 19 nov. 1998 : *BICC 1er août 1999, n° 984.*

2. Nature de la consignation. La consignation du prix de vente d'un immeuble n'équivaut pas à un paiement, même si, en vertu de l'art. 2075-1 [remplacé par art. 2350], elle emporte, au profit du créancier, affectation spéciale et privilège de l'art. 2073 [remplacé par art. 2333]. Les acquéreurs ne sont donc pas fondés à demander la radiation de l'inscription du privilège du vendeur. • Civ. 3e, 20 déc. 1977, n° 76-12.204 P. ♦ Comp. : la consignation vaut paiement. • Civ. 3e, 15 déc. 2010 : *BICC 15 avr. 2011, n° 461* (possibilité pour l'acheteur d'exiger la délivrance de l'immeuble dès lors qu'il a été autorisé à consigner le solde du prix).

3. Consignation et compensation. V. note 3 ss. anc. art. 1291.

Loi du 31 mars 1896,

Relative à la vente des objets abandonnés ou laissés en gage par les voyageurs aux aubergistes ou hôteliers (DP 96. 4. 33).

Art. 1er Les effets mobiliers apportés par le voyageur ayant logé chez un aubergiste, hôtelier ou logeur, et par lui laissés en gage pour sûreté de sa dette, ou abandonnés au moment de son départ, peuvent être vendus dans les conditions et formes déterminées par les articles suivants.

Art. 2 *(L. n° 2011-1862 du 13 déc. 2011, art. 11 et 70, en vigueur le 1er janv. 2013)* « Le dépositaire peut présenter au juge du tribunal judiciaire ou au président du tribunal judiciaire, selon la valeur des effets mobiliers laissés en gage ou abandonnés, une requête qui énonce les faits, désigne les objets et en donne une évaluation approximative. La demande est portée devant la juridiction dans le ressort de laquelle sont situés les biens. »

L'ordonnance du juge, mise au bas de la requête, fixera le jour, l'heure, le lieu de la vente, qui ne pourra être faite que six mois après le départ constaté du voyageur.

Cette ordonnance fixera en outre la mise à prix des objets à vendre, commettra l'officier public qui devra y procéder et contiendra, s'il y a lieu, l'évaluation de la créance du requérant.

L'officier public chargé de la vente fera ouvrir, en présence du dépositaire, les malles, paquets ou autres sous fermeture quelconque, et dressera de son opération procès-verbal, qui sera communiqué au juge.

En cas d'extrême urgence, le juge pourra autoriser la vente avant l'expiration du délai de six mois, et devra justifier, dans son ordonnance, des motifs de l'abréviation de ce délai.

Art. 3 La vente sera annoncée huit jours à l'avance par affiches apposées dans les lieux indiqués par le juge, qui pourra même autoriser la vente après une ou plusieurs annonces à son de trompe.

La publicité donnée à la vente sera constatée par une mention insérée au procès-verbal de vente.

Art. 4 L'officier public commis par le juge préviendra huit jours à l'avance, par lettre recommandée, le voyageur des lieu, jour et heure de la vente, dans le cas où son domicile sera connu.

La vente aura lieu aux enchères et il y sera procédé tant en l'absence qu'en présence du déposant.

Art. 5 Le propriétaire pourra s'opposer à la vente par exploit signifié au dépositaire. Cette opposition emportera de plein droit citation à comparaître à la première audience utile *(L. n° 2011-1862 du 13 déc. 2011, art. 11, en vigueur le 1er janv. 2013)* « de la juridiction » qui a autorisé la vente, nonobstant toute indication d'une audience ultérieure.

Art. 6 Sur le produit de la vente, et après le prélèvement des frais, l'officier public payera la créance du dépositaire. Le surplus sera versé à la Caisse des dépôts et consignations, au nom du propriétaire, par l'officier public, qui ne dressera aucun procès-verbal du dépôt. Il en retirera récépissé ; ce récépissé lui vaudra décharge.

Si le produit de la vente est insuffisant pour couvrir les frais, le surplus sera payé par le dépositaire, sauf recours contre le déposant.

Le montant de la consignation en principal et intérêts sera acquis de plein droit au Trésor public, deux ans après le dépôt s'il n'y a eu, dans l'intervalle, réclamation de la part du propriétaire, de ses représentants ou de ses créanciers.

Art. 7 Les articles 624 et 625 *[abrogés à compter du 1er janv. 1993]* du code de procédure civile *[ancien]* sont applicables aux ventes prévues par la présente loi.

Ces ventes seront faites conformément aux lois et règlements qui déterminent les attributions des officiers publics qui en seront chargés.

Loi du 31 décembre 1903,

Relative à la vente de certains objets abandonnés (L. n° 68-1248 du 31 déc. 1968).

Art. 1er *(L. n° 68-1248 du 31 déc. 1968)* Les objets mobiliers confiés à un professionnel pour être travaillés, façonnés, réparés ou nettoyés *(L. n° 2016-816 du 20 juin 2016, art. 54)* « et les navires et bateaux de plaisance déposés chez un professionnel pour être réparés, entretenus, conservés ou gardés, » et qui n'auront pas été retirés dans le délai d'un an pourront être vendus dans les conditions et formes déterminées par les articles suivants.

(L. n° 2011-525 du 17 mai 2011, art. 29) « S'il s'agit de véhicules terrestres à moteur, motocycles à deux ou trois roues ou quadricycles à moteur, le délai prévu au premier alinéa est réduit à trois mois. »

Art. 2 *(L. n° 68-1248 du 31 déc. 1968)* « Le professionnel » qui voudra user de cette faculté présentera au juge du tribunal judiciaire *(L. n° 2011-1862 du 13 déc. 2011, art. 13, en vigueur le 1er janv. 2013)* « ou au président du tribunal judiciaire, selon la valeur des objets mobiliers abandonnés, » une requête qui énoncera les faits et donnera pour chacun des objets la date de réception, la désignation, le prix de façon réclamé, le nom du propriétaire et le lieu où l'objet aura été confié. *(L. n° 2011-1862 du 13 déc. 2011, art. 13, en vigueur le 1er janv. 2013)* « La demande est portée devant la juridiction dans le ressort de laquelle est situé le domicile du professionnel. »

L'ordonnance du juge, mise au bas de la requête et rendue après que le propriétaire aura été entendu ou appelé, s'il n'est autrement ordonné, fixera le jour, l'heure et le lieu de la vente, commettra l'officier public qui doit y procéder et contiendra, s'il y a lieu, l'évaluation de la créance du requérant. *(L. n° 2016-816 du 20 juin 2016, art. 54)* « Pour les navires et bateaux de plaisance mentionnés au premier alinéa de l'article 1er, cette ordonnance indiquera également qu'il est possible, en cas de carence d'enchères, que le navire soit remis directement à une société de déconstruction en vue de sa déconstruction ou de son démantèlement. »

Lorsque l'ordonnance n'aura pas été rendue en présence du propriétaire, l'officier public commis le préviendra huit jours francs à l'avance par lettre recommandée, des lieu, jour et heure de la vente dans le cas où son domicile sera connu.

Art. 3 La vente aura lieu aux enchères publiques, elle sera annoncée huit jours à l'avance par affiches ordinaires apposées dans les lieux indiqués par le juge. La publicité donnée sera constatée par une mention insérée au procès-verbal de vente.

Art. 4 Le propriétaire pourra s'opposer à la vente par exploit signifié *(L. n° 68-1248 du 31 déc. 1968)* « au professionnel ». Cette opposition emportera de plein droit citation à comparaître à la première audience utile *(L. n° 2011-1862 du 13 déc. 2011, art. 13, en vigueur le 1er janv. 2013)* « de la juridiction » qui a autorisé la vente, nonobstant toute indication d'une audience ultérieure.

Art. 5 *(L. 7 mars 1905)* Sur le produit de la vente et après le prélèvement des frais, l'officier public payera la créance *(L. n° 68-1248 du 31 déc. 1968)* « du professionnel ». Le surplus sera versé à la Caisse des dépôts et consignations, au nom du propriétaire, par l'officier public sous procès-verbal de dépôt. Il en retirera un récépissé qui lui vaudra décharge. Si le produit de la vente est insuffisant pour couvrir les frais, le surplus sera payé par *(L. n° 68-1248 du 31 déc. 1968)* « le professionnel », sauf recours contre le propriétaire. Le montant de la consignation, en principal et intérêts, sera acquis de plein droit au Trésor public cinq ans après le dépôt, s'il n'y a eu, dans l'intervalle, réclamation de la part du propriétaire, de ses représentants ou de ses créanciers.

Art. 6 Les articles 624 et 625 *[abrogés à compter du 1er janv. 1993]* du code de procédure civile *[ancien]* seront applicables aux ventes prévues par la présente loi. Ces ventes seront faites conformément aux lois et règlements qui déterminent les attributions des officiers publics qui en seront chargés.

Art. 6 *bis* *(L. n° 68-1248 du 31 déc. 1968)* Les dispositions de la présente loi sont également applicables :

Aux objets mobiliers détenus par les officiers publics ou ministériels, soit en vue d'une vente publique non poursuivie, soit après leur adjudication ;

Aux objets mobiliers déposés en garde-meuble ;

(L. n° 2016-816 du 20 juin 2016, art. 54) « Aux navires et bateaux de plaisance déposés dans un chantier, sur un terre-plein ou dans un atelier professionnel de réparation navale, d'entretien ou de gardiennage ; »

Aux *(L. n° 2011-525 du 17 mai 2011, art. 29)* « véhicules terrestres à moteur, motocycles à deux ou trois roues ou quadricycles à moteur » déposés dans un garage.

Si les objets ou *(L. n° 2011-525 du 17 mai 2011, art. 29)* « véhicules terrestres à moteur, motocycles à deux ou trois roues ou quadricycles à moteur » sont déposés moyennant versement d'une redevance périodique, les délais prévus à l'article 1er ci-dessus courent de l'échéance du dernier terme impayé.

Sur la vente des objets abandonnés dans les établissements de santé ou de retraite, V. CSP, art. L. 1113-6 s. — ***CSP****.*

Art. 2351 *(Abrogé par Ord. n° 2021-1192 du 15 sept. 2021, art. 37-I, à compter du 1er janv. 2023)* ***Lorsqu'il porte sur un véhicule terrestre à moteur ou une remorque immatriculés, le gage est opposable aux tiers par la déclaration qui en est faite à l'autorité administrative dans les conditions fixées par décret en Conseil d'État.***

BIBL. GÉN. ▶ D. Legeais, *JCP E 2007. 1482.* – Le Corre-Broly, *D. 2014. 440.*

Le droit du créancier gagiste n'est opposable aux tiers qu'à la date de l'inscription du gage (dès lors, justifie légalement sa décision une cour d'appel qui, pour ordonner à un banquier de restituer à un garage un véhicule qu'elle avait saisi en se prétendant créancier gagiste, relève que l'inscription de gage n'a pas été régularisée par la banque). • Civ. 1re, 3 juill. 1996, n° 94-12.557 P : *Defrénois 1997. 398, 1re esp., obs. Aynès.* ♦ A défaut d'inscription, il est inopposable à un ayant cause particulier de l'acquéreur, même si cet ayant cause avait connaissance personnelle de l'existence du gage. • Même arrêt. ♦ Mais l'inscription du gage ne conditionne que son opposabilité et non son existence. • Civ. 1re, 10 juill. 1996, n° 94-18.324 P : *D. 1997. Somm. 252, obs. S. Piedelièvre ; Defrénois 1997. 398, 2e esp., obs. Aynès ; RTD civ. 1996. 955, obs. Crocq* . ♦ En effet, dans les rapports entre le prêteur et l'emprunteur, le contrat fait la loi des parties. • Même arrêt. ♦ V. aussi • Versailles, 20 sept. 1995 : *D. 1997. 16 ; ibid. Chron. 1, étude Wicker et Gaubil* (efficacité, à l'égard du prêteur, du gage non inscrit).

Art. 2352 *(Abrogé par Ord. n° 2021-1192 du 15 sept. 2021, art. 37-I, à compter du 1er janv. 2023)* ***Par la délivrance du reçu de la déclaration, le créancier gagiste sera réputé avoir conservé le bien remis en gage en sa possession.***

1. Détention fictive. Droit de suite à l'égard d'un sous-acquéreur, même de bonne foi, le gage étant opposable aux tiers à dater de l'inscription à la préfecture : • Civ. 1re, 20 mars 1990 : *JCP 1992. II. 21787, note Amlon.*

2. Limites. Le droit de rétention fictif qu'invoque le créancier gagiste comme étant « réputé » avoir conservé la voiture en sa possession ne peut prévaloir contre celui du réparateur qui a la détention matérielle du véhicule. • Com. 11 juin 1969 : *Bull. civ. IV, n° 221 ; R. 1969-1970, p. 31 ; D. 1970. 244, note Bihr.* – V. aussi Bihr, *D. 1970. Chron. 69.* – El Hakim, *D. 1971. Chron. 177.* ♦ Dépossession du créancier et disparition de son privilège à l'égard des tiers en cas de non-renouvellement de l'inscription dans le délai prévu. • Com. 12 déc. 1995, n° 93-11.734 P : *JCP 1996. I. 3942, n° 12, obs. Delebecque ; RTD civ. 1997. 467, obs. Crocq* (en pareil cas, n'est pas fautif le garagiste qui, même en connaissance de cause, a revendu le véhicule gagé).

Art. 2353 *(Abrogé par Ord. n° 2021-1192 du 15 sept. 2021, art. 37-I, à compter du 1er janv. 2023)* ***La réalisation du gage est soumise, quelle que soit la qualité du débiteur, aux règles prévues aux articles 2346 à 2348.***

Abus du créancier dans la réalisation du gage. Abus de droit du créancier faisant vendre un véhicule gagé pour obtenir le paiement d'une somme qui lui avait déjà été versée : manquement à la prudence dont doit faire preuve tout créancier avant de réaliser son gage. • Aix-en-Provence, 5 nov. 1987 : *Gaz. Pal. 1988. 2. 709, note Putman.*

Art. 2354 *(Abrogé par Ord. n° 2021-1192 du 15 sept. 2021, art. 8-XII, à compter du 1er janv. 2022)* ***Les dispositions du présent chapitre ne font pas obstacle à l'application des règles particulières prévues en matière commerciale ou en faveur des établissements de prêt sur gage autorisés.***

L'art. 2354 faisait partie d'une Section 3 Dispositions communes, abrogée par Ord. n° 2021-1192 du 15 sept. 2021, art. 8-XII, à compter du 1er janv. 2022.

CHAPITRE III DU NANTISSEMENT DE MEUBLES INCORPORELS

(Ord. n° 2006-346 du 23 mars 2006)

RÉP. CIV. v° *Nantissement,* par P. CROCQ.

BIBL. GÉN. ▸ BLOCH, *Mél. Tricot, Dalloz-Litec, 2011, p. 3* (cession de créances à titre de garanties). – STOUFFLET, *Dossier JCP, supplément au n° 20 du 17 mai 2006, p. 19.* ▸ AYNÈS, *Dr. et patr. 9/2007. 66* (le nantissement de créance). – DUPICHOT, *LPA 27 mars 2008.* – LEBLOND, *RCA 2008. Étude n° 3* (nantissement d'assurance vie). – D. LEGEAIS, *Dr. et patr. 9/2007. 70* (le gage-espèces après la réforme des sûretés). – LISANTI, *D. 2006. Chron. 2671* (sûretés sur meubles incorporels). – D. R. MARTIN, *D. 2007. Chron. 2556* (gage-espèces). – F. MARTIN et GÉRARD-GODARD, *JCP N 2011, n° 1144* (nantissement de titres sociaux). – MOULIÈRE, *RTD com. 2011. 677* (nantissement de créances futures, nouveau contrat aléatoire).

▸ **Réforme du 15 sept. 2021 :** JULIENNE, *JCP N 2021, n° 1333* (nantissement de créance). – SYNVET et JULIENNE, *D. 2022. 290* (sûretés sur actifs financiers).

Art. 2355 **Le nantissement est l'affectation, en garantie d'une obligation, d'un bien meuble incorporel ou d'un ensemble de biens meubles incorporels, présents ou futurs.**

Il est conventionnel ou judiciaire.

Le nantissement judiciaire est régi par les dispositions applicables aux procédures civiles d'exécution.

Le nantissement conventionnel qui porte sur les créances est régi, à défaut de dispositions spéciales, par le présent chapitre.

Celui qui porte sur d'autres meubles incorporels est soumis, à défaut de dispositions spéciales, aux règles prévues pour le gage de meubles corporels *(Ord. nº 2021-1192 du 15 sept. 2021, art. 9-I, en vigueur le 1er janv. 2022)* **« , à l'exclusion du 4º de l'article 2286 ».**

1. Nantissement judiciaire de parts sociales. L'inscription provisoire de nantissement est une mesure de sûreté judiciaire, et non une saisie ; les dispositions statutaires prévoyant l'agrément des associés en cas de cession des parts sociales nanties ne peuvent entraver la prise de cette sûreté. • Civ. 2e, 2 déc. 2010 : *D. 2011. Actu. 24 ; Rev. sociétés 2011. 44, obs. Lienhard ; RLDC 2011/79, nº 4130, obs. Ansault.*

2. Nantissement de titres au porteur. La mise en gage de titres au porteur obéit aux mêmes règles que celle des meubles corporels. • Com. 25 févr. 1975, nº 73-12.064 P : *R., p. 55 ; JCP 1975. II. 18133 bis, note Bost et Stemmer.*

3. Nantissement de créances (qualification). La consignation auprès du comptable du Trésor d'une somme pour assurer le recouvrement de la créance du Trésor public ne constitue pas un nantissement. • Com. 27 oct. 1998, nº 96-12.188 P : *D. 1999. Somm. 244, obs. Jobard-Bachellier ; JCP 1999. I. 158, nº 13, obs. Delebecque.* ♦ Pour un arrêt ayant considéré (avant l'insertion des art. 2011 s. et 2372 s. dans le C. civ.) que, en dehors des cas prévus par la loi, l'acte par lequel un débiteur cède et transporte à son créancier, à titre de garantie, tous ses droits sur des créances constitue un nantissement de créances, V. : • Com. 19 déc. 2006, nº 05-16.395 P : *R., p. 370 ; D. 2007. 344, note Larroumet ; ibid. AJ 76, obs. Delpech ; ibid. Point de vue 319, par Damman et Podeur ; JCP 2007. II. 10067, Rapp. Cohen-Branche, note D. Legeais ; ibid. I. 158, nº 26, obs. Delebecque, et 161, nos 16 s., obs. Barthez ; Gaz. Pal. 2007. 1903, note S. Piedelièvre ; Defrénois 2007. 448, obs. Savaux ; ibid. 2008. 409, obs. Théry ; Dr. et patr. 11/2007. 73, obs. Mattout et Prüm ; Banque et Dr. 3-4/2007. 61, obs. Jacob ; AJDI 2007. 757, obs. Cohet-Cordey ; RDC 2007. 273, obs. Laithier ; RTD civ. 2007. 160, obs. Crocq ; RTD com. 2007. 217, obs. D. Legeais.* – Aynès, *D. 2007. Chron. 961.* – Auckenthaler, *JCP E 2007. 2187.* – Beuzelin, *RLDC 2007/43, nº 2737.*

4. Nantissement de créances éventuelles. Si des créances simplement éventuelles ne peuvent faire l'objet d'une constitution de gage, une telle opération est possible alors que la créance n'existe pas encore mais qu'il existe une probabilité voisine de la certitude qu'elle existera. Il en est ainsi d'une prime à certains producteurs, allouée en vertu d'un texte légal. • Douai, 19 avr. 1956 : *D. 1956. 343.*

5. Nantissement de valeurs mobilières. L'indisponibilité d'une valeur mobilière, quand elle est simplement temporaire, ne fait pas obstacle à son affectation en nantissement. • Com. 30 sept. 2008, nº 07-12.768 P : *Rev. sociétés. 2009. 131, note Reygrobellet* (le nantissement du compte titres portait en l'espèce sur des titres frappés d'une incessibilité conventionnelle prévue pour cesser après une certaine date).

6. Nantissement du fonds de commerce (étendue). Le créancier titulaire d'un nantissement sur fonds de commerce ne bénéficie d'aucun droit de préférence ou de suite sur l'indemnité de résiliation du bail grâce auquel est exploité le fonds. • Civ. 3e, 6 avr. 2005, nº 03-11.159 P : *D. 2005. 1367, note S. Piedelièvre ; ibid AJ 1152, obs. Rouquet ; JCP 2005. I. 185, nº 20, obs. Delebecque ; JCP E 2005. 1733, nº 6, obs. Kenderian ; RDC 2005. 1083, obs. Lardeux ; RTD com. 2006. 292, obs. Saintourens.*

Art. 2356 **A peine de nullité, le nantissement de créance doit être conclu par écrit.**

Les créances garanties et les créances nanties sont désignées dans l'acte.

Si elles sont futures, l'acte doit permettre leur individualisation ou contenir des éléments permettant celle-ci tels que l'indication du débiteur, le lieu de paiement, le montant des créances ou leur évaluation et, s'il y a lieu, leur échéance.

1. Exigence d'un écrit. La dépossession, réalisée au moyen de l'inscription sur un compte spécial des sommes affectées à la garantie de la créance, n'est pas opposable aux tiers en l'absence d'écrit ayant date certaine. • Com. 23 avr. 2003 : *JCP 2003. II. 10140, note D. Schmidt et Delespaul ; ibid. I. 176, nº 19, obs. Delebecque.*

2. Liquidité. Pour le nantissement d'une créance non encore liquide détenue contre l'État, V. • Com. 20 févr. 2007, nº 04-19.419 P (nantissement jugé cependant nul puisque pratiqué sur une créance ayant fait l'objet d'une saisie).

Art. 2357 *(Abrogé par Ord. nº 2021-1192 du 15 sept. 2021, art. 9-II, à compter du 1er janv. 2022)* ***Lorsque le nantissement a pour objet une créance future, le créancier nanti acquiert un droit sur la créance dès la naissance de celle-ci.***

Art. 2358 **Le nantissement de créance peut être constitué pour un temps déterminé.**

Il peut porter sur une fraction de créance, sauf si celle-ci est indivisible.

Art. 2359 Le nantissement s'étend aux accessoires de la créance à moins que les parties n'en conviennent autrement.

Remplacement des actions nanties par des actions nouvelles prétendument accessoires. Pour admettre le report du nantissement sur des actions nouvelles qualifiées d'accessoires des actions initialement nanties et qui n'auraient cessé d'exister que parce qu'elles étaient immédiatement remplacées par les actions nouvelles souscrites, il faut pouvoir relever que les actions nouvelles ont été souscrites par l'exercice d'un droit qui leur est attaché. • Com. 10 janv. 1995 : *D. 1995. 203, note Couret, et 1996. Somm. 204, obs. S. Piedelièvre.*

Art. 2360 Lorsque le nantissement porte sur un compte, la créance nantie s'entend du solde créditeur, provisoire ou définitif, au jour de la réalisation de la sûreté sous réserve de la régularisation des opérations en cours, selon les modalités prévues par les procédures civiles d'exécution.

Sous cette même réserve, au cas d'ouverture d'une procédure de sauvegarde, de redressement judiciaire, de liquidation judiciaire ou d'une procédure de traitement des situations de surendettement des particuliers contre le constituant, les droits du créancier nanti portent sur le solde du compte à la date du jugement d'ouverture.

Art. 2361 Le nantissement d'une créance, présente ou future, prend effet entre les parties et devient opposable aux tiers à la date de l'acte. *(Ord. n° 2021-1192 du 15 sept. 2021, art. 9-III, en vigueur le 1er janv. 2022)* **« En cas de contestation, la preuve de la date incombe au créancier nanti, qui peut la rapporter par tout moyen. »**

Art. 2361-1 *(Ord. n° 2021-1192 du 15 sept. 2021, art. 9-IV, en vigueur le 1er janv. 2022)* **Lorsqu'une même créance fait l'objet de nantissements successifs, le rang des créanciers est réglé par l'ordre des actes. Le créancier premier en date dispose d'un recours contre celui auquel le débiteur aurait fait un paiement.**

Art. 2362 Pour être opposable au débiteur de la créance nantie, le nantissement de créance doit lui être notifié ou ce dernier doit intervenir à l'acte.

A défaut, seul le constituant reçoit valablement paiement de la créance.

1. Rôle de la signification antérieurement requise à la place de la notification (pour comparaison). Le gage qui porte sur des meubles incorporels ne confère de droit réel au créancier gagiste qu'autant que l'acte conclu entre les parties a été enregistré puis signifié au débiteur de la créance gagée, ou accepté par lui dans un acte authentique. • Com. 23 janv. 2001, n° 98-10.974 P : *D. 2001. AJ 779, obs. A. Lienhard ; JCP 2001. I. 315, n° 17, obs. Delebecque ; Defrénois 2001. 942, obs. Théry.* ♦ La signification exigée par l'art. 2075 [ancien] n'est pas une simple mesure de publicité, mais bien l'une des conditions substantielles de la naissance du droit réel au profit du créancier gagiste ; tant qu'elle n'a pas été faite, le créancier ne peut exercer aucun *des droits reconnus au créancier gagiste* : il peut tout au plus se prévaloir d'une promesse de gage. • Paris, 10 oct. 1964 : *D. 1965. 125 ; JCP 1964. II. 13926, note J. R.* – Dans le même sens : • Civ. 1re, 6 janv. 1994, n° 91-21.646 P : *Defrénois 1994. 1175, obs. Aynès* (mise en gage de la valeur liquidative d'une police d'assurance de groupe non signifiée) • Com. 28 janv. 1997, n° 94-20.554 P : *JCP 1997. II. 22791, Rapp. Rémery ; ibid. I. 4033, n° 19, obs. Delebecque ; D. 1997. Somm. 214, obs. A. Honorat, et 1998. Somm. 140, obs. Jobard-Bachellier ; Gaz. Pal. 1998. 1. Somm. 375, et les obs.* (gage constitué en période suspecte, la signification ayant eu lieu postérieurement à la date de cessation de paiements). ♦ La signification peut intervenir jusqu'au moment où le juge statue. • Com. 9 mai 2007, n° 06-10.679 P : *D. 2007. AJ 1497, obs. Delpech ; JCP 2007. I. 212, n° 22, obs. Delebecque ; RGDA 2007. 693, note Mayaux ; RTD com. 2007. 825, obs. Bouloc.*

2. Opposabilité du nantissement de créance à la procédure collective. La cession de loyers signifiée (conformément aux dispositions antérieurement en vigueur) donne au prêteur ainsi garanti la qualité de créancier nanti rétenteur dont les droits sont opposables à la procédure collective du cédant. • Com. 26 mai 2010, n° 09-13.388 P : *D. actu. 2 juin 2010, obs. Lienhard ; D. 2010. 2201, note Borga ; ibid. 2011. Pan. 406, obs. Crocq ; JCP 2011, n° 226, § 19, obs. Delebecque ; RDC 2010. 1338, obs. A. Aynès ; RTD civ. 2010. 597, obs. Crocq ; RTD com. 2010. 595, obs. Legeais ; ibid. 601, obs. Bouloc.*

3. Endossement pignoratif. L'endossement pignoratif prévu par l'art. 122 (L. 511-13) C. com. déroge, à l'égard de tous, aux règles du droit commun. Le porteur d'une lettre de change, bénéficiaire d'un endossement de garantie, peut, quelle que soit la nature du prêt constituant la cause de cet endossement, exercer tous les droits dérivant de la lettre de change sans avoir à signifier au débiteur de la créance l'acte constitutif de ce prêt. • Com. 26 janv. 1971, n° 69-11.101 P.

Art. 2363 *(Ord. n° 2021-1192 du 15 sept. 2021, art. 9-V, en vigueur le 1er janv. 2022)* **Après notification, le créancier nanti bénéficie d'un droit de rétention sur la créance donnée en nantissement et a seul le droit à son paiement tant en capital qu'en intérêts.**

Le créancier nanti, comme le constituant, peut en poursuivre l'exécution, l'autre dûment informé.

Ancien art. 2363 ***Après notification, seul le créancier nanti reçoit valablement paiement de la créance donnée en nantissement tant en capital qu'en intérêts.***

Chacun des créanciers, les autres dûment appelés, peut en poursuivre l'exécution.

Le créancier bénéficiaire d'un nantissement de contrat d'assurance vie rachetable, qui peut provoquer le rachat, dispose d'un droit exclusif au paiement de la valeur de rachat, excluant ainsi tout concours avec les autres créanciers du souscripteur, même privilégiés. • Civ. 2e, 17 sept. 2020, n° 19-10.420 P : *D. 2020. 1836 ; RTD civ. 2020. 946, obs. Cayrol ; JCP N 2021, n° 1196, obs. Pierre* (cassation de l'arrêt ayant ordonné le versement au Trésor public).

Art. 2363-1 *(Ord. n° 2021-1192 du 15 sept. 2021, art. 9-VI, en vigueur le 1er janv. 2022)* **Le débiteur de la créance nantie peut opposer au créancier nanti les exceptions inhérentes à la dette. Il peut également opposer les exceptions nées de ses rapports avec le constituant avant que le nantissement ne lui soit devenu opposable.**

Art. 2364 **Les sommes payées au titre de la créance nantie s'imputent sur la créance garantie lorsqu'elle est échue.**

Dans le cas contraire, le créancier nanti les conserve à titre de garantie sur un compte *(Ord. n° 2021-1192 du 15 sept. 2021, art. 9-VII, en vigueur le 1er janv. 2022)* **« spécialement affecté » ouvert** *(Ord. n° 2021-1192 du 15 sept. 2021, art. 9-VII, en vigueur le 1er janv. 2022)* **« à cet effet » auprès d'un établissement habilité à les recevoir à charge pour lui de les restituer si l'obligation garantie est exécutée. En cas de défaillance du débiteur de la créance** *(L. n° 2007-212 du 20 févr. 2007, art. 10-II-1°)* **« garantie » et huit jours après une mise en demeure restée sans effet, le créancier affecte les fonds au remboursement de sa créance dans la limite des sommes impayées.**

Art. 2365 **En cas de défaillance de son débiteur, le créancier nanti peut se faire attribuer, par le juge ou dans les conditions prévues par la convention, la créance donnée en nantissement ainsi que tous les droits qui s'y rattachent.**

Il peut également attendre l'échéance de la créance nantie.

BIBL. ► **Pacte commissoire :** CARBONNEL, *JCP E 2007. 2536.* – HÉBERT, *D. 2007. Chron. 2052.*

1. Une clause, qui permet à un organisme prêteur titulaire d'un nantissement sur les comptes bancaires de l'emprunteur de « séquestrer » les fonds figurant sur ces comptes, aboutit à l'autoriser, alors même qu'il n'existe encore aucune mensualité impayée ni même aucune créance exigible en raison du différé prévu pour les remboursements, à prélever sur les comptes une partie du capital prêté par voie de compensation et opère comme une résiliation unilatérale du contrat de prêt en contrariété avec les dispositions de l'art. L. 622-13 C. com. ; le blocage ainsi opéré aboutit à vider de son sens « le potentiel » de la procédure de redressement judiciaire et justifie l'intervention du juge des référés afin de *prendre les mesures propres à faire* cesser un trouble manifestement illicite et à prévenir un dommage imminent, ce dommage imminent n'étant autre que la liquidation judiciaire à venir en cas d'impossibilité pour l'entreprise de fonctionner faute de fonds disponibles. • Com. 22 janv. 2020, n° 18-21.647 P : *D. 2020. 1857, obs. Lucas et Cagnoli ; ibid. 1917, obs. Ansault et Gijsbers ; RTD civ. 2020. 164, obs. Gijsbers.*

2. Un contrat de prêt prend fin lors du remboursement des fonds prêtés, nonobstant l'existence éventuelle d'un rééchelonnement des échéances ; sauf volonté contraire des parties, le prêteur, bénéficiaire du nantissement d'un contrat d'assurance sur la vie donné en garantie du remboursement du prêt, a droit au paiement de la valeur de rachat tant que celui-ci n'a pas été remboursé. • Civ. 1re, 10 mars 2021, n° 20-11.917 P : *D. 2021. 572 ; JCP 2021, n° 571, note Mignot ; RGDA 2021/5. 30, note Mayaux* (cassation de l'arrêt ayant condamné une banque à payer au souscripteur la valeur de rachat du contrat d'assurance sur la vie, alors que le prêt n'avait pas été remboursé, et sans relever une volonté expresse des parties de mettre fin au nantissement avant l'exécution de l'obligation de remboursement).

Art. 2366 **S'il a été payé au créancier nanti une somme supérieure à la dette garantie, celui-ci doit la différence au constituant.**

Hypothèse inverse (dette garantie supérieure à créance nantie). Le gage-espèces d'une banque (pourcentage des avances consenties) confère à sa créance, produite à la liquidation des biens du débiteur, un caractère privilégié, même si, dans le cas où le montant des sommes données en gage se révèle inférieur au montant de la créance garantie, le créancier doit être colloqué pour le surplus à titre de créancier ordinaire. • Com. 29 mars 1989 : *D. 1989. 457, note D. Martin.*

CHAPITRE IV DE LA PROPRIÉTÉ RETENUE OU CÉDÉE À TITRE DE GARANTIE *(Ord. n° 2009-112 du 30 janv. 2009, art. 4, en vigueur le 1er févr. 2009).*

(Ord. n° 2006-346 du 23 mars 2006)

BIBL. GÉN. ► ADELLE, *Mél. Jeantet, Litec 2010* (fiducie-sûreté et compétitivité du financement). – CHARLES, *RLDC 2008/52, n° 3110.* – CROCQ, *Dossier JCP, supplément au n° 20 du 17 mai 2006, p. 23.* – DAMMANN et PODEUR, *D. 2008. Chron. 2300* (loi de modernisation de l'économie) (Ord. n° 2009-112 du 30 janv. 2009, art. 5, en vigueur le 1er févr. 2009). – MAIROT, *Defrénois 2007. 399* (la réserve de propriété analysée en une obligation réelle) (Ord. n° 2009-112 du 30 janv. 2009, art. 5, en vigueur le 1er févr. 2009). – THÉRON, *RTD civ. 2019. 713* (pour une relecture de la réserve de propriété). – VOINOT, *LPA 27 mars 2008.*

SECTION 1 De la propriété retenue à titre de garantie *(Ord. n° 2009-112 du 30 janv. 2009, art. 5, en vigueur le 1er févr. 2009).*

Art. 2367 **La propriété d'un bien peut être retenue en garantie par l'effet d'une clause de réserve de propriété qui suspend l'effet translatif d'un contrat jusqu'au complet paiement de l'obligation qui en constitue la contrepartie.**

La propriété ainsi réservée est l'accessoire de la créance dont elle garantit le paiement.

BIBL. ► LAFAURIE, *Dr. et patr. 2019/4. 13* (retour et projection sur le sort de la clause de réserve de propriété en cas d'effacement de dette). – R. MARTIN, *D. 2022. 1051* (réserve de propriété : le ver est dans le fruit).

Une clause de réserve de propriété est une sûreté suspendant l'effet translatif de propriété du contrat de vente jusqu'à complet paiement du prix : une telle suspension ne remet pas en cause le caractère ferme et définitif de la vente intervenue dès l'accord des parties sur la chose et sur le prix, • Com. 17 oct. 2018, n° 17-14.986 P : *D. 2018. 2086* ; *AJ contrat 2018. 524, obs. Delebecque* ; *Rev. sociétés 2019. 220, obs. Reille* ; *RDC 1/2019. 131, note Danos.* ♦ Dès lors, une clause de réserve de propriété contenue dans des conditions générales d'une vente portant sur des machines à sous n'est pas contraire à la réglementation des jeux dans les casinos qui impose que la vente des machines à sous soit ferme et définitive. • Même arrêt.

Art. 2368 **La réserve de propriété est convenue par écrit.**

Art. 2369 **La propriété réservée d'un bien fongible peut s'exercer, à concurrence de la créance restant due, sur des biens de même nature et de même qualité détenus par le débiteur ou pour son compte.**

Art. 2370 ***L'incorporation d'un meuble*** **faisant l'objet d'une réserve de propriété à un autre bien ne fait pas obstacle aux droits du créancier lorsque ces biens peuvent être séparés sans subir de dommage.**

Art. 2371 **A défaut de complet paiement à l'échéance, le créancier peut demander la restitution du bien afin de recouvrer le droit d'en disposer.**

La valeur du bien repris est imputée, à titre de paiement, sur le solde de la créance garantie.

Lorsque la valeur du bien repris excède le montant de la dette garantie encore exigible, le créancier doit au débiteur une somme égale à la différence.

Art. 2372 *(Ord. n° 2021-1192 du 15 sept. 2021, art. 10-1°, en vigueur le 1er janv. 2022)* **« En cas d'aliénation ou de perte du bien, la** *[ancienne rédaction : Le droit de]* **» propriété**

se reporte sur la créance du débiteur à l'égard du sous-acquéreur ou sur l'indemnité d'assurance subrogée au bien.

(Ord. n° 2021-1192 du 15 sept. 2021, art. 10-2°, en vigueur le 1er janv. 2022) **« Le sous-acquéreur ou l'assureur peut alors opposer au créancier les exceptions inhérentes à la dette ainsi que les exceptions nées de ses rapports avec le débiteur avant qu'il ait eu connaissance du report. »**

1. La dation en paiement ne constitue pas un mode de paiement mettant obstacle à la revendication du vendeur. V. • Com. 14 mai 2008 : *cité note 4 ss. art. 1342-4.* (hypothèse dans laquelle un véhicule vendu avec réserve de propriété avait été revendu avec reprise par l'acquéreur initial d'un véhicule plus ancien du sous-acquéreur).

2. Il résulte de l'art. L. 624-18 C. com. que la revendication qu'il permet du prix ou de la partie du prix des biens vendus avec réserve de propriété, qui n'a été ni payé, ni réglé en valeur ni compensé entre le sous-acquéreur et le débiteur à la date du jugement ouvrant la procédure collective de ce dernier, tend seulement à rendre opposable à cette procédure le report du droit de propriété du vendeur initial sur la créance du prix de revente ; l'autorité de la chose jugée attachée à la décision statuant sur cette revendication ne prive pas l'affactureur, se prétendant subrogé dans les droits du débiteur au titre de la créance du prix de revente, de la possibilité de faire trancher, en vue d'obtenir à son profit le paiement de cette créance, le conflit qui l'oppose au vendeur bénéficiaire de la clause de réserve de propriété, la décision s'étant prononcée sur la revendication de celui-ci n'ayant pas eu pour objet de résoudre un tel conflit. • Com. 9 déc. 2020, n° 19-16.542 P : *D. 2021. 4 ; Rev. sociétés 2021. 208, obs. Reille.*

SECTION 2 **De la propriété cédée à titre de garantie**

(Ord. n° 2009-112 du 30 janv. 2009, art. 5, en vigueur le 1er févr. 2009)

SOUS-SECTION 1 **De la fiducie à titre de garantie** *(Ord. n° 2021-1192 du 15 sept. 2021, art. 11-II, en vigueur le 1er janv. 2022).*

Art. 2372-1 *(L. n° 2009-526 du 12 mai 2009, art. 138)* **La propriété d'un bien mobilier ou d'un droit peut être cédée à titre de garantie d'une obligation en vertu d'un contrat de fiducie conclu en application des articles 2011 à 2030.**

(Ord. n° 2021-1192 du 15 sept. 2021, art. 11-III, en vigueur le 1er janv. 2022) **« L'obligation garantie peut être présente ou future ; dans ce dernier cas, elle doit être déterminable. »**

Par dérogation à l'article 2029, le décès du constituant personne physique ne met pas fin au contrat de fiducie constitué en application de la présente section.

1. Sur les rapports entre paiement et cession de créances professionnelles faite à titre de garantie, rappr. note 15 ss. art. 1324.

2. La cession de créance à titre de garantie ne transfère au cessionnaire la propriété que de la créance cédée et non celle de la créance garantie. En conséquence, un crédit-bailleur, cessionnaire à titre de garantie de la créance de sous-loyers du locataire contre son sous-locataire, ne peut pas déclarer au passif de ce dernier la créance née du contrat de crédit-bail contre le locataire. • Com. 17 juin 2020, n° 19-13.153 P : *D. 2020. 1857, obs. Lucas Cagnoli ; ibid. 1917, obs. Ansault et Gijsbers ; RTD civ. 2020. 671, obs. Gijsbers ; JCP 2020, n° 1037, note Mignot.*

Art. 2372-2 **En cas de fiducie conclue à titre de garantie, le contrat mentionne à peine de nullité, outre les dispositions prévues à l'article 2018, la dette garantie** *(Abrogé par Ord. n° 2021-1192 du 15 sept. 2021, art. 11-IV, à compter du 1er janv. 2022)* ***« et la valeur estimée du bien ou du droit transféré dans le patrimoine fiduciaire ».***

Art. 2372-3 **A défaut de paiement de la dette garantie et sauf stipulation contraire du contrat de fiducie, le fiduciaire, lorsqu'il est le créancier, acquiert la libre disposition du bien ou du droit cédé à titre de garantie.**

Lorsque le fiduciaire n'est pas le créancier, ce dernier peut exiger de lui la remise du bien, dont il peut alors librement disposer, ou, si le contrat de fiducie le prévoit, la vente du bien ou du droit cédé et la remise de tout ou partie du prix.

La valeur du bien ou du droit cédé est déterminée par un expert désigné à l'amiable ou judiciairement, sauf si elle résulte d'une cotation officielle sur *(Ord. n° 2021-1192 du 15 sept. 2021, art. 11-V, en vigueur le 1er janv. 2022)* **« une plate-forme de négocia-**

tion *[ancienne rédaction : un marché organisé]* » au sens du code monétaire et financier ou si le bien est une somme d'argent. Toute clause contraire est réputée non écrite.

(Ord. nº 2021-1192 du 15 sept. 2021, art. 11-V, en vigueur le 1er janv. 2022) « Si le fiduciaire ne trouve pas d'acquéreur au prix fixé par expert, il peut vendre le bien ou le droit au prix qu'il estime, sous sa responsabilité, correspondre à sa valeur. »

Art. 2372-4 Si le bénéficiaire de la fiducie a acquis la libre disposition du bien ou du droit cédé en application de l'article 2372-3, il verse au constituant, lorsque la valeur mentionnée *(Ord. nº 2021-1192 du 15 sept. 2021, art. 11-VI, en vigueur le 1er janv. 2022)* « à l'avant-dernier alinéa *[ancienne rédaction : au dernier alinéa]* » de cet article excède le montant de la dette garantie, une somme égale à la différence entre cette valeur et le montant de la dette, sous réserve du paiement préalable des dettes nées de la conservation ou de la gestion du patrimoine fiduciaire.

Sous la même réserve, si le fiduciaire procède à la vente du bien ou du droit cédé en application du contrat de fiducie, il restitue au constituant la part du produit de cette vente excédant, le cas échéant, la valeur de la dette garantie.

Art. 2372-5 La propriété cédée en application de l'article 2372-1 peut être ultérieurement affectée à la garantie de dettes autres que celles mentionnées par l'acte constitutif pourvu que celui-ci le prévoie expressément.

(L. nº 2009-526 du 12 mai 2009, art. 138) « Le constituant peut l'offrir en garantie, non seulement au créancier originaire, mais aussi à un nouveau créancier, encore que le premier n'ait pas été payé. Lorsque le constituant est une personne physique, le patrimoine fiduciaire ne peut alors être affecté en garantie d'une nouvelle dette que dans la limite de sa valeur estimée au jour de la recharge. »

A peine de nullité, la convention de rechargement établie selon les dispositions de l'article 2372-2 est enregistrée sous la forme prévue à l'article 2019. La date d'enregistrement détermine, entre eux, le rang des créanciers.

Les dispositions du présent article sont d'ordre public et toute clause contraire à celles-ci est réputée non écrite.

Art. 2372-6 *Abrogé par L. nº 2009-526 du 12 mai 2009, art. 138.*

SOUS-SECTION 2 De la cession de créance à titre de garantie

(Ord. nº 2021-1192 du 15 sept. 2021, art. 11-VII, en vigueur le 1er janv. 2022)

BIBL. ▶ A. Aynès, *JCP N 2021, nº 1334* (gage-espèces et cession civile à titre de garantie dans la réforme des sûretés). – Gijsbers, *RDC 2021/4. 96* (le gage et les sûretés sur créances). – Legeais et Pichat, *Defrénois 2021/48. 23* (le gage-espèces et la cession de créance). – Synvet et Julienne, *D. 2022. 290* (sûretés sur actifs financiers).

Art. 2373 *(Ord. nº 2021-1192 du 15 sept. 2021, art. 11-VII, en vigueur le 1er janv. 2022)* La propriété d'une créance peut être cédée à titre de garantie d'une obligation par l'effet d'un contrat conclu en application des articles 1321 à 1326.

Art. 2373-1 *(Ord. nº 2021-1192 du 15 sept. 2021, art. 11-VII, en vigueur le 1er janv. 2022)* Les créances garanties et les créances cédées sont désignées dans l'acte.

Si elles sont futures, l'acte *doit permettre* leur individualisation ou contenir des éléments permettant celle-ci tels que l'indication du débiteur, le lieu de paiement, le montant des créances ou leur évaluation et, s'il y a lieu, leur échéance.

Art. 2373-2 *(Ord. nº 2021-1192 du 15 sept. 2021, art. 11-VII, en vigueur le 1er janv. 2022)* Les sommes payées au cessionnaire au titre de la créance cédée s'imputent sur la créance garantie lorsqu'elle est échue.

Dans le cas contraire, le cessionnaire les conserve dans les conditions prévues aux articles 2374-3 à 2374-6.

Art. 2373-3 *(Ord. nº 2021-1192 du 15 sept. 2021, art. 11-VII, en vigueur le 1er janv. 2022)* Lorsque la créance garantie est intégralement payée avant que la créance cédée ne le soit, le cédant recouvre de plein droit la propriété de celle-ci.

SOUS-SECTION 3 De la cession de somme d'argent à titre de garantie

(Ord. n° 2021-1192 du 15 sept. 2021, art. 11-VIII, en vigueur le 1er janv. 2022)

BIBL. ▶ A. Aynès, *JCP N 2021, n° 1334* (gage-espèces et cession civile à titre de garantie dans la réforme des sûretés). – Gouëzel, *RDBF 2021. Étude 15.* – Julienne, *RDC 2021/4. 101* (les sûretés sur la monnaie). – Legeais et Pichat, *Defrénois 2021/48. 23* (le gage-espèces et la cession de créance). – Synvet et Julienne, *D. 2022. 290* (sûretés sur actifs financiers).

Art. 2374 *(Ord. n° 2021-1192 du 15 sept. 2021, art. 11-VIII, en vigueur le 1er janv. 2022)* **La propriété d'une somme d'argent, soit en euro soit en une autre monnaie, peut être cédée à titre de garantie d'une ou plusieurs créances, présentes ou futures.**

Solutions antérieures à l'Ord. n° 2021-1192 du 15 sept. 2021.

1. Transfert de propriété d'une somme d'argent à titre de garantie. La remise à une banque en garantie d'une facilité de trésorerie d'une somme d'argent productive d'intérêts par plusieurs actes intitulés chacun « gage de numéraire » dispensant la banque, en cas de non-paiement à l'échéance, de son obligation de restituer les sommes d'argent transfère à la banque la propriété de ces sommes, de sorte que la créance de la banque bénéficiaire de la garantie devenue certaine, liquide et exigible dès avant l'ouverture de la procédure collective s'est trouvée éteinte avant cette date par la voie d'une compensation conventionnelle avec sa dette de restitution et n'avait pas, dès lors, à être déclarée. • Com. 3 juin 1997, n° 95-13.365 P.

2. Gage-espèces. N'est pas prohibée par l'art. 2078 C. civ. la stipulation d'attribution d'un gage constitué en espèces par le créancier, à due concurrence du défaut de paiement à échéance. • Com. 9 avr. 1996, n° 93-17.370 P. ♦ Un gage réalisé au moyen de l'inscription de sommes en espèces sur compte d'épargne rémunéré sur lequel les sommes d'argent déposées ne sont ni consomptibles ni fongibles ne transfère pas la propriété de ces sommes à la banque de sorte qu'un pacte commissoire ne pourrait avoir pour objet que d'autoriser la compensation. • Civ. 1re, 15 nov. 2005, n° 03-14.208 P.

Art. 2374-1 *(Ord. n° 2021-1192 du 15 sept. 2021, art. 11-VIII, en vigueur le 1er janv. 2022)* **A peine de nullité, la cession doit être conclue par écrit.**

Cet écrit comporte la désignation des créances garanties. Si elles sont futures, l'acte doit permettre leur individualisation ou contenir des éléments permettant celle-ci tels que l'indication du débiteur, le lieu de paiement, le montant des créances ou leur évaluation et, s'il y a lieu, leur échéance.

Art. 2374-2 *(Ord. n° 2021-1192 du 15 sept. 2021, art. 11-VIII, en vigueur le 1er janv. 2022)* **La cession est opposable aux tiers par la remise de la somme cédée.**

Art. 2374-3 *(Ord. n° 2021-1192 du 15 sept. 2021, art. 11-VIII, en vigueur le 1er janv. 2022)* **Le cessionnaire dispose librement de la somme cédée, sauf convention contraire qui en précise l'affectation.**

Art. 2374-4 *(Ord. n° 2021-1192 du 15 sept. 2021, art. 11-VIII, en vigueur le 1er janv. 2022)* **Lorsque le cessionnaire n'a pas la libre disposition de la somme cédée, les fruits et intérêts produits par celle-ci accroissent l'assiette de la garantie, sauf clause contraire.**

Lorsque le cessionnaire a la libre disposition de la somme cédée, il peut être convenu d'un intérêt au profit du cédant.

Art. 2374-5 *(Ord. n° 2021-1192 du 15 sept. 2021, art. 11-VIII, en vigueur le 1er janv. 2022)* **En cas de défaillance du débiteur, le cessionnaire peut imputer le montant de la somme cédée, augmentée s'il y a lieu des fruits et intérêts, sur la créance garantie. Le cas échéant, il restitue l'excédent au cédant.**

Art. 2374-6 *(Ord. n° 2021-1192 du 15 sept. 2021, art. 11-VIII, en vigueur le 1er janv. 2022)* **Lorsque la créance garantie est intégralement payée, le cessionnaire restitue au cédant la somme cédée, augmentée s'il y a lieu des fruits et intérêts.**

SOUS-TITRE III DES SÛRETÉS SUR LES IMMEUBLES *(Ord. n° 2006-346 du 23 mars 2006).*

Le sous-titre III du titre II, dans sa rédaction applicable à compter du 1er janv. 2022, comprend les art. 2375 à 2488-5 dans leur rédaction résultant de l'Ord. n° 2021-1192 du 15 sept. 2021, art. 12 s.

BIBL. ▶ Grimaldi et Gijsbers, *D. 2022. 294*. – Dossier, *JCP N 2021, nos 1322 s.* (sûretés immobilières).

Art. 2375 *(Ord. n° 2021-1192 du 15 sept. 2021, art. 12, en vigueur le 1er janv. 2022)* **Les sûretés sur les immeubles sont les privilèges, le gage immobilier et les hypothèques.**

La propriété de l'immeuble peut également être retenue ou cédée en garantie.

Ancien art. 2373 *(Ord. n° 2006-346 du 23 mars 2006)* ***Les sûretés sur les immeubles sont les privilèges,*** *(L. n° 2009-526 du 12 mai 2009, art. 10)* ***« le gage immobilier » et les hypothèques.***

La propriété de l'immeuble peut également être retenue *(Ord. n° 2009-112 du 30 janv. 2009, art. 6, en vigueur le 1er févr. 2009)* ***« ou cédée » en garantie.***

CHAPITRE I DES PRIVILÈGES IMMOBILIERS

(Ord. n° 2021-1192 du 15 sept. 2021, art. 13, en vigueur le 1er janv. 2022)

Le chapitre I du titre II du livre IV dans sa version en vigueur avant le 1er janv. 2022 figure après le présent chapitre.

Art. 2376 *(Ord. n° 2021-1192 du 15 sept. 2021, art. 13, en vigueur le 1er janv. 2022)* **Les privilèges immobiliers sont accordés par la loi.**

Ils sont généraux.

Ils sont dispensés de la formalité de l'inscription.

Les dispositions légales qui les régissent sont d'interprétation stricte.

Ils donnent le droit d'être préféré aux autres créanciers mais ne confèrent pas de droit de suite.

Lorsque le privilège porte aussi sur la généralité des meubles du débiteur, il ne s'exerce sur les immeubles qu'à défaut de mobilier suffisant.

Les privilèges immobiliers spéciaux nés avant le 1er janv. 2022 sont pour l'avenir assimilés à des hypothèques légales, sans préjudice le cas échéant de la rétroactivité de leur rang. Ceux qui n'ont pas fait l'objet des formalités de publicité foncière à cette date seront inscrits au fichier immobilier selon les dispositions applicables avant cette date (Ord. n° 2021-1192 du 15 sept. 2021, art. 37-IV).

BIBL. ▶ PELLIER, *D. 2022. 1000* (retour sur le domaine de la subsidiarité de l'assiette immobilière en matière de privilèges généraux).

1. Subsidiarité : charge de la preuve de l'insuffisance des meubles. Si, selon l'art. 2105 [2376 anc.], les créanciers privilégiés de l'art. 2104 [2375 anc.] ne priment les autres créanciers privilégiés sur les immeubles et ne peuvent exercer leurs droits dans l'ordre indiqué à l'art. 2104 [2375 anc.] qu'en cas d'insuffisance du prix des meubles pour acquitter intégralement leur créance, il appartient aux créanciers contestants d'établir l'existence d'un mobilier suffisant et de rapporter à l'encontre du créancier privilégié de l'art. 2104 [2375 anc.] la preuve d'une collusion ou d'une négligence qui les aurait privés d'une collocation sur ce mobilier. • Lyon, 12 juin 1984 : *Gaz. Pal. 1984. 2. 686, note Béjat et Lafarge.* – Déjà en ce sens : • Civ. 24 févr. 1932 : *DH 1932. 217.*

2. Absence de délai pour agir. Il suffit que les créanciers privilégiés existent, qu'ils ne trouvent pas de meubles suffisants dans l'actif du débiteur pour se désintéresser et qu'au moment de l'ouverture de la procédure collective, l'actif comprenne un immeuble, même hypothéqué, pour que les créanciers privilégiés prévus à l'art. 2104 [2375 anc.] puissent faire valoir leur droit sur l'immeuble. Il ne saurait être exigé, pour que les créanciers privilégiés priment les créanciers hypothécaires, la condition que, lors de la distribution du prix de l'immeuble, ils se présentent en concurrence avec eux. • Douai, 10 juin 1986 : *Gaz. Pal. 1987. 1. 280, note Béjat.* ♦ Même sens : • Civ. 2e, 27 mai 1988 : *Gaz. Pal. 1989. 1. 52, note Béjat* (l'art. 2105 [2376 anc.] n'impose pas aux créanciers bénéficiaires d'un privilège dispensé d'inscription d'agir dans un délai déterminé).

Art. 2377 *(Ord. n° 2021-1192 du 15 sept. 2021, art. 13, en vigueur le 1er janv. 2022)* **Outre celles prévues par des lois spéciales, les créances privilégiées sur la généralité des immeubles sont :**

1° Les frais de justice, sous la condition qu'ils aient profité au créancier auquel le privilège est opposé ;

2° Les rémunérations et indemnités suivantes :

– les rémunérations, pour les six derniers mois, des salariés et apprentis ;

– le salaire différé, pour l'année échue et pour l'année courante, institué par l'article L. 321-13 du code rural et de la pêche maritime ;

– les créances du conjoint survivant instituées par l'article 14 de la loi n° 89-1008 du 31 décembre 1989 relative au développement des entreprises commerciales et arti-

sanales et à l'amélioration de leur environnement économique, juridique et social et l'article L. 321-21-1 du code rural et de la pêche maritime ;

– l'indemnité de fin de contrat prévue à l'article L. 1243-8 du code du travail et l'indemnité de précarité d'emploi prévue à l'article L. 1251-32 du même code ;

– l'indemnité due en raison de l'inobservation du préavis prévue à l'article L. 1234-5 du code du travail et l'indemnité compensatrice prévue à l'article L. 1226-14 du même code ;

– les indemnités dues pour les congés payés prévues aux articles L. 3141-24 et suivants du même code ;

– les indemnités de licenciement dues en application des conventions collectives de travail, des accords collectifs d'établissement, des règlements de travail, des usages, des dispositions des articles L. 1226-14, L. 1234-9 et L. 7112-3 à L. 7112-5 du code du travail pour la totalité de la portion inférieure ou égale au plafond visé à l'article L. 3253-2 du même code et pour le quart de la portion supérieure audit plafond ;

– les indemnités dues, le cas échéant, aux salariés, en application des articles L. 1226-15, L. 1226-20, L. 1226-21, L. 1235-2 à L. 1235-4, L. 1235-11, L. 1235-12, L. 1235-14 et L. 1243-4 du code du travail. – *Comp. anc. art. 2375.*

1. Frais de justice. V. note 1 ss. art. 2331. ♦ Les frais d'une procédure collective constituant une créance née régulièrement après le jugement d'ouverture de celle-ci doivent, en cas de liquidation, être payés par priorité à une créance hypothécaire antérieure, quand bien même ils ne pourraient bénéficier, sur le prix de vente de l'immeuble grevé, du privilège général des frais de justice prévu par l'art. 2104 [2375 anc.], 1°. • Com. 31 mars 1998, n° 95-18.008 P : *D. 1998. Somm. 327, obs. A. Honorat ; ibid. 382, obs. S. Piedelièvre ; JCP 1998. II. 10105, rapp. Rémery ; ibid. I. 149, n° 24, obs. Delebecque.* ♦ Dans une procédure de distribution amiable du prix de vente d'un immeuble ayant fait l'objet d'une procédure de saisie immobilière, les honoraires de l'avocat du créancier poursuivant ayant élaboré le projet de distribution du prix ne sont pas des frais de justice. • Cass., avis, 18 oct. 2010 : *D. actu. 3 nov. 2010, obs. Avena-Robardet.*

2. Salaires. Aux termes de l'art. 2104 [2375 anc.], les créances privilégiées sur la généralité des immeubles comprennent notamment les rémunérations pour les six derniers mois des salariés et apprentis. Ce texte clair et précis vise les six derniers mois d'activité du salarié au sein de l'entreprise et non ceux qui ont précédé l'événement qui est la cause de la distribution des deniers. • Paris, 27 juin 1980 : *JCP N 1983. II. 240.* ♦ V. aussi note 6 ss. art. 2331.

3. Le privilège général des salariés qui garantit les rémunérations pour les six derniers mois de salaires ne peut avoir effet que si les rémunérations ont été acquises dans une période qui se situe nécessairement avant le jugement déclaratif. • Civ. 3e, 23 mai 1995, n° 91-14.921 P : *RTD civ. 1996. 206, obs. Crocq.*

Art. 2378 *(Ord. n° 2021-1192 du 15 sept. 2021, art. 13, en vigueur le 1er janv. 2022)*

Les privilèges généraux priment le droit de préférence attaché au gage immobilier et à l'hypothèque.

Ils s'exercent dans l'ordre de l'article 2377. – *Comp. anc. art. 2376.*

1. Domaine. La règle de l'art. 2105 [2376 anc.], assurant la priorité aux privilèges généraux sur les privilèges spéciaux immobiliers, ne s'applique qu'au conflit entre les créanciers d'un même propriétaire de l'immeuble, et non au conflit entre les créanciers à privilège spécial d'un propriétaire antérieur et les créanciers à privilège général du propriétaire actuel. • Civ. 1re, 20 mars 1956 : *D. 1956. 374* • Versailles, 26 mars 1998 : *D. 1998. Somm. 381, obs. S. Piedelièvre.*

2. Classement. V. • TGI Dunkerque, 11 janv. 1984 : *Gaz. Pal. 1984. 1. 399, note Chartier.* ♦ *Conflit frais de justice* et superprivilège des salaires : V. • TGI Paris, 20 oct. 1980 : *Gaz. Pal. 1981. 1. 85, note Moreau.* ♦ V. aussi Béjat et Lafarge, *Gaz. Pal. 1983. 1. Doctr. 181* (problèmes posés par le privilège des salariés dans les procédures d'ordre). ♦ Les créances de l'AGS assimilées aux créances antérieures à l'ouverture de la procédure de redressement ou de liquidation judiciaire et bénéficiant du privilège général des salaires priment les créances hypothécaires. • Soc. 11 juin 2014, n° 13-17.997 P : *D. 2014. 1270, obs. A. Lienhard ; RTD civ. 2014. 696, obs. Crocq ; JCP 2014, n° 999, note Pétel ; JCP N 2015, n° 1064, note Piedelièvre.*

CHAPITRE I *[ANCIEN]* DES PRIVILÈGES IMMOBILIERS *(Ord. n° 2006-346 du 23 mars 2006).*

Le chapitre I du titre II du livre IV dans sa version en vigueur après le 1er janv. 2022 figure avant le présent chapitre.

SECTION 1 *[ANCIENNE]* **Des privilèges spéciaux** *(Ord. n° 2006-346 du 23 mars 2006).*

Les privilèges immobiliers spéciaux nés avant le 1er janv. 2022 sont pour l'avenir assimilés à des hypothèques légales, sans préjudice le cas échéant de la rétroactivité de leur rang. Ceux qui n'ont pas fait l'objet des formalités de publicité foncière à cette date seront inscrits au fichier immobilier selon les dispositions applicables avant cette date (Ord. n° 2021-1192 du 15 sept. 2021, art. 37-IV).

Ancien art. 2374 ***Les créanciers privilégiés sur les immeubles sont :***

1° Le vendeur, sur l'immeuble vendu, pour le paiement du prix ;

S'il y a plusieurs ventes successives dont le prix soit dû en tout ou en partie, le premier vendeur est préféré au second, le deuxième au troisième, et ainsi de suite ;

(L. n° 94-624 du 21 juill. 1994, art. 34) ***« 1° bis Conjointement avec le vendeur et, le cas échéant, avec le prêteur de deniers mentionné au 2°, le syndicat des copropriétaires, sur le lot vendu, pour le paiement des charges et travaux mentionnés*** *(L. n° 2014-366 du 24 mars 2014, art. 73)* ***« à l'article 10, au c du II de l'article 24 et à l'article 30 » de la loi n° 65-557 du 10 juillet 1965 fixant le statut de la copropriété des immeubles bâtis*** *(L. n° 2014-366 du 24 mars 2014, art. 73)* ***« et des cotisations au fonds de travaux mentionné à l'article*** *(L. n° 2021-1104 du 22 août 2021, art. 171-IV)* ***« 14-2-1*** *[ancienne rédaction : 14-2]* ***» de la même loi », relatifs à l'année courante et aux quatre dernières années échues*** *(L. n° 2014-366 du 24 mars 2014, art. 73)* ***« ainsi que des dommages et intérêts alloués par les juridictions et des dépens ».***

« Toutefois, le syndicat est préféré au vendeur et au prêteur de deniers pour les créances afférentes aux charges et travaux de l'année courante et des deux dernières années échues. »

(L. n° 2014-366 du 24 mars 2014, art. 73) ***« 1° ter Conjointement avec le vendeur et, le cas échéant, avec le prêteur de deniers mentionné au 2° du présent article, l'opérateur mentionné à l'article L. 615-10 du code de la construction et de l'habitation, si le bien vendu est assorti d'une servitude sur des biens d'intérêt collectif.***

« Toutefois, l'opérateur est préféré au vendeur et au prêteur de deniers pour les redevances prévues au même article L. 615-10 de l'année courante et des deux dernières années échues ; »

2° *(L. n° 71-579 du 16 juill. 1971, art. 47)* ***« Même en l'absence de subrogation, ceux qui ont fourni les deniers pour l'acquisition d'un immeuble, pourvu qu'il soit authentiquement constaté, par l'acte d'emprunt que la somme était destinée à cet emploi et, par la quittance du vendeur, que ce paiement a été fait des deniers empruntés » ;*** *— Ces dispositions ont un caractère interprétatif. — V. L. n° 2007-212 du 20 févr. 2007, art. 10-III, ci-dessous.*

3° Les cohéritiers, sur les immeubles de la succession, pour la garantie des partages faits entre eux, et des soulte ou retour de lots ; *(L. n° 61-1378 du 19 déc. 1961)* ***« pour la garantie des indemnités dues en application de l'article*** *(L. n° 2006-728 du 23 juin 2006, art. 29-35°, en vigueur le 1er janv. 2007)* ***« 924 », les immeubles donnés ou légués sont assimilés aux immeubles de la succession » ;***

4° Les architectes, entrepreneurs, maçons et autres ouvriers employés pour édifier, reconstruire ou réparer des bâtiments, canaux, ou autres ouvrages quelconques, pourvu néanmoins que, par un expert nommé d'office par le tribunal judiciaire dans le ressort duquel les bâtiments sont situés, il ait été dressé préalablement un procès-verbal, à l'effet de constater l'état des lieux relativement aux ouvrages que le propriétaire déclarera avoir dessein de faire, et que les ouvrages aient été, dans les six mois au plus tard de leur perfection, reçus par un expert également nommé d'office.

Mais le montant du privilège ne peut excéder les valeurs constatées par le second procès-verbal, et il se réduit à la plus-value existante à l'époque de l'aliénation de l'immeuble et résultant des travaux qui y ont été faits ;

5° Ceux qui ont prêté les deniers pour payer ou rembourser les ouvriers, jouissent du même privilège, pourvu que cet emploi soit authentiquement constaté par l'acte d'emprunt, et par la quittance des ouvriers ainsi qu'il a été dit ci-dessus pour ceux qui ont prêté les deniers pour l'acquisition d'un immeuble ;

(L. n° 2006-728 du 23 juin 2006, art. 29-33°) ***« 6° Les créanciers du défunt et les légataires de sommes d'argent sur les immeubles de la succession, ainsi que les créanciers personnels de l'héritier sur les immeubles de ce dernier, pour la garantie des droits qu'ils tiennent de l'article 878 ; »*** *— La loi du 23 juin 2006 entre en vigueur le 1er janv. 2007.*

(L. n° 84-595 du 12 juill. 1984, art. 35) ***« 7° Les accédants à la propriété titulaires d'un contrat de location-accession régi par la loi n° 84-595 du 12 juillet 1984 définissant la location-accession à la propriété immobilière sur l'immeuble faisant l'objet du contrat, pour la garantie des droits qu'ils tiennent de ce contrat ; »***

(L. nº 2018-1021 du 23 nov. 2018, art. 194, en vigueur le 1er mars 2019) **« 8º L'État, la commune** *(Ord. nº 2020-1144 du 16 sept. 2020, art. 4, en vigueur le 1er janv. 2021)* **« , l'établissement public de coopération intercommunale à fiscalité propre ou la métropole de Lyon** *[ancienne rédaction : ou l'établissement public de coopération intercommunale à fiscalité propre]* **», selon le cas, pour la garantie des créances nées de l'application »** *(Ord. nº 2020-1144 du 16 sept. 2020, art. 4, en vigueur le 1er janv. 2021)* **« de l'article L. 123-3 et du chapitre I du titre I du livre V du code de la construction et de l'habitation** *[ancienne rédaction : des articles L. 123-3, L. 129-2, L. 129-4, L. 511-2, L. 511-4 ou L. 521-3-2 du code de la construction [et] de l'habitation ou des articles L. 1331-29-1 ou L. 1331-30 du code de la santé publique].* **»**

La mod. issue de l'art. 171 de la L. nº 2021-1104 du 22 août 2021 entre en vigueur :

1º Le 1er janv. 2023, pour les syndicats de copropriétaires comprenant plus de deux cents lots à usage de logements, de bureaux ou de commerces ;

2º Le 1er janv. 2024, pour les syndicats de copropriétaires comprenant un nombre de lots à usage de logements, de bureaux ou de commerces compris entre cinquante et un et deux cents ;

3º Le 1er janv. 2025, pour les syndicats de copropriétaires comprenant au plus cinquante lots à usage de logements, de bureaux ou de commerces (L. préc., art. 171-VI).

BIBL. ▸ CAZAJUS et LAFARGUE, *Defrénois 2021/26. 13* (pratique notariale du privilège de prêteur de deniers).

1º VENDEUR D'IMMEUBLE

1. Réserve de propriété. L'existence du privilège du vendeur d'immeuble n'exclut pas le droit pour le vendeur d'invoquer la clause de réserve de propriété stipulée dans l'acte de vente, même si ce privilège a été publié. • Com. 28 sept. 2004, nº 03-10.332 P : *D. 2005. Pan. 2081, obs. Crocq* ; *JCP 2005. I. 107, nº 12, obs. Cabrillac* ; *ibid. 135, nº 15, obs. Delebecque* ; *Defrénois 2005. 517, obs. S. Piedelièvre.*

2. Créances garanties : soulte. Le coéchangiste avec stipulation d'une soulte a droit, pour sûreté de cette soulte, au privilège du vendeur. • Req. 11 mai 1863 : *DP 1864. 1. 191.* ♦ La créance immobilière que possède le propriétaire participant à des opérations de rénovation urbaine ne peut être assimilée à la propriété immobilière et ne peut être considérée comme une soulte ; le titulaire d'une telle créance ne peut donc bénéficier du privilège de l'art. 2103 [2374 anc.], 1º. • Civ. 3e, 6 janv. 1982 : *Bull. civ. III, nº 4.*

3. ... Accessoires. Si les frais et loyaux coûts du contrat sont mis à la charge de l'acquéreur, d'où résulte pour le vendeur le droit d'en réclamer à celui-ci le remboursement au cas où il serait obligé d'en faire l'avance, ce recours est susceptible de s'exercer par privilège comme pour le prix de vente stipulé dont les frais ne sont en réalité qu'un supplément. • Req. 22 févr. 1909 : *DP 1912. 1. 347.* ♦ Mais si le privilège peut s'étendre à des accessoires du prix, c'est à la condition que ces accessoires soient expressément mentionnés dans l'acte de vente. • Req. 17 nov. 1936 : *DH 1937. 86.*

4. Assiette. Le privilège du vendeur frappe les constructions ou améliorations faites dans l'immeuble postérieurement à la vente, ainsi que les immeubles par destination qui s'y trouvent. • T. civ. Saint-Étienne, 4 juin 1924 : *DH 1924. 708* • Lyon, 15 oct. 1924 : *ibid.*

5. Report sur le prix. L'adjudication sur saisie n'entraîne pas la disparition du privilège du vendeur régulièrement inscrit, qui est reporté sur le prix. • Civ. 2e, 23 avr. 1980, nº 78-15.056 P.

2º PRÊTEUR DE DENIERS POUR L'ACQUISITION

BIBL. Dagot, *JCP 1996. I. 3920* (pluralité d'emprunteurs et privilège du prêteur de deniers). – Salats, *JCP N 1987. I. 187* (le privilège et la L. du 13 juill. 1979 sur la protection des emprunteurs).

6. Créance garantie. Le privilège du prêteur de deniers conserve les intérêts contractuels durant trois ans, conformément à l'art. 2432. • Civ. 3e, 31 mars 2005, nº 03-16.524 P.

7. Assiette. Le privilège du prêteur de deniers pour l'acquisition d'un immeuble, assimilé au privilège du vendeur par l'art. 2103 [2374 anc.], 2º, s'étend aux constructions qui y sont incorporées par accession. • Civ. 3e, 10 juin 1981 : *Gaz. Pal. 1982. 1. Pan. 32, obs. A. P.*

8. Bien commun. Si l'acte de prêt souscrit par un seul époux sous le régime de la communauté n'est pas inefficace, la mise en œuvre du privilège de prêteur de deniers sur l'immeuble commun acquis grâce à ce prêt est subordonnée au consentement de son conjoint à l'emprunt. • Civ. 1re, 5 mai 2021, nº 19-15.072 P : *D. 2021. 1879, obs. Ansault et Gijsbers* ; *AJ fam. 2021. 377, obs. Ferré-André* ; *RDI 2021. 476, obs. Bruttin* ; *Dr. fam. 2021, nº 111, note Beignier* ; *Defrénois 2021/40. 34, note Bouathong* (responsabilité du notaire qui a omis de demander ce consentement et a ainsi manqué à son obligation d'assurer l'efficacité de l'acte auquel il avait prêté son concours).

9. Indivisibilité. Le privilège du prêteur de deniers a un caractère indivisible. • Com. 19 janv. 1993 : *D. 1993. 331, note A. Honorat et Patarin* ; *JCP 1993. II. 22056, note Pétel* ; *RTD civ. 1993. 581, obs. Mestre.* ♦ Même dans l'hypothèse où un prêt est souscrit par l'un seulement des acquéreurs d'un bien immobilier, pour financer sa part, l'assiette du privilège de prêteur de deniers est constituée par la totalité de l'immeuble et le prêteur, titulaire d'une sûreté légale née antérieurement à l'indivision, peut se prévaloir des dispositions de l'art. 815-17, al. 1er, C. civ., de sorte que le prêteur peut poursuivre la vente forcée de l'immeuble dont il a partiellement financé l'acquisition sans engager une procédure préalable de partage et sans que puissent lui être opposés les démembrements de la propriété convenus entre les acquéreurs. • Civ. 1re, 9 janv. 2019, n° 17-27.411 P : *D. 2019. 1428, note Théry et Gijsbers ; AJ fam. 2019. 219, obs. Casey ; RDI 2019. 211, obs. Heugas-Darraspen ; RTD civ. 2019. 155, obs. P. Crocq ; JCP N 2019, n° 1131, note Simon-Michel ; RDC 2/2019. 97, note Tadros.*

10. Formalités. Les formalités prescrites par l'art. 2103-2° [2374 anc.] tendent seulement à certifier l'origine des deniers vis-à-vis des tiers. • Civ. 3e, 18 févr. 1987, n° 85-12.434 P. ♦ Le bénéficiaire du privilège ne peut invoquer la perte d'efficacité de celui-ci résultant du défaut d'établissement de la quittance authentique, si cette irrégularité ne lui a pas été opposée par les parties intéressées à s'en prévaloir. • Même arrêt.

11. Résolution de la vente. Après résolution d'une vente financée par un emprunt, les fonds doivent être restitués aux anciens acquéreurs et non affectés par préférence au prêteur de deniers. • Com. 5 déc. 1995, n° 93-17.702 P : *D. 1996. Somm. 388, obs. S. Piedelièvre.*

12. La saisie-attribution emporte attribution au créancier saisissant de la créance de somme d'argent disponible dans le patrimoine du tiers saisi ainsi que de ses accessoires exprimés en argent ; elle ne confère pas le privilège de prêteur de deniers dont était titulaire le cessionnaire de créance en lieu et place duquel le créancier saisissant a payé le prix. • Civ. 2e, 7 avr. 2011, n° 10-15.969 P : *D. 2011. 1152, obs. Avena-Robardet.*

13. Rôle du notaire. Les époux étant communs en biens et l'achat étant fait pour la communauté, faute du notaire qui a omis de solliciter le consentement de l'époux à l'emprunt, manquant ainsi à son obligation d'assurer l'efficacité de l'acte auquel il a prêté son concours en rendant impossible la mise en œuvre du privilège de prêteur de deniers. • Civ. 1re, 5 mai 2021, n° 19-15.072 P : *D. 2021. 1879, obs. Ansault et Gijsbers ; AJ fam. 2021. 377, obs. Ferré-André ; RDI 2021. 476, obs. Bruttin ; Dr. fam. 2021, n° 111, note Beignier ; Defrénois 2021/40. 34, note Bouathong.*

Un acheteur-emprunteur n'est pas fondé à prétendre que ce soit son propre notaire qui doive procéder, dans la rédaction de l'acte d'acquisition, à l'insertion des mentions permettant à l'établissement prêteur d'être investi du privilège de prêteur de deniers sur les immeubles acquis. • Paris, 21 nov. 1988 : *JCP N 1989. II. 54, note Salats.*

3° AUTRES PRIVILÈGES

14. Copartageants. **BIBL.** Nuytten, *JCP N 1994. Prat. 3064* (acte conditionnel). ♦ Le privilège établi sur les immeubles héréditaires par les art. 2103 [2374 anc.], 3°, et 2109 [2381] ne s'étend pas à la garantie due entre les cohéritiers pour le partage des biens d'une autre origine qui avaient été confondus avec ceux de la succession et partagés en même temps. • Civ. 6 avr. 1881 : *DP 1881. 1. 358.*

15. La disposition de l'art. 2103 [2374 anc.], 3°, est générale et absolue. Elle régit sans distinction tous les partages. Elle est notamment applicable aux licitations qui, faisant cesser complètement l'indivision, ont pour résultat de faire passer sur l'un des colicitants la propriété intégrale des biens antérieurement indivis, pour ne laisser aux autres colicitants, comme représentation de leurs droits dans l'indivision, qu'une créance pécuniaire. • Paris, 4 févr. 1892 : *DP 1892. 2. 145, note Garsonnet.*

16. Architectes et entrepreneurs. Le privilège de l'art. 2103 [2374 anc.], 4°, ne prend naissance qu'à la date où il a été porté à la connaissance des tiers. Lorsqu'il est exercé au cours des travaux, il ne peut garantir la plus-value donnée à l'immeuble que pour ceux exécutés à partir de son inscription. • Civ. 1re, 24 mars 1953 : *S. 1955. 1. 38.*

17. Le privilège du constructeur confère aux auteurs des travaux sur la plus-value, non seulement un droit de préférence, mais un droit de suite. • Aix-en-Provence, 10 juill. 1899 : *DP 1900. 2. 241, note de Loynes* • 11 juill. 1899 : *DP 1900. 2. 191.*

18. Prêteur de deniers pour le financement des travaux. A défaut de l'accomplissement des formalités de l'art. 2103 [2374 anc.], 5°, celui qui a avancé des fonds pour payer les travaux de construction ou de réparation d'un édifice ne jouit d'aucun privilège sur la plus-value procurée à l'immeuble et reste, pour le remboursement de ses avances, au rang d'un créancier chirographaire. • Civ. 12 févr. 1923 : *DP 1924. 1. 129, note Rouast.*

19. Séparation des patrimoines. **BIBL.** Lemaire, *JCP N 2001. 700.* – Lequette, *Études Weill, Dalloz/Litec, 1983, p. 371* (séparation des patrimoines et art. 815-17). ♦ La séparation des patrimoines n'est pas un simple droit de préférence ; elle constitue un privilège immobilier engendrant le droit de suite. • Req. 27 juill. 1870 : *DP 1871. 1. 352.*

20. La séparation des patrimoines n'a pas d'effet contre les héritiers auxquels un rapport est dû par leur cohéritier. • Civ. 10 juill. 1893 : *GAJC,*

12e éd., n° 105 ; DP 1894. 1. 5, note de Loynes.

21. *Accédant à la propriété.* BIBL. Dagot, *RDI 1984. 442.* – Dagot et Lepeltier, *JCP N 1985. I. 75.*

22. *Copropriété.* BIBL. Capoulade, *RDI 1995. 669*. – Dupuis, *Gaz. Pal. 2000. 1. Doctr. 230.* – Giverdon, *Loyers et copr. 2003. Chron. 1.* – Lebatteux, *Administrer 4/1995. 4.* – Gélinet, *ibid., mars 1996. 49* (privilège et saisie). – Lejwi, *Rev. loyers 2000. 278* (copropriétaire commerçant en procédure collective). – Magnin, *LPA 5 déc. 1994.* – Sizaire, *Administrer 4/1996. 42.* – Vigneron, *JCP N 1996. Prat. 1068* (privilège et hypothèque légale du syndicat). ♦ La L. du 21 juill. 1994 est applicable en Alsace-Moselle. • Colmar, 2 avr. 1998 : *JCP N 1999. 111.* ♦ Sur les modalités d'admission de la créance privilégiée, V. • Com. 4 mars 2003, n° 00-11.952 P : *R., p. 379 ; JCP 2003. I. 174, n° 7, obs. M. C. ; ibid. I. 176, n° 17, obs. Delebecque ; AJDI 2003. 513, note Giverdon ; RTD com. 2003. 566, obs. Martin-Serf* • Paris, 22 juin 2001 : *D. 2001. AJ 2890, obs. A. Lienhard ; RTD civ. 2001. 926, obs. Crocq*. ♦ Sur la mise en œuvre et les créances garanties, V. • Paris, 17 mars 1998 : *Loyers et copr. 1998, n° 284, obs. Vigneron* • Civ. 3e, 15 mai 2002, n° 00-19.832 P : *Defrénois 2003. 418, obs. Théry* (notion de charges afférentes aux lots vendus) • 6 mai 2003, n° 02-10.712 P : *AJDI 2003. 675, obs. Capoulade ; Rev. loyers 2003. 410, obs. Roux (idem)* • 4 juin 2008, n° 07-10.051 P (procédure). ♦ Le privilège du syndicat des copropriétaires ne s'exerce qu'en cas de vente du lot de copropriété. • Civ. 3e, 15 févr. 2006, n° 04-19.095 P : *D. 2006. IR 602, obs. Rouquet ; JCP 2006. I. 185, n° 12, obs. Cabrillac ; JCP N 2006. 1278, n° 11, obs. S. Piedelièvre ; RTD civ. 2006. 599, obs. Crocq*. ♦ L'absence de distinction entre les quatre types de créances du syndicat prévue à l'art. 5-1 du Décr. du 17 mars 1967, qui constitue un manquement à une condition de forme, a pour effet de faire perdre aux créances bénéficiant de l'art. 2374, 1° *bis* C. civ. leur caractère de créances privilégiées et superprivilégiées, celles-ci ne pouvant alors valoir que comme créances hypothécaires ou chirographaires. • Civ. 3e, 27 nov. 2013, n° 12-25.824 P. ♦ Sur le conflit entre le privilège de l'art. 2103-1° *bis* [2374 anc.] et celui de l'art. 40 de la L. du 25 janv. 1985 (C. com., art. L. 621-32, anc. ; Comp. art. L. 622-17), V. • Cass., avis, 21 janv. 2002, n° 01-00.009 P : *R., p. 430 ; D. 2003. Somm. 1334, obs. Giverdon ; JCP E 2002. 765, note Fraimout ; JCP 2002. I. 174, n° 14, obs. M. Cabrillac ; Defrénois 2002. 1092, obs. Théry.*

Loi n° 2007-212 du 20 février 2007, *portant diverses dispositions intéressant la Banque de France (JO 21 févr.).* **Ancien art. 10** *[...]*

III. — Pendant un délai de deux ans à compter de la date de promulgation de la présente loi, le prêteur de deniers dont le privilège a été inscrit avant cette date peut renoncer à la sûreté qu'il tient du 2° de l'article 2374 du code civil en contrepartie de la constitution par le débiteur d'une hypothèque rechargeable régie par l'article 2422 du même code en garantie de la créance initialement privilégiée. Ces renonciation et constitution sont consenties dans un même acte notarié qui est inscrit dans les formes prévues à l'article 2428 du même code.

Par dérogation à l'article 2423 du même code, la somme garantie ne peut être supérieure au montant en capital de la créance privilégiée.

L'hypothèque constituée prend le rang du privilège de prêteur de deniers antérieurement inscrit.

Toutefois, si une convention de rechargement est publiée, ce rang est inopposable aux créanciers qui ont inscrit une hypothèque entre la date de publicité du privilège de prêteur de deniers et celle de l'acte notarié prévu au premier alinéa.

[...]

Le III ci-dessus est applicable en Nouvelle-Calédonie. Il est également applicable à Mayotte à compter du 1er janv. 2008.

SECTION 2 *[ANCIENNE]* **Des privilèges généraux** *(Ord. n° 2006-346 du 23 mars 2006).*

Ancien art. 2375 *(Ord. n° 59-71 du 7 janv. 1959)* **« Les créances privilégiées sur la généralité des immeubles sont : »**

(Décr. n° 55-678 du 20 mai 1955) ***1° Les frais de justice ;***

2° *(L. n° 79-11 du 3 janv. 1979)* ***« Sans préjudice de l'application éventuelle des dispositions des articles L. 143-10** [L. 3253-2, L. 3253-3 nouv.]*, **L. 143-11** *[L. 3253-4 nouv.]*, **L. 742-6** et **L. 751-15** *[L. 7313-8 nouv.]* **du code du travail :***

« Les rémunérations des gens de service pour l'année échue et l'année courante ;

« Le salaire différé résultant du contrat de travail institué par l'article 63 du décret du 29 juillet 1939 relatif à la famille et à la natalité françaises [C. rur., art. L. 321-13 s.], *pour l'année échue et l'année courante » ;*

(L. nº 89-1008 du 31 déc. 1989, art. 14-III) « La créance du conjoint survivant instituée par l'article 14 de la loi nº 89-1008 du 31 décembre 1989 relative au développement des entreprises commerciales et artisanales et à l'amélioration de leur environnement économique, juridique et social » (L. nº 99-574 du 9 juill. 1999, art. 36) « et la créance du conjoint survivant instituée par l'article L. 321-21-1 du code rural et de la pêche maritime » ;

(L. nº 89-488 du 10 juill. 1989, art. 6) « Les rémunérations pour les six derniers mois des salariés, apprentis et l'indemnité due par l'employeur aux jeunes en stage d'initiation à la vie professionnelle, telle que prévue à l'article L. 980-11-1 [abrogé] *du code du travail » ;*

(Ord. nº 82-130 du 5 févr. 1982) « L'indemnité de fin de contrat prévue à l'article (L. nº 90-9 du 2 janv. 1990) « L. 122-3-4 [L. 1243-8 nouv.] *» du code du travail et l'indemnité de précarité d'emploi prévue à l'article L. 124-4-4* [L. 1251-32 nouv.] *du même code ;*

« L'indemnité due en raison de l'inobservation du délai-congé prévue à l'article L. 122-8 [L. 1234-5 nouv.] *du code du travail et l'indemnité compensatrice prévue à l'article L. 122-32-6* [L. 1226-14 nouv.] *du même code. »*

(L. nº 79-11 du 3 janv. 1979) « Les indemnités dues pour les congés payés ;

« Les indemnités de licenciement dues en application des conventions collectives de travail, des accords collectifs d'établissement, des règlements de travail, des usages, des dispositions des articles L. 122-9 [L. 1234-9 nouv.], *(L. nº 81-3 du 7 janv. 1981) « L. 122-32-6* [L. 1226-14 nouv.] *», L. 761-5* [L. 7112-3 nouv.] *et L. 761-7* [L. 7112-5 nouv.] *(Abrogé par Ord. nº 2004-602 du 24 juin 2004, art. 13-II) « ainsi que l'indemnité prévue à l'article L. 321-6 » du code du travail pour la totalité de la portion inférieure ou égale au plafond visé à l'article L. 143-10* [L. 3253-2 nouv.] *du code du travail et pour le quart de la portion supérieure audit plafond » ;*

(Ord. nº 82-130 du 5 févr. 1982) « Les indemnités dues, le cas échéant, aux salariés, en application des articles (L. nº 90-9 du 2 janv. 1990) « L. 122-3-8, deuxième [troisième] *alinéa* [L. 1243-4 nouv.], *L. 122-14-4* [L. 1235-2, L. 1235-3, L. 1235-11, L. 1235-12 nouv.], *L. 122-14-5, deuxième alinéa* [L. 1235-5 et L. 1235-14 nouv.], *L. 122-32-7* [L. 1226-15 nouv.] *et L. 122-32-9* [L. 1226-20 et L. 1226-21 nouv.] *du code du travail ». – Comp. art. 2377.*

V. notes ss. art. 2377.

Ancien art. 2376 *(Décr. nº 55-22 du 4 janv. 1955) Lorsqu'à défaut de mobilier les créanciers privilégiés énoncés en l'article précédent se présentent pour être payés sur le prix d'un immeuble en concurrence avec les autres créanciers privilégiés sur l'immeuble, ils priment ces derniers et exercent leurs droits dans l'ordre indiqué audit article.*

Sur le classement, V. notes ss. art. 2378. – Sur la subsidiarité, V. notes ss. art. 2376.

SECTION 3 *[ANCIENNE]* Des cas où les privilèges doivent être inscrits *(Ord. nº 2006-346 du 23 mars 2006).*

Ancien art. 2377 *(Décr. nº 55-22 du 4 janv. 1955) Entre les créanciers, les privilèges ne produisent d'effet à l'égard des immeubles qu'autant qu'ils sont rendus publics par une inscription (Ord. nº 2010-638 du 10 juin 2010, art. 11, en vigueur le 1er janv. 2013) « au fichier immobilier », de la manière déterminée par les articles suivants et par les articles 2426 et 2428.*

Ancien art. 2378 *(Décr. nº 55-22 du 4 janv. 1955) Sont exceptées de la formalité de l'inscription les créances énumérées à l'article 2375 (L. nº 94-624 du 21 juill. 1994, art. 34) « et les créances du syndicat de copropriétaires énumérées à l'article 2374 ».*

Ancien art. 2379 *(Décr. nº 55-22 du 4 janv. 1955) Le vendeur privilégié, ou le prêteur qui a fourni les deniers pour l'acquisition d'un immeuble, conserve son privilège par une inscription qui doit être prise, à sa diligence, en la forme prévue aux articles 2426 et 2428, et dans le délai de deux mois à compter de l'acte de vente ; le privilège prend rang à la date dudit acte.*

L'action résolutoire établie par l'article 1654 ne peut être exercée après l'extinction du privilège du vendeur, ou à défaut d'inscription de ce privilège dans le délai ci-dessus imparti, au préjudice des tiers qui ont acquis des droits sur l'immeuble du chef de l'acquéreur et qui les ont publiés.

1. Domaine. Le délai de deux mois prévu par l'art. 2379 [anc.], al. 1er, n'est pas applicable dans les départements du Haut-Rhin, du Bas-Rhin et de la Moselle ; cassation de l'arrêt ayant considéré que ce délai n'est pas une règle de publicité foncière à laquelle le droit local pourrait déroger, mais une disposition de fond qui fixe la condition d'efficacité du privilège du vendeur, applicable en Alsace-Moselle. • Civ. 3e, 1er oct. 2020, n° 18-16.888 P.

2. *Mission du notaire.* A défaut de mandat en ce sens, le notaire rédacteur d'un acte de vente d'immeuble n'est pas tenu de procéder aux formalités nécessaires au renouvellement de l'inscription du privilège du vendeur. • Civ. 1re, 25 mai 1982, n° 81-12.648 P. ♦ Les juges du fond apprécient souverainement l'étendue du mandat donné à un avocat pour suivre une procédure de saisie immobilière et peuvent estimer que cet avocat avait l'obligation de procéder en temps utile au renouvellement de l'inscription du privilège du vendeur. • Civ. 1re, 13 juill. 1982 : *Bull. civ. I, n° 261.*

3. *Responsabilité du notaire.* Engage sa responsabilité le notaire qui n'a pas donné au vendeur les informations lui permettant d'apprécier la portée de sa renonciation au privilège. • Civ. 1re, 25 nov. 1997, n° 95-18.618 P.

4. *... De l'avoué.* Engage sa responsabilité l'avoué qui, après l'obtention d'un jugement valant vente, n'a pas fait inscrire le privilège du vendeur d'immeuble. • Civ. 1re, 24 juin 1997, n° 95-10.629 P : *D. 1998. Somm. 198, obs. Jourdain ; JCP 1997. II. 22970, note du Rusquec ; JCP N 1998. 54, note Leveneur.*

5. *Revente.* La résolution d'une vente prononcée à la requête du vendeur est opposable au sous-acquéreur bien que le vendeur n'ait pas fait inscrire son privilège, dès lors que le sous-acquéreur n'avait lui-même publié, à la date de l'assignation en résolution, aucun droit acquis par lui sur l'immeuble. • Civ. 3e, 6 févr. 1974, n° 72-12.240 P. ♦ Ainsi, les juges du fond ne peuvent déclarer inopposable à l'acquéreur d'un immeuble la résolution de la vente consentie à son auteur sans rechercher si la publication du titre de l'acquéreur était antérieure à l'exercice de l'action résolutoire. • Civ. 3e, 26 nov. 1970 : *Bull. civ. III, n° 647.* ♦ Une cour d'appel déclare à bon droit commun à l'acquéreur et au sous-acquéreur l'arrêt prononçant la résolution d'une vente d'immeuble malgré l'absence de renouvellement de l'inscription du privilège du vendeur avant l'expiration du délai de dix ans prévu par l'art. 2154 [2434] C. civ., dès lors que l'action résolutoire a été intentée en temps utile et que l'acheteur, devenu propriétaire pendant la période de dix ans suivant l'inscription du privilège, n'a pu recevoir de son auteur qu'un droit affecté de l'aléa que lui conférait son caractère litigieux. • Civ. 3e, 23 avr. 1969 : *Bull. civ. III, n° 321.*

6. *Prix comportant une obligation de faire.* Est opposable aux créanciers hypothécaires de l'acquéreur, sans condition d'inscription du privilège, la résolution d'une convention comportant transfert de la propriété d'un immeuble moyennant le prix symbolique de un franc et une obligation de faire. En effet, le prix de la vente dont le paiement est garanti par le privilège du vendeur consiste dans la somme d'argent que l'acquéreur s'oblige à payer ; la convention litigieuse ne comportait donc pas de prix, une obligation de faire ne pouvant, malgré l'évaluation requise à des fins fiscales, être considérée comme un prix. • Civ. 3e, 17 mars 1981, n° 79-15.388 P : *D. 1981. IR 442, obs. Larroumet.*

7. *Renonciation à l'action résolutoire.* La stipulation de concurrence consentie par les créanciers bénéficiant du privilège du vendeur au profit de créanciers hypothécaires de l'acquéreur emporte nécessairement à l'égard de ceux-ci renonciation par les premiers créanciers au bénéfice de l'action résolutoire. • Civ. 1re, 1er févr. 1965 : *JCP 1965. II. 14187, note J.A.*

8. *Exercice de l'action résolutoire par le prêteur.* Subrogation du prêteur de deniers dans l'action résolutoire du vendeur : • Com. 1er févr. 1977 : *D. 1977. 206, note A. Honorat ; JCP N 1978. II. 49, note Delaporte.* – V. aussi • Com. 7 déc. 1981, n° 80-16.284 P. – Rémy, *JCP N 1978. I. 79.* ♦ Le droit de poursuite individuelle des créanciers, qui ne peut avoir pour effet de modifier l'ordre des paiements, autorise seulement la poursuite ou l'engagement des voies d'exécution ; il en résulte qu'une société subrogée dans les droits du vendeur d'immeuble est irrecevable à exercer l'action résolutoire du contrat de vente, même si le liquidateur n'a pas entrepris la liquidation des biens grevés dans le délai de trois mois à compter du jugement de liquidation judiciaire. • Com. 19 déc. 1995, n° 92-19.525 P : *D. 1996. 145, note Campana ; ibid. Somm. 390, obs. S. Piedelièvre ; JCP 1996. I. 3942, n° 9, obs. Simler et Delebecque, et 3935, n° 13, obs. Pétel.*

9. *Distinction entre action résolutoire et clause résolutoire expresse.* L'art. 2108 [2379 anc.] ne visant que l'action en résolution de l'art. 1654, la clause résolutoire expresse de l'art. 1656 publiée en exécution du Décr. du 4 janv. 1955 est opposable au créancier hypothécaire de l'acquéreur. • Civ. 3e, 8 juill. 1992, n° 90-14.039 P : *Defrénois 1992. 1529, obs. Aynès.*

10. *Résolution d'une cession de droits indivis.* Distinction de la résolution d'une cession de droits indivis, inopposable au créancier hypothécaire du cessionnaire en application de l'art. 2108, et de l'anéantissement rétroactif de l'hypothèque par suite de l'impossibilité d'attribuer l'immeuble au cessionnaire dans le partage : V. • Civ. 3e, 7 mai 1986 : *JCP N 1987. II. 13, note Dagot.*

11. *Opposabilité du privilège du prêteur de deniers au vendeur n'ayant pas publié ses droits.* Le privilège du prêteur de deniers dont bénéficie un organisme bancaire est opposable au vendeur qui n'a publié ni son privilège de vendeur, en s'engageant dans l'acte de vente à céder son rang aux créanciers qui auraient pris inscription entre-temps, ni la clause résolutoire. • Civ. 3e, 15 oct. 2015, n° 14-20.400 P.

Ancien art. 2380 (L. n° 67-547 du 7 juill. 1967) *Dans le cas de vente d'un immeuble à construire conclue à terme conformément à l'article* **1601-2**, *le privilège du vendeur ou celui du prêteur de deniers prend rang à la date de l'acte de vente si l'inscription est prise avant l'expiration d'un délai de deux mois à compter de la constatation par acte authentique de l'achèvement de l'immeuble.*

Ancien art. 2381 (Décr. n° 55-22 du 4 janv. 1955) *Le cohéritier ou copartageant conserve son privilège sur les biens de chaque lot ou sur le bien licité pour les soulte et retour de lots ou pour le prix de la licitation, par l'inscription faite à sa diligence sur chacun des immeubles, en la forme prévue aux articles* **2426** *et* **2428**, *et dans un délai de deux mois à dater de l'acte de partage ou de l'adjudication par licitation* (L. n° 61-1378 du 19 déc. 1961) *« ou de l'acte fixant l'indemnité prévue par l'article* (L. n° 2006-728 du 23 juin 2006, art. 29-35°, en vigueur le 1er janv. 2007) *« 924 » du présent code » ; le privilège prend rang à la date dudit acte ou adjudication.*

En vertu de l'effet déclaratif du partage, le privilège du copartageant inscrit dans le délai légal prend rang à la date du début de l'indivision et prime l'hypothèque, légale ou conventionnelle, inscrite au cours de celle-ci. • Civ. 1re, 13 juill. 2004, ☎ n° 02-10.073 P : *JCP 2005. I. 135, n° 16, obs. Delebecque ; ibid. I. 187, n° 6, obs. Le Guidec ; Defrénois 2005. 342, obs. Théry ; ibid. 536, obs. S. Piedelièvre.*

Ancien art. 2382 *Les architectes, entrepreneurs, maçons et autres ouvriers employés pour édifier, reconstruire ou réparer des bâtiments, canaux, ou autres ouvrages, et ceux qui ont, pour les payer et rembourser, prêté les deniers dont l'emploi a été constaté, conservent par la double inscription faite :*

1° Du procès-verbal qui constate l'état des lieux ;

2° Du procès-verbal de réception, leur privilège à la date de l'inscription du premier procès-verbal.

Ancien art. 2383 (L. n° 2006-728 du 23 juin 2006, art. 29-34°) *Les créanciers du défunt et les légataires de sommes d'argent, ainsi que les créanciers personnels de l'héritier, conservent leur privilège par une inscription sur chacun des immeubles visés au 6° de l'article* **2374**, *en la forme prévue aux articles* **2426** *et* **2428** *et dans les quatre mois de l'ouverture de la succession. Le privilège prend rang à la date de cette ouverture.* — Entrée en vigueur le 1er janv. 2007.

Le droit de rétention est indivisible et le créancier est fondé à retenir la totalité du bien en cause jusqu'au paiement total de sa dette sans que le propriétaire puisse en jouir de quelque manière ; le rétenteur n'ayant pas à en rendre compte avant le paiement de la dette, il ne saurait être reproché au liquidateur du débiteur de ne pas avoir réussi à tirer profit de l'immeuble avant la liquidation du débiteur. • Com. 6 oct. 2009 : *JCP 2009. 492, n° 12, obs. Delebecque.*

Ancien art. 2384 (L. n° 84-595 du 12 juill. 1984, art. 36) *Les accédants à la propriété conservent leur privilège par une inscription prise à leur diligence sur l'immeuble faisant l'objet du contrat de location-accession, en la forme prévue aux articles* **2426** *et* **2428** *et dans un délai de deux mois à compter de la signature de ce contrat ; le privilège prend rang à la date dudit contrat.*

Ancien art. 2384-1 (Ord. n° 2007-42 du 11 janv. 2007, art. 1er-II) *Le titulaire de la créance conserve son privilège par la double inscription faite :*

(Ord. n° 2020-1144 du 16 sept. 2020, art. 4, en vigueur le 1er janv. 2021) *« 1° Par l'auteur de l'arrêté de police pris en application de l'article* (Ord. n° 2020-71 du 29 janv. 2020, art. 4-II, en vigueur le 1er juill. 2021) *« L. 184-1 » du code de la construction et de l'habitation pour les mesures édictées sous peine d'interdiction d'habiter ou d'utiliser les locaux ou de fermeture définitive de l'établissement ou de l'article L. 511-11 du même code comportant une évaluation sommaire du coût des mesures ou des travaux à exécuter » ;*

2° Du titre de recouvrement de la créance par son auteur.

(L. n° 2009-323 du 25 mars 2009, art. 89) *« Pour les créances nées de l'application* (Ord. n° 2020-1144 du 16 sept. 2020, art. 4, en vigueur le 1er janv. 2021) *« du chapitre I du titre I du livre V ou de l'article L. 521-3-2 du code de la construction et de l'habitation* [ancienne rédaction : de l'article L. 521-3-2 du code de la construction et de l'habitation, du I de l'article L. 511-2 du même code ou du I de l'article L. 1331-28 du code de la santé publique] *» lorsque la démolition du bâtiment déclaré insalubre ou menaçant ruine a été ordonnée, le privilège » prend rang à concurrence du montant évalué ou de celui du titre de recouvrement, s'il lui est inférieur, à compter de la première inscription et à compter de la deuxième inscription pour la fraction du montant du titre de recouvrement qui serait supérieure au montant résultant de la première inscription.*

(L. nº 2009-323 du 25 mars 2009, art. 89) ***« Pour les autres créances, le privilège est conservé à concurrence du montant évalué ou de celui du titre de recouvrement, s'il lui est inférieur. »*** *– [Déplacé art. 2404, mod.].*

L'Ord. nº 2007-42 du 11 janv. 2007 est ratifiée par la L. nº 2007-290 du 5 mars 2007, art. 50-I.

Les modifications issues de l'art. 89 s'appliquent à compter de l'entrée en vigueur de l'Ord. nº 2007-42 du 11 janv. 2007 relative au recouvrement des créances de l'État et des communes résultant de mesures de lutte contre l'habitat insalubre ou dangereux (L. nº 2009-323 du 25 mars 2009, art. 89-III).

Ancien art. 2384-2 *(Ord. nº 2007-42 du 11 janv. 2007, art. 1er-II)* ***Par dérogation à l'article 2384-1, le privilège peut également être conservé par la seule inscription du titre de recouvrement*** *(L. nº 2009-323 du 25 mars 2009, art. 89)* ***« , à concurrence de sa valeur ».***

Dans ce cas, *(L. nº 2009-323 du 25 mars 2009, art. 89)* ***« pour les créances nées de l'application*** *(Ord. nº 2020-1144 du 16 sept. 2020, art. 4, en vigueur le 1er janv. 2021)* ***« du chapitre I du titre I du livre V ou de l'article L. 521-3-2 du code de la construction et de l'habitation*** *[ancienne rédaction : de l'article L. 521-3-2 du code de la construction et de l'habitation, du I de l'article L. 511-2 du même code ou du I de l'article L. 1331-28 du code de la santé publique]* ***» lorsque la démolition du bâtiment déclaré insalubre ou menaçant ruine a été ordonnée, » le privilège prend rang à compter de l'émission du titre s'il est présenté à l'inscription dans un délai de deux mois à compter de l'émission.*** *– V. note ss. art. 2384-1. – [Déplacé art. 2405, mod.].*

Ancien art. 2384-3 *(Ord. nº 2007-42 du 11 janv. 2007, art. 1er-II)* ***Les frais d'inscription sont à la charge des débiteurs.*** *– [Déplacé art. 2406].*

Ancien art. 2384-4 *(Ord. nº 2007-42 du 11 janv. 2007, art. 1er-II)* ***Lorsque les mesures prescrites par l'arrêté ou la mise en demeure mentionnés au 1º de l'article 2384-1 ont été exécutées par le propriétaire ou l'exploitant, la publication à leurs frais d'un arrêté de mainlevée avant l'inscription du titre de recouvrement prévue au 2º du même article emporte caducité de la première inscription. Mention est faite de la radiation résultant de cette caducité en marge de l'inscription, aux frais du propriétaire ou de l'exploitant.***

La radiation de la seconde inscription ne peut intervenir que conformément aux dispositions des articles 2440 et suivants. *– [Déplacé art. 2407, mod.].*

Ancien art. 2385 ***Les cessionnaires de ces diverses créances privilégiées exercent tous les mêmes droits que les cédants, en leurs lieu et place.***

Ancien art. 2386 *(Décr. nº 55-22 du 4 janv. 1955)* ***Les hypothèques inscrites sur les immeubles affectés à la garantie des créances privilégiées, pendant le délai accordé par les articles 2379, 2381 et 2383 pour requérir l'inscription du privilège, ne peuvent préjudicier aux créanciers privilégiés.***

Toutes créances privilégiées soumises à la formalité de l'inscription, à l'égard desquelles les conditions ci-dessus prescrites pour conserver le privilège n'ont pas été accomplies, ne cessent pas néanmoins d'être hypothécaires, mais l'hypothèque ne prend rang, à l'égard des tiers, que de la date des inscriptions.

CHAPITRE II DU GAGE IMMOBILIER *(L. nº 2009-526 du 12 mai 2009, art. 10).*

(Ord. nº 2006-346 du 23 mars 2006)

Le chapitre II du sous-titre III du titre II du livre IV comprend les art. 2387 à 2392 qui deviennent respectivement les art. 2379 à 2384 (Ord. nº 2021-1192 du 15 sept. 2021, art. 14-I, en vigueur le 1er janv. 2022).

BIBL. GÉN. ▶ DUPICHOT, *Dossier JCP, supplément au nº 20 du 17 mai 2006, p. 26.* – PIETTE, *D. 2006. Chron. 1688.* – BORGA, *D. 2006. Chron. 2090* (autonomie conceptuelle).

RÉP. CIV. vº *Gage immobilier*, par S. PIEDELIÈVRE.

Art. 2379 *(Ord. nº 2021-1192 du 15 sept. 2021, art. 14-II, en vigueur le 1er janv. 2022)* **Le gage immobilier est l'affectation d'un immeuble en garantie d'une obligation avec dépossession de celui qui la constitue.** *– [Anc. art. 2387 mod.]*

Ancien art. 2387 *(L. nº 2009-526 du 12 mai 2009, art. 10)* ***Le gage immobilier est l'affectation d'un immeuble en garantie d'une obligation ; il emporte dépossession de celui qui le constitue.***

Qualification (comparaison avec l'antichrèse). Ne peut être qualifiée d'antichrèse (sûreté qui était antérieurement l'équivalent de l'actuel gage immobilier) l'opération comportant un prêt et une promesse de vente souscrite le même jour au profit du prêteur qui, dans l'hypothèse où la dette ne serait pas payée à l'échéance, avait la faculté d'acquérir pour un prix équivalent au montant du prêt, les promettants s'interdisant de donner leurs immeubles en location pendant la durée de la promesse : en effet, les promettants demeuraient en possession de leurs immeubles et continuaient à en percevoir les fruits. • Civ. 1re, 22 mars 1966 : *Bull. civ. I, n° 201*. – Dans le même sens (même affaire) : • Civ. 1re, 22 mars 1966, n° 64-10.751 P • 26 déc. 1961 : *D. 1962. 381, note Voirin*. ♦ L'antichrèse suppose le dessaisissement du constituant et la remise de l'exploitation de l'immeuble au créancier. Ce n'est pas le cas d'une convention par laquelle le propriétaire d'un immeuble délègue et transporte à son créancier le montant des loyers à toucher sur cet immeuble et s'interdit de modifier ou résilier les baux sans le consentement du créancier. • Nancy, 8 juin 1977 : *JCP 1978. II. 18847*.

Art. 2380 *(Ord. n° 2021-1192 du 15 sept. 2021, art. 14-III, en vigueur le 1er janv. 2022)* **Les dispositions relatives aux hypothèques prévues aux articles 2390, 2409 à 2413, 2415 et 2450 à 2453 sont applicables au gage immobilier.** – *[Anc. art. 2388 mod.]*

Ancien art. 2388 ***Les dispositions relatives à l'hypothèque conventionnelle prévues au dernier alinéa de l'article 2397 et aux articles 2413, 2414, 2416, 2417 et 2421 sont applicables*** *(L. n° 2009-526 du 12 mai 2009, art. 10)* ***« au gage immobilier ».***

Le sont également les dispositions relatives aux effets de l'hypothèque prévues aux articles 2458 à 2460.

S'agissant de l'antichrèse, il a pu être jugé par ailleurs que le droit de jouissance de l'antichrésiste n'est garanti que par un droit de rétention qui n'est opposable qu'aux tiers dont les droits sont postérieurs à la transcription de l'antichrèse, et que les créanciers hypothécaires inscrits sur l'immeuble avant l'accomplissement de cette formalité peuvent donc le faire saisir quand bon leur semble et comme si l'antichrèse n'existait pas. • Paris, 12 janv. 1895 : *DP 1896. 2. 57, note Cézar-Bru*.

Art. 2381 **Le créancier perçoit les fruits de l'immeuble affecté en garantie à charge de les imputer sur les intérêts, s'il en est dû, et subsidiairement sur le capital de la dette.**

Il est tenu, à peine de déchéance, de pourvoir à la conservation et à l'entretien de l'immeuble et peut y employer les fruits perçus avant de les imputer sur la dette. Il peut à tout moment se soustraire à cette obligation en restituant le bien à son propriétaire. – *[Anc. art. 2389.]*

Art. 2382 **Le créancier peut, sans en perdre la possession, donner l'immeuble à bail, soit à un tiers, soit au débiteur lui-même.** – *[Anc. art. 2390.]*

La possession du créancier (antichrésiste), exercée pour son compte par le constituant maintenu en jouissance de l'immeuble, ne cesse pas par le fait que le constituant a cessé de verser l'indemnité d'occupation convenue et que l'antichrésiste s'est abstenu de toute action contre lui. • Civ. 3e, 18 déc. 2002, n° 01-12.143 P : *D. 2003. 963, note Delebecque ; ibid. AJ 491, obs. Avena-Robardet ; JCP 2003. II. 10024, concl. Guérin ; ibid. I. 124, n° 12, obs. Delebecque ; RTD civ. 2003. 319, obs. Revet ; ibid. 327, obs. Crocq*, cassant : • Papeete, 11 avr. 2001 : *JCP 2002. II. 10004, note Picod ; ibid. I. 120, n° 5, obs. Delebecque*.

Art. 2383 **Le débiteur ne peut réclamer la restitution de l'immeuble avant l'entier acquittement de sa dette.** – *[Anc. art. 2391.]*

Le droit de rétention est indivisible et le créancier est fondé à retenir la totalité du bien en cause jusqu'au paiement total de sa dette sans que le propriétaire puisse en jouir de quelque manière ; le rétenteur n'ayant pas à en rendre compte avant le paiement de la dette, il ne saurait être reproché au liquidateur du débiteur de ne pas avoir réussi à tirer profit de l'immeuble avant la liquidation du débiteur. • Com. 6 oct. 2009, n° 08-19.458 : *JCP 2009. 492, n° 12, obs. Delebecque*.

Art. 2384 **Les droits du** *(L. n° 2009-526 du 12 mai 2009, art. 10)* **« créancier titulaire d'un droit de gage immobilier » s'éteignent notamment :**

1° Par l'extinction de l'obligation principale ;

2° Par la restitution anticipée de l'immeuble à son propriétaire. – *[Anc. art. 2392.]*

CHAPITRE III DES HYPOTHÈQUES *(Ord. n° 2006-346 du 23 mars 2006).*

Le chapitre III du sous-titre III du titre II du livre IV comporte huit sections (Ord. n° 2021-1192 du 15 sept. 2021, art. 15, en vigueur le 1er janv. 2022). Compte tenu des modifications de plan et déplacements d'articles, la version en vigueur antérieurement à l'Ord. préc. figure à la suite du présent chapitre III.

RÉP. CIV. v° *Hypothèque,* par C. JUILLET.

BIBL. ▶ ALBIGES et PEREZ, *Defrénois 2021/48. 14.*

SECTION 1 Dispositions générales

(Ord. n° 2021-1192 du 15 sept. 2021, art. 15-I, en vigueur le 1er janv. 2022)

La section 1 comprend les art. 2385 et 2387 à 2391 dans leur rédaction résultant de l'art. 16 de l'Ord. n° 2021-1192 du 15 sept. 2021 et l'art. 2394 qui devient l'art. 2386 (Ord. préc., art. 15-I).

Comp. anc. art. 2393 s.

Art. 2385 *(Ord. n° 2021-1192 du 15 sept. 2021, art. 16-I, en vigueur le 1er janv. 2022)* **L'hypothèque est l'affectation d'un immeuble en garantie d'une obligation sans dépossession de celui qui la constitue.** – *Comp. anc. art. 2393.*

Art. 2386 **L'hypothèque n'a lieu que dans les cas et suivant les formes autorisés par la loi.** – *[Anc. art. 2394.]*

Art. 2387 *(Ord. n° 2021-1192 du 15 sept. 2021, art. 16-II, en vigueur le 1er janv. 2022)* **L'hypothèque est légale, judiciaire ou conventionnelle.** – *Comp. anc. art. 2396.*

Art. 2388 *(Ord. n° 2021-1192 du 15 sept. 2021, art. 16-II, en vigueur le 1er janv. 2022)* **Sont susceptibles d'hypothèques tous les droits réels immobiliers qui sont dans le commerce.** – *Comp. anc. art. 2397.*

1. *Exclusion : biens inaliénables.* Les biens frappés d'inaliénabilité ne sont pas susceptibles d'hypothèque comme ne se trouvant pas dans le commerce au sens de l'art. 2118 C. civ. • Civ. 3e, 29 juin 1983, n° 82-10.038 P • Civ. 1re, 23 févr. 2012, n° 09-13.113 P : *D. 2012. 610 ; AJDI 2012. 460, obs. Le Rudulier ; RTD civ. 2012. 346, obs. Crocq ; JCP 2012. 626, obs. Delebecque.*

2. *Droit du preneur d'un bail emphytéotique (oui).* Le bail emphytéotique de biens immeubles confère au preneur un droit réel susceptible d'hypothèque. • Civ. 3e, 15 mai 1991, n° 89-20.008 P • 13 mai 1998, n° 96-13.586 P : *D. 1998. Somm. 346, obs. A. Robert.*

Art. 2389 *(Ord. n° 2021-1192 du 15 sept. 2021, art. 16-II, en vigueur le 1er janv. 2022)* **L'hypothèque s'étend aux améliorations qui surviennent à l'immeuble hypothéqué, ainsi qu'aux accessoires réputés immeubles.** – *Comp. anc. art. 2397.*

1. *Accessoires : prime d'arrachage de vignes (non).* La prime allouée pour inciter à l'arrachage de vignes n'est pas la représentation de la valeur de la vigne détruite et ne constitue pas le prix des produits. En conséquence, le créancier ayant une hypothèque sur les parcelles plantées de vigne n'a pas de droit de préférence sur la prime d'arrachage. • Civ. 3e, 12 oct. 1994, n° 92-14.367 P : *JCP N 1995. II. 571, note S. Piedelièvre ; Defrénois 1995. 425, obs. Aynès ; RDI 1995. 141, obs. Delebecque et Simler.*

2. *Indemnité d'assurance.* Droit personnel du créancier hypothécaire sur l'indemnité d'assurance due en raison de l'incendie de la chose louée, laquelle ne tombe pas dans le patrimoine du débiteur (art. L. 121-13 C. assur.). • Civ. 1re, 21 janv. 1997, n° 94-16.157 P : *Defrénois 1997. 741, obs. Delebecque.* ♦ V. aussi : • Civ. 1re, 28 oct. 1997, n° 95-20.318 P (attribution selon leur rang).

3. *Immeubles par destination.* L'hypothèque acquise sur un immeuble s'étend à toutes les améliorations survenues, sans qu'il y ait lieu de distinguer si ces améliorations constituent des immeubles par nature ou seulement des immeubles par destination, ni si le propriétaire de qui elles émanent est le débiteur principal ou bien tiers détenteur. • Req. 2 juill. 1901 : *DP 1909. 1. 342.* – Même sens : • Civ., 1er mai 1906 : *DP 1909. 1. 345* • Civ. 3e, 6 janv. 1972 : *D. 1972. 398.*

Art. 2390 *(Ord. n° 2021-1192 du 15 sept. 2021, art. 16-II, en vigueur le 1er janv. 2022)* **L'hypothèque s'étend aux intérêts et autres accessoires de la créance garantie. Cette extension profite au tiers subrogé dans la créance garantie pour les intérêts et autres accessoires qui lui sont dus.**

BIBL. ▶ Gijsbers, *JCP N 2021, n° 1325* (transmission de l'hypothèque au créancier subrogé dans la créance garantie).

Art. 2391 *(Ord. n° 2021-1192 du 15 sept. 2021, art. 16-II, en vigueur le 1er janv. 2022)*
L'hypothèque est indivisible, nonobstant la division de la dette : le codébiteur propriétaire de l'immeuble hypothéqué est, sur cet immeuble, tenu pour le tout ; chacun des créanciers a l'entier immeuble pour sûreté de sa part dans la créance.

L'hypothèque est encore indivisible, nonobstant la division de l'immeuble ou la pluralité d'immeubles : chaque partie de l'immeuble divisé, chacun des immeubles est affecté à la sûreté de la totalité de la dette. – *Comp. anc. art. 2393.*

BIBL. ▶ Souhami, *RTD civ. 2008. 27* (indivisibilité des sûretés réelles).

1. Partage d'un bien hypothéqué. L'hypothèque étant indivisible, la division de l'immeuble par suite d'un partage n'entraîne pas division de l'hypothèque. • Civ. 3e, 6 mars 1996, n° 94-13.242 P : *D. 1996. Somm. 387, obs. S. Piedelièvre ; JCP 1996. I. 3942, n° 6, obs. Simler et Delebecque ; Defrénois 1997. 401, obs. Aynès* (le fait que les inscriptions hypothécaires portent sur l'ensemble des lots ne fait pas obstacle à un partage en nature avec attribution préférentielle).

2. Hypothèque sur plusieurs immeubles : faculté de choix. Le créancier dont l'hypothèque s'étend à plusieurs immeubles est en droit de choisir celui des immeubles sur le prix duquel il veut être colloqué pour la totalité de sa créance, sans que les créanciers ayant sur le même immeuble des hypothèques postérieures en rang puissent le contraindre à diviser sa demande de collocation pour la faire porter proportionnellement sur le prix de tous les immeubles qui lui sont affectés. Cette faculté d'option ne saurait être refusée que si elle était exercée frauduleusement ou sans intérêt légitime. • Civ. 3e, 15 févr. 1972, n° 70-13.094 : *D. 1972. 463, note E. F.* – V. déjà en ce sens, • Civ. 9 mai 1905 : *DP 1909. 1. 225, note de Loynes ; S. 1906. 1. 489, note Bernard* • Paris, 21 janv. 1941 : *DC 1941. 47, note Lalou.*

3. Immeuble affecté au paiement de plusieurs créances. Lorsqu'une hypothèque garantit, en vertu d'un acte authentique unique, le paiement de divers prêts dont certains sont supérieurs au taux du dernier ressort, tous les créanciers, y compris ceux dont la créance personnelle est inférieure au taux du dernier ressort, sont recevables à interjeter appel dans le litige indivisible relatif à la validité ou à la nullité de l'hypothèque. • Civ. 3e, 4 févr. 1971 : *JCP 1972. II. 16980, note Dagot et Spiteri.*

4. Procédure collective et régimes matrimoniaux. Indivisibilité de l'hypothèque et liquidation judiciaire d'un époux commun en biens : V. note 3 ss. art. 2474.

SECTION 2 Des hypothèques légales

(Ord. n° 2021-1192 du 15 sept. 2021, art. 15-II, en vigueur le 1er janv. 2022)

Comp. anc. art. 2400 s.

RÉP. CIV. vis *Hypothèques légales générales*, par J.-D. Pellier et A. Fournier ; *Hypothèques légales spéciales*, par J.-D. Pellier.

Art. 2392 *(Ord. n° 2021-1192 du 15 sept. 2021, art. 17-I, en vigueur le 1er janv. 2022)*
Les hypothèques légales sont générales ou spéciales.

Le créancier bénéficiaire d'une hypothèque générale peut inscrire son droit sur tous les immeubles appartenant actuellement à son débiteur. Il peut prendre des inscriptions complémentaires sur les immeubles entrés, par la suite, dans le patrimoine de son débiteur.

Le créancier bénéficiaire d'une hypothèque spéciale ne peut inscrire son droit que sur l'immeuble sur lequel elle porte.

Les privilèges immobiliers spéciaux nés avant le 1er janv. 2022 sont pour l'avenir assimilés à des hypothèques légales, sans préjudice le cas échéant de la rétroactivité de leur rang. Ceux qui n'ont pas fait l'objet des formalités de publicité foncière à cette date seront inscrits au fichier immobilier selon les dispositions applicables avant cette date (Ord. n° 2021-1192 du 15 sept. 2021, art. 37-IV).

SOUS-SECTION 1 Des hypothèques générales

(Ord. n° 2021-1192 du 15 sept. 2021, art. 15-II, en vigueur le 1er janv. 2022)

RÉP. CIV. v° *Hypothèques légales générales*, par J.-D. Pellier et A. Fournier.

Art. 2393 *(Ord. n° 2021-1192 du 15 sept. 2021, art. 17-II, en vigueur le 1er janv. 2022)*
Outre celles prévues par des lois spéciales, les créances auxquelles une hypothèque légale générale est attachée sont :

1° Celles de l'un des époux contre l'autre ;

2° Celles des mineurs ou des majeurs en tutelle contre l'administrateur légal ou le tuteur ;

(Abrogé par Ord. nº 2022-408 du 23 mars 2022, art. 12, à compter du 1er janv. 2023) « *3° Celles de l'État, des départements, des communes et des établissements publics contre les receveurs et administrateurs comptables ;* »

4° Celles du légataire, sur les biens immeubles de la succession, en vertu de l'article 1017 ;

5° Celles des frais funéraires ;

6° Celles ayant fait l'objet d'un jugement, contre le débiteur condamné ;

7° Celles du Trésor public, dans les conditions fixées par le *(L. nº 2021-1900 du 30 déc. 2021, art. 130-I-D, en vigueur le 1er janv. 2022)* « livre des procédures fiscales » ;

8° Celles des caisses de sécurité sociale, dans les conditions fixées par le code de la sécurité sociale. — *Comp. anc. art. 2400.*

BIBL. ▶ PELLIER, *D. 2022. 1712* (réflexions sur les hypothèques légales générales à la lumière de la réforme du droit des sûretés).

§ 1 Des règles particulières à l'hypothèque légale des époux

(Ord. nº 2021-1192 du 15 sept. 2021, art. 15-II, en vigueur le 1er janv. 2022)

Le § 1 comprend les art. 2402, 2405, 2407 et 2408, qui deviennent respectivement les art. 2394 à 2397 (Ord. nº 2021-1192 du 15 sept. 2021, art. 15-II, en vigueur le 1er janv. 2022).

Art. 2394 *(L. nº 65-570 du 13 juill. 1965)* Quand les époux ont stipulé la participation aux acquêts, *(Ord. nº 2021-1192 du 15 sept. 2021, art. 17-III, en vigueur le 1er janv. 2022)* « chacun a, sauf convention contraire, » la faculté d'inscrire l'hypothèque légale pour la sûreté de la créance de participation.

L'inscription pourra être prise avant la dissolution du régime matrimonial, mais elle n'aura d'effet qu'à compter de cette dissolution et à condition que les immeubles sur lesquels elle porte existent à cette date dans le patrimoine de l'époux débiteur.

En cas de liquidation anticipée, l'inscription antérieure à la demande a effet du jour de celle-ci, l'inscription postérieure n'ayant effet que de sa date ainsi qu'il est dit à l'article *(Ord. nº 2021-1192 du 15 sept. 2021, art. 17-III, en vigueur le 1er janv. 2022)* « 2418 ».

L'inscription pourra également être prise dans l'année qui suivra la dissolution du régime matrimonial ; elle aura alors effet de sa date. — *[Anc. art. 2402 mod.]*

Art. 2395 *(L. nº 65-570 du 13 juill. 1965)* Quand l'hypothèque légale a été inscrite par application *(Ord. nº 2021-1192 du 15 sept. 2021, art. 17-IV, en vigueur le 1er janv. 2022)* « de l'article précédent », et sauf clause expresse du contrat de mariage l'interdisant, l'époux bénéficiaire de l'inscription peut consentir, au profit des créanciers de l'autre époux ou de ses propres créanciers, une cession de son rang ou une subrogation dans les droits résultant de son inscription.

Il en est ainsi même *(Ord. nº 2021-1192 du 15 sept. 2021, art. 17-IV, en vigueur le 1er janv. 2022)* « pour » l'hypothèque judiciaire, garantissant la pension alimentaire allouée ou susceptible d'être allouée *(L. nº 85-1372 du 23 déc. 1985)* « à un époux, pour lui » ou pour ses enfants.

Si l'époux bénéficiaire de l'inscription, en refusant de consentir une cession de rang ou subrogation, empêche l'autre époux de faire une constitution d'hypothèque qu'exigerait l'intérêt de la famille ou s'il est hors d'état de manifester sa volonté, les juges pourront autoriser cette cession de rang ou subrogation aux conditions qu'ils estimeront nécessaires à la sauvegarde des droits de l'époux intéressé. Ils ont les mêmes pouvoirs lorsque le contrat de mariage comporte la clause visée au premier alinéa. — *[Anc. art. 2405 mod.]*

Art. 2396 *(L. nº 65-570 du 13 juill. 1965)* Les jugements pris en application *(Ord. nº 2021-1192 du 15 sept. 2021, art. 17-V, en vigueur le 1er janv. 2022)* « de l'article précédent » sont rendus dans les formes réglées par le code de procédure civile.

(Abrogé par Ord. nº 2021-1192 du 15 sept. 2021, art. 17-V, à compter du 1er janv. 2022) « *Sous réserve des dispositions de l'article 2403,* » L'hypothèque légale des époux est sou-

mise, pour le renouvellement des inscriptions, aux règles de l'article *(Ord. n° 2021-1192 du 15 sept. 2021, art. 17-V, en vigueur le 1er janv. 2022)* **« 2429 ».** – *[Anc. art. 2407 mod.]*

Art. 2397 *(L. n° 65-570 du 13 juill. 1965)* **Les dispositions des articles** *(Ord. n° 2021-1192 du 15 sept. 2021, art. 17-VI, en vigueur le 1er janv. 2022)* **« 2393 à 2396 » sont portées à la connaissance des époux ou futurs époux dans les conditions fixées par un décret.** – *[Anc. art. 2408 mod.]*

§ 2 Des règles particulières à l'hypothèque légale des mineurs ou des majeurs en tutelle

(Ord. n° 2021-1192 du 15 sept. 2021, art. 15-II, en vigueur le 1er janv. 2022)

Le § 2 comprend les art. 2409 à 2411 qui deviennent respectivement les art. 2398 à 2400 (Ord. n° 2021-1192 du 15 sept. 2021, art. 15-II, en vigueur le 1er janv. 2022).

Art. 2398 *(L. n° 64-1230 du 14 déc. 1964)* **A l'ouverture de toute tutelle, le conseil de famille** *(L. n° 2007-308 du 5 mars 2007, art. 10, en vigueur le 1er janv. 2009)* **« ou, à défaut, le juge », après avoir entendu le tuteur, décide si une inscription doit être requise sur les immeubles du tuteur. Dans l'affirmative, il fixe la somme pour laquelle il sera pris inscription et désigne les immeubles qui en seront grevés. Dans la négative, il peut, toutefois, décider que l'inscription de l'hypothèque sera remplacée par la constitution d'un gage** *(Ord. n° 2021-1192 du 15 sept. 2021, art. 17-VII, en vigueur le 1er janv. 2022)* **« ou d'un nantissement », dont il détermine lui-même les conditions.**

Au cours de la tutelle, le conseil de famille *(L. n° 2007-308 du 5 mars 2007, art. 10, en vigueur le 1er janv. 2009)* **« ou, à défaut, le juge » peut toujours ordonner, lorsque les intérêts du mineur ou du majeur en tutelle paraissent l'exiger, qu'il sera pris, soit une première inscription, soit des inscriptions complémentaires, ou qu'un gage** *(Ord. n° 2021-1192 du 15 sept. 2021, art. 17-VII, en vigueur le 1er janv. 2022)* **« ou un nantissement » sera constitué.**

(Ord. n° 2021-1192 du 15 sept. 2021, art. 17-VII, en vigueur le 1er janv. 2022) **« Au cas d'administration légale des biens du mineur, le juge des tutelles, statuant soit d'office, soit à la requête d'un parent ou allié ou du ministère public, peut pareillement décider qu'une inscription sera prise sur les immeubles de l'administrateur légal, ou que celui-ci devra constituer un gage ou un nantissement. »**

Les inscriptions prévues par le présent article sont prises à la requête du greffier du juge des tutelles, et les frais en sont imputés au compte de la tutelle. – *[Anc. art. 2409 mod.]*

Un tribunal ne peut infirmer une délibération du conseil de famille décidant qu'il n'y a pas lieu de faire inscrire l'hypothèque légale sur les biens du tuteur, sans relever l'existence de circonstances de nature à établir que les intérêts de l'incapable paraissaient exiger l'inscription par lui ordonnée. • Civ. 1re, 5 juill. 1977, ☎ n° 75-10.336 P.

Art. 2399 *(Décr. n° 55-22 du 4 janv. 1955) (Ord. n° 2021-1192 du 15 sept. 2021, art. 17-VIII, en vigueur le 1er janv. 2022)* **« Le mineur », après sa majorité ou son émancipation, ou le majeur en tutelle, après la mainlevée de la tutelle des majeurs, peut requérir, dans le délai d'un an, l'inscription de son hypothèque légale ou une inscription complémentaire.**

(Ord. n° 2021-1192 du 15 sept. 2021, art. 17-VIII, en vigueur le 1er janv. 2022) **« Ce droit peut être exercé par leurs héritiers dans le même délai ou dans l'année de leur décès s'ils sont décédés alors qu'ils étaient encore mineurs ou majeurs en tutelle. »** – *[Anc. art. 2410 mod.]*

Art. 2400 *(Décr. n° 55-22 du 4 janv. 1955)* **Pendant la minorité et la tutelle des majeurs, l'inscription prise en vertu de l'article** *(Ord. n° 2021-1192 du 15 sept. 2021, art. 17-IX, en vigueur le 1er janv. 2022)* **« 2398 » doit être renouvelée conformément à l'article** *(Ord. n° 2021-1192 du 15 sept. 2021, art. 17-IX, en vigueur le 1er janv. 2022)* **« 2429 » du code civil, par le greffier du tribunal judiciaire.** – *[Anc. art. 2411 mod.]*

§ 3 Des règles particulières à l'hypothèque légale attachée aux jugements de condamnation

(Ord. nº 2021-1192 du 15 sept. 2021, art. 15-II, en vigueur le 1er janv. 2022)

Le § 3 comprend l'art. 2412 qui devient l'art. 2401 (Ord. nº 2021-1192 du 15 sept. 2021, art. 15-II, en vigueur le 1er janv. 2022).

Art. 2401 *(Décr. nº 55-22 du 4 janv. 1955) (Ord. nº 2021-1192 du 15 sept. 2021, art. 17-X, en vigueur le 1er janv. 2022)* **« L'hypothèque légale attachée aux jugements de condamnation » résulte des jugements,** *(Ord. nº 2021-1192 du 15 sept. 2021, art. 17-X, en vigueur le 1er janv. 2022)* **« contradictoires ou » par défaut, définitifs ou provisoires, en faveur de celui qui les a obtenus.**

Elle résulte également des *(L. nº 2016-1547 du 18 nov. 2016, art. 11)* **« sentences arbitrales revêtues de l'exequatur » ainsi que des décisions judiciaires rendues** *(Ord. nº 2021-1192 du 15 sept. 2021, art. 17-X, en vigueur le 1er janv. 2022)* **« par les juridictions d'un autre État et revêtues de la force exécutoire en France ».**

(Abrogé par Ord. nº 2021-1192 du 15 sept. 2021, art. 17-X, à compter du 1er janv. 2022) ***« Sous réserve du droit pour le débiteur de se prévaloir, soit en cours d'instance, soit à tout autre moment, des dispositions des articles 2444 et suivants, le créancier qui bénéficie d'une hypothèque judiciaire peut inscrire son droit sur tous les immeubles appartenant actuellement à son débiteur, sauf à se conformer aux dispositions de l'article 2426. Il peut, sous les mêmes réserves, prendre des inscriptions complémentaires sur les immeubles entrés par la suite dans le patrimoine de son débiteur. »*** – *[Anc. art. 2412 mod.]*

BIBL. ▶ DAGOT, *JCP N 1995. Prat. 753.*

Solutions relatives à l'ancienne hypothèque « judiciaire » de l'anc. art. 2412.

1. *Nature.* L'inscription d'une hypothèque judiciaire est le simple exercice d'une prérogative légale reconnue au titulaire d'une créance, même chirographaire. Elle n'est pas en soi un acte de disposition par un époux du chef de qui elle a lieu, au sens des art. 215, al. 3, ou 1424 C. civ. • Civ. 1re, 5 févr. 1985 : *JCP N 1986. II. 72, note Simler ; Defrénois 1986. 186, note Théry.* – Même sens : • Civ. 1re, 4 oct. 1983 : *JCP 1984. II. 20188 (1re esp.), note Chartier ; Gaz. Pal. 1984. 2. 445, note Henry* • 8 janv. 1985, nº 83-15.647 P.

A. DOMAINE

2. *Homologation d'un partage.* Le jugement qui homologue un partage peut donner lieu à inscription de l'hypothèque judiciaire quand il reconnaît à l'une des parties un droit de créance contre son copartageant. • Civ. 7 févr. 1938 : *DH 1938. 161.* – V. aussi • Req. 13 juill. 1904 : *DP 1907. 1. 377, note de Loynes* • Civ. 4 janv. 1911 : *DP 1911. 1. 249, note Planiol.*

3. *Validation de saisie-arrêt.* Le jugement de validité d'une saisie-arrêt, impliquant nécessairement l'existence d'une dette du débiteur saisi, emporte hypothèque judiciaire sur les biens de celui-ci, au profit du saisissant, encore bien qu'il ne prononce de condamnation que contre le tiers saisi. • *Req. 1er août 1881 : DP 1882. 1. 416.*

4. *Jugement avant dire droit.* Un jugement avant dire droit qui reconnaît le principe d'une responsabilité et comporte la certitude d'une condamnation future autorise celui qui l'a obtenu à prendre inscription d'hypothèque judiciaire. • Lyon, 29 nov. 1951 : *D. 1952. Somm. 26.*

5. *Référé.* Une ordonnance de référé portant condamnation au paiement d'une somme provisionnelle permet l'inscription d'une hypothèque judiciaire. • Civ. 3e, 26 sept. 2001, nº 99-19.707 P : *D. 2001. AJ 2972, obs. A. Lienhard ; Banque et Dr. 11-12/2001. 42, obs. F. Jacob.*

6. *Arrêt infirmatif faisant naître une créance de remboursement.* L'arrêt infirmatif qui prononce une condamnation moindre que celle prévue en première instance constitue un titre exécutoire permettant le recouvrement des sommes versées en vertu de la décision de première instance sans qu'une mention expresse en ce sens soit nécessaire ; l'hypothèque judiciaire est valablement inscrite par la mention dans le bordereau des deux décisions donnant naissance à l'hypothèque dont l'inscription était requise et la créance ressortant de la comparaison entre les deux titres. • Civ. 3e, 15 sept. 2016, nº 15-21.483 P. ♦ Dans le même sens : • Civ. 3e, 27 juin 2019, nº 18-10.836 P : *D. 2019. 1388 ; RTD civ. 2019. 922, obs. Théry* (la créance ressort de la comparaison entre les deux titres mentionnés dans le bordereau d'inscription, qui, en les combinant, sont en la faveur du demandeur au sens de l'art. 2412).

7. *Contrainte de sécurité sociale.* La contrainte comportant, à défaut d'opposition du débiteur, tous les effets d'un jugement, l'hypothèque dont bénéficie l'URSSAF en application des art. 2123 C. civ. et L. 244-9 CSS est l'hypothèque légale attachée de plein droit à tout jugement de condamnation (inapplicabilité des dispositions de la L. du 9 juill. 1991 et de son décret d'application sur les mesures conservatoires provisoires). • Civ. 3e, 13 déc. 2000, nº 99-11.822 P : *D. 2001. IR 406 ; RTD civ. 2001. 403, obs. Crocq* • 17 juin 2009, nº 08-10.641 P :

JCP 2009. 492, n° 13, obs. Delebecque • 17 juin 2009, n° 08-17.065 P : *D. 2009. AJ 1836* ; *JCP 2009. 492, n° 13, obs. Delebecque.*

8. ... Titre exécutoire émis par un huissier. Un titre exécutoire délivré par un huissier de justice, qui n'est pas un jugement, n'autorise pas l'inscription d'une hypothèque judiciaire définitive. • Civ. 3e, 21 janv. 2016, n° 14-24.795 P : *D. 2016. 252* ; *ibid. 1279, obs. Leborgne* .

B. RÉGIME

9. Inscription. Il résulte des dispositions de l'art. 2412 [anc.] que si celui qui a obtenu un jugement en sa faveur bénéficie d'une hypothèque judiciaire, il n'est pas dispensé de procéder à l'inscription de celle-ci dans les conditions de l'art. 2426. • Civ. 2e, 28 sept. 2017, n° 16-20.437 P (faute de texte le prévoyant, la publication d'un commandement valant saisie immobilière à la requête de la banque n'est pas assimilable à une inscription d'hypothèque sur l'immeuble saisi).

10. Compétence. Il n'appartient qu'aux tribunaux de l'ordre judiciaire de connaître d'une procédure d'inscription provisoire d'hypothèque judiciaire quelle que soit la qualité du créancier ou la nature de la créance invoquée. • Civ. 1re, 13 mai 1986, n° 85-10.669 P : *R., p. 211.*

11. Compétence internationale. Le principe et le régime de l'hypothèque judiciaire provisoire sont soumis à la seule loi du lieu de situation de l'immeuble et il en est de même pour l'inscription définitive de cette hypothèque. • Civ. 1re, 17 nov. 1999, n° 97-20.624 P : *D. 2000. 547, concl. Sainte-Rose, note Khairallah* ; *Rev. crit. DIP 2000. 433, note Rémery* ; *JDI 2001. 851, note Bonnet.* ♦ Comp. • Civ. 1re, 11 févr. 1997, n° 94-21.500 P : *GADIP, 5e éd., n° 60.*

12. Principe de spécialité. En vertu du principe de la spécialité de l'hypothèque quant à la créance garantie, une partie ne saurait se prévaloir de l'inscription prise à la suite d'un précédent jugement pour garantir une autre créance née d'un second jugement. • Civ. 3e, 25 oct. 1976, n° 75-10.823 P.

13. Responsabilité du créancier. Le créancier qui requiert une inscription hypothécaire à son profit en exécution d'un jugement de condamnation ne commet aucune faute et sa responsabilité ne saurait être engagée au motif qu'il a agi avec précipitation et sans prendre la moindre précaution. • Civ. 3e, 22 juin 1976 : *Defrénois 1977. 697, note Frank.*

SOUS-SECTION 2 **Des hypothèques spéciales**

(Ord. n° 2021-1192 du 15 sept. 2021, art. 15-II, en vigueur le 1er janv. 2022)

La sous-section 2 comprend les art. 2402 et 2403 dans leur rédaction résultant de l'art. 17 de l'Ord. n° 2021-1192 du 15 sept. 2021, les art. 2384-1 à 2384-4 qui deviennent les art. 2404 et 2405 dans leur rédaction résultant de l'art. 17 de ladite Ord., l'art. 2406 et l'art. 2407 dans sa rédaction résultant de l'art. 17 de ladite Ord. (Ord. préc., art. 15-II, en vigueur le 1er janv. 2022).

Les privilèges immobiliers spéciaux nés avant le 1er janv. 2022 sont pour l'avenir assimilés à des hypothèques légales, sans préjudice le cas échéant de la rétroactivité de leur rang. Ceux qui n'ont pas fait l'objet des formalités de publicité foncière à cette date seront inscrits au fichier immobilier selon les dispositions applicables avant cette date (Ord. n° 2021-1192 du 15 sept. 2021, art. 37-IV).

Comp. anc. art. 2374 s.

BIBL. ▶ CHAGUET et BLOND, *Defrénois 2021/51-52. 14* (conséquences pratiques de la suppression des privilèges immobiliers). – SAVOURÉ, *RDC 2021/4. 122* (la fin des privilèges immobiliers spéciaux). – SIMON-MICHEL, *JCP N 2021, n° 1326* (métamorphose des privilèges immobiliers spéciaux en hypothèques légales spéciales issue de la réforme des sûretés).

Art. 2402 *(Ord. n° 2021-1192 du 15 sept. 2021, art. 17-XI, en vigueur le 1er janv. 2022)* **Outre celles prévues par des lois spéciales, les créances auxquelles une hypothèque légale spéciale est attachée sont les suivantes :**

1° La créance du prix de vente d'un immeuble est garantie sur celui-ci ;

2° La créance de celui qui a fourni les deniers pour l'acquisition d'un immeuble est garantie sur celui-ci pourvu qu'il soit authentiquement constaté par l'acte d'emprunt que la somme était destinée à cet emploi, et par la quittance du vendeur que ce paiement a été fait des deniers empruntés ;

3° Les créances de toute nature du syndicat des copropriétaires relatives à l'année courante ainsi qu'aux quatre dernières années échues sont garanties sur le lot vendu du copropriétaire débiteur ;

4° La créance d'un héritier ou d'un copartageant, par l'effet du partage, du rapport ou de la réduction est garantie sur les immeubles partagés, donnés ou légués ;

5° Les créances sur une personne défunte et les legs de sommes d'argent d'une part, les créances sur la personne de l'héritier d'autre part, sont respectivement garantis sur

les immeubles successoraux et les immeubles personnels de l'héritier comme il est dit à l'article 878 ;

6° La créance de l'accédant à la propriété titulaire d'un contrat de location-accession régi par la loi n° 84-595 du 12 juillet 1984 définissant la location-accession à la propriété immobilière est garantie sur l'immeuble faisant l'objet du contrat, pour la garantie des droits qu'il tient de ce contrat ;

7° Les créances de l'État, de la commune, de l'établissement public de coopération intercommunale à fiscalité propre ou de la métropole de Lyon, selon le cas, nées de l'application de l'article L. 184-1, du chapitre I du titre I du livre V ou de l'article L. 521-3-2 du code de la construction et de l'habitation sont garanties sur les immeubles faisant l'objet des mesures prises en application de ces dispositions.

V. notes relatives aux anciens privilèges spéciaux immobiliers devenus hypothèques légales spéciales ss. art. 2374 anc.

Art. 2403 *(Ord. n° 2021-1192 du 15 sept. 2021, art. 17-XI, en vigueur le 1er janv. 2022)* L'action résolutoire établie par l'article 1654 ne peut être exercée après l'extinction de l'hypothèque spéciale du vendeur, ou à défaut d'inscription de cette hypothèque, au préjudice des tiers qui ont acquis les droits sur l'immeuble du chef de l'acquéreur et qui les ont publiés.

V. notes ss. art. 2379 anc.

Art. 2404 *(Ord. n° 2007-42 du 11 janv. 2007, art. 1er-II)* Le titulaire de la créance *(Ord. n° 2021-1192 du 15 sept. 2021, art. 17-XII, en vigueur le 1er janv. 2022)* « visée au 7° de l'article 2402 » conserve son *(Ord. n° 2021-1192 du 15 sept. 2021, art. 17-XII, en vigueur le 1er janv. 2022)* « hypothèque » par la double inscription faite :

(Ord. n° 2020-1144 du 16 sept. 2020, art. 4, en vigueur le 1er janv. 2021) « 1° Par l'auteur de l'arrêté de police pris en application de l'article *(Ord. n° 2020-71 du 29 janv. 2020, art. 4-II, en vigueur le 1er juill. 2021)* « L. 184-1 » du code de la construction et de l'habitation pour les mesures édictées sous peine d'interdiction d'habiter ou d'utiliser les locaux ou de fermeture définitive de l'établissement ou de l'article L. 511-11 du même code comportant une évaluation sommaire du coût des mesures ou des travaux à exécuter » ;

2° Du titre de recouvrement de la créance par son auteur.

(L. n° 2009-323 du 25 mars 2009, art. 89) « Pour les créances nées de l'application *(Ord. n° 2020-1144 du 16 sept. 2020, art. 4, en vigueur le 1er janv. 2021)* « du chapitre I du titre I du livre V ou de l'article L. 521-3-2 du code de la construction et de l'habitation » lorsque la démolition du bâtiment déclaré insalubre ou menaçant ruine a été ordonnée, » *(Ord. n° 2021-1192 du 15 sept. 2021, art. 17-XII, en vigueur le 1er janv. 2022)* « l'hypothèque » prend rang à concurrence du montant évalué ou de celui du titre de recouvrement, s'il lui est inférieur, à compter de la première inscription et à compter de la deuxième inscription pour la fraction du montant du titre de recouvrement qui serait supérieure au montant résultant de la première inscription.

(L. n° 2009-323 du 25 mars 2009, art. 89) « Pour les autres créances, *(Ord. n° 2021-1192 du 15 sept. 2021, art. 17-XII, en vigueur le 1er janv. 2022)* « l'hypothèque » est *(Ord. n° 2021-1192 du 15 sept. 2021, art. 17-XII, en vigueur le 1er janv. 2022)* « conservée » à concurrence du montant évalué ou de celui du titre de recouvrement, s'il lui est inférieur. » – *[Anc. art. 2384-1 mod.]*

Art. 2405 *(Ord. n° 2007-42 du 11 janv. 2007, art. 1er-II)* Par dérogation à l'article *(Ord. n° 2021-1192 du 15 sept. 2021, art. 17-XIII, en vigueur le 1er janv. 2022)* « 2404, l'hypothèque » peut également être *(Ord. n° 2021-1192 du 15 sept. 2021, art. 17-XIII, en vigueur le 1er janv. 2022)* « conservée » par la seule inscription du titre de recouvrement *(L. n° 2009-323 du 25 mars 2009, art. 89)* « , à concurrence de sa valeur ».

(Abrogé par Ord. n° 2021-1192 du 15 sept. 2021, art. 17-XIII, à compter du 1er janv. 2022) ***« Dans ce cas,*** *(L. n° 2009-323 du 25 mars 2009, art. 89)* ***« pour les créances nées de l'application*** *(Ord. n° 2020-1144 du 16 sept. 2020, art. 4, en vigueur le 1er janv. 2021)* ***« du chapitre I du titre I du livre V ou de l'article L. 521-3-2 du code de la construction et de l'habitation » lorsque la démolition du bâtiment déclaré insalubre ou menaçant ruine a été***

ordonnée, » le privilège prend rang à compter de l'émission du titre s'il est présenté à l'inscription dans un délai de deux mois à compter de l'émission. » – *[Anc. art. 2384-2 mod.]*

Art. 2406 *(Ord. n° 2007-42 du 11 janv. 2007, art. 1er-II)* **Les frais d'inscription sont à la charge des débiteurs.** – *[Anc. art. 2384-3.]*

Art. 2407 *(Ord. n° 2007-42 du 11 janv. 2007, art. 1er-II)* **Lorsque les mesures prescrites par l'arrêté ou la mise en demeure mentionnés au 1° de l'article** *(Ord. n° 2021-1192 du 15 sept. 2021, art. 17-XIV, en vigueur le 1er janv. 2022)* **« 2404 » ont été exécutées par le propriétaire ou l'exploitant, la publication à leurs frais d'un arrêté de mainlevée avant l'inscription du titre de recouvrement prévue au 2° du même article emporte caducité de la première inscription. Mention est faite de la radiation résultant de cette caducité en marge de l'inscription, aux frais du propriétaire ou de l'exploitant.**

La radiation de la seconde inscription ne peut intervenir que conformément aux dispositions des articles *(Ord. n° 2021-1192 du 15 sept. 2021, art. 17-XIV, en vigueur le 1er janv. 2022)* **« 2436 » et suivants.** – *[Anc. art. 2384-4 mod.]*

SECTION 3 Des hypothèques judiciaires

(Ord. n° 2021-1192 du 15 sept. 2021, art. 15-III, en vigueur le 1er janv. 2022)

Art. 2408 *(Ord. n° 2021-1192 du 15 sept. 2021, art. 18, en vigueur le 1er janv. 2022)* **L'hypothèque judiciaire, qui est constituée à titre conservatoire, est régie par le code des procédures civiles d'exécution.** – *Comp. anc. art. 2412.*

I. RÈGLES GÉNÉRALES

BIBL. Commentaires de la réforme opérée par la L. du 9 juill. 1991 : Coudert, *JCP N 1993. Prat. 2670.* – Dagot, *JCP N 1994. Prat. 3052.* – X. Daverat, *JCP N 1994. Prat. 2953.* – Delebecque et Simler, *RDI 1992. 236 et 532.* – Delga, *Gaz. Pal. 1994. 1. Doctr. 154.* – Meunier, *Defrénois 1994. 81.* – Woog, *Gaz. Pal. 1994. 2. Doctr. 1091.*

1. *Domaine.* Jurisprudence relative à l'hypothèque provisoire de l'art. 54 anc. C. pr. civ. [texte abrogé par L. n° 91-650 du 9 juill. 1991, art. 94] : l'application des dispositions de l'art. 54 anc. C. pr. civ. est ouverte à tout créancier, même s'il bénéficie déjà d'un titre exécutoire. • Civ. 3e, 22 mai 1990, n° 88-19.336 P : *Defrénois 1990. 1350, obs. Aynès ; RDI 1990. 400, obs. Delebecque* • Civ. 2e, 12 janv. 1994, n° 92-16.074 P. ♦ Biens faisant l'objet d'une déclaration d'insaisissabilité : l'art. L. 526-1 C. com., d'interprétation stricte, interdit la saisie du bien objet de la déclaration d'insaisissabilité, mais non l'inscription d'une hypothèque judiciaire à titre conservatoire sur ce bien. • Com. 11 juin 2014, n° 13-13.643 P : *D. 2014. 1610, obs. Crocq ; RTD civ. 2014. 693, obs. Crocq ; JCP 2014, n° 925, note Barbiéri ; RDC 2014. 752, note Berlioz.*

2. *Conditions : créance fondée en son principe.* La recherche du juge doit se limiter à la vérification que la créance paraît fondée en son principe. • Civ. 3e, 3 juill. 1991, n° 89-16.703 P. ♦ Les juges du fond disposent d'un pouvoir souverain pour effectuer cette recherche. • Civ. 1re, 18 oct. 1988, n° 86-19.594 P • Civ. 2e, 26 nov. 1990, n° 89-18.207 P • 2 déc. 1998, n° 96-21.730 P. – V. aussi • 19 déc. 2002, n° 01-03.719 P. ♦ L'inscription d'hypothèque provisoire ne constituant pas une mesure d'exécution forcée à l'occasion de laquelle le juge de l'exécution dispose d'une compétence de pleine juridiction pour apprécier la portée et la validité des actes authentiques formalisant un titre exécutoire, il ne lui appartient pas de connaître du fond du droit. • Civ. 2e, 31 janv. 2013, n° 11-26.992 P : *D. 2013. 373.*

3. *Effets.* L'inscription provisoire d'hypothèque judiciaire n'a pas pour effet de créer une indisponibilité du bien grevé entre les mains de ses propriétaires. • Civ. 3e, 2 nov. 1983 : *JCP 1985. II. 20354, note Joly ; RTD civ. 1984. 174, obs. Perrot.*

4. L'inscription provisoire d'hypothèque judiciaire ne peut produire effet en l'absence de publication préalable du titre du débiteur. • Civ. 3e, 13 mai 1987, n° 85-12.571 P : *R., p. 170.*

II. ARTICULATION ENTRE L'HYPOTHÈQUE CONSERVATOIRE ET L'HYPOTHÈQUE LÉGALE DES JUGEMENTS

5. *Rétroactivité : conditions.* Pour que ses effets rétroagissent à la date de l'inscription de l'hypothèque provisoire, l'inscription définitive doit être prise dans les deux mois à dater du jour où la décision au fond aura force de chose jugée (C. pr. civ., art. 54, réd. Décr. 5 déc. 1975) ; cette expression ne peut s'entendre que comme visant la date où ce jugement n'est plus susceptible d'aucun recours suspensif d'exécution, c'est-à-dire à l'expiration du délai de recours, si ce dernier n'a pas été exercé dans le délai. • Civ. 3e, 3 janv. 1979 : *D. 1979. 213, note Frank.* – V. aussi • Civ. 3e, 10 mars 1981 : *JCP N 1981. II. 268, note Thuillier* • Civ. 2e, 7 juin 1989 : *Bull. civ. II, n° 124.* ♦ Dans le même sens : • Civ. 3e, 4 janv. 1991 : *JCP N 1992. II. 65, note Dagot* (irrégularité de l'inscription définitive prise en vertu d'un jugement de condamnation assorti de l'exécution provisoire et alors non encore signifié). ♦ Mais il suffit, pour que l'inscription définitive rétroagisse, que le jugement de condamnation ait acquis force de chose jugée à l'égard d'un des débiteurs, l'appel formé par les autres n'ayant pas d'incidence sur cette force de chose jugée. • Civ. 3e, 21 janv. 2016, n° 14-29.337 P : *AJDI 2016. 286*. ♦ Une acceptation sous bénéfice d'inventaire n'interdit pas au créancier du défunt de substituer une inscription définitive à son inscription provisoire. • Civ. 2e, 30 juin 1993, n° 91-11.784 P. ♦ L'inscription définitive peut être valablement prise après le jugement d'ouverture d'une procédure collective, à condition que l'inscription provisoire soit antérieure au jugement d'ouverture sans être postérieure à la date de cessation des paiements. • Com. 17 nov. 1992 : *D. 1993. 96, note Derrida*.

6. Hypothèque prise sur un bien commun. Viole l'art. 1415 C. civ. l'arrêt qui autorise la conversion d'une hypothèque judiciaire provisoire en inscription définitive sur un bien commun, sans constater que l'emprunt, à l'origine de la dette, souscrit par le mari, l'avait été avec le consentement de son épouse. • Civ. 1re, 29 mai 1996, n° 94-16.615 P : *JCP 1996. I. 3962, n° 12, obs. Simler.* ♦ V. aussi : • Com. 4 févr. 1997, n° 94-19.908 P : *D. 1997. 478, note S. Piedelièvre* • Civ. 1re, 17 févr. 1998, n° 96-12.763 P : *Gaz. Pal. 1999. 1. Somm. 122, obs. S. Piedelièvre ; RTD civ. 1998. 659, obs. Hauser ; ibid. 967, obs. Vareille*. ♦ Nécessité de prendre en compte une inscription provisoire prise sur un bien commun antérieurement à la transcription du jugement de divorce. • Civ. 2e, 4 févr. 1998, n° 95-17.549 P : *RTD civ. 1998. 354, obs. Hauser*.

7. Sanction de l'absence d'inscription dans les délais. Le défaut d'inscription définitive dans les deux mois où la décision au fond a eu force de chose jugée fait perdre rétroactivement son effet à l'inscription provisoire, à laquelle ne peut se substituer rétroactivement l'inscription définitive. L'hypothèque judiciaire ne prend dès lors rang qu'au jour de l'inscription définitive. • Rouen, 25 sept. 1984 : *D. 1985. 166, note Prévault ; JCP N 1985. II. 273 (2e esp.), note Thuillier ; RTD civ. 1987. 123, obs. Giverdon et Salvage-Gerest.*

8. Inscription prématurée. Des inscriptions prises en vertu de décisions qui n'étaient pas encore passées en force de chose jugée concernent des hypothèques judiciaires au sens de l'art. 2123, prenant rang au jour de leur inscription, sans bénéficier de l'inscription antérieure d'hypothèques provisoires. • Civ. 3e, 5 mai 1981 : *JCP N 1985. II. 273 (1re esp.), note Thuillier.*

SECTION 4 Des hypothèques conventionnelles

(Ord. n° 2021-1192 du 15 sept. 2021, art. 15-IV, en vigueur le 1er janv. 2022)

La section 4 comprend les art. 2409 à 2411 dans leur rédaction résultant de l'art. 19 de l'Ord. n° 2021-1192 du 15 sept. 2021, les art. 2414 et 2417 qui deviennent respectivement l'art. 2412 dans sa rédaction résultant de l'art. 19 de ladite Ord. et l'art. 2413, l'art. 2414 dans sa rédaction résultant de l'art. 19 de ladite Ord., les art. 2421 à 2423 qui deviennent respectivement l'art. 2415 et les art. 2416 et 2417 dans leur rédaction résultant de l'art. 19 de ladite Ord. (Ord. préc., art. 15-IV, en vigueur le 1er janv. 2022).

Comp. anc. art. 2413 s.

Art. 2409 *(Ord. n° 2021-1192 du 15 sept. 2021, art. 19-I, en vigueur le 1er janv. 2022)* **L'hypothèque conventionnelle est consentie par acte notarié.**

Le mandat d'hypothéquer est donné dans les mêmes formes.

BIBL. ▸ SIMON-MICHEL, *JCP N 2021, n° 1323* (jeux d'ombres et de lumières sur les mandats et promesses d'hypothèque).

1. Domaine de l'exigence d'authenticité : nature de l'acte. Une sûreté réelle n'est pas un cautionnement et doit être passée en la forme authentique ; viole l'art. 2127 [2416] l'arrêt qui, pour condamner le gérant d'une société en qualité de caution hypothécaire, retient que le cautionnement donné par lui avait une nature commerciale dont la preuve était libre. • Civ. 3e, 15 févr. 2006, n° 04-19.847 P : *D. 2006. AJ 716, obs. Avena-Robardet*.

2. ... Promesse d'hypothèque. Une promesse d'hypothèque peut être faite par acte sous seing privé. • Req. 5 nov. 1860 : *DP 1861. 1. 300* • TGI Évry-Corbeil, 26 avr. 1972 : *Gaz. Pal. 1972. 2. 732, note G. H.* • Civ. 3e, 7 janv. 1987 : *Gaz. Pal. 1987. 1. 219, note Piedelièvre.* ♦ En cas d'inexécution d'une promesse d'hypothèque, le créancier ne peut obtenir que des dommages-intérêts. • Civ. 3e, 7 avr. 1993, n° 91-10.032 P : *Defrénois 1993. 1063, obs. Aynès* • Civ. 1re, 3 nov. 2004, n° 01-15.614 P. ♦ Une promesse d'hypothèque, en l'absence d'engagement de faire procéder à l'inscription, n'est pas constitutive d'un droit préférentiel (non-applicabilité de l'art. 2037 [anc., devenu 2314]). • Civ. 1re, 12 mars 2002, n° 99-15.059 P : *D. 2002. AJ 1344 ; Defrénois 2003. 784, obs. S. Piedelièvre.* ♦ En cas de promesse d'affectation hypothécaire exécutée par la signature d'un acte authentique, la circonstance que cet acte ait été par la suite annulé ne libère pas le promettant de l'obligation de faire contenue dans la promesse. • Civ. 3e, 29 mai 2002, n° 99-21.018 P : *D. 2003. 1024, note Azavant ; ibid. Somm. 1286, obs. Jobard-Bachellier ; JCP 2003. I. 124, n° 15, obs. Delebecque.*

3. ... Acceptation de l'hypothèque. La loi n'exige pas que l'acceptation de l'hypothèque soit formulée dans l'acte constitutif, ni qu'elle soit faite par acte notarié ; cette acceptation peut avoir lieu en une forme quelconque, même tacitement. • Req. 3 nov. 1903 : *DP 1906. 1. 529.*

4. Responsabilité du notaire. BIBL. Ghestin, *D. 1971. Chron. 117.* ♦ A supposer qu'un notaire se fût borné à authentifier des actes de prêts hypothécaires, sans avoir été le négociateur de ces actes, il avait néanmoins l'obligation, s'il était en mesure de connaître ou de suspecter l'insuffisance du gage, d'appeler l'attention des prêteurs sur cette situation, cette insuffisance devant être appréciée en fonction de la valeur des biens au moment des actes de prêt. • Civ. 1re, 21 mai 1985 : *Gaz. Pal. 1985. 2. Pan. 267, obs. Piedelièvre.* – V. aussi • Civ. 1re, 12 juin 1979 : *JCP 1981. II. 19625, note de Poulpiquet* • 14 nov. 1979 : *ibid.* ♦ Les notaires, tenus professionnellement d'éclairer les parties sur les conséquences de leurs actes, ne peuvent décliner le principe de leur responsabilité en alléguant qu'ils se sont bornés à donner la forme authentique aux déclarations reçues par eux. • Civ. 1re, 21 avr. 1971 : *D. 1971. 565, note Ghestin* • 3 oct. 1973, n° 72-12.267 P : *R. 1973-1974, p. 38 ; D. 1974. 737, note Aubert.* ♦ V. cependant, pour la prise en considération de l'intervention du notaire seulement après l'accord de volonté des parties, • Civ. 1re, 15 janv. 1985 : *D. 1985. 233, note Aubert ; RTD civ. 1986. 379, obs. Giverdon et Salvage-Gerest.* ♦ Responsabilité d'un avocat rédacteur d'un acte de prêt comportant promesse d'hypothèque : • Civ. 1re, 5 févr. 1991, n° 89-13.528 P.

Art. 2410 *(Ord. n° 2021-1192 du 15 sept. 2021, art. 19-I, en vigueur le 1er janv. 2022)* **L'hypothèque conventionnelle ne peut être consentie que par celui qui a la capacité de disposer de l'immeuble qu'il y soumet.** — *Comp. anc. art. 2413.*

Sur les actes de gestion du patrimoine des personnes placées en curatelle ou en tutelle, V. Décr. n° 2008-1484 du 22 déc. 2008, ss. art. 496.

1. Rôle de l'apparence. Les tiers de bonne foi qui agissent sous l'empire de l'erreur commune ne tiennent leur droit ni du propriétaire apparent, ni du propriétaire véritable ; ils sont investis par l'effet de la loi. La nullité du titre du propriétaire apparent serait-elle d'ordre public, est sans influence sur la validité des aliénations ou constitutions d'hypothèques par lui consenties, dès lors que la cause de la nullité est demeurée et devait nécessairement être ignorée de tous. • Civ. 1re, 3 avr. 1963 : *D. 1964. 306, note Calais-Auloy ; JCP 1964. II. 13502, note J. Mazeaud.* – V. aussi • Civ. 1re, 29 nov. 1988 : *JCP 1989. II. 21339 ; Defrénois 1989. 927, obs. Champenois.* ♦ Pour un cas où l'erreur légitime du créancier n'a pas été admise : • Civ. 3e, 24 sept. 2003, n° 02-13.030 P : *D. 2004. Somm. 2709, obs. Aynès ; JCP 2004. II. 10113, note Mahinga ; ibid. I. 141, n° 11, obs. Delebecque ; Defrénois 2004. 305, obs. S. Piedelièvre.*

2. Époux. L'hypothèque consentie par un époux et portant sur l'immeuble servant au logement de la famille est nulle, en vertu de l'art. 215 C. civ., pour avoir été constituée sans le consentement de son conjoint. • Civ. 1re, 17 nov. 1981, n° 80-11.181 P • 17 déc. 1991, n° 90-11.908 P : *Defrénois 1992. 396 (1re esp.), obs. Champenois* (application à un cautionnement hypothécaire). ♦ Même solution en cas d'hypothèque portant sur un immeuble dépendant de la communauté : • Civ. 1re, 29 janv. 1975 : *JCP 1975. II. 18081 (1re esp.), note Patarin.* ♦ ... Ou d'hypothèque portant sur un immeuble faisant partie de la société d'acquêts stipulée entre époux séparés de biens : • Civ. 1re, 28 nov. 1978 : *Bull. civ. I, n° 365.* ♦ Mais, la promesse d'hypothèque ne constituant pas un acte de disposition, est valable la promesse de cautionnement hypothécaire consentie par un époux seul sur le logement de la famille. • Civ. 3e, 29 mai 2002, n° 99-21.018 P : *D. 2003. 1024, note Azavant ; ibid. Somm. 1286, obs. Jobard-Bachellier ; Defrénois 2002. 1317, obs. Champenois ; AJ fam. 2002. 266, obs. F. B.*

3. Mineurs. L'administrateur légal peut, avec l'autorisation du juge des tutelles, faire des actes de disposition et, notamment, grever de droits réels les immeubles du mineur lorsque ces actes sont conformes à l'intérêt de celui-ci. • Civ. 1re, 2 déc. 1997, n° 95-20.198 P : *R., p. 189 et p. 125, concl. Sainte-Rose ; D. 1998. 469, note Hauser et Delmas Saint-Hilaire ; D. 1998. Somm. 303, obs. Vauvillé ; ibid. 378, obs. S. Piedelièvre ; JCP 1998. I. 149, n° 1, obs. Simler ; Defrénois 1998. 727, obs. Massip ; Dr. fam. 1998, n° 31, obs. Fossier ; JCP N 1998. 1046, étude D. Boulanger ; RTD civ. 1998. 342, obs. Hauser.* ♦ Sur les modalités de contestation de la validité d'un cautionnement hypothécaire autorisé par le juge des tutelles : • Montpellier, 18 déc. 1995 : *D. 1996. 553, rapp. Tournier.*

4. Hypothèques consenties par une société. Une société de construction-attribution, personne morale, demeure propriétaire de l'immeuble social jusqu'au retrait de l'un des associés ou jusqu'à sa dissolution ; elle peut donc, dès lors qu'aucune attribution-partage n'est intervenue, consentir valablement une hypothèque sur la totalité ou sur partie de cet immeuble. • Civ. 3e, 13 nov. 1973 : *Bull. civ. III, n° 575.* Doit être annulée l'affectation hypothécaire d'un immeuble appartenant à une société civile immobilière, décidée par la société mère de celle-ci, qui était sa gérante, dès lors que la société civile immobilière n'était pas débitrice de l'obligation garantie, la somme ayant été prêtée à sa société mère, laquelle avait agi frauduleusement et contrairement aux intérêts de la société gérée. • Civ. 3e, 22 mai 1975 : *JCP 1976. II. 18346, note Randoux.* ♦ La contrariété à l'intérêt social de la sûreté souscrite par une société à responsabilité limitée en garantie de la dette d'un tiers n'est pas, par elle-même, une cause de nullité de cet engagement. • Civ. 3e, 12 mai 2015, n° 13-28.504 P : *D. 2015. 1096, obs. Lienhard ; ibid. 2427, note Robine ; ibid. 1810, obs. Crocq ; Rev. sociétés 2015. 515, note Viandier ; RTD civ. 2015. 663, obs. Crocq ; RDC 2016. 56, note Barthez ; ibid. 479, note Sautonie-Laguionie et Wicker.*

5. Constitution en période suspecte : nullité de principe. L'hypothèque constituée sur les biens du débiteur depuis la date de cessation des paiements pour une dette antérieurement contractée est nulle, peu important qu'une promesse d'hypothèque ait été consentie avant cette date. • Com. 12 nov. 1997, n° 95-14.900 P : *R., p. 226 ; D. 1998. Somm. 106, obs. S. Piedelièvre ; ibid. 325, obs. A. Honorat ; RTD civ. 1998. 705, obs. Crocq.*

6. ... *Bien commun.* Une hypothèque constituée sur un immeuble commun depuis la date de cessation des paiements de l'un des époux pour sûreté d'une dette antérieure est nulle pour le tout. • Com. 2 avr. 1996, n° 93-20.562 P : *JCP 1996. I. 3960, n° 7, obs. P. P. ; JCP 1997. I. 3991, n° 13, obs. Simler et Delebecque* (solution fondée sur l'art. 1413 C. civ. et l'impossibilité d'individualiser les droits d'un des époux sur les biens communs).

7. ... *Exception : substitution de sûreté.* Dès lors qu'un acte de « translation d'hypothèque » n'a pas constitué une sûreté nouvelle mais a substitué au privilège du prêteur de deniers et à l'hypothèque inscrits sur l'immeuble vendu, une hypothèque sur l'immeuble acquis pour garantir le remboursement du solde du prêt, une telle sûreté, qui n'est supérieure, ni dans sa nature ni dans son étendue aux sûretés auxquelles elle a été substituée, a valablement été inscrite pendant la période suspecte. • Com. 20 janv. 1998, n° 95-16.402 P : *D. 1998. Somm. 380, obs. S. Piedelièvre ; RTD civ. 1998. 707, obs. Crocq.*

8. Arrêt des inscriptions. L'hypothèque constituée sur un immeuble commun ne peut faire l'objet d'une inscription postérieurement au jugement d'ouverture de redressement judiciaire. • Com. 20 mai 1997, n° 94-10.997 : *JCP 1998. I. 103, obs. Delebecque.* ♦ Jugé, sous l'empire de la L. du 13 juill. 1967, que l'inopposabilité à la masse d'une hypothèque consentie par deux époux, après la liquidation des biens de l'un d'entre eux, sur un bien commun, pour une dette qu'ils ont contractée, produit effet à l'égard de chacun des époux. • Com. 14 oct. 1997, n° 95-10.512 P : *D. 1998. Somm. 99, obs. Honorat.* ♦ V. encore pour la suspension des poursuites du créancier titulaire du privilège de prêteur de deniers : • Com. 17 juin 1997, n° 95-11.254 : *D. 1998. Somm. 107, obs. S. Piedelièvre ; JCP 1998. I. 103, obs. Delebecque ; RTD civ. 1997. 709, obs. Crocq.*

Art. 2411 *(Ord. n° 2021-1192 du 15 sept. 2021, art. 19-I, en vigueur le 1er janv. 2022)* **Celui qui n'a sur l'immeuble qu'un droit conditionnel ne peut consentir qu'une hypothèque soumise à la même condition.** — *Comp. anc. art. 2414.*

Conséquences d'une annulation. L'annulation, pour contrariété à l'ordre public, du contrat qui a investi une personne de la propriété d'un immeuble, entraîne nécessairement l'annulation de l'hypothèque par elle consentie sur cet immeuble. • Civ. 1er mars 1938 : *DH 1938. 259.* ♦ Correctif en cas de propriété apparente : V. note 1 ss. art. 2410.

Art. 2412 *(Abrogé par Ord. n° 2021-1192 du 15 sept. 2021, art. 19-II, à compter du 1er janv. 2022)* ***« Ceux qui n'ont sur l'immeuble qu'un droit suspendu par une condition, ou résoluble dans certains cas, ou sujet à rescision, ne peuvent consentir qu'une hypothèque soumise aux mêmes conditions ou à la même rescision. »***

(Ord. n° 2006-346 du 23 mars 2006, art. 18) **« L'hypothèque d'un immeuble indivis conserve son effet quel que soit le résultat du partage si elle a été consentie par tous les indivisaires. Dans le cas contraire, elle ne conserve son effet que dans la mesure où l'indivisaire qui l'a consentie est, lors du partage, alloti du ou de ces immeubles indivis ou, lorsque l'immeuble est licité à un tiers, si cet indivisaire est alloti du prix de la licitation.**

« L'hypothèque d'une quote-part dans un ou plusieurs immeubles indivis ne conserve son effet que dans la mesure où l'indivisaire qui l'a consentie est, lors du partage, alloti du ou de ces immeubles indivis ; elle le conserve alors dans toute la mesure de cet allotissement sans être limitée à la quote-part qui appartenait à l'indivisaire qui l'a

consentie ; lorsque l'immeuble est licité à un tiers, elle le conserve également si cet indivisaire est alloti du prix de la licitation. » – *[Anc. art. 2414 mod.]*

BIBL. ▸ **Hypothèque de l'immeuble indivis :** DAGOT, *JCP 1980. I. 2994*. – GROSJEAN, *Defrénois 1998. 1345* (débiteur en redressement judiciaire). ▸ **Hypothèque de droits immobiliers indivis :** LAFOND, *JCP N 2002. 1399*.

1. Hypothèque consentie par tous les indivisaires. Dès lors que la constitution d'hypothèque sur un bien indivis a été consentie par tous les indivisaires, le créancier hypothécaire, fût-il créancier de l'un seulement des indivisaires, peut poursuivre la saisie et la vente de cet immeuble avant le partage de l'indivision. • Civ. 1re, 20 nov. 1990, n° 89-13.876 P : *Defrénois 1991. 1054, note X. Savatier ; Gaz. Pal. 1991. 2. Somm. 265, obs. Véron ; RDI 1991. 371, obs. Delebecque et Simler* ; *RTD civ. 1992. 147, obs. Zenati* . ♦ L'ouverture de la procédure collective de l'un des indivisaires n'y fait pas obstacle dès lors que le caractère indivis du bien préexistait à cette ouverture. • Civ. 1re, 14 juin 2000, n° 98-10.577 P : *D. 2000. AJ 318, obs. A. Lienhard* ; *D. 2001. Somm. 696, obs. Aynès* ; *JCP 2001. I. 309, n° 11, obs. Storck ; JCP N 2000. 1357, étude Vauvillé ; Defrénois 2001. 368, obs. Sénéchal ; Dr. et patr. 1/2001. 96, obs. Monsérié-Bon* • 28 juin 2005, n° 02-20.452 P : *JCP 2005. I. 185, n° 14, obs. Delebecque ; JCP N 2006. 1025, note Brémond.* ♦ V. aussi • Com. 19 déc. 2000, n° 97-17.728 P : *D. 2001. AJ 379* ; *JCP 2001. I. 315, n° 11, obs. Delebecque ; Defrénois 2001. 943, obs. Théry* (l'interdiction des voies d'exécution à l'encontre de la personne en procédure collective est sans effet à l'égard du coïndivisaire maître de ses biens).

2. Hypothèque consentie par un indivisaire : principes. Un indivisaire peut consentir seul une hypothèque sur l'immeuble indivis. • Civ. 3e, 29 nov. 1989, n° 87-13.947 P : *D. 1990. Somm. 389, obs. Aynès* . ♦ Si l'art. 815-17, al. 2, C. civ. interdit au créancier personnel d'un indivisaire de saisir et vendre la part de son débiteur, il ne porte pas atteinte au pouvoir de disposition de l'indivisaire sur sa quote-part, notamment au pouvoir de constituer une hypothèque tel qu'il est défini par l'art. 2125, al. 1er, C. civ., cette hypothèque devant produire effet sous condition de l'attribution de l'immeuble au constituant dans le partage. • Civ. 1re, 20 oct. 1982 : *Bull. civ. I, n° 297 ; RTD civ. 1984. 348, obs. Patarin.* ♦ Comp. solution analogue pour l'inscription d'une hypothèque judiciaire conservatoire : • Civ. 2e, 17 févr. 1983, n° 81-15.566 P • Civ. 3e, 2 nov. 1983 : *JCP 1985. II. 20354, note Joly ; Defrénois 1985. 55, note Théry ; RTD civ. 1984. 174, obs. Perrot* • Paris, 17 déc. 1985 : *D. 1986. 554, note A. B.*

3. … Résultat du partage. Si un coïndivisaire peut valablement consentir, au bénéfice de l'un de ses créanciers, une hypothèque sur le bien indivis, les effets de cette sûreté sont subordonnés au sort des droits du débiteur lors du partage. • Civ. 3e, 7 mai 1986, n° 12-20.885 : *JCP 1987. II. 20737, note Dagot* • 10 juill. 2013, n° 12-20.885 P : *D. actu. 12 sept. 2013, obs. Douville ; D. 2013. 1896* ; *JCP N 2013, n° 1244, obs. Piedelièvre* (droit de retour). ♦ Lorsque l'immeuble hypothéqué pendant l'indivision par un seul copropriétaire est mis lors du partage dans le lot d'un autre copropriétaire, l'hypothèque disparaît rétroactivement comme ayant été consentie par une personne qui n'a jamais eu un droit de propriété sur l'immeuble. • Civ. 1re, 26 oct. 1976, n° 74-12.930 P • Civ. 3e, 7 mai 1986 : *JCP N 1987. II. 13, note Dagot.* ♦ En revanche, si l'immeuble lui est attribué par le partage, l'hypothèque est rétroactivement validée, mais seulement pour la part indivise qu'il possédait dans cet immeuble, en ce sens que si l'immeuble entier est attribué au copropriétaire qui n'avait hypothéqué que sa part indivise, l'effet déclaratif du partage n'a pas pour conséquence d'étendre l'hypothèque à la totalité de l'immeuble ; mais si, dans le cadre d'un partage en nature, l'indivisaire ne se voit attribuer que des portions de l'immeuble correspondant exactement à ses droits, les parts divises ainsi attribuées restent grevées, et en leur totalité, de l'hypothèque. • Paris, 18 déc. 1978 : *JCP N 1980. II. 10, note Stemmer.* – Pourvoi rejeté : • Civ. 3e, 21 oct. 1980 : *JCP N 1981. II. 57, note Stemmer ; RTD civ. 1984. 348, obs. Patarin.*

4. … Vente du bien indivis. L'hypothèque constituée sur un bien indivis est reportée, en cas de vente de l'immeuble grevé, sur la fraction du prix attribuée au constituant. • Com. 20 juin 1995, n° 93-10.331 P : *R., p. 272 ; D. 1997. 1, rapp. Rémery* ; *D. 1996. Somm. 207, obs. S. Piedelièvre* ; *JCP 1995. I. 3889, n° 12, obs. Delebecque* (validité, jusqu'à concurrence de la part de la femme *in bonis*, de l'hypothèque constituée par deux époux sur un immeuble indivis postérieurement au jugement d'ouverture de redressement judiciaire du mari). ♦ Pour l'exercice des poursuites, V. aussi note 6 ss. art. 2474.

Art. 2413 Les contrats passés en pays étranger ne peuvent donner d'hypothèque sur les biens de France, s'il n'y a des dispositions contraires à ce principe dans les lois politiques ou dans les traités. – *[Anc. art. 2417.]*

BIBL. ▸ DE MATOS, *RLDC 2004/7, n° 310.*

Réitération en France par mandataires d'un acte passé dans un pays étranger : • Civ. 1re, 12 juin 2013, n° 12-15.467 P : *D. 2013. 1540, obs. de Ravel d'Esclapon*.

Art. 2414 *(Ord. n° 2021-1192 du 15 sept. 2021, art. 19-III, en vigueur le 1er janv. 2022)* **L'hypothèque peut être consentie sur des immeubles présents ou futurs.**

A peine de nullité, l'acte notarié désigne spécialement la nature et la situation de chacun de ces immeubles, ainsi qu'il est dit à l'article 2421.

BIBL. ▸ C. Leveneur, *JCP N 2021, n° 1324* (validité de l'hypothèque sur biens futurs, révolution ou évolution) ; *ibid. 2022, n° 1236* (hypothèque sur bien futur et pratique notariale).

1. Immeubles présents ou futurs. Sur l'ancienne prohibition de l'hypothèque des biens à venir, V. notes ss. art. 2419 et 2420 anc.

2. Spécialité de l'hypothèque. Le vice résultant de l'absence de spécialité dans le contrat hypothécaire ne peut pas être purgé par la désignation complète qui serait faite dans l'inscription prise ultérieurement. • Civ. 26 avr. 1852 : *DP 1852. 1. 131.*

Art. 2415 *(Ord. n° 2006-346 du 23 mars 2006, art. 20)* **L'hypothèque peut être consentie pour sûreté d'une ou plusieurs créances, présentes ou futures. Si elles sont futures, elles doivent être déterminables.**

La cause en est déterminée dans l'acte. — *[Anc. art. 2421.]*

Art. 2416 *(L. n° 2014-1545 du 20 déc. 2014, art. 48)* **L'hypothèque constituée à des fins professionnelles par une personne physique ou morale peut être ultérieurement affectée à la garantie de créances professionnelles autres que celles mentionnées dans l'acte constitutif pourvu que celui-ci le prévoie expressément.**

Le constituant peut alors l'offrir en garantie, dans la limite de la somme prévue dans l'acte constitutif et mentionnée à l'article *(Ord. n° 2021-1192 du 15 sept. 2021, art. 19-IV, en vigueur le 1er janv. 2022)* **« 2417 », non seulement au créancier originaire, mais aussi** *(Ord. n° 2021-1192 du 15 sept. 2021, art. 19-IV, en vigueur le 1er janv. 2022)* **« , nonobstant toute clause contraire, » à un nouveau créancier encore que le premier n'ait pas été payé.**

La convention de rechargement qu'il passe soit avec le créancier originaire, soit avec le nouveau créancier revêt la forme notariée.

Elle est publiée, sous la forme prévue à l'article *(Ord. n° 2021-1192 du 15 sept. 2021, art. 19-IV, en vigueur le 1er janv. 2022)* **« 2425 », à peine d'inopposabilité aux tiers.**

(Abrogé par Ord. n° 2021-1192 du 15 sept. 2021, art. 19-IV, à compter du 1er janv. 2022) ***« Sa publication détermine le rang des créanciers bénéficiaires de la même hypothèque.***

« Sans préjudice du second alinéa de l'article 2424, le présent article est d'ordre public et toute clause contraire à celui-ci est réputée non écrite. » — *[Anc. art. 2422 mod.]*

BIBL. ▸ **Hypothèque rechargeable :** Gourio, *RDBF 2006, n° 5.* – Le Magueresse, *JCP N 2008. 1175* (vente en l'état futur d'achèvement). – Pellier, *LPA 17 janv. 2008.* – Prigent, *Defrénois 2007. 1268.* – Provansal, *Gaz. Pal. 2007. Doctr. 647.* – Salvat, *JCP N 2012, n° 1299.* – Savouré, *JCP N 2007. 1175.* – Théry, *Dr. et patr. 5/2007. 42.* – Frémeaux, *JCP N 2006. 1196* (formules).

▸ **Après la L. du 20 déc. 2014 :** Andreu, *JCP 2015, n° 78* (hypothèque rechargeable ressuscitée). – Gijsbers, *D. 2015. 69* (rétablissement de l'art. 2422).

Art. 2417 *(Ord. n° 2006-346 du 23 mars 2006, art. 20)* **L'hypothèque est toujours consentie, pour le capital, à hauteur d'une somme déterminée que l'acte notarié mentionne à peine de nullité. Le cas échéant, les parties évaluent à cette fin les rentes, prestations et droits indéterminés, éventuels ou conditionnels. Si la créance est assortie d'une clause de réévaluation, la garantie s'étend à la créance réévaluée, pourvu que l'acte le mentionne.** — *V. L. n° 2007-212 du 20 févr. 2007, art. 10-III, ss. art. 2374.*

(Abrogé par Ord. n° 2021-1192 du 15 sept. 2021, art. 19-V, à compter du 1er janv. 2022) ***« L'hypothèque s'étend de plein droit aux intérêts et autres accessoires. »***

Lorsqu'elle est consentie pour sûreté d'une ou plusieurs créances futures et pour une durée indéterminée, le constituant peut à tout moment la résilier sauf pour lui à respecter un préavis de trois mois. Une fois résiliée, elle ne demeure que pour la garantie des créances nées antérieurement. — *[Anc. art. 2423 mod.]*

SECTION 5 Du classement des hypothèques

(Ord. n° 2021-1192 du 15 sept. 2021, art. 15-V, en vigueur le 1er janv. 2022)

Comp. anc. art. 2425 s.

Art. 2418 *(Ord. n° 2021-1192 du 15 sept. 2021, art. 20, en vigueur le 1er janv. 2022)* Les hypothèques légales, judiciaires et conventionnelles n'ont rang que du jour de leur inscription prise au fichier immobilier, dans la forme et de la manière prescrites par la loi.

Par exception, l'hypothèque prévue au 3° de l'article 2402 est dispensée d'inscription. Elle prime toutes les autres hypothèques pour l'année courante et pour les deux dernières années échues. Elle vient en concours avec l'hypothèque du vendeur et du prêteur de deniers pour les années antérieures.

Lorsque plusieurs inscriptions sont prises le même jour relativement au même immeuble, leur rang respectif est déterminé comme suit, quel que soit l'ordre qui résulte du registre prévu à l'article 2447 :

— l'inscription d'une hypothèque légale est réputée d'un rang antérieur à celui de l'inscription d'une hypothèque judiciaire ou conventionnelle ; et s'il y a plusieurs inscriptions d'hypothèques légales, elles viennent en concurrence, sauf s'il s'agit de l'hypothèque spéciale du vendeur et de l'hypothèque spéciale du prêteur de deniers, la première étant réputée antérieure à la seconde ;

— en présence de plusieurs inscriptions d'hypothèques conventionnelles ou judiciaires, celle qui est prise en vertu du titre portant la date la plus ancienne est réputée d'un rang antérieur ; et si les titres ont la même date, elles viennent en concurrence.

1. Cessions d'antériorité. V. notes 3 et 4 ss. art. 2425 anc.

2. Renonciation aux règles de classement. V. note 5 ss. art. 2425 anc.

3. Incidence des procédures de surendettement. V. note 6 ss. art. 2425 anc.

4. Compatibilité avec l'art. 1256 anc. et l'imputation des paiements. V. note 7 ss. art. 2425 anc.

Art. 2419 *(Ord. n° 2021-1192 du 15 sept. 2021, art. 20, en vigueur le 1er janv. 2022)* L'ordre de préférence entre les créanciers hypothécaires et les créanciers gagistes, dans la mesure où leur gage porte sur des biens réputés immeubles, est déterminé par les dates auxquelles les titres respectifs ont été publiés, nonobstant le droit de rétention des créanciers gagistes.

Art. 2420 *(Ord. n° 2021-1192 du 15 sept. 2021, art. 20, en vigueur le 1er janv. 2022)* Les créanciers titulaires d'une même hypothèque rechargeable bénéficient du rang de l'inscription de la convention constitutive de la sûreté.

Toutefois, dans leurs relations réciproques, la date de publication des conventions de rechargement détermine leur rang. Il en va de même à l'égard des créanciers titulaires d'une hypothèque légale ou judiciaire.

SECTION 6 De l'inscription des hypothèques

(Ord. n° 2021-1192 du 15 sept. 2021, art. 15-VI, en vigueur le 1er janv. 2022)

SOUS-SECTION 1 Du mode d'inscription des hypothèques

(Ord. n° 2021-1192 du 15 sept. 2021, art. 15-VI, en vigueur le 1er janv. 2022)

La sous-section 1 comprend les art. 2426 à 2439 qui deviennent respectivement les art. 2421 à 2427 dans leur rédaction résultant de l'art. 21 de l'Ord. n° 2021-1192 du 15 sept. 2021, l'art. 2428, les art. 2429 à 2433 dans leur rédaction résultant de l'art. 21 de ladite Ord. et l'art. 2434 (Ord. préc., art. 15-VI, en vigueur le 1er janv. 2022).

Comp. anc. art. 2426 s.

Art. 2421 *(Ord. n° 2021-1192 du 15 sept. 2021, art. 21-I, en vigueur le 1er janv. 2022)* « Sont inscrites au service chargé de la publicité foncière de la situation des biens les hypothèques légales, judiciaires ou conventionnelles, sous réserve de l'exception prévue au deuxième alinéa de l'article 2418. »

(Décr. n° 55-22 du 4 janv. 1955) L'inscription, qui n'est jamais faite d'office par *(Ord. n° 2010-638 du 10 juin 2010, art. 11, en vigueur le 1er janv. 2013)* « ce service »,

ne peut avoir lieu que pour une somme et sur des immeubles déterminés, dans les conditions fixées par l'article *(Ord. n° 2021-1192 du 15 sept. 2021, art. 21-I, en vigueur le 1er janv. 2022)* « **2423** ».

En toute hypothèse, les immeubles sur lesquels l'inscription est requise doivent être individuellement désignés, avec indication de la commune où ils sont situés, à l'exclusion de toute désignation générale, même limitée à une circonscription territoriale donnée. — *[Anc. art. 2426 mod.]*

1. Domaine. Il résulte des dispositions de l'art. 2412 [anc.] que si celui qui a obtenu un jugement en sa faveur bénéficie d'une hypothèque judiciaire, il n'est pas dispensé de procéder à l'inscription de celle-ci dans les conditions de l'art. 2426. • Civ. 2e, 28 sept. 2017, n° 16-20.437 P : (faute de texte le prévoyant, la publication d'un commandement valant saisie immobilière à la requête de la banque n'est pas assimilable à une inscription d'hypothèque sur l'immeuble saisi).

2. Délai. La loi ne fixe aucun délai pour le prise d'une inscription en hypothèque conventionnelle. • Civ. 3e, 10 juill. 2002, n° 00-22.433 P : *D. 2002. AJ 2529* ; *ibid. Somm. 3338, obs. Aynès* ; *JCP 2003. I. 124, n° 14, obs. Delebecque ; Defrénois 2003. 784, obs. S. Piedelièvre* (promesse de constitution d'hypothèque non suivie de régularisation).

3. Information. Le défaut d'information du débiteur sur l'existence de l'inscription d'une hypothèque provisoire autorisée par le juge de l'exécution est sanctionné par la caducité de l'inscription. • Civ. 2e, 2 févr. 2012, n° 11-12.308 P (rejet du pourvoi dirigé contre un arrêt ayant décidé qu'il y avait lieu d'ordonner la mainlevée de la mesure conservatoire après avoir relevé que l'acte délivré par le créancier au débiteur se bornait à lui signifier l'ordonnance rendue par le juge de l'exécution autorisant à prendre une inscription d'hypothèque provisoire et à lui rappeler les modalités légales de mainlevée de l'inscription).

Art. 2422 *(Décr. n° 55-22 du 4 janv. 1955)* **Les créanciers** *(Abrogé par Ord. n° 2021-1192 du 15 sept. 2021, art. 21-II, à compter du 1er janv. 2022)* ***« privilégiés ou »*** **hypothécaires ne peuvent prendre utilement inscription sur le précédent propriétaire, à partir de la publication de la mutation opérée au profit d'un tiers.** *(Abrogé par Ord. n° 2021-1192 du 15 sept. 2021, art. 21-II, à compter du 1er janv. 2022)* ***« Nonobstant cette publication, le vendeur, le prêteur de deniers pour l'acquisition et le copartageant peuvent utilement inscrire, dans les délais prévus aux articles 2379 et 2381, les privilèges qui leur sont conférés par l'article 2374. »***

L'inscription ne produit aucun effet entre les créanciers d'une succession si elle n'a été faite par l'un d'eux que depuis le décès, dans le cas où la succession n'est acceptée *(L. n° 2006-728 du 23 juin 2006, art. 29-36°)* **« qu'à concurrence de l'actif net » ou est déclarée vacante.** *(Abrogé par Ord. n° 2021-1192 du 15 sept. 2021, art. 21-II, à compter du 1er janv. 2022)* ***« Toutefois, les privilèges reconnus au vendeur, au prêteur de deniers pour l'acquisition, au copartageant, ainsi qu'aux créanciers et légataires du défunt, peuvent être inscrits, dans les délais prévus aux articles 2379, 2381 et 2383, nonobstant l'acceptation*** *(L. n° 2006-728 du 23 juin 2006, art. 29-36°)* ***« à concurrence de l'actif net » ou la vacance de la succession. »***

(Ord. n° 2006-346 du 23 mars 2006, art. 22) **« En cas de saisie immobilière ou de procédure de sauvegarde, de redressement judiciaire ou de liquidation judiciaire ou encore en cas de procédure de traitement des situations de surendettement des particuliers, l'inscription des** *(Abrogé par Ord. n° 2021-1192 du 15 sept. 2021, art. 21-II, à compter du 1er janv. 2022)* ***« privilèges et »*** **hypothèques produit les effets réglés par les dispositions du** *(Ord. n° 2021-1192 du 15 sept. 2021, art. 21-II, en vigueur le 1er janv. 2022)* **« livre III du code des procédures civiles d'exécution, du livre VII du code de la consommation et » des titres II, III ou IV du livre VI du code de commerce.**

« Dans les départements du Bas-Rhin, du Haut-Rhin et de la Moselle, en cas d'exécution forcée immobilière, l'inscription des *(Abrogé par Ord. n° 2021-1192 du 15 sept. 2021, art. 21-II, à compter du 1er janv. 2022)* ***« privilèges et »*** **hypothèques produit les effets réglés par les dispositions de la loi du 1er juin 1924. »** — [Anc. art. 2427 mod.]

BIBL. ▶ DAGOT, *JCP 1979. I. 2924.* – FRÉMONT, *JCP N 1997. I. 53* (vers la fin de la publicité foncière des inscriptions hypothécaires concernant un ancien propriétaire).

1. Domaine. L'inscription définitive d'une hypothèque judiciaire faisant suite à une inscription d'hypothèque conservatoire est une formalité de validation qui n'est pas soumise à l'art. 2147. • Civ. 1re, 11 févr. 1992, n° 89-12.090 P.

2. Conflits avec un tiers acquéreur. Principes. En vertu de l'art. 2147, les créanciers hypothécaires peuvent prendre utilement inscription sur les biens du précédent propriétaire jusqu'à la publication de la mutation opérée au profit d'un tiers. Le conflit entre un créancier hypothécaire et le tiers acquéreur de l'immeuble se règle en vertu des principes de la publicité foncière, énoncés dans l'art. 30 du Décr. du 4 janv. 1955, d'après la priorité des inscriptions. • Civ. 3e, 14 janv. 1976 : *Bull. civ. III, no 12.* ♦ Les inscriptions de sûretés étant périmées, des inscriptions nouvelles postérieures à la publication de la vente sont inopposables à l'acquéreur, la connaissance personnelle par l'acquéreur des prêts consentis par la banque au vendeur ne pouvant suppléer à l'inscription, seul mode légal de publicité. • Civ. 3e, 17 juill. 1986, no 85-11.627 P.

3. Promesse unilatérale de vente. Le bénéficiaire d'une promesse unilatérale de vente qui n'a pas usé de la faculté prévue par l'art. 37-2 du Décr. du 4 janv. 1955 en publiant soit la demande en justice tendant à obtenir la réalisation de la vente, soit un procès-verbal notarié constatant le défaut ou le refus du débiteur de la promesse, soit une déclaration par acte notarié de sa propre volonté d'exiger la réalisation de la promesse, ne peut opposer la mutation dont il se prévaut aux créanciers du vendeur, qui ont pris des inscriptions d'hypothèques postérieurement à la publication de la promesse, mais antérieurement à celle de la décision judiciaire constatant la réalisation de la vente. • Civ. 3e, 22 févr. 1977, no 75-12.717 P.

4. Responsabilité du créancier : refus de mainlevée. Des créanciers commettent une faute en refusant d'autoriser la mainlevée de leurs inscriptions hypothécaires alors qu'ils savaient que, du fait de l'art. 2147, celles-ci ne pouvaient leur profiter dès lors que la vente de l'immeuble avait été publiée avant leurs inscriptions. Ils sont donc responsables de l'atteinte au crédit apparent du débiteur qu'ils ont causée. • Aix-en-Provence, 25 nov. 1982 : *JCP 1983. II. 20067, note Dagot,* confirmant • TGI Grasse, 26 sept. 1980 : *JCP 1981. II. 19641, note Dagot.*

Art. 2423 *(L. no 98-261 du 6 avr. 1998)* **« L'inscription des** *(Abrogé par Ord. no 2021-1192 du 15 sept. 2021, art. 21-III, à compter du 1er janv. 2022)* ***« privilèges et »*** **hypothèques est opérée par** *(Ord. no 2010-638 du 10 juin 2010, art. 11, en vigueur le 1er janv. 2013)* **« le service chargé de la publicité foncière » sur le dépôt de deux bordereaux datés, signés et certifiés conformes entre eux par le signataire du certificat d'identité prévu** *(Décr. no 2007-201 du 15 févr. 2007)* **« aux articles 5 et 6 du décret du 4 janvier 1955 » ; un décret en Conseil d'État détermine les conditions de forme auxquelles le bordereau destiné à être conservé** *(Ord. no 2010-638 du 10 juin 2010, art. 11, en vigueur le 1er janv. 2013)* **« par ce service » doit satisfaire. Au cas où l'inscrivant ne se serait pas servi d'une formule réglementaire,** *(Ord. no 2010-638 du 10 juin 2010, art. 11, en vigueur le 1er janv. 2013)* **« le service chargé de la publicité foncière » accepterait cependant le dépôt, sous réserve des dispositions de l'avant-dernier alinéa du présent article.**

« Toutefois, pour l'inscription *(Ord. no 2021-1192 du 15 sept. 2021, art. 21-III, en vigueur le 1er janv. 2022)* **« de l'hypothèque légale attachée aux jugements de condamnation et de l'hypothèque judiciaire », le créancier présente en outre, soit par lui-même, soit par un tiers,** *(Ord. no 2010-638 du 10 juin 2010, art. 11, en vigueur le 1er janv. 2013)* **« audit service » :**

« 1° L'original, une expédition authentique ou un extrait littéral de la décision judiciaire donnant naissance à l'hypothèque, lorsque celle-ci résulte des dispositions de l'article *(Ord. no 2021-1192 du 15 sept. 2021, art. 21-III, en vigueur le 1er janv. 2022)* **« 2401 » ;**

« 2° L'autorisation du juge, la décision judiciaire ou le titre pour » *(Ord. no 2021-1192 du 15 sept. 2021, art. 21-III, en vigueur le 1er janv. 2022)* **« l'hypothèque *judiciaire* ».**

(Décr. no 2007-201 du 15 févr. 2007) **« Chacun des bordereaux contient exclusivement les indications et mentions fixées par décret en Conseil d'État. »**

(L. no 98-261 du 6 avr. 1998) **« Le dépôt est refusé :**

« 1° A défaut de présentation du titre générateur de la sûreté pour » *(Ord. no 2021-1192 du 15 sept. 2021, art. 21-III, en vigueur le 1er janv. 2022)* **« l'hypothèque légale attachée aux jugements de condamnation et pour l'hypothèque judiciaire » ;**

« 2° A défaut de la mention visée *(Décr. no 2007-201 du 15 févr. 2007)* **« de la certification de l'identité des parties prescrite par les articles 5 et 6 du décret du 4 janvier 1955 », ou si les immeubles ne sont pas individuellement désignés, avec indication de la commune où ils sont situés. »**

Si *(Ord. nº 2010-638 du 10 juin 2010, art. 11, en vigueur le 1er janv. 2013)* **« le service chargé de la publicité foncière », après avoir accepté le dépôt, constate l'omission d'une des mentions prescrites, ou une discordance entre, d'une part, les énonciations relatives à l'identité des parties ou à la désignation des immeubles contenues dans le bordereau, et, d'autre part, ces mêmes énonciations contenues dans les bordereaux ou titres déjà publiés depuis le 1er janvier 1956, la formalité est rejetée, à moins que le requérant ne régularise le bordereau ou qu'il ne produise les justifications établissant son exactitude, auxquels cas la formalité prend rang à la date de la remise du bordereau constatée au registre de dépôts.**

La formalité est également rejetée *(L. nº 98-261 du 6 avr. 1998)* **« lorsque les bordereaux comportent un montant de créance garantie supérieur à celui figurant dans le titre pour** *(Ord. nº 2021-1192 du 15 sept. 2021, art. 21-III, en vigueur le 1er janv. 2022)* **« l'hypothèque légale attachée aux jugements de condamnation et pour l'hypothèque judiciaire » ainsi que, dans l'hypothèse visée au premier alinéa du présent article, » si le requérant ne substitue pas un nouveau bordereau sur formule réglementaire au bordereau irrégulier en la forme.**

Le décret prévu ci-dessus détermine les modalités du refus du dépôt ou du rejet de la formalité. – *[Anc. art. 2428 mod.]*

En ce qui concerne : l'inscription d'hypothèque judiciaire prise à titre conservatoire, V. C. pr. exéc., art. L. 531-1 s. ss. art. 2323 ; ... l'inscription de l'hypothèque sur les biens des bénéficiaires de l'allocation supplémentaire versée par le Fonds national de solidarité [allocation supplémentaire mentionnée à l'art. L. 815-2 ou à l'art. L. 815-3 CSS], V. CSS, art. R. 815-46 à R. 815-48. – ***CSS.***

BIBL. ▶ **Réforme du 6 avr. 1998 :** P.J.C., *JCP N 1998. 801.* ▶ **Nature réglementaire de dispositions de l'art. 2428 :** SCHOETTL, *LPA 22 déc. 2006* (note ss. Cons. const. 23 nov. 2006).

1. Créance : monnaie étrangère. L'art. 73 B du Traité CE du 25 mars 1957 s'oppose à une réglementation nationale telle que celle en cause au principal qui oblige à inscrire en monnaie nationale une hypothèque affectée à la garantie d'une créance payable dans la monnaie d'un autre État membre. • CJCE 16 mars 1999 : *D. 1999. IR 100 ; D. Affaires 1999. 796, obs. X. D.*

2. Évaluation des accessoires. L'art. 2148 n'impose pas, pour chacun des accessoires de la créance principale, une évaluation séparée. Mais l'obligation d'évaluer les accessoires de la créance, ainsi que les prestations et droits indéterminés, éventuels ou conditionnels, implique que la collocation du créancier au rang que lui confère l'hypothèque ne peut en aucun cas dépasser la somme pour laquelle la publicité a eu lieu ; la mention « sauf à parfaire ou à diminuer » ne saurait donc suffire à permettre, à défaut d'inscription complémentaire spéciale, qui ne prendrait d'ailleurs rang qu'à sa date, de colloquer le créancier pour une somme supérieure au montant de l'évaluation indiquée dans l'inscription initiale. • Paris, 3 mai 1976 : *JCP 1978. II. 18947.*

3. Notion de titre. Une mise en demeure de l'URSSAF afin d'obtenir paiement d'une créance à son profit ne peut servir de titre permettant l'inscription de son hypothèque légale. • Civ. 3e, 8 juill. 1992, nº 88-12.553 P : *R., p. 299.*

4. Responsabilité du conservateur. Sur l'effet relatif de la publicité et la responsabilité du conservateur des hypothèques : • Limoges, 14 mars 1990 : *D. 1991. 161, note Piedelièvre.*

5. Hypothèque judiciaire : jugement. L'inscription d'une hypothèque judiciaire n'est pas subordonnée à la production d'un jugement signifié, de sorte qu'il ne peut être déduit de l'accomplissement des formalités d'inscription que le jugement a été signifié. • Civ. 1re, 27 janv. 2016, nº 15-12.840 P.

6. Responsabilité du conservateur des hypothèques qui ne s'est pas assuré de la concordance du document déposé et des documents antérieurement publiés. • Civ. 3e, 12 juin 1996, nº 94-18.004 P : *D. 1997. Somm. 257, obs. S. Piedelièvre ; RDI 1997. 114, obs. Delebecque et Simler.*

Art. 2424 *(L. nº 79-2 du 2 janv. 1979)* **Pour les besoins de leur inscription, les** *(Abrogé par Ord. nº 2021-1192 du 15 sept. 2021, art. 21-IV, à compter du 1er janv. 2022)* *« privilèges et »* **hypothèques portant sur des lots dépendant d'un immeuble soumis au statut de la copropriété sont réputés ne pas grever la quote-part de parties communes** ***comprise dans ces lots.***

Néanmoins, les créanciers inscrits exercent leurs droits sur ladite quote-part prise dans sa consistance au moment de la mutation dont le prix forme l'objet de la distribution ; cette quote-part est tenue pour grevée des mêmes sûretés que les parties privatives et de ces seules sûretés. – *[Anc. art. 2429 mod.]*

V. Décr. nº 55-1350 du 14 oct. 1955, art. 58, ss. art. 2474.

Art. 2425 *(Décr. n° 55-22 du 4 janv. 1955)* **Sont publiées** *(Ord. n° 2010-638 du 10 juin 2010, art. 11, en vigueur le 1er janv. 2013)* **« au fichier immobilier » sous forme de mentions en marge des inscriptions existantes, les subrogations aux** *(Abrogé par Ord. n° 2021-1192 du 15 sept. 2021, art. 21-V, à compter du 1er janv. 2022)* ***« privilèges et »*** **hypothèques, mainlevées, réductions, cessions d'antériorité et transferts qui ont été consentis, prorogations de délais, changements de domicile et, d'une manière générale, toutes modifications, notamment dans la personne du créancier bénéficiaire de l'inscription, qui n'ont pas pour effet d'aggraver la situation du débiteur.**

Il en est de même pour les dispositions par acte entre vifs ou testamentaires, à charge de restitution, portant sur des créances *(Abrogé par Ord. n° 2021-1192 du 15 sept. 2021, art. 21-V, à compter du 1er janv. 2022)* ***« privilégiées ou »*** **hypothécaires.**

(Ord. n° 2006-346 du 23 mars 2006, art. 24) **« Sont publiées sous la même forme les conventions qui doivent l'être en application de l'article »** *(Ord. n° 2021-1192 du 15 sept. 2021, art. 21-V, en vigueur le 1er janv. 2022)* **« 2416. »**

(Décr. n° 59-89 du 7 janv. 1959) **« Les actes et décisions judiciaires constatant ces différentes conventions ou dispositions et les copies, extraits ou expéditions déposés** *(Ord. n° 2010-638 du 10 juin 2010, art. 11, en vigueur le 1er janv. 2013)* **« au service chargé de la publicité foncière » en vue de l'exécution des mentions, doivent contenir la désignation des parties conformément au premier alinéa des articles 5 et 6 du décret du 4 janvier 1955. Cette désignation n'a pas à être certifiée.**

« En outre, au cas où la modification mentionnée ne porte que sur parties des immeubles grevés, lesdits immeubles doivent, sous peine de refus du dépôt, être individuellement désignés. » – *[Anc. art. 2430 mod.]*

1. Subrogation. N'est pas inopposable aux tiers, faute d'avoir été publiée en marge, la subrogation légale dont bénéficie celui qui a payé le créancier, qui comporte modification dans la personne du titulaire de l'inscription sans aggraver la situation du débiteur et a pour effet d'investir le subrogé de la créance primitive avec tous ses avantages et accessoires. • Civ. 3e, 20 déc. 1989 : *Bull. civ. III, n° 246 ; D. 1990. Somm. 389, obs. Aynès ; RTD civ. 1990. 314, obs. Bandrac ; RDI 1990. 234, obs. Delebecque et Simler* • 19 déc. 1990, n° 89-14.338 P : *RDI 1991. 369, obs. Delebecque et Simler*. ♦ V. aussi, pour une subrogation conventionnelle : • Civ. 3e, 16 juill. 1987, n° 85-80.059 P : *R., p. 171.* ♦ Pour une subrogation consécutive à un apport partiel d'actif : • Civ. 3e, 17 nov. 2010, n° 09-70.452 P : *D. 2010. Actu. 2835, obs. A. Lienhard*.

2. Endossement d'une copie à ordre. L'endossement d'une copie exécutoire à ordre est opposable aux tiers sans qu'il soit besoin d'une autre formalité que les notifications légales. • Civ. 3e, 17 juin 1987 : *Bull. civ. III, n° 127.* ♦ V. aussi • Com. 9 mars 1999, n° 96-20.196 P : *D. 1999. Somm. 304, obs. S. Piedelièvre ; JCP 1999. I. 158, n° 10, obs. Delebecque.*

3. Cession d'antériorité. Viole les art. 1165 anc. et 2149, al. 1er, l'arrêt qui déclare opposable aux cautions une cession d'antériorité consentie par le créancier, alors que ni le débiteur, ni les cautions n'ont été parties à la convention de cession d'antériorité, qui n'a pas été publiée. • Com. 6 janv. 1987, n° 84-11.313 P : *D. 1987. 375, note Aynès.*

4. Mainlevée. Demande de publication, par mention en marge, d'une mainlevée totale d'inscription hypothécaire : V. note 2 ss. art. 2435.

Art. 2426 *(L. 1er mars 1918 ; Ord. n° 2010-638 du 10 juin 2010, art. 11, en vigueur le 1er janv. 2013)* **« Le service chargé de la publicité foncière » fait mention, sur le registre prescrit par l'article** *(Ord. n° 2021-1192 du 15 sept. 2021, art. 21-VI, en vigueur le 1er janv. 2022)* ***« 2447 » ci-après***, **du dépôt des bordereaux et remet au requérant tant le titre ou l'expédition du titre que l'un des bordereaux, au pied duquel il mentionne la date du dépôt, le volume et le numéro sous lesquels le bordereau destiné aux archives a été classé.**

La date de l'inscription est déterminée par la mention portée sur le registre des dépôts. – *[Anc. art. 2431 mod.]*

Art. 2427 *(Décr. n° 59-89 du 7 janv. 1959)* **Le créancier** *(Abrogé par Ord. n° 2021-1192 du 15 sept. 2021, art. 21-VII, à compter du 1er janv. 2022)* ***« privilégié dont le titre a été inscrit, ou le créancier »*** **hypothécaire inscrit pour un capital produisant intérêt et arrérages, a le droit d'être colloqué, pour trois années seulement, au même rang que le principal, sans préjudice des inscriptions particulières à prendre, portant hypothèque à**

compter de leur date, pour les intérêts et arrérages autres que ceux conservés par l'inscription primitive.

(Ord. n° 2006-346 du 23 mars 2006, art. 25 ; L. n° 2015-992 du 17 août 2015, art. 25) « Toutefois, le créancier a le droit d'être colloqué pour la totalité des intérêts, au même rang que le principal, lorsque l'hypothèque a été consentie en garantie du prêt viager défini au I de l'article *(Ord. n° 2021-1192 du 15 sept. 2021, art. 21-VII, en vigueur le 1er janv. 2022)* « L. 315-1 » du code de la consommation. » — *[Anc. art. 2432 mod.]*

1. Domaine. Le bénéfice de l'art. 2151 ne s'étend pas au créancier porteur d'un warrant agricole. • Civ. 1re, 2 déc. 1975, n° 74-10.864 P.

2. Mentions : intérêts composés. Si l'inscription conserve les intérêts simples visés par l'art. 2151, elle ne conserve pas les intérêts composés qui, produits postérieurement à l'inscription originaire par le capital que constitue l'accumulation des intérêts simples, ne sauraient être garantis par cette inscription ; une inscription spéciale, portant hypothèque à compter de sa date, est nécessaire pour leur assurer une protection. • Civ. 12 avr. 1948 : *D. 1948. 311.*

3. ... Taux variable. Les art. 2148 [2428 anc.] et 2151 C. civ. et 57 du Décr. du 14 oct. 1955 imposent seulement au créancier qui demande à être colloqué pour les intérêts du capital qu'il soit inscrit pour un capital produisant intérêt. Le seul effet de l'absence de mention de la variabilité du taux d'intérêt est de ne permettre la conservation des intérêts que dans la limite du taux précisé dans le bordereau. • Civ. 1re, 8 juin 1983, n° 82-11.993 P.

4. Mécanisme. Il résulte de la combinaison des art. 2151 C. civ. et 765 anc. C. pr. civ. que le créancier hypothécaire doit être colloqué au rang même de sa créance, d'une part pour les trois dernières années d'intérêts courus à la date à laquelle l'hypothèque a produit son effet légal et, d'autre part, sans limitation de durée pour les intérêts échus depuis cette date jusqu'à celle du règlement définitif. • Civ. 2e, 5 déc. 1984 : *Bull. civ. II, n° 186 ; RTD civ. 1986. 378, obs. Giverdon et Salvage-Gerest* • Civ. 3e, 8 juin 1995, n° 93-17.105 P.

5. Application stricte du texte et cassation de l'arrêt ayant admis, en considérant les termes de l'acte, que les intérêts échus des mensualités impayées étaient compris dans le principal et que l'art. 2151 ne pouvait viser que les intérêts postérieurs à la déchéance du terme. • Civ. 3e, 1er juin 1994, n° 91-20.367 P.

6. Les intérêts sont conservés sans limitation de durée jusqu'au jour du règlement définitif dans la seule mesure où un principal reste dû, ce qui n'est pas le cas en présence d'un paiement provisionnel ayant couvert l'intégralité de la créance conservée. • Civ. 3e, 4 juin 2008, n° 07-14.163 P.

Art. 2428 *(L. du 1er mars 1918)* Il est loisible à celui qui a requis une inscription, ainsi qu'à ses représentants ou cessionnaires par acte authentique, de changer *(Ord. n° 2010-638 du 10 juin 2010, art. 11, en vigueur le 1er janv. 2013)* « au service chargé de la publicité foncière » le domicile par lui élu dans cette inscription, à la charge d'en choisir et indiquer un autre *(L. n° 98-261 du 6 avr. 1998, en vigueur le 1er juill. 1998)* « situé en France métropolitaine, dans les départements d'outre-mer ou dans la collectivité territoriale de Saint-Pierre-et-Miquelon ». — *[Anc. art. 2433]*

Art. 2429 *(Ord. n° 2006-346 du 23 mars 2006, art. 26)* L'inscription conserve *(Abrogé par Ord. n° 2021-1192 du 15 sept. 2021, art. 21-VIII, à compter du 1er janv. 2022)* *« le privilège ou »* l'hypothèque jusqu'à la date que fixe le créancier en se conformant aux dispositions qui suivent.

Si le principal de l'obligation garantie doit être acquitté à une ou plusieurs dates déterminées, la date extrême d'effet de l'inscription prise avant l'échéance ou la dernière échéance prévue est, au plus, postérieure de un an à cette échéance, sans toutefois que la durée de l'inscription puisse excéder cinquante années.

Si l'échéance ou la dernière échéance est indéterminée, notamment dans le cas prévu à l'article *(Ord. n° 2021-1192 du 15 sept. 2021, art. 21-VIII, en vigueur le 1er janv. 2022)* « L. 315-1 » du code de la consommation, ou si l'hypothèque est assortie d'une clause *de rechargement prévue* à l'article *(Ord. n° 2021-1192 du 15 sept. 2021, art. 21-VIII, en vigueur le 1er janv. 2022)* « 2416 », la durée de l'inscription est au plus de cinquante années au jour de la formalité.

Si l'échéance ou la dernière échéance est antérieure ou concomitante à l'inscription, la durée de l'inscription est au plus de dix années au jour de la formalité.

Lorsque la sûreté garantit plusieurs créances et que celles-ci sont telles que plusieurs des trois alinéas précédents sont applicables, le créancier peut requérir soit, pour cha-

cune d'elles, des inscriptions distinctes, soit une inscription unique pour l'ensemble jusqu'à la date la plus éloignée. Il en est de même lorsque le premier de ces trois alinéas étant seul applicable, les différentes créances ne comportent pas les mêmes échéances ou dernières échéances. – *[Anc. art. 2434 mod.]*

1. Domaine. Le délai de deux ans [désormais, un an] prévu à l'art. 2154, al. 2, n'est pas applicable à une ouverture de crédit en compte courant dont le solde débiteur ne devenait exigible qu'à la clôture du compte, donc à une date indéterminée. • Civ. 3e, 21 janv. 1998, n° 95-17.120 P : *D. 1998. Somm. 381, obs. S. Piedelièvre*.

2. Illustration. V. • Civ. 3e, 21 févr. 2001, n° 99-17.732 P.

Art. 2430 *(Ord. n° 67-839 du 28 sept. 1967, art. 2)* **L'inscription cesse de produire effet si elle n'a pas été renouvelée au plus tard à la date visée au premier alinéa de l'article** *(Ord. n° 2021-1192 du 15 sept. 2021, art. 21-IX, en vigueur le 1er janv. 2022)* **« 2429 ».**

Chaque renouvellement est requis jusqu'à une date déterminée. Cette date est fixée comme il est dit à l'article *(Ord. n° 2021-1192 du 15 sept. 2021, art. 21-IX, en vigueur le 1er janv. 2022)* **« 2429 » en distinguant suivant que l'échéance ou la dernière échéance, même si elle résulte d'une prorogation de délai, est ou non déterminée et qu'elle est ou non postérieure au jour du renouvellement.**

Le renouvellement est obligatoire, dans le cas où l'inscription a produit son effet légal, notamment en cas de réalisation du gage, jusqu'au paiement ou à la consignation du prix. – *[Anc. art. 2435 mod.]*

BIBL. ▶ DAGOT, *JCP N 1980. Prat. 7474* (responsabilité notariale). – VION, *Defrénois 1980. 929* (jusqu'à quel moment les inscriptions doivent-elles être renouvelées ?).

1. Notion d'inscription ayant produit son effet légal. La publication de la vente conditionne l'effet légal de l'hypothèque. • Civ. 3e, 13 sept. 2006, n° 05-13.849 P : *D. 2006. AJ 2392, obs. Avena-Robardet ; JCP 2007. I. 158, n° 19, obs. Delebecque ; Defrénois 2007. 225, obs. S. Piedelièvre* (publication du jugement d'adjudication, en l'espèce). ♦ Le renouvellement de l'inscription hypothécaire est obligatoire jusqu'au paiement du prix ou sa consignation, nonobstant la vente par adjudication de l'immeuble grevé. • Civ. 3e, 20 nov. 2002, n° 99-11.485 P : *Defrénois 2004. 301, obs. S. Piedelièvre.*

2. Dispense de renouvellement. L'admission d'un créancier au passif de son débiteur en liquidation de biens à titre hypothécaire ne le dispense pas d'observer les règles légales imposées pour la conservation de son hypothèque. • Com. 23 févr. 1981 : *Defrénois 1981. 758, note A. Honorat.* – Même sens : • Com. 24 avr. 1974, n° 73-10.714 P : *R. 1973-1974, p. 62 ; D. 1975. 107.* ♦ Dans le cas où l'inscription provisoire a produit *son effet légal, son renouvellement n'est pas* nécessaire lorsque le prix a été consigné. • Civ. 1re, 22 mars 2012, n° 11-11.081 P : *D. 2012. 940 ; Defrénois 2012. 953, obs. Piedelièvre.*

3. Notion de consignation. En cas d'affectation spéciale aux droits des créanciers inscrits d'une quote-part du prix, par application de l'art. 93 (C. com., art. L. 621-96) de la L. du 25 janv. 1985, cette affectation étant légale, le dépôt des fonds à la Caisse des dépôts et consignations équivaut à une consignation, ce qui dispense le créancier, à partir de cette date, de procéder au renouvellement des inscriptions. • Com. 1er févr. 2000, n° 96-18.383 P : *D. 2000. Somm. 331, obs. A. Honorat ; ibid. 396, obs. S. Piedelièvre ; JCP 2000. II. 10288, note Rémery ; ibid. I. 259, n° 15, obs. Delebecque ; RDI 2000. 378, obs. Théry*. ♦ Ne satisfait pas aux prescriptions de l'art. 2154-1 [2435 anc.] la consignation faite en la seule présence de l'un des créanciers, s'agissant d'une vente volontaire dans laquelle l'acquéreur avait entrepris de procéder à des offres réelles. • Civ. 3e, 19 mai 1999, n° 97-16.673 P : *D. 2000. Somm. 396, obs. S. Piedelièvre ; JCP 2000. I. 209, n° 13, obs. Delebecque.* ♦ Le versement à la Caisse des dépôts et consignations du prix de la vente n'équivaut pas à la consignation prévue par l'art. 2435 anc., al. 3, dans l'hypothèse où le tribunal n'a pas affecté une quote-part du prix de cession aux créanciers inscrits sur cet immeuble qui n'était pas compris dans le plan de cession. • Civ. 3e, 28 janv. 2015, n° 13-24.040 P : *D. 2015. 316*.

4. Consignations partielles. Aucune règle légale n'impose que le prix de l'immeuble soit versé ou consigné en une ou plusieurs fois. En cas de paiement partiel, les droits des créanciers hypothécaires s'exercent au fur et à mesure de chaque paiement et ce jusqu'à la date de cessation d'effet de l'inscription. Le créancier inscrit possède ainsi un droit acquis lui donnant vocation à collocation sur toute somme payée ou consignée avant la date de cessation d'effet de son inscription. Le renouvellement de l'inscription n'est nécessaire que pour permettre au créancier d'être également colloqué sur les sommes payées ou consignées après la date de cessation d'effet de l'inscription primitive. • Paris, 10 juill. 1979 : *Gaz. Pal. 1980. 1. 217, note Bertin* • Orléans, 15 janv. 1982 : *Gaz. Pal. 1982. 1. 217, note Laval.* – Même sens : • Civ. 3e, 29 juin 1983, n° 81-15.435 P : *D. 1984. 86, note Frank.* ♦ Une consignation partielle du prix faite antérieurement à la date de péremption de l'hypothèque dispense le créancier, à due concurrence, de renouveler son inscription. • Civ. 3e, 11 mars 1987, n° 83-15.874 P.

5. Validation de la consignation : domaine. Si le renouvellement de l'inscription est obligatoire jusqu'à la consignation du prix, laquelle doit être soit acceptée par le créancier soit validée par un jugement définitif, la nécessité de telles mesures trouve son fondement dans la circonstance que le débiteur a la possibilité de retirer la somme consignée jusqu'à ce que soient intervenues acceptation ou validation. Tel n'est pas le cas de la consignation provenant de l'autorité procédant à une expropriation pour cause d'utilité publique, dont aucun texte ne prévoit la validation. • Rennes, 12 déc. 1977 : *JCP N 1978. II. 69.*

6. Séquestre. La remise des fonds à un séquestre ne dispense pas de procéder aux formalités préalables de la sommation et de la dénonciation au créancier du montant de la consignation. • Civ. 2e, 29 mai 1991, n° 90-12.396 P : *RTD civ. 1992. 150, obs. Bandrac*. – V. aussi • Civ. 2e, 10 févr. 1993, n° 91-18.013 P. – Frémont, *JCP N 1994. I. 45.* ♦ Comp. • Civ. 3e, 8 janv. 1980 : *D. 1980. 368, note Frank.*

7. Responsabilité du notaire. Le notaire qui a dressé un acte constitutif d'hypothèque et qui a requis l'inscription hypothécaire en exécution de cet acte n'est pas tenu, sauf s'il a reçu du créancier un mandat spécial, exprès ou tacite, à cet effet, de procéder au renouvellement de cette inscription lors de sa péremption. • Civ. 1re, 26 juin 1984 : *JCP 1986. II. 20563, note Dagot ; RTD civ. 1986. 381, obs. Giverdon et Salvage-Gerest.* – Même sens : • Amiens, 8 janv. 1979 : *JCP N 1980. II. 65, note Dagot* • Civ. 1re, 25 mai 1982, n° 81-12.648 P • 28 oct. 1991, n° 90-14.965 P (privilège du vendeur d'immeuble ; mandat tacite des vendeurs ayant entendu confier au notaire le soin d'assurer seul l'efficacité de l'acte). ♦ Mais un notaire manque à ses obligations professionnelles si, chargé d'établir une quittance subrogative relative à une créance hypothécaire, il renvoie le dossier à son client peu de temps avant la date de péremption des inscriptions, sans souligner le danger de cette péremption et la nécessité de renouveler les inscriptions en temps utile. • Civ. 1re, 22 avr. 1980 : *Bull. civ. I, n° 120.* ♦ Le mandat général conféré à un notaire dans le cadre de sa mission de recouvrement de prêts par voie amiable ou judiciaire l'oblige à procéder au renouvellement des inscriptions hypothécaires. • Civ. 1re, 14 juin 1989, n° 87-19.700 P.

8. Responsabilité de l'avocat. Il n'y a pas lieu de retenir la responsabilité d'un avocat qui a omis de faire procéder au renouvellement d'une inscription initiale prise au nom d'une société inexistante. • Civ. 1re, 16 sept. 2010 : *D. 2010. 2155 ; Rev. sociétés 2011. 159, note Saintourens*. ♦ ... Qui n'a pas procédé au reouvellement d'une inscription, celle-ci ayant produit son effet légal, le prix ayant été consigné. • Civ. 1re, 22 mars 2012 : *préc. note 2.*

Art. 2431 *(Ord. n° 2006-346 du 23 mars 2006, art. 27)* **Si l'un des délais prévus aux articles** *(Ord. n° 2021-1192 du 15 sept. 2021, art. 21-X, en vigueur le 1er janv. 2022)* **« 2428 et 2429 » n'a pas été respecté, l'inscription n'a pas d'effet au-delà de la date d'expiration de ce délai.** – *[Anc. art. 2436 mod.]*

1. Péremption : maintien du droit. La péremption de l'inscription, lorsqu'elle est encourue, laisse subsister le droit hypothécaire ou le privilège. • Civ. 3e, 8 janv. 1974 : *Bull. civ. III, n° 4* • 25 avr. 2007, n° 06-11.524 P : *D. 2007. AJ 1498 ; Defrénois 2008. 420, obs. Théry ; Banque et Dr. 7-8/2007. 50, obs. Rontchevsky.*

2. Nouvelle inscription. Le créancier peut alors faire procéder à une nouvelle inscription produisant effet et prenant rang à sa date. • Com. 23 févr. 1981 : *Defrénois 1981. 758, note A. Honorat* • Civ. 3e, 25 avr. 2007 : *préc. note 1.* ♦ Mais cette faculté disparaît en cas de survenance d'un événement arrêtant le cours des inscriptions. • Com. 23 févr. 1981 : *préc.* ♦ La nouvelle inscription n'est pas soumise à l'accord du débiteur. • Civ. 3e, 25 avr. 2007 : *préc. note 1.*

3. Poursuite d'une saisie. Le défaut de renouvellement d'une inscription hypothécaire n'interdit pas la poursuite de la procédure de saisie introduite dans le délai de l'inscription et suspendue par l'effet de circonstances imputables aux débiteurs (demande de sursis à statuer jusqu'au jugement examinant leur opposition au commandement). • Civ. 3e, 21 janv. 1998, n° 95-17.120 P : *D. 1998. Somm. 381, obs. S. Piedelièvre*.

4. Sur la détermination du moment d'expiration du délai, V. • TGI Chambéry, 29 juin 1989 : *Gaz. Pal. 1990. 1. 329, note Renard.*

Art. 2432 *(Ord. n° 67-839 du 28 sept. 1967, art. 2)* **Quand il a été pris inscription provisoire** *(Abrogé par Ord. n° 2021-1192 du 15 sept. 2021, art. 21-XI, à compter du 1er janv. 2022) « de l'hypothèque légale des époux ou »* **d'hypothèque judiciaire, les dispositions des articles** *(Ord. n° 2021-1192 du 15 sept. 2021, art. 21-XI, en vigueur le*

1er janv. 2022) **« 2429 à 2431 » s'appliquent à l'inscription définitive et à son renouvellement. La date retenue pour point de départ des délais est celle de l'inscription définitive ou de son renouvellement.** – *[Anc. art. 2437 mod.]*

Art. 2433 *(Décr. nº 55-22 du 4 janv. 1955)* **S'il n'y a stipulation contraire, les frais des inscriptions, dont l'avance est faite par l'inscrivant, sont à la charge du débiteur, et les frais de la publicité de l'acte de vente, qui peut être requise par le vendeur en vue de l'inscription** *(Ord. nº 2021-1192 du 15 sept. 2021, art. 21-XII, en vigueur le 1er janv. 2022)* **« de son hypothèque légale », sont à la charge de l'acquéreur.** – *[Anc. art. 2438 mod.]*

Art. 2434 *(Décr. nº 59-89 du 7 janv. 1959)* **Les actions auxquelles les inscriptions peuvent donner lieu contre les créanciers seront intentées devant le tribunal compétent, par exploits faits à leur personne, ou au dernier des domiciles par eux élus sur les bordereaux d'inscription, et ce, nonobstant le décès, soit des créanciers, soit de ceux chez lesquels ils auront fait élection de domicile.** – *[Anc. art. 2439.]*

Sur la péremption de plein droit des inscriptions de privilèges ou d'hypothèques éteints par une ordonnance d'expropriation ou une cession amiable réalisée dans le cadre d'une déclaration d'utilité publique, V. C. expr., art. L. 12-2 et L. 12-3. – ***C. expr.***

SOUS-SECTION 2 De la radiation et de la réduction des inscriptions

(Ord. nº 2021-1192 du 15 sept. 2021, art. 15-VI, en vigueur le 1er janv. 2022)

Comp. anc. art. 2440 s.

§ 1 Dispositions générales

(Ord. nº 2021-1192 du 15 sept. 2021, art. 15-VI, en vigueur le 1er janv. 2022)

Le § 1 comprend les art. 2440 à 2444 qui deviennent respectivement l'art. 2435 dans sa rédaction résultant de l'art. 21 de l'Ord. nº 2021-1192 du 15 sept. 2021, les art. 2436 et 2437, ainsi que les art. 2438 et 2439 dans leur rédaction résultant de l'art. 21 de ladite Ord. (Ord. préc., art. 15-VI, en vigueur le 1er janv. 2022).

Art. 2435 Les inscriptions sont rayées du consentement des parties intéressées et ayant capacité à cet effet, ou en vertu d'un jugement en dernier ressort ou passé en force de chose jugée.

(Ord. nº 2006-346 du 23 mars 2006, art. 28) **« La radiation s'impose au créancier qui n'a pas procédé à la publication, sous forme de mention en marge, prévue au quatrième alinéa de l'article** *(Ord. nº 2021-1192 du 15 sept. 2021, art. 21-XIII, en vigueur le 1er janv. 2022)* **« 2416 ». »** – *[Anc. art. 2440 mod.]*

BIBL. ▸ BULTÉ, *JCP N 1972. I. 2509.* – BEZ et FRÉMONT, *JCP N 1985. I. 215* (formules de mainlevée). – CHERCHÈVE, *Gaz. Pal. 1992. 1. Doctr. 109* (radiation dans le cadre d'un plan de cession d'entreprise). – DAGOT, *JCP N 1989. I. 145.* – DESTAME, *JCP N 1995. Prat. 714* (simplification de la gestion des mainlevées). – FRÉMONT, *JCP N 1995. Prat. 3422* (rédaction des actes de mainlevée). – S. PIEDELIÈVRE, *Defrénois 2000. 737* (réduction des inscriptions hypothécaires). – SALATS, *JCP N 1990. I. 29.*

1º RADIATION D'HYPOTHÈQUE JUDICIAIRE PROVISOIRE

1. Exclusion de l'art. 2157. (Jurisprudence relative à l'hypothèque de l'art. 54 anc. C. pr. civ. [texte abrogé par la L. nº 91-650 du 9 juill. 1991, art. 94].) – L'art. 2157 est étranger à l'institution de l'hypothèque judiciaire provisoire dont la constitution et la radiation sont réglementées spécialement par les art. 54 et 55 anc. C. pr. civ. • Civ. 3e, 21 nov. 1978 : *JCP 1979. II. 19150, note Frémont ; Defrénois 1979. 784, note Frank.*

2. Rôle du juge des référés. Il résulte des art. 496 et 497 C. pr. civ. que la demande en rétractation d'une ordonnance sur requête relève de la compétence du juge qui l'a rendue, saisi comme en matière de référé. Doit donc être cassé l'arrêt qui déclare qu'en raison d'une contestation sérieuse le juge des référés est incompétent pour ordonner la radiation d'une inscription provisoire d'hypothèque judiciaire. • Civ. 2e, 28 oct. 1982 : *Bull. civ. II, nº 137.* – V. aussi • Civ. 3e, 17 juill. 1972 : *D. 1972. 665, note Frank* • Civ. 1re, 18 oct. 1988, ☎ nº 86-19.594 P. ♦ Le juge des référés, saisi d'une demande de rétractation d'une ordonnance autorisant à prendre inscription d'hypothèque judiciaire provisoire, est investi des pouvoirs appartenant à l'auteur de l'ordonnance et il lui appartient de rechercher, à l'issue du débat contradictoire, si le prétendu créancier justifie d'un principe certain de créance. • Civ. 2e, 8 févr. 1989 : *Bull. civ. II, no 33.*

3. Conséquences de la radiation. La radiation de l'inscription provisoire d'hypothèque judiciaire, opérée en exécution de l'ordonnance prévue par l'art. 777 anc. C. pr. civ., fait définitivement obstacle à l'inscription définitive. L'immeuble grevé de l'inscription provisoire ayant été saisi et vendu sur les poursuites d'un autre créancier et l'adjudicataire ayant, après consignation du prix, obtenu du juge commissaire la radiation de toutes les inscriptions existantes, il n'est pas possible de colloquer le créancier dont l'inscription provisoire a été rayée au rang de cette inscription provisoire. • Civ. 2e, 17 mars 1983 : *JCP 1985. II. 20345.* – Lafond, *JCP N 1984. I. 339.*

2o RADIATION DES AUTRES INSCRIPTIONS

4. Nécessité d'une décision judiciaire. En l'absence de consentement des parties intéressées, la radiation d'une inscription ne peut se faire que sur décision judiciaire. • Com. 17 janv. 1995, no 91-12.671 P : *D. 1995. Somm. 216, obs. Honorat ; D. 1996. Somm. 206, obs. S. Piedelièvre ; JCP N 1995. II. 935, note Frémont ; Defrénois 1995. 967, obs. Sénéchal* (décision rendue dans le cadre de l'application de l'art. 93 [C. com., art. L. 621-96], al. 1 et 3, de la L. du 25 janv. 1985 et attribuant compétence au juge des ordres du tribunal de grande instance).

5. Capacité exigée pour une mainlevée. Si la mainlevée consentie après paiement de la dette suppose la capacité de recevoir paiement, en revanche la mainlevée sans paiement exige la capacité de disposer d'un droit réel immobilier et d'y renoncer. • Civ. 3e, 16 juill. 1975 : *D. 1975. 593, note Frank ; JCP 1975. II. 18191, note E.C.*

6. Conséquences de la mainlevée. Un acte comportant mainlevée totale et définitive ayant été dressé par un notaire, alors qu'il avait pour instructions de donner seulement mainlevée partielle, la nouvelle inscription prise par le notaire s'étant aperçu de l'erreur ne peut avoir pour effet de faire revivre des droits réels éteints et des inscriptions radiées. • Civ. 3e, 4 nov. 1980 : *Bull. civ. III, no 168.*

Même donnée pour un décompte de créance d'un montant erroné, la mainlevée de l'inscription de l'hypothèque vaut renonciation à cette inscription. • Civ. 3e, 9 juin 2010, no 09-14.303 P : *D. 2010. Actu. 1548 ; JCP 2011, no 226, § 14, obs. Delebecque.*

7. Procédure : rôle du juge des référés. Une ordonnance de référé n'étant qu'une décision provisoire (art. 484 C. pr. civ.), le juge des référés n'a pas compétence pour ordonner la radiation d'une inscription de publicité foncière (publication d'un jugement et d'un arrêt intervenu au possessoire et de l'assignation au pétitoire du propriétaire d'un terrain dans un lotissement contre le propriétaire du lot voisin, en démolition des immeubles construits par ce dernier). • Civ. 3e, 9 oct. 1979, no 78-12.492 P : *JCP N 1980. II. 206.*

8. Le juge des référés ne peut déclarer satisfactoire la consignation offerte par le débiteur et ordonner la radiation des hypothèques conventionnelles inscrites, alors que cette mesure ne peut être prise que par le tribunal de grande instance. • Civ. 1re, 9 mars 1977 : *JCP 1978. II. 18977, note Goubeaux.* ♦ V. conf., pour une hypothèque judiciaire, • Civ. 2e, 24 avr. 1989, no 88-10.977 P. ♦ Viole l'art. 2157 la cour d'appel qui statue en référé sur la mainlevée d'un privilège et d'une hypothèque conventionnelle. • Civ. 2e, 8 juin 1995, no 93-17.428 P : *D. 1996. Somm. 206, obs. S. Piedelièvre.*

Viole l'art. 2157 la cour d'appel, statuant en référé, qui enjoint à un conservateur de procéder aux radiations nécessaires sur le seul vu d'un jugement assorti de l'exécution provisoire ayant ordonné la réduction des hypothèques judiciaires portant sur l'ensemble des biens des débiteurs. • Civ. 3e, 19 oct. 1988, no 86-19.479 P : *R., p. 196 ; Gaz. Pal. 1989. 1. 386, note S. Piedelièvre ; Defrénois 1989. 423, obs. Aynès.*

9. ... Juge de l'exécution. Le juge de l'exécution n'est pas compétent pour radier une inscription d'hypothèque judiciaire définitive. • Civ. 2e, 19 oct. 2000, no 98-22.328 P.

10. ... Articulation avec le Décr. du 4 janv. 1955. La procédure spéciale de recours contre la décision du conservateur des hypothèques en cas de rejet d'une formalité de publicité, établie par l'art. 26 du Décr. du 4 janv. 1955, ne vise pas la radiation des inscriptions prévue à l'art. 2157 C. civ. • Civ. 3e, 30 mai 1978, no 77-10.840 P. ♦ V. aussi art. 26 du Décr. du 4 janv. 1955, ss. art. 2474.

11. Annulation d'une radiation. Le tiers acquéreur d'un immeuble grevé d'une inscription hypothécaire, dont le titre a été transcrit entre la radiation de cette inscription et la décision qui annule l'ordonnance ayant prononcé cette radiation, ne peut se voir opposer les effets de la radiation établie. • Civ. 3e, 4 févr. 1998, no 96-13.984 P : *D. 1998. Somm. 379, obs. S. Piedelièvre.*

Art. 2436 *(Décr. no 55-22 du 4 janv. 1955)* **Dans l'un et l'autre cas, ceux qui requièrent la radiation déposent** *(Ord. no 2010-638 du 10 juin 2010, art. 11, en vigueur le 1er janv. 2013)* **« au service chargé de la publicité foncière » l'expédition de l'acte authentique portant consentement, ou celle du jugement.**

(Ord. n° 67-839 du 28 sept. 1967) « **Aucune pièce justificative n'est exigée à l'appui de l'expédition de l'acte authentique en ce qui concerne les énonciations établissant l'état, la capacité et la qualité des parties, lorsque ces énonciations sont certifiées exactes dans l'acte par le notaire ou l'autorité administrative.** »

(L. n° 2007-212 du 20 févr. 2007, art. 10-II-2°) « **La radiation de l'inscription peut être requise** » *(Ord. n° 2006-346 du 23 mars 2006, art. 29)* « **par le dépôt** *(Ord. n° 2010-638 du 10 juin 2010, art. 11, en vigueur le 1er janv. 2013)* « **au service chargé de la publicité foncière** » **d'une copie authentique de l'acte notarié certifiant que le créancier a, à la demande du débiteur, donné son accord à cette radiation ; le contrôle** *(Ord. n° 2010-638 du 10 juin 2010, art. 11, en vigueur le 1er janv. 2013)* « **opéré par ce service** » **se limite à la régularité formelle de l'acte à l'exclusion de sa validité au fond** ». – *[Anc. art. 2441.]*

1. Contrôle du conservateur : forme et fond. Le conservateur des hypothèques, responsable de la régularité de la radiation, a l'obligation de s'assurer de la capacité et des pouvoirs des personnes qui la requièrent, ainsi que d'exiger la production de toutes pièces susceptibles de l'éclairer sur ces points. L'al. 2 ajouté à l'art. 2158, qui a pour seul effet de remplacer la représentation des pièces justificatives par une analyse certifiée du notaire, ne dispense pas le conservateur d'exercer son contrôle, qui ne se limite pas à la régularité formelle de la mainlevée, mais s'étend à sa validité au fond. • Civ. 3e, 16 juill. 1975 : *D. 1975. 593, note Frank ; JCP 1975. II. 18191, note E. C.*

2. Le pouvoir de contrôle du conservateur des hypothèques, qui s'étend à la validité au fond de la mainlevée totale d'une inscription hypothécaire, doit s'exercer lorsque la publication d'une telle mainlevée est demandée, celle-ci entraînant nécessairement la radiation de l'inscription. • Civ. 3e, 9 févr. 1994 : *Defrénois 1994. 488, note Aynès ; RTD civ. 1994. 908, obs. Bandrac* • 13 juill. 1994 : *JCP N 1995. II. 155, note Frémont.*

3. Respect des décisions judiciaires définitives. Si le conservateur des hypothèques doit vérifier la capacité et les pouvoirs de celui qui requiert la radiation d'une inscription hypothécaire, l'obligation qui lui est ainsi faite ne lui permet pas de faire obstacle à une décision judiciaire définitive conférant au requérant la capacité de disposer. • Civ. 3e, 10 juill. 1985 : *Defrénois 1987. 93, note Frank ; RTD civ. 1987. 119, obs. Giverdon et Salvage-Gerest.*

Art. 2437 **La radiation non consentie est demandée au tribunal dans le ressort duquel l'inscription a été faite, si ce n'est lorsque cette inscription a eu lieu pour sûreté d'une condamnation éventuelle ou indéterminée, sur l'exécution ou liquidation de laquelle le débiteur et le créancier prétendus sont en instance ou doivent être jugés dans un autre tribunal ; auquel cas la demande en radiation doit y être portée ou renvoyée.**

Cependant la convention faite par le créancier et le débiteur, de porter, en cas de contestation, la demande à un tribunal qu'ils auraient désigné, recevra son exécution entre eux. – *[Anc. art. 2442.]*

Art. 2438 **La radiation doit être ordonnée par les tribunaux lorsque l'inscription a été faite sans être fondée ni sur la loi, ni sur un titre, ou lorsqu'elle l'a été en vertu d'un titre soit irrégulier, soit éteint ou soldé, ou lorsque les droits** *(Abrogé par Ord. n° 2021-1192 du 15 sept. 2021, art. 21-XIV, à compter du 1er janv. 2022)* « ***de privilège ou*** » **d'hypothèque sont effacés par les voies légales.** – *[Anc. art. 2443 mod.]*

Pour une application : • Civ. 3e, 16 mars 2022, n° 20-21.337 B : *D. 2022. 1724, obs. Ansault et Gijsbers ; AJDI 2022. 701, obs. Cohet ; RDI 2022. 604, obs. Laurent ; JCP 2022, n° 580, note Pellier.*

Art. 2439 *(Décr. n° 55-22 du 4 janv. 1955)* **Lorsque les inscriptions prises en vertu** *(Ord. n° 2021-1192 du 15 sept. 2021, art. 21-XV, en vigueur le 1er janv. 2022)* « **d'une hypothèque légale générale** » **sont excessives, le débiteur peut demander leur réduction en se conformant aux règles de compétence établies dans l'article** *(Ord. n° 2021-1192 du 15 sept. 2021, art. 21-XV, en vigueur le 1er janv. 2022)* « **2437** ».

Sont réputées excessives les inscriptions qui grèvent plusieurs immeubles lorsque la valeur d'un seul ou de quelques-uns d'entre eux excède une somme égale au double du montant des créances en capital et accessoires légaux, augmenté du tiers de ce montant. – *[Anc. art. 2444 mod.]*

1. Domaine. Cas du cantonnement d'hypothèque judiciaire provisoire : V. anc. C. pr. civ., art. 54 [abrogé par L. n° 91-650 du 9 juill. 1991, art. 94]. ♦ L'art. 2161 est inapplicable en ce cas. • Civ. 1re, 4 mars 1986, n° 84-15.769 P.

2. Obligation de motivation. Une cour d'appel ne peut pas se borner à constater, pour admettre une demande de cantonnement d'hypothèque fondée sur l'art. 2161, que la valeur de la propriété concernée dépasse nettement la somme totale des créances inscrites, sans préciser ni le montant de celles-ci, ni le point de savoir si, compte tenu de la valeur de l'immeuble, la proportion fixée par le texte est respectée. • Civ. 3e, 14 déc. 1976 : *Bull. civ. III, n° 463.*

§ 2 Dispositions particulières relatives aux hypothèques des époux et des personnes en tutelle

(Ord. n° 2021-1192 du 15 sept. 2021, art. 15-VI, en vigueur le 1er janv. 2022)

Le § 2 comprend les art. 2446 à 2448 qui deviennent respectivement les art. 2440 et 2441 dans leur rédaction résultant de l'art. 21 de l'Ord. n° 2021-1192 du 15 sept. 2021 ainsi que l'art. 2442 (Ord. préc., en vigueur le 1er janv. 2022).

Comp. anc. art. 2446 s.

Art. 2440 *(L. n° 65-570 du 13 juill. 1965)* **Quand l'hypothèque légale a été inscrite par application** *(Ord. n° 2021-1192 du 15 sept. 2021, art. 21-XVI, en vigueur le 1er janv. 2022)* **« de l'article 2394 », et sauf clause expresse du contrat de mariage l'interdisant, l'époux bénéficiaire de l'inscription peut en donner mainlevée totale ou partielle.**

Il en est ainsi même en ce qui concerne l'hypothèque légale, ou éventuellement l'hypothèque judiciaire, garantissant la pension alimentaire allouée ou susceptible d'être allouée *(L. n° 85-1372 du 23 déc. 1985)* **« à un époux, pour lui » ou pour ses enfants.**

Si l'époux bénéficiaire de l'inscription, en refusant de réduire son hypothèque ou d'en donner mainlevée, empêche l'autre époux de faire une constitution d'hypothèque ou une aliénation qu'exigerait l'intérêt de la famille ou s'il est hors d'état de manifester sa volonté, les juges pourront autoriser cette réduction ou cette mainlevée aux conditions qu'ils estimeront nécessaires à la sauvegarde des droits de l'époux intéressé. Ils ont les mêmes pouvoirs lorsque le contrat de mariage comporte la clause visée au premier alinéa.

(Abrogé par Ord. n° 2021-1192 du 15 sept. 2021, art. 21-XVI, à compter du 1er janv. 2022) ***« Quand l'hypothèque a été inscrite par application de l'article 2404, l'inscription ne peut être rayée ou réduite, pendant la durée du transfert d'administration, qu'en vertu d'un jugement du tribunal qui a ordonné le transfert.***

« Dès la cessation du transfert d'administration, la radiation ou la réduction peut être faite dans les conditions prévues aux alinéas 1er et 3 ci-dessus. » — *[Anc. art. 2446 mod.]*

Art. 2441 *(L. n° 64-1230 du 14 déc. 1964)* **Si la valeur des immeubles sur lesquels l'hypothèque du mineur ou du majeur en tutelle a été inscrite excède notablement ce qui est nécessaire pour garantir la gestion du tuteur, celui-ci peut demander au conseil de famille** *(Ord. n° 2021-1192 du 15 sept. 2021, art. 21-XVII, en vigueur le 1er janv. 2022)* **« ou à défaut au juge des tutelles » de réduire l'inscription aux immeubles suffisants.**

Il peut pareillement lui demander de réduire l'évaluation qui avait été faite de ses obligations envers le *(Ord. n° 2021-1192 du 15 sept. 2021, art. 21-XVII, en vigueur le 1er janv. 2022)* **« mineur ».**

L'administrateur légal peut dans les mêmes cas, lorsqu'une inscription a été prise sur ses immeubles en vertu de l'article *(Ord. n° 2021-1192 du 15 sept. 2021, art. 21-XVII, en vigueur le 1er janv. 2022)* **« 2398 », demander au juge des tutelles de la réduire, soit quant aux immeubles grevés, soit quant aux sommes garanties.**

Le tuteur et l'administrateur légal peuvent en outre, s'il y a lieu, sous l'observation *des mêmes conditions*, demander la mainlevée totale de l'hypothèque.

La radiation partielle ou totale de l'hypothèque sera faite au vu d'un acte de mainlevée signé par un membre du conseil de famille ayant reçu délégation à cet effet *(Ord. n° 2021-1192 du 15 sept. 2021, art. 21-XVII, en vigueur le 1er janv. 2022)* **« ou à défaut au vu d'une décision du juge des tutelles », en ce qui concerne les immeubles du tuteur, et au vu d'une décision du juge des tutelles, en ce qui concerne les immeubles de l'administrateur légal.** — *[Anc. art. 2447 mod.]*

Art. 2442 *(L. nº 65-570 du 13 juill. 1965)* **« Les jugements sur les demandes d'un époux, d'un tuteur ou d'un administrateur légal dans les cas prévus aux articles précédents sont rendus dans les formes réglées au code de procédure civile. »**

(Décr. nº 55-22 du 4 janv. 1955) **Si le tribunal prononce la réduction de l'hypothèque à certains immeubles, les inscriptions prises sur tous les autres sont radiées.** — *[Anc. art. 2448.]*

SOUS-SECTION 3 De la publicité des registres et de la responsabilité en matière de publicité foncière

(Ord. nº 2021-1192 du 15 sept. 2021, art. 15-VI, en vigueur le 1er janv. 2022)

La sous-section 3 comprend les art. 2449 à 2457 qui deviennent respectivement les art. 2443 et 2444, l'art. 2445 dans sa rédaction résultant de l'art. 21 de la présente Ord., les art. 2446 à 2448 ainsi que l'art. 2449 dans sa rédaction résultant de l'art. 21 de l'Ord. nº 2021-1192 du 15 sept. 2021 (Ord. préc., art. 15-VI, en vigueur le 1er janv. 2022).

Comp. anc. art. 2449 s.

Art. 2443 *(Décr. nº 55-22 du 4 janv. 1955 ; Ord. nº 2010-638 du 10 juin 2010, art. 2, en vigueur le 1er janv. 2013)* **« Les services chargés de la publicité foncière » sont tenus de délivrer, à tous ceux qui le requièrent, copie ou extrait des documents, autres que les bordereaux d'inscription,** *(Ord. nº 2010-638 du 10 juin 2010, art. 2, en vigueur le 1er janv. 2013)* **« qui y sont déposés » dans la limite des cinquante années précédant celle de la réquisition, et copie ou extrait des inscriptions subsistantes,** *(Ord. nº 67-839 du 28 sept. 1967)* **« ou certificat qu'il n'existe aucun document ou inscription entrant dans le cadre de la réquisition ».**

Ils sont également tenus de délivrer sur réquisition, dans un délai de dix jours, des copies ou extraits du fichier immobilier *(Ord. nº 67-839 du 28 sept. 1967)* **« ou certificat qu'il n'existe aucune fiche entrant dans le cadre de la réquisition ».** — *[Anc. art. 2449.]*

En application du II de l'art. 21 de la L. du 12 avr. 2000, le silence gardé par l'administration pendant deux mois vaut rejet pour les demandes de renseignements et copies de documents présentées à compter du 12 nov. 2014 (Décr. nº 2014-1280 du 23 oct. 2014).

Jugé, dans le cadre de l'ancienne procédure de requête civile, qu'il ne peut y avoir dol personnel ou rétention d'une pièce décisive, dès lors que le document décisif était transcrit sur un registre public accessible aux tiers et qu'il était possible de l'obtenir en cours de procès, ce qui était le cas en l'espèce, s'agissant de renseignements fonciers qu'il était loisible d'obtenir du conservateur des hypothèques en raison de leur transcription sur un registre public. • Civ. 2e, 9 oct. 1975, nº 74-11.754 P.

Art. 2444 *(Ord. nº 2010-638 du 10 juin 2010, art. 3, en vigueur le 1er janv. 2013)* **I. — L'État est responsable du préjudice résultant des fautes commises par chaque service chargé de la publicité foncière dans l'exécution de ses attributions, notamment :**

1º Du défaut de publication des actes et décisions judiciaires déposés dans les services chargés de la publicité foncière et des inscriptions requises, toutes les fois que ce défaut de publication ne résulte pas d'une décision de refus ou de rejet ;

2º De l'omission, dans les certificats délivrés par les services chargés de la publicité foncière, d'une ou plusieurs des inscriptions existantes, à moins dans ce dernier cas que l'erreur ne provienne de désignations insuffisantes ou inexactes qui ne pourraient leur être imputées.

II. — L'action en responsabilité de l'État pour les fautes commises par chaque service chargé de la publicité foncière est exercée devant le juge judiciaire et, sous peine de forclusion, dans le délai de dix ans suivant le jour où la faute a été commise. — *[Anc. art. 2450.]*

La responsabilité de l'État est substituée, au 1er janv. 2013, à celle incombant aux conservateurs des hypothèques, au titre des préjudices résultant de l'exécution des missions civiles effectuées par ces derniers jusqu'au 31 déc. 2012. L'État est, corrélativement, substitué aux conservateurs des hypothèques dans les droits et biens qui garantissent cette responsabilité en application du chapitre IV du titre I de la loi du 21 ventôse an VII (Ord. nº 2010-638 du 10 juin 2010, art. 18).

1. La publicité foncière n'étant pas constitutive de droits, les corrections et annotations apportées par le service de la publicité foncière ne peuvent avoir pour effet de modifier la nature d'un droit de propriété résultant d'actes antérieurement publiés, et ne sauraient engager la responsabilité de l'État à ce titre. • Civ. 3e, 18 oct. 2018, n° 17-26.734 P : *D. 2018. 2468, note Dubarry ; ibid. 2019. 279, obs. Mekki ; AJDI 2019. 469, obs. Le Rudulier ; RTD civ. 2019. 132, obs. Dross ; RDC 1/2019. 138, note Danos.*

2. Liste limitative (non). Les dispositions relatives à la responsabilité du conservateur des hypothèques ne sont pas limitatives. La responsabilité est engagée conformément aux principes du droit commun toutes les fois que le conservateur commet dans l'exercice de ses fonctions une faute ou une négligence préjudiciable. • Civ. 2 janv. 1924 : *DP 1924. 1. 14 (2e esp.)* • Civ. 3e, 29 oct. 1969, n° 67-13.515 P.

3. Illustration. Un conservateur des hypothèques qui n'a fait figurer sur un état des inscriptions que le nom patronymique de la créancière et le domicile élu et n'a pas fait état des précisions d'état civil concernant son prénom et sa qualité d'épouse séparée de biens, ne peut voir engagée sa responsabilité, pour s'être limité à ces indications sommaires, sans que soient analysées les réquisitions en vue de la délivrance de l'extrait demandé. • Civ. 3e, 27 juin 1978 : *JCP 1979. II. 19253, note J. A. ; JCP N 1979. II. 157, note H. T.*

4. Compétence. Incompétence de la juridiction administrative pour la mise en cause de la responsabilité des conservateurs des hypothèques. • TA Montpellier, 3 févr. 1989 : *RDI 1990. 235, obs. Delebecque et Simler .*

Art. 2445 *(Ord. n° 67-839 du 28 sept. 1967 ; Ord. n° 2010-638 du 10 juin 2010, art. 4, en vigueur le 1er janv. 2013)* **« Lorsque le service chargé de la publicité foncière, délivrant un certificat au nouveau titulaire d'un droit »** *(Ord. n° 2021-1192 du 15 sept. 2021, art. 21-XVIII, en vigueur le 1er janv. 2022)* **« réel immobilier », omet une inscription** *(Abrogé par Ord. n° 2021-1192 du 15 sept. 2021, art. 21-XVIII, à compter du 1er janv. 2022) **« de privilège ou »*** **d'hypothèque, le droit demeure, dans les mains du nouveau titulaire, affranchi** *(Abrogé par Ord. n° 2021-1192 du 15 sept. 2021, art. 21-XVIII, à compter du 1er janv. 2022) **« du privilège ou »*** **de l'hypothèque non** *(Ord. n° 2021-1192 du 15 sept. 2021, art. 21-XVIII, en vigueur le 1er janv. 2022)* **« révélée », pourvu que la délivrance du certificat ait été requise par l'intéressé en conséquence de la publication de son titre.** *(Ord. n° 2010-638 du 10 juin 2010, art. 4, en vigueur le 1er janv. 2013)* **« Sans préjudice de son recours éventuel contre l'État », le créancier bénéficiaire de l'inscription omise ne perd pas le droit de se prévaloir du rang que cette inscription lui confère tant que le prix n'a pas été payé par l'acquéreur ou que l'intervention dans l'ordre ouvert entre les autres créanciers est autorisée.** – *[Anc. art. 2451 mod.]*

Si l'immeuble à l'égard duquel il y a eu omission dans les certificats du conservateur d'une ou de plusieurs charges inscrites en demeure affranchi dans les mains du nouveau possesseur, il n'en est ainsi qu'autant que l'omission n'est pas imputable à ce dernier. • Civ. 13 juill. 1898 : *DP 1898. 1. 534.*

Art. 2446 *(Décr. n° 59-89 du 7 janv. 1959)* **« En dehors des cas où ils sont fondés à refuser le dépôt ou à rejeter une formalité, conformément aux dispositions législatives ou réglementaires sur la publicité foncière,** *(Ord. n° 2010-638 du 10 juin 2010, art. 4, en vigueur le 1er janv. 2013)* **« les services chargés de la publicité foncière » ne peuvent refuser ni retarder l'exécution d'une formalité ni la délivrance des documents régulièrement requis », sous peine des dommages et intérêts des parties ; à l'effet de quoi, procès-verbaux des refus ou retardements seront, à la diligence des requérants, dressés sur-le-champ, soit par un juge du tribunal judiciaire, soit par un huissier audiencier du tribunal, soit par un autre huissier** *[commissaire de justice]* **ou un notaire assisté de deux témoins.** – *[Anc. art. 2452.]*

1. Le conservateur des hypothèques ne peut refuser le dépôt d'un acte dont la publicité est requise, ou rejeter la formalité, que dans les cas *limitativement énumérés par* la loi. • Civ. 3e, 14 mars 1968 : *Bull. civ. III, n° 61 ; D. 1968. 425 ; JCP 1968. II. 15536, note Bulté.*

2. Le procès-verbal visé par l'art. 2199 pour constater des refus ou des retardements n'est qu'une modalité de preuve et aucune mise en demeure n'est prévue lors de la réquisition à fin de publicité pour mettre en jeu la responsabilité du conservateur. • Civ. 3e, 29 oct. 1969, n° 67-13.515 P.

3. L'acte de quittance, par lequel le créancier d'une soulte de prix payable à terme reconnaît qu'il a reçu paiement de sa créance, affecte les rapports des parties, mais ne modifie pas aux yeux des tiers la situation juridique de l'immeuble dont le transfert de propriété a été immédiatement constaté par l'acte de licitation, régulièrement publié. Il ne saurait dès lors être fait grief au conservateur d'en avoir refusé la publication. • Paris, 18 sept. 1997 : *Defrénois 1998. 228, note Paire.*

Art. 2447 *(Décr. n° 59-89 du 7 janv. 1959) (Ord. n° 2010-638 du 10 juin 2010, art. 4, en vigueur le 1er janv. 2013)* **« Les services chargés de la publicité foncière seront tenus d'avoir un registre sur lequel ils inscriront, jour par jour, et par ordre numérique, les remises qui leur seront faites d'actes, décisions judiciaires, bordereaux et, généralement, de documents déposés en vue de l'exécution d'une formalité de publicité.**

« Ils ne pourront exécuter les formalités qu'à la date et dans l'ordre des remises qui leur auront été faites. »

(Décr. n° 60-4 du 6 janv. 1960) **« Chaque année, une reproduction des registres clôturés pendant l'année précédente sera déposée sans frais au greffe d'un** *(Ord. n° 2019-964 du 18 sept. 2019, art. 2, en vigueur le 1er janv. 2020)* **« tribunal judiciaire » situés** *[situé]* **dans un arrondissement autre que celui où réside** *(Ord. n° 2010-638 du 10 juin 2010, art. 4, en vigueur le 1er janv. 2013)* **« le service chargé de la publicité foncière. »**

(Décr. n° 55-22 du 4 janv. 1955) **« Le tribunal au greffe duquel sera déposée la reproduction sera désigné par arrêté du ministre de la justice.**

« Un décret déterminera les modalités d'application du présent article et, notamment, les procédés techniques susceptibles d'être employés pour l'établissement de la reproduction à déposer au greffe. » – *[Anc. art. 2453.]*

Art. 2448 *(Décr. n° 59-89 du 7 janv. 1959)* **Le registre tenu en exécution de l'article précédent est coté et paraphé à chaque page, par première et dernière, par le juge du tribunal judiciaire dans le ressort duquel le bureau est établi. Il est arrêté chaque jour.**

(L. n° 98-261 du 6 avr. 1998, en vigueur le 1er juill. 1998) **« Par dérogation à l'alinéa précédent, un document informatique écrit peut tenir lieu de registre ; dans ce cas, il doit être identifié, numéroté et daté dès son établissement par des moyens offrant toute garantie en matière de preuve. »** – *[Anc. art. 2454.]*

Art. 2449 *(L. n° 98-261 du 6 avr. 1998, en vigueur le 1er juill. 1998 ; Ord. n° 2010-638 du 10 juin 2010, art. 4, en vigueur le 1er janv. 2013)* **Dans les services chargés de la publicité foncière dont le registre est tenu conformément aux dispositions du deuxième alinéa de l'article** *(Ord. n° 2021-1192 du 15 sept. 2021, art. 21-XIX, en vigueur le 1er janv. 2022)* **« 2448 », il est délivré un certificat des formalités acceptées au dépôt et en instance d'enregistrement au fichier immobilier sur les immeubles individuellement désignés dans la demande de renseignements. Un décret en Conseil d'État précise le contenu de ce certificat.** – *[Anc. art. 2457 mod.]*

SECTION 7 Des effets des hypothèques

(Ord. n° 2021-1192 du 15 sept. 2021, art. 15-VII, en vigueur le 1er janv. 2022)

SOUS-SECTION 1 Du droit de préférence et du droit de suite

(Ord. n° 2021-1192 du 15 sept. 2021, art. 15-VII, en vigueur le 1er janv. 2022)

La sous-section 1 comprend les art. 2450 et 2451 dans leur rédaction résultant de l'art. 22 de l'Ord. n° 2021-1192 du 15 sept. 2021, les art. 2459 et 2460 qui deviennent les art. 2452 et 2453 ainsi que les art. 2454 à 2460 dans leur rédaction résultant de l'art. 22 de ladite Ord. (Ord. préc., art. 15-VII, en vigueur le 1er janv. 2022).

Comp. anc. art. 2459 s.

BIBL. ▶ PIÉDELIÈVRE, *JCP N 2021, n° 1327* (aménagements relatifs au droit de suite en matière hypothécaire apportés par la réforme des sûretés).

Art. 2450 *(Ord. n° 2021-1192 du 15 sept. 2021, art. 22-I, en vigueur le 1er janv. 2022)* **Le créancier hypothécaire impayé peut poursuivre la vente du bien hypothéqué selon les modalités prévues par le code des procédures civiles d'exécution, auxquelles la convention d'hypothèque ne peut déroger.**

Sur le prix de vente, il est payé par préférence aux créanciers chirographaires. S'il est en concours avec d'autres créanciers hypothécaires, il est payé au rang que lui assignent les articles 2418 à 2420.

1. Protection du droit de préférence du créancier : séquestre. Le propriétaire d'un bien hypothéqué peut en percevoir les fruits naturels. Mais, si la vente d'arbres constitue un acte d'administration s'il s'agit d'arbres de haute futaie à couper selon un aménagement qui en assure la conservation, il n'en est pas de même lorsque les coupes prévues sont importantes et que le créancier n'a pas la garantie que d'autres ventes n'ont pas eu lieu. En pareil cas, est justifiée une mesure de séquestre sur le prix de la vente en attendant que le vendeur donne les garanties nécessaires. • Civ. 1re, 16 juill. 1974 : *Bull. civ. I, n° 232.* – V. aussi • Civ. 2 juin 1934 : *DP 1935. 1. 65, note Fréjaville.* ♦ Conséquences de l'arrachage des vignes autorisé par le propriétaire de l'immeuble hypothéqué : • TGI Angoulême, 2 févr. 1989 : *Gaz. Pal. 1991. 1. 8, note Prévault ; RDI 1991. 85, obs. Delebecque et Simler.*

2. ... Action paulienne. L'action paulienne peut être exercée par le créancier hypothécaire en dehors même de l'insolvabilité du débiteur, dès lors que, par l'acte frauduleux contre lequel l'action révocatoire est dirigée, le débiteur réduit la valeur des biens de façon à diminuer l'efficacité de l'exercice des droits dont le créancier s'était assuré l'avantage. • Civ. 1re, 15 oct. 1980 : *Bull. civ. I, n° 257.* ♦ V. aussi : • Civ. 3e, 22 janv. 1997, n° 95-11.960 P : *D. 1998. Somm. 105, obs. S. Piedelièvre ; JCP 1997. I. 4033, n° 14, obs. Delebecque.*

3. Droits procéduraux du créancier hypothécaire. Le créancier hypothécaire étant représenté par son débiteur, dans les limites des droits et obligations qu'il tient de celui-ci, ne peut former tierce opposition contre un jugement ayant ordonné la destruction d'une partie de l'immeuble hypothéqué. • Civ. 3e, 18 mai 2017, n° 16-12.169 P.

Art. 2451 *(Ord. n° 2021-1192 du 15 sept. 2021, art. 22-I, en vigueur le 1er janv. 2022)* **Le créancier hypothécaire peut aussi demander en justice que l'immeuble, s'il ne constitue pas la résidence principale du constituant, lui demeure en paiement.**

Procédure collective. La demande d'un créancier hypothécaire impayé tendant à ce que l'immeuble grevé lui demeure en paiement, par application de l'art. 2458 [anc.], tend au paiement d'une somme d'argent, au sens de l'art. L. 622-21 C. com. ; il en résulte qu'à défaut de disposition autorisant, par dérogation au principe de l'interdiction des poursuites posé par ce texte, la présentation d'une telle demande en cas de procédure collective, comme il en existe pour l'attribution judiciaire du gage, la demande d'attribution judiciaire de l'immeuble hypothéqué est irrecevable. • Com. 28 juin 2017, n° 16-10.591 P : *D. 2017. 1356, obs. Lienhard ; ibid. 1941, obs. Le Corre et Lucas ; ibid. 1996, obs. Crocq ; RTD civ. 2017. 707, obs. Crocq.*

Art. 2452 *(Ord. n° 2006-346 du 23 mars 2006, art. 30)* **Il peut être convenu dans la convention d'hypothèque que le créancier deviendra propriétaire de l'immeuble hypothéqué. Toutefois, cette clause est sans effet sur l'immeuble qui constitue la résidence principale du débiteur.** — *[Anc. art. 2459.]*

BIBL. ▸ **Pacte commissoire :** CARBONNEL, *JCP E 2007. 2536.* – HÉBERT, *D. 2007. Chron. 2052.* – PERUS, *RLDC 2008/50, n° 3023.*

Art. 2453 *(Ord. n° 2006-346 du 23 mars 2006, art. 30)* **Dans les cas prévus aux deux articles précédents, l'immeuble doit être estimé par expert désigné à l'amiable ou judiciairement.**

Si sa valeur excède le montant de la dette garantie, le créancier doit au débiteur une somme égale à la différence ; s'il existe d'autres créanciers hypothécaires, il la consigne. — *[Anc. art. 2460.]*

Art. 2454 *(Ord. n° 2021-1192 du 15 sept. 2021, art. 22-II, en vigueur le 1er janv. 2022)* **En cas d'aliénation de l'immeuble, l'hypothèque le suit entre les mains du tiers acquéreur.**

Le tiers acquéreur est ainsi obligé, dans la limite des inscriptions, à toute la dette garantie, en capital et intérêts, quel qu'en soit le montant.

S'il reste impayé, le créancier hypothécaire peut poursuivre en justice la vente de l'immeuble hypothéqué dans les conditions prévues par le livre III du code des procédures civiles d'exécution.

1. Principe du droit de suite. Le droit de suite est un droit réel opposable à tous, et notamment à tout acquéreur indépendamment de sa bonne ou mauvaise foi. • Civ. 3e, 6 nov. 2002, n° 01-11.882 P : *Defrénois 2003. 1618, obs. Théry ; AJDI 2003. 795, note Cohet-Cordey.* ♦ Le droit de suite ne peut pas être exercé par les créanciers d'un acquéreur à l'encontre du vendeur redevenu propriétaire à la suite de la résolution de la vente, dont l'effet rétroactif a eu pour conséquence l'anéantissement de tous les droits constitués sur l'immeuble.

• Civ. 3e, 7 janv. 2016, no 14-18.360 P : *D. 2016. 124 ; RTD civ. 2016. 347, obs. Barbier*. ♦ Le créancier qui n'a pas exercé son droit de suite ne justifie pas d'un préjudice certain dans son action contre le notaire. • Civ. 3e, 28 sept. 2004, no 12-16.891 P : *D. 2004. AJ 2711 ; Defrénois 2005. 520, obs. S. Piedelièvre* • 27 févr. 2013, no 12-16.891 P : *D. 2013. 705* (*idem*).

2. *Intérêts.* Lorsque l'art. 2168 [2463 anc.] dit que le tiers détenteur doit payer tous les intérêts exigibles, il n'entend mettre à sa charge que ceux qui peuvent lui être légitimement réclamés en cette qualité, c'est-à-dire que ceux qui ont été conservés soit par l'inscription principale à concurrence de trois années, soit par des inscriptions particulières. • Paris, 15 déc. 1927 : *DH 1928. 157.*

3. *Prescription.* Le tiers détenteur, débiteur du droit de suite, obligé de payer en application de l'art. 2463 [anc.], n'est pas fondé à se prévaloir de la prescription de la créance principale à l'appui de sa demande de mainlevée du commandement de payer valant saisie. • Civ. 2e, 19 févr. 2015, no 13-27.691 P : *D. 2015. 964, note Théry ; ibid. 1339, obs. Leborgne ; ibid. 1810, obs. Crocq ; RTD civ. 2015. 652, obs. Dross ; JCP 2015, no 496, note Brémond.*

4. *Possibilité d'une inscription.* L'existence d'un privilège ou d'une hypothèque sur un immeuble ne fait obstacle ni à sa vente ni à l'inscription d'une nouvelle sûreté réelle sur ce bien. • Civ. 3e, 18 juin 2008, no 07-15.129 P : *D. 2008. AJ 1899*.

5. *Inopposabilité d'un acte frauduleux.* L'inopposabilité d'un bail à long terme au créancier hypothécaire pour fraude à ses droits, une fois prononcée lui confère le droit de poursuivre la vente forcée de l'immeuble libre de tout bail à long terme et, dès lors, un tel bail serait ainsi inopposable à l'adjudicataire. • Civ. 3e, 20 mars 1996, no 94-14.665 P : *D. 1996. Somm. 387, obs. S. Piedelièvre ; JCP 1996. I. 3942, no 7, obs. Simler et Delebecque.*

6. *Ordre des inscriptions.* L'hypothèque prend rang à compter de son inscription et elle est dès ce jour opposable à tous, y compris au tiers qui a acquis le bien qu'elle grève. • Civ. 3e, 1er févr. 2005, no 02-13.054 P. ♦ Est inopposable au créancier bénéficiant d'une hypothèque judiciaire le bail à construction inscrit entre la publication de l'hypothèque provisoire et l'admission définitive la confirmant. • Civ. 3e, 14 déc. 1994, no 92-20.628 P.

7. Publication d'un contrat de promotion immobilière primée par une hypothèque prise le même jour, en application de l'art. 31 du Décr. du 4 janv. 1955. • Versailles, 10 oct. 1996 : *D. 1997. Somm. 258, obs. S. Piedelièvre ; RDI 1997. 453, obs. C. Saint-Alary Houin*.

8. *Articulation des droits de suite et de préférence.* L'immeuble hypothéqué ayant été vendu à l'amiable, le droit de suite sur le bien conditionne l'exercice du droit de préférence et le créancier ne peut plus exercer ce dernier qu'après avoir fait saisir et vendre l'immeuble. • Civ. 3e, 27 janv. 1999, no 96-16.022 P : *R., p. 335 ; D. 1999. Somm. 303, obs. S. Piedelièvre ; JCP N 2000. 1510, étude Lafond.*

9. *Stipulation pour autrui.* Les tiers acquéreurs, bénéficiaires d'une stipulation pour autrui par laquelle le créancier hypothécaire renonce à exercer contre eux son droit de suite à la condition, exprimée dans l'acte de vente, que le prix d'acquisition lui sera versé directement, sont tenus d'une obligation personnelle envers la banque créancière, qui est en droit d'exiger le paiement des sommes dues entre ses mains. • Civ. 3e, 10 nov. 1999, no 97-17.441 P : *D. 2000. Somm. 397, obs. S. Piedelièvre*.

10. *Liquidation judiciaire : cumul d'une créance chirographaire et d'un droit de préférence.* Un créancier hypothécaire doit être colloqué sur le prix de vente de l'immeuble vendu par le liquidateur, quoique n'ayant pas mentionné de privilège ou de sûreté dans sa déclaration de créance, dès lors que ce créancier, d'un côté chirographaire, exerçait de l'autre son droit de suite et de préférence sur l'immeuble hypothéqué dont le débiteur en liquidation n'était devenu propriétaire que postérieurement à la constitution d'hypothèque. • Com. 10 mars 2004, no 02-16.474 P : *D. 2004. Somm. 2146, obs. Le Corre, et 2710, obs. Aynès ; Banque et Dr. 5-6/2004. 45, obs. Jacob.*

11. *Privilège du Trésor.* Sur le droit de suite du privilège spécial de taxe foncière, V. note 5 ss. art. 2331-1.

Art. 2455 *(Ord. no 2021-1192 du 15 sept. 2021, art. 22-II, en vigueur le 1er janv. 2022)* **Le tiers acquéreur qui n'est pas personnellement obligé à la dette peut s'opposer à la vente de l'immeuble s'il demeure d'autres immeubles, hypothéqués à la même dette, en la possession du débiteur principal, et en requérir la discussion préalable selon la forme réglée au chapitre I du titre I du livre IV du présent code. Pendant cette discussion, il est sursis à la vente de l'immeuble hypothéqué.**

Ce tiers acquéreur peut encore, comme le pourrait une caution, opposer au créancier toutes les exceptions qui appartiennent au débiteur principal.

Art. 2456 *(Ord. n° 2021-1192 du 15 sept. 2021, art. 22-II, en vigueur le 1er janv. 2022)* **Une fois sommé de payer, et sauf le bénéfice de discussion prévu à l'article précédent, le tiers acquéreur peut :**
— soit payer,
— soit purger l'immeuble suivant les règles prévues à la sous-section suivante,
— soit se laisser saisir.

1. Pour parvenir à la vente sur un tiers détenteur qui n'a pas satisfait à ses obligations légales, tout créancier hypothécaire doit préalablement adresser un commandement à chacun des codébiteurs originaires, si ceux-ci restent tenus de la dette. • Civ. 2e, 8 janv. 1997, n° 95-10.976 P : *R., p. 290 ; D. 1997. Somm. 254, obs. S. Piedelièvre ; JCP 1997. I. 4033, n° 16, obs. Delebecque ; JCP N 1997. II. 777.*

2. L'annulation de la saisie pratiquée sur le tiers détenteur sans commandement préalable au débiteur ne peut être refusée au motif que l'irrégularité ne causerait pas grief, car le commandement préalable au débiteur ne constitue pas une formalité de procédure dont l'inobservation ne serait susceptible d'entraîner la nullité de la saisie immobilière que dans les conditions de l'art. 114 C. pr. civ. • Civ. 2e, 3 déc. 1980, n° 79-12.431 P. ♦ Même solution en cas de défaut de sommation au tiers détenteur de payer ou de délaisser. • Civ. 2e, 5 juill. 1982 : *Bull. civ. II, n° 103.* ♦ ... Ou en cas de péremption du commandement au débiteur, qui peut entraîner celle de la sommation aux tiers détenteurs. • Civ. 2e, 31 janv. 1990, n° 88-14.506 P.

Art. 2457 *(Ord. n° 2021-1192 du 15 sept. 2021, art. 22-II, en vigueur le 1er janv. 2022)* **Le tiers acquéreur doit indemniser le créancier hypothécaire du préjudice résultant des dégradations qui ont diminué la valeur de l'immeuble par son fait ou par sa faute. Mais il peut obtenir remboursement, par prélèvement sur le prix de vente, de ses dépenses nécessaires à la conservation de l'immeuble et de celles qui en ont augmenté la valeur, dans la limite de la plus-value estimée au jour de la restitution.**

La règle de l'art. 2175 [2470 anc.] sur la répétition des impenses s'applique à l'acquéreur d'un fonds de commerce surenchéri (L. 17 mars 1909, art. 23, devenu C. com., art. L. 143-13 s.). • Paris, 16 juin 1995 : *RJ com. 1996. 70, note Guéval.*

Art. 2458 *(Ord. n° 2021-1192 du 15 sept. 2021, art. 22-II, en vigueur le 1er janv. 2022)* **Si le prix de vente excède la dette hypothécaire, la différence est pour le tiers acquéreur, sauf les droits de ses créanciers inscrits sur l'immeuble.**

Art. 2459 *(Ord. n° 2021-1192 du 15 sept. 2021, art. 22-II, en vigueur le 1er janv. 2022)* **Après la vente, le tiers acquéreur retrouve les droits réels, notamment les servitudes, qu'il avait sur l'immeuble avant qu'il ne l'acquière.**

Art. 2460 *(Ord. n° 2021-1192 du 15 sept. 2021, art. 22-II, en vigueur le 1er janv. 2022)* **Le tiers acquéreur qui a payé la dette hypothécaire, ou subi la saisie de l'immeuble hypothéqué, a un recours en garantie dans les conditions du droit commun et un recours subrogatoire contre le débiteur principal.**

1. Si une caution, pour avoir désintéressé les créanciers inscrits sur un immeuble, se trouve subrogée dans tous leurs droits et actions contre le tiers détenteur de cet immeuble et le poursuit en paiement ou en délaissement, aucun texte de loi ni aucun principe ne permettent à ce tiers de s'opposer à son action sous le prétexte que, s'il est condamné, il aura lui-même un recours à exercer contre la caution. • Req. 16 mars 1938 : *DP 1939. 1. 41, note Voirin.*

2. Ne constitue pas une faute à la charge du tiers détenteur pouvant le priver de l'action en garantie le seul fait de ne pas avoir procédé à la purge, ce qui est une faculté que lui accorde la loi, et non une obligation qu'elle lui impose. • Civ. 20 oct. 1897 : *DP 1898. 1. 13.*

SOUS-SECTION 2 De la purge

(Ord. n° 2021-1192 du 15 sept. 2021, art. 15-VII, en vigueur le 1er janv. 2022)

La sous-section 2 comprend l'art. 2461 dans sa rédaction résultant de l'art. 23 de l'Ord. n° 2021-1192 du 15 sept. 2021, les art. 2475 et 2477 qui deviennent les art. 2462 et 2463 dans leur rédaction résultant de l'art. 23 de ladite Ord. ainsi que les art. 2464 à 2472 [2477 et 2475] dans leur rédaction résultant de l'art. 23 de la même Ord. (Ord. préc., art. 15-VII, en vigueur le 1er janv. 2022).

Comp. anc. art. 2475 s.

Art. 2461 *(Ord. nº 2021-1192 du 15 sept. 2021, art. 23-I, en vigueur le 1er janv. 2022)* **L'immeuble est, de plein droit, purgé du droit de suite attaché à l'hypothèque dans les cas prévus par la loi, notamment la vente sur saisie immobilière, l'expropriation pour cause d'utilité publique ou les situations prévues par les livres VI du code de commerce ou VII du code de la consommation.**

Art. 2462 *(Ord. nº 59-71 du 7 janv. 1959)* **La simple publication** *(Ord. nº 2010-638 du 10 juin 2010, art. 11, en vigueur le 1er janv. 2013)* **« au service chargé de la publicité foncière » des titres translatifs de propriété ne purge pas les hypothèques** *(Ord. nº 2021-1192 du 15 sept. 2021, art. 23-II, en vigueur le 1er janv. 2022)* **« établies » sur l'immeuble.**

Le vendeur ne transmet à l'acquéreur que la propriété et les droits qu'il avait lui-même sur la chose vendue : il les transmet sous l'affectation des mêmes *(Abrogé par Ord. nº 2021-1192 du 15 sept. 2021, art. 23-II, à compter du 1er janv. 2022)* ***« privilèges et »*** **hypothèques dont la chose vendue était grevée.** – *[Anc. art. 2477 mod.]*

1. Formalités de purge des hypothèques. Un acte impliquant, en cas de vente volontaire d'un immeuble, offre par l'acquéreur de payer le prix aux créanciers inscrits en ordre de le recevoir et acceptation de ce prix par les créanciers inscrits qui déclarent dispenser l'acquéreur de faire les notifications prescrites aux fins de purge et renoncer à leur droit de surenchère du dixième, a pour effet de placer les parties dès la transcription de la vente dans la même situation que si les formalités de purge des hypothèques avaient été remplies. • Req. 14 avr. 1934 : *Gaz. Pal. 1934. 2. 19.*

2. Transmission de la propriété et des droits sur la chose vendue (art. 2477 anc., al. 2). En décidant que ne remplissaient pas les conditions d'accès à une association de chasse agréée, les propriétaires d'un terrain dont le droit de chasse avait été apporté à une association de chasse agréée par un précédent propriétaire en application des art. L. 422-10 s. C. envir., une cour d'appel ne fait qu'appliquer la règle selon laquelle le vendeur ne transmet à l'acquéreur que la propriété et les droits qu'il a lui-même conservés sur la chose vendue. • Civ. 3e, 9 déc. 2009 : *cité note 51 ss. art. 544* (en l'espèce, impossibilité pour les acquéreurs du terrain, auquel se rapporte le droit de chasse apporté par un précédent propriétaire à une ACCA, de faire eux-mêmes partie de cette association en raison du caractère limitatif de la liste des personnes énumérées par l'art. L. 422-21-I C. envir.).

Art. 2463 *(Ord. nº 2006-346 du 23 mars 2006, art. 31)* **Lorsque, à l'occasion de la vente d'un immeuble hypothéqué, tous les créanciers inscrits conviennent avec le débiteur que le prix en sera affecté au paiement total ou partiel de leurs créances ou de certaines d'entre elles, ils exercent leur droit de préférence sur le prix et ils peuvent l'opposer à tout cessionnaire comme à tout créancier saisissant de la créance de prix.**

Par l'effet de ce paiement, l'immeuble est purgé du droit de suite attaché à l'hypothèque.

(Abrogé par Ord. nº 2021-1192 du 15 sept. 2021, art. 23-III, à compter du 1er janv. 2022) ***« A défaut de l'accord prévu au premier alinéa, il est procédé aux formalités de purge conformément aux articles ci-après. »*** – *[Anc. art. 2475 mod.]*

BIBL. ▶ COMBARIEU, *JCP N 2008. 1059* (purge amiable).

1. La purge amiable, qui permet aux créanciers inscrits d'exercer leur droit de préférence sur le prix de vente, est une procédure facultative qui *nécessite l'accord du vendeur sans qu'il soit tenu* d'y consentir. • Civ. 3e, 5 mars 2020, nº 19-10.398 P : *D. 2020. 924, note Pellier ; ibid. 1917, obs. Ansault et Gijsbers ; RTD civ. 2020. 642, obs. Gautier ; RDC 2020/3. 48, note Seube ; ibid. 54, note Séjean-Chazal* (cassation de l'arrêt qui a déclaré illégitime le refus du vendeur de signer l'acte authentique de vente avec mainlevée de l'hypothèque et retenu que les vendeurs ne pouvaient pas imposer le processus complexe de la purge légale des art. 2476 [anc.] s. à un acquéreur tenu dans l'ignorance de l'inscription grevant le bien).

2. Sur les difficultés suscitées par la purge amiable avant l'Ord. du 23 mars 2006, V. • Civ. 3e, 8 févr. 2018, nº 16-27.941 P : *D. 2018. 350 ; AJDI 2018. 543, obs. Borel ; RTD civ. 2018. 462, obs. Crocq ; LPA 10 avr. 2018, note Niel et Morin ; JCP N 2018, nº 1277, note Séjean-Chazal.*

Art. 2464 *(Ord. nº 2021-1192 du 15 sept. 2021, art. 23-IV, en vigueur le 1er janv. 2022)* **A défaut de l'accord prévu par l'article précédent, le tiers acquéreur peut, une fois la vente publiée, purger l'immeuble du droit de suite attaché à l'hypothèque.**

Il doit, soit avant les poursuites, soit dans le mois de la première sommation de payer qui lui est faite, notifier aux créanciers inscrits un acte où il dit être prêt à acquitter sur-le-champ les dettes hypothécaires, exigibles ou non exigibles, mais jusqu'à concurrence du prix stipulé dans l'acte d'acquisition ou, s'il a reçu l'immeuble par donation, de la valeur qu'il déclare.

1. Inopposabilité des stipulations particulières. Les notifications faites aux créanciers inscrits par l'adjudicataire d'un immeuble hypothéqué doivent contenir l'offre d'affecter l'intégralité du prix de vente à l'acquittement des charges hypothécaires et cette obligation ne peut être modifiée par des stipulations particulières, qui sont inopposables aux créanciers inscrits en tant qu'elles portent atteinte aux conditions légales auxquelles la faculté de purge se trouve subordonnée. • Req. 7 nov. 1939 : *DC 1941. 1. 65, note Voirin.*

2. Résolution de la vente : conséquence. Si l'offre, faite par l'acquéreur qui procède à la purge, d'acquitter les dettes et charges hypothécaires jusqu'à concurrence du prix, emporte par elle-même et dans cette mesure un engagement personnel de l'acquéreur envers les créanciers hypothécaires, la résolution de la vente remet les choses au même état que si la vente n'avait pas existé et, l'acquéreur étant réputé n'avoir jamais été tiers détenteur, les engagements personnels qu'il a pu prendre en cette qualité ne survivent pas à la perte de celle-ci. • Civ. 13 juill. 1903 : *DP 1905. 1. 393, note de Loynes.*

Sur les formalités de la purge antérieurement requises, V. notes ss. art. 2478 anc.

Art. 2465 *(Ord. n° 2021-1192 du 15 sept. 2021, art. 23-IV, en vigueur le 1er janv. 2022)* **Tout créancier inscrit peut, dans les quarante jours suivant la notification qui lui a été faite, requérir la vente de l'immeuble aux enchères publiques, pourvu qu'il surenchérisse d'un dixième sur le prix stipulé ou sur la valeur déclarée, et qu'il fournisse caution à due concurrence.**

1. Surenchère : conditions. Le fait que l'immeuble vendu soit la propriété d'un débiteur en liquidation judiciaire n'est pas de nature à exclure le droit de surenchère. • Civ. 3e, 17 janv. 2007, n° 05-17.695 P : *D. 2007. AJ 379* ; *JCP 2007. I. 153, n° 4, obs. Cabrillac ; JCP N 2007. 1264, obs. Vauvillé ; Defrénois 2007. 548, obs. Théry.* ♦ Le créancier inscrit peut surenchérir alors même que l'un des éléments du prix de vente consisterait en une rente viagère et que celle-ci serait éteinte par le décès du crédirentier survenu depuis l'adjudication. Pour déterminer le prix sur lequel doit porter cette surenchère, il faut se placer au jour de la première aliénation et il suffit que le créancier surenchérisseur ait fait la soumission de payer le dixième en sus de tous les éléments du prix d'adjudication, parmi lesquels figure le capital de la rente. • Req. 6 juill. 1881 : *DP 1882. 1. 449, rapport Alméras-Latour.*

2. ... Renonciation. L'acceptation par un créancier de la délégation faite à son profit par son débiteur d'une partie du prix de vente de droits immobiliers entraîne, de la part de ce créancier, renonciation au droit de former une surenchère. • Grenoble, 13 déc. 1899 : *DP 1900. 2. 311.*

3. ... Nullité. La nullité de la surenchère pouvant être proposée par toute personne intéressée, l'acquéreur qui veut conserver la propriété de l'immeuble est admis à s'en prévaloir. • Civ. 3e, 12 oct. 1994, n° 92-17.922 P.

4. ... Procuration. La procuration donnée à un avocat pour former surenchère du prix d'un immeuble est valablement établie sous seing privé. • Civ. 1re, 19 nov. 1996, n° 94-18.946 P.

Art. 2466 *(Ord. n° 2021-1192 du 15 sept. 2021, art. 23-IV, en vigueur le 1er janv. 2022)* **Le créancier requérant ne peut par son désistement, et même s'il offre de payer la surenchère, empêcher l'adjudication publique, sauf si tous les autres créanciers inscrits y consentent.**

1. La surenchère, une fois formée, profite à tous les créanciers. Ils peuvent, se reposant sur son existence, s'abstenir d'en former une eux-mêmes ; la surenchère régulière devient commune à ceux qui auraient eu le droit de surenchérir. Il s'agit là d'un droit propre exceptionnel que les créanciers tiennent de l'art. 2190 [2485 anc.]. Mais le créancier surenchérisseur ne représente pas les autres. Est donc recevable la tierce opposition formée par un créancier hypothécaire contre un jugement rendu entre l'acquéreur de l'immeuble hypothéqué et un créancier surenchérisseur. • Civ. 2e, 6 mai 1960 : *Bull. civ. II, n° 295.*

2. Le surenchérisseur ne peut se désister de son offre sans le consentement des créanciers hypothécaires, parce que ce désistement porte atteinte au droit qui leur est acquis, non seulement au montant de cette offre, mais encore aux éventualités d'une nouvelle adjudication. L'acquéreur, au contraire, n'ayant rien à perdre à ce désistement, son consentement n'est pas nécessaire à la validité du désistement. • Req. 24 avr. 1855 : *DP 1855. 1. 202.*

Art. 2467 *(Ord. n° 2021-1192 du 15 sept. 2021, art. 23-IV, en vigueur le 1er janv. 2022)* **Si aucun créancier ne requiert la mise aux enchères dans le délai et les formes prescrites, la valeur de l'immeuble est définitivement fixée au prix stipulé ou à la valeur déclarée.**

L'immeuble est, en conséquence, libéré de toute hypothèque par le paiement de cette somme aux créanciers inscrits, ou par sa consignation.

1. Achèvement de la purge. La purge des hypothèques n'est achevée que par le paiement que le nouveau propriétaire fait aux créanciers du montant de leurs collocations, ou par la consignation de son prix ; jusque-là, l'immeuble est encore le gage des créanciers hypothécaires. • Civ. 15 févr. 1938 : *DH 1938. 177.* ♦ Nonobstant la publication d'un jugement d'adjudication, le créancier hypothécaire n'est pas tenu de rapporter son inscription tant qu'il n'y a pas eu paiement ou consignation. • Civ. 2e, 25 mai 1987, n° 85-15.820 P. ♦ L'effet de purge attaché à la publication du jugement d'adjudication ne se produit que lorsque le prix a été payé. • Civ. 3e, 24 févr. 1999, n° 96-20.181 P.

2. Notion de consignation entraînant la purge. Le versement du prix de vente effectué par le notaire sur son compte de dépôt obligatoire ouvert à la Caisse des dépôts et consignations n'équivaut pas à la consignation de ce prix prévue par l'art. 2481 [anc.] ; l'avis d'opéré faisant état du versement du prix sur le compte du notaire n'est pas un récépissé de consignation, et n'entraîne pas la purge des inscriptions. • Civ. 3e, 12 mai 2021, n° 19-25.393 P : *D. 2021. 1532, note Touzain ; ibid. 1879, obs. Ansault et Gijsbers.*

3. Sort des intérêts du prix de la vente. Après la vente d'un immeuble suivie de l'accomplissement des formalités de la purge, les intérêts du prix sont immobilisés par l'effet des notifications aux fins de purge et affectés, dès lors, comme l'immeuble lui-même, aux créanciers bénéficiant d'une sûreté sur cet immeuble. • Com. 4 mars 1969 : *Bull. civ. IV, n° 82 (2e arrêt).*

Art. 2468 *(Ord. n° 2021-1192 du 15 sept. 2021, art. 23-IV, en vigueur le 1er janv. 2022)* **La vente aux enchères, s'il y a lieu, se fait selon les formes établies par le code de procédure civile, à la diligence soit du créancier qui l'a requise, soit du tiers acquéreur.**

Art. 2469 *(Ord. n° 2021-1192 du 15 sept. 2021, art. 23-IV, en vigueur le 1er janv. 2022)* **L'adjudicataire est tenu, au-delà du prix de son adjudication, de restituer au tiers acquéreur les coûts de son contrat, y compris de sa publication, ainsi que ceux de la notification et tous les autres frais exposés en vue de la purge.**

1. Effets de la surenchère. Rétroactivité. En formalisant une surenchère, comme ils en ont le droit, les créanciers s'attaquent directement au titre duquel dérive la propriété du tiers détenteur afin de lui substituer un nouveau contrat qui fera passer, sans intermédiaire, la propriété des mains du débiteur entre les mains de l'adjudicataire. Le tiers détenteur évincé, réputé n'avoir jamais été propriétaire de l'immeuble, n'a plus aucun titre pour prétendre au reliquat du prix après paiement de toutes les dettes inscrites, ce reliquat revenant au vendeur primitif. • Req. 15 déc. 1862 : *DP 1863. 1. 161.* ♦ Effet résolutoire de la surenchère : V. aussi : • Com. 21 mai 1979, n° 77-15.775 P.

2. Actes d'administration et de jouissance. La surenchère anéantit rétroactivement les droits de l'acquéreur, mais si cet effet rétroactif fait tomber tous les droits réels qui ont été consentis sur l'immeuble, il est sans influence sur les actes de jouissance et d'administration exercés ou passés par l'acquéreur surenchéri, lorsqu'ils ont eu lieu sans fraude ; l'acquéreur surenchéri conserve donc les fruits qu'il a perçus durant sa possession. • Civ. 18 nov. 1924 : *DP 1925. 1. 25, note Matter.* – Déjà en ce sens : • Civ. 19 avr. 1865 : *DP 1865. 1. 208.*

Art. 2470 *(Ord. n° 2021-1192 du 15 sept. 2021, art. 23-IV, en vigueur le 1er janv. 2022)* **Le tiers acquéreur qui se rend adjudicataire, et conserve ainsi la propriété de l'immeuble, n'est pas tenu de faire publier le jugement d'adjudication.**

Il dispose d'un recours contre son vendeur pour le remboursement de ce qui excède le prix stipulé et pour l'intérêt de cet excédent à compter du jour de son paiement.

Art. 2471 *(Ord. n° 2021-1192 du 15 sept. 2021, art. 23-IV, en vigueur le 1er janv. 2022)* **Dans le cas où le tiers acquéreur aurait acquis par le même acte, pour un prix global ou à des prix distincts, des immeubles et des meubles, ou plusieurs immeubles, dont certains seuls sont hypothéqués, et qui forment ou non une même exploitation, le prix de chaque immeuble frappé d'inscription sera déclaré dans la notification prévue par l'article 2464, par ventilation, s'il y a lieu, du prix global.**

Le créancier surenchérisseur ne peut, en aucun cas, être contraint d'étendre sa soumission au mobilier ou à d'autres immeubles que ceux qui sont hypothéqués à sa créance ; sauf le recours du tiers acquéreur contre ses auteurs, pour l'indemnité du dommage qu'il éprouverait, soit de la division des objets de son acquisition, soit de celle des exploitations.

Pour les acquisitions d'immeubles par l'État et les établissements publics nationaux, V. CGPPP, (Ord. n° 2006-460 du 21 avr. 2006, JO 22 avr.), art. L. 1212-1 et L. 1212-2. – **CGPPP.**

1. L'acquéreur de plusieurs immeubles aliénés pour un seul et même prix n'est tenu de déclarer le prix de chaque immeuble par ventilation du prix total que lorsque l'un ou plusieurs d'entre eux sont frappés d'inscriptions qui ne grèvent pas les autres. • Civ. 14 nov. 1894 : *DP 1896. 1. 513, note de Loynes.*

2. Lorsque le nouveau propriétaire a notifié son contrat d'acquisition en réunissant plusieurs biens, sans déclarer la partie du prix total représentant la valeur des seules parcelles hypothéquées au créancier, celui-ci ne peut poursuivre la mise aux enchères de la totalité du lot. En effet, la faculté reconnue à tout créancier inscrit de requérir, en cas de purge, l'adjudication publique des immeubles affectés à sa créance constitue l'exercice du droit de suite dérivant de son hypothèque et ne peut s'exercer à l'égard des biens que cette hypothèque ne frappe pas. Mais la procédure de purge est nulle. • Civ. 6 nov. 1894 : *DP 1896. 1. 225, note de Loynes.*

Art. 2472 *(Ord. n° 2021-1192 du 15 sept. 2021, art. 23-IV, en vigueur le 1er janv. 2022)* **Si l'immeuble aliéné comprend un immeuble par destination grevé d'un gage, le créancier gagiste est assimilé à un créancier inscrit pour l'application de la présente sous-section.**

Le tiers acquéreur peut, une fois la vente publiée, purger l'immeuble par destination du droit de suite attaché au gage en application de l'article 2464. La notification indique alors le prix de l'immeuble par destination gagé, par ventilation s'il y a lieu du prix global, et inclut l'engagement, dans les limites et conditions fixées par cet article, de s'acquitter des dettes garanties par le gage.

Si un créancier gagiste forme surenchère en application de l'article 2465, celle-ci porte sur le seul immeuble par destination gagé.

Si un créancier gagiste et un créancier hypothécaire forment surenchère, seule celle de ce dernier produit effet.

Par l'effet du paiement ou de la consignation intervenu en application des deuxièmes alinéas des articles 2463 ou 2467, l'immeuble est libéré de tout gage.

SECTION 8 De la transmission et de l'extinction des hypothèques

(Ord. n° 2021-1192 du 15 sept. 2021, art. 15-VIII, en vigueur le 1er janv. 2022)

La section 8 comprend l'art. 2473 dans sa rédaction résultant de l'art. 24 de l'Ord. n° 2021-1192 du 15 sept. 2021 et l'art. 2488 qui devient l'art. 2474 dans sa rédaction résultant de l'art. 24 de ladite Ord. (Ord. préc., art. 15-VIII, en vigueur le 1er janv. 2022).

Art. 2473 *(Ord. n° 2021-1192 du 15 sept. 2021, art. 24-I, en vigueur le 1er janv. 2022)* **L'hypothèque est transmise de plein droit avec la créance garantie. Le créancier hypothécaire peut subroger un autre créancier dans l'hypothèque et conserver sa créance.**

Il peut aussi, par une cession d'antériorité, céder son rang d'inscription à un créancier de rang postérieur dont il prend la place.

Art. 2474 *(Ord. n° 2021-1192 du 15 sept. 2021, art. 24-II, en vigueur le 1er janv. 2022)* **« Les hypothèques s'éteignent notamment » :**

1° Par l'extinction de l'obligation principale *(Ord. n° 2006-346 du 23 mars 2006, art. 33)* **« sous réserve du cas prévu à l'article 2422 » ;**

2° Par la renonciation du créancier à l'hypothèque *(Ord. n° 2006-346 du 23 mars 2006, art. 33)* **« sous la même réserve » ;**

(Ord. n° 2021-1192 du 15 sept. 2021, art. 24-II, en vigueur le 1er janv. 2022) **« 3° Par la purge ; »**

(Abrogé par Ord. n° 2021-1192 du 15 sept. 2021, art. 24-II, à compter du 1er janv. 2022) ***« 4° Par la prescription.***

« La prescription est acquise au débiteur, quant aux biens qui sont dans ses mains, par le temps fixé pour la prescription des actions qui donnent l'hypothèque ou le privilège.

« (Ord. n° 59-71 du 7 janv. 1959) *« Quant aux biens qui sont dans la main d'un tiers détenteur, elle lui est acquise par le temps réglé pour la prescription de la propriété à son profit : dans le cas où la prescription suppose un titre, elle ne commence à courir que du jour où ce titre a été publié* (Ord. n° 2010-638 du 10 juin 2010, art. 11, en vigueur le 1er janv. 2013) *« au fichier immobilier ». »*

« Les inscriptions prises par le créancier n'interrompent pas le cours de la prescription établie par la loi en faveur du débiteur ou du tiers détenteur. »

(Ord. n° 2021-1192 du 15 sept. 2021, art. 24-II, en vigueur le 1er janv. 2022) **« 4° »** (Ord. n° 2006-346 du 23 mars 2006, art. 33) **« Par la résiliation permise au dernier alinéa de l'article** (Ord. n° 2021-1192 du 15 sept. 2021, art. 24-II, en vigueur le 1er janv. 2022) **« 2417 » et dans la mesure prévue par ce texte. »** – [Anc. art. 2488 mod.]

1. Extinction : production de son effet légal. L'hypothèque est éteinte lorsqu'elle a produit son effet légal et que d'un droit sur la chose elle a été transformée en un droit sur le prix. Il en est ainsi notamment lorsque la créance qu'elle garantit est payée. • Civ. 3e, 23 janv. 1973 : *D. 1973. 427, note Frank ; JCP 1975. II. 18032, note Bez.* ♦ En conséquence, une imputation postérieure au paiement ne peut faire revivre des sûretés éteintes par suite de l'imputation légale. • Civ. 1re, 29 oct. 1968 : *D. 1969. 96.* ♦ Le paiement fait sur le prix de vente d'un immeuble grevé, à un créancier hypothécaire venant en rang utile pour le montant de sa créance, éteint celle-ci et ne peut donner lieu à restitution ; ce règlement ne peut être contesté et n'a pas à être inclus dans la somme à distribuer dans l'ordre judiciaire ultérieurement ouvert. • Civ. 2e, 3 nov. 1993, n° 92-11.093 P. ♦ L'hypothèque inscrite sur un bail emphytéotique disparaît à l'expiration de ce bail. • Civ. 3e, 7 oct. 2009, n° 08-14.962 P : *D. 2009. AJ 2491 ; JCP 2009. 492, n° 15, obs. Delebecque ; AJDI 2010. 236, obs. Prigent ; Defrénois 2010. 1169, obs. Piedelièvre* (impossibilité d'ordonner la vente sur surenchère d'un bien ayant fait l'objet de deux baux successifs au profit du créancier ayant inscrit son hypothèque sous l'empire du premier bail).

2. Extinction de l'obligation principale. Il résulte de l'art. 1234 C. civ., dans sa rédaction antérieure à celle issue de l'Ord. n° 2016-131 du 10 févr. 2016 que les obligations s'éteignent par la prescription, et de l'art. 2488 [anc.], 1° et 4°, 2e al., du même code que les privilèges et hypothèques s'éteignent par l'extinction de l'obligation principale, sous réserve du cas prévu par l'art. 2422, et que la prescription est acquise au débiteur, quant aux biens qui sont dans ses mains, par le temps fixé pour la prescription des actions qui donnent l'hypothèque ou le privilège. Par cette précision, les rédacteurs du code civil ont souhaité proscrire la règle de l'ancien droit, selon laquelle l'action hypothécaire survivait à la prescription de l'action personnelle en devenant l'accessoire d'une obligation naturelle, et faire, au contraire, coïncider la prescription de la créance et l'extinction de l'hypothèque. Admettre que l'hypothèque ou le privilège puisse survivre à la prescription de l'action en exécution de l'obligation principale remettrait en cause cet objectif, en permettant l'exercice de l'action hypothécaire après prescription de l'action personnelle. Il en résulte que la prescription, qu'elle concerne l'obligation principale ou l'action en paiement emporte, par voie de conséquence, l'extinction de l'hypothèque ou du privilège. • Civ. 3e, 12 mai 2021, nos 19-16.514 P et 19-16.515 P (2 arrêts) : *D. 2021. 1367, note Pellier ; ibid. 1879, obs. Ansault et Gijsbers ; RTD civ. 2021. 690, obs. Gijsbers.*

3. Annulation du contrat de prêt garanti par l'hypothèque. L'obligation de restituer inhérente à un contrat de prêt annulé demeure tant que les parties n'ont pas été remises en l'état antérieur à la conclusion de leur convention annulée ; l'hypothèque en considération de laquelle ce prêt a été consenti subsiste jusqu'à l'extinction de cette obligation. • Civ. 3e, 5 nov. 2008, n° 07-17.357 P : *D. 2008. AJ 2932 ; Defrénois 2008. 2513, obs. Savaux ; JCP 2009. I. 150, n° 16, obs. Simler et Delebecque ; Defrénois 2009. 2088, obs. Théry ; RTD civ. 2009. 148, obs. Crocq ; RDC 2009. 205, obs. Houtcieff.* ♦ Pour une solution identique en matière de cautionnement, V. note 2 ss. art. 2293.

4. Absence de déclaration : bien commun. L'absence de déclaration des créances garanties par une hypothèque sur un immeuble commun à deux époux dont l'un est en liquidation judiciaire n'affecte que l'exercice, dans le cadre de la procédure collective, des droits hypothécaires des créanciers, mais non leur existence, et, dès lors, la radiation de l'hypothèque ne peut être ordonnée du chef de l'époux *in bonis.* • Com. 14 mai 1996, n° 94-11.366 P : *R., p. 296 ; D. 1996. 460, note Derrida ; ibid. Somm. 388, obs. S. Piedelièvre ; JCP 1996. I. 3962, n° 13, et 3991, n° 14, obs. Simler et Delebecque ; Defrénois 1997. 246, note Sénéchal ; ibid. 400, obs. Aynès ; RTD civ. 1996. 666, obs. Crocq.* ♦ Le juge doit rechercher, au besoin d'office, si le créancier a déclaré sa créance au passif. • Com. 14 oct. 1997, n° 96-12.853 P : *D. 1998. Somm. 99, obs. A. H. et 134, 1re esp., obs. Revel ; ibid. 377, obs. S. Piedelièvre ; JCP 1998. II. 10003, note Beignier ; ibid. I. 149, n° 15, obs. Delebecque.*

5. ... Admission à titre chirographaire : cautionnement hypothécaire. Le créancier bénéficiant d'une hypothèque consentie par deux époux sur un immeuble leur appartenant en garantie d'un prêt accordé à une société dont l'un des époux était le gérant ne peut être déclaré déchu du bénéfice de son inscription hypothécaire au motif qu'il a été admis seulement à titre chirographaire au passif de la société, dès lors que l'hypothèque ne portait pas sur un bien compris dans les actifs de la société en liquidation judiciaire. • Civ. 3e, 24 juin 1998, n° 97-17.108 P : *D. 1999. Somm. 301, obs. S. Piedelièvre ; JCP 1999. I. 103, n° 9, obs. M. Cabrillac ; ibid. 116, n° 9, obs. Delebecque.*

6. Saisie de l'immeuble d'un indivisaire : procédure collective. Le créancier hypothécaire, qui exerce des poursuites de saisie immobilière sur un bien indivis sur lequel une personne soumise à une procédure collective a des droits, est tenu, sans préjudice de la délivrance d'un commandement aux indivisaires maîtres de leurs droits, fût-il titulaire d'une hypothèque consentie par tous les indivisaires et lui permettant dès lors de poursuivre la saisie et la vente de ce bien avant le partage de l'indivision, de présenter requête au juge-commissaire dont l'ordonnance se substitue au commandement de droit commun. • Com. 22 avr. 1997, n° 94-19.420 P : *R., p. 227 ; D. 1998. Somm. 106, obs. Piedelièvre ; Defrénois 1997. 1432, obs. Aynès ; ibid. 1998. 254, obs. Sénéchal.*

7. Renonciation au droit d'inscription. La renonciation au droit d'inscrire une hypothèque qui est dépourvue de tout effet légal à défaut de cette formalité peut être considérée par son auteur comme équivalant à une renonciation portant sur l'hypothèque elle-même. • Civ. 16 juin 1926 : *DP 1927. 1. 149, note H. L.*

8. Prescription. Le bénéficiaire d'une promesse de mainlevée d'hypothèque qui n'a pas fait valoir ses droits dans le délai de prescription en demandant l'exécution de la promesse ou en agissant en contestation de l'hypothèque est à bon droit débouté de sa tierce opposition contre le jugement qui constate un droit de préférence au profit de l'auteur de la promesse sur le prix de vente de l'immeuble. • Civ. 3e, 24 avr. 2003, n° 01-17.943 P : *Defrénois 2004. 299, obs. S. Piedelièvre.*

9. Faute du créancier (non). L'art. 2180 énumère limitativement les cas dans lesquels s'éteignent les hypothèques et ne figurent pas dans cette énumération les fautes commises par le créancier au profit de qui l'hypothèque a été constituée. • Com. 2 juin 1980, n° 78-12.340 P.

10. Résolution. Par l'effet rétroactif de la résolution de la vente, les droits constitués sur l'immeuble à l'encontre de l'acheteur se trouvent anéantis ; la propriétaire initiale n'a pas la qualité de tiers détenteur de l'immeuble et le créancier de l'acheteur dont l'achat a été annulé ne peut exercer un droit de suite à son encontre. • Civ. 3e, 7 janv. 2016, n° 14-18.360 P.

11. Extinction de l'usufruit d'un immeuble dont la nue-propriété a été hypothéquée. L'affectation hypothécaire de la nue-proriété d'un bien grevé d'usufruit a nécessairement pour objet, en cas d'extinction de l'usufruit, la pleine propriété de ce bien. • Com. 13 mars 2012, n° 11-10.289 P : *D. 2012. 887 ; AJDI 2012. 366, obs. Le Rudulier ; RTD civ. 2012. 556, obs. Crocq* (rejet de la demande de nullité du commandement aux fins de saisie immobilière portant sur la pleine propriété du bien).

I. Privilèges et hypothèques légales établis par des textes spéciaux

Sur la transformation en hypothèques légales de certains privilèges sur les immeubles, V. Décr. n° 55-22 du 4 janv. 1955, art. 15, ss. art. 2328.

Créanciers d'une indemnité d'occupation en matière de travaux publics

Loi du 29 décembre 1892, *sur les dommages causés à la propriété privée par l'exécution des travaux publics (DP 93. 4. 56).* **Art. 18** Les propriétaires des terrains occupés ou fouillés et les autres ayants droit ont, pour le recouvrement des indemnités qui leur sont dues, privilège et préférence à tous les créanciers, sur les fonds déposés dans les caisses publiques pour être délivrés aux entrepreneurs ou aux autres personnes auxquelles l'administration a délégué ses droits, dans les conditions de la loi du 25 juillet 1891.

En cas d'insolvabilité de ces personnes, ils ont un recours subsidiaire contre l'administration, qui doit les indemniser intégralement.

Associations syndicales

Ordonnance nº 2004-632 du 1er juillet 2004, *relative aux associations syndicales de propriétaires (JO 2 juill.).* – ***C. rur. et for.*** **Art. 35** Il est créé en faveur des associations syndicales autorisées, pour le recouvrement des redevances de l'année échue et de l'année courante, sur les récoltes, fruits, loyers et revenus des terrains compris dans le périmètre un privilège qui prend rang immédiatement après celui de la contribution foncière et s'exerce dans les même formes.

Aide sociale

Code de l'action sociale et des familles *(Ord. nº 2000-1249 du 21 déc. 2000).* **Art. L. 132-9** Pour la garantie des recours prévus à l'article L. 132-8 *[V. cet art. ss. art. 211 C. civ.]*, les immeubles appartenant aux bénéficiaires de l'aide sociale sont grevés d'une hypothèque légale, dont l'inscription est requise par le représentant de l'État ou le président du conseil départemental dans les conditions prévues à l'article 2428 du code civil.

Les bordereaux d'inscription doivent mentionner le montant des prestations allouées au bénéficiaire de l'aide sociale.

L'hypothèque prend rang, à l'égard de chaque somme inscrite, à compter de la date de l'inscription correspondante.

Aucune inscription ne pourra être prise lorsque la valeur globale des biens de l'allocataire est inférieure à une somme fixée par voie réglementaire.

Les formalités relatives à l'inscription de l'hypothèque mentionnée ci-dessus, ainsi qu'à sa radiation, ne donnent lieu à aucune perception au profit du Trésor.

(L. nº 2001-647 du 20 juill. 2001, art. 2-II) « Les prestations d'aide sociale à domicile et la prise en charge du forfait journalier mentionnées à l'article L. 132-8 ne sont pas garanties par l'inscription d'une hypothèque légale. » – *[C. fam., art. 146, al. 7, et 148.]*

Textes divers

Sur le privilège et l'hypothèque légale garantissant les opérations des institutions de prévoyance, V. CSS, art. L. 931-22 à L. 931-24, L. 932-24 issus de L. nº 94-678 du 8 août 1994 (JO 10 août). – ***CSS.***

Sur l'hypothèque légale sur les biens des bénéficiaires de l'allocation de solidarité aux personnes âgées, V. CSS, art. R. 815-46. – ***CSS.***

II. Privilèges et hypothèques légales au profit du Trésor

Code général des impôts

(Décr. nº 50-478 du 6 avr. 1950)

Art. 1920 *(L. nº 2021-1900 du 30 déc. 2021, art. 130-I-A-6º, en vigueur le 1er janv. 2022)* 1. Les impositions de toutes natures et taxes assimilées, les amendes fiscales et pénales, le droit fixe de procédure mentionné à l'article 1018 A et les créances de toutes natures en matière de contributions indirectes, recouvrés par les comptables publics, bénéficient d'un privilège de paiement appelé privilège du Trésor.

Le privilège du Trésor produit ses effets dans les mêmes conditions et au même rang aux droits en principal, à leurs accessoires ainsi qu'aux acomptes devant être versés en l'acquit d'impositions.

Le privilège du Trésor s'exerce avant tous les autres sur les meubles et effets mobiliers appartenant aux redevables, en quelque lieu qu'ils se trouvent. Toutefois, pour les créances de toutes natures en matière de contributions indirectes, ce privilège s'exerce après le privilège des frais de justice et autres frais privilégiés et après le privilège du bailleur prévu à l'article 2332 du code civil, dans la limite de six mois de loyer.

Le privilège du Trésor en matière de contributions directes, de taxes sur le chiffre d'affaires et de taxes assimilées s'exerce, lorsqu'il n'existe pas d'hypothèque conventionnelle, sur le matériel servant à l'exploitation d'un établissement commercial, même lorsque ce matériel est réputé immeuble en application du premier alinéa de l'article 524 du code civil.

Le privilège du Trésor ne préjudicie pas aux droits que, comme tout créancier, le comptable public peut exercer sur les biens des redevables.

(Abrogé par L. n° 2022-1726 du 30 déc. 2022, art. 85) « 2. Le privilège mentionné au 1 du présent article s'exerce en outre :

« 1° Pour la fraction de l'impôt sur les sociétés due à raison des revenus d'un immeuble, sur les récoltes, fruits, loyers et revenus de cet immeuble ;

« 2° Pour la taxe foncière, sur les récoltes, fruits, loyers et revenus des biens immeubles sujets à la contribution. »

3. Les fournisseurs de tabacs mentionnés à l'article 565, les fabricants de spiritueux composés et de boissons à base de céréales ainsi que les expéditeurs de boissons sont, en ce qui concerne les droits de consommation et de circulation, subrogés au privilège conféré à l'administration par le présent article pour le recouvrement des droits qu'ils ont payés pour le compte de leurs clients, sans toutefois que cette subrogation puisse préjudicier aux droits et privilèges de l'administration.

Les dispositions issues du A du I de la L. n° 2021-1900 du 30 déc. 2021 entrent en vigueur le 1er janv. 2022 et s'appliquent aux créances mises en recouvrement à compter de cette date ainsi qu'aux créances mises en recouvrement antérieurement et restant dues à cette date. Ces dispositions ne sont pas applicables aux procédures de sauvegarde, de redressement judiciaire ou de liquidation judiciaire en cours au 1er janv. 2022 (L. préc., art. 130-V-A).

Livre des procédures fiscales

Hypothèque légale du Trésor

Art. L. 269 *(L. n° 2021-1900 du 30 déc. 2021, art. 130-I-C, en vigueur le 1er janv. 2022)* I. — Pour la garantie du paiement des créances dont ils sont chargés du recouvrement, les comptables publics ont une hypothèque légale sur tous les immeubles des redevables. Cette hypothèque prend rang à la date de son inscription au fichier immobilier. Elle ne peut être inscrite qu'à partir de la date à laquelle le comptable public dispose d'un titre exécutoire.

II. — Pour la garantie du paiement des droits de mutation par décès, les comptables publics ont une hypothèque légale sur les immeubles de la succession.

III. — Pour la garantie du paiement des droits complémentaires et supplémentaires éventuellement exigibles en application de l'article 1840 G du code général des impôts, les comptables publics ont une hypothèque légale sur les immeubles du groupement forestier ou sur l'immeuble faisant l'objet de la mutation.

L'hypothèque légale s'éteint de plein droit lorsqu'intervient l'un des événements suivants :

1° La cession à l'État ou aux collectivités et organismes mentionnés au I de l'article 1042 du code général des impôts d'un bois ou d'une forêt grevé de l'hypothèque légale ;

2° La mutation de jouissance ou de propriété d'un bois ou d'une forêt grevé de l'hypothèque légale au profit d'établissements ou de sociétés, en vue de la réalisation d'équipements, d'aménagements ou de constructions d'intérêt public qui pourraient donner lieu à l'établissement d'une servitude d'utilité publique au titre de ladite mutation ;

3° L'interdiction de reconstituer les boisements après coupe rase en application des deuxième à avant-dernier alinéas de l'article L. 126-1 du code rural et de la pêche maritime.

Si la sûreté a été cantonnée sur des bois et forêts soit concernés par l'un des événements mentionnés aux 1° à 3° du présent III, soit faisant l'objet d'un procès-verbal dressé en application du IV de l'article 1840 G du code général des impôts, et si l'hypothèque légale n'a pu être inscrite en rang utile sur d'autres biens préalablement à ces événements ou à ce procès-verbal, les droits complémentaires et supplémentaires correspondant à ces autres biens deviennent exigibles et, en cas de cession ou mutation mentionnées aux 1° ou 2° du présent III, sont colloqués sur le prix de vente au rang de l'inscription.

Code des douanes

(Décr. n° 48-1985 du 8 déc. 1948)

Art. 379 *(L. n° 2021-1900 du 30 déc. 2021, art. 130-B-I-a et b, en vigueur le 1er janv. 2022)* « 1. Pour le recouvrement des impositions de toutes natures et taxes assimilées, confiscations, amendes et restitutions prévues au présent code, les comptables publics bénéficient du privilège du Trésor prévu à l'article 1920 du code général des impôts. Ce privilège s'exerce après le privilège des frais de justice et autres frais privilégiés et le privilège du bailleur prévu à l'article 2332 du code civil, dans la limite de six mois de loyer.

« 2. L'administration a pareillement une hypothèque légale sur les immeubles des redevables, dans les conditions prévues au I de l'article L. 269 du livre des procédures fiscales. »

3. *(L. nº 2002-1576 du 30 déc. 2002, art. 44)* « L'avis de mise en recouvrement emporte » hypothèque de la même manière et aux mêmes conditions que les condamnations émanées de l'autorité judiciaire.

Les dispositions issues du a du 1º du B du I de la L. nº 2021-1900 du 30 déc. 2021 s'appliquent aux créances mises en recouvrement à compter 1er janv. 2022 ainsi qu'aux créances mises en recouvrement antérieurement et restant dues à cette date. Ces dispositions ne sont pas applicables aux procédures de sauvegarde, de redressement judiciaire ou de liquidation judiciaire en cours au 1er janv. 2022 (L préc., art. 130-V-A).

Art. 379 *bis* *(L. nº 2005-845 du 26 juill. 2005, art. 175-III et 190, L. nº 2008-1443 du 30 déc. 2008, art. 58-V) (Publicité du privilège des douanes).*

Art. 380 *(L. nº 64-1240 du 16 déc. 1964)* « Les producteurs, importateurs, raffineurs, distributeurs, négociants en gros d'huiles minérales, dérivés et résidus, ainsi que les garagistes distributeurs et les détaillants en carburants bénéficient, pour le recouvrement de la partie de leur créance représentant les droits de douane et taxes de toute nature grevant les *(Ord. nº 2021-1843 du 22 déc. 2021, art. 7)* « produits énergétiques définis à l'article L. 312-3 du code des impositions sur les biens et services, autres que les charbons et gaz naturels définis respectivement aux articles L. 312-4 et L. 312-5 du même code, » d'un privilège sur les biens meubles » de leur débiteur qui prend rang immédiatement après celui que la loi accorde à l'administration des douanes *(Abrogé par L. nº 2021-1900 du 30 déc. 2021, art. 130-I-B-2º, en vigueur le 1er janv. 2022)* « *, et avant celui qui est fondé sur le nantissement* ».

Les dispositions issues du 2º du B du I de la L. nº 2021-1900 du 30 déc. 2021 entrent en vigueur le 1er janv. 2022 et s'appliquent aux créances mises en recouvrement à compter de cette date ainsi qu'aux créances mises en recouvrement antérieurement et restant dues à cette date. Ces dispositions ne sont pas applicables aux procédures de sauvegarde, de redressement judiciaire ou de liquidation judiciaire en cours au 1er janv. 2022 (L préc., art. 130-V-A).

Art. 381 1. *(L. nº 97-1239 du 29 déc. 1997 art. 26-VI)* « Toute personne physique ou morale qui a acquitté pour le compte d'un tiers des droits, des amendes, des taxes de toute nature dont la douane assure le recouvrement est subrogée au privilège de la douane, quelles que soient les modalités de recouvrement observées par elle à l'égard de ce tiers. »

2. Toutefois, cette subrogation ne peut, en aucun cas, être opposée aux administrations de l'État.

Décret nº 64-1333 du 22 décembre 1964, *relatif au recouvrement des amendes et condamnations pécuniaires par les comptables de la direction générale des finances publiques (Décr. nº 2014-551 du 27 mai 2014, art. 36 ; V. D. 1965. 43 ; BLD 1965. 38).* **Art. 4** *(Décr. nº 2022-1605 du 22 déc. 2022, art. 85)* Le recouvrement des amendes pénales est garanti par le privilège prévu à l'article 1920 du code général des impôts. Le recouvrement des frais de justice est garanti par le privilège prévu à l'article 2331 du code civil.

Le recouvrement des amendes, des condamnations pécuniaires et des frais de justice est garanti par l'hypothèque légale du Trésor prévue à l'article L. 269 du livre des procédures fiscales[.]

III. Publicité foncière

RÉP. CIV. vº *Publicité foncière*, par L. Andreu.

BIBL. GÉN. ▸ **Études générales sur la réforme de 1955 :** Becqué, *JCP 1955. I. 1226 et 1231 bis ; JCP 1956. I. 1287* (modalités d'application). – Fournier, *Mél. Goubeaux, Dalloz-LGDJ, 2009, p. 155* (insuffisances et incertitudes en droit de la publicité foncière). – Michenet, *JCP N 1955. I. 1262* (application pratique). – Nerson, *D. 1955. Chron. 151.* – R. Savatier, *D. 1959. Chron. 221.* ▸ **Appréciation générale du système et perspectives de réforme :** Cevaër, et Davèze, *AJDI 2015. 184* ✎ (livre foncier). – de Bertier-Lestrade, *D. 2011. 2954* ✎ (mauvaise foi). –

Dagot, *JCP 1980. I. 2968* (publication des droits autres que les privilèges et hypothèques) ; *JCP N 1991. 1. 97* (document hypothécaire normalisé) ; *Mél. Hébraud, Univ. Toulouse, 1981, p. 219* (le temps et la publicité foncière). – Danos, *Dr. et patr. 11/2012. 22* (publicité foncière et transfert de propriété). – Fournier, *Defrénois 1980. 1089* (malaise du droit de la publicité foncière) ; *JCP N 2008. 474* (pacte commissoire et hypothèque rechargeable). – Gautier, *Mél. Gobert, Economica, 2004, p. 361* (publicité foncière et responsabilité civile). – Gobert, *Études Flour, 1979. 207* (publicité foncière, mal aimée). – Jobard-Bachellier, *D. 1988. Chron. 247* (servitude et grandeur de la publicité foncière). – S. Piedelièvre, *LPA 29 juin 2005* (la publicité foncière hors le code civil). – Takizawa, *RRJ 1993/3. 933* (notion d'inopposabilité) ; *Mél. Gobert, préc., p. 377* (difficulté de la publicité foncière française). – Théry, *Defrénois 1988. 689* (sûretés et publicité foncière). ▸ **Contexte international :** Lemaire, *JCP N 1991. 1. 447* (étude de droit comparé des systèmes de douze États membres de la CEE). – Storp, *Études Audinet, PUF, 1968, p. 319* (droit foncier allemand). – Tendler, *JCP 1991. I. 3544* (harmonisation européenne). ▸ **Informatisation :** J. Picard, *JCP N 1996. Prat. 3764* (livre foncier allemand et autoroutes de l'information). – Ruc, *Rev. recherche jur. 1985. 903*. – Vallens, *D. 2000. Chron. 375* (protection de la vie privée) ; *ibid. 2016. 732* (pour la publicité foncière des jugements de redressement et liquidation judiciaire). ▸ **Livre foncier :** Dagot, *JCP N 1972. I. 2448* (solutions de droit comparé et système français). ▸ **Mécanisme de la publicité foncière dans des secteurs particuliers :** V. Bibl. ss. art. 28. – Nonnenmacher, *JCP N 2013, n° 1288* (Alsace-Moselle). ▸ **Réforme du 6 avr. 1998 : P.J.C.,** *JCP N 1998. 801 ; ibid. 1328* (décrets d'application). – Frémont, *Administrer 11/1998. 17* (point de vue de l'administrateur de biens). ▸ **Décret modificatif du 29 mai 2000 :** Bernard, *AJDI 2001. 13*.

▸ **Projet de réforme :** Aynès, *JCP N 2018, n° 862 ; ibid., n° 933*. – Gijsbers et Julienne, *Defrénois 2019/1, p. 23*. – Pelet, *AJDI 2018. 826*. – Périnet-Marquet, *JCP 2018, n° 1266 ; JCP N 2018, n° 884*. – Simler, *JCP 2019, n° 1348* (pour le maintien de la condition de bonne foi) ; *JCP N 2020, n° 260 (idem)*.

Décret n° 55-22 du 4 janvier 1955,

Portant réforme de la publicité foncière.

CHAPITRE I. *DISPOSITIONS GÉNÉRALES*

SECTION 1. *Création d'un fichier immobilier*

Art. 1er Il est tenu, pour chaque commune, par les *(Ord. n° 2010-638 du 10 juin 2010, art. 14, en vigueur le 1er janv. 2013)* « services chargés de la publicité foncière », un fichier immobilier sur lequel, au fur et à mesure des dépôts, sont répertoriés, sous le nom de chaque propriétaire, et, par immeuble, des extraits des documents publiés, avec référence à leur classement dans les archives.

Le fichier immobilier présente, telle qu'elle résulte des documents publiés, la situation juridique actuelle des immeubles. – *V. note ss. art. 6.*

En application du II de l'art. 21 de la L. du 12 avr. 2000, le silence gardé par l'administration pendant six mois vaut rejet pour les demandes de publication et d'inscription au fichier immobilier défini à l'art. 1er du Décr. n° 55-22 du 4 janv. 1955, présentées à compter du 12 nov. 2014 selon les dispositions des art. 2510 s. (Décr. n° 2014-1280 du 23 oct. 2014).

Art. 2 Aucune modification de la situation juridique d'un immeuble ne peut faire l'objet d'une mutation cadastrale, si l'acte ou la décision judiciaire constatant cette modification n'a pas été préalablement publié, au fichier immobilier.

Art. 3 Aucun acte ou décision judiciaire sujet à publicité dans un *(Ord. n° 2010-638 du 10 juin 2010, art. 14, en vigueur le 1er janv. 2013)* « service chargé de la publicité foncière » ne peut être publié au fichier immobilier si le titre du disposant ou dernier titulaire n'a pas été préalablement publié, conformément aux dispositions du présent décret.

Il est fait exception à cette règle si le droit a été acquis sans titre, notamment par prescription ou accession, ou si le titre du disposant ou dernier titulaire est antérieur au 1er janvier 1956.

Effet relatif. L'inscription provisoire d'hypothèque judiciaire ne peut produire effet en l'absence de publication du titre du débiteur. • Civ. 3e, 13 mai 1987, n° 85-13.572 P : *R., p. 170.* ♦ Sur cet arrêt : Jobard-Bachellier, *D. 1988. Chron. 247.* ♦ En vertu du principe de l'effet relatif de la publicité, l'assignation tendant à la résolution d'un acte non publié ne peut faire l'objet d'aucune publication. • Civ. 3e, 10 juin 1970, n° 68-12.884 P : *JCP 1971. II. 16673, note M. D.*

♦ Sur le jeu de l'effet relatif dans cette hypothèse, V. aussi ss. art. 28 Décr. 4 janv. 1955. ♦ Une demande en révision de la décision ayant prononcé la nullité d'une vente ne peut être déclarée irrecevable pour défaut de publicité foncière alors qu'il est constaté que la décision d'annulation n'a pas elle-même été publiée. • Civ. 3e, 10 févr. 1999, n° 95-15.845 P : *D. 1999. Somm. 305, obs. S. Piedelièvre* ; *JCP N 1999. 503.* ♦ Sur l'appréciation de la notion de publication simultanée, V. note 3 ss. art. 32 Décr. 14 oct. 1955.

SECTION 2. *Mesures tendant à assurer l'exactitude du fichier immobilier*

Art. 4 Tout acte sujet à publicité dans un *(Ord. n° 2010-638 du 10 juin 2010, art. 14, en vigueur le 1er janv. 2013)* « service chargé de la publicité foncière » doit être dressé en la forme authentique.

(Décr. n° 59-89 du 7 janv. 1959) « Toutefois, même lorsqu'ils ne sont pas dressés en la forme authentique, les procès-verbaux des délibérations des assemblées générales préalables ou consécutives à l'apport de biens ou droits immobiliers à une société ou par une société peuvent être publiés à la condition d'être annexés à un acte qui en constate le dépôt au rang des minutes d'un notaire. »

(Décr. n° 59-89 du 7 janv. 1959) « Les actes reçus par les officiers publics ou ministériels étrangers et les décisions rendues par les juridictions étrangères ne peuvent être publiés ou constituer le titre d'une inscription de privilège ou d'hypothèque que s'ils ont été légalisés par un fonctionnaire qualifié du ministère français des affaires étrangères et déposés au rang des minutes d'un notaire français ou s'ils ont été rendus exécutoires en France. » Ils doivent être accompagnés, s'ils sont rédigés en langue étrangère, d'une traduction en français, certifiée soit par le fonctionnaire susvisé, soit par un interprète habituellement commis par les tribunaux. *(Décr. n° 59-89 du 7 janv. 1959)* « Les expéditions, copies, extraits ou bordereaux déposés pour être conservés au *(Ord. n° 2010-638 du 10 juin 2010, art. 14, en vigueur le 1er janv. 2013)* « service chargé de la publicité foncière » doivent, en outre, porter toutes les mentions exigées » par les articles 5 à 7 du présent décret et les articles 2428 et 2434 du code civil.

Art. 5 Tout acte ou décision judiciaire sujet à publicité dans un *(Ord. n° 2010-638 du 10 juin 2010, art. 14, en vigueur le 1er janv. 2013)* « service chargé de la publicité foncière » doit contenir les nom, prénoms dans l'ordre de l'état civil, domicile, date et lieu de naissance et profession des parties, ainsi que le nom de leur conjoint.

(L. n° 2016-1547 du 18 nov. 2016, art. 102) « Les nom, prénoms dans l'ordre de l'état civil, domicile, date et lieu de naissance des parties, le nom de leur conjoint, doivent être certifiés par un notaire, avocat, huissier de justice, mandataire judiciaire, administrateur judiciaire ou une autorité administrative, au pied de tout bordereau, extrait, expédition ou copie, déposé pour l'exécution de la formalité. »

La faculté de certifier les indications de l'état civil peut être accordée par décret en Conseil d'État, pour les opérations les concernant, aux organismes de sécurité sociale ou d'allocations familiales et à certains organismes de crédit dont l'objet principal est de consentir des prêts hypothécaires.

En ce qui concerne les attestations après décès, l'état civil doit être indiqué et certifié pour le défunt et pour chacun des héritiers, successeurs irréguliers ou légataires.

(Décr. n° 59-89 du 7 janv. 1959) « Le certificat est établi, sous réserve des exceptions fixées par décret, au vu d'un extrait de l'acte de naissance ayant moins de six mois de date au jour de l'acte ou de la décision judiciaire. »

BIBL. ▶ LAPORTE, *JCP 2016, n° 1306* (le retour des avocats dans le décret régissant la publicité foncière).

La Cour de cassation n'ayant pas à connaître des difficultés d'exécution des arrêts, le moyen faisant grief à un arrêt d'avoir déclaré qu'il tiendrait lieu au besoin d'acte de vente et ordonné la publication au bureau des hypothèques, sans contenir les mentions exigées par les art. 5 et 7 Décr. 4 janv. 1955, ne saurait être accueilli. • Civ. 3e, 13 févr. 1991, n° 82-12.046 P : *RTD civ. 1992. 155, obs. Bandrac*.

Art. 6 *(Décr. n° 98-516 du 23 juin 1998)* 1. Tout acte ou décision judiciaire soumis à publicité dans un *(Ord. n° 2010-638 du 10 juin 2010, art. 14, en vigueur le 1er janv. 2013)* « service chargé de la publicité foncière » doit contenir les éléments suivants d'identification des personnes morales :

a) Dénomination ;

b) Forme juridique et siège. En ce qui concerne les associations et les syndicats, l'acte ou la décision doit, en outre, comporter la date et le lieu de leur déclaration ou du dépôt de leurs statuts ;

c) Lorsque la personne morale est inscrite *(Décr. n° 2012-1462 du 26 déc. 2012, art. 2, en vigueur le 1er janv. 2013)* « au répertoire prévu à l'article R. 123-220 du code de commerce », le numéro d'identité qui lui a été attribué, complété, si celle-ci est assujettie à immatriculation au registre du commerce et des sociétés, par la mention RCS suivie du nom de la ville où se trouve le greffe où elle est immatriculée.

En outre, doivent être indiqués les nom, prénoms et domicile du ou des représentants de la personne morale.

2. L'identification des personnes morales est certifiée dans les conditions prévues aux alinéas 2 et 3 de l'article 5.

Lorsque la personne morale n'est pas inscrite au répertoire des entreprises et de leurs établissements, ou lorsqu'elle est en cours d'inscription, le certificat d'identité doit être complété d'une mention attestant de cette situation.

Le certificat est établi au vu de l'original, d'une expédition ou d'une copie collationnée de tout document constatant la dénomination, la forme juridique et le siège actuels de la personne morale ainsi que, si elle est inscrite au répertoire susmentionné, son numéro d'identité.

Toutefois, si le siège de la personne morale n'est pas en France métropolitaine ou dans les départements d'outre-mer, le document au vu duquel le certificat est établi doit être délivré ou certifié par l'autorité administrative ou par l'agent diplomatique ou consulaire qui représente la République française au lieu du siège et accompagné, s'il est rédigé en langue étrangère, d'une traduction en français certifiée soit par cet agent, soit par un interprète habituellement commis par les tribunaux.

Le Décr. du 23 juin 1998 entre en vigueur le 1er juill. 1998.

Art. 7 *(Décr. n° 59-89 du 7 janv. 1959)* « Tout acte ou décision judiciaire sujet à publicité dans un *(Ord. n° 2010-638 du 10 juin 2010, art. 14, en vigueur le 1er janv. 2013)* « service chargé de la publicité foncière » doit indiquer, pour chacun des immeubles qu'il concerne, la nature, la situation, la contenance et la désignation cadastrale (section, numéro du plan et lieudit). Le lieudit est remplacé par l'indication de la rue et du numéro pour les immeubles situés dans les parties agglomérées des communes urbaines.

« Lorsqu'il réalise ou constate une division de la propriété du sol entraînant changement de limite, l'acte ou la décision doit désigner l'immeuble tel qu'il existait avant la division et chacun des nouveaux immeubles résultant de cette division, sauf en cas de lotissement effectué dans le cadre de la législation sur les lotissements ou s'il s'agit d'immeubles situés dans les communes où le cadastre n'est pas rénové. *(Décr. n° 60-963 du 5 sept. 1960)* « La constitution sur une fraction de parcelle d'un droit d'usufruit, d'un droit de superficie ou d'un bail emphytéotique est considérée comme un changement de limite de propriété. »

« Lorsque, sans réaliser ou constater une division de la propriété du sol entraînant changement de limite, il ne concerne qu'une ou plusieurs fractions d'un immeuble, l'acte ou la décision judiciaire doit comporter à la fois la désignation desdites fractions et celle de l'ensemble de l'immeuble. La désignation de la fraction est faite conformément à un état descriptif de division, ou, éventuellement, à un état modificatif, établi dans les conditions fixées par décret, et préalablement publié ; elle doit mentionner le numéro du lot dans lequel la fraction est comprise, et, sous réserve des exceptions prévues audit décret, la quote-part dans la propriété du sol afférente à ce lot. » *(Décr. n° 60-963 du 5 sept. 1960)* « Les dispositions du présent alinéa ne sont pas applicables lorsque l'acte ou la décision concerne soit une servitude, soit un droit d'usage ou d'habitation, soit un bail de plus de douze années. Elles sont également sans application lorsque l'acte ou la décision entraîne la suppression de la division de l'immeuble. »

Les mêmes indications doivent obligatoirement figurer dans tout bordereau, extrait, expédition ou copie, déposé en vue de l'exécution de la formalité.

S'il s'agit d'immeubles situés dans les communes où le cadastre a été rénové, et faisant l'objet d'une mutation par décès, d'un acte ou d'une décision judiciaire translatif, déclaratif ou constitutif d'un droit réel susceptible d'hypothèque, la désignation est faite conformément à un extrait cadastral *(Décr. n° 98-516 du 23 juin 1998)* « ayant moins de six mois de date au jour de la remise au *(Ord. n° 2010-638 du 10 juin 2010, art. 14, en vigueur le 1er janv. 2013)* « service chargé de la publicité foncière », et, en cas de changement de limite, d'après les documents d'arpentage établis spécialement en vue de la conservation du cadastre. Cet extrait ou ces documents doivent être remis au *(Ord. n° 2010-638 du 10 juin 2010, art. 14, en vigueur le 1er janv. 2013)* « service chargé de la publicité foncière » à l'appui de la réquisition de la formalité. – *V. note ss. art. 6.*

BIBL. ▶ JAFFUEL, *Gaz. Pal. 1992. 1. Doctr. 25* (recommandation relative à la publicité des états descriptifs de division).

1. La publication d'un acte comportant des indications cadastrales inexactes ne permet pas à la formalité de remplir son rôle de publicité à l'égard des tiers. • Civ. 3e, 13 févr. 1991, n° 82-12.046 P.

2. Il résulte de la combinaison des art. 7, al. 3, du Décr. du 4 janv. 1955, 32, § 2 et 33 du Décr. du 14 oct. 1955 que, sous la sanction du refus du dépôt par le conservateur, à laquelle ne sont pas applicables les dispositions de l'art. 34 de ce dernier décret, tout acte sujet à publicité et concernant une ou plusieurs fractions divises d'un immeuble doit obligatoirement comporter la désignation du ou des lots, conformément à un état descriptif de division déjà publié, ainsi que les références de la publicité qui lui a été donnée, ou, à défaut, l'indication que la publication en est requise simultanément. • Civ. 3e, 29 avr. 1980, n° 79-10.957 P.

3. Lorsqu'un immeuble qui a donné lieu à établissement d'une fiche d'immeuble a fait l'objet d'un état descriptif de division dans les conditions prévues par les art. 7 du Décr. du 4 janv. 1955 et 71 du Décr. du 14 oct. 1955, toute modification, soit de l'immeuble auquel s'applique l'état descriptif, soit des lots, doit être constatée par un acte modificatif de l'état descriptif, sans qu'il y ait lieu de distinguer entre un immeuble urbain ou rural. • Civ. 3e, 2 juill. 1969, n° 68-12.955 P.

4. L'état descriptif de division dressé seulement pour les besoins de la publicité foncière n'a pas de caractère contractuel. • Civ. 3e, 8 juill. 1992, n° 90-11.578 P : *R., p. 294 ; D. 1993. 1, note Capoulade et Giverdon ; Defrénois 1992. 1523, obs. L.A. ; JCP 1993. II. 22091, note Goëtghebeur.*

5. Dès lors que l'état descriptif proposé par l'un des copropriétaires, en ce qu'il divisait l'immeuble en volumes en considération des deux régimes de propriété qui s'y appliquaient, se bornait à constater une situation juridique existante pour la transposer, avec exactitude, sur un support juridique publiable à la conservation des hypothèques en application de l'art. 71 du Décr. n° 55-1350 du 14 oct. 1955, doit être rejeté le pourvoi formé contre l'arrêt ayant homologué cet état descriptif qui ne restreignait ni ne modifiait la consistance des droits réels des autres propriétaires et n'avait pas pour effet de modifier le régime juridique de la fraction indivise de l'immeuble. • Civ. 3e, 18 janv. 2012, n° 10-27.396.

SECTION 3. *Obligations des services de la publicité foncière (Décr. n° 2012-1462 du 26 déc. 2012, art. 2, en vigueur le 1er janv. 2013).*

Art. 8 L'article 2449 du code civil est remplacé par les dispositions suivantes : – *V. art. mod.*

Art. 8-1 *(Décr. n° 98-516 du 23 juin 1998)* 1. Pour l'application de l'article 2457 du code civil, le certificat établi à partir du registre des dépôts tenu conformément au deuxième alinéa de l'article 2454 du même code fait apparaître pour chacun des documents acceptés :

— la date et le numéro de dépôt ;

— la qualification juridique de l'acte ;

— le nom de l'officier public ou ministériel rédacteur ou l'indication de l'autorité administrative ou judiciaire ;

— la date de l'acte.

2. Seules figurent dans le certificat délivré les formalités pour lesquelles il existe une complète concordance entre la désignation des immeubles telle qu'elle figure dans la demande *de renseignements* et celle contenue dans les documents déposés en instance d'enregistrement au fichier immobilier.

3. Un arrêté du secrétaire d'État au budget fixe la liste des *(Ord. n° 2010-638 du 10 juin 2010, art. 14, en vigueur le 1er janv. 2013)* « services chargés de la publicité foncière » dont le registre des dépôts est informatisé. – *Entrée en vigueur le 1er juill. 1998.*

Art. 9 Toute réquisition de copie, extrait ou certificat, déposée en application de l'article 2196 du code civil doit comporter l'identification des personnes du chef desquelles les renseignements sont requis, savoir :

Pour les personnes physiques, les nom et prénoms dans l'ordre de l'état civil, et les date et lieu de naissance ;

Pour les personnes morales, leur dénomination, ainsi que les autres éléments d'identification prévus *(Décr. n° 98-516 du 23 juin 1998)* « au 1 de l'article 6 ».

(Décr. n° 59-89 du 7 janv. 1959) « La réquisition se rapportant à un immeuble déterminé doit comporter la désignation individuelle dudit immeuble, telle qu'elle est définie par décret. Toutefois, les *(Ord. n° 2010-638 du 10 juin 2010, art. 14, en vigueur le 1er janv. 2013)* « services chargés de la publicité foncière » sont fondés à accepter les réquisitions dans lesquelles certains des éléments de cette désignation feraient défaut ; dans ce cas, ils ne sont pas responsables des erreurs résultant de l'insuffisance de la désignation. »

Les *(Ord. n° 2010-638 du 10 juin 2010, art. 14, en vigueur le 1er janv. 2013)* « services chargés de la publicité foncière » sont tenus de délivrer les copies, extraits ou certificats du chef seulement des personnes physiques ou morales expressément dénommées dans la réquisition et, quand une réquisition se rapporte à un immeuble déterminé, seulement sur cet immeuble. Toute erreur dans l'orthographe des noms et prénoms ou l'énonciation des prénoms dans l'ordre de l'état civil et des date et lieu de naissance des personnes physiques, dans la désignation des personnes morales, ou dans la désignation des immeubles, dégage *(Ord. n° 2010-638 du 10 juin 2010, art. 5, en vigueur le 1er janv. 2013)* « la responsabilité de l'État à raison des renseignements inexacts qu'ils peuvent être amenés à fournir au vu des documents publiés. Il en serait de même en cas de non-concordance entre les indications de ces documents et celles de la réquisition, bien que ces dernières fussent exactes. »

Un conservateur des hypothèques qui n'a fait figurer sur un état des inscriptions que le nom de famille de la créancière et le domicile élu, sans faire état des précisions d'état civil concernant son prénom et sa qualité d'épouse séparée de biens, ne peut voir sa responsabilité engagée, pour s'être limité à ces indications sommaires, sans que soient analysées les réquisitions en vue de la délivrance de l'extrait demandé. • Civ. 3e, 27 juin 1978, ☏ n° 77-10.815 P : *JCP 1979. II. 19253, note J.A. ; JCP N 1979. II. 157, note H.T.* ♦ V. aussi art. 42 du Décr. 14 oct. 1955.

Art. 9-1 *(L. n° 98-261 du 6 avr. 1998)* Dans les *(Ord. n° 2010-638 du 10 juin 2010, art. 14, en vigueur le 1er janv. 2013)* « services chargés de la publicité foncière » dont le fichier est informatisé, seul un état complémentaire est délivré lorsqu'une réquisition déposée à l'appui d'un document soumis à publicité a été précédée dans un délai fixé par décret d'une demande émanant du même requérant et portant sur les mêmes immeubles. — *Entrée en vigueur le 1er juill. 1998.*

BIBL. ▸ **Réforme du 6 avr. 1998 :** P.J.C., *JCP N 1998. 801.*

Art. 10 *(Décr. n° 2008-1055 du 10 oct. 2008)* Les documents déposés dans les *(Ord. n° 2010-638 du 10 juin 2010, art. 14, en vigueur le 1er janv. 2013)* « services chargés de la publicité foncière » depuis plus de cinquante ans ainsi que ceux produits pour leur exploitation sont versés aux services départementaux d'archives suivant les modalités déterminées par un arrêté des ministres chargés de la culture et du budget. Cette disposition ne s'applique pas aux inscriptions subsistantes.

Les documents postérieurs au 31 décembre 1955, qui sont conservés sur des supports de substitution ou sous forme dématérialisée, sont versés sous ces formes aux services départementaux d'archives.

Le notaire rédacteur d'un acte de vente a l'obligation de procéder, dans toute la mesure du possible, à des recherches complètes sur l'origine de propriété du bien vendu. Engage sa responsabilité le notaire qui, tout en constatant que le terrain litigieux provenait d'un partage effectué en 1908, alors que les renseignements fournis par la conservation des hypothèques ne remontaient qu'à 1921, laissant ainsi échapper à ses investigations la période séparant ces deux dates, n'a pas utilisé la possibilité, offerte par l'art. 10 du Décr. du 4 janv. 1955 et l'art. 44-1 ajouté au Décr. du 14 oct. 1955, de connaître les mutations susceptibles d'être survenues au-delà de cinquante ans. • Civ. 1re, 3 mai 1983, ☏ n° 82-12.348 P.

CHAPITRE II. *PUBLICITÉ DES PRIVILÈGES ET DES HYPOTHÈQUES*

Art. 11 à 14 *V. C. civ., art. 2103 à 2109, 2111 et 2113 [2374 à 2381, 2383 et 2386].*

Art. 15 Tous privilèges spéciaux ou généraux sur les immeubles autres que ceux visés aux articles 2374 et 2375 du code civil sont transformés en hypothèques légales et sont soumis aux règles édictées pour ces dernières par le code civil et le présent décret, nonobstant toutes dispositions spéciales contraires.

Art. 16 à 25 *V. C. civ., art. 2117, 2122, 2123, 2129, 2130, 2133, 2134, 2144 à 2148, 2149, 2155 [2396, 2401, 2412, 2418, 2425, 2410, 2411, 2426, 2427, 2428, 2430, 2438].*

Art. 26 *(L. n° 98-261 du 6 avr. 1998)* Lorsqu'un document sujet à publicité dans un *(Ord. n° 2010-638 du 10 juin 2010, art. 14, en vigueur le 1er janv. 2013)* « service chargé de la publicité foncière » a fait l'objet d'un refus du dépôt ou d'un rejet de la formalité, le recours de la partie intéressée contre la décision du *(Ord. n° 2010-638 du 10 juin 2010, art. 14, en vigueur le 1er janv. 2013)* « service chargé de la publicité foncière » est porté, dans les huit jours de la notification de cette décision, devant le président du *(Décr. n° 2019-1419 du 20 déc. 2019, art. 12)* « tribunal judiciaire » dans le ressort duquel sont situés les immeubles.

Il est statué *(Décr. n° 2019-1419 du 20 déc. 2019, art. 12)* « selon la procédure accélérée au fond.

« Le jugement du président du tribunal judiciaire » n'est pas susceptible d'exécution provisoire.

En cas d'exercice des voies de recours, il est statué par priorité et d'extrême urgence.

Dès que la décision est passée en force de chose jugée, la formalité litigieuse est, suivant le cas :

— soit définitivement refusée ou rejetée ;

— soit exécutée dans les conditions ordinaires. Dans ce cas, elle prend rang à la date d'enregistrement du dépôt. — *Entrée en vigueur le 1er juill. 1998.*

Les dispositions issues du Décr. n° 2019-1419 du 20 déc. 2019 s'appliquent aux demandes introduites à compter du 1er janv. 2020 (Décr. préc., art. 24-II).

BIBL. ▶ **Réforme du 6 avr. 1998 :** P.J.C., *JCP N 1998. 801.*

1. Une cour d'appel, saisie sur le fondement de l'art. 26, n'a pas compétence pour se prononcer sur le bien-fondé des droits réclamés par le conservateur des hypothèques préalablement à l'exécution de l'inscription hypothécaire. • Com. 12 mai 2004, n° 00-16.918 P : *Defrénois 2005. 518, obs. S. Piedelièvre.*

2. Viole l'art. 26 la cour d'appel qui, dans l'hypothèse d'un recours pour refus de dépôt, fixe la date d'effet de la publicité exécutée en vertu d'une décision passée en force de chose jugée à la date de présentation à la conservation des hypothèques, alors que la formalité prend rang à la date d'enregistrement de son dépôt. • Civ. 3e, 4 nov. 2004, n° 03-12.755 P : *R., p. 276.*

3. Excède ses pouvoirs la cour d'appel qui, pour accueillir une contestation formée sur le fondement de l'art. 26, retient l'absence de fondement de la décision de refus et énonce qu'une décision de rejet sera, en lieu et place de la décision de refus, notifiée au requérant, le rejet ouvrant droit à régularisation en vertu de l'art. 34-3 du Décr. du 14 oct. 1955. • Civ. 3e, 1er mars 2006, n° 04-18.363 P : *Defrénois 2007. 233, obs. S. Piedelièvre.*

4. Sur les solutions antérieures à la réforme du 6 avr. 1998 : Frémont, *JCP N 1990. I. 187.* ♦ Les dispositions de l'art. 26 restreignent expressément la recevabilité du recours au seul rejet de la formalité et n'habilitent pas le président du tribunal de grande instance à statuer sur le refus de dépôt. • Civ. 3e, 30 mai 1978, n° 77-10.840 P : *Defrénois 1978. 1383, note Frank* (exclusion des demandes en radiation prévues par l'art. 2157 [2440] C. civ.). ♦ Dans le même sens, fondant la solution sur le caractère rétroactif de la décision du président : • Versailles, 30 juin 1989 : *D. 1990. 52, note Frank.*

5. En présence d'une demande à laquelle il n'a pas été répondu, puis d'une nouvelle demande rejetée par le service de publicité foncière, comme tardive, les juges du fond ne peuvent examiner le bien-fondé de la décision du service qu'à l'égard de la demande qui leur est déférée et qui a été rejetée sans pouvoir se saisir de la demande antérieure. • Civ. 3e, 10 déc. 2015, n° 14-26.895 P.

Art. 26-1 *(Décr. n° 2012-1462 du 26 déc. 2012, art. 2, en vigueur le 1er janv. 2013)* I. — Pour l'application de l'article 26 et par dérogation au premier alinéa de l'article *(Décr. n° 2019-1333 du 11 déc. 2019, art. 38)* « 760 » du code de procédure civile, les parties ne sont pas tenues de recourir au ministère d'un avocat.

II. — Pour l'application de l'article 26, l'assignation prévue à l'article *(Décr. n° 2019-1419 du 20 déc. 2019, art. 12)* « 481-1 » du code de procédure civile est délivrée au siège du service chargé de la publicité foncière ayant prononcé la décision de refus ou de rejet contestée.

V. ndlr ss. art. 26.

Art. 27 *V. C. civ., art. 2158, 2161, 2162 [2441, 2444, 2445].*

CHAPITRE III. *PUBLICITÉ DES DROITS SUR LES IMMEUBLES AUTRES QUE LES PRIVILÈGES ET LES HYPOTHÈQUES*

Art. 28 Sont obligatoirement publiés au *(Ord. n° 2010-638 du 10 juin 2010, art. 14, en vigueur le 1er janv. 2013)* « service chargé de la publicité foncière » de la situation des immeubles :

1° Tous actes, même assortis d'une condition suspensive, et toutes décisions judiciaires, portant ou constatant entre vifs :

a) Mutation ou constitution de droits réels immobiliers *(L. n° 2016-1087 du 8 août 2016, art. 72)* « , y compris les obligations réelles définies à l'article L. 132-3 du code de l'environnement, » autres que les privilèges et hypothèques, qui sont conservés suivant les modalités prévues au code civil ;

b) Bail pour une durée de plus de douze années, et, même pour un bail de moindre durée, quittance ou cession d'une somme équivalente à trois années de loyers ou fermages non échus ;

(Décr. n° 95-595 du 6 mai 1995, art. 3-I) « *c)* Titre d'occupation du domaine public de l'État ou d'un de ses établissements publics constitutif d'un droit réel immobilier délivré en application des articles L. 34-1 à L. 34-9 du code du domaine de l'État et de l'article 3 de la loi n° 94-631 du 25 juillet 1994 ainsi que cession, transmission ou retrait de ce titre. »

2° Les actes entre vifs dressés distinctement pour constater des clauses d'inaliénabilité temporaire et toutes autres restrictions au droit de disposer, ainsi que des clauses susceptibles d'entraîner la résolution ou la révocation d'actes soumis à publicité en vertu du 1° ; de même, les décisions judiciaires constatant l'existence de telles clauses ; *(Décr. n° 94-910 du 21 oct. 1994, art. 130)* « les décisions judiciaires arrêtant ou modifiant le plan de redressement de l'entreprise rendu en application des chapitres II ou III de la loi n° 85-98 du 25 janvier 1985 relative au redressement et à la liquidation judiciaires des entreprises qui prononcent en application des articles 70 ou 89-1 *[C. com., art. L. 621-72 (devenu art. L. 626-14) ou L. 621-92 (abrogé)]* de la loi précitée l'inaliénabilité temporaire d'un bien immobilier compris dans le plan ; » — *Le contrat de promotion immobilière est réputé emporter restriction au droit de disposer au sens et pour l'application de l'art. 28-2° ci-dessus (CCH, art. L. 221-6).* — ***CCH*** *; ... de même que le contrat de location-accession (L. n° 84-595 du 12 juill. 1984, art. 4, ss. art. 1593 C. civ.).*

3° Les attestations notariées établies en exécution de l'article 29 en vue de constater la transmission ou la constitution par décès de droits réels immobiliers ;

4° Les actes et décisions judiciaires, énumérés ci-après, lorsqu'ils portent sur des droits soumis à publicité en vertu du 1° :

a) Les actes confirmatifs de conventions entachées de cause de nullité ou rescision ;

b) Les actes constatant l'accomplissement d'une condition suspensive ;

c) Les demandes en justice tendant à obtenir, et les actes et décisions constatant, la résolution, la révocation, l'annulation ou la rescision d'une convention ou d'une disposition à cause de mort ;

d) Les décisions rejetant les demandes visées à l'alinéa précédent et les désistements d'action et d'instance ;

e) Les actes et décisions déclaratifs ;

5° *Abrogé par L. n° 77-1447 du 28 déc. 1977 ;*

6° Les conventions d'indivision immobilière ;

(Abrogé par Ord. n° 2021-1192 du 15 sept. 2021, art. 35, à compter du 1er janv. 2022) « *7° La décision du tribunal donnant acte du délaissement hypothécaire, prévue à l'article 2469 du code civil ;* »

8° Les actes qui interrompent la prescription acquisitive conformément aux articles 2244 et 2248 *[anciens]* du code civil, et les actes de renonciation à la prescription acquise ;

9° *(Décr. n° 59-89 du 7 janv. 1959)* « Les documents, dont la forme et le contenu seront fixés par décret, destinés à constater tout changement ou modification du nom ou des prénoms des personnes physiques, et les changements de dénomination, de forme juridique ou de siège des sociétés, associations, syndicats et autres personnes morales, lorsque ces changements intéressent des personnes physiques ou morales au nom desquelles une formalité de publicité a été faite depuis le 1er janvier 1956 ». — *V. Décr. du 14 oct. 1955, art. 70.*

En ce qui concerne le droit de préemption des sociétés d'aménagement foncier et d'établissement rural, V. C. rur., art. R. 143-18. — ***C. rur.***

Le classement d'un territoire en réserve naturelle ainsi que le déclassement total ou partiel d'un territoire classé doivent être publiés dans les formes et de la manière prévues en matière de publicité foncière. — V. C. envir., art. L. 332-4 et L. 332-10. — ***C. envir.***

BIBL. ▶ **Bail :** Dagot, *JCP N 1992. I. 197* (cession isolée de droit au bail). ▶ **Contrat de fortage :** Larroumet, *Mél. Colomer, Litec, 1993, p. 209*. ▶ **Copropriété :** Dagot, *JCP 1979. I. 2942*. – Giverdon, *RDI 1979. 161*. – Thibierge, *Defrénois 1979. 401*. ▶ **Crédit-bail :** Dagot, *JCP N 1985. Prat. 9418*. – J.-P. Garçon, *JCP N 1996. Prat. 3776*. ▶ **Demandes en justice :** Bihr, *Quot. jur. 26 août 1970*. ▶ **Jouissance partagée :** P.J.C., *JCP N 1984. Prat. 8969*. ▶ **Pactes de préférence d'immeubles :** A. Fournier, *Dr. et patr. 4/2000. 45*. ▶ **Procédures collectives :** Dagot, *JCP 1986. I. 3262* (redressement judiciaire). – Frémont, *JCP N 1987. I. 1*. – Kornmann, *Gaz. Pal. 1989. 2. Doctr. 468* (absence de publication du jugement d'ouverture d'un redressement judiciaire). ▶ **Régimes matrimoniaux :** Lafond, *JCP N 1982. I. 187* (changement de régime). – Lamiaux, *JCP N 2015, n° 1179* (immeubles vacants successoraux). – Maury, *Defrénois 1978. 619* (communauté conjugale). ▶ **Servitudes :** Dagot, *JCP N 1991. I. 76*. ▶ **Mutations rurales :** Barbiéri, *Defrénois 2011. 1043*. ▶ **Sociétés :** Frémont, *JCP N 1980. I. 393* (acquisitions immobilières par une société en formation). ▶ **Usucapion :** Delage, *Rev. huissiers 1989. 717*. – Frémont, *Administrer 5/1987. 44*. – Prod'homme, *JCP N 2003. 1098* (acte de notoriété acquisitive).

1. Compétence du bureau de situation de l'immeuble. Sur les modalités de publication lorsqu'un acte vise plusieurs immeubles, V., à propos d'une action en résolution, note 35.

A. ART. 28-1°

1° ACTES NORMALEMENT SOUMIS À L'EXIGENCE DE PUBLICITÉ EN APPLICATION DE L'ART. 28-1°

2. Cession de droits immobiliers même litigieux. Une cession de droits immobiliers déterminés, attribués à un héritier en vertu d'un partage, est soumise aux règles de la publicité foncière et non aux formalités de l'art. 1690 C. civ., quand bien même ces droits font l'objet d'un litige. • Civ. 1re, 24 mars 1965, n° 62-13.307 P.

3. Règlement de copropriété. Le règlement de copropriété et les modifications qui peuvent lui être apportées ne sont opposables aux ayants cause à titre particulier des copropriétaires qu'à dater de leur publication au fichier immobilier. • Civ. 3e, 31 janv. 1996, n° 93-18.318 P (sous la réserve de l'art. 4, al. 3, du Décr. du 17 mars 1967). ♦ Lorsqu'un nouveau règlement de copropriété, remplaçant le précédent, est régulièrement adopté par l'assemblée générale, il est, sauf contestation dans les formes et les conditions légales, opposable à tous les copropriétaires, sa publication n'étant nécessaire que pour le rendre opposable aux ayants cause à titre particulier de ceux-ci. • Civ. 3e, 23 juin 1976, n° 75-10.575 P. ♦ V. précédemment (art. 8 et 9 *de la L. du 28 juin 1938*) : pour qu'une modification au règlement de copropriété soit opposable à un ayant cause à titre particulier d'un copropriétaire, elle doit avoir été publiée au bureau des hypothèques. • Civ. 3e, 8 avr. 1970, n° 68-14.369 P : *JCP 1970. II. 16390, note Guillot.* ♦ Rappr. note 29. ♦ Toutefois, lorsque le règlement de copropriété a seulement, pour le chauffage collectif, fixé les bases de la répartition des charges en fonction de l'importance des surfaces de chauffe, ainsi que le permet l'art. 1er du Décr. du 17 mars 1967, l'adoption par l'assemblée générale du simple relevé de ces surfaces ne constitue pas une modification de ce règlement, au sens de l'art. 13 de la L. du 10 juill. 1965, et n'a pas besoin d'être publiée pour être opposable aux ayants cause à titre particulier des copropriétaires. • Civ. 3e, 27 févr. 1991, n° 89-16.352 P. ♦ Sur la révision du règlement de copropriété, V. aussi note 26.

4. Servitudes. Les servitudes établies par le fait de l'homme ne sont opposables aux acquéreurs que si elles sont mentionnées dans leur titre de propriété ou si elles font l'objet d'une publicité foncière. • Civ. 3e, 27 oct. 1993, n° 91-19.874 P : *D. 1994. Somm. 165, obs. A. Robert*. – V. aussi • Civ. 3e, 4 nov. 2004, n° 02-20.754 P • 14 déc. 2005, n° 04-14.245 P : *D. 2006. IR 181 ; RDI 2006. 128, obs. Bergel*. ♦ En application de l'art. 2 de la L. du 23 mars 1855, dans sa rédaction antérieure au décret-loi du 30 oct. 1935, un contrat fixant l'assiette et les modalités d'utilisation d'une servitude doit être transcrit au bureau des hypothèques de la situation des biens, comme tout acte constitutif d'antichrèse, de servitude ou d'usage et d'habitation. • Civ. 3e, 14 nov. 1990, n° 88-20.324 P. ♦ La renonciation à une servitude, qu'elle soit conventionnelle ou légale, y compris celles qui sont créées par destination du père de famille, entre dans la catégorie des actes entre vifs portant ou constatant mutation ou constitution de droits réels immobiliers, obligatoirement publiés en vertu de l'art. 28-1°-a du Décr. du 4 janv. 1955. • Civ. 3e, 5 févr. 1970, n° 68-11.430 P : *D. 1970. 262, note Frank.* ♦ V. aussi • Civ. 3e, 5 nov. 1970, n° 69-10.593 P : *Journ. not. 1971. 1284, note Viatte.*

5. Servitudes de lotissement. Les servitudes de lotissement sont opposables aux acquéreurs, même si elles ne figurent pas dans leur titre de propriété, à condition que les documents contenant lesdites règles ou ceux modifiant les règles initiales du lotissement aient fait l'objet de la publicité foncière permettant aux intéressés de s'y référer. • Civ. 3e, 23 mai 1991, n° 89-19.363 P. – Dans le même sens : • Civ. 3e, 20 déc. 2000, n° 99-14.372 P. ♦ La dérogation consentie aux acquéreurs d'un lot dans un lotissement, par laquelle le lotisseur renonce à la servitude de ne pas construire au-delà de la hauteur fixée au cahier des charges, leur reconnaissant ainsi un droit réel de construire un immeuble d'un gabarit différent, doit être obligatoirement publiée en application de l'art. 28-1° du Décr. du 4 janv. 1955. • Civ. 3e, 6 mai 1980, n° 78-15.562 P.

6. Baux de longue durée. La cession d'un bail emphytéotique et d'un bail à construction conférant l'un et l'autre un droit réel immobilier est soumise à publicité foncière. • Civ. 2e, 11 juill. 2002, n° 00-20.697 P : *Defrénois 2003. 782, obs. Piedelièvre.* ♦ L'absence de publication d'un bail à long terme le rend inopposable aux tiers pour la période excédant douze ans. • Civ. 3e, 3 févr. 2010, n° 09-11.389 P : *Defrénois 2010. 1172, obs. Piedelièvre.* ♦ Mais une convention d'occupation précaire, n'étant pas un bail, n'a pas à être publiée pour être opposable aux tiers, quelle que soit sa durée. • Civ. 3e, 19 nov. 2014, n° 13-20.089 P : *D. 2014. 2408*.

7. Décisions de justice portant ou constituant les mêmes droits. Peut être enregistrée et publiée la décision du juge saisi sur requête et donnant force exécutoire à une transaction opérant transfert de droits immobiliers. • Civ. 1re, 16 mai 2006, n° 04-13.467 P : *Defrénois 2007. 235, obs. Piedelièvre, et 550, obs. Théry ; RTD civ. 2006. 823, obs. Perrot*.

8. Obligation de publier une décision prononçant la nullité de la vente d'un terrain. • Civ. 3e, 10 févr. 1999, n° 95-15.845 P : *D. 1999. Somm. 305, obs. Piedelièvre ; JCP N 1999. 503.* ♦ Opposabilité d'un jugement d'adjudication dans le cadre d'une saisie immobilière à compter de sa publication. • Civ. 2e, 30 avr. 2002, n° 00-18.560 P : *D. 2002. Somm. 2646, obs. Julien*. ♦ Rappr. • Civ. 2e, 11 juill. 2013, n° 12-13.737 P : *D. 2013. 1908* (les ayants droit du débiteur saisi, qui peuvent agir en résolution de la vente sur adjudication, notamment en cas de défaut de paiement du prix par l'adjudicataire, sont recevables à solliciter la radiation de la publication du jugement d'adjudication). ♦ Une cour d'appel qui, tout en ne statuant qu'en l'état sur la revendication, a néanmoins épuisé le litige dont elle était saisie par l'effet dévolutif de l'appel, rend une décision qui, aux termes de l'art. 28-1°, est susceptible d'être publiée. • Civ. 3e, 23 févr. 1968, n° 65-11.844 P. ♦ Sur les relations de la publicité foncière et des actions en revendication, Rappr. aussi notes 30 et 39.

9. Pouvoirs du juge. Ayant constaté l'irréversibilité de la situation nouvelle créée à la suite du remplacement *d'un des biens devant* être vendus par un autre, inexécution sanctionnée par l'octroi de dommages et intérêts, la cour d'appel pouvait d'office, en vertu de l'art. 28, ordonner la mise en conformité des documents soumis à la publicité foncière avec la substitution intervenue. • Civ. 3e, 4 déc. 1968, n° 66-10.540 P.

2° ACTES NON SOUMIS À L'EXIGENCE DE PUBLICITÉ

10. Droit préexistant. N'est pas soumis aux formalités de publication l'acte qui ne fait que constater un droit de propriété préexistant. • Civ. 3e, 18 déc. 1979, n° 78-12.927 P : *Gaz. Pal. 1980. 1. Somm. 246, obs. A. Piedelièvre.*

11. Servitude administrative. La mention d'une servitude conventionnelle sur un plan annexé dans un acte publié, sans que celui-ci en fasse état, ne permet pas de la rendre opposable aux tiers, mais il en va différemment pour une servitude administrative, dispensée en principe de publicité. • Civ. 3e, 4 févr. 1971, n° 69-11.259 P.

12. Société en formation. L'acte portant reprise par une société immatriculée des engagements souscrits par ses fondateurs est déclaratif et n'a pas à être publié pour être opposable aux tiers. • Civ. 3e, 9 juill. 2003, n° 01-10.863 P : *JCP N 2004. 1088, note Garçon ; Defrénois 2004. 303, obs. S. Piedelièvre ; AJDI 2003. 873, obs. Porcheron*. – A. Fournier, *JCP N 2004. 1395.*

13. Attribution légale de communauté. Dans le cadre de l'application de l'art. 1463 ancien C. civ., l'attribution de la communauté au mari, à la suite de la renonciation de la femme à cette communauté, est une attribution légale qui s'effectue rétroactivement, le mari étant censé avoir toujours été propriétaire des biens communs, en sorte qu'une telle attribution qui n'entraîne ni transfert, ni mutation de droits immobiliers, échappe à la publicité obligatoire prévue par les art. 28-1°, a, et 28-4, e, du Décr. du 4 janv. 1955. • Civ. 1re, 9 janv. 1996, n° 93-18.241 P : *D. 1996. 245, rapp. J. Thierry ; D. 1997. Somm. 257, obs. S. Piedelièvre ; RDI 1997. 155, obs. Delebecque et Simler*.

14. Droit de rétention. L'opposabilité du droit de rétention n'est pas subordonnée à la publicité foncière. • Civ. 3e, 16 déc. 1998, n° 97-12.702 P : *JCP 1999. I. 158, n° 8, obs. Delebecque ; RTD civ. 1999. 439, obs. Crocq*.

15. Usucapion. L'acquisition d'un immeuble par prescription est opposable à tous sans avoir été publiée. • Civ. 3e, 13 nov. 1984, n° 83-18.865 P : *D. 1985. 345, note Aubert ; Gaz. Pal. 1985. 1. Somm. 48, note A. Piedelièvre.* ♦ La possession qui remplit les conditions exigées par la loi pour conduire à l'usucapion, même abrégée, suffit à rendre le possesseur propriétaire à l'expiration du délai légal, qu'il ait ou non acquis ses droits du même auteur que le revendiquant. • Civ. 3e, 6 nov. 1975, n° 74-11.148 P : *JCP 1977. II. 18609, note Dagot* (préférence donnée au second acquéreur, en vertu de son usucapion, sur les héritiers du premier acheteur qui avait transcrit son titre en premier). ♦ Dès lors que la propriété s'acquiert aussi par prescription, la prescription trentenaire peut être opposée à un titre, même par l'acquéreur d'un bien n'ayant pas publié son acte de vente à l'encontre d'un autre acquéreur tenant son droit du même vendeur et ayant publié son titre. • Civ. 3e, 17 déc. 2020, n° 18-24.434 P. ♦ V. aussi note 14 ss. art. 30, et également : • Paris, 18 nov. 1968 : *JCP 1969. II. 15742, concl. Barnicaud.*

3° ACTES SOUMIS DANS CERTAINS CAS À L'EXIGENCE DE PUBLICITÉ

16. Changement de régime matrimonial. La convention de changement de régime matrimonial portant adoption de la communauté universelle doit, une fois homologuée, être publiée au bureau des hypothèques compétent. • Com. 10 févr. 1998, n° 95-16.924 P : *JCP N 1998. 1532, étude Lafond ; Defrénois 1998. 822, obs. Champenois ; ibid. 1450, note Chappert ; RTD civ. 2000. 155, obs. Vareille* (exigibilité des droits perçus à cette occasion, notamment de la taxe de publicité foncière). ♦ Dans le même sens, pour une convention contenant une clause instituant entre les époux une indivision immobilière : • Paris, 13 sept. 2001 : *Defrénois 2002. 829, obs. S. Piedelièvre ; AJ fam. 2001. 62, et les obs.* ♦ Mais il n'y a pas lieu à publicité foncière lorsque le changement de régime matrimonial n'entraîne aucune mutation de droits immobiliers et que le nouveau régime des époux n'affecte pas la quotité de leurs droits sur l'immeuble en question. • Civ. 1re, 6 juill. 2005, n° 01-17.542 P : *D. 2005. IR 2178 ; JCP N 2006. 1162, note Arteil ; Defrénois 2005. 1514, obs. Champenois.*

B. ART. 28-2°

17. Restrictions au droit de disposer. Le pacte de préférence, qui s'analyse en une promesse unilatérale conditionnelle, ne constitue pas une restriction au droit de disposer soumise à publicité obligatoire (contrat de foretage). • Civ. 3e, 16 mars 1994, n° 91-19.797 P : *D. 1994. 486, note Fournier ; Defrénois 1994. 1164, obs. Aynès.* ♦ Sur cet arrêt : Maury, *JCP N 1994. I. 341.* ♦ V. déjà, pour une solution identique appliquée à un pacte de préférence de bail : • Civ. 3e, 13 mars 1979, n° 77-15.031 P : *JCP N 1989. II. 253, note Stemmer ; D. 1979. 546, note Frank ; Defrénois 1979. 1318, note Frank ; Gaz. Pal. 1980. 1. 144, note Plancqueel ; RTD civ. 1980. 54, obs. Giverdon* (simple promesse unilatérale conditionnelle, dont la violation se résout en dommages et intérêts).

18. Qualification de restriction au droit de disposer, mais aussi de vente immobilière, d'une vente d'arbres à abattre. • Reims, 10 mai 1992 : *JCP N 1984. II. 26, note Dagot.* ♦ Publication d'un contrat de promotion immobilière primée par une hypothèque prise le même jour, en application de l'art. 31 du Décr. du 4 janv. 1955. • Versailles, 10 oct. 1996 : *D. 1997. Somm. 258, obs. S. Piedelièvre ; RDI 1997. 453, obs. C. Saint-Alary Houin.*

19. Clauses résolutoires. La clause résolutoire insérée dans un contrat de vente doit, pour être opposable aux tiers ayant acquis des droits sur l'immeuble du chef de l'acquéreur, être publiée ; elle doit faire l'objet d'une mention expresse dans la publication de l'acte. • Civ. 3e, 15 oct. 2015, n° 14-20.400 P. ♦ Sur l'opposabilité de la résolution d'une vente immobilière, constatée conformément à l'art. 1656 C. civ., en application d'une clause résolutoire publiée en exécution du Décr. du 4 janv. 1955, malgré l'absence d'inscription du privilège du vendeur, l'art. 2108 ne visant que l'action résolutoire fondée sur l'art. 1654 C. civ. : • Civ. 3e, 8 juill. 1992, n° 90-14.039 P : *Defrénois 1992. 1529, obs. Aynès ; JCP N 1994. 275, note J.-P. Garçon.* ♦ Comp. note 22, pour les clauses résolutoires jouant seulement pour l'avenir dans le cadre des contrats successifs.

C. ART. 28-3°

20. Nature de l'attestation. Il résulte des art. 29 et 28-3° du Décr. du 4 janv. 1955 que l'attestation notariée prévue par ces textes ne constitue pas une déclaration au sens de l'art. L. 13-17 C. expr. • Civ. 3e, 11 mai 2011 : *D. 2011. 1416.*

D. ART. 28-4°

1° DEMANDES, ACTES ET DÉCISIONS NON CONCERNÉS

a. Demandes ne tendant pas à un anéantissement rétroactif

21. Résiliation d'un bail. L'art. 28-4°-c, prescrivant la publicité des demandes tendant à l'anéantissement rétroactif des actes, l'action en résiliation d'un bail rural, en l'espèce pour défaut de paiement des fermages, qui ne met fin au bail que pour l'avenir seulement, n'est pas concernée. • Civ. 3e, 10 mai 1989, n° 87-18.487 P : *Gaz. Pal. 1989. 2. 665, note Lepetit et Challine* (substitution d'un motif de pur droit). ♦ V. déjà • Civ. 1re, 1er juin 1964, n° 61-12.278 P : *JCP 1964. II. 13802, note J. Mazeaud ; RTD civ. 1968. 150, obs. Bredin* (la publicité de demandes fondées sur des clauses prévoyant la résiliation sans rétroactivité d'un bail d'une durée de quinze ans ne saurait être exigée dès lors que ces stipulations ne sont pas elles-mêmes sujettes à cette formalité). ♦ L'action en résiliation d'un contrat de crédit-bail immobilier conclu pour une durée de quinze ans, mettant fin au crédit-bail pour l'avenir seulement, n'est pas mentionnée par cette disposition. • Civ. 3e, 21 févr. 1996, n° 94-13.836 P : *D. 1996. Somm. 391, obs. S. Piedelièvre ; Defrénois 1997. 402, obs. Aynès* (action en constatation de l'acquisition d'une clause résolutoire mais qui avait pour objet de faire constater la résiliation du bail). ♦ Sur cet arrêt, V. Frémont, *JCP N 1997. Chron. 861.* ♦ Dans le même sens : • Civ. 3e, 27 mai 1998, n° 96-16.171 P : *D. 1998. Somm. 383, obs. S. Piedelièvre* ; *JCP N 1998. 1690.* ♦ L'action en résiliation d'un bail à long terme n'est pas soumise à publicité foncière, peu important les éventuels effets rétroactifs d'une résiliation. • Civ. 3e, 27 sept. 2006, n° 05-18.080 P.

22. Demande de substitution à l'adjudicataire. La demande en nullité de l'acte unilatéral par lequel le preneur manifeste son intention de se substituer à l'adjudicataire n'entre pas dans les prévisions de l'art. 28 du Décr. du 4 janv. 1955 qui vise les demandes en justice tendant à obtenir l'annulation d'une convention ou d'une disposition à cause de mort. • Civ. 3e, 6 févr. 1979, n° 77-12.206 P.

23. Demandes tendant à ce que soit prononcée une inopposabilité. L'inopposabilité à la masse d'un acte à titre gratuit conclu en période suspecte, celui-ci demeurant par ailleurs valable, ne constitue ni une résolution, ni une révocation, ni une annulation, ni une rescision au sens de l'art. 30-5 du Décr. du 4 janv. 1955, de sorte que les dispositions de ce texte d'interprétation stricte ne lui sont pas applicables. • Com. 12 févr. 1985, n° 83-15.659 P. ♦ Comp., pour les nullités de la période suspecte, note 30. ♦ L'action paulienne, qui tend à faire déclarer inopposable au créancier un acte de cession consenti par le débiteur, n'entre pas dans les prévisions de l'art. 30-5°. • Civ. 3e, 1er mars 2006, n° 04-20.356 P : *D. 2006. IR 811* ; *Defrénois 2007. 229, obs. S. Piedelièvre.* ♦ Comp. • Civ. 3e, 25 janv. 1983, n° 81-11.426 P : *Gaz. Pal. 1983. 2. 405, note A. Piedelièvre* ; *Defrénois 1983. 1217, obs. Aubert.*

24. Assignation en rétrocession. La rétrocession, à un propriétaire exproprié, de droits immobiliers opérant sans rétroactivité, les dispositions de l'art. 30-5 du Décr. du 4 janv. 1955 n'imposent pas la publication de l'assignation en rétrocession. • Civ. 3e, 8 juin 1988, n° 86-19.430 P.

25. Commandement rappelant l'existence d'une clause résolutoire. Le commandement qui invite le débiteur à l'exécution de ses obligations et lui rappelle l'existence d'une clause résolutoire ne constitue pas un « acte constatant... la résolution d'une convention » et sa publication n'est pas prévue par les textes régissant la publicité foncière. • Civ. 3e, 25 janv. 1968, n° 66-10.571 P.

26. Révision du règlement de copropriété. *L'action en révision du règlement de copropriété* n'est pas soumise à la publicité exigée par les art. 28-1°, 28-4° et 30-5 du Décr. du 4 janv. 1955. • Civ. 3e, 18 déc. 1996, n° 94-21.573 P : *JCP N 1998. 516, note Frémont* ; *RJDA 1997. 259* (décision rendue à propos d'une action qui était dirigée contre le syndicat des copropriétaires et qui tendait à la révision des charges de copropriété).

b. Demandes ne concernant pas un droit publié

27. Anéantissement d'un acte non publié. La publicité foncière n'est exigée, à peine d'irrecevabilité, que pour les demandes en justice tendant à l'anéantissement rétroactif d'un droit antérieurement publié. • Civ. 3e, 26 mai 2004, n° 02-21.125 P : *Gaz. Pal. 2005. 1109, note Visse-Causse* (non-application à une demande en détermination de la limite séparative de deux fonds) • 15 févr. 2006, n° 04-20.521 P : *D. 2006. IR 811* ; *Defrénois 2007. 229, obs. Piedelièvre* (non-application à une déclaration de renonciation à succession, ni à une demande de licitation et de partage). ♦ V. déjà, dans le même sens, pour l'assignation tendant à la résolution d'un acte non publié. • Civ. 3e, 10 juin 1970, n° 68-12.884 P : *JCP 1971. II. 16673, note M. D.* (promesse de vente sous seing privé) • 3 juill. 1973, n° 72-10.696 P (demande en résolution d'une vente qui n'a été ni réalisée par un acte authentique, ni publiée) • 6 févr. 1974, n° 72-12.240 P (vente sous seing privé). ♦ ... Pour une action en rescision : • Civ. 1re, 14 nov. 1967, n° 65-13.374 P : *D. 1968. 77, note Mazeaud* ; *JCP 1968. II. 15624, note Dagot.*

28. Résolution d'une vente non réalisée en la forme authentique. La publication de la demande tendant à obtenir la réitération ou la réalisation en la forme authentique et la publication du procès-verbal notarié constatant le défaut ou le refus du cocontractant de procéder à cette réitération ou réalisation, publications facultatives prises en application de l'art. 37-2 du Décr. du 4 janv. 1955 et n'emportant pas mutation de propriété, ne peuvent être assimilées à la publication d'un acte authentique de vente qui rendrait obligatoire la publication de la demande judiciaire en résolution de la vente. • Civ. 3e, 28 mai 1979, n° 77-15.857 P : *JCP N 1980. II. 1, note Stemmer.*

29. Annulation d'un bail ordinaire. L'art. 28 n'exige la publication des demandes tendant à l'annulation des actes portant bail que si les baux ont une durée de plus de douze années. • Civ. 3e, 6 févr. 1979, n° 77-12.206 P.

c. Autres demandes non concernées

30. Action en revendication (à distinguer de la décision à laquelle elle peut donner lieu). L'art. 28-4°-e, du Décr. du 4 janv. 1955 ne soumet à publicité que les décisions relatives aux *revendications* immobilières et non les demandes en revendication. • Civ. 1re, 10 oct. 1966, n° 64-13.562 P : *D. 1967. 1, note J. M.* • Civ. 3e, 17 avr. 1970, n° 68-13.712 P • 21 déc. 1987 : *D. 1989. Somm. 31, obs. S. Robert* • 8 janv. 1997 : *RJDA 1997. 258.* ♦ V. aussi • Civ. 3e, 24 oct. 1972, n° 71-13.726 P.

31. Demande de démolition d'une construction. La publication d'une demande en démolition en vue de la mise en conformité des constructions avec les prescriptions du cahier des charges d'un lotissement n'est pas prévue par les textes régissant la publicité foncière. • Civ. 3e, 26 nov. 1970, nº 69-10.256 P. ♦ Même sens pour la démolition d'une construction édifiée en violation d'une servitude de vue. • Civ. 3e, 11 déc. 1985 : *Gaz. Pal. 1986. 1. Pan. 61.*

32. Demande visant à l'exécution d'un contrat de construction. La demande relative à l'exécution d'un contrat d'entreprise échappe à la formalité de publicité. • Civ. 3e, 12 févr. 1970, nº 68-10.671 P.

2° DEMANDES, ACTES ET DÉCISIONS CONCERNÉS

33. Demandes d'annulation ou de rescision. Action en nullité de la constitution d'un groupement foncier agricole. • Civ. 1re, 7 juin 1988, nº 86-14.809 P. ♦ ... D'une vente immobilière. • Civ. 1re, 20 oct. 1981, nº 80-14.741 P : *D. 1983. 73, note Larroumet ; Defrénois 1982. 1083, obs. Aubert ; Gaz. Pal. 1982. 1. Somm. 126, obs. A. Piedelièvre* • Civ. 3e, 12 févr. 1985, nº 83-17.153 P : *Gaz. Pal. 1985. 2. Somm. 171, obs. Guinchard et Moussa.* ♦ ... D'une vente d'immeuble en application de l'art. 800 ancien C. rur. (art. L. 412-12 C. rur.). • Civ. 3e, 21 nov. 1968, nº 65-12.835 P (introduction de l'instance par exploit d'huissier constituant pour cette publication une formalité substantielle) • 5 mai 1970, nº 68-13.682 P (présence de l'huissier non exigée lors de la tentative de conciliation préalable) • 24 juin 1998, nº 96-17.525 P (l'art. L. 412-12, al. 3, C. rur. n'impose pas que la formalité de publicité foncière soit accomplie dans le délai de six mois qu'il prévoit pour intenter l'action en nullité de la vente). ♦ Rappr. aussi • Amiens, 28 janv. 1975 : *D. 1976. 87, note R. Savatier.* ♦ ... D'un jugement d'adjudication sur saisie immobilière. • Civ. 3e, 22 juill. 1992, nº 89-11.622 P. ♦ Action en révision d'une décision ayant prononcé la nullité d'une vente. • Civ. 3e, 10 févr. 1999, nº 95-15.845 P : *D. 1999. Somm. 305, obs. S. Piedelièvre (2e esp.) ; JCP N 1999. 503.* ♦ Action *en nullité de la période suspecte.* • *Paris, 25 sept.* 1998 : *D. 1999. Somm. 305, obs. S. Piedelièvre (1re esp.)*. ♦ Demande de rescision pour lésion d'une cession de droits successifs. • Civ. 1re, 11 avr. 1995, nº 93-11.695 P : *D. 1996. Somm. 209, obs. S. Piedelièvre*.

34. Cas particulier d'une demande concernant plusieurs immeubles. Cassation pour manque de base légale de l'arrêt qui admet la recevabilité d'une demande en rescision d'une cession de droits successifs portant sur deux immeubles, en constatant l'accomplissement de la publicité au bureau des hypothèques de la situation d'un des immeubles, sans rechercher si la demande avait également été publiée au bureau dans le ressort duquel se trouvait situé l'autre immeuble dépendant de l'indivision successorale et visé dans la convention de droits successifs. • Civ. 1re, 11 avr. 1995, nº 93-11.695 P : *D. 1996. Somm. 209, obs. S. Piedelièvre*.

35. Précisions concernant les demandes formulées en cours d'instance. La demande en justice tendant à l'annulation d'une convention portant sur des droits réels immobiliers doit, à peine d'irrecevabilité, faire l'objet d'une publication, même si elle est formulée en cours d'instance dans un acte autre que l'assignation. • Civ. 1re, 7 janv. 1992, nº 90-14.930 P : *RDI 1993. 534, obs. Simler ; Journ. not. 1992. 397, note de La Marnierre ; Defrénois 1992. 828, obs. Aynès* (demande d'annulation de ventes immobilières visant, dans le cadre d'opérations de partage, la réincorporation des biens vendus dans la masse successorale) • Civ. 3e, 19 mars 1997, nº 95-16.247 P : *D. 1997. Somm. 259, obs. S. Piedelièvre ; Defrénois 1997. 1430, obs. Aynès* (conclusions tendant à la résolution alors que l'assignation visait l'annulation des actes). ♦ C'est alors, le cas échéant, cet autre acte qui doit être publié. • Civ. 3e, 18 mars 1998, nº 96-17.072 P : *D. 1998. Somm. 382, obs. S. Piedelièvre* (cassation de l'arrêt qui admet des conclusions additionnelles en résolution de la vente, même si l'assignation en exécution forcée avait fait l'objet d'une publication). ♦ La publication, en cours d'instance des conclusions récapitulatives contenant demande d'annulation ou de résolution de la vente, rend ces demandes recevables. • Civ. 3e, 20 oct. 2010 : *D. 2010. 2579*.

36. Action du préempteur. Concernant la publication de la demande formée par un locataire tendant à l'exercice du droit de préemption sur un appartement lors de la vente de celui-ci, V. • Civ. 3e, 15 nov. 1989, nº 88-10.441 P.

37. Demande d'annulation d'une déclaration de command. Un procès-verbal d'adjudication, y compris la déclaration de command, ayant fait l'objet d'une publication, l'action en annulation de cette déclaration qui fait corps avec l'adjudication doit également être publiée. • Civ. 1re, 19 janv. 1966, nº 63-10.572 P.

38. Incidence d'une erreur de qualification de la demande. L'action en nullité et l'action en résolution tendant à l'anéantissement rétroactif du contrat et la qualification erronée de l'action de la commune provenant d'une simple confusion terminologique sans effet dirimant, les modalités de désignation de l'action lors de sa publication au livre foncier sont sans emport entre les parties puisque le but de la loi est de rendre opposable aux tiers un contentieux susceptible d'interférer sur leurs droit, charges ou sûretés. • Civ. 3e, 17 sept. 2014, nº 13-

16.651 P : *D. 2014. 1873* ; *JCP 2014, n° 1174, note Barbiéri* (livre foncier en Alsace-Moselle).

E. ART. 28-8°

39. Est irrecevable, comme mélangé de fait et de droit, le moyen qui soutient que l'assignation en revendication, si elle n'est pas comprise dans l'énumération de l'art. 28-4°-c, peut constituer un acte interruptif relevant de l'art. 28-8°, dès lors qu'en appel, le demandeur s'était fondé expressément sur les dispositions de l'art. 28-4°-c. • Civ. 3e, 24 oct. 1972, n° 71-13.726 P.

F. ART. 28-9°

40. Si, en vertu de l'art. 6 du Décr. du 4 janv. 1955, l'inscription hypothécaire doit contenir l'identification des sociétés, associations, syndicats et autres personnes morales, spécialement par leur dénomination, tout changement de dénomination, de forme juridique ou de siège des sociétés et autres personnes morales doit obligatoirement être publié au bureau des hypothèques en vertu des art. 28-9° du même texte et 70 du Décr. du 14 oct. 1955. • Civ. 3e, 2 juill. 1974, n° 73-10.393 P. ♦ Sur la sanction de cette obligation, V. note 37 ss. art. 30.

Art. 29 Dans les délais fixés à l'article 33, toute transmission ou constitution par décès de droits réels immobiliers doit être constatée par une attestation notariée indiquant obligatoirement si les successibles ou légataires ont accepté et précisant, éventuellement, les modalités de cette acceptation. — *V. Décr. du 14 oct. 1955, art. 69.*

Une attestation rectificative doit, le cas échéant, être établie, notamment lorsque la dévolution est modifiée, ou que les successibles exercent ou modifient leur option postérieurement à la publicité de l'attestation notariée. Toutefois, la publication, au même *(Ord. n° 2010-638 du 10 juin 2010, art. 14, en vigueur le 1er janv. 2013)* « service chargé de la publicité foncière », d'un acte de disposition, par les successibles, dispense ces derniers de faire établir et publier une attestation rectificative.

Les clauses de restitution contenues dans les testaments et les restrictions au droit de disposer dont peuvent être affectées les transmissions par décès, ainsi que toutes les clauses susceptibles d'entraîner la révocation de ces dernières, doivent être reproduites littéralement dans l'attestation notariée relative aux immeubles grevés.

Il n'est pas établi d'attestation notariée si un acte de partage portant sur la totalité des immeubles héréditaires est dressé et publié dans les dix mois du décès.

Sur la nature de l'attestation notariée au regard des textes en matière d'expropriation, V. note 20 ss. art. 28.

Art. 30 1. Les actes et décisions judiciaires soumis à publicité par application du 1° de l'article 28 sont, s'ils n'ont pas été publiés, inopposables aux tiers qui, sur le même immeuble, ont acquis, du même auteur, des droits concurrents en vertu d'actes ou de décisions soumis à la même obligation de publicité et publiés, ou ont fait inscrire des privilèges ou des hypothèques. Ils sont également inopposables, s'ils ont été publiés, lorsque les actes, décisions, privilèges ou hypothèques, invoqués par ces tiers, ont été antérieurement publiés.

Ne peuvent toutefois se prévaloir de cette disposition les tiers qui étaient eux-mêmes chargés de faire publier les droits concurrents, ou leurs ayants cause à titre universel.

Les ayants cause à titre particulier du titulaire d'un droit visé au 1° de l'article 28, qui ont publié l'acte ou la décision judiciaire constatant leur propre droit, ne peuvent se voir opposer les actes entre vifs dressés distinctement pour constater des clauses d'inaliénabilité temporaire et toutes autres restrictions au droit de disposer, ou les décisions judiciaires constatant de telles clauses, lorsque lesdits actes ou décisions ont été publiés postérieurement à la publicité donnée à leur propre droit.

La résolution ou la révocation, l'annulation ou la rescision d'un droit visé au 1° de l'article 28, lorsqu'elle produit un effet rétroactif, n'est opposable aux ayants cause à titre particulier du titulaire du droit anéanti que si la clause en vertu de laquelle elle est intervenue a été antérieurement publiée ou si la cause réside dans la loi.

2. Le défaut de publicité des actes de donation visés à l'article 939 du code civil demeure opposable dans les conditions fixées par l'article 941 du même code.

3. A défaut de publicité, ne peuvent jamais être opposés aux tiers définis par le premier alinéa du 1 :

Les baux, pour une durée supérieure à douze ans ;

Les actes portant cession de loyers ou fermages non échus, pour une durée supérieure à trois ans.

4. Toute personne intéressée qui, ayant publié son propre droit, prouve qu'elle a subi un préjudice à raison soit du défaut de publication avant l'expiration du délai légal, soit de la publicité incomplète ou irrégulière d'un des actes visés aux 3° à 9° de l'article 28, peut demander des dommages et intérêts.

Toutefois, le légataire particulier de droits immobiliers peut, sous réserve de l'application des articles 1035 et suivants du code civil, se prévaloir de la publication de l'attestation notariée à l'égard des ayants cause du défunt qui n'ont pas publié antérieurement les actes ou décisions judiciaires établissant, à leur profit, des droits concurrents.

Le légataire particulier écarté en vertu des articles 1035 et suivants du code civil peut, dans le cas où la transmission qui le prive de l'objet du legs n'a pas été publiée, obtenir des dommages et intérêts s'il a lui-même publié son propre droit.

5. Les demandes tendant à faire prononcer la résolution, la révocation, l'annulation ou la rescision de droits résultant d'actes soumis à publicité ne sont recevables devant les tribunaux que si elles ont été elles-mêmes publiées conformément aux dispositions de l'article 28-4°, c, et s'il est justifié de cette publication par un certificat du *(Ord. n° 2010-638 du 10 juin 2010, art. 14, en vigueur le 1er janv. 2013)* « service chargé de la publicité foncière » ou la production d'une copie de la demande revêtue de la mention de publicité.

BIBL. ▶ **Demandes en justice :** BIHR, *Quot. jur. 26 août 1970.* ▶ **Fraude :** DU PONTAVICE, *RTD civ. 1963. 657* (sécurité des tiers). – J. MAZEAUD, *Defrénois 1962. 481.*

PLAN DES ANNOTATIONS

I. EFFETS DE LA PUBLICATION ET EFFETS DU DÉFAUT DE PUBLICATION À L'ÉGARD DES TIERS

A. INOPPOSABILITÉ AUX TIERS DES ACTES NON PUBLIÉS

1° PRINCIPE

1. Les actes et décisions judiciaires soumis à publicité par application de l'art. 28-1° sont, s'ils n'ont pas été publiés, inopposables aux tiers qui, sur le même immeuble, ont acquis, du même auteur, des droits concurrents en vertu d'actes ou de décisions soumis à la même obligation de publicité et publiés ou ont fait inscrire des privilèges ou des hypothèques ; ils sont aussi inopposables, s'ils ont été publiés, lorsque les actes, décisions, privilèges ou hypothèques invoqués par ces tiers ont été antérieurement publiés. • Civ. 3e, 11 juin 1997, n° 95-18.535 P : *D. 1998. Somm. 108, obs. S. Piedelièvre ; Defrénois 1997. 1431, obs. Aynès ; JCP 1998. II. 10055, note Casey* • Civ. 3e, 10 févr. 2010, n° 08-21.656 P : *Defrénois 2010. 1073, note Gravillou ; JCP N 2010, n° 1146, note Lamiaux ; RDC 2010. 895, obs. Pimont.*

2. Effets de l'inopposabilité. Le transfert de propriété ne devient opposable aux tiers que par la publication de l'acte de cession au bureau des hypothèques, règle applicable en matière de publicité foncière depuis la L. du 23 mars 1855 en son art. 3 et reprise en l'art. 30 du Décr. du 4 janv. 1955. • Civ. 3e, 22 oct. 1974, n° 73-12.127 P. ♦ La publication facultative de la demande en justice tendant à obtenir la réitération ou la réalisation en la forme authentique d'une vente sous seing privé, prévue par l'art. 37-2 du Décr. du

4 janv. 1955, n'emporte pas mutation de propriété et ne peut pas être assimilée à la publication d'un acte authentique de vente, de sorte qu'elle n'entraîne pas en elle-même les effets de l'opposabilité aux tiers prévus par l'art. 30 du même Décr. • Civ. 3e, 1er oct. 2020, n° 19-17.549 P : *D. 2021. 310, obs. Boffa et Mekki ; JCP 2020, n° 1379, note Laporte.*

2° DISTINCTION ENTRE INOPPOSABILITÉ ET NULLITÉ

3. Distinction entre inopposabilité et nullité. Le Décr. du 4 janv. 1955 ne dérogeant en aucune de ses dispositions à celles de l'art. 1583 C. civ., la validité d'une vente d'immeuble ne saurait dépendre de sa forme authentique. • Civ. 3e, 10 mai 1977, n° 76-10.029 P. ♦ V. déjà dans le même sens : • Civ. 1re, 18 juin 1962, n° 60-13.267 P • Civ. 3e, 11 déc. 1969, n° 68-13.039 P (ratification d'une promesse de porte-fort donnant à son auteur la qualité de partie à l'acte) • Civ. 1re, 15 déc. 1970, n° 69-13.934 P • Civ. 3e, 24 oct. 1972, n° 71-10.051 P. ♦ Sur les limites des effets de l'inopposabilité, V. aussi : • Civ. 3e, 25 juin 1970, n° 67-14.125 P (où on lit que, faute d'avoir notifié sa décision de préempter dans le délai qui lui est imparti, une SAFER ne peut plus exercer son droit, ni détruire les effets de la vente au motif que, ni publiée, ni transcrite, elle serait inopposable aux tiers).

4. Inopposabilité d'un transfert de propriété au syndicat de copropriétaires. Le syndicat de copropriétaires, qui oppose à l'acquéreur l'inopposabilité du transfert de propriété intervenu à défaut de notification de la mutation, ne peut lui réclamer le paiement des charges de copropriété. • Civ. 3e, 8 juill. 2015, n° 14-12.995 P.

3° INOPPOSABILITÉ PARTICULIÈRE DU BAIL

5. L'absence de publication d'un bail conclu pour une durée supérieure à douze ans (art. 30-3) ne le rend inopposable que pour la période excédant douze ans. • Civ. 3e, 7 mars 2007, n° 05-10.794 P : *D. 2007. AJ 942, obs. Rouquet ; Dr. et pr. 2007. 202, note Schütz ; RDC 2007. 800, obs. Lardeux, et 815, obs. Seube* (inopposabilité à l'acquéreur ayant eu connaissance du bail).

4° ACTES QUI ÉCHAPPENT À L'INOPPOSABILITÉ

6. Actes visés à l'art. 28-9°. La sanction du défaut de publication ou de la publication incomplète ou irrégulière d'un des actes visés au 9° de l'art. 28 Décr. 4 janv. 1955 ne consiste pas, par application de l'art. 30-5 du même texte, en l'inopposabilité aux tiers des modifications non publiées, mais en la possibilité offerte à toute personne intéressée, qui a publié son droit et qui prouve subir un préjudice, de solliciter des dommages et intérêts. • Civ. 3e, 2 juill. 1974, n° 73-10.393 P.

7. Acte de révocation. La révocation d'un droit visé à l'art. 28, al. 1er, lorsqu'elle produit un effet rétroactif est, par application des dispositions de l'art. 30-1°, al. 4, opposable, même si elle n'est pas publiée, aux ayants cause à titre particulier du titulaire du droit anéanti si la cause de cette révocation réside dans la loi. • Civ. 3e, 11 mars 1987, n° 85-13.340 P (rétractation, sur tierce opposition, d'un jugement prononçant la résolution d'une vente d'immeuble en raison de l'inscription de l'hypothèque légale de la masse).

8. Acte déclaratif. Il résulte des art. 28-4° et 30-4 Décr. 4 janv. 1955 que le défaut de publicité des actes déclaratifs n'a pas pour sanction leur inopposabilité aux tiers. • Civ. 1re, 21 nov. 1967, n° 65-13.062 P : *D. 1968. 349* (partage amiable) • 12 déc. 2006, n° 04-11.579 P : *D. 2007. AJ 154 ; RJPF 2007-4/37, note Valory* (cession de la quote-part des droits indivis à un coïndivisaire). ♦ L'arrêt qui reconnaît que le titre constitutif d'une servitude est un acte de partage revêt le caractère d'une décision déclarative qui échappe, par sa nature même, à la sanction de l'inopposabilité, en vertu des dispositions des art. 28-4°, e, et 30-4 Décr. 4 janv. 1955. • Civ. 1re, 4 nov. 1963, n° 62-12.592 P. ♦ Les actes de partage successoral, bien que non publiés, sont opposables aux tiers. • Civ. 3e, 23 avr. 1981, n° 79-14.044 P. ♦ Même sens : • Versailles, 21 févr. 1997 : *D. 1997. Somm. 259, obs. S. Piedelièvre* (publication ne visant qu'à informer les usagers).

9. Le défaut de publicité des actes constatant l'accomplissement d'une condition suspensive (art. 28-6°) n'a pas pour sanction leur inopposabilité. • Civ. 3e, 13 juill. 2011, n° 10-19.461 P : *D. 2011. Actu. 2034 ; AJDI 2012. 217, obs. Le Rudulier ; JCP N 2012, n° 1285, note Westendorf.* ♦ Rappr. déjà, pour une transcription en application de la L. du 23 mars 1855 : • Civ. 3e, 8 janv. 1969, n° 66-12.180 P.

10. Transmission d'un droit de préférence par l'effet du partage. Par l'effet déclaratif du partage, l'héritier adjudicataire d'un immeuble successoral en devient propriétaire depuis le jour du décès et est investi des droits qui s'y sont trouvés rattachés dès leur entrée dans l'indivision, tel un droit de préférence accordé à l'indivision par l'acquéreur d'une partie de l'immeuble, de sorte que le défaut de publication de l'attribution de ce droit de préférence à l'héritier en question par l'effet du partage n'est pas sanctionné par l'inopposabilité aux tiers. • Civ. 1re, 14 janv. 1981, n° 79-15.038 P.

B. OPPOSABILITÉ AUX TIERS DES ACTES PUBLIÉS

11. Publicité et connaissance effective de l'acte. La publication d'un acte de vente à la conservation des hypothèques ne caractérise pas la connaissance effective de la date de cet acte par le titulaire d'un droit de préemption sur le bien vendu, et ne fait donc pas, à elle seule, courir le délai de forclusion prévu par la loi pour l'exercice de l'action en nullité contre cette vente. • Civ. 3e, 22 sept. 2016, n° 15-20.783 P : *D. 2016. 2452, note Roussel* (droit de préemption du preneur rural).

1° PRIORITÉ DONNÉE À LA PREMIÈRE PUBLICATION

12. La date de la publicité plutôt que la date du droit. L'opposabilité ou l'inopposabilité aux tiers des droits concurrents soumis à publicité, acquis par eux, du même auteur, sur un même immeuble ne se règle pas d'après les dates des actes respectifs, mais selon l'antériorité de leur publication. • Civ. 3e, 29 mai 1969, n° 67-11.969 P • 11 juin 1997 : *préc. note 1.* ♦ Pour la solution inverse, lorsque aucune vente n'a été publiée, V. note 46.

13. ... Quelle que soit la nature des droits en conflit. Le conflit entre un créancier hypothécaire et le tiers acquéreur de l'immeuble se règle en vertu des principes de la publicité foncière, d'après la priorité des inscriptions. • Civ. 3e, 14 janv. 1976, n° 74-12.547 P. ♦ V. égal., pour le conflit : entre l'acquéreur et le vendeur n'ayant pas fait inscrire son privilège dans le délai requis. • Civ. 3e, 26 nov. 1970, n° 69-12.961 P. ♦ ... Entre le prêteur ayant laissé périmer les inscriptions des privilèges de prêteur de deniers et le bénéficiaire d'une promesse de vente ayant fait publier la décision de justice valant vente. • Civ. 3e, 17 juill. 1986 : *Gaz. Pal. 1986. 2. Pan. 205.* ♦ ... Entre l'acheteur et le titulaire d'un droit d'usage et d'habitation non publié. • Civ. 3e, 23 juin 1981 : *JCP N 1982. II. 113, note Pillebout.* ♦ ... Entre l'acheteur d'un terrain boisé, ayant publié son titre, et l'acquéreur d'arbres à abattre dans le cadre d'une vente antérieure non publiée. • Reims, 10 mai 1992 : *JCP N 1984. II. 26, note Dagot.* ♦ L'art. 686 anc. C. pr. civ. n'excluant pas l'application des règles de la publicité foncière en ce qu'elles ne sont pas contraires à ses dispositions, une donation non publiée n'est pas opposable à l'adjudicataire du bien saisi et à la SAFER usant de son droit de préemption. • Civ. 2e, 8 janv. 1992, n° 90-16.503 P : *JCP 1993. II. 22155, note Salvat ; Gaz. Pal. 1992. 2. Somm. 464, obs. Véron.* ♦ Opposabilité au saisissant d'une réserve de jouissance insérée par le vendeur dans l'acte de vente régulièrement publié. • Civ. 2e, 27 oct. 1975, n° 73-14.956 P.

14. Cas particulier des droits tirés de l'usucapion. Dès lors que les parties à une action en revendication tiennent leurs droits d'un même aliénateur et que le défendeur ne prétend pas avoir usucapé l'immeuble litigieux, le conflit doit être tranché par application des règles de la publicité foncière. • Civ. 1re, 5 mai 1965, n° 63-12.960 P. ♦ Mais l'acquéreur d'un bien n'ayant pas publié son acte de vente peut opposer la prescription trentenaire à un autre acquéreur tenant son droit du même vendeur et ayant publié son titre. • Civ. 3e, 17 déc. 2020, n° 18-24.434 P. ♦ Sur l'absence de publication en cas d'acquisition par usucapion, V. égal. note 15 ss. art. 28.

15. Autre manifestation de l'importance de la date de publication. Si les ayants cause à titre particulier sont considérés comme représentés par leur auteur pour les actes accomplis par celui-ci avant la naissance de leurs droits, lorsqu'un acte est soumis à publicité foncière, la représentation prend fin à compter de l'accomplissement des formalités de publicité foncière. • Civ. 3e, 12 janv. 2011 (1er moyen) : *D. 2011. 851, note Aynès ; ibid. Pan. 2298, obs. Mallet-Bricout ; AJDI 2011. 238 ; Defrénois 2011. 479, note C. Grimaldi ; RTD civ. 2011. 158, obs. Crocq ; ibid. 369, obs. Revet .*

2° INCIDENCE DE L'ÉVENTUELLE FRAUDE

16. Collusion frauduleuse. Il est fait échec à la règle de l'inopposabilité des actes non publiés aux tiers respectant les conditions de l'art. 30-1 en cas de concert frauduleux visant à dépouiller le bénéficiaire de la première aliénation. • Civ. 1re, 8 juin 1963, n° 61-13.199 P • Civ. 3e, 12 oct. 1971, n° 70-10.610 P (collusion frauduleuse entre un locataire principal et un cessionnaire, pour déposséder le sous-locataire, dans le cas de baux de longue durée) • 10 mai 1972, n° 71-11.520 P (la fraude fait échec à toutes les règles de droit). ♦ Pour une illustration de cette éviction en cas de concert frauduleux entre le souscripteur d'une promesse synallagmatique de vente et les fermiers déclarant exercer leur droit de préemption, moyennant déclaration de command acceptée le jour même par des tiers également complices : • Civ. 3e, 10 nov. 1982, n° 81-13.408 P. ♦ ... Entre un vendeur et un acquéreur, retardant par tous les moyens procéduraux la réalisation de la première vente par acte authentique et s'empressant de conclure et publier la seconde vente : • Civ. 1re, 7 juill. 1965, n° 62-12.655 P. ♦ ... Entre un vendeur et un tiers ayant constitué une société à laquelle a été apporté l'immeuble : • Civ. 3e, 5 févr. 1970, n° 68-11.416 P.

3° INCIDENCE DE L'ÉVENTUELLE MAUVAISE FOI

a. Principe traditionnel

17. Éviction des règles de priorité en cas de mauvaise foi. Lorsque deux acquéreurs successifs d'un immeuble tiennent leur droit d'un même auteur, le conflit doit se régler en vertu des principes de la publicité foncière par la priorité de publication de l'acte d'acquisition, à moins qu'il ne soit prouvé que le second acquéreur avait connaissance de la première aliénation. • Civ. 3e, 28 mai 1979, n° 77-14.164 P.

18. L'acquisition d'un immeuble en connaissance de sa précédente cession à un tiers est constitutive d'une faute qui ne permet pas au second acquéreur d'invoquer à son profit les règles de la publicité foncière. • Civ. 3e, 30 janv. 1974, n° 72-14.197 P : *GAJC, 11e éd., n° 175 ; D. 1975. 427, note J. Penneau ; JCP 1975. II. 18001, note Dagot ; Gaz. Pal. 1974. 2. 570, note Plancqueel ; Defrénois 1974. 637, note Goubeaux* • 16 déc. 1980 : *Gaz. Pal. 1981. 1. Pan. 143.* ♦ Cassation pour manque de base légale, sous le visa de l'anc. art. 1382 [1240], de l'arrêt qui, tout en constatant la faute du second acquéreur et le fait que l'immeuble se trouvait encore entre ses mains, ne s'explique pas sur les motifs pour lesquels elle a écarté le mode d'exécution que constituait l'inopposabilité au premier acheteur de cette seconde vente. • Civ. 3e, 22 mars 1968, n° 66-12.943 P : *R. 1968-1969, p. 25 ; D. 1968. 412, note Mazeaud ; JCP 1968. II. 15587, note Plancqueel ; RTD civ. 1968. 564, note Bredin.* ♦ Jurisprudence constante. – V. dans le même sens : • Civ. 3e, 3 oct. 1974, n° 73-11.022 P : *JCP 1975. II. 18001, note Dagot* (nuance : « peut être constitutive » d'une faute au lieu de « est constitutive ») • 16 nov. 1976, n° 75-12.707 P • 20 mars 1979, n° 77-14.926 P (cassation sous le visa de l'anc. art. 1382 [1240] C. civ.).

19. Lorsqu'un même immeuble a été vendu par son propriétaire à deux acquéreurs successifs, la mauvaise foi des seconds acquéreurs qui ont publié leur titre en premier ne peut, à la supposer établie, que rendre la seconde vente inopposable aux premiers acquéreurs et non annuler celle-ci. • Civ. 3e, 22 mai 1990, n° 88-11.643 P : *D. 1991. 326, note Fournier ; RTD civ. 1990. 530, obs. Bandrac.*

20. Caractérisation de la mauvaise foi. La mauvaise foi suppose que le second acquéreur ait, à la date de son acquisition, une connaissance de la vente consentie antérieurement. • Civ. 3e, 4 janv. 1983, n° 81-14.546 P : *Defrénois 1983. 1219, obs. Aubert* • 22 mai 1990, n° 88-11.643 P : *D. 1991. 326, note Fournier ; RTD civ. 1990. 530, obs. Bandrac.* ♦ La preuve de cette connaissance est appréciée souverainement par les juges du fond. • Civ. 3e, 28 mai 1979, n° 77-14.164 P • 16 nov. 1976, n° 75-12.707 P. ♦ Les juges du fond n'ont pas à rechercher si l'acquéreur a été négligent en ne se renseignant pas sur l'existence d'une première cession. • Civ. 3e, 28 mai 1979 : *préc.*

b. Limites du principe

21. Inscriptions hypothécaires. Dans le sens du refus de la prise en compte de la connaissance par l'acquéreur d'un immeuble des inscriptions hypothécaires (certes périmées au moment de la vente mais ultérieurement renouvelée) qui avaient été prises sur cet immeuble, V. • Civ. 3e, 17 juill. 1986, n° 85-11.627 P : *RTD civ. 1987. 369, obs. Giverdon et Salvage-Gerest.* ♦ V. cependant : • Civ. 3e, 26 nov. 2003 : *AJDI 2004. 231, note Prigent* (les juges du fond auraient dû rechercher si le créancier n'avait pas connaissance de la vente non publiée avant de procéder à l'inscription provisoire d'hypothèque).

22. Bail. La mauvaise foi du bénéficiaire d'un bail emphytéotique, qui a conclu en connaissance de l'existence d'un précédent contrat de bail à long terme, ne peut empêcher l'inopposabilité de ce premier bail non publié, pour la période excédant 12 ans, au preneur à bail emphytéotique qui seul avait publié son titre. • Civ. 3e, 19 juill. 1995, n° 93-17.316 P : *D. 1996. Somm. 209, obs. S. Piedelièvre ; Defrénois 1995. 1465, obs. Aynès ; ibid. 796, obs. Atias ; RTD civ. 1997. 467, obs. Crocq.*

23. Le fait qu'un créancier hypothécaire ait eu connaissance de la cession d'un bail emphytéotique et d'un bail à construction conférant les droits réels sur lesquels portait son hypothèque ne peut suppléer au seul mode légal de publicité en la matière. • Civ. 2e, 11 juill. 2002, n° 00-20.697 P : *Defrénois 2003. 782, obs. S. Piedelièvre.*

24. Absence d'incidence sur les ayants droit. En cas de mauvaise foi du second acquéreur, l'opposabilité de la première vente ne peut être étendue à ses ayants droit, qui ont également publié leur titre, sans vérifier que ces derniers ont également eu connaissance de la première vente. • Civ. 3e, 11 juin 1992, n° 90-10.687 P. ♦ *Contra*, précédemment, en matière de transcription : • Civ. 1re, 17 oct. 1961, n° 58-12.016 P.

25. Irresponsabilité du notaire. N'engage pas sa responsabilité le notaire qui, averti de l'existence d'une promesse synallagmatique de vente antérieure du même bien au profit d'un tiers, a instrumenté l'acte authentique de vente et l'a fait publier dès lors que, la promesse antérieure, qui n'avait pas été publiée, était inopposable aux tiers de sorte que le notaire ne pouvait refuser d'instrumenter l'acte de vente requis par le second acheteur. • Civ. 1re, 20 déc. 2012, n° 11-19.682 P : *D. 2013. 97.*

26. Autre limite. Pour le refus d'annuler le contrat judiciaire passé entre les deux acheteurs en conflit, qui rendait parfaite et définitive la première vente, au motif que le second acquéreur avait ignoré la péremption de la publication du titre du premier acheteur, cette erreur résultant de sa négligence commise dans l'absence de vérification des publications effectuées au bureau des hypothèques : • Civ. 3e, 27 nov. 1979, n° 78-11.962 P.

c. Remise en cause (jurisprudence antérieure à l'Ord. n° 2016-131 du 10 févr. 2016, art. 1198, al. 2, C. civ.)

27. Abandon de la condition de non-connaissance de la première vente. Sur le rejet d'un pourvoi qui reprochait au juges du fond d'avoir décidé que l'immeuble litigieux était la propriété du second acquéreur (qui, contrairement au premier, avait effectué les formalités de publicité foncière) sans rechercher si le second acquéreur avait eu ou non connaissance de l'existence de la première vente, V. • Civ. 3e, 12 janv. 2011 (2e moyen), n° 10-10.667 P : *D. 2011. 851, note L. Aynès ; AJDI 2011. 238 ; Defrénois 2011. 479, note C. Grimaldi ; RTD civ. 2011. 158, obs. Crocq ; ibid. 369, obs. Revet* (l'arrêt rejette le pourvoi en s'en tenant au simple rappel qu'« aux termes de l'art. 30-1 du Décr. n° 55-22 du 4 janv. 1955, les actes et décisions judiciaires portant ou constatant entre vifs mutation ou constitution de droits réels immobiliers sont, s'ils n'ont pas été publiés, inopposables aux tiers qui, sur le même immeuble ont acquis du même auteur des droits concurrents en vertu d'actes ou de décisions soumis à la même obligation de publicité et publiés », et au constat de la cour d'appel selon lequel le premier acquéreur, « dont les droits étaient nés d'une promesse de vente sous seing privé, ne pouvait justifier d'une publication »). ♦ A rappr. de : • Civ. 3e, 10 févr. 2010, n° 08-21.656 P : *JCP N 2010. 1146, note S. Lamiaux ; Defrénois, 2010, art. 39123-1, note S. Piedelièvre, art. 36116, note J.-A. Gravillon ; RDC 2010. 895, obs. S. Pimont* (arrêt qui casse, pour violation de l'art. 30-1°, la décision qui, sur le constat de la connaissance par le second acquéreur de l'existence d'une première vente, avait fait droit à la demande d'annulation d'une seconde vente publiée avant la première) • Civ. 3e, 15 déc. 2010 : *RTD civ. 2011. 369, obs. Revet* (qui rejette le pourvoi formé contre un arrêt d'appel qui avait refusé d'ordonner la réalisation forcée d'une première vente non publiée mais connue de l'auteur de la publication de la seconde vente). ♦ Sur le revirement dont témoignent les décisions évoquées ci-dessus, outre les observations de Th. Revet *RTD civ. 2011. 369*, V. B. de Bertier-Lestrade, Retour sur la mauvaise foi dans les règles de publicité foncière et les règles de conflits d'actes, *D. 2011. 2954*.

28. Limite du revirement (connaissance de l'existence d'une servitude). Sur la persistance de la règle d'opposabilité d'une servitude non publiée à l'acquéreur d'un fonds qui avait connaissance de cette servitude, V. • Civ. 3e, 16 mars 2011 : *D. 2011. Pan. 2298, obs. Mallet-Bricout ; RDI 2011. 329, obs. Gavin-Millan-Oosterlynck ; RTD civ. 2011. 373, obs. Revet* (arrêt où il est jugé qu'une servitude est opposable aux acquéreurs, même à défaut de publication, lorsqu'il s'avère que l'acte constitutif était annexé à l'acte de vente et faisait l'objet d'une mention particulière dans cet acte et que l'acquéreur déclarait avoir été informé du protocole d'accord annexé à l'acte de vente).

C. QUALITÉS POUR SE PRÉVALOIR D'UN ÉVENTUEL DÉFAUT DE PUBLICATION

29. Le tiers au sens de l'art. 30-1 est celui qui, sur le même immeuble, a acquis du même auteur des droits concurrents en vertu d'actes ou de décisions soumis à la même obligation de publicité et publiés. • Civ. 3e, 11 juin 1997 : *préc. note 1*. – V. aussi • Civ. 3e, 4 nov. 2004, n° 02-20.754 P.

1° LE TIERS AU SENS DE L'ART. 30 EST UN AYANT CAUSE À TITRE PARTICULIER DU MÊME AUTEUR

30. Les parties à un même acte ne sont pas des tiers l'une pour l'autre. Le vendeur qui a vendu le même bien à deux acquéreurs successifs n'est pas un tiers au sens de l'art. 30 du Décr. du 4 janv. 1955 et ne peut invoquer à l'encontre du premier acquéreur l'opposabilité de la seconde vente publiée en premier. • Civ. 3e, 10 juill. 1996, n° 94-15.115 P. ♦ V. déjà, pour un donateur : • Civ. 1re, 19 oct. 1966 : *cité note 39* (motifs). ♦ Absence d'application de l'art. 30 pour trancher un litige portant, entre les parties à une convention, sur la force obligatoire de celle-ci. • Civ. 3e, 25 mars 1992, n° 89-21.866 P : *D. 1993. 65, note de La Marnierre ; ibid. Somm. 307, obs. A. Robert*. ♦ V. aussi : • Civ. 3e, 28 mai 1997, n° 95-17.564 P : *RJDA 1997. 1091* (litige portant, entre les parties à un acte de vente, sur la mise en jeu de la clause résolutoire).

31. Le propriétaire qui a successivement constitué un immeuble en « wakf » puis fait don d'une partie de cet immeuble à un beau-frère ne peut, étant partie à ces actes et n'ayant pas qualité pour faire valoir les droits de son beau-frère, exciper ni de l'absence d'inscription du « wakf » au livre foncier, absence dont seuls les tiers peuvent se prévaloir, ni des règles de la publicité foncière dans un conflit entre deux titres dont il a été l'auteur. • Civ. 3e, 24 févr. 1976, n° 74-14.497 P.

32. Le créancier et le débiteur ne sont pas des tiers l'un pour l'autre. Il se déduit des dispositions de l'art. 30, al. 1er, que les créanciers représentés par le liquidateur ne sont pas, en tant que tels, des tiers au sens de ce texte. • Com. 15 mai 2001, n° 98-14.965 P : *D. 2001. Somm. 3429, obs. A. Honorat ; ibid. AJ 1873, obs. A. Lienhard ; JCP 2001. I. 360, n° 14, obs. Cabrillac et Pétel ; Defrénois 2002. 836, obs. S. Piedelièvre ; RTD civ. 2001. 634, obs. Crocq*. ♦ ... Non plus que le liquidateur lui-même. • Civ.

3e, 29 mars 2006 : *D. 2006. AJ 1166, obs. A. Lienhard*.

33. Le défaut de publicité foncière d'un jugement d'adjudication ne peut fonder une contestation sérieuse, dans les rapports du créancier et de ses débiteurs, de nature à remettre en cause la compétence du juge des référés saisi pour allouer une provision à un créancier hypothécaire. • Civ. 3e, 30 mars 1978, n° 77-10.151 P. ♦ Rappr. également, pour le livre foncier : • Civ. 3e, 3 nov. 1983, n° 82-14.081 P : *D. 1984. 371, note Najjar* (le défaut d'inscription d'une promesse ne libère pas le promettant de son obligation envers le bénéficiaire).

34. L'ayant cause universel n'est pas un tiers. Les ayants cause universels d'une partie à un acte juridique étant, après acceptation pure et simple de la succession, dans la même situation que cette partie et tenus, comme elle, par les mêmes obligations, ne peuvent se prévaloir d'un défaut de publication. • Civ. 3e, 16 mai 1974, n° 73-10.984 P • 6 juill. 1976, n° 75-10.697 P : *JCP 1978. II. 18779, note Dagot ; Defrénois 1977. 1032, note Frank* • Civ. 1re, 5 mai 1987, n° 85-14.558 P : *R., p. 169*. ♦ Le *de cujus*, devenu propriétaire des biens au décès de son auteur, pouvait, nonobstant l'absence de transcription de la mutation de l'immeuble hérité, en disposer et notamment le léguer, cet acte de disposition étant opposable à son héritier, tenu de toutes les obligations du défunt et spécialement de l'obligation de garantie des droits constitués par lui. • Civ. 1re, 18 févr. 1964, n° 61-12.277 P. ♦ Mais, l'acheteur d'un terrain aux héritiers d'une personne qui avait précédemment consenti à un échange de ce bien, est un ayant cause à titre particulier habilité à se prévaloir de l'absence de publication de l'échange. • Civ. 3e, 11 juin 1997 : *préc. note 1*.

35. Cassation pour manque de base légale, sous le visa de l'art. 40 de la L. du 1er juin 1924, de l'arrêt qui déclare une vente d'un père à son fils inopposable à l'autre fils donataire du même bien postérieurement à la vente, faute de publication de cette dernière, sans rechercher si les deux frères n'étaient pas héritiers de leur père, tenus des obligations de celui-ci, et s'ils pouvaient se prévaloir des dispositions protectrices instituées au profit des tiers par la L. du 1er juin 1924. • Civ. 3e, 20 mars 1991, n° 89-19.357 P : *D. 1992. 151, note Fournier*.

36. Opposabilité au propriétaire du fonds servant d'un acte auquel son auteur était partie. • Civ. 3e, 11 juin 1992, n° 90-16.308 P (titre constituant une servitude antérieur à l'engagement pris par l'acheteur de souffrir toutes les servitudes passées de toute nature, les deux actes émanant du même vendeur).

37. Exclusions diverses. L'ordonnance d'expropriation éteignant par elle-même et à sa date tous les droits réels et personnels existant sur l'immeuble exproprié, l'autorité expropriante ne se trouve pas envers le vendeur et l'acquéreur dans la situation d'un tiers, au sens de l'art. 30-1, et ne peut donc se prévaloir de l'inopposabilité de la vente. • Civ. 3e, 10 mai 1977, n° 76-10.029 P : *JCP 1979. II. 19135, note Dagot*.

38. Le surenchérisseur copartageant, qui demande la nullité de l'adjudication d'un immeuble indivis en raison de l'omission d'un des indivisaires lors des opérations de partage, n'est pas un tiers susceptible de se prévaloir de l'absence de publicité foncière de la ratification de la nullité par l'indivisaire absent. • Civ. 2e, 17 déc. 1984, n° 83-14.716 P : *JCP 1986. II. 20529, note Dagot ; RTD civ. 1986. 381, obs. Giverdon et Salvage-Gerest*.

39. Impossibilité pour la personne chargée d'opérer la publication de se prévaloir de l'absence de publicité, due à sa propre négligence, à l'encontre de la personne morale qu'elle a représentée. • Civ. 3e, 3 oct. 1973, n° 72-11.108 P : *Gaz. Pal. 1974. 1. 31*. ♦ V. déjà : • Civ. 1re, 19 oct. 1966, n° 64-12.228 P : *D. 1967. 77, note Mazeaud ; JCP 1967. II. 15160, note Rouiller* (motifs). ♦ Rappr., pour la question différente de la responsabilité de l'acquéreur, chargé de procéder aux formalités de publicité et dont les démarches n'ont pas abouti : • Civ. 3e, 4 déc. 1991, n° 89-21.826 P : *Gaz. Pal. 1992. 1. Pan. 93* (cassation de l'arrêt qui retient la responsabilité de l'acheteur, au motif que cet échec n'est pas un cas de force majeure, sans préciser en quoi l'obligation de l'acheteur était une obligation de résultat et sans caractériser une faute de l'acheteur).

2° LE TIERS AU SENS DE L'ART. 30 A REÇU DU MÊME AUTEUR DES DROITS CONCURRENTS SUR LE MÊME IMMEUBLE

40. Conflit entre propriétaires d'immeubles distincts. En vertu des art. 3 de la L. du 23 mars 1855 et 30 du Décr. du 4 janv. 1955, l'antériorité des inscriptions ne règle les conflits qu'entre ayants cause d'un même auteur, lesquels ont acquis des droits concurrents sur un même immeuble, et ne peut s'appliquer, dans le cas de la vente de deux immeubles différents, au litige portant sur la détermination des limites des deux propriétés. • Civ. 3e, 31 mars 1971, n° 69-13.022 P. ♦ Même sens : • Civ. 3e, 20 nov. 1984 : *D. 1985. IR 397, obs. Robert*. ♦ V. aussi : n'a pas qualité pour agir, au nom de la défense de l'intérêt général, en annulation de la publication d'une première vente et annulation d'une deuxième vente, un syndicat de copropriétaires qui ne fait pas état de droits concurrents sur l'immeuble vendu. • Civ. 3e, 15 mai 2002, n° 00-16.167 P.

41. Conflit entre ayants cause d'auteurs différents. L'ayant cause à titre particulier, qui tient ses droits d'un auteur différent de celui d'un autre ayant cause à titre particulier dont il souhaite juger la convention inopposable, n'est pas un tiers au sens de l'art. 30-1 du Décr. du 4 janv. 1955. • Civ. 3e, 4 févr. 1987, n° 85-15.792 P. ♦ Sur cet arrêt : Jobard-Bachellier, *D. 1988. Chron. 247*. ♦ V. déjà, pour les transcriptions : • Civ. 3e, 4 oct. 1972, n° 71-12.183 P. ♦ L'inopposabilité pour défaut de publication ne peut être invoquée que par celui qui justifie tenir des droits concurrents du même auteur, ce qui n'est pas le cas lorsque, à propos de parcelles appartenant à un même propriétaire, l'une des parties prétend tenir ses droits du propriétaire et l'autre invoque la cession de bail consentie à son profit par le preneur de ce propriétaire. • Civ. 3e, 19 mai 1999, n° 96-10.400 P.

3° LE TIERS AU SENS DE L'ART. 30 EST TITULAIRE D'UN DROIT SOUMIS À PUBLICATION ET EFFECTIVEMENT PUBLIÉ

42. Conflit avec un droit non soumis à publication. Un acte de vente sous seing privé, qui n'est pas susceptible d'être publié, ne peut être valablement opposé à un acte authentique de vente postérieur. • Civ. 3e, 13 mars 1974, n° 73-11.811 P : *Gaz. Pal. 1974. 2. 502, note Plancqueel.* ♦ V. aussi : • Civ. 1re, 5 avr. 1967, n° 64-13.480 P. ♦ Les héritiers ne sauraient contester une vente faite par le de cujus au motif qu'elle n'a pas été publiée alors qu'ils n'ont pas acquis du défunt des droits concurrents sur le même immeuble en vertu d'un acte soumis à la même obligation de publicité. • Civ. 1re, 14 janv. 2009, n° 07-16.451 P : *Defrénois 2009. 926, note Piedelièvre.*

43. Les juges peuvent estimer que le bénéficiaire d'un engagement de vente sous seing privé ne peut opposer son titre à celui régulièrement publié d'un acquéreur postérieur, dès lors qu'ils constatent que cet engagement, non dressé en la forme authentique, n'était pas susceptible d'être publié, que la publication d'une assignation en résolution de cet acte n'avait pas été effectuée dans des conditions rendant ce dernier opposable aux tiers et qu'aucune action tendant à la réitération n'avait été ni introduite, ni publiée avant la publication de la seconde vente. • Civ. 1re, 5 avr. 1967, n° 64-13.480 P. ♦ Rappr., sur le *règlement ultérieur* de la situation entre le vendeur et le premier acheteur : • Civ. 3e, 2 avr. 1979, n° 77-13.725 P : *JCP 1981. II. 19697, note Dagot.*

44. La publicité foncière étant faite pour la sauvegarde des intérêts des tiers titulaires d'un droit réel sur l'immeuble, le fermier, qui ne dispose que d'un simple droit de créance, ne peut se prévaloir du défaut de publication de la donation de l'immeuble affermé. • Civ. 3e, 17 juin 1980, n° 79-11.505 P : *JCP 1981. II. 19584, note Dagot.* ♦ Même sens : • Soc. 17 oct. 1958, n° 57-20.212 P : *D. 1959. 465, note Savatier* • 10 nov. 1965, n° 64-10.642 P (la publicité n'est requise que pour des tiers titulaires d'un droit réel). ♦ *Contra*, autorisant le titulaire d'un bail consenti par le donateur postérieurement à la donation à invoquer l'absence de publication de celle-ci : • Civ. 1re, 19 oct. 1966, n° 64-12.228 P : *D. 1967. 77, note Mazeaud ; JCP 1967. II. 15160, note Rouiller* (le défaut de publication peut être opposé par toutes personnes y ayant un intérêt, excepté celles qui étaient chargées de la publication, ou leurs ayants cause, et le donateur ; cassation sous le visa des art. 941 C. civ. et 30-2 Décr. 5 janv. 1955) • Amiens, 17 janv. 1974 : *Gaz. Pal. 1974. 1. 326.*

45. L'obligation de publier une assignation en nullité de vente immobilière dans les registres du service chargé de la publicité foncière, prévue à peine d'irrecevabilité de la demande, ne porte pas atteinte à la substance même du droit d'accès au juge dont elle encadre les conditions d'exercice dans le but légitime d'informer les tiers et d'assurer la sécurité juridique des mutations immobilières ; cette formalité pouvant être régularisée à tout moment jusqu'à ce que le juge statue, il ne résulte pas de la sanction de son omission une disproportion dans la considération des intérêts respectifs. • Civ. 3e, 22 juin 2017, n° 16-13.651 P : *D. 2017. 2468, note Roussel.* ♦ Les preneurs d'un bail rural, qui ne tiennent pas de leur bailleur un droit soumis à publicité sur l'immeuble loué ne peuvent opposer aux acquéreurs la date de la transcription de la vente. • Civ. 3e, 23 oct. 1970, n° 68-14.516 P. ♦ Dans le même sens, pour un locataire : • Civ. 3e, 4 mai 2000, n° 98-20.136 P : *JCP N 2001. 737, note Gravillou ; Defrénois 2000. 1373, note S. Piedelièvre ; RDI 2000. 583, obs. Groslière.*

46. Conflit avec un droit non publié. Conflit de deux ventes sous seing privé, dont aucune n'a été publiée, en faveur de l'acheteur qui peut invoquer l'antériorité de la vente. • Civ. 1re, 12 nov. 1975, n° 74-12.358 P : *JCP 1976. II. 18359, note Dagot ; Journ. not. 1976. 1124, note J. V.* (application de l'art. 1328 [anc.]). ♦ Une cour d'appel qui relève que le demandeur, qui conteste une saisie immobilière, ne dispose d'aucun titre de propriété publié opposable aux tiers, et qui a ainsi statué sur l'inopposabilité du droit prétendu, n'a pas à se prononcer sur l'existence de ce droit. • Civ. 2e, 10 janv. 1974, n° 72-14.191 P.

47. L'inscription de l'hypothèque légale de la masse, dans le cadre du régime de la L. du 13 juill. 1967, faisait acquérir à la masse un droit sur l'immeuble qui lui permettait de se prévaloir contre les tiers de l'inopposabilité des actes non publiés. • Civ. 3e, 23 juin 1971, n° 70-10.225 P : *D. 1971. 531, note Frank* • Com. 3 nov. 1981, n° 80-11.233 P : *D. 1982. IR 222, obs. Honorat.* ♦ A l'inverse, en l'absence d'inscription, la masse ne pouvait opposer à l'acquéreur sous seing privé d'un immeuble, antérieurement au règlement judiciaire, le défaut de publication de la mutation. • Com. 8 juill. 1970, n° 69-10.914 P. ♦ Comp. depuis, l'art. 57 de la L. du 25 janv. 1985, mod. par la L. du 10 juin 1994, devenu C. com., art. L. 621-50, puis art. L. 622-30 : • Com. 7 juill. 1992 : *D. 1992. 433, note Derrida*.

II. IRRECEVABILITÉ DES DEMANDES EN JUSTICE (ART. 30-5)

48. Principe. Le Décr. du 4 janv. 1955, qui a pour objet d'instaurer une publicité de certaines demandes en justice, ne modifie pas les rapports des parties entre elles. Le délai imparti par l'art. 1676 C. civ. pour l'introduction de la demande en rescision d'une vente immobilière ne s'impose donc pas pour l'exécution de la publication de cette demande. • Civ. 1re, 18 déc. 1962, n° 60-12.901 P : *JCP 1963. II. 13143, note Bulté.* ♦ Rappr., pour la situation inverse, refusant de tenir compte de l'obligation de publicité pour modifier le point de départ de l'art. 1676 C. civ. : • Civ. 1re, 18 juin 1962, n° 60-13.267 P.

49. Domaine. Une action en modification d'un règlement de copropriété pour mise en conformité avec les dispositions légales sur la répartition des charges d'entretien des parties communes n'est pas concernée par la publicité foncière prévue par l'art. 30-5. • Civ. 3e, 21 janv. 2004, n° 02-16.571 P. ♦ ... Ni une action en nullité d'une assemblée générale de copropriétaires. • Civ. 3e, 11 mai 2005, n° 04-10.242 P. ♦ ... Ni l'action paulienne qui tend à faire déclarer inopposable au créancier un acte de cession consenti par le débiteur. • Civ. 3e, 1er mars 2006, n° 04-20.356 P : *D. 2006. IR 811* ; *Defrénois 2007. 229, obs. S. Piedelièvre.* ♦ Mais une action visant à l'annulation d'une hypothèque judiciaire inscrite durant la période suspecte sur le fondement de l'art. L. 621-107 (devenu L. 632-1) C. com. est soumise à la publicité de l'art. 30. • Com. 12 avr. 2005, n° 03-18.606 P : *R., p. 299 ; D. 2005. AJ 1151, obs. A. Lienhard* ; *JCP 2005. II. 10147, note Le Bars ; JCP E 2005. 1274, n° 11, obs. M. Cabrillac ; Defrénois 2006. 522, obs. S. Piedelièvre ; RTD com. 2005. 848, obs. Martin-Serf*.

L'action en complément de part ayant pour objet non l'annulation du partage mais le paiement d'un complément de part en numéraire, la recevabilité de la demande n'est pas soumise à la publication de l'assignation au bureau des hypothèques. • Civ. 1re, 6 nov. 2013 : *cité note 18 ss. art. 889.*

La demande de l'exproprié, qui tend à faire constater que l'ordonnance d'expropriation est dépourvue de base légale, par suite de l'annulation de la procédure administrative par le juge administratif, n'est pas soumise à la publication prévue par l'art. 30-5 du Décr. n° 55-22 du 4 janv. 1955. • 23 mai 2017, n° 17-70.007 P.

50. Moment de la publication. L'obligation de publier toute demande tendant à la résolution d'un acte soumis à publicité implique nécessairement que la demande en justice doit avoir été faite avant d'être publiée. • Civ. 1re, 5 déc. 1961, n° 59-12.592 P : *JCP 1962. II. 12625, note Bulté.* ♦ V. dans le même sens, à l'occasion d'un problème de détermination de la notion de saisine d'une juridiction, pour l'application de l'art. 100 C. pr. civ. relatif à la litispendance : • Civ. 2e, 24 avr. 1981, n° 79-16.880 P.

51. Aucune déchéance n'étant édictée pour l'accomplissement des formalités de publicité foncière, il peut y être procédé jusqu'à la clôture des débats. • Civ. 1re, 18 déc. 1962 : *préc. note 48* • 5 févr. 1964, n° 62-10.492 P • 11 mars 1964, n° 61-13.623 P • 21 juin 1965, n° 63-10.031 P • 16 mai 1966, n° 64-10.957 P (irrecevabilité ne présentant aucun caractère d'ordre public) • 10 oct. 1966, n° 64-13.502 P • 16 janv. 1967, n° 65-12.374 P : *D. 1967. 186 ; JCP 1968. II. 15682, note Rouiller ; RTD civ. 1967. 413, obs. Bredin* • Civ. 3e, 26 nov. 2003, n° 02-13.438 P : *Defrénois 2004. 310, obs. S. Piedelièvre.* ♦ L'art. 126 C. pr. civ. ne faisant aucune distinction, la régularisation par la publication de l'assignation peut intervenir en première instance comme en appel et l'irrecevabilité doit être écartée lorsque sa cause a disparu au moment où le juge statue. • Civ. 3e, 15 nov. 1989, n° 88-10.441 P. ♦ V. déjà précédemment : • Civ. 1re, 21 juin 1965 : *préc.* (publication valablement effectuée en cause d'appel et avant clôture des débats) • 16 janv. 1967 : *préc.* (même solution). ♦ V. aussi • Civ. 3e, 24 juin 1998 : *préc. note 33 ss. art. 28* (non-application du délai spécial de l'art. L. 412-12, al. 3, C. rur.). ♦ Application de la même solution à une rectification de l'erreur de désignation entachant la publicité de l'assignation introductive en rescision pour lésion. • Civ. 1re, 28 févr. 1966, n° 64-12.290 P. ♦ La publication du jugement contenant mention de l'acte introductif d'instance rend la demande en justice recevable. • Civ. 3e, 18 nov. 2009, n° 08-11.893 P.

52. Effet de la publication. La publication d'une assignation tendant à obtenir la résolution, la révocation, l'annulation ou la rescision d'une convention n'a pas pour effet nécessaire de la rendre opposable aux tiers : la publication de l'assignation introductive d'une action paulienne ne peut dès lors interdire au créancier du tiers acquéreur de prendre ultérieurement une inscription d'hypothèque judiciaire. • Civ. 3e, 25 janv. 1983, n° 81-11.426 P : *Gaz. Pal. 1983. 2. 405, note A. Piedelièvre ; Defrénois 1983. 1217, obs. Aubert.*

53. Responsabilité pouvant découler de la publication. Responsabilité du copropriétaire qui, en publiant indûment une assignation tendant à l'annulation d'une clause d'un règlement de copropriété, qui contenait l'affirmation inexacte que les locaux étaient impropres à l'habitation, a dissuadé les acheteurs potentiels des lots concernés. • Civ. 3e, 9 févr. 1982, n° 80-11.710 P.

54. Sanction de l'absence de publication. Le défaut de publication d'une demande tendant à l'annulation de droits résultant d'actes soumis à publicité constitue une fin de non-recevoir qui peut être proposée en tout état de cause (art. 123 C. pr. civ.). • Civ. 1re, 7 juin 1988, n° 86-14.809 P. ♦ V. déjà dans le même sens : • Civ. 3e, 12 févr. 1985, n° 83-17.153 P : *Defrénois 1986. 408, obs. Aubert ; RTD civ. 1986. 153, obs. Giverdon et Salvage-Gerest* • Civ. 1re, 20 oct. 1981, n° 80-14.741 P : *D. 1983. 73, note Larroumet ; Defrénois 1982. 1083, obs. Aubert ; Gaz. Pal. 1982. 1. Pan. 126, obs. A. Piedelièvre* (le défaut de publication n'est pas un vice de forme de l'acte introductif d'instance). ♦ Comp. précédemment (art. 192 C. pr. civ., réd. du 22 déc. 1958) : • Civ. 3e, 8 juill. 1974, n° 73-10.738 P (l'exception de défaut de publication de l'assignation en résolution de la vente d'un immeuble n'est pas de celles qui doivent être présentées, à peine d'irrecevabilité, avant toute conclusion au fond). ♦ Même solution pour une action en annulation de la vente : • Civ. 2e, 6 juin 1962, n° 60-13.005 P : *JCP 1963. II. 13191, note Motulsky ; Gaz. Pal. 1962. 2. 338 ; RTD civ. 1962. 690, obs. Hébraud* (fin de non-recevoir invoquée valablement en appel).

55. N'est pas fondé le moyen qui reproche à la cour d'appel d'avoir accueilli une fin de non-recevoir, pour absence de publication d'une demande en nullité d'une vente immobilière, formulée de façon prétendument tardive et dilatoire, à quelques jours de l'ordonnance de clôture, et accueillie sans respect du contradictoire, alors qu'en soulevant cette fin de non-recevoir, le vendeur n'a fait que reproduire les mentions qui figuraient dans le jugement, aux termes desquelles les acheteurs n'avaient pas justifié de la publicité nécessaire pour rendre leur demande recevable, d'où il résultait que le demandeur en cassation avait été en mesure de régulariser la procédure et de présenter une défense à la fin de non-recevoir dès le prononcé du jugement. • Civ. 2e, 9 oct. 1996, n° 94-16.155 P : *D. 1997. Somm. 258, obs. S. Piedelièvre*.

56. Les parties ont seules qualité pour invoquer la fin de non-recevoir résultant du défaut de publicité foncière, laquelle est principalement édictée en vue de la protection de leurs intérêts particuliers. • Civ. 1re, 7 déc. 1965, n° 62-13.731 P : *D. 1966. 98, note Frank* • 19 janv. 1966, n° 63-10.572 P • 27 avr. 1966, n° 64-13.882 P • Civ. 3e, 18 janv. 1995, n° 92-10.665 P (formule identique, sauf pour la suppression du terme « principalement ») • 7 nov. 2001, n° 97-22.231 P : *Defrénois 2002. 827, obs. S. Piedelièvre (idem)*. ♦ Comp. • Civ. 1re, 20 oct. 1981 : *préc. note 54* (exigence légale prescrite dans l'intérêt général des tiers). ♦ Une cour d'appel décide à bon droit qu'elle ne peut pas relever d'office le moyen d'irrecevabilité tiré du défaut de publication de la demande qui n'a pas été proposé par les parties. • Civ. 3e, 3 nov. 1981, n° 80-11.366 P. ♦ Cassation des décisions ayant relevé d'office ce moyen non invoqué. • Civ. 1re, 7 déc. 1965 : *préc.* • 19 janv. 1966 : *préc.* • 27 avr. 1966 : *préc.* • Civ. 3e, 27 juin 1990, n° 88-18.349 P : *Gaz. Pal. 1991. 1. 65, note A. Piedelièvre ; RTD civ. 1992. 153, obs. Bandrac*.

57. La fin de non-recevoir peut être opposée par l'un des contractants ou son ayant cause à titre universel. • Civ. 1re, 20 oct. 1981 : *préc. note 54* (l'exigence légale est prescrite dans l'intérêt général des tiers). ♦ En droit commun, le vendeur ne représente son ayant cause que jusqu'à la vente. Si, en raison des règles de la publicité foncière, le vendeur est censé représenter l'acquéreur à l'égard de l'autre partie à l'instance jusqu'à la publication de ses droits, c'est à la condition que cette autre partie puisse se prévaloir du défaut de publicité. En conséquence, est recevable la tierce opposition formée par le sous-acquéreur contre le jugement faisant droit à l'action en résolution de la cession, non publiée, de droits sur un appartement formée par le vendeur contre l'acquéreur. • Civ. 1re, 28 févr. 1967, n° 65-11.441 P.

58. Le juge saisi de la fin de non-recevoir n'est pas tenu d'impartir un délai pour permettre au demandeur de se conformer aux prescriptions légales. • Civ. 3e, 22 juill. 1992, n° 89-11.622 P. ♦ *Contra*, précédemment : • Civ. 1re, 15 mars 1967, n° 65-11.270 P (l'art. 30-5 ne prévoyant qu'une simple exception suspendant provisoirement l'examen du litige jusqu'à ce que l'obstacle qui paralysait le déroulement de l'instance ait été levé, il appartient aux juges d'impartir un délai pour permettre à la partie concernée de se conformer aux prescriptions légales).

Art. 31 1. Dans le cas où plusieurs formalités de nature à produire des effets opposables aux tiers en vertu de l'article précédent sont requises le même jour relativement au même immeuble, celle qui est requise en vertu du titre dont la date est la plus ancienne est réputée d'un rang antérieur, quel que soit l'ordre du registre prévu à l'article 2453 du code civil.

2. Lorsqu'une formalité obligatoire en vertu des 1° à 3° de l'article 28 et de nature à produire des effets opposables aux tiers en vertu de l'article précédent, et une inscription d'hypothèque, sont requises le même jour relativement au même immeuble, et que l'acte à publier et le titre de l'inscription portent la même date, l'inscription est réputée d'un rang antérieur, quel que soit l'ordre du registre susvisé.

3. Si des formalités concurrentes, obligatoires en vertu des 1° et 3° de l'article 28 et de nature à produire des effets opposables aux tiers en vertu de l'article précédent sont requises le même jour et si les actes à publier portent la même date, les formalités sont réputées du même rang.

4. Lorsqu'une formalité de nature à produire des effets opposables aux tiers en vertu de l'article précédent, et la publicité d'un commandement valant saisie sont requises le même jour relativement au même immeuble, le rang des formalités est réglé, quel que soit l'ordre qui résulte du registre susvisé, d'après les dates, d'une part, du titre exécutoire mentionné dans le commandement, d'autre part, du titre de la formalité concurrente ; lorsque les titres sont de la même date, la publicité du commandement valant saisie est réputée d'un rang préférable.

(Ord. nº 2021-1192 du 15 sept. 2021, art. 35, en vigueur le 1er janv. 2022) « 5. En toute hypothèse, les inscriptions des hypothèques légales prévues à l'article 2393 (1°, 2° et 3°) et à l'article 2402 (5°) du code civil sont réputées d'un rang antérieur à celui de toute autre formalité requise le même jour *[ancienne rédaction : 5. En toute hypothèse, les inscriptions de séparations de patrimoine prévues par l'article 2383 du code civil, dans le cas visé au deuxième alinéa de l'article 2386 du même code ainsi que celles des hypothèques légales prévues à l'article 2400 (1°, 2° et 3°) du code civil sont réputées d'un rang antérieur à celui de toute autre formalité requise le même jour]*. »

En vertu de l'art. 31 du Décr. du 4 janv. 1955, l'inscription d'une hypothèque prime la formalité obligatoire qui est requise le même jour, le texte ne faisant aucune distinction selon que le bénéficiaire de l'hypothèque a eu connaissance ou non de l'acte soumis à formalité. • Versailles, 10 oct. 1996 : *D. 1997. Somm. 258, obs. S. Piedelièvre* ; *RDI 1997. 453, obs. C. Saint-Alary Houin*.

Art. 32 *(Décr. nº 85-1388 du 27 déc. 1985, art. 186 ; Décr. nº 2012-634 du 3 mai 2012, art. 21-2°)* « Les notaires, huissiers *[commissaires de justice]*, greffiers, *(Décr. nº 94-910 du 21 oct. 1994, art. 131)* « commissaires à l'exécution du plan » et autorités administratives » sont tenus de faire publier, dans les délais fixés à l'article 33, et indépendamment de la volonté des parties, les actes ou décisions judiciaires visés à l'article 28, 1°, 2° et 4° à 9° dressés par eux ou avec leur concours.

Les notaires sont tenus de faire publier les attestations visées à l'article 28, 3°, lorsqu'ils sont requis par les parties de les établir. Ils ont la même obligation lorsqu'ils sont requis d'établir un acte concernant la dévolution de tout ou partie d'une succession ; les successibles doivent, dans ce cas, fournir aux notaires tous renseignements et justifications utiles.

(L. nº 2016-1547 du 18 nov. 2016, art. 102) « Les avocats sont habilités à procéder aux formalités de publicité foncière, pour les actes prévus au dernier alinéa de l'article 710-1 du code civil, pour les actes dressés par eux ou avec leur concours. »

BIBL. ▶ LAPORTE, *JCP 2016, nº 1306* (le retour des avocats dans le décret régissant la publicité foncière).

Conformément à l'art. 32 du Décr. du 4 janv. 1955, et sous la sanction de l'art. 33, il appartient à l'avoué commis pour la vente sur licitation d'un immeuble en copropriété de s'assurer, le cas échéant, que la publication de l'acte modificatif du règlement de copropriété, déjà publié, a été effectuée et d'y faire procéder avant l'adjudication, ce qui justifie le refus de surseoir à statuer de la juridiction à laquelle cette vente est demandée. • Civ. 3e, 30 juin 1971, nº 70-10.226 P.

Art. 33 Les délais d'accomplissement de la formalité sont fixés comme suit :

A. — Pour les attestations notariées, quatre mois à dater du jour où le notaire a été requis.

La responsabilité des successibles peut être engagée, conformément au premier alinéa de l'article 30-4 si le notaire est requis plus de six mois après le décès, ou, dans les cas où un événement ultérieur modifie la dévolution de la succession, la masse héréditaire ou l'option des successibles, plus de six mois après cet événement.

B. — Pour les décisions judiciaires, trois mois du jour où elles sont devenues définitives, ce délai étant réduit à un mois pour les décisions prononçant la résolution, la révocation, la nullité ou la rescision d'un acte de nature à être publié.

C. — Pour les autres actes, trois mois de leur date.

(Abrogé par Ord. nº 2021-1192 du 15 sept. 2021, art. 35, à compter du 1er janv. 2022) « Toutefois, le délai est réduit à deux mois pour les actes et décisions en vertu desquels peut être requise l'inscription des privilèges prévus aux articles 2379 et 2381 du code civil. »

Au cas où la publicité doit être opérée dans *(Ord. n° 2010-638 du 10 juin 2010, art. 14, en vigueur le 1er janv. 2013)* « deux ou plusieurs services chargés de la publicité foncière », les délais ci-dessus prévus sont prorogés d'un mois pour chaque *(Ord. n° 2010-638 du 10 juin 2010, art. 14, en vigueur le 1er janv. 2013)* « service » en sus du premier.

BIBL. ▸ **Réforme du 6 avr. 1998 :** P.J.C., *JCP N 1998. 801.*

La publication d'un acte de partage d'une communauté après divorce, en dehors du délai prévu par l'art. 33 du Décr. du 4 janv. 1955, est sans influence sur l'efficacité des inscriptions hypothécaires, qui dépendent uniquement du point de savoir si la dette était tombée ou non en communauté. • Civ. 1re, 7 nov. 1984, n° 83-13.643 P.

Art. 34 1. Nonobstant toutes dispositions spéciales contraires, la publicité requise en vertu des articles qui précèdent donne lieu obligatoirement au dépôt simultané, au *(Ord. n° 2010-638 du 10 juin 2010, art. 14, en vigueur le 1er janv. 2013)* « service chargé de la publicité foncière », de deux expéditions, extraits littéraux ou copies de l'acte ou de la décision judiciaire à publier.

(L. n° 98-261 du 6 avr. 1998) « S'agissant des ventes autres que judiciaires, les expéditions, extraits littéraux ou copies de l'acte doivent comporter une partie normalisée, seule publiée au fichier immobilier, qui contient uniquement les éléments indispensables à la publicité des droits réels et à l'assiette *(Ord. n° 2010-638 du 10 juin 2010, art. 10-LII, en vigueur le 1er janv. 2013)* « de la contribution prévue à l'article 879 du code général des impôts, des impôts, droits et taxes, selon des modalités fixées par décret en Conseil d'État. » — *Les dispositions issues de la loi du 6 avr. 1998 entrent en vigueur le 1er juill. 1998. — V. art. 34-1.*

L'un de ces documents est rendu au déposant, après avoir été revêtu par le *(Ord. n° 2010-638 du 10 juin 2010, art. 14, en vigueur le 1er janv. 2013)* « service chargé de la publicité foncière » d'une mention attestant l'exécution de la formalité.

L'autre, qui doit porter la mention de certification de l'identité des parties prescrite par les articles 5 et 6, est conservé au *(Ord. n° 2010-638 du 10 juin 2010, art. 14, en vigueur le 1er janv. 2013)* « service chargé de la publicité foncière » ; *(Décr. n° 98-516 du 23 juin 1998)* « un décret fixe les conditions de forme auxquelles ce document doit satisfaire. »

2. Le dépôt est refusé :

— Si l'expédition, extrait ou copie qui doit être conservé au *(Ord. n° 2010-638 du 10 juin 2010, art. 14, en vigueur le 1er janv. 2013)* « service chargé de la publicité foncière » ne comporte pas la mention de certification de l'identité des parties ;

— Si les immeubles ne sont pas individuellement désignés, avec indication de la commune où ils sont situés ;

— En cas d'inobservation des prescriptions du décret prévu au dernier alinéa du 1 ;

— En cas de défaut de remise de l'extrait cadastral ou des documents d'arpentage visés au *(Décr. n° 98-516 du 23 juin 1998)* « cinquième » alinéa de l'article 7.

(L. n° 98-261 du 6 avr. 1998) « — En cas de non-production de la partie normalisée de l'acte visée au deuxième alinéa du 1 du présent article. »

3. La formalité est rejetée si, après avoir accepté le dépôt, le *(Ord. n° 2010-638 du 10 juin 2010, art. 14, en vigueur le 1er janv. 2013)* « service chargé de la publicité foncière » constate :

a) Soit l'omission d'une des énonciations prescrites par les articles 5, 6 et 7, sous réserve du droit pour les intéressés de redresser les erreurs matérielles de l'expédition, extrait, ou copie, par un document rectificatif prenant effet à la date de son dépôt ;

b) Soit une discordance entre, d'une part, les énonciations relatives à l'identification des parties ou à la désignation des immeubles contenues dans le document à publier, et, d'autre part, les énonciations correspondantes contenues dans les titres déjà publiés depuis le 1er janvier 1956, sauf justification de l'exactitude du document à publier.

(L. n° 98-261 du 6 avr. 1998) « *c)* Soit, pour les ventes autres que judiciaires, la production d'une partie normalisée non conforme aux prescriptions du deuxième alinéa du 1 du présent article, sous réserve du droit pour les intéressés, de redresser les erreurs matérielles de cette partie. »

(Décr. n° 98-516 du 23 juin 1998) « 4. Le recours éventuellement formé contre la décision de refus ou de rejet du *(Ord. n° 2010-638 du 10 juin 2010, art. 14, en vigueur le 1er janv. 2013)* « service chargé de la publicité foncière » est soumis aux règles fixées par l'article 26. »

(Décr. n° 59-89 du 7 janv. 1959 ; Décr. n° 98-516 du 23 juin 1998 ; Décr. n° 2012-634 du 3 mai 2012, art. 21-5°) « 5. Lorsqu'il est mentionné, dans un acte soumis à publicité, que celui-ci a dû être établi d'urgence avant réception des documents sur la base desquels il doit être procédé à la désignation des personnes et des immeubles, les erreurs ou omissions relatives à

cette désignation peuvent être réparées, préalablement à la réquisition de formalité, au moyen soit d'une mention complémentaire apposée par le rédacteur de l'acte à la suite de la minute ou de l'original, soit d'une attestation établie par acte distinct lorsque l'acte a déjà été enregistré ; en ce qui concerne les actes de commissaires de justice, la mention peut être portée, par le commissaire de justice intéressé, sur les documents déposés au *(Ord. n° 2010-638 du 10 juin 2010, art. 14, en vigueur le 1er janv. 2013)* « service chargé de la publicité foncière ».

« 6. Lorsqu'une décision judiciaire soumise à publicité a été rendue sans que les documents visés au 4 aient été communiqués à la juridiction, les erreurs ou omissions relatives à la désignation des personnes et des immeubles peuvent être, préalablement à la réquisition de formalité, rectifiées ou réparées en vertu d'une ordonnance rendue sur requête par le président de la juridiction qui aura statué ou par son délégué, à la demande de la partie intéressée qui doit, à cet effet, communiquer les documents justificatifs. Le président peut, s'il l'estime nécessaire, renvoyer les parties à se pourvoir devant la juridiction. » — *V. note ss. art. 34-1.*

BIBL. ▸ **Réforme du 6 avr. 1998 :** P.J.C., *JCP N 1998. 801.*

Une hypothèque peut être inscrite contre une société civile immobilière non immatriculée. • Civ. 3e, 1er juill. 2009, n° 08-14.762 P : *JCP 2009. 492, n° 14, obs. Delebecque ; Defrénois 2009. 2069, note Piedelièvre ; RLDC 2009/64, n° 3575, obs. Marraud des Grottes* (impossibilité de rejeter une demande d'inscription d'hypothèque judiciaire en l'absence de la mention d'immatriculation au registre du commerce et des sociétés).

Art. 34-1 *(Décr. n° 98-516 du 23 juin 1998)* 1. Pour l'application du deuxième alinéa du 1 de l'article 34, la partie normalisée relate dans l'ordre les énonciations suivantes :

— date et rédacteur de l'acte ;

— qualification juridique de l'acte complétée, le cas échéant, pour les opérations complexes, d'un exposé sommaire relatant le contexte juridique des dispositions de l'acte soumis à publicité ;

— état civil des parties à l'acte ;

— désignation complète des immeubles ;

— références de publication du titre constituant l'origine de propriété immédiate ;

— références de publication de l'état descriptif de division et de ses modificatifs éventuels pour les fractions d'immeubles. Dans l'hypothèse où l'acte concerne plusieurs immeubles dont l'origine de propriété immédiate résulte de titres distincts, chaque référence de publication doit mentionner l'immeuble concerné par cette énonciation ;

— le cas échéant, autres opérations juridiques devant faire l'objet d'une publication au fichier immobilier ;

— charges et conditions ;

— propriété, entrée en jouissance ;

— prix et modalités de paiement ;

— déclarations nécessaires à la liquidation, à l'assiette ou au contrôle de tous impôts, droits, taxes et *(Ord. n° 2010-638 du 10 juin 2010, art. 10-LII, en vigueur le 1er janv. 2013)* « de la contribution prévue à l'article 879 du code général des impôts ».

2. Pour permettre le contrôle de l'application du 2 de l'article 34, la partie normalisée doit figurer au début des expéditions, extraits littéraux ou copies déposées et comporter une mention de clôture.

Le Décr. du 23 juin 1998 entre en vigueur le 1er juill. 1998.

Art. 35 Sont publiés au *(Ord. n° 2010-638 du 10 juin 2010, art. 14, en vigueur le 1er janv. 2013)* « service chargé de la publicité foncière » de la situation des immeubles et produisent, vis-à-vis des parties et des tiers, les effets prévus par les dispositions spéciales qui les régissent :

1° Le commandement valant saisie et les différents actes de procédure qui s'y rattachent ;

2° Abrogé par L. n° 2011-1862 du 13 déc. 2011, art. 12 et 70, à compter du 1er janv. 2013 ;

3° *(L. n° 72-650 du 11 juill. 1972, art. 6)* « Les ordonnances, les cessions amiables en matière d'expropriation pour cause d'utilité publique et les accords visés à l'article 6 *bis* de l'ordonnance n° 58-997 du 23 octobre 1958 portant réforme des règles relatives à l'expropriation pour cause d'utilité publique *[C. expr. pour cause d'utilité publique, art. L. 13-27]*, quel que soit le montant de l'indemnité ».

4° Les procès-verbaux de réorganisation foncière ou de remembrement, les actes d'échange d'immeubles ruraux, les certificats de non-opposition et les ordonnances d'homologation ;

5° Les arrêtés pris en vue du remembrement préalable à la reconstruction ; les projets de remembrement amiable approuvés ;

6° Les règlements de copropriété des immeubles ou ensembles immobiliers ;

7° Les décisions de classement et de déclassement des monuments historiques et des sites ;

8° Les actes ou décisions judiciaires dont la publication est prescrite par les dispositions législatives particulières.

Les actes, décisions et dispositions énoncés ci-dessus, et les extraits, expéditions, ou copies déposés au *(Ord. n° 2010-638 du 10 juin 2010, art. 14, en vigueur le 1er janv. 2013)* « service chargé de la publicité foncière » pour l'exécution de la formalité sont soumis aux règles générales édictées par le présent décret, notamment par les articles 4 à 7 et 32 à 34 concernant la forme des actes, l'identification des personnes et des biens, les délais et les modalités de la publicité. Toutefois, à titre transitoire, certaines modalités d'application pourront être fixées par décret en Conseil d'État. — *V. Décr. du 14 oct. 1955, art. 78 s.*

1. Art. 35-4°. Impossibilité pour une cour d'appel de rendre une décision aboutissant à modifier un plan de remembrement devenu définitif. • Civ. 3e, 7 janv. 1998, n° 95-20.093 P (cassation pour excès de pouvoir sous le visa des art. 13 de la L. des 16-24 août 1790 et 32-1 [L. 123-16] C. rur.). ♦ Rappr. note 15 ss. art. 646 C. civ.

2. Art. 35-6°. Sous réserve des dispositions de l'art. 4, al. 3, du Décr. du 17 mars 1967, le règlement de copropriété et les actes qui l'ont modifié ne sont opposables aux acquéreurs de lots que s'ils ont été publiés au fichier immobilier antérieurement à l'acte d'acquisition. • Civ. 3e, 31 janv. 1996, n° 93-18.318 P.

Art. 36 Sont également publiés pour l'information des usagers, au *(Ord. n° 2010-638 du 10 juin 2010, art. 14, en vigueur le 1er janv. 2013)* « service chargé de la publicité foncière » de la situation des immeubles, par les soins de l'administration compétente, dans les conditions et limites, et sous réserve des exceptions fixées par décret en Conseil d'État :

1° Les procès-verbaux établis par le service du cadastre pour constater les changements intervenus dans la désignation des rues et des numéros d'immeubles, les constructions et démolitions affectant des immeubles inscrits au fichier immobilier et situés dans la partie agglomérée d'une commune urbaine, ainsi que les modifications provenant de décisions administratives ou d'événements naturels ; — *V. Décr. du 14 oct. 1955, art. 28.*

2° Les limitations administratives au droit de propriété, et les dérogations à ces limitations. — *V. Décr. du 14 oct. 1955, art. 73.*

Art. 37 *(Décr. n° 59-89 du 7 janv. 1959)* « 1. Peuvent être publiées au *(Ord. n° 2010-638 du 10 juin 2010, art. 14, en vigueur le 1er janv. 2013)* « service chargé de la publicité foncière » de la situation des immeubles qu'elles concernent, pour l'information des usagers :

« 1° Les promesses unilatérales de vente et les promesses unilatérales de bail de plus de douze ans ;

« 2° Les conventions relatives à l'exercice des servitudes légales. »

Les actes ou documents dont la publicité est prévue par le présent article et les extraits, expéditions ou copies déposés au *(Ord. n° 2010-638 du 10 juin 2010, art. 14, en vigueur le 1er janv. 2013)* « service chargé de la publicité foncière » pour l'exécution de la formalité sont soumis aux règles générales édictées par le présent décret, notamment par les articles 4 à 7 et 34 concernant la forme des actes, l'identification des personnes et des biens, et les modalités de la publicité.

(Décr. n° 59-89 du 7 janv. 1959) « 2. Peuvent être publiés dans les mêmes conditions les documents énumérés ci-après auxquels sont annexés ou dans lesquels sont littéralement *reproduits* des actes soumis ou admis à publicité, quoique ces derniers n'aient pas été dressés en la forme authentique :

« 1° Demande en justice tendant à obtenir la réitération ou la réalisation en la forme authentique desdits actes ;

« 2° Procès-verbal notarié constatant le défaut ou le refus du cocontractant ou promettant de procéder auxdites réitération ou réalisation ;

« 3° Déclaration, par acte notarié, de la volonté du bénéficiaire de l'acte d'exiger lesdites réitération ou réalisation.

« Les dispositions de l'article 30 sont applicables à compter du jour de la formalité, lorsque celle-ci est suivie, dans un délai de trois ans, de la publication d'un acte authentique ou d'une décision judiciaire constatant la réitération ou la réalisation. En cas d'instance judiciaire, ce délai peut être prorogé par la publication d'une ou plusieurs ordonnances successives rendues à cet effet par le président du tribunal saisi. »

BIBL. ▸ Fournier, *Defrénois 1981. 1425* (méandres de la publicité pour l'information des usagers). – Kornmann et D'Autrie de Vernon, *Gaz. Pal. 1989. 1. Doctr. 70.* ▸ **Prénotation :** Lemaire, *JCP N 1993. I. 41* (consécration d'un état de fait). – A. Piedelièvre, *Defrénois 1975. 973.* – Roche, *RTD civ. 1965. 22* (droit comparé).

A. ART. 37-1

1. Peuvent être publiées, pour l'information des usagers, les promesses unilatérales de vente et les promesses unilatérales de bail de plus de 12 ans. • Civ. 3e, 16 mars 1994, n° 91-19.797 P : *D. 1994. 486, note Fournier ; Defrénois 1994. 1164, obs. Aynès.* ♦ L'énumération des actes pouvant être publiés, mentionnés dans l'art. 37 du Décr. du 4 janv. 1955, n'est pas limitative et un prêt à usage viager peut y figurer. • Paris, 1er juin 1988 : *D. 1988. IR 198 ; Defrénois 1989. 425, obs. Aynès.*

2. Un texte spécial, l'art. 37-1, al. 1, du Décr. du 4 janv. 1955, disposant que la publicité des promesses de vente n'est que facultative, il ne peut être fait application des art. 28-2° et 30-1, al. 3, du même texte prévoyant la publicité obligatoire des restrictions au droit de disposer. La publicité obligatoire de l'acte de vente, condition obligatoire d'opposabilité, l'emporte nécessairement sur la publicité facultative de la promesse de vente, simple mesure d'information des usagers, dès lors qu'il n'est pas établi que l'acquisition a été faite en connaissance de l'existence de la promesse. • Civ. 3e, 20 févr. 1979 : *D. 1980. 613, note de La Marnierre ; JCP N 1980. II. 34, note Dagot.*

B. ART. 37-2

3. Contenu de la publication. La publication d'une demande en justice tendant à voir constater la perfection d'une vente d'immeuble, qui ne comporte pas en annexe les lettres d'offre et d'acceptation de la vente et qui ne reproduit pas littéralement ces documents, est irrégulière au regard des prescriptions de l'art. 37-2 et inopposable aux tiers. • Civ. 3e, 16 mai 1990, n° 87-14.923 P : *JCP N 1990. II. 309, note Stemmer ; RTD civ. 1990. 531, obs. Bandrac* (appréciation souveraine par les juges du fond de la connaissance de la première vente par les seconds acquéreurs). ♦ Même sens : • Civ. 3e, 21 nov. 1978, n° 77-11.588 P : *RTD civ. 1979. 627, obs. Giverdon.* ♦ La publication d'une demande en justice tendant à la réitération d'une convention verbale, demande à laquelle n'est annexé et dans laquelle n'est reproduit aucun acte écrit, ne permet pas à celui qui l'a faite de prendre rang en attendant que soit possible la publication d'un acte authentique ou d'un jugement. • Civ. 3e, 1er mars 1983, n° 81-15.413 P : *JCP N 1984. II. 41, note Stemmer.*

4. Le fait que l'acte dont la réitération ou la réalisation par acte authentique est demandée ne soit pas annexé ou littéralement reproduit n'entre pas dans les cas limitativement énumérés par la loi pour lesquels le conservateur peut refuser le dépôt d'un acte dont la publicité est requise. • Civ. 3e, 14 mars 1968, n° 66-11.904 P : *D. 1968. 425 ; JCP 1968. II. 15536, note Bulté.*

5. Effets de la publication. Primauté accordée au bénéficiaire d'une promesse de vente ayant fait publier la décision de justice valant vente sur le prêteur qui a laissé périmer les inscriptions des privilèges de prêteur de deniers. • Civ. 3e, 17 juill. 1986 : *Gaz. Pal. 1986. 2. Pan. 205.*

6. Le bénéficiaire d'une promesse unilatérale qui n'a pas usé de la faculté prévue par l'art. 37-2 du Décr. du 4 janv. 1955 en publiant, soit la demande en justice tendant à obtenir la réalisation de la vente en la forme authentique de la vente parfaite entre les parties, soit un procès-verbal notarié constatant le défaut ou le refus du promettant de procéder à cette réalisation, soit une déclaration par acte notarié de sa volonté d'exiger la réalisation de la promesse, ne peut opposer la mutation dont il se prévaut aux créanciers du vendeur qui ont valablement pris des dispositions d'hypothèques judiciaires postérieurement à la publication de la promesse mais antérieurement à celle de la décision judiciaire constatant la vente. • Civ. 3e, 22 févr. 1977, n° 75-12.717 P : *D. 1978. 165, note Malaurie ; JCP 1979. II. 19223, note Dagot.* ♦ V. aussi, pour l'impossibilité de déclarer opposable à la masse des créanciers, dont l'hypothèque a été inscrite, une vente d'un immeuble sous seing privé pour laquelle seul le procès-verbal de carence a été publié : • Civ. 1re, 20 juill. 1965, n° 62-11.867 P.

7. Date de la publication. La publication des demandes en justice qui peuvent faire l'objet d'une publicité facultative, conformément à l'art. 37-2, n'est soumise à aucune condition de recevabilité ou de délai. La publication de la demande, postérieurement à la décision définitive non publiée, produit à elle seule, un effet conservatoire indépendant, emportant opposabilité aux tiers, sous réserve d'être suivie dans un délai de trois ans de la publication d'un acte authentique ou d'une décision judiciaire constatant la réitération ou la réalisation. • Civ. 3e, 5 mars 1970, n° 68-12.300 P : *D. 1970. 477, note Frank.* ♦ En vertu de l'art. 37-2, lorsque la demande tendant à obtenir la réitération fait l'objet d'une publicité, l'acte est opposable aux tiers à dater de cette formalité si elle a été suivie, dans le délai de trois ans, de la publication de la décision judiciaire constatant la réalisation. • Civ. 3e, 22 nov. 1968, n° 65-12.293 P.

8. Il résulte de l'art. 37-2 du Décr. du 4 janv. 1955 que la publication d'une décision judiciaire constatant la réitération ou la réalisation d'une vente immobilière produit ses effets, sous certaines conditions, dès le jour de la publicité donnée à la demande. • Civ. 1re, 18 avr. 1967, no 64-10.166 P. ♦ V. égal. • Civ. 3e, 13 oct. 1981, no 80-11.402 P : *Gaz. Pal. 1981. 1. Somm. 125, obs. A. Piedelièvre.*

CHAPITRE IV. *ENTRÉE EN VIGUEUR ET DISPOSITIONS TRANSITOIRES*

Art. 38 Les chapitres I, II et III du présent décret entreront en vigueur le 1er janvier 1956.

Leurs dispositions ne seront pas applicables aux actes authentiques intervenus, aux actes sous seings privés ayant acquis date certaine, aux décisions judiciaires devenues définitives et aux transmissions par décès opérées, avant le 1er janvier 1956. Ces actes, décisions et transmissions par décès seront régis, quant à l'obligation de la publicité et à leurs effets, par la législation antérieure. Toutefois, en ce qui concerne les ventes d'immeubles publiées à partir du 1er mars 1955, le privilège du vendeur ou du prêteur qui a fourni les deniers pour l'acquisition, prévu à l'article 2379 du code civil, ne pourra être conservé, à partir de cette date, que par une inscription prise, sans aucune perception au profit du Trésor, à la diligence des parties, dans un délai de deux mois à compter de la date de l'acte de vente, le délai expirant uniformément le 30 avril 1955 pour tous les actes d'une date antérieure au 1er mars 1955. En outre, tout extrait, expédition ou copie déposé dans un *(Ord. no 2010-638 du 10 juin 2010, art. 14, en vigueur le 1er janv. 2013)* « service chargé de la publicité foncière » à partir du 1er janvier 1956 devra contenir les éléments d'identification des personnes et des immeubles exigés par les articles 5, 6 et 7, quelle que soit la date des actes, décisions ou transmissions par décès ; de même, tout bordereau déposé à partir de la même date devra être conforme aux dispositions des articles 2426, 2428 et 2434 du code civil.

Les privilèges, les hypothèques légales de la femme mariée et du mineur ou de l'interdit ainsi que les hypothèques judiciaires, inscrits antérieurement au 1er janvier 1956, seront soumis, quant à leurs effets, aux dispositions du code civil antérieures au présent décret ou des lois spéciales les concernant ; en particulier, les hypothèques légales conserveront le rang qui leur est attribué par les dispositions de l'article 2135 du code civil, dans son texte antérieur au présent décret. *(Décr. no 59-89 du 7 janv. 1959)* « La transcription opérée avant le 1er mars 1955 ne conserve le privilège prévu à l'article 2379 du code civil que pendant dix ans, à défaut de renouvellement de l'inscription d'office avant l'expiration de ce terme. »

Les privilèges et les hypothèques légales dispensés d'inscription par la législation antérieure et non encore inscrits au 1er janvier 1956 devront, pour conserver le rang qui leur est attribué par cette législation, faire l'objet d'une inscription dans les formes prévues par l'article 2428 du code civil, avant le 1er janvier 1957. Jusqu'à cette date, la purge des hypothèques existant sur les immeubles appartenant à des maris ou à des tuteurs pourra être faite conformément aux articles 2193 à 2195 du code civil et aux dispositions du chapitre I du titre IV du décret du 28 février 1852. A compter du 1er janvier 1957, le présent décret sera applicable pour la conservation de tous les privilèges et hypothèques.

Art. 39 Pendant une période dont l'expiration sera fixée par décret en Conseil d'État et dont la durée ne pourra être inférieure à cinq ans, la publicité au fichier immobilier pourra être volontairement requise, sans aucune perception au profit du Trésor, pour ceux des actes authentiques intervenus, des actes sous seings privés ayant acquis date certaine, des décisions judiciaires devenues définitives, des transmissions par décès opérées, avant le 1er janvier 1956 :

— qui n'étaient pas soumis à la publicité sous le régime antérieur, mais y auraient été soumis ou admis en vertu du présent décret ;

— qui, soumis à la publicité en vertu du présent décret, y étaient déjà soumis sous le régime antérieur et ont été publiés sous ce régime.

Dans cette dernière hypothèse, la formalité prend rang à la date de la formalité primitive et produit les mêmes effets.

Le dépôt est refusé, ou la formalité rejetée, dans les conditions prévues à l'article 34.

Art. 40 Par dérogation au dernier alinéa de l'article 7, la première formalité requise après le 1er janvier 1956 et portant sur un immeuble situé dans une commune à cadastre rénové, même si elle n'a pas pour objet de publier une mutation par décès, un acte ou une décision judiciaire translatif, déclaratif ou constitutif d'un droit réel susceptible d'hypothèque, donne lieu, sous peine de rejet dans les conditions prévues à l'article 34, à la remise au *(Ord. no 2010-638 du 10 juin 2010, art. 14, en vigueur le 1er janv. 2013)* « service chargé de la publicité foncière » d'un extrait cadastral concernant l'immeuble intéressé. — *V. Décr. du 14 oct. 1955, art. 30.*

Les dispositions de l'alinéa précédent ne sont pas applicables aux conventions visées à l'article 2430 du code civil.

Art. 41 et 42 *Abrogés par Décr. n° 2012-1462 du 26 déc. 2012, art. 38, à compter du 1er janv. 2013.*

Art. 42-1 *(Décr. n° 98-516 du 23 juin 1998)* Pour l'application des dispositions du sixième alinéa de l'article 2428 du code civil et du *b* du 3 de l'article 34 du présent décret, le contrôle de concordance des éléments d'identification des personnes morales visées au c du 1 de l'article 6 du présent décret sera limité à la dénomination et au numéro d'identité à partir de la deuxième formalité accomplie après le 1er juillet 1998.

Art. 43 Les dispositions du premier alinéa de l'article 2449 du code civil et celles de l'article 10 du présent décret sont respectivement applicables à la délivrance des copies ou extraits des documents déposés dans les conservations avant le 1er janvier 1956, et au versement de ces documents dans les centres d'archives spéciaux et aux archives nationales ou départementales.

Art. 44 Les renonciation, cession ou subrogation consenties, au profit des tiers acquéreurs ou prêteurs, avant l'entrée en vigueur du décret du 14 juin 1938, modifiant l'article 2135 du code civil, par une femme mariée bénéficiaire d'une hypothèque légale ou judiciaire garantissant la pension alimentaire judiciairement allouée, pour elle ou ses enfants, produiront tous les effets prévus à l'avant-dernier alinéa de l'article 2135 du code civil dans son texte antérieur au présent décret, même si ces actes ne contiennent pas la renonciation expresse de la femme.

Il en sera de même en cas de concours de la femme à la vente.

Art. 45 Les dispositions du deuxième alinéa de l'article 2133 nouveau du code civil sont applicables à toutes les hypothèques, même constituées avant le 1er janvier 1956.

CHAPITRE V. *DISPOSITIONS DIVERSES*

Art. 46 1. Cesseront d'être applicables à compter du 1er janvier 1956 :

— L'article 18 de la loi du 21 ventôse an VII relative à l'organisation de la conservation des hypothèques ;

— La loi du 23 mars 1855 sur la transcription en matière hypothécaire, et les divers textes qui l'ont complétée ou modifiée, notamment le décret du 30 octobre 1935, modifiant le régime de la transcription, et la loi du 24 mai 1951, organisant la publicité des insuffisances de prix ou d'évaluation constatées dans les actes soumis à la formalité de la transcription, sous réserve des dispositions du 2 du présent article ;

— L'article 2153 du code civil ;

— Les articles 2193 à 2195 du code civil et le chapitre I du titre IV du décret du 28 février 1852 sur les sociétés de crédit foncier, modifié par la loi du 10 juin 1853, sous réserve des dispositions transitoires prévues à l'alinéa 4 de l'article 38 du présent décret ;

— La loi du 3 septembre 1807 relative aux inscriptions hypothécaires en vertu de jugements rendus sur des demandes en reconnaissance d'obligations sous seing privé.

2. Les trois derniers alinéas de l'article 4 de la loi modifiée du 23 mars 1855 sont abrogés.

Art. 47 Toute soumission constatant une insuffisance de prix ou d'évaluation de biens ou droits immobiliers est établie en triple exemplaire et, dans les trois mois de son acceptation, l'un des originaux est déposé au rang des minutes du notaire rédacteur de l'acte, sous peine d'une amende civile égale au vingtième de l'insuffisance reconnue, à la charge de la partie débitrice des droits.

Le dépôt est effectué à la suite de la minute de l'acte.

Art. 48 1. *(Modifie les art. 13, 14 et 15 du décret du 14 juin 1938 sur les entreprises d'assurances, devenus C. assur., art. L. 327-1 à L. 327-4).*

2. *Abrogé par L. n° 74-1078 du 21 déc. 1974, art. 7.*

3. Les dispositions du présent article entreront en vigueur le 1er janvier 1956.

Art. 49 *(Modification du C. pr. civ. ancien, art. 679).*

Art. 50 Les 3e et 4e alinéas de l'article 2453 du code civil sont remplacés par les dispositions suivantes : — *V. art. mod.*

Art. 50-1 *(Décr. nº 59-89 du 7 janv. 1959)* Lorsqu'il n'a pas été transcrit ou publié de document analogue à l'état descriptif de division d'un immeuble visé à l'alinéa 3 de l'article 7, tout intéressé peut requérir un notaire d'en établir un, en vue de la publication d'un acte ou d'une décision concernant une fraction dudit immeuble.

Les propriétaires ou leurs représentants sont tenus de communiquer au notaire tous actes ou documents nécessaires.

Si un ou plusieurs propriétaires contestent l'état descriptif ainsi établi, le notaire complète celui-ci, avant d'en requérir la publication, par un procès-verbal constatant les réserves des opposants.

Les dispositions qui précèdent sont applicables lorsque le document transcrit ou publié attribue un même numéro à plusieurs lots différents, ou lorsqu'une subdivision ou une réunion des lots désignés par ce document a été opérée sans qu'il ait été transcrit ou publié un document analogue à l'état modificatif visé à l'alinéa 3 de l'article 7.

Art. 50-2 *(Décr. nº 59-89 du 7 janv. 1959)* En ce qui concerne les formalités de publicité requises sans le concours du titulaire du droit, la désignation de la fraction d'immeuble intéressée est faite sur la base d'un procès-verbal descriptif, dressé par un commissaire de justice et attribuant un numéro à ladite fraction, lorsque l'état descriptif de division ou un document analogue n'a pas été préalablement publié ou que sa publication n'est pas simultanément requise.

Il en est de même lorsque la fraction d'immeuble intéressée a été, postérieurement à la publication du document constatant le droit du requérant, soit divisée, soit réunie en tout ou en partie à un autre lot, sans qu'un acte modificatif de l'état de division ait été publié.

Dans le cas où le document à publier n'est pas un commandement pour valoir saisie, le commissaire de justice doit être commis par ordonnance sur requête rendue par le président du *(Décr. nº 2019-966 du 18 sept. 2019, art. 3, en vigueur le 1er janv. 2020)* « tribunal judiciaire » de la situation de l'immeuble et peut instrumenter dans les conditions prévues au dernier alinéa de l'article 673 du code de procédure civile *[ancien]*.

Art. 50-3 *(Décr. nº 59-89 du 7 janv. 1959)* Pour les formalités de publicité requises sans le concours du titulaire du droit, le signataire du certificat d'identité peut se faire communiquer, par ledit titulaire ou par toute personne susceptible de les fournir, les documents nécessaires à l'établissement du certificat prévu aux articles 5 et 6 du décret du 4 janvier 1955 et, à défaut, les renseignements permettant d'obtenir lesdits documents.

Le signataire du certificat d'identité peut également obtenir les renseignements d'identité nécessaires à la rédaction dudit certificat des administrations, services ou établissements publics de l'État, des départements et des communes et des établissements nationalisés, sans que le secret administratif ou professionnel puisse lui être opposé.

En cas de saisie, le commissaire de justice doit énoncer au commandement les documents communiqués ou les renseignements recueillis.

Art. 51 *(Décr. nº 59-89 du 7 janv. 1959)* « Des décrets pris sur le rapport » du garde des sceaux, ministre de la justice, du ministre des finances, des affaires économiques et du plan, du ministre de l'agriculture, du ministre du travail et de la sécurité sociale, du ministre du logement et de la reconstruction et du secrétaire d'État aux finances et aux affaires économiques, déterminent les modalités d'application du présent décret et, notamment, des articles 1 à 3, 7, 28-9°, 29, 32, 34 à 36, 39 et 40, ainsi que des articles 2402, *(Abrogé par Ord. nº 2021-1192 du 15 sept. 2021, art. 35, à compter du 1er janv. 2022) « 2403, »* 2428 et 2434 du code civil.

Ils fixent en particulier :

— Les conditions d'application de l'article 2, en cas de modification des désignations cadastrales ou de changement de limite, et les modalités selon lesquelles les dispositions de l'article 816 du code général des impôts devront être modifiées en vue de la conservation du cadastre ;

— Les justifications à produire en vue de l'application de l'article 3, ainsi que les conditions du refus du dépôt ou du rejet de la formalité ;

— La liste des organismes habilités à certifier l'identité des personnes physiques ou morales conformément aux articles 5 et 6 ;

— Les modalités du refus du dépôt ou du rejet de la formalité en application des articles 34, 39, 40 et 48 du présent décret et des articles 2428, 2430 et 2434 du code civil ;

— *(Décr. n° 59-89 du 7 janv. 1959)* « Les éléments de la désignation individuelle des immeubles exigée par les articles 2426, dernier alinéa, 2428, cinquième alinéa, 2430, dernier alinéa, du code civil et les articles 9, quatrième alinéa, et 34-2 du présent décret ;

« — Les règles spéciales régissant la publicité des actes, décisions et bordereaux concernant les droits sur les mines, en vue de la constitution d'un fichier des mines, et, notamment, les cas de refus du dépôt et de rejet de la formalité. » — *V. Décr. du 14 oct. 1955.*

Art. 52 Il n'est pas dérogé aux dispositions du chapitre III de la loi du 1er juin 1924, régissant les droits sur les immeubles situés dans les départements du Haut-Rhin, du Bas-Rhin et de la Moselle. — *Au chapitre III (du titre II) de la L. du 1er juin 1924, les art. 53 à 56 ont été abrogés par la L. n° 65-570 du 13 juill. 1965, art. 8, ss. C. civ., art. 1581.*

Les dispositions spécifiques du droit local, qui n'ont pas été abrogées par le Décr. du 4 janv. 1955 et qui instituent un régime spécial avec des règles de fond différentes de celles du droit général, continuent à s'appliquer dans les départements du Haut-Rhin, du Bas-Rhin et de la Moselle. Dès lors, le délai de deux mois prévu par l'art. 2379, al. 1er, pour l'inscription du privilège du vendeur d'immeuble n'est pas applicable dans ces départements. • Civ. 3e, 1er oct. 2020, n° 18-16.888 P (cassation de l'arrêt ayant considéré que ce délai n'est pas une règle de publicité foncière à laquelle le droit local pourrait déroger, mais une disposition de fond qui fixe la condition d'efficacité du privilège du vendeur, applicable en Alsace-Moselle).

Décret n° 55-1350 du 14 octobre 1955,

Pour l'application du décret n° 55-22 du 4 janvier 1955 portant réforme de la publicité foncière.

TITRE I. DU FICHIER IMMOBILIER

CHAPITRE I. *DISPOSITIONS APPLICABLES AUX IMMEUBLES SITUÉS DANS LES COMMUNES À CADASTRE RÉNOVÉ*

SECTION 1. *Composition et tenue du fichier*

Art. 1er Le fichier immobilier, dont la tenue est prescrite, à compter du 1er janvier 1956, par l'article 1er du décret du 4 janvier 1955, se compose, pour chaque commune du ressort *(Décr. n° 2012-1462 du 26 déc. 2012, art. 36, en vigueur le 1er janv. 2013)* « du service de la publicité foncière » :

— des fiches personnelles de propriétaire ;

— des fiches parcellaires.

En outre, des fiches d'immeuble sont tenues pour les immeubles urbains définis à l'article 2.

Art. 2 1. Sont considérés comme immeubles urbains tous *(Décr. n° 70-512 du 12 juin 1970)* « immeubles situés dans des communes qui, avant l'entrée en vigueur de la loi du 10 juillet 1964, dépendaient du département de la Seine » et dans les parties agglomérées, telles qu'elles résultent des tableaux de dénombrement de la population, des communes de plus de 10 000 habitants énumérées au tableau 3 annexé au décret n° 54-1088 du 30 octobre 1954 authentifiant les résultats du recensement du 10 mai 1954.

Ne cesseront pas d'être considérés comme urbains les immeubles situés dans des communes qui comptent plus de 10 000 habitants d'après les résultats du recensement du 10 mai 1954 et dont la population tombera au-dessous de ce chiffre d'après un nouveau décret de dénombrement.

Les immeubles situés dans les communes comptant moins de 10 000 habitants d'après les résultats du recensement du 10 mai 1954 et dont la population atteindra ce chiffre, d'après un nouveau décret de dénombrement, seront, à partir de l'entrée en vigueur de ce texte, considérés comme urbains.

2. Sont également considérés comme immeubles urbains, quelle que soit leur situation, les immeubles ou ensembles immobiliers qui font l'objet d'un lotissement, d'une division ou d'une copropriété dans le cadre, soit d'un cahier des charges établi par application des articles 89 *bis* ou 107 *[abrogés]* du code de l'urbanisme et de l'habitation, soit d'un règlement de copropriété établi par application de la loi modifiée du 28 juin 1938 tendant à régler le statut des immeubles divisés par appartements *[remplacée par L. n° 65-557 du 10 juill. 1965]*.

3. Tous les autres immeubles sont considérés comme immeubles ruraux.

Art. 3 Les fiches sont conformes aux modèles annexés au présent décret. Toutefois, un arrêté du *(Décr. n° 2012-1462 du 26 déc. 2012, art. 36, en vigueur le 1er janv. 2013)* « directeur général des finances publiques » peut apporter des modifications à ces modèles pour tenir compte de la situation particulière de certaines communes.

(Décr. n° 79-643 du 24 juill. 1979) « Les fiches sont fournies par l'administration. »

§ 1. *Fiches personnelles de propriétaire*

Art. 4 1. Il est établi, pour chaque propriétaire, une fiche personnelle par commune dans laquelle ce propriétaire possède des immeubles.

En cas d'indivision, une fiche personnelle est établie au nom de chacun des copropriétaires indivis.

Lorsqu'un immeuble est grevé d'un droit d'usufruit, d'emphytéose, d'usage, d'habitation, de superficie, ou fait l'objet d'un bail de plus de douze ans, des fiches personnelles sont établies, d'une part, au nom du nu-propriétaire ou du propriétaire, d'autre part, au nom de l'usufruitier, de l'emphytéote, de l'usager, du titulaire du droit d'habitation ou de superficie, ou du preneur.

(Décr. n° 59-90 du 7 janv. 1959) « Une fiche personnelle n'est établie au nom du titulaire d'un droit sur un immeuble que si ce droit est actuel ou soumis à la réalisation d'une condition suspensive expressément stipulée dans un titre publié.

« En cas d'usufruits successifs, seule est établie la fiche personnelle du premier usufruitier.

« Il n'est pas établi de fiche personnelle au nom des propriétaires d'une fraction d'immeuble lorsque leur identité n'est pas certifiée et que le document à publier est établi à la requête du représentant de la collectivité des copropriétaires. »

2. *(Décr. n° 67-1252 du 22 déc. 1967)* « Il est créé une fiche personnelle lors de la première formalité de publicité opérée à partir du 1er janvier 1956, en exécution des articles 28, 35 à 37 et 39 du décret du 4 janvier 1955 ; une fiche est également créée si la première formalité est une inscription d'hypothèque *(Abrogé par Décr. n° 2021-1888 du 29 déc. 2021, art. 5-XVI-1°, à compter du 1er janv. 2022)* *« ou de privilège »* ou une inscription prise en renouvellement. »

Par exception, il n'est pas créé de fiche personnelle au nom des associations syndicales constituées en vertu des articles 23 à 26 de la loi modifiée des 11 octobre 1940-12 juillet 1941, pour annoter le transfert des immeubles dont les associations deviennent propriétaires de plein droit. Ceux-ci restent répertoriés sur les fiches personnelles des anciens propriétaires, qui sont annotées, au cadre A du tableau III, dans la colonne « Observations », d'une mention de référence à la date et au numéro de classement dans les archives de la liste prévue à l'article 43 de l'arrêté du 11 octobre 1946 ; s'il s'agit d'un immeuble urbain, l'annotation est faite au cadre A du tableau III de la fiche d'immeuble visée à l'article 10. Cette mention est radiée après l'annotation du transfert de propriété, en exécution de l'article 45 de l'arrêté précité, sur les fiches personnelles des membres des associations syndicales et, le cas échéant, sur les fiches d'immeuble.

Art. 5 1. Le *(Décr. n° 2012-1462 du 26 déc. 2012, art. 36, en vigueur le 1er janv. 2013)* « service de la publicité foncière » mentionne :

— au tableau I, la liste des immeubles urbains, au sens de l'article 2 du présent décret, quelle que soit leur nature (terrains nus, bâtiments, appartements, etc.), chaque immeuble étant désigné par la section et le numéro du plan cadastral, le nom de la rue et le numéro, ou, à défaut, le lieudit ; les formalités concernant les immeubles urbains sont répertoriées au tableau III des fiches d'immeuble prévues à l'article 10 ci-après ;

— au tableau II, le détail des immeubles ruraux, au sens du même texte, chaque îlot de propriété ou parcelle — suivant le mode de numérotage du plan cadastral — étant désigné par la section et le numéro du plan cadastral et recevant un numéro d'ordre ;

— au tableau III, les formalités répertoriées concernant les immeubles ruraux avec, notamment, pour chacune d'elles, l'indication :

— de sa date et du numéro de classement dans les archives ;

— de la date des actes, décisions judiciaires ou documents, de la nature des conventions, clauses ou inscriptions publiées ;

— de l'officier public ou ministériel ou de l'autorité judiciaire ou administrative ;

— du montant en principal du prix, de l'évaluation ou de la soulte ;

— du montant de la créance et de l'ensemble des accessoires garantis, *(Décr. n° 73-313 du 14 mars 1973)* « et, le cas échéant, du taux d'intérêt et de l'existence d'une clause de réévaluation » ;

(Décr. nº 59-90 du 7 janv. 1959) « — de la date extrême d'exigibilité de la créance ;

« — du domicile élu par le créancier ; »

(Décr. nº 67-1252 du 22 déc. 1967) « — de la date extrême d'effet de l'inscription. »

Ne donnent lieu à aucune annotation les mentions portées par application de l'article 2430 du code civil, en marge des inscriptions prises avant le 1er janvier 1956, ainsi que les mentions portées en marge des copies de commandements valant saisie publiées avant la même date.

Dans le cadre B du tableau III, sont répertoriés les bordereaux, actes ou décisions relatifs à des *(Abrogé par Décr. nº 2021-1888 du 29 déc. 2021, art. 5-XVI-2º, à compter du 1er janv. 2022)* « *privilèges,* » hypothèques (inscriptions, renouvellements, mentions), saisies, restrictions au droit de disposer, clauses résolutoires, demandes en justice, baux, servitudes passives, droits de superficie, d'usage, d'habitation, antichrèses et, d'une manière générale, tous droits grevant les immeubles.

Dans le cadre A, sont répertoriés tous les autres actes ou décisions judiciaires.

2. Les annotations concernant les immeubles ruraux énoncés, dans les documents déposés, comme acquis par les deux époux, sont portés aux tableaux II et III de la fiche personnelle du mari, la fiche personnelle de la femme étant annotée d'un simple renvoi à celle du mari.

Les mêmes immeubles énoncés, dans les documents déposés, comme acquis par un seul des époux sont mentionnés exclusivement sur la fiche de l'époux intéressé.

Sous réserve de l'application éventuelle de l'article 34-3, les formalités ultérieures portant sur lesdits immeubles et concernant les deux époux ou l'un d'eux sont annotées sur les fiches personnelles où figurent, en vertu des deux alinéas précédents, les annotations relatives à l'acquisition.

S'il s'agit d'immeubles urbains, les annotations des acquisitions et des aliénations sont faites, tant sur les fiches personnelles (tableau I) des époux intéressés, selon les distinctions prévues en ce qui concerne les immeubles ruraux, que sur les fiches d'immeuble visées à l'article 10, ces dernières recevant également les annotations relatives aux autres formalités.

3. Les fiches personnelles créées, à l'occasion de la publication d'une attestation notariée après décès constatant la dévolution de biens indivis, au nom des différents successibles ou légataires, ou existant déjà à leur nom, comportent de simples renvois à la fiche du *de cujus* jusqu'à la publication d'un acte faisant cesser l'indivision. La fiche personnelle du *de cujus* est annotée des noms de tous les indivisaires et de la part revenant à chacun d'eux, lorsqu'elle est indiquée dans l'attestation.

(Décr. nº 59-90 du 7 janv. 1959) « 4. Lorsqu'une formalité est requise du chef du bénéficiaire d'un droit éventuel, aux termes d'un document faisant expressément état dudit droit, l'annotation de la formalité est faite exclusivement sur la fiche du titulaire du droit actuel ou conditionnel, par application du quatrième alinéa du 1 de l'article 4 du présent décret. »

Art. 6 Lorsqu'il est établi plusieurs fiches personnelles au nom d'une même personne, ces fiches sont numérotées et portent une mention de référence entre elles ; elles sont classées ensemble, dans l'ordre chronologique de leur création, pour permettre de déterminer immédiatement la situation patrimoniale de chaque personne.

Dans le ressort de *(Décr. nº 2012-1462 du 26 déc. 2012, art. 36, en vigueur le 1er janv. 2013)* « chaque service de la publicité foncière », les fiches personnelles préalablement groupées par personne, dans l'ordre croissant de leur numéro de création, font l'objet, pour les personnes physiques, d'un classement alphabétique, par noms de famille, dans les conditions fixées par arrêté *(Décr. nº 2012-1462 du 26 déc. 2012, art. 36, en vigueur le 1er janv. 2013)* « du directeur général des finances publiques ». *— V. Arr. du 12 mars 1971, art. 7 s. (D. et BLD 1971. 167).*

Les fiches établies au nom des personnes morales font l'objet d'un classement à part, selon les modalités fixées par le même arrêté.

Il est procédé périodiquement à l'apurement du fichier. A cet effet, les fiches personnelles sur lesquelles aucune annotation n'a été opérée depuis plus de cinquante ans sont extraites et classées à part.

Art. 7 *(Décr. nº 67-1252 du 22 déc. 1967)* « A compter du 1er janvier 1956, il n'est plus porté d'annotation au registre dont la tenue est prescrite par l'article 18 de la loi du 21 ventôse an VII. »

Les fiches personnelles de propriétaire sont créées même pour constater la publication d'un acte ou d'une décision judiciaire révélant une diminution du patrimoine (vente, expropriation, attestation notariée après décès, donation-partage, etc.).

§ 2. *Fiches parcellaires*

Art. 8 La fiche parcellaire fait apparaître, pour chaque îlot de propriété ou parcelle, la liste des mutations de propriété successives dont il a fait l'objet, par voie de référence aux documents publiés.

Toutefois, dans le cas où un îlot de propriété ou une parcelle a donné lieu à l'établissement d'une fiche d'immeuble, il n'est fait aucune référence aux documents publiés : un simple renvoi à ladite fiche est mentionné en regard du numéro du plan cadastral.

Art. 9 Les fiches parcellaires sont classées dans une série distincte par commune, et, pour chaque commune, dans l'ordre alphabétique des sections et dans l'ordre croissant des numéros du plan cadastral.

§ 3. *Fiches d'immeuble*

Art. 10 Une fiche d'immeuble est établie pour chaque immeuble urbain et pour chaque fraction d'immeuble urbain au sens de l'article 2.

(Décr. n° 59-90 du 7 janv. 1959 ; Décr. n° 2012-1462 du 26 déc. 2012, art. 36, en vigueur le 1er janv. 2013) « Le service de la publicité foncière mentionne, indépendamment de la section et du numéro du plan cadastral, du nom de la rue et du numéro, ou à défaut, du lieudit :

« au tableau I, la nature de l'immeuble et, pour les fractions d'immeuble, le numéro de lot que concerne la fiche, ainsi que les modifications apportées par la suite », à sa consistance ;

au tableau II, le lotissement ou la division, s'il y a lieu ;

au tableau III, les formalités intéressant, suivant le cas, la totalité de l'immeuble, ou chaque lot ou appartement le composant, ce tableau étant utilisé, dans les conditions prévues à l'article 5, pour la fiche personnelle.

Art. 11 En cas de division ultérieure d'un immeuble urbain en fractions divises — comportant ou non des fractions indivises — il est créé, au moment de l'attribution effective de chaque lot à un nouveau propriétaire et pour chacune des fractions divises, une fiche particulière sur laquelle sont portées les annotations concernant uniquement la fraction intéressée. Dans cette hypothèse, la fiche originaire, dite fiche générale, est annotée, au tableau II, du lotissement ou de la division, ainsi qu'il est indiqué à l'article 10, et au tableau III, de toutes les formalités intéressant l'ensemble de l'immeuble.

Par dérogation à l'alinéa précédent, en cas de partage en nature entre tous les membres d'une société régie par la loi modifiée du 28 juin 1938 *[L. n° 71-579 du 16 juill. 1971, art. 5 s.]* de la totalité des appartements d'un immeuble urbain, les fiches particulières des fractions divises ne sont créées qu'à l'occasion de la première opération (vente, affectation hypothécaire, etc.) concernant chacune desdites fractions.

Il est également créé des fiches particulières pour chaque fraction divise au fur et à mesure que les formalités sont répertoriées, s'il est constaté, à l'occasion de la publication opérée, à partir du 1er janvier 1956, d'un acte ou d'une décision judiciaire concernant l'une de ces fractions, qu'un immeuble urbain a été antérieurement divisé en copropriété. La fiche générale est créée en même temps que la première fiche particulière ; elle est annotée au tableau II, au fur et à mesure des aliénations ou attributions, des lots en faisant l'objet et, au tableau III, de toutes les formalités requises postérieurement à sa création, intéressant l'ensemble de l'immeuble, qu'il n'y a pas lieu de répertorier sur chaque fiche particulière.

Art. 12 *(Décr. n° 2012-1462 du 26 déc. 2012, art. 36, en vigueur le 1er janv. 2013)* Dans chaque service de la publicité foncière, les fiches d'immeubles sont classées dans une série distincte *par commune* selon les modalités fixées par arrêté du directeur général des finances publiques.

§ 4. *Forme et modalités des annotations*

Art. 13 *(Décr. n° 67-1252 du 22 déc. 1967)* « Les fiches sont annotées de façon nette et lisible, à l'encre noire indélébile ; par exception, la date extrême d'effet des inscriptions *(Abrogé par Décr. n° 2021-1888 du 29 déc. 2021, art. 5-XVI-3°, à compter du 1er janv. 2022)* « *de privilège ou* » d'hypothèque est indiquée à l'encre rouge indélébile. »

Les annotations sont rédigées en une forme claire et brève.

L'usage de cachets ou composteurs est autorisé, ainsi que l'emploi des abréviations courantes.

Les traits doivent être tirés à la règle.

Les surcharges et grattages sont interdits.

Au tableau III des fiches personnelles de propriétaire et des fiches d'immeuble, une ligne est laissée en blanc entre chaque formalité.

(Décr. n° 2012-1462 du 26 déc. 2012, art. 36, en vigueur le 1er janv. 2013) « Les annotations entachées d'erreurs imputables aux agents des services de la publicité foncière sont annulées par rature à l'encre noire dès la découverte des erreurs et rétablies à la suite. L'annulation est émargée de la date de la rectification et de la signature ou du paraphe de l'agent du service de la publicité foncière dûment habilité à procéder à la régularisation des annotations erronées. »

Art. 14 1. Toute annotation, dans l'en-tête ou l'un des tableaux d'une fiche, qui perd son caractère d'actualité par suite de la publication postérieure d'un autre document ou par l'effet de la loi est soulignée par un trait à l'encre rouge ; le cas échéant, le motif est précisé dans la colonne "Observations".

2. Les immeubles inscrits aux tableaux I et II des fiches personnelles sont soulignés à l'encre rouge, lorsqu'à la suite d'une mutation ils sont portés sur la fiche personnelle du nouveau propriétaire ; de même, sont soulignées à l'encre rouge les formalités annotées au tableau III des fiches personnelles de propriétaire ou des fiches d'immeuble qui ne présentent plus aucun intérêt pour apprécier la situation juridique actuelle d'un immeuble (inscriptions hypothécaires ou saisies radiées ou périmées, baux résiliés, etc.).

Art. 15 Le transfert d'un immeuble rural, au sens de l'article 2, du tableau II de la fiche personnelle de l'ancien propriétaire au tableau II de la fiche personnelle du nouveau propriétaire, s'accompagne du report sur cette dernière fiche des annotations, quelle que soit leur date, figurant aux cadres A et B du tableau III, relatives aux servitudes et de toutes les autres annotations remontant à moins de cinquante ans portées au cadre B dudit tableau III, relatives aux charges et restrictions, continuant à grever l'immeuble transféré ; de même, sont reportés les hypothèques *(Décr. n° 2021-1888 du 29 déc. 2021, art. 5-XVI-4°, en vigueur le 1er janv. 2022)* « non périmées *[ancienne rédaction : et privilèges non périmés]* ». Toutes les annotations reportées sont soulignées à l'encre rouge sur la fiche personnelle de l'ancien propriétaire.

Lorsqu'une inscription d'hypothèque *(Abrogé par Décr. n° 2021-1888 du 29 déc. 2021, art. 5-XVI-4°, à compter du 1er janv. 2022)* *« ou de privilège »* grève plusieurs immeubles et que certains d'entre eux, seulement, sont transférés sur une autre fiche personnelle, il est indiqué, dans la colonne « Observations », en regard de l'inscription, tant sur la fiche personnelle de l'ancien propriétaire que sur celle du nouveau propriétaire, la mention "Affecté avec d'autres immeubles".

Art. 16 Les dispositions de l'article précédent sont applicables aux seuls droits, charges, restrictions *(Décr. n° 2021-1888 du 29 déc. 2021, art. 5-XVI-5°, en vigueur le 1er janv. 2022)* « ou hypothèques *[ancienne rédaction :, hypothèques ou privilèges]* » ayant fait l'objet d'une publication à partir du 1er janvier 1956.

Art. 16-1 *(Décr. n° 79-405 du 21 mai 1979 ; Décr. n° 98-553 du 3 juill. 1998)* Les extinctions ou extensions de droits, prévues à l'article 6-1 de la loi n° 65-557 modifiée du 10 juillet 1965, sont publiées au fichier immobilier du seul fait de l'annotation des formalités qui les entraînent.

Toutefois, en cas d'acquisition de parties communes entraînant changement de l'emprise de la copropriété, l'extension de droits prévue à l'alinéa 2 de l'article 6-1 susvisé est publiée sur le dépôt de deux expéditions de l'acte modificatif ou de l'acte distinct qui contient la déclaration, par le syndic ou un créancier inscrit, que, le bien acquis étant libre de tous droits à la date de la mutation ou ayant été, par suite des formalités ou des événements relatés, libéré des droits dont il était l'objet, cette extension est réalisée.

En cas d'inexactitude de la déclaration en ce qui concerne l'inexistence de droits, la formalité est rejetée.

SECTION 2. Concordance du fichier immobilier et du cadastre

Art. 17 La concordance du fichier immobilier et du cadastre, prévue à l'article 2 du décret du 4 janvier 1955, est assurée dans les conditions fixées aux articles 18 à 31, dont les dispositions sont applicables à compter du 1er janvier 1956, quelle que soit la date des actes, décisions ou transmissions par décès.

Art. 18 *CGI, art. 860. — V. art. 18.*

Art. 19 En cas de changement de limite de propriété, le document d'arpentage établi spécialement en vue de la conservation du cadastre est annexé à l'extrait d'acte prévu *(Décr. n° 70-548 du 22 juin 1970)* « à l'article 860 du code général des impôts ».

Art. 20 *(Décr. n° 2012-1462 du 26 déc. 2012, art. 36, en vigueur le 1er janv. 2013)* L'extrait d'acte modèle n° 1 remis au service de la publicité foncière par application de l'article 860 du code général des impôts constitue à la fois l'extrait d'acte prévu à cet article et l'extrait cadastral dont la remise est prescrite par l'article 7 du décret du 4 janvier 1955 susvisé à l'appui de tout document déposé en vue de publier au fichier immobilier une mutation par décès, un acte ou une décision judiciaire translatif, déclaratif, constitutif ou extinctif d'un droit de propriété, d'usufruit, d'emphytéose ou de superficie. — *V. art. 18.*

Art. 21 *(Décr. n° 98-553 du 3 juill. 1998)* 1. L'extrait cadastral prévu au dernier alinéa de l'article 7 modifié du décret n° 55-22 du 4 janvier 1955 modifié est établi par le service du cadastre. A défaut, le dépôt est refusé.

2. A titre dérogatoire, pour les formalités relatives à des ventes de lots de copropriété en l'état futur d'achèvement ou pour les formalités dépendantes d'un état descriptif de division en copropriété en cours de publication, le rédacteur de l'acte peut établir l'extrait visé au 1 pour les lots concernés par ces mutations.

Cet extrait doit être établi au vu d'un extrait cadastral, afférent aux parcelles d'assise de l'état descriptif de division, délivré par le service du cadastre depuis moins de six mois au jour où la formalité est requise.

Art. 22 *(Décr. n° 70-548 du 22 juin 1970 ;* L'extrait cadastral est complété, pour valoir extrait d'acte, par les notaires, commissaires de justice, greffiers *(Décr. n° 98-553 du 3 juill. 1998 ; Décr. n° 2012-634 du 3 mai 2012, art. 21-2°)* « , avocats » et autorités administratives. Ceux-ci y portent notamment l'indication de la date et de la nature de l'acte, du prix ou de l'évaluation des immeubles — de la soulte, s'il y a lieu — du nom et de la qualité de l'officier public ou ministériel, ou de l'autorité administrative, ainsi que la désignation des parties, conformément *(Décr. n° 98-553 du 3 juill. 1998)* « au premier alinéa de l'article 5 et au 1 de l'article 6 du décret n° 55-22 du 4 janvier 1955 modifié ».

En ce qui concerne spécialement les actes et décisions judiciaires dressés par eux ou avec leur concours, les notaires, commissaires de justice, greffiers *(Décr. n° 98-553 du 3 juill. 1998)* « , avocats » et autorités administratives rayent à l'encre rouge, sur la liste des îlots de propriété ou des parcelles, s'il y a lieu, ceux dont la mutation ou l'attribution primitivement projetée a été finalement différée et annotent l'extrait d'acte en conséquence.

A défaut de remise de l'extrait cadastral et, en cas de changement de limite de propriété, à défaut de remise du document d'arpentage, le dépôt est refusé.

Art. 23 1. Après avoir annoté la formalité requise au registre de dépôts prévu à l'article 2453 du code civil, *(Décr. n° 2012-1462 du 26 déc. 2012, art. 36, en vigueur le 1er janv. 2013)* « le service de la publicité foncière » s'assure que les énonciations relatives à la désignation des parties, inscrites par les notaires *(Décr. n° 98-553 du 3 juill. 1998 ; Décr. n° 2012-634 du 3 mai 2012, art. 21-2°)* « , avocats » et autorités administratives sur l'extrait modèle n° 1 concordent exactement avec les énonciations correspondantes figurant dans le document déposé. Il vérifie, en outre, la concordance exacte des énonciations relatives à la désignation des immeubles figurant, d'une part, dans l'extrait, d'autre part, dans le document déposé.

2. En cas de concordance, le *(Décr. n° 2012-1462 du 26 déc. 2012, art. 36, en vigueur le 1er janv. 2013)* « service de la publicité foncière » se conforme aux prescriptions de l'article 34 du présent décret et, après avoir terminé l'exécution de la formalité, indique, dans le cadre prévu à cet effet sur l'extrait, la date, le volume et le numéro de la formalité.

3. En cas de discordance et sous réserve de l'application éventuelle de l'article 34 ci-après, le document déposé est néanmoins publié.

Si la différence constatée concerne la désignation des parties, elle est immédiatement signalée par simple avis, à l'officier public ou ministériel ou à l'autorité administrative qui a complété l'extrait et qui dispose d'un délai de quinze jours à compter de la réception de l'avis, soit pour rectifier ledit extrait, soit pour déposer un document rectificatif prenant rang à la date de sa publication, selon que les énonciations erronées sont celles de l'extrait ou celles du document publié. Si aucune suite n'est donnée, dans le délai imparti, à l'avis *(Décr. n° 2012-1462 du 26 déc. 2012, art. 36, en vigueur le 1er janv. 2013)* « du service de la publicité foncière », les énonciations du document publié, sont tenues pour seules valables et l'extrait, après mise en harmonie avec ce document, est adressé au service du cadastre dans les conditions prévues à l'article 24. Le document rectificatif déposé après le délai imparti doit être accompagné de l'avis *(Décr. n° 2012-1462 du 26 déc. 2012, art. 36, en vigueur le 1er janv. 2013)* « du service de la publicité foncière », annoté des indications exactes destinées à se substituer aux indications erronées que ce document a pour but de redresser. A défaut de remise de cet avis, un nouvel extrait d'acte (modèle n° 1) est exigé, sous la sanction prévue au dernier alinéa de l'article 22.

Lorsque la différence concerne la désignation des immeubles, elle est signalée au service du cadastre, lors de l'envoi périodique des extraits.

Art. 24 Les extraits (modèle n° 1) conformes aux documents publiés sont transmis au service du cadastre, et versés aux archives de ce service, selon les modalités fixées par arrêté du *(Décr. n° 2012-1462 du 26 déc. 2012, art. 36, en vigueur le 1er janv. 2013)* « directeur général des finances publiques ».

Ceux de ces extraits dont les énonciations relatives à la désignation des immeubles ne sont pas conformes aux énonciations correspondantes des documents publiés sont transmis au service du cadastre dans une liasse spéciale, complétés des références à la date, au volume et au numéro de la formalité, et annotés des différences constatées.

Dans les cas où les énonciations inexactes sont celles du document publié, le service du cadastre signale les inexactitudes à l'officier public ou ministériel ou à l'autorité administrative qui a complété l'extrait, et qui dispose d'un délai d'un mois à compter de la réception de l'avis du service du cadastre pour déposer un document rectificatif prenant rang à la date de sa publication.

Ce document doit être accompagné de l'avis du service du cadastre annoté des indications exactes destinées à se substituer aux indications erronées que le document a pour objet de redresser.

A défaut de remise de cet avis, un nouvel extrait d'acte (modèle n° 1) est exigé, sous la sanction prévue au dernier alinéa de l'article 22.

Si un document rectificatif n'est pas déposé dans le délai d'un mois prévu au troisième alinéa du présent article, le service du cadastre effectue les mutations d'après les énonciations du document publié.

Art. 25 Les mutations cadastrales constatant des modifications dans la situation juridique des immeubles ne peuvent être opérées qu'au vu des extraits (modèle n° 1) portant la date, le volume et le numéro de la formalité de publicité *(Décr. n° 2012-1462 du 26 déc. 2012, art. 36, en vigueur le 1er janv. 2013)* « portée au fichier immobilier » et ne contenant aucune discordance avec les documents déposés en vue de la publicité immobilière.

Art. 26 Les modifications apportées par le service du cadastre dans le numérotage des îlots de propriété ou des parcelles à la suite des changements que ce service est habilité à constater d'office en application de l'article 33 du décret n° 55-471 du 30 avril 1955 et concernant les îlots de propriété et les parcelles inscrits au fichier immobilier sont notifiées *(Décr. n° 2012-1462 du 26 déc. 2012, art. 36, en vigueur le 1er janv. 2013)* « au service de la publicité foncière » dans la forme prévue à l'article 28.

Art. 27 En cas de changement de limite de propriété, l'extrait cadastral remis *(Décr. n° 2012-1462 du 26 déc. 2012, art. 36, en vigueur le 1er janv. 2013)* « au service de la publicité foncière » mentionne les désignations cadastrales des îlots de propriété ou des parcelles avant et après le changement de limite.

Le document d'arpentage y demeure annexé.

(Décr. n° 2012-1462 du 26 déc. 2012, art. 4, en vigueur le 1er janv. 2013) « En cas d'opération visée à l'article L. 442-1 du code de l'urbanisme, » *(Décr. n° 59-90 du 7 janv. 1959, art. 5)* « les désignations cadastrales de l'extrait sont limitées au lot qui fait l'objet de l'acte ou de la décision. Un numéro cadastral est attribué à chaque lot dès l'aliénation du premier lot, lorsque le document d'arpentage établi à l'occasion de cette aliénation constate la division de la tranche entière du lotissement dans laquelle les travaux de viabilité sont exécutés.

Il n'est pas exigé de document d'arpentage lors des aliénations ultérieures, si l'extrait d'acte est revêtu d'une mention du rédacteur de l'acte certifiant que le lot intéressé, tel qu'il résulte du document d'arpentage déjà produit, n'a subi aucune modification.

Art. 28 Les notifications prescrites par l'article 36-1° du décret du 4 janvier 1955 et par l'article 26 du présent décret sont faites sous forme de procès-verbaux, dont le modèle et les conditions d'établissement sont arrêtés par le *(Décr. n° 2012-1462 du 26 déc. 2012, art. 36, en vigueur le 1er janv. 2013)* « directeur général des finances publiques ». Ces procès-verbaux sont certifiés par le service du cadastre, portés au registre de dépôts prévu à l'article 2453 du code civil et annotés au fichier immobilier.

Art. 29 Des règles spéciales sont fixées par arrêté du ministre des finances et des ministres intéressés pour assurer la concordance du fichier immobilier et du cadastre à la suite d'opérations de remembrement. — *V. Arr. du 14 mai 1956 (D. 1956. 185 ; BLD 1956. 363) ; Arr. du 15 mai 1956 (BLD 1956. 787 ; JO 2 oct.) ; Arr. du 16 mars 1978 (D. et BLD 1978. 233).*

Art. 30 1. En exécution de l'article 40 du décret du 4 janvier 1955, un extrait cadastral est remis *(Décr. n° 2012-1462 du 26 déc. 2012, art. 36, en vigueur le 1er janv. 2013)* « au service de la publicité foncière » à l'appui de la première formalité requise à partir du 1er janvier 1956, même lorsque cette première formalité n'a pas pour objet de publier une attestation après décès ou un acte ou décision translatif, déclaratif, constitutif ou extinctif de droit de propriété, d'usufruit, d'emphytéose ou de superficie.

Il en est ainsi, notamment, en cas de publication de l'un des documents, actes ou décisions énumérées ci-après :

— bordereau d'inscription d'hypothèque *(Abrogé par Décr. n° 2021-1888 du 29 déc. 2021, art. 5-XVI-6°, à compter du 1er janv. 2022) « ou de privilège »*, ou bordereau de renouvellement ;

— commandement valant saisie ;

— règlement de copropriété ;

— acte ou décision judiciaire portant ou constatant bail pour plus de douze années et, même pour un bail de moindre durée, quittance ou cession d'une somme équivalente à trois années de loyers ou fermages non échus ;

— acte ou décision judiciaire constituant ou constatant une servitude, un droit d'usage ou d'habitation ;

— acte ou décision judiciaire portant ou constatant promesse unilatérale de vente ou promesse unilatérale de bail de plus de douze ans ;

— acte ou décision judiciaire concernant l'exercice d'une servitude légale ;

— acte constitutif d'antichrèse ;

— acte ou décision judiciaire visé aux 2°, 4° *a* et *b*, 7° et 8° de l'article 28 du décret du 4 janvier 1955 ;

— demande en justice tendant à obtenir la résolution, la révocation, l'annulation ou la rescision d'une convention ou d'une disposition à cause de mort ; décision rejetant une telle demande ; désistement d'action ou d'instance ;

— convention d'indivision immobilière ;

— acte constitutif de bien de famille insaisissable ;

— décision de classement ou de déclassement de monument historique ou de site ;

— décision portant octroi de primes à la construction ;

— décision portant limitation administrative au droit de propriété ou dérogation à une limitation.

(Décr. n° 73-313 du 14 mars 1973 ; Décr. n° 2012-1462 du 26 déc. 2012, art. 36, en vigueur le 1er janv. 2013) « L'extrait cadastral est conforme au modèle (n° 3) fixé par le directeur général des finances publiques. »

2. En ce qui concerne spécialement les actes ou décisions relatifs à des servitudes réelles, l'extrait cadastral est produit tant pour le fonds servant que pour le fonds dominant.

3. Par dérogation à l'article 8, les fiches parcellaires sont annotées des mentions de référence à la formalité de publicité donnée à l'un des documents, actes ou décisions énumérés au 1 ci-dessus, si cette formalité est la première au sens de la présente disposition.

4. *(Décr. n° 98-553 du 3 juill. 1998)* « L'extrait cadastral, qui doit porter une mention de référence à l'article 40 du décret n° 55-22 du 4 janvier 1955 modifié et avoir moins de six mois de date au jour où la publicité est requise, est établi par le service du cadastre. »

L'extrait (modèle n° 3) est produit à l'appui du document déposé *(Décr. n° 2012-1462 du 26 déc. 2012, art. 36, en vigueur le 1er janv. 2013)* « au service de la publicité foncière » ; il est transmis au service du cadastre suivant les modalités fixées par le *(Décr. n° 2012-1462 du 26 déc. 2012, art. 36, en vigueur le 1er janv. 2013)* « directeur général des finances publiques ».

Lorsque l'extrait n'est pas annexé à ce document et qu'après avoir accepté le dépôt le *(Décr. n° 2012-1462 du 26 déc. 2012, art. 36, en vigueur le 1er janv. 2013)* « service de la publicité foncière » constate qu'il s'agit de la première formalité depuis le 1er janvier 1956, il ne procède pas aux annotations sur le fichier immobilier et invite le signataire du certificat d'identité, dans le délai maximum d'un mois à compter du dépôt, à se faire délivrer et à remettre un extrait cadastral. Les dispositions des 2e et 3e alinéas du 3 de l'article 34 du présent décret sont applicables.

Si, à l'expiration du délai d'un mois à compter de la notification faite par le *(Décr. n° 2012-1462 du 26 déc. 2012, art. 36, en vigueur le 1er janv. 2013)* « service de la publicité foncière », l'extrait ne lui a pas été remis, la formalité est rejetée suivant les modalités prévues aux deux derniers alinéas du 3 de l'article 34.

Art. 31 Pour l'application du dernier alinéa de l'article 22 et du 4 de l'article 30, est assimilée au défaut de remise de l'extrait cadastral l'omission sur celui-ci d'un seul des immeubles figurant sur le document déposé, ou la remise d'un extrait remontant à plus de *(Décr. n° 98-553 du 3 juill. 1998)* « six mois ».

(Décr. n° 59-90 du 7 janv. 1959) « Dans les cas visés au 4 et au 5 de l'article 34 du décret du 4 janvier 1955, le dépôt n'est pas refusé s'il est remis *(Décr. n° 2012-1462 du 26 déc. 2012, art. 36, en vigueur le 1er janv. 2013)* « au service de la publicité foncière » un extrait conforme aux énonciations du document déposé.

« En matière d'inscription d'hypothèque conventionnelle, il suffit que l'extrait ait moins de trois mois de date au jour de l'acte d'affectation. »

SECTION 3. *Effet relatif de la publicité*

§ 1. *Application de l'effet relatif*

Art. 32 1. Sous réserve des dispositions de l'article 35 ci-après, aucune formalité de publicité ne peut être opérée *(Décr. n° 2012-1462 du 26 déc. 2012, art. 36, en vigueur le 1er janv. 2013)* « au fichier immobilier » à défaut de publicité préalable ou simultanée de l'acte, de la décision judiciaire ou de l'attestation de transmission par décès constatant le droit du disposant ou dernier titulaire.

Le disposant ou dernier titulaire, au sens de l'article 3 du décret du 4 janvier 1955 et de la présente section, s'entend de la personne dont le droit se trouve transféré, modifié, confirmé, grevé ou éteint — ou est susceptible de l'être — avec ou sans son consentement, par la formalité dont la publicité est requise.

2. Pour permettre le contrôle de l'application du 1, et sous réserve des dispositions des articles 35 à 37, tout extrait, expédition ou copie et, conformément au *(Décr. n° 2007-201 du 15 févr. 2007)* « 6° du 2 de l'article 55 », tout bordereau déposé *(Décr. n° 2012-1462 du 26 déc. 2012, art. 36, en vigueur le 1er janv. 2013)* « au service de la publicité foncière » à partir du 1er janvier 1956 doivent contenir les références (date, volume, numéro) de la formalité donnée au titre du disposant ou dernier titulaire du droit, ou à l'attestation notariée de transmission par décès à son profit.

Si ce titre, ou cette attestation, n'a pas encore été publié, le document déposé doit préciser que la publication en sera requise simultanément.

1. Sur le principe de l'effet relatif, V. à propos du Décr. du 4 janv. 1955, notes ss. art. 3 et note 20 ss. art. 28.

2. Il résulte de la combinaison des art. 7, al. 3, du Décr. du 4 janv. 1955, 32, § 2, et 33 du Décr. du 14 oct. 1955, que, sous la sanction du refus du dépôt par le conservateur, à laquelle ne sont pas applicables les dispositions de l'art. 34 de ce dernier décret, tout acte sujet à publicité et concernant une ou plusieurs fractions divises d'un immeuble doit obligatoirement comporter la désignation du ou des lots, conformément à un état descriptif de division déjà publié, ainsi que les références de la publicité qui lui a été donnée, ou, à défaut, l'indication que la publication en est requise simultanément. • Civ. 3e, 29 avr. 1980, ☎ n° 79-10.957 P.

3. La régularisation de la publicité, intervenue par la publication du titre des vendeurs dans le mois du dépôt de l'acte, respecte l'exigence d'une publication simultanée du titre du disposant. • Civ. 3e, 4 oct. 1989, ☎ n° 87-17.769 P (reconnaissance de l'antériorité de l'inscription régularisée sur une publication complète effectuée postérieurement à celle-ci et antérieurement à la régularisation).

Art. 33 Le dépôt de tout extrait, expédition ou copie est refusé en l'absence des mentions ou précisions prévues au 2 de l'article 32, ou si la publicité du titre ou de l'attestation n'est pas effectuée au plus tard en même temps que la formalité nouvelle. L'omission, dans un bordereau d'inscription, de la date, du volume et du numéro sous lequel a été publié le titre de propriété du débiteur grevé, entraîne le rejet de la formalité.

L'art. 33 ne s'applique qu'en cas *d'absence des* mentions relatives à la date, au volume et au numéro de la formalité donnée au titre du dispo*sant, non en cas d'erreur.* • Civ. 3e, 4 nov. 2004, ☎ n° 03-12.755 P : *R., p. 276.*

Art. 34 1. Lorsqu'il a accepté le dépôt et inscrit la formalité au registre prévu à l'article 2453 du code civil, le *(Décr. n° 2012-1462 du 26 déc. 2012, art. 36, en vigueur le 1er janv. 2013)* « service de la publicité foncière » :

— vérifie l'exactitude des références à la formalité antérieure ;

— s'assure de la concordance du document déposé et des documents publiés depuis le 1er janvier 1956, tels qu'ils sont répertoriés *(Décr. n° 98-553 du 3 juill. 1998)* « au fichier immobilier », en ce qui concerne :

a) (Décr. n° 98-553 du 3 juill. 1998) « La désignation des parties : nom, deux premiers prénoms, date et lieu de naissance pour les personnes physiques. Pour les personnes morales, il est fait notamment application des dispositions de l'article 42-1 du décret n° 55-22 du 4 janvier 1955 modifié ; »

b) La qualité de disposant ou de dernier titulaire, au sens du 1 de l'article 32, de la personne indiquée comme telle dans le document déposé ;

c) (Décr. n° 79-643 du 24 juill. 1979) « La désignation individuelle des immeubles ».

2. Lorsqu'il ne relève ni inexactitude ni discordance et que, par ailleurs, le document déposé contient toutes les mentions exigées par les articles 2428 du code civil, 5, 6 et 7 du décret du 4 janvier 1955, et 61 à 63 du présent décret, le *(Décr. n° 2012-1462 du 26 déc. 2012, art. 36, en vigueur le 1er janv. 2013)* « service de la publicité foncière » termine l'exécution de la formalité. *(Décr. n° 67-1252 du 22 déc. 1967)* « Il n'y a pas discordance lorsque le titre de la personne indiquée comme disposant ou dernier titulaire, au sens du 1 de l'article 32, a cessé, postérieurement à sa publication au fichier immobilier, de produire tout ou partie de ses effets en raison d'un acte ou d'une décision judiciaire ultérieurement publié. »

3. *(Décr. n° 59-90 du 7 janv. 1959)* « En cas d'inexactitude ou de discordance, ou à défaut de publication du titre du disposant ou de l'attestation de transmission par décès à son profit, le *(Décr. n° 2012-1462 du 26 déc. 2012, art. 36, en vigueur le 1er janv. 2013)* « service de la publicité foncière » ne procède pas aux annotations sur le fichier immobilier ; il notifie, dans le délai maximum d'un mois à compter du dépôt, les inexactitudes, discordances ou défaut de publication relevés au signataire du certificat d'identité » porté au pied de tout bordereau, extrait, expédition ou copie conformément aux prescriptions des articles 5 et 6 du décret du 4 janvier 1955.

(Décr. n° 98-553 du 3 juill. 1998) « Le fichier immobilier sur lequel la formalité aurait été immédiatement répertoriée si le dépôt avait été régulier est simplement annoté de la date et du numéro de classement du document déposé, avec la mention "formalité en attente". »

Dans le cas où la notification prescrite ci-dessus n'est pas faite directement au signataire du certificat d'identité lui-même et n'est pas dûment reconnue par lui, elle doit *(Décr. n° 2000-489 du 29 mai 2000)* « être effectuée selon un procédé fiable d'identification et de datation et être adressée », au plus tard, le dernier jour du délai d'un mois à compter du dépôt, au domicile indiqué par ledit signataire dans le document déposé.

Avant l'expiration d'un délai d'un mois à compter de la date de la notification *(Décr. n° 2000-489 du 29 mai 2000)* « selon le procédé défini au troisième alinéa », il appartient au signataire du certificat d'identité :

— soit de compléter le bordereau d'inscription ;

— soit de représenter les pièces (notamment, titres antérieurs, extraits cadastraux, extraits d'actes de naissance) justifiant l'exactitude des références à la formalité antérieure, ou des énonciations relatives à la désignation des parties et des immeubles ; dans ce cas, le *(Décr. n° 2012-1462 du 26 déc. 2012, art. 36, en vigueur le 1er janv. 2013)* « service de la publicité foncière » procède, dans les conditions ordinaires, à l'exécution de la formalité qui prend rang à la date du dépôt. Les erreurs figurant au fichier immobilier sont rectifiées dans les conditions prévues au dernier alinéa de l'article 13 *(Décr. n° 98-553 du 3 juill. 1998)* « ou au 3 de *l'article 53-1* » *du présent décret, si elles émanent (Décr. n° 2012-1462 du 26 déc. 2012, art. 36, en vigueur le 1er janv. 2013)* « du service de la publicité foncière ». Dans le cas contraire, elles sont redressées, à la diligence des parties, par le dépôt d'un nouveau document établi dans les formes légales et tendant à rectifier le document antérieurement publié entaché d'erreur : ce document consiste soit en un nouveau bordereau établi au vu du titre lui-même, d'un acte rectificatif ou, à défaut d'un acte de notoriété, soit en une expédition, un extrait littéral ou une copie de ces titres, acte rectificatif ou acte de notoriété. Toutes mentions utiles sont portées *(Décr. n° 98-553 du 3 juill. 1998)* « au fichier immobilier » en vue de signaler les erreurs et rectifications ;

— soit de déposer un bordereau ou document rectificatif. Dans ce cas, la publicité du bordereau ou document originaire prend effet à la date du dépôt, pour toutes les énonciations non entachées d'erreurs, celle du bordereau ou document rectificatif prenant effet à la date de son propre dépôt.

Dans tous les cas où la formalité prend rang rétroactivement à la date du dépôt, la date où elle est effectivement exécutée est constatée par un enregistrement pour ordre au registre des dépôts.

Si, dans le délai d'un mois à compter de la notification, le signataire du certificat d'identité n'a pas réparé les omissions, produit les justifications ou déposé les documents rectificatifs ou si, même avant l'expiration de ce délai, il a informé le *(Décr. nº 2012-1462 du 26 déc. 2012, art. 36, en vigueur le 1er janv. 2013)* « service de la publicité foncière » du refus ou de l'impossibilité de satisfaire à ces obligations, la formalité est rejetée sous les réserves prévues à l'article 74. Mention du rejet est faite par le *(Décr. nº 2012-1462 du 26 déc. 2012, art. 36, en vigueur le 1er janv. 2013)* « service de la publicité foncière » en regard de l'inscription du dépôt au registre de dépôts dans la colonne "Observations", ainsi *(Décr. nº 98-553 du 3 juill. 1998)* « qu'au fichier immobilier. »

La décision de rejet est notifiée dans les huit jours de l'expiration du délai imparti au signataire du certificat d'identité. *(Décr. nº 2000-489 du 29 mai 2000)* « La notification est effectuée soit directement, soit par lettre recommandée avec demande d'avis de réception, adressée au domicile indiqué dans le document déposé. »

La date de notification directe, ou celle de l'avis de réception ou de l'avis de refus de la lettre recommandée, fixe le point de départ du délai de huit jours au cours duquel peut être formé le recours prévu à l'article 26 du décret du 4 janvier 1955.

1. Notion de discordance. Doit être cassé l'arrêt qui enjoint au conservateur de procéder à l'inscription demandée, alors qu'il existait une discordance quant à l'identité des parties (bien immobilier ayant fait l'objet d'une donation, attaquée par la voie de l'action paulienne par le créancier sollicitant l'inscription). • Civ. 3e, 18 juill. 2001, nº 99-19.102 P : *D. 2001. AJ 2671, obs. Avena-Robardet ; JCP 2002. I. 120, nº 6, obs. Delebecque ; Defrénois 2001. 1288, obs. S. Piedelièvre.* ♦ Ne constitue ni une inexactitude ni une discordance le vice résultant de l'inscription prématurée d'une hypothèque définitive. • Civ. 3e, 4 juill. 2001, nº 98-16.775 P : *Defrénois 2001. 1291, obs. S. Piedelièvre.*

2. Non-respect du délai. Le dépassement du délai d'un mois prévu à l'art. 34-3 du Décr. 14 oct. 1955 pour notifier une cause de rejet éventuelle de formalité de publicité foncière n'est assorti d'aucune sanction et ne peut s'analyser en un acquiescement à la formalité requise. La notification hors délai peut seulement entraîner la mise en jeu de la responsabilité du conservateur des hypothèques. • Civ. 3e, 13 juill. 1994 : *JCP N 1995. II. 897, note Frémont ; Gaz. Pal. 1995. 1. 306, note Salats.* ♦ V. aussi • Civ. 3e, 29 nov. 2000, nº 99-11.022 P : *JCP N 2001. 654, étude Fournier ; Defrénois 2001. 1286, obs. S. Piedelièvre* (caractère impératif du délai d'un mois, les termes de l'art. 34-3 ne laissant au conservateur aucune latitude).

3. Responsabilité du conservateur. Commet une faute professionnelle le conservateur qui n'a pas, comme il aurait dû, rejeté l'inscription d'une hypothèque judiciaire en vertu d'une ordonnance dont l'indication de propriétaire était manifestement erronée puisque le bien n'appartenait plus au débiteur depuis de nombreuses années. • Civ. 3e, 12 juin 1996, nº 94-18.004 P : *D. 1997. Somm. 257, obs. S. Piedelièvre ; RDI 1997. 114, obs. Delebecque et Simler.* ♦ Sur cet arrêt : Frémont, *JCP N 1997. I. 53.* – Habu-Groud, *LPA 9 oct. 2000.*

§ 2. *Exceptions à l'effet relatif*

Art. 35 1. Les dispositions de l'article 32 ne sont pas applicables :

1° Si le droit du disposant ou dernier titulaire a été acquis sans titre et, notamment, par prescription ou accession, ou lorsque le droit de propriété s'est trouvé consolidé par le décès de l'usufruitier ; dans ces cas, le document déposé doit contenir une déclaration précisant le mode ou les conditions d'acquisition ou de consolidation du droit ;

2° *(Décr. nº 59-90 du 7 janv. 1959)* « Si le titre du disposant ou dernier titulaire, ou la transmission par décès à son profit, est antérieur au 1er janvier 1956 ; dans ce cas, le document déposé doit indiquer la nature du titre et contenir la déclaration que le titre ou la transmission par décès n'est pas postérieur au 1er janvier 1956 ; cette déclaration » n'est pas exigée si le requérant est en mesure de porter sur le document déposé les mentions ou précisions prévues à l'article 32.

2. *(Décr. nº 59-90 du 7 janv. 1959)* « L'absence des déclarations prévues ci-dessus entraîne le refus du dépôt de la formalité suivant les distinctions faites à l'article 33. »

§ 3. *Modalités spéciales d'application de l'effet relatif*

Art. 36 1. Lorsque l'acte ou la décision judiciaire, dont un extrait, expédition ou copie est déposé en vue de la publicité, n'a pas été dressé ou rendu avec le concours ou à la requête du dernier titulaire du droit et, notamment, en cas de saisie, demande en justice, expropriation, remembrements collectifs, les mentions ou déclarations prévues aux articles 32-2 et 35-1, sous peine de refus du dépôt, ne sont pas exigées.

(Décr. n° 59-90 du 7 janv. 1959) « Dans ces cas, le *(Décr. n° 2012-1462 du 26 déc. 2012, art. 36, en vigueur le 1er janv. 2013)* « service de la publicité foncière », après avoir inscrit la formalité au registre de dépôts, recherche si le titre ou l'attestation constatant le droit de la personne indiquée, dans le document déposé, comme disposant ou dernier titulaire, a été publié depuis le 1er janvier 1956. Il s'assure ensuite » conformément à l'article 34-1, de la concordance entre les énonciations du document déposé et celles des documents antérieurement publiés.

2. *(Décr. n° 59-90 du 7 janv. 1959)* « Lorsqu'il s'est assuré de la publication, au fichier immobilier, du titre du disposant ou dernier titulaire ou de l'attestation constatant son droit, qu'il ne relève ni inexactitude, ni discordance, et que, par ailleurs, le document déposé contient » toutes les mentions exigées par les articles 5, 6 et 7 du décret du 4 janvier 1955, le *(Décr. n° 2012-1462 du 26 déc. 2012, art. 36, en vigueur le 1er janv. 2013)* « service de la publicité foncière » procède à l'exécution de la formalité.

Dans le cas contraire, il procède comme il est dit à l'article 34-3. Toutefois, pour l'application du présent article, lorsque le document déposé intéresse la pleine propriété d'un immeuble et que, d'après les documents antérieurement répertoriés au fichier immobilier, le titulaire désigné ne possède que la nue-propriété, ce défaut de concordance n'entraîne pas le rejet de la formalité.

3. S'il ne retrouve pas la formalité donnée au titre du dernier titulaire tel qu'il est indiqué dans le document déposé, il invite le signataire du certificat d'identité, dans le délai d'un mois — ou de huit jours s'il s'agit d'une saisie — à compter du dépôt, dans les formes prévues à l'article 34-3, et selon le cas :

a) Soit à déclarer qu'à sa connaissance le titre ou le décès n'est pas postérieur au 1er janvier 1956, à moins qu'il puisse indiquer les références (date, volume, numéro) de la formalité de publicité donnée au titre ou à l'attestation ;

b) Soit, si le titre ou le décès est postérieur au 1er janvier 1956, à fournir les mentions de référence prévues au 2° de l'article 32 ou la déclaration prévue au 1-1° de l'article 35. Lorsque la publicité n'a pas été faite, le signataire du certificat d'identité peut :

Ou provoquer la publicité du titre du titulaire, ou de l'attestation de transmission par décès à son profit, en agissant contre le titulaire du droit ou ses ayants cause, ou contre l'officier public ou ministériel ou l'autorité administrative tenu de procéder à la publicité en vertu de l'article 32 du décret du 4 janvier 1955 ;

Ou produire un acte de notoriété ou un certificat délivré par un notaire ou un greffier, établissant que le droit du dernier titulaire résulte d'un acte ou d'une décision judiciaire non encore publié ou d'une transmission par décès, n'ayant pas encore fait l'objet d'une attestation ; si, pour obtenir ce document, le signataire du certificat d'identité a besoin d'un acte ou certificat à délivrer au titulaire du droit — sur demande de celui-ci — par une autorité publique ou un officier public ou ministériel, il peut en demander lui-même la délivrance.

En même temps, le *(Décr. n° 2012-1462 du 26 déc. 2012, art. 36, en vigueur le 1er janv. 2013)* « service de la publicité foncière » annote, dans les conditions prévues à l'article 34-3, *(Décr. n° 98-553 du 3 juill. 1998)* « le fichier immobilier ».

Si, dans le délai d'un mois — ou de deux mois s'il s'agit d'une expropriation ou d'un remembrement collectif — à compter de l'avis donné au signataire du certificat d'identité, il n'a pas été satisfait à la demande *(Décr. n° 2012-1462 du 26 déc. 2012, art. 36, en vigueur le 1er janv. 2013)* « du service de la publicité foncière », ou si, même avant l'expiration de ce délai, le signataire du certificat d'identité l'a informé du refus ou de l'impossibilité de donner satisfaction à ladite demande, la formalité est rejetée sous les réserves prévues à l'article 74. Mention du rejet est faite au registre de dépôts, en regard de l'inscription du dépôt, dans la colonne "Observations", *(Décr. n° 98-553 du 3 juill. 1998)* « ainsi qu'au fichier immobilier. »

Les deux derniers alinéas de l'article 34-3 sont applicables.

S'il est donné satisfaction à sa demande, le *(Décr. n° 2012-1462 du 26 déc. 2012, art. 36, en vigueur le 1er janv. 2013)* « service de la publicité foncière » procède dans les conditions ordinaires à l'exécution de la formalité, qui prend rang à la date du dépôt. L'exécution est constatée par un enregistrement pour ordre au registre de dépôt.

Toutefois, il sursoit à cette exécution s'il constate des inexactitudes dans les références à la formalité antérieure, ou s'il relève, dans le document à publier, des discordances soit avec le titre du dernier titulaire ou l'attestation de transmission par décès à son profit, soit avec l'acte de notoriété ou le certificat produit. Dans ces cas, il notifie au signataire du certificat d'identité dans le délai d'un mois — ou de huit jours s'il s'agit d'une saisie — à compter de la réception de sa réponse, les inexactitudes ou discordances relevées, la suite à donner à cette notification étant réglée suivant les dispositions des alinéas 4 et suivants du 3 de l'article 34.

4. Dans le cas où le titre de la personne indiquée, dans le document déposé, comme le dernier titulaire du droit n'a pas été publié au fichier immobilier, le *(Décr. nº 2012-1462 du 26 déc. 2012, art. 36, en vigueur le 1er janv. 2013)* « service de la publicité foncière » peut néanmoins procéder immédiatement, sous réserve, le cas échéant, de l'application du dernier alinéa du 3 du présent article, à l'exécution de la formalité, si le requérant souscrit, au pied du document déposé, la déclaration visée au *a* du 3 ou produit, à l'appui de ce document, un acte de notoriété ou un certificat conformément au *b* dudit 3.

(Décr. nº 59-90 du 7 janv. 1959) « 5. En cas de publication d'un commandement pour valoir saisie d'un immeuble dépendant d'une succession à l'encontre des successibles d'une personne décédée, ou du jugement d'adjudication ultérieur, la production de l'acte de notoriété ou le certificat prévu au 3-*b* du présent article n'est pas obligatoire, lorsque le document destiné à être conservé *(Décr. nº 2012-1462 du 26 déc. 2012, art. 36, en vigueur le 1er janv. 2013)* « dans les registres du service de la publicité foncière » comporte seulement la mention de certification de l'identité du défunt.

« Dans l'hypothèse visée à l'alinéa précédent, la formalité est considérée, pour les annotations au fichier et la délivrance des copies, extraits ou certificats, comme requise contre le défunt seul. Il en est de même pour les inscriptions *(Abrogé par Décr. nº 2021-1888 du 29 déc. 2021, art. 5-XVI-7º, à compter du 1er janv. 2022)* « *de privilèges ou* » d'hypothèques légales ou judiciaires requises, sur un immeuble dépendant d'une succession, à l'encontre des successibles d'une personne décédée, lorsque l'attestation notariée de transmission par décès, – ou le partage en tenant lieu, par application de l'article 29 (alinéa 4) du décret du 4 janvier 1955, – n'a pas encore été publiée. »

1. En application de l'art. 36 du Décr. du 14 oct. 1955, la publication des demandes en justice ne requiert pas la mention de la date, du volume et du numéro de publicité des actes contestés. • Civ. 3e, 10 nov. 1982, nº 81-13.408 P.

2. L'art. 36, § 5, du Décr. du 14 oct. 1955, qui institue la faculté de requérir une inscription sur la seule certification de l'identité du défunt, est d'interprétation stricte et ne bénéficie qu'aux créanciers de l'ensemble de l'indivision, à l'exclusion des créanciers personnels de certains des indivisaires. • Civ. 3e, 23 oct. 2002, nº 01-02.137 P : *Defrénois 2003. 794, obs. S. Piedelièvre.*

Art. 37 En cas de saisie immobilière à l'encontre soit du débiteur, soit du tiers détenteur à qui est adressée *[adressé]* *(Décr. nº 2006-936 du 27 juill. 2006, art. 147)* « le commandement de payer ou délaisser », soit de la caution réelle, propriétaire de l'immeuble saisi, les dispositions des 3 et 4 de l'article précédent sont applicables si les énonciations *(Décr. nº 2006-936 du 27 juill. 2006, art. 147)* « du commandement » relatives à la désignation de la partie et de l'immeuble saisis ne sont pas en concordance avec celles des documents publiés au fichier immobilier.

Lorsque, par application des dispositions qui précèdent, le *(Décr. nº 2012-1462 du 26 déc. 2012, art. 36, en vigueur le 1er janv. 2013)* « service de la publicité foncière » ne peut procéder à la publicité et que d'autres *(Décr. nº 2006-936 du 27 juill. 2006, art. 147)* « commandements » sont ultérieurement présentés à la formalité pour valoir saisie du même immeuble à l'encontre de la même partie saisie, les notifications préalables au rejet sont effectuées distinctement pour chacun d'eux. Dès que la formalité peut être exécutée pour l'un d'eux, le *(Décr. nº 2012-1462 du 26 déc. 2012, art. 36, en vigueur le 1er janv. 2013)* « service de la publicité foncière » procède, à l'égard de tous ceux pour lesquels le délai fixé au 3 de l'article 36 n'est pas encore expiré, comme il est prévu à *(Décr. nº 2006-936 du 27 juill. 2006, art. 147)* « l'article 22 du décret nº 2006-936 du 27 juillet 2006 relatif aux procédures de saisie immobilière et de distribution du prix d'un immeuble », en publiant celui dont le rang dans l'ordre du registre de dépôts est le plus ancien, et en mentionnant les autres en marge de *la copie publiée.*

(Décr. nº 59-90 du 7 janv. 1959 ; Décr. nº 2006-936 du 27 juill. 2006, art. 147) « Si, après le dépôt d'un ou plusieurs commandements pour lesquels des notifications distinctes ont été effectuées préalablement au rejet, en exécution de l'alinéa précédent, un autre saisissant présente à la publication un commandement pour valoir saisie du même immeuble à l'encontre d'une autre partie saisie, le *(Décr. nº 2012-1462 du 26 déc. 2012, art. 36, en vigueur le 1er janv. 2013)* « service de la publicité foncière » s'assure que le titre ou l'attestation notariée consta-

tant le droit de la partie saisie indiquée dans le nouveau document déposé, a été publié depuis le 1er janvier 1956, et vérifie que les énonciations de ce document sont en concordance avec celles des documents publiés au fichier immobilier.

« Dans l'affirmative, il publie ledit document. A partir de cette publication, les commandements du chef de la même partie saisie, déposés antérieurement, mais dont la publication s'est trouvée retardée par des notifications préalables au rejet, en raison d'inexactitudes ou de discordances dans la désignation, sont mentionnés, en exécution de l'article 22 du décret no 2006-936 du 27 juillet 2006 relatif aux procédures de saisie immobilière et de distribution du prix d'un immeuble, en marge de la copie du commandement publiée, lorsqu'avant l'expiration du délai qui leur est imparti, le ou les premiers saisissants satisfont à l'une des obligations prévues au 3 de l'article 36.

« Dans la négative, une nouvelle notification préalable au rejet est faite distinctement pour le nouveau commandement déposé, ainsi que, éventuellement, pour tout autre commandement du chef de la même partie saisie ultérieurement déposé.

« Lorsque, un ou plusieurs saisissants s'étant conformés aux dispositions de l'article 36-3 ou de l'article 34-3, la publicité devient possible pour un ou pour plusieurs commandements du chef de la même partie saisie, le *(Décr. no 2012-1462 du 26 déc. 2012, art. 36, en vigueur le 1er janv. 2013)* « service de la publicité foncière » procède à l'exécution de la formalité en se conformant, le cas échéant, au deuxième alinéa du présent article. »

SECTION 4. *Certificats d'identité. — Demandes de renseignements et de copie de documents (Décr. no 2012-1462 du 26 déc. 2012, art. 5, en vigueur le 1er janv. 2013).*

§ 1. *Certificats d'identité (Décr. no 67-1252 du 22 déc. 1967).*

Art. 38 1. *(Décr. no 59-90 du 7 janv. 1959 ; Décr. no 2012-1462 du 26 déc. 2012, art. 36, en vigueur le 1er janv. 2013)* « Tout bordereau, extrait, expédition ou copie déposé, à partir du 1er janvier 1956, en vue de l'exécution au fichier immobilier d'une formalité autre que l'une de celles prévues aux articles 70 et 85, doit porter une mention, signée par l'un des officiers publics ou ministériels ou auxiliaires de justice énumérés au deuxième alinéa de l'article 5 du décret du 4 janvier 1955 ou par l'une des autorités administratives énumérées au 2 du présent article, certifiant l'identité des parties. »

(Décr. no 73-313 du 14 mars 1973 ; Décr. no 2012-1462 du 26 déc. 2012, art. 36, en vigueur le 1er janv. 2013) « Cette mention, qui énonce, notamment, les nom, qualité et domicile du signataire, doit figurer au pied du document conservé dans les registres du service de la publicité foncière, à la suite du certificat de *(Décr. no 98-553 du 3 juill. 1998)* « conformité » ; elle peut, toutefois, être placée à la fin de l'acte ou de la décision judiciaire reproduit. » Une seule mention doit être portée lorsque plusieurs actes contenant chacun la désignation des mêmes parties sont publiés simultanément les uns à la suite des autres et font l'objet d'un certificat de *(Décr. no 98-553 du 3 juill. 1998)* « conformité » unique.

Lorsque la mention ne reproduit pas les éléments de l'identification complète des parties, elle doit préciser les passages du document (page, alinéa, éventuellement, lignes) auxquels elle se réfère pour la désignation qui est à retenir par le *(Décr. no 2012-1462 du 26 déc. 2012, art. 36, en vigueur le 1er janv. 2013)* « service de la publicité foncière » pour l'annotation du fichier immobilier et l'application des articles 32 à 37. Cette précision est, toutefois, inutile lorsque la désignation complète de toutes les parties figure en tête du document à publier.

A défaut de cette mention, le dépôt est refusé dans les conditions fixées à l'article 74-1 du présent décret. La formalité peut être rejetée, après acceptation du dépôt, lorsque le *(Décr. no 2012-1462 du 26 déc. 2012, art. 36, en vigueur le 1er janv. 2013)* « service de la publicité foncière » constate que les références de la mention sont inexactes, incomplètes ou imprécises.

2. *(Décr. no 73-313 du 14 mars 1973)* « Sont habilités à certifier l'identité des parties, en dehors des notaires, commissaires de justice, avocats, syndics chargés d'un règlement judiciaire ou d'une liquidation de biens :

« — Les ministres, les préfets, les maires et, d'une manière générale, tous les autres représentants de la puissance publique aptes à dresser des actes d'autorité ou en la forme administrative, pour les actes dressés par eux ou avec leur concours, pour les inscriptions qu'ils requièrent et tous actes s'y rapportant » ;

— Les magistrats du ministère public, l'*(Décr. no 2012-985 du 23 août 2012, art. 5)* « agent judiciaire de l'État », les agents des régies financières et des douanes ayant au moins le grade d'inspecteur adjoint, les comptables du Trésor et tous comptables publics, les agents de la caisse nationale de crédit agricole ayant au moins le grade de chef de bureau, les directeurs des services départementaux de la reconstruction et du logement, les greffiers *(Décr. n° 2019-1419 du 20 déc. 2019, art. 13)* « du tribunal judiciaire », pour les inscriptions qu'ils requièrent et tous actes s'y rapportant.

3. Ont également la faculté de signer eux-mêmes les mentions de certification de l'identité des parties sur les bordereaux, extraits, expéditions ou copies déposés en vue de l'exécution d'une formalité intéressant leurs opérations propres, les représentants des organismes suivants :

— organismes assurant, en tout ou partie, la gestion d'un régime légalement obligatoire d'assurance contre la maladie, la maternité, la vieillesse, l'invalidité, le décès, les accidents du travail et les maladies professionnelles, ou de prestations familiales, ainsi que les unions desdits organismes ;

(Décr. n° 2012-1462 du 26 déc. 2012, art. 6, en vigueur le 1er janv. 2013) « — la société anonyme Natexis ou toute société qu'elle contrôle au sens de l'article L. 233-3 du code de commerce ; »

— Crédit foncier de France ;

— Sous-Comptoir des entrepreneurs ;

— Caisses de crédit agricole mutuel.

Pour bénéficier de cette faculté, les organismes intéressés notifient aux *(Décr. n° 2012-1462 du 26 déc. 2012, art. 36, en vigueur le 1er janv. 2013)* « services de la publicité foncière » les noms de leurs représentants habilités à signer les mentions de certification dans le ressort de *(Décr. n° 2012-1462 du 26 déc. 2012, art. 36, en vigueur le 1er janv. 2013)* « chaque service » et déposent un spécimen de leur signature.

(Décr. n° 59-90 du 7 janv. 1959) « A défaut de cette notification, les *(Décr. n° 2012-1462 du 26 déc. 2012, art. 36, en vigueur le 1er janv. 2013)* « services de la publicité foncière » sont fondés à exiger la certification dans les conditions prévues au deuxième alinéa de l'article 5 du décret du 4 janvier 1955. »

4. La mention de certification d'identité indique obligatoirement le domicile du signataire, auquel le rejet doit être éventuellement notifié.

Les dispositions issues du Décr. n° 2019-1419 du 20 déc. 2019 s'appliquent aux demandes introduites à compter du 1er janv. 2020 (Décr. préc., art. 24-II).

§ 2. *Demandes de renseignements et de copie de documents (Décr. n° 2012-1462 du 26 déc. 2012, art. 7, en vigueur le 1er janv. 2013).*

Art. 38-1 *(Décr. n° 2012-1462 du 26 déc. 2012, art. 8, en vigueur le 1er janv. 2013)* 1° Pour l'application des articles 2449 du code civil et 9 et 9-1 du décret du 4 janvier 1955 susvisé, le requérant formule une demande de copie de document ou une demande de renseignements ;

2° Les services de la publicité foncière sont tenus de délivrer copie ou renseignements concernant :

a) Des documents publiés en vertu des articles 28, 35 à 37 et 39 du décret du 4 janvier 1955 susvisé autres que les saisies non émargées de la mention de publication de l'adjudication ou de la mention du jugement constatant la conformité de la vente amiable ;

b) Des saisies en cours ;

c) Des inscriptions subsistantes ;

(Décr. n° 2018-264 du 9 avr. 2018, art. 2) « *d)* Les mesures de gel des avoirs immobiliers en cours. »

ou de certifier qu'il n'existe aucun renseignement entrant dans le cadre de la demande de renseignements.

Art. 39 *(Décr. n° 2012-1462 du 26 déc. 2012, art. 9, en vigueur le 1er janv. 2013)* 1° La demande de copie de documents et la demande de renseignements sont établies en double exemplaire par procédé bureautique sur un formulaire fourni par l'administration ou reproduit selon des normes fixées par instruction publiée au *Bulletin officiel* des finances publiques — Impôts, le second exemplaire étant obtenu par duplication.

Les demandes sont datées et signées par ceux qui les formulent ;

2° Sous réserve de l'application du 1 de l'article 40, les demandes de renseignements comportent :

a) Tous les éléments d'identification prévus à l'article 9 du décret précité des personnes physiques ou morales du chef desquelles les renseignements sont demandés ;

b) La désignation individuelle des immeubles auxquels elles se rapportent, à savoir l'indication de la commune de situation, de la section et du numéro de plan cadastral et en outre pour les fractions d'immeubles l'indication du numéro du lot.

Les noms de famille ou dénominations qui y sont indiqués doivent figurer en lettres majuscules d'imprimerie. Les prénoms sont portés en lettres minuscules ;

3° Les demandes de copie de documents comportent :

a) La nature du document ;

b) La date de publication du document au fichier immobilier ;

c) La date, le volume et le numéro d'ordre correspondant au classement du document dans le volume ;

4° Le dépôt de la demande est refusé en cas de non-respect des dispositions du présent article.

Art. 40 *(Décr. n° 2000-489 du 29 mai 2000)* « 1. Les demandes de renseignements peuvent être formulées à l'occasion de la publication d'une formalité (demande sur formalité) ou en dehors de toute formalité (demande hors formalité). »

(Décr. n° 67-1252 du 22 déc. 1967 ; Décr. n° 2000-489 du 29 mai 2000 ; Décr. n° 2012-1462 du 26 déc. 2012, art. 10 et 36, en vigueur le 1er janv. 2013) « 2. Les demandes peuvent être formulées :

« 1° Du chef d'une ou de plusieurs personnes individuellement désignées, sur tous immeubles dans le ressort du service de la publicité foncière ;

« 2° Sur un ou plusieurs immeubles déterminés, sans indication de personnes. »

(Décr. n° 98-553 du 3 juill. 1998 ; Décr. n° 2012-1462 du 26 déc. 2012, art. 36, en vigueur le 1er janv. 2013) « 3° Du chef d'une ou de plusieurs personnes individuellement désignées, sur un ou plusieurs immeubles déterminés dans le ressort du service de la publicité foncière. »

(Décr. n° 2012-1462 du 26 déc. 2012, art. 10, en vigueur le 1er janv. 2013) « 3. Les demandes de renseignements peuvent être limitées aux formalités accomplies pendant une période déterminée. Cette limitation s'impose au service de la publicité foncière pour l'établissement des copies, extraits ou certificats. »

Art. 41 *(Décr. n° 98-553 du 3 juill. 1998 ; Décr. n° 2012-1462 du 26 déc. 2012, art. 36, en vigueur le 1er janv. 2013)* 1. Dans la limite prévue au premier alinéa de l'article *(Décr. n° 2021-1888 du 29 déc. 2021, art. 5-XVI-8°, en vigueur le 1er janv. 2022)* « 2443 *[ancienne rédaction : 2196]* » du code civil, des cinquante années précédant celle de la demande et sous réserve des limitations autorisées au 2 *[3]* de l'article 40 :

a) Les demandes formulées du chef d'une personne désignée, sans indication d'immeubles, donnent lieu à la délivrance de toutes les formalités intervenues du chef de ladite personne sur tous les immeubles dans le ressort du service de la publicité foncière ;

b) Les demandes formulées sur un ou plusieurs immeubles déterminés sans indication de personnes donnent lieu à la délivrance de toutes les formalités se rapportant à ces immeubles, quelles que soient la ou les personnes du chef desquelles ces formalités sont intervenues ;

c) Les demandes formulées sur un ou plusieurs immeubles déterminés, du chef d'une personne désignée, donnent lieu à la délivrance des formalités concernant ces immeubles, intervenues du chef de la personne désignée.

2. Lorsqu'une formalité est en instance de rejet par application des articles 34, 36 et 37, ou des textes se référant à ces dispositions, le service de la publicité foncière la délivre avec la mention "formalité en attente". Sur nouvelle demande spéciale, le service de la publicité foncière délivre un certificat attestant soit que la formalité est toujours en attente, soit qu'elle est définitivement rejetée, soit qu'elle a été régularisée.

3. Par dérogation aux dispositions du *a* et du *c* du 1, ne sont pas délivrées les formalités intervenues du chef d'une personne désignée pour laquelle le fichier immobilier n'a pas été annoté par application du 4 de l'article 5, du 5 de l'article 36, du 1 de l'article 53-1 et du 2 de l'article 82.

Art. 42 *Abrogé par Décr. n° 2012-1462 du 26 déc. 2012, art. 38, à compter du 1er janv. 2013.*

Art. 42-1 *(Décr. n° 2012-1462 du 26 déc. 2012, art. 11, en vigueur le 1er janv. 2013)* En réponse à une demande de renseignements hypothécaires, le service de la publicité foncière fournit, suivant le cas, le certificat prévu au dernier alinéa de l'article 38-1 ou les informations extraites du fichier immobilier présentées sous la forme d'un état comportant :

1° En ce qui concerne les inscriptions *(Abrogé par Décr. n° 2021-1888 du 29 déc. 2021, art. 5-XVI-9°, à compter du 1er janv. 2022)* « *de privilèges ou* » d'hypothèques :

a) La date, le volume et le numéro d'ordre correspondant au classement de la formalité dans le volume ainsi que la date extrême d'effet de l'inscription ;

b) La nature de l'inscription ;

c) Le nom de famille ou la dénomination du créancier et du débiteur ;

d) Le domicile élu ;

e) La désignation du titre de créance pour les inscriptions visées au deuxième alinéa de l'article 2428 du code civil ;

f) Le cas échéant, le taux d'intérêt ;

g) La date extrême d'exigibilité ;

h) La somme totale conservée (principal de la créance et total des accessoires évalués) ;

i) La somme maximale pour laquelle l'hypothèque pourra être affectée à la garantie d'autres créances lorsque l'hypothèque est rechargeable ;

j) La désignation individuelle, conformément à l'article 39, des immeubles grevés, au besoin par simple référence à la demande de renseignements ;

k) Éventuellement l'existence d'une clause de réévaluation, la date et l'analyse succincte des mentions marginales ;

2° Pour les autres formalités publiées :

a) La date, le volume et le numéro d'ordre correspondant au classement de la formalité dans le volume ;

b) La nature de l'opération juridique telle qu'elle est indiquée dans ce document et sa date ;

c) Le nom de l'officier public ou ministériel rédacteur ou l'indication de l'autorité judiciaire ou administrative ;

d) Le nom de famille ou la dénomination des parties ;

e) La désignation individuelle, conformément à l'article 39, des immeubles, au besoin par simple référence à la demande de renseignements ;

f) Le prix ou l'évaluation des immeubles s'il y a lieu ;

g) L'indication de la date et l'analyse succincte des mentions portées en marge des saisies en cours.

Art. 43 *(Décr. n° 2012-1462 du 26 déc. 2012, art. 12, en vigueur le 1er janv. 2013)* Dans les services de la publicité foncière non dotés d'un fichier immobilier informatisé, la demande de renseignements prévue à l'article 38-1 peut être requise sous forme de copies de fiches personnelles de propriétaire ou d'immeuble.

Les copies de fiches demandées sont délivrées conformément aux dispositions de l'article 2449 du code civil.

Art. 44 *(Décr. n° 73-313 du 14 mars 1973)* Pour l'application des dispositions des articles 38-1 à 43 :

— Les inscriptions *(Abrogé par Décr. n° 2021-1888 du 29 déc. 2021, art. 5-XVI-10°, à compter du 1er janv. 2022)* « *de privilège ou* » d'hypothèque sont réputées intervenues du chef des personnes qui, d'après les énonciations du fichier immobilier, y compris éventuellement les éléments extraits des bordereaux eux-mêmes, étaient propriétaires de l'immeuble grevé à la date à laquelle ces inscriptions ont été opérées ou renouvelées ; elles sont délivrées du chef de ces propriétaires avec les inscriptions successives prises en renouvellement et les mentions dont elles sont émargées ;

— Les inscriptions originaires de toute sûreté opérées à l'encontre d'un précédent propriétaire sont, en outre, délivrées de son chef ; les inscriptions provisoires et les inscriptions définitives de l'hypothèque légale des époux ou d'hypothèque judiciaire sont respectivement assimilées, en tant que de besoin, à des inscriptions originaires et à des inscriptions en renouvellement ;

(Décr. n° 2012-1462 du 26 déc. 2012, art. 13, en vigueur le 1er janv. 2013) « — Sont en cours au sens de l'article 38-1 les saisies qui ne sont ni périmées, ni radiées, ni annulées, ni caduques, ni émargées de la mention de publication de l'adjudication ou de la mention du jugement constatant la conformité de la vente amiable. »

(Décr. n° 79-405 du 21 mai 1979) « Lorsque des inscriptions *(Abrogé par Décr. n° 2021-1888 du 29 déc. 2021, art. 5-XVI-10°, à compter du 1er janv. 2022)* « *de privilège ou* » d'hypothèque et des saisies grèvent des lots ayant fait l'objet de modifications visées à l'article 6-1 de la loi n° 65-557 du 10 juillet 1965, il est tenu compte, pour leur délivrance, de la consistance de ces lots au dernier jour de la période de certification. »

Art. 44-1 *(Décr. n° 2012-1462 du 26 déc. 2012, art. 14, en vigueur le 1er janv. 2013)* En attendant que soient versés aux centres départementaux d'archives en application de l'article 10 du décret du 4 janvier 1955 susvisé les documents remontant à plus de cinquante ans, le service de la publicité foncière délivre à titre de simples renseignements n'engageant pas la responsabilité de l'État la copie ou les informations extraites de ces documents s'il en est spécialement requis.

Les renseignements et copies portant sur la documentation antérieure au 1er janvier 1956 sont délivrés dans les conditions fixées par un arrêté conjoint des ministres chargés du budget et de la culture.

CHAPITRE II. *DISPOSITIONS TRANSITOIRES APPLICABLES AUX IMMEUBLES SITUÉS DANS LES COMMUNES À ANCIEN CADASTRE, DANS LES COMMUNES NON ENCORE CADASTRÉES DES DÉPARTEMENTS D'OUTRE-MER ET SUR LE TERRITOIRE DE LA VILLE DE PARIS (Décr. nº 59-90 du 7 janv. 1959).*

SECTION 1. *Composition et tenue du fichier*

Art. 45 1. Les dispositions des articles 2 à 15 du présent décret sont applicables dans les communes à ancien cadastre, sous les réserves suivantes :

1° *(Décr. nº 59-90 du 7 janv. 1959)* « Sont considérés comme immeubles urbains et donnent lieu à la création des fiches d'immeuble visées à l'article 10 les immeubles bâtis qui sont situés sur les voies régulièrement numérotées des parties agglomérées des communes de plus de 10 000 habitants énumérées au tableau 3 annexé au décret du 30 octobre 1954, et qui sont identifiés, dans les bordereaux, extraits, expéditions ou copies déposés, par l'indication de la rue et du numéro, conformément aux prescriptions du premier alinéa de l'article 7 du décret du 4 janvier 1955. Les voies régulièrement numérotées sont celles qui figurent sur les listes établies en exécution de l'article 89 ci-après. »

2° La section, le numéro du plan cadastral et le lieudit ne sont pas indiqués au tableau I des fiches personnelles de propriétaire ; sur ces mêmes fiches, le tableau II n'est pas annoté ;

3° Il n'est pas créé de fiches parcellaires ;

4° Les dispositions des articles 14 et 15 ne seront mises en vigueur, pour les immeubles ruraux, qu'au fur et à mesure de la rénovation du cadastre et, seulement, en ce qui concerne l'article 15, pour les droits, charges, restrictions *(Décr. nº 2021-1888 du 29 déc. 2021, art. 5-XVI-11°, en vigueur le 1er janv. 2022)* « ou hypothèques *[ancienne rédaction :, hypothèques ou privilèges]* » ayant fait l'objet d'une publication depuis la mise en service du cadastre rénové.

2. Dans les communes non encore cadastrées des départements d'outre-mer, le fichier immobilier est composé exclusivement des fiches personnelles qui remplacent, à compter du 1er janvier 1956, le registre dont la tenue est prescrite par l'article 18 de la loi du 21 ventôse an VII.

Ces fiches sont créées, établies, annotées et classées conformément aux prescriptions des articles 4 à 6 et 13 ; toutefois, seul le tableau III est annoté.

(Décr. nº 79-643 du 24 juill. 1979) « Les autres dispositions de la section 1 du chapitre I, et notamment, dans les conditions fixées au 4° du 1 ci-dessus, celles des articles 14 et 15, seront mises en vigueur au fur et à mesure de l'établissement du cadastre.

« Toutefois, seront considérés comme immeubles urbains, dès la date de mise en service du cadastre, tous les immeubles situés dans les communes de plus de 10 000 habitants. Pour l'application de cette disposition, la population prise en considération est celle qui résulte du dernier dénombrement antérieur à la date de la mise en service susvisée ; il est ou non tenu compte des recensements ultérieurs comme il est dit aux alinéas 2 et 3 du 1 de l'article 2. »

(Décr. nº 59-90 du 7 janv. 1959) « 3. Tous les immeubles situés sur le territoire de la ville de Paris sont considérés comme urbains ; ils doivent être identifiés, dans les bordereaux, extraits, expéditions ou copies déposés, par l'indication de la rue et du numéro.

« Les dispositions des articles 3 à 7, 10 à 14 du présent décret sont applicables. »

(Décr. nº 79-405 du 21 mai 1979) « 4. Les dispositions de l'article 16-1 sont applicables aux immeubles urbains visés au présent article.

« Elles sont également applicables aux immeubles ruraux visés au présent article, sous réserve de l'annotation, en pareil cas, des fiches personnelles de propriétaire. Toutefois, l'extension résultant de l'acquisition de parties communes entraînant changement de l'emprise de la copropriété n'est publiée que par le dépôt, selon le cas, de deux expéditions de l'acte visé au second alinéa de l'article 16-1 et contenant la désignation des titulaires de droit, ou de deux bordereaux complémentaires ; l'extinction ne l'est que par voie de radiation partielle spécialement requise. »

SECTION 2. *Concordance du fichier immobilier et du cadastre*

Art. 46 1. *(Décr. n° 59-90 du 7 janv. 1959)* « Les dispositions de l'article 2 du décret du 4 janvier 1955 et des articles 19 à 31 du présent décret ne seront applicables :

« — dans les communes à ancien cadastre, qu'à compter de la mise en service du cadastre rénové ;

« — à Paris et dans les communes non encore cadastrées des départements d'outre-mer, qu'à compter de la mise en service du cadastre.

« Jusqu'aux dates ci-dessus visées, ces communes sont régies par les dispositions des articles 18 et 47 à 50 du présent décret. »

2. *Abrogé par Décr. n° 79-643 du 24 juill. 1979.*

Art. 47 *(Décr. n° 70-548 du 22 juin 1970 ; Décr. n° 2012-1462 du 26 déc. 2012, art. 15 et 36, en vigueur le 1er janv. 2013)* L'extrait d'acte modèle n° 2 remis au service de la publicité foncière, sous peine de refus du dépôt, par application de l'article 860 du code général des impôts est rédigé intégralement par les notaires, commissaires de justice, greffiers *(Décr. n° 98-553 du 3 juill. 1998 ; Décr. n° 2012-634 du 3 mai 2012, art. 21-2°)* « , avocats » et autorités administratives. — *V. art. 18.*

Art. 48 Les extraits (modèle n° 2) sont complétés par la date, le volume et le numéro de la formalité *(Décr. n° 2012-1462 du 26 déc. 2012, art. 36, en vigueur le 1er janv. 2013)* « au service de la publicité foncière », après vérification de leur conformité avec les documents déposés. En cas de discordance, les différences sont signalées au rédacteur de l'extrait pour régularisation.

(Décr. n° 2012-1462 du 26 déc. 2012, art. 36, en vigueur le 1er janv. 2013) « Les extraits conformes aux documents déposés ou régularisés sont transmis au service chargé du cadastre selon les modalités fixées par arrêté du directeur général des finances publiques. »

Lorsqu'il relève une discordance concernant un immeuble urbain au sens du 1° du 1 de l'article 45 entre les énonciations des extraits d'acte (modèle n° 2) et les documents cadastraux, le service du cadastre provoque, le cas échéant, le dépôt d'un document rectificatif.

Art. 49 *(Décr. n° 59-90 du 7 janv. 1959)* Les notifications prescrites par l'article 36-1° du décret du 4 janvier 1955 sont faites dans la forme prévue à l'article 28 ci-dessus, en ce qui concerne les changements intervenus dans la désignation des rues et des numéros d'immeubles affectant des immeubles urbains au sens des 1, 1°, et 3 de l'article 45 du présent décret.

Art. 50 La première formalité visée à l'article 30 s'entend de la première formalité inscrite au fichier immobilier depuis la mise en service du cadastre rénové, pour les communes dont le cadastre sera rénové postérieurement au 31 décembre 1955.

SECTION 3. *Effet relatif de la publicité*

Art. 51 *(Décr. n° 98-553 du 3 juill. 1998 ; Décr. n° 2012-1462 du 26 déc. 2012, art. 36, en vigueur le 1er janv. 2013)* 1. Par dérogation aux dispositions de l'article 34, pour les formalités intéressant les immeubles situés dans une commune non encore cadastrée ou s'il s'agit de la première formalité depuis l'établissement du cadastre ou sa rénovation, le service de la publicité foncière lorsqu'il a accepté le dépôt et inscrit la formalité au registre prévu à l'article 2453 du code civil :

a) Vérifie que la personne indiquée comme disposant ou dernier titulaire dans le document déposé ainsi que la formalité antérieure sont répertoriées au fichier immobilier ;

b) Vérifie l'exactitude des références de la formalité antérieure portées sur le document déposé ;

c) Contrôle la concordance du document déposé et des documents publiés depuis le 1er janvier 1956 (tels qu'ils sont répertoriés au fichier immobilier) en ce qui concerne la désignation des parties.

2. Dans les cas visés aux articles 36 et 37, le service de la publicité foncière, après avoir inscrit la formalité au registre des dépôts, recherche si la personne indiquée, dans le document déposé, comme titulaire du droit est inscrite au fichier immobilier et s'assure de la concordance entre les énonciations du document déposé et celles des documents antérieurement publiés concernant la désignation des parties.

Il n'est pas dérogé, pour le surplus, aux dispositions des 2 à 4 de l'article 36 et de l'article 37.

3. Après la rénovation ou l'établissement du cadastre, la désignation individuelle des immeubles est vérifiée, conformément à l'article 34, mais seulement entre les formalités accomplies depuis la rénovation ou l'établissement du cadastre.

Art. 52 *Abrogé par Décr. n° 98-553 du 3 juill. 1998.*

SECTION 4. *Certificats d'identité. — Demandes de renseignements et de copie de documents (Décr. n° 2012-1462 du 26 déc. 2012, art. 16, en vigueur le 1er janv. 2013).*

Art. 53 *(Décr. n° 67-1252 du 22 déc. 1967)* « Les dispositions des articles 38 à 44-1 sont applicables quelle que soit la situation des immeubles faisant l'objet de la formalité de publicité ou de la réquisition de copie, extrait ou certificat.

« Toutefois, les réquisitions sur un ou plusieurs immeubles déterminés ne peuvent être formulées que du chef d'une ou de plusieurs personnes individuellement désignées. La faculté, prévue au 1 *[2]* (2°) de l'article 40, de formuler une réquisition sans indication de personnes ne sera accordée pour les immeubles situés » :

(Décr. n° 59-90 du 7 janv. 1959 ; Décr. n° 67-1252 du 22 déc. 1967 ; Décr. n° 2012-1462 du 26 déc. 2012, art. 17 et 36, en vigueur le 1er janv. 2013) « — dans les communes à ancien cadastre, qu'après la rénovation du cadastre et seulement pour les formalités publiées postérieurement à la mise en service du cadastre rénové ;

« — dans les communes non encore cadastrées des départements d'outre-mer et à Paris, qu'après l'établissement du cadastre et seulement pour les formalités publiées postérieurement à la mise en service de ce dernier.

« Dans le cas prévu *(Décr. n° 98-553 du 3 juill. 1998)* « au *c* du 1 » de l'article 41, le service de la publicité foncière est fondé à délivrer toutes les formalités, intervenues du chef de la personne désignée, concernant tout ou partie de l'immeuble identifié par l'indication de la section et du numéro du plan cadastral et, le cas échéant, de la rue et du numéro portés dans la réquisition. Toutefois, si la réquisition ne porte que sur une fraction de cet immeuble différenciée par un numéro de lot attribué, soit en application de l'article 7, troisième alinéa, du décret du 4 janvier 1955, soit lors d'une opération de lotissement ou division, et figurant dans les documents publiés, seules sont délivrées les formalités concernant cette fraction.

« Dans l'état prévu à l'article 42-1*[,]* la désignation des immeubles est complétée par l'indication de la contenance. »

CHAPITRE III. *DISPOSITIONS APPLICABLES DANS LES SERVICES DE LA PUBLICITÉ FONCIÈRE DOTÉS D'UN FICHIER IMMOBILIER INFORMATISÉ (Décr. n° 2012-1462 du 26 déc. 2012, art. 36, en vigueur le 1er janv. 2013).*

SECTION 1. *Composition et tenue du fichier*

Art. 53-1 1. Pour l'application de l'article 1er du décret n° 55-22 du 4 janvier 1955 modifié, le fichier immobilier informatisé répertorie au fur et à mesure des dépôts, sous le nom de chaque propriétaire ou titulaire de droits et par immeuble, des extraits des documents publiés, avec référence à leur classement dans les archives.

Le fichier est annoté d'un droit sur un immeuble lorsque ce droit est actuel ou soumis à la réalisation d'une condition suspensive expressément stipulée dans un titre publié.

En cas d'indivision, le fichier immobilier est annoté au nom de chacun des copropriétaires indivis.

Lorsqu'une formalité est requise du chef du bénéficiaire d'un droit éventuel, aux termes d'un document faisant expressément état dudit droit, l'annotation au fichier immobilier de la formalité est faite exclusivement au nom du titulaire du droit actuel ou conditionnel, par application de l'alinéa précédent.

Lorsqu'un droit d'usufruit, d'emphytéose, d'usage, d'habitation, de superficie est constitué sur un immeuble ou si un immeuble fait l'objet d'un bail de plus de douze ans, le fichier immobilier est annoté, d'une part, au nom du nu-propriétaire ou du propriétaire, d'autre part, au nom de l'usufruitier, de l'emphytéote, de l'usager, du titulaire du droit d'habitation ou de superficie ou du preneur.

En cas d'usufruits successifs, le fichier est annoté uniquement au nom du premier usufruitier.

Il n'est pas effectué d'annotation au nom des propriétaires d'une fraction d'immeuble lorsque leur identité n'est pas certifiée et que le document à publier est établi à la requête du représentant de la collectivité des copropriétaires.

Un arrêté du ministre chargé du budget fixe la liste *(Décr. n° 2012-1462 du 26 déc. 2012, art. 36, en vigueur le 1er janv. 2013)* « des services de la publicité foncière » dont le fichier immobilier est informatisé. — *V. Arr. du 6 juill. 2000 (JO 21 juill.).*

2. Le *(Décr. n° 2012-1462 du 26 déc. 2012, art. 36, en vigueur le 1er janv. 2013)* « service de la publicité foncière » mentionne au fichier immobilier les formalités répertoriées, avec, pour chacune d'elles, l'indication :

— de sa date et du numéro de classement dans les archives ;

— de la date des actes, décisions judiciaires ou documents, de la nature des conventions, clauses ou inscriptions publiées ;

— de l'officier public ou ministériel ou de l'autorité judiciaire ou administrative ;

— du montant en principal du prix, de l'évaluation ou de la soulte ;

— du montant de la créance et de l'ensemble des accessoires garantis, et, le cas échéant, du taux d'intérêt et de l'existence d'une clause de réévaluation ;

— de la date extrême d'exigibilité de la créance ;

— du domicile élu par le créancier ;

— de la date extrême d'effet de l'inscription.

(Décr. n° 2012-1462 du 26 déc. 2012, art. 36, en vigueur le 1er janv. 2013) « 3. Les erreurs détectées au fichier immobilier imputables aux agents des services de la publicité foncière sont rectifiées dès leur découverte. La décision de rectification ainsi que sa date sont portées au fichier immobilier par l'agent du service de la publicité foncière dûment habilité à procéder à la régularisation des annotations erronées. »

Art. 53-2 1. Les extinctions ou extensions de droits prévues à l'article 6-1 de la loi n° 65-557 du 10 juillet 1965 modifiée sont publiées dans les conditions visées à l'article 16-1.

2. Dans les communes dépourvues de cadastre, l'extension résultant de l'acquisition de parties communes entraînant changement de l'emprise de la copropriété n'est publiée que par le dépôt, selon le cas, de deux expéditions de l'acte visé au second alinéa de l'article 16-1 et contenant la désignation des titulaires de droits, ou de deux bordereaux complémentaires ; l'extinction ne l'est que par voie de radiation partielle spécialement requise.

SECTION 2. *Concordance du fichier immobilier et du cadastre*

Art. 53-3 La concordance du fichier immobilier et du cadastre prévue à l'article 2 du décret n° 55-22 du 4 janvier 1955 modifié est assurée dans les conditions fixées aux articles 19 à 29, aux 1, 2 et 4 de l'article 30, à l'article 31 et aux articles 46 à 50 du présent décret.

SECTION 3. *Effet relatif de la publicité*

Art. 53-4 Les règles fixées par les articles 32 à 37 et par l'article 51 régissent les formalités déposées dans *(Décr. n° 2012-1462 du 26 déc. 2012, art. 36, en vigueur le 1er janv. 2013)* « les services de la publicité foncière » dotés d'un fichier immobilier informatisé.

SECTION 4. *Certificats d'identité — Demandes de renseignements et de copie de documents (Décr. n° 2012-1462 du 26 déc. 2012, art. 18, en vigueur le 1er janv. 2013).*

§ 1. *Certificats d'identité*

Art. 53-5 Les dispositions de l'article 38 sont applicables aux formalités déposées dans les bureaux des hypothèques dotés d'un fichier immobilier informatisé.

§ 2. *Demandes de renseignements et de copie de documents (Décr. n° 2012-1462 du 26 déc. 2012, art. 18, en vigueur le 1er janv. 2013).*

Art. 53-6 Les dispositions *(Décr. n° 2012-1462 du 26 déc. 2012, art. 19, en vigueur le 1er janv. 2013)* « des articles 38-1, 39, 40, 41, 42-1, 44, 44-1 et 53 » sont applicables aux demandes de renseignements déposées dans *(Décr. n° 2012-1462 du 26 déc. 2012, art. 36, en vigueur le 1er janv. 2013)* « les services de la publicité foncière » dotés d'un fichier immobilier informatisé sous *les réserves suivantes :*

1° Abrogé par Décr. n° 2012-1462 du 26 déc. 2012, art. 19, à compter du 1er janv. 2013 ;

2° Les demandes de renseignements autres que les demandes de copies de documents sont traitées selon les modalités prévues à l'article *(Décr. n° 2012-1462 du 26 déc. 2012, art. 19, en vigueur le 1er janv. 2013)* « 42-1 ».

(Décr. n° 2000-489 du 29 mai 2000) « 3° Par dérogation aux dispositions du c du 1 de l'article 41, les demandes de renseignements formulées sur un ou plusieurs immeubles détermi-

nés du chef d'une personne désignée donnent lieu, pour la période postérieure à l'informatisation du fichier immobilier, à la délivrance de toutes les formalités se rapportant à ces immeubles, quelles que soient la ou les personnes du chef desquelles ces formalités sont intervenues. »

Les renseignements relatifs à la période antérieure à l'informatisation sont fournis sous la forme d'un extrait du fichier immobilier présentant, à la date de mise en service du fichier informatisé, la situation juridique des immeubles telle qu'elle résultait des documents publiés.

Art. 53-7 *(Décr. nº 2012-1462 du 26 déc. 2012, art. 20, en vigueur le 1er janv. 2013)* Les dispositions de l'article 9-1 du décret du 4 janvier 1955 susvisé s'appliquent lorsque les conditions suivantes sont réunies :

— le requérant est celui ayant présenté la demande initiale ;

— le dépôt de la demande accompagnant un document soumis à publicité est effectué dans un délai de douze mois à compter de sa demande initiale.

L'état complémentaire délivré par le service de la publicité foncière donne lieu à la délivrance des formalités se rapportant à l'immeuble interrogé qui, depuis la demande initiale, ont été publiées ou acceptées au dépôt et en instance d'enregistrement au fichier immobilier.

SECTION 5. *Dispositions diverses*

Art. 53-8 Pour l'application du titre I du décret, la délivrance du certificat prévu aux articles 2457 du code civil et 8-1 du décret nº 55-22 du 4 janvier 1955 modifié est effectuée dans le cadre des demandes de renseignements visées *(Décr. nº 2012-1462 du 26 déc. 2012, art. 21, en vigueur le 1er janv. 2013)* « à l'article 42-1 » et au 2º du premier alinéa de l'article 53-6 du présent décret.

Art. 54 Pour l'application du chapitre I du présent titre, les parties de communes à cadastre non encore rénové ayant fait l'objet d'opérations de remembrement sont assimilées aux communes à cadastre rénové dès la publication du remembrement au fichier immobilier.

Dans les cas où sa remise est prescrite par l'une des dispositions de la section 2, l'extrait cadastral, établi dans les conditions fixées à l'article 21, et complété, s'il y a lieu, ainsi qu'il est dit à l'article 22 pour valoir extrait d'acte (modèle nº 1), est fourni *(Décr. nº 2012-1462 du 26 déc. 2012, art. 36, en vigueur le 1er janv. 2013)* « au service de la publicité foncière » pour toutes les parcelles, sans distinction, des communes partiellement remembrées. Il précise les parcelles situées dans les parties non remembrées de ces communes ; pour ces parcelles, *(Décr. nº 2012-1462 du 26 déc. 2012, art. 36, en vigueur le 1er janv. 2013)* « ce service » se conforme aux prescriptions de l'article 48.

Art. 54 *bis* Pour l'application du chapitre II du présent titre, la mise en service du cadastre établi dans les communes des départements d'outre-mer et à Paris est assimilée, en tant que de besoin, à celle du cadastre rénové.

CHAPITRE IV. *MODALITÉS DE DÉLIVRANCE DE RENSEIGNEMENTS ET DE COPIES D'ACTES AUX NOTAIRES PAR LA DIRECTION GÉNÉRALE DES FINANCES PUBLIQUES* *(Décr. nº 2018-1266 du 26 déc. 2018)*

Art. 54 *ter* Pour l'application de l'article 2449 du code civil et sans préjudice des dispositions des articles 38-1 à 44-1 du présent décret, les notaires peuvent obtenir, en présentant à cet effet une demande à la direction générale des finances publiques au moyen d'une application informatique dédiée mise en place par celle-ci, la délivrance de renseignements ou de copies concernant :

1º Les documents publiés en application des articles 28, 35 à 37 et 39 du décret du 4 janvier 1955 susvisé autres que les saisies non émargées de la mention de publication de l'adjudication ou de la mention du jugement constatant la conformité de la vente amiable ;

2º Les saisies en cours ;

3º Les inscriptions subsistantes ;

4º Les mesures de gel des avoirs immobiliers en cours.

Art. 54 *quater* Les demandes de renseignements peuvent être formulées :

1º Du chef d'une ou de plusieurs personnes individuellement désignées, sur tous immeubles dans le ressort d'un service chargé de la publicité foncière ;

2º Sur un ou plusieurs immeubles déterminés, sans indication de personnes ;

3° Du chef d'une ou de plusieurs personnes individuellement désignées et sur un ou plusieurs immeubles déterminés dans le ressort d'un service chargé de la publicité foncière ;

4° En vue d'obtenir la copie d'un document numérisé publié en application des articles 28, 35 à 37 et 39 du décret du 4 janvier 1955 susvisé, à l'exclusion :

a) Des commandements valant saisie et des différents actes de procédure qui s'y rattachent ;

b) Des procès-verbaux de réorganisation foncière ou de remembrement.

Art. 54 *quinquies* Les demandes de renseignements et de copies indiquent, selon le cas :

1° Tous les éléments, prévus à l'article 9 du décret du 4 janvier 1955 susvisé et au *b* du 2° de l'article 39 du présent décret, d'identification des personnes physiques ou morales ou des immeubles et fractions d'immeubles du chef desquels les informations sont demandées ;

2° Le service chargé de la publicité foncière, l'année, le volume et le numéro d'ordre correspondant au classement du document dans le volume lorsque la demande se rapporte à un document publié.

Art. 54 *sexies* Les renseignements obtenus comportent les mêmes précisions que celles prévues aux 1° et 2° de l'article 42-1. Ils ne donnent pas lieu à certification.

Art. 54 *septies* Un arrêté du ministre chargé du budget précise les modalités de fonctionnement de l'application informatique dédiée mentionnée à l'article 54 *ter* ainsi que les conditions de son déploiement sur le territoire.

TITRE II. DE LA PUBLICITÉ DES DROITS SUR LES IMMEUBLES

CHAPITRE I. *PUBLICITÉ DES HYPOTHÈQUES (Décr. n° 67-1252 du 22 déc. 1967 ; Décr. n° 2021-1888 du 29 déc. 2021, art. 5-XVI-12°).*

SECTION 1. *Inscriptions d'hypothèque (Décr. n° 2021-1888 du 29 déc. 2021, art. 5-XVI-13°).*

Art. 54-1 *(Décr. n° 67-1252 du 22 déc. 1967)* Chaque *(Abrogé par Décr. n° 2021-1888 du 29 déc. 2021, art. 5-XVI-14°, à compter du 1er janv. 2022) « privilège ou »* hypothèque garantissant l'acquittement d'une obligation est inscrit, en application de l'article 2428 du code civil, sur le dépôt d'un bordereau établi en deux exemplaires.

Le dépôt est refusé si le bordereau porte réquisition d'inscrire plusieurs sûretés ou même une seule sûreté au profit de plusieurs créanciers ou à l'encontre de plusieurs propriétaires.

Il est, toutefois, possible de requérir une inscription à l'aide d'un bordereau collectif au profit de plusieurs créanciers ou à l'encontre de plusieurs propriétaires lorsqu'il s'agit de créanciers solidaires ou de propriétaires débiteurs solidaires, dès lors qu'une seule date extrême d'effet est donnée à l'inscription en exécution de l'article 2434 du code civil.

De même, lorsqu'il est convenu qu'une hypothèque unique garantira successivement le remboursement d'un crédit-relais, puis celui d'un prêt ou d'une ouverture de crédit destiné à permettre le désintéressement du premier créancier, la formalité peut être requise par le dépôt d'un bordereau commun aux deux créanciers ; dans ce cas, la date extrême d'effet de l'inscription unique est fixée en tenant compte de l'échéance ou de la dernière échéance prévue pour le désintéressement du second créancier.

En outre, un même bordereau peut porter réquisition d'inscrire plusieurs sûretés au profit d'un seul créancier et à l'encontre d'un seul propriétaire si ces sûretés garantissent l'acquittement d'une obligation unique, dès lors qu'une seule date extrême d'effet est donnée à l'inscription en exécution de l'article *(Décr. n° 2021-1888 du 29 déc. 2021, art. 5-XVI-14°, en vigueur le 1er janv. 2022)* « 2429 *[ancienne rédaction : 2154]* » du code civil.

Art. 55 *(Décr. n° 67-1252 du 22 déc. 1967 ; Décr. n° 70-548 du 22 juin 1970 ; Décr. n° 2012-1462 du 26 déc. 2012, art. 36, en vigueur le 1er janv. 2013)* 1. Le bordereau destiné à être conservé dans les registres du service de la publicité foncière, pour opérer l'inscription *(Abrogé par Décr. n° 2021-1888 du 29 déc. 2021, art. 5-XVI-15°, à compter du 1er janv. 2022) « d'un privilège ou »* d'une hypothèque, est seul obligatoirement rédigé sur une formule spéciale fournie par l'administration *(Décr. n° 98-553 du 3 juill. 1998)* « ou sur un formulaire reproduit selon des normes fixées par instruction publiée au *Bulletin officiel des impôts* ».

2. Les bordereaux commencent obligatoirement par la réquisition suivante, portée en lettres majuscules d'imprimerie et précisant la nature de la sûreté : "INSCRIPTION *(Décr. n° 2021-1888 du 29 déc. 2021, art. 5-XVI-15°, en vigueur le 1er janv. 2022)* « D'HYPOTHÈQUE *[ancienne rédac-*

tion : DE PRIVILÈGE (OU D'HYPOTHÈQUE)] » ... AYANT EFFET JUSQU'AU... EST REQUISE...". Ils indiquent, en outre, dans un cadre spécialement ménagé, si le principal de l'obligation garantie doit ou non être acquitté à une ou plusieurs dates déterminées postérieures à celle de la formalité.

Indépendamment de ces réquisition et indication, de la mention de certification de l'identité des parties, exigée par les articles 5 et 6 du décret du 4 janvier 1955, du certificat de *(Décr. n° 98-553 du 3 juill. 1998)* « conformité » et des précisions qui seraient imposées par des dispositions législatives ou réglementaires particulières, les bordereaux ne peuvent contenir, sous peine de rejet de la formalité, *(Décr. n° 2007-201 du 15 févr. 2007)* « que :

« 1° La désignation du créancier, du débiteur ou du propriétaire, si le débiteur n'est pas le propriétaire de l'immeuble grevé, conformément au premier alinéa de l'article 5 et aux premier à cinquième alinéas de l'article 6 du décret du 4 janvier 1955 ;

« 2° L'élection de domicile, par le créancier, dans un lieu quelconque situé en France métropolitaine, dans les départements d'outre-mer ou dans la collectivité territoriale de Saint-Pierre-et-Miquelon ;

« 3° L'indication de la date et de la nature du titre générateur de la sûreté ou de la créance ainsi que la cause de l'obligation garantie par *(Abrogé par Décr. n° 2021-1888 du 29 déc. 2021, art. 5-XVI-14°, à compter du 1er janv. 2022) « le privilège ou »* l'hypothèque et, le cas échéant, la mention expresse du caractère rechargeable de l'hypothèque et de la somme en capital pour laquelle l'hypothèque pourra être affectée à la garantie d'autres créances *(Décr. n° 2008-466 du 19 mai 2008, art. 1er)* « ainsi que celle de la clause prévoyant que le créancier hypothécaire impayé deviendra propriétaire de l'immeuble hypothéqué ». S'il s'agit d'un titre notarié, les nom et résidence du rédacteur sont précisés. Pour les inscriptions requises en application des dispositions *(Décr. n° 2021-1888 du 29 déc. 2021, art. 5-XVI-15°, en vigueur le 1er janv. 2022)* « des 1° à 3° de l'article 2393 du code civil et du 5° de l'article 2402 *[ancienne rédaction : de l'article 2383 du code civil et des 1° à 3° de l'article 2400]* » du même code, les bordereaux énoncent la cause et la nature de la créance ;

« 4° L'indication du capital de la créance, de ses accessoires et de la date prévue pour son exigibilité. En toute hypothèse, le requérant doit évaluer les rentes, prestations et droits indéterminés, éventuels ou conditionnels, sans préjudice de l'application des articles 2444 *(Abrogé par Décr. n° 2021-1888 du 29 déc. 2021, art. 5-XVI-14°, à compter du 1er janv. 2022) « et 2445 »* du code civil au profit du débiteur ; si les droits sont éventuels ou conditionnels, il doit indiquer sommairement l'événement ou la condition dont dépend l'existence de la créance. Dans le cas où la créance est assortie d'une clause de réévaluation, l'inscription doit mentionner le montant originaire de la créance ainsi que la clause de réévaluation. Lorsque le montant de la créance n'est pas libellé en euros, l'indication immédiate de sa contre-valeur en euros est déterminée selon le dernier cours de change connu à la date du titre générateur de la sûreté ou de la créance ;

« 5° La désignation, conformément aux premier et troisième alinéas de l'article 7 du décret du 4 janvier 1955, de chacun des immeubles sur lesquels l'inscription est requise ;

« 6° L'indication de la date, du volume et du numéro sous lequel a été publié le titre de propriété du débiteur ou du propriétaire si le débiteur n'est pas le propriétaire des immeubles grevés, lorsque ce titre est postérieur au 1er janvier 1956 ;

« 7° La certification que les montants figurant sur le bordereau, celui du capital de la créance garantie et, le cas échéant, celui du capital pour lequel l'hypothèque peut être affectée en garantie d'autres créances ne sont pas supérieurs à ceux figurant dans le titre générateur de la sûreté ou de la créance. »

3. Si le signataire ne s'est servi, pour la rédaction d'aucun des deux bordereaux, *(Décr. n° 98-553 du 3 juill. 1998)* « du modèle fourni par l'administration ou d'un formulaire reproduit selon des normes fixées par instruction publiée au *Bulletin officiel des impôts,* » le service de la publicité foncière doit néanmoins classer provisoirement l'un de ceux-ci à la place assignée par l'inscription au registre de dépôts. Mais, dans le mois au plus tard à compter de la date du dépôt, il invite le signataire, dans la forme prévue à l'article 34, 3, du présent décret, à substituer au document irrégulier un bordereau réglementaire, dans le délai d'un mois à compter de la notification et sous peine du rejet prévu au *(Décr. n° 98-553 du 3 juill. 1998)* « premier » alinéa de l'article 2428 du code civil.

Après régularisation, le bordereau réglementaire prend la place du document irrégulier qui est retenu par le service de la publicité foncière. La substitution est constatée par un enregistrement pour ordre au registre de dépôts.

Art. 56 *(Décr. n° 67-1252 du 22 déc. 1967 ; Décr. n° 2012-1462 du 26 déc. 2012, art. 22 et 36, en vigueur le 1er janv. 2013)* 1. Le bordereau destiné à être conservé dans les registres du service de la publicité foncière est établi comme il est dit aux paragraphes 2 à 4 de l'article 76-1.

2. En cas d'inobservation de la règle édictée au 1, le service de la publicité foncière invite le signataire du certificat d'identité, dans la forme prévue au 3 de l'article 34, à déposer un nouveau bordereau correctement établi ou à régulariser le bordereau déposé, dans le délai d'un mois à compter de la notification, sous peine de rejet.

Art. 57 *(Décr. n° 73-313 du 14 mars 1973)* « En exécution *(Décr. n° 2007-201 du 15 févr. 2007)* « du 4° du 2 de l'article 55 », les accessoires de la créance, même éventuels, dont la nature doit être sommairement indiquée, sont évalués par catégorie ou globalement et leur montant total est ajouté à celui du principal de la créance pour déterminer l'ensemble des sommes garanties. »

L'évaluation des intérêts dont la loi conserve le rang n'est pas obligatoire.

Si la créance est assortie d'une clause de réévaluation, il est satisfait au vœu de la loi par la simple mention du capital originaire de la créance et l'indication de la clause de réévaluation. *(Décr. n° 59-90 du 7 janv. 1959)* « De plus, la créance supplémentaire susceptible de résulter de la réévaluation doit figurer pour mémoire parmi les sommes pour sûreté desquelles l'inscription est requise. »

(Décr. n° 73-313 du 14 mars 1973) « A défaut de mention de leur taux, les intérêts conventionnels ne sont conservés que dans la limite du taux légal ; si leur taux est variable, seul doit être précisé, sous peine de rejet de la formalité, le quantum originaire, accompagné de l'indication « variabilité prévue à l'acte. »

Art. 57-1 *(Décr. n° 67-1252 du 22 déc. 1967 ; Décr. n° 98-553 du 3 juill. 1998)* En cas d'adjudication sur saisie immobilière, l'inscription *(Décr. n° 2021-1888 du 29 déc. 2021, art. 5-XVI-16°, en vigueur le 1er janv. 2022)* « de l'hypothèque légale spéciale visée au 1° de l'article 2402 *[ancienne rédaction : du privilège visé à l'article 2379]* » du code civil peut être requise, notamment, par le débiteur saisi ou par tout créancier.

Art. 57-2 *(Décr. n° 98-553 du 3 juill. 1998 ; Décr. n° 2012-1462 du 26 déc. 2012, art. 36, en vigueur le 1er janv. 2013)* Pour l'application des articles R. 511-6 et R. 533-4 du code des procédures civiles d'exécution, le service de la publicité foncière s'assure :

a) Du respect du délai de trois mois accordé au créancier à compter de l'ordonnance du juge de l'exécution ou du président du tribunal de commerce pour inscrire l'hypothèque judiciaire conservatoire provisoire ;

b) De la présentation des documents visés au dernier alinéa de l'article 263 du décret précité, à l'appui du titre exécutoire ou de la décision passée en force de chose jugée, lors de l'inscription définitive de l'hypothèque judiciaire conservatoire.

Le non-respect de ces conditions est sanctionné par le refus du dépôt.

Lorsque l'hypothèque judiciaire conservatoire est inscrite en vertu d'un titre visé au 6° de l'article 3 de la loi susvisée, le bordereau doit contenir, sous peine de rejet de la formalité, les références du texte qualifiant le titre d'exécutoire.

Art. 57-3 *(Décr. n° 2007-404 du 22 mars 2007 ; Décr. n° 2012-1462 du 26 déc. 2012, art. 36, en vigueur le 1er janv. 2013)* 1° L'avenant prévoyant que la dernière hypothèque conventionnelle inscrite avant le 25 mars 2006 peut être affectée à la garantie d'autres créances est inscrit au fichier immobilier conformément aux dispositions de l'article 2428 du code civil sur le dépôt d'un bordereau établi en deux exemplaires.

L'exemplaire du bordereau conservé dans les registres du service de la publicité foncière est établi dans les conditions et sous la sanction prévues à l'article 56 ; il est rédigé sur une formule spéciale fournie par l'administration ou reproduite selon des normes fixées par instruction publiée au *Bulletin officiel* des impôts.

2° Chaque bordereau commence par la réquisition suivante, portée en lettres majuscules *d'imprimerie :* "INSCRIPTION D'HYPOTHÈQUE CONVENTIONNELLE RECHARGEABLE PAR AVENANT AYANT EFFET JUSQU'AU...".

Outre le certificat de conformité, chaque bordereau contient exclusivement, sous peine de rejet de la formalité :

a) L'identification, conformément au premier alinéa de l'article 5 et au 1 de l'article 6 du décret du 4 janvier 1955, du signataire de l'avenant propriétaire de l'immeuble et constituant de l'hypothèque objet de l'avenant. L'identification est certifiée dans les conditions prévues par les deuxième à cinquième alinéas de l'article 5 et par le 2 de l'article 6 du même décret ;

b) L'indication de la date, du volume et du numéro sous lequel a été opérée l'inscription de l'hypothèque objet de l'avenant et, le cas échéant, l'inscription de ses renouvellements ;

c) L'indication de la date extrême d'effet de l'inscription de l'hypothèque objet de l'avenant, compte tenu, le cas échéant, de ses renouvellements ;

d) La somme maximale, en capital, pour laquelle l'hypothèque peut être affectée à la garantie d'autres créances et la certification que cette somme n'est pas supérieure à celle figurant dans l'avenant ;

e) En cas de changement dans la personne ou l'état civil du créancier, son identification faite conformément au premier alinéa de l'article 5 et au 1 de l'article 6 du décret du 4 janvier 1955, en énonçant sommairement les causes et titres en vertu desquels il est devenu titulaire de la créance. L'identification du créancier est certifiée dans les conditions prévues par les deuxième à cinquième alinéas de l'article 5 et par le 2 de l'article 6 du même décret ;

f) Si l'étendue de la garantie se trouve diminuée par l'inscription de l'avenant, la désignation actuelle de chacun des immeubles restant grevés, conformément aux premier et troisième alinéas de l'article 7 du décret du 4 janvier 1955 ;

(Décr. nº 2008-466 du 19 mai 2008, art. 2) « *g)* Le cas échéant, la mention de la clause prévoyant que le créancier hypothécaire impayé deviendra propriétaire de l'immeuble hypothéqué. »

3º Le dépôt est refusé :

a) Si le bordereau ne contient pas la mention de la certification de l'identité des personnes prévue aux *a* et e du 2º et la désignation des immeubles faite conformément aux dispositions du *f* du 2º ;

b) Si le bordereau ne contient pas les mentions de référence à la dernière inscription à renouveler et à l'inscription initiales prévues au *b* du 2º ;

c) Si l'inscription de l'avenant est requise après péremption ou radiation de l'inscription de l'hypothèque objet de l'avenant.

Art. 57-4 *(Décr. nº 2008-466 du 19 mai 2008, art. 3 ; Décr. nº 2012-1462 du 26 déc. 2012, art. 36, en vigueur le 1er janv. 2013)* I. — L'acte notarié par lequel le prêteur de deniers renonce à son privilège inscrit avant le 20 février 2007, en contrepartie de la constitution par le débiteur d'une hypothèque rechargeable, est inscrit au fichier immobilier conformément aux dispositions de l'article 2428 du code civil sur le dépôt d'un bordereau établi en deux exemplaires.

L'exemplaire du bordereau conservé dans les registres du service de la publicité foncière est établi dans les conditions et sous la sanction prévues à l'article 56 ; il est rédigé sur une formule spéciale fournie par l'administration ou reproduite selon des normes fixées par instruction publiée au *Bulletin officiel* des impôts.

II. — Chaque bordereau commence par la réquisition suivante, portée en lettres majuscules d'imprimerie : "INSCRIPTION D'HYPOTHÈQUE CONVENTIONNELLE RECHARGEABLE, CONSTITUÉE PAR RÉNONCIATION À PRIVILÈGE DE PRÊTEUR DE DENIERS EN VERTU D'UN ACTE AUTHENTIQUE EN DATE DU... AYANT EFFET JUSQU'AU...".

Outre le certificat de conformité, chaque bordereau contient exclusivement, sous peine de rejet de la formalité :

a) L'identification, conformément au premier alinéa de l'article 5 et au 1 de l'article 6 du décret du 4 janvier 1955, du propriétaire de l'immeuble débiteur de la créance garantie par le privilège et signataire de l'acte constitutif de l'hypothèque par renonciation au privilège de prêteur de deniers. Cette identification est certifiée dans les conditions prévues par les deuxième à cinquième alinéas de l'article 5 et par le 2 de l'article 6 du même décret ;

b) L'indication de la date, du volume et du numéro sous lequel a été opérée l'inscription du privilège concerné par l'acte et, le cas échéant, l'inscription de ses renouvellements ;

c) L'indication de la date extrême d'effet de l'inscription du privilège, compte tenu, le cas échéant, de ses renouvellements ;

d) La somme maximale en capital pour laquelle l'hypothèque peut être affectée à la garantie d'autres créances et la certification que cette somme n'est pas supérieure au capital de la créance privilégiée et à celle figurant dans l'acte ;

e) Si l'étendue de la garantie se trouve diminuée par l'inscription de l'acte, la désignation actuelle de chacun des immeubles restant grevés, conformément aux premier et troisième alinéas de l'article 7 du même décret ;

f) En cas de changement dans la personne ou dans l'état civil du créancier, son identification faite conformément au premier alinéa de l'article 5 et au 1 de l'article 6 du même décret, en énonçant sommairement les causes et titres en vertu desquels il est devenu titulaire de la créance. L'identification du créancier est certifiée dans les conditions prévues par les deuxième à cinquième alinéas de l'article 5 et par le 2 de l'article 6 du même décret ;

g) Le cas échéant, la mention de la clause prévoyant que le créancier hypothécaire impayé deviendra propriétaire de l'immeuble hypothéqué.

III. — Le dépôt est refusé :

a) Si le bordereau ne contient pas la mention de la certification de l'identité des personnes prévue aux *a* et *f* du II ou la désignation des immeubles faite conformément aux dispositions prévues au e du II ;

b) Si le bordereau ne contient pas les mentions prévues au *b* du II ;

c) Si l'inscription de l'hypothèque rechargeable par renonciation au privilège de prêteur de deniers est requise après péremption ou radiation de l'inscription de ce privilège.

SECTION 2. *Mentions en marge (Décr. nº 67-1252 du 22 déc. 1967).*

Art. 58 Les mentions en marge des inscriptions existantes, faites conformément à l'article 2430 du code civil, comportent une analyse sommaire de l'acte à publier.

Elles sont datées et signées par le *(Décr. nº 2012-1462 du 26 déc. 2012, art. 36, en vigueur le 1er janv. 2013)* « service de la publicité foncière ».

Art. 59 *(Abrogé par Décr. nº 2021-1888 du 29 déc. 2021, art. 5-XVI-17º, à compter du 1er janv. 2022) (Décr. nº 66-596 du 5 août 1966 ; Décr. nº 2012-1462 du 26 déc. 2012, art. 36, en vigueur le 1er janv. 2013) 1. L'époux au profit duquel une décision judiciaire devenue définitive a constaté une créance contre son conjoint ou les héritiers de celui-ci est tenu d'évaluer le capital de la créance allouée et ses accessoires, au pied de l'expédition déposée au service de la publicité foncière en vue de requérir, en application du quatrième alinéa de l'article 2403 du code civil, la mention de ladite décision en marge de l'inscription provisoire.*

En aucun cas, cette évaluation ne peut excéder celle qui a été fournie dans le bordereau d'inscription provisoire.

2. La nullité de l'inscription provisoire, encourue en vertu du quatrième alinéa de l'article 2403 du code civil, ne peut être opposée par le service de la publicité foncière, qui, pour opérer la mention, n'a pas à se faire justifier du caractère définitif de la décision judiciaire.

Art. 59-1 *(Décr. nº 67-1252 du 22 déc. 1967)* La mainlevée d'une inscription prise au profit d'un époux est donnée par cet époux seul, même en l'absence de constatation de paiement, toutes les fois que la créance pour la sûreté de laquelle l'hypothèque *(Décr. nº 2021-1888 du 29 déc. 2021, art. 5-XVI-18º, en vigueur le 1er janv. 2022)* « a été inscrite *[ancienne rédaction : ou le privilège a été inscrit]* » résulte d'un contrat auquel il avait consenti sans le concours de son conjoint.

Pour la radiation de l'inscription, aucune pièce justificative du pouvoir qu'a l'époux de donner mainlevée seul n'est exigée quand il est certifié dans l'acte de mainlevée que la créance résulte d'un tel contrat.

Art. 60 1. Lorsque l'acte constitutif d'une créance privilégiée ou hypothécaire constate expressément la création de billets ou effets négociables, représentatifs de cette créance, et qu'à défaut de clause contraire dans l'acte, l'endossement ou la tradition des billets ou effets emporte transmission de la garantie hypothécaire ou privilégiée, chaque billet ou effet doit être revêtu par le notaire rédacteur de l'acte constitutif de la créance d'une mention constatant qu'il a été créé en représentation de cette créance et qu'il bénéficie de la garantie y attachée.

Cette mention rappelle la date de l'acte constitutif de la créance, ainsi que le nom du notaire rédacteur et, dans le cas où la garantie privilégiée ou hypothécaire a été constituée par acte distinct, la date de cet acte et le nom du notaire qui l'a établi.

Si l'acte constitutif a prévu la création ultérieure de billets ou d'effets négociables représentatifs de la créance, dont l'endossement ou la tradition emporterait, à défaut de clause contraire dans l'acte constitutif de la créance, transmission de la garantie privilégiée ou hypothécaire, les parties peuvent requérir le notaire, lors de la création de chaque billet ou effet, de le revêtir de la mention prévue à l'alinéa précédent. *(Décr. nº 59-90 du 7 janv. 1959)* « Dans ce cas, la création des billets ou effets doit être relatée par le notaire en marge ou au pied de la minute et en marge de la grosse. »

2. *(Décr. nº 59-90 du 7 janv. 1959)* « En cas de mainlevée, si les formalités ci-dessus ont été accomplies, les billets ou effets et, sauf le cas de perte de celle-ci déclarée dans l'acte, la

grosse de l'acte constitutif de la créance » sont revêtus par le notaire rédacteur de l'acte de mainlevée d'une mention de référence à ce dernier acte, qui relate lui-même l'apposition de cette mention. Le *(Décr. n° 2012-1462 du 26 déc. 2012, art. 36, en vigueur le 1er janv. 2013)* « service de la publicité foncière » radie l'inscription sur la seule production de l'acte portant mainlevée par les porteurs ou bénéficiaires des endossements.

3. Si les formalités visées au troisième alinéa du 1 n'ont pas été accomplies, le créancier originaire révélé par l'inscription ou son cessionnaire régulièrement subrogé par acte authentique qui a fait mentionner son droit conformément à l'article 2430 du code civil a seul le droit de consentir la mainlevée de l'inscription. Il ne peut, toutefois, le faire si une opposition à la mainlevée existe, au moment de celle-ci, entre les mains de l'officier public détenteur de la minute de l'acte constitutif de la créance.

Cette opposition peut être formée par tout porteur de billets ou effets, par tout bénéficiaire d'un endossement ou toute personne solidairement tenue au payement, au moyen d'une notification par huissier *[commissaire de justice]*. Elle est faite par lettre recommandée avec demande d'avis de réception, lorsque l'acte constitutif de la créance a été reçu par un consul ou vice-consul de France. L'opposition contient, à peine de nullité, élection de domicile dans le ressort du *(Décr. n° 2019-1419 du 20 déc. 2019, art. 13)* « tribunal judiciaire » de la situation des biens ; l'identité de l'opposant est certifiée par un notaire *(Décr. n° 98-553 du 3 juill. 1998 ; Décr. n° 2012-634 du 3 mai 2012, art. 21-2°)* « , avocat » ou huissier *[commissaire de justice]*. L'opposition n'a d'effet que pendant un an si elle n'est pas renouvelée. La mainlevée de l'opposition est donnée dans les mêmes formes que l'opposition.

Jusqu'à la péremption de l'opposition ou sa mainlevée amiable ou judiciaire, la mainlevée de l'inscription ne peut être consentie que par l'auteur de l'opposition, et sur justification qu'il est le bénéficiaire du droit hypothécaire, ou, conjointement, par l'auteur de l'opposition et le créancier originaire ou son cessionnaire régulièrement subrogé, si la subrogation a été réalisée par acte authentique et a été mentionnée en marge de l'inscription.

4. Dans les cas visés au 3 du présent article, le droit d'établir l'acte de mainlevée n'appartient qu'à l'officier public détenteur de l'acte constitutif de la créance. *(Décr. n° 59-90 du 7 janv. 1959)* « Les énonciations de l'acte de mainlevée établissant que la grosse ou, en cas de perte de celle-ci, la minute ne constate pas » la création effective de billets ou d'effets et qu'aucune opposition ne met obstacle à la mainlevée, dispensent le *(Décr. n° 2012-1462 du 26 déc. 2012, art. 36, en vigueur le 1er janv. 2013)* « service de la publicité foncière » d'exiger d'autres justifications.

Les dispositions issues du Décr. n° 2019-1419 du 20 déc. 2019 s'appliquent aux demandes introduites à compter du 1er janv. 2020 (Décr. préc., art. 24-II).

SECTION 3. *Inscriptions en renouvellement (Décr. n° 67-1252 du 22 déc. 1967).*

Art. 61 1. *(Décr. n° 67-1252 du 22 déc. 1967 ; Décr. n° 2012-1462 du 26 déc. 2012, art. 36, en vigueur le 1er janv. 2013)* Pour opérer le renouvellement, prévu à l'article 2435 du code civil, d'une inscription *(Abrogé par Décr. n° 2021-1888 du 29 déc. 2021, art. 5-XVI-19°, à compter du 1er janv. 2022) « de privilège ou »* d'hypothèque, le créancier, qui n'a pas à représenter le titre, dépose, au service de la publicité foncière, soit par lui-même, soit par un tiers, deux bordereaux signés et certifiés *(Décr. n° 98-553 du 3 juill. 1998)* « conformes entre eux ». Celui des deux bordereaux qui doit être conservé dans les registres de ce service est établi conformément aux prescriptions du 1 de l'article 56 du présent décret, sous la sanction prévue au 2 du même article ; il est seul obligatoirement rédigé sur une *(Décr. n° 98-553 du 3 juill. 1998)* « formule spéciale fournie par l'administration ou reproduite selon des normes fixées *par instruction publiée au Bulletin officiel des impôts* ».

Chacun des bordereaux commence obligatoirement par la réquisition suivante, portée en lettres majuscules d'imprimerie : "INSCRIPTION AYANT EFFET JUSQU'AU... EST REQUISE EN RENOUVELLEMENT DE...". Il indique, en outre, dans un cadre spécialement ménagé, si le principal de l'obligation garantie doit ou non être acquitté à une ou plusieurs dates déterminées postérieures à celle de la formalité, notamment par suite d'une prorogation du délai fixé pour l'acquittement de cette obligation.

Indépendamment de ces réquisition et indication et du certificat de *(Décr. n° 98-553 du 3 juill. 1998)* « conformité », chaque bordereau ne peut contenir, sous peine de rejet de la formalité, que la mention de la date, du volume et du numéro sous lequel a été opérée l'inscription à renouveler — et, s'il y a lieu, les mêmes mentions pour les inscriptions successives en renouvellement — avec l'indication de la date extrême d'effet portée, selon le cas, sur le bordereau originaire ou sur le dernier bordereau de renouvellement et le simple rappel du titre et des nom de famille et prénoms ou dénomination des propriétaire grevé et créancier originaires.

2. Toutefois, en cas de changement dans la personne ou dans l'état civil du créancier, en cas de réduction de la créance ou de ses accessoires, de modification dans l'époque d'exigibilité, les bordereaux mentionnent, en outre :

a) Le créancier actuel, en énonçant sommairement les causes et titres en vertu desquels il est devenu titulaire de la créance ;

b) Le capital de la créance et ses accessoires conservés par l'inscription en renouvellement, ainsi que l'époque d'exigibilité, sauf dans l'hypothèse où ces changements ou modifications ont déjà été publiés sous forme de mentions en marge, conformément à l'article 2430 du code civil.

3. De plus, si l'étendue du gage se trouve diminuée par l'inscription en renouvellement, les bordereaux contiennent la désignation actuelle de chacun des immeubles restant grevés.

L'omission, dans le bordereau de renouvellement, des modifications tenant à l'identité du créancier (société absorbante venant aux droits de la société absorbée) n'emporte pas nullité des renouvellements dès lors qu'il n'en résulte aucune aggravation de la situation du débiteur. • Civ. 3e, 11 oct. 2006, n° 05-21.313 P : *D. 2006. AJ 2668, obs. Avena-Robardet ; JCP 2007. I. 158, n° 18, obs. Delebecque ; Defrénois 2007. 231, obs. S. Piedelièvre ; AJDI 2007. 329, obs. Cohet-Cordey ; LPA 19 juin 2007, note Delrieu* • 8 févr. 2012 : *AJDI 2012. 694, obs. Le Rudulier ; Defrénois 2012. 954, obs. Piedelièvre.* ♦ Rappr. : • Civ. 3e, 27 janv. 2010, n° 08-21.324 P : *JCP 2010, n° 708, note Delebecque.*

Art. 62 1. A titre transitoire, le premier bordereau de renouvellement déposé à partir du 1er janvier 1956 pour renouveler une inscription prise avant cette date porte, en plus des autres énonciations prescrites par les 1 et 2 de l'article 61 :

— la désignation actuelle de chacun des immeubles grevés par l'inscription en renouvellement ;

— celle du propriétaire desdits immeubles à la date du renouvellement.

2. Quelle que soit la date de l'inscription primitive, lorsque le gage a été constitué par des immeubles ruraux, au sens de l'article 45-1-1°, situés dans une commune à ancien cadastre, les bordereaux successifs de renouvellement doivent, pour permettre l'annotation du fichier immobilier, désigner le propriétaire desdits immeubles à la date de chaque renouvellement.

Cette désignation est également exigée dans le premier bordereau déposé après la rénovation du cadastre qui doit, en outre, contenir la désignation actuelle des immeubles restant grevés.

Art. 63 1. *(Décr. n° 59-90 du 7 janv. 1959)* « La désignation actuelle des immeubles, prévue aux articles 61 et 62, est faite conformément à l'article 7 du décret du 4 janvier 1955. S'il y a lieu » elle est complétée par un tableau indiquant les anciennes et les nouvelles désignations cadastrales après rénovation et établi au vu d'une table de correspondance délivrée par le service du cadastre.

2. Dans les cas prévus à l'article 62, un extrait cadastral est annexé, le cas échéant, à l'exemplaire du bordereau destiné *(Décr. n° 2012-1462 du 26 déc. 2012, art. 36, en vigueur le 1er janv. 2013)* « au service de la publicité foncière », par application de l'article 40 du décret du 4 janvier 1955 et de l'article 30 du présent décret.

3. La désignation du propriétaire à la date du renouvellement, prévue au 1 et au 2 de l'article 62 est faite conformément au premier alinéa des articles 5 et 6.

Elle est dûment certifiée.

Art. 64 1. Le dépôt est refusé :

1° Si le bordereau ne contient pas la mention de référence à la dernière inscription à renouveler ;

2° *(Décr. n° 67-1252 du 22 déc. 1967)* « Si le renouvellement est requis après péremption *(Décr. n° 98-553 du 3 juill. 1998)* « ou radiation » de l'inscription à renouveler ». Dans ce cas, le créancier peut requérir une nouvelle inscription prenant rang à sa date en se conformant *aux prescriptions de l'article* 2428 du code civil ;

3° Si les immeubles ne sont pas individuellement désignés, avec indication de la commune où ils sont situés, dans les cas où la désignation détaillée est obligatoire ;

4° Si le bordereau ne contient pas l'identité complète du propriétaire actuel et la mention de certification de cette identité, dans les cas prévus à l'article 62.

2. Lorsqu'après avoir accepté le dépôt, le *(Décr. n° 2012-1462 du 26 déc. 2012, art. 36, en vigueur le 1er janv. 2013)* « service de la publicité foncière » constate l'omission ou l'inexactitude

d'une des mentions prescrites, à titre obligatoire, par les articles 61 et 62, ou une discordance entre, d'une part, les énonciations relatives à la désignation des parties ou des immeubles contenues dans le bordereau de renouvellement, et d'autre part, ces mêmes énonciations contenues dans les bordereaux ou titres déjà publiés depuis le 1er janvier 1956 — tels qu'ils sont répertoriés *(Décr. nº 98-553 du 3 juill. 1998)* « au fichier immobilier » — la formalité est rejetée, à moins que le requérant ne régularise le bordereau de renouvellement ou qu'il ne produise les justifications établissant son exactitude, auxquels cas la formalité prend rang à la date de la remise du bordereau constatée au registre de dépôts.

(Décr. nº 67-1252 du 22 déc. 1967) « La formalité est également rejetée en cas d'inobservation des dispositions du 1 ou du 2 de l'article 63 ou si le bordereau n'est pas établi sur formule réglementaire.

« 3. Lorsque le bordereau de renouvellement n'a pas à comporter de certificat d'identité, il contient obligatoirement, sous peine de refus du dépôt, l'indication du nom et du domicile de la personne à laquelle le rejet doit éventuellement être notifié. »

Art. 65 Lorsqu'une inscription est prise partiellement en renouvellement d'une inscription antérieure et pour valoir, pour le surplus, inscription nouvelle, les dispositions de l'article 2428 du code civil sont seules applicables.

Art. 66 1. *Abrogé par Décr. nº 98-553 du 3 juill. 1998.*

2. *(Décr. nº 67-1252 du 22 déc. 1967)* « Les bordereaux des inscriptions sont, au moment du renouvellement, extraits des volumes où ils sont classés pour être reclassés avec le bordereau de l'inscription en renouvellement. Il en est de même, le cas échéant, des bordereaux des inscriptions successives en renouvellement.

« Une feuille de référence indique, à l'ancien volume, le nouveau numéro de classement.

« Lorsqu'il n'est pas possible de procéder comme il est dit au premier alinéa du présent 2, une reproduction du bordereau ou du registre des inscriptions est jointe au bordereau de l'inscription en renouvellement. »

SECTION 4. *Dispositions communes (Décr. nº 67-1252 du 22 déc. 1967).*

Art. 67 *(Décr. nº 67-1252 du 22 déc. 1967 ; Décr. nº 2012-1462 du 26 déc. 2012, art. 36, en vigueur le 1er janv. 2013)* 1. Pour l'application des dispositions des articles 2434 et 2435 du code civil et des articles 55 *(Décr. nº 2007-404 du 22 mars 2007)* « , 57-3 » *(Décr. nº 2008-466 du 19 mai 2008, art. 4)* « , 57-4 » et 61 du présent décret relatives à la durée de l'effet des inscriptions, le service de la publicité foncière n'a en aucun cas à rechercher si les caractères de l'échéance ou de la dernière échéance ont été exactement déclarés.

Si la date extrême d'effet de l'inscription, fixée par le créancier, est postérieure à celle de l'expiration, suivant le cas, du délai de dix ans ou de celui de trente-cinq *[cinquante]* ans visés aux articles 2434 et 2435 du code civil, la formalité est rejetée, à moins que le requérant ne régularise le bordereau d'inscription ou de renouvellement. La formalité est également rejetée si une omission ou une autre irrégularité est relevée par le service de la publicité foncière en ce qui concerne les réquisition et indication prévues au 2 de l'article 55 *(Décr. nº 2007-404 du 22 mars 2007)* « , au 2 de l'article 57-3 » *(Décr. nº 2008-466 du 19 mai 2008, art. 4)* « , de l'article 57-4 » et au 1 de l'article 61 et n'est pas réparée dans le délai imparti.

2. En cas de dépassement de l'un des délais *(Décr. nº 2007-404 du 22 mars 2007)* « d'un an », dix ans ou *(Décr. nº 2007-404 du 22 mars 2007)* « cinquante ans », l'inscription opérée est périmée le lendemain, à zéro heure, de la date d'expiration du délai non respecté, si elle n'a pas été préalablement renouvelée.

Lorsqu'il y a eu dépassement du délai *(Décr. nº 2007-404 du 22 mars 2007)* « d'un an », une nouvelle date extrême d'effet de l'inscription, qui ne soit pas postérieure à la date d'expiration de ce délai, peut être volontairement constatée dans un acte authentique signé par le créancier et par le débiteur ou par le seul créancier pour être mentionnée en marge de ladite inscription. La date d'expiration du même délai est constatée, s'il y a lieu, à la requête de tout intéressé, par *(Décr. nº 2019-1419 du 20 déc. 2019, art. 13)* « un jugement » du président du *(Décr. nº 2019-1419 du 20 déc. 2019, art. 13)* « tribunal judiciaire » dans le ressort duquel sont situés les immeubles grevés, rendue *[rendu]* *(Décr. nº 2019-1419 du 20 déc. 2019, art. 13)* « selon la procédure accélérée au fond » et non susceptible d'exécution provisoire ; la mention de cette date est faite, à la diligence du requérant, lorsque *(Décr. nº 2019-1419 du 20 déc. 2019, art. 13)* « le jugement est passé » en force de chose jugée. Pour l'accomplissement des opérations qui lui incombent, et sous réserve des dispositions de l'alinéa suivant, le service de la publicité foncière tient compte exclusivement de la date portée dans le bordereau, tant qu'une autre date n'a pas été mentionnée en marge dans les conditions prévues au présent alinéa.

Le dépassement du délai de dix ans ou de celui de *(Décr. n° 2007-404 du 22 mars 2007)* « cinquante ans » peut être réparé dans les conditions indiquées à l'alinéa précédent à l'initiative des parties. En outre, dès qu'il constate ce dépassement, le service de la publicité foncière substitue d'office la date d'expiration du délai non respecté à la date fixée par le créancier ; *(Décr. n° 98-553 du 3 juill. 1998)* « la substitution faite sur le bordereau et au fichier immobilier est notifiée au créancier, au domicile par lui élu dans l'inscription, par lettre recommandée avec demande d'avis de réception ».

V. ndlr ss. art. 60.

Art. 67-1 *(Décr. n° 67-1252 du 22 déc. 1967 ; Décr. n° 2012-1462 du 26 déc. 2012, art. 36, en vigueur le 1er janv. 2013)* Lorsqu'un renouvellement est requis, le service de la publicité foncière vérifie immédiatement que la date extrême d'effet de l'inscription à renouveler, portée dans les bordereaux présentés, est en concordance avec celle figurant *(Décr. n° 98-553 du 3 juill. 1998)* « au fichier immobilier ».

Art. 67-2 *(Décr. n° 67-1252 du 22 déc. 1967)* Sauf rectification simultanée du dépassement des délais visés au 2 de l'article 67, si un créancier en subroge un autre dans les droits qu'il tient d'une inscription *(Abrogé par Décr. n° 2021-1888 du 29 déc. 2021, art. 5-XVI-20°, à compter du 1er janv. 2022)* « *de privilège ou* » d'hypothèque, cette inscription, émargée de la mention de la subrogation, continue de conserver *(Abrogé par Décr. n° 2021-1888 du 29 déc. 2021, art. 5-XVI-20°, à compter du 1er janv. 2022)* « *le privilège ou* » l'hypothèque jusqu'à la date antérieurement indiquée.

De même, si le délai fixé pour l'acquittement de l'obligation garantie est prorogé, la mention de la prorogation en marge de l'inscription *(Abrogé par Décr. n° 2021-1888 du 29 déc. 2021, art. 5-XVI-20°, à compter du 1er janv. 2022)* « *du privilège ou* » de l'hypothèque ne modifie pas la date extrême d'effet de cette inscription ; la durée de ladite inscription ne peut être prolongée que par un renouvellement requis conformément aux dispositions de l'article 2435 du code civil.

CHAPITRE II. *PUBLICITÉ DES DROITS SUR LES IMMEUBLES AUTRES QUE LES HYPOTHÈQUES* *(Décr. n° 67-1252 du 22 déc. 1967 ; Décr. n° 2021-1888 du 29 déc. 2021, art. 5-XVI-21°).*

Art. 67-3 *(Décr. n° 67-1252 du 22 déc. 1967 ; Décr. n° 2012-1462 du 26 déc. 2012, art. 36, en vigueur le 1er janv. 2013)* Pour opérer la publicité des actes ou décisions visés aux articles 28, 35 à 37 et 39 du décret du 4 janvier 1955, les parties ou l'une d'elles déposent, conformément au 1 de l'article 34 du même décret, au service de la publicité foncière de la situation des immeubles, soit par elles-mêmes, soit par un tiers, deux expéditions, extraits littéraux ou copies de l'acte ou de la décision à publier. Sous peine de refus du dépôt, l'expédition, extrait ou copie destiné à être conservé dans les registres du service de la publicité foncière est rédigé sur une *(Décr. n° 98-553 du 3 juill. 1998)* « formule spéciale fournie par l'administration ou reproduite selon des normes fixées par instruction publiée au *Bulletin officiel des impôts* ».

Sous la même sanction, les documents déposés sont établis *(Décr. n° 98-553 du 3 juill. 1998)* « comme il est dit à l'article 76-1 » et portent, indépendamment de la mention de certification de l'identité des parties exigée par les articles 5 et 6 du décret du 4 janvier 1955, un certificat attestant qu'ils sont conformes à la minute ; lorsque les expéditions, extraits ou copies de plusieurs actes ou décisions formant le complément les uns des autres sont déposés en même temps, ils doivent faire l'objet d'un seul certificat de *(Décr. n° 98-553 du 3 juill. 1998)* « conformité ».

Art. 68 1. *(Décr. n° 67-1252 du 22 déc. 1967 ; Décr. n° 2012-1462 du 26 déc. 2012, art. 36, en vigueur le 1er janv. 2013)* « Sont notamment établis conformément aux prescriptions des articles *(Décr. n° 98-553 du 3 juill. 1998)* « 67-3 et 76-1 » du présent décret, les expéditions, extraits littéraux ou copies destinés à être conservés dans les registres du service de la publicité foncière » :

— des actes de l'autorité publique ;

— des actes dressés en la forme administrative ;

— des décisions judiciaires ;

— des actes notariés ;

— des actes de dépôt, aux minutes d'un notaire, d'un acte sous seings privés, par toutes les parties avec reconnaissance d'écritures et de signatures ;

— des actes de dépôt en l'étude d'un notaire des actes reçus par les officiers publics ou ministériels étrangers ;

— des actes de dépôt en l'étude d'un notaire des actes sous seings privés ayant acquis date certaine avant le 1er janvier 1956 et soumis à l'obligation du dépôt par l'article 2 de la loi du 23 mars 1855 modifié par l'article 2 du décret du 30 octobre 1935 ;

— des actes sous seings privés ayant acquis date certaine avant le 1er janvier 1956 et portant bail de plus de dix-huit années ou quittance ou cession d'une somme équivalente à trois années de loyers ou fermages non échus ;

— des demandes en justice tendant à obtenir la résolution, la révocation, l'annulation ou la rescision d'une convention ou d'une disposition à cause de mort antérieurement publiée ;

— des commandements publiés pour valoir saisie ;

— des citations en justice et des commandements interruptifs de prescription en vertu de l'article 2224 *[ancien]* du code civil.

2. Par application de l'article 4 du décret du 4 janvier 1955 et sous réserve des mesures transitoires prévues aux articles 84 et 85 du présent décret, les conventions ou dispositions contenues dans un acte sous seings privés ayant acquis date certaine postérieurement au 31 décembre 1955 ne peuvent être portées à la connaissance des tiers ou leur devenir opposables par leur publication *(Décr. nº 2012-1462 du 26 déc. 2012, art. 36, en vigueur le 1er janv. 2013)* « au fichier immobilier » que si elles sont constatées à nouveau dans un acte dressé en la forme authentique, *(Décr. nº 2012-1462 du 26 déc. 2012, art. 36, en vigueur le 1er janv. 2013)* « le service de la publicité foncière » étant tenu de refuser le dépôt, toutes les fois que les actes dont la publicité est requise n'ont pas été dressés en cette forme.

3. Ne sont pas soumis à publicité :

— les décisions judiciaires sur incident ;

— les jugements préparatoires ou interlocutoires ;

— l'acte d'opposition ou d'appel ou le pourvoi en cassation dirigés contre une décision judiciaire rendue à la suite d'une demande en justice visée au 1.

Art. 68-1 *(Décr. nº 67-1252 du 22 déc. 1967 ; Décr. nº 2012-1462 du 26 déc. 2012, art. 36, en vigueur le 1er janv. 2013)* Lorsqu'un acte ou une décision soumis à publicité en exécution des articles 28, 35 à 37 et 39 du décret du 4 janvier 1955 comprend des immeubles ou des droits immobiliers situés dans le ressort de plusieurs services, il est déposé, dans chaque service, un extrait comprenant seulement, sous peine de refus du dépôt, les immeubles ou les droits immobiliers qui l'intéressent.

Art. 68-2 *(Décr. nº 67-1252 du 22 déc. 1967 ; Décr. nº 2021-1888 du 29 déc. 2021, art. 5-XVI-22º, en vigueur le 1er janv. 2022)* « Lorsque les extraits littéraux sont déposés, conformément au premier aliéna *[alinéa]* du 1 de l'article 34 du décret du 4 janvier 1955 susvisé, pour opérer au fichier immobilier la publicité d'actes ou de décisions judiciaires en vertu desquels peut être requise l'inscription des hypothèques légales spéciales visées aux 1º et 4º de l'article 2402 du code civil, ces extraits doivent préciser la nature et la date de l'acte ou de la décision, l'officier public ou ministériel ou l'autorité administrative qui a reçu l'acte ou l'autorité judiciaire qui a rendu la décision et reproduire littéralement » :

1º Les énonciations desdits actes ou décisions relatives, notamment :

A l'état civil des parties et à la désignation complète des immeubles ;

Aux élections de domicile ;

A l'origine de propriété du chef soit des vendeurs, soit des copartageants ou colicitants et de leurs auteurs, ainsi que des précédents propriétaires au nom desquels *(Décr. nº 2012-1462 du 26 déc. 2012, art. 24, en vigueur le 1er janv. 2013)* « des demandes de renseignements ou de copie de documents sont formulées » en même temps que la publicité ;

Aux conditions (prix, évaluation des lots, soultes, modalités de paiement, charges et intérêts, frais, entrée en jouissance, etc.) ;

Aux servitudes constituées par l'acte ou la décision ;

2º Lorsqu'il s'agit d'une adjudication, la teneur intégrale soit du jugement, soit du procès-verbal proprement dits.

Le cas échéant, il est mentionné dans l'extrait littéral que l'acte ou la décision judiciaire ne contient pas d'énonciations relatives à l'origine de propriété ou que celle-ci ne s'étend pas à tous les précédents propriétaires du chef desquels *(Décr. nº 2012-1462 du 26 déc. 2012, art. 24, en vigueur le 1er janv. 2013)* « des demandes de renseignements ou de copie de documents sont formulées » en même temps que la publicité.

Art. 69 1. L'attestation notariée, dont la publication est prescrite par les articles 28-3° et 29 du décret du 4 janvier 1955, doit mentionner, le cas échéant, le testament, la décision judiciaire ordonnant l'envoi en possession, l'acte de délivrance de legs ou la décision judiciaire statuant sur la demande en délivrance.

Si l'envoi en possession ou la délivrance du legs intervient postérieurement à la publication de l'attestation notariée, les successibles sont tenus de requérir l'établissement d'une attestation rectificative dans les six mois de la décision judiciaire ou de l'acte intervenu, mais seulement dans le cas où la dévolution héréditaire telle qu'elle est révélée par la première attestation se trouve modifiée.

2. Lorsque la dévolution des droits successoraux, la masse immobilière héréditaire ou les modalités de l'option, constatées dans une attestation précédemment publiée, viennent à être modifiées, les successibles sont tenus de publier une attestation rectificative.

Toutefois, il n'y a pas lieu à attestation rectificative, lorsque, après la publication d'une attestation mentionnant l'absence d'option ou l'acceptation sous bénéfice d'inventaire, il est publié, *(Décr. n° 2012-1462 du 26 déc. 2012, art. 36, en vigueur le 1er janv. 2013)* « au même service de la publicité foncière, » un acte impliquant acceptation pure et simple en vertu de l'article 778 du code civil, ou une décision judiciaire constatant l'existence d'un tel acte.

3. Le délai de six mois imparti aux héritiers, donataires ou légataires par l'article 33-A du décret du 4 janvier 1955 pour requérir l'établissement d'une attestation notariée court du jour du décès.

Toutefois, le point de départ est reporté :

— pour les successibles non appelés au moment du décès ou appelés sous condition suspensive, au jour de l'événement qui ouvre leurs droits ;

— pour les attestations rectificatives visées au 2, au jour, soit de l'événement modifiant les droits des successibles ou la masse héréditaire, soit de l'exercice ou de la modification de l'option ;

— en cas de déclaration d'absence, au jour du jugement d'envoi en possession provisoire ;

— pour une succession en déshérence, au jour du jugement d'envoi en possession définitif ;

— dans les cas prévus aux articles 87 et 88 du code civil, à la date du jugement déclaratif de décès.

4. Lorsqu'ils sont requis par l'un des successibles d'établir un acte de notoriété, un inventaire, un certificat de propriété ou tout autre acte concernant la dévolution d'une succession en totalité ou en partie, les notaires sont tenus d'informer le requérant de l'obligation, qui lui est imposée par l'article 29 du décret du 4 janvier 1955, de faire constater dans une attestation notariée toute transmission ou constitution par décès de droits réels immobiliers.

Il est interdit aux notaires d'établir un tel acte s'il ne leur est pas justifié que l'attestation notariée a été précédemment publiée ou si le requérant ne les charge pas, en même temps, d'établir ladite attestation.

5. Dans tous les cas où il a été établi une attestation notariée après décès, les héritiers, légataires et donataires peuvent se dispenser d'indiquer dans les formules de déclaration de succession le détail des immeubles transmis en annexant une copie de ladite attestation à laquelle ils se réfèrent expressément.

6. Les dispositions des articles 28-3° et 29 du décret du 4 janvier 1955 et celles du présent article s'appliquent :

— à l'usufruit légal accordé au conjoint survivant par l'article 767 *[ancien ; V. nouv. art. 757 s.]* du code civil ;

— aux transmissions de droits réels immobiliers résultant de donations faites entre époux au profit du survivant, soit par contrat de mariage, soit pendant le mariage ;

— aux attributions de droits réels immobiliers résultant, au profit du survivant des époux, des clauses d'un contrat de mariage assignant à chacun d'eux des parts inégales dans la communauté, conformément aux articles 1520 et suivants du code civil.

Art. 70 Sont publiés au bureau des hypothèques de la situation des immeubles, en exécution de l'article 28-9° du décret du 4 janvier 1955, les changements :

— soit dans les noms ou prénoms des personnes physiques à la suite d'une procédure administrative ou en vertu de toute autre cause reconnue par la loi ;

— soit dans les dénominations ou sièges de sociétés, associations, syndicats et autres personnes morales, survenus postérieurement à la première formalité exécutée à partir du 1er janvier 1956 et intéressant celles de ces personnes titulaires d'un droit réel susceptible d'hypothèque, d'un droit d'usage ou d'habitation, ou d'un bail de plus de douze ans.

La publicité est assurée par le dépôt, dans les conditions prévues à l'article 34 du décret précité, de deux expéditions, extraits littéraux ou copies, certifiés conformes par un officier public ou ministériel ou une autorité administrative, des pièces justificatives des changements, celui des deux documents à conserver *(Décr. n° 2012-1462 du 26 déc. 2012, art. 36, en vigueur le 1er janv. 2013)* « dans les registres du service de la publicité foncière » étant seul obligatoirement établi sur la formule spéciale. Ces pièces justificatives peuvent être :

— pour les personnes physiques, une expédition de l'acte de naissance faisant apparaître le changement de nom ou de prénom ;

— pour les sociétés commerciales, l'extrait ou la copie de l'inscription au registre du commerce ;

— pour les associations, l'extrait du *Journal officiel* publiant la déclaration de changement déposée à la sous-préfecture ou à la préfecture du siège ;

— pour les syndicats, le récépissé de dépôt de la modification aux statuts ;

— pour les autres personnes morales, tout acte authentique ou sous seing privé constatant le changement de dénomination ou de siège.

Le document déposé indique, sous peine de refus du dépôt, le nom et le domicile de la personne à laquelle le rejet de la formalité doit éventuellement être notifié.

Art. 71 *Abrogé par Décr. n° 2012-1462 du 26 déc. 2012, art. 38, à compter du 1er janv. 2013.*

Art. 71-1 *(Décr. n° 2012-1462 du 26 déc. 2012, art. 25, en vigueur le 1er janv. 2013)* L'état descriptif de division, prévu à l'article 7 du décret du 4 janvier 1955 susvisé, peut être contenu soit dans un acte spécialement dressé à cet effet, soit dans un règlement de copropriété ou un cahier des charges concernant, en outre, l'organisation de la gestion collective, soit dans tout autre acte ou décision judiciaire. Un seul état descriptif doit être établi lorsque plusieurs bâtiments ou groupes de bâtiments pouvant faire l'objet de copropriétés particulières sont édifiés sur un sol dont la propriété est placée globalement sous le régime de l'indivision forcée.

L'état descriptif doit identifier l'immeuble auquel il s'applique, opérer une division en lots et attribuer un numéro à chaque lot.

Art. 71-2 *(Décr. n° 2012-1462 du 26 déc. 2012, art. 25, en vigueur le 1er janv. 2013)* Un lot est formé par toute fraction d'immeuble sur laquelle s'exercent ou peuvent s'exercer des droits réels concurrents, y compris la quote-part des parties communes, si elle existe et si elle est déterminée.

Constitue une fraction au sens de l'article 7 du décret du 4 janvier 1955 susvisé :

a) Pour les bâtiments, chaque local principal (appartement, boutique, local à usage commercial, professionnel ou industriel, etc.) et chaque local secondaire (chambre de service, cave, garage, grenier, etc.) ;

b) Pour les terrains non bâtis, chaque portion de terrain sur laquelle est réservé un droit réel privatif ou chaque portion destinée à faire l'objet d'une inscription ou d'une mention en marge d'une inscription. Dans ce dernier cas, le surplus de l'immeuble constitue également une fraction.

Art. 71-3 *(Décr. n° 2012-1462 du 26 déc. 2012, art. 25, en vigueur le 1er janv. 2013)* Chaque fraction doit être identifiée par son emplacement, lui-même déterminé par la description de sa situation dans l'immeuble ou par référence à un plan ou croquis annexé à la minute de l'acte ou de la décision judiciaire, dont une copie est jointe à la requête. Lorsque la fraction dont il s'agit est située dans un bâtiment, sa situation est définie par l'indication de l'escalier, de l'étage, de l'emplacement dans l'étage et par l'indication du bâtiment dont fait partie le local décrit quand l'immeuble comprend plusieurs bâtiments.

Art. 71-4 *(Décr. n° 2012-1462 du 26 déc. 2012, art. 25, en vigueur le 1er janv. 2013)* Les lots font l'objet d'un numérotage continu dans une série unique à partir de l'unité. Lorsque l'immeuble est constitué par plusieurs bâtiments ou corps de bâtiments, les lots peuvent faire l'objet d'un numérotage continu dans des séries successives affectées à chacun d'eux à partir de nombres séparés par des intervalles convenables.

Les numéros désignant les lots nouveaux sont pris à la suite des numéros existants *[existant]* dans la série unique ou dans l'une des séries successives.

Dans tout état descriptif de division établi après la suppression d'un état descriptif antérieur, dans tout acte modificatif d'un état descriptif de division préalablement inscrit, en cas de division ou de réunion de copropriétés existantes, le numérotage des lots ne doit reprendre aucun des numéros précédemment attribués.

Art. 71-5 *(Décr. n° 2012-1462 du 26 déc. 2012, art. 25, en vigueur le 1er janv. 2013)* L'état descriptif est résumé obligatoirement dans un tableau incorporé à l'acte lui-même ou annexé à celui-ci et comportant les colonnes suivantes dans la mesure de l'existence des éléments correspondants :

a) Numéro du lot, dans l'ordre croissant des numéros ;

b) Bâtiment ;

c) Escalier ;

d) Étage ;

e) Nature du lot ;

f) Quote-part des parties communes.

Ce tableau, qui doit figurer dans l'extrait ou l'expédition, déposé au service de la publicité foncière, est reproduit par ce service au fichier immobilier.

Art. 71-6 *(Décr. n° 2012-1462 du 26 déc. 2012, art. 25, en vigueur le 1er janv. 2013)* Toute modification, soit de l'immeuble auquel s'applique l'état descriptif, soit des lots, doit être constatée par un acte modificatif de l'état descriptif.

L'acte modificatif doit rectifier, suivant le cas, la désignation de l'ensemble de l'immeuble ou le numérotage des lots.

Si la modification résulte de l'acquisition de parties communes entraînant changement d'emprise, il n'y a pas lieu, lorsque la déclaration mentionnée au deuxième alinéa de l'article 16-1 n'a pas été déposée ou s'est révélée inexacte, à création de lots particuliers sur les parties communes acquises pour le seul motif que ces dernières sont grevées de droits distincts ou ne sont grevées d'aucun droit.

Si la modification consiste en une subdivision d'un lot, l'acte modificatif attribue un numéro nouveau à chacune des parties du lot subdivisé, lesquelles forment autant de lots distincts. Toutefois, hors les cas où l'acte modificatif constate la réunion ou la division de copropriétés existantes, lorsque la modification ne porte que sur la quote-part des parties communes incluses dans les lots intéressés, il n'y a pas lieu à attribution d'un nouveau numéro.

La réunion de plusieurs lots pour former un lot nouveau ne peut donner lieu à la création d'un lot désigné par un seul numéro que si les lots réunis ne sont pas grevés, lors de la modification du titre de propriété, de droits ou charges différents publiés au fichier immobilier.

Les numéros désignant les lots nouveaux sont pris conformément au deuxième alinéa de l'article 71-4.

Lorsque l'acte modificatif constate la réunion ou la division de copropriétés existantes, le numérotage des lots de la ou des copropriétés nouvelles ne doit reprendre aucun des numéros précédemment attribués.

Art. 71-7 *(Décr. n° 2012-1462 du 26 déc. 2012, art. 25, en vigueur le 1er janv. 2013)* L'acte modificatif est résumé obligatoirement dans un tableau identique à celui prévu à l'article 71-5 mais limité aux lots modifiés et indiquant en outre dans une colonne supplémentaire :

a) En regard de chaque lot nouveau les numéros des lots modifiés dont les lots nouveaux sont issus ;

b) Et en regard des lots modifiés les numéros des lots nouveaux issus de la modification.

En cas de modification ne portant que sur la quote-part de parties communes comprises dans un lot de copropriété et ne donnant pas lieu à attribution d'un nouveau numéro, le tableau annexé à l'acte modificatif indique seulement dans la colonne supplémentaire la quote-part désormais comprise dans les lots modifiés.

En toute hypothèse le tableau doit figurer dans l'extrait ou l'expédition déposé au service de la publicité foncière.

Art. 71-8 *(Décr. n° 2012-1462 du 26 déc. 2012, art. 25, en vigueur le 1er janv. 2013)* Lorsque la division de l'immeuble est antérieure à la date d'entrée en vigueur du décret n° 59-89 du 7 janvier 1959 et qu'il n'a pas été transcrit ou publié un document analogue à l'état descriptif de division permettant l'identification précise de chaque fraction par un numéro de lot, il doit être établi et publié au fichier immobilier avant réquisition d'une nouvelle formalité un état descriptif tenant compte de la division telle qu'elle résulte des documents antérieurs, y compris ceux portant subdivision ou réunion des lots initialement constitués, même s'il n'a pas été fait de distinction entre les locaux principaux et secondaires.

Un état descriptif de division doit également être établi et porté au fichier immobilier lorsque dans le document analogue à l'état descriptif de division le même numéro a été attribué à plusieurs lots différents : il est procédé à un nouveau numérotage effectué dans les conditions prévues à l'article 71-4, sans toutefois utiliser aucun des numéros précédemment attribués et sans modifier la division résultant du document antérieurement transcrit ou publié.

Lorsque le document analogue à l'état descriptif de division permet l'identification précise de chaque fraction de l'immeuble par un numéro de lot mais qu'une subdivision ou une réunion de lots a été opérée sans qu'il ait été transcrit ou publié un document analogue à l'acte modificatif prévu aux articles 71-6 et 71-7, un acte modificatif doit être établi et porté au fichier immobilier avant réquisition d'une nouvelle formalité concernant les lots modifiés.

Dans les cas prévus ci-dessus, la désignation des lots est résumée obligatoirement dans un tableau identique à celui dont l'établissement est prescrit par les articles 71-5 à 71-7. Ce tableau rappelle, en outre, dans les colonnes supplémentaires en regard de chaque lot les nom et prénoms ou la dénomination du ou des propriétaires actuels complétés par le numéro précédemment attribué dans le numérotage originaire toutes les fois que l'état descriptif de division y substitue un nouveau numérotage. L'identité des propriétaires actuels n'a pas à être certifiée.

Art. 71-9 *(Décr. nº 2012-1462 du 26 déc. 2012, art. 25, en vigueur le 1er janv. 2013)* Une copie ou un extrait comportant au moins le tableau résumé de l'état descriptif de division et de tout acte modificatif destiné au service du cadastre est remis au service de la publicité foncière en même temps que la réquisition de publier.

Le plan ou le croquis de l'immeuble et de la division par lots s'il en existe un y est annexé.

Les numéros de lots résultant d'un état descriptif de division ou de tout document analogue transcrit ou publié ainsi que la quote-part des parties communes incluse dans chaque lot lorsque cette quote-part est déterminée sont attribués de façon définitive sous réserve de l'application des articles 71-6 à 71-8.

Ces éléments doivent être utilisés pour désigner les fractions d'immeuble dans tous les documents publiés au fichier immobilier et dans les documents ou extraits cadastraux.

Toutefois, l'indication de la quote-part des parties communes n'a pas à figurer dans toutes formalités relatives aux commandements pour valoir saisie et aux inscriptions *(Abrogé par Décr. nº 2021-1888 du 29 déc. 2021, art. 5-XVI-23º, à compter du 1er janv. 2022)* « de privilège et » d'hypothèque. Si cette indication est cependant fournie, l'inscription est censée ne pas être requise sur la quote-part.

Art. 71-10 *(Décr. nº 2012-1462 du 26 déc. 2012, art. 25, en vigueur le 1er janv. 2013)* Sous réserve des dispositions de l'article 50-1 du décret du 4 janvier 1955, l'état descriptif de division est établi par tous les propriétaires ou copropriétaires de l'immeuble et l'acte modificatif est établi par les seuls propriétaires ou copropriétaires des fractions intéressées par la modification. Le cas échéant, les frais d'établissement de ces actes sont à la charge de la collectivité des copropriétaires et recouvrés comme en matière de charges de propriété.

Art. 71-11 *(Décr. nº 2012-1462 du 26 déc. 2012, art. 25, en vigueur le 1er janv. 2013)* Dans les cas prévus à l'article 50-2 du décret du 4 janvier 1955, le numéro attribué dans le procès-verbal descriptif dressé par le commissaire de justice est signifié au propriétaire ou au syndic de copropriété au lieu de l'immeuble. Il est obligatoirement repris, pour désigner la fraction, dans l'état descriptif de division ultérieurement porté au fichier immobilier et dans tous les actes ou décisions se rattachant à la procédure de saisie, y compris le jugement définitif d'adjudication.

Art. 71-12 *(Décr. nº 2012-1462 du 26 déc. 2012, art. 25, en vigueur le 1er janv. 2013)* Le dépôt de l'état descriptif de division et de tout acte modificatif est refusé en cas de contravention aux dispositions des articles 71-1 à 71-9.

Sous peine de refus du dépôt, tout extrait, expédition, copie ou bordereau déposé pour l'exécution d'une formalité concernant une fraction d'immeuble doit contenir en plus des références exigées au 2 de l'article 32 :

a) Soit les références (date, volume, numéro) à la formalité donnée à l'acte contenant l'état descriptif de division ou au document analogue en tenant lieu et éventuellement aux actes modificatifs se rapportant aux fractions intéressées ;

b) Soit la déclaration que la publicité de ces documents en sera requise simultanément.

Le dépôt est également refusé si la fraction intéressée n'est pas désignée par le numéro du lot dans lequel cette fraction est comprise.

Art. 71-13 *(Décr. nº 2012-1462 du 26 déc. 2012, art. 25, en vigueur le 1er janv. 2013)* La formalité est rejetée si, après avoir accepté le dépôt d'un document concernant une fraction d'immeuble, le service de la publicité foncière constate :

a) Soit une discordance entre les références (date, volume, numéro) à la formalité donnée à l'un des actes visés au deuxième alinéa de l'article 71-12 et celles contenues dans le document déposé ;

b) Soit une discordance dans la désignation des lots (numéro) entre, d'une part, les énonciations contenues dans le document déposé et, d'autre part, les énonciations correspondantes contenues au tableau établi en exécution des articles 71-5, 71-7 et au dernier alinéa de l'article 71-8.

La même sanction est applicable :

a) Lorsque le service de la publicité foncière constate que l'état descriptif ou l'acte modificatif établi en exécution des articles 71-1, 71-6 et 71-8 utilise des numéros précédemment attribués ;

b) Lorsque, en exécution de l'article 71-8, l'état descriptif ou l'acte modificatif ne tient pas compte de la division ou d'une modification antérieure des lots.

Art. 72 Lorsque, dans un acte authentique intervenu, une décision judiciaire devenue définitive, une attestation de décès survenu, un acte sous seings privés ayant acquis date certaine, avant le 1er janvier 1956, ou dans l'acte dressé spécialement pour constater son dépôt en l'étude d'un notaire, la désignation des parties et des immeubles n'est pas faite conformément aux prescriptions du premier alinéa *(Décr. nº 98-553 du 3 juill. 1998)* « de l'article 5, du 1 de l'article 6 » et des *(Décr. nº 59-90 du 7 janv. 1959)* « trois premiers alinéas » de l'article 7 du décret du 4 janvier 1955, l'expédition, l'extrait littéral ou la copie conservé *(Décr. nº 2012-1462 du 26 déc. 2012, art. 36, en vigueur le 1er janv. 2013)* « dans les registres du service de la publicité foncière » doit, si la publication est requise à partir du 1er janvier 1956, être complété par cette désignation. Celle-ci doit figurer à la suite du certificat de *(Décr. nº 98-553 du 3 juill. 1998)* « conformité » et être établie par le signataire dudit certificat ou du certificat d'identité.

(Décr. nº 59-90 du 7 janv. 1959 ; Décr. nº 2012-1462 du 26 déc. 2012, art. 26, en vigueur le 1er janv. 2013) « L'identité des parties est certifiée dans les conditions prévues aux articles 5 et 6 du décret précité, sous peine de refus du dépôt ; toutefois, pour les personnes physiques, l'extrait d'acte de naissance — dans les cas où une condition de date est exigée — ou l'extrait d'acte de mariage au vu duquel est certifiée leur identité doit avoir moins de six mois de date au jour où la publication est requise. »

Un extrait cadastral ayant moins de *(Décr. nº 98-553 du 3 juill. 1998)* « six mois » de date au jour où la publicité est requise est, sous peine de refus de la formalité, remis *(Décr. nº 2012-1462 du 26 déc. 2012, art. 36, en vigueur le 1er janv. 2013)* « au service de la publicité foncière », s'il s'agit d'immeubles situés dans une commune où le cadastre est rénové et faisant l'objet d'un acte ou d'une décision judiciaire translatif, déclaratif, constitutif ou extinctif d'un droit de propriété, d'usufruit, d'emphytéose ou de superficie. Si l'acte ou la décision judiciaire ne contient que les désignations cadastrales anciennes des immeubles, soit qu'il ait été dressé à une époque où le cadastre n'était pas encore rénové, soit qu'il n'ait pas été établi conformément aux prescriptions des articles 9 de la loi du 17 mars 1898 et 8 de la loi du 16 avril 1930, soit qu'il n'ait pas été soumis à ces prescriptions, l'extrait, expédition ou copie doit être complété par un tableau indiquant les anciennes et les nouvelles désignations cadastrales et établi au vu d'une table de correspondance délivrée par le service du cadastre. Le cas échéant, l'extrait cadastral énonce que la mutation cadastrale a été antérieurement opérée et qu'il n'y a pas lieu à rédaction de l'extrait sommaire prévu à *(Décr. nº 79-643 du 24 juill. 1979)* « l'article 860 » du code général des impôts.

Art. 73 Sont publiées au fichier immobilier, pour l'information des usagers, par application *(Décr. nº 2018-264 du 9 avr. 2018, art. 2)* « du 2° de l'article 36 » du décret du 4 janvier 1955, les décisions administratives concernant des immeubles déterminés et tendant à limiter l'exercice du droit de propriété ou portant dérogation à des servitudes d'utilité publique.

Il en est ainsi notamment :

(Décr. nº 2012-1462 du 26 déc. 2012, art. 27, en vigueur le 1er janv. 2013) « 1° Du permis d'aménager et du cahier des charges prévus à l'article L. 442-7 du code de l'urbanisme et de leurs modificatifs éventuels ; »

2° Des arrêtés prononçant interdiction d'habiter pris en application de l'article 28 *[art. L. 1331-28]* du code de la santé publique ;

3° Des extraits de la délibération du conseil départemental d'hygiène prévu aux articles 38 et 39 *[art. L. 1331-19 et L. 1331-20]* du code de la santé publique ; mention est faite au fichier immobilier de l'arrêté préfectoral visé à l'article 40 *[art. L. 1331-21]* du même code ;

4° Des arrêtés de péril pris en application des articles 303 à 305 du code de l'urbanisme et de l'habitation *[CCH, art. L. 511-1 à L. 511-3]* ;

5° Des arrêtés accordant le permis de construire à titre précaire par application des articles 93 à 97 du code de l'urbanisme et de l'habitation *[C. urb., art. L. 423-1 à L. 423-5]* ;

6° Des agréments donnés par le ministre de la reconstruction et du logement par application de l'article 3 du décret n° 55-36 du 5 janvier 1955 en vue de la création ou de l'extension d'établissements industriels ;

7° Des décrets de réservation pris en application de l'ordonnance n° 45-2715 du 2 novembre 1945 modifiée tendant à faciliter les opérations de regroupement des locaux administratifs ;

(Décr. n° 2018-264 du 9 avr. 2018, art. 2) « 8° Des extraits des mesures de gel mentionnées à l'article R. 562-4 du code monétaire et financier. Lorsque la mesure prévoit une durée déterminée, celle-ci est inscrite » ;

9° Des extraits des arrêtés préfectoraux prévus à l'article 3 du décret du 30 octobre 1935 portant création des servitudes de visibilité sur les voies publiques *[C. voirie rout., art. L. 114-3]* ;

(Décr. n° 2012-1462 du 26 déc. 2012, art. 27 et 36, en vigueur le 1er janv. 2013) « 10° Des extraits des décrets prévus à l'article 1er du décret n° 58-1316 du 23 décembre 1958 relatif aux servitudes grevant les terrains nécessaires aux routes nationales et aux autoroutes ;

« 11° Des arrêtés prévus à l'article L. 581-4 du code de l'environnement.

« La publicité est assurée au fichier immobilier par le dépôt de deux ampliations » ou copies certifiées conformes des décrets, arrêtés ou décisions, dont l'une est obligatoirement établie sur formule réglementaire pour être conservée et doit comporter la mention de certification de l'identité des parties.

CHAPITRE III. *DISPOSITIONS COMMUNES AUX CHAPITRES I ET II (Décr. n° 67-1252 du 22 déc. 1967).*

SECTION LIMINAIRE. *Modalités du dépôt (Décr. n° 2017-770 du 4 mai 2017)*

Le Décr. n° 2017-770 du 4 mai 2017 s'applique aux documents signés à compter du 1er janv. 2018 (Décr. préc., art. 3).

Art. 73-1 Sous peine du refus du dépôt, les documents établis par acte notarié ou qui requièrent l'intervention d'un notaire dont la liste est fixée par arrêté du ministre chargé du budget sont déposés par les notaires, auprès des services chargés de la publicité foncière dotés d'un fichier immobilier informatisé, par voie électronique au moyen d'une application informatique dédiée.

Le refus de dépôt n'est pas opposé en cas d'indisponibilité du service de télétransmission ne permettant pas de respecter le délai prévu au III de l'article 647 du code général des impôts.

Arrêté du 2 juin 2017,

Définissant le champ d'application de l'obligation faite aux notaires d'effectuer par voie électronique leurs dépôts de documents auprès des services chargés de la publicité foncière.

Art. 1er Les dispositions de l'article 73-1 du décret n° 55-1350 du 14 octobre 1955 s'appliquent aux documents suivants :

1° Les actes de vente, y compris ceux accompagnés d'une déclaration de plus-value immobilière et/ou des taxes prévues aux articles 1529 et 1605 *nonies* du code général des impôts et/ou d'un ou plusieurs documents d'arpentage, à l'exception des actes de vente donnant lieu au dépôt d'une déclaration de taxe sur la valeur ajoutée ;

2° Les actes portant constitution d'une servitude ;

3° Les attestations immobilières après décès ;

4° Les actes rectificatifs et les attestations rectificatives, faisant suite à la notification d'une ou plusieurs causes de rejet ;

5° Les actes portant convention de rechargement d'une hypothèque conventionnelle ;

6° Les actes portant mainlevée d'une inscription et les actes par lesquels le notaire certifie que le créancier a, à la demande du débiteur, donné son accord à la radiation d'une ou plusieurs inscriptions.

(Abrogé par Arr. du 30 avr. 2018) « *Les dispositions du premier alinéa ne s'appliquent pas aux documents visés aux 1° à 6° qui font état d'une ou plusieurs dispositions légales d'exonération de droits et de contribution de sécurité immobilière conduisant à une absence totale de perception par le service chargé de la publicité foncière.* » — *Applicable aux documents signés à compter du 1er juin 2018 (Arr. du 30 avr. 2018, art. 2).*

Art. 2 L'application informatique mentionnée à l'article 73-1 du décret n° 55-1350 du 14 octobre 1955 est l'application "Télé@ctes".

Art. 3 Le présent arrêté s'applique aux documents signés à compter du 1er janvier 2018.

SECTION 1. *Refus du dépôt et rejet de la formalité (Décr. n° 67-1252 du 22 déc. 1967).*

Art. 74 *(Décr. n° 98-553 du 3 juill. 1998 ; Décr. n° 2012-1462 du 26 déc. 2012, art. 28 et 36, en vigueur le 1er janv. 2013)* « 1. Lorsqu'il refuse le dépôt de documents, par application, notamment, des articles 2428 et 2430 du code civil, du 2 de l'article 34, du 2 de l'article 34-1 et de l'article 39 du décret n° 55-22 du 4 janvier 1955 modifié, du 1 de l'article 21, des articles 22, 31 et 33, du 2 de l'article 35, du 1 de l'article 38, des articles *(Décr. n° 2008-466 du 19 mai 2008, art. 5)* « 54-1, 57-2, 57-3 et 57-4 », du 1 de l'article 64, de l'article 67-3, de l'article 71-12 *(Décr. n° 2017-770 du 4 mai 2017)* « , de l'article 73-1 » et du 2 de l'article 76 du présent décret, le service de la publicité foncière notifie au déposant, dans le délai maximum de 15 jours à compter de la remise des documents, sa décision datée et signée indiquant les causes de refus relevées. Ce délai est fixé à 8 jours pour les commandements valant saisie et à 1 mois pour les formalités requises en vertu de l'article 2430 du code civil.

« La décision de refus est notifiée par lettre recommandée avec demande d'avis de réception ou remise contre récépissé.

« La notification de la décision de refus du service de la publicité foncière donne lieu à la restitution des documents déposés. »

(Décr. n° 67-1252 du 22 déc. 1967) « 2. Le rejet d'une formalité, prévu notamment *(Décr. n° 98-553 du 3 juill. 1998 ; Décr. n° 2012-1462 du 26 déc. 2012, art. 28, en vigueur le 1er janv. 2013)* « aux articles 2428 du code civil, au 3 de l'article 34 et aux articles 39 et 40 du décret n° 55-22 du 4 janvier 1955 modifié, à l'article 16-1, au 4 de l'article 30, aux articles 31 et 33, au 2 de l'article 35, au 1 de l'article 38, aux 2 et 3 de l'article 55, au 2 de l'article 56, à l'article 57-2, au 1 de l'article 61, au 2 de l'article 64, au 1 de l'article 67, de l'article 71-13 et au 2 de l'article 76 », du présent décret, est prononcé, et la régularisation intervient, selon les modalités fixées par le 3 de l'article 34 du présent décret. »

3. En dehors des cas prévus au 2, les règles du rejet peuvent être appliquées par le *(Décr. n° 2012-1462 du 26 déc. 2012, art. 36, en vigueur le 1er janv. 2013)* « service de la publicité foncière » lorsqu'après l'acceptation du dépôt, il apparaît, au moment de l'annotation de la formalité, que le dépôt aurait dû être refusé.

4. Dans tous les cas où la loi prescrit le refus du dépôt ou le rejet de la formalité, ceux-ci concernent l'ensemble de la formalité dont la publicité est requise, même si les omissions, inexactitudes ou discordances relevées intéressent seulement certaines des mentions ou des parties ou certains des immeubles énoncés dans le document à publier.

(Décr. n° 79-643 du 24 juill. 1979) « Toutefois, en matière d'expropriation pour cause d'utilité publique ou de remembrement opéré par les associations syndicales *(Décr. n° 98-553 du 3 juill. 1998)* « de remembrement ou de reconstruction », le document déposé est considéré, pour l'application du rejet, comme comportant autant de formalités distinctes qu'il y a de propriétaires ou groupes de propriétaires indivis. Il peut, ainsi, donner lieu à des rejets partiels.

Il en est de même en cas d'adjudication par lots et de ventes distinctes réalisées par un seul et même acte ; dans ce cas, le document déposé est considéré comme comportant autant de formalités qu'il y a de lots adjugés ou de ventes distinctes.

D'autre part, dans le cas où un bordereau d'inscription ou la copie d'un commandement valant saisie contient des discordances dans la désignation de certains des immeubles grevés ou saisis avec les énonciations des documents antérieurement publiés, la formalité est acceptée pour les immeubles dont la désignation est conforme, le rejet n'étant prononcé que pour les autres immeubles, à défaut de justification de l'exactitude du bordereau ou de la copie du commandement dans le délai imparti. Le bordereau rectificatif ou le nouveau commandement ne prend effet qu'à la date de son dépôt pour les énonciations du document originaire entachées d'erreurs.

5. La procédure édictée par l'article 26 du décret du 4 janvier 1955 est celle prévue *(Décr. n° 2019-1419 du 20 déc. 2019, art. 13)* « à l'article 481-1 du code de procédure civile ».

V. ndlr ss. art. 60.

SECTION 2. *Pièces justificatives de l'identité des parties. Désignation individuelle des immeubles (Décr. n° 67-1252 du 22 déc. 1967).*

Art. 75 *(Décr. n° 91-25 du 7 janv. 1991)* « 1. Les pièces justificatives susceptibles d'être utilisées pour établir l'identité des parties, outre celle visée au cinquième alinéa de l'article 5 du décret du 4 janvier 1955, sont indiquées au *a* et au *b* ci-après.

« *a)* Pour les personnes nées hors de France, le certificat d'identité est établi indifféremment :

« — au vu d'un extrait de l'acte tenant lieu d'acte de naissance prévu aux articles 98 et 98-2 du code civil, ayant moins de six mois de date au jour de l'acte ou de la décision judiciaire ;

« — au vu, en cas de mariage en France, d'un extrait de l'acte de mariage ayant moins de six mois de date au jour de l'acte ou de la décision judiciaire ;

« — au vu d'un des documents administratifs constatant la naturalisation ;

« — au vu d'un extrait de l'acte de naissance, quelle que soit sa date.

« Dans tous les cas d'impossibilité d'obtenir soit l'extrait d'acte de naissance ayant moins de six mois de date, visé au cinquième alinéa de l'article 5 du décret du 4 janvier 1955, soit une des pièces justificatives énoncées ci-dessus, le certificat d'identité peut être établi au vu d'un passeport, d'une carte d'identité ou d'un acte de notoriété.

« Pour les formalités requises sans le concours du titulaire du droit, en cas d'impossibilité d'obtenir l'une des pièces ci-dessus prévues, le certificat d'identité peut être établi sur la foi des renseignements d'état civil recueillis en application de l'article 50-3 du décret du 4 janvier 1955 ou, à défaut, au vu des informations figurant dans les documents déjà transcrits ou publiés ou dans des actes ou décisions précédemment enregistrés.

« Lorsqu'elle est rédigée en langue étrangère, la pièce justificative de l'identité est accompagnée, s'il y a lieu, d'une traduction certifiée conforme par un traducteur figurant sur une liste d'experts judiciaires. » *— Le Décr. du 7 janv. 1991 est entré en vigueur le 1er mars 1991.*

(Décr. n° 79-643 du 24 juill. 1979) b) Dans les cas où les extraits d'actes de l'état civil sont soumis à une condition de date, le délai de validité s'apprécie, pour les inscriptions d'hypothèques *(Abrogé par Décr. n° 2021-1888 du 29 déc. 2021, art. 5-XVI-24°, à compter du 1er janv. 2022) « ou de privilèges »*, au jour où la publication est requise. Il en est de même pour les actes et conventions visés à l'article 37 du décret du 4 janvier 1955 et pour les actes à établir d'urgence visés à l'article 34 dudit décret, à la condition, en ce qui concerne ces derniers, que les motifs de l'urgence y soient mentionnés.

Pour les décisions judiciaires et les adjudications, le certificat peut être valablement établi au vu d'un extrait ayant moins de six mois de date au jour de la demande en justice, du cahier des charges, et, s'il est judiciaire, de son dépôt, ou du commandement valant saisie ou, en ce qui concerne les adjudicataires, au jour où la publication est requise.

2. Les dispositions *(Décr. n° 98-553 du 3 juill. 1998)* « du 2 de l'article 6 du décret n° 55-22 du 4 janvier 1955 modifié, » relatives à la certification de l'identité des personnes morales sont applicables aux personnes morales dont le siège se trouve dans *(Décr. n° 2012-1462 du 26 déc. 2012, art. 29, en vigueur le 1er janv. 2013)* « la collectivité territoriale de Saint-Pierre-et-Miquelon ».

Art. 76 *(Décr. n° 67-1252 du 22 déc. 1967)* « 1. Dans tous les cas où la désignation des immeubles, faite conformément aux prescriptions *(Décr. n° 2007-201 du 15 févr. 2007)* « du dernier alinéa de l'article 2426 du code civil, du 2 de l'article 34 du décret du 4 janvier 1955 et du 5° du 2 de l'article 55 du présent décret », est complétée par une formule générale de désignation, la publication est censée requise uniquement pour les immeubles individuellement désignés.

« Lorsqu'un acte ou une décision judiciaire soumis à publicité en exécution des articles 28, 35 à 37 et 39 du décret du 4 janvier 1955 contient des dispositions portant sur des biens immobiliers et d'autres dispositions, la publicité n'est censée requise que pour les dispositions portant sur les biens immobiliers.

« Si, dans un tel acte ou décision, des biens autres que des immeubles par nature ou des droits ne portant pas sur des immeubles par nature présentent le caractère immobilier, ce caractère doit être explicitement indiqué dans le document déposé. A défaut, la publicité n'est censée requise qu'en ce qui concerne les autres biens ou droits immobiliers compris dans le document.

« 2. » *(Décr. n° 98-553 du 3 juill. 1998)* « La désignation individuelle des immeubles exigée par les articles 2428, *(Décr. n° 2007-201 du 15 févr. 2007)* « huitième alinéa », 2430, dernier alinéa, du code civil, et le 2 de l'article 34 du décret n° 55-22 du 4 janvier 1955 modifié est faite, conformément aux dispositions de l'article 7 du même décret, par l'indication des éléments suivants :

« *a)* La nature ;

« *b)* La commune de situation ;

« *c)* L'indication de la rue et du numéro ou, à défaut, le lieu-dit ;

« *d)* La section et le numéro du plan cadastral ;

« *e)* La contenance.

« Lorsque le document déposé concerne une fraction d'immeuble, la désignation susvisée doit en outre être complétée par l'indication du numéro de lot et, sous réserve des dispositions *(Décr. n° 2012-1462 du 26 déc. 2012, art. 30, en vigueur le 1er janv. 2013)* « du cinquième alinéa de l'article 71-9 », de la quote-part de parties communes, lorsqu'elle existe ou est déterminée.

« Le refus de dépôt est opposé en cas d'omission, dans la désignation des immeubles, de l'indication de leur commune de situation, de leur désignation cadastrale et, en outre, pour les fractions d'immeubles, du numéro de lot.

« Toute discordance entre les indications relatives à la commune ou à la désignation cadastrale figurant dans le document déposé et ces mêmes indications contenues dans les documents antérieurement publiés au fichier immobilier entraîne le rejet de la formalité.

« La même sanction est applicable aux irrégularités visées *(Décr. n° 2012-1462 du 26 déc. 2012, art. 30, en vigueur le 1er janv. 2013)* « à l'article 71-13 » en ce qui concerne l'identification des fractions d'immeuble. »

(Décr. n° 98-553 du 3 juill. 1998) « 3. » Si le document déposé faisant l'objet d'un seul certificat de *(Décr. n° 98-553 du 3 juill. 1998)* « conformité » reproduit plusieurs fois la désignation des immeubles, seule est retenue, à défaut d'indication contraire expresse portée obligatoirement au pied du document, la désignation figurant la première dans ledit document, même si elle est contenue dans un acte préparatoire non soumis par lui-même à publicité, tel qu'un cahier des charges dont l'expédition précède celle du jugement d'adjudication.

Le *(Décr. n° 2012-1462 du 26 déc. 2012, art. 36, en vigueur le 1er janv. 2013)* « service de la publicité foncière » retient cette désignation pour *(Décr. n° 98-553 du 3 juill. 1998)* « annoter le fichier immobilier » et pour effectuer tous rapprochements prescrits par les articles 23, 34, 36 et 37 soit avec l'extrait d'acte, soit avec les documents antérieurement publiés.

SECTION 3. *Documents et registres (Décr. n° 67-1252 du 22 déc. 1967).*

§ 1. *Formules de publicité*

Art. 76-1 *(Décr. n° 67-1252 du 22 déc. 1967 ; Décr. n° 70-548 du 22 juin 1970 ; Décr. n° 2012-1462 du 26 déc. 2012, art. 36, en vigueur le 1er janv. 2013)* 1. *(Décr. n° 98-553 du 3 juill. 1998)* « Des instructions publiées au *Bulletin officiel des impôts* fixent les modèles des formules visées au 1 des articles 55 et 61 et à l'article 67-3, ainsi que la qualité et la couleur des papiers employés pour leur confection ou leur reproduction. » Ces formules sont mises à la disposition des usagers dans les services de la publicité foncière.

2. Les bordereaux, expéditions, extraits littéraux ou copies déposés doivent, dans tous les cas, être lisibles sans difficulté.

Ils sont établis à la machine à écrire, au moyen d'une encre noire indélébile. Ils peuvent aussi être imprimés en tout ou en partie. Exceptionnellement, ils peuvent être écrits à la main, à l'encre noire indélébile.

Si ces documents sont dactylographiés, les exemplaires destinés à être conservés dans les registres du service de la publicité foncière doivent être obtenus par impression directe, sans interposition d'un papier encre ou papier carbone.

En toute hypothèse, le *(Décr. n° 2004-1159 du 29 oct. 2004, art. 19)* « nom de famille » ou la dénomination des parties doit figurer en lettres majuscules d'imprimerie. Les prénoms sont portés en lettres minuscules.

3. Hors le cas où sont ménagés sur les formules des cadres à remplir conformément aux indications qui y figurent, les bordereaux, expéditions, extraits littéraux ou copies destinés à être conservés dans les registres du service de la publicité foncière doivent comporter, au minimum :

1° Au recto de la page en-tête, 43 lignes de 10,5 cm de longueur, s'ils sont établis à la machine à écrire ou imprimés, et 32 lignes de même longueur s'ils sont écrits à la main ;

2° Aux autres pages, 48 lignes de 15 cm de longueur, s'ils sont établis à la machine à écrire ou imprimés, et 37 lignes de même longueur s'ils sont écrits à la main.

Les titres et les fins d'alinéas sont comptés pour une ligne, quelle que soit leur longueur, ainsi que les interlignes ménagés pour faciliter la lecture.

Dans les expéditions, extraits ou copies d'actes ou de décisions judiciaires soumis à publicité en exécution des articles 28, 35 à 37 et 39 du décret du 4 janvier 1955, les alinéas de la minute ou de l'original doivent être observés ; toutefois, il ne doit pas être laissé d'espaces sans texte, sauf, d'une part, les intervalles normaux entre les paragraphes ou les alinéas et, d'autre part, pour les extraits, ceux qui sont nécessités par l'utilisation des procédés de reproduction agréés.

4. *(Décr. n° 79-643 du 24 juill. 1979 ; Décr. n° 98-553 du 3 juill. 1998)* « Dans tous les bordereaux, expéditions, extraits littéraux ou copies, chaque page de texte est numérotée en haut et à droite. »

Les surcharges et grattages sont interdits ; les erreurs sont rectifiées par des renvois.

Les renvois sont numérotés et inscrits à la suite du texte du bordereau ou de l'expédition, extrait littéral ou copie de l'acte ou de la décision à publier. En aucun cas, ils ne peuvent être portés dans les marges qui sont exclusivement réservées aux annotations du service de la publicité foncière et aux besoins de la reliure.

(Décr. n° 98-553 du 3 juill. 1998) « Le certificat de conformité soit des bordereaux entre eux, soit des expéditions, extraits littéraux ou copies avec la minute ou l'original, indique :

« *a)* Les nom, prénoms, profession et domicile du ou des signataires ;

« *b)* Le nombre de pages utilisées, ainsi que l'approbation et le décompte des renvois et des mots rayés. La signature est toujours manuscrite ; celle d'un officier public est accompagnée de l'empreinte de son sceau.

« Lorsque le document déposé comporte une partie normalisée, dans les conditions fixées par le deuxième alinéa du 1 de l'article 34 du décret n° 55-22 du 4 janvier 1955 modifié, le certificat mentionne également le nombre de pages de cette partie telle qu'elle est définie au 1 de l'article 34-1 du décret précité. »

Art. 76-2 *Abrogé par Décr. n° 98-553 du 3 juill. 1998.*

§ 2. *Classement des documents*

Art. 77 Le *(Décr. n° 2012-1462 du 26 déc. 2012, art. 36, en vigueur le 1er janv. 2013)* « service de la publicité foncière » inscrit en tête de chacun des documents destinés aux archives le numéro et la date de son dépôt.

Il classe ces documents, au fur et à mesure de leur dépôt, dans l'ordre de leur inscription au registre prévu à l'article 2453 du code civil et les réunit en volumes, après avoir donné à chacun d'eux le numéro d'ordre correspondant à son classement. Celui-ci est effectué distinctement :

— pour les formules ou autres documents destinés à publier des actes ou décisions soumis à publicité en exécution des articles 28, 35 à 37 et 39 du décret du 4 janvier 1955, des volumes spéciaux pouvant être constitués, sur l'autorisation du directeur départemental de l'enregistrement, notamment, par les *(Décr. n° 79-643 du 24 juill. 1979)* « procès-verbaux ou arrêtés de remembrement » ;

— pour les copies de commandements valant saisie ;

— *(Décr. n° 67-1252 du 22 déc. 1967)* « pour les bordereaux des inscriptions qui doivent produire effet pendant dix années au plus ;

— « pour les bordereaux des inscriptions qui doivent produire effet pendant plus de dix années ».

Les documents classés provisoirement en attente en exécution du 2e alinéa du 3 de l'article 34 du présent décret et des divers textes qui se réfèrent à cette disposition sont reclassés à leur ordre, lorsqu'ils prennent effet à la date de leur dépôt.

§ 3. *Centres spéciaux d'archives*

....

§ 4. *Reproduction des registres des dépôts*

Art. 77-2 *(Décr. n° 67-1252 du 22 déc. 1967)* La reproduction du registre des dépôts, visée à l'article 2453 (alinéa 3) du code civil, est obtenue *(Décr. n° 98-553 du 3 juill. 1998)* « soit par microfilmage, soit sous la forme de supports magnétiques ou numériques ».

Art. 77-3 *(Décr. n° 2012-1462 du 26 déc. 2012, art. 36, en vigueur le 1er janv. 2013)* 1° L'établissement des reproductions prévues au troisième alinéa de l'article 2453 du code civil est effectué à la diligence de la direction générale des finances publiques.

Les opérations de reproduction ont lieu périodiquement soit sur place au siège des services de la publicité foncière, soit aux chefs-lieux des départements, aux dates fixées par arrêté du directeur général des finances publiques.

Sont reproduits lors de chaque opération tous les enregistrements clôturés depuis la date de l'opération précédente.

Les reproductions sont certifiées conformes aux originaux par le ou les agents assermentés ayant procédé à leur établissement.

2° L'envoi des reproductions aux greffes des juridictions désignées pour les recevoir est assuré par la direction générale des finances publiques.

Le jour de leur réception, le greffier destinataire fait parvenir le récépissé au service expéditeur par lettre recommandée.

3° Les reproductions sont conservées au greffe sous clef ; il est interdit au greffier d'en donner connaissance à toutes personnes autres que les agents de la direction générale des finances publiques.

En cas de destruction d'un enregistrement original, la reproduction est remise contre récépissé à la direction générale des finances publiques en vue du tirage d'une copie. Elle est ensuite renvoyée au greffe intéressé tandis que la copie est adressée au service de la publicité foncière.

En cas de destruction d'une reproduction conservée au greffe, il en est établi une nouvelle à la diligence de la direction générale des finances publiques sur requête adressée à celle-ci par le greffe intéressé.

L'envoi des reproductions et des récépissés est effectué dans les conditions prévues au 2.

Art. 77-4 *Abrogé par Décr. n° 98-553 du 3 juill. 1998.*

....

TITRE III. DISPOSITIONS TRANSITOIRES ET DISPOSITIONS DIVERSES *(Décr. n° 67-1252 du 22 déc. 1967)*.

CHAPITRE I. *DISPOSITIONS TRANSITOIRES (Décr. n° 67-1252 du 22 déc. 1967).*

SECTION 1. *Privilèges et hypothèques (Décr. n° 67-1252 du 22 déc. 1967).*

§ 1. *Bordereaux d'inscription et de renouvellement*

Art. 77-6 *(Décr. n° 67-1252 du 22 déc. 1967 ; Décr. n° 70-548 du 22 juin 1970 ; Décr. n° 2012-1462 du 26 déc. 2012, art. 36, en vigueur le 1er janv. 2013)* Sous réserve de ce qui est dit aux articles 77-7 et 77-8, les dispositions des articles 54-1, 55, 56, 61, 64 et 67 à 67-2, telles qu'elles résultent du décret n° 67-1252 du 22 décembre 1967, s'appliquent à toutes les inscriptions et à tous les renouvellements requis à compter du 1er janvier 1968 alors même que ces formalités seraient motivées par un acte ou un fait juridique antérieur et qu'un délai, non encore expiré à cette date, serait accordé au créancier pour obtenir leur exécution.

Jusqu'à la mise en service des nouvelles formules de bordereaux prévues aux articles 55 (§ 1) et 61 (§ 1), les inscriptions et les renouvellements d'inscriptions sont requis par le dépôt de bordereaux, dûment aménagés, du format et des modèles en usage au 31 décembre 1967. Sous peine de rejet, les créanciers doivent utiliser des formules de couleur blanche pour les inscriptions ou les renouvellements requis jusqu'à une date postérieure de dix années au plus au jour de la formalité et des formules de couleur bulle pour les autres inscriptions ou renouvellements ; toutefois, l'utilisation d'une formule de couleur bulle est obligatoire si le renouvellement concerne une inscription régulièrement requise ou renouvelée par le dépôt d'une formule de cette dernière couleur. Sous la même sanction, les indications qui devraient figurer dans le cadre spécial que comporteront les nouvelles formules sont portées par les requérants en tête des bordereaux dans la partie supérieure du "Cadre réservé au service de la publicité foncière" et séparées du reste de ce cadre par un trait, sous la forme : "l'échéance (ou "la dernière échéance") est (ou "n'est pas") déterminée et future".

L'utilisation des nouvelles formules spéciales deviendra obligatoire, sous peine de rejet de l'inscription, à la date indiquée par l'arrêté du directeur général des finances publiques fixant leurs caractéristiques.

§ 2. *Inscriptions renouvelées en application des articles 9 et 10 de l'ordonnance n° 67-839 du 28 septembre 1967*

Art. 77-7 *(Décr. n° 67-1252 du 22 déc. 1967)* Doivent être renouvelées le 31 décembre 1971 au plus tard pour conserver leur effet au-delà de cette date :

1° Les inscriptions de privilège ou d'hypothèque dispensées du renouvellement décennal, prises antérieurement au 1er janvier 1956 et non encore renouvelées, au 1er janvier 1968, en application des dispositions de l'article 5 du décret n° 55-1683 du 30 décembre 1955 ;

2° Les inscriptions de privilège ou d'hypothèque prises antérieurement au 1er janvier 1956, qui ont été renouvelées postérieurement au 31 décembre 1955 sans que l'identité du propriétaire de l'immeuble grevé au jour de cette formalité ait été certifiée, y compris celles qui étaient dispensées du renouvellement décennal avant le 1er janvier 1956.

Toutefois, les inscriptions qui, en vertu de la législation en vigueur au 31 décembre 1967, auraient été périmées avant le 1er janvier 1972 doivent être renouvelées dans les délais résultant de l'application de cette législation.

Art. 77-8 *(Décr. n° 67-1252 du 22 déc. 1967)* Les renouvellements visés à l'article 77-7 s'opèrent conformément aux dispositions des articles 61 à 66, les renouvellements visés au 2° dudit article 77-7 étant assimilés aux premiers renouvellements requis depuis le 1er janvier 1956 ; néanmoins, les bordereaux contiennent, dans tous les cas, l'indication du capital de la créance et de ses accessoires conservés par l'inscription en renouvellement avec l'évaluation des droits indéterminés, éventuels ou conditionnels.

Les renouvellements ultérieurs des inscriptions ainsi renouvelées sont soumis, à tous égards, aux dispositions du droit commun.

SECTION 2. *Droits sur les immeubles autres que les privilèges et les hypothèques (Décr. n° 67-1252 du 22 déc. 1967).*

Art. 78 *(Décr. n° 73-313 du 14 mars 1973)* Pour les actes, décisions et dispositions qui sont énoncés à l'article 35 du décret du 4 janvier 1955 et qui demeurent soumis aux règles générales de ce décret, sont applicables, sauf indication contraire, jusqu'à une date qui sera fixée par un décret ultérieur, les dispositions transitoires figurant aux articles 79 à 85 du présent décret.

§ 1. *Saisie immobilière*

Art. 79 *(Décr. n° 2006-936 du 27 juill. 2006, art. 148 ; Décr. n° 2012-1462 du 26 déc. 2012, art. 36, en vigueur le 1er janv. 2013)* La publication du commandement de payer valant saisie s'opère par le dépôt, au service de la publicité foncière, de l'original du commandement et d'une copie établie sur formule réglementaire et certifiée conforme par le commissaire de justice.

La preuve, à la charge du créancier poursuivant, du respect du délai de publication ne peut résulter que du document établi par la conservation des hypothèques. • Civ. 2e, 16 oct. 2003, n° 01-11.773 P.

Art. 80 Sont publiés, sous forme de mentions en marge de la copie du commandement valant saisie :

1° *(Décr. n° 2006-936 du 27 juill. 2006, art. 149 ; Décr. n° 2012-1462 du 26 déc. 2012, art. 36, en vigueur le 1er janv. 2013)* « Le refus du service de la publicité foncière » de publier un autre commandement en application de l'article 22 du décret n° 2006-936 du 27 juillet 2006 relatif aux procédures de saisie immobilière et de distribution du prix d'un immeuble ;

« 2° L'assignation à comparaître à l'audience d'orientation et sa dénonciation aux créanciers ;

« 3° Le jugement d'orientation ;

« 4° Le jugement prorogeant le délai d'adjudication ;

« 5° La formalité de publicité de l'acte de vente amiable ou du titre de vente ;

« 6° La publication du jugement ou de l'ordonnance prescrivant la radiation des inscriptions ;

« 7° La radiation ;

« 8° D'une manière générale, les divers actes de la procédure se rattachant au commandement, tels que la subrogation dans les poursuites, le jugement prononçant la distraction de tout ou partie des immeubles, saisis *[,]* etc. »

Art. 80-1 *(Décr. n° 73-313 du 14 mars 1973 ; Décr. n° 98-553 du 3 juill. 1998)* Le renouvellement des saisies antérieures au 1er janvier 1956 et en cours au 16 septembre 1972 — prévu à l'article 4 de la loi n° 72-626 du 5 juillet 1972 — doit intervenir avant le 1er janvier 1974 pour que les commandements ou sommations à tiers détenteur et leur publication produisent effet au-delà du 31 décembre 1973.

Ce renouvellement, qui n'emporte jamais, par lui-même, prorogation du délai de trois ans fixé par l'article 694, alinéa 3, du code de procédure civile *[ancien]*, est refusé si, à la date à laquelle il est requis, la saisie est périmée.

Il s'opère par le dépôt d'une déclaration de renouvellement en deux exemplaires contenant, sous peine de refus :

La déclaration que le renouvellement est requis en application de l'article 4 de la loi précitée et du présent article ;

L'identité du créancier requérant ;

La date du commandement et les références de sa transcription (date, volume, numéro) ;

La désignation actuelle de chacun des immeubles saisis ;

L'identité du propriétaire des mêmes immeubles à la date du renouvellement ;

Un certificat attestant que les deux exemplaires sont conformes l'un à l'autre.

Sous la même sanction, les documents déposés doivent satisfaire aux règles prévues à l'article 63 (§§ 1 et 3) pour la désignation des immeubles ou de leur propriétaire et *(Décr. n° 98-553 du 3 juill. 1998)* « à l'article 76-1 » pour l'établissement des expéditions, extraits ou copies.

Il est, en outre, fait application des articles 4 (§ 2, alinéa 1er), 30 (§ 1, 3 et 4), 31 (alinéa 1er), 64 (§ 2, alinéa 1er), 66, 71, 74, 75, 76 et 77. A cet effet, la déclaration de renouvellement est assimilée, en tant que de besoin, à un bordereau de renouvellement.

§ 2. *Ordonnances d'expropriation pour cause d'utilité publique. Procès-verbaux de réorganisation foncière ou de remembrement rural. Arrêtés en vue du remembrement préalable à la reconstruction. Arrêtés de remembrement urbain*

(Décr. n° 61-376 du 11 avr. 1961 ; Décr. n° 74-203 du 26 févr. 1974).

Art. 81 1. La certification de l'identité des personnes physiques, exigée par l'article 5 du décret du 4 janvier 1955, est faite au vu d'un extrait d'acte de naissance délivré postérieurement :

— *(Décr. n° 59-701 du 6 juin 1959)* « à l'arrêté préfectoral désignant le commissaire enquêteur ou la commission chargée de procéder à l'enquête parcellaire, en matière d'expropriation » ;

— à l'arrêté préfectoral qui fixe les périmètres des opérations, en matière de réorganisation foncière ou de remembrement rural ;

— à l'arrêté constituant l'association syndicale, *(Décr. n° 61-376 du 11 avr. 1961 ; Décr. n° 74-203 du 26 févr. 1974)* « en matière de remembrement préalable à la reconstruction et à l'acte qui constitue, autorise ou institue l'association foncière, en matière de remembrement urbain ».

Les cessions, échanges et remembrements amiables demeurent soumis, en ce qui concerne la certification de l'identité des parties, aux prescriptions de l'article 5 du décret précité.

2. Sont habilités à certifier l'identité des propriétaires, *(Décr. n° 59-90 du 7 janv. 1959)* « en dehors des officiers publics ou ministériels ou des auxiliaires de justice énumérés au deuxième alinéa de l'article 5 du décret du 4 janvier 1955 » :

— les préfets ou les représentants de l'autorité expropriante ;

— les ingénieurs des ponts, des eaux et des forêts et les présidents des commissions communales de réorganisation foncière ou de remembrement ;

— les commissaires au remembrement ;

— *(Décr. n° 74-203 du 26 févr. 1974)* « les présidents des associations foncières urbaines de remembrement ».

Art. 82 1. Lorsque l'autorité administrative n'a pu identifier certaines des parties conformément aux articles 5 et 6 du décret du 4 janvier 1955, il est fait mention, au pied du document à publier, des parties dont l'identification au sens de ces dispositions n'a pu être établie.

Dans ce cas, par dérogation au 2 et au 3 de l'article 34 du décret précité, *(Décr. n° 2012-1462 du 26 déc. 2012, art. 36, en vigueur le 1er janv. 2013)* « le service de la publicité foncière » ne peut refuser le dépôt ni rejeter la formalité pour défaut de la mention de certification de l'identité des parties ou pour omission des énonciations prescrites par les articles 5 et 6 dudit décret.

2. *(Décr. n° 98-553 du 3 juill. 1998)* « Il n'est pas effectué d'annotation au fichier » au nom des parties lorsque celles-ci sont imparfaitement désignées et que le document déposé ne comporte pas le certificat d'identification en ce qui les concerne.

(Décr. n° 98-553 du 3 juill. 1998 ; Décr. n° 2012-1462 du 26 déc. 2012, art. 36, en vigueur le 1er janv. 2013) « En matière de réorganisation foncière ou de remembrement, lorsque le procès-verbal mentionne en regard des nouvelles parcelles attribuées : "attributaire non identifié", aucune formalité de publicité intéressant une de ces parcelles ne peut être ultérieurement requise avant le dépôt d'un nouveau document établi, dans les formes légales, au vu d'un acte de notoriété destiné à rectifier les annotations du fichier immobilier ; une copie sur papier libre de l'acte de notoriété est remise au service de la publicité foncière pour être transmise au service du cadastre. »

Art. 83 *(Décr. n° 59-90 du 7 janv. 1959)* « En cas d'expropriation pour cause d'utilité publique, l'extrait cadastral prévu au dernier alinéa » de l'article 7 du décret du 4 janvier 1955 et délivré par le service départemental du cadastre doit avoir moins de trois mois de date au jour de l'arrêté de cessibilité ou de tout acte en tenant lieu ; il reste valable pour les cessions amiables, même s'il a plus de trois mois de date au jour de l'acte.

§ 3. *Échanges amiables d'immeubles ruraux*

Art. 84 *(Décr. n° 65-713 du 16 août 1965)* « Les dérogations à l'article 4 du décret du 4 janvier 1955, réglant la forme des actes, sont fixées, en matière d'échanges d'immeubles ruraux réalisés dans les conditions de l'*(Décr. n° 98-553 du 3 juill. 1998)* « article L. 124-1 du nouveau code rural, par les articles R. 124-9 et R. 124-10 dudit code ».

« Pour ceux de ces échanges opérés en conformité de l'*(Décr. n° 98-553 du 3 juill. 1998)* « article L. 124-2 » du code précité, » l'extrait cadastral établi dans les conditions fixées à l'article 21 et complété ainsi qu'il est dit à l'article 22 du présent décret pour valoir extrait d'acte (modèle n° 1) doit avoir moins de trois mois de date au jour du dépôt du projet d'acte au secrétariat de la commission départementale.

§ 4. *Règlements de copropriété*

Art. 85 *(Décr. n° 59-90 du 7 janv. 1959)* Lorsque le procès-verbal des délibérations de l'assemblée des copropriétaires prises conformément à l'article 9 de la loi modifiée du 28 juin 1938 *[L. n° 65-557 du 10 juill. 1965]* pour compléter ou modifier le règlement de copropriété n'a pas été dressé en la forme authentique, une copie ou un extrait de ce procès-verbal, certifié conforme par le représentant de la collectivité des copropriétaires est déposé au rang des minutes du notaire détenteur de la minute du règlement de copropriété ; la publication en est assurée par les soins dudit notaire.

L'acte de dépôt contient les références (date, volume, numéro) de la formalité donnée au règlement de copropriété, ainsi que la désignation de l'immeuble.

SECTION 3. *Demandes de renseignements et de copie de documents (Décr. n° 2012-1462 du 26 déc. 2012, art. 31, en vigueur le 1er janv. 2013).*

Art. 85-1 *et* 85-2 *Abrogés par Décr. n° 2012-1462 du 26 déc. 2012, art. 38, à compter du 1er janv. 2013.*

Art. 85-3 *(Décr. n° 67-1252 du 22 déc. 1967 ; Décr. n° 73-313 du 14 mars 1973)* 1. Les dispositions de l'article 44 sont applicables aux inscriptions dont la délivrance est requise à compter du 1er janvier 1968 sous les réserves suivantes :

1° Les inscriptions de privilège ou d'hypothèque opérées avant le 1er janvier 1956 sont réputées intervenues exclusivement du chef de la personne qui, d'après les énonciations du fichier immobilier, y compris éventuellement les éléments extraits des bordereaux eux-mêmes, était propriétaire de l'immeuble grevé à la date de chacun de leurs renouvellements audit fichier immobilier ;

2° Jusqu'à leur renouvellement ou nouveau renouvellement opéré dans les conditions prévues à l'article 77-8, les inscriptions visées à l'article 77-7 et subsistantes continueront d'être délivrées conformément aux règles en vigueur au 31 décembre 1967.

3° Les inscriptions originaires de toute sûreté et les inscriptions définitives de l'hypothèque légale des époux ou d'hypothèque judiciaire opérées sur un immeuble rural situé dans une commune à ancien cadastre contre un précédent propriétaire ne sont pas réputées intervenues du chef du propriétaire de cet immeuble à la date de la formalité d'après les énonciations du fichier immobilier.

2. La distinction faite entre les saisies par *(Décr. 98-553 du 3 juill. 1998)* « l'article *[les articles]* 38-1 » et 40 (paragraphe 2, alinéa 1), tels qu'ils ont été modifiés par l'article 1er du décret n° 73-313 du 14 mars 1973, est applicable aux saisies dont la délivrance est requise postérieurement au 31 décembre 1973.

Pour leur délivrance requise à compter du renouvellement régi par l'article 80-1, les saisies visées à cet article sont réputées intervenues exclusivement du chef du propriétaire des immeubles saisis à la date dudit renouvellement.

Jusqu'à ce renouvellement, les mêmes saisies continuent d'être délivrées conformément aux règles en vigueur avant la publication du décret cité au premier alinéa du présent paragraphe.

(Décr. n° 79-405 du 21 mai 1979) « 3. La portée des inscriptions de privilège ou d'hypothèque et des saisies grevant des lots ayant fait l'objet de modifications visées à l'article 6-1 de la loi n° 65-557 du 10 juillet 1965, telle qu'elle est fixée à l'article 44, n'est prise en considération que pour la délivrance des renseignements requis à compter de l'entrée en vigueur de la loi n° 79-2 du 2 janvier 1979 et, s'il s'agit d'immeubles ruraux situés dans une commune à ancien cadastre, sous les réserves exprimées au 4 de l'article 45. »

Art. 85-4 *(Décr. n° 2012-1462 du 26 déc. 2012, art. 32 et 36, en vigueur le 1er janv. 2013)* 1. Lorsque le ressort d'un service chargé de la publicité foncière est formé en totalité ou en partie de communes provenant d'anciens services dont la circonscription s'étendait sur des départements différents, le service compétent pour délivrer les renseignements portant sur la période antérieure au 1er janvier 1956 et concernant des immeubles situés dans ces communes est désigné par arrêté du ministre chargé du budget.

2. Lorsque le ressort de services chargés de la publicité foncière ayant leur siège dans la même ville est formé de communes provenant de la circonscription d'un même service, un seul d'entre eux peut à titre exceptionnel être habilité par arrêté du ministre chargé du budget à délivrer les renseignements portant sur la période antérieure au 1er janvier 1956 et concernant les immeubles situés dans les communes autres que celles comprises dans son ressort.

3. Pour l'application du 1 et du 2, les modalités de délivrance des renseignements et de copie des documents sont fixées par arrêté conjoint des ministres chargés du budget et de la culture.

Les demandes ainsi que les informations délivrées en réponse à ces demandes doivent en outre comporter l'indication du service chargé de la publicité foncière compétent au moment de l'exécution de la formalité délivrée.

Art. 85-4 *bis* *(Décr. n° 73-313 du 14 mars 1973 ; Décr. n° 2012-1462 du 26 déc. 2012, art. 36, en vigueur le 1er janv. 2013)* Lorsque, du fait d'une fusion, le territoire d'une commune supprimée est détaché du ressort du service chargé de la publicité foncière pour être incorporé à la circonscription du service dont dépend la nouvelle commune, le service qui, avant la publication du procès-verbal du cadastre relatif à la fusion, comprenait la commune supprimée dans son ressort demeure compétent pour délivrer les renseignements concernant les immeubles situés sur le territoire de celle-ci pour la période antérieure au 1er janvier 1956.

La même compétence appartient au service chargé de la publicité foncière dont le ressort est amputé d'une fraction de commune rattachée à une commune dépendant d'un autre service.

La compétence qui appartient à ce service s'étend, en outre, jusqu'à la mise en service du cadastre rénové de la commune amputée d'une fraction de son territoire ou jusqu'à la publication du procès-verbal du cadastre relatif au rattachement selon que la rénovation est intervenue depuis le 1er janvier 1956 ou n'a pas encore été effectuée à la date de ladite publication.

Les dispositions du paragraphe 3 de l'article 85-4 sont applicables à la délivrance des renseignements visés au présent article.

Art. 85-4 *ter* *(Décr. n° 73-313 du 14 mars 1973 ; Décr. n° 2012-1462 du 26 déc. 2012, art. 36, en vigueur le 1er janv. 2013)* Pour tenir compte de circonstances particulières résultant soit de fusions ou d'autres modifications des limites territoriales de communes antérieures à l'entrée en vigueur du décret n° 73-313 du 14 mars 1973, soit de l'existence d'archives hypothécaires communes à plusieurs services chargés de la publicité foncière, des aménagements peuvent être apportés, à titre exceptionnel, aux règles de compétence fixées par les articles 85-4 et 85-4 *bis* ou conformément à leurs dispositions.

Ces aménagements résultent d'un arrêté du ministre chargé du budget s'ils sont *[ont]* pour effet de restreindre la compétence du service à la date des demandes de renseignements et, dans le cas contraire, d'un arrêté du directeur général des finances publiques.

SECTION 4. *Dispositions communes (Décr. n° 67-1252 du 22 déc. 1967).*

Art. 85-5 *(Décr. n° 67-1252 du 22 déc. 1967 ; Décr. n° 70-512 du 12 juin 1970)* 1. Sans préjudice de ce qui est dit aux articles 77-6 et 85-3, les modifications apportées au présent décret par les articles 1er et 3 à 23 du décret n° 67-1252 du 22 décembre 1967 prennent effet à compter du 1er janvier 1968.

Dans tous les cas où les nouvelles dispositions du présent décret se réfèrent à un arrêté, les dispositions de l'arrêté en vigueur au 31 décembre 1967 demeurent applicables tant qu'un nouvel arrêté n'est pas intervenu.

(Décr. n° 73-313 du 14 mars 1973) « 2. Sous réserve des dispositions de l'article 85-3, paragraphe 2, alinéa 1, les modifications apportées aux articles 42-1, 44, 57 et 85-3 (§ 1, 3°) du présent décret par le décret n° 73-313 du 14 mars 1973 prennent effet le premier jour du deuxième mois suivant la publication de ce dernier texte au *Journal officiel.* »

Art. 85-6 *(Décr. n° 70-512 du 12 juin 1970 ; Décr. n° 2012-1462 du 26 déc. 2012, art. 36, en vigueur le 1er janv. 2013)* A l'égard des actes, décisions judiciaires et bordereaux d'inscription déposés, dans les trois mois suivant sa création ou la modification de son ressort, à l'un des services chargés de la publicité foncière désignés par arrêté du ministre chargé du budget, les délais impartis au service, soit pour notifier une cause de rejet de la formalité, soit pour inviter le signataire du certificat d'identité à fournir la déclaration ou les références exigées en application de l'article 36-3 du présent décret, sont portés à trois mois. — *V. Arr. du 12 juin 1970, art. 3 (JO 19 juin).*

Art. 85-7 *(Décr. n° 73-313 du 14 mars 1973 ; Décr. n° 2012-1462 du 26 déc. 2012, art. 36, en vigueur le 1er janv. 2013)* La prolongation des délais prévus à l'article 85-6 s'applique également à l'égard des actes, décisions judiciaires et bordereaux d'inscription concernant les immeubles visés à l'article 85-4 *bis* et déposés dans les trois mois suivant la publication du procès-verbal du cadastre, relatif à la fusion ou au rattachement, au service chargé de la publicité foncière dont le ressort comprend la nouvelle commune ou la commune à laquelle la portion de territoire a été rattachée.

Art. 85-8 *Abrogé par Décr. n° 98-553 du 3 juill. 1998.*

Art. 85-9 *(Décr. n° 79-643 du 24 juill. 1979 ; Décr. n° 2012-1462 du 26 déc. 2012, art. 29, en vigueur le 1er janv. 2013)* Dans la collectivité territoriale de Saint-Pierre-et-Miquelon, les dispositions réglementaires qui gouvernent les privilèges et hypothèques et la publicité foncière continuent d'être seules applicables jusqu'à la date de la mise en service du cadastre.

A compter de la date de la mise en service susvisée, les dispositions applicables dans ce département sont celles qui sont en vigueur dans les communes à cadastre rénové.

CHAPITRE II. *DISPOSITIONS DIVERSES*

Art. 86 *(Décr. n° 2021-1888 du 29 déc. 2021, art. 5-XVI-25°, en vigueur le 1er janv. 2022)* Si les futurs époux ont stipulé par contrat de mariage la participation aux acquêts, le notaire donne lecture de l'article 2394 du code civil. Mention de cette lecture est faite dans l'acte.

Art. 87 *(Décr. n° 66-596 du 5 août 1966) (Abrogé par Décr. n° 2021-1888 du 29 déc. 2021, art. 5-XVI-26°, à compter du 1er janv. 2022)* « *1. — La première inscription ou l'inscription complémentaire que le* *(Décr. n° 2019-1419 du 20 déc. 2019, art. 13)* « *tribunal judiciaire* » *a ordonné de prendre, en application de l'article 2404 du code civil, sur les immeubles du conjoint doit être requise par le ministère public aussitôt après l'intervention du jugement.* »

2. — Les inscriptions de l'hypothèque légale des personnes en tutelle doivent être requises par le greffier du juge des tutelles aussitôt après l'intervention de la décision du conseil de famille ou du juge prévue à l'article *(Décr. n° 2021-1888 du 29 déc. 2021, art. 5-XVI-26°, en vigueur le 1er janv. 2022)* « 2398 *[ancienne rédaction : 2409]* » du code civil.

V. ndlr ss. art. 60.

Art. 88 *(Décr. n° 66-596 du 5 août 1966)* Il est tenu au parquet près chaque *(Décr. n° 2019-1419 du 20 déc. 2019, art. 13)* « tribunal judiciaire », pour les inscriptions visées au 1 de l'article précédent, et au greffe de chaque juge des tutelles, pour les inscriptions visées au 2 du même article, un registre sur lequel sont portés :

Les inscriptions prises, selon le cas, par le ministère public ou le greffier, avec l'indication de la nature et de la date de la décision qui les a prescrites ;

Les nom, prénoms et domicile des époux, ou ceux des personnes en tutelle, de leurs représentants légaux et subrogés tuteurs ;

La date des renouvellements à opérer et la mention de l'accomplissement de ces formalités ;

Les radiations totales ou partielles ainsi que la nature et la date des actes ou décisions judiciaires qui les justifient.

V. ndlr ss. art. 60.

Art. 89 *Abrogé par Décr. n° 94-1112 du 19 déc. 1994, art. 5.*

Art. 90 *(Décr. n° 67-1252 du 22 déc. 1967)* Sont abrogés à compter du 1er janvier 1968 sans qu'il soit porté atteinte aux effets découlant de leur application antérieure à cette date :

Les décrets nos 55-1346 du 12 octobre 1955, 55-1597 modifié du 7 décembre 1955 et 56-1183 du 15 novembre 1956 ;

Les articles 2 et 3 du décret n° 60-4 du 6 janvier 1960 ;

Et, d'une manière générale, toutes dispositions contraires à celles du présent décret telles qu'elles résultent du décret n° 67-1252 du 22 décembre 1967.

Sont, dès avant la date susvisée, et demeurent abrogés :

Le décret du 29 mars 1918 et les divers textes qui l'ont complété ou modifié ;

Le deuxième alinéa de l'article 1er et l'article 5 du décret du 30 novembre 1920, relatif à la création d'un dépôt des papiers publics à la Guadeloupe ;

Le décret du 28 août 1921 modifié par le décret n° 52-1230 du 13 novembre 1952.

Sur la fusion des formalités de l'enregistrement et de la publicité foncière pour les actes publiés au fichier immobilier, V. CGI, art. 647.

Art. 2475 *Déplacé à l'art. 2463.*

Art. 2476 *Abrogé par Ord. n° 2021-1192 du 15 sept. 2021, art. 24-III, à compter du 1er janv. 2022.*

Art. 2477 *Déplacé à l'art. 2462.*

Art. 2478 à 2487 *Abrogés par Ord. n° 2021-1192 du 15 sept. 2021, art. 24-III, à compter du 1er janv. 2022.*

Art. 2488 *Déplacé à l'art. 2464.*

V. ndlr ss. Chapitre IV.

CHAPITRE III *[ANCIEN]* DES HYPOTHÈQUES *(Ord. n° 2006-346 du 23 mars 2006).*

Le chapitre III du sous-titre III du titre II du livre IV a été profondément modifié par l'Ord. n° 2021-1192 du 15 sept. 2021, art. 15 s. Compte tenu des modifications de plan et déplacements d'articles, la version en vigueur à compter du 1er janv. 2022 dans sa rédaction résultant de l'Ord. préc. figure au-dessus du présent chapitre III ancien.

BIBL. GÉN. ▶ Brémond, *JCP N 2003. 1369 et 1374* (hypothèque et promesse d'hypothèque). – Piedelièvre, *Études Flour, Defrénois, 1979*, p. 367 (efficacité de la garantie hypothécaire). – Vauvillé et Coquema, *Dr. et patr. 6/2001. 56 et 61* (hypothèque et procédure collective). ▶ Dossier, *Dr. et patr. 11/2005. 55* (réformer l'hypothèque). – De Ravel d'Esclapon, *D. 2008. Chron. 2021*.

▶ **Réforme du 23 mars 2006 :** Delebecque, *Dossier JCP, supplément au n° 20 du 17 mai 2006, p. 29.* – Dupichot, *D. 2006. 1291* (régime hypothécaire). – Etheve, *LPA 27 mars 2008.* – Grimaldi, *D. 2006. 1294* (hypothèque rechargeable et prêt viager hypothécaire). – Lepeltier, *Dr. et patr. 5/2007. 60.* – Vauvillé, *Defrénois 2007. 1327* (ajustements hypothécaires).

SECTION 1 *[ANCIENNE]* Dispositions générales *(Ord. n° 2006-346 du 23 mars 2006).*

Comp. art. 2386 s.

Ancien art. 2393 ***L'hypothèque est un droit réel sur les immeubles affectés à l'acquittement d'une obligation.***

Elle est, de sa nature, indivisible, et subsiste en entier sur tous les immeubles affectés, sur chacun et sur chaque portion de ces immeubles.

Elle les suit dans quelques mains qu'ils passent. *– Comp. art. 2385.*

Ancien art. 2394 ***L'hypothèque n'a lieu que dans les cas et suivant les formes autorisés par la loi.*** *– [Déplacé art. 2386].*

Ancien art. 2395 ***Elle est ou légale, ou judiciaire, ou conventionnelle.*** *– Comp. art. 2387.*

Ancien art. 2396 *(Décr. n° 55-22 du 4 janv. 1955)* ***L'hypothèque légale est celle qui résulte de la loi.***

L'hypothèque judiciaire est celle qui résulte des jugements.

L'hypothèque conventionnelle est celle qui résulte des conventions.

Ancien art. 2397 ***Sont seuls susceptibles d'hypothèques :***

1° Les biens immobiliers qui sont dans le commerce, et leurs accessoires réputés immeubles ;

2° L'usufruit des mêmes biens et accessoires pendant le temps de sa durée.

(Ord. n° 2006-346 du 23 mars 2006, art. 17) ***« L'hypothèque s'étend aux améliorations qui surviennent à l'immeuble. »*** *– Comp. art. 2388, 2389.*

1. Servitudes. Les servitudes ne sont pas susceptibles d'être hypothéquées isolément. • Paris, 10 mai 1898 : *DP 1898. 2. 497, note Planiol.*

2. Sur les autres droits réels immobiliers, V. notes ss. art. 2388. – Sur l'extension aux accessoires de l'immeuble, V. notes ss. art. 2389.

Ancien art. 2398 ***Les meubles n'ont pas de suite par hypothèque.***

BIBL. ► PUTMAN, *RTD civ. 1994. 543* ✎

Ancien art. 2399 ***Il n'est rien innové par le présent code aux dispositions des lois maritimes concernant les navires et bâtiments de mer.***

Sur l'hypothèque maritime, V. la section 7 du chapitre I du titre IX du code des douanes (C. transp., art. L. 5114-6). **— *C. transp.***

Sur l'hypothèque fluviale, V. C. transp., art. L. 4122-1 s. **— *C. transp.***

Sur l'hypothèque des aéronefs, V. C. transp., art. L. 6122-1 s. **— *C. transp.***

1. Hypothèque maritime : assiette. Le droit de préférence du créancier bénéficiaire d'une hypothèque maritime ne se reporte pas sur le montant de la prime que le propriétaire du navire hypothéqué reçoit après la démolition de celui-ci. L'opération d'arrêt définitif de l'activité d'un navire de pêche par démolition ne s'analyse pas, en l'absence de tout transfert de propriété, en une vente du navire réalisant le gage du créancier hypothécaire et la prime octroyée à cette occasion, si elle représente pour partie la valeur du navire détruit, dès lors qu'elle est fixée *forfaitairement* en fonction de la jauge, ne constitue pas le prix du bâtiment sur lequel s'exerce le droit de préférence du créancier hypothécaire. • Com. 25 juin 1996, n° 94-12.402 P : *R., p. 327 ; D. 1997. Somm. 254, obs. S. Piedelièvre* ✎ *; JCP 1997. I. 3991, n° 24, obs. Simler et Delebecque ; RJ com. 1996. 304, rapp. Rémery.*

2. ... Conflit avec une clause de réserve de propriété. Conflit entre le vendeur d'un moteur de navire avec clause de réserve de propriété et le bénéficiaire d'une hypothèque maritime, tranché au bénéfice du premier. • Com. 15 mars 1994, n° 91-14.375 P.

3. Hypothèque fluviale. À la différence des textes relatifs aux hypothèques et privilèges sur navires et aéronefs, aucune disposition spéciale ne donne priorité aux hypothèques fluviales sur le privilège général mobilier du Trésor public institué par l'art. 1920 CGI. Les privilèges fluviaux, qui prennent rang avant les hypothèques fluviales, ne priment que les seuls privilèges fixés aux art. 2101 et 2102 [anc. 2331 et 2332] C. civ., parmi lesquels ne figurent pas les privilèges fiscaux. • Com. 3 févr. 1998, n° 95-18.690 P : *D. 1998. Somm. 375, obs. S. Piedelièvre* ✎ *; JCP 1998. I. 149, n° 20, obs. Delebecque.*

SECTION 2 *[ANCIENNE]* Des hypothèques légales *(Ord. n° 2006-346 du 23 mars 2006).*

Comp. art. 2392 s.

SOUS-SECTION 1 *[ANCIENNE]* **Dispositions générales** *(Ord. n° 2006-346 du 23 mars 2006).*

Ancien art. 2400 *(Ord. n° 59-71 du 7 janv. 1959)* ***Indépendamment des hypothèques légales résultant d'autres codes ou de lois particulières, les droits et créances auxquels l'hypothèque légale est attribuée sont :***

(L. n° 65-570 du 13 juill. 1965) ***« 1° Ceux d'un époux, sur les biens de l'autre ;***

« 2° Ceux des mineurs ou majeurs en tutelle, sur les biens du tuteur ou de l'administrateur légal ; »

3° Ceux de l'État, des départements, des communes et des établissements publics, sur les biens des receveurs et administrateurs comptables ;

4° Ceux du légataire, sur les biens de la succession, en vertu de l'article 1017 ;

5° Ceux énoncés en l'article 2331, 2°, 3°, 5°, 6°, 7° et 8°. – *V. Décr. n° 55-22 du 4 janv. 1955, art. 31-5, ss. art. 2474.*

Ne sont pas soumis à l'hypothèque légale des mineurs : les biens des tuteurs des pupilles de l'État (CASF, art. L. 224-9, al. 6, ss. anc. art. 487) ; ... les biens du délégué à la tutelle des pupilles de la Nation (code des pensions d'invalidité et des victimes de la guerre, art. 474, D. 1951. 131).

Sur la transformation en hypothèques légales de certains privilèges sur les immeubles, V. Décr. n° 55-22 du 4 janv. 1955, art. 15, ss. art. 2328.

Hypothèque légale des époux : V. notes ss. art. 2403 anc.

Hypothèque légale des personnes en tutelle : V. note ss. art. 2409 anc.

Hypothèque légale du Trésor (art. 1929 *ter* CGI) : nécessité pour l'administration de disposer d'un titre exécutoire. • Com. 3 oct. 2006, n° 04-14.728 P.

Ancien art. 2401 *(L. n° 65-570 du 13 juill. 1965)* ***« Sous réserve tant des exceptions résultant du présent code, d'autres codes ou de lois particulières que du droit pour le débiteur de se prévaloir »*** *(Décr. n° 55-22 du 4 janv. 1955)* ***« des dispositions des articles 2444 et suivants, le créancier bénéficiaire d'une hypothèque légale peut inscrire son droit sur tous les immeubles appartenant actuellement à son débiteur, sauf à se conformer aux dispositions de l'article 2426. Il peut, sous les mêmes réserves, prendre des inscriptions complémentaires sur les immeubles entrés, par la suite, dans le patrimoine de son débiteur. »***

SOUS-SECTION 2 *[ANCIENNE]* **Des règles particulières à l'hypothèque légale des époux** *(Ord. n° 2006-346 du 23 mars 2006).*

Comp. art. 2394 s.

BIBL. GÉN. ▶ PIEDELIÈVRE, *RTD civ. 1968. 229.*

Ancien art. 2402 *(L. n° 65-570 du 13 juill. 1965)* ***Quand les époux ont stipulé la participation aux acquêts, la clause, sauf convention contraire, confère de plein droit à l'un et à l'autre la faculté d'inscrire l'hypothèque légale pour la sûreté de la créance de participation.***

L'inscription pourra être prise avant la dissolution du régime matrimonial, mais elle n'aura d'effet qu'à compter de cette dissolution et à condition que les immeubles sur lesquels elle porte existent à cette date dans le patrimoine de l'époux débiteur.

En cas de liquidation anticipée, l'inscription antérieure à la demande a effet du jour de celle-ci, l'inscription postérieure n'ayant effet que de sa date ainsi qu'il est dit à l'article 2425.

L'inscription pourra également être prise dans l'année qui suivra la dissolution du régime matrimonial ; elle aura alors effet de sa date. – *[Déplacé art. 2394, mod.].*

Ancien art. 2403 *(L. n° 85-1372 du 23 déc. 1985)* ***« Hors le cas de la participation aux acquêts, l'hypothèque légale ne peut être inscrite que par l'intervention de justice, ainsi qu'il est expliqué au présent article et à l'article suivant.***

« Si l'un des époux introduit une demande en justice tendant à faire constater une créance contre son conjoint ou les héritiers de celui-ci, il peut, dès l'introduction de la demande, requérir une inscription provisoire de son hypothèque légale en présentant l'original de l'assignation signifiée ainsi qu'un certificat du greffier qui atteste que la juridiction est saisie de l'affaire. Le même droit lui appartient en cas de demande reconventionnelle, sur présentation d'une copie des conclusions. »

(L. n° 65-570 du 13 juill. 1965) ***L'inscription est valable trois ans et renouvelable. Elle est soumise aux règles des chapitres IV et suivants du présent titre.***

Si la demande est admise, la décision est mentionnée, à la diligence de l'époux demandeur, en marge de l'inscription provisoire, à peine de nullité de cette inscription, dans le mois à dater du

jour où elle est devenue définitive. Elle forme le titre d'une inscription définitive qui se substitue à l'inscription provisoire et dont le rang est fixé à la date de celle-ci. Lorsque le montant du capital de la créance allouée et de ses accessoires excède celui des sommes que conserve l'inscription provisoire, l'excédent ne peut être conservé que par une inscription prise conformément aux dispositions de l'article 2428 et ayant effet de sa date, ainsi qu'il est dit à l'article 2425.

Si la demande est entièrement rejetée, le tribunal, à la requête de l'époux défendeur, ordonne la radiation de l'inscription provisoire.

1. Art. 2403 anc., al. 2 : inscription conservatoire d'hypothèque judiciaire (oui). La disposition de l'art. 2137 [anc. 2402], qui permet à l'époux qui a introduit une demande en justice pour faire constater une créance contre son conjoint ou les héritiers de celui-ci de requérir, sans appréciation judiciaire, une inscription provisoire d'hypothèque légale, ne fait pas obstacle à ce que, quand les conditions en sont remplies, ce même époux recoure à une inscription conservatoire d'hypothèque judiciaire. • Civ. 1re, 31 janv. 1984 : *Defrénois 1984. 925, note Piedelièvre ; RTD civ. 1986. 611, obs. Salvage-Gerest.*

2. Art. 2403 anc., al. 2 : conditions. Les conditions d'application de l'art. 2137 [anc. 2402], al. 2, sont réunies lorsqu'un époux, dans son assignation en divorce, indique qu'il révoque les donations en argent consenties à son épouse pendant le mariage et demande que leur montant soit chiffré. • Civ. 2e, 4 mars 1999, n° 97-11.316 P : *D. 1999. Somm. 302, obs. S. Piedelièvre ; JCP 1999. I. 158, n° 9, obs. Delebecque ; Defrénois 1999. 1364, obs. Champenois ; RTD civ. 2000. 612, obs. Vareille.*

3. La publication des jugements prononçant le divorce et instituant une prestation compensatoire au profit de l'épouse ne peut valoir inscription de l'hypothèque légale de la femme mariée. • Civ. 3e, 13 déc. 2000, n° 99-10.902 P : *JCP 2001. II. 10542, note Casey ; Defrénois 2001. 945, obs. Théry.*

4. Radiation. La radiation de l'inscription d'une hypothèque prise en vertu de l'art. 2137 [2402] ne saurait être ordonnée au seul motif que l'époux créancier ne prouve pas que sa créance n'est pas suffisamment garantie par les saisies conservatoires ordonnées à son profit. • Civ. 2e, 16 oct. 1985, n° 84-12.817 P : *RTD civ. 1986. 613, obs. Salvage-Gerest.*

Ancien art. 2404 (L. n° 65-570 du 13 juill. 1965) *Pareillement si, pendant le mariage, il y a lieu de transférer d'un époux à l'autre l'administration de certains biens, par application de l'article 1426 ou de l'article 1429, le tribunal, soit dans le jugement même qui ordonne le transfert, soit dans un jugement postérieur, peut décider qu'une inscription de l'hypothèque légale sera prise sur les immeubles du conjoint qui aura la charge d'administrer. Dans l'affirmative, il fixe la somme pour laquelle il sera pris inscription et désigne les immeubles qui en seront grevés. Dans la négative, il peut, toutefois, décider que l'inscription de l'hypothèque sera remplacée par la constitution d'un gage, dont il détermine lui-même les conditions.*

Si par la suite, des circonstances nouvelles paraissent l'exiger, le tribunal peut toujours décider, par jugement, qu'il sera pris, soit une première inscription, soit des inscriptions complémentaires ou qu'un gage sera constitué.

Les inscriptions prévues par le présent article sont prises et renouvelées à la requête du ministère public.

Ancien art. 2405 (L. n° 65-570 du 13 juill. 1965) *Quand l'hypothèque légale a été inscrite par application des articles* (L. n° 85-1372 du 23 déc. 1985) *« 2402 ou 2403 », et sauf clause expresse du contrat de mariage l'interdisant, l'époux bénéficiaire de l'inscription peut consentir, au profit des créanciers de l'autre époux ou de ses propres créanciers, une cession de son rang ou une subrogation dans les droits résultant de son inscription.*

Il en est ainsi même en ce qui concerne l'hypothèque légale, ou éventuellement l'hypothèque judiciaire, garantissant la pension alimentaire allouée ou susceptible d'être allouée (L. n° 85-1372 du 23 déc. 1985) *« à un époux, pour lui » ou pour ses enfants.*

Si l'époux bénéficiaire de l'inscription, en refusant de consentir une cession de rang ou subrogation, empêche l'autre époux de faire une constitution d'hypothèque qu'exigerait l'intérêt de la famille ou s'il est hors d'état de manifester sa volonté, les juges pourront autoriser cette cession de rang ou subrogation aux conditions qu'ils estimeront nécessaires à la sauvegarde des droits de l'époux intéressé. Ils ont les mêmes pouvoirs lorsque le contrat de mariage comporte la clause visée au premier alinéa. – [Déplacé art. 2395, mod.].

Ancien art. 2406 (L. n° 65-570 du 13 juill. 1965) *Quand l'hypothèque a été inscrite par application de l'article 2404, la cession de rang ou la subrogation ne peut résulter, pendant la durée du transfert d'administration, que d'un jugement du tribunal qui a ordonné ce transfert.*

Dès la cessation du transfert d'administration, la cession de rang ou la subrogation peut être faite dans les conditions prévues à l'article 2405.

Ancien art. 2407 *(L. nº 65-570 du 13 juill. 1965)* ***Les jugements pris en application des deux articles précédents sont rendus dans les formes réglées par le code de procédure civile.***

Sous réserve des dispositions de l'article 2403, l'hypothèque légale des époux est soumise, pour le renouvellement des inscriptions, aux règles de l'article 2434. *– [Déplacé art. 2396, mod.].*

Ancien art. 2408 *(L. nº 65-570 du 13 juill. 1965)* ***Les dispositions des articles*** *(L. nº 85-1372 du 23 déc. 1985)* ***« 2402 à 2407 » sont portées à la connaissance des époux ou futurs époux dans les conditions fixées par un décret.*** *– [Déplacé art. 2397, mod.].*

SOUS-SECTION 3 *[ANCIENNE]* Des règles particulières à l'hypothèque légale des personnes en tutelle *(Ord. nº 2006-346 du 23 mars 2006).*

Comp. art. 2398 s.

Ancien art. 2409 *(L. nº 64-1230 du 14 déc. 1964)* ***A l'ouverture de toute tutelle, le conseil de famille*** *(L. nº 2007-308 du 5 mars 2007, art. 10, en vigueur le 1er janv. 2009)* ***« ou, à défaut, le juge », après avoir entendu le tuteur, décide si une inscription doit être requise sur les immeubles du tuteur. Dans l'affirmative, il fixe la somme pour laquelle il sera pris inscription et désigne les immeubles qui en seront grevés. Dans la négative, il peut, toutefois, décider que l'inscription de l'hypothèque sera remplacée par la constitution d'un gage, dont il détermine lui-même les conditions.***

Au cours de la tutelle, le conseil de famille *(L. nº 2007-308 du 5 mars 2007, art. 10, en vigueur le 1er janv. 2009)* ***« ou, à défaut, le juge » peut toujours ordonner, lorsque les intérêts du mineur ou du majeur en tutelle paraissent l'exiger, qu'il sera pris, soit une première inscription, soit des inscriptions complémentaires, ou qu'un gage sera constitué.***

(Abrogé par L. nº 2007-308 du 5 mars 2007, art. 10, à compter du 1er janv. 2009) ***« Dans les cas où il y a lieu à l'administration légale selon l'article 389, le juge des tutelles, statuant soit d'office, soit à la requête d'un parent ou allié ou du ministère public, peut pareillement décider qu'une inscription sera prise sur les immeubles de l'administrateur légal, ou que celui-ci devra constituer un gage. »***

Les inscriptions prévues par le présent article sont prises à la requête du greffier du juge des tutelles, et les frais en sont imputés au compte de la tutelle. *– [Déplacé art. 2398, mod.].*

V. Décr. nº 55-1350 du 14 oct. 1955, art. 87 et 88, ss. art. 2474.

V. note ss. art. 2398.

Ancien art. 2410 *(Décr. nº 55-22 du 4 janv. 1955)* ***Le pupille, après sa majorité ou son émancipation, ou le majeur en tutelle, après la mainlevée de la tutelle des majeurs, peut requérir, dans le délai d'un an, l'inscription de son hypothèque légale ou une inscription complémentaire.***

(Ord. nº 59-71 du 7 janv. 1959) ***« Ce droit peut, en outre, être exercé par les héritiers du pupille ou du majeur en tutelle dans le même délai, et, au cas de décès de*** *(L. nº 2007-308 du 5 mars 2007, art. 10, en vigueur le 1er janv. 2009)* ***« la personne protégée » avant cessation de la tutelle ou mainlevée de l'interdiction, dans l'année du décès. »*** *– [Déplacé art. 2399, mod.].*

Ancien art. 2411 *(Décr. nº 55-22 du 4 janv. 1955)* ***Pendant la minorité et la tutelle des majeurs, l'inscription prise en vertu de l'article 2409 doit être renouvelée conformément à l'article 2434 du code civil, par le greffier du tribunal judiciaire.*** *– [Déplacé art. 2400, mod.].*

SECTION 3 *[ANCIENNE]* Des hypothèques judiciaires *(Ord. nº 2006-346 du 23 mars 2006).*

Comp. art. 2401 s.

Ancien art. 2412 *(Décr. nº 55-22 du 4 janv. 1955)* ***L'hypothèque judiciaire résulte des jugements, soit contradictoires, soit par défaut, définitifs ou provisoires, en faveur de celui qui les a obtenus.***

Elle résulte également des *(L. nº 2016-1547 du 18 nov. 2016, art. 11)* ***« sentences arbitrales revêtues de l'exequatur » ainsi que des décisions judiciaires rendues en pays étrangers et déclarées exécutoires par un tribunal français.***

Sous réserve du droit pour le débiteur de se prévaloir, soit en cours d'instance, soit à tout autre moment, des dispositions des articles 2444 et suivants, le créancier qui bénéficie d'une hypothèque judiciaire peut inscrire son droit sur tous les immeubles appartenant actuellement à son débiteur, sauf à se conformer aux dispositions de l'article 2426. Il peut, sous les mêmes réserves, prendre des inscriptions complémentaires sur les immeubles entrés par la suite dans le patrimoine de son débiteur.

Les contraintes décernées pour le recouvrement des cotisations de sécurité sociale et de mutualité sociale agricole confèrent le bénéfice de l'hypothèque judiciaire (CSS, art. L. 244-9 ; C. rur., art. L. 725-3). — ***CSS ; C. rur.*** *— Il en est de même des contraintes décernées pour le recouvrement des contributions à l'assurance chômage et à l'assurance des créances des salariés (C. trav., art. L. 5422-16). —* ***C. trav.***

En ce qui concerne les sûretés judiciaires constituées à titre conservatoire sur les immeubles, fonds de commerce ou valeurs mobilières, V. C. pr. exéc., art. L. 531-1 s. ss. art. 2323 anc.

En ce qui concerne l'hypothèque judiciaire pour le recouvrement des condamnations pécuniaires autres que les amendes pénales, V. Décr. n° 64-1333 du 22 déc. 1964, art. 4, al. 2, ss. art. 2474.

V. notes ss. art. 2401.

SECTION 4 *[ANCIENNE]* **Des hypothèques conventionnelles** *(Ord. n° 2006-346 du 23 mars 2006).*

Comp. art. 2409 s.

BIBL. GÉN. ▶ ALBIGES, *Dr. et patr. 7-8/2006. 74* (hypothèque conventionnelle transfrontalière européenne). – WIEDERKEHR, *Études Jauffret, Fac. droit Aix-Marseille, 1974, p. 661* (pacte commissoire et sûretés conventionnelles).

Ancien art. 2413 ***Les hypothèques conventionnelles ne peuvent être consenties que par ceux qui ont la capacité d'aliéner les immeubles qu'ils y soumettent.***

V. notes ss. art. 2410.

Ancien art. 2414 ***Ceux qui n'ont sur l'immeuble qu'un droit suspendu par une condition, ou résoluble dans certains cas, ou sujet à rescision, ne peuvent consentir qu'une hypothèque soumise aux mêmes conditions ou à la même rescision.***

(Ord. n° 2006-346 du 23 mars 2006, art. 18) ***« L'hypothèque d'un immeuble indivis conserve son effet quel que soit le résultat du partage si elle a été consentie par tous les indivisaires. Dans le cas contraire, elle ne conserve son effet que dans la mesure où l'indivisaire qui l'a consentie est, lors du partage, alloti du ou de ces immeubles indivis ou, lorsque l'immeuble est licité à un tiers, si cet indivisaire est alloti du prix de la licitation.***

« L'hypothèque d'une quote-part dans un ou plusieurs immeubles indivis ne conserve son effet que dans la mesure où l'indivisaire qui l'a consentie est, lors du partage, alloti du ou de ces immeubles indivis ; elle le conserve alors dans toute la mesure de cet allotissement sans être limitée à la quote-part qui appartenait à l'indivisaire qui l'a consentie ; lorsque l'immeuble est licité à un tiers, elle le conserve également si cet indivisaire est alloti du prix de la licitation. » *— [Déplacé art. 2412, mod.].*

V. notes ss. art. 2411 et 2412.

Ancien art. 2415 ***Les biens des mineurs, des majeurs en tutelle, et ceux des absents, tant que la possession n'en est déférée que provisoirement, ne peuvent être hypothéqués que pour les causes et dans les formes établies par la loi ou en vertu de jugements.***

Cautionnement hypothécaire. L'administrateur légal peut, avec l'autorisation du juge des tutelles, faire des actes de disposition et, notamment, grever de droits réels les immeubles du mineur lorsque ces actes sont conformes à l'intérêt de celui-ci. • Civ. 1re, 2 déc. 1997, n° 95-20.198 P : *R., p. 189* et *p. 125, concl. Sainte-Rose ; D. 1998. 469, note Hauser* et *Delmas Saint-Hilaire ; D. 1998. Somm. 303, obs. Vauvillé ; ibid. 378, obs. S. Piedelièvre ; JCP 1998. I. 149, n° 1, obs. Simler ; Defrénois 1998. 727, obs. Massip ; Dr. fam. 1998, n° 31, obs. Fossier ; JCP N 1998. 1046, étude D. Boulanger ; RTD civ. 1998. 342, obs. Hauser.* ♦ Sur les modalités de contestation de la validité d'un cautionnement hypothécaire autorisé par le juge des tutelles : • Montpellier, 18 déc. 1995 : *D. 1996. 553, rapp. Tournier.*

Ancien art. 2416 *(Ord. n° 2006-346 du 23 mars 2006, art. 19)* ***L'hypothèque conventionnelle ne peut être consentie que par acte notarié.***

V. notes ss. art. 2409.

Ancien art. 2417 ***Les contrats passés en pays étranger ne peuvent donner d'hypothèque sur les biens de France, s'il n'y a des dispositions contraires à ce principe dans les lois politiques ou dans les traités.*** *— [Déplacé art. 2413].*

V. note ss. art. 2413.

Ancien art. 2418 (*Décr. nº 55-22 du 4 janv. 1955*) ***La constitution d'une hypothèque conventionnelle n'est valable que si le titre authentique constitutif de la créance ou un acte authentique postérieur déclare spécialement la nature et la situation de chacun des immeubles sur lesquels l'hypothèque est consentie, ainsi qu'il est dit à l'article 2426 ci-après.***

V. note 2 ss. art. 2414.

Ancien art. 2419 (*Ord. nº 2006-346 du 23 mars 2006, art. 20*) ***L'hypothèque ne peut, en principe, être consentie que sur des immeubles présents.***

1. Principe. L'existence, dans la personne de celui qui constitue une hypothèque, d'un droit actuel de propriété sur l'immeuble au moment où il est grevé d'affectation hypothécaire est la condition même de la possibilité légale de cette affectation. • Civ. 24 mai 1892 : *DP 1892. 1. 327.* ♦ Même sens : • Civ. 3e, 7 janv. 1987, nº 85-10.608 P : *Gaz. Pal. 1987. 1. 219, note Piedelièvre.*

2. Sanction : nullité absolue. A son défaut, le contrat d'hypothèque est entaché d'une nullité absolue et l'hypothèque, nulle dans son principe même, ne peut être validée par le fait que le constituant deviendrait ultérieurement propriétaire. • Civ. 24 mai 1892 : *préc. note 1.*

3. Illustration : dation d'immeubles à construire. Nullité de l'affectation hypothécaire par le vendeur d'un terrain de lots à construire prévus à titre de dation en paiement. • Civ. 1re, 15 nov. 1989 : *RDI 1990. 233, obs. Delebecque et Simler*.

4. Cas de la condition résolutoire. L'hypothèque sur les biens à venir est régulièrement constituée par cela seul que, à la date de l'acte constitutif, les biens présents du débiteur avaient été, dans les termes de l'art. 2130 [ancien, qui portait antérieurement la prohibition de l'hypothèque de biens à venir], grevés d'hypothèque, alors même que cette dernière hypothèque disparaîtrait par l'effet d'une condition résolutoire. • Civ. 11 mars 1895 : *DP 1895. 1. 305, note Michel.*

5. Validité de la promesse d'hypothèque. Celui qui n'est pas encore devenu, lors de la signature de l'acte, propriétaire des immeubles devant constituer l'assiette de l'hypothèque peut contracter l'engagement de constituer une hypothèque, engagement qui, créateur d'une simple obligation de faire, n'est pas soumis aux conditions de validité de l'art. 2129 [ancien]. • Civ. 3e, 7 janv. 1987 : *préc. note 1.* ♦ Sur le régime de la promesse d'hypothèque, V. note 2 ss. art. 2409.

Ancien art. 2420 (*Ord. nº 2006-346 du 23 mars 2006, art. 20*) ***Par exception à l'article précédent, l'hypothèque peut être consentie sur des immeubles à venir dans les cas et conditions ci-après :***

1º Celui qui ne possède pas d'immeubles présents et libres ou qui n'en possède pas en quantité suffisante pour la sûreté de la créance peut consentir que chacun de ceux qu'il acquerra par la suite sera affecté au paiement de celle-ci au fur et à mesure de leur acquisition ;

2º Celui dont l'immeuble présent assujetti à l'hypothèque a péri ou subi des dégradations telles qu'il est devenu insuffisant pour la sûreté de la créance le peut pareillement, sans préjudice du droit pour le créancier de poursuivre dès à présent son remboursement ;

3º Celui qui possède un droit actuel lui permettant de construire à son profit sur le fonds d'autrui peut hypothéquer les bâtiments dont la construction est commencée ou simplement projetée ; en cas de destruction de ceux-ci, l'hypothèque est reportée de plein droit sur les nouvelles constructions édifiées au même emplacement.

Si l'hypothèque consentie par exception sur les biens à venir frappe ces biens dès qu'ils sont entrés dans le patrimoine du débiteur, elle ne prend rang que du jour de son inscription et, avant l'acquisition par le débiteur, le créancier qui n'a pas un droit actuel sur l'immeuble ne peut le grever d'une inscription hypothécaire. • Req. 4 mars 1902 : *DP 1902. 1. 214.*

Ancien art. 2421 (*Ord. nº 2006-346 du 23 mars 2006, art. 20*) ***L'hypothèque peut être consentie pour sûreté d'une ou plusieurs créances, présentes ou futures. Si elles sont futures, elles doivent être déterminables.***

La cause en est déterminée dans l'acte. — [Déplacé art. 2415].

Ancien art. 2422 (*L. nº 2014-1545 du 20 déc. 2014, art. 48*) ***L'hypothèque constituée à des fins professionnelles par une personne physique ou morale peut être ultérieurement affectée à la garantie de créances professionnelles autres que celles mentionnées dans l'acte constitutif pourvu que celui-ci le prévoie expressément.***

Le constituant peut alors l'offrir en garantie, dans la limite de la somme prévue dans l'acte constitutif et mentionnée à l'article 2423, non seulement au créancier originaire, mais aussi à un nouveau créancier encore que le premier n'ait pas été payé.

La convention de rechargement qu'il passe soit avec le créancier originaire, soit avec le nouveau créancier revêt la forme notariée.

Elle est publiée, sous la forme prévue à l'article 2430, à peine d'inopposabilité aux tiers.

Sa publication détermine le rang des créanciers bénéficiaires de la même hypothèque.

Sans préjudice du second alinéa de l'article 2424, le présent article est d'ordre public et toute clause contraire à celui-ci est réputée non écrite. – [*Déplacé art. 2416, mod.*].

L'art. 2422, supprimé par la L. n° 2014-344 du 17 mars 2014, a été rétabli par la L. n° 2014-1545 du 20 déc. 2014 (L. préc., art. 48).

BIBL. ▸ V. Bibl. ss. art. 2416.

Ancien art. 2423 *(Ord. n° 2006-346 du 23 mars 2006, art. 20) L'hypothèque est toujours consentie, pour le capital, à hauteur d'une somme déterminée que l'acte notarié mentionne à peine de nullité. Le cas échéant, les parties évaluent à cette fin les rentes, prestations et droits indéterminés, éventuels ou conditionnels. Si la créance est assortie d'une clause de réévaluation, la garantie s'étend à la créance réévaluée, pourvu que l'acte le mentionne.* – *V. L. n° 2007-212 du 20 févr. 2007, art. 10-III, ss. art. 2374.*

L'hypothèque s'étend de plein droit aux intérêts et autres accessoires.

Lorsqu'elle est consentie pour sûreté d'une ou plusieurs créances futures et pour une durée indéterminée, le constituant peut à tout moment la résilier sauf pour lui à respecter un préavis de trois mois. Une fois résiliée, elle ne demeure que pour la garantie des créances nées antérieurement. – [*Déplacé art. 2417, mod.*].

Ancien art. 2424 *(Ord. n° 2006-346 du 23 mars 2006, art. 20) L'hypothèque est transmise de plein droit avec la créance garantie. Le créancier hypothécaire peut subroger un autre créancier dans l'hypothèque et conserver sa créance.*

Il peut aussi, par une cession d'antériorité, céder son rang d'inscription à un créancier de rang postérieur dont il prend la place.

SECTION 5 *[ANCIENNE]* **Du classement des hypothèques** *(Ord. n° 2006-346 du 23 mars 2006).*

Comp. art. 2418.

Ancien art. 2425 *(Décr. n° 55-22 du 4 janv. 1955) Entre les créanciers, l'hypothèque, soit légale, soit judiciaire, soit conventionnelle, n'a rang que du jour de l'inscription prise par le créancier (Ord. n° 2010-638 du 10 juin 2010, art. 11, en vigueur le 1er janv. 2013) « au fichier immobilier », dans la forme et de la manière prescrites par la loi.*

Lorsque plusieurs inscriptions sont requises le même jour relativement au même immeuble, celle qui est requise en vertu du titre portant la date la plus ancienne est réputée d'un rang antérieur, quel que soit l'ordre qui résulte du registre prévu à l'article 2453.

(L. n° 98-261 du 6 avr. 1998) « Toutefois, les inscriptions de séparations de patrimoine prévues par l'article 2383, dans le cas visé au second alinéa de l'article 2386, ainsi que celles des hypothèques légales prévues à l'article 2400, 1°, 2° et 3°, sont réputées d'un rang antérieur à celui de toute inscription d'hypothèque judiciaire ou conventionnelle prise le même jour.

« Si plusieurs inscriptions sont prises le même jour relativement au même immeuble, soit en vertu de titres prévus au deuxième alinéa mais portant la même date, soit au profit de requérants titulaires du privilège et des hypothèques visés par le troisième alinéa, les inscriptions viennent en concurrence quel que soit l'ordre du registre susvisé. » – Les dispositions issues de la loi du 6 avr. 1998 entrent en vigueur le 1er juill. 1998.

(L. n° 2006-1666 du 21 déc. 2006, art. 7-I) « L'inscription de l'hypothèque légale du Trésor ou d'une hypothèque judiciaire conservatoire est réputée d'un rang antérieur à celui conféré à la convention de rechargement lorsque la publicité de cette convention est postérieure à l'inscription de cette hypothèque. »

(L. n° 2006-1640 du 21 déc. 2006, art. 39-I) « Les dispositions du cinquième alinéa s'appliquent à l'inscription de l'hypothèque légale des organismes gestionnaires d'un régime obligatoire de protection sociale. » – Disposition entrant en vigueur le 1er janv. 2007.

L'ordre de préférence entre les créanciers privilégiés ou hypothécaires et les porteurs de warrants, dans la mesure où ces derniers sont gagés sur des biens réputés immeubles, est déterminé par les dates auxquelles les titres respectifs ont été publiés, la publicité des warrants demeurant soumise aux lois spéciales qui les régissent.

BIBL. ▸ **Réforme du 6 avr. 1998 :** P.J.C., *JCP N 1998. 801.*

▸ **Hypothèque rechargeable :** Gourio, *RDBF 2006, n° 5.* – Salvat, *JCP N 2012, n° 1299.*

1. Principe : opposabilité à la date de l'inscription. L'hypothèque prend rang à compter de son inscription et elle est dès ce jour opposable à tous, y compris au tiers qui a acquis le bien qu'elle grève. • Civ. 3e, 1er févr. 2005, n° 02-13.054 P.

2. Inscriptions du même jour. Il résulte de l'application combinée des art. 2285 et 2425 anc., al. 4, C. civ. que, dans le cas où deux inscriptions hypothécaires, prises le même jour sur un même immeuble, viennent en concurrence et où les biens du débiteur sont insuffisants pour remplir leurs titulaires de leurs droits, la répartition des deniers du débiteur se fait par contribution. • Com. 5 mai 2014, n° 14-17.941 P.

3. Cessions d'antériorité. La convention accordant une priorité de rang peut être antérieure à la constitution de l'hypothèque. • Civ. 3e, 19 juin 1979 : *Bull. civ. III, n° 134.* ♦ Mais les cessions d'antériorité de rang d'une hypothèque ne sont opposables aux tiers que si elles ont été publiées au bureau des hypothèques sous forme de mentions en marge des inscriptions existantes. • Civ. 3e, 20 nov. 1973 : *Defrénois 1974. 552, note Frank.* ♦ Par suite, si plusieurs créanciers bénéficiaires de cessions d'antériorité consenties par un même créancier antérieurement inscrit viennent à se trouver en conflit au sujet du jeu de l'antériorité, le droit des bénéficiaires de cessions qui n'auraient pas été mentionnées en marge de l'inscription prise par le cédant sera inopposable aux bénéficiaires de cessions régulièrement mentionnées. • Paris, 18 janv. 1972 : *Gaz. Pal. 1972. 1. 296, concl. Comiti.*

4. Limites. La cession d'antériorité, convenue entre créanciers hypothécaires, n'agit qu'entre eux, sans pouvoir modifier les droits ou les obligations des autres créanciers, ni du débiteur ou de ses coobligés, ni des tiers. Elle n'opère donc que dans la limite de la plus faible des créances. • Civ. 3e, 23 janv. 1973 : *D. 1973. 427, note Frank ; JCP 1975. II. 18032, note Bez.*

5. Renonciation au texte. Une cour d'appel, relevant que les parties, en signant les actes, avaient formellement accepté les obligations qu'ils contenaient, notamment quant au rang des hypothèques, peu important que les deux actes soient du même jour, a caractérisé la renonciation des parties à se prévaloir des dispositions de l'art. 2134. • Civ. 3e, 6 nov. 2002, n° 01-03.798 P : *JCP 2003. I. 176, n° 15, obs. Delebecque ; Defrénois 2003. 788, obs. S. Piedelièvre.*

6. Éviction du texte. Aucune disposition relative au règlement des situations de surendettement des particuliers ne prévoit la possibilité de déroger aux règles de répartition du prix de vente d'un immeuble hypothéqué. • Civ. 1re, 31 mars 1992, n° 91-04.039 P • 9 mars 1994 : *JCP N 1995. II. 69, note Garçon ; RTD com. 1994. 361, obs. Paisant* . ♦ Mais, faute d'avoir été admise, une garantie hypothécaire ne peut être opposée aux autres créanciers hypothécaires inscrits sur l'état des créances approuvé par le juge-commissaire. • Com. 6 juill. 1999, n° 96-21.684 P.

7. Compatibilité avec l'art. 1256 anc. et l'imputation des paiements. Si la règle posée par l'art. 2425 anc. a vocation à régler les conflits pouvant naître entre différents créanciers ayant chacun inscrit une hypothèque sur le même immeuble et privilégie le créancier titulaire de l'hypothèque de premier rang, la prise de rang ne peut cependant permettre à un même créancier qui détient plusieurs créances à l'encontre du propriétaire de l'immeuble de contourner les dispositions de l'art. 1256 [anc.] et de déterminer, à la place du débiteur, la dette que ce dernier a le plus intérêt d'acquitter. • Civ. 3e, 12 juin 2014, n° 13-18.595 P : *D. 2014. 1327 ; Gaz. Pal. 2014. 2213, obs. Mignot ; JCP 2014, n° 1162, note Delebecque ; JCP N 2014, n° 1339, obs. Delebecque.*

CHAPITRE IV *[ABROGÉ]* DE L'INSCRIPTION DES PRIVILÈGES ET DES HYPOTHÈQUES *(Ord. n° 2006-346 du 23 mars 2006).*

(Abrogé par Ord. n° 2021-1192 du 15 sept. 2021, art. 25-I, à compter du 1er janv. 2022)

L'Ord. n° 2021-1192 du 15 sept. 2021, art. 25-II, a abrogé les chapitres IV à VII et le chapitre VIII du sous-titre III du titre II du livre IV [De la propriété cédée à titre de garantie] devient le chapitre IV. Il figure à la suite du chapitre VII abrogé afin de conserver la cohérence de la numérotation.

Comp. art. 2421 s.

SECTION 1 [ABROGÉE] Du mode d'inscription des privilèges et des hypothèques *(Ord. n° 2006-346 du 23 mars 2006).*

(Abrogée par Ord. n° 2021-1192 du 15 sept. 2021, art. 25-I, à compter du 1er janv. 2022)

Ancien art. 2426 *(Abrogé par Ord. n° 2021-1192 du 15 sept. 2021, art. 25-I, à compter du 1er janv. 2022) (Décr. n° 55-22 du 4 janv. 1955)* Sont inscrits *(Ord. n° 2010-638 du 10 juin*

2010, art. 11, en vigueur le 1er janv. 2013) « au service chargé de la publicité foncière » de la situation des biens :

1° Les privilèges sur les immeubles, sous réserve des seules exceptions visées à l'article 2378 ;

2° Les hypothèques légales, judiciaires ou conventionnelles.

L'inscription, qui n'est jamais faite d'office par (Ord. n° 2010-638 du 10 juin 2010, art. 11, en vigueur le 1er janv. 2013) *« ce service », ne peut avoir lieu que pour une somme et sur des immeubles déterminés, dans les conditions fixées par l'article 2428.*

En toute hypothèse, les immeubles sur lesquels l'inscription est requise doivent être individuellement désignés, avec indication de la commune où ils sont situés, à l'exclusion de toute désignation générale, même limitée à une circonscription territoriale donnée. – [Déplacé art. 2421, mod.].

V. notes ss. art. 2421.

Ancien art. 2427 (Abrogé par Ord. n° 2021-1192 du 15 sept. 2021, art. 25-I, à compter du 1er janv. 2022) (Décr. n° 55-22 du 4 janv. 1955) *Les créanciers privilégiés ou hypothécaires ne peuvent prendre utilement inscription sur le précédent propriétaire, à partir de la publication de la mutation opérée au profit d'un tiers. Nonobstant cette publication, le vendeur, le prêteur de deniers pour l'acquisition et le copartageant peuvent utilement inscrire, dans les délais prévus aux articles 2379 et 2381, les privilèges qui leur sont conférés par l'article 2374.*

L'inscription ne produit aucun effet entre les créanciers d'une succession si elle n'a été faite par l'un d'eux que depuis le décès, dans le cas où la succession n'est acceptée (L. n° 2006-728 du 23 juin 2006, art. 29-36°) *« qu'à concurrence de l'actif net » ou est déclarée vacante. Toutefois, les privilèges reconnus au vendeur, au prêteur de deniers pour l'acquisition, au copartageant, ainsi qu'aux créanciers et légataires du défunt, peuvent être inscrits, dans les délais prévus aux articles 2379, 2381 et 2383, nonobstant l'acceptation* (L. n° 2006-728 du 23 juin 2006, art. 29-36°) *« à concurrence de l'actif net » ou la vacance de la succession.* – La loi du 23 juin 2006 entre en vigueur le 1er janv. 2007.

(Ord. n° 2006-346 du 23 mars 2006, art. 22) *« En cas de saisie immobilière ou de procédure de sauvegarde, de redressement judiciaire ou de liquidation judiciaire ou encore en cas de procédure de traitement des situations de surendettement des particuliers, l'inscription des privilèges et hypothèques produit les effets réglés par les dispositions du livre III du code des procédures civiles d'exécution et par celles des titres II, III ou IV du livre sixième du code de commerce.*

« Dans les départements du Bas-Rhin, du Haut-Rhin et de la Moselle, en cas d'exécution forcée immobilière, l'inscription des privilèges et hypothèques produit les effets réglés par les dispositions de la loi du 1er juin 1924. » – [Déplacé art. 2422, mod.].

V. notes ss. art. 2422.

Ancien art. 2428 (Abrogé par Ord. n° 2021-1192 du 15 sept. 2021, art. 25-I, à compter du 1er janv. 2022) (L. n° 98-261 du 6 avr. 1998) *« L'inscription des privilèges et hypothèques est opérée par* (Ord. n° 2010-638 du 10 juin 2010, art. 11, en vigueur le 1er janv. 2013) *« le service chargé de la publicité foncière » sur le dépôt de deux bordereaux datés, signés et certifiés conformes entre eux par le signataire du certificat d'identité prévu* (Décr. n° 2007-201 du 15 févr. 2007) *« aux articles 5 et 6 du décret du 4 janvier 1955 » ; un décret en Conseil d'État détermine les conditions de forme auxquelles le bordereau destiné à être conservé* (Ord. n° 2010-638 du 10 juin 2010, art. 11, en vigueur le 1er janv. 2013) *« par ce service » doit satisfaire. Au cas où l'inscrivant ne se serait pas servi d'une formule réglementaire,* (Ord. n° 2010-638 du 10 juin 2010, art. 11, en vigueur le 1er janv. 2013) *« le service chargé de la publicité foncière » accepterait cependant le dépôt, sous réserve des dispositions de l'avant-dernier alinéa du présent article.*

« Toutefois, pour l'inscription des hypothèques et sûretés judiciaires, le créancier présente en outre, soit par lui-même, soit par un tiers, (Ord. n° 2010-638 du 10 juin 2010, art. 11, en vigueur le 1er janv. 2013) *« audit service » :*

« 1° L'original, une expédition authentique ou un extrait littéral de la décision judiciaire donnant naissance à l'hypothèque, lorsque celle-ci résulte des dispositions de l'article 2412 ;

« 2° L'autorisation du juge, la décision judiciaire ou le titre pour les sûretés judiciaires conservatoires. » – Les dispositions issues de la loi du 6 avr. 1998 entrent en vigueur le 1er juill. 1998.

(Décr. n° 2007-201 du 15 févr. 2007) *« Chacun des bordereaux contient exclusivement les indications et mentions fixées par décret en Conseil d'État. »* – V. Décr. n° 55-1350 du 14 oct. 1955, art. 55, 2, mod. par Décr. n° 2007-201 du 15 févr. 2007, ss. art. 2474.

(L. n° 98-261 du 6 avr. 1998) *« Le dépôt est refusé :*

« 1° A défaut de présentation du titre générateur de la sûreté pour les hypothèques et sûretés judiciaires ;

« 2° A défaut de la mention visée (Décr. n° 2007-201 du 15 févr. 2007) *« de la certification de l'identité des parties prescrite par les articles 5 et 6 du décret du 4 janvier 1955 », ou si les immeubles ne sont pas individuellement désignés, avec indication de la commune où ils sont situés. »*

Si (Ord. n° 2010-638 du 10 juin 2010, art. 11, en vigueur le 1er janv. 2013) *« le service chargé de la publicité foncière », après avoir accepté le dépôt, constate l'omission d'une des mentions prescrites, ou une discordance entre, d'une part, les énonciations relatives à l'identité des parties ou à la désignation des immeubles contenues dans le bordereau, et, d'autre part, ces mêmes énonciations contenues dans les bordereaux ou titres déjà publiés depuis le 1er janvier 1956, la formalité est rejetée, à moins que le requérant ne régularise le bordereau ou qu'il ne produise les justifications établissant son exactitude, auxquels cas la formalité prend rang à la date de la remise du bordereau constatée au registre de dépôts.*

La formalité est également rejetée (L. n° 98-261 du 6 avr. 1998) *« lorsque les bordereaux comportent un montant de créance garantie supérieur à celui figurant dans le titre pour les hypothèques et sûretés judiciaires ainsi que, dans l'hypothèse visée au premier alinéa du présent article, » si le requérant ne substitue pas un nouveau bordereau sur formule réglementaire au bordereau irrégulier en la forme.*

Le décret prévu ci-dessus détermine les modalités du refus du dépôt ou du rejet de la formalité. – [Déplacé art. 2423, mod.].

En ce qui concerne : l'inscription d'hypothèque judiciaire prise à titre conservatoire, V. C. pr. exéc., art. L. 531-1 s. ss. art. 2323 ; ... l'inscription de l'hypothèque sur les biens des bénéficiaires de l'allocation supplémentaire versée par le Fonds national de solidarité, [allocation supplémentaire mentionnée à l'art. L. 815-2 ou à l'art. L. 815-3 CSS], V. CSS, art. R. 815-46 à R. 815-48. — **CSS.**

V. notes ss. art. 2423.

Ancien art. 2429 (Abrogé par Ord. n° 2021-1192 du 15 sept. 2021, art. 25-I, à compter du 1er janv. 2022) (L. n° 79-2 du 2 janv. 1979) *Pour les besoins de leur inscription, les privilèges et hypothèques portant sur des lots dépendant d'un immeuble soumis au statut de la copropriété sont réputés ne pas grever la quote-part de parties communes comprise dans ces lots.*

Néanmoins, les créanciers inscrits exercent leurs droits sur ladite quote-part prise dans sa consistance au moment de la mutation dont le prix forme l'objet de la distribution ; cette quote-part est tenue pour grevée des mêmes sûretés que les parties privatives et de ces seules sûretés. – [Déplacé art. 2424, mod.].

BIBL. ▶ GIVERDON, *RDI 1979. 161.* - THIBIERGE, *Defrénois 1979. 401.*

Ancien art. 2430 (Abrogé par Ord. n° 2021-1192 du 15 sept. 2021, art. 25-I, à compter du 1er janv. 2022) (Décr. n° 55-22 du 4 janv. 1955) *Sont publiées* (Ord. n° 2010-638 du 10 juin 2010, art. 11, en vigueur le 1er janv. 2013) *« au fichier immobilier » sous forme de mentions en marge des inscriptions existantes, les subrogations aux privilèges et hypothèques, mainlevées, réductions, cessions d'antériorité et transferts qui ont été consentis, prorogations de délais, changements de domicile et, d'une manière générale, toutes modifications, notamment dans la personne du créancier bénéficiaire de l'inscription, qui n'ont pas pour effet d'aggraver la situation du débiteur.* – V. Décr. n° 55-1350 du 14 oct. 1955, art. 58, ss. art. 2474.

Il en est de même pour les dispositions par acte entre vifs ou testamentaires, à charge de restitution, portant sur des créances privilégiées ou hypothécaires.

(Ord. n° 2006-346 du 23 mars 2006, art. 24) *« Sont publiées sous la même forme les conventions qui doivent l'être en application de l'article 2422. »*

(Décr. n° 59-89 du 7 janv. 1959) *« Les actes et décisions judiciaires constatant ces différentes conventions ou dispositions et les copies, extraits ou expéditions déposés* (Ord. n° 2010-638 du 10 juin 2010, art. 11, en vigueur le 1er janv. 2013) *« au service chargé de la publicité foncière » en vue de l'exécution des mentions, doivent contenir la désignation des parties conformément au premier alinéa des articles 5 et 6 du décret du 4 janvier 1955.* Cette désignation n'a pas à être *certifiée.*

« En outre, au cas où la modification mentionnée ne porte que sur parties des immeubles grevés, lesdits immeubles doivent, sous peine de refus du dépôt, être individuellement désignés. » – [Déplacé art. 2425, mod.].

V. notes ss. art. 2425.

Ancien art. 2431 *(Abrogé par Ord. n° 2021-1192 du 15 sept. 2021, art. 25-I, à compter du 1er janv. 2022) (L. 1er mars 1918 ; Ord. n° 2010-638 du 10 juin 2010, art. 11, en vigueur le 1er janv. 2013)* ***« Le service chargé de la publicité foncière » fait mention, sur le registre prescrit par l'article 2453 ci-après, du dépôt des bordereaux et remet au requérant tant le titre ou l'expédition du titre que l'un des bordereaux, au pied duquel il mentionne la date du dépôt, le volume et le numéro sous lesquels le bordereau destiné aux archives a été classé.***

La date de l'inscription est déterminée par la mention portée sur le registre des dépôts. – *[Déplacé art. 2426, mod.].*

Ancien art. 2432 *(Abrogé par Ord. n° 2021-1192 du 15 sept. 2021, art. 25-I, à compter du 1er janv. 2022) (Décr. n° 59-89 du 7 janv. 1959)* ***Le créancier privilégié dont le titre a été inscrit, ou le créancier hypothécaire inscrit pour un capital produisant intérêt et arrérages, a le droit d'être colloqué, pour trois années seulement, au même rang que le principal, sans préjudice des inscriptions particulières à prendre, portant hypothèque à compter de leur date, pour les intérêts et arrérages autres que ceux conservés par l'inscription primitive.***

(Ord. n° 2006-346 du 23 mars 2006, art. 25 ; L. n° 2015-992 du 17 août 2015, art. 25) ***« Toutefois, le créancier a le droit d'être colloqué pour la totalité des intérêts, au même rang que le principal, lorsque l'hypothèque a été consentie en garantie du prêt viager défini au I de l'article L. 314-1 du code de la consommation. »*** – *[Déplacé art. 2427, mod.].*

V. notes ss. art. 2427.

Ancien art. 2433 *(Abrogé par Ord. n° 2021-1192 du 15 sept. 2021, art. 25-I, à compter du 1er janv. 2022) (L. du 1er mars 1918)* ***Il est loisible à celui qui a requis une inscription, ainsi qu'à ses représentants ou cessionnaires par acte authentique, de changer*** *(Ord. n° 2010-638 du 10 juin 2010, art. 11, en vigueur le 1er janv. 2013)* ***« au service chargé de la publicité foncière » le domicile par lui élu dans cette inscription, à la charge d'en choisir et indiquer un autre*** *(L. n° 98-261 du 6 avr. 1998)* ***« situé en France métropolitaine, dans les départements d'outre-mer ou dans la collectivité territoriale de Saint-Pierre-et-Miquelon ».*** – *[Déplacé art. 2428].* – *Les dispositions issues de la loi du 6 avr. 1998 entrent en vigueur le 1er juill. 1998.*

BIBL. ▶ **Réforme du 6 avr. 1998 :** P.J.C., *JCP N 1998. 801.*

Ancien art. 2434 *(Abrogé par Ord. n° 2021-1192 du 15 sept. 2021, art. 25-I, à compter du 1er janv. 2022) (Ord. n° 2006-346 du 23 mars 2006, art. 26)* ***L'inscription conserve le privilège ou l'hypothèque jusqu'à la date que fixe le créancier en se conformant aux dispositions qui suivent.***

Si le principal de l'obligation garantie doit être acquitté à une ou plusieurs dates déterminées, la date extrême d'effet de l'inscription prise avant l'échéance ou la dernière échéance prévue est, au plus, postérieure de un an à cette échéance, sans toutefois que la durée de l'inscription puisse excéder cinquante années.

Si l'échéance ou la dernière échéance est indéterminée, notamment dans le cas prévu à l'article L. 314-1 du code de la consommation, ou si l'hypothèque est assortie d'une clause de rechargement prévue à l'article 2422, la durée de l'inscription est au plus de cinquante années au jour de la formalité.

Si l'échéance ou la dernière échéance est antérieure ou concomitante à l'inscription, la durée de l'inscription est au plus de dix années au jour de la formalité.

Lorsque la sûreté garantit plusieurs créances et que celles-ci sont telles que plusieurs des trois alinéas précédents sont applicables, le créancier peut requérir soit, pour chacune d'elles, des inscriptions distinctes, soit une inscription unique pour l'ensemble jusqu'à la date la plus éloignée. Il en est de même lorsque le premier de ces trois alinéas étant seul applicable, les différentes créances ne comportent pas les mêmes échéances ou dernières échéances. – *[Déplacé art. 2429, mod.].*

V. notes ss. art. 2429.

Ancien art. 2435 *(Abrogé par Ord. n° 2021-1192 du 15 sept. 2021, art. 25-I, à compter du 1er janv. 2022) (Ord. n° 67-839 du 28 sept. 1967, art. 2)* ***L'inscription cesse de produire effet si elle n'a pas été renouvelée au plus tard à la date visée au premier alinéa de l'article 2434.***

Chaque renouvellement est requis jusqu'à une date déterminée. Cette date est fixée comme il est dit à l'article 2434 en distinguant suivant que l'échéance ou la dernière échéance, même si elle résulte d'une prorogation de délai, est ou non déterminée et qu'elle est ou non postérieure au jour du renouvellement.

Le renouvellement est obligatoire, dans le cas où l'inscription a produit son effet légal, notamment en cas de réalisation du gage, jusqu'au paiement ou à la consignation du prix. *– [Déplacé art. 2430, mod.].*

V. notes ss. art. 2430.

Ancien art. 2436 *(Abrogé par Ord. n° 2021-1192 du 15 sept. 2021, art. 25-I, à compter du 1er janv. 2022) (Ord. n° 2006-346 du 23 mars 2006, art. 27)* ***Si l'un des délais prévus aux articles 2434 et 2435 n'a pas été respecté, l'inscription n'a pas d'effet au-delà de la date d'expiration de ce délai.*** *– [Déplacé art. 2431, mod.].*

V. notes ss. art. 2431.

Ancien art. 2437 *(Abrogé par Ord. n° 2021-1192 du 15 sept. 2021, art. 25-I, à compter du 1er janv. 2022) (Ord. n° 67-839 du 28 sept. 1967, art. 2)* ***Quand il a été pris inscription provisoire de l'hypothèque légale des époux ou d'hypothèque judiciaire, les dispositions des articles 2434 à 2436 s'appliquent à l'inscription définitive et à son renouvellement. La date retenue pour point de départ des délais est celle de l'inscription définitive ou de son renouvellement.*** *– [Déplacé art. 2432, mod.].*

Ancien art. 2438 *(Abrogé par Ord. n° 2021-1192 du 15 sept. 2021, art. 25-I, à compter du 1er janv. 2022) (Décr. n° 55-22 du 4 janv. 1955)* ***S'il n'y a stipulation contraire, les frais des inscriptions, dont l'avance est faite par l'inscrivant, sont à la charge du débiteur, et les frais de la publicité de l'acte de vente, qui peut être requise par le vendeur en vue de l'inscription en temps utile de son privilège, sont à la charge de l'acquéreur.*** *– [Déplacé art. 2433, mod.].*

Ancien art. 2439 *(Abrogé par Ord. n° 2021-1192 du 15 sept. 2021, art. 25-I, à compter du 1er janv. 2022) (Décr. n° 59-89 du 7 janv. 1959)* ***Les actions auxquelles les inscriptions peuvent donner lieu contre les créanciers seront intentées devant le tribunal compétent, par exploits faits à leur personne, ou au dernier des domiciles par eux élus sur les bordereaux d'inscription, et ce, nonobstant le décès, soit des créanciers, soit de ceux chez lesquels ils auront fait élection de domicile.*** *– [Déplacé art. 2434].*

Sur la péremption de plein droit des inscriptions de privilèges ou d'hypothèques éteints par une ordonnance d'expropriation ou une cession amiable réalisée dans le cadre d'une déclaration d'utilité publique, V. C. expr., art. L. 12-2 et L. 12-3. – ***C. expr.***

SECTION 2 *[ABROGÉE]* De la radiation et de la réduction des inscriptions *(Ord. n° 2006-346 du 23 mars 2006).*

(Abrogée par Ord. n° 2021-1192 du 15 sept. 2021, art. 25-I, à compter du 1er janv. 2022)

SOUS-SECTION 1 *[ABROGÉE]* Dispositions générales *(Ord. n° 2006-346 du 23 mars 2006).*

(Abrogée par Ord. n° 2021-1192 du 15 sept. 2021, art. 25-I, à compter du 1er janv. 2022)

Comp. art. 2435 s.

Ancien art. 2440 *(Abrogé par Ord. n° 2021-1192 du 15 sept. 2021, art. 25-I, à compter du 1er janv. 2022)* ***Les inscriptions sont rayées du consentement des parties intéressées et ayant capacité à cet effet, ou en vertu d'un jugement en dernier ressort ou passé en force de chose jugée.***

(Ord. n° 2006-346 du 23 mars 2006, art. 28) ***« La radiation s'impose au créancier qui n'a pas procédé à la publication, sous forme de mention en marge, prévue au quatrième alinéa de l'article 2422. »*** *– [Déplacé art. 2435, mod.].*

V. notes ss. art. 2435.

Ancien art. 2441 *(Abrogé par Ord. n° 2021-1192 du 15 sept. 2021, art. 25-I, à compter du 1er janv. 2022) (Décr. n° 55-22 du 4 janv. 1955)* ***Dans l'un et l'autre cas, ceux qui requièrent la radiation déposent*** *(Ord. n° 2010-638 du 10 juin 2010, art. 11, en vigueur le 1er janv. 2013)* ***« au service chargé de la publicité foncière » l'expédition de l'acte authentique portant consentement, ou celle du jugement.***

(*Ord. n° 67-839 du 28 sept. 1967*) ***« Aucune pièce justificative n'est exigée à l'appui de l'expédition de l'acte authentique en ce qui concerne les énonciations établissant l'état, la capacité et la qualité des parties, lorsque ces énonciations sont certifiées exactes dans l'acte par le notaire ou l'autorité administrative. »***

(*L. n° 2007-212 du 20 févr. 2007, art. 10-II-2°*) ***« La radiation de l'inscription peut être requise »*** (*Ord. n° 2006-346 du 23 mars 2006, art. 29*) ***« par le dépôt*** (*Ord. n° 2010-638 du 10 juin 2010, art. 11, en vigueur le 1er janv. 2013*) ***« au service chargé de la publicité foncière » d'une copie authentique de l'acte notarié certifiant que le créancier a, à la demande du débiteur, donné son accord à cette radiation ; le contrôle*** (*Ord. n° 2010-638 du 10 juin 2010, art. 11, en vigueur le 1er janv. 2013*) ***« opéré par ce service » se limite à la régularité formelle de l'acte à l'exclusion de sa validité au fond ».*** — *[Déplacé art. 2436].*

V. notes ss. art. 2436.

Ancien art. 2442 (*Abrogé par Ord. n° 2021-1192 du 15 sept. 2021, art. 25-I, à compter du 1er janv. 2022*) ***La radiation non consentie est demandée au tribunal dans le ressort duquel l'inscription a été faite, si ce n'est lorsque cette inscription a eu lieu pour sûreté d'une condamnation éventuelle ou indéterminée, sur l'exécution ou liquidation de laquelle le débiteur et le créancier prétendus sont en instance ou doivent être jugés dans un autre tribunal ; auquel cas la demande en radiation doit y être portée ou renvoyée.***

Cependant la convention faite par le créancier et le débiteur, de porter, en cas de contestation, la demande à un tribunal qu'ils auraient désigné, recevra son exécution entre eux. — *[Déplacé art. 2437].*

Ancien art. 2443 (*Abrogé par Ord. n° 2021-1192 du 15 sept. 2021, art. 25-I, à compter du 1er janv. 2022*) ***La radiation doit être ordonnée par les tribunaux lorsque l'inscription a été faite sans être fondée ni sur la loi, ni sur un titre, ou lorsqu'elle l'a été en vertu d'un titre soit irrégulier, soit éteint ou soldé, ou lorsque les droits de privilège ou d'hypothèque sont effacés par les voies légales.*** — *[Déplacé art. 2438, mod.].*

Ancien art. 2444 (*Abrogé par Ord. n° 2021-1192 du 15 sept. 2021, art. 25-I, à compter du 1er janv. 2022*) (*Décr. n° 55-22 du 4 janv. 1955*) ***Lorsque les inscriptions prises en vertu des articles 2401 et 2412 sont excessives, le débiteur peut demander leur réduction en se conformant aux règles de compétence établies dans l'article 2442.***

Sont réputées excessives les inscriptions qui grèvent plusieurs immeubles lorsque la valeur d'un seul ou de quelques-uns d'entre eux excède une somme égale au double du montant des créances en capital et accessoires légaux, augmenté du tiers de ce montant. — *[Déplacé art. 2439, mod.].*

V. notes ss. art. 2439.

Ancien art. 2445 (*Abrogé par Ord. n° 2021-1192 du 15 sept. 2021, art. 25-I, à compter du 1er janv. 2022*) (*Décr. n° 55-22 du 4 janv. 1955*) ***Peuvent aussi être réduites comme excessives, les inscriptions prises d'après l'évaluation faite par le créancier des créances conditionnelles, éventuelles ou indéterminées dont le montant n'a pas été réglé par la convention.***

L'excès, dans ce cas, est arbitré par les juges, d'après les circonstances, les probabilités et les présomptions de fait, de manière à concilier les droits du créancier avec l'intérêt du crédit à conserver au débiteur, sans préjudice des nouvelles inscriptions à prendre avec hypothèque du jour de leur date, lorsque l'événement aura porté les créances indéterminées à une somme plus forte.

1. Évaluation des créances : pouvoir discrétionnaire. Les juges du fond disposent d'un pouvoir discrétionnaire pour évaluer les créances conditionnelles, éventuelles ou indéterminées servant de base à des inscriptions hypothécaires dont la réduction est demandée. • Civ. 3e, 21 févr. 1984 : *Bull. civ. III, n° 46.*

2. Conditions de la réduction d'assiette. Les juges ne peuvent réduire l'assiette d'une hypothèque prise pour garantir des créances indéterminées qu'après avoir d'une part arbitré, le cas échéant, l'excès de l'évaluation faite dans l'inscription par le créancier, d'autre part constaté que la valeur des immeubles grevés excède le montant estimé par les juges, dans la mesure précisée à l'art. 2161, al. 2. • Civ. 1re, 7 févr. 1979, ☎ n° 77-11.283 P.

SOUS-SECTION 2 *[ABROGÉE]* **Dispositions particulières relatives aux hypothèques des époux et des personnes en tutelle** *(Ord. n° 2006-346 du 23 mars 2006).*

(Abrogée par Ord. n° 2021-1192 du 15 sept. 2021, art. 25-I, à compter du 1er janv. 2022)

Ancien art. 2446 *(Abrogé par Ord. n° 2021-1192 du 15 sept. 2021, art. 25-I, à compter du 1er janv. 2022) (L. n° 65-570 du 13 juill. 1965)* ***Quand l'hypothèque légale a été inscrite par application des articles*** *(L. n° 85-1372 du 23 déc. 1985)* ***« 2402 ou 2403 », et sauf clause expresse du contrat de mariage l'interdisant, l'époux bénéficiaire de l'inscription peut en donner mainlevée totale ou partielle.***

Il en est ainsi même en ce qui concerne l'hypothèque légale, ou éventuellement l'hypothèque judiciaire, garantissant la pension alimentaire allouée ou susceptible d'être allouée *(L. n° 85-1372 du 23 déc. 1985)* ***« à un époux, pour lui » ou pour ses enfants.***

Si l'époux bénéficiaire de l'inscription, en refusant de réduire son hypothèque ou d'en donner mainlevée, empêche l'autre époux de faire une constitution d'hypothèque ou une aliénation qu'exigerait l'intérêt de la famille ou s'il est hors d'état de manifester sa volonté, les juges pourront autoriser cette réduction ou cette mainlevée aux conditions qu'ils estimeront nécessaires à la sauvegarde des droits de l'époux intéressé. Ils ont les mêmes pouvoirs lorsque le contrat de mariage comporte la clause visée au premier alinéa.

Quand l'hypothèque a été inscrite par application de l'article 2404, l'inscription ne peut être rayée ou réduite, pendant la durée du transfert d'administration, qu'en vertu d'un jugement du tribunal qui a ordonné le transfert.

Dès la cessation du transfert d'administration, la radiation ou la réduction peut être faite dans les conditions prévues aux alinéas 1er et 3 ci-dessus. *— [Déplacé art. 2440, mod.]. — V. C. pr. civ., art. 1286 s.*

Ancien art. 2447 *(Abrogé par Ord. n° 2021-1192 du 15 sept. 2021, art. 25-I, à compter du 1er janv. 2022) (L. n° 64-1230 du 14 déc. 1964)* ***Si la valeur des immeubles sur lesquels l'hypothèque du mineur ou du majeur en tutelle a été inscrite excède notablement ce qui est nécessaire pour garantir la gestion du tuteur, celui-ci peut demander au conseil de famille de réduire l'inscription aux immeubles suffisants.***

Il peut pareillement lui demander de réduire l'évaluation qui avait été faite de ses obligations envers le pupille.

L'administrateur légal peut dans les mêmes cas, lorsqu'une inscription a été prise sur ses immeubles en vertu de l'article 2409, demander au juge des tutelles de la réduire, soit quant aux immeubles grevés, soit quant aux sommes garanties.

Le tuteur et l'administrateur légal peuvent en outre, s'il y a lieu, sous l'observation des mêmes conditions, demander la mainlevée totale de l'hypothèque.

La radiation partielle ou totale de l'hypothèque sera faite au vu d'un acte de mainlevée signé par un membre du conseil de famille ayant reçu délégation à cet effet, en ce qui concerne les immeubles du tuteur, et au vu d'une décision du juge des tutelles, en ce qui concerne les immeubles de l'administrateur légal. *— [Déplacé art. 2441, mod.].*

Ancien art. 2448 *(Abrogé par Ord. n° 2021-1192 du 15 sept. 2021, art. 25-I, à compter du 1er janv. 2022) (L. n° 65-570 du 13 juill. 1965)* ***« Les jugements sur les demandes d'un époux, d'un tuteur ou d'un administrateur légal dans les cas prévus aux articles précédents sont rendus dans les formes réglées au code de procédure civile. »***

(Décr. n° 55-22 du 4 janv. 1955) ***Si le tribunal prononce la réduction de l'hypothèque à certains immeubles, les inscriptions prises sur tous les autres sont radiées.*** *— [Déplacé art. 2442].*

SECTION 3 *[ABROGÉE]* **De la publicité des registres et de la responsabilité en matière de publicité foncière** *(Ord. n° 2010-638 du 10 juin 2010, art. 1er, en vigueur le 1er janv. 2013).*

(Abrogée par Ord. n° 2021-1192 du 15 sept. 2021, art. 25-I, à compter du 1er janv. 2022)

Ancien art. 2449 *(Abrogé par Ord. n° 2021-1192 du 15 sept. 2021, art. 25-I, à compter du 1er janv. 2022) (Décr. n° 55-22 du 4 janv. 1955 ; Ord. n° 2010-638 du 10 juin 2010, art. 2, en vigueur le 1er janv. 2013)* ***« Les services chargés de la publicité foncière » sont tenus de délivrer, à tous ceux qui le requièrent, copie ou extrait des documents, autres que les bordereaux d'inscription,*** *(Ord. n° 2010-638 du 10 juin 2010, art. 2, en vigueur le 1er janv. 2013)* ***« qui y sont déposés » dans la limite des cinquante années précédant celle de la réquisition, et copie ou***

extrait des inscriptions subsistantes, (Ord. nº 67-839 du 28 sept. 1967) *« ou certificat qu'il n'existe aucun document ou inscription entrant dans le cadre de la réquisition ».*

Ils sont également tenus de délivrer sur réquisition, dans un délai de dix jours, des copies ou extraits du fichier immobilier (Ord. nº 67-839 du 28 sept. 1967) *« ou certificat qu'il n'existe aucune fiche entrant dans le cadre de la réquisition ».* — [Déplacé art. 2443].

V. note ss. art. 2443.

Ancien art. 2450 (Abrogé par Ord. nº 2021-1192 du 15 sept. 2021, art. 25-I, à compter du 1er janv. 2022) (Ord. nº 2010-638 du 10 juin 2010, art. 3, en vigueur le 1er janv. 2013) *I. — L'État est responsable du préjudice résultant des fautes commises par chaque service chargé de la publicité foncière dans l'exécution de ses attributions, notamment :*

1º Du défaut de publication des actes et décisions judiciaires déposés dans les services chargés de la publicité foncière et des inscriptions requises, toutes les fois que ce défaut de publication ne résulte pas d'une décision de refus ou de rejet ;

2º De l'omission, dans les certificats délivrés par les services chargés de la publicité foncière, d'une ou plusieurs des inscriptions existantes, à moins dans ce dernier cas que l'erreur ne provienne de désignations insuffisantes ou inexactes qui ne pourraient leur être imputées.

II. — L'action en responsabilité de l'État pour les fautes commises par chaque service chargé de la publicité foncière est exercée devant le juge judiciaire et, sous peine de forclusion, dans le délai de dix ans suivant le jour où la faute a été commise. — [Déplacé art. 2444]. — Le tribunal judiciaire de Paris est seul compétent pour connaître de ces actions (COJ, art. R. 211-7-1).

V. note ss. art. 2444.

Ancien art. 2451 (Abrogé par Ord. nº 2021-1192 du 15 sept. 2021, art. 25-I, à compter du 1er janv. 2022) (Ord. nº 67-839 du 28 sept. 1967 ; Ord. nº 2010-638 du 10 juin 2010, art. 4, en vigueur le 1er janv. 2013) *« Lorsque le service chargé de la publicité foncière, délivrant un certificat au nouveau titulaire d'un droit visé à l'article 2476 », omet une inscription de privilège ou d'hypothèque, le droit demeure, dans les mains du nouveau titulaire, affranchi du privilège ou de l'hypothèque non révélé, pourvu que la délivrance du certificat ait été requise par l'intéressé en conséquence de la publication de son titre.* (Ord. nº 2010-638 du 10 juin 2010, art. 4, en vigueur le 1er janv. 2013) *« Sans préjudice de son recours éventuel contre l'État », le créancier bénéficiaire de l'inscription omise ne perd pas le droit de se prévaloir du rang que cette inscription lui confère tant que le prix n'a pas été payé par l'acquéreur ou que l'intervention dans l'ordre ouvert entre les autres créanciers est autorisée.* — [Déplacé art. 2445, mod.].

V. note ss. art. 2445.

Ancien art. 2452 (Abrogé par Ord. nº 2021-1192 du 15 sept. 2021, art. 25-I, à compter du 1er janv. 2022) (Décr. nº 59-89 du 7 janv. 1959) *« En dehors des cas où ils sont fondés à refuser le dépôt ou à rejeter une formalité, conformément aux dispositions législatives ou réglementaires sur la publicité foncière,* (Ord. nº 2010-638 du 10 juin 2010, art. 4, en vigueur le 1er janv. 2013) *« les services chargés de la publicité foncière » ne peuvent refuser ni retarder l'exécution d'une formalité ni la délivrance des documents régulièrement requis », sous peine des dommages et intérêts des parties ; à l'effet de quoi, procès-verbaux des refus ou retardements seront, à la diligence des requérants, dressés sur-le-champ, soit par un juge du tribunal judiciaire, soit par un huissier audiencier du tribunal, soit par un autre huissier ou un notaire assisté de deux témoins.* — [Déplacé art. 2446].

V. notes ss. art. 2446.

Ancien art. 2453 (Abrogé par Ord. nº 2021-1192 du 15 sept. 2021, art. 25-I, à compter du 1er janv. 2022) (Décr. nº 59-89 du 7 janv. 1959) (Ord. nº 2010-638 du 10 juin 2010, art. 4, en vigueur le 1er janv. 2013) *« Les services chargés de la publicité foncière seront tenus d'avoir un registre sur lequel ils inscriront, jour par jour, et par ordre numérique, les remises qui leur seront faites d'actes, décisions judiciaires, bordereaux et, généralement, de documents déposés en vue de l'exécution d'une formalité de publicité.*

« Ils ne pourront exécuter les formalités qu'à la date et dans l'ordre des remises qui leur auront été faites. »

(Décr. nº 60-4 du 6 janv. 1960) *« Chaque année, une reproduction des registres clôturés pendant l'année précédente sera déposée sans frais au greffe d'un* (Ord. nº 2019-964 du 18 sept. 2019, art. 2, en vigueur le 1er janv. 2020) *« tribunal judiciaire » situés dans un arrondissement autre que celui où réside (Ord. n° 2010-638 du 10 juin 2010, art. 4, en vigueur le 1er janv. 2013) « le service chargé de la publicité foncière. »*

*(Décr. n° 55-22 du 4 janv. 1955) **« Le tribunal au greffe duquel sera déposée la reproduction sera désigné par arrêté du ministre de la justice.***

***« Un décret déterminera les modalités d'application du présent article et, notamment, les procédés techniques susceptibles d'être employés pour l'établissement de la reproduction à déposer au greffe. »** — [Déplacé art. 2447].*

Ancien art. 2454 *(Abrogé par Ord. n° 2021-1192 du 15 sept. 2021, art. 25-I, à compter du 1er janv. 2022) (Décr. n° 59-89 du 7 janv. 1959) **Le registre tenu en exécution de l'article précédent est coté et paraphé à chaque page, par première et dernière, par le juge du tribunal judiciaire dans le ressort duquel le bureau est établi. Il est arrêté chaque jour.***

*(L. n° 98-261 du 6 avr. 1998) **« Par dérogation à l'alinéa précédent, un document informatique écrit peut tenir lieu de registre ; dans ce cas, il doit être identifié, numéroté et daté dès son établissement par des moyens offrant toute garantie en matière de preuve. »** — Entrée en vigueur le 1er juill. 1998. — [Déplacé art. 2448].*

BIBL. ▸ Réforme du 6 avr. 1998 : P.J.C., *JCP N 1998. 801.*

Anciens art. 2455 et 2456 *Abrogés par Ord. n° 2010-638 du 10 juin 2010, art. 15, à compter du 1er janv. 2013.*

Ancien art. 2457 *(Abrogé par Ord. n° 2021-1192 du 15 sept. 2021, art. 25-I, à compter du 1er janv. 2022) (L. n° 98-261 du 6 avr. 1998 ; Ord. n° 2010-638 du 10 juin 2010, art. 4, en vigueur le 1er janv. 2013) **Dans les services chargés de la publicité foncière dont le registre est tenu conformément aux dispositions du deuxième alinéa de l'article 2454, il est délivré un certificat des formalités acceptées au dépôt et en instance d'enregistrement au fichier immobilier sur les immeubles individuellement désignés dans la demande de renseignements. Un décret en Conseil d'État précise le contenu de ce certificat.** — Entrée en vigueur le 1er juill. 1998. — [Déplacé art. 2449, mod.]. — V. Décr. n° 55-22 du 4 janv. 1955, art. 8-1, ss. art. 2474.*

BIBL. ▸ Réforme du 6 avr. 1998 : P.J.C., *JCP N 1998. 801.*

CHAPITRE V *[ABROGÉ]* DE L'EFFET DES PRIVILÈGES ET DES HYPOTHÈQUES *(Ord. n° 2006-346 du 23 mars 2006).*

(Abrogé par Ord. n° 2021-1192 du 15 sept. 2021, art. 25-I, à compter du 1er janv. 2022)

Dans le présent chapitre, la division en sections 1 et 2 résultant de l'Ord. n° 2006-346 du 23 mars 2006 est supprimée par la L. n° 2007-212 du 20 févr. 2007, art. 10-II-3°.

Comp. art. 2450 s.

Ancien art. 2458 *(Abrogé par Ord. n° 2021-1192 du 15 sept. 2021, art. 25-I, à compter du 1er janv. 2022) (Ord. n° 2006-346 du 23 mars 2006, art. 30) **A moins qu'il ne poursuive la vente du bien hypothéqué selon les modalités prévues par les lois sur les procédures civiles d'exécution, auxquelles la convention d'hypothèque ne peut déroger, le créancier hypothécaire impayé peut demander en justice que l'immeuble lui demeure en paiement. Cette faculté ne lui est toutefois pas offerte si l'immeuble constitue la résidence principale du débiteur.***

V. note ss. art. 2451.

Ancien art. 2459 *(Abrogé par Ord. n° 2021-1192 du 15 sept. 2021, art. 25-I, à compter du 1er janv. 2022) (Ord. n° 2006-346 du 23 mars 2006, art. 30) **Il peut être convenu dans la convention d'hypothèque que le créancier deviendra propriétaire de l'immeuble hypothéqué. Toutefois, cette clause est sans effet sur l'immeuble qui constitue la résidence principale du débiteur.***

BIBL. ▸ Pacte commissoire : Carbonnel, *JCP E 2007. 2536.* – Hébert, *D. 2007. Chron. 2052.* – Perus, *RLDC 2008/50, n° 3023.*

Ancien art. 2460 *(Abrogé par Ord. n° 2021-1192 du 15 sept. 2021, art. 25-I, à compter du 1er janv. 2022) (Ord. n° 2006-346 du 23 mars 2006, art. 30) **Dans les cas prévus aux deux articles précédents, l'immeuble doit être estimé par expert désigné à l'amiable ou judiciairement.***

Si sa valeur excède le montant de la dette garantie, le créancier doit au débiteur une somme égale à la différence ; s'il existe d'autres créanciers hypothécaires, il la consigne.

Ancien art. 2461 *(Abrogé par Ord. n° 2021-1192 du 15 sept. 2021, art. 25-I, à compter du 1er janv. 2022) (Ord. n° 59-71 du 7 janv. 1959 ; Ord. n° 2006-461 du 21 avr. 2006) **Les***

créanciers ayant privilège ou hypothèque inscrits sur un immeuble, le suivent en quelques mains qu'il passe, pour être » payés suivant l'ordre de leurs créances ou inscriptions.

V. notes ss. art. 2454.

Ancien art. 2462 *(Abrogé par Ord. n° 2021-1192 du 15 sept. 2021, art. 25-I, à compter du 1er janv. 2022)* ***Si le tiers détenteur ne remplit pas les formalités qui seront ci-après établies pour purger sa propriété, il demeure, par l'effet seul des inscriptions, obligé comme détenteur à toutes les dettes hypothécaires, et jouit des termes et délais accordés au débiteur originaire.***

Ancien art. 2463 *(Abrogé par Ord. n° 2021-1192 du 15 sept. 2021, art. 25-I, à compter du 1er janv. 2022)* ***Le tiers détenteur est tenu, dans le même cas, ou de payer tous les intérêts et capitaux exigibles, à quelque somme qu'ils puissent monter, ou de délaisser l'immeuble hypothéqué, sans aucune réserve.***

V. notes 4 et 5 ss. art. 2454.

Ancien art. 2464 *(Abrogé par Ord. n° 2021-1192 du 15 sept. 2021, art. 25-I, à compter du 1er janv. 2022) (Ord. n° 2006-461 du 21 avr. 2006)* ***Faute par le tiers détenteur de satisfaire à l'une de ces obligations, chaque créancier titulaire d'un droit de suite sur l'immeuble a le droit de poursuivre la saisie et la vente de l'immeuble dans les conditions du titre XIX du livre III*** *[C. pr. exéc., Livre III].*

V. notes ss. art. 2456.

Ancien art. 2465 *(Abrogé par Ord. n° 2021-1192 du 15 sept. 2021, art. 25-I, à compter du 1er janv. 2022)* ***Néanmoins le tiers détenteur qui n'est pas personnellement obligé à la dette, peut s'opposer à la vente de l'héritage hypothéqué qui lui a été transmis, s'il est demeuré d'autres immeubles hypothéqués à la même dette dans la possession du principal ou des principaux obligés, et en requérir la discussion préalable selon la forme réglée au titre Du cautionnement : pendant cette discussion, il est sursis à la vente de l'héritage hypothéqué.***

Ancien art. 2466 *(Abrogé par Ord. n° 2021-1192 du 15 sept. 2021, art. 25-I, à compter du 1er janv. 2022)* ***L'exception de discussion ne peut être opposée au créancier privilégié ou ayant hypothèque spéciale sur l'immeuble.***

Ancien art. 2467 *(Abrogé par Ord. n° 2021-1192 du 15 sept. 2021, art. 25-I, à compter du 1er janv. 2022)* ***Quant au délaissement par hypothèque, il peut être fait par tous les tiers détenteurs qui ne sont pas personnellement obligés à la dette, et qui ont la capacité d'aliéner.***

Ancien art. 2468 *(Abrogé par Ord. n° 2021-1192 du 15 sept. 2021, art. 25-I, à compter du 1er janv. 2022)* ***Il peut l'être même après que le tiers détenteur a reconnu l'obligation ou subi condamnation en cette qualité seulement : le délaissement n'empêche pas que, jusqu'à*** *(Ord. n° 2006-461 du 21 avr. 2006)* ***« la vente forcée » le tiers détenteur ne puisse reprendre l'immeuble en payant toute la dette et les frais.***

Ancien art. 2469 *(Abrogé par Ord. n° 2021-1192 du 15 sept. 2021, art. 25-I, à compter du 1er janv. 2022)* ***Le délaissement par hypothèque se fait au greffe du tribunal de la situation des biens : et il en est donné acte par ce tribunal.***

Sur la pétition du plus diligent des intéressés, il est créé à l'immeuble délaissé un curateur sur lequel la vente de l'immeuble est poursuivie dans les formes prescrites pour *(Ord. n° 2006-461 du 21 avr. 2006)* ***« la saisie immobilière ».***

Ancien art. 2470 *(Abrogé par Ord. n° 2021-1192 du 15 sept. 2021, art. 25-I, à compter du 1er janv. 2022)* ***Les détériorations qui procèdent du fait ou de la négligence du tiers détenteur, au préjudice des créanciers hypothécaires ou privilégiés, donnent lieu contre lui à une action en indemnité ; mais il ne peut répéter ses*** *(L. n° 2009-526 du 12 mai 2009, art. 10)* ***« dépenses » et améliorations que jusqu'à concurrence de la plus-value résultant de l'amélioration.***

V. note ss. art. 2457.

Ancien art. 2471 *(Abrogé par Ord. n° 2021-1192 du 15 sept. 2021, art. 25-I, à compter du 1er janv. 2022)* ***Les fruits de l'immeuble hypothéqué ne sont dus par le tiers détenteur qu'à compter du jour de la sommation de payer ou de délaisser, et, si les poursuites commencées ont été abandonnées pendant trois ans, à compter de la nouvelle sommation qui sera faite.***

Ancien art. 2472 *(Abrogé par Ord. n° 2021-1192 du 15 sept. 2021, art. 25-I, à compter du 1er janv. 2022)* ***Les servitudes et droits réels que le tiers détenteur avait sur l'immeuble avant sa***

possession, renaissent après le délaissement ou après (Ord. nº 2006-461 du 21 avr. 2006) *« la vente forcée de l'immeuble ».*

Ses créanciers personnels, après tous ceux qui sont inscrits sur les précédents propriétaires, exercent leur hypothèque à leur rang sur le bien délaissé ou (Ord. nº 2006-461 du 21 avr. 2006) *« vendu ».*

Ancien art. 2473 (Abrogé par Ord. nº 2021-1192 du 15 sept. 2021, art. 25-I, à compter du 1er janv. 2022) ***Le tiers détenteur, qui a payé la dette hypothécaire, ou délaissé l'immeuble hypothéqué, ou subi*** (Ord. nº 2006-461 du 21 avr. 2006) ***« la vente forcée » de cet immeuble, a le recours en garantie, tel que de droit, contre le débiteur principal.***

V. notes ss. art. 2460.

Ancien art. 2474 (Abrogé par Ord. nº 2021-1192 du 15 sept. 2021, art. 25-I, à compter du 1er janv. 2022) ***Le tiers détenteur qui veut purger sa propriété en payant le prix, observe les formalités qui sont établies dans le chapitre VIII*** [VI] ***du présent titre.***

CHAPITRE VI *[ABROGÉ]* DE LA PURGE DES PRIVILÈGES ET DES HYPOTHÈQUES (Ord. nº 2006-346 du 23 mars 2006).

(Abrogé par Ord. nº 2021-1192 du 15 sept. 2021, art. 25-I, à compter du 1er janv. 2022)

Dans le présent chapitre VI, la division en sections 1 et 2 résultant de l'Ord. nº 2006-346 du 23 mars 2006 est supprimée par la L. nº 2007-212 du 20 févr. 2007, art. 10-II-4º.

Comp. art. 2461 s.

Ancien art. 2475 (Abrogé par Ord. nº 2021-1192 du 15 sept. 2021, art. 25-I, à compter du 1er janv. 2022) (Ord. nº 2006-346 du 23 mars 2006, art. 31) ***Lorsque, à l'occasion de la vente d'un immeuble hypothéqué, tous les créanciers inscrits conviennent avec le débiteur que le prix en sera affecté au paiement total ou partiel de leurs créances ou de certaines d'entre elles, ils exercent leur droit de préférence sur le prix et ils peuvent l'opposer à tout cessionnaire comme à tout créancier saisissant de la créance de prix.***

Par l'effet de ce paiement, l'immeuble est purgé du droit de suite attaché à l'hypothèque.

A défaut de l'accord prévu au premier alinéa, il est procédé aux formalités de purge conformément aux articles ci-après. – [Déplacé art. 2463, mod.].

V. notes ss. art. 2463.

Ancien art. 2476 (Abrogé par Ord. nº 2021-1192 du 15 sept. 2021, art. 25-I, à compter du 1er janv. 2022) (Ord. nº 59-71 du 7 janv. 1959) ***Les contrats translatifs de la propriété d'immeubles ou droits réels immobiliers que les tiers détenteurs voudront purger de privilèges et hypothèques, seront publiés*** (Ord. nº 2010-638 du 10 juin 2010, art. 11, en vigueur le 1er janv. 2013) ***« au service chargé de la publicité foncière » de la situation des biens, conformément aux lois et règlements concernant la publicité foncière.***

Ancien art. 2477 (Abrogé par Ord. nº 2021-1192 du 15 sept. 2021, art. 25-I, à compter du 1er janv. 2022) (Ord. nº 59-71 du 7 janv. 1959) ***La simple publication*** (Ord. nº 2010-638 du 10 juin 2010, art. 11, en vigueur le 1er janv. 2013) ***« au service chargé de la publicité foncière » des titres translatifs de propriété ne purge pas les hypothèques et privilèges établis sur l'immeuble.***

Le vendeur ne transmet à l'acquéreur que la propriété et les droits qu'il avait lui-même sur la chose vendue : il les transmet sous l'affectation des mêmes privilèges et hypothèques dont la chose vendue était grevée. – [Déplacé art. 2462, mod.].

V. notes ss. art. 2462.

Ancien art. 2478 (Abrogé par Ord. nº 2021-1192 du 15 sept. 2021, art. 25-I, à compter du 1er janv. 2022) ***Si le nouveau propriétaire veut se garantir de l'effet des poursuites autorisées dans le chapitre VI*** [V] ***du présent titre, il est tenu, soit avant les poursuites, soit dans le mois, au plus tard, à compter de la première sommation qui lui est faite, de notifier aux créanciers, aux domiciles par eux élus dans leurs inscriptions :***

1º Extrait de son titre, contenant seulement la date et la qualité de l'acte, le nom et la désignation précise du vendeur ou du donateur, la nature et la situation de la chose vendue ou donnée ; et, s'il s'agit d'un corps de biens, la dénomination générale seulement du domaine et des

arrondissements dans lesquels il est situé, le prix et les charges faisant partie du prix de la vente, ou l'évaluation de la chose, si elle a été donnée ;

2° Extrait de la (Ord. n° 59-71 du 7 janv. 1959, art. 25) « publication » de l'acte de vente ;

3° (Ord. n° 2006-346 du 23 mars 2006, art. 32) « Un état hypothécaire sommaire sur formalités faisant apparaître les charges réelles qui grèvent l'immeuble ».

1. Hypothèques visées. La procédure de purge s'applique à toutes les hypothèques (en l'espèce, hypothèque de contrainte du droit local). • Civ. 2e, 16 mai 1990, n° 89-14.437 P.

2. Héritier. L'héritier bénéficiaire, n'étant pas tenu sur ses biens personnels, a la faculté de purger les immeubles héréditaires à lui adjugés sur licitation. • Cass., ch. réun., 12 janv. 1876 : *DP 1876. 1. 52, concl. Bédarrides* (litige relatif aux conséquences fiscales du principe).

3. Sommation. La sommation dont parle l'art. 2183, et qui fait courir les délais de purge, est la même que celle dont il est question dans l'art. 2169 [2464 anc.] et qui, comme le commandement au débiteur, doit précéder la saisie. • Req. 25 nov. 1862 : *DP 1863. 1. 209.*

Ancien art. 2479 *(Abrogé par Ord. n° 2021-1192 du 15 sept. 2021, art. 25-I, à compter du 1er janv. 2022) L'acquéreur ou le donataire déclarera, par le même acte, qu'il est prêt à acquitter, sur-le-champ, les dettes et charges hypothécaires, jusqu'à concurrence seulement du prix (Ord. n° 2006-346 du 23 mars 2006, art. 32) « ou, s'il a reçu l'immeuble par donation, de la valeur qu'il a déclarée », sans distinction des dettes exigibles ou non exigibles.*

V. notes ss. art. 2464.

Ancien art. 2480 *(Abrogé par Ord. n° 2021-1192 du 15 sept. 2021, art. 25-I, à compter du 1er janv. 2022) Lorsque le nouveau propriétaire a fait cette notification dans le délai fixé, tout créancier dont le titre est inscrit, peut requérir la mise de l'immeuble aux enchères et adjudications publiques, à la charge :*

1° Que cette réquisition sera signifiée au nouveau propriétaire dans quarante jours, au plus tard, de la notification faite à la requête de ce dernier (Abrogé par Ord. n° 2006-346 du 23 mars 2006, art. 32) « , en y ajoutant deux jours par cinq myriamètres de distance entre le domicile élu et le domicile réel de chaque créancier requérant » ;

2° Qu'elle contiendra soumission du requérant, de porter ou faire porter le prix à un dixième en sus de celui qui aura été stipulé dans le contrat, ou déclaré par le nouveau propriétaire ;

3° Que la même signification sera faite dans le même délai au précédent propriétaire, débiteur principal ;

4° Que l'original et les copies de ces exploits seront signés par le créancier requérant, ou par son fondé de procuration expresse, lequel, en ce cas, est tenu de donner copie de sa procuration ;

5° Qu'il offrira de donner caution jusqu'à concurrence du prix et des charges.

Le tout à peine de nullité.

V. notes ss. art. 2465.

Ancien art. 2481 *(Abrogé par Ord. n° 2021-1192 du 15 sept. 2021, art. 25-I, à compter du 1er janv. 2022) A défaut, par les créanciers, d'avoir requis la mise aux enchères dans le délai et les formes prescrites, la valeur de l'immeuble demeure définitivement fixée au prix stipulé dans le contrat, ou déclaré par le nouveau propriétaire, lequel est, en conséquence, libéré de tout privilège et hypothèque, en payant ledit prix aux créanciers qui seront en ordre de recevoir, ou en le consignant.*

V. notes ss. art. 2465.

Ancien art. 2482 *(Abrogé par Ord. n° 2021-1192 du 15 sept. 2021, art. 25-I, à compter du 1er janv. 2022) En cas de revente sur enchères, elle aura lieu suivant les formes établies pour les (Ord. n° 2006-461 du 21 avr. 2006) « ventes forcées sur saisie immobilière », à la diligence soit du créancier qui l'aura requise, soit du nouveau propriétaire.*

Le poursuivant énoncera dans les affiches le prix stipulé dans le contrat, ou déclaré, et la somme en sus à laquelle le créancier s'est obligé de la porter ou faire porter.

Ancien art. 2483 *(Abrogé par Ord. n° 2021-1192 du 15 sept. 2021, art. 25-I, à compter du 1er janv. 2022) (Ord. n° 59-71 du 7 janv. 1959) L'adjudicataire est tenu, au delà au-delà du prix de son adjudication, de restituer à l'acquéreur ou au donataire dépossédé les frais et loyaux coûts de son contrat, ceux de la publication (Ord. n° 2010-638 du 10 juin 2010, art. 11, en vigueur le 1er janv. 2013) « au fichier immobilier », ceux de notification et ceux faits par lui pour parvenir à la revente.*

V. notes ss. art. 2469.

Ancien art. 2484 *(Abrogé par Ord. n° 2021-1192 du 15 sept. 2021, art. 25-I, à compter du 1er janv. 2022)* ***L'acquéreur ou le donataire qui conserve l'immeuble mis aux enchères, en se rendant dernier enchérisseur, n'est pas tenu de faire*** *(Ord. n° 59-71 du 7 janv. 1959, art. 25)* ***« publier » le jugement d'adjudication.***

Ancien art. 2485 *(Abrogé par Ord. n° 2021-1192 du 15 sept. 2021, art. 25-I, à compter du 1er janv. 2022)* ***Le désistement du créancier requérant la mise aux enchères, ne peut, même quand le créancier payerait le montant de la soumission, empêcher l'adjudication publique, si ce n'est du consentement exprès de tous les autres créanciers hypothécaires.***

V. notes ss. art. 2466.

Ancien art. 2486 *(Abrogé par Ord. n° 2021-1192 du 15 sept. 2021, art. 25-I, à compter du 1er janv. 2022)* ***L'acquéreur qui se sera rendu adjudicataire aura son recours tel que de droit contre le vendeur, pour le remboursement de ce qui excède le prix stipulé par son titre, et pour l'intérêt de cet excédent, à compter du jour de chaque payement.***

Il doit être apporté exception aux dispositions de l'art. 2191 [2486 anc.] alors qu'une clause de non-garantie résulte des termes de la première vente. • Grenoble, 19 janv. 1900 : *DP 1900. 2. 319.*

Ancien art. 2487 *(Abrogé par Ord. n° 2021-1192 du 15 sept. 2021, art. 25-I, à compter du 1er janv. 2022)* ***Dans le cas où le titre du nouveau propriétaire comprendrait des immeubles et des meubles, ou plusieurs immeubles, les uns hypothéqués, les autres non hypothéqués, situés dans le même ou*** *(Ord. n° 2010-638 du 10 juin 2010, art. 11, en vigueur le 1er janv. 2013)* ***« relevant du ressort territorial de plusieurs services chargés de la publicité foncière », aliénés pour un seul et même prix, ou pour des prix distincts et séparés, soumis ou non à la même exploitation, le prix de chaque immeuble frappé d'inscriptions particulières et séparées, sera déclaré dans la notification du nouveau propriétaire, par ventilation, s'il y a lieu, du prix total exprimé dans le titre.***

Le créancier surenchérisseur ne pourra, en aucun cas, être contraint d'étendre sa soumission ni sur le mobilier, ni sur d'autres immeubles que ceux qui sont hypothéqués à sa créance et situés dans le même arrondissement ; sauf le recours du nouveau propriétaire contre ses auteurs, pour l'indemnité du dommage qu'il éprouverait, soit de la division des objets de son acquisition, soit de celle des exploitations.

V. notes ss. art. 2471.

CHAPITRE VII *[ABROGÉ]* DE L'EXTINCTION DES PRIVILÈGES ET DES HYPOTHÈQUES *(Ord. n° 2006-346 du 23 mars 2006).*

(Abrogé par Ord. n° 2021-1192 du 15 sept. 2021, art. 25-I, à compter du 1er janv. 2022)

Comp. art. 2473 s.

Ancien art. 2488 *(Abrogé par Ord. n° 2021-1192 du 15 sept. 2021, art. 25-I, à compter du 1er janv. 2022)* ***Les privilèges et hypothèques s'éteignent :***

1° Par l'extinction de l'obligation principale *(Ord. n° 2006-346 du 23 mars 2006, art. 33)* ***« sous réserve du cas prévu à l'article 2422 » ;***

2° Par la renonciation du créancier à l'hypothèque *(Ord. n° 2006-346 du 23 mars 2006, art. 33)* ***« sous la même réserve » ;***

3° Par l'accomplissement des formalités et conditions prescrites aux tiers détenteurs pour purger les biens par eux acquis ;

4° Par la prescription.

La prescription est acquise au débiteur, quant aux biens qui sont dans ses mains, par le temps fixé pour la prescription des actions qui donnent l'hypothèque ou le privilège.

(Ord. n° 59-71 du 7 janv. 1959) ***« Quant aux biens qui sont dans la main d'un tiers détenteur, elle lui est acquise par le temps réglé pour la prescription de la propriété à son profit : dans le cas où la prescription suppose un titre, elle ne commence à courir que du jour où ce titre a été publié*** *(Ord. n° 2010-638 du 10 juin 2010, art. 11, en vigueur le 1er janv. 2013)* ***« au fichier immobilier ». »***

Les inscriptions prises par le créancier n'interrompent pas le cours de la prescription établie par la loi en faveur du débiteur ou du tiers détenteur.

(Ord. nº 2006-346 du 23 mars 2006, art. 33) ***« 5º Par la résiliation permise au dernier alinéa de l'article 2423 et dans la mesure prévue par ce texte. »*** — *[Déplacé art. 2474, mod.].*

V. notes ss. art. 2474.

CHAPITRE IV **DE LA FIDUCIE À TITRE DE GARANTIE** *(Ord. nº 2021-1192 du 15 sept. 2021, art. 25-II, en vigueur le 1er janv. 2022).*

Le chapitre VIII du sous-titre III du titre II du livre IV [De la propriété cédée à titre de garantie] devient le chapitre IV (Ord. nº 2021-1192 du 15 sept. 2021, art. 25-II).

V. bibl. précédant art. 2011.

Art. 2488-1 *(L. nº 2009-526 du 12 mai 2009, art. 138)* **La propriété d'un bien immobilier peut être cédée à titre de garantie d'une obligation en vertu d'un contrat de fiducie conclu en application des articles 2011 à 2030.**

(Ord. nº 2021-1192 du 15 sept. 2021, art. 25-III, en vigueur le 1er janv. 2022) **« L'obligation garantie peut être présente ou future ; dans ce dernier cas, elle doit être déterminable. »**

Par dérogation à l'article 2029, le décès du constituant personne physique ne met pas fin au contrat de fiducie constitué en application du présent chapitre.

Art. 2488-2 **En cas de fiducie conclue à titre de garantie, le contrat mentionne à peine de nullité, outre les dispositions prévues à l'article 2018, la dette garantie** *(Abrogé par Ord. nº 2021-1192 du 15 sept. 2021, art. 25-IV, à compter du 1er janv. 2022)* ***« et la valeur estimée de l'immeuble transféré dans le patrimoine fiduciaire ».***

Art. 2488-3 **A défaut de paiement de la dette garantie et sauf stipulation contraire du contrat de fiducie, le fiduciaire, lorsqu'il est le créancier, acquiert la libre disposition du bien cédé à titre de garantie.**

Lorsque le fiduciaire n'est pas le créancier, ce dernier peut exiger de lui la remise du bien, dont il peut alors librement disposer, ou, si la convention le prévoit, la vente du bien et la remise de tout ou partie du prix.

La valeur du bien est déterminée par un expert désigné à l'amiable ou judiciairement. Toute clause contraire est réputée non écrite.

(Ord. nº 2021-1192 du 15 sept. 2021, art. 25-V, en vigueur le 1er janv. 2022) **« Si le fiduciaire ne trouve pas d'acquéreur au prix fixé par expert, il peut vendre le bien ou le droit au prix qu'il estime, sous sa responsabilité, correspondre à sa valeur. »**

Art. 2488-4 **Si le bénéficiaire de la fiducie a acquis la libre disposition du bien en application de l'article 2488-3, il verse au constituant, lorsque la valeur mentionnée** *(Ord. nº 2021-1192 du 15 sept. 2021, art. 25-VI, en vigueur le 1er janv. 2022)* **« à l'avant-dernier** *[ancienne rédaction : au dernier alinéa]* **» alinéa de cet article excède le montant de la dette garantie, une somme égale à la différence entre cette valeur et le montant de la dette, sous réserve du paiement préalable des dettes nées de la conservation ou de la gestion du patrimoine fiduciaire.**

Sous la même réserve, si le fiduciaire procède à la vente du bien en application du contrat de fiducie, il restitue au constituant la part du produit de cette vente excédant, ***le cas échéant, la valeur de la dette*** **garantie.**

Art. 2488-5 **La propriété cédée en application de l'article 2488-1 peut être ultérieurement affectée à la garantie de dettes autres que celles mentionnées par l'acte constitutif pourvu que celui-ci le prévoie expressément.**

(L. nº 2009-526 du 12 mai 2009, art. 138) **« Le constituant peut l'offrir en garantie, non seulement au créancier originaire, mais aussi à un nouveau créancier, encore que le premier n'ait pas été payé. Lorsque le constituant est une personne physique, le patrimoine fiduciaire ne peut alors être affecté en garantie d'une nouvelle dette que dans la limite de sa valeur estimée au jour de la recharge. »**

A peine de nullité, la convention de rechargement établie selon les dispositions de l'article 2488-2 est publiée sous la forme prévue à l'article 2019. La date de publication détermine, entre eux, le rang des créanciers.

Les dispositions du présent article sont d'ordre public et toute clause contraire à celles-ci est réputée non écrite.

TITRE III DE L'AGENT DES SÛRETÉS

(Ord. nº 2017-748 du 4 mai 2017, art. 1er, en vigueur le 1er oct. 2017, ratifiée par L. nº 2019-486 du 22 mai 2019, art. 206)

Les dispositions issues de l'art. 1er de l'Ord. nº 2017-748 du 4 mai 2017 sont applicables dans les îles Wallis-et-Futuna (Ord. préc., art. 3).

Art. 2488-6 **Toute sûreté ou garantie peut être prise, inscrite, gérée et réalisée par un agent des sûretés, qui agit en son nom propre au profit des créanciers de l'obligation garantie.**

L'agent des sûretés est titulaire des sûretés et garanties.

Les droits et biens acquis par l'agent des sûretés dans l'exercice de sa mission forment un patrimoine affecté à celle-ci, distinct de son patrimoine propre.

(L. nº 2019-486 du 22 mai 2019, art. 206) **« Les qualités requises du bénéficiaire de la sûreté s'apprécient en la personne du créancier de l'obligation garantie. »**

BIBL. ▸ LAISNEY, *AJ contrat 2017. 273*. – LIKILLIMBA, *RTD com. 2019. 533*. – MALLET-BRICOUT, *RTD civ. 2017. 740*. – MONDONNEIX et MOREAU, *AJDI 2017. 660*. – ROBINE, *RDBF 2017. Étude 12.*

Art. 2488-7 **A peine de nullité, la convention par laquelle les créanciers désignent l'agent des sûretés doit être constatée par un écrit qui mentionne sa qualité, l'objet et la durée de sa mission ainsi que l'étendue de ses pouvoirs.**

Art. 2488-8 **Lorsque l'agent des sûretés agit au profit des créanciers de l'obligation garantie, il doit faire expressément mention de sa qualité.**

Art. 2488-9 **L'agent des sûretés peut, sans avoir à justifier d'un mandat spécial, exercer toute action pour défendre les intérêts des créanciers de l'obligation garantie et procéder à toute déclaration de créance.**

Art. 2488-10 **Les droits et biens acquis par l'agent des sûretés dans l'exercice de sa mission ne peuvent être saisis que par les titulaires de créances nées de leur conservation ou de leur gestion, sous réserve de l'exercice d'un droit de suite et hors les cas de fraude.**

L'ouverture d'une procédure de sauvegarde, de redressement judiciaire, de liquidation judiciaire *(L. nº 2019-486 du 22 mai 2019, art. 206)* **« , de rétablissement professionnel, de surendettement ou de résolution bancaire » à l'égard de l'agent des sûretés est sans effet sur le patrimoine affecté à sa mission.**

Art. 2488-11 **En l'absence de stipulations contractuelles prévoyant les conditions de son remplacement et si l'agent des sûretés manque à ses devoirs, met en péril les intérêts qui lui sont confiés ou fait l'objet de l'ouverture d'une procédure de sauvegarde, de redressement judiciaire, de liquidation judiciaire** *(L. nº 2019-486 du 22 mai 2019, art. 206)* **« , de rétablissement professionnel, de surendettement ou de résolution bancaire », tout créancier bénéficiaire des sûretés et garanties peut demander en justice la désignation d'un agent des sûretés provisoire ou le remplacement de l'agent des sûretés.**

Tout remplacement conventionnel ou judiciaire de l'agent des sûretés emporte de plein droit transmission du patrimoine affecté au nouvel agent des sûretés.

Art. 2488-12 **L'agent des sûretés est responsable, sur son patrimoine propre, des fautes qu'il commet dans l'exercice de sa mission.**

Rapport au *Président* de la République relatif à l'ordonnance nº 2017-748 du 4 mai 2017,

Relative à l'agent des sûretés.

Loi nº 2019-486 du 22 mai 2019,

Relative à la croissance et la transformation des entreprises.

Art. 60 I. — Dans les conditions prévues à l'article 38 de la Constitution, le Gouvernement est autorisé à prendre par voie d'ordonnance, dans un délai de deux ans à compter de la publication de la présente loi, les mesures relevant du domaine de la loi nécessaires pour simplifier le droit des sûretés et renforcer son efficacité, tout en assurant un équilibre entre les intérêts des créanciers, titulaires ou non de sûretés, et ceux des débiteurs et des garants et à cette fin :

1° Réformer le droit du cautionnement, afin de rendre son régime plus lisible et d'en améliorer l'efficacité, tout en assurant la protection de la caution personne physique ;

2° Clarifier et adapter, dans le code civil, la liste et le régime des privilèges mobiliers et supprimer les privilèges devenus obsolètes ;

3° Préciser les règles du code civil relatives au gage de meubles corporels qui soulèvent des difficultés d'application, notamment en prévoyant que le gage peut porter sur des biens meubles immobilisés par destination, en précisant l'articulation des règles relatives au gage avec les règles prévues dans le code des procédures civiles d'exécution, en clarifiant les droits du constituant sur la chose gagée et la sanction du gage de la chose d'autrui, en assouplissant les règles de réalisation du gage constitué à des fins professionnelles ;

4° Abroger les sûretés mobilières spéciales tombées en désuétude ou inutiles, pour les soumettre au droit commun du gage, afin d'améliorer la lisibilité du droit des sûretés ;

5° Simplifier et moderniser les règles relatives aux sûretés mobilières spéciales dans le code civil, le code de commerce et le code monétaire et financier ;

6° Harmoniser et simplifier les règles de publicité des sûretés mobilières ;

7° Préciser les règles du code civil relatives au nantissement de créance, en particulier sur le sort des sommes payées par le débiteur de la créance nantie et sur le droit au paiement du créancier nanti ;

8° Compléter les règles du code civil relatives à la réserve de propriété, notamment pour préciser les conditions de son extinction et les exceptions pouvant être opposées par le sous-acquéreur ;

9° Inscrire dans le code civil la possibilité de céder une créance à titre de garantie ;

10° Assouplir les règles relatives à la constitution et à la réalisation de la fiducie-sûreté ;

11° Inscrire et organiser dans le code civil le transfert de somme d'argent au créancier à titre de garantie ;

12° Améliorer les règles relatives aux sûretés réelles immobilières, notamment en remplaçant les privilèges immobiliers spéciaux soumis à publicité par des hypothèques légales, en élargissant les dérogations à la prohibition des hypothèques de biens à venir et en étendant le maintien de la couverture hypothécaire en cas de subrogation à l'ensemble des accessoires ;

13° Moderniser les règles du code civil relatives à la conclusion par voie électronique des actes sous signature privée relatifs à des sûretés réelles ou personnelles afin d'en faciliter l'utilisation ;

14° Simplifier, clarifier et moderniser les règles relatives aux sûretés et aux créanciers titulaires de sûretés dans le livre VI du code de commerce, en particulier dans les différentes procédures collectives, notamment en adaptant les règles relatives aux sûretés au regard de la nullité de certains actes prévue au chapitre II du titre III du même livre VI, en améliorant la cohérence des règles applicables aux garants personnes physiques en cas de procédure collective et en prévoyant les conditions permettant d'inciter les personnes à consentir un nouvel apport de trésorerie au profit d'un débiteur faisant l'objet d'une procédure de sauvegarde, de redressement judiciaire ou de liquidation judiciaire avec poursuite d'activité ou bénéficiant d'un plan de sauvegarde ou de redressement arrêté par le tribunal ;

15° Aménager et modifier toutes dispositions de nature législative permettant d'assurer la mise en œuvre et de tirer les conséquences des modifications apportées en application des 1° à 14° du présent I ;

16° Rendre applicables avec les adaptations nécessaires :

a) En Nouvelle-Calédonie et en Polynésie française, les dispositions législatives modifiant le code monétaire et financier résultant des 1° à 15° du présent I, pour celles qui relèvent de la compétence de l'État ;

b) Dans les îles Wallis-et-Futuna, les dispositions législatives résultant du présent I ;

17° Procéder aux adaptations nécessaires des dispositions résultant du présent I en ce qui concerne les collectivités de Saint-Barthélemy, de Saint-Martin et de Saint-Pierre-et-Miquelon.

II. — Un projet de loi de ratification est déposé devant le Parlement dans un délai de quatre mois à compter de la publication de l'ordonnance mentionnée au I.

....

Ordonnance n° 2021-1192 du 15 septembre 2021,

Portant réforme du droit des sûretés.

TITRE I. DISPOSITIONS MODIFIANT LE CODE CIVIL

Art. 1er à 25 *V. C. civ., Livre IV.*

Art. 26 *V. C. civ., art. 1175, 1323, 1844-2, 1866, 1867.*

TITRE II. DISPOSITIONS MODIFIANT LE CODE DE COMMERCE

Art. 27 et 28 *V. C. com., art. L. 110-1, L. 141-5, L. 141-6, L. 141-8 à L. 141-10, L. 141-18, L. 141-22, L. 142-1 à L. 143-3, L. 143-5, L. 143-6, L. 143-10, L. 143-12 à L. 143-14, L. 143-15-1 à L. 143-20, L. 223-15, L. 228-26, L. 521-1 à L. 521-3, L. 523-1 à L. 525-20, L. 527-1 à L. 527-9, L. 721-3. —* ***C. com.***

TITRE III. DISPOSITIONS MODIFIANT LE CODE MONÉTAIRE ET FINANCIER

Art. 29 *V. C. mon. fin., art. L. 211-20. —* ***C. mon. fin.***

TITRE IV. DISPOSITIONS MODIFIANT LE CODE DES PROCÉDURES CIVILES D'EXÉCUTION

Art. 30 *V. C. pr. exéc., art. L. 112-3, L. 211-3, L. 221-5, L. 322-14, L. 331-1. —* ***C. pr. exéc.***

TITRE V. DISPOSITIONS MODIFIANT DIVERS CODES

Art. 31 I. — *V. CCH, art. L. 541-2, L. 541-3. —* ***CCH.***

II. — *V. C. douanes, art. 248, 250, 252 à 254, 379 bis. —* ***C. douanes.***

III. — *V. CGI, art. 1929 quater. —* ***CGI.***

IV. — *V. C. mon. fin., art. L. 313-11. —* ***C. mon. fin.***

V. — *V. C. pr. pén., art. L. 706-157. —* ***C. pr. pén.***

VI. — *V. C. route, art. L. 330-3. —* ***C. route.***

VII. — *V. C. rur., art. L. 342-2 à L. 342-4, L. 342-6 à L. 342-8, L. 342-10, L. 342-11, L. 342-15, L. 342-16. —* ***C. rur.***

VIII. — *V. CSS, art. L. 243-5. —* ***CSS.***

IX. — *V. C. transp., art. L. 4121-2 à L. 4122-5, L. 4122-10. —* ***C. transp.***

TITRE VI. DISPOSITIONS DE COORDINATION

Art. 32 I. — *V. C. consom., art. L. 314-15 à L. 314-18, L. 331-1 à L. 333-2, L. 341-51-1, L. 343-1 à L. 343-6. —* ***C. consom.***

II. — *V. C. mon. fin., art. L. 313-22. —* ***C. mon. fin.***

III. à VI. — *Modifications législatives.*

Art. 33 Dans toutes les dispositions législatives et réglementaires en vigueur, la référence aux articles du code civil qui font l'objet d'une nouvelle numérotation par la présente ordonnance s'entend des références aux nouveaux numéros résultant de celle-ci.

Art. 34 I. — *V. C. civ., art. 810-11, 878, 1527.*

II. — *V. CASF, art. L. 224-9. —* ***CASF.***

III. — *V. C. assur., art. L. 132-30, L. 134-4, L. 142-5, L. 327-2. —* ***C. assur.***

IV. — *V. C. aviat., art. L. 426-5. —* ***C. aviat.***

V. — *V. C. com., art. L. 126-1, L. 131-28, L. 522-37-4, L. 624-11, L. 625-7, L. 814-3. —* ***C. com.***

VI. — *V. CCH, art. L. 301-5-1-1, L. 301-5-1-2, L. 441-2-3-3, L. 543-1, L. 615-10. —* ***CCH.***

VII. — V. C. défense, art. L. 2235-1. — ***C. défense.***

VIII. — *V. C. expr., art. L. 222-3. —* ***C. expr.***

IX. — *V. CGI, art. 876, 881 I, 1584. —* ***CGI.***

X. — *V. C. mut., art. L. 212-23, L. 222-9. —* ***C. mut.***

XI. — *V. C. pens. mil., art. L. 422-3.*

XII. — *V. C. pr. exéc., art. L. 311-1, L. 321-1, L. 321-5, L. 322-1. —* ***C. pr. exéc.***

XIII. — *V. CPI, art. L. 131-8. —* ***CPI.***

XIV. — *V. C. rur., art. L. 321-11, L. 321-21, L. 321-21-1, L. 342-10, L. 631-15. —* ***C. rur.***
XV. — *V. CSS, art. L. 243-4, L. 243-5 L. 931-22, L. 932-46. —* ***CSS.***
XVI. — *V. C. transp., art. L. 6527-10. —* ***C. transp.***
XVII. — *V. C. trav., art. L. 3253-1, L. 3253-23. —* ***C. trav.***
XVIII. — *V. C. urb., art. L. 322-5. —* ***C. urb.***
XIX. — *V. CSP, art. L. 6148-7-1. —* ***CSP.***

Art. 35 *Modifications législatives.*

TITRE VII. DISPOSITIONS RELATIVES À L'OUTRE[-]MER

Art. 36 *Application outre-mer.*

TITRE VIII. DISPOSITIONS TRANSITOIRES ET FINALES

Art. 37 I. — Les dispositions de la présente ordonnance entreront en vigueur le 1er janvier 2022.

Toutefois, l'article 27, les 2° et 3° de l'article 30, l'article 31, le XIX de l'article 34 et le XI de l'article 35 entreront en vigueur à une date qui sera fixée par décret et qui ne pourra être postérieure au 1er janvier 2023.

L'article 2338 du code civil, dans sa rédaction issue de l'article 8 de la présente ordonnance, entrera en vigueur à une date qui sera fixée par décret et qui ne pourra être postérieure au 1er janvier 2023. A la date qui sera ainsi fixée, sera abrogée la section 2 du chapitre II du sous-titre II du titre II du livre IV du code civil.

II. — Les cautionnements conclus avant la date prévue au 1er alinéa du I demeurent soumis à la loi ancienne, y compris pour leurs effets légaux et pour les dispositions d'ordre public.

III. — Les dispositions des articles 2302 à 2304 du code civil sont applicables dès l'entrée en vigueur de la présente ordonnance, telle que prévue au premier alinéa du I, y compris aux cautionnements et aux sûretés réelles pour autrui constitués antérieurement.

IV. — Les privilèges immobiliers spéciaux nés avant l'entrée en vigueur de l'ordonnance sont pour l'avenir assimilés à des hypothèques légales, sans préjudice le cas échéant de la rétroactivité de leur rang. Ceux qui n'ont pas fait l'objet des formalités de publicité foncière à la date d'entrée en vigueur de l'ordonnance seront inscrits au fichier immobilier selon les dispositions applicables avant cette date.

Rapport au Président de la République relatif à l'ordonnance n° 2021-1192 du 15 septembre 2021,

Portant réforme du droit des sûretés.

LIVRE V DISPOSITIONS APPLICABLES À MAYOTTE

(*Ord. n° 2002-1476 du 19 déc. 2002, art. 1er ;*
Ord. n° 2006-346 du 23 mars 2006, art. 1er)

Les dispositions du présent livre entrent en vigueur le premier jour du dix-huitième mois suivant la publication de l'ord. n° 2002-1476 du 19 déc. 2002 [JO 21 déc.], soit le 1er juin 2004 (Ord. préc., art. 10-I). — Pour les dispositions transitoires, V. Ord. préc., art. 10-II à IX. — Pour les dispositions abrogées et remplacées par le présent livre, V. Ord. préc., art. 11.

L'Ord. n° 2002-1476 du 19 déc. 2002 précitée est ratifiée par L. n° 2003-660 du 21 juill. 2003, art. 65-V (JO 22 juill.).

L'Ord. n° 2006-346 du 23 mars 2006 a converti le Livre IV en Livre V. Ce livre V comprend les articles 2489 à 2534, qui reprennent les articles 2284 à 2328 (Ord. préc., art. 1er). — Cette Ord. est ratifiée par L. n° 2007-212 du 20 févr. 2007, art. 10-I (JO 21 févr.).

BIBL. GÉN. ▶ R. Cabrillac et Seube, *D. 2003. Chron. 1058*.

Art. 2489 Le présent code est applicable à Mayotte dans les conditions définies au présent livre. — *[Anc. art. 2284.]*

Art. 2490 Pour l'application du présent code à Mayotte, les termes énumérés ci-après sont remplacés comme suit :

(Abrogé par Ord. n° 2019-964 du 18 sept. 2019, art. 2, à compter du 1er janv. 2020) « 1° "Tribunal de grande instance" ou "tribunal d'instance" par : "tribunal de première instance" » ;

2° "Cour" ou "cour d'appel" par : "chambre d'appel de Mamoudzou" ;

3° "Juge du tribunal judiciaire" par : "président du tribunal de première instance ou son délégué" ;

4° "Département" ou "arrondissement" par : "collectivité départementale" ;

5° *(Abrogé par Ord. n° 2004-1233 du 20 nov. 2004, art. 3) « "code de procédure civile" ou "code de procédure civile" par : "dispositions de procédure civile applicables à Mayotte" ».*

(Ord. n° 2005-870 du 28 juill. 2005) « 6° "décret du 4 janvier 1955" par : "dispositions du titre IV du livre IV *[V]*" ;

« 7° *(Ord. n° 2010-638 du 10 juin 2010, art. 12, en vigueur le 1er janv. 2013)* "service chargé de la publicité foncière" par : "service de la conservation de la propriété immobilière" ;

(Abrogé par Ord. n° 2010-638 du 10 juin 2010, art. 12, à compter du 1er janv. 2013) « 8° "conservateur des hypothèques" par : "conservateur de la propriété immobilière" ; »

« 9° *(Ord. n° 2010-638 du 10 juin 2010, art. 12, en vigueur le 1er janv. 2013)* "inscription au service chargé de la publicité foncière" par : "inscription au livre foncier" ;

« 10° "fichier immobilier" par : "livre foncier". » — *Entrée en vigueur le 1er janv. 2008. — [Anc. art. 2285.]*

TITRE PRÉLIMINAIRE DISPOSITIONS RELATIVES AU TITRE PRÉLIMINAIRE

Art. 2491 Les articles 1er à 6 sont applicables à Mayotte. — *[Anc. art. 2286.]*

TITRE I DISPOSITIONS RELATIVES AU LIVRE PREMIER

Art. 2492 *(L. n° 2010-1487 du 7 déc. 2010, art. 17, en vigueur le 31 mars 2011)* Le livre I est applicable à Mayotte sous réserve des dispositions ci-après.

Art. 2493 *(L. n° 2018-778 du 10 sept. 2018, art. 16, en vigueur le 1er mars 2019)* Pour un enfant né à Mayotte, le premier alinéa de l'article 21-7 et l'article 21-11 ne sont applicables que si, à la date de sa naissance, l'un de ses parents au moins résidait en France de manière régulière, sous couvert d'un titre de séjour, et de manière ininterrompue depuis plus de trois mois.

Les modifications issues de l'art. 16 de la L. n° 2018-778 du 10 sept. 2018 entrent en vigueur le 1er mars 2019 et s'appliquent aux demandes qui lui sont postérieures (L. préc., art. 71-IV ; Décr. n° 2019-141 du 27 févr. 2019, art. 52).

Art. 2494 *(L. n° 2018-778 du 10 sept. 2018, art. 16, en vigueur le 1er mars 2019)* L'article 2493 est applicable dans les conditions prévues à l'article 17-2.

Toutefois, les articles 21-7 et 21-11 sont applicables à l'enfant né à Mayotte de parents étrangers avant l'entrée en vigueur de la loi n° 2018-778 du 10 septembre 2018 pour une immigration maîtrisée, un droit d'asile effectif et une intégration réussie, si l'un des parents justifie avoir résidé en France de manière régulière pendant la période de cinq ans mentionnée aux mêmes articles 21-7 et 21-11.

Sur l'entrée en vigueur des modifications issues de l'art. 16 de la L. n° 2018-778 du 10 sept. 2018, V. ndlr ss. art. 2493.

Art. 2495 *(L. n° 2018-778 du 10 sept. 2018, art. 17, en vigueur le 1er mars 2019)* **A la demande de l'un des parents et sur présentation de justificatifs, la mention qu'au jour de la naissance de l'enfant, il réside en France de manière régulière, sous couvert d'un titre de séjour, et de manière ininterrompue depuis plus de trois mois est portée sur l'acte de naissance de l'enfant selon des conditions et modalités fixées par décret en Conseil d'État.**

Lorsque l'officier de l'état civil refuse d'apposer la mention, le parent peut saisir le procureur de la République, qui décide, s'il y a lieu, d'ordonner cette mesure de publicité en marge de l'acte, selon des modalités prévues par décret en Conseil d'État.

Les modifications issues de l'art. 17 de la L. n° 2018-778 du 10 sept. 2018 entrent en vigueur le 1er mars 2019, et s'appliquent aux demandes qui lui sont postérieures (L. préc., art. 71-IV ; Décr. n° 2019-141 du 27 févr. 2019, art. 52).

Sur les mentions portées sur l'acte de naissance en application de l'art. 2495, V. Décr. n° 2017-890 du 6 mai 2017, art. 9-1 et 38-1, ss. art. 54.

Art. 2496 *Abrogé par Ord. n° 2010-590 du 3 juin 2010.*

Art. 2497 *Abrogé par Ord. n° 2005-759 du 4 juill. 2005, à compter du 1er juill. 2006. — [Anc. art. 2291.]*

Art. 2498 *Abrogé par L. n° 2010-1487 du 7 déc. 2010, art. 17, à compter du 31 mars 2011.*

Art. 2499 *Abrogé par L. n° 2016-1547 du 18 nov. 2016, art. 48, à compter du 1er nov. 2017.*

Art. 2499-1 à 2499-5 *Abrogés par L. n° 2018-778 du 10 sept. 2018, art. 55, à compter du 1er mars 2019.*

TITRE II DISPOSITIONS RELATIVES AU LIVRE DEUXIÈME

Art. 2500 *(Ord. n° 2005-870 du 28 juill. 2005)* **Les articles** *(L. n° 2015-177 du 16 févr. 2015, art. 2-7°)* **« 515-14 » à 710, à l'exception des articles 642 et 643, sont applicables à Mayotte sous réserve des adaptations prévues aux articles 2501 et 2502.**

Les dispositions intéressant les immeubles ne s'appliquent que sous réserve des dispositions du titre IV du présent livre. *— Entrée en vigueur le 1er janv. 2008. — [Anc. art. 2294.]*

Art. 2501 **Pour l'application de l'article 524, sont** *(L. n° 2015-177 du 16 févr. 2015, art. 2-8°)* **« soumis au régime des » immeubles par destination, quand ils ont été placés par le propriétaire pour le service et l'exploitation du fonds, les poissons des plans d'eau n'ayant aucune communication avec les cours d'eau, canaux et ruisseaux et les poissons des piscicultures et enclos piscicoles.** *— [Anc. art. 2295.]*

Art. 2502 **Pour l'application de l'article 564, les mots : "ou plan d'eau" visé aux articles 432 et 433 du code rural sont remplacés par les mots : "pisciculture ou enclos piscicoles".** *— [Anc. art. 2296.]*

TITRE III DISPOSITIONS RELATIVES AU LIVRE TROISIÈME

Art. 2503 *(L. n° 2006-728 du 23 juin 2006, art. 40)* **Les articles 711 à 832-1 et 833 à** *(L. n° 2008-561 du 17 juin 2008, art. 24)* **« 2279** *[ancienne rédaction : 2283]* **» sont applicables à Mayotte sous réserve des adaptations figurant aux articles 2504 à 2508.** *— Entrée en vigueur le 1er janv. 2007.*

Art. 2504 *Abrogé par Ord. n° 2012-789 du 31 mai 2012.*

Art. 2505 *(L. n° 2006-728 du 23 juin 2006, art. 40)* Pour l'application à Mayotte du premier alinéa de l'article 833, les références : "831 à 832-4" sont remplacées par les références : "831 à 832-1, 832-3 et 832-4".

Pour l'application du deuxième alinéa de l'article 833, les mots : "de l'article 832" sont remplacés par les mots : "des articles 832 et 832-2". — *Entrée en vigueur le 1er janv. 2007.*

Art. 2506 *(Abrogé par L. n° 2006-728 du 23 juin 2006, art. 20-II, à compter du 1er janv. 2007)* ***A l'article 1069, les mots : "suivant les prescriptions des articles 2428 et 2430, deuxième alinéa, du présent code" sont remplacés par les mots : "suivant les règles applicables localement en matière d'inscription de privilèges et hypothèques".*** — *[Anc. art. 2300.]*

Art. 2507 Pour l'application à Mayotte de l'article 1873-13, les mots : *(L. n° 2006-728 du 23 juin 2006, art. 40, en vigueur le 1er janv. 2007)* « "831 à 832-1, 832-3 et 832-4" *[ancienne rédaction : 832 à 832-3]* » sont remplacés par les mots : "832 à 832-2". — *[Anc. art. 2301.]*

Art. 2508 *(Ord. n° 2005-870 du 28 juill. 2005 ; Ord. n° 2006-346 du 23 mars 2006 ; Ord. n° 2012-792 du 7 juin 2012)* Les dispositions du titre XIX du livre III et du titre II du livre IV sont applicables à Mayotte sous réserve des dispositions du titre IV du présent livre et des dispositions suivantes :

1° Le 4° de l'article 2331 est applicable à Mayotte dans les conditions suivantes :

(Abrogé par Ord. n° 2017-1491 du 25 oct. 2017, art. 13, à compter du 1er janv. 2018) ***« a) Au premier alinéa, les mots : "articles L. 143-10*** *[L. 3253-2, L. 3253-3]*, ***L. 143-11*** *[L. 3253-4]*, ***L. 742-6 et L. 751-15*** *[L. 7313-8]* ***du code du travail" sont remplacés par les mots : "articles L. 143-17 et L. 143-18 du code du travail applicable dans la collectivité départementale de Mayotte" ; »***

b) Le troisième alinéa n'est pas applicable ;

c) Le quatrième alinéa est remplacé par les dispositions suivantes :

"La créance du conjoint survivant du chef d'une entreprise artisanale ou commerciale qui justifie par tous moyens avoir participé directement et effectivement à l'activité de l'entreprise pendant au moins dix années, sans recevoir de salaire ni être associé aux bénéfices et aux pertes de l'entreprise.

"Les droits de créance précités sont d'un montant égal à trois fois le salaire minimum interprofessionnel *(Ord. n° 2017-1491 du 25 oct. 2017, art. 13, en vigueur le 1er janv. 2018)* « de croissance » annuel en vigueur au jour du décès dans la limite de 25 % de l'actif successoral et, le cas échéant, le montant des droits propres du conjoint survivant dans les opérations de partage successoral et de liquidation du régime matrimonial est diminué de celui de cette créance. Pour la liquidation des droits de succession, cette créance s'ajoute à la part du conjoint survivant." ;

d) Le cinquième alinéa est remplacé par les dispositions suivantes :

"Les rémunérations pour les six derniers mois des salariés et apprentis." ;

(Abrogé par Ord. n° 2017-1491 du 25 oct. 2017, à compter du 1er janv. 2018) ***« e) Le sixième alinéa n'est pas applicable ;***

« f) Le septième alinéa est remplacé par les dispositions suivantes :

« "L'indemnité due en raison de l'inobservation du délai-congé prévue à l'article L. 122-21 du code du travail applicable dans la collectivité départementale de Mayotte." ;

« g) Au neuvième alinéa, les mots : "des articles L. 122-9 *[L. 1234-9]*, *(L. n° 81-3 du 7 janv. 1981)* ***« L. 122-32-6*** *[L. 1226-14]*, ***L. 761-5*** *[L. 7112-3]* ***et L. 761-7*** *[L. 7112-5]* ***ainsi que l'indemnité prévue à l'article L. 321-6*** *[L. 1233-39]* ***du code du travail pour la totalité de la portion inférieure ou égale au plafond visé à l'article L. 143-10*** *[L. 3253-2]* ***du code du travail et pour le quart de la portion supérieure audit plafond"s sont remplacés par les mots : "de l'article L. 122-22 du code du travail applicable dans la collectivité départementale de Mayotte ou des articles 80 c et 80 d de la loi du 29 mars 1935 relative au statut du journaliste" ;***

« h) Au dixième alinéa, les mots : "des articles L. 122-3-8, deuxième *[troisième]* ***alinéa*** *[L. 1243-4]*, ***L. 122-14-4*** *[L. 1235-2, L. 1235-3, L. 1235-11, L. 1235-12]*, ***L. 122-14-5, deuxième alinéa*** *[L. 1235-5 et L. 1235-14]*, ***L. 122-32-7*** *[L. 1226-15]* ***et L. 122-32-9*** *[L. 1226-20 et L. 1226-21]* ***du code du travail" sont remplacés par les mots : "des articles L. 122-10 et L. 122-29 du code du travail applicable dans la collectivité départementale de Mayotte" ; »***

2° A l'article 2332, le 9° n'est pas applicable ;

3° A l'article 2377, les mots : "par une inscription *(Ord. n° 2010-638 du 10 juin 2010, art. 12, en vigueur le 1er janv. 2013)* « au fichier immobilier », de la manière déterminée par les articles suivants et par les articles 2426 et 2428" sont remplacés par les mots : "par inscription sur le livre foncier tenu par le conservateur de la propriété immobilière, de la manière déterminée par la loi, et à compter de la date de cette inscription, sous réserve des exceptions prévues par les articles suivants" ;

4° Aux articles 2425 et 2431, la référence au registre prévu à l'article 2453 est remplacée par la référence au registre des dépôts des actes et documents à inscrire. — *Entrée en vigueur le 1er janv. 2008. — [Anc. art. 2302.]*

TITRE IV DISPOSITIONS RELATIVES À L'IMMATRICULATION DES IMMEUBLES ET AUX DROITS SUR LES IMMEUBLES

(Ord. n° 2005-870 du 28 juill. 2005, ratifiée par L. n° 2007-224 du 21 févr. 2007, art. 20-20°)

Le présent titre IV entre en vigueur le 1er janv. 2008.

Art. 2509 A Mayotte, les droits sur les immeubles, les privilèges et les hypothèques ainsi que les règles concernant l'organisation, la constitution, la transmission et l'extinction des droits réels immobiliers et autres droits et actes soumis à publicité sont ceux de la législation civile de droit commun, sous réserve des dispositions du présent titre. — *[Anc. art. 2303.]*

Prescription acquisitive. L'art. 29, al. 2, du Décr. du 28 sept. 1926, modifié par le Décr. du 28 févr. 1956, dispose que la propriété de l'État pourra être combattue par la preuve contraire établissant, en ce qui concerne notamment les personnes exerçant des droits réels selon la coutume, que leur droit de propriété résulte d'une occupation de bonne foi, paisible et continue ainsi que d'une mise en valeur rationnelle depuis plus de trente ans ; tel est le cas de l'occupation paisible d'une parcelle, en vertu d'un titre régulier de concession, jusqu'au décès de son concessionnaire, le terrain ayant ensuite toujours été géré par la même famille, ce dont il résulte que le titre foncier du fils du concessionnaire est définitif et inattaquable. • Civ. 3e, 15 mai 2008, n° 04-18.832 P : *Dr. et patr. 2/2009. 135, obs. Seube et Revet.*

CHAPITRE I DU RÉGIME DE L'IMMATRICULATION DES IMMEUBLES

SECTION 1 Dispositions générales

Art. 2510 L'immatriculation d'un immeuble garantit le droit de propriété ainsi que tous les autres droits reconnus dans le titre de propriété établi au terme d'une procédure permettant de révéler l'ensemble des droits déjà constitués sur cet immeuble. Les modalités de cette procédure sont fixées par décret en Conseil d'État. — *[Anc. art. 2304.]*

V. Décr. n° 2008-1086 du 23 oct. 2008 relatif à l'immatriculation et à l'inscription des droits en matière immobilière à Mayotte (JO 25 oct.).

En application du II de l'art. 21 de la L. du 12 avr. 2000, le silence gardé par l'administration pendant neuf mois vaut rejet pour les demandes d'immatriculation des immeubles sis à Mayotte présentées à compter du 12 nov. 2014 selon les dispositions des art. 2510 s. (Décr. n° 2014-1280 du 23 oct. 2014).

Art. 2511 Sous réserve des dispositions des troisième et quatrième alinéas du présent article, sont immatriculés sur le livre foncier de Mayotte mentionné à l'article 2513 les immeubles de toute nature, bâtis ou non, à l'exception de ceux dépendant du *domaine public.* Sont inscrites sur le même livre les mutations et constitutions de droits sur ces immeubles.

Tout immeuble non immatriculé qui fait l'objet d'une vente devant les tribunaux est immatriculé préalablement à l'adjudication dans des conditions fixées par décret en Conseil d'État.

Les parcelles d'immeubles sur lesquelles sont édifiées des sépultures privées peuvent être immatriculées.

Les droits collectifs immobiliers consacrés par la coutume ne sont pas soumis au régime de l'immatriculation. Leur conversion en droits individuels de propriété permet l'immatriculation de l'immeuble. – *[Anc. art. 2305.]*

Art. 2512 L'immatriculation des immeubles et l'inscription des droits mentionnés à l'article 2521 sur le livre foncier sont obligatoires quel que soit le statut juridique du propriétaire ou du titulaire des droits.

Sans préjudice des droits et actions réciproques des parties pour l'exécution de leurs conventions, les droits mentionnés à l'article 2521 ne sont opposables aux tiers que s'ils ont été publiés par voie, selon le cas, d'immatriculation ou d'inscription sur le livre foncier conformément aux dispositions du présent chapitre. – *[Anc. art. 2306.]*

Art. 2513 Le livre foncier est constitué des registres destinés à la publicité des droits sur les immeubles.

Le livre foncier est tenu par le service de la conservation de la propriété immobilière. Il peut être tenu, par ce service, sous forme électronique dans les conditions définies par *(Ord. n° 2016-131 du 10 févr. 2016, art. 5-10°, en vigueur le 1er oct. 2016)* « l'article 1366 *[ancienne rédaction : l'article 1316-1]* ». – *[Anc. art. 2307.]*

Sur l'entrée en vigueur des dispositions issues de l'Ord. n° 2016-131 du 10 févr. 2016, V. cette Ord., art. 9, ss. art. 1386-1.

Sur le livre foncier, V. Décr. n° 2008-1086 du 23 oct. 2008 relatif à l'immatriculation et à l'inscription des droits en matière immobilière à Mayotte, art. 6 s. (JO 25 oct.).

Art. 2514 L'immatriculation des immeubles et l'inscription des droits sur les immeubles mentionnés à l'article 2521 a lieu sur requête présentée dans des conditions fixées par décret en Conseil d'État.

Une pré-notation peut être inscrite sur décision judiciaire dans le but d'assurer à l'un des droits mentionnés à l'article 2521 son rang d'inscription ou de garantir l'efficacité d'une rectification ultérieure. – *[Anc. art. 2308.]*

(L. n° 2007-224 du 21 févr. 2007, art. 20-20°) « Une inscription provisoire conservatoire est opérée, sur demande du requérant, par le conservateur pendant le délai imparti pour lever un obstacle à l'inscription requise, dans des conditions fixées par décret en Conseil d'État. »

Art. 2515 L'action tendant à la revendication d'un droit sur l'immeuble non révélé au cours de la procédure d'immatriculation est irrecevable. – *[Anc. art. 2309.]*

SECTION 2 De l'immatriculation des immeubles et de ses effets

Art. 2516 L'immeuble à immatriculer est préalablement borné.

Toutefois, tout propriétaire, en accord avec les propriétaires limitrophes, peut renoncer au bornage.

Les bornes appartiennent au propriétaire dont l'immeuble est borné. – *[Anc. art. 2310.]*

Art. 2517 L'immatriculation donne lieu à l'établissement, par le conservateur de la propriété immobilière, d'un titre de propriété.

Le titre de propriété atteste, en tant que de besoin, de la qualité de propriétaire.

Il constitue devant les juridictions le point de départ des droits sur l'immeuble au moment de l'immatriculation.

Des titres spéciaux peuvent être établis, sur demande des intéressés, après l'immatriculation de l'immeuble. – *[Anc. art. 2311.]*

Art. 2518 Toute modification du titre de propriété postérieure à l'immatriculation ne fait foi des droits qui y sont mentionnés que jusqu'à preuve contraire. – *[Anc. art. 2312.]*

Art. 2519 Le titre de propriété et ses inscriptions conservent le droit qu'ils relatent tant qu'ils n'ont pas été annulés ou modifiés et font preuve à l'égard des tiers que la personne qui y est dénommée est investie des droits qui y sont mentionnés. – *[Anc. art. 2313.]*

Art. 2520 S'il rejette la requête d'immatriculation ou estime ne pas pouvoir y donner suite, le conservateur la transmet au tribunal.

Il en est de même s'il existe des oppositions ou des demandes d'inscription dont la mainlevée en la forme authentique n'a pas été donnée ou auxquelles le requérant refuse d'acquiescer.

Le tribunal peut ordonner l'immatriculation, totale ou partielle, des immeubles ainsi que l'inscription des droits réels et des charges dont il a reconnu l'existence. Il fait rectifier, s'il y a lieu, le bornage et le plan de l'immeuble.

Le conservateur établit le titre de propriété conformément à la décision du tribunal commandant l'immatriculation, lorsqu'elle est devenue définitive, après rectification éventuelle du bornage et du plan de l'immeuble ou exécution des formalités prescrites. – *[Anc. art. 2314.]*

SECTION 3 De l'inscription des droits sur l'immeuble

Art. 2521 Sans préjudice d'autres droits dont l'inscription est prévue par les dispositions du présent code, d'autres codes ou de la législation civile applicables à Mayotte, sont inscrits sur le livre foncier, aux fins d'opposabilité aux tiers :

1° Les droits réels immobiliers suivants :

a) La propriété immobilière ;

b) L'usufruit de la même propriété établi par la volonté de l'homme ;

c) L'usage et l'habitation ;

d) L'emphytéose, régie par les dispositions des articles L. 451-1 à L. 451-12 du code rural et de la pêche maritime ;

e) La superficie ;

f) Les servitudes ;

(L. n° 2009-526 du 12 mai 2009, art. 10) « *g)* Le gage immobilier ; »

h) Le droit réel résultant d'un titre d'occupation du domaine public de l'État ou de l'un de ses établissements publics délivré en application du code du domaine de l'État et des collectivités publiques applicable à Mayotte ;

i) Les privilèges et hypothèques ;

2° Les baux d'une durée supérieure à douze ans et, même pour un bail de moindre durée, les quittances ou cessions d'une durée équivalente à trois années de loyer ou fermage non échus ;

3° Les droits soumis à publicité en vertu des 1° et 2°, résultant des actes ou décisions constatant ou prononçant la résolution, la révocation, l'annulation ou la rescision d'une convention ou d'une disposition à cause de mort.

Toutefois, les servitudes qui dérivent de la situation naturelle des lieux ou qui sont établies par la loi sont dispensées de publicité. – *[Anc. art. 2315.]*

V. Décr. n° 2008-1086 du 23 oct. 2008 relatif à l'immatriculation et à l'inscription des droits en matière immobilière à Mayotte (JO 25 oct.).

En application du II de l'art. 21 de la L. du 12 avr. 2000, le silence gardé par l'administration pendant neuf mois vaut rejet pour les demandes d'inscription des droits portant les immeubles sis à Mayotte, présentées à compter du 12 nov. 2014 selon les dispositions des art. 2521 s. (Décr. n° 2014-1280 du 23 oct. 2014).

Art. 2522 Sont inscrites sur le livre foncier, à peine d'irrecevabilité, lorsqu'elles portent sur les droits mentionnés aux 1° et 2° de l'article 2521, les demandes en justice tendant à obtenir la résolution, la révocation, l'annulation ou la rescision d'une convention ou d'une disposition à cause de mort. – *[Anc. art. 2316.]*

Art. 2523 Le titulaire d'un des droits mentionnés à l'article 2521 ne peut être inscrit avant que le droit de son auteur immédiat n'ait été lui-même inscrit.

Le titulaire d'un droit autre que la propriété ne peut être inscrit qu'après l'inscription du propriétaire de l'immeuble, sauf si ce dernier a été acquis par prescription ou accession. – *[Anc. art. 2317.]*

Art. 2524 Tout acte portant sur un droit susceptible d'être inscrit doit être, pour les besoins de l'inscription, dressé en la forme authentique par un notaire, une juridiction de droit commun ou une autorité publique.

Tout acte entre vifs, translatif ou déclaratif de propriété immobilière, tout acte entre vifs portant constitution ou transmission d'une servitude foncière souscrit sous une autre forme doit être suivi, à peine de caducité, d'un acte authentique ou, en cas de refus de l'une des parties, d'une demande en justice, dans les six mois qui suivent la passation de l'acte.

Les justifications nécessaires aux écrits passés en la forme authentique pour constater les droits transférés ou constitués sur un immeuble immatriculé sont fixées par décret en Conseil d'État. Ce décret détermine également la liste des pièces à fournir pour obtenir l'inscription des droits en cas d'ouverture d'une succession. – *[Anc. art. 2318.]*

Art. 2525 Les officiers ministériels et les autorités publiques sont tenus de faire inscrire, sans délai et indépendamment de la volonté des parties, les droits mentionnés à l'article 2521 résultant d'actes dressés devant eux et visés à l'article 2524. – *[Anc. art. 2319.]*

Art. 2526 Toute personne qui y a intérêt requiert du conservateur, en produisant les écrits passés en la forme authentique constitutifs des droits à inscrire et autres pièces dont le dépôt est prescrit par le présent titre, l'inscription, la radiation ou la rectification de l'inscription d'un droit. – *[Anc. art. 2320.]*

Art. 2527 Le conservateur de la propriété immobilière ou le tribunal lorsqu'il est saisi, vérifie si le droit visé dans la requête est susceptible d'être inscrit, si les actes produits à l'appui de la requête répondent à la forme prescrite, et si l'auteur du droit est lui-même inscrit conformément aux dispositions de l'article 2523. – *[Anc. art. 2321.]*

Art. 2528 Les droits soumis à inscription en application de l'article 2521 sont, s'ils n'ont pas été inscrits, inopposables aux tiers qui, sur le même immeuble, ont acquis, du même auteur, des droits concurrents soumis à inscription.

Ces droits sont également inopposables, s'ils ont été inscrits, lorsque les droits invoqués par ces tiers, ont été antérieurement inscrits.

Ne peuvent toutefois se prévaloir de cette disposition les tiers qui étaient eux-mêmes chargés de faire publier les droits concurrents, ou leurs ayants cause à titre universel. – *[Anc. art. 2322.]*

Art. 2529 Dans le cas où plusieurs formalités de nature à produire des effets opposables aux tiers en vertu de l'article 2528, sont requises le même jour relativement au même immeuble, celle qui est requise en vertu du titre dont la date est la plus ancienne est réputée d'un rang antérieur, quel que soit l'ordre des dépôts enregistrés.

Lorsqu'une formalité obligatoire en vertu des 1°, à l'exclusion du *i*, et 2° de l'article 2521 et de nature à produire des effets opposables aux tiers en vertu de l'article 2528, et une inscription d'hypothèque, sont requises le même jour relativement au même immeuble, et que l'acte à publier et le titre de l'inscription portent la même date, l'inscription est réputée d'un rang antérieur, quel que soit l'ordre des dépôts enregistrés.

Si des formalités concurrentes, obligatoires en vertu des 1°, à l'exclusion du *i*, et 2° de l'article 2521 et de nature à produire des effets opposables aux tiers en vertu de l'article 2528 sont requises le même jour et si les actes à publier portent la même date, les formalités sont réputées du même rang.

Lorsqu'une formalité de nature à produire des effets opposables aux tiers en vertu de *l'article 2528* et la publicité d'un commandement valant saisie sont requises le même jour relativement au même immeuble, le rang des formalités est réglé, quel que soit l'ordre des dépôts enregistrés, d'après les dates, d'une part, du titre exécutoire mentionné dans le commandement, d'autre part, du titre de la formalité concurrente ; lorsque les titres sont de la même date, la publicité du commandement valant saisie est réputée d'un rang préférable.

En toute hypothèse, les inscriptions *(Ord. nº 2021-1192 du 15 sept. 2021, art. 36-VII, en vigueur le 1er janv. 2022)* « des hypothèques légales prévues par les articles 2393 (1°, 2° et 3°) et 2402 (5°) *[ancienne rédaction : de séparations de patrimoine prévues par l'article 2383, dans le cas visé au deuxième alinéa de l'article 2386 du même code ainsi que celles des hypothèques légales prévues par l'article 2400 (1°, 2° et 3°)]* » sont réputées d'un rang antérieur à celui de toute autre formalité requise le même jour. – *[Anc. art. 2323.]*

CHAPITRE II DISPOSITIONS DIVERSES

SECTION 1 Privilèges et hypothèques

Art. 2530 Par dérogation aux dispositions de l'article *(Ord. n° 2021-1192 du 15 sept. 2021, art. 36-VII, en vigueur le 1er janv. 2022)* « **2377** *[ancienne rédaction : 2375]* », les seuls privilèges généraux sur les immeubles applicables à Mayotte sont les frais de justice et les droits du Trésor public. Ces deux privilèges sont exonérés de l'inscription sur le livre foncier. – *[Anc. art. 2324.]*

Art. 2531 Sont seuls susceptibles d'hypothèques :

1° Les biens immobiliers qui sont dans le commerce et leurs accessoires réputés immeubles ;

2° L'usufruit des mêmes biens et accessoires, pendant le temps de sa durée ;

3° L'emphytéose, pendant le temps de sa durée ;

4° Le droit de superficie. – *[Anc. art. 2325.]*

Art. 2532 L'hypothèque conventionnelle ne peut être consentie que par un acte passé en forme authentique. La transmission et la mainlevée de l'hypothèque ont lieu dans la même forme.

Les contrats passés hors de Mayotte ne peuvent valablement avoir pour objet de constituer une hypothèque sur des immeubles situés à Mayotte qu'à la condition d'être conformes aux dispositions du présent titre. – *[Anc. art. 2326.]*

SECTION 2 Expropriation forcée

Art. 2533 *(Abrogé par Ord. n° 2011-1895 du 19 déc. 2011, art. 4, à compter du 1er juin 2012) Le créancier en possession d'un certificat nominatif d'inscription délivré par le conservateur de la propriété immobilière, ou d'un titre exécutoire peut, à défaut de paiement à l'échéance, poursuivre la vente par expropriation forcée des immeubles immatriculés de son débiteur affectés à la créance.*

Art. 2534 Pour les besoins de leur publication, les ordonnances d'exécution forcée portant sur des lots dépendant d'un immeuble soumis au statut de la copropriété sont réputées ne pas porter sur la quote-part des parties communes comprises dans ces lots.

Néanmoins, les créanciers saisissants exercent leur droit sur ladite quote-part, prise dans sa consistance au moment de la mutation dont le prix forme l'objet de la distribution. – *[Anc. art. 2328.]*

APPENDICE

MESURES D'URGENCE SANITAIRE – COVID-19

BIBL. ▶ B. Ancel, *AJ contrat 2020. 21* (contrats français et américains face au covid-19). – Auché et de Andrade, *D. actu. 30 mars 2020* (coronavirus : impact sur les délais pour agir et les délais d'exécution forcée en matière civile). – Barbier, *RTD civ. 2020. 363* (le contrat face aux circonstances extraordinaires). – Bigot, Cayol et Charpentier, *RCA 2022. Étude 7* (risque de pandémie, pertes d'exploitation et incertitudes des garanties assurantielles). – Bléry, *D. 2020. 780* (mesures de procédure civile). – Bloch, *RCA 2023. Étude 1* (assurance pertes d'exploitation et Covid-19 : la Cour de cassation valide la clause d'exclusion). – Borel, *D. actu. 7 avr. 2020* (conséquences pour le notariat et les contrats en cours). – Bucher, *CCC 2020. Étude 5* (force majeure et imprévision). – Buy, *AJ contrat 2020. 198* (organisateurs sportifs). – Cadiet, *JCP 2020, n° 471* (procédure civile à l'épreuve). – Capelier, *AJ fam. 2020. 243* (droits de l'enfant en danger face au covid-19). – Cappellari, *Dr. fam. 2020. Étude 23* (modes d'accueil des jeunes enfants). – Casu, *D. actu. 8 avr. 2020* (coronavirus et construction). – Casu et Bonnet, *D. actu. 2 avr. 2020* (construction : analyse critique de l'Ord. n° 2020-306 du 25 mars 2020). – Cayrol, *JCP 2020, n° 481* (délais). – Chaiehloudj, *D. 2021. 809* (pour la consécration d'une notion éversive : la position dominante « de crise »). – Champigny, *D. actu. 1er avr. 2020* (premières réflexions sur l'audience d'assistance éducative en période d'état d'urgence sanitaire). – Corpart, *Dr. fam. 2021. Étude 11* (retombées de la covid sur la protection des victimes de violences conjugales). – Couret, *Rev. sociétés 2020. 331* (droit des sociétés). – Couret, Daigre et Barrillon, *D. 2020. 723* (assemblées et conseils dans la crise). – Damas, *D. actu. 2 avr. 2020* (délivrer congé en période d'urgence sanitaire). – Denoit-Benteux, *Dr. fam. 2020. Étude 15* (autorité parentale). – Deshaye, *D. 2020. 831* (prorogation des délais en période de covid-19 : quels effets sur les contrats ?). – Dissaux, *D. 2020. 887* (l'épidémie, cette perte). – Dreyfus, *AJ contrat 2020. 187* (contrat public). – Douchy-Oudot, *JCP 2020, n° 512* (juridictions pour enfants et assistance éducative). – Égéa et Sansone, *Dr. fam. 2020. Étude 22* (fin des ordonnances covid et incidences sur la procédure civile). – Eudier, *AJ fam. 2020. 37* (adaptation, par voie d'ordonnance, des règles régissant le procès civil). – Gaston, *AJ fam. 2020. 241* (mesures civiles concernant les familles internationales). – Gebler, *AJ fam. 2020. 244* (le juge des enfants face au covid-19). – Gicquel, *D. 2020. 719* (crise sanitaire et crise des normes). – Gouëzel, *AJ contrat 2020. 210* (ordonnance du 15 avril 2020). – P. Guiomard, *D. actu. 4 mars 2020* (la grippe, les épidémies et la force majeure en dix arrêts). – Grimaldi, *D. 2020. 827* (quelle jurisprudence demain pour l'épidémie de covid-19 en droit des contrats ?). – Gutton et Langlais, *D. actu. 8 avr. 2020* (dossier : l'organisation des juridictions pendant l'état d'urgence sanitaire). – Haftel, *D. 2020. 1040* (contrats internationaux) ; *RDC 2020/3. 70 (idem)*. – Haravon, *JCP 2020, n° 742* (la justice civile en temps de crise sanitaire : l'exemple de l'Angleterre et pistes de réflexion pour le système français). – Hiez, *RTD com 2020. 383* (appréhension des entreprises d'économie sociale et solidaire par les mesures covid). – Jamin, *D. 2020. 761* ; *ibid. 888* (paiement du loyer des baux commerciaux : libre lecture de l'article 1221 du code civil). – Januel, *D. actu. 26 mars 2020* (ordonnance sur les délais de procédure). – Kendérian, *RTD com. 2020. 265* (le droit civil des contrats et le bail commercial en temps de crise) ; *D. 2021. 728* (covid-19 : les limites de l'exception d'inexécution en matière de paiement des loyers commerciaux pendant la crise sanitaire). – Kenfack, *D. 2020. 2185* (systématisation des clauses de force majeure et d'assurance perte d'exploitation ?) – F. Kieffer, *D. actu, 31 mars 2020* (saisie immobilière et covid-19 : Ô temps suspends ton vol...). – Landivaux, *D. actu. 20 mars 2020* (contrats et coronavirus : un cas de force majeure ?). – Lagraulet, *D. actu. 27 mars 2020* (copropriété). – Leroy, *AJ contrat 2020. 214* (expertise financière en contentieux au cœur du système de gestion des risques contractuels dans l'environnement covid-19). – Magnier-Merran, *AJ contrat 2020. 183* (droit bancaire et financier). – Matsopoulou, *Rev. sociétés 2020. 395* (responsabilité pénale du chef d'entreprise). – Maximin, *D. actu. 2 avr. 2020* (propriété industrielle : application de l'ordonnance relative à la prorogation des délais échus). – Mayaux, *RGDA 2020/6. 17* (autour des pertes et dommages : chronique du coronavirus). – Mekki, *AJ contrat 2020. 164* (boîte à outils contractuels). – Mignot, *RGDA 2021/11. 8* (covid-19 et clauses du contrat d'assurance). – Paisant, *JCP 2020, n° 873* (masques et... mascarade). – Pellier, *D. 2020. 716* (délai butoir) ; *ibid. 729* (contrats du tourisme) ; *ibid. 775* (professionnels du tourisme) ; *ibid. 1042* (professionnels du spectacle et du sport). – Rebourg, *JCP 2020, n° 749* (le droit aux relations personnelles des résidents d'EHPAD dans le contexte du covid-19). – Regnault, *AJ contrat 2020. 193* (bail commercial). – Reygrobellet, *Rev. sociétés 2020. 275* (droit des sociétés) ; *ibid. 2021. 415* (le droit des sociétés et la sortie de l'état d'urgence sanitaire). – Rontchevsky, *D. 2020. 721* (gouvernance des sociétés dans la perspective du « monde d'après »). – Rouquet, *D. actu. 20 mars 2020* (copropriété). – Teboul, *D. 2020. 785* (droit des entreprises en difficulté). – Testu, *D. 2020. 885* (dette de loyers). – Valette et Métais, *D. actu. 25 mars 2020* (les délais procéduraux à l'épreuve de la crise sanitaire covid-19). – Van Lang, *D. 2020.1044* (entre la chauve-souris et le pangolin : place du droit dans la science du « monde d'après »). – L. Vogel et J. Vogel, *AJ contrat 2020. 275* (possibilités, limites et exclusions du recours à l'imprévision dans la crise du covid-19). – Witz et Köhler, *D. 2022. 754* (le covid-19 et les ventes internationales régies par la Convention de Vienne). – Ziadé et Cavicchioli, *AJ contrat 2020. 176* (contrats commerciaux). – Dossier, *AJ contrat 2020. 209* (incidences sur la pratique contractuelle) ; *RDSS 2020. 817* . – Dossier, *Dr. fam. 2020. Étude 18* (Autorité parentale et covid). – Dossier, *RDC 2021/1. 156* (crise sanitaire et contrats – Journée du 30 sept. 2020).

Loi n° 2020-290 du 23 mars 2020,

D'urgence pour faire face à l'épidémie de covid-19 .

Ordonnance n° 2020-304 du 25 mars 2020,

Portant adaptation des règles applicables aux juridictions de l'ordre judiciaire statuant en matière non pénale et aux contrats de syndic de copropriété .

Ordonnance n° 2020-306 du 25 mars 2020,

Relative à la prorogation des délais échus pendant la période d'urgence sanitaire et à l'adaptation des procédures pendant cette même période .

Ordonnance n° 2020-315 du 25 mars 2020,

Relative aux conditions financières de résolution de certains contrats de voyages touristiques et de séjours en cas de circonstances exceptionnelles et inévitables ou de force majeure .

Ordonnance n° 2020-538 du 7 mai 2020,

Relative aux conditions financières de résolution de certains contrats en cas de force majeure dans les secteurs de la culture et du sport .

Circulaire CIV/02/20 du 26 mars 2020,

De présentation de l'ordonnance n° 2020-304 du 25 mars 2020 portant adaptation des règles applicables aux juridictions de l'ordre judiciaire statuant en matière non pénale et aux contrats de syndic de copropriété .

Circulaire CIV/01/20 du 26 mars 2020,

De présentation des dispositions du titre I de l'ordonnance n° 2020-306 du 25 mars 2020 relative à la prorogation des délais échus pendant la période d'urgence sanitaire et à l'adaptation des procédures pendant cette même période .

V. les modifications apportées par la Circ. du 17 avr. 2020, infra.

Circulaire CIV/03/20 du 17 avril 2020,

De présentation des dispositions du titre I de l'ordonnance n° 2020-427 du 15 avril 2020 portant diverses dispositions en matière de délais pour faire face à l'épidémie de covid-19 .

Ordonnance n° 2020-1400 du 18 novembre 2020,

Portant adaptation des règles applicables aux juridictions de l'ordre judiciaire statuant en matière non pénale et aux copropriétés .

Décret n° 2020-1405 du 18 novembre 2020,

Portant adaptation des règles applicables aux juridictions de l'ordre judiciaire statuant en matière non pénale .

Circulaire JUSC2031844C du 20 novembre 2020,

De présentation de l'ordonnance n° 2020-1400 du 18 novembre 2020 portant adaptation des règles applicables aux juridictions de l'ordre judiciaire statuant en matière non pénale et aux copropriétés 🏛.

Circulaire JUSC2031874C du 20 novembre 2020,

De présentation du décret n° 2020-1405 du 18 novembre 2020 portant adaptation des règles applicables aux juridictions de l'ordre judiciaire statuant en matière non pénale 🏛.

CONVENTIONS INTERNATIONALES

Convention européenne du 4 novembre 1950 ⌂,

De sauvegarde des Droits de l'homme et des libertés fondamentales.

Les formalités prévues à l'article 66 de la convention et aux articles 6, 4, 7 et 5 respectivement des protocoles nos 1, 2, 3, 4 et 5 en vue de leur entrée en vigueur ont été accomplies par la France le 3 mai 1974.

Convention de La Haye du 15 juin 1955 ⌂,

Sur la loi applicable aux ventes à caractère international d'objets mobiliers corporels.

La présente convention est entrée en vigueur le 1er sept. 1964.

Convention de La Haye du 5 octobre 1961 ⌂,

Sur les conflits de lois en matière de forme des dispositions testamentaires.

Convention de New York du 10 décembre 1962 ⌂,

Sur le consentement au mariage, l'âge minimum du mariage et l'enregistrement des mariages.

Cette convention entre en vigueur le 12 janv. 2011.

Pacte international de New York du 19 décembre 1966 ⌂,

Relatif aux droits civils et politiques.

Ce pacte est entré en vigueur à l'égard de la France le 4 févr. 1981.

Convention de Rome du 10 septembre 1970 ⌂,

Sur la légitimation par mariage.

La présente convention est entrée en vigueur le 8 févr. 1976.

Convention de La Haye du 4 mai 1971 ⌂,

Sur la loi applicable en matière d'accidents de la circulation routière.

La présente convention est entrée en vigueur le 3 juin 1975 pour la France ainsi que pour l'Autriche et la Belgique.

Convention de Bâle du 16 mai 1972 ⌂,

Relative à l'établissement d'un système d'inscription des testaments.

La présente convention est entrée en vigueur le 20 mars 1976.

Convention de La Haye du 2 octobre 1973 ⌂,

Sur la loi applicable aux obligations alimentaires.

La présente convention est entrée en vigueur à l'égard de la France le 1er oct. 1977.

Convention de La Haye du 2 octobre 1973 ⌂,

Concernant la reconnaissance et l'exécution de décisions relatives aux obligations alimentaires.

La présente convention est entrée en vigueur à l'égard de la France le 1er oct. 1977.

Convention de La Haye du 2 octobre 1973 ⌂,

Sur la loi applicable à la responsabilité du fait des produits.

La présente convention est entrée en vigueur à l'égard de la France le 1er oct. 1977.

Convention de Washington du 26 octobre 1973,

Portant loi uniforme sur la forme d'un testament international.

Cette convention est entrée en vigueur le 1er déc. 1994.

Convention de La Haye du 14 mars 1978,

Sur la loi applicable aux régimes matrimoniaux.

La présente convention est entrée en vigueur le 1er sept. 1992.

Convention de La Haye du 14 mars 1978,

Sur la loi applicable aux contrats d'intermédiaires et à la représentation.

La présente convention entre en vigueur le 1er mai 1992.

Convention de Vienne du 11 avril 1980,

Sur les contrats de vente internationale de marchandises.

La présente convention est entrée en vigueur le 1er janv. 1988.

Convention européenne de Luxembourg du 20 mai 1980,

Sur la reconnaissance et l'exécution des décisions en matière de garde des enfants et le rétablissement de la garde des enfants.

La présente convention est entrée en vigueur le 1er sept. 1983.

Convention de Rome du 19 juin 1980,

Sur la loi applicable aux obligations contractuelles (ensemble un protocole et deux déclarations communes).

La présente convention est entrée en vigueur le 1er avr. 1991.

Convention de La Haye du 25 octobre 1980,

Sur les aspects civils de l'enlèvement international d'enfants.

La présente convention est entrée en vigueur le 1er déc. 1983.

Convention franco-algérienne du 21 juin 1988,

Relative aux enfants issus de couples mixtes séparés franco-algériens.

La présente convention est entrée en vigueur le 1er août 1988.

Convention de New York du 26 janvier 1990,

Relative aux droits de l'enfant.

Cette convention est entrée en vigueur le 6 sept. 1990.

Convention de La Haye du 29 mai 1993,

Sur la protection des enfants et la coopération en matière d'adoption internationale.

La présente convention est entrée en vigueur le 1er oct. 1998.

Convention de Strasbourg du 25 janvier 1996,

Sur l'exercice des droits des enfants (Publiée par Décr. no 2008-36 du 10 janv. 2008, JO 12 janv.).

Le présent accord est entré en vigueur le 1er janv. 2008.

Convention de La Haye du 19 octobre 1996,

Concernant la compétence, la loi applicable, la reconnaissance, l'exécution et la coopération en matière de responsabilité parentale et de mesures de protection des enfants.

Entrée en vigueur le 1er févr. 2011.

Convention d'Oviedo du 4 avril 1997,

Pour la protection des Droits de l'Homme et de la dignité de l'être humain à l'égard des applications de la biologie et de la médecine : Convention sur les Droits de l'Homme et la biomédecine.

Cette convention entre en vigueur pour la France le 1er avr. 2012.

Convention de La Haye du 13 janvier 2000,

Sur la protection internationale des adultes.

Entrée en vigueur le 1er janv. 2009.

Règlement (CE) n° 864/2007 du Parlement européen et du Conseil du 11 juillet 2007,

Sur la loi applicable aux obligations non contractuelles (« Rome II »).

V. ss. C. civ., art. 3.

Règlement (CE) n° 593/2008 du Parlement européen et du Conseil du 17 juin 2008,

Sur la loi applicable aux obligations contractuelles (Rome I).

V. ss. C. civ., art. 3.

Règlement (CE) n° 4/2009 du Conseil du 18 décembre 2008,

Relatif à la compétence, la loi applicable, la reconnaissance et l'exécution des décisions et la coopération en matière d'obligations alimentaires (JOUE 10 janv. 2009, L. 7, p. 1).

Sur l'entrée en vigueur, V. art. 76.

Accord du 4 février 2010,

Entre la République française et la République fédérale d'Allemagne instituant un régime matrimonial optionnel de la participation aux acquêts.

V. ss. C. civ., art. 1581.

Règlement (UE) n° 1259/2010 du Conseil du 20 décembre 2010,

Mettant en œuvre une coopération renforcée dans le domaine de la loi applicable au divorce et à la séparation de corps.

Ce règlement est entré en vigueur, pour certains pays de l'Union Européenne, le 21 juin 2012 (JOUE 29 déc).

V. ss. C. civ., art. 309.

Règlement (UE) n° 650/2012 du Parlement européen et du Conseil du 4 juillet 2012,

Relatif à la compétence, la loi applicable, la reconnaissance et l'exécution des décisions, et l'acceptation et l'exécution des actes authentiques en matière de successions et à la création d'un certificat successoral européen (JOUE 27 juill., L. 201/107).

Ce Régl. est applicable à partir du 17 août 2015, à l'exception des art. 77 et 78 qui sont applicables à partir du 16 nov. 2014 et des art. 79, 80 et 81 qui sont applicables à partir du 5 juill. 2012 (Régl., art. 84).

V. ss. C. civ., art. 720.

Règlement (UE) n° 2016/1103 du Conseil du 24 juin 2016,

Mettant en œuvre une coopération renforcée dans le domaine de la compétence, de la loi applicable, de la reconnaissance et de l'exécution des décisions en matière de régimes matrimoniaux.

V. ss. C. civ., art. 1399.

Règlement (UE) n° 2016/1104 du Conseil du 24 juin 2016,

Mettant en œuvre une coopération renforcée dans le domaine de la compétence, de la loi applicable, de la reconnaissance et de l'exécution des décisions en matière d'effets patrimoniaux des partenariats enregistrés.

V. ss. C. civ., art. 515-7-1.

Règlement (UE) n° 2019/1111 du 25 juin 2019 🏛,

Relatif à la compétence, la reconnaissance et l'exécution des décisions en matière matrimoniale et en matière de responsabilité parentale ainsi qu'à l'enlèvement international d'enfants (refonte).

TABLE DE RENVOIS

Réforme du droit des obligations
Des articles anciens vers les articles nouveaux

NDLR : Ce tableau propose des renvois des articles anciens du Code civil vers les articles issus de l'ordonnance n° 2016-131 du 10 février 2016, sans cependant constituer une table de concordance tant les textes sont différents, soit par leur contenu, soit par leur place dans le plan.

Article ancien	Comp. article nouveau
Art. 1101	Art. 1101
Art. 1102	Art. 1106
Art. 1103	Art. 1106
Art. 1104	Art. 1108
Art. 1105	Art. 1107
Art. 1106	Art. 1107
Art. 1107	Art. 1105
Art. 1108	Art. 1128
Art. 1108-1	Art. 1174
Art. 1108-2	Art. 1175
Art. 1109	Art. 1130
Art. 1110	Art. 1132 s.
Art. 1111, 1112	Art. 1142
Art. 1113	Art. 1140 s.
Art. 1114	-
Art. 1115	Art. 1144, 1182
Art. 1116	Art. 1137
Art. 1117	Art. 1178
Art. 1118	Art. 1168
Art. 1119	Art. 1203, 1205 s.
Art. 1120	Art. 1204
Art. 1121	Art. 1205 s.
Art. 1122	-
Art. 1123	Art. 1145
Art. 1124	Art. 1146
Art. 1125	Art. 1151
Art. 1125-1	Art. V. CSP, CASF
Art. 1126	Art. 1163
Art. 1127	-
Art. 1128	-
Art. 1129	Art. 1163
Art. 1130	Art. 1163
Art. 1131 à 1133	Art. 1162 (contenu du contrat)
Art. 1134	Art. 1103 (force obligatoire), 1104 (bonne foi), 1193
Art. 1135	Art. 1194
Art. 1136, 1137	Art. 1197
Art. 1138	Art. 1344-2, 1196
Art. 1139	Art. 1344
Art. 1140	-
Art. 1141	Art. 1198
Art. 1142	Art. 1217 et 1221 s
Art. 1143, 1144	Art. 1222
Art. 1145	-
Art. 1146	Art. 1231
Art. 1147	Art. 1217, 1231-1
Art. 1148	Art. 1218 (force majeure), 1351 (impossibilité d'exécuter)
Art. 1149	Art. 1231-2
Art. 1150	Art. 1231-3
Art. 1151	Art. 1231-4
Art. 1152	Art. 1231-5
Art. 1153	Art. 1231-6, 1344-1
Art. 1153-1	Art. 1231-7
Art. 1154	Art. 1343-2
Art. 1155	-
Art. 1156	Art. 1188
Art. 1157	Art. 1191
Art. 1158	-
Art. 1159	-
Art. 1160	-
Art. 1161	Art. 1189
Art. 1162	Art. 1190
Art. 1163	-
Art. 1164	-
Art. 1165	Art. 1199 s.
Art. 1166	Art. 1341-1
Art. 1167	Art. 1341-2
Art. 1168	Art. 1304
Art. 1169	-
Art. 1170	Art. 1304-2
Art. 1171	-
Art. 1172	Art. 1304-1
Art. 1173	-
Art. 1174	Art. 1304-2
Art. 1175	-

Article ancien	Comp. article nouveau	Article ancien	Comp. article nouveau
Art. 1176	-	Art. 1240	Art. 1342-3
Art. 1177	-	Art. 1241	Art. 1342-2
Art. 1178	Art. 1304-3	Art. 1242	-
Art. 1179	Art. 1304-6	Art. 1243	Art. 1342-4
Art. 1180	Art. 1304-5	Art. 1244	Art. 1342-4,
Art. 1181	-		1343-5
Art. 1182	Art. 1304-6	Art. 1244-1	Art. 1343-5
Art. 1183	Art. 1304, 1304-7	Art. 1244-2	Art. 1343-5
Art. 1184	Art. 1217, 1224 s.	Art. 1244-3	Art. 1343-5
Art. 1185	Art. 1305 s.	Art. 1244-4	V. C. pr. exéc.,
Art. 1186	Art. 1305-2		art. L. 125-1
Art. 1187	Art. 1305-3	Art. 1245	Art. 1342-5
Art. 1188	Art. 1305-4	Art. 1246	Art. 1166
Art. 1189	Art. 1307 s.	Art. 1247	Art. 1342-6,
Art. 1190	Art. 1307-1		1343-4
Art. 1191	-	Art. 1248	Art. 1342-7
Art. 1192	-	Art. 1249	Art. 1346 s.
Art. 1193	Art. 1307-2	Art. 1250	Art. 1346 s.
Art. 1194	Art. 1307-2 s.	Art. 1251	Art. 1346
Art. 1195	Art. 1307-2 et	Art. 1252	Art. 1346-3
	1307-5	Art. 1253	Art. 1342-10
Art. 1196	-	Art. 1254	Art. 1343-1
Art. 1197	Art. 1311	Art. 1255	-
Art. 1198	Art. 1311	Art. 1256	Art. 1342-10
Art. 1199	Art. 1312	Art. 1257 à 1264	Art. 1345 s.
Art. 1200	Art. 1313	Art. 1271	Art. 1329
Art. 1201	-	Art. 1272	-
Art. 1202	Art. 1310	Art. 1273	Art. 1330
Art. 1203	Art. 1313	Art. 1274	Art. 1332
Art. 1204	Art. 1313	Art. 1275	Art. 1338
Art. 1205	-	Art. 1276	Art. 1337
Art. 1206	-	Art. 1277	Art. 1340
Art. 1207	Art. 1314	Art. 1278	Art. 1334
Art. 1208	Art. 1315	Art. 1279	Art. 1334
Art. 1209	Art. 1349-1	Art. 1280	Art. 1334
Art. 1210	Art. 1316	Art. 1281	Art. 1335
Art. 1211	-	Art. 1282	Art. 1342-9
Art. 1212	-	Art. 1283	Art. 1342-9
Art. 1213	Art. 1317	Art. 1284	Art. 1342-9
Art. 1214	Art. 1317	Art. 1285	Art. 1350-1
Art. 1215	Art. 1317	Art. 1286	-
Art. 1216	Art. 1318	Art. 1287	Art. 1350-2
Art. 1217 à 1225	Art. 1320	Art. 1288	Art. 1350-2
Art. 1226	Art. 1231-5	Art. 1289	Art. 1347
Art. 1227	-	Art. 1290	Art. 1347 s.
Art. 1228	-	Art. 1291	Art. 1347-1
Art. 1229	-	Art. 1292	Art. 1347-3
Art. 1230	Art. 1231-5	Art. 1293	Art. 1347-2
Art. 1231	Art. 1231-5	Art. 1294	Art. 1347-6
Art. 1232	-	Art. 1295	Art. 1347-5
Art. 1233	-	Art. 1296	-
Art. 1234	Art. 1342 s.	Art. 1297	Art. 1347-4
Art. 1235	Art. 1302, 1342	Art. 1298	Art. 1347-7
Art. 1236	Art. 1342-1	Art. 1299	Art. 1347-7
Art. 1237	Art. 1342-1	Art. 1300	Art. 1349 s.
Art. 1238	-	Art. 1301	Art. 1349-1
Art. 1239	Art. 1342-2	Art. 1302	Art. 1351 s.

Article ancien	Comp. article nouveau
Art. 1303	Art. 1351-1
Art. 1304	Art. 1144, 1152, 2224
Art. 1305	Art. 1149
Art. 1306	Art. 1149
Art. 1307	Art. 1149
Art. 1308	Art. 1149
Art. 1309	-
Art. 1310	-
Art. 1311	Art. 1151
Art. 1312	Art. 1151, 1352-4
Art. 1313	Art. 1150
Art. 1314	-
Art. 1315	Art. 1353
Art. 1315-1	-
Art. 1316	Art. 1365
Art. 1316-1	Art. 1366
Art. 1316-2	Art. 1368
Art. 1316-3	Art. 1366
Art. 1316-4	Art. 1367
Art. 1317	Art. 1369
Art. 1317-1	Art. 1369
Art. 1318	Art. 1370
Art. 1319	Art. 1371
Art. 1320	-
Art. 1321	Art. 1201
Art. 1321-1	Art. 1202
Art. 1322	Art. 1372
Art. 1323	Art. 1373
Art. 1324	Art. 1373
Art. 1325	Art. 1375
Art. 1326	Art. 1376
Art. 1328	Art. 1377
Art. 1329	Art. 1378
Art. 1330	Art. 1378
Art. 1331	Art. 1378-1
Art. 1332	Art. 1378-2
Art. 1333	-
Art. 1334	Art. 1379
Art. 1335	Art. 1379
Art. 1336	Art. 1362
Art. 1337	Art. 1380
Art. 1338	Art. 1182
Art. 1339	Art. 931-1
Art. 1340	Art. 931-1
Art. 1341 à 1345	Art. 1359
Art. 1346	-
Art. 1347	Art. 1361, 1362
Art. 1348	Art. 1360, 1379
Art. 1349	Art. 1354
Art. 1350	Art. 1354
Art. 1351	Art. 1355
Art. 1352	Art. 1354
Art. 1353	Art. 1382
Art. 1354	Art. 1383
Art. 1355	Art. 1383-1
Art. 1356	Art. 1383-2
Art. 1357	Art. 1384

Article ancien	Comp. article nouveau
Art. 1358	Art. 1385
Art. 1359	Art. 1385-1
Art. 1360	Art. 1385
Art. 1361	Art. 1385-2
Art. 1362	Art. 1385-1
Art. 1363	Art. 1385-3
Art. 1364	Art. 1385-3
Art. 1365	Art. 1385-4
Art. 1366	Art. 1386
Art. 1367	Art. 1386-1
Art. 1368	Art. 1386
Art. 1369	-
Art. 1369-1	Art. 1125
Art. 1369-2	Art. 1126
Art. 1369-3	Art. 1127
Art. 1369-4	Art. 1127-1
Art. 1369-5	Art. 1127-2
Art. 1369-6	Art. 1127-3
Art. 1369-7	Art. 1127-4 *[abrogé]*
Art. 1369-8	Art. 1127-5 *[abrogé]*
Art. 1369-9	Art. 1127-6 *[renuméroté 1127-4]*
Art. 1369-10	Art. 1176
Art. 1369-11	Art. 1177
Art. 1370	Art. 1100, 1100-2
Art. 1371	Art. 1300, 1303 s. (enrichissement sans cause)
Art. 1372	Art. 1301 s.
Art. 1373	Art. 1301-1
Art. 1374	Art. 1301-1
Art. 1375	Art. 1301-2
Art. 1376	Art. 1302-1
Art. 1377	Art. 1302-2 s.
Art. 1378	Art. 1302-3, 1352-7
Art. 1379	Art. 1302-3, 1352-1
Art. 1380	Art. 1302-3, 1352-2
Art. 1381	Art. 1302-3, 1352-5
Art. 1382	Art. 1240
Art. 1383	Art. 1241
Art. 1384	Art. 1242
Art. 1385	Art. 1243
Art. 1386	Art. 1244
Art. 1386-1	Art. 1245
Art. 1386-2	Art. 1245-1
Art. 1386-3	Art. 1245-2
Art. 1386-4	Art. 1245-3
Art. 1386-5	Art. 1245-4
Art. 1386-6	Art. 1245-5
Art. 1386-7	Art. 1245-6
Art. 1386-8	Art. 1245-7

Article ancien	Comp. article nouveau	Article ancien	Comp. article nouveau
Art. 1386-9	Art. 1245-8	Art. 1386-14	Art. 1245-13
Art. 1386-10	Art. 1245-9	Art. 1386-15	Art. 1245-14
Art. 1386-11	Art. 1245-10	Art. 1386-16	Art. 1245-15
Art. 1386-12	Art. 1245-11	Art. 1386-17	Art. 1245-16
Art. 1386-13	Art. 1245-12	Art. 1386-18	Art. 1245-17

TABLE DE CONCORDANCE

Livre IV Des sûretés

Cette table propose une concordance entre la version du Livre IV du Code civil postérieure au 1er janv. 2022, après l'Ord. n° 2021-1192 du 15 sept. 2021, et la version antérieure. A noter que la réforme n'ayant pas procédé à un remplacement pur et simple du Livre IV, certains articles sont identiques, d'autres ont été déplacés et/ou modifiés, abrogés ou sont nouveaux. Certains renvois ne sont que des indications, les notions visées ayant pu fortement évoluer, soit dans le plan, soit dans leur contenu. Un second tableau présente la concordance, sous les mêmes réserves, entre la version du Livre IV antérieure au 1er janv. 2022 et la version postérieure au 1er janv. 2022, après l'Ord. n° 2021-1192 du 15 sept. 2021.

Version au 1er janv. 2022	Version antérieure au 1er janv. 2022
Art. 2284	Art. 2284
Art. 2285	Art. 2285
Art. 2286	Art. 2286
Art. 2287	Art. 2287
Art. 2287-1	Art. 2287-1
Art. 2288	Art. 2288, 2291
Art. 2289	Art. 2317 s.
Art. 2290	-
Art. 2291	Art. 2291
Art. 2291-1	-
Art. 2292	-
Art. 2293	Art. 2289
Art. 2294	Art. 2292
Art. 2295	Art. 2293
Art. 2296	Art. 2290
Art. 2297	C. consom.
Art. 2298	Art. 2313
Art. 2299	-
Art. 2300	C. consom.
Art. 2301	Art. 2295, 2297, 2317, 2318
Art. 2302	Art. 2293 et C. consom.
Art. 2303	C. consom.
Art. 2304	-
Art. 2305	Art. 2298, 2319, 2320
Art. 2305-1	Art. 2299 à 2301
Art. 2306	Art. 2302, 2303
Art. 2306-1	Art. 2303
Art. 2306-2	Art. 2304
Art. 2307	Art. 2301
Art. 2308	Art. 2305
Art. 2309	Art. 2306
Art. 2310	Art. 2307
Art. 2311	Art 2308
Art. 2312	Art. 2310
Art. 2313	Art. 2311 s
Art. 2314	Art. 2314
Art. 2315	-
Art. 2316	-
Art. 2317	Art. 2294
Art. 2318	-
Art. 2319	-
Art. 2320	Art. 2316
Art. 2321	Art. 2321
Art. 2322	Art. 2322
Art. 2323	Art. 2323
Art. 2324	Art. 2328, 2330
Art. 2325	Art. 2334
Art. 2326	Art. 1844-2
Art. 2327 *(abrogé)*	Art. 2327
Art. 2328 *(abrogé)*	Art. 2328
Art. 2329	Art. 2329
Art. 2330	Art. 2330
Art. 2331	Art. 2331
Art. 2331-1	Art. 2327
Art. 2332	Art. 2332
Art. 2332-1	Art. 2332-1
Art. 2332-2	Art. 2326, 2332-2
Art. 2332-3	Art. 2332-3
Art. 2332-4	-
Art. 2333	Art. 2333
Art. 2334	-
Art. 2335	Art. 2335
Art. 2336	Art. 2336
Art. 2337	Art. 2337
Art. 2338	Art. 2338

Version au 1er janv. 2022	Version antérieure au 1er janv. 2022
Art. 2339	Art. 2339
Art. 2340	Art. 2340
Art. 2341	Art. 2341
Art. 2342	Art. 2342
Art. 2342-1	-
Art. 2343	Art. 2343
Art. 2344	Art. 2344
Art. 2345	Art. 2345
Art. 2346	Art. 2346
Art. 2347	Art. 2347
Art. 2348	Art. 2348
Art. 2349	Art. 2349
Art. 2350	Art. 2350
Art. 2351	Art. 2351
Art. 2352	Art. 2352
Art. 2353	Art. 2353
Art. 2354 *(abrogé)*	Art. 2354
Art. 2355	Art. 2355
Art. 2356	Art. 2356
Art. 2357 *(abrogé)*	Art. 2357
Art. 2358	Art. 2358
Art. 2359	Art. 2359
Art. 2360	Art. 2360
Art. 2361	Art. 2361
Art. 2361-1	-
Art. 2362	Art. 2362
Art. 2363	Art. 2363
Art. 2363-1	-
Art. 2364	Art. 2364
Art. 2365	Art. 2365
Art. 2366	Art. 2366
Art. 2367	Art. 2367
Art. 2368	Art. 2368
Art. 2369	Art. 2369
Art. 2370	Art. 2370
Art. 2371	Art. 2371
Art. 2372	Art. 2372
Art. 2372-1	Art. 2372-1
Art. 2372-2	Art. 2372-2
Art. 2372-3	Art. 2372-3
Art. 2372-4	Art. 2372-4
Art. 2372-5	Art. 2372-5
Art. 2373	-
Art. 2373-1	-
Art. 2373-2	-
Art. 2373-3	-
Art. 2374	-
Art. 2374-1	-
Art. 2374-2	-
Art. 2374-3	-
Art. 2374-4	-
Art. 2374-5	-
Art. 2374-6	-
Art. 2375	Art. 2373
Art. 2376	-
Art. 2377	Art. 2375

Version au 1er janv. 2022	Version antérieure au 1er janv. 2022
Art. 2378	Art. 2376
Art. 2379	Art. 2387
Art. 2380	Art. 2388
Art. 2381	Art. 2389
Art. 2382	Art. 2390
Art. 2383	Art. 2391
Art. 2384	Art. 2392
Art. 2385	Art. 2393
Art. 2386	Art. 2394
Art. 2387	Art. 2395, 2396
Art. 2388	Art. 2397
Art. 2389	Art. 2397
Art. 2390	Art. 2397
Art. 2391	Art. 2393
Art. 2392	Art. 2401
Art. 2393	Art. 2400
Art. 2394	Art. 2402
Art. 2395	Art. 2405
Art. 2396	Art. 2407
Art. 2397	Art. 2408
Art. 2398	Art. 2409
Art. 2399	Art. 2410
Art. 2400	Art. 2411
Art. 2401	Art. 2412
Art. 2402	Art. 2374 s.
Art. 2403	Art. 2379
Art. 2404	Art. 2384-1
Art. 2405	Art. 2384-2
Art. 2406	Art. 2384-3
Art. 2407	Art. 2384-4
Art. 2408	Art. 2412
Art. 2409	Art. 2416
Art. 2410	Art. 2413
Art. 2411	Art. 2414
Art. 2412	Art. 2414
Art. 2413	Art. 2417
Art. 2414	Art. 2418 à 2420
Art. 2415	Art. 2421
Art. 2416	Art. 2422
Art. 2417	Art. 2423
Art. 2418	Art. 2378, 2425
Art. 2419	Art. 2425
Art. 2420	Art. 2422, 2425
Art. 2421	Art. 2426
Art. 2422	Art. 2427
Art. 2423	Art. 2428
Art. 2424	Art. 2429
Art. 2425	Art. 2430
Art. 2426	Art. 2431
Art. 2427	Art. 2432
Art. 2428	Art. 2433
Art. 2429	Art. 2434
Art. 2430	Art. 2435
Art. 2431	Art. 2436
Art. 2432	Art. 2437

Version au 1er janv. 2022	Version antérieure au 1er janv. 2022	Version au 1er janv. 2022	Version antérieure au 1er janv. 2022
Art. 2433	Art. 2438	Art. 2460	Art. 2473
Art. 2434	Art. 2439	Art. 2461	-
Art. 2435	Art. 2440	Art. 2462	Art. 2477
Art. 2436	Art. 2441	Art. 2463	Art. 2475
Art. 2437	Art. 2442	Art. 2464	Art. 2475, 2476, 2478, 2479
Art. 2438	Art. 2443		
Art. 2439	Art. 2444	Art. 2465	Art. 2480
Art. 2440	Art. 2446	Art. 2466	Art. 2485
Art. 2441	Art. 2447	Art. 2467	Art. 2481
Art. 2442	Art. 2448	Art. 2468	Art. 2482
Art. 2443	Art. 2449	Art. 2469	Art. 2483
Art. 2444	Art. 2450	Art. 2470	Art. 2484, 2486
Art. 2445	Art. 2451	Art. 2471	Art. 2487
Art. 2446	Art. 2452	Art. 2472	-
Art. 2447	Art. 2453	Art. 2473	Art. 2424
Art. 2448	Art. 2454	Art. 2474	Art. 2488
Art. 2449	Art. 2457	Art. 2488-1	Art. 2488-1
Art. 2450	Art. 2458	Art. 2488-2	Art. 2488-2
Art. 2451	Art. 2458	Art. 2488-3	Art. 2488-3
Art. 2452	Art. 2459	Art. 2488-4	Art. 2488-4
Art. 2453	Art. 2460	Art. 2488-5	Art. 2488-5
Art. 2454	Art. 2393, 2461, 2462, 2464	Art. 2488-6	Art. 2488-6
		Art. 2488-7	Art. 2488-7
Art. 2455	Art. 2465, 2466	Art. 2488-8	Art. 2488-8
Art. 2456	Art. 2463, 2474	Art. 2488-9	Art. 2488-9
Art. 2457	Art. 2470	Art. 2488-10	Art. 2488-10
Art. 2458	Art. 2472	Art. 2488-11	Art. 2488-11
Art. 2459	Art. 2472	Art. 2488-12	Art. 2488-12

Livre IV Des sûretés

Version antérieure au 1er janv. 2022	Version au 1er janv. 2022
Art. 2284	Art. 2284
Art. 2285	Art. 2285
Art. 2286	Art. 2286
Art. 2287	Art. 2287
Art. 2287-1	Art. 2287-1
Art. 2288	Art. 2288
Art. 2289	Art. 2293
Art. 2290	Art. 2296
Art. 2291	Art. 2288, 2291
Art. 2292	Art. 2294
Art. 2293	Art. 2295, 2302
Art. 2294	Art. 2317
Art. 2295	Art. 2301
Art. 2296	-
Art. 2297	Art. 2301
Art. 2298	Art. 2305
Art. 2299	Art. 2305-1
Art. 2300	Art. 2305-1
Art. 2301	Art. 2305-1, 2307
Art. 2302	Art. 2306
Art. 2303	Art. 2306, 2306-1
Art. 2304	Art. 2306-2
Art. 2305	Art. 2308
Art. 2306	Art. 2309
Art. 2307	Art. 2310
Art. 2308	Art. 2311
Art. 2309	-
Art. 2310	Art. 2312
Art. 2311	Art. 2313
Art. 2312	-
Art. 2313	Art. 2298
Art. 2314	Art. 2314
Art. 2315	-
Art. 2316	Art. 2320
Art. 2317	Art. 2301
Art. 2318	Art. 2301
Art. 2319	Art. 2305
Art. 2320	Art. 2305
Art. 2321	Art. 2321
Art. 2322	Art. 2322
Art. 2323	Art. 2323
Art. 2324	Art. 2324
Art. 2325	-
Art. 2326	Art. 2332-2
Art. 2327	Art. 2331-1
Art. 2328	Art. 2324
Art. 2329	Art. 2329
Art. 2330	Art. 2324, 2330
Art. 2331	Art. 2331
Art. 2332	Art. 2332
Art. 2332-1	Art. 2332-1
Art. 2332-2	Art. 2332-2
Art. 2332-3	Art. 2332-3
Art. 2332-4	-
Art. 2333	Art. 2333
Art. 2334	Art. 2325
Art. 2335	Art. 2335
Art. 2336	Art. 2336
Art. 2337	Art. 2337
Art. 2338	Art. 2338
Art. 2339	Art. 2339
Art. 2340	Art. 2340
Art. 2341	Art. 2341
Art. 2342	Art. 2342
Art. 2343	Art. 2343
Art. 2344	Art. 2344
Art. 2345	Art. 2345
Art. 2346	Art. 2346
Art. 2347	Art. 2347
Art. 2348	Art. 2348
Art. 2349	Art. 2349
Art. 2350	Art. 2338, 2350
Art. 2351	Art. 2351
Art. 2352	Art. 2352
Art. 2353	Art. 2353
Art. 2354	Art. 2354 *(abrogé)*
Art. 2355	Art. 2355
Art. 2356	Art. 2356
Art. 2357	Art. 2357 *(abrogé)*
Art. 2358	Art. 2358
Art. 2359	Art. 2359
Art. 2360	Art. 2360
Art. 2361	Art. 2361
Art. 2362	Art. 2362
Art. 2363	Art. 2363
Art. 2364	Art. 2364
Art. 2365	Art. 2365
Art. 2366	Art. 2366
Art. 2367	Art. 2367
Art. 2368	Art. 2368
Art. 2369	Art. 2369
Art. 2370	Art. 2370
Art. 2371	Art. 2371
Art. 2372	Art. 2372
Art. 2372-1	Art. 2372-1
Art. 2372-2	Art. 2372-2
Art. 2372-3	Art. 2372-3
Art. 2372-4	Art. 2372-4
Art. 2372-5	Art. 2372-5
Art. 2373	Art. 2375
Art. 2374	Art. 2402

Version antérieure au 1er janv. 2022	Version au 1er janv. 2022
Art. 2375	Art. 2377
Art. 2376	Art. 2376, 2378
Art. 2377	Art. 2418
Art. 2378	Art. 2376, 2418
Art. 2379	Art. 2403
Art. 2380	-
Art. 2381	-
Art. 2382	-
Art. 2383	-
Art. 2384	-
Art. 2384-1	Art. 2404
Art. 2384-2	Art. 2405
Art. 2384-3	Art. 2406
Art. 2384-4	Art. 2407
Art. 2385	-
Art. 2386	-
Art. 2387	Art. 2379
Art. 2388	Art. 2380
Art. 2389	Art. 2381
Art. 2390	Art. 2382
Art. 2391	Art. 2383
Art. 2392	Art. 2384
Art. 2393	Art. 2385, 2391, 2454
Art. 2394	Art. 2386
Art. 2395	Art. 2387
Art. 2396	Art. 2387
Art. 2397	Art. 2388 à 2390
Art. 2398	-
Art. 2399	-
Art. 2400	Art. 2393
Art. 2401	Art. 2392
Art. 2402	Art. 2394
Art. 2403	-
Art. 2404	-
Art. 2405	Art. 2395
Art. 2406	-
Art. 2407	Art. 2396
Art. 2408	Art. 2397
Art. 2409	Art. 2398
Art. 2410	Art. 2399
Art. 2411	Art. 2400
Art. 2412	Art. 2401
Art. 2413	Art. 2410
Art. 2414	Art. 2411, 2412
Art. 2415	-
Art. 2416	Art. 2409
Art. 2417	Art. 2413
Art. 2418	Art. 2414
Art. 2419	Art. 2414
Art. 2420	Art. 2414
Art. 2421	Art. 2415
Art. 2422	Art. 2416, 2420
Art. 2423	Art. 2390, 2417
Art. 2424	Art. 2473
Art. 2425	Art. 2418 à 2420
Art. 2426	Art. 2421
Art. 2427	Art. 2422
Art. 2428	Art. 2423
Art. 2429	Art. 2424
Art. 2430	Art. 2425

Version antérieure au 1er janv. 2022	Version au 1er janv. 2022
Art. 2431	Art. 2426
Art. 2432	Art. 2427
Art. 2433	Art. 2428
Art. 2434	Art. 2429
Art. 2435	Art. 2430
Art. 2436	Art. 2431
Art. 2437	Art. 2432
Art. 2438	Art. 2433
Art. 2439	Art. 2434
Art. 2440	Art. 2435
Art. 2441	Art. 2436
Art. 2442	Art. 2437
Art. 2443	Art. 2438
Art. 2444	Art. 2439
Art. 2445	-
Art. 2446	Art. 2440
Art. 2447	Art. 2441
Art. 2448	Art. 2442
Art. 2449	Art. 2443
Art. 2450	Art. 2444
Art. 2451	Art. 2445
Art. 2452	Art. 2446
Art. 2453	Art. 2447
Art. 2454	Art. 2448
Art. 2455 *(abrogé)*	-
Art. 2456 *(abrogé)*	-
Art. 2457	Art. 2449
Art. 2458	Art. 2450, 2451
Art. 2459	Art. 2452
Art. 2460	Art. 2453
Art. 2461	Art. 2454
Art. 2462	Art. 2454
Art. 2463	Art. 2456
Art. 2464	Art. 2454
Art. 2465	Art. 2455
Art. 2466	Art. 2455
Art. 2467	-
Art. 2468	-
Art. 2469	-
Art. 2470	Art. 2457
Art. 2471	-
Art. 2472	Art. 2458, 2459
Art. 2473	Art. 2460
Art. 2474	Art. 2456
Art. 2475	Art. 2463, 2464
Art. 2476	Art. 2464
Art. 2477	Art. 2462
Art. 2478	Art. 2464
Art. 2479	Art. 2464
Art. 2480	Art. 2465
Art. 2481	Art. 2467
Art. 2482	Art. 2468
Art. 2483	Art. 2469
Art. 2484	Art. 2470
Art. 2485	Art. 2466
Art. 2486	Art. 2470

Version antérieure au 1er janv. 2022	Version au 1er janv. 2022	Version antérieure au 1er janv. 2022	Version au 1er janv. 2022
Art. 2487	**Art. 2471**	**Art. 2488-6**	**Art. 2488-6**
Art. 2488	**Art. 2474**	**Art. 2488-7**	**Art. 2488-7**
Art. 2488-1	**Art. 2488-1**	**Art. 2488-8**	**Art. 2488-8**
Art. 2488-2	**Art. 2488-2**	**Art. 2488-9**	**Art. 2488-9**
Art. 2488-3	**Art. 2488-3**	**Art. 2488-10**	**Art. 2488-10**
Art. 2488-4	**Art. 2488-4**	**Art. 2488-11**	**Art. 2488-11**
Art. 2488-5	**Art. 2488-5**	**Art. 2488-12**	**Art. 2488-12**

TABLE CHRONOLOGIQUE

NOTA. Avant la table chronologique proprement dite, on trouvera ci-dessous une liste, classée par ordre alphabétique, des différents codes reproduits en extraits dans le code civil.

Code de l'action sociale et des familles
– Art. L. 114-5 *(naissance avec handicap)*, ss. C. civ., art. 1242.
– Art. L. 116-4 *(incapacité de recevoir à titre gratuit)*, ss. C. civ., art. 909.
– Art. L. 132-6 à L. 132-8 *(recours de l'aide sociale)*, ss. C. civ., art. 211.
– Art. L. 132-9 *(hypothèque légale de l'aide sociale)*, ss. C. civ., art. 2474.
– Art. L. 147-7, note, ss. C. civ., art. 326.
– Art. L. 222-5, L. 223-1 à L. 224-10, L. 227-1 à L. 227-3, L. 228-1 à L. 228-3 *(aide sociale à l'enfance)*, ss. C. civ., art. 375-9.
– Art. L. 222-6 *(accouchement sous X)*, ss. C. civ., art. 326.
– Art. L. 271-1 à L. 271-6 *(mesures d'accompagnement social personnalisé)*.
– Art. L. 471-1 *(mandataires judiciaires à la protection des majeurs)*.

Code des assurances
– Art. L. 114-1 à L. 114-3 (prescription), ss. C. civ., art. 2225.
– Art. L. 121-12 *(subrogation)*, ss. C. civ., art. 1346-5.
– Art. L. 124-1 à L. 124-5 *(assurances de responsabilité)*, ss. C. civ., art. 1242.
– Art. L. 200-1, L. 211-8 à L. 211-25 *(assurance automobile, indemnisation)*, ss. C. civ., art. 1242.
– Art. L. 400-1, L. 421-1 à L. 421-15 *(fonds de garantie des assurances obligatoires de dommages)*, ss. C. civ., art. 1242.
– Art. L. 422-1 à L. 422-6 *(fonds de garantie des victimes des actes de terrorisme)*, ss. C. civ., art. 1242.
– Art. L. 422-7 à L. 422-11 *(aide au recouvrement des dommages et intérêts pour les victimes d'infractions)*, ss. C. civ., art. 1242.
– Art. L. 443-1 *(caution)*, ss. C. civ., art. 2314.
– Art. R. 211-29 à R. 211-44 *(assurance automobile, indemnisation)*, ss. C. civ., art. 1242.

Code de commerce
– Art. L. 121-5 *(conjoints collaborateurs, gestion de la communauté)*, ss. C. civ., art. 1424.
– Art. L. 121-6, L. 121-7 *(conjoints collaborateurs, mandat)*, ss. C. civ., art. 226.
– Art. L. 526-1 à L. 526-12, L. 526-22 à L. 526-31 *(insaisissabilité de la résidence principale de l'entrepreneur individuel et statut de l'entrepreneur individuel)*, ss. C. civ., art. 2285.
– Art. L. 526-4 *(information du conjoint du commerçant)*, note ss. C. civ., art. 1413.
– Art. L. 622-17 *(privilège des créances nées après le jugement d'ouverture de la procédure collective)*, ss. C. civ., art. 2331.
– Art. L. 622-23-1 *(fiducie et sauvegarde)*, ss. C. civ., art. 2024.
– Art. R. 123-121-1 *(information du conjoint du commerçant)*, note ss. C. civ., art. 1413.

Code de la consommation
– Art. liminaire *(définition du consommateur)*, L. 111-1 à L. 112-4 *(information des consommateurs)*, ss. C. civ., art. 1602.
– Art. L. 212-1 à L. 212-3 *(clauses abusives)*, ss. C. civ., art. 1171.

– Art. L. 214-1 à L. 214-4 *(arrhes et acomptes)*, ss. C. civ., art. 1590.
– Art. L. 216-1 à L. 216-8 *(livraison et transfert de risque)*, ss. C. civ., art. 1610.
– Art. L. 217-1 à L. 217-32 *(conformité au contrat)*, ss. C. civ., art. 1649.
– Art. L. 314-1 à L. 314-9 *(taux effectif global, taux d'usure)*, ss. C. civ., art. 1907.
– Art. L. 314-19 *(sûretés personnelles)*, ss. C. civ., art. 1914.
– Art. L. 331-1 à L. 333-2 et L. 343-1 à L. 343-6 *(cautionnement)*, ss. C. civ., art. 2298.
– Art. R. 212-1 à R. 212-5, ss. C. civ. *(clauses abusives)*, art. 1171.

Code de la construction et de l'habitation
– Art. L. 112-16 *(nuisances)*, ss. C. civ., art. 544, (note).
– Art. L. 222-1 à L. 222-7 *(promotion immobilière)*, ss. C. civ., art. 1831-5 (renvoi).
– Art. L. 230-1 à L. 232-2 *(construction d'une maison individuelle)*, ss. C. civ., art. 1799, (renvoi).
– Art. L. 271-1 à L. 271-6 *(protection de l'acquéreur immobilier)*, ss. C. civ., art. 1589.
– Art. R. 222-1 à R. 222-14 *(promotion immobilière)*, ss. C. civ., art. 1831-5, (renvoi).
– Art. R. 231-1 à R. 232-7 *(contrat de construction d'une maison individuelle)*, ss. C. civ., art. 1799-1, (renvoi).

Code des douanes
– Art. 379 à 381 *(privilège)*, ss. C. civ., art. 2474.

Code de l'éducation
– Art. L. 911-4, R. 442-40 *(responsabilité des membres de l'enseignement public et sous contrat d'association)*, ss. C. civ., art. 1242.

Code électoral
– Art. L. 5 *(vote des majeurs en tutelle)*, note ss. C. civ., art. 473.

Code de l'entrée et du séjour des étrangers et du droit d'asile
– Art. L. 121-9 *(vérification des actes d'état civil étrangers)*, ss. C. civ., art. 47.
– Art. L. 811-2 *(délivrance de pièces aux réfugiés et apatrides par l'OFPRA)*, ss. C. civ., art. 46.

Code de l'environnement
– Art. L. 215-1 *(riverains des cours d'eau)*, ss. C. civ., art. 644.
– Art. L. 215-2 *(lit des cours d'eau non domaniaux)*, ss. C. civ., art. 561.
– Art. L. 215-3, L. 215-4 *(changement de lit des cours d'eau)*, ss. C. civ., art. 563.
– Art. L. 215-6, L. 215-7-1 *(alluvions, relais, îles et îlots)*, ss. C. civ., art. 556.
– Art. L. 341-14 *(servitude et prescription sur monument naturel ou site)*, ss. C. civ., art. 691.

Code de l'expropriation pour cause d'utilité publique
– Art. L. 1, ss. C. civ., art. 545.

Code général des collectivités territoriales
– Art. L. 1311-17 *(révision des charges des donations et legs)*, ss. C. civ., art. 900-8.
– Art. L. 2223-42 *(inhumation)*.
– Art. L. 2242-1 à L. 2242-5, L. 3213-6, L. 4221-6 *(dons et legs)*, ss. C. civ., art. 910.
– *Art. R. 2122-10 et R. 2122-11 (actes d'état* civil), ss. C. civ., art. 54.
– Art. R. 2213-17, R. 2213-18, R. 2213-20, R. 2213-33 *(inhumations)*.

Code général des impôts
– Art. 849 *(actes sous seing privé)*, ss. C. civ., art. 1375.
– Art. 863 *(affirmation de sincérité)*, ss. C. civ., art. 1593.

– Art. 1920 *(privilèges du Trésor)*, ss. C. civ., art. 2474.

Code général de la propriété des personnes publiques

– Art. L. 1121-1 à L. 1121-3, ss. C. civ., art. 910.
– Art. L. 1122-1, ss. C. civ., art. 539.
– Art. L. 1123-1 à L. 1123-4, ss. C. civ., art. 713.
– Art. L. 1126-1, L. 2321-4, L. 2321-5, ss. C. civ., art. 2277.
– Art. L. 2111-13, ss. C. civ., art. 556.
– Art. L. 2222-12 à L. 2222-18, ss. C. civ., art. 900-8.
– Art. L. 3211-16, ss. C. civ., art. 563.

Code minier

– Art. L. 131-4, L. 132-8, L. 611-17, ss. C. civ., art. 552.
– Art. L. 155-3 *(responsabilité)*, ss. C. civ., art. 1242.

Code monétaire et financier

– Art. L. 111-1, L. 111-2, L. 112-1 à L. 112-7, L. 113-1 *(unité monétaire ; règles d'usage de la monnaie ; conversion à l'euro)*, ss. C. civ., art. 1343-3.
– Art. L. 131-67 *(paiement par chèque, absence de novation)*, ss. C. civ., art. 1329.
– Art. L. 313-2, L. 313-3 *(taux de l'intérêt légal)*, ss. C. civ., art. 1907.
– Art. L. 313-22 et L. 313-22-1 *(information des cautions)*, ss. C. civ., art. 2314.

Code du patrimoine

– Art. L. 123-1 à L. 123-4 *(préemption des œuvres d'art)*, ss. C. civ., art. 1583.
– Art. L. 212-1, L. 212-20, L. 212-21 *(archives, imprescriptibilité)*, ss. C. civ., art. 2279.
– Art. L. 451-3 *(collection des musées de France, imprescriptibilité)*, ss. C. civ., art. 2279.
– Art. L. 531-1, L. 531-9, L. 531-14, L. 541-1 à L. 541-8 *(archéologie et fouilles)*, ss. C. civ., art. 552.
– Art. L. 621-16, al. 1er *(monument classé, servitudes)*, ss. C. civ., art. 650.
– Art. L. 621-16, al. 2 *(monument classé, servitudes)*, ss. C. civ., art. 691.
– Art. L. 621-17 *(immeuble classé, imprescriptibilité)*, ss. C. civ., art. 2227.
– Art. L. 622-13 à L. 622-17, L. 622-29 *(objets mobiliers classés ou inscrits)*, ss. C. civ., art. 2279.

Code des postes et communications électroniques

– Art. L. 100, R. 53 à R. 53-4 *(lettre recommandée électronique)*, ss. art. 1127-4.

Code de procédure civile

– Art. 465-1 *(créances d'aliments)*, ss. C. civ., art. 211.
– Art. 1038 à 1045 *(nationalité)*, ss. C. civ., art. 33-2, (renvoi).
– Art. 1070 à 1136, 1144 à 1148-2 *(divorce et séparation de corps)*, ss. C. civ., art. 309.
– Art. 1200 *(assistance éducative)*, ss. C. civ., art. 375-9, (note).

Code des procédures civiles d'exécution

– Art. L. 111-1 à L. 112-4, R. 112-1 à R. 112-5 *(titre exécutoire, biens saisissables)*, ss. C. civ., art. 2323.
– Art. L. 213-1 s., R. 213-1 s. *(paiement direct des pensions alimentaires)* 🏛.
– Art. L. 411-1 s. *(expulsion)*, ss. C. civ., art. 1778.
– Art. L. 531-1 à L. 533-1, R. 531-1 à R. 534-1 *(sûretés judiciaires)*, ss. C. civ., art. 2323.
– Art. R. 162-9 *(voies d'exécution sur compte joint)*, ss. C. civ., art. 1414.

Code de la propriété intellectuelle

– Art. L. 121-1, L. 121-2, L. 123-1, L. 123-6, L. 123-7 (et L. 122-8), ss. C. civ., art. 767.

– Art. L. 121-9, L. 122-1, ss. C. civ., art. 1404.

– Art. L. 611-17, L. 611-18 *(corps humain, non brevetabilité)*, ss. C. civ., art. 16-4.

Code des relations entre le public et l'administration

Art. L. 221-1 à L. 221-11, L. 221-14, ss. C. civ., art. 1er.

Art. R. 113-5 à R. 113-9, ss. C. civ., art. 54.

Code rural et de la pêche maritime

Livre Ier *(L. n° 92-1283 du 11 déc. 1992)* :

– Art. L. 152-14 à L. 152-23 *(servitudes d'aqueduc, d'appui et d'écoulement)*, ss. C. civ., art. 644.

Livre II *(Ord. n° 2000-550 du 15 juin 2000 ; Ord. n° 2000-914 du 18 sept. 2000)* :

– Art. L. 211-4, L. 211-9 *(animaux de basse-cour, essaims)*, ss. C. civ., art. 564.

– Art. L. 213-1 à L. 213-9 *(vices rédhibitoires dans les ventes d'animaux domestiques)*, ss. C. civ., art. 1649 (renvoi).

Livre III *(L. n° 93-934 du 22 juill. 1993)* :

– Art. L. 321-1 à L. 321-3 *(mandat entre époux)*, ss. C. civ., art. 226.

– Art. L. 321-11 *(privilège de l'associé d'exploitation)*, ss. C. civ., art. 2331.

– Art. L. 321-13 à L. 321-21-1 *(salaire différé)*, ss. C. civ., art. 842.

– Art. L. 321-24 *(attribution préférentielle)*, ss. C. civ., art. 831.

– Art. L. 322-14 *(groupement foncier agricole, attribution préférentielle)*, ss. C. civ., art. 831, (note).

– Art. L. 323-6 *(GAEC, indivision)*, ss. C. civ., art. 824.

– Art. L. 324-1 *(EARL)*, ss. C. civ., art. 1873.

Livre IV *(Décr. n° 83-212 du 16 mars 1983)* :

– Art. L. 411-68 *(époux, bail rural)*, ss. C. civ., art. 1751.

Livre VII *(Ord. n° 2000-550 du 15 juin 2000)* :

– Art. L. 725-9 *(privilège des organismes de MSA)*, ss. C. civ., art. 2331.

Code de la santé publique

– Art. L. 1110-1 à L. 1110-5, L. 1110-9, L. 1110-10, L. 1111-2, L. 1111-4 à L. 1111-6, L. 1111-10 à L. 1111-13 *(droits des malades, information et consentement des malades)*, ss. C. civ., art. 16-9.

– Art. L. 1113-1 à L. 1113-10 *(établissements de santé: responsabilité à l'égard des biens des personnes accueillies)*, ss. C. civ., art. 1954, (renvoi).

– Art. L. 1142-1 à L. 1142-3-1, L. 1142-28, ss. C. civ., art. 1242.

– Art. L. 1211-1 et L. 1211-2 *(utilisation des éléments du corps humain)*, ss. C. civ., art. 16-9.

– Art. L. 1244-1 à L. 1244-4, L. 1244-7 *(don de gamètes)*, ss. C. civ., art. 342-13, **p. 599.**

– Art. L. 2141-1 à L. 2141-11-1, L. 2151-1 à L. 2151-5 *(assistance médicale à la procréation, recherche sur l'embryon)*, ss. C. civ., art. 342-13.

– Art. L. 2143-1 à L. 2143-9 *(assistance médicale à la procréation, accès aux données non identifiantes et à l'identité du tiers donneur)*, ss. C. civ., art. 342-13.

– Art. L. 3211-1 à L. 3212-1, L. 3216-1 *(soins psychiatriques)*, ss. C. civ., art. 515.

– Art. L. 6145-10 *(révision des charges des donations et legs)*, ss. C. civ., art. 900-8.

– Art. L. 6145-10-1 *(acceptation des dons et legs)*, ss. C. civ., art. 910.

– Art. L. 6145-11 *(recours des établissements de santé)*, ss. C. civ., art. 211.

Code de la sécurité sociale

– Art. L. 243-4, L. 243-5 *(privilège de la sécurité sociale)*, ss. C. civ., art. 2331.

– Art. L. 581-2 à L. 581-10, L. 582-1 et L. 582-2 *(recouvrement des créances alimentaires)*, ss. C. civ., art. 211.

Code du sport

– Art. L. 321-3-1 *(responsabilité des sportifs)*, ss. C. civ., art. 1242.

Code des transports

– Art. L. 4130-1 à L. 4132-1 *(navigation intérieure et transport fluvial, bateau, régime de responsabilité)*, ss. C. civ., art. 1242.

– Art. L. 5121-1 à L. 5131-7, *(transport et navigation maritimes, navire, régime de responsabilité)*, ss. C. civ., art. 1242.

– Art. L. 5544-60 *(caisse de retraite du personnel, privilège)*, ss. C. civ., art. 2331.

– Art. L. 6131-1 à L. 6131-4 *(aéronef, dommages, responsabilité)*, ss. C. civ., art. 1242.

– Art. L. 6132-3 *(aéronef, passagers, décès)*, ss. C. civ., art. 92.

Code du travail

– Art. L. 3251-1, L. 3251-2 *(compensation)*, ss. C. civ., art. 1347-7.

– Art. L. 3253-1 à L. 3253-5, L. 3253-23, L. 7313-8, L. 8252-3*(privilège et superprivilège des salariés)*, ss. C. civ., art. 2331.

Code de l'urbanisme

– Art. L. 213-9, L. 213-10, L. 313-5 à L. 313-10, L. 314-1 à L. 314-7 *(droit de préemption urbain, restauration immobilière et secteurs sauvegardés)*, ss. C. civ., art. 1778.

– Art. L. 471-1 à L. 471-3 *(cours communes)*, ss. C. civ., art. 674.

Livre des procédures fiscales

– Art. L. 111-II *(créanciers d'aliments)*, ss. C. civ., art. 208 (note).

– Art. L. 269 *(privilège du Trésor)*, ss. C. civ., art. 2474.

An II	6 fruct.	Loi. Nom-prénom. – V. ss. C. civ., art. 57, **p. 317.**
An XI	25 vent.	Loi. Organisation du notariat. – V. ss. C. civ., art. 1371., **p. 2133.**
An XII	30 vent.	Loi. Réunion des lois civiles en un seul corps de lois, sous le nom de Code civil des Français. – Art. 7. – V. ss. C. civ., art. 6, **p. 87.**
1816	28 avr.	Loi sur les finances. – Art. 91 *(cession d'office)*. – V. ss. C. civ., art. 1598, **p. 2436.**
1825	24 mai	Loi. Congrégations de femmes. – Art. 4. – V. L. 30 mai 1941, ss. C. civ., art. 1873, **p. 2777.**
1835	13 mai	Loi. Majorats. – V. C. civ., art. 896 anc.
1849	11 mai	Loi. Majorats et substitutions. – V. C. civ., art. 896.
1854	31 mai	Loi. Abolition de la mort civile. – V. C. civ., art. 22 à 33, 227, 719 anc.
1868	2 août	Loi qui abroge l'art. 1781 C. civ. – V. art. abrogé.
1881	20 août	Loi. Mitoyenneté, plantations et droits de passage. – V. C. civ., art. 666 à 672, 683 à 685.
1883	5 janv.	Loi qui modifie l'art. 1734 C. civ. – V. art. mod.
1887	15 nov.	Loi. Liberté des funérailles. – V. ss. C. civ., art. 895, **p. 1292.**
1889	19 févr.	Loi. Restriction du privilège du bailleur d'un fonds rural. – V. ss. C. civ., art. 2332, **p. 3078.**
1889	26 juin	Loi. Nationalité. – V. C. civ., art. 7, 8.
1890	27 déc.	Loi. Contrat de louage. – V. C. civ., art. 1780.
1891	9 mars	Loi. Droits de l'époux sur la succession de son conjoint prédécédé. – V. C. civ., art. 767 anc.
1892	11 juill.	Loi ayant pour objet d'ajouter un paragraphe à l'art. 2280 C. civ. – V. art. mod.
1892	30 nov.	Loi. Exercice de la médecine. – V. C. civ., art. 2101-3° [2331-3°].
1892	29 déc.	Loi. Dommages de travaux publics : – Art. 1er. – V. ss. C. civ., art. 648, **p. 967.** – Art. 18. – V. ss. C. civ., art. 2474, **p. 3146.**
1893	8 juin	Loi. Actes de l'état civil et testaments. – V. C. civ., art. 48, 59, 983, 984, 988 à 998.
1895	27 déc.	Loi. Caisses de retraite. – Art. 4. – V. ss. C. civ., art. 2331, **p. 3069.**
1896	31 mars	Loi. Objets abandonnés aux aubergistes ou hôteliers, ss. C. civ., art. 2350, **p. 3088.**
1896	20 juin	Loi. Mariage. – V. C. civ., art. 153, 179.
1897	7 déc.	Loi. Droit pour les femmes d'être témoins dans les actes instrumentaires. – V. C. civ., art. 37.
1897	24 déc.	Loi. Frais dus aux notaires, avoués et huissiers. – V. ss. C. civ., art. 2273, **p. 2921.**

1898	24 mars	Loi modifiant les art. 843, 844 et 919 C. civ. – V. C. civ., art. 843, 919 anciens.
1898	8 avr.	Loi. Régime des eaux. – Art. 1er et 37. – V. C. civ., art. 563, 641 à 643.
1900	7 avr.	Loi. Intérêt légal de l'argent. – Art. 2. – V. C. civ., art. 1153 anc., 1904.
1900	17 mai	Loi. Actes de l'état civil et testaments. – V. C. civ., art. 981, 982.
1901	4 févr.	Loi. Tutelle administrative en matière de dons et legs. – V. ss. C. civ., art. 910, **p. 1310.**
1901	1er juill.	Loi. Contrat d'association. – V. ss. C. civ., art. 1873, **p. 2773.**
1901	29 nov.	Loi. Modifiant les art. 170 et 171 C. civ. – V. C. civ., art. 170.
1903	31 déc.	Loi. Vente de certains objets abandonnés. – V. ss. C. civ., art. 2350, **p. 3089.**
1907	30 janv.	Loi. Budget de l'exercice 1907. – Art. 79 *(demandes de taxe, action en restitution de frais, prescription, commissaires-priseurs, greffiers de justice de paix)*. – V. ss. C. civ., art. 2273, **p. 2922.**
1907	21 juin	Loi. Mariage. – V. C. civ., art. 65, 74, 156, 165, 170, 192.
1907	8 juill.	Loi. Vente des engrais. – V. ss. C. civ., art. 1683, **p. 2516.**
1910	31 déc.	Loi. Complétant l'art. 2125 [2414 anc.] C. civ. – V. art. mod.
1913	10 mars	Loi. Modifiant les art. 158, 159 C. civ. – V. art. mod.
1913	28 mai	Loi. Privilège au profit de la victime d'un accident. – V. C. civ., art. 2332.
1914	1er juill.	Loi. Modifiant l'art. 162 C. civ. – V. art. mod.
1915	28 juill.	Loi. Modification des art. 985 et 986 C. civ. – V. art. mod. (anciens).
1916	28 oct.	Loi. Capacité testamentaire des mineurs. – V. C. civ., art. 904.
1917	3 avr.	Loi. Abrogeant le dernier alinéa de l'art. 767 [anc.] C. civ. – V. art. mod. (anciens).
1917	31 déc.	Loi. Budget de l'exercice 1918. – Art. 17 *(succession, collatéraux)*. – V. C. civ., art. 755 anc.
1918	1er mars	Loi. Suppression du registre des inscriptions hypothécaires. – *V. C. civ., art. 2431, 2433.*
1919	9 août	Loi. Modifiant les art. 69, 73, 75, 173, 206, 228 [anc.] C. civ. – V. art. mod.
1919	27 oct.	Loi. Abrogation de l'al. 2 de l'art. 37 C. civ. – V. art. mod.
1919	20 nov.	Loi. Actes et jugements d'état civil. – V. C. civ., art. 55, 80.
1921	12 févr.	Loi. Modifiant l'art. 673 C. civ. – V. art. mod.
1921	15 déc.	Loi. Modifiant les art. 822 C. civ. – V. art. mod. (anc.).

1922	28 févr.	Loi. Consentements à mariage. – V. C. civ., art. 73.
1922	28 oct.	Loi. Modifiant l'art. 34 C. civ. – V. art. mod.
1922	7 nov.	Loi. Complétant l'art. 1384 anc. C. civ. – V. art. mod.
1923	2 juill.	Loi. Nom des citoyens morts pour la patrie. – V. ss. C. civ., art. 57, **p. 322.**
1924	7 févr.	Loi. Mariage des enfants de parents disparus. – V. C. civ., art. 149, 150, 158, 160.
1924	7 févr.	Loi. Témoins des actes de naissance et de décès. – V. C. civ., art. 56, 57, 59, 78, 79, 86.
1927	8 avr.	Loi. Modifiant les art. 63, 64, 67, 169, 176 C. civ. – V. art. mod.
1927	17 juill.	Loi. Consentement des parents en cas de mariage de leurs enfants. – V. C. civ., art. 148, 150, 152, 158.
1927	10 août	Loi. Nationalité. – Art. 14 *b*. – V. ss. C. civ., art. 33-2, **p. 248.**
1928	4 févr.	Loi. Seconds mariages. – V. C. civ., art. 76, 228 anc.
1929	11 juill.	Loi. Modifiant les art. 70 et 71 C. civ. – V. art. mod.
1930	30 juill.	Loi. Acquéreurs de terrains lotis. – V. C. civ., art. 1589.
1930	3 déc.	Loi. Droits successoraux de l'époux survivant. – V. C. civ., art. 755 anc.
1932	13 févr.	Loi. Abrogeant le 5° du premier al. de l'art. 76 C. civ. – V. art. mod.
1932	10 mars	Loi. Mentions en marge des actes de l'état civil. – V. C. civ., art. 49.
1932	11 mars	Loi. Modifiant l'art. 2101 [2331] C. civ. – V. art. mod.
1932	13 avr.	Loi. Fraude en matière de divorce, ss. C. civ., art. 309, **p. 543.**
1933	2 févr.	Loi. Majorité matrimoniale. – V. C. civ., art. 70, 75, 148, 151, 154, 155, 158, 174.
1933	19 févr.	Loi. Modifiant l'art. 184 C. civ. – V. art. mod.
1933	15 mars	Loi. Modifiant les art. 176, 177, 178 C. civ. – V. art. mod.
1934	4 févr.	Loi. Modifiant l'art. 155 et l'art. 157 C. civ. – V. art. mod.
1936	24 mars	Loi. Modifiant l'art. 2102 [2332] C. civ. – V. art. mod.
1937	5 avr.	Loi. Responsabilité civile des instituteurs. – Art. 1er. – V. C. civ., art. 1384 anc.
1938	18 févr.	Loi. Capacité de la femme mariée. – V. C. civ., art. 776 anc., 905, 934, 1029 anc., 1096 anc., 1312 anc.
1938	10 mars	Loi. Modifiant l'art. 164 C. civ. – V. art. mod.
1938	10 mars	Loi. Actes de l'état civil à l'étranger. – V. C. civ., art. 47.
1938	17 juin	Décret-loi. Modifiant les art. 822, 827, 832 C. civ. – V. art. mod. (anciens).

1939	19 juin	Loi. Tendant à généraliser l'application des dispositions de l'art. 822 C. civ. et à modifier celles de l'art. 817. – V. art. mod. (anciens).
1939	26 oct.	Décret. Pays où les agents diplomatiques et consulaires sont autorisés à célébrer les mariages. – V. ss. C. civ., art. 170, **p. 381.**
1941	30 mai	Loi. Congrégations de femmes. – V. ss. C. civ., art. 1873, **p. 2777.**
1941	9 juin	Loi. Maintien du cheptel dans les exploitations agricoles. – V. C. civ., art. 1805, 1817, 1821, 1822, 1826.
1941	1er août	Loi. Salaire des ouvriers à domicile. – Art. 5. – V. C. civ., art. 2332.
1941	5 oct.	Loi. Maintien du cheptel dans les exploitations agricoles. – V. C. civ., art. 1810, 1825, 1827.
1942	8 avr.	Loi. Modifiant l'art. 13 de la loi du 1er juill. 1901. – V. ss. C. civ., art. 1873, **p. 2778.**
1942	22 sept.	Loi. Droits et devoirs des époux. – V. C. civ., art. 212.
1943	28 mai	Loi. Étrangers: baux à loyer et à ferme. – V. ss. C. civ., art. 1778, **p. 2582.**
1943	6 juill.	Loi. Travaux géodésiques et cadastraux. – V. ss. C. civ., art. 648, **p. 967.**
1945	29 mars	Ordonnance n° 45-509. Transcription de l'acte de décès. – V. C. civ., art. 79.
1945	17 oct.	Ordonnance n° 45-2380. Statut du fermage. – Art. 44. – V. C. civ., art. 1714, 1743, 1744, 1748, 1749, 1776.
1945	19 oct.	Ordonnance n° 45-2441. Code de la nationalité française. – V. ss. C. civ., art. 33-2, **p. 248.**
1945	2 nov.	Ordonnance n° 45-2658. Entrée et séjour en France des étrangers. – Codifiée au CESEDA.
1945	2 nov.	Ordonnance n° 45-2720. Protection maternelle et infantile. – Art. 5 et 7. – V. C. civ., art. 63, 169.
1946	13 avr.	Loi n° 46-682. Modification du statut du fermage. – Art. 20. – V. C. civ., art. 1714, 1743, 1763.
1948	21 févr.	Loi n° 48-300. Modifiant C. civ., art. 1342, 1343, 1344, 1345 anciens. – V. art. mod.
1948	25 août	Loi n° 48-1311. Complétant l'art. 2102 [2332] C. civ. – V. art. mod.
1948	1er sept.	Loi n° 48-1360. Rapports des bailleurs et locataires. – V. ss. C. civ., art. 1778, **p. 2583.**
1949	25 mars	Loi n° 49-420. Rentes viagères. – V. ss. C. civ., art. 1976, **p. 2830.**
1949	2 août	Loi n° 49-1098. Rentes viagères. – V. ss. C. civ., art. 1976, **p. 2833.**
1949	28 nov.	Loi n° 49-1509. Rescision pour lésion de promesses de vente. – V. C. civ., art. 1675.

1950	8 déc.	Loi n° 50-1513. Modifiant C. civ., art. 971, 972, 973, 974, 976, 977, 979, 980. – V. art. mod.
1951	24 mai	Loi n° 51-695. Rentes viagères et pensions. – V. ss. C. civ., art. 1976, **p. 2834.**
1952	25 juill.	Loi n° 52-893. Droit d'asile. – Codifiée au CESEDA.
1952	2 déc.	Décret n° 52-1292. Emploi par les officiers publics et ministériels des procédés de reproduction des actes. – V. ss. C. civ., art. 1371., **p. 2140.**
1953	9 avr.	Loi n° 53-300. Rentes viagères. – Art. 2. – V. ss. C. civ., art. 1976, **p. 2835.**
1955	4 janv.	Décret n° 55-22. Réforme de la publicité foncière, ss. C. civ., art. 2474, **p. 3150**. – Art. 15. – V. ss. C. civ., art. 2328, **p. 3064.**
1955	20 mai	Décret n° 55-678. Publicité foncière. – V. C. civ., art. 2375.
1955	14 oct.	Décret n° 55-1350. Publicité foncière. – V. ss. C. civ., art. 2474, **p. 3180.**
1957	26 mars	Loi n° 57-379. Successions collatérales. – V. C. civ., art. 733, 753, 754 anciens.
1957	28 nov.	Loi n° 57-1232. Actes de l'état civil dressés par l'autorité militaire. – Art. 1er. – V. C. civ., art. 93, 95 à 97.
1958	25 mars	Loi n° 58-308. Abrogeant la loi du 24 oct. 1955 complétant C. civ., art. 55 – V. C. civ., art. 55.
1958	23 août	Ordonnance n° 58-779. Dispositions en matière d'état civil. – Art. 1er à 4 et 8. – V. C. civ., art. 38, 58, 80, 87 à 93, 99 à 101, 166 à 168.
1958	4 oct.	Constitution de la République. – Art. 10 *(promulgation des lois)*, ss. C. civ., art. 1er, **p. 13.**
1958	7 oct.	Ordonnance n° 58-923. Domicile des bateliers et des nomades : – Art. 1er. – V. C. civ., art. 102. – Art. 2. – V. ss. C. civ., art. 102 🏛.
1958	24 oct.	Ordonnance n° 58-1007. Successions en déshérence. – Art. 1er et 4. – V. C. civ., art. 770, 814 anciens.
1958	23 déc.	Ordonnance n° 58-1301. Enfance et adolescence en danger. – Art. 2, 3 🏛, ss. C. civ., art. 387.
1958	23 déc.	Ordonnance n° 58-1307. Envoi en possession du conjoint survivant. – Art. 1er et 3. – V. C. civ., art. 723, 724, 731, 768 anc., 769 à 772 anc.
1958	27 déc.	Ordonnance n° 58-1341. Nouvelle unité monétaire, ss. C. civ., art. 1343-3, **p. 2040.**
1959	*3 janv.*	*Ordonnance* n° 59-24. Loyers: fonctionnaires affectés outre-mer. – V. ss. C. civ., art. 1778, **p. 2602.**
1959	7 janv.	Ordonnance n° 59-71. Publicité foncière : – Art. 1er. – V. C. civ., art. 76, 958, 1069 anc., 1673, 2375, 2400, 2410, 2461, 2476, 2477, 2483, 2488.

		– Art. 25. – V. C. civ., art. 939 à 942, 1070 à 1073, 2478, 2484.
1959	7 janv.	Décret n° 59-89. Publicité foncière : – Art. 1er à 12. – V. Décr. 4 janv. 1955, art. 4 à 7, 9, 26, 28, 34, 37, 38, 50-1 à 51, ss. C. civ., art. 2474, **p. 3151.** – Art. 13. – V. C. civ., art. 2428, 2430, 2432, 2439, 2450, 2452 à 2454.
1959	31 déc.	Loi n° 59-1583. Mesures d'aide immédiate prises par l'État à l'occasion de la rupture du barrage de Malpasset. – Art. 23. – V. C. civ., art. 171.
1960	6 janv.	Décret n° 60-4. Modifiant C. civ., art. 2200 [2453]. – Art. 1er. – V. art. mod.
1960	17 mai	Loi n° 60-464. Modifiant divers articles du Code civil en tant qu'ils prévoient des indemnités dues à la suite de certaines acquisitions ou restitutions de biens faisant l'objet de droits réels mobiliers ou immobiliers. – V. C. civ., art. 548, 549, 554, 555, 566, 570 à 572, 574, 576, 587, 616, 658, 660, 661.
1961	19 déc.	Loi n° 61-1378. Modifiant les art. 815, 832, 866, 2103 [2374] (3°) et 2109 [2381] C. civ : – Art. 1er à 6. – V. C. civ., art. 832 anc., 832-1 anc., 2374 (3°), 2381. – Art. 14. – V. ss. C. civ., art. 832-4 anc., **p. 1279.**
1961	22 déc.	Loi n° 61-1408. Dispositions concernant la nationalité française : – Art. 1er. – V. C. nat., art. 143, 144, devenus art. 30-2 et 30-3 C. civ. – Art. 7. – V. ss. C. civ., art. 33-2, **p. 249.**
1962	16 juill.	Ordonnance n° 62-800. Preuve des actes de l'état civil dressés en Algérie, ss. C. civ., art. 54, **p. 297.**
1962	4 août	Loi n° 62-902. Modifiant la loi du 1er sept. 1948 : – Art. 1er à 18 et 22. – V. L. 1er sept. 1948, art. 2, 3, 3 *ter*, 3 *quater*, 4 à 6, 8 à 9 *bis*, 15, 40, 45, 78, 79, ss. C. civ., art. 1778, **p. 2584.** – Art. 19. – V. C. civ., art. 1751.
1963	6 nov.	Loi n° 63-1092. Donations mutuelles entre époux. – V. C. civ., art. 1973.
1963	19 déc.	Loi n° 63-1241. De finances pour 1964. – Art. 56 *(vente immobilière)*. – V. ss. C. civ., art. 1584, **p. 2407.**
1964	6 juill.	Loi n° 64-678. Régime contractuel en agriculture. – Art. 10. – V. C. civ., art. 2331.
1964	14 déc.	Loi n° 64-1230. Tutelle et émancipation. – Art. 2. – V. C. civ., art. 159, 160, 838 anc., 839 anc., 840 anc., 904, 907, 935, 1055 anc., 1305 anc., 2409, 2447, 2252.
1964	22 déc.	Décret n° 64-1333. Recouvrement des amendes et condamnations pécuniaires. – Art. 4. – V. ss. C. civ., art. 2474, **p. 3149.**
1964	26 déc.	Loi n° 64-1328. Convention du Conseil de l'Europe sur la réduction des cas de pluralité de nationalités. – V. ss. C. civ., art. 33-2, **p. 249.**

1965	1er juin	Décret n° 65-422. Service central d'état civil. – V. ss. C. civ., art. 54, **p. 294.**
1965	10 juill.	Loi n° 65-557. Statut de la copropriété des immeubles bâtis. – V. ss. C. civ., art. 664, **p. 983.**
1965	13 juill.	Loi n° 65-570. Réforme des régimes matrimoniaux : – Art. 1er. – V. C. civ., art. 214 à 222, 226. – Art. 2. – V. C. civ., art. 1387 à 1581. – Art. 3. – V. C. civ., art. 2400 à 2408, 2446, 2448. – Art. 4. – V. C. civ., art. 595, 1167 anc., 1718, 1990. – Art. 5 à 23. – V. ss. C. civ., art. 1581, **p. 2391.** – Art. 23. – V. C. civ., art. 2255, 2256.
1966	9 juin	Loi n° 66-359. Célébration du mariage. – V. C. civ., art. 75.
1966	13 juin	Décret n° 66-388. Tutelle administrative des associations. – Art. 8. – V. L. 1er juill. 1901, art. 11, ss. C. civ., art. 1873, **p. 2776.**
1966	11 juill.	Loi n° 66-500. Réforme de l'adoption : – Art. 1er. – V. C. civ., art. 343 à 370-5. – Art. 7, 12, 13. – V. ss. C. civ., art. 370-5, **p. 651.**
1966	20 déc.	Loi n° 66-945. Dispositions concernant la nationalité française. – V. ss. C. civ., art. 33-2, **p. 250.**
1966	22 déc.	Loi. De finances rectificative pour 1966 (n° 66-948). – Art. 25 *(renseignements sur la situation fiscale des époux)*. – V. ss. C. civ., art. 1467, **p. 2356.**
1966	28 déc.	Loi n° 66-1012. Testament olographe : – Art. 1er. – V. C. civ., art. 1007. – Art. 2. – V. L. 25 vent. an XI, art. 9, ss. C. civ., art. 1371, **p. 2133.**
1967	3 janv.	Loi n° 67-3. Ventes d'immeubles à construire. – Art. 1er, 3 et 4. – V. C. civ., art. 1601-2, 1601-3, 1779.
1967	17 mars	Décret n° 67-223. Copropriété. – V. ss. C. civ., art. 664, **p. 1027.**
1967	7 juill.	Loi n° 67-547. Ventes d'immeubles à construire. – Art. 1er à 9. – V. C. civ., art. 1601-1, 1601-2, 1601-4, 1642-1, 1648, 2380.
1967	12 juill.	Loi n° 67-561. Amélioration de l'habitat. – V. ss. C. civ., art. 1778, **p. 2603.**
1967	28 sept.	Ordonnance n° 67-839. Crédit hypothécaire. – Art. 1er, 2, 4 à 7. – V. C. civ., art. 2428, 2435, 2437, 2441, 2449, 2450.
1967	28 déc.	Loi n° 67-1179. Donations entre époux. – V. C. civ., art. 1099-1.
1967	30 déc.	Loi n° 67-1253. Orientation foncière. – Art. 35 et 36. – V. C. civ., art. 678, 679, 682.
1968	3 janv.	Loi n° 68-5. Droit des incapables majeurs : – Art. 1er. – V. C. civ., art. 488 à 515. – Art. 2 et 3. – V. C. civ., art. 1124, 1125, 1125-1, 1304, 1399 anciens.

1968	25 juill.	Loi n° 68-671. État civil des Français ayant vécu outre-mer. – V. ss. C. civ., art. 54 .
1970	4 juin	Loi n° 70-459. Autorité parentale : – Art. 1er. – V. C. civ., art. 371 à 387. – Art. 2. – V. C. civ., art. 213, 215, 1384 anc.
1970	9 juill.	Loi n° 70-598. Modification de la loi du 1er sept. 1948. – Art. 10, ss. C. civ., art. 1778, **p. 2603.**
1970	17 juill.	Loi n° 70-643. Droits individuels des citoyens. – Art. 22. – V. C. civ., art. 9.
1970	23 déc.	Loi n° 70-1266. Dispenses d'âge en vue du mariage. – V. C. civ., art. 145.
1971	30 mars	Décret n° 71-254. Déclaration des naissances à l'étranger. – V. ss. C. civ., art. 55, **p. 313.**
1971	25 juin	Loi n° 71-494. Servitude de passage pour cause d'enclave. – V. C. civ., art. 685-1.
1971	3 juill.	Loi n° 71-523. Rapports à succession et réduction des libéralités : – Art. 1er à 11. – V. C. civ., art. 832-1, 833-1 anc., 844, 855, 858 à 869, 922, 924, 929, 930, 1075 à 1080 anc. – Art. 12 et 13. – V. ss. C. civ., art. 869 anc.
1971	3 juill.	Loi n° 71-526. Clauses d'inaliénabilité. – V. C. civ., art. 900-1.
1971	16 juill.	Loi n° 71-579. Opérations de construction, ss. C. civ., art. 1873, **p. 2773.** – Art. 32. – V. C. civ., art. 1831-1 à 1831-5. – Art. 46. – V. C. civ., art. 1279 anc. – Art. 47. – V. C. civ., art. 2374.
1971	16 juill.	Loi n° 71-584. Retenues de garantie en matière de marchés de travaux. – V. ss. C. civ., art. 1799-1, **p. 2701.**
1971	16 juill.	Loi n° 71-586. Prescription en matière salariale. – Art. 1er et 7. – V. C. civ., art. 2271, 2272, 2277.
1971	2 nov.	Arrêté. Administration provisoire des successions. – V. ss. C. civ., art. 814 anc. .
1971	26 nov.	Décret n° 71-941. Actes établis par les notaires. – V. ss. C. civ., art. 1371, **p. 2134.** – Art. 24. – V. Décr. 2 déc. 1952, art. 1er, 6, ss. C. civ., art. 1371, **p. 2140.**
1971	26 nov.	Décret n° 71-942. Compétence d'instrumentation des notaires. – Art. 8, 9. – V. ss. C. civ., art. 1317-1, **p. 2140.**
1972	3 janv.	Loi n° 72-3. Sur la filiation : – Art. 1er. – V. C. civ., art. 311 à 342-8. – Art. 2 et 3. – V. C. civ., art. 72, 163, 201, 202, 205, 207 à 208. – Art. 4 à 6. – V. C. civ., art. 733 anc., 744 anc., 747, 756 à 767 anciens, 908 à 908-2, 913 à 915-2 anciens, 1094 à 1094-3, 1097 à 1098.

		– Art. 10 à 20. – V. ss. C. civ., art. 342-8, **p. 609.** – Art. 14. – V. ss. C. civ., art. 764 anc., **p. 1261.** – Art. 19. – V. ss. C. civ., art. 767 anc., **p. 1262.**
1972	5 juill.	Loi n° 72-626. Juge de l'exécution. – Art. 1er à 3, 12, 13. – V. C. civ., art. 10.
1972	11 juill.	Loi n° 72-649. Opérations de construction. – Art. 22. – V. C. civ., art. 1831-3.
1972	25 oct.	Loi n° 72-964. Francisation des noms et prénoms. – V. ss. C. civ., art. 61-4, **p. 332.**
1973	9 janv.	Loi n° 73-42. Dispositions concernant la nationalité : – Art. 1er à 21. – V. C. civ., art. 17 à 32-4. – Art. 22 à 28. – V. ss. C. civ., art. 33-2, **p. 250.** – Art. 29. – V. L. n° 72-964 du 25 oct. 1972, ss. C. civ., art. 61-4, **p. 332.**
1973	24 déc.	Loi n° 73-1141. Responsabilité des hôteliers. – V. C. civ., art. 1952 à 1954.
1974	15 mai	Décret n° 74-449. Livret de famille. – V. ss. C. civ., art. 54.
1974	5 juill.	Loi n° 74-631 Fixant à dix-huit ans l'âge de la majorité : – Art. 1er, 4, 5 et 9. – V. C. civ., art. 377, 377-1, 388, 413-1 à 413-3, 413-8, 1308 anc. – Art. 8. – V. L. n° 72-964 du 25 oct. 1972, art. 7, ss. C. civ., art. 61-4, **p. 332.** – Art. 11, 19, 24, 29. – V. ss. C. civ., art. 388, **p. 739.**
1974	27 déc.	Loi n° 74-1118. Rentes allouées en réparation du préjudice causé par un véhicule terrestre à moteur. – V. ss. C. civ., art. 1976, **p. 2835.**
1975	18 févr.	Décret n° 75-96. Protection judiciaire des jeunes majeurs. – V. ss. C. civ., art. 432, **p. 774.**
1975	9 juill.	Loi n° 75-596. Réforme de la procédure civile. – Art. 3, 5 et 7. – V. C. civ., art. 1347 anc., 2060, 2282 anc., 2283 anc.
1975	9 juill.	Loi n° 75-597. Clause pénale. – V. C. civ., art. 1152, 1231 anciens.
1975	11 juill.	Loi n° 75-617 portant réforme du divorce : – Art. 2 à 9, 15. – V. C. civ., art. 108 à 108-3, 162, 164, 180, 214, 215, 228, 1397-1, 1450, 1451, 1542. – Art. 23 à 25. – V. ss. C. civ., art. 309, **p. 529.**
1975	11 juill.	Loi n° 75-618. Recouvrement public des pensions alimentaires. – V. ss. C. civ., art. 211, **p. 410.**
1975	5 déc.	Décret n° 75-1122. Dispositions de procédure civile. – Art. 1er. – V. C. civ., art. 111.
1975	*31 déc.*	Loi n° 75-1334. Sous-traitance. – V. ss. C. civ., art. 1799-1, **p. 2702.**
1975	31 déc.	Loi n° 75-1351. Protection des occupants de locaux à usage d'habitation : – Art. 1er à 5, 7 et 8. – V. L. 1er sept. 1948, art. 4, 13 à 14, 59 *bis*, ss. C. civ., art. 1778, **p. 2585.**

		– Art. 6. – V. ss. C. civ., art. 1778, **p. 2605.** – Art. 10, 10-1. – V. ss. C. civ., art. 1583, **p. 2405.**
1975	31 déc.	Décret n° 75-1339. Recouvrement public des pensions alimentaires. – V. ss. C. civ., art. 211, **p. 412.**
1976	15 juin	Loi n° 76-519. Transmission des créances. – V. ss. C. civ., art. 1701, **p. 2525.**
1976	15 nov.	Loi n° 76-1036. Dispositions transitoires sur la filiation. – V. ss. C. civ., art. 342-8, **p. 610.**
1976	22 déc.	Loi n° 76-1179. Adoption. – Art. 1er à 12. – V. C. civ., art. 356, 366.
1976	29 déc.	Loi. De finances pour 1977 (n° 76-1232). – Art. 22 *(rentes viagères)*. – V. ss. C. civ., art. 1976, **p. 2835.**
1976	31 déc.	Loi n° 76-1286. Indivision : – Art. 1er à 3. – V. C. civ., art. 815 à 815-18 anciens. – Art. 4 à 15. – V. C. civ., art. 1873-1 à 1873-18. – Art. 17, 18. – V. C. civ., art. 841, 883 anciens.
1977	28 déc.	Loi n° 77-1447. Réforme du titre IV du livre Ier du code civil (Des absents) : – Art. 1er. – V. C. civ., art. 112 à 132. – Art. 2 à 5. – V. C. civ., art. 92, 725 anc., 840 anc., 1441. – Art. 6 à 11. – V. ss. C. civ., art. 133.
1977	29 déc.	Loi n° 77-1456. Action à fins de subsides. – V. C. civ., art. 342, 342-6.
1977	29 déc.	Loi n° 77-1457. Dispositions en matière de prix. – Art. 11, ss. C. civ., art. 1778, **p. 2605.**
1978	4 janv.	Loi n° 78-9. Modification du titre IX du livre III du code civil : – Art. 1er. – V. C. civ., art. 1832 à 1873. – Art. 2 à 5. – V. ss. C. civ., art. 1873, **p. 2764.**
1978	4 janv.	Loi n° 78-12. Responsabilité et assurance dans le domaine de la construction. – V. C. civ., art. 1646-1, 1792 à 1792-6, 1831-1, 2270.
1978	10 juin	Loi n° 78-627. Indivision. – V. C. civ., art. 815 anc., 815-15 anc., 1873-4, 1873-13.
1978	3 juill.	Décret n° 78-704. Application de la loi n° 78-9 du 4 janv. 1978 modifiant le titre IX du livre III du code civil, ss. C. civ., art. 1873, **p. 2765.**
1978	12 juill.	Loi n° 78-731. Complétant et modifiant diverses dispositions du code civil et du Code de la nationalité : – Art. 1er à 7. – V. C. civ., art. 98 à 98-4, 99-1. – Art. 9. – V. C. nat., art. 115, 116, devenus art. 28, 28-1 (ancien) C. civ. – Art. 11 à 14. – V. ss. C. civ., art. 98-4, **p. 348.**
1978	17 juill.	Loi n° 78-753. Relations entre l'administration et le public. – Art. 64. – V. C. civ., art. 1844-2.
1978	29 déc.	Loi n° 78-1239. De finances pour 1979. – Art. 45 *(rentes viagères)*. – V. ss. C. civ., art. 1976, **p. 2836.**

1979	2 janv.	Loi n° 79-2. Droits grevant les lots d'un immeuble en copropriété : – Art. 1er et 2. – V. L. n° 65-557 du 10 juill. 1965, art. 6-1, 16-1, ss. C. civ., art. 664, **p. 985.** – Art. 3. – V. C. civ., art. 2429. – Art. 5 à 11. – V. ss. C. civ., art. 664, **p. 1062.**
1979	3 janv.	Loi n° 79-11. Contrat de travail à durée déterminée. – Art. 5 et 6. – V. C. civ., art. 2331, 2375.
1980	25 avr.	Décret n° 80-308. État civil des personnes nées à l'étranger, ss. C. civ., art. 98-4, **p. 348.** – Art. 7. – V. Décr. n° 74-449 du 15 mai 1974, art. 7-1, 8. – V. ss. C. civ., art. 54, . – Art. 8. – V. Décr. n° 65-422 du 1er juin 1965, art. 2-1, ss. C. civ., art. 54, **p. 294.**
1980	19 juin	Convention de Rome. Obligation contractuelles, loi applicable. – V. ss. C. civ., art. 3, **p. 60.**
1980	4 juill.	Loi n° 80-502. Orientation agricole : – Art. 8. – V. C. civ., art. 2331, 5°. – Art. 22. – V. C. rur., art. L. 411-68, ss. C. civ., art. 1751, **p. 2577.** – Art. 30, 31, 33, 35 à 37. – V. C. civ., art. 815, 832 à 832-4 anc.
1980	12 juill.	Loi n° 80-525. Preuve des actes juridiques. – V. C. civ., art. 1326, 1327, 1341 à 1345, 1348 anciens, 1923, 1924, 1950, 1985.
1981	7 janv.	Loi n° 81-3. Salariés victimes d'un accident du travail ou d'une maladie professionnelle. – Art. 3. – V. C. civ., art. 2331, 2375.
1981	30 déc.	Loi n° 81-1162. Mise en harmonie du droit des sociétés commerciales. – Art. 1er. – V. C. civ., art. 1844-5.
1982	5 févr.	Ordonnance n° 82-130. Contrat de travail à durée déterminée : – Art. 4. – V. C. trav., art. L. 3253-2, L. 3253-3, ss. C. civ., art. 2331, **p. 3072.** – Art. 8 et 9. – V. C. civ., art. 2331, 2375.
1982	10 juill.	Loi n° 82-596. Conjoints d'artisans et de commerçants : – Art. 5 et 6. – V. C. civ., art. 832 anc. – Art. 12 à 15. – V. C. civ., art. 1832-1, 1832-2, 1843-2, 1845-1.
1983	16 mars	Décret n° 83-212. Révision du Code rural en ce qui concerne les baux ruraux. – V. C. civ., art. L. 411-68, ss. C. civ., art. 1751, **p. 2577.**
1984	1er mars	Loi n° 84-148. Prévention et règlement amiable des difficultés des entreprises. – Art. 49. – V. C. civ., art. 2314.
1984	29 juin	Loi n° 84-512. Pêche en eau douce. – Art. 8. – V. C. civ., art. 524, 564.
1984	4 juill.	Loi n° 84-562. Révision des conditions et charges apposées à certaines libéralités. – V. C. civ., art. 900-1 à 900-8.
1984	19 oct.	Décret n° 84-943. Publicité des actions en révision prévues par les art. 900-2 à 900-5 C. civ. – V. ss. C. civ., art. 900-8, **p. 1299.**

1985	25 janv.	Loi n° 85-98. Redressement et liquidation judiciaires : – Art. 131, 132, 136. – V. C. trav., art. L. 3253-1, L. 3253-4, L. 8252-3, ss. C. civ., art. 2331, **p. 3072.** – Art. 217 et 218. – V. C. civ., art. 1188 anc., 1844-7.
1985	5 juill.	Loi n° 85-677. Victimes d'accidents de la circulation. – V. ss. C. civ., art. 1242, **p. 1838.**
1985	11 juill.	Loi n° 85-697. Entreprise unipersonnelle à responsabilité limitée et exploitation agricole à responsabilité limitée. – Art. 1er. – V. C. civ., art. 1832.
1985	11 oct.	Loi n° 85-1097. Clause pénale et règlement des dettes : – Art. 1er à 3. – V. C. civ., art. 1152, 1231 anciens. – Art. 9. – V. L. n° 85-677 du 5 juill. 1985, art. 47, ss. C. civ., art. 1242, **p. 1868.**
1985	17 déc.	Décret n° 85-1330. Modification de dispositions du Nouveau Code de procédure civile. – V. C. pr. civ., art. 465-1, ss. C. civ., art. 211, **p. 410.**
1985	23 déc.	Loi n° 85-1372. Égalité des époux dans les régimes matrimoniaux et des parents dans la gestion des biens des enfants mineurs : – Art. 1er à 6. – V. C. civ., art. 218, 220, 221, 223 à 225. – Art. 8 à 39. – V. C. civ., art. 1401, 1409, 1411, 1413 à 1415, 1418 à 1427, 1430, 1435, 1436, 1439, 1442, 1447, 1449, 1469, 1471 à 1473, 1479, 1482, 1483, 1502, 1503 à 1510, 1518, 1543, 1570, 1571, 1573, 1574, 1577, 1578, 1595, 2403, 2405, 2408, 2446. – Art. 44 à 53. – V. C. civ., art. 818 à 821 anc., 942, 1832-1, 1873-6, 1940, 1941. – Art. 55 à 62. – V. ss. C. civ., art. 1581, **p. 2394.**
1986	30 sept.	Décret n° 86-1073. Intervention des organismes débiteurs des prestations familiales pour le recouvrement des créances alimentaires impayées. – V. ss. C. civ., art. 211, **p. 419.**
1986	23 déc.	Loi n° 86-1290. Tendant à favoriser l'investissement locatif, l'accession à la propriété de logements sociaux et le développement de l'offre foncière. – V. ss. C. civ., art. 1778, **p. 2606.**
1987	6 mars	Décret n° 87-150. Formalités de conclusion de certains baux d'habitation. – V. L. n° 48-1360 du 1er sept. 1948, art. 3 (note), ss. C. civ., art. 1778, **p. 2584.**
1987	6 juill.	Loi n° 87-498. Modifiant le 2e al. de l'art. 815-5 C. civ. relatif à la vente d'un bien grevé d'usufruit. – V. art. mod. anc.
1987	23 juill.	Loi n° 87-571. Développement du mécénat : – Art. 16 et 17. – V. L. 1er juill. 1901, art. 6, 10, 11, ss. C. civ., art. 1873, **p. 2774.** – Art. 18. – V. ss. C. civ., art. 1873, **p. 2778.** – Art. 23. – V. ss. C. civ., art. 926 anc., **p. 1332.**
1987	26 août	Décret n° 87-712. Application de l'art. 7 de la loi n° 86-1290 du 23 déc. 1986 relatif aux réparations locatives. – V. ss. C. civ., art. 1778, **p. 2608.**

1987	26 août	Décret n° 87-713. Application de l'art. 18 de la loi n° 86-1290 du 23 déc. 1986 relatif aux charges récupérables. – V. ss. C. civ., art. 1778, **p. 2610.**
1988	5 janv.	Loi n° 88-15. Développement et transmission des entreprises : – Art. 1er à 3. – V. C. civ., art. 1843-5, 1844-5, 1844-7, 1844-8. – Art. 42. – V. C. civ., art. 1075, 1078-1.
1989	6 juill.	Loi n° 89-462. Amélioration des rapports locatifs. – V. ss. C. civ., art. 1778, **p. 2614.**
1989	10 juill.	Loi n° 89-487. Protection de l'enfance. – Art. 11 et 12. – V. C. civ., art. 375-3, 433.
1989	10 juill.	Loi n° 89-488. Accords d'assurance chômage et autres dispositions de droit du travail. – Art. 6. – V. C. civ., art. 2331-4°, 2375-2°.
1989	19 déc.	Loi n° 89-906. Professions judiciaires et juridiques. – Art. 6 et 7. – V. C. civ., art. 2277-1 anc.
1989	31 déc.	Loi n° 89-1008. Développement des entreprises commerciales et artisanales. – Art. 14. – V. ss. C. civ., art. 842, **p. 1225.**
1990	2 janv.	Loi n° 90-9. Temps de travail et droit à la conversion dans les entreprises en redressement ou en liquidation judiciaire : – Art. 3. – V. C. trav., art. L. 3253-2, L. 3253-3, ss. C. civ., art. 2331, **p. 3072.** – Art. 6. – V. C. civ., art. 2331-4°, 2375-2°.
1990	19 déc.	Loi n° 90-1129. Contrat de construction d'une maison individuelle. – Art. 2. – V. C. civ., art. 1792-5.
1992	31 juill.	Décret n° 92-755. Application de la loi du 9 juill. 1991 portant réforme des procédures civiles d'exécution. – Art. 305. – V. Décr. n° 67-223 du 17 mars 1967, art. 58, ss. C. civ., art. 664, **p. 1048.**
1992	6 août	Décret n° 92-785. Protection maternelle et infantile. – Art. 16. – V. note ss. C. civ., art. 55, 78.
1992	16 déc.	Loi n° 92-1336. Entrée en vigueur du nouveau Code pénal : – Art. 283. – V. L. 6 juill. 1943, art. 6, ss. C. civ., art. 648, **p. 968.** – Art. 285. – V. L. n° 65-570 du 13 juill. 1965, art. 6, ss. C. civ., art. 1581, **p. 2391.** – Art. 366. – V. C. pén. [nouv.], art. 433-21-1, en note ss. L. 15 nov. 1887, ss. C. civ., art. 895, **p. 1292.**
1993	8 janv.	Loi n° 93-22. État civil, famille et droits de l'enfant, juge aux affaires familiales : – V. C. civ., art. 48, 49, 55, 57, 60 à 61-4, 62, 79-1, 80, 99-1, 202, *210*, *211*, *220-1*, *342-4*, 345-1, 360, 363, 371-4, 372, 372-1, 372-1-1, 372-2, 373-2, 373-3, 373-4, 374, 374-1, 375-3, 376-1, 377, 377-1, 377-2, 388-1, 388-2, 477. – Art. 9. – V. L. n° 68-671 du 25 juill. 1968, art. 6, ss. C. civ., art. 54, .

		– Art. 11. – V. L. n° 72-964 du 25 oct. 1972, art. 1er, 2, 8, 11, 12, 12-1, ss. C. civ., art. 61-4, **p. 332.** – Art. 12. – V. L. n° 78-731 du 12 juill. 1978, art. 11, ss. C. civ., art. 98-4, **p. 348.** – Art. 64. – V. note ss. C. civ., art. 61.
1993	13 janv.	Décret n° 93-78. Sociétés d'exercice libéral de notaires. – Art. 40, (note), ss. C. civ., art. 1371, **p. 2135.**
1993	29 janv.	Loi n° 93-122. Prévention de la corruption et transparence économique. – Art. 52, ss. C. civ., art. 1589, **p. 2425.**
1993	22 juill.	Loi n° 93-933. Réforme du droit de la nationalité : – V. C. civ., art. 17 à 33-2. – Art. 47 à 54. – V. ss. C. civ., art. 33-2, **p. 251.**
1993	24 août	Loi n° 93-1027. Maîtrise de l'immigration. – Art. 31 et 32. – V. C. civ., art. 21-27, 146-1, 170-1, 175-1, 184, 190-1.
1993	30 déc.	Loi n° 93-1417. Maîtrise de l'immigration. – Art. 9 et 11. – V. C. civ., art. 21-27, 175-2.
1993	30 déc.	Décret n° 93-1362. Nationalité française. – V. ss. C. civ., art. 33-2, **p. 252.**
1994	20 janv.	Décret n° 94-52. Procédure de changement de nom. – V. ss. C. civ., art. 61-4, **p. 331.**
1994	29 avr.	Loi n° 94-337. Personnes habilitées à instrumenter en matière de testament international. – V. ss. C. civ., art. 980, **p. 1367.**
1994	10 juin	Loi n° 94-475. Prévention et traitement des difficultés des entreprises : – Art. 1er-II et 30-I. – V. CSS, art. L. 243-5, ss. C. civ., art. 2331, **p. 3070.** – Art. 5-I. – V. C. civ., art. 1799-1. – Art. 5-II. – V. L. n° 75-1334 du 31 déc. 1975, art. 12, ss. C. civ., art. 1799-1, **p. 2703.** – Art. 96-II. – V. C. trav., art. L. 3253-2, L. 3253-3, L. 3253-4, ss. C. civ., art. 2331, **p. 3072.**
1994	21 juill.	Loi n° 94-624. Habitat : – Art. 10 à 17, 23, 24. – V. L. n° 89-462 du 6 juill. 1989, art. 3, 7, 9-1, 10, 15, 17, 22-1, 24, ss. C. civ., art. 1778, **p. 2616.** – Art. 13-II. – V. L. n° 75-1351 du 31 déc. 1975, art. 6, ss. C. civ., art. 1778, **p. 2605.** – Art. 13-III, 14-I et 15-II et III. – V.,L. n° 75-1351 du 31 déc. 1975, art. 10, ss. C. civ., art. 1583, **p. 2405.** – Art. 13-IV, 17-III et 19. – V. L. n° 86-1290 du 23 déc. 1986, art. 25, 28, 30, ss. C. civ., art. 1778, **p. 2606.** – Art. 20. – V. note ss. L. n° 86-1290 du 23 déc. 1986, art. 35, ss. C. civ., art. 1778, **p. 2606.** – Art. 34-I et II. – V. C. civ., art. 2374, 2378. – Art. 34-III et IV, 35 et 36. – V. L. n° 65-557 du 10 juill. 1965, art. 18, 19-1, 20, 26, 29-1 à 29-4, 42, ss. C. civ., art. 664, **p. 994.**

1994	29 juill.	Loi n° 94-653. Respect du corps humain : – Art. 2 et 3. – V. C. civ., art. 16 à 16-9. – Art. 5. – V. C. civ., art. 16-10 à 16-12. – Art. 10. – V. C. civ., art. 311-19, 311-20.
1994	21 oct.	Décret n° 94-910. Prévention et traitement des difficultés des entreprises. – Art. 130 et 131. – V. Décr. n° 55-22 du 4 janv. 1955, art. 28, 32, ss. C. civ., art. 2474, **p. 3156.**
1995	1er févr.	Loi n° 95-96. Clauses abusives et présentation des contrats. – Art. 12. – V. C. civ., art. 1799-1.
1995	8 févr.	Loi n° 95-125. Organisation des juridictions et procédure : – Art. 8 à 17. – V. C. civ., art. 31, 31-2, 31-3, 348-3, 374. – Art. 34. – V. C. civ., art. 17-3.
1996	5 juill.	Loi n° 96-604. Adoption. – V. C. civ., art. 57, 57-1, 343-1, 345, 345-1, 348-3, 360, 366, 368, 370, 373, 378, 378-1, 379, 379-1, 380, 381.
1996	22 juill.	Loi n° 96-647. Répression du terrorisme. – Art. 12. – V. C. civ., art. 25.
1996	30 déc.	Loi n° 96-1238. Maintien des liens entre frères et sœurs. – V. C. civ., art. 371-5.
1997	28 oct.	Loi n° 97-987. Loi applicable aux régimes matrimoniaux. – V. C. civ., art. 76, 1397-2 à 1397-6.
1998	6 févr.	Loi n° 98-69. Profession de transporteur routier : – Art. 7-III. – V. C. civ., art. 2332-6°. – Art. 11. – V. L. n° 75-1334 du 31 déc. 1975, art. 1er, ss. C. civ., art. 1799-1, **p. 2702.**
1998	16 mars	Loi n° 98-170. Nationalité : – V. C. civ., art. 19-1, 20-4, 20-5, 21-2, 21-7 à 21-12, 21-19, 21-25-1, 21-26, 21-27, 22-1, 23-2, 23-3, 23-5, 24-2, 25, 26, 26-3 à 26-5, 28, 28-1. – Art. 24 à 36, ss. C. civ., art. 33-2, **p. 277.**
1998	6 avr.	Loi n° 98-261. Réglementation comptable et publicité foncière : – Art. 11 à 15. – V. C. civ., art. 2386, 2428, 2433, 2454, 2457. – Art. 16 à 19. – V. Décr. n° 55-22 du 4 janv. 1955, art. 9-1, 26, 33, 34, ss. C. civ., art. 2474, **p. 3154.**
1998	19 mai	Loi n° 98-389. Responsabilité du fait des produits défectueux. – V. C. civ., art. 1386-1 à 1386-18 anc.
1998	17 juin	Loi n° 98-468. Prévention et répression des infractions sexuelles. – Art. 43. – V. C. civ., art. 2270-1 anc.
1998	29 juill.	Loi n° 98-657. Lutte contre les exclusions : – Art. 48. – V. L. n° 48-1360 du 1er sept. 1948, art. 36, ss. C. civ., art. 1778, **p. 2596.** – Art. 101, 103. – V. C. civ., art. 2293, 2301.

		– Art. 114. – V. L. n° 89-462 du 6 juill. 1989, art. 24, ss. C. civ., art. 1778, **p. 2638.** – Art. 135. – V. C. civ., art. 375-7.
1998	20 août	Décret n° 98-719. Information du public en matière de droit de la nationalité, ss. C. civ., art. 21-7, .
1998	20 août	Décret n° 98-720. Déclarations, demandes et décisions en matière de nationalité, ss. C. civ., art. 33-2, **p. 278.**
1999	6 janv.	Loi n° 99-5. Animaux dangereux et errants : – Art. 3. – V. L. n° 70-598 du 9 juill. 1970, art. 10, ss. C. civ., art. 1778, **p. 2603.** – Art. 24 et 25. – V. C. civ., art. 524, 528.
1999	9 juill.	Loi n° 99-574. Orientation agricole : – Art. 35. – V. C. rur., art. L. 321-21-1, ss. C. civ., art. 842, **p. 1225.** – Art. 36. – V. C. civ., art. 2331, 2375.
1999	30 juill.	Décret n° 99-658. Application de l'art. 1799-1 C. civ. – V. ss. C. civ., art. 1799-1.
1999	15 nov.	Loi n° 99-944. Pacte civil de solidarité. – V. C. civ., art. 515-1 à 515-8 : – Art. 2. – V. C. civ., art. 506. – Art. 14. – V. L. n° 89-462 du 6 juill. 1989, art. 14, 15, ss. C. civ., art. 1778, **p. 2627.** – Art. 14-1. – V. ss. C. civ., art. 515-7, **p. 841.**
1999	29 déc.	Loi n° 99-1141. Acquisition de la nationalité française par les militaires étrangers servant dans l'armée française. – V. C. civ., art. 21-14-1, 21-15, 22-1, 27, 27-1, 27-2, 28-1, 30-1.
1999	30 déc.	Loi n° 99-1172. De finances pour 2000. – Art. 126 *(rentes viagères)*. – V. ss. C. civ., art. 1976, **p. 2836.**
2000	13 mars	Loi n° 2000-230. Adaptation du droit de la preuve aux technologies de l'information et signature électronique. – V. C. civ., art. 1315-1 anc., 1316 à 1316-4 anc., 1317 anc., 1326 anc.
2000	15 juin	Loi n° 2000-516. Présomption d'innocence et droits des victimes. – V. C. civ., art. 9-1.
2000	13 déc.	Loi n° 2000-1208. Solidarité et renouvellement urbains : – Art. 72-I. – V. CCH, art. L. 271-1, L. 271-2, ss. C. civ., art. 1589, ***p. 2423.*** – Art. 72-III. – V. C. civ., art. 1589-1. – Art. 75 à 81. – V. L. n° 65-557 du 10 juill. 1965, art. 10, 10-1, 14-1 à 14-3, 17-1, 18, 19-2, 20, 21, 24, 25, 25-1, 26, 26-3, 28, 29, 29-1, 29-4, 29-5, 29-6, 45-1, 46-1, 49, ss. C. civ., art. 664, **p. 987.** – Art. 183. – V. C. urb., art. L. 314-1, ss. C. civ., art. 1778, **p. 2604.** – Art. 187. – V. C. civ., art. 1719. – Art. 188 à 190, 198, 199. – V. L. n° 89-462 du 6 juill. 1989, art. 6, 9-1, 11-1, 15, 20, 20-1, 24, 24-1, 40, ss. C. civ., art. 1778, **p. 2620.** – Art. 196. – V. L. n° 75-1351 du 31 déc. 1975, art. 10, ss. C. civ., art. 1583, **p. 2405.**

2000	23 déc.	Loi n° 2000-1257. De financement de la sécurité sociale pour 2001. – Art. 53 *(indemnisation des victimes de l'amiante)*. – V. ss. C. civ., art. 1242, **p. 1919.**
2001	6 févr.	Loi n° 2001-111. Adoption internationale. – V. C. civ., art. 370-3 à 370-5.
2001	15 mai	Loi n° 2001-420. Nouvelles régulations économiques : – Art. 44. – V. L. n° 78-9 du 4 janv. 1978, art. 4, ss. C. civ., art. 1873, **p. 2764.** – Art. 103. – V. C. civ., art. 1844-5. – Art. 123. – V. C. civ., art. 1843-3. – Art. 126. – V. C. civ., art. 2061.
2001	3 déc.	Loi n° 2001-1135. Droits du conjoint survivant et des enfants adultérins : – V. C. civ., art. 110, 207-1, 279, 301, 342-5, 720 à 767, 832 anc., 832-1 anc., 908, 908-1, 913, 914-1, 915 à 915-2, 916, 1094-2, 1097, 1097-1, 1481, 1491, 1527, 1600, 1751. – Art. 25, 26. – V. ss. C. civ., art. 767, **p. 1138.**
2002	17 janv.	Loi n° 2002-73. Modernisation sociale : – Art. 25. – V. CSS, art. L. 243-4, ss. C. civ., art. 2331, **p. 3070.** – Art. 158, 161, 162, 163. – V. L. n° 89-462 du 6 juill. 1989, art. 1er, 22-1, 22-2, 24-1, ss. C. civ., art. 1778, **p. 2614.** – Art. 167. – V. CCH, art. L. 271-3, ss. C. civ., art. 1589, **p. 2424.** – Art. 169 et 170. – V. note ss. C. civ., art. 16. – Art. 223. – V. L. n° 89-462 du 6 juill. 1989, art. 15, ss. C. civ., art. 1778, **p. 2628.**
2002	22 janv.	Loi n° 2002-93. Accès aux origines des personnes adoptées et pupilles de l'État : – V. CASF, art. L. 222-6, ss. C. civ., art. 341-1 ; art. L. 224-5, L. 224-7, ss. C. civ., art. 487, **p. 715.** – Art. 14. – V. C. civ., art. 62-1. – Art. 15. – V. C. civ., art. 353-1.
2002	30 janv.	Décret n° 2002-120. Caractéristiques du logement décent. – V. ss. C. civ., art. 1778, **p. 2651.**
2002	4 mars	Loi n° 2002-303. Droit des malades et qualité du système de santé : – Art. 1er *(naissance et handicap)*. – Codifié au CASF, art. L. 114-5, ss. C. civ., art. 1242, **p. 1882.** – Art. 3. – V. CSP, art. L. 1110-1 à L. 1110-5, ss. C. civ., art. 16-9, **p. 188.** – Art. 4-I. – V. C. civ., art. 16-13. – Art. 11. – V. CSP, art. L. 1111-2, L. 1111-4, L. 1111-5, ss. C. civ., art. 16-9, **p. 191.** – Art. 19-IV. – V. C. civ., art. 375-9. – Art. 98 et 101. – V. CSP, art. L. 1142-1, ss. C. civ., art. 1242, **p. 1893.** – Art. 102 *(contamination par le virus de l'hépatite C)*. – V. ss. C. civ., art. 1242, **p. 1800.**

2002	4 mars	Loi n° 2002-304. Nom de famille : – V. C. civ., art. 57, 61-3, 311-21, 311-22, 357, 363. – Art. 23 à 26. – V. ss. C. civ., art. 311-24-2, **p. 566.**
2002	4 mars	Loi n° 2002-305. Autorité parentale : – V. C. civ., art. 62, 75, 368, 371-1, 371-2, 371-4, 372, 372-1, 372-1-1, 373, 373-1, 373-2, 373-2-1 à 373-2-13, 373-3, 374, 375-3, 377, 377-1, 377-2, 390, 402, 1072, 1100 anc., 1384 anc. – Art. 11, 13-I et II. – V. ss. C. civ., art. 387-6.
2002	5 août	Décret n° 2002-1065. Transport des corps avant mise en bière. – V. CGCT, art. R. 2213-17, ss. C. civ., art. 78.
2002	3 déc.	Décret n° 2002-1436. Modification du COJ et du C. pr. civ. – Art. 10 à 12. – V. C. pr. civ., art. 1075-1, 1075-2, 1084, ss. C. civ., art. 309, **p. 533.**
2002	19 déc.	Ordonnance n° 2002-1476. Extension et adaptation de dispositions de droit civil à Mayotte. – V. C. civ., art. 2489 à 2508.
2002	23 déc.	Décret n° 2002-1556. Application de l'art. 22 de la loi n° 2001-1135 du 3 déc. 2001 relative aux droits du conjoint survivant *(information des époux et livret de famille)*. – V. Décr. n° 74-449 du 15 mai 1974, art. 1er-1°, 20, 21 et Annexe, ss. C. civ., art. 54.
2003	4 avr.	Décret n° 2003-314. Caractère de gravité des accidents médicaux, des affections iatrogènes et des infections nosocomiales. – V. note ss. CSP, art. L. 1142-1, ss. C. civ., art. 1242, **p. 1894.**
2003	18 juin	Loi n° 2003-516. Nom de famille : – V. C. civ., art. 57, 363. – Art. 11 à 13. – V. L. n° 2002-304 du 4 mars 2002, art. 23 à 25, ss. C. civ., art. 311-24-2, **p. 566.**
2003	2 juill.	Loi n° 2003-590. Urbanisme et habitat. – Art. 93. – V. L. n° 65-557 du 10 juill. 1965, art. 24, 25, 26, ss. C. civ., art. 664, **p. 1003.**
2003	30 juill.	Loi n° 2003-699. Prévention des risques technologiques et naturels. – Art. 20. – V. L. n° 65-557 du 10 juill. 1965, art. 38-1, ss. C. civ., art. 664, **p. 1022.**
2003	1er août	Loi n° 2003-706. Sécurité financière : – Art. 80. – V. C. assur., art. L. 124-1-1, L. 124-5, ss. C. civ., art. 1242, **p. 1886.** – Art. 81, 82 et 83-IV. – V. C. assur., art. L. 421-1, L. 421-2, ss. C. civ., art. 1242, **p. 1875.** – Art. 83-I et II. – V. C. assur., art. L. 211-9, L. 211-10, ss. C. civ., art. 1242, **p. 1870.**
2003	1er août	Loi n° 2003-709. Mécénat, associations et fondations. – Art. 16. – V. L. 1er juill. 1901, art. 11, ss. C. civ., art. 1873, **p. 2776.**
2003	1er août	Loi n° 2003-710. Loi d'orientation pour la ville et la rénovation urbaine. – Art. 19. – V. L. n° 65-557 du 10 juill. 1965, art. 29-1, ss. C. civ., art. 664, **p. 1015.**

2003	1er août	Loi n° 2003-721. Initiative économique. – Art. 8. – V. C. com., art. L. 526-1 à L. 526-4, ss. C. civ., art. 2285, **p. 2977.**
2003	26 nov.	Loi n° 2003-1119. Maîtrise de l'immigration et nationalité. – Art. 63 à 77. – V. C. civ., art. 17-4, 19-1, 21-2, 21-4, 21-12, 21-24, 21-24-1, 21-27, 25-1, 26-4, 47, 63, 169, 170, 170-1, 175-2, 190-1.
2003	27 nov.	Règlement (CE) n° 2201/2003. Compétence en matière matrimoniale et en matière de responsabilité parentale. – V. ss. C. civ., art. 309, **p. 544.**
2003	18 déc.	Loi n° 2003-1199. De financement de la sécurité sociale pour 2004. – Art. 8-III. – V. C. assur., art. L. 211-11, ss. C. civ., art. 1242, **p. 1873.**
2004	2 janv.	Loi n° 2004-1. Accueil et protection de l'enfance : – Art. 13. – V. C. civ., art. 375-1. – Art. 18. – V. CASF, art. L. 132-6, ss. C. civ., art. 211, **p. 409.**
2004	20 févr.	Ordonnance n° 2004-164. Publication des lois et de certains actes administratifs. – Art. 1er. – V. C. civ., art. 1er.
2004	26 mai	Loi n° 2004-439. Divorce : – Art. 1er à 23. – V. C. civ., art. 220-1, 228, 229 à 243, 245-1 à 247-2, 248-1, 249, 249-3, 249-4, 250 à 256, 257-1, 257-2, 259 à 259-3, 261 à 261-2, 262-1, 264 à 276, 276-2 à 276-4, 278 à 285-1, 297, 297-1, 298, 300, 301, 303, 306, 307, 309, 1096, 1099, 1397-1, 1442, 1450, 1451, 1477, 1518. – Art. 30. – V. note ss. C. civ., art. 220-1, **p. 437.**
2004	27 mai	Décret n° 2004-479. Copropriété. – V. Décr. 17 mars 1967, art. 1er à 67, ss. C. civ., art. 664, **p. 1027.**
2004	21 juin	Loi n° 2004-575. Confiance dans l'économie numérique : – Art. 25-I. – V. C. civ., art. 1108-1, 1108-2 anc. – Art. 25-II. – V. C. civ., art. 1369-4 à 1369-6 anc.
2004	24 juin	Ordonnance n° 2004-602. Simplification du droit dans le domaine du travail : – Art. 13-I. – V. C. trav., art. L. 3253-2, L. 3253-3, ss. C. civ., art. 2331, **p. 3072.** – Art. 13-II. – V. C. civ., art. 2331, 2375.
2004	1er juill.	Ordonnance n° 2004-632. Associations syndicales de propriétaires. – Art. 35. – V. ss. C. civ., art. 2474, **p. 3147.**
2004	9 juill.	Loi n° 2004-669. Communications électroniques et communication audiovisuelle. – Art. 122. – V. L. n° 65-557 du 10 juill. 1965, art. 25, ss. C. civ., art. 664, **p. 1008.**
2004	6 août	Loi n° 2004-800. Bioéthique : – Art. 4-I. – V. C. civ., art. 16-10. – Art. 5-I. – V. C. civ., art. 16-11. – Art. 7. – V. CSP, art. L. 1211-1 à L. 1211-4, ss. C. civ., art. 16-9, **p. 200.** – Art. 9-A. – V. C. civ., art. 16-3.

		– Art. 12-A-V. – V. CSP, art. L. 1244-4, L. 1244-7, ss. C. civ., art. 342-13, **p. 599.** – Art. 17. – V. CPI, art. L. 611-17, L. 611-18, ss. C. civ., art. 16-4, **p. 179.** – Art. 21. – V. C. civ., art. 16-4. – Art. 24 et 25. – V. CSP, art. L. 2141-1 à L. 2141-11, L. 2151-1 à L. 2151-5, ss. C. civ., art. 342-13, **p. 599.**
2004	6 août	Loi n° 2004-801. Protection des personnes à l'égard des traitements de données. – Art. 16. – V. L. n° 99-944 du 15 nov. 1999, art. 14-1, ss. C. civ., art. 515-7, **p. 841.**
2004	9 août	Loi n° 2004-804. Soutien à la consommation et à l'investissement. – Art. 3. – V. C. mon. fin., art. L. 112-3, ss. C. civ., art. 1343-3, **p. 2038.**
2004	9 août	Loi n° 2004-806. Politique de santé publique : – Art. 78. – V. L. n° 89-462 du 6 juill. 1989, art. 3, ss. C. civ., art. 1778, **p. 2616.** – Art. 114 et 115. – V. CSP, art. L. 1142-1, ss. C. civ., art. 1242, **p. 1893.**
2004	13 août	Loi n° 2004-809. Libertés et responsabilités locales : – Art. 63-III. – V. L. n° 89-462 du 6 juill. 1989, art. 40, ss. C. civ., art. 1778, **p. 2647.** – Art. 146. – V. C. civ., art. 21-14-1. – Art. 147-I et II. – V. C. civ., art. 539, 713.
2004	13 août	Loi n° 2004-810. Assurance maladie. – Art. 2-II et 36-III. – V. CSP, art. L. 1110-4, L. 1111-2, ss. C. civ., art. 16-9, **p. 188.**
2004	29 oct.	Décret n° 2004-1157. Substitution d'un capital à une rente allouée au titre de la prestation compensatoire. – V., ss. C. civ., art. 309, .
2004	29 oct.	Décret n° 2004-1158. Procédure en matière familiale. – V. C. pr. civ., art. 1070 à 1136, ss. C. civ., art. 309, **p. 530.**
2004	29 oct.	Décret n° 2004-1159. Nom de famille, ss. C. civ., art. 311-24-2, **p. 566.** – Art. 16. – V. CGCT, art. R. 2122-10, ss. C. civ., art. 54, **p. 293.** – Art. 17 et 18. – V. Décr. n° 74-449 du 15 mai 1974, art. 9, et annexe, ss. C. civ., art. 54, . – Art. 21. – V. Décr. 94-52 du 20 janv. 1994, art. 2, ss. C. civ., art. 61-4, **p. 331.**
2004	24 nov.	Ordonnance n° 2004-1248. Partie législative du code de l'entrée et du séjour des étrangers et du droit d'asile. – V. ce code *(liste des codes au début de la présente table chronologique)*. – Art. 4-4°. – V. L. n° 98-170 du 16 mars 1998, art. 29, ss. C. civ., art. 33-2, **p. 278.**
2004	6 déc.	Décret n° 2004-1333. Procédure en matière familiale. – V. C. pr. civ., art. 1129 à 1136, ss. C. civ., art. 309, **p. 540.**
2004	9 déc.	Loi n° 2004-1343. Simplification du droit. – Art. 29. – V. C. civ., art. 1386-2, 1386-7, 1386-12 anc.

2005	14 janv.	Décret n° 2005-25. Déclarations de nationalité et décisions en matière de nationalité. – V. Décr. n° 93-1362 du 30 déc. 1993, art. 32 s., ss. C. civ., art. 33-2, **p. 267.**
2005	18 janv.	Loi n° 2005-32. De programmation pour la cohésion sociale : – Art. 100. – V. L. n° 89-462 du 6 juill. 1989, art. 24, ss. C. civ., art. 1778, **p. 2638.** – Art. 113. – V. C. civ., art. 2277. – Art. 120 et 121. – V. L. n° 65-557 du 10 juill. 1965, art. 14-3, 26, ss. C. civ., art. 664, **p. 991.** – Art. 150. – V. L. n° 72-964 du 25 oct. 1972, art. 8, ss. C. civ., art. 61-4, **p. 332.**
2005	11 févr.	Loi n° 2005-102. Personnes handicapées : – Art. 2-II. – V. CASF, art. L. 114-5, ss. C. civ., art. 1242, **p. 1882.** – Art. 15. – V. C. civ., art. 272.
2005	17 févr.	Ordonnance n° 2005-136. Garantie de la conformité du bien au contrat due par le vendeur au consommateur. – Art. 3. – V. C. civ., art. 1648.
2005	23 févr.	Loi n° 2005-157. Développement des territoires ruraux. – Art. 99. – V. L. n° 89-462 du 6 juill. 1989, art. 6, ss. C. civ., art. 1778, **p. 2620.**
2005	24 mars	Loi n° 2005-270. Statut général des militaires. – Art. 93-I. – V. C. civ., art. 16-11.
2005	22 avr.	Loi n° 2005-370. Droits des malades et fin de vie. – V. CSP, art. L. 1110-5, L. 1111-4, L. 1111-10 à L. 1111-13, ss. C. civ., art. 16-9, **p. 190.**
2005	6 mai	Ordonnance n° 2005-428. Incapacités en matière commerciale et publicité du régime matrimonial des commerçants. – Art. 7 à 10. – V. C. civ., art. 1394, 1397, 1397-3, 1445.
2005	6 mai	Ordonnance n° 2005-429. Modification du code monétaire et financier. – Art. 12 à 14 et 16. – V. C. mon. fin., art. L. 111-2, L. 113-1, ss. C. civ., art. 1343-3, **p. 2036.**
2005	8 juin	Ordonnance n° 2005-655. Logement et construction. – Art. 22. – V. L. n° 89-462 du 6 juill. 1989, art. 2, 3, 3-1, ss. C. civ., art. 1778, **p. 2616.**
2005	8 juin	Ordonnance n° 2005-658. Obligation d'assurance dans le domaine de la construction. – V. C. civ., art. 1792-2, 1792-3, 1792-7, 2270-2 anc.
2005	16 juin	Ordonnance n° 2005-674. Accomplissement de formalités contractuelles par voie électronique. – V. C. civ., art. 1325, 1369-1 à 1369-11 anciens.
2005	4 juill.	Ordonnance n° 2005-759. Réforme de la filiation : – V. C. civ., art. 309 à 342-8. – Art. 17 et 18. – V. C. civ., art. 18, 19-3, 22-1, 57, 57-1, 62, 158, 159, 161, 162, 163, 374-1, 390, 392, 733, 913, 960, 962, 1094, 1094-1, 2497. – Art. 20 et 21. – V. ss. C. civ., art. 342-8, **p. 610.**

2005	26 juill.	Loi n° 2005-841. Développement des services à la personne et cohésion sociale : – Art. 24-I. – V. C. trav., art. L. 3253-2, L. 3253-3, ss. C. civ., art. 2331, **p. 3072.** – Art. 35-I. – V. C. mon. fin., art. L. 112-3, ss. C. civ., art. 1343-3, **p. 2038.** – Art. 35-II et III. – V. L. n° 89-462 du 6 juill. 1989, art. 17, ss. C. civ., art. 1778, **p. 2632.**
2005	26 juill.	Loi n° 2005-845. Sauvegarde des entreprises : – Art. 33. – V. C. com., art. L. 622-17, ss. C. civ., art. 2331, **p. 3069.** – Art. 180. – V. C. trav., art. L. 3253-5, ss. C. civ., art. 2331, **p. 3072.** – Art. 184. – V. CSS, art. L. 243-5, ss. C. civ., art. 2331, **p. 3070.** – Art. 186. – V. L. n° 75-1334 du 31 déc. 1975, art. 14-1, ss. C. civ., art. 1799-1, **p. 2704.** – Art. 189. – V. C. civ., art. 1844-7.
2005	28 juill.	Ordonnance n° 2005-856. Libéralités aux associations, fondations et congrégations, et déclarations administratives incombant aux associations : – Art. 1er. – V. C. civ., art. 910, 937. – Art. 2 (2°). – V. L. 30 mai 1941, art. 1er, ss. C. civ., art. 1873, **p. 2777.** – Art. 2 (3°). – V. L. 4 févr. 1901, art. 10, ss. C. civ., art. 910, **p. 1310.** – Art. 2 (4° et 5°) et 4. – V. L. 1er juill. 1901, art. 5, 6, 11, ss. C. civ., art. 1873, **p. 2774.**
2005	28 juill.	Ordonnance n° 2005-870. Adaptation de dispositions relatives à la propriété immobilière à Mayotte : – V. C. civ., art. 2490, 2500, 2503, 2508 à 2534. – Art. 7. – V. L. n° 65-557 du 10 juill. 1965, art. 50, ss. C. civ., art. 664, **p. 1027.**
2005	2 août	Loi n° 2005-882. Petites et moyennes entreprises : – Art. 13. – V. C. civ., art. 1387-1. – Art. 14. – V. C. com., art. L. 121-7, ss. C. civ., art. 226, **p. 441.** – Art. 16. – V. L. n° 89-1008 du 31 déc. 1989, art. 14, ss. C. civ., art. 842, **p. 1225.** – Art. 39. – V. C. mon. fin., art. L. 112-6, ss. C. civ., art. 1343-3, **p. 2038.**
2005	*10 août*	*Décret* n° 2005-973. Actes établis par les notaires. – V. Décr. n° 71-941 du 26 nov. 1971, ss. C. civ., art. 1317, **p. 2134.**
2005	8 sept.	Ordonnance n° 2005-1128. Monuments historiques et espaces protégés. – Art. 22 et 27. – V. C. patr., art. L. 622-15, L. 622-29, ss. C. civ., art. 2279, **p. 2968.**
2005	1er déc.	Ordonnance n° 2005-1477. Procédures d'admission à l'aide sociale. – V. CASF, art. L. 132-6, ss. C. civ., art. 211, **p. 409.**
2005	7 déc.	Ordonnance n° 2005-1512. Mesures de simplification en matière fiscale. – Art. 24-I. – V. C. civ., art. 1321-1 anc., 1589-2.

2005	8 déc.	Ordonnance n° 2005-1527. Permis de construire et autorisations d'urbanisme. – Art. 15. – V. C. urb., art. L. 471-1 à L. 471-3, ss. C. civ., art. 674, **p. 1066.**
2005	8 déc.	Ordonnance n° 2005-1528. Régime social des indépendants. – Art. 7. – V. CSS, art. L. 243-5, ss. C. civ., art. 2331, **p. 3070.**
2005	15 déc.	Ordonnance n° 2005-1564. Adaptation au droit communautaire dans le domaine de l'assurance. – Art. 20-II et IV. – V. C. assur., art. L. 200-1, L. 400-1, ss. C. civ., art. 1242, **p. 1869.**
2005	28 déc.	Décret n° 2005-1678. Procédure civile, procédures d'exécution et procédure de changement de nom. – Art. 84. – V. Décr. n° 94-52 du 20 janv. 1994, art. 2, ss. C. civ., art. 61-4, **p. 331.**
2006	23 janv.	Loi n° 2006-64. Lutte contre le terrorisme. – Art. 21. – V. C. civ., art. 25-1.
2006	23 mars	Ordonnance n° 2006-346. Sûretés : – V. C. civ., art. 2011 à 2043 (abrogation), 2071 à 2203-1 (abrogation), 2284 à 2488, 2489 à 2534 (renumérotation). – Art. 50. – V. C. civ., art. 1286 anc., 1422, 2508. – Art. 53. – V. L. n° 89-462 du 6 juill. 1989, art. 22-1-1, ss. C. civ., art. 1778, **p. 2637.**
2006	4 avr.	Loi n° 2006-399. Violences au sein du couple. – Art. 1er à 6. – V. C. civ., art. 63, 144, 170, 170-1, 175-2, 180, 181, 183, 212.
2006	5 avr.	Loi n° 2006-406. Garantie de conformité due par le vendeur au consommateur et responsabilité du fait des produits défectueux. – Art. 2. – V. C. civ., art. 1386-7 anc.
2006	21 avr.	Ordonnance n° 2006-460. Partie législative du code général de la propriété des personnes publiques. – V. ce code (liste alphabétique au début de cette table) : – Art. 3. – V. C. civ., art. 538, 540, 541, 556, 559, 560 à 563, 650. – Art. 3-VII. – V. CGCT, art. L. 1311-17, ss. C. civ., art. 900-8, **p. 1300.** – Art. 3-VII. – V. CGCT, art. L. 4221-6, ss. C. civ., art. 910, **p. 1309.** – Art. 3-XIII. – V. CSP, art. L. 6145-10-1, ss. C. civ., art. 908, **p. 1301.**
2006	21 avr.	Ordonnance n° 2006-461. Saisie immobilière : – V. C. civ., art. 2190 à 2216. – Art. 3 à 11. – V. C. civ., art. 815-15, 2427, 2461, 2464, 2468, 2469, 2472, 2473, 2482. – Art. 15. – V. C. mon. fin., art. L. 313-3, ss. C. civ., art. 1907.
2006	1er juin	Décret n° 2006-640. Livret de famille et procédure en matière de *filiation* : – Art. 1er à 17. – V. Décr. n° 74-449 du 15 mai 1974, ss. C. civ., art. 54. – Art. 23-III. – V. Décr. n° 93-1362 du 30 déc. 1993, art. 22, 23, ss. C. civ., art. 33-2, **p. 264.**

2006	13 juin	Loi n° 2006-685. Droit de préemption et protection des locataires en cas de vente d'un immeuble. – Art. 4 et 5. – V. L. n° 89-462 du 6 juill. 1989, art. 11-1, 15, 25-1, ss. C. civ., art. 1778, **p. 2626.**
2006	23 juin	Loi n° 2006-728. Réforme des successions et des libéralités : – V. C. civ., art. 55, 62, 116, 265, 388-1, 515-3, 515-3-1, 515-4 à 515-5-3, 515-6, 515-7, 621, 723, 730-5, 732, 738-1, 738-2, 751, 754, 755, 757-3, 758-6, 763, 768 à 814-1, 815 à 815-3, 815-10, 815-14, 816 à 842, 843 à 846, 851, 852, 856, 860, 860-1, 864 à 869, 873 à 881, 884 à 892, 893, 895, 896, 901, 910, 911 à 914-1, 916, 918 à 922, 924 à 924-4, 925, 928, 929 à 930-5, 937, 952, 960 à 966, 980, 983, 985, 986, 991 à 993, 1002-1, 1025 à 1034, 1048 à 1074, 1075 à 1080, 1094, 1094-1, 1096, 1098, 1130 anc., 1251 anc., 1390, 1392, 1396, 1397, 1527, 1873-13, 1873-14, 1973, 2258, 2259, 2374, 2381, 2383, 2427, 2499, 2503 à 2507. – Art. 2-IV. – V. C. rur., art. L. 323-6, ss. C. civ., art. 824, **p. 1205.** – Art. 4-II-A. – V. C. rur., art. L. 321-24, ss. C. civ., art. 831, **p. 1211.** – Art. 4-II-D. – V. L. n° 61-1378 du 19 déc. 1961, art. 14, ss. C. civ., art. 832-4 anc., **p. 1279.** – Art. 12-II. – V. CPI, art. L. 123-6, ss. C. civ., art. 767, **p. 1140.** – Art. 13-II. – V. C. rur., art. L. 321-17, ss. C. civ., art. 842 anc., **p. 1224.** – Art. 33 et 34. – V. L. 25 ventôse an XI, art. 10, 11, ss. C. civ., art. 1371, **p. 2134.** – Art. 36, 38 et 39. – V. ss. C. civ., art. 892, **p. 1253.** – Art. 41. – V. L. n° 2001-1135 du 3 déc. 2001, art. 25-II-2°, ss. C. civ., art. 767, **p. 1138.** – Art. 47. – V. ss. C. civ., art. 892, **p. 1254.** – Art. 47-I, II et IV. – V. ss. C. civ., art. 515-7, **p. 841.**
2006	13 juill.	Loi n° 2006-872. Engagement national pour le logement : – Art. 48-II. – V. L. n° 86-1290 du 23 déc. 1986, art. 25, ss. C. civ., art. 1778, **p. 2606.** – Art. 48-III. – V. L. n° 89-462 du 6 juill. 1989, art. 6, 17, 25-1, ss. C. civ., art. 1778, **p. 2620.** – Art. 79-IV. – V. CCH, art. L. 271-3, ss. C. civ., art. 1589, **p. 2424.** – Art. 84. – V. L. n° 89-462 du 6 juill. 1989, art. 4, ss. C. civ., art. 1778, **p. 2618.** – Art. 85. – V. L. n° 48-1360 du 1er sept. 1948, art. 5, ss. C. civ., art. 1778, **p. 2586.** – Art. 86 à 88. – V. L. n° 89-462 du 6 juill. 1989, art. 20, 20-1, 22-1, 23, 24-1, ss. C. civ., art. 1778, **p. 2634.** – Art. 90 à 92, 94, 95. – V. L. n° 65-557 du 10 juill. 1965, art. 9, 10-1, 14-3, 25, 26, 41-1 à 41-5, 43, 49, ss. C. civ., art. 664, **p. 986.** – Art. 96. – V. CCH, art. L. 271-1, ss. C. civ., art. 1589, **p. 2423.**
2006	24 juill.	Loi n° 2006-911. Immigration et intégration : – Art. 79 à 89. – V. C. civ., art. 21-2, 21-4, 21-14-2, 21-19, 21-22, 21-25-1, 21-28, 21-29, 26-4, 68. – Art. 91. – V. Ord. n° 2005-759 du 4 juill. 2005, art. 20, ss. C. civ., art. 342-8, **p. 610.** – Art. 108. – V. C. civ., art. 2492, 2499-1 à 2499-5. – Art. 110. – V. C. civ., art. 30-2.

2006	27 juill.	Décret n° 2006-936. Procédures de saisie immobilière et de distribution du prix d'un immeuble. – Art. 147 à 149. – V. Décr. n° 55-1350 du 14 oct. 1955, art. 37, 79, 80, ss. C. civ., art. 2474, **p. 3192.**
2006	14 nov.	Loi n° 2006-1376. Contrôle de la validité des mariages. – V. C. civ., art. 47, 63, 70, 74-1, 169, 170, 170-1, 171-1 à 171-8, 175-2, 176.
2006	21 déc.	Loi n° 2006-1640. De financement de la sécurité sociale pour 2007 : – Art. 18-I. – V. CGPPP, art. L. 1126-1, ss. C. civ., art. 2277, **p. 2919.** – Art. 39-I. – V. C. civ., art. 2425. – Art. 39-III. – V. CSS, art. L. 243-5, ss. C. civ., art. 2331, **p. 3070.**
2006	21 déc.	Loi n° 2006-1666. De finances pour 2007. – Art. 7-I. – V. C. civ., art. 2425.
2006	23 déc.	Décret n° 2006-1806. Publicité du PACS. – V. ss. C. civ., art. 515-7, **p. 842.**
2006	23 déc.	Décret n° 2006-1807. Données à caractère personnel relatives au PACS. – V. ss. C. civ., art. 515-7, **p. 845.**
2006	30 déc.	Loi n° 2006-1772. Eau et milieux aquatiques : – Art. 8. – V. C. envir., art. L. 215-2, ss. C. civ., art. 531 ; art. L. 215-4, ss. C. civ., art. 563, **p. 931.** – Art. 60. – V. L. n° 65-557 du 10 juill. 1965, art. 9, 26, ss. C. civ., art. 664, **p. 986.**
2007	11 janv.	Ordonnance n° 2007-42. Lutte contre l'habitat insalubre ou dangereux. – Art. 1er. – V. C. civ., art. 2374, 2384-1 à 2384-4.
2007	25 janv.	Ordonnance n° 2007-98. Immigration et intégration à Mayotte et dans les TOM. – Art. 130. – V. C. civ., art. 33.
2007	15 févr.	Décret n° 2007-201. Contenu du bordereau d'inscription des privilèges et hypothèques : – Art. 1er. – V. C. civ., art. 2428. – Art. 2 et 3. – V. Décr. n° 55-1350 du 14 oct. 1955, art. 32, 55, 57, 76, ss. C. civ., art. 2474, **p. 3188.**
2007	19 févr.	Loi n° 2007-211. Fiducie : – V. C. civ., art. 2011 à 2031. – Art. 13 à 15. – V. ss. C. civ., art. 2031, **p. 2863.** – Art. 16 et 17. – V. C. civ., art. 1596.
2007	20 févr.	Loi n° 2007-212. Dispositions intéressant la Banque de France : – Art. 10-II. – V. C. civ., art. 2364, 2441. – Art. 10-III. – V. ss. C. civ., art. 2374, **p. 3104.**
2007	21 févr.	Loi n° 2007-224. Dispositions statutaires et institutionnelles relatives à l'outre-mer. – Art. 20-20°. – V. C. civ., art. 2514.
2007	5 mars	Loi n° 2007-290. Droit au logement opposable et cohésion sociale. – Art. 34 et 35. – V. L. n° 89-462 du 6 juill. 1989, art. 20-1, 22-2, ss. C. civ., art. 1778, **p. 2634.**

2007	5 mars	Loi n° 2007-293. Protection de l'enfance : – Art. 4. – V. CASF, art. L. 132-6, ss. C. civ., art. 211, **p. 409.** – Art. 5, 8, 9, 14, 17-I, 20-II, 22-II. – V. C. civ., art. 371-4, 373-2-1, 373-2-9, 375, 375-2, 375-3, 375-4, 375-5, 375-7, 375-9, 375-9-1, 388-1. – Art. 17-II, 18, 19, 22-I. – V. CASF, art. L. 222-5, L. 223-1, L. 223-2, L. 223-3, L. 223-3-1, L. 223-5, ss. C. civ., art. 487, **p. 710.**
2007	5 mars	Loi n° 2007-297. Prévention de la délinquance : – Art. 10. – V. C. civ., art. 375-9-2. – Art. 15. – V. L. n° 65-557 du 10 juill. 1965, art. 25, 26, ss. C. civ., art. 664, **p. 1008.** – Art. 18-I. – V. C. civ., art. 1729. – Art. 18-II. – V. L. n° 89-462 du 6 juill. 1989, art. 4, 6-1, ss. C. civ., art. 1778, **p. 2618.** – Art. 67. – V. C. civ., art. 375-2.
2007	5 mars	Loi n° 2007-308. Réforme de la protection juridique des majeurs : – Art. 1er à 11. – V. C. civ., art. 60, 249, 249-2, 249-4, 393 à 515, 909, 1304 anc., 1397, 1399, 2409, 2410. – Art. 13, 14 et 19. – V. CASF, art. L. 271-1 à L. 271-8, L. 471-1 à L. 471-9, ss. C. civ., art. 495-9. – Art. 31 à 46. – V. ss. C. civ., art. 515.
2007	5 mars	Loi n° 2007-309. Modernisation de la diffusion audiovisuelle et télévision du futur : – Art. 8 et 9. – V. L. n° 65-557 du 10 juill. 1965, art. 18, 24-1, 25, ss. C. civ., art. 664, **p. 994.** – Art. 12. – V. L. n° 89-462 du 6 juill. 1989, art. 3-2, ss. C. civ., art. 1778, **p. 2617.**
2007	22 mars	Décret n° 2007-404. Application de l'ordonnance du 23 mars 2006 relative aux sûretés. – V. Décr. n° 55-1350 du 14 oct. 1955, art. 42, 57-3, 67, ss. C. civ., art. 2474, **p. 3195.**
2007	29 mars	Ordonnance n° 2007-465. Personnel militaire. – Art. 3. – V. C. civ., art. 93, 95, 96 à 96-2.
2007	25 avr.	Décret n° 2007-610. Nationalité française. – V. Décr. n° 93-1362 du 30 déc. 1993, art. 32, ss. C. civ., art. 33-2, **p. 267.**
2007	10 mai	Décret n° 2007-773. Contrôle de la validité des mariages. – V. ss. C. civ., art. 171-8, **p. 383**. – V. CGCT, art. R. 2122-10, ss. C. civ., art. 54, **p. 293.**
2007	11 mai	Décret n° 2007-807. Application de l'art. 910 C. civ. aux associations, fondations et congrégations. – V. ss. C. civ., art. 910, **p. 1310.**
2007	11 juill.	Règlement (CE) n° 864/2007. Loi applicable aux obligations non contractuelles (« Rome II »), **p. 60.**
2007	20 nov.	Loi n° 2007-1631. Maîtrise de l'immigration. – Art. 37 et 39. – V. C. civ., art. 17-3, 21-11, 185, 186, 190.
2007	17 déc.	Loi n° 2007-1774. Dispositions d'adaptation au droit communautaire dans les domaines économique et financier : – Art. 1er-I et 12. – V. C. assur., art. L. 124-3, ss. C. civ., art. 1242, **p. 1886.**

		– Art. 1er-VI. – V. C. assur., art. L. 421-1, ss. C. civ., art. 1242, **p. 1875.**
2007	17 déc.	Loi n° 2007-1775. Recherche des bénéficiaires des contrats d'assurance sur la vie non réclamés et garantie des droits des assurés. – Art. 9-IV. – V. L. n° 2007-308 du 5 mars 2007, art. 30, ss. C. civ., art. 515.
2007	19 déc.	Loi n° 2007-1786. De financement de la sécurité sociale pour 2008. – Art. 55-VI. – V. L. n° 89-462 du 6 juill. 1989, art. 22-2, ss. C. civ., art. 1778, **p. 2637.**
2007	20 déc.	Loi n° 2007-1787. Simplification du droit : – Art. 8. – V. C. civ., art. 63, 169, 730-1. – Art. 9. – V. C. civ., art. 730-1. – Art. 11. – V. C. civ., art. 28-1.
2007	21 déc.	Ordonnance n° 2007-1801. Adaptation à Mayotte de dispositions législatives. – Art. 4-II et IV. – V. C. assur., art. L. 200-1, L. 400-1, ss. C. civ., art. 1242, **p. 1869.**
2008	8 févr.	Loi n° 2008-111. Pouvoir d'achat. – Art. 9-I, III, IV et 10. – V. L. n° 89-462 du 6 juill. 1989, art. 17, 22, ss. C. civ., art. 1778, **p. 2632.**
2008	19 mai	Décret n° 2008-466. Publicité foncière. – V. Décr. n° 55-1350 du 14 oct. 1955, art. 55, 57-3, 57-4, 57, 74, ss. C. civ., art. 2474, **p. 3202.**
2008	22 mai	Ordonnance n° 2008-480. Transposition en matière de don de gamètes et d'assistance médicale à la procréation de la directive 2004/23/CE du Parlement européen et du Conseil du 31 mars 2004. – Art. 3. – V. CSP, art. L. 2141-11, L. 2141-11-1, **p. 603.**
2008	26 mai	Loi n° 2008-493. Portant diverses dispositions relatives à la défense. – Art. 7. – V. C. civ., art. 96-1.
2008	27 mai	Loi n° 2008-496. Lutte contre les discriminations. – Art. 1er à 5, ss. C. civ., art. 16, **p. 168.**
2008	2 juin	Décret n° 2008-521. Attributions des autorités diplomatiques et consulaires françaises en matière d'état civil. – V. ss. C. civ., art. 54.
2008	17 juin	Règlement (CE) n° 593/2008. Loi applicable aux obligations contractuelles (Rome I). – V. ss. C. civ., art. 3, **p. 65.**
2008	17 juin	Loi n° 2008-561. Réforme de la prescription en matière civile : – V. C. civ., art. 181, 184, 191, 924-4, 1792-4-1 à 1792-4-3, 2219 à 2279, 2337, 2503. – V. C. assur., art. L. 114-2, L. 211-19, L. 422-3, **p. 2921.** – *V. L. du 24 déc. 1897, art. 1er*, 2, **p. 2921.** – V. CGPPP, art. L. 2321-4, **p. 2919.**
2008	1er juill.	Loi n° 2008-644. Création de nouveaux droits pour les victimes et amélioration de l'exécution des peines. – V. C. assur., art. L. 422-4, L. 422-7 à L. 422-11, ss. C. civ., art. 1242, **p. 1889.**

2008	11 juill.	Ordonnance n° 2008-698. Application du code monétaire et financier et du code des assurances à Saint-Barthélemy et à Saint-Martin. – Art. 2. – V. C. assur., art. L. 200-1, L. 400-1, L. 421-14, ss. C. civ., art. 1242, **p. 1869.**
2008	15 juill.	Loi n° 2008-696. Archives. – Art. 5. – V. C. patr., art. L. 212-1, ss. C. civ., art. 2276, **p. 2968.**
2008	4 août	Loi n° 2008-776. Modernisation de l'économie : – Art. 14. – V. C. com., art. L. 526-1 à L. 526-3, ss. C. civ., art. 2285, **p. 2977.** – Art. 18. – V. C. civ., art. 408-1, 468, 509, 1424, 2014, 2015, 2018, 2018-1, 2018-2, 2022, 2027, 2029, 2030, 2031. – Art. 40 et 47. – V. C. mon. fin., art. L. 112-2, L. 112-3, **p. 2036.** – Art. 43. – V. L. n° 86-1290 du 23 déc. 1986, art. 57 A, **p. 2608.** – Art. 79. – V. C. civ., art. 2286. – Art. 109-I. – V. L. n° 65-557 du 10 juill. 1965, art. 24-1, ss. C. civ., art. 664, **p. 1004.**
2008	20 août	Décret n° 2008-798. Modification du décret n° 74-449 du 15 mai 1974 relatif au livret de famille. – V. ce Décr., art. 4, 🏛.
2008	1er déc.	Loi n° 2008-1249. Revenu de solidarité active. – Art. 14. – V. C. civ., art. 375-9-1, 495-5.
2008	18 déc.	Ordonnance n° 2008-1345. Réforme du droit des entreprises en difficulté : – Art. 29. – V. C. com., art. L. 622-17, ss. C. civ., art. 2331, **p. 3069.** – Art. 31. – V. C. com., art. L. 622-23-1, ss. C. civ., art. 2024, **p. 2865.**
2008	19 déc.	Loi n° 2008-1350. Législation funéraire. – V. C. civ., art. 16-1-1, 16-2.
2008	19 déc.	Décret n° 2008-1411. Liste des charges récupérables des locaux d'habitation. – V. Décr. n° 87-713 du 26 août 1987, art. 2, ss. C. civ., art. 1778, **p. 2610.**
2008	22 déc.	Décret n° 2008-1484. Actes de gestion du patrimoine des personnes placées en curatelle ou en tutelle. – Art. 1er à 4, **p. 812.**
2008	30 déc.	Loi n° 2008-1443. De finances rectificative pour 2008. – Art. 58. – V. CSS, art. L. 243-5, ss. C. civ., art. 2331, **p. 3070** ; C. douanes, art. 379 *bis*, ss. C. civ., art. 2474, **p. 3149.**
2009	*8 janv.*	Ordonnance n° 2009-15. Instruments financiers. – Art. 6. – V. C. mon. fin., art. L. 112-1, L. 112-3, L. 112-3-1, ss. C. civ., art. 1243 anc., **p. 2036.**
2009	16 janv.	Loi n° 2009-61. Modification de l'ordonnance n° 2005-759 du 4 juill. 2005 portant réforme de la filiation et modifiant ou abrogeant diverses dispositions relatives à la filiation : – V. C. civ., art. 62, 311-18, 311-23, 313 à 315, 317, 325, 330, 333, 335, 336-1, 342, 390, 908-2. – V. Ord. n° 2005-759 du 4 juill. 2005, art. 20, ss. C. civ., art. 342-8, **p. 610.**

2009	22 janv.	Ordonnance n° 2009-8. Appel public à l'épargne. – Art. 15. – V. C. civ., art. 1841.
2009	30 janv.	Ordonnance n° 2009-104. Prévention de l'utilisation du système financier aux fins de blanchiment de capitaux et de financement du terrorisme. – Art. 1er. – V. C. mon. fin., art. L. 112-6 à L. 112-8, ss. C. civ., art. 1343-3, **p. 2038.**
2009	30 janv.	Ordonnance n° 2009-112. Fiducie. – V. C. civ., art. 2012, 2017, 2329, 2372-1 à 2372-5, 2373, 2488-1 à 2488-6, **p. 2863.**
2009	5 mars	Loi. n° 2009-258. Communication audiovisuelle et nouveau service public de la télévision. – Art. 78. – V. L. n° 65-557 du 10 juill. 1965, art. 24-3, ss. C. civ., art. 664, **p. 1005.**
2009	25 mars	Loi n° 2009-323. Mobilisation pour le logement et lutte contre l'exclusion : – Art. 2. – V. L. n° 89-462 du 6 juill. 1989, ss. C. civ., art. 1778, **p. 2614.** – Art. 17, 18, 19, 20, 22, 24. – V. L. n° 65-557 du 10 juill. 1965, art. 8-1, 18-1 A, 18-2, 26, 29-1A, 29-1B, 29-1, 49, ss. C. civ., art. 664, **p. 986.** – Art. 54, 55, 56, 60. – V. L. n° 89-462 du 6 juill. 1989, art. 21, 22-1, 22-2, 24, ss. C. civ., art. 1778, **p. 2635.** – Art. 58. – V. C. civ., art. 1719. – Art. 61. – V. L. n° 48-1360 du 1er sept. 1948, art. 10, 13 *bis*, 19, 20, ss. C. civ., art. 1778, **p. 2587** ; L. n° 89-462 du 6 juill. 1989, art. 40, ss. C. civ., art. 1778, **p. 2647.** – Art. 68. – V. CASF, art. L. 222-5, ss. C. civ., art. 375-9, **p. 710.** – Art. 78. – V. L. n° 89-462 du 6 juill. 1989, art. 3, ss. C. civ., art. 1778, **p. 2616.** – Art. 87. – V. L. n° 89-462 du 6 juill. 1989, art. 20-1, ss. C. civ., art. 1778, **p. 2634.** – Art. 89. – V. C. civ., art. 2384-1, 2384-2. – Art. 100. – V. L. n° 89-462 du 6 juill. 1989, art. 10, ss. C. civ., art. 1778, **p. 2626.** – Art. 103. – V. L. n° 89-462 du 6 juill. 1989, art. 22, ss. C. civ., art. 1778, **p. 2635.** – Art. 109. – V. C. civ., art. 1642-1, 1648. – Art. 116. – V. CCH, art. L. 290-1, L. 290-2, ss. C. civ., art. 1589, **p. 2424.** – Art. 119. – V. L. n° 89-462 du 6 juill. 1989, art. 23-1, ss. C. civ., art. 1778, **p. 2638.** – Art. 121. – V. L. n° 48-1360 du 1er sept. 1948, art. 30, ss. C. civ., art. 1778, **p. 2594.**
2009	10 avr.	Décret n° 2009-398. Communication de pièces entre le juge aux affaires familiales, le juge des enfants et le juge des tutelles. – V. C. pr. civ., art. 1072-1, 1072-2, ss. C. civ., art. 309, **p. 530.**
2009	12 mai	Loi n° 2009-526. Simplification et clarification du droit et allègement des procédures : – Art. 21-2, 26, 26-1, 26-3, 33-1, 35, 80, 228, 412, 449, 459, 459-1, 511, 524, 585, 617, 743, 758, 767, 778, 804, 812-2, 815-5-1, 815-13, 861, 862, 898, 910, 937, 1398, 1477, 1606, 1655, 1659, 1662, 1664,

		1667, 1668, 1671, 1672, 1696, 1697, 1714, 1743, 1779, 1801, 1819, 1827, 1828, 1829, 1839, 1874, 1875, 1879, 1894, 1895, 1919, 1939, 1953, 1964, 1982, 2003, 2372-1, 2372-5, 2372-6, 2373, 2387, 2388, 2392, 2470, 2488-1, 2488-5, 2488-6, 2521. – V. L. 29 déc. 1892, art. 1er, ss. C. civ., art. 648, **p. 967.** – V. L. 24 déc. 1897, art. 1er, ss. C. civ., art. 2225, **p. 2921.** – V. L. 4 févr. 1901, art. 10, ss. C. civ., art. 910, **p. 1310.** – V. L. n° 65-557 du 10 juill. 1965 art. 9, 10-1, 21, 22, 25, ss. C. civ., art. 664, **p. 986.** – V. L. n° 2004-439 du 26 mai 2004, art. 31, ss. C. civ., art. 287, **p. 515.** – V. L. n° 2007-308 du 5 mars 2007, art. 44, 45, ss. C. civ., art. 515. – V. CGCT, art. L. 3213-6, L. 4221-6, ss. C. civ., art. 910, **p. 1309.** – V. CSP, art. L. 1142-1, ss. C. civ., art. 1242, **p. 1893.** – V. CASF, art. L. 271-1, L. 271-3, ss. C. civ., art. 495-9.
2009	14 mai	Ordonnance n° 2009-536. Dispositions d'adaptation du droit outre-mer. – Art. 1er. – V. L. 1er juill. 1901, art. 21 *bis*, ss. C. civ., art. 1873, **p. 2777.**
2009	27 mai	Loi n° 2009-594. Développement économique des outre-mer. – V. C. civ., art. 815-7-1, 2295.
2009	15 juill.	Ordonnance n° 2009-866. Conditions régissant la fourniture de services de paiement et création des établissements de paiement. – V. C. mon. fin., art. L. 112-6, ss. C. civ., art. 1343-3, **p. 2038.**
2009	21 juill.	Loi n° 2009-879. Portant réforme de l'hôpital et relative aux patients, à la santé et aux territoires : – Art. 37. – V. CSP, art. L. 1111-2, **p. 191.** – Art. 54. – V. CSP, art. L. 1110-3, **p. 188.** – Art. 132. – V. CSP, art. L. 1110-4, **p. 188.**
2009	3 août	Loi n° 2009-970. Évolution institutionnelle de la Nouvelle-Calédonie. – V. L. 1er juill. 1907, art. 21 *bis*, **p. 2777.**
2009	28 oct.	Décret n° 2009-1330. Modification du décret n° 65-422 du 1er juin 1965 portant création d'un service central d'état civil au ministère des affaires étrangères. – V. ce décret, art. 5-1, 13, **p. 295.**
2009	24 nov.	Loi n° 2009-1436. Pénitentiaire. – V. C. civ., art. 515-3, 515-5, 2499.
2009	24 nov.	Loi n° 2009-1437. Orientation et formation professionnelle tout au long de la vie. – Art. 39. – V. L. n° 89-462 du 6 juill. 1989, art. 22-1, **p. 2636.**
2009	17 déc.	Décret n° 2009-1591. Procédure devant le juge aux affaires familiales en matière de régimes matrimoniaux et d'indivisions. – V. C. pr. civ., art. 1074, 1120 à 1122, **p. 531.**
2009	23 déc.	Décret n° 2009-1628. Appel contre les décisions du juge des tutelles et les délibérations du conseil de famille et modification de diverses dispositions concernant la protection juridique des mineurs et des majeurs : – Art. 18. – V. Décr. n° 2007-1702 du 30 nov. 2007. – Art. 19. – V. Décr. n° 2008-1484 du 22 déc. 2008, **p. 812.**

		– Art. 20. – V. Décr. n° 2006-1806 du 23 déc. 2006, art. 1er, **p. 842.**
2009	28 déc.	Décret n° 2009-1671. Expérimentation de la déconcentration des décisions individuelles relatives aux demandes d'acquisition de la nationalité française. – Art. 4. – V. Décr. n° 93-1362 du 30 déc. 1993, art. 34, 52 **p. 268.**
2010	4 févr.	Accord. Entre la République française et la République fédérale d'Allemagne instituant un régime matrimonial optionnel de la participation aux acquêts. – V. ss. art. 1581, **p. 2395.**
2010	23 févr.	Ordonnance n° 2010-177. Coordination avec la loi n° 2009-879 du 21 juillet 2009 portant réforme de l'hôpital et relative aux patients, à la santé et aux territoires : – V. C. civ., art. 910. – V. CSP, art. L. 6145-10-1, **p. 1301.** – V. CGCT, art. L. 1311-17, **p. 1300.**
2010	25 mars	Ordonnance n° 2010-331. Extension et adaptation aux collectivités régies par l'article 74 de la Constitution, à la Nouvelle-Calédonie, aux Terres australes et antarctiques françaises ainsi qu'à La Réunion et à la Guadeloupe de dispositions de la loi n° 2009-879 du 21 juillet 2009 portant réforme de l'hôpital et relative aux patients, à la santé et aux territoires. – V. CSP, art. L. 6145-10, **p. 1301.**
2010	20 avr.	Décret n° 2010-391. Modification du décret n° 67-223 du 17 mars 1967 pris pour l'application de la loi n° 65-557 du 10 juillet 1965 fixant le statut de la copropriété des immeubles bâtis. – V. ce décret, **p. 1027.**
2010	20 avr.	Décret n° 2010-395. Régime de libéralités consenties aux associations, fondations, congrégations et établissements publics du culte. – V. Décr. n° 2007-807 du 11 mai 2007, **p. 1310.**
2010	27 avr.	Ordonnance n° 2010-420. Adaptation de dispositions résultant de la fusion de la direction générale des impôts et de la direction générale de la comptabilité publique : – Art. 119. – V. CSS, art. L. 581-7, L. 581-10, ss. C. civ., art. 211, **p. 416** ; CASF, art. L. 224-9, ss. C. civ., art. 309, **p. 716.** – Art. 122. – V. L. n° 75-618 du 11 juill. 1975, art. 1er, 3, 6, 7, 8, 9, 10, 12, **p. 410.**
2010	20 mai	Décret n° 2010-527. Déclarations de nationalité. – V. Décr. n° 93-1362 du 30 déc. 1993, **p. 252.**
2010	3 juin	Ordonnance n° 2010-590. Statut civil de droit local applicable à Mayotte. – V. C. civ., art. 2496.
2010	10 juin	Ordonnance n° 2010-638. Suppression du régime des conservateurs des hypothèques : – V. C. civ., art. 515-5-3, 939, 958, 1673, 2377, 2425, 2426, 2428, 2430, 2431, 2433, 2441, 2449, 2450 à 2453, 2455 à 2457, 2476, 2477, 2483, 2487, 2488, 2490, 2508. – V. Décr. 4 janv. 1955, art. 1er, 3 à 10, 26, 28 à 30, 33 à 38, 40 à 42, ss. C. civ., art. 2474, **p. 3150.** – V. C. com., art. L. 526-1, L. 526-2, ss. C. civ., art. 2285, **p. 2977.**

2010	15 juin	Loi n° 2010-658. Entrepreneur individuel à responsabilité limitée : – V. C. civ., art. 401, 408, 413-8. – V. C. com., art. L. 526-6, L. 526-11, L. 526-12, **p. 2978.**
2010	29 juin	Décret n° 2010-725. Décisions de naturalisation et de réintégration dans la nationalité française. – V. Décr. n° 93-1362 du 30 déc. 1993, art. 35, 36, 43 à 49, **p. 268.**
2010	1er juill.	Loi n° 2010-737. Réforme du crédit à la consommation : – V. C. civ., art. 75, 515-4. – V. C. assur., art. L. 443-1, **p. 3050.**
2010	9 juill.	Loi n° 2010-769. Violences faites spécifiquement aux femmes, violences au sein des couples et incidences de ces dernières sur les enfants. – V. C. civ., art. 220-1, 257, 373-2-1, 373-2-6, 373-2-9, 373-2-11, 375-7, 377, 378, 515-9 à 515-13.
2010	12 juill.	Loi n° 2010-788. Engagement national pour l'environnement : – Art. 7, 57, 216. – V. L. n° 65-557 du 10 juill. 1965, art. 10-1, 18, 24-3, 24-5, 24-6, 25, 26, ss. C. civ., art. 664, **p. 987.** – Art. 10. – V. L. n° 89-462 du 6 juill. 1989, art. 7, ss. C. civ., art. 1778, **p. 2622.** – Art. 203. – V. C. mon. fin., art. L. 112-6, ss. C. civ., art. 1343-3, **p. 2038.**
2010	27 juill.	Loi n° 2010-874. Modernisation de l'agriculture et de la pêche. – Art. 40. – V. C. com., art. L. 526-6, L. 526-7, ss. C. civ., art. 2285, **p. 2978.**
2010	29 sept.	Décret n° 2010-1134. Procédure civile de protection des victimes de violences au sein des couples. – V. C. civ., art. 515-9, 515-13, (note).
2010	22 oct.	Loi n° 2010-1249. Régulation bancaire et financière : – Art. 41. – V. L. n° 89-462 du 6 juill. 1989, art. 22-2, ss. C. civ., art. 1778, **p. 2637.** – Art. 79. – V. C. assur., art. L. 421-1, ss. C. civ., art. 1242, **p. 1800.**
2010	28 oct.	Ordonnance n° 2010-1307. Partie législative du Code des transports : – V. C. transp., art. L. 4130-1 à L. 4132-1, ss. C. civ., art. 1242, **p. 1921.** – V. C. transp., art. L. 5121-1 à L. 5131-7, ss. C. civ., art. 1242, **p. 1922.** – V. C. transp., art. L. 5544-60, ss. C. civ., art. 2331, **p. 3072.** – V. C. transp., art. L. 6131-1 à L. 6131-4, ss. C. civ., art. 1242, **p. 1928.** – V. C. transp., art. L. 6132-3, ss. C. civ., art. 92, **p. 345.** – V. L. n° 75-1334 du 31 déc. 1975, art. 1er, ss. C. civ., art. 1799-1, **p. 2702.**
2010	9 nov.	Loi n° 2010-1330. Réforme des retraites. – Art. 101. – V. C. civ., art. 271.
2010	7 déc.	Loi n° 2010-1487. Département de Mayotte. – Art. 17. – V. C. civ., art. 2492, 2498, 2533.

2010	7 déc.	Loi n° 2010-1488. Nouvelle organisation du marché de l'électricité. – Art. 27. – V. L. n° 89-462 du 6 juill. 1989, art. 23, ss. C civ., art. 1778, **p. 2637.**
2010	20 déc.	Loi n° 2010-1594. De financement de la sécurité sociale pour 2011. – Art. 122. – V. CSS, art. L. 243-5, ss. C. civ., art. 2331, **p. 3070.**
2010	22 déc.	Loi n° 2010-1609. Exécution des décisions de justice, conditions d'exercice de certaines professions réglementées et experts judiciaires : – Art. 4, 22. – V. L. n° 89-462 du 6 juill. 1989, art. 3, 14-1, 24, ss. C. civ., art. 1778, **p. 2616.** – Art. 5. – V. CSS, art. L. 581-8, ss. C. civ., art. 1778, **p. 416.** – Art. 28. – V. C. civ., art. 345, 348-3. – Art. 37. – V. C. civ., art. 2062 à 2068, 2238. – Art. 44. – V. L. n° 2007-308 du 5 mars 2007, art. 44, ss. C. civ., art. 515.
2011	20 janv.	Loi n° 2011-94. Réforme de la représentation devant les cours d'appel : – Art. 31. – V. C. civ., art. 90, 1597. – Art. 32. – V. L. du 24 déc. 1897, ss. C. civ., art. 2225, **p. 2921.**
2011	25 janv.	Ordonnance n° 2011-91. Code minier : – V. C. minier, art. L. 131-4, L. 132-8, L. 611-17, ss. C. civ., art. 552, **p. 919.** – V. C. minier, art. L. 155-3, ss. C. civ., art. 1242, **p. 1891.**
2011	28 janv.	Décret n° 2011-121. Opérations funéraires. – V. CGCT, art. R. 2213-17, R. 2213-18, R. 2213-20, R. 2213-33, ss. C. civ., art. 78.
2011	10 févr.	Décret n° 2011-167. Procédure de vérification sécurisée des données à caractère personnel contenues dans les actes de l'état civil. – V. Décr. n° 65-422 du 1er juin 1965, art. 5 ; CGCT, art. R. 2122-10, ss. C. civ., art. 54, **p. 293.**
2011	14 mars	Loi n° 2011-267. Orientation et programmation pour la performance de la sécurité intérieure : – Art. 6. – V. C. civ., art. 16-11, 87. – Art. 7. – V. CGCT, art. L. 2223-42, ss. C. civ., art. 78.
2011	15 mars	Décret n° 2011-272. Aide juridictionnelle et aide à l'intervention de l'avocat. – Art. 24. – V. C. pr. civ., art. 1105, ss. C. civ., art. 309, **p. 536.**
2011	28 mars	Loi n° 2011-331. Modernisation des professions judiciaires ou juridiques et de certaines professions réglementées : – Art. 9. – V. C. civ., art. 710-1. – Art. 11. – V. C. civ., art. 1317-1 anc. – Art. 12. – V. C. civ., art. 461, 462, 515-3, 515-7 ; L. n° 99-944 du 15 nov. 1999, art. 14-1, ss. C. civ., art. 515-7, **p. 841.** – Art. 13. – V. C. civ., art. 71, 72, 317. – Art. 14 et 15. – V. L. du 25 ventôse an XI, art. 5, 6, ss. C. civ., art. 1371, **p. 2133.**
2011	29 mars	Loi organique n° 2011-333. Défenseur des droits. – Art. 4, 5, 8, 44 (extraits), ss. C. civ., art. 388-3.

2011	17 mai	Loi n° 2011-525. Simplification et amélioration de la qualité du droit : – V. C. civ., art. 26, 60, 79, 83, 85, 89, 153, 171, 328, 329, 480, 515-11, 2045, 2294, 2317. – Art. 12. – V. L. n° 89-462 du 6 juill. 1989, art. 15, ss. C. civ., art. 1778, **p. 2628.** – Art. 21. – V. L. du 4 févr. 1901, art. 10, ss. C. civ., art. 910, **p. 1310.** – Art. 29. – V. L. du 31 déc. 1903, art. 1er à 6 *bis*, ss. C. civ., art. 2350, **p. 3089.** – Art. 63. – V. C. mon. fin., art. L. 112-2, L. 112-3, ss. C. civ., art. 1243, **p. 2037.** – Art. 92. – V. CSS, art. L. 581-8, ss. C. civ., art. 211, **p. 416.** – Art. 178. – V. C. com., art. L. 526-6, ss. C. civ., art. 2285, **p. 2978.**
2011	9 juin	Ordonnance n° 2011-635. Adaptation du code des transports au droit de l'Union européenne et aux conventions internationales dans les domaines du transport et de la sécurité maritimes. – V. C. transp., art. L. 5121-5, ss. C. civ., art. 1242, **p. 1922.**
2011	16 juin	Loi n° 2011-672. Immigration, intégration et nationalité. – V. C. civ., art. 21-2, 21-18, 21-24, 21-27-1, 21-28.
2011	5 juill.	Loi n° 2011-803. Droits et protection des personnes faisant l'objet de soins psychiatriques et modalités de leur prise en charge. – V. CSP, art. L. 3211-1 à L. 3216-1, ss. C. civ., art. 515, **p. 828.**
2011	7 juill.	Loi n° 2011-814. Bioéthique : – V. C. civ., art. 16-14. – V. CSP, art. L. 1244-1, L. 2141-1 à L. 2141-7, L. 2141-10, L. 2141-11, L. 2151-5, ss. C. civ., art. 342-13, **p. 599.**
2011	20 juill.	Loi n° 2011-850. Libéralisation des ventes volontaires de meubles aux enchères publiques. – Art. 47. – V. C. patr., art. L. 123-1, ss. C. civ., art. 1583, **p. 2404.**
2011	28 juill.	Loi n° 2011-893. Développement de l'alternance et sécurisation des parcours professionnels. – Art. 45. – V. L. du 1er juill. 1901, art. 2 *bis*, ss. C. civ., art. 1873, **p. 2773.**
2011	10 août	Loi n° 2011-940. Modification de certaines dispositions de la loi n° 2009-879 du 21 juillet 2009 portant réforme de l'hôpital et relative aux patients, à la santé et aux territoires. – Art. 2. – V. CSP, art. L. 1110-4, ss. C. civ., art. 16-9, **p. 188.**
2011	*13 déc.*	Loi n° 2011-1862. Répartition des contentieux et allègement de certaines procédures juridictionnelles : – V. C. civ., art. 55, 317, 370-2, 372. – Art. 11. – V. L. du 31 mars 1896, art. 2, 5, ss. C. civ., art. 2350, **p. 3088.** – Art. 13. – V. L. du 31 déc. 1903, art. 2, 4, ss. C. civ., art. 2350, **p. 3089.** – Art. 15. – V. ss. C. civ., art. 373-2-13, **p. 694.** – Art. 68. – V. C. transp., art. L. 6132-3, ss. C. civ., art. 92, **p. 345.** – Art. 69. – V. L. n° 89-462 du 6 juill. 1989, art. 14-1, ss. C. civ., art. 1778, **p. 2627.**

2011	19 déc.	Ordonnance n° 2011-1895. Partie législative du code des procédures civiles d'exécution : – V. C. civ., art. 1298 anc., 1944, 2244, 2533. – V. C. pr. exéc., art. L. 111-1 à L. 112-4, ss. C. civ., art. 2323, **p. 3056.** – V. C. pr. exéc., art. L. 213-1 s. 🏛, ss. C. civ., art. 211. – V. C. pr. exéc., art. L. 411-1 s., ss. C. civ., art. 1778, **p. 2649.** – V. C. pr. exéc., art. L. 531-1 à L. 533-1, ss. C. civ., art. 2323, **p. 3058.** – V. L. n° 76-519 du 15 juin 1976, art. 7, ss. C. civ., art. 1701, **p. 2526.**
2011	21 déc.	Loi n° 2011-1906. De financement de la sécurité sociale pour 2012. – Art. 103. – V. CSS, art. L. 581-2, ss. C. civ., art. 211, **p. 415.**
2011	22 déc.	Ordonnance n° 2011-1916. Corrections à apporter au régime des autorisations d'urbanisme. – V. C. urb., art. L. 471-1, ss. C. civ., art. 674, **p. 1066.**
2012	30 janv.	Décret n° 2012-126. Niveau et évaluation de la connaissance de l'histoire, de la culture et de la société françaises requis des postulants à la nationalité française au titre de l'article 21-24 du code civil. – V. Décr. n° 93-1362 du 30 déc 1993, art. 37, ss. C. civ., art. 33-2, **p. 269.**
2012	30 janv.	Décret n° 2012-127. Charte des droits et devoirs du citoyen français prévue à l'article 21-24 du code civil. – V. ss. C. civ., art. 21-24, **p. 226.**
2012	19 mars	Décret n° 2012-377. Régime des libéralités conserties aux États et aux établissements étrangers habilités par leur droit national à recevoir des libéralités. – V. Décr. du 11 mai 2007, ss. C. civ., art. 910, **p. 1310.**
2012	22 mars	Loi n° 2012-387. Simplification du droit et allégement des démarches administratives : – Art. 32. – V. C. civ., art. 401. – Art. 95. – V. L. n° 70-598 du 9 juill. 1970, ss. C. civ., art. 8, **p. 62.** – Art. 103. – V. L. n° 65-557 du 10 juill. 1965, art. 26-4 à 26-8, 33, ss. C. civ., art. 664, **p. 1010.** – Art. 125 à 127. – V. L. du 1er juill. 1901, art. 4, 6, 7, ss. C. civ., art. 1873, **p. 2774.**
2012	29 mars	Décret n° 2012-430. Adaptation de dispositions pour faire suite à la fusion de la direction générale des impôts et de la direction générale de la comptabilité publique. – V. Décr. n° 75-1339 du 31 déc. 1975, ss. C. civ., art. 211, **p. 412.**
2012	12 avr.	Décret n° 2012-475. Modifiant l'article R. 125-24 du code de l'environnement et le décret n° 67-223 du 17 mars 1967 portant règlement d'administration publique pour l'application de la loi n° 65-557 du 10 juillet 1965 fixant le statut de la copropriété des immeubles bâtis. – *V. ce Décr.*, art. 11, ss. C. civ., art. 664, **p. 1033.**
2012	26 avr.	Ordonnance n° 2012-576. Extension et adaptation à Mayotte du code de la construction et de l'habitation ainsi que de diverses lois relatives au logement. – Art. 13. – V. L. n° 48-1360 du 1er sept. 1948, art. 88, ss. C. civ., art. 1778, **p. 2602.**

2012	26 avr.	Ordonnance n° 2012-578. Application à Mayotte du code de commerce, de la loi n° 65-557 du 10 juillet 1965 fixant le statut de la copropriété des immeubles bâtis et de la loi n° 85-677 du 5 juillet 1985 tendant à l'amélioration de la situation des victimes d'accidents de la circulation et à l'accélération des procédures d'indemnisation. – Art. 11. – V. L. n° 85-677 du 5 juill. 1985, art. 49, ss. C. civ., art. 1242, **p. 1869.**
2012	26 avr.	Décret n° 2012-580. Organisation des professions de notaire et d'huissier de justice outre-mer. – Art. 1er. – V. Décr. n° 71-942 du 26 nov. 1971, ss. C. civ., art. 1371, **p. 2140.**
2012	3 mai	Décret n° 2012-634. Fusion des professions d'avocat et d'avoué près les cours d'appel : – V. Décr. 4 janv. 1955, art. 5, 32, ss. C. civ., art. 2474, **p. 3151.** – V. Décr. 14 oct. 1955, art. 22, 23, 38, 47, 60, ss. C. civ., art. 2474, **p. 3185.** – V. Décr. 17 mars 1967, art. 6, ss. C. civ., art. 664, **p. 1029.**
2012	30 mai	Décret n° 2012-783. Partie réglementaire du code des procédures civiles d'exécution : – V. C. pr. exéc., art. R. 213-1 s., ss. C. civ., art. 211. – V. C. pr. exéc., art. R. 162-9, ss. C. civ., art. 1414, **p. 2327.** – V. C. pr. exéc., art. R. 531-1 à R. 534-1, ss. C. civ., art. 2323, **p. 3059.**
2012	31 mai	Ordonnance n° 2012-789. Extension et adaptation de certaines dispositions du code rural et de la pêche maritime et d'autres dispositions législatives à Mayotte. – V. C. civ., art. 2504.
2012	4 juill.	Règlement (UE) n° 650/2012. Compétence, loi applicable, reconnaissance et exécution des décisions, et acceptation et exécution des actes authentiques en matière de successions et à la création d'un certificat successoral européen. – V. ss. art. 720, **p. 1099.**
2012	31 juill.	Décret n° 2012-928. Registre du commerce et des sociétés. – Art. 23. – V. Décr. n° 78-704 du 3 juill. 1978, art. 52, ss. C. civ., art. 1873, **p. 2771.**
2012	6 août	Loi n° 2012-954. Harcèlement sexuel. – V. L. n° 2008-496 du 27 mai 2008, art. 1er, 2, ss. C. civ., art. 16, **p. 842.**
2012	20 août	Décret n° 2012-966. Enregistrement de la déclaration, de la modification et de la dissolution du pacte civil de solidarité reçu par un notaire : – Art. 1er à 8. – V. ss. C. civ., art. 515-7-1, **p. 847.** – Art. 18. – V. Décr. n° 2006-1806 du 23 déc. 2006, art. 1er, ss. C. civ., art. 515-7-1, **p. 842.** – Art. 19. – V. Décr. n° 2006-1807 du 23 déc. 2006, art. 7, ss. C. civ., art. 515-7-1, **p. 845.**
2012	23 août	Décret n° 2012-985. Substituant la dénomination « agent judiciaire de l'État » à la dénomination « agent judiciaire du Trésor ». – V. Décr. n° 55-1350 du 14 oct. 1955, art. 38, ss. C. civ., art. 2474, **p. 3193.**

2012	26 déc.	Décret n° 2012-1462. Application de l'ordonnance n° 2010-638 du 10 juin 2010 portant suppression du régime des conservateurs des hypothèques et pour l'adaptation de la publicité foncière : – V. Décr. n° 67-223 du 17 mars 1967, art. 2, ss. C. civ., art. 664, **p. 1027.** – V. Décr. n° 55-22 du 4 janv. 1955, art. 6, 26, 41, 42, ss. C. civ., art. 2474, **p. 3151.** – V. Décr. n° 55-1350 du 14 oct. 1955, art. 1er, 3, 5, 6, 10, 12, 13, 23 à 28, 30 à 32, 34, 36 à 44-1, 47, 48, 51, 53, 53-1, 53-4, 53-6 à 53-8, 54 à 56, 57-2 à 57-4, 58 à 61, 63, 64, 67, 67-1, 67-3, 68 à 68-2, 70 à 77, 77-3, 77-6, 79, 80, 82, 85-1, 85-2, 85-4, 85-4 *bis*, 85-4 *ter*, 85-6, 85-7, 85-9, ss. C. civ., art. 2474, **p. 3180.** – V. C. pr. exéc., art. R. 532-1, R. 533-2, ss. C. civ., art. 2323, **p. 3060.**
2012	29 déc.	Loi n° 2012-1510. De finances rectificative pour 2012 : – Art. 78. – V. C. assur., art. L. 421-1, L. 421-6, ss. C. civ., art. 1242, **p. 1875.** – V. L. n° 74-1118 du 27 déc. 1974, art. 1er, ss. C. civ., art. 1976, **p. 2835.**
2013	28 janv.	Loi n° 2013-100. Adaptation de la législation au droit de l'Union européenne en matière économique et financière. – Art. 1er. – V. C. mon. fin., art. L. 112-6, ss. C. civ., art. 1343-3, **p. 2038.**
2013	11 mars	Décret n° 2013-205. Emprunt collectif de copropriété. – V. Décr. n° 67-223 du 17 mars 1967, art. 5, 6, 11, 38, ss. C. civ., art. 664, **p. 1028.**
2013	16 avr.	Loi n° 2013-316. Indépendance de l'expertise en matière de santé et d'environnement et protection des lanceurs d'alerte. – Art. 13. – V. ss. C. civ., art. 1245-10, **p. 1943.**
2013	17 mai	Loi n° 2013-404. Ouvrant le mariage aux couples de personne de même sexe : – V. C. civ., art. 6-1, 34, 34-1, 74, 75, 143, 144, 164, 165, 171-9, 202-1, 225-1, 311-21, 311-23, 345-1, 353-2, 357, 360, 363, 371-1, 371-4. – Art. 14 🏛, 21, **p. 442** et 22 🏛. – V. ss. C. civ., art. 227.
2013	24 mai	Décret n° 2013-429. Application de la loi n° 2013-404 du 17 mai 2013 ouvrant le mariage aux couples de personnes de même sexe : – Art. 3. – V. Décr. n° 74-449 du 15 mai 1974, art. 9, 10, 12, 12-1, 18, ss. C. civ., art. 54, 🏛. – Art. 4. – V. Annexe au Décr. n° 74-449 du 15 mai 1974, ss. C. civ., art. 54, 🏛. – Art. 5. – V. Décr. n° 2004-1159 du 29 oct. 2004, art. 1er, 4-1, 10, 13, 14, ss. C. civ., art. 311-24-2, **p. 566.**
2013	24 mai	Arrêté. Modèle de livret de famille. – V. Annexes à l' Arr. du 1er juin 2006, ss. C. civ., art. 54, 🏛.
2013	27 mai	Loi n° 2013-428. Modernisation du régime des sections de commune. – V. CGCT, art. L. 2242-2, ss. C. civ., art. 910, **p. 1309.**

2013	28 mai	Loi n° 2013-431. Infrastructures et services de transports : – Art. 11. – V. C. mon. fin., art. L. 112-3, ss. C. civ., art. 1343-3, **p. 2038.** – Art. 29. – V. C. transp., art. L. 5122-25 à L. 5122-30, ss. C. civ., art. 1242, **p. 1926.**
2013	29 mai	Circulaire. Présentation de la loi ouvrant le mariage aux couples de personnes de même sexe (dispositions du code civil). – V. ss. C. civ., art. 227.
2013	13 juin	Circulaire. Conséquences du refus illégal de célébrer un mariage de la part d'un officier d'état civil. – V. ss. C. civ., art. 74.
2013	27 juin	Ordonnance n° 2013-544. Établissements de crédit et sociétés de financement : – Art. 3. – V. C. mon. fin., art. L. 313-22, L. 313-22-1, ss. C. civ., art. 2314, **p. 3046.** – Art. 18. – V. C. civ., art. 1799-1, 2015. – Art. 22. – V. L. n° 65-557 du 10 juill. 1965, art. 26-7, ss. C. civ., art. 664, **p. 1011.**
2013	26 juill.	Loi n° 2013-673. Arrêté d'admission en qualité de pupille de l'État. – V. CASF, art. L. 224-5, L. 224-8, ss. C. civ., art. 375-9, **p. 715.**
2013	6 août	Loi n° 2013-715. Modification de la loi n° 2011-814 du 7 juillet 2011 relative à la bioéthique en autorisant sous certaines conditions la recherche sur l'embryon et les cellules souches embryonnaires. – V. CSP, art. L. 2151-5, ss. C. civ., art. 342-13, **p. 608.**
2013	30 août	Décret n° 2013-794. Modification du décret n° 93-1362 du 30 décembre 1993 relatif aux déclarations de nationalité, aux décisions de naturalisation, de réintégration, de perte, de déchéance et de retrait de la nationalité française. – Art. 14, 14-1, 37, 37-1, 46, 47. – V. ss. C. civ., art. 33-2, **p. 255.**
2013	30 août	Décret n° 2013-795. Modification de l'article 26 du code civil et tendant à expérimentation de nouvelles modalités d'instruction des demandes de naturalisation et de réintégration ainsi que des déclarations de nationalité souscrites à raison du mariage. – V. C. civ., art. 26.
2013	27 sept.	Loi n° 2013-869. Modification de certaines dispositions issues de la loi n° 2011-803 du 5 juillet 2011 relative aux droits et à la protection des personnes faisant l'objet de soins psychiatriques et aux modalités de leur prise en charge. – Art. 1er, 4, 8. – V. CSP, art. L. 3211-2-1, *L. 3211-12*, L. 3212-1, ss. C. civ., art. 515, **p. 828.**
2013	6 déc.	Loi n° 2013-1117. Lutte contre la fraude fiscale et la grande délinquance économique et financière. – Art. 42. – V. C. com., art. L. 526-1, ss. C. civ., art. 2285, **p. 2977.**
2013	27 déc.	Décret n° 2013-1296. Extension et adaptation à Mayotte du code de la construction et de l'habitation (partie réglementaire) ainsi que de divers décrets relatifs au logement : – Art. 8. – V. Décr. n° 87-713 du 26 août 1987, art. 1er, ss. C. civ., art. 1778, **p. 2610.**

		– Art. 10. – V. Décr. n° 2002-120 du 30 janv. 2002, art. 6 *bis*, ss. C. civ., art. 1778, **p. 2651.**
2013	29 déc.	Loi n° 2013-1278. De finances pour 2014. – Art. 26-III. – V. C. rur., art. L. 321-13, ss. C. civ., art. 842, **p. 1223.**
2013	29 déc.	Loi n° 2013-1279. De finances rectificative pour 2013. – Art. 62. – V. C. assur., art. L. 421-4, L. 421-4-1, L. 421-4-2, L. 421-6, L. 421-8, L. 422-1, ss. C. civ., art. 1242, **p. 1877.**
2013	29 déc.	Décret n° 2013-1280. Suppression de la contribution pour l'aide juridique et diverses dispositions relatives à l'aide juridique. – V. C. pr. civ., art. 1114, ss. C. civ., art. 309, **p. 538.**
2014	21 févr.	Loi n° 2014-173. Programmation pour la ville et la cohésion urbaine. – Art. 15. – V. L. n° 2008-496 du 27 mai 2008, art. 1er, 2, ss. C. civ., art. 16, **p. 168.**
2014	12 mars	Ordonnance n° 2014-326. Réforme de la prévention des difficultés des entreprises et des procédures collectives : – Art. 24. – V. C. com., art. L. 622-17, ss. C. civ., art. 2331, **p. 2969.** – Art. 100. – V. C. civ., art. 1844-7.
2014	12 mars	Ordonnance n° 2014-329. Économie numérique. – Art. 7. – V. L. n° 65-557 du 10 juill. 1965, art. 24-2, ss. C. civ., art. 664, **p. 1004.**
2014	17 mars	Loi n° 2014-344. Consommation : – Art. 12. – V. C. pr. exéc., art. L. 111-8, ss. C. civ., art. 2323, **p. 3057.** – Art. 24. – V. C. mon. fin., art. L. 112-6, ss. C. civ., art. 1343-3, **p. 2038.** – Art. 46. – V. C. civ., art. 2422. – Art. 50. – V. C. civ., art. 220, 515-4.
2014	24 mars	Loi n° 2014-366. Accès au logement et urbanisme rénové (ALUR) : – Art. 1er. – V. C. civ., art. 1724 ; L. n° 89-462 du 6 juill. 1989, art. 1er à 6, 7 à 8-1, ss. C. civ., art. 1778, **p. 2614** ; L. n° 48-1360 du 1er sept. 1948, art. 59 *bis*, ss. C. civ., art. 1778, **p. 2599.** – Art. 4. – V. C. civ., art. 1751, 1751-1. – Art. 5. – V. L. n° 89-462 du 6 juill. 1989, art. 11-1, 11-2, 12, 14-1, 15, ss. C. civ., art. 1778 ; L. n° 75-1351 du 31 déc. 1975, art. 10, ss. C. civ., art. 1583, **p. 2405.** – Art. 6. – V. L. n° 89-462 du 6 juill. 1989, art. 10, 11, 16, 17, 17-1, 17-2, 18, 20, 20-1, 21, 22, 22-1, 22-2, 23, 24-1, 25, ss. C. civ., art. 1778, **p. 2626** ; L. n° 86-1290 du 23 déc. 1986, art. 25, 30, ss. C. civ., art. 1778, **p. 2606.** – Art. 8. – V. L. n° 89-462 du 6 juill. 1989, art. 25-3 à 25-11, ss. C. civ., art. 1778, **p. 2643.** – Art. 12 et 13. – V. L. n° 89-462 du 6 juill. 1989, art. 40, ss. C. civ., art. *1778*, **p. 2647.** – Art. 14. – V. L. n° 89-462 du 6 juill. 1989, ss. art. 2, ss. C. civ., art. 1778, **p. 2614.** – Art. 23. – V. L. n° 89-462 du 6 juill. 1989, art. 22-1, 24-2, ss. C. civ., art. 1778, **p. 2636.**

		– Art. 25. – V. C. pr. exéc., art. L. 412-6, ss. C. civ., art. 1778, **p. 2650.** – Art. 27. – V. L. n° 89-462 du 6 juill. 1989, art. 24, ss. C. civ., art. 1778, **p. 2638** ; C. pr. exéc., art. L. 412-4, ss. C. civ., art. 1778, **p. 2650.** – Art. 28. – V. C. pr. exéc., art. L. 412-5, ss. C. civ., art. 1778, **p. 2650.** – Art. 46. – V. C. civ., art. 102. – Art. 54. – V. L. n° 65-557 du 10 juill. 1965, art. 8-2, 46, ss. C. civ., art. 664, **p. 986.** – Art. 55. – V. L. n° 65-557 du 10 juill. 1965, art. 17, 17-2, 18, 18-1 AA, 18-1 A, 18-2, 19-2, 20, 21, 22, 24-6, 42-1, ss. C. civ., art. 664, **p. 992.** – Art. 56. – V. L. n° 65-557 du 10 juill. 1965, art. 17-1-1, ss. C. civ., art. 664, **p. 993.** – Art. 58. – V. L. n° 65-557 du 10 juill. 1965, art. 9-1, 10, 14-2 anc., 18, 19-1, 19-2, 24-4, 24-5, ss. C. civ., art. 664, **p. 987.** – Art. 59. – V. L. n° 65-557 du 10 juill. 1965, art. 9, 10-1, 24, 24-1 à 24-3, 25, 25-1, 26, 26-6, 26-7, 28, 30, 42, 50, ss. C. civ., art. 664, **p. 986.** – Art. 60. – V. L. n° 65-557 du 10 juill. 1965, art. 24-7, ss. C. civ., art. 664, **p. 1007.** – Art. 61. – V. L. n° 65-557 du 10 juill. 1965, art. 35, ss. C. civ., art. 664, **p. 1021.** – Art. 63. – V. L. n° 65-557 du 10 juill. 1965, art. 29-1 A, 29-1 B, 29-1 C, ss. C. civ., art. 664, **p. 1013.** – Art. 64. – V. L. n° 65-557 du 10 juill. 1965, art. 29-1 à 29-15, ss. C. civ., art. 664, **p. 1015.** – Art. 68. – V. L. n° 65-557 du 10 juill. 1965, art. 23, ss. C. civ., art. 664, **p. 1003.** – Art. 73. – V. C. civ., art. 2374, **p. 3101.** – Art. 74. – V. L. n° 65-557 du 10 juill. 1965, art. 47, ss. C. civ., art. 664, **p. 1027.** – Art. 76. – V. CCH, art. L. 271-4, ss. C. civ., art. 1589, **p. 2424.** – Art. 79. – V. L. n° 65-557 du 10 juill. 1965, art. 10-1, 24-8, ss. C. civ., art. 664, **p. 987.** – Art. 89. – V. C. pr. exéc., art. L. 411-1, ss. C. civ., art. 1778, **p. 2649.** – Art. 113. – V. L. n° 89-462 du 6 juill. 1989, art. 10, ss. C. civ., art. 1778, **p. 2626.** – Art. 149. – V. C. urb., art. L. 213-9, ss. C. civ., art. 1778, **p. 2603.** – Art. 152. – V. C. civ., art. 713 ; CGPPP, art. L. 1123-3, ss. C. civ., art. 713, **p. 1093.**
2014	27 mai	Décret n° 2014-551. Adaptation de dispositions pour faire suite à la fusion de la direction générale des impôts et de la direction générale de la comptabilité publique : – Art. 36. – V. Décr. n° 64-1333 du 22 déc. 1964, art. 4, ss. C. civ., art. 2474, **p. 3248.** – Art. 42. – V. Décr. n° 86-1073 du 30 sept. 1986, art. 3, 4, 5, 6, ss. C. civ., art. 211, **p. 420.**
2014	2 juin	Conseil constitutionnel, décision n° 2014-398 QPC. – V. C. civ., art. 272.

2014	18 juin	Loi n° 2014-626. Artisanat, commerce et très petites entreprises : – Art. 16. – V. L. n° 86-1290 du 23 déc. 1986, art. 57 B, ss. C. civ., art. 1778, **p. 2608.** – Art. 33. – V. C. com., art. L. 526-11, ss. C. civ., art. 2285, **p. 2979.**
2014	10 juill.	Ordonnance n° 2014-792. Application de l'article 55 de la loi n° 2013-1168 du 18 décembre 2013 relative à la programmation militaire pour les années 2014 à 2019 et diverses dispositions concernant la défense et la sécurité nationale. – Art. 3. – V. C. civ., art. 59, 981.
2014	23 juill.	Circulaire. État civil. – V. ss. C. civ., art. 54.
2014	31 juill.	Loi n° 2014-856. Économie sociale et solidaire. – Art. 71, 74, 76. – V. L. du 1er juill. 1901, art. 6, 9 *bis*, 11, 12, ss. C. civ., art. 1873, **p. 2774.**
2014	31 juill.	Ordonnance n° 2014-863. Droit des sociétés. – Art. 37. – V. C. civ., art. 1843-4.
2014	4 août	Loi n° 2014-873. Égalité réelle entre les femmes et les hommes : – Art. 26. – V. C. civ., art. 601, 627, 1137 anc., 1374 anc., 1728, 1729, 1766, 1806, 1880, 1962. – Art. 28. – V. C. civ., art. 373-2-2. – Art. 32. – V. C. civ., art. 515-11, 515-12, 515-13. – Art. 37. – V. L. n° 48-1360 du 1er sept. 1948, art. 5, 10, ss. C. civ., art. 1778, **p. 2586.** – Art. 55. – V. C. civ., art. 202-1.
2014	7 août	Circulaire. Présentation des dispositions de la loi n° 2014-873 pour l'égalité réelle entre les femmes et les hommes.
2014	15 août	Loi n° 2014-896. Individualisation des peines et renforcement de l'efficacité des sanctions pénales. – Art. 27. – V. C. assur., art. L. 422-1, ss. C. civ., art. 1242, **p. 1887.**
2014	20 août	Ordonnance n° 2014-947. Taux de l'intérêt légal. – Art. 1er. – V. C. mon. fin., art. L. 313-2, ss. C. civ., art. 1907, **p. 2802.**
2014	26 sept.	Ordonnance n° 2014-1090. Mise en accessibilité des établissements recevant du public, des transports publics, des bâtiments d'habitation et de la voirie pour les personnes handicapées. – Art. 1er. – V. L. n° 65-557 du 10 juill. 1965, art. 8, ss. C. civ., art. 664, **p. 986.**
2014	13 oct.	Loi n° 2014-1170. Avenir pour l'agriculture, l'alimentation et la forêt. – Art. 72. – V. CGPPP, art. L. 1123-1, ss. C. civ., art. 713, **p. 1094.**
2014	22 oct.	Circulaire. Effets juridiques du recueil légal en France.
2014	23 oct.	Décret n° 2014-1279. Exceptions à l'application du principe « silence vaut acceptation » sur le fondement du 4° du I de l'article 21 de la loi n° 2000-321 du 12 avril 2000 relative aux droits des citoyens dans leurs relations avec les administrations et au délai de deux mois de naissance des décisions implicites sur le fondement du II de cet article (ministère de la Justice). – V. C. civ., notes ss. art. 164 et 171.
2014	23 oct.	Décret n° 2014-1280. Exceptions à l'application du principe « silence vaut acceptation » sur le fondement du II de l'article 21 de la loi

		n° 2000-321 du 12 avril 2000 relative aux droits des citoyens dans leurs relations avec les administrations (ministère des Finances et des Comptes publics et ministère de l'Économie, de l'Industrie et du Numérique) : — V. notes ss. C. civ., art. 2449, 2510, 2521. — V. Décr. n° 55-22 du 4 janv. 1955, note ss. art. 1er, ss. C. civ., art. 2474, **p. 3150.**
2014	23 oct.	Décret n° 2014-1292. Exceptions à l'application du principe « silence vaut acceptation » et au délai de deux mois de naissance des décisions implicites sur le fondement du II de l'article 21 de la loi n° 2000-321 du 12 avril 2000 relative aux droits des citoyens dans leurs relations avec les administrations (ministère de l'Intérieur). — V. Décr. n° 93-1362 du 30 déc. 1993, notes ss. art. 34, 52, ss. C. civ., art. 33-2, **p. 268.**
2014	3 nov.	Décret n° 2014-1315. Adaptation au droit de l'Union européenne en matière financière et sociétés de financement. — Art. 20. — V. Décr. n° 99-658 du 30 juill. 1999, art. 1er, ss. C. civ., art. 1799-1, **p. 2701.**
2014	6 nov.	Ordonnance n° 2014-1345. Partie législative du code de l'expropriation pour cause d'utilité publique. — Art. 4. — V. L. n° 65-557 du 10 juill. 1965, art. 16-1, ss. C. civ., art. 664, **p. 992** ; C. expr., art. L. 1, ss. C. civ., art. 545, **p. 914.**
2014	19 déc.	Ordonnance n° 2014-1543. Création de la métropole de Lyon. — Art. 14. — V. L. n° 89-462 du 6 juill. 1989, art. 24, ss. C. civ., art. 1778, **p. 2638.**
2014	20 déc.	Loi n° 2014-1545. Simplification de la vie des entreprises et simplification et clarification du droit et des procédures administratives : — Art. 15. — V. L. n° 65-557 du 10 juill. 1965, art. 46, ss. C. civ., art. 664, **p. 1026.** — Art. 48. — V. C. civ., art. 2422. — Art. 50. — V. CGPPP, art. L. 1121-3, ss. C. civ., art. 910, **p. 1309.**
2015	2 févr.	Décret n° 2015-108. Tests linguistiques mentionnés aux articles 14 et 37 du décret n° 93-1362 du 30 décembre 1993 relatif aux déclarations de nationalité, aux décisions de naturalisation, de réintégration, de perte, de déchéance et de retrait de la nationalité française. — V. ce texte, art. 14, 37, ss. C. civ., art. 33-2, **p. 255.**
2015	16 févr.	Loi n° 2015-177. Modernisation et simplification du droit et des procédures dans les domaines de la justice et des affaires intérieures : — V. C. civ., art. 426, 431, 431-1, 432, 441, 442, 500, 515-14, 522, 524, 528, 533, 564, 745, 784, 831-2, 831-3, 972, 986, 1644, 2279, 2500, 2501. — Art. 7. — V. L. n° 2004-439 du 26 mai 2004, art. 33, ss. C. civ., art. 287. — Art. 8. — V. ss. C. civ., art. 1101 anc, **p. 2171.** — Art. 11. — V. C. pr. exéc., art. L. 111-3, ss. C. civ., art. 2323, **p. 3056.** — Art. 15. — V. C. éduc., art. L. 911-4, ss. C. civ., art. 1242, **p. 1890.**

2015	4 mars	Décret n° 2015-258. Dispositions relatives aux commissaires des armées et à l'administration militaire. – Art. 10. – V. Décr. n° 65-422 du 1er juin 1965, art. 7, ss. C. civ., art. 54, **p. 296.**
2015	19 mars	Décret n° 2015-316. Modalités d'instruction des demandes de naturalisation et de réintégration dans la nationalité française ainsi que des déclarations de nationalité souscrites à raison du mariage. – V. Décr. n° 93-1362 du 30 déc. 1993, art. 35, 43, 44, 46, 53, 54 anc., ss. C. civ., art. 33-2, **p. 268.**
2015	26 mars	Décret n° 2015-342. Contrat type de syndic de copropriété et prestations particulières, prévus à l'article 18-1 A de la loi n° 65-557 du 10 juillet 1965 modifiée fixant le statut de la copropriété des immeubles bâtis. – V. Décr. n° 67-223 du 17 mars 1967, art. 29, ss. C. civ., art. 664, **p. 1039.**
2015	2 avr.	Ordonnance n° 2015-378. Transposition de la directive 2009/138/CE du Parlement européen et du Conseil du 25 novembre 2009 sur l'accès aux activités de l'assurance et de la réassurance et leur exercice (Solvabilité II). – V. C. assur., art. L. 200-1, L. 400-1, ss. C. civ., art. 1242, **p. 1869.**
2015	7 juill.	Décret n° 2015-832. Application de la loi du 31 juill. 2014 sur l'économie sociale et solidaire et associations. – V. Décr. n° 2007-807 du 11 mai 2007, art. 1er, 12-1, 12-2, ss. C. civ., art. 910, **p. 1310.**
2015	23 juill.	Ordonnance n° 2015-899. Marchés publics. – Art. 101. – V. L. n° 75-1334 du 31 déc. 1975, art. 4, ss. C. civ., art. 1799-1, **p. 2702.**
2015	23 juill.	Ordonnance n° 2015-904. Simplification du régime des associations et des fondations : – Art. 1er. – V. L. du 1er juill. 1901, art. 5, ss. C. civ., art. 1873, **p. 2773.** – Art. 4. – V. C. civ., art. 910.
2015	6 août	Loi n° 2015-990. Pour la croissance, l'activité et l'égalité des chances économiques : – Art. 53. – V. L. 25 ventôse an XI, art. 10, ss. C. civ., art. 1371, **p. 2134.** – Art. 82-I. – V. L. n° 89-462 du 6 juill. 1989, art. 3, 3-2, 8-1, 11-2, 15, 24, 25-3, 25-8, 25-9, 40, ss. C. civ., art. 1778, **p. 2616.** – Art. 82-II. – V. ce texte, ss. art. 2, L. n° 89-462 du 6 juill. 1989, ss. C. civ., art. 1778, **p. 2615.** – Art. 88. – V. L. n° 65-557 du 10 juill. 1965, art. 17, 21, ss. C. civ., art. 664, **p. 992.** – Art. 89. – V. L. n° 89-462 du 6 juill. 1989, art. 40, ss. C. civ., art. 1778, **p. 2647.** – Art. 114. – V. L. n° 65-557 du 10 juill. 1965, art. 24-2, 25, ss. C. civ., art. 664, **p. 1004.** – Art. 206. – V. C. com., art. L. 526-1 à L. 526-3, ss. C. civ., art. 2285, **p. 2977.** – Art. 208. – V. C. civ., art. 1244-4 anc., 2238 ; C. pr. exéc., art. L. 111-3, ss. C. civ., art. 2323, **p. 3056.** – Art. 258. – V. C. civ., art. 2064, 2066.

2015	17 août	Loi n° 2015-992. Transition énergétique pour la croissance verte : – Art. 12. – V. L. n° 89-462 du 6 juill. 1989, art. 6, ss. C. civ., art. 1778, **p. 2620.** – Art. 14, 23, 26, 41. – V. L. n° 65-557 du 10 juill. 1965, art. 24, 26-4, 26-5, ss. C. civ., art. 664, **p. 1003.** – Art. 25. – V. C. civ., art. 2432.
2015	17 août	Décret n° 2015-999. Procédures judiciaires applicables aux copropriétés en difficulté. – V. Décr. n° 67-223 du 17 mars 1967, art. 46 à 49, 61-1-1 à 61-1-5, 61-5, 61-6, 61-7, 61-9, 61-10, 61-12, 62-2, 62-4, 62-5, 62-10 à 62-13, 62-15 à 62-35, 66-1, **p. 1046.**
2015	15 oct.	Ordonnance n° 2015-1288. Simplification et modernisation du droit de la famille. – V. C. civ., art. 17-3, 113, 267, 267-1, 382 à 387-6, 388-1-1, 388-1-2, 388-2, 388-3, 391, 392, 411 anc., 411-1, 413-5, 414-2, 424, 477, 494-1 à 494-12, 1304 anc.
2015	21 oct.	Décret n° 2015-1325. Dématérialisation des notifications et des mises en demeure concernant les immeubles soumis au statut de la copropriété des immeubles bâtis. – Art. 2 à 5. – V. Décr. n° 67-223 du 17 mars 1967, art. 32, 64 à 65, ss. C. civ., art. 664, **p. 1039.**
2015	22 oct.	Ordonnance n° 2015-1324. Plans de prévention des risques technologiques. – Art. 5. – V. L. n° 65-557 du 10 juill. 1965, art. 18, 24-6, ss. C. civ., art. 664, **p. 994.**
2015	23 oct.	Ordonnance n° 2015-1341. Dispositions législatives du code des relations entre le public et l'administration. – V. CRPA, art. L. 221-1 à L. 221-11, L. 221-14, ss. C. civ., art. 1er, **p. 12.**
2015	23 oct.	Décret n° 2015-1342. Dispositions réglementaires du code des relations entre le public et l'administration. – V. CRPA, art. R. 113-5 à R. 113-9, ss. C. civ., art. 54, **p. 291.**
2015	5 nov.	Décret n° 2015-1411. Exceptions à l'application du droit des usagers de saisir l'administration par voie électronique (ministère de la justice). – V. notes ss. C. civ., art. 61, 164, 171.
2015	14 déc.	Décret n° 2015-1669. Conditions dans lesquelles le bénéficiaire d'un contrat d'assurance sur la vie peut opter irrévocablement pour la remise de titres, parts ou actions. – Art. 2. – V. Décr. n° 2008-1484 du 22 déc. 2008, Annexe ss. C. civ., art. 496, **p. 813.**
2015	21 déc.	Loi n° 2015-1702. Financement de la sécurité sociale pour 2016 : – Art. 44. – V. CSS, art. L. 581-2, ss. C. civ., art. 211, **p. 2300.** – Art. 89. – V. L. n° 74-1118 du 27 déc. 1974, art. 1er, ss. C. civ., *art. 1976*, **p. 2835.**
2015	22 déc.	Loi n° 2015-1713. Dématérialisation du *Journal officiel* de la République française. – V. CRPA, art. L. 221-10, L. 221-11, L. 221-14, ss. C. civ., art. 1er, **p. 13.**
2015	24 déc.	Décret n° 2015-1740. Modalités de vérification d'un acte de l'état civil étranger. – V. ce Décr., ss. C. civ., art. 47, **p. 290.**
2015	28 déc.	Loi n° 2015-1776. Adaptation de la société au vieillissement : – Art. 14. – V. L. n° 65-557 du 10 juill. 1965, art. 41-1 à 41-7, ss. C. civ., art. 664, **p. 1022.**

		– Art. 16. – V. L. n° 89-462 du 6 juill. 1989, art. 7, ss. C. civ., art. 1778, **p. 2622.** – Art. 23. – V. L. n° 2008-496 du 27 mai 2008, art. 1er, ss. C. civ., art. 16, **p. 168.** – Art. 28. – V. CASF, art. L. 116-4, ss. C. civ., art. 909, **p. 1306.** – Art. 29. – V. C. civ., art. 911. – Art. 35. – V. C. civ., art. 477-1. – Art. 37. – V. CSP, art. L. 3211-6, ss. C. civ., art. 515, **p. 829.** – Art. 38. – V. C. civ., art. 21-13-1, 21-28, 26, 26-1, 26-3. – Art. 83. – V. CASF, art. L. 132-8, ss. C. civ., art. 211, **p. 409.**
2015	30 déc.	Décret n° 2015-1907. Modalités de mise à disposition des pièces justificatives des charges de copropriété. – V. Décr. n° 67-223 du 17 mars 1967, art. 9, 9-1, 33, ss. C. civ., art. 664, **p. 1039.**
2016	26 janv.	Loi n° 2016-41. Modernisation de notre système de santé : – Art. 7. – V. CSP, art. L. 1111-2, L. 1111-5, L. 1111-5-1, ss. C. civ., art. 16-9, **p. 191.** – Art. 96. – V. CSP, art. L. 1110-4, ss. C. civ., art. 16-9, **p. 188.** – Art. 137. – V. L. n° 89-462 du 6 juill. 1989, art. 14-2, ss. C. civ., art. 1778, **p. 2628.** – Art. 155. – V. CSP, art. L. 2151-5, ss. C. civ., art. 342-13, **p. 608.** – Art. 175. – V. CSP, art. L. 1111-2, ss. C. civ., art. 16-9, **p. 191.** – Art. 185. – V. CSP, art. L. 1142-3-1, I, ss. C. civ., art. 1242, **p. 1917.** – Art. 188. – V. CSP, art. L. 1142-28, ss. C. civ., art. 1242, **p. 1918.** – Art. 193. – V. CGCT, art. L. 2223-42 🏛, ss. C. civ., art. 78.
2016	29 janv.	Ordonnance n° 2016-56. Gage des stocks. – V. note ss. C. civ., art. 2333.
2016	2 févr.	Loi n° 2016-87. Nouveaux droits en faveur des malades et des personnes en fin de vie. – V. CSP, art. L. 1110-5, L. 1111-4, L. 1111-6, L. 1111-10, L. 1111-11, L. 1111-12, ss. C. civ., art. 16-9, **p. 190.**
2016	10 févr.	Ordonnance n° 2016-131. Réforme du droit des contrats, du régime général et de la preuve des obligations : – Art. 1er. – V. ss. C. civ., art. 1386-1. – Art. 2. – V. C. civ., art. 1100 à 1303-4. – Art. 3. – V. C. civ., art. 1304 à 1352-9. – Art. 4. – V. C. civ., art. 1353 à 1386-1. – Art. 5. – V. C. civ., art. 402, 414-2, 435, 465, 488, 492-1, 494-9, 794, 931-1, 1397, 1578, 1689, 1692, 1693, 1694, 1695, 1701-1, 1924, 1950, 1964, 2238, 2513. – Art. 6-I. – V. CASF, art. L. 116-4, ss. C. civ., art. 909, **p. 1306.** – Art. 6-II. – V. C. assur., art. L. 443-1, ss. C. civ., art. 2314, **p. 3050.** – Art. 6-IX. – V. C. mon. fin., art. L. 313-22-1, ss. C. civ., art. 2314, **p. 3050.** – Art. 6-XII. – V. C. pr. exéc., art. L. 111-3, ss. C. civ., art. 2323, **p. 3056.** – Art. 6-XVIII. – V. C. sport, art. L. 321-3-1, ss. C. civ., art. 1242, **p. 1919.** – Art. 6-XXV. – V. L. n° 48-1360 du 1er sept. 1948, art. 80, ss. C. civ., art. 1778, **p. 2602.**

		– Art. 6-XXVII. – V. L. n° 65-557 du 10 juill. 1965, art. 28, ss. C. civ., art. 664, **p. 1012.** – Art. 6-XXXIII. – V. L. n° 71-1130 du 31 déc. 1971, art. 66-3-2, 66-3-3, ss. C. civ., art. 1322. – Art. 6-XXXV. – V. L. n° 75-1334 du 31 déc. 1975, art. 14, ss. C. civ., art. 1799-1, **p. 2704.** – Art. 6-XXXVI. – V. L. n° 85-677 du 5 juill. 1985, art. 31, ss. C. civ., art. 1242, **p. 1865.** – Art. 6-XXXVII. – V. L. n° 89-462 du 6 juill. 1989, art. 24, ss. C. civ., art. 1778, **p. 2638.** – Art. 6-XXXXII. – V. L. n° 2013-316 du 16 avr. 2013, art. 13, ss. C. civ., art. 1386-11 anc., **p. 1944.** – Art. 7 à 9. – V. ss. C. civ., art. 1386-1, **p. 2163.**
2016	11 févr.	Loi n° 2016-138. Lutte contre le gaspillage alimentaire. – V. C. civ., art. 1386-6 anc.
2016	23 févr.	Décret n° 2016-185. Application de l'ordonnance n° 2015-1288 du 15 octobre 2015 portant simplification et modernisation du droit de la famille : – V. C. pr. civ., art. 1108 et 1116, ss. C. civ., art. 309, **p. 537.** – V. Décr. n° 94-52 du 20 janv. 1994, art. 2, ss. C. civ., art. 61-4, **p. 331.**
2016	7 mars	Loi n° 2016-274. Droit des étrangers en France. – Art. 59 et 60. – V. C. civ., art. 21-13-2, 21-28, 26, 26-1, 26-3.
2016	14 mars	Loi n° 2016-297. Protection de l'enfant : – Art. 21, 22. – V. CASF, art. L. 223-1, L. 223-1-1, L. 223-1-2, L. 223-3-1, ss. C. civ., art. 375-9, **p. 711.** – Art. 23. – V. C. civ., art. 373-2-9. – Art. 24. – V. C. civ., art. 375-7. – Art. 25. – V. C. civ., art. 378-1. – Art. 28. – V. CASF, art. L. 223-5, ss. C. civ., art. 375-9, **p. 713** ; C. civ., art. 375. – Art. 29. – V. CASF, art. L. 227-2-1, ss. C. civ., art. 375-9, **p. 717.** – Art. 30. – V. C. civ., art. 375. – Art. 32. – V. C. civ., art. 370. – Art. 37. – V. C. civ., art. 388-2. – Art. 38. – V. C. civ., art. 377. – Art. 40. – V. C. civ., art. 347, 381-1 s. ; CASF, art. L. 224-4, ss. C. civ., art. 375-9, **p. 715.** – Art. 41. – V. C. civ., art. 378-1. – Art. 42. – V. C. civ., art. 21-12. – Art. 43. – V. C. civ., art. 388. – Art. 49. – V. C. civ., art. 375-5.
2016	14 mars	Ordonnance n° 2016-301. Partie législative du code de la consommation : – V. C. consom., art. L. 111-2 à L. 112-4, ss. C. civ., art. 1602, **p. 2441.** – V. C. consom., art. L. 212-1 à L. 212-3, ss. C. civ., art. 1171, **p. 1505.**

		– V. C. consom., art. L. 214-1 à L. 214-4, ss. C. civ., art. 1590, **p. 2427.** – V. C. consom., art. L. 314-1 à L. 314-9, ss. C. civ., art. 1907, **p. 2803.** – V. C. consom., art. L. 314-19, ss. C. civ., art. 1914, **p. 2805.** – V. C. consom., art. L. 331-1 à L. 333-2, L. 343-1 à L. 343-6, ss. C. civ., art. 2298, **p. 3032.**
2016	14 avr.	Ordonnance n° 2016-462. Création de l'Agence nationale de santé publique. – Art. 3. – V. CGCT, art. L. 2223-42, ss. C. civ., art. 78.
2016	20 mai	Décret n° 2016-661. Officiers publics et ministériels : – Art. 1er. – V. Décr. n° 71-941 du 26 nov. 1971, art. 2, 10, 32, 37, 38 à 40, ss. C. civ., art. 1371, **p. 2134** . – Art. 2. – V. Décr. n° 71-942 du 26 nov. 1971, art. 8, ss. C. civ., art. 1317-1, **p. 2140.**
2016	3 juin	Loi n° 2016-731. Lutte contre le crime organisé, le terrorisme et leur financement, et amélioration de l'efficacité et des garanties de la procédure pénale. – Art. 49, 50, 116. – V. C. civ., art. 16-11, 371-6, 375-5, 375-7.
2016	16 juin	Ordonnance n° 2016-800. Recherches impliquant la personne humaine. – Art. 7. – V. CSP, art. L. 2141-4, ss. C. civ., art. 342-13, **p. 601.**
2016	20 juin	Loi n° 2016-816. Économie bleue : – Art. 16. – V. C. civ., art. 59, 993. – Art. 54. – V. L. du 31 déc. 1903, art. 1er, 2, 6 *bis*, ss. C. civ., art. 2350, **p. 3089.** – Art. 87 et 88. – V. C. transp., art. L. 5121-2, L. 5121-3, L. 5121-6, L. 5121-7, L. 5121-9, L. 5121-11, ss. C. civ., art. 1242, **p. 1922.**
2016	24 juin	Règlement (UE) n° 2016-1103. Coopération renforcée dans le domaine de la compétence, de la loi applicable, de la reconnaissance et de l'exécution des décisions en matière de régimes matrimoniaux. – V. ss. C. civ., art. 1399, **p. 2300.**
2016	24 juin	Règlement (UE) 2016/1104. Mettant en œuvre une coopération renforcée dans le domaine de la compétence, de la loi applicable, de la reconnaissance et de l'exécution des décisions en matière d'effets patrimoniaux des partenariats enregistrés. – V. ss. C. civ., art. 515-7-1, **p. 850.**
2016	29 juin	Décret n° 2016-872. Modalités de réception et d'instruction des déclarations de nationalité souscrites en application des articles 21-2, 21-13-1 ou 21-13-2 du code civil. – V. Décr. n° 93-1362 du 30 déc. 1993, art. 14-1, 17-1 à 17-3, 32, ss. C. civ., art. 33-2, **p. 255.**
2016	29 juin	Décret n° 2016-884. Partie réglementaire du code de la consommation. – V. C. consom., art. R. 212-1 à R. 212-5, ss. C. civ., art. 1171, **p. 1530.**
2016	7 juill.	Loi n° 2016-925. Liberté de création, d'architecture et du patrimoine : – Art. 31. – V. CPI, art. L. 123-7, ss. C. civ., art. 767, **p. 1140.**

		– Art. 70. – V. C. patr., art. L. 541-1 à L. 541-8, ss. C. civ., art. 552, **p. 920** . – Art. 75. – V. C. patr., art. L. 622-17, ss. C. civ., art. 2276, **p. 2969.**
2016	8 août	Loi n° 2016-1087. Pour la reconquête de la biodiversité, de la nature et des paysages. – Art. 4, 72, 109, 118, 157 : – V. C. civ., art. 713, 1246 à 1252, 1386-19 à 1386-25 anc., 2226-1, 2232. – V. Décr. n° 55-22 du 4 janv. 1955, art. 28, ss. C. civ. art. 2474, **p. 3156.** – V. CGPPP, art. L. 1123-3, ss. C. civ., art. 713, . – V. C. envir., art. L. 215-7-1, ss. C. civ., art. 556, **p. 929.** – V. C. assur., art. L. 421-8, ss. C. civ., art. 1242, **p. 1878.**
2016	8 août	Loi n° 2016-1088. Travail, modernisation du dialogue social et sécurisation des parcours professionnels. – Art. 8. – C. trav., art. L. 3253-23, ss. C. civ., art. 2331, **p. 3072.**
2016	7 oct.	Loi n° 2016-1321. République numérique : – Art. 49, 50, 52. – V. C. consom., art. L. 111-7 à L. 111-7-2, ss. C. civ., art. 1602, **p. 2443.** – Art. 74. – V. L. n° 65-557 du 10 juill. 1965, art. 24-2, ss. C. civ., art. 664, **p. 1004.** – Art. 93. – V. C. civ., art. 1127-4 à 1127-6.
2016	26 oct.	Décret n° 2016-1446. Résidences-services en copropriété. – V. Décr. n° 67-223 du 17 mars 1967, art. 11, 39-2, 39-2-1, 39-3 à 39-9, 66-2, ss. C. civ., art. 664, **p. 1033.**
2016	2 nov.	Décret n° 2016-1483. Autorisation de sortie du territoire d'un mineur non accompagné par un titulaire de l'autorité parentale. – V. ss. C. civ., art. 371-6, **p. 669.**
2016	8 nov.	Décret n° 2016-1515. Places de stationnement adaptées incluses dans les parties communes des copropriétés à usage principal d'habitation. – V. Décr. n° 67-223 du 17 mars 1967, art. 1er, ss. C. civ., art. 664, **p. 1027.**
2016	18 nov.	Loi n° 2016-1547. Modernisation de la justice du XXIe siècle : – Art. 6, 9,10, 11, 16, 44 à 48, 50 à 57, 99, 111. – V. C. civ., art. 26, 26-1, 26-3, 31, 31-2, 31-3, 33-1, 40, 48, 49, 53, 55, 60, 61-3-1, 61-4, 61-5 à 61-8, 70, 76, 78, 87, 91, 99, 99-1, 99-2, 100, 101-1, 101-2, 127, 229, 229-1 à 229-4, 230, 247, 260, 262, 262-1, 265, 278, 279, 296, 311-23, 311-24-1, 372, 373-2-10, 373-2-13, 386, 387-5, 412, 422, 461, 462, 494-1, 494-2, 494-6, 511, 512, 515-3, 515-3-1, 515-7, 788, 804, 809-1, 1007, 1008, 1030-2, 1592, 2044, 2047, 2052 à 2058, 2061, 2062, 2063, 2065, 2066, 2332-4, 2412, 2499. – Art. 35. – V. C. assur., art. L. 421-1, ss. C. civ., art. 1242, **p. 1875.** – Art. 48. – V. L. n° 99-944 du 15 nov. 1999, art. 14-1, ss. C. civ., art. 515-7-1, **p. 841.** – Art. 50. – V. C. pr. exéc., art. L. 111-3, ss. C. civ., art. 2323, **p. 3056** ; C. pr. exéc., art. L. 213-1 , ss. C. civ., art. 211 ; L. n° 75-618 du 11 juill. 1975, art. 1er, ss. C. civ., art. 211, **p. 410** ; CSS, art. L. 581-2, L. 581-6, L. 581-10, ss. C. civ., art. 211, **p. 415.**

		– Art. 55. – V. L. n° 68-671 du 25 juill 1968, art. 6, 7, ss. C. civ., art. 54, . – Art. 86. – V. L. n° 2008-496 du 27 mai 2008, art. 1er, 2, 4, ss. C. civ., art. 16, **p. 168.** – Art. 98. – V. C. mon. fin., art. L. 112-6-2, L. 112-7, ss. C. civ., art. 1343-3, **p. 2039.** – Art. 102. – V. Décr. n° 55-22 du 4 janv. 1955, art. 5, 32, ss. C. civ., art. 2474, **p. 3151.** – Art. 105. – V. C. pr. exéc., art. L. 111-3, ss. C. civ., art. 2323, **p. 3056.**
2016	21 nov.	Ordonnance n° 2016-1562. Mesures institutionnelles relatives à la collectivité de Corse. – Art. 23. – V. CASF, art. L. 224-1, ss. C. civ., art. 375-9, **p. 713.**
2016	1er déc.	Ordonnance n° 2016-1635. Renforcement du dispositif français de lutte contre le blanchiment et le financement du terrorisme. – Art. 14. – V. C. mon. fin., art. L. 112-6, ss. C. civ., art. 1343-3, **p. 2038.**
2016	5 déc.	Décret n° 2016-1673. Fiabilité des copies et Application de l'article 1379 du code civil. – V. ss. C. civ., art. 1379, **p. 2154.**
2016	9 déc.	Loi n° 2016-1691. Transparence, lutte contre la corruption et modernisation de la vie économique : – Art. 45. – V. C. civ., art. 1841, **p. 2721.** – Art. 61 et 80. – V. C. mon. fin., art. L. 112-3 et L. 112-6, ss. C. civ., art. 1343-3, **p. 2038.** – Art. 84. – V. C. mon. fin., art. L. 313-22, ss. C. civ., art. 2314, **p. 3046.** – Art. 128. – V. C. com., art. L. 526-12, ss. C. civ., art. 2285, **p. 2979.**
2016	22 déc.	Ordonnance n° 2016-1823. Transposition de la directive 2014/26/UE du Parlement européen et du Conseil du 26 février 2014 concernant la gestion collective du droit d'auteur et des droits voisins et l'octroi de licences multiterritoriales de droits sur des œuvres musicales en vue de leur utilisation en ligne dans le marché intérieur. – Art. 2. – V. CPI, art. L. 123-7, ss. C. civ., art. 767, **p. 1140.**
2016	23 déc.	Loi n° 2016-1827. Financement de la sécurité sociale pour 2017 : – Art. 41. – V. CSS, art. L. 581-2, L. 581-6, L. 581-10, L. 582-1, L. 582-2, ss. C. civ., art. 211, **p. 415** ; C. civ., art. 373-2-2 ; L. n° 75-618 du 11 juill. 1975, art. 1er, ss. C. civ., art. 211, **p. 410.** – Art. 60. – V. C. assur., art. L. 422-2, ss. C. civ., art. 1242, **p. 1888.**
2016	28 déc.	Décret n° 2016-1906. Procédure d'homologation judiciaire des conventions parentales prévue à l'article 373-2-7 du code civil. – Art. 4. – V. C. pr. civ., art. 1072-1, ss. C. civ., art. 309, **p. 530.**
2016	28 déc.	Décret n° 2016-1907. Divorce prévu à l'article 229-1 du code civil et diverses dispositions en matière successorale : – Art. 4 à 7. – V. C. pr. civ., art. 1077, 1091, 1092, 1144 à 1148-2, ss. C. civ., art. 309, **p. 533.** – Art. 9. – V. Décr. n° 65-422 du 1er juin 1965, art. 4-1, ss. C. civ., art. 54, **p. 295.**

		– Art. 11. – V. C. pr. exéc., art. R. 213-2, R. 213-3 🏛, ss. C. civ., art. 211.
2016	29 déc.	Loi n° 2016-1917. De finances pour 2017. – Art. 150. – V. CSP, art. L. 1142-28, ss. C. civ., art. 1242, **p. 1918.**
2017	12 janv.	Ordonnance n° 2017-28. Constitution et fonctionnement des groupements de coopération sanitaire. – Art. 2. – V. CSP, art. L. 2141-11-1, ss. C. civ., art. 342-13, **p. 604.**
2017	12 janv.	Ordonnance n° 2017-31. Mise en cohérence des textes au regard des dispositions de la loi n° 2016-41 du 26 janvier 2016 de modernisation de notre système de santé. – Art. 5. – V. CSP, art. L. 1110-4, I, ss. C. civ., art. 16-9, **p. 188.**
2017	26 janv.	Circulaire. De présentation des dispositions en matière de divorce par consentement mutuel et de succession issues de la loi n° 2016-1547 du 18 novembre 2016 de modernisation de la justice du XXIe siècle et du décret n° 2016-1907 du 28 décembre 2016 relatif au divorce prévu à l'article 229-1 du code civil et à diverses dispositions en matière successorale, 🏛.
2017	27 janv.	Loi n° 2017-86. Égalité et citoyenneté : – Art. 43. – V. L. du 1er juill. 1901, art. 2 *bis*, ss. C. civ., art. 1873, **p. 2773.** – Art. 120, 121, 124, 146, 147, 152. – V. L. n° 89-462 du 6 juill. 1989, art. 5, 22-1, 24, 40, ss. C. civ., art. 1778, **p. 2619.** – Art. 122. – V. L. n° 65-557 du 10 juill. 1965, art. 18, 29-1 A, 29-1, 29-3, 29-4, 29-5, ss. C. civ., art. 664, **p. 994.** – Art. 143, 152. – V. C. pr. exéc., art. L. 412-1, L. 412-3, L. 412-5, L. 412-6, ss. C. civ., art. 1778, **p. 2649.** – Art. 180. – V. L. n° 2008-496 du 27 mai 2008, art. 4, ss. C. civ., art. 16, **p. 169.**
2017	17 févr.	Circulaire. Présentation de l'article 56, I de la loi n° 2016-1547 du 18 novembre 2016 de modernisation de la justice du XXIe siècle 🏛.
2017	21 févr.	Loi n° 2017-203. Ratification des ordonnances n° 2016-301 du 14 mars 2016 relative à la partie législative du code de la consommation et n° 2016-351 du 25 mars 2016 sur les contrats de crédit aux consommateurs relatifs aux biens immobiliers à usage d'habitation et simplifiant le dispositif de mise en œuvre des obligations en matière de conformité et de sécurité des produits et services : – Art. 3 et 4. – V. C. consom., art. L. 112-2, ss. C. civ., art. 1602, **p. 2445.** – Art. 9. – V. C. consom., art. L. 343-1, ss. C. civ., art. 2298, **p. 3041.** – Art. 16. – V. L. n° 65-557 du 10 juill. 1965, art. 26-5, ss. C. civ., art. 664, **p. 1010.**
2017	28 févr.	Loi n° 2017-256. Programmation relative à l'égalité réelle outre-mer et autres dispositions en matière sociale et économique. – Art. 70. – V. L. n° 2008-496 du 27 mai 2008, art. 1er, ss. C. civ., art. 16, **p. 168.**
2017	28 févr.	Loi n° 2017-258. Sécurité publique. – Art. 32. – V. C. civ., art. 375-3.

2017	1er mars	Décret n° 2017-270. Délégation des fonctions d'officier de l'état civil exercées par le maire et lieu de célébration des mariages. – Art. 2 et 3. – V. CGCT, art. R. 2122-10, R. 2122-11, ss. C. civ., art. 54, **p. 293.**
2017	2 mars	Décret n° 2017-278. Délai de déclaration de naissance. – V. ss. C. civ., art. 55, **p. 313.**
2017	6 mars	Loi n° 2017-285. Favorisation de l'assainissement cadastral et résorption du désordre de propriété. – V. ce texte, art. 1er, 2, ss. C. civ., art. 2272, **p. 2963.**
2017	9 mars	Décret n° 2017-312. Modification du décret n° 2002-120 du 30 janvier 2002 relatif aux caractéristiques du logement décent pris pour application de l'article 187 de la loi n° 2000-1208 du 13 décembre 2000 relative à la solidarité et au renouvellement urbains. – V. Décr. n° 2002-120 du 30 janv. 2002, art. 2, ss. C. civ., art. 1778, **p. 2651.**
2017	29 mars	Décret n° 2017-450. Procédures de changement de prénom et de modification de la mention du sexe à l'état civil. – Art. 5 et 6. – V. Décr. n° 74-449 du 15 mai 1974, art. 16-1, 21, ss. C. civ., art. 54, .
2017	6 avr.	Ordonnance n° 2017-484. Création d'organismes dédiés à l'exercice de l'activité de retraite professionnelle supplémentaire et adaptation des régimes de retraite supplémentaire en unités de rente. – Art. 17. – V. C. consom., art. L. 111-3, ss. C. civ., art. 1602, **p. 2442.**
2017	2 mai	Décret n° 2017-711. Notariat à Saint-Pierre-et-Miquelon. – Art. 9. – V. Décr. n° 71-942 du 26 nov. 1971, art. 8, ss. C. civ., art. 1371, **p. 2140.**
2017	4 mai	Ordonnance n° 2017-748. Agent des sûretés. – V. C. civ., art. 2488-6 à 2488-12.
2017	4 mai	Rapport au Président de la République relatif à l'ordonnance n° 2017-748 du 4 mai 2017 relative à l'agent des sûretés .
2017	4 mai	Décret n° 2017-770. Obligation pour les notaires d'effectuer par voie électronique leurs dépôts de documents auprès des services chargés de la publicité foncière. – V. Décr. n° 55-1350 du 14 oct. 1955, art. 73-1, 74, ss. C. civ., art. 2474, **p. 3217.**
2017	6 mai	Décret n° 2017-889. Transfert aux officiers de l'état civil de l'enregistrement des déclarations, des modifications et des dissolutions des pactes civils de solidarité : – Art. 2 à 13. – V. Décr. n° 2006-1806 du 23 déc. 2006, ss. C. civ., art. 515-7-1, **p. 842.** – Art. 3 à 24. – V. Décr. n° 2006-1807 du 23 déc. 2006, ss. C. civ., art. 515-7-1, **p. 845.** – Art. 26 à 34. – V. Décr. n° 2012-966 du 20 août 2012, ss. C. civ., art. 515-7-1, **p. 847** . – *Art. 36 et 37.* – V. Décr. n° 65-422 du 1er juin 1965, art. 4-2, 13, ss. C. civ., art. 54, **p. 295.**
2017	6 mai	Décret n° 2017-890. État civil : – Art. 1er à 43, 57 et 58. – V. ce texte, ss. art. 54, **p. 297.** – Art. 49. – V. C. pr. civ., art. 1144, ss. C. civ., art. 309, **p. 541.**

		– Art. 50. – V. Décr. n° 65-422 du 1er juin 1965, art. 3, 5, 5-1, ss. C. civ., art. 54, **p. 294.** – Art. 51. – V. Décr. n° 2008-521 du 2 juin 2008, art. 5, 6, 8, 9, ss. C. civ., art. 54, . – Art. 53. – V. CGCT, art. R. 2122-10, ss. C. civ., art. 54, **p. 293.** – Art. 56. – V. Décr. n° 2004-1159 du 29 oct. 2004, art. 10, 13, ss. C. civ., art. 311-24-2, **p. 568.**
2017	6 mai	Décret n° 2017-892. Modernisation et simplification de la procédure civile. – Art. 67. – V. C. pr. exéc., art. R. 213-8 , ss. C. civ., art. 211.
2017	6 mai	Décret n° 2017-908. Régime juridique des associations, des fondations, des fonds de dotation et des organismes faisant appel public à la générosité. – Art. 12. – V. Décr. n° 2007-807 du 11 mai 2007, art. 5, 12-1, 12-2, ss. C. civ., art. 910, **p. 1311.**
2017	10 mai	Circulaire. Présentation des dispositions de l'article 56 de la loi n° 2016-1547 du 18 novembre 2016 de modernisation de la justice du XXIe siècle concernant les procédures judiciaires de changement de prénom et de modification de la mention du sexe à l'état civil, .
2017	10 mai	Circulaire. Présentation des dispositions en matière de pacte civil de solidarité issues de la loi n° 2016-1547 du 18 novembre 2016 de modernisation de la justice du XXIe siècle et du décret du 6 mai 2017 relatif au transfert aux officiers de l'état civil de l'enregistrement des déclarations, des modifications et des dissolutions des pactes civils de solidarité, .
2017	2 juin	Arrêté. Définition du champ d'application de l'obligation faite aux notaires d'effectuer par voie électronique leurs dépôts de documents auprès des services chargés de la publicité foncière. – V. ce texte, ss. Décr. n° 55-1350 du 14 oct. 1955, art. 73-1, ss. C. civ., art. 2474, **p. 3217.**
2017	22 juin	Ordonnance n° 2017-1107. Marchés d'instruments financiers et séparation du régime juridique des sociétés de gestion de portefeuille de celui des entreprises d'investissement. – Art. 17. – V. C. civ., art. 2015.
2017	5 juill.	Ordonnance n° 2017-1134. Portant diverses dispositions communes à l'ensemble du patrimoine culturel : – Art. 2. – V. C. patr., art. L. 123-1 à L. 123-4, ss. C. civ., art. 1583, **p. 2404.** – Art. 3. – V. C. patr., art. L. 212-1, ss. C. civ., art. 2276, **p. 2968.** – Art. 5. – V. C. patr., art. L. 541-7, ss. C. civ., art. 552, **p. 922.**
2017	26 juill.	Circulaire. Présentation de diverses dispositions en matière de droit des personnes et de la famille de la loi n° 2016-1547 du 18 novembre 2016 de modernisation de la justice du XXIe siècle, .
2017	28 sept.	Décret n° 2017-1416. Signature électronique. – V. ce texte, ss. art. 1367, **p. 2128.**
2017	4 oct.	Ordonnance n° 2017-1433. Dématérialisation des relations contractuelles dans le secteur financier : – Art. 4. – V. C. assur., art. L. 114-2, ss. C. civ., art. 2225, **p. 2921.** – Art. 9. – V. C. assur., art. L. 211-16, ss. C. civ., art. 1242, **p. 1874.**

2017	25 oct.	Ordonnance n° 2017-1491. Extension et adaptation de la partie législative du code du travail, et de diverses dispositions relatives au travail, à l'emploi et à la formation professionnelle à Mayotte. – Art. 13. – V. C. civ., art. 2508.
2017	27 nov.	Ordonnance n° 2017-1609. Prise en charge des dommages en cas de retrait d'agrément d'une entreprise d'assurance. – V. C. assur., art. L. 421-1, L. 421-2, L. 421-4-1, L. 421-4-2, L. 421-8, ss. C. civ., art. 1242, **p. 1875.**
2017	14 déc.	Arrêté. Modification de l'arrêté du 1er juin 2006 fixant le modèle de livret de famille.
2018	8 janv.	Décret n° 2018-11. Modalités d'exercice de l'action en relevé de forclusion ouverte aux créanciers d'un syndicat des copropriétaires en difficulté placé sous administration provisoire et modifications de la procédure d'administration provisoire. – V. Décr. n° 67-223 du 17 mars 1967, art. 62-2, 62-10, 62-11, 62-18-1, ss. C. civ., art. 664, **p. 1052.**
2018	9 janv.	Cons. const. n° 2017-683 QPC. – V. L. n° 75-1351 du 31 déc. 1975, art. 10, ss. C. civ., art. 1583, **p. 2405.**
2018	17 janv.	Ordonnance n° 2018-20. Service de santé des armées et Institution nationale des Invalides : – Art. 2. – V. CSP, art. L. 1110-4, L. 1111-6, ss. C. civ., art. 16-9, **p. 188.** – Art. 11. – V. CSP, art. L. 3211-6, ss. C. civ., art. 515, **p. 829.**
2018	30 mars	Décret n° 2018-229. Dématérialisation des relations contractuelles dans le secteur financier. – Art. 10. – V. C. assur., art. R. 211-31, ss. C. civ., art. 1242, **p. 1880.**
2018	9 avr.	Décret n° 2018-264. Dispositif de gel des avoirs. – Art. 2. – V. Décr. n° 55-1350 du 14 oct. 1955, art. 38-1, 73, ss. C. civ., art. 2474, **p. 3194.**
2018	20 avr.	Loi n° 2018-287. Ratification de l'ordonnance n° 2016-131 du 10 février 2016 portant réforme du droit des contrats, du régime général et de la preuve des obligations : – Art. 1er et 16. – V. ss. art. 1386-1, **p. 2165.** – Art. 2 à 15. – V. C. civ., art. 1110, 1112, 1117, 1137, 1143, 1145, 1161, 1165, 1171, 1216-3, 1217, 1221, 1223, 1304-4, 1305-5, 1327, 1327-1, 1328-1, 1343-3, 1347-6, 1352-4. – Art. 16-III. – V. Ord. n° 2016-131 du 10 févr. 2016, art. 9, ss. C. civ., art. 1386-1, **p. 2164.**
2018	30 avr.	Arrêté. Modification de l'arrêté du 2 juin 2017 définissant le champ d'application de l'obligation faite aux notaires d'effectuer par voie électronique leurs dépôts de documents auprès des services chargés de la publicité foncière. – V. ce texte, art. 1er, ss. C. civ., art. 2474, **p. 3217.**
2018	9 mai	Ordonnance n° 2018-341. Brevet européen à effet unitaire et juridiction unifiée du brevet. – Art. 20. – V. C. pr. exéc., art. L. 111-3, ss. C. civ., art. 2323, **p. 3056.**

2018	3 août	Loi n° 2018-703. Renforçant la lutte contre les violences sexuelles et sexistes. – Art. 18. – V. C. civ., art. 1676.
2018	10 sept.	Loi n° 2018-778. Immigration maîtrisée, droit d'asile effectif et intégration réussie : – Art. 16 et 17. – V. C. civ., art. 2493, 2494, 2495. – Art. 55. – V. C. civ., art. 316 à 316-5, 2499-1 à 2499-5.
2018	23 nov.	Loi n° 2018-1021. Évolution du logement, de l'aménagement et du numérique : – Art. 64, 107, 118 à 120, 122, 134, 136, 137, 139, 141, 142, 151, 154, 179, 218. – V. L. n° 89-462 du 6 juill. 1989, art. 2, 3, 3-3, 5, 6, 7, 8-1, 8-2, 16, 17, 17-2, 22-1, 24, 24-2, 25-9, 25-12 à 25-18, 40, ss. C. civ., art. 1778, **p. 2614.** – Art. 78. – V. CCH, art. L. 271-1, ss. C. civ., art. 1589, **p. 2423.** – Art. 193, 194, 203 à 213, 228. – V. L. n° 65-557 du 10 juill. 1965, art. 1er, 1er-1, 3, 6-2 à 6-4, 10-1, 14-2 anc., 17-1 A, 18, 18-1-1, 19-2, 21, 22, 24, 24-2, 24-8, 25, 37-1, 42, ss. C. civ., art. 664, **p. 984.** – Art. 194. – V. C. civ., art. 2374. – Art. 201. – V. C. pr. exéc., art. L. 412-1, L. 412-6, ss. C. civ., art. 1778, **p. 2649.**
2018	26 nov.	Ordonnance n° 2018-1074. Partie législative du code de la commande publique : – Art. 8. – V. C. mon. fin., art. L. 112-3, ss. C. civ., art. 1343-3, **p. 2038.** – Art. 12. – V. L n° 75-1334 du 31 déc. 1975, art. 4, 6, 11, ss. C. civ., art. 1799-1, **p. 2702.**
2018	12 déc.	Ordonnance n° 2018-1125. Application de l'article 32 de la loi n° 2018-493 du 20 juin 2018 relative à la protection des données personnelles et modification de la loi n° 78-17 du 6 janvier 1978 relative à l'informatique, aux fichiers et aux libertés et diverses dispositions concernant la protection des données à caractère personnel. – Art. 27. – V. L. n° 99-944 du 15 nov. 1999, art. 14-1, **p. 841.**
2018	22 déc.	Loi n° 2018-1203. Financement de la sécurité sociale pour 2019. – Art. 52. – V. CSP, art. L. 1110-3, ss. C. civ., art. 16-9, **p. 188.**
2018	26 déc.	Décret n° 2018-1266. Modalités de délivrance aux notaires de renseignements et de copies d'actes figurant au fichier immobilier géré par la direction générale des finances publiques. – V. Décr. n° 55-1350 du 14 oct. 1955, art. 54 *ter* à 54 *septies*, ss. C. civ., art. 2474, **p. 3201.**
2018	28 déc.	Loi n° 2018-1317. De finances pour 2019. – Art. 124. – V. C. assur., art. L. 421-4-2, ss. C. civ., art. 1242, **p. 1877.**
2019	27 févr.	Décret n° 2019-136. Conditions d'acquisition de la nationalité française à raison de la naissance et de la résidence en France des enfants nés à Mayotte de parents étrangers : – Art. 1er. – V. Décr. n° 2017-890 du 6 mai 2017, art. 9-1, 38-1, ss. C. civ., art. 54, **p. 298.** – Art. 2. – V. Décr. n° 93-1362 du 30 déc. 1993, art. 15-1, 15-2, ss. C. civ., art. 33-2, **p. 257.**

2019	23 mars	Loi n° 2019-222. Programmation 2018-2022 et réforme pour la justice : – Art. 6. – V. C. civ., art. 46, 311-20, 317 ; L. n° 68-671 du 25 juill. 1968, art. 4, ss. C. civ., art. 54, ; Ord. n° 62-800 du 16 juill. 1962, art. 1er, 2, ss. C. civ., art. 54, **p. 297** ; CSP, art. L. 2141-6, L. 2141-10, ss. C. civ., art. 342-13, **p. 602** . – Art. 8. – V. C. civ., art. 1397. – Art. 9. – V. C. civ., art. 113, 116, 427, 431, 459, 500, 501, 507, 507-1, 836. – Art. 10. – V. C. civ., art. 63, 174, 175, 249, 249-1, 249-3, 249-4, 460, 462, 1399. – Art. 22. – V. C. civ., art. 233, 238, 246, 247-2, 251 à 254, 262-1, 262-2, 311-20, 313, 375-3, 515-12 ; CSP, art. L. 2141-2, ss. C. civ., art. 342-13, **p. 600.** – Art. 23. – V. C. civ., art. 238. – Art. 24. – V. C. civ., art. 296, 298, 300, 301, 303, 307. – Art. 25. – V. C. civ., art. 1175. – Art. 29. – V. C. civ., art. 428, 483, 494-1, 494-3, 494-5, 494-6, 494-7, 494-8, 494-9, 494-10, 494-11. – Art. 30. – V. C. civ., art. 486, 503, 511, 512, 513, 513-1, 514. – Art. 31. – V. C. civ., art. 373-2, 373-2-6, 373-2-10. – Art. 32. – V. C. civ., art. 373-2-9-1. – Art. 64. – V. C. assur., art. L. 422-1-1, L. 422-2, ss. C. civ., art. 1242, **p. 1888.** – Art. 108. – V. C. pr. exéc., art. L. 111-5-1°, ss. C. civ., art. 2323, **p. 3057.**
2019	22 mai	Loi n° 2019-486. Croissance et transformation des entreprises (PACTE) : – Art. 3. – V. C. civ., art. 1397 ; C. com., art. L. 526-2, ss. C. civ., art. 2285, **p. 2977.** – Art. 7. – V. C. com., art. L. 526-5-1, L. 526-6, L. 526-11, L. 526-12, ss. C. civ., art. 2285, **p. 2978.** – Art. 60. – V. note ss. Livre IV, **p. 2973.** – Art. 62. – V. CSS, art. L. 243-5, ss. C. civ., art. 2331, **p. 3070.** – Art. 169. – V. C. civ., art. 1833, 1835, 1844-10. – Art. 206. – V. C. civ., art. 2488-6, 2488-10, 2488-11.
2019	25 juin	Règlement (UE) 2019/1111 du Conseil. Compétence, reconnaissance et exécution des décisions en matière matrimoniale et en matière de responsabilité parentale, enlèvement international d'enfants (refonte). – V. ss. art. 309, **p. 544.**
2019	27 juin	Décret n° 2019-650. Fonctionnement des copropriétés et accès des huissiers de justice aux parties communes d'immeubles. – Art. 2 à 13. – V. Décr. n° 67-223 du 17 mars 1967, art. 5, 9, 9-1, 10, 13-1, 13-2, 14, 15-1, 17, 33-1-1, 35-2, 55, ss. C. civ., art. 664, **p. 1028.**
2019	10 juill.	Loi n° 2019-721. Interdiction des violences éducatives ordinaires. – Art. 1er. – V. C. civ., art. 371-1.
2019	10 juill.	Ordonnance n° 2019-724. Expérimentation de la dématérialisation des actes de l'état civil établis par le ministère des affaires étrangères. – V. ce texte, ss. C. civ., art. 54, **p. 308.**

2019	17 juill.	Ordonnance n° 2019-738. Application de l'article 28 de la loi n° 2019-222 du 23 mars 2019 de programmation 2018-2022 et de réforme pour la justice : – Art. 2. – V. C. civ., art. 1444, 1572, 1843-4. – Art. 17. – V. L. n° 65-557 du 10 juill. 1965, art. 18-2, 19, 19-2, 29-1 B, 29-1, 29-3, 41-1, ss. C. civ., art. 664, **p. 998.** – Art. 19. – V. L. n° 75-618 du 11 juill. 1975, art. 4, ss. C. civ., art. 211, **p. 411.**
2019	17 juill.	Ordonnance n° 2019-770. Partie législative du livre VIII du code de la construction et de l'habitation : – Art. 11. – V. L. n° 65-557 du 10 juill. 1965, art. 29-13, ss. C. civ., art. 664, **p. 1020.** – Art. 12. – V. L. n° 75-1351 du 31 déc. 1975, art. 10, ss. C. civ., art. 1583, **p. 2405.** – Art. 13. – V. L. n° 89-462 du 6 juill. 1989, art. 7, 8-1, 15, 16, 20-1, 24, 40, ss. C. civ., art. 1778, **p. 2622.**
2019	19 juill.	Loi n° 2019-744. Simplification, clarification et actualisation du droit des sociétés. – V. C. civ., art. 1592, 1844, 1844-6, 1846, 1854-1, 1865.
2019	22 juill.	Loi n° 2019-753. Création d'une Agence nationale de la cohésion des territoires. – Art. 14. – V. L. n° 65-557 du 10 juill. 1965, art. 26-3, ss. C. civ., art. 664, **p. 1010.**
2019	22 juill.	Décret n° 2019-756. Dispositions de coordination de la loi n° 2019-222 du 23 mars 2019 de programmation 2018-2022 et de réforme pour la justice en matière de protection juridique des majeurs, de changement de régime matrimonial, d'actes non contentieux confiés aux notaires et de prorogation de l'attribution provisoire de la jouissance du logement de la famille et mesure relative à la reconnaissance transfrontalière des décisions de protection juridique des majeurs : – Art. 5. – V. Décr. n° 74-449 du 15 mai 1974, Annexe, ss. C. civ., art. 54, . – Art. 9. – V. Décr. n° 2017-890 du 6 mai 2017, art. 15-1, ss. C. civ., art. 54, **p. 301.**
2019	24 juill.	Loi n° 2019-773. Création de l'Office français de la biodiversité et de la chasse, modification des missions des fédérations des chasseurs et renforcement de la police de l'environnement. – Art. 21. – V. C. civ., art. 1248.
2019	24 juill.	Loi n° 2019-774. Organisation et transformation du système de santé. – Art. 12, 41. – V. CGCT, art. L. 2223-42, ss. C. civ., art. 78, .
2019	30 août	Décret n° 2019-913. Application de l'article 95 de la loi n° 2019-222 du 23 mars 2019 de programmation 2018-2022 et de réforme pour la justice : – Art. 30. – V. Décr. n° 80-308 du 25 avr. 1980, art. 6, ss. C. civ., art. 98-4, **p. 349.** – Art. 33. – V. Décr. n° 93-1362 du 30 déc. 1993, art. 15-2, 70, ss. C. civ., art. 33-2, **p. 258.**

2019	11 sept.	Ordonnance n° 2019-950. Partie législative du code de la justice pénale des mineurs. – Art. 5. – V. CASF, art. L. 222-5, ss. C. civ., art. 375-9, **p. 710.**
2019	18 sept.	Ordonnance n° 2019-964. Application de la loi n° 2019-222 du 23 mars 2019 de programmation 2018-2022 et de réforme pour la justice : – Art. 2. – V. C. civ., art. 26-2, 31-1, 2453, 2490. – Art. 26. – V. L. n° 48-1360 du 1er sept. 1948, art. 14, 46, ss. C. civ., art. 1778, **p. 2589.**
2019	18 sept.	Décret n° 2019-966. Substitution du tribunal judiciaire au tribunal de grande instance et au tribunal d'instance en application de l'article 95 de la loi n° 2019-222 du 23 mars 2019 de programmation 2018-2022 et de réforme pour la justice et diverses dispositions relatives à l'organisation judiciaire et modifiant l'annexe du décret n° 2019-913 du 30 août 2019 pris en application de l'article 95 de la loi n° 2019-222 du 23 mars 2019 de programmation (2018-2022) et de réforme pour la justice. – Art. 3. – V. Décr. n° 55-22 du 4 janv. 1955, art. 50-2, ss. C. civ., art. 2474, **p. 3179.**
2019	26 sept.	Décret n° 2019-993. Application de l'ordonnance n° 2019-724 du 10 juillet 2019 relative à l'expérimentation de la dématérialisation des actes de l'état civil établis par le ministère des affaires étrangères. – V. ss. C. civ., art. 54, **p. 291.**
2019	21 oct.	Ordonnance n° 2019-1067. Modification des dispositions relatives aux offres au public de titres. – Art. 1er. – V. C. civ., art. 1841, 1871.
2019	30 oct.	Ordonnance n° 2019-1101. Réforme du droit de la copropriété des immeubles bâtis. – V. L. n° 65-557 du 10 juill. 1965, art. 1er, 4, 5, 6-1 A, 6-2, 6-3, 8, 8-2, 9, 10, 10-1, 14, 14-3, 15, 16-1, 17-1 AA, 17-1 A, 17-1-1 à 18, 18-1 A, 18-2, 19, 19-1, 21 à 24, 25 à 26-1, 26-4, 27, 28, 29-1 A, 35, 41-8 à 43, 46-1, ss. C. civ., art. 664, **p. 984.**
2019	8 nov.	Loi n° 2019-1147. Énergie et climat. – Art. 17, 19, 22. – V. L. n° 89-462 du 6 juill. 1989, art. 3, 6, 18, 20-1, 23-1, ss. C. civ., art. 1778, **p. 2616.**
2019	31 oct.	Décret n° 2019-1118. Dématérialisation des registres, des procès-verbaux et des décisions des sociétés et des registres comptables de certains commerçants. – Art. 14. – V. Décr. n° 78-704 du 3 juill. 1978, art. 45, 46, 47, ss. C. civ., art. 1873, **p. 2770.**
2019	13 nov.	Ordonnance n° 2019-1169. Marques de produits ou de services. – Art. 13. – V. C. civ., art. 1792-4.
2019	11 déc.	Loi n° 2019-1332. Abrogation de lois obsolètes. – V. L. du 27 févr. 1880, *abrogée*, ss. C. civ., art. 515.
2019	11 déc.	Décret n° 2019-1333. Réforme de la procédure civile : – Art. 3, 29. – V. C. pr. civ., art. 1074-1, 1114, 1131, ss. C. civ., art. 309, **p. 531.** – Art. 38. – V. Décr. n° 55-22 du 4 janv. 1955, art. 26-1, ss. C. civ., art. 2474, **p. 3155.** – Art. 55. – V. ss. C. civ., art. 309, **p. 522.**

2019	17 déc.	Décret n° 2019-1380. Procédure applicable aux divorces contentieux et à la séparation de corps ou au divorce sans intervention judiciaire : – Art. 2 à 8. – V. C. pr. civ., art. 1070, 1081, 1106 à 1119, 1121-1, 1123, 1123-1, 1126, 1126-1, 1132, 1145, 1148-3, ss. C. civ., art. 309, **p. 530.** – Art. 10 et 16. – V. Décr. n° 65-422 du 1er juin 1965, art. 4-1, 13, ss. C. civ., art. 54, **p. 295.** – Art. 12. – V. C. pr. exéc., art. R. 213-2, R. 213-9-1, ss. C. civ., art. 211, .
2019	20 déc.	Décret n° 2019-1419. Procédure accélérée au fond devant les juridictions judiciaires : – Art. 5. – V. C. pr. civ., art. 1073, ss. C. civ., art. 309, **p. 531.** – Art. 12. – V. Décr. n° 55-22 du 4 janv. 1955, art. 26, 26-1, ss. C. civ., art. 2474, **p. 3155.** – Art. 13. – V. Décr. n° 55-1350 du 14 oct. 1955, art. 38, 60, 67, 74, 87, 88, ss. C. civ., art. 2474, **p. 3193.** – Art. 14. – V. Décr. n° 67-223 du 17 mars 1967, art. 49, 61-6, 61-8, 61-9, 61-12, 62-5, 62-10, 62-11, 62-15, 62-16, 62-17, 62-18-1, ss. C. civ., art. 664, **p. 1047.** – Art. 15, 23. – V. Décr. n° 75-1339 du 31 déc. 1975, art. 13, 14, 24, ss. C. civ., art. 211, **p. 414.** – Art. 18. – V. Décr. n° 78-704 du 3 juill. 1978, art. 20 (note), 21, 39, ss. C. civ., art. 1873. – Art. 20, 23. – V. Décr. n° 2006-1806 du 23 déc. 2006, art. 1er, 12, ss. C. civ., art. 515-7-1, **p. 842.** – Art. 22. – V. Décr. n° 2019-1380 du 11 déc. 2019, art. 55, ss. C. civ., art. 309, **p. 544.**
2019	24 déc.	L. n° 2019-1428. Orientation des mobilités : – Art. 54 et 69. – V. L. n° 65-557 du 10 juill. 1965, art. 24, 24-5, 25, ss. C. civ., art. 664, **p. 1003.** – Art. 94. – V. L. n° 89-462 du 6 juill. 1989, art. 3-3, ss. C. civ., art. 1778, **p. 2618.**
2019	24 déc.	Loi n° 2019-1446. De financement de la sécurité sociale pour 2020. – Art. 72. – V. C. civ., art. 373-2-2, 373-2-3, 373-2-6 ; C. pr. exéc., art. L. 111-3, ss. C. civ., art. 2323, **p. 3056** ; C. pr. exéc., art. L. 213-1 , L. 213-4 ; CSS, art. L. 581-8, L. 582-1, L. 582-2 ; L. n° 75-618 du 11 juill. 1975, art. 1er, ss. C. civ., art. 211, **p. 410.**
2019	28 déc.	Loi n° 2019-1479. De finances pour 2020 : – Art. 166. – V. C. assur., art. L. 422-1 ; CASF, art. L. 422-6, ss. C. civ., art. 1242, **p. 1889.** – Art. 241. – V. C. civ., art. 375-4.
2019	28 déc.	Loi n° 2019-1480. Action contre les violences au sein de la famille. – Art. 2, 3, 4, 5, 8. – V. C. civ., art. 371-2, 373-2-10, 377, 378, 378-2, 379, 379-1, 380, 515-9 à 515-11-1.
2019	30 déc.	Décret n° 2019-1507. Modification du décret n° 93-1362 du 30 décembre 1993 modifié relatif aux déclarations de nationalité, aux décisions de naturalisation, de réintégration, de perte, de déchéance et de retrait de la nationalité française. – V. ss. C. civ., art. 33-2, **p. 252.**

2020	10 janv.	Arrêté. Modèle de livret de famille. – V. Annexes à l'Arr. du 1er juin 2006, ss. C. civ., art. 54.
2020	29 janv.	Ordonnance n° 2020-71. Réécriture des règles de construction et recodification du livre Ier du code de la construction et de l'habitation : – Art. 4. – V. C. civ., art. 2384-1. – Art. 5. – V. L. n° 65-557 du 10 juill. 1965, art. 8, 18-1-1, 24-4, 24-8, 25, ss. C. civ., art. 664, **p. 986** ; L. n° 89-462 du 6 juill. 1989, art. 3-2, 8-1, 15, 23, 25-1, ss. C. civ., art. 1778, **p. 2617.**
2020	10 févr.	Loi n° 2020-105. Lutte contre le gaspillage et économie circulaire : – Art. 18. – V. L. n° 65-557 du 10 juill. 1965, art. 18, ss. C. civ., art. 664, **p. 994.** – Art. 19, 28. – V. C. consom., art. L. 111-4, ss. C. civ., art. 1602, **p. 2442.**
2020	12 févr.	Ordonnance n° 2020-115. Renforcement du dispositif national de lutte contre le blanchiment de capitaux et le financement du terrorisme. – Art. 12. – V. C. civ., art. 2017, 2019.
2020	11 mars	Ordonnance n° 2020-232. Régime des décisions prises en matière de santé, de prise en charge ou d'accompagnement social ou médico-social à l'égard des personnes majeures faisant l'objet d'une mesure de protection juridique : – Art. 1er à 3, 5, 15. – V. CSP, art. L. 1111-2, L. 1111-4, L. 1111-6 (ndlr), L. 1111-11 (ndlr), L. 1211-2, ss. C. civ., art. 16-9, **p. 191.** – Art. 21, 23. – V. CSP, art. L. 3211-1 (ndlr), L. 3212-1, ss. C. civ., art. 515, **p. 828.** – Art. 33. – V. CASF, art. L. 224-7, ss. C. civ., art. 375-9.
2020	23 mars	Loi n° 2020-290. Urgence pour faire face à l'épidémie de covid-19. – Art. 4 et 11. – V. ce texte, App., v° *Mesures d'urgence sanitaire - Covid-19*.
2020	25 mars	Ordonnance n° 2020-304. Adaptation des règles applicables aux juridictions de l'ordre judiciaire statuant en matière non pénale et aux contrats de syndic de copropriété. – V. ce texte, App., v° *Mesures d'urgence sanitaire - Covid-19*.
2020	25 mars	Ordonnance n° 2020-306. Prorogation des délais échus pendant la période d'urgence sanitaire et adaptation des procédures pendant cette même période. – V. ce texte, App., v° *Mesures d'urgence sanitaire - Covid-19*.
2020	25 mars	Ordonnance n° 2020-315. Conditions financières de résolution de certains contrats de voyages touristiques et de séjours en cas de circonstances exceptionnelles et inévitables ou de force majeure. – V. ce texte, App., v° *Mesures d'urgence sanitaire - Covid-19*.
2020	26 mars	Circulaire CIV/02/20. Présentation de l'ordonnance n° 2020-304 du 25 mars 2020 portant adaptation des règles applicables aux juridictions de l'ordre judiciaire statuant en matière non pénale et aux contrats de syndic de copropriété. – V. ce texte, App., v° *Mesures d'urgence sanitaire - Covid-19*.

2020	26 mars	Circulaire CIV/01/20. Présentation des dispositions du titre Ier de l'ordonnance n° 2020-306 du 25 mars 2020 relative à la prorogation des délais échus pendant la période d'urgence sanitaire et à l'adaptation des procédures pendant cette même période. — V. ce texte, App., v° *Mesures d'urgence sanitaire - Covid-19*.
2020	27 mars	Ordonnance n° 2020-347. Adaptation du droit applicable au fonctionnement des établissements publics et des instances collégiales administratives pendant l'état d'urgence sanitaire. — V. Ord. n° 2020-306 du 25 mars 2020, art. 9, App., v° *Mesures d'urgence sanitaire - Covid-19*.
2020	3 avr.	Décret n° 2020-395. Autorisation de l'acte notarié à distance pendant la période d'urgence sanitaire. — V. ce texte, art. 1er, ss. C. civ., art. 1371.
2020	15 avr.	Ordonnance n° 2020-427. Diverses dispositions en matière de délais pour faire face à l'épidémie de covid-19. — Art. 1er à 11. — V. Ord. n° 2020-306 du 25 mars 2020, art. 1er à 4, 7 à 9, 12 *bis* à 12 *quinquies*, App., v° *Mesures d'urgence sanitaire - Covid-19*.
2020	15 avr.	Ordonnance n° 2020-428. Diverses dispositions sociales pour faire face à l'épidémie de covid-19. — Art. 8. — V. Ord. n° 2020-306 du 25 mars 2020, art. 11 *bis*, App., v° *Mesures d'urgence sanitaire - Covid-19*.
2020	17 avr.	Circulaire CIV/03/20. Présentation des dispositions du titre Ier de l'ordonnance n° 2020-427 du 15 avril 2020 portant diverses dispositions en matière de délais pour faire face à l'épidémie de covid-19. — V. ce texte, App., v° *Mesures d'urgence sanitaire - Covid-19*.
2020	22 avr.	Ordonnance n° 2020-460. Diverses mesures prises pour faire face à l'épidémie de covid-19 : — Art. 1er. — V. Ord. n° 2020-304 du 25 mars 2020, art. 22, 22-1, App., v° *Mesures d'urgence sanitaire - Covid-19*. — Art. 23. — V. Ord. n° 2020-306 du 25 mars 2020, art. 12 *ter*, 12 *quater*, App., v° *Mesures d'urgence sanitaire - Covid-19*.
2020	7 mai	Ordonnance n° 2020-538. Conditions financières de résolution de certains contrats en cas de force majeure dans les secteurs de la culture et du sport. — V. ce texte, App., v° *Mesures d'urgence sanitaire - Covid-19*.
2020	7 mai	Ordonnance n° 2020-539. Délais particuliers applicables en matière d'urbanisme, d'aménagement et de construction pendant la période d'urgence sanitaire. — Art. 1er. — V. Ord. n° 2020-306 du 25 mars 2020, art. 12 *bis*, 12 *ter*, 12 *quater*, App., v° *Mesures d'urgence sanitaire - Covid-19*.
2020	13 mai	Ordonnance n° 2020-560. Délais applicables à diverses procédures pendant la période d'urgence sanitaire. — Art. 1er. — V. Ord. n° 2020-306 du 25 mars 2020, art. 1er, 3, 7, 10, 12, 12 *quinquies*, App., v° *Mesures d'urgence sanitaire - Covid-19*.
2020	20 mai	Ordonnance n° 2020-595. Modifications de l'ordonnance n° 2020-304 du 25 mars 2020 portant adaptation des règles

		applicables aux juridictions de l'ordre judiciaire statuant en matière non pénale et aux contrats de syndic de copropriété : – Art. 1er à 14. – V. Ord. n° 2020-304 du 25 mars 2020, art. 2, 5 à 8, 10, 11-1 à 11-4, 13, 14, 19, 21, 22 à 22-5, App., v° *Mesures d'urgence sanitaire - Covid-19*. – Art. 15. – V. Ord. n° 2020-306 du 25 mars 2020, art. 3, App., v° *Mesures d'urgence sanitaire - Covid-19*.
2020	3 juin	Ordonnance n° 2020-666. Délais applicables en matière financière et agricole pendant l'état d'urgence sanitaire. – V. Ord. n° 2020-306 du 25 mars 2020, art. 1er, 2, App., v° *Mesures d'urgence sanitaire - Covid-19*.
2020	15 juin	Décret n° 2020-732. Dématérialisation des justificatifs de domicile pour la délivrance des cartes nationales d'identité, passeports, permis de conduire et certificats d'immatriculation. – V. CRPA, art. R. 113-8-1, ss. C. civ., art. 54, **p. 293.**
2020	17 juin	Loi n° 2020-734. Diverses dispositions liées à la crise sanitaire, à d'autres mesures urgentes ainsi qu'au retrait du Royaume-Uni de l'Union européenne : – Art. 25. – V. C. civ. art. 233 ; CASF, art. L. 222-5 (ndlr), ss. C. civ., art. 375-9, **p. 710.** – Art. 35. – V. C. civ., art. 373-2-2 (ndlr) ; CSS, art. L. 582-1 (ndlr), ss. C. civ., art. 211, **p. 682.**
2020	17 juin	Ordonnance n° 2020-737. Modification des délais applicables à diverses procédures en matière sociale et sanitaire afin de faire face aux conséquences de la propagation de l'épidémie de covid-19. – Art. 1er. – V. Ord. n° 2020-306 du 25 mars 2020, art. 11 *bis*, App., v° *Mesures d'urgence sanitaire - Covid-19*.
2020	2 juill.	Décret n° 2020-834. Application de l'ordonnance n° 2019-1101 du 30 octobre 2019 portant réforme du droit de la copropriété des immeubles bâtis et relatif à diverses mesures concernant le fonctionnement de la copropriété. – Art. 1er à 49. – V. Décr. n° 67-223 du 17 mars 1967, art. 1er, 3, 4-4, 5, 5-1, 6, 7, 8-1, 9, 9 *bis*, 10, 10-1 à 10-3, 11, 14, 14-1, 15-1, 17 à 21-1, 26, 26-1, 28, 29-1, 33 à 33-2, 35, 39, 42-1, 42-3 à 42-12, 45-1, 47, 47-1, 49, 49-1, 56, 57, 61, 63-3, 64 à 64-9, 65, ss. C. civ., art. 664, **p. 1027.**
2020	15 juill.	Ordonnance n° 2020-866. Adaptation au droit de l'Union européenne dans le domaine de l'énergie et du climat : – Art. 4. – V. L. n° 65-557 du 10 juill. 1965, art. 18-1, 24-9, ss. C. civ., art. 664, **p. 998.** – Art. 5. – V. L. n° 89-462 du 6 juill. 1989, art. 6-2, 23, 25-3, 25-12, ss. C. civ., art. 1778, **p. 2622.**
2020	30 juill.	Loi n° 2020-936. Protection des victimes de violences conjugales : – V. C. civ., art. 207, 255, 373-2-10, 378, 515-11, 515-11-1, 727. – V. L. n° 89-462 du 6 juill. 1989, art. 15, ss. C. civ., art. 1778, **p. 2628.**

2020	30 juill.	Décret n° 2020-950. Conditions de l'élection des bâtonniers du conseil de l'ordre des avocats et report de la réforme de la saisie conservatoire des comptes bancaires, de l'extension de l'assignation à date et de la réforme de la procédure applicable aux divorces contentieux : – Art. 3. – V. Décr. n° 2019-1333 du 11 déc. 2019, art. 55, ss. C. civ., art. 309, **p. 544.** – Art. 4. – V. Décr. n° 2019-1380 du 17 déc. 2019, art. 15, V. ndlr. ss. C. civ. art. 233 et C. pr. civ., art. 1070 s., ss. C. civ., art. 309, **p. 449.**
2020	16 sept.	Ordonnance n° 2020-1144. Harmonisation et simplification des polices des immeubles, locaux et installations : – Art. 4. – V. C. civ., art. 2374, 2384-1, 2384-2. – Art. 10. – V. L. n° 65-557 du 10 juill. 1965, art. 18-1-1, 24-8, ss. C. civ., art. 664, **p. 998.** – Art. 12. – V. L. n° 89-462 du 6 juill. 1989, art. 15, ss. C. civ., art. 1778, **p. 2628.**
2020	30 sept.	Décret n° 2020-1201. Intermédiation financière des pensions alimentaires prévue à l'article L. 582-1 du code de la sécurité sociale : – Art. 2. – V. C. pr. civ., art. 1074-2 à 1074-4, 1145, 1146-1, ss. C. civ., art. 309, **p. 542.** – Art. 3. – V. C. pr. exéc., art. R. 213-11 à R. 213-13, ss. C. civ., art. 211, .
2020	18 nov.	Ordonnance n° 2020-1400. Adaptation des règles applicables aux juridictions de l'ordre judiciaire statuant en matière non pénale et aux copropriétés : – Art. 1er à 7. – V. App., v° *Mesures d'urgence sanitaire - Covid-19*, . – Art. 8. – V. Ord. n° 2020-304 du 25 mars 2020, art. 22 à 22-2, 22-4, 22-5, V. App., v° *Mesures d'urgence sanitaire - Covid-19*, .
2020	18 nov.	Décret n° 2020-1405. Adaptation des règles applicables aux juridictions de l'ordre judiciaire statuant en matière non pénale. – V. App., v° *Mesures d'urgence sanitaire - Covid-19*, .
2020	20 nov.	Décret n° 2020-1422. Procuration notariée à distance. – V. Décr. n° 71-941 du 26 nov. 1971, art. 17, 20, 20-1, 25, 30, 31, 37, ss. C. civ., art. 1371, **p. 2136.**
2020	20 nov.	Circulaire. Présentation de l'ordonnance n° 2020-1400 du 18 novembre 2020 portant adaptation des règles applicables aux juridictions de l'ordre judiciaire statuant en matière non pénale et aux copropriétés. – V. App., v° *Mesures d'urgence sanitaire - Covid-19*, .
2020	20 nov.	Circulaire. Présentation du décret n° 2020-1405 du 18 novembre 2020 portant adaptation des règles applicables aux juridictions de l'ordre judiciaire statuant en matière non pénale. – V. App., v° *Mesures d'urgence sanitaire - Covid-19*, .
2020	27 nov.	Décret n° 2020-1452. Diverses dispositions relatives notamment à la procédure civile et à la procédure d'indemnisation des victimes d'actes de terrorisme et d'autres infractions : – Art. 1er. – V. C. pr. civ., art. 1074-1, 1107, 1108, 1117, ss. C. civ., art. 309, **p. 531.**

		– Art. 5. – V. Décr. n° 2019-1333 du 11 déc. 2019, art. 55, ss. C. civ., art. 309, **p. 544.**
2020	7 déc.	Loi n° 2020-1525. Accélération et simplification de l'action publique. – Art. 105. – V. C. civ., art. 16-12.
2020	14 déc.	Loi n° 2020-1576. De financement de la sécurité sociale pour 2021. – Art. 74. – V. C. civ., art. 373-2-2.
2020	16 déc.	Ordonnance n° 2020-1733. Partie législative du code de l'entrée et du séjour des étrangers et du droit d'asile. – V. CESEDA, art. L. 121-9, ss. C. civ., art. 46 et CESEDA, art. L. 811-2, ss. C. civ., art. 47, **p. 290.**
2020	22 déc.	Décret n° 2020-1641. Report de la date d'entrée en vigueur de l'assignation à date dans les procédures autres que celles de divorce et de séparation de corps judiciaires : – Art. 1er. – V. Décr. n° 2019-1333 du 11 déc. 2019, art. 55, ss. C. civ., art. 309, **p. 544.** – Art. 2. – V. C. pr. civ., art. 1107, ss. C. civ., art. 309, **p. 537.**
2020	24 déc.	Décret n° 2020-1711. Harmonisation et simplification des polices des immeubles, locaux et installations. – Art. 6. – V. Décr. n° 2002-120 du 30 janv. 2002, art. 5, ss. C. civ., art. 1778, **p. 2652.**
2020	28 déc.	Décret n° 2020-1717. Application de la loi n° 91-647 du 10 juillet 1991 relative à l'aide juridique, aide juridictionnelle et aide à l'intervention de l'avocat dans les procédures non juridictionnelles. – Art. 181. – V. C. pr. civ., art. 1105 et 1144-5, ss. C. civ., art. 309, **p. 536.**
2020	29 déc.	Loi n° 2020-1721. De finances pour 2021. – Art. 157. – V. CGI, art. 849, ss. C. civ., art. 1375, **p. 2146.**
2020	29 déc.	Décret n° 2020-1797. Transmission d'informations concernant les cas de violence dans le cadre de l'intermédiation financière des pensions alimentaires. – Art. 1er. – V. C. pr. civ., art. 1074-4, ss. C. civ., art. 309, **p. 532.**
2021	11 janv.	Décret n° 2021-19. Critère de performance énergétique dans la définition du logement décent en France métropolitaine. – V. Décr. n° 2002-120 du 30 janv. 2002, art. 3 *bis*, ss. C. civ., art. 1778, **p. 2652.**
2021	10 févr.	Ordonnance n° 2021-142. Prorogation de certaines dispositions de l'ordonnance n° 2020-304 du 25 mars 2020 portant adaptation des règles applicables aux juridictions de l'ordre judiciaire statuant en matière non pénale et aux contrats de syndic de copropriété. – Art. 1er. – V. Ord. n° 2020-304 du 25 mars 2020, art. 22-2, 22-4, 22-5, App., v° *Mesures d'urgence sanitaire - Covid-19*, 🏛.
2021	12 mars	Conseil constitutionnel, décision n° 2021-888 QPC. – V. CASF, art. L. 116-4, ss. C. civ., art. 909, **p. 1306.**
2021	12 mai	Ordonnance n° 2021-583. Modification du régime des autorisations d'activités de soins et des équipements matériels lourds. – Art. 1er. – V. CSP, art. L. 3211-2-1, ss. C. civ., art. 515, **p. 828.**

2021	31 mai	Loi n° 2021-689. Gestion de la sortie de crise sanitaire. – Art. 8. – V. Ord. n° 2020-304 du 25 mars 2020, art. 22-2, 22-4, 22-5, App., v° *Mesures d'urgence sanitaire - Covid-19*, ; Ord. n° 2020-1400 du 18 nov. 2020, art. 1er, App., v° *Mesures d'urgence sanitaire - Covid-19*, .
2021	4 juin	Loi n° 2021-710. Modernisation des outils et de la gouvernance de la Fondation du patrimoine. – Art. 1er. – V. CGPPP, art. L. 2222-16, ss. C. civ., art. 900-8, **p. 1300.**
2021	26 juill.	Décret n° 2021-992. Saisine de l'administration par voie électronique en matière d'acquisition de la nationalité française. – Art. 2. – V. Décr. n° 93-1362 du 30 déc. 1993, art. 35, ss. C. civ., art. 33-2, **p. 268.**
2021	2 août	Loi n° 2021-1017. Bioéthique : – Art. 1er, 3, 20, 22, 23, 31, 37. – V. CSP, art. L. 1244-2, L. 2141-1 à L. 2141-11-1, L. 2141-12, L. 2143-1 à L. 2143-9, L. 2151-2, L. 2151-5, ss. C. civ., art. 342-13, **p. 598.** – Art. 5, 6, 7, 16, 18, 23, 30. – V. C. civ., art. 6-1, 6-2, 16-4, 16-8-1, 16-10, 16-14, 47, 57, 99, 310, 310-1, 311-19 à 311-21, 311-23, 342-9 à 342-13, 353-2, 357, 372. – Art. 14. – V. CSP, art. L. 1110-4, L. 1211-2, ss. C. civ., art. 16-9, **p. 187.**
2021	22 août	Loi n° 2021-1104. Lutte contre le dérèglement climatique et renforcement de la résilience face à ses effets : – Art. 30. – V. C. consom., art. L. 111-4 à L. 111-5, ss. C. civ., art. 1602, **p. 2442.** – Art. 63, 111, 158, 171. – V. L. n° 65-557 du 10 juill. 1965, art. 10, 14-1 à 14-2-1, 18, 18-1 A, 19-2, 24-4, 24-5-1, 24-10, 29-1 A, 41-15, ss. C. civ., art. 664, **p. 987.** – Art. 159, 160, 163, 174, 205, 236. – V. L. n° 89-462 du 6 juill. 1989, art. 3-3, 6 nouv., 7, 16, 17, 17-1, 17-2, 18, 20-1 nouv., 23-1, 25-3, 25-9, 25-12, ss. C. civ., art. 1778, **p. 2618.** – Art. 171. – V. C. civ., art. 2374.
2021	24 août	Loi n° 2021-1109. Respect des principes de la République : – Art. 15. – V. L. du 1er juill. 1901, art. 10, ss. C. civ., art. 1873, **p. 2776** ; V. L. n° 87-571 du 23 juill. 1987, art. 18, ss. C. civ., art. 1873, **p. 2778.** – Art. 24, 35 et 78. – V. C. civ., art. 63, 171-3, 171-7 à 171-9, 175-2, 910-1, 913, 921. – Art. 30. – V. CSP, art. L. 1110-2-1, ss. C. civ., art. 16-9, **p. 188.**
2021	15 sept.	Ordonnance n° 2021-1189. Création du Registre national des entreprises : – Art. 1er et 11. – V. C. com., art. L. 121-5, ss. C. civ., art. 1424, **p. 2341** ; art. L. 121-6, ss. C. civ., art. 226, **p. 440** ; art. L. 526-1, L. 526-2, L. 526-4, L. 526-5, ss. C. civ., art. 2285, **p. 2977.** – Art. 33. – V. CSS, art. L. 243-5, ss. C. civ., art. 2331, **p. 3070.**
2021	15 sept.	Ordonnance n° 2021-1192. Réforme du droit des sûretés : – Art. 1er à 25. – V. C. civ., Livre IV, art. 2288 s. – Art. 1er à 37. – V. ss. C. civ., art. 2488-12.

		– Art. 26, 34, 36. – V. C. civ., art. 810-11, 878, 1175, 1323, 1527, 1844-2, 1866, 1867, 2529, 2530. – Art. 30. – V. C. pr. exéc., art. L. 112-3, ss. C. civ., art. 2323, **p. 3058.** – Art. 31. – V. CSS, art. L. 243-5, ss. C. civ., art. 2331, **p. 3070** . – Art. 32. – V. C. consom., art. L 331-1 à L. 331-3, L. 332-1, L. 333-1, L. 333-2, L. 343-1 à L. 343-6, ss. C. civ. art. 2298 **p. 3032** ; C. mon. fin., art. L. 313-22, ss. C. civ., art. 2314. – Art. 34. – V. CASF, art. L. 224-9, ss. C. civ., art. 375-9, **p. 716** ; C. rur., art. L. 321-11, ss. C. civ., art. 2331, **p. 3070** ; art. L. 321-21, L. 321-21-1, ss. C. civ., art. 842, **p. 1225** ; CSS, art. L. 243-4, L. 243-5, ss. C. civ., art. 2331, **p. 3070** ; C. trav., art. L. 3253-1, L. 3253-23, ss. C. civ., art. 2331, **p. 3072** . – Art. 35. – V. Décr. n° 55-22 du 4 janv. 1955, art. 28, 31, 33, 51, ss. C. civ., art. 2474, **p. 3156** ; L. n° 65-557 du 10 juill. 1965, art. 19-1, 26-7, ss. C. civ., art. 664, **p. 999** ; L. n° 65-570 du 13 juill. 1965, art. 14, ss. C. civ., art. 1581, **p. 2392** ; L. n° 89-462 du 6 juill. 1989, art. 22-1, ss. C. civ., art. 1778, **p. 2636** ; L. n° 89-1008 du 31 déc. 1989, art. 14, ss. C. civ., art. 842, **p. 1225.**
2021	15 sept.	Ordonnance n° 2021-1193. Modification du livre VI du code de commerce. – Art. 18. – V. C. com., art. L. 622-17, III, ss. C. civ., art. 2331, **p. 3069.**
2021	29 sept.	Ordonnance n° 2021-1247. Garantie légale de conformité pour les biens, les contenus numériques et les services numériques : – Art. 1er. – V. C. consom., art. Liminaire, ss. C. civ., art. 1602, **p. 2440.** – Art. 2, 3. – V. C. consom., art. L. 111-1, ss. C. civ., art. 1602, **p. 2441.** – Art. 7. – V. C. consom., art. L. 212-3, ss. C. civ., art. 1171, **p. 1530** ; C. consom., art. L. 214-4, ss. C. civ., art. 1590, **p. 2428.** – Art. 8. – V. C. consom., art. L. 216-1 à L. 216-8, ss. C. civ., art. 1610, **p. 2458.** – Art. 9. – V. C. consom., art. L. 217-1 à L. 217-32, ss. C. civ., art. 1649, **p. 2498.**
2021	11 oct.	Décret n° 2021-1322. Procédure d'injonction de payer, décisions en matière de contestation des honoraires d'avocat et modification de diverses dispositions de procédure civile. – Art. 1er. – V. C. pr. civ., art. 1108, ss. C. civ., art. 309, **p. 537.**
2021	13 oct.	Ordonnance n° 2021-1330. Conditions de navigation des navires autonomes et des drones maritimes. – Art. 4. – V. C. transp., art. L. 5131-1, ss. C. civ., art. 1242, **p. 1927.**
2021	10 nov.	Ordonnance n° 2021-1470. Mise en cohérence des codes et lois avec l'article 23 de la loi n° 2019-774 du 24 juillet 2019 relative à l'organisation et à la transformation du système de santé. – Art. 1er. – V. CSP, art. L. 1110-1, ss. C. civ., art. 16-9, **p. 188.**
2021	15 nov.	Loi n° 2021-1485. Réduction de l'empreinte environnementale du numérique en France. – Art. 18. – C. consom., art. L. 111-4, ss. C. civ., art. 1602, **p. 2442.**

2021	25 nov.	Loi n° 2021-1520. Consolidation du modèle de sécurité civile et valorisation du volontariat des sapeurs-pompiers et des sapeurs-pompiers professionnels. – Art. 20. – V. L. n° 65-557 du 10 juill. 1965, art. 24, ss. C. civ., art. 664, **p. 1003.**
2021	6 déc.	Loi n° 2021-1576. Nom des enfants nés sans vie. – V. C. civ., art. 79-1.
2021	9 déc.	Arrêté. Tarifs réglementés des notaires. – V. C. com., art. A. 444-84-1, ss. C. civ., art. 342-11, **p. 598.**
2021	22 déc.	Ordonnance n° 2021-1734. Transposition de la directive 2019/2161 du Parlement européen et du Conseil du 27 novembre 2019 et application et modernisation des règles de l'Union en matière de protection des consommateurs. – Art. 2. – V. C. consom., art. L. 112-1-1, ss. C. civ., art. 1602, **p. 2444.**
2021	22 déc.	Loi n° 2021-1729. Confiance dans l'institution judiciaire : – Art. 44. – V. C. pr. exéc., art. L. 111-3, ss. C. civ., art. 2323 anc., **p. 3056.** – Art. 45. – V. C. civ., art. 2066.
2021	22 déc.	Ordonnance n° 2021-1843. Partie législative du code des impositions sur les biens et services et transposition de diverses normes du droit de l'Union européenne. – Art. 7. – V. C. douanes, art. 380, ss. C. civ., art. 2474, **p. 3149.**
2021	23 déc.	Loi n° 2021-1754. Financement de la sécurité sociale pour 2022. – Art. 100. – V. C. civ., art. 373-2-2, 373-2-3, 373-2-6 ; CSS, art. L. 581-4, L. 582-1, L. 582-2, ss. C. civ., art. 211, **p. 682** ; C. pr. exéc., art. L. 213-1, ss. C. civ., art. 211, ; L. n° 75-618 du 11 juill. 1975, art. 1er, ss. C. civ., art. 211, **p. 410.**
2021	23 déc.	Loi n° 2021-1755. Renforcement de la régulation environnementale du numérique par l'Autorité de régulation des communications électroniques, des postes et de la distribution de la presse. – Art. 2. – V. C. consom., art. L. 111-6, ss. C. civ., art. 1602, **p. 2443** ; art. L. 217-22, L. 217-23, ss. C. civ., art. 1649, **p. 2503.**
2021	27 déc.	Décret n° 2021-1844. Associations cultuelles régies par la loi du 9 décembre 1905. – Art. 10 à 12. – V. Décr. n° 2007-807 du 11 mai 2007, art. 1er, 12-1, 12-2, ss. C. civ., art. 910, **p. 1310.**
2021	28 déc.	Loi n° 2021-1837. Indemnisation des catastrophes naturelles. – Art. 4. – V. C. assur., art. L. 114-1, ss. C. civ., art. 2225, **p. 2920.**
2021	29 déc.	Décret n° 2021-1888. Application de l'ordonnance n° 2021-1192 du 15 septembre 2021 portant réforme du droit des sûretés. – Art. 5. – V. Décr. n° 55-1350 du 14 oct. 1955, art. 4, 5, 13, 15, 16, 30, 36, 41, 42-1, 44, 45, 54-1, 55, 57-1, 59, 59-1, 61, 67-2, 68-2, 71-9, 75, 86, 87, ss. C. civ., art. 2474, **p. 3181** ; Décr. n° 67-223 du 17 mars 1967, art. 5-2, ss. C. civ., art. 664, **p. 1029** ; Décr. n° 78-704 du 3 juill. 1978, art. 49, 53 à 57, ss. C. civ., art. 1873, **p. 2771** ; Décr. n° 2008-1484 du 22 déc. 2008, annexe 1, ss. C. civ., art. 496, **p. 816.**
2021	30 déc.	Loi n° 2021-1900. De finances pour 2022 : – Art. 67. – V. L. n° 89-462 du 6 juill. 1989, art. 18-1, ss. C. civ., art. 1778, **p. 2634.**

		– Art. 130. – V. C. civ., art. 2393 ; CGI, art. 1920, ss. C. civ., art. 2474, **p. 3111** ; LPF, art. L. 269, ss. C. civ., art. 2474, **p. 3148** ; C. douanes, art. 379, 380, ss. C. civ., art. 2474, **p. 3148.**
2022	22 janv.	Loi n° 2022-46. Renforcement des outils de gestion de la crise sanitaire et modification du code de la santé publique. – V. Ord. n° 2020-304 du 25 mars 2020, art. 22, 22-1, 22-2, 22-4, 22-5, App., v° *Mesures d'urgence sanitaire - Covid-19*, .
2022	24 janv.	Loi n° 2022-52. Responsabilité pénale et sécurité intérieure. – Art. 19. – V. C. civ., art. 515-11, 515-13.
2022	7 févr.	Loi n° 2022-140. Protection des enfants : – Art. 1er, 3, 4, 5, 6, 12, 13, 14, 26. – V. C. civ., art. 373-1, 373-3, 375, 375-1, 375-2, 375-3, 375-4-1, 375-7, 375-9-1. – Art. 10, 11, 17, 27, 36. – V. CASF, art. L. 222-5, L. 223-1-1, L. 223-1-3, L. 223-3, ss. C. civ., art. 375-9, **p. 710.**
2022	14 févr.	Loi n° 2022-172. En faveur de l'activité professionnelle indépendante. – Art. 4. – V. C. com., art. L. 526-1, L. 526-5-1, L. 526-22 à L. 526-31, ss. C. civ., art. 2285, **p. 2977.**
2022	21 févr.	Loi n° 2022-217. Différenciation, décentralisation, déconcentration et simplification de l'action publique locale : – Art. 86. – V. L. n° 89-462 du 6 juill. 1989, art. 2-1, ss. C. civ., art. 1778, **p. 2616.** – Art. 98, 99. – V. C. civ., art. 713 ; CGPPP, art. L. 1123-1, L. 1123-3 , ss. C. civ., art. 713, **p. 1094.** – Art. 118. – V. C. urb., art. L. 213-9, ss. C. civ., art. 1778, **p. 2603.** – Art. 130. – V. CSP, art. L. 1110-1, ss. C. civ., art. 16-9, **p. 188.** – Art. 167. – V. Ord. n° 2019-724 du 10 juill. 2019, art. 1er, 13, ss. C. civ., art. 54, **p. 308.**
2022	21 févr.	Loi n° 2022-219. Réformer de l'adoption : – Art. 1er à 8, 11, 14, 20, 24. – V. C. civ., art. 343 à 348, 348-3 à 349, 353-1, 356, 357, 360, 361, 363 à 366, 370-2-1, 370-3, 411. – Art. 18, 26. – V. ss. C. civ., art. 370-5. – Art. 20 à 23. – V. CASF, art. L. 223-5, L. 224-1-1, L. 224-2, L. 224-3, L. 224-5, ss. C. civ., art. 375-9, **p. 713.**
2022	25 févr.	Décret n° 2022-245. Favorisant le recours à la médiation, application de la loi pour la confiance dans l'institution judiciaire et modification de diverses dispositions. – Art. 3. – V. Décr. n° 71-941 du 26 nov. 1971, art. 20, ss. C. civ., art. 1371, **p. 2136.**
2022	25 févr.	Décret n° 2022-259. Généralisation de l'intermédiation financière du versement des pensions alimentaires. – Art. 1er. – V. C. pr. civ., art. 1074-2 à 1074-4, 1145, 1146-1, ss. C. civ., art. 309, **p. 531.**
2022	28 févr.	Loi n° 2022-267. Modernisation et régulation du marché de l'art. – Art. 6. – V. C. civ., art. 505.
2022	1er mars	Décret n° 2022-290. Application de certaines dispositions de la loi n° 2021-1017 du 2 août 2021 relative à la bioéthique et modification de diverses dispositions relatives à l'état civil : – Art. 2. – V. Décr. n° 74-449 du 15 mai 1974 art. 3, 4, 7-2, 9, 12, 14, 16-1, ss. C. civ., art. 54, .

		– Art. 3. – V. Décr. n° 2004-1159 du 29 oct. 2004, art. 1er, 4, 14, ss. C. civ., art. 311-24-2, **p. 566.** – Art. 4. – V. Décr. n° 2017-890 du 6 mai 2017, art. 38, ss. C. civ., art. 54, **p. 306.**
2022	2 mars	Loi n° 2022-295. Renforcement du droit à l'avortement. – Art. 5. – V. CSP, art. L. 1110-3, ss. C. civ., art. 16-9, **p. 188.**
2022	2 mars	Loi n° 2022-301. Choix du nom issu de la filiation. – V. C. civ., art. 60, 61-3-1, 225-1, 311-24-2, 380-1.
2022	3 mars	Loi n° 2022-309. Mise en place d'une certification de cybersécurité des plateformes numériques destinée au grand public. – V. C. consom., art. L. 111-7-3, ss. C. civ., art. 1602, **p. 2444.**
2022	23 mars	Ordonnance n° 2022-408. Régime de responsabilité financière des gestionnaires publics. – Art. 12. – V. C. civ., art. 2393.
2022	13 avr.	Ordonnance n° 2022-535. Dispositif d'indemnisation et de réparation des dommages miniers. – Art. 1er. – V. C. minier, art. L. 155-3, ss. C. civ., art. 1242, **p. 1891.**
2022	22 avr.	Décret n° 2022-619. Contrôle du financement étranger des cultes et diverses dispositions relatives aux libéralités et à la transparence des associations et fonds de dotation. – Art. 19. – V. Décr. n° 2007-807 du 11 mai 2007, art. 6-1, 6-2, ss. C. civ., art. 910, **p. 1312.**
2022	3 mai	Arrêté. Modification de l'arrêté du 1er juin 2006 fixant le modèle de livret de famille.
2022	3 juin	Circulaire. De présentation des dispositions issues de la loi n° 2022-301 du 2 mars 2022 relative au choix du nom issu dela filiation. – V. ss. C. civ., art. 311-24-2.
2022	17 juin	Décret n° 2022-899. Certificat de nationalité française. – Art. 1er. – V. C. civ., art. 31-3.
2022	5 août	Décret n° 2022-1127. Diverses mesures relatives à la réglementation funéraire. – Art. 1er. – V. CGCT, art. R. 2213-17, R. 2213-20, ss. C. civ., art. 78.
2022	5 oct.	Ordonnance n° 2022-1292. Application de l'article 18 de la loi n° 2022-219 du 21 février 2022 visant à réformer l'adoption : – Art. 1er, 3 à 24. – V. C. civ., art. 6-2, 343 à 370-3. – Art. 2, 26, 27. – V. ss. C. civ., art. 370-5. – Art. 25. – V. CASF, art. L. 224-5, L. 224-6, L. 224-8, ss. C. civ., art. 375-9, **p. 715.**
2022	22 déc.	Décret n° 2022-1605. Application de l'ordonnance n° 2022-408 du 23 mars 2022 relative au régime de responsabilité financière des gestionnaires publics et modifiant diverses dispositions relatives aux comptables publics. – Art. 85. – V. Décr. n° 64-1333 du 22 déc. 1964, art. 4, ss. C. civ., art. 2474, **p. 3149.**
2022	22 déc.	Ordonnance n° 2022-1611. Accès et qualité des eaux destinées à la consommation humaine : – Art. 6. – V. L. n° 65-557 du 10 juill. 1965, art. 24-11, ss. C. civ., art. 664, **p. 1008.**

		– Art. 7. – V. L. n° 89-462 du 6 juill. 1989, art. 6-3, ss. C. civ., art. 1778, **p. 2622.**
2022	23 déc.	Arrêté. Majoration de certaines rentes viagères. – V. ss. C. civ., art. 1976, .
2022	26 déc.	Arrêté. Fixation du taux de l'intérêt légal. – V. ss. C. civ., art. 1907, **p. 2803.**
2022	30 déc.	Loi n° 2022-1726. De finances pour 2023 : – Art. 66. – V. L. n° 2017-285 du 6 mars 2017, art. 1er, ss. C. civ., art. 2272, **p. 2963.** – Art. 85. – V CGI, art. 1920, ss. C. civ., art. 2474, **p. 3147.**
2023	23 janv.	Décret n° 2023-25. Application de règlements européens en matière familiale, d'obtention des preuves et de signification ou notification des actes et diverses dispositions relatives au divorce, aux sûretés et à la légalisation et l'apostille. – Art. 1er. – V. C. pr. civ., art. 1107, ss. C. civ., art. 309, **p. 537.**
2023	3 févr.	Décret n° 2023-65. Modification de l'article 26-1 du code civil et du décret n° 93-1362 du 30 décembre 1993 relatif aux déclarations de nationalité, aux décisions de naturalisation, de réintégration, de perte, de déchéance et de retrait de la nationalité française : – Art. 1er. – V. C. civ., art. 26-1. – Art. 3 à 31. – V. Décr. n° 93-1362 du 30 déc. 1993, art. 1er, 5, 8, 9, 13, 13-1, 14-1, 15, 17-1 à 17-4, 30 à 32, 35, 35-1, 36, 37-1, 41, 42, 44, 46, 51, 53, 54, 59, 60, 61, 70-1, **p. 252.**
2023	3 févr.	Arrêté. Application du décret n° 93-1362 du 30 décembre 1993 relatif aux modalités de dépôt et aux conditions de notification des communications de l'administration dans le cadre des différentes procédures dématérialisées d'acquisition ou de perte de la nationalité française, .
2023	8 févr.	Ordonnance n° 2023-77. Exercice en société des professions libérales réglementées (renvoi) : – V. ss. C. civ., art. 1873, **p. 2763.** – V. ndlr ss. L. n° 66-879 du 29 nov. 1966, ss. C. civ., art. 1873, **p. 2471.**
2023	14 févr.	Décret n° 2023-97. Publicité du gage portant sur un véhicule terrestre à moteur ou une remorque immatriculés. – V. ss. C. civ., art. 2338.
2023	9 mars	Loi n° 2023-171. Dispositions d'adaptation au droit de l'Union européenne dans les domaines de l'économie, de la santé, du travail, des transports et de l'agriculture : – Art. 6. – V. C. assur., art. L. 421-2, ss. C. civ., art. 1242, **p. 1876.** – Art. 7. – V. C. mon. fin., art. L. 112-6, ss. C. civ., art. 1343-3, **p. 2038.**
2023	10 mars	Loi n° 2023-175. Accélération de la production d'énergies renouvelables. – Art. 44. – V. L. n° 65-557 du 10 juill. 1965, art. 24, ss. C. civ., art. 664, **p. 1003.**

TABLE ALPHABÉTIQUE

NOTA. Les nombres renvoient aux articles du Code civil, non aux pages. Les nombres précédés du mot « art. » renvoient aux articles d'un texte autre que le Code civil proprement dit. Quand il est renvoyé à une page, le nombre est précédé de la lettre « p. ».
La lettre J. entre parenthèses placée après un nombre indique que l'on renvoie aux annotations de JURISPRUDENCE (sur deux colonnes) figurant sous l'article mentionné. Par exemple, l'indication 1240 (J. 5 s.) signifie que l'on renvoie aux numéros 5 et suivants des annotations de jurisprudence figurant sous l'article 1240 du Code civil.
Les caractères italiques indiquent un mot de renvoi. Ceux de ces mots qui sont en caractères gras et précédés d'une flèche rouge renvoient à un autre mot en caractères gras.
Il est rappelé qu'un tableau explicatif des abréviations utilisées figure au début de l'ouvrage (pages VII à XIV).

A

B

E

G

I

J

N

O

P

Q

S

U

V

Photocomposé, traité sur ordinateur par :
LUMINESS SAS, 561 rue Saint Léonard - 53100 MAYENNE

Achevé d'imprimer en mai 2023
Dépôt légal : juin 2023
722282 – (I) – OSB-Px 31 – JOU – (HCH)

Imprimé en Allemagne par le groupe CPI

Codes Dalloz

	Parution
CIVIL	
Code civil	juin
Code du divorce, *commenté*	novembre
Code de procédure civile	juin
Code des procédures civiles d'exécution, *commenté*	mars
AFFAIRES	
Code des assurances – Code de la mutualité, *commenté*	mai
Code de commerce	juin
Code de la communication, *commenté*	novembre
Code de la compliance, *commenté*	octobre
Code de la consommation, *commenté*	août
Code de la cybersécurité, *commenté*	juin
Code des douanes, *commenté*	mars
Code général des impôts	juin
Code monétaire et financier, *commenté*	mai
Code des procédures collectives, *commenté*	février
Code de la propriété intellectuelle, *commenté*	janvier
Code des sociétés, *commenté*	septembre
Code de procédure fiscale, *commenté*	juin
Code de la protection des données personnelles, *commenté*	novembre
SOCIAL	
Code de l'action sociale et des familles, *commenté*	mai
Code de la santé publique, *commenté en ligne*	juin
Code de la sécurité sociale	avril
Code du travail, *commenté en ligne*	mars